KENKYUSHA'S NEW COLLEGE ENGLISH-JAPANESE DICTIONARY

KENKYUSHA'S
NEW COLLEGE
ENGLISH-JAPANESE
DICTIONARY

新英和中辞典

編者

竹林　滋　　東　信行
諏訪部仁　　市川泰男

SEVENTH EDITION
第7版

KENKYUSHA

© 2003 Kenkyusha Ltd.

KENKYUSHA'S NEW COLLEGE ENGLISH-JAPANESE DICTIONARY

PRINTED IN JAPAN

まえがき

本辞典は 1967 年の初版刊行以来 36 年を経て，書籍版だけに限っても累計 1200 万部の売り上げを記録した．これは本辞典が過去 40 年間に英和辞典として最多の英語学習者に愛用されたことを裏付ける数字である．しかし辞書は時代とともに歩まねばならない．第 6 版の刊行以来 9 年を経過した今日，全面的な改訂版を世に送ることはわれわれの義務である．21 世紀最初の版である今回の第 7 版の改訂作業に当たっては編集および執筆陣を大幅に刷新し，社会人も視野に入れた大規模な変更をその内容に加えた．改訂の要点は以下の通りである．

1. 科学技術関係をはじめとする専門用語や日常語的な新語を補強し，総収録語数を約 10 万語とした．これにより学習辞典としてだけではなく一般社会人のニーズにも対応できるようにした．
2. 最近のコーパス言語学 (corpus linguistics) の成果を取り入れ，語義の配列順を現在の英語社会における頻度を基として大幅に見直した．これにより本辞典の実用性は大きく高まったと信ずる．
3. 訳語および用例を最近の視点から再検討し，特に例文は全て英米人の編集委員が校閲した．
4. 動詞型は本辞典の初版以来の大きな特色であるが，その表示形式を大幅に整理し，より明快なものとした。
5. 文意の理解や語句の記憶を促進するために，同意語，反意語や派生語を示すだけでなく，語法の注記を一層充実させ，第 5 版で廃止された類義語欄も復活した．
6. 最近の信頼すべき英語発音辞典を参照して発音表記を最新のものに書き改めた．特に固有名の正確な発音は有用であろう．
7. 語源欄を再検討したほか，語源的にはつながりはないが意味的に名詞と関連するラテン語系の形容詞を随時提示した．
8. 最後に特記すべきは，スポーツ・芸能などポピュラーな分野における固有名も多数収録したことで，新版の大きな特色となろう．

今回の改定作業に当たっては別掲の編集委員，校閲者，執筆者，調査・校正協力者の方々のご協力をいただいたことに深く感謝の意を表したい．また研究社にあっては根本保行氏，鈴木美和氏，川田秀樹氏，菅田晶子氏を中心とする編集部が当たられたほか，語彙の大幅な増強に際して『リーダーズ英和辞典』のデータを利用させていただいた．加えて，多くの修正を厳しい日

程の中で見事に仕上げてくださった研究社印刷の担当者の方々にこの場を借りてお礼申し上げたい．

　本辞典がここまで成長を遂げることができたのもひとえに使用者各位の温かいご支援のおかげである．今後もお気づきの点があれば引き続きご指摘をお願いしたい．

2003年3月

　　　　　　　　　　　　　　　　　　　　　　　　　　　　　編　者

編 者

竹林　滋
東　信行
諏訪部　仁
市川　泰男

編集委員

Stephen A. C. Boyd　　　David P. Dutcher
土肥　一夫　　浦田　和幸

執筆者

浅川 照夫	東北大学大学院教授	永松 京子	中央大学助教授
市川 泰男	中央大学教授	中本 恭平	共立女子大学助教授
内田 浩章	慶應義塾高校教諭	中村 彰	東京外国語大学講師
浦田 和幸	東京外国語大学助教授	東 信行	東京外国語大学名誉教授
長田 哲男	国士舘大学講師	深沢 圭介	駿台リンデンスクール専任講師
片野 正人	福井県教育庁高校教育課指導主事	Stephen A. C. Boyd	大阪大学外国人教師
川平 芳夫	東北大学大学院教授	松山 幹秀	日本大学教授
輿石 哲哉	実践女子大学助教授	丸田 忠雄	山形大学教授
斎藤 弘子	東京外国語大学助教授	村上 まどか	熊本県立大学助教授
島津 千恵子	東京外国語大学教務補佐員	山田 誠	東北大学大学院助教授
諏訪部 仁	中央大学教授	山本 文明	法政大学教授
田口 久美子	横浜雙葉学園教諭	龍 美也子	岩崎研究会会員
竹林 滋	東京外国語大学名誉教授	渡邊 勉	拓殖大学教授
David P. Dutcher	翻訳家		
利根川 浩一	前豊岡高校教諭	**成句アクセント校閲**	
土肥 一夫	東横学園女子短期大学教授	Thomas E. Beck	東京外国語大学客員教授

この辞書の使い方

I 見出し語

1 基本語彙の指示
約10万語の総収録語のうち, 最重要基本語約2000語に ✲ 印, それに続く基本語約5000語に ＊ 印, 次の約8000語に ＋ 印をつけた.

2 綴りの切れ目
(1) 綴りの切れ目 (syllabication) は中丸 (·) で示し, 実際にもハイフン (-) を用いる複合語との区別をつけた. なお, 発音によって綴りの切り方が異なる場合には, 最初の発音に従った分節を示した.

　　＊**coun·try·side**

(2) 見出し語が2語(以上)の複合語などでは, 各々の要素の発音が他で示されている場合, その要素の切れ目にのみ中丸で示した.

　　cánnon·bàll

3 綴り字
米国と英国とで綴りの異なる時には, 米国綴りを優先させた.

　　✲**fa·vor** /féɪvɚ/ | -və/ 名 … 他 …
　　✲**fa·vour** /féɪvɚ/ -və/ 名 動 《英》=favor.

4 配列
(1) 綴りが同じでも, 語源の異なるものは別に見出し語として立て, 肩番号を付けた.

　　✲**lie**¹ /láɪ/ 動 自 ❶ 横たわる…
　　✲**lie**² /láɪ/ 名 ❶ うそ; 偽り…

(2) 簡単な派生語は, アルファベット順に関わらず, 主要語のところで略説した. その際, 見出し語の一部の代替としてハイフン (-) を, 全体の置き換えとしてスワングダッシュ (～) を適宜用いた.

　　＋**fruit·ful** /frúːtf(ə)l/ 形 … ～**·ly** /-fəli/ 副 ～**·ness** 名 (～**·ly** は **fruit·ful·ly** 副, ～**·ness** は **fruit·ful·ness** 名 であることを示す).

　　sche·mat·ic /skɪmǽtɪk/ 形 … **-i·cal·ly** /-kəli/ 副 (**-i·cal·ly** は **sche·mat·i·cal·ly** 副 であることを示す).

(3) 語義の中で(また…)とあるのは, 見出し語の代用である.

　　av·o·ca·do /ævəkáːdoʊ/ 名 (複 ～**s**, ～**es**) ❶ … ❷ (また **avocádo pèar**) … (avocado 2 はまた avocado pear ともいう, の意).

(4) 見出し語の一部に数字がある場合は, その数字をアルファベットに読み換えた語順の箇所に配置した.

　　B2B (B two B の語順に入る).
　　cárbon 14 (carbon fourteen の語順に入る).

(5) 見出し語の一部分の言い換えには [ ] を用い, 見出し語の一部の省略には ( ) を用いた.

　　Láke Dìstrict [Còuntry] (**Láke Dìstrict** または **Láke Còuntry** の意である).
　　blond(e) (**blond** または **blonde** の意である).

II 発音 《詳しくは巻末の「発音解説」を参照》

1 発音記号
(1) 発音は国際音声記号を用いて, 見出し語の直後に / / に入れて示した. 米音と英音が異なる時には /米音 | 英音/ の順で表記した.

　　✲**there** /ðéɚ | ðéə/ (/ðéɚ/ が米音で, /ðéə/ が英音を表わす).

(2) 2種類以上の発音の仕方がある場合には, 共通部分はハイフン (-) で示した.

　　＋**dag·ger** /dǽgɚ | -gə/ (/dǽgɚ/ と /dǽgə/ の2つがあることを表わす).

(3) 省略可能な発音は ( ) に入れて示した.

　　＊**ce·re·al** /síːrɪəl/ (/síːriəl/ と /síːrɪəl/ とがあることを示す).

(4) 発音で弱形と強形のあるものは ( ) で示した.

　　✲**at** /(弱形) ət; (強形) ǽt/ 前 …

(5) 外来語の発音は近似の英語音で示した.

　　au re·voir /òʊrəvwáːə | -rəvwáː/

2 アクセント
(1) 母音字の上の / ´ / は第1アクセントを示し, / ` / は第2アクセントを示した.

　　＊**la·bel** /léɪb(ə)l/; **mèg·a·phòne** /mégəfòʊn/

(2) 2語以上から成る見出し語については, それぞれの要素が独立して見出し語にあれば発音を示さず, 見出し語にアクセント記号だけを示した.

　　blóod gròup

(3) 独立して見出しにない語や, まぎらわしい時には, 一部を表記した.

　　Hódg·kin's disèase /hɑ́dʒkɪn- | hɔ́dʒ-/
　　léad pòisoning /léd-/

(4) 成句·句動詞にも標準的なアクセントを付けた.

　　be at déath's dóor
　　gèt báck

(5) 発音が同じでアクセントだけが違う場合, 各音節をダッシュ (—) で表わして, アクセントの位置の差を示した.

　　dis·ci·plin·a·ble /dìsəplínəbl/ ⟂—´——/ 《これは /dìsəplínəbl | dɪsəplínəbl/ を表わす》.

(6) アクセントの移動が起こることがあるものについては発音記号の後に ⟂ の記号を用いて表記した (⇒ 巻末「発音解説」13).

　　✲**Jap·a·nese** /dʒæ̀pəníːz ⟂/

III 品詞

この辞書では, 品詞名に以下の略語を用いた.

名	名詞	動 自	自動詞
代	代名詞	前	前置詞
形	形容詞	接	接続詞
副	副詞	間	間投詞
助動	助動詞	接頭	接頭辞
動	動詞	接尾	接尾辞
動 他	他動詞		

IV 語形変化

この辞書では名詞・代名詞・形容詞・副詞・動詞・助動詞の語形変化を（ ）で示した．

1 名詞の複数形

(1) 不規則変化をするもののみを（複 …）と表記し，規則変化のものは省略した．

*__knife__ /náɪf/ 名（複 __knives__ /náɪvz/）

‡__sheep__ /ʃíːp/ 名（複 ~）

(2) 綴り字が -o で終わるものはすべて複数形を表記した．

*__pi·an·o__¹ /piǽnou/ … 名（複 ~s）

‡__po·ta·to__ /pətéɪṱou/ 名（複 ~__es__）

(3) 複合語で単純に -(e)s とならず，前部（または後部）要素が変化するものはすべて表示した．

⁺__bróther-in-làw__ 名（複 __brothers-in-law__）

⁺__cóurt-mártial__ 名（複 __courts-martial__, ~s）

2 形容詞・副詞の比較変化

(1) 星印（‡*）つきの基本語で比較変化を有するものはすべて品詞表示の後に（ ）で表示した．

‡__kind__¹ /káɪnd/ … 形（~·__er__; ~·__est__）

‡__beau·ti·ful__ /bjúːṱɪf(ə)l, -ṱə-/ … 形（__more__ ~; __most__ ~）

(2) 星なしの語については，1音節で（~·er; ~·est），2音節以上の語で（more ~; most ~）となるものについては表記せず，その原則に外れるものについてのみ表記した．

3 （比較なし）

形容詞・副詞には通例比較変化をもたない語・語義がある．この辞書では，学習上の便宜を考慮して，星印（‡*）つきの基本語に限って（比較なし）と表記した．

*__ju·nior__ /dʒúːnjɚ | -nɪə, -njə/ … 形（比較なし）❶ __a__ 年少のほうの…

*__ar·tis·tic__ /ɑɚtístɪk | ɑː-/ … 形（__more__ ~; __most__ ~）❶ 芸術的な… ❷（比較なし）芸術の…

‡__al·ways__ /ɔ́ːlweɪz, -wɪz/ … 副（比較なし）❶ 常に，いつでも…

4 動詞の語形変化

(1) 不規則変化をするもののみ表記した．過去形と過去分詞（および現在分詞）の間はセミコロン（;）で区切り，それぞれの変化形の異形はカンマ（,）を用いて示した．

‡__take__ /téɪk/ … 動（__took__ /túk/; __tak·en__ /téɪk(ə)n/）

‡__run__ /rán/ 動（__ran__ /rǽn/; __run__; __run·ning__）

‡__for·get__ /fɚɡét | fə-/ 動（__for·got__ /-ɡát | -ɡɔ́t/; __for·got·ten__ /-ɡátn | -ɡɔ́tn/, 《米》__for·got__）

(2) 規則変化動詞であっても注意を要するもの（子音字を重ねるものや -c で終わるものなど）は表記してある．

*__sin__ /sín/ … 動（__sinned__; __sin·ning__）

⁺__frol·ic__ /frálɪk | frɔ́l-/ … 動 自（__frolicked__; -__ick·ing__）

V 文体・使用域などを示すレーベル

ある語や句が使用される場合，地域，場面，文脈などが限定されていたり，特定の感情的含みを伴っていたりすることがある．その大体の傾向を示すものとして，主として以下のようなレーベルを用いた．

《米》	主として米国（時にカナダも含む北米）で用いられる
《英》	主として英国で用いられる
《カナダ》	カナダ英語
《豪》	オーストラリア英語（時にニュージーランドも含む）
《ニュ》	ニュージーランド英語
《インド》	インド英語
《スコ》	スコットランド方言
《アイル》	アイルランド方言
《方》	方言
《文》	主に硬い文学作品の中で用いられるような語
《詩》	主に詩の中で用いられる語
《口》	日常会話を中心に用いられる，くだけた感じの語
《俗》	《口》よりもさらにくだけた品位にかける感じの語
《卑》	下品・卑猥で，人前ではもちいない方がよいとされる語
《戯言》	ふざけてわざと滑稽な感じを出すときに用いる語
《婉曲》	排泄・性・死・神などに関わることを遠回しに表現するための語
《軽蔑》	人やものをけなしたり，さげすんだりする気持ちを含む語
《差別》	人種・性別・心身障害などに対する偏見や，相手に対する侮辱を伴う語
《古風》	現在でも用いられることがあるが，古めかしい感じがする語
《小児》	主に幼児・子供が用いる語
《まれ》	まれにしか用いられない，使用頻度のかなり低い語
《古》	現在では（ほとんど）用いられなくなった語
《非標準》	一般に教育のある人は用いないとみなされる語・用法

VI 語義

1 この辞書では，編集方針に則り，また使用者の検索の便を考慮して，語義の整理に主眼を置いている．そのため，通常の区分には ❶，❷，❸ … を用い，それより下位の区分には __a__, __b__, __c__… を用いた．

*__dome__ /dóum/ 名 ❶（半球状の）丸屋根，ドーム；丸天井．❷ __a__ 丸屋根状のもの: the ~ of the sky 大空．__b__（山・樹木などの）円頂．__c__ 鐘形のおおい．__d__ 《口》頭のてっぺん．

2 ひとつの語がきわめて多義にわたりそれらがいくつかの意味ブロックに分かれると考えられる時や，ひとつの語が大きくかけ離れた語義をもつ時には，使用者の語義の検索・把握を助ける意図で，❶, ❷,

❸... の上位区分として **A**, **B**, **C**... を用いた.

‡**fly**¹ /flái/ 動 🅐 **A** (**flew** /flú:/; **flown** /flóun/ ❶ [通例 副詞(句)を伴って] **a** 〈鳥・虫などが〉飛ぶ...
❷... ❸... ❹...
——**B** (**flew** /flú:/; **flown** /flóun/ ❶ 逃げる...
——**C** (**flied**) 〘野〙 ❶ フライ[飛球]を打つ...

‡**con·di·tion** /kəndíʃən/ 名 **A** 🅐 **a** 🅄 [また a 〜] (人・もの・財政の)**状態**;...
——**B** ❶ 🅒 [しばしば複数形で] 条件... ❷ ...

3 星印(‡*)つきの語では,特に重要な語義はその重要性がひと目で理解されるように**太字**を用いた.

‡**fun** /fán/ 名 🅄 ❶ 楽しみ,愉快...

VII 🅐 🅟 について

形容詞には,通例名詞・代名詞の前に置いて直接名詞を修飾する限定的用法 (attributive use) と,動詞の補語に用いられる叙述的用法 (predicative use) とがある.この辞書では,特に,通例限定的用法に限って用いられるものには 🅐, 通例叙述的用法に限って用いられるものには 🅟 と表示した.

‡**whole** /hóul/ 形 (比較なし) ❶ 🅐 **a** [the 〜, one's] **全体の**...

‡**fond** /fánd | fónd/ 形... ❶ 🅟 [〜 of...で]〔...を〕好んで...

VIII 🅄 🅒 について

名詞については,固有名詞を除き特に指示しないものは 🅒 (=countable) であるとの前提のもとに,🅄 (=uncountable) だけを示した.ただし,一つの見出し語に複数の語義があり,それによって可算・不可算の別がある場合は,🅒 も明示した.🅒🅄 の指示のある名詞(の語義)は主として 🅒 に用いられるがまた 🅄 にも用いられる場合を,🅄🅒 はその逆を意味する.

ただし 🅄🅒 は絶対的なものではなく,語義の理解と学習上の効果を考えた上の便法なので,幅のある理解をしていただきたい.

‡**de·moc·ra·cy** /dɪmákrəsi | -mɔ́k-/ 名 ❶ 🅄 民主主義... ❷ 🅒 民主主義国...

*high school /háɪskù:l/ 名 🅒🅄 (米国の)ハイスクール,高等学校...

‡**fash·ion** /fǽʃən/ 名 ❶ 🅄🅒 (服装・風習などの)流行...

IX 成 句

1 成句は各品詞の語義の記述の後にアルファベット順に配列し,標準的なアクセントを付した.なお,「動詞+名詞」の成句は原則として名詞の項で,**béd of róses** 「名詞+前置詞+名詞」のように複数の名詞がある場合には原則として最初の名詞の項 (**bed**) で主記述を与えた.また,上記の通則を破る場合や,それ以外にも必要と判断した時には,主記述以外の個所にも項を立て ⇨ による参照を付した(下を参照).

dárken a person's **door** [通例 否定文で] 人を訪問する: *Don't* [*Never*] 〜 *my door* again. 二度と私の家のしきいをまたぐな.

dárken a person's **door** ⇨ **darken** 動 成句.

2 白抜き矢印 (⇨) による参照は,相手項目の同形の成句を見よ,の意である.

3 イコール (=) は,イコールの後のスモールキャピタル (SMALL CAPITAL) で表記した語の項の成句と同義,の意である.

gìve fórth =GIVE off 成句 (1).

gìve óff (⦿+副) [〜+off+名] (1) 〈蒸気・臭気・光などを〉発する,放出する;〈声などを〉出す: These plants 〜 *off* a terrible smell. これらの植物はひどい悪臭を放つ. (2) 〈枝を〉出す.

X 句動詞

動詞と副詞・前置詞との組み合わせから成る句動詞 (phrasal verb) には特に意を注ぎ,以下の形式に従ってその構成要素を明確に表記し,標準的なアクセントを付して成句欄に配列した.

1 副詞との連結については (⦾+副)(⦿+副) とすべて明記した.

gèt báck (⦾+副) (1) (家などへ)帰る;(もとへ)戻る...

tàke ín (⦿+副) (1) 〈ものを〉(中に)取り入れる

2 ひとつの句動詞の中で後部要素が副詞・前置詞の両方に用いられる時は,(⦾+副)(⦾+前)(⦿+副)(⦿+前) と,すべて要素を明記した.なお,その場合,副詞と前置詞ではアクセントが異なることがあるため,太字の成句の上にはアクセントを表記せず,[ ] の中で上記の各要素を明記した後に個々のアクセントを表示した.

get in [(⦾+副) 〜 ín] (1) (中に)入る... ——[(⦾+前) 〜 in...] (8) ...(の中に)入る... ——[(⦿+副) 〜 ín] (9) 〈...を〉(中に)入れる,持ち込む... ——[(⦿+前) 〜 ...in...] (16) 〈...を〉...(の中に)入れる...

3 (⦿+副) における他動詞の目的語の位置が固定しているものについては以下の形式で区別し,使用者の注意を喚起するようにした.

(1) [〜+目+当該副詞] ...目的語が名詞・代名詞いずれの場合でも通例 動詞と副詞の間に置かれるもの.

get over... ——[(⦿+副) 〜 óver] ... (12) [〜+目+over] 〈いやな仕事などを〉済ませる,片づける: Let's 〜 the job *over* quickly. 仕事は早く片づけよう.

(2) [〜+当該副詞+名] ...目的語が名詞の場合には動詞・副詞の後に置かれるが,代名詞になった場合には動詞・目的語・副詞の順になるもの.

pùt úp (⦿+副) ... (4) [〜+up+名] 〈抵抗などを〉示す;〈戦いを〉続ける: 〜 *up* opposition 反論[異議]を唱える / 〜 *up* a fight against a new airport 新空港建設反対の戦いをする...

XI 派生語・意味関連形容詞

見出し語の最後に ( ) を用いて派生語と意味関連形容詞を示した.前者は 名 形 動 と通常の品詞と同じ記号を用いて示すが,語源的な関連があることから,しばしば語源記述の代用にもなる.意味関連形容詞は,本来語に対するラテン語系形容詞のように (cf.

city — urban), 語源的に直接は結びつかないが, 意味の対応上, 組として考えうる語を, 関形 として提示した.

XII 語源

語源の記述は, 語源学的記述というよりは, むしろ語義のより深い理解と学習上のヒント, 単語の記憶の助けになるよう配慮し, 《 》 中に表記した. 記述には主に日本語を用いたが, 原語との意味の対応上必要な場合と外来語については英語を用いた箇所がある.

経由・派生関係・語形については, 遡源可能なものをすべて示すことはせず, 簡略化して重要と思われる部分のみを示した. また語形に関しては, 可能なときには原語にかえて, 現代英語の形で代用した場合がある.

言語名については英語の略形を用いた. フランス語・ラテン語などしばしば時代区分がなされている言語については, 英語を除き, 基本的に OF (古期フランス語), ML (中世ラテン語) などとせず, F または L の表示を用いた.

翻字については, 原語の文字で区別されている場合 (ギリシア語の η, ω など) と古期英語を除き, 長音記号は基本的に省略した. またギリシア文字 υ, κ, χ については, 現代英語との対応を重視し, υ ⇒ u, y; κ ⇒ k, c; χ ⇒ ch, kh と同一文字に対してふた通りの翻字を行なった.

pa·cif·ic /pəsífɪk/ ... 《F＜L＜*pax, pac-* PEACE》《フランス語を経てラテン語にさかのぼり, そのラテン語がさらに, peace を意味するラテン語 *pax, pac-* から出たことを示す》.

XIII 文型

文型に関わる情報は, 星印つきの見出し語において, 動詞と一部の名詞・形容詞について示した. 文型要素の結合表示は, 用例の直前に置き, 同じ表示の用例が続く場合は, 最初の例にのみ示して, それ以外は対応する部分をイタリック体とするにとどめた. 重要語以外の語や, 重要語でも用例を示さない時には, 必要に応じて, 訳語の最後に ⟨to do⟩⟨that⟩ など, 前置詞・副詞のコロケーションと同等の提示法を用いて, 結合表示に代えた.

以下, 注意すべき点を示す.

〔+補〕	補語を伴う
〔+目+目〕	間接目的語と直接目的語を伴う
〔+目+補〕	目的語と補語を伴う
〔+*to do*〕	to つき不定詞を伴う
〔+原形〕	to なし不定詞を伴う
〔+*doing*〕	～ing 形を伴う
〔+過分〕	過去分詞を伴う
〔+*that*〕	*that* 節を伴う
〔+*wh.*〕	*wh.* 疑問詞の導く節または *wh.* 疑問詞+to つき不定詞を伴う 《*wh.* 疑問詞とは what, who (whose, whom), which, when, where, how, why および whether (または節を導く時に whether と同義の if) をいう》
〔+*as if*〕	as if, as though に導かれる節を伴う
〔+引用〕	直接話法の文を伴う

この辞書で表示した主要な文型は以下の通りである. 本文中ではこれらから類推できる範囲で例外的な形式も若干用いた.

●動詞型

◎自動詞に補語以外の準動詞形を伴う結合タイプ

〔+*to do*〕

We stopped *to* talk.

〔+*for*+代名+*to do*〕

He was waiting *for* the bus *to* come.

〔+前+代名+*to do*〕

He waved *to* me *to* do it.

☆前 には具体的に該当する語を示した箇所もある.

〔+*doing*〕

My father often goes fish*ing* in this river.

◎自動詞に補語を伴う結合タイプ

〔+補〕

He's a good doctor.

〔+過分〕

I got *caught* in the rain.

〔+*as* 補〕

He continued *as* president.

〔+(*to be*) 補〕

He appears (*to be*) wealthy.

〔+*to do*〕

To live is *to* fight. / He seems *to* know everything about it.

〔+*doing*〕

See*ing* is believ*ing*. / The child kept cry*ing*.

〔+*that*〕

The trouble is *that* she does not like it.

〔+*wh.*〕

What is important is *how* they get along together. / The question is not *what* to do but *how* to do it.

〔+*as if*〕

He looked *as if* he hadn't heard.

◎他動詞に目的語を伴う結合タイプ

〔+*to do*〕

He promised *to* keep the secret.

〔+原形〕

Go and help wash up in the kitchen.

〔+*doing*〕

She stopped talk*ing* and resumed eat*ing*.

〔+*that*〕

She said *that* she lived alone with her mother.

〔+*wh.*〕
Please let us know *when* you are coming. / Do you know *how to* drive a car?
〔+引用〕
"Get out of the room!" he shouted.
◎他動詞に間接目的語と直接目的語を伴う結合タイプ
〔+目+目〕
He sent me a letter of thanks.
〔+目+*that*〕
He told me *that* he liked baseball.
〔+目+*wh.*〕
I asked her *where* she had been. / I will instruct you *when* to start.
〔+目+*to do*〕
Remind me *to* take my umbrella with me.
◎他動詞に目的語と補語を伴う結合タイプ
〔+目+補〕
Flowers make a room more cheerful.
〔+目+*as* 補〕
I regard the situation *as* serious.
〔+目+(*to be*) 補〕
I believe him (*to be*) honest.
〔+目+過分〕
I had my composition correct*ed* by our teacher.
〔+目+*to do*〕
Allow me *to* introduce Mr. Smith to you.
〔+目+原形〕
He won't let anyone enter the room.
〔+目+*doing*〕
He heard branches mov*ing* as the wind grew stronger.
●形容詞型
〔+*of*+代名+*to do*〕
It's very kind *of* you *to* lend me the book.
〔+*for*+代名+*to do*〕
That house is not fit *for* you *to* live in.
〔+*to do*〕
I'm ready *to* go.
〔+*that*〕
I'm so happy *that* you have come to our party.
●名詞型
〔+*to do*〕
I have an appointment *to* see the doctor.
〔+*for*+代名+*to do*〕
It's a good chance *for* you *to* meet him.
〔+*that*〕
I have an idea *that* he's still living somewhere.

XIV 諸記号の用法

1 〈 〉は主に以下の場合に用いた．
(1) 動詞における主語・目的語・補語，またそれらに相当する準動詞形・従属節・引用節を示す場合．後者については XIII も参照．
‡**fas·ten** /fǽs(ə)n│fάː(ə)n/ ... 動 他 ❶ a 〈ものを〉しっかり留める，くくりつける: ~ a rope ロープを留める...

── 自 ❶ 〈ドアなどが〉閉まる; 〈かぎなどがかかる; 留まる: The latch won't ~. その掛け金はどうしても締まらない...
‡**feel** /fíːl/ ... 動 自 ❶ a 〈人が〉...であると〉感じる，〈...の〉感じ[心地]がする: 〔+補〕I ~ cold. 寒けがする...
‡**say** /séɪ/ ... 動 ❶ 〈人に〉...と〉言う... 〔+引用〕He *said* (*to* me), "Yes, I will." 彼は（私に）「やります」と言った．
(2) コロケーションの頻度の高い副詞を示す場合（用例との関係は 2 の前置詞の場合と同等）.
‡**fade** /féɪd/ 動 自 ... ❷ a 〈色・光・音などが〉次第に消えて[薄れて]いく〈*out, away, off*〉...
(3) 形容詞などにおける選択制限を示す場合．
⁺**flu·ent** ... 形 ... ❶ a 〈人が〉流暢（ﾘｭｳﾁｮｳ）な，能弁な，すらすらと話せる[書ける]: a ~ speaker 能弁な人，...
❷ 〈言葉が〉流暢な，すらすらと出る: speak ~ Japanese 流暢な日本語を話す．
(4) 名詞・形容詞に伴う準動詞形・従属節を示す場合．
‡**a·ble** /éɪbl/ 形 ... ❶ Ｐ 〈...することができて，〈...し〉えて...: 〔+*to do*〕I wasn't ~ *to* solve the riddle. 私はその謎を解くことができなかった．
(5) 前置詞の目的語を示す 《前置詞を要素にもつ成句・句動詞で，その目的語に選択制限がある場合など》．
put on [(自+前) ~ on...] (14) 《英》〈人〉に迷惑をかける．

2 〔 〕はコロケーションの頻度の高い前置詞を表わし，それを用例中に用いた時は，最初の例では肉太イタリック体（***bold italics***），それ以後をイタリック体（*italics*）で示した．ただし該当する前置詞がすべて，用例中に現われる場合には，〔 〕を省略し，用例での提示で代替した．
‡**de·ve·lop** /dɪvéləp/ 動 ... 他 ❶ a 〔...から〕〔...に〕発達させる，発展させる〔*from*〕〔*to, into*〕... ~ a company ***from*** nothing...
se·lect /səlékt/ 動 ... ~ed a passage ***from*** Milton. ... He was ~ed *out of* a great number of candidates...

3 [ ]は主に以下の場合に用いる．
(1) 言い換え可能の場合．
五分五分の[で]（『五分五分の』と「五分五分で」の意である）.
(2) 語法・用法上の指示・注意事項を示す場合．
‡**dress** /drés/ 名 ❸ Ｕ [通例 修飾語を伴って] 正装，礼服: ⇨ evening dress, full dress...

4 ( ) は以下の三つの場合に用いる．
(1) 訳語の補足説明をする場合．
‡**field** /fíːld/ 名 ❶ Ｃ [通例 複数形で] a (森林・建物のない)野...
(2) 省略可能の箇所を示す場合．
妖精の(ような)（『妖精の』と「妖精のような」の意である）．
(3) 訳語中で，動詞の目的語が前置詞を用いて書き換え可能であることを示す場合．
‡**find** 動 他 ❷ a ... 〈人に〉〈もの・人を〉見つけてやる，探してやる: 〔+目+目〕Will you ~ me my contact lens?=Will you ~ my contact lens *for* me?

5 《 》は訳語の説明，|用法|をはじめとする種々の説明に用いた．

 Fin·land /fínlənd/ |名| フィンランド《北ヨーロッパの共和国; 首都 Helsinki》．

6 ～について．

 見出し語と同じ綴りの部分はスワングダッシュ（～）を，見出し語の一部が変わる時の変わらない部分は短いスワングダッシュ (~) を用いてある．

 ‡**best** /bést/ |名| ❶ [the ~] 最上, 最善: the next [second] ~ 次善(のもの)…

 leg·horn /lég(h)ɔən | legɔ́ːn/ |名| [時に L~] レグホーン種の鶏…

7 その他の記号など

(1) cf. は「参照せよ」の意で，相手方に関連のある記述のあることを示す．語源欄では，参照先の語源が構成要素の一部であるか，または参照先にさらに歴史的にさかのぼる記述があることを示す．

(2) ⇒ は「相手方を見よ」の意で，主な記述が相手方にあることを示す．

(3) ＝ は「相手方と同じ」の意で，記述自体が相手方にあることを示す．語源欄では，語形を表示しないときに，ある言語で ＝ 以下の意味であったことを示す．

(4) ↔ は「反意語・対語」を示す．

(5) ★ は注意すべき事柄につける．なお，特に注意を喚起する意味で |解説| |関連| |用法| |比較| |由来| |語形| |綴り| |読み方| |変換| |発音| などの囲みをつけた．

(6) ↑または↓は，語源欄で，直前[直後]の見出し語からの派生，または，直前[直後]の語源欄への参照を示す．

(7) 小型大文字（SMALL CAPITALS）で示した語句は，その語句を参照せよの意を示す．

(8) 用法指示・用例・成句の中で用いた one と a person の使い分け．one はその位置に，(a) 主語と呼応する代名詞が代入される，a person はその位置に (b) 主語と呼応しない名詞・代名詞が代入されることを示す．ただし a person は，(a) (b) のどちらも可能であるときにも用いた．

言語名の略形

AF	Anglo-French	Gmc	Germanic	OF	Old French
Afrik	Afrikaans	Heb	Hebrew	ON	Old Norse
Am-Sp	American Spanish	Hung	Hungarian	Pers	Persian
Arab	Arabic	Icel	Icelandic	Pol	Polish
Aram	Aramaic	IE	Indo-European	Port	Portuguese
Austral	Australian (Aboriginal)	Ir	Irish	Prov	Provençal
		It	Italian	Russ	Russian
Celt	Celtic	Jpn	Japanese	S-Am-Ind	South American Indian
Chin	Chinese	L	Latin		
Dan	Danish	LG	Low German	Sc	Scottish
Du	Dutch	M…	Middle / Medieval	Scand	Scandinavian
E	English	ME	Middle English	Skt	Sanskrit
Egypt	Egyptian	Mex-Sp	Mexican Spanish	Slav	Slavonic
F	French	ModGk	Modern Greek	Sp	Spanish
Finn	Finnish	N-Am-Ind	North American Indian	Swed	Swedish
Frank	Frankish			Turk	Turkish
G	German	Norw	Norwegian	W-Afr	West African
Gael	Gaelic	O…	Old	Yid	Yiddish
Gk	Greek	OE	Old English		

略語表

〖アメフト〗	アメリカンフットボール	〖鉱〗	鉱物(学), 鉱山	〖電〗	電気
〖医〗	医学	〖古ギ〗	古代ギリシア	〖電算〗	コンピューター
〖遺〗	遺伝学	〖古生〗	古生物	〖電子工〗	電子工学
〖印〗	印刷	〖古ロ〗	古代ローマ	〖統〗	統計学
〖韻〗	韻律学	〖昆〗	昆虫(学)	〖動〗	動物(学)
〖宇〗	宇宙	〖史〗	歴史(学)	〖図書〗	図書館(学)
〖映〗	映画	〖歯〗	歯科(学)	〖農〗	農業, 農学
〖泳〗	水泳	〖写〗	写真	〖馬〗	馬術
〖英国教〗	英国国教会	〖社〗	社会学	〖バスケ〗	バスケットボール
〖園〗	園芸	〖車〗	自動車	〖バド〗	バドミントン
〖化〗	化学	〖狩〗	狩猟	〖バレー〗	バレーボール
〖海〗	海語, 航海	〖宗〗	宗教	〖美〗	美術
〖解〗	解剖学	〖修〗	修辞学	〖フェン〗	フェンシング
〖画〗	絵画	〖商〗	商業	〖服〗	服飾
〖楽〗	音楽	〖晶〗	結晶	〖プロ〗	プロテスタント
〖カト〗	カトリック	〖城〗	築城	〖保〗	保険
〖株〗	株式	〖植〗	植物(学)	〖簿〗	簿記
〖眼〗	眼科(学)	〖心〗	心理学	〖ボウル〗	ボウリング
〖気〗	気象(学)	〖人〗	人類学	〖法〗	法学, 法律(学)
〖幾〗	幾何	〖数〗	数学	〖砲〗	砲術
〖機〗	機械	〖スポ〗	スポーツ	〖紡〗	紡績
〖キ教〗	キリスト教	〖生〗	生物(学)	〖ボク〗	ボクシング
〖ギ神〗	ギリシア神話	〖政〗	政治(学)	〖紋〗	紋章(学)
〖ギ正教〗	ギリシア正教	〖聖〗	聖書	〖野〗	野球
〖魚〗	魚類(学)	〖生化〗	生化学	〖冶〗	冶金
〖空〗	航空	〖染〗	染色, 染料	〖薬〗	薬学
〖クリケ〗	クリケット	〖占星〗	占星術	〖郵〗	郵便
〖軍〗	軍事	〖測〗	測量	〖窯〗	窯業
〖経〗	経済(学)	〖地〗	地質学	〖理〗	物理学
〖芸〗	芸術	〖畜〗	畜産	〖力〗	力学
〖劇〗	演劇	〖地物〗	地球物理学	〖倫〗	倫理学
〖建〗	建築(学)	〖彫〗	彫刻	〖レス〗	レスリング
〖言〗	言語(学)	〖鳥〗	鳥類(学)	〖労〗	労働
〖工〗	工学	〖哲〗	哲学	〖ロ神〗	ローマ神話
〖光〗	光学	〖天〗	天文学	〖論〗	論理学

A a

a¹, A¹ /éɪ/ 图 (嚮 as, a's, As, A's /~z/) ❶ C|U エイ《英語アルファベットの第1字; cf. alpha 1》. ❷ U (連続したものの)第1番目(のもの).
from Á to B̀ ある場所から他の場所へ.
from Á to Ź 初めから終わりまで, すっかり: learn a subject *from A to Z* ある科目を余すところなく学ぶ.
the Á to Ź of... [know, learn, teach などと共に用いて] ...のすべてを.

a² /éɪ/ 图 (嚮 a's, as /~z/) [通例 a の字体で]【数】第1既知数 (cf. b², c²; x², y², z²).

A² /éɪ/ 图 (嚮 A's, As /~z/) ❶ C A 字形(のもの). ❷ U|C (5段階評価で)秀, エイ (cf. grade 3): all [straight] A's 全秀 / get an A in English 英語で秀をとる. ❸ U (ABO 式血液型の)A型. ❹ U【楽】イ音《ドレミ唱法のラ音》: A flat [sharp] 変[嬰](ニ̀)イ音. b イ調: A major [minor] イ長調[短調]. ❺ U (通例形容詞的に)《英》A級幹線道路. ❻ [形容詞的に] (紙の)A判.【電算】十六進数のA《十進法で10》. — 图 最上級の: ⇨ A one.

‡**a³** /(弱形) ə; (強形) éɪ/ 冠 (不定冠詞)

[用法] (1) /éɪ/ は特に強調する場合や息をついて発音する場合にだけ用いる. (2) 子音で始まる語の前では **a**, 母音で始まる語の前では **an** を用いる (⇨ 用法 3): *a* cow, *an* ox; *a* horse, *an* hour /áʊə/|áʊɚ/; *an* uncle, *a* unit /júːnɪt/; *an* office girl, *a* one-act /wʌ́nækt/ play; *a* watch, *an* AB판. (3) 単数形の可算名詞に形容詞がつく場合, 通例「a(n)(+形+名)」の語順になる (例: *a* fine day / *an* extremely fine day); 文語の many, such, 感嘆詞の what, しばしば half, rather の後, a(n) はそれらの後にくる (例: *many a* boy / *such a* thing / *What a* pity! / *half an* hour / *quite a* young lady / *rather an* idle boy); as, so, too の後に形容詞を伴った場合「as [so, too]+形+a(n)+名」の語順 (例: *as* [*so, too*] *heavy a* book). (4) this, that, some などの限定詞や my, his などの所有格と a(n)を並列することはできない (例: *a this* girl, *this a* girl, *a my* [*my a*] son は間違い; cf. *a son of mine* ⇨ mine¹ 2 成句) (5) 「no such [形容詞+名詞]+图」の形の場合には通例 a(n) を入れない (例: *no such a disaster* は間違い) (6) 呼びかけの場合には無冠詞: Hello, friend! (7) 補語になる名詞が官職・地位・役割などを表わす場合には無冠詞: She was elected chairperson. 彼女は議長に選ばれた.

❶ **a** [可算名詞の単数形の前において] (漠然と)あるひとつ[一人]の (★ one の弱まった意で通例訳さない): There is *a* book on the desk. 机の上に本が(1冊)ある / *A* student came to see me. (ある)学生が会いに来た / It's not *a* good job, but it's *a* /éɪ/ job. よい仕事ではないが仕事であることには変わりない / She has *a* [=such *a* wonderful [loud *etc.*] voice. 彼女はすばらしい [大きい, などの]声をしている / *a* poet and novelist 詩人で小説家(1人) (比較) *a* poet and *a* novelist は通例「詩人と小説家(2人)」の意味で; ただし, 1 人で二面の活動ないし性質を強調するときは両方に冠詞がつく: He was *an* actor and *a* playwright. (彼は俳優でありかつ劇作家であった) / *a* watch and chain 鎖つきの時計 (★ and は with の意で1個のものと考える). b ひとつの, 一人の: Rome was not built in *a* day. 《諺》 ローマは1日にして成らず / in *a* word ひと口に言えば / to *a* man 一人残らず / to *an* HOUR 成句 / I never said *a* word. ひと言も言わなかった / *a* day or two 一両日 / I said *a* book, not *a* magazine. 本を1冊と言ったので(あり), 雑誌1冊と言ったのではない. c U|C の名詞につけて具体的・種類・個々のものを表わして) ...の一片; ...の一例; ...の一人前, 一回分; ...の一種類; ...の結果(造られるもの): *a* fire たき火, 火事, 暖炉の火(など) / *a* murder 殺人事件 / *a* kindness (一つの)親切な行為 / *a* beer [coffee, whiskey and soda] ビール[コーヒー, ウイスキーソーダ]1杯 / *an* aspirin アスピリン1錠 / have *a* sleep ひと眠りする / *an* invention 発明品 / *a* bronze 青銅製品1つ / *a* French wine フランスワイン1本 / hear *a* creaking of a door ドアがキーキーいうのを聞く.

❷ **a** ある(程度の)人[物] (★ some の弱い意味): in *a* sense ある意味では / I have *a* knowledge of astronomy. (専門(家)ではないが)天文学のことは(いくらか)知っている. b [固有名詞につけて] ...という人 (⇨ certain B 2): *a* Mr. Smith スミスさんという人. c [固有名詞につけて] 家の人: *a* Stuart スチュアート家の人. d [固有名詞につけて] 作品, 製作物): *a* Picasso ピカソの作品 / *a* Ford フォード(社製)の車.

❸ **a** [固有名詞につけて] ...のような人[もの]: *a* Newton ニュートンのような人(大科学者). b [...の形で] ...のような (cf. of A 5 b): an angel *of a* boy (天使のような)とてもかわいい少年. c [固有名詞につけて; 人などの新しい様相・それまでに知られなかった面を示して]: *a* vengeful Peter 復讐(ふくしゅう)に燃えたピーター.

❹ [総称的に] ...というもの, すべて... (★ any の弱い意で通例訳さない): *A* dog is faithful. 犬は忠実である (用法 この意味では Dogs are faithful. のように無冠詞で複数形を用いるのが普通 (cf. the B 1 a)).

❺ [単位を表わす語につけて] ...につき, ...ごとに (per) (★ 前置詞の働きをし, また, 訳さないこともある; cf. the B 5): once *a* day 日に1回 / 5 dollars *a* yard ヤード当り5ドル.

❻ [通例 of *a* の形で用いて] 同一の, 同じ (cf.): They are all *of a* mind [*a* size]. みな同じ心[大きさ]である / be *of an* age 《2 人以上が》同じ年齢である / birds *of a* feather 同類.

❼ [数量を表わす語につけて慣用法的に]: *a* dozen eggs 1ダースの卵 / *a* hundred books 100冊の本 / ⇨ few 形 2, 代 1, little 形 B 2, 副 1, many 2, a good [great] MANY 成句.

〖OE=an one; *a* は子音の前で n が落ちたもの〗

a⁴ /ə/ 動 (口・方)=have²: You must *a* [musta] done it.=You must have done it.

a⁵ /ə/ 前 [しばしば先行する名詞につけて用いて] 《口・方》=of: *a* kinda=KIND¹ of 成句 / sorta=SORT of 成句.

@ /ət, æt/ 《記号》❶ 【電算】アット(マーク) 《電子メールのアドレスでユーザー名とドメイン名の間に用いる》. ❷ 【商】単価... で: @\$100 a doz. 1ダース100ドル.

A (略) about; acre(s); act(ing); adjective; age(d); alto; ampere; answer; are²; (時刻表) arrive(s); assist(s) 野 補殺; at. **A** (略) answer (cf. Q); (生化) adenine; (電) ampere(s). **A.** (略) absolute (temperature); Academician; Academy; Airplane; America(n); April; Army; Artillery. **Å** (記号) (理) angstrom.

a-¹ /ə/ 接頭 ❶ [名詞につけて形容詞・副詞を作って] 「...に」「...へ」: 《用法 a- のついた語は P の形容詞としてのみ用いる》: ashore 海岸へ / abed (文) =in bed / afoot. ❷ [動名詞につけて] 《古・方》 「...して」 「...中で」: fall *a*-crying 泣きだす / go *a*-fishing 釣りに行く / set a bell (*a*-)ringing 鐘を鳴らし始める (★ a- は現在では通例略されるため -ing 形は現在分詞ともみなされる). 〖OE *an on* in, on〗

a-² /æ, æ, ə/ 接頭 「非...」「無...」: amoral, atheist. 〖Gk *an*-; a- は子音の前で n が落ちたもの〗

a-³ /ə/ 接頭 ❶ (m, p, v の前にくる時の) ab- の異形: aversion. ❷ (gn, sc, sp, st の前にくる時の) ad- の異形: ascription.

-a /ə/ 接尾【化】「酸化物」の意の名詞語尾: thoria.

aa /áːɑː/ 图 ⓊアА溶岩《表面に小さいとげが密集して粗く, 凹凸に富む玄武岩質溶岩の形態; cf. pahoehoe》.

AA 《略》Alcoholics Anonymous; Antiaircraft; Associate of Arts 準文学士; Automobile Association 《英》自動車協会《自動車運転者の団体で, 路上での故障修理などのサービスを行なう》.

AAA 《略》American Automobile Association アメリカ自動車協会《★ triple A とも読む》.

AAAS 《略》American Association for the Advancement of Science 米国科学振興協会.

AAD 《略》analogue analogue digital《録音方式; アナログで録音・マスターテープ作成を行ない, その後デジタル化する》.

aah /áː/ 間 =ah.

AAM 《略》AIR-TO-AIR missile.

A & E /éɪandíː/《略》accident and emergency.

A&M 《略》Hymns Ancient and Modern『古今聖歌集』《英国公会用の讃美歌集》.

A & R 《略》artist's and repertory [repertoire, recording]: an ~ man《レコード会社の》制作部員, ディレクター.

aard·vark /áːdvɑ(ə)k | áːdvɑːk/ 图《動》ツチブタ《アリ・シロアリを常食とするアフリカ産の夜行性動物》.

áard·wòlf 图《動》ツチオオカミ, アードウルフ《hyena に似たアフリカ南部・東部産の動物で死肉や昆虫を食う》.

aargh /áɑɡ, áː | áː(ɡ)/ 間 アアーッ, ウワー, ウォー, ギャー《驚き・恐怖・苦痛・不快・怒りなどを表わす》.

Aar·on /é(ə)rən/ 图《聖》アロン《Moses の兄, ユダヤ最初の祭司長》.

Aar·on /é(ə)rən/, **Henry Louis** 图 (ハンク) アーロン (1934-); 米国の野球選手; 通算本塁打数 755 本》.

Áaron's ród 图《植》長い花茎をもつ植物, (特に)ビロードモウズイカ.

AARP /éɪɑːpíː, áɑp | áːpíː, áːp/ 《略》American Association of Retired Persons.

A'a·sia /éɪéɪʒə, -ʃə/ 《略》Australasia.

AAU 《略》Amateur Athletic Union 全米体育協会.

AAUP 《略》American Association of University Professors 米国大学教授協会.

ab /æb/ 图《通例複数形で》《口》腹筋 (⇨ abs).

Ab /áːb, æb/ 图《ユダヤ暦》アブ《政暦の第 11 月, 教暦の第 5 月; 現行太陽暦で 7-8 月》.

AB 图 Ⓤ 《ABO 式血液型》AB 型.

AB 《略》able-bodied seaman;《米》Bachelor of Arts.

ab- /æb, əb/ 接頭「分離」「離脱」(cf. abs-): *ab*normal, *ab*duct, *ab*use.

ABA 《略》《英》Amateur Boxing Association アマチュアボクシング協会; American Bar Association; American Booksellers Association 米国小売書店協会.

ab·a·ca /æbəkáː, ━━━/ 图 ❶ Ⓒ マニラ麻. ❷ Ⓤ マニラアサ, マニラパショウ《フィリピン産; マニラ麻の原料》.

ab·a·ci /æbəsaɪ/ 图 abacus の複数形.

+a·back /əbæk/ 副《海》逆帆に(なって). **be táken abáck**《人が …に》不意を打たれる, あっけにとられる (by, at).

ab·a·cus /æbəkəs/ 图 (-cus·es, -ci /-saɪ/) ❶ a《子供に計算を教えるための》計算器, アバカス《数本のレールに玉がついている》: on an ~ アバカスで. b (東洋の)そろばん. ❷《建》《円柱頭の》かむり板.

a·baft /əbǽft | əbáːft/《海》副 船尾に[へ]. — 前 …より船尾[後方]に: ~ the mainmast メーンマストより後方に.

ab·a·lo·ne /æbəlóuni/ 图 Ⓒ Ⓤ《貝》アワビ.

＊a·ban·don /əbǽndən/ 動 他 ❶《人・船・国・地位などを》捨てる, 見捨てる, 捨て去る: ~ a friend 友人を見捨てる / ~ one's post 地位を捨てる / A~ ship! [沈没じかけて]船を離れろ《★無冠詞》. ❷《人・ものに》《人・ものをゆだねる, 任す: ~ the city *to* the enemy その都市を敵に明け渡す. ❸ a《計画・習慣などを》(中途で)やめる《★ give up のほうが口語的》: ~ one's work 仕事を断念する / ~ all hope すべての希望を断念する. b 《…をやめて[にして]…にする》: ~ law *for* art 法律をやめて美術をやる. ❹《文》[~ oneself で]《快楽・悲嘆などに》身を任せる, ふける: He ~ed himself *to* pleasure(s) [grief]. 彼は歓楽[悲嘆]に明け暮れた. — 图《自由》奔放, 気まま: with (careless [gay, reckless, wild]) ~ 思うままに, 思いきり.《F=統制の下に置く〈á-ad-+*bandon* ban, control》（图 abandonment）

＊a·bán·doned 形 Ⓐ ❶《人から(見)捨てられた;《車・家などと》放棄した: an ~ child 捨て子 / an ~ car 乗り捨てられた車. ❷《人・行為など》放埒(ほうらつ)な, 勝手気ままな.

†a·bán·don·ment /-mənt/ 图 Ⓤ ❶ 放棄, 遺棄. ❷ a 自暴自棄. b (自由)奔放, 気まま.（動 abandon）

a·base /əbéɪs/ 動 他 ❶《人の》地位・品格などを)落とす, 下げる. ❷ ~ oneself で 卑下する, へりくだる.《F<L =下げる <AD-+*bassus* 低い》

a·báse·ment /-mənt/ 图 Ⓤ《品位などの》失墜; 卑下: (the) ~ of the law 法の権威の失墜.

a·bash /əbǽʃ/ 動 他《人を》恥じ入らせ, 当惑させる《通例 abashed》. **-ment** /-mənt/ 图 Ⓤ 恥じ入ること; 当惑.

a·báshed 形《人前で》恥じ入って, 当惑して, まごついて〈*at, by*〉: be [feel] ~ きまり悪がる, まごつく.

+a·bate /əbéɪt/ 動 他 ❶《勢い・苦痛などをやわらげる, 弱める: The medicine ~*d* the pain. 薬で痛みがひいた. ❷《法》《不法妨害を》排除する: ~ a nuisance 不法妨害を除去する《隣家から突き出た木の枝を切るなど》. — 自《風・あらし・怒りなどが》衰える, やわらぐ;《洪水・熱めなどが》: The storm ~*d.* あらしが弱まった.《F=打ち倒す<L AB-+*batuere* 打つ (cf. batter²)》

a·báte·ment /-mənt/ 图 ❶ a Ⓤ 減少; 減退; 減額. b Ⓤ 減免額;《特に》減税額. c Ⓤ《法》《不法妨害の》排除.

ab·a·tis, ab·at·tis /æbətɪs/ 图 (圏 ~·es, /-tíːz/)《敵の侵入を防ぐためにとがった枝を並べた》鹿砦(ろくさい), 逆茂木(さかもぎ).

ab·at·toir /æbətwɑː | -twɑː/ 图 畜殺場.

ab·ax·ial /æb-/ 形《植・動》軸から離れている, 背軸の (↔ adaxial).

Ab·ba /æbə/ 图 ❶《時に a~》父, アバ《キリスト教の新約聖書で神を呼ぶ語》. ❷ 師父《シリア教会・コプト教会・エチオピア教会の司教の称号》.

ab·ba·cy /æbəsi/ 图 大修道院長の職[地位, 任期].

Ab·ba·sid /æbəsɪd, əbɑ́ːs-/ 图 アッバース朝のカリフ《Baghdad を首都としたイスラム帝国 (750-1258) のカリフ (caliph)》: the ~ dynasty アッバース朝.

ab·ba·tial /əbéɪʃ(ə)l/ 形《大》修道院の;《女子》修道院長の.

ab·bé /æbeɪ/ 图《フランス(人)の》聖職者, (もと)大修道院長.

ab·bess /æbes/ 图 大修道院長《女性》.

+ab·bey /æbi/ 图 ❶ (abbot または abbess が管理した昔の)大修道院. ❷《しばしば A~》《もと大修道院であった》大寺院[邸宅]; [the A~]=Westminster Abbey.《F<L》

ab·bot /æbət/ 图 大修道院長.《L<Gk<Aram=father》

abbr(ev). 《略》abbreviated; abbreviation(s).

ab·bre·vi·ate /əbríːvièɪt/ 動 他 ❶《語・句などを(一部を残して)略して書く, 短縮する: "United Nations" is usually ~*d to* "UN." United Nations (国連)は普通 UN と略記[略称]される. / Christmas is ~*d as* Xmas. クリスマスは Xmas と略す. ❷《話・テキストなどを》短縮する.《L<AB-+*breviare* 短くする <*brevis* 短い; cf. brief》【類義語】 ⇨ shorten.

ab·bré·vi·àt·ed /-tɪd/ 形 短縮[省略]した.

ab·bre·vi·a·tion /əbrìːviéɪʃən/ 图 ❶ Ⓒ 省略形, 略語, 略字: "TV" is an ~ *for* [*of*] "television." TV は television の略語だ. ❷ Ⓤ 省略, 短縮.

【語法】語の省略は (1) period [.] で示す: Jan. (< January) / cf. (< confer). (2) 語尾を残す場合も同じ方式が普通であるが, 初めと終わりの文字などで造るときは [.] を用いない方式もある: Mr. *or* Mr (< Mister) / Ltd. *or* Ltd (< Limited). (3) しばしば用いる術語・頭字語には [.] を用いないことも多い: OE *or* O.E. (< Old English) / SE (< South-East) / UNESCO (< United Nations Educational, Scientific, and Cultural Organization). (4) 省略によってできた新語では [.] は不要: bus (< omnibus), ad (< advertisement), etc.

*ABC /éɪbìːsíː/ [名] (複 ~'s, ~s /~z/) ❶ [U] [通例 one's [the] ~('s) で] エービーシー; 読み書きの初歩 《[用法] 《米》では通例複数形》: learn one's [*the*] ~('s) エービーシーを習う; 読み書きの手ほどきを受ける. ❷ [the ~('s) で] 初歩, 入門 《[用法] 《米》では通例複数形》: *the* ~('s) *of* economics 経済学入門. (as) **easy as ÁBĆ** 非常にやさしい[たやすい].

ABC 《略》 American Broadcasting Company 《米国の三大テレビネットワークの一つ》.

ABD /éɪbìːdíː/ [名] (博士課程の)論文未修了者 《単位の取得・試験の合格は済んでいる》.

ab·dabs /ǽbdæbz/ [名] 複 =habdabs.

ab·di·cate /ǽbdəkèɪt/ [動] [他] ❶ 〈王位などを〉捨てる, 退く: ~ the throne 退位する. ❷ 〈権利・責任などを〉放棄する, 捨てる. ― [自] 〔王位などから〕退位する 〔*from*〕.

ab·di·ca·tion /æ̀bdəkéɪʃən/ [名] [U,C] ❶ 退位 〔*of, from*〕. ❷ 〔権利などの〕放棄, 棄権 〔*of, from*〕.

áb·di·cà·tor /-ṭə | -tə/ [名] ❶ 退位者. ❷ 放棄者.

+**ab·do·men** /ǽbdəmən/ [名] (複 ~s, **-dom·i·na** /æbdámənə, əb- | -dɔ́m-/) ❶ 〘解〙 (人間・哺乳動物の)腹部, 腹. ❷ (昆虫・甲殻類の)腹部. 〘L〙

+**ab·dom·i·nal** /æbdámən(ə)l, əb- | -dɔ́m-/ [形] 腹部の: ~ breathing 腹式呼吸 / an ~ operation 開腹手術.

ab·du·cens /æbd(j)úːsènz/ [名] (複 **-cen·tes** /æ̀bd(j)ʊséntiz/) (また **abdúcens nèrve**) 〘解〙 外転神経.

+**ab·duct** /æbdʌ́kt, æb-/ [動] [他] ❶ 〈人を〉(暴力・策略で)誘拐[拉致]する (kidnap). ❷ 〘生理〙 〈手・足などを〉外転させる (↔ adduct). 〘L=導き去る < AB-+*ducere, duct-* (cf. duct)〙

ab·duct·ee /æ̀bdʌktíː, əbdʌ̀k-/ [名] 誘拐[拉致]された人.

ab·duc·tion /æbdʌ́kʃən, æb-/ [名] [U] ❶ 誘拐, 拉致. ❷ 〘生理〙 (手・足などの)外転.

ab·dúc·tor /-tə | -tə/ [名] 誘拐者.

Ab·dul-Jab·bar /æbdúːlʤəbáə | -báː/, **Kareem** /kəríːm/ [名] アブドゥル-ジャバー 《1947– ; 米国のバスケットボール選手》.

Abe /éɪb/ [名] エイブ 《男性名; Abraham の愛称》.

a·beam /əbíːm/ [副] 〘海〙 (船の)真横に.

abed /əbéd/ [副] 《米・英古》 就床[臥床]して.

A·bel /éɪb(ə)l/ [名] 〘聖〙 アベル 《Adam の第 2 子; 兄 Cain に殺された》.

Ab·e·lard /ǽbəlàəd | -làːd/, **Peter** [名] アベラール 《1079–?1142; フランスの哲学者・神学者》.

abe·li·an /əbíːliən/ [形] [しばしば A~] 〘数〙 アーベルの(定理の), 交換可能な. 〘N. H. *Abel* ノルウェーの数学者〙

ABEND 《略》 〘電算〙 abnormal end of task タスクの異常終了.

Ab·er·deen /æ̀bədíːn | æ̀bə-←/ [名] アバディーン 《スコットランド北東部の都市》.

Áberdeen Án·gus /-ǽŋgəs/ [名] アバディーンアンガス 《スコットランド産の角のない食肉用黒牛》.

Ab·er·do·ni·an /æ̀bədóuniən | æ̀bə-←/ [形] Aberdeen 市(民)の. ― [名] アバディーン(生まれ)の人.

ab·er·rance /æbérəns/ [名] [U] 常軌逸脱; 異常.

ab·er·ran·cy /æbérənsi/ [名] =aberrance.

ab·er·rant /æbérənt/ [形] ❶ 正道をはずれた; 常軌を逸した. ❷ 〘生〙 変型の, 異常の. **~·ly** [副]

+**ab·er·ra·tion** /æ̀bəréɪʃən/ [名] [C,U] ❶ 正道[常軌]をはずれること; 脱線(行為). ❷ 〘医〙 (一時的)精神異常. ❸ 〘生〙 異常. ❹ 〘光〙 収差. ❺ 〘天〙 光行差.

a·bet /əbét/ [動] [他] (**a·bet·ted; a·bet·ting**) 〈人を〉けしかける, 扇動する, 教唆(きょうさ)する; 〈人を〉扇動して〔悪事・犯罪を〕働かせる: ~ a person *in* a crime 人をそそのかして罪を犯させる. **áid and abét** ⇨ aid [動] [成句].

a·bét·ment /-mənt/ [名] [U] 扇動, 教唆(きょうさ).

a·bét·tor, a·bét·ter /-ṭə | -tə/ [名] 教唆者.

a·bey·ance /əbéɪəns/ [名] [U] ❶ (一時的な)中止, 停止: be in ~ 一時停止中である / hold [leave]...in ~ ...を未決[棚上げ]にしておく / fall into ~ 一時停止になる. ❷ 〘法〙 (自由保有地の)原有者不在, (財産の)帰属者未定状態.

ABH 《略》 actual bodily harm.

ab·hor /æbhɔ́ə, əb- | -hɔ́ː/ [動] [他] (**ab·horred; ab·hor·ring**) ひどく嫌う, 嫌悪する 《★ 進行形不可》: I ~ violence. 暴力を憎む. 〘L=しりごみする〙 【類義語】 ⇨ hate.

ab·hor·rence /æbhɔ́ːrəns, əb- | -hɔ́r-/ [名] ❶ [U] [また an ~] 憎悪, 嫌悪感: hold...in ~=have *an* ~ of...をひどく嫌う. ❷ [C] 大嫌いなもの.

ab·hor·rent /æbhɔ́ːrənt, əb- | -hɔ́r-/ [形] ❶ 〈行為など〉忌まわしい, 大嫌いな, いやでたまらない; 相反する: Hypocrisy is ~ *to* him. 彼は偽善が大嫌いだ / To do such a thing would be ~ *to* my principles. そのような行為は私の主義には相反するものだ. ❷ [P] 〔...を〕嫌って: He's ~ *of* compromise. 彼は妥協を嫌う.

ab·hor·rer /æbhɔ́ːrə, əb- | -rə/ [名] 忌み嫌う人.

abid·ance /əbáɪd(ə)ns/ [名] [U,C] 持続; (規則などの)遵守; 居住, 滞在.

+**a·bide** /əbáɪd/ [動] (**a·bode** /əbóud/, **a·bid·ed**) [他] ❶ [can または could と共に否定・疑問文で] 〈...を〉我慢する: I *cannot* ~ dirt. 私は不潔は耐えられない. ❷ 覚悟して待つ; 〈運命・判決を〉甘んじて受ける. ― [自] [副詞句を伴って] 《古》 〔...に〕とどまる, 残る 〔*in, at, with*〕; 〔...に〕住む, 滞留する: ~ *in* the same place 同じ場所にとどまる / *A~ with* me. わがもとにとどまれ 《賛美歌から》. **abíde by...** (1) 〈規則・法令・決定など〉を守る: You must ~ *by* your promise. 約束は守らなければならない. (2) 〈結果など〉を甘受する; 〈決定など〉に従う: I'll ~ *by* your decision. 君の決定に従うよ.

+**a·bíd·ing** /-dɪŋ/ [形] [A] 〈感情など〉長続きする, 永久的な (lasting): (an) ~ friendship 変わらぬ友情.

Ab·i·djan /æ̀biːʤáːn/ [名] アビジャン 《コートジボアール南東部の港市・旧首都; cf. Yamoussoukro》.

ab·i·gail /ǽbəgèɪl/ [名] 侍女, 腰元.

a·bil·i·ty /əbíləṭi/ [名] ❶ [単数形で] 〈...することが〉できること[能力] (↔ inability): 〔+*to do*〕 He has the ~ *to* do the job. 彼はその仕事ができる 《[用法] *of* do*ing* の構文は不可》. ❷ [C,U] 能力, 技量; 力量 〔*in, at*〕; [しばしば複数形で] 才能: He has (an) unusual ~ *in* English. 彼は英語にずばぬけた才能を持っている / to the best of one's ~ 力の及ぶかぎり / The job is beyond his ~. その仕事は彼の能力を超えている / He performed the role with great ~. 彼はその役を見事に演じた / a man [woman, person] of ~ 有能な人 / natural *abilities* 生まれながらの才能. 〘F < L〙 ([形] able) 【類義語】 **ability** 生まれつきの, または努力して得た能力; 一般的な語. **talent** 特に芸術の分野における生まれつきの才能; 訓練によってさらにみがきがかけられることを暗示する. **gift** 努力によって得られたのではなく, 生まれつき持っている優れた才能. **genius** 芸術や科学における生まれつきの独創的・超人的な才能. **faculty** ある特定の分野における先天的または後天的な能力. **competence** あることを一応やれるという能力; 特に優れていることを意味しない.

-a·bil·i·ty /əbíləṭi/ [接尾] -able に対する名詞語尾: ca*pability*, accept*ability*.

ab in·i·ti·o /æbɪníʃiòu/ [副] 最初から. 〘L=from the beginning〙

a·bi·o·génesis /èɪbaɪou-, æ̀biou-/ [名] [U] 〘生〙 自然[偶然]発生 《生物が親なくして[無生物から]発生すること; 今はすたれた説》.

a·bi·o·génic /èɪbaɪou-/ [形] 非生物起源の, 有機体によらない.

a·bi·ot·ic /èɪbaɪáṭɪk | -ɔ́t-←/ [形] 生命のない, 無生物の, 非生物的な.

Abi·tur /àːbɪtúə | -túə/ [名] アビトゥーア 《ドイツの高校卒業試験, 大学入学資格試験》.

+**ab·ject** /ǽbʤekt/ [形] ❶ 〈暮らし・状態など〉救い難い, みじめな, 落ちぶれ果てた: ~ poverty 極貧. ❷ 〈人・行為など〉

abjection

申しむべき, 卑屈な, 見下げ果てた: make an ~ apology 平謝りに謝る. ~·ly 副 〖L=見捨てられた〗

ab·jec·tion /æbdʒékʃən/ 名 Ⓤ ❶ 落ちぶれた状態, 下賤(ぱん). ❷ 卑屈, 卑劣.

ab·ju·ra·tion /æbdʒʊréɪʃən/ 名 ⓊⒸ 誓って放棄すること; (故国・国籍)放棄.

ab·jure /æbdʒʊə-/ -dʒúə/ 動 他 ❶ 〈権利・忠誠などを〉誓って放棄する (renounce). ❷ 〈意見・信仰などを〉正式に取り消す, 捨てる.

Ab·kha·zi·a /æbkáːrʒ(i)ə/ -káːzɪə/ 名 アブハジア〈グルジア共和国内北西部, 黒海沿岸の自治共和国; 首都 Sukhumi /súkəmi/〉.

ab·late /æbléɪt/ 動 他 除去[融除]する[される].

ab·la·tion /æbléɪʃən/ 名 Ⓤ ❶ 〈手術などによる〉除去, 切除. ❷〖宇〗融除, アブレーション〈宇宙船の大気圏突入時に保護用の外部表面が融解すること〉.

ab·la·tive /æblətɪv/〖文法〗 形 奪格の: the ~ case 奪格. — 名 ❶ [the ~] 奪格. ❷ 奪格の語[形].

áblative ábsolute 〖ラテン文法〗奪格独立語句, 絶対奪格〈時・理由などを示す副詞節に相当〉.

ab·laut /æblàʊt/ 名 Ⓤ〖言〗母音交替[変異], アブラウト (cf. umlaut 1)〈例: sing—sang—sung〉.

+a·blaze /əbléɪz/ 形⦅叙述⦆ ❶ 燃え立って: set ~ …を燃え立たせる. ❷〈ものが〉〈光などで〉輝いて: The sky was ~ with fireworks. 空は花火で光り輝いていた. ❸〈人から喜び・情熱などで〉興奮して: He was ~ with anger. 彼はまっ赤になって怒っていた. 〖A-¹+BLAZE〗

‡a·ble /éɪbl/ 形 (**a·bler**; **a·blest**) ❶ Ⓟ […することができて, …し]えて (↔ **unable**)〖用法〗(1) 通例生物の主語に用いる. (2) can の代わりに用いるが, 特に can に未来形・完了形がないので, will [shall] be able to, have [has, had] been able to で代用する; また, can の過去形は could だが, 仮定などの意味にも用いるので, was [were] able to が好まれる. (3) この意味のときの比較級は **better** [**more**] **able to…than…** となる): [+to do] I wasn't ~ to solve the riddle. 私はそのなぞを解くことができなかった / Will you be ~ to visit me tomorrow? あなたは明日私を訪ねることができるでしょうか. ❷ **a** 〈事を行なうのに〉有能な, 腕ききの: an ~ teacher 有能な教師 / ⇒ **able seaman**. **b** [the ~; 名詞的に; 複数扱い] 有能な人たち.〖<L *habilis* 持つのに適している, 適切な, 有能な<*habere* 持つ; cf. habit〗 名 ability)【類義語】**able** 事を行なうのに必要な, またはすぐれた能力をもっている. **capable** 普通に仕事をしうる能力のある. **competent** 特定の仕事に必要な能力を持っている.

-a·ble /əbl/⦅接尾⦆〖形容詞語尾〗❶ [他動詞に自由につけて] …できる, …するに適する, …するに足る: us*able*, eat*able*, lov*able*. ❷ [名詞につけて] …に適する, …を好む: marriag*able*, peace*able*.〖F<L; able とは語源的に無関係〗

áble-bódied 形 ❶ 〈体の〉健康で丈夫な. ❷ [the ~; 名詞的に; 複数扱い] 強壮な人たち.

áble(-bòdied) séaman 名 (**働 -men**) 〖海〗AB 級の水夫, 熟練船員〈略 AB〉.

a·bloom /əblúːm/ 形⦅叙述⦆ 花が咲いて〖*with*〗.

ab·lu·tion /əblúːʃən/ 名 ❶ **a** [複数形で]⦅戯言⦆体[顔, 手など]を洗うこと: perform [make] one's ~s 体[手や顔]を洗う. **b** ⓊⒸ 〈特に, 宗教的な〉沐浴(ぽょ), 垢離(ご). ❷ [the ~s で]⦅英⦆〈兵舎などで〉洗い場[トイレ室]のある建物. **ab·lú·tion·àr·y** /-ʃənèri/ -ʃən)ri/ 形 洗浄の, 洗浄式の.

a·bly /éɪbli/ 副 有能に, うまく, 巧みに, 立派に: He does his work ~. 彼は有能に仕事をする.

-a·bly /əbli/⦅接尾⦆〖副詞語尾〗…できるように: demonstr*ably*, pleasur*ably*.

ABM⦅略⦆antiballistic missile.

ab·ne·gate /æbnɪgéɪt/ 動 他 ❶ 〈快楽などを〉断つ. ❷〈所信・権利などを〉捨てる. **-gà·tor** /-tə/ -tə/ 名

ab·ne·ga·tion /æbnɪgéɪʃən/ 名 Ⓤ ❶〈権利・欲望などの〉放棄; 拒絶. ❷ 克己, 自制, 禁欲.

Áb·ney lèvel /æbni-/ 名 アブニー水準儀〈測量用クリノメーターの一種〉.〖W. Abney 英国の科学者〗

†ab·nor·mal /æbnɔ́ːm(ə)l, əb-/ -nɔ́ː/ 形 (**more ~, most ~**) ❶ 異常な, 普通でない; 正常以上[以下]の; 異例の, 変則の; 変態の, 病的な (↔ **normal**): an ~ child 異常児 / Her behavior is ~ for a girl of three. 彼女の行為は 3 歳の女の子にしては異常である. ❷ 非常に大きい: ~ profits 異常な大もうけ.

ab·nor·mal·i·ty /æbnɔːmæləti/ -nɔː-/ 名 ❶ Ⓤ 異常(なこと), 変則. ❷ Ⓒ 異常なもの[こと], 変則なもの[こと], 奇形.

ab·nor·mal·ly /-məli/ 副 異常に, 異常なほど.

abnórmal psychólogy 名 Ⓤ 異常心理(学).

*a·board /əbɔ́ːd/ əbɔ́ːd/ 副 (比較なし) ❶ 船[飛行機, 列車, バス]に(乗って) (on board): go ~ 乗船[車]する / have… ~ …を乗せて[積んで]いる / take… ~ …を乗せる, 積み込む / All ~! 〈船・列車の乗客に注意を促して〉皆さん乗車いたします / Welcome ~! 〈ご搭乗[乗船, 乗車)ありがとうございます (★ 乗務員が乗客に対して言う言葉). ❷ 〈野〉⦅俗⦆塁上に, 出撃して. — 前〈船・列車・バス・飛行機に〉乗って: come [go] ~ a ship 乗船する.〖A-⁺BOARD〗

a·bode /əbóʊd/ 動 abide の過去形・過去分詞. — 名 ❶ Ⓒ⦅通例単数形で⦆住所, 住居 (★ 格式): take up one's ~ 住居を定める / a person of [with] no fixed ~ ⦅法⦆住所不定の人 / the right of ~ ⦅法⦆居住権. ❷ Ⓤ 長く住むこと, 在住.

*a·bol·ish /əbɔ́lɪʃ/ əbɔ́l-/ 動 他 〈制度・法律・習慣を〉廃止する: ~ slavery 奴隷制度を廃止する. **~·ment** 名 Ⓤ 〖F<L 壊す, 壊す〗 名 abolition)

a·ból·ish·a·ble /-ʃəbl/ 形 廃止可能な.

*ab·o·li·tion /æbəlíʃən/ 名 Ⓤ ❶ 廃止, 全廃: the ~ of the death penalty 死刑の廃止. ❷ [時に A-] 奴隷制度廃止 (cf. abolish).

ab·o·lí·tion·ist /-ʃ(ə)nɪst/ 名 ❶ (死刑・奴隷制度などの)廃止論者. **-ism** 名 Ⓤ 廃止論.

ab·o·ma·sum /æboʊméɪsəm/ 名 (**-ma·sa** /-sə/) 皺胃(しじ)〈反芻(サっ)動物の第 4 胃〉.

A-bòmb 名 Ⓟ 原子爆弾, 原爆.

a·bom·i·na·ble /əbámɪ(ə)nəbl/ əbɔ́m-/ 形 ❶ いとうべき, 忌まわしい, 言語道断な: an ~ crime 極悪非道な犯罪. ❷〈人・行為・天気など〉実にいやな, 不快な; ひどい: ~ behavior ひどいふるまい[態度] / The weather here in winter is ~. ここの冬の天気は実にひどい[悪い]. **-bly** /-nəbli/ 副

Abóminable Snówman 名 (**働 -men**) [時に a- s-]⦅口⦆雪男〈ヒマラヤ山中に住むといわれる; cf. yeti〉.

a·bom·i·nate /əbámɪnéɪt/ əbɔ́m-/ 動 他 〈…を〉忌み嫌う, 憎悪する, 〈…が〉大嫌いである (★ 進行形不可): I ~ cruelty to animals. 私は動物虐待を憎む.

a·bom·i·na·tion /əbàməmənéɪʃən/ əbɔ̀m-/ 名 ❶ Ⓤ 憎悪, 大嫌い: hold…in ~ …を忌み嫌っている. ❷ Ⓒ a 忌まわしいこと[行為]: commit ~s 忌まわしい行為を犯す. **b** 大嫌いな物[こと] 〖*to*〗.

ab·o·ral /æbɔ́ːrəl/ 形〖解・動〗口と反対側の, 口から遠い, 反口側の. **~·ly** 副

ab·o·rig·i·nal /æbərídʒ(ə)n(ə)l/ -rɪdʒ-/ 形 ❶ **a** [通例 A-] オーストラリア先住民[アボリジニー]の. **b** 先住民の: ~ languages 先住民の言語. ❷ 原生の, 土着の, もとからの (indigenous): ~ races [fauna, flora] 先住民族[動物, 植物]. ❸ [A-] Ⓤ オーストラリア先住民の言語. **~·ly** /-nəli/ 副 〖↓+-al〗

ab·o·rig·i·ne /æbərídʒ(ə)ni/ -rɪdʒ-/ 名⦅通例複数形で⦆❶ [通例 A-] オーストラリア先住民, アボリジニー. ❷ 先住民.〖L=最初からの住民〈AB-+*origo, origin-* 始まり (⇒ origin)〗

a·bórn·ing /-ə-/ 副 ⦅米⦆生まれかけて, 生まれる途中で.

a·bort /əbɔ́ːt/ əbɔ́ːt/ 動 自 ❶〈女性が妊娠中絶する, 堕胎する. ❷〈動植物・器官などが〉発育しない, 退化する. ❸ **a** 〈計画などが〉挫折する, 失敗する. **b** 〈ロケット打ち上げ・ミサイル発射などが〉(故障などで)中止になる. — 他 ❶ **a** 〈胎児を〉流産させる, 堕胎する. **b** 〈妊娠を〉中絶する.

❷ 〈計画などを〉中止する; 〈ロケット打ち上げ・ミサイル発射などを〉中断する, 中止する: The launching has been ~ed. (ロケット・ミサイルの)発射は中止された. ― 图 ❶ (ロケット打ち上げなどの)中止; 中止された計画(など). 〖L=流産する〈AB-+oriri 生まれる〉〗图 abortion, 形 abortive)

abor·ti·fa·cient /əbɔ̀ːrtəféɪʃ(ə)nt/ 形 图 流産を起こさせる. 人工妊娠中絶薬, 堕胎薬.

***a·bor·tion** /əbɔ́ːrʃən | əbɔ́ː-/ 图 ❶ C|U 人工流産, 妊娠中絶(手術), 堕胎; 流産: get [have, procure] an ~ 堕胎させる, 妊娠中絶する. ❷ C 失敗[挫折]したもの[計画(など)]. ❸ C|U 〖生〗 (器官の)発育停止[不全]. (動 abort)

a·bór·tion·ist /-ʃ(ə)nɪst/ 图 ❶ 人工妊娠中絶医, (特に)不法堕胎医. ❷ 人工妊娠中絶維持者.

***a·bor·tive** /əbɔ́ːrtɪv | əbɔ́ː-/ 形 ❶ 不成功の, 失敗した: an ~ enterprise 失敗に終わった仕事 / His efforts proved ~. 彼の努力もむなしかった. ❷ 〖医〗 ウイルスが症状を起こさない, 不全型の. ❸ 早産の; 発育不全の, 未成熟の. ~·ly 副 (動 abort)

abór·tus fèver /əbɔ́ːrtəs- | əbɔ́ː-/ 图 U 〖医〗 流産熱(ウシ流産菌の感染によって起こるヒトの波状熱).

ÁBO sỳstem 图 〖血液型〗 ABO式分類法.

a·bou·li·a /əbúːliə/ 图 =abulia.

***a·bound** /əbáʊnd/ 動 ⓐ ❶ 〈生物・物・問題などが〉 たくさんいる[ある]: Coyote used to ~ on the Plains. (北米)の大草原にはコヨーテがたくさんいたものだ. ❷ 〈場所などが〉 [...に]富む; [in [with] fish. この川には魚が多い. (F<L=あふれる <AB-+unda 波, 水〉 形 a-bundant, 图 abundance)

***a·bout** /əbáʊt/ 前 ❶ a [関係・事柄を表わして] ...について[の], ...に関して[関する] (★ on の場合より一般的な内容のものに用いる): a book ~ gardening 園芸の本 / They had a quarrel ~ money. 彼らは金のことでもめた / I know all ~ it. それについてはすっかり知っている / What is this fuss all ~? いったい何でこんなに騒いでいるのか / He was anxious (~) how you were getting on. 君がどんなふうに暮らしているか彼は心配していた 〖用法〗 *wh.* 節・句の前の about は (口) ではよく略される) / How ...? ⇒ how 副 成句 / What ...? ⇒ what 代 成句. **b** ...に対して: She is crazy [mad] ~ Robert. 彼女はロバートに夢中だ. **c** ...に従事して, ...に取りかかって: while I am [you are] ~ it (それをしている)ついでに / What is he ~? 彼は何を(しようと)しているのか / Be quick ~ it. Don't be long ~ it. さっさとやりなさい. **d** 本質的に...に関わって, ...を旨[本務]として: Music is ~ style. 音楽はスタイルが肝心だ / what...is all ~ ...の肝心なところ[本質], そもそも...の何たるか.

❷ [周囲を表わして] **a** (主に英) ...のあたりに, ...の近くに (用法) (米) では around が通例用いられる): There is something noble ~ him. 彼にはどことなく気品がある / There is something strange ~ his behavior. 彼のふるまいにはどこか奇妙なところがある. **b** (文) ...の身の回りに, ...を持ち合わせて: He has no money ~ him. 彼はお金の持ち合わせがない (用法) (米) 以外では通例 on him が用いられる).

―― 副 (比較なし) ❶ /―—/ **a** [数詞を伴って] およそ, 約 ... (⇒❷c) (比較 about は示されている数・量に達していそうにないかまたは非常に近い場合に用いる; almost, nearly もう少しで数・量に達しそうである場合に用いられる): ~ four miles 約4マイル / (at)

~ five (o'clock) 5時ごろ. **b** ほとんど, ほぼ: It's ~ right [finished]. 大体正しい[済んだ] / It's ~ time to start. そろそろ出かける時刻だ. **c** (口) いいかげん, ちょっと: I'm ~ tired of his talk. 彼の話にいいかげんうんざりだ.

❷ [主に英] **a** あたりに, そこいらに, 手近に ((米) around): There is nobody ~. あたりにだれもいない / Is he anywhere ~? 彼はそこいらにいますか. **b** [通例動作を示す動詞に伴って] あちこちに, あちらこちらへ, 方々に; (...し)回る, 回す ((米) around): carry a lot of money ~ 大金を持ち歩く / follow a person ~ 人について回る / go [move] ~ 歩き[動き]回る / look ~ 見回す / move things ~ 物をあちこち動かす. **c** [通例動詞に伴って] そこいら中に, ぞんざいに (用法) (米) では around が通例用いられる): Tools lay ~. 道具がそこいらに散らばっていた / drop things ~ 物をばらばら落とす. **d** [通例動詞に伴って] ぶらぶらとして回る[遊ぶ] (用法) (米) では around が通例用いられる): fool ~ ⇒ fool¹ 動 成句 / idle ~ ⇒ idle 動 1.

❸ **a** ぐるりと(回って); めぐって: We went the long way ~. 私たちは遠回りをした / She turned ~ to hide her face. 彼女は顔を隠すためにぐるりと振り向いた. **b** 向きを変えて, 反対の位置[方向]に: You are holding it the wrong way ~. 君はそれを反対に持っているよ / A~ face [(英) turn]! 回れ右!

❹ 順番に: ⇒ TURN (and turn) about 图 成句.

jùst abóut ⇒ just 副 成句.

Thát's abòut it. (口) それだけのことだ.

―― 形 P (比較なし) ❶ **a** 今にも(...し)かけていて: [*+to do*] I was ~ *to go* out when he called on me. 出かけようとしていると彼が訪ねてきた (用法) be *about* to do は be going to do よりも 'be on the point of doing' 「今にも...しようとしている」 の意をより明確に表わす; 従って, tomorrow などの副詞句には用いない). **b** [否定文で] (...する)気は全然なくて: [*+to do*] I'm *not* ~ *to* pay ten dollars for it. それに10ドルも払うつもりはない.

❷ P **a** 起きて, 動き回って, 活動して: ⇒ OUT and about, UP and about 成句. **b** (病気が)流行して: Measles is ~. はしかがはやっている.

〖OE=(原義) on the outside of < A-¹+butan outside (< BY+OUT)〗

abóut-fáce 图 [通例単数形で] (米) ❶ (主義・態度など)の180度の転向. ❷ 回れ右; 逆戻り. ―― 動 ⓐ [通例命令形で] 回れ右をする.

abóut-túrn 图 動 (英) =about-face.

***a·bove** /əbʌ́v/ 前 ❶ **a** ...(の位置が)...より上に[へ], ...より高く[い], ...の上に(出て) (↔below): fly ~ the trees 木の上を飛ぶ / The peak rises ~ the clouds. その峰は雲の上にそびえている. **b** ...の上流に[で]: There's a waterfall ~ the bridge. 橋の上手に滝がある. **c** ...の北の方に[で]: New York is ~ Pennsylvania. ニューヨーク州はペンシルバニア州の北の方にある. ❷ **a** (地位・身分など)...より上位に[で], ...に優って; ...を超えて: He's ~ me in rank. 彼は私より上役だ / Don't live ~ your income. 収入以上の生活をするな. **b** (基準・数量などを)超える[て] (cf. beyond 3) (用法) 特に上下でとらえる尺度を別にして, 数詞とともに用いる時は, more than や over の方が一般的): ~ normal [average] 標準[平均]より上 / The temperature went ~ thirty degrees. 温度は30度を越えた / people ~ 20 (years old) 20歳より上の人々. **c** (音が)...より大きいときや高く[大きく]: His voice was heard ~ the noise. 彼の声が騒音の中でも聞こえた. **d** ...よりむしろ: I value honor ~ life. 生命よりも名誉を重んじる. ❸ [通例動詞の補語として] ...(能力など)...の及ばない: The book is ~ me [my understanding]. その本は私には難しくてわからない. **b** ...を超越して: She's ~ selfishness. 彼女は利己心を超越している / His bravery is ~ all praise. 彼の勇敢さは称賛の言葉がない. **c** [*doing* を目的語にして] 〈人が〉(高潔で)...(するようなこと)はしない, ...をよしと思う: He's ~ *telling* lies. 彼はうそをつくような人ではない / I'm not ~ *asking* questions. 私は質問することを恥じない.

abòve áll = abòve áll thíngs とりわけ, 中でも, なかんずく.
abóve and beyónd... = óver and abóve... ⇒ over 前 成句.
be [gèt] abóve onesèlf 身のほどを忘れている, うぬぼれて[いい気になって]いる.
— 副 (比較なし) (↔ below) ❶ a 上のほうに[へ]; 階上に: He lives on the floor [in the room] ~. 彼はすぐ上の階に[真上の部屋に]住んでいる. b 天に, 空に: in heaven ~ (上の)天に / the stars ~ 空の星 / soar ~ 空へ舞い上がる. c (川の)上流に. ❷ a (地位・身分において)上位に(ある): appeal to the court ~ すぐ上の裁判所に上訴する. b (数量が...を)超えて(いる), より多く[大きく]: persons of fifty and ~ 50 歳以上の人々. ❸ a (本などの)前のほうに; (ページの)上に: as mentioned [stated] ~ 上[上述]のとおり. b [複合語で] 上に: see ~ above-mentioned.
abóve and beyónd = óver and abóve ⇒ over 前 成句.
from abóve 上の(ほう)から(の), 上司から(の); 天[神]から(の).
— 形 ❶ Ⓐ (比較なし) 上に述べた, 上述の: the ~ instance 上の例 / the ~ facts 上記の事実. ❷ [the ~; 名詞的に; 集合的; 単数または複数扱い] 上記[以上]のこと[人]: The ~ proves.... 上述のことは...を証明する / The ~ are the facts as stated by the defendant. 上記が被告の述べた事実である.
【類義語】⇒ over.
abóve·bòard 形 Ⓟ 副 公明正大で[に]; ありのままで[に] (↔ underhand): He was open and ~. 彼はまったく公正だった.
abóve·gróund 形 Ⓐ ❶ (米) 地上の[にある]. ❷ (活動など)公然の.
abóve-méntioned 形 ❶ Ⓐ 上述の, 前記の: the ~ facts 上述の事実. ❷ [the ~; 名詞的に; 集合的; 単数または複数扱い] 上述のこと[人] (cf. undermentioned).
ab óvo /æbóuvou/ 副 初めから. 《L = from the egg》
Abp. (略) Archbishop.
abr. (略) abridge(d); abridgment.
ab·ra·ca·dab·ra /æbrəkədǽbrə/ 名 ❶ アブラカダブラ 《魔法をかける[奇術を行なう]時などに唱える呪文》. ❷ わけのわからない言葉, ちんぷんかんぷん.
a·brade /əbréɪd/ 動 他 ❶ 〈皮膚を〉すりむく. ❷ 〈石など〉をすり減らす. — 自 ❶ 〈皮膚が〉すりむける. ❷ 〈石など〉がすり減る.
A·bra·ham /éɪbrəhæ̀m, -həm/ 名 ❶ エイブラハム 《男性名; 愛称 Abe》. ❷ 聖 アブラハム《ユダヤ人の先祖》; ⇒ DAUGHTER of Abraham. **in Ábraham's bósom** 天国に(眠って); 非常に幸福[平和]に《★ 聖書「ルカ伝」から》.
a·bra·sion /əbréɪʒən/ 名 ❶ Ⓒ (皮膚の)すりむけ. 擦過傷, すりむけた所. ❷ Ⓤ (岩石の)削磨(³²); (機械の)摩滅. b Ⓒ 磨損個所.
⁺**a·bra·sive** /əbréɪsɪv/ 形 ❶ 〈人・態度など〉いらいらさせる, 気[しゃく]にさわる, 不快な; 〈声など〉耳障りな. ❷ すりより減らす (作用をする); 研磨する. — 名 Ⓤ,Ⓒ 研磨剤, 磨き砂, 金剛砂.
ab·re·act /æ̀brɪǽkt/ 動 他 [精神分析] 〈抑圧された感情〉を解除[解放]する.
ab·re·ac·tion /æ̀brɪǽkʃən/ 名 Ⓤ,Ⓒ [精神分析] 解除反応. **àb·re·ác·tive** 形.
⁺**a·breast** /əbrést/ 副 相並んで, 並行して: three ~ 3 人並んで. **be [kèep] abréast of [with]**... に遅れないで,...と並行して: be ~ of [with] the times = keep ~ of the times 時勢に遅れない. 【A-¹+BREAST】
a·bridge /əbrídʒ/ 動 他 ❶ 〈書物・話〉を縮約[要約, 簡約]する. ❷ 〖法〗〈権利など〉を削減[縮小, 減殺(⁸ಜ̂)]する.
【類義語】⇒ shorten.
a·bridged 形 〈書物・話など〉を縮約[要約, 簡略化]された: an ~ edition 要約版.
a·bridge·ment, a·bridg·ment /-mənt/ 名 ❶ Ⓤ 縮約, 要約, 簡約. ❷ Ⓒ 要約したもの[本], 抄本, 簡約版. ❸ Ⓒ,Ⓤ 〖法〗 (権利の)削減, 縮小, 減殺.

⁺**a·broad** /əbrɔ́ːd/ 副 (比較なし) ❶ 〖主に英〗外国へ[に], 海外へ[に] (overseas; ↔ at home): at home and ~ 国内でも国外でも / live ~ 海外で暮らす / go ~ 海外に行く / travel ~ 海外旅行をする, 外遊する. ❷ a 〈うわさなど〉広まって: The news got ~. その情報は広まった. b 広く, あちこちに. ❸ (古) 戸外で. **from abróad** (主に英) 外国から(の): news from ~ 海外ニュース, 外信 / return from ~ 帰朝[帰国]する.【A-¹+BROAD】
ab·ro·gate /ǽbrəgèɪt/ 動 他 〈法律・習慣〉を廃棄する.
⁺**a·brupt** /əbrʌ́pt/ 形 (more ~; most ~) ❶ 不意の, 突然の: an ~ end [change] 突然の終結[変化] / come to an ~ stop 急に止まる. ❷ 〈態度・言葉などが〉ぶっきらぼうな, そっけない: speak in an ~ manner ぶっきらぼうに話す. ❸ 〈道などが〉険しい, 切り立った; 急な: an ~ turn in the road 道路の急な曲がり目. **-ness** 名 《L=引き裂く 〈AB-+rumpere, rupt-壊す (cf. rupture)》
ab·rup·tion /əbrʌ́pʃən/ 名 Ⓤ (部分的要素の)急な分離[剥離(¹ễ₄)], 離脱]; 〖医〗 胎盤早期剥離.
a·brupt·ly 副 (more ~; most ~) ❶ 不意に, 出し抜けに, やぶから棒に. ❷ ぶっきらぼうに; そっけなく.
abs /æbz/ 名 複 腹筋. 【ab(dominal muscle)s】
ABS (略) 〖化〗 acrylonitrile-butadiene-styrene アクリルニトリルブタジエンスチレン, ABS 〖用途の広いプラスチック〗; anti-lock braking system.
abs- /æbs, æb/ 接頭 (c, t の前にくるときの) ab- の異形: abscess, abstract.
Ab·sa·lom /ǽbsələm/ 名 聖 アブサロム 《ユダヤ王 David の愛児; 父にそむいて戦死した》.
ab·scess /ǽbses/ 名 〖医〗 膿瘍(³²), 腫れもの.
ab·scessed 形 〖医〗 膿瘍のできた.
ab·scise /æbsáɪz/ 動 自 〖植〗 〈花・果実・葉など〉離層形成により脱離する[させる], 離脱する[させる].
ab·scís·ic ácid /æbsísɪk-/ 名 Ⓤ 〖生化〗 アブシジン酸 《植物生長抑制ホルモン》.
ab·scis·sa /æbsísə/ 名 〖数〗 横座標 (↔ ordinate).
ab·scis·sion /æbsíʒən/ 名 Ⓤ 器官脱離 《花・果実・葉などの離層形成による自然の脱落》.
ab·scond /æbskánd, əb- | -skónd/ 動 自 ❶ 逃亡する, 姿をくらます (from). ❷ 〈金などを〉持ち逃げする: He ~ed with the money. 彼はその金を持ち逃げした. **~·er** 名.
ab·seil /ǽbseɪl, -saɪl/ (英) 動 自 〖登山〗 〈岩場などを〉懸垂下降する 〈down〉. — 名 懸垂下降, アプザイレン.
⁺**ab·sence** /ǽbs(ə)ns/ 名 ❶ Ⓤ,Ⓒ 不在, 留守; 欠席, 欠勤 (↔ presence): during my ~ from home 私の留守中に / several ~s from school [class] 欠席[欠勤] / mark (the) ~s 出欠をとる / a long ~ 長期欠席[欠勤] / an ~ of five days 5 日間の欠勤[欠席, 不在] / after ten years' ~ 10 年ぶりに / a leave of ~ 休暇. ❷ Ⓤ ないこと, 欠乏 (lack): the ~ of light 明かりのないこと[状態]. **ábsence of mínd** ぼんやりしていること, 放心状態, うわの空. **in a person's ábsence** 不在中に 《★ during a person's absence のほうが一般的》: A gentleman called in your ~, sir. お留守中に男の方がお見えになりました. **in the ábsence of...** がない[いない]ときは[で]: In the ~ of the principal, the assistant principal assumes his duties. 校長が不在のときは教頭が事務を代行する / In the ~ of firm evidence the prisoner was set free. 証拠不十分のため被告は釈放された. (形 absent)
⁺**ab·sent** /ǽbs(ə)nt/ 形 (比較なし) ❶ 不在[留守]の, 欠席[欠勤]の; (...に)欠席[欠勤]して (↔ present): be ~ on business 商用で留守である / ~ without leave 〖軍〗 無届け外出[欠勤]で (cf. AWOL) / Long ~, soon forgotten. 〖諺〗 去る者は日々にうとし / be ~ from home [school, the office] 留守に[欠席, 欠勤]している. ❷ 欠けて, ない: Calcium is ~ from his diet. 彼の食事にはカルシウムが欠けている. ❸ ぼんやりした, 放心した: (with) an ~ air 放心した様子(で) / in an ~ sort of way ぼんやりして. — 前 〖米〗 ...なしに,...がなければ 《★ しばしば非正式法とされる》. — /æbsént/ 動 他 ～ oneself [be absent (from...)] を用いるのが一般的》. 《L =...から離れている

AB-+*esse* to be (cf. entity)〗 ([名] absence)

+ab·sen·tee /æ̀bs(ə)ntíː/ [名] ❶ 欠席者, 不参者, 欠勤者. ❷ 不在者, 不在地主; 不在投票者. ── [形] [A] 不在者の; 不在投票者の. 〘↑ +-EE〙

ábsentee bállot [名] 不在(者)投票(用紙).

àb·sen·tée·ism /-tíːɪzm/ [名] [U] ❶ (常習的)欠勤[欠席]; 欠勤[欠席]率; 計画的欠勤《労働戦術》: a high rate of ～ 高い(無断)欠勤率. ❷ 地主の不在, 不在地主制度.

ábsentee lándlord [名] 不在地主.

ábsentee vóte [名] 不在(者)投票.

áb·sent·ly [副] うっかり[ぼんやり]して: gaze ～ ぼんやり眺める.

ábsent·mínded [形] ❶ ぼんやり[うっかり]した, うわの空の. ❷ 忘れっぽい. **～·ly** [副] ぼんやりと, うわの空で. **～·ness** [名] [U] 放心, ぼんやり; 注意散漫, うっかり.

ab·sinth(e) /ǽbsæŋθ, -sɪnθ/ [名] ❶ [U] アブサン《ニガヨモギで味をつけたリキュール》. ❷ [C] 〘植〙 ニガヨモギ (wormwood); [U] ニガヨモギの葉のエキス; [U] 薄緑色.

ab·sit omen! /æbsɪtóumen/ [間] そんなことのないように, つるかめつるかめ! 〘L〙

***ab·so·lute** /ǽbsəlùːt, ⏤⏤⏤/ [形] (比較なし) ❶ (比較・相対を離れて)**絶対の**, 絶対的な (↔ relative, comparative): the ～ being 絶対的存在, 神 / an ～ principle 絶対原理. ❷ [A] 《主に口》まったくの, **完全な** (complete); 純然たる: ～ honesty 真っ正直 / an ～ fool まったくのばか / ～ nonsense まったくのナンセンス. ❸ 無条件の, 制約のない: an ～ promise 無条件の約束 / give ～ freedom to…に無制限の自由を与える. ❹ 疑問の余地のない, 明白な, 確かな: an ～ denial 断固たる否定 / ～ proof (絶対)確実な証拠. ❺ 専制の, 独裁の: an ～ monarch 専制君主. ❻ 〘文法〙 独立の, 遊離した; 単独の: an ～ construction 独立構文 / an ～ infinitive 独立不定詞《例: *To begin with*, …》/ an ～ participle 独立分詞《例: The sun *having set*, we went home.》/ the ～ use of a transitive verb 他動詞の単独用法《例: He neither *drinks* nor *smokes*. の drinks, smokes など; ★ この辞書では通例自動詞として扱ってある》. ❼ 〘法〙 〈所有権など〉全面的な. **in ábsolute tèrms** (他と比較せずに)それ自体としては. ── [名] ❶ [the ～] 絶対的なもの; 〘哲〙 絶対. ❷ [the A～] 絶対者, 神. **～·ness** [名] 〘L＝完全に解放された＜AB-+*solvere*, *solut-* 解放する (cf. solve)〙

ábsolute advántage [名] 〘経〙 絶対優位《ある国・地域などが所与の資源から同一商品を他の国・地域より低い生産費で生産しうること》.

ábsolute álcohol [名] [U] 〘化〙 無水アルコール《水を含まないエチルアルコール》.

ábsolute céiling [名] 〘空〙 絶対上昇限度《航空機が正常水平飛行を保持できる最大高度》.

ábsolute humídity [名] [U] 絶対湿度.

***ab·so·lute·ly** /ǽbsəlùːtli, ⏤⏤⏤⏤/ [副] (比較なし) ❶ 《主に口》 **a** **完全に**, まったく: It's ～ impossible. それはまったく不可能である / Your answer is ～ wrong. 君の答えはまったく間違っている. **b** [否定を強調して] 全然[まったく](…ない): I know ～ *nothing* about that. そのことは全然何も知りません. ❷ /⏤⏤⏤⏤/ **a** [A～! で; 相手の質問に賛意の返事として] 《口》 まったくそのとおり, そうですとも (yes, certainly): "Are you sure?" "*A*～!"「確かかね」「確かだとも」. **b** [A～ not! で; 相手の質問に不可の返事として] 絶対にだめです: "May I smoke here?" "*A* ～ *not!*"「ここでたばこを吸っていいですか」「絶対にいけません」. ❸ **絶対的に**, 無条件に; きっぱりと: I refused his offer ～. 彼の申し出をきっぱり断わった. ❹ 〘文法〙 独立的に, 遊離して; 単独に《例: The *blind* cannot *see*. の blind が修飾する名詞を略した独立用法の形容詞, see が目的語を略した独立用法の動詞》.

ábsolute mágnitude [C,U] [名] 〘天〙 絶対等級.

ábsolute majórity [名] 絶対多数, 過半数.

ábsolute mínimum [名] [U] [通例 an ～ または the ～] 絶対的[必要]最小[最少, 最低]限, 最小[最少, 最低]限ぎりぎり.

ábsolute músic [名] [U] 絶対音楽.

ábsolute pítch [名] [U] 〘楽〙 絶対音高[ピッチ]; 絶対音感.

ábsolute témperature [名] [通例 the ～] 〘理〙 絶対温度.

ábsolute títle [名] [U] 〘法〙 絶対的権原.

ábsolute válue [名] [U] 〘数〙 絶対値.

ábsolute zéro [名] [U] 〘理〙 絶対零度《約 −273.15°C または −459.67°F》.

ab·so·lu·tion /æ̀bsəlúːʃən/ [名] ❶ [U] 〘法〙 免除; 無罪の申し渡し〔*from*〕: seek [ask for] ～ 免除[放免]を求める / receive ～ 免除[放免]を受ける. ❷ 〘キ教〙 **a** [U] 赦免(しゃめん): ～ *from* [*of*] sins 罪の赦免. **b** [U] 罪障消滅《罪の告解者に対し司祭が神に代わって与える》. **c** [C] 赦罪文; 罪障消滅の宣言.

ab·so·lut·ism /ǽbsəlùːtɪzm/ [名] [U] ❶ 〘政〙 専制[独裁]政治. ❷ 〘哲〙 絶対論[主義]. **ab·so·lut·ist** /ǽbsəlùːtɪst/ [名] [形]

ab·so·lut·ize /ǽbsəluːtàɪz/ [動] [他] 絶対化する.

ab·solve /əbzálv, -sálv | -zɔ́lv, -sɔlv/ [動] [他] ❶ 〈人を〉〔義務・責任などから〕解除する, 放免する〔*from, of*〕: ～ a person *from* an obligation 人の責務を解除する. ❷ 〈司祭が〉〈人に〉罪のゆるし[赦罪]を言い渡す; 〈人の〉〔罪を〕許す〔*from, of*〕: ～ a person *of* a sin 人の罪を許す. **ab·sólv·er** [名] 〘L; ⇨ absolute〙

***ab·sorb** /əbsɔ́əb, -zɔ́əb | -zɔ́ːb, -sɔ́ːb/ [動] [他] ❶ **a** 〈水分・熱・光などを〉**吸収する**, 吸い上げる[込む]: A sponge ～*s* water. 海綿は水を吸収する. **b** 〈会社・町村などを〉〔…に〕吸収合併する: Scotland was ～*ed into* Great Britain. スコットランドは英国に併合された. ❷ 〈思想・学問を〉取り入れる, 吸収する, 同化する: Japan ～*ed* Western ideas 日本は西欧思想を吸収した. ❸ **a** 〈注意・時間などを〉奪う: The task ～*ed* all my time. その仕事のために時間を全部とられた. **b** 〈人を〉夢中にする (⇨ absorbed). ❹ **a** 〈音・衝撃などを〉消す, やわらげる, 緩和する: ～ shocks 衝撃を吸収する. **b** 〈費用・損失などを〉負担する, 消化する. 〘L＝吸い込む＜AB-+*sorbere*, *sorpt-* 吸う〙 ([名] absorption, [形] absorptive)

ab·sorb·a·ble /əbsɔ́əbəbl, -zɔ́əb- | -zɔ́ːb-, -sɔ́ːb-/ [形] 吸収される[されやすい], 吸収性の.

absór·bance /-bəns/ [名] 〘理〙 吸収度, 吸光度.

+ab·sórbed [形] 〔…に〕夢中になった, 没頭した: read with ～ interest 夢中になって読む / He was ～ *in* thought. 彼は物思いに沈んでいた. **ab·sórb·ed·ly** /-bɪdli/ [副]

ab·sor·ben·cy /əbsɔ́əb(ə)nsi, -zɔ́ə- | -zɔ́ː-, -sɔ́ː-/ [名] [U] 吸収力, 吸収性. ([形] absorbent)

ab·sor·bent /əbsɔ́əb(ə)nt, -zɔ́ə- | -zɔ́ː-, -sɔ́ː-/ [形] 吸収性の(ある). ── [名] 吸収剤. 〘L; ⇨ absorb〙

absórbent cótton [名] [U] 《米》 脱脂綿 (《英》 cotton wool).

ab·sórb·er [名] ❶ 吸収する人[もの]. ❷ 吸収装置: ⇨ shock absorber.

+ab·sórb·ing [形] 夢中にさせる, 非常に興味深い: an ～ book とてもおもしろい本. **～·ly** [副]

ab·sorp·ti·om·e·ter /əbsɔ̀əpʃiámətə, -zɔ̀əp- | -zɔ̀ːpʃiɔ́mətə, -sɔ̀ːp-/ [名] 〘光〙 吸光光度計; (ガス)吸収率測定装置.

ab·sorp·tion /əbsɔ́əpʃən, -zɔ́əp- | -zɔ́ːp-, -sɔ́ːp-/ [名] [U] ❶ 吸収, 吸収作用. ❷ 併合, 編入〔*into*〕. ❸ 夢中, 没頭, 専心: ～ *in* one's studies 研究への没頭. ([動] absorb)

absórption coefficient [名] 〘理〙 吸収係数.

absórption còsting [名] [U] 〘会計〙 全部(製造)原価計算《固定費・変動費のすべてを製品原価に計上すること》.

absórption spèctrum [名] 〘光〙 吸収スペクトル.

ab·sorp·tive /əbsɔ́əptɪv, -zɔ́əp- | -zɔ́ːp-, -sɔ́ːp-/ [形] 吸収する, 吸収力のある, 吸収性の: ～ power 吸収力. ([動] absorb)

ab·squat·u·late /æbskwátʃəlèɪt | -skwɔ́tjʊ-/ [動] [自] 《俗・戯言》 (急いで)出立する, 逃亡する, ずらかる, あとをくらます. **ab·squàt·u·lá·tion** [名]

+ab·stain /əbstéɪn/ [動] [自] ❶ 〔飲酒などを〕慎む, 控える, やめる; 禁酒する: Athletes usually ～ *from* smoking

abstainer

[alcohol]. 運動選手は普通禁煙[禁酒]する / ~ from food 断食する. ❷ 〖投票〗を棄権する: ~ from voting 棄権する. 〖F＜L=…から遠ざかっている〈ABS-+tenere, tent- 保つ, 保持する (cf. contain)〗(名) abstention, abstinence) 【類義語】⇨ **refrain**[1].

ab·stáin·er (名) 節制家, 禁煙家: a total ~ 絶対禁酒家.

ab·ste·mi·ous /æbstí:miəs, əb-/ (形) 〖飲食を〗節制する; 〈生活など〉節制した: an ~ diet 節食 / a man of ~ habits 節制を習慣とする人. **~·ly** (副) **~·ness** (名)

†**ab·sten·tion** /əbsténʃən/ (名) ❶ C,U 〖投票の〗棄権: ~ from voting 棄権 / There were three ~s. 棄権が3票あった. ❷ U 断じ〖慎む, 控える〗こと; 禁酒 (abstinence). (動) abstain.

†**ab·sti·nence** /ǽbstənəns/ (名) U 断じ〖慎む, 控える〗こと, 節制, 禁欲; 禁酒 (abstention): ~ from food 絶食 / ~ from pleasure 快楽を断つこと / total ~ 絶対禁酒. (形) abstinent)

ab·sti·nent /ǽbstənənt/ (形) 節制した, 禁欲的な. **~·ly** (副) 〖F＜L; ⇨ abstain〗

*__ab·stract__ /ǽbstrǽkt⊢ / ━ / (more ~; most ~) ❶ (比較なし) 抽象的な (↔ concrete): ⇨ abstract noun. ❷ 理論的な (theoretical); 観念的な. ❸ 〖米〗抽象派の, アブストラクトの (↔ representational). ~ art 抽象美術, 難解な. ━ /ǽbstrǽkt/ (名) ❶ C 摘要, 要約 (summary): make an ~ of a book 書物の摘要を作る. ❷ a U 〖the ~〗抽象, 抽象的思考. b U,C =abstraction 3. in the **abstract** 抽象的に〖に〗. **abstract of title** 〖法〗権原要約書〖土地の所有権・使用権に生じた変動を要約した書類〗. ━ /æbstrǽkt, əb-/ (動) ❶ 〈…〉を取り出す, 抽出する; 〖要約する〗: ~ an essence *from* the bark of a tree 樹皮からエキスを抽出する / A taxonomist ~s common features *from* different species. 分類学者はさまざまな種から共通の特徴を取り出す. ❷ 〈婉曲〉〈ものを…から〉抜き取る, 盗む: In the crowd a thief ~*ed* my wallet *from* my pocket. 人込みの中ですりが私のポケットから財布を抜き取った. ❸ / ━ / 要約する (summarize). **abstract onesèlf** 引きこもる; 引っ込む. **~·ness** (名) 〖L=…から引き出す〈ABS-+*trahere, tract-* 引っぱる (cf. tract[1])〗(名) abstraction)

ab·stráct·ed (形) ぼんやりした: with an ~ air ぼんやりと. **~·ly** (副) ぼんやりして. **~·ness** (名)

abstráct expréssionism (名) 〖米〗抽象表現主義 (Jackson Pollock, Mark Rothko などによって代表される; もと Kandinsky に対して用いられた). **-ist** (名) (形)

†**ab·strac·tion** /æbstrǽkʃən, əb-/ (名) ❶ a U 抽象概念. b C 抽象(作用). ❷ U 放心: with an air of ~ 茫然(ぜん)と, うわの空で. ❸ 〖名〗a U 抽象. b 抽象作品, アブストラクト. ❹ U〖化〗抽出. ❺ U 〖婉曲〗窃取, 抜き取り. (動) abstract)

ab·strác·tion·ism /-ʃənɪzm/ (名) U 抽象主義.

ab·strác·tion·ist /-ʃ(ə)nɪst/ (名) 抽象派画家.

ab·stract·ly /ǽbstrǽktli, əb-, ━ ━ / (副) 抽象的に (concretely).

ábstract nóun (名) 〖文法〗抽象名詞.

ab·struse /æbstrúːs/ (形) 難解な, 難しい; 深遠な. **~·ly** (副) **~·ness** (名)

*__ab·surd__ /əbsǝ́ːd, -zǝ́ːd ǀ -sǝ́ːd, -zǝ́ːd/ (形) (more ~; most ~) ❶ 不合理な, 道理に反した: It's ~ to argue from these premises. これらの前提に基づいて論じることは理に反する. ❷ ばかげた, おかしな, こっけいな (ridiculous): an ~ hat へんてこな帽子 / It's ~ to call him a fanatic. 彼を狂信者と呼ぶのはばかげている / 〖+*of*+(代名)(+*to do*) / +(*that*)〗 I was ~ of me [I was ~] *to think that* you loved me. あなたが私を愛してくれていると思ったとは私もばかでした. ━ (名)〖the ~〗不条理(なもの): (the) theater of the ~ 不条理劇. **~·ness** (名) 〖F＜L=調子はずれの〗

absúrd·ism /-dɪzm/ (名) U 不条理主義. **-ist** (名) (形)

ab·súrd·i·ty /əbsǝ́ːdəti, -zǝ́ːd- ǀ -sǝ́ːd-, -zǝ́ːd-/ (名) ❶ U,C 不条理, 道理に反すること. ❷ a U ばからしさ: the height of ~ 愚の骨頂. b C ばかげたこと〖言動〗.

ab·súrd·ly (副) 不合理に, ばかげたことに, 信じられないくらい; とんでもなく, ひどく (★文修飾可): an ~ expensive dress ばか高い衣服 / A~ (enough), he didn't touch the meal he had himself ordered. ばかげたことに彼は自ら注文した食事に手もつけなかった.

A·bu Dha·bi /ɑ́ːbuːdɑ́ːbi/ (名) アブダビ 〖アラブ首長国連邦を構成する首長国; 同国および連邦の首都〗.

A·bu·ja /əbúːdʒə/ (名) アブジャ 〖ナイジェリア中部の市・首都; 1991 年 Lagos より首都を移転〗.

a·bu·li·a /eɪb(j)úːliə, ə-/ (名) U 〖精神医〗〖特に統合失調症による〗無為, 無意志. **-lic** /-lɪk/ (形)

a·bu·na /əbúːnə/ (名) アブーナ 〖エチオピア教会の首長〗.

†**a·bun·dance** /əbʌ́ndəns/ (名) ❶ a U 豊富: a year of ~ 豊年 / There was beer in ~. ビールがどっさりあった. b 〖an ~ of…; ~〗多数(の), 多量(の): an ~ of examples [waterpower] 豊富な例〖水力〗. ❷ U 裕福: a life of ~ 裕福な暮らし. (動) abound, (形) abundant)

†**a·bun·dant** /əbʌ́ndənt/ (形) (more ~; most ~) 〖あり余るほど〗豊富な, 〖…に〗富んだ (plentiful): an ~ harvest 豊作 / The area is ~ *in* minerals. その地方は鉱物を豊富に産する. (動) abound, (名) abundance)

a·bún·dant·ly (副) 豊富に, 多量に. ❷ 十分に, 非常に: make… ~ clear 十分明らかにする.

*__a·buse__ /əbjúːz/ (動) ❶ a 〈薬物など〉を乱用する, 過剰に摂取する: ~ drugs ドラッグを乱用する. b 〈地位・特権・才能など〉を乱用する, 悪用する; 〈信頼などを〉裏切る: ~ one's authority 職権を乱用する / a person's trust 信頼を裏切る. ❷ 〈人・動物などを〉(性的に)虐待する, 酷使する; 〈ものをそまつに〉扱う. ❸ 〈…を〉口汚くののしる. ━ /əbjúːs/ (名) ❶ U,C 乱用, 悪用, 誤用: (an) ~ of power 権力の乱用 / (an) ~ of language 言語の誤用 / drug ~ 麻薬乱用〖不法使用〗. ❷ U,C 虐待, 酷使; そまつに扱うこと: child ~ 児童虐待. ❸ U 悪口, 悪態, 毒舌: personal ~ 人身攻撃 / a term of ~ 悪口 / heap [shower] ~ on [upon] a person 人に悪口を浴びせる. ❹ C〖しばしば複数形で〗悪弊, 弊害, 悪習: election ~s 選挙に伴う悪弊 (買収など). 〖F＜L=誤って適用する; ⇨ ab-, use〗(形) abusive)

A·bu Sim·bel /ɑ́ːbuːsímb(ə)l ǀ ǽb-/ (名) アブシンベル 〖エジプト南部, ナイル川西岸の古代岩窟(がんくつ)神殿遺跡(のある地)〗.

†**a·bu·sive** /əbjúːsɪv, -zɪv/ (形) 口汚い: ~ language 悪態 / an ~ letter 罵倒(ばとう)の手紙, 〖行為など〗虐待的な(ような), 酷使する(ような). **~·ly** (副) **~·ness** (名) (abuse)

†**a·but** /əbʌ́t/ (動) (**a·but·ted; a·but·ting**) ❶ 〈建物・地所などが〉〈他と〉境を接する, 隣接する: His land ~*s on* [*upon*] mine. 彼の土地は私の土地と隣り合っている. ❷ 〈建物などが…に〉寄りかかる (*against*, *on*): The stable ~*s against* the main house. うまやは母屋にくっついている.

a·bút·ment /-mənt/ (名) ❶〖建〗迫持(せりもち)受け, 迫持台, 橋台 (アーチの両端を受ける部分). ❷ 接合点.

a·bút·ter /-tə ǀ -tə/ (名) 〖法〗隣接地〖隣接財産〗所有者.

a·buzz /əbʌ́z/ (形) ブンブン[ガヤガヤ]いって, 騒然として; 活気に満ちて, 盛んに活動して.

ABV (略) alcohol by volume アルコール度数.

a·bysm /əbízm/ (名) 〖古・詩〗=abyss.

a·bys·mal /əbízm(ə)l/ (形) 〖口〗実にひどい (terrible): ~ weather 悪天候. ❷ 深いふちの, 奈落(ならく)の; 底の知れない: ~ ignorance 底知れぬ無知. **~·ly** /-məli/ (副) 〖F＜L ↓〗

†**a·byss** /əbís/ (名) ❶ C〖通例単数形で〗奈落の底: an ~ of despair 絶望の淵. ❷ 〖the ~〗危機的状況, 破局. ❸ 大きな相違, 隔たり (gap). 〖L＜Gk=底がないこと〗

a·býss·al /-s(ə)l/ (形) 〈水・泥・生物などが〉深海(性)の, 深海底の; 深成の.

Ab·ys·sin·i·a /ǽbəsíniə/ (名) アビシニア (Ethiopia の旧称).

Ab·ys·sin·i·an /ˌæbəsíniən◂/ 名 ❶ =Ethiopian. ❷ アビシニアン《エチオピア原産の短毛種の猫》. ── 形 = Ethiopian.

Ac 《記号》《化》actinium.

AC /éɪsíː/ 《略》air conditioning; 《英》aircraftman; *ante Christum* (=before Christ); appellation contrôllée; Athletic Club.

⁺**AC, a.c.** /éɪsíː/ 《略》《電》alternating current.

A/C,a/c /《略》accounting; account current; air conditioning.

ac. 《略》acre.

ac- /æk/ 接頭 (c, q, k の前にくるときの) ad- の異形: *ac*cede.

-ac /æk/ 接尾 [名詞・形容詞語尾]「…のような」「…に関する」「…に取りつかれた」「…病患者」

a·ca·cia /əkéɪʃə/ 名《植》❶ アカシア. ❷《英》ハリエンジュ, ニセアカシア: ⇒ false acacia.

acad. 《略》academic; academy.

ac·a·deme /ǽkədìːm/ 名 Ⓤ ❶ 学問の世界, 学界. ❷ 大学, 学問の府. the gróve [gróves] of Ácademe ⇒ grove 成句.

ac·a·de·mi·a /ˌækədíːmiə/ 名 Ⓤ =academe 1.

＊**ac·a·dem·ic** /ˌækədémɪk/ 形 (more ~; most ~) ❶ (比較なし) 〖通例 Ⓐ〗 ❶ 学園の, 学業 (上) の; 学校の, 大学の: ~ achievement(s) 学業成績, 学問的業績 / an ~ curriculum 大学課程 / an ~ degree 学位 / in ~ costume 大学式服を着た. b 《米》(大学の) 人文学科の, 一般教養の: ~ subjects 人文学科目. ❷ 学究的な, 学問 [学術] 的な (scholarly): possess an ~ mind 学究的関心を持っている. ❸ 理論的な, 観念的な, 非実際的な. ❹ 〈芸術など〉伝統にとらわれた, 型にはまった. ── 名 大学人《大学・研究所などでの研究者・教育》; 学究肌の人; 〖複数形で〗学科. **-i·cal·ly** /-kəli/ 副 学問的に, 学問上.〖名 academy〗

àc·a·dém·i·cal /-mɪk(ə)l◂/ 形 =academic. ── 名 〖複数形で〗《英古》大学式服.

ácademic fréedom 名 Ⓤ 学問 (研究) の自由.

ac·a·de·mi·cian /ˌækədəmíʃən, əkædə-/ 名 ❶ アカデミー [学士院, 美術院] 会員. ❷ 学者, 知識人.

àc·a·dém·i·cism /-məsɪzm/ 名 Ⓤ ❶ 〈学術・芸術の〉伝統主義, アカデミズム. ❷ 学究的態度 [思考]. ❸ 伝統尊重.

ácademic yéar 名 《教育》学年《英米では普通 9 月から 6 月まで》.

a·cad·e·mism /-mɪzm/ 名 Ⓤ =academicism.

＊**a·cad·e·my** /əkǽdəmi/ 名 ❶ 専門学校: an ~ of music 音楽学校; ⇒ military academy, Naval Academy. ❷ a 〈学術・文芸・美術の〉協会, 学会, 学士院, 芸術院: ⇒ Royal Academy. b 〈学問・芸術などの〉権威集団; 〈創意を抑えがちな〉一群の規範的定説. ❸ 〖しばしば A~, 名に用いて〗(通例 university より下級の) 学園, 学院. **Academy of Mótion Pícture Árts and Sciences** 《米》映画芸術科学アカデミー《アカデミー賞を与える団体》. 〖< [the ~s] アカデミー賞授賞式〗 《プラトンが教えたアテネ近郊の gymnasium の呼称 *Akadēmia* から》〖形 academic〗

Acádemy Awárd 名 ❶ アカデミー賞《毎年米国の最優秀映画および映画関係者に与える賞; ⇒ Oscar 2》. ❷ [the ~s] アカデミー賞授賞式.

A·ca·di·a /əkéɪdiə/ 名 アカディア《カナダ南東部の旧フランス植民地》. ── 形 アカディア (人) の. **-di·an** /əkéɪdiən/ 名 アカディア人 [住民]. ── 形 アカディア (人) の.

ac·a·jou /ǽkəʒùː/ 名 =cashew.

-a·cal /əkəl/ 接尾 [形容詞語尾] =-ac. ★ しばしば -ac の名詞用法と区別するために用いる: maniac*al*, maniac.

a·cal·cu·li·a /èɪkælkjúːliə/ 名 Ⓤ 《医》計算不能 (症), 失算 [計算] 障害.

a·canth- /əkǽnθ/, **a·can·tho-** /əkǽnθoʊ/ 〖連結形〗《動・植》「棘 (とげ) 状突起」「とげ (のような)」.《Gk *acantha* とげ》

a·can·tha·moe·ba /əkænθəmíːbə/ 名 《動》アカントアメーバ《アカントアメーバ属のアメーバ; 土壌や淡水中に普通にすみ, ヒトの角膜炎などの日和見病原体となるものを含む》.

a·can·thus /əkǽnθəs/ 名 (復 ~·es, -thi /-θaɪ/) ❶ 《植》アカンサス, ハアザミ《地中海地方産のハアザミ属の植物の総称》. ❷ 《建》〈コリント式円柱頭などの〉アカンサス葉飾り.

a cap·pel·la /ˌɑː kəpélə/ 形 副 《楽》〈合唱が〉無伴奏 [アカペラ] で (の). 〖It = in chapel style〗

A·ca·pul·co /ˌækəpúːlkoʊ, -púl-/ 名 アカプルコ《メキシコ南西部の太平洋に臨むリゾート都市》.

a·car·i·cide /əkǽrəsàɪd/ 名 殺ダニ [駆除] 剤.

acanthus

ac·a·rol·o·gy /ˌækəráləʤi | -rɔ́l-/ 名 ダニ学. **-gist** 名

ACAS, Acas /éɪkæs/ 《略》《英》Advisory Conciliation and Arbitration Service 勧告調停仲裁委員会《労使紛争の調停に当たる独立組織; 1975 年設立》.

a·caus·al /eɪkɔ́ːz(ə)l/ 形 因果的でない, 非因果的な.

acc. 《略》accepted; accompanied (by); according (to); account(ant); accusative.

ac·cede /æksíːd, ək-/ 動 圓 ★ 次の成句で. **accéde to** … 〖受身不可〗(1)〈提案・要求など〉に同意する, 応じる: ~ *to* an offer 申し出に応じる. (2)〈前任者の後〉〈高位・高官など〉につく, あとを継ぐ, 即位する: ~ *to* an office 就任する / ~ *to* the throne 王位につく. (3)〈条約・党など〉に (正式に) 加盟 [加入] する: ~ *to* a treaty 条約に加盟する. 〖類義語〗⇒ consent.

accell. 《略》accelerando.

ac·ce·le·ran·do /ækselərǽndoʊ/ 《楽》形 副 アッチェレランド, 次第に速く [く] (略 accel.). ── 名 (復 ~s) アッチェレランド (の楽章). 〖It = is hastening〗

ac·cel·er·ant /əksélərənt, æk-/ 名 加速 [促進] するもの; 《化》反応促進剤, (正) 触媒.

＊**ac·cel·er·ate** /əksélərèɪt, æk-/ 動 圓 加速する, 速くなる; 急速に進展する: He ~*d* to 100 kph. 彼は時速 100 キロに加速した. ── 他 ❶ a 〈…を〉促進する: ~ economic recovery 経済回復を促進する. b 〈車などの〉速力を速める,〈…を〉加速する《比較》この意味では 圓 のほうが一般的である (↔ decelerate): ~ a car 車を加速する. ❷〈ことの〉時期を早める: ~ one's departure 出発の時期を早める.〖L = さらに速くする〗〖名 acceleration〗

ac·cel·er·at·ed depreciátion /-tɪd-/ 名 Ⓤ 《会計》加速 (減価) 償却《機械などを購入した後, 償却期間の初期に通常より多い額を減価償却に計上し, 年度ごとに減額してゆくこと; 節税や設備投資用の資金留保のために行なう》.

＊**ac·cel·er·a·tion** /əksèlərérʃən, æk-/ 名 Ⓤ ❶ a 加速. b 促進. ❷ 加速度 (↔ deceleration): positive [negative] ~ 加 [減] 速度.〖動 accelerate〗

ac·cel·er·a·tive /əksélərèɪtɪv, æk-, -rət-/ 形 〈速度を増す〉(的) の, 速度を増す.

⁺**ac·cel·er·a·tor** /-tə-/ -tə-/ 名 ❶ (自動車などの) 加速装置, アクセル: step on the ~ アクセルを踏む. ❷ 《理》(粒子の) 加速装置. ❸ 《電算》=accelerator board. ❹ a 《化》促進剤. b 《写》現像促進剤. ❺ 加速者.

accélerator bòard 名 《電算》アクセラレーター (ボード) 《CPU や入出力演算の速度を上げるためパソコンに組み込む補助装置》.

ac·cel·er·a·to·ry /əksélərətɔ̀ːri, æk-, -rèɪtəri, -tri/ 形 =accelerative.

ac·cel·er·om·e·ter /əksèlərámətə, æk- | -ɔ́mətə/ 名 《航空機・ロケットの》加速度計.

＊**ac·cent** /ǽksent | -s(ə)nt/ 名 ❶ a Ⓒ Ⓤ (地方・外国) なまり: speak English with a strong ~ [a foreign ~] 強いなまり [外国なまり] のある英語を話す. b 〖複数形で〗(独特な) 話し方, 言葉づかい, 口調: in tender ~s 優しい口調で. ❷ Ⓒ 〖通例単数形で〗強調 (emphasis): put the ~ *on* comfort 快適さを強調する. ❸ 《音声》 ❶ a アクセント:

the primary [secondary] ~ 第1[第2]アクセント / The ~ of 'politics' falls [is] on the first syllable. politics のアクセントは第1音節にある. **b** =accent mark. ❹ ⓒ 〖韻〗強音. ── /ǽksent, -ˌ-/ 動 ❶ 〖音声〗語・音節に〉アクセント(符)を置く[つける]. ❷ 〈まれ〉強調する. 〖L=(言葉)に加えられた調子〈AC-+cantus 歌〉〗(動 ac-centuate, 形 accentual)

ac·cént·ed /-t̬ɪd/ 形 ❶ (地方・外国)なまりのある: speak heavily ~ English 強いなまりのある英語を話す. ❷ 〖韻〗アクセント(符)のついた[ある]: an ~ syllable アクセントのある音節.

áccent·less 形 アクセントのない; なまりのない.

áccent màrk 名 アクセント記号[符] (⇒ acute 5, grave² 3, circumflex).

ac·cen·tor /ækséntə | -tə-/ 名〔鳥〕イワヒバリ, (特に)ヨーロッパカヤクグリ.

ac·cen·tu·al /ækséntʃuəl/ 形 ❶ アクセントの(ある). ❷ 〖韻〗詩脚の音節のアクセントによる.

*ac·cen·tu·ate /ækséntʃuèɪt, æk-/ 動 他 ❶ **a** 〈…を〉強調[力説]する. **b** 〈色・楽音などを〉引き立たせる, 目立たせる. ❷ 〈…に〉アクセントをつける[つけて発音する].

ac·cen·tu·a·tion /ækséntʃuéɪʃən, æk-/ 名 ❶ Ⓤ 音の抑揚法; アクセント(符)の付け方. ❷ U.C 強調, 力説; 引き立たせること.

***ac·cept** /əksépt, æk-/ 動 他 ❶ **a** 〈贈り物などを〉(進んで)受け入れる, 受納する: ~ a gift [present] 贈り物を受納する. **b** 〈招待・任命などを〉引き受ける, 受諾する; 〈申し込みなどを〉採用する: I ~ your offer. お申し込みのことは承知しました. **c** 〈クレジットカードなどを〉受け付ける; 〖商〗〈手形・小切手を〉引き受ける (↔ dishonor): We don't ~ personal checks. 個人用小切手は受け付けません. ❷ 〈説明・学説などを〉認める, 信ずる, 容認する: No scientific theory has been ~ed without opposition. 科学的な学説で今までに反対論なしに認められたものはない 〖+目+as 補〗 You may ~ the explanation as true [as a fact]. その説明は本当[事実]だとして受け入れてよい / 〖+that〗 I ~ that the evidence is unsatisfactory. 証拠は不十分だということを認める. ❸ 〈事態などを〉不本意ながら認める, 甘受する: ~ things as they are 現状に甘んじる. ❹ 〈人を〉(学生・会員などとして)受け入れる: She was ~ed at Harvard. 彼女はハーバード大学に入学した. ── 圓 (招待・申し込みなどを)受け入れる. 〖F=L=…を受け取る〈AC-+capere, caput- 取る (cf. capture)〗 (名 acceptance, acceptation) 〖類義語〗 ⇒ receive.

ac·cept·a·bil·i·ty /əksèptəbíləṭi, æk-/ 名 Ⓤ 受納すること, 応諾; 満足なこと; 容認性.

***ac·cept·a·ble** /əkséptəbl, æk-/ 形 (more ~; most ~) ❶ 〈言動・行為など〉容認できる (↔ unacceptable): socially ~ behavior 社会的に容認できる行為. ❷ 〈人にとって〉満足な, けっこうな, 喜ばれる 〖to〗. **b** どうにか条件に合った, まあまあの: an ~ salary まあまあの給料. ❸ 〈提案・申し出など〉受諾できる. **-bly** /-tabli/ 副

***ac·cep·tance** /əkséptəns, æk-/ 名 ❶ Ⓤ.Ⓒ 受納, 受理; 採用. ❷ 受諾, 容認: find [gain, win] general ~ 一般に賛成される[受け入れられる]. ❸ 〖商〗 手形の引き受け. (動 accept)

accép·tant /-tənt/ 形 〔…を〉快く受諾する 〖of〗.

ac·cep·ta·tion /æksèptéɪʃən/ 名 (一般に認められた語の)意味, 語義. (動 accept)

***ac·cept·ed** /əkséptɪd, æk-/ 形 容認された, 一般に受け入れられた: a generally [commonly, widely] ~ view 一般に広く)受け入れられている見方 / (an) ~ opinion 一般世論. ~·**ly** 副

ac·cépt·er /-ə/ 名 ❶ 受納者, 承諾者. ❷ =acceptor 1.

ac·cép·tor /-tə/ | -tə/ 名 ❶ 〖商〗手形引受人. ❷ 〖通信〗通波器. ❸ 〖化〗受容体. ❹ 〖電子工〗アクセプター.

***ac·cess** /ǽkses/ 名 ❶ Ⓤ 〈場所・人などへの〉接近, 立ち入り, 出入り: within easy ~ of New York City ニューヨークから楽に行ける所 / He's easy [hard, difficult] of ~. 彼は近づきやすい[にくい], 彼は面会しやすい[にくい] / It's easy [difficult] to get ~ to him. 彼に近づくのはやさしい[難しい] / Few men have direct ~ to the president. 大統領に直接会える人はごくわずかだ. **b** 〈資料などの〉入手, 利用: have ~ to a library 図書館を利用できる. ❷ Ⓤ 〔…に〕近づく[入手の]方法, 利用[参加]の権利; 〔…への〕接近: gain [obtain] ~ to…に接近[立ち入る, 入手]する / give ~ to…に接近[利用, 出入り]を許す. ❸ Ⓒ 通路, 入口 (cf. exit¹): an ~ to the airport 空港への道[アクセス]. ❹ Ⓒ 発作: an ~ of anger [fever] かんしゃく[発熱]. ── 動 ❶ 〖電算〗〈…に〉アクセスする, 〈…を〉呼び出す. ❷ 〈…に〉接近する. 〖F=…の方へ行くこと〈L〈AC-+cedere, cess- 行く (cf. cease)〗 (名 accession, 形 accessible)

ac·ces·sa·ry /əksés(ə)ri, æk-/ 名 形 =accessory 2.

ac·ces·si·bil·i·ty /əksèsəbíləṭi, æk-/ 名 Ⓤ ❶ 接近できること, 近づきやすさ. ❷ 動かされやすいこと, 影響を受けやすいこと.

***ac·ces·si·ble** /əksésəbl, æk-/ 形 ❶ **a** 〈場所・人など〉(…から)近づきやすい, 行きやすい (↔ inaccessible): His house is not ~ by car. 彼の家は車では行けない. / The shopping district is easily ~ from our house. その商店街は私たちの家から簡単に行ける[便のよい所にある]. **b** ⓟ 〈人にとって〉近づきやすくて, 面会しやすくて: He's not ~ to strangers. 彼には初対面の人はなかなか会えない. ❷ 〈くもなどの人にとって〉入手しやすい, 利用できる; 理解しやすい: Guns are readily ~ to Americans. 銃はアメリカ人には容易に手に入る / a book ~ to the common reader 一般読者にもよくわかる本. ❸ ⓟ 〈人・心が…に〉動かされて: ~ to pity 情にもろい / ~ to reason 道理のわかる. **-bly** /-bli/ 副 (名 access)

ac·ces·sion /əkséʃən, æk-/ 名 ❶ Ⓤ **a** 〔ある状態に〕達すること, 接近, 到達 〔to〕. **b** 〔高位・高官を〕継承(すること); 即位 〔to〕. ❷ Ⓤ 〔政党・党への〕加入 〔to〕. ❸ Ⓒ Ⓤ 増加, 追加. **b** Ⓒ 増加物, 獲得物; 〔図書館への〕受け入れ図書: new ~s to a library 図書館の新着書. ❹ Ⓤ.Ⓒ 〔通例受身で〕〈図書などを〉受け入れ台帳に記入する. (動 access)

ac·ces·so·ri·al /æksəsɔ́ːriəl⁻/ 形 補助的な; 〖法〗従犯の.

ac·ces·so·rize /əksésərɑɪz, æk-/ 動 他 〈…に〉アクセサリー[付属品]を付ける 〔with〕.

***ac·ces·so·ry** /əksésəri, æk-/ 名 ❶ 〔通例複数形で〕 **a** 付属品: car accessories 自動車の付属品. **b** 〔婦人用の〕服飾品, 装身具, アクセサリー. ❷ 〖法〗(正犯 (principal) に対して)共犯(者), 従犯(者), 従犯(者) (cf. accomplice): an ~ after [before] the fact 事後[事前]従犯人 / an ~ to a murder 殺人の共犯者. ── 形 ❶ 補助的[付属的]な, 付属[副]の. ❷ 〖法〗従犯の: be ~ after [before] the fact 事後[事前]従犯である: He was made ~ to the crime. 彼はその犯罪の従犯者とされた. 〖ACCESS+-ORY〗

áccess provìder 名 (インターネットの)アクセスプロバイダー, 接続業者.

áccess tìme 名 Ⓤ 〖電算〗アクセス時間, 呼び出し時間.

ac·ciac·ca·tu·ra /ɑ:tʃɑ:kɑtʊ́(ə)rə | ətʃæk-/ 名 (徊 ~s, -re /-reɪ, -ri/) 〖楽〗アッチャカトゥーラ, 短前打音. 〖It〗

ac·ci·dence /ǽksədəns, -dns/ 名 Ⓤ 〖文法〗〔古風〕語形(変化)論.

***ac·ci·dent** /ǽksədənt, -dnt/ 名 ❶ Ⓒ (偶然または不慮のよくない)出来事, 事故, 災難 〔匹義 ⇒ incident〕: an inevitable ~ 〖法〗不可避的事故, 不可抗力 / have [meet with] an ~ 事故にあう, けがをする / a railroad [traffic] ~ 鉄道[交通]事故 / He was killed in an airplane ~. 彼は飛行機事故で死んだ / Accidents will /wíl/ happen. 〔諺〕 事故は起こりがちなもの 〖不運をなぐさめて用いられる〗. ❷ Ⓤ 思いがけない出来事, 偶然のこと; 付随的な事柄[性質]. ❸ 〔口〕 (特に子供の)おもらし.

by áccident (ほんの)偶然に. **by áccident of**…の偶然で: by ~ of birth 生まれ合わせで. **chápter of áccident** ⇒ chapter 成句. **withòut áccident** 無事に. 〖F=不意に降りかかるもの〈L AC-+cadere 落ちる (cf. case¹)〗 (形 accidental)

ac·ci·den·tal /æksədénṭl/ 形 (more ~; most ~) ❶ 偶然の: an ~ death 事故死, 不慮の死 / an ~ meeting 偶然の出会い / ~ error 《数》偶然誤差 / an ~ fire 失火. ❷ 非本質的[付属的]な: an ~ color 《光》偶生色, 補色残像. ❸ (比較なし)《楽》臨時変化の: ~ notation 臨時記号. ─ 名 ❶ 偶発の事物; 非本質的なもの. ❷ 《楽》臨時記号. (動 accident)

àc·ci·dén·tal·ly /-ṭəli/ 副 偶然に, ふと(したことから)《★文修飾可》: ~ on purpose 《口》偶然のように見せてその実故意に.

áccident and emérgency 名 《英》緊急治療室, 救急室 《米》emergency room 》(略 A & E).

áccident insúrance 名 U 傷害保険.

áccident-pròne 形 《人·車など》(普通より)多くの事故を起こしがちな[に遭いがちな]. **~·ness** 名

ac·ci·die /æksədi/ 名 =acedia.

ac·cip·i·ter /æksípəṭɚ | -tə/ 名 《鳥》ハイタカ属の各種の鳥; (広く)タカ, 猛禽. **-i·trine** /-trὰɪn, -trən/ 形 (ハイタカのような.

*ac·claim /əkléɪm/ 動 他 ❶ 〈…に〉盛んなかっさいを送る, 〈…を〉賞賛する: a highly ~ed novel 評価の高い小説 / The press ~ed the President's move. 新聞は大統領が取った措置を称えた. ❷ 〈人を〉(…として)かっさいする; 〈人を〉称賛して〈…と〉認める 〔+目+(as)補〕 The newspapers ~ed her as a great musician. 新聞は彼女を偉大な音楽家として書き立てた. ── 名 U 大かっさい, 歓呼; 絶賛: win [receive] critical ~ 批評家の絶賛を浴びる. 〖L; ⇒ ac-, claim〗

ac·cla·ma·tion /ækləméɪʃən/ 名 U.C (称賛·賛成の)大かっさい; 賛成. **by acclamátion** 《米政治》(かっさい·拍手で賛意を示す)発声投票で: carry ... by ~ 《議案などを》発声投票で通過させる.

ac·cli·mate /ækləmèɪt/ 動 《米》⇒ acclimatize. ─ 他 ❶ 〈動植物·人などを〉〈新しい風土に〉慣らす, 順応させる: ~ a plant to a new environment 植物を新しい風土に順化させる / Have you become ~d to Japan yet? もう日本に慣れましたか. ❷ [~ oneself] 〈新しい風土に〉慣れる, 順応する〔to〕. ── 自 〈新しい風土に〉順応する〔to〕.

ac·cli·ma·tion /ækləméɪʃən/ 名 U.C ❶ 新環境順応. ❷ 《生》順応.

ac·cli·ma·ti·za·tion /əklὰɪməṭɪzéɪʃən | -taɪz-/ 名 =acclimation.

ac·cli·ma·tize /əklάɪməṭὰɪz/ 動 《英》=acclimate.

ac·cliv·i·ty /əklívəṭi/ 名 上り勾配(記): 上り坂, (上り)傾斜(↔ declivity).

+**ac·co·lade** /ǽkəlèɪd/ 名 ❶ 栄誉, 称賛: receive [win] an ~ 称賛を得る. ❷ ナイト (knight) 爵位授与(式): receive the ~ ナイト爵に叙せられる.

*ac·com·mo·date /əkάmədèɪt | əkɔ́m-/ 動 ❶ a 〈施設·乗り物などが〉〈人を〉収容する, 乗せる, 泊める; 〈人が〉〈客などを〉宿泊させる, 泊める: This hotel ~s 1000 guests. このホテルは千人の客が泊まれる / We can ~ him for the night. 一晩彼を泊めることができる. b 〈容器などが〉〈ものを〉収めることができる: Compact discs can ~ over 70 minutes of music. CD には 70 分以上の音楽が収まる. ❷ a 〈人に〉便宜をはかる, サービスする; 〈人の願いを〉聞いてやる; 〈提案·理論などを〉〈…を〉考慮に入れる (oblige): ~ a person's wishes accommodate 人の願いを聞いてやる. b 〈人に〉必要なものを用立ててやる, 融通してやる: ~ a person with money 人に金を用立ててやる. ❸ a 〈…を〈…に〉…に〉適応させる, 調節させる (adapt): ~ a theory to the facts 理論を事実に適応させる. b [~ oneself ~] 〈環境·境遇などに〉順応する: You will soon ~ yourself to the new surroundings. すぐに新しい環境に慣れるでしょう / The eye can ~ itself to different distances. 目はいろいろな距離に(あるものが見えるように)調節できる. ❹ 〈相違·対立などを〉調停する, 和解させる. 〖名 accommodation〗【類義語】⇒ hold¹.

ac·cóm·mo·dàt·ing /-ṭɪŋ/ 形 親切な, 気のおけない; 世話好きな (obliging). **-ly** 副

*ac·com·mo·da·tion /əkὰmədéɪʃən | əkɔ̀m-/ 名 ❶ U [《米》複数形で] a 宿泊[収容]設備 《住む[宿泊する]ための下宿·アパート·ホテルなど》: phone a hotel for ~s 《英》~ ホテルに部屋の予約電話をする / What kind of ~(s) do you have? どんなところに宿泊して[住んで]いますか; [ホテルなどの予約で]どんな部屋がありますか / This hotel has ~(s) for 1000 guests. このホテルは千人の客を収容する設備がある. b [複数形で] 《主に米》(列車·飛行機などの)(座)席. ❷ a [C.U] 便宜, 助け: for your ~ ご便宜のため. b U 融通, 用立て; 貸し付け(金). ❸ U a 適応, 調和; 調節(to). b 《生理》(自動的な)視力調節. ❹ U.C 和解, 調停: reach [come to] an ~ 示談にする. (動 accommodate)

accommodátion address 名 便宜的な宛先 《住所不定者·住所を知られたくない人が郵便物を受け取るための宛先》.

ac·cóm·mo·dà·tion·ist 名 《米》和解[融和]派の人.

accommodátion làdder 名 《海》タラップ, 舷梯(だ).

ac·cóm·mo·dà·tive /-dèɪṭɪv/ 形 必要に対応する, 適応[順応]的な, 調節(性)の, 協調的な.

*ac·com·pa·ni·ment /əkʌ́mp(ə)nimənt/ 名 ❶ 《楽》伴奏; 伴奏部: the piano ~ to a song 歌のピアノ~ to the ~ of ... 〈楽器〉の伴奏で, …に合わせて / without ~ 伴奏なしで[の]《★無冠詞》. ❷ 添えもの, つきもの; 付随するできごと[事件] (of, to). (動 accompany)

ac·cóm·pa·nist /-nɪst/, **ac·cóm·pa·ny·ist** /-nɪɪst/ 名 伴奏者.

*ac·com·pa·ny /əkʌ́mp(ə)ni/ 動 ❶ 〈人が〉〈別の人に〉同行する, ついていく: He was accompanied by his wife. 彼は夫人を同伴していた 《★能動態では His wife accompanied him. だが, 「夫人が彼を同伴した」の訳は間違い》 / She accompanied her guests to the door. 彼女は客を戸口まで送り出した. ❷ 〈事物が〉〈…に〉〈同時に〉〈…と〉ともに起こる; 〈…に〉〈…を〉伴わせる, 添える: Rising wage rates are often accompanied by inflation. 賃金の上昇にインフレが伴うことがよくある / She accompanied her praise with a kiss on my cheek. 彼女は称賛に私のほおに口づけを添えた. ❸ a 〈…の〉伴奏をする: ~ a singer 歌手の伴奏をする. b 〈…で〉〈…の〉伴奏をする (with, on, at): ~ a song [singer] with a [on the] flute フルートで歌[歌手]の伴奏をする. 〖F; ⇒ ac-, company〗 (名 accompaniment) 【類義語】**accompany** 同等の対等者として同行する. **attend** 世話をするために, または従者として付き添う. **escort** 保護者[護衛]としてあるいは礼儀として付き添う.

+**ac·com·plice** /əkάmplɪs, -kʌ́m- | əkʌ́m-, -kɔ́m-/ 名 (広義の)共犯者, ぐる 《accessory, principal を含む》: an ~ in a crime 共犯者 / the ~ of a burglar 強盗の共犯者. 〖A-³+complice 《口》共犯者; 今の形は accompany などの影響〗

*ac·com·plish /əkάmplɪʃ, -kʌ́m- | əkʌ́m-, -kɔ́m-/ 動 他 《仕事などを》成し遂げる, 完成する, 果たす: ~ a task 仕事を完成する. 〖F<L ← ac-+complere 完成する (cf. complete)〗【類義語】**accomplish** 決められた仕事·目標などの完成·達成を強調する. **achieve** あることに達するための技術·能力·努力·勇気·忍耐などを強調する. **attain** 達成が極めて困難な目標に大きな努力の結果到達する; それを誇りに思っているさまを暗示する.

*ac·com·plished 形 ❶ (プロではないが)熟達した, 練達の; P 〈人が〉〈ある芸能などに〉堪能(愛)で 〔in, at〕: an ~ golf player くろうとはだしのゴルファー / He's ~ in music. 彼は音楽に堪能である. ❷ 〈事実〉既成の, 《仕事などの》既就の: an ~ fact 既成の事実 / an ~ task 完成した仕事. ❸ 上流社会のたしなみを身につけた.

*ac·com·plish·ment /əkʌ́mplɪʃmənt, əkάm-, əkʌ́m-, əkɔ́m-/ 名 ❶ 成果, 業績: a major [remarkable] ~ 主要な[顕著な]業績 / Winning the award was quite an ~ for such a young person. その賞を得ることはあのような若者にとってはすごい成果だった. ❷ U 完成, 成就, 遂行: a sense of ~ 達成感. ❸ C [しばしば複数形で] a 特技, 芸才: a person of many ~s 多

芸の人. **b** (上流社会の)教養, たしなみ. ❹ ⓤ 技能, 熟練 《*in*》. (動 accomplish)

‡**ac·cord** /əkɔ́ːd | əkɔ́ːd/ 图 ❶ ⓒ (国際間の正式でない)協定《*with, between*》: the Camp David *Accords* キャンプデビッド合意. ❷ ⓤ 一致, 調和: The building is in [out of] ~ with its surroundings. その建物は周囲と調和する[しない]. ❸ (楽) 和音 (← discord).
of its ówn accórd ひとりでに, 自然に.
of one's ówn accórd 自発的に (voluntarily).
with óne accórd 《文》一斉に, 心を一つにして: *With one* ~ they shouted their assent. 彼らは一斉に叫んで同意を表わした.
── 動 ⓐ 〈二つのことが〉**一致する**, 調和する: His words and actions do not ~. 彼は言行が一致しない. ❷ 〔...と〕一致[調和, 合う]する: That does not ~ *with* what you said yesterday. その話はあなたがきのう言ったことと一致しない. ── ⓗ 〈人に〉〈許可・称賛などを〉与える《★ give のほうが一般的》: 〔+目+目〕 They ~ed him praise for his good work. 彼らはよくやったと彼をほめた / They ~ed a warm welcome *to* the traveler. 彼らはその旅行者をあたたかく歓迎した.
《F<L=心が一つになる<AC=*cor, cord*-心 (cf. *courage*)》(图 accordance)

⁺**ac·cor·dance** /əkɔ́ːdəns, -dns | əkɔ́ː-/ 图 ⓤ 一致, 調和. **in accórdance with**...と一致して, ...のとおりに: *in* ~ *with* your instructions あなたの指令に従って. (動 accord)

ac·cor·dant /əkɔ́ːdənt, -dnt | əkɔ́ː-/ 形 〔...と〕一致[調和]して 《*with, to*》: His opinion is ~ *to* reason. 彼の意見は道理にかなっている.

‡**ac·cord·ing** /əkɔ́ːdɪŋ | əkɔ́ː-/ 剛 ★ 通例次の成句で.
accórding as... [接続詞的に] ...に従って[応じて, 準じて], ...しだいで: You can go or stay, ~ *as* you decide. 君の決定しだいで行くも留まってもいいし等はない.
accórding to... [前置詞的に] (1) ...によれば (用法 *according to* me [us] は間違い): *A~ to* the Bible [the papers].... 聖書[新聞]によれば.... (2) ...に従って[応じて], ...しだいで: arrangement ~ *to* authors 著者別の配列 / ~ *to* circumstances 情勢しだいで.

*⁺**ac·cord·ing·ly** /əkɔ́ːdɪŋli | əkɔ́ː-/ 剛 (比較なし) ❶ それに応じて, 適宜に: You must judge the situation and act ~. 状況を判断してそれに応じて行動しなければならない. ❷ [接続副詞的に] 従って, それゆえに (consequently, therefore): She suggested him. *A~*, we offered him the job. 彼女は彼を勧めてくれた. 従って私たちは彼にその仕事を提供した.

⁺**ac·cor·di·on** /əkɔ́ːdiən | əkɔ́ː-/ 图 アコーディオン. ── 形 Ⓐ (アコーディオンのように)ひだのある, じゃばら風[式]の. 《G<It *accordare* 調律する; ⇒ accord》
accórdion dòor 图 アコーディオンドア《伸縮自在の仕切りドア》.
ac·cór·di·on·ist /-nɪst/ 图 アコーディオン奏者.
accórdion plèats 图 ⓟ アコーディオンプリーツ《スカートのじゃばら型の細いひだ》.
accórdion wàll 图 =accordion door.

ac·cost /əkɔ́ːst | əkɔ́st/ 動 ❶ 〈見知らぬ人に〉近寄って言葉をかける, 話しかける. ❷ 〈売春婦が〉〈人に〉声をかける.

ac·couche·ment /əkúːʃmənt, ̀ækuːʃmɑ́ːŋ | əkúːʃmɑːŋ/ 图 ⓤ 分娩(滠), 分娩期間. 〔F〕

ac·cou·cheur /ækuːʃə́ː | -ʃə́ː/ 图 助産夫; 産科医《男》.

‡**ac·count** /əkáʊnt/ 图 ❶ ⓒ (預金口座; 預金(高)の)取引: close an ~ with [at] ...と取引をやめる,〈銀行の口座を閉じる〉/ have an ~ *with* [at] ...と取引がある,〈銀行の口座がある〉/ open [start] an ~ with [at] ...と取引を始める,〈銀行の口座を開く〉. ❷ ⓒ a (通例複数形で)(金銭上の)**計算, 勘定, 会計; 計算書, 勘定書**: balance ~*s* 〔付けを〕(...との取引を)清算する / send [in] an ~ (未払いの金の)請求書を送付する / settle [square] an ~ with...との勘定を清算する; ...に恨みを晴らす. **b** 掛け (勘定), つけ《(米)

charge account, 《英》credit account》: charge... [put ...(down)] to a person's ~ ...を人の勘定につける / Short ~*s* make long friends. 《諺》長くつき合うには掛けは禁物. **c** (掛けによる)商売関係; 顧客. ❸ ⓒ **a** 評価, 考慮: take ~ of...=take...into ~ ...を考慮に入れる; ...をしんしゃくする / take no ~ of...=leave...out of ~ ...を無視する / hold...in [of] great ~ ...を大いに重んずる / hold...in [of] no [low] ~ ...を軽んずる / make much [little, no] ~ of...を重視する[しない]. **b** 重要さ: a person of little [no] ~ ...つまらない人. ❹ ⓒ (電算) アカウント《ネットワークで情報サービスにアクセスできる資格》: an e-mail ~ 電子メールのアカウント.
── **B** ❶ ⓒ (事件・体験などの)**記述, 記事;** (順を追ってする詳しい)話: give an ~ of...の話をする, ...の顛末(淚)を話す (cf. B 2) / *Accounts* differ. 人によって話は違う. (cf. B B 2) ❷ ⓒ (金銭・責任の処理に関する)**報告, 始末書; 答弁, 弁明, 説明**: give an ~ of...を説明[答弁]する, ...の始末を明らかにする (cf. B 1).
bríng [**cáll**] **a person to accóunt** 人に釈明を求める; 人をしかる 《*for*》.
by [**from**] **áll accóunts** だれからも[どこで]聞いても.
gìve a góod accóunt of onesèlf (競技・試験などで)堂々と勝つ, 立派にやってのける.
gìve a póor [**bád**] **accòunt of onesèlf** 《英》下手にやる[ふるまう].
in accóunt with...と取引して.
móney of accóunt ⇒ money 成句.
nót...on ány accóunt =on no ACCOUNT 成句.
on accóunt (1) 内金として: money paid *on* ~ 内(払い)金. (2) 掛け(売り)で; 分割払いで.
on a person's accóunt (1) 人の掛けで[費用で]. (2) 人のために: I did it *on* yóur ~. 君のために[を思って]やったのだ.
on accóunt of...のため, のために (because of): I was absent from school *on* ~ *of* illness. 病気で学校を休んだ.
on nó accòunt 決して...(し)ない: *On no* ~ forget to lock the door. 絶対にドアにかぎをかけ忘れるな.
on one's ówn accòunt (1) 独力で, 自前で. (2) 自分の責任で. (3) 自分の(利益の)ために.
on thát [**thís**] **accóunt** その[この]ために.
túrn...to (góod) accóunt ...を利用[活用]する.
── 動 ⓐ 〈...と〉考える, みなす 《★ 通例受身》: 〔+目+補〕They ~ed themselves happy. 彼らは自分たちが幸福であると思っていた / By law a man is ~ed innocent until he is proved guilty. 法律ではだれでも有罪と立証されるまでは潔白とみなすことになっている.
accóunt for... [受身可] (1) 〈人が〉...の理由を説明する; 〈事実が〉...の説明となる: The alteration is quite easy to ~ *for*. その変更の理由は容易に説明できる / There is no ~ing *for* tastes. 《諺》蓼(紊)食う虫も好き好き / That ~*s for* his absence. それで彼の欠席[欠勤]の理由がわかった. (2) 〈行為などの〉**責任**をもつ[取る]: We ask you to ~ *for* your conduct. あなたの行為の責任をもってもらおう. (3) ...の**割合を占める**: The stratosphere and troposphere together ~ *for* nearly all of the earth's air mass. 成層圏と対流圏が地球の大気のほとんどすべてを占めている. (4) (特に事故のあとで)〈人・物の〉行方[安全]を明らかにする: Are all the students ~ed *for*? 学生全員の安否は明らかですか. 学生は全員無事ですか. (5) 〔人に〕〈委託金などの〉使途[処置]を説明[報告]する: I'm to ~ *for* my parents *for* my monthly expenditure. 月々の出費は両親に報告することになっている. (6) (口) 〈獲物・敵などを〉仕留める, 殺す, 倒す, やっつける, 捕らえる: He ~ed *for* two of the enemy. 彼が敵のうちの 2 人をやっつけた. 〔F; ⇒ ac-, count〕

ac·count·a·bil·i·ty /əkàʊntəbíləti/ 图 ⓤ 説明責任 [義務], 実施責任[義務]; (一般に)責任[義務].

*⁺**ac·count·a·ble** /əkáʊntəbl/ 形 ❶ 〔人に〕〔...について〕**説明する義務**[**責任**]**があって** (answerable): You are ~ (*to* me) *for* what you have done. 君は自分のしたことについて(私に)説明する義務がある. ❷ 説明できて, もっともで: His excitement is easily ~ 《*for*》. 彼の興奮は容易に

説明できる. **-a・bly** /-təbli/ 副

⁺**ac・coun・tan・cy** /əkáuntənsi, -tn-/ 名 U 会計の職[事務].

*__ac・coun・tant__ /əkáuntənt, -tn-/ 名 会計係[士], 計理士, 主計(官); ⇨ certified public accountant. 《AC-COUNT+-ANT》

accóunt bòok 名 会計簿, 出納簿.
accóunt cúrrent 名 =current account.
accóunt exècutive 名 〖広告業などの〗顧客主任.
*__ac・cóunt・ing__ 名 U 会計, 計算, 経理; 会計学.
accóunt páyable 名 (憤 accounts payable)《米》〖商品・サービスの〗支払勘定.
accóunt recéivable 名 (憤 accounts receivable)《米》〖商品・サービスの〗受取勘定.

ac・cou・ter, 《英》**-tre** /əkúːtə | -tə-/ 動 [通例受身で]〈人に〉〖特殊の〗服装をさせる;〈兵士に〉装具を着ける.

ac・cóu・ter・ments, **-tre・ments** /-mənts/ 名 憤 ❶ (あることに必要な)小物, 用品, 必要品;携帯品, 付属品. ❷ 〖軍〗〈武器・軍服以外の〉装具. ❸ 服装, 身だしく, 装い.

Ac・cra /əkrɑ́ː/ アクラ(ガーナ共和国の首都).

⁺**ac・cred・it** /əkrédɪt/ 動 他 ❶ [通例受身で]〈人を...〉だとみなす:〈物事を〉〈人の〉功績とみなす: He's ~*ed with* the invention of the machine.=The invention of the machine is ~*ed to* him. 彼がその機械を発明したとされている《★この意味では credit を用いる方が一般的である》. ❷ a 〈人に〉信用状を与える. b 〈大使などに〉信任状を与えて...へ派遣する(*to, at*): He was ~*ed to* Washington. 彼は(駐米大使として)ワシントンに派遣された. **ac・cred・i・ta・tion** /əkrèdətéɪʃən/ 名 〖F く *à* to+CREDIT〗

ac・créd・it・ed /-tɪd/ 形 A ❶ 〈人・団体など〉公認の, 正式に認可[認定]された;〈外交官が〉信任状を与えられた;〈牛乳・牛など〉品質認定された. ❷ 〈学説など〉一般に認められた, 容認された.

ac・crete /əkríːt/ 動 自 ❶ (成長してひとつに)固まる, 融合する. ❷ 〈...に〉付着する(*to*). ― 他 ❶ 融合[合体]させる; ひとつにする. ❷ 〈...に〉付着させる.

ac・cre・tion /əkríːʃən/ 名 ❶ C 増加物; 付着物. ❷ U 増大; 付着.

ac・cru・al /əkrúːəl/ 名 ❶ U.C 増加; 自然増加; 発生. ❷ C 付加利子.

⁺**ac・crue** /əkrúː/ 動 自 ❶ 〈利益・結果などが〉生じる, 発生する;〈利子がつく〉: Four-percent interest will ~ *on* your savings. あなたの貯金には4%の利子がつきます / Certain responsibilities ~ *to* us *from* our use of public facilities. 公共施設を利用するとある種の責任が生じる. ❷ 〖法〗〈権利として〉生じる, 発生する. ― 他 ❶ 〈利益などを〉ためる, 蓄積[累積]する;〈生じた利益を〉得る, 受け取る, 引き出す. ❷ 〈代価を〉未払い費用として計上する. 〖F く L=さらに大きくなる AC-+*crescere* 増える (cf. crescent)〗

ac・crúed bénefit 名 [通例複数形で]〈企業が従業員に支払う義務のある〉未払い給付, 発生給付, (特に)退職給付(金).

acct. (略) account; accountant.

ac・cul・tur・ate /əkʌ́ltʃərèɪt/ 動 自 他 文化変容[文化的適用]で変わる[変える](*into*).

ac・cul・tur・a・tion /əkʌ̀ltʃəréɪʃən/ 名 U ❶ 〖社〗(異文化の接触によって生じる)文化変容. ❷ 〖心〗(子供の成長期における)文化的適応.

*__ac・cu・mu・late__ /əkjúːmjʊlèɪt/ 動 他 〈長期にわたって〈...を〉ためる, 蓄積する: He ~*d* a fortune by hard work. 彼は勤勉によって財産を築いた. ― 自 たまる, 積もる, 蓄積する (build up). 〖L=積み重ねる AC-+*cumulus* 積み重ね (cf. cumulative)〗 (名 accumulation)

ac・cù・mu・lat・ed depreciátion /-lèɪtɪd-/ 名 U 〖会計〗減価償却累計額.

accúmulated dívidend 名 [通例複数形で]〖証券〗累積(未払い)配当金.

accúmulated prófit 名 〖会計〗留保利益, 利益剰余金.

⁺**ac・cu・mu・la・tion** /əkjùːmjʊléɪʃən/ 名 ❶ U 蓄積;

利殖, 蓄財. ❷ C 蓄積物, たまった金銭. (動 accumulate)

ac・cu・mu・la・tive /əkjúːmjʊlèɪtɪv, -lət-/ 形 ❶ 蓄積される, たまる, 累積的な: an ~ deficit 累積赤字. ❷ 蓄積[利殖]を好む, 蓄財的な, ため込み主義の.

ac・cú・mu・là・tor /-tə | -tə/ 名 ❶ 蓄積者, 蓄財家. ❷ 《英》 蓄電池. ❸ 〖電算〗累算器.

*__ac・cu・ra・cy__ /ǽkjʊrəsi/ 名 U 正確さ, 確さ (↔ inaccuracy); 精度: 正確 ~ 不正確に / I doubt the ~ of his description. 彼の描写が的確であるか疑わしい. (形 accurate)

*__ac・cu・rate__ /ǽkjʊrət/ 形 (more ~; most ~) 正確な[で], 的確な[で], 精密な (↔ inaccurate): an ~ measurement 正確な寸法 / He's *at* figures. 彼は計算が正確である / He's ~ *in* his account of the events. 彼は出来事の説明が的確である. 〖L=注意深くなされたく AC-+*cura* 注意 (cf. cure)〗 (名 accuracy) 【類義語】 ⇨ correct.

⁺**ác・cu・rate・ly** 副 正確に, 精密に.

ac・cursed /əkə́ːst, əkə́ːsɪd | əkə́ːsɪd, əkə́ːst/ 形 ❶ のろわれた, のろわしい. ❷ 大いなる, いまいましい.

ac・curst /əkə́ːst | əkə́ːst/ 形 =accursed.

accus. (略) accusative.

ac・cus・al /əkjúːz(ə)l/ 名 =accusation.

*__ac・cu・sa・tion__ /ǽkjʊzéɪʃən/ 名 C,U ❶ a 〖法〗告発, 告訴: bring [make] an ~ against...を告訴する. b 罪状, 罪科, とが: (a) false ~ 無実の罪, 言いがかり. **ùnder an accusátion of**― (1) ...の罪で告訴されて. (2) ...を非難されて. (動 accuse)

ac・cu・sa・tive /əkjúːzətɪv/ 〖文法〗 形 〖ギリシャ語・ラテン語・ドイツ語の〗対格の(英語の直接目的格に相当する; cf. objective 4): the ~ case 対格. ― 名 ❶ [the ~] 対格. ❷ 〖文法〗対格の語; 対格形.

ac・cu・sa・to・ri・al /əkjùːzətɔ́ːriəl˗/ 形 〖法〗判事と検事を別に立てて(公開で)行なう, 弾劾[告発]主義的な〈刑事訴訟手続〉(↔ inquisitorial).

ac・cu・sa・to・ry /əkjúːzətɔ̀ːri | -təri, -tri-/ 形 ❶ 告訴の, 罪があるとする. ❷ 非難の: an ~ look 非難めいたまなざし.

*__ac・cuse__ /əkjúːz/ 動 他 ❶ 〈人を〈...のかどで〉告発する, 告訴する, 訴える (cf. charge): ~ a person *of* theft 人を窃盗罪で告訴する / She ~*d* him *of* stealing her car. 彼女は彼が自動車を盗んだといって告訴した / [+目+as 補] He was ~*d as* an accomplice. 彼は共犯者として告発された / His bag had been stolen and he ~*d* me. 彼のかばんが盗まれて彼は私を訴えた. ❷ 〈人・事を〈...のかどで〉非難する, 責める: ~ the times 時世が悪いのだと言う / He was ~*d of* cowardice. 彼は臆病だと非難された. 〖F く L く AC-+*causari* 弁明する (《causa 訴訟; 原因; cf. cause》) 〗 (名 accusation)

⁺**ac・cúsed** 形 人から罪に問われた, 告発された. ― 名 (憤 ~) [the ~] (刑事)被告人(たち), 被疑者 (defendant; ↔ accuser).

ac・cús・er 名 告発人 (↔ the accused).

ac・cús・ing 形 非難する, 責めるような: with an ~ eye とがめるような目で. **~・ly** 副 非難するように, 責めるように.

⁺**ac・cus・tom** /əkʌ́stəm/ 動 他 〈人・動物などを〈...に〉慣らす: ~ a hunting dog *to* the noise of a gun 猟犬を銃声に慣らす. ❷ [~ oneself で] 〈...に〉慣れる (⇨ accustomed): A~ *yourself to* getting up early. 早起きの習慣をつけなさい. 〖F く *à* to+CUSTOM〗

*__ac・cus・tomed__ /əkʌ́stəmd/ 形 (比較なし) ❶ P [...に] 慣れて (~ unaccustomed) (★ be used to...のほうが一般的): I'm not ~ *to* walking long distances. 長距離の歩行には慣れていない / You'll soon become ~ *to* the work. じきにその仕事に慣れるよ. ❷ A いつもの, 例の (customary): her ~ silence 彼女のいつもの沈黙.

ÁC/DC /éɪsiːdíːsìː/ 形 〖俗〗両性愛で: He's ~. 彼は両刀使いだ.

*__ace__ /éɪs/ 名 ❶ (トランプ・さいころの)エース, 1; 1の札. ❷ a

《口》最高のもの，ぴか一；最優秀選手，練達の士: He is the ～ of the pitching staff. 彼が投手陣のエースだ． **b** 《米軍》では5機，英軍では10機以上の敵機を撃墜した》空の勇士，撃墜王． ❸ **a** 《テニス・バドミントンなど》サービスエース《の得点》《返すことのできないサーブ》． **b** 《ゴルフ》《口》ホールインワン． **an** [**one's**] **áce in the hóle** 《米口》とっておきの決め手，最後の切り札《★トランプから》． **háve an áce úp one's sléeve** 《英口》とっておきの決め手[奥の手]がある． **hóld all the áces** 《圧倒的》優位に立つ． **pláy one's áce** とっておきの手[奥の手]を使う． **within an áce of…** 《英》もう少しで…するところで: He was [came] *within an ～ of death* [be*ing killed*]. もう少しで死ぬ[殺される]ところだった． ── 形 ❶ 最優秀な，一流の，ぴか一の: an ～ pitcher [pilot] 最優秀の投手[パイロット]． ❷ 《口》すばらしい，すてきな． ── 動 他 ❶ 〈相手に〉サービスエースを決める． **b** 〔～ a hole で〕ホールインワンをする． ❷ 《米口》《試験で》完璧にやる，A[優]を取る． **áce a person óut** 《米口》〈人を〉負かす，しのぎ抜く．

a·ce·di·a /əsíːdiə/ 名 U 怠惰，懈怠(ゖたい)；無感動，無関心．

a·cel·lu·lar /eɪséljʊlɚ | -lə/ 形 細胞を含まない，無細胞性の；細胞に分かれていない，非細胞性の．

a·cen·tric /eɪséntrɪk/ 形 ❶ 中心のない；中心をはずれた，非中心性の． ❷ 《遺》染色体原体の．

a·ceph·a·lous /eɪséfələs/ 形 ❶ 無頭の，《動》無頭(類)の《軟体動物》． ❷ 指導者[首長]のいない． ❸ 《詩学》行首欠如の．

acer /éɪsɚ | -sə/ 名 《植》 カエデ《カエデ属の木の総称》．

a·cerb /əsɚ́ːb, æ-| -sɚ́ːb/ 形 =acerbic.

ac·er·bate /ǽsɚbèɪt | -sə-/ 動 他 ❶ 酸っぱくする，渋くする． ❷ 〈人を〉怒らす，いらだたせる．

a·cer·bic /əsɚ́ːbɪk | əsɚ́ː-/ 形 ❶ 渋い，酸っぱい． ❷ 〈言葉・態度・気性など〉とげとげしい，しんらつな: ～ wit しんらつなウィット．

a·cer·bi·ty /əsɚ́ːbəti | əsɚ́ː-/ 名 ❶ 渋味，酸味． ❷ **a** 《しんらつな言葉[態度など]の》激しさ，しんらつさ． **b** 〔しんらつな言葉[態度など]〕．

ac·er·o·la /ǽsərólə/ 名 《植》 アセロラ，バルバドスサクラ《西インド諸島原産の酸味のあるサクランボのような実をつける低木》．

ac·et- /ǽsət, əsíːt/〔連結形〕《母音の前にくる時の》aceto-の異形．

ac·e·tal /ǽsətæl/ 名 《化》アセタール《アルデヒドまたはケトンとアルコールとの化合物の総称》．

a·cet·al·de·hyde /ǽsətǽldɪhàɪd/ 名 U 《化》アセトアルデヒド《可燃性の無色の液体；酢酸製造用》．

a·cet·am·ide /əsétəmàɪd/ 名 U 《化》アセトアミド《結晶性酢酸アミド；有機合成・溶剤用》．

a·cet·a·min·o·phen /æ̀sətəmínəfən/ 名 U 《薬》アセトアミノフェン《解熱・鎮痛薬》．

ac·et·an·i·lide /æ̀sətǽnəlàɪd/ 名 U 《薬》アセトアニリド《解熱・鎮痛薬》．

ac·e·tate /ǽsətèɪt/ 名 ❶ アセテート《酢酸人造絹糸》． ❷ 《化》酢酸塩．

ácetate fíber [**sílk**] 名 U アセテート繊維．

a·ce·tic /əsíːtɪk/ 形 酢の，酸っぱい．

acétic ácid 名 U 酢酸．

ac·e·to- /ǽsətou, əsíːtou/〔連結形〕《化》「酢酸」「アセチル」「酢酸の[を生じる]」．

a·ce·to·bac·ter /əsíːtəbæ̀ktɚ | -tə/ 名 《菌》酢酸菌，アセトバクター《アセトバクター属の好気性細菌；ある種のものは酢の製造に使う》．

ac·e·tone /ǽsətòʊn/ 名 U 《化》アセトン《無色・揮発性の可燃性液》．

ac·e·ton·emi·a, -aemi·a /æ̀sətoʊníːmiə/ 名 = ketosis.

àce·to·ní·trile 名 U 《化》アセトニトリル《無色の液体；化学合成原料・溶剤》．

ac·e·tous /ǽsətəs, əsíː-/ 形 酢を生じる；酢のような．

ac·e·tyl /ǽsətl, -tìːl | -tàɪl, -tɪl/ 名 U 《化》アセチル．

a·cet·y·late /əsétəlèɪt/ 動 他 《化》アセチル化する．
a·cet·y·la·tion /əsètəléɪʃən/ 名 U アセチル化．

acetyl·choline 名 U 《生化・薬》アセチルコリン《神経伝達物質・強力な血圧降下剤》．

acetyl·cho·lin·es·ter·ase /-kòʊlɪnéstərèɪs/ 名 U 《生化》アセチルコリンエステラーゼ《神経の刺激伝達中にアセチルコリンの加水分解を促進させる酵素》．

a·cet·y·lide /əsétəlàɪd/ 名 《化》アセチリド《アセチレンの水素原子1-2個を金属原子で置換した化合物》．

acetyl·sa·licyl·ic ácid 名 U アセチルサリチル酸《アスピリンのこと》．

ácetyl sílk 名 =acetate silk.

A·cha·ia /əkáɪə, əkéɪə/ 名 アカイア《ギリシア南部 Peloponnesus 半島の北部地方》．

A·chae·an /əkíːən/, **A·chai·an** /əkéɪən/ 形 アカイア《アカイア人[文化]の；ギリシアの． ── 名 アカイア人；(漠然と)ギリシア人．

A·chae·me·nid /əkíːmənɪd/ 形 名 《ペルシアの》アケメネス朝(558-331 B.C.)の《王家の一員》．

ach·a·la·si·a /æ̀kəleɪʒ(i)ə | -ziə/ 名 U 《医》弛緩(ゖん)不能(症)痙攣，無弛緩(症)，噴門痙攣．

a·char·ne·ment /æʃɑːnmɑ́ːŋ | æʃɑːn-/ 名 U 《攻撃の》苛烈，激烈，獰猛(ぅ)．

* **ache** /éɪk/ 動 自 ❶ 〈歯・頭・心などが〉《ずきずき》痛む，うずく: My head ～. 頭痛がする／*After the fall*, I ～*d* all over. 転んで体中が痛かった． ❷ **a** 〔…に〕あこがれる(long): She ～*s for* him. 彼女は彼に会いたくて胸がいっぱいだった． **b** 〔…したくてうずうずする: [＋*to do*] She ～*s to* see you again. 彼女はあなたにまたお目にかかりたがっています． ❸ 〔…に〕心を痛める，同情する: My heart ～*s for* their suffering. 彼らの苦しみを見ると心が痛む． ── 名 ❶ C 〔しばしば複合語で; U C は各項参照〕(長く鈍い)痛み，うずき: have ～*s and pains* (からだが)ほうぼう痛い／an ～ in the [one's] knee ひざの痛み／ ⇒ backache, headache, heartache, stomachache, toothache. 【類義語】 ⇒ pain.

a·chene /əkíːn, eɪ-/ 名 《植》痩果(ぁゕ)．

Ach·er·on /ǽkərɑ̀n | -rɔ̀n/ 名 ❶ 《ギ・ロ神》アケロン，三途(ずの)の川 (cf. Styx). ❷ U 下界，冥土(ぃど)；地獄．

A·cheu·le·an, -li·an /əʃúːliən/ 形 《考古》アシュール文化《期》の《ヨーロッパの前期旧石器文化》． ── 名 U アシュール文化《期》．《St. *Acheul* フランス北部の遺跡》

a·chiev·a·ble /əʧíːvəbl/ 形 成し遂げられる，達成できる．

‡a·chieve /əʧíːv/ 動 他 ❶ 〈仕事・目的などを〉成し遂げる: ～ success [one's goal] 成功[目的]を遂げる／*All this cannot be* ～*d in a day*. この事全部を1日では成し遂げられない． ❷ 〈功績を〉立てる，〈名声を〉博す: ～ distinction in mathematics 数学で抜きん出る． ── 自 《学業の上で》一定の標準に達する．《F=(足先から)頭までに(至る)，仕上げる《*à* to+*chief* 頭 (⇒ chief)》《名 achievement》 【類義語】 ⇒ accomplish.

* **a·chieve·ment** /əʧíːvmənt/ 名 ❶ C 業績，偉業: a list of one's ～*s* 業績の一覧表． ❷ U 達成，成就: measure academic ～ 学力を測定する． 《動 achieve》

achíevement quótient 名 《心》成就指数《成就年齢の暦年齢に対する百分比；略 AQ》．

achíevement tèst 名 《心》学力検査．

* **a·chíev·er** 名 成し遂げた人，達成者，努力家；〔形容詞を伴って〕達成度が…の人．

ach·il·le·a /ækɪlíːə/ 名 《植》ノコギリソウ属の各種草本，アキレア《キク科》．

A·chil·les /əkíliːz/ 名 アキレス《Homer 作 *Iliad* 中のギリシアの英雄》．

Achilles(') héel 名 唯一の弱点，急所《囲來母親が息子 Achilles を不死身にするためによみの国の Styx 川に浸したが，右の足首をつかんでいたのでそこだけが唯一の弱点となり，Achilles はそこを射られて死んだ》．

Achilles(') téndon 名 《解》アキレス腱(ゖん)．

a·chim·e·nes /əkíməniːz/ 名 《複 ～》 《植》 アキメネス，ハナギリソウ《熱帯アメリカ原産イワタバコ科ハナギリソウ属の草本；らっぱ状の美花をつける》．

ach·ing /éɪkɪŋ/ 形 痛む, うずく; 痛みを起こす; 心をうずかせる. **~·ly** 副

a·chi·o·te /à:tʃióʊti, -teɪ/ 名 【植】 =annatto.

ach·kan /á:tʃkən/ 名 アチカン (インド人男性の着る7分丈の詰襟のコート; 前ボタンがけする).

a·chlor·hyd·ri·a /èɪklɔəhídriə | -klɔ:-/ 名 【医】 無塩酸症 (胃液中の塩酸欠如).

a·chon·drite /eɪkándraɪt | -kɔ́n-/ 名 【地】 無球粒[無球顆]隕石, アコンドライト. **achon·drít·ic** 形

a·chon·dro·pla·sia /eɪkàndrəpléɪʒ(i)ə | -ziə/ 名 Ⓤ 【医】 軟骨異常発育[形成]不全症. **-plas·tic** /-plǽstɪk⁻/ 形

a·choo /ətʃú:/ 間 【米】 はくしょん!

ach·ro·mat /ǽkrəmæt/ 名 =ACHROMATIC lens.

ach·ro·mat·ic /æ̀krəmǽtɪk⁻/ 形 【光】 無色性の; 無色の: an ~ lens 色消しレンズ / ~ vision 明暗視, 全色盲.

a·chro·ma·tism /eɪkróʊmətɪ̀zm/ 名 Ⓤ 無色性; 【光】色消し.

ach·y /éɪki/ 形 (**ach·i·er**; **-i·est**) 疼痛(ﾄｳﾂｳ)のある, 痛い: I have an ~ back. 背中が痛い.

a·cic·u·la /əsíkjələ/ 名 (⑱ **-lae** /-li:/, **~s**) 【生·地】 針形[針状]のもの[突起, 結晶]. **acíc·u·lar** 形

*__a·cid__ /ǽsɪd/ 名 ❶ Ⓤ.Ⓒ 【化】 酸. ❷ Ⓤ 酸っぱいもの[液体]. ❸ Ⓤ 《俗》 =LSD. —形 (**more ~**; **most ~**) ❶ 【化】 酸(性)の (↔ alkaline): an ~ reaction 酸性反応. ❷ 酸っぱい, 酸味のある: an ~ taste [fruit] 酸っぱい味[果物] 《解説》 未熟な果物などの酸味を表わす; sour と異なり 「おいしい」 と感じられる酸味にはあまり用いられない). ❸ 《気質·顔つき·言葉など》 気難しい, しんらつな: an ~ remark しんらつな言葉. 【L】 ⇨ sour.

ácid dròp 名 《英》 甘ずっぱい味のドロップ.

ácid-hèad 名 《俗》 LSD 常用者.

ácid hòuse 名 Ⓤ 《英》 アシッドハウス (単調なリズムのシンセサイザー音楽).

+a·cid·ic /əsídɪk/ 形 =acid.

a·cid·i·fi·ca·tion /əsìdəfɪkéɪʃən/ 名 Ⓤ 酸化性化: the ~ of lakes 湖水の酸性化.

a·cid·i·fy /əsídəfàɪ/ 動 他 酸っぱくする; 【化】 酸性化する. —(自) 酸っぱくなる; 酸性になる.

ac·i·dim·e·try /æ̀sədímətri/ 名 Ⓤ 【化】 酸滴定.

a·cid·i·ty /əsídəti/ 名 Ⓤ 酸味; 酸(性)度.

ácid jázz 名 Ⓤ アシッドジャズ (ジャズ·ヒップホップ·ソウルなどの要素を取り込んだダンス).

ac·i·do·phil·ic /æ̀sədoʊfílɪk, əsìdə-/ 形 【生】 好酸性の: **a** 酸性色素に染まりやすい. **b** 酸性の環境を好む[でよく繁殖する].

ac·i·do·sis /æ̀sədóʊsɪs/ 名 Ⓤ 【医】 アシドーシス, 酸(性)症.

*__ácid ráin__ 名 Ⓤ 酸性雨.

ácid róck 名 Ⓤ 《俗》 アシッドロック (歌詞·音響が LSD の影響を思わせるようなサイケデリックなロック音楽).

ácid sált 名 【化】 酸性塩.

ácid tést 名 [the ~] 厳密な検査[吟味]. 【もと試金に硝酸を用いたことから】

a·cid·u·late /əsídʒʊlèɪt/ 動 他 〈…に〉 酸味をつける.

a·cid·u·lat·ed /-tɪd/ 形 〈飲料·ドロップなど〉 酸味をつけた, 酸味を帯びた.

a·cid·u·lous /əsídʒʊləs/ 形 ❶ やや酸っぱい, 酸味のある. ❷ 〈言葉·態度などやや痛烈な, ややしんらつな.

ac·i·nus /ǽsənəs/ 名 (⑱ **-ni** /-nàɪ/) 【解】 腺房, 細葉, 小胞.

ack-ack /ǽkǽk/ 名 Ⓤ [時に複数形で] 高射砲(射撃). 【AA (=antiaircraft) の通信用語】

ack·ee /ǽki/ 名 ❶ Ⓒ 【植】 アキー (熱帯アフリカのムクロジ科の高木). ❷ Ⓤ アキーの実 (食用).

ack em·ma /ǽkémə/ 副 《英口》 午前中に. 《a.m. の通信用語》

*__ac·knowl·edge__ /əknálɪdʒ, æk-, ɪk- | -nɔ́l-/ 動 他 ❶ 〈…の〉 事実[存在] を認める, 〈…を〉 認める; 〈…が…だと認める: He ~d the truth of it. それをそう認めた / He ~d his faults. 彼は自分の欠点を認めた / He ~d having broken the law. 彼は法律を破ったことを認めた / [(+to+代名)+(that)] He ~d (to me) that he had broken the law. 彼は (私に) 法律を破ったことを認めた /

[+目+as補] He ~d it as true. 彼はそれが真実だと認めた / [+目+(to be)補] He's ~d to be the highest authority on the subject. 彼はその問題の最高権威だと認められている. ❷ 《手紙など》 受け取ったことを知らせる: I ~ (receipt of) your letter. お手紙は確かに受け取りました / A~ the gift at once. すぐ贈り物の礼状を出しなさい. ❸ 《身ぶり·表情などで》 〈…に〉 気づいたことを知らせる, 〈…に〉あいさつする《by, with》: He ~d my presence with a nod. 彼は私のいるのに気づいてうなずいた. ❹ 〈…に〉 感謝する, 礼をいう: ~ a person's favor 人の好意に感謝する. ❺ 【法】 〈証書などを〉 (正式に) 承認する: Do you ~ this signature? この署名は確かにあなたのですか. 《KNOWLEDGE+ME acknow 認める》 名 acknowledgment. 《類義語》 admit.

ac·knówl·edged 形 一般に認められている, 定評のある.

*__ac·knowl·edg·ment__, 《英》 **ac·knowl·edge·ment** /əknálɪdʒmənt, æk- | -nɔ́l-/ 名 ❶ Ⓤ 認めること, 承認, 認容; 自認, 白状 《of》. ❷ Ⓤ 感謝, 謝礼, あいさつ: in thankful ~ 感謝して / in ~ of …を感謝して. **b** Ⓒ 感謝のしるし, お返しの品: I gave a copy of my book to him as an ~ of my gratitude. 感謝のしるしとして彼に私の本を一冊贈った. **c** [通例複数形で] (協力者に対して) 著者の謝辞, 謝辞. ❸ Ⓒ 受け取りの通知[証明], 領収書; 礼状: I sent an ~ of his letter. 彼の書面を受け取ったという通知を送った. (動 acknowledge)

ACL (略) 【解】 anterior cruciate ligament 前十字靱帯.

a·clin·ic líne /eɪklínɪk-/ 名 【理】 無伏角線.

ACLU (略) American Civil Liberties Union アメリカ市民的自由連合.

ac·me /ǽkmi/ 名 [通例 the ~] 絶頂, 極点, 極致, 全盛期: the ~ of beauty 美の極致. 《Gk=先端, 頂点》

Ac·me·ist /ǽkmiɪst/ 名 アクメイスト (20世紀初頭に象徴主義を排し新古典主義を目指したロシアの詩人). **Ac·me·ism** /-ɪzm/ 名

*__ac·ne__ /ǽkni/ 名 Ⓤ 【医】 座瘡(ｿｳ) (にきび (pimples) などの皮膚病).

ácne ro·sá·ce·a /-roʊzéɪʃiə/ 名 Ⓤ 【医】 酒皶(ｼｭｻ)性座瘡[アクネ], 赤鼻.

Ac·ol /ǽkəl, -k(ə)l/ 名 【トランプ】 アコル (英国のブリッジ選手権大会で用いられる標準的な競りの方式).

ac·o·lyte /ǽkəlàɪt/ 名 ❶ Ⓒ 【カト】 **a** 侍祭 《下級聖職階の一つ》. **b** ミサ答え, 侍者 《通例 altar boy が務める》. ❷ 助手, 随伴者, 従者, 取り巻き. 《L<Gk=従者》

A·con·ca·gua /æ̀kənkáːgwə | kɔŋkǽg-/ 名 アコンカグア (南米 Andes 山脈中にある西半球最高峰 (6960 m)).

ac·o·nite /ǽkənàɪt/ 名 ❶ Ⓒ 【植】 トリカブト (毒草). ❷ Ⓤ トリカブトの根の乾燥したもの, ぶし.

a·corn /éɪkɔən | -kɔ:n/ 名 どんぐり, 殻斗(ｶｸﾄ)果 (oak の殻斗のある果実).

ácorn bàrnacle 名 《英》 【動】 フジツボ.

ácorn cùp 名 殻斗(ｶｸﾄ) (どんぐりの帽子).

ácorn squàsh 名 どんぐり形をした冬カボチャ.

a·cou·chi /əkú:ʃi/ 名 【動】 アクーシ 《南米の数種のパカ (paca)》.

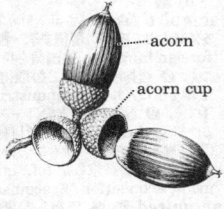

acorn

acorn cup

*__a·cous·tic__ /əkú:stɪk/ 形 ❶ 聴覚の: an ~ aid 補聴器 / ~ education 音感教育 / an ~ image 聴覚(心)像 / the ~ nerve 聴神経. **b** 音響(上)の; 音響学の: ~ phonetics 音響音声学. ❷ [通例 Ⓐ] 〈楽器が電気的に増幅してない〉 〈音が電気で増幅してない〉 生(ｷ)ギター, アコースティックギター. ❸ 〈建材が〉防音の, 吸音の: an ~ tile 吸音タイル. **a·cóus·ti·cal·ly** /-kəli/ 副 聴覚上; 音響上. 《F<Gk=聴覚の<acouein 聴く》

acoustic coupler

acóustic cóupler 图 音響カプラー《テレタイプ・コンピューターの信号などを音波に変え電話回線につなぐ装置》.

ac·ous·ti·cian /ˌækuːstíʃən/ 图 音響学者.

acóustic impédance 图 [U][C] 『音響』音響インピーダンス《音場中の所与の平面における音圧と体積速度の比》.

a·cous·tics /əkúːstɪks/ 图 ❶ 音響学. ❷ [複数扱い] (ホールなどの)音響効果[状態]: This hall has good [poor] ~. このホールは音響がいい[悪い].

*__ac·quaint__ /əkwéɪnt/ 動 他 ❶ 〖人に][…を]知らせる,告げる: Let me ~ you *with* the facts of the case. 事の真相をお知らせしましょう. ❷ [~ *oneself*][…を]よく知る,[…に]精通する (acquainted 1): You must ~ *yourself with* your new job. あなたは新しい仕事に精通しなければならない. 〖F<L<AC-+*cognoscere* 知る (cf. cognition)〗 〖類義語〗⇨ acquaintance), ⇨ inform.

*__ac·quain·tance__ /əkwéɪntəns, -tns/ 图 ❶ **a** [C] 知人, 知り合い, 知己《★友人ほど親密ではなく仕事などの関係で知っている人をいう》: He's not a friend, only an ~. 彼は友人でなく単なる知り合いだ. **b** [単数形で] 知人たち《★現在では次の句で》: have a wide ~ 交際が広い. ❷ [U][C] 知っていること, 面識, 知識: have personal ~ *with*…を親しく[直接]知っている / have a slight [an intimate] ~ *with*…を少し[よく]知っている / gain ~ *with*…を知る / cut one's ~ *with*…と絶交する / make [seek] the ~ of a person=make [seek] a person's ~ 人と知り合いになる[なることを求める]. **hàve a nódding acquáintance with**… ⇨ nodding acquaintance). **scrápe acquáintance with**… ⇨ scrape 成句. (動 acquaint)

acquáintance ràpe 图 [U][C] 顔見知りによる強姦[レイプ].

ac·quáin·tance·shìp /-tən(s)ʃɪp/ 图 [an ~] ❶ 近づき, 面識, なじみ 《*with*, 》, 交友関係, 交際 《*with*, *among*》: have a wide ~ *among*…の間に知人が多い.

ac·quáint·ed /-tɪd/ 形 P ❶ […に]精通して (cf. acquaint 2): He's (well) ~ *with* French. 彼はフランス語に精通している. ❷ (人と)知り合いで; [人と]知り合って: I'm [I got, I became] ~ *with* him. 彼と知り合いだ[知り合った] / She and I have been long ~ *with* each other. 彼女と私は知り合ってから久しい(長いこと親しくしている).
gèt a person acquáinted (米)(人に)知り合いをつくってやる, 人を紹介する.
gèt a person acquáinted with a thing [person] 人にあることを知らせる[ある人を紹介する].

ac·qui·esce /ˌækwiés/ 動 […に]不本意ながら従う, 黙従[黙認]する: They ~d *in* our proposal. 彼らは我々の提案に黙って従った.

ac·qui·es·cence /ˌækwiés(ə)ns/ 图 U 不本意ながら従うこと, 黙従, 黙認.

ac·qui·es·cent /ˌækwiés(ə)nt⁺/ 形 不本意ながら従う. **~·ly** 副

*__ac·quire__ /əkwáɪɚ | əkwáɪə/ 動 他 ❶ (知識・学問など)を(努力して)得る, 習得する; (習慣などを)身につける: ~ a foreign language 外国語を学ぶ / ~ a habit 癖がつく. ❷ (財産・権利などを)取得する; 購入する: ~ land 土地を手に入れる / industrial secrets 産業秘密を入手する. ❸ (目標物などを)(レーダーで)捕らえる, 捕捉[探知]する: ~ a target レーダーで目標物を捕捉する. ❹ 〖戯言〗(不正な手段を用いて)(もの)を得る. 〖F<L<AC-+*quaerere*, *quaest*- 求める (cf. question)〗 (图 acquirement, acquisition, 形 acquisitive) 〖類義語〗⇨ get.

ac·quíred 形 ❶ 獲得した, 既得の. ❷ 習得した; 後天的な (↔ hereditary, innate): an ~ characteristic [character] 『生』獲得形質.

acquíred immúne defíciency sýndrome 图 ⇨ AIDS.

acquíred táste 图 [an ~] 習いおぼえた嗜好[趣味], 次第に好きになったもの.

ac·quir·ee /əkwàɪ(ə)ríː/ 图 獲得したもの, 獲得物.

ac·quíre·ment /-mənt/ 图 ❶ U 取得, 獲得, 習得(する能力) 〈*of*〉《★ acquisition のほうが一般的》. ❷ [C] [しばしば複数形で] 習得したもの; (特に)学識, 技能, 技芸: a woman of considerable ~s かなりの学識[技能]を備えた女性. (動 acquire)

*__ac·qui·si·tion__ /ˌækwəzíʃən/ 图 ❶ U 獲得, 習得 〈*of*〉. ❷ [C] 取得物, 利得, 掘り出し物《人にもいう》: recent ~s to the library 図書館の新購入図書. ❸ [C] [U] 〖商〗他社から買収した会社〖不動産〗. (動 acquire)

ac·quis·i·tive /əkwízətɪv/ 形 欲ばりの, 貪欲な: the ~ instinct 取得本能. **~·ly** 副 **~·ness** 图 (動 acquire)

*__ac·quit__ /əkwít/ 動 (**ac·quit·ted; ac·quit·ting**) ❶ **a** (容疑・罪について)(人)を無罪にする, 放免する (↔ convict): ~ a defendant 被告人を放免する / The jury *acquitted* her *of* the crime. 陪審員は彼女を無罪とした / be *acquitted of* a charge 告訴を取り下げられる. **b** [~ *oneself* で] 〖古風〗〖責任・債務などを〗果たす. ❷ [~ *oneself* で] [well などの様態の副詞を伴って] (…に)ふるまう; 演じる: ~ *oneself* well 立派にふるまう; 役をうまく演じる. 〖F<L=静めく AC-+*quies* 休息 (cf. quiet)〗 (图 acquittal, acquittance)

*__ac·quit·tal__ /əkwítl/ 图 [C][U] 無罪放免, 釈放: win ~ 無罪(放免)を勝ち取る.

ac·quit·tance /əkwítəns, -tns/ 图 ❶ [U] 負債の返済, 債務の消滅. ❷ [C] 〖法〗〖古〗借金返済の領収書.

a·cra·si·a /əkréɪʒ(i)ə | -ziə/ 图 =akrasia.

*__a·cre__ /éɪkɚ | -kə/ 图 ❶ エーカー《面積の単位; = 4840 平方ヤード, 約 4047 平方メートル; 略 a.》. ❷ [複数形で] 土地, 地所: broad ~s 広い土地. ❸ [複数形で]〖口〗大量, 多数: ~s *of* books 大量の本. **Gód's ácre** ⇨ God's acre. 〖OE; 原義は「〖家畜を〗駆り立てるところ」〗

a·cre·age /éɪk(ə)rɪdʒ/ 图 [U] エーカー数; 面積: What is the ~ of the farm? その農場は何エーカーありますか / The farm has a considerable ~. その農場はかなり面積がある.

ácre·fóot 图 エーカーフット《灌漑用水などの量の単位; 1 エーカーを 1 フィートの深さに満たす量; = 43,560 立方フィート, 1233.46 立方メートル》.

ac·rid /ækrɪd/ 形 ❶ (におい・味などが)つんとする, からい, 苦い: ~ fumes [smoke] つんと鼻をつく煙霧[煙]. ❷ 〈言葉・態度などが〉しんらつな, とげとげしい.

ac·ri·dine /ækrədìːn/ 图 [U] 〖化〗アクリジン《特異臭をもつ無色針状の結晶》.

ac·rid·i·ty /ækrídəti, ə-/ 图 [U] ❶ (におい・味などの)刺激性; からさ, 苦さ. ❷ (言動などの)しんらつさ, とげとげしさ.

ac·ri·fla·vine /ˌækrəflévìːn/ 图 [U] 〖薬〗アクリフラビン《防腐・消毒薬》.

*__ac·ri·mo·ni·ous__ /ˌækrəmóʊniəs/ 形 〈言葉・態度などが〉しんらつな, とげとげしい (bitter): an ~ dispute とげとげしい論争. **~·ly** 副

ac·ri·mo·ny /ækrəmòʊni | -məni/ 图 [U] (言葉・態度などの)しんらつさ, とげとげしさ.

ac·ro- /ékroʊ/ [連結形]「始め」「先端」「頭」「頂」「(最)高所」. 〖Gk〗

ac·ro·bat /ækrəbæt/ 图 軽業師, 曲芸師. 〖F<Gk=つま先立ちで歩くこと〗

ac·ro·bat·ic /ˌækrəbætɪk⁺/ 形 軽業(的)の, 曲芸の: ~ feats 軽業. **àc·ro·bát·i·cal·ly** /-kəli/ 副

ac·ro·bat·ics /ˌækrəbætɪks/ 图 ❶ [複数扱い] 軽業(の芸当), 離れわざ, アクロバット. ❷ [U] 軽業[曲芸]の芸〖技〗.

àcro·cyanósis 图 [U] 〖医〗先端[肢端]チアノーゼ.

ac·ro·lect /ækrəlèkt/ 图 上層方言《ある社会で最も格式の高い「標準的な」方言; cf. basilect》.

ac·ro·meg·a·ly /ˌækroʊmégəli/ 图 [U] 〖医〗先端巨大(症)《下垂体ホルモン過剰による顎・あご・手足が肥大する》. **-me·gal·ic** /-məgǽlɪk/ 形 先端巨大症の.

*__ac·ro·nym__ /ækrənìm/ 图 頭字語《例: AIDS<*acquired immune deficiency syndrome*; cf. initial word》. 〖ACRO-+-ONYM〗

a·crop·e·tal /əkrápətl | -rɔ́p-/ 形 〖植〗求頂の, 求頂的な (cf. basipetal). **~·ly** 副

ac·ro·pho·bi·a /ˌækrəfóubiə/ 名 U 《心》高所恐怖症.
ac·ro·pho·bic /ˌækrəfóubɪk⁻/ 形

a·crop·o·lis /əkrápəlɪs | -rɔ́p-/ 名 ❶ (古代ギリシアの都市の)城砦(じょうさい). ❷ [the A~] (アテネの)アクロポリス (Parthenon 神殿の所在地). 《Gk ← ACRO-+*polis* 都市; アテネの高台にあったことから》

‡**a·cross** /əkrɔ́ːs | əkrɔ́s/ 副 (比較なし) ❶ 横切って(向こう側へ), 渡して: get [go] ~ 向こうに渡る, 越す / hurry ~ to [from] the other side of the street 急いで通りの反対側へ[から]横切る. ❷ (横切って)向こう側に: We were ~ at last. やっと向こう側についた. ❸ 幅が(...), さしわたしが(...): a lake 5 miles ~ 直径5マイルの湖. ❹ (クロスワードパズルのかぎ・答えについて)横に (↔ down): I cannot do five ~. 5の横が分からない.

across from...の向かいに: The store is ~ *from* the station. その店は駅の向かいにある.

── /─⌣/ 前 ❶ ...を横切って, ...を渡って, ...を渡して; ...の向こう側に: a bridge (laid) ~ the river その川に渡した橋 / go ~ the road その道路を横切る / help a person ~ a road 人が道路を横断するのを助ける. ❷ ...を横切ったところに, ...の向こう[反対]側に: He lives (just) ~ the road (from us). 彼は(我々と反対の)道の向こう側に住んでいる. ❸ ...と交差して, ...にまたがって: lay one stick ~ another 棒を2本十文字に置く / with a rifle ~ one's shoulder ライフル銃をかついで. ❹ ...のいたる所に, ...中に (throughout): ~ the world [country] 世界[国]中に. 《F ← *à* on+CROSS》

across-the-bóard 形 A ❶ 全面的な, 一律の (cf. across the BOARD 成句): an ~ wage increase ベースアップ. ❷ 《米》《競馬》《賭(か)けが》1着・2着・3着の全部にわたる, 複勝(式)の.

a·cros·tic /əkrɔ́ːstɪk | -rɔ́s-/ 名 アクロスティック(の), 折句(の) (各行頭の文字をつづると語になる(詩)).

ac·ryl·am·ide /ˌækrɪlǽmàɪd/ 名 U アクリルアミド 《有機合成・プラスチック・接着剤の原料》.

⁺**a·cryl·ic** /əkrílɪk/ 形 アクリルの: ~ fiber アクリル繊維. ── 名 C [通例複数形で] アクリル絵の具.

acrýlic ácid 名 U アクリル酸.

acrýlic résin 名 U,C アクリル樹脂.

ac·ry·lo·ni·trile /ˌækrəlouˈnáɪtrɪl/ 名 U 《化》アクリロニトリル 《特異臭の無色の液体; 有機合成・繊合成に用いる》.

‡**act** /ǽkt/ 名 ❶ 行為, 行ない (既解説 act は短時間の(個々の)行為をいう; action は通例ある期間にわたって段階的に完了した行為をいう): a foolish [heroic] ~ 愚かな[英雄的な]行為 / an ~ of kindness [cruelty] 親切[残酷]な行ない / an ~ of faith 信念に基づく行為 / an ~ of God 《法》天災, 不可抗力. ❷ a [しばしば A~] 法令, 条例: an A~ of Congress [Parliament] ⇒ congress 1, parliament 1 a. b [通例 the Acts] (法廷・議会の)決議(書) (of). ❸ a [しばしば A~] (演劇) 幕 (cf. scene 5): a one-*act* play 一幕物 / in A~ I, Scene ii 第1幕第2場で (★ act one, scene two と読む). b [通例単数形で] 《口》見せかけ, ふり, 「芝居」 (pretense) (cf. act 5 の次の句で): put on an ~ ふりをする; うまく芝居をする. c (ショー・サーカスなどの)番組の一つ, 一番, 一席. d (芸人の)一座, 一団. ❹ [the Acts; 単数扱い] the ACTs of the Apostles 成句.

áct of contrítion [カト] 痛悔の祈り.

áct of gráce [しばしば A~] 恩赦法, (国会制定法による)恩赦, 大赦; 恩恵, 特典.

do a disappéaring áct 《口》(必要なときに)姿を消す.

gèt ín on [**gèt ínto**] **the áct** 《口》(人の始めたこと)に加わる, まねする, 一口乗る.

hàve [**gèt**] **one's áct togéther** 《口》責任を持って効果的に行動している[できるようにする].

in the (véry) act of ...ing ...している現場で: He was caught *in the* (*very*) ~ *of* shoplift*ing*. (万引きの)現場を押さえられた.

the Ácts of the Apóstles [単数扱い] 《聖》使徒行伝 《新約聖書中の一書; 主にパウロ (Paul) とペテロ (Peter) の伝道記事; 単に the Acts ともいう; 略 Acts》.

── 動 自 ❶ a 行動する, 行なう; 職務を執る. b 《...に基づいて》行動する, (...に)従う (★ ~ on は受け身): He often ~s *on* impulse. 彼はしばしば衝動的に行動する / She ~ed *on* my advice [suggestion, instructions]. 彼女は私の忠告[提案, 指示]に従った. **c** 《...の弁護士を務める; ...の弁護士を務める: I ~ed *for* her in giving the order. 私は彼女の代わりを務めて命令を出した / The solicitor was ~ing *for* [*on behalf of*] his client. その弁護士は依頼人の弁護の(事務代行)をしていた. **d** 《...の》役を務める: [+as補] ~ *as* guide [interpreter] 案内役[通訳]を務める (★ as のうしろは通例無冠詞) / Adjectives sometimes ~ *as* nouns. 形容詞は時には名詞として機能する. ❷ [様態の副詞(句)・節]または補語を伴って] (...に[のように, らしく]ふるまう (behave): ~ politely 礼儀正しくふるまう / ~ like a gentleman 紳士らしくふるまう (★ like を用いるのは主に《米口》,《英》では誤りとされる) / [+as 補] She ~ed *as if* she were a queen [she understood]. 彼女は女王のように(わかってるかのように)ふるまった. / [+補] ~ shy [silly] 恥ずかしそうに[ばかみたいに]ふるまう. ❸ **a** 舞台に立つ, 出演する: She ~ed well. 彼女は好演した. **b** 装う, ふりをする: He is only *acting* to get your sympathy. 彼はあなたに同情してもらおうと芝居をしているだけだ 《本気ではない》. ❹ (機械などが(...に)運転する, 作動する; 〈薬などが〉(...に)効く: My computer is ~ing strangely. 私のコンピューターは変に作動している / His brain ~s quickly. 彼は頭の働きが速い / This drug ~s *on* the stomach. この薬は胃に効く. ❺ [well などの様態の副詞を伴って] 〈劇・役が〉上演向きである: This writer's plays ~ well. この作家の劇は上演に向く.

── 他 ❶ (劇の人物に)扮(ふん)する, 役を演ずる; (劇を)上演する: He is ~ing Hamlet. 彼はハムレットを演じている / They are ~ing Hamlet. 「ハムレット」を上演中である. ❷ [通例 the+単数名詞を目的語として] 《...のようにふるまう: ~ the child 子供みたいにふるまう / ~ the man of the world 世慣れた人のようにふるまう / ~ the fool ⇒ fool¹ 成句.

áct one's áge ⇒ age 成句.

áct óut 《他+副》 (1)《...を》実演する; 身ぶりで表わす: ~ *out* one's anger 怒りを身ぶりで表わす. (2)〈感情を〉態度に出す. ── 《自+副》 (3) 感情を行動に表わす.

áct the (giddy) góat ⇒ goat 成句.

áct úp 《自+副》《口》(1) あばれる, 騒ぐ; いたずらをする: The children began to ~ *up*. 子供たちは騒ぎ始めた. (2) 《機械などが〉調子が悪くなる; (症状などが(また)悪化する: The TV is ~ing *up* again. テレビの具合がまたおかしくなった.

áct úp to ...〈主義など〉を実行する: ~ *up to* one's principles 主義を貫く.

《F ← L=動作, 駆り立てること *agere*, *act-* 駆る, 動かす, なす》 名 action, 形 active 【類義語】⇒ behavior.

ACT (略) American College Test 米大学入学学力テスト.

áct·a·ble /-əbl/ 形 《戯曲・役・場面など》舞台上演に適した; 実行できる. **áct·abílity** 名

act·ant /ǽktənt/ 名 《言》行為主 《動詞の動作主となる名詞句》.

ACTH /éɪsìːtìːéɪtʃ, ǽkθ/ 名 U アクス 《副腎皮質刺激ホルモン》. 《*adrenocorticotrophic hormone*》

ac·tin /ǽktɪn/ 名 U 《生化》アクチン 《筋肉を構成し, ミオシン (myosin) と共にその収縮に必要な蛋白質》.

⁺**áct·ing** /ǽktɪŋ/ 形 A ❶ U 実演, 演出(法); 演技, 所作; 俳優業: good [bad] ~ うまい[下手な]演技. ❷ [形容詞的に] 演出用の: an ~ copy 演出用台本.

ac·tin·i·a /æktíniə/ 名 (徳 -i·ae /-iː/, ~s) 動 ウメボシイソギンチャク, (広く)イソギンチャク. **ac·tín·i·an** イソギンチャク.

ac·tin·ic /æktínɪk/ 形 化学線の: ~ rays 化学線《紫外線》.

ac·ti·nide /ǽktənàɪd/ 名 《化》アクチニド 《アクチニウムから

ローレンシウムまでの15元素).

ac·tin·ism /ǽktɪnɪzm/ 名 ⓤ 化学作用.

ac·tin·i·um /æktíniəm/ 名 ⓤ 〖化〗アクチニウム《記号 Ac》.

ac·ti·no- /ǽktənou/《連結形》「放射構造をもつ」「放線状の」.

ac·tin·o·lite /æktínəlàɪt/ 名 〖岩石〗アクチノ閃石, 陽起石《角閃石の一種》.

ac·tin·om·e·ter /æ̀ktənɑ́məṭɚ | -nɔ́mətə/ 名 〖理〗〖化学〗光量計, 日射計.

àctino·mórphic 形 〖動·植〗放射相称をなす. **áctino·mòrphy** 名

àctino·mý·cete /-máɪsiːt, -maɪsíːt/ 名 〖菌〗放線菌.

‡**ac·tion** /ǽkʃən/ 名 ❶ **a** 行動, 働き, 活動, 実行: ~ of the mind = mental ~ 心の働き / a person of ~ 活動家《学者などに対し政治家·軍人·探検家など》/ swing into ~ さっと行動に移る / take evasive ~ 回避行動をとる. **b** 《具体的な》行動, 行為《圧縮 ⇒ act》: a noble ~ 気高い行為. **c** 《複数形》《平素の》行動, ふるまい, 行状: *Actions* speak louder than words. 《諺》行為は言葉よりも雄弁. ❷ **a** ⓒⓤ 〖法〗訴訟《(law)suit》: take legal ~ 起訴する / bring an ~ against a person 人を(相手どって)訴える. **b** ⓤ 方策, 処置: take ~ to improve the situation 事態を改善するための処置[行動]をとる / A mediator's job is to take ~ to reconcile [in reconciling] differences. 調停者の仕事は仲たがいを調停する方策をとることだ. ❸ ⓤ 交戦; 戦闘: see ~ 戦闘に加わる;実戦の経験をする. ❹ **a** ⓤ 《俳優の》所作, 演技: *A~!* 《映》演技始め! **b** ⓤ 《映画などで》はらはらする演技《の多い場面》, アクション: He likes movies with lots of ~. 彼はアクションに富んだ映画が好きだ. **c** 〖単数形で〗《運動選手·馬などの》身のこなし, 身ぶり: That horse has a graceful ~. その馬は足どりが優雅である. ❺ ⓤ 《しばしば不法な》活気[刺激, 興味]のある行為: go where the ~ is 活気のある所[盛り場]へ行く. ❻ **a** 《通例単数形で》《機械の》作動, 働き, 《機械仕掛け·銃などの》動き;作動装置, 《ピアノなどの》アクション. **b** ⓒⓤ 《身体·器官の》働き, (特に)便通: ~ of the bowels 便通. **c** ⓤ 《自然力·薬品などの》作用: ~ and reaction 作用と反作用 / the ~ of acid *on* metals 酸の金属に及ぼす作用. ❼ ⓤ 《小説·劇などの》筋《の運び》: a love story with little ~ ほとんど筋のない恋物語. ❽ 《絵画などの中の人物の》動き. ❾ ⓤ 《米》決定, 判決, 議決.

bríng...[*cóme*] *ìnto áction* (1) 活動させる[する]; 発揮する[される]; 実行する[される]. (2) 戦闘に参加させる[する].

in áction (1) 活動して; 実行して. (2) 《機械などが》作動して, 動いて. (3) 交戦中で, 戦闘中で[に]: missing *in* ~ 戦闘中行方不明《兵士》(cf. MIA) / be killed *in* ~ 戦死する.

òut of áction (1) 《機械など》動かなくなって; 《人などが》(けが·病気などで)動けなくなって. (2) 《軍艦·戦闘機などが》戦闘力を失って.

piece [*slice*] *of the áction* 《口》もうけの分け前: get *a piece of the* ~ もうけの分け前をもらう.

pút...*in* [*into*] *áction* (1) 〈…を〉運転させる. (2) 〈…を〉実行に移す.

pút...*òut of áction* (1) 〈機械を〉動かなくする; 〈けが·病気などが〉〈人を〉動けなくする. (2) 〈軍艦などの〉戦闘力を失わせる.

—— 動 《通例受身で》実施する, 〈要請などに〉こたえる. 〖F＜L〗

ac·tion·a·ble /ǽkʃ(ə)nəbl/ 形 ❶ 〖法〗起訴できる. ❷ 《通例 Ⓐ》〈計画が〉実行可能な; 〈情報が〉利用できる, 役立つ, 有効な.

áction committee [gròup] 名 《政治などの》行動隊.

áction·er /-ʃ(ə)nɚ | -nə/ 名 《口》アクションもの《映画》.

áction figure 名 戦闘人形, アクションフィギュア《手足などが動くようになっている; 男の子のおもちゃ》.

áction-pàcked 形 《口》《映画など》アクションいっぱいの.

áction pàinting 名 ⓤ 《美》アクションペインティング《絵

具をしたたらせるなどの前衛絵画》.

áction potèntial 名 〖生〗活動電位《細胞·組織の興奮時に起こる一過性の電位変化》.

áction réplay 名 《英》=instant replay.

áction stàtions 名 複 ❶ 戦闘配置. ❷ 《命令形で》部署につけ.

Ac·ti·um /ǽkʃiəm, -tiəm/ 名 アクティウム《ギリシア北西部のアルタ(Arta)湾口の岬·古代の町; 沖合いの海戦で Octavian が Anthony と Cleopatra を破り (31 B.C.) ローマ皇帝になった》.

+**ac·ti·vate** /ǽktəvèɪt/ 動 他 ❶ 〈…を〉活動的にする; 〈機械などを〉作動させる; 〈機能などを〉有効にする. ❷ 〖理〗〈…に〉放射能を与える. ❸ 〖化〗〈…を〉活性化する; 〈…の〉反応を促進する. ❹ 〈下水を〉浄化する. 〖ACTIVE+-ATE²〗

ác·ti·vàt·ed cárbon /-tɪd-/ 名 ⓤ 活性炭.

áctivated slúdge 名 ⓤ 活性スラッジ, 下水浄化泥.

ac·ti·va·tion /æ̀ktəvéɪʃən/ 名 ⓤ ❶ 活動的にする[作動させる, 有効にする]こと. ❷ 〖化〗活性化.

ác·ti·và·tor /-ṭɚ | -tə/ 名 ❶ 活動的にする人. ❷ 〖化〗活性剤.

‡**ac·tive** /ǽktɪv/ 形 (*more* ~; *most* ~) ❶ **a** 活動的な, 活発な, 敏活な(↔passive): lead an ~ life 活動的な生活を送る. **b** 積極的な, 意欲的な: an ~ birth 積極出産《分娩を病人のように扱わずできるだけ活動的であることを勧める出産》/ take an ~ interest *in*...に進んで関係する / be ~ *in* politics [sports] 政治[スポーツ]に積極的に取り組んでいる. **c** 《商況など》活気のある, 盛んな: The market is ~. 市場は活気である. **b** 《商》《口座が》使用中の. ❸ 現に活動中の: an ~ volcano 活火山. ❹ 《法律などが》有効な, 効力のある; 《物質などが》有効な, 効きめのある. ❺ 〖軍〗現役の: on ~ service [duty] 現役で[の]; 従軍中の / on the ~ list 現役で[の]. ❻ 《比較なし》〖文法〗能動の (↔passive): the ~ voice 能動態. ❼ 〖理·化〗反応性[活性, 放射能]のある. —— 名 〖the ~〗〖文法〗能動態. ～**·ness** 名 〖F＜L〗 act, 名 activity〗 〖類義語〗 **active** 積極的に仕事[活動]をしている. **energetic** 活動に精力を集中している. **vigorous** 活力を備えていて衰えることのない.

áctive cárbon 名 =activated carbon.

áctive immúnity 名 ⓤ 能動[自動, 自力]免疫《感染·接種などによる免疫; cf. passive immunity》.

áctive láyer 名 〖地〗活動層《永久凍土層の上部の夏期に解氷する部分》.

ác·tive·ly 副 ❶ 活動的に, 活発に; 積極的に. ❷ 〖文法〗能動的に.

áctive-mátrix LCD /-élsìːdíː/ 名 〖電子工〗アクティブマトリックス(型) LCD《液晶表示装置》《すべてのピクセルに制御用のトランジスターをもつ》.

áctive síte 名 〖生化〗活性部位《酵素分子中の触媒作用が行なわれる特定部分》.

áctive tránsport 名 ⓤ 〖生理〗能動輸送《生体膜を通してイオン·糖·アミノ酸などを濃度勾配[電位]の低い方から高い方へ送る細胞機能》.

áctive wíndow 名 〖電算〗アクティブウインドー《その時点で選択されていて入力を受け付けるウインドー》.

ac·tiv·is·m /-vìzm/ 名 ⓤ 行動[実行]主義.

*‡**ac·tiv·ist** /-vɪst/ 名 行動家, 行動主義者, 行動隊員: a student ~ 学生活動家.

‡**ac·tiv·i·ty** /æktívəṭi/ 名 ❶ ⓤ 活発, 敏活: His house was full of ~. 彼の家は活気にあふれていた. ❷ 《商況などの》活気, 好景気: There's increased ~ on the stock market. 株式市場はいよいよ活気づいてきた. ❸ ⓤ 活動, 働き: The volcano is in ~. 火山が活動中である. ❹ ⓒ 《しばしば複数形で》《種々の》活動《社交·スポーツ·学生の課外活動など》: participate in community *activities* 地域社会活動に参加する / classroom [outside, extracurricular] *activities* 校内[屋外, 課外]活動. (形 active)

ac·ti·o·my·o·sin /æ̀ktəmáɪəs(ə)n | -sɪn/ 名 ⓤ 〖生化〗アクトミオシン《筋肉の収縮にあずかる複合蛋白質》.

*‡**ac·tor** /ǽktɚ | -tə/ 名 ❶ 俳優; 男優 (↔actress): a film [movie] ~ 映画俳優 / a stage ~ 舞台俳優. ❷

a 《事件の》人物; 関係者. b 行為者. 《関形》histrionic)

Áctors' Équity Association 名《英・米》俳優労働組合.

ac·tress /ǽktrəs/ 名 女優 (↔ actor). ~·y 形

*ac·tu·al /ǽktʃuəl, -tʃəl/ 形 (比較なし) ❶ 現実の, 実際上の, 事実上の; 《数字などが》正確な: an ~ example 実例 / ~ life 実生活. ❷ 現在の, 現行の: the ~ state [condition] 現状. in áctual fáct 事実上(は), 実際に, 実は. 《F<L; ⇒act》《名 actuality》【類義語】⇒ real¹.

áctual bódily hárm 名 U《英法》身体傷害《故意によるあらゆる程度の加害; GRIEVOUS BODILY HARM よりは軽微なもの; 略 ABH》.

⁺**ac·tu·al·i·ty** /æ̀ktʃuǽləṭi/ 名 ❶ U 現実(性), 現存; 実在 (reality): in ~ 実際には[に]. ❷ C 〔しばしば複数形で〕実情, 現状: face actualities 実情を直視する. 《形 actual》

ac·tu·al·ize /ǽktʃuəlàɪz, -tʃəl-/ 動 他《考え・計画などを》現実化する; 実現する. **ac·tu·al·i·za·tion** /æ̀ktʃuəlɪzéɪʃən, -tʃəl-│-laɪz-/ 名

*ac·tu·al·ly /ǽktʃuəli, -tʃəli/ 副 (比較なし) ❶ a 実際に, 現に: He looks stern, but ~ he's very kind. 彼は厳しそうに見えるが実際はとても親切だ / He didn't ~ steal the money. (彼が人さまのお金を持っているとしても)彼がそのお金を盗んだというわけではなかった. b 〔まさかと思うかもしれないが〕本当に, なんと: He ~ refused! 彼は本当に拒絶したのです. ❷ 〔文修飾〕実際は, あいにく《解説》事実や好ましくないことを打ち明けたり, 誤りをやんわり訂正するとき用いる; 位置は文頭, 文中, 文末): A~, I didn't see her do it. 実のところ私は彼女がそれをするのを見ていない / "Could I speak to Mr. Jones?" "Well, he's not here, ~."「ジョーンズさんはいらっしゃいますか」「あいにく不在です」

ac·tu·ar·i·al /æ̀ktʃuéə(ə)riəl/ 形《保険》保険計理人の(業務)の; 保険計理人の算定した; 保険統計の.

ac·tu·ar·y /ǽktʃuèri│-tʃuəri/ 名 保険計理人.

ac·tu·ate /ǽktʃuèɪt/ 動 他 ❶《機械などを》始動させる, 作動させる (activate のほうが一般的). ❷《人を》行動させる (motivate)《★ しばしば受身》: He was ~d by community spirit. 彼の行為は共同体意識からだった.

ác·tu·à·tor /-ṭɚ│-tə/ 名《機》作動器, 作動装置, アクチュエーター.

a·cu·i·ty /əkjúːəṭi/ 名 U ❶《感覚・理解力などの》鋭敏さ. ❷《針などの》鋭さ.

a·cu·le·ate /əkjúːliət/ 形《植》とげのある; 《動》毒針のある.

a·cu·men /əkjúːmən, ǽkju-│əkjúː-/ 名 U 鋭い洞察力; 眼識, 明敏: critical ~ 鋭い批評眼 / business ~ 商才.

a·cu·mi·nate /əkjúːmənət/ 形《葉の先端のとがった.

ac·u·pres·sure /ǽkjuprèʃɚ│-ʃə/ 名 U 指圧.

ac·u·punc·ture /ǽkjupʌ̀ŋ(k)tʃɚ│-tʃə/ 名 U 鍼(はり)(治療), 鍼(はり)術, 刺鍼療法. -**tur·ist** /ǽkjupʌ̀ŋ(k)tʃɚɪst│-tʃər-/ 名 鍼灸(きゅう)師, 鍼療法士. 《L acus 針+PUNCTURE》

*a·cute /əkjúːt/ 形 (a·cut·er, a·cut·est; more ~, most ~) ❶《事態が》重大な, 深刻な (severe). ❷ a《痛み・感情などが》激しい (an) ~ pain 激痛. b《病気が》急性の (↔ chronic). ❸《感覚・才知などが》鋭い: an ~ mind [critic] 鋭い知性[批評家]. ❹ a《角の》鋭い, 先のとがった: an ~ leaf 先のとがった葉. b《角の》鋭角の (↔ obtuse): an ~ angle 鋭角. ❺《音声》鋭アクセント(´)のついた, 鋭音の (cf. accent mark): an ~ accent 鋭アクセント.
《L acuere, acut- 鋭くする》【類義語】⇒ sharp.

⁺**a·cúte·ly** 副 鋭く, 激しく: He's ~ aware of the danger of the situation. 彼は事態の危険性を十分に認識している.

a·cúte·ness 名 U 鋭さ, 激しさ; 重大性.

ACV《略》air-cushion vehicle.

-a·cy /əsi/ 接尾「性質」「状態」「職」を示す名詞語尾: accurate>accuracy; celibate>celibacy; magistrate>magistracy.

a·cy·clic /eɪsáɪklɪk, -síːk-/ 形 周期的でない;《化》非環式の, 鎖状の.

a·cy·clo·vir /eɪsáɪklouvìɚ│-vìə/ 名 U《薬》アシクロビル《単純ヘルペスウイルスに対する抗ウイルス活性を有する非合成環式ヌクレオシド; 陰部ヘルペス治療用》.

ac·yl /ǽsəl/ 名 U《化》アシル(基).

ac·yl·ate /ǽsəlèɪt/ 動 他《化》アシル化する. **àc·yl·á·tion** 名

*ad¹ /ǽd/ 名 (□) 広告: a classified ad ⇒ classified 2 b. 《略》広告: an ~ agency 広告代理業. 《ADVERTISEMENT》

ad² /ǽd/ 名《米》《テニス》=advantage 3.

ad.《略》adverb.

⁺**A.D., A.D., AD** /éɪdí:│《略》キリスト紀元[西暦]...年《ラテン語 Anno Domini (=in the year of our Lord) の略》《用法》正式には年代の前に用いるが, 主に《米》では後にも用い, 通例 small capital で書く; A.D. 92, 92 A.D. (西暦92年)など; ただし the 5th century A.D. (5 世紀)などは常に後置; (cf. B.C.)》.

ad- /əd, æd/ 接頭「...へ」「...に」《★「移動」「方向」「変化」「完成」「近似」「固着」「付加」「増加」「開始」の意, また単なる強意》.

A·da /éɪdə/ 名 エイダ《女性名; 愛称 Addie》.

ADA《略》《米》Americans with Disabilities Act.

ad·age /ǽdɪdʒ/ 名 金言, 格言, 箴言(しんげん), ことわざ.

a·da·gio /ədá:dʒou/ 副 《楽》形 アダージョ, 緩やかに[く] (largo と andante の中間). — 名 (復 ~s) アダージョの楽章.

Ad·am /ǽdəm/ 名《聖》アダム《解説》旧約聖書の「創世記」によると人類の始祖 Adam は神が土のちりで神のかたちにつくり, 鼻から息を吹き込んで創造した; cf. Eve, Eden》.
(as) óld as Ádam 太古からで[の]. nòt knów a person from Ádam 《人を》全然知らない, 全く面識がない. 《L< Gk<Heb=人間》

ád·a·man·cy /-mənsi/, **-mance** 名 U.C がんこさ, 不屈.

⁺**ad·a·mant** /ǽdəmənt/ 形《人・態度などを》断固とした; 決して譲らない: be ~ about...のことでは[については]譲らない [断固としている] / an ~ refusal 断固とした拒絶 / He was ~ that he should go. 彼は自分が行くといって譲らなかった. — 名《伝説上の》硬い石《昔ダイヤモンドと考えられた》. ❷ 堅固無比のもの; 鋼のような強固な意志. (as) hárd as ádamant 堅固無比の. 《F<L<Gk=壊れないもの, 最も硬いもの; cf. diamond》

ad·a·man·tine /æ̀dəmǽntiːn, -taɪn│-taɪn/ 形 ❶ 堅固無比な; 不屈な: ~ courage 剛勇. ❷ 金剛石のような.

ád·a·mant·ly 副 断固として, がんこに: He ~ refused. 彼はきっぱりと断わった.

Ad·ams /ǽdəmz/, Ansel (Easton) 名 アダムズ (1902-84; 米国の写真家).

Adams, John 名 アダムズ (1735-1826; 米国第 2 代大統領 (1797-1801)).

Adams, John Quincy 名 アダムズ (1767-1848; 米国第 6 代大統領 (1825-29)).

Adams, Samuel 名 アダムズ (1722-1803; 米国独立戦争の指導者).

Adam's ále 名 U《戯言》アダムの酒, 水.

Adam's ápple 名 のどぼとけ《由来 Adam が禁断の木の実を食べたとき, その一切れがのどにつかえたという伝説から》.

Adam's néedle 名《植》ユッカ属の植物, (特に)イトラン.

Adam's wíne 名 U =Adam's ale.

*a·dapt /ədǽpt/ 動 他 ❶ a《言行・風習などを...に》《修正改変して》適合させる 〔to, for〕: You must ~ method to circumstance. 方法を事情に適合させねばならない. b [~ oneself で] 《新しい環境などに》順応する, 慣れる: ~ oneself to a new life [environment]. 新しい生活[環境]に慣れる. ❷ a《建物・機械などを》用途に合わせて改造する (modify): They ~ed the shed for use as a garage. 小屋をガレージとして使えるように改造した. b《小説・劇を...向きに改作する, 脚色する; 〈...を〉...から翻案する (~ adapted 1). The book has been ~ed to the needs of children [for children]. その本は子供向きに書き換えられた / The play was ~ed from a novel. その劇は小説を改作したものである. — 自 〔環境などに〕順応

する: Children ~ quickly *to* a new environment. 子供はすぐに新しい環境に順応する. 【F<L=適合させる; ⇒ ad-, apt】(名) adaptation 【類義語】adapt 新しい状況に合うように比較的柔軟に変更する. adjust 比較的小さな食い違いを, 技術または計算や判断によって調整する.

a·dapt·a·bil·i·ty /ədæptəbíləti/ (名) U 適応性, 順応性; 融通性 (*to*).

⁺a·dapt·a·ble /ədæptəbl/ (形) ❶ [...に]動植物が適応できる (*to, for*); 〈人・気質が〉順応性のある, 融通のきく (flexible): Living creatures must be ~ *to* environmental change. 生き物は環境の変化に適応できなければならない. ❷ 改造できる; 改作[脚色, 翻案]できる.

⁺ad·ap·ta·tion /ædæptéɪʃən, ædəp-/ (名) C|U 改造, 改作, 翻案, 脚色: The novel is not suitable for ~ *for* the screen. その小説は映画用脚色に不向きである / ~*s for* the screen 映画用の脚本(台本) / ~*s from* literary works 文学作品からの翻案本. ❷ U 適合, 応. ❸ C|U 〖生〗適応, 順応. (動 adapt)

a·dapt·ed /ədǽptɪd/ (形) ❶ 改造した; 改作[脚色, 翻案]した: ~ tales from Shakespeare シェイクスピア(の作品)から翻案した話. ❷ P [...に]適当で, ふさわしい (*for, to*): Her behavior was not ~ *to* the situation. 彼女の態度はその場にふさわしくなかった.

a·dápt·er (名) ❶ 改作者, 翻案者. ❷ 〖電〗アダプター, 加減装置.

adap·tion /ədǽpʃən/ (名) =adaptation.

a·dapt·ive /ədæptɪv/ (形) 適応できる, 適応性のある; 適応させる[を助ける]. ~**ly** (副)

adáptive radiátion (名) U 〖進化〗適応放散 (環境への適応によって系統が分岐すること).

adap·to·gen /ədǽptədʒən/ (名) 適応助成物質 (身体のストレスへの適応を助けると考えられている天然の物質).

a·dáp·tor /-tə-/ (名) =adapter.

A·dar /ɑːdɑ́ː/ -dɑ́ː-/ 〖ユダヤ暦〗アダル (政暦の第6月, 教暦の第12月; 現行太陽暦で2-3月).

ADAS /éɪdæs/ (略) 〖英〗Agricultural Development and Advisory Service (1971年設置).

ad·áx·i·al /æd-/ (形) 〖生〗軸の側にある, 向軸(ᵏᵒ)の (↔ axial).

ADB (略) Asian Development Bank アジア開発銀行.
ADC (略) aide-de-camp.

add /æd/ (動) ❶ 〈...を〉〈他のものに〉加える, 追加する: *A~* a little [a pinch of] salt. 塩を少々[ひとつまみ]加えなさい / ~ salt *to* a dish 料理に塩を入れる / ~ a name *to* a list 名簿に名前を追加する. ❷ 〈二つ(以上)の数を〉足す, 合計する (↔ subtract): *A~* 4 and 3 and you have 7. 4 足す3は7 / *A~ up* [*together*] these figures.=*A~* these figures *up* [*together*]. この数字を合計しなさい / Three ~*ed to* four makes seven. 4足す3は7. ❸ 〈言葉を〉付け加える: ~ a few words 言葉を2, 3 付け加える / [~ (*that*)] He said good-bye and ~*ed that* he had had a pleasant visit. 彼は別れを告げて「お伺いして愉快でした」と言い添えた. / [~+引用] "I've had a wonderful time," he ~*ed*. 「とても楽しかったです」と彼は言い添えた.
── (動) ❶ 足し算する[を行なう]. ❷ 〈を〉増す[★ ~を受身で用いる]: The fine day ~*ed to* our pleasure. 天気がよかったのでいっそう楽しんだ.

add ín (動) 〈...を〉算入する, 含める: *A~ in* the sales tax. 売り上げ税を算入しなさい.

add on (1) 〈...を〉〈...に〉つけ足す: A service charge of 15 % is ~*ed on* to the bill. 15%のサービス料が勘定書きに加えられている. (2) 〈建物などを〉〈...に〉増築する.

ádd úp (他+副) (1) 〈...を〉合計する (⇒ 他 ❷). ──(自+副) (2) 計算が合う. (3) 〖口〗意味をなす, 納得がいく [★ 進行形にない]: It doesn't ~ *up*. それはどうもわからない話だ[腑(ʳ)に落ちない]. (4) 〖口〗(積もり積もって)大きな量となる.

ádd úp to ... [進行形にない] (1) 合計...となる: The figures ~ *up to* 594. その数は合計594となる. (2) 結局...ということになる, ...を意味する: His statement ~*s up to* an admission of guilt. 彼の申し立ては結局罪を認めたことにほかならない.

to ádd to... [通例文頭に用いて] ...に加えて(その上). 【L addere, addit- <AD-+dare 与える (cf. date¹)】(名) addition)

ADD (略) attention deficit disorder.

Ad·ams /ædəmz/, **Jane** アダムズ (1860–1935; 米国の社会改良家・フェミニスト・平和活動家; Nobel 平和賞 (1931)).

ad·dax /ædæks/ (名) (複 ~·es, ~) (動) アダックス (北アフリカの砂漠にすむねじれた角をもつ大型レイヨウ).

⁺ádd·ed /-dɪd/ (形) P 追加の, それ以上の.

ad·den·dum /ədéndəm/ (名) (複 -da /-də/) 追加; 補遺, 付録.

ádd·er¹ /-də/ -də/ (名) ❶ 計算者. ❷ =adding machine.

ad·der² /ædə/ ædə/ (名) (動) ❶ **a** ヨーロッパクサリヘビ (有毒). **b** 毒ヘビ, マムシ. ❷ ハナダカヘビ (北米産の無毒ヘビ).

ádder's-tòngue (名) 〖植〗 ❶ ハナヤスリ属の各種のシダ. ❷ カタクリ.

ad·dict /ædɪkt/ (名) ❶ (麻薬などの)常用者; 中毒者: a drug ~ 麻薬中毒者. ❷ 熱中者, 大のファン: an opera ~ 大のオペラファン. ── /ədíkt/ (動) ⦅人に〉[麻薬などを]常習させる, 〈人を〉...にふけらせる (*to*).

⁺ad·dict·ed (形) P [麻薬などを]常習して, [...の]中毒になって; [...に]ふけって, 夢中になって: He's ~ *to* cocaine [watching TV]. 彼はコカイン[テレビ]中毒だ.

⁺ad·dic·tion /ədíkʃən/ (名) C|U 常用癖; 専心, ふけること (*to*). (動 addict)

⁺ad·dic·tive /ədíktɪv/ (形) ❶ 〈薬剤など〉常習癖がつきやすい, 習慣性の: Morphine is highly ~. モルヒネは習慣性が強い. ❷ 〈ゲームなど〉夢中にさせる, 病みつきになる. (動 addict)

Ad·die /ædi/ (名) アディー (女性名; Ada の愛称).

ádding machìne (名) 加算器, 計算器.

Ad·dis A·ba·ba /ædɪsǽbəbə/ (名) アディスアベバ (エチオピア (Ethiopia) の首都).

Ad·di·son /ædəs(ə)n/, **Joseph** アディソン (1672–1719; 英国の随筆家).

Ád·di·sòn·i·an anémia /ædəsòʊniən-/ (名) U 〖医〗アディソン[アジソン]貧血 (pernicious anemia の別称).

Áddison's disèase (名) U アディソン病, 副腎機能不全.

⁺ad·di·tion /ədíʃən/ (名) **a** U 付加, 追加. **b** U 足し算, 寄せ算 (↔ subtraction): learn ~ 足し算を習う / easy ~*s* やさしい足し算(問題). ❷ C **a** 付加物: make an ~ (*to*...) [...に]...を加える, [...を]増大する / have an ~ *to* one's family 家族の一人増える [子供が生まれた]. **b** 建て増し; 増した土地: build an ~ *to* one's house 家の建て増しをする. **in addítion** 加えるに, ほかに, さらに. **in addítion to**...に加えて, ...のほかに: *In ~ to* a thick fog, there was a heavy swell. 濃霧に加えてうねりも高かった. (動 add, 形 additional)

⁺ad·di·tion·al /ədíʃ(ə)nəl/ (形) (比較なし)付加的な, 追加の (supplementary): an ~ charge 割増料金 / an ~ tax 付加税.

⁺ad·di·tion·al·ly /-nəli/ (副) 付加的に; そのうえに, 加えて, さらに.

addítion reàction (名) 〖化〗付加反応 (水素・ハロゲン・ハロゲン化水素などが不飽和炭化水素に付加する反応).

⁺ad·di·tive /ædətɪv/ (名) 〖食品・ガソリンなどの〗添加物, 添加剤: a food ~ 食品添加物 / artificial ~*s* 人工添加物. ── (形) 付加的な. 〖ADD+-ITIVE〗

ádditive-frée (形) 添加物なしの, 無添加の.

ad·dle /ædl/ (動) ❶ 〈頭を〉混乱させる. ❷ 〈卵を〉腐らせる. ── (形) =addled.

ádd·le·bráined (形) 頭の混乱した, 頭の悪い.

ád·dled (形) ❶ 〈頭の〉混乱した. ❷ 〈卵が〉腐った.

ádd·le·hèaded (形) =addlebrained.

ádd·le·pàted (形) =addlebrained.

ádd·òn (名) ❶ 付属品, 付加装置[機器]: ~*s* for a computer コンピューターの付加機器. ❷ (税・請求などの)追加, アドオン. ── (形) A 付加の; 〖金融〗アドオン(方式)の

《貸し付け金と利子を合計した額を元金とし, 均等分割返済する方式の》: an ~ hard disk 追加ハードディスク / ~ interest アドオン方式の利子.

ad·dress /ədrés/ 名 **A** /ǽdres, ədrés/ C ❶ あて名, 住所, 所番地, アドレス: What is your ~? ご住所は? / one's business [home, private] ~ 営業所[自宅]番地 / John Smith, of no fixed ~ 住所不定のジョン・スミス. ❷ 〈手紙・小包などの〉上書き. ❸〖電算〗アドレス, 番地《記憶装置の中の個々のデータの位置を区別するための番号》 a form of address ⇒ form 成句.
—**B** ❶ /ədrés, ǽdres | ədrés/ C 〈聴衆に向かっての公式の〉あいさつの言葉; 演説, 講演; give the opening [closing, welcome] ~ 開会[閉会, 歓迎]の辞を述べる / deliver an ~ of thanks 謝辞を述べる / a funeral ~ 弔辞. ❷ U a 事務の才, 手ぎわ(よさ): with ~ 手ぎわよく. b 用意, 身支度. ❸ [複数形で] 求婚, 求愛行為: pay one's ~es to a lady 婦人に言い寄る[求婚する]. ❹ U〖ゴルフ〗アドレス《ボールを打つ身構え》.
—動 **A** 〈手紙・小包などに〉あて名を書く; 〈…に〉あてにする《★通例受身》: ~ a parcel 小包にあて名を書く / a letter ~ed to John. ジョンあての 1 通の手紙.
—**B** ❶ 〈人に〉話しかける: ~ an audience 会衆に演説[講演, 説教]をする. ❷ a〈抗議などを〉〈…に〉申し込む, 提出する; 〈言葉を〉〈…に〉向けて言う: ~ a warning to one's friend 友人に警告する / ~ a message to Congress 〈米〉〈大統領が〉議会に教書を送る[出す]. b [~ oneself で] 〈…に〉話しかける: I ~ed myself to the chairperson. 議長に話しかけた. ❸〈正式な呼び方・正しい敬称で〉〈人を〉〈…と〉呼ぶ:〔+目+as補〕Ambassadors are usually ~ed as 'Your Excellency.' 大使は通例「閣下」と呼ばれる / How should one ~ the Mayor? 市長をどう[どんな敬称で]呼ぶべきですか. ❹ [~ oneself で] 〈仕事などに〉本気で取りかかる: She ~ed herself to the task at hand. 彼女はかかえている仕事に熱心に取りかかった. ❺〈問題などを〉扱う, 処理する: The article ~es the issue of birth control. その記事は産児制限の問題を扱っている. ❻〖ゴルフ〗〈ボールを〉打つ身構える, アドレスする.
《F=…に差し向ける <AD-+dresser 向ける《L dirigere まっすぐにする; ⇒ direct》【類義語】⇒ **speech**.

ad·dress·a·ble /ədrésəbl/ 形〖電算〗アドレス指定可能な, アドレスで呼び出せる.

address book 住所録, アドレス帳.

ad·dress·ee /ædresí:/ 名 受信人, 名あて人.

ad·dress·er, ad·dres·sor /-sə | -sə/ 名 発信人《★sender が一般的》.

ad·duce /ədjú:s | ədjú:s/ 動 他 〈例証として〉挙げる, 示す: ~ reasons [evidence] 理由[証拠]を挙げる.

ad·duct[1] /ədʌ́kt/ 動 他〖生理〗〈手・足などを〉内転させる《↔ abduct》.

ad·duct[2] /ǽdʌkt/ 名〖化〗付加生成物, 付加物.

ad·duc·tion /ədʌ́kʃən/ 名 U〖生理〗《手・足などの》内転.

-ade /éid/ 接尾「動作」「行動中の人々」「果物から作る飲料」などの意を表わす名詞語尾: promenade, cavalcade, lemonade.

Ad·e·laide /ǽdəlèid/ 名 アデレード《オーストラリア南部の都市》.

A·den /á:dn, éi-/ 名 アデン《イエメン共和国の都市・海港》.

ad·e·nine /ǽdəni:n/ 名 U〖生化〗アデニン《膵臓(ホṫ)その他動物組織および茶の葉に含まれるプリン塩基で, 核酸の構成成分》.

ad·e·no- /ǽdənou/ [連結形]〖解〗「腺 (gland)」《Gk》.

ad·e·noids /ǽdənɔ̀idz/ 名 複〖医〗❶ アデノイド, 咽頭扁桃. ❷ U アデノイド, 腺様増殖症《咽頭扁桃の肥大症》.
ad·e·noi·dal /ædənɔ́idl/ 形.

ad·e·no·ma /ædənóumə/ 名 《複 -ma·ta /-tə/, ~s》〖医〗腺腫, 腺腫瘍.

aden·o·sine /ədénəsi:n/ 名 U〖生化〗アデノシン《アデニンと D-リボースとの縮合生成物》.

adénosine mòno·phósphate 名 U〖生化〗アデノシン一燐酸《略 AMP》.

adénosine triphósphate 名 U〖生化〗アデノシン三燐酸《生物のエネルギー伝達体; 略 ATP》.

àdeno·vírus 名〖医〗アデノウイルス《呼吸器疾患を起こし, 実験動物に腫瘍をつくる》.

ad·e·nyl·ate cy·clase /ədénələtsáikleis/ 名 U〖生化〗アデニルシクラーゼ《ATP から cyclic AMP を生成する反応を触媒する酵素》.

ád·e·nýl·ic ácid /ǽdənìlik-/ 名 U〖生化〗アデニル酸《RNA または ATP の一部加水分解によって得られるヌクレオチド; 3 つの異性体があり 5'-~ は AMP》.

⁺**a·dept** /ədépt, ǽdept/ 形 《…に》熟達した: an ~ mechanic 熟練工 / be ~ at [in] music 音楽が得意な.
— /ǽdept/ 名 達人, 名人: an ~ at [in] chess チェスの名人.

ad·e·qua·cy /ǽdikwəsi/ 名 U 適切, 妥当《for》.

⁺**ad·e·quate** /ǽdikwət/ 形 (比較なし) ❶ a《ある目的に》足りる, 不足しない, 十分な《↔ inadequate》: an ~ income 不自由しないほどの収入 / Is the water supply ~? 水の供給は足りていますか. b〈…には〉足りる, 十分な《for》: We had ~ food for a week's journey. 1 週間の旅行には十分な食糧を持っていた. 〔+to do〕I want a salary ~ to support my family. 家族を養えるだけの給料が欲しい. ❷ 〔P〕《…に》適切で, 適当で《to, for》: He's ~ to the job. 彼はその仕事に適任だ. ❸ まずまず, 合格の: His performance in the role was [no more than] ~. その役の彼の演技はまずまずの出来ばえだった. ~·**ly** 副 ❶ 適切に, 十分に. ❷ まずまず, 適度に. 〖L=…と等しくする; ⇒ ad-, equate〗【類義語】⇒ **enough**.

à deux /əd(j)ú: | ədjú:/ 副 形 二人で[の], 二人のために, 二人いっしょに[の]; 内密に[仲よく]; 二人だけでの.

ADF 《略》automatic direction finder.

ADHD 《略》attention deficit hyperactivity disorder 注意欠陥多動(性)障害: a child with ~=an ~ child ADHD 児.

⁺**ad·here** /ædhíə, əd- | -híə/ 動 自 ❶ 《しっかりと》くっつく, 付着《粘着》する: Mud ~d to his shoes. 泥が彼の靴にこびりついた. ❷《規則・原則・合意事項などに》忠実に従う, つき従う, 遵守する; 《考え・信仰などを》〈忠実に〉支持[信奉]する《…を》支持する《to》: ~ to a plan 計画どおりに行なう / Most people ~ to the church of their parents. ほとんどの人は親と同じ教会を信奉している. ❸ 〈…と〉一致[首尾一貫]する《to》. 《F《L=…にくっつく <AD-+haerere, haes-くっつく《cf. hesitate》【類義語】⇒ **adhesion, adherent**】【類義語】⇒ **stick**[2].

⁺**ad·her·ence** /ædhí(ə)rəns, əd-/ 名 U ❶ 忠実に従うこと, 遵守, 支持, 信奉《to》. ❷ =adhesion 1. 《形 adherent》

ad·her·ent /ædhí(ə)rənt, əd-/ 名 支持[信奉]者, 信者, 党員: an ~ of Buddhism 仏教の信者 / He won [gained] numerous ~s to his cause. 彼は自分の主張に多くの支持者を得た. — 形 粘着性の, 付着力のある, 付着した. ~·**ly** 副《動 adhere, 名 adherence》【類義語】⇒ **follower**.

ad·he·sion /ædhí:ʒən, əd-/ 名 U C 〖医〗癒着(ゅჾ); ❷ U 付着, 粘着, 粘着力; 遵守, 固守《to》.《動 adhere》

⁺**ad·he·sive** /ædhí:siv, əd-/ 名 CU 粘着性のもの; 接着剤; 接着テープ, ばんそうこう. — 形 粘着性の, ねばつく, 離れない: an ~ envelope のり付き封筒 / ~ plaster ばんそうこう / ~ tape 接着テープ. ~·**ly** 副《↑ +-IVE》

ad·hib·it /ædhíbit, ədhíb-/ 動 他 入れる; 付ける; 〈療法など〉を用いる, 施す. **ad·hi·bi·tion** /ædəbíʃən, ædhi-/ 名.

⁺**ad hoc** /ǽd-hák | -hɔ́k⁻/ 形 (通例 A) その場かぎりの, アドホックな; 特別の: an ~ committee 特別委員会. — 副 特にこの[その]ために, その場のために; 特別に. 〖L=for this〗

ad-hoc·ra·cy /ædhákrəsi | -hɔ́k-/ 名 UC《硬直した官僚機構にとって代わる》臨機応変の組織[運営法].

ad hom·i·nem /ǽd-hámənem | -hɔ́m-/ 形 副《相手の議論への反論ではなく》人身攻撃の[として]. 〖L〗

ADI 《略》acceptable daily intake《食品添加物の》一日摂取許容量.

ad·i·a·bat·ic /ˌædiəbǽtɪk/ 〖理〗形 断熱的な; 熱の出入りなしに起こる. ── 名 断熱曲線. **-i·cal·ly** 副

a·dieu /ədjúː | ədjúː/ 間 さようなら, ごきげんよろしゅう. ── 名 (徴 ~s, ~x /-z/) いとまごい, 告別: make [take] one's ~ 別れを告げる. 〖F=to God; cf. adios〗

ad in·fi·ni·tum /ˌædɪnfənáɪtəm/ 副 無限に, 永久に. 〖L=to infinity〗

ad in·ter·im /ˌædíntərəm/ 形 その合間に[の], 臨時に[の]. 〖L〗

a·di·os /ɑ̀ːdióus | ædiɔ̀s/ 間 さようなら. 〖Sp=to God; cf. adieu〗

ad·i·po·cere /ædəpəsìə | -sìə/ 名 Ⓤ 屍蝋(しろう).

ad·i·pose /ædəpòus | -pɔ̀us/ 形 (動物性)脂肪の. ── 形 A 脂肪の(多い): ~ tissue 脂肪組織.

ádipose fín 名〖魚〗脂肪鰭(ひれ), あぶらびれ《鮭(さけ)などの脂肪質のついた状隆起; サケ科の魚などにみられる》.

ad·i·pos·i·ty /ædəpάsəti | -pɔ́s-/ 名 Ⓤ〖医〗脂肪症; 肥満性.

Ad·i·ron·dack Móuntains /ædərάndæks | -rɔ̀n-/ 名 [the ~] アディロンダック山脈《米国 New York 州北東部の山脈》.

ad·it /ædɪt/ 名 ❶ (鉱山の)横坑道. ❷ 入口; アプローチ.

adi·va·si /ɑ̀ːdɪrvὰːsi/ 名 [しばしば A~]〖インド〗先住民, トライブ.

adj. (略) adjacent; adjective; adjunct.

ad·ja·cen·cy /ədʒéɪs(ə)nsi/ 名 ❶ Ⓤ 隣接, 近隣〔of〕. ❷ Ⓒ [通例複数形で] 隣接地.

⁺**ad·ja·cent** /ədʒéɪs(ə)nt/ 形 近隣の, 隣接した: ~ houses 隣り合った家 / ~ angles〖幾〗隣接角 / There is a parking lot ~ to the building. その建物の隣接して駐車場がある. **~·ly** 副 隣接して. 〖L〗

ad·jec·ti·val /ædʒɪktáɪv(ə)l-/〖文法〗形 形容詞的[用法]な: the ~ usage of a noun 名詞の形容詞的用法. ── 名 形容詞的語句《形容詞とその相当語句》. **~·ly** 副

⁺**ad·jec·tive** /ædʒɪktɪv/〖文法〗形 形容詞《★この辞書では 形 の記号で示す》. ── 名 形容詞(的)の: an ~ phrase [clause] 形容詞句[節]. 〖L=(名詞に)付加された(もの)〈AD-+jacere, jact- 投げる (cf. jet¹)〗

⁺**ad·join** /ədʒɔ́ɪn/ 動 他 〈...に〉隣接する: Canada ~s the U.S. カナダは合衆国に隣り合っている. ── 圓 〈二つのものが〉隣り合っている: The two countries ~. 両国は隣り合っている. 〖F〈L=...に結びつける; ⇒ ad-, join〗

ad·join·ing /ədʒɔ́ɪnɪŋ/ 形 隣接の; 付近の: ~ rooms 隣り合った部屋.

ad·joint /æ(d)ʒɔ́ɪnt/ 名〖数〗随伴行列.

⁺**ad·journ** /ədʒə́ːn | ədʒə́ːn/ 動 他 〈会・討議などを〉延期する; 延会[休会, 散会]する: Court is ~ed. これで閉廷とする《★裁判官の言葉》 / The members of the club voted to ~ the meeting *until* the following week. クラブの会員一同は翌週まで延会することを投票で決めた / The court will be ~*ed for* an hour. 1時間の休廷とする. ── 圓 ❶ 〈...から...まで〉(一時)延会[休会, 散会]となる〔*from*〕〔*to*, *until*〕: The court ~ed *from* Friday *until* Monday. 法廷は金曜から月曜まで休廷となった. ❷ 〈...へ〉場所[席]を移す: When the discussion was over, they ~ed *to* the dining room. 計議が終わると食堂に席を移した. 〖F=(決められた日まで)延期する〈AD-+*jour* 日 (cf. journal)〗

ad·journ·ment /-mənt/ 名 C.U. 延期; 延会, 散会, 休会(期間).

adjt. (略) adjutant.

ad·judge /ədʒʌ́dʒ/ 動 他 [通例受身で] ❶ 〈人に...だと〉判決する, 〈...と〉宣告する;〈...を〉...だと判断する, みなす: He was ~d guilty. 彼は有罪の判決を受けた / The program was ~d a success. その事業は成功だとみなされた. ❷ (法律の決定で)(正当な所有者に)(財産などを)与える; (審査して)〈...に〉〈賞などを〉与える: The title was ~d *to* Miss Japan. タイトルはミス日本に授与された.

ad·júdg(e)·ment /-mənt/ 名

ad·ju·di·cate /ədʒúːdɪkèɪt/ 動 他 ❶ 〈裁判官・裁判所が〉〈訴訟に〉判決を下す, 裁定を下す: The case was ~d

in her favor. 彼女に有利な判決が下された. ❷ 〈人を×だと〉裁決[宣告]する: ~ a person (*to be*) bankrupt 人に破産の宣告をする. ── 圓 (コンテストなどで)審査員を務める;(事件などに)判決を下す: The court ~d *on* the case. 法廷はこの事件に判決を下した. **ad·jú·di·cà·tor** /-tə | -tə/ 名

ad·ju·di·ca·tion /ədʒùːdɪkéɪʃən/ 名 Ⓤ 裁き, 裁定; 判決, 裁決.

ad·junct /ædʒʌŋ(k)t/ 名 ❶ ❶ 付加物, 付属物〔*to*, *of*〕. ❶ 助手, 補助; 部下. ❷〖文法〗付加語(句), 修飾語(句). ── 形 付属する, 補助の.

ad·junc·tive /ədʒʌŋ(k)tɪv/ 形 付加の, 付属の. **~·ly** 副

ad·ju·ra·tion /ædʒʊréɪʃən/ 名 C.U. ❶ 厳命. ❷ 懇願.

ad·jure /ədʒúə | ədʒúə/ 動 他 ❶ 〈人に...するように〉厳命する: I ~ you *to* speak the truth. 必ず真実を語ってもらおう. ❷ 〈人に...するように〉懇願[要望]する: I ~ you *to* spare him. どうぞ彼をお助けください.

⁺**ad·just** /ədʒʌ́st/ 動 他 ❶ 〈...を〉(...に)調節する, 合わせる, 直す: ~ a radio (dial) ラジオ(のダイヤル)を合わせる / ~ a clock 時計を調整する / ~ the color on a TV テレビの(画面の)色を調節する / ~ one's tie in a mirror 鏡でネクタイを直す / ~ a telescope *to* one's eye 望遠鏡を目に合わせる. ❷ 〈意見などを〉調整する; 〈争いを〉調停する: ~ differences of opinion 意見の相違を調整する. ❸ [~ one*self* で] 〈境遇などに〉順応する: The body ~s *itself to* changes of temperature. 人体は温度の変化に順応する. ── 圓 〈...に〉順応する《★ ~ to は受身可》: He soon ~ed *to* living alone. 彼はすぐに一人の生活になじんだ. 〖F〈L; ⇒ ad-, just〗名 adjustment) 〖類義語〗⇒ adapt.

⁺**ad·just·a·ble** /ədʒʌ́stəbl/ 形 調整[調節, 順応]できる.

ad·júst·er 名 ❶ 調節装置《電灯の自在ひもなど》. ❷〖保険〗損害査定人; 精算人.

⁺**ad·just·ment** /ədʒʌ́s(t)mənt/ 名 C.U. ❶ 調整, 調節, かげん; 修正, 精算: make an ~ 調整[調節]する. ❷ (争議などの)調停. (動 adjust)

ad·jús·tor /-tə | -tə/ 名 =adjuster.

ad·ju·tant /ædʒʊtənt, -tnt/ 名 ❶〖軍〗(部隊付きの)副官 (cf. aide-de-camp). ❷ =adjutant bird [stork].

ádjutant bìrd [stòrk] 名〖鳥〗オオハゲコウ《東インド産のコウノトリの一種》.

ádjutant géneral 名 (徴 **ádjutants géneral**)〖軍〗高級副官; [the A~ G~]〖米陸軍〗軍務局長.

ad·ju·vant /ædʒʊvənt/ 形 助けとなる, 補助の. ── 名〖免疫〗抗原性補強剤.

ád·lànd 名 Ⓤ 広告業界.

ad lib /ædlíb/ 副〖口〗任意に, 即興的に. ── 名 (徴 **ad libs**) 即興的な演奏[せりふ], アドリブ. 〖AD LIB(ITUM)〗

ad-lib /ædlíb⁻/〖口〗(**ad-libbed**; **ad-lib·bing**) 動 他 〈台本にないせりふを〉即興的にしゃべる, 〈楽譜にない曲を〉即興的に歌う[演奏する] (improvise). ── 圓 アドリブでやる[演奏する]. ── 形 A 即興的な, アドリブの: an ~ remark その場で思いついたことば.

ád·líb·ber 名 アドリブ演奏者.

ad lib·i·tum /ædlíbətəm/ 副〖楽〗(演奏家の)自由に. 〖L=好みに合わせて〗

ad li·tem /ædláɪtəm/ 形〖法〗当該訴訟に関しての: guardian ~ 訴訟のための後見人. 〖L〗

Adm. (略) Admiral; Admiralty.

ád·màn 名 (徴 **-men**)〖口〗広告業者, 広告宣伝係.

ad·mass /ædmæs/ 名 Ⓤ〖英〗(マスコミ・広告に影響されるような)マスコミ大衆.

ad·mea·sure /ædméʒə, -méɪ- | -méʒə/ 動 他 (正しく)割り当てる, 配分する.

adméasure·ment 名 Ⓤ 割当て, 配分.

ad·min /ædmɪn/ 名〖口〗=administration.

⁺**ad·min·is·ter** /ədmínɪstə | -tə/ 動 他 ❶ 〈業務などを〉管理する, 運営する; 〈国・会社・家庭などを〉治める, 統治する (manage) 《★しばしば受身》: ~ a country 国を統治する / The Secretary of State ~s foreign affairs. 国務長官は外交上の政務を担当する. ❷ 〈法律・規則などを〉

執行する; 〈宗教的儀式・式典を〉行なう: ～ a law 法を執行する / ～ the Sacrament 聖餐(せいさん)式を行なう. ❸ **a** 〔人に〕〈…を〉施す: ～ justice *to* a person 人を裁判する. **b** 〈薬などを〉〔人に〕与える; 塗る《★ しばしば受身》: ～ medicine *to* a person 人に薬を投与する. ❹ 〔人などに〕〈打撃などを〉加える, くらわす《★ give のほうが一般的》: We ～*ed* a drubbing *to* our opponents. 相手に圧勝した. ❺ 〔人に〕〈宣誓を〉させる: A court official ～*ed* the oath *to* the witness. 裁判所の係員は証人に宣誓をさせた. — [自] 管理人[管財人]をやる. 〘F＜L; ⇨ ad-, minister〙 ([名] administration, [形] administrative) 【類義語】⇨ govern.

ad·min·is·tra·ble /ədmínəstrəbl/ [形] 管理できる, 処理できる; 執行できる.

ad·min·is·trate /ədmínəstrèɪt/ [動] ＝administer.

‡**ad·min·is·tra·tion** /ədmìnəstréɪʃən/ [名] ❶ [U] **管理, 運営; 統治, 行政,** 施政: under military ～ 軍政下で. ❷ [U] (法律・宗教的儀式などの) **執行:** the ～ *of* the law 法律の執行 / the ～ *of* justice 裁判; 処罰. ❸ [C] [しばしば the ～] **管理者側,** 経営者陣; (大学などの)**本部,** 当局. ❹ **a** [C] [しばしば the A～] 《米》 **政府;** 内閣 (cf. government 1): *the* Kennedy *A*～ ケネディー政権. **b** [U] (行政官・管理者などの)任期: during the Wilson *A*～ ウィルソン大統領在任中に. ❺ [U] 〔薬などの〕投与, 投薬 〔*of*〕. ([動] administer)

***ad·min·is·tra·tive** /ədmínəstrèɪṭɪv, -strə-/ [形] (比較なし) **管理の, 経営上の;** 行政上の: ～ ability 行政的手腕, 管理[経営]の才 / an ～ district 行政区画 / ～ readjustments 行政整理. **～·ly** [副] 管理上; 行政上. ([動] administer)

admínistrative assístant [名] 管理補佐, 管理スタッフ《役員を補佐する管理・運営担当者》.

***ad·mín·is·trà·tor** /-tə | -tə/ [名] ❶ **管理者;** 理事, 統治者. **c** 行政家, 行政的手腕のある人. ❷ 〘法〙 管財人.

***ad·mi·ra·ble** /ǽdm(ə)rəbl/ [形] **称賛に値する;** 立派な, 見事な, けっこうな: an ～ essay すぐれた小論. **-ra·bly** /-rəbli/ [副] 立派に, 見事に. 〘F＜L; ⇨ admire, -able〙

***ad·mi·ral** /ǽdm(ə)rəl/ [名] **海軍大将;** 海軍将官, 提督 (cf. general 1 a) 《略 Adm.》: a fleet ～ 《米》＝《英》 an ～ of the fleet 海軍元帥 / a full ～ 海軍大将 / a vice ～ 海軍中将 / a rear ～ 海軍少将. 〘F＜L＜Arab＝司令官〙

ádmiral·shìp [名] [U] 海軍大将[将官]の職[地位].

ád·mi·ral·ty /ǽdm(ə)rəlti/ [名] ❶ [the A～] 《英》 (もとの)海軍本部(の建物) 《1964 年に国防省の一部門となった; 略 Adm.》. ❷ 〘法〙 [U] 海事法; [U,C] 海事裁判(所).

ad·mi·ra·tion** /æ̀dməréɪʃən/ [名] ❶ [U] **感嘆,** 感心, 称賛; 敬愛, 憧れ: feel [have] ～ ***for…に感嘆[感心]する / in ～ ***of***…を称賛して / with ～ 感嘆[感心]して. ❷ [the ～] 称賛の的(まと): She's *the* ～ ***of*** her fellow poets. 彼女は仲間の詩人の憧れの的だ. ([動] admire)

ad·mire** /ədmáɪə | -máɪə/ [動] [他] ❶ **a** 〈…を〉**称賛する,** 〔…に〕**感心[敬服]する:** I ～ his easy way with people. 私は彼の如才ない人づき合いに感心する. / I ～ him ***for his courage. 彼の勇気には感服する. **b** 〈…を〉感心して[ほれぼれと]眺める: She walked in the garden *admiring* the flowers. 彼女は花に見とれながら庭を歩いた. **c** [反語的に] 〔…に〕感服する, あきれる: I ～ his impudence. やつの厚かましさには感服するよ. ❷ 〈…を〉(お世辞に)ほめる. 〘F＜L＜AD-＋*mirari* 驚く〙 ([名] admiration) 【類義語】⇨ respect.

⁺**ad·mír·er** /-máɪ(ə)rə | -rə/ [名] ❶ 称賛者, ファン 〔*of*〕. ❷ (女性への)求愛者 (suitor).

ad·mír·ing /-máɪ(ə)rɪŋ/ [形] [A] 感服する, 称賛[賛美]する: ～ glances うっとり見入る瞳. **～·ly** [副] 感心して, 感嘆して: 'Great!' he said ～*ly*. 「すごい!」と彼は感心して言った.

ad·mis·si·ble /ədmísəbl/ [形] ❶ 〈考えなど〉認容される, 許される; (証拠として)認められる (↔ inadmissible). ❷ [P] 〔地位に〕つく資格[権利]があって 〔*to*〕. **ad·mis·si·bil·i·ty** /ədmìsəbíləṭi/ [名] [U] 認容されること; 許容(性).

ad·mis·sion** /ədmíʃən/ [名] ❶ [U] (学校・場所・会などに)入るのを許すこと[許されること], **入場;** 入会, 入学; 入院 (⇨ admittance [用法]): ～ by ticket 入場は入場券持参者 / ～ ***to [***into***] a society 入会 / gain [obtain] ～ 入場を許される / give free ～ *to*…を自由に入らせる, …に無料入場を許す. ❷ [C] 〔過失などよくないことを〕自認(すること), 告白, 自白: She made an ～ ***of*** the fact to me. 彼女はその事実を私に告白した / 〔＋***that***〕 His ～ *that* he was to blame kept the others from be*ing* punished. 彼が自分が悪かったと言い出したのでほかの者が罰を受けずに済んだ. ❸ [U] 入場料, 入会金(など): *A*～ is free [charged]. 入場無料[有料] / pay £10 ～ 10 ポンドの入場料を払う. **by** [**on**] **one's ówn admíssion** 自分が認めたように, 告白どおり. ([動] admit)

‡**ad·mit** /ədmít/ [動] (**ad·mit·ted; ad·mit·ting**) [他] ❶ **a** 〈弁解・証拠などを〉認める (confess): He *admitted* the truth of the account. 彼はその話が真実であると認めた / 〔＋**do*ing***〕 He *admitted* hav*ing* stolen the money. 彼は自分がその金を盗んだと白状した / 〔＋(***that***)〕 I ～ *that* it's true. それが本当だと認める《★ この文型が最も一般的》 / *Admitting that* the rumors about you are true, you may rest assured of our continued trust in you. あなたに関するうわさが本当だとしても, 私たちのあなたへの信頼は決して変わりません(からご安心ください) / 〔＋目＋(***to be***)補〕 The report was *admitted to be* inaccurate. その報告が不正確であると認められた《[用法] 通例受身; 〔＋目＋**to do**〕 は間違い》. **b** [I ～ で主な文に並列的または挿入的に用いて] 認めるのだが, 確かに: This, *I* ～, is true. なるほどこれは真実だ(が…). ❷ 〈人・ものが〈人・ものを〉(…に)**入れる;** 〈人に〉**入ることを許す:** ～ a person ***to*** [***into***] a club 人をクラブに入会させる / be *admitted to* (the) hospital 入院する / ⇨ be admitted to the BAR[1] / He opened the door and *admitted* me. 彼がドアを開けて私を中に入れてくれた / This ticket ～*s* two persons. この切符で 2 人入場できる / This window ～*s* little sunlight *to* my room. この窓は私の部屋にほとんど日光を入れない. ❸ **a** 〈場所が〉〈人を〉**収容できる:** The harbor ～*s* four ships. その港には船が 4 隻収容できる. **b** [通例否定文で] 〈事実などが〉〈…の〉余地を与える, 許す: The facts ～ *no* other interpretation. それらの事実にはほかの解釈の余地はない. — [自] ❶ 〔…を〕認める, 告白する《★ ～ to は受身可》: He *admitted* ***to*** his fears. 彼は自分の懸念を認めた / I must ～ *to* feel*ing* ashamed. われながら恥ずかしいと言わざるをえない. ❷ [通例否定文で] 〈事実などが〉〔…の〕**余地がある,** 〔…を〕**許す**《[用法]「人」を主語にはしない》: This ～*s* ***of no*** doubt. これには疑いの余地がない. ❸ 〔場所へ〕導く, 通じる: The door *admitted* ***to*** a bystreet. そのドアは横町に通じていた. 〘L＝出入りを認める＜AD-＋*mittere, miss-* 送る, 行かせる (cf. mission)〙 ([名] admission, admittance) 【類義語】 (1) **admit** 否認していたことを説得などの圧力によって認める. **acknowledge** 人に知られたくないことをしぶしぶ認める. (2) ⇨ receive.

ad·mit·tance /ədmíṭəns, -tns/ [名] ❶ [U] 入場, 入場許可《[用法] admittance は具体的な「入場(許可)」の意にのみ用い, 他は admission を用いる》: grant [refuse] a person ～ to… 人に…への入場を許す[拒絶する] / No ～ (except on business). 〔掲示〕 (用事以外は)入場お断わり. ❷ [C] 〘電〙 アドミッタンス《電流の流れやすさを表わす量でインピーダンスの逆数》. ([動] admit)

ad·mít·ted /-ṭɪd/ [形] [A] 公認された, 疑いのない; 自認する: an ～ fact 公認の事実 / an ～ liar 自ら認めるうそつき.

⁺**ad·mít·ted·ly** [副] [文修飾可] 一般の認める[自分で認めている]ように, 衆目の認めるように; 疑いもなく, 明白に, 確かに: an ～ severe punishment だれもが認める厳しい刑罰 / *A*～, it will be difficult, but it isn't impossible. 確かにそれは困難だろうが, 不可能ではない.

ad·mix /ædmíks, əd-/ [動] [他] 〈…を〉〔…に〕混ぜる 〔*with*〕. — [自] 〔…と〕混ざる 〔*with*〕.

ad·mix·ture /ædmíkstʃə | -tʃə/ [名] ❶ [U] 混合 〔*of*〕. ❷ [C] [通例単数形で] 混合物; 混ぜもの: an ～ ***of*** truth and falsehood 真実と虚偽の混ぜ合わせ.

ad·mon·ish /ədmάnɪʃ, æd-|-mɔ́n-/ 動 ⊕ ❶ 〈人を〉戒(いまし)める, さとす, (…する[しない]よう)人に注意する, 忠告する: His employer ~ed him. 雇用主は彼に忠告を与えた. / His father ~ed him *for* his carelessness [*being* careless]. 父親は彼に不注意をさとした. / He ~ed him *against* doing it again＝He ~ed me not *to* do it again. 彼は私に二度とそんなことをしないように注意した. ❷ 〈人に〉〈ある事を〉警告する, 気づかせる 〈*of*, *against*, *for*〉: I ~ed him *of* the need for silence. 彼に沈黙の必要を気づかせた [指摘した]. 〖F＜L＝…に思い起こさせる＜AD-+*monere*, *monit*- 思い出させる, 忠告する (cf. monitor)〗【類義語】⇒ scold.

ad·món·ish·ing·ly 副 (優しく)警告して, さとして.
ad·món·ish·ment /-mənt/ 名 ＝admonition.
ad·mo·ni·tion /ӕdmənɪ́ʃən/ 名 C|U 説諭, 訓戒; 警告: deliver an ~ 訓戒を与える.
ad·mon·i·to·ry /ədmάnətɔ̀ːri, æd-|-mɔ́nɪtəri, -tri/ 形 説諭の, 勧告的な; 警告の.
ad·nate /ǽdneɪt/ 形 〖動·植〗本来異なる部分が合着した〈*to*〉.
ad nau·se·am /ǽdnɔ́ːziəm, -zɪæ̀m/ 副 いやになるほど: He repeats himself ~. 彼はうんざりするほど同じことを言う. 〖L＝to sickness〗
ad·nexa /ӕdnéksə/ 名 ⊕ 〖解〗付属器, (特に)子宮付属器. **ad·néx·al** 形

a·do /ədúː/ 名 U 〖通例 much [more, further] ~ で用いて〗騒ぎ; 骨折り, めんどう: He made much ~ about it. 彼はそのことで大騒ぎした. / much ~ about nothing from [大]騒ぎを起こすこと《★シェイクスピアの劇の題名から》/ with much ~ 大騒ぎして, 苦心して / without more [further] ~ あとはたごたもなく / We had much ~ to get home safely. 我々はさんざん苦労して(やっと)無事に家に着いた.
a·do·be /ədóubi/ 名 U アドーベ[日干し]れんが. — 形 A アドーベが造りの: an ~ house アドーベれんがの家《米国南西部およびメキシコに多い; cf. pueblo》.
⁺**ad·o·les·cence** /ӕ̀dəlés(ə)ns/ 名 U 青春期, 未成年(12歳から18歳くらいまで). (形 adolescent)
*ad·o·les·cent** /ӕ̀dəlés(ə)nt⁻/ 名 若者, 青年男子[女子]. — 形 ❶ 青年期の, 青春の (teenage): ~ problems 青年期の諸問題. ❷ 未熟な. 〖F＜L＝成長している; ⇒ adult〗

A·don·is /ədάnɪs, ədóu-|ədóu-/ 名 ❶ 〖ギ神〗アドーニス《女神 Aphrodite に愛された美少年》. ❷ C 美少年, 好男子.
Adónis blúe 名 〖昆〗シジミチョウの一種《ヨーロッパ産》.
‡**a·dopt** /ədάpt|ədɔ́pt/ 動 ⊕ ❶ a 〈人を〉養子[養女]にする: ~ an orphan 孤児を養子にする / [+目+*as*補] They ~ed the child *as* their heir. 彼らはその子を跡取りにした. b 〈人を〉(…に)養子として引き取る: He was ~ed *into* our family. 彼は我々の家族として引き取られた. ❷ 〈意見·方針などを〉採用する, 採択する, (自分のものとして)取り入れる: His plan was ~ed. 彼の計画が採用された / The committee ~ed the motion. 委員会はその動議を採択した. ❸ 〖英〗〈政党が人を〉選挙の候補者として公認する, 指名する: [+目+*as*補] He was ~ed *as* Labour candidate. 彼は労働党候補に指名された. 〖F＜L …を選ぶ; ⇒ ad-, opt〗

a·dópt·ed 形 A ❶ 養子になった: one's ~ son [daughter] 養子[養女]. ❷ 採用された, (自分のものとして)選んだ.
a·dop·tee /ədɔptíː|-dɔ̀p-/ 名 養子.
a·dópt·er 名 ❶ 養い親, 里親. ❷ 採用者.
a·dop·tion /ədάpʃən|ədɔ́p-/ 名 ❶ C|U 養子縁組. ❷ U 採用(すること); 採択: the ~ *of* a plan 計画の採用. ❸ C|U 〖英〗(候補者)公認[指名].
a·dop·tive /ədάptɪv|ədɔ́p-/ 形 A ❶ 養子関係の: his ~ mother [parents] 彼の養母[父母]. ❷ 採用の.
⁺**a·dor·a·ble** /ədɔ́ːrəbl/ 形 ❶ 魅力的な, かわいらしい: What an ~ hat she's wearing! 彼女は何とすてきな帽子をかぶっているんでしょう. ❷ 崇敬[崇拝]すべき. **-a·bly**

/-rəbli/ 副 ~·ness 名
ad·o·ral /ӕd-/ 形 〖解·動〗口の近くの, 口側の, 口辺の. ~·ly 副
ad·o·ra·tion /ӕ̀dəréɪʃən/ 名 U あこがれ, 愛慕, 熱愛 〈*for*, *of*〉; (神の)崇拝, 崇敬.
⁺**a·dore** /ədɔ́ː/ 動 ⊕ ❶ 〖進行形なし〗〈人を〉熱愛[敬愛, 敬慕]する, 慕う. ❷ 〖主に女性が用いて〗〈…を〉非常に好む: I ~ baseball. 野球が大好きです / He ~s listening to music. 彼は音楽を聞くのが大好きです. ❸ 〈神を〉あがめる, 崇拝する. 〖F＜L＝懇願する＜AD-+*orare*, *orat*- 話す, 祈る, 請う (cf. oration)〗【類義語】⇒ worship.
a·dor·er /ədɔ́ːrə|-rə/ 名 ❶ 熱愛者. ❷ 崇拝者.
⁺**a·dor·ing** /ədɔ́ːrɪŋ/ 形 〖通例 A〗 ❶ 熱愛[熱狂, 崇拝]する: an ~ mother 子供を熱愛する母親. ❷ 愛情のこもった, あこがれた; ほれぼれとした: He gave her an ~ look. 彼は彼女にほれぼれしたまなざしを向けた. ~·ly 副 熱愛して, あこがれて.
⁺**a·dorn** /ədɔ́ːn|-dɔ́ːn/ 動 ⊕ ❶ 〈美しい人·ものを〉(さらに美しいもので)飾る, 装飾する: ~ a bride 花嫁を盛装させる. / She ~ed herself *with* several strings of pearls. 彼女はいくつも連ねの真珠で身を飾り立てた. ❷ 〈…の〉美を引き立てる, 〈…に〉美を添える. 〖F＜L＜AD-+*ornare* 飾る〗【類義語】⇒ decorate.
a·dórn·ment /-mənt/ 名 ❶ C|U 装飾品: personal ~s 装身具. ❷ U 飾ること, 装飾.
ADP 《略》automatic data processing.
ADR 《略》American Depository Receipt 米国預託証券.
ad rem /ӕd rém/ 副 形 問題の本質[要点]をついて[ついた], 要領を得て[得た], 適切に[な].
ad·re·nal /ədríːn(ə)l/ 〖解〗形 ❶ 腎臓(じんぞう)付近の. ❷ 副腎の: the ~ glands 副腎(2つある). — 名 〖通例複数形で〗副腎. 〖AD-+RENAL〗
⁺**ad·ren·a·line** /ədrénəlɪn/ 名 〖生化〗アドレナリン《副腎から出されるホルモン》. 〖⁺+-IN(E)²〗
adrénaline-chàrged 形 アドレナリンを分泌させるような, 興奮させる, ドキドキの.
ad·ren·er·gic /ӕ̀drənɚ́ːdʒɪk⁻/ 形 アドレナリン作用[作動](性)の.
a·dret /ӕdréɪ/ 名 日中日当たりのよい斜面.
A·dri·an /éɪdriən/ 名 エイドリアン《男性名》.
A·dri·at·ic /èɪdriӕ́tɪk⁻/ 形 アドリア海の. — 名 〖the ~〗 ＝Adriatic Sea.
Ádriàtic Séa 名 〖the ~〗 アドリア海《イタリアとバルカン半島との間の入り海》.
⁺**a·drift** /ədrɪ́ft/ 副 形 P ❶ 〈船が〉漂って, 漂流して: set a boat ~ 船を流す / be ~ on the open sea 大海原を漂流する. ❷ あてどなく[なし], さまよって: young people ~ in a big city 大都会をあてどなくさまよう若者たち. ❸ 《口》a 的がはずれて(*of*). b 調子が狂う. c ゆるんで, 壊れて. **cùt adrift** (1) 〈船を〉流す. (2) 〈…を〉〈…と〉別れさせる 〈*from*〉. **gò adrift** (1) 〈船が〉漂流する. (2) さまよう, 目標を失う, はずれる. (3) 〖英口〗〈ものが〉(…から)なくなる, 盗まれる 〈*from*〉. (4) 〖英口〗〈水兵などが〉(無許可で)船を去る, 脱船する. **túrn a person adríft** 〈人を〉追い出す, お払い箱にする. 〖A-¹+DRIFT〗
a·droit /ədrɔ́ɪt/ 形 器用な; 機敏な, 巧みな: an ~ answer 気のきいた答え / He's ~ *at* [*in*] making excuses. 彼は言い訳するのがうまい. ~·ness 名 〖F *à droit* 正しく〗
a·dróit·ly 副 巧みに, 器用に: He ~ changed the subject. 彼は巧みに話題を変えた.
ad·sci·ti·tious /ӕ̀dsɪtɪ́ʃəs⁻/ 形 外から加えられた, 外来の, 固有のものでない; 補足の, 付加的な.
ADSL 《略》〖通信〗ADSL《既存の電話回線を使ってデジタル信号を高速·高品質で転送する方式》. 〖a(symmetric) d(igital) s(ubscriber) l(ine)〗
ad·sorb /ӕdsɔ́əb, -zɔ́əb|-zɔ́ːb, -sɔ́ːb/ 動 ⊕ 〖化〗吸着する.
ad·sorb·ate /ӕdsɔ́əbət, -zə-, -bèɪt|-sɔ́ːb-, -zɔ́ːb-/ 名 〖理·化〗吸着されたもの, 吸着質.

ad·sor·bent /ædsɔ́ːb(ə)nt | -zɔ́ː-, -sɔ́ːb-/ 〖化〗图 吸着剤. —图 吸着性の.
ad·sorp·tion /ædsɔ́ːpʃən, -zɔ́ːp-, -zɔ́ːp-, -sɔ́ːp-/ U 吸着(作用).
ad·sorp·tive /ædsɔ́ːptɪv, -zɔ́ːp- | -zɔ́ː-, -sɔ́ː-/ 图 吸着性[作用]の.
ADT (略) Atlantic Daylight Time 大西洋夏時間.
ad·u·late /ǽdʒʊlèɪt/ 動 働 (人に)へつらう, 追従(ついしょう)を言う, こびる; 過度に称賛する.
ad·u·la·tion /ædʒʊléɪʃən/ 图 U 追従, こび; 過度(かど)の賞賛.
ád·u·là·tor /-tə | -tə/ 图 追従者, へつらう人.
ad·u·la·to·ry /ǽdʒʊlətɔ̀ːri | ǽdʒuleɪtəri, -tri/ 形 お世辞の, へつらいの.

‡a·dult /ədʌ́lt, ǽdʌlt/ 图 ❶ おとな, 成人 (grown-up); 〖法〗成年者 (cf. minor 2 ★). ❷ 〖生〗成熟, 成体, 成虫. —形 ❶ おとなの, 成人の. ❷ Ⓐ 成人向き[向け]の: ~ movies 成人向け[ポルノ]映画. 〖L <*adulescere*, adult-成長した; cf. adolescent〗

adúlt educátion 图 U 成人教育.
a·dúl·ter·ant /ədʌ́ltərənt/ 图 〖純度〗を落とす物質, 混ぜ物. —图 〖純度〗を落とす.
a·dúl·ter·ate /ədʌ́ltərèɪt/ 動 働 ❶ (混ぜ物をして)〈...の〉品質を落とす (cf. dilute): ~ food *with* additives 添加物を混ぜて食品の質を下げる. —/-rət, -rət/ ❶ 混ぜ物で品質を落とした. ❷ =adulterous. **a·dúl·ter·à·tion** /ədʌ̀ltəréɪʃən/ 图 U【L=混合する】
a·dúl·ter·à·tor /-tə | -tə/ 图 粗悪品製造者.
a·dúl·ter·er /ədʌ́ltərə, -trə | -trə/ 图 姦通(かんつう)者; (特に)姦夫(かんぷ).
a·dúl·ter·ess /-tərəs, -trəs/ 图 姦婦(かんぷ).
adul·ter·ine /ədʌ́ltəràɪn, -ri:n/ 形 〈子供が不倫によって生まれた; にせの, まがいの; 不法の.
a·dúl·ter·ous /ədʌ́ltərəs, -trəs/ 形 姦通の, 不倫の.

†a·dúl·ter·y /ədʌ́ltəri, -tri/ 图 U 姦通, 不貞, 不倫: commit ~ 不倫をする. 〖L=adulterate〗
†adúlt·hòod /ədʌ́lthʊd/ 图 U 成人であること; 成人期.
ad·um·brate /ǽdəmbrèɪt/ 動 働 ❶ 〈...の〉輪郭を(漠然と)示す. ❷ 〈理論・考えなどを〉漠然と示す. ❸ 〈未来を〉予示する. ❸ 〈...を〉暗くする. **ad·um·bra·tion** /ædəmbréɪʃən/ 图

adv. (略) adverb; adverbial(ly); advertisement.
ad va·lor·em /ǽdvəlɔ́ːrəm/ 形副 価格に従って(の)《略 ad val.》: an ~ duty [tax] 従価税.

‡ad·vance /ədvǽns | -vɑ́ːns/ 图 ❶ Ⓒ (通例単数形で) 前進, 進軍. ❷ C U a 進歩, 上達, 進捗(しんちょく): make ~s in one's studies 研究が進む / A~ in science is continuous. 科学の進歩にはとどまるところがない / Information science has made remarkable ~s lately. 情報科学は最近めざましく進歩した. b〈時の〉進行: the ~ of evening 夜が更けていくこと / the ~ of old age 老境に入ること, 寄る年波. c 〖昇進, 出世 [in]. ❸ C〖通例単数形で〗 前払い, 前金, 立て替え金, 貸出金: an ~ *on* royalties 印税の前払い / make an ~ *on* wages 賃金の前渡しをする. ❹〖複数形で〗人に取り入ること, 接近; 〈女への〉言い寄り, 誘い, モーション: make ~s *to* a woman 女に言い寄る. ❺ C〈価格・料金などの〉値上げ, 上昇 [*in*, *on*].

in advance (1) 先に立って: She went *in* ~ *to* hold seats for us. 彼女は我々の席を確保するために先に出かけた. (2) あらかじめ: I'll let you know *in* ~. 前もってお知らせします. (3) 前金で; 立て替えで: We require a down payment *in* ~. 頭金を前金でいただきたい.

in advance of... (1) ...に先立って: pay a few days *in* ~ *of* the end of the month 月末より2, 3日前に支払う. (2)〈人・考えなどより進んで〉進歩して: He was *in* ~ *of* scientists of his time. 彼は同時代の化学者より進んでいた.

—動 働 ❶〖...に向かって〗進む, 前進する: She ~*d to* [*toward*(*s*)] the table. 彼女はテーブルへ進み寄った〖*to*の方へ進んだ〗〖★ *to* のほうは到着の意を表わす〗 / The troops ~*d against* the enemy. 軍隊は敵に向かって進撃した /

He ~*d on* me threateningly. 彼は脅すような態度で私に詰め寄ってきた. ❷〈夜が更ける; 季節が深まる; 〈年を〉とる: as (the) night ~s 夜が更けるにつれて / They were *advancing* in years. 彼らは年をとってきていた. ❸〈研究などがはかどる: His research is *advancing* apace. 彼の研究は迅速に進んでいる. b〈人が〉〈知識・研究・出世などにおいて〉進歩する, 向上する: ~ *in* life [in the world] 立身[出世]する. c〖...に〗昇進する: He ~*d to* (the position of) manager. 彼は支配人(の地位)に昇進した.

—動 働 ❶ 進める, 昇進させる: ~ one's watch 5 minutes 腕時計を5分進める. ❷〈人を〉〖...から...へ〗昇進させる: He was ~*d from* (first) lieutenant *to* captain. 彼は中尉から大尉に昇進した. ❸〈事を〉進める, 促進する (further): ~ a project 計画を進める. ❹ 〈人に〉〈金〉を前払いする, 前貸しする: 〖+目+目〗 Will you ~ me a month's salary? ひと月分の給料を前払いしていただけませんか / They seldom ~ *wages to* any of the workers. 会社ではめったに従業員に賃金の前払いをしない. ❺〈意見などを〉提出する (put forward): Allow me to ~ another reason for my choice. 私の選択に対するもう一つの理由を述べさせてください. ❻〈時間・期日を〉〖...から...〗へ早める, 繰り上げる (bring forward): We ~*d* (the time of) the meeting *from* 3 o'clock *to* 1 o'clock. 会合の時刻を3時から1時に繰り上げた.

—图 ❶ 前もっての; 前金の: give a person ~ notice 予告[事前通告]をする / ~ sheets 見本刷り, 内容見本 / ~ booking《英》(ホテル・劇場などの)予約 / ⇒ advance copy / an ~ payment 前払い, 前金. ❷ 前進の, 先発の: an ~ party 先発隊.

〖F=前進するくL *abante* 前に; cf. advantage〗 (图 advancement)

advánce cópy 图 新刊見本.

‡ad·vanced /ədvǽnst | ədvɑ́ːnst/ 形 (more ~; most ~) ❶ a〈文明・思想など〉進歩した, 進歩的な, 先進の: an ~ country [nation] 先進国 / ~ ideas 進歩的な思想. b (初級・中級を過ぎて)上級の, 高等の; 高度な: an ~ course 上級コース / ~ advanced level. ❷ a〈病気などが〉進行した. b〈婉曲〉〈年齢の〉進んだ, 老いた: an ~ age 高齢. 〖類義語〗 ⇒ progressive.

advánced gás-còoled reáctor 图 改良型ガス冷却炉《原子炉》.

advánced lèvel 图 C U 《英》(一般教育証書 (GCE) 試験の)上級 (略して A level ともいう): take French at ~ 上級課程のフランス語(の試験)を受ける.

Advánced Plácement 图 U 《米教育》《商標》アドバンストプレースメント 〈高校在学中に大学の単位を得られる課程; 略 AP〉.

advánced stánding 图 U 《米》(他大学で履修した)単位の振替認定.

advánce guárd 图 〖軍〗前衛部隊, 先兵隊.

‡ad·váncement /-mənt/ 图 C U ❶ 進歩, 発達; 増進, 促進, 助長: the ~ of learning [science] 学問[科学]の進歩. ❷ 昇進, 昇格 (preferment): ~ in life [one's career] 立身出世, 栄達. (動 advance).

ad·vánc·ing 形 前進する(の); (年齢が)進む: one's ~ years [age] 老齢(になること).

‡ad·van·tage /ədvǽntɪdʒ | -vɑ́ːn-/ 图 ❶ U a (他より)有利, 好都合 (↔ disadvantage): of great [no] ~ *to*... に大いに有利である[少しも有利でない]. b (他より有利な立場にあることから生じる)利益: There's no ~ (to you) in applying early. 早く申し込んでも何の利益もない. ❷ C 有利な点, 強み, 長所: the ~s of birth, wealth, and good health 生まれ・富・健康の諸利点 / be at an ~ 有利である / win [have] an ~ *over* a person 人にまさる(のでいる), 人にまさる[まさっている]. ❸ U 〖テニス〗 アドバンテージ《ジュース (deuce) 後1点の得点; 《米》ad, 《英》van ともいう》: ~ in アドバンテージイン《サーブ側 (server) の得点》/ ~ out アドバンテージアウト《レシーブ側 (receiver) の得点》.

hàve the advántage of... ... という利点[強み]をもっている:

He *has the* ~ *of* height. 彼には背が高いという強みがある / We *had the* ~ *of* already know*ing* him. 我々は彼をすでに知っているという点で有利だった.

tàke advántage of…(1) 〈好機・事実〉を利用する《★ be taken advantage of として受身可》: We *took* ~ *of* the good weather to go on a hike. 天気がよいのを幸いにハイキングに行った. (2) 〈無知など〉に乗ずる, 〈人〉をだます, 不当に利用する; 〈女〉を誘惑する: He *took* ~ *of* her absence to look through her papers. 彼は彼女がいないのにつけ込んで彼女の書類に目を通した.

táke a person at advántage 人の不意を打つ.

to advántage (1) 有利に: He used the opportunity *to* ~. 彼はその機会をうまく利用した. (2) 引き立つように, (より)効果的に: This photograph shows her *to* better ~. この写真は彼女がよく写っている.

to one's advántage＝to the advántage of…に有利に(なるように), 都合よく: Things turned out *to his* ~. 事態は彼に有利になった.

túrn…**to** (one's) **advántage** 〈…を〉利用する: He *turned* the confusion *to* (*his*) ~. 彼はその混乱を逆に(うまく)利用した.

You hàve the advántage of me. あなたはどなたですか《★「あなたは私を知っているが私はあなたを知らない」の意で, 相手を知らないことを婉曲に述べる時に用いる》.

with advántage 有利に, 有効に: You could spend more time on English *with* ~. もっと英語(の勉強)に時間をかけたらよいのではないか.

— [動] [他] ❶ 〈…を〉利する; 〈…に〉役立つ. ❷ 〈…を〉促進する.

〖F < *avant* 前に < L *abante*; cf. advance〗 ([形] advantageous) 【類義語】⇨ benefit.

ad·ván·taged [形] (社会的・経済的に)恵まれた (privileged; ↔ disadvantaged).

⁺**ad·van·ta·geous** /æ̀dvæntéɪʤəs, -vən-⁻/ [形] (**more** ~; **most** ~) 有利な; 都合のよい (favorable; ↔ disadvantageous): an ~ offer 有利な申し出 / The trade agreement will be ~ ***to*** both countries. その貿易協定はどちらの国にとっても有利であろう. **~·ly** [副] 有利に, 好都合に. **~·ness** [名] ([名] advantage)

ad·vect /ædvékt/ [動] [他] 〈熱を〉大気の対流によって運ぶ; 〈水などを〉水平方向に移動させる, 移流させる.

ad·vec·tion /ædvékʃən/ [名] [U] 〖気・理〗 移流. **ad·véc·tive** [形] 移流の[を生じさせる].

⁺**ad·vent** /ǽdvent/ [名] ❶ [the ~] 〔重要な人物・事件などの〕出現, 到来: *the* ~ ***of*** a new age 新時代の到来. ❷ [A~] **a** キリスト降臨(こうりん); 降臨節; 〖カト〗 待降節《クリスマス前の約 4 週間》. **b** キリストの再臨. 〖F < L < AD-+*venire, vent-* 来る (cf. venue)〗

Ádvent càlendar [名] 待降節[アドベント]カレンダー《Advent 期間用のカレンダー; クリスマスイブまで毎日カレンダーの小窓を開けていくとクリスマスに関係する絵が現われる》.

Ád·vent·ism /ǽdventɪ̀zm/ [名] 〖キ教〗 キリスト再臨説.

Ád·vent·ist /-ṭɪst/ [名] キリスト再臨論者, アドベンチスト派の人.

ad·ven·ti·tia /æ̀dvəntíʃiə/ [名] [U] 〖解〗 動脈血管外膜. **àd·ven·tí·tial** /-ʃəl⁻/ [形]

ad·ven·ti·tious /æ̀dvəntíʃəs, -ven-⁻/ [形] ❶ 偶然の; 外来の. ❷ 〖医〗 偶発的な: an ~ disease 偶発病《後天性の病気》. **~·ly** [副]

Ádvent Súnday [名] 降臨節の第 1 日曜日.

***ad·ven·ture** /ədvéntʃɚ | -tʃə/ [名] ❶ [C] **a** 冒険(的行為); (偶然起こってくる)珍事, 珍しい経験[出来事]: a strange ~ 奇妙な出来事 / have an ~ 冒険に出会う; おもしろい出来事にまきこまれる / What an ~! すばらしい出来事[ハプニング]だ. **b** [しばしば複数形で] 冒険(談): the *Adventures* of Robinson Crusoe ロビンソンクルーソー漂流記. ❷ [U] 冒険; 冒険心: He has a [the] spirit of ~. 彼は冒険心がある / He's fond of ~. 彼は冒険好きだ. ❸ [U,C] 《古風》〖商〗 投機, やま. — [動] [自] 《古》 ❶ 危険を冒す《★ venture のほうが一般的》. ❷ **a** 〔事を〕大胆に試みる, 思い切って〔…に〕着手する 〔*on, upon*〕. **b** 〔危険な場所に〕踏み込む 〔*on, upon, into*〕. 〖F < L＝起こりそうな事; ⇨ advent〗

ad·vénture pláyground [名] 《英》 アドベンチャー遊園地[広場]《子供が創意工夫によって遊べるように, ロープ・ネット・古タイヤなどが設置されている》.

⁺**ad·vén·tur·er** /-tʃ(ə)rɚ | -rə/ [名] ❶ 冒険家. ❷ 目的のためには手段を選ばぬ男, 山師, 策士. ❸ 《古風》 投機家.

ad·ven·ture·some /ədvéntʃɚsəm | -tʃə-/ [形] ＝adventurous.

ad·ven·tur·ess /ədvéntʃ(ə)rəs/ [名] adventurer の女性形.

ad·vén·tur·ism /-tʃərɪ̀zm/ [名] [U] (政治・外交での)冒険主義.

ad·vén·tur·ist /-tʃ(ə)rɪst/ [名] [形] 冒険主義の(人).

⁺**ad·ven·tur·ous** /ədvéntʃ(ə)rəs/ [形] ❶ 冒険好きな, 大胆な (daring): an ~ eater 初めての食べ物でも進んで口にする人. ❷ 冒険的な, 危険なほど大胆な: an ~ undertaking 危険な企て. **~·ly** [副] 冒険的に; 大胆に. **~·ness** [名]

ad·verb /ǽdvɚːb | -vəːb/ [名] 〖文法〗 副詞《★ この辞書では [副] の記号で示す》: an ~ of manner 様態の副詞《well, carefully, fast, so, how など》.

ad·ver·bi·al /ædvɚ́ːbiəl | -və́ː-/ [形] 副詞の, 副詞的な: an ~ phrase [clause] 副詞句[節]. **~·ly** /-əli/ [副] 副詞的に, 副詞として.

ad·ver·sar·i·al /æ̀dvɚsé(ə)riəl | -və-⁻/ [形] ❶ 反対の[に関する]. ❷ 敵対する, 対立する.

⁺**ad·ver·sar·y** /ǽdvɚsèri | -vəs(ə)ri/ [名] ❶ 反対する人, 敵; (競技などの)相手 (opponent). ❷ [the A~] 魔王. 〖F < L; ⇨ adverse, -ary〗

ad·ver·sa·tive /ədvɚ́ːrsəṭɪv | -və́ː-/ [形] 〖文法〗 〈言葉など〉反対[逆, 対照, 保留]を表わす.

ad·verse** /ædvɚ́ːs, ⁻⁻ | ǽdvəːs, ⁻⁻/ [形] ❶ 不利な[で], 不運な: ~ circumstances 逆境 / ~ fate 不運 / have an ~ effect on…に逆効果を及ぼす / be ~ ***to one's interests 利害に反する. ❷ 逆らう, 反対の; 〔…に〕反対で, 反して: an ~ wind [current] 逆風[流] / a consequence ~ ***to*** one's intention 意図と反対の結果. **~·ly** [副] ❶ 逆に, 反対に. ❷ 不利に, 不運に. 〖F < L＝…へ向ける[向く] < AD-+*vertere, vers-* 向ける (cf. verse)〗 ([名] adversity)

⁺**ad·ver·si·ty** /ædvɚ́ːsəṭi | -və́ː-/ [名] ❶ [U] 逆境, 不運: meet with ~ 逆境にぶつかる. ❷ [C] 不幸な出来事, 災難: overcome *adversities* 災難に打ち勝つ. ([形] adverse)

ad·vert[1] /ædvɚ́ːt | -və́ːt/ [動] [自] 《文》 〔…に〕注意を向ける; 言及する, 触れる 〔*to*〕.

⁺**ad·vert**[2] /ǽdvɚːt | -vəːt/ [名] 《英口》 ＝advertisement 1.

ad·ver·tise** /ǽdvɚtàɪz, ⁻⁻⁻ | ǽdvətàɪz/ [動] [他] ❶ 〈…を〉(売る目的で)**広告する**, 宣伝する: ~ a house (for sale) 売り家の広告をする. / ~ a job ***in the newspapers 新聞に求人の広告を出す / 〔+目+*as*補〕 ~ oneself *as* an expert in economics 経済学の専門家だと自己宣伝する / 〔+*that*〕 ~ *that* a new medicine will go on sale 新薬が発売されると宣伝する. ❷ 〈…を〉知らせる; 〈魂胆などを〉(うっかり)示す: The remark ~*d* his intentions. その発言で彼の意図がばれた. — [自] 広告する; 〔…を求める〕広告を出す: ~ ***for*** an accountant 会計士 1 人募集の広告を出す. 〖F＝知らせる < L＝…へ(注意を)向ける; adverse〗 ([名] advertisement)

ad·ver·tise·ment** /æ̀dvɚtáɪzmənt, ədvɚ́ːtɪz- | ədvə́ːtɪs-, -tɪz-/ [名] ❶ **a** [C] (具体的な個々の)**広告**; 宣伝《略 adv., advt.》: an ~ ***for a supermarket sale スーパーの特売広告 / put an ~ in a newspaper 新聞に広告を出す. **b** [U] **広告**(すること), 宣伝 (cf. propaganda). ❷ [C] 《英》 宣伝となるもの, 好例: He is a good ~ ***for*** a low-salt diet. 彼は低塩食事療法の良い宣伝になっている. ([動] advertise)

advertísement còlumn [名] 広告欄.

⁺**ád·ver·tìs·er** [名] ❶ 広告者[主]. ❷ [A~; 新聞の名称

に用いて] …新聞: the Honolulu *A~* ホノルル新聞.

*__ad·ver·tis·ing__ /ǽdvətàɪzɪŋ, ←–←– | ǽdvətàɪz-/ [名] ❶ a [U] 広告(すること). b [形容詞的に] 広告の[に関する]: an ~ agency 広告代理店 / an ~ agent 広告代理業者. ❷ [U] 広告業.

__ad·ver·tize__ /ǽdvətàɪz, ←–← | ǽdvətàɪz/ [動] ＝advertise.

__ad·ver·tize·ment__ /ǽdvətáɪzmənt, ədvə́ːtɪz- | ədvə́ːtɪs-, -tɪz-/ [名] ＝advertisement.

__ád·ver·tìz·er__ [名] ＝advertiser.

__ád·ver·tìz·ing__ [名] ＝advertising.

__ad·ver·to·ri·al__ /ǽdvətɔ́ːriəl | -və-/ [名] 記事体[型]広告, PR 記事. 〘ADVER(TISING)＋(EDI)TORIAL〙

‡__ad·vice__ /ədváɪs/ [名] ❶ [U] a 忠告, 助言, 勧告《[用法] 「一つの忠告」を an advice とするのは間違い; a piece [bit, word] of advice または some advice とする》: I acted according to his ~. 彼の忠告に従って行動した / on [against] a person's ~ 人の助言に従って[逆らって] / follow [take] a person's ~ 人の勧めに従う, 人の忠告を入れる / He wanted my ~ ***on*** the matter [***about*** buying a car]. 彼はその問題で[車を買うことで]私の助言を求めた / Let me give you a piece [bit, word] of ~. ひとこと苦言を呈したい. b (医師の)診察; (弁護士の)意見, 見解: seek medical [professional] ~ 医師の診察を受ける[専門家の意見を求める]. ❷ [C] 〘商〙(取引上の)通知[案内](状); [通例複数形で]《古風》報告, 情報: shipping ~*s* 発送通知. **táke** (a person's) **advíce** (1) (特に)専門家の助言[意見]を得る. (2) 助言に従って行動する. 〘F ＜L〙 ([動] advise)

__ádvice còlumn__ [名]《米》(新聞・雑誌の)身上相談欄 (《英》agony column). **ádvice còlumnist** [名] 身上相談欄解答者.

__ad·vis·a·bil·i·ty__ /ədvàɪzəbíləṭi/ [名] [U] ❶ 勧めてよいこと, 得策. ❷ (策の)適否, 当否.

⁺__ad·vis·a·ble__ /ədváɪzəbl/ [形] [P] [通例 it is ~ で] 当を得て, 賢明で (wise; ↔ inadvisable): *It is* ~ for you to start right away.＝*It is* ~ that you (should) start right away. すぐに出発するのが賢明だ. **ad·vís·a·bly** /-zəbli/ [副]

‡__ad·vise__ /ədváɪz/ [動] [他] ❶ 忠告する: She ~*s* me ***on*** technical matters. 彼女は私に専門的な事について忠告する / They ~*d* me ***against*** mak*ing* the investment. 彼らは投資しないようにと私に忠告した《[変換] They *advised me not to* make the investment. と書き換え可能》/〔＋***doing***〕I ~ read*ing* the letter carefully before replying. 返事を書く前にその手紙をよく読むことだ /〔＋目＋***to do***〕*A~* him *to* be cautious. 彼に慎重にするように言ってやりなさい / You would be ~*d to* cut down on your drinking. お酒の量を減らしたほうがいいだろう /〔(＋目)＋***that***〕I ~ *that* you (should) start at once. 直ちに出発するのがいいと思う / I ~*d* him *that* he (should) stay. 私は彼にとどまるように忠告した《[変換] I *advised* him to stay. / I *advised* his staying. と書き換え可能》/〔＋目＋***wh.***〕I'm afraid I'm not in a position to ~ you *what to* do. 私はあなたに何をなすべきかを忠告する立場にありません / Please ~ me *whether* I should adopt the plan. その計画を採用してよいものかどうか教えてください. ❷ 〈…を〉勧める: My doctor ~*d* a temporary change of air. かかりつけの医者は一時的転地を勧めた. ❸ 〈人に〉(…を)通知する, 知らせる (inform)《★ この用法は特に商用文に多く見られる》: Please ~ us ***of*** the date. 日取りをご一報ください / We were ~*d* ***of*** the danger. その危険について通知を受けた /〔＋目＋***that***〕We were ~*d that* they could not accept our offer. 我々の申し出を受けかねると彼らに通告された.
— [自] ❶〔…について〕忠告する, 勧告する《★ ~ on は受身可》: I shall act as you ~. ご忠告どおりにいたしましょう / He's qualified to ~ ***on*** economic issues. 彼には経済問題について助言する資格がある. ❷《米》〔人と〕相談する: ~ ***with*** friends on what to do 何をなすべきかについて友人と相談する.
〘F＜L＝意見を持っている＜AD-＋*videre, vis-* 見る (cf. vision)〙 ([名] advice, [形] advisory) 【類義語】**advise** 知識や経験のある者が他人の行動について意見を述べる. **counsel** すぐれた知恵[知識]のある人が重要な問題で熟考の上 advise する.

__ad·vísed__ [形] [通例複合語で] 熟慮のうえでの, 慎重な: ⇨ ill-advised, well-advised.

__ad·vís·ed·ly__ /-zɪdli/ [副] 熟慮のうえで, 慎重に; 故意に, わざと.

__ad·vis·ee__ /ədvàɪzíː/ [名] 助言[忠告]を受ける人;《米》(指導教官に対して)指導学生.

__ad·víse·ment__ /-mənt/ [名] [U]《米》熟慮《★ 主に take… under ~ の句で》: We *took* the matter *under* ~. 我々はその問題を熟慮した.

*__ad·vis·er, ad·vi·sor__ /ədváɪzə | -zə/ [名] ❶ a 忠告者. b 相談相手, 顧問 (counselor)〔*to*〕: a legal ~ 法律顧問 / a presidential ~ 大統領顧問官. ❷《米》(大学などの)指導教師[教官].

*__ad·vis·o·ry__ /ədváɪz(ə)ri/ [形] 助言を与える; 勧告の; 顧問[諮問]の: an ~ committee 諮問委員会 / an ~ group 顧問団 / serve in an ~ capacity 顧問の資格で勤める. — [名] [C]《米》(気象などの)状況報告; 注意報 (warning). ([動] advise)

__ad·vo·caat__ /ǽdvoʊkàː(t)/ [名] [U] アドヴォカート《コーヒーやバニラ香をつけた卵黄入りのオランダのリキュール》.

⁺__ad·vo·ca·cy__ /ǽdvəkəsi/ [名] [U] ❶ 弁護, 支持; 鼓吹, 唱道 (support): the ~ ***of*** peace 平和の唱道. ❷ 主唱者[代弁者]の仕事[職]. ([動] advocate)

*__ad·vo·cate__ /ǽdvəkèɪt/ [動] [他] 唱道する; 〈…を〉擁護する: ~ peace 平和を唱える / We ~ reduc*ing* the military budget. 私たちは軍事費の削減を唱えている. — /-kət, kèɪt/ [名] ❶ 主唱者, 唱道者 (proponent): an ~ ***of*** disarmament 軍縮唱道者. ❷ 代弁者〔*for*〕;《主にスコ》弁護士. 〘L＝(証言のために)呼ばれた者＜AD-＋*vocare, vocat-* 呼ぶ (cf. vocation)〙【類義語】(1) ⇨ lawyer. (2) ⇨ support.

__ad·vo·ca·tion__ /ǽdvəkéɪʃən/ [名] [U] ❶ 〘スコ法・教会法〙(下級裁判所で審理中の訴訟を上級裁判所がみずから審理するための)移送手続き. ❷ ＝advocacy.

__ád·vo·cà·tor__ /-ṭə | -tə/ [名] 主唱者, 唱道者.

__ad·vow·son__ /ədváʊz(ə)n/ [名] [U] 〘英法〙 聖職推挙権.

__advt.__ 《略》advertisement.

__ad·y·tum__ /ǽḍəṭəm/ [名] ([複] **-ta** /-ṭə/) (古代の神殿の)至聖所, 内陣, 奥の院.

__adz, adze__ /ǽdz/ [名] 手斧(ておの), 手斧(ちょうな).

__ad·zu·ki__ /ædzúːki/ [名] ＝adzuki bean.

__ad·zú·ki bèan__ [名] 小豆(あずき). 〘Jpn〙

__AEA__ 《略》《英》Atomic Energy Authority.

__ae·dile__ /íːdaɪl/ [名] 〘古ロ〙 造営官《公設の建物・道路の管理や厚生・穀類供給・警察事務などをつかさどった官吏》.

__AEEU__ 《略》〘英〙 Amalgamated Engineering and Electrical Union.

__Ae·gé·an Íslands__ /ɪʤíːən-, iː-/ [名] [複] [the ~] エーゲ海諸島.

__Aegéan (Séa)__ [名] [the ~] エーゲ海《ギリシアとトルコの間の海》.

__ae·gis__ /íːʤɪs/ [名] [the ~] 〘ギ神〙(Zeus が娘 Athena に授けたという)神盾(かみだて). **under the áegis of**…の保護[後援]の下に.

__Áe·gis shìp__ /íːʤɪs-/ [名] 〘米海軍〙 イージス艦《対空ミサイルを装備した艦隊護衛艦》.

__ae·gro·tat__ /áɪgroʊtæ̀t, iː-/ [名]《英》(受験不能を証明する大学発行の)病気診断書; (病気のため最終試験が受けられず)病気診断書を提出して取得した合格[学位].

__-aemia__ ⇨ -emia.

__Ae·ne·as__ /ɪníːəs/ [名] 〘ギ・ロ神〙 アイネイアス, アエネアス《トロイ (Troy) の英雄でローマの建設者》.

__Ae·o·li·an__ /iːóʊliən, eɪ-/ [形] 風の神 Aeolus の.

__aeólian hárp [lýre]__ [名] エオリアンハープ《風で鳴る楽器》.

__aeólian móde__ [名] [時に A~] 〘楽〙 エオリア旋法《教会旋

法の一つ; ピアノの白鍵でイーイの上行音列).

Ae·o·lus /íːələs/ 图《ギ神》アイオロス《風の神》.

ae·on /íːən/ 图 =eon.

aer·ate /é(ə)reɪt/ 動 他 ❶〈液体に〉炭酸ガスを含ませる: ~*d* water(s)《英》炭酸水. ❷〈血液に〉呼吸で酸素を供給する. ❸ (浄化のために)〈…に〉曝気(ばっき)する, 通気する. **aer·á·tion** /è(ə)réɪʃən/ 图

áer·at·ed /-tɪd/ 形《英俗》怒って, かっとなって.

aer·en·chy·ma /è(ə)réŋkəmə/ 图 Ⓤ (水生植物の)通気組織.

+**ae·ri·al** /é(ə)riəl/ 形 (比較なし) ❶ Ⓐ 空中の[にかかる]: an ~ act 空中曲芸《空中ぶらんこ・綱渡りなど》/ an ~ cable 架空ケーブル / an ~ ropeway ロープウェー / an ~ wire《無電》空中線. **b** 航空《機》の: an ~ bombardment 空爆 / an ~ beacon 航空標識 / an ~ chart 航空図 / an ~ photograph 航空写真 / an ~ navigation 航空; 航空術 / an ~ transport 航空輸送. ❷ 空中にすむ[生息する]: an ~ plant 着生植物 / ~ roots 気根. ❸ Ⓐ 空気の, 大気の; 気体の. ── 图 ❶ 空中線, アンテナ. ❷ [複数形で] エアリアル《スキーのフリースタイルの種目; ジャンプして回転やひねりなどの演技をする》. **-ly** /-əli/ 副 〖L<Gk=of the air〗 (图 air)

áe·ri·al·ist /-lɪst/ 图 ❶ 空中曲芸師. ❷《俗》(屋根から屋根を伝って侵入する)軽業(的押し入り)強盗. ❸《スキー》エアリアルの選手.

áerial làdder 图《米》(消防用の)空中はしご.

áerial ráilway 图 ロープウェー.

áerial tánker 图 空中給油機.

ae·rie /é(ə)ri, í(ə)ri/ 图 ❶ (猛禽(きん)の)巣. ❷ (山頂などにある)高所の家[城, とりで].

aer·o- /é(ə)rou/ [連結形]「空気, 空中, 航空(機)」: *aero*bics.〖Gk *aḗr*, *aer-* air〗

aer·o·bat·ic /è(ə)rəbætɪk/ 形 曲技飛行の, 空中曲芸の: an ~ flight 曲技飛行.

aer·o·bat·ics /è(ə)rəbætɪks/ 图 Ⓤ ❶ 曲技飛行術. ❷ [複数扱い] (飛行機による一連の)アクロバット飛行, 曲技飛行: perform ~ アクロバット飛行を行なう.

aer·obe /é(ə)roub/ 图《生》好気性菌.

+**aer·o·bic** /e(ə)róʊbɪk/ 形 ❶《生》❶〈微生物など〉好気性の. **b** 好気性菌の[による]. ❷ エアロビクスの: ~ exercises エアロビクス体操.

+**aer·o·bics** /e(ə)róʊbɪks/ 图 Ⓤ《スポ》エアロビクス《酸素の消耗量を増やして心肺機能を活発にする運動》.

áero-bràking 图《宇》エアロブレーキング《大気の摩擦効果を利用して宇宙船を減速させること》.

aer·o·drome /é(ə)rədròʊm/ 图《英》(小型の)飛行場.

àer·o·dýnamic 形 空気力学的な.

àer·o·dýnamically 副 空気力学的に.

àer·o·dýnamics 图 Ⓤ 空気力学, 航空力学.

áero-elastícity Ⓤ 空力弾性(学). **-elástic** 形

áero·fòil /《英》=airfoil.

aer·o·gel /é(ə)rədʒèl/ 图《理·化》エーロゲル《液体を気体で置き換えたゲル》.

aer·o·gram, ae·ro·gramme /é(ə)rəgræm/ 图 = air letter 1.

aer·o·lite /é(ə)rəlàɪt/ 图 石質隕石(いんせき).

aer·ól·o·gist /-dʒɪst/ 图 (高層)気象学者.

aer·ol·o·gy /e(ə)rálədʒi | -ról-/ 图 (高層)気象学.

aero-mechánics 图 Ⓤ 流体力学.

aer·o·naut /é(ə)rənɔ̀ːt/ 图 ❶ 気球操従者. ❷ 飛行船操従者.

aer·o·nau·tic /è(ə)rənɔ́ːtɪk/ 形 =aeronautical.

aer·o·nau·ti·cal /è(ə)rənɔ́ːtɪk(ə)l/ 形 航空の; 飛行術[学]の: an ~ chart 航空図.

aer·o·nau·tics /è(ə)rənɔ́ːtɪks/ 图 Ⓤ 航空学, 航空学.

áero·pàuse 图 Ⓤ 大気界面《大気中で飛行可能な上限層》.

aer·o·pha·gi·a /è(ə)rəféɪdʒ(i)ə/ 图 (また **aer·oph·a·gy** /e(ə)rɑ́fədʒi | -rɔ́f-/) 《精神医》呑気(のんき)(症), 空気嚥下(えんげ)(症).

áero·phòne 图《楽》気鳴楽器, 管楽器, 吹奏楽器.

*****aer·o·plane** /é(ə)rəplèɪn/ 图《英》飛行機(《米》airplane): by ~ 飛行機で《★無冠詞》 / take an ~ 飛行機に乗る.

áero·shèll 图《宇》(軟着陸用の)小型制御ロケット付きの防護殻.

+**aer·o·sol** /é(ə)rəsɑ̀l, -sɔ̀ːl | -sɔ̀l-/ 图 ❶ Ⓤ《化》エーロゾル, 煙霧質. ❷ Ⓒ エアゾール噴霧器. ── 形 Ⓐ エアゾールの: an ~ can [container] エアゾール噴霧器 / an ~ insecticide 噴霧式殺虫剤.

aer·o·sol·ize /é(ə)rəsɑ̀laɪz, -sɔ̀ːl- | -sɔ̀l-/ 動 他 エーロゾル化する, エーロゾルにして散布する.

áero·spàce 图 Ⓤ 宇宙空間(空間); 気圏《大気圏と大気圏外とで形成される》. ❷ 航空宇宙科学; 航空宇宙産業. ── 形 航空宇宙の: ~ research 航空宇宙の研究 / ~ medicine 航空宇宙医学.

aero·stat /é(ə)roʊstæt/ 图《空》軽航空機《軽気球·飛行船など》.

àero·státics 图 Ⓤ 空気静力学, 軽航空機操縦術.

aer·y /é(ə)ri, í(ə)ri/ 图 =aerie.

Aes·chy·lus /éskələs, íːs- | íːs-ˉ/ 图 アイスキュロス《525–456 B.C.; ギリシアの悲劇詩人》.

Aes·cu·la·pi·an /èskjʊléɪpiən | ìːs-ˉ/ 形 医術の.

Aes·cu·la·pi·us /èskjʊléɪpiəs | ìːs-/ 图《ロ神》アイスクラピウス (⇒ Asclepius).

Ae·sop /íːsɑp, -sɑp | -sɔp/ 图 イソップ, アイソポス (619?–564 B.C.; ギリシアの寓話(ぐうわ)「イソップ物語」(*Aesop's Fables*) の作者).

Ae·so·pi·an /iːsóʊpiən/ 形 ❶ イソップ(流)の, イソップ物語のような. ❷ 寓意的な.

aes·thete /és·θiːt | íːs-/ 图 ❶ 唯美(ゆいび)主義者. ❷ 美的感覚のある人, 審美家.

+**aes·thet·ic**,《米》**es-** /esθétɪk | iːs-ˉ/ 形 ❶ **a** (特に, 芸術的に)美の. **b** 美的感覚のある. ❷ 美学の. **-i·cal·ly** /-kəli/ 副 審美的に, 美的に.

aes·the·ti·cian,《米》**es-** /èsθətíʃən | ìːs-/ 图 ❶ 美学者. ❷ 美容師, エステティシャン.

aes·thét·i·cìsm,《米》**es-** /-ˌtəsɪ̀zm/ 图 Ⓤ 唯美主義.

aes·thet·i·cize,《米》**es-** /esθétəsàɪz | iːs-/ 動 他 美的にする, 美しくする.

+**aes·thet·ics**,《米》**es-** /esθétɪks | iːs-/ 图 Ⓤ《哲》美学.

aestival, aestivate, aestivation ⇒ estival, estivate, estivation.

ae·ta·tis /iːtéɪtɪs/ 形 年齢…歳の (略 **aet** /iːt/, aetat /íːtæt/): *aet.* 17 年齢 17 歳の.〖L=of age〗

ae·ther /íːθə/ -θə/ 图 =ether.

ae·ti·ol·o·gy /ìːtiɑ́lədʒi | -ɔ́l-/ 图《英》=etiology.

AF《略》Anglo-French; autofocus. **A.F.**《略》Air Force; Allied Forces. **AF, a.f., a-f**《略》audio frequency.

af- /əf, æf/ [接頭] f の前にくるときの ad- の異形: *af*firm, *af*flict.

AFAIK, afaik《略》(電子メールなどで) as far as I know 私の知る限り.

a·far /əfɑ́ː | əfɑ́ː/ 副 はるかに, 遠くに《★ far のほうが一般的》: ~ off はるかかなたに, 離れて. **from afár** 遠くから: I admired her *from* ~. 遠くから彼女にあこがれていた.

AFB《略》Air Force Base 空軍基地.

AFC《略》automatic flight control 自動飛行装置; American Football Conference.

AFDC《略》Aid to Families with Dependent Children 児童扶養世帯補助.

af·fa·bil·i·ty /æfəbíləti/ 图 Ⓤ 人好きのすること; 愛想のよさ; もの柔らかさ.

+**af·fa·ble** /æfəbl/ 形 ❶〈人が〉話しやすい, 親しみのもてる, 愛想のよい: She is always ~ *to* us. 彼女はいつも私たちに優しい. ❷〈言葉·態度など〉優しい, もの柔らかな: an ~ smile もの柔らかなほほえみ / She has an ~ nature. 彼女は優しい性質の持ち主です. **-bly** /-bli/ 副 愛想よく; 優しく.〖F<L=話しかけやすい<AF-+*fari* 話す (cf. fable)+-ABLE〗【類義語】⇒ good-natured.

*****af·fair** /əféə | əféə/ 图 ❶ **a** (するべき)仕事, 用事: He

has many ~s to look after. 彼にはなすべきいろいろな任務がある. **b** [通例複数形で] **事務, 業務**: family ~s 家事 / human ~s 人事 / private [public] ~s 私事[公事] / ~s of state 国事, 政務 / the Ministry of Foreign Affairs 外務省. **c** [通例 one's ~] 個人的な問題[関心事] (business): That's my [your] ~. それは君[ぼく]の知った事でない (漠然として), 出来事, 事件 **a** (matter): a sad ~ 悲しい出来事 / an ~ of honor 決闘. **b** [通例形容詞を伴って] 《口》もの, 品: This chair is a badly made ~. このいすは全く粗末なものだ. **c** (不倫の不純な)恋愛, 浮気, 情事: have an ~ with …と関係[浮気]する. **d** [しばしば固有名詞とともに用いて] …事件, 醜聞(ピポン): the Watergate ~ ウォーターゲート事件. ❸ [複数形で] **状況, 情勢**: current ~s 時事, 時局 (★ current events のほうが一般的) / the state of ~s 事態, 情勢 / in a pretty state of ~s 困った状態に. **settle one's affairs** ⇒ settle¹ 動 成句. 【F=なすべき事】

af·faire /əféː | əféə/ 名 ～**s** /-z/ 恋愛事件, 情事.

af·fai·ré /æfé(ə)reɪ/ 形 《仏》忙しい, 忙しそうな.

*af·fect¹ /əfékt/ 動 他 ❶ **a** 〈…に〉**影響を及ぼす, 作用する** (influence): Japan's climate is ~ed by the monsoon. 日本の気候はモンスーンの影響を受ける / How will the decision ~ us? その決定は我々にどのように影響するでしょうか. **b** 〈…に〉悪影響を及ぼす: The climate has ~ed his health. その気候のため彼は健康を損ねた. ❷ 〈人を〉**感動させる** (touch) (★しばしば受身): He was deeply ~ed by her words [at the news]. 彼女の言葉に[そのニュースに]彼は強く心を打たれた. ❸ 〈病気が〉〈人・身体の部分を〉**冒す** (afflict) (★しばしば受身): His lungs are ~ed. 彼の肺は冒されている / He's ~ed with rheumatism. 彼はリューマチにかかっている / He's ~ed in the lungs. 彼は肺が冒されている. —— /ǽfekt, æfékt/ 名 [U.C] 《心》情動: be lacking in ~ 情動に欠ける.
【L=…に対して作用する<AF-+facere, fact- なす, 働く (cf. fact)】 名 affection.

**af·fect² /əfékt/ 動 他 ❶ 〈…の〉ふりをする, 〈…に〉ぶる: ~ illness 病気のふりをする, 仮病を使う / (an air of) unconcern 無関心を装う / He ~ed not to hear me. 彼は私の声が聞こえないふりをした. ❷ 〈…を〉好んで使う: a refined accent やたらと上品な口調で話す.【F<L↑】

af·fec·ta·tion /æfektéɪʃən/ 名 [C.U] ❶ ふりをすること, 見せかけ: one's ~ of deep concern 深く気づかっているふり. ❷ 気取り, てらうこと, きざ: without ~ 気取らないで, 率直に.

af·féct·ed¹ 形 ❶ **影響を受けた**; (病気などに)冒された: the ~ part of the body 患部 / the ~ areas of Bangladesh バングラデシュ被災地. ❷ [様態の副詞(句)を伴って] 《古》(好悪などの)感情を抱いて: well-[ill-]affected 好意[悪意]をもった (★ disposed のほうが一般的).

af·féct·ed² 形 **気取った, きざな** (↔ natural): an ~ manner 気取った態度. ~·**ly** 副 気取って, きざに. ~·**ness** 名

af·féct·ing 形 人を感動させる, 感動的な; 哀れな, 痛ましい: an ~ sight 痛ましい光景. ~·**ly** 副 感動的に. 【類義語】⇒ moving.

*af·fec·tion /əfékʃən/ 名 ❶ [U.C] (人が子供・妻などに示すような)愛情, 優しい思い: his ~ for [toward] his wife 妻への愛情 / the object of one's ~ 愛の対象, 意中の人 / show a person ~ 人に愛情を示す / have (an) ~ for …を愛する / win [gain] a person's ~(s) 人の愛をかち得る. ❷ [C] 《古風》**a** 疾患, 疾病. **b** 気質, 感情. (動 affect¹) 【類義語】⇒ love.

+**af·fec·tion·ate** /əfékʃ(ə)nət/ 形 ❶ 〈人が〉**愛情の深い, 優しい**: an ~ mother 優しい母 / He's ~ to [toward] his wife. 彼は妻に優しい. ❷ 〈言葉・手紙など〉愛情のこもった: an ~ letter 愛情のこもった手紙.

af·fec·tion·ate·ly 副 愛情をこめて, 優しく 〔《用法》しばしば親戚間・親しい女性間の手紙の結びに用いる〕: Yours ~ = A~ (yours) 愛する者より (★ A~ yours は主に《米》).

af·fec·tive /əféktɪv/ 形 ❶ 感情的な, 情緒的な. ❷ 《心》情動の.

af·fec·tiv·i·ty /æfektɪvəti/ 名 [U] 情緒[情動]性; 感情, 情緒; 《心》感情[情動]状態.

af·féct·less 形 感じない, 無情な, 冷酷な. ~·**ness** 名

af·fen·pin·scher /ǽfənpɪnʃə | -ʃə/ 名 アッフェンピンシェル〔ドイツ原産の長毛の愛玩犬〕.

af·fer·ent /ǽfərənt/ 形 《生理》〈神経か〉求心性の〔末梢から中枢に向かうものにいう; ↔ efferent〕.

af·fi·anced /əfáɪənst/ 形 《古》婚約した[て]: one's ~ (husband [wife]) 婚約者 / He's ~ to her. 彼は彼女と婚約している.

*af·fi·da·vit /æfɪdéɪvɪt/ 名 《法》**宣誓供述書**: swear an ~ 〈証人か〉供述書が真実であることを宣誓する / take an ~ 〈判事か〉供述書を取る.

*af·fil·i·ate /əfílɪət/ 名 ❶ **関連[外郭]団体, 子[関連, 系列]会社, 支部, 分会**: an ~ of the Red Cross 赤十字社の支部. ❷ **加入者, 会員**. —— /-èɪt/ 動 他 ❶ より大きな組織などと〉**加入させる**; **合併させる** (⇒ affiliated): ~ oneself to…に加盟[加入]する. ❷ [U] より大きな組織などと〉**提携する**; 〔…に〕**加入[加盟]する**: ~ with [to] an American firm 米国の商社と提携する. ❸ 《米》…と〉交際する, 親しくする (with). 【L=息子にする <AF- + filius 息子】

+**af·fil·i·at·ed** /-tɪd/ 形 **提携している, 系列下の, 支部の**; 密接な関係のある: an ~ company 関連[系列, 子]会社 / an ~ school 提携校 / This hospital is ~ with [to] the university. この病院は大学の付属病院です / The companies are ~ with each other. その会社はお互いに提携している.

+**af·fil·i·a·tion** /əfìlɪéɪʃən/ 名 [U.C] ❶ **加入, 合併, 提携**. ❷ 《米》(特に, 政治的な)友交関係, 提携: party ~s 党派関係. ❸ (非嫡出子の)父の決定.

affiliation òrder 名 《英法》(法廷が出す)非嫡出子扶養料支払い命令.

af·fi·nal /əfáɪnl/ 形 〈親類(関係)か〉婚姻でつながった, 姻戚関係にある.

af·fine /əfáɪn/ 形 《数》アフィン[擬似]変換の[に関する]. —— 名 姻戚の人, 姻族の者.

*af·fin·i·ty /əfínəti/ 名 ❶ [an ~] **親近感, 共感, 好感** (for, to, between): She and Tom have an ~ for [to] each other. 彼女とトムは相性がいい. ❷ [U.C] **a 密接な関係**, **類似性[点]** (between, with): English has many affinities with German. 英語にはドイツ語と多くの類似点がある. **b** 姻戚関係. ❸ [U.C] 《化》親和性. 【類義語】⇒ likeness.

affinity càrd 名 (また **affinity crédit card**) アフィニティーカード: **a** 《米》大学や企業などが発行するクレジットカードで, 手数料から一定 %が入る. **b** 《英》カード発行会社の一定割合がカード発行会社から特定の慈善事業や自然保護活動などに寄付されるクレジットカード.

*af·firm /əfə́ːm | əfə́ːm/ 動 他 ❶ (再度繰り返しで, 質問に答えて)〈…を〉**断言する, 確言する** (assert): ~ the innocence of the accused 被告の潔白を断言する / [+that] He ~ed that the statement was true. 彼は陳述は真実だと断言した. ❷ 〈…を〉**肯定する**, 支持する; 《法》〈下位裁判所の原判決を〉**維持する, 確認する**. —— 自 《法》〈証人などが〉(宣誓に代えて)確約する. 【F<L=確認する; ⇒ af-, firm】(名 affirmation, 形 affirmative)

af·firm·a·ble /əfə́ːməbl | əfə́ːm-/ 形 確言[肯定]できる.

af·fir·ma·tion /æfəméɪʃən | æfə-/ 名 [U.C] ❶ 断言, 確言. ❷ 《論》肯定 (↔ negation). ❸ 《法》(宣誓に代わる) (動 affirm)

+**af·firm·a·tive** /əfə́ːmətɪv | əfə́ː-/ 形 ❶ 確言的な, 断定的な. ❷ 《論》肯定的な (↔ negative). —— 名 ❶ 肯定語(句), 肯定的な表現; 肯定, 同意, 賛成: answer in the ~ 肯定する, そうだと答える (★ say yes と言うほうが一般的). ❷ 《論》肯定, 肯定的命題. (動 affirm)

+**affirmative áction** 名 [U] 《米》積極的な優遇[差別撤廃]措置 《女性・被差別少数民族の雇用・教育の機会を増す積極的な政策》.

af·firm·a·tive·ly ❶ 肯定的に: answer [speak] ~ 肯定的に答える[言う], そうだと答える[言う]. ❷ 断定的に.

af·fix /əfíks/ 動 ❶ 〈ものを〉〈…に〉はり付ける, 添付する《to, on》: She ~ed the stamp *to* the envelope. その切手を封筒にはった. ❷ 〈…に〉〈…を〉添える;〈印を〉押す: ~ one's signature *to* a contract 契約に署名する. ── 名〈…に〉固定される《to》. ── 名 ❶【文法】接辞《接頭辞·接尾辞》. ❷ 付着(物), 添付(物).

af·fix·a·tion /ǽfìkséɪʃən/ 名 U 添付, 付加;【文法】接辞添加.

af·fla·tus /əflétəs/ 名 U (芸術家などの)霊感.

†**af·flict** /əflíkt/ 動 ⊕ 〈人を〉(精神的·肉体的に)苦しめる, 悩ます(affect). 【L=打ち倒す < AF-＋*flingere*, *flict*- 打つ (cf. conflict)】 (名 affliction)

af·flict·ed 形 ❶ 〈…に〉苦しんで(いる), 悩んで(いる): He's ~ *with* debts [asthma]. 彼は借金[ぜんそく]に悩んでいる / They were much ~ *by* the heat. 彼らは暑さにだいぶ苦しんだ. ❷ [the ~;名詞的に;複数扱い] 苦しんで[悩んで]いる人々.

†**af·flic·tion** /əflíkʃən/ 名 ❶ U (心身の)苦悩, 苦痛, 難儀. ❷ C 悩みの種, 不幸の原因《to》. (動 afflict)

af·flic·tive /əflíktɪv/ 形 苦しめる, つらい, 悲惨な.

af·flu·ence /ǽflu:əns/ 名 U 豊かさ, 富裕, 富裕: live in ~ 裕福に暮らす.

†**af·flu·ent** /ǽflu:ənt/ *|* ǽfluəns/ 形 ❶ 富裕な, 豊富な, 裕福な: live in ~ circumstances 裕福な境遇で暮らす / The land is ~ *in* natural resources. その土地は天然資源が豊富である. ❷ 〈川などが〉滔々と[L=…のほうに流れている];⇒ af-, fluent】

áffluent socíety 名 [the ~] 豊かな社会 (経済学者 J. K. Galbraith が同名の著書で現代社会をこう呼んだ).

af·flu·en·za /ǽflu:énzə/ *|* -flu-/ 名 U 《俗》金満症, アフルエンザ (過剰な金持ちから生ずる罪悪感·倦怠·無関心などの性質). 【affluent(ence)+(in)fluenza】

af·flux /ǽflʌks/ 名 [an ~] (水·空気の)流れ, 流入[出].

*‡**af·ford** /əfɔ́ːd/ *|* əfɔ́ːd/ 動 ⊕ [通例 can, could, be able to を伴って] 【用法】肯定文も可;受身なし: **a** 〈人が〉〈金·時間などに〉余裕がある: I *can* ~ neither the time nor the money for a world cruise. 世界一周の船旅に行く暇がないしまた金もない / *Can* you ~ $50? 50 ドル出せますか. **b** 〈人が〉〈ものを〉買う余裕がある;〈休暇などを〉持つ余裕がある《★ 1c に書き換え可能》: We cannot ~ a car. とても車は買えない / I will be able to ~ a holiday [《米》vacation] this summer. 今夏休暇をとる余裕が持てるだろう. **c** 〈人が〉〈…する〉余裕がある《★ 1b に書き換え可能; [+*to do*]》: We cannot ~ *to* buy a car. とても車は買えない / I cannot ~ *to* take a vacation. 休暇をとる余裕はない. **d** 〈…しても〉差しつかえない[平気だ, 大丈夫だ]: We cannot ~ *to* ignore the lessons of the past. 過去の教訓を無視することはとてもできない. ❷ 〈ものが〉便宜を与える;〈天然資源などを〉供給する, 産する: Pine trees ~ a useful resin. 松の木は有益な樹脂を産する / History ~s several examples of this. 歴史にはこの例がいくつかある / [+目+目] Your presence will ~ us great pleasure.＝Your presence will ~ great pleasure *to* us. ご出席くださいば大変うれしゅうございます. 《OE=成し遂げる, できる》

†**af·ford·a·ble** /əfɔ́ːdəbl/ *|* əfɔ́ːd-/ 形 入手可能な, 手ごろな: ~ prices 手ごろな値段.

af·for·est /ǽfɔ́ːrɪst, əf-/ *|* -fɔ́r-/ 動 〈土地を〉山林にする, 森林化する, 〈人工林を〉植林する.

af·for·es·ta·tion /əfɔ̀ːrɪstéɪʃən, əf-/ *|* -fɔ̀r-/ 名 U 造林, 植林, 森林化.

af·fran·chise /əfrǽntʃaɪz/ 動 解放する, 釈放する.

af·fray /əfréɪ/ 名【法】(小グループ間の公の場所での)乱闘;けんか;小ぜり合い.

af·fri·cate /ǽfrɪkət/ 名【音声】破擦音.

af·fric·a·tive /æfríkətɪv/ 名 形【音声】破擦音(の).

af·fright /əfráɪt/《古·詩》名 ⊕ (突然の)恐怖(を与えるの); 驚愕. ── 動 ⊕ 恐れさせる.

†**af·front** /əfrʌ́nt/《文》動 ⊕ 〈人を〉(面と向かって故意に)侮辱する, 〈人に〉無礼な言動をする《★ しばしば受身》: He was ~ed by her comment. 彼は彼女の発言に侮辱を感じた. ── 名 (公然の)侮辱, 無礼な言動 (insult): a gross ~ はなはだしい侮辱 / offer an ~ *to* a person 人を侮辱する / suffer an ~ 侮辱を受ける.

Af·ghan /ǽfgæn, -gən/ 名 ❶ C アフガニスタン人. ❷ U アフガニスタン語 (パシュト語). ❸ ＝Afghan hound. ── 形 アフガニスタン(人, 語)の.

Áfghan hóund 名 アフガンハウンド (犬) (長毛で長身).

af·ghan·i /æfgǽni, -gáːni/ 名 アフガニの通貨単位; 記号 AF).

Af·ghan·i·stan /æfgǽnəstæn/ 名 アフガニスタン《西アジアの高原にある内陸国; 首都 Kabul》.

a·fi·cio·na·do /əfìʃiənáːdou/ 名 (⊕ ~s) (娯楽などの)凝り屋, (熱烈な)ファン: an ~ of films＝a film ~ 映画ファン. 《Sp》

Afghan hound

†**a·field** /əfíːld/ 副 遠く離れて: from far ~ はるか遠くから.

a·fire /əfáɪə *|* əfáɪə/ 副 P 《文》❶ 燃えて《★ on fire のほうが一般的》. ❷ 〈感情などが〉激して: with heart ~ 心が燃えて. **sèt afíre** (1) 〈ものを〉燃やす《★ set...on fire のほうが一般的》. (2) 〈人の〉激情をかき立てる.

a·flame /əfléɪm/ 副 P ❶ 燃え立って. ❷ 〈…で〉(真赤に)輝いて, 燃えるように輝いて: The hills were ~ *with* autumn leaves. 丘は紅葉で燃えるように輝いていた. ❸ [好奇心·熱情などに] 燃えて: He was ~ *with* enthusiasm. 彼は熱意に燃えていた.

sèt aflàme (1) 〈ものを〉燃え立たせる. (2) 〈血を〉沸かす.

af·la·tóxin /ǽflə*-*/ 名 U【生化】アフラトキシン (ピーナッツなどの貯蔵農作物に発生するカビ毒 (mycotoxin) で, 発癌(はつがん)性物質).

AFL-CIO /éɪéːélsíːàɪòu/ (略) American Federation of Labor and Congress of Industrial Organizations 米国労働総同盟産別会議.

†**a·float** /əflóut/ 副 P [時に名詞の後に置いて] ❶ (水上·空中に)浮かんで; 海上に, 船[艦]上に: set a boat ~ ボートを浮かばせる. ❷ 破産せずに, 借金しないで: The company is still ~. その会社はまだ破産しないでいる. ❸ 〈うわさなどが〉広まって: set a rumor ~ うわさを立てる. **kèep aflóat** (1) 沈まないでいる; 沈まないようにさせる. (2) 破産しないでいる; 破産しないようにする.

AFN (略) Armed Forces Network (米)軍放送網.

a·foot /əfút/ 副 P ❶ 〈事が〉起こって, 進行中で; 計画中で: A plot is ~. 陰謀がたくらまれている.

a·fore·men·tioned /əfɔ́ɚ- *|* əfɔ́ː-/ 形【法】❶ A 前述の, 前記[上記]の. ❷ [the ~; 名詞的に; 集合的; 単数または複数扱い] 前述の事柄[人(たち)].

afòre·sáid 形 ＝aforementioned.

afòre·thóught 形 [通例名詞の後に置いて]【法】前もって考えたうえでの, 計画的の, 故意の: with malice ~ ⇒ malice 成句.

a for·ti·o·ri /èɪfɔ̀ɚʃióːraɪ, -ɑɪ/ 副 ⇒ A 副 もっと強い理由で, なおさら. 【L＝with the stronger (reason)】

a·foul /əfáʊl/ 副 形 P もつれて, 衝突して. **rùn [fàll] afóul of** ...と衝突する; ...に巻き込まれる.

Afr. (略) Africa(n).

*‡**a·fraid** /əfréɪd/ 形 P (more ~; most ~) ❶ 〈…を〉恐れて, 怖がって: I'm ~ of snakes. ヘビが怖い 《比較》I fear snakes. よりも一般的》 / Don't be ~ of me. 私を怖がらなくてもよい / He was ~ of being scolded. 彼はしかられるのが怖かった / [+*to do*] She was ~ *to* walk through the wood(s). 彼女は森の中を通るのを怖がった 《怖くて通れな

かった) / Don't be ~ *to* ask me questions. 怖がらずに[思い切って]質問してください. ❷ [(…を)心配して, 気づかって(★よくない事の起こる可能性のある時に用いる)]: Don't be ~ *of* making mistakes. 間違いをすることを恐れるな(間違ったってかまわない). I'm ~ *for* my mother. 《口》母の安否を気づかっている / [+(*that*)] He was ~ (*that*) she'd no longer speak to him. 彼は彼女が自分にもう話しかけてくれないのではないかと思った / I was ~ *that* I might die. 死ぬんじゃないかと思った / I was ~ *lest* I should hurt her feelings. 彼女の感情を傷つけることになるのではないかと心配した (★ *lest* を用いるのは《文》). ❸ [I'm ~, I am ~ の形で, よくない事・心配な事を表現することを, 語気をやわらげるために用いて] (比較なし) …であることを残念に思う, …と思う (★この用法では that が省かれるのが一般的): [+(*that*)] *I'm* ~ (*that*) I can't help you. お気の毒ながらお力になりかねます "Is the news true?" "*I'm* ~ so [*I'm* ~ (*that*) it is]." 「その知らせは本当ですか」「残念ながら本当のようです」 / "Is the news true?" "*I'm* ~ not [*I'm* ~ (*that*) it isn't]." 「その知らせは本当ですか」「残念ながらそうではないようです」《用法》上記2例の so, not は前文を受けたもので, that 節の代用形. **b** [主な文又は並列的または挿入的に用いて] 思う: You have leukemia, *I'm* ~. あなたはどうも白血病のようです. ❹《口》(…を)いやがって, おっくうがって: He's ~ *of* a little work. 彼は少しの仕事でもおっくうがる / He's ~ *of* formal dinners. 彼は正式な晩餐会に(出るのに)は二の足を踏む / [+*to do*] He's ~ *to* show emotion. 彼は感情をあらわにするのが怖い.

《語法》afraid の 1, 2 を強調する副詞としては much は形式ばった語で, 通例 very を用いる. 3, 4 には通例強調する副詞はつかない.

be afráid of one's ówn shádow ⇒ shadow 成句.
《ME; 古語 *affrain*「怖がらせる」の過去分詞からとされる》
《類義語》**afraid** 恐怖である行動ができないこと, あることが不安であることの両方の場合に使われる. **fearful** 不安の心が強く, わけもなく心配している状態をいう.

Á-fràme 图 A 字形フレーム[建造物].
af·reet, -rit /æfríːt, ǽfrit/ 图《アラビア神話》悪魔.
a·fresh /əfréʃ/ 圓 さらに, 新たに, 再び: start ~ 新規まき直しにやる.
*Af·ri·ca /ǽfrikə/ 图 アフリカ.
*Af·ri·can /ǽfrik(ə)n/ 形 ❶ アフリカの. ❷ アフリカ人の, アフリカ黒人の. — 图 アフリカ人, アフリカ黒人.
Af·ri·ca·na /ǽfrɪkáːnə, -káːnə/ 图《複》アフリカに関する文献, アフリカ誌; アフリカの手工芸品.
African-Américan 图 形 アフリカ系米国人(の).
African-Américan Stúdies 图 ⓤ アフリカ系米国人研究.
Af·ri·can·der, -kan- /ǽfrɪkǽndə | -də/ 图《動》アフリカ南部で飼育された大角の赤牛; アフリカ南部で飼育された羊.
Áf·ri·can·ìsm /-nìzm/ 图 ❶ ⓒ アフリカなまり. ❷ アフリカ[黒人文化]の特色. ❸ ⓤ(汎)アフリカ主義. **Áf·ri·can·ist** /-nɪst/ 图 アフリカ研究家; アフリカ民族解放主義者; 汎アフリカ主義者.
Áf·ri·can·ìze /-nàɪz/ 圖 他 アフリカ化する; アフリカ黒人の勢力下に置く; アフリカ人にゆだねる. **Àfrican-izátion** 图
African víolet 图《植》セントポーリア, アフリカスミレ《イワタバキ科》.
Af·ri·kaans /ǽfrɪkáːns, -káːnz/ 图 ⓤ アフリカーンス語《英語と並ぶ南アフリカ共和国の公用語》.
Af·ri·kan·er /ǽfrɪkáːnə | -nə/ 图《主にオランダ系の》南アフリカ生まれの白人 (cf. Boer).
⁺**Af·ro** /ǽfrou/ 图《複 ~s》アフロ型《縮れた髪を丸型にした髪型》. — 形 髪がアフロ型の.
Af·ro- /ǽfrou/《連結形》「アフリカ(人)の」「アフリカ(人, 語)と…との」: *Afro*-Asian.
Áfro-Américan 图 形 =African-American.
Áfro-Ásian 形 アフリカとアジアの.
Áfro-Caribbéan 图 形 アフリカ系カリブ人(の).

Af·ro·cen·tric /ǽfrousɛ́ntrɪk⁻/ 形 アフリカ[黒人文化]中心の. **Àfro·cén·trism** /-trɪzm/ 图
AFS /éɪèfés/《略》American Field Service エイエフエス《高校生の交換留学を行なう国際文化交流財団》; 本部は米国.
⁺**aft** /ǽft | áːft/ 副《海》船尾に[の方へ]《空》(航空機の)機尾に[の方へ] (↔ fore): right ~ (船の)真後ろに; 船[機]尾近く (↔ fore) **fóre and áft** 成句.
AFT《略》American Federation of Teachers アメリカ教員連盟.
‡**af·ter** 前 /ǽftə, -ー | áːftə, -ー/ ❶ [時を表わして] …のあとに《用法》通例 after は過去の, in は未来の「…後」の意に用いられる傾向があるが, 実際は区別できない場合が多い): ~ dark 日没後 / ~ dinner 夕食後 / ~ school 放課後 / ~ the day ~ tomorrow 明後日 / ~ a month 1か月過ぎて / 2 days ~ the attack 攻撃の2日後に / He often stays in the office ~ hours. 彼は就業時間後にもしばしば事務所に残る. **b**《米》(…分)過ぎ《英》past): ten minutes ~ six 6時10分.
❷ [前後に同じ名詞を用いて継続反復を表わして] …に継続して, …も~《★名詞は通例無冠詞》: day ~ day 来る日も来る日も, 毎日 / hour ~ hour 何時間も / read page ~ page 何ページも読み続ける / Car ~ car passed by. 車が次々に通っていった.
❸ [順序・場所を表わして] **a** …のあとに, …の後ろに続いて《★場所を表わす時は behind が一般的》: Who comes ~ me? 私のあとはだれの番だ / Let me read the book ~ you. あなたのあとでその本を読ませてください / Shut the door ~ you. 入ったら[出たら]あとを閉めなさい (★ Shut the door *behind* you. とも言うが, 「背後のドアを閉めなさい」の意にもなる). **b** …の次に, …に次いで: the greatest poet ~ Shakespeare シェイクスピアに次ぐ大詩人 (★「シェイクスピア以後の大詩人」とも解釈できる; cf. 1 a) / A~ Keats, Wordsworth is my favorite poet. キーツに次いで, ワーズワースが私の好きな詩人です.
❹ [目的・追求を表わして] …のあとを追って, …を求めて, …を追求して: The police are ~ him. 警察は彼を追っている / I ran ~ the pickpocket. 私はすりのあとを追っかけた / I'm ~ a better job. 私はもっといい仕事を探している / He's ~ Jane. 彼はジェーンと仲よしになりたがっている / My wife is ~ me to shave my beard (off). 妻は私のあごひげをそろうとしている.
❺ [模倣を表わして] …に従って, にならって, にちなんで, …の流儀の: He paints ~ Rembrandt. 彼はレンブラントの絵を描く / The mountain was named Everest ~ Sir George Everest. その山はサー・ジョージ・エベレストの名を取ってエベレスト山と名づけられた.
❻ [関心を表わして] …のことを, …に関して: inquire [ask] ~ a friend 友人の安否を尋ねる / look [see] ~ the children 子供たちを監督[世話]する
❼ [因果関係を表わして] …したのだから, かんがみて: *A*~ all he has been through, he deserves a rest. 彼はずいぶん苦労してきたのだから当然休息すべきだ.
❽ [all などを伴って] …にもかかわらず (cf. 7) (★ AFTER all 成句 と間違えないように): *A*~ *all* I did for him, how could he say something like that? 彼のためにあれほどしてあげたのにどうしてそんなことを言うのかい.
àfter áll (1) [文頭に用いて] 何といっても, だって, とにかく (cf. 7, 8): *A*~ *all*, we are friends. 何といっても友だちの仲だからね. (2) [文尾に用いて] やはり, 結局: He's quite busy, but he has decided to go to the concert ~ *all*. 彼はとても忙しいが, やはり音楽会に行くことにした.
àfter hóurs ⇒ hour 成句.
àfter one's ówn héart ⇒ heart 成句.
Àfter yóu. どうぞお先に《相手に順番を譲るときの言葉; Go ahead. よりも丁寧》.
Àfter yóu with… あなたが済んだら…を回してください: *A*~ *you with* the pepper. あなたのあとでこしょうを回してください.
óne àfter anóther ⇒ one 代 成句.

afterbirth

óne àfter the óther ⇨ one 代 成句.
——接 (…した)後に[で], …してから: I'll wash the dishes ~ the video is over. ビデオが終わってから皿洗いをします.

[語法] 接 の after はそれだけで時の前後関係をはっきりと表わすので，それが導く節中でいて完了形を用いる必要はないが，実際にはしばしば見受けられる: I arrived ~ she *had left* [~ she *left*]. 彼女がいなくなって(から)着いた / I will go with you ~ I *have finished* breakfast [~ I *finish* breakfast]. 朝食をすませたらあなたとご一緒にまいります．

àfter áll is sáid and dóne やはり，結局: *A~ all is said and done*, it was my fault. 結局(のところ)悪かったのは私だった．

——／－／ 副 (比較なし) ❶ [時を表わして] あとに，後に: I reached London ~ 2 days and Jim arrived 3 days ~. 私は(ある出来事の) 2 日後にロンドンに到着し，ジムは(それから) 3 日後に到着した《★最初の after は 前 2a の用法; 後の after が 副 で 3 days after that の意; ただし，具体的な時間の長さを表わす場合は Jim arrived 3 days afterward [later]. の方が一般的的) / the day [week, year] ~ その翌日[週, 年] / long [soon] ~ ずっと[すぐ]あとに / He was ill for months ~. 彼はその後何か月も病気だった. ❷ [順序を表わして] あとに: I'll go first and you come ~. 私が先に行くから君はあとから来なさい．

èver áfter ⇨ ever 副 成句.

——形 Ⓐ (比較なし) 後の: ~ ages 後世 / in ~ years 後年に. ❷ (海) 船尾[後部]の(に近い): the ~ cabins 後部船室.

〔OE＝《原義》より離れて〈*af*- off ＋ -*ter* (古い比較級語尾)〕

áf·ter·birth 名 Ⓤ [通例 the ~] 医 後産(ざん).

áfter·bùrner 名 アフターバーナー《ジェットエンジンの再燃焼装置》．

áfter·càre 名 Ⓤ ❶ 病後[産後]の養生，アフターケア. ❷ (刑期満了後などの)補導，更生指導. ❸ (顧客への)アフターサービス[ケア]《★「アフターサービス」は和製英語》．

áfter·dàmp 名 Ⓤ (爆発後坑内に残る)あとガス.

áfter·dèck 名 後部甲板(かん).

áfter·dìnner 形 Ⓐ [晚餐(ばん)]後の: an ~ speech (食後の)テーブルスピーチ《比較 日本でいう「テーブルスピーチ」は和製英語》．

áfter·effèct 名 [しばしば複数形で] ❶ 余波，なごり, 「後遺症」[*of*]. ❷ 医 [薬など]の(後)作用，[病気などの]後遺症[*of*].

áfter·glòw 名 [通例単数形で] ❶ 夕焼け，夕映え，残照. ❷ (勝利の後などの)楽しい快感[思い出]，なごり．

⁺áfter-hóurs 形 Ⓐ 勤務[営業, 規定]時間後の: ~ work 勤務時間後の仕事，残業《★《米》では overtime work のほうが一般的的) / an ~ bar 規定時間外営業の酒場．

áfter·image 名 〔心〕残像．

áfter·life 名 (複 -lives) ❶ Ⓒ [通例単数形で] 来世，あの世. ❷ Ⓤ 後年，余生: in ~ 後年に．

áfter·màrket 名 ❶ アフターマーケット《自動車・電器・家屋など財の修理・保守などのための部品製造・アフターサービス市場》． ❷《証券》流通市場，二次市場《既発行証券が売買される市場》．

* **áf·ter·math** /ǽftɚmæθ, ɑ́:ftə-/ 名 [通例単数形で] ❶ (特に事故・災害などの)あとの状態，直後の時期，余波: the ~ *of* (a) war 戦争の余波 / Fires broke out in the ~ *of* the earthquake. 地震の直後に火災が勃発した. ❷ 二番刈り. 〔AFTER + *math* 刈り取り;「収穫後の刈り取り」の意〕

áfter·mòst 形 〔海〕最後部の．

＊**af·ter·noon** /ǽftɚnúːn, ɑ̀:ftə-／ 名 ❶ a ⓊⒸ 午後《★正午から日没まで》: A~ came. 午後になった / It's already ~. もう午後だ / It was a warm ~. 暖かい午後だった / in [during] the ~ 午後に / on Monday [a summer] ~ 月曜[ある夏]の午後に 《用法 曜日などがつくと無冠詞》/ on the ~ of the 15th of April [April 15] 4月15日の午後に《用法 特定の日の場合前置詞は *on*》. **b** [副詞的に] 午後(⇨ afternoons): this [that] ~ きょう[その日]の午後に / tomorrow [yesterday] ~ あした[きのう]の午後(に). ❷ [the ~] 後半，後期: in *the* ~ (one's) life 晩年に. **Gòod afternóon!** ⇨ good afternoon. ——形 Ⓐ 午後の[に行なわれる]: an ~ party 午後のパーティー / have an ~ nap 昼寝する / ~ afternoon dress. 午後用のドレス. ——間 = good afternoon.

áfternoon drèss 名 アフタヌーン(ドレス).

af·ter·noons /ǽftɚnúːnz, ɑ̀:ftə-／ 副《米口》午後には(いつも): *A~ I go fishing.*＝*I go fishing ~.* 午後はいつも釣りに行きます．

áfternoon téa 名 ⓊⒸ《英》午後のお茶, ティー (⇨ tea 3a).

áfter·pàins 名 複 〔医〕後陣痛《産褥(じょく)初期の子宮退縮による痛み》．

af·ters /ǽftəz, ɑ́:ftə-／ 名《英口》デザート．

áfter-schòol 形 Ⓐ 放課後の．

áfter-shàve 形 Ⓐ ひげそりあとの: an ~ lotion アフターシェーブローション. ——名 ⓊⒸ アフターシェーブローション．

áfter·shòck 名 ❶ 余震. ❷ (事件などの)余波．

áfter·tàste 名 ❶ あと味，あと口. ❷ [通例 an ~] (事件・経験などの)あと味，名残，余韻: leave a good [bad] ~ よい[悪い]あと味を残す．

áfter-tàx 形 Ⓐ 税を差し引いた，手取りの: ~ income 手取り収入．

áfter·thòught 名 [通例単数形で] ❶ あと知恵，あとからの思いつき，結果論. ❷ **a** 補足, 追加. **b** 〔文法〕(いったん完結した陳述のあとの)追加表現．

＊**af·ter·ward** /ǽftɚwɚd, ɑ́:ftəwəd/ 副 (比較なし) のちに, あとで; 以後 (cf. after 副 1)《★《英》では afterwards のほうを用いる》: They lived happily ever ~. 彼らはそれからも楽しく暮らしました《★童話の結びに用いる》．

af·ter·wards /ǽftɚwɚdz, ɑ́:ftəwədz/ 副《英》＝ afterward．

áfter·wòrd 名 (書物などの)あとがき，跋(ばつ) (cf. foreword)．

áfter·wòrld 名 あの世，来世．

Ag 〔記号〕〔化〕silver. 〔L *argentum* 銀〕

Ag. 〔略〕August 《★ Aug. のほうが一般的的》．

AG 〔略〕Attorney General.

ag- 〔接頭〕 (g の前にくるときの) ad- の異形: *aggression*.

a·ga /ɑ́:gə/ 名 [しばしば A~] アーガー《オスマン帝国の軍司令官[高官]の称号》．

＊**a·gain** /əgén, əgéɪn/ 副 (比較なし) ❶ 再び，また，重ねて: never ~ 二度と…しない / once ~ もう一度 / Do it (over) ~. もう一度やりなさい / Try it ~. もう一度やってごらん / I hope to meet you ~. またお目にかかりましょう，ごようなら. ❷ ／－／ 元の所[状態]へ: come [go] back ~ 戻って来る[戻って行く] / come to life ~ 生き返る / get well ~ 病気が治る，また元気になる. ❸ さらに加えて，さらにそれだけ，その上もう…だけ: half [a third] as large [many, much, old] ~ (as…) (…の) 1 倍半[1½]の大きさ[数, 量, 年齢] / My house is large, but his is as large ~ (as mine). 私の家は大きいが，彼の家は(私の家の) 2 倍はある《★ 元の量にそれと同量[同数] (as large [many etc.]) または ½ の量[数] (half as large [many etc.]) などを加えるので，結果的に 2 倍，1½ 倍[1倍半など]になる》. ❹ それに，だが: And, ~, it's not strictly legal. それにまたそれは厳密には合法的でない. ❺ [通例 and, and then, but then のあとに用いて] また一方: It might rain, *and* ~ it might not. ひょっとしたら降るかもしれないし，また降らないかもしれない / There could be a war, *but then* ~ nothing might happen. 戦争があるかもしれないし，また何事もも起こらないかもしれない．

agàin and agáin 幾度も，再三 (repeatedly).

(èvery) nów and agáin ⇨ now 副 成句.

ónce and agáin ⇨ once 副 成句.

tíme and (tìme) agáin ⇨ time 名 成句.

〔OE＝逆に〕

a·gainst /əgènst, əgeɪnst/ 前 ❶ **a** …に反対して, 反抗して (↔ for, in favor of; cf. with B3): an argument ~ the use of nuclear weapons 核兵器使用反対論 / Are you for (it) or ~ it? それに賛成か反対か / I voted ~ him. 彼に反対の投票をした / I have nothing ~ babies. 赤ちゃんが嫌いではありません. **b** …に逆らって; …にそむいて, …に反して: sail ~ the wind 風に逆らって[逆風をついて]航行する / swim ~ the current 流れに逆らって泳ぐ / act ~ one's will [conscience] 自分の意志[良心]に反して行動する. **c** …に不利に[で]: There's nothing ~ him. 彼に不利なことは何もない. ❷ …にぶつかって: He threw the ball ~ the wall. 彼はへいにボールを投げつけた / My elbow bumped ~ the vase. ひじが花瓶にぶつかった. ❸ **a** …によりかかって, …にもたれて: She leaned ~ the door. 彼女はドアにもたれた / with one's back ~ the railing 手すりに背をもたれて. **b** …に立てかけて, 接触して: push the furniture ~ the walls 家具を壁に押して寄せる / She stood her umbrella ~ the doorjamb. 彼女は傘を戸口に立てかけた. ❹ **a** …を背景として: ~ the evening sky 夕空を背景として. **b** …と対照して: The white sail stood out ~ the dark sea. 暗い海に白帆が目立った / by a [the] majority of 50 ~ 30 30 票対 50 票の多数で. ❺ …に備えて: Passengers are warned ~ pickpockets. (掲示)〈乗客の方は〉すりに御用心ください. ❻ 〔商〕…と引き換えに: exchange dollars ~ yen ドルを円に換える.

as against …に比較して, 対して: reason *as* ~ emotion 感情と対比した理性.

òver against… ⇒ over 前 成句.

[↑ -s¹ + -t (非歴史的な語尾)]

A·ga Khan /á:gəkɑ́:n/ 名 アーガーハーン《イスラム教イスマーイール派の一派ニザール派の指導者の世襲称号》.

a·gal /əɡáːl/ 名 アガール《アラブ人がかぶり物の押さえに用いるひも》.

ag·a·ma /ǽɡəmə/ 名 (動) アガマトカゲ《アフリカ・インド産》.

Ag·a·mem·non /ǽɡəmémnən, -nɑ́n/ 名 〔ギ神〕アガメムノン《トロイ戦争 (Trojan War) におけるギリシア軍の総大将; 後に妻 Clytemnestra とその情夫に殺された》.

aga·mo·sper·my /ǽɡəmousp`ə:mi / -spə̀:-/ 名 〔植〕無配生殖; 無融合種子形成.

A·ga·na /əɡáːnjə/ 名 アガニャ《Guam の中心都市》.

ag·a·pan·thus /ǽɡəpǽnθəs/ 名 〔植〕アガパンサス, ムラサキクンシラン.

a·gape¹ /əɡéɪp/ 副 形 P (あんぐり)口をあけて; ぽかんとして.

a·ga·pe² /ɑ́ːɡɑːpeɪ / ǽɡəpí/ 名 ❶ C (キリスト教的な)愛, アガペー《非打算的な愛》. ❷ C (初期キリスト教徒の)愛餐(あいさん), 愛の会食.

a·gar /á:gɑ:r / éɪɡɑr/ 名 U ❶ 寒天. ❷ 寒天培養基.

ágar-ágar 名 = agar 1.

ag·a·ric /ǽɡərɪk/ 名 〔植〕ハラタケ科のキノコ.

agar·ose /ǽɡəròʊs/ 名 〔化〕アガロース《寒天の主要な多糖成分; クロマトグラフィーの支持体などに用いる》.

ag·ate /ǽɡət/ 名 ❶ U,C 〔鉱〕めのう (cf. onyx). ❷ (米) 〔印〕エゲート《(英) ruby》(5½ ポイント活字).

Ag·a·tha /ǽɡəθə/ 名 《女性名; 愛称 Aggie》.

a·ga·ve /əɡáːvi / əɡéɪ-/ 名 〔植〕リュウゼツラン《熱帯アメリカ産の植物; 繊維を採り, テキーラ (tequila) を造る; cf. century plant》.

age /éɪdʒ/ 名 **A** ❶ **a** C,U 年齢 (cf. old 形 2) 《★ 動植物・無生物にも用いる》: at the ~ of ten=at ~ ten 10 歳のときに / at a tender ~ 幼くして / ⇒ awkward age / He's ten years of ~. 彼は 10 歳です 《★ He's ten (years old). のほうが一般的》/ What's his ~? 彼は何歳ですか 《★ How old is he? のほうが一般的》 / He is under [over] the ~ limit for the job. 彼はその職の年齢制限以下[以上]だ / The ~s of the children are 7, 5, and 3. 子供たちの年齢は 7 つと 5 つと 3 つだ / At his ~ he should know better. 彼の年齢ならもっと分別があるべきだ / He's mature for his ~. 彼は年のわりにませている. **b** [叙述形容詞的に用いて] …の年[年ごろ]の《* of one's age の of を略した形》: He is my ~. 彼は私と同じ年です 《変換

He is the same age as I am. と書き換え可能》/ when I was your ~ 私が君の年齢のときには / a girl your ~ 君の年ごろの少女 / ⇒ age of consent. ❷ C,U **a** (人生の)一時期: full ~ 成年 / a man of middle [old] ~ 中年[老年]の男 《比較 「中年の男」は a middle-aged man のほうが一般的; cf. aged B1). **b** 成年, 丁年 《通例満 18 歳または 21 歳》: be of ~ 成年である. **c** 老年, 老齢: His eyes are dim with ~. 彼の目は年のせいでかすんでいる. ❸ U 寿命, 一生: the ~ of man 人間の寿命.

— B ❶ C [しばしば A~] (ある大きな特色, ある権力者に代表される歴史上の)時代, 時期, 年代; 〔地〕一世: in all ~s いつの時代にも / through the ~s 大昔から, 代々 / from ~ to ~ 代々 《★無冠詞》/ the spirit of an ~ 時代精神 / the Victorian A~ ヴィクトリア朝 (1837-1901) / the Middle *Ages* 中世(時代) (500-1450) / ⇒ Golden Age, Silver Age / ⇒ Stone Age, Bronze Age, Iron Age. **b** …時代: the atomic [nuclear] ~ 原子力[核]時代 / the space ~ 宇宙時代. ❷ C [通例複数形で]時代の人たち: for the ~s to come 将来の人のために / ~s yet unborn 後世の人たち. ❸ C [しばしば複数形で] (口) 長い間: ~s ago ずいぶん昔に / I haven't seen you for ~s [an ~]. = It's (been) ~s since I saw you last. ずいぶん久しぶりですね.

Áge before béauty! 《戯言》あなたこそ(どうぞ)お先へ《★若い女性などが年長者に道を譲るときに言う》: "After you, young lady." "No, no. A~ *before beauty*!" 「お嬢さん, どうぞお先へ」「いいえ, あなたこそどうぞお先へ」.

áge of consént [the ~] 〔法〕同意[承諾]年齢《性行為・婚姻に同意する能力があると法的に認められる年齢》.

áge of discrétion [the ~] 〔法〕分別年齢《英米の法律では 14 歳》.

age of réason [the ~] (1) 理性の時代《特に 英国・フランスの 18 世紀》. (2) (子供が)善悪の判断のつき始める時期.

be [áct] one's áge [通例命令形で] 年相応にふるまう: *Act* your ~! 年相応にふるまいなさい.

cóme of áge (1) 成年に達する, 大人になる (mature). (2) 十分な発達段階に達する.

féel one's áge 年齢を感じる, 衰えを感じる.

of áll áges あらゆる時代[年齢]の.

— 動 (**aged**; **ag·ing, age·ing**) 自 ❶ 年を取る, ふける; 古くなる: He has begun to ~. 彼はふけ始めた. ❷〈ワイン・チーズなど〉が熟成する. **—** 他 ❶〈人を〉ふけさせる;〈ものを〉古びさせる: Worry and illness ~ a person. 苦労と病気は人をふけさせる. ❷〈ワイン・チーズ〉をねかす, 熟成させる.

[F く L *aetas* より]【類義語】 ⇒ period.

-age /-ɪdʒ/ 接尾 集合・状態・動作を表わす名詞語尾: bagg*age*, baron*age*, pass*age*.

áge bràcket 名 = age group.

aged (**more** ~; **most** ~) **A** /éɪdʒd/ ❶ P (比較なし) [数詞の前に置いて] …歳で[の]: boys ~ 10 and [or] over 10 歳以上の少年 / children ~ between 10 and 12 10 歳から 12 歳までの子供 / He died ~ 30. 彼は 30 歳でなくなった. ❷〈ワイン・チーズなど〉年数を経た: ~ wine 古酒.

— B /éɪdʒɪd/ ❶ A 老齢の, 老いた: my ~ mother 私の年老いた母. ❷ [the ~; 名詞的に; 複数扱い] 老人(たち). ~**·ness** 名 【類義語】⇒ old.

áge discriminàtion 名 U 年齢(による)差別, (特に)高齢者差別.

†**áge gròup** 名 (特定の)年齢層[集団].

áge hàrdening 名 U 〔冶・化〕(合金の)時効硬化.

age·ing /éɪdʒɪŋ/ = aging.

age·ism /-dʒɪzm/ 名 = age discrimination.

age·ist /-dʒɪst/ 形 名 年齢[高齢者]差別主義の(人).

age·less 形 ❶ 不老の. ❷ 永遠の, 永久の. ~**·ly** 副 ~**·ness** 名

áge lìmit 名 年齢制限.

áge lòng 形 長年の.

*****a·gen·cy** /éɪdʒənsi/ 名 ❶ C 代理社[店], 取次店, 特約店: a general ~ 総代理店 / a news ~ 新聞通信社 /

an employment ～ 職業紹介所 / ⇨ travel agency. ❷ [しばしば A～] [C] (政府などの)機関, [米] …庁, 局: a government ＝ 政府機関, 官庁 / the A～ for International Development (米国の)国際開発局 (略 AID). ❸ [U] 仲介, 斡旋(誌), 媒介, 世話: by [through] the AGENCY of… 成句 (1). ❹ [U] (ある結果をもたらす)力, 作用, 働き; [哲] 作因: human ～ 人力 / the ～ of Providence 神の力, 摂理 / ⇨ by [through] the AGENCY of… 成句 (2). **by [through] the ágency of…** (1) …の仲介 [斡旋]で: *through the ～ of my uncle* おじの世話で. (2) …の作用で. 《L: ⇨ ag-, agency》

*a·gen·da /əɡéndə/ 名 徴 (徴 -dum /-dəm/; 徴 ～s) 《語原 agenda の単数扱いが確立してきたので複数形は -s が一般的)》 [通例単数形で] 協議事項, 議題; 議事日程; 予定表: at the top of the ～ 議題の筆頭で, 主要な議題に; 真っ先に[緊急に]議論されるべきことで. **on the agénda** 議論される予定で, 議論すべきで[が必要で]; 実行[実施]の予定で; 実行[実施]すべきで[べきである]: be high *on the* ～ 緊急に議論される予定[べき]である; 緊急に実行[実施]すべきである. **sét the agénda** (1) 協議事項[議題]の一覧(表)を作成する, 議事(日程)を定める. (2) (…の)行動[動向]を決する[(大きな)影響を与える] [*for*]. 《L: ⇨ なされるべきこと ＜ *agere* ⇨》

*a·gent /éɪdʒənt/ 名 ❶ a 代理人; 代理店; 仲介者; 周旋人: a commission ～ 委託販売人, 問屋(業者) / an estate agent / a forwarding ～ 運送取扱人, 運送業者 / a general ～ 総代理人 / a house [land] ～ 家屋[土地]周旋業者 / an insurance ～ 保険代理店 / a patent ～ 特許弁理士 / a travel ～ 旅行代理業者. **b** 外交員. ❷ a (官庁の)代表者, 公吏, 事務官: a diplomatic ～ 外交官. **b** ～ a secret ～ 密使, スパイ, 調査員[捜査]官. ❸ 発動者, 行為者: a free ～ 自由行為者《自分の行為を自ら決定できる人》. ❹ a (反応・変化などを起こす)力, 元になる力, 原因; (現象を生ずる)自然力: Stone is worn away by natural ～s such as rain and wind. 石は風雨などの自然力によって摩滅する. **b** 作用剤, 薬品: chemical ～s 化学薬品. ❺ [文法] 動作主《動作を引き起こすもの》: the ～ of the passive 受身の動作主《受身の by 以下に示されるもの》. 《L: *agere* ⇨, す, 駆る, 動かす; cf. act》

ágent-géneral 名 (徴 ágents-) 《London に駐在するカナダやオーストラリアの自治領[州]代表》.

agent·ive /éɪdʒəntɪv/ 形 [文法] 動作主を表わす(接辞, 格).

ágent nóun 名 [文法] 行為者名詞《例: maker, actor, student》.

Agent Órange 名 [U] オレンジ剤《ベトナム戦争で米軍がまいたダイオキシンを含む強力な枯れ葉剤》.

a·gent pro·vo·ca·teur /ɑ́:ʒɑ̀:ŋprouvɑ̀kətə́:/ | -ʒɔŋprəvɔ̀kətə́:/ 名 (徴 **a·gents pro·vo·ca·teurs** /～/) 《警察側の挑発目的の》回し者, 手先. 《F》

+**age-óld** 形 大昔からの, 古来の (ancient).

Ag·gie /ǽɡi/ 名 アギー《女性名; Agatha, Agnes の愛称》.

ag·glom·er·ate /əɡlɑ́mərèɪt | -lɔ́m-/ 動 徴 かたまりにする[なる]. —— /-rət/, -rɪt/ 徴 集まった, 集塊した. —— /-rət/ 名 ❶ [U] [また an ～] (ごちゃまぜの)かたまり [*of*]. ❷ [U] 集塊岩.

ag·glom·er·a·tion /əɡlɑ̀mərέɪʃən | -lɔ̀m-/ 名 ❶ [U] かたまりにする[なる]こと, 凝集作用. ❷ [C] かたまり, 集団.

ag·glu·ti·nate /əɡlú:təhèɪt/ 動 徴 徴 膠着(ﾁ;ﾔ)[接合]させる[する]. —— /-nət/ 形 膠着性の.

ag·glu·ti·na·tion /əɡlù:təhnéɪʃən/ 名 ❶ [U] 膠着, 接合. ❷ [医] (傷口の)癒着(ﾕﾁ;ﾔ). ❸ [言] 膠着《日本語のように単語の根幹に変化する要素をつけて文法関係を示す語形成法》.

ag·glu·ti·na·tive /əɡlú:tənèɪtɪv, -nətɪv/ 形 ❶ 膠着性の. ❷ [言] 膠着語の: an ～ language [言] 膠着(言)語《日本語・朝鮮語・トルコ語など》.

ag·glu·ti·nin /əɡlú:tənɪn, -tn-/ 名 [免疫] 凝集素.

ag·gra·da·tion /ǽɡrədéɪʃən/ 名 [地] 埋積[進均]作用, アグラデーション《堆積の優勢による平坦化作用》.

ag·gran·dize /əɡrǽndaɪz, ǽɡrəndàɪz/ 動 徴 ❶ 〈…〉を大きくする, 拡大する. ❷ a 〈人・国家などの地位〉大きさ〉を強める. **b** [～ *oneself* で] 勢力[富]を強化[増大]する. ❸ 強大に見せる, 誇大にする.

ag·gran·dize·ment /əɡrǽndɪzmənt/ 名 [U] (富・地位などの)増大, 強化: personal ～ 栄達, 出世.

+**ag·gra·vate** /ǽɡrəvèɪt/ 動 徴 ❶ 〈病気・状況などを〉さらに悪化させる (worsen); 〈負担・罪などを〉いっそう重くする: His anger was ～d by a headache. 頭痛によって彼の怒りはさらにつのった. ❷ [口] 〈人を〉怒らせる, いらいらさせる (annoy). 《L: ⇨ ag-, grave》

ag·gra·vat·ed /-tɪd/ 形 [法] ❶ 〈犯罪行為が〉(犯行情況のために)通常より罪の重い, より重い刑を科される, 加重の: (an) ～ assault 加重暴行《強姦を目的とした暴力行為, 犯意の明らかな暴行など》. ❷ 〈刑罰が〉通常より重い, 加重の: ～ damages 加重的損害賠償.

ag·gra·vàt·ing /-tɪŋ/ 形 (口) 腹の立つ, しゃくに障る: He has an ～ habit of being late. 彼には腹立たしい遅刻ぐせがある.

ag·gra·va·tion /ǽɡrəvéɪʃən/ 名 ❶ a 悪化(させること), 深刻[悪質]化(すること) [*of*]. **b** [C] 悪化させるもの. ❷ a [U] 腹立たしさ, いらだち. **b** [C] いらだたせるもの.

*ag·gre·gate /ǽɡrɪɡət/ 名 ❶ [U] 集合, 集合体, 総額, 総計. **b** [C] 集合(体). ❷ [U.C] (コンクリート製造用の)骨材《砂・砂利など》. **in the ággregate** 全体として; 総計で (in total). —— 形 ❶ 集合的な, 集合の: ～ tonnage (船舶の)総トン数. —— /-ɡèɪt/ 動 徴 〈…〉を集合する, 集める, 集団にする. —— 徴 ❶ 集まる. ❷ 総計で…となる: [＋補] The money collected ～s $ 2,000. 集金は総計 2000 ドルとなる. 《L: ⇨ 群れをなす ＜ AG-＋*grex, greg*- 群れ (cf. gregarious)》

ag·gre·ga·tion /ǽɡrɪɡéɪʃən/ 名 ❶ [U] 集合, 集成. ❷ [C] 集合体, 集団.

ág·gre·gà·tive /-ɡèɪtɪv/ 形 集合する; 集合(体)の; 集合性の, 社会性の強い, 群居性の; 社交的な, 集団を好む; 総計[全体]としての.

ag·gress /əɡrés/ 動 徴 攻撃[口論]をしかける. 《L＜ AG-＋*gradi, gress*- 行く, 進む (cf. progress)》名 aggression, 形 aggressive

*ag·gres·sion /əɡréʃən/ 名 [U] ❶ 攻撃性, 攻撃的なこと|態度, 性質]. ❷ (正当な理由なく)侵略, 攻撃: an act of ～ 侵略行為. ❸ 積極性; 強引さ. 動 aggress, 形 aggressive.

*ag·gres·sive /əɡrésɪv/ 形 (more ～; most ～) ❶ 〈人などが〉攻撃的な, けんか腰の (belligerent, hostile): He is ～ and violent. 彼は乱暴で攻撃的だ. **b** 侵略的な, 攻撃的な, 侵略の (↔ defensive): an ～ war 侵略戦争. **c** 〈兵器が〉攻撃用の: ～ weapons 攻撃用兵器. ❷ 積極的な, 意欲的な, 活動的な; 押しの強い, 強引な: an ～ salesman 積極的な[押しの強い]セールスマン. ～**·ly** 攻撃的に; 積極的に. ～**·ness** 名 動 aggress, 名 aggression.

aggréssive-grówth fùnd 名 アグレッシブグロース・ファンド《株価の値上がりから得る利益 (capital gain) を最大限に成長させることをねらうファンド》.

+**ag·gres·sor** /əɡrésə | -sə/ 名 侵略者[国].

ag·grieve /əɡríːv/ 動 徴 〈人を〉(不当に)苦しめる, 〈人の〉感情を害する (⇨ aggrieved 1).

+**ag·grieved** /əɡríːvd/ 形 ❶ (不当な扱いに)感情を害して, 心が傷つけられて: They were ～ by oppression and exploitation. 彼らは圧迫と搾取に痛めつけられて(いた) / He was [felt] ～ at the insult from his friend. 彼は友の侮辱にひどく傷ついていた. ❷ [法] 不当な扱いを受けた: the ～ party 被害者.

ag·gro /ǽɡroʊ | ǽɡ-/ 名 [U] [英口] ❶ 争い; (特に, 不良少年グループ同士の)けんか, 抗争. ❷ やっかいごと, 面倒.

a·ghast /əɡǽst | əɡɑ́ːst/ 形 [P] (…に)仰天して, びっくりして: He stood ～ at the news. 彼はその知らせに仰天した.

+**ag·ile** /ǽdʒəl | ǽdʒaɪl/ 形 ❶ 〈動きが〉機敏な, すばしこい (nimble). ❷ 頭の回転の早い, 鋭敏な, 明敏な. ～**·ly**

/ǽdʒə(ʊ)li | ǽdʒaɪli/ 副 機敏に, すばしこく; 鋭敏に. 【F<L<agere する, なす; cf. act】

a·gil·i·ty /ədʒíləti/ 名 U 機敏, 軽快さ; 鋭敏さ.

a·gin /əgín/ 前 《ロ・方》=against.

Ag·in·court /ǽdʒənkɔ̀ət | ǽdʒɪŋkɔ̀ː/ 名 アジンコート, アジャンクール 《フランス北部の村; 百年戦争時の 1415 年, イングランド王 Henry 5 世が longbow の威力により 9 千の手勢だけで 6 万のフランス軍を破った》.

†**ag·ing** /éɪdʒɪŋ/ 名 U ❶ 老齢化, 老化: an ~ society 高齢化社会 / the ~ process 老化作用. ❷ 《ワイン・チーズなどの》熟成.

ag·ism /éɪdʒɪzm/ 名 =ageism.
ag·ist[1] /éɪdʒɪst/ 形 =ageist.
agist[2] /ədʒíst/ 動 《法》《家畜を》有償で預かって飼育する. **~·ment** 名

†**ag·i·tate** /ǽdʒətèɪt/ 動 (自) 扇動する, アジる, 《政治》運動をする (★前 との連結は受身可): The workers were *agitating for* higher wages. 労働者たちは賃上げを叫んで運動していた / They were *agitating against* the reform. 改革への反対運動をしていた. ─ 他 ❶ a 《人を》扇動する; 《人の心を》かき乱す, 《人を》動揺させる: She was ~d by the news of her son's illness. 息子が病気になったという知らせに彼女の心は動揺した. b [~ oneself で] 《…のことで》《ひとりで》いらいら[やきもき]する: Don't ~ *yourself over* it. そのことでやきもきするな. ❷ a 《液体をゆり動かす》, かき混ぜる. b 《風が》水を》波立たせる. ❸ 《問題を》《盛んに》論議する, 《熱心に》検討する; 《主義などの》関心を喚起する. 【L=駆り立てる, 動かす<agere 駆る; cf. act】

ág·i·tàt·ed /-tɪd/ 形 動揺した, 興奮した. **~·ly** 副

ag·i·ta·tion /æ̀dʒətéɪʃən/ 名 ❶ U 《人の》動揺, 興奮: in great ~ とても興奮して. ❷ U.C 扇動, アジ 《for, against》. ❸ U ゆり動かすこと, 撹拌(かくはん)》.

ag·i·ta·to /æ̀dʒətá:toʊ/ 副形 《楽》アジタートの[で], 興奮した[て]. 《It ↑》

ág·i·tà·tor /-tə-/ -tə/ 名 ❶ 扇動者, 運動員: political ~s 政治運動者. ❷ 撹拌(かくはん)器.

ag·it·pop /ǽdʒɪtpɑ̀p | -pɔ̀p/ 名 U アジ《ト》ポップ 《ポピュラー音楽で政治的メッセージを宣伝すること》.

ag·it·prop /ǽdʒɪtprɑ̀p | -prɔ̀p/ 名 U 《左翼の》アジ宣伝.

a·gleam /əglíːm/ 形 P 《…で》きらめいて, 輝いて 《with》.

ag·let /ǽglət/ 名 《靴ひもなどの先端の》先金具.

a·glit·ter /əglítə | -tə/ 形 きらきら輝いて.

a·glow /əgloʊ/ 形 P ❶ 《…で》燃えて, 赤らんで 《with》. ❷ 《…で》興奮して: ~ *with* pleasure うれしさに興奮して.

AGM 《略》annual general meeting.

ag·nail /ǽgnèɪl/ 名 《指の》さかむけ, ささくれ.

ag·nate /ǽgneɪt/ 名 男系の, 父系の; 《法》男系親の (cf. cognate). ─ 名 父方の親族, 父系[男系]親族.

ag·na·tion /ægnéɪʃən/ 名 U 父方の親族関係, 《男性始祖を中心とする》同族関係; 《一般に》同族関係.

Ag·nes /ǽgnɪs/ 名 ❶ アグネス 《女性名; 愛称 Aggie》. ❷ [Saint ~] 聖アグネス 《異教徒の夫を強いられ, 拷問された 304 年に火あぶりにされ殉教したローマの少女; 純潔と乙女の守護聖人》.

Ag·new /ǽgnjuː | -njuː/, **Spiro** アグニュー (1918-96; 米国の政治家; Nixon 政権の副大統領).

a·gno·lot·ti /æ̀njɑ́ti/ 名 U 《料理》アニョロッティ 《通例ひき肉などの詰め物をした三日月形のパスタ》.

ag·no·si·a /æɡnóʊʒ(i)ə | -ziə/ 名 U 《医》失認《症》, 認知不能《症》.

ag·nos·tic /æɡnɑ́stɪk | -nɔ́s-/ 名 不可知論者.
─ 形 不可知論者の; 不可知論の.

ag·nós·ti·cism /-təsìzm/ 名 U 《哲》不可知論 《神の存在・性質は知ることができないという主張》.

Ag·nus De·i /ǽɡnʊsdéɪiː | ǽɡnʊsdíːaɪ/ 名 ❶ 神の小羊 《キリストの呼称の一つ》. ❷ 神の小羊の像 《キリストの象徴で, 輪光を頭にいただき十字架の旗を持った姿で描かれる》. ❸ a [the ~] アニュスデイ, 神羔(こ)誦 《*Agnus Dei* の句で始まる祈り; その音楽》. b [the ~; 時に an ~] 《英国教》アグヌスデイ 《'O Lamb of God' の句で始まる賛美歌; その音楽》. 【L=神の小羊】

‡**a·go** /əɡóʊ/ 副 《時間を表わす名詞語句の後に置いて》 《今より》…前に: a short time [ten years] ~ しばらく[10 年]前に / a long time ~ ずっと前に, 昔 / two weeks ~ yesterday [last Monday] 2 週間前の昨日[先々週の月曜日に] / That was years ~. それは何年も前のことでした / *long, long* ~ 昔々 / *not long* ~ つい先ごろ.

> 語法 (1) ago は現在を基準にして過去をさす表現であるから, 動詞は過去形で用い, 完了形どもには用いない: I met him two months ~. 2 か月前に彼に会いました 《cf. I *have met* him somewhere *before*. 以前どこかで彼に会ったことがある》.
> (2) 過去のある時を基準にしてそれ以前のことをさすときは before を用いる; 従って直接話法で ago を用いたものを間接話法で表現するときは before になる: He said, "I met her two months ~." → He said that he had met her two months *before*.
> (3) since を用いて次のように書き換えられる: It is [has been] two months *since* I met him. / Two months have passed *since* I met him. 《cf. 強調構文では *It was* two months ago *that* I met him.》

【ME<OE「過ぎ去る」の過去分詞から】

a·gog /əɡɑ́ɡ | əɡɔ́ɡ/ 副 形 P ❶ 期待・興奮で》わくわくして, 沸き立って 《at, over》《with》: These events set the whole town ~ *with* excitement. これら事件は町中を興奮の渦《にう》に巻き込んだ. ❷ 《…《すること》のを》うずうずして: We were ~ *for* news about her. 我々は彼女に関する報道を待ちあぐんでそわそわしていた / We were ~ *to* hear what had happened. 我々は何が起こったかを聞きたくてうずうずしていた.

a·gog·ic /əɡɑ́dʒɪk | əɡɔ́dʒ-/ 《楽》形 緩急法の, アゴーギクの. ─ 名 [~s; 単数扱い] 緩急法, アゴーギク.

à go·go /ɑːɡóʊɡoʊ/ 副 《くだけて》たっぷり, たくさん, 存分に.

a·gón·ic líne /eɪɡɑ́nɪk- | -ɡɔ́n-/ 名 《理》《地磁気の》無偏角線, 無方位角線.

ag·o·nist /ǽɡənɪst/ 名 ❶ 《文学作品の》主要人物. ❷ 《解》主動[作動]筋; 《薬》作用[作動]薬, 作用物質.

ag·o·nis·tic /æ̀ɡənístɪk/ 形 ❶ 討論に勝とうと奮闘する, 論争好きな. ❷ 《生態》拮抗《きっこう》関係にある. **-ti·cal·ly** /-kəli/ 副

ag·o·nize /ǽɡənàɪz/ 動 《…のことで》苦しむ, もだえる: He ~d *over* his divorce. 彼は離婚のことで煩悶《はんもん》した. ─ 他 《人を》悩ます, 苦しめる.

ág·o·nìzed 形 苦悶の: ~ shrieks 苦悶の悲鳴.

†**ág·o·nìz·ing** 形 苦悶《くもん》を与える; 苦しい, 苦痛の: an ~ decision 苦しい判断. **~·ly** 副

‡**ag·o·ny** /ǽɡəni/ 名 U.C 《心・体の》激しい苦痛, もだえ苦しみ, 苦悩; つらい状態; もがき: in ~ 苦しみもだえて / agonies [an ~] of pain 痛さにもがいて. ❷ C 《感情の》激発: in an ~ of joy [grief] 歓喜[悲嘆]のあまり. **píle [pút] ón the ágony** 《英口》苦しさ[つらさ]を大げさ[お涙ちょうだい式]に話す. **prolóng the ágony** 苦痛[いやなこと]を必要以上に長びかせる: Don't *prolong the* ~. Call her and tell her you're sorry. いつまでも苦悩しないで彼女に電話をしてすまないと言ってしまいなさい. 【F<L<Gk=勝利への戦い, 苦しみ】【類語】(1) ⇒ distress. (2) ⇒ pain.

ágony àunt 《英》身上相談欄女性回答者.

ágony còlumn 《英》❶ 《新聞・雑誌の》身上相談欄 《《米》advice column》. ❷ 《古》《新聞の》私事広告欄 《尋ね人・遺失物など》.

ágony úncle 《英》身上相談欄男性回答者.

a·g·o·ra /ǽɡərə/ 名 《複 ~s, -rae /-riː/, -ràɪ/》 《古代ギリシアの》集会場, 市場. 【Gk=広場, 市場】

ag·o·ra·pho·bi·a /æ̀ɡərəfóʊbiə/ 名 U 《精神医》広場恐怖症 《町なかの広場などを嫌う》.

ag·o·ra·pho·bic /æ̀ɡərəfóʊbɪk-/ 形 名 広場恐怖症《の人》.

a‧gou‧ti /əɡúːti/ 图 (徴 ~s, ~es) 【動】アグーチ, オオテンジクネズミ《中南米産》.

AGP 〖略〗【電算】accelerated graphic port 《パソコンにグラフィックカードを取りつけるための規格》.

agr. 〖略〗agricultural; agriculture.

A‧gra /áːɡrə/ 图 アグラ《インド北部 Uttar Pradesh の西部にある市; Taj Mahal がある》.

a‧gram‧ma‧tism /eɪɡrǽmətɪzm/ 图 【精神医】失文法(症)《個々の単語は言えるが, 文法的な文が構成できない失語症の一種》.

a‧gran‧u‧lo‧cy‧to‧sis /eɪɡrænjʊloʊsàɪtóʊsɪs/ 图 【医】顆粒(ちゅう)球減少(症).

a‧graph‧i‧a /eɪɡrǽfiə/ 图 〖U〗【医】失書(症), 書字不能(症)《動作不能症の一種》.

†**a‧grar‧i‧an** /əɡré(ə)riən/ 形 農地の; 農業の: ~ disputes 小作争議 / an ~ reformer 農地改革者. ── 图 土地均分[再分]論者.

a‧grár‧i‧an‧ism /-nìzm/ 图 〖U〗土地均分論[運動].

a‧gráv‧ic /əɡrǽvɪk/ 形 無重力(状態)の.

*****a‧gree** /əɡríː/ 動 ⓘ ❶《討論して, 相手の提案などに》同意する, 賛成する (↔ disagree)《★ ~ to [on] は受身可》: I quite ~. まったく賛成です (cf. 2 a) / I ~d to the proposal. その提案に同意した / The terms of the contract have been ~d to. 契約の条件はのまれた / His father ~d to his becoming an engineer. 彼は彼が技術者になることに同意してくれた / We ~d on a date for the next meeting. 次の会の日時を決めた / We ~d on starting at once. 直ちに出発[開始]することの合意に達した. ❷ a 意見が一致する, 同感である: I heartily ~. 心から同感です, そうです / I ~ with you about the need for it. その必要性についてはあなたと同意見です / I ~ on that point. その点で意見が同じだ / 〔+前+wh.〕We could not ~ (as to) where we should go [where to go]. どこへ行くかについて皆の意見がまとまらなかった. b 〖通例否定文で〗〔行為・提案などを〕よいと認める《★ この ~ with は受身不可》: I don't ~ with drinking. 飲酒はよくないと思う. ❸ a 〖数〗〈…と〉合う, 合う (tally): The figures don't ~. 数字が合わない / His statement ~s with the facts. 彼の陳述は事実と一致する. b 〖文法〗〈語形が〉〈人称・性・数・格で〉〈…と〉一致する: A verb must ~ with its subject in number and person. 動詞は数と人称においてその主語と一致しなければならない. ❹〈人が〉〈…と〉仲よくやっていく: John and his wife do not ~ with each other. ジョンと奥さんはお互い仲よくない[うまが合わない]. ❺ 〖通例否定・疑問文で〗〈食物・気候などが〉〈人の〉性に合う: Spicy foods don't ~ with me. 香辛料の入った食物は私に合わない.
── ⓣ ❶ a〈…することに〉同意する, 承知する: 〔+to do〕 He will ~ to come. 彼は来ることに同意するだろう / I ~ not to expect anything from you. あなたを当てにしないことを約束します. b〈…ということを〉認める, 承認する: 〔+that〕 He ~d that my plan was better. 彼は私の案のほうがよいことを認めた. c《会計報告などを》承認する. ❷〈…に〉意見が一致する: 〔+to do〕 We ~d to start at once. 直ちに出発[開始]することに意見が一致した / 〔+that〕 We ~d [It was ~d] that we should travel first-class. 一等で旅行しようということで意見が一致した / I ~d with him that some active measure should be adopted. 何か積極的な措置を講ずるべきであるという点で彼と意見が一致した. b〈…に合意する〉: ~ a price 価格に合意する.
agrée to díffer [dísagree] 互いに相手の違った意見を認めて争わないことにする: Let's ~ to disagree and part friends. 意見の相違は仕方ないとして仲よく別れましょう《★ 意見が一致しない時に論争を友好的に打ち切る決まり文句》.
I cóuldn't agrée móre まったく賛成である.
〖F=喜ばせる〗 (图 agreement) 《類義語》⇒ consent.

†**a‧gree‧a‧ble** /əɡríːəbl/ 形 (more ~; most ~) ❶ 快い, 感じ[愛想]のよい (nice; ↔ disagreeable): an ~ voice 感じのよい声 / Her voice is ~ to the ear. 彼女の声は耳に聞いて]快い / make oneself ~ (to...)《…に》愛想よくする, 調子を合わせる. ❷ 〖方針など〗賛成できる, 受け入れられる. ❸ 〖P〗〔…に〕喜んで同意して, 賛成して: I'm quite ~ to the plan. その計画には大賛成だ. 《↑+-ABLE》

a‧grée‧a‧bly /-əbli/ 副 快く, 愉快に: I was ~ surprised. うれしい驚きを覚えた / He ~ consented to my wishes. 彼は私の願いを快く聞き入れてくれた.

†**a‧greed** 形 ❶ 合意を得た, 合意して定めた, 協定した[による]: at an ~ rate 協定率で[の]. ❷〈…について〉同意して: We were ~ on that point. その点で意見が一致した / They are all ~ that his argument is convincing. 彼らはみな彼の議論は説得力があると認めている. ❸ 〖A~〗〖間投詞的に〗同感, 賛成, そのとおり; 承知した, よろしい.

*****a‧gree‧ment** /əɡríːmənt/ 图 ❶ ⓒ a 協定; 契約 〖on〗: a labor ~ 労働協約 / reach [arrive at, come to] an ~ 協定が成立する, 話がまとまる / make an ~ with ... 〈…と〉協定を結ぶ. b 同意書, 契約書, 協定書. ❷ 〖U〗 一致, 調和; 同意, 合意 (consent; ↔ disagreement) 〖on〗: by (mutual) ~《双方合意》(の)うえで / be in ~ with ...《…に一致[同意]している》/ He nodded in ~. 彼はうなずいて承諾した. ❸ 〖U〗【文法】《数・格・人称・性の》一致, 呼応 (concord). (動 agree)

a‧gré‧ment /à:ɡreɪmɑ́ː/ 图 (徴 ~s/-/) アグレマン《外交使節派遣の際の接受国の同意》: give [ask for] an ~ アグレマンを与える[求める]. 〖F=agreement〗

ag‧ri- /ǽɡri/ 〖連結形〗

ágri-bùsiness 图 ❶ a 〖U〗農業関連産業, アグリビジネス《農業生産・加工・貯蔵・輸送などを含む産業》. b ⓒ アグリビジネス企業. ❷ 〖U〗利潤追求だけの農業.

*****ag‧ri‧cul‧tur‧al** /ǽɡrɪkʌ́ltʃ(ə)rəl/ 形 (比較なし) 農業の, 農芸の, 農学(上)の: ~ chemistry 農芸化学 / ~ products 農産物 / an ~ community 農村 / an ~ college 農業大学 / an ~ show 農芸展覧会. **~‧ly** 副 農業的に, 農業上. (图 agriculture)

ag‧ri‧cúl‧tur‧al‧ist /-lɪst/ 图 =agriculturist.

*****ag‧ri‧cul‧ture** /ǽɡrɪkʌ̀ltʃə/ -tʃə/ 图 〖U〗農業; 農芸, 農学《★ 畜産・林業を含む》: the Department of A~ 《米国の》農務省. 〖F<L<ager 土地+cultura 耕作 (cf. culture)〗 (形 agricultural)

ag‧ri‧cúl‧tur‧ist /ǽɡrɪkʌ́ltʃ(ə)rɪst/ 图 ❶ 農学者. ❷ 農業家.

ag‧ri‧mo‧ny /ǽɡrəmòʊni | -məni/ 图 【植】キンミズヒキ属の草本, (特に)セイヨウキンミズヒキ.

ágri‧science 图 〖U〗農業科学.

ágri‧tòurism 图 〖U〗アグリツーリズム, 農村観光《農家に滞在して休暇を過ごすこと》.

ágri‧tòurist 图 農村観光客.

ag‧ro- /ǽɡroʊ/ 〖連結形〗「畑・土壌」「農業の」. 〖Gk=畑〗

àgro‧bi‧ól‧o‧gy 图 〖U〗農業生物学.

àgro‧chém‧i‧cal 图 農薬.

àgro‧ec‧o‧lóg‧i‧cal 形 農業生態学の.

àgro‧ec‧o‧nóm‧ic 形 農業経済の.

àgro‧fór‧est‧ry 图 〖U〗農業・林業両用の土地利用, 併農林業.

àgro‧in‧dús‧tri‧al 形 農業関連産業の.

àgro‧ín‧dus‧try 图 〖U〗農業関連産業; 大規模農業産業.

ag‧rón‧o‧mist /-mɪst/ 图 農学者.

ag‧ron‧o‧my /əɡrɑ́nəmi | -rɔ́n-/ 图 〖U〗《畜産・林業を除いた狭義の》農学; 作物栽培学.

ag‧ros‧tol‧o‧gy /ǽɡrəstɑ́lədʒi | -stɔ́l-/ 图 〖U〗【植】禾本(ほん)学, 草本学.

†**a‧ground** /əɡráʊnd/ 副 〖P〗座礁して: go [run] ~《船が》座礁する / run a ship ~ 船を座礁させる.

agt. 〖略〗agent.

a‧guar‧dien‧te /à:ɡwɑːdjénti | à:ɡwɑː-/ 图 〖U〗 アグァルディエンテ: a スペイン・ポルトガルの粗製ブランデー. b 米国南西部および中南米のサトウキビなどで造る各種の蒸留酒.

a·gue /éɪɡjuː/ 名 U.C 《古風》 ❶ 〖医〗おこり, マラリア熱. ❷ 悪寒(かん).

a·gu·ish /éɪɡjuːɪʃ/ 形 《古風》 ❶ おこり(のような); おこりにかかって. ❷ ぞくぞく寒けがする.

*__ah__ /áː/ 間 〖喜び・悲しみ・驚き・苦痛・軽蔑・哀れみ・嘆きなどを表わして〗あぁ!, おお!: *Ah,* but ... だがね(など) / *Ah,* well, ... まあ仕方がない(など).

a·ha /ɑːháː/ 間 ❶ 〖驚き・喜び・満足・あざけり・皮肉などを表わして〗はは!, へへ! ❷ 〖相手の話の内容・意図が理解できたことを示して〗わかった!, なるほど!

A·hab /éɪhæb/ 名 〖聖〗アハブ(紀元前9世紀のイスラエルの王; Jezebel を娶とした).

ah·choo /ɑːtʃúː/ 間 はくしょん!

※**a·head** /əhéd/ 副 (*more* ~; *most* ~)《用法》 *further* ~; *furthest* ~ のほうが一般的)) ❶ 〖方向を表わして〗前方に, 前方へ: look ~ and behind 前後を見る, 後先を考える / see another ship ~ 前方に別の船が見える / Danger ~! 前方に危険あり. **b** 〖動きを表わす動詞とともに用いて〗前方へ(進んで), どんどん先へ: go ~ 先へ進む (cf. GO AHEAD成句) / run ~ 前へ走る / move ~ 前進[進歩]する. ❷ 〖時間を表わして〗 **a** (ある時点より)前に, 先に: Her wedding is three days ~. 彼女の結婚式は3日先だ / set [put] the clock ~ one hour [one hour ~] 時計を1時間先に向かって, これから先に: Plan ~! 将来の計画を立てなさい《★しばしば戒めの言葉》. ❸ 〖優位を表わして〗(他に)まさって, 勝ち越して: We are five points ~. 5点リードしている.

ahead of ... (1) ...の前方に; ...より先に(進んで): There was a truck ~ *of* us. 我々の前方にトラックが走っていた / Please go ~ *of* me. 私より先に行ってください. (2) 《時間的に》...より前に: ~ *of* time 早めに, 前もって / ten days ~ *of* schedule 予定より10日早く. (3) ...よりまさって, 進んで: be ~ of one's time 時代の先を行っている / He's far [a long way] ~ *of* me in English. 英語では彼は私よりはるかにできる / He was two years ~ *of* me at college. 大学では彼は私より2年上だった.

ahead of the gáme [cúrve] 〖口〗他よりまさって[すぐれて], 優位に立って.

gò ahéad (自+副) (1) 先へ進む (⇒ 1b). (2) 《事が進行する》: The wedding is *going* ~ as planned. 結婚式は予定どおり進行している. (3) (ためらわずに)話・仕事などを(先へ)進める: *Go* ~ *with* your story. 話を先へ進めてください. (4) 〖命令法で〗やれっ! (5) 〖命令法で; 相手を促してさあどうぞ! 〖許可を求める願いに答えて〗どうぞ: *Go right* ~ *and do as you please.* どうぞお好きになさってください / "May I borrow your car?" "*Go right* ~!" 「車を借りてもいいですか」「どうぞ」 (6) 〖命令法で〗〖海〗ゴーヘー!, 前進! 【A-¹+HEAD】

a·hem /əhém, mhm, hm/ 間 〖注意をひくとき, 疑いを表わすとき, 言葉に詰まったときなどに用いて〗えへん!, うふん!

a·his·tór·ic, -i·cal /èɪ-/ 形 歴史と無関係な; 歴史に無関心な.

a·hold /əhóʊld/ 名 U 〖方・口〗つかむこと. **gèt ahóld of** ... ...をつかむ; ...と連絡をとる; ...を入手する. **gèt ahóld of onesèlf** 冷静になる, 落ち着く.

-a·hol·ic /əhɔ́(ː)lɪk│əhɔ́l-/ 〖連結形〗「...中毒者」「...の強迫的な渇望者」「...の異常に[大]好きな人」.

a·hoy /əhɔ́ɪ/ 間 ❶ 《次の成句で》 *Ahóy there!* 〖戯言〗おーい君! (遠くにいる人の呼び掛けに). *Shíp ahóy!* 〖海〗おーい! (遠方の船を呼ぶ声).

ai /áɪ, áːiː/ 名 〖動〗ノドジロミユビナマケモノ, ミツユビナマケモノ(中南米産で3本指).

AI 《略》 artificial insemination; artificial intelligence.

※**aid** /éɪd/ 動 ❶ 手助けする, 手伝う; 援助する 《★ help より形式ばった語》: ~ a person's work 人の仕事を手伝う / 《変換》 aid a person in his work 仕事を手助けする /The Red Cross ~ed the flood victims. 赤十字が水害被災者を救援した / I ~ed him *in* the enterprise. 彼の事業を援助した / He ~ed the police *in* find*ing* the criminal. 彼は警察の犯人捜索を援助した / They ~ed me *with* my research. 彼らは研究のことで私を援助してくれた 《比較》 He ~ed her *with* money and advice. 彼は彼女に金をやりまた助言もした) / 〖+目+*to do*〗 I ~ed him *to do* his work. 彼が仕事をするのを手伝った 《★ help を用いるほうが一般的》. 促進する: Her swift recovery was ~ed by her youth. 彼女の若さによって回復が早かった. ❷ (自) 援助する, 助ける.

áid and abét a person 〖法〗 《人の》犯行を幇助(ほうじょ)する (*in*).

— 名 ❶ U 手伝い, 助力; 援助, 救援; 扶助: ⇒ first aid / seek medical ~ 医療を求める, 医者にみてもらう / ask a person for ~ 人に援助を求める / come [go] to a person's ~ 人を助けに来る[行く] / extend [deliver] ~ to the homeless 家のない人々を援助する / with the ~ of ... ...の助けを借りて / disaster ~ for flood victims 水害被災者のための災害援助. ❷ C 助力者, 補助者, 助手. ❸ C 〖しばしば複数形で〗助けとなるもの; 補助具: a hearing ~ 補聴器 / audio-visual ~s 視聴覚教具. **Whàt's (áll) thís in áid òf?** 《英口》この目的[理由]は何なのか; これはどういう意味なのか; これは一体どうしたことか. 〖F<L〗 《類義語》 ⇒ help.

AID /éɪaɪdíː/ 《略》 Agency for International Development; artificial insemination by donor 非配偶者間人工授精.

áid àgency 名 《戦争・災害などの犠牲者の》援助機関.

áid climbing 名 〖登山〗人工登攀(はん).

*__aide__ /éɪd/ 名 ❶ 助力者, 補佐官; 側近《*to*》: a presidential ~ 大統領補佐官 / a military ~ 軍事顧問. ❷ =aide-de-camp. 〖F=aid〗

aide-de-camp /éɪddəkǽmp│-káːmp/ 名 (複 **aides-de-camp** /éɪdz-/) 〖軍〗(将官付きの)副官《*to*》《略 ADC; cf. adjutant 1》.

aide-mé·moire /éɪdmemwáːr│-wáː/ 名 (複 **aides-**/éɪd-/) 記憶を助けるもの; 備忘録; 覚書.

※**AIDS, Aids** /éɪdz/ 名 U 〖医〗エイズ, 後天性免疫不全症候群. 〖a(cquired) i(mmune) d(eficiency) s(yndrome)〗

ÁIDS-relàted còmplex 名 U 〖医〗エイズ関連症候群《AIDS ウイルス感染者の示す前 AIDS 症状; リンパ節腫脹・微熱など》.

áid stàtion 名 《野戦の》応急医療処置所, 救護所.

ÁIDS vìrus 名 〖the ~〗エイズウイルス《HIV のこと》.

áid wòrker 名 国際救援員, エイドワーカー《戦争や飢餓の犠牲者の救援に当たる国際機関の職員》.

ai·grette, ai·gret /éɪɡret, ⏌⏌/ 名 ❶ 〖鳥〗シラサギ. ❷ 《帽子・かぶとなどの》シラサギの羽毛飾り, 前立て飾り毛.

ai·guille /éɪɡwiːl│⏌⏌/ 名 針状峰, エギーユ.

ai·guil·lette /èɪɡwɪlét/ 名 《正装軍服の肩から胸にたらす》飾緒(しょくしょ).

Ai·ken, Conrad (Potter) /éɪkən/ 名 エイケン (1889–1973; 米国の詩人・小説家).

ai·ki·do /aɪkíːdoʊ│-kíːdəʊ/ 名 U 合気道. 〖Jpn〗

ail /éɪl/ 動 ❶ (他) 《米・英古》(人を)苦しめる: What's ~*ing* him? 彼はどうかしたのかね; 彼は(どこか)具合が悪いのかね. — (自) 〖通例進行形で〗患う: He's ~*ing*. 彼は患っている / The economy is ~*ing*. 経済が病んでいる.

ai·lan·thus /eɪlǽnθəs/ 名 〖植〗ニワウルシの植物, (特にニワウルシ, 神樹(じんじゅ)) 《アジア産》.

ai·le·ron /éɪləràn/ 名 〖空〗補助翼.

*__ail·ing__ /éɪlɪŋ/ 形 〖通例 A〗 ❶ 《企業・経済などが》振るわない, (業績)不振の, 不況にあえぐ. ❷ 病気の[で], 患って(いる); 悩んで(いる): his ~ mother 彼女の患っている母.

*__ail·ment__ /éɪlmənt/ 名 《通例軽い》病気, 不快: a slight ~ 軽い病気.

ai·lu·ro- /aɪlʊ(ə)roʊ/ 〖連結形〗「猫」.

ailúro·phòbe /aɪlʊ́(ə)roʊfòʊb/ 名 猫嫌い(の人).

ailùro·phóbia /aɪlʊ̀(ə)roʊfóʊbiə/ 名 U 猫嫌い, 猫恐怖症.

*__aim__ /éɪm/ 動 ❶ ねらう, ねらいを定める, 志す: ~ *for* [*at*] a new world record 世界新記録をめざす / This book ~s *at giving* a general outline of the subject. この本は主題の概要を示すことをめざしている / 〖+*to do*〗 He's

~ing to be a doctor. 彼は医者になることを志している **b** [...に]当てつける (★ ~ at は受身可): What are you ~ing at? 何を言いたいのですか. ❷ [...を]ねらう, ねらいをつける (★ ~ at は受身可): I fired without ~ing. ねらいも定めず発砲した / ~ high [low] ねらい[望み]が高い[低い] / He ~ed at the target. 彼は的をねらった. ── 他 ❶ (通例受身で) [...を]ねらい[目標, 目的]とする; [言葉・努力]などを[...に]向ける, 当てつける: fiscal policy ~ed at controlling inflation インフレを抑制することをねらいとした財政政策 / The President's speech was ~ed at the people in his own party. 大統領の演説は自党の議員を対象とするものだった. ❷ 〈銃などのねらい〉をつける: ~ a gun 銃のねらいをつける / He ~ed his pistol at me. 彼は拳銃を私に向けた.
── 图 ❶ C 目的, 志, 計画: the ~ and end [object] 究極の目的 / achieve [attain] one's ~ 目的を達する / have an [no] ~ in life 人生に目的をもっている[いない] / with the ~ of mastering English 英語を習得しようという目的で / without an ~ 目的なく, 漫然と / His ~ is to become a pilot. 彼の目的は[志している]パイロットになることだ / [+to do] His ~ to become a pilot was frustrated. パイロットになろうとする彼の志は挫折した. ❷ U ねらい, 照準, 見当: take (good, close) ~ (at...) (...を)(よく)ねらう / miss one's ~ ねらいがはずれる.
[F<L aestimare 評価する, 値をつける; cf. estimate]
[類義語] (1) ⇒ intention. (2) ⇒ intention.

*áim·less 形 (これという)目的[目当て]のない. **~·ly** 副 目的なしに, 漫然と. **~·ness** 图

*ain't /éint/ ❶ am not の縮約形 (★ 非標準的用法): I ~ ready. 準備ができていない / I'm going too, ~ I? 私も行きますね. ❷ are not, is not, has not, have not の縮約形 (★ 非標準的用法): Things ~ what they used to be. 事情が昔とは違う (★ これは慣用的) / I ~ done it. 私はそれをやっていない.

Ai·nu /áinuː/ 图 (徼 ~, ~s) ❶ C アイヌ人. ❷ U アイヌ語. ── 形 アイヌ(語)の.

ai·o·li, aï- /aːóuli/ 图 [料理] アイオリ (ガーリック・卵黄・オリーブ油・レモン汁で作るマヨネーズソース).

*air /éə/ [éə] 图 **A** ❶ U 空気, 外気: fresh [foul] ~ 新鮮な[よごれた]空気 / go away for a change of ~ 転地療養に出かける / He took a deep breath of the morning ~. 彼は朝の空気を胸いっぱいに吸い込んだ. ❷ a [the] ~ 大気, 空, 空中: in the open ~ 戸外[野外]で / The balloon floated up into the ~. 風船は空中に飛んでいった. **b** U (航空の場としての)空, 空中: command of the ~ 制空権. **c** U (通例無冠詞) (電波の媒体としての)大気; ラジオ[テレビ]などの放送. **d** U [the ~] エアコン, 空調(設備). ❸ C [楽] **a** 〈簡単に覚えられるような〉メロディー, ふし: sing an old ~ 古い曲を一曲歌う. **b** アリア (旋律的な楽曲): Bach's 'A~ on the G String' バッハのG線上のアリア.
── **B** ❶ 外見, 様子, 風采, 態度: with a sad ~ 悲しそうに, しょんぼりと / with an ~ of triumph 勝ち誇った様子で. ❷ [複数形で] 気取った[もったいぶった]態度: assume [put on] ~s = give oneself ~s 気取る.

áirs and gráces (英) [けなして] お上品ぶり, 大げさでもったいぶった態度.

as líght as áir ⇒ light² 形 成句.

béat the áir 空(´⁵)を打つ; むだ骨を折る (★ 聖書「コリント前書」から).

build cástles [a cástle] in the áir ⇒ castle 图 成句.

by áir (1) 飛行機で. (2) 航空便で. (3) 無電で.

cátch some áir = get some AIR 成句.

cléar the áir (1) (部屋などの)空気を新しくする, 換気する; 大気を浄化する. (2) 疑惑[誤解, わだかまり]などを一掃する.

flóat on áir = walk on AIR 成句.

gèt some áir (俗) (バスケットボール・スキーなどで)(高く)ジャンプする.

gèt the áir (米口) (長くつきあったあと)拒絶される, 捨てられる, ふられる [from].

gíve a person the áir (米口) 〈恋人を〉拒絶する, 捨てる.

in the áir (1) 空中に[で]. (2) 〈雰囲気など〉漂って, 感じられて: Something mysterious is in the ~. 何か神秘的な気配が漂っている. (3) 〈うわさなど〉広まって: It's in the ~ that he's going to resign. 彼がやめるといううわさが広まっている. (4) 〈出来事・変化など〉起こりそうで, 〈...〉しそうな気配で. (5) = up in the AIR 成句 (4).

ìnto thín áir 跡形もなく, すっかり: disappear [vanish] into thin ~ 跡形もなく消えてなくなる[消え去る] (《Shakespeare「あらし」から).

òff the áir 放送されて[して]いない.

òn the áir 放送中で: go [be] on the ~ 放送する[されている] / put...on the ~ ...を放送する.

òut of thín áir 無から; どこからともなく: He seemed to appear out of thin ~. 彼はどこからともなく現われるようだった / The conjurer produced a dove out of thin ~. 奇術師は何もない所からハトを取り出した.

tàke the áir (外気にあたるために)散歩[ドライブ]に出る.

tàke the áir òut of a person's sáils = take the WIND out of a person's sails ⇒ wind² 成句.

tréad on áir = walk on AIR 成句.

ùp in the áir (1) 上空で[に]. (2) (口) とても幸せな, 有頂天になって. (3) (口) 興奮して, 怒って: go up in the ~ かっとなる, ひどく怒る. (4) (口) 〈計画など〉未定の, 本決まりで, 漠然とした (undecided; ↔ settled): Don't tell anybody about this plan. It's still up in the ~. この計画についてはだれにも話さないで, まだ検討[構想]中なのだから.

wàlk on áir (口) うきうきした心でいる, 有頂天になっている: She passed the exam, and now she's walking on ~. 彼女は試験に合格したのだから今はうきうきしている.

── 形 **A** ❶ 空気の(を用いる): an ~ pillow 空気まくら. ❷ 空の, 空中の; 飛行機の[による]: ~ safety 空の安全 / an ~ accident 飛行機事故.
── 動 他 ❶ 〈意見を〉公けにする, 世間に発表する, 〈不平を〉訴える (express): ~ one's views 意見[考えを]表明する. ❷ [ラジオ・テレビ] (米口) 〈番組を〉放送する (broadcast). ❸ **a** 〈衣類などを〉風に当てる, 干す, 乾かす: Please ~ (out) the mattress. マットレスを日に当ててください. **b** 〈部屋などに〉風を通す <out. ❹ [~ oneself で] (古) 外気に当たる, 散歩する. ── 自 ❶ [ラジオ・テレビ] (米口) 〈番組が〉放送される. ❷ 〈衣類などが〉干される; (干されて)乾く <out.
[F<L<Gk aēr air, mist] (形 aerial, airy)

áir bàg 图 エアバッグ, 空気袋 (車の衝突時に自動的にふくらみ乗客をやわらげる).

áir báll 图 (米バスケ俗) ゴール・バックボードにかすりもしないボール[シュート].

áir báse 图 空軍根拠地[基地]; 航空基地.

áir bèaring 图 [機] 空気[エア]ベアリング (圧搾空気によって軸を支えるベアリング).

áir bèd 图 (英) 空気ベッド.

áir blàdder 图 ❶ (魚の)浮き袋. ❷ [植] 気胞.

áir·bòat 图 (米) プロペラ船, エアボート (空中プロペラで推進する浅い平底船).

áir·bòrne 形 ❶ 飛行機を離陸した, 浮揚[飛行]している. ❷ 〈花粉・種など〉空気伝達の, 風媒の; 〈病気が〉空気感染の. ❸ 〈部隊などが〉空輸の, 空中輸送される (cf. seaborne): the 82nd A~ Division 第82空挺師団.

áir bràke 图 エアブレーキ, 空気制動機.

áir brìck 图 有孔れんが.

áir brìdge 图 (英) (空港ターミナルビルと飛行機を直結する)空中通路.

áir·brùsh 图 エアブラシ (写真修整用または塗料吹き付け用). ── 動 他 エアブラシで修整する[吹き付ける].

áir·bùrst 图 (爆弾・弾丸などの)空中破裂.

áir·bùs 图 エアバス (中・短距離用の大型旅客機).

áir càvalry 图 [米軍] 空挺部隊.

áir chàmber 图 ❶ (ポンプの)空気室. ❷ [動・植] 気室.

áir chíef márshal 图 [英空軍] 大将.

áir clèaner 图 空気清浄機, エアクリーナー.

áir còach 图 (米) (旅客機の)二等, エコノミークラス.

áir commànd [名]《米》空軍総司令部.
áir cómmodore [名]〔英空軍〕准将.
áir-condítion [動][他]〈室内などに〉空気調節装置を施す, エアコンを付ける.
+**áir-condítioned** [形] 空気調節装置を施した, エアコンのある.
+**air condítioner** [名] 空気調節装置, エアコン.
+**áir-condítioning** [名][U] 空気調節(装置), 空調《室内の空気浄化・温度湿度の調節》.
áir-còol [動][他] ❶〈機械・エンジンを〉空冷にする. ❷〈…を〉エアコンで冷房する.
áir-còoled [形] 空冷式の: an ~ engine 空冷式エンジン.
áir còrridor [名]〔空〕空中回廊《国際航空協定による特定空路》.
áir còver [名][U] (航空機による)上空援護.
‡**air·craft** /éəkræ̀ft | éəkrɑ̀:ft/ [名] ([複] ~) **航空機**《飛行機・飛行船・気球などをさすが, 主に飛行機や軽航空機をいう》: by ~ 航空機で《★ 無冠詞》.
+**áircraft càrrier** [名] 航空母艦.
áircraft·man /-mən/ [名] ([複] **-men** /-mən/)〔英空軍〕空軍二等兵《英空軍最下位の階級》.
áir cràsh [名] 飛行機事故, (飛行機の)墜落事故.
áir·crèw [名] [集合的; 単数または複数扱い] 航空機乗組員《全員; ★ また [C] で個人もさす》.
áir cùrtain [名] エアカーテン.
áir cùshion [名] ❶ 空気クッション《空気まくらなど》. ❷〔機〕エアクッション《緩衝装置》. ❸ (ホバークラフト (Hovercraft) を浮上させる)噴射空気.
áir-cùshion vèhicle [名] ホバークラフト《略 ACV》.
áir·dàte [名] 放送日.
áir·dròme /-dròʊm/ [名]《米》飛行場, 空港.
áir·dròp [名] (パラシュートによる)空中投下. —— [動][他] (**air·dropped; air·drop·ping**)〈…に〉〈食料などを〉空中投下する; 〔…に〕〈食料などを〉空中投下する〔*to*〕.
áir-drỳ [動][他][自] 空気乾燥する, 風乾する.
Áire·dale (tèrrier) /éədeɪl- | éə-/ [名] エアデールテリア(犬)《英国原産のテリア》.
áir·er /é(ə)rə | -rə/ [名]《英》衣類乾燥枠.
áir exprèss [名][U]《米》❶ 小荷物空輸業. ❷ 空輸小荷物(類).
áir·fàre [名] 航空運賃[料金].
áir·fìeld [名] ❶ 飛行場. ❷ (設備のない)離着陸場.
áir fìlter [名] 空気浄化フィルター[装置], 空気濾過機.
áir·flòw [名] [単数形で] (飛行機などで生じる)気流.
áir·fòil [名]《米》〔空〕翼 (《英》aerofoil).
*__áir fòrce__ [名] 空軍《略 A.F.》: the Royal [United States] *Air Force* 英国[米国]空軍.
Áir Fòrce Óne [名] エアフォースワン《米大統領専用機》.
áir fràme [名] (飛行機などのエンジンを除いた)機体.
áir frèight [名][U] ❶ 航空貨物便. ❷ 航空貨物料金. ❸ 航空貨物. —— [動][他]〈…を〉航空貨物で送る.
áir frèshener [名][C][U] 芳香[消臭]剤.
áir·glòw [名][U] 大気光《大気圏上空において太陽光線の影響による作用で原子・分子が発光する現象》.
áir guitàr [名][U] 空弾きギター, エアギター《音楽に合わせてギターを弾くまねをすること》.
áir gùn [名] ❶ 空気銃. ❷ エアガン《圧縮空気によるペンキなどの吹きつけ装置》.
áir·hèad[1] [名]〔軍〕(敵地内の)空挺堡(ほ).
áir·hèad[2] [名]《米俗》ばか, あほう.
áir·hèaded [形]《米俗》ばかな, あほうの.
áir hòckey [名][U] エアホッケー《下から空気の出ている台の上でパックを打ち合うゲーム》.
áir hòle [名] ❶ 風穴. ❷ 空洞; 気泡. ❸ =air pocket.
áir hòstess [名]《英》(旅客機の)スチュワーデス, エアホステス《★ stewardess のほうが一般的》.
air·i·ly /é(ə)rəli/ [副] ❶ 軽快に, 軽やかに. ❷ うきうきして, はしゃいで.
áir·i·ness [名][U] ❶ 風通しのよさ. ❷ 軽快; 快活. ❸ 気取り.
air·ing /é(ə)rɪŋ/ [名] ❶ **a** [C] [通例単数形で] (意見などの)発表, 公表, 表明. **b** [C]《米口》(ラジオ・テレビ番組の)放送. ❷ [U] [また an ~] **a** 空気にさらすこと, 風[暖気, 火]に当てること: Let's give the rug *an* ~. じゅうたんの虫干しをしよう. **b** (部屋などの)換気. ❸ [C] [通例単数形で] 戸外運動[散歩, ドライブ]: take an ~ 戸外運動をする / I took the dogs for an ~. 犬を散歩に連れ出した.
áiring cùpboard [名]《英》(衣類などの)加熱[加温]乾燥用戸棚.
áir kìss [名] (口をすぼめた)キスのまね. **aír-kìss** [動][他][自]
áir làne [名] 航空路.
áir làyering [名][U]〔園〕高取り法《枝などに切り込みをつけてその部分に発根を促す》.
áir·less [形] ❶ 空気のない. ❷ 風通しの悪い. ❸ 風のない, 無風の.
áir lètter [名] ❶ 航空書簡, エアログラム. ❷ 航空便(の手紙).
+**áir·lìft** [名] 空中補給, 空輸物資; (緊急の)空輸. —— [動][他]〈…を〉〔…へ〕空輸する〔*to*〕.
*__air·line__ /éəlàɪn | éə-/ [名] ❶ [通例 ~s で; 単数扱い; しばしば A~] **航空会社**: Japan *Airlines* 日本航空《略 JAL「日航」》. ❷ **定期航空(路)**. ❸ (また **áir lìne**)《米》(2 点をつなぐ)最短距離, 一直線. ❹ (また **air line**) 送気管[ホース].
+**áir·lìner** [名] (大型)定期旅客機.
áir lòck [名] ❶ エアロック, 気閘(きこう)《圧縮空気の中で工事をするとき, 高圧部と外部との境界に設ける出入口》. ❷ (宇宙船・潜函などの)気密式出入口. ❸ (パイプ・チューブの中で液体の流れを阻止する)気泡.
*__air·mail__ /éəmèɪl | éə-/ [名][U] ❶ **航空郵便**, エアメール: by ~ エアメールで. ❷ 航空郵便物. —— [形][A] 航空便の: an ~ stamp 航空便用の切手. —— [副] 航空便で: send a letter ~ 航空便で手紙を出す. —— [動][他]〈郵便物を〉航空便で送る.
+**áir·man** /-mən/ [名] ([複] **-men** /-mən/) 飛行家, 飛行士, 航空兵: a civil(ian) ~ 民間飛行家 / an ~ first class〔米空軍〕空士長.
áir márshal [名]〔英〕空軍中将.
áir màss [名]〔気〕気団: a cold ~ 寒気団.
áir màttress [名]《米》=air bed.
áir mìle [名]〔空〕航空マイル《1852 m》.
Áir Mìles [名]〔商標〕エアマイルズ《ある種の商品を買うともらえる英国の航空クーポン券; 1 枚につき英国航空によるフライト約 1 マイルに換算される》.
áir-mínded [形] ❶ 飛行機旅行好きの. ❷ 航空機[事業]の発達に関心のある.
áir·mìss [名]《英》エアミス《航空機のニアミス》(《米》near miss).
áir·mòbile [形]〈地上部隊が〉空中移動する, 空中機動の.
áir òfficer [名]〔英〕(大佐より上の, 准将を含む)空軍将官.
áir·pàrk [名] 小空港《特に商業[工業]地帯の近く》.
áir pìracy [名][U] 飛行機乗っ取り, ハイジャック.
áir pìstol [名] 空気銃, エアピストル.
*__air·plane__ /éəplèɪn | éə-/ [名]《米》**飛行機** (《英》aeroplane): by ~ 飛行機で《★ 無冠詞》.
áir plànt [名] 着生[空気, 気生]植物.
áir·plày [名][U] (特定の曲などの)ラジオ放送[オンエアー]総時間数.
áir pòcket [名]〔空〕エアポケット《下降気流によって飛行機が急激に落下する個所》: pass through [enter] an ~ エアポケットを通過する[に入る].
Áir Políce [名]《米》空軍憲兵隊.
áir pollùtion [名][U] 大気汚染.
‡**air·port** /éəpɔ̀ət | éəpɔ̀:t/ [名] **空港**: an international ~ 国際空港 / Haneda *A*~ 羽田空港.
áirport fìction [名][U] (機内で読むために空港で買う)軽い本, 暇つぶし小説.
+**áir pòwer** [名][U] 空軍力.
áir prèssure [名][U] 気圧.
áir·pròof [形] =airtight 1.
áir pùmp [名] 空気[排気]ポンプ.
áir quòte [名] [通例複数形で] 空中の[しぐさの]引用符《話

áir ràge 名 ⓤ (旅客機の乗客の)機内暴力[迷惑行為].

⁺áir ràid 名 空襲, 空爆《★主に攻撃を受ける側から見た時の表現; cf. air strike》.

áir-ràid 形 Ⓐ 空襲の: an ～ shelter 防空壕(ごう) / an ～ alarm 空襲警報.

áir rìfle 名 (旋条)空気銃.

áir ríght 名 〖法〗空中権《土地・建物の上空の所有権・利用権》.

áir ròute 名 航空路.

áir sàc ❶ 〖動〗(鳥の)気嚢(のう). ❷ 〖植〗気嚢.

áir·scrèw 名 《英》(飛行機の)プロペラ.

áir-sèa réscue 名 ⓤⓒ《英》空海救難作業.

áir sèrvice 名 ⓤⓒ 航空(業務)輸送.

áir shàft 名 (鉱山・トンネルなどの)通風縦坑.

⁺áir·shìp 名 = hellip飛行船: a rigid [nonrigid] 一 硬式[軟式]飛行船 / by ～ 飛行船で《★無冠詞》.

áir·shòw 名 エアショー.

áir·sìck 形 飛行機病にかかった, 飛行機に酔った.

áir·sìckness 名 ⓤ 空酔い, 航空病《飛行中の酔いなど》.

áir spáce 名 ⓤⓒ 領空, 空域: controlled ～ 管制空域.

áir spéed 名 ⓤ《また a ～》(飛行機の)対気速度 (cf. ground speed).

áir státion ❶ (格納庫, 整備施設のある小規模の)飛行場. ❷ (海軍・海兵隊の)飛行場.

áir·strèam 名 気流, (特に)高層気流.

⁺áir strìke 名 空爆, 空襲《★主に攻撃する側から見た時の表現; cf. air raid》.

⁺áir·strìp 名《空》(仮設)滑走路.

áir tàxi エアタクシー《近距離用の不定期の旅客機》.

áir términal 名 エアターミナル《空港にあるターミナルビルまたは都市内の搭乗案内集合所》.

áir·tìght 形 ❶ 密閉した, 気密の. ❷ 攻撃のすきのない; 相手につけ入るすきを与えない, 完璧な.

áir·tìme 名 ⓤ ❶ (ラジオ・テレビの番組の)放送時間. ❷ (広告用の)放送時間.

áirtime provìder 名 携帯電話サービス会社.

áir-to-áir 形 Ⓐ 飛行中の飛行機から飛行機への, 空対空の: ～ refueling 空中給油 / ～ rockets [missiles] 空対空ロケット[ミサイル].

áir-to-súrface 形 Ⓐ〖軍〗空対地の.

áir-tràffic contról 名 ⓤ〖空〗航空交通管制《略 ATC》.

⁺áir-tràffic contróller 名〖空〗航空交通管制官.

áir vìce-márshal 名〖英空軍〗少将.

⁺áir wáves 名 (テレビ・ラジオの)放送電波.

áir·wày ❶ 〖解〗気道, 気管. ❷ [A～; ～s で; 単数扱い] 航空会社: British *Airways* 英国航空(会社). ❸ 航空路. ❹ 〖鉱山〗風道.

áir·wòman 名 女性飛行家[操縦士, 乗員]; 女子空軍兵《現在は非公用語》.

áir·wórthiness 名 ⓤ (航空機の)耐空性.

áir·wórthy 形 耐空性のある, 飛行に耐える.

⁺áir·y /é(ə)ri/ 形 (air·i·er; air·i·est) ❶ 風通しのよい: an ～ room 風通しのよい部屋. ❷ **a**《古》〈人の〉軽快な; 優美な. **b** うきうきした, 快活な. ❸ **a** うわついた, 軽薄な, いい加減な: an ～ reply 軽薄な返事. **b** 空疎[空虚]な, 実体[実質, 現実味]のない. ❹ 気取った. ❺ 空気の; 空気のような. (名 air)

áiry-fáiry 形 ❶ 優雅な, 美しい. ❷《口》〈考え・計画などが〉非現実的な, 空想的な.

⁺áisle /áɪl/ 名 ❶ **a** (教会堂の)側廊《外陣(じん)の側面の通廊; ⇒ church 挿し絵》. **b** (教会堂の座席列間の)通路. ❷ (劇場・列車・旅客機などの)通路, 通り道: Clear the ～s, please. 通路を開けてください. **gó [wálk] dòwn the áisles**《口》結婚する. **róll in the áisles**《口》〈劇場の観客が〉腹をかかえて笑う.《F<L=翼》

áisle sèat 名 (乗り物などの)通路側の席 (cf. window seat 1).

ait /éɪt/ 名《英》(特に川の中の)小島, 川中島.

aitch /éɪtʃ/ 名 H の字; H 字形(のもの).

dróp one's áitches ⇒ h 成句.

áitch·bòne 名 ❶ (牛などの)臀(でん)の骨. ❷ 牛の骨つき臀肉.

a·jar¹ /ədʒάː/ | ədʒά:/ 副形 Ⓟ〈ドアが〉半開きで.

a·jar² /ədʒάː/ 副形 Ⓟ〈…と〉不和で, 調和しないで: ～ *with* the facts 事実とくい違って.

A·jax /éɪdʒæks/ 名《ギ神》アイアス《トロイア戦争におけるトロイア攻囲軍の兵士; Achilles のよろいが Odysseus に与えられたため自殺した》.

AK《略》《米郵》Alaska.

aka, a.k.a.《略》also known as 別名….

A·ka·li /əkάːli/ 名《シク教》アカーリー派(のシク教徒)《軍事色の濃い一宗派》.

a·ka·s(h)a /ɑːkάːʃə/ 名《インド哲学》空, 天, 虚空, アーカーシャ.

AKDT《略》Alaska Daylight Time.

ak·ee /ǽki/ 名 =ackee.

A·ke·la /ɑːkéɪlə/ 名《英》(Cub Scouts の)班長, 隊長.《Kipling, *The Jungle Book* のオオカミの首領の名》

A·khe·na·ton /ɑːkənάːtɒn/ 名 アクナトン《エジプト第 18 王朝の王 Amenhotep 4 世(在位 1379-1362 B.C.) の異名》.

Akh·ma·to·va /ɑːkmάːtəvə, ɑːkmɑtóu-/, **Anna** 名 アフマートヴァ (1889-1966; ロシアの詩人).

a·kim·bo /əkímbou/ 副形 Ⓟ〈両腕が腰に張られて〉《★通例次の句で; 時に女性の挑戦的なジェスチャーでもある》: with one's arms ～ 両手を腰に当ててひじを張って / He stood (with his) arms ～ gazing at the moon. 彼は両手を腰に当てじっと月を見つめて立っていた.

⁺a·kin /əkín/ 形 Ⓟ ❶ 〈…と〉似通って, 類似して: something ～ *to* anger 怒りに似たもの / Pity is ～ *to* love.《諺》哀れみは恋に近い. ❷〈…と〉血族で, 同族で 〈*to*〉.
〖A-¹+KIN〗

ak·ra·si·a /əkréɪsi(ə) | -ziə/ 名 ⓤ〖哲〗意志薄弱. **ak·rá·tic** 形.

AK(S)T《略》Alaska (Standard) Time.

ak·va·vit /ɑ́ːkwəvìːt, ǽk- | ǽk-/ 名 =aquavit.

Al /ǽl/ 名 アル《男性(Albert, Alfred の愛称)》.

Al《記号》《化》aluminum.

AL《略》《米郵》Alabama; 《野》American League.

al- /əl, æl/ 接頭 (l の前にくるときの) ad- の異形: *allude*.

-al /(ə)l/ 接尾 ❶ [形容詞語尾] 「…の(性質の)」: post*al*, sensation*al*. ❷ [名詞語尾] 「…すること」: arriv*al* > arrive.

à la /ɑ́ːlɑː, ǽlə/ 前 ❶ …流の[に], …式の[に]. ❷ (口)…をまねて[た]. ❸《料理》…風の, …を添えた: ⇒ à la carte, à la king, à la mode. 〖F〗

Ala.《略》Alabama.

Al·a·bam·a /ǽləbǽmə¯/ 名 アラバマ州《米国南東部の州; 州都 Montgomery; 略 Ala., 《郵》 AL; 俗称 the Heart of Dixie, the Cotton State》.〖F<N-Am-Ind〗

Al·a·bam·an /ǽləbǽmən⁺/ 形 アラバマ州の, アラバマ州の人の. ── 名 アラバマ州の人.

Al·a·bam·i·an /ǽləbǽmiən⁺/ 形 名 =Alabaman.

al·a·bas·ter /ǽləbæstə | -bάːstə/ 名 ⓤ 雪花石膏(せっこう). ── 形 ❶ 雪花石膏(製)の. ❷ 白くなめらかな: her ～ arms 彼女の白くなめらかな腕.

à la carte アラカルトの[で]《献立表[定価表]によって(の), お好みの料理の[を選んで], アラカルトの[で]》(cf. table d'hôte): a dinner ～=an ～ dinner アラカルトのディナー / dine ～ アラカルトで食事する.〖F=according to the card〗

a·lac·ri·ty /əlǽkrəti/ 名 ⓤ 敏活, 敏速; 気軽: She accepted with ～. 彼女は即座に受け入れた.

A·lad·din /əlǽdn | -dɪn/ 名 アラジン《『アラビアンナイト』中の人物; 魔法のランプを手に入れた》.

Aláddin's cáve 莫大な財宝のある場所.

Aláddin's lámp アラジンのランプ《何でも人の望みをかなえさせるもの》.

à la king /à:ləkíŋ, æ̀lə-/ [通例名詞の後に置いて]《米》《料理》〈肉・魚など〉マッシュルームとピーマン入りのクリームソースで煮た. 《F=in kingly style》

Alamein ⇒ El Alamein

Al·a·mo /ǽləmòu/ 名 [the ~] アラモ《米国 Texas 州 San Antonio 市にあるカトリックの旧伝道所・とりで; 1836 年多数の人々がメキシコ軍に包囲されて全滅した; cf. David CROCKETT》.

à la mode /à:ləmóud, æ̀lə-/ ❶ [通例名詞の後に置いて]《米》パイなどにアイスクリームをのせた[添えた]: apple pie ~ アイスクリームをのせたアップルパイ. ❷ 🅟《古風》流行の, 当世風の. — 副 流行に従って, 当世風に. 《F=according to the mode》

Al·an /ǽlən/ 名 アラン《男性名》.

al·a·nine /ǽlənàm, -nì:n/ 名 Ⓤ《生化》アラニン《蛋白質中にあるアミノ酸の一種》.

Al-A·non /ǽlənàn | -nɔ̀n/ 名 アルアノン《アルコール中毒患者の家族・縁者の国際組織》.

a·lap /ɑ:lɑ́:p/ 名《インド音楽》アーラープ《ラーガ (raga) における導入部》.

a·lar /éilə | -lə/ 形 ❶ 翼[羽]の(ような), 翼のある, 翼状の. ❷《植》葉腋(えき)の, 腋生の. ❸《解》腋窩(か)の.

Alar /éilə | -lə/ 名 Ⓤ《商標》アラール《植物生長調整剤》.

***a·larm** /əlάːm | əláːm/ 名 ❶ Ⓒ 警報, 非常警報知: give a false ~ 虚報を伝えて驚かせる / give the ~ = raise [sound] the ~ 警報を発する / take ~ 驚く, 警戒する (~ 無冠詞). ❷ Ⓒ 警報器[装置], 警鐘; 目覚まし時計 (alarm clock), アラーム: sound [ring] the ~ 警笛[警鐘, 非常ベル]を鳴らす, 急を告げる / set the ~ for five 目覚ましを5時にかける / The ~ went off [rang] at five. 目覚ましは5時に鳴り出した. ❸ Ⓤ（危険に突然気づいて生じる）不安, 恐慌: in ~ 不安を感じて, 心配して. — 動 ⑬ ❶（危険を感じさせて）人を驚かす, 慌てさせる, 〈人に〉不安を感じさせる (⇒ alarmed). ❷〈人に〉警報を伝える, 危急を知らせる. ❸〈…に〉警報装置を取り付ける. 《F<It=武器をとれ》 [類義語] (1) ⇒ fear. (2) ⇒ frighten.

alárm bèll 警報ベル, 非常ベル.

alárm clòck 名 目覚まし時計.

a·lármed /-mmd/ 形 Ⓟ〈…に〉恐れて, 不安を感じて: He was ~ *at* the cry of "Fire." 彼は「火事だ」という叫び声を聞いてぎくりとした / They were ~ *by* the report of a gun. 彼らは銃声で不安を感じた / I felt very ~ *about* the rumor. 私はそのうわさにとても驚きあわてた.

***a·lárm·ing** /əlάːmɪŋ | əláːm-/ 形 不安にさせる; 大変な: at an ~ rate 大変な率で. **~·ly** 副 不安にさせるほど, 驚くほど, 大いに.

a·lárm·ism /-mìzm/ 名 Ⓤ ❶ 杞憂(ゆう), 取越し苦労; 人騒がせな予測やデマを流すこと.

a·lárm·ist /-mɪst/ 形 名 人騒がせな(人); 心配性の(人).

alárm reáction 名《生理》Ⓤ.Ⓒ 警告反応.

a·lar·um /əlǽrəm/ 名《古・詩》=alarm.

alárums and excúrsions 名 大騒ぎ, てんやわんや.

***a·las** /əlǽs/ 間 [悲嘆・憂慮などを表わして] ああ!, 悲しいかな!

Alas. (略) Alaska.

A·las·ka /əlǽskə/ 名 アラスカ州《米国北西部の州; 州都 Juneau /dʒú:nou/ -nəu/; 略 Alas., 《郵》AK; 俗称 the Last Frontier》.《Russ<Aleut 広大な土地, 本土》

Aláska Dáylight Tìme 名 Ⓤ アラスカ夏時間 (Alaska (Standard) Time の夏時間; 略 AKDT).

Aláska Híghway 名 [the ~] アラスカ公路《アラスカの Fairbanks /féəbæŋks | féə-/ とカナダの Dawson Creek /dɔ́:sn krì:k/間の道路》.

A·las·kan /əlǽskən/ 形 アラスカ(人)の. — 名 アラスカ人.

Aláska Nàtive, Aláskan Nátive 名 アラスカ先住民《アレウト族やエスキモー族などアラスカに先住する民族の人に対する呼称》.

Aláska Península 名 [the ~] アラスカ半島.

Aláska Ránge 名 [the ~] アラスカ山脈《Alaska 南部の山脈》.

---

41 Alcaic

Aláska (Stándard) Tìme 名 Ⓤ《米国の》アラスカ(標準)時《日本標準時より 18 時間遅い; 略 AK(S)T; ⇒ standard time 解説》.

alate /éileɪt/ 形 翼[羽]のある, 有翅(し)の; 翼状の部分のある.

Al-A·teen /ǽləti:n/ 名 アラティーン《アルコール中毒者の親をもつ十代の子供を守る会》.

alb /ǽlb/ 名《キ教》アルバ, 白衣《ミサなどで司祭が着用する白麻の長い服; cf. chasuble》.

al·ba·core /ǽlbəkɔ̀ː | -kɔ̀ː-/ 名 (⑬ ~, ~s)《魚》ビンナガ(マグロ).

Al·ba·ni·a /ælbéɪniə/ 名 アルバニア《バルカン半島の共和国; 首都 Tiranë, Tirana》.

Al·ba·ni·an /ælbéɪniən/ 形 アルバニア(人, 語)の. — 名 ❶ Ⓒ アルバニア人. ❷ Ⓤ アルバニア語.

Al·ba·ny /ɔ́:lbəni/ 名 オールバニー《米国 New York 州の州都; 略 Alb.》.

al·ba·tross /ǽlbətrɔ̀:s | -trɔ̀s/ 名 (⑬ ~·es, ~) ❶《鳥》アホウドリ《南太平洋に多い水鳥》. ❷《ゴルフ》《英》アルバトロス《一つのホールでパーより3打少ないスコア》. ~ around a person's neck《目的・行動などを妨げる》困難, 障害, 問題《★ Coleridge *The Rime of the Ancient Mariner* から》.

al·be·do /ælbí:dou/ 名 (⑬ ~s)《天》アルベド《太陽系天体で太陽からの入射光の強さに対する反射光の強さの比》.

Al·bee /ɔ́:lbi/, **Edward** オールビー《1928- ; 米国の劇作家》.

al·be·it /ɔːlbí:ɪt/ 接《文》たとえ…でも, …にもかかわらず (although).

Al·bert /ǽlbət | -bət/ 名 アルバート《男性名; 愛称 Al, Bert》.

Al·bert /ǽlbət | -bət/, **Prince** 名 アルバート公《1819-61; Victoria 女王の夫; the Prince Consort と呼ばれた》.

al·bert /ǽlbət | -bət/ 名《また **ál·bert cháin**》アルバート型時計鎖《チョッキに付ける》.

Al·ber·ta[1] /ælbə́ːtə | -bə́ː-/ 名 アルバータ州《カナダ西部の州; 州都 Edmonton /édməntən/》.

Al·ber·ta[2] /ælbə́ːtə | -bə́ː-/ 名 アルバータ《女性名》.

al·bes·cent /ælbés(ə)nt/ 形 白くなりかかっている; 白みをおびた.

Al·bi·gen·ses /ǽlbədʒénsi:z/ 名 ⑬ アルビ派, アルビジョア派《11-13 世紀に南フランス Albi 地方に広まった異端カタリ派 (Catharists) の一派》. **Àl·bi·gén·sian** /-ʃən, -ʃɪən/ 形

al·bi·nism /ǽlbɪnɪ̀zm/ 名 Ⓤ ❶ 白化(はく)現象, 白化症. ❷《医》白皮症, 白子(症).

al·bi·no /ælbáɪnoʊ | -bí:-/ 名 (⑬ ~s) ❶ 白子《皮膚などの色素が著しく欠けた人》. ❷《生》白化個体《白変種の動植物》.

Al·bi·on /ǽlbiən/ 名《詩》アルビオン《Great Britain, 後には England の古名; cf. Caledonia, Cambria, Erin, Hibernia》.《L=白い》

***al·bum** /ǽlbəm/ 名 ❶ **a** アルバム《写真帳・切手帳・サイン帳など》: a photo(graph) ~ 写真帳. **b**（アルバム型の）レコード入れ[ホルダー]. ❷ (LP・CD・テープの)曲集, アルバム, a double ~ 2 枚組のアルバム. 《G<L=白い(書字板)》

al·bu·men /ǽlbjúːmən | ǽlbjʊ-/ 名 Ⓤ ❶ 卵白. ❷《植》胚乳(はい). ❸ =albumin.

al·bu·min /ǽlbjúːmɪn | ǽlbjʊ-/ 名 Ⓤ《生化》アルブミン《一群の可溶性たんぱく質 (protein) の総称》.《L=白い》

al·bu·mi·nous /ǽlbjúːmənəs/ 形 たんぱく性の, たんぱく質を含む.

al·bu·mi·nu·ri·a /ǽlbjùːmən(j)ʊ́(ə)riə | -njʊ́ər-/ 名 Ⓤ《医》蛋白尿(症), アルブミン尿(症)《主として腎臓疾患の症状》.

Al·bu·quer·que /ǽlbəkə̀ːki | -kə̀ː-/ 名 アルバカーキ《米国 New Mexico 州の都市》.

al·ca·hest /ǽlkəhèst/ 名 =alkahest.

Al·ca·ic /ælkéɪɪk/ [時に a~] 形《詩学》アルカイオス格の. — 名 [通例複数形で] アルカイオス(格)詩行.

al·cal·de /ælkɑ́:ldi | -kǽlei/ 图 [時に A~]《米》(旧スペイン文化圏で)市長, 治安判事; (スペイン・ポルトガルなどの)裁判官を兼ねる市長, 刑務所長.

Al·ca·traz /ǽlkətræz/ 图 アルカトラズ《米国サンフランシスコ湾の小島; もと連邦刑務所 (1934-63) があった》.

Al·ca·zar /ǽlkəzɑ̀ə | ælkəzɑ́:r/ 图 [the ~] アルカサル《スペインに残るムーア人の王の宮殿》; [a~] (ムーア人由来の)スペインの宮殿[要塞].

al·chem·i·cal /ælkémɪk(ə)l/, **-ic** /-mɪk/ 形 錬金術(alchemy) の.

ál·che·mist /-mɪst/ 图 錬金術師.

al·che·my /ǽlkəmi/ 图 ⓊⒸ ❶ 錬金術《卑金属を黄金に変えようとした中世の研究; chemistry のもと》.❷ (ある物を他のものに変える)魔力, 秘法. 〖F＜L＜Arab＜Gk〗

al·che·rin·ga /æ̀ltʃərɪ́ŋɡə/ 图 [単数形で](オーストラリア先住民神話の)夢の時代, アルチェリンガ《人類の祖先が創造された至福の時代》.

***al·co·hol** /ǽlkəhɔ̀:l | -hɔ̀l/ 图 Ⓤ ❶ 酒, アルコール飲料. ❷ 〖化〗アルコール, 酒精.

álcohol-frée 形 アルコールの入っていない.

***al·co·hol·ic** /æ̀lkəhɔ́:lɪk, -hɑ́l- | -hɔ́l-/ 形 ❶ アルコール(性)の: ~ drinks [liquors] (諸種の)アルコール[酒]飲料. ❷ アルコール[酒]による, 飲酒による; アルコール依存症[中毒]の: ~ poisoning (急性)アルコール中毒 / ~ liver disease アルコール[飲酒]による肝臓病.━ 图 アルコール依存症[中毒]患者. 〖L＜Arab＝まぶたに塗る(特にアンチモニーの)粉末; 「昇華よってできた微細な粉末」の意から「蒸留してできた酒精」を経て現在の意味となった〗

Alcohólics Anónymous 图 アルコール依存者更生会, 断酒会《略 AA》.

⁺**al·co·hol·ism** /-lìzm/ 图 Ⓤ アルコール依存, 中毒)症.

al·co·hol·om·e·ter /æ̀lkəhɔ̀:lɑ́mətə | -hɔ̀lɔ́mətə/ 图 アルコール比重計.

al·co·pop /ǽlkoupɑ̀p | -pɔ̀p/ 图 [通例複数形で]《英》アルコポップ《アルコールの入った甘い炭酸飲料》.

Al·cott /ɔ́:lkət/, **Louisa May** 图 オールコット (1832-88; 米国の女流作家).

⁺**al·cove** /ǽlkouv/ 图 ❶ (壁などの)入りこみ, 凹所 (niche); 床の間. ❷ (部屋に付随して凹んだようにして作ってある)奥まった小室《食堂・寝室などに用いる》. ❸ (庭園・林間などの)入りこみ; あずまや.

Ald. (略) Alderman.

al·de·hyde /ǽldəhàɪd/ 图〖化〗アルデヒド.

Al·den /ɔ́:ld(ə)n/, **John** 图 オールデン (1599?-1687; Pilgrim Fathers の一人で, Longfellow の詩にうたわれた).

al den·te /ɑː déntei/ 形(パスタなど)固くてかみごたえあるように調理した, アルデンテの. 〖It=to the tooth〗

al·der /ɔ́:ldə | -də/ 图〖植〗ハンノキ《湿地に生長する落葉樹》.

álder bùckthorn 图〖植〗セイヨウイソノキ《クロウメモドキ属の低木》.

álder·flỳ 图〖昆〗センブリ《幼虫は釣りの餌》.

al·der·man /ɔ́:ldəmən | -də-/ 图 (複 -men /-mən/) ❶《米》市会議員. ❷《英》市[町]参事会員, 市助役. **al·der·man·ic** /ɔ̀:ldəmǽnɪk | -də-/ 形

Al·der·ney /ɔ́:ldəni | -də-/ 图 ❶ オールダニー島《イギリス海峡 Channel Islands の北端の島》. ❷ オールダニー種の乳牛.

álder·wòman 图 女性市会議員, 女性市参事会員.

al·di·carb /ǽldɪkɑ̀əb | -kà:b/ 图 Ⓤ 〖農薬〗アルジカルブ《ジャガイモ栽培用農薬; ジャガイモハムシやシストセンチュウ駆除用》.

Ál·dis làmp /ɔ́:ldɪs-/ 图 オルディスランプ《モールス信号を送る携帯ランプ》.

al·dol /ǽldɔ̀(:)l | -dɔ̀l/ 图 Ⓤ 〖化〗アルドール《粘りのある無色の液体で加硫促進剤・香料》.

al·do·ste·rone /ældɑ́stərò̀un | -dɔ́s-/ 图 Ⓤ〖生化〗アルドステロン《腎臓からのナトリウム排泄を抑制する副腎皮質ホルモン》.

al·dó·ste·ron·ism /-nìzm/ 图 Ⓤ〖医〗アルドステロン症

《アルドステロンの分泌過多による高血圧・手足麻痺など》.

al·drin /ɔ́:ldrən/ 图 Ⓤ〖化〗アルドリン《ナフタリン系の殺虫剤; 使用禁止になりつつある》.

Al·drin /ɔ́:ldrən/, **Edwin Eugene, Jr.** 图 オールドリン (1930-　; 人類で2番目に月面に立った米国の宇宙飛行士; 通称 'Buzz').

***ale** /eɪl/ 图 ⓊⒸ エール《麦芽醸造酒のことで beer と同義だが (古風), 特定のタイプのビールが, brown ale, pale ale などの名称で呼ばれている》: ⇨ Ádam's ále. 〖OE; 原義は苦いもの〗

a·le·a·tor·ic /èɪliətɔ́(:)rɪk | -tɔ́r-/ 形〖楽〗偶然性の, アレアトリックの.

a·le·a·to·ry /éɪliətɔ̀:ri | -təri, -tri/ 形 ❶〖法〗偶然に左右する; 射倖(きょう)的な, 賭博(とばく)の(ような). ❷〖楽〗=aleatoric.

Al·ec(k) /ǽlɪk/ 图 アレック《男性名; Alexander の愛称》.

a·lee /əlí:/ 副 〖海〗風下に[へ].

ále·hòuse 图 (昔の)ビヤホール, ビール酒場.

a·lem·bic /əlémbɪk/ 图 ❶ (昔の)蒸留器, ランビキ. ❷ 浄化[純化]するもの.

A·lep·po /əlépou/ 图 アレッポ《シリア北部の市》.

Aléppo gáll 图 〖植〗(Aleppo 地方のアレッポガシにできるタマバチによる)アレッポ没食子(もっしょくし).

***a·lert** /əlɔ́:t | əlɔ́:t/ 形 (more ~; most ~) ❶ 油断のない, 注意を払っている (attentive): an ~ driver 注意している運転手 / You must be ~ to the coming danger. 迫ってくる危険に注意を怠るな. ❷ 機敏な, 敏捷(びんしょう)な: an ~ boy 敏捷な少年 / He was ~ in responding to the crisis. 彼はてきぱきとその危機に対応した.━ 图 ❶ (緊急事態の)警戒態勢[状態]; 非常警戒: The troops were put on high [full] ~. 軍隊は厳重に[完全]警戒態勢をしいた. ❷ (緊急事態の)警報; 警報発令期間: a smog ~ スモッグ警報. **on the alért** 油断なく警戒[待機]して [for; against]. ━動 ❶ (住民・地域などに)警報を出す. ❷ (兵隊などに)警戒態勢をとらせる; 非常待機をさせる ❸ 〈人に X...のことに対して〉警告する, 注意する: His doctor ~ed him to the danger of smoking. 医者は彼に喫煙の危険に対して注意をうながした. **~·ly** 副 油断なく警戒して; 機敏に. **~·ness** 图 〖F＜It〗

al·e·u·rone /ǽljuròun/ 图 Ⓤ〖植〗糊粉(こふん), アリューロン《粒状蛋白質》.

A·leut /əlú:t/ 图 Ⓒ Ⓤ〖植〗糊粉(ここ), **a** [the ~(s)] アレウト族《アリューシャン列島・アラスカなどに住む種族》. **b** Ⓒ アレウト族の人. ❷ Ⓤ アレウト語.

A·leu·tian /əlú:ʃən/ 形 ❶ アリューシャン列島の. アレウト族[語]の.━ 图 ❶ =Aleut 1. ❷ [the ~s]= Aleutian Islands.

Aléutian Íslands 图 [the ~] アリューシャン列島, アレウト列島 《米国 Alaska 州に属する》.

⁺**Á lèvel** 图《英》❶ =advanced level. ❷ 上級課程科目中の合格科目.

al·e·vin /ǽləvɪn/ 图 (サケ・マスなどの)稚魚.

ále·wife 图 (複 -wives) 〖魚〗エールワイフ《北米大西洋岸産のニシン科の一種; 食用》.

Al·ex /ǽleks, élɪks/ 图 アレックス《男性名; Alexander の愛称》.

Al·ex·an·der /æ̀lɪɡzǽndə | -zá:ndə/ 图 アレグザンダー《男性名; 愛称 Alec(k), Alex》.

Alexánder technìque 图 [the ~] アレクサンダー法《オーストラリアの俳優 F. M. Alexander (d. 1955) が開発した姿勢矯正健康法》.

Alexánder the Gréat 图 アレクサンドロス[アレキサンダー]大王 (356-323 B.C.; マケドニアの王).

Al·ex·an·dra /æ̀lɪɡzǽndrə | -zá:n-/ 图 アレグザンドラ《女性名; 愛称 Sandra, Sondra》.

Al·ex·an·dri·a /æ̀lɪɡzǽndriə | -zá:n-/ 图 アレクサンドリア《エジプト北部, ナイル川河口の海港; Alexander 大王が建設したヘレニズム文化の中心地》.

Al·ex·an·dri·an /æ̀lɪɡzǽndriən | -zá:n-/ 形 ❶ アレクサンドリア (Alexandria) の. ❷ アレキサンダー大王(Alexander the Great) の.

Al·ex·an·drine /æ̀lɪɡzǽndri:n | -draɪn/ 形 〖韻〗ア

al·ex·an·drite /ǽlɪgzǽndraɪt | -zá:n-/ 名 UC 《鉱》アレキサンドライト (⇒ birthstone).

a·lex·i·a /əléksiə/ 名 U 失読(症).

al·fal·fa /ælfǽlfə/ 名 U 《植》ムラサキウマゴヤシ, アルファルファ《マメ科の重要な飼料作物》.

alfalfa sprout 名 アルファルファもやし《サラダ用》.

Al Fat·ah /ælfǽtə/ 名 ファタハ, アルファタハ《PLOの主流穏健派》.

Al·fi·sol /ǽlfɪsò(:)l | -sòl-/ 名 《土壌》アルフィソル《鉄含量の大きい表土をもつ湿った土壌》.

Al·fred /ǽlfrɪd/ 名 アルフレッド《男性名; 愛称 Al, Alf》.

Alfred the Great アルフレッド大王《849-899; 中世英国の Wessex 王国の国王 (871-899)》.

al·fres·co /ælfréskou/ 形 副 戸外で(の): an ~ meal 戸外での食事.

Alf·vén wàve /ǽlfvéɪn-, -vén-/ 名 《理》アルベーン波《電導性流体が磁場の中にあるときの磁気流体波動》.

alg.《略》algebra.

†**al·gae** /ǽldʒi:/ 名 複《-ga /-gə/》《植》藻類.

al·ge·bra /ǽldʒəbrə/ 名 U 代数(学).

al·ge·bra·ic /ǽldʒəbréɪɪk✓/ 形 代数の, 代数学(上)の.

àl·ge·brá·i·cal /-bréɪk(ə)l-/ 形 =algebraic. **~·ly** /-kəli/ 副

al·ge·bra·ist /ǽldʒəbrèɪɪst/ 名 代数学者.

Al·ger /ǽldʒə | -dʒə/ 名, **Horatio** アルジャー《1832-99; 米国の聖職者・少年読物作家》.

Al·ge·ri·a /ældʒí(ə)riə/ 名 アルジェリア《北アフリカの共和国; 1962年フランスから独立; 首都 Algiers》.

Al·ge·ri·an /ældʒí(ə)riən/ 形 アルジェリア(人)の. —— 名 アルジェリア人.

-al·gi·a /ǽldʒ(i)ə/ 名 《連結形》「…痛」: neuralgia.
-al·gic /ǽldʒɪk/ 形《連結形》

al·gi·cide /ǽldʒəsàɪd/ 名 殺藻薬[剤], アルジサイド《硫酸銅など》.

Al·giers /ældʒíəz | -dʒíəz/ 名 アルジェ《アルジェリアの首都; 港町》.

al·gi·nate /ǽldʒənèɪt/ 名 UC 《化》アルギン酸塩《エステル》, アルギナート.

al·gín·ic ácid /ældʒínɪk-/ 名 U 《化》アルギン酸《褐藻から採るゲル状物質; アイスクリーム・化粧品の乳化剤》.

ALGOL /ǽlgɑl, -gɔ:l | -gɔl/ 名 U 《電算》アルゴル《主に科学計算用のプログラム言語の一種》.《algo(rithmic) l(anguage)》

al·go·lag·ni·a /ǽlgoulǽgniə/ 名 U 《精神医》疼痛性愛, 苦痛嗜愛, アルゴラグニー《sadism と masochism を含む》.

al·gol·o·gy /ælgáləʤi | -gɔ́l-/ 名 U 藻類学. **-gist** 名
al·go·log·i·cal /ǽlgoulɑ́dʒɪk(ə)l | -lɔ́dʒ-✓/ 形

Al·gon·ki·an /ælgɑ́ŋkiən | -gɔ́ŋ-/, **-kin** /-kɪn/ =Algonquian.

Al·gon·qui·an /ælgɑ́ŋk(w)iən | -gɔ́ŋ-/, **-quin** /-k(w)ɪn/ 名《複 ~, ~s》**a** [the ~(s)] アルゴンキン族《カナダ・米国東部に住む北米先住民》. **b** C アルゴンキン族の人. **c** U アルゴンキン語.

al·go·rism /ǽlgərìzm/ 名 ❶ U (1, 2, 3…9, 0 を用いる)アラビア式記数法, アラビア数字算法; 算術. ❷ =algorithm. **al·go·ris·mic** /ǽlgərízmɪk✓/ 形《F<L<Arab》

al·go·rithm /ǽlgərìðm/ 名 U 演算法[方式], 算法, アルゴリズム. **al·go·rith·mic** /ǽlgərɪ́ðmɪk✓/ 形 《↑; 今の形は arithmetic との混同》

al·gua·cil /ǽlgwəsí:l/ 名《複 -ci·les -sí:leɪs/》《スペインの》巡査, 警察官.

Al·ham·bra /ælhǽmbrə/ 名 [the ~] アランブラ[アルハンブラ]宮殿《スペインの Granada /grənɑ́:də/ 付近にある 13-14世紀ごろのムーア (Moor) 人の建てた王宮・古城; アラビア建築の粋》.

Ali /ɑ́:li/, **Muhammad** アリ《1942- ; 米国のボクサー; 世界ヘビー級チャンピオン (1964-67, 74-78, 78-79)》.

†**a·li·as** /éɪliəs/ 副 一名…, 別名[通称]は: Eric Blair ~ George Orwell エリック・ブレア別名ジョージ・オーウェル.

—— 名《複 ~·es》❶ 別名, 偽名: under an ~ 偽名を使って. ❷ 《電算》エイリアス《ファイル・変数などにつける別名》. 《L=ほかの場合には》

a·li·as·ing /éɪliəsɪŋ/ 名 U 《電算》エイリアシング《曲線がプリンターやディスプレーの解像度の制約のためになめらかでなくなること》.

Al·i Ba·ba /ǽlibɑ́:bə/ 名 アリババ《「アラビアンナイト」の中の「アリババと40人の盗賊」の主人公》.

†**al·i·bi** /ǽləbàɪ/ 名 ❶ 《口》アリバイ, 現場不在証明: set up [establish] an ~ アリバイを工作[確立]する / prove an ~ アリバイを証明する / He has a perfect ~. 彼には完全なアリバイがある. ❷ 《口》言い訳, 口実. —— 動 ❶ 《人の》アリバイを証明する; 《人のために》弁解する. —— 自 言い訳をする. 《L=ほかの場所に》

Al·ice /ǽlɪs/ 名 アリス《女性名; 愛称 Elsie》.

Álice bànd 名《英》アリスバンド《幅の広いカラーヘアバンド》.

Álice-in-Wónderland 形 ❶ 空想的な. 《L. Carroll の小説から》

Alice Springs アリススプリングズ《オーストラリア Northern Territory の町; 鉄道の終着駅で同国の内陸部地方の中心地》.

A·li·ci·a /əlíf(i)ə/ 名 アリシア《女性名; 愛称 Elsie》.

al·i·cy·clic /ǽləsáɪklɪk/ 形《化》脂環式の.

al·i·dade /ǽlədèɪd/ 名 アリダード《角度測定に用いる装置》.

*****a·li·en** /éɪliən, -ljən/ 形《more ~; most ~》❶《比較なし》**a** 外国の (foreign): an ~ friend《法》《国内に居住する》友好国民 / an ~ enemy《法》《国内に居住する》敵国人 / an ~ subject 外国の臣民. **b** 外国人の: ~ property 外国人財産. ❷ P 《…と性質を異にして, かけ離れて: It had an effect entirely ~ from the one intended. 意図していたものとはまったく別な結果になった. **b**《…と》調和しないで, 相いれなくて: Luxury is quite ~ to my nature. ぜいたくはまったく私の性に合わない. ❸ 地球圏外の. —— 名 ❶ 外国人 (foreigner). **b** 在留外国人《解説》ある国に住んでいてまだその国の国籍・市民権をもっていない人をいう; 軽蔑的な感じを伴うことがある》. ❷ 異星人, 宇宙人. —— 動 他 =alienate.《F<L<alius 別の, 異なる》

a·li·en·a·ble /éɪliənəbl, -ljə-/ 形《財産など》譲渡できる.

*****a·li·en·ate** /éɪliənèɪt, -ljə-/ 動 他 ❶《人・愛情などを》遠ざける, 不和にする《★しばしば過去分詞で形容詞的に用いる》: His coolness has ~d his friends. 彼の冷たさは彼の友人を疎遠にさせてしまった / Many youths feel ~d in modern society. 多くの若者は現代社会で疎外感を感じている / He was ~d from his sister by his drinking. 彼は飲酒癖のために姉[妹]と仲たがいして(い)た / The Romantic poets were ~d from society. ロマン派の詩人たちは社会から遊離していた. ❷《法》《財産・権利などを》譲渡する.《L; ⇒ alien》

a·li·en·a·tion /éɪliənéɪʃən, -ljə-/ 名 U ❶ 遠ざけること, 疎外, 疎遠; 疎外感. ❷《法》譲渡.

a·li·en·ist /éɪliənɪst, -ljə-/ 名 精神科医, (特に)司法精神科医.

A·life /éɪlaɪf/ 名 =artificial life.

a·li·form /éɪliəfɔ̀:m | -fɔ̀:m/ 形 翼状の《張出しのある》.

a·light[1] /əláɪt/ 動 自《~·ed, 《時に》a·lit /əlít/》❶《飛ぶ鳥が》木などに止まる: A crow ~ed on the branch. カラスはその枝に止まった. ❷《乗り物から》降りる (get off): ~ from a horse 馬から降りる. ❸《…に》出くわす, 《…を》偶然見つける《on》.

a·light[2] /əláɪt/ 形 P ❶ 燃えて: set dry leaves ~ 枯葉を燃やす. ❷ **a**《…の》火[明かり]がともって: The Christmas tree was ~ with candles. クリスマスツリーはろうそくがともっていた. **b**《喜びなどに》輝いて: His face was with joy. 彼の顔は喜びに輝いていた. **sét the wórld [plàce] alíght**《口》《めざましいことをして》世間[周囲]を驚か

す[わかせる, あっと言わせる], 名を揚げる.

+**a·lign** /əláɪn/ [動][他] ❶ [~ one*self* で]〔…と〕提携する: ~ one*self* ***with*** the liberals 自由主義者と提携する / Germany was ~*ed* ***with*** Japan in World War II. ドイツは第二次世界大戦で日本と提携していた. ❷ **a** 〈…を〉整列させる; 〈…を〉一直線にする: ~ the sights (銃の)照準を合わせる. **b** 〔…と〕〈…を〉合わせる, 調和[適合]させる〔*with*〕. ── [自] ❶〔…と〕提携する〔*with*〕. ❷ 一列に整列する. 〘F < *à ligne* 一直線に〙

+**a·lígn·ment** /-mənt/ [名] ❶ **a** [U] 一直線[一列]にする[なる]こと: in [out of] ~ (with…) (…と)一直線になって[でなく]. **b** [C] 一直線; (鉄道・道路などの)路線, ルート. ❷ **a** [U] 提携 (affiliation). **b** [C] 提携したグループ[集団].

***a·like** /əláɪk/ [形] [P] (more ~; most ~) 〈複数の人・ものが〉同様で, 等しくて, よく似て: Their opinions are (very) much ~. 彼らの意見は非常に似ている (★《口》では very *alike* も用いる). ── [副] (more ~; most ~) 同様に: treat all men ~ 万人を同じように遇する / young and old ~ 老いも若きも. 〘OE〙

al·i·ment /ǽləmənt/ [名] [U] ❶《古風》滋養物; 食物. ❷〘スコ法〙扶養, 扶助.

al·i·men·ta·ry /æ̀ləméntəri, -tri⁻/ [形] ❶ 栄養の. ❷ 扶養をする.

aliméntary canál [名] [the ~]〘解〙消化管《口から肛門まで》.

al·i·men·ta·tion /æ̀ləmentéɪʃən, -men-/ [名] [U] ❶ 栄養, 滋養. ❷ 扶養.

al·i·mo·ny /ǽləmòuni | -mə-/ [名] [U]〘法〙扶助料《夫[妻]が別居または離婚した妻[夫]に支払う扶養料》.

a·line /əláɪn/ [動] =align.

Á-lìne [形] 〈婦人服が〉A ラインの《上がぴったりして下がゆったりしたドレスにいう》.

a·líne·ment /-mənt/ [名] =alignment.

al·i·phat·ic /æ̀ləfǽtɪk⁻/ [形]〘化〙〈有機化合物が〉脂肪族の. ── [名] 脂肪族化合物.

al·i·quot /ǽləkwɑ̀t | -kwɔ̀t/ [名] ❶〘数〙約数《aliquot part ともいう》. ❷ (等分した)部分, 部分標本. ── [動][他] 等分する.

al·i·sphe·noid /æ̀ləsfíːnɔɪd/ [名]〘解〙蝶形骨状軟骨.

Á-lìst /éɪ-/ [形] 最高の部類に属する.

a·lit [動] alight[1] の過去形・過去分詞.

a·lit·er·ate /eɪlítərət, əl-/ [名] (文字が読めるのに)活字[本]を読まない人, 活字嫌い. ── [形] ものを読まない, 活字離れの[嫌いの]. **a·lít·er·a·cy** /-rəsi/ [名] [U] 文字[本]を読もうとしないこと, 不読.

a·live** /əláɪv/ [形] [P] (more ~; most ~) ❶ (比較なし) **a** 生きて (↔ dead) (★ 同じ意味の [A] の [形] は live /láɪv/): be buried ~ 生き埋めになる[される] / catch a lion ~ ライオンを生け捕りにする / keep a person ~ 人を生かしておく. **b** [最上級の形容詞をもつ名詞などの後で用い, それらを強めて] 生きている者の(うちで): the happiest man ~ 生きている者のうちで一番の幸せ者 / any man ~ だれもかれも. ❷ 活動して; 存続して: He keeps her memory ~. 彼は彼女の思い出をずっと忘れないでいる / The book kept my interest ~. その本は興味が尽きなかった. ❸ 生き生きした, 活発な: She's an ~ and stimulating person. 彼女は活気があって刺激となるような人だ / The office was ~ ***with activity. その事務所は活気づいていた. ❹ 〈場所が〉〔…で〕群がって, 満ちて: a pond ~ ***with*** fish 魚がうようよしている池. ❺〔危険などに〕気づいて, 敏感で: He's ~ only ***to*** his own interests. 彼はただ自分の利益に抜けめがない. ❻ 〈電気・電話など〉通じて.

alíve and kícking 元気で, ぴんぴんして; 現存して; 好調[成功, 活発な活動]を続けて.

alíve and wéll (うわさに反して)元気で.

(as) súre as I am alíve まったく確かに.

bríng…alíve 〈…を〉面白くする, 真に迫らせる; 活気づける, 生き生きとさせる; 生き返らせる.

còme alíve 〈物語など〉おもしろくなる, 真に迫る; 〈場所など〉活気を帯びる; 〈人・物など〉元気づく, 生き生きとする.

Lóok alíve! しっかりしろ!, ぐずぐずするな!, 気をつけろ!

Mán alíve!《口》おい何だと!, 冗談じゃない!, これはこれは!

〘OE; ⇨ a-[1], life〙【類義語】⇨ living.

a·li·yah /ɑːlíːjɑː/ [名] (複 **ali·yoth** /ɑ̀ːlijóus, -t/) ❶ [C] アーリヤー《ユダヤ教会で Torah の一部を朗読する前後に賛美の祈りをささげるため会堂の小卓に進むこと》. ❷ [U] アーリヤー《ユダヤ人のイスラエルへの移住》.

a·liz·a·rin /əlízərɪn/ [名] [U] ❶〘化〙アリザリン《紅色色素》. ❷ アリザリン染料.

al·ka·hest /ǽlkəhèst/ [名] (錬金術の)万物融化液.

al·ka·li /ǽlkəlàɪ/ [名] (複 ~s, ~es) [C,U]〘化〙アルカリ. 〘L < Arab=灰〙

al·kal·ic /ælkǽlɪk/ [形]〘地〙〈火成岩が〉アルカリ(性)の.

álkali féldspar [名]〘鉱〙アルカリ長石《カルシウムをほとんど含まずナトリウムとカリウムを含有する長石》.

álkali mètals [名] 複 アルカリ金属.

+**al·ka·line** /ǽlkəlàɪn, -lɪn | -làɪn/ [形]〘化〙アルカリ(性)の (↔ acid).

álkaline éarth [名]〘化〙アルカリ土類金属 (beryllium, calcium, strontium, barium, magnesium, radium).

al·ka·lin·i·ty /æ̀lkəlínəṭi/ [名] [U]〘化〙アルカリ度[性].

al·ka·lize /ǽlkəlàɪz/ [動][他] アルカリ化する. **al·ka·li·za·tion** /æ̀lkəlɪzéɪʃən | -laɪz-/ [名] [U] アルカリ化.

al·ka·loid /ǽlkəlɔ̀ɪd/ [名]〘化〙アルカロイド《植物塩基; nicotine, morphine, cocaine など》.

al·ka·lo·sis /æ̀lkəlóusɪs/ [名] [U]〘医〙アルカローシス《アルカリ血症》.

al·ka·net /ǽlkənèt/ [名]〘植〙アルカンナ; ムラサキ.

al·kene /ǽlkiːn/ [名]〘化〙アルケン《エチレン列炭化水素》.

al·kyd /ǽlkɪd/ [名]〘化〙アルキド樹脂.

al·kyl /ǽlk(ə)l/ [名] [U]〘化〙アルキル(基). ── [形] アルキル基の[を含む].

al·kyl·ate /ǽlkəlèɪt/ [動][他]〘化〙〈有機化合物を〉アルキル化する. **àl·kyl·á·tion** [名]

al·kyne /ǽlkaɪn/ [名]〘化〙アルキン《アセチレン列炭化水素》.

***all** /ɔ́ːl/ [形] ❶ **a** [単数名詞の前に置いて] **全体の, 全部の, 全…** ([用法] しばしば副詞句になる): ~ day [night] (long) 終日[夜] / ~ morning (long) 午前中ずっと / ~ yesterday 昨日中 / He lived here ~ his life. 彼は一生涯ここに暮らした / What have you been doing ~ this time? これまでずっと何をしていたのですか. **b** [複数名詞の前に置いて] **あらゆる, すべての, みな**: ~ people 人はみな / in ~ directions 四方八方に / in ~ respects あらゆる点で / ~ the students of this school この学校の全生徒 / ~ his friends 彼のすべての友人. ❷ [性質・程度を表わす抽象名詞を修飾して] **あらん限りの, 最大の, 最高の**: with ~ speed 全速力で / make ~ haste 大急ぎに急ぐ / in ~ truth 正真正銘, 紛れもなく / in ~ sincerity 誠心誠意. ❸ …**だけ, ばかり**: ~ words and no sense 言葉だけでつじつまが合わない / This is ~ the money I have. 私の持っているお金はこれだけだ. ❹ [修辞的強意表現として補語または同格に用いて] **a** [抽象名詞を修飾して] まったく…そのもので: She's ~ kindness. 彼女は親切そのものだ / He's ~ attention. 彼は全身を耳にして謹聴している. **b** [身体の一部分を表わす名詞を修飾して] 全身…ばかりで, 全身を…にして: She was ~ ears [smiles]. 彼女はまったく謹聴[にこにこ]していた / He's ~ arms and legs. 彼は腕と脚ばかりだ《ひょろひょろしている》. ❺ [否定的な意味の動詞や前置詞の後に用いて] 一切の, なんらの: I deny ~ connection with the crime. 私はその犯罪になんの関係もない / beyond ~ doubt なんらの疑いもなく.

> [語法] (1) all は定冠詞・指示形容詞・所有格の人称代名詞などの前に置く: ~ *the* world / ~ *these* children / ~ *her* life.
> (2) all が否定文で用いられると部分否定を表わす. ただし, all と not が離れたりすると全体否定になることもある: *Not* ~ men are wise. すべての人が賢いとは限らない / *A*~ the people did*n't* agree. みんなが賛成したわけではなかった(部分否定); みんな賛成しなかった(全面否定).

and áll thát 《口》...やら何やら, (および)...など: He said he had to lay me off because the times were bad *and* ~ *that*. 彼は景気が悪いとか何とかで私を首にするしかないと言った / He used to take drugs *and* ~ *that*. 彼は麻薬やら何やらやっていた.

as áll thát ⇨ as 接 成句. be áll thúmbs ⇨ thumb 名 成句. for áll... ⇨ for 前 成句.

of áll... 《口》数ある...の中で, こともあろうに..., よりによって: They chose me, *of* ~ people. 彼らは人もあろうに[よりによって]私を選んだ / Why are you going to Iceland, *of* ~ countries? 数ある国の中でよりによってどうしてアイスランドへ行くのですか.

on áll fóurs ⇨ all fours 成句.

── 代 ❶ [単数扱い] **a** すべて(のもの), 万事: *A*~ is lost. 万事がだめになった(もはやこれまで) / *All* was still. あたりはまったく静まりかえっていた / *All's* well that ends well. ⇨ well[1] 形[2] 2. **b** [関係詞節を従えて] (...の)すべてのこと (★関係代名詞は通例省略される): *A*~ I said was this. 私の言ったのはこれだけだ / *A*~ you have to do is ask. ただ尋ねればよいことだ. **c** [同格にも用いて] 全部, すっかり: He ate ~ of it. =He ate it. 彼はそれを全部食べた / *A*~ [《米口》*A*~ of] the milk was spilt. =The milk was ~ spilt. ミルクは全部こぼれていた. ❷ [複数扱い] **a** すべての人々: *A*~ were happy. みな喜んでいた (★ *Everybody was happy*. のほうが口語的). **b** [同格にも用いて] だれも, みな (★通例代名詞の場合に用いる; 代名詞の前に来る時は all of... の形式をとる): We ~ have to go. =*A*~ of us have to go. 我々はみな行かねばならない / They were ~ happy. =*A*~ of them were happy. みな幸福だった / I like them ~. 私は彼ら[それら]がみな好きだ. **c** [all of the [these, those]...で] すべて, みんな: ~ *of* the boys 少年たちみんな / ~ *of* these books これらの本すべて. **d** [呼び掛けに用いて] 皆さん: Morning ~! 皆さんおはよう.

用法 all が否定文で用いられると部分否定を表わす: *A*~ that glitters is *not* gold. 《諺》輝く物すべてが金とは限らない.

abóve áll ⇨ above 前 成句. áfter áll ⇨ after 前 成句.

áll and súndry ⇨ sundry 成句. áll but ⇨ but 前 1a.

áll in áll (1) [通例文頭に用いて] 大体において, 概じて(いえば): *A*~ *in* ~, it was a very satisfactory meeting. 概してとても満足のいく会合であった. (2) 全部で, 合計 (★この意味では in all のほうが一般的): He read the book three times(,) ~ *in* ~. 彼はその本を全部で3度読んだ. (3) 何よりも大切で: She wanted to be his ~ *in* ~. 彼女は彼の最愛のものになりたいと思った.

áll of... (1) ...全部で (⇨ 代 1 c). (2) だれも, みな (⇨ 代 2 b). (3) ...すべて, みんな (⇨ 代 2 c). (4) すっかり...の状態で: Things were ~ *of* a muddle. 事態はすっかりこんがらがっていた. (5) [数詞を伴って] まったく, たっぷり, 少なくとも: He's ~ *of* six feet tall. 彼は優に6フィートある.

áll of a súdden ⇨ sudden 成句.

áll or nóthing 《条件など》妥協を許さない, イエスかノーか(で) (cf. all-or-nothing). (2) 一か八かで, のるかそるかで).

and áll (1) その他すべて, など: The dog ate it, bone *and* ~. その犬はそれを骨まで食べた / There he sat, pipe *and* ~. 彼はパイプなんかくゆらして座っていた. (2) 《口》...だったりして [不満の口調]: What with the traffic *and* ~, I may be late. 道が込んでるから遅れるかもしれない.

at áll (1) [否定文に用いて] 少しも(...でない): I don't trust him *at* ~. 彼を全然信頼していない / "Thank you so much." "Not *at* ~." 「どうもありがとう」「どういたしまして」. (2) [疑問文に用いて] 少しでも, 一体: Is there any truth *at* ~ in the rumor? そのうわさに一体本当のことがあるのか. (3) [条件文に用いて] 少しでも, いやしくも: If you do it *at* ~, do it right. どうせやるならちゃんとやれ / He eats little, if *at* ~. 彼は食べるにしてもごくわずかだ.

in áll 全部で, 合計で (altogether): That makes [comes to] $25 *in* ~. それで合計25ドルになる.

in áll but náme ⇨ name 名 成句.

ónce (and) for áll ⇨ once 副 成句.

óne and áll だれもかれも, どれもこれも: I thank you, *one and* ~! ありがとう, 皆さん!

── 名 [one's ~ で] 全部, 全所有物: He lost his ~. 彼はいっさいを失った / She gave it her ~. 彼女はそれに全力を注いだ.

── 副 ❶ まったく, すっかり: be ~ covered with mud すっかり泥まみれだ / be dressed ~ in white 白ずくめの服装をしている. ❷ ただ単に, ...だけ: He spends his money ~ on books. 彼はもっぱら本を買うためにだけ金を使う. ❸ [the+比較級の前に用いて] それだけ, ますます: You'll be ~ *the better* for a rest. 休みをすれば(それだけ)気分もよくなりますよ. ❹ 《スポ》双方とも: The score is one [fifteen] ~. 得点は双方1点[15点]だ.

àll alóng ⇨ along 副 成句. áll at ónce ⇨ once 名 成句. áll but... ⇨ but 前 成句.

áll ín 《口》疲れ切って (exhausted).

áll óne まったく同じことで, どうでもいいことで: It's ~ *one to me*. 私にはどうでもいいことだ.

áll óut 《口》(1) すっかり, まったく. (2) 全力を傾けて, 総力をあげて; 全速力で (cf. all-out): He went ~ *out* to win. 彼は勝つために全力を傾けた. (3) すっかり疲れて.

áll óver (1) まったく終わって: Relax! It's ~ *over*. 気を楽にしなさい, すべて終わったのですから / It's ~ *over* with [《米》for] him. 彼はもうだめだ. (2) そこいら中, いたるところ: I looked ~ *over* for it. それをあちこち探した. (3) 体中: I feel hot ~ *over*. 体中が熱っぽい. (4) [口] まったく, そっくり, あらゆる面で: That's Harris ~ *over*. それはいかにもハリスらしい.

áll over... (1) [àll òver...]のいたるところに; ...の上一面に (⇨ over 前 2): ~ *over* the world 世界中(いたるところ)に[で] / He spilled coffee ~ *over* the desk. 彼は机の上一面にコーヒーをこぼした. (2) [àll óver...]《口》...に夢中だ, べったりだ: He was ~ *over* me at the party. 彼はパーティーで私にご執心だった.

áll ríght ⇨ right[1] 副 形 成句. áll sét ⇨ set 形 4 a.

áll thát (1) [形容詞の前に置き, 否定・疑問文に用いて] 《口》 それほどまでに...: The problem isn't ~ *that* difficult. その問題はそんなに難しくはない. (2) [否定文で] 《俗》それほどでも(ない).

Áll the bést! ⇨ best 名 成句. áll thére ⇨ there 副 成句. àll the sáme ⇨ same 形 成句. áll the tíme ⇨ time 名 成句. áll the wáy ⇨ way[1] 成句. àll togéther ⇨ together 副 3 a. áll tóld ⇨ tell[1] 成句.

áll tòo ⇨ too 成句.

áll úp 《英口》万事休止して: It's ~ *up with* him. 彼はもうだめだ.

áll vèry wéll [fíne] (, but...) [不満の表現で] まことにけっこうだが(...): That's ~ *very well, but* think how she must feel. それは大変けっこうだが彼女がどう感じているか考えてみなさい.

(àll) wéll and góod ⇨ well[1] 副 成句.

be áll... [通例過去形で] 《米口》〈人が...〉と言う: [+引用] I said to her "You know that guy?", and she *was* ~ "Yeah, my ex." 「あいつを知っているのかい」と聞いたら, 彼女は「ええ, 元の彼よ」と言った.

be áll abòut...のことでもちきりである: The special news report *is* ~ *about* the recent earthquake. その特別報道番組は最近の地震のことでもちきりである.

be áll for...に大賛成である, を強く支持する (cf. for 前 A 16): I'm ~ *for* his suggestion. 彼の提案に大賛成である.

Thàt's áll. それだけです, それで終わりだ.

Thàt's áll there ís to it. それだけのことだ, ごく簡単だ.

【類義語】 ⇨ whole.

all- /ɔːl/ [連結形] ❶ 「純...製の, ...だけから成る」: *all*-wool 純毛の, ウール100パーセントの. ❷ 「全...(代表の)」: ⇨ All-American. ❸ 「すべてのための」: ⇨ all-purpose.

al・la bre・ve /àːləbréɪvi | àeləbréɪveɪ/ 名 《楽》アラ・ブレーヴェ (²/₂ [⁴/₂] 拍子の記号 ¢).

al・la cap・pel・la /àːləkəpélə, àelə-/ 副 形 =a cappella.

Al·lah /άːlə, ǽlə | ǽlə/ 图 アラー《イスラム教の唯一神》.

Al·lah·abad /ἀːləhəbæd, -bàː d/ アラハバード《インド北部 Uttar Pradesh 南東部の, Ganges 川に臨む市; ヒンドゥー教の聖地》.

al·la·man·da /ὰləmǽndə/ 图《植》アラマンダ《熱帯アメリカ原産キョウチクトウ科アラマンダ属の各種のつる性木本; 黄花をつける》.

⁺**Àll-Américan** 形 ❶ 全米(代表)の: the ～ team 全米代表チーム. ❷ 米国人だけから成る. ❸《人など》真に米国(人)的な. ── 图 全米代表選手.

Al·lan /ǽlən/ 图 アラン《男性名》.

al·lan·ite /ǽlənὰit/ 图 U《鉱》褐簾(れん)石.

al·lan·to·ic /ǽləntóuik⁺/ 形《解・動》尿膜[尿囊] (allantois)の[を有する].

al·lan·toid /əlǽntɔid/ 形《解》尿膜[尿囊]の.

al·lan·to·in /əlǽntouin/ 图 U《生化》アラントイン《尿酸の酸化生成物; 創傷治癒促進作用がある》.

al·lan·to·is /əlǽntouis/ 图 (圈 -to·i·des /ǽləntóuədìːz/)《動・解》尿膜, 尿囊(のう).

al·lar·gan·do /ὰːlɑːgɑ́ːndou | -lɑː gǽn-/ 副 形《楽》クレッシェンドしつつ漸次おそく(なる), アラルガンドで.

àll-aróund 形 A《米》❶ 万能の, 多才な《英》all-round): an ～ athlete 万能選手 / She has ～ ability. 彼女は多才な能力の持ち主である. ❷ 全般にわたる, 全面的な《英》all-round): an ～ improvement in quality 質の全面的改善.

⁺**al·lay** /əléi/ 動 他 ❶ 《興奮・怒りなどを》静める(calm); ～ one's excitement 興奮を静める. ❷ 《心配・苦痛などを》やわらげる, 軽くする: Her fears were ～ed by the news of her husband's safety. 夫が無事という知らせに彼女の不安もおさまった.

áll cléar, àll-cléar 图 空襲警報解除(信号): The ～ was sounded. 空襲警報解除が発令された.

àll cómers 图 徠 やってくる人全部, (特に競技への)飛び入り参加者.

àll-dáy 形 A 一日中の, 終日の: an ～ excursion 一日がかりの遠足.

al·lée /əléi/ 名 ♪─┘ 散歩道, 並木道.

*⁺**al·le·ga·tion** /ὰligéiʃən/ 图 UC (まだ立証されていない)申し立て; 主張, 弁証: ～s of sexual harassment 性の嫌がらせ[セクハラ]の申し立て.

*⁺**al·lege** /əlédʒ/ 動 他 ❶(立証はしないで)...を断言する, 強く主張する: The newspaper ～d his involvement in the crime. その新聞は彼の犯罪への掛かわり合いを主張した / It was ～d that he killed a man. 彼はある男を殺したと申し立てられた /〔+(that)〕She ～s that her handbag has been stolen. 彼女はハンドバッグを盗まれたと主張している /〔+目+to do〕He is ～d to have done it. 彼がしたのだともっぱら言われている《★ この文型は通例受身に用いる》. ❷《理由・弁解に》...を申し立てる, 言いわけに述べる: ～ illness 病気を言いわけにする /〔+目+as補〕He ～d ill health as the reason for his not coming to work. 彼は仕事をしに来なかった理由を病気だと申し立てた /〔+(that)〕He ～d that he was absent because of sickness. 彼は病気で欠席したと理由を述べた.《F=正当化する》

*⁺**al·leged** /əlédʒd/ 形 A 申し立てられた, うわさによる (cf. allege 1 ★): the ～ murderer 殺人犯人と言われる人.

⁺**al·leg·ed·ly** /əlédʒidli/ 副《文修飾》(真偽は別として)申し立てによると, 伝えられるところでは: He's ～ under police investigation. 彼は警察の取り調べを受けているそうだ.

Al·le·ghe·nies /ὰləgéiniz, -gén-/ 图 徠 [the ～] = Alleghenies Mountains.

Ál·le·ghe·ny Móuntains /ǽləgèini-, -gèn-/ 图 [the ～] アレゲーニー山脈《米国東部の山脈; アパラチア (Appalachian) 山系の支脈》.

⁺**al·le·giance** /əlíːdʒəns/ 图 UC《君主・国家などに対する》忠誠; (封建時代の)臣下の義務, 忠義: an oath of ～ 忠誠の誓い / pledge [swear] ～ to one's country 国に(対して)忠誠を誓う.

al·le·gor·ic /ὰləgɔ́ːrik | -gɔ́r-⁺/ 形 = allegorical.

al·le·gor·i·cal /ὰləgɔ́ːrik(ə)l | -gɔ́r-⁺/ 形 寓話の, 寓話的な.　 ～·ly /-kəli/ 副

al·le·go·rist /ǽləgɔ̀ːrist | -gər-/ 图 寓話作者.

al·le·go·rize /ǽləgɔ̀ːràiz | -gər-/ 動 他 寓話化する.　── 徠 寓話を用いる[作る].

al·le·go·ry /ǽləgɔ̀ːri | -gəri/ 图 ❶ C 寓意(ぐうい)物語, 寓話, アレゴリー. ❷ U アレゴリー.

al·le·gret·to /ὰləgrétou/《伊》形 副 アレグレット, やや急速の[に] (andante と allegro の中間).　── 图 (圈 ～s) アレグレットの(楽章).《It く ↓ +etto -ette》

al·le·gro /əléigrou, əlég-/《伊》形 副 アレグロ, 急速の[に] (allegretto と presto の中間; ↔ lento).　── 图 (圈 ～s) アレグロの(楽章).《It は活気のある》

al·le·le /əlíːl/ 图《発生》対立遺伝子, 対立形質, 対立因子.　-lél·ic 形

al·le·lo·morph /əlíːləmɔ̀ːrf | -mɔ̀ː-/ 图 = allele.

al·le·lo·mor·phic /əlìːləmɔ́ːrfik | -mɔ́ː-⁺/ 形

al·le·lop·a·thy /ὰləlɔ́pəθi | -lɔ́pə-/ 图 U《生態》他感作用, アレロパシー《他種の植物体から出る化学物質により植物がうける影響; 特に発育阻害》.　**al·le·lo·path·ic** /əlìːləpǽθik⁺/ 形

al·le·lu·ia(h) /ὰləlúːjə/ 间 图 = hallelujah.

Al·len /ǽlən/ 图 アレン《男性名》.

Al·len /ǽlən/, **Ethan** 图 アレン (1738-89; 米国独立戦争の軍人).

Allen, Woody 图 アレン (1935- ; 米国の劇作家・演出家・俳優・映画監督).

Állen kèy 图 = Allen wrench.

Állen scrèw 图 アレンボルト《頭に六角形の溝のついたボルト》.

Állen wrènch 图 アレンレンチ《Allen screw 用の L 字型鋼鉄製六角棒》.

al·ler·gen /ǽlədʒèn, -dʒən | ǽlə-/ 图 アレルゲン《アレルギー反応の原因となる物質》.　**al·ler·gen·ic** /ὰlədʒénik | ὰlə-⁺/ 形 アレルゲン性の, アレルギー反応を誘発する.

⁺**al·ler·gic** /əlɚːdʒik | əlɚː-/ 形 ❶ アレルギー(性)の; 〔...に対して〕アレルギーを起こして: an ～ disease [rash] アレルギー性疾患[発疹] / an ～ reaction アレルギー反応 / She's ～ to pollen. 彼女は花粉アレルギーだ. ❷ P [［...が大嫌いで (averse): He's ～ to work. 彼は仕事嫌いだ.《allergy》

al·ler·gist /ǽlədʒist | ǽlə-/ 图 アレルギー専門医.

*⁺**al·ler·gy** /ǽlədʒi | ǽlə-/ 图 C ❶ 《病理》アレルギー, 過敏(性)[症]: an ～ to milk 牛乳アレルギー. ❷ 《口》大嫌い, 毛嫌い: He has an ～ to books. 彼は本が大嫌いだ.《G < Gk < allos 別の +ergon 作用, 仕事 (cf. energy)》

⁺**al·le·vi·ate** /əlíːvièit/ 動 他《苦痛・苦悩を軽くする, 少なくする (ease);《問題などを》緩和する: A cold compress often ～s pain. 冷湿布をあてると痛みがやわらぐ.《L》

al·le·vi·a·tion /əlìːvièiʃən/ 图 ❶ U 軽減, 緩和: the ～ of tension 緊張の緩和. ❷ C 軽減[緩和]するもの.

al·le·vi·a·tive /əlíːvièitiv/ 形 軽減[緩和]する.

⁺**al·ley**¹ /ǽli/ 图 C (圈 ～s) ❶ **a** (都市で建物の間にある)路地, 小路(こうじ), (狭い)裏通り: ⇒ blind alley. **b** (庭園・公園などの木々や低木で縁取られている)細道, 小道. ❷ **a** (skittles, bowling などのボールを転がす場, レーン. ❷《米》(テニスコートの)アレー《左右 2 本ずつのサイドラインで仕切られた区域; 内側の線はシングルス, 外側の線はダブルス用》. **c** [時に複数形で] 球戯場, ボウリング場. **(right) úp [dówn] a person's álley** 《口》人の好み[性(しょう)]に合って: Football is right up his ～. フットボールは彼の好みにぴったり合っている.《F》【類義語】⇒ path.

al·ley² /ǽli/ 图 (大理石などの)ビー玉.

álley càt 图 (裏通りをうろつく)のら猫.

al·ley-oop /ˌæliúːp/ 間 よいしょ！《物を持ち上げたり起き上がったりするときの発声》. ── 名 《バスケ》アリーウープ《バスケット近くへの高いパス(をうけて行なうダンクシュート)》.

†**álley·wày** 名 ❶ 路地, 横町. ❷ 狭い通路.

all·fi·nanz /ɔːlfɪnæns/ 名 [単数形で]《金融》アルフィナンツ《銀行業と保険業を融合した業務形態》.

áll-fìred 副 [後に続く形容詞を強調して]《米口》ひどく, おそろしく, すさまじく, ものすごく.

Áll Fóols' Dày 《解説》いたずら免の４月１日; April Fools' Day ともいう; かつがれた人に向けられる言葉は April fool; 万聖節は All Saints' Day という》.

áll fóurs 名 複 ❶ a 《動物の》四つ足. b 《人の》手足. ❷ [単数扱い] オールフォア《トランプの遊び方の一種》. **on áll fóurs** 四つんばいで: **get down** *on* ~ 四つんばいになる / **go** *on* ~ 四つんばいで行く.

*al·li·ance /əláɪəns/ 名 ❶ 〖Ｃ〗《相互利益のためなどの》同盟(を結ぶこと); 同盟関係: **form [enter into] an ~ with**...と同盟［提携］する. ❷ 〖Ｃ〗 縁組《*between*》. **in alliance with**...と連合［結託］して. (動 **ally**¹).

al·li·cin /æləs(ə)n | -sɪn/ 名 〖Ｕ〗《生化》アリシン《ニンニクから抽出される無色油状液体の抗菌性物質》.

*al·lied /ǽlaɪd, əláɪd/ 形 ❶ a 同盟している; 〔...と〕結びついて《*with*, *to*》. b [A-] 連合国側の; the A~ Forces 連合国軍《略 A.F.》. ❷ 〖Ｐ〗 同類の, 同属の, 類似の: an ~ species 同類の種(は) / Dogs are ~ *to* wolves. 犬はオオカミと同属である.

Al·lies /ǽlaɪz, əláɪz/ 名 複 [the ~] = ally 名 2.

†**al·li·ga·tor** /ǽlɪgèɪtɚ | -tə/ 名 ❶ 〖Ｃ〗 a 《動》 アリゲーター《一般に crocodile より小型のワニで, 吻(な)が短く, 口を閉めると外から歯が見えない; 米国・中国産; cf. crocodile 1a》. b 〖Ｕ〗 ワニ革. ❷ 〖Ｃ〗《機》わに口《かみ合う機械》. 《Sp=the lizard》

álligator lìzard 名 《動》アリゲータートカゲ《北米西部・中米産のワニに似た小型のトカゲ数種の総称》.

álligator pèar 名 = avocado.

álligator snápper 名 《動》ワニガメ《米国のメキシコ湾に臨む州の河川・湖などに生息するカミツキガメ科の巨大なカメで, 淡水産では世界最大》.

áll-impórtant 形 最も［きわめて］重要な.

áll-ín 形 《英》全部込みの, 込み込みの: an ~ 5-day tour 全費用込みの５日の旅.

áll-inclúsive 形 すべてを含む, 包括［総括］的な.

áll-in-óne = corselette). ── 形 Ａ すべてが一体に組み込まれた, オールインワンの.

áll-in wréstling 名 〖Ｕ〗 フリースタイルレスリング.

al·lit·er·ate /əlítərèɪt/ 動 頭韻を踏む. ── 《ある音を》頭韻に用いる.

al·lit·er·a·tion /əlìtəréɪʃən/ 名 〖Ｕ〗《修》頭韻(法)《例: *Ca*re *k*illed the *c*at. / *w*ith *m*ight and *m*ain》.

al·lit·er·a·tive /əlítərətɪv, -rèɪt-/ 形 頭韻体の, 頭韻を踏んだ. **~·ly** 副

áll-níght 形 Ａ ❶ 終夜の, 徹夜の: ~ (train) service (列車の)終夜運転. ❷ 終夜営業の: an ~ restaurant 終夜営業のレストラン.

áll-níght·er 名 《口》終夜開店の[続く]もの《コンビニエンスストア, トランプのゲームなど》.

al·lo- /ǽlou/ 〖連結形〗「他, 他者」「異質(の)」

al·lo·ca·ble /ǽləkəbl/ 形 割り当て［配分, 配置］できる.

*al·lo·cate /ǽləkèɪt/ 動 他 ❶ 《人に》《仕事・任務などを》割り当てる, 割り振る; 《...に》〖＋目＋目〗 《人・ものに》 《...を》充当[配分]する, 割り当てる (assign): ~ funds *for* housing 資金を住宅建設に振り当てる / 〖＋目＋目〗 He ~*d* his employees their duties. = He ~*d* their duties *to* his employees. 彼は従業員に任務を割り当てた. 〖L; ⇒ al-, locate〗 (名 allocation) 【類義語】⇒ allot.

†**al·lo·ca·tion** /ǽləkéɪʃən/ 名 ❶ 〖Ｃ〗 割り当てられたもの, 割り当て額[量]. ❷ 〖Ｕ〗 割り当て, 配給; 配置. (動 allocate)

al·loch·tho·nous /əlɑ́kθənəs, əlɔ́k-/ 形 他の場所で形成された, 異地性の, 他生的な.

al·lo·cu·tion /ǽləkjúːʃən/ 名 《ローマ教皇・将軍などの》訓示, 告諭.

47　　　　　　　　　　　　　　　　　allow

al·log·a·my /əlɑ́gəmi | əlɔ́g-/ 名 〖Ｕ〗《植》他花受精, 他殖. **al·lóg·a·mous** /-məs/ 形 他殖性の.

àl·lo·ge·né·ic /ǽloʊdʒɪníːɪk/ 形 同種異系(異系)の.

állo·gràft 名 《外科》同種(異系)移植片.

állo·gràph 名 《言》異書(記)体.

al·lo·morph /ǽləmɔ̀ːrf | -mɔ̀ː-f/ 名 《言》異形態.

al·lop·a·thy /əlɑ́pəθi | əlɔ́p-/ 名 〖Ｕ〗《医》逆症[異症]療法, アロパシー (↔ homeopathy). **al·lo·path·ic** /ǽləpǽθɪk/ 形

al·lo·pat·ric /ǽləpǽtrɪk/ 形《生・生態》異所(性)の (↔ sympatric). **al·lop·a·try** /əlɑ́pətri/ 名 〖Ｕ〗 異所性.

al·lo·phone /ǽləfòʊn/ 名 《言》異音《同じ音素に属するが, 音声的には多少違っている音》.

al·lo·pu·ri·nol /ǽloʊpjʊ́(ə)rənɔ̀ːl | -nɔ̀l/ 名 〖Ｕ〗《薬》アロプリノール《血液中の尿酸排出促進薬》.

áll-or-nóne 形 = all-or-nothing.

áll-or-nóthing 形 すべてか無の, 妥協を許さない.

àllo·stéric 形 《生化》アロステリックな《酵素・蛋白質の活性部位以外の部位に他物質が結合することによって酵素の活性が変化することについていう》. **-stérically** 副

*al·lot /əlɑ́t | əlɔ́t/ 動 他 (al·lót·ted; al·lot·ting) 〔...に〕《時間・金・仕事などを》割り当てる, 分配する: Most of the money was *allotted for* roads. その金の大部分は道路用に割り当てられた / They *allotted* him an easy task. = They *allotted* an easy task *to* him. 彼らは彼にやさしい仕事を割り当てた / His legacy was *allotted among* the three. 彼の遺産は３人で分配された. 〖F〗
【類義語】**allot** 適当に分け与える[割り当てる]. **assign** 権限のある者が計画・方針に従って分け与える. **apportion** 一定の規則にしたがって公平[均等]に分配する. **allocate** 特別な目的(相手)に対して金・土地・権限などの一定量を割り当てる.

†**al·lot·ment** /-mənt/ 名 ❶ 〖Ｕ〗 割り当て, 分配. b 〖Ｃ〗 分け前; 割り前, 分担額. c 《米軍》 特別手当《家族手当・保険手当など》. ❷ 〖Ｃ〗《英》《菜園などとしての公有地の》割り当て地, 市民菜園.

al·lo·trope /ǽləʊtròʊp/ 名 《化》同素体.

al·lot·ro·py /əlɑ́trəpi | əlɔ́tr-/ 名 〖Ｕ〗《化》同質異体, 同素性, 同質多像.

al·lót·ted /-tɪd/ 形 Ａ 《時間・金など》割り当てられた; 支給された.

al·lot·tee /əlʌtíː | əlɔt-/ 名 割り当てを受ける人.

áll-óut 形 Ａ 総力をあげての, 全面的な; 徹底した: (an) ~ war 総力戦, 全面戦争.

áll·òver 形 Ａ 《模様など》全面的な, 一面の.

*al·low /əláʊ/ 動 他 ❶ a 《...を》許す; 《...の》入るのを許可する; 《人・ものが》《...するのを》許す, 《人・ものに》《...》させておく: I cannot ~ such conduct. そんな行為を許すわけにはいかない / No dogs ~*ed*. 《掲示》犬の連れ込みを禁ず〖＋*doing*〗 Smoking is not ~*ed* here. ここでは喫煙は禁止されている / Customers are not ~*ed behind* the counter. お客様はカウンターの後ろには入れません / 〖＋目＋*to do*〗 I cannot ~ you *to* behave like that. 君にそんなふるまいをさせておくわけにはいかない / A~ me *to* introduce Mr. Smith to you. スミスさんをご紹介いたします《★〖let＋目＋原形〗のほうが一般的》. b 《人が》《...するのを》可能にする: 〖＋目＋*to do*〗 The money ~*ed* him *to* go abroad. そのお金で彼は外国へ行くことができた. ❷ a 《人に》《金・時間を》与える: 〖＋目＋目〗 He ~*s* his son 30 pounds a month. = He ~*s* 30 pounds a month *to* his son. 彼は息子に月 30 ポンドを与えている. b [~ oneself] 《...に》ふける, なるがままにまかせる: 〖＋目＋目〗 He ~*s himself* 10 cigarettes a day. 彼は一日 10 本のたばこを吸う / She doesn't ~ *herself* sweets. 彼女は甘いものを食べないことにしている. c 《預金に》利子をつける: What interest is ~*ed on* time deposits? 定期預金の利子はいくらですか. ❸ a 〔...に〕《費用・時間などの》余裕

allowable

をみておく, 見込む: ~ 100 pounds *for* travel expenses 旅費に 100 ポンドみておく / We must ~ an hour *for* getting to the airport. 空港につくのに 1 時間はみておかなければならない. **b** 〔…を見越して〕〈金額などを〉割り引く: We can ~ (up to) 10 percent *for* cash payment. 現金払いには 10 パーセント(まで)お引きしておきます. ❹ 〈要求・主張などを〉認める (★ この意味では admit のほうが一般的): The judge ~ed his claim. 判事は彼の要求を認めた / The facts do not ~ such an interpretation. 事実はそうしてそのような解釈は認められない / 〔+*that*〕We must ~ *that* it is true. それが真実であることを認めなければならない. ⓐ ❶ 〔事情などを〕しんしゃくする, 考慮に入れる (~ for は受身可): We must ~ *for* delays due to bad weather. 悪天候による遅れも考えておかなければならない / His youth should be ~ed *for*. 彼が若いことも考慮に入れるべきである / 〔+*for*+(代名)+*doing*〕We must ~ *for* him [his] be*ing* late. 彼が遅れることも考慮に入れなければならない (代名 は目的格をまたは所有格). ❷〈物事が〉〔…を〕可能とする, 許す (★ この意味では admit of のほうが一般的): The situation ~s *of* no delay. 事情は一刻の猶予も許さない / The regulations ~ *of* several interpretations. その規約は幾通りかに解釈できる. **Allow me!** (口) お手伝いしましょう (★ 助力を申し出る丁寧な表現). 〔F=与える〈*allaudare* ほめる+*allocare* 割り当てる〉〕(名 allowance)【類義語】⇒ let[1].

al·low·a·ble /əláuəbl/ 圏 許される, 差しつかえない. — 圏 許されるもの; 石油産出許容量. **-a·bly** /-li/ 圖.

al·low·ance /əláuəns/ 图 ❶ (定期的に支給する) 手当, 給与額, ...費: a clothing [family] ~ 被服[家族]手当 / an ~ for long service 年功加俸. **b** 〈主に 米〉 小づかい(銭): a weekly [monthly] ~ 1 週間[1 か月](分)の小づかい / Do your parents give you an ~? 君の両親は君に小づかいをくれますか. ❷ 〔…に〕差し引き, 値引き: make an ~ of 10 percent for cash payment 現金払いに 10 パーセント値引きする. ❸ U 〔また複数形で〕しんしゃく, 手かげん: without ~ 少しかげんせずに. ❹ 許容量[量]. ❺ C《英》所得控除額. **màke** [**màke nó**] **allówance(s) for**... 〈…〉 を斟酌する[しない], しんしゃくする[しない](★(No) allowance are [allowance is] made for...として受身可): You must *make* ~*s for* youth. 若いことをしんしゃくすべきだ. (動 allow)

al·low·ed·ly /əláuıdli/ 圖 〔文修飾〕当然, 明らかに: He's ~ the best player. 彼は明らかに最も優秀な選手だ.

al·lox·an /əláksən | -lɔks-/ 图 U〔化〕アロキサン(尿酸を酸化させて得る物質; 動物実験で糖尿病を起こすのに用いる).

+**al·loy** /ǽlɔɪ, əlɔ́ɪ/ 名 C,U 合金: Brass is an ~ of copper and zinc. 真鍮(ちゅう)は銅と亜鉛の合金である. — /əlɔ́ɪ/ 動 ❶〈金属を〉混ぜて合金にする / ~ silver *with* copper 銀に銅を混ぜて合金にする. ❷ 〔…を混ぜて〕〈…の品質を減じる[損なう]〉(*with*). 〔F<L=結びつける, 合わせる; ally[1] と二重語〕

áll-pòints búlletin 名 (警察の)全国指名手配 《略 APB》.

áll-pówerful 圏 全能の.

áll-púrpose 圏 A 全目的にかなう[役立つ], 万能の; 多用途の: an ~ tool 万能用具.

áll-púrpose flóur 图 (米) =plain flour.

áll-róund 圏 (英) =all-around.

+**áll-róund·er** 名 何でも(上手に)できる人; 万能選手.

Áll Sáints' Dày 名 諸聖人の祝日, (俗に)万聖(ばんせい)節 (11 月 1 日; 天国の諸聖人を祭るキリスト教の祝日; cf. Halloween).

áll-sèat·er 圏 (英) 〈競技施設などが〉全席着席方式の, オールシーターの.

áll-sèed 图〔植〕多種子の草本, 種子草(しゅしそう) (knotweed, gooseloot など).

àll-sínging, àll-dáncing 圏 (英) 〈機械などが〉多目的の, 万能の, 何でもできる.

Áll Sóuls' Dày 名〔カト〕諸死者の記念日, (俗に)万霊(ばんれい)節 (11 月 2 日; すべての死者の霊魂のために祈る).

áll-spice 名 ❶ U オールスパイス 《オールスパイスの実から製した香辛料》. ❷ C〔植〕オールスパイス《西インド諸島産の常緑小高木》; その実.

+**áll-stár** 圏 A スター総出演の; 名〔花形〕選手総出の, オールスターチームの: an ~ cast スター総出演 / an ~ player オールスターチームの選手.

áll-terráin bòard 名 =mountain board.

áll-terráin vèhicle 图 全地形万能車.

+**áll-tíme** 圏 A 前代未聞(みもん)の, 空前の: an ~ high [low] 最高[低]記録 / an ~ team 史上最高チーム / The New York Dow is at an ~ high. ニューヨークのダウ平均は史上最高の高値だ.

+**al·lude** /əlúːd/ 動 〔…に〕(暗に, それとなく)言及する, 〈…を〉ほのめかす (★ ~ to は受身可; 直接言及するには refer, mention を用いる): You mustn't ~ *to* his former wife when you meet him. 彼に会っても前の奥さんのことを口にしてはいけない. 〔L=もてあそぶ〈AL-+*ludere, lus-* 遊ぶ (cf. ludicrous)〉〕(名 allusion, 形 allusive)【類義語】⇒ refer.

áll-úp wèight 名 U (飛行中の)飛行機の総重量.

+**al·lure** /əlúɚ | əl(j)úə/ 名 U 〔また an ~〕魅惑, 魅力. — 動〔…に〕〈人を〉魅惑[魅了]する. 〔F; cf. lure[1]〕

— **al·lúre·ment** /-mənt/ 名 C,U 魅惑[魅了](するもの), 魅力: the ~ of a big city 大都会の誘惑.

+**al·lur·ing** /əlú(ə)rɪŋ | əl(j)ú(ə)r-/ 圏 誘うような; 心を奪う, 魅力的な: an ~ dress 魅惑的な衣装 / Circuses are very ~ to children. サーカスは子供たちにはとても魅力がある. **~·ly** 圖.

+**al·lu·sion** /əlúːʒən/ 名 C,U ❶ ほのめかし, 暗示, 言及, 当てつけ: in ~ *to*... 暗に…をさして / make a distant ~ 遠回しにほのめかす / She made an ~ *to* his lack of education. 彼女は彼の教育のなさをそれとなく口にした. ❷〔修〕引喩(いんゆ). (動 allude)

+**al·lu·sive** /əlúːsɪv/ 圏 ❶ 当てこすりの; ほのめかした: a remark ~ *to* his conduct 彼の行状にそれとなく言及した言葉. ❷〈詩などが〉引喩を用いた, 引喩に富んだ. **~·ly** 圖. **~·ness** 名.

al·lu·vi·al /əlúːviəl/ 圏〔地〕沖積(ちゅうせき)の, 堆積(たいせき)土砂の: the ~ epoch 沖積期[世] / an ~ fan 沖積扇状地 / an ~ plain 沖積平野 / ~ soil 沖積土.

al·lu·vi·on /əlúːviən/ 名 U〔法〕増地《長年月の水流で生じる新しい土地》.

al·lu·vi·um /əlúːviəm/ 名 (優 -vi·a /-viə/, ~s) U,C 〔地〕沖積層, 沖積土.

áll-wéather 圏 全天候(用)の, どんな天候にも使える[耐えうる]: an ~ coat 全天候型コート.

áll-whéel drive 名 =four-wheel drive.

*al·ly[1] /əláɪ, ǽlaɪ/ 動 ❶ [~ oneself または受身で]〔…と〕同盟する, 同盟を結ぶ: The United States allied itself *with* Japan. 米国は日本と同盟を結んだ / Great Britain *was* allied *with* the United States during World War II. 第二次大戦中に英国は米国と同盟を結んだ / 〈…と〉〈…に〉類属させる, 結びつける (*to*) (⇒ allied[2]). — 動 同盟を結ぶ, 提携する: The two parties *allied* to defeat the bill. 二つの党は提携して法案をつぶした. — /ǽlaɪ, əláɪ/ 名 C 同盟国; 同盟者, 協力者, 味方. ❷ [the Allies] 《世界大戦中の連合国 (第一次大戦では同盟国, 第二次大戦では枢軸国 (the Axis powers) と戦った諸国)》. 〔F=...に結びつける〈AL-+*ligare* 縛る (cf. league[1]); alloy と二重語〕(名 alliance)

al·ly[2] /ǽli/ 名 =alley[2].

al·lyl /ǽləl, ǽlaɪl/ 名 U〔化〕アリル(基). **al·lyl·ic** /əlílɪk/ 圏.

áll-you-can-éat 圏 (米) 食べ放題の.

Al·ma·gest /ǽlməʤèst/ 名 ❶ C [the ~] 「アルマゲスト」《プトレマイオス (Ptolemy) の天文学書; 天動説による宇宙論を確立した》. ❷ [しばしば a~] (中世初期の)大学術書.

al·ma ma·ter /ǽlməmáːtɚ | -tə/ 名〔通例単数形で〕❶ 母校, 出身校. ❷ [通例 A~ M~] (米) (母校の)校歌. 〔L=fostering mother〕

al·ma·nac /ɔ́ːlmənæk, ǽl-/ 名 ❶ 暦《日の出・月齢・潮汐(ちょうせき)などを表にしたもの》. ❷ 年鑑.
al·man·dite /ǽlmændàɪt/, **-dine** /-diːn, -dàɪn/ 名 貴ざくろ石, 鉄礬(ばん)ざくろ石, アルマンディン《深紅色》.
†**al·might·y** /ɔːlmáɪti/ 形 (**al·might·i·er**; **-i·est**) ❶ (比較なし) **a** [しばしば A~] 全能の: A~ God=God A~ 全能の神《用法》God Almighty! はしばしば驚いた時などの投詞として用いられる; cf. God 4》/ the ~ dollar 万能のドル《★しばしば軽蔑的に用いられる》. **b** [the A~; 名詞的に; 単数扱い] 全能者, 神. ❷ Ⓐ 〈口〉大変な: an ~ nuisance とてもやっかいな. —— 副 (**al·might·i·er**; **-i·est**) 〈口〉非常に, とても: be ~ glad でもうれしい.
Al·mo·had /ǽlmoʊhæd/, **-hade** /-hèɪd/ 名 ムワッヒド朝の人, アルモアデ《ムラービト朝(Almoravids)を倒して12–13 世紀に北アフリカおよびスペインを支配したイスラム王朝の人》.
†**al·mond** /áːmənd/ 名 〔植〕アーモンド, ハタンキョウ《モモに似た落葉果樹, その果実また仁》.
álmond-èyed 形 《目じりの上がった》アーモンド形の目 (almond eyes) をもった《モンゴル人種の特徴》.
álmond òil 名 Ⓤ 〔化〕扁桃油(ゆ)《薬用・化粧香料用》.
álmond pàste 名 Ⓤ アーモンドペースト《アーモンド・鶏卵・砂糖で作るペースト》.
al·mo·ner /ǽlmənə, áː(l)m-, áː(l)mənə/ 名 〈英古〉《病院の》医療福祉係《★現在は medical social worker という》.
al·mon·ry /ǽlmənri, áː(l)m-, áː(l)m-/ 名 施し物分配所.
Al·mo·ra·vid /ǽlmərávɪd, -víde/ 名 ムラービト朝の人, アルモラビデ《11–12 世紀に北西アフリカおよびスペインを支配したイスラム王朝の人》.
※**al·most** /ɔ́ːlmoʊst, —⸺/, ⸺⸺/ 副 (比較なし)
❶ **a** [時間など接近していることを示して] ほとんど, もう少しで (nearly) 《比較 ⇒ about 1 a》: It's ~ three o'clock. もう少しで3時だ / The movie has ~ reached the end. 映画はほとんど終わりに近づいた / It's ~ time to go to bed. もう寝る時間だ. **b** [all, every, the whole [entire], always などの前に置いて] ほとんど: A~ all the people left. ほとんどすべての人が去っていた《★almost (the) people は間違い》/ Fire destroyed ~ the whole forest. 火事で森林のほとんどが壊滅した / He's ~ always out. 彼はだいていいつも不在だ. **c** [形容詞・副詞を修飾して] だいたい, ほとんど, 《実は違うが》…に近い: Dinner is ~ ready. 夕食はだいたい出来上がっています / Winter is ~ over. 冬はだいたい過ぎた / Parrots can speak in an ~ human voice. オウムは人間に近い声でしゃべることができる. **d** [動詞を修飾して] もう少しで, すんでのところで, …するばかりに: He was ~ killed [drowned]. 彼はもう少しで殺される[おぼれる]ところだった / I'd ~ forgotten that. もう少しでそれを忘れるところだった / I ~ broke the cup. すんでのところでカップを壊すところだった / The shack seemed ~ ready to collapse. その小屋は今にも倒れそうでした.
❷ [never, no, nothing などの前に置いて] ほとんど…《でない》《★通例 hardly [scarcely] any, hardly ever などと書き換えることができる》: A~ nobody was there. ほとんどだれもそこにいなかった / It ~ never snows here. ここではほとんど雪は降らない. —— 形 (比較なし) ほとんど…に等しい: his ~ impudence 厚かましいと言ってもいい彼の態度.
alms /áːmz/ 名 (複 ~) 施し物, 義援金: give ~ to the poor 貧者に施しをする.
álms·gìver 名 施しをする人, 慈善家.
álms·gìving 名 Ⓤ 施し, 慈善.
álms·hòuse 名 〈英〉私立救貧院.
al·mu·can·tar /ælmjukǽntə/ 名 〔天〕高度平行線, 等高度線《地平線と平行する天球の小円》.
al·oe /ǽloʊ/ 名 ❶ Ⓒ 〔植〕アロエ, ロカイ《ユリ科の植物; 南アフリカ原産; 薬用・観賞用》. ❷ [~s で, 単数扱い] アロエ汁《下剤》. ❸ Ⓒ〔植〕リュウゼツラン.
áloe vé·ra /-víːrə/ 名 〔植〕バルバドスアロエ, キュラソーアロエ, シンロカイ《葉の汁液は切り傷・やけどに効くとされ, しばしば化粧品などに加えられる》.
†**a·loft** /əlɔ́ːft/ ələft/ 副 ❶ 上に, 高く. ❷〔海〕檣頭

49 along

(しょうとう)に (↔ alow).
alog·i·cal /eɪládʒɪk(ə)l/ -lɔ́dʒ-/ 形 論理(の域)を超えた, 没〔無〕論理の.
a·lo·ha /əlóʊhɑː, -hə/ 《ハワイ語》間 ❶ ようこそ! ❷ さようなら! —— 名 ❶ あいさつ. ❷ さようなら, 別れ. —— 形 親しい; 歓迎の.
alóha shìrt 名 アロハシャツ.
Alóha Státe 名 [the ~] アロハ州《Hawaii 州の俗称》.
※**a·lone** /əlóʊn/ 形 [most>~] 🅟 ❶ [しばしば ~ly] 孤独で; 単独で: I was [We were] ~. 私〔我々〕きりだった / I found him all ~. 見ると彼はまったくひとりぼっちだった / I'd like to be ~ for a while. しばらくひとりでいたい / I have never felt more ~. そのときほど孤独を感じたことがなかった / I'm [We're] not ~ in this opinion [in thinking so]. この意見[そう考えているのは我々だけ]ではない. ❷ (比較なし) [名詞・代名詞の直後でそれを修飾して] ただ…だけ, …のみ《用法》通例主語を修飾するのに用いる; 単数扱いとする人もいる》: He ~ could solve the problem. 彼だけがその問題を解くことができた / Man shall not live by bread ~. 人はパンだけで生きるものではない《★聖書「マタイ伝」などから》.
gó it alóne 他から援助[保護]をうけないで独りで[自力で]行なう[生きていく].
lèt alóne [通例否定文で用いて] …はもちろんのこと, …は言うまでもなく: He can't read, let ~ write. 彼は書くことはおろか読むこともできない.
lèt [**leave**]…**alóne** [通例命令法で] 〈人・ものを〉かまわずに[そのままにして], 〈…に〉干渉しない: Leave me ~! 私をほっておいて! / Let him ~ so he can concentrate. 彼が集中できるようにほっとしておいてやりなさい.
lèt [**lèave**] **wéll** (**enòugh**) **alóne** 《現状のままに満足しているから》いらぬおせっかいをしない, 余計なことをしない: Let well (enough) ~. 〈諺〉やぶへびを出すな.
stánd alóne 〔…において〕他に比を見ない, 無類だ: He stands ~ in his surgical skill [in his skill as a surgeon]. 彼は外科の技術[外科医としての技術]では当代随一だ.
—— 副 (比較なし) ひとりで, 単独で[で]; …だけで: I'd rather go ~. 私はむしろひとりで行きたい / He did it all ~. 彼はそれをまったく独力でやった.
gó it alóne ⇒ go 成句.
nòt…alóne, but (**àlso**) …のみならず(…もまた) 《★not only…but (also) と言い換え可能》.
〖ME al(=all) one〗【類義語】alone 単に人または物が物理的に単独であることを示す. solitary 同類・仲間がいなくて単独である; 時に意図的にひとりでいる含みがある. lonely 孤独で寂しい感じを伴う. lonesome lonely より意味が強く, 別離・孤独の寂しさ, または仲間などを求める気持ちを表わす.
※**a·long** /əlɔ́ːŋ, —⸺/ ələŋ, —⸺/ 前 ❶ **a** …に沿って, …伝いに: go ~ the river [coast] 川[海岸]伝いに行く / There're stores ~ the street. 通りに沿って店が連なっている. **b** 〈通りを〉(通って): walk ~ the street 通りを歩く. ❷ 〈方針などに〉従って: ~ the following lines 以下のやり方で. ❸ 〈通りなどの〉途中で, 〈旅行などの〉間に: I met him ~ the way to school. 登校途中彼に会った / Somewhere ~ the route he lost his key. 彼は道筋のどこかでかぎをなくした.
alòng hére [**thére**] こちら[あちら]の方へ: Come ~ here. こちらへおいで.
—— 副 (比較なし) ❶ [通例 ~ by で] 沿って: ~ by the hedge 生垣に沿って. ❷ **a** [運動を表わす動詞とともに用い, 単に強調的に用いて] 前へ, 進んで; 〈先へ〉ずっと: walk [run] ~ 〈前へ〉歩く[走る] / He pulled her ~ by the arm. 彼は腕をつかんで彼女を引っぱっていた. **b** 人から人へ, 場所から場所へ, 次々に: pass news ~ 次々とニュースを伝える. ❸ 一緒に, 連れて, 同伴して: I took my sister ~. 妹を連れていった / They brought their children ~. 彼らは子供たちを連れてきた. ❹ 〈口〉ここ[そこ]へ, やってきて[いって]: He will be ~ in ten minutes. 彼は10

alongshore

分もすれば来るでしょう. ❺ (米) **a** [通例 about を伴って] (時間・年齢などを)およそ…: ~ *about* 5 o'clock だいたい5時ごろに. **b** [しばしば well, far などを伴って] (時・仕事など)だいぶ進んで: The night was *well* ~ . 夜もだいぶ更けていた.

àll alóng 初めから, ずっと: He knew it *all* ~ . 彼はそれを初めから知っていた.

alóng with…と一緒に, 同伴で; …に加えて, のほかに: He went ~ *with* her. 彼は彼女と一緒に行った / I sent the book ~ *with* the other things. 私はほかの物と一緒にその本を送った.

〔OE; 原義は「ずっと伸びて」〕

alóng·shóre 副 岸に沿って, 海岸伝いに.

***a·long·side** /əlɔ́ːŋsáɪd | əlɔ́ŋ-/ 副 ❶ そばに, 並んで; 一緒に. ❷ 《海》横付けに, 舷側に. **alongsíde of**… (1) …と並んで, …と一緒に. (2) …と比較して. ━━前 ❶ …の横側に, …と並んで; …と一緒に (together with).

a·loof /əlúːf/ 副 (*more* ~; *most* ~) 離れて, 遠ざかって: stand ~ (*from others*) 他の人から離れている. ━━形 (*more* ~; *most* ~) 〈人・態度などが〉よそよそしい, 打ち解けない (distant). **~·ly** 副 **~·ness** 名

***a·loud** /əláʊd/ 副 (比較なし) ❶ 声を出して: read ~ 音読する / think ~ 考えながらひとり言を言う. ❷ 大声で 〔★通例次の句以外は 《古》: cry 大声で叫ぶ[泣く].

a·low /əlóʊ/ 副 《海》低い部分に, (船の)下方に (↔ aloft).

alp /ælp/ 名 (特に, スイスの)高山; (高山の)草地.

al·pac·a /ælpǽkə/ 名 ❶ C 《動》アルパカ 《南米ペルー産の家畜》. ❷ **a** U アルパカの毛[ラシャ]. **b** C アルパカ毛織の衣服.

al·par·ga·ta /ælpəɡáːtə | -pəɡáː-/ 名 アルパガータ 《縄底の軽いズック靴》.

ál·pen·glòw /ǽlpən-/ 名 U (高山の頂稜部にみられる)朝焼け, 夕映え, 山頂光.

al·pen·horn /ǽlp(ə)nhɔ̀ːn | -hɔ̀ːn/ 名 C アルペンホルン, アルプホルン 《アルプスの牛飼いが用いる木製の長いらっぱ》.

al·pen·stock /ǽlp(ə)nstɒ̀k | -stɔ̀k/ 名 C アルペンストック 《先に金具のついた登山杖》.

al·pha /ǽlfə/ 名 ❶ [通例単数形で] アルファ 《ギリシア語アルファベットの第1字 *A*, *α*; 英字の A, a に当たる; ⇒ Greek alphabet 表》. ❷ [通例単数形で] **a** (物事・順序などの)初め, 第1(位のもの), 第1級. **b** (英) (学業成績の)優: ~ plus (英) (学業成績が)秀, A⁺ / get an A~ for mathematics 数学で優をとる. ❸ [通例 A~] 《天》アルファ星, 主星 《星座の中で最も明るい星》. **álpha and ómega** 名 (1) 初めと終わり. (2) 主要素 [*of*].

***al·pha·bet** /ǽlfəbèt, -bɪt/ 名 C ❶ アルファベット: the Roman ~ ローマ字 《元来古代ローマ人がラテン語の表記に用いたもの》. ❷ [the ~] 初歩, いろは: the ~ *of* mathematics 数学の初歩. 〔L < Gk; ギリシア語のアルファベットが alpha, beta で始まることから〕

al·pha·bet·i·cal /ælfəbétɪk(ə)l⁻/, **-bet·ic** /-bétɪk⁻/ 形 (比較なし) ❶ アルファベットの. ❷ アルファベット順の, ABC順の: in ~ order アルファベット順に[の]. **-i·cal·ly** 副 アルファベット順に, ABC順に.

al·pha·bet·ize /ǽlfəbətàɪz/ 動 他 ❶ アルファベット順にする. ❷ アルファベットで表わす.

álphabet sóup 名 U ❶ ローマ字形のパスタ入りスープ. ❷ (官庁などの)略語; (略語・記号などの多い)難解な文章, ちんぷんかんぷん.

álpha-blòcker 名 《薬》アルファ遮断薬 《アルファ受容体の作用を阻止する物質》.

àlpha-fèto·prótein /-fiːtoʊ-/ 名 U 《生化》アルファフェトプロテイン 《羊水中の, 胎児によってのみ生成する唯一の蛋白質》.

álpha géek 名 [通例単数形で] 《戯言》コンピューターおたく.

álpha mále 名 [通例単数形で] ❶ 《動》群れの最高位の雄. ❷ 《戯言》(集団内の)実力者, ボス.

al·pha·nu·mer·ic /ælfə(n)juːmérɪk | -njuː-⁻/ 形 英字・数字(・一般的な記号)からなる. 《*alpha*betic+*nu*merical》

álpha pàrticle 名 《理》アルファ粒子 《ヘリウムの原子核》.

álpha radiátion 名 U =alpha ray.

álpha rày 名 [通例複数形で] 《理》アルファ線.

álpha rhýthm 名 (脳波の)アルファリズム (alpha wave).

álpha tèst 名 《コンピュータ》アルファテスト 《コンピューターソフトウェアで, beta test の前に行なう開発元内部での動作試験》.

álpha-tèst 動 他 〈…に〉アルファテストを行なう.

álpha vèrsion 名 《ソフトウェアの》アルファバージョン 《製品として開発中の最初期のもの》.

álpha wàve 名 (脳波の)アルファ波 《正常な人の安静時の脳波》.

alp·horn /ǽlphɔ̀ːn | -hɔ̀ːn/ 名 =alpenhorn.

⁺**Al·pine** /ǽlpaɪn/ 形 ❶ アルプスの. ❷ [時に a~] 高山の, 高山性の: an ~ club 山岳会 / an ~ plant 高山植物. ❸ 《スキー》アルペンの(回転と滑降からなる).

al·pin·ist /ǽlpənɪst/ 名 [しばしば A~] C アルプス登山家, 登山家.

al·pra·zo·lam /ælpréɪzəlæ̀m/ 名 U 《薬》アルプラゾラム 《精神安定剤として用いられる》.

Alps /ælps/ 名 [the ~] アルプス 《フランス・イタリア・スイス・オーストリアにまたがって東西に走る山脈; 最高峰 Mont Blanc (4807m)》.

al-Qae·da, al-Qai·da /ælkáɪdə, -kéɪ-/ アルカイダ 《イスラム原理主義グループの一つ》. 〔Arab=the base〕

***al·read·y** /ɔːlrédi/ 副 (比較なし) ❶ [肯定文で用いて] すでに, もう (★疑問・否定文では yet を用いる; cf. 2): He's back. 彼はもう帰ってきている 《★疑問文では Is he back *yet*? 彼はもう帰ってきましたか; cf. 2a; 否定文では He has not come back *yet*. 彼はまだ帰ってきていない; cf. 2 b》/ I have ~ seen him [have seen him ~]. もう彼に会ってきました / They're ~ there. 彼らはもうそこにいる / It's ~ ten (o'clock). もう10時だ / When I visited his house, he had ~ left. 私が彼の家を訪問した時は彼はもう出かけていた / I have been there ~ . そこにはもう[すでに] 行ってきた 《匯賣 I've been there *before*. と言えば, 「そこには以前に行ったことがある」の意になる》. ❷ 〔驚きなどを表わして〕 [疑問文で] もう, 早くも (cf. yet 2): Is he back ~? 彼はもう帰ってきたの 《驚いた, 意外だ》. ❸ [否定文で] まさか: She is*n't* up ~, is she? 彼女はもう起きていないだろうね. 〔ME *all* all+READY〕

⁺**al·right** /ɔːlráɪt⁻/ 副 形 =all RIGHT¹ 副 形 成句.

Al·sace /ælsǽs/ /─/ 名 アルザス 《フランス北東部, ボージュ (Vosges) 山脈とライン (Rhine) 川の間の, ドイツとスイスに国境を接する地方》.

Alsáce-Lorráine 名 アルザス-ロレーヌ 《フランス北東部の地方で, 昔からドイツと領有を争った地域》.

Al·sa·tian /ælséɪʃən/ 名 C 《英》ジャーマン シェパード(犬).

ál·sike (clóver) /ǽlsàɪk(-)/ 名 《植》タチオランダゲンゲ 《欧州産の牧草》.

***al·so** /ɔ́ːlsoʊ/ 副 (比較なし) また 《★ too や as well より形式ばった語》: He ~ speaks Frénch. = He speaks French(,) ~ . 彼はまたフランス語も話す 《★文末では too, as well の方が一般的》/ He's intelligent and ~ very gentle. 彼は聡明だしまたとても優しい. **nòt ónly…but àlso** ⇒ not 成句. ━━接 《口》そしてそのうえ. ❷.

àlso-rán 名 C ❶ (競馬で)等外馬 (4着以下の). ❷ **a** 等外になった人; 落選者. **b** 落伍者, とるにたらない人間[もの].

als·troe·me·ri·a /æ̀lstroʊmí(ə)riə/ 名 《植》アルストロメリア属の植物, ユリズイセン 《南米原産; ヒガンバナ科》.

alt. (略) alternate; altitude; alto.

Al·ta·ic /æltéɪɪk/ 名 ❶ アルタイ山脈の. ❷ アルタイ語系の.

Al·tai Móuntains /æltaɪ- | áːl-/ 名 恒 [the ~] アルタイ山脈 《中部アジアの大山系》.

Al·tair /æltéə, -táɪə | æltéə/ 名 《天》アルタイル, 牽牛星

《わし座のアルファ星; たなばたの「ひこぼし」; cf. Vega》.

Al·ta·mi·ra /æltəmí(ə)rə/ [名] アルタミラ《スペイン北部の旧石器時代の洞窟遺跡》.

⁺**al·tar** /ɔ́:ltə | -tə/ [名] (教会堂の)祭壇, 供物台, 聖餐(せいさん)台 (⇨ church さし絵). **léad a person to the áltar** 〈…と〉結婚する.

áltar bòy [名]〔カト〕(ミサの)侍者.

áltar·pìece [名] (教会堂の)祭壇の背後と上部の飾り《絵画・彫刻・ついたてなど; cf. reredos》.

áltar ràil [名] (教会の)祭壇前の手すり.

alt·az·i·muth /æltǽzəməθ/ [名]〔天〕経緯儀.

***al·ter** /ɔ́:ltə | -tə/ [動] [他] ❶ **a** 〈…を〉(部分的に)変える, 変更する; 〈家を〉改造する: ~ one's opinion 意見を改める. **b** 〈衣服を〉作り変える: I had the coat ~*ed* for me by a tailor. 私の体に合うようにそのコートを服屋に直してもらった. ❷《米》《婉曲》〈動物を〉去勢する; 〈…の〉卵巣を取る. ── [自] 変わる, 改まる. 〘L=別のものに変える＜*alter* もう一つの, 別の〙 ([名] alteration) 【類義語】⇨ change.

al·ter·a·ble /ɔ́:ltərəbl, -trə-/ [形] 変更できる.

⁺**al·ter·a·tion** /ɔ̀:ltəréɪʃən/ [名] [C,U] (部分的)変更, 改変; 改造: make an ~ to a house 家を改築する.

al·ter·cate /ɔ́:ltəkèɪt | -tə-/ [動] [自]〔…と〕口論[激論]する〔*with*〕.

al·ter·ca·tion /ɔ̀:ltəkéɪʃən | -tə-/ [名] [C,U] 口論, 激論: I had an ~ ***with*** him. 彼と口論した.

al·ter e·go /ɔ̀:ltəí:goʊ, -égoʊ | ǽltə(r) í:-/ [名] (複 ~s) ❶ 別の自己, 分身. ❷ 親友: my ~ 私の無二の親友. 〘L=もう一人の私; ⇨ alter, ego〙

al·ter·i·ty /ɔ:ltérəṭi, æl-/ [名] [U] 他のものたること, 他性.

al·ter·nant /ɔ́:ltənənt, ǽl- | ɔ:ltə́:-/ [形] 交互の.
── [名]〔言〕交替形式.

al·ter·nate** /ɔ́:ltənèɪt | -tə-/ [動] [他] (二つのものを)**互い違いにする, 交替にする**: ~ red and blue lines 赤い線と青い線を交互にする / He ~*s* kindness ***with severity. 彼はかわるがわる親切にしたり厳格にしたりする. ── [自] ❶ **a** 〈二人・二つが〉〔…で〕**交替する**; 交互に起こる[行なう]: Kate and her sister ~ ***in*** sett*ing* the table. ケートと妹が交替で食卓の用意をします. **b** 〔…と〕交互に起こる[行なう]; 互い違いになる; 〔…との間を〕交互に繰り返す: Day ~*s* ***with*** night. 昼が夜と交互に来る / ~ ***between*** joy and grief 悲喜こもごもである. ❷ 〈電流が〉交流する. ── /ɔ́:ltənət | ɔ:ltə́:-/ [形] (比較なし) ❶ **a 交互の, かわるがわるの**: a week of ~ snow and rain 雪と雨が交互に降った一週間 / ~ hope and despair 一喜一憂. **b** 一つおきの, 互い違いの: on ~ days [lines] 1日[1行]おきに, 隔日[隔行]に. ❷《米》**代わりの, 代替[代理]の**, 既存のものに代わる (alternative): an ~ person 代理(人) / (an) ~ technology 代替技術. ❸〔植〕〈葉が〉(茎に対して)互生の: ~ leaves 互生葉. ── [名]《米》(会議などの)代理; 補欠, 代役. **~·ly** [副] かわるがわる, 交替に; 互い違いに, 一つおきに. 〘L=交代でする; ⇨ alter〙 ([名] alternation, [形] alternative)

ál·ter·nàt·ing /-ṭɪŋ/ [形] 交互の, 交流の, 交替する.

álternating cúrrent [名] [U]〔電〕交流《略 AC; cf. direct current》.

al·ter·na·tion /ɔ̀:ltənéɪʃən | -tə-/ [名] [U,C] ❶ 交互, 交替; 一つおき: the ~ of day and night 昼と夜の交替 / ~ of generations〔生〕世代交代[交番]. ❷〔数〕交代数列. ❸〔電〕交番. ([動] alternate)

****al·ter·na·tive** /ɔ:ltə́:nəṭɪv | -tə́:-/ [形] (比較なし) [A] ❶ **代わりとなる, 代わりの**: an ~ plan 代案 / ~ energy sources＝~ sources of energy 代替エネルギー源 / ~ fuels 代用燃料《石油などに代わるもの》/ We have no ~ course. 他に手段がない. ❷ **慣習[伝統]的方法をとらない, 新しい** (↔ conventional): the ~ society 非伝統的社会 / an ~ school オールターナティヴスクール《伝統的なカリキュラムによらない新しい学校》. ❸ (二つのうち)どちらかを選ぶべき, **二者択一の** 《★ 時に三つ以上の場合もある》: the ~ courses of death or life 生か死の二筋道. ── [名] ❶ **a** (二つのうち)**選択できるもの, 選択肢**: The ~*s* are death and submission. 死か降伏か二つに一つだ / We have only two ~*s*. 取るべき道は二つしかない. **b** [通例 the ~] **二つの間の選択, 二者択一** 《★ 時に三つ以上の場合もある》: *the* ~ of death or submission 死か降伏か二つに一つ / You have *the* ~ of go*ing* with us or stay*ing* alone at home. 我々と一緒に行っても, ひとりで留守番をしても, どちらでもよい. ❷ 〔…の代わりに〕(ほかに)**とりうる方法**, 〔…の〕**代わり, 代案**: The ~ ***to*** submission is death. 降伏に代わるものは死のみ / There's no (other) ~. ほかに道がない / I had no ~ but to accept the offer. その申し出を受け入れるほか仕方がなかった / That's the only ~. それがとりうる唯一の方法だ. ([動] alternate) 【類義語】⇨ choice.

altérnative cómedy [名] [U] オルターナティヴコメディー《型にはまったドラマ作りから離れた, ときに政治色のある喜劇》.

altérnative conjúnction [名]〔文法〕選択接続詞《It is black or white. の or; Please either come in or stay out. の either…or など》.

altérnative énergy [名] [U] 代替エネルギー《化石エネルギーに代わる, 太陽エネルギー・風力・潮汐・波・地熱など》.

altérnative hypóthesis [名]〔統〕対立仮説《null hypothesis が否定された場合に容認される仮説》.

altérnative lífestyle [名] 異なる生活様式《食習慣, 居住場所, 教育方針などに関して》.

***al·tér·na·tive·ly** [副] 代わりに; あるいは: You may come with us or, ~ , meet us there. 我々と一緒に来てくださってもいいし, またはあちらで我々に合流してもいい.

altérnative médicine [名] [U] 代替医療《近代医薬などを用いる通常の医療に対して, ホメオパシー・カイロプラクティック・薬草摂取・運動などの周辺的医療法》.

altérnative quéstion [名]〔文法〕選択疑問文《Is this a pen or a pencil? など》.

ál·ter·nà·tor /-ṭə | -tə/ [名]〔電〕交流(発電)機.

al·tho /ɔ:lðóʊ, ─⌒/ [接]《米》＝although《[用法] 改まった書き言葉には用いられない》.

alt·horn /ǽlthɔ̀ən | -hɔ̀:n/ [名] アルトホルン《高音の吹奏楽用金管楽器; cf. saxhorn》.

****al·though** /ɔ:lðóʊ, ─⌒ | -ðə́ʊ/ [接] ❶ …であるが, …だけれども, とはいえ: *A*~ he didn't speak, I felt a certain warmth in his manner. 彼はしゃべらなかったがその態度にはどことなく温かさが感じられた. ❷ しかし, だが: I like him, ~ I don't trust him. 私は彼が好きだが信用はしない.

> [語法] (1) although は一般的に though よりも形式ばった語. 主節に先だつ時はどちらかと言えば although を用いる. as though, even though, What though…? では though の代わりに although を用いることはできない. また though と異なり, 副詞的に文尾に置くことはない.
> (2) although の導く節と主節との主語が同じ時, その主語と be 動詞を, *Although* old, he's quite strong. のように省略することもある.
> (3) although, though の導く節が文頭に来る時, その意味を強調するため主節にさらに yet を用いることがある: *Although* I've not known him long, *yet* have I come to admire him. (彼とはそんなに長いつき合いではないけれども敬服するようになった). この yet は《文》で特に文が長くなった場合に, 従節と主節との関係を明確にするために用いられる.
> (4) even although… は不可.

〘ME＜*all* even＋THOUGH〙

al·tim·e·ter /æltímətə, ǽltəmì:- | -tə/ [名] ❶ 高度測量器. ❷〔空〕高度計.

al·tim·e·try /æltímətri/ [名] [U] 高度測量(術), 高度測定(法).

al·ti·pla·no /æ̀ltɪplɑ́:noʊ/ [名] (複 ~s) 高原, 高い台地, アルティプラノ《特に ボリビア・ペルーなど Andes 地方のもの》.

al·tis·si·mo /æltísəmòʊ/ [形]〔楽〕最も高い, アルティッシモの.

al·ti·tude /ǽlətət(j)ùːd | -tjùːd/ 名 ❶ [C][U] [通例単数形で] (山・飛行機などの地表または海抜からの)高さ, 高度; 標高: The plane began to lose ~. 飛行機は高度を失い始めた / at an ~ of...の高度で. ❷ [C][U] [通例複数形で] 高所, 高地. ❸ [C] [天] (天体の)高度. 《L *altus* 高い+-I-+-TUDE》【類義語】⇒ height.

áltitude sìckness 名 [U] 高山病.

ALT [Alt] **kéy** /ɔːlt-/ 名 [コンピュ] オルタネートキー《他のキーと同時に押すことにより本来のコードとは別のコードを発生させる》.

al·to /ǽltou/ 名 (複 ~s) [楽] ❶ **a** [U][C] アルト《中高音, 女声の最低音; 男声裏声の最高音; ⇒ bass¹》[関連]. **b** アルトの声. ❷ [C] アルト歌手[楽器]. ── 形 アルトの: an ~ solo アルト独唱. 《It < L *altus* 高い》

álto cléf 名 [楽] アルト記号.

àlto·cúmulus 名 [U][C] [気] 高積雲.

al·to·geth·er /ɔ̀ːltəɡéðə | -ðə/ 副 (比較なし) ❶ まったく, 完全に; 全然, まるで: It was ~ wonderful. それはほんとに楽しかった / That's not ~ untrue. それはまんざら間違いでもない 《用法 not とともに用いると部分否定になる》. ❷ 全体で, 総計で (in total): It comes to $150 ~. = A~, it comes to $150. それは合計で150ドルになる / A~ now! さあみんな一緒に![(声などをそろえて)全員で]. ❸ [文頭で, 文修飾] 全体的に見て, 要するに: A~, it was a successful party. 概して盛会でした. **táken altogéther** 全体的に見て. ── 名 [the ~] [古・詩] 真っ裸 《通例次の句で]: in the ~ 真っ裸で.

álto hórn 名 =althorn.

al·to-re·lie·vo /ǽltourìːliːvou/ 名 (複 ~s) [U][C] [彫] 高浮き彫り, 高肉彫り (cf. bas-relief, mezzo-relievo).

àlto-rilíevo 名 (複 -vi) =alto-relievo.

al·tri·cial /æltríʃl/ 形 [鳥] 孵化直後はしばらく親鳥の世話を必要とする, 晩成の (➡ precocial). ── 名 晩成鳥《ハト・スズメなど》.

al·tru·ism /ǽltruːizm/ 名 [U] 利他主義 (↔ egoism).

al·tru·ist /-ɪst/ 名 利他主義者 (↔ egoist).

al·tru·is·tic /ǽltruːístɪk⁻/ 形 利他(主義)的な (↔ egoistic). **-ti·cal·ly** /-kəli/ 副 利他的に.

al·u·del /ǽljudel/ 名 [化] 昇華受器《両端のあいているナシ形または瓶形の容器で, 重ねて昇華用凝縮器に用いた》.

al·u·la /ǽljulə/ 名 (複 -lae /-liː/, -lai/) 小翼.

al·um¹ /ǽləm/ 名 [U] [化] ミョウバン(明礬). 《F < L》

a·lum² /əlʌ́m/ 名 [米口] =alumnus; =alumna.

a·lu·mi·na /əlúːmənə/ 名 [U] [化] アルミナ, 礬土(ばん).

a·lu·min·i·um /ǽljumíniəm/ 名 [英] =aluminum.

a·lu·mi·nize /əlúːmənàɪz/ 動 〈…に〉アルミをかぶせる.

a·lu·mi·nous /əlúːmənəs/ 形 ミョウバン[アルミニウム]の [を含んだ].

a·lu·mi·num /əlúːmənəm/ 名 [U] [米] アルミニウム《金属元素, 記号 Al》. [英] aluminium. 《L < alum¹》

alúminum brónze 名 [冶] アルミ(ニウム)青銅[ブロンズ], アルミ金.

a·lum·na /əlʌ́mnə/ 名 (複 -nae /-niː/) [米] 女子卒業生《alumnus の女性形》.

a·lum·nus /əlʌ́mnəs/ 名 (複 -ni /-nai/) [米] (男子)卒業生, 同窓生, 校友. 《L=養子》

álum ròot 名 [植] ツボサンゴ, (特に)アメリカツボサンゴ《ユキノシタ科; 北米原産》.

al·ve·o·lar /ælvíːələ | ǽlvíʊlə⁻/ 形 [解] ❶ 歯槽の [歯茎の]; [音声] 歯茎音の: ~ consonants [音声] 歯茎音 《/t, n, l, s/など》. ❷ (小窓(ᶜᵒᵒᵒ)状)気胞[肺胞]の.

al·ve·o·late /ælvíːələt, -lèɪt/ 形 蜂の巣のように小窓が多数ある.

al·ve·o·li·tis /ælvìːəlàɪtəs/ 名 [U] [医] 肺胞炎.

al·ve·o·lus /ælvíːələs/ 名 (複 -li /-lai/) ❶ 歯槽 (突起), 歯茎. ❷ 小窩, 気胞, 肺胞; 腺房, 小房.

al·ways /ɔːlweɪz, -wɪz/ 副 (比較なし) ❶ 常に, いつも; nearly [almost] ~ たいてい(いつも) / He's ~ late. 彼はいつも遅れる[遅い] / He ~ leaves early. 彼はいつも早退する. ❷ [通例進行形に伴って] いつでも, しょっちゅう 《★ しば

しば話者の不満・怒りなどの感情が入ることがある》: He's ~ grumbl*ing*. 彼はいつもぶつぶつ不平を言っている. ❸ いつまでも, 永久に (forever): I will remember this day ~. きょうという日をいつまでも忘れません. ❹ [can [could] または there is 構文とともに用いて] (別の選択肢として)いつでも[いずれにしても](...できる[がある, がいる]): Why don't you try translating it literally? You can ~ remove the translations later. それを逐語訳にしてたら. 訳はあとでいつでも削れるから. / There is always tomorrow. (今日がだめでも)いつだって明日がある.

[語法] always の語順は助動詞および be 動詞の次で, 他の一般動詞の場合はその前で, 助動詞または be 動詞が強調されるとその前に置く. たとえば He's late. ということばに触発されて He *always* is /ɪz/ late. / He *always* does /dʌz/ come late. という時など.

álways excépting = excepting [成句].

as álways いつものように, 例のごとく.

nòt álways [部分否定で] いつも...とは限らない (⇒ not 4): A conservative is *not* ~ a reactionary. 保守主義の人がいつも反動主義者とは限らない.

《ME=ずっと《*al* all+-WAY+-s³》

alys·sum /əlísəm | ælɪs-/ 名 [植] ❶ イワナズナ属の各種の草本《アブラナ科》. ❷ イワナズナ.

Alz·hei·mer's disèase /áːltshaɪməz- | ǽltshaɪməz-/ 名 [U] アルツハイマー病《老年性痴呆・脳の萎縮などの症状を伴う》.

am /(弱形)(ə)m; (強形)ǽm/ 動 be の一人称・単数・直説法・現在形 (⇒ be) 《★発音: I am... /aɪ(ə)m, aɪǽm/, I'm /aɪm/; am not /m nát, əm nát | -nɔ́t/》: *I am* an American. 私はアメリカ人です.

Am [記号] [原子物理] americium.

AM [略] [通信] amplitude modulation (cf. FM); [米] *Artium Magister* 《ラテン語=Master of Arts》 (cf. MA); Assembly Member ウェールズ議会議員.

Am. [略] America(n).

a.m. /éɪ*ém*/ 副 形 午前(の) (↔ p.m.) 《用法 a.m. のほかに A.M., A.M. と書くこともあり, 時刻を示す数字の後に添えて, o'clock とともには用いない; 次の 8.00 の書き方は間違い》: at 7 *a.m.* 午前 7 時に / the 8 *a.m.* train 午前 8 時の列車 / Business hours: 10 *a.m.*-5 *p.m.* 営業時間: 午前 10 時より午後 5 時まで 《[読み方] ten a.m. to five p.m. と読む》. 《L *a*(*nte*) *m*(*eridiem*) (=before noon)》

AMA [略] American Medical Association 米国医師会.

ám·a·crine cèll /ǽməkràɪn-/ 名 無軸索(神経)細胞, アマクリン(神経)細胞《網膜や嗅神経球に見いだされる単極の神経細胞》.

am·a·da·vat /ǽmədəvæ̀t/ 名 =avadavat.

am·a·dou /ǽmədùː/ 名 [U] 暖皮(ᵗᵃᵏ) 《ツリガネタケ・キコブダケなどから採る海綿状物質; 火口(cf. alum¹); 外科止血用》.

a·mah /áːmɑː | -mə/ 名 (インド・中国などの)乳母, お手伝い.

a·mal·gam /əmǽlɡəm/ 名 ❶ [C] [通例単数形で] (種々な要素の)入り混じったもの, 混合物; 合成物 (mixture): an ~ *of* hope and fear 希望と不安の交錯. ❷ [U] [冶金] アマルガム《水銀と他の金属との合金》: gold [tin] ~ 金[すず]アマルガム.

a·mal·ga·mate /əmǽlɡəmèɪt/ 動 ❶ 〈会社などを〉合同[合併]する (merge) 《*with*; *into*》. ❷ 〈異民族・思想などを〉混交[融合]する 《*with*; *into*》: In the US a constant flow of immigrants is being ~d. 合衆国では絶え間なく流入する移住者たちが混交されつつある. ❸ [冶金] 〈金属を〉水銀と化合させてアマルガムにする. ── 自 ❶ 〈会社などが〉合併する. ❷ 融合[混交]する. ❸ [冶金] アマルガム化する.

a·mal·ga·ma·tion /əmǽlɡəméɪʃən/ 名 [U][C] ❶ (会社などの)合同, 合併. ❷ 融合, 混合. ❸ アマルガムにすること, 混汞法.

a·man·u·en·sis /əmæ̀njuénsɪs/ 名 (複 -en·ses /-siːz/) ❶ 筆記者, 書記. ❷ 秘書.

am·a·ranth /ǽmərænθ/ 名 ❶ C 〖植〗アマランサス《ヒユ科の植物でハゲイトウに似た穂をつけ, 実は穀物になる》. ❷ C 〖詩〗(伝説の) 常世(ξ*)の花, しぼまない花. ❸ U 赤紫色. **am·a·ran·thine** /ˌæmərǽnθɪn, -θaɪn | -θaɪn/ 形

am·a·ret·ti /ˌæmərétɪ/ 名 アマレッティ《アーモンド入りのマカロン (macaroon)》.

am·a·ret·to /ˌæməréɪtoʊ/ 名 U アマレット《アマレットの風味のあるリキュール》.

am·a·ryl·lis /ˌæmərílɪs/ 名 〖植〗アマリリス《ヒガンバナ科の観賞植物》. 〖L＜Gk; Ovid や Virgil の詩に出る羊飼いの少女の名から〗

†**a·mass** /əmǽs/ 動 ⦅財産などを⦆蓄積する, ためる《⦅ものなどを⦆大量に集める (accumulate). 〖F＜L; ⇒ a-³, mass〗

***am·a·teur** /ǽmətʃɚ, -tʃʊɚ | ǽmətə, -tɚ̀ː/ 名 ❶ アマチュア, しろうと, 愛好家《余技に文学・芸術・スポーツなどをやる人》⦅at, in⦆ (↔ professional): an ~ *at* music アマチュア音楽家. 未熟な人, 下手な人. ❷ =amateurish. 〖F＜L=lover〗

ámateur dramátics 名 U 〖英〗しろうと(演)劇.

am·a·teur·ish /ˌæmətʃɚːrɪʃ, -t(j)ú(ə)r- | ˌæmətərɪʃ, -tɚ̀ː-/ 形 しろうとらしい, しろうとくさい; 未熟な. ~·ly 副 ~·ness 名

am·a·teur·ism /ǽmətʃɚrìzm, -tʃú(ə)rìzm | -tər-, -tɚ̀ː-/ 名 U ❶ しろうと芸[かたぎ]. ❷ (スポーツの)アマチュア資格[規定].

A·ma·ti /ɑːmάːṭi/ 名 ❶ アマーティ《16-17 世紀イタリアのバイオリン製作家の一家》. ❷ C アマーティ《アマーティ家製作のバイオリン》.

am·a·tol /ǽmətɔ̀ːl, -tɑ̀l/ 名 U アマトール(無煙爆薬).

am·a·to·ry /ǽmətɔ̀ːri | -təri, -tri/ 形 恋愛の; 色欲的な: an ~ poem 恋愛詩.

am·au·ro·sis /ˌæmɔːróʊsɪs/ 名 〖医〗黒内障. **am·au·rót·ic** /-rάṭɪk | -rɔ́t-/ 形

***a·maze** /əméɪz/ 動 ⦅人をひどくびっくりさせる, びっくり仰天させる⦆(⇒ amazed): You ~ me! びっくり仰天だ!; すごい. 〖動 amazement〗 〖類義語〗⇒ surprise.

a·mazed 形 びっくりした, 仰天した, あっけにとられた: an ~ look びっくりした顔 / He was ~ *at* the excellence of the boy's drawings. 彼は少年の絵のうまさに驚嘆した / I'm ~ (*that*) he accepted the money. 彼がその金を受け取ったことにひどく驚いた.

a·máz·ed·ly /-zɪdli/ 副 びっくりして, 驚いて.

†**a·maze·ment** /əméɪzmənt/ 名 U 驚き, 驚嘆: in ~ 驚きあきれて / to one's ~ 驚いたことには. 〖動 amaze〗

***a·maz·ing** /əméɪzɪŋ/ 形 (more ~; most ~) 驚くべき, びっくりするような; すばらしい; 信じがたい(ほどの): an ~ discovery 驚くべき発見 / It was ~ how quickly he recovered. 彼があれほどはやく回復したのはたいへん驚きだった.

†**a·máz·ing·ly** 副 驚くばかりに, すばらしく, すごく《★ 文修飾可》: an ~ intelligent boy びっくりするほど頭のよい少年 / A~ (enough), he overcame the difficulty. 驚くべきことには彼は困難を克服した.

Am·a·zon /ǽməzὰn, -z(ə)n | -z(ə)n/ 名 ❶ [the ~] アマゾン川《南米の川, 流域面積・水量は世界一》. ❷ a [ギ神] アマゾン《勇猛な女戦士》. b [しばしば a~] (背が高くくましい) 女. 〖L＜Gk＜?Iran=戦士; 弓を射るのに都合のいいよう, 右の乳房を切り落としていたという伝説に基づく Gk「乳房のない」とするのは通俗語源〗

Ámazon ánt 名 〖昆〗アマゾンアリ, サムライアリ《奴隷狩りアリ》.

Am·a·zo·ni·an /ˌæməzóʊniən/ 形 ❶ アマゾン川の. ❷ [しばしば a~] (アマゾンのように) 勇猛な, 男まさりの.

***am·bas·sa·dor** /æmbǽsədɚ | -də/ 名 ❶ […駐在の] 大使: an exchange of ~s (二国間の)大使の交換 / be appointed ~ *to* the U.S. 駐米大使に任じられる《★ 役職は無冠詞》/ the Japanese ~ *to* Great Britain [*to* the Court of St. James's] 駐英日本大使 / the British A~ at [in] Tokyo 東京駐在の英国大使 / a roving ~ 移動

53 amble

大使. ❷ (公式または非公式の)使節; 代表: an ~ of peace 平和使節. 〖F＜It＜Prov〗

ambássador-at-lárge 名 ⦅複 ambassadors-⦆〖米〗無任所大使, 特使.

ambássador extraórdinary 名 特命大使.
ambássador extraórdinary and plenipoténtiary 特命全権大使.

am·bas·sa·do·ri·al /æmbǽsədɔ́ːriəl˜/ 形 ❶ 大使の. ❷ 使節の.

ambássador plenipoténtiary 名 全権大使.

am·bás·sa·dor·ship /æmbǽsədɚʃìp/ 名 UC 大使の職[身分, 地位].

am·bas·sa·dress /æmbǽsədrəs/ 名 ❶ 女性大使[使節]. ❷ 大使夫人.

†**am·ber** /ǽmbɚ | -bə/ 名 ❶ U a こはく. b こはく色《茶色がかった黄色》. ❷ C (交通信号の)黄色信号. ―― 形 ❶ こはく(製)の. ❷ こはく色の. 〖F＜It＜Arab＝竜涎香〗

am·ber·gris /ǽmbəɡrìs, -ɡrìːs | -bə-/ 名 U 竜涎香(ξ*νだ̀ν)《マッコウクジラからとる香料》.

amber-jack /ǽmbədʒæ̀k | -bə-/ 名 〖米〗〖魚〗ブリ属の数種の魚, (特に)カンパチ.

am·bi /ǽmbi/ 形 =ambisexual.

am·bi- /ǽmbi/ 接頭 「両側」「周」などの意: *ambi*dextrous. 〖L〗

am·bi·ance /ǽmbiəns/ 名 =ambience.

am·bi·dex·ter·i·ty 名 U ❶ 両手ききの. ❷ 非凡な器用さ. ❸ 二心(のあること).

àmbi·déxtrous 形 ❶ 両手ききの. ❷ 非常に器用な. ❸ 二心のある. ~·ly 副

†**am·bi·ence** /ǽmbiəns/ 名 ❶ 環境. ❷ 雰囲気.

am·bi·ent /ǽmbiənt/ 形 A 周りの[を取り巻く]: the ~ air 周囲の空気, 大気. ❷ 環境音楽の.

ámbient músic 名 U 環境音楽.

***am·bi·gu·i·ty** /ˌæmbɪɡjúːəṭi/ 名 ❶ U 両義性, あいまいさ. ❷ C あいまいな表現.

†**am·big·u·ous** /æmbíɡjuəs/ 形 (more ~; most ~) ❶ 両義に取れる; 多義の: 'They are flying kites.' is an ~ sentence. 'They are flying kites.' はあいまいな文である《★「彼らはたこを揚げている」「それらは飛んでいるトビだ」の二通りに解釈ができる》. ❷ あいまいな; 不明瞭な. ~·ly 副 ~·ness 名 〖L＝変わりやすい, 信頼できない＜AMBI-+*agere* 駆る, する, なす〗 〖類義語〗⇒ obscure.

àmbi·séxual 形 ❶ 男女兼用の; 両性愛の. ❷ ⦅服など⦆男女兼用の. ―― 名 両性愛者.

am·bit /ǽmbɪt/ 名 [単数形で] ❶ 範囲, 領域. ❷ 構内, 区域.

***am·bi·tion** /æmbíʃən/ 名 ❶ CU 大望; 野心, 野望《★ よい意味でも悪い意味でも用いる》: possess high ~s 大志[大望]をもつ / an ~ *for* political power 政権への野心 / fulfill [realize, achieve] an ~ 野心をかなえる / ~ *to* do [*of* doing] …するという長年の志を果たす[実現する]. ❷ C 野心の的: The championship is his ~. 選手権が彼のねらっていたものだ. 〖F＜L=(投票の得票のため)歩き回ること AMBI-+*ire*, *it*- 行く〗 〖形 ambitious〗

***am·bi·tious** /æmbíʃəs/ 形 (more ~; most ~) ❶ a 大望[野心]のある: an ~ politician 野心のある政治家. b P (…したいと) 熱望して, 野心をもって: He's ~ *for* [*of*] power. 彼には権勢を得ようとの野心がある / [+*to* do] He's ~ *to* succeed in life. 彼は出世したいと生涯の念願としている. ❷ ⦅計画・作品など⦆ 野心的な, 意欲的な: an ~ film 野心的な映画. ~·ly 副 野心的に, 野心に燃えて. ~·ness 名 〖名 ambition〗

am·biv·a·lence /æmbívələns/ 名 U ❶ (相反する)感情の交錯; あいまいさ; 動揺; 躊躇, ためらい. ❷ 〖心〗アンビバレンス, 両価性《同一対象に対して矛盾する感情や評価を同時に抱いている精神状態》. 〖AMBI-+(EQUI)VALENCE〗

†**am·biv·a·lent** /æmbívələnt/ 形 ❶ 相反する感情[態度, 意味, 価値]を持つ; あいまいな《about, toward》. ❷ 〖心〗人々の両価性の. ~·ly 副

am·ble /ǽmbl/ 動 ❶ [副詞句を伴って] 《人がゆっくり[ぶ

らぶら]歩く; 〈馬が〉アンブルで歩む. ━ [名] [an ~] ゆっくりした歩き方, ぶらぶら歩き; 〘馬術〙アンブル《馬が片側の両脚を同時に上げて 4 拍子で進む歩き方; cf. gait 2》. **ám·bler** [名]

am·bly·opi·a /æ̀mblióupiə/ [名] [U] 〘医〙弱視. **àm·bly·óp·ic** /-áp-/ [形]

am·bo /ǽmbou/ [名] ([複] **-bos, am·bo·nes** /æmbóuni:z/) (初期キリスト教会などの)説教壇, 朗読台, アンボ.

am·bro·si·a /æmbróuʒ(i)ə | -ziə/ [名] [U] ❶ 〘ギ・ロ神〙神の食物, 神饌(しんせん)《食べると不老不死になるという; cf. nectar 1》. ❷ 美味[芳香]なもの.

am·bro·si·al /æmbróuʒ(i)əl | -ziəl/ [形] ❶ 神々にふさわしい, 神々しい. ❷ 非常に美味な; においのよい.

am·bry /ǽmbri/ [名] (聖堂の聖餐式の用具などを納める)押入れ; 《英方・古》戸棚, 食器室.

am·bu·lac·rum /æ̀mbjulǽkrəm, -léɪk-/ [名] ([複] **-ra** /-rə/) 〘動〙(棘皮(きょくひ)動物の)歩帯. **-lác·ral** [形]

*__am·bu·lance__ /ǽmbjuləns/ [名] **救急車, 傷病者輸送機**(など): He was taken to the hospital in an ~. 彼は救急車で病院に運ばれた. 〖F=*hôpital ambulant* 移動病院〗

ámbulance chàser [名] 《米口・軽蔑》交通事故を商売の種にする弁護士.

am·bu·lant /ǽmbjulənt/ [形] ❶ 動き回る; 歩行する. ❷ 〘医〙〈患者が〉歩行できる; 〈治療が〉患者の歩行[運動]を含んだ.

am·bu·late /ǽmbjulèɪt/ [動] [自] 歩く; 動き回る.

am·bu·la·to·ry /ǽmbjulətɔ̀:ri | æ̀mbjuléɪtəri, -tri/ [形] ❶ 歩行の; 遊歩用の. ❷ 移動性の; 一時的な. ❸ 〘医〙=ambulant. ━ [名] (僧院などの)屋根つき廊下[回廊].

am·bus·cade /ǽmbəskèɪd | ⌣—⌣/ [名] [動] =ambush.

*__am·bush__ /ǽmbuʃ/ [名] ❶ [C,U] **待ち伏せ(攻撃)**: an enemy ~ 敵の待ち伏せ / lie [hide] in ~ (for…) (…を)待ち伏せする《★ in ~ は無冠詞》/ fall into an ~ 待ち伏せにあう / be killed in an ~ 待ち伏せにあって殺される. ❷ [C] 待ち伏せ場所. ━ [動] [他] [自] (敵などを)**待ち伏せる**; 待ち伏せして襲う (waylay): ~ the enemy 敵を待ち伏せする. 〖F＜It＜L=やぶに隠れる(こと)〗

a·me·ba /əmí:bə/ [名] =amoeba.

a·me·bic /əmí:bɪk/ [形] =amoebic.

A·me·li·a /əmí:liə/ [名] アミーリア《女性名》.

a·me·lio·rate /əmí:ljərèɪt, -liə-/ [動] [他] 改良する, 改善する. ━ [自] 改善する, 良くなる, 向上する (↔ deteriorate). 〖F＜L＜*melior* より良い〗 【類義語】⇨ improve.

a·me·lio·ra·tion /əmì:ljəréɪʃən, -liə-/ [名] [U] 改良, 改善, 向上 (↔ deterioration).

a·me·lio·ra·tive /əmí:ljərèɪṭɪv, -liə-, -rəṭ-/ [形] 改良の, 改善的な.

a·men /ɑ:mén, eɪmén, 聖歌では《米》ɑ́:mén/ [間] ❶ アーメン《[解説] キリスト教で祈禱(きとう)の終わりに唱える語で, so be it (かくあらせたまえ)の意》. ❷ 《口》[同意・賛成を示して] よし, よろしい, そうだ. ━ [名] [C,U] アーメンの言葉[唱和]. **sày amén** (1) アーメンと言う. (2) 〔…に〕賛成する〔*to*〕. 〖L＜Gk＜Heb=truly, verily〗

A·men /ɑ́:mən/ [名] 〘エジプト神話〙アメン, アモン, アムン《古代テーベの多産と生命の象徴たる羊頭神》.

a·me·na·bil·i·ty /əmì:nəbíləṭi/ [名] [U] 服従, 従順.

a·me·na·ble /əmí:nəbl, əmén-/ [形] [通例 [P]] ❶ 〈人が〉〔助言・道理などに〕快く従って, 従順で: a person ~ *to* reason 道理に従う人. ❷ 〔…(を)〕される[受ける]ことが可能で[できて]; 〔…(を)〕され[受け]やすくて: data ~ *to* scientific analysis 科学的な分析を施すことのできるデータ / The disease is not ~ *to* standard methods of treatment. その病気は一般的な治療法を適用できない / His conduct is ~ *to* criticism. 彼の行為は非難を受ける余地がある. ❸ 〔法などに〕従う義務があって, 〔法の〕制裁を受けて〔*to*〕. 【類義語】⇨ obedient.

*__a·mend__ /əménd/ [動] [他] ❶ 〈議案などを〉修正する (revise): The constitution was ~*ed* so that women could vote. 女性の参政権を認めるように憲法が修正された. ❷ (欠点などを取り除いて)〈行状などを〉改める: ~ one's conduct 行ないを改める. ━ [自] 改心する. 〖F＜L *emendare* 欠点をなくす; ⇨ e-², mend〗 ([名] amendment)

a·mend·a·ble /əméndəbl/ [形] 修正可能な, 改められる.

amende ho·no·ra·ble /æmɑ́:ndɑ̀nərɑ́:bl | -dɔ̀n-/ [名] ([複] **a·mendes ho·no·ra·bles** /əmɑ́:ndzɑ̀nərɑ́:bl | -zɔ̀n-/) 公的な謝罪, 陳謝. 〖F〗

*__a·mend·ment__ /əmén(d)mənt/ [名] ❶ [C,U] **改正, 修正**(案): make an ~ *to* a contract 契約を改正する. ❷ [C,U] 改心, 矯正; 改善. ❸ [A~] [C] (米国憲法の)修正箇条 (⇨ BILL¹ of rights [成句] (2)). ([動] amend)

a·mends /əméndz/ [名] [複] [時に単数扱い] 償い: make ~ (to a person) (for…) (人に)(…を)償う, (人に)(…の)埋め合わせをする.

⁺**a·men·i·ty** /əménəṭi, əmí:n-/ [名] ❶ [C] [通例複数形で] 快適な設備[施設, 環境], 文化的な設備, アメニティ: a hotel with all the *amenities* 快適な設備がすべて整っているホテル. ❷ [U] (場所・気候などの)心地よさ, 快適さ; (人柄などの)好ましさ, 感じのよさ. 〖F＜L=楽しい〗

aménity bèd [名] 《英》(病院の)差額ベッド.

amen·or·rhea, -rhoea /eɪmènərí:ə/ [名] [U] 〘医〙無月経.

am·ent /ǽmənt/ [名] 〘植〙尾状花序.

amen·tia /eɪménʃ(i)ə/ [名] 〘精神医〙(先天的な)精神薄弱, アメンチア.

Amer. 《略》America; American.

Am·er·a·sian /æ̀mərèɪʒən | -ʃən/ [形] [名] アメリカ人とアジア人の混血の(人).

‡**A·mer·i·ca** /əmérɪkə/ [名] **アメリカ**: **a アメリカ合衆国**《★ 米国人は the (United) States, the U.S.(A.), と呼ぶことが多い》. **b** 北アメリカ, 北米. **c** 南アメリカ, 南米. **d** 南・北アメリカ, 米州. **e** 南・北・中央アメリカ. 〖*Americus* Vespucius アメリカの発見者と信じられたイタリア人の航海者 Amerigo Vespucci のラテン名〗

‡**A·mer·i·can** /əmérɪkən/ [形] ❶ **アメリカの; アメリカ合衆国の, 米国の; アメリカ人の**: ⇨ American English. ❷ アメリカ製の; 〈動植物が〉米大陸産の. **(as) Américan as ápple pie** ⇨ apple pie [成句]. ━ [名] ❶ [C] **アメリカ人, 米国人**: an ~ 米国人《一人》/ ten ~*s* 10 名の米国人 / the ~*s* 米国人《全体》. ❷ [U] **アメリカ英語, 米語**.

A·mer·i·ca·na /əmèrɪkɑ́:nə, -kǽnə | -kɑ́:-/ [名] [複] アメリカに関する文献[事物], アメリカの風物, アメリカ事情[詩].

Américan Acádemy of Árts and Scíences [名] [the ~] アメリカ芸術科学アカデミー.

Américan áloe [名] 〘植〙=century plant.

Américan Associátion of Retíred Pèrsons [名] [the ~] アメリカ退職者協会《略 AARP》.

Américan Bár Associàtion [名] [the ~] アメリカ法律家協会, アメリカ法曹協会《略 ABA》.

Américan chéese [名] [U] アメリカンチーズ《米国産のチェダーから製造するプロセスチーズ》.

Américan Cívil Wár [名] [the ~] =civil war 2 b.

Américan Cóuncil for the Árts [名] [the ~] アメリカ芸術協議会.

Américan dréam [名] [しばしば the ~] アメリカンドリーム, アメリカの夢《民主主義・平等・物質的繁栄を求めるアメリカ人の伝統的理想》.

Américan éagle [名] =bald eagle.

*__Américan Énglish__ [名] [U] **アメリカ英語, 米語**.

Américan Expréss [名] 〘商標〙アメリカンエキスプレス《米国のクレジットカード》.

⁺**Américan fóotball** [名] [U] アメリカンフットボール《《米》では単に football という; 米国でもっとも人気のあるスポーツで 10 月から 2 月までがシーズン》.

Américan Fóotball Cònference [名] アメリカン(フットボール)カンファレンス《NFL 傘下の米国プロフットボールリーグ; 略 AFC》.

Américan Índian [名] アメリカインディアン, 北米インディ

A・mér・i・can・ism /-nìzm/ 名 ❶ C アメリカ英語特有の語[語法] (cf. Briticism). ❷ C 米国(人)特有の習慣[特質], アメリカ気質[精神]. ❸ U アメリカ帰化.

A・mer・i・can・i・zá・tion /əmèrɪkənɪzéɪʃən | -naɪz-/ 名 ❶ U 米国化. ❷ 米国帰化.

A・mér・i・can・ize /əmérɪkənàɪz/ 動 他 ❶ アメリカ化[米国化]する; アメリカ風[米国風]にする. ❷ 〈人を〉米国に帰化させる. ── 自 アメリカ風[の]になる.

Américan Léague 名 [the ~] アメリカンリーグ (National League とともに米国の二大プロ野球連盟; cf. major league).

Américan Légion 名 [the ~] 米国在郷軍人会.

a・mer・i・ca・no /əmèrɪkáːnoʊ/ 名 アメリカーノ (エスプレッソにお湯を加えたコーヒー).

Américan órgan 名 【楽】アメリカンオルガン (足踏み式リードオルガンの一種).

Américan plán 名 [the ~] アメリカンプラン (朝・昼・夕の3食付き宿泊料金の方式; cf. European plan).

Américan Revolútion 名 [the ~] アメリカ独立革命, 米国独立戦争 (英国では the War of (American) Independence という).

Américan Samóa 名 アメリカ領サモア (南太平洋 Samoa 諸島東半の島群).

Américan Sígn Lànguage 名 U アメリカ手話法.

Américans with Disabílities Àct 名 [the ~] 障害をもつ米国人のための法律 (公共施設・交通機関のバリアフリー化や障害者の雇用促進などを推進する; 略 ADA).

Américan Wáy 名 [the ~] アメリカ式のやり方, アメリカ流.

América's Cúp 名 [the ~] アメリカズカップ (国際ヨットレース).

am・er・íc・i・um /æmərísiəm, -siəm/ 名 U 【化】アメリシウム (人工放射性元素; 記号 Am).

Am・er・ind /æmərɪnd/ 名 ❶ C アメリカインディアン. ❷ U アメリカインディアン諸言語.

Am・er・ín・di・an /æmərɪ́ndiən/ 名形 アメリカインディアン(の).

Am・e・slan /æməslæn/ 名 = American Sign Language.

am・e・thyst /æməθɪst/ 名 ❶ C,U 【鉱】紫水晶, アメシスト (⇨ birthstone). ❷ U 紫色.

A・mex /æmeks/ 【略】American Express; American Stock Exchange アメリカン証券取引所 (New York 市にある全米第2の株式取引所).

a・mi・a・bíl・i・ty /èɪmiəbíləti/ 名 U 優しさ, 温和, 温厚.

†**a・mi・a・ble** /éɪmiəbl/ 形 〈人・気質など〉愛想のよい, 気立ての優しい; 好意的な: an ~ manner 愛想のよい態度 / an ~ person 好意的な人. **-bly** /-əbli/ 副 愛想よく, 好意的に. **~・ness** 名 〖F<L<amicus 友人; cf. amicable〗【類義語】⇒ good-natured.

am・i・an・thus /æmiǽnθəs/ 名 U 【鉱】アミアンタス (絹糸状の石綿 (asbestos) の一種).

am・i・ca・bíl・i・ty /æmɪkəbíləti/ 名 ❶ U 友好, 親和, 親善. ❷ C 親善行為.

†**ám・i・ca・ble** /æmɪkəbl/ 形 友好的な; 平和的な: ~ relations 友好関係 / an ~ settlement 和解, 円満解決. **-bly** /-kəbli/ 副. **~・ness** 名 〖L<amicus 友人; cf. amiable, enemy〗

ámicable númbers 名 複 【数】友愛数, 親和数 (一方の約数の中 (自分自身を除く) が他方に等しい整数の対; 220 と 284 とが最小の組).

am・ice /æmɪs/ 名 肩衣 (かたぎぬ) (カトリックの司祭が肩にかける長方形の白い布).

*****a・mid** /əmíd/, ── /前 …の真っ最中に; …の真ん中に: ~ shouts of dissent 不賛成の叫びを浴びながら.

A・mi・dah /ɑːmíːdɑː/ | [the ~] 〖ユダヤ教〗立祷, アミダー (日々の礼拝の中心的な祈りで, イスラエルに向かい立ったまま唱える19の祈り).

am・ide /æmaɪd/ 名 【化】アミド: **a** アンモニアの水素原子の一つを金属原子で置換した化合物. **b** アンモニアの水素をアシル基で置換した化合物.

amíd・shìp(s) 副 【海】船の中央に.

*****a・midst** /əmídst, əmítst, ── / 前 = amid.

a・mí・go /əmíːgoʊ/ 名 (複 ~s) 《口》男の友だち. 〖Sp<L=友人; cf. amicable〗

a・mine /əmíːn, æmiːn/ 名 【化】アミン (アンモニアの水素原子をアルキル基で置換した塩基性化合物).

a・mí・no /əmíːnoʊ, æmíːnoʊ/ 形 【化】アミノ基を有する.

amíno ácid 名 【化】アミノ酸 (たんぱく質を構成する有機化合物).

amíno gròup 名 【化】アミノ基.

a・mir /əmíə | əmíə/ 名 = emir.

A・mish /áːmɪʃ/ 形 アーミッシュ派の (メノ派 (Mennonites) が創始し, 主に米国 Pennsylvania に移住した一派の人; 質素な生活様式で知られる). ── 名 [the ~; 複数扱い] アーミッシュ派の人たち.

a・miss /əmís/ 形 P ❶ 〈具合〉悪く, 故障して (wrong); いつも[普通]と違って, 異常で: Nothing seems ~. どこも悪いところはなさそうだ / He noticed something ~ **with** the steering wheel. 車のハンドルがどこか変なのに気づいた. ❷ [通例否定文で] 場違いで, 不適当で. ── 副 《古》不都合に, 誤って; 場違いに, 不適当に. **còme amíss** [否定文で]〈事かうまくいかない, あいにくない: Nothing comes ~ **to** a hungry man. 〖諺〗空きっ腹にまずいものなし. **gò amíss** 〈事が〉まずくなる, うまくいかない. **táke...amíss** 〈…を〉(誤解したりして) 悪くとる, 〈…に〉気を悪くする. 〖ON=うまく行かなくて, 合わないままで〗

a・mi・to・sis /èɪmaɪtóʊsɪs/ 名 【生】(細胞の) 無糸分裂. **àmi・tót・ic** /-tát-| -tót-/ 形. **-i・cal・ly** 副.

a・mi・trip・ty・line /æmətríptəlìːn/ 名 U 【薬】アミトリプチリン (抗鬱(うつ)薬).

am・i・ty /æməti/ 名 U 親善(関係), 友好: a treaty of peace and ~ 和親[修好]条約.

Am・man /ɑːmáːn | ə-/ 名 アンマン (ヨルダンの首都).

am・me・ter /ǽmìːtə | -tə/ 名 電流計.

am・mo /ǽmoʊ/ 名 U 《口》= ammunition 1.

*****am・mo・nia** /əmóʊnjə, -niə/ 名 U 【化】❶ アンモニア (気体). ❷ アンモニア水. **L** = (エジプト神話の) アモン (Ammon) 神の塩; その神殿近くで得られたとされた.

am・mo・ni・ac /əmóʊniæk/ 形 = ammoniacal.

am・mo・ni・a・cal /æmənáɪək(ə)l/ 形 アンモニア(性)の.

am・mo・ni・ate /əmóʊnièɪt/ 動 【化】アンモニア(化合物)と化合させる[で飽和する]. **-ni・àt・ed** /-tɪd/ 形 アンモニア処理した[と化合した].

ammónia wàter 名 = ammonia 2.

am・mo・nite /ǽmənàɪt/ 名 アンモナイト, アンモン貝, 菊石 (頭足類に属する化石).

am・mo・ni・um /əmóʊniəm, -njəm/ 名 U 【化】アンモニウム (アンモニア塩基): ~ **carbonate** [**chloride**] 炭酸[塩化]アンモニウム | ~ **nitrate** 硝酸アンモニウム, 硝安 | ~ **phosphate** リン酸アンモニウム | ~ **sulfate** 硫酸アンモニウム, 硫安.

am・mo・noid /ǽmənɔɪd/ 名 = ammonite.

*****am・mu・ni・tion** /æmjuníʃən/ 名 U ❶ 【軍】弾薬 (総称的). ❷ (議論での)攻撃[防御]手段 (事実・情報など).

am・ne・sia /æmníːʒə | -ziə/ 名 U 【医】記憶喪失(症). 〖Gk=忘れっぽいこと〗

am・ne・si・ac /æmníːziæk/ 形 記憶喪失症の(人).

*****am・nes・ty** /ǽmnəsti/ 名 [通例単数形で] ❶ 恩赦, 大赦, 特赦 (pardon): under a general ~ 大恩赦によって / grant [give] (an) ~ (to offenders) (罪人たちに) 恩赦を行なう. ❷ 赦免[免責]期間 (特定の違法行為について名乗り出るなどしても罪に問われない期間). ── 他 〈人に〉大赦を行なう. 〖F<L<Gk=(悪行を)忘れること〗

Ámnesty Internátional 名 アムネスティインターナショナル (人権擁護運動の国際的な民間組織; 思想・信条などによる投獄者の釈放などを目指す; 本部は London).

am・ni・o・cen・te・sis /æ̀mnioʊsentíːsɪs/ 名 U 【産科】羊水穿刺 (さし) (性別・染色体異常を調べる). /-siːz/.

am・ni・on /ǽmniən | -niən/ 名 (複 **am・ni・a** /-niə/) 【解】

am·ni·ote /ǽmniòʊt/ 名 [動] (有)羊膜類の動物《脊椎動物のうち発生の過程で羊膜を生ずるもの; 爬虫類・鳥類・哺乳類》.

am·ni·ot·ic /æmniɑ́tɪk, -ɔ́t-/ 形 [解・動] 羊膜の.

ámniotic flúid 名 U 羊水.

a·moe·ba /əmíːbə/ 名 (複 ~s, -bae /-biː/) [動] アメーバ. **a·moe·bic** /-bɪk/ 形 アメーバの(ような), アメーバによる.

amóebic dýsentery 名 U アメーバ性赤痢.

a·mok /əmʌ́k, əmɑ́k | əmʌ́k/ 副〈人が〉荒れ狂って, 怒り狂って, 逆上して. **run amók** (突然)自制心をなくす, 見境をなくす; 荒れ狂う.

A·mon /ɑ́ːmən/ 名 =Amen.

*★**a·mong** /əmʌ́ŋ, -ɑ́-/ 前 ❶ …の間に, …の中で, …に囲まれて 《用法 通例三者以上の場合に用いる; cf. between》: She was sitting ~ the boys. 彼女は男の子たちに囲まれて座っていた / He lives ~ the poor. 彼は貧しい人の中で暮らしている / He moved ~ the crowd. 彼は人込みの中を動き回った. ❷ a 〈仲間・同類〉の中の一人[一つ]で: She's ~ the prize winners. 彼女は受賞者の一人だ / New York is ~ the biggest cities in the world. ニューヨークは世界最大の都市の一つだ. b 〈同種類の〉中でもその 1 に: He's one ~ a thousand. 彼は千に一人の人間だ. ❸ …の間に: He's popular ~ his co-workers. 彼は職場の同僚に人気がある / Divide the money ~ you. 君たちの間でその金を分配しなさい / We made the decision ~ ourselves. 我々みでその決断をした / Don't quarrel ~ yourselves. 内輪もめはよせ. **amòng óthers [óther things]** 数ある中で,中でも(, ほかにもある)して加えて: *A-others* there was Mr. A. その中に A 氏もいた. **from amòng…** …の中から: The chairman is chosen *from* ~ the members. 議長は委員の中から選ばれる.

*★**a·mongst** /əmʌ́ŋst, -ɑ́-/ 前 =among.

a·mon·til·la·do /əmʌ̀ntəlɑ́ːdoʊ | əmɔ̀ntijɑ́ːdoʊ/ 名 U アモンティリャード《中辛口のシェリー酒》.

a·mor·al /eɪmɔ́ːrəl, æm- | -mɔ́r-/ 形 ❶ 道徳とは無関係の. ❷ 〈子供など〉善悪の判断のない, 道徳観念のない. **a·mor·al·i·ty** /èɪmərǽləti, æm- | -mɔr-/ 名 ~·ly 副 《A-²+MORAL》

am·o·ret·to /ӕmərétoʊ/ 名 (複 -ti /-tiː/) [米] 天使童子, アモレット.

am·or·ist /ǽmərɪst/ 名 好色家, 色事師; 恋愛文学作家.

a·mo·ro·so¹ /ɑ̀ːməróʊsoʊ/ 形 副 [楽] 愛情をこめた[こめて]; 優しい[優しく].

a·mo·ro·so² /ɑ̀ːməróʊsoʊ/ 名 U アモロソ《こくのある中辛口のシェリー》.

am·o·rous /ǽm(ə)rəs/ 形 ❶ a 好色な, 多情な. b 〈目つきなど〉なまめかしい, 色っぽい: ~ glances 色目. ❷ 恋の, 恋愛の; 色事の: ~ affairs 情事. ~·ly 副 ~·ness 名

a·mor·phous /əmɔ́ːfəs | əmɔ́ː-/ 形 ❶ 無定形の, 組織のない. ~·ly 副 ~·ness 名 《L<Gk=形のない》

a·mor·tize /ǽmərtàɪz | əmɔ́ːtaɪz/ 動 [会計] 〈負債を〉割賦(ぶ)償還[償却]する. **a·mor·ti·za·tion** /ӕ̀mərtɪzéɪʃən | əmɔ̀ːtaɪ-/ 名 U.C 割賦償還[償却].

A·mos /éɪməs/ 名 ❶ エイモス《男性名》. ❷ [聖] a アモス《ヘブライの預言者》. b アモス書《旧約聖書中の一書》.

am·o·site /ǽməsàɪt, -zàɪt/ 名 [鉱] アモサ石綿《鉄分に富む角閃石》.

*★**a·mount** /əmáʊnt/ 動 [進行形なし] ❶ 総計(いくら)に達する, なる: Damages from the flood ~ *to* ten million dollars. 出水の損害は 1 千万ドルに達している. ❷ 帰するところ(…)になる, (…ということ)等しい: This answer ~s *to* a refusal. この返事は拒絶も同然だ / This does not ~ *to* much. 結局これも大したことではない / What he has done ~s *to* very little. 彼のやったことはほとんど取るに足りない / He'll never ~ *to* anything. 彼は決して大した者にはならないだろう. ─ 名 ❶ [the ~] 総計, 総額 (*of*): He paid *the* full ~. 彼が全額を支払った. ❷ [通例形容詞を伴い an ~] 量, 額《★ 数の時には number を用いる》: *a* large ~ *of* money 莫大な金額, 大金《★前者は単数, 後者は複数扱い》 / *a* small ~ *of* butter 少量のバター / *a* certain ~ *of* discretion いくらかの分別 / No ~ *of* words can ease his pain. どんなに言葉を尽くしても彼の苦痛はやわらがないだろう. ❸ [the ~] 要旨, 意義 (*of*). **ány amóunt of…** (1) どれだけの量[額]の…でも: I'll lend you *any* ~ *of* money you need. いかほどの額でも必要なだけお貸しします. (2) [口] たくさんの: He had *any* ~ *of* money. 彼はたくさんのお金を持っていた. **to the amóunt of…** 総計…に達する, …だけの: He has debts *to the* ~ *of* ten thousand dollars. 彼は 1 万ドルもの借金がある. 《F<L=上のほうへ; ⇒ ad-, mount¹》【類義語】⇒ sum.

a·mour /əmʊ́ə | əmʊ́ə/ 名 情事, 浮気.

a·mour fou /əmʊərfúː | əmʊərfúː/ 名 狂気の愛.

ámour própre /-próʊprə | -prɔ́p-/ 名 U 自尊心, 自負, 矜持; うぬぼれ.

am·oxi·cil·lin, (英) -oxy- /əmɑ̀ksəsílɪn | əmɔ̀k-/ 名 U アモキシリン《経口ペニシリン》.

amp¹ /ǽmp/ 名 《口》=amplifier 1.

amp² /ǽmp/ 名 =ampere.

AMP /éɪèmpíː/ 名 [生化] アデノシン一燐酸 (adenosine monophosphate), AMP.

amp. 略 amperage; ampere.

amped /ǽmpt/ 形 P ❶ 《米俗》アンフェタミン (amphetamine) で酔って. ❷ 興奮して.

am·per·age /ǽmp(ə)rɪdʒ, æmpíərɪdʒ/ 名 U.C [電] アンペア数, 電流量.

am·pere /ǽmpɪə, -peə | -peə/ 名 [電] アンペア《電流の SI 基本単位; 記号 A; 略 amp.》. 《A.M. Ampère フランスの物理学者》

ámpere-hóur 名 アンペア時.

ámpere-tùrn 名 アンペア回数.

am·per·sand /ǽmpəsænd | -pə-/ 名 アンパサンド《& (=and) の字の呼び名; 主として商業通信文や参考文献などに用いられる》. and (=&) per se—and から;「"&" 自体が "and" を(示す)の意》

am·phet·a·mine /ӕmfétəmìːn/ 名 C.U [薬] アンフェタミン《覚醒剤》.

am·phi- /ǽmfi/ 接頭 「両…」「両様に…」「周囲に…」

Am·phib·i·a /ӕmfíbiə/ 名 [動] 両生綱[類]《カエル・イモリなどを含む》.

am·phib·i·an /ӕmfíbiən/ 形 ❶ 両生類の. ❷ = amphibious 2 a. ── 名 ❶ 両生動物. ❷ 水陸両用飛行機, 水陸両用車(など).

+**am·phib·i·ous** /ӕmfíbiəs/ 形 ❶ 水陸両生の. ❷ a 水陸両用の: ~ vehicle 水陸両用車. b 〈作戦など〉陸海共同の: ~ operations 陸海共同作戦. ❸ 二面性のある, 二重性格[人格]の. 《Gk <AMPHI-+*bios* life》

am·phi·bole /ǽmfəboʊl/ 名 [岩石] 角閃石(かくせんせき).

am·phib·o·lite /ӕmfíbəlàɪt/ 名 [岩石] 角閃岩.

am·phib·o·lo·gy /ӕ̀mfəbɑ́lədʒi | -bɔ́l-/ **am·phib·o·ly** /ӕmfíbəli/ 名 あいまいな語法のために 2 つ(以上)の解釈のできる句[文].

am·phi·brach /ǽmfəbræ̀k/ 名 [韻] 短長短格 (∪−∪), 弱強弱格 (×−×).

am·phi·mic·tic /ӕ̀mfɪmíktɪk/ 形 [生] 自由交雑によって生殖力のある子孫をつくる.

am·phi·mix·is /ӕ̀mfɪmíksɪs/ 名 U [生] 両性混合, アンフィミクシス《配偶子の癒合による有性生殖; ↔ apomixis》.

am·phi·ox·us /ӕ̀mfiɑ́ksəs, -ɔ́k-/ 名 (複 -ox·i /-sàɪ/, ~·es) [動] ナメクジウオ.

am·phi·path·ic /ӕ̀mfəpӕ́θɪk⁻/ 形 =amphiphilic.

am·phi·phil·ic /ӕ̀mfəfílɪk⁻/ 形 [化] 両親媒性の《水性溶媒にも油性溶媒にも親和性のある》.

am·phi·pro·style /ӕmfəpróʊstaɪl | ӕmfɪpróstàɪl/ 形 [建] 両面前柱式の, アンフィプロステュロスの.

am·phis·bae·na /ӕ̀mfɪsbíːnə/ 名 《伝説の》両頭蛇《前後へ進める》.

am·phi·the·a·ter, (英) am·phi·the·a·tre /ǽmfəθìːətə | -θìːtə/ 名 ❶ 《古代ローマの》円形演技場《中央

に設けた闘技場の周囲にひな壇式の観covered席があった).(劇場で dress circle より上のひな壇式客席; 階段式観客席. 【L<Gk; ⇒ amphi-, theater】

am·phi·u·ma /æmfjúːmə/ 图 動 アンヒューマ《米国東南部産アンヒューマ科アンヒューマ属のウナギに似た大型のサンショウウオの総称》.

am·pho·ra /ǽmfərə/ 图 (徴 -rae /-riː/, ~s) アンフォラ《古代ギリシア・ローマの両取っ手付きのつぼ》.

am·pho·ter·ic /ǽmfətérɪk⁻/ 形 【化】 酸としても塩基としても反応性る, 両向性の, 両性の.

am·pi·cil·lin /ǽmpɪsílɪn/ 图 U 【薬】アンピシリン《グラム陰性菌・グラム陽性菌に効くペニシリン》.

*__am·ple__ /ǽmpl/ 形 (am·pler; am·plest) ❶ [U] または複数形の名詞の前で] (余るほど)**十分な**: ~ means [funds] 裕福な資産[資金] / She had ~ time to prepare. 彼女には準備する十分な時間があった. ❷ 体格のよい; 豊満な: an ~ bosom 豊かな胸. ❸ 広い, 広大な: ~ living quarters 広い宿舎. ~·ness 名 《F<L=広い, 大きい》 (動 amplify, 名 amplitude)

am·plex·us /æmpléksəs/ 图 動 抱接《カエルなどのように, 体外受精でも雌雄両個体が体を密着させ, 生まれた卵に直ちに精子をかける行為》.

am·pli·fi·ca·tion /ǽmpləfɪkéɪʃən/ 图 U [また an ~] ❶ 拡大; 倍率. ❷ 【電】増幅. ❸ 敷衍(ふえん).

ám·pli·fi·er /-fàɪə | -fàɪə/ 图 ❶ 【電】増幅器, アンプ. ❷ a 拡大する人. b 拡大するもの; 拡大鏡[レンズ].

am·pli·fy /ǽmpləfàɪ/ 動 ❶ 拡大[拡張]する. ❷ [話などを]拡充する, 詳説する, 敷衍(ふえん)する: ~ one's statement 前に言ったことを敷衍する. ❸ 【電】《電流を》増幅する. — ⓘ (…を) 詳しく述べる, 敷衍する《on, upon》. (形 ample)

am·pli·tude /ǽmplət(j)ùːd | -tjùːd/ 图 U.C ❶ 【理】 振幅. ❷ 広さ, 大きさ, 規模(など)の大きさ; 豊かさ, 十分なこと, たっぷり. (形 ample)

ámplitude modulátion 图 U 【通信】振幅変調《略 AM; cf. frequency modulation》.

am·ply /ǽmpli/ 副 ❶ 十分に, 広々と. ❷ 詳細に.

am·poule /-p(j)uːl | -puːl/ 图 =ampul(e).

am·pul /ǽmp(j)uːl | -puːl/ 图 アンプル《注射薬など1回分の小瓶》.

am·pul·la /æmpúlə/ 图 (徴 -lae /-liː/) ❶ アムブラ《古代ローマの両取っ手付きとっくり形の瓶》. ❷ 《教会》聖油《神酒》入れ. ❸ 【解・動】膨大部.

†**am·pu·tate** /ǽmpjutèɪt/ 動 《手足など体の一部分を》《手術で》切断する. — 图 切断する事. **ám·pu·tà·tor** 名

am·pu·ta·tion /ǽmpjutéɪʃən/ 图 U.C 切断(手術).

am·pu·tee /ǽmpjutíː/ 图 切断手術を受けた人, 肢(端)切断者.

am·rit /ǽmrɪt/, **am·ri·ta** /əmríːtə/ 图 [ヒンドゥー神話] (不老)不死の水, アムリタ《Sikh 教徒が洗礼などに用いる甘い飲料》.

Am·rit·sar /ǽmrɪtsə | æmrítsə/ 图 アムリッツァル《インド北部 Punjab 州北西部の市; Sikh 派の中心地》.

Am·ster·dam /ǽmstədæm | -stə-/ 图 アムステルダム《オランダの首都・海港》.

amt. (略) amount.

am·trac, -tra(c)k /ǽmtræk/ 图 《米軍》(第2次大戦で初めて使用)水陸両用車[トラクター].

Am·trak /ǽmtræk/ 图 アムトラック《全米鉄道旅客輸送公社の通称》. 《Am(erican) tra(vel) on (trac)k》

amu, AMU /éɪmjúː/ (略) atomic mass unit.

a·muck /əmʌ́k/ 副 =amok.

A·mu Dar·ya /áːmuːdáːrjə/ 图 [the ~] アムダリア川《Pamirs 高原に発し Aral 海に注ぐ川; 古代名 Oxus》.

am·u·let /ǽmjulət/ 图 お守り, 魔よけ.

A·mun /áːmən/ 图 =Amen.

A·mund·sen /áːmənsən | Ro·ald /róʊəl(d)/ 图 アムンゼン《1872–1928; ノルウェーの探検家; 1911年に最初に南極点に到達した》.

A·mur /aːmúə | əmúə/ 图 [the ~] アムール川《アジア北東部の川; ロシアと中国の国境を流れる; 中国名は黒竜江 (Heilong Jiang)》.

*__a·muse__ /əmjúːz/ 動 《人を》おもしろがらせる, 楽しませる, 笑わせる; 〔…で×…に〕楽しい時を過ごさせる, 〔…の〕気を紛らす《by amused》: The joke ~d us all. そのジョークは我々をはみな笑った / ~ a baby **with** a rattle 赤ん坊をがらがらであやす / The baby-sitter ~d the children with [by telling them] a story. ベビーシッターはお話をしてやって子供たちを楽しませた[の気を紛らした] / While waiting, he ~d himself with [(by) reading] a comic book. 待っている間, 彼は漫画本で[を読んで]気を紛らした[退屈をしのいだ]. 《F》 (名 amusement) 【類義語】 **amuse** 普通おかしくユーモラスなことで人を楽しませる愉快な気持させる. **entertain** 計画的・意図的という含みをもち, しばしば知的なことで相手を楽しませる.

*__a·mused__ 形 おもしろがって, 楽しんで; 楽しそうな, おもしろがっている(ような), おかしそうな《at, with, by》: The children were very [much] ~ with his tricks. 子供たちは彼の手品をとてもおもしろがった《★ much のほうは文語的》 / The audience was greatly ~ by the comedian. 観客はそのコメディアンをとてもおもしろがった / She was not ~. 彼女は愉快ではなかった[彼女は怒っていた] / an ~ look 楽しそうな顔. **keep a person amúsed** 《人を飽きさせないで》楽しませる続ける. **a·mús·ed·ly** /-zɪdli/ 副 おもしろがって[そうに]; おかしく[楽し]そうに.

*__a·muse·ment__ /əmjúːzmənt/ 图 ❶ U おかしさ, おもしろさ; 楽しみ, 慰み, 気晴らし; 楽しむこと: He chuckled in ~. 彼はおかしそうにくすっと笑った / for ~ 気晴らしに[おもしろく過ごすのに], おもしろ半分に / to one's ~ おもしろいことには. ❷ C 楽しみごと, 娯楽 《pastime》; 楽しませるもの[こと]: one's favorite ~s 好きな娯楽. (動 amuse)

amúsement arcàde 图 《英》ゲームセンター《《米》penny arcade》.

amúsement cènter 图 歓楽(中心)地, 娯楽街.

amúsement pàrk 图 遊園地.

*__a·mus·ing__ /əmjúːzɪŋ/ 形 (more ~, most ~) 人をおもしろくさせる, おもしろい, 楽しい; おかしい: His story was very ~ (to me). 彼の話は(私には)とてもおもしろかった. ~·ly 副 おもしろく, 楽しく 《★ 文修飾可》. 【類義語】 ⇒ funny.

A·my /éɪmi/ 图 エイミー《女性名》.

amyg·da·la /əmígdələ/ 图 (徴 -lae /-liː/) 【解】 (大脳側頭葉の)扁桃核.

amyg·da·lin /əmígdəlɪn/ 图 U 【生化】アミグダリン《苦扁桃の仁(にん)に存在する配糖体; 白色結晶》.

amyg·da·loid /əmígdəlɔɪd/ 图 【地】 杏仁(きょうにん)状溶岩. — 形 =amygdaloidal.

amyg·da·loi·dal /əmìgdəlɔ́ɪdl⁻/ 形 杏仁状の; 【地】杏仁状溶岩の(ような).

amyl /ǽməl/ 图 U ❶ 【化】アミル(基). ❷ 《口》 =amyl nitrite.

am·y·lase /ǽmələɪs/ 图 U 【生化】アミラーゼ《でんぷんを糖化する酵素》.

ámyl nítrite 图 U 【化】亜硝酸アミル《狭心症やシアン化物中毒で血管拡張薬とし, 興奮剤・催淫剤ともする》.

am·y·loid /ǽməlɔɪd/ 图 U 【生化】アミロイド, でんぷん質(体). — 形 でんぷんの; でんぷんを含む.

am·y·loi·do·sis /ǽməlɔɪdóʊsɪs/ 图 U 【医】類でんぷん症, アミロイド症, アミロイドーシス.

am·y·lo·pec·tin /ǽməloʊpéktɪn/ 图 U 【生化】アミロペクチン《でんぷんの成分なす多糖類の一つ》.

am·y·lose /ǽməloʊs/ 图 U 【生化】アミロース《amylopectin と共にでんぷんの成分なす多糖類の一つ》.

á·my·o·troph·ic láteral sclerósis /éɪmaɪətráfɪk- | -trɔ́f-/ 图 U 【医】筋萎縮性側索硬化(症).

amy·ot·ro·phy /éɪmaɪátrəfi | -ɔ́t-/ 图 U 【医】筋萎縮(症).

Am·y·tal /ǽmətɔ̀l/ 图 【商標】アミトル, アミタル《アモバルビタール (amobarbital) 製剤》.

*__an__ (弱形) ən, (強形) ǽn/ 冠 《不定冠詞》 ⇒ a³. 【用法】 (1) アクセントのない第1音節が発音される h で始まる場合 a が

an- 普通であるが, 主に《英》では時に an も用いられる: *a [an] historian*. (2) /juː/と発音される u-, eu- の前で,《英》では時に an も用いられる: *a [an] union [European]*.《OE *an* one》

an-¹ /æn/ 接頭 (母音の前にくる時の) a-² の異形.

an-² /æn, ən/ 接頭 (n の前にくる時の) ad- の異形; *annex, announce*.

-an /ən/ 接尾「…の」「…の性質の」「…人」の意の形容詞および名詞語尾: *Anglian, Indian, reptilian, Republican*.

an·a- /ǽnə, áːnə/ 接頭「上方に, さかのぼって」「逆に」「再び」「全体に」「…に従って」: *Ana*baptist. 《L<Gk》

-a·na /áːnə, ǽnə | áːnə/ 接尾【人名・地名などに付けて】「…に関する資料(集)」「…語録」「…逸事集」「…風物誌」「…書誌」「…文献」の意の複数名詞を造る: *Americana*.

An·a·bap·tism /ænəbǽptɪzm/ 名 ⓤ 再洗礼派の教義[運動]《幼児の洗礼を無意義とし成年後の再洗礼を主張する》.

An·a·bap·tist /ænəbǽptɪst/ 名 再洗礼派の教徒, アナバプティスト.

an·a·bat·ic /ænəbǽtɪk˺/ 形【気】気流・風が上に向かって動く, 上昇気流で生ずる (↔ katabatic).

an·a·bi·o·sis /ænəbaɪóʊsɪs/ 名 ⓤ【生】蘇生, アナビオシス《クマムシなどの仮死状態》. **àna·bi·ót·ic** /-át- | -ót-˺/ 形

an·a·bol·ic /ænəbálɪk | -ból-˺/ 形【生】同化作用の (↔ catabolic).

anábolic stéroid 名 アナボリックステロイド《筋肉増強剤》.

a·nab·o·lism /ənǽbəlɪzm/ 名 ⓤ【生】同化作用 (↔ catabolism; cf. metabolism).

a·nach·ro·nism /ənǽkrənɪzm/ 名 ❶ ⓒ 時代遅れ[錯誤]のもの[人]. ❷ ⓤ 時代錯誤, 時代遅れ, アナクロ.《F<L<Gk=間違った時代に戻ること; ⇒ ana-, chrono-, -ism》

a·nach·ro·nis·tic /ənækrənístɪk˺/ 形 時代錯誤の. **a·nàch·ro·nís·ti·cal·ly** /-kəli/ 副

an·a·clit·ic /ænəklítɪk˺/ 形【精神分析】依存性の, アナクリティックな.

an·a·co·lu·thon /ænəkəlúːθɑn | -θɔn/ 名 (德 -tha /-θə/, ~s) 修 ⓤⓒ 破格構文(の文)《文法的構成が文の途中で変わって呼応関係が破れる現象》.

an·a·con·da /ænəkándə/ 名【動】アナコンダ《ブラジルなどの密林にすむ無毒の大ヘビ》.

an·a·cru·sis /ænəkrúːsɪs/ 名 (德 -ses /-siːz/) ❶【詩学】行首余剰音. ❷【楽】アウフタクト, 上拍, 弱拍《小節・拍子の弱部, 特に楽節の最初の強拍を導入するもの》.

a·nad·ro·mous /ənǽdrəməs/ 形【魚】《サケなどのように》産卵のために川をさかのぼる, 遡行(˺)性の, 昇河(回游)性の.

anaemia, anaemic ⇨ anemia, anemic.

an·aer·obe /ǽnərōub, æné(ə)roub/ 名【生】嫌気[無気]生物, 嫌気菌.

an·aer·o·bic /ænəróubɪk˺/ 形【生】嫌気[無気]性の《酸素を嫌う, または酸素なしに生きられる》. **-bi·cal·ly** 副

anaesthesia, anaesthetic, etc. ⇨ anesthesia, anesthetic, etc.

án·a·gen /ǽnədʒən/ 名 ⓤ【生理】(毛包内での毛髪の)成長期.

àn·a·génesis /ænə-/ 名 ⓤ【生】向上[前進]進化, アナネシス《一系統が体制・機能の発達したものに進化すること》.

an·a·glyph /ǽnəglɪf/ 名 浅浮彫りの装飾; 立体写真[動画]. **an·a·glýph·ic** 形

an·a·gram /ǽnəgræm/ 名 ❶ ⓒ (語句の)つづり換え (*live* から *vile* を造る類); つづり換え語. ❷ [~s; 単数扱い] つづり換え遊び.

an·a·gram·ma·tize /ænəgrǽmətaɪz/ 動 《…を》つづり換えの別の言葉にする, アナグラム化する. **an·a·gram·ma·ti·za·tion** /ænəgrǽmətaɪzéɪʃən | -taɪz-/ 名

⁺a·nal /éɪn(ə)l/ 形 肛門(ﾓﾝ)の: the ~ canal 肛門管 / ~ intercourse 肛門性交.《名 anus》

an·a·lec·ta /æn(ə)léktə/ 名 德 =analects.

an·a·lects /ǽnəlèkts/ 名 德 (小文などの)選集.

an·a·lep·tic /ænəlɛ́ptɪk˺/ 形【医】体力[気力, 意識]回復の, 強壮にする. ── 名 (中枢)興奮薬[剤], 強壮剤, 強心剤, 蘇生薬[剤], 気つけ薬.

ánal fin 名【魚】のしりびれ.

an·al·ge·si·a /ænəldʒíːʒə | -zɪə/ 名 ⓤ【医】痛覚脱失[消失](症), 無痛覚(症).

an·al·ge·sic /ænəldʒíːzɪk˺/ 名 鎮痛剤 (painkiller). ── 形 痛みを感じない; 鎮痛性の.

⁺an·a·log /ǽnəlɔ̀ːg, -làg | -lɔ̀g/ 形 A ❶ アナログの: ~ computer. ❷ アナログ表示の (cf. digital 2): an ~ watch アナログ時計. ── 名《米》❶ 類似物, 相似形《of, to》. ❷【生】相似器官.《F<Gk=同じ比率でく ANA-+logos 言葉, 計算》

ánalog compúter 名【電算】アナログコンピューター.

an·a·log·i·cal /ænəládʒɪk(ə)l | -lɔ́dʒ-˺/ 形 類似の; 類推的な. **~·ly** /-kəli/ 副

a·nal·o·gize /ənǽlədʒaɪz/ 動《…を》類推によって説明する[なぞらえる]. ── 動 ❶ 類推する. ❷ [⟨…に⟩] 類似する《to, with》.

a·nal·o·gous /ənǽləgəs/ 形 P【…に】類似して, 相似の《to, with》: The wings of the airplane are ~ *to* those of a bird. 飛行機の翼は鳥の翼に類似している. **~·ly** 副

⁺an·a·logue /ǽnəlɔ̀ːg, -làg | -lɔ̀g/ 名 =analog.

ánalogue compúter 名 =analog computer.

⁺a·nal·o·gy /ənǽlədʒi/ 名 ❶ ⓒ 類似, 似寄り (similarity): a forced ~ こじつけ / draw an ~ *between* two things 二者の類似性を有する / have [bear] some ~ *with* [to]…にいくらか類似している. ❷ ⓤ 類推, 類推による説明; 類推法: by ~ 類推によって / on the ~ of…の類推により. ❸ ⓤ【生】相似 (cf. homology 2).《F<L<Gk=同じ比率で; ⇨ analog》

an·al·pha·bet·ic /ænǽlfəbétɪk˺/ 形 ❶ 文盲の. ❷ (表音法が伝統的な文字によらない. ── 名 文盲.

a·nal·y·sand /ənǽləsænd/ 名【精神分析】精神分析を受けている人.

an·a·lyse /ǽnəlaɪz/ 動《英》=analyze.

⁺a·nal·y·sis /ənǽləsɪs/ 名 (德 -y·ses /-sìːz/) ❶ ⓤⓒ **a** 分析, 解析; 分解 (↔ synthesis). **b**【文法】(文の)解剖, 分析. ❷ ⓤ【化】分析: qualitative [quantitative] ~ 定性[定量]分析. ❸ ⓤ 精神分析. ❹ ⓤ【数】解析学. in the lást [final] análysis つまるところ, 結局 (in the end).《L<Gk=ほどくこと; ⇨ ana-, -lysis》動 analyze, 形 analytic

⁺an·a·lyst /ǽnəlɪst/ 名 ❶ 分析者, 分析(専門)家, アナリスト; 解説者, 評論家. ❷ 精神分析(学)者.

⁺an·a·lyt·ic /ænəlítɪk˺/ 形 ❶ 分析的な; 分解の: He has an ~ mind. 彼は分析的な考え方ができる. ❷【化】分析の, 解析の. ❸【数】解析の. ❹【言】分析的な(統語関係が独立した機能語によって示される; 現代英語など). **-i·cal·ly** /-kəli/ 副 分析的に. (名 analysis)

àn·a·lýt·i·cal /-tɪk(ə)l˺/ 形 =analytic.

analýtic geómetry 名 解析幾何学.

analýtic philósophy 名 ⓤ【哲】分析哲学《哲学的な問題の解決を言語の分析に求める》.

analýtic psychólogy 名 ⓤ 分析心理学.

an·a·lyt·ics /ænəlítɪks/ 名 ⓤ 分析論.

an·a·lyz·a·ble /ǽnəlaɪzəbl/ 形 分析[分解]可能な.

⁺an·a·lyze /ǽnəlaɪz/ 動 ❶ **a**《…を》分析[分解]的に検討する: ~ data データを分析する / ~ the motives behind [for] a person's conduct 人の行為の動機を分析する. **b**【文法】(文を)解剖する. ❷《人に》精神分析をする.(名 analysis)

án·a·lỳz·er 名 ❶ 分析者, 分析的に検討する人. ❷ a nalyzer. **b**【光】検光器.

an·am·ne·sis /ænæmníːsɪs/ 名 (德 -ses /-siːz/) ❶ ⓤ 追憶, 回想, 記憶力. ❷ ⓒ【医】既往症, 既往歴, 病歴. ❸ ⓤ【宗教】記憶唱《ミサにおける, キリストの受難・復活・昇天を思い出す祈り》.

an·am·nes·tic /ænæmnéstɪk˺/ 形【医】既往性の《ある

抗原によって生じた抗体が消失したのちに抗原を与えたときに現われる強い二次的な反応についていう).

an·a·mor·phic /æ̀nəmɔ́ːfɪk | -mɔ́ː-⁻/ 形 【光】ゆがみ形【歪像】の, アナモルフィックの.

a·na·mor·pho·sis /æ̀nəmɔ́ːfəsɪs, -mɔ́ː-⁻/ 名 (複 -ses /-sìːz/) 【光】 ❶ ⓒ 歪像. ❷ Ⓤ 歪像作用.

An·a·ni·as /æ̀nənáɪəs/ 名 ❶ 【聖】 アナニヤ《神の前でうそをつき, 妻と共に命を失った男; 「使徒行伝」から》. ❷ ⓒ うそつき.

an·a·pest, 《英》-paest /ǽnəpèst/ 名 【詩学】弱弱強格《××´; 例: And the shéen | of their spéars | was like stárs | on the séa. (Byron); cf. foot 图 7》.

an·a·pes·tic, 《英》-paes- /æ̀nəpéstɪk⁻/ 形《詩学》弱弱強格の.

án·a·phàse /ǽnə-/ 名 Ⓤ 【生】《有糸分裂の》後期 (⇨ prophase).

a·naph·o·ra /ənǽfərə/ 名 Ⓤ ❶ 【文法】前方照応. ❷ 【修】首句反復《連続した節や語句の初めに同じ語[表現]を反復すること). 〖L く Gk＝運び戻すこと〗

an·a·phor·ic /æ̀nəfɔ́ːrɪk | -fɔ́r-⁻/ 形 【文法】〈代名詞・定冠詞など〉前方照応の, 既出の語[句]をさす.

an·aph·ro·dis·i·ac /æ̀næfrədíziæk⁻/ 形 【医】性欲を抑制する. —— 名 制淫薬, 性欲抑制薬.

an·a·phy·lac·tic /æ̀nəfəlǽktɪk⁻/ 形 【医】 アナフィラキシーの, 過敏症[性]の.

ánaphylactic shóck 名 Ⓤ 【医】アナフィラキシーショック《ハチの毒やペニシリンなどに過敏な体質をもつ人の体内にそれらが入ったときの激しい全身症状》.

an·a·phy·lax·is /æ̀nəfəlǽksɪs/ 名 Ⓤ 過敏症[性], アナフィラキシー; ＝anaphylactic shock.

an·ap·tyx·is /æ̀nəptíksɪs/ 名 【言・音声】母音挿入《2子音間に弱母音が発達すること》. **-tyc·tic** /-tíktɪk/ 形

Anapurna ⇨ Annapurna.

an·arch /ǽnɑːk | ǽnɑːk/ 名 無政府主義者. —— 形 ＝ anarchic.

⁺**an·ar·chic** /ænɑ́ːkɪk | ænɑ́ː-⁻/ 形 ❶ 無政府《状態》の, 無秩序の; 無政府主義の. ❷〈喜劇・ユーモアのセンスなど〉慣例に［伝統的手法］にとらわれない, 独創的な. **-chi·cal·ly** /-kəli/ 副

an·ar·chi·cal /ænɑ́ːkɪk(ə)l | ænɑ́ː-⁻/ 形 ＝ anarchic.

an·ar·chism /ǽnəkìzm | ǽnə-⁻/ 名 Ⓤ 無政府主義, アナーキズム.

⁺**án·ar·chist** /-kɪst/ 名 無政府主義者, アナーキスト.

⁺**an·ar·chis·tic** /æ̀nəkístɪk | æ̀nə-⁻/ 形 無政府主義《者》の(ような). **-chis·ti·cal·ly** /-kəli/ 副

⁺**an·ar·chy** /ǽnəki/ 名 Ⓤ ❶ 無政府状態. ❷ 無秩序, 混乱, 乱脈 (chaos). 〖F く L く Gk; ⇨ an-¹, -archy〗

An·a·sa·zi /æ̀nəsɑ́ːzi/ 名 アナサジ文化《北米西部の先史農耕文化》.

an·a·stig·mat /ənǽstɪgmæ̀t/ 名 【光】アナスチグマチックレンズ, アナスチグマート (anastigmatic lens).

an·a·stig·mat·ic /æ̀nəstɪgmǽtɪk⁻/ 形〈レンズが〉非点収差と像面湾曲が補正された: an ~ lens アナスチグマチックレンズ.

a·nas·to·mose /ənǽstəmòʊz/ 動 ⓔ〈水路・葉脈・血管など〉合流する, 吻合(どもどど)する.

a·nas·to·mo·sis /ənæ̀stəmóʊsɪs/ 名 (複 -ses /-siːz/) 《水路・葉脈などの》合流, 吻合; 網目構造. **a·nàs·to·mót·ic** /-mɑ́t- | -mɔ́t-⁻/ 形

a·nas·tro·phe /ənǽstrəfi/ 名 Ⓤ 【修】倒置法《例: Loud and long were the cheers.》.

anat. 《略》anatomical; anatomist; anatomy.

⁺**a·nath·e·ma** /ənǽθəmə/ 名 ❶ Ⓤ［また an ～］大嫌いなもの: Alcohol is (an) ~ to me. 私はアルコールは大嫌いだ. ❷ Ⓤⓒ のろい(の言葉). **b** ［カト］破門. 〖L く Gk＝悪魔に捧げられたもの〗

a·nath·e·ma·tize /ənǽθəmətàɪz/ 動 ⓔ〈人〉をのろう; 破門する.

An·a·to·li·a /æ̀nətóʊliə, -ljə/ 名 アナトリア, 小アジア (Asia Minor).

an·a·tom·i·cal /æ̀nətɑ́mɪk(ə)l | -tɔ́m-⁻/, **-ic** /-ɪk⁻/ 形 解剖の, 解剖(学)上の. **-i·cal·ly** /-kəli/ 副 解剖学上, 解剖(学)的に.

a·nat·o·mist /ənǽtəmɪst/ 名 解剖学者.

a·nat·o·mize /ənǽtəmàɪz/ 動 ⓔ ❶〈動物体を〉解剖する. ❷ 分析［分解］する, 詳しく調べる.

⁺**a·nat·o·my** /ənǽtəmi/ 名 ❶ Ⓤ 解剖学; 解剖(術): special ～ 解剖学各論. ❷ ⓒ ［通例単数形で］〔…の《構造・仕組みの》分析［調査］ (analysis); (内部)構造, 仕組み［分析］: the ~ of the immune system 免疫システムの仕組み［分析］. ❸ ⓒ **a** ［通例単数形で］(生物の)解剖学的機構［組織］, 〔戯言〕人体. **b** 解剖図［模型］. 〖F く L く Gk＝切開; ⇨ ana-, -tomy〗

an·at·to /ənǽt-/ 名(複 ～s) ＝ annatto.

An·ax·ag·o·ras /æ̀nəksǽgərəs/ 名 アナクサゴラス 《c. 500–c. 428 B.C.; ギリシアの哲学者》.

ANC 《略》African National Congress アフリカ民族会議.

anc. 《略》ancient.

-ance 《名詞》［語尾］「行動・状態・性質」などを示す名詞語尾: assistance, brilliance, distance.

⁺**an·ces·tor** /ǽnsestə, -səs-, | -tə/ 名 ❶ 先組, 祖先 (forbear; cf. descendant). ❷ ［戯］先組, 祖先: The ape is the ～s of man. 類人猿は人類の前身である. **b** 《事物の》原形, 祖形, 前身. 〖F く L＝先行者 く ANTE-+cedere , ces- 行く (cf. cease)〗 形 ancestral

⁺**an·ces·tral** /ænséstrəl/ 形 Ⓐ 先組(代々)の: ～ privileges 先組伝来の種々の特権. 名 ancestor.

an·ces·tress /ǽnsestrəs/ 名 ancestor の女性形.

⁺**an·ces·try** /ǽnsestri/ 名 ⓒⓊ ❶ 先組, 祖先 《全体》. ❷ 家系; (りっぱな)家柄: Americans of Japanese ~ 日系アメリカ人 / a distinguished ～ 名高い家柄.

⁺**an·chor** /ǽŋkə | -kə/ 名 ❶ 錨(い̀̀), アンカー: a foul ～ からみ錨《鎖が錨にからみついている》. ❷ 支え, よりどころ: She's my ～. 彼女は私の心の支えだ. ❸ **a** ［通例 the ～］（網引きの)いちばん後ろの人. **b** ［通例 the ～］（競技）(特に, リレーチームの)最終の競技者［走者, 競泳者］, アンカー. **c** ＝anchorperson. **at ánchor** 停泊して: be [lie, ride] *at ~* (船が)停泊している. **cást an ánchor to windward** (1)【海】風上に投錨する. (2) 安全策を講じる. **cást [dróp] ánchor** (1)【海】投錨する. (2) (ある場所に)とどまる, 落ち着く. **cóme to ánchor** 停泊する. **héave ánchor** 【海】錨(を巻き)上げる. **wéigh ánchor** (1)【海】抜錨［出帆］する. (2) 出かける, 立ち去る.

—— 動 ⓔ ❶〈船を錨で留める, 停泊させる. ❷ **a** 〈ものを〉(…に)（しっかり)固定する, 据えつける (fix): ~ a tent *to* the ground テントを地面に据えつける. **b** 〈考え・注意力などを〉(…に)固定［定着］させる: ~ one's hopes *in* [*on*]…に望みの綱をかける. ❸ 《米》〈番組の〉総合司会をする: ~ a news program ニュース番組の総合司会を務める. —— ⓘ ❶ 錨を下ろす; 《船が》停泊する. ❷ 〔…に〕しっかり固定する (*to*).

〖L く Gk; 原義は「曲がったもの」; cf. angle, ankle〗

⁺**an·chor·age** /ǽŋk(ə)rɪʤ/ 名 ❶ **a** ⓒ 投錨［停泊］地. **b** Ⓤ 投錨, 停泊. ❷ ⓒⓊ **a** 固定位置［器具］. **b** 支え, よりどころ. ❸ Ⓤ 固定する［安定させる］こと.

An·chor·age /ǽŋk(ə)rɪʤ/ 名 アンカレッジ《米国 Alaska 州南部の港湾都市》.

ánchor escàpement 名 【時計】アンクル脱進機, アンクルエスケープ.

an·cho·ress /ǽŋk(ə)rəs/ 名 anchorite の女性形.

an·cho·ret /ǽŋkərèt/ 名 ＝anchorite.

an·cho·rite /ǽŋkəràɪt/ 名 隠者, 世捨て人.

ánchor·màn 名 (複 -men) ❶ ＝anchor 名 3 b. ❷ ＝anchorperson.

ánchor·pèrson 名 《米》(ニュース番組の)総合司会者, ニュースキャスター.

ánchor·wòman 名 anchorman の女性形.

⁺**an·cho·vy** /ǽntʃoʊvi | -ʧə-⁻/ 名 (複 ～, -vies) ⓒⓊ 〔魚〕アンチョビー《南ヨーロッパ産のカタクチイワシ科の小魚; 塩漬けにしたり, ソースやペーストにしたりする》. 〖Sp & Port〗

ánchovy páste 名 U アンチョビーペースト《アンチョビーをすりつぶして香辛料を入れて練ったもの》.

ánchovy tóast 名 U アンチョビーペーストを塗ったトースト.

an·cien ré·gime /ɑ́ːnsiæŋreɪʒíːm/ 名 (複 **an·ciens ré·gimes** /~/) 旧制度, アンシャンレジーム, 旧体制《特に, 1789 年フランス革命以前の政治・社会組織》. 〖F = old regime〗

*****an·cient** /éɪnʃənt/ 形 (**more ~; most ~**) ❶ A 昔の, 往古の, 古代の: an ~ civilization 古代文明 / ~ relics 古代の遺物. ❷ 古来の, 古くからの: an ~ custom 古来の慣習. ❸ **a** 旧式の; とても古い. **b** 《古》老齢の: The A~ Mariner「老水夫行」《★ Coleridge の詩の題名》. ── 名 ❶ 古代人. ❷ [the ~s] 古代文明人《特に古代ギリシア・ローマ人》. **b** 古典[古代]作家. **Áncient of Dáys** [the ~] 日の老いたる者, 神《★聖書「ダニエル書」より》. 〖F<L<*ante* before〗

áncient hístory 名 U ❶ 古代史《476 年西ローマ帝国滅亡までのヨーロッパ史》. ❷ 《口》周知の事実, 新味[重要性]を失った情報; (今さら話題にしたくないような)過去の話[こと], 昔話.

áncient líghts 名 [単数扱い] 《英法》「採光権所有」《窓の掲示文句; 20 年以上妨げられなかった窓は採光権を認められる》.

án·cient·ly 副 古代には, 昔(は).

áncient mónument 名 《英》(しばしば政府の省が管理する)古代記念物.

an·cil·lar·y /ǽnsəlèri | ænsíləri/ 形 補助的な, 付属的な; 〈…に〉付属して 〈*to*〉. ── 名 ❶ 助力者, 助手. ❷ 付属物[品].

an·con /ǽŋkən | -kɒn/ 名 (複 **an·co·nes** /æŋkóʊniːz/) 《建》ひじ木, 渦形持送り.

-an·cy /(ə)nsi/ 接尾 =-ance.

an·cy·lo·sto·mi·a·sis /æ̀ŋkɪloʊstoʊmáɪəsɪs/ 名 U 〚医・獣医〛鉤虫(こう)症.

*****and** (弱形) ən(d), n; (強形) ǽnd/ 接〖等位接続詞〗 ❶ **a** [文法上同じ性質の語・句・節を対等につないで] …と…, および, そして: you ― I あなたと私《用法 二人称・三人称そして最後に一人称の順で並べる》 / In that room there were a chair, a table(,) ― a bed. その部屋にいす一つとテーブル一つとそしてベッド一つがあった《用法 三つ以上の語[句, 節]を結ぶ時は最後のものの前にのみ and を置き, ほかはコンマで区切る《前のコンマはない場合もある》のが原則》 / He heaped my plate with turkey ― mashed potatoes ― squash ― a spoonful of cranberry sauce. 彼は私のお皿を七面鳥の肉とマッシュポテトとカボチャで山盛りにして, クランベリーソースをスプーンに 1 杯かけてくれた《用法 上記と違って各要素を強調するため and が用いられている》 / You must experiment, reason, think out new devices. 君たちは実験をし, 推理して新しい装置を考案しなければならない《用法 各要素を思いつくままに並べる気持ちの時には and を用いないことがある》 / He's a statesman ― poet. 彼は政治家でもありまた詩人でもある (⇒ a³ 1 a 比較) / The bridge connects Buda ― Pest. その橋はブダの町とペストの町をつないでいる. **b** [between…and…] (…との間に): We must decide *between* A ― B. A と B の間でどれかを決めなければならない. **c** [both…and…] (…も…も): *Both* my father ― mother are dead. もう父も母も死んだ.

❷ **a** [同時性を示して] (…と同時に)また, …しながら: eat ― drink 飲み食いする / We walked ― talked. 私たちは歩きながら話した / You can't eat your cake ― have it (too). ⇒ cake 1. **b** [前後関係を示して] …して(から), それから (then): She paused ― walked on. 彼女は一瞬立ち止まってから歩き続けた / He took off his hat ― bowed. 彼は帽子を取って一礼した. **c** /ən, n/ [come, go, run, try などの原形または命令法の後で]《用法 不定詞の役をする; 《米》では come, go のあとの and を略することもある》: Come (~) see me tomorrow. 明日やってきたまえ《★ Come to see…. と書き換え可能》 / I will try ~ see if I can do it alone. それをひとりでできるかどうかやってみます. **d** [二つの動詞をつなぎ, 後の動詞が現在分詞の意味合いで用いられて] …し(ながら): He sat ― looked at the picture for hours. 彼は何時間もその絵を見ながら座っていた《変換 He sat looking…. と書き換え可能》.

❸ **a** [命令法またはそれに準じる語句の後で用いて] もしそうすれば (cf. or 2): One move [Another step], ― you're dead! 少しでも動いてみろ[もう一動したら]命はないぞ. **b** [結果・理由を示して] …すると, だから: He spoke, ― the room fell still. 彼が口を開くと部屋は静まり返った.

❹ **a** [同一語を結び反復・強意を表わして] …も…も: again ~ again 再三 / for miles ~ miles 何マイルも何マイルも / for hours ~ hours 何時間も / He's a pilot through ~ through. 彼は根っからのパイロットだ / She talked ~ talked. 彼女はしゃべりまくった. **b** [比較級とともに用いて] ますます…: The kite rose higher ~ higher. たこはますます高く揚がった / The wind blew more ~ more violently. 風はますます激しく吹いた. **c** [there are …の中で同一複数名詞をつないで] いろいろの, さまざまな: There are books ~ books. 本にもいろいろ[よしあしが]ある.

❺ /ǽnd/ **a** [対立的な内容を示して] …しかも, …しながら(それでいて): He's rich, ~ he lives frugally. 彼は金持ちだがつましく暮らしている / He promised to come, ~ didn't. 彼は来ると約束していながら来なかった / That's an elk, ~ not a deer. 違うよ, あれはヘラジカでシカではない《変換 That's not a deer but an elk. と書き換え可能で, このほうが幾分柔らかい表現》. **b** [追加的に補足して] しかも: He did it, ~ did it well. 彼はそれをやった, しかもりっぱに. **c** [非難を示して] 《口》 しかし, それなのに: A sailor, ~ afraid of the sea! 船乗りのくせに海を怖がるなんて!

❻ **a** [足し算で] (…に)プラス: Four ~ two make(s) [equal(s)] six. 4 足す 2 は 6. **b** [数詞を接続して]: one [a] hundred ~ twenty-one=121《用法 同様に百位の後に and を入れる; 《米》では時に省略される》 / one [a] thousand ~ one=1001《用法 百位が 0 の時は千位の後に and を入れる; ただし年号・電話などでは and を入れない》. **c** [1 から 9 の数に] 20, 30…90 の数を用いて: one ~ twenty 《古》 21《用法 同様に 22 から 99 まで; この形は感情を盛る一種の強意形であるが, 大きな数には用いられない》. **d** [単位の異なるものを表わして] …(と)…の(意味では and は略される): two dollars ~ twenty-five cents 2 ドルと 25 セント / two pounds ~ five pence 2 ポンド 5 ペンス.

❼ /ən, n/ **a** [密接な関係を示して; 単数扱い] …つきの: (a) whiskey ~ soda ウイスキーソーダ, ハイボール(1 杯)《用法 is ~ two whiskey and two pounds = butter = /brédnbʌ̀tə/ |-tə/ バター付きパン《★ butter *and* bread と逆の順にはならない》 / A carriage ~ four was passing by. 四頭立ての馬車が通り過ぎていった / They're man ~ wife. 彼らは夫婦です. **b** [形容詞 nice, fine, good, rare などと結んで副詞的に] 《口》非常に, とても: nice ~ warm 心地よく暖かい / good ~ hungry とても空腹で.

❽ [相手の発言に対する疑問文中で] それで, じゃあ《★相手に言葉を返させるために用いる》: "I'm sorry about yesterday." "And?" "I won't ever do it again"「昨日のことはごめん」「それで」「もう二度とあんなことはしないよ」.

❾ [話題を変えたり始めたりする時に] 《口》では, さて: And now, let's move on to the next item on the agenda. さてそれでは次の議題に移りましょう.

❿ [二つの街路名を連結し, その交差点を示して]《米》: get off the bus at 39th Street ~ Fifth Avenue (ニューヨークの) 39 番街と 5 番街の交差点でバスを降りる.

and áll ⇒ all 代. **and áll thát** ⇒ all 形 成句. **Ànd hów!** ⇒ how 成句. **and óthers** ⇒ other 代 成句. **and só òn [fórth]** …など: Don't forget to buy milk, eggs, butter, ~ *so on* [*forth*]. 牛乳・卵・バターなどを買うのを忘れるな.

and thát ⇒ that 代 成句. **and thén sòme** ⇒ some 代 成句. **and whát nòt** ⇒ what 代 成句.

AND /ænd/ [名]【電算】アンド《論理積をつくる論理演算子; cf. OR》.

An·da·lu·si·a /æ̀ndəlúːʒ(i)ə | -siə, -ziə/ [名] アンダルシア《スペイン南部の地方》.

An·da·lu·si·an /æ̀ndəlúːʒ(i)ən | -siən, -ziən/ [形][名] ❶ [C] アンダルシア人. ❷ [U] (スペイン語の)アンダルシア方言. ❸ [C]【馬】アンダルシアン《スペイン原産; 足を高く上げて進む》.

an·dan·te /ɑːndáːnteɪ, ændǽnti | -dén-/ [形][副]【楽】アンダンテ, ゆるやかな[に]《adagio と allegretto の中間》. ── [名] アンダンテ(の楽章). 《It は歩くような》

an·dan·ti·no /ɑ̀ːndɑːntíːnoʊ, æ̀ndən- | -dæn-/ [形][副] 【楽】アンダンティーノ, アンダンテよりやや速い[速く]. ── [名] (複 ~s) アンダンティーノ(の楽章). 《It ↑+-ino (指小辞)》

An·de·an /ǽndiən, ændíːən/ [形] アンデス山脈の.

An·der·sen /ǽndəs(ə)n | -də-/, **Hans Christian** [名] アンデルセン (1805–75; デンマークの童話作家).

An·der·son /ǽndəs(ə)n | -də-/, **Maxwell** [名] アンダーソン (1888–1959; 米国の劇作家).

Anderson, Marian [名] アンダーソン (1897–1993; 米国の黒人コントラルト).

Anderson, Sher·wood /ʃɔ́ːwʊd | ʃɔ́ː-/ [名] アンダーソン (1876–1941; 米国の小説家).

Ánderson shèlter [名] アンダーソン式防空シェルター《第2次大戦初期に英国の家庭で用いられた, なまこ板のプレハブ爆風よけ》.《J. Anderson これを採用した当時の内相》

An·des /ǽndiːz/ [名] [the ~; 複数扱い] アンデス山脈《南米西部を縦走する大山脈》.

an·des·ite /ǽndəzàɪt/ [名] [U]【地】安山岩. **an·des·it·ic** /æ̀ndəzítɪk˥/ [形]

An·dhra Pra·desh /ɑ́ːdrəprədéɪʃ, -déʃ/ [名] アンドラプラデシュ《インド南東部 Bengal 湾に面する州; 州都 Hyderabad》.

and·i·ron /ǽndàɪən | -dàɪən/ [名] [通例複数形で] 炉のまきのせ(台), まき台.

and/or /ǽnd ɔ́ː | -ɔ́ː-/ [接] およびまたは (両方とも, またはいずれか一方): Money ~ clothes are welcome. 金と衣類またはそのどちらでもけっこうです.

An·dor·ra /ændɔ́ːrə/ [名] アンドラ《フランスとスペインの間にある国; 首都 Andorra la Vella /ændɔ́:(r)ə-lɑ-béjɑ/》. **An·dór·ran** [形][名]

an·douille /ɑːndúː(j)i/ [名] [U]【料理】アンドゥイユ《スパイスの効いた太い燻製のポークソーセージ; 主に前菜》.

andr- /ændr/ [連結形] (母音の前にくる時の) andro- の異形.

an·dra·dite /ǽndrədàɪt/ [名] [U]【宝石】灰鉄(ばいてつ)ざくろ石.

An·dret·ti /ændréti/, **Ma·ri·o** /máːriòʊ/ [名] アンドレッティ (1940– ; イタリア生まれの米国のレースドライバー).

An·drew /ǽndruː/ [名] ❶ アンドルー《男性名; 愛称 Andy》. ❷ [St. ~]【聖】(聖)アンデレ《キリスト十二使徒の一人; スコットランドの守護聖人》. **St. Andrew's cross** [名] 聖アンドルー十字《青地に白の X 形十字形; cf. Union Jack》.

An·drews /ǽndruːz/, **Roy** [名] アンドルーズ (1884–1960; 米国の博物学者・探検家・作者).

an·dro- /ǽndroʊ/ [連結形]「人間」「男性」「蕊(しべ)」「雄蕊(ずい)」「雄器」.《Gk *anēr*, *andr-* 男》

an·dro·cen·tric /æ̀ndroʊséntrɪk˥/ [形] 男性中心の.

An·dro·cles /ǽndrəklìːz/ [名] アンドロクレス《ローマの伝説的奴隷; 闘技場でライオンと戦わされようとしたが, 以前そのライオンの足からとげを抜いてやったことがあったので助かった》.

an·droe·ci·um /ændríːʃiəm, -siəm/ [名] (複 *-cia* /-ʃiə, -siə/) [植] 雄蕊(ずい)群《一花の全雄蕊》.

an·dro·gen /ǽndrədʒən, -dʒen/ [名] [生化] アンドロゲン《男性ホルモン物質》.

an·dro·gen·ize /ændrádʒənàɪz, -drɔ́dʒ-/ [動] ⦅他⦆ (男性ホルモンの注射で)男性化する. **an·dro·gen·i·za·tion** /ændràdʒənɪzéɪʃən | -drɔ̀dʒənaɪ-/ [名]

an·dro·gyne /ǽndrədʒàɪn/ [名] 性別の不明確なもの[人]; 【植】雌雄両器; 偽性半陰陽の女性.

an·drog·y·nous /ændrádʒənəs/ [形] ❶ 両性具有の. ❷ 【植】(同一花序内に)雌雄両花のある.

an·drog·y·ny /ændrádʒəni | -drɔ́dʒ-/ [名] [U] ❶【医】(男女)両性具有. ❷【植】(同一花序内の)雌雄両花具有. 両性人間.

an·droid /ǽndrɔɪd/ [名] 人造人間.

An·drom·e·da /ændrámədə | -drɔ́m-/ [名] ❶【ギ神】アンドロメダ《国を救うため怪獣のいけにえとなったが, Perseus に救われその妻となった美女》. ❷【天】アンドロメダ座.

Andrómeda gàlaxy [名] [the ~] アンドロメダ銀河.

an·dro·pause /ǽndroʊpɔːz/ [名] [U]【医】男性更年期 《男性のテストステロン分泌が弱まり, 体力が衰えてくる時期; 50歳くらいに起こる》. **an·dro·pau·sal** /æ̀ndroʊpɔ́ːzl˥/ [形]

An·dro·pov /ɑːndróʊpɔːf | -drɔ́pɔf/, **Yury Vladimirovich** /ɑːndróʊpɔːf | -drɔ́pɔf/ アンドロポフ (1914–84; ソ連の政治家; 共産党書記長 (1982–84), 最高会議幹部会議長 (1983–84)).

an·dro·stene·di·one /æ̀ndrəstìːndáɪoʊn/ [名] [U]【生化】アンドロステンジオン《睾丸・卵巣・副腎皮質より分泌される男性ホルモン》.

an·dros·te·rone /ændrástəròʊn/ [名] [生化] アンドロステロン《主に尿から検出される雄性ホルモンの一種》.

-an·drous /ˈ—/ [連結形]「…な夫[雄, 雄蕊(ずい)]をもつ」

-an·dry /ˈ—/ [連結形]「…な夫[雄, 雄蕊(ずい)]の保有」: poly*andry*.

An·dy /ǽndi/ [名] アンディー《男性名; Andrew の愛称》.

an·ec·dot·age /ǽnɪkdòʊtɪdʒ/ [名] [U] ❶ 逸話(類). ❷ (戯言)(何かにつけて)昔話をしたがる老年, おしゃべり老年.

an·ec·dot·al /æ̀nɪkdóʊtl˥/ [形] ❶ 逸話の; 逸話に富んだ. ❷ (証拠が)裏付けに乏しい, 不確かな.

an·ec·dote /ǽnɪkdòʊt/ [名] 逸話, 奇事. 《L<Gk=未公表の(話)》【類義語】⇒ story¹.

an·ech·o·ic /æ̀nɪkóʊɪk˥/ [形] 部屋が反響のない, 無響の.

a·ne·mi·a, -nae- /əníːmiə/ [名] [U]【医】貧血(症). 《L<Gk; ⇒ an-¹, -emia》

a·ne·mic, -nae- /əníːmɪk/ [形] ❶【医】貧血(症)の. ❷ 無気力な, 元気のない. **-mi·cal·ly** /-mɪkəli/ [副]

a·nem·o- /əníː͡moʊ/ [連結形]「風」.《Gk *anemos* 風》

a·nem·o·graph /əníːməgræf, -grɑːf/ [名] 自記風速計.

an·e·mom·e·ter /æ̀nəmámətə | -mɔ́mətə/ [名] 風力計.

an·e·mom·e·try /æ̀nəmámətri | -mɔ́m-/ [名] [U] 風力測定(法). **-mo·met·ric** /æ̀nəmoʊmétrɪk˥/ [形] 風力測定の.

a·nem·o·ne /əníːməni/ [名] ❶【植】アネモネ. ❷【動】イソギンチャク.《L<Gk; ⇒ anemo-》

anémone fish [魚] クマノミ《イソギンチャク (sea anemone) の近くを泳ぎまわる》.

an·e·moph·i·lous /æ̀nəmáfələs | -mɔ́f-/ [形]【植】〈花が〉風媒の《風による受粉媒介》. **àn·e·móph·i·ly** /-li/ [名] 風媒.

an·en·ceph·a·ly /æ̀nənséfəli/ [名] [U]【医】無脳症, 無頭蓋症. **àn·en·ce·phál·ic** /-səfǽlɪk˥/ [形]

an·er·oid /ǽnərɔɪd/ [形] 液体を用いない: an ~ barometer アネロイド気圧計. ── [名] アネロイド気圧計.

an·es·the·sia, an·aes- /æ̀nəsθíːʒə | -ziə/ [名] [U]【医】麻酔, 知覚麻痺, 感覚[知覚]脱失, 無感覚(症): local [general] ~ 局所[全身]麻酔/under ~〈患者が〉麻酔をかけられて.《L<Gk=感覚の欠如》

an·es·the·si·ol·o·gist, anaes- /-dʒɪst/ [名] 麻酔科医.

an·es·the·si·ol·o·gy, an·aes- /æ̀nəsθìːziálədʒi | -ɔ́l-/ [名] [U] 麻酔学.

an·es·thet·ic, an·aes- /æ̀nəsθétɪk˥/ [形] ❶ 無感覚な. ❷ 麻酔の[をひき起こす]. ── [名] 麻酔剤: administer an ~ 麻酔剤を投与する. **-i·cal·ly** /-tɪkəli/ [副] 無感覚に, 麻酔状態で.

an·es·the·tist, an·aes- /ənésθətɪst | əníːs-/ [名] 麻酔医.

an·es·the·ti·za·tion, an·aes- /ənèsθətɪzéɪʃən | ænìːsθɪtaɪz-/ [名] [U] 麻酔; 麻酔状態.

an·es·the·tize, an·aes- /ənésθətàɪz | əníːs-/ [動]

aneurysm 〖医〗〈人に〉麻酔をかける,〈人を〉まひさせる.

an·eu·rysm, -rism /ǽnjʊrɪzm/ 名 〖医〗動脈瘤(りゅう).

a·new /ənjúː | ənjúː/ 副 改めて; 新たに (afresh): start ~ 新規まき直しで始める.

an·frac·tu·os·i·ty /æ̀nfræktʃuásəṭi | æ̀nfræktʃuɔ́s-/ 名 ⓒⓊ 曲折; 〖複数形で〗曲折した道〖通路, 水路〗, 紆余曲折; 〖精神的〗屈折.

an·frac·tu·ous /ænfrǽktʃuəs | -tju-/ 形 屈曲[曲折]の多い, 曲がりくねった.

*__an·gel__ /éɪndʒəl/ 名 ❶ 天使, (神の)御使(みつか)《〖解説〗通例翼を持ち白衣の姿をした人間の姿として描かれる; 中世では9階級に分かれていると信じられた; 特に9位の天使; cf. hierarchy 4 a》: a fallen ~ 堕天使, 悪魔 / Fools rush in where ~s fear to tread.〖諺〗盲(めく)蛇に怖(お)じず《画家 A. Pope の詩から》. ❷ 天使のような人, 親切な[優しい]人;(特に)心も姿も美しい女性; 聞き分けのいい子供(など): an ~ of a child《天使のようなとてもかわいい子供》/ Be an ~ and sharpen my pencil. お願いだから[いい子だから]鉛筆を削ってちょうだい / I was no ~ when I was a kid. 子供のころは親をかなり悩ませた. ❸ 守護天使; 守護神. ❹ 〖□〗(演劇・選挙などの)財政上の後援者, パトロン. ❺ 〖俗〗(レーダースクリーンに出る)正体不明の像《鳥などの低空飛行物体など》. ── 動 他〈人などに〉財政上の後援をする. **ángel in the hóuse** [the ~]〖主に皮肉で〗夫や家族に忠実な女性, 家庭にべったりの女性. **be on the side of the ángels** 正しい見方[考え方, 行ない]をしている.〖F ＜ L ＜ Gk=使者; cf. evangel〗

An·ge·la /ǽndʒələ/ アンジェラ《女性名》.

ángel càke ⓊⒸ エンゼルケーキ《卵白を使った軽いスポンジケーキ》.

ángel dùst 名 Ⓤ〖俗〗合成ヘロイン.

An·ge·le·no /æ̀ndʒəlíːnoʊ/ 名 (働 ~s)〖□〗ロサンゼルス出身[在住]の人, ロスっ子.

Ángel Fálls /éɪndʒəl-/ [the ~; 単数扱い] アンヘル滝《ベネズエラ南東部にある滝; 落差979 m は世界最高》.

ángel·fish /-fɪ̀ʃ/ 名 (~, ~es)〖魚〗 ❶ エンゼルフィッシュ《観賞用熱帯魚》. ❷ カズオキ.

ángel fòod càke 名〖米〗=angel cake.

ángel hàir 名 Ⓤ〖イタリア料理〗極細のパスタ.

an·gel·ic /ændʒélɪk/ 形 天使の(ような): an ~ smile 美しくあどけない微笑.

an·gel·i·ca /ændʒélɪkə/ 名 ❶ Ⓒ〖植〗シシウド, アンゼリカ. ❷ Ⓤ アンゼリカ《アンゼリカの茎の砂糖漬け; 菓子の飾りに用いる》.

an·gel·i·cal /-lɪk(ə)l/ 形 =angelic. **~·ly** /-kəli/ 副

angélica trèe 名〖植〗 ❶ アメリカタラノキ. ❷ アメリカサンショウ.

An·gel·i·co /ændʒélɪkoʊ, Fra fraː/ 名《フラ》アンジェリコ《1400-55; イタリアの画家》.

An·ge·li·no /æ̀ndʒəlíːnoʊ/ 名 =Angeleno.

Án·gel·man sỳndrome /éɪndʒəlmən-/ 名 Ⓤ アンゲルマン症候群《染色体15番長腕部分欠損; 筋緊張低下, 不随意笑い発作, 知能遅滞》.《H. Angelman 英国の医師》

an·gel·ol·o·gy /èɪndʒəláládʒi | -lɔ́l-/ 名 Ⓤ〖神学〗天使論《天使の本質・位階に関する学問》.

An·ge·lou /ǽndʒəluː | -loʊ, Máy·a /máɪə/ 名 アンジェロー《1928-　; 米国の女流黒人小説家・詩人・劇作家》.

ángel shàrk 名〖魚〗カズオキ.

ángels-on-hórseback 名〖料理〗カキをベーコンで包み串に刺して焼きトーストの上に載せたもの.

ángel's-trùmpet 名〖植〗キダチチョウセンアサガオ.

An·ge·lus /ǽndʒələs/ [the ~] ❶ 〖カト〗お告げの祈り, アンジェラス《キリストの受肉(Incarnation)記念のため一日3回, 朝・正午・夕に行なう》. ❷ =Angelus bell.

Ángelus bèll 名 お告げ[アンジェラス]の鐘《お告げの祈りの時刻を告げる》.

*__an·ger__ /ǽŋɡɚ | -ɡə/ 名 Ⓤ 怒り: be moved to ~ 腹を立てる / in (great) ~ (大いに)怒って / He was red with ~. 彼は怒って顔を真っ赤にした / more in sorrow than in ~ ⇒ sorrow 1. ── 動 他〈人を〉怒らせる(enrage)《★ しばしば受け身》: The boy's disobedience ~ed his father. その子が言うことを聞かないので父親は腹を立てた / He was greatly ~ed at [by] her behavior. 彼は彼女のふるまいにひどく腹を立てた.〖ON=悲しみ〗(形 angry)
〖類義語〗**anger**「怒り」を意味する最も一般的な語. **rage** 自制心を失うほどの激しい怒り. **fury** さらに激しく, 狂気に近い烈火のような怒り. **indignation** 虐待・不正・卑劣などに対する正義感からの憤り. **wrath** 復讐・処罰を求める気持ちを含む強い怒り〖憤り〗; 文学的な語.

An·ge·vin /ǽndʒəvɪn/ アンジュー(Anjou)の; アンジュー〖プランタジネット〗王家の. ── 名 アンジューの住民; アンジュー〖プランタジネット〗王家の人《特に最初の3代 Henry 2世, Richard 1世, John を指す; ⇒ Plantagenet》.

an·gi·na /ændʒáɪnə/ 名 Ⓤ〖医〗 ❶ アンギーナ, 扁桃炎(へんとうえん). ❷ =angina pectoris.

angína péc·to·ris /-péktərɪs/ 名 Ⓤ〖医〗狭心症.

an·gi·o- /ǽndʒioʊ/〖連結形〗「血管」「リンパ管」「果皮」.

àngi·ógenesis 名 Ⓤ〖医〗血管形成.

ángio·gràm 名 血管写〖像〗, 血管造影〖撮影〗図.

an·gi·og·ra·phy /æ̀ndʒiáɡrəfi | -ɔ́ɡ-/ 名 Ⓤ〖医〗血管造影(法)《X線特殊造影法の一種》. **àngio·gráphic** 形

an·gi·o·ma /æ̀ndʒióʊmə/ 名 (働 ~s, -ma·ta /-tə/)〖医〗血管腫, リンパ管腫.

àngio·plàsty 名 ⓊⒸ〖医〗血管形成(術), (特に)= balloon angioplasty.

an·gio·sperm /ǽndʒiəspə̀ːm | -spə̀ːm/ 名〖植〗被子植物(cf. gymnosperm).

àngio·tén·sin /-téns(ə)n | -sɪn/ 名 Ⓤ〖生化〗アンギオテンシン《血液中につくられる血圧上昇物質》.

Ang·kor Wat /ǽŋkɔːwɑ́ːt | -kɔː-wɔ́t/ 名 アンコールワット《Cambodia にある石造大寺院の遺跡》.

*__an·gle__[1] /ǽŋɡl/ 名 ❶ **a** 角度; 〖数〗角: an acute [obtuse] ~ 鋭[鈍]角 / a right ~ 直角 / a straight ~ 平角《直角》/ an ~ of 90° 90度, 直角 / at an ~ with [to]…とに(対して)ある角度をなして / meet [cross]…at right ~ 直角をなす / take the ~ その角度を測る. **b**《建物・部屋・家具などの》角(かど), 隅(すみ). ❷ **a**《ものを見る》角度, 視点; 見地, 立場: approach an issue from different ~s 問題に(種々の)違った角度からアプローチする. **b**《カメラの》アングル. ❸〖□〗腹黒いたくらみ, 陰謀: What's your ~, anyway? いずれにしても君は何をたくらんでいるんだ. **ángle of attáck**〖空〗迎え角《翼弦と気流のなす角度》. **ángle of íncidence**〖理・光〗入射角. **ángle of refléction**〖光〗反射角. **ángle of refráction**〖理・光〗屈折角. **at an ángle** 曲がって, 斜めに: The two streets meet *at an* ~. その二つの通りは斜めに[X字型に]交差している.

── 動 ❶ 〈ある角度に〉〈…を〉曲げる. ❷ **a**〈報道などを〉特定の視点から報ずる: ~ an article at liberal readers 記事を自由主義的な読者の視点から報ずる. **b**〈…を〉ゆがめて伝える: He ~d his report to put me in a bad light. 彼は私が不利になるようにゆがめて伝えた. ── 自 ある角度に[で]動く[進む, 方向を変える].
〖F＜L＜Gk=曲がったもの; cf. anchor, ankle〗(形 angular)

an·gle[2] /ǽŋɡl/ 動 ❶ 魚釣りをする《★ fish のほうが一般的》: go *angling* 魚釣りに行く. ❷〈…しようと〉画策する, 手を回す《+*to do*》. **ángle for** …を(あの手この手で)得ようとする: He's *angling for* a promotion. 彼は何とかして昇進させてもらおうとしている.〖OE=釣り針〗

An·gle /ǽŋɡl/ 名 [the ~s] アングル族《チュートン族の一派; 5世紀以降 Saxons, Jutes とともに英国に土着した; 今の英国人の祖先の一》. ❷ アングル族の人, アングル人.

ángle bràcket 名 ❶〖通例複数形で〗〖印〗山括弧《《, 》》. ❷〖建〗(壁に棚を支える)角ブラケット.

án·gled 形 (…な)角(かど)のある; 角をなす.

ángle íron 名 ❶〖建〗山形(やまがた)鉄〖鋼〗, アングル(鉄): a L 字形断面の鉄骨〖鋼材〗. **b** L字形に折り曲げた鉄製金具.

*__an·gler__ /ǽŋɡlɚ | -ɡlə/ 名 ❶ 魚を釣る人, 釣り師 (cf. fisherman 1). ❷ =anglerfish.

ángler·fìsh 名(複 ~)【魚】チョウチンアンコウ.
An·gle·sey /ǽŋglsi/ 名 アングルシー《ウェールズ北西部の島で,本土と架橋されている》.
ángle·wòrm 名(魚釣り用の)ミミズ.
An·gli·a /ǽŋgliə/ 名 アングリア(England のラテン語名).
An·gli·an /ǽŋgliən/ 名 アングル族の. ── 名 アングル人.
An·gli·can /ǽŋglɪk(ə)n/ 形 英国国教会[聖公会]の. ── 名 英国国教徒.
Ánglican chánt 名 U【楽】アングリカンチャント《Anglican Church で,詩篇・カンティクル(canticles)その他の散文歌詞を歌うのに使われる朗唱的な聖歌》.
Ánglican Chúrch 名[the ~]英国国教会,聖公会.
Ánglican Commúnion 名[the ~]英国国教会派.
Án·gli·can·ìsm /-kənɪzm/ 名 U 英国国教会[聖公会]主義.
An·gli·ce /ǽŋgləsì/ 副[時に a~]英語で(は).
An·gli·cism /ǽŋgləsɪzm/ 名 ❶ C a イギリス英語特有の語法. b (英語以外の言語における)英語的語句[語法]. ❷ [または an ~] 英国風;英国特有の習慣[気質].
An·gli·cize /ǽŋgləsàɪz/ 動 他 ❶〈外国語を〉英語化[風]にする. ❷ 英国風にする.
+**án·gling** 名 U 釣り,魚釣り術 (cf. angle²).
An·glo /ǽŋglou/ 名(複 ~s)❶ (英)《アメリカ系でない》白系米国人. ❷ 《カナダ》英国系カナダ人. ❸ (英)(イングランドチームに属している)スコットランド人[アイルランド人,ウェールズ人]プレーヤー. ── 形 Anglo (に特有)の.
An·glo- /ǽŋglou/ [連結形]「英国,英語」.
Ánglo-Américan 形 名 ❶ 英米の. ❷ 英国系米国人の. ── 名 英国系米国人.
Ánglo-Cátholic 形 名 英国[アングロ]カトリックの(信者),英国国教高教会派の(人)(cf. High Church).
Ánglo-Cathólicism 名 U 英国カトリック派主義,アングロカトリシズム《英国国教会の中でカトリック的要素を強調する; cf. High Church》.
Ánglo-céntric 形 英国中心の.
Ánglo-Frénch 形 ❶ 英仏(間)の. ❷ アングロフランス語の. ── 名 U アングロフランス語《ノルマン人の英国征服(1066年)から中世の終わりまで英国において用いられたフランス方言》.
Ánglo-Índian 形 ❶ 英国とインド(間)の,英印の. ❷ 英印混血の;インド在住の英国人の. ❸ 英印混血の;インド在住の英国人の. ── 名 ❶ C 英印混血の人;インド在住の英国人. ❷ U インド英語.
Ánglo-Írish 形 ❶ 英国とアイルランドの. ❷ 英国人とアイルランド人の血を引く;英国系アイルランド人の. ── 名 [the ~;複数扱い]英国系アイルランド人.
Ánglo-Japanése 形 英国と日本の,日英の.
Ánglo-Látin 形 名 イングランドで用いられた中世ラテン語(の),英国中世ラテン語(の).
An·glo·ma·ni·a /ǽŋgloumémiə/ 名 U (外国人の)英国心酔[かぶれ]. ~ Anglophobia).
An·glo·ma·ni·ac /ǽŋgloumémiæk/ 名 英国心酔者.
Ánglo-Nórman 形 ❶ ノルマン人の英国支配時代(1066–1154)の. ❷ (英国征服後)英国に定住したノルマン人の,アングロノルマン語の. ── 名 ❶ C (英国征服後)英国に定住したノルマン人,ノルマン系英国人. ❷ U アングロノルマン語 (⇒ Anglo-French).
Ánglo-Núbian 名【畜】アングロヌビアン種(のヤギ)《英国産のヤギとヌビアン種のヤギの交配により英国で作出された乳用種》.
An·glo·phile /ǽŋgləfàɪl/ 名 親英派の人,英国びいき.
Ánglo·phília 名 U 英国びいき,英国崇拝.
An·glo·phobe /ǽŋgləfòub/ 名 英国(人)嫌いの人.
An·glo·pho·bi·a /ǽŋgləfóubiə/ 名 U 英国(人)嫌い (↔ Anglomania).
ánglo·phòne 名 (複数の言語が話されている国における)

---

63 **angulate**

英語使用者[民]. ── 形 英語を話す,英語使用者の.
+**Anglo-Saxon** /ǽŋglouśǽks(ə)n/ 名 ❶ a [the ~s] アングロサクソン民族《5 世紀に英国に移住したチュートン族》. b C アングロサクソン人. ❷ C 英国[アングロサクソン]系の人;《米》英語を話す白人. ❸ U a アングロサクソン語,古期英語. b (口) 簡明な英語, (特に)卑俗な英語. ── 形 ❶ アングロサクソン人の. ❷ a アングロサクソン語の. b (口)〈英語の表現が〉簡明な;〈単語が〉露骨な,卑俗な.
ang·ma /ǽŋgmə/ 名【音声】鼻音記号 /ŋ/; 鼻音.
An·go·la /ǽŋgóulə/ 名 アンゴラ《アフリカ南西部の共和国;首都 Luanda》.
An·go·ra /ǽŋgɔ́:rə/ 名 ❶ a =Angora cat. b = Angora goat. c =Angora rabbit. ❷ =Angora wool.
Angóra cát 名 アンゴラネコ.
Angóra góat 名 アンゴラヤギ《これから mohair を取る》.
Angóra rábbit 名 アンゴラウサギ《Ankara 原産の白い長毛のウサギ》.
Angóra wóol 名 U アンゴラウール《アンゴラヤギ[ウサギ]の毛》.
án·gos·tur·a (bárk) /ǽŋgəst(j)ú(ə)rə/ 名 U アンゴスツラ樹皮《南産産ミカン科植物の樹皮で香味料》.
Angostura Bítters 名[単数または複数扱い]【商標】アンゴスチュラビターズ《カクテルなどに用いる苦みの強いリキュール》.
an·gri·ly /ǽŋgrəli/ 副 怒って,憤って.
*an·gry /ǽŋgri/ 形 (an·gri·er; an·gri·est) ❶ P [...に]怒って,腹を立てて: get [become, grow] ~ 怒る,腹を立てる / He looks ~. 彼は怖い顔をしている / He was ~ with his son. 彼は息子に腹を立てていた / We were ~ at him for being late. 私たちは彼が遅いので業をにやしていた / Anybody would be ~ at being kept waiting so long. だれだってそんなに長く待たされれば怒るだろう / She got ~ about my table manners. 彼女は私のテーブルマナーに腹を立てた / She was ~ with him for leaving without saying good-by. 彼女は彼がさよならも言わずに行ったことに腹を立てていた / People are ~ over the government's decision. 人々は政府の決定に怒っている. ❷ A 怒りの,怒りからの;怒った(ような): ~ words 腹立たしまぎれの言葉 / an ~ look [face] 怒った顔. ❸ 〈空・海など〉険悪な,荒れた,激しい (threatening): an ~ sky 険悪な空模様 / ~ waves 怒濤(どう). ❹ 〈傷が〉赤くはれた,ひどく痛い[そうな]. (名 anger)
Ángry Yòung Mén 名 [the ~] 怒れる若者たち《1950 年代英国で反体制的態度を示した若い作家たち》.
angst /ɑ:ŋ(k)st | ǽŋ(k)-/ 名 U 不安,苦悩. 《G; anger》
ang·strom /ǽŋstrəm/ 名 【理】オングストローム《短波長の測定単位;1億分の1センチ;AU, A, Å などと略す》. 《A. J. Ångström スウェーデンの物理学者》
ángstrom únit 名 =angstrom.
An·guil·la /æŋgwílə/ 名 アンギラ《西インド諸島東部,Leeward 諸島の英領の島》. **An·guil·lan** /-lən/ 形 名
+**an·guish** /ǽŋgwɪʃ/ 名 U (心身の激しい)苦痛,苦悶(くもん),苦悩: in ~ 苦悶して. 《F < L = 狭苦しいこと》【類義語】⇒ distress.
+**án·guished** 形 苦悩にみちた.
an·gu·lar /ǽŋgjulə | -lə/ 形 ❶ 角(º)のある,角ばった. ❷ 角(度)の;角度で測った: ~ distance 角距離. ❸ 〈人・顔など〉骨ばった;やせぎすの,ごつごつした. ❹ ふるまい・足どりなど無骨な,ぎこちない. ~·ly 副 (名 angle¹)
an·gu·lar·i·ty /ǽŋgjulǽrəti/ 名 ❶ U 角のあること,とげとげしさ,やせぎす;ぎこちなさ. ❷ [通例複数形で]角ばった形,とがった部分.
ángular moméntum 名 U 【理】角運動量.
ángular velócity 名 U 【理】角運動速度.
an·gu·late /ǽŋgjulèɪt/ 動〈...に〉角(º)をつける;角ばらせる. ── 自 角ばる. **-lat·ed** /-tɪd/ 形 角のある(形をした).

an·gu·la·tion /ˌæŋɡjuléɪʃən/ 图 U 角をつくること, 角形成; 角のある形[部分, 部位].

An·gus /ǽŋɡəs/ 图 ❶ アンガス《男の名》. ❷ =Aberdeen Angus. ❸ アンガス《スコットランド北東部の行政区; 旧称 Forfarshire》.

ang·wan·ti·bo /æŋɡwá:ntəbòu/ 图 (圈 ~s) [動] アンワンチボ《アフリカ森林地帯のロリス (loris)》.

an·harmónic /æn-/ 形 [理] 非調和の.

an·he·do·ni·a /ænhi:dóuniə/ 图 U [心] 無快感(症), 快感消失(症). **àn·he·dón·ic** /-dán-│-dɔ́n-~/ 形

an·he·dral /ænhí:drəl│-hédr-/ 图 U [空] 下反角 (negative dihedral). ── 形 他形の.

an·hin·ga /ænhíŋɡə/ 图 [鳥] ヘビウ.

an·hy·dride /ænháɪdràɪd/ 图 [化] 無水物.

an·hy·drite /ænháɪdraɪt/ 图 [化] 硬石膏, 無水石膏.

an·hy·drous /ænháɪdrəs/ 形 [化·鉱] 無水の, 無水物の.

ani /ɑ:ní:/ 图 [鳥] アニ《オオハシカッコウ属の各種の鳥; 熱帯アメリカ産》.

an·i·lin /ǽnəlɪn/ 图 = aniline.

an·i·line /ǽnəlɪn/ 图 U [化] アニリン《無色油状の液体》.

ániline dỳe 图 U.C アニリン染料.

ani·lin·gus /èɪnɪlíŋɡəs/ 图 U 肛門接吻(による)性感刺激.

an·i·ma /ǽnəmə/ 图 ❶ U.C 生命の, 魂. ❷ [心] (ユング (Jung) 心理学の)アニマ: **a** U 男性の無意識内にある女性的特性; cf. animus 3. **b** C 内面的自己. 〖L=生命, 風, 息, 心〗

an·i·mad·ver·sion /ænəmædvə́:ʒən│-və́:ʃən/ 图 U.C 批評, 批判, 非難, 酷評 〔*on, upon*〕.

an·i·mad·vert /ænəmædvə́:t│-və́:t/ 動 圈 〔…を〕批評[批判, 非難, 酷評]する〔*on, upon, against*〕.

***an·i·mal** /ǽnəm(ə)l/ 图 ❶ **a** (植物に対して)動物. **b** (人間以外の)動物, 四足獣, けだもの: a wild [domestic] ~ 野獣[家畜]. **c** 哺乳動物. ❷ けだもののような人間, 人でなし, 人非人. ❸ [修飾語を伴って] (口) **a** …好きの人, …に関心のある人: a party ~ パーティー好きの人 / a political ~ 政治に興味のある人, 政治人間. **b** …なもの[種, 人]: a very different ~ まったくの別もの. ❹ [the ~] 特に the ~ in people 人間の獣性. ── 形 (比較なし) ❶ A 動物の, 動物性[質]の: ~ food products 動物性食品 / the ~ kingdom 動物界 / ~ life 動物の生態; 動物(全体)の / ~ matter 動物質. ❷ (精神に対して)獣的な; 肉欲的な: ~ appetites [desires] 獣欲 / ~ courage 蛮勇 / ~ spirits 元気, 血気 / ~ instincts 獣的本能. ❸ (卵細胞の)動物極の. 〖L=生きているもの<*anima* 息, 生命〗

an·i·mal·cule /ænəmǽlkju:l/ 图 [生] 極微動物, 微小動物.

ánimal húsbandry 图 U 畜産; 家畜学.

an·i·mal·ism /-məlìzm/ 图 U ❶ 動物性; 獣性. ❷ 獣欲主義. ❸ 人間動物説《人間には霊性がないという説》. **an·i·mal·is·tic** /ænəməlístɪk~/ 形

an·i·mal·i·ty /ænəmǽləti/ 图 U ❶ 動物性, 獣性. ❷ 動物界.

an·i·mal·ize /ǽnəməlàɪz/ 動 動物の形に[動物のように]する;〈人間を〉獣的にする, 残忍にする. **an·i·mal·i·zation** /ænəməlɪzéɪʃən│-laɪz-/ 图

ánimal liberátion 图 U 動物解放《動物を虐待から保護しようとする運動》.

ánimal mágnetism 图 U 動物磁気; 肉体的魅力.

ánimal ríghts 图 (複) 動物権利; 動物保護に基づく動物の権利.

ánimal spírits 图 (複) 生気, 血気, 元気.

an·i·mate /ǽnəmèɪt/ 動 他 ❶ **a** 活気づける, 活発にする; 励ます, 鼓舞する: He was ~*d* by her words. 彼女の言葉で彼は元気づけられた. **b** 〈…に〉生命を吹き込む. ❷ 〈物語などを〉動画化する, アニメ化する. ── /-mət, -mɪt/ 形 ❶ 生命のある, 生きた, 生物の, 生命の (←inanimate): ~ nature 生物界, 動植物界. ❷ 生気のある, 元気のある. 〖L=息を吹き込む<*anima*; ⇒ animal〗(图 animation) 【類義語】 ⇒ living.

⁺**án·i·mat·ed** /-ṭɪd/ 形 ❶ 生気のある, 生き生きとした; 活気に富んだ (lively): an ~ discussion 活発な討論. ❷ **a** アニメ[動画](化された): an ~ film アニメ映画. **b** 生きているかのように動く[見える]. **~·ly** 副 【類義語】 ⇒ living.

ánimated cartóon 图 漫画映画, アニメ.

a·ni·ma·teur /æniːmatə́ː│-tə́ː/ 图 **(仏)** 推進者, 音頭取り.

⁺**an·i·ma·tion** /ænəméɪʃən/ 图 ❶ U 生気, 活気; 活発: speak with ~ 熱心[活発]に話す. ❷ **a** U 動画[アニメ]製作. **b** C 動画, アニメーション. (動 animate)

a·ni·ma·to /ɑ:nəmáːtou/ 形 [副] **(楽)** 元気に速い[速く]. 〖It; ⇒ animate〗

an·i·ma·tor /ǽnəmèɪtə│-tə-/ 图 ❶ 生気を与える人[もの]; 鼓舞者. ❷ [映] 動画[アニメ]製作者.

a·ni·ma·tron·ics /ænəmətrɑ́nɪks│-trɔ́n-/ 图 U アニマトロニクス《動物や人間の動きをするロボットを電子工学で制御する方法》. **-tron·ic** /-tránɪk│-trɔ́nɪk~/ 形

an·i·mism /ǽnəmìzm/ 图 U [哲·心·人類] ❶ 物活論, アニミズム, 有霊観《木石などにも生物と同じく霊魂があるとする説》. ❷ 精霊信仰, 精霊説《人および物の活動はみな霊の力によると説く説》. 〖G<L *anima* 生命, 魂〗

án·i·mist /-mɪst/ 图 ❶ 物活論者. ❷ 精霊信仰者. ── 形 ❶ 物活論(者)の. ❷ 精霊信仰(者)の. **an·i·mis·tic** /ænəmístɪk~/ 形 物活論的な.

⁺**an·i·mos·i·ty** /ænəmɑ́səti│-mɔ́s-/ 图 U.C 敵意, 強い憎しみ, 恨み (hostility) 〔*against, toward; between*〕: have [harbor] (a deep) ~ *against* a person 人に(深い)恨みを抱く. 〖L=大胆さ, 元気さ<*anima*; ⇒ animal〗

an·i·mus /ǽnəməs/ 图 ❶ U [また an ~] 敵意, 憎しみ 〔*against*〕. ❷ U 意志, 意向. ❸ U [心] アニムス《ユング (Jung) の説で女性の無意識内にある男性的特性; cf. anima 2》. 〖L〗

an·i·on /ǽnaɪən/ 图 [化] 陰イオン (↔ cation).

an·i·on·ic /ænaɪɑ́nɪk│-ɔ́nɪk/ 形 [化] 陰イオンの.

an·ise /ǽnɪs/ 图 [植] アニス《シソ科の植物; 実は香辛料》.

an·i·seed /ǽnɪsìːd/ 图 U アニスの実《香辛料》.

an·i·sette /ænəsét, -zét/ 图 U アニセット《aniseed で風味をつけたリキュール》.

an·i·sog·a·mous /ænaɪsɑ́ɡəməs│-sɔ́ɡ-~/ 形 [生] 異形接合[配偶]の (↔ isogamous). **àn·i·sóg·a·my** 图

an·i·so·trop·ic /ænaɪsətrɑ́pɪk│-trɔ́p-/ 形 [理] 非等方性の, 異方性の. **-i·cal·ly** /-kəli/ 副 **an·i·sot·ro·py** /ænaɪsɑ́trəpi│-sɔ́tr-~/ 图 U.C [理] 非等方性質, 異方性.

An·jou /ænʤuː, ɑ́ːn-│─-/ 图 アンジュー《フランス北西部 Loire 川流域の地方·旧州·旧公国》.

An·ka·ra /ǽŋkərə/ 图 アンカラ《トルコの首都》.

ankh /æŋk/ 图 アンク十字《上が輪になっている十字; 古代エジプトで生命の象徴とされた》.

***an·kle** /ǽŋkl/ 图 ❶ 足首: twist [sprain] one's ~ 足首をくじく[ねんざする] / cross one's ~*s* 軽く足を組む. ❷ 足関節. 〖ON; 原義は「曲がったもの」; cf. anchor, angle〗

ánkle-bìter 图 (口) 子供, ガキ, チビ.

ánkle·bòne 图 [解] 距骨(骨).

ánkle sòck 图 = anklet 2.

an·klet /ǽŋklət/ 图 ❶ 足首飾り, アンクレット. ❷ (主に米) 足首までの短いソックス, アンクレット.

an·ky·lo·saur /ǽŋkələsɔ̀ː│-sɔ̀-/ 图 [古生] 曲竜, 鎧竜((がい)(りゅう)) 《白亜紀に生存した曲竜亜目の恐竜》.

an·ky·lose /ǽŋkɪlòʊs/ 動 圈 (骨·関節などを)強直させる[する].

án·ky·lòs·ing spondylítis 图 U [医] 強直性脊椎炎.

an·ky·lo·sis /æŋkɪlóʊsɪs/ 图 U (関節·骨などの)強直(症).

an·ky·lo·sto·mi·a·sis /ænkɪloʊstoʊmáɪəsɪs/ 图 = ancylostomiasis.

an·la·ge /ɑ́ːnlɑːɡə/ 图 (圈 -gen /-ɡən/, ~s) [発生] 原基《器官となるべき細胞》.

Ann /æn/ 图 アン《女性名; 愛称 Annie》.

An·na /ǽnə/ 图 ア(ン)ナ《女性名; 愛称 Annie, Nan, Nancy, Nanny》.

An·na·bel /ǽnəbèl/ 图 アナベル《女性名》.
an·nal /ǽnl/ 图 一年間の記録《一の項》(cf. annals).
an·nal·ist /ǽnəlɪst/ 图 年代記編者; 史料家.
an·nals /ǽnlz/ 图 覆 ❶ 年代記, 年史. ❷ 史料, 記録. ❸ [時に単数扱い]《学界などの》年報, 紀要. 《L; ⇒ annual》
An·nap·o·lis /ənǽp(ə)lɪs/ 图 ❶ アナポリス《米国 Maryland 州の州都》. ❷ 《アナポリスにある》米国海軍兵学校 (cf. West Point).
An·na·pur·na, An·a- /ænəpúənə, -pə́ː- | -pəː-, -púə-/ 图 アンナプルナ《ネパール中部ヒマラヤ山脈中の山群》.
Ann Ar·bor /ǽnáəbə | -náː bə/ 图 アナーバー《米国 Michigan 州南東部の都市; Michigan 大学の所在地》.
an·nates /ǽnɛɪts/ 图 覆 《教会》初年度収入税《もと初年度の収入を教皇などに上納した聖職就任税》.
an·nat·to /əná:tou | əná:t-/ 图(褒 ~s) ❶ [C]《植》ベニノキ《熱帯アメリカ産》. ❷ [U] アナットー《ベニノキの種子の果肉から採る橙黄色染料; 織物やバター・チーズなどの色付け用》.
Anne /ǽn/ 图 アン《女性名; 愛称 Annie, Nan, Nancy, Nanny》.
Anne /ǽn/, **Queen** アン女王《1665-1714; 英国女王 (1702-14); 治世中 (1707) に England と Scotland が合併した》.
an·neal /əníːl/ 動 他 ❶《冶金》《鋼・ガラスなどを》焼き戻しする, なます. ❷《生化》DNA エンジニアリング(操作)を行なう《水溶液中で加熱し二重らせんを分離させ, 徐々に温度を下げながら再結合させる》. — 自 《DNA がアニーリングを起こす》.
an·ne·lid /ǽnəlɪd/ 图 圏《動》環形動物(の)《ミミズ・ヒルなど》.
†**an·nex** /ənɛ́ks, ǽnɛks | ənɛ́ks/ 動 他 ❶《…に》領土などを》併合する: The United States ~ed Texas in 1845. 合衆国はテキサスを 1845 年に併合した / The firm was ~ed *to* a large corporation. その会社は大会社に併合された. ❷《…に》小さいものを》付加する, 添付する《*to*》: ~ notes 注を付加する. ❸《口》《ものを》盗む, 着服する. — /ǽneks/ 图 ❶ 別館, アネックス, 建て増し, 離れ《の》. ❷ 付加物; 添付書類. 《F<L<AN-²+*nectere*, *nex-* 結びつける, 縛る (cf. connect)》.
an·nex·a·tion /ǽnɛksɛ́ɪʃən/ 图 ❶ [U] 併合. ❷ [C] 併合地; 付加物.
an·nexe /ǽneks/ 图《英》= annex.
An·nie /ǽni/ 图 アニー《女性名; Ann, Anna, Anne の愛称》.
an·ni·hi·late /ənáɪəlèɪt/ 動 他 ❶《敵などを》全滅させる, 絶滅させる: ~ the enemy's army [fleet] 敵軍[艦隊]を全滅させる. ❷《口》《相手などを》完敗させる,《…に》圧勝する. ❸《理》《素粒子を》《対》消滅させる. 《L=無に帰する; ⇒ an-², nihilism》
an·ni·hi·la·tion /ənàɪəlɛ́ɪʃən/ 图 [U] ❶ 全滅, 絶滅. ❷ 完敗, 大敗. ❸《理》《対》消滅《素粒子とその反粒子が消滅して光などに転じること》.
*__an·ni·ver·sa·ry__ /ǽnəvə́ːs(ə)ri | -və́ː-/ 图 (例年の)記念日; 記念祭, …周年祭, 年忌: one's wedding ~ 結婚記念日 / the twentieth ~ of our wedding 我々の結婚 20 周年記念日. 《L=年ごとにめぐってくる《*annus* 年+*vertere*, *vers-* 回転する; cf. annual, verse》
An·no Dom·i·ni /ǽnoudámənàɪ, -nìː | -dɔ́m-/ 副 キリスト紀元で, 西暦…《★ 通例 A.D. で略す; ⇒ A.D.》. 《L=主の年に》
an·no·tate /ǽnətɛ̀ɪt/ 動 他《本文に》注釈をつける.
an·no·ta·tion /ǽnətɛ́ɪʃən/ 图 [C,U] 注記, 注釈 (note).
án·no·tà·tor /-ṭə- | -tə-/ 图 注釈者.
*__an·nounce__ /ənáʊns/ 動 他 ❶《…を》《公式に》発表する, 知らせる, 告知する; 披露する: They ~d the engagement of their daughter. 彼らは娘の婚約を披露した / We have ~d her death only *to* close friends. 彼女の死亡通知は親友にだけ出した/ [+*that*] It has been ~d *that* the astronaut will visit this country in September. その宇宙飛行士が 9 月にこの国を訪問すると発表されている / [+引用] "I'm going to marry him," she ~d. 「近く彼と結婚します」と彼女は言った. **b** [~ *oneself* で]《…と》名のる: [+目+補] She ~d *herself* (to me) *as* my mother's friend. 彼女は私の母の友人だと名のった. ❷ **a** 《拡声[音響]装置を使って, 公共の場所で》アナウンスする, 放送する, 情報を伝える: They ~d our train. 私たちの乗る列車の到着[出発]のアナウンスがあった / [+*that*] They ~d *that* our flight was ready to depart. 私たちの乗る飛行機の出発準備ができたとのアナウンスがあった. **b**《客の》到着などを大声で取り次ぐ;《食事の用意のできたことを告げる: Dinner was ~d.「お食事の用意ができました」と告げられた. ❸《ラジオ・テレビ》《…の》アナウンサーを務める. ❹《…の》知らせとなる: A shot ~d the presence of the enemy.《一発の》銃声がして敵のいることがわかった. — 自 ❶《…の》アナウンサーを務める《*for*, *on*》. ❷《米》《役職への》立候補を表明する: ~ *for* mayor 市長の立候補を表明する. 《F<L=広く知らせる《AN-+*nuntiare* 知らせる (cf. denounce)》【图 announcement, annunciation】【類語語】⇒ declare.
*__an·nounce·ment__ /ənáʊnsmənt/ 图 [C,U] ❶ 発表, 告知; 声明; アナウンス《★ 正しくアナウンスを用いるのは和製英語》: an official ~ *of* [*on*, *about*]…についての公式発表 / I have an ~ to make. お知らせしたいことがあります / [+*that*] The ~ *that* taxes will be reduced is very welcome news. 減税されるという発表は耳よりな話だ. ❷《新聞などに出る》告知, 告示, 発表《誕生・結婚・死亡などについての》. ❸《トランプ》持ち札表示. 【動 announce】
*__an·nounc·er__ /ənáʊnsə | -sə/ 图 ❶ アナウンサー, 放送員. ❷ 告知者, 発表者.
*__an·noy__ /ənɔ́ɪ/ 動 他《人などを》《いやなことで》うるさがらせる, いらだたせる, 怒らせる, 悩ます《⇒ annoyed》: That noise ~s me. その音はうるさい / She ~ed us *with* her constant chatter. 彼女のひっきりなしのおしゃべりに閉口した / I was ~ed *by* his insensitivity. 彼の無神経さには閉口した / I was ~ed *by* hecklers during the last half of my speech. 話の後半はやじり屋に悩まされた. 【图 annoyance】【類語語】⇒ bother.
†**an·noy·ance** /ənɔ́ɪəns/ 图 ❶ [U] いらだち, 腹立ち (irritation): to one's ~ 困ったことには / He stared in ~ at the traffic jam. 彼は交通渋滞をいらいらと見つめた. ❷ [C] 困りごと, やっかいもの: That noise is a great ~ to me. あの音はうるさくて困る. 【動 annoy】
†**an·noyed** /ənɔ́ɪd/ 圏 いらいらした, 怒った: an ~ look いらいらした顔 / I felt ~ *with* the girl *for* being so careless. その少女があまり不注意だったので私はいらだちを感じた / I was ~ *about* the whole thing. すべてにいらいらしていた / I was ~ *at* the interruption. じゃまをされていらいらした / He was ~ *that* the computer was down again. 彼はコンピューターがまた故障していらいらしていた.
*__an·nóy·ing__ 圏 うるさい, 迷惑な, いらだたしい, じれったい: (an) ~ noise うるさい[いらいらさせる]雑音 / Internet ads are ~. インターネット上の広告はいらだつ.
an·nóy·ing·ly 副 うるさく, うるさいほど《★ 文修飾可》.
*__an·nu·al__ /ǽnjuəl/ 圏《比較なし》❶ 一年の; 年々の, 例年の: an ~ income of $50,000 5 万ドルの年収 / ~ expenditure [revenue] 歳出[入]. ❷ 年一回の, 年刊の: an ~ report《会社・官庁などの》年報. ❸ 一年生の: an ~ plant 一年生植物. — 图 ❶ **a** 年報, 年鑑. **b**《米》卒業アルバム《など》. ❷ 一年生植物. 《L<*annus* 年; cf. anniversary》
ánnual géneral méeting 图《英》= annual meeting《略 AGM》.
an·nu·al·ize /ǽnjuəlàɪz/ 動 年率[年額]に換算する.
án·nu·al·ly /-əli/ 副 毎年; 年一回ずつ.
ánnual méeting 图《米》年次《株主》総会.
ánnual ríng 图《木の》年輪.
an·nu·i·tant /ən(j)úːəṭənt | -njúː-/ 图 年金受領者.
*__an·nu·i·ty__ /ən(j)úːəṭi | ənjúː-/ 图 ❶ 年金: a (whole) life ~ 終身年金 / an ~ certain 確定年金. ❷《一定期間》一定の利息が生じるような投資. 《L; ⇒ annual》

an·nul /ənʌ́l/ [動] [他] (**an·nulled; an·nul·ling**) [しばしば受身で] 無効にする,〈命令・決議を〉取り消す, 廃棄する. 〘F < L=無にする; ⇨ an-², null〙
an·nu·lar /ǽnjulɚ | -lə/ [形] 環状の. **～·ly** [副] 【類義語】⇨ round.
ánnular eclípse [名]〔天〕金環食.
an·nu·late /ǽnjulət, -lèɪt/, **-lat·ed** /-lèɪṭɪd/ [形] 輪[環]のある; 輪の(ような)文様[構造]のある; 輪で構成された.
an·nu·la·tion /æ̀njuléɪʃən/ [名] 輪の形成,〔動〕体環形成; 環状構造, 環状部.
an·nu·let /ǽnjulət/ [名] ❶〔建〕(特にドリス式柱の外側を取り巻く)輪状平縁, アニュレット. ❷〔紋〕輪, 環.
an·núl·ment /-mənt/ [名] [C,U] 取り消し, 失効; 廃止; (婚姻の)無効宣告.
an·nu·lus /ǽnjuləs/ [名] ([複] **-li** /-làɪ/, **～·es**) ❶ 環, 輪. ❷〔数〕環形. ❸〔天〕金環. ❹〔動〕体環. 〘L=指輪〙
an·num /ǽnəm/ [名] 年: ⇨ per annum.
an·nun·ci·ate /ənʌ́nsièɪt, -ʃi-/ [動] [他] =announce.
an·nun·ci·a·tion /ənʌ̀nsiéɪʃən, -ʃiéɪ-/ [名] ❶〔キ教〕**a** [the A~] お告げ, 受胎告知 (天使 Gabriel が聖母 Mary にキリストの受胎を告げたこと). **b** [the A~] =Annunciation Day. **c** 受胎告知を題材にした絵画[彫刻]. ❷ [U,C] 布告, 予告. ([動] announce)
Annunciátion Dày [名] お告げの祝日 (Lady Day) (3月25日).
an·nun·ci·a·tor /ənʌ́nsièɪṭɚ, -ʃi- | -tə/ [名] アナンシエーター (電光やブザーにより信号の発信元などを示す装置).
an·nus hor·ri·bi·lis /ǽnəshɔːríːbəlɪs | -hɔ-/ [名] ([複] **an·ni hor·ri·bi·les** /ǽnaɪhɔːríːbəlìːz | -hɔ-/) ひどい年 (1992年に Elizabeth 女王が用いた). 〘L〙
an·nus mi·ra·bi·lis /ǽnəsmərɑ́ːbəlɪs/ [名] ([複] **an·ni mi·ra·bi·les** /ǽnaɪmərɑ́ːbəlìːz/) [時に A~ M~] 驚異の年 (特に英国で大火・ペスト大流行・対オランダ海戦における勝利などのあった1666年). 〘L〙
an·o- /ǽnoʊ, éɪn-/ [連結形]「肛門 (anus) (の)」.
a·no·a /ənóʊə/ [名]〔動〕アノア (インドネシア, Celebes 島産の矮小水牛).
an·ode /ǽnoʊd | ǽnəʊd/ [名]〔電〕アノード (正電荷が流れ出す電極; ↔ cathode): ❶ (電解槽・電子管の)陽極. ❷ (蓄電池などの)陰極. 〘Gk=a way up〙
ánode rày [名]〔電〕陽極線.
an·od·ize /ǽnədàɪz/ [動] [他]〔冶〕〈金属を〉陽極酸化[処理]する.
an·o·dyne /ǽnədàɪn/ [形] ❶ 感情をやわらげる. ❷ 痛み止めの; 鎮痛の. ── [名] ❶ 感情をやわらげるもの. ❷ 鎮痛剤.
àno·génital [形] 肛門と性器(部)の.
a·noint /ənɔ́ɪnt/ [動] [他] ❶〔キ教〕**a** (聖別のしるしとして)〈人・頭などに〉聖油を塗る;〈国王・司祭などを〉聖別する: The archbishop ～*ed* the new king. 大司教は新王を聖別した. **b**〈人を〉聖別して〈国王などに〉選ぶ;《比喩》〈人を〉〈候補者・後継者などに〉指名[選定, 任命]する: ～ a person king 人を王に選ぶ / ～ a person successor to the chairman 人を会長の後継者に選ぶ. ❷〈...に〉〈...を〉ゆっくり塗る, すり込む: ～ one's hands ***with*** cold cream 手にコールドクリームをすり込む. **anóint·ing of the síck** [the ～]〔カト〕病者の塗油 (⇨ extreme unction). **the (Lórd's) Anóinted** (1) (主(しゅ)に)油を注がれた者, キリスト, 救世主. (2) 神権による王, 古代ユダヤの王. 〘F < L〙
a·nóint·ment /-mənt/ [名] [U,C] ❶ 塗油, (薬剤などの)塗布, すり込み. ❷〔キ教〕塗油.
a·no·le /ənóʊli/ [名]〔動〕アノールトカゲ (熱帯アメリカ産の食虫性のトカゲ).
a·nóm·a·lìs·tic mónth /ənɑ̀məlístɪk- | ənɔ̀m-⁻/ [名]〔天〕近点月 (約27日半).
anómalistic yéar [名]〔天〕近点年 (地球が近日点から再び近日点に戻るまでの365日6時間13分53秒).
a·nom·a·lous /ənɑ́mələs | ənɔ́m-/ [形] 変則の, 異例の, 例外の. **～·ly** [副] **～·ness** [名] 〘L < Gk〙
⁺**a·nom·a·ly** /ənɑ́məli | ənɔ́m-/ [名] [U,C] 変則, 異常, 例外的なもの[こと];〔天〕近点(離)角.
a·no·mi·a /ənóʊmiə/ [名] [U]〔医〕名称失語(症).
an·o·mie, -my /ǽnəmìː/ [名] [U]〔社〕没価値状況, アノミー (社会的基準や価値が見失われたり混乱している状態).
anom·ic /ənɑ́mɪk | ənɔ́m-/ [形]
a·non /ənɑ́n | ənɔ́n/ [副]《古・詩》❶ そのうち. ❷ ほどなく. **éver [nów] and anón**《古・詩》おりおり.
anon. 《略》anonymous.
an·o·nym /ǽnənɪ̀m/ [名] ❶ **a** 匿名者. **b** 作者不明の著作. ❷ 仮名, 変名 (★ pseudonym のほうが一般的).
an·o·nym·i·ty /æ̀nənímәṭi/ [名] [U] 匿名[作者不明](であること): on (the) condition of ～ 匿名を条件に.
anon·y·mize /ənɑ́nəmàɪz | ənɔ́n-/ [動] [他] 匿名(扱い)にする;〈検査結果などから〉個人識別要素を除去する, 個人識別できないようにする.
***a·non·y·mous** /ənɑ́nəməs | ənɔ́n-/ [形] ❶ **匿名の**; 作者[送り主(など)]不明の: an ～ letter 匿名の手紙 / The donor remained ～. その寄贈者は名前を出[明か]さなかった. ❷ 特徴[個性]のない. **～·ly** [副] 匿名で, 名を明かさないで. 〘L < Gk=名前のない; ⇨ an-¹, -onym, -ous〙
anónymous FTP [名]〔電算〕アノニマス FTP (登録ユーザーでなくても利用できる FTP).
a·noph·e·les /ənɑ́fəlìːz | ənɔ́f-/ [名] ([複] ～)〔昆〕アノフェレス, ハマダラカ (マラリアを媒介するカ).
⁺**an·o·rak** /ǽnəræ̀k/ [名] ❶ アノラック (⇨ parka). ❷《英口》退屈な[趣味にのめり込んだ]やつ, おたく. 〘Inuit〙
àno·réctal [形]〔医〕肛門直腸の.
an·o·rec·tic /æ̀nəréktɪk⁻/〔医〕[形] 食欲不振の; 拒食症の. ── [名] 食欲抑制薬; 拒食症患者.
⁺**an·o·rex·i·a** /æ̀nəréksiə/ [名] [U] ❶ =anorexia nervosa. ❷ 食欲不振. 〘Gk < AN-¹+*orexis* 欲求〙
anoréxia ner·vó·sa /-nəːvóʊsə | -nəːvə́ʊ-/ [名] [U] 神経性無食欲症, 拒食症.
an·o·rex·ic /æ̀nəréksɪk⁻/ [形] 拒食症の; 食欲不振の. ── [名] 拒食症患者; 食欲不振者.
an·or·gas·mi·a /æ̀nɔɚgǽzmiə | æ̀nɔː-/ [名] [U]〔医〕無オルガスム(症), 不感(症).
an·or·thite /ənɔ́ɚθaɪt | ənɔ́ː-/ [名] [U] 灰長石 (斜長石の一種).
an·or·tho·site /ənɔ́ɚθəsàɪt | ənɔ́ː-/ [名] [U]〔岩石〕斜長岩.
an·os·mi·a /ænɑ́zmiə | ænɔ́z-/ [名] [U]〔医〕無嗅覚(症), 嗅覚消失. **an·ós·mic** [形]
****an·oth·er** /ənʌ́ðɚ | -ðə/ [形] [A] (比較なし) ❶ [単数名詞を直接修飾して] もう一つ[一人]の ([用法] (1) 複数名詞を直接修飾する時には other を用いる; (2) another の前に the, no, any, some はつかない): Have [Try] ～ cup [glass]. もう1杯召しあがれ / I'll go back in ～ six weeks. もう6週間たてば帰ります (★ six weeks をひとまとめにして考えたことから another が用いられる) / It will take ～ five weeks to finish the project. その企画を仕上げるにはもう5週間を要する / ～ Solomon 第二のソロモン[賢者] / in ～ moment 次の瞬間には, たちまち. ❷ **a** 別の, ほかの: I felt myself quite ～ man. 私は自分が別人のような気がした / But that is ～ story. しかしそれは別の話だ (今はお預け) / *A*～ man *than* I might be satisfied. 私以外の人なら満足するかもしれない ([用法] than が正用法だが, from を用いる人もいる). **b** [one と対照的に; cf. one [形] 3] ([用法] [代] 2b 同様 one...another は二者を対照的に言う場合に用いる; ただし, (the) one...the other のように, 既定の二者について述べるという特定の観念を伴わない; ⇨ other [代] 2a): *One* man's meat is ～ man's poison.《諺》甲の薬は乙の毒, 人によって好みは違う.
súch another そのようなもう一つ[一人]の.
── [代] ❶ **a** もう一つのもの, もう一人の人: distinguish one from ～ あるものを別のものと区別する / He finished his beer and ordered ～. 彼はビールを飲んでしまうともう1杯[1本]注文した (cf. [形] 1 [用法] (2)) / The tray was passed (from) one to ～. お盆は順に回された. / If it isn't one thing, it's ～. 次から次に困ったことがあるものだ. **b** そういうもの, 同じ(ような)もの: "Liar!" "You're ～!"「うそつきめ!」「(何だと)君こそうそつきだ!」/ You'll never see

~ like her [that]. 彼女のような人[そんなもの]はまたと見られまい. ❷ a 別のもの(⁓): I don't like this one. Show me ~. これは気に入らない, 別のを見せてください / She left him for ~. 彼女は彼を見捨ててほかの男性に走った. b [one と対照的に; ⇨ 形 2b 用法]: To know is one thing; to teach is quite ~. 知っているのと教えるのはまったく別物だ; 学者必ずしも良師ではない.

óne àfter anóther ⇨ one 代 成句. óne anóther ⇨ one 代 成句.

súch anóther そのようなもう一つ[一人].

táken [táking] óne with anóther あれこれ考え合わせると, 大体 (cf. ONE with another 成句): Taken one with ~ the paintings should sell for a good price. あれこれ考えるとその絵はよい値で売れそうだ.

《ME ＜AN+OTHER》

A. N. Other /éɪenˈʌðə | -ʌðə/ 名 (英) 未定選手.

Anouilh /ænúːjə, -núːi/, **Jean** 名 アヌイ (1910-87; フランスの劇作家).

an·ov·u·lant /ænávjʊlənt | ænóv-/ 形 排卵抑制の. ── 名 排卵抑制剤.

an·ov·u·la·to·ry /ænávjʊlətɔ̀ːri | ænóvjʊlèɪtəri/ 形 排卵を伴わない, 無排卵(性)の.

an·ox·i·a /ænáksiə | ænɔ́k-/ 名 Ⓤ 〔医〕(血液の)無酸素(症)《低酸素症 (hypoxia) の極度のもの》. **an·óx·ic** 形 無酸素(症)の; 酸素欠乏の.

ans. ⁅略⁆ answer.

An·schluss /áːnʃlʊs/ 名 1938 年のナチスドイツによるオーストリア併合.

an·ser·ine /ænsəràɪn/ 形 ガチョウ (goose) の(ような).

‡**an·swer** /ǽnsə | -nsə/ 名 ❶ a 〔質問・手紙・要求などに対する〕(口頭・書面などによる)答え, 返事, 回答 (→question): He gave a quick ~ to my question. 彼は私の質問に対して速やかに答えた / I finally got an ~ to my letter. ついに手紙の返事が来た. b (行為による)反応, 応答: I knocked at the door but there was no ~. ドアをノックしたが応答がなかった. ❷ a 〔問題などの〕解答, 正解: Figure out the ~ to this calculus problem. この微積分問題の答えを出しなさい. b 対策, 解決策, 打開案: come up with an ~ to the population explosion人口急増[爆発]の解決策を見つける. ❸ a 〔非難・批判などへの〕反論, 応酬 [to]. b 返報, 仕返し [to]. c 〔法〕答弁(書). ❹ 匹敵するもの [to].

in ánswer (to...) (...に)答えて; (...に)応じて: in ~ to your query あなたの疑問[質疑]に答えて / She smiled in ~ to my greeting. 私のあいさつに答えて彼女はにっこり笑った.

knów [háve] áll the ánswers (口) 何でも知っている, 万事心得ている: He thinks he knows all the ~s. 彼は知らないものは何もないと考えている.

táke nó for an ánswer 〘通例否定文で〙 人の拒否[拒絶, 否定的な答え]を受け入れる: Our boss doesn't take no for an ~. 上司はだめだ[無理だ, 嫌だ]と言っても聞かない《あくまで自分の思い通りにする》.

── 動 ❶〈人・質問・手紙などに〉答える; (人に)...と答える, 答えて言う: ~ a question 質問に答える / ~ a letter 手紙に返事を書く [出す] / Please ~ me now. 今すぐ私に返事してください / He didn't ~ a word (to me). 彼は(私に)ひと言も答えなかった / ⁅+目+目⁆ A~ me this [that]. この[その]質問に答えてごらん《★ 成句的表現》/ ⁅+目+that⁆ She ~ed (me) that she would be happy to come. 彼女は喜んでお伺いしますと(私に)返事をよこした / ⁅+引用⁆ "I'm fine, thank you," she ~ed. 「元気です, ありがとう」と彼女は答えた / He ~ed "Yes," to me. 彼は私に「はい」と答えた. ❷〈ノック・ベル・電話などに〉(応じて)出る: ~ the door ドアのノックに応じて取り次ぎに出る / ~ the door [doorbell] 玄関のベルにこたえて出る / ~ the telephone 電話に出る. ❸〈...で〉〈人の行為・態度に〉応じる;〈攻撃に〉応酬する (counter): ~ a person's smile 人にほほえみ返す / ~ a blow with blow 打たれて打ち返す / She ~ed my smile with a scowl. 私がほほえみかけると彼女はしぶい顔をした. ❹ a〈願い・要求などを〉聞き入れる,〈...に〉応じる: My wishes were ~ed. 私の願いはかなえられ

た. b〈目的・要件などに〉かなう, 合致する (satisfy): I hope this will ~ your needs. これでお役に立てればよいのですが. c〈説明・人相書などに〉合う, 一致する (fit): He ~s the description of the murderer. 彼は殺人犯の人相書きと一致する. ❺〈議論・批判などに〉反論する: ~ a charge 非難[告訴]に答弁する.

── 動 ❶ a 答える, 返事をする: A~ in a loud voice. 大きな声で答えなさい. b (ノック・ベル・電話などに)こたえて出る: I phoned but nobody ~ed. 電話をかけたがだれも出なかった. c〈...で〉応じる, 答える: ~ with a punch (口で) 答える代わりに殴る / He ~ed by giving me a black look. 彼は答えないで私をにらみつけた. ❷〔人に対して〕〔...の〕責任を負う, 〈...を〉保証する: He ~s to me for his work. 彼は私に対して彼の仕事の責任を負っている / I can ~ for his honesty. 彼の正直を保証します / "Will he do as he promised?" "I'm afraid I can't ~ for that."「彼は約束したとおりにやるでしょうか」「何とも言えませんね」/ ⇨ have a lot to ANSWER for 成句. ❸〔目的・要件などに〕間に合う, 役に立つ: A newspaper ~ed for a tablecloth. 新聞紙 1 枚でテーブルクロスの代わりになった. ❹〔人相書などに〕符合する: The man's features ~ to the description of the murderer. その男の顔つきは殺人犯の人相書にぴったり合う. ❺〈車などが〉〔...に〕反応を示す, 手ごたえがある [to]: The car's steering ~s smoothly. その車はハンドルの反応がよい.

ánswer báck (自+副) (1)〔目上の人に〕口答えする [to]. (2) (非難などに対して)反論する. ── (他+副) (3) [~... back]〈目上の人に〉口答えする: Don't ~ your father back like that! そんなふうにおとうさんに口答えをしてはいけません.

ánswer to the náme of ...《しばしば戯言》〈人・ペットなどが〉...という名である, ...と呼ばれている: My dog ~s to the name of Wendy. 私の犬の名はウェンディです.

háve a lót to ánswer fòr (口) (問題・事態などについて)重大な責任がある.

〘OE ≪原義≫...に対して誓って答える(こと)＜and-against+swerian 誓う, 宣誓する》【類義語】answer 質問・命令・呼び掛け・要求などに応じるを意味する最も一般的な語. reply 質問・要求などに対して考慮を払ったうえで返事・返事する. respond 問い掛け・訴えなどに対する反応として即座に応答する.

an·swer·a·ble /ǽns(ə)rəbl | áːn-/ 形 ❶ ⁅ℙ⁆〔人に〕〔...について〕説明[報告]する義務[責任]があって (accountable) [to] [for]. b〔行為に対して〕責任があって (responsible) [for]. ❷〈質問など〉答えることのできる, 解答可能な.

án·swer·er /-s(ə)rə | -rə/ 名 ❶ 回答者, 解答者. ❷ 〔法〕答弁人.

†**ánswering machìne** 名 留守番電話, 留守電.

ánswering sèrvice 名 留守電話取り次ぎ業.

ánswer·phòne 名 (英) = answering machine.

†**ant** /ǽnt/ 名 〔昆〕アリ《女王アリは queen ant, 兵隊アリは soldier ant, 働きアリは worker ant, アリ塚は anthill》. **háve ánts in one's pánts**《米俗》(何かしたくて)うずうず[むずむず]している; いらいらしている; 興奮している. 〘関⁆ fomic》.

ant. ⁅略⁆ antiquary; antonym.

Ant. ⁅略⁆ Antarctica.

an't /ǽnt, áːnt, éɪnt | áːnt/ (方・口) = ain't.

-ant /(ə)nt/ 接尾 ❶ 〔形容詞語尾〕「...性の」: malignant; stimulant. ❷ 〔名詞語尾〕「...する人[もの]」: servant; stimulant.

ant·ac·id /ǽntǽsɪd/ 名 制酸剤; 酸中和物. ── 形 酸を中和する. 〘ANTI-+ACID〙.

†**an·tag·o·nism** /æntǽgənìzm/ 名 Ⓤ.Ⓒ ❶ 敵対, 対立; 反対; 敵意, 反感: (the) ~ between A and B A B 両者間の反目 / ~ toward [to] ...に対する反対[反感] / come into ~ with... と反目するようになる / in ~ with... に敵対[対立]して. ❷〔解・薬・生〕拮抗(᠔)(作用).

†**an·tag·o·nist** /æntǽgənɪst/ 名 ❶ 敵対者, 競争者,

相手 (opponent). ❷〔解〕拮抗筋;〔薬〕拮抗薬[物質].

an·tag·o·nis·tic /æntæ̀gənístɪk←/ [形] ❶ 敵対[対立]する (hostile); 反感[敵意]をもっている, 相反する, 矛盾する: ~ views 敵対する意見 / be ~ ***toward***…に対して反感[敵意]を抱いている / His policy is ~ ***to*** our interests. 彼の政策は我々の利益に反する. ❷ 拮抗する, 拮抗作用の(ある). ❸ けんか腰の, 怒りっぽい. **-ti·cal·ly** /-kəli/ [副]

⁺**an·tag·o·nize** /æntǽgənàɪz/ [動] [他] ❶ 〈人を〉敵にまわす, 〈人の〉反感を買う. ❷ 〈…に〉反対[対抗]する. ❸ 〈…を〉中和させる.

An·ta·na·na·ri·vo /æ̀nṭənæ̀nərí:voʊ/ [名] アンタナナリヴォ《マダガスカルの首都》.

⁺**ant·arc·tic** /æntáəktɪk | -tá:k-/ [形] (比較なし) [時に A~] 南極の, 南極地方の (↔ arctic): the *A*~ Pole 南極 / ~ waters 南極水域. ── [名] [the A~] ❶ 南極(地方). ❷ 南氷洋, 南極海. 〖F < L < Gk＝北と反対の; ⇨ anti-, arctic〗

Ant·arc·ti·ca /æntáəktɪkə | -tá:k-/ [名] 南極大陸.

Antárctic Círcle [名] [the ~] 南極圏《南極から23° 27′ の線》.

Antárctic Cóntinent [名] [the ~] ＝Antarctica.

Antárctic Ócean [名] [the ~] 南氷洋, 南極海.

Antárctic Zòne [名] [the ~] 南極帯.

ánt bèar [名]〔動〕❶ オオアリクイ《南米産の貧歯類の動物》. ❷ ＝aardvark.

ánt·bìrd [名]〔鳥〕アリドリ《熱帯アメリカ産》.

ánt·còw [名] アリマキ, アブラムシ.

⁺**an·te** /ǽnṭi/ [名] ❶ [C] [通例単数形で]〔ポーカー〕(プレーの)前に出す賭(か)け金. ❷ [the ~]《米口》(事業などの)分担金, 内金, 資金. **ráise** (《口》 **úp**) **the ánte**《米》(1) 分担金[資金]を引き上げる. (2) (合意するために)譲歩する, 歩み寄る. ── [動] (**an·ted; an·te·ing**) [他] ❶ 〈賭け金を〉出す. ❷《米》〈分担金を〉払う 〈*up*〉. ── [自]《米》分担金を払う 〈*up*〉. 〖L＝前に[で]〗

an·te- /ǽnṭi/ [接頭]「前の」(↔ post-).

ánt·èater [名]〔動〕アリクイ《南米産》.

an·te·bel·lum /æ̀nṭɪbéləm←/ [形]《米》南北戦争前の; 戦前の.

an·te·ced·ence /æ̀nṭəsí:ḍəns, -dns/ [名] [U] (時間・順序が)先立つこと, 先行, 先在.

an·te·ced·ent /æ̀nṭəsí:dənt, -dnt←/ [名] ❶ (それ)以前の出来事. ❷ [複数形で] **a** 祖先 (ancestor). **b** 来歴, 素性: I know little of her ~*s*. 彼女の素姓はほとんど知らない. ❸〔文法〕(関係詞の)先行詞《This is the house that Jack built. (これがジャックの建てた家です)では the house が that の先行詞》. ❹〔論〕前件; 前提. ── [形] ❶ 先立つ, 先行する: ~ conditions 先行条件 / an event ~ ***to*** the war 戦争に先立った事件. ❷〔論〕仮定的な. **~·ly** [副] 〖L＝先行している(もの)〗

ánte·chàmber [名] 控えの間.

ánte·chàpel [名] 礼拝堂の前室.

an·te·date /ǽnṭɪdèɪt | ⌐‐⌐, ‐‐⌐/ [動] [他] ❶ 〈事件などが〉〈…より〉日時が前である: The rise of Buddhism ~*s* that of Christianity by some 500 years. 仏教の起源はキリスト教(のそれ)に約 500 年先立つ. ❷ 〈手紙・小切手などを〉(実際よりも)前日付にする. ── [名] /⌐‐‐/ 前日付. 〖ANTE-+DATE[1]〗

an·te·di·lu·vi·an /æ̀nṭɪdəlú:viən, -daɪ-←/ [形] ❶ (Noah の)大洪水以前の (cf. deluge 1 b). ❷《戯言》旧式な, 時代遅れの. 〖L < ANTE-+*diluvium* 洪水〗

an·te·lope /ǽnṭəlòʊp/ [名] (複 ~, ~s)〔動〕レイヨウ(羚羊), アンテロープ.

an·te me·rid·i·em /æ̀nṭɪmərídiəm/ [副] [形] 午前(の)《★ 通例 a.m., A.M., A.M. /éɪ ém/を用いる; ↔ post meridiem》. 〖L＝before midday〗

an·te·mor·tem /æ̀nṭɪmɔ́əṭəm | -mɔ́:-/ [形] [副] 死の前の[に], 生前の[に]. 〖L＝before death〗

ànte·nátal [形] [A]《英》出産前の, 妊娠期間中の (《米》 prenatal). ── [名] 出産前の健康診断.

⁺**an·ten·na** /ænténə/ [名] ❶ (複 ~s)《米》アンテナ, 空中線 (《英》 aerial). ❷ (複 **-nae** /-ni:/)〔動〕触角, (カタツムリの)角 (feeler). ❸ (複 **-nae**) [複数形で]《比喩》(かすかな徴候を)察知[解釈]する力, 勘, 感覚, センス. 〖L＝帆桁(ほげた); 触覚とその形状の連想〗

an·ten·nal /ænténl/ [形] 触角の.

an·ten·na·ry /ænténəri/ [形] 触角(状)の; 触角をもつ.

an·ten·nule /ænténju:l/ [名]〔動〕(エビなどの)小触角.

ànte·núptial [形] 結婚前の.

an·te·par·tum /æ̀nṭɪpáəṭəm | -pá:-/ [形]〔医〕分娩前の.

ànte·pénult [名]〔音声・詩学〕語尾から第 3 の音節 (cf. ultima).

ànte·penúltimate [形] 終わりから 3 番目の.

ànte-póst [形]《英》〈賭(か)けが〉出走馬掲示前の.

an·te·ri·or /æntí(ə)riə | -riə/ [形] (↔ posterior) ❶ [A] (場所・位置が)前方の, 前部の: the ~ parts of the body 体の前部. ❷ (時間が)前の, 先の: an ~ age 前の時代 / in the decade ~ ***to*** World War II 第二次大戦に先立つ 10 年間に. **~·ly** [副] 〖L; *ante*「前に」の比較級〗

an·te·ro- /ǽnṭəroʊ/ [連結形]「前の」「前と」「前から」.

ántero·gràde [形]〔医〕〈健忘症などが〉前向性の.

àntero·láteral [形] 前外側の.

ánte·ròom [名] ❶ 次の間, 控えの間. ❷ 待合室.

àntero·postérior [形] 前後方向の, 腹背の.

ánt hèap [名] ＝anthill.

ant·he·lion /ænthí:ljən, ænθí:-, -liən/ [名] (複 ~s, **-lia** /-liə/)〔天〕反対幻日(げんじつ)《太陽と正反対の位置の雲・霧に現われる光点》.

an·thel·min·tic /æ̀nthelmínṭɪk, æ̀nθel-←/ [形]〔薬〕寄生虫を駆除する, 駆虫の. ── [名] 駆虫薬, 虫下し.

⁺**an·them** /ǽnθəm/ [名] ❶ 聖歌, 賛美歌; 祝歌, 頌歌(しょうか): ⇨ national anthem. ❷ (特定の集団などにとって)重要な[象徴的な]歌. 〖*antiphon* の変形〗

an·the·mi·on /ænθí:miən/ [名] (複 **-mi·a** /-miə/)〔装飾〕忍冬文(にんどうもん), ハニーサックル, アンテミオン.

an·ther /ǽnθə | -θə/ [名]〔植〕葯(やく)《雄ずい (stamen) の先端部の嚢状のもの》.

an·ther·id·i·um /æ̀nθərídiəm/ [名] (複 **-id·ia** /-rídiə/)〔植〕造精器, 蔵精器《雄性の生殖細胞を形成する器官》. **-id·i·al** /-rídiəl/ [形]

an·ther·o·zo·id /æ̀nθərəzóʊɪd/ [名]〔植〕アンセロゾイド《雄性の運動性配偶子》.

an·the·sis /ænθí:sɪs/ [名] [U]〔植〕開花(期).

ánt·hìll [名] アリ塚, アリの塔.

an·tho- /ǽnθoʊ/ [連結形]「花」. 〖Gk *anthos* 花〗

àntho·cý·a·nin /-sáɪənən/ [名] [U]〔生化〕アントシアニン, 花青素《植物の色素配糖体》.

an·thól·o·gist /-dʒɪst/ [名] 詞華集[名詩選, 名文集]編集者.

an·thol·o·gize /ænθáləd͡ʒàɪz | -θɔ́l-/ [動] [他] 選集に入れる.

⁺**an·thol·o·gy** /ænθálədʒi | -θɔ́l-/ [名] ❶ 詞華集; 名詩選集, 詩選; (名文)選集, 論集. ❷ 名曲[名画]集. 〖L < Gk＝花を集めること〗

An·tho·ny /ǽnθəni, ǽnṭə-/ [名] ❶ アンソニー, アントニー《男性名; 愛称 Tony》. ❷ /-ṭəni, -θə- | -tə-/ [St. ~] (聖)アントニオ《251?–?356; 豚飼いの守護神》.

An·tho·ny /ǽnθəni/, **Susan B**(**rownell**) [名] アンソニー《1820–1906; 米国の女性参政権・奴隷制廃止運動家》.

an·thoph·i·lous /ænθáfələs | -θɔ́f-/ [形]〔動〕〈昆虫が〉花を好む, 好んで花に集まる, 好花性の, 花棲性の.

an·thra·cene /ǽnθrəsì:n/ [名] [U]〔化〕アントラセン《アントラキノン染料の原料》.

an·thra·cite /ǽnθrəsàɪt/ [名] [U] 無煙炭.

an·thrac·nose /ænθrǽknoʊs/ [名] [U]〔植〕炭疽病.

an·thra·ni·late /ænθrǽnəlèɪt/ [名] [U,C]〔化〕アントラニル酸塩[エステル].

án·thra·nil·ic ácid /ǽnθrənìlɪk-/ [名] [U]〔化〕アントラニル酸《アゾ染料合成原料・医薬品・香料用》.

an·thra·qui·none /æ̀nθrəkwɪnóʊn/ [名] [U]〔化〕アントラキノン《黄色結晶》.

an·thrax /ǽnθræks/ [名] [U]〔医〕炭疽(たんそ)(病)《家畜・人の伝染病》: the ~ bacillus 炭疽菌.

an·throp·ic príncìple /ænθrápɪk- | -θróp-/ 名 [the ~] 『天』人間原理《宇宙のありかたは人間の存在が可能または必然とするような宇宙論で, 必然とする立場を weak ~, 必然とする立場を strong ~ という》.

an·thro·po- /ǽnθrəpoʊ/ 〔連結形〕「人」「人類」「人類学」. 《Gk *anthrōpos* 人間》

an·thro·po·cen·tric /æ̀nθrəpəséntrɪk-/ 形 人間中心の.

àn·thro·po·gén·ic /-dʒénɪk-/ 形 人間(の活動)に由来する, ヒトが生みだく汚染など. **-i·cal·ly** 副.

an·thro·poid /ǽnθrəpɔɪd/ 形 ❶ 〖動〗動物が人間に似た. ❷ 〘口〙〈人間〉が類人猿のような. ― 名 ❶ 類人猿(chimpanzee, gorilla など). ❷ 〘口〙類人猿のような人.

ánthropoid ápe 名 =anthropoid 1.

an·thro·po·log·ic /æ̀nθrəpəládʒɪk | -lɔ́dʒ-⁻/ 形 = anthropological.

an·thro·po·log·i·cal /æ̀nθrəpəládʒɪk(ə)l | -lɔ́dʒ-⁻/ 形 人類学の. **-ly** /-kəli/ 副.

àn·thro·pól·o·gist /-dʒɪst/ 名 人類学者.

†**an·thro·pol·o·gy** /æ̀nθrəpáləʤi | -pɔ́l-/ 名 Ⓤ 人類学: physical [cultural, social] ~ 自然[文化, 社会]人類学. 《ANTHROPO-+-LOGY》

an·thro·pom·e·try /æ̀nθrəpámətri | -pɔ́m-/ 名 Ⓤ 人体測定学. **an·thro·po·met·ric** /æ̀nθrəpəmétrɪk/, **àn·thro·po·mét·ri·cal** /-métrɪk(ə)l-⁻/ 形.

àn·thro·po·mór·phism /-mɔ́ːrfɪzm | -mɔ́ː-/ 名 Ⓤ 擬人観《神・動植物などがあらゆるものその形・性質において人間に似ているとする考え方》. **àn·thro·po·mór·phic** /-mɔ́ːrfɪk | -mɔ́ː-⁻/ 形 擬人化[人格化]された.

àn·thro·po·mór·phize /-mɔ́ːrfaɪz | -mɔ́ː-/ 動 他 〈神・動物などを〉人格化[擬人化]する.

àn·thro·po·mór·phous /-mɔ́ːrfəs | -mɔ́ː-⁻/ 形 = anthropomorphic.

an·thro·poph·a·gi /æ̀nθrəpáfəgaɪ | -dʒaɪ | -pɔ́f-/ 名 複 (-gus /-gəs/) 食人族, 人肉を食べる人々.

an·thro·poph·a·gy /æ̀nθrəpáfəʤi | -pɔ́f-/ 名 Ⓤ 食人(の風習). **an·thro·poph·a·gous** /æ̀nθrəpɔ́fəgəs | -pɔ́f-⁻/ 形 食人の. 《L<Gk; ⇒ anthropo-, -phagy》

an·thro·pos·o·phy /æ̀nθrəpásəfi | -pɔ́s-/ 名 Ⓤ 人智学《Rudolf Steiner が提唱した, 認識能力を開発し, 精神世界の観照に至ろうとする精神運動》.

an·thu·ri·um /ænθ(j)ú(ə)riəm | -θj́ʊər-/ 名 〖植〗アンスリウム属の各種観葉植物, ベニウチワ《サトイモ科; 熱帯アメリカ原産》.

an·ti /ǽnti, ǽntaɪ | ǽnti/ 〘口〙 名 (複 ~s) 反対(論)者 (↔ pro). ― 形 反対する, ...に反対で: the ~ group 反対グループ. ― 前 ...に反対で: They are ~ the plan. 彼らはその計画に反対だ. 〖↓〗

an·ti- /ǽnti, -tɪ, -taɪ | ǽntɪ, -tɪ/ 〔連結形〕「反対・敵対・対抗・排斥」 〖語彙〗 固有名詞[形容詞]の前や, i (時として他の母音字)の前では hyphen を用いる, ↔ pro-): *anti*-British / *anti*-imperialistic. 《Gk=against》

an·ti·abórtion 形 A (妊娠)中絶反対の.

àn·ti·áircraft 形 防空[対空](用)の: an ~ gun 高射砲.

àn·ti-Américan 形 反米の: ~ feeling 反米感情.

àn·ti·authoritárian 形 反権威主義の.

àn·ti·bactérial 形 抗菌性の.

àn·ti·ballístic 形 対弾道弾の: an ~ missile 弾道弾迎撃ミサイル《略 ABM》.

àn·ti·biósis 名 Ⓤ 〖生化〗抗生作用.

*†**an·ti·bi·ot·ic** /æ̀ntɪbaɪάtɪk | -ɔ́t-⁻/ 〖生化〗名 〔通例複数形で〕抗生物質: treat a patient with ~s 患者を抗生物質で治療する. ― 形 抗生の. 《ANTI-+Gk *biōticos* 生命[生物]の《*bios*; ⇒ bio-》》

†**àn·ti·bod·y** /ǽntɪbàdi | -bɔ̀di/ 名 〖免疫〗抗体.

an·tic /ǽntɪk/ 名 〔通例複数形で〕おどけたしぐさ, ふざけ. ― 形 ❶ 〘文〙おどけた, こっけいな. ❷ 〘古風〙怪奇な, 異様な.

àn·ti·cáncer 抗癌(灬)(制癌)の: ~ drugs 制癌剤.

àn·ti-Cátholic 形 名 反カトリックの(人).

àn·ti·chóice 形 妊娠中絶の自由[合法化]に反対の.

àn·ti·cholinérgic 形 〖薬〗抗コリン作用性の. ― 名 抗コリン作用薬《副交感神経抑制薬》.

ánti·chrìst 名 ❶ キリスト(教)の敵, キリスト(教)反対者. ❷ [(the) A~] 反キリスト《キリスト再臨前にこの世に悪を満たすとされるキリストの敵》.

*†**an·tic·i·pate** /æntísəpèɪt/ 動 他 ❶ 予期する, 予想する; 〈よい事を〉楽しみにして待つ; 〈悪い事を〉取り越し苦労する《用法 よい意味でも悪い意味でも用い》: I ~d a quiet vacation in the mountains. 山で静かな休暇が過ごせるものと楽しみにしていた / I ~ difficulty with him. 彼とうまくいかないのではないかと心配だ 〖+*doing*〗I ~ learning a great deal from you. あなたからいろいろ学べることを楽しみにしている《 *to do* と違って〖+*to do*〗でなく〖+*that*〗 Nobody ~d that the war would last so long. 戦争がそんなに長引こうとはだれも思わなかった. ❷ **a** 〈...を〉先読みして手を打つ[処理する], 〈...の〉先を越す: *Anticipating* his visit, she prepared food and drink. 彼の訪問に備えて, 彼女は食べ物や飲み物を用意した / The nurses ~d all his needs. 看護婦は彼の要求を察して(言われないうちに)みなやってくれた /〖+*that*〗I had ~d that he would do that. 彼はそうするだろうと予想して手を打った /〖+*wh.*〗 We ~d when the enemy would attack us. 敵がいつ我々を攻撃してくるかを予想して手を打った. **b** 〈...を〉人より先に言う[書く], 先取する: I must not ~ the end of the story. 物語の結末を先に言うわけにはいかない. ❸ 〈相手の機先を制する, 〈相手を〉出し抜く; 〈...を〉未然に防ぐ: The enemy ~d our move. 敵は我々の動きの機先を制した. ❹ 〖...で〉〈相手に〉先んずる, 先を越す: Amundsen ~d Scott by about a month *in* reaching the South Pole. アムンセンはスコットに約ひと月先んじて南極に到達した. ❺ 〈収入などを〉見越して使う: You should not ~ your income. (実際に手に入っていない)収入を見越して金を使ってはならない. 《L=前もって先に取る《ANTE-+*capere* 取る; ⇒ 名 anticipation, 形 anticipatory 【類義語】⇒ expect.

*†**an·tic·i·pa·tion** /æntìsəpéɪʃən/ 名 Ⓤ ❶ 予想, 予期, 見越し: He laid the table *in* ~ of her arrival. 彼は彼女の到着を見越して食卓の用意をした. ❷ 先手を打つこと, 先制; あらかじめ行なうこと; 先取り. (動 anticipate)

an·tic·i·pa·tive /æntísəpèɪtɪv/ 形 先制的な; 期待に満ちた, 先制[期待]する傾向のある.

an·tic·i·pà·tor /-tə- | -tə-/ 名 ❶ 予想者, 先を見越す人. ❷ 先手を打つ人.

an·tic·i·pa·to·ry /æntísəpətɔ̀ːri | -tɔri, -tri/ 形 ❶ 予想[予期]しての. ❷ 見越しての, 先制の. ❸ 〖文法〗先行の: an ~ subject 〖文法〗先行主語《たとえば *It* is wrong to tell lies. の it). (動 anticipate)

an·tic·li·point·ment /æntìsəpɔ́ɪntmənt/ 名 Ⓤ 〘戯言〙期待はずれ. 《*anticipation*+disap*pointment*》

àn·ti·clérical 形 (政治などにおける)聖職者の権力に反対する, 教権反対の.

àn·ti·cléricalism 名 Ⓤ 教権反対主義.

an·ti·cli·mac·tic /æ̀ntɪklaɪmǽktɪk-⁻/ 形 ❶ あっけない結末の, 竜頭蛇尾の. ❷ 漸降法の.

àn·ti·clímax 名 ❷ Ⓒ〖修〗線香花火的な結末, あっけない結末, 竜頭蛇尾. ❷ Ⓤ〖修〗漸降法, 文勢下落《高度な調子から急に低い調子に落とす表現法; たとえば He's a philosopher ― of trifles. (彼は哲学者だ ― つまらんことのね); cf. climax 2).

an·ti·cli·nal /æ̀ntɪklάɪn(ə)l-⁻/ 形 〖地〗背斜の.

an·ti·cline /ǽntɪklàɪn/ 名 〖地〗背斜.

àn·ti·clóckwise 形 副 〘英〙=counterclockwise.

àn·ti·coágulant 形 A 抗凝血性の. ― 名 抗凝血剤.

àn·ti·códon 名 〖遺〗アンチコドン《コドン (codon)に相補的な3個のヌクレオチドの配列》.

àn·ti·colónial 形 反植民地主義の.

àn·ti·cómmunism 名 Ⓤ 反共産主義, 反共.

àn·ti·cómmunist 形 反共主義(者)の: an ~ policy 反共政策. ― 名 反共主義者.

àn·ti·convúlsant 〖薬〗形 抗痙攣(灬)性の, 鎮痙性の

―图 抗痙攣薬, 鎮痙薬.
ànti·corrósive 形 Ⓐ さび止めの, 防食の.
―图 さび止め剤, 防食剤.
ànti·cýclone 图 〖気〗 高気圧 (↔ cyclone).
ànti·demokrátic 形 反民主主義的の.
ànti·depréssant 图 抗鬱(ぅっ)剤. ―图 抗鬱の.
ànti·diarrhéal 形 〖薬〗下痢止めの. ―图 下痢止め(薬), 止瀉薬.
an·ti·discríminatory 形 反差別の[的な].
an·ti·di·ur·et·ic hórmone /ǽntɪdàɪjʊrètɪk-/ 图 〖生化〗抗利尿ホルモン (vasopressin の別名; 略 ADH).
an·ti·dot·al /æntɪdóʊtl‑/ 形 解毒の.
+**an·ti·dote** /ǽntɪdòʊt/ 图 ❶ 解毒剤 〔*to, for, against*〕. ❷ 矯正手段, 対策 〔*to, for, against*〕.〖L<Gk〗
an·ti·drom·ic /æntɪdrάmɪk | -drɔ́m-‑/ 形 〖生理〗〈神経繊維の興奮伝導が〉逆方向の, 逆行性の.
ànti·dúmping 形 Ⓐ ダンピング防止の(ための): ~ tariffs ダンピング防止関税.
ànti·emétic 〖薬〗形 制吐[鎮吐]作用の, 抗嘔吐(ぉぅ)の. ―图 制吐剤, 鎮吐剤.
ànti·énzyme 图 抗酵素.
ànti·estáblishment 形 反体制の.
An·tie·tam /æntíːtəm/ 图 アンティータム 《米国 Maryland 州北西部を流れる運河; 南北戦争の激戦地》.
ànti·fáscism 图 Ⓤ 反ファシズム主義.
ànti·fáscist 图 反ファシズム主義者.
ànti·fébrile 形 解熱の(効ある). ―图 解熱剤.
ànti·féed·ant /-fiːdənt, -dnt‑/ 图 摂食阻害剤[物質] 《害虫による茎葉の食害を抑制する薬剤[天然物質]》.
ànti·férro·magnétic 形 〖理〗反強磁性の.
ànti·fertílity 形 避妊の.
ànti·fóul·ing 图 Ⓤ よごれ止めの塗料 《船底への動植物の付着を防ぐ塗料》.
ànti·frèeze 图 Ⓤ 不凍解[液].
ànti·fríction 形 Ⓐ 摩擦を減ずる(物質).
an·ti·gen /ǽntɪdʒən, -dʒèn/ 图 〖免疫〗抗原 《生体内に入って抗体 (antibody) を作る細菌毒素など》.
an·ti·gen·ic /æntɪdʒénɪk‑/ 形 〖免疫〗抗原性の.
antigenic detérminant 图 〖免疫〗抗原決定基[群] 《抗原抗体反応の特異性を決定する, 抗原分子の特定部分》.
ànti·glóbal·ist 形 图 反グローバリズムの(人). **~·ism** 图 Ⓤ 反グローバリズム.
An·tig·o·ne /æntígəni/ 图 〖ギ神〗アンティゴネ (Oedipus と Jocasta の娘; Sophocles の悲劇のヒロイン).
an·tig·o·rite /æntígərὰɪt/ 图 Ⓤ 〖鉱〗アンチゴライト 《蛇紋石族の一種》.
ànti·grávity 图 Ⓤ 反重力.
ànti-G sùit 图 耐加速度服.
An·ti·gua and Bar·bu·da /æntíːgən(d)bɑːrbúːdə | -baː/báː-/ 图 アンチグアバーブーダ 《カリブ海東部の国; 首都 St. John's》. **An·tí·guan** /-g(w)ən/ 形.
ánti·hèro 图 (魬 ~es) アンチヒーロー 《主人公としての伝統的な資質を欠いた主人公》. **ànti·heróic** 形.
ànti·hèroine 图 ヒロインらしくないヒロイン.
ànti·hístamine 图 〈感冒・アレルギーの〉抗ヒスタミン剤.
ànti·hyperténsive 形 Ⓐ 高血圧を抑える. ―图 降圧剤.
ànti·impérialism 图 Ⓤ 反帝国主義.
ànti·impérialist 图 反帝国主義者. ―形 反帝国主義(者)の.
ànti·inféctive 形 抗感染性の. ―图 抗感染薬.
ànti·inflámmatory 形 抗炎症性の. ―图 抗炎症薬.
ànti·intelléctual 形 图 反知性主義の(人), 知識人に反抗する(人).
ànti·knóck 图 Ⓤ アンチノック剤 《内燃機関の爆音を抑えるために燃料に加える》. ―形 Ⓐ アンチノック(性)の.
An·til·les /æntíliːz/ 图 ⓡ [the ~] アンチル列島 《西インド諸島中の列島; Greater Antilles と, その東南に連なる Lesser Antilles からなる》.
ánti-lòck brákes 图 ⓡ =anti-lock braking system.
ánti-lòck bráking sỳstem 图 《自動車の》アンチロックブレーキシステム 《《急》ブレーキをかけた時, 車輪の回転が止まらないよう, ブレーキを自動制御するシステム; 略 ABS》.
ànti·lóg 图 =antilogarithm.
ànti·lógarithm 图 〖数〗逆対数, 真数.
an·til·o·gy /æntíləʤi/ 图 自己[前後]矛盾.
an·ti·ma·cas·sar /æntɪməkǽsər | -sə/ 图 いすの背おおい 《マカサ油の整髪によるいすのよごれを防ぐために用いた》.
ànti·magnétic 形 耐磁性の; 磁気不感の.
ànti·màtter 图 Ⓤ 〖理〗反物質 《反陽子・反中性子・反電子の反粒子から構成される仮想物質》.
ànti·metábolite 图 〖生化・薬〗代謝拮抗(ぅっこぅ)物質.
ànti·míssile 形 图 ミサイル迎撃用の(ミサイル).
an·ti·mo·ni·al /æntəmóʊniəl‑/ 形 アンチモンの, アンチモンを含む.
an·ti·mo·nic /æntəmάnɪk | -mɔ́n-‑/ 形 〖化〗アンチモン[を含む].
an·ti·mo·ny /ǽntəmòʊni | -mə-/ 图 Ⓤ 〖化〗アンチモン 《金属元素; 記号 Sb》.
ànti·néutron 图 反中性子 《中性子と同性質で, 磁気的性質が反対の素粒子》.
ànti·nòde 图 〖理〗波腹 《2 つの波節の中間点》.
an·ti·no·mi·an /æntɪnóʊmiən‑/ 图 〖神学〗無律法主義の, 律法不用論の 《《福音に示されている恵みのもとでは救済のためには信仰のみが必要なのであるから, 信仰者は道徳律に拘束されないとする》. ―图 無律法主義者, 律法不用論者. **~·ism** 图
an·tin·o·my /æntínəmi/ 图 〖哲〗二律背反; 自己矛盾.
ánti·nòvel 图 Ⓤ.ⓒ アンチロマン, 反小説 《伝統的手法によらない小説》.
ànti·núclear 形 Ⓐ 核(兵器)反対の; 原発反対の.
ànti·núke (口) =antinuclear. ❷ 核兵器[原発]反対者.
An·ti·och /ǽntiὰk | -tiɔ̀k/ 图 アンティオキア, アンタキア 《トルコ南東部のシリア国境に近い市; 古代シリアの首都, 初期キリスト教の布教の中心地; トルコ語名 An·ta·kya /ændəkjάː | ʌntάkjə/》.
ànti·óxidant 图 〖化〗酸化防止剤, 抗酸化剤[物質].
ànti·párallel 形 〖数・理〗《2 つのベクトルが逆平行の》《平行でかつ向きが反対の》.
ánti·pàrticle 图 反粒子.
an·ti·pas·to /æntɪpάːstoʊ | æntɪpǽs-/ 图 (魬 ~s, -ti /-ti/) 〖料理〗前菜. 〖It〗
an·ti·pa·thet·ic /æntɪpəθétɪk‑/ 形 ❶ 〈…に〉反感 [嫌悪]を覚えて, 〈…が〉性に合わなくて, 大嫌いで: She is ~ *to* commercialization of art. 芸術の商業化をひどく嫌っている. ❷ 〈人にとって〉反感[嫌悪]を催す, 虫の好かない: His attitude is ~ *to* me. 彼の態度は気にくわない. 图 antipathy)
+**an·tip·a·thy** /æntípəθi/ 图 ❶ Ⓤ.ⓒ [通例単形で] 〈根強い〉反感[嫌悪], 毛嫌い (aversion): feel ~ *to* [*toward*]…に反感を覚える / He has a deep-seated ~ *to* organized religion. 彼は宗教団体に根強い反感を持っている. ❷ Ⓤ [また an ~] 相容れない性質, 性に合わないこと. 〖L<Gk=反感; ⇒ anti-, -pathy〗
ànti·personnél 形 Ⓐ 《爆弾など》地上兵員目当ての, 対人の: ~ bombs 対人爆弾.
an·ti·per·spi·rant /æntɪpə́ːrspərənt | -pə́ː-/ 图 Ⓤ.ⓒ 発汗抑制剤.
an·ti·phon /ǽntɪfὰn/ 图 ❶ 《かわるがわる歌う》合唱詩歌. ❷ 〖カト〗交唱(聖歌).
an·tiph·o·nal /æntífən(ə)l/ 形 かわるがわる歌う. ―图 〖カト〗交唱(聖歌)集. **~·ly** 副
an·tiph·o·nar·y /æntífənèri | -nəri/ 图 交唱聖歌集, 交唱集.
an·tiph·o·ny /æntífəni/ 图 応答頌歌, 公唱.
an·tip·o·dal /æntípədl/ 形 対蹠(たいせき)的な, 地球の正反対側の; 正反対の.

an·ti·pode /ǽntɪpòud/ 名 正反対のもの《of, to》.
an·tip·o·de·an /æntìpədíːən⁺/ 名 ❶ 対蹠地(antipodes)の(住民). ❷ [A~] オーストラリア(とニュージーランド)の(住民).
an·tip·o·des /æntípədìːz/ 名 複 [the ~] ❶ 対蹠(たいせき)地《地球上の正反対の側にある二地点》. ❷ [A~] 《単数または複数扱い》オーストラリア(とニュージーランド), オーストララシア. ❸ 正反対のこと[もの]. 《L＜Gk＝反対側に足があること＜ANTI-＋pous, pod- 足》
ànti·pollútion 形 汚染防止の, 公害反対の: ~ measures 汚染防止対策.
an·ti·pol·lú·tion·ist /-pəlúːʃ(ə)nɪst/ 名 汚染防止[公害反対]論者.
ànti·póverty 形 貧困絶滅の.
ànti·próton 名 【理】反陽子.
ànti·prurític 形 かゆみ止めの.
ànti·psychótic 形 抗精神病性の. ─ 名 抗精神病薬.
àn·ti·py·rét·ic /-paɪrétɪk⁺/ 形 解熱(げねつ)の. ─ 名 解熱剤.
an·ti·py·rin(e) /æntɪpáɪ(ə)riːn/ 名 U.C 【薬】アンチピリン《解熱・鎮痛剤》.
an·ti·quar·i·an /æ̀ntəkwéə(ə)riən⁺/ 形 《通例 A》 ❶ 古物研究[収集]の, 古物好きの; 古書売買の. ─ 名 ❶ 好古家, 古物収集家. ❷ 古物商.
àn·ti·quár·i·an·ism /-nìzm/ 名 骨董(どう)癖, 古物収集癖, 好古趣味.
ànti·quárk 名 【理】反クォーク《クォークの反粒子》.
an·ti·quar·y /ǽntəkwèri | -kwəri/ 名 好古学者, 古物収集家.
⁺**an·ti·quat·ed** /ǽntəkwèɪtɪd/ 形 ❶ 古くなった, 古風な, 時代遅れの; 老朽の. ❷ 老齢の.
✽**an·tique** /æntíːk/ 形 (more ~; most ~) ❶ 古くて価値のある, 骨董品の, アンティークの: an ~ car 時代ものの車. b《家具の仕上げなどアンティーク調[風]の》. ❷ 古風な, 旧式な, 時代遅れの; [しばしば戯言的に] 使い込んだ, 古びた, 時代物の. ❸ 《A》 (特に, ギリシア・ローマなどの)古代の. ─ 名 ❶ Ⓒ 骨董品, 古い家具[美術品, 銀器, 装飾品(など)], アンティーク《★米国では厳密には100年以上前のもの》: collect ~s 骨董品を収集する. ❷ [the ~] 古代美術, 古代様式; (特に, ギリシア・ローマなどの)古代のもの. ─ 動 〈...を〉古風[アンティーク風]に仕上げる. ~·ness 名 《F＜L＝古い, 昔の》《名 antiquity》
antíque shòp 名 骨董店.
⁺**an·tiq·ui·ty** /æntíkwəti/ 名 ❶ U《特に, ギリシア・ローマの》古代; in ~ 古代(には). ❷ 古さ, 古色: a castle of great [high] ~ 非常に古い城. ❸ 《通例複数形で》古器物, 《古代の》遺物. 《形 antique》
ànti·rácism 名 U 人種差別反対主義の.
ànti·rácist 名 人種差別反対主義者. ─ 形 人種差別反対主義(者)の.
ànti·róll bàr 名 【車】アンチロールバー《自動車の前部サスペンション2つを連結して車体揺れを抑える金属棒》.
an·tir·rhi·num /æ̀ntəráɪnəm/ 名 【植】キンギョソウ.
ànti·sátellite 形 《(敵の)衛星破壊用の》: an ~ interceptor 人工衛星攻撃ミサイル.
ànti·science 形 A U 反科学(の).
ànti·scorbútic 形 抗壊血病の. ─ 名 抗壊血病剤[食品].
ànti·sélf 名 《自分の意識する通常の自己とは反対の》反自己. ─ 形《特に組織した自分自身を傷害する)抗自己.
ànti-Sémite 名 反ユダヤ主義者.
⁺**ànti-Semític** 形 反ユダヤ主義の. ─ 名 =anti-Semite.
ànti-Sémitism 名 U 反ユダヤ主義[運動].
an·ti·sep·sis /æ̀ntəsépsɪs/ 名 U 【医】防腐法[処置], 消毒(法).
⁺**an·ti·sep·tic** /æ̀ntəséptɪk⁺/ 【医】名 C,U 防腐剤, 消毒薬 (disinfectant). ─ 形 ❶ 防腐性の (cf. aseptic). ❷ 生気[個性]のない, 冷たい. **-ti·cal·ly** /-kəli/ 副

71

antsy

ànti·sèrum 名 抗血清.
ànti·slávery 名 U 形 奴隷制度反対(の).
ànti·smóking 形 喫煙反対の, 禁煙の: an ~ campaign 禁煙運動.
⁺**ànti·sócial** 形 ❶ a 反社会的な, 社会に害のある: ~ behavior [activities] 反社会的行為[活動]. b 社会秩序[制度]に反対する. ❷ a 非社交的な, 社交嫌いな. b 他人への配慮に欠ける, 利己的な, わがままな.
ànti·spám 形 【電算】スパムメール撃退の.
ànti·spasmódic 形 【薬】痙攣(けいれん)止めの, 鎮痙性の. ─ 名 鎮痙薬.
ànti·státic 形 帯電防止の.
an·tis·tro·phe /æntístrəfi/ 名 ❶ 《古代ギリシア合唱舞踊隊の》右方転回;《その時歌う》戻り舞い歌 (cf. strophe 1). ❷ 【楽】対照[応答]楽節.
ànti·submaríne 形 A 対潜水艦の, 対潜の: an ~ patrol plane 対潜哨戒機.
ànti·symmétric 形 【数・論】反対称の.
ànti·tánk 形 対戦車用の: an ~ gun 対戦車砲.
an·tith·e·sis /æntíθəsɪs/ 名 (複 -e·ses /-sìːz/) ❶ C,U 正反対(のもの), (著しい)対照(物)《of, to; between》: Good is the ~ of evil. 善は悪の反対である. ❷ 【修】 U 対照法《例: Man proposes, God disposes.《諺》人は計画し神は成否を決する》. b C 対句. ❸ C 【論・哲】反(定)立, アンチテーゼ (cf. thesis 3). 《L＜Gk》
an·ti·thet·ic /æ̀ntəθétɪk⁺/ 形 =antithetical.
an·ti·thet·i·cal /æ̀ntəθétɪk(ə)l⁺/ 形 ❶ 正反対の; (著しい)対照をなす《to》. ❷ 対照法の. **~·ly** /-kəli/ 副
ànti·tóxic 形 抗毒性の; 抗毒素の.
ànti·tóxin 名 抗毒素《血液の中で毒素を中和する物質》.
ànti·tráde 名 [the ~s で] 反対貿易風, 逆貿易風 (cf. trade wind). ─ 形 反対貿易風の.
⁺**ànti·trúst** 形 A 【法・商】トラスト反対[規制]の, 独占禁止の: the ~ laws 反トラスト法, 独占禁止法.
an·ti·type /ǽntɪtàɪp/ 名 ❶ 正反対となる[対照的な]人[もの], 反対のタイプ. ❷ 対型《過去にその(象徴的)原型のあるもの・人物など》. **-typ·i·cal** /æ̀ntɪtípɪk(ə)l⁺/ 形
ànti·vén·in /-vénɪn/ 名 【免疫】抗蛇毒(だく)素; 蛇毒血清.
ànti·víral 形 【生化】抗ウイルス(性)の. ─ 名 抗ウイルス物質[薬].
ànti·vírus 形 A 【電算】アンチウイルスの, ウイルス防止[除去]の.
antivírus prógram 名 =antivirus software.
antivírus sóftware 名 U 【電算】ウイルス対策ソフト.
ànti·viviséction 名 U 生体解剖[動物実験]反対の. **~·ism** 名 U 生体解剖反対主義. **~·ist** 名 生体解剖反対主義の(人).
ànti·wár 形 戦争反対の, 反戦の: an ~ demonstration 反戦デモ.
ant·ler /ǽntlə | -lə/ 名 《通例複数形で》(シカの)枝角.
ánt lìon 名 【昆】ウスバカゲロウ; アリジゴク (cf. doodlebug).
An·toi·nette /æ̀ntwənét/ 名 ⇒ Marie Antoinette.
An·to·ni·us /æntóuniəs/, **Marcus** 名 アントニウス (⇒ Anthony, Mark).
an·to·no·ma·si·a /æ̀ntənoumérʒ(i)ə | æ̀ntəɪnouméɪziə/ 名 U 【修】換称 (a wise man is a Solomon, 裁判官 to his honor という類).
An·to·ny /ǽntəni/ 名 アントニー《男性名; 愛称 Tony》.
Antony, Mark 名 アントニー (83?-30 B.C.; ローマの将軍・政治家).
an·to·nym /ǽntənìm/ 名 反意語, 対語 (↔ synonym). 《ANTI-＋-ONYM》
an·ton·y·mous /æntánəməs | -tɔ́n-/ 形 反意語の《to》.
an·trec·to·my /æntréktəmi/ 名 U 【医】(胃の)幽門洞切除.
an·trum /ǽntrəm/ 名 (複 -tra /-trə/) 【解】洞, (骨の)空洞, 腔, 室, (特に)上顎(じょうがく)洞. **án·tral** 形
ant·sy /ǽntsi/ 形 (ants·i·er; -i·est) P 《米口》そわそわし

て, いらいらして; 不安になって: get ～ 不安になる.

Ant·werp /ǽntwəːp | -wəːp/ 图 アントワープ, アントウェルペン《ベルギー北部の貿易・工業都市で同名州の州都》.

an·u·ri·a /ənjúriə | ənjúər-/ 图 Ⓤ 《医》 無尿(症). -úric 形

a·nus /éinəs/ 图 (靈 **a·nus·es**)《解》肛門(ﾐｮ).《F<L=肛門, 環》 形 anal.

an·vil /ǽnv(ə)l/ 图 ❶ 鉄床(%). ❷《解》きぬた骨.

***anx·i·e·ty** /æŋ(g)záiəti/ 图 ❶ Ⓤ 心配, 不安《*about, over*》: have ～ *about* her child's health 子供の健康を気づかう彼女の心 / be in (great) ～ (非常に心配している) / wait with (great) ～ 非常に心配して[はらはらして]待つ / the age of ～ 不安の時代 / She's all ～. 彼女は大変心配している. ❷ Ⓒ 心配事; 心配の種: She was full of fears and *anxieties*. 彼女は不安と心配事でいっぱいだった / Her greatest ～ was her son. 彼女の心配の種は息子だった. ❸ Ⓤ,Ⓒ 切望, 熱望《*for*;〔+*to do*〕》: He has a great ～ *to* succeed. 彼は成功を夢見ている. 形 anxious. 《[類義語]》⇒ care.

anx·io·lyt·ic /æŋiouǐıtik, æŋ(k)si-/ 形《薬》不安を緩解する. ── 图 不安緩解剤.

***anx·ious** /ǽŋ(k)ʃəs/ 形 (more ～; most ～) ❶ Ⓟ 心配して, 案じて, 気にして (concerned): I'm ～ *about* his health. 彼の健康が心配だ / We were ～ *for*[*about*] his safety. 我々は彼の安否を気づかった /〔(+*about*+*wh*.)〕 He was ～ (*about*) *how* you were getting on. 彼は君がどうしているかと心配していた /〔+*that*〕《...しないかと》心配して, 気にして: I'm ～ *that* he may [might] fail. 彼が失敗しないか心配だ. b Ⓐ 心配で[不安で]; 気がかりな (uneasy) 《[比較]》 worried より強い心配を表わし, より格式張った語》: an ～ feeling (一時的な)不安な気持ち / an ～ mind 心配性 / an ～ look 心配げな顔 / an ～ day 気がかりな一日. ❷ Ⓟ 切望して: He's ～ *for* wealth. 彼は富をほしがっている /〔+*to do*〕 I was ～ *to* put her at ease. 私は彼女を安心させたいと思った /〔+*for*+(代)+*to do*〕 She's ～ *for* her son *to* get a job. 彼女は息子が就職することを切に望んでいる /〔+*that*〕 I was ～ *that* they (should) think well of me. 私は彼らが私のことをよく思ってくれることを切望した. 《L<*angere* 苦しめる》图 anxiety. 《[類義語]》⇒ eager.

anx·ious·ly /ǽŋ(k)ʃəsli/ 副 (more ～; most ～) ❶ 心配して: She looked up at him ～. 彼女は心配そうに彼を見上げた. ❷ 切望して: He ～ awaited her arrival. 彼は彼女の到着を首を長くして待った.

***an·y** /éni/ 形 (比較なし) ❶ 〔肯定文で, 強調的に〕a 〔通例単数名詞の前に用いて〕どんな...でも, どれでも, 〔何〕でも; 任意の...: *A*～ person can do it. どんな人にもできる / *A*～ tea will do. どんなお茶でもけっこうです / *A*～ help is better than no help. どんな助けでもありがたいだ / You may borrow ～ book(s) you like. 好きな本を借りてよい / Tom is taller than ～ *other* boy in his class. トムはクラスのだれよりも背が高い《[変換]》 No other boy in his class is as [so] tall as Tom. と書き換え可能》. b [～ number [amount, length, quantity] of...で] どれほどの...でも, 無限の: He has ～ *amount of* money. 彼はお金はいくらでも持っている. c 〔Ⓒ の名詞の複数形または Ⓤ の名詞につけて〕 いくらでも, いくつでも: I'll loan you ～ books you need. 本は必要なだけ貸してあげる. d 〔Ⓒ の名詞の複数形または Ⓤ の名詞につけて〕すべての: Save ～ foreign stamps for me. もし外国の切手が手に入ったらとっておいてください.

❷ /(強形) éni; (弱形) əni/ 〔否定文で名詞の前に用いて〕 a 〔Ⓒ の名詞の複数形または Ⓤ の名詞につけて〕少しも(...ない), 何も(...ない), だれも(...ない): He doesn't have ～ books [money]. 彼には本[お金]は少しもない《[変換]》 He has *no* books [money]. と書き換え可能 / There isn't ～ sugar. 砂糖はまったくない 《[変換]》 There's *no* sugar. と書き換え可能》. b 〔Ⓒ の名詞の単数形につけて〕何か一つの(...もない), だれか一人の(...もない) 《[用法]》 a(n) の代用

るが, やや強調的》: It's not covered by ～ law. あてはまる法律はない / There isn't ～ beauty salon near here. この近くには美容院は 1 軒もない《[変換]》 There's *no* beauty salon.... と書き換え可能》 / "I met your sister." "I don't have ～ sister."「君の姉さんに会ったよ」「おれには姉も妹もいないよ」.

《[語法]》 any... が主語になっている場合, それを否定する時には No... にする: *No* student can solve the problem. (★ *Any* student *can't* solve the problem. は間違い).

c いくらも...ない: I couldn't walk ～ distance for weeks. 何週間もちょっとしか歩けなかった(具合が悪くて). ❸ /(弱形) əni; (強形) éni/ 〔疑問文・条件節の名詞の前に用いて〕 a 〔Ⓒ の名詞の複数形または Ⓤ の名詞につけて〕 いくらかの..., 何人かの...: Do you have ～ friends in Kyoto? 京都に(何人か)友人がいますか / Do you have ～ matches [money] (with you)? マッチ[お金]を持ってますか / Are there ～ stores there? そこには店がありますか / If you have ～ pencils to spare, will you lend me one? もし鉛筆が余分にありましたら 1 本貸していただけませんか. b 〔Ⓒ の名詞の単数形につけて〕何か[だれか]一つの, だれか一人の (cf. some 形 1 b): Is there ～ book in which I can look it up? それを調べることのできる本がありますか / If you see ～ book about India, buy it for me. インドに関する本が何かあったら(それを)買っておいてください.

《[語法]》 人にものを勧める時の疑問文では some を用いる (⇒ some 形 1 b): Would you like *some* tea? お茶はいかがですか.

ány òld... ⇒ old 形 成句.

any one /éniwàn/ (1) 〔形容詞的にも用いて〕 どれか一つ(の), だれか[だれでも]一人(の): You may each have ～ *one* of these cakes. めいめいがこれらのケーキのうちでどれでも一つ取ってもよいです. (2) =anyone.

ány tìme =anytime.

ány whích wày《米口》どんな方法でも; いいかげんに.

at ány móment ⇒ moment 成句. **at ány príce** ⇒ price 图 成句. **at ány ràte** ⇒ rate¹ 成句. **at ány tìme** ⇒ time 图 A 4 a.

nòt jùst ány...ただ普通の...ではない《★ この any は 1a の否定用法》: He isn't just ～ doctor. 彼は普通[ただ]の医者ではない / He doesn't read *just* ～ book. 彼は本なら何でも読むというわけではない.

── 代 ❶ 〔肯定文で, any of... の形が既出名詞の省略の形で用いて〕 どれでも, だれでも, いくらでも: He's better at the job than ～ *before* him. 彼は前任者のだれよりもよく仕事ができる / *A*～ *of* these is long enough. これらのどれでもも長さは足りる.

❷ 〔否定文で, any of... の形が既出名詞の省略の形で用いて〕何も, だれも; 少しも: I don't want ～ *of* them. このうちどれもいらない / It's the persimmon season, but I haven't eaten ～, yet. 柿の季節だがまだ一つも食べていない.

❸ 〔疑問文・条件節で any of... の形が既出名詞の省略の形で用いて〕何か, だれか; いくらか, 多少: Do you want ～ (*of* these books)? (これらの本のうち)どれかほしいのがありますか / If ～ *of* your friends are [is] coming, let me know. もし君の友人のだれか見えるようだったら私に知らせてください《[用法]》 ものでも人でも of 以下が二つ[二人]の場合 any は either になる》.

as ∴ as ány ⇒ as 副 成句. **if ány** ⇒ if 接 成句.

nòt hàving àny (1)《英口》(あることに関係すること, 人と掛かり合うことなどを)一切ごめんで, いや, いやで: I asked her to stay the night, but she wasn't *having* ～. 私は彼女に泊まるように言ったが彼女は一切断わった. (2)《米口》〔勧められた食べ物などを断わる時〕けっこうです: I'm *not having any*, thank you. けっこう[たくさん]です, ありがとう.

── 副 (比較なし) ❶ /(強形) éni; (弱形) əni/ 〔通例比較

級または different, too とともに用いて] **a** [否定文で用いて] 少しも(…ない): He *isn't* feeling ~ *better*. 彼は少しも気分がよくなってはいない / The language he used *wasn't* ~ *too* strong. 彼の言葉づかいはかなり軟弱だった / His opinion *isn't* ~ *different* from mine. 彼の見解は私と少し違っていない。**b** [疑問文・条件節中で用いて] 少しでも, いくらか: Is he feeling ~ *better*? 彼の具合は少しはよろしいですか / If he's feeling ~ *better*, …. 少しでもよろしいなら….
❷ [動詞を修飾して] (米口) 少しは, 少しでも: That won't help us ~. それは私たちにも少しも助けになるまい / Did you sleep ~ last night? 昨晩少しは眠りましたか.
àny lónger [疑問・否定文に用いて] もはや, これ以上: Can you wait ~ *longer*? もう待てませんか / I *won't* put up with him ~ *longer*. 彼のことはもうこれ以上我慢しない (比較) I will put up with him *no* longer. よりも口語的).
àny òld hòw (口) いいかげんに, ぞんざいに: Write neatly, not just ~ *old how*. ていねいに書きなさい, いいかげんにではなく.

*an·y·bod·y /énibàdi, -bədi | -bɔ̀di, -bədi/ 代 ❶ [肯定文で用いて] だれでも [★ anybody は anyone よりくだけた言い方; cf. nobody]: A~ can do that. だれでもそれくらいできる / It's ~'s game [race]. それは勝敗の予想のつかないゲーム[競走]だ. ❷ [否定文で用いて] だれも: I *haven't* seen ~. だれにも会っていない / I *don't* want ~ to disturb me. だれにも邪魔されたくない. ❸ [疑問文・条件節で用いて] だれか: Does ~ know? だれか知っているか / If you see ~ there, please bring them to my place. もしそこでだれかに会ったら私の所へ連れてきてください.

[語法] (1) anybody は単数形であり he [him, his] で受けるのが普通であるが, they [them, their, *etc.*] では性別を男性で代表してもよいので, 意味上多く用いられる: If ~ calls, would you take down *their* [*his*] name? (もし電話が来たら名前を書き留めておいてください). (2) 否定構文で anybody を用いる場合は, 否定語を先行記する. 従って, There wasn't ~ there. (= Nobody was there. そこにはだれもいなかった)と言うことはできるが, A~ wasn't there. と言うことはできない.

ánybody's guèss ⇒ guess 名 成句.
— 名 ⓤ 多少重きを置かれる人, ひとかどの人間: Is he ~? 彼は名のある人か / If you want to be ~, …. ひとかどの人間と言われたいのなら….
an·y·hoo /énihù:/ 副 (米俗) =anyhow.
*an·y·how /énihàu/ 副 (比較なし) ❶ [肯定文で用いて] どのようにしても: Do it ~ you like it. どのようにしても結構です. ❷ **a** [接続詞的に] どうも, どのみち, とにかく (用法 話題を変える時などに用いる): A~, let's begin. とにかく取りかかろう. **b** それにもかかわらず, いずれにしても: The weather *wasn't* as good as we had hoped, but we decided to go ~. 天気は期待していたほど良くはなかったが, いずれにしても我々は行くことに決めた. ❸ **a** ぞんざいに, いいかげんに: He does his work just ~. 彼はいいかげんな仕事をする. **b** [時に *all* ~ で形容詞的に用いて] いいかげんで, おざなりに: Things are *all* ~. 何から何までいいかげんになっている.

*àn·y·móre, (英) **àny móre** 副 [否定文に用いて] もはや(…ない, しない) (any longer): He *doesn't* live here ~. 彼はもうここには住んでいない.
*an·y·one /éniwʌ̀n, -wən | -wʌn/ 代 =anybody [★ anybody よりやや形式ばった語]. **ányone's guèss** ⇒ guess 名 成句.
àny pláce 副 (米口) =anywhere.
*an·y·thing /éniθìŋ, -θɪŋ/ 代 ❶ [肯定文に用いて] 何でも: A~ will do. 何でもいいよ / You may take ~ you like. 何でも好きなものを持って行ってよろしい / She would have given ~ to leave the place. 彼女は何としてでもその場から立ち去りたいと思った (★「立ち去るためならどんなものでも与えたであろう」の意から). ❷ [否定文に用いて] 何も(…ない): I *don't* know ~ about it. それについては何も知らない / I *don't* believe ~ he says. 彼の言うことは何一つ信じることができない. ❸ [疑問文・条件節に用いて] 何か: Do

you see ~? 何か見えますか / A~ *else*? ほかに何かお入り用の[ほしい, 付け加えたい]ものがありますか / If you hear ~ about it, please let me know. もしそれについて何かお聞きなら教えてください.

[語法] (1) anything を修飾する形容詞は後置される: Is there ~ *interesting* in today's paper? (今日の新聞に何かおもしろいことが出ていますか?). (2) 否定文で anything を主語に用いることはできない. 従って, *Nothing* that I've written has been published. (自分の書いたものは何一つ出版されていない) を A~ that I've written has not been published. とは言えない.

ánything but… (1) …のほかなら何でも: I will do ~ *but* that. そのほかのことなら何でもする, それはっかりはご免だ. (2) 決して…ではない, …どころではない: He is ~ *but* a scholar. どうして彼が学者なものか / She is ~ *but* bright. 彼女は頭がいいもんか.
Ánything dóing? (1) 何かおもしろいことがあるかい? (2) 何かお手伝いすることは?
ánything like… ⇒ like¹ 前 成句.
ánything of… (1) [否定文に用いて] 少しも…(でない, しない): I *haven't* seen ~ *of* Smith lately. 最近スミスにはちっとも会っていない. (2) [疑問文に用いて] 少しは…: "Is he ~ *of* a batter?" "Yes, they say he is something of a batter." 「彼は少しはボールが打てる人ですか」「ええ, ちょっとしたものらしいですよ」.
Ánything you sáy. おっしゃるとおりにします, 承知しました.
(as)…as ánything (口) とても, 非常に: He's *as* busy *as* ~. 彼はとても忙しい.
for ánything [否定文に用いて] 何をもらっても(決して…ない): I *won't* go *for* ~. 私はどうあっても行かない.
for ánything I cáre (英) かまったことではないが, こっちの知ったことではない (比較) (米) では for all I care (⇒ care 動 成句) が用いられる).
for ánything I knów (英) (よくは知らないが)たぶん [恐らく] (…だろう) (比較) (米) では for all I know (⇒ know 動 成句) が用いられる): He's dead, *for* ~ *I know*. 彼はたぶん(もう)死んだだろう.
if ánything ⇒ if 接 成句.
líke ánything ⇒ like¹ 前 成句.
…or ánything [疑問文・条件節に用いて] (口) …や何か: He *wasn't* angry *or* ~. 彼は怒ってなんかいなかった.

*án·y·tìme 副 いつでも, どんな時でも; 常に.
*an·y·way /éniwèi/ 副 ❶ とにかく; それにもかわらず, やはり: He pleaded with her not to leave him, but she did. 彼は彼女に自分の所を去らないように懇願したが, それでも彼女は去っていった / A~, it's not fair. とにかく, フェアでない[けしからん] / I *don't* need any help right now, but thanks ~. 今は手伝ってくれなくても間に合うけど, 気持ちはありがとう. ❷ **どんな方法でも, どのようにしても** (類) any way とも書く): You may do it *any way* you like. どんなふうにでも好きなようにやってよい. ❸ いいかげんに, ぞんざいに: Do it properly — not just ~. きちんとやりなさい — いいかげんではなくて.
*an·y·where /éni(h)wèər | -(h)wèə/ 副 (比較なし) ❶ [肯定文に用いて] **a** どこにでも, どこへでも: With 4-wheel drive you can go ~. 四輪駆動であればどこへでも行くことができる. **b** [譲歩文に用いて] どこ(へ)でも…する所に[へ]: Go ~ you like. どこでも好きな所へ行きなさい. ❷ [否定文に用いて] どこへも(…ない, …に(…ない): I *didn't* go ~ yesterday. 昨日はどこにも行かなかった / We *can't* take you ~! あんたなどどこへも連れていけないわね (困ったことを言ったりしたりした時に言う). ❸ [疑問文・条件節に用いて] どこかに[へ]: Did you go ~ yesterday? きのうどこかに出かけましたか / Tell him so if you meet him ~. どこかで彼にお会いになったらそう言ってください. ❹ [数量・時間

anywise

などの大体の範囲を示して]…から…のあたり: There were ~ *from* thirty *to* [*between* thirty *and*] forty students. 30人から40人あたりの学生がいた.

ánywhere néar [否定・疑問文・条件節に用いて]《口》少し(で)も: He isn't ~ *near* as smart [《英》*clever*] as his brother is. 彼は兄と違って少しも賢くない.

gèt ánywhere ⇒ get 成句.　**if ánywhere** ⇒ if 成句.

or ánywhere [否定・疑問文・条件節に用いて] あるいはどこかそんなに: Can I drive you to the store *or* ~? (よろしかったら)お店かどこかへ車で送って行きましょうか.

ány·wise 副《米・英古》❶ どのようにしても、どうしても. ❷ どんな点でも.

An·zac /ǽnzæk/ 名 ❶ (第一次大戦時の)オーストラリア・ニュージーランド連合軍の兵. ❷ オーストラリア兵; ニュージーランド兵. [*A*ustralian *a*nd *N*ew *Z*ealand *A*rmy *C*orps]

ANZUS /ǽnzəs/ 名 アンザス《オーストラリア・ニュージーランド・米国の安全保障条約機構》. [*A*ustralia, *N*ew *Z*ealand, and the *U*nited *S*tates]

AOB《略》《英》any other business (議題以外の)その他.

ao dai /áʊdaɪ, -zɑ́ɪ/ アオザイ《ベトナム人女性の民族服; 長衫(ﾁｬﾝｻﾝ)(丈長の中国服)と裤子(ｸﾞｽ)(ゆったりしたスラックス)からなる》.

A-OK /éɪoʊkéɪ/ 形《米口》すべてオーケーで[の]、完全無欠の[で]、完全(…)の[で].

Á óne, Á-1, Á 1 形《口》一流の、優秀な: This car's in ~ shape. この車はすばらしく調子がいい.

Ao·ran·gi /aʊrǽːŋi/ 名 アオランギ《ニュージーランド Cook 山のマオリ語名》.

a·o·rist /éɪərɪst, éɔː-/ 名《ギリシア語文法で》アオリスト《非限定過去》. **a·o·ris·tic** /èɪərístɪk/ 形

a·or·ta /eɪɔ́ːtə | -ɔ́ː-/ 名 (複 ~s, -tae /-tiː/)《解》大動脈. **a·ór·tic** /-tɪk/ 形

aou·dad /áʊdæd/ 名《動》バーバリシープ《北アフリカ産の野生の羊》.

à ou·trance /ùːutrɑ́ːns/ 副 ぎりぎりのところまで、極力、最後まで、死ぬまで.[F]

AP《略》Advanced Placement; airplane; Associated Press.　**Ap.**《略》Apostle; April.

ap- 接頭 (p の前にくる時の) ad- の異形: *ap*peal, *ap*pear.

a·pace /əpéɪs/ 副 ❶ たちまち、速やかに、急速に: advance [proceed] ~《世論・進歩などが》たちまちはかどる / grow [progress] ~ 急速に成長[進歩]する / Ill news runs ~.《諺》悪事千里. ❷ [...と]歩調を合わせて、[...に]遅れないで (*of, with*).

a·pache /əpǽʃ/ 名 (パリなどの)暴力団、ならず者.

A·pach·e /əpǽtʃi/ 名 (複 ~, ~s) ❶ **a** [the ~(s)]アパッチ族《北米先住民》. **b** ⓒ アパッチ族の人. ❷ Ⓤ アパッチ族の言語.

Apáche Státe 名 [the ~]アパッチ州《Arizona 州の俗称》.

ap·a·nage /ǽpənɪdʒ/ 名 =appanage.

a·part /əpɑ́ːt | əpɑ́ːt/ 副 (比較なし) ❶ (時間・空間的に)離れて、別れて、別々に: They live ~. 彼らは別々に住んでいる / They were born two years ~. 彼らは2年違いで生まれた / They planted the seeds six inches ~. 彼らは種を6インチ間隔でまいた / ⇨ stand APART 成句 / He lives ~ *from* his family. 彼は家族から離れて住んでいる《別居している》. ❷ 離れ離れに、ばらばらに: tear a book ~ 本を引き裂く / come [fall] ~《ものが》ばらばらになる / He fell ~. 彼は(精神的に)乱れた. ❸ 一方へ、わきへ; (ある目的・用途のために)別にして; ⇨ SET apart 成句. ❹ **a** 個別的に; Viewed ~, this aspect of the problem becomes clearer. 個別的に見るとその問題のこの面がもっとはっきりする. **b** [代名詞・動名詞の後に置いて] [...は]考慮しないで、別として (excepted): joking [jesting] ~ 冗談はさておき / This item ~, our products are selling very well.この品目は別としてわが社の商品は非常によく売れている.

apárt from ... (1) ...から離れて (⇨ 1). (2) ...は別として、

...を除いて; ...のほかに (except for): A~ *from* baseball, I don't watch TV. 私は野球(の放送を見る)以外はテレビを見ない / Who will be there, ~ *from* your sister? 君の妹さんのほかにだれがそこへ行きますか.

stánd apárt (1)《人・ものが》[...から]離れている [*from*]. (2)《人が》(他の人から)(好んで)離れて[孤立して、超然として]いる [*from*].

tàke apárt ⇒ take 成句.

téll ... apárt 〈二者を〉区別する (★ ...の部分は複数形の(代)名詞): It's almost impossible to *tell* identical twins ~. 一卵性双生児を見分けることはまず不可能だ.

— 形 Ⓟ ❶ [...から]離れて: His room is in a wing ~ *from* the rest of the house. 彼の部屋は家の他の部分と離れているそこにある. ❷ 意見を異にして: They're friends but they're very far ~ in their views. 彼らは友だちだが見解は大いに異なっている. ❸ [名詞の後に置いて] (他と)別個の、特異な: This computer is in a class ~. このコンピュータは独自の部類に入っている《★ 通例他よりも優れていることを含意する》.

be póles apàrt ⇒ pole² 成句.

wòrlds apárt (口)非常に異なって (cf. world 名 9 b): They're *worlds* ~ in their political beliefs. 彼らは政治上の信念では大違いである.

《F<L=分離》

†**a·part·heid** /əpɑ́ːteɪt, -taɪt | əpɑ́ːt(h)eɪt, -(h)aɪt/ 名 Ⓤ ❶ アパルトヘイト、隔離政策《南アフリカ共和国の黒人に対する白人の人種差別政策; 1991年廃止; cf. segregation 2》. ❷ (一般に)隔離、差別. 《Afrik=分離》

apàrt·hótel =apartotel.

‡**a·part·ment** /əpɑ́ːtmənt | əpɑ́ːt-/ 名 ❶《米》**a** アパート、(賃貸)マンション《英》flat)《解説》apartment house の中の一家族が住んでいるそれぞれ独立した一区画をさす; 入居者 (tenant) は家主に家賃 (rent) を払う》: a three-room ~ 3部屋のアパート / *Apartments* for Rent 《広告》貸室あり. ≒ apartment house [building]. ❷ [しばしば複数形で] (宮殿などで特定の人・グループのための)広くて立派な部屋. ❸《英》大きくて豪華なアパート、マンション《★ 建物ではなく1居住区画》.

apártment blòck《英》=apartment building.

apártment bùilding《米》アパート、共同住宅《英》apartment block, block of flats)《解説》apartments のある建物全体をさす; ホテル並みのものからエレベーターのないものまであり、これは walk-up apartment と呼ばれる》.

apártment còmplex 名 団地.

apártment hotèl 名 アパート式ホテル《解説》長期滞在用のホテル; 一般のホテルよりも割安になっている》.

apártment hòuse 名 =apartment building.

a·part·o·tel /əpɑ́ːtoʊtél | əpɑ́ːt-/ 名《英》アパートホテル《個人所有の短期滞在客用スイート (suites) のあるアパート》.

ap·a·thet·ic /æpəθétɪk/ 形 無感情の、無感動の; 無関心な、冷淡な. **-cal·ly** /-kəli/ 副 無感情に; 無関心に.

†**ap·a·thy** /ǽpəθi/ 名 Ⓤ 無感動、無関心、冷淡、しらけ. 《F<Gk=無感情; ⇒ a-², -pathy》

ap·a·tite /ǽpətaɪt/ 名 Ⓤ《鉱》燐灰石.

ap·a·to·sau·rus /æpətəsɔ́ːrəs/ 名《古生》アパトサウルス (brontosaur とも呼ばれる).

APB《略》all-points bulletin.

†**ape** /éɪp/ 名 ❶ 動 **a** 類人猿《直立して歩く尾のないサルで、特に chimpanzee, gorilla, orangutan, gibbon などをさす; cf. monkey 1》. **b** サル. ❷ **a** 人まねをする人、骨無しで下等な人. — 形 ★ 通例次の成句で.　**gò ápe** (1)《俗》気が狂う、ひどく興奮する. (2)《米俗》[...に]夢中になる、熱中する (*over, for*): He went ~ *over* her. 彼は彼女に夢中になった / He goes ~ *over* hamburgers. 彼はハンバーガーには目がない. — 動 他《...を》まねる (mimic). 《関形》simian.

APEC /éɪpek/《略》Asia-Pacific Economic Cooperation アジア太平洋経済協力、エイペック.

àpe-màn 《複 -men》猿人.

Ap·en·nines /ǽpənaɪnz/ 名 [the ~] アペニン山脈《イタリア半島を縦に走る山脈》.

a·per·çu /ǽpəsúː | ǜpəs(j)úː/ 名 直感, 洞察; (書物・論文の)梗概, 大要. 【F】

a·per·i·ent /əpí(ə)riənt/ 形 穏やかに通じをつける. —— 名 緩下剤.

a·pe·ri·od·ic /èɪpɪ(ə)riɑ́dɪk, -ɔ́d-/ 形 非[無]周期的な, 不規則な;【理】非周期的な, 非振動の. **ape·ri·o·dic·i·ty** /èɪpɪ(ə)riədìsəṭi/

a·per·i·tif, a·pé·ri·tif /ɑːpèrətíːf, əp-/ アペリチフ, 食前酒 (食欲促進のため食前に飲む少量の酒). 【F=食欲をそそるもの(↓)】

†**ap·er·ture** /ǽpərtʃùə, -tʃə | -tʃə/ 名 ❶ 開き口, 穴, すきま, 窓. ❷ (レンズの)口径; 絞り. 【L=開口 aperire, aperit- 開く】

ap·er·y /éɪpəri/ 名 Ⓤ 人まね, 猿まね.

ápe·shìt /-/ ★次の成句で. **gò ápeshit** 《卑》=go APE 成句.

a·pet·al·ous /eɪpéṭələs/ 形 【植】花弁のない, 無弁の.

a·pex /éɪpeks/ 名 (複 ~·es, **a·pi·ces** /éɪpəsìːz, ǽp-/)
❶ (三角形・円錐形・山などの)頂点. ❷ 絶頂, 極致: the ~ of one's career 人生の最高潮期[盛り]. ❸ 【天】向点: the solar ~ 太陽向点. 【L】(图 apical)

APEX, Apex /éɪpeks/ (略) Advance Purchase Excursion《航空運賃・長距離鉄道運賃の事前購入割引制》.

Áp·gar scòre /ǽpɡɚ- | -ɡɑ-/ 名 アプガール採点法[スコア] 《新生児の色・心拍数・反射感応性・筋緊張度・呼吸努力の各項目に対する評価を 0, 1, 2 の指数で示したもの》. 【V. Apgar 米国の麻酔学者】

a·phaer·e·sis /əférəsɪs | æfíər-/ 名 Ⓤ=apheresis.

a·pha·si·a /əféɪʒ(i)ə | -ziə/ 名 Ⓤ 【医】失語症. 【Gk=言葉が出ないこと; ⇒ a-², -phasia】

a·pha·sic /əféɪzɪk/ 形 失語症の(人).

a·phe·li·on /əfíːliən | æp- -liə/ 名 (複 **-li·a** /-liə/) 【天】遠日点 《惑星が太陽から隔たる最も遠い点; ↔ perihelion》.

a·pher·e·sis /əférəsɪs | æfíər-/ 名 Ⓤ 【言】語頭音消失 《it is や 'tis になるなど》.

aph·e·sis /ǽfəsɪs/ 名 (複 -e·ses /-sìːz/) 【言】語頭母音消失. **a·phet·ic** /əféṭɪk/ 形.

a·phi·cide /éɪfəsàɪd/ 名 アブラムシ用殺虫剤.

†**a·phid** /éɪfɪd, ǽf-/ 名 【昆】アブラムシ, アリマキ.

a·phis /éɪfɪs, ǽf-/ 名 (複 **a·phi·des** /éɪfədìːz, ǽf-/) = aphid.

a·pho·ni·a /eɪfóuniə/, **aph·o·ny** /ǽfəni/ 名 Ⓤ 【医】失声(症).

aph·o·rism /ǽfərìzm/ 名 警句; 金言, 格言.

aph·o·rist /-rɪst/ 名 警句家, 金言作者.

aph·o·ris·tic /æfərístɪk/ 形 警句風の, 金言的な, 格言体の. **-ti·cal·ly** /-kəli/ 副 警句的に, 格言的に.

aph·o·rize /ǽfəràɪz/ 動 警句[格言体]を用いる.

a·pho·tic /eɪfóuṭɪk/ 形 無光の; (深海の)無光層の.

aph·ro·dis·i·ac /æfrədíziæk⁺/ 形 催淫(ひん)薬, 媚薬. —— 名 性欲を促す, 催淫(性)の.

Aph·ro·di·te /æfrədáɪṭi/ 名 【ギ神】アフロディテ《愛と美の女神; ローマ神話の Venus に当たる》. 【L<Gk<Heb=豊穣の女神】

aph·tha /ǽfθə/ 名 (複 **-thae** /-θìː/) 【医】アフタ《口腔・咽頭・喉頭の粘膜面に生ずる(灰)白色の斑点》. **áph·thous** 形.

API /éɪpìːáɪ/ (略) 【電算】application program interface アプリケーションプログラムインターフェース《特定の OS 環境, 特に Microsoft Windows などのウインドー環境で走るアプリケーションプログラムを統一的ユーザーインターフェースを備えたものとして構築することを可能にする一連のツール・ルーチン・プロトコル類》.

A·pi·a /ɑ́ːpiːə/ 名 アピア《サモアの首都》.

a·pi·an /éɪpiən/ 形 ミツバチの.

a·pi·ar·i·an /èɪpié(ə)riən/ 形 ミツバチの; 養蜂の.

a·pi·a·rist /éɪpiərɪst/ 名 養蜂(ほう)家.

a·pi·ar·y /éɪpièri | -əri/ 名 ミツバチ飼養場, 養蜂(ほう)場.

a·pi·cal /éɪpɪk(ə)l, ǽp-/ 形 ❶ 頂上の, 頂上の. ❷ 【音声】舌尖音で用いる]. —— 名 【音声】舌尖音 《/t, d, l/ など》. (名 apex)

a·pi·ces /éɪpəsìːz, ǽp-/ 名 apex の複数形.

a·pi·cul·ture /éɪpəkʌ̀ltʃɚ | -tʃə/ 名 Ⓤ 養蜂(ほう).

†**a·piece** /əpíːs/ 副 各個に, 各自に, めいめいに (each): They're five dollars ~. それらは 1 個 5 ドルです.

ap·ish /éɪpɪʃ/ 形 ❶ サル (ape) のような. ❷ 人まねをしたがる. ❸ 愚かな; 愚かしく気取った.

ap·la·nat /ǽplənæ̀t/ 名 【光】不遊レンズ, アプラナート《球面収差を除いたレンズ》.

ap·la·nat·ic /æ̀plənǽṭɪk⁺/ 形 【光】〈レンズが〉球面収差を除いた, 無球面収差の, 不遊の.

a·pla·si·a /eɪpléɪʒ(i)ə | -ziə/ 名 【医】(臓器・組織の)形成[発育]不全(症), 無形成(症).

a·plas·tic /eɪplǽstɪk/ 形 形成不能(性)の, 無形成(性)の.

aplástic anémia 名 Ⓤ 【医】無形成貧血, 再生不能性[不良性]貧血.

a·plen·ty /əplénṭi/ 副 たくさん, 豊富に. —— 形 《通例名詞の後に置いて》たくさんの, 豊富な: There was food and drink ~. 飲食物がどっさりあった.

a·plomb /əplɑ́m, əplʌ́m | əplɔ́m/ 名 Ⓤ 沈着, 落ち着き: with ~ 落ち着き払って / preserve [retain] one's ~ 冷静さを保つ. 【F à plomb 垂直に; におもりが垂直に静止している状態から】

ap·ne·a 《英》**-noe·a** /ǽpniə, æpníːə/ 名 Ⓤ 【医】無呼吸 《一時的な呼吸停止》.

APO /éɪ/ (略) Army Post Office 軍郵便局.

apo- /ǽpou/ 接頭「...から離れて」「あちらへ」: apogee, apostle. 【Gk】

Apoc. (略) Apocalypse; Apocrypha.

†**a·poc·a·lypse** /əpɑ́kəlɪps | əpɔ́k-/ 名 ❶ a [the ~] 世界の終末[破局]. b Ⓒ 大惨事, 破局. ❷ [the A~] (新約聖書の)ヨハネ黙示録 (the Revelation) (略 Apoc.). ❸ Ⓒ 黙示, 啓示. 【L<Gk=覆いをとること】

†**a·poc·a·lyp·tic** /əpɑ̀kəlíptɪk | əpɔ̀k-⁺/ 形 ❶ a 将来のその不幸[災害]を予言する. b 世界の終末[破局]を思わせる]. ❷ 黙示録の. **-ti·cal·ly** /-kəli/ 副.

àpo·cár·pous 形 【植】心皮の離れている, 離生(心皮)の.

ap·o·chro·mat /ǽpəkroumæ̀t/ 名 【光】アポクロマート 《色収差および球面収差を補正したレンズ》.

àpo·chro·mát·ic 形【光】色収差および球面収差を除いた, アポクロマートの.

a·poc·o·pe /əpɑ́kəpi | əpɔ́k-/ 名 Ⓤ 【言】語尾音消失 《with が wi', curiosity が curio になるなど》.

ap·o·crine /ǽpəkrən, -krìːn/ 形 【生理】離出分泌の; アポクリン腺の分泌する.

A·poc·ry·pha /əpɑ́krəfə | əpɔ́k-/ 名 [しばしば単数扱い] ❶ [the ~] 聖書外典(げてん), 外典, アポクリファ《聖典を疑った新教徒が旧約聖書から除いた 14 編; cf. canon¹ 3 a》. ❷ [a~] 典拠[真偽]の疑わしい文書. 【L<Gk=隠されたもの】

A·poc·ry·phal /əpɑ́krəf(ə)l | əpɔ́k-/ 形 ❶ 《聖書》外典の, アポクリファの. ❷ [a~] 典拠の怪しい.

ap·o·dic·tic /æ̀pədíktɪk⁺/ 形 【論】必然的な; 明確に証明できる.

a·pod·o·sis /əpɑ́dəsɪs | əpɔ́d-/ 名 (複 **-o·ses** /-sìːz/) 【文法】(条件文の)帰結, 結句 (cf. protasis) 《例: If I could, I would. の I would》.

ap·o·dous /ǽpədəs/ 形 【動】無足の, 無脚の, 蛇形の.

ap·o·gee /ǽpədʒìː/ 名 [通例単数形で] ❶ 【天】遠地点《月や人工衛星がその軌道上で地球から最も遠ざかる点; ↔ perigee》. ❷ 《勢力・成功・人生などの》最高点, 極点, 絶頂(の点). 【L<Gk=大地から遠く離れた】

a·po·lar /-eɪ-/ 形 無極の.

a·po·lit·i·cal /èɪpəlíṭɪk(ə)l⁺/ 形 ❶ 政治に関心のない, ノンポリの. ❷ 政治的作用のない.

A·pol·lo /əpɑ́lou | əpɔ́l-/ 名 【ギ・ロ神】アポロン, アポロ《太陽神; 詩歌・音楽・予言などをつかさどる; cf. Helios, Sol 1》.

Ap·ol·lo·ni·an /æ̀pəlóuniən/ 形 ❶ アポロン (Apollo) の(ような). ❷ 調和的な, 節度のある, 均斉のとれた, アポロン[アポロ]的な.

a・pol・o・get・ic /əpàlədʒétɪk | əpɔ̀l-/ 形 ❶ 弁解の, 謝罪の; 〔…を〕謝まって, わびて: an ~ letter 謝罪の手紙 / He was very ~ *for* being late [*about* his absence]. 彼は遅れた[欠席した]ことをしきりに弁解[謝罪]していた。❷〈態度などすまなそうな, 申し訳なさそうな: with an ~ smile すまなそうな笑いを浮かべて. —— 名 (正式な)弁明, 弁護; 弁証〔*for*〕. **-i・cal・ly** /-kəli/ 副 謝って; すまなそうに. (名 apology)

a・pol・o・get・ics /əpàlədʒétɪks | əpɔ̀l-/ 名 Ⓤ [神学] (キリスト教の)弁証学.

ap・o・lo・gi・a /æpəlóʊdʒ(i)ə/ 名 弁明書〔*for, of*〕.

a・pol・o・gise /əpάlədʒàɪz/ 動 (英)=apologize.

a・pol・o・gist /əpάlədʒɪst | əpɔ̀l-/ 名 ❶ 弁解者〔*for*〕. ❷ (キリスト教の)弁証者.

*****a・pol・o・gize** /əpάlədʒàɪz | əpɔ̀l-/ 動 ⓐ ❶〔人に〈…のことに〉ついて〕謝る, わびる, 謝罪[陳謝]する: I must ~. 申し訳ありません / Harry ~*d to us for* arriving late. ハリーは我々に遅刻のわびを言った. ❷ 弁解する, 弁明する. (名 apology)

ap・o・logue /æpəlɔ̀:g | -lɔ̀g/ 名 教訓寓話.

*****a・pol・o・gy** /əpάlədʒi | əpɔ̀l-/ 名 ❶ a Ⓒ 謝罪, 陳謝, わび: a written ~ わび状 / in ~ *for*…のおわびに〔★ 無冠詞〕/ make [accept] an ~ わびを言う[受け入れる]. **b** Ⓤ 謝罪(すること), わび(ること): a note of ~ (簡単な)わびの手紙. ❷ Ⓒ a 弁解, 弁明, 申し訳; offer an ~ *for* one's bad behavior 不謹慎な行動に対する弁解を述べる. **b** (正式な)擁護: an ~ *for* poetry 詩の擁護 / in ~ *for*…を擁護して〔★ 無冠詞〕. ❸ Ⓒ (口)間に合わせもの, 申し訳的なもの: an ~ *for* a dinner 食事とは名ばかりのもの. 〔L<Gk=弁明; ⇒ apo-, -logy〕 (形 apologetic, apologize)

ap・o・lune /æpəlù:n/ 名 Ⓤ [天] 遠月点《月を回る人工衛星などの軌道上で, 月から最も遠い点; ↔ perilune》.

ap・o・mict /æpəmìkt/ 名 [生] アポミクト (apomixis により成立した新個体; アポミクシスによって新個体を生ずる個体). **apo・mic・tic** /æpəmíktɪk ̄ /形

ap・o・mix・is /æpəmíksɪs/ 名 Ⓤ [生] 無配偶生殖, アポミクシス《単為生殖およびエンドミクシス, さらに無配生殖・無胞子生殖を含む; ↔ amphimixis》.

àpo・mórphine 名 Ⓤ [薬] アポモルネ《強力な催吐[去痰]薬》.

àpo・neurósis 名 [解] 腱膜. **-neurótic** 形

ap・o・phat・ic /æpəfǽtɪk ̄ /形 [神学]《神を知ることが否定法による《神は知りえない, ことばで表わせない, とすることによって神に近づこう》《神の超越性を主張しよう》とする行き方; ↔ cataphatic》.

ap・o・phthegm /æpəθèm/ 名 (英)=apothegm.

a・poph・y・sis /əpάfəsɪs | əpɔ̀f-/ 名 (匣 **-ses** /-sì:z/) ❶ [解] 骨端, 骨突起, アポフィセ. ❷ (菌類の)隆起. ❸ [地] 岩枝. **a・poph・y・se・al** /əpàfəsí:əl | əpɔ̀f-/ ̄ 形

ap・o・plec・tic /æpəpléktɪk ̄ /形 ❶ Ⓟ (怒りに)ひどく興奮した: be ~ *with* rage かんかんに怒っている. ❷ (古) 卒中(性)の: an ~ fit [stroke] 卒中の発作. **-ti・cal・ly** /-kəli/ 副 すごく興奮して; 激怒して.

ap・o・plex・y /æpəpléksi/ 名 Ⓤ [医] 卒中 (stroke). 〔L<Gk〕

àpo・prótein 名 [生化] アポ蛋白質《複合蛋白質の蛋白質部分》.

ap・o・pto・sis /æpə(p)tóʊsɪs/ 名 Ⓤ [生理] (細胞の)枯死, 細胞消滅, アポ(プ)トーシス: **a** 細胞膜の破綻が先行せず, 細胞自身が萎縮・断定化することで生じる細胞死. **b** = programmed cell death.

apo・ri・a /əpɔ́:riə/ 名 ❶ Ⓤ 当惑, 疑惑, 疑念. ❷ Ⓒ [哲・論] アポリア《同一の問題に対して相反する2つの合理的な解答[意見]が存在すること》.

a・port /əpɔ́ət | əpɔ́:t/ 副 [海] 左舷に.

àpo・semátic 名 (動)〈体色が〉かく目立って外敵が近寄らないよう警告する, 警戒色の.

apo・si・o・pe・sis /æpəsàɪəpí:sɪs/ 名 Ⓤ.C (匣 **-ses** /-sì:z/) [修] 頓絶法《文を中途でやめること; 例 If we should fail ——》. **àpo・si・o・pét・ic** /-pét- ̄ /形

a・pos・ta・sy /əpάstəsi | əpɔ́s-/ 名 Ⓤ.C ❶ 背教, 背信. ❷ 変節, 変説; 脱党, 脱党.

a・pos・tate /əpάsteɪt, -tət | əpɔ́s-/ 名 ❶ 背教者, 背信者. ❷ 変節者, 変説者, 脱党者. —— 形 Ⓐ ❶ 背教の. ❷ 背信[背節]の.

a・pos・ta・tize /əpάstətàɪz | əpɔ́s-/ 動 ⓐ ❶ 信仰を捨てる, 背教者となる. ❷ 変節[脱党]する; 変節して〔…へ〕移る〔*to*〕.

a pos・ter・i・o・ri /ἀ:poʊstí(ə)rió:ri, -tɪ̀ər- | éɪpostɪəriɔ́:raɪ/ 形副 (↔ a priori) ❶ [哲] 後天的に[な], 経験的に[な]. ❷ [論] 帰納的に[な]. 〔L=from what comes after〕

a・pos・tle /əpάsl | əpɔ́sl/ 名 ❶ **a** [A~] 使徒《キリストの12人の弟子の一人》. **b** [the Apostles] (キリストの)十二使徒. **c** (ある地方の)最初のキリスト教伝道者. ❷ (主義・信仰・政党などの)主唱者〔*of*〕. **the Apóstle of Íreland** = St. PATRICK. **the Apóstle of the Énglish** = St. AUGUSTINE. **the Apóstles' Créed** 使徒信経[条]《祈禱書中にある祈りの名; キリスト教の基本的な信仰箇条》. 〔L<Gk=先に送られたもの, 使者〕

apóstle spòon 名 柄の端が使徒の像になっている銀のスプーン《昔, 洗礼を受けた幼児に名親から贈られた》.

a・pos・to・late /əpάstəlèɪt, -lət | əpɔ́s-/ 名 ❶ [しばしば the ~] 使徒の職[任務]. ❷ [カト] 教皇の職[位].

ap・os・tol・ic /æpəstάlɪk | -tɔ́l- ̄ /形 ❶ (十二)使徒の; 使徒的の. ❷ [時に A~] ローマ教皇の.

àp・os・tól・i・cal /-lɪk(ə)l/ 形=apostolic.

Apostòlic Fáthers 名 愼 使徒(的)教父《1-2 世紀の教父》.

apostólic succéssion 名 Ⓤ 使徒継承《教会の権威は使徒によって継承されたとする》.

a・pos・tro・phe /əpάstrəfi | əpɔ́s-/ 名 Ⓒ ❶ [文法] アポストロフィ('). 〔用法〕 (1) 省略符号: can't (=cannot), ne'er (=never), '85 (=1985)《読み方》eighty-five と読む). (2) 所有格の符号: boy's, boys', Jesus'. (3) 文字や数字の複数符号: two *MP's*, two *l's*, three *7's*). ❷ Ⓤ.C [修] 頓呼(とうこ)(法)《文の中途で急転して人または物に呼び掛けること》.

a・pos・tro・phize /əpάstrəfàɪz | əpɔ́s-/ 動 ⓐ ❶〈…に〉アポストロフィーをつける. ❷〈人などに〉頓呼法で呼び掛ける[話す, 書く].

a・póth・e・car・ies' mèasure /əpάθəkèriz- | əpɔ́θək(ə)r-/ 名 Ⓤ 薬用液量法《薬剤調合用の液量計量の単位系》.

apóthecaries' wèight 名 Ⓤ (英) 薬衡, 薬剤用衡量法《薬品に用いる衡量》.

a・poth・e・car・y /əpάθəkèri | əpɔ́θək(ə)ri/ 名 (米・英古) 薬屋《人》《もと医療も行なった》. 〔F<L<Gk=貯蔵庫〕

ap・o・thegm /æpəθèm/ 名 (米) 格言, 箴句.

a・poth・e・o・sis /əpὰθióʊsɪs | əpɔ̀θ-/ 名 (匣 **-ses** /-sì:z/) [通例 the ~] ❶ **a** Ⓒ 理想, 極致; 権化〔*of*〕. **b** Ⓒ 絶頂[最盛]期. ❷ Ⓤ.C (人を)神に祭ること, 神格化; 神聖視, 崇拝〔*of*〕.

a・oth・e・o・size /æpəθí:əsàɪz/ 動 ⓐ ❶〈…を〉神格化する. ❷〈…を〉礼賛する.

ap・o・tro・pa・ic /æpətroʊpéɪɪk ̄ /形 悪[凶事, 不幸]を避ける力のある, 厄除けの. **-i・cal・ly** 副

app. 《略》appendix; appointed; approved; approximate.

ap・pal /əpɔ́:l/ 動 (英) =appall.

Ap・pa・la・chi・an /æpəléɪtʃ(i)ən ̄ /形 アパラチア山脈の. —— 名 [the ~s] =Appalachian Mountains.

Áppalachian Móuntains 名 愼 [the ~] アパラチア山脈《北米東海岸沿いにカナダ Quebec 州南西部から米国 Alabama 州北部に至る山脈》.

*****ap・pall** /əpɔ́:l/ 動 ⓐ ❶〈人をぞっと[ぎょっと]させる, 〈人に〉(ひどい)ショックを与える, 〈人の〉顔色をなくさせる (⇒ appalled): The sight ~*ed* me. その光景にぞっとした. 〔F =to make pale〕《類義語》⇒ dismay.

ap・palled /əpɔ́:ld/ 形 ショックを受けた, 〔…に〕ぞっと

[ぎょっと]した: We were ~ at the thought of another war. また戦争かと思うとぞっとした.

*ap·pál·ling 形 ❶ ぞっと[ぎょっと]するような, すさまじい: The storm wrought ~ destruction. そのあらしはぞっとするような破壊をもたらした. ❷ 《口》 ひどい, ひどく悪い: ~ weather ひどい天気 / His handwriting is ~. 彼の筆跡は見られたものではない. ~·ly 副 ❶ ぞっとするほど. ❷ ひどく, あきれるほど.

Ap·pa·loo·sa /æpəlú:sə/ 名 《動》 アパルーサ 《北米西部地方産の乗用馬》.

ap·pa·nage /ǽpənɪdʒ/ 名 ❶ (生まれ・地位などに付随する)権利, 役得. ❷ (あるものに伴う)特性, 属性.

ap·pa·rat /ǽpəræt, à:pəráːt/ 名 (政府・政党の)機構, 機関.

ap·pa·rat·chik /à:pərá:tʃɪk, æpərǽtʃ-/ 名 (上司・組織に盲目的に尽くす)役人, 官僚.

†ap·pa·ra·tus /æpərétəs, -réɪtəs | -réɪt-, -rǽt-/ 名 (複 ~, ~·es) ❶ U.C (一組の)器具, 器械, 装置; 用具 《複数形は通例 apparatus を用いる》: chemical ~ 化学器械 / a heating ~ 暖房装置 / experimental ~ 実験装置[用器具] / The photographer set up his ~. その写真家は写真機(一式)を据え付けた / Pieces of ~ littered the floor. 器械部分が床一面に散らかっていた. ❷ (政治活動などの)機構, 組織, 機関. ❸ 《生理》 (一連の)器官: the digestive [respiratory] ~ 消化[呼吸]器官. 〖L=準備されたもの AP-+parare, parat- 準備する (cf. prepare)〗

apparátus crít·i·cus /-krítɪkəs/ 名 (複 -crit·i·ci /-ɪsaɪ/) 文書批評の研究資料 《注釈や異読の集成など》.

*ap·par·el /əpǽrəl/ 名 U ❶ 《米》 衣服, アパレル (clothing): ready-to-wear ~ 既製服. ❷ (きらびやかな)衣装, 服装. ── 動 他 (ap·par·eled, 《英》 -elled; ap·par·el·ing, 《英》 -el·ling) 《古》 〈人に〉(きらびやかな)服を着せる (in).

*ap·par·ent /əpǽrənt, əpé(ə)r-/ 形 (more ~; most ~) ❶ (一見して)だれにもわかるほどの, 明白な, はっきりした: It's ~ (that) he is unwilling. 彼の気が進まないのは明らかだ / There was no ~ change. はっきりした変化はなかった / to the naked eye ~ 肉眼にも見える / That must be ~ to everybody. それはだれにもわかりきっているはずだ / ⇒ heir apparent. ❷ 外見上の, 見かけの, 一見…らしい: His ~ meekness deceived everyone. 彼は一見おとなしそうなので皆だまされた / The contradiction was only ~. 矛盾と見えたのは表面だけのことだった. (動 appear) 〖類義語〗 ⇒ obvious.

appárent horízon 名 [the ~] 《天》 視地平, 見かけの地平線.

*ap·par·ent·ly /əpǽrəntli, əpé(ə)r-/ 副 (比較なし) ❶ (実際はともかく)見た[聞いた]ところでは(…らしい), どうも(…らしい): He has ~ forgotten it. 彼はどうもそれを忘れてしまったらしい / "The thief entered by the window?" "A~ (not)." 「泥棒はあの窓から入ったのか」「どうもそうではないらしい」. ❷ 明らかに.

appárent mágnitude 名 《天》 視等級 《見かけの光度》.
appárent tíme, appárent sólar tìme 名 《天》 視[真]太陽時 《その土地の真太陽の時角で表わした時刻》.
appárent wínd 名 《海》 視風, 《空》 相対風 《運動中の物体上における, 見かけの風速と風向》.

ap·pa·ri·tion /æpəríʃən/ 名 ❶ C (死者の)幻影, 幽霊, お化け. ❷ U (幽霊などの)出現 (of).

*ap·peal /əpíːl/ 名 ❶ C.U 懇願, 懇請, 要請, 訴え: make an ~ for help 援助を懇請する / [+to+代名+to do] They made an ~ to the public to save water. 人々に水を節約するよう訴えた. ❷ a C.U 《法》 上訴, 控訴, 上告: a court of ~s 《英》 控訴院 / a direct ~ 直訴 / lodge [enter] an ~ 上訴する. b C 《スポ》 《審判員へのアピール, 抗議 (to). ❸ U 人の心を動かす力, 魅力 (for, to); ⇒ sex appeal / The plan has little ~ for me. その計画には少しも気乗りがしない. ❹ C.U (世論・武力などに)訴えること: make an ~ to the voters support 投票者に支持を訴える. ── 動 自 ❶ 〈人に〉助力・同情などを懇願する, 哀願する; 〈…するように〉頼む, 要請する:

They had no one to ~ to. 彼らには懇願する相手がいない 《★ ~ to は受身可》 / He ~ed to us for support. 彼は私たちに支持を請うた / [+to+代名+to do] He ~ed to us to support his candidacy. 彼は我々に立候補を支持してくれるように頼んだ. ❷ a 《法》 《裁判所に》上訴する, 控訴(こそ)[上告]する; 〈判決を不服として〉上訴する: ~ to a higher court 上級裁判所に上訴する 《★ ~ to は受身可》 / She ~ed against the judge's decision. 彼女は裁判官の判決を不服として上訴した. b 《スポ》 《審判員にアピールする, 抗議する [to] 《★ ~ to は受身可》; 〈判定を不服として〉アピールする (against). ❸ (法律・世論・武力などに)訴える 《★ ~ to は受身可》: ~ to the sword 武力に訴える / ~ to the law 法に訴える. ❹ 〈人・物事が〉〈人に〉訴える, 〈人に〉気に入る, うける, 魅力がある 《★ 進行形なし》: She ~s to young men. 彼女は若い男にうける / Does this picture ~ to you? この絵はお気に召しましたか. ── 他 《法》 《事件を》〈裁判所に〉上訴する: ~ a case (to a higher court) 事件を上訴する. appéal to the cóuntry ⇒ country 成句. 〖F《L=話しかける, 迫る》 AP-+pellere 打つ, 駆る (cf. pulse¹)〗

†ap·peal·ing 形 ❶ 人(の心)を引きつけるような, 魅力的な (↔ unappealing): an ~ smile 魅力的な微笑. ❷ 哀願的な; 人の胸に訴える. ~·ly 副 魅力的に; 哀願的に.

*ap·pear /əpíə | əpíə/ 動 自 ❶ 〈…(のように)見える, …と思われる 《★ 進行形なし》: [+(to be) 補] He ~s to (be) wealthy. 彼は金持ちらしい / He ~ed to (be) wealthy. 彼は金持ちに見えた / He ~s to have been wealthy. 彼は金持ちだったらしい / There ~s to have been an accident. 何か事故があったようだ 《用法》 accidents と複数なら通例 There appear... となる》 / He ~ed a little upset. 彼は少々動揺しているようだった / The house ~ed deserted. その家は空き家らしかった / It ~s quite wrong to me.=It ~s to me to be quite wrong. それは私にはまったく間違っているように思われる 《★ この形に「to+代名」が入ることもある》 / It ~s unlikely that our team will win. どうも我々のチームは勝ちそうもない / [+to do] The sun ~s to revolve about the earth. 太陽は地球の周りを巡っているように見える.

❷ [it を主語として] 〈…には〉〈…と〉思える, どうも…らしい: [+to+代名+that] It ~s (to me) that you are all mistaken. (私には)君たちはみな間違っているように思える / "He's had one too many." "So it ~s [It ~s so]." 「彼は飲みすぎた」「そうらしいね」 《用法》 so は前文の内容を受けたもので, that 節の代用》 / "Has he come back?" "No, it ~s not." 「彼は帰ってきましたか」「いや帰ってきないようだ」 《用法》 not は前文の内容を受けたもので, that 節の代用》 / He is, it ~s, in poor health. 彼はどうも健康でないらしい / [+as if] It ~s as if it's going to rain. 雨になりそうだ.

❸ a 〈ものが〉姿を現す, 出現する, 現われる (↔ disappear): One by one the stars ~ed. 一つまた一つと星が見えてきた / Paper ~ed in China around A.D. 100. 紙は西暦 100 年頃中国に出現した / She finally ~ed at four o'clock. 彼女はやっと 4 時に姿を見せた. b 〈俳優などが〉〈…に〉出演[出場]する: ~ on the stage 出演する / ~ on a TV program テレビ番組に出る / ~ in concert at Carnegie Hall カーネギーホールの演奏会に出る. c 《法廷などに》出頭する; 〈裁判官の前に〉出頭する: He ~ed in court. 彼は出廷した / ~ before the judge 裁判を受ける / Mr. Johnson ~ed for him in court. ジョンソン氏が彼の弁護人として出廷した. d 〈著書・製品などが世に〉出る: Has his new book ~ed yet? 彼の新著はもう出版されましたか / Our new computer will soon ~ on the market. わが社の新しいコンピューターがもうじき市場にお目見えする. e 〈記事などが〉〈新聞などに〉出る; 出ている, ある: An article about him ~ed in the paper. 彼に関する記事が新聞に出た.

〖F《L=見えてくる AP-+parere 現れる, 見える (cf. transparent)》〗 (形 apparent, 名 appearance) 【類義語】 appear 外観がそのように見えるということを意味する

が,「実際はそうではないかもしれない」という含みをもつことがある. **seem** 通例話し手の主観的判断を表わす. **look appear** と同じように外面的なことを表わすが,「実際もそうである」ということが多い.

＊ap·pear·ance /əpí(ə)rəns/ 图 ❶ a ⓊⒸ (人・ものの)外観, 見かけ; (人の)様子, 風采(ふうさい): in ~ 見たところ, 外見は / present a good [fine] ~ 押し出しが立派である / judge by ~s 見かけで判断する / put on the ~ of innocence 無邪気な[潔癖である]ように見せかける / Appearances are deceptive. ⦅諺⦆ 見かけは当てにならない. b [複数形で] 形勢, 状況, 情勢: *Appearances* are against you [in your favor]. 形勢は君に不利[有利]だ. ❷ Ⓒ [通例単数形で] a 出現(すること); (会などに)姿を見せること, 出席; 出演, 出場: the ~ of anthropoid apes 類人猿の出現 / make [put in] an ~ at the party (儀礼的に短時間)パーティーに顔を出す / make one's first [last] ~ on the stage 初舞台[最終の舞台]を踏む. b ⦅法⦆ 出頭, 出廷. c (書物の)出版, 発刊. d (記事の)掲載. **by áll appéarances** = to all APPEARANCES 成句. **for appéarance' sàke** = for the sàke of appéarance(s) 体裁上, 見えのために. **kèep ùp [sáve] appéarances** 体面を保つ[繕う], 見えを張る. **to áll appéarances** どう見ても,だれが[どう]見ても: The letter was *to all ~(s)* the same as the original. その手紙は見たところで[どう見ても]元のものと同じだった ⦅★ 疑念をよぶ含意である⦆. （動 appear）

ap·peas·a·ble /əpí:zəbl/ 形 なだめられる; やわらげられる.

⁺ap·pease /əpí:z/ 動 他 ❶ 〈人〉をなだめる (placate): ~ an angry customer 怒っている顧客をなだめる. = 怒り・悲しみ〉をやわらげる: Her contrition ~d his anger. 彼女の悔恨を見て彼の怒りはやわらいだ. ❷ 〈渇きを〉いやす; 〈食欲・好奇心など〉を満たす. ⦅F; cf. peace⦆

⁺ap·pease·ment /-mənt/ 图 ❶ ⓊⒸ 慰撫(いぶ), 鎮静, 緩和, 譲歩. ❷ Ⓤ 宥和(ゆうわ)政策.

ap·pel·lant /əpélənt/ ⦅法⦆ 图 上訴人, 控訴人, 上告人 (↔ appellee). = 形 上訴の, 控訴の, 上告の.

ap·pel·late /əpélət/ 形 Ⓐ 上訴[控訴, 上告]の, 上訴[控訴, 上告]を処理する: an ~ court 控訴裁判所.

⁺ap·pel·la·tion /æpəléɪʃən/ 图 ❶ 名称, 名. ❷ Ⓤ 命名.

ap·pel·la·tion (d'o·ri·gine) con·trô·lée /æpəlɑ:siɔ́:ŋ (dòʊrɪzíːn) kʌ̀ntroʊléɪ | -kɔ̀n-/ 图 Ⓤ 原産地統制呼称 ⦅フランスのワイン法によって一定の条件を備えた国産の最上級ワインについて使用が許可される原産地呼称; 略 AC, AOC⦆.

ap·pel·la·tive /əpélətɪv/ 形 命名の, 呼称の.

ap·pel·lee /æ̀pəlí:/ 图 ⦅法⦆ 被上訴人 (↔ appellant).

ap·pend /əpénd/ 動 他 〈付録などを〉…に添える, 付加[追加]する: ~ notes *to* a book 本に注を添える. ⦅L＜AP-+*pendere* ぶら下げる (cf. pendant)⦆

ap·pend·age /əpéndɪdʒ/ 图 ❶ (ぶら下がった)付加物, 付属物 (to). ❷ ⦅生⦆ 付属器官 ⦅手・足など⦆.

ap·pen·dant /əpéndənt/ 形 付随する; …に付随的な (to). = 图 ❶ 付随的なもの[人]. ❷ 付随的権利.

ap·pen·dec·to·my /æ̀pəndéktəmi/ 图 ⓊⒸ ⦅医⦆ 虫垂切除(術).

ap·pen·di·ces /əpéndəsì:z/ 图 appendix の複数形.

ap·pen·di·ci·tis /əpèndəsáɪtɪs/ 图 Ⓤ ⦅医⦆ 虫垂炎, ⦅俗に⦆盲腸炎.

ap·pen·dic·u·lar /æ̀pəndíkjʊlər/ 形 APPENDAGE の, (特に)付属肢の.

⁺ap·pen·dix /əpéndɪks/ 图 (~·es, -di·ces /-dəsì:z/) ❶ ⦅解⦆ 虫垂, ⦅俗に⦆盲腸; (その他の)垂: have one's ~ out 盲腸を取ってもらう. ❷ 付録, 付表, 補遺. ⦅L＝ぶら下がったもの, 付随するもの; ⇒ append⦆ 【類義語】 ⇒ supplement.

ap·per·cep·tion /æ̀pəsépʃən/ 图 Ⓤ ⦅心⦆ 統覚(作用).

ap·per·cep·tive /æ̀pəséptɪv⁻/ 形 統覚の[による]; 統覚能力のある.

ap·per·tain /æ̀pətéɪn | æ̀pə-/ 動 ⟨もの〉に属する, 関連する, 正しくあてはまる: the privileges ~*ing to* one's position 地位に属する特権 / all matters ~*ing to* …に関するあらゆる事柄[問題]. 適当[適切]である.

ap·pe·stat /ǽpəstæ̀t/ 图 ⦅解⦆ 食欲調節中枢.

ap·pe·ten·cy /ǽpətənsi | -tn-/ 图 根強い欲望, 欲求; ⦅化⦆ 親和力; ⦅動物の⦆生まれつきの性向.

⁺ap·pe·tite /ǽpətàɪt/ 图 ⓊⒸ ❶ 食欲: have a good [poor] ~ 食が進む[進まない] / lose one's ~ 食欲を失う / sharpen one's ~ 食欲をそそる / loss of ~ 食欲不振 / with a good ~ うまそうに / A good ~ is the best sauce. ⦅諺⦆ 空腹にまずいものなし. ❷ 欲望; 〈知識などの〉欲求; 興味: one's sexual [carnal] ~ 性欲 / He has a great ~ *for* knowledge [life]. 彼は[積極的に生きようとする意欲が]旺盛だ. **whét a person's áppetite** (1) 人の興味をそそる. (2) 人に[…に]ますます欲しがらせる (*for*). ⦅F＜L＜AP-+*petere, petit-* 求める (cf. petition)⦆ ⦅関形⦆orectic.

ap·pe·tiz·er /ǽpətàɪzər | -zə-/ 图 食欲をそそるもの; (特に)前菜, アペタイザー.

ap·pe·tiz·ing /ǽpətàɪzɪŋ/ 形 食欲をそそる(ような), おいしそうな (↔ unappetizing): an ~ dish うまそうな料理. ~·**ly** 副 食欲をそそるように, おいしそうに.

Áp·pi·an Wáy /ǽpiən-/ 图 [the ~] (ローマの)アッピア街道.

appl. ⦅略⦆ applied.

⁺ap·plaud /əplɔ́:d/ 動 ⓐ 拍手かっさいする; ほめる: The audience ~ed loudly. 聴衆は熱狂的に拍手かっさいした. = 他 ❶ 〈人・演技などに〉拍手かっさいする: The singer was ~ed by the audience. 歌手は聴衆から拍手を受けた. ❷ ほめちぎる: ~ a person's courage 人の勇気を称賛する / I ~ you *for* your decision. ようこそご決心なさいました. ⦅L＝手をたたいてほめる⦆ （图 applause）

⁺ap·plause /əplɔ́:z/ 图 Ⓤ 拍手かっさい; 称賛: win general ~ 世の称賛を博する / He drew enthusiastic ~. 彼は熱狂的な拍手を浴びた. （動 applaud）

＊ap·ple /ǽpl/ 图 ❶ リンゴ ⦅解説⦆ リンゴというのがイメージであるが, 黄色い (yellow) ものや青い (green) ものも多く, apple green (青リンゴ色)という表現もある; リンゴは New York 市のシンボルで, ニューヨーク市のことを the Big Apple という: An ~ a day keeps the doctor away. ⦅諺⦆ 一日一個のリンゴを食べれば医者はいらない. ❷ = apple tree. **the ápple of díscord** (1) ⦅ギ神⦆ 争いのリンゴ ⦅Eris が婚礼の席へ投げ入れ, 女神たちが争った黄金のリンゴ; Trojan War の原因⦆. (2) 争いの種. **the ápple of a pérson's éye** 非常に大切なもの[人], (目の中に入れても痛くないほど)かわいい子[人] ⦅由来⦆「瞳」の意で「目同様に大切なもの」の意から⦆.

ápple blòssom 图 ⓊⒸ リンゴの花 ⦅米国 Arkansas, Michigan 両州の州花⦆.

ápple bútter 图 Ⓤ アップルバター ⦅リンゴ酒と砂糖で煮たリンゴペースト⦆.

ápple·càrt 图 リンゴ運搬車.
upsét the [a pérson's] ápplecart 人の計画をくつがえす.

ápple-chéeked 形 赤いほおをした, リンゴのほっぺの.

ápple cíder 图 ⓊⒸ ⦅米⦆ りんご果汁 (⇒ cider).

Ápple Compúter 图 アップルコンピューター ⦅米国のパソコンメーカー⦆.

ápple gréen 图 Ⓤ 澄んだ黄緑.

ápple·jàck 图 Ⓤ ⦅米⦆ アップルジャック ⦅リンゴジュースから作ったブランデー⦆.

ápple pie 图 ⓊⒸ アップルパイ ⦅リンゴ入りのパイ; アメリカ人にとっては母親の手作り料理の典型とされている⦆. **(as) Américan as ápple píe** きわめて[まさしく]アメリカ的な.

ápple-píe /-⁻/ 形 ⦅米口⦆ リンゴ入りの, アメリカの伝統的な: good ~ fun 素朴で打ち解けた楽しみ.

ápple-píe béd 图 ⦅英⦆ (いたずらで)シーツを折って足を伸ばせなくした床.

ápple-píe órder 图 Ⓤ 整然とした状態, きちんと整っていること: Everything was in ~. 何もかもきちんとしていた ⦅順調だった⦆.

ápple-pòlish 動 ⦅米口⦆ 他 〈人の〉ごきげんをとる, 〈人〉にごまをする. = ⓐ ごまをする. ⦅米国の学童が先生にぴかぴか

かに磨いたリンゴを贈った風習から》

ápple pòlisher 名《米口》ごきげんとり，ごますり《人》.

ápple sàuce 名 ❶ U アップルソース（リンゴをどろどろに煮たもの）．❷《米俗》たわごと，ナンセンス．

Appleseed ⇒ Johnny Appleseed.

ap·plet /ǽplət/ 名【電算】アプレット，小アプリ: **a**（特にJavaの）プログラミングに利用できる簡単なモジュール．**b** 電卓などの簡単なプログラム．

ápple trèe 名《植》リンゴの木．

*__ap·pli·ance__ /əpláɪəns/ 名（特に，家庭用の）器具；装置，設備；電気製品[器具]: household (electrical) ~s 家庭用電気製品 / medical ~s 医療器械 / an ~ for cleaning bottles 瓶を洗う道具．【APPLY+-ANCE】【類義語】⇒ instrument.

ap·pli·ca·bil·i·ty /ˌæplɪkəbíləti/ 名 U 適応性，応用のきくこと；適当さ，適否．

ap·pli·ca·ble /ǽplɪkəbl, əplík-/ 形 適用[応用]できる；当てはまる，適当な (relevant): The rule is ~ in this case. その規則はこのケースに当てはまる． **áp·pli·ca·bly** /-bli/ 副

*__ap·pli·cant__ /ǽplɪkənt/ 名 志願者，出願者，申し込み者，応募者，候補者: an ~ for admission (to a school) 入学志願者．

*__ap·pli·ca·tion__ /ˌæpləkéɪʃən/ 名 ❶ **a** CU 申し込み，出願，志願；申請: an ~ for a loan 融資の申し込み / on ~ to...へ申し込みしだい / make ~ to the Consulate for a visa 領事館にビザを申請する．**b** C 願書，申し込み書，申請書: fill out [fill in] an ~ form [blank] 申し込み用紙に記入する / submit a written ~ 願書を提出する．❷ U（...を）応用[使用]（すること），応用: the ~ of a general rule to a particular case 通則をある特定の場合へ適用すること / a rule of general ~ 通則 / a word with many ~s いろいろな場合に通用される言葉．❸ CU 薬・ものなどを（...に）当てること，塗ること: the ~ of an ointment to a person's shoulder 肩に軟膏を塗ること．**b** 外用薬，塗り薬．❹（コンピューターのアプリケーション，実務用ソフトウェア．❺ U 専念，勤勉，精励 (diligence): a man of unstinting ~ 勉強に熱心な人 / with great ~ 一心不乱に / ~ to one's studies 研究に専念すること．（動）apply.

application prògram ínterface 名【電算】API.

application sérvice provìder 名【電算】アプリケーションサービスプロバイダー《サーバーによりアプリケーションソフトを提供する業者；略 ASP》．

application sòftware 名 U【電算】アプリケーションソフト（ウェア）．

ap·pli·ca·tive /ǽpləkèɪtɪv, əplíkə-/ 形 =applicable; 応用された．

ap·pli·ca·tor /ǽpləkèɪtər | -tə/ 名（薬・化粧品・塗料・光沢剤などを）塗布する器具，塗布具，アプリケーター．

ap·plíed /-d/ 形（実地に）応用された，応用の: ~ chemistry 応用化学 / ~ linguistics 応用言語学 / ~ science 応用科学．

ap·pli·qué /ˌæpləkéɪ | əplíːkeɪ/ 名 U アップリケ《縫い付け飾り・はめ細工》．—— 動《...にアップリケをする．

‡**ap·ply** /əpláɪ/ 動 ❶ 申し込む；問い合わせる: ~ in person [by letter] 直接行って[手紙で]申し込む / A~ here. お申し込みはこちら / Where are you ~ing (to)? どこの（大学）を受験しますか / For particulars, ~ to the office. 詳細は事務所にお問い合わせください．❷（...に）適用される，適合する（★進行形なし）: This does not ~ to beginners. これは初学者には当てはまらない / This rule applies very well to this case. この場合によく当てはまる．—— 他 ❶（規則・原理などを）（...に）適用する，応用する: A~ this rule to the case. その事例にはこの規則を適用しなさい / They applied new technology to the industry. 彼らは新しい科学技術をその産業に応用した．❷《ものを（...に）当てる，塗る，つける，用いる: ~ a bandage to a cut 切り傷に包帯をする / ~ varnish to a box 箱にニスを塗る / ~ a second coat (of varnish) on top of the first (ニスを）上塗りする / He applied the wind-fall to payment of his mortgage. 彼はその思わぬ収入を抵当の支払いに当てた．❸《心・精力などを》仕事などに注ぐ，傾ける: A~ your mind to your studies. 研究に専心しなさい / He applied himself to his new job [to learning French]. 彼は新しい仕事[フランス語の勉強]に専念した．【F<L=<くっつける <AP-+plicare 折りたたむ (cf. duplicate)】 名 application.

ap·pog·gia·tu·ra /əˌpɒdʒətúːərə | əpɒdʒət(j)úərə/ 名《楽》前打音，倚音(いおん)，アッポジャトゥーラ《旋律を構成する音の前につく装飾音》．

*__ap·point__ /əpɔ́ɪnt/ 動 ❶《...を》指名する，任命する (assign): ~ a professor 教授を任命する / He was ~ed to the professorship in 1960. 彼は1960年に教授に任命された /「[+目+(to be)補] He was ~ed (to be) CEO. 彼は経営最高責任者に任命された（★補語となる役職名には冠詞をつけない）/ He has been ~ed chairman. 彼は議長に指名された /「[+目+as補] I ~ed Mr. White as my successor. ホワイト氏を後任として指名した /「[+目+to do] He was ~ed to direct operations. 彼は運営を指揮するように指名された．❷（委員を選定して）委員会を（正式に）設立する，設ける．❸ 《（...のための）日時・場所を定める，指定する《★名詞形の appointment はよく用いられ，この意では fix のほうが一般的》: We ~ed the place and time for the next meeting. 次の会合の場所と時刻を指定した /「[+目+as補] They ~ed ten o'clock as the time for the conference. 会議の時間を10時と決めた．❹《部屋などに》設備[備品]を備える．【F=調整する à point to the point; ~ point】 名 appointment.

ap·póint·ed /-tɪd/ 形 ❶ **a** 指定された，約束された: at the ~ time [hour] 定刻に．**b** 定められた: one's ~ task [rounds] 自分の決められた仕事[巡回区域]．❷ 任命された: a newly ~ official 新任の官吏．❸ [通例副詞を伴い複合語をなして] 設備された: ⇒ well-appointed.

*__ap·point·ee__ /əpɔɪntíː/ 名 被指名人，被任命者．

ap·póint·ive /əpɔ́ɪntɪv/ 形 官職などに任命による (cf. elective).

‡**ap·point·ment** /əpɔ́ɪntmənt/ 名 ❶ C（日時・場所を決めての会合・訪問・診察などの）約束，予約，アポイントメント: keep [break] one's ~ (with...) (...との)約束を守る[破る] / make an ~ (with...) (...と)会合の日時[場所]の取り決めをする /「[+to do] I have an ~ to see the doctor. 医者に診てもらう予約がある．❷ **a** U 指名，任命，任用: the ~ of a teacher 教師の任命 / the ~ of a person to a post 人をある地位に任命すること / the ~ of a person as mayor 人を市長に指名すること．**b** C（任命による）職，地位 (post): take up an ~ 就任する．❸[複数形で]（簡単に取りはずせる）設備，調度品: the interior ~s of a car 車の内装． *by appointment*（時間・場所など）約束[指定]した上で，アポイントメントをとって: meet a person by ~ 約束して人に会う．（動 appoint）【類義語】⇒ promise.

appointment bòok [càlendar] 名《米》（予定を書き入れるカレンダー式の）手帳（《英》diary）．

Ap·po·mat·tox /ˌæpəmǽtəks/ 名 アポマトックス《米国 Virginia 州中部の村；1865年この地で南軍が北軍に降服し，南北戦争が終わった》．

ap·port /ǽpɔːrt | əpɔːt/ 名《心霊》アポール《霊媒によって現われた物体》．

ap·por·tion /əpɔ́ːrʃən | əpɔ́ː-/ 動 ❶《ものを》配分する，割り当てる (to, between, among): I ~ed equal shares of the property to each of them. 私は財産を彼らの一人一人に平等に分配した / The farmer's property was ~ed among his sons after his death. その農場主の財産は死後息子たちの間に配分された．❷〈責任などを〉（...に）帰する (to).【F; ⇒ portion】【類義語】⇒ allot.

ap·pór·tion·ment /-mənt/ 名 U [また an ~] ❶ 分配，配分，割り当て．❷《米》（人口比率による）議員数の割り当て．

ap·pose /æpóʊz/ 動《二つのものを》並置する．

ap·po·site /ǽpəzɪt/ 形 適切な, ぴったりした〔to, for〕: an ~ remark ぴったりした言葉 / That proverb is ~ to this case. そのことわざはこの場合にぴったりだ. **~·ly** 副 **~·ness** 名

ap·po·si·tion /ǽpəzíʃən/ 名 ❶ 並置. ❷ 《文法》同格(関係): a noun in ~ 同格名詞 / in ~ to [with]... と同格で. **~·al** /-ʃ(ə)nəl-/ 形 《文法》同格の.

ap·pos·i·tive /æpɑ́zətɪv | əpɔ́z-/ 《文法》形 同格の.
— 名 同格語[句, 節].

†**ap·prais·al** /əpréɪz(ə)l/ 名 ❶ C,U 評価, 値踏み, 鑑定, 見積もり, 査定; 業績評価, 勤務評定: get an ~ of a ring 指輪を鑑定してもらう. ❷ C 見積もり価格, 査定額. (動 appraise)

†**ap·praise** /əpréɪz/ 動 他 ❶ 〈物品・財産などを〉評価[鑑定]する, 値踏みする, 見積もる: Property is ~d for taxation. 財産は課税のため評価される. ❷ 〈人・能力などを〉評価する;〈状況などを〉認識する: He ~d the situation and took swift action. 彼は状況を把握してすばやく行動した. 〖F〈 L; APPRECIATE と同語源〗 名 appraisal 〖類義語〗⇒ estimate.

ap·práis·er 名 ❶ 評価者, 鑑定人. ❷ 《米》税関査定官.

ap·práis·ing·ly 副 評価[値踏み]するように.

ap·pre·cia·ble /əprí:ʃəbl/ 形 目に見えるほどの; 明らかなほどの (considerable): an ~ change 明らかな変化 / There's no ~ difference. はっきりした違いはない. **-bly** /-ʃəbli/ 副 感知できるほどに, 明らかに, かなり.

*__ap·pre·ci·ate__ /əprí:ʃièɪt/ 動 他 ❶ 〈人の好意などを〉ありがたく思う, 感謝する (★ 通例進行形なし): I greatly ~ your kindness. ご親切ありがとう存じます / I deeply ~ what you have done for me. 私はあなたが私にしてくださったことを深く感謝します 〔+doing〕 I would very much ~ receiving a copy of the book. 同書を一部ご寄贈いただければ幸いに存じます. ❷ a 〈人・もののよさがわかる, 真価を認める;〈…を〉高く評価する《★ 進行形なし》: His genius was at last universally ~d. 彼の天才がついに一般に認められるに至った. b 〈文学・芸術などを〉鑑賞する, おもしろく味わう: You cannot truly ~ English literature unless you read it in the original. 英文学を正しく鑑賞するにはその原文を読まなければ不可能である. ❸ 〈物事を〉(正確に)認識する;〈事の重大さなどを〉察知する: ~ the difference between right and wrong 正邪の区別を正しく認識する / He still doesn't ~ the urgency of the situation. 彼は事態の緊急性がまだわからない / A musician can ~ small differences in sounds. 音楽家は音のわずかな差異も識別できる 〔+that〕 I fully ~ that you don't want to come, but I'm afraid it is your duty. 君が来たくないと思っているのはよくわかるが, それが君の義務だと思うよ. — 自 〈財産・物品などが〉価値の点で騰貴する, 値上がりする 〔in〕(↔ depreciate). 〖L = 価値を認める〈 AP-+pretium 価値, 値段 (cf. price)〗 (名 appreciation, 形 appreciative) 〖類義語〗(1) **appreciate** 判断力・洞察力を働かせて正しく評価する, 価値を認めて鑑賞する. **value** やや主観的な価値を認めて高く評価する. ⇒ understand.

*__ap·pre·ci·a·tion__ /əprì:ʃiéɪʃən, -sié-/ 名 U 感謝 (gratitude): a letter of ~ 感謝状, 礼状 / in ~ of...に感謝して / I wish to express my ~ for your kindness. ご親切に感謝申し上げます. ❷ a 真価(を認めること), 評価. b U 〔また an ~〕鑑賞, 理解, 鑑賞力: (an) ~ of music 音楽の鑑賞[理解] / He has a keen ~ of music. 彼には音楽に対する鋭い鑑賞力がある. c C (好意的な)批評, 評論: write an ~ of his poetry 彼の詩の批評を書く. ❸ U 騰貴 〔in〕. (動 appreciate)

†**ap·pre·cia·tive** /əprí:ʃətɪv | -ʃiə-/ 形 ❶ 感謝の;〈…〉を感謝して: ~ words 感謝の言葉 / We are ~ of his help. 彼の援助をありがたく思っている. ❷ 鑑賞的な; 鑑賞眼のある, 目の高い[肥えた]: perform before an ~ audience 目の高い聴衆の前で演じる. **~·ly** 副 (動 appreciate)

ap·pré·ci·à·tor /-tə- | -tə/ 名 真価を解する人; 鑑賞者.

ap·pre·cia·to·ry /əprí:ʃətɔ̀:ri | -ʃiətəri, -tri/ 形 = appreciative.

*__ap·pre·hend__ /æ̀prɪhénd/ 動 他 ❶ 〈犯人などを〉捕らえる, 逮捕する (★ catch, arrest のほうが一般的). ❷ 《文》〈意味を〉把握する, 理解する (grasp): I ~ your meaning. あなたのいいことはわかる. 〖L = 把握する〈 AP-+prehendere, pehens- つかむ (cf. prison)〗(名 apprehension, 形 apprehensive)

ap·pre·hen·si·ble /æ̀prɪhénsəbl+/ 形 理解できる.

*__ap·pre·hen·sion__ /æ̀prɪhénʃən/ 名 ❶ U,C 気づかい, 心配, 懸念 (anxiety) 〔of, for, about〕: have some ~ of failing 失敗を気づかう / a mother's ~(s) for her son's welfare 息子の幸せを願う母親の心づかい. ❷ U 逮捕 〔of〕. ❸ U 理解, 理解力 (comprehension): be quick [dull] of ~ 理解が早い[鈍い], ものわかりがよい[悪い] / The matter is above my ~. そのことは私には理解できない. (動 apprehend)

*__ap·pre·hen·sive__ /æ̀prɪhénsɪv+/ 形 ❶ a 〈顔・表情が〉気づかった, 不安な;〈…を〉気づかって, 懸念して 〔…〕: an ~ look 不安げな顔つき / I was a little ~ about this enterprise. この企てには多少不安でもった / They were ~ of a rise in production costs. 彼らは生産費の上昇を心配した 〔+that〕 We were ~ that it might happen. そういうことになりはしないかと心配した. ❷ 理解の早い. **~·ly** 副 **~·ness** 名 (動 apprehend)

†**ap·pren·tice** /əpréntɪs/ 名 ❶ (昔の)徒弟, 年季奉公人: a carpenter's ~ = an ~ to a carpenter 大工見習い. ❷ 初心者; 実習生, 練習生 〔to〕. — 形 徒弟の; 初心者の: an ~ carpenter 大工見習い. — 動 他 〔通例受身で〕〈人を〉年季奉公に出す: He was ~d to a printer. 彼は印刷屋に年季奉公に出された. 〖F〈 apprendre 習う〈 L; ⇒ apprehend〗

†**ap·pren·tice·ship** /-tɪ(s)ʃɪ̀p/ 名 C,U ❶ (昔の)年季奉公, 徒弟の身分[年季]: serve (out) one's ~ with a carpenter [at a barber's] 大工の所[理髪店]で徒弟の年季を勤め(上げ)る. ❷ 徒弟[見習い]期間.

ap·pressed /əprést/ 形 (平たく)押しつけられて.

ap·prise¹ /əpráɪz/ 動 他 〈人に〉通告する, 知らせる (★ inform のほうが一般的): He was ~d of the situation. 彼は事情を知らされた[承知していた]. 〖F apprendre 習う, 教える; ⇒ apprentice〗

ap·prize, ap·prise² /əpráɪz/ 動 他 尊重する;…の真価を認める; 《古》評価する (appraise).

ap·pro /ǽprou/ 名 《英口》= approval. **on áppro** = on APPROVAL (成句).

*__ap·proach__ /əpróʊtʃ/ 動 他 ❶ 〈…に〉近づく, 近寄る, 接近する: We ~ed the city. 我々はその町に接近した / The old man is ~ing eighty. あの老人は 80 に近い / ~ completion 完成に近づく / The total weight ~es 100 pounds. 総重量は 100 ポンドに近い. ❷ 〈人に〉〈…についての〉話を持ちかける, 交渉を始める 〔about, on〕: I ~ed him about making a contribution to the alumni fund. 私は同窓会基金への募金について彼に話を持ちかけた. ❸ 〈問題などに〉取りかかる (tackle): We should ~ this matter with great care. 我々はこの問題には十分慎重に当たるべきだ. — 自 ❶ 近づく, 接近する: Spring is ~ing. 春が近づいている. ❷ 〈飛行機が〉着陸体勢に入る: The plane ~ed for a landing. 飛行機は着陸体勢に入った. — 名 U 近づくこと, 接近; 近似: the ~ of winter 冬が近づくこと / With the ~ of Christmas the weather turned colder. クリスマスが近づくにつれて天候はますます寒くなっていった / A pursing of his lips is his nearest ~ to a smile. 唇をすぼめるのが彼の精いっぱいの微笑だ. ❷ C 〔ある場所に〕通じる道, 入り口, 出入り口; 進入路: the ~es to the city center 都心へ通じる道. ❸ C 〔学問などへの〕接近法, 学習[研究]法, 手引き, 取り組み方, アプローチ: This book provides a good ~ to nuclear physics. この本は核物理学へのよい手引きとなる / a new ~ to the learning of English 新英語学習法 / the oral ~ (外国語の)口頭導入教授法. ❹ C 〔しばしば複数形で〕(交渉しようとして)人に近づこうとすること, 働きかけ, 〔異性に〕近づこうとすること: make ~es to a person

人に取り入ろうとする. ❺ C〖空〗(着陸)進入: We are beginning our landing ～. これより着陸体勢に入ります《旅客機内のアナウンス》. ❻〖ゴルフ〗=approach shot. 《F＜L＝近づく》

ap·proach·a·ble /əpróuʃəbl/ 形 ❶〈人が〉近づきやすい, 親しみやすい《〈ものが〉近づきやすい, 理解(など)しやすい (↔ unapproachable). ❷ 《場所などが〉近づきやすい, 行きやすい.

appróach ròad 名《英》(高速道路への)進入路.
appróach shòt 名〖ゴルフ〗アプローチ(ショット)《パッティンググリーン (putting green) へボールを運ぶためのショット》.
ap·pro·bate /ǽprəbèɪt/ 動 他《米》〈…を〉認可する,〈…〉に賛成する.
ap·pro·ba·tion /æprəbéɪʃən/ 名 U 賛成, 称賛, 推奨: meet with general ～ 世間一般の賛同を得る.
áp·pro·bà·tive /-tɪv/ 形 是認的な, 是認を表わす.
ap·pro·ba·to·ry /ǽprəbətɔ̀:ri, əprόu- | æprəbéɪtəri, -tri/ 形 賛成の, 是認の, 称賛の.
ap·pro·pri·a·ble /əpróupriəbl/ 形 充当できる; 私用にできる.

*****ap·pro·pri·ate** /əpróupriət/ 形 (**more ～; most ～**) (目的に合って)適当な, 適切な, ふさわしい (↔ inappropriate): ～ words 適切な言葉 / It's ～ that a retired player (should) be made president of the football club. 引退した選手がそのフットボールクラブの会長になるのは妥当である / ～ **to** the occasion その場合にふさわしい / Select music ～ **for** a cocktail party. カクテルパーティー用の音楽を選んでください. ━━ /əpróupriènt/ 動 他 ❶〈公共物などを〉専有する; 私用に供する, 着服する, 盗む: He ～*d* the money entrusted to him. 彼は人に委託された金を着服した. ❷ 〈金・ものなどを〉(特定の目的に)当てる, 充当する (allocate): Parliament ～*d* two million pounds *for* flood control. 議会は水害対策費として200万ポンドの支出を承認した. ━━ **-ly** 副 ふさわしく《★文修飾可》. ～**ness** 名 〖L＝自分のものにする〗 固有の, 適切な〈AP-+*proprius* 自分の (cf. proper)＋-ATE[1,2]〗(名 appropriation)《類義語》➡ fit[1].

†**ap·pro·pri·a·tion** /əpròupriéɪʃən/ 名 ❶ U 専有; 流用, 私用, 盗用. ❷ a U 〈金・ものなどを〉(…に)割り当て (allocation) 〈*of, for*〉. **b** C 充当物;(特に)充当金;…費: the US Senate *Appropriations* Committee 米国上院歳出委員会 / an ～ *for* defense 国防費 / make an ～ *of* one million yen 100万円支出する. (動 appropriate)

ap·pró·pri·à·tor /-tə-|-tə/ 名 ❶ 専有者, 私用者; 流用者. ❷ 充当[充用]者.
ap·prov·a·ble /əprú:vəbl/ 形 承認[賛成]できる.

*****ap·prov·al** /əprú:v(ə)l/ 名 U ❶ 賛成, 是認, 同意: for a person's ～ 人の承認[賛成]を求めて / meet with a person's ～ 人の賛成を得る / show [express] one's ～ 賛成[満足]の意を表わす / with your ～ あなた(方)の賛成を得て; あなた(方)が賛成してくだされば. ❷ (正式の)承認, 認可 (sanction). **on appróval** 商品[現物]点検売買の条件で: send goods *on* ～ 現物点検売買の条件で商品を送る. (動 approve)

*****ap·prove** /əprú:v/ 動 ❶〈…をよく認める,〈…に〉賛成する (↔ disapprove): He ～*d* the scheme. 彼はその案に賛成した. ❷ (正式に)**承認**する, 認可する (sanction): The committee ～*d* the budget. 委員会は予算案を承認した. ━━ 自〈…に〉賛成する, 満足の意を表わす,〈…〉*of* …は(我が)受身可; 進行形なし): His father did not ～ *of* his choice. 彼の父は息子の選択を快く思わなかった / I don't ～ *of* cousins marrying. いとこ同士が結婚するには賛成しない.《F＜L＝AP-+*probare* 認める (cf. prove)》(名 approval)

ap·próved schóol 名《英》感化院《かつて非行少年を補導した施設 (1933-69); 今の community home》.
ap·próv·ing 形 賛成の, 満足そうな. ～**-ly** 副
approx. 《略》approximate(ly).
ap·prox·i·mant /əpróksəmənt | -rɔ́k-/ 名〖音声〗接近音《調音器官が摩擦音を生じない程度に接近して出す音; /w, y, r, l/ など》.

*****ap·prox·i·mate** /əpróksəmət | -rɔ́k-/ 形 (比較なし)おおよその, ほぼ正確な (rough): an ～ value 概算価格;〖数〗近似値. ━━ /-mèɪt/ 動 他 ❶ (数量・程度・性質などの点で)〈…に〉近づく; 近い: The total income ～*s* $50,000. 総収入は5万ドルに近い. ❷ 〈ものを〉接近させる. ━━ 自〈…に〉接近している: His account of what happened ～*s to* the truth. 発生した事件についての彼の説明は大体真実に近い.《L＝さらに近づく》

*****ap·prox·i·mate·ly** /əpróksəmətli | -rɔ́k-/ 副 (比較なし)およそ, ほぼ: The area is ～ 100 square yards. 面積はおよそ100平方ヤードある.
ap·prox·i·ma·tion /əpròksəméɪʃən | -rɔ̀k-/ 名 ❶ C 近似値, 近似計算. ❷ U 近似(すること), 近似 〈*to, of*〉: An ～ *to* the truth is not enough! ほぼ真実に近い(くらい)では不十分だ.
ap·pur·te·nance /əpə́:tənəns, -tn- | -pə́:-/ 名 〖通例複数形で〗〖法〗❶ 付属品, 付属物. ❷ 従物《財産に付属する権利》.
ap·pur·te·nant /əpə́:tənənt, -tn- | -pə́:-/ 形 付属の;〈…に〉従属して 〈*to*〉. ━━ 名 付属物.
APR 《略》annual percentage rate (利息などの)年率.
*****Apr.** 《略》April.
a·prax·i·a /eɪpræksiə/ 名 U〖医〗失行(症), 行動不能(症). **aprax·ic** /-præksɪk/ 形
a·près-ski /à:preɪskí:/ 名 スキー後の集い[社交]. ━━ 形 衣服・飲み物など》スキー後の.
*****a·pri·cot** /éɪprɪkàt, ǽ- | éɪprɪkɔ̀t/ 名 ❶ C **a** アンズ(食用). **b** 〖植〗アンズの木. ❷ U アンズ色, 黄赤色. ━━ 形 アンズ色の, 黄赤色の.
*****A·pril** /éɪprəl/ 名 4月 (略 **Ap.; Apr.**; 用法は ➡ January; **Genzai** 英国の4月はにわか雨 (April shower) がよく降り天気が変わりやすい).《F＜L; 原義は「花が開く (L *aperire*) 月」または「アフロディテ(の月)」か?》
Ápril fóol 名 4月ばか《4月1日の万愚節 (All Fools' Day) でかつがれた人; かつぎ人がかつがれた人に向かって April fool!(エープリルフール!)と言う》.
Ápril Fóols' Dày 名 エープリルフール, 4月ばかの日.
Ápril shówer 名 (春先の)にわか雨.
a pri·o·ri /à:prióri | èɪpraɪɔ́ːraɪ/ (↔ a posteriori) 副 形 ❶《略式》先験[先天]的に[な], アプリオリに[な]. ❷〖論〗演繹的に[な].《L＝from what is before》
a·pri·o·rism /à:prióːrɪzm | èɪpraɪ-/ 名 U〖哲〗先天[先験]主義; 先験[演繹]的仮定, 演繹的推論[原理].
†**a·pron** /éɪprən/ 名 ❶ a エプロン, 前掛け, 前垂れ. **b** (馬車の座席の前にかける革製などの)ひざ掛け. **c** エプロン《英国国教会主教の法衣の前だれ部》. ❷ **a** 〖劇場〗前舞台(幕より前の部分). **b** =apron stage. **c** 〖ボクシング〗(リングの床がロープの外に張り出した部分). ❸ 〖空港〗エプロン《空港で乗客・貨物の積み降ろしのための舗装した広場》. 〖ME＜F *naperon*＜L *mappa* 布, ナプキン; 今の形は *a napron* を *an apron* と誤解したもの〗
á·proned 形 エプロンをつけた.
ápron stàge 名 〖劇場〗エプロンステージ, 張り出し舞台.
ápron strings 名 複 エプロンのひも. **be tied to one's móther's [wífe's] ápron strìngs** 〈男の子[夫]が〉母[妻]の言いなりになる.
ap·ro·pos /ǽprəpóu | ⸺ ⸺ / 形 P 適切で, 折よくで: His comment was ～. 彼のコメントはタイミングがよかった. ━━ 副 ❶ 適切に, 折よく. ❷ ついでに, そうそう, 時に. **apropós of** …について; …の話で思い出したが, …と言えば: ～ *of* earthquakes 地震のことなら話だが / His remark was ～ *of* nothing. 彼の発言は出しぬけだった. 《F *à propos* 時宜を得ている》
apse 名 後陣《教会堂東端に張り出した半円形または多角形の部分》; ＝church さし絵.
ap·si·dal /ǽpsədl/ 形 ❶ apse の. ❷ apsis の.
ap·sis /ǽpsɪs/ 名 複 -si·des /-sədì:z/ 〖天〗軌道極点(楕円(だえ)形の軌道の長軸端で近点または遠点).
*****apt** /ǽpt/ 形 (**～·er, ～·est; more ～, most ～**) ❶〈言葉などが〉**適当な**, 適切な: an ～ quotation 適切な引用. ❷

APT

囲 a 〈…し〉がちで, 〈…し〉やすくて: [+*to do*] He's ~ *to* forget people's names. 彼は人の名前をよく忘れる / Hot and muggy weather is ~ *to* occur in late July. 暑くてうっとうしい天気は 7 月の終わりによく起こる. b 〈…しそうで: [+*to do*] It's ~ *to* snow. 雪になりそうだ. ❸ 〈人の〉覚えの早い, 頭のよい: an ~ student 利発な学生 / He's the ~*est* wit of us all. 彼は我々すべての中で一番の才子である / He's ~ *at* mathematics. 彼は数学の才がある. 〖L *aptus* ぴったりした〗【類義語】(1) ⇒ likely. (2) ⇒ ready.

APT 〖略〗〖英〗Advanced Passenger Train 超特急列車.

apt. 〖略〗apartment.

ap·ter·ous /ǽptərəs/ 形 ❶ 〖昆〗無翅(むし)〔類〕の. ❷ 〖植〗無翼の.

ap·ter·yx /ǽptəriks/ 名 〖鳥〗キーウィ.

⁺**ap·ti·tude** /ǽptət(j)ù:d | -tjù:d/ 名 Ⓤ Ⓒ ❶ 才能, 素質: He has an ~ *for* languages. 彼には語学の才がある. ❷ 〈学習などの〉覚えのよさ, 利発さ: a student of great ~ とても利発な学生. 〖L *aptitudo*; ⇒ apt, -i-, -tude; attitude と二重語〗

áptitude tèst 名 適性検査.

ápt·ly 副 適切に, ふさわしく: It has ~ been said that... ...とは適評[至言]だ.

ápt·ness 名 Ⓤ ❶ 適切さ 〔*for*〕. ❷ a 性向. b 〈…する〉傾向 〔*to do*〕. ❸ 才能, 素質〔*at*〕.

apts. 〖略〗apartments.

AQ achievement quotient (cf. IQ).

A·qa·ba /á:kɑ:bə, ǽk-/, **the Gulf of** 名 アカバ湾 (紅海の奥, Sinai 半島東側の湾).

⁺**a·qua** /á:kwə, ǽk-/ 名 ❶ 明るい緑青青. ❷ 水. 〖L=水〗

a·qua·cade /á:kwəkèɪd, ǽk-/ 名 〖米〗水上演芸.

a·qua·cul·ture /á:kwəkʌ̀ltʃə, ǽk-/ 名 Ⓤ 水産養殖. **a·qua·cul·tur·al** /á:kwəkʌ́ltʃ(ə)rəl, ǽk-‿/ 形.

á·qua fór·tis /á:kwəfɔ́ətɪs, ǽkwəfɔ́ː-/ 名 Ⓤ 硝酸. 〖L=強い水〗

a·qua·lung /á:kwəlʌ̀ŋ, ǽk-/ 名 アクアラング (潜水用の水中呼吸器). 〖AQUA+LUNG〗

aq·ua·ma·ni·le /à:kwəməní:li/ 名 (中世の)広口の水差し (しばしばグロテスクな動物の形をしている).

a·qua·ma·rine /à:kwəmərí:n, ǽk-/ 名 ❶ Ⓒ Ⓤ 〖鉱〗藍玉(らんぎょく), アクアマリン (⇒ birthstone). ❷ Ⓤ 藍玉色, 淡青緑色.

a·qua·naut /á:kwənɔ̀:t, ǽk-/ 名 ❶ アクアノート (長期間海中施設で暮らし海洋データを提供する潜水技術者). ❷ =skin diver.

a·qua·plane /á:kwəplèɪn, ǽk-/ 名 アクアプレーン, 波乗り板 (モーターボートに引かせる). — 動 ⓘ ❶ アクアプレーンに乗る. ❷ 〖英〗〈自動車が〉ハイドロプレーニングを起こす (⇒ hydroplane 3).

á·qua re·gi·a /á:kwəríː:dʒiə, ǽk-/ 名 Ⓤ 王水 (濃硝酸と濃塩酸との混合液). 〖L〗

a·qua·relle /à:kwərél, ǽk-/ 名 ❶ Ⓤ (透明)水彩画法. ❷ Ⓒ (透明)水彩画, アカレル.

A·quar·i·an /əkwé(ə)riən/ 形 名 みずがめ座生まれの(人).

a·quar·ist /əkwé(ə)rɪst/ 名 水族館長; 水生生物研究家.

⁺**a·quar·i·um** /əkwé(ə)riəm/ 名 (⑱ ~s, -i·a /-riə/) ❶ (通例ガラス張りの)養魚水[水]槽. ❷ 水族館. 〖L<AQUA+-*arium* (「…の場所」の意)〗

⁺**A·quar·i·us** /əkwé(ə)riəs/ 名 ❶ 〖天〗水がめ座 (the Water Bearer). ❷ 〖占星〗**a** みずがめ座, 宝瓶(ほうへい)宮: the signs of the ZODIAC 戌印. **b** Ⓒ みずがめ座生まれの人. ❸ アクアリウス.

aq·ua·ro·bics /ǽkwəróʊbɪks/ 名 Ⓤ アクアロビックス (プールの中で行なうエアロビクス).

⁺**a·quat·ic** /əkwátɪk, əkwɑ́t-/ 形 〖通

例 A〗 ❶ 水生の; 水産の: ~ birds [plants] 水鳥[草] / ~ products 水産物. ❷ 水上[水中]で行なう: ~ sports 水上競技. — 名 ❶ **a** 水生動物. **b** 水生植物, 水草. ❷ 〖複数形で; しばしば単数扱い〗水上競技. **-i·cal·ly** /-kəli/ 副. 〖L; ⇒ aqua〗

a·qua·tint /á:kwətìnt, ǽk-/ 名 ❶ Ⓤ アクアチント (腐食銅版画の一種; 水彩のような感じを出す). ❷ Ⓒ アクアチント版画.

a·qua·vit /á:kwəvì:t, ǽk-/ 名 Ⓤ アクアヴィット (キャラウェーの実で風味をつけた北欧の透明な蒸留酒).

áqua ví·tae /-váɪti/ 名 Ⓤ 強い酒 (brandy, whiskey など). 〖L=命の水〗

aq·ue·duct /ǽkwədʌ̀kt/ 名 ❶ 水道橋. ❷ 水路, 水道. 〖L; ⇒ aqua, duct〗

a·que·ous /éɪkwiəs/ 形 ❶ 水の: 〖解〗(眼球の)水様液. ❷ 〖地〗水成の: ~ rock 水成岩. 〖L; ⇒ aqua〗

aq·ui·cul·ture /ǽkwəkʌ̀ltʃə | -tʃə/ 名 =aquaculture.

aq·ui·fer /ǽkwəfə | -fə/ 名 Ⓤ 帯水層 (地下水を含む多孔質浸透性の地層).

aq·ui·le·gi·a /ǽkwəlí:dʒ(i)ə/ 名 〖植〗アキレジア属の各種の草花, オダマキ.

aq·ui·line /ǽkwəlaɪn, -lɪ̀n | -laɪn/ 形 ❶ ワシ (eagle) の(ような). ❷ 鼻・顔立ちなどが〉(ワシのくちばしのように)曲がった, かぎ形の: an ~ nose わし鼻, かぎ鼻. 〖L〗

A·qui·nas /əkwáɪnəs/, **Saint Thomas** 名 アクィナス (1225?-74; イタリアの神学者; スコラ派哲学の大成者; cf. Thomism).

Aq·ui·taine /ǽkwətèɪn/ ﾕﾆｰｲ/ 名 アキテーヌ (フランス南西部の地方; 主要都市 Toulouse).

ar. 〖略〗arrival. **Ar** 〖記号〗〖化〗argon. **AR** 〖略〗〖米郵〗Arkansas. **Ar.** 〖略〗Arabian; Arabic.

ar- /ɑə, ær/ 接頭 〔r で始まる語の前〕 ad- の異形: *ar*range.

-ar /ə | ə/ 接尾 ❶ 〖形容詞語尾〗「…の性質の」: familiar, muscular. ❷ 〖名詞語尾〗「…する人」: scholar, liar.

⁎**Ar·ab** /ǽrəb/ 名 ❶ **a** [the ~s] アラブ民族. **b** アラブ民族の人, アラブ人. ❷ アラビア馬. — 形 アラブ人の 〖用法〗主として民族に関して用いる; cf. Arabian, Arabic. 〖Gk<Arab; 原義は「砂漠の住民」か〗

Ar·a·bel /ǽrəbèl/ 名 アラベル (女性名; 愛称 Bel, Bella, Belle).

Ar·a·bel·la /ǽrəbélə/ 名 アラベラ (女性名; 愛称 Bel, Bella, Belle).

ar·a·besque /ǽrəbésk/ 形 ❶ アラビア風意匠の, 唐草模様の. — 名 ❶ アラビア風意匠, (アラビア風の)唐草模様, アラベスク: in ~ 唐草模様で (★無冠詞). ❷ アラベスク (バレエのポーズの一つ). ❸ 〖楽〗アラベスク (アラビア(模様)風の装飾的な楽曲). 〖F<It; ⇒ Arab, -esque〗

A·ra·bi·a /əréɪbiə/ 名 アラビア (紅海とペルシア湾の間の大半島).

⁺**A·ra·bi·an** /əréɪbiən/ 形 ❶ アラビアの, アラブの; アラブ人の 〖用法〗主として地理に関して用いる; cf. Arab, Arabic): the ~ desert アラビア砂漠. — 名 ❶ アラブ人. ❷ アラビア馬.

Arábian cámel 名〖動〗ヒトコブラクダ (背こぶが 1 個のラクダ; cf. Bactrian camel).

arabesque 1

Arábian Níghts' Entertáinments 名 ⑱ [The ~] 「アラビアンナイト」,「千夜一夜物語」 (★ The Arabian Nights または The Thousand and One Nights ともいう).

Arábian Península 名 [the ~] アラビア半島.

Arábian Séa 名 [the ~] アラビア海.

Ar·a·bic /ǽrəbɪk/ 形 アラビア語[文字]の, アラブ(人)の 〖用法〗主として言語・文化に関して用いる; cf. Arab, Arabian). — 名 Ⓤ アラビア語 (略 Arab.).

a·rab·i·ca /ərǽbɪkə/ 名 ❶ Ⓒ 〖植〗アラビアコーヒー (ノ

キ)《アカネ科; 世界のコーヒー豆生産の大部分を占める》. ❷ ⓤ アラビアコーヒー豆.

Árabic númerals [fígures] 名 ⓟ アラビア[算用]数字 (0, 1, 2, 3 など; cf. Roman numerals).

a·rab·i·nose /ərǽbənòus/ 名 ⓤ ⦅化⦆ アラビノース《細菌などの培養基として使用される五炭糖; 植物ガムから得られるほか, グルコースからも合成される》.

ar·a·bis /ǽrəbis/ 名 ⦅植⦆ ハタザオ《アブラナ科ハタザオ属の各種の草本》.

Ar·ab·ism /ǽrəbìzm/ 名 ❶ ⓒ アラビア語法. ❷ ⓤ アラブ民族主義.

Ar·a·bist /ǽrəbist/ 名 ❶ アラビア語学者, アラブ学者; アラビア語[文学]の学生. ❷ アラブ支持者.

Ar·a·bize /ǽrəbàiz/ 動 ⊕ アラブ化する; アラビア語化[風]にする. **Ar·ab·i·za·tion** /ærəbizéiʃən/ -baiz-/ 名.

ar·a·ble /ǽrəbl/ 形〈土地が耕作に適する[使用される]〉: ~ land 耕地. ― 名 耕地.

a·ra·ça·ri, -ca·ri /ɑ̀ːrəsɑ́ːri/ 名 ⦅鳥⦆ チュウハシ《オオハシ科; 中米・南米産》.

ár·a·chi·dòn·ic ácid /ærəkədɑ̀nik-/ -dɔ̀n-/ 名 ⦅生化⦆ アラキドン酸《動物の内臓脂肪中に存在する高度不飽和必須脂肪酸》.

a·rach·nid /ərǽknid/ 名 ⦅動⦆ クモ形綱の動物《クモ・ダニなど》.

a·rach·noid /ərǽknɔid/ 形 ❶ クモの巣状の. ❷ ⦅解⦆ クモ膜の. ― 名 =arachnoid membrane.

aráchnoid mémbrane 名 ⦅解⦆ クモ膜《軟骨と硬骨との間の膜》.

a·rach·no·pho·bia /əræknoufóubiə/ 名 ⓤ クモ嫌い[恐怖症].

Ar·a·fat /ǽrəfæt/, **Yas·ser** /jɑ́ːsə | jǽəsə/ 名 アラファト (1929- ; PLO の議長).

Ar·a·gon /ǽrəgɑ̀ːn/ -gən/ 名 アラゴン《スペイン北東部のフランスとの国境地方; もと王国》.

ar·a·go·nite /ərǽgənàit/ 名 ⓤ ⦅鉱⦆ 霰石 (ぁられぃし), アラゴナイト.

ar·ak /ǽrək/ 名 =arrack.

Ar·al·dite /ǽrəldàit/ 名 ⓤ ⦅商標⦆ アラルダイト《強力接着剤》.

Ár·al Séa /ǽrəl-/ 名 [the ~] アラル海《カザフスタンとウズベキスタンにまたがる塩湖; 旧称 Lake Aral》.

Ar·a·m(a)e·an /æ̀rəmíːən⁻/ 形 アラム(人[語])の. ― 名 アラム人.

Ar·a·ma·ic /æ̀rəméiik⁻/ 名 ⓤ アラム語《古代シリア地方のセム語; キリストの時代に話されたとされる》. ― 形 アラム語の.

Ar·an /ǽrən/ 形 アラン編みの《アラン島独特の染色しない太い羊毛で編んだものにいう》: an ~ sweater アランセーター.

a·ra·ne·id /əréiniid/ 名 ⦅動⦆ (真正クモ目またはコガネグモ科の)クモ.

Áran Íslands 名 [the ~] アラン諸島《アイルランド西岸沖の3島》.

A·ra·pa·ho /ərǽpəhòu/ 名 (ⓟ ~, ~s) ❶ a [the ~(s)] アラパホー族《Great Plains 中央部にいた Algonquian 族の一部族》. b ⓒ アラパホー族の人. ❷ ⓤ アラパホー語.

ar·a·pai·ma /ǽrəpáimə/ 名 ⦅魚⦆ =pirarucu.

Ar·a·rat /ǽrərǽt/ 名 アララト山《トルコ東部の山; ノアの箱船の上陸地とされる》.

Ar·a·wak /ǽrəwɑ̀k, -wæ̀k/ 名 (ⓟ ~, ~s) ❶ a [the ~(s)] アラワク族《南米北部の先住民》. b ⓒ アラワク族の人. ❷ ⓤ アラワク語.

ar·ba·lest, -list /ɑ́ːbəlist | ɑ́ː-/ 名 (中世の)鉄製の石弓(を主要部とする石・鉄球・矢などの発射器).

⁺**ar·bi·ter** /ɑ́ːbətə | ɑ́ː·bətə/ 名 ❶ a《運命などの》決定者, 裁断者 ⦅of⦆. b《趣味・作法などの》権威者, 「元締め」⦅of⦆. ❷ 仲裁人, 調停者. 《L=仲裁人》

ar·bi·tra·ble /ɑ́ːbətrəbl/ 形 仲裁可能な.

⁺**ar·bi·trage** /ɑ́ːbətrɑ̀ːʒ | ɑ́ː-/ 名 ⓤ ⦅商⦆ 鞘(さや)取り.
― ⓘ 鞘取引をする.

ar·bi·trag·er /ɑ́ːbətrɑ̀ːʒə | ɑ́ː·bətrɑ̀ːʒə/, **ar·bi·tra·geur** /ɑ̀ːbətrɑːʒə́ː | ɑ̀ː·bətrɑːʒə́ː/ 名 ⦅商⦆ 鞘(さや)取引人.

ar·bi·tral /ɑ́ːbətrəl | ɑ́ː-/ 形 仲裁の: an ~ tribunal 仲裁裁判所.

ar·bi·tra·ment /ɑːbítrəmənt | ɑː-/ 名 ❶ ⓤⓒ 裁定, 裁断. ❷ ⓤ 裁定権.

ar·bi·trar·i·ly /ɑ́ːbətrɛ́rəli, ⌣⌣⌣⌣⌣ | ɑ́ː·bətrərəli/ 副 ❶ 任意に, 恣意(しい)的に; 勝手な(気ままに). ❷ 独断的に, 独裁的に.

⁺**ar·bi·trar·y** /ɑ́ːbətrɛ̀ri | ɑ́ː·bətrəri/ 形 (more ~; most ~) ❶ 任意の, 恣意的な; 勝手な: in ~ order 順序不同に[で]. ❷ 独断的な, 専横な: an ~ decision 専断 / ~ rule 専制政治. **ár·bi·tràri·ness** 名. 《L; ⇨ arbiter, -ary》

ar·bi·trate /ɑ́ːbətrèit | ɑ́ː-/ 動 ⓘ 〈...の間の〉仲裁[調停]をする: He ~d between the company and the union. 彼は会社と組合の間を調停した. ― ⊕ 〈争議などを〉仲裁する; 仲裁に任せる: France was asked to ~ the dispute between the two nations. フランスはその両国間の紛争の仲裁を依頼された. 《L=仲裁をする; ⇨ arbiter, -ate²》 (名 arbitration)

⁺**ar·bi·tra·tion** /ɑ̀ːbətréiʃən | ɑ̀ː-/ 名 ⓤ 仲裁, 調停, 裁定; 仲裁判決: a court of ~ 仲裁裁判所 / refer [submit] a dispute to ~ 争議を仲裁に付する[持ち込む]. (動 arbitrate)

ár·bi·trà·tor /-⌣⌣-tə | -tə/ 名 仲裁人.

ar·blast /ɑ́ːblæst | ɑ́ː-/ 名 =arbalest.

ar·bor¹ /ɑ́ːbə | ɑ́ːbə/ 名 ❶ (木の枝・ツタなどをはわせた)あずまや, 亭(ちん). ❷ (林間の)木陰. 《L=木》

ar·bor² /ɑ́ːbə | ɑ́ːbə/ 名 ⦅米⦆ 機軸; 心棒, アーバー.

Árbor Dày 名 植樹祭(日)《米国・オーストラリアなどの国で4月下旬から5月上旬に行なわれる》.

ar·bo·re·al /ɑːbɔ́ːriəl | ɑː-/ 形 ❶ 樹木の, 高木性の. ❷ ⦅動物が⦆樹上にすむ. 《L; ⇨ arbor》

ár·bored 形 両側[周囲]に樹木のある.

ar·bo·res·cent /ɑ̀ːbərés(ə)nt | ɑ̀ː-/ 形 ❶ 樹木状の. ❷ 樹枝状の.

ar·bo·re·tum /ɑ̀ːbəríːtəm | ɑ̀ː-/ 名 (ⓟ -ta /-tə/, ~s) 樹木園.

ar·bo·ri·cul·ture /ɑ́ːbərikʌ̀ltʃə | ɑ́ː·bərikʌ̀ltʃə/ 名 ⓤ (美観用・用材用の)樹木栽培, 樹芸. **ar·bo·ri·cul·tur·ist** /ɑ̀ːbərikʌ́ltʃərist | ɑ̀ː-/ 名 樹木栽培家, 樹芸家. **àr·bo·ri·cúl·tur·al** /-kʌ́ltʃ(ə)rəl⁻/ 形.

Ar·bo·rio /ɑːbɔ́ːriòu | ɑː-/ 名 ⓤ アルボーリオ《イタリア産の穀粒の丸い米; リゾットに用いる》.

ar·bo·rist /ɑ́ːbərist | ɑ́ː-/ 名 育樹専門家, 樹木医師.

ar·bo·ri·za·tion /ɑ̀ːbərizéiʃən | ɑ̀ː·bərai-/ 名 樹枝状の形態[構造, 結晶, 突起]; ⦅生⦆ 樹枝状分岐.

ar·bour /ɑ́ːbə | ɑ́ːbə/ 名 ⦅英⦆ =arbor¹.

àr·bo·vírus /ɑ̀ːbə- | ɑ̀ː-/ 名 ⦅生⦆ アルボウイルス《節足動物によって伝播されるRNAウイルス; 黄熱ウイルス・脳炎ウイルスなど》. 《arbo-<ar(thropod)-bo(rn)》

Ar·bus /ɑ́ːbəs | ɑ́ː-/, **Di·ane** /daiǽn/ 名 アーバス (1923-71; 米国の写真家).

ar·bu·tus /ɑːbjúːtəs | ɑː-/ 名 ⦅植⦆ ❶ イチゴノキ《南ヨーロッパ原産のツツジ科の常緑低木; いちごに似た実を strawberry tree ともいわれる》. ❷ イワナシ《北米産常緑小低木》.

⁺**arc** /ɑ́ːk | ɑ́ːk/ 名 ❶ 弧, 円弧; 弧形, 弓形: fly [move] in an ~ 弧を描いて飛ぶ[動く]. ❷ ⦅電⦆ アーク, 電弧. ― 動 ⓘ ❶ 弧状に動く, 弧を描く. ❷ ⦅電⦆ アークになる. 《L < L arcus 弓; cf. arch¹》

ARC ⦅略⦆ American Red Cross 米国赤十字.

⁺**ar·cade** /ɑːkéid | ɑː-/ 名 ❶ アーケード《屋根付きの街路; 通例両側に店が並ぶ》. ❷ ⦅建⦆ 拱廊(きょうろう), 列柱《建物の側面に廊下のように多くの arch を並べたもの》. ❸ ⦅米⦆ ショッピングセンター《小売店の集中した大きな建物》. ❹ = amusement arcade. 《F<It<L; ⇨ arc》

ar·cad·ed /-did/ 形 拱廊をつけた; アーケードになった.

arcáde gàme 名 《ゲームセンターにあるような高速・高解像画面の》ビデオゲーム, アーケードゲーム.

Ar·ca·di·a /ɑːkéidiə | ɑː-/ 名 ❶ アルカディア《古代ギ

Ar·ca·di·an /ɑːrkéɪdiən | ɑː-/ 形 ❶ アルカディアの; 田園風の, 牧歌的な. — 名 ❶ アルカディア人. ❷ 純朴な[いなかの]人.

ar·cád·ing /-dɪŋ/ 名 U〖建〗(一連の)アーチ[アーケード]飾り.

Ar·ca·dy /ɑ́ːrkədi | ɑ́ː-/ 名〖詩〗=Arcadia.

ar·ca·na /ɑːrkéɪnə | ɑː-/ 名 arcanum の複数形. ❷ アルカナ〖タロー占いに用いる2種類の組札〗(major ~ は22枚の寓意画カード, minor ~ は56枚の点数カードなる).

⁺ar·cane /ɑːrkéɪn | ɑː-/ 形 秘密の, 奥義の, 不可解な; 難解な.

ar·ca·num /ɑːrkéɪnəm | ɑː-/ 名 (徴 -na /-nə/, ~s) ❶ 秘密, 奥義. ❷ 秘薬, 霊薬.

árc fùrnace 名 アーク炉〖電弧による熱を利用した電気炉〗.

⁺arch¹ /ɑːrtʃ | ɑːtʃ/ 名 ❶ a〖建〗アーチ, 迫持(⅏). b アーチ[弓形]門; アーチ道(アーチの下の通路): a memorial [triumphal] ~ 記念[凱旋(⅏)]門. ❷ アーチ形のもの, 半円形のもの: the ~ of a person's foot (足の)土踏まず / the great ~ of the sky 大空. — 動 ❶ 〈…をアーチ形[弓形]にする: The cat ~ed its back. 猫は背中を丸くした / He ~ed his eyebrows. 彼はまゆをつり上げた. ❷ 〈…の〉アーチを造る: A rainbow ~ed the city. 虹(⅏)は町にアーチ形の弧を描いた. — 自 〖…の上に〗アーチ[弓形]になる〖across, over〗(★前 との連結は受身可): His eyebrows ~ed. 彼はまゆをつり上げた / Leafy branches ~ed over the road. 葉の茂った枝が道の上にアーチをなしていた.〖F＜L arcus 弓; cf. arc〗

arch² /ɑːrtʃ | ɑːtʃ/ 形 A ❶ 〈女・子供の顔などに〉いたずらそうな, ちゃめな, ひょうきんな: an ~ smile いたずらっぽい笑顔. ❷ 小ばかにしたような, 偉ぶった: an ~ turn of phrase 偉ぶった言い回し. **~·ly** いたずらっぽく, ちゃめっけたっぷりに. **~·ness** 名〖ARCH〗.

arch. (略) archaic. **Arch.** (略) archbishop.

arch- /ɑːrtʃ | ɑːtʃ/ 腰頭「首位の…」「第一の…」(cf. arch² 2): archbishop, archenemy.〖L＜Gk archein 始める, 統治する〗

-arch /ɑːrk | ɑːk/ 腰尾「支配者・王・君主」の意の名詞語尾: monarch, oligarch.〖F＜L＜Gk 統治者(↑)〗

Ar·che·an /ɑːrkíːən | ɑː-/ 形 名 =Archean.

àrchae·bactéria 名 (徴)〖生〗古細菌〖古細菌綱または古細菌界に分類される, メタン産生菌・好塩性菌・好熱酸性菌などの原始的な細菌〗.

ar·chae·o- /ɑːrkiou | ɑː-/ 連結形「古代の」「原始的な」.〖Gk archaios 古代の; ⇒ arch-〗

àrchaeo·astrónomy 名 U 古天文学, 天文考古学〖古代文明の天文学的研究〗.

ar·chae·o·log·i·cal /ɑːrkiəládʒɪk(ə)l | ɑːkiəlɔ́dʒ-⁻/ 形 考古学の, 考古学的な. **-ly** 副〖形〗

ar·chae·ol·o·gize /ɑːrkiálədʒaɪz | ɑː-/ 動 ❶ 考古学を勉強する; 考古学者のようにふるまう.

⁺ar·chae·ol·o·gy /ɑːrkiálədʒi | ɑːkiɔ́l-/ 名 U 考古学. **-gist** /-dʒɪst/ 名 = 考古学者.〖L＜Gk; ⇒ archaeo-, -logy〗

àrchaeo·mágnetism 名 U〖考古〗古地磁気学〖年代決定のための残留磁気計測〗.

ar·chae·om·e·try /ɑːrkiámətri | ɑːkiɔ́m-/ 名 U 考古(標本)年代測定法.

ar·chae·op·ter·yx /ɑːrkiáptərɪks | ɑːkiɔ́p-/ 名〖古生〗始祖鳥.

⁺ar·cha·ic /ɑːrkéɪk | ɑː-/ 形 ❶ 古い, すたれた: an ~ word 古語. ❷ 古風な, 古めかしい. ❸ 古代の, 初期の. **-i·cal·ly** /-kəli/ 副 古風に.〖F＜Gk＝古代の〗

archáic smíle 名 アルカイックスマイル〖古代ギリシアの彫刻に見られる上向きの口もとを特徴とする微笑〗.

ar·cha·ism /ɑ́ːrkiɪzm | ɑːkeɪɪzm, -ki-⁻/ 名 ❶ C 古語, 古い語法. ❷ U 古文体; 擬古体; 擬古主義.

ar·cha·is·tic /ɑːrkiɪstɪk, -keɪ- | ɑːkeɪ-⁻/ 形 古風な; 擬古的な.

ar·cha·ize /ɑ́ːrkiaɪz | ɑː-/ 動 他 古風にする[見せかける]. — 自 古風な語[語法, 文体]を使う.

arch·an·gel /ɑ́ːrkeɪndʒəl | ɑː-/ 名 大天使, 天使長〖9天使中の第8位; cf. hierarchy 4 a〗.

Arch·an·gel /ɑ́ːrkeɪndʒəl | ɑː-/ 名 アルハンゲリスク〖ヨーロッパロシア北西部, 白海に注ぐ北ドビナ(Dvina)川河口近くの港湾都市〗.

arch·bish·op /ɑ́ːrtʃbíʃəp | ɑːtʃ-/ 名〖カト〗大司教; 〖プロ〗大監督, 〖英国教〗大主教(★ Canterbury 大主教および York 大主教).

àrch·bíshopric 名 大司教[大監督, 大主教]の職[管区].

árch brìdge 名 アーチ橋.

árch·déacon 名〖カト〗大助祭, 〖英国教〗大執事.

árch·díocese 名 大司教区, 大主教区.

árch·dúcal 形 大公(領)の.

árch·dúchess 名 大公妃; 女大公.

árch·dúchy 名 大公国, 大公領.

árch·dúke 名 大公〖1918 年までの旧オーストリア皇子の称〗. **àrch·dúcal** 形

ar·che- /ɑ́ːrki | ɑ́ː-/ 連結形「原…」.〖⇒ arch-〗

Ar·che·an /ɑːrkíːən | ɑː-/〖地〗形 始生代[界]の, 太古代[界]の. — 名 [the ~] 始生代[界], 太古代[界].

⁺arched /ɑːrtʃt | ɑːtʃt/ 形 ❶ アーチのある. ❷ アーチ形の, 弓形の; そった: an ~ bridge そり橋.

ar·che·go·ni·um /ɑːrkɪɡóuniəm | ɑː-/ 名 (徴 -nia /-niə/)〖植〗(コケ類・シダ類などの)造卵[蔵卵]器.

árch·énemy 名 大敵.

ar·che·o- /ɑ́ːrkiou | ɑ́ː-/ 連結形 =archaeo-.

ar·che·o·log·i·cal /ɑːrkiəládʒɪk(ə)l | ɑːkiəlɔ́dʒ-⁻/ 形 =archaeological.

ar·che·ol·o·gy /ɑːrkiálədʒi | ɑːkiɔ́l-/ 名 =archaeology. **-gist** /-dʒɪst/ 名 =archaeologist.

ar·che·o·zo·ic /ɑːrkiəzóuɪk | ɑː-⁻/〖地〗形 始生代の: the ~ era 始生代〖約20億年前〗. — 名 [the ~] 始生代[層].

arch·er /ɑ́ːrtʃər | ɑːtʃə/ 名 ❶ C 弓術家, 射手. ❷ [the A-]〖天〗射手(⅏)座.

árcher·fish 名〖魚〗テッポウウオ.

arch·er·y /ɑ́ːrtʃəri | ɑːtʃ-/ 名 U ❶ 洋弓術, アーチェリー. ❷ 弓矢類, 弓術用具.

ar·che·typ·al /ɑ̀ːrkɪtáɪp(ə)l | ɑ̀ː-⁻/ 形 ❶ 原型的な. ❷ 典型的な.

⁺ar·che·type /ɑ́ːrkətaɪp | ɑ́ː-/ 名 ❶ 原型: Odysseus is the ~ of the wanderer. オデュッセウスは放浪者の原型だ. ❷ 典型 (epitome) 〖of〗.〖L＜Gk; ⇒ arche-, type〗

ar·che·typ·i·cal /ɑ̀ːrkətípɪk(ə)l | ɑ̀ː-⁻/ 形 =archetypal. **-ly** 副

árch·fíend 名 [the ~] サタン, 魔王.

ar·chi- /ɑ́ːrki | ɑ́ː-/ 腰頭 ❶「首位の」「主な」: architec-(ture). ❷〖生〗「原…」: archiblast 原胚盤(⅏).〖⇒ arch-〗

àrchi·diáconal 形 archdeacon の.

àrchi·epíscopacy 名 U archbishop の管治制; = archiepiscopate.

àrchi·epíscopal 形 archbishop の.

àrchi·epíscopate 名 U archbishop の職[任期, 身分].

ar·chil /ɑ́ːrtʃɪl | ɑ́ː-/ 名 ❶ U〖染〗オルキル〖リトマスゴケなどの地衣類から得る紫色の染料〗. ❷ C〖植〗オルキルを採る各種地衣類.

ar·chi·man·drite /ɑ̀ːrkɪmǽndraɪt | ɑ̀ː-/ 名〖ギ正教〗修道院長, 大僧院長; 管長.

Ar·chi·me·de·an /ɑ̀ːrkəmíːdiən | ɑ̀ː-k-⁻/ 形 アルキメデスの; アルキメデスの原理の.

Ar·chi·me·des /ɑ̀ːrkəmíːdiːz | ɑ̀ː-/ 名 アルキメデス〖287?-212 B.C.; 古代ギリシアの物理学者〗.

Archimédes' príncple 名 [単数形で]〖理〗アルキメデスの原理.

Árchimedes' [**Árchimèdean**] **scréw** 图〖機〗アルキメデスのらせん揚水機、ねじポンプ.

ar·chi·pel·a·go /ὰːrkəpéləgòu / à:-/ 图 (徼 ~es, ~s) ❶ C 群島. ❷ **a** C 多島海. **b** [the A~]《ギリシア付近の》多島海《エーゲ海 (Aegean Sea) の旧名》.《It = 主要な海, ュ<ギリシャ語》

*__ar·chi·tect__ /άːrkətèkt / áː-/ 图 ❶ 建築家, 建築技師. ❷ 設計者, 企画者, 創造者: the ~ of one's own fortunes [of U.S. foreign policy] 自己の運命の開拓者[米国外交政策の立案者]. the (Gréat) Árchitect 造物主, 神.《F<L<Gk=棟梁($^{とう}_{りょう}$)<ARCHI-+*tectōn* 大工》

ar·chi·tec·ton·ic /ὰːrkətektάnɪk / à:kətektón-/ 形 ❶ 建築術の. ❷ 構造上の, 構成的な.

ar·chi·tec·ton·ics /ὰːrkətektάnɪks / à:kətektón-/ 图 U 建築術[学]の. ~**·ly** /-rəli/ 副 建築的に, 建築(学)上.《⇨ architecture》

*__ar·chi·tec·tur·al__ /ὰːrkətéktʃ(ə)rəl / à:-ˊ-/ 形 ❶ 建築上の. ❷ 建築術[学]の. ~**·ly** /-rəli/ 副 建築的に, 建築(学)上.《⇨ architecture》

*__ar·chi·tec·ture__ /άːrkətèktʃər / áːkətèktʃə/ 图 ❶ U 建築術, 建築学: civil ~ 普通建築 / ecclesiastical ~ 寺院建築 / naval ~ 造船学. ❷ U 建築様式: Romanesque [Greek] ~ ロマネスク[ギリシア]建築. ❸ C 建物《全体》. ❹ C,U 〖電算〗アーキテクチャー《ハードウェアの基本設計》. ❺ C,U 構造, 構成: the ~ of a novel 小説の構成.《F<L; ⇨ architect, -ure》《 architectural》

ar·chi·trave /άːrkətrèɪv / áː-/ 图〖建〗❶ 台輪($^{だい}_{わ}$)《entablature の最下部で、柱上の梁に相当する部分》. ❷ 軒縁($^{のき}_{ぶち}$), 角縁縁($^{かく}_{ぶちぶち}$)《窓・出入口周囲の化粧縁》.

ar·chi·val /ɑːrkάɪv(ə)l / a:-/ 形 ❶ 古文書の, 公文書の. ❷ 記録保管所の.

*__ar·chive__ /άːrkaɪv / áː-/ 图〖通例複数形で〗❶ 公文書, 古文書. ❷ 記録[公文書]保管所, 文書局. ❸〖電算〗アーカイブ, 書庫《保存のための, 複数のファイルを(通例圧縮して)一つにまとめたもの》. —— 動 ❶〈文書・記録などを〉保管する. ❷〖電算〗〈ファイルを〉アーカイブ(化)する.《F<L<Gk》

ar·chi·vist /άːrkəvɪst / áː-/ 图 記録[公文書]保管人.

ar·chi·volt /άːrkəvòʊlt / á:-/ 图《中世の教会の出入口や窓に多い》飾り迫縁($^{せり}_{ぶち}$), アーキヴォールト.

arch·lute /άːrtʃlùːt / áːtʃ-/ 图〖楽〗アーチリュート《普通のリュートに低音弦を追加し、そのため糸巻きを別にもつ》.

ar·chon /άːrkɑn / á:kon/ 图〖史〗執政官, アルコン《アテナイの最高官; 初め 3 人, のち 9 人》. ~·**ship** 图

àrch·ríval 图 最大の好敵手, 宿命のライバル.

árch·wày 图 ❶ アーチ道《アーチの架けられた(屋根付き)通路》; アーチ付きの入口.

-archy /ɑːrki / a:-/ 接尾「…政体」の意の名詞語尾: monarchy.《⇨-arch, -y¹》

árc làmp [líght] 图 アーク灯.

ar·co /άːrkoʊ / á:-/ 副〖楽〗弓で(の), アルコで(の).

ar·col·o·gy /ɑːrkάlədʒi / a:-/ 图 完全環境計画都市, アーコロジー.《arc(hitectural) (e)cology》

*__arc·tic__ /άːrktɪk / á:k-/ 形 (more ~; most ~) ❶ [時に A~] (比較なし) 北極の, 北極地方の (↔ antarctic). ❷ 極寒の, 厳寒の (freezing): ~ weather 極寒. —— 图 ❶ [the A~] 北極(地方). ❷ C〖通例複数形で〗〖米〗防寒オーバーシューズ.《F<L<Gk=大熊座に近い, 北の》

Árctic Círcle 图 [the ~] 北極圏《北極から 23°27′の線; この圏内が寒帯》.

Árctic Ócean 图 [the ~] 北極海, 北氷洋.

Árctic Séa 图 [the ~] =Arctic Ocean.

Árctic Zóne 图 [the ~] 北極帯.

Arc·to·gae·a /ὰːrktədʒíːə / à:k-/ 图〖生物地理〗北界. **Àrc·to·gáe·an** 形

Arc·tu·rus /ɑːrktjúə(ə)rəs / a:ktjúər-/ 图〖天〗アークトゥルス, 大角星《牛飼い座のα星で一等星》.

ar·cu·ate /άːrkjuət, -eɪt / á:-/ 形 弓形の, アーチ形の.

ar·cus se·ni·lis /άːrkəsənάɪlɪs / á:-/ 图 U〖医〗老人環《角膜周辺の弓状の濁り》.

árc wélding 图 U アーク溶接.

-ard /əd / əd/ 接尾「大いに…する者」の意の名詞語尾《多くは非難の意になる》: dotard, drunkard.

---

85   Ares

Ar·den /άːrdn / á:-/ 图 アーデン《英国中部の森; Shakespeare「お気に召すまま」の舞台》.

ar·den·cy /άːrdnsi, -dn-/ á:-/ 图 U 熱心, 熱烈.

Ar·dennes /ɑːrdén(z) / a:-/ 图〖the ~〗アルデンヌ《フランス北東部, ルクセンブルク西部, ベルギー南東部にまたがる森林の多い丘陵地帯; 第 1 次, 第 2 次大戦の激戦地》.

*__ar·dent__ /άːrdnt, -dnt / á:-/ 形 (**more** ~; **most** ~) ❶ 燃えるような, 熱烈な, 熱心な (fervent): ~ love 燃えるような愛 / an ~ patriot 熱烈な愛国者. ~·**ly** 副《F<L=燃えている, 火》《 ardor》

ar·dor, 《英》**ar·dour** /άːrdər / á:də/ 图 U 熱情, 熱心《★passion のほうが一般的》: with ~ 熱心に / His ~ for her has cooled. 彼女の彼女への熱情は冷めた.《F<L=炎, 火》《 ardent》

*__ar·du·ous__ /άːrdʒuəs / á:-/ 形 ❶〈仕事など〉困難な, 骨の折れる: an ~ journey つらい旅. ❷〈努力など〉根気強い, 奮闘する. ~·**ly** 副 骨を折って; 根気強く.

*__are__¹ 《弱形》 /ər / ə/; 《強形》 /άər / á:/ be の 2 人称単数・各人称の複数・直説法・現在形 (⇨ be): You ~ a good person / We [You, They] ~ good people.

are² /éər, άər / éə, á:/ 图 アール《メートル法の面積の単位; = 100 平方メートル》; 略 a.《F<L ↓》

*__ar·e·a__ /é(ə)riə / éə-/ 图 ❶ C 地域, 地方; 地区, 区域; 《特定の場所》: a commercial ~ 商業地区 / a farming ~ 農業地域 / a parking ~ 駐車区域 / a camping ~ キャンプ地区. ❷ C 範囲, 領域: an ~ of study 研究領域. ❸ C,U 面積: the ~ of a square [triangle] 正方形[三角形]の面積 / It covers an ~ of a hundred square miles. 100 平方マイルの面積を占めている. ❹ C 《英》地下勝手口《地下の台所前の舗装した空地; 商人などの出入り口》《米》areaway.《L=敷地》《類義語》**area** は広さには関係なく 1 つの地域を表わす最も一般的な語. **region** はかなりの広さの地域で文化・社会・地理的な面での特徴をもった地域. **district** は行政上の区画または他の地域と異なった特徴をもつ地方.

área còde 图《米・カナダ》《電話の》市外局番《3 けたの数》《英》STD code).

ar·e·al /é(ə)riəl / éə-/ 形 地面の; 面積の; 地域の.

área rùg 图《米》エリアラグ《部屋の一部に敷く敷物》.

área stùdy 图 C,U 地域研究《ある地域の地理・歴史・言語・文化などの総合的研究》.

área·wày 图《米》❶ =area 4. ❷《建物間の》通路.

ar·e·ca /άrɪkə / ár-/ 图〖植〗ビンロウジュ属の植物《特にビンロウジュ (betel palm)》.

areg 图 erg² の複数形.

*__a·re·na__ /əríːnə / ə-/ 图 ❶ **a** 試合[競技]場, アリーナ. **b** 闘技場 (amphitheater の中央に砂を敷いて設けた場所). ❷ 活動の舞台, 競争の場, 《…》界: enter the political ~ 政界に入る.《L=砂, 砂地》

ar·e·na·ceous /ὰrəneɪʃəs / ὰr-/ 形 ❶ 砂質の. ❷ 砂地に生育する.

aréna théater 图 円形劇場《舞台の周囲に客席がある》.

aréna vìrus 图 アレナウイルス《RNA ウイルスの一科で, ラッサウイルス, リンパ球性脈絡髄膜炎ウイルスなどを含む》.

A·rendt /άːrənt / a:-/, **Hannah** 图 アレント《1906-75; ドイツ生まれの米国の政治思想家》.

*__aren't__ /άːnt / a:nt/ ❶ **are¹ not** の短縮形. ❷《口》《疑問文に用いて》**am not** の短縮形《cf. ain't》: A~ I stupid? 私ってばかね / I'm pretty smart, ~ I? ぼくってけっこう頭いいだろう.

a·re·o·la /ərí:ələ / ə-/ 图 (⑱ **-lae** /-lì:/, ~s) 〖生〗❶ 小室, 小腔($^{しょう}_{こう}$), 《葉脈[翅脈]間などの》網目隙, 《表面の》小孔. ❷ C《皮疹の》強紅輪. ❸〖解〗輪, 《特に》乳輪. **-lar**, **-late** /-lət, -lèɪt/ 形

a·re·ole /άrɪòʊl / ár-/ 图〖生〗=areola; 《特にサボテンの》刺座.

ar·e·ol·o·gy /èəriάlədʒi / -ɔ́l-/ 图 U 火星研究, 火星学.

Ar·es /é(ə)ri:z / éə-/ 图〖ギ神〗アレス《軍神; ローマ神話の Mars に当たる》.

a·rête /ərέɪt/ 名 《主として氷河の浸食による》鋭い岩山稜(りょう), やせ尾根, アレート.

ar·ga·li /άːrgəli | άː-/ 名 《動》アルガリ《中央アジアやシベリアに産する大きな曲がった角を有する野生の羊; 羊の類》.

Árgand dìagram /άːrgæn(d)- | άː-/ 《数》アルガン図表《複素数をグラフに書くための座標系》.

Árgand làmp 名 アルガンド灯《環状芯から円筒状に炎を出し炎の内外から空気を送るようにしたランプ》.

ar·gent /άːrdʒənt | άː-/ 形 ❶ 《詩·文》銀の. ❷ 《紋》銀白の. ── 名 Ｕ 《紋》銀白. 《F＜L＝銀; 原義は「輝くもの」》

ar·gen·tif·er·ous /ὰːrdʒəntíf(ə)rəs | ὰː-/ 形 銀を生ずる[含む].

Ar·gen·ti·na /ὰːrdʒəntíːnə | ὰː-/ 名 アルゼンチン《南米の共和国; 首都 Buenos Aires》.

ar·gen·tine /άːrdʒəntὰɪn | άː-/ 形 銀の(ような), 銀色の.

Ar·gen·tine /άːrdʒəntὰɪn, -tìːn | άː-/ 形 《南米》アルゼンチンの. ── 名 ❶ Ｃ アルゼンチン人. ❷ [the ～ Republic] ＝Argentina.

Árgentine ánt 名 《昆》アルゼンチンアリ《南米原産の茶色の小さなアリ; 害虫》.

ar·gil /άːrdʒəl | άː-/ 名 Ｕ 陶土.

ar·gil·la·ceous /ὰːrdʒəléɪʃəs | ὰː-/ 形 粘土質の, 泥質の.

ar·gil·lite /άːrdʒəlὰɪt | άː-/ 名 Ｕ 粘土質岩, (特に)珪質粘土岩.

ar·gi·nine /άːrdʒənìːn | άː-/ 名 Ｕ 《生化》アルギニン《結晶性の塩基性アミノ酸の一つ》.

ar·gle·bar·gle /άːrglbάːrgl | άː-glbάː-/ 名 《英口》 ＝ argy-bargy.

Ar·go /άːrgoʊ | άː-/ 名 [the ～] 《ギ神》アルゴー号《＝Argonaut》.

ar·gol /άːrgɔːl | άːgɔl/ 名 Ｕ 粗酒石《ワインの樽につく》.

ar·gon /άːrgɑn | άː-/ 名 Ｕ 《化》アルゴン《空気中に存在する希ガス元素; 記号 Ar》. 《L＜Gk＝不活発》

Ar·go·naut /άːrgənɔːt | άː-/ 名 《ギ神》アルゴー号の乗組員《Jason に従ってアルゴー号 (the Argo) に乗り「金の羊毛」(the Golden Fleece)を探しに出発》.

ar·go·sy /άːrgəsi | άː-/ 名 《詩》(財貨を満載した, 特に Ragusa, Venice の)大商船.

ar·got /άːrgoʊ | άː-/ 名 ＵＣ (社会集団などの)暗語, 隠語, 符牒(ちょう). 《F》

ar·gu·a·ble /άːrgjuəbl | άː-/ 形 ❶ 論じうる, 論証できる: It's ～ that the poverty of Portugal led to the discovery of India. ポルトガルが貧困だったためインドが発見されたとも言えるだろう. ❷ 議論の余地のある, 疑わしい: a highly ～ conclusion 大いに疑問のある結論.

ár·gu·a·bly /-əbli/ 副 [文修飾] (十分)論証できることだが, おそらく(間違いなく): Penicillin is ～ the greatest medical discovery of the twentieth century. ペニシリンはたぶん 20 世紀最大の医学上の発見だとも言えるだろう.

*****ar·gue** /άːrgjuː | άː-/ 動 ⓐ ❶ 〈...を〉論じる, 論議する; 主張する: ～ a question 問題を論じる / It's difficult to ～ the matter without hurting her feelings. 彼女の感情を傷つけないでそのことを論じるのは難しい / ～ one's position 自分の立場を主張する / [＋that] Columbus ～d that the earth must be round. コロンブスは地球は丸いに違いないと主張した. ❷ 〈人を〉説いて(...)させる: He wanted to go skiing, but I ～d him out of it. 彼はスキーに行きたがっていたが, 私が説得して思いとどまらせた / She ～d me into complying with her wishes. 彼女に説得されて願いをかなえてやることにした / He tried to ～ away his mistake. 彼はいろいろ論じて自分に誤りのないことを認めさせようとした. ❸ ａ 〈ものごとが〉...であることを示す: His behavior ～s selfishness (in him). ＝ [＋目＋(to be) 補] His behavior ～s him (to be) selfish. ＝ [＋that] His behavior ～s that he is selfish. 彼の行動で彼が利己的であることは明らかである.

── ⓑ ❶ 言い争う, 口論する; 文句を言う: Don't ～! 言い争いはいけません / What is the use of arguing about the past? 過去のことで言い争っても何の役に立つのか. ❷ [人と ...について]論じ合う, 議論する（★ ～ about は受身可）: ～ in circles 循環論法で論ずる / I ～d on her behalf. 彼女のために弁じた / He ～d with his friend about the best method. 彼は友人と最善の方法について論じ合った / I ～d against [for, in favor of] passage of the bill. 彼は法案通過に反対[賛成]の議論をした / I ～d for justice. 私は正義のために弁じた.

árgue the tóss ⇒ toss 名 成句.

【F＜L＝明確にする, 示す】 名 argument [類義語]
⇒ discuss.

ar·gu·fy /άːrgjufὰɪ | άː-/ 動 ⓑ 《英口·米方》[戯言的に]ささいなことなどを激しく[長々と]議論する.

*****ar·gu·ment** /άːrgjumənt | άː-/ 名 ❶ Ｃ [人と...についての]口論, 言い争い (with) (about, over): I had an ～ with my wife over her spending habits. 私は妻と〈妻の〉金の使い方のことで言い争いをした. ❷ ＵＣ (事実や論理をもとにして行なう)議論; 論争, 口論 (about, over): for the sake of ～ 議論の[を進める]ために / by ～ 議論で / They wasted no time in ～ about what to do. 彼らは何をすべきかという議論で時間を空費しなかった / We had an ～ about the plan. その計画について議論をした. ❸ Ｃ (賛否の)論, 論拠, 論点, 言い分, 主張, 理由: a strong ～ against war 戦争反対の有力な論拠 / There's a good ～ for dismissing him. 彼を解雇するもっともな理由がある / These are ～s in favor of this hypothesis. 以上[以下で述べるところ]がこの仮説支持の論拠である / [＋that] The ～ that poverty is a blessing has often been put forward. 貧乏は祝福であるという議論はしばしば繰り返されてきている / The ～ that smoking is injurious has become accepted. たばこは健康に害であるという主張は容認されてきた. ❹ Ｃ (主題の)旨, (書物の)梗概(がい), (物語·脚本の)筋.

árgument from design [the ～] 《哲》目的論的証明《世界の秩序の合目的性からその設計者たる神の存在を推論する》. (動 argue; 関連 eristic).

[類義語] **argument** 事実や論理をもとにして行なう意見の主張または反論, 自分と違う意見の人を説得しようとする議論. **dispute** 議論する上で, 互いに敵意·反感を持っていることが示唆する. **controversy** 原則にかかわるような重要な問題に関しての長期間にわたる大規模な議論·論争.

ar·gu·men·ta·tion /ὰːrgjumənté[ə]rʃən | ὰː-/ 名 ＵＣ ❶ 立論; 論証. ❷ 議論, 討論.

ar·gu·men·ta·tive /ὰːrgjuméntətɪv | ὰː-/ 形 ❶ 〈発言など〉論争的な, 議論がましい. ❷ 〈人が〉議論好きな, 理屈っぽい. **～·ly** 副 論争的に; 理屈っぽく. **～·ness** 名.

Ar·gus /άːrgəs | άː-/ 名 ❶ 《ギ神》アルゴス, アーガス《100 の目をもつ巨人》. ❷ Ｃ 厳重な見張り人.

Árgus-éyed 形 監視眼の鋭い, 油断のない.

ar·gute /ɑːrgjúːt | ɑː-/ 形 鋭い, 抜け目のない.

ar·gy-bar·gy /άːrdʒibάːrdʒi | άːdʒibάː-dʒi/ 名 ＵＣ 《英口》争い, 口論.

Ar·gyle /άːrgαɪl | άːgάɪl/ 名 [しばしば A～] アーガイル《ひし形色格子の柄[模様]》; [通例複数形で] アーガイル柄の靴下.

ar·hat /άːrhʌt | άː-/ 名 [しばしば A～]《仏教》アルハット, 阿羅漢.

a·ri·a /άːriə/ 名 アリア, 詠唱《オペラなどで楽器の伴奏のある独唱曲》. 《It＝melody》

Ar·i·ad·ne /ὰːriádni/ 名 《ギ神》アリアドネ《Theseus に糸玉を与え迷宮脱出を助けた》.

Ar·i·an[1] /é(ə)riən/ 形 アリウス主義の(信奉者[支持者]).

Ar·i·an[2] /é(ə)riən/ 名形 おひつじ座生まれの(人).

Ar·i·an[3] /é(ə)riən/ 形名 ＝Aryan.

-ar·i·an /é(ə)riən/ 接尾 「...派の(人), ...主義の(人), ...歳の(人)」などの意の形容詞·名詞語尾.

Ar·i·a·n·ism /-nɪzm/ 名 Ｕ アリウス主義《キリストの神性を否認》.

*****ar·id** /ǽrɪd/ 形 ❶〈土地·空気など〉乾燥した, 不毛の: an ～ climate 乾燥した地方. ❷ 《詩·思想など》貧弱な; 無味乾燥な. **～·ly** 副. 《L＝乾いた》 (名 aridity)

A·rid·i·sol /ərídəsɔːl | -sɔl/ 名 《土壌》アリディゾル《乾燥

a·rid·i·ty /ərídəti/ 名 U ❶ 乾燥(状態). ❷ 貧弱さ; 無味乾燥, 味気なさ. (形 arid)

Ar·i·el /é(ə)riəl/ 名 エーリエル《空気の精; Shakespeare の「あらし」に出てくる》.

†**Ar·i·en** /é(ə)riən/ 名 形 =Arian².

†**Ar·ies** /é(ə)ri:z, -ri:ìz/ 名 ❶ 【天】牡羊座 (the Ram). ❷ 【占星】 **a** おひつじ座, 白羊宮 (cf. the signs of the ZODIAC 成句). **b** C おひつじ座生まれの人. 〖L〗

a·right /əráit/ 副 正しく《★ rightly のほうが一般的》: if I remember ~ (私の)思い違いでなければ, 確か. **sét . . . aríght** 〈問題などを〉正す, 解決する.

ar·il /ǽrəl/ 名 【植】(種子の表面をおおう)仮種皮, 種衣.

ar·il·late /ǽrəlèit/ 形 【植】仮種皮をもった.

a·ri·o·so /à:rióusou/ 副 形 【楽】詠唱風な[に], アリオーソの〔で〕. ─ 名 U,C (複 ~s) 詠唱唱.

*†**a·rise** /əráiz/ 動 (**a·rose** /əróuz/; **a·ris·en** /ərízən)/) ❶ 〈問題・困難などが〉起こる, 発生する (occur): A good idea *arose* in his mind. いい考えが彼の心の中に浮かんだ. **b** 〈結果などが〉〈...から〉生じる, 起こる 〔*from, out of*〕: Accidents ~ *from* carelessness. 事故は不注意から起こる. ❷ 起きる; 立ち上がる. 〖OE=*a*- out +RISE〗

*†**a·ris·en** /əríz(ə)n/ 動 arise の過去分詞.

a·ris·ings /əráizɪŋz/ 名 C 副産物, 余剰産物.

†**ar·is·toc·ra·cy** /ærəstákrəsi | -tɔ́k-/ 名 ❶ C 〔the ~; 集合的; 単数または複数扱い〕貴族, 貴族社会; 上流[特権]階級 (nobility). ❷ **a** U 貴族政治. **b** C 貴族政治の国. ❸ C 〔集合的; 単数または複数扱い〕一流の人々: the ~ *of* wealth 屈指の富豪たち. 〖Gk=最もよく生まれた者による統治〈*aristos* best +-CRACY〗 (形 aristocratic)

†**a·ris·to·crat** /ərístəkrǽt, ǽris-/ 名 ❶ **a** 貴族. **b** 貴族的な人; 貴族ぶる人. ❷ 貴族政治主義者. ❸ 〔あるものの中の〕最高のもの 〔*of*〕.

†**a·ris·to·crat·ic** /ərìstəkrǽtik, æ̀ris-⊖/ 形 ❶ 貴族の; 貴族的な (爵位のある). ❷ 貴族政治の; 貴族主義の. **-i·cal·ly** /-kəli/ 副 貴族的に, 貴族ぶって. (名 aristocracy)

Ar·is·toph·a·nes /ærəstáfəni:z | -tɔ́f-/ 名 アリストファネス (450?-388 B.C.; 古代ギリシアの喜劇作家).

Ar·is·to·te·le·an /ærìstətíːliən⊖/ =Aristotelian.

Ar·is·to·te·li·an /ærìstətíːliən⊖/ 形 アリストテレス(派)の. ─ 名 アリストテレス派の学徒.

Áristotèlian lógic 名 U アリストテレス論理学, 形式論理学.

Ar·is·tot·le /ǽrəstàtl | -tɔ̀tl/ 名 アリストテレス (384-322 B.C.; 古代ギリシアの哲学者).

arith. 《略》 arithmetic; arithmetical.

†**a·rith·me·tic** /əríθmətik/ 名 U ❶ 算数, 算術: decimal ~ 10進算 / mental ~ 暗算. ❷ 算数の能力; 計算. ─ /æ̀rɪθmétɪk⊖/ 形 =arithmetical. 〖F<L<Gk=数え方〈*arithmos* 数〗

ar·ith·met·i·cal /æ̀rɪθmétɪk(ə)l⊖/ 形 算数の, 算術に関する. **~·ly** /-kəli/ 副

a·rith·me·ti·cian /əríθmətíʃən/ 名 算数家; 算数のうまい人.

árithmétic méan 名 【数】算術平均; 等差中項.

arithmétic progréssion 名 【数】等差数列.

arithmétic séries 名 【数】等差数列, 算術級数.

arith·me·tize /əríθmətàiz/ 動 算術化する.

Ar·i·us /é(ə)riəs/ 名 アリウス (250?-336; ギリシアの神学者; キリストの神性を否定した).

Ariz. 《略》 Arizona.

Ar·i·zo·na /ærəzóunə⊖/ 名 アリゾナ州《米国南西部の州; 州都 Phoenix; 略 Ariz., 〖郵〗AZ; 俗称 the Grand Canyon State》. 〖N-Am-Ind=小さな泉〗

Ar·i·zo·nan /ærəzóunən⊖/ 名 アリゾナ州の人).

ark /á:k | á:k/ 名 【聖】 (Noah が大洪水を逃れた)箱舟. **the Ark of Téstimony [the Cóvenant]** 〖ユダヤ教〗 契約の箱 《Moses の十戒を刻んだ二つの石の板を納めた箱; 聖書「出エジプト記」などから》. 〖L=箱〗

Ark. 《略》 Arkansas.

Ar·kan·san /a:kǽnz(ə)n | a:-/ 形 名 アーカンソー州の(人).

Ar·kan·sas /á:kənsɔ̀: | á:-/ 名 アーカンソー州《米国中南部の州; 州都 Little Rock; 略 Ark., 〖郵〗AR; 俗称 the Land of Opportunity》. 〖?N-Am-Ind=下流の人たち〗

Ar·kose /á:kous | á:-/ 名 U 【岩石】花崗(ᵢᵢᵢ)砂岩, アルコース. **ar·ko·sic** /a:kóusik | á:-/ 形

Ar·ling·ton /á:lɪŋtən | á:-/ 名 アーリントン《米国 Virginia 州北東部の郡・市の名; 国立軍人墓地 (Arlington National Cemetery); 無名戦士の墓 (the Tomb of the Unknown Soldier) や Kennedy 大統領の墓がある》.

*†**arm**¹ /á:m | á:m/ 名 ❶ 腕 《解剖 肩と手首までの間で肩からひじまでが upper arm で, ひじから手首までが forearm》: have [hold] a child in one's ~s 子供を抱いている / a child [a babe] in one's ~s 抱き子《歩けない子供》/ give [offer] one's ~ (*to*...) 〈老人などに〉(つかまらせよう と)腕を差し出す / within ~'s reach 手の届く所に / with one's ~s folded 腕を組んで / throw one's ~s around a person's neck 人の首に抱きつく / carry [hold] a package under one's ~ 包みを脇に抱えて. ❷ 腕に似たもの. **a** (木の)大枝. **b** 腕木, 腕金. **c** (服の)そで (sleeve). **d** (いすの)ひじかけ. **e** (レコードプレーヤーの)アーム (tone arm). **f** (眼鏡の)つる. **g** 入り江: an ~ of the sea 入り海, 入江, 入湾. ❸ 〔通例単数形で〕力, 権力: the ~ of the law 法の力, 警察力. ❹ **a** (官庁・活動などの)部門. **b** 【軍】兵種, 兵科 (歩兵・騎兵・砲兵・工兵): the infantry ~ 歩兵科 / the air ~ 空軍. ❺ 〔複数形で〕⇒ arms. **an árm and a lég** たくさんのお金: It cost *an* ~ *and a leg*. 大金がかかった. **árm in árm** 〈人と〉腕を組み合って (*with*). **at árm's length** 手を伸ばせば届く所に[で]; ある距離をおいて, よそよそしく: keep [hold] a person *at* ~'s *length* 人を寄せつけない, 人によそよそしくする. **pùt the árm on...** 《米口》(1) 〈人〉に力[暴力]を行使する. (2) 〈人〉に(金を)ねだる 〔*for*〕. **one's ríght árm** ⇒ right arm. **twíst a person's árm** (1) 人の腕をねじる. (2) 人に強制する, 人に無理に強いる. **with ópen árms** (1) 両手を広げて. (2) 心から〈迎えるなど〉. 〖OE; 原義は「ぴったりはまったもの」〗 (関形 brachial)

*†**arm**² /á:m | á:m/ 動 他 ❶ 〈人に〉〈...で〉武装させる, 〈兵器などに〉...を装備する: ~ the peasants (*with*) guns 農民に(銃で)武装させる / He ~ed himself *with* a pistol. 彼はピストルで身を固めた / He *is* ~ed *to* the teeth. 彼は寸分のすきもなく武装している / ~ a missile *with* a nuclear warhead ミサイルに核弾頭を装備する / The submarine *is* ~ed *with* nuclear missiles. その潜水艦は核ミサイルを搭載(ᵢᵢᵢᵢ)している. ❷ 〈人などに〉〈用具・知識などを〉供給する, 与える: He came to the meeting ~ed *with* the pertinent facts. 彼は関連する事実を用意して会議に臨んだ. ─ 自 武装する; 軍備を整える. 〖F<L=武装させる〈*arma* 武器; 原義は「(防御のために)身につけたもの」〗

ar·ma·da /a:má:də | a:-/ 名 ❶ C 艦隊; 軍用飛行隊. ❷ 〔the A~〕無敵艦隊: ⇒ Invincible Armada. 〖Sp〗

ar·ma·dil·lo /à:mədílou⊖/ 名 (複 ~s) 【動】アルマジロ, ヨロイネズミ《南米産の夜行性哺乳(ᵢᵢᵢᵢ)動物》. 〖Sp=武装じみた(体が鎧(ᵢᵢᵢ)に似ていることから)〗

Ar·ma·ged·don /à:məgédn | à:-/ 名 ❶ 【聖】ハルマゲドン《世界の終末における善と悪との決戦場》. ❷ C (国際的な)大決戦(場). 〖L<Gk<?Heb=の山; メギドはたびたび戦場となった古代パレスチナの都市〗

Ar·magh /à:má: | à:-/ 名 アーマー: **a** 北アイルランド南部の地区. **b** その中心の町; カトリックの大司教座, プロテスタントの大監督教会が置かれる.

Ar·ma·gnac /á:mənjæk | á:-/ 名 U [しばしば a~] アルマニャック《南フランス産の辛口のブランデー》.

*†**ar·ma·ment** /á:məmənt | á:-/ 名 ❶ C [しばしば複数形で] **a** (一国の)軍隊; 軍事力, 軍備《兵員・兵器・所要物資・軍需産業などを含む》: limitation [reduction] of

~s 軍備制限[縮小]. b (軍艦・軍用機などの)備砲: a warship with an ~ of 16 guns 大砲 16 門を備えた軍艦. ❷ Ⓤ 軍備, 武装: atomic ~ 核武装 / the ~ of a country with nuclear weapons 核兵器による一国の武装.

ar·ma·men·tar·i·um /ὰːməmèntέ(ə)riəm | ὰː-/ 图 (邇 -ia /-iə/) (特定の目的, 特に 医療のために利用できる器具・資料・材料・信報の)全設備[装備], 医療設備.

ármaments expénditures 图 軍事費.

ármaments índustry 图 Ⓤ [the ~] 軍事産業.

ar·ma·ture /ὰːmətʃὺə, -tʃὲə | ὰː-/ 图 【動・植】防護器官(歯・とげなど). ❷ 【電】a (発電機の)電機子. b (磁極の)接極子. ❸ 【彫刻】(製作中の像を支える)仮枠, 補強材.

árm·bànd 图 腕章: wear an ~ 腕章をつける.

árm càndy 图 Ⓤ 《軽蔑》 パーティーなどに同伴する性的関係のない美女[美男], デートだけのお相手.

⁺**árm·chàir** /ὰːmtʃέə, -tʃὲə/ 图 ひじかけいす. ── 形 (比較なし) ❶ 実際の経験によらないで意見を述べる, 空論的な: an ~ critic 観念的な批評家. ❷ (読書・テレビなどで)他人の経験による: an ~ traveler (自分は行かずに)読んだり見たりして旅行気分にひたる人.

Árm·co /ὰːmkou | ὰː-/ 图 【商標】アームコ(自動車レースサーキットのコーナーなどに建てる金属製安全障壁).

⁺**armed** /ὰːmd | ὰː-/ 形 武装した (↔ unarmed): / ~ neutrality 武装中立 / ~ peace 武装平和 / an ~ robber 凶器持ちの強盗.

⁺**ármed fórces** 图 ⟨他⟩ (陸・海・空を含む)軍, 軍隊, 全軍.

Ar·me·ni·a /ὰːmíːniə | ὰː-/ 图 アルメニア(イランの北西にある共和国; 首都 Yerevan).

Ar·me·ni·an /ὰːmíːniən | ὰː-/ 形 アルメニア(人, 語)の. ── 图 ❶ アルメニア人. ❷ Ⓤ アルメニア語.

Arménian Chúrch 图 [the ~] アルメニア教会(キリスト単性論を主張するが, 教義は東方正教会とだいたい同じ).

árm·ful /ὰːmfὺl | ὰː-/ 图 腕いっぱい, ひとかかえ: an ~ of books ひとかかえの書物.

ár·mil·làr·y sphére /ὰːməlὲri- | ὰ:mílərì-/ 渾天(⅓⁻)儀, アーミラリ天球儀(古代の環状の天球儀).

Ar·min·i·an /ὰːmíniən | ὰː-/ アルミニウス派の. ── 图 アルミニウス主義者.

Ar·min·i·an·ism /-nìzm/ 图 Ⓤ アルミニウス主義《Calvin 派の絶対予定説に反対し自由意志と神の恵みの普遍性を強調する, オランダの神学者 Arminius の説》.

ar·mi·stice /ὰːmıstıs | ὰː-/ 图 休戦: declare an ~ 休戦を布告する. [F<L]

Ármistice Dày 图 (もと第一次世界大戦の)休戦記念日(11月11日; ★第二次世界大戦も含めて, 米国では1954年に Veterans Day と, 英国では1946年に Remembrance Day と改称された).

árm·less 形 ❶ 腕のない. ❷ くいすなどひじかけのない.

árm·let /ὰːmlət | ὰː-/ 图 ❶ 腕輪, 腕飾り. ❷ 狭い入り江. [ARM¹+-LET]

árm·lòad 图 《米》 腕にかかえられる量, 腕一杯.

árm·lòck 图 《レス》 アームロック(相手の腕を自分の腕と手で固める技).

ar·moire /ὰːmwá:ə | ὰ:mwá:/ 图 大型衣装だんす(押入れ, 戸棚).

⁺**ár·mor,** (英) **ar·mour** /ὰːmə | ὰ:mə/ 图 Ⓤ ❶ よろいかぶと, 甲冑(ゕゝう): a suit of ~ 甲冑ひと揃い / in ~ よろいかぶとを着た. ❷ a (軍艦などの)装甲(鋼板). b 防護服; 潜水服. ❸ 【軍】機甲部隊. ❹ 【生】防護器官(うろこ・とげ・殻など). **a [the] chínk in a pérson's ármor** ⇨ chink¹ 成句. ── 他 ❶ (...に)よろいを着せる. ❷ (...に)装甲する (⇨ armored). [F<L<armare 武装させる; ⇨ arm²]

ármor-clád 形 よろいを着た; 装甲した: an ~ ship 装甲艦.

⁺**ár·mored,** (英) **ar·moured** 形 装甲の[した]: an ~ battery 装甲砲台 / an ~ cable 外装ケーブル.

ármored cár 图 ❶ (軍用の)装甲車. ❷ 《米》(銀行への)現金輸送用の)装甲車.

ar·mor·er, (英) **-mour-** /ὰːmərə | ὰ:mərə/ 图 ❶ (昔の)武具製造人[職人]. ❷ (軍艦・連隊の)兵器係.

ar·mo·ri·al /ὰːmɔ́ːriəl | ὰː-/ 形 紋章の: ~ bearings 紋章.

ármor pláte 图 Ⓤ (軍艦・戦車などの)装甲(鋼)板.

ármor-pláted 形 装甲した.

ar·mo·ry¹, (英) **-mou-** /ὰːm(ə)ri | ὰː-/ 图 ❶ **a** 兵器工場, 造兵廠(しゃう). **b** 兵器庫. ❷ 《米》州兵(しゅゝ)部隊本部; (その)屋内訓練場.

ar·mo·ry² /ὰːm(ə)ri | ὰː-/ 图 Ⓤ 紋章学; 《古》紋章.

armour, armoury ⇨ armor, armory.

⁺**árm·pìt** 图 わきの下.

⁺**árm·rèst** 图 (いす・車の座席などの)ひじかけ.

⁺**arms** /ὰːmz | ὰːmz/ 图 ❶ 兵器, 武器: carry ~ 武器を携帯する / change ~ 銃をにない変える / deeds of ~ 武勲 / by force of ~ 武力によって / give up one's ~ 武器を渡して降伏する / Shoulder [Carry, Slope] ~! にない銃! ⇨ side arms, small arms. ❷ **a** 戦争, 戦闘: suspension of ~ 休戦 / appeal [resort] to ~ 武力に訴える. **b** 兵役, 軍人の職. ❸ (騎士が盾や旗などに用いた) 紋章, しるし: ⇨ COAT of arms 成句. **bèar árms** (1) 武器を所有[携帯]する. (2) 武装する; 兵役に服する. **lày dówn one's árms** (1) 武器を捨てる. (2) 降伏する. **take úp árms** (1) 武器を取る, 戦端を開く (*against*). (2) 兵隊になる. **To árms!** 戦闘準備!(の号令). **ùnder árms** 武装を整えて. **úp in árms** (1) 戦闘準備として. (2) [...に]憤慨して, ぷりぷりして [*about, over*]. 【類義語】weapon.

árms contròl 图 Ⓤ 軍縮.

⁺**árms ràce** 图 [通例単数形で] 軍備競争: the nuclear ~ 核兵器の軍備拡大競争.

Árm·strong /ὰːmstrɔ(ː)ŋ | ὰ:mstrɔŋ/, (**Daniel**) **Louis** 图 アームストロング(1901-71; 米国のジャズトランペッター・歌手・バンドリーダー).

Ármstrong, Neil (Álden) 图 アームストロング(1930- ; 人類で初めて月面に降り立った米国の宇宙飛行士).

árm-twìsting 图 Ⓤ 無理強い, 圧力をかけること, 締めつけ.

árm wrèstling 图 Ⓤ 腕ずもう.

⁺**ar·my** /ὰːmi | ὰː-/ 图 (邇 ~·**mies**) ❶ [しばしば the A~] 陸軍 (cf. navy 1): be in *the* ~ 陸軍軍人になっている / enter [join, go into] *the* ~ 陸軍に入隊する, 軍人になる. ❷ (陸軍の)**軍隊**; 軍: raise an ~ 軍を起こす, 軍兵を募る / serve in the ~ 兵役に服する.

[解説] 軍の区分は通例次のようになる: army 《2 個(以上)の軍団 (corps) から成る》 — corps 《2 個(以上)の師団 (divisions) から成る》 — division 《3-4 個の旅団 (brigades) から成る》 — brigade 《2 個(以上)の連隊 (regiments) から成る》 — regiment 《2 個(以上)の大隊 (battalions) から成る》 — battalion 《2 個(以上)の中隊 (companies) から成る》 — company 《2 個(以上)の小隊 (platoons) から成る》 — platoon 《2 個(以上)の分隊 (squads *or* sections) から成る》 — squad 《軍曹(¾)・伍長(⅓)各 1 人ずつと 10 人の兵から成る》.

❸ (軍隊的組織の)団体: the Salvation A~ 救世軍. ❹ [an ~ of] 大勢, 大群: *an* ~ of ants アリの大群 / *an* ~ of demonstrators 大勢のデモ隊. ❺ 軍隊の: ~ life 軍隊生活 / an ~ chaplain 軍隊付き牧師. 《F=武装した者; ⇨ arm²》

ármy ánt 图 【昆】グンタイアリ(群れをなして移動し獲物を狩る).

ármy córps 图 ⟨他⟩ [集合的; 単数または複数扱い] 軍団(複数の師団 (divisions) と付属部隊から成る).

Ármy Líst 图 《英》 =army register.

ármy règister 图 《米》 陸軍現役将校名簿.

ármy-wórm 图 【昆】ヨトウムシ(ヨトウガ(夜盗蛾)の幼虫; 夜群れをなして移動し, 作物を荒らす).

Arn·hem /ὰːnəm, ὰːnhem | ὰː-/ 图 アルンヘム, アルネム

《オランダ東部 Rhine 川に臨む市》.

ar·ni·ca /ɑ́ːnɪkə | áː-/ 名 ❶《植》ウサギギク属の各種多年草《キク科》. ❷《~》アルニカチンキ《外用鎮痛剤》.

Ar·no /ɑ́ːnou | áː-/ 名 [the ~] アルノ川《イタリア中部の川; アペニノ山脈に発し Florence, Pisa を流れてリグリア海に入る》.

Ar·nold /ɑ́ːn(ə)ld | áː-/ 名 アーノルド《男性名》.

Arnold, Benedict 名 アーノルド (1741-1801; 米国の独立戦争時の軍人; West Point を敵に売り渡そうとした).

Arnold, Matthew 名 アーノルド (1822-88; 英国の詩人, 批評家).

ar·oid /é(ə)rɔɪd/ 名《植》サトイモ.

†**a·ro·ma** /əróumə/ 名 ❶ 芳香, 香り: the ~ of freshly brewed coffee 入れたてのコーヒーの香り / a savory ~ うまそうな香り. ❷ (芸術品などの) 風格, 気品; 雰囲気.
《F＜L＜Gk》《類義語》 ⇨ smell.

a·ro·ma·ther·a·py /əròumǝθérəpi/ 名 Ⓤ 芳香療法, アロマセラピー《芳香物質を利用する健康法や美肌法》.

ar·o·mat·ic /ærəmǽtɪk⁻/ 形《飲食物の》芳香の, かんばしい (fragrant). ─ 名 芳香のもの, 香料; 芳香植物.

a·ro·ma·tize /əróumətàɪz/ 動 他 ❶ 《...に》芳香をつける. ❷《化》芳香族化する. **a·ro·ma·ti·za·tion** /əròumətɪzéɪʃən | -taɪz-/ 名

*a·rose /əróuz/ 動 arise の過去形.

※**a·round** /əráund/ 副 (比較なし) ❶ 周囲に, 周りに, 四面に: the scenery ~ 周囲の景色 / People gathered ~. 人々が周囲に集まってきた / He looked ~ in wonder. 彼は不思議そうにあたりを見回した / The tree is four feet ~. その木は周囲が4フィートだ.
❷《米》a (ぐるりと) 回って, ぐるぐると: fly ~ over a city 市の上空をぐるりと旋回する / The wheels went ~. 車輪がぐるぐる回った. b 彼女は飲み物をみんなに手渡した. c (ぐるりと) 反対の方向に向きを変えて: turn ~ ぐるりと向きを変える, ふり返る.
❸ a あちこちに, ここかしこに, 方々に: travel ~ 方々旅行して回る / Waste paper was lying ~ everywhere. 紙くずがいたるところに散らかっていた. b どこかそこらあたりに, 近くに: wait ~ for a person あちこちぶらぶらして人を待つ / He's ~ somewhere. = He's somewhere ~. 彼はどこか近くにいる. c 動き回って; 活動[活躍]して. d《通例名詞の後に置いて》存在して, 生存中で: She's one of the best singers ~. 彼女は現在最高の歌手の一人である. e (ものが) 出回って; (病気が) 広まって: There aren't many two-dollar bills ~. 2ドル紙幣はたくさん出回っていない.
❹ a (季節・順番などが) めぐって: A new year has come ~. 新しい年がめぐってきた. b《米》全期間を通じて《★通例次の句で》: (all) the year ~ = all year ~ 一年中.
❺ 遠回りをして, 迂回して: The bridge was out and we had to go ~ by one upriver. 橋が不通で, 川上にある別の橋から回らなければならなかった.
❻ [数詞を伴って] およそ, 約... (about) (⇨ 4): ~ two hundred years ago 約200年前に / ~ ten o'clock 10時ごろに《用法》at ~ ten o'clock という人もいるが一般には at は不要》.
❼ 正常状態に; (意識を) 回復して: ⇨ BRING around 成句 (1), COME around 成句 (4).

áll aróund あたり一面に; 皆に: shake hands all ~ 皆と握手する.

have bèen aróund《口》 (いろいろな所で) 多くの経験をしている; 世慣れている.

── 前 /-´-/ ❶ ...の周囲に, ...を (取り) 囲んで: with his friends ~ him 友達に取り巻かれて / sit ~ the fire 火を囲んで座る.
❷ a ...の周囲を回って, ...を一周して: a trip ~ the world 世界一周旅行 / The earth goes ~ the sun. 地球は太陽の周りをめぐる. b 〈角⒢〉を曲がった所に: There is a store ~ the corner 角を曲がった所に店がある. c ...の周りを回って, ...を迂回して: sail ~ the cape 岬を迂回して航海する / We drove ~ the stalled car. 私たちはエンストの車を避けて運転した[車を走らせた].
❸ a ...のあたりを[に]: She looked ~ the room. 彼女は

室内を見回した. b ...の近くに, ...の (中も含んで) 周りに: I do odd jobs ~ the house on weekends. 週末には家の中や周りで片手間仕事をする. c ...の方々を, ...のあちこち で: travel ~ the country 国内をあちこち旅行して回る.
❹ およそ《用法》数詞の前の around は副詞と考える; ⇨ 副 6》: ~ the end of the year 年末ごろに.
❺ ...に基づいて, ...を中心にして: The story is written ~ her life. その物語は彼女の一生を中心に書かれている.
《A-¹+ROUND》

aróund-the-clóck 形 24時間ぶっとおしの: (in) ~ operation 無休操業(中) / The patient requires ~ care. その患者は24時間完全看護を要する.

†**a·rous·al** /əráʊz(ə)l/ 名 Ⓤ 目覚め (させ) ること, 覚醒 (%).
《動 arouse》

*a·rouse /əráuz/ 動 他 ❶〈人を〉《眠りから》起こす, 〈人の〉目を覚まさせる (awaken): I ~d him from his sleep. 彼を眠りから目覚めさせた. ❷ a〈感情・好奇心などを〉刺激する, 喚起する: Their generosity ~d our respect. 彼らの寛大さには尊敬の念がわいた / His speech ~d the people to revolt. 彼の演説は人々を暴動へ駆り立てた. b〈人を〉性的に刺激する.《a- (強意)+ROUSE》《動 arousal》

ar·peg·gi·ate /ɑːpédʒièɪt/ 動 他 アルペジオで演奏する.

ar·peg·gi·o /ɑːpédʒiòʊ | aː-/ 名 《~s /~z/, -peg·gi-dʒi-/》《楽》アルペッジョ《和音を連続的に奏すること》.《It ＜arpa ハープ》

ar·que·bus /ɑ́ːkwɪbəs | áː-/ 名 = harquebus.

arr. 名 arranged; arrival; arrives.

ar·rack /ǽrək/ 名 Ⓤ アラック酒《中近東の強い蒸留酒》.

ar·raign /əréɪn/ 動 他 ❶《法》〈被告を〉《...のことで》法廷に召喚して罪状の認否を問う《for, on》《★ 通例受身》. ❷ 非難する.

ar·raign·ment /-mənt/ 名 Ⓒ,Ⓤ ❶《法》《被告人の》罪状認否 (手続き). ❷ 非難.

Ar·ran /ǽrən/ 名 アラン島《スコットランド南西部の島》.

※**ar·range** /əréɪndʒ/ 動 他 ❶〈事を〉前もって整える, 用意しておく, 手配する, 準備する; 取り決める, まとめる: ~ a meeting 面会を準備する / ~ a marriage 縁談をまとめる / (an) ~d marriage 見合い結婚 / at the hour ~d 予定の時刻に / She ~d a car. 彼女は車を手配した / The tourist bureau has ~d everything for our trip to Europe. その旅行会社がヨーロッパ旅行の準備を一切して くれた《[+that]》It's ~d that he will telephone me. 彼が電話をくれるように打ち合わせてある.
❷〈ものを〉整える, 整頓(%)する; 配列する, 配置する: ~ flowers 花をいける / He ~d the books on the shelves 彼は本棚の本を整理した / ~ one's affairs 身辺の雑事を整理する.
❸〈曲を〉《...向きに》編曲する, アレンジする: ~ a piece of music for the violin ある曲をバイオリン向きに編曲する.
── 自《...の》準備をする, 手はずを決める, 手配する; 打ち合わせる: We had to ~ for every contingency. すべての不慮の出来事の準備をしなければならなかった《[+to do]》 Can you ~ to be here at five o'clock? 5時にここに来ていただけますか《[+for+(代)名+to do]》 I'll ~ for a taxi to pick you up. タクシーを迎えに行かせるように手配しよう / We have ~d for another man to take his place. 別の人が彼の代わりをして手配してある / I must ~ with him about the party [for a discount]. パーティーのことで[割引のことで]彼と打ち合わせをしなければならない《[+with+(代)名+to do]》 I've ~d with her to meet at five. 彼女と5時に会うことにしてある. **ar·ráng·er** 名《F=整える a- to+ranger 並べる》《名 arrangement》

※**ar·range·ment** /əréɪndʒmənt/ 名 ❶《通例複数形で》準備, 手はず, 手配: Let's make ~s for our trip [for sending the car by ferry]. 旅行の[車をフェリーで送るように]手はずを整えよう / He has made ~s to spend his holiday in Wales. 彼は休暇をウェールズで過ごそうと手はずを整えた. ❷ Ⓒ,Ⓤ 打ち合わせ, 取り決め, 協定: We must come to some ~ about sharing expenses. 費

ar・rant /ǽrənt/ 形 A〖古風〗まったくの, 途方もない: an ~ fool [lie] 大ばか[うそ].

ar・ras /ǽrəs/ 名 ❶ (徹 ~, -es)〖建〗アラス織り《美しい絵模様のあるつづれ織り》. ❷ C アラス織り壁掛け.

*__ar・ray__ /əréi/ 名 ❶ C a [通例単数形で] ずらりと並んだもの[人]; おびただしい数; たくさんの[多様な]もの[人]の集まり: an ~ of umbrellas ずらりと並んだ傘, アレイ《一定の規則で配列されたデータ群》;〖数〗(数・記号などの)配列(行列など). **c**〖法〗陪審員候補者名簿. ❷ U (軍隊の)整列, 陣立て, 勢ぞろい: in battle ~ 戦闘隊形をとって / set...in ~ …を配列する. ❸ U〖文〗衣装, 美装: in fine ~ 美装をこらして. ── 動 [通例受身で] ❶ 〖文〗〈…を〉整頓[配列]する,〈人・軍隊を〉整列[勢ぞろい]させる《*against*》. ❷〔議論などのために〕〈情報・事実などを〉整頓する《*against*》. ❸〖文〗〔…で〕盛装させる, 飾る: They were all ~ed in ceremonial robes. 彼らはみな礼服で着飾った[着飾っていた].〖F<L〗

*__ar・rear__ /əríə|-ríə/ 名 ❶ [複数形で]〔仕事・支払い金の〕滞り: ~s of wages 賃金の滞り / fall into ~s 滞る / I'm in ~s with my work. 私は仕事が遅れている. ❷ [しばしば複数形で] 支払い残金, 延滞金. **in arrear(s)** (1) (負債などの)支払いが遅れて, 未払いで. (2) (賃金・家賃などが)後払いで. (3) (競技などで)他より遅れて[得点が低くて(など)], 後れを押して.〖F=を後ろに〗

ar・rear・age /əríərɪdʒ/ 名 ❶ [複数形で] 未払い金. ❷ U 延滞.

*__ar・rest__ /ərést/ 動 ❶ [しばしば受身で]〈人を〉逮捕する: ~ a thief 泥棒を逮捕する / He was ~ed for theft [for robbing a convenience store]. 彼は窃盗の[コンビニエンスストアを襲った]罪で逮捕された. ❷〈物事の〉進行・成長などを〉(引き)止める, はばむ, 阻止する: They ~ed the spread of the fire. 彼らは延焼を食い止めた / the deterioration of the (natural) environment 自然環境の悪化を阻止する / ~ed development 発育停止《時に戯言的に年相応にふるまえない[大人げない]人に対しても用いる》. ❸〈注意・興味などを〉引く: His peculiar dress ~ed attention. 彼の異様な服装が人目を引いた. ── 自 〈人が〉心臓が止まる[停止する]. **can't gèt arrésted** 〘戯言〙〈人が〉人気がなくて今では全く知られていない. ── 名 U C ❶ 逮捕, 検挙, 拘引: ⇒ house arrest / make an ~ 逮捕する. ❷〖医〗停止, 阻止: cardiac ~ 心(拍)停止. **arrest of júdgment**〖法〗判決阻止. **ùnder arrést** 拘引[収監]されて: place [put] a person *under* ~ 人を拘引する / You're *under* ~. お前を逮捕する.
〖F<L=とどめる AR-+*restare* とどまる (cf. rest²)〗

ar・rést・a・ble /-təbl/ 形 令状なしで逮捕できる.

ar・rest・ee /ərèstí:/ 名 逮捕[拘引]された人, 逮捕者.

ar・rest・er /ərést ər/ 名 ❶ 逮捕する人. ❷ **a** 防止装置. **b** 避雷器.

arréster hòok 名 着艦フック《空母などに着艦寸る飛行機を引き止めるフック》.

arréster wìre 名 (空母甲板などの)拘束[制動]索.

ar・rést・ing /əréstɪŋ/ 形 人目を引く, 印象的な: an ~ sight 印象的な光景. **~・ly** 副

arrést・ment 名 〖スコ法〗負債者資産凍結.

ar・rés・tor /-tə|-tə/ 名 = arrester.

Ár・re・tine wàre /ǽrətàin-/ 名 アレッツォ焼き《100 B.C. から A.D. 100 にかけて古代アレッティウム (Arretium, 現イタリア中部の Arezzo) を中心に作られた浮彫装飾のある赤色陶器》.

ar・rhyth・mi・a /əríθmiə/ 名 U〖医〗不整脈.

ar・rhyth・mic /əríθmɪk, eɪ-/, **-mi・cal** /-k(ə)l/ 形 律動的[周期的, 規則的]でない. **-mi・cal・ly** /-kəli/ 副

ar・ri・ère-pen・sée /ærièəpa:nséi|-èə-/ 名 腹のうち, 底意. 〖F〗

ar・ris /ǽrəs/ 名 (徹 ~, -es)〖建〗稜, 外角, 隅(灸).

*__ar・riv・al__ /əráɪv(ə)l/ 名 ❶ U C 到着(すること);〔結論・年齢などの〕到達〔*at, in*〕(⇔ departure): wait for the ~ of one's guests 客たちの到着を待つ / the ~(s) and departure(s) of trains 列車の発着 / On (his) ~ *at* the station, he caught a taxi. 駅に着くと彼はタクシーを拾った / ~ *at* a conclusion 結論への到達. ❷ U [the ~] (新たな事態・結果などの)到来, 出現, 発生; C (新たに)到来[出現, 発生]したもの: the ~ of the computer コンピューターの出現. ❸ C 到着した人[もの], 〘戯言〙出生, 新生児: a new ~ 新着者[品, 書]; 新生児 / The new ~ is a girl. 今度生まれた赤ん坊は女の子だ. (動 arrive)

*__ar・rive__ /əráɪv/ 動 自 ❶ (ある場所に)着く, 到着する;〈ものが届く〉: ~ on the scene 現場につく / I've just ~d (*from* London). ただ今(ロンドンから)到着しました / We ~d home early in the evening. 夕方早く帰宅した / You should ~ *at* school by 8:30. 8 時半までに登校しなさい / We ~d *at* the town. その町に着いた / We ~d *in* Boston a week ago. 1 週間前にボストンに着いた《用法》比較的狭い場所に着く時には *at*, 広い場所に着く時には *in* を用いる》. ❷〈時かが〉来ます: The time has ~d for you to start. 君の出発する時がやってきた. ❸〘口〙〈赤ん坊が〉生まれる;〈新しい物が〉出現する. ❹〔結論・確信などに〕達する, 到達する(★ ~ *at* ~は自身可): ~ *at* an agreement 合意に達する. ❺ [通例完了形で]〘口〙〈人が〉成功する.
〖F<L=岸に着く AR-+*ripa* 河岸 (cf. river)〗 (名 arrival)

ar・ri・vism(e) /ǽrivì:zm/ 名 U あくどい野心[出世主義].

ar・ri・vist(e) /ǽrivì:st/ 名 あくどい野心家, 成り上がり者.

ar・ro・gance /ǽrəgəns/ 名 U 横柄, 傲慢(髦), 尊大.

*__ar・ro・gant__ /ǽrəgənt/ 形 (more ~; most ~) 横柄な, 傲慢な, 尊大な: an ~ remark [look] 横柄な発言[目つき, 顔つき]. **~・ly** 副 〖F<L ↓〗〖類義語〗⇒ proud.

ar・ro・gate /ǽrəgèɪt/ 動 ❶〈権利などを〉不当に自分のものとする[主張する], 横領する, 私する,〈称号などを〉不当に称する: He ~d *to* himself the right to veto any decision. 彼はいかなる決定も拒否する権限を主張[不法にわがものと]した《用法 *to* の目的語に oneself を用いる》. ❷〈動機・属性などを〉〈人などに〉不当に帰する《*to*》.〖L<AR-+*rogare* 問う, 求める〗

ar・ro・ga・tion /ærəgéɪʃən/ 名 U C 横取り, 越権行為; 偽り称えること, 詐称.

ar・ron・disse・ment /ærà:ndismá:n|ærondí:sma:ŋ/ 名 郡《フランスで県の最大行政区》; (Paris など大都市の)区.

*__ar・row__ /ǽrou/ 名 ❶ 矢: shoot ~s *at*... めがけて矢を射る. ❷ 矢状のもの; 矢印(→など): ⇒ broad arrow. **árrow of tíme** [通例 the ~]〖理〗時[時間]の矢《時間の経過する方向; time's arrow ともいう》. ── 動 自 [方向の副詞句を伴って] 矢のように進む[飛ぶ].〖OE〗

árrow gràss 名〖植〗シバナ.

árrow・hèad 名 ❶ 矢じり, 矢の根 (cf. broad arrow 2). ❷〖植〗オモダカ《矢じり形の葉をもつ水生植物》.

árrow・ròot 名 ❶ C〖植〗クズウコン《熱帯アメリカ産; 原住民から毒矢の傷の治療に用いた》. ❷ U アロールートでんぷん《クズウコンなどの根茎から採る; 食用》.

árrow・wòrm 名〖動〗ヤムシ (chaetognath).

ar・row・y /ǽroui/ 形 ❶ 矢の(ような). ❷ まっすぐな; 速い.

ar・roy・o /əróɪou/ 名〘米南西部〙アロヨ《乾燥地帯の小川; 大雨の時に流れる》.

†**arse** /ɑ́ɚs/ | ɑ́ːs/《英卑》名 ❶ 尻; 肛門 (cf. ass² 1). ❷ ばか. ── 動 自 ぶらぶら時を過ごす, のらくらする 〈*around, about*〉.

árse bàndit 名《英卑》男のホモ.

árse-hòle 名《英卑》= asshole.

árse-lìcking 名 U《英卑》おべっか, おべんちゃら.

†**ar·se·nal** /ɑ́ɚsnəl/ | ɑ́ː-/ 名 ❶ **a** 兵器の集積, 兵器保有量, 兵力. **b**《比喩》集積, 蓄積, 大量(の物質など). ❷ 兵器庫 (armory); 造兵廠('ショウ), 兵器[軍需]工場.《It〈Arab=作業場》

ar·se·nate /ɑ́ɚsnət, -sənèit/ | ɑ́ː-/ 名 U,C《化》ヒ酸塩 [エステル].

ar·se·nic /ɑ́ɚsnɪk/ | ɑ́ː-/ 名 U《化》ヒ素 (記号 As). ── /ɑɚsénɪk/ | ɑː-/ 形 = arsenical.

arsénic ácid 名 U《化》ヒ酸 (白色有毒性の結晶).

ar·sen·i·cal /ɑɚsénɪk(ə)l/ | ɑː-/ 形《化》ヒ素の; ヒ素を含む.

ar·se·nide /ɑ́ɚsnàid/ | ɑ́ː-/ 名《化》ヒ化物.

àr·se·no·pýrite /ɑ̀ɚsənou-/ | ɑ̀ː-/ 名《鉱》硫化鉄鉱, 毒砂.

ar·sine /ɑ́ɚsiːn/ | ɑ́ː-/ 名 U《化》アルシン (ヒ化水素の誘導体); 無色猛毒の気体中.

ar·sis /ɑ́ɚsɪs/ | ɑ́ː-/ 名 (-ses /-siːz/) (↔ thesis)《韻》(詩脚の)強音部[節]; (古典詩の)短音部[節] 《元来はギリシア古典詩の弱音部[節]に相当》.

ars lon·ga, vi·ta bre·vis /ɑ̀ɚzlɔ́ːŋgə víːtəbrévɪs | ɑ̀ːzlɔ́ŋ-/ 芸に至る道は長く人生は短し (★ 学ぶべき芸[技術]が多くそれには時間が足りないの意).《L = art (is) long, life (is) short》

ar·son /ɑ́ɚs(ə)n/ | ɑ́ː-/ 名 U《法》放火(罪).《F〈L》

ar·son·ist /-s-/ 名 U 放火犯人; 放火魔.

ars·phen·a·mine /ɑɚsfénəmìːn/ | ɑːs-/ 名 U《薬》アルスフェナミン (アルセノベンゾールの米薬局方名; かつて梅毒・イチゴ腫治療薬として用いた; cf. Salvarsan).

‡**art¹** /ɑ́ɚt/ | ɑ́ːt/ 名 ❶ **a** U 芸術; 美術; 芸術[美術]作品: a work of ~ 芸術品 / modern ~ 現代芸術 / ~ for ~'s sake 芸術のための芸術 (芸術至上主義). / a school of ~ 美術の流派 / ⇒ fine art 2. / a museum of modern ~ 近代美術館. **c** C (個々の)技能 [公演] 芸術. **c** C (専門の)技術, (特殊な)技芸; 技巧, 術; 腕: the healing ~ 医術 / the industrial [practical] ~s 工芸 / the ~ of building [war] 建築術[戦術] / Operating the machine is quite an ~. その機械を操作するのはとてもむずかしい. ── B [複数形で] ❶ (大学の)人文科学, 文科系: ~s and sciences 文科系と理科系 / a Bachelor [Master] of Arts 文学士[修士]. ❷《米》(大学の)教養科目 ⇒ liberal arts. **árts and cráfts** (美術)工芸. 形 A 美術の, 美術の人: ~ critic 美術批評家 / ~ history 美術史 / an ~ historian 美術史家 / an ~ school 美術学校.《F〈L ars, art- わざ, (職人的な)技術》形 artistic, artful. 《類義語》**art** 最も意味の広い語; 単に何かを成す技術から独創性に富む技能までをさす. **skill** 専門的なまたは高度の熟練を要する技術. **craft** art より独創性の少ない細工などにおける巧みな職人的技術.

art² /(弱形) ət | ət; (強形) ɑ́ɚt | ɑ́ːt/ 動《古·詩》be の主語が2人称·単数 thou の時の直説法現在形: thou ~ = you are.

art. (略) article; artillery; artist.

art de·co /ɑ́ɚ(t)deɪkóu | ɑ́ː(t)dekóu/ 名 [しばしば A-D-] U アールデコ (1920-30 年代のデザインの新運動; ジグザグ模様・幾何学形態などの装飾的特徴を持つ).《F *Arts Décoratifs* 装飾美術》

árt diréctor 名 (劇場·映画などの)美術監督; (印刷物のデザインなどを担当する)アートディレクター.

ar·te·fact /ɑ́ɚtɪfækt/ | ɑ́ː-/ 名 = artifact.

ar·tel /ɑːtél/ | ɑː-/ 名 アルテリ (ロシア·ソ連の各種同業組合·協同組合).

Ar·te·mis /ɑ́ɚtəmɪs/ | ɑ́ː-/ 名《ギ神》アルテミス (月と狩猟の女神; ローマ神話の Diana に当たる; cf. Luna, Phoebe).

ar·te·mis·in·in /ɑ̀ɚtəmísənɪn/ | ɑ̀ː-/ 名 U《薬》アルテミシニン (ヨモギ属の一年草クソニンジンから抽出されるマラリア治療薬).

ar·te·ri·al /ɑɚtí(ə)riəl/ | ɑː-/ 形 A ❶《解》動脈 (artery) の (↔ venous): ~ blood 動脈血. ❷ 交通上の幹線の: an ~ railroad 鉄道幹線 / ~ roads 幹線道路.

ar·te·ri·al·ize /ɑɚtí(ə)riəlàɪz/ | ɑː-/ 動 他《生理》(静脈血を)動脈血化する. **ar·te·ri·al·i·za·tion** /ɑɚtì(ə)riəlɪzéɪʃən | ɑː-tɪəraɪzéɪ-/ 名.

ar·te·ri·o- /ɑɚtí(ə)riou/ | ɑː-/ [連結形]「動脈」.

ar·te·ri·og·ra·phy /ɑɚtì(ə)riágrəfi | ɑː-tɪərióg-/ 名 U《医》動脈撮影(法); 動脈写.

ar·te·ri·ole /ɑɚtí(ə)riòul/ | ɑː-/ 名《解》小[細]動脈.

artèrio·sclerósis 名 U《医》動脈硬化症.

artèrio·vénous 形《解》動脈と静脈の[をつなぐ], 動静脈.

ar·te·ri·tis /ɑ̀ɚtəraɪtəs/ | ɑ̀ː-/ 名 U《医》動脈炎.

*★**ar·ter·y** /ɑ́ɚtəri/ | ɑ́ː-/ 名 ❶《解》動脈 (↔ vein): the main ~ 大動脈. ❷ 主要道路[水路], 幹線: a main ~ 主要幹線.《L〈Gk = 気管, 動脈》

ar·té·sian wéll /ɑɚtíːʒən- | ɑː-/ 自噴井 (地下水の水圧を利用して噴き出すように作った)掘り抜き井戸.

Ar·tex /ɑ́ɚteks/ | ɑ́ː-/ 名 U《商標》アーテックス (英国製の壁·天井塗装用の塗料·粗面仕上げ剤).

árt film 芸術映画.

†**árt fòrm** 名 芸術様式.

†**art·ful** /ɑ́ɚtf(ə)l | ɑ́ː-/ 形 ❶ 技巧を弄(ロウ)する, ずるい, 狡猾(な) (crafty). ❷ 技巧に富んだ, 巧妙な. **~·ly** /-fəli/ 副 ずるく, 狡猾に; 巧妙に. **~·ness** 名 (名 art¹)

árt gàllery 名 美術館, 画廊.

árt históricàl 形 芸術史の, 美術史の.

árt hòuse 名 アートシアター (芸術的な映画·前衛映画などを上映する劇場).

ar·thral·gi·a /ɑɚθrǽldʒ(i)ə/ | ɑː-/ 名 U《医》関節痛.

ar·thrit·ic /ɑɚθrɪ́tɪk/ | ɑː-/ 形 名 関節炎の(患者).

†**ar·thri·tis** /ɑɚθraɪtɪs/ | ɑː-/ 名 U《医》関節炎.《L〈Gk; ⇒ arthro-, -itis》

ar·thro- /ɑ́ɚθrou/ | ɑ́ː-/ [連結形]「関節」.《Gk *arthron* 関節》

ar·throd·e·sis /ɑɚθrɑ́dəsɪs | ɑːθrɔ́d-/ 名 U《医》関節固定(術).

ar·thro·pod /ɑ́ɚθrəpɑ̀d | ɑːθrəpɔ̀d/ 名《動》節足動物 (エビ·カニ·クモ·ムカデ·昆虫など).《↑ +-POD》

ar·thro·scope /ɑ́ɚθrəskòup/ | ɑ́ː-/ 名《医》関節鏡.

ar·thro·scop·ic /ɑ̀ɚθrəskɑ́pɪk | ɑ̀ːθrəskɔ́p-/ 形.

ar·thros·co·py /ɑɚθrɑ́skəpi | ɑːθrɔ́s-/ 名 U,C《医》関節鏡検査(法).

Ar·thur /ɑ́ɚθɚ/ | ɑ́ːθə/ 名 アーサー (男性名; 愛称 Artie).

Arthur, Chester A(lan) 名 アーサー (1829-86; 米国第21代大統領 (1881-85)).

Arthur, King 名 アーサー王 (6 世紀ごろの伝説の英国王).

Ar·thu·ri·an /ɑɚθ(j)ú(ə)riən/ | ɑːθjúər-/ 形 アーサー王の[に関する]: the ~ legends アーサー王伝説.

†**ar·ti·choke** /ɑ́ɚtətʃòuk/ | ɑ́ː-/ 名 ❶ C,U《植》アーティチョーク, チョウセンアザミ (花托(カ)を食用にする). ❷ = Jerusalem artichoke.

‡**ar·ti·cle** /ɑ́ɚtɪkl/ | ɑ́ː-/ 名 ❶ (新聞·雑誌の)記事, 論説 〔*about, on*〕: an ~ *on* China 中国に関する論文[記事] / a leading ~《英》社説 (《米》an editorial). ❷ 物品, 品物, 品目; (同種の物の)一個, 一品: ~s of food 食料品 / toilet ~s 化粧品 / domestic ~s 家庭用品 / ~s of clothing 衣料品 / an ~ of furniture 家具一品. ❸ C

artichoke 1

articled 92

(条約・契約などの)個条, 条項, 条款; [複数形で] 年季契約: A-9 [the 9th ~] of the Constitution 憲法第9条 / an ~ of faith 信条, 信仰個条 / the ~s of association (会社の)定款 / in ~s 年季契約で働いて. ❹ 《文法》冠詞 (a, an, the): ⇒ definite article, indefinite article. ── 動 ❶ [通例受身で] 〈人をX...に〉徒弟契約で雇う (to) (⇒ articled). 〖F＜L articulus (小さな)接合部, 関節〗

ar·ti·cled 形 年季契約の: an ~ clerk 年季奉公の店員.

ar·tic·u·la·ble /ɑɚtíkjʊəbl | ɑː-/ 形 考えをはっきり言う[表現する]ことのできる.

ar·tic·u·la·cy /ɑɚtíkjʊləsi | ɑː-/ 名 Ⓤ 考えをはっきり言える[表現できる]こと.

ar·tic·u·lar /ɑɚtíkjʊlɚ | ɑːtíkjʊlə/ 形 関節の.

*ar·tic·u·late /ɑɚtíkjʊlèɪt | ɑː-/ 動 ❶ 〈考え・感情などを〉明瞭に[効果的に]表現する. ❷ 〈音節・各語を〉はっきり発音する. ❸ 《生》〈骨を X...と〉関節でつなぐ (to, with): The tibia is ~d to the femur. 脛骨は大腿骨と関節で結ばれている. ❹ 〈...を〉一体化させる, 統合[組織化]する. ── 動 ❶ はっきり発音する, 歯切れがよい. ❷ 明瞭に表現する. ❸ 《生》[...と]関節でつながる, 〈...とともに〉関節をなす (with). ❹ [...と]一体化している, 関連する (with).
── /-lət/ 形 ❶ a 〈人がものの〉[考え]をはっきり言う[表現する]ことのできる. b 〈考え・論旨などが〉明確な, 理路整然とした. ❷ a 〈言葉・発音などが〉はっきり発音された, 明瞭な (↔ inarticulate). b 〈音声・言語が〉分節的な 《音節・単語の区切りがある》: ~ speech 意味のある音節に分かれた言葉, 人間の言語. ❸ 《生》関節のある: an ~ animal 関節動物. ~·ly 副 はっきりと, 明瞭に. ~·ness 名 〖L＝接合部に分ける, はっきり言う; ⇒ article〗

ar·tic·u·làt·ed /-tɪd/ 形 ❶ 可動な結合部のある; 関節のある. ❷ (はっきり)表現された, 言葉に表わされた, 明確な.

articulated lórry 名 《英》トレーラートラック.

articulated véhicle 名 《英》連結式車両.

ar·tic·u·la·tion /ɑɚtìkjʊléɪʃən | ɑː-/ 名 ❶ Ⓤ a はっきりした[明瞭な]発音. b 発音(の仕方). ❷ Ⓤ (考えなどの)明確な表現. ❸ Ⓤ 《音声》 a 調音. b 〖集合的に〗子音. ❹ Ⓤ 《言》分節《発話の各部分を有意味な言語音に分けること》. ❺ 《解》 a Ⓤ 関節接合. b Ⓒ 関節; (特に, 植物の)節(ふし). ❻ Ⓒ 結合, 連結, 相互関連.

ar·tic·u·là·tor /-tɚ | -tə/ 名 ❶ 発音の明瞭な人. ❷ 《音声》調音器官《舌・唇・声帯など》.

ar·tic·u·la·to·ry /ɑɚtíkjʊlətɔ̀ːri | ɑːtíkjʊlətəri, -tri/ 形 ❶ 調音の: ~ phonetics 調音音声学. ❷ 関節の.

Ar·tie /ɑ́ɚti | ɑ́ː-/ 名 アーティー 《男性名; Arthur の愛称》.

†**ar·ti·fact** /ɑ́ɚtɪfæ̀kt | ɑ́ː-/ 名 ❶ 《天然物に対して》人工物, 工芸品; 芸術品. ❷ 《考古》 《自然の遺物に対して》人工遺物, 文化遺物. 〖L arte 技術で+factum 作られたもの, ⇒ craft¹, fact〗

ar·ti·fice /ɑ́ɚtɪfɪs | ɑ́ː-/ 名 ❶ Ⓤ.Ⓒ a 術策: by ~ 策略を用いて. b ずるさ, 狡猾(ᐛ). ❷ Ⓒ 巧みな思いつき, 工夫.

ar·tif·i·cer /ɑɚtɪ́fəsɚ | ɑːtɪ́fɪsə/ 名 ❶ a 技術家; 技工, 熟練工. b 考案者; 製作者. ❷ (陸・海軍の)技術兵. the Gréat Artíficer 造物主《神》.

***ar·ti·fi·cial** /ɑ̀ɚtəfíʃəl | ɑ̀ː-/ 形 (more ~; most ~) [通例 Ⓐ] ❶ (比較的)人造の, 人工的な; 模造の, 造りもの, 人為的な (↔ natural): ~ flowers 造花 / an ~ eye [limb, tooth] 義眼(肢)[―], 歯] / ~ coloring 人工着色料 / ~ turf 人工芝 / an ~ kidney 人工腎臓(―) / ~ selection 人為選択. ❷ 不自然な, 偽りの, わざとらしい: an ~ smile 作り笑い / ~ tears 空涙. 〖F＜L=技術で作ること＜ars, art- 技術+facere 作る; ⇒ art¹, fact〗

artificial horízon 名 《空》(航空機の傾斜を測る)人工水平儀.

artificial inseminátion 名 Ⓤ 人工授精《略 AI》.

†**artificial intélligence** 名 Ⓤ ❶ (コンピューター・ロボットなどの)人工知能《略 AI》. ❷ 人工知能研究.

ar·ti·fi·ci·al·i·ty /ɑ̀ɚtəfìʃiǽləti | ɑ̀ː-/ 名 ❶ Ⓤ 人為的なこと; 不自然, わざとらしさ. ❷ Ⓒ 人工的な[不自然]なもの.

artifícial lánguage 名 Ⓤ.Ⓒ ❶ 人工言語《エスペラントなど》. ❷ 機械語, プログラム言語.

artifícial lífe 名 Ⓤ 人工生命《コンピューターなどが生体の活動・思考・特性などをシミュレートすることによって構築する擬似的な生命現象[活動]》.

ar·ti·fi·cial·ly /-ʃəli/ 副 ❶ 人工的に, 人為的に. ❷ 不自然に, わざとらしく.

artificial respirátion 名 Ⓤ 人工呼吸.

ar·til·ler·ist /ɑɚtɪ́lərɪst | ɑː-/ 名 砲手; 砲術練習生.

***ar·til·ler·y** /ɑɚtɪ́lə(r)i | ɑː-/ 名 Ⓤ ❶ 砲, 大砲. ❷ [the ~] 砲兵隊. ❸ 砲術. 〖F＝artist〗

ar·til·ler·y·man /-mən/ 名 (-men /-mən/) 砲兵, 砲手.

†**ar·ti·san** /ɑ́ɚtəz(ə)n | ɑ̀ːtɪzæn/ 名 職人, 職工, 技工 (craftsman). ~·al 形

***art·ist** /ɑ́ɚtɪst | ɑ́ː-/ 名 ❶ a 芸術家. b 美術家; (特に)画家. ❷ (口) (その道の)達人, 名人 (at, in). ❸ ＝ artiste.

ar·tiste /ɑɚtíːst | ɑː-/ 名 芸能人《俳優・歌手・ダンサーなど》. 〖F=artist〗

***ar·tis·tic** /ɑɚtɪ́stɪk | ɑː-/ 形 (more ~; most ~) ❶ 芸術的な, 美術的な; 風雅な, 趣のある: ~ talent 芸術的才能. ❷ (比較的に) 芸術の, 美術の; 芸術[美術]家の. -ti·cal·ly /-kəli/ 副 芸術的に(見て[見れば])《★文修飾可》. (名 art¹)

ar·tis·try /ɑ́ɚtɪstri | ɑ́ː-/ 名 Ⓤ ❶ 芸術的手腕[技巧]. ❷ 芸術[美術]的効果, 芸術性.

árt·less 形 ❶ 巧まない, ありのままの. ❷ 素朴な, 無邪気な, あどけない. ❸ 不細工な, へたな. ~·ly 副 ~·ness 名 〖類義語〗 ⇒ naïve.

árt mòvie 名 ＝art film.

art nou·veau /ɑ̀ːrtnuːvóʊ | ɑ̀ː(r)t-/ 名 [しばしば A- N-] Ⓤ アールヌーボー《19世紀末から20世紀初めにヨーロッパに起こった主に装飾美術の様式; 流動的な曲線などを特色とする》. 〖F＝new art〗

árt pàper 名 《英》アート紙.

art·sy /ɑ́ɚtsi | ɑ́ː-/ 形 (art·si·er, -si·est) (口) ❶ 〈人が〉美術気取りの; 芸術通ぶった. ❷ 〈ものが〉芸術品まがいの(つもりの).

art·sy-craft·sy /ɑ̀ɚtsikrǽftsi | ɑ̀ːtsikrɑ́ːft-/ (口) ❶ 〈人が〉芸術家気取りの, 2 〈ものが〉いやに凝った.

árts·fár·tsy /-fɑ́ɚtsi | -fɑ́ː-/ 形 《米》(口) 芸術通《愛好, 趣味》をひけらかす.

árt thèrapy 名 Ⓤ 芸術療法, アートセラピー《絵画や彫刻などの製作を通して精神状態を理解し, 心の病に対処する法》. **árt thèrapist** 名 芸術療法士, アートセラピスト.

†**árt·wòrk** 名 ❶ Ⓤ アートワーク《本文以外のさし絵・図版など》. ❷ Ⓒ 芸術作品; 手工芸品.

art·y /ɑ́ɚti | ɑ́ː-/ 形 (art·i·er, -i·est) ＝artsy.

art·y-craft·y /-krǽfti | -krɑ́ːfti/ 形 ＝artsy-craftsy.

árt·y-fár·ty /-fɑ́ɚti | -fɑ́ː-/ 形 ＝artsy-fartsy.

a·ru·gu·la /ərúːg(j)ʊlə | ə-/ 名 Ⓤ 《植》 キバナスズシロ《地中海地方原産アブラナ科の草本; 葉をサラダに使う》.

árum lìly /é(ə)rəm-/ 名 《植》 カラー, オランダカイウ《サトイモ科の鑑賞植物》.

-ar·y /-əri, -èri, -(ə)ri | -(ə)ri/ 接尾 ❶ [形容詞語尾] 「...の, ...に関する」: military. ❷ [名詞語尾]「...に関する[属する]人[もの, 場所]」: dictionary, granary.

Ar·y·an /é(ə)riən, ǽr-/ | -(ə)ri/ 名 ❶ Ⓒ (特にナチスドイツで)アーリア人, 非ユダヤ系白人. ❷ Ⓒ (先史)アーリア人《インドヨーロッパ語族の祖語を話し, インド, イランに定住した》. ❸ Ⓤ (古) アーリア語《現在では Indo-European という》. ❹ Ⓤ (古) インドイラン語《現在では Indo-Iranian という》.
── 形 ❶ (特にナチスドイツで)アーリア人(種)の, 非ユダヤ系白人の. ❷ アーリア人の. ❸ (古) アーリア語族[民族]の. ❹ (古) インドイラン語の.

ar·yl /ǽrəl/ 名 Ⓤ 《化》 アリール(基).

ar·y·te·noid /ærətíːnɔɪd/ 形 Ⓐ 《解》 披裂の〈軟骨・筋〉.
── 名 披裂軟骨, 披裂筋.

‡**as¹** /(弱形) əz; (強形) ǽz/ 副 ❶ [通例 as...as... で, 形容

詞・副詞の前に置いて] (…と)同じ程度に, 同様に, 同じくらい (★ as...as... で前の as が指示副詞, 後の as は接続詞 (⇨ 腰)): He's *as* tall as you (are). 彼は身長が君と同じだ / I love you *as* much as she (does). 私は彼女に負けないくらいあなたを愛している / I love you *as* much as I love her. 私は彼女を愛していると同じくらいあなたを愛している / I love you *as* much as her. 私は彼女を愛すると同じくらいあなたを愛している / He earns twice [three times] *as* much as I. 彼の収入は私の2倍[3倍]ある / Tom is not *as* honest as John. トムはジョンほど正直ではない《用法》as...as... の否定には not as [so]...as... を用いるが, not so...as...の方はやや形式ばった感じがする; as sick as a dog, as strong as an ox など直喩の慣用句の場合には通例否定表現は用いない (⇨ 腰1)) / He is not *as* young as he was [as he used to be]. 彼は昔のように若くはない / Take *as* much as you want. ほしいだけ取りなさい / He has *as* many books. 彼は(私[彼女]の持っているのと)同数だけの本を持っている (★ books の次に as I have [she has] が略されている) / I can do it *as* well. 私にもそれくらいはできる (★ 後に as you, as she などが略されている).
❷ [前置詞句・副詞の前に用いて] …と同じように: *as* always いつもと同じように / *as* last year 昨年と同様に.

as...as ány だれ[どれ]にも負けず劣らず: He's *as* hardworking *as any*. 彼はだれにも負けない勉強家だ.

as...as éver 相変わらず…: He works *as* hard *as ever*. 彼は相変わらずの勤勉だ.

as...as póssible＝as...as one cán できるだけ: *as soon as possible* できるだけ早く / He ran *as* fast as he *could*. 彼はできるだけ速く走った.

as lòng as... ⇨ long¹ 副 成句.　**as mány** ⇨ many 形 成句.　**as múch** ⇨ much 形 成句.

── 前 ❶ …として: work *as* a secretary 秘書として働く / It can be used *as* a knife. それはナイフ代わりに使える / a position *as* a teacher of English 英語教師(として)の地位 / act *as* (a) go-between 仲人(役)をする《用法》続く名詞が官職・役目・資格・性質など抽象的概念を意味している時には無冠詞; 個人または個々の物を意味するものとして用いられている時には a [an] をつける).
❷ [動詞の目的補語を導いて] …と, …だと《用法》あとに名詞のみならず形容詞や分詞が用いられることもある): I regard him *as* a fool. 彼をばかだと思っている / She is looked up to *as* their leader. 彼女は彼らの指導者と仰がれている / They describe you *as* aggressive. みんなあなたを攻撃的だと評している.
❸ (子供の)ころに, …の時には: *As* a boy he was a good swimmer. 彼は子供のころ泳ぎがうまかった.
❹ たとえば…のように[な]《比較》such *as* のほうが一般的): Some animals, *as* the fox and squirrel, have bushy tails. ある種の動物, たとえばキツネやリスにはふさふさとした尾がある.

ás and whén そのうちいつか, その時になったら, いずれ.

── 腰 ❶ [as [so]...as... で同程度の比較を表わして] …と同じく, …と同様に, …のように (⇨ 副): He's *as* tall *as* I [me]. 彼は私と同じくらい背が高い《文法的には *as* I (am) だがしばしば《口》では目的格も用いる) / Are you *as* good at cooking *as* him [he is]? あなたは彼と同じくらい料理が得意ですか / It's not *as* [so] easy *as* you think. それは君の考えるほど容易ではない (⇨ as 副 用法), (as) busy *as* a bee とても忙しい (★ 慣用句ではしばしば頭韻を踏む) / (as) cool *as* a cucumber とても冷静で / (as) black *as* a raven (カラスのように)真っ黒い / A man *as* smart *as* he isn't likely to make such a stupid mistake. 彼ほど頭の切れる男がそんなへまをすることはない.
❷ [様態・状態を表わして] …のように, …のままで: Do *as* you like. 好きなようにしなさい / When in Rome do *as* the Romans do. 《諺》郷に入りては郷に従え / Take things *as* they are. 物事をありのままに受け入れる(現状に甘んじる) / Leave them *as* they are. そのままにしておきなさい / *as* you know ご存知のように / England *as* is 現在の[ありのままの]イングランド.
❸ **a** [時を表わして] …している時, …したとたんに; …しなが

ら《用法》when よりも同時性の意味が強く, while とほぼ同様に用いられる): He came up (to me) *as* I was speaking. 私が話しているところへ彼がやってきた / Just *as* he began to speak, there was a loud explosion. ちょうど彼が話し始めた時に大爆発が起こった / He trembled *as* he spoke. 彼は話しながら震えた. **b** [as a child, as children などが主語述語の省略の形で]
❹ [比例を表わして] …につれて, …に従って: *As* you rise, the air cools. 上に登るにつれて空気が冷たくなる / Two is to three *as* four is to six.＝*As* two is to three, so four is to six. 2:3＝4:6.
❺ [原因・理由を表わして] …だから, …ゆえに《用法》because は直接の理由を明示し, as は軽く付帯的な理由を述べる場合に用いるが, 意味のあいまいさがあるため《米》では because, since が用いられる): *As* it was getting dark, we turned back. 暗くなってきたので引き返した / *As* you're sorry, I forgive you. 君は後悔しているのだから許す.
❻ [譲歩を表わして] …だけれども, …ながらも (though): Young *as* he was, he passed with flying colors. 彼は年こそ若かったが見事に合格した / Try *as* you may, you *won't* find it easy to solve the problem. どんなに努めてみてもその問題を解くのは容易なことではないだろう.
❼ [直前の名詞の概念を制限して]: The origin of universities *as* we know them is commonly traced back to the twelfth century. 我々の知っている大学の起源は普通12世紀にさかのぼるものとされている / Socrates' conversations *as* reported by Plato are full of (a) shrewd humor. プラトンの伝える(ところによる)ソクラテスの会話はしんらつなユーモアに満ちたものである.

as abóve 上[上記]のように.

as agáinst ⇨ against 成句.

as áll thát [通例否定文で用いて] 予想[期待]するほどに: It turns out he's *not* as intelligent *as all that*. 彼は思ったほど賢くない.

ás and whén... (いつか)…であるとき(になったら), もし…ならば《不確定な未来のことを表わす).

as befóre 前のとおりに.

as belów 下[下記]のとおりに.

às for... [通例文頭で] …に関するかぎりでは, …はどうかと言えば (regarding) (★ as to (2) の用法と同じ): *As for* the trip, let's decide about that later. 旅行のことはあとで決めよう / *As for* myself, I'm not satisfied. (他人はどうか知らないが)私は不満です.

às from... 《英》〈法律・契約など〉〈何日〉より《用法》実施・廃止などを示す時に用いる;《米》では *as of...* を用いることが多い): The agreement is effective *as from* September 1. 本[この]協定は9月1日から発効する (★ しばしば公文書中で用いられる句句).

as hòw [非標準] …ということを: Seeing *as how* you know him, you ask. 彼を知っているのはあなただから, あなたが尋ねたほうがよい.

as íf ❶ まるで…であるかのように《用法》as if 節の中では仮定法を用いるが, 《口》では直説法を用いることが多い): She looks *as if* she were [《口》she's] dying. 彼女はまるで死にかけているように見える / He looked at her *as if* he had never seen her before. 彼は今まで彼女を見たことがないような顔つきで(彼女を)見た / I feel *as if* I'm drunk. まるで酔っているような感じがする. (2) [as if *to* do で] まるで…するかのように: He smiled *as if to* welcome her. 彼は彼女を歓迎するかのようににっこりと笑った. (3) [It seems [looks] *as if...* で] …のように[見える, 思える] 《用法》(1) と同じ): It seemed *as if* the day would never end. その日は果てしないようにみえた / It looks *as if* it's going to snow. 雪になりそうな気配だ. (4) [It isn't *as if...* または As if... で] …というのじゃあるまいし《用法》(1) と同じ): It *isn't as if* he were poor. 彼が貧乏だというわけじゃあるまいし / *It's not as if* he has no talent. 彼に才能がないわけじゃないし / *As if* you didn't [don't] know! そらぬ顔をして, 知ってるくせに! / "He went bankrupt." "*As if* I cared." 「やつは破産した」「かまうもんか」.

as if! 《俗》まさか! そんなことあるはずがない!

as it is (★過去形は as it was) (1) [文頭に用いて; 通例仮想的な言い方に伴って] (仮想に反して)(しかし)実情は: I would pay you if I could. But *as it is* I cannot. 払えるものならお払いするのですが, 実のところお払いできないのです. (2) [文中・文尾に用いて] 現状で(も), 今のままでも(すでに): The situation is bad enough *as it is*. 事態は今のままでもなり悪い / Don't take on any more work. You have too much to do *as it is*. これ以上仕事を引き受けるのはよしなさい. 今でも十分(忙しい仕事を)かかえているのだから.

as it wére 《文》[挿入句的に用いて] いわば, まるで: He's, *as it were*, an eternal boy. いわば永遠の少年だ.

às of∴ (1) [何日]現在の: *as of* May 1 5月1日現在 / *as of* today [yesterday] 今日現在[昨日付けで]. (2) = AS from… 成句.

as thòugh =AS if 成句.

às…sò… …のように, …と同じように…: *As* rust eats (into) iron, *so* care eats (at) the heart. 錆(さ)が鉄をむしばむと同じように心労は心をむしばむ.

às to∴ (1) [文頭に用いて]=AS for… 成句. (2) [文中に用いて] …に関して, について[用法 疑問詞[句]の前の as to は略されることが多い]: He said nothing *as to* the plan. 彼は時間のことは何も言わなかった / They were quarreling *as to* which was the better team. 彼らはどちらが優れたチームかについて言い争っていた / He said nothing *as to* when he would come. 彼はいつ来るとも言わなかった / Nobody could decide (*as to*) what to do. 何をするべきかだれも決めることができなかった. (3) …に従って: classify butterflies *as to* size and coloration 大きさと色でチョウを分類する.

sò as to [sò as nót to] dó…する[しない]ように: We came early *so as to* have plenty of time. 私たちはゆっくりするために早く来た 《変換》 …in order to have plenty of time. に書き換え可能) / I got up early *so as to* be in time for the first train. 一番列車に間に合う[に乗る]ように早く起きた 《変換》 …in order to catch the first train. と書き換え可能).

sò∴as to dó …するほどに(…だ): He was *so* kind *as to* help me. 彼は親切にも私を助けてくれた (「助けるほどに親切だった」の意).

As you do. [発言に対するコメントとして] 《英》それでよいのです (★時に皮肉にも用いる).

——代 [関係代名詞] ❶ [such, the same または as を先行詞に含んで, 制限的に用いて] …のような: such food *as* we give dogs 我々が犬にやるような食物 / such liquors *as* rye and scotch = liquors such *as* rye and scotch ライウイスキーやスコッチ(ウイスキー)のような酒 / *Such as* heard him praised him. 彼の話を聞いた人々は彼をほめた / This is the same kind of watch *as* the one I lost. これは私がなくしたのと同じような時計だ / He's *as* brave a man *as* ever breathed [there was]. 彼はまたとない勇敢な男だ.

❷ [前後の主節全体を先行詞として, 非制限的に用いて] それは…だが: He wasn't English, *as* I knew from his accent. 彼はイングランド人ではなかった, それは言葉のなまりでわかったことだが / *As* might be expected, a knowledge of psychology is essential in the advertising business. 当然のことであるが, 広告業には心理学の知識が不可欠である / He was late, *as* is often the case with him. よくあることだが彼は遅刻した.

❸ [前の主節の一部を先行詞として, 非制限的に用いて] …もそうであるけれども: Jane is an actress, *as was* her mother (before her). ジェインは母親がそうだったように女優をしている / He committed suicide, *as did* his father. 彼は父親と同じように自殺した.

às ìs 《口》現状のままで, 正札どおり, 現品で: I bought the car *as is*. 私はその車を現品で買った.

《OE *alswā* (まったく)…のように; ME *also, als* を経て今の形となった; ALSO とは二重語》

as² /ǽs/ 图 (徵 **as·ses** /ǽsiz/) 〔古り〕 アス青銅貨.

As 〔記号〕 〔化〕 arsenic.   **AS** 《略》 Anglo-Saxon.
as- 接頭 (s の前にくるときの) ad- の異形: *as*similation.
ASA 《略》 American Standards Association 米国規格協会《フィルムの露出指数を示すのに用いる》.
as·a·fet·i·da, -foet- /æsəfétədə, -fi-/ 图 Ⓤ 阿魏(あ)《セリ科オオウイキョウ属の種々の多年草の乳液から製した生薬; 鎮痙剤・駆虫剤などにする》.
a·sa·na /áːsənə/ 图 〔ヒンドゥー教〕 座, アーサナ《ヨーガの種々の姿勢》.
a.s.a.p., asap 《略》 as soon as possible.
ASB 《略》 Alternative Service Book (英国教会の)代替祈禱(きとう)書 (1980).
†**as·bes·tos, æz-** /æsbéstəs/ 图 Ⓤ 石綿, アスベスト.
as·bes·to·sis /æsbestóusis, æz- | -tóu-/ 图 Ⓤ 石綿症.
ASCAP /æskæp/ 《略》 American Society of Composers, Authors and Publishers 米国作曲家作詞家出版家協会.
as·ca·rid /æskərid/, **as·ca·ris** /æskəris/ 图 (徵 **-rids, -car·i·des** /æskərədiːz/) 〔動〕 回虫.
†**as·cend** /əsénd/ 動 ⓐ (↔ descend) ❶ **a** (上方に)登る, 上がる: He ∼*ed* to the roof. 彼は屋根へ登った / The airplane ∼*ed* into the cloudy sky. 飛行機は上昇して雲に覆われた空の中に入った. **b** 〈煙などが〉立ちのぼる: Thick smoke ∼*ed* from the burning plane. 燃えている飛行機から濃い煙が立ちのぼった. ❷ 〈道などが〉上りになる: The path ∼*s* from here. 小道がここから上りになっている. ❸ 〈物価が〉上がる. ❹ 〈地位の的に〉高くなる: ∼ *to* power 権力の座につく. —— 他 ❶ **a** 〈山・階段などを〉登る: A small party was planning to ∼ Mt. Everest. 少人数からなる一隊がエベレスト登攀(はん)を計画中であった. **b** 〈川を〉さかのぼる. ❷ 〈王位に〉のぼる: That year he ∼*ed* the throne. その年に彼は王位についた. 《F 《L ≪ AS-+*scandere, scans-* 登る, 上る (cf. scan)》 (徵) ascendant, ascension, ascent) 〔類義語〕 ⇒ climb.
as·cénd·ance /-dəns/ 图 =ascendancy.
as·cen·dan·cy /əséndənsi/ 图 Ⓤ 日の出の勢い, 優勢, 支配権: gain [have] ∼ *over*…より優勢になる[である], …を支配する.
†**as·cen·dant** /əséndənt/ 厖 ❶ 上昇する, のぼる. ❷ 〈地位・権力など〉日の出の勢いの, 優勢の. ❸ **a** 〔占星〕 東の地平線上の. **b** 〔占〕 中天に昇っていく: an ∼ star. ——图 ❶ [the ∼] 優越, 優勢 [*over*]. ❷ 〔占星〕 (誕生時の)星位; 運勢. **in the ascéndant** (1) 〈人・勢力など〉優勢で, 日の出の勢いで. (2) 〈運が〉開けてきて: His star was *in the* ∼. 彼の運が開けてきた. (徵 ascend)
as·cen·den·cy /əséndənsi/ 图 =ascendancy.
as·cen·dent /əséndənt/ 图 厖 =ascendant.
as·cénd·er 图 〔印〕 アセンダー《a x の高さより上に出る部分. b これをもつ活字; b, d, f, h など》.
as·cénd·ing 厖 のぼっていく, 上昇的な, 上方に向かう(↔ descending): in ∼ order 昇順で[に], だんだんと大きくなる順に.
as·cen·sion /əsénʃən/ 图 ❶ Ⓤ のぼること, 上昇 《★ ascent のほうが一般的》. ❷ **a** [the A-] 〔キリスト教〕 キリストの昇天. **b** [A-] =Ascension Day. (徵 ascend)
a·scen·sion·al /əsénʃ(ə)nəl/ 厖 上昇の.
Ascénsion Dày 图 キリスト昇天祭《復活祭 (Easter) 後 40 日目の木曜日》.
Ascénsion·tìde 图 Ⓤ 昇天節《昇天日から聖霊降臨祭 (Whitsunday) までの 10 日間》.
†**as·cent** /əsént/ 图 (↔ descent) ❶ Ⓒ [通例単数形で] **a** 登ること, 登り: make an ∼ (of a mountain) (山に)登る. **b** ⓊⒸ 上昇; 向上, 昇進 (rise). ❷ Ⓒ [通例単数形で] 上り坂[道]; 上り勾配(こう): a gentle [steep] ∼ だらだら坂 [急勾配]. (動 ascend)
as·cer·tain /æsərtéɪn | æsə-/ 動 〈…を〉確かめる, 確認する: We must ∼ the public's wishes. 我々は国民の希望を確かめなければならない / It should be ∼*ed whether* he will cooperate. 彼が協力するか確かめなければならない. ∼·**ment** 图 《F; ⇒ as-, certain》
às·cer·táin·a·ble /-əbl/ 厖 確かめられる, 確認できる.

as·cet·ic /əsétɪk, æ-/ 形 ❶ 禁欲的な, 禁欲生活の; 苦行の. ❷〈顔つきなど〉行者のような. ― 名 禁欲主義者; 苦行者, 修道僧, 行者. **as·cét·i·cal·ly** /-kəli/ 副

as·cet·i·cism /əsétəsɪzm/ 名 U ❶ 禁欲(主義). ❷《宗教》苦行(生活).

asci /ǽsaɪ/ ascus の複数形.

ASCII /ǽski, -ki/ 名《電算》アスキー, 情報交換用米国標準コード.《American Standard Code for Information Interchange》

as·ci·tes /əsáɪtiːz/ 名 U《医》腹水(症). **as·cit·ic** /əsítɪk/ 形

As·cle·pi·us /əskliːpiəs/ 名《ギ神》アスクレピオス(Apollo の子で医術の神; ローマ神話の Aesculapius).

as·co·my·cete /ǽskoʊmáɪsiːt/ 名《植》子囊(のう)菌.

as·cor·bate /əskɔ́ːbət, |-kɔ́ː-/ 名 U,C《化》アスコルビン酸塩.

a·scór·bic ácid /əskɔ́ːbɪk-, |-kɔ́ː-/ 名 U アスコルビン酸《ビタミン C のこと》.

As·cot /ǽskət/ 名 ❶ **a** アスコット競馬場《イングランド Berkshire にある有名な競馬場》. **b** アスコット競馬《6月の第3週に行なわれる》. ❷ [a~] = ascot tie.

áscot tíe 名 アスコットタイ《幅広ネクタイ》.

as·crib·a·ble /əskráɪbəbl/ 形 P〈...に〉帰せられて, 起因して, 〈...のせいで〉(to).

⁺as·cribe /əskráɪb/ 動 他〈原因・動機などを〉〈...に〉帰する〈結果などを〉〈...のせいにする;〈性質などを〉〈...に〉属するものとする[みなす] (attribute): He ~d his failure *to* bad luck. 彼は失敗は不運のせいだと言った / The alphabet is ~d *to* the Phoenicians. アルファベットはフェニキア人が作ったとされている.《F＝書き加える〈L AS-+*scribere*, *script*-書く (cf. script)》

ascot tie

as·crip·tion /əskrípʃən/ 名 U,C 〈物事を〉〈...に〉帰すること〈*of*〉〈*to*〉.

as·cus /ǽskəs/ 名 (複 -ci /ǽs(k)aɪ, æski:/)《植》子囊(のう).

as·dic /ǽzdɪk/ 名《英》潜水艦探知器《米 sonar》.《Anti-Submarine Detection Investigation Committee》

ASEAN /ǽsiən | ǽz-, ǽs-/ 名 東南アジア諸国連合, アセアン《1967年設立》.《Association of Southeast Asian Nations》

a·seis·mic /eɪsáɪzmɪk, -sáɪs-/ 形 無地震の.

a·sep·sis /eɪsépsɪs, ə-/ 名 U《医》❶ 無菌状態. ❷ 無菌法.

a·sep·tic /eɪséptɪk, ə-/ 形《医》無菌の; 防腐処置の (cf. antiseptic 1): ~ surgery 無菌手術. **-ti·cal·ly** /-kəli/ 副 無菌的に.

a·sex·u·al /eɪsékʃuəl, -ʃəl/ 形 ❶《生》性別[性器]のない, 無性の; 無性生殖による: ~ reproduction 無性生殖. ❷ **a** 性別を感じさせない. 性とは無関係の. **b** 〈人が〉性に無関心な, 性欲のない. ~·**ly** /-əli/ 副

*__ash__*¹ /ǽʃ/ 名 ❶ **a** U [時に an [the] ~] 灰;《複数形で》灰殻, 燃え殻: the ~ on one's cigarette たばこの灰 / Please clear the ~*es* from the fireplace. 暖炉の灰を掃除してください. **b** 《複数形で》《火事の後の》灰, 灰燼(じん); 焼け跡, 廃墟: The house burned to ~*es*. 家は焼けて灰になった[灰燼に帰(き)した]. **c** U《化》灰: soda ~ ソーダ灰. ❷ 《複数形で》遺骨;《詩》なきがら ⇨ **dúst and áshes** ⇨ dust 名 (句).

ash² /ǽʃ/ 名 ❶ C《植》トネリコ. ❷ U トネリコ材《スキーバット用材》.

ASH /ǽʃ/《略》《英》Action on Smoking and Health 喫煙反対運動.

__a·shamed__ /əʃéɪmd/ 形 P (more ~; most ~) ❶ 〈...を〉恥じて, 恥ずかしがって〈*of*, *about*〉: He's ~ *of* his behavior [*of* having behaved so badly]. 彼は自分のふまい[あんな無作法をしたこと]を恥じている / She felt ~ *of* herself. 彼女は恥ずかしい思いをした / [+*that*] I feel ~

that I put you to so much trouble. こんなにごめんどうをかけてお恥ずかしい次第です. ❷ 恥ずかしくて〈...し〉たくなくて, 〈...するのを〉潔しとしないで: [+*to do*] I'm ~ *to* say that.... お恥ずかしい話ですが... / He was not ~ *to* admit his ignorance. 彼は自分の無知を認めるのを恥ずかしいとは思わなかった[いとわなかった].

【類義語】**ashamed** 自分か自分に関わりのある者の間違った[愚かな]行為に恥ずかしい思いをしている, あるいは責任を感じている. **humiliated** 面目・自尊心を失って卑屈な気持ちになっている. **mortified** 自尊心をこれ以上ないほどひどく傷つけられて屈辱を感じている.

a·shám·ed·ly /-mɪdli/ 副 恥じて, 恥ずかしがって.

ásh-blónde 名 ❶ U 灰色がかったブロンド色. ❷ C 灰色がかったブロンド色の髪の人.

Ashe /ǽʃ/, **Arthur** アッシュ (1943-93; 米国のプロテニス選手・監督).

ash·en¹ /ǽʃən/ 形 灰(のような); 灰色の, 青白い: turn ~〈顔〉(色)が青ざめる.《ASH¹+-EN²》

ash·en² /ǽʃən/ 形 ❶ トネリコの(ような). ❷ トネリコ材製の.《ASH²+-EN²》

Ash·er /ǽʃə/ 名《聖》アセル, アシェル《Jacob の息子; イスラエルの 12 支族の一つの祖》.

Ash·ga·bat /ǽʃɡəbæt/ 名 アシガバート《トルクメニスタンの首都》.

Ash·ke·na·zi /àːʃkəná:zi | ǽʃkə-/ 名 (複 -na·zim /-zɪm/) アシュケナージ《ドイツ・ポーランド・ロシア系ユダヤ人; cf. Sephardi》.

Ash·ke·na·zy /àːʃkəná:zi | ǽʃ-/, **Vlad·i·mir** /vlǽdəmɪə | -dɪmɪə/ 名 アシュケナージ (1937- ; ロシア生まれのピアニスト・指揮者).

ásh·kèy 名 トネリコの翼果《羽毛のついた種子》.

ash·lar /ǽʃlə | -lə/ 名 ❶ U 切り石積み. ❷ C 切り石.

ash·ler /ǽʃlə | -lə/ 名 = ashlar.

⁺a·shore /əʃɔ́ə | əʃɔ́ː/ 副《比較なし》浜に[へ], 岸に[へ]; 陸上に: life ~ 陸上生活 / be driven ~《風や高波で》座礁する / run ~《船の操縦ミスから》座礁する | go [come] ~《船から》上陸する;〈水泳者が〉浜に上がる.《A-¹+SHORE》

ásh plànt 名 トネリコの若木《のステッキ》.

ash·ram /ǽʃrəm, áːʃ- | ǽʃ-/ 名 ❶《ヒンドゥー教》アーシュラマ《行者の隠棲所や修行者の住居・僧院》. ❷ 隠者の住居.

ásh·trày 名 灰皿.

Ash Wédnesday 名 U,C 灰の水曜日《四旬節 (Lent) の初日; カトリックでこの日に懺悔(ざんげ)の象徴として頭に灰を振りかける》.

ash·y /ǽʃi/ 形 (**ash·i·er**; **-i·est**) ❶ 灰の; 灰まみれの. ❷ 灰色の, 青白い.

__Ásia__ /éɪʒə, -ʃə/ 名 アジア.

Ásia Mínor 名 小アジア《黒海・アラビア間の地域》.

__Á·sian__ /éɪʒən, -ʃən/ 名 アジア人《★ 特に《米》では東アジア(日本, 中国, 韓国など),《英》では南アジア(インド, パキスタン, バングラデシュなど)の人を指して用いる》. ― 形 アジア(人)の.

Ásian-Américan 名 形 アジア系アメリカ人(の).

Ásian influénza 名 U アジア(型)インフルエンザ.

A·si·at·ic /èɪʒiǽtɪk, -ʃi-/ 名 形 = Asian《★ Asian のほうが一般的》.

ASIC《略》《電子工》application specific integrated circuit 特定用途向け IC.

__a·side__ /əsáɪd/ 副《比較なし》❶ わきへ[に], かたわらに: turn ~ 体を向く / stand [step] ~ わきへどく, わきをあける; 身を引く. ❷ 《ある目的などに》別にして, とっておいて: She kept the book ~ for me. 彼女はその本を私のためにとっておいてくれた. ❸ わきに, 忘れて: He tried to put his troubles ~. 彼は悩みごとを考えまいとした. ❹ [動名詞の後に置いて]〈...は〉別として, さておいて (apart): Joking ~.... 冗談はさておき.... **aside from ...**《米》...は別として (apart from): I like all sports, ~ *from* baseball. 野球は別として私はすべてのスポーツが好きだ. **táke [dráw] a person aside**〈ないしょ話などのため〉人をわきへ連れてい

く. ― 名 ❶〖演劇〗わきぜりふ. ❷ ひそひそ話, 私語. ❸ (本論から離れた)余談, 脱線 (digression). 〖A-¹+SIDE〗

Á-sìde 名〘(レコードの) A 面 (cf. B-side).

As·i·mov /ǽzəmɔːf, -mɔ̀f/, **Isaac** 名 アシモフ (1920–92; ロシア生まれの米国の SF作家).

as·i·nine /ǽsənàin/ 形 ❶ 愚かな. ❷ ロバの(ような). 〖L《asinus ロバ》〗

as·i·nin·i·ty /æsənínəti/ 名 U 愚鈍.

‡**ask** /ǽsk | ɑ́ːsk/ 動 ❶〈人に〉尋ねる;〈物事を〉聞く, 尋ねる;〈質問を〉する;〈人に…を〉尋ねる: I ~ed Joan, but she didn't know. 私はジョウンに尋ねたが, 彼女は知らなかった / I ~ed her *about* her job. 私は彼女に彼女の仕事のことを尋ねた / ~ the way 道を尋ねる / She ~ed my age. 彼女は私の年齢を尋ねた / ~ many questions たくさんの質問をする /〔+引用〕"Do you know her?" I ~ed. 「彼女を知っていますか」と私は尋ねてみた /〔+*wh.*〕I ~ed *where* she lived. 彼女がどこに住んでいるのかと尋ねた / I ~ *how* to do it. どういうふうにやればいいか聞いてみなさい /〔+目+目〕He ~ed me my name. 彼は私の名前を尋ねた /〔+目+目〕He ~ed me a question. =〘文〙I ~ed a question *of* him. 彼に質問した / I often get ~ed that. よくそのことを聞かれる /〔+目+*wh.*〕I ~ed her *whether* [*if*] she knows her. 彼女を知っているかどうか彼女に尋ねてごらん / I ~ed her *where* she had been. 彼女にどこへ行ってきたのかと尋ねた / She ~ed me *which* to buy. 私にどちらを買ったらいいかと尋ねた.

❷ **a**〈人に〉〈物事を〉頼む, 要請する, 求める;〈人に〉**依頼**する: I ~ed *for* her understanding of my position. 彼女に私の立場を理解するように求めた / ~ permission 許可を求める / I ~ed him *for* his help [advice]. 彼に援助[助言]を求めた /〔+目+目〕I wish to ~ you a favor. = I wish to ~ a favor *of* you. あなたにひとつお願いがあります (★ have a favor to ask (of) you. のほうがより口語的) / She always ~s *too* much *of* me. 私にいつも無理な要求をする (cf. 5). **b**〈人に〉〈…するように〉頼む;〈…を〉求めた:〔+目+*to do*〕He ~ed us *to leave* the room. 彼は我々に退室するよう求めた / Are you ~*ing* me *to believe* you? (あなたの言うこと)を信じろと言うのですか /〔+*to do*〕He ~ed *to see* the violin. 彼はそのバイオリンを見せてもらいたいと頼んだ (★不定詞の意味上の主語は文の主語と同じ; 変換 He ~ed if he could [might] see the violin. と書き換え可能) /〔+*that*〕I ~ed *that* he (should) come at once. 彼にすぐ来るように頼んだ.

❸〈人を〉招く, 招待する, 誘う;〈人に〉〈…するように〉誘う (invite): ~ a person *to* one's party [*for* dinner] 人をパーティー[夕食]に呼ぶ / Shall I ~ him *in*? 彼に中に入ってもらいましょうか (★ 副詞の前に to come を入れて理解すること) / I ~ed her *over* for dinner. 彼女を夕食に招いた /〔+目+*to do*〕He ~ed me to dine with him at his club. 彼は私をクラブでの食事に招いた.

❹〈人に〉〈ある金額を〉(代金として)**請求**する: ~ a high price 高値を請求する / How much did he ~? 彼はいくらだと言いましたか / He ~ed \$5 *for* it. 彼はそれに 5 ドルを請求した / They are ~*ing* too much *for* the house. 彼らはその家に法外な金を請求している.

❺〈物事が〉〈…を〉要する, 求める: Such research ~s much time and money. そのような研究には多くの時間と金がいる / I'm ~*ing* too much *of* May to expect her to visit us. メイに訪ねてくるよう期待するというのは要求のしすぎです (cf. 2 a).

― 動 ❶ 尋ねる: A~ at the information desk. 案内所で尋ねてください / I'm just ~*ing*. = I just thought I'd ~. (質問を受けた相手の困った様子などを見て)ただ聞いてみただけだよ / I ~ed *about* his job. 彼の仕事のことを尋ねた.

❷ (援助などを)求める: A~, and it shall be given you. 求めよ, さらば与えられん《聖書「マタイ伝」などから》.

ásk àfter …の安否を尋ねる, …を見舞う (★ 受身可): He ~ed *after* you [your health]. 彼は君のこと[健康のこと]を尋ねました.

ásk aróund あちこち尋ねる, そのあたりで尋ねる: If you don't know, would you ~ *around*? わからなかったらそちらの方たちに尋ねてみてくれませんか / I ~ed *around for* information. あちこち情報をもとめ歩いた.

ásk fòr... (1) …を求める, 頼む (★ 受身可): ~ *for* a cigarette たばこを 1 本くれと求める / He ~ed *for* a night's lodging. 彼は一夜の宿を求めた. (2)〈人を〉訪ねてくる[いく];〈人に〉会いたいと言う,〈人と〉話したいと言う: I ~ed *for* the manager. 支配人に面会を求めた.

Ásk me ánother!〘口〙(私は)知らないね!

ásk onesèlf 自問する.

ásk óut《他+副》〔~+目+out〕〈人を〉…に招く, 誘う〔*for, to*〕: I've been ~ed *out*. デートに誘われています / He ~ed me *out* to a movie. 彼は私を映画に誘った.

Dòn't ásk.〘口〙(ひどいものなので)聞かないでよ, 話したくないね.

Dòn't àsk mé!〘口〙(いら立って)知らないね!

I ásk you!〖うんざり, 驚き, 怒りを表わして〗〘古風〙へえ, まさか, 驚いた.

if you ásk mé〘口〙私の考えを言わせてもらえば, 私の意見では.

― 名〖単数形で〗〖主に米〗言い値, 提示価格.

a big ask 困難な注文.

〖類義語〗**ask**「尋ねる」という意味の一般的な語. **inquire** より形式ばった語; 情報を求める. **query** inquire と同じく形式ばった語; はっきりしたような回答を求める. **question** 次々に一連の質問をする. **interrogate** question より形式ばった語; 系統立った組織的な質問[尋問]を行なう.

a·skance /əskǽns/ 副〘斜めに; 横目に. **lòok askánce at...** (不審げに, また疑うように)横目で見る.

a·skew /əskjúː/ 副〘斜めに: look ~ at ...を流し目で[さげすんで]見る / He was wearing his hat ~. 彼は帽子を斜めにかぶっていた. ― 形 P 曲がって, ゆがんで: The letters were ~. 文字は曲がっていた.

ásk·ing 名 U 求めること. **for the ásking** 請求さえすれば, (ほしいと言えば)ただで: It's yours *for the* ~. ほしいと言えばあげる.

†**ásking prìce** 名 言い値, 提示価格.

ASL《略》American Sign Language.

a·slant /əslǽnt | əslɑ́ːnt/ 副〘形〙傾いて; 斜めに.

‡**a·sleep** /əslíːp/ 形 (比較なし) ❶ a 眠って (↔ awake) (★ A には sleeping を用いる): half ~〘口〙うとうとして / He's fast [sound] ~. 彼はぐっすり眠っている. **b** 死んだようになって, 不活発になって. ❷〖手足が〗しびれて: My leg is ~. (片方の)足がしびれている. ❸〘文·詩·婉曲〗永眠して. **fàll asléep** (1) 寝入る, 眠り込む. (2)〘婉曲〗永眠する, 死ぬ.〖A-¹+SLEEP〗

A/S lèvel /éiés-/ 名 U.C〘英〙A/S レベル (1989 年以降行なわれている上級 (A level) と一般中等教育 (GCSE) の中間レベルの GCE 試験).〖*A*dvanced *S*upplementary level〗

a·slope /əslóup/ 副 形 P 坂になって, 傾斜して.

ASM air-to-surface missile 空対地ミサイル; assistant stage manager 舞台監督助手.

As·ma·ra /æzmáːrə, æs-/ 名 アスマラ (エリトリア (Eritrea) の首都).

a·so·cial /eisóu(ə)l/ 形 ❶ 非社交的な. ❷ 利己的な.

asp /ǽsp/ 名〖動〗エジプトコブラ.

ASP《略》application service provider.

as·par·a·gine /əspǽrədʒìːn/ 名 U〖生化〗アスパラギン (植物に多い α アミノ酸の一種).

‡**as·par·a·gus** /əspǽrəgəs/ 名 C.U〖植〗アスパラガス.

aspáragus fèrn 名〖植〗シノブボウキ (南アフリカ原産アスパラガス属の半低木; 鉢物や花束用の添え葉に使用される).

as·par·tame /ǽspərtèɪm, əspáːrteɪm / əspáːrteɪm, ǽspəˌteɪm/ 名 U アスパルテーム (低カロリーの人工甘味料).

ASPCA《略》American Society for the Prevention of Cruelty to Animals 米国動物愛護協会.

‡**as·pect** /ǽspekt/ 名 ❶ C (もの·ことの)面; U 〖また an ~〗〘文〙様相〔*of*〕: the various ~s of life 人生の諸相 / The case has assumed [presented] a serious ~. その

事件は重大な様相を帯びてきた. ❷ C (問題を見る)見地, 角度: consider a question in all its ~s 問題をあらゆる角度から考察する / approach a problem from a different ~ 別の面から問題に取り組む. ❸ C (通例単数形で; 方向を表わす修飾語を伴って)(家・部屋などの)向き, 方位: His house has a southern ~. 彼の家は南向きだ. ❹ U (また an ~)《文》(人の)顔つき, 容貌(ぼう). ❺ U.C 《文法》相《ロシア語などの動詞で継続・完了・起動・終止・反復などの動作の形式》. ❻ C 《占星》座相, アスペクト《人の運命に影響を与えるとされる天体の位置関係で, 天体同士の成す角によって規定される》. 《L=見ること, 外観 <AS- +specere, spect- 見る (spectrum)》 【類義語】⇒ phase.

áspect rátio 名 ❶ 《空》縦横(じゅうおう)比, アスペクト比《翼幅の2乗を翼面積で割った値》. ❷ 《テレビ・映》(画像の)横縦(おうじゅう)比, 画像比, アスペクト比.

⁺**as·pen** /ǽspən/ 名 《植》ヤマナラシ, ポプラ《葉柄のつけ根に近い葉の部分が平たくなっていて微風でも葉がよく揺れる》. ── 形 A ポプラの, ポプラの葉のような; よく震える: tremble [quiver] like an ~ leaf ぶるぶる[わなわな]震える.

As·pen /ǽspən/ 名 アスペン《Colorado 州中部の村; スキーリゾート》.

Ás·per·ger's sýndrome /ɑ́ːspəːɡəz-|-pəːdʒəz-/ 名 U アスペルガー症候群《自閉症の一種で, 集団に適応できない, 行動や興味が限定されているなどの特徴がある》. 《H. Asperger オーストリアの精神科医》

as·per·ges /əspɚːdʒiːz, æs-|-pɜ́ːdʒiːz/ 名 《カト》散水式《日曜の High Mass の前に祭壇・司祭・会衆に聖水を振りかけて清める式》.

as·per·gil·lum /ǽspərdʒíləm|-pə-/ 名 (複 -gil·la /-ɡílə/, ~s)《カト》(聖水の)散水器《小さなほは, または小穴のあいた海綿入り柄付きの球形容器》.

as·per·i·ty /æspérəti, əs-/ 名 ❶ a U (気質・語調の)荒々しさ; 無愛想: speak with ~ 荒々しく話す. b C 荒々しい言葉, しんらつな言葉. ❷ U (また複数形で)(気候・境遇などの)厳しさ, つらさ. ❸ a U 手ざわりの悪いこと, ざらざら, ごつごつ. b C ごつごつ[ざらざら]した所.

as·perse /əspɚːs|-pɜ́ːs/ 動 〈人・人格・名誉などを〉そしる, 中傷する.

as·per·sion /əspɚːʒən|-pɜ́ːʃən/ 名 中傷《★通例次の句で》: cast ~s on a person's honor 人の名誉を中傷する.

as·phalt /ǽsfɔːlt|-fælt/ 名 U アスファルト. ── 動 〈道路を〉アスファルトで舗装する. 《L<Gk=傷つかないもの》

as·phal·tic /æsfɔ́ːltɪk|-fǽl-/ 形 アスファルト(質)の.

ásphalt júngle 名 ❶ (しばしば the ~)生存競争の激しい大都会(の地区). ❷ =concrete jungle 1.

a·spher·ic /eɪsférɪk, æs-, -sfɪ́ər-|-sfér-/, **-i·cal** /-ɪk(ə)l/ 形 《光》非球面の.

as·pho·del /ǽsfədèl/ 名 《植》❶ アスフォデル《ユリ科の植物》. ❷ 《詩》スイセン.

as·phyx·i·a /æsfíksiə/ 名 U 《医》仮死; 窒息.

as·phyx·i·ant /æsfíksiənt/ 形 窒息性の. ── 名 窒息剤.

as·phyx·i·ate /æsfíksièɪt/ 動 ❶ (通例受身で)〈人を〉窒息(死)させる (suffocate). ❷ 自 窒息(死)する. **as·phyx·i·a·tion** /æsfíksiéɪʃən/ 名 窒息(死).

as·pic /ǽspɪk/ 名 U 《料理》アスピック《肉汁から作るゼリー》.《その色がエジプトコブラ (asp) に似ていることから》

as·pi·dis·tra /æspədístrə/ 名 《植》ハラン《アジア原産の家庭用観賞植物》.

as·pi·rant /ǽsp(ə)rənt, əspáɪ(ə)r-/ 名 大望を抱く人;(地位などの)志望者, 熱望者 (after, for, to).

as·pi·rate /ǽsp(ə)rət/ 《音声》名 ❶ C 気(息)音, [h] 音; 気音音字 (h の字). ❷ C 帯気音字《[p^h], k^h, b^h, d^h などの音》. ❸ U.C 《医》(体内から)の吸引物. ── /ǽspərèɪt/ 動 ❶ 〈…を〉気音で発音する([h] 音を響かせる, または [h] 音を加えて発音する). ❷ 〈…〉を吸い出す. a (通例受身で)〈…を〉吸引する, 〈管・腔などから〉吸引する. b 吸い込む, 吸入する. 《L; ⇒ aspire》(名 aspiration)

ás·pi·rà·ted /-tɪd/ 形 《音声》気(息)音の, [h] 音の.

⁎**as·pi·ra·tion** /æsp(ə)réɪʃən/ 名 ❶ a U.C (しばしば複数形で)熱望, (野心的)志望 (for, to, of): I have no ~s for (to) fame. 私は名声を望まない (+to do) He has ~s to become a scholar. 彼は学者になることを熱望している. b C 念願の(的), 願望の対象. ❷ U《音声》帯気. ❸ U《医》吸引《体内から気体・液体・異物などを吸い出すこと》. (動 aspirate, aspire)

ás·pi·rà·tor /-tə/, -tə-/ 名 ❶ 吸気器, 吸入器. ❷ 《医》吸引器.

⁺**as·pire** /əspáɪə|-páɪə/ 動 〈…を〉熱望する, 〈…に〉抱負をもつ, 大志を抱く: Scholars ~ after truth. 学者は真理を求める / He ~d to the boardroom. 彼は重役にふさわしいと熱望していた / Harry ~d to be captain of the team. ハリーはチームの主将になりたいと熱望した. 《L=息を吹きかける, 大望を持つ<AS-+spirare 呼吸する (cf. spirit)》(名 as·piration)

⁎**as·pi·rin** /ǽsp(ə)rɪn/ 名 《薬》❶ U アスピリン. ❷ C アスピリン錠: take an ~ アスピリンを1錠飲む.

⁎**as·pír·ing** /-páɪ(ə)rɪŋ/ 形 高い目標を目ざしている, 野心のある. ~·ly 副

a·squint /əskwínt/ 副 形 I 横目に[で], やぶにらみに[で].

ass^1 /ǽs/ 名 ❶ C 《口》ばか; がんこな人. ❷ 《動》《古》ロバ《★今では donkey が普通》. **màke an áss of a person** 《口》〈人を〉愚弄(ぐろう)する. **màke an áss of onesélf** 《口》ばかなことをする. 《OE<Celt<L》

ass^2 /ǽs/ 名 《米卑》❶ C 尻; 肛門. ❷ U [a piece of ~ で](性的対象としての)女. b 性交. ❸ U [a person's [people's] ~(es)で, me, you, him, her などの代わりに用いて]おれ[お前, やつ(など)](ら)を[に(など)]: She crushed his ~ in the finals. 彼女は決勝戦で彼に圧勝した. ❹ [修飾語を伴って形容詞的に] とてもなく…な, ばか…な: cool ~ shades めちゃくちゃいかした[かっこいい]サングラス ⇒ bad ass, big ass. **áss bàckwards** 逆の[に], あべこべに[な]; でたらめに[な], めちゃくちゃに[な], 混乱して[した]. **a person's áss is in a slíng** 困った[面倒な, まずい, やばい]ことになっている. **one's áss òff** 猛烈に, 最高に: work one's ~ off むちゃくちゃに働く. **be áss òut** 困った[面倒な, 厄介な, まずい]ことになっている. **Blów it òut your àss!** くそくらえ, ふざけんな. **còver one's áss** 《罰(害)に及ばないよう》対策を立てておく. **gèt óff one's (déad) áss** なまけるのをやめる, のらくら[ぐずぐず]しない. **gèt one's áss in [into] géar** (さっさと)行動を起こす, 急ぐ, のらくらしない. **gèt [be] òn a person's áss** (1) 人を苦しめて[いじめて], 人にとってうるさく[うっとうしく]. (2) 人の車の後ろにピタリとついてる[追いかける]. **Gèt your áss òver [in] hère [óut of hére]!** さっさとこっちへ来い[ここから出て行け]. **gó aròund one's áss to gét to one's élbow** わざわざ難しい[面倒な, 厄介な]やり方でやる. **hául áss** さっさと出て行く; すぐに行動する[取りかかる], 急ぐ; 車でぶっ飛ばす. **hàve [pút] one's áss in a slíng** まずい[やばい]ことになる. **kíck áss** (1) 乱暴をはたらく, やっつける; 活気[力]がある, 速く走る[動く]. (2) =kick some ASS. **kíck a person's áss** 人をけとばす; 人を打ち負かす, たたく; 人をやり込める. **kíck (some) áss** 乱暴なことをして自分の意志を通す; しごく, 締め上げる, ビシビシやる. **kíss a person's áss** 人へいこらする, おべっかを使う. **Kíss my áss!** 勝手にしやがれ, くそくらえ, ふざけんな. **Mỳ áss!** ばかな, まさか, うそつけ, 違う! **nòt knów [càn't téll] one's áss from one's élbow [from a hóle in the gròund]** なんにもわかっちゃいない, まるで無知[無能]だ. **sít on one's áss** (無気力に)じっとしたままでいる, 何もしないでいる, 手をこまねいている. **stúff [shóve, stick] it [...] ùp one's (特に) your] áss** [通例命令文で]人からくそくらえ[知るか, 勝手にしろ]《強い拒絶や反感を示す; 単に up your ~ とすることも, また逆に stuff [shove] it のみとすることもある》. **ùp to one's áss in...** 〈厄介なことに〉深く[どっぷり]掛かり合って, 巻き込まれて, のめり込んで; …(の山)に囲まれて. 《ARSE の変形》

as·sa·gai /ǽsəɡàɪ/ 名 =assegai.

as·sai /æsáɪ, æ-|æ-/ 副 《楽》きわめて. 《It》

†**as·sail** /əséɪl/ 動 ⊕ ❶〈人・陣地などを〉〈武力で〉激しく攻撃する;〈人を〉〈質問・非難などで〉攻めたてる: They ~ed the fortress. 彼らはその要塞を激しく攻めてた / They ~ed the speaker *with* jeers. 彼らは講演者を散々にやじりとばした. ❷〈疑惑・恐怖などが〉〈人・心を〉襲う,悩ます (beset)(★しばしば受身): He was ~ed *with* [*by*] doubts. 彼は疑惑に悩まされた. ~**able** /-ləbl/ 形 〖F＜L＝跳びかかる; assault と二重語〗【類義語】⇒ attack.

†**as·sail·ant** /əséɪlənt/ 名 攻撃者.

As·sam /ǽsæm/ 名 アッサム《インド北東部の州; 茶の産地》.

as·sart /əsáːt | əsáːt/ 【英法】名〈林地を〉開拓する. ── 名 ❶ Ⓤ 林地開拓. ❷ Ⓒ〈林地の〉開拓地.

†**as·sas·sin** /əsǽs(ə)n/ 名 暗殺者,刺客. 〖F＜L＜Arab＝ハシシュを吸う人; 暗殺の前にハシシュを服用して精神を興奮させたとされることから〗

*****as·sas·si·nate** /əsǽsənèɪt/ 動 ⊕〈要人を〉暗殺する(★しばしば受身). 〖L↑〗 (名 assassination) 【類義語】⇒ kill.

†**as·sas·si·na·tion** /əsæ̀sənéɪʃən/ 名 Ⓤ.Ⓒ 暗殺. (動 assassinate)

as·sás·si·nà·tor /-tə | -tə/ 名 暗殺者 (of).

*****as·sault** /əsɔ́ːlt/ 名 ❶ Ⓤ.Ⓒ【法】暴行; 強姦, レイプ: (a) sexual ~ 性的暴行 / an ~ *on* a young woman 若い女性に対する暴行. ❷ Ⓒ 急襲, 強襲 [*on*, *against*]. ❸ Ⓒ 言葉による攻撃, 激しい批判, 非難 [*on*, *against*]: come under ~ 非難にさらされる. ❹ Ⓒ〈困難等への〉挑戦; 取り組み [*on*]. **assáult and báttery**【法】暴行殴打.
── 動 ⊕ ❶【法】〈人に〉暴行する;〈女性を〉レイプする. ❷〈人・感覚などを〉不快にさせるのものである,不快にする,〈…に〉やっきさせる. ❸〈人・教えなどを〉激しく批判する,言葉で攻撃する. ❹〈難事に〉いどむ,挑戦する; 取り組む. ❺〈人・陣地を〉急襲する,強襲する. 〖F＜L＝跳びかかる＜AS-＋*salire* 跳ぶ (cf. salient); ASSAIL と二重語〗 【類義語】⇒ attack.

assáult còurse 名【英軍】障害物通過訓練場.

as·sault·ive /əsɔ́ːltɪv/ 形 攻撃的な.

as·say /ǽseɪ, ⌐ ⌐/ 名 ❶ Ⓒ.Ⓤ 分析評価, 試金; 《薬物などの》効力 [力価]検定, アッセイ. ❷ Ⓒ 分析物, 試金物, 《試金》分析者. ── /- ⌐ ⌐, ⌐ ⌐/ 動 ⊕ ❶〈鉱石を〉試金する《金銀などの含有量を調べる》. ❷ 〖...の評価のために〕〈...を〉分析する [*for*]; 査定する [測定, 評価] する. ❸《米》分析の結果〈...の含有を示す: This ore ~s high in gold. この鉱石は金含有率が高い. 〖F＝試み; cf. essay〗

as·sáy·er 名 分析者, 試金者.

ássay òffice 名《貴金属などの》純分検定所, 試金所.

as·se·gai /ǽsɪgàɪ/ 名 ❶《南部アフリカ先住民が用いる》細身の投げ槍. ❷【植】アセガイ《投げ槍を作るミズキ科の木》. ── 動 ⊕ 投げ槍で刺す.

as·sem·blage /əsémblɪdʒ/ 名 ❶ Ⓒ **a** 会衆, 集団《人の集まり》, 集合; 《物の》集合. **b** アサンブラージュ《くずや廃品を使用して作った芸術作品》. ❷ Ⓤ 《機械の》組み立て. (動 assemble)

*****as·sem·ble** /əsémbl/ 動 ⊕ ❶《ある目的で》人を集める, 集合させる, 召集する (gather);〈ものを〉集めて整理する: Many distinguished people were ~d for the project. 多数の名士がそのプロジェクトに集まっていた. ❷《機械などを》組み立てる: ~ a car 自動車を組み立てる. ❸【電算】〈プログラムを〉アセンブルする. ── ⊜ 集合する, 会合する. 〖F＜L＝simul together (cf. similar) ⇒〗(名 assemblage, assembly) 【類義語】⇒ collect¹.

as·sem·blé /æ̀səmbléɪ/ 名《バレエ》アサンブレ《片足で踏み切って跳んだあと両足同時に5番で下りるパ (pas)》.

as·sém·bler 名 ❶ 組み立て工. ❷【電算】アセンブラー: **a** 記号言語で書かれたプログラムを機械語プログラムに変換する. **b** =assembly language.

*****as·sem·bly** /əsémbli/ 名 ❶ Ⓒ [しばしば A~] 《立法》議会; [the A~] 《米国の一部の州議会の》下院: a legislative ~ 立法議会 / a prefectural [city, municipal] ~ 県 [市]会. ❷ Ⓒ.Ⓤ 《社交・宗教などの特別の目的の》集会, 会合, 会議;《小学校などの》朝礼(など): summon an ~ 会議を召集する / ⇒ General Assembly / freedom of ~【法】集会の自由. ❸ Ⓤ 《部品の》組み立て; Ⓒ 組み立てた《部品》. ❹ Ⓤ.Ⓒ 【電算】アセンブリー《記号言語で書かれたプログラムのアセンブラーによる機械語プログラムへの変換》. ❺ Ⓒ 【軍】集合の合図 [らっぱ, 太鼓]. **Assémbly of Gód** [the ~]【宗】神の集会 (1914年米国で創設されたペンテコステ派の集会). (動 assemble)

assémbly lànguage 名 Ⓤ【電算】アセンブリ言語《機械語に近いプログラム言語》.

assémbly line 名 《組み立ての》流れ作業《列》.

as·sém·bly·man /-mən/ 名 (⊕ -men /-mən/) 〔時に A~〕議員, 《米国の一部の州の》下院議員.

assémbly ròom 名 [しばしば複数形で] 《主に英》集会室 [場]; 《舞踏会などの》会場.

assémbly·wòman 名 [時に A~] 女性議員, 《米国の一部の州の》女性下院議員.

*****as·sent** /əsént/ 名 Ⓤ 同意, 賛同: by common ~ 一同 [万人]異議なく / with one ~《文》満場一致で / give one's ~ (*to* the plan)《計画に》同意する / give a nod of ~ =nod (one's) ~ うなずいて同意を示す. ── 動 ⊜ 提案・意見などに同意する, 賛成する(★ ~ to は受身可): He ~ed *to* the proposal. 彼はその提案に賛成した. 〖F＜L＝同じように感じる＜AS-＋*sentire*, *sent*- 感ずる (cf. sense) 〗 【類義語】⇒ consent.

as·sén·tor /-tə | -tə/ 名 同意者, 賛成者; 《英議員選挙における》賛同者《提案者・後援者とは別に候補者の指名に必要な人》.

*****as·sert** /əsə́ːt | əsə́ːt/ 動 ⊕ ❶ 〈...を〉断言する, 力説する, 強く主張する: His friends ~ed his innocence. = [+*that*] His friends ~ed *that* he was innocent. 彼の友人たちは彼の潔白《なこと》を強く主張した. ❷〈権利・要求などを〉主張する, 行使する: ~ one's authority 権力を行使する. ❸ [~ *oneself* で] **a** 自説 [自分の権利]を主張する; 我を通す, でしゃばる: You should ~ *yourself* more. もっと自己主張すべきだ. **b**〈天分・傾向などが〉現われる, 影響を及ぼし始める.: His natural cheerfulness again ~ed *itself*. 彼の天使の明るさがまた表われた. 〖L＝自分のものだと主張する＜AS-＋*serere*, *sert*- 結びつける, 加える (cf. series)〗 (名 assertion, 形 assertive)

as·ser·tion /əsə́ːʃən | əsə́ː-/ 名 Ⓤ.Ⓒ 断言, 断定, 主張 (claim); 行使: make an ~ 主張する / The witness's ~ *that* he's innocent will most likely be accepted. 彼が無実だという証人の主張はきっと受け入れられるであろう. (動 assert)

†**as·ser·tive** /əsə́ːtɪv | əsə́ː-/ 形 ❶ 断定的な, 言い張る, 独断的な. ❷〔文法〕断定的な《肯定平叙文にいう; cf. nonassertive》: an ~ sentence 断定文. ~**·ly** 副 ~**·ness** 名 (動 assert)

assértiveness tràining 名 Ⓤ 《自己》主張訓練, アサーティブネストレーニング.

‡**as·sess** /əsés/ 動 ⊕ ❶〈人・ものなどの〉性質 [価値, 重要性(など)]を評価する, 値踏みする: The project was ~ed *as* low risk. その計画はリスクが低いと評価された. / [+*wh*.] We must ~ how important the issues are. それらの問題がどれほど重要か評価しなければならない. ❷〈...の[に対する]〉《総》額《価値, 財産, 罰金(など)》を〈ある数値と〉算出 [査定, 評価] する, 見積もる: The damage is ~ed *at* a million dollars. その損害は100万ドルと計算されている. ❸〈税金・寄付金などに〉課する (*on*). 〖F＜L＝そばに座る, 《裁判官を》補佐する＜AS-＋*sedere*, *sess*-座る (cf. session)〗

as·sés·sa·ble /əsésəbl/ 形 課税 [評価, 算定]できる.

as·séss·ment /-mənt/ 名 ❶ Ⓤ.Ⓒ 《人・ものなどの》評価, 判断, アセスメント (evaluation): (an) ~ *of* a person's character 人の性格の判断 / an ~ *of* environmental impact 環境影響評価, 《環境》アセスメント. ❷ Ⓤ 《資産価値などの》評価, 算定, 査定; Ⓒ 評価[査定]額; 税額.

†**as·sés·sor** /-sə | -sə/ 名 ❶ 評価[査定]者. ❷【法】陪席判事; 補佐役.

***as·set** /ǽset, -sɪt/ 名 ❶ [通例複数形で] **資産**, 財産: fixed ~s 固定資産 / ~s and liabilities 資産と負債. ❷ [通例単数形で] 有利[有用, 貴重]なもの[人], 利点, 強み: Sociability is a great ~ *to* a salesman. セールスマンにとって社交性は大きなプラスとなる. 〖F *assez* enough〗

ásset-bàcked secúrity 名《証券》資産担保証券, アセットバック証券《自動車ローン債券やクレジットカード債券などの資産を担保化したものを裏付けとして発行される証券》.

ásset strìpping 名 U 資産剝奪《会社を買収したのちその資産を売却し会社を閉じてしまうこと》.

as·sev·er·ate /əsévərèɪt/ 動 他 〈…を〉真剣に力強く言う, 断言する; 〈…だと〉断言する, 強く言明する 〈*that*〉.

as·sev·er·a·tion /əsèvəréɪʃən/ 名 U C 断言, 確言.

áss·hòle 《米卑》❶ 尻の穴. ❷ いやなやつ, ばか.

as·sib·i·late /əsíbəlèɪt/ 動 他《音声》摩擦音に発音する, 歯槽音化する.

as·sib·i·la·tion /əsìbəléɪʃən/ 名.

as·si·du·i·ty /æsəd(j)uːəṭi, -djuː-/ 名 ❶ U 勉励, 勤勉, 精励: with ~ 精出して, せっせと. ❷ C [通例複数形で]《文·詩》いろいろな配慮, 心づかい, 尽力.

†**as·sid·u·ous** /əsídʒuəs, -djuː-/ 形 ❶ 〈人が精励する, 勤勉な (diligent). ❷ A 〈注意など〉細かい点まで行き届いた. ~·ly 副 精出して, せっせと. ~·ness 名 〖L=いつもそばにいる; ⇒ assess〗

*†**as·sign** /əsáɪn/ 動 他 ❶ 〈人に〉〈仕事·ものを〉**割り当てる**, あてがう, 与える: I ~ed the tour members their hotel rooms.=He ~ed hotel rooms *to* the tour members. 彼はツアー参加者にホテルの部屋を当てがった. ❷ 〈人を〉〈任務·職場などに〉任命[配属]する; 〈人に〉〈…するように〉命じる: She was ~ed *to* the laboratory. 彼女は研究室勤務を命じられた /〔+目+*to do*〕 The captain ~ed two soldiers *to* guard the path. 隊長は門の守備に2名の兵を任命した. ❸ 〈原因などを〉〈…に〉帰する, 〈事件の年月·場所などを〉〈…とする〉: The birth of the Buddha has been ~ed *to* 563 B.C. 釈迦(しゃか)の生誕は紀元前563年とされている. ❹ 《法》〈人に〉〈財産·権利などを〉譲渡する:〔+目+目〕 I'll ~ you my house.=I'll ~ my house *to* you. 私の家をあなたに譲渡しよう. ❺ 〈…のために〉〈日時を〉指定する 〈*for*〉. 〖F<L=しるしをつける, 割り当てる; ⇒ as-, sign〗 名 assignment, assignation) 【類義語】⇒ allot.

as·sign·a·ble /əsáɪnəbl/ 形 ❶ 割り当てうる, 指定される; 帰せられる 〈*to*〉. ❷ 譲渡される.

as·sig·na·tion /æsɪgnéɪʃən/ 名 ❶ C 密会の約束; 密会, あいびき. ❷ U 割り当て;《法》譲渡.

as·sign·ee /əsàɪníː, æsɪr-/ 名 《財産権利などの》譲り受け人, 譲受人,《破産の》管財人.

*†**as·sign·ment** /əsáɪnmənt/ 名 ❶ C 《米》〈学生の〉**宿題**, 研究課題 (⇒ homework 比較): give an ~ 宿題を出す. ❷ C 割り当てられた仕事, 任務;《任命された》職, 地位. ❸ U 割り当て(る[られる]こと). ❹ C U《法》〈財産·権利などの〉譲渡; C 譲渡証書. **on assignment** 割り当てられた仕事[任務, 職務] について[あたって](いる): a free-lance photographer *on* ~ for Newsweek ニューズウィーク誌と契約して働いているフリーの写真家 / Our correspondent, John Kelly is *on* ~ in NYC. 我が社の特派員ジョンケリーがニューヨーク市で取材にあたっています. (動 assign) 【類義語】⇒ task.

as·sign·or /æsɪnɔ́ː, əsaɪ-|-nɔ́ː/ 名《財産·権利などの》譲渡人, 委任者.

as·sim·i·la·ble /əsíməlabl/ 形 同化[吸収]できる.

†**as·sim·i·late** /əsíməlèɪt/ 動 他 ❶ a 〈移民·文化などを〉〈…に〉同化[融合]する, 同質化する, 溶け込ませる 〈*into*, *to*〉: Second-generation immigrants are often fully ~d *into* the host country's culture. 移民の第二世代は受け入れ国の文化にはしばしば完全に同化する / Many aspects of Shinto were ~d *into* Japanese Buddhism. 神道の多くが面が仏教に取り込まれた. **b** 《音声》〈音を〉隣接音に〉同化させる; 〈同化させる. ❷ 〈食物などを〉吸収する, 理解する (absorb): Can you ~ all that you read? 読むものをすべて消化できますか. ❸ 似ているとみなす, なぞらえる 〈*to*〉. ❹ [通例受身で] 〈食物を〉吸収する, 消化する. — 自 **a** 〈移民などが〉〈文化的に〉同化する, 溶け込む 〈*into*, *to*〉: Immigrants rapidly ~d *into* the American way of life. 移民たちは急速にアメリカの生活様式に同化していった. 〖L=同じにする, AS-+*similis* 同じの (cf. similar)〗

as·sim·i·la·tion /əsìməléɪʃən/ 名 U ❶ 同化, 同化作用; 融合;《音声》同化. ❷ 吸収, 消化.

as·sim·i·la·tion·ism /-ʃənìzm/ 名 U C 《人種的·文化的に異なる少数グループに対する》同化政策. **-tion·ist** /-ʃ(ə)nɪst/.

as·sim·i·la·tive /əsíməlèɪṭɪv, -lət-/ 形 同化力のある; 同化(作用)の.

As·si·si /əsíːsi, əsíː- |əsíː-/ 名 アッシジ《イタリア中部の町; St. Francis の生地》.

*†**as·sist** /əsíst/ 動 他 ❶ 〈人を〉**手伝う**, 援助[助力] する; 〈人の〉助手となって働く: ~ a person financially 人を財政的に援助する / She ~s him *in* his work [*in* editing the paper]. 彼女は彼の仕事[その新聞の編集]で彼を手伝う / She ~s her brother *with* his lessons. 彼女は弟の学課の手伝いをしてやる /〔+目+*to do*〕 He ~ed her to edit the paper. 彼は彼女が新聞の編集をするのを手伝った (★ help ほうが一般的). ❷ 〈ものことが〉 〈…の〉助けとなる, 〈…を〉助長する, 促進する: Civil turmoil ~ed the coup. 市民の騒ぎがクーデターを助けた. — 自 ❶ 〈…を〉手伝う, 援助する: I ~ed *in* ordering his papers [*with* the ordering of his papers]. 私は彼の書類を整理してやった. — 名 ❶ 《米》援助. ❷ 《スポ》アシスト《サッカー·バスケットなどでゴールとなるシュートを助けるプレー》. ❸《の》《機能》補助(装置)《★複合語の第2要素》: a heart-**assist** device 心(臓)機能補助装置.〖F<L=そばに立つ <AS-+*sist-*, *sistere* 立つ (cf. consist)〗 名 assistance) 【類義語】⇒ help.

*†**as·sis·tance** /əsístəns/ 名 U 手伝い, 助力, 援助: offer economic and technological ~ 経済技術援助をする / come to a person's ~ 人を援助する / if we can be of any ~ 私たちで何かお役に立つことがあれば / He gave me some ~ *in* solving the problem. 彼は私が問題を解くのを手伝ってくれた. **with the assistance of…** …の助けを得て. (動 assist)

*†**as·sis·tant** /əsístənt/ 名 ❶ a **助手**, 補助者, 補佐 (aid). **b** 《英》店員 (shop assistant). ❷ 《英》大学生外国語教師《留学先で働く》. — 形 A 補助の, 補佐の; 副…, 助…: an ~ editor 副編集長.〖ASSIST+-ANT〗

assistant proféssor 名 《米》助教授 《associate professor と instructor の間の地位; ⇒ professor 解説》.

assist·ed área 名 《英》援助地域 《特に失業率の高い地区で, 政府が特別援助金を出して産業の復興をはかっている地域》.

assisted-líving facílity 名 《米》老人ホーム, 介護施設.

assisted pláce 名 《英》特別奨学枠 《パブリックスクールなど independent school で設けられている特別奨学生枠; 政府が授業料を負担し, 貧困家庭の英才を援助している》.

assisted reprodúction 名 U 《医》生殖援助.

assisted súicide 名 U C 他人[(特に)医師]の助けを借りた自殺, (医師)幇助(ほうじょ)自殺.

as·sizes /əsáɪzɪz/ 名 複 《英》 (1971年までの) 巡回裁判 《民事·刑事事件を裁くため年に4回裁判官を England と Wales の各州に派遣した》.〖F=座ること, 開廷していること〗

assn., **assoc.** 《略》association.

as·so·cia·ble /əsóʊʃ(i)əbl|-siə-/ 形 〈…と〉連想できる, 結びつけて考えられる 〈*with*〉.

*†**as·so·ci·ate** /əsóʊʃièɪt, -si-/ 動 他 ❶ 〈もの·人を〉〈…と〉(心理的に)**関係づける**, 関連づけて考える, 連想する: We ~ reindeer *with* Christmas. トナカイと言えばクリスマスを思い出す / The name of Nero is ~d *with* cruelty. ネロの名は残虐を連想させる. ❷ 〈人を〉〈…と〉結びつける, 関連させる, 〈…の〉仲間に加える (★ 通例受身): At the time, I *was* ~d *with* him in a large law firm. そのころ

私は彼とある大きな法律事務所で一緒に仕事をしていた. ❸ [~ oneself で] 〈提案・意見などに〉賛同する, 〔…に〕支持する: I will not ~ myself with such a proposal. このような提案には賛成できない. ❹ (通例 好ましくない人と)交際する: I stopped associating with him. 彼と付き合うのはやめた. ❺ 〔…と〕提携[連携, 連合]する (affiliate), 結びつく, 一つにまとまる 《with》. —/-ʃiət, -ʃièit/ 图 ❶ (仕事などでの)提携者, 仲間, 同僚. ❷ (団体・学会などの)準会員 (cf. fellow 5). ❸ (米) (短大卒業または四年制大学短期コース修了の)準学士. Associate of Arts =associate degree. —/-ʃiət, -ʃièit/ 形 A (比較なし) ❶ 準…: an ~ judge 陪席判事 / an ~ member 準会員 / an ~ associate professor. ❷ 提携[連合]した, 仲間の. 〖L=…と結びつける as-+sociusを仲間 (cf. social)〗 图 association 【類義語】⇒ companion[1].

*as·so·ci·at·ed /-ʃièitɪd/ 形 ❶ 関係のある, 関連した. ❷ A 連合[組合, 合同]の.

assóciated cómpany 图 (ある会社の)系列会社.

assóciate degrée /-ʃiət-/ 图 (米) 準学士(号) (短大卒に与えられる).

Associated Préss 图 [the ~] (米国の) AP 通信, 連合通信社 (略 AP).

assóciate proféssor /-ʃiət-/ 图 (米) 準教授 (professor と assistant professor の間の地位; ⇒ professor 【解説】).

*as·so·ci·a·tion /əsòuʃiéiʃən, -si-/ 图 ❶ C [単数または複数扱い] 協会; 社団, 会社 (organization): form an ~ to promote cultural exchange 文化交流を促進させる協会をつくる. ❷ U.C. 連合, 合同, 共同, 提携 (affiliation); 交際, 付き合い; 関連: have a long ~ with …と長い間の提携関係[付き合い, 結びつき]がある / an [the] ~ between smoking and cancer 喫煙と癌との関連. ❸【心】 U 観念連合, 連想. b [通例複数形で] 連想されるもの, (連想による)思い出, 連想. in associátion with... (1) …と共同[連携]して. (2) …と関連して, 結びついて. (動 associate).

associátion fóotball 图 U (英) サッカー.

as·so·ci·a·tion·ism /-ʃənìzm/ 图 U 【心】観念連合説. -tion·ist /-ʃ(ə)nɪst/ 图.

as·so·ci·a·tive /əsóuʃièitɪv, -ʃ(i)ə- | -sɪə-/ 形 ❶ 連合の, 連帯の. ❷ 連想の.

as·so·nance /ǽsənəns/ 图 U 【韻】 ❶ 音の類似. ❷ 類韻 (母音だけの押韻; 例: brave —— vain).

as·so·nant /ǽsənənt/ 形 ❶ 類似の. ❷ 類韻の.

as·so·nate /ǽsənèit/ 動 自 音[母音]が一致する, 母音韻を踏む (⇒ assonance).

as·sort /əsɔ́ət | əsɔ́:t/ 動 他 ❶ 〈ものを〉類別[分類]する. ❷〈店に〉品を各種取りそろえる. —— 自 ❶ (遺)〈対立遺伝子が〉(分離して)[互いに独立に組み合わさり]細胞に入る; 〈形質が〉(分離して)子孫[後代]に伝わる[現われる]. ❷ [well などの様態副詞を伴って]〔…と〕釣り合う, 調和する《with》. 〖F=種類別にする《a- to+SORT》〗

+as·sort·ed /-tɪd/ 形 ❶ さまざまな種類からなる, 種々の, 盛り合わせの; 多彩な: a box of ~ chocolates チョコレートの詰め合わせひと箱. ❷ 分類した, 仕分けした. ❸ [well, ill などの複合語で] 釣り合った, 調和した.

+as·sort·ment /-mənt/ 图 ❶ C a 各種取り集めた[取りそろえた]もの, 盛り合わせ, 詰め合わせ; 多種の[多様な]物[人]の集まり: have a wide ~ of... …を幅広く取りそろえている / an odd ~ of people 奇妙な取り合わせの人々(一団). ❷ U 仕分け, 類別, 分類.

asst., Asst. (略) assistant.

as·suage /əswéidʒ/ 動 他 ❶〈苦痛・怒り・不安などを〉緩和する, やわらげる, なだめる: Nothing could ~ his disappointment. どんなものも彼の失望をやわらげることはできなかった. ❷〈食欲・欲望などを〉静める. ~·ment /-mənt/ 图 U 緩和, 軽減, 鎮静. ❷ C 緩和剤. 〖F〗

as·sua·sive /əswéisɪv/ 形 やわらげる, 静める.

as·sum·a·ble /əsúːməbl | -s(j)úː-/ 形 仮定[想定]できる. ❷〈住宅ローンなどが〉譲渡[移転, 引き継ぎ]可能の.

as·sum·a·bly /-məbli/ 副 [文修飾] おそらく, 多分 (…だろう).

*as·sume /əsúːm | əs(j)úːm/ 動 他 ❶ (証拠はないが)〈…を事実[当然]だとする〉〈考える, 思う〉; 想定[仮定]する: ~ the worst 最悪の事態[場合]を想定する / [+that] Let's ~ that the train will be on time. 列車は時刻どおりに着くものと考えましょう / We can safely ~ that our offer will be accepted. 私たちの申し出が受け入れられるものと考えて(まず)差し支えないだろう. ❷ a 〈役目・任務・責任などを〉とる, 引き受ける; 〈債務などを〉肩代わりする, 引き継ぐ: ~ office 就任する / ~ the presidency 大統領に就任する / ~ responsibility for the incident 事件の責任を負う. b 〈権力・支配権などを〉握る, 奪う: ~ power [control of the company] 権力[会社の実権]を掌握する. ❸ a 〈ものが〉〈ある性質・様相などを〉帯びる, 呈する (take on): ~ importance 重要性を帯びる / Things have ~d a new aspect. 事態は新しい局面を呈してきた. b 〈人が〉〈ある態度を〉とる, 身につける: ~ the offensive 攻勢をとる / ~ a friendly attitude 友好的な態度をとる. ❹ 〈…の〉ふりをする, 〈…を〉装う (put on): ~ an outward air of cheerfulness 外面的に快活を装う. assúming that... と仮定して[すれば]: Assuming that it's true, what should we do about it? それが本当だとしたら, そのことについてどうしたらいいのだろう. 〖L=取り上げる as-+sumere, sumpt- 取る (cf. consume)〗 图 assumption)

as·súmed 形 A ❶ 装った, 偽りの: ~ ignorance そらぬ顔 / under an ~ name 偽りの名で. ❷ 仮定した, 想定上の: an ~ cause 想定上の原因. as·súm·ed·ly /-mɪdli/ 副 [文修飾] おそらく, たぶん.

as·súm·ing 形 (古) でしゃばる, 僭越(せんえつ)な. ~·ly 副.

*as·sump·tion /əsʌ́m(p)ʃən/ 图 ❶ C (証拠もなく)事実だと考えること; 仮定, 想定, 仮説: a mere ~ 単なる憶説 / His ~ that he would win proved wrong. 自分が勝つという彼の考えは間違っていた / on the ~ that... …という仮定のもとに. ❷ C (任務・責任などの)引き受け, 就任; 肩代わり: the ~ of office 就任. ❸ U.C (権利・権力などを)おかれること, 横取り: the ~ of power 政権の奪取を握ったこと. ❹ [the A-] 【カト】聖母被昇天; 聖母被昇天の祝日 (8月15日). ❺ U (古) 僭越(せんえつ), しゃばり. (動 assume)

as·sump·tive /əsʌ́m(p)tɪv/ 形 ❶ 仮定の, 推定的な. ❷ (古) 僭越(せんえつ)な, でしゃばりな.

*as·sur·ance /əʃú(ə)rəns, əʃə:r- | əʃɔ́:r-, əʃúər-/ 图 ❶ C 保証, 請け合い (promise): She gave them repeated ~s of your goodwill. 彼女は先方に繰り返しあなたの善意を保証した / [+that] He gave me his ~ that the goods would be delivered tomorrow morning. 彼は品物はあすの朝届けると保証した. ❷ U 確信: [+that] Nothing could shake our ~ that the product would sell. この製品が売れるという確信は私たちのうちどんなゆるぎもしなかった. ❸ U 自信 (confidence); 厚かましさ, ずうずうしさ: with ~ 自信をもって / an easy ~ of manner 自信のあるゆったりした態度. ❹ U (英) 保険 (cf. insurance 1 a): life ~ 生命保険. (動 assure) 【類義語】⇒ certainty.

*as·sure /əʃúə, əʃɔ́: | əʃɔ́:, əʃúə/ 動 他 ❶〈人に〉〈…を〉保証する, 請け合う (guarantee); 安心させる, 納得させる: [+目+(that)] I can ~ you that he's sincere. 彼が誠実なことは請け合うよ / I ~ you I won't let you down. 大丈夫あなたを失望させることはないよ / Her conversation, I can ~ you, is very entertaining. 彼女の会話は確かにとてもおもしろい. / I can ~ you of his sincerity. 彼の誠実なことはあなたに請け合う. ❷ [~ oneself で] 〈…に〉納得する, 確信する; 確かめる (⇒ assured 3): I ~d myself of his safety. 彼の安全を確かめた / [+目+that] I ~d myself that he was safe. 彼が安全であることを確信した[確かめた]. ❸〈…を〉確実にする《★ ensure のほうが一般的》: This ~d our success. これで我々の安全は確実になった. ❹ (英)〈人命に〉保険をかける (米) insure). as·súr·er, as·sú·ror /-rə | -rə/ 图. 〖F<L;

*as·súred ❶ 自信をもった, 自信ありげな: his ~ manner 自信ありげな態度. ❷ 保証つきの, 確実性のある: an ~ income 確実な収入. ❸ ⦅P⦆ 〔…を〕確信して (cf. assure 2): I'm not at all ~ of success. うまくいくという確信は全然ない. **rést assúred** ⇨ rest² ⦅成句⦆. ―― 名 ⦅複⦆ [the ~] ⦅英⦆ 被保険者(たち). **~·ness** 名

as·sur·ed·ly /əʃú(ə)rɪdli, əʃə́ːr- | əʃúər-/ 副 ❶ 確かに, 確実に (★ 文修飾可): His hypothesis is most ~ correct. 彼の仮説が正しいことはまず間違いない. ❷ 自信をもって.

as·sur·ing /əʃú(ə)rɪŋ, əʃə́ːr- | əʃúər-/ 形 ❶ 保証するような. ❷ 自信を与える(ような), 心強い. **~·ly** 副 保証するように; 自信を与えるように.

As·syr·i·a /əsíriə/ 名 アッシリア 《南西アジアにあった古代帝国; 首都 Nineveh /nínəvə/》.

As·syr·i·an /əsíriən/ 形 アッシリア(人, 語)の. ―― 名 ❶ ⦅C⦆ アッシリア人 (cf. Semite 1). ❷ ⦅U⦆ アッシリア語.

As·syr·i·ol·o·gy /əsìriɑ́lədʒi | -ɔ́l-/ 名 ⦅U⦆ アッシリア学. **-gist** /-dʒɪst/ 名 **As·syr·i·o·log·i·cal** /əsìriəlɑ́dʒɪk(ə)l | -lɔ́dʒ-/ 形

AST ⦅略⦆ Atlantic Standard Time.

a·sta·ble /eɪstéɪbl/ 形 ⦅電⦆ 無定位の.

As·taire /əstéə | -téə/, **Fred** 名 アステア (1899-1987; 米国のミュージカルスターでダンスの名手).

As·ta·na /ɑːstɑ́ːnə/ 名 アスタナ (カザフスタン中北部の市; 同国の首都).

a·stat·ic /eɪstǽtɪk/ 形 不安定な; ⦅理⦆ 無定位の (↔ static).

as·ta·tine /ǽstətìːn/ 名 ⦅U⦆ ⦅化⦆ アスタチン 《放射性元素; 記号 At》.

as·ter /ǽstə | -tə/ 名 ⦅植⦆ ❶ シオン. ❷ エゾギク, アスター. ⦅L <Gk = 星; 花の形状から⦆

-as·ter /ǽstə | -tə/ 名 軽蔑を表わす名詞語尾「三流の…」「へぼ…」: poetaster.

as·ter·isk /ǽstərɪsk/ 名 星印(*) 《用途 注などを添える時, 省略, 非文法的表現を示す際に用いる》. ―― 動 ⦅…に⦆星印をつける. ⦅L <Gk =小さな星⦆

as·ter·ism /ǽstərìzm/ 名 ❶ ⦅天⦆ 星群, 星座. ❷ 3つ星印(*,* または *,*,*; 特に注意をうながす文章の前などにつける).

a·stern /əstə́ːn | -stə́ːn/ 副 ⦅船・航空機の⦆後方へ, 後部で[へ]; ⦅船が⦆後進して **astérn of…** …よりも後方に[で].

†**as·ter·oid** /ǽstərɔ̀ɪd/ 名 ❶ ⦅天⦆ 小惑星 《火星と木星の間などに散在する》. ❷ ⦅動⦆ ヒトデ. ―― 形 星状の. ⦅ASTER+-OID⦆

as·the·ni·a /æsθíːniə/ 名 ⦅U⦆ ⦅医⦆ 無気力, 無力症.

as·then·ic /æsθénɪk/ 形 無力症の.

as·then·o·sphere /æsθénəsfìə/ 名 ⦅地⦆ (地球内部の)岩流圏, アセノスフェア, アステノスフェア. **asthèno·sphéric** 形

***asth·ma** /ǽzmə | ǽs(θ)mə/ 名 ⦅U⦆ ⦅医⦆ ぜんそく. ⦅F<L<Gk=息切れ, あえぎ⦆

asth·mat·ic /æzmǽtɪk | æs(θ)-/ 形 名 ぜんそく(の患者). **-i·cal·ly** /-kəli/ 副

As·ti /ɑ́ːsti, ǽs-/ 名 ⦅C⦆⦅U⦆ アスティ 《イタリア産の(特に発泡性の)白ワイン》.

as·tig·mat·ic /ǽstɪɡmǽtɪk⁻/ 形 ❶ 乱視の. ❷ ⦅光⦆ 非点収差の.

a·stig·ma·tism /əstíɡmətìzm/ 名 ⦅U⦆ ❶ ⦅医⦆ 乱視. ❷ ⦅光⦆ (レンズの)非点収差.

a·stir /əstə́ː | əstə́ː/ 副 形 ⦅P⦆ ❶ 動いて; 活気を帯びて, にぎわって ⦅with⦆. ❷ 起き出て. ⦅A-¹+STIR¹⦆

***as·ton·ish** /əstɑ́nɪʃ | -tɔ́n-/ 動 ⦅人をひどく驚かす, びっくりさせる⦆ (⇨ astonished): The news ~ed her. その知らせは彼女を大いに驚かせた / He ~ed his fan by announcing his divorce. 彼は離婚を発表してファンを驚かせた. ⦅F<L<EX-²+tonare 雷が鳴る, 大きな音を立てる⦆ ⦅名⦆ astonishment. ⦅類義語⦆ ⇨ surprise.

***as·ton·ished** /əstɑ́nɪʃt | -tɔ́n-/ 形 (**more ~**; **most ~**) 驚いた, びっくりした: with an ~ look びっくりした顔つきで / She was ~ at [by] the news. 彼女はその知らせに驚いた / He was ~ to hear it. 彼女はそれを聞いてびっくりした / She was ~ that you spoke Chinese so well. あなたが中国語をじょうずにしゃべったので彼女は驚いていた.

***as·ton·ish·ing** /əstɑ́nɪʃɪŋ | -tɔ́n-/ 形 驚くばかりの, 驚異的な, 驚くべき: an ~ fact 驚くべき事実 / with ~ speed 驚異的な速さで / It was really ~ to me. それはまったく私には驚くべきことだった. **~·ly** 副 驚くほど(に), 驚異的に, とてつもなく (★ 文修飾可).

†**as·ton·ish·ment** /əstɑ́nɪʃmənt | -tɔ́n-/ 名 ❶ ⦅U⦆ 驚き, びっくり: to one's ~ 驚いたことには / in [with] ~ 驚いて, びっくりして. ⦅動⦆ astonish.

Aston Martin /ǽstən-/ 名 ⦅商標⦆ アストンマーチン (英国製のスポーツカー).

As·tor /ǽstə | -tə/, **John Jacob** 名 アスター (1763-1848; ドイツ生まれの米国の毛皮商人・資本家).

as·tound /əstáʊnd/ 動 ⦅人をびっくり仰天させる, 驚嘆させる, ⦅人の⦆肝をつぶさせる, ⦅人に⦆衝撃を与える⦆ (⇨ astounded): Her elopement ~ed her parents. 彼女の駆け落ちに両親はびっくり仰天した. ⦅ASTONISH の変形⦆ ⦅類義語⦆ ⇨ surprise.

†**as·tound·ed** /əstáʊndɪd/ 形 ⦅P⦆ びっくり仰天[驚嘆]して, (ひどい)衝撃を受けて ⦅at, by⦆: We were ~ at the news. その報道に仰天した / She was ~ to hear the news. その知らせを聞いて彼女はびっくり仰天した.

***as·tound·ing** /əstáʊndɪŋ/ 形 仰天させるような, どえらい, 驚嘆すべき: ~ news どぎもを抜くようなニュース. **~·ly** 副

a·strad·dle /əstrǽdl/ 副 形 ⦅P⦆ =astride.

as·trag·a·lus /əstrǽɡələs/ 名 ⦅複 -li /-laɪ, -liː/⦆ ❶ ⦅解・動⦆ 距骨 《ヒトの場合は anklebone または talus ともいう》. ❷ [A-] ⦅植⦆ ゲンゲ属 《マメ科》.

as·tra·khan /ǽstrəkən, -kæn | ǽstrəkǽn/ 名 アストラカン 《ロシアのカスピ海北岸, Astrakhan を主産地とする子羊の巻毛の黒皮》; アストラカン織.

***a·stral** /ǽstrəl/ 形 ⦅星の(ような)⦆; 星形の.

***a·stray** /əstréɪ/ 副 形 ⦅P⦆ ⦅用法 further ~; furthest ~ の形で比較をつくる⦆ ❶ 道に迷って. ❷ 正道からそれて, 邪道に入って, 堕落して. **gó astráy** (1) ⦅物がなくなる, 紛失する; 盗まれる. (2) 迷う, とまどう; 間違える; 道に迷う. (3) 常軌を逸する; 道を踏みはずす, 堕落する. **léad a person astráy** (1) ⦅人を⦆惑わせる, 誤らせる; 堕落させる, 邪道に導く. (2) ⦅人を⦆道に迷わせる. ⦅A-¹+STRAY⦆

a·stride /əstráɪd/ 副 形 ⦅P⦆ またがって: ride ~ 馬にまたがって行く. ―― 前 …にまたがって: sit ~ a horse 馬にまたがる. ⦅A-¹+STRIDE⦆

as·trin·gen·cy /əstríndʒənsi/ 名 ⦅U⦆ ❶ 収斂性. ❷ 厳しさ. ❸ 苦み, 酸味.

***as·trin·gent** /əstríndʒənt/ 形 ❶ 収斂(ホミミ)性の: (an) ~ lotion アストリンゼントローション 《収斂性の化粧水》. ❷ 辛辣な, 厳しい; 痛烈な: an ~ wit きついしゃれ. ❸ 苦い; 酸っぱい. ―― 名 収斂剤, アストリンゼン(ト). **~·ly** 副

as·tro- /ǽstrou/ ⦅連結形⦆ 「星」「宇宙」: astrophysics, astronaut. ⦅Gk astēr 星⦆

àstro·archaeólogy 名 =archaeoastronomy.

àstro·biólogy 名 宇宙生物学.

àstro·chémistry 名 ⦅U⦆ 宇宙化学.

as·tro·cyte /ǽstrəsàɪt/ 名 ⦅解⦆ (神経膠(ラ)などの)星状細胞. **as·tro·cyt·ic** /ǽstrəsítɪk⁻/ 形

as·tro·dome /ǽstrədòʊm/ 名 ❶ ⦅空⦆ 天測窓 《飛行機の上部にある天体観測用のガラス窓》. ❷ [the A-] アストロドーム (Texas 州 Houston のドーム球場).

àstro·geólogy 名 ⦅U⦆ 宇宙地質学.

àstro·hátch 名 =astrodome 1.

as·troid /ǽstrɔɪd/ 名 ⦅数⦆ 星芒(ଧ)形, アストロイド.

astrol. ⦅略⦆ astrologer; astrological; astrology.

as·tro·labe /ǽstrəlèɪb/ 名 アストロラーベ 《古代の天文観測儀》.

as·trol·o·ger /əstrɑ́lədʒə | -trɔ́lədʒə/ 名 占星家.

as·tro·log·i·cal /ǽstrəlɑ́dʒɪk(ə)l | -lɔ́dʒ-⁻/ 形 占星術の. **-ly** /-kəli/ 副

†**as·trol·o·gy** /əstrɑ́lədʒi | -trɔ́l-/ 名 ⦅U⦆ 占星学[術] 《星の

運行を見て人の運勢を判断する術). 【F＜L＜Gk; ⇨ as-tro-, -logy】

as·trom·e·try /əstrámətri | -tróm-/ 名 U 測定天文学. **as·tro·met·ric** /æstrəmétrik←/ 形

+**as·tro·naut** /ǽstrənɔ̀ːt/ 宇宙飛行士 (cf. cosmonaut). 【ASTRO-+(AERO)NAUT】

as·tro·nau·ti·cal /æstrənɔ́ːtɪk(ə)l←/ 形 宇宙飛行の; 宇宙飛行士の.

as·tro·nau·tics /æstrənɔ́ːtɪks/ 名 U 宇宙航行術[学].

*__as·tron·o·mer__ /əstránəmə | -trɔ́n-/ 名 天文学者.

+**as·tro·nom·i·cal** /æstrənámɪk(ə)l | -nɔ́m-←/ 形 ❶ 天文(学)上の (cf. civil 6): ~ observation 天文観測 / an ~ observatory 天文台 / an ~ telescope 天体望遠鏡 / an ~ year 太陽年. ❷ 〈数字・距離など〉天文学的な, 膨大な: ~ figures 天文学的な数字. **-i·cal·ly** /-kəli/ 副 ❶ 天文学的に, 天文学上. ❷ 〈数字などが〉天文学的に: Prices have risen ~ly. 価格は天文学的に高騰した. (名 astronomy)

astronómical únit 名 〖天〗天文単位《太陽と地球の平均距離; 略 AU; 1AU=1.496×10¹¹m》.

+**as·tron·o·my** /əstránəmi | -trɔ́n-/ 名 U 天文学. 【F＜L＜Gk; ⇨ astro-, -nomy】

àstro·phýsics 名 U 天体物理学. **-phýsical** 形 天体物理学の. **-phýsicist** 名 天体物理学者.

As·tro·Turf /ǽstroʊtə̀ːf | -tə̀ːf/ 名 U 〖商標〗アストロターフ《人工芝》.

As·tu·ri·as /əst(j)ú(ə)riəs | æs-/ 名 アストゥリアス《スペイン北西部の自治州・古王国》. **-ri·an** /-riən/ 形 名

+**as·tute** /əst(j)úːt | -tjúːt/ 形 ❶ 明敏な, 機敏な. ❷ 抜けめのない, ずるい (shrewd). **~·ly** 副 **~·ness** 名

a·sty·lar /eɪstáɪlə | -lə/ 形 〖建〗無柱(式)の.

A·sun·ción /əsùːnsióʊn/ 名 アスンシオン《パラグアイの首都》.

a·sun·der /əsʌ́ndə | -də/ 副 形 P 離れて, 離れ離れに[で], ばらばらに[で]; 真っ二つに(なって): break ~ ばらばら[粉々]にこわす[こわれる], 〈絆などを〉引き裂く / a family torn ~ by immigration policies 移民政策によって引き裂かれた[離れ離れになった]家族. **be póles asúnder** ⇨ pole² 成句

ASV (略) American Standard Version アメリカ標準訳聖書.

As·wan /ǽswɑːn, áː-/ 名 アスワン《エジプト南東部, Nile 河畔の都市; 付近に the Aswan Dam と the Aswan High Dam がある》.

*__a·sy·lum__ /əsáɪləm/ 名 ❶ **a** U (政治的な)避難, 亡命, 保護: grant ~ 亡命を認める / give [seek, ask for] political ~ 政治的亡命を与える[求める]. **b** (危険からの)保護, 庇護; C 安全な場所, 逃げ場. ❷ C (古) (主に精神障害者・孤児などの)保護施設: ⇨ lunatic asylum. 【F＜L＜Gk=捕まることがないこと, 安全な避難所＜A-²+sylon 拿捕(²）権】

+**asýlum sèeker** 名 (政治的)亡命者.

a·sym·met·ric /èɪsɪmétrɪk←/ 形 非対称的; 不釣り合いの, 不均整の.

a·sym·met·ri·cal /èɪsɪmétrɪk(ə)l←/ 形 =asymmetric. **~·ly** /-kəli/ 副

asymmétric bárs 名 (複) 〖スポ〗段違い平行棒.

a·sym·me·try /eɪsímətri/ 名 U 非対称(性); 不釣り合い, 不均整.

a·symp·to·mat·ic /èɪsɪm(p)təmǽtɪk | æs-←/ 形 〖医〗症状の現われない[現われていない], 無症候性の.

as·ymp·tote /ǽsɪm(p)toʊt/ 名 〖数〗漸近線.

as·ymp·tot·ic /ǽsɪm(p)tátɪk | -tɔ́t-←/ 形 〖数〗漸近の. **-i·cal·ly** 副

a·syn·chro·nous /eɪsíŋkrənəs/ 形 非同時性の.

a·syn·det·ic /ǽsɪndétɪk/ 形 前後の脈絡の欠けた; 〈目録などが〉相互参照のない; 〈接辞〉[接続詞]省略的な.

a·syn·de·ton /əsíndətàn | -tən/ 名 U C **-de·ta** /-tə/ 《修》連辞[接続詞]省略《たとえば I came, I saw, I conquered.》.

*__at__ /(弱形) ət; (強形) ǽt/ 前 《発音》/ǽt/ は孤立したり, 対照的または文尾に用いたりする時の発音》 ❶ [場所・位置の一点を表わして] …に, …で, …において; [離れた点を表わして] …の距離から; [出入りの点を表わして] …から 《用法》原則として at は「一点」と(主観的に)考える時に用い, in は広い場所内に用いる; 英国・大都会は in England, in London などというが, in よりも狭い場所の小都会, 町村は at Bath などというが, 同じ場所でも地図上の一点と考えれば change at Chicago (シカゴで乗り換える)などという; 一方自分の住んでいる町などの場合は小さくともかなりの広がりが感じられて There are three stations in Karuizawa. とも言える》: at a [the] corner かどで / at the center 中心に / at a distance 離れた所に, 離れて / at one's uncle's おじの家に(滞在して) / Open your books at page 30. 本の 30 ページをあけなさい / He bought it at the store over there. 彼はあそこの店でそれを買った / He was educated at Oxford. 彼はオックスフォードで教育を受けた 《用法》大学名の時には at を用いるが, 大学所在地の土地には in を用いる》 / He's a student at Yale. 彼はエール大学の学生だ / He lives at 32 Westway. 彼はウェストウェー 32 番地に住んでいる 《用法》番地は at で, 通りは in, on を用いる》 / at a meeting 会に出席して / at the theater 劇場で[に行って いて] / at a wedding 結婚式で / He was at university from 1980 to 1984. 彼は 1980 年から 1984 年まで大学生だった 《用法》 at university は (英)で, (米) は in college という》 / look out at the window 窓で[にいて]外をながめる 《用法》単に「窓から」なら at でなく out of を用いる》 / Let's begin at Chapter Three. 3 章から始めましょう / arrive at one's destination 目的地に達する.

❷ [時の一点を表わして] …に; …(歳の時に): School begins at nine and ends at four. 学校は 9 時に[から]始まり 4 時に終わる 《用法》begin from nine は間違い; School is from nine to four. (学校は 9 時から 4 時までです)は可能》 / at noon 正午に / at dinner time 正餐(ｾﾞﾝ)時に / at present 今は, 現在 / at that time あの時は / at the beginning of the month 月初め[月末]に / at the same time 同時に / at this time of (the) year この季節に, 毎年今ごろは / at Christmas クリスマス(の時期)に / at the weekend (英) 週末に / at (the age of) seven 7 歳の時に.

❸ [方向・目標・目的を表わして] …を(ねらって), …に(向かって): look at the moon 月を見る / aim at a target 的をねらう / What is he aiming at? 彼は何をめざしているのか[何を言おうとしているのか] / guess at…を当ててみる / hint at…をほのめかす, におわせる / laugh at a person 人を(あざけり)笑う / He made an attempt at a solution of the problem. 彼はその問題を解決してみようとした.

❹ [事・従事の対象を表わして] …に《従事中で》[の], …して《取り組み》; …に《取り組み》, を: at breakfast 朝食中 / at church (教会に行って)礼拝中 / at school (学校へ行って)授業中 / be at work [play] 働いて[遊んで]いる / What are you at now? いま何をしているのか / work at maths (英) 数学を勉強する / pick at one's meal (食欲がなさそうに)食事をいじくる[つつく, つまむ].

❺ [感情の原因を表わして] …に(接して), …を見て, 聞いて, 考えて: tremble at the thought of…を思ったりして震える / I was surprised at the number of people. 人数(が多いの)に驚いた / He was pleased at Mary's present. 彼はメアリーの贈り物を喜んだ 《用法》(英)では at の代わりに with を用いるほうが多い》.

❻ [能力・性質の対象を表わして] …の点で, …が: He's good [poor] at drawing. 彼は絵がじょうず[下手]だ / He's a genius at music. 彼は音楽の天才だ; (口) 彼は音楽がとてもよくできる.

❼ [状態・状況を表わして] …の(状態)で: The storm was at its worst. あらしはこの上もなく激しくなっていた / be at peace 平和である / be at war 戦争中である / at a loss 困って, 当惑して / at a standstill ぴたりと止まって / at rest 停止して / at will 意のままに, 随意に / at one's own risk 自分の責任で[において].

❽ [度・割合などを表わして] …(の割り)で: at 80° 80 度に;

❾ [数量・代価・費用を表わして] …で; …と: *at* a good price よい値で / be employed *at* a high salary 高給で雇われ(ている) / buy [sell, be sold] *at* 10 pounds 10 ポンドで買う[売る, 売れる] / estimate a crowd *at* 2000 群衆を 2 千人と見積もる.

❿ [順位・頻度を表わして] …に, …で; [at a [an, one] …で] 一度[ひと口, ひと飲みなど]に: *at* the second attempt 二度目の試みで / *at* first 最初に / *at* last 最後に, ついに / *at* regular intervals 定期的に / *at* all times いつも, 常に / one *at* a time 一度に一つ.

⓫ [命令・要求などに対して, 受けて]: *at* a person's invitation=*at* (the) invitation of a person 人の招待を受けて.

at abóut∴ ころ: *at about* five o'clock [the same time] 5 時[同じ]ころに / *at about* the same speed 大体同じ速力で.

at áll ⇒ all 代 成句.

át it 盛んに(仕事/運動, けんかなど)をやって, 精を出して: They're *at it* again. 彼らは(けんかなど)またやっている.

at thát ⇒ that A 代 成句.

be át… (1)《口》 (口やかましく)人)を責めたてる. (2)《口》…を攻撃する, …を襲う, …をねらう. (3)《口》〈他人のものなど〉をいじくる. (4) …に従事している, …をやっている.

whère it's át ⇒ where 副 成句.

while a person be át it ⇒ while 接 成句.

〖OE; AD- と関連語〗

At 《記号》《化》astatine. **AT** 《略》achievement test; antitank; automatic transmission. **at.** 《略》atmosphere; atomic.

at- 接頭 (t の前にくるときの) ad- の異形: *at*tend.

At·a·lan·ta /ˌæṭəlǽntə/ 名《ギ神》アタランテ《足が速く狩猟に長じた美少女》.

at·a·man /ǽṭəmən/ 名 =hetman.

AT&T /éɪtíːəntíː/ 略 AT&T 社《米国の電気通信会社》.

at·a·rac·tic /ˌæṭərǽktɪk⁻/, **-rax·ic** /-rǽksɪk⁻/ 形 精神安定の. — 名 精神安定剤(作用)の.

at·a·rax·i·a /ˌæṭərǽksiə/, **at·a·raxy** /ǽṭərǽksi/ 名 U《精神・感情の平静, 冷静, アタラクシア.

at·a·vism /ǽṭəvɪzm/ 名 ❶ U《生》隔世遺伝, 先祖返り. ❷ C 隔世遺伝[先祖返り]を示す個体.

at·a·vis·tic /ˌæṭəvístɪk⁻/ 形 隔世遺伝的の, 先祖返り的な. **at·a·vis·ti·cal·ly** /-kəli/ 副.

a·tax·i·a /ətǽksiə/ 名 U《医》運動失調(症), (歩行)失調.

a·tax·ic /ətǽksɪk/ 形 (運動)失調(症[性])の.

a·tax·y /ətǽksi/ 名 =ataxia.

at bát 名 (複 ~s) 《野》打数, 打席 (略 a.b.): get two hits in four ~s 4 打席で 2 安打する.

ATC 《略》《空》air-traffic control; 《鉄道》automatic train control 自動列車制御(装置).

†**ate** /eɪt | et, eɪt/ 動 eat の過去形.

A·te /á:tiː/ 名《ギ神》アーテ《神・人間を悪事に導く女神》.

ATE 《略》automated test equipment 自動試験装置.

-ate[1] /ət, ɪt, eɪt/ 接尾 [形容詞語尾] 「…のある」: foliate.

-ate[2] /eɪt/ 接尾 《発音 2 音節語では普通 eɪt; 3 音節以上の語では -ɪt》 接尾 [動詞語尾] 「…させる」「…する」: create, translate; educate, separate.

-ate[3] /ət, ɪt, eɪt/ 接尾 [名詞語尾] ❶「…の職務」: consul*ate*, sen*ate*. ❷《化》「…酸塩」: carbon*ate*, sulf*ate*.

at·el·ec·ta·sis /ˌæṭəléktəsɪs/ 名 U《医》肺拡張不全, 無気肺, アテレクターゼ.

at·e·lier /ǽṭəljeɪ | ətèlièɪ/ 名 アトリエ, 仕事場, 製作室, 画室. 〖F〗

a tem·po /a:témpoʊ/ 副 形《楽》もとの速度で[の]. 〖It =in time〗

ATF 《略》《米》Bureau of Alcohol, Tobacco, and Firearms アルコール・タバコ・火器局《財務省の一部局》.

Ath·a·na·si·us /ˌæθənéɪʃi(ə)s | -ʃəs/, Saint (聖) アタナシオス《293?-373; アレクサンドリアの司教; 三位一体論を唱え Arius の説に反対した》.

Athár·va·Véda /ətá:və- | ətʌ:-/ 名 [the ~] アタルバベーダ《災厄を払い幸福を呼ぶ呪詞を集録したヴェーダ》.

a·the·ism /éɪθiɪzm/ 名 U 無神論; 不信心.《F〈Gk; ⇒ A-², theo-, -ism》

†**a·the·ist** /-ɪst/ 名 U 無神論者. **a·the·is·tic** /èɪθiɪstɪk⁻/, **-ti·cal** /èɪθiɪstɪk(ə)l⁻/ 形 無神論(者)の. **-ti·cal·ly** /-kəli/ 副.

a·the·mat·ic /eɪθɪmǽṭɪk⁻/ 形 ❶《楽》無主題の, 非主題の. ❷《言》語幹形成母音のない動詞.

A·the·na /əθíːnə/ 名《ギ神》アテナ《アテネの守護神; 知恵・芸術・学芸・戦争などの女神; ローマ神話の Minerva に当たる; cf. Pallas》.

Ath·e·n(a)e·um /ˌæθəníːəm/ 名 (複 ~s, -n(a)ea /-níːə/) ❶ [the ~] アテナ神殿《古代ギリシアのアテネにあり, 詩人や学者たちが集合して詩文を評論した》. ❷ [a~] C a 文芸[学術]クラブ. b 図書室, 文庫.

A·the·ni·an /əθíːniən/ 形 アテネの. — 名 アテネ人.

Ath·ens /ǽθɪnz/ 名 アテネ, アテナイ《ギリシアの首都; 古代ギリシア文明の中心地》.

ath·er·o- /ǽθəroʊ-/ [連結型]《医》「粥腫(ʒˠ)」, アテローム (atheroma).

àthero·génesis 名 U《医》粥腫[アテローム]発生.

àthero·génic 形《医》粥腫[アテローム]発生(性)の.

ath·er·o·ma /ˌæθəróʊmə/ 名 U《医》粥腫, アテローム; 動脈アテローム《血管壁の退行性変化を伴った動脈硬化症》.

àthero·sclerósis 名 U《医》アテローム性動脈硬化(症).

ath·e·to·sis /ˌæθətóʊsɪs/ 名 U《医》無定位運動症, アテトーシス《四肢・指のゆっくりとした不随意運動が持続する神経性疾患》. **àth·e·tót·ic** /-tátɪk | -tɔ́t-/ 形.

a·thirst /əθə́ːst | əθə́ːst/ 形《文》(…を切に望んで, 渇望して: be ~ *for* knowledge 知識を渇望する.

*__**ath·lete** /ǽθliːt/ 名 スポーツ選手, 運動選手; スポーツマン; 《英》陸上競技選手.《L〈Gk =賞金目当ての闘士》 形 athletic.

áthlete's fóot 名《医》(足の)みずむし.

*__**ath·let·ic** /æθléṭɪk/ 形 ❶ A a (運動)競技の; 《英》陸上競技の: an ~ meet [《英》meeting] 競技会, 運動会 / ~ equipment 運動競技用器具. b 運動選手用の: an ~ supporter (男子の)局部用サポーター. ❷〈体格が〉スポーツマンらしい, がっしりした. **-i·cal·ly** /-kəli/ 副 (名 athlete).

ath·let·i·cism /æθléṭəsɪzm/ 名 U 運動競技[スポーツ]熱.

*__**ath·let·ics** /æθléṭɪks/ 名 U (各種の)運動競技, スポーツ; 《英》陸上競技.

at-hóme, at hóme 名 (家庭的な)招待会, ホームパーティー. — 形 A [at-home の] ❶ 家庭[自宅, 在宅]での[でなされる]. ❷ 家庭用の: one's ~ clothes 家庭着. ❸ くつろいだ, 気楽な (cf. at HOME 名 成句); 家庭的な.

-a·thon /əθàn | -əθɔn/ 接尾「長時間[長期]にわたる競技会[催し, 活動]」: talkathon.《(MAR)ATHON》

A·thos /ǽθɑs | -θɔs/ 名 [Mount ~] アトス山《ギリシア北東部エーゲ海に突き出たアクテ (Acte) 半島にある山 (2023m); ギリシア正教の 20 の修道院の代表が政務を行なう自治州で, 女人禁制となっている》.

a·thwart /əθwɔ́ət | əθwɔ́:t/ 副 筋違いに, 斜めに(横切って); 意に反して: Everything goes ~ (with me). 万事が思うようにならない. — 前 …を横切って; …に逆らって: A tree lay ~ the road. 一本の木が道路を横切って倒れていた.《A-¹+THWART》

athwárt·shìps 副《海》船体を横切って.

-at·ic /ǽṭɪk/ 接尾 「…のような」.

a·tilt /ətílt/ 副 形 ❶ 傾いて.

-a·tion /ˌ-éɪʃən, -éɪʃən/ 接尾 動作・結果・状態を表わす名詞語尾: occup*ation*, civiliz*ation*.

a·tish·oo /ətíʃuː/ 〜 間《英》=ahchoo.

-a·tive /əṭɪv, ˌ-éɪṭɪv/ 接尾 傾向・性質・関係などを表わす形容詞語尾: decor*ative*, talk*ative*.

Atl. (略) Atlantic.

At·lan·ta /ətlǽntə/ 图 アトランタ《米国 Georgia 州の州都》.

At·lan·te·an /ætlæntí:ən⁻/ 形 ❶ アトラス (Atlas) の. ❷ (アトラスのように)強い.

*__At·lan·tic__ /ətlǽntɪk/ 形 **大西洋の**, 大西洋岸(付近)の: the ~ states (米国の)大西洋側の諸州, 東部諸州. ― 图 [the ~] **大西洋**: the North [South] ~ 北[南]大西洋.《L<Gk=アトラス (Atlas) の(海)》

At·lan·ti·cism /ətlǽntəsìzm/ 图 ① 西ヨーロッパ諸国と北米諸国との軍事・政治・経済上の協力政策, 汎大西洋主義. **-cist** 图

*__Atlantic Ocean__ 图 [the ~] 大西洋.

Atlántic (Stándard) Tìme 图 ① (米国の)大西洋(標準)時《日本標準時より13時間遅い; 略 A(S)T; ⇒ standard time 解説》.

At·lan·tis /ətlǽntɪs/ 图 アトランティス《Gibraltar 海峡の西方にあったが, 地震と洪水で海中に没したといわれる伝説上の島[王国]》.

+**at·las** /ǽtləs/ 图 ❶ 地図帳; 図解書, 図表集: a world ~ 世界地図(帳). ❷ 【解】 環椎《第一頚椎》. ❸ (建) at·lan·tes /ætlǽnti:z/ 男像柱. 《昔の地図帳の巻頭には天空をになった Atlas の絵がついていたことから》【類義語】⇒ map.

At·las /ǽtləs/ 图 《ギ神》 アトラス《天空を双肩にかつぐ大力無双の巨人》.

Átlas móth 图《昆》ヨナグニサン《与那国蚕》, オオアヤニシキ《ヤママユ科; 翅を広げると 25 cm に達する; 東南アジア産》.

Atlas Mountains 图 (地) [the ~] アトラス山脈《アフリカ北西部にある》.

ATM /éitì:ém/ (略)【通信】 asynchronous transfer mode 非同期転送モード; automated [automatic] teller machine.

atm. (略) atmosphere; atmospheric.

at·man /á:tmən/ 图 U.C. [しばしば A-] 《ヒンドゥー教》 アートマン: a Rig-Veda で「息」「霊」「我」の意. b 超越的自我, さらに「梵」の意.

*__at·mo·sphere__ /ǽtməsfìə | -sfìə/ 图 ❶ [the ~] (地球を取り巻く)**大気**, ⓒ (天体を取り巻く)ガス体. ❷ (特定の場所などの)**空気**, ~ しめっぽい空気. ❸ ⓒ U a **雰囲気**(ℱん'き), 環境, ムード, 「空気」(ambience): a friendly [tense] ~ なごやかな雰囲気[緊張した空気] / an ~ of distrust 漂う不信感 / create a pleasant ~ 楽しい雰囲気をつくりだす. **b** (芸術作品などの)全体的な感じ, 雰囲気, 趣: a novel rich in ~ 雰囲気に富んだ小説. ❹ ⓒ 【理】 気圧 (cf. atmospheric pressure) (略 atm.). 《L<Gk atmos 蒸気+sphaira 球》 (形 atmospheric)

+**at·mo·spher·ic** /ætməsférɪk, -sfí(ə)r- | -sfér⁻/ 形 ❶ 大気(中)の, 空気の; 大気による: ~ electricity 大気電気 / ~ pollution 大気汚染. ❷ 雰囲気の[に富む, を出す]: ~ music ムード音楽. **-i·cal·ly** /-kəli/ 副 (图 atmosphere)

átmospheric préssure 图 U [また an ~] 《気》 気圧: (a) high [low] ~ 高[低]気圧.

at·mo·spher·ics /ætməsférɪks, -fí(ə)r- | -fér-/ 图 空電《雷放電などで生じる電磁波; 無線通信に雑音をつくる》.

at. no. (略) 【理・化】 atomic number.

ATOL /ǽtɔ:l | ǽtɒl/ (略) 《英》 Air Travel Organizer's Licence.

at·oll /ǽtɔ:l | ǽtɒl/ 图 環礁さんご島, 環礁 (cf. lagoon 2).

*__at·om__ /ǽtəm/ 图 ❶ 【理・化】 **原子**. ❷ [an ~ of ... で通例否定文に用いて] 少しも(...ない): There is not an ~ of truth in the rumor. そのうわさは根も葉もない. 《F<L<Gk=それ以上細かく切れないもの; A-²+temnein 切る》 (形 atomic, atomize)

átom bòmb 图 =atomic bomb.

*__a·tom·ic__ /ətámɪk | ətɔ́m-/ 形 [通例 Ⓐ] (比較なし) ❶ 原子の (略 at.). ❷ 原子力の[を用いる]; 原子爆弾の[を用いる] (nuclear): an ~ submarine 原子力潜水艦 / ~ warfare 核戦争 (★ nuclear war のほうが一般的). ❸ (構成要素として)最小(単位)の, 個々の. **a·tóm·i·cal·ly** /-kəli/ 副 (图 atom)

atómic áge 图 [the ~] 原子力時代.

atómic bómb 图 原子爆弾.

atómic clóck 图 原子時計.

atómic clóud 图 (原子爆弾による)原子雲, きのこ雲.

atómic cócktail 图 (癌(ガ)治療・診断に服用する)放射性物質を含む混合飲料.

atómic énergy 图 U =nuclear energy.

Atómic Énergy Authòrity 图 [the ~] 《英》 原子力公社 (略 AEA).

at·o·mic·i·ty /ætəmísəti/ 图 U ❶ (分子中の)原子数. ❷ 原子価.

atómic máss 图 U 原子質量.

atómic máss ùnit 图 原子質量単位《略 amu, AMU》.

atómic númber 图 【理・化】 原子番号《略 at. no.》.

atómic píle 图 =nuclear reactor.

atómic pówer 图 U =nuclear power.

atómic pówer plànt [stàtion] 图 =NUCLEAR power plant [station].

atómic strúcture 图 U 原子構造.

atómic théory 图 U 【理・化】 原子論.

atómic vólume 图 U 原子容.

atómic wéight 图 原子量《略 at. wt.》.

at·om·ism /ǽtəmìzm/ 图 U 《哲》 原子論《すべての物質はそれ以上分析できない微粒子から成っているとする》.

at·o·mis·tic /ætəmístɪk⁻/ 形 原子論の; 原子論的な: an ~ society 原子論的社会《自律的な個人の単なる寄せ集めから成る》.

at·o·mize /ǽtəmàɪz/ 動 他 ❶ 原子にする. ❷ 細分化する; 粉砕する. ❸ 〈水・消毒液などを〉霧に吹く. ❹ 〈...を〉原子爆弾[兵器]で破壊する. **at·om·i·za·tion** /ætəmɪzéɪʃən | -maɪz-/ 图 (動 atom)

át·om·iz·er /ǽtəmàɪzə | -zə/ 图 噴霧器; 香水吹き; スプレー.

átom smàsher 图 U 粒子加速器.

at·o·my /ǽtəmi/ 图 やせこけた人; (古) 骸骨.

a·ton·al /eɪtóʊn(ə)l, æt-/ 形 《楽》 無調の. **~·ly** 副

a·ton·al·ism /eɪtóʊn(ə)lìzm, æt-/ 图 U (作曲上の)無調主義; 無調音楽の楽曲[理論]. **-ist** 图

a·to·nal·i·ty /èɪtoʊnǽləti, æt-/ 图 U 《楽》 ❶ 無調性. ❷ 無調の楽曲[様式].

a·tone /ətóʊn/ 動 ⊜ 〈罪などを〉償う, [...の]罪滅ぼしをする (★ ~ for は受身可): He wished to ~ for the wrong he had done. 彼は犯した悪事の償いをしたいと思った. 《ME at-one 一つになる, 和解する》

a·tóne·ment /-mənt/ 图 U ❶ 償い, あがない: make ~ for...の償いをする. ❷ 《キ教》 a 贖罪(ɕㆃé). **b** [the A-] キリストによる償い《キリストがその受難と死によって全人類の罪をあがなったとする説》.

a·ton·ic /eɪtánɪk, æt- | -tɔ́n-/ 形 ❶ アクセントのない. ❷ 【医】 無緊張性の, 弛緩した, アトニーの[による].

at·o·ny /ǽtəni/ 图 U ❶ 【医】 (収縮性器官の)アトニー, 弛緩(ʑㆍん), 無緊張(症). ❷ (音声) 無強勢.

+**a·top** /ətáp | ətɔ́p/ 前 ...の頂上に: ~ a hill 小山の頂上に. ― 副 頂上に: ~ of a hill 小山の頂上に.

at·o·py /ǽtəpi/ 图 U 【医】 アトピー《遺伝的要因の強いアレルギー性疾患》. **a·top·ic** /eɪtápɪk | -tɔ́p-/ 形 《Gk=異常》

-a·tor /èɪtə | -tə/ 接尾 「...する人[もの]」の意の名詞語尾: totalizator.

A to Z /éɪtəzí: | -zéd/ 图 ❶ ABC 順辞典[解説書]. ❷ 《英》 ABC 順町名検索付き地図.

ATP /éɪtì:pí: | -pí:/ 图 【生化】 アデノシン三燐酸 (adenosine triphosphate), ATP.

ATP /éɪtì:pí: | -pí:/ (略) 《英》 automatic train protection 自動列車停止システム.

at·ra·bil·ious /ætrəbíljəs, -liəs⁻/ 形 《文》 ❶ 憂鬱(ュぅ)な, 気のふさいだ. ❷ いらいらした, 気難しい.

a·trau·mat·ic /èɪ-/ 形 〖医〗非外傷性の, 非外力性の.

at·ra·zine /ǽtrəzìːn/ 名 Ⓤ 〖農薬〗アトラジン (除草剤).

a·tre·si·a /ətríːʒ(i)ə | -ziə/ 名 Ⓤ 〖医〗(管・孔・腔などの)閉鎖(症); 卵胞閉鎖.

a·tri·o·ven·tric·u·lar /èɪtriou-/ 形 〖解〗(心臓の)房室(性)の.

àt-rísk 形 Ⓐ 危険な状態にある, 保護の必要のある.

a·tri·um /éɪtriəm/ 名 (複 **a·tri·a** /-triə/, ~s) ❶ 〖建〗アトリウム: **a** 古代ローマ建築の中庭[中央広間]. **b** ホテルなどの高層建築内部にある吹き抜けの空間. **c** 初期キリスト教聖堂の前庭. ❷ 〖解〗心房, 心耳; (耳の)鼓室.

†**a·tro·cious** /ətróuʃəs/ 形 ❶ 極悪な, 大それた, 残虐な: an ~ crime 極悪犯罪. ❷ 〈口〉はなはだしい, ひどい (appalling): an ~ meal ひどい食事. **~·ly** 副 ❶ 残虐に. ❷ 〈口〉はなはだしく, ひどく. **~·ness** 名 〖L=ひどい, 残忍な〗 (名 atrocity)

†**a·troc·i·ty** /ətrásəti | ətrós-/ 名 ❷ **a** Ⓒ 〔通例複数形で〕残虐行為, 凶行: commit *atrocities* against civilians 民間人に残虐行為を行なう. **b** Ⓤ 暴虐, 非道, 残虐. ❷ Ⓒ 〈口〉ひどいもの, 悪趣味なもの. (形 atrocious)

at·ro·phy /ǽtrəfi/ 名 Ⓤ ❶ 〖医〗(栄養不足などから来る)萎縮(症), やせ衰え. ❷ 〖生〗機能の退化. ❸ 退化, 減退. —— 動 ❶ 萎縮する; やせ衰える. ❷ 徐々に衰える, 退化する. **~·ied** 形 萎縮せる.

at·ro·pine /ǽtrəpìːn/ 名 Ⓤ 〖薬〗アトロピン 《ベラドンナから採る有毒な白色結晶性アルカロイド; 痙攣緩和や散瞳薬とする》.

At·ro·pos /ǽtrəpàs | -pòs/ 名 〖ギ神〗アトロポス 《運命の三女神の一人で, 生命の糸を断ち切る役; ⇒ fate 3》.

ATS /éɪtìːés/ 〖略〗 automatic transfer services 自動振替サービス; 〖鉄道〗 automatic train stop 自動列車停止装置.

att. 〖略〗 attention; attorney.

at·ta·boy /ǽtəbɔ̀ɪ/ 間 〖激賞・称賛を表わして〗〈米口〉いいよう!, うまい!, すごいぞ! 《★通例男性に向けて言う》. 〖*That's the boy!* のなまった形〗

‡**at·tach** /ətǽʧ/ 動 ⦿ ❶ 〈小さなもの・付属のものを〉〈大きいもの・本体に〉取りつける, くっつける, 張りつける; 付属させる [*to, with*] (cf. detach): He ~*ed* the label *to* his trunk. 彼はトランクに名札をつけた / The clerk ~*ed* a price tag *to* each article. 店員は各商品に値札をつけた. ❷ 〈署名・注釈などを〉〈...に〉(書き)添える, 加える, 〈条件を〉協定などに加える, 〈財産などを〉差し押さえる: ~ one's signature *to* a document 書類に署名する. ❸ 〈重要性などを〉〈...に〉置く; 付与する; 〈罪・責任などを〉〈...に〉帰する: ~ great [much] importance *to* politics 政治を大いに重要視する / ~ blame *to*...に責任を帰する 〔負わせる〕. ❹ 〔~ oneself で〕(時に望まれないのに)なつく, 慕う; ついてまわる, くっつく 〈: He ~*ed himself to* me and went everywhere I did. 彼は私にくっついて私がどこへ行っても一緒についてきた. ❹ 〖電算〗〈ファイルなどを〉メールに添付する [*to*]. ❺ 〖法〗〈古〉〈人を〉逮捕する; 〈財産などを〉差し押さえる. —— ⦿ 〈もの・ことが〉〈...に〉伴う, 付帯[付随]する; 帰せられる, 属する: No blame ~*es to* you. 君には何も罪はない. 〖F=くいで止める; attack と二重語〗 (名 attachment) 〖類義語〗 ⇒ fasten.

at·tách·a·ble /-əbl/ 形 ❶ 取り[張り]つけることができる. ❷ 〖法〗逮捕[没収]することのできる.

at·ta·ché /ǽtəʃèɪ, ətəʃéɪ | ətǽʃeɪ/ 名 (大使・公使の)随行員, 大使[公使]館付: a commercial ~ 商務官 / a military ~ 大使[公使]館付き陸軍武官. 〖F=attached〗

attaché càse /ǽtəʃèɪ-, ətəʃéɪ- | ətǽʃeɪ-/ 名 アタッシェケース 《角型の小型手さげかばん; 書類入れ用》.

*‡**at·tached** /ətǽʧt/ 形 ❶ 〖...を〗慕って, 〖...に〗愛情を抱いて: He is deeply ~ *to* his father [this old house]. 彼は父に深い愛情を抱いている[この古い家にたいへん愛着がある]. ❷ 〖...に〗所属して 〖(特別一時的)な職務に就いて[命じられて]〗: He's ~ *to* the embassy. 彼は大使館付きである / an officer ~ *to* the general staff. 参謀本部付き将校. ❸ 取り付けてある; 添えられた, 付属の [して]: an ~ school 付属学校 / This hospital *is* ~ *to* our medical department. この病院は我々の医学部付属です.

†**at·tach·ment** /ətǽʧmənt/ 名 ❶ ⒸⓊ 愛着, 愛情, 傾倒; 信頼, 忠実, 支持: My love ~ *to* his old home is very strong. 昔住んでいた家への彼の愛着はとても強い / He developed a strong ~ *to* her. 彼は彼女に強い愛情を持つようになった. ❷ Ⓒ 付属物[品], アタッチメント: a camera with a flash ~ フラッシュ(装置)付のカメラ. **b** ⒸⓊ 取り付け; 付加[付帯, 付属](すること) [*to*]. ❸ 〖電算〗添付ファイル. ❹ ⒸⓊ 〈英〉一時的所属[勤務, 派遣]. ❺ 〖法〗差し押さえ. ❻ Ⓒ (契約書などの)添付文書. (動 attach) 〖類義語〗 ⇒ love.

‡**at·tack** /ətǽk/ 動 ⦿ ❶ 〈敵軍・敵陣などを〉(武力で)攻撃する, 襲う: ~ the enemy 敵を攻撃する. **b** ~ the government 政府を攻撃する, 非難する: ~ a person *for*... 人を...を理由に批判[非難]する. ❷ 〈人を〉襲う, 〈...に〉乱暴する: a person with a knife 人をナイフで襲う. ❸ 〈病気が〉〈人を〉襲う: He was ~*ed* by fever. 彼は熱病に襲われた. ❹ 〈仕事に〉(精力的に)着手する: ~ a problem 問題に取り組む[取りかかる]. **b** 〈戯言〉〈食事などを〉勢いよく始める, むしゃぶりつく. ❺ 〖スポ〗〈ゴールなどを〉攻める. —— ⦿ ❶ 襲う, 攻撃する. ❷ 〖スポ〗攻める.

—— 名 ❶ **a** Ⓒ (武力による)攻撃, 襲撃; 乱暴, 暴行: make [begin, launch] an ~ *on* an enemy position 敵陣に攻撃を加える[始める] / be under ~ 攻撃を受けている / A~ is the best (form of) defense. 攻撃は最善の防御である / ~*s on* women 女性に対する暴行. **b** ⒸⓊ (言葉・文章による)攻撃, 非難: make [deliver] an ~ *on* the government 政府を攻撃する. ❷ ⒸⓊ (仕事・食事などの)(精力的な)開始, 着手: begin a furious ~ *on* one's backlog of work 残務に猛烈に取りかかる. ❸ Ⓒ 発病, 発作: a panic ~ 〖精神医〗恐慌[パニック]発作 / He had an ~ of fever. 彼は熱病にかかった / She's laid up with a nasty ~ of influenza. 彼女はひどい流感にやられて寝込んでいる / ⇒ heart attack. ❹ 〖スポ〗〔単数形で〕〈英〉〔*the* ~〕〈米〉offense); 〖スポ〗攻め, 攻撃. ❺ Ⓤ 〖楽〗(器楽・声楽で最初の)発音[発声](法), アタック. 〖F<It =くいで止める, 攻撃する; attach と二重語〗 【類義語】 **attack** 広く「攻撃する」を意味する一般的な語. **assail** 繰り返し攻めたてる. **assault** 突然激しく, 普通直接相手に力を振るって, 攻撃を加える.

*‡**at·tack·er** 名 ❶ 攻撃する人. ❷ 〖スポ〗アタッカー.

at·ta·girl /ǽtəgə̀ːl | -gə̀ː-/ 間 =attaboy 《★女性に向けて言う》.

†**at·tain** /ətéɪn/ 動 ⦿ ❶ 〈目的・望みなどを〉(努力して)成し遂げる, 達成する, 獲得する: He ~*ed* complete success. 彼は完全な成功を収めた. ❷ 〈高所・高齢などに〉到達する: ~ the age of 88 米寿に達する. —— ⦿ ❶ (努力して)...に到達する [*to*]. ❷ (成長して)...に達する. 〖F<L=手が届く < AT-+*tangere* 触れる (cf. tax)〗 【類義語】 ⇒ accomplish.

at·tain·a·ble /ətéɪnəbl/ 形 到達[達成]できる. **-a·bil·i·ty** /ətèɪnəbíləti/ 名

at·tain·der /ətéɪndə | -də/ 名 〖法〗(反逆罪・重罪などによる)私権剥奪 《今は廃止》.

at·tain·ment /-mənt/ 名 ❶ Ⓤ 到達, 達成. ❷ Ⓒ 〔通例複数形で〕(努力して達し得た)才芸, 芸能; 学識, 才能, 技能: a man [woman] of varied ~*s* 博学多才の人.

at·taint /ətéɪnt/ 動 ⦿ ❶ 〖法〗〈人から〉私権を剥奪する. ❷ 〈古〉感染させる, 腐敗させる.

At·ta·lid /ǽtəlɪd/ 名 アッタロス朝の人 《ヘレニズム時代, ペルガモン王国のアッタロス朝 (283-133 B.C.) の人》.

at·tar /ǽtə | ǽtə/ 名 Ⓤ 花香油, (特に)バラ油: ~ of roses バラ油 《香料・香水に用いる》.

*‡**at·tempt** /ətém(p)t/ 動 ⦿ 〈...を〉試みる, 企てる 《★結果的な失敗を含意することが多い; 名 についても同じ》: They ~*ed* an attack on him. 彼らは夜襲をかけた. 〖~ *to do*〗 The patient ~*ed to* rise but fell back. 患者は起き上がろうとしたが後ろへ倒れてしまった. ❷ 〈危険な山な

attempted

どの征服を企てる, 〈...に〉いどむ. ❸ 〖古〗〈人の命〉を奪おうとする. ── 名 ❶ **a** 試み, 企て (★ ⇨ 動): a successful ～ うまくいった試み / He made an ～ at a joke. 彼はジョークをやってみた 〖[＋*to do*〗 They failed in their ～ to climb K2. K2の登頂を試みたが失敗した. **b** 試みて得たもの. ❷ 〈人の命〉を奪おうとする企て: An ～ was made *on* his life. 彼の殺害が企てられた. ❸ 〖スポ〗〔記録などを〕破ろうとする試み. 〖F＜L＜AT-＋*temptare* 試す (cf. tempt)〗【類義語】⇨ try.

*at·témpt·ed 形 A 未遂の: ～ robbery [murder] 強盗[殺人]未遂.

*at·tend /əténd/ 動 ⦿ ⊜ ❶ **a** 〈会などに〉出席する; 〈儀式に〉参列する. **b** 〈学校・教会に〉通う (比較 go to を用いるほうが一般的): He ～s school regularly. 彼は休まずに学校へ行く. ❷ 〈召し使いなどが〉世話をする, 〈人〉に随行する; 〈医師・看護師などが〉患者に付き添う 〈患者の看護[治療]をする: The bridesmaids ～ the bride. ブライドメードは花嫁の世話をします / She ～ed her sick mother. 彼女は病気の母の面倒をみた / The patient was ～ed by a doctor. 病人には医者がついていた. ❸ (結果として)〈...〉に伴う (★ 通例受身): Success often ～s hard work. 勤勉にはよく成功が伴う / The enterprise *was* ～ed *with* much difficulty. その事業には多大の困難が伴った / The drug's use *is* ～ed *by* serious dangers. その薬物の使用には重大な危険が伴う. ── ⦿ ❶ 出席する, 参列する; (学校・教会に)通う: He ～s regularly. 彼は決まって出席する. ❷ 注意する, 傾聴する〈: A～ *to* your teacher [to what your teacher says]. 先生の言われることをよく聞いていなさい. ❸ 〔仕事などに〕精を出す, 専念する; 処理する, 片付ける: have some business *to* ～. 片付けなければならない仕事がいくらかある. ❹ 〈人などの〉世話をする, 面倒を見る, ご用を聞く; 〈医者・看護師などが〉病人・傷の手当て [看護]をする (★ ～ to は受け身): Who ～s *to* the baby when you're at work? あなたが仕事をしている時だれが赤ん坊の世話をするのか / Are you being ～ed *to*, ma'am? [店員か女性客に] だれかご用を伺っていますでしょうか. 〖F＜L＝...の方に伸ばす, 注意を向ける＜AT-＋*tendere*, *tent*- 伸ばす, 向ける (cf. tend¹)〗 (名 attendance, attention, 形 attendant)【類義語】⇨ accompany.

*at·ten·dance /əténdəns/ 名 ❶ Ｕ|Ｃ 出席, 出勤, 参会, 参列 〔*at*〕: take ～ 出席をとる / have more absences than ～s 出席より欠席のほうが多い. ❷ Ｃ|Ｕ 出席者[客]数; 出席[参列, 参会]者: There was a large [small] ～ at the ceremony. その式には参列者が多かった[少なかった]. ❸ Ｕ 付き添い, 随行; 看護. **be in attendance** (1) 出席[参列]している 〔*at*〕. (2) 付き添っている, 世話をしている 〔*on*〕. **dánce atténdance on** a person (いつも付き従って)〈人〉の機嫌をとる. (動 attend)

atténdance allówance 名 Ｕ 〖英〗介護手当 (身体不自由者の介護に国家から支給される特別手当).

atténdance cèntre 名 〖英〗青少年保護監察センター.

*at·ten·dant /əténdənt/ 名 ❶ (駐車場などの)顧客係, 係員, 店員; (美術館などの)サービス係, 案内係. ❷ 付き添い人, 随行員. ❸ 出席者, 列席者, 参列者 〔*at*〕. ── 形 (比較なし) ❶ 伴う, 付属[付随]の: ～ circumstances 付帯状況 / the pain ～ *on* divorce 離婚に伴う苦痛. ❷ 付き添いの, 随行の: an ～ nurse 付き添いの看護師. ❸ 列席の, 参会の, (その場に)居合わせの. (動 attend)

at·tend·ee /əténdíː/ 名 出席者.

‡**at·ten·tion** /əténʃən/ 名 ❶ Ｕ 注意, 注目; 注意力: attract [draw] ～ (to...) 〈...に〉注意を引く / call a person's ～ (to...) 人の注意を〈...に〉促す / come to a person's ～ 〜 人の目に留まる / divert [turn] ～ away from... から注意をそらす / direct [turn] one's ～ to... に注意を向ける, ...を研究する / get ～ 注意を引く, 注目を集める / give ～ to... に注意する, ...を大事にする / pay ～ to ...に注意を払う, 〈人の言うこと〉を注意して聞く / Her remark focused everyone's ～ on herself. 彼女のその発言で皆の注意が彼女自身に集中した. ❷ Ｕ 配慮, 気配り; (人などの)世話, 手当て: receive immediate medical ～ すぐ手当て[治療]を受ける. ❸ Ｃ 〔通例複数形で〕 (余計な)親切; (特に若い女性への)下心のある)心づかい: unwanted ～s 余計なお世話. ❹ Ｕ 気をつけの姿勢: stand (at [to]) ～ 気をつけの姿勢で立つ (↔ stand at ease) / A～/ə(ə)ténʃán/! 〖軍〗 〔号令〕 気をつけ! (★ 'Shun /ʃʌn/! と略く; cf. **EASE** 〖成句〗 (2)).

Atténtion, plèase! (1) 皆さまに申し上げます《アナウンス係の言葉》. (2) 〔騒々しい時などに〕ちょっとお聞きください.

May [Can] I hàve your atténtion? = Attention, Please!

Thánk you for your atténtion. ご清聴ありがとうございました (スピーチの締めくくり).

to [for] the atténtion of... 様宛 (事務用書簡で特定の個人名の前に書く).

(動 attend, 形 attentive)

atténtion dèficit disòrder 名 Ｕ 〖精神医〗注意欠陥障害 (略 ADD).

atténtion dèficit hyperactívity disòrder 名 Ｕ 〖精神医〗注意欠陥多動障害 (略 ADHD).

atténtion spàn 名 〖心〗注意持続時間, 集中力 (注意を集中していられる時間の長さ).

*at·ten·tive /əténtɪv/ 形 (**more** ～; **most** ～) ❶ 注意深い, 気配りの行き届いた; 謹聴する: an ～ reader 注意深い読者 / listen with an ～ ear 謹聴する / You must be more ～ *to* your work. もっと仕事に注意を払わなければいけない. ❷ (人のことに)気をかける, 親切な, いたわる; 丁重な, ていねいな: an ～ host よく気がつくホスト / He was always ～ *to* his wife. 彼はいつも奥さんに親切にしてやった. **-ly** 副 **-ness** 名 (名 attention)

at·ten·u·ate /əténjuèɪt/ 動 ⦿ ❶ 〈力・価値などを〉減ずる, 弱める. ❷ 〖医〗〈ウイルス・ワクチンなどを〉弱毒化する, 減毒する. ❸ 〈...を〉細くする, やせ細らせる. ❹ 〈液体・気体を〉薄める. ── ⊜ ❶ 減ずる; 衰える. ❷ 〈液体が〉薄まる. ── /-njuət/ 形 ❶ 薄い, 希薄な; 弱まった. ❷ 〖植〗先細の, 細い.

at·ten·u·a·tion /əténjuéɪʃən/ 名 Ｕ ❶ 減衰, 減退, 弱化; 〖医〗弱毒化, 減毒. ❷ 細くなること, 衰弱, やつれ. ❸ 希薄化.

*at·test /ətést/ 動 ⦿ 〈物事が〉〈...の〉証拠となる; 〈人が〉〈...を〉証言する: The boy's good health ～s *to* his mother's care. その少年が健康であるのは母親の世話が行き届いていることの証拠だ / The handwriting experts ～ed *to* the genuineness of the signature. 筆跡鑑定家はその署名が本物であることを証言した. ── ⦿ ❶ 〈...の〉証拠となる, 〈...を〉証明する, 〈署名・宣誓などして〉〈...を〉証明する, 証言する; 〈...の〉真正なことを証明する: ～ the truth of it その真実を証明する / Will you ～ *that* it's true? それが真実であると証明[証言]しますか. ❷ 〈人に〉(法廷などで)響わせる. 〖F＜L＜AT-＋*testari* 証人となる (cf. protest)〗

at·tes·ta·tion /ǽtestéɪʃən/ 名 Ｕ 証明, 立証; 証言; 証拠.

+**at·tic** /ǽtɪk/ 名 屋根裏(部屋), 屋階. 〖F＜L＜Gk＝アッティカ式の〗

At·tic /ǽtɪk/ 形 ❶ アッティカ (Attica) の; (アッティカの首都)アテネ (Athens) の. ❷ 〔時に a～〕アテネ風の; 古典的な, 高雅な. ❸ 〖建〗アッティカ式の (cf. Attic order).

At·ti·ca /ǽtɪkə/ 名 アッティカ (中央ギリシアの半島部; 古代ギリシアのアテナイの領域).

At·ti·cism /ǽtəsɪzm/ 名 アッティカ語法[文体]; 簡潔典雅な文体.

Áttic órder 名 〔the ～〕 〖建〗アッティカ式 (角柱を用いる柱式).

At·ti·la /ǽtələ, ətíːlə/ 名 アッティラ (406?-453; フン族の支配者; ローマ帝国に侵入し, 'the Scourge of God' (神による鞭)と恐れられた).

at·tire /ətáɪɚ | ətáɪə/ 名 Ｕ 装い, 服装, 衣装: a woman in men's ～ 男装の女性.

at·tíred 形 A (ある特定の)服装をしている, (特に)盛装している: She was ～ *in* silk. 彼女は絹をまとっていた.

‡**at·ti·tude** /ǽtɪt(j)ùːd | -tjùːd/ 名 ❶ **a** Ｃ|Ｕ 〔人・物事

などに対する)態度, 心構え〖to, toward〗: (a) change in ~ toward recycling 再利用に対する態度の変化 / have an ~ problem 非協力的[自己中心的]である. **b** [U]《米口》否定的[敵対的]な態度; 《米口》偉そうな[傲慢な]態度. ❷ [C,U]《物事に対する》気持ち, 考え, 意見〖to, toward〗: His ~ toward the right of abortion is strongly affirmative. 妊娠中絶権に対する彼の考えはすごく肯定的である. ❸ [U]《強烈な》個性, 主張, 独自の姿勢, スタイル: a rock band with ~ 独自のスタイルをもったロックバンド. ❹ [C] 姿勢, 身構え.〖F＜It＜L *aptitudo* 適性; APTITUDE と二重語〗

áttitude contròl 名 [U]《宇宙ロケットの》姿勢制御.
at·ti·tu·di·nal /ˌætɪt(j)úːdən(ə)l/ | -tjúː-/ 形 態度の[に関する].
at·ti·tu·di·nize /ˌætɪt(j)úːdənaɪz/ | -tjúː-/ 動 気取った態度をとる[で言う, 書く].
attn.《略》attention.
at·to- /ætou/〘連結形〙「10⁻¹⁸」
a·torn /ətɔ́ːn/ | ətɔ́ːn/ 動《法》新地主[所有者]に対しても引き続き借用者となることに同意する. ── 他《古》＝ transfer.
at·tor·ney /ətɚ́ːni/ | ətɚ́ː-/ 名 ❶《米》《法廷》弁護士. ❷《正式な》代理人. **by attórney** 代人をもって（in person). **létter [wárrant] of attórney** 委任状. **pówer(s) of attórney** 委任権; 委任状.【類義語】⇒ lawyer.
attórney-at-láw 名 (複 **attorneys-at-law**)《米》＝ attorney 1.
⁺**Attórney Géneral** 名 (複 **Attorneys General, ~s**)《米》司法長官;《英》法務長官（略 AG).
﹡**at·tract** /ətrǽkt/ 動 ❶〖しばしば受身で〗《人などを》《魅力などで》ひきつける, 魅惑する: He was ~*ed* by her charm. 彼は彼女の魅力にひかれた / The exhibition ~*ed* more than 10,000 visitors. その展覧会には10,000人以上が訪れた / What ~*ed* you to this field of study? 何にひかれてこの分野の研究をするようになったのですか. ❷〈注意・興味などを〉引く, 引きつける（↔ distract）: ~ a lot of attention 多くの注目を集める / ~ criticism 批判を集める. ❸《磁力などで》《ものを》引く, 引きつける（↔ repel）.〖L＝…の方に引っ張る＜AT- + *trahere*, *tract*- 引く（cf. tract¹)〗（名 attraction, 形 attractive)
at·trác·tant /-ənt/ 名《虫などの》誘引剤[物質].
﹡**at·trac·tion** /ətrǽkʃən/ 名 ❶ [C,U] 魅力, ひきつける力, (特に)性的魅力; ひきつけられる[好きになる]こと, 性的魅力を感じること〖for, to〗: the ~ of city life 都会生活の魅力 / I feel no ~ for her at all. 私は彼女に全然魅力を感じません. ❷ [C,U] 人をひきつけるもの, 呼び物, アトラクション; 魅力のあるもの; 観光客をひきつけるもの, 観光の呼び物: a tourist ~ 観光客をひきつけるもの, 観光の呼び物 / The new roller coaster is one of the main ~s of Coney Island. 新しいジェットコースターはコーニーアイランドの主要なアトラクションの一つである. ❸ [U,C]《理》引力（↔ repulsion). ❹ [U]《文法》牽引（近くの語に引かれて数や格などが変化すること).（動 attract)
﹡**at·trac·tive** /ətrǽktɪv/ 形 (*more* ~; *most* ~) ❶ 人をひきつける, 魅力的な（↔ unattractive); 興味をそそる: an ~ person [story, sight] 魅力のある人[物語, 光景] / I find her ~. 彼女は魅力的です. ❷ 引力のある: an ~ force 引力. **~·ness** 名 (動 attract)【類義語】⇒ charming.
at·trác·tive·ly 副 人目をひくように, 魅力的に.
at·trac·tor /ətrǽktɚ/ | -tə/ 名 ❶ ひきつける人[もの]. ❷《数》アトラクター（微分方程式の解軌道が近づく極限).
attrib.《略》attribute; attributive(ly).
⁺**at·trib·ut·a·ble** /ətríbjʊt̬əbl/ 形 [P]〖結果を…に帰すことができて, …が原因で〗: His illness is ~ *to* overwork. 彼の病気は過労からきている.
﹡**at·trib·ute** /ətríbjuːt/ 動 他 ❶〖結果を…に帰する;《性質を…に帰する (ascribe)〗: She ~*d* her success *to* good luck. 彼女は自分の成功を幸運のせいにした / No blame can be ~*d to* him. 彼には何の責任もない. ❷〈作品などを…の作だとする（★通例受身)〗: The drama *is* ~*d to* Shakespeare. その劇はシェイクスピアの作だとされている. ── /ǽtrəbjùːt/ 名 ❶ 属性, 特性, 特質. ❷《人・地位などを象徴する》付き物, 持ち物. ❸ [C] 属性や性質を表わす語, 連体語《形容詞}. ❹《統》属性.〖L＝…に加える, …に帰する＜AT- + *tribuere*, *tribut*- 与える (cf. tribute)〗【類義語】⇒ quality.
at·tri·bu·tion /ˌætrəbjúːʃən/ 名 [U] ❶〖…に帰すること, 帰因〗: A~ *of* her success *to* her connections does not do her justice. 彼女の成功はコネがあったからだとするのは彼女に対して公正ではない.
at·trib·u·tive /ətríbjʊtɪv/ 形 ❶ 属性を表わす. ❷《文法》修飾する, 限定的な（a kind man の kind の用法; cf. predicative). ★この辞書では形容詞の限定的用法を 🅐 の記号で示す): an ~ adjective 限定形容詞. ── 名《文法》名詞修飾語, 限定語. **~·ly** 副
at·trit /ətrít/ 動 他《米口》消耗させる, 殺す, 消す.
⁺**at·tri·tion** /ətríʃən/ 名 [U] ❶ 消耗, 弱化: a war of ~ 消耗戦. ❷《米》《労働人員の》自然減. ❸ 摩耗, 摩滅, 摩損. ❹《神学》不完全痛悔.〖L＝擦ること〗
at·tune /ət(j)úːn | ətjúːn/ 動 他 ❶〖…に〈…の〉調子を合わせる;〈…に〉合わせる〗（⇒ attuned). ❷〖…に〈調子を〉合わせる; 敏感になる〖to〗.
at·túned 形 [P]〖…に慣れて, 順応して; …を理解できて, 感じとれて, …に適切に反応できて, 敏感で〗: My ears *are* not ~ *to* Japanese music yet. 私の耳はまだ日本の音楽に慣れていない.
Atty.《略》Attorney.
ATV /ˌèɪtiːvíː/ 名 全地形型車両（all-terrain vehicle).
at·vol.《略》《化》atomic volume.
a·twit·ter /ə-/ 形 [P] 興奮して, そわそわして.
at.wt.《略》atomic weight.
a·typ·i·cal /eɪtɪ́pɪk(ə)l/ 形 非定型の, 異常な, アブノーマルな; 不規則な. **~·ly** 副
Au《記号》《化》gold.〖L *aurum* 金〗
AU《略》《理》angstrom unit; astronomical unit.
au·berge /oʊbéɚʒ | -béəʒ/ 名 はたご, 宿屋.
⁺**au·ber·gine** /óʊbəʒiːn | -ʒiːn/ 名 ❶ [C]《英》《植》ナス（《米》eggplant). ❷ [U] ナス色, 暗紫色.〖F＜Catalan＜Arab＜Pers＜Skt〗
au·burn /ɔ́ːbən | -bən/ 形《髪の毛など》赤褐色の, 金褐色の. ── 名 赤[金]褐色.
Auck·land /ɔ́ːklənd/ 名 オークランド《ニュージーランド北島にある同国最大の（工業・港湾)都市; 旧首都).
au cou·rant /ˌoʊkʊrɑ́ːn/ 形 ❶ 今風の, 流行の. ❷ [P]〖…に通じて, 精通して〗〖with, of〗.〖F＝with the current〗
﹡**auc·tion** /ɔ́ːkʃən/ 名 [U,C] 競売, せり売り, オークション: a public ~ 公売, 競売 / sell [buy] a thing at ~ 競売で品物を売る[買う] / put a thing up for ~ ものを競売に出す / ⇒ Dutch auction. ❷＝auction bridge. ── 動 他〈ものを〉競売[オークション]で売る〖off〗.〖L＝(原義)増やす＜*augere*, *auct*- 増やす; 競売では値がつり上がることから〗
áuction brìdge 名 [U]《トランプ》オークションブリッジ《切り札をせり落とす).
⁺**auc·tion·eer** /ˌɔːkʃəníɚ | -níə/ 名 競売人.
aud《略》audit; auditor.
⁺**au·da·cious** /ɔːdéɪʃəs/ 形 ❶ 大胆な, 不敵な (daring). ❷ ずぶとい, 厚かましい. **~·ly** 副 **~·ness** 名
au·dac·i·ty /ɔːdǽsəti/ 名 ❶ [U] 大胆[豪放](さ), ずぶとさ, 厚かましさ: have the ~ to do... 厚かましくも…する. ❷ [C] 大胆な[厚かましい]行為.
Au·den /ɔ́ːdn/, **W. H.** 名 オーデン《1907-73; 英国の詩人).
au·di·al /ɔ́ːdiəl/ 形 聴覚の[に関する] (aural).
au·di·bil·i·ty /ˌɔːdəbíləti/ 名 [U] 聞き取れること; 可聴度.
⁺**au·di·ble** /ɔ́ːdəbl/ 形 (*more* ~; *most* ~) 聞こえる, 聞き取れる（↔ inaudible). **-bly** /-bli/ 副 聞こえる[聞き取れる]よう[ほど]に.〖L＜*audire* ↓ +-IBLE〗

audience 108

***au·di·ence** /ɔ́ːdiəns/ 名 ❶ [集合的; 単数または複数扱い] 聴衆; 観衆, 観客; (ラジオ・テレビの)聴取者, 視聴者; 読者; 聴講[受講]者: a large [small] ~ 多数[少数]の聴衆[観客] / The ~ were [was] mostly young people. 聴衆は大部分若者だった / The target ~ for the TV program is teenagers. そのテレビ番組のねらいとしている視聴者はティーンエイジャーだ. ❷ 公式会見, 謁(ｴﾂ)見; 謁見: grant a person an ~ 人に謁を賜う / be received [admitted] in ~ 拝謁を賜わる (★ in ~ は無冠詞) / have an ~ with the Pope 教皇に謁見[拝謁]する. 〖F＜L=聞くこと＜*audire, audit-* 聞く〗

*****au·di·o** /ɔ́ːdiòu/ 形 Ⓐ (テレビなどの)音声の; 音声生の; オーディオの; (特に)ハイファイの. ── 名 Ⓤ (テレビなどの)音声; オーディオ. 〖L〗

au·di·o- /ɔ́ːdiou/ [連結形]「聴」: *audio*meter. 〖L *audire* 聞く〗

áudio bòok 名 カセットブック.

àudio·cassétte 名 オーディオカセット, 録音カセット.

áudio frèquency 名〘無電〙可聴周波(数), 低周波《略 A.F., a.f., a-f》.

àudio·gràm 名〘医〙聴力図, オージオグラム.

au·di·ol·o·gy /ɔ̀ːdiáləʤi/ -ɔ́l-/ 名 Ⓤ 聴覚科学, 〔耳鼻科〕聴力学, 聴覚学; 聴能学, 言語病理学《難聴治療などを扱う》. **-gist** /-ʤist/ 名 **au·di·o·log·i·cal** /-ʤiəláʤikl/ -lɔ́ʤ-/ 形

au·di·om·e·ter /ɔ̀ːdiámətə/ -ɔ́mət-/ 名 聴力測定器.

au·di·o·phile /ɔ́ːdioufàil/ 名 音響の愛好家.

áudio strèaming 名 Ⓤ〘電算〙音声ストリーミング《ネットワークで音声データを配信する際, 受け手が全データを蓄積する必要なしに受信しながら同時に再生できる技術》.

áudio·tàpe 名 ⓊⒸ 録音テープ.

àudio·vísual 形 視聴覚の: ~ education 視聴覚教育.

àudiovísual áids 名 視聴覚教材[教具]《地図・図表・写真・スライド・テープレコーダー・ラジオ・テレビなど》.

*****au·dit** /ɔ́ːdit/ 動 ❶〈会計を〉検査する. ❷《米》〈講義・科目を〉聴講する. ── 名 ❶ 会計検査, (会社などの)監査. ❷ (一般に)評価, 検討, 調査. 〖L=聞く; ⇒ *audience*〗

⁺au·di·tion /ɔːdíʃən/ 名 Ⓒ (芸能志願者などに対して行なう)実技テスト, オーディション, 審査. ❷ Ⓤ 聴力, 聴覚. ── 動 ⃝ 〈...の〉オーディションを受ける[*for*]. ── ⃝ 〈芸能志願者の〉オーディションを行なう. 〖F＜L=聞くこと; ⇒ *audience*〗

*****au·di·tor** /ɔ́ːdətə/ -tə-/ 名 ❶ 会計検査官; 監査役. ❷《米》(大学の)聴講生. ❸ 聞く人, (ラジオなどの)聴取者.

au·di·to·ri·al /ɔ̀ːdətɔ́ːriəl/ 形 会計検査(官)の.

⁺au·di·to·ri·um /ɔ̀ːdətɔ́ːriəm/ 名 (⑱ ~**s, -ri·a** /-riə/) ❶ (劇場などの)聴衆席, 観客席; 傍聴席. ❷ **a** 講堂, 大講義室. **b** 会館, 公会堂. 〖L=聞く場所; ⇒ *audience*〗

⁺au·di·to·ry /ɔ́ːdətɔ̀ːri/ -təri, -tri/ 形 耳の, 聴覚の: the ~ canal 耳道 / the ~ nerve 聴神経 / ~ sensation 聴覚. 〖L; ⇒ *audience*〗

Au·drey /ɔ́ːdri/ 名 オードリー《女性名》.

Au·du·bon /ɔ́ːdəbən/ -bən/, **John James** 名 オードゥボン《1785-1851; ハイチ生まれの米国の鳥類学者・画家》.

Áudubon Socìety 名 [the ~] オードゥボン協会《米国の野生生物・自然保護団体》.

au fait /oufér/ 形 Ⓟ〈...に〉精通する〔*with*〕. **pùt [màke] a person au fáit with**...〈人に〉教える. 〖F=to the fact〗

au fond /oufɔ́ːŋ/ 副 本質は, 実際は. 〖F=at the bottom〗

*****Aug.** (略) August.

au·ger /ɔ́ːgə/ -gə-/ 名 (らせん形の)木工きり, ボートぎり (cf. *gimlet* 1).

Au·gér effèct /ouʒéi-/ 名〘理〙オージェ効果《電子の放出によって励起状態にある原子が基底状態に戻るときに, 光子を放出するかわりに別の電子にエネルギーを与えてその電子を放出する過程》. 〖P. V. *Auger* フランスの物理学者〗

aught¹ /ɔːt/ 代〘古〙何か, 何でも. **for áught...knów** ⇒ know 動 成句.

aught² /ɔːt/ 名 零, 0. 〖**a naught** が **an aught** と誤解されたもの〗

au·gite /ɔ́ːʤait/ 名 Ⓤ〘鉱〙普通輝石, オージャイト《単斜輝石》.

⁺aug·ment /ɔːgmént/ 動 ⃝ 〈...を〉増加[増大]させる. ── 自 /ɔːgmént/ 名 (ギリシア語などの)接頭母音(字). 〖F＜L=増大; ⇒ *auction*〗

aug·men·ta·tion /ɔ̀ːgmentéiʃən, -men-/ 名 ❶ Ⓤ **a** 増加, 増大. **b** 増加率. ❷ Ⓒ 増加物, 添加物.

aug·men·ta·tive /ɔːgméntətiv/ 形 ❶ 増大する, 増加的な. ❷〘文法〙〈語・接辞など〉大きさを強調する: an ~ suffix 増大接尾辞 (bal*loon*, mil*lion* など; cf. *diminutive* 2). ── 名〘文法〙増大辞《大きさなどを強調する接頭辞・接尾辞》.

aug·ment·ed 形 ❶ 増加された, 増やされた. ❷〘楽〙半音増の, 増音程の, 増(ｿﾞｳ)... (⇒ *auction*).

aug·mént·er /-tə/ -tə-/ 名 増大させる人[もの].

au gra·tin /ougrɑ́ːtn/ -grǽtən/ 形 [名詞の後に置いて]〘料理〙グラタンの《バター・チーズやパン粉をまぶし, きつね色に焼き付けた》: macaroni ~ マカロニグラタン. 〖F=with the gratin〗

au·gur /ɔ́ːgə/ -gə-/ 動 ⃝ [通例 ~ ill [well] を伴って]〈...にとって〉〈...の〉前兆となる: It ~s *well* [*ill*] *for* me [the future]. それは私にとって[この先]縁起が良い[悪い]. ── ⃝ ❶〈...の〉前兆を示す: What does this news ~? この報道は何の前兆だろうか. ❷ 占う. ── 名 ❶ 卜占(ｵﾞｸ)官《古代ローマで鳥の挙動などによって公事の吉凶を判断した僧官》. ❷ 占い師, 易者.

au·gu·ral /ɔ́ːgjurəl/ 形 占いの; 前兆の.

au·gu·ry /ɔ́ːgjuri/ 名 ❶ Ⓒ 前兆, きざし (omen). ❷ Ⓤ 占い.

au·gust /ɔːgʌ́st/ 形 威厳のある, 堂々たる, 荘厳な. **~·ly** 副 **~·ness** 名 〖L=りっぱな〗【類義語】⇒ grand.

*****Au·gust** /ɔ́ːgəst/ 名 8 月《略 Aug.; 用法は ⇒ January》. 〖AUGUSTUS の名にちなむ; ⇒ *July*〗

Au·gus·ta /əgʌ́stə, ɔː-/ -ə-/ 名 ❶ オーガスタ《女性名》. ❷ オーガスタ《米国 Maine 州の州都》.

Au·gus·tan /ɔːgʌ́stən/ 形 ❶ **a** (ローマの)アウグストゥスの. **b** アウグストゥスの時代の. ❷ (英文学の)文芸全盛期の《17-18 世紀をさす》. ❸ 文芸全盛期の作家.

Au·gus·tine /ɔ́ːgəstìːn, ɔː-gʌ́stin/ ɔːgʌ́stin/ 名 ❶ オーガスティン《男性名》. ❷ [St. ~] (聖)アウグスティヌス: **a** 初期キリスト教の指導者 (354-430). **b** 英国に布教したローマの宣教師 (?-604), 最初の Canterbury 大司教.

Au·gus·tin·i·an /ɔ̀ːgəstíniən/ 形 聖アウグスティヌス(の教義)の; アウグスティノ会の. ── 名 聖アウグスティヌスの教義の信奉者; アウグスティノ会(修道)士.

Au·gus·tus /əgʌ́stəs, ɔː-/ -ə-/ 名 ❶ オーガスタス《男性名》. ❷ アウグストゥス (63 B.C.-14 A.D.; ローマの初代皇帝; Julius Caesar の後継者で, 皇帝前は Octavian とよばれた; 文学の黄金時代を作った; cf. *triumvirate* 3).

au jus /ouʒúːs/ 形 肉汁をかけた. 〖F=with the juice〗

auk /ɔːk/ 名〘鳥〙ウミスズメ, ウミガラス.

au lait /oulér/ 形 [名詞の後に置いて] ミルク入りの: ⇒ café au lait. 〖F=with milk〗

auld /ɔːld/ 形〘スコ〙= old.

auld lang syne /ɔ́ːl(d)lænzáin, -sáin/ 名 Ⓤ ❶ 過ぎ去りしなつかしき昔: Let's drink to ~. なつかしい思い出に乾杯しよう. ❷ [A~ L~ S~] オールドラングサイン《Burns の詩の題名;「ほたるの光」に借用されたメロディーで歌われる》. 〖Sc=old long since (=ago)〗

aum·bry /ɔ́ːmbri/ 名 =ambry.

au na·tu·rel /ounæt(j)urél, -tju-/ 形/副 Ⓟ 自然のままの[に]; 裸の[で], ヌードの; あっさり料理した; 加熱調理しない, 生の[で].

*****aunt** /ænt | ɑːnt/ 名 ❶ [しばしば A~] おば, おばさん (↔ *uncle*). ❷ [A~]《口》(よその)おばさん《親の知人の年長の女性に対して用いる》. **My (sáinted) áunt** [驚き・不信などを表わして]《英口》おや, まあ. 〖F＜L=父方のおば〗

aunt·ie /ǽnti | áːn-/ 名《小児》おばちゃん.

Aunt Sálly 名《英》❶ a Ⓤ パイプ落とし《解説》Aunt Sally（サリーおばさん）とよばれる木像の人形の口にくわえさせたパイプをボールや棒切れをぶつけて落とす遊び. b Ⓒ パイプ落としの木像. ❷ Ⓒ（しばしば理不尽な）攻撃[嘲笑]の的.

aunt·y /ǽnti/ 名 =auntie.

⁺**au pair** /oupéər | -péə/ 名 オペア《外国の家庭に滞在して家事を手伝いながら語学を学ぶ人》.〔F＝on equal terms〕

⁺**au·ra** /ɔ́ːrə/ 名（複 ~s, au·rae /ɔ́ːriː/）❶〔通例単数形で〕（独特な）雰囲気, 気配《of》. ❷ Ⓤ 人が発する）霊気, オーラ. ❸（物体から放散するもの）発散物, 発気.〔L＜Gk＝息, そよ風〕

⁺**au·ral** /ɔ́ːrəl/ 形 耳の; 聴覚の; 聴き取りの (cf. oral 1): an ~ aid 補聴器 / ~ comprehension 聴取力理解. **~·ly** /-rəli/ 副 耳で[から], 聴覚で.〔L＜auris 耳〕

au·re·ate /ɔ́ːriət, -èit/ 形 ❶ 金色[金ぴか]の. ❷《文体・表現など》華麗な, 飾りすぎた.

au·re·ole /ɔ́ːriòul/ 名 ❶ a〔神学〕（殉教者などに与えられる）天国の）報賞, 栄冠, 栄光. b（聖像の頭部または全身を囲む）後光, 光輪. ❷ 光輝, 栄光. ❸〔天〕=corona 1.

Au·re·o·my·cin /ɔ̀ːrioumáisin | -riəumáisin/ 名 Ⓤ〔商標〕オーレオマイシン《抗生物質; 内服薬》.

au·re·us /ɔ́ːriəs/ 名（複 -rei /-riài/）アウレウス《古代ローマの金貨》.

au re·voir /òurəvwáːr | -vwáː/ 間 さようなら.〔F〕

au·ric /ɔ́ːrik/ 形（金を含んだ）3価金の.

au·ri·cle /ɔ́ːrikl/ 名 ❶〔解〕a 外耳, 耳殻. b（心臓の）心耳. ❷〔動・植〕耳状部.〔F＜L＜auris〕

au·ric·u·la /ɔːríkjulə/ 名〔植〕アツバサクラソウ《葉が熊の耳に似る》.

au·ric·u·lar /ɔːríkjulə | -lə/ 形 ❶ a 耳の, 聴覚の, 聴覚による. b 耳状の. ❷〔解〕心耳[耳殻]の. ❸ 耳の, 耳語の, ないしょ話の: an ~ confession（司祭への）秘密告解.〔L; ⇒ auricle, -ar〕

au·ric·u·late /ɔːríkjulət, -lèit/ 形 耳[耳状部]のある.

au·rif·er·ous /ɔːrífərəs/ 形 金を産する[含む].

Au·ri·gna·cian /ɔ̀ːrinjéiʃən | -rɪgnéi-/ 形〔考古〕（欧州の後期旧石器時代の最初の）オーリニャック文化（期）の. — 名〔the ~〕オーリニャック文化（期）.

au·rochs /ɔ́ːraks | -roks/ 名（複 ~）〔動〕オーロクス《ヨーロッパの家畜牛の先祖; 17世紀に絶滅》.

au·ro·ra /ərɔ́ːrə, ɔː-/ 名（複 ~s, -ro·ri /-ri/）❶ オーロラ, 極光. ❷〔詩〕曙光（ひかり）, あけぼの.〔L＝夜明け〕

Au·ro·ra /ərɔ́ːrə/ 名 ❶〔ロ神〕アウロラ《あけぼのの女神; ギリシア神話の Eos に当たる》. ❷ オーロラ《女性名》.

auróra aus·trá·lis /-ɔːstréilis | -ɔs-/ 名〔the ~〕南極光.

auróra bo·re·ál·is /-bɔ̀ːriǽlis | -riéi-/ 名〔the ~〕北極光.

au·ro·ral /ərɔ́ːrəl, ɔː-/ 形 あけぼのの; 極光のような.

AUS（略）Army of the United States.

Aus.（略）Austria(n); Australia(n).

Auschwitz /áuʃwits, -vits/ 名 アウシュビッツ《ポーランド南西部の都市; 第二次大戦中ナチスによるユダヤ人の大虐殺が行なわれた収容所があった》.

aus·cul·tate /ɔ́ːskəltèit/ 動〔医〕聴診する. **aus·cul·ta·to·ry** /ɔːskʌ́ltətɔ̀ːri | -təri/ 形

aus·cul·ta·tion /ɔ̀ːskəltéiʃən/ 名 Ⓤ〔医〕聴診.

Aus·le·se /áuslèizə/ 名 Ⓤ〔しばしば a~〕アウスレーゼ《完熟したブドウの房のみを精選して造るドイツワイン》.

⁺**aus·pice** /ɔ́ːspis/ 名 ❶〔複数形で〕保護, 援助, 賛助: under the ~s of ... …の保護[援助]の下に / under the company's ~s その会社の主催[後援]で. ❷〔しばしば複数形で〕〔古〕前兆; 吉兆.〔F＜L＝鳥の飛行を見て占うこと〕

aus·pi·cious /ɔːspíʃəs/ 形 ❶ 前兆のよい, さい先のよい (↔ inauspicious). ❷ めでたい, 吉兆の: an ~ sign 吉兆. **~·ly** 副 **~·ness** 名

⁺**Aus·sie** /ɔ́ːzi, -si | ɔ́zi/《口》オーストラリア（人）. — 名 オーストラリア人.

Aus·ten /ɔ́ːstin | ɔ́s-, ɔ́ːs-/, **Jane** 名 オースティン (1775–1817; 英国の女流小説家).

---

109 **authentic**

aus·ten·ite /ɔ́ːstənàit | ɔ́s-/ 名 Ⓤ〔冶〕オーステナイト《炭素とγ鉄の固溶体》. **aus·ten·it·ic** /-nít-/ 形

⁺**aus·tere** /ɔːstíər | ɔːstíə, ɔs-, ɔːs-/ 形 ❶〈人・性格など〉（道徳的で）厳しい, 厳格な; 禁欲的な; ～ fare 禁欲的な食事; 粗食. ❷ a〈生活など〉耐乏の, 質素な: live [lead] an ~ life 質素な生活を送る. b〈建物など〉飾り気のない, 簡素な. **~·ly** 副〔F＜Gk＝乾いた, 厳しい〕 名 austerity

《類義語》 ⇒ strict.

⁺**aus·ter·i·ty** /ɔːstérəti | ɔːs-, ɔs-, ɔːs-/ 名 ❶ Ⓤ 緊縮経済. ❷ Ⓤ a 厳格; 厳粛. b 簡素, 質素. ❸〔通例複数形で〕禁欲的行為; 耐乏生活: endure wartime *austerities* 戦時の耐乏生活を凌(しの)ぐ. 形 auster)

Aus·tin /ɔ́ːstin | ɔ́s-, ɔːs-/ 名 ❶ オースティン《男性名; Augustine の変形》. ❷ オースティン《米国 Texas 州の州都》.

aus·tral /ɔ́ːstrəl | ɔ́s-, ɔːs-/ 形 ❶ 南の. ❷ [A~] =Australian.

Aus·tra·la·sia /ɔ̀ːstrəléiʒə | ɔ̀s-, ɔ̀ː-, ɔ̀ːs-/ 名 オーストラレーシア《オーストラリア・ニュージーランドとその付近の諸島》.

Aus·tra·la·sian /ɔ̀ːstrəléiʒən | ɔ̀s-, ɔ̀ː-, ɔ̀ːs-/ 形 オーストラレーシアの（人）.

⁑**Aus·tra·lia** /ɔːstréiljə | ɔs-, ɔː-, ɔːs-/ 名 オーストラリア, 豪州《英連邦内の独立国; 公式名 the Commonwealth of Australia（オーストラリア連邦); 首都 Canberra》.〔L＝南の国〕

⁑**Aus·tra·lian** /ɔːstréiljən | ɔs-, ɔː-, ɔːs-/ 形 オーストラリアの, 豪州（人）の: ~ English オーストラリア英語. — 名 オーストラリア人.

Austrálian bállot 名 オーストラリア式投票用紙《全候補者名が印刷されていて, それに印をつける》.

Austrálian Cápital Térritory 名〔the ~〕オーストラリア首都特別地域 (New South Wales 州内にあり, オーストラリアの首都 Canberra がある).

Austrálian Rùles (fóotball) 名 Ⓤ オーストラリアンフットボール《各エンドに2本の goalposts と2本の behind posts のあるフィールドで, 各チーム 18 人でプレーするラグビーに似たゲーム》.

Aus·tra·loid /ɔ́ːstrəlɔ̀id | ɔ́s-, ɔːs-/ 形〔人〕アウストラロイド（の）《オーストラリア先住民および彼らと人種的特徴を共有するオーストラリア周辺の諸族》.

aus·tra·lo·pith·e·cine /ɔ̀ːstrèilou·píθəsàin | ɔ̀s-, ɔ̀ːs-/ 名〔人〕アウストラロピテクス属の猿人《アフリカ南部から東部で発見される, 最古の化石人類》.

Aus·tri·a /ɔ́ːstriə | ɔ́s-, ɔːs-/ 名 オーストリア《ヨーロッパ中部の共和国; 首都 Vienna》.〔G *Österreich*（原義）東の王国〕

Áustria-Húngary 名 オーストリアハンガリー《もとヨーロッパ中部の帝国 (1867–1918)》.

Aus·tri·an /ɔ́ːstriən | ɔ́s-, ɔːs-/ 形 オーストリア（人）の. — 名 オーストリア人.

Áustrian blínd 名 オーストリアブラインド《縦にひだのついた布地を使った日よけ》.

Aus·tro-¹ /ɔ́ːstrou | ɔ́s-, ɔːs-/〔連結形〕「オーストリア」.

Aus·tro-² /ɔ́ːstrou | ɔ́s-, ɔːs-/〔連結形〕「南（の）」.

Aus·tro·ne·sia /ɔ̀ːstrouníːʒə | ɔ̀s-, ɔ̀ːs-/ 名 オーストロネシア《太平洋中南部の諸島》.

aut- /ɔːt/〔連結形〕（母音の前にくる時）auto- の異形.

au·tarch /ɔ́ːtɑːk | -ɑːk/ 名 専制君主, 独裁者, 暴君.

au·tar·chy /ɔ́ːtɑːki | -ɑːki/ 名 ❶ Ⓤ 独裁[専制]政治. b Ⓒ 専制独裁国. ❷ =autarky.

au·tar·ky /ɔ́ːtɑːki | -ɑːki/ 名 ❶ Ⓤ a 経済的自給自足, アウタルキー. b 経済自立政策. ❷ Ⓒ 経済自立国家.

aut·e·col·o·gy /ɔ̀ːtikáləʤi | -kɔ́l-/ 名 Ⓤ 個[種]生態学 (cf. synecology). **-ecological** 形

au·teur /outɔ́ː | -tɔ́ː/ 名 /-tə/〔複 ~s /-(z)/〕オトゥール《独創性と個性的演出をはっきり打ち出す映画監督》. **~·ism** /-tɔ́ːrìzm | -tɔ́ːr-/ 名 **~·ist** /-rist/ 名

＊**au·then·tic** /ɔːθéntɪk, ə- | ɔː-/ 形 (more ~; most ~)
❶ 真正の, 本物の (genuine): an ~ signature 本人の署名. ❷ 信ずべき, 確実な, 典拠のある: an ~ report 信

頼すべき報告. **-ti·cal·ly** /-kəli/ [副] 本当に, 真に; 確実に, 典拠によって. 〖F＜L＜Gk＝もともとの; 自分 (*autos*) で行なうことから〗

au·then·ti·cate /ɔːθénṭəkèɪt, ə- | ɔː-/ [動] [他] ❶ 〈…の〉本物である[信頼できる]ことを証明する. ❷ 法的に認める. ❸ 〘電算〙 〈ユーザーなどを〉認証する; 〈パスワードなどが〉〈ユーザーの〉本人であることを証明する. ── [自] 〘電算〙〈ユーザーなどが〉認証を受ける.

au·then·ti·ca·tion /ɔːθènṭəkéɪʃən, ə- | ɔː-/ [名] [U] 証明, 確証, 認証.

au·then·tic·i·ty /ɔ̀ːθentísəṭi/ [名] [U] 信頼できる[本物である]こと, 確実性; 出所の正しさ, 真正性.

au·thi·gen·ic /ɔ̀ːθədʒénɪk←/ [形] 〘地〙 自生の《岩石の構成成分が, その岩石内で形成された》.

***au·thor** /ɔ́ːθɚ | -θə/ [名] ❶ 著者, 作家, 著述家《★ 通例女性も含む》. ❷ (一作家の)著作物, 作品: a passage in an ～ ある人の著作の中の一節. ❸ **a** 創始者, 創造者, 造物主. **b** 立案者; 起草者〔*of*〕. ── [動] [他] ❶ 〈本などを〉書く, 著わす; 内容に責任をもって書く[著作する]; 〈ウェッブサイトなどを〉(内容に責任をもって)構築する, 立ち上げる. ❷ 〈ものを〉作る, 始める; 〈企画などを〉立案する. 〖F＜L *auctor* 大きくする人, 生み出す人＜*augere*, *auct-* 増やす; cf. auction〗

au·thor·ess /ɔ́ːθərəs, -rès/ [名] 《古風》 女流作家《★ 今はただ author というのが普通》.

au·tho·ri·al /ɔːθɔ́ːriəl/ [形] 著者の.

au·thor·ing /-θərɪŋ/ [名] [U] 〘電算〙 オーサリング《マルチメディアデータの構築; ★ しばしば形容詞的に用いる》.

au·tho·ri·sa·tion /ɔ̀ːθərɪzéɪʃən | -raɪz-/ [名] 《英》＝authorization.

au·tho·rise /ɔ́ːθəràɪz/ [動] 《英》＝authorize.

⁺**au·thor·i·tar·i·an** /əθɔ̀ːrəté(ə)riən, -θàrə- | ɔːθɔ̀r-←/ [形] 権威[独裁]主義の; 独裁主義的な (dictatorial). ── [名] 権威[独裁]主義の人. **～·ism** /-nìzm/ [名] [U] 権威[独裁]主義.

⁺**au·thor·i·ta·tive** /əθárətèɪṭɪv, ɔː-, -θɔ́ːr- | ɔːθɔ́rətə-, ə-/ [形] ❶ 〈情報など〉権威のある, 信ずべき: an ～ report 信頼すべき報告. ❷ 官憲の; 当局の, その筋からの. ❸ 〈人・態度など〉命令的な, 有無を言わさない, 厳然たる. **～·ly** [副] 厳然と, 命令的に. ([名] authority)

‡**au·thor·i·ty** /əθárəṭi, ɔː-, -θɔ́ːr- | ɔːθɔ́r-, ə-/ [名] ❶ [U] 権威, 権力; 威信, 重み, にらみ: with ～ 権威をもって, 厳然と / be in ～ 権力をもっている / a [the] person in ～ 権力者 / a person of great ～ 非常な威信をもっている人 / exercise [have] ～ over…に対して権力を振るう[もつ] / I have no ～ over them. 彼らにはにらみがきかない. ❷ [U] 権限, 職権; (権力者による)許可, 認可, 自由裁量(権): on one's own ～ 自己の一存で, 独断で / by [under] (the) ～ of…の許可[認可]を得て[のもとで] / 〔＋*to* do〕 He has no ～ *to* decide the issue. 彼にはその問題を決定する権限はない. ❸ [C] **a** [通例 the authorities で] **官憲, 当局**, その筋: *the* proper *authorities*＝*the authorities* concerned 関係当局[官庁], その筋 / *the* civil [military] *authorities* 文官[軍事]当局者. **b** 公共事業機関; 公社: ⇨ Tennessee Valley Authority, Atomic Energy Authority. ❹ [C] **a** 〔特定の問題に関する〕**権威者, 大家**: He's an ～ ***on*** Shakespeare. 彼はシェイクスピアの権威である. **b** 典拠, よりどころ; 出典: on the ～ of…をよりどころとして. **hàve…on góod authórity** …を確かな筋から聞いている《★ しばしば have it on good authority (that)…として用いる》. 〖F＜L＝生み出すこと, 力; ⇨ author〗 ([形] *authoritative*) 【類義語】⇨ influence.

au·tho·ri·za·tion /ɔ̀ːθərɪzéɪʃən | -raɪz-/ [名] ❶ [U,C] 権限を与えること, 委任; 許可; 公認, 官許. ❷ [C] 授権書, 許可書.

***au·tho·rize** /ɔ́ːθəràɪz/ [動] [他] ❶ [しばしば受身で] 〈人に〉〈…する〉権威[権限]を与える: 〔＋目＋*to* do〕 The President was ～*d* by Congress *to* use all necessary and appropriate force. 大統領は議会であらゆる必要かつ適切な武力を行使する権限を与えられた. ❷ 〈行動・計画・使用などを〉正式に許可する, 公認する (sanction). ❸ 〈…を〉正当と認める. 〖F＜L; ⇨ authority〗 【類義語】⇨ license.

áu·tho·rìzed [形] ❶ 認定の, 検定済みの: an ～ textbook 検定教科書. ❷ 権限を授けられた: an ～ translation 原著者の許可を得た翻訳.

Áuthorized Vérsion [名] [the ～] 欽定(きんてい)訳聖書《1611 年英国王 James 1 世の裁可により編集発行された英訳聖書; King James Version [Bible] ともいう; 略 AV; cf. Revised Version》.

áuthor·shìp [名] [U] ❶ 著作者たること; 著述業. ❷ **a** 原作者がだれであるかということ, 著者: a book of doubtful ～ 原作者の不確かな本. **b** (うわさなどの)出所, 根源.

au·tism /ɔ́ːtɪzm/ [名] [U] 〘心〙 自閉症. 〖AUTO-＋-ISM〗

au·tis·tic /ɔːtístɪk/ [形] 自閉症の: an ～ child 自閉症児. ── [名] 自閉症の人[患者].

‡**au·to**¹ /ɔ́ːṭoʊ/ [名] ([複] **～s**) 《米口》 **自動車**, 車《★ 現在では car のほうが一般的》: by ～ 自動車で《★ 無冠詞》. 〖*auto*mobile〗

au·to² /ɔ́ːṭoʊ/ [名] [形] ＝automatic.

au·to- /ɔ́ːṭoʊ/ [連結形] ❶ 「自身の」「独自の」「自己の」: *auto*cracy. ❷ 「自動の」. ❸ 「自動車」: *auto*maker. 〖Gk *autos* self〗

àuto·ántibody [名] 〘免疫〙 自己抗体《同一個体内の抗原に反応してつくられる》.

au·to·bahn /ɔ́ːṭoʊbàːn, áʊ-/ [名] (ドイツの)高速道路, アウトバーン. 〖G〗

au·to·bi·og·ra·pher /ɔ̀ːṭəbaɪágrəfɚ | -ɔ́grəfə/ [名] 自伝作者.

au·to·bi·o·graph·ic /ɔ̀ːṭəbàɪəgrǽfɪk←/ [形] ＝autobiographical.

⁺**au·to·bi·o·graph·i·cal** /ɔ̀ːṭəbàɪəgrǽfɪk(ə)l←/ [形] 自叙伝(体)の. **～·ly** /-kəli/ [副]

***au·to·bi·og·ra·phy** /ɔ̀ːṭəbaɪágrəfi | -ɔ́g-/ [名] ❶ [C] 自叙伝, 自伝. ❷ [U] 自伝文学.

àuto·céphalous [形] 〘東方正教会〙〈教会・主教が〉自治独立の.

áuto·chròme [名] [U,C] 〘写〙 オートクローム《初期天然色透明写真》.

au·toch·thon /ɔːtákθən | -tɔ́k-/ [名] ([複] **～s, -tho·nes** /-θənìːz/) ❶ 原住民. ❷ 土着のもの, (特に)土着生物, 土着種.

au·toch·tho·nous /ɔːtákθənəs | -tɔ́k-/ [形] ❶ 原住の; 自主的な. ❷ 原産の. **～·ly** [副]

au·to·clave /ɔ́ːṭoʊklèɪv/ [名] (料理・殺菌用の)圧力[高圧]がま.

àuto·correlátion [名] [U] 〘統〙 自己相関.

áuto còurt [名] 《米》 モーテル.

au·toc·ra·cy /ɔːtákrəsi | -tɔ́k-/ [名] ❶ **a** [U] 独裁政治. **b** [C] 独裁国. ❷ [U] 独裁権.

au·to·crat /ɔ́ːṭəkræ̀t/ [名] ❶ 独裁[専制]君主 (despot). ❷ 独裁者, ワンマン.

⁺**au·to·crat·ic** /ɔ̀ːṭəkrǽṭɪk←/ [形] ❶ 独裁の; 独裁的な. ❷ 横暴な.

àu·to·crát·i·cal /-ṭɪk(ə)l←/ [形] ＝autocratic. **～·ly** /-kəli/ [副]

áuto·cròss [名] オートクロス《ダートコースで行なう自動車レース》.

Au·to·cue /ɔ́ːṭoʊkjùː/ [名] 〘商標〙 オートキュー《テレビ放送の自動プロンプター装置》.

au·to-da-fé /ɔ̀ːṭoʊdəféɪ/ [名] ([複] **au·tos-da-fé** /-ṭoʊz-/) 〘キ教〙 ❶ 宗教裁判所の死刑宣告. ❷ 異端者の火刑. 〖Port＝act (判決) of faith〗

au·to·di·dact /ɔ̀ːṭoʊdáɪdækt | ⌣⌣⌣⌣/ [名] 独学者.

àuto·eróticism [名] [U] 〘心〙 自体愛《自慰など》.

àuto·érotism [名] ＝autoeroticism.

áuto·fòcus [形] 〈カメラが〉自動焦点の.

au·tog·a·my /ɔːtágəmi | -tɔ́g-/ [名] [U] 〘動〙 自家生殖; 〘植〙 自家受精[受粉], オートガミー. **au·tóg·a·mous** [形]

au·to·gen·ic /ɔ̀ːṭoʊdʒénɪk←/ [形] ＝autogenous.

áutogenic tráining [名] [U] 自律訓練法《自己暗示・自己催眠などによって全身の緊張を解き, 心身の状態を自分で

調整できるようにする訓練法》.

au·tog·e·nous /ɔːtɑ́ʤənəs | -tɔ́ʤ-/ [形] 自生の, 〈芽・根が〉内生の; 〖生理〗内因的な, 自原的な, 自原(性)の; 〖昆〗〈カが〉無吸血生殖の.

au·to·gi·ro /ɔ̀ːtouʤáɪ(ə)rou/ [名] ([複] ~s) オートジャイロ《プロペラとローターをもつ航空機; ヘリコプターの前身》.

áuto·gràft [名] 〖外科・生〗自家移植片[体].

+au·to·graph /ɔ́ːṭəgræ̀f | -grɑ̀ːf/ [名] ❶ 自筆, 肉筆. ❷ 自署, サイン《[比較] 作家や芸能人が自分の著書やブロマイドにするサインが autograph; 手紙や書類などにするサインは signature》: sign one's ~ サインする《サイン会では sign ~*s*》/ ask for a person's ~ (ファンなどが)人のサインを求める. ── [形] [A] 自筆の: an ~ letter 自筆の手紙. ── [動] [他] 〈…に〉自署[サイン]する: ~ a baseball 野球ボールにサインをする. 〖L＜Gk; ⇨ auto-, -graph〗

áutograph àlbum [bòok] [名] サイン帳.

au·to·graph·ic /ɔ̀ːṭəgræ̀fɪk←/ [形] ❶ 自筆の, 真筆の; 自署の. ❷ 〈計器が〉自記の.

au·to·gy·ro /ɔ̀ːtouʤáɪ(ə)rou/ [名] ([複] ~s) ＝autogiro.

Au·to·harp /ɔ́ːtouhɑ̀əp | -hɑ̀ːp/ [名] 〖商標〗オートハープ《ボタン操作によって簡単な和音を奏することができるツィター》.

àuto·immúne [形] 自己免疫の: (an) ~ disease 自己免疫疾患.

àuto·intoxicátion [名] [U] 〖医〗自家中毒.

au·tol·o·gous /ɔːtɑ́ləgəs | -tɔ́l-/ [形] 〖外科・生〗自家移植した, 自家組織の, 自己(由来)の.

au·tol·y·sis /ɔːtɑ́ləsɪs | -tɔ́l-/ [名] [U] 〖生化〗自己分解[消化]. **au·to·lyt·ic** /ɔ̀ːt(ə)lítɪk/ [形]

au·to·ma·gic·al·ly /ɔ̀ːtəmæ̀ʤɪkəli/ [副] (なぜか)自動的に.

áuto·màker [名] 《米》自動車製造業者[会社].

Au·to·mat /ɔ́ːṭəmæ̀t/ [名] 《米》〖商標〗オートマット《★ 自動販売式カフェテリア》. 〖AUTOMAT(ION)〗

au·tom·a·ta [名] automaton の複数形.

+au·to·mate /ɔ́ːṭəmèɪt/ [動] [他] 〈工場・生産工程などを〉オートメーション[自動]化する. 〖AUTOMATION からの逆成〗

+áu·to·mat·ed /-ṭɪd/ [形] 自動化した: a fully ~ factory (完全)オートメーション[自動操作]工場.

áutomated crédit trànsfer [名] [C,U] 《英》自動銀行口座振替.

áutomàted-téller machìne [名] 《米》現金自動支払い機《略 ATM; 《英》cash dispenser》.

***au·to·mat·ic** /ɔ̀ːṭəmæ̀ṭɪk←/ [形] (more ~; most ~) ❶ 〈機械・装置など〉自動の, 自動式の: ~ operation 自動操作. ❷ 〈行為・動作など〉無意識的な; 機械的な; 反射的な: (an) ~ response 無意識的反応. ❸ 自然発生的な, 必然的な. ── [名] ❶ 自動小銃, 自動ピストルなど. ❷ 《口》オートマチック車《自動変速装置付きの車》. 〖Gk＝自分で動く, 自発的な〗【類義語】⇨ spontaneous.

***au·to·mat·i·cal·ly** /ɔ̀ːṭəmæ̀ṭɪkəli/ [副] (more ~; most ~) 自動的に; 無意識的に; 機械的に.

áutomatic dáta pròcessing [名] [U] 〖電算〗自動データ処理《略 ADP》.

automátic diréction fìnder [名] (航空機の)自動方向探知器《略 ADF》.

áutomatic pílot [名] 〖空・海〗自動操縦[操舵]装置. **be on áutomatic pílot** (1) 自動操縦で. (2) 型どおりで[に], 惰性で; 機械的に; 無意識の[気づかぬ]うちに.

áutomatic pístol [名] 自動拳銃.

áutomatic-téller machìne [名] ＝automated-teller machine.

automátic transmíssion [名] [U,C] (自動車の)自動変速装置《略 AT》.

automàtic wríting [名] [U] 〖心〗自動書記[書字]《自分が文字を書いていることに気づかずに書くこと》.

***au·to·ma·tion** /ɔ̀ːṭəméɪʃən/ [名] [U] 自動操作, オートメーション. 〖AUTO(MATIC)+(OPER)ATION〗

au·tom·a·tism /ɔːtɑ́mətɪ̀zm | -tɔ́m-/ [名] [U] ❶ a 自動性, 自動作用. b 機械[無意識]的動作. ❷ 〖生理〗自動性《心臓の鼓動, 筋肉の反射運動など》.

au·tom·a·tize /ɔːtɑ́mətàɪz | -tɔ́m-/ [動] [他] 自動化する.

au·tom·a·ti·za·tion /ɔːtɑ̀mətɪzéɪʃən | -tɔ̀m-/ [名] [U] 自動化.

au·tom·a·ton /ɔːtɑ́məṭən, -tn | -tɔ́m-/ [名] ([複] ~s, -ta /-ṭə/) ❶ a 自動装置. b 自動人形, ロボット. ❷ 機械的に行動する人 (robot). 〖L＜Gk＝自分で動くもの〗

***au·to·mo·bile** /ɔ́ːṭəməbìːl, ˌ-ˌ-ˊ-/ 《米》[名] 自動車《★ 日常語としては car を用いる》. ── [形] [A] 自動車の: the ~ industry 自動車産業. 〖F; ⇨ auto-, mobile〗

+au·to·mo·tive /ɔ̀ːṭəmóuṭɪv←/ [形] ❶ 自動推進の. ❷ 自動車の.

au·to·nom·ic /ɔ̀ːṭənɑ́mɪk | -nɔ́m-←/ [形] 〖生理〗自律神経(性)の.

áutonomic nérvous sỳstem [名] [通例 the ~] 〖解・生理〗自律神経系.

au·ton·o·mist /ɔːtɑ́nəmɪst | -tɔ́m-/ [名] 自治論者.

***au·ton·o·mous** /ɔːtɑ́nəməs | -tɔ́n-/ [形] 自治権のある, 自治の; 自主的な (independent): an ~ republic 自治共和国. ([名] autonomy)

***au·ton·o·my** /ɔːtɑ́nəmi | -tɔ́n-/ [名] ❶ [U] 自治; 自治権; 自主性, 独立性 (independence). ❷ [C] 自治国家, 自治区, 自治体. 〖Gk; ⇨ auto-, -nomy〗 ([形] autonomous)

áuto·pìlot [名] ＝automatic pilot.

au·to·pis·ta /àuṭoupíːstɑː/ [名] (スペイン語圏の)高速道路.

+au·top·sy /ɔ́ːtɑpsi | -tɔp-/ [名] 検死(解剖) (postmortem): perform an ~ (on…) (…に)検死を行なう. ── [動] [他] 〈遺体・臓器を〉検死(解剖)する. 〖F＜L＜Gk＝自分の目で見ること＜AUTO-+*opsis* 見ること (cf. optic)〗

áuto ràcing [名] 自動車レース.

àuto·rádiograph, -gram [名] 放射能写真, オートラジオグラフ. **-radiógraphy** [名] [U] 放射能写真術, オートラジオグラフィー. **-radiográphic** [形]

àuto·rotátion [名] [U] 〖空〗(オートジャイロのロータのように動力によらずに)自転すること, 自動回転, オートローテーション; (それの揚力による)自転降下. **-rótate** [動] [自]

au·to·route /ɔ́ːtourùːt/ [名] (フランス語圏の)高速道路.

áuto·sàve [名] [U,C] [単数形で] 〖電算〗(プログラムの)自動保存(機能)《あらかじめ設定した時間間隔でデータファイルを自動的に保存する機能》. ── [動] [他] 自動保存する.

au·to·so·mal /ɔ̀ːṭəsóum(ə)l←/ [形] 常染色体(性)の.

au·to·some /ɔ́ːtousòum/ [名] 〖遺〗常染色体.

au·to·stra·da /áuṭoustrɑ̀ːḍə | ɔ́ːtə(u)strɑ̀ːdə/ [名] (イタリアの)高速道路, アウトストラーダ.

àuto·suggéstion [名] [U] 自己暗示.

au·to·te·lic /ɔ̀ːṭoutélɪk, -tíː-←/ [形] 〖哲・文学〗それ自体に目的がある, 自己目的的な, 自目的の.

au·tot·o·my /ɔːtɑ́ṭəmi | -tɔ́t-/ [名] [U] 〖動〗(トカゲなどの)自切, 自己切断, 自割.

àuto·tóxic [形] 〖医〗自己[自家]中毒の.

àuto·tóxin [名] 〖医〗自己[自家]毒素.

àuto·transfórmer [名] 〖電〗単巻(たんまき)変圧器[トランス].

àuto·tráns·plant /-trǽnsplænt | -plɑːnt/ [名] ＝autograft.

àuto·transplantátion [名] [U] 〖医〗自己[自家]移植.

au·to·troph /ɔ́ːṭətròuf | -trɔ̀f/ [名] 〖生〗独立[自家, 無機]栄養生物. **au·tot·ro·phy** /ɔːtɑ́trəfi | -tɔ́tr-/ [名]

àuto·tróphic [形] 〖生〗独立[自家, 無機]栄養の.

áuto·wòrker [名] 自動車製造労働者.

au·tox·i·da·tion /ɔːtɑ̀ksədéɪʃən | -tɔ̀k-/ [名] [U] 〖化〗自動酸化《常温での空気中の酸素との直接結合による酸化》.

****au·tumn** /ɔ́ːṭəm/ [名] ❶ [U,C] [通例 《米》または特定の時には the ~] 秋, 秋季《通俗には北半球では 9, 10, 11 月, 南半球では 3, 4, 5 月, 天文学では秋分から冬至まで; ★ 《米》では日常語としては fall を用いることが多い》: in (*the*) ~ 秋に(は) / in *the* ~ of 2010 2010 年の秋に / in (*the*) early [late] ~ 初[晩]秋に / They got married last ~. 二人は昨秋結婚した《[用法] 前置詞を伴わずに副詞的に用いられる》. ❷ [the ~] 成熟期; 凋落(ちょうらく)期; (人生の)初老期: in *the* ~ of life 初老期に. ── [形] [A] 秋の: an ~

day 秋の一日 / the ~ term 秋季学期《★欧米では第一学期》.《F<L》(形 autumnal)

au·tum·nal /ɔːtʌ́mn(ə)l/ 形 ❶ 秋の(ような), 秋らしい: the ~ equinox〖天〗秋分(点) (cf. the VERNAL equinox) / ~ tints 秋色, 紅葉. ❷ 初老期の, 中年の. ❸〖植〗秋咲きの, 秋に実る. (名 autumn)

autumn crócus 名 イヌサフラン.

au·tun·ite /óutənàɪt/ 名〖鉱〗燐灰ウラン石.

aux., auxil. 《略》auxiliary.

†**aux·il·ia·ry** /ɔːgzíljəri/ 形 ❶ 補助の (ancillary): an ~ engine 補助機関 / an ~ note〖楽〗補助音 / an ~ nurse 看護補助者, 看護補助師[婦, 士] / ~ troops (外国からの)援軍, 援兵. ❷ 予備の: an ~ (gasoline) tank 予備の(ガソリン)タンク. — 名 ❶ a 補助員, 助手; 補助物. b 支援[補助]団体. ❷ [複数形で] (外国からの)援軍, 外人部隊. ❸〖海軍〗補助艦艇. ❹〖文法〗助動詞.《L=助け》

auxíliary vérb 名〖文法〗助動詞《★この辞書では 助動 で示す》.

aux·in /ɔ́ːksɪn/ 名 Ⓤ〖生化〗オーキシン《植物生長物質の総称; インドール酢酸はその一つ》.

áux·o·tròph /ɔ́ːksoutròuf | tròf/ 名〖生〗栄養要求体.

àux·o·tróph·ic 形〖生〗(代謝・生殖に)補助的な栄養を必要とする, 栄養要求性の.

Av /áː v, æv/ 名=Ab.

av. 《略》average; avoirdupois. **Av.** 《略》Avenue.

AV 《略》audio-visual; Authorized Version.

a·va·da·vat /ǽvədəvæt/ 名〖鳥〗ベニスズメ《カエデチョウ科の美声の飼鳥; 南アジア原産》.

†**a·vail** /əvéɪl/ 名 Ⓤ 利益, 効力《★現在次の成句でのみ用いる》. be of nó [líttle] aváil まったく[ほとんど]役に立たない, 無益だ[に近い]. to nó aváil=without aváil 役に立たずに, そのかいなく. — 動 ⓗ ❶ [~ oneself of...で] [...を]利用する, [...に]乗ずる《★ make use of のほうが一般的》: We should ~ ourselves of this opportunity. この機会を利用すべきだ. ❷ [否定・疑問文で] [...に]役立つ, 益する: It will ~ you líttle [nóthing]. それはほとんど[まったく]君に利するところがあるまい. — ⓘ [否定・疑問文で] 〈物事が〉役に立つ, 用が足りる: No words ~ed to ease his fears. どんな言葉も彼の不安をやわらげることができなかった.《ME<a- ad-+vailen 役に立つ《F<L valere 強い; cf. value》》

a·vail·a·bil·i·ty /əvèɪləbíləti/ 名 Ⓤ 利用できること; 有効; 入手可能.

‡**a·vail·a·ble** /əvéɪləbl/ 形 (more ~; most ~) ❶〈もの・機会・仕事など〉手に入る, 入手できる [対義] scarce: This software is readily [freely] ~. このソフトウェアは容易に[ただで]手に入る / No suitable job was ~. 適当な職はまったくなかった / The information is [has been made] ~ to the public. その情報は一般の人々に入手可能です. ❷ (すぐに)利用できる: employ all [every] ~ means あらゆる手段を講じる / These services have become ~ to all members. これらのサービスは全会員が利用できるようになった. ❸ Ⓟ 手があいていて; つきあえて: Are you ~ this afternoon? 今日の午後は時間がありますか / I made myself ~ to him for legal consultations. 時間をつくって彼に法律相談をすることにした. **-a·bly** /-ləbli/ 副

†**av·a·lanche** /ǽvəlænt∫ | -lɑ̀ːnt∫/ 名 ❶ 雪崩(なだれ). ❷ [通例 an ~ of...] (郵便物・質問などの)殺到: an ~ of questions 質問攻め.《F》

Av·a·lon /ǽvəlàn | -lɔ̀n/ 名〖アーサー王伝説〗アヴァロン《致命傷を負った Arthur 王が運ばれたという島》.

a·vant-garde /əvɑːntgáːd | ǽvɑːŋgɑ́ːd⁻/ 名 Ⓤ [通例 the ~] ❶ (芸術の)前衛(思想, 作品), アバンギャルド; 前衛芸術. ❷ [集合的; 単数または複数扱い] 前衛[尖端]的芸術家連, アバンギャルド. — 形 Ⓐ 前衛的な: an ~ film 前衛映画.《F=前衛》

av·a·rice /ǽv(ə)rɪs/ 名 Ⓤ (金銭に対する)強欲, 貪欲(どんよく), 物欲.

a·va·ri·cious /ævərí∫əs⁻/ 形 欲の深い, 強欲な, 貪欲な (greedy). **~·ly** 副

a·vas·cu·lar /eɪvǽskjʊlə | -lə/ 形〖解〗無血管の.

avast /əvǽst | əvɑ́ːst/ 間〖海〗待て, やめ!

av·a·tar /ǽvətɑ̀ː | -tɑ́ː-/ 名 ❶ 〖インド神話〗化身. ❷ (思想などの)人間権化. ❸〖電算〗化身《チャットやオンラインゲームで特定の人物を表わすアイコン》.《Skt》

AVC 《略》《英》 additional voluntary contributions 割増任意分担金《退職時により大きな年金額付が受けられるよう, 任意で積み立てられる年金原資への割増納入金》.

avdp. 《略》avoirdupois.

a·ve /ɑ́ː veɪ, -viː/ 間 ❶ ようこそ. ❷ さようなら. — 名 [A-]=Ave Maria.《L=Farewell! Hail!》

*Ave.** 《略》《米》Avenue.

Av·e·don /ǽvədɑ̀n | -dɔ̀n/, **Richard** 名 アヴェドン (1923-   ;米国の写真家).

A·ve Ma·ri·a /ɑ́ː veɪmərɪ́ːə, ɑ́ː viː-/ 名 Ⓒ [名称としては the ~] アベマリアの祈り《カトリック教会で聖母マリアに捧げる祈り》.《L=Hail Mary!》

*a·venge** /əvénʤ/ 動 ⓗ《文》〈恨み事・人の(正当な)復讐(ふく)〉をする, 〈事の〉仕返しをする, 〈人の〉かたき[あだ]を討つ: [~ oneself または self のみ] 自分の恨みを晴らす: They swore to ~ their lord's death. 彼らは最期を遂げた主君のあだを報じようと誓った / ~ an insult on a person 人に対して侮辱の仕返しをする, 侮辱を受けた仕返しをする人物 / Hamlet laid plans to ~ his father. ハムレットは父のあだを討とうともくろんだ / He will ~ the people on their oppressor. 彼は迫害者をこらしめて人民のあだを討つだろう / He ~d himself [was ~d] on them (for the insult). 彼は彼らに(侮辱された)仕返しをした.《F<a- to+vengier 復讐する《L vindicare; ⇒ vindicate》》【類義語】⇒ revenge.

a·véng·er 名 復讐者, あだを討つ人.

a·ven·tu·rine /əvént∫ərɪ:n/ 名 Ⓤ 金なし地ガラス《金属銅の結晶が混ざっているガラス》.

*av·e·nue** /ǽvən(j)ùː | -njùː/ 名 ❶ (都市の)大街路, 大通り《解説》 New York 市の Avenue は南北に, Street は東西に走る道路の名称に用いられている; 略 Ave.》: Fifth Avenue. ❷ 並木道, 《英》 (いなかで, 公道から邸宅の玄関への)並木道. ❸ (ある目的への)手段, 道, 方法 (of, for): explore every ~ できる限りの手段[方策]を講ずる, あらゆる手を打つ.《F=近づく道; ⇒ venue》

a·ver /əvə́ː | əvə́ː/ 動 ⓗ (a·verred; a·ver·ring) ❶ 〈人〉を(真実だと)断言する: In spite of all you say, I still ~ that his report is absolutely accurate. あなたが何と言おうとも彼の報告はまったく正確であると断言します.❷〖法〗〈...だと〉証言する: He averred that I had spoken the truth. 彼は私が真実を述べたと証言した.

‡**av·er·age** /ǽv(ə)rɪʤ/ 形 ❶ (比較なし)平均の: the ~ life span 平均寿命 / (the) ~ annual rainfall 平均年間降水量. ❷ 並の, 普通の《★質・量・数などが平均的でありふれている》: an article of ~ quality 普通品 / the ~ person 普通の人《[匹敵] 通例「普通の人々」は average people とはいわないで ordinary people という》.

— 名 ❶ Ⓒ 平均, 平均値 (mean): the law of ~s 平均の法則 / at an ~ of 50 kilometers an hour (平均)時速 50 キロで / have a batting ~ of .324 3 割 2 分 4 厘の平均打率を持つ《★.324 は three twenty-four と読む》 / take an ~ 平均をとる / The ~ of 2, 7, and 9 is 6. 2, 7, 9 の平均は 6 である. ❷ Ⓒ Ⓤ (一般)標準, 並(な)(norm): up to the ~ 標準に達して / above [below] (the) ~ 並以上[以下]で.

on (an [the]) áverage 平均して(いくら), 概して: On ~, we clear a profit of $8,500 a week. 平均では 1 週 8500 ドルの利益をあげている.

— 動 ⓗ ❶ 平均して〈...を〉する《★受身不可》: We ~ 8 hours' work a day. 私たちは 1 日平均 8 時間働く. ❷ 〈数〉を平均する, 〈数〉の平均をとる: A~ 5, 7, and 15, and you get 9. 5 と 7 と 15 を平均すれば 9 となる. — ⓘ 平均[+補] My salary ~s $2,500 a month. 私の給料は平均すると 1 か月 2500 ドルだ.

áverage óut 《自+副》《口》(結局)平均的な線に落ち着く (at, to).

【F＜It＜Arab＝海損; 海損額を関係者の間で均等に分担したことから】

a・ver・ment /-mənt/ 图 CU ❶ 断言(すること). ❷ 【法】事実の主張[陳述].

ᵗa・verse /əvə́ːs/ 厖 〔…を嫌って, 〔…に〕反対して: She's ~ *to* our plan. 彼女は我々の計画に反対している. ~**ness** 图 【L; ⇒ avert】

a・ver・sion /əvə́ːʃən/ 图 CU ❶ 〘嫌悪(ᵂᵉⁿ)の情〙, 反感, いやがること (antipathy): have a strong ~ *to* …をひどく嫌う. ❷ C いやなもの[人] (★ 通例次の句で): my pet ~ 私の大嫌いなもの. (動 avert)

avérsion thérapy 图 U 嫌悪療法《不愉快な感情を連想させてアルコール依存症などの悪癖を治す治療法》.

a・ver・sive /əvə́ːsɪv | əvə́ː-/ 厖 嫌悪の; 嫌忌する. ~**ly** 副

*a・vert** /əvə́ːt | əvə́ːt/ 動 他 ❶ 〘打撃・危険を〙避ける, 防ぐ: He narrowly ~*ed* an accident. 彼はかろうじて事故を防いだ. ❷ 〘目・考えなどを〙〈…から〉そむける, そらす: She ~*ed* her eyes *from* the terrible sight. 彼女はその恐ろしい光景から目をそむけた. 【F＜L＝目をそむける＜A⁻³+vertere, vers- 向きを変える (cf. verse)】(图 aversion)

A・ves・ta /əvéstə/ 图 [the ~] アベスタ《ゾロアスター教の経典》.

avg. 〘略〙 average.

av・gas /ǽvɡæs/ 图 U 《米》航空ガソリン. 【*av*iation *gas*oline】

a・vi- /éɪvi, ǽvi/ [連結形]「鳥」. 【L *avis* 鳥】

a・vi・an /éɪviən/ 厖 鳥類の.

ᵗa・vi・ar・y** /éɪvièri | -əri/ 图 (動物園などの大型の)鳥のおり, 飼鳥園.

a・vi・ate /éɪvièɪt/ 動 直 飛行する, 航空機を操縦する.

*a・vi・a・tion** /èɪviéɪʃən/ 图 U ❶ 飛行, 航空; 飛行[航空]術. ❷ 航空機産業. 【F＜L *avis* 鳥 +-ATION】

aviátion médicine 图 U 航空医学.

a・vi・a・tor /éɪvièɪtə | -tə/ 图 飛行家.

a・vi・a・trix /èɪviéɪtrɪks | -trɪks/ 图 (~**es**, **-tri・ces** /-trəsìːz/) 女流飛行士[家].

Av・i・cen・na /æ̀vəsénə/ 图 アヴィセンナ(980-1377; ペルシア生まれのアラブの哲学者・医学者).

ávi・cùlture 图 U 鳥類飼養. **ávi・cùlturist** 图

ᵗav・id** /ǽvɪd/ 厖 貪欲(ᵂᵉⁿ)の; 熱心な; 〈…を〉渇望して: an ~ reader 熱心な読書家 / He was ~ *for* [*of*] fame [glory]. 彼は名声[名誉]を渇望していた. ~**ly** 副【L ＝渇望する】

av・i・din /ǽvədɪn/ 图 U 〘生化〙 アビジン(卵白中にありbiotin と特異的に結合してこれを不活性化する蛋白質).

a・vid・i・ty /əvídəti/ 图 U 〘熱烈な欲望, 渇望; 食欲 (ᵂᵉⁿ)〙: with ~ むさぼるように, ひどく熱心に.

àvi・fáuna 图 U (ある土地・時期・環境における)鳥類相.

A・vi・gnon /ǽvinjóʊn | ǽvinjɔ̀ːŋ/ 图 アヴィニョン (フランス南東部 Rhone 川に臨む市; 教皇庁所在地 (1309-77)).

a・vi・on・ic /èɪviánɪk | -ɔ́n-/ 厖 航空電子工学の.

a・vi・on・ics /èɪviánɪks | -ɔ́n-/ 图 U 航空電子工学. 【*avi*(ATION)+(ELECTR)*ONICS*】

a・vi・ta・min・o・sis /eɪvàɪtəmɪnóʊsɪs | -vìt-/ 图 U ビタミン欠乏症.

a・vi・zan・dum /ǽvɪzǽndəm/ 图 〘スコ法〙 裁判官の裁判以外での私的判断.

ÁV nóde /éɪvì:-/ 图 〘解〙 房室結節.

ᵗav・o・ca・do** /æ̀vəkáːdoʊ/ 图 (~**s, ~es**) ❶ 〘植〙 アボカド(熱帯アメリカ産). ❷ 《また **avocádo pèar**》 アボカド(実). 【Sp＜N-Am-Ind】

av・o・ca・tion /æ̀vəkéɪʃən/ 图 ❶ 副業, 特技, 趣味. ❷ 職業, 本業.

av・o・cet /ǽvəsèt/ 图 〘鳥〙 ソリハシセイタカシギ.

Av・o・gá・dro's cónstant [númber] /ǽvəɡàːdroʊz-/ 图 〘理・化〙 アヴォガドロ数(1 モルの純物質中に存在する分子の数).

Ávogàdro's láw [hypóthesis] 图 U 〘理・化〙 アヴォガドロの法則《同温度・同圧力の下におけるすべての気体の同体積が同数の分子を含むという法則》.

*a・void** /əvɔ́ɪd/ 動 他 ❶ a 〈もの・人など〉を避ける, よける, 回避する: ~ an accident 事故を避ける / ~ a traffic jam (交通)渋滞を避ける / ~ war 戦争を回避する / I thought you were ~*ing* me. 私のことを避けているのかと思った / [＋*doing*] He ~*ed* going into debt by selling his house. 彼は家を売ることによって借金を回避した〘用法〛〔＋*to do*〕は不可. ❷ 〈…〉を無効にする. 【F＝空(ᵏᵃʳᵃ)(void)にする】〘類義語〙 ⇒ escape.

a・void・a・ble /əvɔ́ɪdəbl/ 厖 避けられる, 回避できる (↔ unavoidable). **avóid・a・bly** 副

a・void・ance /əvɔ́ɪdəns, -dns/ 图 U ❶ 逃避, 忌避. ❷ 〘法〙 無効, 取り消し.

avoir. 《略》avoirdupois.

a・voir・du・pois /æ̀vədəpɔ́ɪz | æ̀və-/ 图 U ❶ ＝avoirdupois weight. ❷ 《英戯言》 (人の)体重; 肥満. — 厖 〘常衡数値を基にして〙常衡…: 5 pounds [5 lbs.] ~ [av.] 常衡 5 ポンド.

avoirdupóis wéight 图 U 常衡(貴金属・宝石・薬品以外に用いる衡量; 16 ounces (＝7000 grains) を 1 pound と定める; 略 av., avdp., avoir.; cf. troy (weight)).

A・von /éɪvən/ 图 ❶ [the ~] エイボン川(イングランド中部の川; ⇒ Stratford-upon-Avon). ❷ エイボン州(1974年に新設されたイングランド中部の州; 州都 Bristol).

a・vouch /əváʊtʃ/ 動 他 ❶ 〘古〙 (真実であると)明言[断言]する. ❷ 自認する. ❸ 保証する. ~**ment** /-mənt/ 图

a・vow /əváʊ/ 動 他 〘過失などを〙率直に認める; 言うことを公然と認める, 公言する: ~ one's faults 自分の欠点を公然と認める / He ~*ed* openly [publicly] *that* he was divorced. 彼は離婚したことを率直に認めた. 【F＜L *advocare* (弁護者として)呼ぶ; ⇒ advocate】

a・vow・al /əváʊəl/ 图 CU 公言, 告白, 自認: make an ~ (of…) 〈…〉を細に[公然と]認める, 告白する.

a・vówed /əváʊd/ 厖 公言した, 公然たる: an ~ homosexual 公然たる同性愛者.

a・vow・ed・ly /əváʊɪdli/ 副 公然と; 明白に.

a・vulse /əvʌ́ls/ 動 他 引き裂く, 引き放す, 引きはがす. 〘医〙 捻除する, 裂離する.

a・vul・sion /əvʌ́lʃən/ 图 U ❶ 〘医〙 (手術・事故などによる)組織の剝離, 裂離, 摘出. ❷ 〘法〙 (大水などによる)(土地の)自然分離, 短絡.

a・vun・cu・lar /əvʌ́ŋkjələ | -lə/ 厖 おじの; おじのような. ~**ly** 副

aw /ɔː/ 間 《米》おお, ああ(抗議・嫌悪・同情などを表わす).

AWACS /éɪwæks/ 图 (砲 ~) 空中警戒管制システム(管制機), エイワックス. 〘*a*irborne *w*arning *a*nd *c*ontrol *s*ystem〙

*a・wait** /əwéɪt/ 動 他 ❶ 〈人が…〉を待つ, 待ち受ける(★ wait for のほうが一般的): ~ trial 審理を待ち受ける / I anxiously ~ your reply. ご返事を心からお待ち申し上げています. ❷ 〈事物が…〉に用意されている, 〈…を〉待ち構えている: More trouble ~*ed* him. さらなる困難が彼を待ち構えていた. 【F＜*a*- to+WAIT】

*a・wake** /əwéɪk/ 厖 P ❶ 眠らずに, 目が覚めて (↔ asleep): lie ~ 寝つかないでいる / stay ~ 起きている / He was wide ~ all night. 彼は一晩中まんじりともしなかった. ❷ 〔…に〕気づいて, 〔…を〕自覚して: You should be more ~ *to* the danger of your position. 君は自分の立場が危険なことをもっと自覚すべきだ. — 動 〘文〙 他 (**a・woke** /əwóʊk/, **a・waked**; **a・waked**, (まれ) **a・woke**, **a・wo・ken** /əwóʊkən/) ❶ 〘眠っている人を〙起こす: The distant rumbling of guns *awoke* us. 遠くから砲声がとどろいてきて私たちは目を覚ました. ❷ 〈感情・関心などを〉呼び起こす: ~ fears of economic downturn 景気悪化の懸念を生じさせる / His voice *awoke* memories of childhood in me. 彼の声を聞いたら幼年時代の思い出がわき起こった. — 直 ❶ 目を覚ます, 目覚める, 呼び戻す, 気がつく: ~ to the alarm 目覚まし時計の音で起きる / ~ *from* sleep 眠りから覚める / One morning I *awoke* to find myself famous. ある朝目を覚ましてみると

私は有名になっていた. ❷〈感情・関心などが〉呼び起こされる, わき起こる. ❸ 〔…に〕気づく, 〔…を〕悟る: He at last awoke *to* the danger. 彼はついにその危険に気づいた. 【OE ＜ *a*-(強意)+WAKE¹】

*a‧wak‧en /əwéɪkən/ 動 他 自 =awake.

awák‧en‧ing /-k(ə)nɪŋ/ 名 U C ❶ 目覚め, 覚醒(&#x..;); 自覚, 認識 (*to*): get [have] a rude ～ 突然不快な事実に気づく, ひどい幻滅を感じる. ── 形 A 目覚めさせる, 覚醒させる.

‡a‧ward /əwɔ́ːd|əwɔ́ːd/ 名 ❶ C 賞, 賞品, 賞金: win [get, receive] an ～ for... …に対して賞をもらう / ⇒ Academy Award. ❷ C 〖法〗(損害賠償などの)裁定額. ❸ C 昇給, 賃上げ. ❹ C (賞・学位証書などの)授与; (報酬などの)支払い; 〖法〗(賠償金などの)付与, 認定, 裁定. ❺ 〈英〉C (大学生への)奨学金. ── 動 他 ❶〈人に〉賞与などを〈審判・熟慮のうえで〉与える: 〔+目+目〕His teacher ～ed the boy a prize.＝His teacher ～ed a prize to the boy. 先生はこの少年に賞を与えた / He was ～ed a medal. 彼にメダルが贈られた. ❷〔…に〕〈契約・認可などを〉認める, 与える: The contract was ～ed *to* our company. その契約は我が社に認められた. 〖F＝裁定する〗【類義語】⇒ give.

‡a‧ware /əwéə|əwéə/ 形 ❶ P〔…に〕気づいて,〔…を〕知って (conscious) (⇔ unaware): He was [became] ～ *of* the danger. 彼はその危険に気づいていた[気づいた] / I became ～ *of* what he was aiming at. 彼のねらっているものがわかった /〔+*that*〕I'm ～ *that* he's taking advantage of me. 彼が私を利用していることはわかっている / Not that I'm ～ of. (質問に答えて)私の知る限りそういうことはありません, そうは思いません. ❷ 〖副詞を伴って〕(…の)認識[意識]のある: He's politically [socially, environmentally] ～. 彼は政治的[社会的・環境的]意識が高い. ❸ 〈口〉理解がある, もの分かりのよい; 如才ない: an ～ person そつのない人. as [so] fár as Í am awáre 私の知る限りでは. 〖OE＝用心深い〗【類義語】aware 観察・情報・推理などによってある物事を知りうる, わかっている. conscious 知覚を通じてある状態・事実に気づいている, あることを意識している.

*awáre‧ness 名 U 〔また an ～〕〔…に〕気づいていること,〔…を〕知ること;〔問題などへの〕意識: ～ *of* one's ignorance 自分の無知に気づくこと / raise [increase] ～ *about* [*of*]... …についての意識を高める.

⁺a‧wash /əwɔ́ʃ, əwɔ́ːʃ|əwɔ́ʃ/ 副 形 P ❶ a 水をかぶって, 浸水して, 水浸しになって. b 波に洗われて; 水面とすれすれになって. ❷〈場所が〉…であふれて: The street was ～ *with* ticker tape. 通りは紙テープでいっぱいだった.

‡a‧way /əwéɪ/ 副 (比較なし)〖位置を表わして〕(用法 be 動詞と結合した時は 形 とも考えられる) ❶ 離れて, 向こう[あちら]に(行って); 別の所にいて, 不在で; 別の場所に(しまって): far ～ はるか遠く / ... miles ～ 何マイルも離れて / only a few months ～ ほんの数か月先で / She's ～ in the country [on a trip]. 彼女はいなかへ[旅行に]行っている (匹較 ちょっとした外出を out を用いて She is out. (彼女は外出している)のようにいう) / stay ～ *from*... …から遠ざかっている, …に近づかない / The station is two miles ～ *from* here. 駅はここから 2 マイル離れている / He's ～ *from* home [his office]. 彼は家[オフィス]にいない / put one's tools ～ 道具をしまっておく. ❷ 〖通例動詞とともに用いて〕移動・方向を表わして〕あちらへ, 去って: go ～ 立ち去る / look ～ 目をそむける / Get [Move] ～ *from* here. ここから離れなさい. ❸ 〖消失・除去を表わして〕なくなって, 消えて, 去って: fade ～ 消えうせる / boil ～ 沸騰して蒸発する / cut ～ 切り取る / wash ～ a stain よごれを洗い流す. ❹〖行動の連続を表わして〕絶えず, せっせと: work ～ せっせと働く[勉強する] / talk ～ しゃべり続ける. b 〖通例命令法で〕ためらわずに, どんどん, さっさと. ❺〖スポ〕相手の本拠地で, アウェーで. awáy báck 〈米〉ずっと以前に: ～ back in 1940 [before the war] 1940 年[戦前]の昔に. Awáy wíth...! 〖命令法で〕〈文〉…を追い払え, 取り除け: A～ with him! 彼を追い払え! / A～ with you! そこのけ!, 立ち去れ!

fár and awáy 〖通例比較級・最上級を強めて〕はるかに, 断然: She's *far and* ～ the *best* student in the class. 彼女はクラスで成績抜群の学生である. from fár awáy 遠くから. óut and awáy ＝far and AWAY 成句.

── 形 ❶ A 〖スポ〕相手の本拠地での, アウェーの (⇔ home): an ～ match アウェーの試合 / an ～ win アウェーでの勝利. ❷ P 〖野〕アウトになって: The count is three and two with two ～ in the seventh. 7 回ツーアウトでカウントはツーストライク, スリーボール. ❸ P 〖ゴルフ〕ホールから(最も)遠い. 〖OE＝on the way; ⇒ a-¹, way〗

awe /ɔː/ 名 U 畏(#)れ, 畏怖(#), 畏敬〖尊敬と恐れの交錯した感情〗: with ～ 畏れて, 畏怖して / be struck with ～ 畏怖の念に打たれる. be [stánd] in áwe of... …を畏怖する. ── 動 他 〖通例受身で〕〈人を〉畏れさせる, 畏敬[畏怖]させる: be ～d by the majesty of a mountain 山の偉容に畏敬の念を催す. 〖ON〗(形 awful)

a‧weigh /əwéɪ/ 形 P 〖海〕起き錨で〖錨が海底を離れた瞬間をいう〗.

áwe-inspìring 形 畏敬の念を起こさせる, 荘厳な.

*awe‧some /ɔ́ːsəm/ 形 ❶ 畏怖(#)の念を起こさせる, 荘厳な. ❷ 畏敬の念に満ちた, うやうやしい. ❸〈米俗〉印象的な, すばらしい. -ly 副. ～‧ness 名.

áwe-strùck [-strìcken] 形 威厳に打たれた, 畏敬の念を起こした.

*aw‧ful /ɔ́ːf(ə)l/ 形 (more ～; most ～) ❶〈口〉〈行儀・失敗・かぜなど〉ひどい; (程度が)非常な, すごい: ～ smell [weather] ひどい臭い[天気] / feel [look] ～ 気分が悪い[悪そうに見える] / feel ～ *about*... …をひどく[思い, かわいそうな(など)]ことだ[もの]と思う / an ～ lot (*of*...) とてもたくさん(の...). ❷ 恐ろしい, ぞっとする(ような): an ～ earthquake 恐ろしい地震. ❸ /-ful/〈文〉畏怖(#)の念を起こさせるような, 荘厳な. ── 副 (more ～; most ～)〈口〉ひどく(very): He's ～ mad. 彼はひどく怒っている. ～‧ness 名〖名 awe〗

*aw‧ful‧ly /ɔ́ːfəli/ 副 (more ～; most ～) ❶〈口〉非常に, ひどく, とても: I'm ～ sorry. 本当にすみません / It's ～ good of you. 本当にご親切さま. ❷ 下手に, ひどく悪く: He plays golf ～. 彼は下手なゴルフをする.

⁺a‧while /ə(h)wáɪl/ 副〈文〉しばらく, ちょっと. 〖A³+WHILE〗

a‧whirl /ə(h)wə́ːl|ə(h)wə́ːl/ 形 くるくる回って.

*awk‧ward /ɔ́ːkwəd|-wəd/ (～‧er; ～‧est) ❶〈立場, 問題などやりにくい, やっかいな, 困った;〈ものが〉扱いにくい, 不便で;〈時間など〉都合の悪い: an ～ problem やっかいな問題 / put a person in an ～ position 人を困った立場にする / an ～ tool 扱いにくい道具 / at an ～ hour 都合の悪い時間に. ❷〈沈黙など〉気まずい, 気詰まりな: an ～ silence 気詰まりな沈黙. ❸ a〈人・動作など〉ぎこちない, ぶざまな; 不器用な, 下手な: an ～ dancer 不器用なダンサー; 踊りの下手な人 / an ～ turn of phrase ぎこちない表現 / an ～ way of walking ぶざまな歩き方. b〔…に対して〕きまり悪がって, 気まずくて (uncomfortable): The child feels ～ *with* strangers. あの子は初対面の人にはきまり悪がる. ❹〈英〉〈人など〉手に負えない; 人の言うことをきかない, 人を困らせる. ～‧ness 名. 〖*awk* (廃) 逆向きの(＜ON)+-WARD〗

áwkward àge 名〖the ～〕(一人前になりきらない)扱いにくい年ごろ, 思春期の初め.

áwkward cústomer 名〈口〉やっかいな代物(#), 始末に負えないやつ, 手ごわい相手.

áwk‧ward‧ly 副 ❶ きまり悪そうに, 困って. ❷ ぎこちなく, ぶざまに; 不器用に.

awl /ɔːl/ 名 (靴屋などの)突きぎり.

awn /ɔːn/ 名 (麦などの)芒(#).

awn‧ing /ɔ́ːnɪŋ/ 名 ❶ 日よけ, 雨おおい. ❷ (甲板上の)天幕.

*a‧woke /əwóʊk/ 動 awake の過去形・〈まれ〉過去分詞.

*a‧wo‧ken /əwóʊkən/ 動 awake の過去分詞.

AWOL, a‧wol /éɪwɑl, -wɔːl|-wɔl/ 形〈口〉〖軍〗無届け外出[欠勤]で: go ～ 無断外出する. ── 名 無届け外出[欠勤]〖兵者〗. 〖*absent without leave*〗

a·wry /ərái/ 副形 ❶ 正道[進路, 目的]からそれて, 〈物事・人の行動など〉間違って, 不首尾に: go [run] ～ しくじる; つまずく. ❷ 曲がって, ゆがんで, ねじれて. 【A-¹+WRY】

AWS (略)(英) automatic warning system (列車運転士に対する)自動警報システム.

áw shúcks 間 まいった, とんでもない (当惑を表わす).

áw-shùcks 形 A (米口) 恥ずかしそうな, 照れくさそうな, おずおずした, はにかんだ, 控えめな.

*ax, (英) axe /ǽks/ 名 ❶ おの, まさかり; 戦斧(ホデ)〖関連柄の短い「手おの」(short ax) は hatchet という; 北米先住民が使った「いくさおの」は tomahawk). ❷ [the ~] 首切り, 解雇, 〈経費・人員の〉削減. ❸ (俗) 楽器 (特にギター, サックス). **gét the áx(e)** (口) (1) 解雇される, 首になる. (2) 〈計画などが〉中止とされる; 〈機関などが〉閉鎖される. (3) 顔頭に処せられる. **gíve a person the áx(e)** (口) (1) 〈人を〉解雇する. (2) 〈人に〉すげなくする, そでにする. **háve an áx(e) to grínd** (口) ひそかに個人的・利己的な目的を抱いている, 胸に一物ある (with) 〈(由来) 学童をうまくおだてておのをとがせたというフランクリンの話から). ― 動 他 ❶ (口) 解雇する, 首にする; 〈経費などに〉なたをふるう, 削減する; 〈... 〉 おので切る. ❷〈...〉おので切る.

a·xen·ic /eɪzénɪk, -zíːn-/ 形 (生)無菌(性)の, 純粋培養の, 無寄生生物の. **-i·cal·ly** 副

ax·es /ǽksiːz/ 名 axis¹ の複数形.

ax·i·al /ǽksiəl/ 形 軸の, 軸状の, 軸上の.

ax·il /ǽks(ə)l/ 名 (植) 葉腋(ホウチウキ).

ax·il·la /æksílə/ 名 (複 -lae /-liː/, ~s) ❶ (解) わきの下, 腋窩(ホキゥカ). ❷ (植) = axil.

ax·il·lar·y /ǽksəleri | æksíləli/ 形 ❶ わきの下の. ❷ (植)葉腋の.

ax·i·om /ǽksiəm/ 名 ❶ (数・論) 公理 (cf. theorem 1). ❷ 自明の理; 原理.

ax·i·o·mat·ic /ǽksiəmǽtɪk⁻/ 形 ❶ 公理の(ような). ❷ 自明の. **àx·i·o·mát·i·cal·ly** /-kəli/ 副

ax·i·on /ǽksiɑn | -ɔn/ 名 (理) アクシオン (荷電 0, スピン 0 で, 質量が核子の 1/1000 より小さい仮説粒子).

*ax·is¹ /ǽksɪs/ 名 (複 ax·es /-siːz/) ❶ 軸, 軸線; 〖天〗地軸: The earth turns on its ~. 地球は自転する. ❷ a (ものの)中心線, 軸. ❷ (運動・活動の)主軸, 中枢. ❸ 〖政〗 **a** 枢軸(国家間の連合). **b** [the A~] (第二次大戦の)日独伊枢軸国 (cf. ally 名 2). ― 形 [A~] 日独伊枢軸の.

ax·is² /ǽksɪs/ 名 (複 áx·is dèer) (動) アクシスジカ (全体に白斑のある鹿; インド・アジア東部産).

axi·sym·métric /ǽksi-/ 形 (幾) 線対称の.

*ax·le /ǽksl/ 名 車軸の.

áxle·trèe 名 車軸, 心棒.

áx·man, (英) áxe·man /-mən/ 名 (複 -men /-mən/) ❶ おのを使う人. ❷ きこり.

Áx·min·ster (cárpet) /ǽksmɪnstə(-) | -tə-/ 名 アックスミンスターカーペット (カットパイルの機械織りじゅうたん).

ax·o·lotl /ǽksəlɑtl | -lɔtl/ 名 (動) アホロートル (メキシコ山地の湖沼にすむサンショウウオの一種).

ax·on /ǽksɑn | -sɔn/ 名 (解) (神経細胞の)軸索. **áx·o·nal** /-n(ə)l/ 形

ax·o·neme /ǽksnɪm/ 名 (生) 軸糸 (アクソネマ)(繊毛[鞭毛]の軸糸糸状体で, 9 組の周囲小管と 2 本の中心小管とから成った構造). **àx·o·né·mal** 形

axolotl

áxo·plàsm /ǽksou-/ 名 U (解) 軸索原形質, 軸索漿(ネコ). **àxo·plásmic** 形

ay·ah /áɪə, áːjə/ 名 (インドなど旧英領諸国で, 現地人の)女中, 子守り, 女性家庭教師.

aya·huas·ca /ɑːjəwɑ́ːskə/ 名 アヤフアスカ: **a** C (植) ブラジル産キントラノオの一種. **b** その蔓(?) の表皮から作る幻覚作用をもつ飲み物.

aya·tol·lah /áɪətóulə | -tɔ́lə/ 名 [しばしば A~] (イスラム) アーヤトッラー, アヤトラ (ペルシア語圏のシーア派で mullah のうち, 宗教心・学識の特に秀でた人物に与える称号).

---

115 azygous

*aye, ay /áɪ/ 副間 しかり, はい; 賛成! (票決の時の返答): Aye(e), áye(e), sir! (海) 言い承知しました (号令に対する部下の応答). ― 名 (複 ayes) ❶ U 肯定, 賛成. ❷ C 賛成投票者 (↔ no): the ayes and the nays 賛否 / The ayes have it. 賛成者多数 (★ 議会用語).

aye-aye /áɪàɪ/ 名 (動) アイアイ, ユビザル (Madagascar 産).

Áyers Róck /éəz-| éəz-/ 名 エアズロック (オーストラリア Northern Territory 南西部にある世界最大の岩塊; 高さ 348 m, 基部の周 8.8 km; 現地名至 Uluru).

Ayles·bury /éɪlzb(ə)ri/ 名 ❶ エイルズベリー (イングランド Buckinghamshire の州都). ❷ C エイルズベリー種 (同州原産の大型白色の肉用アヒル).

Ayr·shire /éəʃɪə | éəʃə, -ʃə | éəʃə/ 名 ❶ (また Ayr /éə | éə/) エアーシア (スコットランド南西部の旧州; 現在は North ~, East ~, South の 3 行政区に分かれている). ❷ C (牛) エアシャー (同地方原産の乳牛).

A·yur·ve·da /àːjʊəvéɪdə | àɪə-/ 名 U (ヒンドゥー教) アーユルヴェーダ (古代の医術・長命術). **Àyur·vé·dic** 形

AZ (略) (米略) Arizona.

a·za·lea /əzéɪljə, -liə/ 名 (植) ツツジ, サツキ, アザレア.

a·zan /ɑːzɑ́ːn/ 名 (イスラム寺院で一日 5 回鳴らす)礼拝時告知, アザーン.

az·a·role /ǽzəròʊl/ 名 (植) アザロール (地中海地方原産のサンザシ属の木; その食用果実).

a·ze·o·trope /eɪzí·ətròʊp/ 名 (化) アゼオトロープ, 共沸混合物. **-trop·ic** /eɪzí·ətrɑ́pɪk | -trɔ́p-/ 形

A·zer·bai·jan /àːzəbaɪdʒɑ́ːn, àːz- | àɛzə-/ 名 アゼルバイジャン (Caucasia にある共和国; 首都 Baku bɑːkúː/).

az·ide /ǽzaɪd, éz-/ 名 (化) アジ化物, アジド (=N₃ 基を含む化合物).

Azil·ian /əzíːljən, əzíl-, -liən/ 形 (考古) (西欧中石器時代の)アジール文化(期)の. ― 名 [the ~] アジール文化 (期). 〖Azile ピレネー山脈中の洞穴〗

az·i·muth /ǽzəmə\\θ/ 名 (天) 方位角; 方位: an ～ circle 方位圏.

az·i·múth·al (equidistant) projection /ǽzəmá \\θəl-/ 名 (地図) 正(主)距方位図法 (経線を極から放射し, 緯線は極中心の同心円を描く図法).

A·zin·court /ǽdænkɔ̀ːt | ǽʒɪŋkɔ́ː-/ 名 アジャンクール (Agincourt のフランス語名).

a·zine /éɪzɪn, -| ǽz-/ 名 (化) アジン (2 個以上の異原子を含み, その 1 つが以上が窒素である六員環化合物).

a·zo- /éɪzoʊ-, ǽz- | éz-/ 連結形 (化) 窒素を含む].

àzo·bénzene 名 U (化) アゾベンゼン (黄色鱗片状の結晶; 有機合成・染料などの原料).

ázo dýe /ǽzoʊ-/ 名 (化) アゾ染料.

a·zo·ic /əzóʊɪk/ 形 (地) 無生代の; (まれ) 生物のいない.

a·zon·al /eɪzóʊn(ə)l/ 形 zone に分かれていない.

a·zo·o·sper·mi·a /èɪzoʊəspə́ːmiə | -spɑ́ː-/ 名 (医) 無精子(症), 精子欠如(症).

A·zores /éɪzɔːz, əzɔ́ːz | əzɔ́ːz/ 名 [the ~] アゾレス諸島 (ポルトガル沖の諸島).

a·zo·tu·ria /èɪzoʊt(j)ʊ(ə)riə | -tjʊər-/ 名 U (医) 窒素尿(症) (馬に起こる疾患).

A·zov /ǽzɔf | éɪ-/, **the sea of** 名 アゾフ海 (Crimea 半島の東, ウクライナとロシアに囲まれた黒海の内湾).

AZT (略)(商標) azidothymidine アジドチミジン (抗エイズ薬).

Az·tec /ǽztek/ 名 ❶ **a** [the ~s] アズテック族 (メキシコ原住民族; 16 世紀初めに滅亡した). **b** C アズテック族の人. ❷ U アステカ語. ― 形 アステカ族[人, 語]の.

Az·tec·an /ǽztekən/ 形 アステカ族[語]の.

az·u·le·jo /æzjʊléɪhoʊ/ 名 (複 ~s) アスレホス, 彩釉タイル (釉薬を施したカラータイル).

az·ure /ǽʒə, éɪʒə- | -ʒə/ 名 ❶ U 空色, 淡青色. ❷ [the ~] (詩) 青空. ― 形 空色の, 青空の; (雲ひとつない)紺碧(ボウ)の: an ～ sky 紺碧の空, 青空.

az·y·gous /ǽzɪɡəs/ 形 (解・動・植) 対(?)をなさない, 不対の.

B b

b¹, B¹ /bíː/ 名 (複 b's, bs, B's, Bs /~z/) ❶ CU ビー《英語アルファベットの第2字; cf. beta 1》. ❷ U 《連続したもの》の第2音目(のもの).

b² /bíː/ 名 C (複 b's, bs /~z/) [通例 b の字体で] 《数》第2既知数 (cf. a², c²; x², y², z²).

B² /bíː/ 名 (複 B's, Bs /~z/) ❶ C B字形(のもの). ❷ CU 《5段階評価で》良, ビー (cf. grade 3): He got a *B* in English. 彼は英語で良をとった. ❸ U 《血液型の》B型. ❹ C 《楽》a ロ音《ドミソ唱法のシ音》: *B* flat [sharp] 変[嬰(えい)]ロ音. **b** ロ調: *B* major [minor] ロ長[短]調. ❺ [数詞とともに] (紙の) B判. **plán B** 代替策. —— 形 二流の, 二級品の, B級の: ⇒ B movie.

b (略) breadth. **B** (略) 《チェス》Bishop; black《鉛筆の黒色濃度を示す》; bomber《米国の戦闘機種を示す記号》; boron;《理》magnetic flux density 磁密速度》.

b. (略) book; born; 《クリケ》bowled (by); bye¹.

b., B. (略) bacillus; 《野》base(man); 《楽》bass¹; battery; brother. **B.** (略) Bachelor; Baron; Bay¹; Bible; British; Brotherhood.

ba /báː/ 名 《エジプト神話》霊魂, バー《人頭をもつ鳥の姿で表わされる》.

Ba (記号) 《化》barium. **BA** (略) Bachelor of Arts; British Airways 英国航空; Buenos Aires.

baa /bǽː, aː│báː/ 名 メー《ヒツジ・子ヒツジの鳴き声; ⇒ sheep 関連》. —— 動 @ 〈ヒツジ・子ヒツジが〉メーと鳴く. 《擬音語》

Ba·al /béɪ(ə)l/ 名 (複 ~·im /-lɪm/, ~s) ❶ バアル《古代フェニキア人・カナン人が崇拝した神》. ❷ C [時に b~] いつわりの神, 偶像.

Baal Shem Tov /béɪlʃèmtóːv/ -tóv/ 名 バール・シェム・トーヴ(1700?-60; ポーランド系ユダヤ人の神秘主義者; 近代 Hasidism を創唱).

Baath /báːθ/ 名 バース党《シリアに生まれ, レバノン・イラクなどに広がった政党; アラブ統一と独自の社会主義を唱える》.
Báa·thism 名 -thist 名 形

ba·ba¹ /báːbaː, -bə/ 名 ババ《ラム酒のシロップに浸したスポンジケーキ》.

ba·ba² /báː/ 名 [しばしば B~] ヒンドゥー教の導師[精神指導者]の称号; 一般に) (霊的)指導者.

bába gha·nouj /-ɡaːnúːʒ/ [**ga·noush** /-ɡaːnúːʃ/] 名 U 《中東料理》ババガヌージ《ナスのピューレをニンニク・レモン汁・練りゴマであえたもの, ピタ (pita) につけて食べる》.

Bab·bage /bǽbɪʤ/, **Charles** バベッジ(1792-1871; 英国の数学者・機械工学者; 近代の自動計算機の概念の創始者).

Bab·bitt /bǽbɪt/ 名 [時に b~] 《米口・軽蔑》物質的成功のことしか頭にない俗物. **~·ry** 名 《Sinclair Lewis の小説 *Babbitt* (1922) 中の人物から》

Bábbitt mètal 名 U [しばしば b~ m~] バビット合金《スズ・アンチモン・鉛・銅の軸受用白色合金, またこれに類する減摩合金》. 《I. Babbitt 米国の発明家》

†**bab·ble** /bǽbl/ 動 @ ❶ a ぺちゃくちゃしゃべる;(つまらないことを)延々と話す. **b** 〈小児などが〉(わけのわからない)片言を言う. ❷ 〈流れが〉さらさらと音を立てる〈*away, on*〉. —— ⊕ ❶ 〈…を〉ぺちゃくちゃしゃべる. ❷ 秘密を漏らす: (*out*) a secret 秘密を口走る. —— 名 U [また a ~] ❶ おしゃべり, (群衆の)ざわめき;(小児などの)片言. ❷ やわらやかな音, せせらぎ(の音). ❸ 《電話の》雑音. ❹ [複合語で] …用語. 《擬音語》

báb·bler 名 ❶ a おしゃべり. **b** 片言を言う小児. ❷ 秘密を漏らす人. ❸ 《鳥》チメドリ《ヒタキ科》.

báb·bling 形 ぺちゃくちゃしゃべる, さらさら音を立てる.

†**babe** /béɪb/ 名 ❶ a 《文》赤ん坊, うぶな人. ❷ (呼び掛けで; 《俗》ベイブ《女または男に対する親しい[なれなれしい]呼び掛け》. ❸ 《米俗》《若く可愛い》女人, 女の子. **a bábe in árms** (1) (はいはいもできない)赤ちゃん. (2) 無知な人, 無能な人. **bábes [a bábe] in the wóod(s)** うぶでだまされやすい人, 世間知らず《人》. 《papa, mama と同様に生まれた幼児語から》

Ba·bel /béɪbəl, -b(ə)l/ 名 ❶ バベル《解説》Babylon の古都; 人々は天まで届くバベルの塔 (the Tower of Babel) を築こうとしたので, 神の怒りにふれて失敗; これによって世界の言語が混乱したという》. ❷ (通例 b~] U [または a ~] 言語[音声]の混乱, がやがや《話し声》; 騒音と混乱の場所[状況]: *A b~* of voices came from the hall. 会場からがやがやいう声が聞こえた. ❸ C [また a ~] a 摩天楼. **b** 空想的[非現実的]な計画.

bábe màgnet 名 《戯言》❶ (特に女性に対して)持ち主を魅力的に見せるもの《車など》. ❷ 魅力的な男性.

ba·be·si·a·sis /bæbəzáɪəsɪs/, **-si·o·sis** /bəbìːzióʊsɪs/ 名 U 《獣医》バベシア病, ピロプラズマ病.

Ba·bi /báː/ 名 U バーブ教徒 (⇒ Babism).

ba·bi·ru(s)·sa /bæbərúːsə/ 名 《動》バビルサ《イノシシ科の一種; マレー諸島産》.

Bab·ism /báːbɪzm/ 名 U バーブ教(1844年イランで Mirza Ali Mohammad (尊称 the Bab, 1819/20-50) が興した宗教;男女平等・一夫多妻禁止・奴隷売買禁止を説く).

ba·boon /bæbúːn/ 名 ❶ 《動》ヒヒ. ❷ 粗野な人, 醜い人.

ba·bu /báːbuː/ 名 ❶ 《インド》君, さま (Mr. に当たる). ❷ 《英》インド人書記[役人].

ba·bul /bəbúːl/ 名 《植》アラビアゴムモドキ.

ba·bush·ka /bəbúːʃkə/ 名 バブーシュカ《両端をあごの下で結ぶ女性用スカーフ》. 《Russ=祖母; 現在の意味はロシア老婦人の典型的な服装から, 英語で生まれた》

*****ba·by** /béɪbi/ 名 (複 **ba·bies** /~z/) ❶ a 赤ちゃん, 赤ん坊《特に, 歩けない小さな子供をいう; 用法】baby は性別を特に問題にしない時は通例 it で受ける; しかし性別がはっきりしている時は he, she で受ける; [解説]英語で赤ん坊の年齢をいう時2歳前後までは, 生まれてから通じの月数で eighteen months old (18 か月)のようにいう》: She's expecting a ~. = 《口》She has a ~ on the way. 彼女に赤ん坊が生まれる予定です / She has just had a ~. 赤ん坊が生まれたところだ / *B~* is crying. 赤ちゃんが泣いている《★家族間では無冠詞で固有名詞的に用いる》. **b** 動物の子. ❷ [しばしば the ~] 《家族・グループの中で》最年少者; 末っ子: She's *the* ~ of the family. 彼女は末っ子です. ❸ 《軽蔑》赤ん坊みたいな人, 気の小さい人: Don't be such a ~! そんな意気地なしではいけない ❹ a [しばしば呼び掛けで用いて] かわいい人; 恋人, あなた《★恋人・夫婦以外の人に呼び掛けると軽蔑的な感じを与えることがある》. **b** [通例修飾語を伴って] 《俗》人; もの: He's a tough ~. それはスミスの仕事だ / I've been driving this ~ for ten years. この車は10年乗っている. ❺ a [通例 one's ~, the ~] 《口》(やっかいな)役目, 責任: That's Smith's ~. それはスミスの仕事だ / He went on vacation and left me holding *the* ~. 彼は休暇に出かけ私にやっかいな役目を押しつけた. **b** (自慢の)発明品; 成果: I handled this ~ from the drawing board to the production line. この製品は計画の段階から生産まで私の手によるものだった. **thrów the báby òut with the báth wàter** 大事なものを無用なものといっしょに捨てる. —— 形 (**ba·bi·er**; **-bi·est**) ❶ (比較なし) 赤ん坊(のような); 赤ん坊用の: a ~ boy [girl] 男[女]の赤ちゃん《★ a boy [girl] baby ともいう》/ one's ~ brother まだ赤ん坊の弟 / a ~ duck アヒルの赤ちゃん / ⇒ baby carriage, baby tooth. ❷ 小さい, 小型の: a ~ car 小型自動車 / ~ carrots 小型のニンジン / ⇒ baby grand. —— 動 (**ba·bied**; **ba·by·ing**) ⊕ ❶ 〈人を〉赤ん坊のように扱う; 甘やかす. ❷ 〈ものを〉大切に[注意して]扱う. 《BABE + -Y²》

(形 babyish; 形 infantile)
báby blúe 名 ❶ Ⓤ やわらかい明るいブルー. ❷ [複数形で] Ⓛ 産後の鬱(?)状態. ❸ [複数形で] 水色の瞳.
báby bòok 名 ベビーブック, 育児手帳[日記], 発育記録帳.
báby bòom 名 ベビーブーム.
báby bòom·er 名 ベビーブームの子 (《米》boomer)(《特に第二次世界大戦後, 1960年ごろまでに生まれた人をいう》).
Báby-boùncer 名 (商標) ベビーバウンサー (《つるしたスプリングに枠付き台座を取り付けた赤ちゃんの手足運動用具》).
Báby Bùggy 名 ❶ (英商標) ベビーバギー (《腰掛けベビーカー》). ❷ [b~] 《米》=baby carriage.
báby bùst 名 (口) 出生率の急落(期). **báby bùster** 名
báby càrriage 名 《米》(寝かせるタイプの)ベビーカー, うば車 (《英》pram) (cf. 《米》stroller, 《英》pushchair).
báby dòll 名 ❶ 赤ちゃん人形. ❷ かわいこちゃん, ベビードール.
báby-fàced 形 童顔の.
báby fàrm 名 《米口》(有料)託児所, 保育所.
báby fàt 名 《米》おさな太り《英》puppy fat (《幼児期・思春期の一時的肥満》).
báby fòod 名 離乳食, ベビーフード.
báby gránd 名 小型グランドピアノ(《長さ5-6フィート》).
Ba·by·gro /béɪbigròu/ 名 《英》(商標) ベビーグロー(《赤ちゃんをすっぽりくるむ伸縮性の生地でできた服》).
báby·hòod 名 Ⓤ 幼少, 幼年期.
bá·by·ish /-bɪɪʃ/ 形 赤ん坊じみた; おとなげない. **~·ly** 副
báby·lìke 形 赤ん坊のような.
Bab·y·lon /bǽbələn/ 名 ❶ バビロン (《古代 Babylonia の首都》). ❷ Ⓒ 華美と悪徳の都.
Bab·y·lo·ni·a /bæ̀bəlóuniə/ 名 バビロニア (《メソポタミアの古代王国; 紀元前538年ごろペルシアに征服される》).
Bab·y·lo·ni·an /bæ̀bəlóuniən/ 形 ❶ (古代)バビロニアの. ❷ a (古代)バビロンの. b 過度にぜいたくな; 邪悪の, 悪徳の. ― 名 ❶ Ⓒ (古代)バビロニア人. ❷ Ⓤ (古代)バビロニア語.
báby mìlk 名 Ⓤ 《英》乳児用人工乳 (《米》formula).
báby-mìnder 名 《英》子守《母親が仕事に出かけている間子供の世話をする人》.
báby òil 名 ⒸⓊ ベビーオイル.
báby's brèath 名 〘植〙カスミソウ属の各種 (《ナデシコ科》): **a** コゴメナデシコ, 宿根カスミソウ《多年草; しばしば生け花にする》. **b** カスミソウ, ムレナデシコ《一年草》.
báby shòwer 名 《米》(出産予定の女性に友人が贈り物をする)赤ちゃんを祝うパーティー.
†báby-sìt 動 (baby-sat; -sit·ting) 自 (両親が外出の間雇われて)子供のベビーシッターをする (sit): ~ for a neighbor 近所の人の(子供の)ベビーシッターをする. ― 他 〈子供の〉ベビーシッターをする. **báby-sìtting** 名
*báby-sìt·ter /béɪbisɪ̀tə-/ -tə/ 名 ❶ ベビーシッター, 留守番子守 (sitter) (《★パーティーなどに夫婦がそろって出かける時に子守を頼まれる人; 女子学生の代表的なアルバイト》). ❷ 《米》保母 (《英》childminder) (《親が仕事に出ている間, 特に自宅で子供を預かる人》).
báby tàlk 名 Ⓤ ❶ (赤ん坊がしゃべる)赤ちゃん言葉. ❷ (大人が赤ん坊に話しかける)幼児語.
báby tòoth 名 (pl baby teeth) 乳歯 (milk tooth).
báby-wàlker 名 《英》(幼児の)歩行器 (《米》go-cart).
bac·a·lao /bæ̀kəláu/ 名 Ⓤ 〘魚〙タラ.
bac·a·lau·re·ate /bæ̀kəlɔ́ːriət/ 名 ❶ 学士号 (bachelor's degree). ❷ 《米》(大学の)卒業式訓辞[礼拝]. ❸ バカロレア (《フランスの大学入学資格試験》). 〘F; ⇒ bachelor〙
bac·ca·rat /bɑ̀ːkərɑ́ː | bǽkərɑ̀ː/ 名 Ⓤ バカラ (《トランプ賭博の一種》). 〘F〙
bac·cha·nal /bækənǽl, bǽkən(ə)l/ 形 =bacchanalian. ― 名 ❶ **a** バッカス (Bacchus) の崇拝者. **b** 飲み騒ぐ人. ❷ どんちゃん騒ぎ.
Bac·cha·na·li·a /bæ̀kənéɪliə/ 名 (複 ~, ~s) ❶ バッカス (Bacchus) 祭. ❷ [b~] どんちゃん騒ぎ, 無礼講.
bac·cha·na·li·an /bæ̀kənéɪliən/ 形 どんちゃん騒ぎの. ― 名 飲み騒ぐ人.
bac·chant /bǽkənt, bəkǽnt | bəkǽnt/ 名 (複 ~s, bac·chan·tes /bǽkənts, bəkǽnts | bəkǽntiːz/) ❶ バッカス神の祭司[信者]. ❷ 飲み騒ぐ人. ― 形 酒好きの; 飲み騒ぐ.
bac·chante /bəkǽnt, -kǽnti/ 名 ❶ バッカス神のみこ[女信者]. ❷ 酒飲みの女.
Bac·chic /bǽkɪk/ 形 ❶ バッカスの. ❷ =bacchanalian.
Bac·chus /bǽkəs/ 名 〘ギ・ロ神〙バッカス, バッコス (《酒と酒宴の神; cf. Dionysus》): a son of ~ 大酒家, 酔っ払い.
bac·cy /bǽki/ 名 Ⓤ 《英口》たばこ.
bach /bætʃ/ 名 《米俗》独身男. ― 動 自 独身生活をする. **bách it** 独身生活をする.
Bach /bɑ́ːk, bɑ́ːx/, **Jo·hann Se·bas·tian** /jouhɑ́ːn sɪbǽstʃən | jɔu-/ バッハ (1685-1750; ドイツの作曲家).
†bach·e·lor /bætʃ(ə)lə-/ -lə/ 名 ❶ 未婚男性, 独身男性 (《比較》(口)では unmarried [single] man を用いる; 典型的な bachelor 像は自分の意思で独身生活を楽しんでいる30歳前後の男性; cf. spinster 1》). ❷ 学士 (cf. master 4): a B- of Arts 文学士 (《略 BA》) / a B- of Medicine 医学士 (《略 BM》) / a B- of Science 理学士 (《略 BS》). 〘F =騎士を目指した若い貴族〙
báchelor apàrtment 名 独身者向きのアパート, ワンルームマンション.
bach·e·lor·ette /bæ̀tʃ(ə)lərét/ 名 (自活している)独身女性.
bachelorétte pàrty 名 (結婚直前の女性を囲む)女性だけの独身お別れパーティー.
báchelor gìrl 名 (自活している)独身女性.
báchelor-hòod 名 Ⓤ 独身生活[時代].
báchelor pàd 名 (口) 独身男性の住むアパート.
báchelor pàrty 名 (結婚直前の男を囲む)男だけの独身お別れパーティー (stag party).
báchelor's bùtton 名 〘植〙❶ 花冠がボタン状の草花, (特に)ヤグルマギク (矢車菊), ヤグルマソウ. ❷ センニチコウ (千日紅).
báchelor's degrèe 名 学士号.
Bách flòwer rèmedies /bǽtʃ-/ 名 (復) (また **Bách rèmedies**) バッチフラワー治療薬 (《代替医療において用いられる各種の花から製した浸剤で, 心身疾患の根底にあるという感情的要因に作用し, 疾患を緩和するという》). 〘E. Bach 英国の医師〙
bac·il·lar·y /bǽsəlèri, bəsílə-/ 形 桿菌(ぷ)の[状の, 性の, による].
ba·cil·li·form /bəsíləfɔ̀ːm | -fɔ̀ːm/ 形 桿状の.
ba·cil·lus /bəsíləs/ 名 (復 -li /-laɪ/) ❶ 桿菌. ❷ [複数形で] 細菌. 〘L=小さなつえ ＜ baculum つえ; その形状との連想; cf. bacteria, baguette〙

‡back /bǽk/ 名 ❶ Ⓒ **a** (人・動物の)背中, 背, 背部 (↔ front) (backbone のある所): carry [have] a knapsack on one's ~ ナップザックを背負って行く[いる] / fall [be, lie] on one's ~ あおむけに倒れる[なる] / lay a person on his ~ 人をあおむけに倒す / Don't turn your ~ to the audience. 聴衆に背を向けるな. **b** 背骨 (backbone, spine): put one's ~ out 腰を脱臼する. **c** (衣服の)背の部分. **d** (衣服をつけている)体: All I had left were the clothes on my ~. 身にまとっている服だけの財産となった. ❷ [the ~] **a** (正面(front)に対して)背面, 裏面, 後ろ《書物の巻末》: the ~ of a photo 写真の裏 / the ~ of one's head 頭の後ろ. **b** 〔建物などの〕裏手[側]; 後部 (of). **c** 裏底 (of). **d** (舞台奥の寺の)奥 (of) (《比較》backdrop のほうが一般的). **e** (心の)底; 〔事の〕真相: at [in] the ~ of one's mind 心[記憶]の奥に. ❸ [the ~] 背の部分《いすその一部》. **a** [the ~] 背 / **b** [the ~] 手の甲 / **c** [山の峰 (of)]. **d** [刀の峰 (of)]. **e** [書物の]背 (of). **f** [船の]竜骨 (of). **g** [波の]背 (of). ❹ ⒸⓊ サッカーなど 後衛, バック (forward を除く fullback, halfback, quarterback). ❺ [the Backs] (英) (Cambridge 大学の)裏庭, 裏の庭園.

back

a stáb in the báck ⇒ stab 图 成句.
at a person's báck (1) …の後ろに. (2) …を支持[後援]して: He has the Minister *at* his ~. 彼は大臣の支持を得ている.
at the báck of... (1) …の後ろに, 背後に; 裏部に: There's a garden *at the* ~ *of* our house. 家の後ろに庭がある / She stood *at the* ~ *of* the stage. 彼女は舞台の奥に立っていた. …を追跡して. (3) 《口》(通例)よくないことに責任をもって, …の黒幕で: There's something *at the* ~ *of* it. 裏に何か(魂胆が)ある.
báck of beyónd [the ~] 遠隔地, 遠くへんぴな所: live *at the* ~ *of beyond* 都会から遠く離れた所に住む.
báck to báck (1) […と]背中合わせに 《*with*》. (2) 引き続いて: We played two games ~ *to* ~. 私たちは続けて2試合した.
báck to frónt 《英》後ろ向に 《《米》backward》; (順番を)逆に: He put his sweater on ~ *to front*. 彼はセーターを後ろ前に着た.
behìnd a person's báck (1) 人の背後で. (2) ひそかに, 陰で.
bréak a person's báck (1) 人に無理な仕事をさせる. (2) 人を失敗させる.
bréak one's báck (1) 背骨を折る. (2) 一所懸命努力する〔働く〕《*to do*》.
bréak the báck of... (1) =break a person's BACK 成句. (2) 〈仕事〉の最も困難な部分を終える, …の峠を越す, …に目鼻をつける.
gèt a person's báck ùp 人を怒らせる《由来 猫が背を立てて怒ることから》.
gèt óff a person's báck 《口》人を批判[じゃま, 妨害]するのをやめる.
gíve a person a báck (馬跳び遊戯で)〈人に〉背中を貸す, 〈人の〉跳び台になる.
hàve one's báck to the wáll 《口》追い詰められている, 窮地に陥っている.
hàve éyes in [at] the báck of one's héad ⇒ eye 图 成句.
in báck 《米》=in the báck 《英》 (車・家などの)後部に, 奥に.
in báck of... 《米》=at the BACK of... 成句.
I've gòt your báck. 《米口》何かあったら守ってあげるよ, 大変なときには助けてあげるよ.
knów...like the báck of one's hánd 《口》〈場所などを〉よく知っている.
líve óff the bácks of... を搾取する.
màke a báck for a person =give a person a BACK 成句.
Mínd your báck(s)! 《英》通らせてください!
on a person's báck (1) 人におんぶされて. (2) (不平をこぼして)人を悩まして[困らせて]《*about*》.
on one's báck (1) 背負って; あおむけに 《⇒ 1 a》. (2) 病床について: be (flat) *on one's* ~ 病床についている. (3) 万策尽きて, 弱り切って, 打ちのめされて.
on the báck of... 〈成果などの〉結果として, …のために.
òut báck 《米》=òut [ròund] the báck 《英》(建物の)裏で, 裏へ.
pùt one's báck into... 〈英口〉…に身を入れる, 全力を尽くす.
pùt a person's báck ùp =get a person's BACK up 成句.
sée the báck of... を片づける, …のやっかい払いをする: I'll be happy to *see the* ~ *of* him. 彼がいなくなればせいせいするだろう.
sláp a person on the báck (友情などを示して)〈人の〉背中をぽんとたたく (cf. backslapping).
stáb a person in the báck ⇒ stab 動 成句.
túrn one's báck on... (1) …に背を向ける, …を無視する. (2) …を見捨てる (abandon).
with one's báck to [úp agàinst] the wáll 《(多勢を相手に)追い詰められて, 窮地に陥って; 背水の陣をしいて.

—— 形 Ⓐ (比較なし; cf. backmost) ❶ 背後の, 後方の (↔front); 裏(手)の: a ~ alley 裏通り / a ~ room 奥の部屋 / a ~ street 裏町[通り] / seats in the ~ row 後ろの席 / a ~ tooth 奥歯 / ⇒ back door. ❷ 〈雑誌など〉既刊の: ⇒ back issue, backlist, back number 1. ❸ 滞った, 未払いの: ~ pay 未払い給料 / ~ orders 未納注文. ❹ あと戻りする, 逆の: a ~ current 逆流. ❺ 遠い, 奥の, へんぴな, 未開の: ⇒ back country. ❻ 『ゴルフ』 (18ホールある)後半の9ホールの: the ~ nine 後半の9ホール. ❼ 『音声』後舌で[で発音される] (cf. front 3, central 6).
—— 副 (比較なし) ❶ a 後ろに[へ, の方へ], 後方へ, 奥へ; 引っ込んで; (正面・前面から)離れて (backward); ↔ forward): look ~ 振り返る / step ~ さがる, 後退する / ~ from the road 道路から奥に引っ込んで. b あお向けに; 後ろにもたれて ⇒ LIE¹ back 成句. ❷ a もとへ, もとの場所[状態]へ; 戻って, 逆戻りして, 戻して: B~!=Go [Come] ~! 帰れ, 戻れ / come [send] ~ 戻る[送り返す] / get ~ (from...) 〈…から〉戻る / She'll be ~ soon. 彼女はじきに帰ってくる / I went ~ with him to his house. 彼の家までついて行った / I'm relieved to be back in Japan [at home]. 日本[家]へ戻ってほっとした. b 返して, 返報に: talk ~ 口答えする. ❸ 押しとどめて, 抑えて: hold one's tears ~ 涙を抑える. ❹ a 過去に, 昔に, さかのぼって: for some time ~ しばらく前から / Computers were in use as far ~ as the 1940s. コンピューターは1940年代には使われていた. b (今から)…前に: two years ~ 2年前に. ❺ 繰り返して, もう一度: Read it ~ for me. もう一度読んでくれ.
báck and fórth 行ったり来たり[やったりとったり](して), 前後[左右]に動いて[揺れて], 往復して.
báck of... 《米口》…の後ろに: There's a garden ~ *of* the house. 家の後ろに庭がある. (2) …を後援して, 支持して.
gò báck on... 〈約束などを〉守らない, 破る.
thére [to...] and báck そこまでの[…への]往復: the fare *to* Bath *and* ~ バースまでの往復運賃.

—— 動 ⓐ ❶ を後退させる, 後ろへ戻す, 逆行させる: ~ a car (*up*) 車を後退させる / I slowly ~ed my car *into [out of]* the garage. ゆっくりと車をバックさせて車庫に入れ[から出した]. ❷ a (金銭的・肉体的・精神的援助によって)〈人・計画など〉を後援する, 支持する (support): Many of his friends ~ed his plan [~ed him *up*]. 彼の友人の多くは彼の案[彼]を支持した. b 〈意見・要求などが…で〉裏付けする, 実証する: There's no evidence to ~ that claim. その言い分を裏付ける証拠がない / B~ *up* your opinions *with* facts. 意見を事実で裏づけよ. c 〈手形など〉に裏書きする 《比較 endorse のほうが一般的》: ~ a check [a bill] 小切手[手形]に裏書きする. ❸ a [通例受身で] 〈…に〉, …の〉背をつける, 裏打ちする: ~ a curtain *with* stiff material カーテンを硬い布地で裏打ちする / a dress ~ed *with* silk 絹で裏打ちしたドレス. b 〈…の〉背後[裏]にある, 背景をなす: The farmhouse is ~ed by a wood(s). その農家の裏には森が続いている. ❹ 〈競走馬などに〉賭(か)ける: ~ a winner 勝ち馬に賭ける. ❺ 『楽』〈…の[に]〉伴奏をつける. —— ⓐ ❶ [副詞(句)を伴って] 後退する, あとずさりする, 逆行する: He ~ed *away from* the gun. 彼は銃からあとずさりした. ❷ 〈風が〉左回りに向きを変える《北風が西風に, 南風が東風になることをいう; cf. veer》.

báck awáy 〈ⓐ+副〉 (1) 後退する (retreat) 《⇒ ⓐ 1》. (2) 〔…から〕離れる; しりごみする 〔*from*〕.
báck dówn 〈ⓐ+副〉 (1) 後ろ向きに下りる. (2) 〔議論・意見・主張などから〕手を引く, 折れて出る 〔*from*〕. (3) 〔前言などを〕撤回する, 取り消す 〔*on*〕.
báck óff 〈ⓐ+副〉 (1) 後ろに下がる; 後ずさりする. (2) = BACK down 成句 (2). (3) 《米》=BACK down 成句 (3).
báck ón to [ónto, on]... 〈家・建物が〉後ろ側で接する, …と背中合わせである: Their house ~s *on* to [*onto*] ours. 彼らの家は私たちの家と背中合わせになっている.
báck óut 〈ⓐ+副〉 (1) 約束を破る: He was to go with us, but ~ed *out* at the last moment. 彼は私たちと同行のはずだったが土壇場で違約した. (2) (車で)バックで出る.
báck óut of... 〈企画・契約などから〉手を引く: ~ *out of* a

business deal 売買取引から手を引く.
báck úp 《[他]+[副]》 (1) 〈…を〉後退させる (⇨ [他] 1). (2) 〈…を〉後援する (⇨ [他] 2 a). (3) 〈データなどの〉(予備の)コピーをつくる, バックアップをとる. (4) 《米》〈交通などを〉渋滞させる: Traffic is ~*ed up* for three miles. 交通は 3 マイルも渋滞している. (5) 〈下水などが〉〈パイプを〉逆流する. (6) 〈障害物・ダムなどが〉〈水を〉せき止める. — 《[自]+[副]》 (7) 後退する. (8) 〈水が〉逆流する. (9) 《米》〈交通などが〉渋滞する.
〖OE; cf. bacon〗 ([関形] dorsal) 【類義語】⇨ support.

báck·àche [名] [U,C] 背中の痛み; (特に)腰痛.

báck-álley [形] [A] こそこそした, いかがわしい, 裏の, 闇の, 〈中絶など〉違法の.

báck bàcon [名] [U] =Canadian bacon.

báck·bèat [名] 〘楽〙 バックビート《4 ビートの音楽における第 2, 第 4 拍を強調したロック特有のリズム》.

báck bénch [名] 《英》 (下院の)後方席; [the ~es] 平議院《全体》(cf. front bench). **báck-bénch** [形] [A] (下院)後方席の, 平議員の.

báck·bénch·er [名] 《英》 (下院の)後方席の議員, 平議員.

báck·bìte [動] (back·bit; -bit·ten, -bit) [他] [自] (いない人の)悪口をいう, 陰口をきく. **báck·bìt·er** [名]

báck·bìt·ing [名] [U] 悪口, 陰口.

báck·bòard [名] ❶ 背板. ❷ 〘バスケ〙 バックボード《バスケットを取り付けた板》.

báck·bóiler [名] 《英》 (暖炉の後ろの)湯沸かし.

^+^**back·bone** /bǽkbòʊn/ [名] ❶ [the ~] 背骨. ❷ 中心的な支え, 基幹, 中枢, 主力: *the* ~ *of* the party その政党の主力. ❸ [U] 気骨, 根性: have [lack] ~ 気骨がある[ない]. ❹ 〘電算〙 (ネットワークの)基幹, バックボーン. ❺ 〘生化〙 バックボーン《重合体やポリペプチドの主鎖》. ❻ [the ~] 背骨に似たもの: **a** 山脈, 分水嶺(れい). **b** 〔書物の〕背〔*of*〕《[比較] spine のほうが一般的》. **to the báckbone** 骨の髄まで, 徹底的に: He was British *to the* ~. 彼は生粋の英国人だった. ([関形] spinal)

báck·brèak·er [名] ひどく骨の折れる仕事, 重労働.

báck·brèak·ing [形] 〈仕事が〉ひどく骨の折れる: a ~ task 骨の折れる仕事. **~·ly** [副]

báck búrner [名] [the ~] ❶ (ガスオーブンなどの)後列のバーナー. ❷ /⌐ ⌐ ─/ あとまわし, 二の次: The chair has put the proposal on *the* ~. 議長はその提案をあとまわしにした.

báck-bùrn·er [動] [他] 《米俗》 あとまわし[二の次]にする. **~·ing** [名]

báck chànnel [名] 《米》 (外交交渉などの)裏の[非公式の]ルート. **báck-chànnel** [形]

báck·chàt [名] [U] 《英口》 口答え (《米》 back talk).

báck·clòth [名] 《英》 =backdrop 1.

báck·còmb [動] [他] 《英》 〈髪に〉逆毛(さかげ)を立てる (《米》 tease).

báck còpy [名] 《英》 =back number 1.

báck còuntry [名] [the ~] 僻地(へきち), 未開地. **báck-còuntry** [形]

báck·còurt [名] 〘スポ〙 バックコート (↔ forecourt).

báck cràwl [名] =backstroke 1.

báck·cròss [動] [他] 〈第一代雑種を〉その親の一方と交雑する. — [名] 戻し交雑.

báck·dàte [動] [他] ❶ 〈書類などの〉日付をさかのぼらせる. ❷ 〈書類を〉さかのぼって有効にする.

báck dóor [名] ❶ 裏戸, 裏口. ❷ 秘密[不正]手段. **gèt ín (to…) by [through] the báck dóor** (…に)不正手段で就職[入社(など)]する; 裏口入学をする.

báck·dóor [形] [A] ❶ 裏口の. ❷ 秘密(手段)の: a ~ treaty 秘密条約.

báck·dòwn [名] ❶ (主張・意見などの)取り消し, 撤回. ❷ (議論での)敗北を認めること, 手を引くこと.

^+^**báck·dròp** [名] ❶ (風景の)背景; (事件などの)背景. ❷ 〘劇場〙 背景幕.

backed [形] ❶ [通例複合語で] 背部[裏]のついた; (…の)背をした: a cane-*backed* chair 籐(とう)の背のついたいす / a straight-*backed* military officer 背筋のしゃんとした陸軍将校. ❷ 後援[支持]された. ❸ 〘商〙 裏書きのある.

báck-énd [形] [A] ❶ 最終的な, (契約)終了時の. ❷ 〘電算〙 バックエンドの.

^+^**báck·er** [名] ❶ **a** (興業などの)後援者, パトロン. **b** 支持者. ❷ (競馬の)賭(か)け手. ❸ **a** 支持物. **b** (タイプライターの)台紙.

báck-fánged [形] 〘動〙 後牙類の〈ヘビ〉《上あごの後方に毒牙がある; boomslang など》.

báck·field [名] [U] 〘フット〙 後衛, バックス.

báck·fíll [動] [他] 〈掘った穴を〉埋め戻す.

^+^**báck·fire** [動] [自] ❶ 〈計画などが〉〔人にとって〕期待に反した結果となる: His scheme ~*d* (*on* him). 彼の計画は失敗に終わった. ❷ 〘機〙 〈内燃機関が〉逆火(さかび)[バックファイヤー]を起こす. ❸ 〈銃砲が〉逆発する. ❹ 《米》 向かい火を放つ. — [名] ❶ (内燃機関の)逆火(さかび), バックファイヤー《燃焼ガスが吸気管などへ炎を逆流させ爆発音を出す現象》. ❷ (銃砲の)逆発. ❸ 《米》 向かい火《山火事などが延焼するのを防ぐために放つ》.

báck·flìp [名] 後ろ宙返り, バック宙[転].

báck fòcus [名] 〘写〙 後部焦点, バックフォーカス《無限大に焦点を合わせたときのレンズの背面から焦点面までの距離》.

báck-formàtion [名] 〘言〙 ❶ [U] 逆成(法). ❷ [C] 逆成語《typewrite<typewriter, laze<lazy, pea<pease など》.

back·gam·mon /bǽkgæ̀mən, ⌐ ⌐ ─/ [名] [U] バックギャモン《各 15 個のこま (pieces) をもち, さいころを振ってこまを進める西洋すごろく; 二人用ゲーム》.

^‡^**back·ground** /bǽkgràʊnd/ [名] ❶ **a** [C] (人の)(**生育**)**環境, 経歴**, 生い立ち, 素姓: a person with a college [good family] ~ 大学出[良家出身]の人 / She has a ~ *in* computer engineering. コンピューターエンジニアリングを(経験・教育・訓練などで)身につけている. **b** [C,U] 〔事件などの〕**背景, 背後事情**〔*of*〕; (問題の理解に必要な)背景的情報, 予備知識. ❷ [C] (景色・絵画・写真などの)**背景**, 遠景 (cf. foreground 1, middle distance 2): The skyscraper rose against a ~ of blue sky. その超高層ビルは青空を背景にしてそびえ立っていた. ❸ [C] 目立たない所, 裏面《★ 通例 in the background の句で》: keep (one*self*) [stay, be] *in the* ~ 表面に出ないでいる, 黒幕に控える. ❹ [C] [通例 the ~] 〘電算〙 バックグランド《他のプロセスより優先度の低い位置》. ❺ [C] (織物などの)地: a dress with pink flowers on a white ~ 白地にピンクの花模様のドレス. ❻ =background music. — [形] [A] ❶ 背景の[となる]: ~ information 予備知識, 参考資料 / ~ noise (無線受信時の)雑音. ❷ 〘電算〙 バックグラウンドの[で動く, で動いている].

báck·gròund·er [名] 背景説明《匿名で政府高官が政府の意図や背後説明をする記者会見》.

báckground mùsic [名] [U] バックグラウンドミュージック《映画・演劇・食堂などの背景音楽》.

báck·hànd [名] ❶ [C] **a** (テニスなどで)バックハンド(ストローク), さか手打ち (↔ forehand). **b** 〘野〙 バックハンドキャッチ. ❷ [U] 左傾斜の書体. — [形] =backhanded 2. — [副] ❶ バックハンド[さか手打ち]で: hit [catch] a ball ~ ボールをバックハンドで打つ[捕らえる]. ❷ 左傾斜で: write ~ 左傾斜で書く. — [動] [他] 〈ボールを〉バックハンドで打つ[捕らえる].

báck·hánded [形] [A] ❶ **a** 間接の, まぎらわしい, あいまいな. **b** 皮肉な, 意地の悪い: a ~ compliment 皮肉なお世辞. ❷ バックハンドの, さか手打ちの: a ~ return (テニスなどの)バックハンドの返球. — [副] =backhand. **~·ly** [副]

báck·hànder [名] ❶ バックハンド(ストローク), さか手打ち. ❷ 《英俗》 賄賂(わいろ)(の金品) (bribe). ❸ 《口》 (それとなく言う)侮辱[批判](的なことば).

báck-hèel [動] [他] [自] かかとで後方に蹴る.

báck·hòe [名] 〘機〙 バックホー《蝶番がついた腕に手前に作動するバケットが付いた掘削機; そのバケット型掘削具》.

báckhoe lòader [名] 《英》 =backhoe.

^*^**báck·ing** [名] ❶ [U] **a** **後援, 支持** (support): get labor ~ 労組の支持を受ける. **b** 後援者(団体). ❷ [U,C] **a**

(本などの)裏打ち, 裏張り. **b** 裏材[板]. ❸ ⓒⓤ (ポピュラー音楽の)伴奏のa ~ band バックバンド.

bácking tràck 图《英》録音された伴奏, カラオケ.

báck íssue 图 =back number 1.

báck·lànd 图 ⓤ 〔また複数形で〕奥地, 僻地(ｸﾞﾁ), 後背地.

†**báck·làsh** 图 ❶〔単数形で〕〔政治・改革への過激な反動[反発], 揺り返し[戻し]: a political ~ *against* liberalism 自由主義に対する政治反動. ❷ ⓤ 〔機〕バックラッシュ, がた, あそび〔歯車や部品間のゆるみ〕.

báck·less 形 ❶ 背部のない. ❷〈ドレスが〉背の開いた.

báck·light 图 ⓤ 背面光, 逆光(線), バックライト. ── 動 他 (~-ed, -lit) 背面から照らす, 逆光で照らす[明する]. **~·ing** 图 逆光照明(法), バックライティング.

báck·line 图 ❶〔ｽﾎﾟ〕バックライン. ❷〔ラグビー〕バックライン《攻方でのバックスで, スリークォーターバックのこと》.

báck·list 图 (出版社の)本体目録[リスト].

báck·lòad 图 帰りの便に積載する荷, 帰路貨物. ── 自 帰りの便で運搬する. ── 他〈費用などの〉支払いを延期する.

†**báck·lòg** 图 ❶〔通例単数形で〕〔未処理[未完成]の〕品物・仕事・注文などの〕蓄積; 滞貨, 残務: a ~ *of* orders 注文残高. ❷《米》(炉の奥で長く燃え続ける)大きなまき.

báck·lót 图〔映〕バックロット〈撮影所がその近くに保有する野外撮影用地〉.

báck márker 图《英》(ハンディキャップ付きの競走・試合・ゲームで)最悪のハンディキャップを与えられた競走者; 〈自動車レースの〉周回後れの最後尾; ALSO-RAN.

báck·mòst 形 ⒶA 最も後方の, 最後尾の.

báck númber 图 ❶ 〈雑誌などの〉月遅れの号, バックナンバー (back copy [issue]). ❷《俗》時代遅れの人[もの].

báck óffice 图 〈外部の人には見えない, 会社などの〉裏部門, 事務処理部門, バックオフィス《会計記録・対政府関係・本支店間連絡などの部門》. **báck-óffice** 形 ⒶA〈組織〉内部の, 裏の.

báck òrder 動 他〈商品を〉繰り越し注文にする〈在庫がないため入荷し次第発送するような注文の形式にする〉: This item is currently ~*ed*. この商品は現在繰り越し注文となっています. ── 自〈商品が〉繰り越し注文になる.

báck òrder 图 〈在庫がなくて〉未納になっている注文, 繰り越し注文.

báck·pàck 图《米》❶ **a** バックパック (rucksack)《キャンプ用などの背負い袋》. **b** 背負う荷物. ❷〈宇宙飛行士などの〉作業で使用する器材. ── 動 自〈…を〉バックパックを背負って徒歩旅行[登山]をする. ── 他〈…を〉バックパックで運ぶ. **~·er**

báck páss 图〔サッカー〕バックパス《意図的に自分のゴールキーパーの方向に送るパス》.

báck pássage 图〔英婉曲〕直腸 (rectum).

báck páy 图 ⓤ 遡及賃金, バックペイ.

báck·pèdal 動 自 ❶ 〈減速するために自転車などの〉ペダルを逆に踏む. ❷《口》**a**〈意見・約束などを〉撤回する, 引っ込める (backtrack) 〔on〕. **b** 行動[態度]をかえる.

báck·plàne 图〔電算〕バックプレーン〈コンピューターで, 回路基板を相互に接続するための, バスに連絡したコネクター群からなる部材〉.

báck projéction 图 ⓤ〔映〕背景映写〈あらかじめ撮影しておいたものを半透明のスクリーン上に裏側から背景として投影すること〉.

báck·rèst 图 (いすなどの)背もたれ.

báck róad 图 〈特に舗装されていない〉裏道路, いなか道.

†**báck·ròom** 图 ❶ 奥の部屋. ❷《英》《主に戦時の》秘密研究室. **b**《米》〈政治家などの〉秘密会合[裏工作]の場所. ── 形 秘密の, 裏の, 舞台裏で[隠れて]行なう.

báck·ròom bóy 图《英》舞台裏にいる専門家[科学者].

báck ròw /-ròu/ 图〔単数または複数扱い〕〔ラグビー〕バックロー《スクラムの 2 列目にいるフォワード》. **báck·ròw·er** 图.

báck·scàtter〔理〕图 〔また **báck·scàttering**〕ⓤ 後方散乱[散乱](放射線[粒子]). ── 動 他〈放射線粒子を〉後方散乱させる.

báck·scrátcher 图 ❶ 〈背中をかく〉孫の手. ❷ 利益のために仲間になる人.

báck·scrátch·ing 图 ⓤ《口》ぐるになって助け合うこと, 互いに便宜を与え合う[ほめ合う]こと.

báck·séat 图 ❶ (自動車の)後部座席. ❷ [a ~] 目立たない位置で; つまらない地位. **take a báckseat** [...に] 一目置く; 〈物事が〉[...の]二の次になる: I won't *take a ~ to* anyone. 私は人の下につくのはまっぴらだ.

báckseat dríver 图《口》❶ 自動車の後部座席から運転のさしずをする人. ❷ 責任のない地位にいて余計な干渉[さしで口]をする人, うるさい人.

báck·shíft 图 ⓤ〔文法〕後方転移《直説法話における現在形的間接話法では過去形に変わる, あるいは過去形が過去完了形に変わること》.

†**báck·síde** 图 ❶ 後部, 裏面. ❷《俗》尻, 臀部(ﾃﾝﾌﾞ) (behind, bottom).

báck·sìght 图 ❶ (銃の)照尺. ❷〔測〕後視《旗[しるし]》.

báck sláng 图 ⓤ 逆読み俗語《例: slop「警官」(police)》.

báck·sláp·ping 图 ⓤ《口》(背中をぼんとたたいたりして)人を大げさに親しさを示すこと; 人を大げさにほめること. ── 形 やけに愛想のよい. **-slàpper** 图.

báck·slásh 图 バックスラッシュ《右下がりの斜線: \》.

báck·slíde 動 自 (back·slid; back·slid, -slid·den) 〈悪人が〉逆戻りする; 堕落する. **-slìder** 图 もとの悪習に戻った人. **-slìding** 图 悪習への逆戻り, 堕落.

báck·spàce 图〔通例単数形で〕(キーボードの)バックスペースキー. ── 動 自 バックスペースを用いる.

báck·spìn 图〔球技〕逆回転, バックスピン.

báck·splásh 图 〈流し台・レンジなどの後ろの〉壁のよごれ止め板.

báck·stáb·bing 图 ⓤ 陰で人に害を加えること, 裏で人の足を引っ張ること, (特に)陰で中傷すること. **báck·stàb·ber** 图.

†**báck·stàge** 副 ❶〔劇場〕**a** 舞台裏で[へ]; (特に)楽屋で[に]. **b** 舞台後方で[に]. ❷ 裏面で, 内密に. ── 形 ⒶA ❶ 舞台裏の, 楽屋(裏)の. ❷ 芸能人の私生活に関する. ❸ 裏面の, 内密の: ~ negotiations 内密の交渉, やみ取引.

báck·stáir(s) 形 ⒶA ❶ 秘密の, 隠謀の: ~ deals 裏面工作. ❷ 中傷的な: ~ gossip 中傷的な陰口.

báck·stáy 图 ❶〔機〕背控え; 後ろから支えるもの《スプリング・支え棒など》. ❷〔しばしば複数形で〕〔海〕後支索, バックステー《檣頭(ｼｮｳﾄﾞ)から斜め下後方の両舷側に張った綱》.

báck·stítch 图 返し針, 返し縫い. ── 動 自 返し針で縫う, 返し縫いをする.

báck·stóp 图 ❶ **a** (野球・テニスなどの)バックネット《匿称「バックネット」は和製英語》. **b**〔野〕《口》捕手. ❷ 補強, 支え.

báck stòry 图 〈本・映画などで〉登場人物の人生の過去のできごと.

báck stráight 图〔競馬・競技〕バックストレート (homestretch) と反対側の直線コース.

báck stréet 图 裏通り. ── 形 ⒶA 秘密で行なわれる, 不法な, 違法な: a ~ abortion 不法妊娠中絶.

báck·strétch 图 バックストレッチ《決勝点のある走路と反対側の走路; cf. homestretch 1》.

báck·stróke 图 ❶ ⓤ〔通例 the ~〕〔水泳〕背泳ぎ, バックストローク. ❷〔テニス〕バックストローク, さか手打ち.

báck·swépt 形 後方に傾斜した.

báck·swìng 图 〈バット・クラブなどの〉バックスウィング.

báck·swórd 图 片刃の剣.

báck tálk 图 ⓤ《米》口答え(《英口》backchat).

báck tàx 图 ⓒⓤ 未納の税金.

báck-to-báck 形 ❶〈家が〉背中合わせに立った. ❷ 連続の, 立て続けの. ── 图《英》隣家と背中合わせの二階屋.

báck-to-náture 形 ⒶA 自然にかえる, 自然回帰の《生活様式の単純化をいう》.

báck-to-schóol 形 ⒶA 新学期の.

back・track 動 ❶ 同じ道を通って帰る. ❷ =backpedal 2.

báck・ùp 名 ❶ a Ⓤ 支援, バックアップ. b Ⓒ 支援者[物]; 代替の人[もの], 代役. ❷ 【電算】Ⓤ バックアップをとること; Ⓒ バックアップ(用)のデータ[ファイルなど]. ❸ Ⓒ (米)(交通の)渋滞, 渋滞. ── 形 Ⓐ ❶ 支持[支援]する. ❷ 代替の, 予備の, 副の, バックアップの: a ~ candidate 予備候補.

báck・up lìght 名 (米)(車の)後退灯 《(英) reversing light》.

báck-up sòftware 名 Ⓤ 【電算】バックアップソフト《定期的に自動でデータのバックアップをしてくれるソフト》.

báck vówel 名【音声】後舌母音《/uː, ʊ, o, ɔː, ɑ/ など》.

*__back・ward__ /bækwəd | -wəd/ 副《用法》(英) では backwards が一般的》 ❶ 後方に; 後ろ向きに (↔forward): walk ~ あとずさりする / She fell ~ onto the sand [into the pond]. 彼女は砂の上[池]にあおむけに倒れた[落ちた]. ❷ 逆に: say the alphabet ~ アルファベットを逆に言う. ❸ (過去に)さかのぼって. ❹ (米)後ろ前に《(英) back to front》: Your sweater is on ~. セーターが後ろ前になっているよ. ❺ 退歩して, 堕落して, 悪い方向に向かって, 過去に向けて: Our society is moving ~. 社会は悪化の道をたどっている. **báckward and fórward** 前後に, あちこちに. **bénd [léan, fáll] óver báckward** 懸命になって〈...しよう〉と努める《to do》. **knów ~ báckward (and fórward)** 〈...を〉熟知している. ── 形 (more ~; most ~) ❶ Ⓐ (比較없な) a 後方の (↔forward): without a ~ glance 振り返らずに. b 戻りの, 後ろへの: take a ~ step 一歩後ろへ下がる. c 逆の: That's a ~ way of doing things. それは逆のやり方だ. ❷ 進歩の遅い; 覚えの悪い: a ~ country [nation] 後進国《★ 現在では通例 a developing country (発展途上国)という》/ a ~ child 知恵の遅れた子 / He's ~ in math [(英) maths]. 彼は数学が遅れている. ❸ Ⓟ [否定文で] (英口) 〈...することに〉内気で, 引っ込み思案で: He's *not* ~ in gíving people his views. 彼は人に遠慮なく自分の意見を言う. **~・ly** 副 **~・ness** 名

back・war・da・tion /ˌbækwədéɪʃən | -wəd-/ 名 Ⓤ ❶ 《ロンドン証券取引所》(売方が払う)引渡し延期金, 継延べ料 (cf. contango). ❷ 逆鞘市場, 直先(に。)逆転(現象)《商品先物取引で, 本来あるべき価格差が逆転して期近(き。)または現物より期先(き。)または先物が安い状態》; 逆鞘の値鞘.

báckward compátible 形【電算】〈新版のソフトウェアなどが〉旧版と互換性のある, バックワードコンパチブルな《旧版で使用できたデータやプログラムは新版でも使用できる》.

báckward compatibílity 名 Ⓤ 旧版互換性.

báckward-lòoking 形 後ろ向きの, 回顧的な.

back・wards /bækwədz | -wədz/ 副 (英) = backward.

báck・wàsh 名 [単数形で; しばしば the ~] ❶ a (海岸に寄せて返す)引き波, (オールなどで)押し返される水, (船のスクリューによって)起こる)逆流. b (空)(空気の)後流, (プロペラによって機体の後方に流れる気流). ❷ (望ましくない)余波, 反動, 悪影響: the ~ of [from] a business downturn 景気下降の余波. ❸ (口)(飲み物を飲んでいる時口からコップなどの中に入る)つば, 食べ物のかけら.

*__back・wàter__ 名 ❶ a Ⓒ 戻り水, 逆流. b Ⓤ よどみ. ❷ Ⓒ 沈滞の沈滞, 不振, ひっそりとした場所. ── 動 ❶ 逆漕(ぎ)する; 船を後退させる.

báck・wind 名 追風. ── 動 《帆に》逆風をあてる; 帆走船が他船の風上に出て風をさえぎる.

báck・wòods 名 (米) [the ~; 単数または複数扱い] ❶ 辺境の森林地, 奥地. ❷ 僻地(^き), 過疎地.

báck・wòods・man /-mən | -mən/ 名 (複 **-men** /-mən/) ❶ 辺境の住人; 僻地の人. ❷ (英口) いなかに住んでいて滅多に登院しない上院議員.

*__báck・yàrd__ /bækjáːd | -jáːd/ 名 (家の)裏庭《★ 米国では芝地か菜園か花壇になっている; 英国では普通舗装されている; cf. front yard》: a ~ barbecue (米) 裏庭でのバーベキュー. **in one's (ówn) báckyàrd** 〈ことが〉自国内[近辺]で, ひざもとで. **Nót in mý báckyàrd.** うちの近くではご免だ《原発・ごみ処理場などが近くに作られることを反対する立場で言う; cf. NIMBY》.

*__ba・con__ /béɪkən/ 名 Ⓤ ベーコン: two slices [(英) rashers] of ~ ベーコンふた切れ. **bácon and éggs** ベーコンエッグ《薄く切ったベーコンに目玉焼きをのせた料理; 英米の朝食に多い》. **bríng hóme the bácon** (口) (1) (家族に養う)生活の資を稼ぐ. (2) (英) (特にスポーツで)成功する, うまくやる. **sáve a person's bácon** (英口) (苦境から)人を救う, 人に難を逃れさせる. 《F＜ Gmc; 原義は「豚の背中(back) の肉」》

Ba・con /béɪkən/, **Francis** 名 ベーコン: ❶ (1561-1626) 英国の随筆家・哲学者. ❷ (1909-92) アイルランド生まれの英国の画家.

bácon・er (英) ベーコン用に飼育した豚.

Ba・co・ni・an /beɪkóʊniən/ 形 ベーコンの; ベーコン哲学の. ── 名 ベーコン哲学の信奉者.

bac・te・re・mi・a, -rae- /bæktərí:miə/ 名 Ⓤ 【医】菌血(症)《血液中に細菌が存在する症状》. **-mic** 形

*__bac・te・ri・a__ /bæktíəriə/ 名 複 (単 **-ri・um** /-riəm/) バクテリア, 細菌. 《L ＜Gk = 小さなつえ; その形状の連想 (cf. bacillus)》

+__bac・te・ri・al__ /bæktíəriəl/ 形 バクテリア[細菌]の[から成る, による]: a ~ infection 細菌による感染.

bac・te・ri・cid・al /bæktíəriərəsáɪdl/ 形 殺菌の.

bac・te・ri・cide /bæktíəriəsàɪd/ 名 殺菌剤. 《BACTERIA +-CIDE》

bac・te・ri・o- /bæktíəriou/ 《連結形》「細菌」「バクテリア」.

bac・te・ri・o・log・i・cal /bæktíəriəlɑ́dʒɪkl | -lɔ́k-/ 形 細菌学(上)の: ~ warfare 細菌戦.

bac・te・ri・ol・o・gy /bæktíəriɑ́lədʒi | -riɔ́l-/ 名 Ⓤ 細菌学. **-ol・o・gist** /-dʒɪst/ 名 細菌学者.

bac・te・ri・ol・y・sis /bæktíəriɑ́ləsɪs | -riɔ́l-/ 名 Ⓤ (免疫) 細菌分解, 溶菌(作用). **bac・te・ri・o・lyt・ic** /bæktíəriəlítɪk‾/ 形

bac・te・ri・o・phage /bæktíəriəfèɪdʒ/ 名 【菌】殺菌ウイルス, バクテリオファージ.

bac・te・ri・o・sta・sis /bæktíəriəstéɪsɪs/ 名 (複 **-ses** /-siːz/) 【菌】細菌発育阻止, 静菌(作用). **bac・te・rio・stat** /bæktíəriəstæt/ 名 静菌剤. **-stat・ic** /bæktíəriəstǽtɪk‾/ **-i・cal・ly** 副

bacterium 名 → bacteria.

Bac・tri・a /bæktriə/ 名 バクトリア《西アジアの現在のアフガニスタン北部地方にあった古代国家; 中国史料では大夏と呼ばれる》. **Bac・tri・an** 形

Báctrian cámel /bæktriən-/ 名 【動】フタコブラクダ《背こぶが2 個ある; 中央アジア産; cf. Arabian camel》.

bac・u・lo・vi・rus /bækjulouváɪərəs/ 名 (生) バキュロウイルス《昆虫の細胞に感染するウイルス; 害虫の抑制に利用される》.

*__bad__ /bæd/ 形 (**worse** /wə́ːs | wə́ːs/; **worst** /wə́ːst | wə́ːst/) (↔good) ❶ 悪い: a 〈天候・気候など〉荒れた, 険悪な: ~ weather 悪天候. b 品質の悪い, 粗悪な; 標準以下の, 不十分な (poor): ~ food 粗食 / ~ light 不十分な明かり / ~ heating 不良暖房. c 偽物の: a ~ $100 bill 偽100ドル紙幣. d 間違った: ~ grammar 間違った語法 / speak [write] ~ English ひどい英語を話す[書く].

❷ a 〈味・においなど〉不快な, いやな: ~ smell いやな臭気 / The taste is ~. ひどい味だ. b 〈食品・卵など〉悪くなった, 腐敗した: a ~ egg 腐った卵; (口)悪いやつ / a ~ tooth 虫歯 / The meat has gone ~. その肉は悪くなって[腐っている].

❸ Ⓟ 〈...に〉有害で, 健康に悪くて: Reading in poor light is ~ *for* your eyes. 暗がりで読書するのは目に悪い / Smoking is ~ *for* you [your health]. 喫煙は健康に悪い.

❹ a 不利な, 不吉な, 不愉快な, 不運な: ~ luck 不運 / ⇒ bad news / ~ times 不景気 / have a ~ time (of it) ひどい目にあう, 不愉快に過ごす / That's [It's] a ~ business [job]. (口)それはあいにくのことだ. b 不適当な, 不都

bad apple

合な: She came at a ~ time. 彼女は都合の悪い時にやって来た. ❺ a (道徳的に)悪い, 不良な, 不正な: ~ behavior 不品行 / a ~ son 親不孝な息子 / It's ~ to break your promise. 約束を破るのはよくない /〔~*of*+(代名)+(*to do*)+*to do*〕It was ~ *of* you *to* deceive me.＝You were ~ *to* deceive me. 私をだますとはあなたもずいぶんひどい. b〈人が〉行儀が悪い; いたずらな, 言うことをきかない: a ~ boy [girl] 行儀の悪い男[女]の子 / The boy isn't as ~ as he seemed. あの子は思ったほどいたずらではない. c〔言葉など〕下品な; みだらな, わいせつな: ⇒ **bad language** / a ~ word 卑猥(ひわい)な言葉. d〔the ~; 名詞的に; 複数扱い〕悪人たち.
❻ a〔動作主名詞を伴って〕手腕のない; 下手な, まずい(poor): a ~ worker 下手な職人 / He's a ~ driver. 彼は運転が下手だ. b〔P〕〔…が〕下手で: He's pretty [not] ~ *at* tennis. 彼はテニスがひどく下手だ[けっこうできる].
❼〈本来悪い物事が(いっそう)ひどい, 激しい, 重い: have a ~ cold ひどいかぜをひいている / make a ~ mistake とんでもない間違いをする / a ~ crime [defeat] 大罪[大敗北].
❽ a〔通例 A〕傷ついた, 痛む: favor one's ~ leg 痛む[悪いほうの]足をいたわる. b〔P〕加減が悪い;〔…で〕病んで: look ~ 具合が悪そうである / He's ~ *with* gout. 彼は痛風を病んでいる / She was taken ~ while traveling.〔主に英口〕旅行中に加減が悪くなった.
❾〔P〕〔口〕a〔通例 too ~ で〕気の毒なことで, あいにくで(★反語的にも用いる): It's *too* ~ she's so sick. あの方は大変お悪そうでいけませんね(★ ~ の次に that が省略されている) / That's *too* ~. それは気の毒です. b〔…を〕後悔して, 悲しくて: I feel ~ *about* my error. とんだ間違いをしてすみませんでした /〔~+*that*〕She felt ~ *that* she had hurt his feelings. 彼女は彼の感情を害して悲しかった.
❿ 無効な: a ~ check 不渡り小切手.
⓫ (**bad·der; bad·dest**)《米俗》a すばらしい, 最高の. b〈人が〉断固とした, すごい.

in a bád wáy 《口》(1) 健康がひどく悪く, 病気が重く. (2) 非常に不景気で: The auto industry is *in a* ~ *way*. 自動車産業は大不況だ. (3)〔…に〕ひどく困って: I'm *in a* ~ *way for* money. 私はお金に困っている.

It's bád enóugh (dóing withóut dóing). 《口》(…することがなくて…するだけでも)結構ひどいんだ.

nòt (so [hálf]) bád〔口〕〔まんざら〕悪くない, なかなかよい(★英語の控えなな言い方の一つ): It's *not so* ~ *for* a first novel. それは処女作の小説としてはまんざら捨てたものではない / That's *not a* ~. それはなかなかよい本だ / "How are you?" "*Not* ~." 「ごきげんは?」「まあまあだね」.

—— 副《米口》＝**badly**.

tóo bád〔口〕(1) あいにくで, ⇒ 9 a. (2)《古風》あんまりで, ひどい.

bád óff ＝**BADLY off** 〔成句〕

—— 名〔the ~〕悪, 悪い状態, 悪運: take *the* ~ with the good 幸運も不運もあわせ迎える; 人生のよいことも悪いことも共に受け入れる.

gó from bád to wórse ますます悪化する: The situation [Things] *went from* ~ *to worse*. 事態はますます悪化した.

gó to the bád 《古風》堕落する; 破滅する.

in bád 《口》(1) 困って. (2)《米》〔…に〕嫌われて: He's *in* ~ *with* the boss. 彼は上役の受けが悪い.

My bád! 《米俗》こっちが悪い[間違った], ごめん.

to the bád 《英》(ある額を)損して, 借金して: I am £500 *to the* ~. 500 ポンド借金している.

~·ness 名【類義語】**bad**「悪い」の意の最も一般的な語. **wicked**, **evil** bad よりも強く, 「道徳的に悪い」; evil は wicked よりも宗教的な重みのある語.

bád ápple 名〔口〕周りに影響を及ぼす人.

bád-àss 形《米卑》❶ 最高の, すごい. ❷ 不屈な, タフで, てごわい. ❸ 悪い, ワルな. **bád àss** 名

bád blóod 名 U 悪感情, 憎しみ; 恨み〔*between*〕.
bád bréath 名 U 口臭.
bád débt 名 貸倒れ(金), 不良貸付け.
bad·die, bad·dy /bǽdi/ 名〔口〕(映画・小説などの)悪人, 悪玉(↔ goodie); 犯罪者.
bad·dish /bǽdɪʃ/ 形 やや悪い, あまりよくない, いけない.
bade /bǽd, bérd/ 動 **bid** の過去形.
Ba·den-Pow·ell /bérdnpóuəl, -pάʊ-/, **Robert** 名 ベーデン-ポーエル(1857-1941; 英国の軍人; Boy Scouts の創設者).
bád fáith 名 U (人を欺こうとする)悪意, 不誠実.
bád féeling 名 ＝**bad blood**.
bád fórm 名《英》無作法, はしたないこと.
†**badge** /bǽdʒ/ 名 ❶ 記章, バッジ: a ~ of rank (軍人の)階級章 / a good conduct ~ 善行章 / a school ~ 学校のバッジ. ❷ しるし, 象徴.
bad·ger /bǽdʒɚ | -dʒə/ 名 ❶【動】アナグマ. ❷ U アナグマの毛皮. —— 動〈人を〉(繰り返し質問[要求]するなどして)悩ませる, 困らせる, 悩ませて〔…〕させる: I ~ed him *into* coming with me. さんざん言ってとうとう彼を連れ出した / My wife ~ed me *to* take her on a vacation. 女房が休暇に連れて行けとうるさくせがんだ.〘? BADGE+-ARD; 顔の白い斑点からか; 動詞は昔, 犬をけしかけてアナグマをいじめた遊びから〙

bádger bàiting 名 U アナグマいじめ〔アナグマを樽・穴などに入れて犬をけしかける残酷な遊び; 英国では1850年廃止〕.
Bádger Stàte 名〔the ~〕アナグマ州〔Wisconsin 州の俗称〕.
bád gúy 名〔口〕悪党, ならず者, 悪いやつ.
bád háir dày 名〔口〕いやな日, 不愉快な日.
bád-húmored 形 機嫌が悪い; 怒りっぽい.
ba·di·nage /bǽdənɑ́ːʒ | -dɪnɑ́ːʒ/ 名 U 冗談(の言い合い), からかい(合い) (banter). —— 動 他〈人を〉からかう.〘F〙
bád·lànds 名 複《米》❶ 荒地, 不毛地帯. ❷〔the B-, the Bad Lands〕バッドランズ《米国 South Dakota 州南西部, Nebraska 州北西部の荒地》.
bád lánguage 名 U きたない[不快な]言葉, ののしりの[罵倒の]言葉.
†**bad·ly** /bǽdli/ 副 (**worse** /wɚ́ːs | wə́ːs/; **worst** /wɚ́ːst | wə́ːst/) ❶ 悪く, まずく, 下手に (↔ well): He did very ~ in school. 彼は学校の成績が大変悪かった / She spoke ~ of him. 彼女は彼のことを悪く言った. ❷ ひどく, 激しく: ~ injured ひどいけがをして / be ~ beaten ひどく負ける《用法》過去分詞を修飾する時はその前に置く). ❸ とても, 非常に: He wants the rifle ~. 彼はそのライフル銃をひどくほしがっている / He's ~ in need of advice. ＝He ~ needs advice. 彼は助言をひどく必要としている. **bádly óff** 生活が苦しい, 困窮している; 悪い条件下[状況]にある. —— 形 (**worse**, **worst**; **more** ~, **most** ~)〔P〕〔口〕〔通例 feel ~ で〕❶〔…を〕悲しんで, 後悔して《砥鯨通例 bad が用いられる; badly ないだけた言い方》: He *felt* ~ *about* the spiteful remark. 彼は意地悪な言葉を悪いと思った. ❷ 気分が悪くて, 病気で: I *feel* ~. 気分が悪い.
†**bad·min·ton** /bǽdmɪntn | -tən/ 名 U バドミントン 《shuttlecock と軽い racket を用いる》.〘*Badminton* 英国 Gloucestershire の地名; 発祥地とされる〙
bád móuth 名《米口》悪口, 中傷.
bád-móuth 動 他《米口》〈…を〉悪口汚く[厳しく]批評する, 中傷する;〈…の〉悪口を言う.
bád néws 名 ❶ U 凶報. ❷〔口〕いやな人[もの], 困り者.
bád-témpered 形 機嫌の悪い; 意地の悪い; 気難しい; 険悪な.
Bae·de·ker /béɪdəkɚ | -kə/ ベデカー旅行案内書.〘発行人のドイツの出版業者の名から〙
Báf·fin Ísland /bǽfɪn/ バフィン島《カナダ北東部 Hudson 湾の湾口にある大島》.
†**baf·fle** /bǽfl/ 動 ❶〈人を〉困惑させる, 当惑させる, まごつかせる ＝ bewilder 〔砥鯨〕: This geometry problem ~s me. この幾何の問題には参りました / He *was* ~d by the technical language. 彼は専門用語にめんくらった.

❷ 〈計画・努力などを〉挫折させる, くじく. ❸ 〈気流・音・光などを〉調節[防止]する; (バッフルなどで)〈音波の〉干渉し合うのを防止する. ── 图 ❶ 〈気流・音・光などの〉調節装置, 隔壁. ❷ 〖電〗バッフル.

báf・fle・gàb 图 U 〈口〉もってまわった表現, まわりくどい言い方 (gobbledygook).

báf・fle・ment /-mənt/ 图 U 当惑, 困惑: He looked in ~ at her. 彼は当惑して彼女を見つめた.

báf・fling 形 くじく; 当惑させる; 不可解な: a ~ remark 不可解な発言. **~・ly** 副

baft /bǽft | báːft/, **baf・ta** /-tə/ 图 U バフタ 《きめの粗い安物の綿織物》.

*****bag** /bǽg/ 图 ❶ C 袋: a paper ~ 紙袋 / ⇨ doggie bag, tote bag. ❷ C a かばん; 旅行かばん, バッグ: a traveling ~ 旅行かばん. b 手さげ, ハンドバッグ. ❸ a C 一袋[かばん一つ分]の量[中身]: three ~s of garbage 3袋分のゴミ. b [~s; 単数または複数扱い]《英口》どっさり: ~s of time [chances] 多くの時間[機会]. ❹ 袋状のもの: a ~ 目の下のたるみ. b C 〖野〗塁《比較 本塁は home plate》. c C 《雌牛の》乳房. d C 《米俗》陰嚢(ぷん). e [複数形で]《英古風》だぶだぶのズボン. ❺ C [通例単数形で]《狩の獲物の〈全体〉: make a good [poor] ~ 獲物が多い[少ない]. ❻ C 《口》《ある人の》興味のあるもの, 得意, 専門: Tennis is [isn't] my ~. テニスは得意だ[好きではない]. ❼ C 《特に英口・軽蔑》魅力のない[気むずかしい]中年の女性.

a bág of bónes 《口》やせこけた人[動物].

bág and bággage 《口》所持品[家財]いっさい取りまとめて; いっさいがっさいで; すっかり.

be léft hólding the bág 《口》(一人で)責任を負わされる.

in the bág 《口》(1) 勝利[成功など]確実で. (2)《米》酔っぱらって.

lèt the cát òut (of the bág) ⇨ cat 成句.

páck one's bágs 《口》(不愉快な事情のために)出ていく, 「荷物をたたむ」.

the (whòle) bág of trícks 《口》(1) 《有効な》あらゆる手段[術策]. (2) ありとあらゆるもの, すべて.

── 動 (bagged; bag・ging) ❶ ❶ 〈…を〉袋に入れる, 〈…を〉ふくらませる. ❸ a 〈席・賞などを〉手に入れる, 得る, 確保する. b 〖スポ〗〈得点を〉入れる, 〈ゴールを〉決める. c 〈獲物を捕らえる〉, しとめる, 得る. d 〈人のものを〉《悪気なく》失敬する, 盗む. ❹《米俗》a やめる, 投げる, あきらめる. b さぼる, ふける. ❺《英・早口》〈第一に口を出す権利があるとして〉〈…〉を要求する《★通例 Bags I..., または Bags... として用いる》: Bags I first innings! 1 回目はおれだ! ── 自 ❶ ふくらむ《out》. ❷ 《袋のように》たるむ《out》.

〖ON baggi 包み, 束〗【類義語】**bag**「かばん」の意の最も一般的な語. **trunk** 大型の旅行かばん. **suitcase** 旅行用かばん. **briefcase** 書類を入れる革製の平たいかばん. **portfolio** 折りかばん. **satchel** ランドセル風のかばん.

ba・gasse /bəɡǽs/ 图 U バガス《サトウキビなどのしぼりかす; 燃料・飼料・ファイバーボード原料》.

bag・a・telle /bæ̀ɡətél/ 图 ❶ C つまらないもの, ささいな事柄. ❷ C 〖楽〗バガテル《ピアノ用小曲》. ❸ U バガテル《玉突きの一種》. 〖F<It<L=berry〗

Bag・dad /bǽɡdæd/, ──́ 图 =Baghdad.

ba・gel /béɪɡ(ə)l/ 图 ベーグル《ドーナツ形の堅ロールパン》. 〖Yid〗

bag・ful /bǽɡfʊ̀l/ 图 (⊛ ~s, bags・ful) 袋 1 杯の分量.

*****bag・gage** /bǽɡɪdʒ/ 图 U ❶ 手荷物《比較 英》では通例 luggage を用いるが, 船や飛行機の旅行の荷物には baggage を用いる; parcel は運搬・郵送用に紙で包んでひもで結んだ小包》: a piece of ~ 荷物 1 個. b 〖陸軍〗軍用行李( ). ❷ 〈心の〉重荷, 負担《特に過去の不幸な体験による心の傷・苦悩など》. ❸ a 《古・戯言》おてんば(娘). b 《古風》うるさい老婆. 〖F<L=ON ⇨ bag, -age〗

bággage càr 图《米》《列車の》手荷物車《英》luggage van》.

bággage chèck 图《米》手荷物預かり証.

bággage clàim 图 U《米》《空港の》手荷物受取所.

bággage hàndler 图《空港の》手荷物積み降ろし係員.

bággage òffice 图《米》手荷物取扱所.

bággage reclàim 图《英》=baggage claim.

bággage ròom 图《米》《駅の》手荷物一時預かり所《英》left luggage office》.

bág・ger /bǽɡər/ 图 ❶ 袋詰め係, 袋詰め機. ❷《野球俗》塁打.

Bag・gie /bǽɡi/ 图《商標》バギー《ポリ袋》.

⁺**bag・gy** /bǽɡi/ 形 (bag・gi・er; -gi・est) だぶだぶの, ふくれた: ~ trousers だぶだぶのズボン. **bág・gi・ness** 图

Bagh・dad /bǽɡdæd/, ──́ 图 バグダッド《イラク (Iraq) の首都》.

bág làdy 图 バッグレディー《買い物袋に全財産を入れて放浪する女性》.

bág lùnch 图《米》弁当《英》packed lunch》.

bág・man /-mən/ 图 (⊛ -men /-mən/) ❶《英古風》外交員, 出張販売人. ❷《米》《不正の金をゆすったり配ったりする》仲介人.

ba・gnio /bǽnjoʊ, bæ-/ 图 (⊛ ~s) 売春宿, 淫売屋.

bág pèople 图 ⊛ ホームレスの人々.

bág・pipe 图 [しばしば the ~s] バグパイプ《スコットランド高地人が愛用する皮袋で作った楽器》: play the ~s バグパイプを吹く. **bág・pip・er** 图

ba gua /báːɡwáː/ 图 ❶ 〖易学〗八卦(はっけ). ❷ 八卦拳, 八卦掌《中国拳法の一つ》.

ba・guette, ba・guet /bæɡét/ 图 ❶ バゲット《細長いフランスパン》. ❷ 長方形カットの宝石. 〖F<It=小さなつえ<*baculum* つえ; cf. bacillus〗

bág・wòrm 图 〖昆〗ミノムシ《ミノガの幼虫》.

bah /báː/ 間 ふふん, ばかな《★ 軽蔑を表わす》.

ba・ha・da /bəhάːdə/ 图 =bajada.

Ba・ha'i, -hai /bəháːiː/ 图 ❶ U バハーイー教. ❷ C バハーイー教徒. ── 形 バハーイー教(徒)の.

Ba・ha・ism /-háɪɪzm/ 图 U バハーイー教《19 世紀中ごろイランのバハーウッラー(フ)《本名ミールザー・アリー》; 1817-92》が始めた Babism の一派; すべての宗教の一体性・人類の平和と統一・偏見の除去・男女の平等などを説く》.

Ba・há・ma Íslands /bəháːmə-/ 图 [the ~] バハマ諸島《Florida と Cuba との間の諸島》.

Ba・ha・mas /bəháːməz/ 图 ❶ [the ~; 複数扱い] = Bahama Islands. ❷ [単数扱い] バハマ《Bahama Islands から成る独立国; 首都 Nassau》.

Ba・ha・mi・an /bəhéɪmiən, -háɪ-/ 形 バハマ《諸島》の[に関する]. ── 图 バハマ人.

Bah・rain, Bah・rein /bɑːréɪn/ 图 バーレーン《国, 島》《ペルシャ湾内にある島およびそれを主島とする島から成る独立国; もと英国保護領; 首都 Manama》.

Bai・kal /baɪkάːl, -kǽl/, **Lake** 图 バイカル湖《シベリアにある淡水湖; 湖として世界最深》.

⁺**bail**¹ /béɪl/ 图 U 保釈: accept [allow, take] ~ 保釈を許す / grant a person ~ 人に保釈を許す / refuse ~ 保釈を認めない / (out) on ~ 保釈中(出所)中で. ❷ 保釈金: give [offer, post] ~ 〈被告人が〉保釈金を納める. **gò [stánd, pùt úp] báil for**... の保釈保証人となる. **júmp [fórfeit] báil** 保釈中に失踪する. ── 動 ❶ ❶ **a** 〈人を〉保釈する. **b** 〈保釈金を払って〉〈人を〉保釈してもらう: ~ a person *out* 保釈金を払って《入獄中の》人を保釈させる. ❷ 〈会社・人などを〉《財政上の困難などから》救い出す《out》《out of》: ~ a person *out of* (financial) trouble 人を(財政的)困難から救い出す. ❸ 〈品物を委託する. ── 自 ❶ 《口》逃げる, ずらかる. ❷ 〈困難な立場から〉脱する《out》《out of》: ~ *out of* a painful marriage つらい結婚(生活)から逃れる. ❸ 《緊急時に》飛行機から脱出する《out》《out of》. 〖F<L=重荷を負担う〗

bail² /béɪl/ 图 C 〖クリケ〗ベイル《三柱門に渡した横木》. ❷《馬》《馬屋の仕切りの横木》.

bail³ /béɪl/ 图 あか取り《船底にたまった水をくみ出す手おけの類》. ── 動 ❶ 〈あか《水》を〉《船から》くみ出す, かい出す《out》《out of》: ~ *out* water 船からあかをくみ出す. ── 自 〈船から》あかをくみ出す《out》. ── -**er** 图

bail⁴ /béɪl/ 图 ❶ 《やかん・バケツなどの》つる. ❷ 《タイプライターなどの》紙押さえ棒.

bail·a·ble /béɪləbl/ 形 《罪・人など》保釈できる.
bail·ee /beɪlíː/ 名 《法》受託者 (↔ bailor).
bai·ley /béɪli/ 名 ❶ (昔の城の)外壁. ❷ (城郭の外壁内の)中庭.
Báiley brídge 名 《軍》ベイリー式組み立て橋.
†**bai·liff** /béɪlɪf/ 名 ❶ **a** (米) (法廷の雑務をする)廷吏. **b** (英) (法の)執行官 (sheriff の下役; 差し押さえ, 犯人の逮捕, 令状・刑などの執行をつかさどる). ❷ (英) 土地[農場]管理人. 〖F<L〗
bai·li·wick /béɪlɪwɪk/ 名 ❶ bailiff の管轄区[職]. ❷ (得意の)領域, 活動分野.
báil·ment /-mənt/ 名 Ⓤ 委託; 保釈.
bail·or /beɪlɔ́ː, béɪlə | béɪlə/ 名 《法》寄託者 (↔ bailee).
báil·òut 名 ❶ (企業などへの)財政援助, 救済措置. ❷ (飛行機からの)緊急脱出.
bails·man /béɪlzmən/ 名 (複 -men /-mən/) 保釈保証人.
Bái·ly's béads /béɪliz-/ 名 複 《天》ベイリーの数珠(ビーズ)《皆既日食直前直後の数秒間, 月のまわりに見えるビーズ状の太陽光》. 〖F. Baily 英国の天文学者〗
bain-ma·rie /bæ̀(m)məríː/ 名 (複 bains-marie /~/, ~s) 湯煎鍋; (英) 二重鍋, 二重なべ《料理用》.
Bai·ram /baɪráːm/ 名 《イスラム》バイラム祭《小バイラム祭 (Lesser Bairam) (Ramadan の直後)と大バイラム祭 (Greater Bairam) (小バイラム祭の 70 日後)の年 2 回行なわれる》.
***bait**¹ /béɪt/ 名 ⓊⒸ ❶ (釣り針・わなにつける)えさ: artificial ~ 擬似餌(ぎじ) / live ~ 生きえさ / put ~ on a hook [in a trap] 釣り針[わな]にえさをつける. ❷ おびき寄せるもの, 誘惑. **rise to the báit** (1) 《魚がえさ[釣針]に食いつく. (2) 《人が誘惑にのる. **swallow the báit** (1) 《魚がえさに食いつく. (2) 《人がわなにかかる. ── 動 他 ❶ a 《釣り針・わなに》: ~ a hook (*with* a worm) 釣り針に(虫を)えさをつける. **b** 《人を》…でおびき寄せる, 誘惑する: She ~*ed* him (*with* a show of affection). 彼女は(色仕掛けで)彼を誘惑した. ❷ **a** 《人を》わざと怒らす; なぶる, 悩ます. **b** 《つないだ動物に》《犬をけしかけて》いじめる (⇒ bearbaiting). 〖ON *beita* かませる<*bíta* かむ; cf. bite〗
bait² 動 =bate.
báit and swítch 名 Ⓤ (米) おとり商法《安い商品で客を引きつけておき, 高い商品を売りつける商法》.
báit càsting 名 《釣》ベイトキャスティング《両軸受けリール付きのロッドで比較的重いルアーを投げること[技術, 釣り]》.
baize /béɪz/ 名 Ⓤ ベーズ《通例緑色の粗いラシャ; トランプ台・玉突き台の上部用またカーテン用》.
Bá·ja Califórnia /báː.haː-/ 名 バハカリフォルニア《メキシコ北西部, 太平洋とカリフォルニア湾の間の半島》.
ba·ja·da /bəháːdə/ 名 (山裾から広がる)沖積土の斜面.
***bake** /béɪk/ 動 他 ❶ 《パン・菓子などを》焼く《⇒腰図》オーブンなど直火[油]でなく熱伝導によって焼く: bread in an oven オーブンでパンを焼く / ~ a cake *for* a person=[+目+目] ~ a person a cake 人にケーキを焼いてやる / [+目+補] She ~*d* the cake hard. 彼女はケーキをかたく焼いた. ❷ 〈陶器・れんがなどを〉焼き固める. ❸ 〈太陽が〉〈地面を〉からからにする. ── 自 ❶ **a** パンなどが焼ける: Bread is *baking* in the oven. パンがオーブンで焼けている. **b** パン[ケーキ]を焼く. ❷ 〈地面・れんがなどが〉焼き固まる: The land ~*d* under the scorching sun. 地面はやけつくような太陽の下でからからに乾いた. ❸ (口) 〈人が〉暑くなる: I'm *baking*. 暑くて焼けそうだ. ── 名 ❶ パン等焼き(分). ❷ (米) 焼き料理の会食《ごちそうをその場で焼いて出す》. 〖OE〗 〖類義語〗⇒ cook.
baked 形 焼いた: a ~ apple 焼きリンゴ / a ~ potato ベークドポテト / ~ beans ベークドビーンズ《(米)ではブラウンソースや塩漬けの豚肉と, (英)ではトマトソースと調理し, 缶詰めになっているいんげん豆》.
báked Aláska 名 Ⓤ ベークトアラスカ《アイスクリームをメレンゲで包んでオーブンで焼いたデザート》.

báke·hòuse 名 =bakery.
Ba·ke·lite /béɪkəlàɪt, béɪklaɪt/ 名 Ⓤ 《商標》ベークライト《合成樹脂》.
báke-òff ❶ [Bake-Off] 《商標》ベイクオフ《しろうと参加者による, 独自のパン菓子などを焼くコンテスト》. ❷ (一般に, しろうとの)料理コンクール.
bak·er /béɪkə | -kə/ 名 ❶ パン屋, パン類製造業者: at the ~'s パン屋(店)で. ❷ (米) (小型の携帯用)オーブン.
báker's dózen 名 [a ~] 13 個. 《パン屋が量目不足を恐れて 1 ダースに 1 個おまけしたことから》
Báker Strèet /béɪkə- -kə-/ 名 ベーカー街《London の街路; Sherlock Holmes が住んだことになっている》.
†**bak·er·y** /béɪk(ə)ri/ 名 ❶ 製パン所, パン屋; パン菓子[ケーキ]類製造[販売]店. 〖BAKE+-ERY〗
báke sàle 名 (資金集めのための)手作りパン菓子即売会.
báke·shòp 名 (米) =bakery.
Báke·well tárt /béɪkwel-/ 名 ベークウェルタルト《ジャムとアーモンド味のスポンジケーキを詰めた上皮のないパイ》.
bák·ing 名 Ⓤ ❶ パン焼き. **b** [形容詞的に] パン焼き用の: ⇒ baking powder. ❷ Ⓒ ひと焼き(の量). ── 形 ❶ 焼けつくような: ~ heat 灼熱. ❷ [副詞的に] 焼けつくように: ~ hot 焼けつくように暑い.
báking flòur 名 Ⓤ (米) ふくらし粉入り小麦粉.
báking pòwder 名 Ⓤ ふくらし粉.
báking shèet [trày] 名 《クッキー・パンなどを焼く》天板.
báking sòda 名 Ⓤ 重曹(じゅうそう) (sodium bicarbonate).
ba·kla·va /bàːkləváː/ ── 名 バクラワ《紙のように薄い生地を, 砕いたナッツなどを間にはさみながら層状に重ねて焼き, 蜜をかけた中東の菓子[デザート]》.
bak·sheesh /bǽkʃiː, -/ 名 Ⓤ (中東諸国での)チップ, 心付け; わいろ.
Ba·ku /bàːkúː/ 名 バクー《アゼルバイジャンの首都》.
Ba·ku·nin /bəkúːnən, bə-/, **Mikhail Aleksandrovich** バクーニン (1814–76; ロシアの無政府主義者・著述家).
bal. (略) balance; balancing.
bal·a·cla·va /bæ̀ləkláːvə/ 名 バラクラバ《フード》《顔以外の頭(と首)をぴったりおおうウールのずきん》.
bálaclava hélmet 名 =balaclava.
bal·a·fon /bæ̀ləfɒn | -fɒn/ 名 《楽》バラフォン《西アフリカで使われるひょうたんの共鳴具つきの大型木琴》.
bal·a·lai·ka /bæ̀ləláɪkə/ 名 バラライカ《ギターに似たロシアの楽器》. 〖Russ〗
※**bal·ance** /bǽləns/ 名 ❶ **a** Ⓤ [また a ~] 釣り合い, 平均, 調和, 調整(具合), (心の)平静, 落ち着き (↔ imbalance, unbalance): nutritional ~ 栄養のバランス / keep [lose] one's ~ 平衡[平静]を保つ[失う]; 平静を保つ[失う] / ~ of mind and body 心身の調和. **b** Ⓒ バランス[均衡]を保つもの[力](など). ❷ **a** Ⓒ 天秤(ビム), はかり: a pair of ~s 天秤一台. **b** [the B-] 《天》天秤座. ❸ [通例単数形で] 《商》バランス, 差額, 差引残高: the ~ brought forward (前からの)繰越残高 / a bank ~ 銀行預金残高 / a credit ~ 貸方残高 / the ~ carried forward (次への)繰越残高 / the ~ due [in hand] 差引不足[残余]額 / ~ of accounts 勘定残高 / ~ of [after] clearing 交換じり. ❹ [the ~] (使ったり, 取ったあとの) 残り, 残余 (remainder) / 釣り銭: In the ~ of class time she answered our questions. 授業時間の終わりに彼女は私たちの質問に答えた. ❺ [単数形で; 通例 the ~] 優位, 優勢: The jury must decide on which side the ~ *of* the evidence lies. 陪審はその証拠がどちら側に有利かを決定しなければならない.

bálance of (intèrnátional) páyments [しばしば the ~] 国際収支 (略 BP).
bálance of pówer (対立する強国間などの)勢力の均衡: maintain the ~ *of power* 勢力均衡を保つ.
bálance of tráde 貿易収支: a favorable [an unfavorable] ~ *of trade* 輸出[輸入]超過.
cátch a person óff (his) bálance =throw a person off (his) BALANCE 成句.
hóld the bálance 決定権を握る.
in bálance (1) 釣り合いがとれて, 調和して. (2) =in

(the) BALANCE [成句].
in (the) bálance どちらとも決まらないで: The company's future is [hangs] *in the* ～. 会社の将来は不安定な状態にある.
òff bálance (人が)平衡を失って, 倒れそうになって; 平静を失って: I was *off* ～ and couldn't catch the ball. 私はバランスを失っていたのでボールがとれなかった.
on bálance すべてを考慮して(みると), 結局.
òut of bálance (ものが)平衡[平均]を失って, 不安定で: My car's wheels are *out of* ～. 私の車の車輪はバランスを欠いている.
stríke a bálance (betwèen…) (1) (二者間の)貸借[収支]の決算をする. (2) [公平な解決に達する, 妥協点]を見出す; (二者間で)妥協する, (二者間の)中道を採る.
thrów a person **òff** (his) **bálance** (1) 人の平衡をくずす, 倒す. (2) 人をあわてさせる.
típ [swíng] the bálance 事態を左右する: It *tipped the* ～ in her favor [against her]. それは結局は彼女に有利[不利]に作用した.
── [動] [他] ❶ **a** 〔…で〕〈…に〉**平衡[釣り合い]を保たせる, 平均させる**: Can you ～ a coin ***on*** its edge? 硬貨をふちで立てておけますか. **b** [～ one*self* で] (倒れないように)〔…で〕体の釣り合いをとる: ～ *oneself* ***on*** one leg 一本足で体の釣り合いをとる. ❷ **a** 〈…を〉〔…と〕**釣り合わせる**: ～ one thing ***with*** [***by***, ***against***] another ある物を他の物に釣り合わせる. **b** 〈…と〉釣り合う; 〈…の〉埋め合わせをする; 〈…を〉償う (offset): His generosity ～*s* his rough behavior. 彼の寛大さは彼の乱暴なふるまいの埋め合わせをしている. **c** 〈2 つのものが〉〈お互いと〉釣り合う: The loss and the profit ～ each other ***out***. 損失と利益がお互い釣り合っている. ❸ 〈問題などを〉〔…と〕**比べて考える**; 〈二者を〉比較[対照]する; 天秤にかける〔*against*, *with*〕: ～ one opinion ***against*** another 一つの意見を他の意見と比較考量する. ❹ 〔商〕〈…を〉(差し引きして)清算する: ～ one's accounts [the books] 帳簿の貸借を対照する, 決算する. ── [自] ❶ **a** 〔…と〕**釣り合う**: Our income doesn't ～ ***with*** our expenses. 私たちの収入は支出と釣り合っていない. **b** 〈2 つのものが〉釣り合う 〈*out*〉. ❷ **釣り合いを保つ**, バランスがとれる: ***on*** a tightrope (綱渡りの)張り綱の上で釣り合いをとって立つ. ❸ 〈計算・帳じりが〉合う: The accounts ～*d*. 貸借勘定は合った.
〘F＜L＜BI-+*lanx*, *lanc-* (天秤)皿〙 ([関形] equilibrious)

bálance bèam [名] (体操の)平均台《横木》.

***bal·anced** /bǽlənst/ [形] [A] **釣り合いのとれた; 偏りのない; 安定した**: a ～ view 釣り合いのとれた見方.

bálanced díet [名] [C,U] 栄養のバランスのとれた食事.

bál·anc·er [名] ❶ 平衡を保つ人; 平衡器. ❷ 軽業師.

+**bálance shèet** [名] 〔商〕貸借対照表.

bálance whèel [名] (時計のてんぷの)てん輪(ゎ); はずみ車 (flywheel).

Bal·an·chine /bǽləntʃìːn/, **George** [名] バランチン《1904–83; ロシア生まれの米国の振付家》.

bál·anc·ing àct [名] (相容れない状況や要素の間で)バランスを保とうとすること, 均衡の維持.

bal·a·ni·tis /bæ̀lənáɪṭəs/ [名] [U] 〔医〕亀頭炎.

bal·as /bǽləs/ [名] (また **bálas rúby**) 〔宝石〕バラスルビー《紅尖晶石の一種》.

ba·la·ta /bəláːṭə/ [名] ❶ [C] 〔植〕バラタ《西インド諸島産の常緑高木》. ❷ [U] バラタゴム《機械用ベルト・ゴルフ球の表皮・電線被覆・チューインガム原料》.

Bal·bo·a /bælbóʊə/, **Vasco Núñez de** [名] バルボア《1475–1519; スペインの探検家・新大陸征服者; 太平洋を発見した (1513)》.

bal·brig·gan /bælbrígən/ [名] [U] バルブリガン《下着用綿メリヤス》. 〘*Balbrigan* アイルランドの原産地名〙

bál·co·nied [形] バルコニーのある.

***bal·co·ny** /bǽlkəni/ [名] ❶ **バルコニー**《階上から外に張り出した露台》. ❷ 〔劇〕(一階以外の)ひな壇式さじき《★ 特に《英》では upper circle, 《米》では dress circle をさす》. 〘It〙

***bald** /bɔ́ːld/ [形] (～·**er**; ～·**est**) ❶ **a** 〈頭など〉**はげた; はげ頭の**: be ～ on top 頭のてっぺんがはげている / get [go] ～ はげる. **b** 〈山など〉草木の生えていない: a ～ mountain はげ山. **c** 〈動物・鳥が〉頭部のはげた; 頭部に白い羽根[斑点(はんてん)]のある. **d** 《口》(ものの表面が)磨耗した, すり減った: a ～ tire つるつるのタイヤ. ❷ **a** 〈表現など〉ありのままの, あからさまの, 露骨な; 説明[詳述, 飾り]のない[を省いた]: a ～ statement あからさまに[何の説明も加えず]述べること[述べたもの] / the ～ facts ありのままの真実. **b** 〈文体が〉単調な. **(as) báld as an égg [a cóot]** つるつるにはげて. ── [動] [自] はげる, 頭が薄くなる. ～·**ness** [名] 〘OE＝白い斑点; 原義は「白く光るもの」か〙

bal·da·chin, -quin /bɔ́ːldəkən/, **bal·da(c)·chi·no** /bæ̀ldəkíːnoʊ/ [名] ([複] ～**s**) (宗教的行列で奉持される)天蓋(てんがい) (canopy); 〔建〕(祭壇[墓]上部の)天蓋, バルダッキーノ.

báld éagle [名] 〔鳥〕ハクトウワシ《米国の国章に用いられている》.

bald eagle

bal·der·dash /bɔ́ːldərdæ̀ʃ | -də-/ [名] [U] 《古風》たわごと.

báld-fáced [形] 《米》むき出しの, 厚かましい, ずうずうしい: a ～ lie しらじらしいうそ.

báld·hèad [名] ❶ はげ頭(の人). ❷ 白冠鳥《イエバトの一》.

báld-héad·ed [形] 頭のはげた. ── [副] まっしぐらに.

bald·ie /bɔ́ːldi/ [名] ＝baldy.

+**báld·ing** [形] はげてくる: a ～ man はげかかった人.

báld·ish /-dɪʃ/ [形] はげかかった, 少しはげた, はげぎみの.

báld·ly [副] 露骨に, 飾らずに: speak [write] ～ 露骨に言う[書く] / to put it ～ 飾らずに言えば.

báld·pàte [名] ❶ はげ頭(の人). ❷ 〔鳥〕アメリカヒドリ《ヒドリガモの仲間》.

bal·dric /bɔ́ːldrɪk/ [名] (昔の)飾り帯《肩から斜めに腰へかけて剣をつる革帯》.

Bald·win /bɔ́ːldwɪn/, **James** [名] ボールドウィン《1924–87; 米国の作家》.

bald·y /bɔ́ːldi/ [名] 《米俗》はげ《人》.

+**bale**[1] /béɪl/ [名] (船積用商品の)梱(こり), 俵: a ～ ***of*** cotton [hay] ひと梱の綿花[干し草]. ── [動] [他] 〈…を〉梱包する.

bale[2] [動] ＝bail[1] [自], [他] 2, bail[3].

bale[3] [名] [U] 《古・詩》害悪, 禍, 不幸; 破滅; 危害 (evil); 苦痛; 悲嘆, 心痛.

Bâle /báːl/ [名] バール《Basel のフランス語名》.

ba·leen /bəlíːn/ [名] [U] (ヒゲクジラ類の)クジラひげ, 鯨鬚(げいす). 〘F＜L＜Gk＝クジラ〙

baléen whále [名] 〔動〕ヒゲクジラ.

bále·fire [名] (野天の)大たき火, かがり火; のろし.

bale·ful /béɪlf(ə)l/ [形] [A] 《文》 ❶ **a** 害を与える, 有害な. **b** 〈目つき・行為など〉悪意のある. ❷ 不吉な. ～·**ly** /-fəli/ [副] ～·**ness** [名]

bál·er [名] 梱包人[係]; ベーラー《干し草・わらを束ねる農機》.

Bal·four /bǽlfər | -fə/, **Arthur James** [名] バルフォア《1848–1930; 英国の政治家; 首相(1902–5); ユダヤ国家建設に関する宣言(1917)で有名》.

Ba·li /báːli/ [名] バリ島《ボルネオの南方にあるインドネシアの島》.

bal·i·bun·t(a)l /bæ̀libʌ́ntl̩/ [名] バリバンタル《フィリピンの, タリポットヤシの葉茎(を密に織って作った帽子)》.

Ba·li·nese /bɑ̀ːlɪníːz←/ [形] ❶ バリ島(住民)の. ❷ バリ語の. ── [名] ([複] ～) ❶ [C] バリ島の住民. ❷ [U] バリ語.

+**balk,** 《英》 **baulk** /bɔ́ːk/ [動] [自] ❶ 〔…に〕ちゅうちょする, 難色を示す: ～ ***at*** mak*ing* a speech 演説するのをためらう. ❷ **a** 〈馬が〉〔…に〕急に止まって進もうとしない: ～ ***at*** an obstacle 障害物のために進もうとしない. **b** 〈人が〉立ち止まる, 立ち往生する: ～ in the middle of one's speech 演説の途中で言葉がつかえる. ❸ 〔野〕ボークをする. ── [他] ❶ 〈人・行動を〉妨害する; 〈人の〉裏をかく; 〈人を〉失望させる:

Balkan 126

His failure to agree ~ed her proposal. 彼が同意しなかったので彼女の提案は実行されなかった / They were ~ed *of* their purpose [prey]. 目的(の達成)[獲物の捕獲]を妨げられた. **b** 《英・米古》《義務・話題などを避ける. **b** 《機会》を逸する. ── 動 ❶ 障害, 妨害, じゃま. ❷ 【野】 ボーク《走者に対する投手の違反牽制(ﾎﾝｾｲ)動作》. ❸ 【競技】 ボーク《跳躍などで踏み切り後の中止; 反則》. ❹ 【建】 (丸み付きの)角材, 角角(ﾉﾐ). 《ON=仕切り, 梁(ﾊﾘ)》

Bal·kan /bɔ́ːlkən/ 名 バルカン半島[諸国, 山脈]の.

Bal·kan·ize /bɔ́ːlkənàɪz/ 動 《しばしば b~》 (第1次大戦後の Balkan 諸国のように)《国・領土》を小国に分割する, 小さく分ける. **Bal·kan·i·za·tion** /bɔ̀ːlkənɪzéɪʃən | -naɪz-/ 名 U 《しばしば b~》 小国分割(主義)[政策].

Bálkan Móuntains 名 @ 《the ~》バルカン山脈《ブルガリア中央部を東西に走る》.

Bálkan Península 名 《the ~》バルカン半島《ヨーロッパ南東部にある》.

Bal·kans /bɔ́ːlkənz/ 名 @ 《the ~》=Balkan States.

Bálkan Státes 名 @ 《the ~》 バルカン諸国《旧ユーゴスラビア・ルーマニア・ブルガリア・アルバニア・ギリシアおよびトルコ》.

bálk·lìne 名 【玉突】 ボークライン: **a** 台の一端近くに引かれた線; この線の後方から突き始める. **b** 三つ球における玉突台面にしるした井の字形の線. **c** ボークラインを用いるゲーム.

balk·y /bɔ́ːki/ 形 (**balk·i·er; -i·est**) ❶ 《馬など》急に止まる癖のある. ❷ 《人など》がんこな, 強情な.

‡**ball¹** /bɔ́ːl/ 名 ❶ ボール用のボール: hit a ~ ボールを打つ. ❷ C 球形のもの: **a** 玉, 球, 毬: a ~ of wool 毛糸の玉 / crumple a piece of paper into a ~ 紙を丸める /⇒ golden balls. **b** (体の)丸くふくらんだ部分: the ~ of the thumb [foot] 手[足]の親指の付け根のふくらみ. **c** 天体, 地球. **d** 弾丸 (cf. cannonball); (特に)銃弾《★昔の先込め銃の弾は丸かった; 元込め式の銃に使うものは, 今は通例 bullet という》: powder and ~ 弾薬. ❸ U 《米》球技, (特に)野球. ❹ C **a** 投球; 球の投げ方: a curve ~ カーブ. **b** [野] ボール (↔ strike) (⇒ count¹ 名 5 【解説】). **c** 【サッカー】 キック, パス. **d** 【クリケ】 正球. ❺ [複数形で] 《俗・卑》 **a** 睾丸(ｺｳｶﾞﾝ). **b** ばかげたこと. **c** [間投詞的で] ばかな! ❻ [複数形で] 《俗》 勇気, 蛮勇, 無謀さ.

a báll of fíre (1) 火の玉. (2) 精力家, 辣腕家, やり手.

báll and cháin 《英》 (1) (昔の)鎖に金属球をつけた足かせ. (2) (強い)束縛, 足手まとい.

cárry the báll 《米口》 (仕事・行動で)責任をとる; 率先してやる《★アメリカンフットボールから》.

gèt the báll rólling 事を始める; 問題を切り出す《★フットボールから》.

hàve a lót on the báll 《米》 とても能力がある.

hàve the báll at one's féet 《英》 ちょうど今好機に恵まれている《★フットボールから》.

kèep the báll rólling 話[行動]をうまく続けていく, 座が白けないようにする.

on the báll 《口》 (1) 抜け目がない, 有能な. (2) 最新の事情に通じている.

pláy báll (1) 球遊び[野球]をする. (2) [野] [命令法で] プレーボール!, 試合開始! (3) (仕事などを)始める. (4) 《口》 《...と》協力する《with》.

stárt [sét] the báll rólling =get the BALL¹ rolling 《成句》.

The báll is in yóur [his, her] cóurt. =**The báll is with yóu [him, hér].** 今度は彼[彼女, 君が]番だ《★テニスから》.

(the whóle) báll of wáx 《口》 全部, すべて, 何もかも.

── 動 @ ❶ 《...》を球にする; 固める 《up, into》: He ~ed *up* the letter and tossed it away. 彼はその手紙を丸めっぽいと捨てた. ❷ 《俗・卑》 《...と》性交する. ── @ ❶ 球になる; 固まる 《up, into》. ❷ 《俗・卑》 《...と》性交する 《with》.

báll úp 《動+副》 (1) 《...》を球にする (⇒ @ 1). (2) 《米口》 《...》を混乱させる, まごつかせる; 台なしにする 《英俗》 balls up): The computer program is all ~ed *up*. コンピューターのプログラムはすっかり混乱している. 《OE; 原義は「丸くふくらんだもの」》

*‡**ball²** /bɔ́ːl/ 名 ❶ C 舞踏会: give a ~ 舞踏会を催す / lead the ~ 舞踏の先導となる. ❷ [a ~] 《口》楽しい時間: have (oneself) a ~ 楽しい時間を過ごす. 《F<L *ballare* 踊る<Gk; cf. ballet》

‡**bal·lad** /bǽləd/ 名 ❶ バラッド, 物語歌, 民謡; 物語詩. ❷ バラード《センチメンタルなラブソング》. 《F<Prov<L↑》

bal·lade /bəlɑ́ːd/ 名 ❶ C バラード (8行の3句節と4行の envoi とから成るフランス詩体; 各節と envoi は同一の畳句で終わる). ❷ 【楽】バラード, 叙事歌[曲], 譚詩《↑》

bal·lad·eer /bæ̀lədíə | -díə/ 名 バラッド歌手[作者] (= ballad).

bállad mèter 名 U 【韻】 バラッド律《弱強 (iambic) の四歩格と三歩格を交互にした4行からなる stanza 型をなす》.

bal·lad·ry /bǽlədri/ 名 U ❶ バラード(形式で書かれた)詩. ❷ バラード作(法).

báll-and-sócket jòint 名 ❶ 【機】 玉継手. ❷ 【解】 臼状関節.

‡**bal·last** /bǽləst/ 名 ❶ **a** 【海】バラス(ト), 底荷, 脚荷(ｱｼﾆ). **b** (気球の)砂袋. **c** (鉄道・道路の)バラス, 砂利. ❷ (心の)安定; 堅実味: have [lack] ~ 心に落ち着きがある[ない]. ❸ 【電】 安全抵抗. **in bállast** 〈船が〉底荷だけで, から荷で. ── 動 @ ❶ 〈船〉に底荷を積む. ❷ 〈鉄道・道路〉にバラスを敷く. 《Scand<*bar* むきだしの+*last* 荷》

báll bèaring 名 【機】 ❶ ボールベアリング, 玉(入り)軸受け (cf. roller bearing). ❷ [通例複数形で] ボールベアリングの玉.

báll bòy 名 (テニスなどの)ボール拾い《少年》, ボールボーイ.

báll-brèaker 名 《米卑》 =ball-buster.

báll-bùst·er 名 《米卑》 ❶ 男の自信を失わせる(性的に)強い女性. ❷ きつい[難しい]仕事. **báll-bùst·ing** 形

báll clày 名 U 《米》ボールクレー《練ると球状にできる二次粘土》; =pipe clay.

báll clùb 名 《米》野球チーム.

báll còck 名 玉栓, 浮子栓《水槽などの水の流動を自動的に調節する水栓》.

‡**bal·le·ri·na** /bæ̀ləríːnə/ 名 バレエの踊り子《女》, バレリーナ. 《It↓》

*‡**bal·let** /bǽleɪ, —́—́ | —́—/ 名 ❶ **a** C バレエ, 舞踊劇. **b** U [しばしば形容詞的] バレエ術: a lesson in ~ バレエの練習. **c** C バレエ曲. ❷ C [単数または複数扱い] バレエ団. 《F<It<L *ballare* 踊る; ⇒ ball²》

bállet dàncer 名 バレエダンサー.

bal·let·ic /bəlétɪk/ 形 バレエの(ような), バレエ的な, バレエに適した. **-i·cal·ly** 副

bal·let·o·mane /bælétəmèɪn | bǽlɪtoʊ-/ 名 バレエ熱狂家.

bal·let·o·ma·ni·a /bæ̀lətəméɪniə/ 名 U バレエへの傾倒[熱中], バレエ中.

bállet slìpper 名 [通例複数形で] バレエシューズ.

báll flòat 名 【機】 (玉栓 (ball cock) を作動させるための) 球浮き.

‡**báll gàme** 名 ❶ 球技; 《米》 (特に)野球. ❷ 《米口》状況, 事態: a whole new ~ まったく新しい状況.

báll gírl 名 (テニスなどの)ボール拾い《少女》, ボールガール.

báll hàwk 名 (球技で)ボールを奪うのがうまい選手; (野球で)フライを捕るのがうまい外野手.

Bal·li·ol /béɪljəl/ 名 ベイリオル学寮《Oxford 大学の学寮名; cf. college 2》.

bal·lis·ta /bəlístə/ 名 (*-tae* /-tiː/, ~s) 投石器, 弩砲(ﾄﾞﾎｳ)《古代の攻城用石を投げ装置》.

‡**bal·lis·tic** /bəlístɪk/ 形 弾道(学)の. **gò ballistic** (1) ひどく[急に]怒り出す. (2) 急成長する, 急増する. 《L<G *ballein* 投げる》

ballístic míssile 名 弾道ミサイル.

bal·lis·tics /bəlístɪks/ 名 U 弾道学; 射撃学.

báll líghtning 名 U 【気】 球電(光), 火の玉《球状の稲妻でまれな現象》.

bal·locks /bǽləks/ 名 @ =bollocks.

bal·lon /bəlɔ́ːŋ/ 名 ❶ U 【バレエ】 バロン《ダンサーが空中

に止まって見えるような軽やかな動き). ❷ ⓒ 丸い大型のブランデーグラス.
bal·lón d'es·sái /-deséi/ =trial balloon.
†**bal·loon** /bəlúːn/ 名 ❶ ❶ 気球: a captive [free] ~ 係留[自由]気球 / ⇒ hot-air balloon. **b** 風船(玉). ❷ (漫画の吹き出しの)囲み). gò óver ~ (英) dówn like a léad ballóon 《口》〈ジョークなどが〉効果を生まない, 受けない. when the balloón goès úp 《英口》〈危機・戦争など〉恐れていたことが起こる時. — 動 ⓘ ❶ 急増する, 急騰[急上昇]する〈out, up〉: ~ing oil prices 急騰する石油価格. **b** ふくれる, ふくらむ〈out, up〉; 急に太る. ❷ 気球に乗る: go ~ing 気球乗りをしに行く. **b** 〈ボールなどが〉カーブを描いて高く飛んで行く. — ⓣ 〈...〉をふくらませる. 〖F＜It = 大きい球〗

ballóon ángioplasty 名 ⓤ 〖医〗バルーン血管形成(術) (詰まった[狭くなった]血管にカテーテルで小さな気球を挿入し, ふくらませて血管を開通させる方法).
balloón·fish 名 〖魚〗ハリセンボン科の魚類の総称.
bal·loón·ing 名 ⓤ 気球飛行競技.
bal·loón·ist /-nɪst/ 名 気球に乗る人, 気球操縦者.
balloón mòrtgage 名 《米》バルーン返済型住宅ローン (満期日までは少額を定期的に返済し, 最後に残りを一括返済するタイプのローン).
balloón pàyment 名 《米》(balloon mortgage の)返済期日の一括支払い.
balloón tìre 名 バルーンタイヤ(幅が広くて厚い自転車や初期の自動車などの低圧タイヤ).
balloón whísk 名 (針金などを丸く曲げた, 通例手動の)泡立て器.
*__bal·lot__ /bǽlət/ 名 ❶ ⓤⓒ (無記名)投票; くじ引き: a secret ~ 無記名投票 / an open ~ 記名投票 / elect [vote] by ~ 投票で選挙する[決める] / hold a ~ (on...) (について)投票を行なう / put...on a [the] ~ ...を投票にかける[で決める]. ❷ ⓒ (無記名)投票用紙 (ballot paper): cast a ~ (for [against]...) (...に賛成[反対])投票する. ❸ ⓒ [通例 the ~] 投票総数: The total ~ was 3,000. 投票総数は 3 千だった. — 動 ⓘ ❶ [...について]〈人々が〉票決を求める (poll): Union members were ~ed on the proposal. 組合員は小委の提案について票決を求められた. ❷ 〈人を〉[...に]投票で選出する: He was ~ed for chairman. 彼は投票で議長に選出された. ⓘ ⓐ (無記名で)投票をする: ~ for [against] the bill その法案に賛成[反対]の投票をする. **b** 〈人を〉投票で選出する: ~ for the new chairman 新議長の選挙をする. ❷ 〔...を〕抽選で決める: ~ for precedence (下院での発言などの)優先権をくじで決める. 〖It = 小さな球; 中世で投票に用いた〗
†**bállot bòx** 名 投票箱; 投票; 選挙. **stúff the bállot bòx** 《米》(選挙で)不正な複数回投票をする.
bállot pàper 名 =ballot 2.
báll·pàrk 名 《米》❶ (野)球場. ❷ 大体の範囲(野球入場者を概算することから). **in the bállpàrk** 《米口》(1) 〈数量などが〉ほぼ正確で. (2) 〈見積もりなどが〉ほぼ妥当で[目標に近くて]. — 形 Ⓐ おおよその, ほぼ正しい: a ~ figure 概数. **in the sáme bállpàrk** 《米口》〔...と〕ほぼ同等である〖as〗.
báll·plàyer 名 《米》球技をする人, (特に)(プロの)野球選手.
†**báll·pòint (pén)** 名 ボールペン (cf. Biro).
†**báll·ròom** 名 舞踏室[場].
bállroom dàncing 名 ⓤ 社交ダンス.
bálls 動 ★次の成句で. **bálls úp** 《俗+副》《英卑》〈...を〉混乱させる; 台なしにする (《米口》ball up).
bálls-úp 名 《英卑》へま, 失敗.
balls·y /bɔ́ːlzi/ 形 (**balls·i·er, -i·est**) 《米俗》度胸のある, 勇敢な.
báll válve 名 ❶ 〖機〗ボール弁, 玉弁. ❷ =ball cock.
bal·ly /bǽli/ 形 《英俗》Ⓐ いまいましい, べらぼうな. — 副 いやに, ひどく.
bal·ly·hoo /bǽlihùː/ |ˌ--́-/ 名 ⓤ 《口》騒々しい低級な宣伝, 誇大広告〖for〗. ❷ 大騒ぎ. — 動 ⓣ 〈...〉の大宣伝をする.

---

127   **ban**

bal·ly·rag /bǽliræg/ 動 ⓣ =bullyrag.
†**balm** /bɑ́ːm/ 名 ⓤ [通例単数形で] ❶ 香油, 香膏(ঐ). ❷ 慰め, 安らぎ. ❸ ⓤ 〖植〗シソ科のハーブ, (特に) lemon balm. **bálm of Gíl·e·ad** (1) ⓒ 〖植〗アラビアバルサノキ《芳香性の樹脂が採れる》. (2) ⓤ (アラビアバルサムノキから採れる)オレオ樹脂. (3) = balm 2. 〖F＜L balsamum BALSAM〗
bal·mor·al /bælmɔ́ːrəl | -mɔ́r-/ 名 ❶ (スコットランド兵の)平たい縁なし帽子. ❷ バルモラル靴(編上げ靴).
Balmóral Cástle 名 バルモラル城 《スコットランドにある英国王室の別邸》.
balm·y /bɑ́ːmi/ 形 ❶ ❶ 香油の(ような); 香りのよい. **b** さわやかな, 穏和な: ~ weather すがすがしい天候 / the ~ days of June 6月のさわやかな日々. ❷ 《米口》まぬけな (《英俗》 barmy). **bálm·i·ly** /-mɪli/ 副 **-i·ness** 名 ⓤ balmy.
bal·ne·ol·o·gy /bælniɑ́lədʒi | -ɔ́l-/ 名 ⓤ 〖医〗浴療学[法], 温泉学, 湯治学. **-gist** 名 温泉学[浴療学]専門医.
bal·ne·o·therapy /bælniou-/ 名 ⓤ 鉱泉[温泉]療法.
ba·lo·ney /bəlóuni/ 名 ❶ ⓤ 《口》 ばかげたこと, たわごと. ❷ 《米》 =Bologna sausage. — 間 ばかな.
bal·sa /bɔ́ːlsə/ 名 ❶ ❶ ⓒ 〖植〗バルサ (熱帯アメリカ原産の常緑高木). **b** ⓤ [また **bálsa wòod**) 〖木〗バルサ材(軽くて強い). ❷ ⓒ バルサ材のいかだ(浮標). 〖Sp=boat〗
bal·sam /bɔ́ːlsəm/ 名 ❶ ❶ ⓤ バルサム(液状樹脂; 薬用・工業用). **b** =balm 2. ❷ ⓒ 〖植〗 **a** ホウセンカ. **b** = balsam fir. 〖L＜Gk＜Heb〗
bálsam fír 〖樹〗バルサムモミ 《北米産; パルプ材・クリスマスツリーに用いられる》.
bal·sam·ic /bɔːlsǽmɪk, bæl-/ 形 バルサムのような; バルサム質の; バルサムを産する[含む]; 芳香性の, 鎮痛性の.
balsámic vínegar 名 ⓤ バルサミコ酢 《イタリア産の白ぶどう液熟成酢》.
Bal·tha·zar /bælθəzɑ́ːr | -zái/ 名 バルザザール《普通の瓶 16 本分の容量 (約 12 リットル) のワインの瓶》.
Bal·tic /bɔ́ːltɪk/ 形 ❶ バルト海の. ❷ バルト諸国の. ❸ バルト語派の. — 名 ⓤ バルト語派 (Latvian, Lithuanian などを含む印欧語族).
Báltic Séa [the ~] バルト海.
Báltic Státes 名 複 [the ~] バルト諸国 (Estonia, Latvia, Lithuania の 3 共和国).
Bal·ti·more /bɔ́ːltəmɔ̀ːr | -mɔ̀ː-/ 名 ボルティモア《米国 Maryland 州の都市》.
Báltimore óriole 名 〖鳥〗ボルティモアムクドリモドキ.
bal·us·ter /bǽləstər/ |-tə-/ 名 (手すり・欄干の小柱; しばしばひょうたん形). 〖F＜L＜Gk=ザクロ; 形状の連想〗
bal·us·trade /bǽləstrèɪd/ | ˌ--́-/ 名 (手すり子 (baluster) を並べ立てた)手すり, 欄干(ᵏᵃᵏ) (cf. banister 1).
bál·us·tràd·ed /-dɪd/ 形
Bal·zac /bɔ́ːlzæk, bǽl- | bǽl-/, **Ho·no·ré de** /ɑnəréɪd | ɔnə-/ 名 バルザック (1799–1850; フランスの小説家).
bam /bǽm/ 間 バン, ドン, ガン, ドスン 《強くたたく[ける, ぶつかる, 破裂する]音》.
Ba·ma·ko /bæːmɑːkóu/ 名 バマコ 《マリの首都・河港都市》.
bam·bi·no /bæmbíːnou/ 名 (復 **~s, -ni** /-niː/) ❶ 子供, 赤ん坊. ❷ (復 **-ni**) 幼いキリストの像. 〖It〗
†**bam·boo** /bæmbúː/ 名 (復 **~s**) ❶ ⓒⓤ 竹. ❷ ⓤ 竹材. **b** ⓒ 竹の棒. — 形 ❶ 竹の: ~ shoots たけのこ. ❷ 竹製の: a ~ basket 竹製のバスケット. 〖Du＜Malay〗
bamboó shòot 名 たけのこ, 筍.
bam·boo·zle /bæmbúːzl/ 動 ⓣ 《口》〈人を〉言葉巧みに欺く, だます; 当惑させる, 迷わす.
*__ban__ /bǽn/ 名 ❶ (公的な)禁止; 禁止令: a press ~ 掲載禁止, 記事差し止め / a total ~ on nuclear arms 核兵器全面禁止 / put [impose] a ~ on......(法律で)禁止する / lift [remove] the ~ on......を解禁する. ❷ (世論の)無言の圧迫, 反対〖on〗. ❸ 破門; 追放; 公権剥奪. — 動

banal

⊕ (banned; ban・ning) 〈…を〉禁止する (prohibit): *The Times* has *banned* sexist usages. 「タイムズ」紙は性差別的な言い回しを禁じている / The athlete was *banned from* (participating in) the Olympics. その選手はオリンピックへの参加を禁止された 〖用法〗 ban...from は通例受身. 〖OE=布告する〗 【類義語】⇒ forbid.

⁺**ba・nal** /bənǽl, bæ- | -nǽl/ 形 陳腐な, 平凡な: a ~ joke [question] 陳腐な冗談[質問]. **~・ly** /-lli/ 副 〖F =(封建制の)奉仕で; 奉仕が誰にでも課されたことから〗 (名 banality).

ba・nal・i・ty /bənǽləṭi, bæ-/ 名 ① 陳腐. ② 陳腐な考え[言葉].

***ba・nan・a** /bənǽnə | -náːnə/ 名 バナナ(の実): a bunch [hand] of ~s バナナひと房. 〖Sp. & Port < W-Afr.〗

banána bèlt 名 《米口・カナダ口》気候温暖な地域.

banána plùg 名 〘電〙バナナプラグ(先端がスプリングになったバナナ形の単極プラグ).

banána quìt 名 〘鳥〙マミジロミツドリ(熱帯アメリカ産).

banána repùblic 名 〘軽蔑〙バナナ共和国(経済・政情不安定で外資に操られる中南米の小国).

ba・nan・as /bənǽnəz | -náːn-/ 形 《俗》気が狂った; 熱狂した: go ~ 気が狂う, いかれる, ばか(みたい)になる; 激怒する, ひどく興奮する, 熱狂する.

banána split 名 バナナスプリット(縦に切ったバナナの上にアイスクリームをのせ, シロップ・泡立てクリーム・ナッツなどをかけたデザート).

ba・nau・sic /bənɔ́ːsɪk, -zɪk/ 形 職業的な, 実用的な; 《軽蔑》実利的な, 営利的な; 機械的な, 退屈な; 《軽蔑》職人向きの, 独創性のない, あかぬけしない.

Bán・bu・ry càke /bǽnbèri- | -b(ə)ri-/ 名 バンベリーケーキ(干しブドウ・オレンジの皮・蜂蜜・香辛料などを混ぜた小さな卵形パイ).

bánc・assùrance /bǽŋk-/ 名 Ⓤ 《英》銀行による保険商品の販売, 銀行保険, バンカシュアランス. **bánc・assùrer** 名

ban・co /bǽŋkoʊ/ 名 (複 ~s) 〘トランプ〙 バンコ (baccarat や chemin de fer で, 子の一人が親と同額を賭けることと, また, その宣言; 他の子の賭けは全部無効となる).

***band**¹ /bǽnd/ 名 ① 縛るもの: **a** ひも, なわ. **b** (桶の)たが, 環, 帯金: a rubber ~ 輪ゴム. **c** (鳥の脚につける)標識バンド. ② 帯状のもの: **a** 帯, ベルト, バンド: wear a ~ around one's head 頭にバンドを巻きつける. **b** (帽子の)はち巻き. **c** (製本用の)背 _(せ)_ 革. **d** (突起のない)指輪: a wedding ~ 結婚指輪. ③ (色の)しま, すじ: a ~ of light 一条の光. ④ **a** (一連の数値の中の範囲を示す)帯域, …帯. **b** 〘通信〙バンド, 周波数帯 (waveband). ━━ 動 ① **a** 〈ものを〉ひも[帯]で縛る. **b** 〈鳥の(脚)に標識バンドをつける. ② 〈…に〉しま[帯状の線]をつける. ③ 《英》 (課税などの際, 基準に従って)〈…を〉階層[グループ]に分類する, 〈課税などを〉階層区分する; 〈学生を〉クラス[グループ]に分ける. 〖F & ON=縛るもの〗

‡**band**² /bǽnd/ 名 〖単数または複数扱い〗 ① (ロックなどの)バンド; (吹奏)楽団: a jazz ~ ジャズバンド ⇒ brass band. ② **a** (人の)一隊, 一団: a ~ of thieves [demonstrators] 盗賊団[デモ隊]の群れ, 一団. **b** 《米》部族. to beát the bánd 《米口》すごい勢いで, 盛んに (★「楽団の音に負けないほど」の意から): She cried *to beat the* ~. 彼女は激しく泣いた. **when the bánd begins to pláy** 事態が重大化する時. ━━ 動 ⊕ 団結する, まとまる: We must ~ *together* to defend democracy. 民主主義を守るために団結しなければならない. ━━ 他 〈人々を〉団結させる 〈*together*〉; [~ oneself で] 団結する. 〖F<Prov & It=群れ, 一団〗 【類義語】⇒ company.

⁺**band・age** /bǽndɪʤ/ 名 ❶ 包帯: be in ~s 包帯をいっぱい巻いている / apply a ~ (to...) (…)に包帯をする / change a ~ 包帯を取り替える. ❷ 目隠しの布. ━━ 動 他 〈…に〉包帯をする: ~ (*up*) a person's leg 人の脚に包帯をする. 〖F; ⇒ band¹, -age〗

Band-Aid /bǽndèɪd/ 名 Ⓒ 《米》〘商標〙バンドエイド(救急ばんそうこう). ━━ 形 Ⓐ 一時しのぎの, とりあえずの (cf. cosmetic).

ban・dan・na, ban・dan・a /bændǽnə/ 名 Ⓒ バンダナ(インド原産の大形の絞り染めハンカチ; ネッカチーフなどとしても用いる). 〖Port<Hind<Skt〗

Ban・dar Se・ri Be・ga・wan /báːndəsèribəgáːwən | bǽndə-/ 名 バンダル・スリ・ブガワン《ブルネイの首都》.

B and [&] B, b and [&] b 名 Ⓤ =BED and breakfast 成句.

bánd・bòx 名 (帽子・カラーなどを入れておく)紙箱, 薄板箱. **lóok as if one had còme óut of a bándbox** きちんとした身なりをしている.

ban・deau /bændóʊ/ ⌒- /名 (複 ~**x** /-z/) ① (女性の)ヘアバンド. ② 幅の狭いブラジャー. 〖F〗

ban・de・ril・la /bæ̀ndəríː(l)jə/ 名 〘闘牛〙バンデリリャ(牛の首・肩に刺す飾り付きの槍).

ban・de・ril・le・ro /bæ̀ndəri(l)jéərou/ 名 (複 ~s) 〘闘牛〙 バンデリリェロ (banderilla を使う闘牛士).

ban・de・rol(e) /bǽndəròʊl/ 名 (やり先・マストの上の)小旗, 吹き流し.

Ban・der・snatch /bǽndəsnæ̀ʧ | -də-/ 名 ❶ バンダースナッチ (Lewis Carroll の「鏡の国のアリス」(*Through the Looking-Glass*) に登場する架空の動物). ❷ [b-] (警戒心のすばやい)奇怪な人[動物].

ban・di・coot /bǽndɪkùːt/ 名 〘動〙 ❶ (また **bándicoot ràt**) オニネズミ(インド・セイロン産; 稲に大害をする). ❷ バンディクート, フクロアナグマ(オーストラリア, New Guinea 産).

bánd・ing 名 Ⓤ ❶ 縞模様. ❷ 〘生化〙染色法. ❸ 〘英教育〙能力別グループ分け(小学校最終学年において生徒を能力によって3段階に分けること).

ban・di・ni /bændíːni/ 名 バンディーニ(肩ひものないビキニ水着).

⁺**ban・dit** /bǽndɪt/ 名 (複 ~**s**, **ban・dit・ti** /bændíṭi/) ❶ (武装した)山賊, 追いはぎ, 盗賊. ❷ 悪漢, 無法者. **ban・dit・ry** /bǽndɪtri/ 名 Ⓤ 山賊行為. 〖It=追放された者〗

bánd・lèader 名 楽団の統率者[指揮者], バンドリーダー.

bánd・màster 名 (楽隊の)楽長, 指揮者.

bán・dog /bǽn-/ 名 (攻撃性の強い種の犬を交配させてつくる)闘犬 (American pit bull terrier, rottweiler, mastiff のかけあわせなど).

ban・do・leer, ban・do・lier /bæ̀ndəlíə | -líə/ 名 (肩にかける)弾薬帯. 〖F<Sp<*banda* band〗

ban・do・ne・on /bændóʊnìən | -ən-/ 名 《楽》バンドネオン (ラテン音楽によく用いられるアコーディオンの一種).

ban・dore /bændɔ́ə | -dɔ́ː/, **-do・ra** /bændɔ́ːrə/ 名 バンドーラ (lute または guitar に似た昔の撥 _(ばち)_ 弦楽器).

bánd-pàss filter 名 〘電子工〙帯域(通過)フィルター[濾波器].

bánd sàw 名 帯のこぎり.

bánd shèll 名 (後部に半円状の反響板がある)野外ステージ.

bands・man /bǽn(d)zmən/ 名 (複 **-men** /-mən/) (楽隊の)隊員, 楽隊員, バンドマン.

bánd・stànd 名 (通例屋根付きの) 野外(音楽)ステージ.

Ban・dung /báːndʊŋ | bǽn-/ 名 バンドン(インドネシアの Java 島西部の都市, リゾート地).

ban・du・ra /bændʊ́rə/ 名 バンドゥーラ (ウクライナの lute に類する撥弦楽器).

⁺**bánd・wàgon** 名 ❶ Ⓒ (行列の先頭の)楽隊車. ❷ [通例単数形で] 時流に乗って人気(急)上昇中の, 次々と人が集まる]運動[活動(など)]. **clímb [gét, júmp] on the bándwagon** 《口》優勢の側につく; 時流に乗る, 便乗する (圃米 選挙運動などの楽隊車に乗るの意から).

bánd・width 名 ⓒⓤ ❶ 〘電子工〙(特定の送信電波の, また増幅器などが有効に作用する)(周波数)帯域幅. ❷ 〘電算〙帯域幅(データ通信機器の伝送能力).

ban・dy /bǽndi/ 動 他 ❶ 〈名前・考えなどを〉よく話題にする[口にする], 取り沙汰 _(ざた)_ する; 〈悪いうわさなどを〉言いふらす 〈*about*, *around*〉. (★ しばしば受身): The word "diversity" *is bandied about* a lot these days. 最近「多様性」という言葉がよく人々の口にのぼっている. ❷ 《古風》〈冗談・議論などを〉〈人と〉やり取りする: ~ words *with*...と

口論する, 言い争う. ❸《ボールなどを》打ち[投げ]合う.
── 形 (ban·di·er; -di·est) ❶《脚が》湾曲した. ❷ = bandy-legged.〖F=結束して反対する;⇒band²〗

bándy-bándy 图 (動) バンディバンディヘビ《黒と黄の環状の縞模様があるオーストラリア産コブラ科の小型毒ヘビ》.

bándy-légged /-lég(ɪ)d/ 形 がにまたの.

bane /béɪn/ 图 [the ~]《…の》破滅[災い, 不幸]のもと: Gambling was the ~ of his life [existence]. ばくちが彼の破滅のもとになった.《OE; 原義は "死" をもたらすもの》

bane·ber·ry /béɪnbèri/ |-b(ə)ri/ 图 (植) ルイヨウショウマ属の多年草《キンポウゲ科; 北半球産》; ルイヨウショウマの果実《赤, 黒, または白く熟する液果で, しばしば有毒》.

bane·ful /béɪn(ə)l/ 形 《文》有害な: a ~ influence 悪影響. **~·ly** /-fəli/ 副. **~·ness** 图

Banff /bǽnf, bǽmf/ 图 バンフ《カナダ Alberta 州南西部にある Rocky 山脈中の国立公園; 観光・保養地》.

*__bang¹__ /bǽŋ/ 動 自 ❶ 〔…を〕ドンドンたたく〔on, at〕: I heard someone ~ing on the door with his fist. だれかがドアをドンドンたたいているのが聞こえた. ❷ a〈ドアなどが〉バタンと鳴る;《…の状態に》なる〔+補〕The door ~ed shut [back]. ドアはバタンと閉まった[バタンともとに閉まった]. b ズドン[ドン]と鳴る, 大きな音をたてる: Their guns were ~ing away. 彼らの銃はバンバンと鳴り続けていた / The children were ~ing about noisily. 子供たちは騒々しくドタバタとはねていた. ❸〔…に〕ドンとぶつかる〔against, into〕. ❹《俗・卑》性交する.
── 他 ❶〈ドアなどを〉バタンと鳴らす, バタンと閉める;《…を》したたか打つ, 強く打つ: He went out, ~ing the door behind him. 彼はドアをバタンと閉めながら外へ出た / I tumbled and ~ed my hip. ころんで腰をしたたか打った / He ~ed the book on the floor. 本を床にバンとたたきつけた. ❷〈銃砲などを〉ズドンと放つ. ❸〈知識などを〉頭にたたき込む: My father tried to ~ Latin grammar into my head. 父は私の頭にラテン語の文法をたたき込もうとした. ❹《俗・卑》〈…と〉性交する.

báng awáy (自+副) (1)〔…に〕ズドンと続けて発砲する〔at〕(⇒ 自 ❶ b). (2) バンと鳴り続ける (⇒ 自 ❷ b). ❸《口》〈仕事などを〉一生懸命[熱心]にやる〔at〕. (4)《卑》何度も性交する.

báng óut(他+副)《口》(1)〈音楽を〉大きな音で演奏する. (2)〈質の悪いものを〉大量に産出する. (3)〈…を〉パソコンなどで急いで書く.

báng úp(他+副)《口》(1)〈ものを〉壊す/〈自分の体などを〉傷つける: I ~ed up my knee skiing. スキーをしている時に膝にけがをした. (2)《英口》〈…を〉刑務所にぶち込む.

── 图 ❶ [C] 強打(の音), ズドン(という音), 銃声; 爆発(音): He got a ~ on the head. 彼は頭をガンとなぐられた[打たれた] / [a ~]《口》刺激, 興奮; 衝撃: get a ~ out of music 音楽で興奮する. ❸ [C]《俗・卑》性交. ❹【電掌】感嘆符〖!〗.

with a báng (1) バタンと, ドンと: shut the door with a ~ ドアをバタンと閉める. (2)《口》首尾よく, うまく: go over [[来]] off) with a ~《公演などが》大成功する. (3)《口》だしぬけに, ぱったりと. (4) 精力的に, 勢いよく (cf. bang ❸): start things off with a ~ 物事を張り切って始める.

── 間 ズドン!, バタン!.
── 副 ❶ ズドンと: go ~ ドン[バタン]と鳴る, 破裂する. ❷《口》突然, いきなり. ❸《口》まさに, ちょうど: ~ in the middle まっただ中に / run ~ into a tree 木にまともにぶつかる.

báng óff《英口》直ちに, すぐに.
báng ón《英口》正確な, どんぴしゃりの[で].
《擬音語》

bang² /bǽŋ/ 图 [通例複数形で] 切り下げ前髪(《英》fringe): cut one's ~s 髪を切り下げにする: wear one's hair ~ed 前髪を切り下げにしている.〖↑; "ばさっ" と切ること〗

bang³ /bǽŋ/ 图 = bhang.

bán·ga·lore torpédo /bǽŋɡəlɔ̀ː- |-lɔ̀ː-/ 图 (軍) 破壊筒《高性能爆薬を詰め起爆装置を付けた金属筒; 地雷原・鉄条網破壊用》.

báng·er /bǽŋə |-ŋə/ 图《英口》❶ ソーセージ. ❷《うるさい》古自動車(《米》beater). ❸ 爆竹.

Bang·kok /bǽŋkɑk, ˈˈˈ |bǽŋkɔ̀k, ˈˈˈ/ 图 バンコク《タイの首都》.

Ban·gla·desh /bæ̀ːŋɡlədéʃ/ 图 バングラデシュ《インド大陸北東部の共和国; 旧東パキスタン; 首都 Dhaka》.

Bang·la·desh·i /bæ̀ːŋɡlədéʃi/ 图 (複 ~s, ~) バングラデシュ人. ── 形 バングラデシュ(人)の.

ban·gle /bǽŋɡl/ 图 ❶ 腕輪(bracelet), 足首飾り(anklet)《金属などの堅い輪の装身具》. ❷《腕輪・ネックレスなどにさげる》小円形の飾り.《Hindi》

báng·táil 图 ❶ 断尾した馬. ❷《米俗》競走馬.

Ban·gui /bɑːŋɡíː/ 图 バンギ《中央アフリカ共和国の首都》.

báng-úp 形《米俗》すばらしい, すてきな.

ban·ian /bǽnjən/ 图 = banyan (tree).

†**ban·ish** /bǽnɪʃ/ 動 他 ❶《罰として国外へ》追放する: ~ a person for political crimes 国事犯罪で人を追放する / ~ a person from the country 人を国から追放する / Napoleon was ~ed to Elba in 1814. ナポレオンは1814年にエルバ島に流された. ❷ a〈人を〉《面前から》追い払う〔from, out of〕. b〈心配などを〉《…から》払いのける〔from, out of〕.〖F=追放する〗图 banishment.【類義語】banish 命令・刑罰として, 国外から追放する. exile 命令または事情により, 生国[自国]から追放させる, または自ら望んで退去する. deport 好ましくない外国人を本国へ追放[強制送還]する. expatriate 強制的にあるいは自由意志で生国を出て正式に他国の市民権を持つ.

bán·ish·ment /-mənt/ 图 [U] 追放; 流刑.

ban·is·ter /bǽnɪstə |-tə/ 图 [時に複数形で] ❶《屋内階段の》手すり, 欄干 (cf. balustrade). ❷《階段の手すりの》小柱 (cf. baluster).【BALUSTER の変形】

ban·jax /bǽndʒæks/ 動《口》打つ, なぐる; やっつける.

ban·jo /bǽndʒoʊ/ 图 (複 ~s, ~es) バンジョー《弦楽器》.
bán·jo·ist /-ɪst/ 图 バンジョー奏者.

Ban·jul /bǽndʒuːl, ˈˈˈ/ 图 バンジュル《ガンビアの首都; Gambia 川河口の St. Mary 島に位置; 旧称 Bathurst》.

*__bank¹__ /bǽŋk/ 图 ❶ a 銀行: a savings ~ 貯蓄銀行 / a ~ of deposit [issue] 預金[発券]銀行. b [the ~]《英》the BANK of England 《成句》. ❷ a [通例複合語で] 貯蔵所: ⇒ blood bank, databank. b 貯金箱. ❸ [the ~]《賭け勝負の場で》貸元の金, 場銭. be màkin' bánk《俗》金をたくさん稼いでいる. bréak the bánk (1) 胴元をつぶす《負かしてその金を巻き上げる》. (2)《否定文で》人を無一文にする, 破産させる: 10 p. won't break the ~. 10ペンスでは破産はしない, 10ペンスはたいした金ではないよ. in the bánk (1) 銀行に預けて, 預金して. (2)《英》借金して. the Bánk of Éngland イングランド銀行.
── 動 他 a〈金を〉銀行に預ける, 預金する: He ~ed the money under another name. 彼は別名義でその金を銀行に預けた. b〈精子・血液などを〉預ける, 保管[保存]させる. ❷〈レースなどで〉選手が〈ある金額を〉稼ぐ.
── 自 ❶〈銀行に〉預金する;〈銀行と〉取引する〔with, at〕: Where do you ~? どこの銀行に預金していますか / Who (m) do you ~ with? どの銀行と取引がありますか. ❷《ばくちで》胴元になる. ❸ 銀行業を営む. bánk on...《口》...を当てにする, 頼る (count on, rely on): You can ~ on me when you need help. 援助が必要な時は私を当てにしてよい / [+doing] She was ~ing on the company to pay her expenses. 彼女は費用は会社が出してくれるものと思い込んでいた.〖F=It《両替屋の》机, 帳場》〗

*__bank²__ /bǽŋk/ 图 ❶ [C] a《川・湖などの》土手, 堤防.《小道・畑の境界となる》土手, 土盛り: sit down against the ~ by the wayside 路傍の土手を背に腰を下ろす. c《丘などの》斜面, 坂. ❷ a 川岸: the right ~ of a river《川下に向かって》右岸. b [複数形で] 川の両岸, 川沿い地: on the ~s of the Thames テムズ川沿いの地に. ❸ [C]《土手のように》積み重なったもの; 堆積, 層: a ~ of clouds 重なり合った雲, 層雲. ❹ [C]《海洋中の州(ᵎ), 浅瀬: a sand ~ 砂州 / the ~s of Newfoundland ニュー

bank

ファンドランドの浅瀬《漁場》. ❺ a ⓒ (道路・レース走路の カーブにつけられた)横傾斜, バンク. b Ⓤ (また a~) 〘空〙バン ク, 横傾斜: the angle of ~ バンク角(飛行中の左右傾斜角). ── 動 ❶ 〈…に〉堤防を築く, 堤で囲む: ~ a river 川に堤防を築く. ❷ 〈…を〉積み上げる[重ねる]: ~ snow (up) 雪を積み上げる. ❸ 〈火を〉おおう; 灰[薪炭(ﾀﾝ)] (など)の上に置く〈up〉. ❹ 〈道路などのカーブに〉横傾斜をつける. b (方向転換のため)〈車体・機体(など)を〉傾斜させる. ── 動 ❶ 積み重なる, 層を成す: The sand had ~ed up. 砂が積み重なっていた. ❷ 〈自動車・飛行機(など)が〉傾いて走行[飛行]する. 〖ON bakki〗

bank³ /bǽŋk/ 名 ❶ a (ものの)列: (大量の機械の)列, 並び: a ~ of speakers ずらりと並んだスピーカー. b (ピアノ・タイプライターなどの)キーの列, 鍵座(ｹﾝ). c (古代のガレー船のオールの列. d (エンジンの)シリンダーの列. ❷ 〘新聞〙そで見出し, 副見出し(数行続く見出しの一部). ❸ 〘電〙バンク (同時に作動できるように並べたスイッチまたは端子). ── 動 ⑭ 〈…を〉…で〉一列に並べる[配置する] 〈with〉. 〖F=ベンチ, 座席〗

bánk·a·ble /bǽŋkəbl/ 形 ❶ 《米口》〈俳優など〉客を呼ぶ, もうかりそうな. ❷ 銀行で引き受けられる. ❸ 信頼[信用]できる.

⁺**bánk accòunt** 名 銀行預金口座[残高].
bánk assùrance 名 =bancassurance.
bánk bàlance 名 [通例単数形で] 銀行預金残高.
bánk bìll 名 ❶ 《米》=banknote. ❷ 銀行手形.
bánk bòok 名 (銀行)預金通帳.
bánk càrd 名 ❶ 《英》バンクカード《キャッシュカード, デビットカードとしての機能のほか, 小切手利用時に銀行の支払い保証のあることを示すことができる》. ❷ 《米》(銀行)クレジットカード; キャッシュカード.
bánk clèrk 名 銀行員 (cf. banker¹ 1).
bánk dràft 名 銀行為替手形(略 B/D).
⁎**bank·er¹** /bǽŋkə | -kə-/ 名 ❶ ⓒ 銀行家, 銀行業者 〘解説〙銀行を所有または管理する人をいう;「銀行員」は bank clerk という. ❷ ⓒ (賭博場の)胴元, 貸元. ❸ 《トランプ》 a ⓒ 親, (札の)配り手. b Ⓤ 銀行遊び: play ~ 銀行遊びをする.
bank·er² /bǽŋkə/ 名 ❶ (Newfoundland 南東沖漁場の)タラ漁船, タラ漁師. ❷ 《豪》堤まで増水した川.
bánker's bìll 名 銀行手形.
bánker's càrd 名 《英》=bankcard 1.
bánker's dràft 名 =bank draft.
bánkers' hòurs 名 ⓟ 短い労働時間.
bánker's órder 名 =standing order 1.
Bánk for Internátional Séttlements 名 [the ~] 国際決済銀行(略 BIS).
⁺**bánk hóliday** 名 ❶ 《米》銀行休日. ❷ 《英》一般公休日, 公休日《《英》legal holiday》〘解説〙日曜日以外に銀行が閉まる日で, 年によって日付が移動する日が多く, 月曜日が多いので連休になる; England, Wales では New Year's Day, Good Friday, Easter Monday, Early May Bank Holiday (5月第1月曜日), Spring Bank Holiday (5月最終月曜日), Summer Bank Holiday (8月最終月曜日), Christmas Day, Boxing Day)).
⁎**bank·ing¹** /bǽŋkɪŋ/ 名 Ⓤ 銀行業, 銀行業務.
bánk·ing² /bǽŋkɪŋ/ 名 Ⓤ ❶ 土手造り, 堤防建設. ❷ 〘空〙横傾斜.
bánk ìnterest 名 Ⓤ 銀行利子.
bánk·nòte 名 銀行券[紙幣], 紙幣 (★《米》では (bank) bill が一般的).
bánk ràte 名 [しばしば the ~] (中央銀行の)割引[公定]歩合.
bánk·ròll 《米》名 財源, (手もと)資金. ── 動 ⑭ 〈…に〉資金を出す, スポンサーとなる. ~·**er** 名 金主.
⁎**bank·rupt** /bǽŋkrʌpt, -rəpt/ 形 ❶ 破産した, 支払い能力のない; 破産宣告を受けた: go [become] ~ 破産する / be declared ~ 破産宣告を受ける. ❷ (精神的に)破綻した; 〔よいものがまったくない, 〈…を〉失って: a morally ~ government 倫理の欠如した政府 / He seems to be ~ of human feeling. 彼には人間としての心がなくなっているようだ. ❸ 〘法〙破産者, 支払い不能者(略 bkpt.). ❷ (性格)破綻(ﾀﾝ). ── 動 ⑭ ~ を破産させる. 〖F < It = 壊れたベンチ(机); 金貸しが破産すると帳場が壊されたことから〗
⁎**bank·rupt·cy** /bǽŋkrʌptsi, -rəp-/ 名 ❶ Ⓤ.C 破産, 倒産: file for ~ 破産[破産法適用]を申請する / go into ~ 倒産する / a trustee in ~ 〘法〙破産管財人. ❷ Ⓤ [また a ~] 〈名声などの〉失墜 〈of〉; (性格の)破綻(ﾀﾝ). 〖↑ + -CY〗
Banks /bǽŋks/, **Ernie** バンクス (1931- ; 米国の野球選手; Chicago Cubs の内野手).
bánk·si·a róse /bǽŋ(k)siə-/ 名 [しばしば B~ r~] 〘植〙モッコウバラ(淡黄色または白色の花が咲く; 中国原産).
bánk stàtement 名 (銀行から顧客へ定期的に送る)取引明細書 (statement).
bánk tèller 名 =teller 2a.
⁎**ban·ner** /bǽnə | -nə/ 名 ❶ ⓒ (スローガン・広告などを記した)横断幕, 垂れ幕; (ホームページ上の)バナー《ページのタイトルやスポンサーの広告に使われる画像); =banner headline. ❷ ⓒ a 〈文〉旗(国旗・軍旗・校旗などの.★現在では FLAG を用いる): ⇒ Star-Spangled Banner. b (昔の君主・領主などの)旗, のぼり. ❸ 旗じるし, 表象. **cárry the bánner for...** 〈口〉…をひいきする, 支持する. …の先頭に立つ. **fóllow [jóin] the bánner of ...** …の部下である[に加わる]. **ùnder the bánner of...** (1) …の旗じるしのもとに, …を支持して: fight under the ~ of freedom 自由の旗じるしのもとに戦う. (2) 〈組織などの〉一員[一部]として, …の名のもとに. **unfúrl one's bánner** 態度を明らかにする. ── 形 Ⓐ 《米》優秀な, 主な, 一流の: a ~ crop 豊作 / a ~ year for sales セールスのあたり年. 〖F < L〗〖類義語〗 ⇒ flag¹.
bánner àd 名 〘電算〙バナー広告《インターネットのページ上に出る広告》.
bánner àdvertising 名 Ⓤ 〘電算〙バナー広告.
ban·ner·et /bǽnərət/ 名 [しばしば B~] ❶ ⓒ 上級騎士, 幟(ﾉﾎﾞﾘ)騎士《みずからの旗のもとに一隊の臣下を従えて出陣できる騎士; 一般の騎士よりも上位の騎士). ❷ バナー勲位(戦場の武勲に対する授爵位).
ban·ner·et(te) /bǽnərɪt/ 名 小旗.
bánner hèadline 名 (新聞の)第一面全段抜きの大見出し.
ban·nis·ter /bǽnɪstə | -tə/ 名 =banister.
Ban·nis·ter /bǽnɪstə | -tə/, **Sir Roger** バニスター (1929- ; 英国の中距離走者).
ban·nock /bǽnək/ 名 《スコット・北英》バノック《パン種を入れないオート麦や大麦で作る丸い平たいパン》.
banns /bǽnz/ 名 ⓟ 結婚予告《教会の挙式前に連続3回日曜日に行ない, 異議の有無を問う》: publish [call, put up] the ~ 教会で結婚を予告する / forbid the ~ 〈古〉結婚に異議を申し立てる. 〖BAN+-s¹〗
ba·nóf·fi píe, ba·nóf·fee píe /bənάːfi- | -nɔ́fi-/ 名 バノフィーパイ《バナナ・トッフィー・クリームで作るパイ[タルト]》.
ban·quet /bǽŋkwɪt/ 名 ❶ (大勢の人が出席しての正式の)宴会, ごちそう: a wedding ~ (盛大な)結婚披露宴 / give [hold] a ~ 宴会を催す. ── 動 ⑭ 〈人を〉宴会を開いてもてなす. ── 動 ⑭ 宴会に列席する, ごちそうを食べる. ~·**er** /-tə | -tə/ 名 宴会出席者, ごちそうを食べる人. 〖F = 〈原義〉小さなベンチ〈 banc ベンチ; cf. bank³; 原義は「家の作業台でとる食事」か〗
bánquet ròom 名 宴会場.
ban·quette /bæŋkét/ 名 ❶ (レストランなどの壁際の)長いす. ❷ 《米南部》(車道よりも高い)歩道. 〖F; ⇒ banquet〗
ban·shee, ban·shie /bǽnʃiː, -ˈ-/ 名 《アイル・スコ》バンシー《大声で泣いて家に死人が出ることを知らせるという女の妖精》. ── 形 〈泣き声の〉.
ban·tam /bǽntəm/ 名 ❶ ちゃぼ, バンタム(鶏). ❷ 小柄でも気の強い男. ❸ =bantamweight. ── 形 Ⓐ ❶ 小柄の, 小型の. ❷ (ちゃぼのように)威勢のいい, 攻撃的な. 〖*Bantam* Java 島にあったオランダの植民地; 原産地と誤解されたことから〗
bántam·wèight 名 〘ボク〙バンタム級の選手.

ban·teng /bǽntɛŋ/ 图(動) バンテン, バンテング《東南アジア産の野生牛》.

ban·ter /bǽntə | -tə/ 图 U (悪意のない冗気のある)冗談, ひやかし, からかい (badinage). ── 動 他 〈人を〉ひやかす, からかう. ── 自〈人と〉冗談を言い合う, ひやかし合う〔*with*〕.

bán·ter·ing /-tərɪŋ, -trɪŋ/ 形 冗談まじりの, からかっている. **-ly** 副

Ban·tu /bǽntu:/ 图 (後 ~, ~s) ❶ a [the ~(s)] バントゥー族《アフリカ南部や中部に住む種族; Kafir, Swahili, Zulu など》. b U バントゥー族の人. ❷ U バントゥー語(族). ── 形 バントゥー族[語]の. 〖Bantu=People〗

ban·yan(tree) /bǽnjən(-)/ 图〖植〗ベンガルボダイジュ, バンヤンジュ《インド原産の常緑高木; 枝から多数の気根が出る》.

ban·zai /ba:nzáɪ/ 間 万歳! ── 图 万歳の叫び声. ── 形 向こう見ずの, 無謀な, 自殺的な. 〖Jpn〗

ba·o·bab /béɪoʊbæb/ 图〖植〗バオバブ《熱帯アフリカ産の大樹》.

bap /bǽp/ 图《英》バップ《柔らかく平たいロールパン》.

Bap., Bapt.《略》Baptist.

bapt.《略》baptized.

bap·tism /bǽptɪzm/ 图 C U ❶ 〖キ教〗洗礼(式), 浸礼, バプテスマ《教会員となる儀式; 英国国教会やカトリック教会では赤ん坊出産数日後にこの式を行ない命名する; cf. sacrament 1》: ~ by immersion [effusion] 浸水[灌水(款)]洗礼. ❷ (洗礼(式)に似た)入会式; 命名式. **báptism of [by] fire** (1) 砲火の洗礼《兵士が初めて戦場に出ること》. (2) 初めての試練. 〖BAPT(IZE)+-ISM〗

bap·tis·mal /bæptɪ́zm(ə)l/ 形 A 洗礼の: a ~ name 洗礼名 ~ name 〖解説〗. **-ly** /-məli/ 副

Bap·tist /bǽptɪst/ 图 ❶ a 洗礼施行者; バプテスト, 浸礼教会員. b [the ~] バプテスト派, 浸礼派《洗礼は認めず, 成人として信仰告白をした全身浸礼式を行なうべきだと主張する》. ❷ [the ~] 洗礼者ヨハネ (John the Baptist). ── 形 浸礼派の: the ~ Church バプテスト[浸礼]教会.

bap·tis·ter·y /bǽptɪstəri, -tri/ 图 ❶ 洗礼場[堂]. ❷ 洗礼用の水槽(なう).

bap·tis·try /bǽptɪstri/ 图 =baptistery.

bap·tize /bǽptaɪz, -́-́/ 動 他 ❶ 〈人に〉洗礼[浸礼]を施す: He was ~*d* a Catholic. 彼は受洗してカトリックになった. ❷ 〈人に〉洗礼名をつける, 命名する: He was ~*d* Thomas. 彼はトマスと命名された. ❸ 〈…を〉清浄にする, 清める. ── 自 洗礼を行なう. 〖F<L<Gk=水にひたす〗

✲bar¹ /báɚ | báː/ 图 ❶ a 酒場, バー: tend ~《米》バーテンをする《★ 無冠詞》. b (カウンターの前に腰かけて食べる)簡易[軽]食堂: ⇨ milk bar. c (木・金属などの)棒; (囚徒 stick は細長い棒切れ; rod は細いまっすぐな棒): the ~s of a jail 監獄の縦棒 / a toll ~ (昔の通行料金収所の)遮断棒. b (ドアのかんぬき, 横木; 柵(き)). c (戸・障子の)桟(き). d (バレエの練習用の)バー, 横棒. ❷ a 棒状のもの[かたまり]: a ~ of chocolate 板チョコ. b 棒状地金: a ~ of gold 金の延べ棒, バール. ❸ 関壁; 障害: a ~ *to* happiness 幸福を妨げるもの / There is no color ~. 皮膚の色による(人種)差別はない. b (河口などで航海の障害となる)砂州: ⇨ sandbar. ❹ 細長い縞, 帯 (光・色などの)線条, 筋, しま. ❺ (軍人の)線章(兵種・階級などを表わす細長い布の縫い取り・金属棒). c 〖楽〗縦線, 小節線 (楽譜の小節を分ける); 〖音〗(時 measure); 拍子: a single [double] ~ 単[複]縦線. d《英》(電気暖房器の)電熱線. ❻ a (法廷の一般席との境となる)仕切り. b 法廷: at ~ 公開法廷で《★ 無冠詞》/ be tried at (the) B-

〈被告が〉法廷で審理される. c 審判, 制裁: the ~ of conscience [public opinion] 良心[世論]の制裁. d [通例 the ~, the B-; 集合的; 単数または複数扱い] 法曹界, (裁判所所属の)弁護士団 (cf. bench 2): be called to [before] *the* ~ = be admitted to *the* ~ 弁護士の資格を得る / be called within *the* B- 《英》勅選弁護士に任ぜられる / practice at *the* ~ 弁護士を開業する / a prisoner at *the* ~ 刑事被告人 / read [study] for *the* ~ (法廷)弁護士の勉強をする.

behínd báry 獄中で[に].

── 動 他 (barred; bar·ring) ❶ 〈ドアなどに〉かんぬきをさす; 〈…を〉閉じる: ~ a door 戸締まりをする / All exits are *barred*. 出口はすべて閉鎖されている. ❷ 〈道を〉ふさぐ 〈通行を〉妨げる (obstruct): Fallen trees *barred* the way. 木が倒れて道をふさいでいた. ❸ a 〈…を〉禁じる, 妨げる; 除外する, 締め出す: ~ the use of nuclear weapons 核兵器の使用を禁止する / She was *barred from* (taking part in) the games. 彼女は試合への参加を禁じられた. b 〖法〗〈訴訟などを〉抗弁によって妨訴に持ち込む. ❹ 〈…を〉〔…から〕締め出す, 除外する: They *barred* him *from* the contest. 彼をその競技から締め出した. ❺ 〈…に〉〔…で〕筋をつける 〔*with*〕 (cf. barred 1).

bár ín(他+副) (1) 〈人を〉閉じ込める. (2) [~ oneself in で] 閉じこもる: She *barred* herself *in*. 彼女は家に閉じこもって人に会わなかった.

bár óut(他+副) 〈人を〉締め出す.

bár úp(他+副) 〈のかんぬきをかけて〉〈…を〉完全に閉鎖する.

── 前(口)…を除いて (except)《★ 動詞の命令法から; cf. barring》: B- fencing and boxing I had few athletic tastes. フェンシングとボクシング以外にはほとんどスポーツをしなかった.

bàr nóne 例外なく, まったく, 断然: the best living poet, ~ none まさに当代随一の詩人.

〖F<L *barra* 棒; cf. barricade, barrier, embargo, embarrass〗

bar² /báɚ | báː/ 图〖理〗バール (圧力の単位).《G<Gk=重さ, 圧力》; ⇨ baro-〗

bar.《略》barometer; barometric; barrel; barrister.

Ba·rab·bas /bəǽbəs/ 图〖聖〗バラバ《民衆の要求で十字架にかけられるイエスの代わりに放免された盗賊》.

ba·ra brith /bǽrəbríθ/ 图 U バラブリス《紅茶に浸したドライフルーツを使って作るウェールズの伝統的なフルーツケーキ》.

Ba·ra·ka /bərá:kə/, **Amiri** 图 バラーカ (1934- ; 米国の劇作家).

ba·ra·the·a /bæ̀rəθíːə/ 图 U バラシャ《羊毛・絹・綿・レーヨンで織る破織(款)織りの服地》.

barb¹ /báɚb | báːb/ 图 ❶ (矢じり・釣り針などの)あご, かかり, 戻り; とがらせた; (有刺鉄線などの)とげ. ❷ とげのある〔辛辣(なる)な]言葉. ❷ 〖動〗a (コイやナマズの)ひげ, 触鬚(*よう). b (鳥の羽の)羽枝(%). ── 動 他 〈…に〉あご[かかり]をつける (⇨ barbed 1). 〖F<L *barba* 髭; cf. barber〗

barb² /báɚb | báːb/ 图 Barbary 地方産の馬.

Bar·ba·di·an /baɚbéɪdiən | ba-/ 形 バルバドスの; バルバドス人の. ── 图 バルバドス人.

Bar·ba·dos /baɚbéɪdoʊs, ba:béɪdɒs/ 图 バルバドス《西インド諸島東端の島; 英連邦内の共和国; 首都 Bridgetown /brɪ́dʒtaʊn/》.

Bar·ba·ra /báɚb(ə)rə | báː-/ 图 バーバラ 《女性名》.

+**bar·bar·i·an** /baɚbɛ́(ə)riən | ba:-/ 图 ❶ 野蛮人, 未開人. ❷ 無教養な人. ❸ 外国の人, 異邦人. ── 形 ❶ 未開人の, 野蛮な; 粗野な. 〖BARBAR(OUS)+-IAN〗

+**bar·bar·ic** /baɚbǽrɪk | ba:-/ 形 ❶ 残忍な, 残酷な (barbarous): a ~ *punishment* 残忍な罰. ❷ a 野蛮人(のような). b 洗練されていない, 粗野な. 〖BARBAR(OUS)+-IC〗

bar·ba·rism /báɚbərɪzm | báː-/ 图 ❶ U 野蛮(な生活様式), 未開(状態). ❷ U 粗野なふるまい[言葉づかい]. ❸ C 破格の語[構文], 卑語.

bar·bar·i·ty /baɚbǽrəti | ba:-/ 图 ❶ U 野蛮, 残酷.

bar·ba·rize /báɚbəràɪz | báː-/ 動 ❶ ⟨…を⟩野蛮にする. ❷ ⟨文体などを⟩粗雑にする. —— 自 ❶ 野蛮になる. ❷ 粗雑になる.

❷ C 蛮行, 残虐(行為). ❸ U (文体·表現などの)粗野.

bar·ba·rous /báɚb(ə)rəs | báː-/ 形 (more ~; most ~) ❶ a 野蛮な, 未開の (↔ civilized). b 残忍な (barbaric). ❷ a 教養のない, 洗練されてない. b ⟨言語的な⟩標準用法でない. **~·ly** 副 野蛮に, 残忍に, 無残に. **~·ness** 名 [Gk=ギリシア語を話さない者, 外国人; cf. brave]

Bar·ba·ry /báɚb(ə)ri | báː-/ 名 バーバリー《アフリカ北部地方》.

Bárbary ápe 名 [動] バーバリエイプ《北アフリカ産無尾猿》.

Bárbary shéep 名 (複 ~) [動] バーバリーシープ.

†**bar·be·cue** /báɚbɪkjùː | báː-/ 名 ❶ a (豚·牛などの)丸焼き, (肉の)じか火焼き, バーベキュー. b (野外の)焼き肉パーティー. ❷ 豚·牛などの丸焼き台; 簡単な焼き肉器. —— 動 他 ❶ ⟨豚·牛などを⟩丸焼きにする; ⟨肉を⟩火であぶる, バーベキューにする. ❷ ⟨肉などを⟩バーベキュー用ソースで辛味に料理する. [Am-Sp<S-Am-Ind=肉を焼くのに用いた木枠]

bárbecue pìt 名 バーベキューピット《戸外でのバーベキュー用に火をたくために囲いをした穴》.

bárbecue sàuce 名 U バーベキュー用ソース《トマト·スパイスなどで作る辛味のソース》.

†**barbed** 形 ❶ ⟨釣り針などに⟩あごあご[かかり, さかとげ]のある. ❷ ⟨言葉などの⟩とげ[悪意]のある, 辛辣(とう)な, 皮肉な (snide).

bárbed wíre 名 U 有刺鉄線.

bar·bel /báɚb(ə)l | báː-/ 名 ❶ (コイ·ナマズなどの)ひげ, 触髭(しょ). ❷ [魚] バーベル《ヨーロッパ産のコイ科の淡水魚》.

bár·bèll 名 バーベル《重量上げの体操用具》.

bar·be·que /báɚbɪkjùː | báː-/ 名 =barbecue.

†**bar·ber** /báɚbɚ | báːbə/ 名 理髪師, 理容師, 床屋(人)《(臣称) barber は男性の調髪をする理髪師で, 女性相手の理髪師は hairdresser; した a ~'s [(英)=の] 床屋で. —— 動 他 ❶ ⟨人の⟩散髪をする. ❷ ⟨芝生などを⟩刈る. [F<L=ひげをそる人⟨barba ひげ; cf. barb]

Bar·ber /báɚbɚ | báːbə/, Samuel 名 バーバー (1910-81; 米国の作曲家).

bar·ber·ry /báɚb(ə)ri | báː-/ 名 [植] メギ属の各種低木; メギの赤色[オレンジ色, 紫色]の実.

bárber·shòp 名 (米) 理髪[理容]店, 床屋.

bárber's ítch 名 U 毛瘡(もうそう)炎, 「かみそりまけ」.

bárber('s) póle 名 (細長い赤と白に塗り分けた)理髪店の看板柱《★ 昔, 英国の床屋が放血手術もした; その血と包帯を表わしたもの》.

bar·bi·can /báɚbɪkən | báː-/ 名 (城などの)楼門, 櫓楼《見張りにも使った》.

Bar·bi·can /báɚbɪkən | báː-/ 名 [the ~] バービカン (London on the City にある再開発街).

bar·bie /báɚbi | báː-/ 名 (英口·豪口) =barbecue.

Bár·bie Dòll /báɚbi- | báː-/ 名 ❶ (商標) バービー人形《金髪·碧眼のプラスチック製人形》. ❷ (俗) 美しいが頭の悪い[個性のない]女.

bár bìlliards 名 U バービリヤード《制限時間になるとバーが下りてボールが落ちる仕組みの, ビリヤードに似たゲーム》.

bar·bi·tal /báɚbətɔ̀ːl | báːbɪtl/ 名 U (薬) (米) バルビタール《催眠·鎮静剤; cf. Veronal》.

bar·bi·tone /báɚbətòʊn | báːbɪ-/ 名 (英) =barbital.

bar·bi·tu·rate /baɚbítʃərət | baːbítjʊ-/ 名 C,U (薬) 精神安定剤, 催眠剤.

bar·bi·tu·ric ácid /báɚbətj(ʊ̀)ərɪk- | báː-/ 名 U [化] バルビツール酸《催眠薬》.

Bár·bi·zon Schòol /báɚbəzòʊn- | báːbɪzɔn-/ 名 [the ~] バルビゾン派 (19 世紀半ばのフランス風景画家群).

bar·bo·la /baɚbóʊlə | baː-/ 名 (また **barbóla wòrk**) バーボラ細工《色着け粘土泥漿で作る小さな花·果物などの飾り》.

bar·bo·tine /báɚbətiːn | báː-/ 名 U (窯) 粘土泥漿(でいしょう) (slip).

Bar·bour /báɚbɚ | báː-/ 名 (商標) バーバー《英国製の狩猟·釣り用バッグ類·防水服類》.

Bar-B-Q /báɚbjuː | báː-/ 名 =barbecue.

bar·bule /báɚbjuːl | báː-/ 名 [鳥] 小羽枝(しょうし).

bárb·wíre 名 (米) =barbed wire.

bar·ca·rol(l)e /báɚkəròʊl | bàːkəróʊl/ 名 ❶ ゴンドラ (gondola) の舟歌. ❷ バルカロール《舟歌風の曲》. [It=(ベニスの)舟歌]

Bar·ce·lo·na /bàɚsəlóʊnə | bàː-/ 名 バルセロナ《スペイン北東部の海港》.

Barcelóna chàir 名 バルセロナいす《X 脚のステンレス枠に革のクッションをつけたひじかけのないいす》.

bar·chan(e) /baɚkáːn | baː-/ 名 [地理] バルハン《三日月形の砂丘; 風上側がふくらむ》.

bár chàrt 名 =bar graph.

bar·còde 名 バーコード《光学読み取り用の縦状の記号; 商品識別用; cf. Universal Product Code》.

bár·còd·ed 形 バーコードのついた.

bár-code hàirstyle 名 (戯言) バーコード頭.

bár-code rèader 名 バーコード読み取り機.

bard¹ /báɚd | báːd/ 名 ❶ ケルト族の楽人, 吟遊詩人. ❷ (文·詩) 詩人. **the Bárd (of Ávon)** エイボンの詩人 (Shakespeare のこと). **bárd·ic** /-dɪk/ 形 [Gael]

bard² /báɚd | báːd/ 名 [料理] (脂肪分を補うために)肉などにまくベーコン(など). —— 動 [料理] ⟨肉などを⟩ベーコンで巻く.

Bar·deen /baɚdíːn | baː-/, **John** 名 バーディーン (1908-91; 米国の物理学者; Nobel 物理学賞(1956, 72)).

bard·ol·a·try /baɚdálətri | baːdɔ́l-/ 名 U (時に B~) シェイクスピア (the Bard of Avon) 崇拝. **bard·ól·a·ter**

Bar·do·li·no /bàɚdəlíːnoʊ | bàː-/ 名 U バルドリーノ《軽い良質のイタリア産赤ワイン》.

*__**bare** /béɚ | béə/ 形 (**bar·er**; **bar·est**) ❶ a (部分的に衣類をつけていない)むきだしの, 露出した, 裸の: ~ feet はだし / with ~ head 帽子なしで. b ⟨山などの⟩草木のない; ⟨木の⟩葉のない: ~ branches 葉の落ちた木 / a ~ hillside 山肌を見せている山腹. c からの, 中身がない; ⟨部屋など家具のない⟩, がらんとした: a ~ cupboard からの戸棚 / a ~ floor (敷物の敷いてない)むきだしの床 / a ~ wall (額のかかってない)裸の壁. d ⟨刀が⟩抜き身の. ❷ A (事実がありのままの: a ~ fact ありのままの事実. ❸ P [~がなくて: trees ~ of leaves 葉の落ちた木 / The room is almost ~ of furniture. その部屋にはほとんど家具類がない. ❹ A (比喩なし)ようやくの, ただそれだけの, ぎりぎりの; ほんのわずかな: a ~ majority かろうじての過半数 / the ~ essentials 最低限必要なもの[こと] / a [the] ~ minimum of... ぎりぎり最低限[最小限]の... / the ~ necessities of life ぎりぎりの生活必需品 / escape with one's ~ life 命からがら逃げ出す / The ~ sight of him thrilled me. 私は彼を見ただけでぞくぞくした. ❺ A ⟨手や道具[武器]をもたない, 素手の: with (one's) ~ hands 素手で. ❻ ⟨布·じゅうたんなど⟩すり切れた. **láy... báre** (1) ⟨…を⟩あらわにする, むき出しにする: *lay* one's breast ~ 胸をはだける. (2) ⟨…を⟩暴露する, 打ち明ける: *lay* one's heart ~ 心の中を打ち明けて話す / *lay* one's plans ~ 計画を漏らす. —— 動 他 ❶ ⟨…を⟩裸にする; ⟨歯などを⟩露出する: ~ one's head (主に男性が表敬のため)脱帽する / The dog ~d its teeth at me. 犬は私に歯をむき出した. ❷ ⟨心などを⟩打ち明ける: ~ one's heart [soul] 意中を明かす. **~·ness** 名 【類義語】 **bare** 頭や手足など体の本来はつけているはずの衣類を着けていない, 木の枝や部屋などについても表面を覆うものが欠けている意味で用いる. **naked** 体の全部または一部が衣服がなく露出している.

báre·àssed 形 (俗) 尻まであまる出しの, すっ裸の.

báre·bàck(ed) 副 形 A はだか馬に[の], 鞍(くら)を置かない(で). ❷ 男がコンドームをしない性交.

báre·bàck·ing 名 (俗) コンドームを用いない性交《特にホモセクシュアル同士のもの》.

báre·bòat 形 A 裸(はだか)用船の《船員を含まない用船》.

báre bónes 名 ⦅the ～⦆骨子, 要点: *the ～ of* the matter 問題の要点. **báre-bònes** 形

báre-fáced 形 ❶ a 素面の, 顔をむき出しにした. b ひげのない. ❷ a 隠さない, 公然の. b 厚かましい (brazen): ～ impudence 鉄面皮, ずうずうしさ. ～･ly /-féɪstli, -féɪsɪd-/ 副 **bare-fáced-ness** 名

†**báre-foot, báre-fóoted** 形 副 はだし[素足]の[で].

barefoot dóctor 名 ⦅農村などで比較的簡単な医療活動を行なう⦆医療補助員.

ba-rege, -rège /bərɛ́ʒ/ 名 Ⓤ バレージ ⦅ウールで織った半透明の薄い婦人服用生地; フランスのピレネー地方 Barège 原産⦆.

báre-hánded 形 素手の[で]; 武器をもたない(で).

báre-héaded, báre-hèad 形 副 帽子なしの[で].

báre infínitive 名 ⦅文法⦆原形不定詞 ⦅to のつかない不定詞; 例: I saw him run. の run⦆.

báre-knúckle, -knúckled 形 副 ❶⦅ボク⦆グラブをつけないで, ベアナックルの[で]. ❷ ルール無視の乱暴なやり方の[で], 猛烈な[に], 苛烈な[に], 情け容赦のない[容赦なく].

báre-légged /-lég(ɪ)d˥-/ 形 素足の[で], 脚を露出した[して], ストッキングをはかない(で).

*__báre-ly__ /béərli | béə-/ 副 ⦅more ～; most ～⦆ ❶ ⦅比較なし⦆かろうじて, わずかに, やっと: He ～ escaped death. 彼は九死に一生を得た / I was ～ able to walk home. 家まで歩き着くのがやっとだった. ❷ ⦅比較なし⦆ほとんど…ない: I ～ spoke to him. 私は彼にはほとんど話しかけなかった. ❸ ⦅数量などが⦆わずか, たった: ～ three months later たった3か月後 / She was ～ 15 years old when she first won at Wimbledon. ウィンブルドンで優勝した時はわずか15歳[15 になるかならないか]だった. ❹ むきだしに, あらわに; 貧弱に. 《BARE+-LY¹》【類義語】⇒ hardly.

Bár-ents Séa /bǽrənts-/ 名 ⦅the ～⦆バレンツ海 ⦅北極海の一部; ノルウェーとロシアの北部の海域⦆.

barf /bɑːf | bɑ́ːf/ ⦅米俗⦆動 吐く, もどす. ── Ⓤ 嘔吐.

bár-fly 名 ⦅口⦆よくバーに出かける人.

*__bar-gain__ /bɑ́ːgən | bɑ́ː-/ 名 ❶ 安い買い物; 特価品, バーゲン ⦅比較⦆日本語で「バーゲンセール」というが, 英語では普通 sale といい bargain は「特価品」の意で用いる⦆: make a good ～ 安い[得な]買い物をする / a bad [losing] ～ 高い[損な]買い物 / ～ *s in* clothes 衣類の特売品. ❷ 売買契約, 取引; 協定, 約束 (deal): A ～'*s a* ～. ⦅諺⦆ 約束は約束だ(守らねばならない) / [＋*to do*] The two companies made a ～ *to* share technology. 両会社は科学技術を共有する協定をした.

at a (good) bárgain 格安で, 安く: buy *at a (good)* ～ 安く買う / I get *an at a (good)* ～. これを安く買った.

dríve a (hárd) bárgain ⦅口⦆⦅…を相手に⦆一方的に有利な条件で取引する⦅*with, for*⦆.

in ⦅英⦆ **[into] the bárgain** そのうえ, おまけに (as well).

It's [Thát's] a bárgain! それで決まった!, それでよし!, 賛成!.

màke the bést of a bád bárgain ⇒ best 名 ⦅成句⦆.

stríke a bárgain ⦅…と⦆(ついに)契約に至る: strike a ～ ⦅*with* a person⦆ ⦅人と⦆売買の契約をする, 「手を打つ」.

── 動 ❶ a ⦅人と⦆売買の話し合いをする, 駆け引きする; (取引などの)交渉をする ⦅*with*⦆ ⦅*about, over, for*⦆: They *～ed with* the manufacturer *over* the wholesale price of the product. 彼らは製造会社と製品の卸値について話をした / We *～ed with* the manufacturer *for* a steady supply of the product. 私たちは製品の安定供給を求めて製造会社と話をした. b 〔…ということで〕合意する: We *～ed on* a five-year contract. 私たちは5年契約⦅を結ぶこと⦆で合意した. ❷ 〔…を〕値切る: ～ *for* a car 車を値切る.

bárgain awáy ⦅軽+動⦆⦅権利・自由などを⦆安易に放棄する; ⦅土地などを⦆安値で手放す.

bárgain for... (1) ⦅通例否定文, または more than を伴って⦆…を予想する, 予期する: I didn't ～ *for* that. それは思いもかけないことだった / You'll get *more than* you ～ *for*. 思いがけない(不快な)目にあうだろう / His serve was *more than* I ～*ed for*. 彼のサーブがそれほど強いとは思ってもみなかった. (2) ⇒ 動 1 a.

bárgain on... (1) ＝BARGAIN for ⦅成句⦆. (2) …を当てにする: ～ *on* a person's help 人の援助を当てにする. 《F＝値切る》

bárgain básement 名 ⦅デパートなどの⦆地階特売場.

bárgain-bàsement 形 ❶ 特価の, 格安の. ❷ 安物の, 劣悪な.

*__bár-gain-ing__ /bɑ́əgənɪŋ | bɑ́ː-/ 名 Ⓤ 取引, 交渉: collective ～ 団体交渉 / come to the ～ table 交渉するために寄り合う / We are in a strong ～ position. 有利に交渉を行なえる立場にある.

bárgaining chìp [⦅英⦆ **còunter**] 名 交渉を有利にする材料[切り札].

bárgaining pówer 名 Ⓤ 交渉力.

*__barge__ /bɑ́əʤ | bɑ́ːʤ/ 名 ❶ 平底の荷船, はしけ, バージ. ❷ ⦅儀式用⦆遊覧客船. ❸ 将官艇. ── 動 ❶ ⦅副⦆(句) ⦅口⦆乱暴に押し分けながら[ぶつかりながら]進む, ぶつかる: ～ *about* [*along*] 乱暴にはね回る / ～ *into* [*against*] a person [thing] 人[もの]にぶつかる / ～ *into* a room 部屋に押し入る[押しかける, 突っ込む]. ── ⦅他⦆❶ ⦅主にスポーツで⦆⦅人に⦆⦅意図的に⦆激突する, 体当たりする. ❷ ⦅…を⦆はしけで運ぶ. **bárge ín** ⦅副+動⦆ ⦅荒々しく⦆入り込む, 押し入る. **bárge ín** ⦅*on...*⦆ ⦅…に⦆余計な口を出す: He *～d in on* our conversation. 彼は私たちの話に余計な口を出した. **bárge one's wáy thróugh...** ⦅群集などを⦆押し分けて進む. 《F＜L＜Gk＝Egyptian boat》

bárge·bòard 名 ⦅建⦆破風⦅板⦆, 飾り破風.

barg·ee /bɑəʤíː | bɑː-/ 名 ⦅英⦆＝bargeman.

bárge·man /-mən/ 名 (-**men** /-mən/) ⦅米⦆はしけ[遊覧船]の船頭[船員] ⦅⦅英⦆ bargee⦆.

bárge pòle 名 ⦅はしけ用の⦆押しざお, 船ざお. **I wòuldn't tóuch...with a bárge pòle.** ⦅英口⦆…は大嫌いだ ⦅⦅由来⦆「長い船ざおでも触れたくない」の意から⦆.

bár gírl 名 ❶ 女性のバーテン. ❷ バーのホステス. ❸ バーに出入りする売春婦.

bár gràph 名 棒グラフ (bar chart).

bár·hòp 動 (-**hopped**; -**hop·ping**) ⦅米口⦆はしご⦅酒⦆をする (cf. pub-crawl): go barhopping はしごをする[して回る].

ba·ril·la /bərí(ː)lə/ 名 Ⓤ ⦅化⦆バリラ ⦅オカヒジキ・コンブなどの灰から得る不純な炭酸ソーダ⦆.

bar·ite /bǽraɪt/ 名 ⦅鉱⦆重晶石, バライト ⦅バリウムの主要鉱石⦆.

†**bar·i·tone** /bǽrətòʊn/ ⦅楽⦆名 ❶ a バリトン ⦅tenor と bass の中間の男声音; ⇒ bass¹ ⦅関連⦆⦆. b バリトンの声; バリトン声部. ❷ バリトン歌手; バリトン楽器. ── 形 バリトンの: a ～ voice バリトンの声. 《It＜Gk＜*barys* 重い+*tonos* 音; ⇒ baro-, tone》

bar·i·um /béə(ə)riəm/ 名 Ⓤ ⦅化⦆バリウム ⦅金属元素; 記号 Ba⦆. 《L＜Gk *barys* 重い; ⇒ baro-, rium》

bárium méal 名 ⦅U.C.⦆ バリウム⦅がゆ⦆ ⦅消化管のレントゲン検査用の造影剤として用いる硫酸バリウム溶液⦆.

*__bark¹__ /bɑ́ək | bɑ́ːk/ 動 ❶ ⦅犬・キツネなどが⦆⦅…に⦆ほえる ⦅比較⦆ howl は遠ぼえする; whine はクンクンなく; yelp, yap はキャンキャンほえたてる; growl は怒ってうなる; snarl は歯をむき出す(ほえてうなる)る⦆: A ～*ing* dog seldom bites. ⦅諺⦆ ほえる犬はめったにかまない ⦅口やかましい人は案外悪意はない⦆ / That dog always ～*s at* me. あの犬はいつも私にほえる. b ⦅…に⦆どなる: He ～*ed at* me for being late. 彼は遅刻した私をどなった. ❷ ⦅銃砲が⦆ズドンと鳴る. ❸ ⦅米口⦆ (商店・見せ物などの)呼び込みをする. ── ⦅他⦆ ❶ ⦅…を⦆がみがみ言う, どなって言う: ～ ⦅*out*⦆ an order 命令をどなるように言う. **bárk at the móon** (どうしようもないことで)いたずらに騒ぐ⦅文句を言う⦆. **bárk úp the wróng trée** ⦅口⦆ ⦅通例進行形で⦆ まったく見当違いをする. ── 名 ❶ ほえ

る声: give a ～ ほえる. ❷ [通例単数形で] 銃声, 砲声; き, どなり声: She gave a short ～ of laughter. 彼女はワハッと笑った. **His bárk is wórse than his bíte.** 彼は(本心は)見かけほど悪くはない (⇨ Our dog's *bark* is worse than his bite. (うちの犬はよくほえるがかめっ たにかみつかない) の転用から). 【擬音語】

bark² /báək | báː/ 图 U **a** 樹皮. **b** キナ皮. **c** タン皮. ❷ ナッツ入りの板チョコ. —— 動 ⓣ ❶ 〈木の〉樹皮をはぐ. ❷ 〈…を〉樹皮でおおう. ❸ (特に英)〈…の〉皮膚をすりむく (graze): ～ one's shin *on* [*against*] a chair いすにぶつかってすねをすりむく.【ON】

bark³ /báək | báːk/ 图 ❶ 〖海〗バーク船 (3本マストの帆船). ❷ 〖詩・文〗(小)帆船.

bárk bèetle 图 〖昆〗キクイムシ (針葉樹の害虫).

bárk clòth 图 U 樹皮布, バークロス (内側の樹皮を水に浸し槌でたたき伸ばした布様のもの).

bár-keep /-kìːp/ 图 (米) =barkeeper.

bár-keep-er 图 酒場の主人[マネージャー]; バーテン.

bar-ken-tine /báəkəntìːn | báː-/ 图 〖海〗バーケンティン型帆船 (3本マストで前檣だけ横帆).

bárk-er 图 ❶ (商店・見せ物などの)客引き, 呼び込み. ❷ ほえる動物[犬]: Great ～s are no biters. 〘諺〙 ほえつく犬はかみつかない.

bárking déer 图 〖動〗ホエジカ (muntjac).

bárk-ing mád 形 (また **bárking**) (英俗) (完全に)気が狂って, 頭が変で.

⁺**bar-ley** /báəli | báː-/ 图 U 大麦(の実) (⇨ wheat 2 匹図). 〖OE=大麦の *bere*〗

bárley còrn 图 大麦の粒 〘★ 昔イングランドでは大麦の粒の長さで1インチとした〙.

bárley mòw 图 (英) 積み重ねた大麦.

bárley sùgar 图 (英) 大麦糖 (砂糖を煮つめてねじ棒などの形に作った透明なあめ; 昔は大麦を煮た汁を用いた).

bárley wàter 图 U (英) 大麦の煎じ汁にレモンなどの味付けがしてあり, 小児の下痢止めなどに用いる).

bárley wíne 图 U (英) バーレーワイン (強いビール).

bár line 图 〖楽〗縦線, 小節線 (bar).

barm /báəm | báːm/ 图 U 麦芽発酵酒の泡. 〖OE; 原義は「泡立つもの」〗

bár-maid /-mèid/ 图 (英) バーテン(女性) ((米) bartender).

bár-man /-mən/ 图 (複 -men /-mən/) (英) バーテン ((米) bartender).

Bar-me-ci-al /bàəməsáidl | báː-/ 形 〈ごちそう・もてなしなど〉見かけだけの, 偽りの.

Bar-me-cide /báəməsàid | báː-/ 形 =Barmecidal.

bar mitz-vah /báəmítsvə | báː-/ 图 〖しばしば B- M-〗〘ユダヤ教〙バルミツバー (13歳の男子の成人式; cf. bat mitzvah).

barm-y /báəmi | báː-/ 形 (**barm-i-er; -i-est**) ❶ 麦芽発酵酒 (barm) の泡のような, 泡立った. ❷ (英俗) まぬけの, 気のふれた ((米口) balmy): go ～ 気がふれる.

*⁺**barn**¹ /báən | báːn/ 图 ❶ (農家の)納屋, 物置; 牛[馬]の飼料小屋. ❷ (米) 電車[バス]車庫. ❸ がらんとした建物. 〖OE=(大麦の)納屋 *bere* 大麦 (cf. barley)+*ærn* 場所, 家〗

barn² /báən | báːn/ 图 〖理〗バーン (原子核の断面積の単位; 10⁻²⁴ cm²).

bar-na-cle /báənəkl | báː-/ 图 ❶ フジツボ, エボシガイ (よく岩・船底に付着する甲殻類). ❷ (地位などに)かじりつく人, (人に)しきまとう人.

bárnacle góose 图 〖鳥〗カオジロガン.

Bar-nard /báənəd | báːnəd/, **Christiaan (Neeth-ling)** 图 バーナード (1922-2001; 南アフリカ共和国の外科医; 世界最初の心臓移植を実施 (1967)).

bárn bùrner 图 (米口) 注目を集めるもの, センセーション.

bárn dànce 图 バーンダンス (いなかのにぎやかなダンスパーティー; または, そのダンス).

bárn dòor 图 ❶ 納屋の開き戸 (馬車がはいるくらい大きい). ❷ (はずしようのない)大きな的. ❸ 〘写〙 二つ折り式の遮光板.

bar-ney /báəni | báː-/ 图 (英口・豪口) ❶ 議論. ❷ けんか, 口論.

bárn òwl 图 〖鳥〗メンフクロウ (納屋によく巣を作る).

bárn-stòrm 動 ⓘ (米) 地方巡業をする; 地方遊説をする. —— ⓣ 〈地方を〉巡業する; 遊説する **～-er** 图

bárn swàllow 图 〖鳥〗ツバメ.

Bar-num /báənəm | báː-/, **P. T.** 图 バーナム (1810-91; 米国のサーカス王).

bárn-yàrd /-jàəd/ 图 納屋の前庭, 農家の内庭.

bar-(o-) /báer(ou)/ 〖連結形〗「気圧」. 〖Gk=重さ, 圧力の *barys* 重い; cf. bar², baritone, barium〗

bar-o-gram /báerəgràem/ 图 〖気〗 (自記気圧計 (baro-graph) で計った)気圧記録.

bar-o-graph /báerəgràef | -gràːf/ 图 自記気圧[晴雨]計.

Ba-ro-lo /bəróulou/ 图 U バーロロ (イタリア Piedmont 州の南部 Barolo 村を中心に生産される赤ワイン).

⁺**ba-rom-e-ter** /bərámətə | -rɔ́mətə/ 图 ❶ 晴雨計, 気圧計, バロメーター. ❷ [世論などのバロメーター, 指標, 変化の兆候: Newspapers are often ～s *of* public opinion. 新聞はしばしば世論のバロメーターである. 〖BARO-+-METER²〗

bar-o-met-ric /bàerəmétrik/ 形 気圧(計)の: ～ pressure 気圧.

bàr-o-mét-ri-cal /-trik(ə)l/ 形 =barometric.

ba-rom-e-try /bərámətri | -rɔ́m-/ 图 U 気圧測定法.

bar-on /báerən/ 图 ❶ **a** 男爵 (英国等の最下位の爵位; 呼び掛ける時, 英国では Lord…, 外国では Baron… という; ⇨ nobility). **b** 外国貴族. ❷ (昔領地を与えられた)貴族, 大諸侯. ❸ 〘しばしば複合語で〙豪商, …王: an oil [a lumber] ～ 石油[材木]王. **báron of béef** (背骨で切り離さない)牛の両側腰肉. 〖F<Gmc=自由人, 戦士〗

bar-on-age /báerənidʒ/ 图 U ❶ [集合的; 単数または複数扱い]男爵; 貴族. ❷ 男爵[貴族]の位[身分]. ❸ 男爵[貴族]名簿. 〖↑+-AGE〗

bar-on-ess /báerənis/ 图 ❶ 男爵夫人[未亡人] (⇨ nobility). ❷ 女男爵 〘★ 姓と併用する時, 英国では Lady A, 外国では Baroness A という〙. 〖BARON+-ESS〗

bar-on-et /báerənit/ 图 准男爵 〘爵位 knight 同様栄誉だがその称号は世襲; 貴族ではない; 書く時は Sir John Smith, Bart. と書き, 呼び掛けは Sir John; これが女性の正式には Dame June Smith, 呼び掛けは Lady Smith〙. 〖BARON+-ET〗

báronet-age /-tidʒ/ 图 ❶ [集合的; 単数または複数扱い] 准男爵. ❷ 准男爵の位[身分]. ❸ 准男爵名簿.

bar-on-et-cy /báerənitsi/ 图 准男爵の位[身分].

ba-ro-ni-al /bəróuniəl/ 形 ❶ 男爵(領)の, 男爵にふさわしい; 貴族風の. ❷ 〈建物などが〉堂々とした.

bar-on-y /báerəni/ 图 ❶ 男爵領. ❷ 男爵の位[身分].

⁺**ba-roque** /bəróuk, bæ-, -rák | -rɔ́k, -róuk/ 形 ❶ [しばしば B-] 〖建・美・楽〗 (17 世紀に起こったヨーロッパの)バロックの. ❷ **a** 〈趣味など〉(ひどく)凝った. **b** 〈文体が〉(過度に)装飾的な. ❸ 〈真珠が〉形のいびつな. —— 图 ❶ [the ～] 〖建・美・楽〗バロック様式の; 怪奇[グロ]趣味. ❷ C 形のいびつな真珠. 〖F<Port=変形した真珠〗

bàro-recéptor /-/ 图 〖解〗圧受容器 (血管壁などにあって圧力変化を感ずる知覚神経終末).

bar-o-ti-tis /bàerətáitəs/ 图 〖医〗気圧性中耳炎, 航空(性)中耳炎.

bàro-tráuma /-/ 图 U 〖医〗気圧[圧力]障害, 気圧性外傷, (特に)航空(性)中耳炎.

ba-rouche /bərúːʃ/ 图 バルーシュ型馬車 (通例二頭引きでほろ付きの四人乗り四輪馬車).

bár pèrson 图 バーテン.

barque /báək | báːk/ 图 =bark³.

bar-quen-tine /báəkəntìːn | báː-/ 图 =barkentine.

*⁺**bar-rack**¹ /báerək/ 图 ❶ [～s; 単数または複数扱い] 兵舎, 兵営: a ～ room 兵舎室. ❷ バラック(式建物); 粗末な大きな家. —— 動 ⓣ 〈軍隊を〉兵営に収容する. —— ⓘ バラックに住む. 〖F<Sp=cabin, mud hut〗

bar-rack² /báerək/ 動 ⓣ (英口) やじる, からかう

bárrack-ròom làwyer 名《俗》軍規などにうるさい兵士, あれこれ口出しをする兵士.

bárrack squàre 名 兵舎近くの練兵場.

bar・ra・coon /bǽrəkúːn/ 名《昔の》奴隷[囚人]仮収容所.

bar・ra・cou・ta /bærəkúːtə/ 名(複 ~, ~s)〖魚〗❶ ミナミカマスロチ《オーストラリア・ニュージーランド・南アフリカの近海に産するクロタチカマス科の大型食用魚》. ❷ = barracuda.

bar・ra・cu・da /bærəkúːdə/ -k(j)úː-/ 名(複 ~, ~s)〖魚〗バラクーダ《オニカマスなどカマス科の大型の海産魚》.

bar・ra・cu・di・na /bærəkúːdənə/ -kudí-nə/ 名〖魚〗ハダカエソ《ハダカエソ科の体は細長く口の大きい海産魚の総称》.

bar・rage¹ /bərɑ́ːʒ/ bǽrɑːʒ/ 名 ❶〖軍〗弾幕. ❷〖打撃・質問などの連続, 集中, 「雨」: a ~ of questions やつぎばやの質問. ── 他 ❶〈人に〉〈質問などを〉連続的に浴びせる《with》(bombard)《★通例受身》. ❷〈…に〉弾幕砲火を浴びせる.

bar・rage² /bɑ́ːridʒ/ bǽridʒ/ 名〖土木〗〈河流の〉せき止め; ダム.

bárrage ballòon /bɑ́ːridʒ-/ bǽridʒ-/ 名〔低空飛行攻撃阻止の〕阻塞(ぞくい)気球.

bar・ran・ca /bərǽŋkə/, **-co** /-kou/ 名《米》(~s) 深く急な峡谷, 火口瀬(せ); 切り立った川岸, 絶壁.

bar. **fir・kin** 名 f. firkin》: a ~ of beer ビール1たる.

bar・ra・tor, -ter /bǽrətə/ -tə/ 名〖法・史〗訴訟教唆者.

bar・ra・trous /bǽrətrəs/ 形〖訴訟教唆の; 〈船長・船員の〉不法行為の.

bar・ra・try /bǽrətri/ 名 U ❶〖法〗訴訟[争議]教唆罪. ❷ 聖職[官職]売買《罪》. ❸〈船主[荷主]に対する〉船長[船員]の不法行為.

Bárr bòdy /bɑ́ː-/ bɑ́ː-/ 名〖生・医〗バー小体, 性染色質, Xクロマチン《高等哺乳類の雌の体細胞核内におり, 性別の判定に利用する》.《M. L. Barr カナダの解剖学者》

barre /bɑ́ː/ bɑ́ː/ 名 = bar¹ 2d.

barred 形〔縞(し)のある:~ feathers 縞模様のある羽 / The sky was ~ with gray clouds. 空には灰色の雲がたなびいていた. ❷〔棒(材)の, 鉄格子のある. b かんぬきをさした, 閉じた. ❸〈砂の〉砂州のある.

*****bar・rel** /bǽrəl/ 名 ❶〖胴のふくれた〕たる〖既 cask は特に酒類を入れる大だる; drum は円筒形の石油缶; keg は小さいたる〗. ❷ 1 たる〈分〉, 1 バレル〈の量〉(★英国では 36 gallons 入り, 米国では 31.5 gallons; 石油の場合は 42 米 gallons (158.98 リットル), 35 英 gallons (159.109 リットル); cf. firkin》: a ~ of beer ビール1たる. ❸〈ものの〉胴体: a 銃身, 砲身. b 〈機械の〉円筒, 胴. c 〈時計の〉ぜんまい箱. d 〈ポンプの〉筒. e 〈万年筆の〉インク室. ❹〖しばしば複数形で〕多量: ~s of money うなるほどのお金 / have a ~ of fun とても楽しい思いをする. **be a bárrel of láughs** [しばしば否定文で] とても楽しい[おもしろい]. **lóck, stóck, and bárrel** ⇒ lock¹ 名 成句. **òver a bárrel** 《口》難しい[不利な]立場に, 手も足も出ない状態で: Taxes have got me *over* a ~. 税金税金でにっちもさっちもいかない. **scrápe (the bóttom of) the bárrel** 《口》〈やむなく残った〉〖拙劣な〕手段[人]を使う. ── (**bar・reled**, 《英》**-relled**; **bar・rel・ing**, 《英》**-rel・ling**) 他 ❶〈…を〉たるに入れる[詰める]. ❷《口》〈車を〉ぶっとばす. ── 自 《米口》疾走する, 車をぶっとばす.〖F〗

bárrel-chèst・ed 形 胸が丸く厚い, がっしりした胸の.

bárrel distòrtion 名〖光〗樽形ひずみ.

bárrel・fùl /-fùl/ 名 ❶ 1 たる分, 1 バレル量. ❷ 大量, たくさん.

bárrel・hèad 名〈樽の〉鏡板. **on the bárrelhead** 即金で[の].

bárrel・hòuse 名《米・古俗》安酒場.

bárrel órgan 名《大道音楽師の》小型の手回しオルガン (cf. hand organ).

bárrel ròll 名〖空〗樽形横転, バレルロール《横転の一種で, 樽の内側を滑って進むような航跡を描く曲技飛行》.

bárrel vàult 名〖建〗半円筒天井.

⁺bar・ren /bǽrən/ 形 (**more ~**; **most ~**) ❶〔土地の〕不毛の, 作物のできない: a ~ desert 不毛の砂漠. ❷〔比較

135 **BART**

なし) **a**〈樹木・植物の〉実を結ばない: a ~ flower おしべのない花 / ~ stamen 花粉を生じないおしべ. **b**《古》〈女・雌が〉子を産まない, 不妊の (infertile) (cf. sterile 1). ❸ A 成果の上からない, 不毛な, 無益な, 〈意味[価値]のない: a ~ discussion 不毛の議論. ❹〈場所の荒涼とした, 荒れた, 寂しい,〈部屋など〉ものがない, がらんとした;〔…に〕乏しく〔…を〕欠いて: a hill ~ *of* trees 木のない小山. ── 名〔通例複数形で〕北米の不毛の（砂）地, 荒野. ~・**ness** 名 F

bar・rette /bərét, bɑ-/ 名《米》〈女性用の〉ヘアクリップ, バレッタ《英》hair slide》.

***bar・ri・cade** /bǽrəkèid, ˌ--ˈ-/ 名 ❶ バリケード, 防塞を築く;〈…を〉障害物で妨げる: The students ~*d* the street *with* commandeered trucks and buses. 学生たちは奪ったトラックやバスでその通りにバリケードを築いた. [~ oneself] バリケードを築いて（…の中に〉閉じこもる: ~ *oneself in* a building 建物の戸口を封じて中に閉じこもる.〖F〖Sp *barrica* 大だる<L<*barra* 棒 (⇒ bar¹); 大だるを用いて築いたことから〗

Bar・rie, **Sir James Matthew** 名 バリー《1860-1937; スコットランドの劇作家・小説家》.

⁺bar・ri・er /bǽriə/ -riə/ 名 ❶ **a** さく, 障壁. **b** 国境のとりで, 関所. **c**〈駅の〉改札口: a ticket ~ 改札口. **d** 税関の門. **e**〈競馬の〉出走ゲート. ❷ 障害, 妨げ: a language [an age] ~ 言葉[年齢]の壁 / trade ~s 貿易障壁 / a ~ *to* progress 進歩をはばむもの / cross the ~ of…の障壁を乗り越える[壁を破る] / put a ~ between…の仲に水をさす / remove a ~ 障害を取り除く. ❸〔数値とともに〕超える[切る] ことが困難な値,〈数字の〉壁: the 10-second ~ 10 秒の壁.〖F = Barrière<L<*barra* 棒; ⇒ bar¹〗【類義語】⇒ obstacle.

bárrier crèam 名 U 肌荒れ防止クリーム.

bárrier-frèe 形 ❶〔設計・建築物など〈高齢者・障害者にとって〉障害物[段差]のない, バリアフリーの: a ~ entrance バリアフリーの入り口 / ~ housing バリアフリー住宅. ❷〔関税などの〕障壁[参入規制]のない.

bárrier méthod 名 障害式避妊法《コンドーム・ペッサリーなどを用いる》.

bárrier rèef 名 バリアーリーフ, 堡礁《海岸線に平行して続くサンゴ礁》: ⇒ Great Barrier Reef.

⁺bar・ring /bɑ́ːrɪŋ/ 前 …を除いて; …がなければ (cf. bar¹ 前).

bar・ri・o /bɑ́ːriòu, bǽr-/ 名 (~s) ❶ バリオ《スペイン語圏の都市の一区域》. ❷《米》《米国の南西部都市など》のスペイン語を日常語とする人びとの住む一帯.

bar・ris・ter /bǽrəstə/ -tə/ 名《英》法廷弁護士 (barrister-at-law の略).〔解説〕法廷で訴訟事件を扱う権限のある法廷弁護士で, 依頼人への契約書の作成や財産の処分などの事務を代行する弁護士は solicitor という.〖BAR¹ 法廷+-STER〗【類義語】⇒ lawyer.

bár・ròom 名《米》〈ホテルなどの〉酒場, バー, カクテルラウンジ《英》bar, pub》.

bar・row¹ /bǽrou/ 名 ❶ **a** 担架型の運搬器. **b** 一輪の手押し車 (wheel barrow). **c**《果物行商人などの》二輪手押し車. ❷ barrow 〈1 台分の〉荷物.

bar・row² /bǽrou/ 名〖考古〗塚(た), 墳丘.

bar・row³ /bǽrou/ 名 去勢ブタ.

Bar・row /bǽrou/, **Clyde** バロー《1909-34; 米国 Texas 州生まれの無法者; Bonnie Parker と共に多数の窃盗をはたらいた》.

bárrow bòy [màn] 名《英》〈手押し車で物を売る〉行商人.

Bar・ry・more /bǽrimɔ̀ː/ -mɔ̀ː/ 名 バリモア《米国の俳優一家出身の 2 男 1 女のきょうだい; Lionel ~ (1878-1954), Ethel ~ (1879-1959), John ~ (1882-1942)》.

Bar・sac /bɑ́ːsæk/ bɑ́ː-/ 名 バルサック《フランス南西部 Bordeaux 地方の町 Barsac 周辺産の甘口白ワイン》.

bár sínister 名 = bend sinister.

BART /bɑ́ːt/ bɑ́ːt/ 略 Bay Area Rapid Transit

Bart. 《米国 San Francisco 市の高速通勤用鉄道》.

Bart. 《略》Baronet.

bár tàck 名 《服》バータック《縫い止まりやポケット口にする補強ステッチ》.

+**bár·tènder** 名 《米》バーテン《《英》barman, barmaid》.

+**bar·ter** /bάɚṭɚ | báːtə/ 動 ⓐ ❶ 《品物を》《品物と》物々交換する: The trappers ~ed their furs *for* food and tobacco. わな猟師たちは毛皮をたばこと物々交換した. ❷ 《利益目がくらんで》《自由・地位などを》《…と引き換えに》売る; 安く手放す: He ~ed away his patent right *for* a lump-sum payment. 彼は一括払いの金額に目がくらんで彼の特許権を手放した. ── 他 《人と》《品物を》物々交換する: They ~ed *with* the islanders (*for* rice). 彼らは島の住民たちと(米を求めて)物々交換をした. ── 名 Ⓤ ❶ 物々交換: a ~ economy 物々交換経済. ❷ 交易品. ~·er 名 《F＜《L＜G＝取り引きする》

bárter sỳstem 名 [the ~] 《経》バーター制, 交換貿易制.

Barth /bάɚt | báːt/, **Karl** 名 バルト《1886-1968; スイスのプロテスタント神学者》.

Barthes /bάɚt | báːt/, **Ro·land** /roʊlάːn/ 名 バルト《1915-80; フランスの批評家・記号学者》.

Bar·thol·di /bɑɚθάldi | baːtɔ́l-/, **Fre·de·ric Au·guste** /frèderík ɔːgíst, -gúst/ 名 バルトルディー《1834-1904; フランスの彫刻家; 自由の女神像の制作者》.

bar·tho·lin·itis /bὰɚθəlɪnάɪṭɪs, -təl- | bὰː-/ 名 《医》バルトリン腺炎.

Bár·tho·lin's glànd /bάɚθəlɪnz- | báː-/ 《解》バルトリン腺《膣前庭に一対あって, 粘液を分泌する》. 《C. Bartholin 17-18 世紀のデンマークの解剖学者》

Bar·thol·o·mew /bɑɚθάləmjùː | baːθɔ́l-/ 名 ❶ バーソロミュー《男性名》. ❷ [St. ~] 《聖》バルトロマイ《キリスト十二使徒の一人》.

bar·ti·zan /bάɚtəz(ə)n | bὰːtɪzǽn/ 名 《建》(壁面からの)張り出しやぐら[小塔].

Bar·tók /bάɚtak | báːtɔk/, **Bé·la** /béɪlə/ バルトーク《1881-1945; ハンガリーの作曲家》.

Bar·ton /bάɚtn | báː-/, **Clara** 名 バートン《1821-1912; アメリカ赤十字社の創設者》.

bár tràcery 名 Ⓤ 《ゴシック建築の》棒狭間(はざま), バートレーサリー.

Ba·ruch /bərúːk | báːruk/ 《聖》 ❶ バルク《預言者 Jeremiah の弟子で, 預言の筆記者》. ❷ バルク書《旧約聖書外典の一書》.

bár·wing 名 《鳥》シマドリ《ヒタキ科; ヒマラヤ・中国・東南アジア産》.

bár·y·cènter /bǽrɪ-/ 名 《理・数》重心. **bàry·céntric** 形 重心の.

bar·y·on /bǽriɑn | -ɔ̀n/ 名 《理》バリオン, 重粒子《核子とハイペロンの総称》. **bàry·ón·ic** 形

Ba·rysh·ni·kov /bərɪ́ʃnəkɔːf | -kɔ̀f/, **Mikhail** (**Ni·kolayevich**) バリシニコフ《1948- ; ラトビア生まれの米国のバレエダンサー・振付師》.

ba·ry·ta /bərάɪtə/ 名 Ⓤ 《化》重土, バリタ(酸化バリウム; 水酸化バリウム; 硫酸バリウム).

bar·y·tone /bǽrətoʊn/ 名 = baritone.

bas·al /béɪs(ə)l/ 形 ❶ 基底の, 基部の. ❷ 基礎的な, 根本的な. ~·ly /-səli/ 副 《BASE[1]+-AL》

básal cèll carcinóma 名 《医》基底細胞癌《めったに転移せず, 通例治療可能な皮膚癌》.

básal gánglion 名 《通例複数形で》《解》脳幹神経節.

básal metábolic ráte 名 基礎代謝率《量》.

básal metábolism 名 Ⓤ 基礎代謝.

ba·salt /bəsɔ́ːlt/ 名 Ⓤ 玄武岩《建築用》. **ba·salt·ic** /bəsɔ́ːltɪk/ 形 《L＜Gk＝試金石》

bás·cule brìdge /bǽskjuːl-/ 名 跳橋(はねばし), 開閉橋.

*base[1] /béɪs/ 名 ❶ **a** 基部, 底, 土台. **b** 台座. **c** ふもと: at the ~ of the hill 丘のふもとで. **d** (指・鼻などの)つけ根. ❷ **a** 《物事の》基礎, 土台, 根拠: provide a solid ~ *for* future learning 将来の学習のためのしっかりとした基礎を与える / the ~ *of* one's belief 信仰の基礎. **b** (経済などの)基盤, (政治などの)支持母体[基盤]: expand the customer [tax] ~ 顧客[課税]基盤を拡大する / a low-cost manufacturing ~ 低コストの製造[生産]基盤. ❸ **a** 《行動・計画などの》基点, 原点. **b** 《活動などの》拠点. 《軍》基地: a ~ *for* terrorism テロリズム[テロ活動]の拠点 / a ~ of operations 作戦基地. **c** 《位置の時には Ⓤ》 《野》塁, ベース: third ~ 三塁 / a three-*base* hit 三塁打 / The ~s are loaded [full]. 満塁だ《《比較》「フルベース」は和製英語》. **d** 《競技》出発点[線]; 《ホッケーなどの》勝負点[線]. ❹ **a** 《塗装の》下塗り, 《化粧などの》下地. **b** 《塗料などの》主成分: a paint with an oil ~ 油をベースとする塗料. ❺ **a** 《数》底辺, 底面. **b** 《対数の》底, 基数. ❻ 《化》塩基. ❼ 《測量》基線. ❽ 《文法》語基《語から接辞を取り去って残る独立要素; cf. root[1]7, stem[1]4》. **báse on bálls** 《野》四球[フォアボール]による出塁《「フォアボール」は和製英語》: an intentional ~ *on* balls 敬遠の四球. **cóver** (**áll**) **the báses** 《米》万事ぬかりなく準備[手配]する. **gét to fírst báse** ⇨ first base 成句. **óff báse** (1) 《野》塁を[から]離れて. (2) 《米口》推量などからはずれて, 間違って: His explanation was way *off* ~. 彼の説明はまるで見当違いだった. (3) 《米口》不意に. **on báse** 《野》出塁して: Two runners are *on* ~. 走者が二人出塁している. **tóuch báse** 《口》《…に》連絡する: *Touch* ~ *with* me before you go. 出かける前に私に連絡してくれ.

── 動 他 ❶ 《…に》《…の》基礎を置く, 《…を》基づかせる: This international language is ~d *on* [*upon*] the sounds of English. この国際語は英語の音に基礎を置いている / On what do you ~ that statement? 何を基にしてそんなことが言えますか. ❷ 《…に》《…の》本拠地[基地]を置く 《*in*, *at*》: a journalist ~d *in* Paris パリ在住のジャーナリスト.

《F＜L＜Gk *basis* 踏み台, 台座＜*bainein*, *bat-* 歩く, 踏む; cf. *basis*, *acrobat*, *diabetes* 》《基本》《類語》 base, basis *base* は文字どおり「物を支える土台」に用いられるが, 通例 *basis* は比喩的な意味に用いられる

base[2] /béɪs/ 形 (**bas·er**; **bas·est**) ❶ 《人・行為など》卑しい; 下劣な; さもしい (↔ noble): a ~ action 卑劣な行為. ❷ 《金属》劣位の (cf. noble 4): ~ coins 劣悪貨幣 / ⇨ base metal. ~·ly 副 ~·ness 名 《F＜L＝ずんぐりした, 低い》

*‡**base·ball** /béɪsbɔ̀ːl/ 名 ❶ Ⓤ 野球: play ~ 野球をやる / a ~ game [park, player] 野球試合[野球場], 野球選手. ❷ Ⓒ 野球ボール.

báseball càp 名 野球帽.

báse·bòard 名 《米》《建》(壁下の)幅木, すそ板《《英》skirting board》.

báse càmp 名 《登山などの》ベースキャンプ.

based 形 《通例複合語で》 ❶ 《…に》基礎づけられた. ❷ 《…に》基地を置く; 《…に》本拠地[基盤]を置く: a New York-*based* journalist ニューヨーク在住のジャーナリスト.

Bás·e·dow's disèase /bάːzədoʊz-/ 名 Ⓤ バセドー病《甲状腺疾患》. 《K. A. von Basedow 19 世紀のドイツの医者》

báse drèssing 名 Ⓤ 《耕す前に地面に施す》敷肥(しきごえ).

báse·hèad 名 《米俗》フリーベース (freebase) をつくって吸入する者, クラック (crack) を吸う者.

báse hít 名 《野》ヒット, 安打.

báse hóspital 名 後方地区病院; 《豪》《僻地医療の中心となる》基地病院.

báse jùmp 名 《高層ビルや岬などの》固定した場所からのパラシュートジャンプ. **báse jùmping** 名 **báse jùmper** 名 《*building*, *antenna-tower*, *span*, *earth*》

Ba·sel /báːz(ə)l/ 名 バーゼル《スイス北西部, Rhine 川に臨む市; Basle ともいう》.

báse·less 形 基礎[根拠, 理由]のない (unfounded). ~·ly 副 ~·ness 名

+**báse·line** 名 ❶ 《測定などの》基(準)線. ❷ 《テニス》ベースライン《コートの限界線》. ❸ 《野》ベースライン, 塁線.

báse lòad 名 《電・鉄道》(一定時間内の)ベース負荷, ベースロード, 基礎荷重.

báse·man /-mən/ 名 《複 **-men** /-mən/》 《通例序数を伴って》《野》内野手, 塁手: a first [second, third] ~ 一

塁[二塁, 三塁]手.

*base·ment /béɪsmənt/ 名 ❶ 地階, 地下室 《比較 cellar は物置や貯蔵用地下下室; shelter は避難用》: in the first [second] ~ 地下 1[2]階で. ❷ (構造物の)最下部, 基部. 【BASE¹+-MENT】

básement mèmbrane 名《解・動》(上皮と結合組織との間の)基底膜, 境界膜.

báse métal 名 卑金属《↔ noble metal》(銅・鉛など).

ba·sen·ji /bəséndʒi/ 名 バセンジー(犬)《アフリカ産の栗毛の小型犬; ほえないことで知られる》.【Bantu】

báse páir 名《遺》(二本鎖 DNA, RNA 中の)塩基対《アデニンとチミン (RNA ではウラシル) またはグアニンとシトシン》.

báse ráte 名《英》(貸し出し)基準金利《個々の商業銀行の貸し出し金利の基礎》.

báse rùnner 名《野》ランナー, 走者.

báse rùnning 名 U《野》走塁.

‡bas·es¹ /béɪsɪz/ 名 base¹ の複数形.

†bas·es² /béɪsiːz/ 名 basis の複数形.

báses-lóaded 形《野》満塁の: a ~ homer 満塁ホーマー.

*bash /bæʃ/ 動《口》❶《人・ものを》強く打つ, ぶったたく, ぶっつぶす: one's thumb with a hammer 親指を金づちでいやというほどたたく / ~ up a car 車をぶっこわしにする / He ~ed in the door. 彼はドアをたたいてこわした. ❷《...を》激しく非難する, たたく: Politicians like to bash the media. 政治家たちはマスメディアをたたきたがる. ── 自《...に》激しくぶつかる, 衝突[激突]する(into, at). bash ón [ahéad]《英口》~ を熱心にどんどんやる(with). ── 名 ❶《口》殴りつけること, 強打. ❷《米》にぎやかなパーティー. hàve a básh《英》...をやってみる(at).

ba·sha /bɑːʃá | bæʃə/ 名 (東南アジアの)草ぶきの竹製の小屋, バシャ.

bash·ful /bæʃf(ə)l/ 形 恥ずかしがりの, 内気な, はにかみ屋の. ~·ly /-fəli/ 副 はにかんで, 内気に. ~·ness 名 【類義語】⇒ shy¹.

bash·ing /bæʃɪŋ/ 名 U.C たたくこと; [複合語で] ...たたき, ...バッシング《集団・国家の非難》: Japan-bashing 日本たたき, ジャパンバッシング.

‡ba·sic /béɪsɪk, -zɪk/ 形 (more ~; most ~) ❶ 基礎の, 基本的な: a ~ monthly salary of $2,200 月々2200ドルの基本給 / ~ principles 基本原理 / Sleep is ~ to health. 睡眠は健康にとって基本である. ❷ (比較なし)《化》塩基[アルカリ]性の. ❸ P 必要最小限のもので, 初歩的で. ── 名 [複数形で] 基礎, 原理: master the ~s of good writing 上手な書き方の基本を習得する / get [go] back to (the) ~s 原点に帰る.《名 base¹》

BASIC /béɪsɪk/ 名 U 《電算》ベーシック《インタープリター型のプログラム言語》.【Beginner's All-purpose Symbolic Instruction Code】

*bás·i·cal·ly /béɪsɪkəli, -zɪ- | -sɪ-/ 副 ❶ 基本的に, 基本的な点で, 本質において; 基本原理として. ❷ [文修飾] 基本的に言えば; つまり, 要するに; 本来は, 実は.

Básic Énglish 名 U ベーシックイングリッシュ《英国人 C. K. Ogden が 1930 年に発表した 850 語を基本とする簡易英語》.

ba·sic·i·ty /beɪsísəti/ 名《化》塩基(性)度.

básic óxygen pròcess 名《冶》塩基性転炉(製鋼)法.

básic tráining 名 U《米軍》(初年兵の)基礎[初歩]訓練.

básic wáge 名 (諸手当を含まない)基本給.

ba·sid·i·o·my·cete /bəsìdioʊmáɪsiːt/ 名《植》担子菌.

ba·sid·i·um /bəsídiəm/ 名 (複 ba·sid·i·a /-diə/)《植》担子器.

Ba·sie /béɪsi/, Count 名 (カウント) ベイシー (1904-84; 米国のジャズピアニスト・バンドリーダー).

†ba·sil /bǽz(ə)l | bǽz-/ 名《植》メボウキ, バジル, バジリコ《ハッカに似たシソ科の草本; 葉は香辛料》.【F < L < Gk = royal (plant) < basilica】

bas·i·lar /bǽsələ | -lə/ 形《生》基部にある;《解》頭蓋底の.

basi·lect /bǽsəlèkt, béɪsə-/ 名 基層方言《ある社会で最も格式の低い方言; cf. acrolect》.

Ba·sil·ian /bəzíliən, -síl-/ 名 バシレイオス修道会士《4世紀に小アジア Caesarea の主教聖バシレイオス (St Basil; 329?-379) が小アジアまたの Cappadocia に設立した修道会》. ── 形 聖バシレイオスの, バシレイオス会(士)の.

*ba·sil·i·ca /bəsílɪkə, -zíl-/ 名 ❶《古κ》バジリカ, 会堂《裁判や集会に用いられた長方形の建物》. ❷ (バジリカ型の)(初期)キリスト教聖堂. ❸《カト》(典礼上の特権を与えられた)(大)聖堂.【L < Gk = royal (palace) < basileus king】

bas·i·lisk /bǽsəlɪsk, -zə-/ 名 ❶ バシリスク《砂漠にすみ, ひと息またはひとにらみで人を殺したという蛇のような伝説上の怪獣; cf. cockatrice》. ❷《動》バシリスク《熱帯アメリカ産のイグアナ科のトカゲ》. ── 形 A バシリスクのような: a ~ glance [look] すくみ上がらせるような目つき.【L < Gk =(ヘビの)小王 (↑)】

*ba·sin /béɪs(ə)n/ 名 ❶ a (bowl より浅く開いた)鉢, 洗面器, 水盤; 洗面台 (washbasin); 《英》(食物を入れる)ボウル. b 鉢[洗面器など] 1杯(の量)(of). ❷ a (水盤状のくぼ地, 盆地《水がたまれば海・池・湖などになる》. b 海盆. c (河川の)流域, 集水地域: the Thames ~ テムズ川流域. ❸ a ため池, みずたまり. b 陸地に囲まれた港, 内湾. c (船のドック)泊渠(ドック): a yacht ~ ヨットハーバー / a tidal ~ 潮泊渠《高潮時に満水となる》.【F < L =水入れ】

bas·i·net /bǽsənèt, bǽsənət/ 名 バシネット《中世の軽い鉄かぶと》.

básin·ful /-fùl/ 名 鉢[洗面器](に)1 杯の量.

ba·sip·e·tal /beɪsípətl, -zíp-/ 形《植》基部方向に向かって生長する, 求基的な, 求底的な(cf. acropetal). ~·ly 副

‡ba·sis /béɪsɪs/ 名 (複 ba·ses /-siːz/) ❶ 基礎, 根拠; 原理, 原則, 基準: on a commercial ~ 商業ベースで / on an equal ~ 対等で[に] / on a part-time [regular] ~ 非常勤[常勤]で, パートタイム[常雇]で / on a trial ~ 試しに / form [provide] the basis for... (のための)基礎[根拠]を成す[与える] / He was hired on the ~ of his experience. 彼は経験に基づいて雇われた. ❷ (調剤などの)主成分, 主薬.《形 básic》【類義語】⇒ base¹.

†básis pòint 名 [通例複数形で]《証券》(利回りを表わす時の)1/100 パーセント, 毛《略 bp》.

*bask /bǽsk/ 動自 ❶《日光などに》暖まる, 日なたぼっこをする: The cat was ~ing in the sun [before the fire]. 猫は日なたぼっこをして[火の前で暖まって]いた. ❷ (恩恵などに)浴する, 浸る: ~ in a person's favor 人の恩恵に浴する / ~ in the love of one's family 家族の愛情に包まれる.《?ON=to bathe oneself》

*bas·ket /bǽskɪt | báːs-/ 名 ❶ a (竹・柳枝などで編んだ)かご, バスケット, ざる: a picnic ~ ピクニック用バスケット. b かご型の容器. c つりかご《軽気球・索道用》. ❷ かご[ざる]1 杯(の量): a ~ of fruit 一かごの果物.《名》 ❸ a ゴールのネット[バスケット]. b ゴール得点《通例 2 点》: shoot a ~《口》得点する.【F】

*básket·bàll 名 ❶ U バスケットボール. ❷ C バスケットボール用ボール.

básket càse 名《米俗》❶ (手術などで)両腕両脚を切断された人. ❷ (特に不安・ストレスなどで)ぼーっとなった人. ❸ 故障して動かないもの; 財政の困難な[破綻した]組織[国, 会社].

básket·ful /-fùl/ 名 かご 1 杯, ひとかご(分)(of).

Básket Màker 名 ❶ [the ~]《考古》バスケットメーカー文化(期)《米国南西部のアナサジ (Anasazi) 文化の前期》. ❷ バスケットメーカー族の人.

bas·ket·ry /bǽskɪtri | báːs-/ 名 U ❶ かご細工法. ❷ かご細工品.

básket shèll 名《貝》クチベニガイ科の貝《砂浜の小型の二枚貝で, 通例 左の殻より大きな右の殻の中にはまり込む》.

básket wèave 名 U バスケット織り《かごの目状の織り方》.

básket·wòrk 名 U かご細工(品).

básk·ing shárk 名《魚》ウバザメ《水面近くで日なたぼっこをする習性がある巨大なサメ》.

Basle /bάːl/ バール (Basel の別称).

bas・má・ti (rice) /bæsmάːti(-)/ 名 ⓤ バズマティ米 (南アジア, 特にインド・パキスタン産の長粒種の香りのよい米).

bas mitz・vah /bɑːsmítsvə/ 名 =bat mitzvah.

ba・so・phil /béɪsəfɪl/ 名 【解】 好塩基球, 好塩基性白血球.

ba・so・phil・ic /bèɪsəfílɪk⁺/ 形 【生】 好塩基性の.

Basque /bæsk/ 名 ❶ C バスク人 (Pyrenees 山脈西部, スペインとフランスに住む). ❷ ⓤ バスク語. —— 形 バスク人[語]の.

bas-re・lief /bὰːrɪlíːf/ 名 (複 ~s) UC 浅浮き彫り (cf. alto-relievo, mezzo-relievo). 〖F<It=low relief〗

*__bass__¹ /béɪs/ 名(複 ~・es) 【楽】 ❶ **a** ⓤ バス, ベース, 男声最低音 (関連 次の順に高くなる: bass, baritone, tenor, alto (女声 contralto), treble (女声 soprano)). **b** C バス歌手; バスの声, 低音部. ❷ C 低音楽器: ベース, ベースギター, コントラバス, ダブルベース. ❸ ⓤ (オーディオなどの)低音(域); 低音調整用つまみ. —— 形 Ⓐ 低音の: a ~ voice バスの声. 〖BASE²; 綴りは It basso「低い」の影響〗

bass² /bǽs/ 名(複 ~, ~・es) 〖魚〗 バス(ひれにとげのある魚; ブラックバス (black bass) など).

bass³ /bǽs/ 名 ❶ C 〖植〗 シナノキ. ❷ ⓤ しゅろ皮.

báss clèf /béɪs-/ 〖楽〗 低音部記号, ヘ音記号.

báss drúm /béɪs-/ 名 (オーケストラ用)大太鼓.

bas・set /bǽsɪt/ 名 =basset hound.

Basse-terre /bæstéə-/ 名 -téə/ バステール (西インド諸島の St. Kitts 島にある St. Kitts and Nevis の首都).

básset hòund 名 バセットハウンド(胴長短脚の猟犬). 〖F=short-legged hound〗

báss guitár /béɪs-/ 名 ベースギター.

báss hórn /béɪs-/ 名 =tuba.

bas・si・net /bæ̀sənét/ 名 ほろ付き揺りかご(うば車).

⁺**bass・ist** /béɪsɪst/ 名 ベース奏者.

basset hound

báss líne /bèɪs-/ 名 [通例単数形で]〖楽曲〗 の最低音部.

bas・so /bǽsoʊ, bάː-/ 名 (複 ~s, bas・si /-siː/) 〖楽〗 (特にオペラの)バス歌手; 低音域の声; 低音部.

bas・soon /bəsúːn/ 名 バスーン, ファゴット (低音木管楽器). 〖F<It<basso バス, 低音〗

bas・sóon・ist /-nɪst/ 名 バスーン[ファゴット]吹奏者.

básso pro・fún・do /-proʊfʌ́ndoʊ/ 名 (複 ~s, bássi pro・fún・di /-di/) パッソ・プロフォンド(荘重な表現に適するバスの低音域; そこを得意とする歌手).

basso-relíevo /-líːvoʊ/ 名 (複 ~s) =bas-relief.

báss víol /béɪs-/ 名 ❶ =viola da gamba. ❷ 《米》 =contra bass.

báss・wòod /bǽs-/ 名 〖植〗 シナノキ (linden).

bast /bǽst/ 名 =bast fiber.

*__bas・tard__ /bǽstəd | bάːstəd/ 名 ❶ 《俗》 ひどい人[もの], いやな人[もの]; 運の悪いやつ; やつ, 野郎: a ~ of a storm いやな嵐 / a lucky ~ 運のいいやつ / You ~! この野郎 / The poor ~ was killed in an accident. かわいそうに, やつは事故で死んだ. ❷ 《古・軽蔑》 庶子, 私生児, 非嫡出子. ❸ 模擬物; 粗悪品. ❹ 偽りの, まがいの; 類似の; 擬似の; 不純な, 改竄された. ❺ 複数の書体が入り混ざった. ❸ 《古・軽蔑》 庶子の. 〖F<L<bastrum 鞍(くら)+-ARD; 原義は「荷鞍を枕代わりにしてできた子, 屋外でできた子」か〗

bas・tard・ize /bǽstədàɪz | bάːstə-/ 動 ❶ 〈...の〉質を悪化させる. ❷ 《古》 〈子供を〉私生子と認定する. **bas・tard・i・za・tion** /bæ̀stədɪzéɪʃən | -daɪz-/ 名.

bástard wìng 名〖鳥〗小翼(羽).

bas・tard・y /bǽstədi | bάːstə-/ 名 ⓤ 《古》 庶出.

baste¹ /béɪst/ 動 〈布・服などを〉仮縫いする.

baste² /béɪst/ 動 《俗》 ❶ (棒などで)激しく打つ, たたく. ❷ しかりつける, 激しく非難する.

baste³ /béɪst/ 動 〈肉などに〉バター[たれ]などをかけながら焼く.

bast・er /béɪstə/ -tə/ 名 〈肉をローストする時などに〉たれをかける人; 肉にたれ・バターなどをかけるのに用いるスポイト式調理器具.

bást fiber 名 ⓤ 靭皮(じんぴ)繊維(ござ・かごなどの材料).

bas・tide /bæstíːd/ 名 ❶ (フランス中世の)城塞都市(特に南フランスで戦略的あるいは商業的目的のために全体として築城された). ❷ (南フランスの)田舎の小邸宅.

Bas・tille, Bas・tile /bæstíːl/ 名 [the ~] バスティーユ (パリの監獄; 1789 年 7 月 14 日民衆がこれを破壊してフランス革命が始まった).

bas・ti・na・do /bæ̀stənéɪdoʊ, -nάː-/ 名 ⓤ 棍棒による殴打; 足の裏を棒で打つ刑. —— 他 棍棒で殴打する; 〈...の〉足の裏を棒で打つ.

bast・ing /béɪstɪŋ/ 名 ⓤ 激しく打つこと; どなりつけること.

bas・tion /bǽstʃən | -tiən/ 名 ❶ 〖築城〗 稜堡(りょうほ). ❷ 要塞. ❸ とりで(と見なされるもの; 人, 場所にいう), 防衛拠点 (stronghold): a ~ of conservatism 保守主義のとりで. 〖F bastille「稜堡」の変形〗

bast・na・e(s)・ite /bǽstnəsàɪt/ 名 〖鉱〗 バストネサイト (希土類元素を採取する黄色ないし赤褐色の鉱石).

ba・su・co /bəsúːkoʊ/ 名 ⓤ バズーコ (コカインを精製した残りかす; 習慣性の強い麻薬).

*__bat__¹ /bǽt/ 名 ❶ **a** 〖野・クリケ〗 バット; 〖スポ〗 ラケット. **b** 打順, 打球(番): Whose turn at ~ is it? 〖野〗 だれの打順ですか. **c** こん棒. ❷ 〖野・クリケ〗 打者. **at bát** 〖野〗 ❶ 打席について, 打順で (⇒ 1b). ❷ 攻撃して. **cárry one's bát** (1) 〖クリケ〗 1 回の終わりまでアウトにならないで残る. (2) 《英口》 がんばり通す. **óff one's ówn bát** 《英》 自力で, 自発的に. **(right) óff the bát** 《米口》 直ちに, すぐさま. —— 動 (**bat・ted; bat・ting**) ❶ **a** (バットで)打つ. **b** 〖野〗〈走者を〉打って進める: ~ a runner *home* [*to* third] 打って走者を生還させる[3塁に進める]. **c** 〈...の〉打率を得る: He's *batting* .330. 彼は 3 割 3 分打っている (読み方).330 は通例 three thirty と読む). ❷ 〈...を〉(軽く)てのひらで打つ. —— 自 ❶ 打つ, 打ち手[打者]となって打つ: ~ *third* 3 番で打つ. ❷ (軽く)てのひらで打つ 〈*at*〉. **bát aróund** 《米口》 ❶ (自+回) 〈人が〉歩き回る, ぶらつく. ❷ (他+回) 〈計画などを〉自由に話し合う, あれこれ考える. **bát a thóusand** 《口》 とてもうまく行く, 大成功する. **bát in** (他+回) (1) 打って〈得点〉を入れる. (2) 打って〈走者を〉生還させる. **bát óut** (他+回) 《米口》 〈物語・記事などを〉(キーボードをたたいて)急いで作る; でっちあげる. **gó to bát for...** (1) 〖野〗 ...の代打をする. (2) 《米口》 〈人・物事〉を支援する. 〖OE=棍棒, つえ〗

⁺**bat**² /bǽt/ 名 ❶ 〖動〗 コウモリ. ❷ 《軽蔑》 不愉快な女. **(as) blìnd as a bát** ⇒ blind 成句. **hàve báts in the bélfry** 《口》 頭が変だ. **lìke a bát òut of héll** 《口》 猛スピードで. 〖?Scand〗

bat³ /bǽt/ 動 (**bat・ted; bat・ting**) 《口》 〈目・まぶたを〉まばたく. **bát one's éyes** [**éyelashes**] 《口》 〈女性が〉気のあるそぶりでまばたきする, 色目を使う. **nót bát an éye** [**éyelid**] 《口》 平然としている (由来「まばたきひとつしない」の意から).

bat⁴ /bǽt/ 名 UC 《米俗》 (酒飲みの)どんちゃん騒ぎ.

Ba・ta・vi・a /bətéɪviə/ 名 バタヴィア (Jakarta の旧称).

Ba・tá・vi・an /-viən/ 形 名.

bát bòy 名 〖野〗 バットボーイ (試合中にころがっているバットなどの世話をする少年).

*__batch__ /bǽtʃ/ 名 ❶ C 《口》 一群, 一団; 1 度分, ひと束: a ~ *of* letters ひと束の手紙 / train men in ~es 部下をグループに分けて訓練する. ❷ C 〖電算〗 バッチ (同一プログラムで一括処理される作業); ⓤ =batch processing. ❸ (パン・陶器などの)ひとかまど, ひと焼き分 〈*of*〉. 〖ME<OE bacan to BAKE〗

bátch fìle 名 〖電算〗 バッチファイル (バッチ処理 (batch processing) の内容を記述したテキストファイル).

bátch pròcessing 名 ⓤ 〖電算〗 一括処理, バッチ処理.

bate /béɪt/ 動 〈鷹が〉ひどくおこって[恐れて]急にはばたく. ── 名 [a ~] 《英俗》激怒, 立腹.

bát-èared fóx /bǽtɪəd-/ 名 《動》オオミミギツネ, オトキオン (アフリカ東部・南部の乾燥地帯に生息する耳の大きいキツネ).

ba·teau /bætóu/ 名 (複 **ba·teaux** /-z/) (河川用の)小平底船. 【F=boat】

ba·téau móuche /-múːʃ/ 名 (複 **~s** /-/) バトー・ムーシュ (Paris の Seine 川の遊覧船). 【F=fly boat】

bat·ed /béɪtɪd/ 形 ▶ 次の成句で. **with báted bréath** 息を殺して.

ba·te·léur (èagle) /bæt̬əlɜ́ː(-) | -lə́ː-/, 名 《鳥》ダルマワシ (アフリカ産の強大なワシ).

Bátes·i·an mímicry /béɪtsiən-/ 名 U 《生》ベーツ(型)擬態, 標識的擬態 (擬態者が捕食者の嫌う動物に似た形態・色彩などをもつような擬態). 【H. W. Bates 英国の博物学者】

bát-fish 名 《魚》翼状突起のある魚 (コウモリウオ・トビウオ・アカエイなど).

***bath** /bæθ | báːθ/ 名 (複 **~s** /bǽðz, bæθs | báːðz/) ❶ 入浴, 沐浴(ᵏ): a hot [cold] ~ 温[冷水]浴 / have [《米》take] a ~ 入浴する. ❷ a ふろ, バス; 《米》浴槽 (《米》bathtub): a steam [vapor] ~ 蒸しぶろ / run a ~ 浴槽に水を張る. **b** 浴室: a room with a private ~ (専用)浴室付きの一人部屋. **c** ふろ屋. **a** public ~ ふろ屋, 大衆浴場. **d** [~s; 単数または複数扱い] 浴場, 湯治場; 温泉: take the ~s 湯治する. **e** [複数形で] 屋内プール. ❸ 汗[血]にまみれている状態: in a ~ of sweat びっしょり汗をかいて. ❹ 溶液, 液容器, 電解槽: a hypo ~ 《写》ハイポ液(容器), ハイポ浴. **táke a báth** (1) 《米》入浴する (⇒ 1). (2) 《米口》大損する, すっからかんになる. **the Órder of the Báth** (英国のバス勲位[勲章] 《曲来》前夜沃浴の儀式を務めた後にこの勲位が授けられた慣習から; 解説》 次の3階級がある: (Knight) Grand Cross of the Bath (バス大勲位の)(1等勲騎士) (略 GCB), Knight Commander of the Bath (2等勲騎士) (略 KCB), Companion of the Bath (最下級勲爵士) (略 CB)). ── 他 《米》〈病人・赤ん坊〉を入浴させる (《米》bathe). ── 自 《古風》入浴する (《米》bathe). 〖OE; 原義は「熱くすること」; cf. bake, bask〗 (動 bathe)

bath² /bæθ/ 名 バス (ユダヤの液量単位; ≒ 10 gallons).

Bath /bæθ | báːθ/ 名 バース (イングランド Avon 州の都市; 温泉で有名).

Báth bùn 名 [しばしば b~ b~] バスパン (木の実がはいった砂糖がけの丸い菓子パン; イングランド Bath の特産).

Báth chàir 名 [しばしば b~ bath chair で] (病人用のほろ付き)車いす (cf. wheelchair).

***bathe** /béɪð/ 動 他 ❶ **a** 《米》〈人〉を入浴させる, 赤ん坊などに湯を使わせる (《英》bath): ~ a baby 赤ん坊に湯を使わせる. **b** [~ oneself で] 入浴する. **c** 〈目・患部などを〉洗う: ~ one's eyes 洗眼する. **d** 〈波が〉岸などを洗う. ❷ 〈…を…に〉浸ける, 浸す: ~ one's feet in warm water 足を温水に浸ける. ❸ 〈汗・涙などが〉〈…を〉おおう; 〈陽光などが〉〈…に〉いっぱいに注ぐ (★ 通例受身》: Her face was ~d in tears. 彼女は顔じゅう涙にぬれていた. / The valley was ~d in sunshine. 谷は日光を浴びていた. ── 自 ❶ 《米》入浴する (《英》bath). ❷ 《古風》(海・川などで)泳ぐ, 水浴びする[水遊びをする. ── 名 ❶ 《英》(川・海・プールなどでの)水泳, 水浴, 水遊び: go for a ~ (海)水浴に行く / have a ~ (海)水浴をする. (名 bath)

bath·er /béɪðə | -ðə/ 名 ❶ 水浴者, 泳ぐ人, 海水浴客. ❷ 入浴者; 湯治客. ❸ 《豪》水着.

ba·thet·ic /bəθét̬ɪk/ 形 漸降法 (bathos).

báth·hòuse 名 ❶ (公衆)浴場. ❷ (海水浴場などの)更衣所 (いくつもの更衣室がある).

bath·ing /béɪðɪŋ/ 名 U 水浴, 入浴, 入湯. ❷ [形容詞的に] 水浴用の: a ~ beach 海水浴用の浜辺. 〖BATHE+-ING〗

báthing bèauty 名 (水着)美人コンテストの出場者.

báthing càp 名 (ゴムなどの)水泳帽.

báthing còstume 名 =bathing suit.

báthing machìne 名 (昔の海水浴場の)移動更衣小屋, 更衣車 (車輪つきの小屋で, 水辺まで移動させて着替えができる).

báthing sùit 名 《米》水泳着, 水着.

báth màt 名 浴室用マット, バスマット.

bath·o- /bǽθou, -ə/ 「連結形] 「深]「下(向き)の」. 〖Gk *bathos* 深さ/*bathys* 深い〗

bath·o·lith /bǽθəlɪθ/ 名 《地》底盤, バソリス (火成岩の大規模な貫入岩体).

ba·thom·e·ter /bəθɑ́mətə | -θɔ́mətə/ 名 水深測定計.

ba·thos /béɪθɑs | -θɔs/ 名 U ❶ 《修》漸降法 (anticlimax) (漸次高めた荘重な調子を急にこっけいに落とすもの). ❷ 平凡, 陳腐. ❸ 過度の感傷.

báth·ròbe 名 ❶ バスローブ, 化粧着 (入浴の前後に着る). ❷ 《米》=dressing gown.

***bath·room** /bǽθrùːm, -rùm | báːθ-/ 名 ❶ 浴室, バスルーム (★ 浴室には通例浴槽 (bathtub) のほかにシャワー (shower), 便器 (toilet), 洗面台 (sink) がついている). ❷ 《米》トイレ, 手洗い (rest room): go to the ~ トイレに行く.

báthroom tìssue 名 《米》トイレットペーパー.

báth sàlts 名 《複》入浴剤.

Bath·she·ba /bǽʃɪbə, bæθʃəbə/ 名 ❶ バスシバ (女性名). ❷ 《聖》バテシバ (ウリヤ (Uriah /jʊráɪə/) の死後 David 王と再婚して Solomon を産んだ).

báth spònge 名 浴用海綿, バススポンジ.

Báth stòne 名 U バス石 (建築材料; イングランド Bath 産).

báth tòwel 名 バスタオル.

báth·tùb 名 《米》浴槽, 湯船 (★《英》では bath のほうが一般的で, bathtub は主に固定されたものをいう).

bath·y- /bǽθi/ [連結形] 「深」「深さ」「深海」. 〖Gk; ⇒ batho-〗

bath·y·al /bǽθiəl/ 形 《半》深海の (180-1800m の深さの海底についていう): ~ zone 《生態》漸深海底(帯).

ba·thym·e·ter /bəθɪ́mətə | -tə/ 名 測深器.

ba·thy·met·ric /bæθɪmétrɪk/ 形 測深学の; 等深線の.

ba·thym·e·try /bəθɪ́mətri/ 名 U 測深学, 水深測量術.

bàthy·pelágic 形 《海洋》漸深海水層の (漂泳区の区分で, 水深 1000-3000 [4000] m の層).

bath·y·scaph /bǽθɪskæf/ 名 バチスカーフ (深海調査用潜水艇の一種). 〖F<BATHY-+Gk *skaphos* 軽い舟〗

bath·y·sphere /bǽθɪsfɪə | -sfɪə/ 名 バチスフィア (深海調査用潜水球). 〖BATHY-+SPHERE〗

ba·tik /bətíːk, bǽtɪk/ 名 U ろう染め, バチック (手法・布).

ba·tiste /bətíːst, bæ-/ 名 U バチスト (平織薄地の麻布[綿布]).

bat·man /bǽtmən/ 名 (複 **-men** /-mən/) 《英》陸軍将校の従卒, 当番兵.

bat mitz·vah /bɑː mítsvə/ 名 [しばしば B~ M~] 《ユダヤ教》バトミッバー (12歳の女子の成人式; cf. bar mitzvah).

⁺**bat·on** /bətɑ́n, béɪtn | bǽtɔn/ 名 ❶ 《楽》指揮棒, タクト: under the ~ of …の指揮のもとに. ❷ 警棒 (truncheon). ❸ (バトンガールなどが持つ)バトン: twirl a ~ バトンを振る. ❹ 《競技》(リレー用)バトン: pass a ~ バトンを渡す 《英語では「バトンタッチ」とはいわない》. ❺ (官位を示す)杖(ˢᵗ), 司令杖. **páss the batón** 責任をゆだねる[任せる]. **pick úp the batón** 責任を受け継ぐ[引き継ぐ]. 〖F<L=棒, つえ〗

bát·on chàrge /bǽtn-/ 名 《英》警棒での攻撃.

Ba·ton Rouge /bǽtnrúːʒ/ 名 バトンルージュ (米国 Louisiana 州の州都).

batón rònud 名 (暴動鎮圧用の)ゴム銃弾.

batón twírler 名 《米》バトントワーラー (男女を問わずバトンを振って楽隊の指揮をする人; 比較)「バトンガール」は和製英語).

ba·tra·chi·an /bətréɪkiən/ 形 名 両生類の(動物).

bats /bæts/ 形 《口》頭のおかしくて, 狂気で: go ~ 頭が変になる. 〖have bats in the belfry (⇒ bat² 成句)〗

bats·man /bǽtsmən/ 名 (複 **-men** /-mən/) ❶ 《クリケ

batt 140

打者. ❷ (航空機の)着陸誘導灯.

batt /bǽt/ 图 (キルトなどの)芯.

batt. (略) battalion; battery.

⁺bat·tal·ion /bətǽljən/ 图 ❶ 〖軍〗大隊，大部隊 (cf. army 解説). ❷ (特に同じ目的をもつ人々の)集団，大群，大勢: a ~ of lawyers (企業などがかかえる)弁護士団. 《F<It<L *battalia* BATTLE》

bat·tels /bǽtlz/ 图 (適) (Oxford 大学の)学内食堂[売店]勘定，食費.

bat·te·ment /bætmáːŋ/ 图 《バレエ》バットマン《第5ポジションから片脚を前[後，横]に上げ，これをもとに戻す動作》.

bat·ten¹ /bǽtn/ 動 〔人の金などで〕ぜいたくする; 〔…を〕食いものにして太る〔*on, upon*〕.

bat·ten² /bǽtn/ 图 ❶ 小割り板(); 小角材. ❷ 〖海〗当て木. ── 動 (適) 〈…に〉小割り板を張る. **bátten dówn the hátches** (1) 暴風雨・火災などの際に艙口(ﾊｯﾁ)を当て木で密閉する. (2) 難局などに備える. 〖BATON の変形〗

Bat·ten·berg /bǽtnbə̀ːg | -bə̀ːg/ 图 バッテンバーグ《2色(通例ピンクと黄色)のスポンジケーキをマジパン(marzipan)で包んだ細長いケーキ; 断面は色違いの四角形が4つあらわれる》.

⁺bat·ter¹ /bǽṭə | -tə/ 图 〖野〗(打つ順番の)バッター，打者 (cf. hitter): the ~'s box バッターボックス, 打席 〖〖比較〗「バッターボックス」は和製英語〗. 〖BAT¹+-ER¹〗

⁺bat·ter² /bǽṭə | -tə/ 動 ❶ a 〈人・ものを〉何度もたたく，乱打する. b 〈雨・風などが〉〈…に〉強く当たる，強く当たっていませる. ❷ 〈…を〉打ち壊す, たたきつぶす 〔*down, in*〕: ~ a gate *down* 門をたたき壊す. ❸ 〈妻・子供などを〉虐待する: ⇒ battered. ❹ a (長く用いていて)〈帽子などの形〉をくずす. b 〈機械・活字などを〉使いつぶす, 摩耗させる. ── 動 〔…に〕〔激しく〕たたく: They ~ed (*away*) *at* [*on*] the gate. 彼らはその門をどんどんたたいた. 〖F<L *battuere* 打つ; cf. abate, battalion, battery, battle, combat, debate, rebate〗

bat·ter³ /bǽṭə | -tə/ 图 ⓤ バッター《小麦粉・水または牛乳・鶏卵などを混ぜ合わせたもの; パンケーキのもとやフライの衣にする》. ── 動 (適) 〈魚などに〉(フライにするため)バッター[衣]をつける. 〖↑〗

bat·ter⁴ /bǽṭə | -tə/ 图 〖建・土木〗転(ﾋﾞ)び(壁面などのゆる傾きの度). ── 動 (適) 壁などを〉緩勾配にする.

báttered¹ 形 ❶ 〖通例 A〗 a 虐待された: a ~ child 虐待された子供 / a ~ wife 夫に虐待を受けた妻. b (攻撃などで)破壊された. ❷ 酷使のためいたんだ, 使い古された.

báttered² バッター[衣]をつけて揚げた.

báttered chíld sỳndrome 图 ⓤ 被虐待児症候群《児童[幼児]虐待による一種の身体的障害》.

báttered wóman sỳndrome 图 ⓤ 被虐待女性症候群《パートナーによる虐待を受けた女性に見られる精神的・身体的症状》.

bát·ter·er /-ṭərə, -trə | -ṭərə, -trə/ 图 何度もたたく人; 子供・配偶者などを肉体的に虐待する人, 虐待者.

bat·te·rie /bæṭəríː/ 图 ⓤ 《バレエ》バトリー《跳躍している間に足やふくらはぎを打ち合わせる動作》.

batterie de cuisine 图 台所用品一式.

bát·ter·ing ràm /-ṭəɪŋ-, -trɪŋ-/ 图 ❶ (昔の)破城槌(). ❷ (戸・壁などを)打ち壊す道具.

Bat·ter·sea /bǽṭəsi | -ṭə-/ 图 バタシー《London 南西部の地区》.

⁺bat·ter·y /bǽṭəri, -tri/ 图 ❶ ⓒ 電池, バッテリー: a dry ~ 乾電池 / a storage ~ 蓄電池. ❷ ⓒ a 〈道具などの〉ひとそろい, 組. b ⓤ of boilers 一組のボイラー. 〖同種のものの〕一組, 一連: a ~ *of* questions 一連の質問 /〔人などの〕圧倒するような一群: a ~ *of* reporters 勢ぞろいした記者達. ❸ ⓤ 打つこと, 強打. b 〖法〗殴打: ⇒ ASSAULT and battery (成句). ❹ ⓒ 〖軍〗 a 砲兵中隊. b 砲列; 砲台; (艦上の)備砲, 砲郭: in ~ 〈重砲かの使用の用意が整って. ❺ ⓒ (米) バタリー《ニワトリなどを飼育するための多段式の一連のケージ》. ❻ ⓒ 〖野〗バッテリー《投手と捕手》. 〖F=打つこと; ⇒ batter², -y¹〗

Bat·ter·y (Párk) /bǽṭəri(-), -tri(-)/ 图 〖the ~〗 バッテリー(公園)《ニューヨーク市 Manhattan 島南端の公園》.

bát·ting /-tɪŋ/ 图 ❶ ⓤ バッティング, 打撃. b 〖形容詞的に〕打撃(用)の: one's ~ average 打率 / the ~ order 打順. ❷ ⓤ 精製綿, 詰め綿; 断熱材の毛布.

⁺bat·tle /bǽṭl/ 图 ❶ ⓒⓤ 〈特定地域における組織的な〉戦い, 戦闘: a field of ~ 戦場 / a line of ~ 戦線 / accept ~ 応戦する / fall [be killed] in ~ 戦死する / give [offer] ~ 攻撃する / join ~ (*with* ...) (…と)戦いを始める, 交戦する. b (個々の)戦闘: a losing ~ 負けいくさ / a naval ~ 海戦 / a soldier's ~ 武力戦 / fight a ~ 一戦を交える, 戦う / gain [lose] a ~ 戦いに勝つ[負ける] / ~ royal 大げんか. ❷ (一般に)戦い, 争い, 闘争(fight, struggle): a ~ ***against*** inflation インフレとの戦い / the ~ ***for*** existence 生存競争 / a ~ ***with*** AIDS エイズとの戦い / the ~ *of* life 人生の戦い / a ~ *of* words 論戦. ❸ 〖the ~〗勝利; 成功: *The* ~ is not always to the rich. 金持ちがいつも勝つとはかぎらない. **a lósing báttle** (ほとんど)勝ち目のない)努力. **be hálf the báttle** (口) (物事の勝利[成功]につながる): Youth *is half the* ~. 青春は勝利の半ば《若さは物をいう》. **dó báttle with...** と戦う; …と論戦する. ── 動 ❶ 〔困難などと〕戦う, 苦闘する; 〔…のために〕奮闘[努力]する: ~ ***against*** adversity 逆境と戦う / ~ ***with*** cancer がんと戦う / ~ ***for*** freedom 自由のために戦う. ❷ (文) 戦闘[戦争]する. ── 動 ❶ 〈困難などと〉戦う, 格闘する. ❷ (米) 〈…と〉戦闘する: ~ the enemy 敵と戦う. ❸ 〖~ one's way で〕難なく〔骨を折って〕進む: ~ it out for first place 首位を目ざして争い合う. 〖F<L<*battuere* 打つ; ⇒ batter²〗 〖類義語〗 ⇒ war.

báttle-àx, (英) báttle-àxe 图 ❶ (昔の)戦斧(). ❷ (俗) ごうまんな[手に負えない](中年の)女.

báttle crùiser 图 巡洋戦艦.

báttle crỳ 图 ❶ ときの声, 喊声(ﾀｯ). ❷ スローガン.

bat·tle·dore /bǽṭldɔ̀ə | -dɔ̀ː/ 图 羽根つき(遊び)《羽根つきの前身》. ❷ そのラケット. **pláy báttledore and shúttlecock** 羽根つき(遊び)をする.

báttle drèss 图 ⓤ 戦闘服.

báttle fatìgue 图 =combat fatigue.

⁺báttle·fìeld /bǽṭlfìːld/ 图 ❶ 戦場 (battleground): on the ~ 戦場で. ❷ 闘争の場, 論争点.

báttle frònt 图 戦線; 前線.

⁺báttle·grònd /-ɡràʊnd/ 图 =battlefield.

báttle jàcket 图 =combat jacket.

bat·tle·ment /bǽṭlmənt/ 图 〖通例複数形で; しばしば the ~〗銃眼付きの胸壁, 狭間(ﾊｻﾞﾏ)胸壁 (cf. parapet 2).

báttle róyal 图 (適 battles royal, ~s) ❶ 大乱戦[混戦]. ❷ 大論戦, 激論.

báttle-scàrred 形 ❶ 戦傷を受けた. ❷ 〈軍艦など〉歴戦を物語る.

báttle·shìp 图 戦艦.

báttle stàtion 图 〖陸海軍〗戦闘部署, 戦闘配置, 〖空軍〗即時待機.

báttle wàgon 图 (米口) =battleship.

bat·tue /bætjúː/ 图 ⓤ 〖狩〗狩り出し(猟).

bat·ty /bǽti/ 形 (**bat·ti·er, -ti·est**) (俗) 頭の変な; 風変わりな.

bát·wing 形 ⓐ コウモリの翼の形をした.

bát·wòman 图 (適 -women) 〖軍〗雑役婦人兵.

bau·ble /bɔ́ːbl/ 图 ❶ 安物の装飾品[宝石]; (英) ぴかぴかした物品. ❷ (昔道化師が用いた)道化棒.

baud /bɔ́ːd, bóʊd/ 图 (適 ~, ~s) 〖通信・電算〗ボー《情報伝送の速度単位》.

Bau·de·laire /bòʊdəlέə | bóʊdəlὲə/, **Charles** /ʃάəl, ʃɑːl/ 图 ボードレール(1821-67; フランスの詩人).

bau·e·ra /báʊərə/ 图 バウエラ《ピンクまたは紫色の花をつけるオーストラリア東部産のユキノシタ科の常緑低木》.

Bau·haus /báʊhàʊs/ 图 バウハウス《ドイツ Weimar にあった建築デザインなどの造形学校》.

baulk /bɔ́ːk/ 動 图 (英) =balk.

Baum /bɔ́ːm/, **L(yman) Frank** 图 ボーム (1856-1919; 米国の児童文学作家; *The Wonderful Wizard of Oz*

baux·ite /bɔ́:ksaɪt/ 名 ⓤ 【鉱】 ボーキサイト《アルミニウムの原鉱》.《Les Baux 発見地のフランスの町; ⇒ -ite》

ba·var·dage /bà:vədá:ʒ | bàvɑ-/ 名 ⓤ おしゃべり, 雑談.

Ba·var·i·a /bəvé(ə)rɪə/ 名 バイエルン, バババリア《ドイツ南部の州》.

Ba·var·i·an /-rɪən/ 形 バイエルン(産)の; バイエルン人[方言]の. — 名 ⓒ バイエルン人; ⓤ (高地ドイツ語の)バイエルン方言.

ba·va·rois /bà:vərwá:/ 名 ババロア《デザート》.

baw·bee /bɔ́:bi:/ 名 ボービー《かつてのスコットランドの銀貨》,《スコ》旧半ペニー(halfpenny).

bawd /bɔ́:d/ 名 売春宿のおかみ.

bawd·ry /bɔ́:dri/ 名 猥談, みだらな言葉[文章], 猥本.

bawd·y /bɔ́:di/ 形 (bawd·i·er; -i·est)〈言葉・話などが〉みだらな, 卑猥(ひわい)な: ~ talk (ユーモアを交えた)猥談. — 名 ⓤ 猥談, 卑猥な話.

báwdy hòuse 名《古》売春宿.

⁺**bawl** /bɔ́:l/ 動 ⓘ ❶〈…を〉叫ぶ, わめく, どなる: The spectators ~ed out abuse at the pitcher. 観衆がピッチャーに罵声を浴びせた/"Shut up," he ~ed. 「黙れ!」と彼はどなった.《口》〈人を〉どなり[しかり]つける: ~ a person out 人をしかりつける.《…に向かって》どなる, わめく. Don't ~ at him. 彼をどなりつけるのはよしなさい. ❷ 泣きわめく: The baby was ~ing at the top of her voice. 赤ん坊が声のかぎり泣きわめいていた. — 名 叫び, わめき声; 泣き叫ぶ声.

＊**bay**¹ /béɪ/ 名 ❶ (小)湾, 入り江《比較》通例 gulf より小さい; cf. inlet 1》: Tokyo B~ 東京湾. ❷ 山ふところ《三方を山に囲まれた平地》.《F＜Sp》

bay² /béɪ/ 名 ❶ a 【建】格間(ごうま), 柱間. b =bay window 1. ❷ 仕切りの区切: a (飛行機内の)ベイ《特定のものを収める隔室》: a bomb ~ 爆弾倉. b (船の)診療所, 寝室: ⇒ sick bay. ❸《英》(鉄道・バスの)側線発着ホーム; 駐車仕切り. 《F＝opening, bay (window)》

bay³ /béɪ/ 名 ⓤ ❶〈猟犬が獲物を追う時の〉ほえ声; 太くうなる声. ❷ 追い詰められた状態, 窮地. **be** [**stánd**] **at báy**〈獲物が窮地に追い詰められている.《口》〈人が〉窮地にある[立つ]. **bríng** [**dríve**]**…to báy**〈獲物・人を〉追い詰める. **hóld** [**hàve**]**…at báy**〈獲物を〉追い詰めて逃さない. **kéep** [**hóld**]**…at báy**〈敵・災難などを〉寄せつけない. **túrn** [**còme**] **to báy** 追い詰められて反抗する. — 動 ⓘ ❶〈猟犬が〉〈獲物を追って〉〈…に〉太い声でほえる[続ける]: Dogs sometimes ~ at the moon. 犬は時々月に向かってほえる[続ける]. ❷〈…を〉求めて〉群衆が叫ぶ, 〈…を〉叫んで求める. — ⓣ〈…に〉ほえる[続ける]. **báy** (**at**) **the móon** (1) 月にほえる (⇒ ⓘ 1). (2) 無益な企てをする. (3)《口》絶えずぐちをこぼす. 《F》

bay⁴ /béɪ/ 名 ❶ 【植】ゲッケイジュ(月桂樹). ❷《複数形で》月桂冠; 名声.《F＜L baca bacon》

bay⁵ /béɪ/ 名〈馬などの〉鹿毛(かげ), 赤褐色の (cf. sorrel¹). — 名 ❶ ⓤ 赤褐色. ❷ ⓒ 鹿毛の馬.《F＜L＝栗色の》

ba·ya·dere /bá:rədɪə, -dèə | -dɪə, -dèə/ 名《インド南部のヒンドゥー教の》舞子, 踊り子.

Báy Àrea 名 [the ~] ベイエリア《San Francisco 湾岸の地域》.

báy·berry /-bèri | -b(ə)ri/ 名 【植】 ❶ ゲッケイジュの実. ❷ a シロヤマモモ. b シロヤマモモの実. ❸ ベーラムノキ《西インド諸島産; その葉で bay rum を作る》.

Bayes·ian /béɪzɪən/ 形 【統】 ベイズの(定理)の.

Báyes' thèorem /béɪz-/ 名 【統】 ベイズの定理《条件付き確率に関する定理; 事象 B が既に起こっている場合に事象 A が起こる確率は, A が既に起こっている場合に B が起こる確率に A の発生確率を掛けて B の発生確率で割った確率に等しい》.《T. Bayes 英国の数学者》

⁺**báy lèaf** 名 ベイリーフ《月桂樹の葉; 料理の香料に使う》.

⁺**bay·o·net** /béɪənɪt, -nèt/ 名 銃剣: He was forced to do it at the point of a ~. 彼は銃剣を突きつけられて[無理やりに]させられた. — 動 (~·ed, ~·ted; ~·ing, ~·ting) ⓣ〈…を〉銃剣で突く. — ⓘ 銃剣を使用する.

《F; 発祥地とされる町の名から》

bay·ou /báɪu:, báɪoʊ | báɪ(j)u:/ 名 バイユー《米国南部の川・湖・湾の沼のような入り江》.

Bay·reuth /baɪróɪt, -—/ 名 バイロイト《ドイツバイエルン(Bavaria) 州の都市; Wagner 音楽祭の開催地》.

báy rúm 名 ⓤ ベーラム《頭髪用香水・薬用; ベーラムノキ (bayberry) の葉から作る》.

Báy Stàte 名 [the ~] 湾州, ベイステート《Massachusetts 州の俗称》.

báy trèe 名 =bay⁴.

báy window 名 ❶ 【建】張り出し窓, 出窓. ❷《口》太鼓腹.

⁺**ba·zaar, ba·zar** /bəzá:ɹ | -zá:/ 名 ❶《東洋の》商店街, マーケット. ❷ 特売場. ❸ バザー, 慈善市《教会・病院などの催しを》.《It＜Pers＝市場》

ba·zoo /bəzú:/ 名《複~s》《米俗》《しゃべるための》口.

ba·zoo·ka /bəzú:kə/ 名 【軍】 バズーカ砲《対戦車ロケット砲》.

ba·zooms /bəzú:mz/ 名《米俗》オッパイ.

BB /bí:bí:/ 名 【銃】 BB弾《空気銃の弾; cf. BB gun》.

BB《略》double black (鉛筆の 2B);《野》 base on balls 四球.

B-báll 名 ⓤ《米俗》バスケットボール.

BBB《略》treble black (鉛筆の 3B).

⁺**BBC** /bí:bì:sí:/ 名 ⓤ [しばしば the ~] 英国放送協会.《British Broadcasting Corporation》

BBC Énglish [**pronunciátion**] 名 BBC 英語[発音]《BBC のアナウンサーが使う(標準)英語[発音]; イギリス英語に大きな影響力をもつ》.

BB gùn 名 BB 銃《口径 0.18 インチの空気銃》.

bbl.《略》barrel(s). **bbls.**《略》barrels.

B-bòy, b- /bí:-/ 名 ヒップホップ[ラップ]ミュージックの演奏家[ファン]の若者.

BBQ《略》/bí:bjùkjù: | bá:-/ barbecue.

BBS《略》【電算】bulletin board system (電子)掲示板システム, BBS《メッセージの交換をネットワーク上で行なうシステム》.

＊**B.C., BC** /bí:sí:/《略》紀元前(before Christ)《用法》数字のあとにつけ, 通例 small capital で書く; ⇒ A.D.《用法》.

BC《略》British Columbia.

bcc /bí:sì:sí:/《略》【電算】blind carbon copy《電子メールで, 本来の宛先に送付(先)を知らせずに送付する写し》.

BCE《略》before the Common Era《非キリスト教徒による, B.C. に相当する記号》.

B cèll 名 【生理】 B 細胞《胸腺依存性でない, 抗体を産生する型のリンパ球》.《bone-marrow-derived》

BCG (**váccine**)《略》Bacillus Calmette-Guérin /kælmétgeɪræn/ (vaccine) ビーシージー(ワクチン).

BCNU《略》be seeing you《電子メールなどで》ではまた.

BCP《略》《英国教》Book of Common Prayer 祈祷書.

B/D《略》bank draft; bills discounted《商》割引手形; brought down《簿記》次期繰り越し.

bd.《略》(**bds.**) board; bond;《製本》bound¹; bundle.

BD《略》Bachelor of Divinity 神学士.

b-day /bí:-/ 名《俗》誕生日 (birthday).

bdel·li·um /délɪəm/ 名 ⓤ ブデリウム《カンラン科モツヤク属の各種樹木から採る没薬 (myrrh) に似た芳香樹脂》.

bdl.《略》(**bdls.**) bundle. **bdrm.**《略》bedroom.

bds.《略》(bound in) boards《製本》厚表紙の《厚紙を用いた本格的製本》.

＊**be**《略》（強形）/bí:/; (弱形) bɪ/《用法》(1) be は語形変化をする ⇒ 表; (2) be の形は (a) 助動詞のあと, (b) 不定詞, (c) 命令法・祈願法, (d) 仮定法で用いる》.

— 動 ⓣ ❶《連結動詞として》[＋補] He's a good doctor. 彼はりっぱな医者である / Twice two is four. 2×2 は 4 / It's me. 私です (⇒ I³《比較》) / That's what I wanted to say. それが私の言いたかったことです / How are you? ご機嫌いかがですか / I'm quite well [in good health]. 元気です / We're the same age. 私たちは同じ年です《用法》the same age の前に of を補う

be

るが, 現在では of を用いないほうが一般的)/ The house *was* on fire [in flames]. その家は燃えていた / 〔+*to do*〕To live *is to* fight. 人生は戦いだ / 〔+*doing*〕Seeing *is* believing. 《諺》「百聞は一見にしかず」/ 〔+*that*〕The trouble *is that* she does not like it. 困るのは彼女がそれを好まないことだ / 〔+*wh*.〕What is important *is how* they get along together. 重要なのは彼らがいかに仲よくやっていくかということだ / The question *is not what to do* but *how to do* it. 問題は何をなすべきかではなくいかになすべきかだ《用法》be にアクセントを置くと文の陳述の当否が強調される: It *is* /íz/ wrong. 確かに間違っている).

❷ **a** [場所を表わす副詞(句)を伴って] 〈どこに〉ある, いる; 〈いくつ〉ある: 〔+補〕"Where *is* Hokkaido?" "It's in northern Japan." 「北海道はどこにありますか」「北日本にあります」/ There *is* a book [*are* two books] on the desk. 机の上に本が 1 冊 [2 冊] ある. **b** [時を表わす副詞(句)を伴って] 〈いつ〉ある, 起こる, 行なわれる: "When *is* your birthday?" "It's on the 5th of May." 「誕生日はいつですか」「5月5日です」/ The exam *was* last week. 試験は先週あった. **c** 〈...するためにある, 〈...するためのもの〉である: 〔+*to do*〕This switch *is to* turn the power on. このスイッチは電気を入れるためのものだ / This *is to* certify that.... これは...ということを証明するものである《★ 証明書の言葉》.

❸ **a** [未来形の代わりに用いて] 〈...に〉なる《★ 副詞節の中では未来形を用いないことから》: 〔+補〕Come back before it *is* dark. 暗くならないうちに帰ってらっしゃい / I'll go if the weather *is* nice. お天気なら行きます. **b** 〈人が時間が〉かかる: What a long time they *are*! 彼らはなんて遅いんだろう [ぐずぐずしている].

❹ 存在 [生存, 実在] する (exist): God *is*. 神はまします / Troy *is* no more. トロイは今はない / I think, therefore I am. 我思う, ゆえに我あり / *To be*, or not *to be*: that is the question. 生きていくべきか死ぬべきか, それが問題だ 《★ Shakespeare「ハムレット」から》.

❺ そのままの状態である: Let him [it] *be*. 彼 [それ] を放っておけ.

❻ [特別用法] **a** [命令法·祈願法で] 〈...で〉あれ: 〔+補〕*Be* kind to old people. 老人に親切にしなさい / So *be* it! =*Be* it so!=Let it *be* so! そうあれかし / Do *be* quiet! 静かにしてください《用法》強調のための do の用法》/ Don't *be* silly! ばかなことをする [言う] な. **b** [条件節·譲歩節などの中で] 《文》: If it *be* so.... そうならば... 《用法》現在は通例直説法を用いる》/ *Be* it ever so humble, there's no place like home. いかに粗末であろうともわが家にまさる所はない / *Be* that as it may, ... それがどうであろうと.... / *Be* the matter what it may, ... 事がどうであろうと. **c** [要求·主張·提案などを表わす動詞に続く that 節中で]: I demanded *that* he (should) *be* present. 彼の出席をことを要求した《用法》should は主に《英》》/ Resolved (=It has been resolved) *that* our salary *be* raised. 俸給を上げられたし, 右決議す.

— 助動 ❶ [be+他動詞 [句動詞] の過去分詞で受身を作って] ...される《動作》, ...されている《状態》: This magazine *is published* twice a month. この雑誌は月 2 回発行される / Grammar *be hanged*! 文法なんかくそくらえ! / He *is known* as a leading poet. 彼は一流の詩人として知られている.

❷ [be+*doing* で進行形を作って]: **a** ...しているところである, ...している最中だ: She *is singing* now. 彼女は今歌っている. **b** [always, constantly, all day などを伴って, しばしば非難の気持ちが含まれて] たえず [ひっきりなしに] ...している: He's *always smoking*. 彼はひっきりなしにたばこをすっている. **c** [近い将来のことを表わして] ...しようとしている, ...しかけている: He's *coming* to see us this evening. 彼は今晩我々に会いにやってきます / I must *be going*. もう行かなければなりません / ⇒ *be going to do* 成句. **d** [be 動詞が進行形をなして] ...している (ところだ) 《用法》元来 be は静的状態を表わし進行形で用いられないが, 特に一時的な行為の面を強調する時に用いる》: "*Be* serious!" "I'm *being* serious." 「まじめにしなさい」「(ちゃんと)まじめにしていますよ」/ Aren't you *being* too easy with him? 彼に甘すぎるのではないですか.

❸ [be+*to do* で]: **a** [予定を表わして] ...することになっている, ...する予定だ《用法》公式の予定に用いる): We're *to meet* at 5. 5 時に集合することになっている / He *was to have arrived* at 5. 彼は 5 時に到着することになっていたのだが(まだ到着していない)《用法》完了不定詞をとると実現しなかった予定を表わす》. **b** [義務·命令を表わして] ...する義務がある, ...しなければならない: I'm *to inform* you that... をご通知申し上げます / You're not *to use* my computer. 私のコンピューターを使ってはいけない《否定文では禁止を表わす》. **c** [可能を表わして] ...することができる《用法》通例 see, find などの受身の不定詞が伴う》: No one *was to be seen*. 人っ子ひとり見えなかった. **d** [運命を表わして] ...する運命である《用法》通例過去形で用いる》: He *was never to see* his homeland again. 彼は再び国に帰らぬ運命だった.

❹ [were+*to do* で実現性の乏しい仮定を表わして] 仮に...だとしたら: If I *were to die* [*Were* I *to die*] tomorrow, what would my children do? あすにも私が死ぬとしたら子供たちはどうするだろう.

❺ [be+自動詞の過去分詞で完了形を作って] ...した, ...している《用法》運動または変化を表わす自動詞 come, go, arrive, rise, set, fall, grow などの場合; 今は完了形は 'have+過去分詞' に統一され, 'be+過去分詞' は動作の結果としての状態を表わす, 例のような go の場合を除けば《詩》): Winter *is gone*. 冬は過ぎた《cf. He *has gone* out. 彼は出かけた(ところです)》/ *Be gone*! 行ってしまえ, 立ち去れ.

be の語形変化

直接法		
人称	現在(縮約形)	過去
I	am (I'm)	was [wasn't]
we	are (we're) [aren't]	were [weren't]
you	are (you're) [aren't]	were [weren't]
《古》 thou	art	wast, wert
he	is (he's) [isn't]	was [wasn't]
she	is (she's) [isn't]	was [wasn't]
it	is (it's) [isn't]	was [wasn't]
they	are (they're) [aren't]	were [weren't]
過去過分	been	
現在分詞	being	

仮定法		
人称	現在	過去
I	be	were
we	be	were
you	be	were
《古》thou		wert
he	be	were
she	be	were
it	be	were
they	be	were

Be 《記号》《化》beryllium.

be- /bɪ, bə/ 《接頭》❶ [強意的に他動詞につけて] 全面的に, まったく, すっかり, ひどく: bedaub, beset, besmear, bespatter. ❷ [自動詞につけて他動詞を造る]: bemoan, bespeak. ❸ [形容詞・名詞につけて他動詞を造る] …にする, …と呼ぶ, …として待遇する: befool, befoul, befriend. ❹ [名詞につけて他動詞を造る] …で囲む, おおう: becloud. ❺ [名詞につけて語尾 -ed を添え形容詞を造る] …を持っている, …で覆われた, 全面…の: bewigged かつら (wig) をつけた / bejeweled 宝石 (jewel) で飾った.

*beach /biːtʃ/ 名 ❶ (海・湖・川辺の砂・小石などのある)浜, 砂浜, 浜辺, 湖岸, 湖畔, 川べり, (海・湖・川の)岸辺. ❷ 海水浴場, (湖岸などの)水泳場. òn the béach (1) 海辺で. (2) (船員が)上陸して; 陸上勤務で; 失業して. ── 動 他 ＜船＞を浜に乗り[引き]上げる. 自 〜 oneself 身を受身で ＜クジラなどが＞浜に乗り上げて動けない[動けずにいる]. 《関形》 littoral 《類義語》 ⇒ shore¹.

béach báll 名 ビーチボール (海浜・プール用の大きな軽いボール).

béach búggy 名 ビーチバギー《大型タイヤ付きの砂浜用自動車》.

béach búm 名《米俗》海辺で遊び暮らす男[サーファー].

béach búnny 名《米俗》海辺によく来る女の子, ビーチバニー.

béach cháir 名 ビーチチェア, デッキチェア (deck chair).

béach・còmber /-kòʊmə(r)|-mə/ 名 ❶ (生計・趣味のために浜辺で物を拾って歩く人. ❷ (特に南太平洋諸島の白人の)波止場ごろ[ルンペン]. ❸ (浜に打ち寄せる)大波.

béach fléa 名《動》ハマトビムシ《甲殻類》.

béach・frónt 名 海岸に面した[隣接した]. ── 名 海岸沿いの地.

béach・héad 名 ❶《軍》上陸拠点, 橋頭堡(きょうとうほ)(cf. bridgehead 1). ❷ 出発点, 足がかり.

béach umbrélla 名 ビーチパラソル《比較「ビーチパラソル」は和製英語》.

béach・wèar 名 Ｕ ビーチウェア, 海浜着.

Béach・y Héad /biːtʃi-/ 名 ビーチーヘッド《英国 East Sussex 州南部の白亜質の絶壁の岬》.

†**bea・con** /bíːkən/ 名 ❶ a 標識塔, 標識灯, [交通]標識; 無線標識, ラジオビーコン; 《英》= Belisha beacon. b (遠くから見える)目印《丘・森など》. c 灯台. d《英》信号所. e 水路[航空]. ❷ 指針[警告]となる人, もの 《か》. ❸ (丘・塔の上などの)合図の火, のろし. ── 動 他 (標識のように)輝く 《OE=合図》.

†**bead** /biːd/ 名 ❶ a ビーズ, ガラス玉, 数珠(じゅず)玉: a string of 〜s 一連のビーズ. b [複数形で] 数珠, ロザリオ (a rosary); 首飾り. ❷ a 《露・汗・血》の玉, しずく: 〜s of sweat 汗の玉. b 清涼飲料水の泡. 《銃の》照星. 《建》玉縁. dráw [gét] a béad on … 《米》を…にじっとねらう, …にねらいを定める (cf. 3). téll [cóunt, sáy] one's béads (数珠をつまぐって)祈りを唱える, 祈念する. ── 動 他 ❶ ＜…＞を玉で飾る, ＜…＞に玉をつなぎにする. ❷《露・汗などが＞…に玉のようにつく《★ しばしば受身》: His face was 〜ed with sweat. 彼の顔には汗が玉のように吹き出ていた.《OE=祈り;「じゅず, ロザリオ」の意はそれを祈りの際に用いたことから》 (形) beady.

béad・ed /-dɪd/ 形 ❶ (泡・汗など)玉になった, 玉状の. ❷ 玉で飾った; 玉縁の.

béad・ing /-dɪŋ/ 名 Ｕ ❶ ビーズ(細工); 透かし編み縁飾り. ❷ 《建》玉縁(飾り).

bea・dle /bíːdl/ 名 ❶《英》(教会・学会などの)典礼係. ❷ (昔, 教会の雑務をした)教区吏員.

beads・man /-mən/ 名 (複 -men /-mən/) 救貧院[養老院]収容者; 《古》(金をもらって)人のために祈る人 《女性形 beadswoman》.

béad・wòrk 名 Ｕ ❶ ビーズ細工. ❷《建》玉縁.

bead・y /bíːdi/ 形 (bead・i・er; -i・est) ❶ ビーズのような小さく丸く輝く: 〜 eyes 小さく丸く(興味・欲に)輝く目. ❷ ビーズで飾った.

bea・gle /bíːgl/ 名 ビーグル《ウサギ狩り用の小型の猟犬》.

bea・gling /bíːglɪŋ/ 名 Ｕ ビーグル犬を使っての)ウサギ狩り.

143

beanbag

†**beak**¹ /biːk/ 名 ❶ a (鳥の)くちばし (cf. bill² 1). b (カメ・タコ・昆虫などの)口先. くちばし状のもの: a 《口》鼻; (特に)かぎ鼻. b (笛の)口. c (水差しの)注ぎ口, 口;《レトルトの細長い》口. d《建》水はけ口, 突出部. beaked 形《Ｆ＜Ｌ》

beak² /biːk/ 名《英俗》❶ 治安判事. ❷ 教師; (特に)校長.《盗賊の隠語からか》

béaked whále 名《動》アカボウクジラ《アカボウクジラ科の数種; ツチクジラ, オオギハクジラなど口がくちばしのようになっている》.

bea・ker /bíːkə|-kə/ 名 ❶ a ビーカー《化学実験用》. b (時に台付きの)広口コップ. ❷ beaker 1 杯分. 《ON= large drinking cup <Ｌ <?Ｇk》

Béaker fòlk 《人》 ビーカー族《鐘状の beaker を使用していた, 青銅器時代初期にヨーロッパにいた種族》.

béak・y /bíːki/ 形 くちばしの; かぎ鼻の.

be-àll [the 〜] ★ 次の成句で. the bé-all and (the) énd-all 最も重要な要素, 肝心なこと; 最高[唯一]の目的; 精髄(ずい)《of》.

*beam /biːm/ 名 ❶ a 光線. 《理》光束: a 〜 of light 一条の光線. b《希望》の光;《顔・表情などの》輝き, 晴れやかさ, 笑顔: a 〜 of hope 希望の光 / a 〜 of delight うれしそうな笑顔. ❷ 《無電》信号電波, 方向表示電波, ビーム: on [off] the 〜 ビームに乗って[をはずれて] / fly [ride] the 〜 信号電波に従って飛行する. ❸ a 梁(はり), けた; 角材. b《海》(船の)横梁, ビーム. c (はかりの)棹(さお). d (鋤(すき))の柄. ❹《体操》平均台 (balance beam). ❺ a (船の)船幅. b (口) (人の)尻(幅). 《通例次の句で》be broad in the 尻が大きい. a béam in one's (òwn) éyes 気がつかない自分の大きな欠点 ★《聖書》「マタイによる福音書」から. òff (the) béam (1) ビームをはずれて. (2)《口》方向を誤って. (3)《口》間違って: Your reasoning is off the 〜. 君の推理は間違っている. òn the béam (1) ビームに乗って (⇒ 2). (2)《口》正しい方向に進んで. (3)《口》物事が順調で; 正常で. ── 動 自 ❶ にこやかに笑う, ほほえむ: His face 〜ed. 彼はにこにこ顔だった / He 〜ed at his friends. 彼は友だちににこやかにほほえみかけた. ❷ 光[電波]を発する, 輝く. ── 他 ❶ ＜喜びなど＞を笑顔で表わす. ❷ ＜光＞を発散する. ❸《無電・ラジオ》＜電波＞を(…に)発する: The Olympics will be 〜ed by satellite around the world [to Europe]. オリンピック大会は衛星により世界中[ヨーロッパ]に放送される. 《OE=木 (cf. G Baum 木)》

béam còmpass 名 ビーム[棒]コンパス《移動ソケット付きで大きな円を描くのに用いる》.

béam-énds 名《海》梁端(はりばし)《船のビームの端》. on one's béam-énds (古)金銭的に行き詰まって. òn the béam-énds (船の)横桁[転覆]しかかって.

béam・er 名《クリケ》ハイボール《打者の頭の高さに投げる》.

Beam・er /-mə|-mə/ 名《米俗》BMWの車.

béam・ing 形 光り輝く; 喜びに満ちた, 晴れやかな, にこやかな: a 〜 smile [face] 晴れやかな笑い[顔]. 〜・ly 副

béam séa 名《海》横波.

beam・y /bíːmi/ 形 ❶ (船が)幅広の. ❷ 光線を発する, 光り輝く.

*bean /biːn/ 名 ❶ 豆《ソラ豆・インゲン豆・大豆など; cf. pea》: broad 〜s ソラ豆 / soya 〜s=soy 〜s 大豆 / kidney 〜s インゲン豆. ❷ (豆に似た)実: coffee 〜s コーヒー豆. ❸《英》では a 〜, 《米》では通例複数形で, 他の否定文で》a《俗》少し: I don't know 〜s (about it).《このことについては》何も知らない / I do not care a 〜. 少しも構いません. b《口》わずかの金 (penny): be not worth a 〜 三文の値打ちもない, 一文なしの / I don't have [haven't] a 〜. 一文なしだ. ❹《米口・英古風》頭: Use the old 〜. 頭を使え. ❺ [old 〜 で呼びかけて]《英古風》やあ君. fúll of béans《口》(1) 元気いっぱいで《由来》豆をいっぱい与えられて元気になった馬から. (2)《米》誤って, 間違って. knów hów mány béans màke fíve《英口》実用的なことに賢い, 抜けがない. spíll the béans《口》(うっかり)秘密を漏らす. 《関形》 leguminous》

béan・bàg 名 ❶ (また béanbag chair) Ｃ ビーンバッグ

《プラスチックの玉などが入った大きなクッション》. **2** ⓒ お手玉; Ⓤ お手玉遊び(★ 日本のような遊び以外に穴のあいた板に向かって投げたりする).

béan·báll 图《野》ビーンボール『打者の頭(の近く)をめがけて(故意に)投げた球』.

béan cáke 图 Ⓤ 大豆かす (cf. oil cake).

béan còunter 图《俗》《政府や企業の》統計専門家, 会計係, 経理屋.

béan cùrd 图 Ⓤ 豆腐 (tofu).

bean·e·ry /bíːnəri/ 图《米口》大衆食堂.

béan·fèast 图《英口》**1** (年1回の)雇用者が使用人にふるまう宴会. **2** お祭り, パーティー.

béan gòose 图《鳥》ヒシクイ『ガンの一種; イングランドでは冬に北方から大群で渡来, 不吉な悪声のためしばしば死の予告者とされる』.

bean·ie /bíːni/ 图 ビーニー帽『頭の後ろのみをおおう小さな縁なし帽』.

béan·o /bíːnou/ 图 ＝beanfeast.

béan pòd 图 豆のさや.

béan·pòle 图 **1** 豆の支柱. **2**《口》ひょろ長い人, のっぽ.

béan spròut 图 《通例複数形で》豆もやし.

béan·stàlk 图 豆の主茎: *Jack and the B-*『ジャックと豆の木』.

*bear¹ /béə/ | béə/ 動 (bore /bɔ́ə/ | bɔ́ː/; borne /bɔ́ən | bɔ́ːn/, born /bɔ́ən | bɔ́ːn/ ⇒ B 1 a) 他 A **1**《文》〈ものを〉...へ運ぶ, 持て[連れて]行く《比較 この意味ではcarry のほうが一般的》: ～ one's bag (*to* the hotel) (ホテル)へかばんを運ぶ / The perfume of lilacs was *borne* to me *on* the breeze. リラの香りが風に乗って私の方へ運ばれてきた. **b** 〈うわさなどを〉...に広める, 伝える: ～ tales 〈うわさ〉を広める / She *bore* good news (*to* them). 彼女は(彼らに)吉報をもたらした. **c** 〈証言・援助などを〉与える: ～ testimony *to*...であることの証拠となる / ～ false witness (*against* a person) 〈人の不利になるような〉偽証をする.

2 a 〈武器・マーク・痕跡(ミミン)などを〉身につける, 帯びる: ～ arms 〈武器を〉携える / This letter ～s a British stamp. この手紙にはイギリスの切手がはってある. **b** 〈日付・署名の〉記載がある: The check ～s the signature of one W. Trevor. その切手には W. Trevor という人の署名がついている.

3 〈重さ・ものを〉支える 〈up〉 (support): The ice is thick enough to ～ your weight. その氷はあなたの重みを支えられるだけの厚みがある.

4 〈通例 can, could を伴って否定文または疑問文で〉〈苦痛・不幸などに〉耐える, 我慢する: The doubt is more than I *can* ～. その疑念は私には耐えられないほどのものだ / I *couldn't* ～ the thought of being parted from him. 彼と別れるなんて考えただけでもいやだった / 〔+*to* do / +*doing*〕 I *cannot* ～ *to* see [*see*ing] the children go hungry. 子供たちが空腹でいるのは見るに忍びない.

5 〈費用をもつ, 〈義務・責任などを〉負う, 引き受ける: Will you ～ the cost [responsibility]? その費用をもって[責任を負って]くれますか.

6 a 〈関係などを〉もつ (have): ～ some relation [resemblance] *to*...にいくらか関係がある[似ている] / ～ a part *in* something あることに関係[協力]する. **b** 〈称号・名声などを〉もつ. **c** 〈鉱石が〉...を含有する.

7 〈人に〉〈恨み・愛憎を〉抱く: 〔+目+目〕 She ～s me no grudge [ill will]. 彼女は私に何の悪意も抱いていない / I ～ a grudge *against* him. 彼に恨みを抱いている / She *bore* a secret love *for* him. 彼女は彼にひそかに思いを寄せていた / I ～ no malice *toward* him. 彼にはまったく悪意をもっていない.

8 a 〈体(の一部)を〉〈ある姿勢に〉保つ: 〔+目+補〕 ～ one's head high 頭を高くしている; 誇りを持っている. **b** 〔～ *oneself* で〕様態の副詞(句)を伴って〕(carry): She *bore herself* well during the negotiations. 彼女は交渉の間じゅうりっぱにふるまった.

9 〈...を〉受けるに適する[耐える]: a statement that will not ～ close examination 綿密な調査に耐えない(虚偽の)陳述. **b** 〈...することができる; 〈...する〉必要がある: This cloth will ～ wash*ing*. この布地は洗濯がきく (★ 意味上 do*ing* は主語を目的語にしている) / not bear repeating ⇒ repeat 動 成句.

10 〔副詞(句)を伴って〕〈...を〉...に押しやる: The crowd was *borne* back(*ward*) by the police. 群衆は警官隊に押し戻された.

━ B **1 a** 〈...を〉産む, 出産する 《用法 受身で「生まれた」の意味を表わす場合には, あとに by... が続く時以外は過去分詞に born を用いる; ⇒ born 形 1 a〉: She *bore* three children. 彼女は3人の子供を産んだ / Cain was *borne* by Eve. カインはイブの産んだ子であった. **b** 〈母親が〉〈人との間に〉×子を産む: She has *borne* him three daughters. 彼女は彼との間に3人の娘を産んでいる.

2 〈花を〉つける; 〈実を〉結ぶ (produce): This variety ～s double flowers. この品種は八重咲きです / These schemes *bore* fruit. これらの計画は実を結んだ.

3 〈利子を〉生む: How much interest will the bonds ～? 債券は何分の利付きですか.

━ 自 **1** 〔副詞(句)を伴って〕(ある方向に)向かう, 曲がる《比較《口》では turn のほうが一般的》: ～ (*to* the) *left* 左に曲がる / The plane *bore* due *west*. 飛行機は真西に向かって飛んだ.

2 〔副詞(句)を伴って〕(ある方向に)位置する: The island ～s east-southeast of our present position. その島は我々の現在位置の東南東に位置している.

3 〔well などの様態の副詞を伴って〕実ができる: This tree ～s well. この木はよく実がなる.

4 a (建築物などで)〈支持物に〉重みがかかる: an arch ～*ing against* piers せり持ち台にのって(支えられて)いるアーチ. **b** 〔...にもたれかかる〕《比較 現在では lean のほうが一般的》: ～ *on* one's cane 〈杖(ミ)〉のつえにする.

béar awáy 〔他+副〕 (1) 〈...を〉持ち去る; 〈賞などを〉勝ち取る: ～ *away* the prize 賞を獲得する, 優勝する. (2) 〈人を〉かり立てる(★ 通例受身): He *was borne away* by his anger. 彼は怒りにかられた.

béar compárison with... ⇒ comparison 成句.

béar dówn 〔他+副〕 (1) 〈敵などを〉圧倒する. (2) (議論で)〈相手を〉打ち負かす. ━ 〔自+副〕 (3) (上から)押す, 押しつける. (4) がんばる, 大いに努力する. (5) 〈お産の時に〉力む.

béar dówn on [upòn]... (1) ...を(上から)押す, 押しつける: ～ *down on* one's pencil 鉛筆に力を入れて書く. (2) 〈敵・災いなどが〉...にどっと押し寄せる. (3) 〈船・軍などが〉...に向かって進んで[迫って]くる(★ 受身可). (4) 〈責任・税金などが〉...に重くのしかかる. (5) 〈人を〉罰する, しかる: Don't ～ *down* so heavily *on* him. 彼をそんなにひどくしかることで.

béar hárd [héavily, sevérely] on... を圧迫する, 苦しめる, 困らせる: The tax ～s *hard* [*heavily*] *on* low-income groups. その税金は低所得層を圧迫している.

béar in mínd 〈...を〉心に留めておく, 覚えておく: I want you to ～ *in mind* what I said. 私の言ったことを覚えていてもらいたい / 〔*B- in mind* (*that*)〕 we must go in a few minutes. 二, 三分後に行かなければならないことを忘れないで.

béar óff 〔他+副〕 (1) ＝BEAR¹ away 成句 (1). ━ 〔自+副〕 (2)《海》遠ざかる; 出発する.

béar on [upòn]... (1) ...に関わる[関連する]; 影響する: His reflections do not ～ *on* the issue. 彼の意見はその問題とは関係がない. (2) ⇒ BEAR hard on 成句.

béar óut 〔他+副〕 〈人の言葉(など)に〉間違いないと言う; 〈話・理論などを〉裏付けする, 支持する, 確証する: What she said ～s *out* my assumption. 彼女の言ったことは私の想定の裏付けとなる.

béar the brúnt of... ⇒ brunt 成句.

béar úp 〔他+副〕 (1) 〈重さ・ものを〉支える (⇒ 他 A 3). ━ 〔自+副〕 (2) がんばる, 気落ちしない 〈*under* [*against*] adversity〉: 彼は逆境のもとでもがんばった. (3) (折れずに)支え通す: The bridge *bore up under* the strain. 橋はその重圧に耐えた.

béar with…に耐える, 我慢する, …を許す: She *bore with* her noisy children. 彼女は騒々しい子供たちを我慢した / *B~ with* me for five more minutes. あと5分だけ待ってください.

béar wítness to [of]…⇨ witness 成句.

be bórne ín upon [on]…〈ある事が〉…にわかってくる, …を悟らされる: It *was borne in upon* me that…. 私は…と確信するようになった.

bríng...**to béar on**…〈精力などを〉…に向ける, 集中する, 〈圧力などを〉加える, 〈影響力を〉行使する: We *brought* all our energies *to ~ upon* the task. その仕事に全精力を集中した.

grín and béar it ⇨ grin 成句.

〖OE; 原義は「運ぶ」〗名 birth. 【類義語】(1) ⇨ carry. (2) ⇨ endure.

†**bear²** /béə | béə/ 名 ❶ 動 **a** クマ《関連 小グマは cub, 鳴き声 growl》: ⇨ black bear, brown bear, polar bear. **b** クマに似た動物《⇨ koala (bear). (the B~)》〖天〗くま座: ⇨ Great Bear, Little Bear. **c**《口》むずかしい事[もの], 困難, 難問, 難題. ❸ 乱暴者; 不作法者: a regular ~ まったくのがさつ者. ❹《株式》弱気な売り手, 弱気筋 (↔ bull). (**as) cróss as a béar (with a sóre héad)=like a béar (with a sóre héad)**《as》cross as two sticks. ❺ A 株式 下向き気味の, 弱気の (↔ bull): ~ market. 〖OE; 原義は「茶色の生きもの」〗(関連 ursine).

bear·a·ble /béə(ə)rəbl/ 形 耐えられる《寒暑などにしのげる》(↔ unbearable).

béar-bàit·ing /-tɪŋ/ 名 U クマ攻め《つないであるクマを犬にじりよせさせた昔の遊び; cf. bear garden》.

bear·ber·ry /béə(ə)bèri, béə(ə)ri/ 名《~ber·ries》〖植〗ウワウルシ, クマコケモモ《ウラシマツツジ属の常緑小低木》.

béar càt 名 ❶ =lesser panda. ❷ 激しく戦う[行動する]人[もの].

béar clàw 名《米》ベアクロー《アーモンドで風味をつけたクマの爪形のパイ》.

*__beard__ /bíəd | bíəd/ 名 ❶ あごひげ《比較「口ひげ」は mustache, 「ほおひげ」は whiskers であるが, 単に「ひげ」という場合には beard》: grow [wear] a ~ あごひげを生やす[たくわえている]. ❷〖植〗《麦などの》のぎ(芒). ❸《矢じり・釣り針などの》あご, かかり, かえり. — 動 他〈人に〉公然と反抗する. **béard the líon in his dén** [láir]実力者のところへ乗り込む, 手強い相手に立ち向かう.

†**béard·ed** /-dɪd/ 形 ❶ あごひげ[のぎ]のある. ❷《複合語で》《…の》あごひげの: a gray-*bearded* man 灰色のあごひげを生やした男.

béarded lízard [drágon] 名〖動〗アゴヒゲトカゲ《オーストラリア産》.

béarded tít 名〖鳥〗ヒゲガラ《欧州・アジア産》.

béarded vúlture 名〖鳥〗ヒゲワシ.

béard·less 形 ❶ **a** あごひげのない[生えていない]. **b** 青二才の. ❷ のぎのない.

Beards·ley /bíədzli | bíəd-/, **Au·brey Vincent** /ɔ́:bri-/ ビアズリー《1872-98; 英国のさし絵画家》.

†**bear·er** /béə(ə)rə | -rə/ 名 ❶ 運ぶ人[もの], 運搬人: pallbearer / a ~ of a message 伝言を伝える人[使者]. **b**《権利・文書などの》所持者, 所持者 (holder). **c** 支持者, 擁護者 (upholder). **d** かごかき. ❷ **a**《商》《小切手・手形の》持参人: payable to ~ 持参人払い《★ the が省略されたもの》. **b**《弔旗の》使者. ❸ 修飾語を伴って 実のなる草木: a good [poor] ~ 実のよくなる[ならない]木.

†**bear·ing** /béərɪŋ/ 名 ❶《また a ~》**a**《他に対する》関係: His remarks have no ~ *on* the subject. 彼の発言はこの問題とは何の関係もない. **b**《文脈の中での言葉の》意味; 趣旨: the ~ of a word in its context 語の文

145　**beat**

脈上の意味. ❷ U《また a ~》態度; ふるまい, 挙動: a man of lofty [gentlemanly] ~ 態度の尊大な[紳士的な]物腰の人 / a military ~ 軍人らしい態度. ❸《測量などで》方位, 方位角, 〖しばしば複数形で〗方位, 状況: We discussed the issue in all its ~s. その問題をすべての観点から論じ合った. ❹ C〖しばしば複数形で〗〖機〗軸受け, ベアリング: ⇨ ball bearing. ❺ U 我慢, 忍耐(力): beyond [past] all ~ まったく我慢できない. ❻ U 産むこと, 出産: ⇨ childbearing. **b** 結実(期間): The pear trees are in full ~. ナシは《実が》なり盛だだ. **c** 収穫(量).

bríng a person to his [her] béarings 人に自分の立場を悟らせる; 人を反省させる. **gét [táke] one's béarings** 自分のいる位置を確かめる; 周囲の形勢を知る; 自分の立場がわかる. **lóse [be òut of] one's béarings** 方角がわからなくなる, 道に迷う; 途方にくれる, 困惑する. 【類義語】⇨ manner.

béaring rèin 名〖馬〗止め手綱 (checkrein).

bear·ish /béərɪʃ/ 形 ❶ クマのような, 乱暴な, 不作法な. ❷《株式》弱気の, 下がり気味の (↔ bullish). ~·**ly** 副 ~·**ness** 名

béar màrket 名《証券》下向き相場の市場, 弱気市場.

Bé·ar·naise /bèɪənéɪz | bèɪə-/ 名《フ》ベアルネーズ《ソース》《ワイン・シャロットなどで香味を添えたオランデーズソース》.

béar pìt 名 喧騒と混乱の場所 (bear garden).

béar's-brèech 名《~, ~es》ハアザミ, トゲハアザミ《キツネノマゴ科; 欧州南部・西南アジア原産》.

béar's-èar 名〖植〗アツバサクラソウ.

béar's-fóot 名《~s》〖植〗コダチクリスマスローズ《花壇用・薬草》.

béar·skin 名 ❶ クマの毛皮. ❷ C クマ皮製品[服]. **a** 黒毛皮帽《主に英国近衛(ご)兵などの軍人用》. ❸ U 粗いラシャ地《オーバーコート用》.

béar squèeze 名《証券》ベアスクイズ《空売りした株の価格が上昇し, 売方は株を覚悟で買い戻しに追い込まれる状況》.

Béar Stàte 名《the ~》熊州《Arkansas 州の俗称》.

*__beast__ /bí:st/ 名 ❶ **a** 動物, 《特に, 大きな》四足獣; 家畜, 牛馬《比較 この意味では animal のほうが一般的; 寓話(ぐ)ではよく用いられる》: a wild ~ 野獣 / a ~ of prey 猛獣《ライオン・トラなど》/ a ~ of burden 荷物運搬用の動物《牛・馬・ラクダなど》. **b**《人間に対し》獣, 畜生. **c** 《the ~》獣性: the ~ in man 人間の獣性. ❷ 人でなし, けだもの. ❸ いやな人[こと, もの]; 厄介なもの: Don't be a ~. 意地悪しないで！／願いをきいてくれ, なんだか悪いが用いる》/ make a ~ of oneself ひどくよう / a ~ of a man いやな男 / You ~! この野郎[意地悪]. ❹《修飾語とともに》《口》…なもの[人]. **the nature of the beast** ⇨ nature 成句.

〖F < L *bestia*〗(形 bestial).

beast·ie /bí:sti/ 名《スコ・口》《また戯言的に》《かわいい》小動物, 昆虫.

beast·ly /bí:stli/ 形 ❶ 獣のような, 汚らわしい; 残忍な; みだらな: ~ pleasures 獣的な快楽. ❷《英口》いまいましい, いやな: a ~ headache ひどい頭痛 / ~ weather いやな天気. — 副《英口》ひどく, いやに: ~ drunk 酔いつぶれて. **béast·li·ness** 名

*__beat__ /bí:t/ 動《beat; beat·en /bí:tn/, beat》他 A ❶ **a** 《…を》続けざまに打つ, たたく: ~ a drum (*with* drumsticks)《ばちで》太鼓をたたく / ~ one's hands to a song 歌に合わせて手拍子をとる / He ~ his son for lying. うそをついたので彼は息子をたたいた. **b**《…をたたいて》《…の状態に》する: ~ a dog *to* death 犬を打ち殺す / [+目+補] He was *beaten* black and blue. 彼はたたかれてあざだらけになった.

❷ **a**《鳥が》《翼を》羽ばたく. **b**《足を》ドンドンさせる. **c**《波が》岸などを打つ: waves ~*ing* the shore 岸に打ち寄せる波.

❸《卵などを》強くかき混ぜる;《ものを》かき混ぜて《…に》する: ~ cream クリームをかき混ぜて泡立てる / ~ (*up*) eggs 卵をかき混ぜて泡立てる / ~ flour and eggs *to* a paste 小麦粉と卵をかき混ぜてペースト[練り粉]にする.

❹《金属を》打ち延ばす;《…を打って》《…に》する: ~ *out*

gold 金を打って延ばす / ~ iron *into* a thin plate 鉄を薄板に延ばす / [+目+補] ~ iron flat 鉄を打って平らにする.
❺ 《曲などを》太鼓で奏でる; 《合図などを》太鼓でする: ~ a march ドラムでマーチを演奏する / ~ an alarm 太鼓で警報する.
❻ […を求めて]《やぶなどを》打ちあさる; 《森などを》捜す: ~ a thicket *for* hares ノウサギを求めてやぶをたたく / The police ~ the woods *for* the escaped convicts. 警察が森をしらみつぶしにして脱走犯人を捜し回った.
❼ a 《道を》踏み固める: ~ a path *through* the snow 雪を踏んで道を作る / ~ a path to path 成句. b [~ one's way で] (なんとか)前進する, 進む.
❽ a 《拍子を》取る: ~ time 拍子を取る. b 《時を》刻む: The clock ~ the minutes *away*. 時は刻一刻と過ぎいった.

── 他 ❶ a 《相手・敵を》負かす (defeat): He ~ me at chess. 彼は私をチェスで負かした / If you can't ~ them ['em], join them ['em]! 《諺》打ち負かすことができなければそれに従え 「「長いものには巻かれろ」の意」. b 〈...に〉まさる: Nothing can ~ sports for letting off steam. うっぷん晴らしにはスポーツに勝るものはない. c 《口》〈...を〉しのぐ, 〈問題などを〉克服する: ~ the heat by going to the beach 海辺へ行って暑さをしのぐ. d 〈...より先になる[着く]; 走って相手を負かす, 抜く〉: ~ a traffic signal 交通信号が赤になる寸前に向こう側に渡る / I can ~ any of you to the beach. あの浜まで競走して君のだれにも負けない.
❷ 《口》 a 〈人を〉閉口させる, 参らせる: It [That] ~s me. 《口》それは参った; わかりません 《★時に主語を略して Beats me. ともいう》. b 〈...を〉へとへとに疲れさせる (exhaust); 《通例 beat の形の過去分詞で形容詞的に用いる; ⇨ 形 1》.
❸ 《米口》〈人を〉だます, 〈...を〉ごまかす: ~ the IRS 国税庁をごまかす / He ~ her *out of* the money he owed her. 彼は彼女から借りていた金をだまし取った.

── 自 ❶ a 〈...を〉どんどん打つ: Stop ~*ing at* [*on*] the door. ドアをどんどんたたくのをやめなさい. b 《雨・風・波などが...を》打つ, 〈...に〉ぶつかる, 激しく当たる: The rain ~ *against* the windows. 雨が激しく窓に打ちつけた.
❷ a 《心臓が》鼓動する: Her touch made my heart ~ fast. 彼女が私に触れたので胸がどきどきした. b 《太鼓がどんどん鳴る》: Drums were ~*ing* in the distance. 遠くで太鼓が鳴っていた. c 《鳥の翼がはたはたする》.
❸ 《獲物を求めて》やぶなどをたたく, 獲物を狩り立てる.
❹ 《卵・クリームなどが》泡立つ, 混ざる.
❺ 《口》勝つ: I hope you'll ~. 君に勝ってほしい.
❻ 《海》風上に間切る (Z字形に進む): The yacht ~ *around* the cape. ヨットは間切って岬を回った.

béat abóut 《他+副》〔...を〕捜し回る, 見つけようとする〔*for*〕. (2) 《海》風上に間切る.
béat áll [通例 it, that を主語にして] 驚きである, 感銘を与える: Doesn't *that* ~ *all*! それは驚いた[感心だ].
beat a retréat ⇨ retreat 成句.
béat aróund [《英》**abóut**] **the búsh** ⇨ bush¹ 名 成句.
béat awáy 《他+副》打ち続ける; 打ち払う, たたき出す.
béat báck 《他+副》〈...を〉撃退する. (2) 〈火勢などを〉食い止める.
béat one's bráins ⇨ brain 名 成句.
béat dówn 《他+副》(1) 〈...を〉打ち落とす[倒す]: The heavy rain *beat down* the crops. その強い雨が作物を打ち倒した. (2) 《口》〈値段を〉〈...に〉値切る: We ~ *down* the price per unit *to* five dollars. 値切って単価を 5 ドルにまけさせた. (3) 〈人に〉掛け合って〈...に〉値切る: We ~ him *down to* five dollars. 彼に掛け合って 5 ドルにまけさせた.
béat dówn (on...) 〈陽光が〉〈...に〉照りつける; 〈雨などが...に〉降りそそぐ: The sun ~ *down on* him. 太陽は彼の頭上を照らしつけた.
béat one's héad agàinst a (bríck) wáll ⇨ wall 名 成句.
béat a person's héad off ⇨ head 名 成句.
béat...hóllow 《古風》(1) 〈...を〉完全にやっつける, 完敗させ

る. (2) ...よりもはるかにすぐれている.
béat ín 《他+副》(1) 〈...を〉打ちつぶす: ~ a door *in* ドアを打ちつぶす. (2) 〈人を〉打って傷つける.
béat it [通例命令形で用いて]《俗》去る, 出て行く: *B~ it*! 出て行け!, さっさと行け!
béat óff 《他+副》(1) 〈攻撃などを〉撃退する. (2) 《米俗》〈男を手〉(などで)射精させる. ── 《自+副》(3) 《米俗》マスターベーションする.
béat óut 《他+副》(1) 〈火を〉たたき消す. (2) 〈金属を〉打ち延ばす (⇨ A 4). (3) 〈相手・敵を〉負かす: We ~ them *out* for the league title. 私たちはリーグ選手権で彼らに勝った. (4) 〈曲などを〉〈楽器などで〉たたいて出す: He ~ *out* the tune on the piano. 彼はピアノ(の鍵)をたたいてその曲を奏でた. (5) 《野》《ゴロを》内野安打する.
béat...òut of a person 〈人を〉たたいて口を割らせる.
Béats mé. 《口》それには参った; わかりません (⇨ B 2 a)
béat the clóck ⇨ clock¹ 名 成句.
béat the drúm ⇨ drum 名 成句.
béat (the) héll óut of... をしたたか打ちのめす, ひどくやっつける.
béat the pánts òff a person ⇨ pants 成句.
béat a person tò it 《口》〈人を〉出し抜く.
béat úp 《他+副》(1) 〈卵などを〉強くかきまぜる (⇨ A 3). (2) 〈人を〉(たたいて)ひどい目にあわす, 傷つける. (3) 〈...を〉集める: ~ *up* recruits 新兵を募集する. ── 《自+副》(4) 《海》風上に間切る.
béat úp on... 《口》(1) 〈...を〉ぶちのめす, 徹底的にやっつける. (2) [~ *up on oneself* で] 自分をひどく責める〔*for*〕.
Can you beat it [thát]! 《口》そんなこと聞いたことあるかい!, 驚いた!

── 名 ❶ [the ~] a 《太鼓を》打つ音, 波などの打つ音: listen to *the* ~ of the rain on the roof 雨が屋根をたたく音を聞く. b 《心臓の》鼓動; 脈拍. c 《ひづめの》音: the ~ of a horse's hooves 馬のひづめの音. ❷ ⓒ (指揮棒などの)ひと振り(によって示されるテンポ). b 拍子; 拍, 手[足]拍子. c 《ジャズ・ロックなどの》強烈なリズム, ビート. d 《詩》強勢. e 《理》(振動の)うなり. ❸ ⓒ (巡査・番人などの)巡回[受け持ち]区域: on the [one's] ~ 持ち場を巡回中で / walk one's ~ 巡査が巡回区域を回る. ❹ ⓒ 《米新聞》(特種で)出し抜くこと, スクープ. ❺ 《口》=beatnik. ❻ ⓒ (連続して)打つこと, 殴打.
be in [òut of, òff] one's béat 《口》自分の畑である[ない], 専門[専門外]である.
òff (the) béat テンポを乱して, 不規則で.
òn the béat (1) テンポに合わせて, 調子が整って. (2) 〈警官が〉巡回中で (⇨ 名 3).

── 形 ❶ ℙ へとへとに疲れて: I'm dead ~. 私はへとへとだ. ❷ Ⓐ beat 族の (beat generation).
míss [skíp] a béat (心臓の)鼓動が止まりそうになる; [否定文で]《事態に》あわてる.
《OE=打つ》《類義語》⇨ strike.

béat bóx 名 ❶ リズムボックス《ロックやラップの伴奏に使われるドラムやパーカッションの音を作り出す電子装置》. ❷ ⓒ 大型ラジカセ.

‡**beat・en** /bíːtn/ 動 beat の過去分詞. ── 形 Ⓐ ❶ (連続して)打たれた. ❷ a 疲れ果てた. b 打ち負かされた, 負けた; 意気消沈した: a ~ army 敗軍. ❸ 打ち延ばした: ~ work 打ち出し細工 / ~ gold [silver] 金[銀]ぱく. ❹ 踏み固めた: a well-*beaten* path 十分に踏み慣らされた小道 ⇨ beaten track. ❺ 《クリームなどが》強くかき混ぜた.

béaten tráck 名 [the ~] ❶ 踏み慣らされた道. ❷ 普通の方法, 世間の常識[慣習].
fóllow [kéep to] the béaten tráck (1) 踏み慣らされた道をたどる. (2) 常道をたどる.
òff the béaten tráck ⇨ track¹ 成句.

beaten-úp 形 =beat-up.
⁺**béat・er** /-tə/ -tə/ 名 ❶ 打つ人. ❷ (狩りの)勢子(せこ). ❸ [しばしば複合語で] 打ちたたく[かき混ぜる]器具, 泡立て器: a carpet ~ じゅうたんたたき / eggbeater 1. ❹ 《米》ぽろ車, ポンコツ (banger).

béat generàtion 名 [the ~] ビート族[ジェネレーション] 《1950-60 年ごろ米国社会に幻滅し脱社会的放浪生活を

送った若者たち; cf. beatnik).

be·a·tif·ic /bìːətífɪk/ 形 ❶ 至福を与える(力のある). ❷ 幸福に輝いた, 喜ばしそうな: a ~ smile 幸福に輝いた微笑. **-i·cal·ly** /-kəli/ 副 幸福に輝いて, 喜ばしそうに.《F ⟨ L; ⇨ beatitude》

be·at·i·fi·ca·tion /biæ̀təfɪkéɪʃən/ 名 [C,U] ❶ 授福, 受福. ❷ 【カト】列福(式).

be·at·i·fy /biǽtəfaɪ/ 動 ⓣ ❶ ⟨人に⟩天福を受けさせる. ❷ 【カト】⟨死者を⟩列福する《天福を受けた者の列に加える; cf. canonize》.《F ⟨ L; ⇨ beatitude》

*__beat·ing__ /bíːtɪŋ/ 名 ❶ a U 打つこと, たたくこと. b C (懲らしめのために)ひどくたたくこと: That boy needs a good ~. その少年はうんと懲らしめるべきだ. ❷ [a ~] 打ち負かすこと; 敗北: give a person a ~ 人を打ち負かす / take [get] a terrible ~ 大敗北を喫する. ❸ ひどい目, 精神[物質]的な打撃: He took [got] a ~ in the stock market. 彼は株で痛手を受けた. ❹ U 鼓動, 脈打ち. ❺ U (心臓の)鼓動. ❻ U (金属などを)打ち延ばすこと. ❻ U (水泳)ばた足. ...**táke some [a lót of] béating** ...に勝る[を超える]のはとても難しい, ...はたいへん手強い.

be·at·i·tude /biǽtət(j)ùːd | -tjùːd/ 名 ❶ U 至福. ❷ [the Beatitudes]【聖】八福《キリストが山上の垂訓中に説いた八つの幸福の教え; cf.「マタイ伝」5:3–12》.《F ⟨ L ⟨ beat(us) 幸福な+-I-+-TUDE》

Bea·tles /bíːtlz/ 名 [the ~] ビートルズ《英国の John (Winston Ono) Lennon, Paul McCartney, George Harrison, Ringo Starr の四人のロックグループ; 1962 年結成, 70 年解散》.

beat·nik /bíːtnɪk/ 名 ビート族の人 (⇨ beat generation).【BEAT+-NIK】

Bea·ton /bíːtn/, Cecil 名 ビートン (1904–80; 英国の写真家・デザイナー).

Be·a·trice /bíːətrɪs | bíːə-/ ❶ ビアトリス《女性名》. ❷ ベアトリーチェ (Dante が愛し, 理想化した女性).《F ⟨ L beatus 幸福な》

+**béat·ùp** 形 《口》 使い古した, おんぽろの (beaten-up): an old ~ car おんぽろ車.

beau /bóʊ/ 名 (働 ~x, ~s /~z/) ❶ しゃれ男; 婦人の相手役[付き添い]となる男. ❷ 恋人, ボーイフレンド.【F= 美しい; ⇨ beauty】

beau·coup /boʊkúː/| ー゛ 形 A《米口》たくさんの.

Béau·fort scàle /bóʊfət- | -fət-/ 名 [the ~] ビューフォート風力階級 (⇨ wind scale).

beau geste /bóʊʒést/ 名 (働 beaux gestes /~/) うるわしい行い.

beau idéal /bóʊaɪdíːəl | -ìːdeɪǽl/ 名 (働 ~s)《文芸》理想[美]の極致; 最高の理想.

Beau·jo·lais /bòʊʒəléɪ | ー゛-/ 名 U ボジョレー《フランスの東部ブルゴーニュ (Burgundy) 地方 Beaujolais 産の赤ワイン》: ~ nouveau /nuːvóʊ | ー゛-/ ボジョレーヌーボー《ボジョレーの新酒》.

beau monde /bóʊmɑ́nd, -mɔ́ːnd | -mɔ́nd/ 名 (働 ~s /-mándz, -mɔ́ːndz | -mɔ́ndz/, **beaux mondes** /~/) [the ~] 社交界, 上流社会.【F=elegant world》

Beaune /bóʊn/ 名 U ボーヌ《フランス東部ブルゴーニュ (Burgundy) 地方産の(赤)ワイン》.

beaut /bjúːt/ 名 《口》(しばしば反語的に)すてきなもの[人].【BEAUTY】

beau·te·ous /bjúːtiəs/ 形《詩》うるわしい, 美しい.

beau·ti·cian /bjuːtíʃən/ 名 美容師.

✱**beau·ti·ful** /bjúːtɪf(ə)l, -tə-/ 形 (**more ~; most ~**) ❶ 美しい, きれいな: a ~ flower 美しい花 / a ~ woman 美人 / a ~ voice きれいな声, 美声. ❷ 上品で申し分ない, りっぱな: a ~ character りっぱな品性. b すばらしい, すてきな; あざやかな: ~ weather すばらしい天気 / a ~ swing (ゴルフなどで)見事なスウィング. ❸ [the ~, (as) 複数扱い] 美. b [複数扱い] 美人. ──間 お見事!, でかした!【名 beauty】 【類義語】 **beautiful**「美しい」を意味する最も一般的な語で, 精神的・理想的な美についても いう. **lovely** 感情的に心が動かされるほど美しく, 愛らしい. **handsome** やや文語的で, 均斉がとれ形が端整で立派に見える; 特に男性的な美点についていうことが多い. **pretty** 特に女

性について, 繊細優美さがあってかわいらしい. **good-looking** 男女ともに用いられ, handsome, pretty とほぼ同義.

*__beau·ti·ful·ly__ /bjúːtɪfəli, -tə-/ 副 ❶ 美しく: She is ~ dressed. 彼女は美しく着飾っている. ❷ 見事に, 申し分なく, 見事に: The day was ~ clear. その日はすばらしくよく晴れた日だった.

béautiful péople 名 [通例 the ~; しばしば B- P-] 優雅な富豪の人たち《流行をつくる上流社交界の人たち》.

beau·ti·fy /bjúːtɪfaɪ/ 動 ⓣ ⟨...を⟩美しくする, 美化する; りっぱにする. ── ⓘ 美しくなる. **beau·ti·fi·ca·tion** /bjùːtəfɪkéɪʃən/ 名

✱**beau·ty** /bjúːti/ 名 ❶ U 美しさ, 美; 美貌(゛゛): girlish ~ 娘らしい美しさ / manly [womanly] ~ 男性[女性]美 / A thing of ~ is a joy for ever. 美しきものは永遠(゛)の喜び (Keats の言葉) / B~ is but [only] skin-deep.《諺》美貌は皮一重,「見目より心」/ B~ is in the eye of the beholder.《諺》「蓼(゛゛)食う虫も好き好き」「あばたもえくぼ」. ❷ a 美人; 美しいもの, すばらしい人: She was the ~ of the ball. 彼女はその舞踏会の女王であった / She's a regular ~, isn't she?《反語》いやはや大した美人じゃないか. b (同種のものの中で)特によいもの: Here's a ~! これは見事だ / a ~ of a Winchester 見事なウィンチェスター銃. ❸ [the ~] 美点, 良さ: That's the ~ of it. そこが良いところ[みそ]だ.《F ⟨ L ⟨ bellus pretty》【形 beautiful】

béauty còntest 名 ❶ 美人コンテスト. ❷《米》「美人コンテスト」《一般投票が候補者の得る党全国大会代議員数を決定じない大統領予備選挙》.

béauty màrk 名《米》ほくろ, あざ.

béauty pàgeant 名《米》美人コンテスト.

béauty pàrlor [salòn,《米》shòp] 名 美容院.

béauty quèen 名 美人コンテスト優勝者.

béauty slèep 名 [one's ~] 夜半前の睡眠: get one's ~ 真夜中前に寝る.

béauty spòt 名 ❶ 景勝地. ❷ a 付けほくろ. b ほくろ.

Beau·voir /boʊvwɑ́ː | -vwɑ́ː/, **Si·mone de** /sɪmóʊndə/ 名 ボーボアール (1908–86; フランスの作家・思想家).

beaux /bóʊz/ 名 **beau** の複数形.

beaux arts /bòʊzɑ́ː | -zɑ́ː/ 名 働 美術 (fine arts). ──形 [しばしば B- A-] 古典的装飾様式の《特に 19 世紀 Paris の美術学校 École des Beaux-Arts 様式の》.

bea·ver[1] /bíːvə | -və/ 名 ❶ 動 ビーバー. ❷ a U ビーバーの毛皮. b C ビーバーの毛皮で作った帽子. ❸ U 厚地のラシャ. ❹ C (eager, busy などの形容詞を伴って)《口》(仲間の仕事を奪うほどの)がんばり屋, 仕事の虫. ❺ C《米卑・俗》女性性器. **wórk like a béaver** せっせと働く. ── 動 ⓘ《英口》《...に取り組んで》せっせと働く 《away 《at》.【OE; 原義は「茶色の生きもの」】

bea·ver[2] /bíːvə | -və/ 名 (かぶとの)あご当て; 頬面(゛゛゛).

béaver·bòard 名 ビーバーボード《木繊維から作った軽い合板; 間仕切りや天井板などに用いる》.

béaver lànb 名 U ビーバーの毛皮に似せた羊の毛皮.

Béaver Stàte 名 [the ~] ビーバー州《Oregon 州の俗称》.

béaver·tàil 名《カナダ》ビーバーテール《油で揚げた平たい菓子パン》.

be·bop /bíːbɑp | -bɔp/ 名 U《楽》ビーバップ《1940 年代後期から 50 年代初期にかけてのモダンジャズの最も初期の形式》.【擬音語】

be·calm /bɪkɑ́ːm/ 動 [通例受身で] ❶ 風がないで(帆船を)止める: The ship was ~ed for ten days. 船は風がなく 10 日間動かなかった. ❷ 静める.

✱**be·came** /bɪkéɪm, bə-/ 動 **become** の過去形.

✱**be·cause** /⟨強形⟩ bɪkʌ́ːz, bə-, -kʌ́z | -kɔ́z; ⟨弱形⟩ kəz/ 接 ❶ [Why に応じて] なぜなら...だから (からである): "Why were you absent?" "B~ I was sick in bed."「なぜ欠席したのですか」「病気で寝ていたからです」. ❷ [副詞節を導いて] (なぜか)...だから(である), ...なので《用法》because の前に partly,

bechamel 148

chiefly, only, merely, simply, just などの程度を表わす副詞が置かれることがある): I can't go, ~ I'm busy. 私は行けません,(というのは)忙しいからです / He succeeded ~ he did his very best in everything.=B- He did his very best in everything, he succeeded. 彼は何事にも全力を尽くしたから成功したのだ / He gave up the plan *chiefly* ~ I was against it. 彼がその計画をあきらめたのは主に私がそれに反対したからだ. ❸ 〔否定語とともに〕…だからといって(…ない)〔用法〕この意味で for, as, since を用いることはできない): You shouldn't despise a man simply [just] ~ he's poor. ただ貧しいからといって人を軽蔑してはならない. ❹ 〔名詞節を導いて〕…ということ〔比較〕that を用いるほうが一般的): The reason (why) I can't go is ~ I'm busy. 私の行けないのは忙しいからだ.

áll the móre becàuse …だからなおさら: I want to go *all the more* ~ I learned she's going too. 彼女も行くことを知ったのでますます行きたい.

becàuse of... 〔前置詞に用いて〕…のために: I didn't go out ~ *of* the rain. 雨のために外へ出なかった.

nóne the léss becàuse …であるにもかかわらず(やはり): I like him *none the less* ~ he's such an optimist. 彼はあのような楽天家だからかえって好感がもてる.

〖ME *bi* by+CAUSE〗

bé·cha·mel /béɪʃəmèl/ 图 U ベシャメル(ソース)《特にタマネギの入ったホワイトソース》.

bêche-de-mer /bèʃdəméə | -méə/ 图 U.C (働 ~, **bêches-de-mer** /~, -ʃɪz-/) 〖動〗=trepang.

beck[1] /bék/ 图 ★ 通例次の成句で. **at a person's béck and cáll** 人の言いなりになって. 〖BECK(ON)〗

beck[2] /bék/ 图〔英方〕小川 (stream).

Beck·et /békɪt/, **Saint Thomas** (à /ə, aː/) ベケット (1118?–70; イングランドの聖職者; Canterbury 大司教 (1162–70)).

Beck·ett /békɪt/, **Samuel** 图 ベケット《1906–89; アイルランド生まれのフランスの小説家・劇作家; Nobel 文学賞 (1969)》.

†**beck·on** /békən/ 動 ❶ 手まねく(うなずき,身ぶりなどで)〈人を〉招く,さし招く,〈人に〉合図する: He ~ed the waiter for their bill. 彼は勘定書をもってきてくれとウェイターに合図した / He ~ed me *forward* [*back*, *in*]. 彼は私にこちらへ来い〔こちらへ戻れ,中に〕入れ〕と合図した / I ~ed them *to* come nearer. 彼らにもっと近寄るようにと合図した. ❷ 〈物事が〉〈人を〉誘う,招く〔…に〕合図する〔*to*〕. ❷ 招く,誘惑する: The blue sea ~s. 青い海は招く. 〖OE=合図をする; cf. beacon〗

Beck·y /béki/ ベッキー (女性名; Rebecca の愛称).

be·cloud /bɪkláʊd/ 動 ❶ 〈…を〉曇らせる. ❷ 〈目・心などを〉暗くする,鈍らせる. ❸ 〈…を〉あいまいにする,混乱させる.

*****be·come** /bɪkʌ́m, bəkʌ́m/ 動 (**be·came** /-kéɪm/; **-come**) 自 〈…に〉なる: 〔+補〕 He became a dentist. 彼は歯科医になった / The days are *becoming* longer. 日はますます長くなってきている〔用法〕現在生じている変化を表わす時は進行形を用いる; The days ~ longer. とは言わない) / The truth *became* known to us all. 真相が我々全員に知れてきた〔用法〕(1) 未来を表わす「…になる」は通例 become を用いないで be を用いる(例: He will *be* a doctor. / He wants [intends] to *be* a doctor.); (2) become の次に不定詞は用いない (cf. come 自 B 4).

— /-kʌ́m/ 他 ❶ 〈ものが〉〈人に〉似合う〔★受身なし〕: Her new dress ~s her. 彼女の新しいドレスは彼女に似合う. ❷ 〔しばしば否定文で〕〈人・身分・境遇など〉ふさわしい,適する〔★受身なし〕: It doesn't ~ you to complain. 不平を言うのは君らしくない.

becòme of... 〔疑問詞 what(ever) を主語に〕…が(どうな)る: I wonder *what* has ~ *of* the house I grew up in. 私の育った家はどうなったかしら / I don't know *what* will ~ *of* the boy. あの子のゆくえはわからない.

〖OE=来る,生じる〈*be-* by+*cuman* COME〗

be·com·ing /bɪkʌ́mɪŋ, bə-/ 形 〈衣服など〉ふさわしい

〔…に〕似合って (↔ unbecoming): a ~ dress 似合うドレス / The necklace is very ~ *on* her. そのネックレスは彼女によく似合う. ❷ ふさわしい,適当な,似つかわしい〔*to*, *in*〕: Such conduct is not ~ *to* [*in*] a respected businessman. そんな行為は尊敬される実業家にふさわしくない. **~·ly** 副 ふさわしく,似つかわしく,上品に. **~·ness** 图

bec·que·rel /békərèl, ーーー/ 图〖理〗ベクレル《放射能の SI 組立単位; 記号 Bq》.

☆**bed** /béd/ 图 ❶ ⓒ ベッド,寝台(★成句では無冠詞になる場合が多い): a room with two single ~s [with a double ~] (ホテルで)シングルベッドの二つある〔ダブルベッドのある〕部屋 / a ~ of sickness 病床〔比較 sickbed のほうが一般的) / sit on the ~ ベッドに腰かける / lie down on one's ~ ベッドに横になる / get out of ~ 起床する,起きる / be [lie] in ~ with influenza インフルエンザで寝ている / get a person out of ~ 人を起こす / sit up in ~ ベッドで起き上がる / I had breakfast in ~. 私はベッドで朝食をとった. ❷ Ⓤ 就寝(時間): one's usual hour for ~ いつもの就寝時間 / It's time for ~. 寝る時間ですよ. ❸ Ⓤ 結婚(の床), 夫婦関係; 性的関係, 性交. ❹ ⓒ 宿泊: get a ~ at an inn [a hotel] 宿屋[ホテル]に泊まる. **b** 〔文〕墓: one's narrow ~ 墓 / a ~ of honor 戦没勇士の墓. ❺ ⓒ 〈牛馬の〉敷きわら: a ~ of hay 干し草の敷きわら. ❻ ⓒ **a** 土台: a ~ of concrete コンクリートの土台. **b** 砲床. **c** 〈トラックの〉荷台〔床の部分). ❼ ⓒ 〔しばしば複合語をなして〕a 花壇, 苗床: ⇨ flowerbed. **b** 〈カキなどの〉養殖所; ⇨ oyster bed. ❽ ⓒ 川床, 水底: ⇨ riverbed, seabed. ❾ ⓒ 地層; 層 (stratum): a ~ of clay 粘土層. ❿ ⓒ 路盤, 道床.

be bróught to béd〔文〕お産する: *be brought to* ~ of a son 男児を産む.

béd and bóard (1) 寝泊と食事. (2) 寝食を共にすること, 結婚生活: separate ~ *and board* 〈夫婦の〉別居する.

béd and bréakfast〔英〕朝食付き民宿〔解説〕短期間滞在に利用される英国・アイルランドの民宿で,一般にホテルやゲストハウス (guesthouse) よりも安い; 略 B & B, B and B〕.

béd of róses 〔口〕安楽な身分[境遇, 暮らし]: The life of a teacher is no ~ *of roses*. 教員の生活は決して楽なものではない.

díe in (one's) **béd** 〔口〕病気〔寿命〕で死ぬ,畳の上で死ぬ.

gét a person ínto béd〔口〕くどいて性的関係をもつ.

gèt óut of béd on the wróng sìde=**gèt úp on the wróng sìde of the béd** 〔口〕朝から一日中機嫌が悪い〔由来 ベッドの左側から起きると一日中縁起が悪いとされた〕.

gò to béd (1) 寝る. (2) 〔異性と〕寝る〔*with*〕.

in béd with... 〔口〕…と性的関係をもって,寝て. (2) …と〔好ましくないほど〕親しい〔密接な〕関係で.

kéep (to) one's **béd**〔古〕病気で寝ている.

máke the [one's] **béd** (使用後)ベッドを整える[整頓する]; 床を作る: As you *make* your ~, so you must lie upon it.=You've *made* your ~ and you must lie on it.=One must lie in [on] *the* ~ one has made. 〔諺〕自業自得, 身から出たさび.

pút...to béd (1) 〈人を〉寝かす, 〈赤ん坊を〉寝かしつける. (2) 〔新聞などの〕印刷の用意をする. (3) 〈…を〉印刷に回す.

táke to one's **béd** (病気で)寝つく, 病床につく.

wét the [one's] **béd** 〈子供などが〉おねしょをする.

— 動 (**béd·ded**; **béd·ding**) 他 ❶ 〈人に〉寝床を与える. ❷ **a** 〈人を〉寝かせる. **b** 〔古風〕〈異性と〉寝る,性交する. ❸ 〈…を〉花壇[苗床]に植える: ~ *out* geraniums ゼラニュームを花壇に植え付ける. ❹ **a** 〈石・れんがなどを〉平らに置く, 積み重ねる. **b** 〈…を〉埋め込む, 固定する〔*in*, *on*〕: ~ bricks *in* mortar レンガをモルタルに固定する.

— 自 寝る: Early to ~ and early to rise, makes a man healthy wealthy and wise. 〔諺〕早寝早起きは人を健康で裕福で賢明にする.

béd dówn (特に 間に合わせの場所で)寝る. — 他(+副)〈人・動物に〉寝床[寝場所]を与える, 〈…を〉寝かせる.

〖OE; 原義は「寝るために地面に掘った穴」〗

be·dab·ble /bɪdǽbl/ 動 〔水などを〉…〉にはねかけてよごす〔with〕.

béd-and-bréakfasting 名 U《口》《証券》《節税のために》前日売った株を翌朝買い戻すこと.

be·daub /bɪdɔ́ːb/ 動《文》《通例受身で》❶〈…を〉…〉にはねかける, はねかけてよごす〔with〕. ❷〈…で〉…〉を塗り〔飾り〕立てる〔with〕.

be·daz·zle /bɪdǽzl/ 動〈人を〉…で〉眩惑(ばんわく)させる, 当惑させる〔with〕. 強烈な印象を与える.

béd blócker 名《英》病室のベッド占有患者《退院後の面倒を見る人がいないためになかなか退院しない患者》.

béd·bùg 名《昆》トコジラミ, ナンキン虫.

béd·chàmber 名《古》= bedroom.

béd·clòthes 名 複 寝具, 夜具 (bedcovers)《敷きぶとんを除きベッドに使うシーツ・毛布など》.

béd·còver 名 ❶ = bedspread. ❷《複数形で》= bedclothes.

béd·da·ble /bédəbl/ 形《英口》性的魅力のある.

béd·ded /-dɪd/ 形 ❶〔複合語で〕…のベッドの: a twin-bedded room ツインの部屋. ❷《地》層状の.

béd·der /-də/ 名 ❶ 花壇用の草花〔花卉(かき)〕. ❷ = bedmaker.

†béd·ding /-dɪŋ/ 名 U ❶ 寝具類. ❷《牛馬の》寝わら. ❸《建》土台.

bédding plànt 名 花壇用の草花.

be·deck /bɪdék/ 動《文》〈…を〉…で〉飾り立てる〔with〕《★ 通例受身》.

bed·e·guar /bédɪgɑː, -gə/ 名《植》《タマバチによってバラにできる苔(たい)に似た〉虫こぶ.

be·del, be·dell /bíːdl, bɪdél/ 名《英国の大学で》総長の職権の標識を捧持する先導官《Oxford 大学では bedel, Cambridge 大学や London 大学では bedell とつづる》.

be·dev·il /bɪdévl/ 動 他 (be·dev·iled, 《英》-dev·illed; be·dev·il·ing, 《英》-dev·il·ling)《★ 通例受身》❶〈人に〉悪魔を取りつかせる. ❷〈…を〉混乱させる, まごつかせる. ❸〈人を〉ひどく苦しめる〔悩ます〕. ~·ment 名

be·dew /bɪdjúː, -djúː/ 動《文》〈露・涙などで〉ぬらす〔with〕《★ 通例受身》.

béd·fèllow 名 ❶ 寝床を共にする人. ❷《特に, 一時的な〉仲間: uneasy [unlikely] ~s つき合いにくい人〔意外な仲間〕/ Politics makes strange ~s. 政界では意外な人同士が手を組む / Adversity [Misery] makes strange ~s.《諺》不幸な目にあうと見知らぬ同士が手を結び合う, 「同病相哀れむ」《★ Shakespeare「あらし」から》.

Bed·ford·shire /bédfədʃə/ 名 ベッドフォードシャー州《イングランド中部の州; 州都 ベッドフォード (Bedford /bédfəd/; -fəd); 略 Beds》.

béd·hèad 名 ❶《英》《ベッドの》頭部のボード〔パネル〕. ❷ U《口》寝起きのような乱れた髪.

béd·hòp 動 自《俗》次々と相手を変えて寝る, 遊びまくる. **béd·hòp·per** 名

be·dight /bɪdáɪt/ 形《古・詩》きらびやかに飾った.

be·dimmed /bɪdímd/ 形 P《文》〈…で〉曇って〔with〕.

be·di·zen /bɪdáɪz(ə)n/ 動 ごてごてに飾りたてる.

béd jàcket 名 ベッドジャケット《女性がナイトガウンの上にはおる軽く〔ゆったりした〉寝室着》.

béd jòint 名 横目地, 水平目地《石積みの下に水平に敷いたモルタル》.

bed·lam /bédləm/ 名 U《また a ~》《騒々しい〉大混乱《の場所》: The scene was ~. 事務所内は大騒ぎ(てんやわんや)だった. 《もと London にあった St. Mary of Bethlehem 精神病院の通称から》

béd línen 名 ベッド用のシーツとまくらカバー.

Béd·ling·ton (térrier) /bédlɪŋtn(-)/ 名 ベッドリントンテリア《長くて幅の狭い頭部, アーチを描いた背, 通例 縮れ毛をもつイングランド原産のテリア》《原産地のイングランド Northumberland 州の町》.

béd·màker 名《英》《ホテルや Oxford, Cambridge 大学寮の》寝室係.

béd·màking 名 U《寝るための》ベッドの整頓.

Bed·ou·in /bédʊɪn/ 名 (複 ~, ~s) ❶ a〔the ~s〕ベドウィン族《アラブ系の遊牧民》. b ベドウィン族の人. ❷

---

bee-eater

浮浪者; 遊牧者. — 形 ❶ ベドウィン《のような》. ❷ 遊牧《民》の.《F ‹ Arab=砂漠に住む人たち》

béd·pàn 名《病人用》便器, おまる.

béd·pòst 名《特に, 旧式な寝台の四隅の》寝台支柱. between yóu and mé and the bédpost ⇒ between 動 成句.

be·drag·gled /bɪdrǽgld/ 形〈衣服など〉引きずってよごれた, 取り乱した; 汚くなった.

béd·rìdden 形《病気・老齢で》床につききりの, 寝たきりの: a ~ old man 寝たきりの老人.

béd·ròck 名 U ❶《地》《最下層の〉岩盤, 床岩. ❷ 根底, 根本; 基本原則, 基礎的事実; 底. gèt dówn to [réach] bédrock (1)《口》真相を究める. (2)《資金などが〉底をつく, なくなる. — 形 ❶ 最低の: the ~ price 底値. ❷ 基本的な: ~ facts 根本的な事実.

béd·ròll 名《毛布は寝携帯用に丸めの寝具.

*béd·room /bédrùːm, -rùm/ 名 寝室. — 形 ❶ a 寝室《用》の: ~ slippers 寝室用上ばき. b ベッドシーンの, 情事の, 性的な: a ~ farce お色気笑劇 / a ~ scene ベッドシーン / have ~ eyes《性的に〉誘惑する〔誘う〕《ような〉目つきをしている. ❷《米》通勤者の住む, ベッドタウンの《比較》「ベッドタウン」は和製英語》: a ~ town [community, suburb] ベッドタウン《通勤者の住む大都市周辺の町》.

Beds.《略》Bedfordshire.

†béd·sìde名〔通例単数形で〕寝床のかたわら; 《病人の〉まくら元: be at [sit by] a person's ~ 〜のまくら元に付き添う. — 形 A ❶〈時計・電話が〉寝床のそばの〔にある〕: a ~ lamp ベッドわきの《電気〉スタンド. ❷《病人の〉まくら元の; 臨床の.

bédside mánner 名《医者の〉入院患者への接し方.

bédside táble 名《英》= night stand.

béd·sìt 名《英口》= bedsitter.

béd·sìtter 名《英》ワンルームマンション〔アパート〕(studio apartment)《寝室・居間兼用の部屋; 家具や食器なども備えられていることが多い》.

béd·sítting ròom 名 = bedsitter.

béd·skìrt 名《米》ベッドスカート《ベッドのへりに飾る掛け布》.

béd·sòcks 名 複 ベッドで履いて寝る暖かい靴下.

béd·sòre 名《病人の〉床ずれ.

béd·sprèad 名《装飾用の〉ベッド掛け, ベッドカバー.

béd·sprìng 名 ベッドのスプリング《ばね》.

béd·stèad 名 寝台《ベッド》の台.

béd·stràw 名《植》ヤエムグラ属の各種草本《アカネ科》.

béd·tìme 名 U 寝る時間, 就寝時刻.

bédtime stòry 名《子供にする〉就寝前のおとぎ話.

Bed·u·in /bédʊɪn/ 名 = Bedouin.

béd wàrmer 名《石炭を入れて使った〉金属性のベッド温め器.

béd·wètting 名 U おねしょ《尿》(cf. wet the BED 成句). **béd wètter** 名

*bee /bíː/ 名 C ❶ **a** ミツバチ (honeybee ともいう; cf. apiarist, apiary): the queen ~ 女王バチ / a worker ~ 働きバチ (cf. drone¹ 1). **b** ハチ. ❷〔通例 busy で〕よく働く人. ❸《米》《仕事・競技のための〉隣人や友人の寄り合い: a husking bee, spelling bee. **(as) búsy as a béé** せっせと仕事に精を出して. **hàve a bée in one's bónnet** 《口》《…について〉奇妙な考え〔固定観念〕にとりつかれている《about》《由来 そのような考えはミツバチのように頭をちくりと刺すことから》.

Beeb /bíːb/ 名〔the ~〕= BBC.

bée·brèad 名 U ハチパン《ミツバチが花粉で作った幼虫のえさ》.

†beech /bíːtʃ/ 名 ❶ C《植》ブナ《ブナ属の落葉高木の総称》. ❷ U ブナ材.《OE; ⇒ book》

beech·en /bíːtʃən/ 形 ブナ材の; ブナ《の》の.

béech·màst 名 U ブナの実《特に, 地上に落ちたもの》.

béech·trèe 名 = beech 1.

béech·wòod 名 U ブナ材.

bée·èat·er 名《鳥》ハチクイ《ハチクイ科の各種の鳥; 南欧・

アフリカ・南アジア・オーストラリア産).

beef /bíːf/ 图 ❶ Ｕ 牛肉, ビーフ《関連》等級は, 極上級が prime, 上級が choice, 並が good, その下が standard; ⇨ cow[1] 《関連》 corned ~ コーンビーフ. ❷ Ｃ a 《*~s*, 《米》*~s*》肉牛. b (畜殺した肉牛の)胴体. ❸ Ｕ a 《口》(人間の)筋肉; 肉付き, 体重. b 筋力. ❹ Ｃ 《口》不平, 不満 (complaint). **Where's the beef?** 《口》(耳ざわりのよい提案などに対して)(それで)かんじんな部分はどこにあるのですか, 本質[ポイント]は何なのでしょう, 本当はどうなの 《ハンバーガーチェーン Wendy's の宣伝より》. 《F ＜ L bos, bov- 牛 (cf. bovine)》 《形》beefy]
―― 動 ❶ 《俗》(…に)不平を言う 〔*about*〕. **béef úp** 《口》《…を》強化[増強]する: ~ up security 安全性を高める[強化する].

beef·a·lo /bíːfəloʊ/ 图 《~s, ~es》《畜》ビーファロー 《野牛と畜牛との雑種の肉牛》.

béef·bùrger 图《英》=hamburger 2.

béef·càke 图 Ｕ 《俗》肉体美の男性ヌード(の写真); 肉体美の男 (cf. cheesecake 2).

béef càttle 《複数扱い》肉牛 (cf. dairy cattle).

béef·èater 图 ❶ 牛肉を食べる人; ひどく栄養のよい赤ら顔の人. ❷ [しばしば B-] ビーフイーター 《英国王の護衛兵 (Yeoman of the Guard) の通称; ロンドン塔の守衛》. ❸ 《俗》英国人.

bée flý 图 《昆》ツリアブ 《ミツバチに似る》.

béef·stèak 图 ＣＵ ビーフステーキ (用の切り身).

béefsteak fúngus 图 《植》カンゾウタケ 《ナラ類の古木やクリの木の地際に生える牛の舌状の多孔菌類のキノコ; スライスすると牛肉にそっくりで, 赤い汁が出る》.

béefsteak tomáto 图 《園》ビーフステーキ(トマト)《大果で, 特に多肉のトマトの総称》.

béef téa 图 Ｕ ビーフティー 《濃い牛肉のスープ; 病弱者用》.

béef tomáto 图 《英》=beefsteak tomato.

béef Wéllington 图 Ｕ 《料理》ビーフウェリントン 《牛ヒレ肉をフォアグラのパテ (pâté de foie gras) でおおい, さらにパイ皮などに包んでオーブンで焼いたもの》.

béef·wòod 图 《植》モクマオウ科 《特に》モクマオウ属の木 《オーストラリア産》.

beef·y /bíːfi/ 形 (beefi·er, -i·est) ❶ 牛肉(のような). ❷《人が》筋骨たくましい; 肥満した.

bée·hìve 图 ❶ ミツバチの巣(箱) 《★昔のものは半球状をしていた》. ❷ 人込みの場所: The office was a ~ of activity. その事務所では多くの人がせわしなく働いていた. ❸ ハチの巣のような[半球状の]もの: She did her hair up in a ~. 彼女は髪をドーム形に結った.

Béehive Stàte 图 [the ~] ビーハイブ州 《Utah 州の俗称》.

bée·kèeper 图 養蜂家(ようほうか).

bée·kèeping 图 Ｕ 養蜂.

bée·lìne 图 一直線 《★通例次の成句で》. **màke a bée·line for...** 《口》…へ直行する: As soon as work was over, he *made a* ~ *for* a bar. 仕事が終わるとすぐに彼はまっすぐに酒場へ向かった.

Be·el·ze·bub /biːélzɪbʌb/ 图 《聖》ベルゼブル, 魔王. 《L＜Heb=God of flies》

Beem·er /bíːmɚ | -mə/ 图 -/mə/ 《米俗》BMW 車.

***been** 《弱形》bɪn, bən; 《強形》bíːn | bíːn/ 動 be の過去分詞 ❶ [have [has] ~ で現在完了形を作って; ⇨ have[2] 1]: a [継続を表わして]: He *has* ~ a teacher since 1960. 彼は 1960 年以来教師をしている / Where *have* you ~ all this while? ずっと今までどこにいたのですか / I *have* ~ upstairs. 二階にいました. b [経験を表わして]: *Has* she ever ~ *to* [*in*, *at*] Hawaii? 彼女はこれまでにハワイに行ったことがありますか / I *have* often ~ *to* America. アメリカには前に何度も行ったことがある / My mother *has* never ~ here. 母は一度もここに来に[いた]ことがない.

[用法] (1) ever や often など頻度を表わす副詞を伴う点で, 次の c と異なる.
(2) have gone [come] は動作の完了を表わす: He *has gone* to America. 彼はアメリカへ行ってしまった 《今ここにいない》/ I *have* just *come* here. 今ここへ来たところです 《今ここにいる》.
(3) have gone to... が「…へ行ったことがある」の意になることもある.

---

c [往復の完了を表わして]: I *have* ~ *to* the station to see my friend off. 友人を見送りに駅へ行って来たところです. d 《英》[完了の完了を表わって]: The postman hasn't ~ yet. 郵便屋さんはまだ来ていない.
❷ [had ~ で過去完了形を作って; ⇨ have[2] 2]: a [過去のある時までの継続を表わして]: I *had* ~ in business until that year. 私はその年まで商売をしていました. b [過去のある時までの経験を表わして]: I *had* once ~ in Britain before that. その時より以前に一度英国へ行ったことがあった. c [過去のある時点での完了を表わして]: I *had* just ~ *to* the station when you called on me yesterday. 君が昨日訪ねてきた時は駅へ行ってきたところだった. d [過去の願望を表わして] …していたら[よかったのに]: I wish I *had been* there. 私がそこにいたらよかったのに.
❸ [having ~ で主節の時制より前に起こったことを表わして]: a [完了分詞構文を作って]: *Having* ~ a teacher myself, I know how difficult it is to teach. 自分も教師をしたことがあるので教えるのがどんなにむずかしいかは知っている. b [完了動名詞を作って]: I regret *having* ~ so careless. あんなに不注意だったのは残念です.

have béen [góne] and dóne 《口》[抗議・驚きを表わして] よくも…したな: He *has been* and moved my papers. あいつめよくもぼくの書類を動かしたな.

―― 動 ❶ ['have [has] ~+他動詞[受身可の句動詞中の自動詞]の過去分詞' で, 現在完了受身を作って]《★用法は ❶ に準ずる》: His aims have ~ attained. 彼の目標は達成された.
❷ ['had ~+他動詞[受身可の句動詞中の自動詞]の過去分詞' で過去完了受身を作って]《★用法は ❷ に準ずる》: The store *had* already ~ closed when he got there. 彼が着いたその店はすでに閉まっていた.
❸ ['will [shall] have ~+他動詞[受身可の句動詞中の自動詞]の過去分詞' で未来完了受身を作って]: The work *will* have ~ finished by then. 仕事はその時までには終えているでしょう.
❹ ['have [has] ~+*doing*' で現在完了進行形を作って継続を強調して]: I *have* ~ looking forward to meeting you. ずっとあなたにお会いしたいと思っていました.
❺ ['had ~+*doing*' で過去完了進行形を作って過去のある時点までの継続を強調して]: I *had* ~ wanting to talk to her when by chance we met at a party. 私たちが偶然パーティーで会った時, 私は彼女に話がしたいと思っていたところでした.
❻ ['will [shall] have ~+*doing*' で未来完了進行形を作って]: It *will* have ~ raining for a week if it rains again tomorrow. あしたも雨ならこれで 1 週間降り続くことになる.
❼ ['having ~+過去分詞' で主節の時制よりも前に起こったことと, 受身を表わした完了分詞構文を作って]: *Having* ~ promoted to an executive position, I was given my own office. 重役に昇進したので, 私は自分の部屋を与えられた.

beep /bíːp/ 图 (警笛などの)ビーッという音; (無線・人工衛星などの)発信音. ―― 動 圓 ビーッという音を出す. 〖擬音語〗

béep·er 图 ビーッと鳴るもの; 《米》ポケットベル (pager, 《英》bleeper).

***beer** /bíə | bíə/ 图 ❶ ＵＣ ビール: (a) dark ~ (ある銘柄の)黒ビール / draft ~ ~ on draft [draught] 生ビール / ⇨ small beer 2. ❷ Ｃ ビール 1 杯[1本, ひと缶]. ❸ Ｕ [通例修飾語を伴って](根・木の皮から造る)発泡飲料: ⇨ ginger beer, root beer. **nót àll béer and skíttles** 《英口》楽しいことばかりではない: Life is *not all* ~ *and skittles*. 人生はおもしろおかしいことばかりではない. 〖OE=《原義》飲み物 ＜?L bibere to drink〗

beer·age /bí(ə)rɪdʒ/ [the ~]《俗》(貴族に列せられた)醸造業者, ビール業界,《軽蔑》英国貴族(階級)《醸造業者が多いことから》.
béer bèlly 名《俗》ビール腹(の人).
béer cèllar 名 ❶ (地下の)ビール貯蔵室. ❷ (地下の)ビアホール, ビアケラー.
Bee·ren·aus·le·se /béərənàusleɪzə/ 名 U ベーレンアウスレーゼ《ドイツで, 貴腐化したブドウの果粒を選んで仕込んだ高級甘口ワイン》.
béer èngine 名《英》=beer pump.
béer gàrden 名 ビアガーデン.
béer gùt 名《俗》=beer belly.
béer hàll 名 ビアホール.
béer・house 名《英》ビール店, ビアホール.
béer màt 名《英》ビール用コースター.
béer mòney 名 U《英口》❶ (夫の)へそくり, ポケットマネー《ビール代など》. ❷ 《雇い人へ与える》酒手.
béer pùmp 名《米》ビールポンプ《地下室の樽からビールを吸い上げるポンプ》.
beer·y /bí(ə)ri/ 形 (beer·i·er; -i·est) ❶ ビールの. ❷ ビールに酔った; ビール臭い.
bée's knées 名 [the ~]《英俗》最高のもの[人], 打ってつけのもの[人].
bée-stùng 形 A ハチに刺されたような, 赤くぷっくりふくれた.
bees·wax /bí:zwæks/ 名 U みつろう《ミツバチが巣作りに用いる; ろうそくの原料, 光沢剤; 昔は床(%)などを磨いた》.
── 動《家具類を》みつろうで磨く.
bées·wìng 名 U ビーズウイング《古いワインの表面に生ずる膜状の酒石》.
⁺beet /bí:t/ 名 C|U ❶《植》ビート, サトウダイコン, テンサイ(甜菜): a red ~ カエンサイ, サンゴジュナ《サラダ用》/ a white ~ フダンソウ /《米》sugar beet. ❷《米》ビートの根《英》beetroot)《赤い色をしている; サラダ用》. **(as) réd as a béet**《米口》(恥ずかしくて)真っ赤になって. 【L】
Bee·tho·ven /béɪtoʊv(ə)n/, **Lud·wig van** /lú:dwɪg væn/ ベートーベン (1770-1827;ドイツの作曲家).
⁺bee·tle¹ /bí:tl/ 名 甲虫(ᢀᢀ)《カブトムシなど前翅のかたい昆虫》: [副詞句を伴って]《英俗》急ぐ, 立ち去る: I'll ~ *off* home. 急いで(家に)帰ります.〖OE=かむもの; ⇒ bite, -le 1〗 関形 coleopterous)
bee·tle² /bí:tl/ 名 ❶ 大づち, 掛け矢.《英》すりこぎ.
── 動《…を》大づちで打つ.〖OE=打つもの; ⇒ beat, -le 2〗
bee·tle³ /bí:tl/ 形《まゆ・がけなど》突き出た: ~ brows 毛虫まゆ. ── 動 自《まゆ・がけなど》突き出ている).
béetle-bròwed 形 毛虫まゆの; しかめっつらの, むっつりした.
béetle-crùsher 名《英口》大きな足, 大きな靴.
beet·ling /bí:tlɪŋ/ 形《まゆ・がけ・高層ビルなど》突き出した, 張り出した.
béet·ròot 名 U.C《英》ビートの根《米》beet).**(as) réd as a béetroot**《英口》(恥ずかしくて)真っ赤になって. **gò béetroot**《英口》(恥ずかしくて)真っ赤になる.
béet sùgar 名 U 甜菜(ᢀᢀ)糖.
beeves 名 beef 2 a の複数形.
bee·zer /bí:zə/ |-zə/ 形《英口》すばらしい.
be·fall /bɪfɔ́:l/ 動 (be·fell /-fél/; be·fall·en /-fɔ́:lən/)《文》《よくない事が人・ものに》起こる, 降りかかる (★ 受身なし): Misfortune *befell* him. 不運が彼の身に降りかかった. ── 自 (…に)起こる (*to*).
be·fit /bɪfít/ 動 (be·fit·ted; be·fit·ting)《…に》適する, ふさわしい, 似合う (★ 受身なし): It ill ~s him *to do*…するのは彼には適当でない[似合わない].
be·fit·ting /-tɪŋ/ 形 適当な, 相応した, ふさわしい: in a manner ~ (*to* a gentleman) (紳士に)ふさわしい態度で. **~·ly** 副
be·fog /bɪfɔ́(:)g, -fɑ́g/ 動 (be·fogged; be·fog·ging) ❶ 《…を》濃霧でおおう. ❷ 《人を》困らせる, 惑わす: His mind was *befogged*. 彼の心はとまどった. ❸ 《問題点などを》ぼかす, あいまいにする.

151　　　　　　　　　　　beforehand

be·fool /bɪfú:l/ 動 ❶ 《人を》ばかにする. ❷ 《人を》だます.
⁎be·fore /bɪfɔ́ə, bə-/ |-fɔ́:/ ── /─⇂, ─⇂/ 前 ❶ [時を表わして] a …よりも前に;先に, 早く]《》: Come ~ five o'clock. 5 時より前に来てください / ~ the agreed time 定刻前に / the day ~ yesterday 一昨日《用法》名詞句と副詞句のどちらにも用いられるが, 副詞用法の場合《米口》ではしばしば the を省く》/ Knock at [on] the door ~ entering the room. 部屋に入る前にドアをノックしなさい. **b** 《米》(…分)前に: It's five minutes ~ ten. 今 10 時 5 分前です. ❷ [位置・場所などを表わして] **a** …の前に;…の面前[眼前]に《用法》behind の反対語; 通例「呼び出された人の前に」の場合に用い, 建物などには in front of を用いる》: stand ~ the King 王の前に出る / problems ~ the committee 委員会に持ち出される問題 / He laid the matter ~ her. 彼はそれを彼女に打ち明けた. **b** …の前途に, …を待って, …を待ち受けて (ahead of): His whole life is ~ him. 彼の生涯はこれからだ / The summer holidays were ~ the children. 夏休みが子供たちを待っていた. **c** 《勢いに》押されて, …の力で: bow ~ authority 権力に屈する. ❸ [順序・優先・選択などを表わして] …に先んじて, …よりも:Put conscience ~ profits. 利益よりも良心を優先させよ / I'll put the money in bonds ~ I do that. そんなことをするより, その金を債券に投資する / I *would* do anything ~ that. 何でもするがそれだけはいやだ. ❹ …をまのあたりにして, …に直面して, …を前にして: I was tense ~ the game. 試合を前にして緊張していた.
before Christ 西暦紀元前《略 B.C.》.
before lóng ⇨ long¹ 形 成句.
── /─⇂, ─⇂/ 接 ❶ …より前に, (…する)に先だって, しないうちに: I had not waited long ~ he came. 待つほどもなく彼がやって来た / I got up ~ the sun rose. 日の出前に起きた / You must sow ~ you can reap. 《諺》「まかぬ種は生えぬ」/ It was all over ~ I knew what was happening. 何が起こっているのかわからないうちにすっかり終わっていた / It won't be long ~ we meet again. またすぐに会うでしょう《before の導く節が意味上は未来に関することを表わしていても述部動詞は現在形を用いる》/ Read the manual ~ you operate the machine. 説明書を読んでから機械を操作せよ. ❷ [would [will] とともに用いて]《…するよ》りはむしろ (cf. 前3): I *will* die ~ I give in. 屈伏するくらいなら死ぬ, 死んでも降参しない.
── 副 ❶ [時を表わして] 以前に, かつて, すでに: I've never met him ~. 以前に彼と会ったことがない / I had been there ~. それまでにそこに行ったことがあった / the day ~ その前日 / long ~ ずっと昔に / He told me that he had met her the night ~ [three days ~]. 彼は昨晩[3日前に]彼女に会ったと私に言った (cf. He said to me, "I met her last night [three days ago].").

[用法] (1) ago は現在からみて「前に」「以前に」の意だが, before は過去のある時からみて「前に」「以前に」の意である, 従って話法の際には注意を要する (⇒最後の例文) (⇒ ago 語法 2).
(2) before が単独で用いられる時, 動詞は現在完了・過去完了・過去のいずれにも用いられるが, the day before, two days before などの副詞句の場合は動詞は過去完了を用いる.

b (決められた時よりも)早く, 前に: I'll be there a few days ~. 2, 3 日前には行っていましょう / I'll pay tomorrow ~. あす払う, それまでではだめだ.
❷ [位置を表わして] 前に, 前方に; 前面に (★ ahead, in front のほうが普通): ~ and behind 前と後ろに / look ~ and after 前後を見る.
〖OE《be- by+-foran before, fore》

*⁎**be·fore·hand** /bɪfɔ́əhæ̀nd, bə-/ |-fɔ́:-/ 副 前もって, あらかじめ, 事前に: arrange things ~ 準備工作をする / Please let me know ~. 前もって[早めに]知らせてください.
── 形 P (…に)早まって, 早計で (*in*). **be beforehand**

be·foul /bɪfáʊl/ 動 ❶ 汚す, よごす. ❷ けなす.

†be·friend /bɪfrénd/ 動 他 〈...の〉友[味方]となる;〈...を〉助ける.

be·fud·dled /bɪfʌ́dld/ 形 正体を失くした, 泥酔した; 混乱した: He's ~ *with* drink. 彼はぐでんぐでんに酔っている.

*****beg** /bég/ 動 (**begged; beg·ging**) 他 ❶ 〈...を〉頼む, 懇願する,〈...してほしいと〉願う: ~ forgiveness 許しを請う / I have a favor to ~ *of* you. あなたにお願いに酔っている. / He *begged* the king *for* his life. 彼は王様に助命を請うた / [+目+*to do*] I ~ you *to* be very attentive. どうかよく注意して聞いていただきたい / [+*to do*] They *begged* to be released. 解放してほしいと懇願した / [+*that*] He *begged* *that* he might not be interrupted. 彼はじゃましないでほしいと頼んだ《用法 [+*to do*] よりも [+*that*] の方が堅い》/ "Continue your story!" he *begged*.「話を続けてください」と彼はせがんだ《★ 命令法か疑問文の引用に限られる》. ❷ 〈人から〉〈金・食べ物などを〉請い求める: The tramp *begged* food. 浮浪者は食べ物を恵んでくれと言った / He *begged* money *from* people passing by. 彼は通りすがりの人々から金を請うた. ❸ 《失礼ですが》〈...を〉願う [I ~ *to* differ (*with* you). ⇒ **differ** [成句] / I ~ *to* point out that your calculation is wrong. 失礼ですがあなたの計算が間違えていることを指摘させてもらいます. ❹ 〈論点を〉ぐらかす, 避ける: Your argument ~s the point in dispute. 君の議論は論点を巧みに避けている.

— 自 ❶ 《もの・許しなどを》願う: He *begged* *for* mercy [quarter]. 彼は慈悲を請うた[命ごいをした]. **b** 〈人に〉〈...してほしいと〉懇願する: [+*of*+代+*to do*] I ~ *of* you not *to* run any risks. どうか危険なことはなさらぬようお願いします《★ [+目+*to do*] よりも形式ばった表現》. ❷ 施しを請う, こじきをする: ~ from door to door 一軒一軒物ごいをして歩く. ❸ 犬がちんちんをする.

bég, bórrow or stéal ありとあらゆることをやる, 手を尽くす;〈...を〉どうやっても手に入れる: *B-*, *borrow or steal* a good textbook. 良い教科書をどうやってでも手に入れなさい.

bég óff (自+副) (1) 〈...と〉言い訳して断る: He *begged* *off* *from* going. 彼は言い訳して行くのを断った. — (他+副) (2) [~...off] (懇願して)〈人を〉〈義務などから〉免除してもらうようにする: I'll ~ you *off* *from* going. 君は行かなくてよいように頼んであげよう.

bég the quéstion ⇒ **question** [成句].

gò bégging (1) 物もらい[こじき]をして歩く. (2) 〈品物などが〉買い手がつかない, もらい手[引受け手]がない: If this piece of cake is *going begging*, I'll have it. だれもこのケーキを食べないのなら私がいただこう.

I bég your párdon. ⇒ **pardon** [成句].

〖F く *begard* 托鉢(たく)僧く Du〗〖類義語〗**beg** 熱心にまたはへりくだって, 請い求める. **entreat** 非常に説得力をもって頼み込む. **beseech** 聞き入れられるかどうか不安な気持から非常に熱意をもって頼み込む. **implore** さらに不安でせっぱつまった気持が強く, 哀願する. **importune** しつこく, 時には相手が腹を立てるように頼む.

be·gan /bɪgǽn, bə-/ 動 **begin** の過去形.

be·get /bɪgét/ 他 (**be·got** /-gát/ -gɔ́t/, 《古》**be·gat** /-gǽt/; **be·got·ten** /-gɑ́tn/ -gɔ́tn/; **-get·ting**) ❶ 《文》〈父親が〉〈子を〉もうける,〈...の〉父となる 《比較 母親には *bear*¹ を用いる》: Abraham *begot* Isaac. アブラハムの子にイサクができた. ❷ 〈...を〉生じさせる: Money ~s money. 金は金を生む. 〘BE-+GET〗

†beg·gar /bégɚ/ |-gə/ 名 ❶ こじき (panhandler): A good ~ もらい上手《主にペット》/ *Beggars* must not [can't] be choosers. 《諺》物をもらうのに好みは言えない. ❷ [修飾語を伴って]《英口》やつ: a rude ~《★ 子供や動物の子に言う》/ Poor ~! かわいそうに. — 動 他 ❶ 〈人を〉貧乏にする, 零落させる: Your reckless spending will ~ your father. 君のようにやたらに金を使うようでは今におやじさんは破産してしまう. **b** [~ oneself で] 貧乏になる, 零落する: ~ *oneself* by betting 賭(か)けですかんぴんになる. ❷ [belief, description などを目的語として]〈表現・比較など〉不可能にする: ~ belief 信じられない / The scenery ~s (all) *description*. その光景のすばらしさは言語に絶する《筆舌に尽くしがたい》. 〘BEG+-AR〗

bég·gar·ly /bégɚli/ |-gə-/ 形 A ❶ こじきのような, 無一物の; わずかな. ❷ 貧弱な: We can only offer you a ~ five hundred pounds to start with. 初任給は少なくて申し訳ないが 500 ポンドしかあげられません. **-li·ness** 名

béggar-my-néighbor 名 U 《トランプ》すかんぴん《一人が他の者の持ち札を全部とるでやるゲーム》. — 形 A 人の損により得をする, 近隣窮乏的な.

bég·gar·y /bégɚi/ |-gə-/ 名 こじきの身分, 赤貧.

bégging bòwl 名 ❶ 施しを受けるためのわん. ❷ 金銭的援助の要請.

bégging lètter 名 寄付要請の手紙, 無心の手紙.

*****be·gin** /bɪgín, bə-/ 動 (**be·gan** /-gǽn/; **be·gun** /-gʌ́n/; **be·gin·ning**) 他 ❶ **a** 〈仕事などを〉始める, 着手する: Let's ~ (our) work. 仕事を始めよう / He *began* his career as an apprentice. 彼は見習い工を振り出しに世に出た / Well *begun* is half done. 《諺》初めがよいのは半分できたも同然だ / He *began* his lecture *with* [*by telling*] a humorous anecdote. 彼はまずユーモアのある逸話を話して講義を始めた《用法 *doing* の時には *by* を用いる》. **b** 〈...し〉始める,〈...し〉出す: [+*to do*] It has *begun to* rain. 雨が降りだした / I'm *beginning to* remember it. だんだん思い出しかけてきた / [+*doing*] He *began* strumming his guitar. 彼は下手なギターをひき始めた《用法 *begin to do* は動作の開始点に注意を払い, *begin doing* は開始された動作の継続に注意を払う場合に用いるが, 実際には大差ないことが多い; ただし進行形の場合, ものが主語の時には [+*to do*] が好まれる》. **c** [引用文を伴って]〈...と言って話を始める. ❷ [否定文で] とても〈...し〉そうで(ない): [+*to do*] I can't ~ *to* tell you how much I appreciate this. 今度のことでどれほど感謝しているかお礼の言いようもありません.

— 自 ❶ **a** 〈物事が〉始まる, 開始する: Has the meeting *begun* yet? 会はもう始まりましたか / School ~s at eight o'clock [*on* Monday, *in* April]. 学校は 8 時に[月曜から, 4 月から]始まる《用法 時刻には at, 日には on, 週・月・年には in を用いる; 前置詞には *from* を用いるのは誤り》/ The concert *began with* a piano solo. 音楽会はピアノ独奏から始まった. **b** 〈語句が〉〈...で〉始まる: authors whose last name ~s *with* S 姓が S で始まる作家. **c** 〈道などが〉〈ある場所から〉発する, 始まる, 起点[起始]とする. ❷ **a** 〈人が〉〈...から〉始める: Let's ~ *at* page seven [*at* the beginning]. 7 ページから[最初から]始めよう《用法 前置詞には *from* を用いるのは誤り》/ Let's ~ *with* a simple subject. まず簡単な問題から始めよう / He *began by* scolding us. 彼はまず我々をしかってから始めた《用法 *doing* のときには *by* を用いる》. **b** 〈仕事などに〉取りかかる, 着手する: He *began on* a new job. 彼は新しい仕事に取りかかった.

to begin with (1) [通例文頭で] まず第一に (firstly): *To* ~ *with*, I'll tell you about his character. まず第一に彼の性格のことを話しましょう. (2) 最初は, 初めに(は) (at first): He did well *to* ~ *with*, but soon ran into problems. 彼は最初は順調だったが, やがていくつかの問題に突き当たった. (3) もともと, そもそも: We never wanted a war *to* ~ *with*. 初めから戦争は望んでいなかった.

〖類義語〗**begin**「始める」を意味する一般的な語. **commence** begin の形式ばった同義語で, 儀式・裁判・作戦などを開始する. **start** 動作の明確な始動・着手に重点を置いた語. **initiate** 重要な物事の第一歩を踏み出すことを強調する語で, 結末についての含みはもたない.

Be·gin /béɪgɪn/, **Me·na·chem** /mənɑ́ːkəm/ 名 ベギン (1913-92; イスラエルの政治家; Nobel 平和賞 (1978)).

*****be·gin·ner** /bɪgínɚ, bə-/ |-nə/ 名 ❶ 初学者, 初心者, 未経験者: ~'s luck 初心者に伴う(といわれる)幸運 / a ~'s course 初心者向けコース. ❷ 〔会などの〕創始者, 開祖 〔*of*〕.

be·gin·ning /bɪgínɪŋ, bə-/ 名 ❶ 初め; 始まり; 冒頭 (↔ end): at the ~ of May [the term] 5月[学期]の初めに / from the ~ 最初から / from ~ to end 初めから終わりまで; 終始〖★対句の成句で無冠詞〗/ in the ~ 最初の頃に / since the ~ of things [time] 世の初めから / make a ~ 着手する; (...)の端緒を開く〖*for*〗/ That night was the ~ of a lifelong friendship. その夜から終生の友情が始まった / Everything has a ~ and an end. 物事には皆初めと終わりがある. ❷〖しばしば複数形で〗初期, 幼少のころの: the ~s of English literature 英文学の初期 / rise from humble [modest] ~s 卑賤(せん)から身を起こす. ❸ 起源, 起こり: Nobody knows what the ~ of his trouble was. 彼の心配の原因が何であったかだれも知らない. ── 形 Ⓐ (比較なし) ❶ 初期の, 最初の, 駆け出しの, 新米の: a ~ salesman 新米のセールスマン. ❷ 初心者向けの. the beginning of the énd 終末を予示する最初の兆し, 終わりの始まり.

be·gob /bɪgáb/, -gɔ́b/ 間〖アイル〗まあ, おや!

be·gone /bɪgɔ́ːn/ -gɔ́n/ 動 自〖命令法または不定詞で〗《詩・文》立ち去れ!

be·go·nia /bɪgóʊnjə/ 名〖植〗ベゴニア, シュウカイドウ.〖M. Bégon フランスの植物学の支援者〗

be·got /bɪgɑ́t/ 動 beget の過去形.

be·got·ten /bɪgɑ́tn/ 動 beget の過去分詞.

be·grime /bɪgráɪm/ 動 他 〈…を〉〈煙・すすなどで〉よごす〖★しばしば受身〗: His hands *were* ~d *with* oil. 彼の手は油でよごれていた.

be·grudge /bɪgrʌ́dʒ/ 動 他 ❶〈ものなどを〉ねたむ: ~ a person's good fortune 人の幸運をねたむ / He ~d his colleague the award. 彼は同僚の受賞をねたんだ. ❷〈…に〉〈ものなどを〉出ししぶる; 〈…するのを〉いやがる: He ~s his dog a bone.=He ~s a bone *to* his dog. 彼は犬に骨一本与えようとしない / No one ~d help*ing* him. 彼を助けるのをいやがる人はだれもいなかった.

be·grúdg·ing·ly 副 しぶしぶ(と), 惜しそうに.

be·guile /bɪgáɪl/ 動 他 ❶〈人を〉〈…で〉だます, 欺く: He ~d me *into* part*ing* with the gem. 彼は私をだましてその宝石を手放させた / She was ~d of her inheritance. 彼女は遺産をだまし取られた. ❷ a〈人を〉〈…で〉楽しませる, 喜ばせる〖*with, by*〗: ~ children *with* stories お話で子供を慰める. b〈…で〉〈時・飢えなどを〉紛らす〖*with, by*〗: I ~d my long journey by read*ing* thrillers. 長い旅行の退屈をスリラーを読んで紛らした. ❸〈物事が〉〈人を〉魅了する: Her beauty ~d him. 彼女の美しさに彼は魅了された.

be·guíle·ment /-mənt/ 名 ❶ Ⓤ だますこと. ❷ Ⓒ 紛らし, 気晴らし(の種).

be·guíl·er 名 ❶ だます人; 気晴らし(となるもの), 退屈しのぎ.

be·guíl·ing 形 魅惑的な, おもしろい, 気を紛らせる. ~·**ly** 副

be·guine /bɪgíːn/ 名 ❶ Ⓤ ビギン《西インド諸島の踊り》. ❷ Ⓒ ビギンの曲.

be·gun /bɪgʌ́n, bə-/ 動 begin の過去分詞.

*****be·half** /bɪhǽf, bə-/ -háːf/ 名 次の成句で. **on [《米》in] behàlf of...=**on [《米》in] a person's **behálf** (1) …に代わって, …の代理[代表]として: The captain accepted the cup *on* ~ *of* my team. 主将がチームを代表して優勝杯をもらった / As my mother was ill, I wrote *on* her ~. 母が病気だったので私が代筆した. (2) …のために: She solicited donations *on* ~ *of* the Community Chest. 彼女は共同募金運動のために寄付を求めた / He spoke *on* her ~. 彼は彼女のために口添え[弁護]した. 〖ME〖be-by+HALF〗〗 side〗

*****be·have** /bɪhéɪv, bə-/ 動〖様態の副詞(句)を伴って〗❶ a〈…に対して〉〈…に〉ふるまう〖*to, toward*〗: The child ~d well [*badly*] at school. その子は学校で行儀がよかった[悪かった] / He ~d *like* a gentleman. 彼は紳士らしくふるまった / He ~s *respectfully toward* his superiors. 彼は目上の人に対して丁重である. b〈機械などが〉〈…と〉動く, 運転する: My computer is *behaving* oddly. 私のコンピューターの調子はおかしい. c〈物体・物質などが〉〈特定の状態のもとで〉作用する, 反応[性質]を示す: In this case mercury ~s differently than other metals. この場合には水銀の反応が他の金属と違う. ❷ 行儀よくふるまう: Did you ~ at the party today? きょうのパーティーでは行儀よくしていましたか. ❸ [~ oneself で] 行儀よくふるまう (↔ misbehave): *B*~ *yourself*! お行儀よくしなさい. ❹〖様態の副詞(句)を伴って〗〈…に〉ふるまう: The soldiers ~d *themselves* well in battle. 兵士たちは戦場でりっぱに戦った. 〖BE-+HAVE; to have oneself in a particular way の意〗 名 behavior)

be·háved 形〖複合語で〗行儀が…な: well-[ill-]*behaved* 行儀のよい[悪い].

*****be·hav·ior** /bɪhéɪvjɚ, bə-/ -vjə/ 名 ❶ Ⓤ ふるまい, 態度; 行動, 挙動; 行儀, 素行: her ~ *toward* me 彼女の私に対する態度. ❷ Ⓤ Ⓒ a〖心〗(生物の)行動; (生物の)習性. b (機械などの)運転, 動き. c (特定の状態における物体・物質の示す)性質, 作用, 反応, ふるまい. **be** on one's **góod** [**bést**] **behávior** 気をつけて[できるだけ]行儀をよくする. (動 behave) 【類義語】behavior 最も一般的な語; 人の行状・ふるまい. act 特に短時間の1回だけの行為. conduct 道徳的観点から判断される行ない; 品行. deed 特に立派な行ないを表わす.

be·hav·ior·al /bɪhéɪvjərəl, bə-/ 形 Ⓐ 行動の[に関する].

be·hav·ior·al·ism /-lìzm/ 名 Ⓤ (behavioral science に基づく)(人間)行動研究(の方法). **-ist** /-lɪst/ 名 形

behávior·al scíence Ⓤ 行動科学《人間行動の法則を探求する心理学・社会学・人類学など》.

be·háv·ior·ism /-vjərìzm/ 名 Ⓤ〖心〗行動主義《客観的に観察できる人間や動物の行動のみを研究対象とする; cf. mentalism 2》. **-ior·ist** /-vjərɪst/ 名 行動主義者. ── 形 行動主義(の)で. **be·hav·ior·is·tic** /bɪhéɪvjərístɪk, bə-/ 形 行動主義(者)の.

behávior páttern 名〖社〗行動様式《個人または集団が一定の状況のもとに常にまたは反復的にとる行動の仕方[型]》.

behávior thèrapy 名 Ⓤ〖医〗行動療法《理論に基づく訓練により適切な行動を学習させ, 不適応行動を取り除く》.

*****be·hav·iour** /bɪhéɪvjə, bə-/ -vjə/ 名《英》=behavior.

be·head /bɪhéd/ 動 他 (刑罰として)〈人を〉斬首する.

be·held 動 他 behold の過去形・過去分詞.

be·he·moth /bɪhíːməθ, -mɔθ/ 名 ❶〖しばしば B-〗ビヒモス《カバに似た巨獣; ★聖書「ヨブ記」から》. ❷ Ⓒ 巨大[強大]なもの[動物].〖L ‹ Heb〗

be·hest /bɪhést, bə-/ 名〖単数形で〗《文》命令; 要望, 要請: at the ~ of a person 人の命令を受けて.

*****be·hind** /bəháɪnd, bɪ-/ 前〖/~_/〗❶〖場所を表わして〗**a** …の後に, 後ろに: Follow close ~ me. 私のすぐあとについてきなさい / I locked the door ~ me. ドアを入って[出て]かぎをかけた. **b** …の陰に(隠れて): ~ a person's back 人のいない所で, 陰で /⇨ behind the SCENES 成句 / The boy was hiding ~ a door. その子はドアの後ろに隠れていた / I tried to get ~ his words. 彼の言葉の裏[真意]を探ろうとした. ❷〖時を表わして〗…に遅れて; …に(決められた)時間に遅れて / ~ the times 時勢に遅れて. ❸ …に遅れをとって, …より劣って: He's ~ the other students in English. 彼は英語が他の学生より遅れている. ❹ …に味方して; …を支えて: He has his friends ~ him. 彼には友人の味方がいる / They're ~ his policy. 彼らは彼の政策を支持している. ❺〈人・物が〉…の背後[陰]にいて, 〈人が〉…に責任があって, 〈物が〉…の原因で: Who is ~ this plot? この陰謀の陰で暗躍しているのはだれか / The ethnic tensions in the region are ~ the war. その地域の民族間の緊張関係が戦争の背後にある. ❻〈経験などが〉…の背景[過去]にあって: She has 15 years of clinical experience ~ her. 彼女には15年の臨床経験がある. ❼〈人〉にとって過ぎて[終わって]: All his difficulties are now ~ him. 彼の苦労はみんな今では過去のものとなった. ❽〖通例 leave, remain, stay などとと

もに用いて]〈人の去った後に〉[比較 副 1 b のほうが一般的]: He left his umbrella ~ him. 彼は傘を忘れていった / She left three children ~ her. 彼女は 3 人の子供を残して死んだ.

from behìnd …の後ろから: The moon came out from ~ the clouds. 月は雲の後ろから現れた.

―― 副 ❶ [場所を表わして] a 後ろに: fall (drop) ~ 人に遅れる / look ~ 後ろを見る; 回顧する. b [通例 leave, remain, stay などとともに用いて] 残って, 残して: remain ~ あとに残る / P. B. Shelley behind LEAVE¹. c [名詞の後に用いて] 後ろの: I stepped on the brakes and the car ~ hit my car. 私がブレーキを踏んだら後ろの車が私の車に追突した. d 隠れて, 陰で: There's something ~. 裏に何かがある. ❷ [時を表わして] 遅れて: The train is ten minutes ~. 列車は 10 分遅れている. ❸ [仕事・進歩などに]遅れて: He's ~ in [with] his work. 彼は仕事が遅れている / If Winter comes, can Spring be far ~? もし冬が来れば春ははるか遅れることがあろうか(「冬来たりなば春遠からじ」P. B. Shelley の詩より).

―― 名 《口》 尻(¦ĭ) (buttocks): fall on one's ~ しりもちをつく.

《OE〈 be- by+hindan 後ろの》

behínd·hànd 形 P ❶ [時間・考えなどに遅れて 《in》] be ~ in one's ideas 考え方が遅れている, 考えが古い. ❷ [仕事・家賃などが]滞って 《with, in》: be ~ with one's rent [payment] 家賃[支払い]が滞っている.

+behínd-the-scénes 形 A 舞台裏での; 裏面での, 秘密の.

+be·hold /bəhóuld, bɪ-/ 動 他 (be·held /-héld/) 〈異常なものなどを〉見る(★ 進行形なし). ―― 間 [注意を促すために用いて] 見よ: Lo and ~! いやはや / ~ the man! ecce homo. 《OE=to hold; ⇒ be-, hold¹》[類義語] ⇒ look.

be·hóld·en /bəhóuldn, bə-/ 形 P 〈人に対して〉恩義を受けて 《to》《for》.

be·hóld·er /-ər/ 名 C 見る人.

be·hoof /bɪhúːf/ 名 U 《文》 利益(★ 次の成句で). in [for, to, on] (the) behóof of…のために.

be·hoove /bəhúːv/, 《英》 be·hove /bəhóuv/ 動 他 《文》[通例 it ~s...to do の形で] 〈人に〉とって, …するのが義務である; 〈…する〉のが〈人に〉ふさわしい: It ~s public officials to do their duty. 公務員は本分を尽くす義務がある.

beige /béɪʒ/ 名 U 薄いとび色, ラクダ色, ベージュ; 生地のままの毛織物. ―― 形 ベージュ色の.

bei·gnet /beɪnjéɪ/ 名 (~s /-z/) ❶ =fritter². ❷ 《米》 ベニエ(四角形の軽いドーナツ).

*Bei·jing /béɪdʒíŋ/ 名 北京(ぺ)《中華人民共和国の首都; Peking ともいう》.

*be·ing /bíːɪŋ/ 動 ❶ be の現在分詞: a [be+being+補で be の進行形を, +過分 で受身の進行形を作って]: The house is now ~ built. 家は現在建築中である. b [分詞構文を成して] …であるので, さしあたり. ❷ be の動名詞: B~ with you makes me happy. 君と一緒にいるのは楽しい / I hate ~ treated like a child. 子供扱いされるのがいやだ. béing as [how, that]… 《方》…であるから. ―― 形 現在の 《★ 次の成句で》. for the tíme béing 当分の間, さしあたり.

―― 名 ❶ C a (有形・無形の)もの, 存在物; 生き物; (特に)人間: a human ~ 人間, 人. b [B~] 神: the Supreme B~ 上帝, 神. ❷ U 存在, 実存 (existence); 生存, 人生. ❸ U 本質, 本性 《of》. cáll [bríng]…ìnto béing 〈…を〉生み出す, 生じさせる; 〈…を〉成立させる. còme ìnto béing 生まれ出る, 生じる. in béing 存在している, 現存の.

Bei·rut /bèɪrúːt⎺/ 名 ベイルート《レバノン共和国の首都》.

bei·sa /béɪzə/ 名 動 ベイサオリックス《東北アフリカ産の羚羊》.

be·jab·bers /bɪdʒǽbəz | -bəz/, -ja·bers /-dʒéɪr/, -je·sus /-dʒíːzəs/ 間 おや, あらっ, まあ《驚き・恐れ・喜び・怒りなど》. ―― 名 《俗》★ 次の成句で. béat the bejábbers òut of…をぶったたく, ぶちのめす. scáre the bejábbers òut of…をひどく脅かす. 《by Jesus》

be·jew·eled, 《英》 be·jew·elled /bɪdʒúːəld/ 形 《文》 宝石で飾った: The sky was ~ with stars. 空は星でちりばめられていた.

bel /bél/ 名 《電・理》 ベル《電力[音響]の大きさを測る単位; =10 decibels》. 《A. G. Bell》

Bel /bél/ 名 ベル《女性名; Arabel, Isabel などの愛称》.

be·la·bor /bəléɪbə/ -ba/ 動 ❶ 〈問題などを〉長々と論じる. ❷ 〈…を〉〈言葉で〉やっつける, 攻撃する; 〈…を〉〈棒などで〉さんざんに打ちたたく 《with》.

Be·la·rus /bèlərúːs/ 名 ベラルーシ《ヨーロッパ中央部の共和国; 旧称 Belorussia; 首都 Minsk》.

+be·lat·ed /bəléɪtɪd/ 形 ❶ 〈手紙・報告書など〉遅れた, 遅れて到着した. ❷ a 遅すぎた, 時機を失した: a ~ attempt to make amends 遅すぎた償いの試み. b 時代遅れの. ~·ly 副 遅れて, 遅まきながら. ~·ness 名

Be·lau /bəláʊ/ 名 ベラウ(Palau の別名).

be·lay /bəléɪ/ 動 ❶ 〈綱を〉索止め栓に八の字形に巻きつける. ❷ 〔登山〕〈綱で〉確保する. ―― 間 ❶ 〔登山〕綱を巻きつけろ. ❷ 〔命令法で〕やめろ; それで十分だ. ―― 名 〔登山〕確保, ビレー.

be·láy pìn 名 〔海〕索止め栓, ビレーピン.

bel can·to /bèlkáːntoʊ | -kǽn-/ 名 U 〔楽〕ベルカント《なめらかな音の美しさを重視する(イタリア)オペラの唱法》.

+belch /bélʧ/ 動 ❶ げっぷする. ❷ 〈炎・煙などを〉噴出する 《out, forth》. ❸ 〈暴言を〉吐く 《forth》. ―― 名 [通例単数形で] ❶ げっぷ. ❷ 噴出する火煙, 噴火; 爆発)音.

bel·dam(e) /béldəm/ 名 老婆, (特に)鬼ばば.

be·lea·guer /bəlíːgə | -gə/ 動 他 ❶ 〈…を〉攻囲[包囲]する. ❷ 〈…を〉取り巻く, 〈…に〉付きまとう; 〈人に〉付きまとって悩ます.

bel·em·nite /béləmnaɪt/ 名 〔古生〕箭石(ぢ), 矢石, ベレムナイト《イカに類する頭足類; その内殻の化石》.

Bel·fast /bélfæst, ⎯⎯ | bélfɑːst, ⎯⎯⎺/ 名 ベルファスト《北アイルランドの首都; 海港で工業都市》.

bel·fry /bélfrɪ/ 名 ❶ 鐘楼《通例教会堂などとつながっている; cf. campanile》. ❷ (鐘楼の中の)鐘室.

Belg. (略) Belgian; Belgium.

Bel·gian /béldʒən/ 形 ベルギー(人)の. ―― 名 ベルギー人.

Bélgian éndive 名 チコリー(chicory)の若葉《サラダ用》.

Bélgian shéepdog 名 ベルジアンシープドッグ《ベルギーで発達した黒い毛色の頑健な牧羊犬》.

Bel·gium /béldʒəm/ 名 ベルギー《ヨーロッパ北西部の王国; 首都 Brussels》.

Bel·grade /bélgreɪd, -grɑːd | bèlgréɪd⎺/ 名 ベオグラード《セルビア共和国およびユーゴスラビアの首都》.

Bel·gra·vi·a /belgréɪviə/ 名 ベルグレービア《London の Hyde Park に隣接する上流住宅地》.

Be·li·al /bíːliəl/ 名 〔聖〕ベリアル《「よこしまな者」と訳す; 外典では悪鬼・反キリストの名》.

+be·lie /bəláɪ/ 動 (~d; be·ly·ing) ❶ 〈実際の姿を〉偽って[間違って]示す[伝える]: His rough appearance ~s a gentle nature. 彼は見かけは荒っぽいが実際はおとなしい性質だ. ❷ 〈…の〉間違っていることを示す; 〈…と〉矛盾する: His acts ~ his words. 彼の言行は一致しない. ❸ 〈約束・期待などを〉裏切る: He stole again, and so ~d our hopes. 彼はまた盗みをして我々の期待を裏切った.

*be·lief /bəlíːf, bɪ-/ 名 ❶ U 信じること, 信念, 確信; shake a person's ~ 人の信念を揺さぶる / It is my ~ that… 私の考え[信ずるところ]では… / They cherish a ~ in ghosts. 彼らは幽霊の存在を信じている / It was once a common ~ that the sun moved round the earth. かつては太陽が地球を回るものと一般に信じられていた. 〔+that〕 ❷ U 〈それを本物とばかり思い込んで買った〉. ❷ U 信仰, 信条: one's religious ~s 宗教的信仰. ❸ U [また a ~] 信用, 信頼: I have no ~ in doctors. 医者を信

用しない. **beyònd belíef** 信じられないほどの[に]: She's beautiful *beyond* ~. 彼女は信じがたいほど美しい. **cóntrary to pópular belíef** 世間一般の信じていることに反して. **to the bést of one's belíef** 自分の信じる限りでは, 確かに. 〖動〗 believe〗【類義語】**belief** 最も意味の広い語で, あることが事実であると「信ずること」. **faith** 理性によらず, 心から絶対的・盲目的に信ずること; しばしば信仰にはいる. **trust** 神や親しい相手などに対する絶対的直観的な信頼. **confidence** 証拠や理性の裏付けを伴う信頼, 確信.

be·liev·a·ble /bəlíːvəbl, bɪ-/ 形 信じられる, 信用できる (↔ unbelievable): a ~ politician 信用できる政治家.

‡**be·lieve** /bəlíːv, bɪ-/ 動 他 ❶ 〈人・ものを〉信じる, 〈人の言うことを〉正しいと思う[本当だ]と思う: I ~ you. 君(の言うこと)を信じる, そうですとも, ごもっともです〖比較 I ~ *in* you. は「君(の人格)を信頼する」; cf. BELIEVE *in* 成句 (1)〗/ She ~s everything she hears. 彼女は聞くものすべてを信じる / I don't ~ what [a thing] she says. 私は彼女の言うことを(一言も)信じない / If you ~ that, you'd ~ anything! それを信じるのなら何でも信じることになる〖「それは信じられないよ」の意味の表現〗.

❷ **a** 〈...と〉思う, 信じる〖比較 think よりも重い感じだが, 〖口〗でよく用いる; ★ 進行形なし; 強意語には deeply は用いず, firmly, strongly, truly などを用いる〗: [+(*that*)] I ~ (*that*) he is honest. 彼は正直だと思う / There is every reason to ~ *that*... と信ずべき理由が大いにある / "Will he be here tomorrow?" "I ~ so [*not*]." 「あの人はあすここに来るでしょうか」「大丈夫でしょう[まず来ないでしょう]」〖用法 I believe so. は believe it, I believe nót. は not に強勢が置かれる〗 / [+目+*to be* 補] I ~ him (*to be*) honest. 私は彼が正直だと思う〖変換 I believe (*that*) he is honest. に書き換えられる〗/ You should always do what you ~ *to be* right. 常に正しいと信ずることをなすべきである / [+目+*to do*] She is ~d *to be* dying [*to have died*] of cancer. 彼女はがんで死にそうだ[死んだ]と思われる〖用法 to do は通例 to be doing または to have done の形で用いられ, まれにしばしば受身で用いられる〗. **b** [I ~ で主な文に並列的にまたは挿入的に用いて] 確か〈...だと思う: He has, I ~, two children. 彼には確か子供が2人いる /"Mr. Robinson, I ~?" "Yes."「ロビンソンさんですね」「そうです」.

— 自 信じる; 信仰する: As for religion, some ~ and some don't. 宗教については, 信じる人もいれば信じない人もいる.

believe in... (1) ...を信じる, 信頼[信用]する: He ~s firmly *in* her honesty. 彼は彼女の誠実を堅く信じている. (2) ...の存在[信実性]を信じる: Do you ~ *in* God? あなたは神を信じますか / The boy still ~*s in* Santa Claus. あの子はまだサンタクロースが実際にいるものを信じている. (3) ...の価値を信じる, ...がよいとしている, よいと思う: Perhaps none of them ~*d in* the war. 恐らく彼らのうちでその戦争をよいと考えているものは一人もいなかったろう / I ~ *in* traveling light. 旅行は軽装に限る.

believe it or nót 〖口〗信じようと信じまいと, 信じないかもしれないが: *B*~ it or not, I'm already sixty years old. 本当には信じないかもしれないが私はすでに 60 歳だ.

believe me [挿入的に用いて] 本当に, 確かに: *B*~ *me*, I'm terribly sorry. 本当だよ, すごくすまないと思っているんだ.

Dòn't you believe it! 〖口〗信じるな!

wòuld you believe it = BELIEVE it or not 成句.

You'd bètter believe. 確信できるよ, 大丈夫だよ.

〖OE; *be*- (強意)+*-lieve*, 原義は「好む, 望む」; ⇒ lief, love〗

⁺**be·liev·er** 名 信じる人, 信者; 信奉者: a ~ *in* Buddhism [fate] 仏教信者[運命論者] / a ~ of gossip うわさを信じる人 / a ~ *in* vegetarianism 菜食主義の信奉者.

be·liev·ing 名 ⓊⒿ 信じること: ⇒ Seeing is believing.
⇒ seeing 名 1. — 形 信仰のある.

Be·li·sha béacon /bəlíːʃə/ 名〖英国の都市にみられる〗ベリーシャ交通標識〖歩行者の横断個所を示す柱の上端に黄色球がついている横断歩道標; 単に Belisha とは beacon ともいう〗.〖L. Hore-Belisha 英国の交通相をつとめた政治家〗

be·lit·tle /bəlítl, bɪ-/ 動 他 ❶ **a** 〈...を〉見くびる, けなす. **b** [~ one*self* で] 卑下する. ❷ 〈...を〉小さくする[見せる].

Be·lize /bəlíːz/ 名 ベリーズ〖中央アメリカの国; 首都 Belmopan〗.

*bell¹ /bél/ 名 ❶ 鐘, 釣り鐘: a church ~ 教会の鐘 / a peal of ~s (教会の)ひと組みの鐘の音. ❷ 〖玄関などの〗ベル, 鈴, 呼び鈴: a call ~ 呼び鈴 ⇒ handbell. ❸ 鐘の音; ベルの音: marriage ~s (教会での)結婚式の鐘 / a passing ~ 臨終の鐘 / answer the ~ 来客の取り次ぎをする / There's the ~! ベルが鳴っている, 来客[時間]ですよ. ❹ **a** 釣り鐘形のもの. **b** 鐘形の花. **c** [複数形で] 〖口〗= bell-bottoms. ❺ [通例複数形で]〖海〗時鐘〖1点鐘より8点鐘まで30分ごとに1点を加えて打つ当直の鐘〗.

(as) cléar as a béll (1) 〈音・声・水・酒などが〉澄みきって. (2) 〈物事が〉まったく〉明白で.

(as) sóund as a béll (1) 〈人が〉きわめて健康で. (2) 〈機械など〉申し分のない状態で.

bélls and whístles〖製品の〗魅力的な付加機能[付属品], おまけ的な特色.

give a person a béll 〖英俗〗人に電話をする.

hàve [gèt] one's béll rùng〖口〗(気絶するほど)頭を強く打つ.

ríng a béll〖口〗以前に聞いたことがある; 思い出させる: That name *rings a* ~. その名前は聞き覚えがある.

sáved by the béll〖口〗偶然運よく助かって〖由来 ボクサーが試合終了ゴングでノックアウトから救われることから〗.

— 動 他 (1) 〈...に〉鈴をつける. (2) 〈...を〉釣り鐘形に広げる〈*out*〉. — 自 釣り鐘形になる〈*out*〉.

〖OE; 原義は「叫ぶ」; cf. bellow〗

bell² /bél/ 名 (発情期の)雄ジカの鳴き声. — 動 自 (発情期の)雄ジカが鳴く.〖OE;↑〗

Bell /bél/ 名 ベル〖女性名; Isabel の愛称〗.

Bell, Alexander Graham 名 ベル (1847-1922); 電話機を発明したスコットランド生まれの米国の発明家〗.

Bel·la /bélə/ 名 ベラ〖女性名; Arabel, Arabella, Isabella の愛称〗.

bel·la·don·na /bèlədánə | -dɔ́nə/ 名 ❶ ⓒ〖植〗ベラドンナ, オオカミナスビ〖ナス科の有毒薬用植物〗. ❷ ⓊⒿ ベラドンナ剤.〖It=beautiful lady; cf. Madonna〗

belladónna lily 名〖植〗アマリリス.

béll·bìrd 名〖鳥〗❶ 鳴き声が鐘の音に似た鳥, (特に)スズドリ〖カザリドリ科; 中米・南米産〗. ❷ コクカンモズヒタキ〖オーストラリア産〗. ❸ ニュージーランドミツスイ〖ニュージーランド産〗.

béll-bòt·tom(ed) 形〈ズボンが〉すそに向かって広がった, らっぱ形の, ベルボトム.

béll-bòttoms 名 複 (水夫の)らっぱズボン; ベルボトムのズボン.

béll·bòy 名〖米〗〖ホテル・クラブなどの〗ボーイ〖英 pageboy〗.

béll bùoy 名 ベルブイ, 打鐘浮標〖波動で鳴って浅瀬などの存在を船に知らせる〗.

béll càptain 名〖米〗〖ホテル・クラブなどの〗ボーイ長.

béll crànk 名〖機〗ベルクランク〖曲がったてこ〗, 前クランク.

béll cùrve 名〖統〗鐘形曲線, ベルカーブ.

belle /bél/ 名 ❶ 美人, 小町娘. ❷ [the ~]〈ある場所〉のいちばん美しい女(の子): the ~ *of* society 社交界の花.〖F beau pretty の女性形〗

Belle /bél/ 名 ベル〖女性名; Arabel, Arabella, Isabella の愛称〗.

belle époque /bèleɪpáːk | -pɔ́k/ 名 [しばしば B~ É~] 〖19 世紀末から第1次大戦までのよき時代, ベルエポック.

belles-let·tres /bèllétr(ə)/ 名 ⓊⒿ 美文(学), 純文学.

bel·le·trist /bèllétrɪst/ 名 純文学者; 純文学愛好[研究]者. **bel·le·trism** 名.

bel·le·tris·tic /bèlətrístɪk⁺/ 形 純文学的な, 純文学の.

béll·flòwer 名〖植〗ホタルブクロ〖キキョウ科ホタルブクロ属の多年草〗.

béll fòunder 名 釣鐘鋳造師.
béll glàss 名 =bell jar.
béll-hòp 名 《米》=bellboy.
bel·li·cose /bélɪkòʊs/ 形 (生来)好戦的な, けんか好きな, けんか腰の. **~·ly** 副
bel·li·cos·i·ty /bèlɪkásəṭi, -kɔ́s-/ 名 ⓤ 好戦的なこと; けんか好き].
bel·lied /bélɪd/ 形 [通例複合語で] (...の)腹をした, 腹が ...の: pot-*bellied* 太鼓腹の.
bel·lig·er·ence /bəlídʒ(ə)rəns/ 名 ⓤ ❶ 反抗的なこと; 好戦的なこと, 闘争性. ❷ 交戦, 戦争.
bel·lig·er·en·cy /bəlídʒ(ə)rənsi/ 名 ⓤ ❶ 交戦状態; 交戦国であること. ❷ =belligerence.
†**bel·lig·er·ent** /bəlídʒ(ə)rənt/ 形 ❶ Ⓐ 交戦中の; 交戦国の: the ~ powers 交戦国. ❷ けんか腰の, 敵意のある, 挑発的な, 争いを招くような (hostile). ― 名 ⓒ 交戦国[者]. **~·ly** 副 好戦的に; けんか腰で. 〖L=戦っている〈*bellum* 戦争+*gerere* 行なう (cf. gesture)+-ENT〗
béll jàr 名 ベルジャー《釣鐘形の実験用のガラス容器》.
béll·man /-mən/ 名 (魙 -men /-mən/) ❶ **a** 鐘を鳴らす人, **b** (昔の町の)触れ役. ❷ 潜水夫の助手.
béll mètal ⓤ 《冶》鐘 青銅, ベルメタル《約80%の銅と約20%のスズとの合金》.
Bel·lo·na /bəlóʊnə/ 名 ❶ 《ロ神》ベロナ《戦争の女神; cf. Mars 2》. ❷ ⓒ 《ベロナのような》押し出しのよい女, 威容のよい女. 〖L; cf. belligerent〗
†**bel·low** /béloʊ/ 動 ❶ どなる〈*at*〉; 〈苦痛などで〉うめく〈*in, with*〉. ❷ 〈牛が〉大声で鳴く. ❸ **a** 〈大砲・雷などが〉とどろく. **b** 〈風が〉うなる. ― 他 〈...を〉どなって言う; うなりだす〈*out*〉. ― 名 ❶ 牛の鳴き声[ほえ声]; とどろき; うなり声. 〖OE; cf. bell¹〗
Bel·low /béloʊ/, **Saul** 名 ベロー《1915– ; カナダ生まれの米国の小説家; Nobel 文学賞 (1976)》.
bel·lows /béloʊz/ 名 (魙 ~) [単数または複数扱い] ❶ ふいご 《用法》両手で使うのは通例 a pair of ~, 火付けたものは (the) ~〗. ❷ **a** 《写真機などの》じゃばら. **b** 《オルガンの》風袋.
béll pèpper 名 CⓊ 《米》ピーマン《《英》pepper》.
béll pùsh 名 《ベルの》押しボタン.
béll rìnger 名 ❶ 鐘[鈴]を鳴らす人. ❷ 《教会の》鳴鐘人.
béll rìnging 名 ⓤ 鳴鐘法.
Béll's pálsy 名 ⓤ 《医》ベル麻痺《顔面神経麻痺; 顔の片面がゆがむ》. 〖C. Bell スコットランドの解剖学者・外科医〗
béll tènt 名 ベル形のテント.
béll tòwer 名 《教会などの》鐘楼.
béll·wèther 名 ❶ 首鈴付き羊《先導の雄羊》. ❷ 《反乱・陰謀などの》首謀者; 先導者.
*****bél·ly** /béli/ 名 ❶ **a** 《人間・動物・魚の》腹, 腹部《比較 口語表現だが stomach のほうが好まれる; 専門語では abdomen》: have a ~ 《口》腹が出ている / a beer ~ ビール腹. **b** 胃. ❷ ふくらんだ部分, 胴. ❸ 食欲. **gó [túrn] bélly úp** 《俗》(1) 〈魚が〉死ぬ《画英 白い腹を見せて死ぬことから》. (2) 失敗する; 倒産する.
― 動 ふくらむ〈*out*〉. ― 他 〈...をふくらます〈*out*〉.
bélly ín 《飛行機が》胴体着陸する.
bélly úp to ... 《口》...に歩み寄る, 近づく.
〖OE; 原義は「ふくらむもの」; cf. billow, bold〗
bél·ly·àche ⓒⓊ 《口》腹痛. ― 動 《俗》〈...について〉しきりに不平を言う〈*about*〉.
bél·ly-bàg 名 =fanny pack.
bél·ly-bànd 名 《馬具の》腹帯.
bél·ly bùtton 名 《口》へそ (navel).
bél·ly dànce 名 ベリーダンス《腹と腰による中近東の女性の踊り》.
bél·ly dàncer 名 ベリーダンサー《女性》.
bél·ly flòp 名 ⓒ 《水泳の腹打ち飛び込み.
bel·ly·ful /béliful/ 名 ❶ 腹いっぱい. ❷ [a ~] 《口》うんざりするほどの量, 耐えられる限界: I've had *a ~ of* his

complaining. 彼の不平にはうんざりした.
bél·ly-lànd 《口》自 他 胴体着陸する[させる].
bélly lànding 名 胴体着陸.
bélly làugh 名 《口》《腹の底からの》大笑い, 抱腹絶倒.
bélly-úp 形 《口》倒産[破産]して.
Bél·mont Stákes /bélmant- | -mɔnt-/ 名 魙 [the ~; 単数扱い] ベルモントステークス《米国三冠競走の一つ; cf. classic races》.
Bel·mo·pan /bèlmoʊpǽn/ 名 ベルモパン《ベリーズ (Belize) の首都》.
*****be·long** /bəlɔ́ːŋ, bɪ- | -lɔ́ŋ/ 動 自 ❶ 〈...に〉属する, 〈...の〉ものである; 〈...に〉所属する; 〈...に〉《分類上》属する: This book ~s *to* me. この本は私のです / He ~s *to* a golf club. 彼はゴルフクラブの会員です《用法「...大学[会社]の学生[社員]であるという場合には用いない》/ Man ~s *to* the mammalian class of animals. 人間は動物の哺乳(ほにゅう)綱に属する / *Under* what category do they ~? それらは何の部類に属するのか[入るのか] / He's a philosopher who ~s *with* the Kantians. 彼はカント学派と同系の哲学者だ. ❷ **a** [副詞(句)を伴って]〈人・ものが〉《ある[いる]べき所に》ある, いる; ある[いる]べきである, ふさわしい: This table ~s *in* the next room. このテーブルは隣の部屋のものだ / He ~s *in* the movies. 彼は生粋の映画人だ / She doesn't ~ *here*. 彼女はここでは場違いだ / These cups ~ *on* this shelf. この茶わんの置き場はこの棚の上です / Cheese ~s *with* salad as much as it does *with* wine. チーズはワインに合うが, サラダにも合う. **b** 《特定の環境に》なじんでいる; 社交性がある: She doesn't ~. 彼女は人となじまない. **c** 〈二つ[二人]以上のものが[人]が〉同類である 〈*together*〉; 《気性・考えなど》しっくり合う《用法 (1) belong は進行形・命令法にない; (2) belong to の受身はない》.
〖ME <*be-* (強意)+*longen* ...にふさわしい, 属する〗
be·lóng·ing 名 ❶ [複数形で] 所有物, 財産, 所持品 (possessions) 《用法 金銭以外の持ち運び可能なものをさし, 土地・家は含まない》. ❷ ⓤ 親密な関係: a sense of ~ 帰属意識, 一体感.
Be·lo·rus·sia /bèloʊrʌ́ʃə/ 名 白ロシア《旧ソ連西部の共和国; ⇒ Belarus》.〖Russ=white Russia〗
Bè·lo·rús·sian /-ʃən/ 形 白ロシア《ベラルーシ》《人, 語》の. ― 名 ❶ ⓒ 白ロシア《ベラルーシ》人. ❷ ⓤ 白ロシア《ベラルーシ》語《スラヴ語派の言語》.
*****be·lov·ed** /bəlʌ́vɪd, bɪ-, -lʌ́vd/ 形《文》 ❶ Ⓐ 最愛の, かわいい, いとしい; 愛用の, 大切な: one's ~ homeland 愛する祖国. ❷ /-lʌ́vd/ Ⓟ 〈...に〉愛されて: He's ~ *by [of]* all. 彼は皆に愛されている. ― 名 《古風》最愛の人: dearly ~ 親愛なる皆様《司祭・牧師の言葉》 / his ~ 彼の最愛の人 / my ~ あなた《恋人などへの呼び掛け》.
*****be·low** /bəlóʊ, bɪ-/ 前 /—/ ❶ 《方向・場所などを表わして》...より下に[へ], ...より低く[い] (↔ above): ~ sea level 海面下に[の] / The sun sank ~ the horizon. 太陽は地平線下に没した / Write your name ~ mine. あなたは名前を私の名前の下に書きなさい. **b** ...より下流に, ...の下手に: a few miles ~ the bridge 橋から数マイル下手の. ❷ 《数量・程度などを表わして》 **a** 《数量が》...未満で[の]: ~ (the) average 平均未満の[で] / ~ (the) freezing (point) 氷点下 / She's not much ~ fifty (years) of age. 彼女は 50(歳)にそう遠くはない. **b** 《地位・身分など》...より下位に[の], ...に劣る: A major is ~ a colonel. 少佐は大佐より下である. ❸ ...にさえ値しない, ふさわしくない; ...の品位にかかわる《比較 この意味では beneath を用いるほうが一般的》: ~ contempt 軽蔑にも値しない.
― 副 《比較なし》 (↔ above) ❶ **a** 下の方に[へ]; 階下に: look ~ 下の方を見る / There's someone ~ who wants to see you. 階下に面会の人が来ています. **b** 《文》《天国ではなく》地上に, 下界に. **c** 地下に; 地獄で[に]: the place ~ 地獄. **d** 《海》《下の》船室に: go ~ 《当直がすんで》船室へ下りる; 非番になる (cf. on DECK¹ 成句 (1)). **e** 《川の》下流に, 川下に. ❷ **a** 《地位・身分において》下位に《ある》: in the court ~ 下級裁判所で. **b** 《温度が》零下: 20 ~ 零下 20度. ❸ 《本などの》下文に, 下に, あとの文で, (ページの)下部に: See ~. 下記参照 / See the list ~. 下の表を見よ. **dòwn belów** (1) ずっと下に; 地下[墓, 地獄]

に. (2) 水底に. (3) 《海》船倉に[で]. **from belów** 下から. **hère belów** (天上に対して)ここ地上で, この世で.
《**BE-**+**LOW**[1]》【類義語】**below** (↔ above) あるものの下にあることが必ずしも真下または直接下にあることを意味しない. **under** (↔ over) すぐ真下にある, またはおおわれるように下にある. **underneath** 特にあるものが他のものにおおわれていることを強調する. **beneath** under および below に相当する語で現在では 《詩・文》.

belów·dècks 形 副 船室の[へ], 船内の[に] (below).

belów·stáirs 《英》副 形 (家の)地階 (basement) に[の]
《特に使用人の居住空間・仕事場を意味する.》

Bel Pa·ese /bèl pɑːéɪzi, -zeɪ/ 名 《商標》ベルパエーゼ
《もとはイタリア産のマイルドでクリーミーなチーズ.》

*__belt__ /bélt/ 名 ❶ a (通例腰の周りにつける)ベルト, 帯: do up one's ～ ベルトを締める / put on one's ～ ベルトをする / undo one's ～ ベルトをはずす / tighten [loosen] one's ～ ベルトをきつくする[ゆるめる]. b (座席の)ベルト, 横帯. c (柔道)帯の色: ⇒ black belt. d 飾り帯 (伯爵または騎士の)礼帯. e =champion belt. f (機械の)ベルト, 調帯: fan belt. ❷ a 帯状のもの; しま, 筋. b (通例修飾語を伴って)地帯: the commuter ～ (大都市郊外の)通勤者居住地域, ベッドタウン地域. b ⇒ Cotton Belt, greenbelt. ❸ a 周りを取り巻くもの, 輪: There's a ～ of trees about the field. 畑を囲んで木立がある. b 環状線, 環状道路. ❹ 《俗》a 殴りつけ: She gave him a ～ in the mouth. 口へ一撃くらわした. b 《米》酒のぐい飲み. **at fúll bélt** 《英口》全速力で. **bélt and bráces** 二重の安全対策をとること, 念には念を入れること. **belòw the bélt** ⟨発言などが⟩不公平な, 冷たい. **hít [stríke] belòw the bélt** (1) 《ボク》ベルトより下を打つ(反則). (2) 卑怯(きょう)なふるまいをする. **tíghten one's bélt** ベルトをきつくする (⇒ 1 a). (2) 《口》耐乏生活をする. **ùnder one's bélt** 《口》(1) (誇りとなるものを)所有[経験]して: He had five years of courtroom practice *under* his ～. 彼は 5 年間法廷で実地経験を積んだ. (2) ⟨食物・酒など⟩腹におさまって: with a good deal *under* his ～ たらふく食べて[飲んで].
— 動 他 ❶ a 《俗》⟨…⟩をひっぱたく, 殴りつける. b 《米俗》《野》⟨ヒット⟩をかっとばす: ～ a homer ホームランをかっとばす. c (皮帯で)人を打つ. ❷ ⟨…⟩をベルトで締める, ベルトで固定する[安定させる]. ❸ ⟨…⟩にしま[筋]をつける. ❹ ⟨…⟩に〈…で〉取り巻く, 囲む. ❺ 《米俗》酒をぐいと飲む: ～ *down* a shot of bourbon バーボンを一口ぐいと飲みする.
— 動 ❶ [副詞(句)を伴って] 《口》勢いよく走る, つっ走る: ～ *along* the road 道路を突走る. ❷ 《…に》たたきつける [*on*]. **belt out** (他+副) 《口》⟨…⟩を威勢よく歌う[演奏する], 歌い上げる. **bélt úp** (自+副) 《英》(1) シートベルトを締める 《米》buckle up). (2) [通例命令法] 《俗》話をやめる, 静かにする.
【L=腰帯, ベルト】

Bel·tane /béltem, -tm/ 名 ベルテーン祝祭《昔のケルトの祭礼; スコットランドやアイルランドで May Day にかがり火を焚いて踊った》.

bélt-bàg 名 ベルトバッグ (ベルトにつけるポーチ).

bélt convèyor 名 ベルトコンベヤ (比較) conveyor belt のほうが一般的).

bélt·ed 形 A ❶ ベルトをつけた; 上着などベルトつきの. ❷ 礼帯を帯びた[つける資格のある]: a ～ knight 礼帯をつけた騎士. ❸ ⟨動物など⟩しまのある.

bélt·er 名 《俗》すぐれたもの[人].

bélt hìghway 名 =beltway.

bélt·ing 名 ❶ U a ベルト材料. b ベルト類. c 《機》ベル(装置). ❷ C 《俗》(皮帯などでたたくこと: give a person a good ～ 人をひどくひっぱたく.

bélt lìne 名 《米》(交通機関の)環状線 (cf. loop line).

bélt·line 名 ウェストライン.

bélt-tíghtening 名 U 耐乏生活.

bélt·wày 名 《米》(都市周辺の)環状道路 (《英》ring road).

be·lu·ga /bəlúːɡə/ 名 (働 ～s, ～) ❶ 〔魚〕ベルーガ (黒海・カスピ海産の大型のチョウザメ; その卵がキャビア (caviar) として尊重される). ❷ 〔動〕シロイルカ, ベルーガ (white

---

157 bend

whale). 《Russ》

bel·ve·dere /bélvədìr | -dìə/ 名 ❶ 望楼, (屋上などの)見晴らし台; 展望台. ❷ (庭園などの小高い所に設けた)見晴らし用あずまや. 【It=beautiful view】

be·ma /bíːmə/ 名 (働 ～s, **-ma·ta** /-tə/) (古代アテナイの集会場の)演壇, ベーマ; (ギリシャ正教の教会堂の)内陣.

be·mire /bɪmáɪr | -máɪə/ 動 他 泥だらけにする, 泥でよごす.

†**be·moan** /bɪmóʊn/ 動 他 ⟨…⟩を悲しむ, 嘆く: ～ one's situation (自分が置かれた境遇を嘆き悲しむ.

be·mused /bɪmjúːzd/ 形 ぼんやりした, 混乱した; もの思いにふける. **be·mús·ed·ly** /-zɪd-/ 副

ben /bén/ 名 《スコ・アイル》山, 峰《しばしば B- で山の名に用いる》; ⇒ Ben Nevis. 《Ir》

Ben /bén/ ベン《男性名; Benjamin の愛称》.

*__bench__ /béntʃ/ 名 ❶ C ベンチ, 長腰掛け (通例二人以上が座れる長いす): a park ～ 公園のベンチ. b C (ボートの)こぎ手座. c C (ベンチに似た)長い台, 作業[細工]台: a shoemaker's ～ 靴屋の作業台 / ⇒ workbench. d C (犬の品評会の)陳列台, ベンチ; 犬の品評会, ドッグショー. ❷ [the ～; しばしば the B~] 判事席; 法廷: be [sit, serve] on the ～ 裁判官席に着いている, 審理中である. b U [集合的; 単数または複数扱い] 裁判官; 裁判官団 (cf. bar[1] 6 d): ～ and bar 裁判官と弁護士 / be raised [elevated] to the ～ 判事に昇進する. ❸ C 《英議会》議席; ⇒ back bench, front bench, King's Bench. ❹ [the ～] a 《スポ》ベンチ (選手席). b U [集合的; 単数または複数扱い] 補欠[控え]の選手. **wárm the béch** 《米》《スポ》補欠選手でいる, ベンチを温める. — 動 他 ❶ ⟨…⟩にベンチを備える. b (品評会で)⟨犬など⟩を台に陳列する ❷ ⟨…⟩を判事[名誉職など]の席に着かせる. ❸ ⟨選手⟩を出場メンバーからはずす, 試合に出さない, 引っこめる, ベンチに下げる[下げておく].

bénch·er 名 ❶ a (判事など)ベンチに腰をかける人. b 《英》法学院 (Inns of Court) の幹部員. c [複合語で] 《英》(ある席を占める)国会議員 (cf. backbencher, crossbencher, frontbencher). ❷ (ボートの)こぎ手.

*__bénch·màrk__ 名 ❶ 基準; 《電算》ベンチマーク《ハードウェア・ソフトウェアを評価するための標準的なテスト; またそれによる評価》. ❷ [通例単数形で]《測》水準基標 (高低測量の標高の基準となる点, 略 BM). — 動 他 ⟨…⟩をこの基準に照らして評価する 《*against*》.

bénch·màrking 名 U 《経営》ベンチマーキング《自社の生産性向上をはかるために, 競争相手の製品などを研究すること》.

bénch prèss 名 他 ベンチプレス(をする)《ベンチにあおむけになって, 両手でバーベルなどを胸の位置で押し上げるウェートトレーニングまたは競技》.

bénch rùn 名 =bench test.

bénch tèst 名 《エンジンなどの機械に関して, (運転)現場の検査に対して)製造工場内での検査. **bénch-tèst** 動 他

bénch wàrmer 名 《米》《スポ》(万年)補欠[控え]選手.

*__bend__[1] /bénd/ 動 (**bent** /bént/) 他 ❶ ⟨くっすぐなもの⟩を曲げる, 折り曲げる; ⟨曲がったもの⟩を戻す; ⟨…⟩を曲げ(てある状態)にする: Don't ～ the photos. 写真を二つ折りに折らないでください / ～ the end of the wire *up* [*down*] 針金の端を折り上げる[下げる] / [+目+補] a piece of wire straight 針金をまっすぐにする / She *bent* the hanger *back into* shape. 彼女はハンガーを曲げて元の形に直した. b ⟨光線⟩を屈折させる. ❷ ⟨頭部⟩を傾ける, うつむける; ⟨…の⟩上体を曲げる; ⟨ひざ⟩を折る (cf. ❷ 2 a*): She *bent* her head in prayer. 彼女はこうべを傾けてお祈りをし / He was *bent* over his laptop. 頭をラップトップコンピューターの上に傾けていた / She was *bent* double. 体を二つに[深く]曲げていた. ❸ ⟨人⟩を⟨意志・意見などに⟩従わせる: ～ a person *to* one's will 人を意のままに従わせる[服させる]. ❹ ⟨口⟩⟨規則・事実など⟩を曲げる: ～ the truth [the facts] 真実[事実]を曲げる. ❺ a ⟨心・努力など⟩を⟨…に⟩傾ける, 注ぐ 《*to, toward, on*》(⇒ bent[1] 2 a》: ～ an ear 耳を傾けて聞く / ⇒ bend a person's

bend

EAR 成句 / She *bent* her mind *to* the task at hand. 彼女は目下の仕事に専念した。**b** [副詞(句)を伴って]〈目・歩み〉を(…に)向ける: All eyes were *bent on* her. 皆の目が彼女に注がれた。❻ 〖海〗〈帆・ロープなどを〉(…に)結びつける〔*to*〕.

—— 圊 ❶ **a** 〈まっすぐなものが〉曲がる, たわむ, しなう: The branches *bent under* the weight of the snow. 枝は雪の重みでたわんだ。**b** 〈光線が〉屈折する。❷ **a** [通例副詞(句)を伴って] 上半身[腰]を曲げる, かがむ: Try to ~ *down* and touch your toes without ~*ing* your knees. ひざを折らずに体を曲げて足の先に手をつけるようにやってごらん (★ 後者の bend は 他 ❷ の場合) / She *bent to* the floor and retrieved her hat. 彼女は床にかがんで彼の帽子を拾った / She sobbed, ~*ing over* her child. 彼女はわが子のほうへ身をかがめてすすり泣いた。**b** 写真[封筒など]を折り曲げる: Don't ~. 折らないでください (封筒などの上書き). ❸ [副詞(句)を伴って] 〈川・道などが〉(…の方へ)向かう: The river [road] ~*s* (*to*) *the* right there. 川[道路]はそこから右に曲がっている。❹ 〈…に〉屈服する, 従う: ~ *to* the company's demands 会社の要求に屈する / He *bent before* his fate. 彼は運命に屈した。

bénd óver báckward ⇒ backward 成句.

—— 图 ❶ 曲げる[曲がる]こと: a ~ of the elbow ひじを曲げること / do two forward ~*s* 2 度前に体を曲げる。❷ 曲がり, 曲がり目[角], (川などの)湾曲: a sharp ~ *in* a road 道路の急カーブ / take a ~ at speed スピードを出して角を曲がる。❸ [the ~*s*] 〖医〗 **a** 潜函病, ケーソン病。**b** 航空塞栓(*s2*)病。❹ [he] 綱の結び目.

ròund [**aròund**] **the bénd** 〖主に英口〗気が変な: be [go] *round the* ~ 気が変である[になる] / drive a person *round the* ~ 人を気が変にさせる.

〖OE; 原義は「縛る」; ひもで縛って弓状に曲げることから; cf. bind, bond, bundle〗【類義語】⇒ curve.

bend[2] /bɛnd/ 图〖紋〗斜帯(盾の紋地の右上部から左下部へ引いた(見る人からはその逆になる)帯状斜線): ⇒ bend sinister.

bénd·a·ble /-dəbl/ 厖 曲げられる.

bénd déxter 图 = bend[2].

bénd·ed 厖 ★次の成句で. **on bénded knée(s)** ひざまずいて, 哀願して: I beg you *on* ~ *knee* to agree. 賛成してくださるよう平にお願いします.

bénd·er 图 ❶ **a** 曲げる[曲がる]もの。**b** 〖野〗カーブ。❷ 〖俗〗深酒 : go *on* a ~ 深酒をする.

bénd sínister 图〖紋〗(盾の)左上部から右下部へ引いた帯状斜線 (見る人からは逆; 非嫡出子のしるしとされる); cf. bend[2]).

bend·y /béndi/ 厖 (**bend·i·er**; -**i·est**) ❶〈道路などが〉カーブの多い。❷ 自由に曲げられる, 柔軟な (flexible).

ben·e- /béno/ 〘連結形〙「善・良」(↔ mal-, male-): benediction. 〖L *bene* well; ⇒ bonus〗

***be·neath** /bɪníːθ, bə-/ 前 ❶ 〘位置・場所などを表わして〙 **a** …の下に: ~ the surface 表面下で / ~ the ground ~ one's feet 足の下の地面。**b** 〘重み・支配・圧迫などのもとに, …を受けて〙: Jerusalem ~ Roman rule ローマ支配下のエルサレム。❷ **a** 〘身分・地位が〙…より低い, …の下である (▼現在の英では below のほうが一般的): He's ~ me in rank. 彼は私より地位が下だ。**b** …する価値のない, …にも似合わない, …の品位にかかわる: ~ notice 眼中に置くに足りない / He's ~ contempt. 彼は軽蔑にも値しない / He felt it was ~ him to complain. 彼は不平を言うのは品位にかかわると思った。—— 副 〘文〙下に, 下の方に. 〖OE *be*- by+*neothan* down, below; cf. underneath〗【類義語】⇒ below.

Ben·e·dic·i·te /bènədísəti | -dáis-/ 图 ❶ [the ~] 〘宗教〙万物の頌(*sh*)。❷ [b-] 〖C〗 祝福の祈り. 〖L; ↓〗

Ben·e·dict /bénədɪkt/ 图 ❶ ベネディクト 《男性名》。❷ [St. ~] 聖ベネディクト (480?-?547; ベネディクト会を創設したイタリアの修道士). 〖L *benedictus* blessed〈 BENE-+*dicere, dict-* 言う (cf. dictate)〗

Benedict XV 图 ベネディクトゥス 15 世 (1854-1922; ローマ教皇 (1914-22)).

Ben·e·dic·tine /bènədíktɪn[+]/ 图 ❶ 〖C〗〘カト〙ベネディクト会の修道士 《その黒衣から Black Monk ともいう》。❷ /-tiːn/ -tiːn/ [しばしば b-] 〖U〗 ベネディクティン 《フランス産リキュールの一種》。—— 厖 ベネディクト会(士)の.

ben·e·dic·tion /bènədíkʃən/ 图 ❶ 〖C,U〗祝福. **b** 祝福(*s*)(blessing) 《礼拝式の終わりに牧師が会衆のため神の祝福を求める祈り》。**c** 感謝の祈り。❷ [B~] 〖カト〙 **a** 《聖体)降福式。**b** 聖別式. 〖L; ⇒ Benedict〗

ben·e·dic·to·ry /bènədíktəri, -triː/ 厖 祝福の.

Ben·e·dic·tus /bènədíktəs/ 图 [the ~] 〘宗教〙 ❶ ベネディクトゥス 《ミサの賛歌》。❷ ザカリヤの頌(*sh*) (Benedictus Dominus で始まる賛歌).

ben·e·fac·tion /bènəfækʃən/ 图 ❶ 〖U〗善行, 慈善。❷ 〖C〗 施し物, 寄付金.

†**ben·e·fac·tor** /bénəfæktə | -tə/ 图 恩恵を施す人, 恩人; (学校・病院などの)後援者, 寄付[寄贈]者. 〖L; ⇒ benefit〗

bén·e·fàc·tress /-trəs/ 图 benefactor の女性形.

ben·e·fice /bénəfɪs/ 图 〖キ教〙 ❶ 聖職禄(*s*) [給] 《英国国教では vicar または rector の収入》。❷ 聖職禄[給]付きの聖職(任地). 〖L=恩恵, 奉仕; ⇒ benefit〗

bén·e·ficed 厖 Ⓐ 聖職禄[給]付きの.

be·nef·i·cence /bənéfəsəns/ 图 〖U〗善行, 恩恵, 慈善.

be·nef·i·cent /bənéfəsənt/ 厖 〈人が〉慈善心に富む, 奇特な. **~·ly** 副 【BENEFICE+-ENT】【類義語】be**neficent** 人にものなどを与えることにより実際に人に親切にすることをしてやること. **benevolent** 人に親切にしたいと願ったり人に親切であること.

†**ben·e·fi·cial** /bènəfíʃəl[+]/ 厖〈もの・行為が〉有益な, 有利な: a ~ result 有益な結果 / A low-fat diet is ~ *to* patients with heart trouble. 低脂肪食は心臓病患者によい。**-·ly** /-fəli/ 副 【BENEFICE+-IAL】(图 benefit)

†**ben·e·fi·ci·ar·y** /bènəfíʃièri | -ʃəri/ 图 ❶ 恩恵[益]を受ける人, 受益者; 〖法〗信託受益者; (年金・保険金・遺産などの)受取人。❷ 聖職禄 (benefice) の受領者. 【BENEFICE+-ARY】

*†**ben·e·fit** /bénəfɪt/ 图 ❶ 〖C,U〗利益, ためになること[もの]: (a) public ~ 公益 / the ~*s* of a good education すぐれた教育の恩恵 / have the ~ *of*…の恩恵を受けている / reap the ~ 利益を得る。❷ 〖C〗 〖米〗 〘しばしば複数形〙 (社会保障制度などによる)給付, 手当 《金銭・現物・サービスなど》: a medical ~ 医療給付 / unemployment ~*s* 失業手当。❸ 〖C〗慈善[募金]興業: a ~ concert 慈善コンサート。❹ 〖U〗 〖米〗税の免除 (relief). **be of bénefit (to**…**)** 《…にとって》ためになって: *be of* ~ *to* the environment 環境にとって利益[プラス]になる. **for the bénefit of**… (1) …のために: *for the* ~ *of* society 社会のために / The library is *for the* ~ *of* the students. 図書館は学生のためにある. (2) 〖反語〙…の懲らしめに, …に当てつけて. **gíve a person the bénefit of the dóubt** 疑わしい点を《相手に》有利に解釈してやる。—— 動 〈ものが〉…のためになる, 役立つ: The fresh air will ~ you. 新鮮な空気は体によい。—— 圊 《…から》利益を得る: Who ~*s by* his death? 彼が死んで得をするのはだれか / The community will ~ *from* the new Japanese auto factory. この地方はこの新しい日本の自動車工場の恩恵を被るようになろう. 〖くL=よい行ない*benefacere* よい行ないをする, 恩恵を与える ← BENE-+*facere, fact-* to do (cf. fact)〗 (形 beneficial) 【類義語】**benefit** 個人または集団の幸福[福祉]につながる利益. **profit** 物質的または金銭的な利益. **advantage** 他より有利な立場・地位にあることによって生ずる利益.

bénefit prìnciple 图 [the ~] 〖経〙受益者負担の原則 《公共財やサービスに関するコストや税は, それによって利益を受ける人が支払うべきとする》.

bénefit socìety [**associàtion**] 图 〖米〙共済組合 (〖英〗 friendly society).

Be·ne·lux /bénəlʌks/ 图 ベネルクス 《ベルギー, オランダ, ルクセンブルクの 3 国の総称; また 3 国間に結ばれた (1948 年) 関税同盟》. 《*Be*lgium, *Ne*therlands, *Lux*embourg》

Be·nét /bənéɪ/, **Stephen Vincent** 名 ベネ (1898–1943; 米国の詩人・作家).

be·nev·o·lence /bənévələns/ 名 ❶ Ⓤ 慈悲心, 博愛. ❷ Ⓒ 慈善, 善行. (形 benevolent)

†**be·nev·o·lent** /bənévələnt/ 形 (**more ~**; **most ~**) ❶〈人・行為など〉情け深い, 情け深い(↔ malevolent): a ~ ruler 情け深い支配者 / ~ words 優しい言葉 / ~ [*toward*] other people 他人に対して優しくて[親切で]. ❷ Ⓐ〈組織など〉慈善のための, 博愛の: a ~ society [fund] 済生[共済会][基金]. ❸ Ⓐ 好意的な, 善意の: ~ neutrality 好意的中立. ~·ly 副〖F<L<BENE-+vellere, vel-to wish+-ENT; cf. voluntary〗

Ben·gal /béngɔ́ːl⁻/ 名 ベンガル《インド北東部の旧名; 現在はインドとバングラデシュに分かれている》.

Ben·ga·lese /bèngəlíːz⁻/ 形 ベンガル(人, 語)の. ━ 名 (複 ~) ベンガル人.

Ben·gal·i /bèngɔ́ːli⁻/ 形 ベンガル(人, 語)の. ━ 名 ❶ Ⓒ **a** ベンガル人. **b** バングラデシュ人. ❷ Ⓤ (近代)ベンガル語.

Béngal líght 名 ベンガル花火《あざやかな青白色の持続性花火; 海難信号・舞台照明用》.

Ben-Gu·ri·on /bengú(ə)riən/, **David** 名 ベングリオン (1886–1973; ポーランド生まれのイスラエルの政治家; 初代首相 (1948–53, 55–63)).

be·night·ed /bɪnáɪtɪd/ 形 ❶ 未開の, 文化の遅れた, 無知文盲(もんもう)の. ❷〈旅人など〉行き暮れた.

†**be·nign** /bɪnáɪn/ 形 ❶〈人・行為など〉親切な, 気だてのよい: a ~ smile 優しい微笑 / ~ neglect いんぎんな無視. ❷ **a**〖医〗良性の (↔ malignant): a ~ tumor 良性腫瘍. **b**〈化学物質など〉害のない[少ない]. ❸〈気候など〉温和な. ~·ly 副〖F<L; 原義は「生まれがよい」〗

be·nig·nan·cy /bɪnígnənsi/ 名 Ⓤ ❶ 仁慈; 温情. ❷〈気候などの〉温暖. ❸〖医〗良性.

be·nig·nant /bɪnígnənt/ 形 ❶〈人・態度など〉(目下のものに)優しい, 恵み深い: a ~ king 慈悲深い王 / a ~ smile 優しい微笑. ❷ ためになる, 有益な. ❸〖医〗＝benign. ~·ly 副

be·nig·ni·ty /bɪnígnəṭi/ 名 Ⓤ ❶ 仁慈, 優しさ; 恩恵, 慈悲. ❷〈気候などの〉温暖.

Be·nin /benín, -níːn, be-/ 名 ベニン《アフリカ西部の共和国; もと Dahomey といった; 首都 Porto-Novo》.

ben·i·son /bénɪs(ə)n, -z(ə)n/ 名 祝禱(ㅤ), 祝福.

Ben·ja·min /béndʒəmɪn/ 名 ❶ ベンジャミン《男性名; 愛称 Ben, Benny》. ❷〖聖〗ベニヤミン《Jacob が最もかわいがった末子》.

ben·ne /béni/ 名 Ⓤ〖植〗ゴマ (sesame).

Ben·net(t) /bénɪt/ 名 ベネット《男性名》.

Ben Nev·is /bénnévɪs/ 名 ベンネビス(山)《Scotland 中西部の山; British Isles 中の最高峰; 1343 m》.

Ben·ny /béni/ 名 ベニー《男性名; Benjamin の愛称》.

*****bent**¹ /bént/ 動 bend の過去形・過去分詞.
━ 形 ❶ 曲がった, 腰が曲がった: a ~ stick 曲がったつえ / be ~ double 二つに折れ曲がっている; 前かがみになっている / He's ~ with age. 彼は年のせいで腰が曲がっている. ❷ **a** […に]心を傾けて, 熱心で: He's ~ *on* mastering French. 彼はフランス語に精通しようと懸命になっている / The boy was ~ *on* mischief. その少年はいたずらをたくらんでいた. **b** […しようと]決意して, 決心して: He seems ~ *on* becoming a teacher. 彼は教師になろうと決意しているようだ. ❸ (英口) **a** 不正な, 悪趣味の(装), 腐敗した, 賄賂のきく. **b**（軽蔑）異常な; 性的に倒錯した; ホモの. **bént òut of shápe**（米口）怒り狂って, いらいらして. ━ 名 ❶ 好み, 性癖, 傾向, 素質, 才能: He has a ~ *for* art. 彼は芸術の才能がある / a man with a literary ~ 文学好きの人. ❷〖土木 橋梁〗ラーメン《脚柱と梁(㍻)からなる剛結した構造》. **fóllow one's (ówn) bént** 気の向くままにする.

bent² /bént/ 名 （= **bént gràss**）〖植〗ベントグラス《イネ科ヌカボ属の草本, 特に芝用のもの》;（広く）イネ科の雑草; 草の強い[枯れた]茎. ❷〖古・スコ〗草原, 荒れ野, 荒れ地.

Ben·tham /bénθəm /, -təm/, **Jeremy** 名 ベンサム (1748–1832; 英国の哲学者; 功利主義 (utilitarianism) を主唱した).

Ben·tham·ism /-mɪzm/ 名 ベンサム説[主義], 功利説《Bentham の唱えた最大多数の最大幸福説》.

ben·thic /bénθɪk/ 形 水底の[での], 海洋底の[での], 底生[底棲]の.

ben·thos /bénθɑs/ / -θɔs/ 名〖生態〗《水底に居住する》底生生物, ベントス.

ben·ton·ite /béntənàɪt/ 名 Ⓤ〖鉱〗ベントナイト《粘土の一種で, 吸収剤・充填剤》.

ben tro·va·to /bèntrouváːtou/ 形〖逸話など〗巧みにこしらえた, もっともらしい, まことしやかな.〖It=well found〗

bént·wòod 形 Ⓐ 曲げ木製の: a ~ chair 曲げ木いす.

be·numbed /bɪnʌ́md/ 形 ❶ 感覚がない, 凍えている《*with, by*》: My fingers are ~ *with* cold. 指が寒さにかじかんでいる. ❷ （精神的に）麻痺した, 呆然(ば)とした, あっけとられた.

Benz /bénz, bénts/, **Karl** 名 ベンツ (1844–1929; ドイツの技術者; 内燃機関を用いて世界初の実用車を製作した).

Ben·ze·drine /bénzədrìːn/ 名 Ⓤ〖商標〗ベンゼドリン《覚醒剤アンフェタミンの商品名》.

ben·zene /bénziːn, -ˋ́/ 名 Ⓤ〖化〗ベンゼン《コールタールから採る無色の液体》.

bénzene núcleus 名〖化〗ベンゼン核.

bénzene rìng 名〖化〗ベンゼン環.

ben·zine /bénziːn, -ˋ́/ 名〖化〗ベンジン《★ benzene と区別するため benzoline ともいう》: petroleum ~ 石油ベンジン.

ben·zo- /bénzou/〖連結形〗〖化〗「ベンゼン(環)の」「安息香酸の」.

ben·zo·ate /bénzouèɪt/ 名 Ⓤ.Ⓒ〖化〗安息香酸塩[エステル], ベンゾアート.

ben·zo·ic /benzóuɪk/ 形 安息香の[から得た].

benzóic ácid 名 Ⓤ〖化〗安息香酸.

ben·zo·in /bénzouɪn/ 名 Ⓤ 安息香《アンソクコウノキなどから得られる樹脂; 薬用, 香料の原料》.

ben·zol /bénzɔːl / -zɔl/, **bén·zole** /-zoul/ 名 Ⓤ〖化〗ベンゾール《benzene の工業用粗製品》.

ben·zo·line /bénzəlìːn/ 名 ＝benzine.

bènzo·pýrene 名 Ⓤ〖化〗ベンゾピレン《コールタールに含まれる発癌物質》.

bènzo·quinóne 名 Ⓤ〖化〗ベンゾキノン (quinone).

ben·zo·yl /bénzouɪl/ 名 Ⓤ〖化〗ベンゾイル《1価の酸基》.

bénzoyl peróxide 名 Ⓤ〖化〗過酸化ベンゾイル.

ben·zyl /bénzɪl, -z(ə)l/ 名 Ⓤ〖化〗ベンジル《1価の置換基》.

Be·o·wulf /béɪəwùlf/ 名 ベーオウルフ《8世紀初めの古期英語の叙事詩; その主人公》.

†**be·queath** /bɪkwíːθ, -kwíːð/ 動 ❶〈人に〉〈動産を〉遺言で譲る《比較 不動産の場合は devise を用いる》: He ~ed his son a great fortune.＝He ~ed a great fortune *to* his son. 彼は遺言で息子に多額の財産を譲った. ❷〈作品・文明などを〉〈後世に〉残す, 伝える: One age ~s its civilization *to* the next. 一時代の文明は次の時代へ継承される.〖OE=BE-+*cweothan* to say〗

be·quest /bɪkwést/ 名 ❶ Ⓤ 遺贈. ❷ Ⓒ 遺産, 遺贈物[品], 形見.

†**be·rate** /bəréɪt, bɪ-/ 動〈人を〉[...のことで]ひどくしかりつける,〈人に〉[...のことで]がみがみ言う《*for*》.

Ber·ber /bə́ːbəː / báːbə/ 名 ❶ Ⓒ ベルベル人《北アフリカ山地の一種族》. ❷ Ⓤ ベルベル語. ━ 形 ベルベル人の; ベルベル語の.

ber·ber·ine /bə́ːbəriːn / báː-/ 名 Ⓤ〖化〗ベルベリン《黄色の針状晶; 健胃剤・強壮剤》.

ber·ceuse /beəsə́ːz / beəsə́ːz/ 名 (複 ~s /-(ə)z/)〖楽〗子守歌.

be·reave /bərív, bɪ-/ 動 《語形 通例1で～d /-d/, 2で **be·reft** /-réft/》 ❶〈事故などが〉〈人から〉〈肉親などを〉奪う: The accident ~d her *of* her son. その事故で彼女は息子をなくした. ❷〈人から〉〈希望・喜び・理性などを〉失わせる: He was *bereft of* all hope. 彼はあらゆる希望を失った.〖OE=略奪する〗

+**be·réaved** [形] ❶ [A] 家族に先立たれた, あとに残された: the ～ family [husband] 遺族[妻に先立たれた夫]. ❷ [the ～; 名詞的に] あとに残された人(たち), 遺族 《[用法] 一人の時には単数扱い, 二人以上の時には複数扱い》: *The* ～ was [were] lost in sorrow. 遺族(たち)は悲しみに沈んでいた.

be·réave·ment /-mənt/ [名] [U,C] (近親に)先立たれること, 死別: I sympathize with you in your ～. ご不幸に対しご同情申し上げます / owing to a recent ～ 最近不幸があったため.

+**be·reft** [動] bereave の過去形・過去分詞.

+**be·ret** /bəréɪ | béreɪ/ [名] ベレー帽. 〘F〙

berg /bə́ːg | bə́ːg/ [名] 氷山. 〘(ICE)BERG〙

Berg /bə́ːg, béəg | bə́ːg, béəg/, **Al·ban** /áːlbaːn/ [名] ベルク《1885–1935; オーストリアの作曲家》.

ber·ga·mot /bə́ːgəmàt | bə́ːgəmɔ̀t/ [名] ❶ [C] 〔植〕 ベルガモット《南欧産の citron に似た柑橘(かんきつ)類》. ❷ [U] ベルガモット油《香料》.

Ber·gen /bə́ːgən, béə- | bə́ː-, béə-/ [名] ベルゲン《ノルウェー南西部の港市》.

ber·gère /beəʒéə | beəʒéə/ [名] ベルジェール《18 世紀フランス風の安楽椅子》.

Berg·man /bə́ːgmən | bə́ː-/, **Ing·mar** /íŋmaə | -maː/ [名] ベルイマン《1918– ; スウェーデンの映画・舞台監督》.

Bergman, In·grid /íŋgrɪd/ [名] バーグマン《1915–82; スウェーデン出身の女優》.

berg·schrund /béəkʃrʊnt | béək-/ [名] ベルクシュルント《氷河の上端にあるクレバス》.

Berg·son /béəgs(ə)n | bə́ːg-/, **Hen·ri** /ɑːnríː/ [名] ベルグソン《1859–1941; フランスの哲学者; 創造的進化論の唱道者; cf. élan vital》.

Berg·son·i·an /beəgsóʊniən | bəːg-/ [形][名] ベルグソン(哲学)の(学徒).

be·rib·boned /bəríb(ə)nd/ [形] リボンをつけた, 飾りひもで飾った.

ber·i·ber·i /bèribéri/ [名] [U] 〔医〕 脚気(かっけ).

Bé·ring Séa /bé(ə)rɪŋ/ [名] [the ～] ベーリング海《シベリアとアラスカの間》.

Béring Stráit [名] [the ～] ベーリング海峡.

berk /bə́ːk | bə́ːk/ [名] 《英俗》 ばか, まぬけ.

Berke·ley /bə́ːkli | bɑ́ːk-/ [名] バークリー《米国 California 州の都市; 州立 California 大学の本部の所在地》.

berke·li·um /bə́ːkliəm | bəːkíː-/ [名] [U] 〔化〕 バークリウム《超ウラン元素; 記号 Bk》.

Berks. /bə́ːks | bɑ́ːks/ 《略》 Berkshire.

Berk·shire /bə́ːkʃə | bɑ́ːkʃə/ [名] ❶ バークシャー州《イングランド南部の州; 州都 Reading; 略 Berks.》. ❷ [C] バークシャー黒豚《Berkshire 原産の黒豚》.

Ber·lin /bəːlín | bəː-⌐/ [名] ベルリン《ドイツの首都》.

Ber·lin /bəːlín | bəː-/, **Irving** [名] バーリン《1888–1989; 米国のポピュラー音楽の作曲家; ロシア生まれのユダヤ人》.

Bérlin Wáll [名] [the ～] ベルリンの壁《ベルリンを, 西ドイツ領の西ベルリンと東ドイツの首都東ベルリンに分断していた (1961–89)》.

Ber·li·oz /béəliòʊz | béə-/, **Louis Hector** [名] ベルリオーズ《1803–69; フランスの作曲家》.

berm /bə́ːm | bə́ːm/ [名] ❶ **a** 道路わきの細道. **b** (道路の)舗装してない縁. ❷ 土の山, 土盛り. ❸ 城壁と堀の間の平らな場所.

Ber·mu·da /bəmjúːḍə | bə-/ [名] ❶ バミューダ《大西洋西部の諸島 (the Bermudas) から成る英領植民地; 米軍基地・観光地》. ❷ [複数形で] ＝Bermuda shorts.

Bermúda gràss [名] [U] 〔植〕 ギョウギシバ, バミューダグラス《芝生・牧草用》.

Bermúda rìg [名] 〔海〕 バミューダ型帆装, バミューダリグ《特別高いマストに細長い三角帆を張ったヨット用の帆装》.

Bermúda shórts [名] [複] 《口》 バミューダ(ショーツ)《ひざ上までの半ズボン》.

Bermúda Tríangle [名] [the ～] バミューダ三角水域《フロリダ・バミューダ諸島・プエルトリコを結ぶ三角形の水域; 航空機・船舶の事故が多い》.

Bern, Berne /bə́ːn, béən | bə́ːn, béən/ [名] ベルン《スイスの首都》.

Ber·na·dette /bə̀ːnədét | bə̀ː-/, **Saint** [名] (ルルドの)ベルナデット《1844–79; フランスの修道女; St. Bernadette of Lourdes ともいう; 1858 年 Lourdes で聖母マリアの幻を見たことから, この地が巡礼聖地となった》.

Ber·nard /bə́ːnəd | bə́ːnəd/ [名] ❶ バーナード《男性名; 愛称 Bernie》. ❷ ⇨ Saint Bernard.

Bern·hardt /bə́ːnhaət, béən- | bə́ːnhaːt, béən-/, **Sarah** [名] ベルナール《1844–1923; フランスの女優》.

Ber·nie /bə́ːni | bə́ː-/ [名] バーニー《男性名; Bernard の愛称》.

Ber·ni·ni /bə(ː)níːni | bə(ː)-/, **Gian [Giovanni] Lorenzo** [名] ベルニーニ《1598–1680; イタリアバロックの画家・建築家・彫刻家》.

Bern·stein /bə́ːnstiːn | bə́ːn-/, **Leonard** [名] バーンスタイン《1918–90; 米国の作曲家・指揮者》.

bér·ried [形] ❶ ベリー (berry) のなる[に似た]. ❷ 〈エビなど〉卵をもっている.

***ber·ry** /béri/ [名] ❶ [通例複合語で] 〔植〕 ベリー, 液果, 漿果(しょうか)《核のない果肉の柔らかな食用小果実》: ⇨ strawberry, blackberry, raspberry. ❷ 小麦などの粒; 干した種子《コーヒー豆など》. ❸ (カニ・エビの)卵. ── [動] [自] ❶ 〈木が〉ベリー[液果, 漿果]を結ぶ. ❷ ベリー[イチゴ]を採る. 〘OE＝液果, ブドウ〙

Ber·ry /béri/, **Chuck** [名] ベリー《1926– ; 米国のロックンロールシンガー・ソングライター・ギタリスト》.

ber·serk /bə(ː)sə́ːk | bə(ː)zə́ːk/ [形] [P] 狂暴で《★ 通例次の句で》: go [run] ～ 狂暴になる / send a person ～ 人を狂暴にさせる. 〘↓〙

ber·serk·er /bə(ː)sə́ːkə | bə(ː)zə́ːkə/ [名] ❶ 〔北欧伝説〕 狂戦士《戦場で狂暴になり無敵の強さを示したとされる》. ❷ 狂暴な人. 〘ON *berserkr* 熊皮を身につけた勇猛な戦士＜ *björn, bern-* 熊＋*serkr* シャツ, 皮〙

Bert /bə́ːt | bə́ːt/ [名] バート《男性名; Albert, Gilbert, Herbert, Bertrand などの愛称》.

+**berth** /bə́ːθ | bə́ːθ/ [名] ❶ (列車などの)寝台, 段ベッド. ❷ 《口》 地位, 就職口: find a snug ～ 楽な仕事を見つける. ❸ **a** 〔海〕 操船余地; 〔海〕 停泊所 (mooring). **b** [a wide ～ で] 十分な距離[余地]: give a person *a wide* ～＝give *a wide* ～ to a person 人を避ける[敬遠する]. ── [動] [他] ❶ 〈客船が〉〈人に〉寝台[寝室]を与える. ❷ 〈船を〉停泊させる. ── [自] ❶ 宿泊する. ❷ 停泊する.

ber·tha /bə́ːθə | bə́ː-/ [名] ❶ (婦人服の)飾り襟. ❷ 小さいケープ.

Ber·tha /bə́ːθə | bə́ː-/ [名] バーサ《女性名; 愛称 Bertie》.

Ber·tie /bə́ːṭi | bə́ː-/ [名] ❶ バーティー《女性名; Bertha の愛称》. ❷ バーティー《男性名; Herbert の愛称》.

Ber·trand /bə́ːtrənd | bə́ː-/ [名] バートランド《男性名; 愛称 Bert》.

ber·yl /bérəl/ [名] [U,C] 〔鉱〕 緑柱石《エメラルドなど緑色の宝石》.

be·ryl·li·um /bəríliəm/ [名] [U] 〔化〕 ベリリウム《金属元素の一つ; 記号 Be》.

Ber·ze·li·us /bə(ː)zíːliəs | bə(ː)-/, **Baron Jöns Jakob** [名] ベルセーリウス《1779–1848; スウェーデンの化学者》.

be·seech /bɪsíːtʃ/ [動] (**be·sought** /-sɔ́ːt/, **～ed**) [他] 《文》 (人に)(…を)嘆願する, 求める: The girl *besought* him ***for*** mercy. 少女は彼に慈悲を嘆願した / I ～ your favor. ひとえにお願い申し上げます / They *besought* him *to* speak the truth. 彼らは彼に真実を話してくれるように懇願した. ── [自] 懇願する. 〘OE＜BE-＋*secan* to seek〙 【類義語】 ⇨ beg.

be·séech·ing [形] [A] 懇願するような, 手を合わさんばかりの: a ～ look 祈るようなまなざし. **～·ly** [副]

be·seem /bɪsíːm/ [動] [他] 《古》 〈人に〉ふさわしい, 似合う.

+**be·set** /bɪsét/ [動] [他] (**be·set; be·set·ting**) ❶ 〈困難・誘惑などが〉〈…に〉付きまとう, 悩ます《★ 通例受身》: They *are* ～ ***by*** doubts and fears. 彼らは疑惑と恐怖の念に付きまとわれている / The matter *was* ～ ***with*** difficulties. その

事にはいろいろ面倒なことが付きまとっていた. ❷ ⟨...を⟨...で⟩包囲する; 取り囲む; ⟨道路などを⟩ふさぐ, 封鎖する ⟨by, with⟩. ❸ [be beset with で] ⟨古⟩ ⟨...に⟩おおわれる, ⟨...で⟩散りばめられる.

be·sét·ting /-tɪŋ/ 形 ⟨悪い事など⟩絶えず付きまとう[悩ます]: one's ~ sin 犯しやすい罪, 抜けられない欠点.

***be·side** /bɪsáɪd/ 前, ━━ ❶ ...のそばに[で] (⇨ by[1] 比較]): He sat ~ me. 彼は私のそばに座った. ❷ ...と比べて[比べると]: He is small ~ his (the) ~. 全員の中で彼が最も出 yours, my achievements are slight. あなたにくらべて私の業績は少ない. ❸ ⟨要点など⟩をはずれて. 〖OE は be- by+SIDE〗

***be·sides** /bɪsáɪdz/ 副, ━━ ❶ 前 ❶ ...のほかに(も) (apart from, in addition to): B~ the mayor, many other notables were present. 市長のほかに多くの名士が出席した / Libraries offer various other services ~ lending books. 図書館は本を貸し出すほかにいろいろな便宜を提供してくれる. ❷ [否定・疑問文で] ...を除いて (apart from): No one knows it ~ me. 私のほかにはだれも知らない / Who ~ her would say that? 彼女以外にだれがそんなことを言うだろうか. ━━ 副 ❶ そのうえ, なお(また): He has a wife, and five children ~. 彼は奥さんのほかに5人の子供をかかえている / I don't want to go; (and) ~, it's raining. 行きたくないし, おまけに雨も降ってるじゃないか. ❷ そのほかには, 別に. 〖BESIDE+-s[3]〗

***be·siege** /bɪsíːdʒ/ 動 他 ❶ a ⟨町・要塞(ヨゥ)⟩を包囲する, 攻囲する: The army ~d the town. 軍隊はその町を包囲した. b ⟨群衆などが⟩⟨...に⟩押し寄せる, 殺到する, とり巻く: be ~d by fans [reporters] ファン[記者]たちに取り囲まれる. ❷ ⟨要求・質問などで⟩⟨人⟩を悩ます (★通例受身]: The lecturer was ~d with questions from his audience. 講師は聴衆からの質問攻めにあった. ❸ ⟨困難など⟩が⟨人⟩を襲う, 悩ます (★しばしば受身]. 〖BE-+SIEGE〗

be·sieg·er /-ər/ 名 ❶ 包囲者. ❷ [複数形で] 攻囲軍.

be·smear /bɪsmíər | -smíə/ 動 他 ❶ ⟨...⟩に⟨油などを⟩塗りつける; ⟨...に⟩⟨...で⟩よごす ⟨with⟩. ❷ =besmirch 2.

be·smirch /bɪsmə́ːrtʃ | -smə́ːtʃ/ 動 他 ❶ ⟨名誉・人格など⟩に泥を塗る (sully). ❷ ⟨...を⟩よごす, 汚くする.

be·som /bíːzəm/ 名 枝ぼうき.

be·sot·ted /bɪsɑ́tɪd | -sɔ́t-/ 形 ❶ ⟨...に⟩夢中になって, のぼせあがって ⟨by, with⟩: He's ~ with the girl [pop culture]. その娘[ポップカルチャー]に夢中になっている. ❷ ⟨古⟩酔って(たわいなくなった). ❸ ばかな, 愚かな: a ~ fool とんだとんけ者.

be·sought 動 beseech の過去形・過去分詞.

be·span·gle /bɪspǽŋɡl/ 動 他 ⟨文⟩⟨...⟩をぴかぴかするものでおおう[飾る] ⟨with, by⟩ (★しばしば受身].

be·spat·ter /bɪspǽtər | -tə/ 動 他 ❶ [しばしば受身で] ⟨...に⟩⟨泥水などを⟩はねかける ⟨with⟩. ❷ ⟨悪口などを⟩⟨...に⟩浴びせる ⟨with⟩.

be·speak /bɪspíːk/ 動 他 (be·spoke /-spóʊk/; be·spo·ken /-spóʊkən/, -spoke) ❶ ⟨...⟩を示す, ⟨...⟩の証拠となる: His manners bespoke the gentleman. その礼儀作法で彼が紳士であることがわかった. ❷ ⟨...⟩を予約する; あつらえる, 注文する.

be·spec·ta·cled /bɪspéktəkld/ 形 ⟨古⟩眼鏡をかけた.

be·spoke /bɪspóʊk/ 動 bespeak の過去形・過去分詞. ━━ 形 A ⟨英⟩ ❶ ⟨衣服・靴など⟩注文品の, あつらえの (⟨米⟩custom-made) ↔ ready-made). ❷ ⟨服屋・靴屋など⟩予約注文の品を作る[売る]: a ~ tailor 注文服専門のテーラー. ❸ 〖電算〗⟨プログラムが⟩特定のユーザー[目的]のためにつくられた[つくり直された].

be·spo·ken 動 bespeak の過去分詞.

be·sprin·kle /bɪspríŋkl/ 動 他 =sprinkle.

Bess /bés/ 名 ベス (女性名; Elizabeth の愛称).

Bés·se·mer convérter /bésəmər- | -mə-/ 〖冶〗ベッセマー転炉.

Béssemer pròcess 名 [the ~] 〖冶〗ベッセマー製鋼法.

Bes·sie, Bes·sy /bési/ 名 ベシー (女性名; Elizabeth の愛称).

***best** /bést/ 形 ❶ [good の最上級] 最もよい, 最良の, 最善の, 最も好ましい, 至上の (⟨用法⟩A に用いる時には通例 the ~ または one's ~ になるが, P の時には the を省くことが多い): the ~ thing to do [you can do] なすべき[できうる]最善のこと / one's ~ days 全盛時代 / one's ~ friend 一番の親友 / the ~ families (土地の)名家, 名門 / the three ~ plays 最優秀戯曲3編 / It's the ~ movie I have ever seen. 今まで見たうちで最高の映画だ / It would be ~ to go now. 今行くのがいちばんよいだろう / Of all of them, he likes (the) ~. 全員の中で彼が最も出来がよかった / The view is ~ in autumn. その眺めは秋がいちばんよい / Jane was the ~ singer of the two. 二人のうちでジェインのほうが歌うのがうまかった (⟨用法⟩二者の場合 better が正しいが, ⟨口⟩ では best も用いる) ⇨ best man.

❷ P [well[1] の最上級] ⟨体の具合が⟩最上で, 最高潮で: I feel ~ in the morning. 午前中がいちばん調子がいい.

❸ [反語的に] 最もひどい, 徹底した: He is the ~ loafer in the office. 彼は会社でいちばんの怠け者だ.

❹ ⟨口⟩ 気気に入りの.

the bést párt of ...の大部分の, 大半: They chatted for the ~ part of an hour. 彼らは1時間近くもおしゃべりをしていた.

━━ 副 [well[1] の最上級] ❶ 最もよく, いちばん (★副 の場合には通例 the を伴わないが, ⟨口⟩ では the をつけることがある): I like this (the) ~. これがいちばん好きだ (⟨用法⟩like, love を修飾する原級は well ではなく very much が一般的) / I work ~ in the morning. 午前中がいちばんよく仕事ができる / Who did it ~ (of all)? (みんなの中で)だれがいちばん上手にやったか / That is ~ refused. それは断わるのがいちばんいい / Which do you like ~, the red one or the green one? 赤いのと緑のとどちらが好きですか (⟨用法⟩二者の場合 better が正しいが, ⟨口⟩ では best も用いられる).

❷ [通例複合語で] いちばん, 最も: the best-loved actress いちばん好かれている[いた]女優.

as bést one cán [máy] できるだけ, 精いっぱい; どうにかこうにか: I did as ~ I could for you. あなたのためにできるだけのことはしました.

bést befòre énd [包装などに記されて] ⟨英⟩賞味期限 (cf. best-before date; B~ before end: July 2003 賞味期限: 2003年7月一杯.

bést of áll [文修飾] いちばんよいことに(は), 何よりもまず: B ~ of all he has experience. いちばんよいことに彼には経験がある.

had bést dó... ⇨ had 動 成句.

━━ 名 ❶ [the ~] 最上, 最善: the next [second] ~ 次善(のもの).

❷ a [the ~; 単数扱い] いちばんよいもの[こと, 部分]: bring out the ~ in a person 人のいちばんよいところを引き出す / The patient had the ~ of care. 病人は申し分のない看護を受けた / Hope for the ~! またよい事もあろう (悲観するな) / "Give my ~ to your mother." "Sure." 「お母様によろしく」「はい」/ The brandy was of the ~. そのブランデーは最高のブランデーだった / The ~ of it is that... いちばんいいのは...である (⟨用法⟩⟨口⟩では that を用いて, The best of it is, と文全体を修飾して「いちばんよいことには」の意に用いることがある). b [the ~] ⟨...の中での⟩最上の人(人): She's the ~ of wives. 彼女は最高の細君だ / We're the ~ of friends. 我々は親友だ.

❸ [one's ~, the ~] 最善の努力: do one's (level) ~ 最善を尽くす / I tried my ~ to convince him. 私は全力を尽くして彼を納得させようとした / I did my ~ but failed. ベストを尽くしたがだめだった (⟨用法⟩過去・過去完了時制で用いると, 不成功を暗示することが多い).

❹ [one's ~, the ~] 最良の状態: at its [one's] ~ 最もよい状態に; 見ごろで; 全盛で / I'm at my ~ in the morning. 午前中がいちばん調子がいい / The cherry blossoms are at their ~ this week. 桜は今週が見ごろだ / be in the ~ of health [spirits] 最上の健康[ごきげん]である / look one's ~ (健康・外見など)いちばんよく[魅力的に]見える.

❺ [one's ~] 晴れ着: in one's (Sunday) ~ 晴れ着を着て.

best-ball

(áll) for the bést (1) いちばんよいと思って, よかれと思って. (2) 結局いちばんよくて: It will be *all for the* ~. それがかえってよい結果になるだろう / *All* (is) *for the* ~. 何事も天の配剤だ(「神様のなさることに悪いことはない」というあきらめの言葉).

Áll the bést! (1) [人と別れる時・手紙の最後などに用いて] ではごきげんよう. (2) [乾杯する時に用いて] ではご盛運[成功]を願って.

at (the) bést (1) 最善の状態で(は). (2) いくらよく見ても, せいぜい (⇔ at worst) (口) では: [ただし強調形は at the very ~]: He's *at* (*the*) ~ a second-rate writer. 彼はせいぜい二流作家だ.

(éven) at the bést of tímes 最も順調な[恵まれた]時ですら.

gèt the bést of... (1) [議論・競技などに]勝つ; 〈人〉をやっつける; 〈取引など〉をうまくやる: John *got the* ~ *of* his argument with Tom ((用法)) [*of* Tom in their argument]. ジョンはトムと口論して勝った. (2) [get the ~ *of* it で] 議論[競技]に勝つ[まさる]; 〈取引など〉でうまくやる, 出し抜く: He *got the* ~ *of* it in their argument. 彼は口論に勝った.

hàve the bést of... = get the BEST of....

hàve [gèt] the bést of bóth wórlds ⇨ world (成句)

màke the bést of... を最大限に[できるだけ]利用する ((用法)) of の目的語は通例「不十分[不満足]なもの[人]」が用いられる; cf. make the MOST of... (成句): He *made the* ~ *of* the time left. 彼は残りの時間をできるだけ利用した.

màke the bést of thíngs [it, a bád bárgain, a bád déal, a bád jób] 困った事情をせいぜいよくしようとする, 不幸に負けていない.

The bést of Brítish (lúck)! ご幸運を祈ります, がんばって.

the bést of the búnch ⇨ bunch (成句)

to the bést of... のかぎりで(は): *to the* ~ *of* my belief [knowledge, memory] 私の信じる[知っている, 記憶にある]かぎりでは / *to the* ~ *of* one's ability [power] 力の及ぶかぎり.

with the bést (of them) だれにも劣らぬ力で.

―― 動 ⓣ (口) 〈人〉を出し抜く; 負かす.

【OE *betst* < *bet-* good + *-st* (最上級の語尾); cf. better】

bést-báll 形 〔ゴルフ〕2人(以上)のチームを組んで各ホールのベストスコアをそのチームのスコアとする方式の.

bést-befòre dáte 图 (英) (食品などの)賞味期限の日付 《具体的には Best before 31 Jan. 2005 のように date の年月日が入る; cf. use-by date》.

bést-éfforts 形 A 〔証券〕最善の努力をする条件の〈発行引受〉《最善の努力をしたうえで売れ残った株は引き取らない》.

bes·tial /béstʃəl | -tiəl/ 形 ❶ 獣類の(ような), 獣性の, 獣的な. ❷ 凶暴な; 下品な. 《F < L》 (名 beast, beastiality)

bes·ti·al·i·ty /bèstʃiǽləṭi | bèsti-/ 图 ❶ U a 獣性; 獣欲. b 獣姦. ❷ C 残忍な行為.

bes·tial·ize /béstʃəlàɪz/ -tiə-/ 動 ⓣ 獣的にする, 畜生道に落とす.

bes·ti·ar·y /béstʃièri | -tiəri/ 图 (中世ヨーロッパの)動物寓話[説話]集.

be·stir /bɪstə́ː | -stáː/ 動 ⓣ (**be·stirred; be·stir·ring**) [~ *oneself* で] ❶ ぐずぐずせずに動く, せっせと働く. ❷ 〈...に〉するために元気を出す, 奮起する 〈rouse〉〈to do〉.

*⁺**bést-knówn** 形 [well-known の最上級] 最もよく知られた.

⁺**bést mán** 图 [単数形で] 花婿付き添いの男 (⇨ groomsman; cf. bridesmaid).

bést-of-bréed 形 〔電算〕異なるメーカーのソフトを組み合わせて最良にした〈コンピューターシステムなど〉.

bést-of-fíve 形 〔スポ〕(野球などで) 5試合中3試合に勝てばよい, 5番勝負の.

⁺**be·stow** /bɪstóʊ/ 動 ⓣ ❶ 〈人に〉名誉・称号などを〉授け, 贈る 〈confer〉: ~ an honor [title] *on* a person 人に名誉[称号]を与える. ❷ 〈時間・考え・愛情など〉〈...に〉傾ける, ささげる 〈on〉. 【類義語】⇨ give.

be·stow·al /bɪstóʊəl/ 图 U 贈与, 授与.

bést práctice 图 U.C 〔経営など〕最優良事例, 最良慣行 《優れた成果を生み出している手法・やり方など》.

be·strew /bɪstrúː/ 動 ⓣ (~**ed; be·strewn** /-strúːn/, ~**ed**) ❶ 〈表面などに〉〈ものを〉まき散らす: The path was *bestrewn with* flower petals. 小道には花びらがまき散らしてあった. ❷ 〈ものが...〉にたくさん散っておおう, 〈...に〉散り積もる: Leaves ~*ed* the street. 枯葉が街路に散らばっていた.

be·stride /bɪstráɪd/ 動 ⓣ (**be·strode** /-stróud/, **be·strid** /-stríd/; **be·strid·den** /-strídn/) ❶ 〈馬・いすなどに〉またがる; 〈...に〉またがって立つ. ❷ 〈馬〉に乗りかける.

⁺**bést séller, bést·sèl·ler** 图 ベストセラー 《ある期間に大量に売れた本など; cf. blockbuster》: The book became an instant ~. その本はたちまちベストセラーになった.

⁺**bést-sèll·ing** 形 A 本・作者などベストセラーの: a ~ author ベストセラー作家.

*⁺**bet** /bét/ 動 (**bets, bet·ted, bet·ting**) (過去形・過去分詞には bet を用い, betted は《まれ》) ⓣ 〈...に〉賭ける, 賭け事をする: I'll ~ *on* that horse. あの馬に賭けよう / I'll ~ *against* your [you] winning. 君が勝ったら金を出すよ(君にはまず勝ち目はないでしょう). ―― ⓣ 《★ 受身不可》 ❶ 〈金などを〉〈...に〉賭ける; 〈人と〉〈...を〉賭けをする: ~ ten dollars *on* a horse [boxing match] 馬[ボクシングの試合]に10ドル賭ける / I ~ him *on* the race. レースで彼と賭けをした / I ~ you £100. 君に100ポンド賭けよう. ❷ 〈...であると〉〈人に〉〈金などを〉賭ける: We ~ three to one *that* he would win. 3対1で彼が勝つと賭けた / [+目+目+(*that*)] I'll ~ you a pound (*that*) he'll win. 彼が勝つと君に1ポンド賭けよう 《★ bet が三重目的語を従えた形》 / [(+目+)(*that*)] I ~ (you) *that* she'll come. 大丈夫彼女はやってくるよ.

bét one's bóots [**bóttom dóllar, shírt, lífe**] (口) (1) 最後の持ち物[金]まで賭ける. (2) 〈...に〉大丈夫間違いない, 絶対に〈...だ〉と思う: You can ~ your *boots on* that. それは絶対に間違いない / [(+*that*)] You can ~ your *boots* (*that*) he will succeed. 彼が成功することは絶対間違いない.

bét éach wáy [**bóth wáys**] 競馬で単勝と複勝との両方に賭ける.

I('ll) bét (you). 《口》 (1) 確かに, 大丈夫, そのとおり. (2) 〔疑いを示して〕怪しいもんだ, さあどうだか.

I wòuldn't bét on it. (口) 絶対そんなことない.

You bét! (1) 《口》 きっと, もちろん, そのとおりだ, いいとも: "Are you going to the seaside?" "*You* ~!" 「君は海へ行くかね」「もちろん行く」. (2) (米口) どういたしまして: "Thanks a lot." "*You* ~!" 「どうもありがとう」「いいってことよ」.

You wànt to bét? (口) (自分が正しいと思って)賭けてみるかい.

―― 图 ❶ a 〔競馬・競走馬などに対する〕賭(か)け: an even ~ 五分五分の賭け / a heavy ~ 大きい賭け / win [lose] a ~ 賭けに勝つ[負ける] / I will lay you a ~. 君と賭けよう / I have [lay, place] a ~ *on* a racehorse 競走馬に賭けている[賭ける] / cover [hedge] one's ~*s* (口) (予想される二つ以上のものに賭けて)賭け[事業など]の損失を防ぐ / I took (up) his ~. 私は彼の賭けに応じた / It's a safe [good] ~ that he will win. 彼が勝つのは安全な賭けだ 《彼が勝つと考えてまず間違いない》. b 賭けた金[もの]. ❷ 《口》 **a** 取るべき[適当な]方策: Your best ~ is to ...するのが最良の策だ. 見当, 意見: My ~ is (*that*) she won't come. どうも彼女は来そうもないね.

《(A)BET》

bet. (略) between.

be·ta /béɪtə | bíː-/ 图 ❶ C.U ベータ 《ギリシャ語アルファベットの第2字, *B*, *β*; 英語の B, b に当たる; ⇨ Greek alphabet 表》. ❷ C [しばしば B~] 2番目(のもの), 第2級: ~ plus [minus] (英) (学業成績が)良の上[下], B+ [B⁻]. ❸ C [通例 B~] 〔天〕ベータ星 《星座中2番目に明るい星》. ❹ [B~] = Betamax. ❺ C (また **beta coefficient**) 〔証券〕 ベータ指数 《株式・投資ポートフォリオ (portfolio) の危険率の尺度》.

béta-blòck·er 名 【薬】 ベータ遮断薬《ベータ受容体 (beta-receptor) の作用を阻止する物質》.

béta-cárotene 名 【化】 ベータカロチン《ニンジン, ホウレンソウなど緑黄色野菜に含まれるカロチン》.

béta cèll 名 【解】 ベータ細胞: **a** インスリンを分泌する膵臓ランゲルハンス島の細胞. **b** ACTH などのホルモンを分泌する脳下垂体前葉の細胞.

be·ta·ine /bíːtə-ɪn/ 名 U.C 【化】 ベタイン《四級アンモニウム塩を含むリアルカロイド酸の総称》; ベタイン化合物.

be·take /bɪtéɪk/ 動 (**be·took** /-tʊ́k/; **be·tak·en** /-téɪkən/) [~ *oneself* で]〈…へ〉行く《*to*》.

be·tak·en /bɪtéɪkən/ 動 betake の過去分詞.

Be·ta·max /béɪtəmæks/ | bi:-/ 名 U【商標】ベータマックス (ビデオの方式) (cf. VHS).

béta pàrticle 名 【理】 ベータ粒子.

béta rày 名 〔通例複数形で〕【理】 ベータ線.

béta-recéptor 名 【生理】 ベータ受容体《カテコールアミン受容体の一つ》.

béta rhỳthm 名 【生理】 ベータリズム (beta wave の別称).

béta tèst 名 ベータテスト《コンピューターソフトウェアなどの発売に先立つ最終テスト; 開発者以外には実際の使用場面を想定したさまざまなテストを含む》. **béta-tèst** 動 他 〈…に〉ベータテストを行なう.

be·ta·tron /béɪtətrɒn | bíːtətrɒn/ 名 【理】 ベータトロン《電子の磁気誘導加速器》.

béta vèrsion 【電算】ベータ版《ソフトウェアなどのベータテスト用のバージョン》.

béta wàve 名 【生理】〔脳波の〕ベータ波《神経系の活動期に典型的にみられる》.

bet·cha /bétʃə/ 〔口・非標準〕=bet you. **You bétcha.** 〔口〕 もちろん, そのとおり.

be·tel /bíːtl/ 名 U【植】 キンマ (cf. betel nut).

bétel nùt 名 U【植】 ビンロウジ (betel palm) の種子; 東南アジアでこれをキンマ (betel) の葉に包んでかむ.

bétel pàlm 名 U【植】 ビンロウ, ビンロウジュ《熱帯アジア産ヤシ科の植物; その実がビンロウジ (betel nut)》.

bête noire /béɪtnwɑ́ː, béɪt- | -nwɑ́ː/ 名 (複 **bêtes noires** /~/) 大嫌いな人[もの].〖F=black beast (アブラムシ)〗

Beth /béθ/ 名 ベス《女性名; Elizabeth の愛称》.

beth·el /béθ(ə)l/ 名 ❶【聖】ベテル, 霊場. ❷ **a** 〔英〕非国教徒の礼拝堂. **b** [しばしば B~]〔米〕《海員たちのための》水上[海岸]礼拝所.

be·think /bɪθɪ́ŋk/ 動 他 (**be·thought** /-θɔ́ːt/)〔文〕 [~ *oneself* で]〈…を〉よく考える, 熟考する; 思い出す, 思いつく《*of*》.

Beth·le·hem /béθlɪhèm, -liəm/ 名 ベツレヘム (Palestine の古都, キリスト生誕の地).

Be·thune /beθjúːn, bɪ-/, **Mary** 名 ベシューン (1875-1955; 旧姓 McLeod; 米国の教育家).

be·tide /bɪtáɪd/ 動 自 起こる, 生じる: whatever may ~ 何事が起ころうとも. ― 他〈人に〉起こる《★通例次の句で》: Woe ~ him! 彼に災いあれ, 《そんなことをするとは》彼は無事ではすまぬぞ《用法》通例原形不定詞と仮定法現在形だけに用いる》.

be·times /bɪtáɪmz/ 副〔文〕 折よく, 遅くならないうちに, 早く.

bê·tise /beɪtíːz/ 名 (複 ~s /-/) 愚鈍; つまらぬ[些細な]事; ばかげた行為[言葉].

Bet·je·man /bétʃəmən/, **Sir John** 名 ベチェマン (1906-84; 英国の詩人).

be·to·ken /bɪtóʊkən/ 動 他〔文〕〈…の〉前兆となる, 知らせである;〈…を〉示す: Red skies in the morning ~ a storm. 朝焼けはあらしの前ぶれだ / He wore a look that ~*ed* simmering rage. 彼は爆発寸前の怒りを示す顔つきをした.

be·took /bɪtʊ́k/ 動 betake の過去形.

*__be·tray__ /bɪtréɪ, bə-/ 動 他 ❶ **a** 〈人・信頼などを〉裏切る; だます; 〈自国・味方などを〉〈敵に〉売る: I won't ~ her (trust). 彼女の信頼を裏切るようなことはしない / My body ~s me. 体が思うように動かない / The traitor ~*ed* his country (*to* the enemy). 反逆者は自国を〈敵に〉売った. **b** 〈約束・信念などに〉そむく: He ~*ed* his promises. 彼は約束にそむいた. ❷ 〈裏切って〉〈秘密を〉〈…に〉漏らす, 密告する: She would not ~ his whereabouts *to* me. 彼女はジョーンズ氏の居所を知らせてくれなかった. ❸ 〈〈無知・弱点などを〉うっかり表わす; 示す: Confusion ~*ed* his guilt. うろたえたので彼の罪がばれた / He ~*ed* no emotion. 彼は顔に何の感情も表わさなかった / His words ~*ed* his bias against us. 彼の言葉から彼が我々に対して偏見があるのが知れた. **b** [~ *oneself* で] うっかり本性[本心, 秘密]を表わす, お里が知れる. 〖ME〗 (名 betrayal)

be·tray·al /bɪtréɪəl, bə-/ 名 U.C ❶ 裏切り(行為), 背信(行為); 密告, 内通. ❷ 露見, 暴露.(動 betray)

be·tráy·er 名 売国奴; 背信者; 裏切り者, 密告[内通]者.

be·troth /bɪtróʊð/ 動 他〔文〕〈人を〉〈人と〉婚約させる (⇒ betrothed): He ~*ed* his daughter *to* Mr. Jones. 彼は娘をジョーンズ氏と婚約させた.

be·troth·al /bɪtróʊð(ə)l/ 名 U.C〔文〕婚約(式) (engagement).

be·tróthed /-tróʊðd/〔文〕形〈人と〉婚約して (engaged) (cf. betroth): She was [became] ~ *to* Mr. Jones. 彼女はジョーンズ氏と婚約した. ― 名 ❶ [one's ~] 婚約者, いいなずけ《比較 古風な語で一般には男性には fiancé, 女性には fiancée を用いる》. ❷ [the ~; 複数扱い] 婚約中の二人.

Bet·sy /bétsi/ 名 ベッツィー《女性名; Elizabeth の愛称》.

*__bet·ter__[1] /béṭɚ | -tə-/ 形 (↔ **worse**) ❶ [good の比較級]〈…より〉よい;〈二者の中で〉よりすぐれて〈いる〉: one's ~ feelings 人間の本心, 良心 / ⇒ better half / against one's ~ judgment よくないとは思いながら / It's ~ than nothing. 何もないよりましだ / It would be ~ if you asked in person. あなたがじきじきに頼んだほうがよいだろう / He has seen [known] ~ days. 彼は《今は落ちぶれているが》昔は栄えたこともある / B~ luck next time! この次はもっとうまくいきますように《激励の言葉》 / The sooner, the ~. 早ければ早いほどよい / B~ late than never.《諺》遅くてもないよりはまし / B~ safe than sorry《諺》後悔するより安全第一 / Nothing could be ~.《口》=Things couldn't be ~. それがいちばんだ, すべての点で満足している / Prevention is ~ than cure. ⇒ prevention / Two heads are ~ than one. ⇒ head 2 a. ❷ P [well[1] の比較級] **a** 〔しばしば any, much, a little, no などを伴って〕〈容態・気分などが〉〈…より〉よくなって: I'm *no* [*a little*, *much*] ~ today than yesterday. きょうは昨日と全然変わらない[昨日より少々[ずいぶん]よくなった] / "Are you feeling ~ today?" "Yes, *a bit* [*a little*] ~, thank you." 「きょうは気分がよろしいですか」「ええ, すこしよくなりました, どうも」. **b** 〈人が〉〈病後〉回復して, 元気になって《用法 この語義では通例 than や much を用いない》: She's completely [quite] ~ now and can go out. 彼女はもうすっかり元気になって外出することができます.

be bétter than one's wórd 約束以上のことをする.

be the bétter for... のためにそれだけ有利で, …でかえってよい: I'm none *the* ~ *for* it. それで得をすることは少しもない.

Cóuldn't be bétter.《気分[調子]は》最高だ.

nò [little] bétter than... =**nòt àny bétter than**... も同然だ, …にすぎない: He's *no* ~ *than* a thief.《偉そうな顔をしてるが》彼は泥棒も同然だ.

so mùch the bétter《そのほうが》なおさらよい.

the bétter pàrt of... の大部分, の大半: He spends *the* ~ *part of* his earnings on drink. 彼は稼ぎの大部分を飲むことに費やしてしまう / Discretion is *the* ~ *part of* valor. ⇒ discretion 1.

― 副 [well[1] の比較級] ❶ 〈…より〉いっそうよく: He did it ~ than I. 彼は私より上手にやった / He's ~ avoided. 彼は付き合わないほうがいい / Don't go now ― You'd do ~ to wait for a better chance. 今行くな ― もっとよいチャンスを待ったほうがいいよ. ❷ 〈…〉大いに, もっと: I like this ~ than that. あれよりこのほうが好きだ《用法 like, love などを修飾する原級は well ではなく very

better

much を用い, 比較級は通例 better を用いる; low には more も用いる) / He's ~ known abroad than at home. 彼は自国より外国でのほうがもっと有名だ. **b** [able, aware, worth などの叙述形容詞の前に置いて 比較級に用いて] (…より)いっそう十分に (cf. well¹ 圖 4 b): You're ~ able to do it than I. 私より君のほうがもっとうまくできる. **c** [than…で, 数詞を伴って] …より多い: ~ than two miles 2マイルを超える[て](比較 この意味では more than を用いるほうがよい).

(àll) the bétter for... それのためにいっそうよく[多く]: I like her (all) the ~ for it. それだからこそいっそう彼女が好きだ.

be bétter óff いっそう暮らし向きがよい, いっそう安楽である (cf. well-off).

bétter still おまけに, その上.

gò a person óne bétter (1) (賭けで)人より一つ上を振り込む. (2) 人より一枚うわてを行く.

had bétter /hədbétə/ dó... ⇒ had 動 成句.

── 图 **❶** [単数形で] いっそうよいこと[もの, 状態, 人]: a change for the ~ (病気・事態などの)好転, 改善/(人の)栄転 / Can you think of a ~? もっといいこと[もの, 人]を何[だれ]か思いつきませんか. **❷** [one's ~s] 自分よりすぐれた人; one's (elders and) ~s 目上の人々, 先輩たち.

for bétter (or) for wórse = for bétter or wórse よかれしかれ, 功罪はいずれにせよ《由来 祈禱》書中の結婚式宣誓の文句「どのような運命の下につくとも(末長く)」から; For ~ or for worse, Einstein fathered the atomic age. よかれあしかれアインシュタインは原子時代を招来した.

gèt [hàve] the bétter of... (議論などに)勝つ; (人)をやっつける: Curiosity got the ~ of him. 彼は好奇心に負けた.

── 動 他 **❶** (…を)さらに改良[改善]する: ~ working conditions 労働条件をさらに改善する. **❷** しのぐ, (…を)しのぐ: ~ one's previous record 前の記録を更新する. **❸** [~ oneself で] **a** もっとよい地位[給料]にありつく, 出世する, 裕福になる. **b** 独学する, 修養する. ── 自 いっそうよくなる, 改良[改善]される.

〖OE *betera* < *bet-* good + *-era* (比較級語尾); cf. best〗

〘類義語〙 ≒improve.

bét·ter² /-ṭɚ | -ṭə/ 图 賭(か)けをする人.

Bétter Búsiness Bùreau 图 [the ~] 《米·カナダ》商業改善協会 《不正広告の排除, 消費者の苦情処理などによって商道徳の維持・改善を目指す団体》.

bétter hálf 图 [one's ~] 《口・戯言》つれあい, 《特に》妻.

bét·ter·ment /-mənt/ 图 **❶** U 改善, 改良, 増進 (improvement): for the ~ of society 社会改良のため. **❷** C [通例複数形で] 《法》(不動産の)改良, 改善.

bétter náture 图 [a person's ~] 良心, 良いほうの性格.

bét·ting /-tɪŋ/ 图 U 賭(か)け.

bétting shòp 图 《英》賭け店《賭け屋 (bookmaker) の公認の営業所》.

bet·tong /bətɔ́:ŋ, -táŋ | bétɒŋ/ 图 動 フサオネズミカンガルー《オーストラリア産》.

bét·tor /-ṭɚ | -ṭə/ 图 = better².

Bet·ty /béti/ 图 ベティー《女性名; Elizabeth の愛称》.

*****be·tween** /bɪtwíːn, ˌ-ˈ-/ 前 副 **❶** [場所・位置などを表わして] 〈二つ〉の間に[の, で]: ~ Tokyo and Yokohama 東京・横浜間に[の, を, で] / the air service ~ London and New York ロンドン・ニューヨーク間の航空業務 / the acts 幕間(まくあい)ごとに / The road runs ~ overarching elms. その道はアーチのようにおおいかぶさっているニレの間を通っている.

〘用法〙 between は通例二つのものに用い, among は三つ以上のものに用いる; 従って, 二つの複数形か二つをつなぐ and を持つ目的語がくる.

❷ [時間・期間などを表わして] …の間に[の, で]: ~ Monday *and* Friday 月曜と金曜の間に[の, で] / The accident happened ~ three *and* four o'clock. その事故は3時から4時の間に起こった 《★between three *to* four

o'clock は間違い》.

❸ [数量・程度・性質などを表わして] …の中間で[の], …の両方の性質を兼ねた, …ないし: The parcel weighs ~ eight *and* ten pounds. その小包は8ポンドから10ポンドの重さがある / a color ~ blue *and* green 青と緑との中間の色 / something ~ a chair *and* a sofa いすともソファーともつかないもの.

❹ [区別・選択を表わして] …の間で, …のどちらかを 〘用法〙三つ以上の場合にも用いられる: know the difference ~ right *and* wrong 善と悪との区別ができる / choose ~ life *and* death [two courses] 生死[二つの道]のいずれかを選ぶ 〘比較〙between life *or* death は間違い)/ There's nothing [little] to choose ~ the two [three]. 両者[三者]間に相違はない[ほとんどない] 《似たり寄ったりである》.

❺ [分配・共有・関係などを表わして] …の間で, 共同で 〘用法〙三つ以上の場合にも用いる; その中における二者の相互間の関係を示す時には between を用いる): a treaty ~ three powers 三国間の条約 / The three children saved fifty pounds ~ them. その三人の子供たちは共同で 50 ポンドためた / Let's divide the sum ~ us. 金を二人で山分けする / We finished the roast ~ the two of us. そのローストは私たち二人で平らげた.

❻ [~ …and...で, 原因・理由を表わして] …やら…やらで 〘用法〙三つ以上の場合にも用いる): B~ astonishment *and* sorrow, she could not speak a word. 驚きやら悲しみやらで彼女はひと言もものを言えなかった.

betwèen oursélves = betwèen yóu and mé = betwèen yóu and mé and the gátepost /béɪdpɔst/《口》ここだけの話だが, 内密に 〘比較〙between you and I もあるが, me が正しい).

cóme betwèen... (二者の)じゃまをする[になる].

from betwèen... の間から: The man rushed out *from* ~ the buildings. 男は建物の間から躍り出た.

in betwèen... の中間に: in ~ Tokyo and Nagoya 東京と名古屋の中間に.

stánd betwèen... = COME between... 成句.

── /-ˈ-/ 副 (比較なし) (両者の)間に; 間を隔てて: I can see nothing ~. 間には何も見えない / ⇒ BETWIXT and between 成句.

féw and fár betwèen ⇒ few 成句.

in betwèen 中間に; 中にはさまれて[た]; 合間に: *In* ~ was a lake. 中間には湖があった / He does gardening *in* ~. 彼は合間に庭仕事をする.

〖OE < *be-* by + *tweon* two; 原義は「二つのもののそばに」〗

be·twixt /bɪtwíkst, ˌ-ˈ-/ 前 副 〘古〙= between.

betwixt and between 《口》どっちつかずで.

beurre blanc /bɚːblɑ́ŋk, -blɑ́ːn/ 图 U 《料理》ブール・ブラン《酢またはレモン汁を加えた, 魚用のバターソース》.

béurre ma·nié /-mænjéɪ/ 图 U 《料理》ブール・マニエ《バターと小麦粉を練り合わせたもの; ソースなどにとろみをつける》.

BeV /bév/ 图 《理》ビリオン電子ボルト, 10 億電子ボルト. 〖*b*illion *e*lectron *v*olts〗

bev·a·tron /bévətrɑ̀n | -trɒ̀n/ 图 《理》ベバトロン《陽子や電子を加速する高エネルギーのシンクロトロン (synchrotron) の一種; cf. synchrotron》.

bev·el /bév(ə)l/ 图 **❶** 斜角; 傾斜, 斜面. **❷** = bevel square. ── 動 (bev·eled, 《英》-elled; bev·el·ing, 《英》-el·ling) **❶** (…に)斜角をつける. **❷** (…を)斜めに切る. ── 形 A 斜角の: a ~ edge はす縁.

bév·eled, 《英》-elled 形 斜角をつけた.

bével gèar 图 《機》傘歯車.

bével squàre 图 角度定規.

bével whèel 图 《機》= bevel gear; 《機》傘形車.

†**bev·er·age** /bév(ə)rɪdʒ/ 图 飲み物, 飲料《特に水・薬以外のもの》: cooling ~s 清涼飲料 / an alcoholic ~ アルコール飲料, 酒 / What ~s do you have? お飲み物は何になさいますか. 〖F < *bevre* < L *bibere* 飲む; cf. beer〗

Bév·er·ly Hílls /bévəli-|-və-/ 图 ビバリーヒルズ《米国 Los Angeles 市西方の町; 映画人の邸宅が多い高級住宅地》.

bev·vied /bévid/ 形 [時に ~ up で] 《英俗》酔った, 飲んだ.

bev·vy /bévi/ 图 《英俗》飲み物, 《特に》ビール.

bev·y /bévi/ [名] ❶〔小鳥などの〕群れ〔*of*〕. ❷〔少女・女性の〕一団: a ～ *of* beauties 美女グループ.

be·wail /bɪwéɪl/ [動] [他]〈…を〉嘆き悲しむ: ～ one's fate 自分の運命を嘆く.

⁺**be·ware** /bɪwéə | -wéə/ [動] [通例命令法または不定詞で用いて] [自]〔…に〕気をつける, 用心する: *B*～ *of* pickpockets! すりにご用心! / You must ～ *of* strangers. 見知らぬ人には心を許すな / be warned to ～ *of*…に気をつけるよう警告される[されている]. ── [他]〈…に〉気をつける: *B*～ the pitfalls of online shopping. オンラインで買い物をする時の落とし穴に気をつけなさい. 〘ME *be war* 気をつけろ (be aware)〙

be·whisk·ered /bɪ(h)wískəd | -kəd/ [形] ❶ ほおひげを生やした. ❷ 古くさい, 陳腐な.

Béw·ick's swán /bjúːɪks-/ [名] 〘鳥〙(ベウィック)コハクチョウ《ユーラシア大陸のツンドラ地帯で繁殖する小型のハクチョウ》.

be·wigged /bɪwígd/ [形] かつらをかぶった.

⁺**be·wil·der** /bɪwíldə | -də/ [動] [他]〈人を〉当惑させる, うろたえさせる, まごつかせる《★ 通例受身で用い,「当惑する」「まごつく」の意になる; [比較] be embarrassed は恥ずかしさ・不安な気持ちで当惑する; be puzzled は理解したり答えたりすることができずに困る; be baffled はまごついたために適切な行動がとれない; be perplexed は解決・決定するのに悩みなどが伴い不安である》: The boy *was* so ～*ed* that he didn't know what to say. 少年はまごついて言葉に窮した. 〘BE-+*wilder* 道に迷う〙

⁺**be·wíl·der·ing** /-dərɪŋ, -drɪŋ/ [形] 当惑させる, まごつかせる. **～·ly** [副] 当惑させるほど: a ～*ly* complex problem うろたえるほど複雑な問題.

⁺**be·wíl·der·ment** /-mənt/ [名] [U] 当惑, うろたえ: look around in ～ 当惑してあたりを見回す.

be·witch /bɪwítʃ/ [動] [他] ❶〈…に〉魔法をかける. ❷〈人を〉〔…で〕うっとりさせる, 魅惑する: She ～*ed* him ***with*** her charms. 彼女の魅力に彼はうっとりした. **～·ment** /-mənt/ [名] 〘BE-+WITCH〙

be·wítched [形] 魔法にかかった; 魅せられた, うっとりした.

be·wítch·ing [形] 人を魅惑するような, うっとりさせる. **～·ly** [副]

bey /béɪ/ [名] (オスマントルコの)地方長官; (トルコ・エジプトで用いた)高位の人に対する敬称.

‡**be·yond** /bɪ(j)ánd | -(j)ɔ́nd/ [前] /─ˊ/ ❶ [場所を表わして] …の向こうに[で], …を越えて: ～ the bridge 橋の向こうに / go ～ the city limits 市外へ行く / from ～ the sea 海のかなたから. ❷ [時を表わして; 通例否定文で] …を過ぎて《★ この意味では after のほうが一般的: cf. past [前] 1 a》: You *can't* stay ～ closing time. 閉店時間までしかいられません. ❸ [程度・到達などを表わして] …の範囲を越えて; …以上に (cf. above 2 b): Calculus is ～ me. 微積分はさっぱりわからない / It's ～ me why he did something like that. どうして彼があんなことをしたのかわからない / ～ belief 信じられない / ～ all praise ほめきれないほどで[に] / Unemployment has risen (*to*) ～ 5%. 失業率が 5% を超えた / ⇨ beyond DESCRIPTION, beyond (all) QUESTION [成句]. ❹ [否定文・疑問文で用いて] …よりほかは: I know *nothing* ～ this. このほかは何も知らない. **gò beyónd onesèlf** (1) 度をはずす, われを忘れる. (2) 平生以上の力を出す. ── /─ˊ/ [副] (比較なし) ❶ (はるか)向こうに: *B*～ was the blue sea. 向こうは青い海だった. ❷ ほかに; それ以上: The pamphlet explains the basics but nothing ～. そのパンフレットは基本的なことを説明しているだけでそれ以上は示してない. **the lífe beyónd** あの世. ── [名] [the (great) ～] 来世, あの世. **the báck of beyónd** ⇨ back [名] [成句]. 〘OE＜*be-* by+*geondan* yonder〙

bez·ant /béz(ə)nt/ [名] ベザント金貨[銀貨]《ビザンティン帝国で発行; 金貨は中世ヨーロッパで広く流通した》; 〘紋〙金色の小円.

bez·el /bíːz(ə)l, béz- | béz-/ [名] ❶ (鑿(のみ)などの刃物の)斜面. ❷ a 斜面溝《指輪の宝石のはまる所, 時計のガラスのはまる溝ぶちなど》. b (宝石の)小面.

be·zique /bɪzíːk/ [名] [U] 〘トランプ〙ベジーク《2 人または4 人が 64 枚の札でするゲーム; cf. pinochle》.

be·zoar /bíːzɔə | -zɔː/ [名] 胃石, ベゾアール《羊などの体内の結石; 昔 解毒剤に用いた》.

b.f. 《略》《英口》bloody fool; 〘簿〙brought forward.

bf, b.f. 《略》〘印〙boldfaced (type).

bfd, BFD /bíːèfdíː/ [名] 《米俗》[通例皮肉に用いて] 重要な人[もの]. 〘*b*ig *f*ucking *d*eal〙

B4 《略》before《電子メールなどで用いられる》.

B́-gìrl [名] バーのホステス. 〘*b*ar *girl*〙

Bhag·wan /bǽgwɑːn, bʌgwáːn/ [名] 〘ヒンドゥー教〙神; 導師, 尊師.

bha·ji /báːdʒi/, **-ji·a** /-dʒiə/ [名] 〘インド料理〙バージ《野菜を細かく刻みスパイスを効かせて炒めたもの, またはこれをボール状または偏平な形にまとめ, ころもを付けて揚げたもの》.

bhak·ti /bʌ́kti/ [名] [U] 〘ヒンドゥー教〙信愛, バクティ《神に対する献身的愛; 救済に至る道の一つ》.

bhang /bǽŋ/ [名] [U] バング《タイマの葉と小枝を乾燥させたもの; 喫煙・麻酔剤用; cf. cannabis, hashish, marijuana 2》. 〘Hind＜Skt＝大麻〙

bhan·gra /bǽŋgrə, báːŋ-/ [名] [U] [しばしば B～] バングラ《英国のインド人の間から生まれたポップミュージック; Punjab 地方の民俗音楽を土台にしている》.

bhar·al /bʌ́ːrəl | bʌ́r-/ [名] 〘動〙アオヒツジ, バーラル《チベット・ヒマラヤ周辺の野生の羊》.

Bha·rat /bʌ́rət/ [名] バラト《インドのヒンディー語名》.

bhin·di /bíndi/ [名] [U] 〘インド料理〙オクラのさや.

Bho·pal /boʊpáːl/ [名] ボパール《インド中北部 Modhya Pradesh の州都; 1984 年に化学有毒ガス漏出事故があり 2500 人以上が死亡》.

b.h.p. 《略》brake horsepower.

Bhu·tan /bùːtáːn, -tǽnˊ/ [名] ブータン《インド北東部 Himalaya 山中の王国; 首都 Thimphu》.

Bhu·tan·ese /bùːṭəníːzˊ/ [形] ブータン(人, 語)の. ── [名] ([複] ～) ❶ [C] ブータン人. ❷ [U] ブータン語.

Bi 《記号》〘化〙bismuth.

bi- /bàɪ, baɪ/ [接頭]「2, 双, 複, 重」(cf. demi-, hemi-, semi-): *bi*plane, *bi*cycle, *bi*ped. 〘L *bis* twice〙

bi·al·y /biǽli/ [名] 《米》ビアーリ《真中に凹みのある平たいロールパン; 凹みに刻みタマネギが載っている》.

bi·an·nu·al /bàɪǽnjuəl/ [形] 年 2 回の, 半年ごとの. **～·ly** [副] 半年ごとに.

bi·as** /báɪəs/ [名] [U,C] ❶〔…に対する〕偏向, 偏見, 先入観: a ～ ***in favor of [***against***] the arts 文科系に対するひいき[偏見] / a ～ *toward*…に対する(好意的または否定的)偏り / be free from ～ 偏見がない / without ～ and without favor 公平無私に / They have a strong ～ *in favor of* domestic products. 彼らは国産品を強くひいきしている / His words demonstrated [revealed] his ～ *against* us. 彼の言葉から彼が私たちに対して偏見があることが知れた. ❷〔…の〕性癖; 傾向; 先入観: a man of literary ～ 文学的傾向の人 / have a ～ *toward* socialism 社会主義の傾向がある. ❸ 〘服飾〙(布地の裁ち目・縫い目の)斜線, バイアス: cut cloth on the ～ 布をバイアスに裁つ. ❹ 〘通信〙バイアス, 偏倚(へんい). ❺ 〘統〙偏り. ❻ (ローンボウリングの球の)形のゆがみ; 球を斜めに進ませようとする力[重み], 偏重; 偏った進路. ── [形] [副] (比較なし) 斜めの[に]. ── [動] [他] (**bi·ased,** 《英》**-assed; bi·as·ing,** 《英》**-as·sing**)〈…を〉一方に偏らせる;〈人に〉偏見をもたせる〔*toward, against, in favor of*〕(⇨ biased): To theorize in advance of the facts ～*es* one's judgment. 事実を確かめる前に理論づけをすると判断が偏ってしまう. 〘F＝斜めの＜?Gk〙 【類義語】⇨ prejudice.

bías bìnding [名] [U] 〘服飾〙バイアステープ.

⁺**bí·ased,** 《英》**bí·assed** [形] 偏見のある; 偏った (↔ unbiased): a ～ view 偏見 / *be* ～ *against* [*in favor of*] a person 人に偏見[好意]を抱いている.

bías-plỳ tíre, bías tìre [名] バイアス(プライ)タイヤ《タイヤの胴を構成するプライコードが周方向に対し斜めに配列されて層をなす》.

bías tàpe [名] [U] 〘装飾〙バイアステープ.

bi・ath・lete /baɪǽθliːt/ 图 バイアスロンの選手.
bi・ath・lon /baɪǽθlən/ 图 Ⅱ バイアスロン《クロスカントリーと射撃の複合競技》.〖BI-+Gk *athlon* 競争; cf. triathlon〗
bi・ax・i・al /baɪǽksiəl/ 形《理》双軸の, 二軸の.
bib /bíb/ 图 ❶ よだれ掛け. ❷《主に英》(競技参加者が着ける)ゼッケン;(前掛けなどの)胸当て. ❸《フェン》のど当て. **in one's bést bib and túcker**《口》晴れ着を着て.〖L *bibere* 飲む; cf. beer〗
Bib.《略》Bible; biblical.
bíb・ber /bíbə/ 图 飲酒家, 大酒飲み. **～y** 形 深酒の, 大酒.
Bibb lèttuce /bíb-/ 图《時に b-》《野菜》ビブレタス《米国原産》.《Jack Bibb Kentucky の園芸家》
bíb・còck /bíb-/ 图 (口が下を向いた水道の)蛇口.
bibe・lot /bíːblou/ 图 (複 ~s /-(z)/) (小さな)飾り物, 置物, 骨董品;豆本, 小型本.
＊**Bi・ble** /báɪbl/ 图 ❶ a [the ~]《キリスト教の》**聖書**, バイブル《解説 the Old Testament (旧約)および the New Testament (新約); ユダヤ教では旧約だけをさす;ホテルの客室に置いてあることが多い; cf. scripture 1》. **b** [b~] (1冊のまたは特定の版の)聖書: a family ～ 1冊の先祖伝来の聖書. **b** [b~] (キリスト教以外の宗教の)聖典.**b** [b~]《...の》権威のある書物, バイブル: a teacher's b~ = a b~ *for* teachers 教師のバイブル[必携書] / a b~ *of* child care 育児宝典.〖F < L < Gk *biblion* (指小語)< *biblos* パピルス,本< *Byblos*(ギリシャがパピルスを輸入したフェニキアの港町)〗 形 biblical.
Bible-bàsher /báɪbl-/ 图 = Bible-thumper.
Bíble Bèlt 图 [the ～] 聖書地帯《特に米国南部・中西部の根本主義(fundamentalism)の信者の多い地方》.
Bíble clàss 图 聖書研究会, バイブルクラス.
Bíble òath 图 (聖書にかけての)厳粛な誓言.
Bíble Sòciety 图 [the ～] 聖書協会《聖書普及を目的とする》.
Bíble-thùmper 图《俗》熱烈に聖書を説く[信奉する]者, (特に)福音派[ファンダメンタリスト]の説教者[伝道者], 熱弁の聖書屋. **Bíble-thùmping** 形
＊**bib・li・cal** /bíblɪk(ə)l/ 形 [しばしば B~] 聖書の[に関する, から出た]: ～ style (欽定(訳))訳)聖書風の文体 / ～ stories 聖書物語. **～・ly** /-kəli/ 副《bible》
bib・li・o- /bíbliou/ [連結形]「本」「聖書」: *biblio*mania, *biblio*phile.〖F < L < Gk *biblion*; ⇒ Bible〗
bib・li・og・ra・pher /bìbliάgrəfə | -ɔ́grə-/ 图 書誌学者, 目録編集者.
bib・li・o・graph・ic /bìbliəgrǽfɪk/, **-i・cal** /-fɪk(ə)l/ 形 書誌(学)の; 図書目録[書目]の.
＊**bib・li・og・ra・phy** /bìbliάgrəfi -ɔ́g-/ 图 ❶ C (ある著者・時代・主題などの)関係書目, 著書目録; 参考書目[文献]: a Tennyson ～ テニソン文献. ❷ Ⅱ 書誌学.
bíblio・màncy 图 Ⅱ 書籍占い, 聖書占い《本[聖書]を開いて出た所の文句で占う》.
bìblio・mánia 图 Ⅱ 蔵書癖, 書籍狂《特に稀覯(きこう)本をあさること》.
bìblio・mániac 形 图 蔵書狂(の人).
bìblio・métrics 图 Ⅱ 出版物の統計的分析. **bìbliométric** 形
bìblio・phile /-fàɪl/ 图 愛書家, 蔵書道楽家.
bib・li・oph・i・ly /bìbliάfəli | -ɔ́f-/ 图 Ⅱ 蔵書癖, 書物道楽.
bib・li・o・pole /bíbliəpòul/ 图 書店主, (特に)稀覯本[古書]商人.
bíb overàlls 图 (複)《米》オーバーオール(ズボン) (overalls,《英》dungarees).
bíb tàp 图 = bibcock.
bib・u・lous /bíbjuləs/ 形 酒好きの.
bi・cam・er・al /bàɪkǽm(ə)rəl/ 形 《議会が》上下二院制の (cf. unicameral): a ～ legislature 二院制議会.〖BI-+L *camera* chamber+-AL〗
bi・carb /baɪkάːb/ 图《口》= bicarbonate 2.
bi・car・bon・ate /baɪkάːbənèɪt | -kάː-/ 图 ❶《化》重炭酸塩: ～ of soda 重炭酸ソーダ. ❷ 重炭酸ソーダ, 重曹.
bice /báɪs/ 图 Ⅱ 穏やかな青色, バイスブルー; 黄色がかった緑色, バイスグリーン.
bi・cen・te・nar・y /bàɪséntənèri, -sénténəri | -sentíːn(ə)ri, -tín-/ 形 图 = bicentennial.
bi・cen・ten・ni・al /bàɪsenténiəl/ 形《米》200年間続く; 200年(記念)祭の: a ～ anniversary 200年祭. ── 图 200年記念祭[日].〖BI-+CENTENNIAL〗
bi・ceph・a・lous /baɪséfələs/ 形《生》両頭[双頭]の.
bi・ceps /báɪseps/ 图 (複 ～, ～・es) [しばしば複数形で] 《解》体(主に腕の)二頭筋,「力こぶ」.〖L=two heads; この形状との連想〗
bich・ir /bítʃə | bíʃɪə/ 图《魚》ビチャー《熱帯アフリカ, 特に Nile 川上流にみられる原始的な大魚; 体長は1mを超え, 背びれは14-18基の小さなひれからなる》.
bi・chlo・ride /bàɪklɔ́ːraɪd/ 图 Ⅱ《化》❶ 二塩化物: ～ of mercury 塩化第二水銀. ❷ 塩化第二水銀, 昇汞(しょうこう).
+**bick・er** /bíkə | -kə/ 動 圓 ❶ (つまらないことで)(人と)口論[口げんか]する (squabble) 《*over*, *about*》 《*with*》: They ～ed over [*about*] whose fault it was. 彼らはだれが悪いのかということで口げんかをした. ❷ **a**《水が》さらさら流れる. **b**《雨が》ぱらぱら降る. ❸《光が》きらめく, 《灯火などが》ゆらめく. ── 图 ❶ 口論. ❷ さらさら(流れる音); ぱらつき.
bick・y /bíki/ 图 ❶《口》ビスケット. ❷ [bickies]《豪俗》金: big *bickies* 大金.
bi・coast・al /bàɪkóustəl/ 形《米国の》東西両海岸の[にある].
bi・color 形 图 二色(の物). **～ed** 形
bi・con・cave /bàɪkǽnkeɪv | -kɔ́n-/ 形 両凹(ৎおう)の: a ～ lens 両凹レンズ.
bi・con・vex /bàɪkάnveks | -kɔ́n-/ 形 両凸(とつ)の: a ～ lens 両凸レンズ.
bi・cul・tur・al /bàɪkʌ́ltʃ(ə)rəl/ 形《国など》二文化併存[併用]の. **～・ism** /bàɪkʌ́ltʃ(ə)rəlìzm/ 图 Ⅱ 二文化併存.
bi・cus・pid /bàɪkʌ́spɪd/ 形《歯・心臓など》二尖(頭)の. ── 图 両尖歯 (小臼歯または前臼歯).
bicúspid válve 图《解》僧帽弁, 二尖弁.
＊**bi・cy・cle** /báɪsɪkl/ 图 **自転車** (bike): ride [get on, mount] a ～ 自転車に乗る / get off [dismount (from)] a ～ 自転車から降りる / go by ～ [on a ～] 自転車で行く (★ by ～ は無冠詞). ── 動 圓 自転車に乗る[で行く] 《比較 動 としては短縮形の bike のほうが一般的》 《*to*》.〖BI-+CYCLE〗
bícycle clìp 图 (自転車に乗る人の)ズボンの裾留め.
bícycle kìck 图 バイシクルキック: **a**《サッカー》空中で自転車をこぐように脚を動かしてするオーバーヘッドキック. **b** あお向けになって腰を浮かせて空中で自転車をこぐように両脚を動かす運動.
bícycle làne 图 自転車専用道路 (《米》bike [《英》cycle] lane).
bi・cy・clic /bàɪsáɪklɪk, -sík-/ 形《化》《化合物が》二環[双環]式の.
bi・cy・clist /-klɪst/ 图 自転車に乗る人.
＊**bid** /bíd/ 图 (語形 B では **bade** /bǽd, béɪd/, **bid**; **bid・den** /bídn/, **bid**; **bid・ding** / 他 A, 圓 では **bid**; **bid・ding**》 他 A ❶ (特に競売で)(ものに)《値をつける: She ～ a good price [six hundred dollars] *for* the table. 彼女はそのテーブルによい値[600ドルの値]をつけた / [+目+目] I'll ～ you £100 (*for* this picture). (この絵に)君に100ポンド出そう. ❷《...しようと努める, 試みる》: [+*to do*] Our company is *bidding* to get the contract. 我々の会社はその契約を獲得しようと必死になっている. ❸《トランプ》(せり札を)宣言する: ～ one heart ワンハートを宣言する.
── B 他《文》❶ (人に)《あいさつ・別れなどを》述べる, 告げる 《比較 wish, say より形式ばった語》: [+目+目] He bade us good-bye [welcome]. 彼は我々に別れ[歓迎]のあいさつをした / I have come to ～ farewell to you. あなたにお別れをするために参りました. ❷《人に》《...するよう命じる, 勧める》《比較 tell, order のほうが一般的》: [+目+原形]

She *bade* me enter. 彼女は私に入るように言った.

── [自] ❶ **a** 値をつける; 入札する (tender): ～ at auction せり売りで値をつける / Several companies will ～ ***for*** the contract. 数社が契約に入札するだろう / They ～ ***on*** the new building. 新しいビルの建造の入札をした. ❷〔支持・権力などを得ようと〕努力する, 手を尽くす: He was ***bidding for*** popular support. 彼は民衆の支持を得ようと努めていた.

bíd agàinst… (人に買わせまいと)〈人〉より高い値をつける: Several people ～ *against* me, but I outbid them. 何人かとせり合ったが最後は私がせり勝った.

bíd fáir to dó…する見込みが十分ある,…しそうである: The plan ～*s fair to* succeed. その計画はうまくいきそうだ.

bíd ín 《[他]+[副]》《米》〈持ち主が〉〈物品を〉自分にせり落とす.

bíd úp 《[他]+[副]》〈…の〉値をせり上げる: ～ *up* an article beyond its real value 品物を真価よりも高値にせり上げる.

── [名] ❶ (せりの)付け値; 入札: She made a ～ of ten dollars ***on*** [***for***] the table. 彼女はテーブルに 10 ドルの値をつけた / *Bids* were invited ***for*** build*ing* the bridge. 橋の建設の入札が募られた. **b** 〚証券〛 (ディーラーなどによる株式買い入れの)付け値; (経営権奪取を目的とした)株式の買い付け: ⇨ take-over bid. ❷〔地位・支持などを得ようとする〕骨折り, 努力,〈…しようとする〉努力: She made a ～ ***for*** the votes of women. 彼女は女性の票を集めようと努力した /〔+*to* do〕He made a ～ *to* restore peace. 彼は平和の回復に努力した. ❸《米》 (入会などの)勧誘. ❹〚トランプ〛 **a** (せり札)宣言; せり高: a two-spade ～ ツースペードの宣言. **b** (せり札を)宣言する番: It's your ～. さあ君の宣言する番だよ.

〖OE < *biddan* to ask+*beodan* to command; 語形は前者からだが, 意味は後者の影響が大きい〗

bid·da·ble /bídəbl/ [形] ❶〈人が〉柔順な. ❷ **a** (入札で)せりのきく, せる値打ちのある. **b** 〚トランプ〛ビッド可能な.

bid·den /bídn/ [動] bid の過去分詞.

+**bíd·der** /-ḍə | -də/ [名] ❶ せり手, 入札者: sell to the highest ～ 最高入札者へ売る. ❷ 命令者.

bíd·ding /-dɪŋ/ [名] [U] ❶ 入札, 値ざし. ❷ 〚トランプ〛ビッドすること. ❸ 命令: at the ～ of…の意のままに / do a person's ～ 人の命令に従う.

bídding wàr [名] 入札戦争.

bid·dy[1] /bídi/ [名] めんどり; ひよこ.

bid·dy[2] /bídi/ [名]《俗》(特に年配の口やかましい)女.

bide /báɪd/ [動] [他] (～d, **bode** /bóʊd/; ～d) ❶ ＝abide. ❷〈…を〉待つ 《★ 通例次の成句で用いて》. **bíde** one's **tíme** 時節[好機]を待つ.

bi·det /bɪdéɪ | bí:deɪ/ [名] ビデ《局部・肛門洗浄器》. 〖F ＝pony〗

bì·diréctional [形] 二方向の, 双方向性の, 両方向的な.

bid·ri /bídri/ [名] [U] ビドリー《銅・鉛・スズの合金; 金や銀をはめ込む台材などに用いる》.

Bie·der·mei·er /bí:ḍəmàɪə | -dəmàɪə/ [形] ビーダマイヤー様式の《19 世紀前半にドイツ・オーストリアで流行した簡素で実用的な家具の様式》.

bi·en·ni·al /bàɪéniəl/ [形] ❶ [A] 2 年に 1 度の, 2 年ごとの. ❷ 2 年間続く. ❸ 〚植〛 二年生の. ── [名] ❶ 二年生植物, 二年草. ❷ 2 年ごとの行事[試験, 展覧会], ビエンナーレ. **～·ly** [副] 〖BI-+L *annus* 年+*-ial*〗

bi·en·ni·um /baɪéniəm/ [名] ([複] ～**s**, **-nia** /-niə/) [the ～] 2 年間.

bien-pen·sant /bjæ̃ŋpɑ:nsɑ́:ŋ/ [形] [名] 良識のある(人), 良識派の(人), 正統派の(人), 保守的な(人).

bier /bíə | bíə/ [名] 棺台, 棺架.

Bierce /bíəs | bíəs/, **Ambrose** (**Gwinnett**) [名] ビアス《1842–?1914; 米国のジャーナリスト・作家》.

bi·fácial [形] ❶ **a** 二面のある. **b** 〚植〛〈葉など〉(表裏)異なる両面[二面]のある. ❷ 〚考古〛 石刃の両面から打ち欠いた〈石器〉.

biff /bíf/ [動] [他]〈…を〉強く殴る《★ 体の部分を表わす名詞の前に the を用いる》: ～ a person ***on the*** nose 人の鼻をぶん殴る. ── [名]《俗》強打, 殴りつけること: give a person a ～ in the mouth [on the jaw] 人の口[あご]を殴る.

bi·fid /báɪfɪd/ [形] 二裂の, 二叉の.

bi·fi·lar /bàɪfáɪlə | -lə/ [形] ❶ 2 本糸[線]で取り付けた. ❷ 二本吊りの〈計器〉.

bi·fo·cal /bàɪfóʊk(ə)l/ [形]〈レンズが〉(遠視・近視)二焦点の, バイフォーカルの: ～ glasses バイフォーカルの眼鏡.

── [名] ❶ 二焦点レンズ. ❷ [複数形で] バイフォーカルの眼鏡, 二焦点[遠近両用]眼鏡.

bi·fur·cate /báɪfə(:)kèɪt | -fə(:)-/ [動] [自]〈道・枝・川などが〉二またに分かれる. ── [他]〈…を〉二またに分ける.

── /bàɪfə́:kət, -keɪt | -fə́:-/ [形] 二またの.

bi·fur·ca·tion /bàɪfə(:)kéɪʃən | -fə(:)-/ [名] ❶ [U] 二またに分ける[分かれる]こと, 分岐. ❷ [C] 分岐点.

‡**big** /bíg/ [形] (**big·ger**; **big·gest**) ❶ (形状・数量・規模などで)大きい (↔ little, small): a ～ man 大男 (cf. 3 a) / a ～ voice 大声 / a ～ sum 大金 / ～ pay 高給 / ⇨ big toe. ❷ **a**〈人が〉成長した: You're a ～ boy. 大きくなったね; もう大きいんだから. **b** 年上の: one's ～ brother [sister] 兄[姉]. ❸ **a** 偉い, 重要な, 有力な: a ～ man 偉い人 (cf. 1) / a ～ game [match] 大試合 / ⇨ big name. **b** 偉そうな, もったいぶる, 傲慢(ごうまん)な; 自慢する: ～ talk 大言壮語, 大ぶろしき / ～ words 大げさな言葉; 大言壮語. **c** [P]《口》人気があって, 大もてで: That pop singer is very ～ in New York. そのポップシンガーはニューヨークで大もてだ. ❹《口》**a** [A] 壮大な, スケールの大きい; 大変な, 非常な: a ～ project 壮大な計画 / a ～ success [failure] 大成功[大失敗] / a ～ eater [liar] 大食漢[大うそつき]. **b**〈風・あらしなど〉激しい, 強い: a ～ storm 激しいあらし / a ～ wind 強風. ❺ [P]《口》〔…が〕大好きで;〔…に〕熱心で: I'm ～ ***on*** movies. 私は映画に目がない. ❻ 心の大きい, 寛大な: a ～ heart 寛大な心 / That's ～ ***of*** you. それはご親切さま《★しばしば反語的にも用いる》/〔+*of*+[代名]+*to* do〕It was big *of* you *to* forgive me!《反語的に》許してくれるなんてまあ心が広いんだね. ❼ [P]〔…に〕満ちて: a heart ～ *with* grief 悲しみに満ちた心. ❽ [P] [通例 ～ with child で]《文》(出産近くで)腹が大きくなって, 妊娠して《[比較] 現在は pregnant のほうが一般的》.

be [gèt, grów] tòo bíg for one's bóots [bréeches]《口》うぬぼれる.

in a bíg wáy ⇨ way[1] [成句].

── [副] (**big·ger**; **big·gest**)《口》❶ **a** 偉そうに: act ～ 偉そうにふるまう / talk ～ ほらを吹く. **b** 大きく, 派手に, 大変に: think ～ 大きなことを考える, 野心的に考える / win ～ 派手に勝つ / make it ～ 大成功する. ❷ たくさん, 十分に: eat ～ うんと食べる. ❸ 首尾よく: go over ～ 首尾よくいく, 大受けする.

── [名]《口》❶ [C] 重要人物, 大物: Mr. *B*～ 大物; 黒幕. ❷ [the ～s] メジャーリーグ.

── [動] ★ 次の成句で. **bíg úp** 《[他]+[副]》《英口》〈…を〉使って豪遊する, 遊びふける.

～·ness [名] 〖?Norw (方言)＝important [strong] man〗 【類義語】**big, large, great** 物理的に「大きい」の意味. *large* は容積や量が大きいことを示し, 程度を示すのに用いられることはない; 比喩的には心の寛大なことを意味する. *big* は最も素朴な語で, 特に重さ・かさ, また範囲の広さ, 程度の大きさを強調する. *great* はやや格式ばった語で大きさや程度が普通以上で見る者に驚異の念を起こさせる; 比喩的には際立って立派な, 偉大な.

bíg áir [名] [U] ビッグエアー《スノーボードの競技種目の一種; ジャンプ・回転などの空中演技を競う》.

big·a·mist /bígəmɪst/ [名] 重婚者.

big·a·mous /bígəməs/ [形] 重婚(罪)の. **～·ly** [副]

big·a·my /bígəmi/ [名] [U] 二重結婚, 重婚(罪). 〖L; ⇨ bi-, -gamy〗

Bíg Ápple [名] [the ～]《米俗》ニューヨーク市.

bíg àss [形]《米卑》ばかでかい, とてつもない.

bíg bánd [名] ビッグバンド《特に 1930–50 年代の大編成のジャズ[ダンス音楽]バンド》.

bíg báng [名] [また B～ B～] ❶ [the ～] (宇宙爆発起源論の)大爆発, ビッグバン. ❷ 〚金融〛ビッグバン《英国の金融自由化策の総仕上げとして, 1986 年 10 月 27 日に実施さ

れた London 証券市場の大幅な規制緩和).

bíg báng thèory 图 [the ~]《天》宇宙爆発起源論, ビッグバン宇宙論《ものすごい高熱で膨張を起こし, 爆発を起こして宇宙ができたという説; cf. steady state theory》.

big béast 图《主に新聞》❶ 有名人, 大物. ❷ 最新鋭の強力な機器.

Bíg Bén 图 ビッグベン《英国国会議事堂塔上の大時鐘およびの塔》.

Bíg Bóard 图 [時に b~ b~]《米口》ニューヨーク証券取引所 (the New York Stock Exchange).

bíg-bóned 图 骨太の, 骨格のがっちりした.

bíg-bóx stòre 图《米》巨大小売店.

Bíg Bróther 图《単数形で; 通例無冠詞》❶《意を装う》独裁主義の国家[組織]. ❷ 独裁者(的な人).

Bíg Bróthers 图《米》ビッグブラザーズ《父親のいない男の子の父親代わりをしようとする全国的市民組織》.《G. Orwell の小説 1984 から》

bíg búcks 图 《米口》大金.

bíg búg 图《英俗》名士, 大物.

⁺**bíg búsiness** 图 Ⓤ ❶ 大きな取り引き. ❷ 大企業, 財閥.

Bíg Ć Ⓤ《米俗》がん.

bíg cát 图 大型のネコ科動物《ライオン・トラなど》.

bíg chéese 图《俗》重要人物, ボス, 大物.

Bíg Chíef 图《英俗》=Big Daddy.

bíg crúnch 图《天》大粉砕点, ビッグクランチ《閉じた宇宙内のすべての物質と放射が単一の超高密度・超高温状態に収束すること; ↔ big bang》.

Bíg Dáddy 图 [時に b~ d~]《俗》名士, 大物; 親分, おやじさん.

⁺**bíg déal** 图 ❶ Ⓒ 大きな取引. ❷《米口》**a** [a ~]たいしたもの, 重大事. **b** Ⓤ《皮肉の意をこめて感嘆詞的に》たいしたものだ, いやごりっぱ.

Bíg Dípper 图 ❶ [the ~] ❶《米》《天》北斗七星《英》the Plow, Charles's Wain (⇒ dipper 4 a). ❷《英》=roller coaster.

bíg É /-í:/ 图 [the ~] 拒絶, ひじ鉄.

Bíg Éasy 图 [the ~]《米》New Orleans の別称.

bíg enchiláda 图《米俗》《組織内の》実力者, 重要人物, 大物, ボス.

bíg énd 图《機》大端部, ビッグエンド《エンジンの連接棒の大きいほうの端; クランクシャフトとつながる》.

bì-genéric 图《植》二風の[を含む].

bíg-èye 图《魚》キントキダイ《熱帯産》.

bíg físh 图《俗 ~》重要人物, 大物 (cf. small fry). big fish in a pond《口》限られた集団の中での重要人物.

Bíg·fòot 图 =Sasquatch.

bíg·fòot·ing 图 Ⓤ ❶ 権威の振りかざし, 権力支配. ❷《携帯電話の信号混線による》無線局のパンク状態.

bíg gáme 图 Ⓤ ❶ 大物《猛獣・大魚; cf. small game》. ❷《危険を伴う》大きな目標.

big·gie /bígi/ 图《口》大きな[大事な]もの[こと]; 重要人物, 大物.

bíg·gish /-gɪʃ/ 图 やや大きい.

bíg góvernment 图 Ⓤ 大きな政府《通例中央集権化された政府の権能, 巨額の財政支出とそれをまかなうための高い税金を攻撃するのに使われる言葉》.

bíg gún 图 ❶《口》大立者, 実力者. ❷ [複数形で]《俗》決定的証拠, 切り札. ❸ 大砲. **bríng up [óut] one's bíg gúns**《議論・ゲームなどで》奥の手[とっておきの手段]を使う, 切り札を出す.

big·gy /bígi/ 图 =biggie.

bíg háir 图 Ⓤ 長い髪を立ててふくらませたヘアスタイル.

bíg·hèad 图 ❶《口》うぬぼれの強い人, うぬぼれ屋;《特に》物知りぶる人 (know-it-all). ❷ うぬぼれ.

bíg·héaded 图《口》うぬぼれた, 気取った.

bíg·héarted 图 寛大な, 気前のよい.

bíg hítter 图 有力者, 成功者.

bíg·hòrn 图《俗 ~, ~s》《動》ビッグホーン, オオツノヒツジ《ロッキー山脈の野生のヒツジ》.

Bíghorn Móuntains 图《地》[the ~] ビッグホーン山系《Rocky 山脈中, Wyoming 州北部から Montana 州南部にわたる》.

bíg hóuse 图 ❶ 村いちばんの豪家. ❷ [the ~]《俗》刑務所.

bight /báɪt/ 图 ❶ 海岸[川]の湾曲部; 湾. ❷ ロープの輪, ロープのたるみ.

bíg léague 图 ❶《野》=major league. ❷ [the ~]《口》トップレベル, 一流.

bíg-léague 图《米口》《職業分野で》トップレベルの, 大手の, プロの.

bíg létter 图《口》大文字.

Bíg Mán on Cámpus 图 キャンパスの大物[人気者]《花形スポーツ選手など》.

bíg móney 图 Ⓤ 大金, 大利益.

bíg móuth 图《米》おしゃべりな人, 大口をたたく人.

big-mouthed /bígmáʊðd/ 图 ❶ おしゃべりな, 大口をたたく. ❷ 大きい口をした.

⁺**bíg náme** 图《口》《芸能界などの》有名人, 名士, 大物《グループ》.

bíg-náme 图 Ⓐ《口》一流の, 有名な; 有名人《グループ》の.

⁺**bíg nóise** 图《英口》重要人物, 大物 (big shot).

big·ot /bígət/ 图《宗教・人種・政治などについて》がんこな偏見をもつ人, 偏屈者.

big·ot·ed /-tɪd/ 图 頑迷な, 偏屈な. ~**·ly** 副

⁺**big·ot·ry** /bígətri/ 图 Ⓤ《宗教・人種・政治などについてのがんこな偏見, 頑迷, 偏屈》《偏見をいう》.《BIGOT+-RY》

bíg ríg 图《口》大型トラック.

bíg science 图 Ⓤ 巨大科学, ビッグサイエンス《巨大な投資を要する科学》.

bíg scréen 图 [the ~]《口》《劇場用》映画; 映画館.

big-screen TV 图 大画面テレビ.

big shót 图《口》重要人物, 有力者, 大物《米》big noise).

bíg smoke 图 ❶《英俗》[the B~ S~] ロンドン. ❷《主に豪》大都会.

bíg stíck 图 [the ~]《政治的・軍事的な》圧力, 威圧.

bíg-tícket 图 Ⓐ《口》高い値札のついた, 高価な.

⁺**bíg tíme**《口》[the ~]《スポーツ・芸能界の》トップレベル, 一流: He's in *the* ~ now. 今では彼は大物《の一人》だ《トップクラスにいる》. ―― 副 成功して, 大いに.

bíg-tìme 图《口》一流の, 大物の: a ~ actor [player] 一流の俳優[選手] / a ~ star 大スター.

bíg-tím·er 图《口》一流役者[タレント]; 大物, 大実業家; 大リーグ選手.

bíg tóe 图 足の親指 (cf. thumb 1).

bíg tòp 图《口》❶ Ⓒ《サーカスの》大テント. ❷ [the ~] サーカス《業, 生活》.

bíg trée 图《米》《植》=giant sequoia.

bi·gua·nide /bàɪgwá:naɪd/ 图 Ⓤ《化》ビグアニド《2 個のグアニジン分子の縮合でできる塩基; 糖尿病治療にも用いる》.

bíg whéel 图 ❶《英》観覧車 (Ferris wheel). ❷《口》大物, おえら方.

⁺**bíg·wìg** 图《時にけなして》《口》大立者, 大物, おえら方.《BIG+WIG; 著名人は大きなかつらを着用したことから》

bi·jou /bí:ʒu:/ 图 Ⓐ《建物など小さく優美な. ―― 图《仏 bi·joux /~z/》宝石, 珠玉; 装飾物; 小型で優美なもの.

bi·jou·te·rie /bɪʒú:təri, -tri/ 图 宝石類, 珠玉; 美術品.

*****bike** /báɪk/ 图 ❶ 自転車. ❷ バイク. **On your bíke!**《英口》あっちへ行け! ―― 動 自 自転車[バイク]に乗って行く [*to*]. ―― バイクで取りに行く《*over, round*》.《BICYCLE の短縮形》

bíke mèssenger 图 自転車便.

⁺**bik·er** /báɪkə | -kə/ 图 ❶《口》バイクに乗る人 (motorcyclist);《特に》暴走族のメンバー. ❷ 自転車[マウンテンバイク]に乗る人.

bíke·wày 图《米》自転車《専用》道路.

⁺**bi·ki·ni** /bəkí:ni/ 图 ❶ ビキニ. ❷ [複数形で] ビキニ型

ブリーフ. 《F; ↓; 露出度の高い水着の出現を原爆実験にたとえた》

Bi·ki·ni /bəkíːni/ 图 ビキニ (環礁) 《北太平洋マーシャル群島の一つ; 米国が原爆実験を行なった》.

bikíni líne 图 ビキニライン《脚の付け根の、ビキニの下端に沿った部分》.

bik·ky /bíki/ 图 =bicky.

bi·la·bi·al /bàɪlbiəl⁼/ [音声] 图 両唇の《ひと》音《/p/, /b/, /m/など》. ── 图 両唇音(の).

bi·lat·er·al /baɪlǽtərəl/ 图 ❶ 両側のある; 左右同形の: ~ symmetry 《生物の身体の》左右相称. ❷ 〘法〙双務的な (cf. unilateral 2): a ~ contract 双務契約. ──**·ly** 圖 〖BI-+LATERAL〗

bí·lay·er 图 〘生〙 二分子層, バイレヤー《各層が1分子の厚みを有する》.

bil·ber·ry /bílbèri | -b(ə)ri/ 图 ❶ 〘植〙ビルベリー《ツツジ科スノキ属の数種の低木; 実はブルーベリーに似て食用》. ❷ ビルベリーの実.

bil·bo¹ /bílbou/ 图 (徳 ~es, ~s)《スペインの》ビルボー剣《しなやかで精巧に鍛えたもの》.

bil·bo² /bílbou/ 图 (通例複数形で) ビルボー型足かせ《鉄棒を通した足かせ; 主に船上で用いる》.

Bil·dungs·ro·man /bíldʊŋzroumàːn/ 图 (徳 -ma-ne /-nə/, ~s) 教養小説《主人公の成長を扱ったもの》.

bile /báɪl/ 图 Ⓤ ❶ 〘生理〙胆汁 (cf. black bile). ❷ かんしゃく, 不機嫌: stir [rouse] a person's ~ 人を怒らせる, 人のしゃくにさわる.《F<L; 2の意味は、昔胆汁が多いと怒りっぽくなると考えられたことから》(cf. choler).

bíle dùct 图 〘解〙胆管.

bi·lev·el 图 貨物室[客室]が2段式の, 二層の. ── 图 二層構造の車両; 一階が半地下になった二階建ての家屋.

bilge /bíldʒ/ 图 ❶ Ⓒ 《樽》(船底)の湾曲部. ❷ = bilge water. **c** 《口》ばかげた話, たわごと (rubbish). ── 働 ❶ 《海》《船底に》穴をあける. ── 畠 ❶ 《船底に》穴があく. ❷ ふくれる.

bílge kèel 图 《海》ビルジキール《動揺軽減のため船底湾曲部に沿って突出させた縦通材》.

bílge wàter 图 Ⓤ 《海》船底にたまる汚水, あか, ビルジ(水).

bil·har·zia /bɪlháːziə/ 图 ❶ Ⓒ 〘動〙ビルハルツ住血吸虫. ❷ Ⓤ 〘医〙住血吸虫症.

bil·har·zi·a·sis /bìlhɑːzáiəsɪs | -hàː-/ 图 Ⓤ 〘医〙 = bilharzia 2.

bil·i·ar·y /bílièri | -ljiəri/ 图 胆汁の[に関する]: ~ calculus 胆石.

⁺**bi·lin·gual** /baɪlíŋgwəl⁼/ 图 二言語を《自由に》話す; 二言語併用の (cf. monolingual, multilingual, trilingual): a ~ speaker 二言語を話す人 / a ~ dictionary 二言語辞典《英和辞典など》. ── 图 二言語を話す人.〖BI-+LINGUAL〗

bi·lin·gual·ism /-lìzm/ 图 Ⓤ 二か国語併用.

bil·ious /bíljəs/ 图 ❶ 吐き気のする, 気分の悪い. ❷ 《色が》毒々しい, どぎつい. ❸ 《人の胆汁質の; 気難しい, 怒りっぽい; 意地の悪い. ❹ a 胆汁(性)の. b 胆汁分泌過多の; 胆汁症の. ~**·ly** 圖. ~**·ness** 图.

bil·i·ru·bin /bìlirúːbɪn/ 图 Ⓤ 〘生化〙ビリルビン《胆汁に含まれる赤黄色の色素》.

bil·i·ver·din /bìlivə́ːdɪn | -vɜ́ː-/ 图 Ⓤ 〘生化〙胆緑素, ビリベルジン《両生類・鳥類の胆汁中の緑色色素》.

bilk /bílk/ 働 《人を》だます; 《人に》支払いをしないで逃げる; 《人を》ペてんにかける; 《人に》支払いをださずに […を》巻き上げる (cheat)《of, out of》: He ~ed them *out of* their savings. 彼は彼らの預金を巻き上げた. ❷ **a** 〘勘定・借金を〙踏み倒す. **b** 〘貸手・借金から〙逃れる, 避ける. ── 图 ❶ 踏み倒す人, 詐欺師.

✻**bill**¹ /bíl/ 图 ❶ 勘定書き, 請求書, つけ《《米》米国では飲食店の勘定書は check という》: a ~ *for* the repairs 修理の請求書 / collect a ~ 勘定を取り立てる / pay a ~ 勘定を払う[取り立てる] / run up ~s 勘定がたまる / B~, please. 勘定をしてください. ❷ **a**《修飾語を伴って》紙幣, 札《英》note): a ten-dollar ~ 10ドル紙幣. **b**《米口》100ドル札. ❸ 〘議会〙議案, 法案《★ 可決されると

169　　　　　　　　　　　　　　　　**billet**

bill が act (法令) となる): introduce a ~ 議案を提出する / lay a ~ before Congress [Parliament, the Diet] 議会に議案を上程する / pass [reject] a ~ 法案を可決[否決]する. ❹ **a** はり札, ビラ, 目録, ポスター, 広告 (poster): a concert ~ 音楽会のビラ / post (up) a ~ ビラをはる / Post [Stick] No Bills 〘掲示〙はり紙禁止. **b** 《演劇などの》プログラム, 番組, ビラ. ❺ **a** 音目録, 表, 目録表, 献立表. **b** (税関の)申告書: a ~ of clearance 出港証書 / a ~ of entry 通関申告書, 入港証書. ❻ 〘商〙証書, 証明書, 証券; 《為替》手形: a long [short](-dated) ~ 長[短]期手形 / a ~ of debt 債務証書 / a dishonored ~ 不渡り手形 / a ~ of sale 売り渡し証 / a ~ payable [receivable] 支払[受取]手形 / a ~ payable to bearer [order] 持参人[指図人]払い手形 / draw a ~ on a person 人に手形を振り出す, 為替を組む / take up a ~ 手形を引き取る[支払う] ❼ 〘法〙(訴)訴状, 調書.

bill of cósts 《英》(諸経費を含む)事務弁護士 (solicitor)料.

bill of exchánge 為替手形.

bill of fáre (1) 献立表, メニュー (menu). (2)《劇場の》番組, 出し物.

bill of góods 引渡し[積出し]商品(リスト).

bill of héalth (船員・船客)健康証明書: a clean ~ *of health* 完全な健康体という診断[通知]; 《審査(会)などによる》適正証明.

bill of indíctment 《英史·米》起訴状案《大陪審に提出する検察官の手になる起訴状の原案》.

bill of láding 船荷証券; 貨物引換証《略 B/L): a clean ~ *of lading* 完全船荷証券.

bill of quántities 〘建〙数量明細書《建築に必要なあらゆる作業・材料を記したもの》.

bill of ríghts (1) 人民の基本的人権に関する宣言. (2) [the Bill of Rights] 《英》権利章典 (1689年制定の法律); 《米》権利章典 (1791年合衆国憲法に付加された最初の10か条の修正).

bill of sále 〘法〙売渡証, 抵当権売渡証《略 b.s., BS).

fíll [fít] the bíll《口》要求を満たす, ぴったり望みにかなう.

fóot the bíll (1) 勘定を受け持つ[支払う], 支払う. (2) 《…の》責任を引き受ける《for》.

héad the bíll = top the BILL¹ 成句.

séll a person a bíll of góods《米口》〈人を〉だます.

tóp the bíll 表の最初に名が出る, 筆頭である.

── 働 ❶ **a**〈人に〉…の勘定書き[請求書]を送る; 〈…を〉人のつけにする《*for*》. **b**〈…を〉勘定書きに記入する.

❷〈番組・俳優などを〉ビラで広告する; 番組に組む《★ しばしば受身》: 〔+目+*as*補〕 Gielgud /gíːlgʊd/ *was* ~*ed as* Hamlet. ギルグッドがハムレットを演ずると番組に出ていた / 〔+目+*to do*〕 He *was* ~*ed to appear as* Macbeth. 彼がマクベスに扮(ﾌﾝ)すると番組に出ていた.《F<L; 印章を押した文書》

bill² /bíl/ 图 ❶《特に, 細長い扁平(ﾍﾝ)な》くちばし (cf. beak¹ 1). ❷ くちばし形のもの: **a** 《米》(帽子の)ひさし (《英》peak). **b** カモノハシの扁平部. **c** 〈細長い〉岬先. ❸ 〈細長い〉岬: Portland B~ ポートランド岬《イングランド南部, Dorsetshire 州にある岬》. ── 働 〈ひとつがいのハトがくちばしを〉触れ合う. **bill and cóo**《男女がキスしたり愛撫したりして語り合う, いちゃつく.《F<L>印章を押した文書》

bill³ /bíl/ 图 =billhook.

Bill /bíl/ 图 ビル《男性名; 愛称形 Billie, Billy; William の愛称》.

bill·a·ble /bíləbl/ 图 勘定書で請求される.

⁺**bíll·bòard** 图 《米》(通例屋外の大きな) 広告[掲示]板 (cf. hoarding² 1).

billed 圏 〔通例複合語で〕《…の》くちばしのある.

bil·let¹ /bílɪt/ 图 ❶ 《民家などの》兵士の宿舎.《民家に対する》宿泊命令書. ❷ 指定場所, 目的地: Every bullet has its ~. 《諺》鉄砲玉に当たるも当たらぬもみな運命だ. ❸ 《口》地位; 口, 職, 《特に》給与のよい仕事. ── 働 ❶ 《兵士などを〈…に〉宿割りする《*in, at, on*》: The soldiers were ~*ed on* the villagers [*in* the village]. 兵士たちは村の民家に宿舎を割り当てられた.

bil·let² /bílɪt/ [名] ❶ (太い)棒切れ; (特に)たきぎ. ❷ 〘冶〙ビレット, 鋼片.

B

bil·let-doux /bìleɪdúː, -li-/ [名] (〘複〙 **bil·lets-doux** /~(z)/) 《古風・戯言》恋文. 〘F〙

bíll·fìsh [名] くちばしの長い魚 《gar, marlin, sailfish, spearfish など》.

bíll·fòld [名] 《米》札入れ (wallet).

bíll·hòok [名] (枝を払う時に用いる)鉈鎌(なたがま).

bil·liard /bíljəd | -liəd/ [形] [A] ビリヤード(用)の, 玉突き(用)の: a ~ ball ビリヤードの球 / a ~ room ビリヤード室[場] / a ~ table ビリヤード台.

bil·liards /bíljədz | -liədz/ [名] [U] ビリヤード, 玉突き. 〘F < *bille* 棒〙

Bil·lie /bíli/ [名] ビリー 《男性名または女性名》.

bíll·ing [名] ❶ [U] (ビラ・プログラムでの俳優などの)順位: get top ~ (宣伝上で)人気のトップに立つ. ❷ [C] (広告代理店などの)取扱高. ❸ [U] 請求書作成[発送]. ❹ [U] (ビラなどの)広告, 宣伝 (cf. bill¹ [他] 2): advance ~ 前景気づけの宣伝; 前評判.

Bíllings mèthod [名] 〘産科〙ビリングス法, 頸管粘液リズム法 《子宮頸粘液の観察により排卵日を判定する方法》.

*__bil·lion__ /bíljən/ [名] [数詞または数を示す形容詞を伴う時の複数形は ~s, ~] ❶ 10 億, 10^9. ❷ 《英古》1 兆, 10^{12} (trillion). ❸ [複数形で] 莫大な数 〔of〕. ── [形] 10 億の; 《英古》1 兆の. 〘BI-+(MI)LLION〙

⁺**bil·lion·aire** /bìljənéə | -néə/ [名] 億万長者.

bil·lionth /bíljənθ/ [形][名] ❶ 10 億番目(の); 10 億分の 1 (の). ❷ 《英古》1 兆番目 [1 兆分の 1] の.

bil·lon /bílən/ [名] ビロン 《金・銀に多量の卑金属を加えた合金》.

⁺**bil·low** /bílou/ [名] ❶ (大波のように)渦巻く[逆巻く]もの: ~*s of* smoke 渦巻く煙. ❷ [通例複数形で] 大波. ── [動] [自] ❶ 〈帆などが〉ふくらむ: Her skirt ~*ed out*. 彼女のスカートが(風で)ふくらんだ. ❷ **a** (大波のように)大きくうねる, 渦巻く: The smoke ~*ed* over the field. 煙がうねるように原っぱに広がった. **b** 大波がうねる: the ~*ing* sea 大波の立つ海. 〘ON; 原義は「ふくれ上がるもの」; cf. belly〙 【類義語】 ⇨ wave.

bil·low·y /bíloui/ [形] (**bil·low·i·er; -i·est**) 大波の打つ, 大きくうねる, 渦巻く.

bíll·pòster [名] ビラはり 《人》.

bíll·stìcker [名] =billposter.

bil·ly¹ /bíli/ [名] ❶ こん棒. ❷ =billy club.

bil·ly² /bíli/ [名] 《英・豪》(野外炊事用の)ポット, なべ.

bil·ly³ /bíli/ [名] =billy goat.

Bil·ly /bíli/ [名] ビリー 《男性名; cf. Bill》.

bílly·càn [名] =billy².

bílly clùb [名] 《米》(警官の)警棒.

bílly·còck [名] 《英》山高帽.

bílly gòat [名] 《小児》雄ヤギ (↔ nanny goat).

billy-o(h) /bíliòu/ [名] 《英俗》★ 次の成句で.

lìke bílly-o(h) 非常に, 猛烈に.

bì·lóbate, -lóbed [形] 〘植〙二裂の, 二裂片のある.

bil·tong /bíltɔːŋ | -tɔŋ/ [名] [U] 《南ア》切干し肉.

bì·mánual [形] 両手を用いる. **~·ly** [副]

bim·bette /bímbet/ [名] 《俗》頭がからっぽの女の子, 軽薄少女, ギャル.

bim·bo /bímbou/ [名] (〘複〙 ~s, ~es) 《俗》[軽蔑的に] ❶ 美人だが頭のからっぽの女. ❷ ばか, うすのろ. 〘It=child, baby〙

bi·me·tal·lic /bàɪmɪtǽlɪk⁻/ [形] ❶ 二種の金属から成る. ❷ 複本位制の (cf. monometallic).

bi·met·al·lism /baɪmétəlìzm/ [名] [U] 〘経〙(金銀)複本位制.

bì·mét·al·list /-lɪst/ [名] 〘経〙複本位制論者.

bì·míllenary [名] [形] [A] 二千年(間)(の); 二千年記念日[祭](の).

bi·módal [形] ❶ 2 つのモード[方式]をもった[を提供する], 二方式の. ❷ 〘統〙最頻値 (mode) を 2 つもつ: ~ distribution 〘統〙双峰分布.

bi·month·ly /bàɪmʌ́nθli⁻/ [形][副] ❶ 隔月の[に], ひと月おきの[に]. ❷ 月 2 回(の) 《[用法] ⇨ biweekly》. ── [名] 隔月の刊行物.

*__bin__ /bín/ [名] ❶ 《英》ごみ入れ: ⇨ dustbin, litterbin, rubbish bin. ❷ (ふた付きの大きな)容器; (石炭・穀物・パンなどの貯蔵用)置き場: ⇨ bread bin. ── [動] [他] 《英口》〈…を〉捨てる. 〘OE=かいばおけ〙

bin- /bàɪn/ [連結形]「二」「両」.

⁺**bi·na·ry** /báɪnəri/ [形] ❶ 〘数・電算〙二進(法)の, 0 と 1 で表わす: the ~ scale 二進法 / use ~ numbers 二進数を用いる. ❷ 二[双, 複]の: a ~ measure 〘楽〙2 拍子. ❸ 〘化〙二成分の, 二元の. ❹ 〘天〙連星の. ── [名] ❶ 〘数〙二進数 《二進法で表わされた数》. ❷ 〘天〙=binary star. ❸ 二元体, 二連体. 〘L < *bis* double〙

bínary dígit [名] 〘数〙二進数字 《一般に 0 と 1 を用いる; cf. bit⁴》.

bínary stár [名] 〘天〙連星 《共通の重心の周りを公転する》.

bínary trée [名] 二分木 《樹形図で, 各分岐点で 2 つに枝分かれしているもの》.

bì·nátional [形] 二国[二民族]から成る: a ~ conference 二国間の会議.

bin·au·ral /bàɪnɔ́ːrəl⁻/ [形] ❶ 両耳(用)の. ❷ 録音・再生方式がバイノーラルの, 双聴覚用の.

*__bind__ /báɪnd/ [動] (**bound** /báund/) [他] ❶ **a** 〈ものを〉縛る, くくる, 〔…に〕縛りつける; 束ねる: ~ a person hand and foot 人の手足を縛り上げる / ~ a person ***to*** a tree 人を木に縛りつける / The robber *bound* the storekeeper's legs ***together***. 強盗は店主の両足を縛りつけた / She *bound* the package ***with*** a bright ribbon. 彼女はその包みをきれいな色のリボンでくくった / She was *bound* by a (magic) spell. 彼女は魔法にかけられていた. **b** 〔…に〕〈帯などを〉巻きつける 〔*about, (a)round, on*〕; 〈…を〉包帯で巻く 〈*up*〉; 〈…を〉〔布などで〕くるむ 〔*with, in*〕: ~ (***up***) a wound 傷に包帯をする.
❷ 〈人・組織などを〉結びつける: Will the Internet ~ the world ***together***? インターネットは世界を一つに結びつけるだろうか / We are *bound* ***to*** each other by a close friendship. 私たちは互いに固い友情のきずなで結び合わされている / They are *bound* ***in*** marriage. 彼らは結婚のきずなで結ばれている.
❸ **a** [通例受身で] (法律・契約などで)〈人に〉〈…する〉義務を負わせる, 〈人を〉〔ある状態に〕縛る, 束縛する (cf. bound¹ 1): 〔+目+***to*** do〕 The protocol ~*s* industrialized countries *to* reduce their emissions of greenhouse gases. その議定書は温室効果をもたらすガスの排出を削減するよう工業国に義務づける / I *am bound* by my word. 私は約束に縛られている / He *was bound to* secrecy. 彼は秘密を守ることを誓わせられた. **b** [~ one*self* で] 〔…に〕束縛される 〔*by, in, to*〕; 〈…することを〉誓う, 契約[保証]する: ~ *oneself by* an agreement 協約に縛られる / 〔+目+***to*** do〕 I *bound myself to* deliver the goods by the end of this week. 品物は今週末までに必ず届けると約束した.
❹ **a** 〈契約などを〉結ぶ: The agreement was *bound* by a handshake. 契約は(最後に)握手で結ばれた. **b** 〈人に〉(徒弟としての)契約を結ばせる 〈*over, out*〉.
❺ 〈原稿などを〉〔…で〕製本する, 〈本を〉装丁する: The book is *bound* ***in*** leather [cloth, paper]. その本は革[クロス, 紙]で装丁されている / They *bound* ***up*** two volumes ***into*** one. 彼らは 2 巻の本を 1 巻に装丁し直した.
❻ **a** 〈…を〉くっつける, 固める; 〘化〙結合させる; 〘料理〙〈材料を〉つなぐ. **b** 〈氷・雪などが〉〈…を〉閉ざす: Frost ~*s* sand. 霜で砂が固まる. **c** 〈…を〉便秘させる: food that ~*s* the bowels 便秘を起こす食物.
❼ 〈…に〉縁[へり]をつける.
── [自] ❶ くっつく, 固まる; 〘化〙結合する; 〘料理〙〈生地が〉つながる: Atoms ~ ***together*** into molecules. 原子が結合して分子になる / Antibodies ~ ***to*** antigens. 抗体は抗原と結合する. ❷ 結びつく, 結束する; つながる, 接続する. ❸ 縛る, 束ねる. ❹ 〈約束などが〉拘束力をもつ. ❺ **a** 〈服などが〉窮屈である. **b** 〈工具などが〉(引っかかって)動かなくなる.

bind óver《他+副》《法》(1)〈人に〉謹慎を誓約させる《★通例受身》. (2)〈…することを〉法によって誓わせる《★通例受身》; [~+*to* do] He *was bound over to* keep the peace. (法廷で)彼は公安を維持することを誓約させられた.

I'll be bound. ⇨ bound¹ 成句.

── 名 [a ~]《口》困った立場, 苦境 (cf. double bind): We're in (a bit of) *a* ~. 私たちは苦境に陥った. 〔OE; cf. bend, bond, bundle〕⇨ fasten.

†**bínd·er** 名 ① 縛るもの: **a** とじ込み表紙, バインダー. **b** 刈り取り結束機, バインダー. **c** 糸, ひも. **d** 包帯; 帯封. **e** (ミシンなどの)縁取り器. ② **a** 縛る[くくる]人. **b** 製本屋. ③ **a** 接合[結合]剤. **b**《料理》のつなぎ(小麦粉・卵など).

bind·er·y /báɪndəri, -dri/ 名 製本所.

bin·di /bíndɪ/ 名《ヒンドゥー教》ビンディー(化粧あるいははっきしとして女性が額の中央につける点).

***bínd·ing** /báɪndɪŋ/ 名 ① C∪ 製本, 装丁, とじ: books in cloth ~ クロスとじの本. ② C∪ (衣類などの)縁[へり]取り材料. ③ C (靴をスキーに締めつける)ビンディング. ④ **a** U 縛る[結合する]こと, 束縛. **b** C налing もの, 束ねるもの. ── 形 ① 拘束力のある, 義務的な: a ~ agreement 拘束力のある協定 / This agreement is ~ *on* [*upon*] all parties. この契約は当事者全部が履行すべきものである. ② 結合[接合]する, つなぎの: a ~ protein [site]《生化》結合たんぱく質[部位]. ③〈食物など〉便秘させる. **~·ly** 副 拘束して, 拘束的に.

bínding ènergy 名 U《理》結合エネルギー《分子・原子(核)などの分割に必要なエネルギー》.

bínding pòst 名 (バッテリーの)電極柱(ちゅう).

bín·dle stìff /bíndl-/ 名《米口》季節労務者, 渡り労働者, 放浪者, 浮浪者.

bínd·weèd 名 U《植》ヒルガオ(セイヨウヒルガオ, ヒルガオの類の植物).

bine /báɪn/ 名 ① (植物の)つる; (特に)ホップのつる. ② = woodbine.

bin·ènd 名《英》(ワイン貯蔵所の)最終分として残ったボトルの一本(通例割り引いて販売される).

†**binge** /bɪndʒ/ 名《俗》思いきりふけること, 好きなだけやること; 飲み騒ぎ, 痛飲: go on a ~ 飲み[食べ]過ぎる / go on a buying ~ ものを買いまくる. ── 動 [...を]好きなだけ飲む[食べる] [*on*].

†**bin·go** /bíŋɡoʊ/ 名 U ビンゴ(数を記したカードを使ってする富くじ式の遊び; cf. jackpot 1). ── 間 やった!, 当たり!《思いがけない結果に対する喜びを表わす表現》.

Bin Laden ⇨ Osama Bin Laden.

bín lìner 名 (ごみ箱の内側にしくプラスチック製の)ごみ袋, ポリ袋.

bin·màn /-mæn/ 名 (複 **-men** /-mèn/)《英口》ごみ収集人 (《米》garbage collector).

bin·na·cle /bínəkl/ 名《海》羅針箱(夜間用のランプとコンパスの入ったガラスの表面のついた架台).

***bin·oc·u·lar** /bənǽkjʊlər | -nɔ́kjʊlə/ 名〔通例複数形で; 単数または複数扱い〕双眼鏡 (field glasses): a pair of six-power ~ s 倍率 6 倍の双眼鏡 1 個. ── 形 bər-nǽkjələr | -nɔ́kjʊlə/ ① 両眼(用)の: a ~ telescope [microscope] 双眼望遠[顕微]鏡. ② A 双眼鏡(用)の. 〔L *bini* double *oculus* eye+-AR〕

bi·no·mi·al /baɪnóʊmiəl/ 形 ①《数》二項式の.《生》二(命)名法の(属名と種名からなる). ── 名 ① 《数》二項式の: the ~ theorem 二項定理. ②《生》二(命)名法の: ~ nomenclature 二(命)名法.

binómial distribútion 名《統》二項分布.

bi·nóminal 形 = binomial.

bint /bíŋt/ 名《英俗》女.

bin·tu·rong /bɪnt(j)ʊ(ə)rɔ̀:ŋ | -rɔ̀ŋ/ 名《動》ビントロング(ジャコウネコ科); 東南アジア産.

bi·núcleate 形〈細胞など〉核を 2 つもつ, 二核の.

bi·o /báɪoʊ/ 名 (複 ~**s**)《口》① 生物学 (biology). ② (特に, 短い)伝記 (biography), 略歴. ── 形 = biological.

bi·o- /báɪoʊ/ 〔連結形〕「生…」「生物…」「生物学の」. 〔Gk *bios* life〕

171　biog.

bìo·accumulátion 名 U 生物蓄積(生物組織内に農薬などの物質が蓄積される現象). **bìo·accúmulàte** 動 ⓘ

bìo·actívity 名 UC (薬品などが)生物作用[活性]. **bìo·áctive** 形 生物[生体]に影響[作用]する.

bìo·ás·say 名 U(E)検定(法), 生物学的定量, バイオアッセイ.

bìo·availabílity 名 U《薬》生物学的利用能.

bi·o·ce·no·sis /bàɪoʊsɪnóʊsɪs/ 名 (複 **-ses** /-si:z/)《生態》(水の)地域の生物物共同体[群集].

bìo·céntrism 名 U 生物中心主義(人間の権利や必要が他の生物のそれに優先するわけではないという考え方). **bìo·céntric** 形

bìo·chémical 形 生化学的な. **~·ly** 副

biochémical óxygen demánd 名 U 生化学的酸素要求量(水の有機汚染度を示す数値; 略 BOD).

bìo·chémist 名 生化学者.

†**bìo·chémistry** 名 U 生化学.

bìo·chíp 名 バイオチップ(タンパク質などの生体物質に情報処理を行なわせる仮説上の素子).

bi·o·cide /báɪəsàɪd/ 名 ① C 殺生物剤, 生命破壊剤. ② U 生命の破壊. **bi·o·cí·dal** /bàɪəsáɪdl~/ 形

bío·clàst 名《地》生砕物(せきぶつ)(堆積岩中の貝殻・骨などの破片). **bìo·clást·ic** 形

bìo·cleàn 形 有害微生物のいない.

bìo·climátic 形 生物と気候の関係の[に関する]; 生(物)気候学の.

bi·o·coe·no·sis /bàɪoʊsɪnóʊsɪs/ 名 = biocenosis.

bìo·compatibílity 名 U 生体適合性(拒絶反応を起こさないこと). **bìo·compátible** 形

bìo·compúter 名 バイオコンピューター: **a** 人間の頭脳に匹敵する性能をもつ第 6 世代コンピューター. **b** 人間の頭脳, 人間.

bìo·contról 名《生態》= biological control.

bìo·convérsion 名 UC (生物利用による, 廃棄物などの)生物(学的)変換, バイオコンバージョン.

bío·dàta 名〔単数または複数扱い〕経歴(上の詳細).

bìo·degrádable 形 生物分解性の(ある)(微生物の作用で分解されうる): ~ wastes 生物分解性廃棄物.

bìo·degráde 動 ⓘ 腐敗して土に吸収される, (微生物で)生物分解される. **-dègradátion** 名

bìo·divérsity 名 U 生物[生命](の)多様性 (biological diversity).

bìo·dynámics 名 U 生物(動)力学, 生体(動)力学. **bìo·dynámic** 形

bìo·eléctric, -trical 形 生物組織の電気エネルギーの[に関する], 生体[生物]電気の.

bìo·electrónics 名 U 生物[生体]電子工学: **a** 生物または臨床医学に応用する電子工学の理論と技術. **b** 生理的環境における分子間の電子移動の役割を研究する学問分野.

bìo·energétics 名 U ① 生体エネルギー論[学]. ②《精神》バイオエナジェティックス(療法)(身体現象学的な人格理論に基づき, 呼吸法, 身体運動, 表現運動(感情を発散させるための行動化)などによってストレスや筋緊張を和らげようとする療法). **-gétic** 形

bìo·engineér 名 生体[生物]工学の専門家[技術者]. ── 動 ⓘ 生体[生物]工学によって作る.

bìo·engineéring 名 U 生体[生物]工学.

bìo·equívalence 名 U《薬》生物学的同等性.

bìo·éthics 名 U 生命倫理(学)(遺伝子組み替え・臓器移植などに関連する倫理問題を扱う).

bìo·feédbàck 名 U 生体自己制御, バイオフィードバック(脳波や血圧などを手がかりに自分の体調を制御する方法).

bìo·flávonoid 名《生化》ビオフラボノイド(毛細血管の透過性を調節する).

bìo·fóul·ing 名 U 生物付着(パイプなど水中の機械部位の表面にバクテリア・フジツボなどが付着すること).

bío·fùel 名 生物(有機体)燃料, バイオ燃料(バイオマス (biomass)に由来する木材・メタノール・アルコールなど).

biog.《略》biographer; biographic; biography.

bío·gàs 图 生物ガス, バイオガス《生物分解によって発生するメタンと二酸化炭素の混合気体》.

bio·génesis 图 ①〖生〗生物発生説, 続生説.

bio·gen·ic /bàɪoʊdʒénɪk⁻/ 形 ❶ 生物起源の, 生物活動による. ❷ 生物維持に不可欠な.

bìo·gèo·chémistry 图 ①〖生〗生物地球化学《一地域の地中の化学物質とそこに生息する植物および動物との関係を扱う》. **-chémical** 形

bìo·geógraphy 图 ①〖生態〗生物地理学《生物の地理的分布を研究する科学》. **bìo·geógrapher** 图 **bìo·geográphic, -ical** 形

⁺**bi·óg·ra·pher** /baɪɑ́grəfə/ | -ɔ́grəfə/ 图 伝記作者.

⁺**bi·o·gráph·i·cal** /bàɪəgráefɪk(ə)l⁻/, **-ic** /-gráefɪk⁻/ 形 伝記(体)の: a ~ dictionary 人名辞典 / a ~ sketch 略伝. **~·ly** /-kəli/ 副

*****bi·óg·ra·phy** /baɪɑ́grəfi | -ɔ́g-/ 图 ❶ C 伝記, 一代記 (cf. autobiography). ❷ U 伝記文学. 【BIO-+-GRAPHY】

bío·hàzard 图 生物災害, バイオハザード《生物学的研究や医療が関与して発生する, 人と環境に対して危害となる生物・状況》.

bìo·in·for·ma·ti·cian /-ìnfərmətiʃən/ -fə-/ 图 生物情報科学者.

bìo·in·for·mat·ics /-ìnfɔərmǽtɪks/ -fɔː-/ 图 U 生物情報科学, バイオインフォマティクス《遺伝情報などの生物学的データをコンピューター処理する研究法》.

bi·o·log·ic /bàɪəlɑ́dʒɪk | -lɔ́dʒ-⁻/ 形 =biological.

*****bi·o·log·i·cal** /bàɪəlɑ́dʒɪk(ə)l | -lɔ́dʒ-⁻/ 形 生物学(上)の: a ~ mother 《養母ではなく》実の母親, 生物学上の母親. **~·ly** /-kəli/ 副 【biology】

biológical clóck 图 生物[体内]時計《起きる寝るなどの規則性・周期性などを調節するとされている体内の時間調節機能》.

biológical contról 图 U 〖生態〗生物的制御[防除]《有害生物の密度を天敵の導入など生物的手段により抑制すること》.

biológical divérsity 图 U 生物学的多様性, 生物[生命](の)多様性 (biodiversity).

biológically enginéered 形 =genetically modified.

biológical wárfare 图 U ❶ 生物戦《❷を含む包括的概念》. ❷ 細菌戦 (germ warfare).

biológical wéapon 图〖通例複数形で〗生物兵器.

bi·ol·o·gism /baɪɑ́ləʤɪzm | -ɔ́lə-/ 图 U (社会状態の分析における)生物学主義. **bi·òl·o·gís·tic** /baɪɑ̀ləʤístɪk | -ɔ̀lə-⁻/ 形

bi·ól·o·gist /-ʤɪst/ 图 生物学者.

*****bi·ol·o·gy** /baɪɑ́ləʤi | -ɔ́l-/ 图 ❶ U 生物学. ❷ (一地域の)植物[動物]相. 【BIO-+-LOGY】

bìo·lu·mi·néscence 图 U 〖生〗(ホタルなどの)生物発光.

bi·ol·y·sis /baɪɑ́ləsɪs | -ɔ́l-/ 图 U 〖生〗生物分解《微生物による有機物の分解》.

bìo·mágnetism 图 =animal magnetism.

bío·màss 图 U ❶ 生物量《一地域内の単位面積[体積]当たりで表わした生物の現存量》. ❷ バイオマス《エネルギー源として利用される生物資源》.

bi·ome /báɪoʊm/ 图 〖生態〗生物群系, バイオーム.

bìo·mechánics 图 生体力学.

bìo·médical 形 生物医学的.

bìo·médicine 图 U ❶ 生物[生体]医学: a 自然科学, 特に生物学・生化学の原理を適用した医学. b 環境《宇宙環境など》の人体に与えるストレスと生存能力とのかかわりを扱う医学.

bi·o·met·ric /bàɪəmétrɪk⁻/, **-ri·cal** /-k(ə)l/ 形 生物測定(学)の.

bìo·me·trí·cian /-mətríʃən/ 图 生物測定専門家.

bìo·mét·rics /-métrɪks/ 图 U 生物測定[統計]学.

bi·om·e·try /baɪɑ́mətri | -ɔ́m-/ 图 ❶ =biometrics. ❷《廃》(人間の)寿命測定(法).

bìo·mimétic 形 〖生化〗生体模倣の《生化学的プロセスを模倣した合成法の》.

bío·mòrph 图 バイオモーフ, ビオモルフ《生物を表わした装飾形態》.

bìo·mórphic 形 生物の形に似た[を連想させる], 生物形の バイオモルフィックの.

bi·on·ic /baɪɑ́nɪk | -ɔ́n-/ 形 ❶《SFで》身体機能を機械的に強化した; 《口》超人的な力をもつ. ❷ 生体工学の.

bi·on·ics /baɪɑ́nɪks | -ɔ́n-/ 图 U バイオニクス, 生体工学, 生物工学《生体組織の機能を電子機器等に応用する》.

bi·o·nom·ics /bàɪənɑ́mɪks | -nɔ́m-/ 图 U 生態学.

bìo·pharmacéutical 形 A 生物薬剤学の.

bìo·phýsics 图 U 生(物)物理学.

bío·pìc /-pìk/ 图 伝記映画.【biographical picture】

bìo·píracy 图 U 海賊的な生物探査, バイオパイラシー《発展途上国の動植物を搾取的に探査する生物探査 (bioprospecting)》.

bìo·pólymer 图 〖生化〗生体高分子, バイオポリマー《蛋白質・核酸・多糖など》.

bìo·prospécting 图 U 生物探査, バイオプロスペクティング《医薬品などの有用成分を求めて動植物を探査すること》. **bìo·próspector** 图

bi·op·sy /báɪɑpsi | -ɔp-/ 图 U 生検, 生体組織検査, バイオプシー: perform a ~ 生検を行なう.

bìo·reáctor 图 バイオリアクター《バイオテクノロジーの応用装置で, 固定化酵素や微生物を利用して物質の分解・合成・化学変換などを行なう》.

bío·règion 图〖生〗生命地域《自然の生態的群集を構成する地域[場所]》. **bìo·région·al** 形

bìo·régionalism 图 U 生命地域主義《人間の活動は政治的な国境ではなく, 生態学的・地理学的境界によって束縛されるべきであるとする考え方》. **bìo·régionalist** 图

bìo·remediátion 图 U 生物的環境浄化, バイオレメディエーション《微生物によって汚染物質を分解して環境を修復する技術》.

bío·rhỳthm 图 生体[生物]リズム, バイオリズム《周期的な生体内の現象》.

BIOS /báɪɑs | -ɔs/ 〘略〙〖電算〗basic input/output system 基本入出力システム, バイオス《キーボード・ディスク装置・表示画面などの入出力装置を制御するルーチンの集合》.

bìo·scíence 图 U 生物科学.

bi·o·scope /báɪəskòʊp/ 图《主に南ア》映画(館).

bío·sènsor 图 バイオセンサー《宇宙飛行士などの生理学的データを計測・伝達する装置》.

bìo·sólids 图 複 バイオ固形物, バイオソリッド《下水汚物をリサイクル処理した有機物; 特に肥料》.

⁺**bío·sphère** 图 [the ~] 〖生〗生物圏.

bìo·statístics 图 U 生物統計学《数理統計学を生物現象に適用》. **-statístical** 形 **-statistícian** 图

bìo·stratígraphy 图 U 生層位学《化石によって地層を分類し, 結果を地域間で対比して相対的な地層年代を決めることを主目的とする地質学の一分野》. **-stratigráphic** 形

bìo·sýnthesis 图 U 〖生化〗生合成. **-synthétic** 形

bìo·systemátics 图〖生〗生物系統学, 種〖生〗分類学, バイオシステマティックス. **-systemátist** 图

bi·o·ta /baɪóʊtə/ 图 〖生態〗生物相《fauna と flora を合わせた, 一地域の動植物》.

bio·tech /báɪoʊtèk/《口》=biotechnology.

⁺**bìo·technólogy** 图 U バイオテクノロジー, 生物[生命]工学《微生物のはたらき・遺伝子操作などの生物学的プロセスを産業・医療・環境対策などに応用する科学技術》.

bìo·térrorism 图 U 生物兵器を利用したテロ行為, バイオテロ.

bi·ot·ic /baɪɑ́tɪk | -ɔ́t-/ 形 生物の; 生命の.

bi·o·tin /báɪətɪn/ 图 U 〖生化〗ビオチン《ビタミン B 複合体; 肝臓・卵黄などに含まれる》.

bi·o·tite /báɪətaɪt/ 图 U 〖鉱〗黒雲母(うんも).

bi·o·tope /báɪətòʊp/ 图 〖生態〗生息環境, ビオトープ《動植物の生育環境の地理的な最小単位》.

bío·tỳpe 图 〖生〗生物型(がた), バイオタイプ《同一の遺伝子型をもつ個体群》.

bi・par・ti・san, bi・par・ti・zan /bàɪpáətəz(ə)n | bàɪpɑːtɪzæn⁺/ 形 二党の,二派の;二大政党提携の: a ~ foreign policy 超党派的外交政策.

bi・par・tite /bàɪpáətaɪt | -pɑː-⁺/ 形 A a 二つから成る. b 二連作成の. ② 両者が分けもつ,相互の: a ~ agreement 相互協定. B 〖植〗二葉の;二深裂の.

bi・ped /báɪpèd/ 名 二足動物(人間・鳥など). ― 形 二足の. 〖BI-+Gk pes, ped- 足〗

bi・pe・dal 形 二足動物の;二足を有する,二足性の.

bi・pedal・ism 名 U (動)(直立)二足歩行,二足性.

bi・pe・dal・i・ty /bàɪpɪdǽləti/ 名 =bipedalism.

bì・phásic 形 二つの相をもつ,二相の.

bi・phényl 名 〖化〗ビフェニル(2つのフェニル基からなる無色の結晶化合物).

bì・pínnate 形 〖植〗〈葉が〉二回羽状複葉の(羽状複葉が葉柄の両側にある).

bi・plane /báɪplèɪn/ 名 複葉(飛行)機 (cf. monoplane).

bi・pòd 名 (自動小銃などを載せる)二脚の台.

bi・po・lar /bàɪpóʊlə | -lə⁺/ 形 ❶ 二極の;両極端の. ❷ (北・南)両極地の(にある). ❸ 〖精神医〗躁鬱(2)の. ❹ 〖生〗〈神経細胞が〉双極の. ❺ 〖電〗二極式の.

bipólar disórder 名 〖精神医〗躁鬱病.

bì・rácial 形 二人種から成る.

bì・rámous 形 二枝[二叉]よりなる,二枝形の.

⁺**birch** /báːʃ | báːʃ/ 名 ❶ a CU 〖植〗カバノキ,カバ(樺); ⇒ white birch. b U カバ材. ② U (生徒体罰の処刑に使った)カバの枝むち. ― 形 A カンバ材の: a ~ rod カンバ材の枝むち. ― 動 他 〈...を〉(カバの)むちで打つ.

birch・en /-tʃən/ 形 〖OE; 原義は〗〖植〗輝く白の織物.

Birch・ite /-tʃaɪt/ 名 ジョン・バーチ協会(米国の極右団体)の会員[同調者],極右反共主義者.

bírch trèe 名 =birch 1 a.

birch・wòod 名 =birch 1 b.

✱**bird** /báːd | báːd/ 名 ❶ C a 鳥: the ~ of wonder 不死鳥,フェニックス / A ~ in the hand is worth two in the bush. 〖諺〗手中の一羽はやぶの中の二羽の値打ちがある,「あすの百よりきょうの五十」(★ a bird in the hand は「手の中に握った鳥」の意から「現実の利益」の意); Birds of a feather flock together. ⇒ feather 4. b 猟鳥 (シャコ・キジなど). c (バドミントンの羽根,シャトル. d (クレー射撃の)クレー. ② C a (通例修飾語を伴って)(口)人,やつ: a dear old ― いいおっさん[おばさん] / a queer ~ 変なやつ / a tough ~ 扱いにくい人 / early bird, jailbird. b (英俗)娘,女の子(★時に軽蔑的): my ~ かわいい子,恋人. ❸ (口)ミサイル(军);(有人)宇宙船;ヘリコプター;飛行機. ❹ [the ~] (俗)(観客・聴衆のたてる)ひやかしの声,やじ;ブーイング: give a person the ~ 人をやじる(英) (手の甲を外に向けて)中指を立てる(★相手を軽蔑するしぐさ) / get the ~ やじられる;首になる. ❺ U (英俗)刑期(★通例次の句で): do ~ 刑に服する.

A little bird told me. 〖口〗風の便りに聞いた,小耳にはさんだ(★話の出所を隠す表現;由来 聖書に「鳥はうわさを広めるから…」という言葉がある).

bírd of íll ómen (1) 不吉の鳥. (2) 常に不吉なことを言う人.

bird of páradise 〖鳥〗フウチョウ,ゴクラクチョウ(極楽鳥) (ニューギニア近辺の美しい鳥).

bird of pássage (1) 渡り鳥. (2) 放浪者,旅がらす.

bird of préy 猛禽(1) (タカ・ワシ・フクロウなど).

éat like a bírd 小食である.

kíll twó bírds with óne stóne 〖口〗一石二鳥を得る,一挙両得する.

like a bírd (1) (英口) 難なく,楽々と;スムーズに: Now my car has been mended it goes *like a* ~. 修理したので私の新車はスムーズに走る. (2) ⇒ eat like a BIRD 成句. (strictly) for the bírds (米俗) くだらない,つまらない: He's one *for the* ~s. 彼はくだらない人間だ.

The bírd has flówn. 相手は逃げてしまった(捕らえようとしていた人・犯人などが逃亡).

the bírds and (the) bées (口) 性に関する初歩的な知識 (the facts of life) (由来 子供に鳥やハチの性の習性を例に教えることから).

― 動 自 ❶ 野鳥を観察する. ❷ 鳥を取る[撃つ]. 〖OE=ひな鳥〗(関形) avian.

bírd bàth 名 水盤(小鳥の水浴用).

bírd・bràin 名 (口) まぬけ,ばか,ノウタリン.

bírd・bràined 形 まぬけの,ばかな.

bírd càge 名 鳥かご.

bírd càll 名 鳥の鳴き声;鳥のまね声;鳥笛(鳥寄せに用いる).

bírd chèrry 名 〖植〗エゾノウワミズザクラ.

bírd dòg 名 ❶ (米)鳥猟用猟犬. ❷ (口) (タレント・スポーツ選手などの)スカウト.

bírd-dòg 動 他 (米) あとをつける;監視する.

bírd-èating spíder 名 〖動〗トリクイグモ.

bírd・er /-də | -də/ 名 野鳥(保護)観察者,バーダー.

bírd fáncier 名 愛鳥家;小鳥屋(人).

bírd・hòuse 名 ❶ (鳥の)巣箱. ❷ 小鳥小屋(小鳥を見せる)鳥の家.

✱**bird・ie** /báːdi | báːdi/ 名 ❶ 〖ゴルフ〗バーディー (parより1打少なく打ってホールに入れること). ❷ (小児) 鳥(さん),小鳥(さん): Watch the ~! はい,鳥さんを見てね (写真を撮る時に子供に言う言葉). ❸ (バドミントンの)羽根,シャトル (shuttlecock). ― 動 他 〖ゴルフ〗〈ホールを〉バーディーで上がる.

bírd・ing /-dɪŋ/ 名 U 野鳥観察 (birdwatching).

bírd・lìme 名 U ❶ 鳥もち. ❷ わな,甘言.

bírd・màn /-mən/ 名 (`複` -men /-mən/) ❶ 鳥類研究者,野鳥観察家. ❷ (人)鳥人,飛行家.

bírd-of-páradise 名 (また **bírd-of-páradise flòwer**) 〖植〗ゴクラクチョウカ,ストリレチア(熱帯アフリカ原産).

bírd pèpper 名 〖植〗シマトウガラシ.

bírd sánctuary 名 鳥類保護区.

bírd sèed 名 U (飼鳥に与える)つぶえ.

bírd's-èye /báːdzàɪ/ 形 ❶ 鳥瞰(2)的な: ~ photo 鳥瞰写真. ❷ 鳥目模様の: ~ maple サトウカエデ材(家具材). ― 名 ❶ C 〖植〗セイヨウユキワリソウ. ❷ a C 鳥目模様. b U 鳥目模様の織物.

bírd's-èye chílli 名 辛味の強い小型トウガラシ.

bírd's-èye prímrose 名 〖植〗セイヨウユキワリソウ.

bírd's-èye spéedwell 名 〖植〗クワガタソウ.

bírd's-èye víew 名 ❶ a 鳥瞰図(of). b (通例単数形で) (高い所から見渡す)全景(of). ❷ 概観,大要: take a ~ *of* American history 米国史を概観する.

bírd's-fòot 名 (`複` ~s) 〖植〗鳥の足に似た葉や花をもつ植物(特にマメ科のミヤコグサ・レリョウコウなど).

bírd's-foot tréfoil 名 〖植〗ミヤコグサ(マメ科).

bírd shòt 名 U 鳥猟用散弾.

bírd's-nèst 動 自 鳥の巣探しをする(ひなや卵をとるため): go ~ing 鳥の巣を探しに行く.

bírd's-nèst fúngus 名 〖植〗チャダイゴケ.

bírd's-nèst órchid 名 〖植〗サカネラン.

bírd's-nèst sóup 名 U (中国料理の)ツバメの巣のスープ.

bírd・sòng 名 鳥の鳴き声,鳥のさえずり.

bírd spìder 名 〖動〗オオツチグモ,トリクイグモ(ブラジル産).

bírd strìke 名 バードストライク(飛行機と鳥の衝突).

bírd tàble 名 野鳥のえさ台.

bírd-wàtcher 名 野鳥観察者[生態研究家].

bírd-wàtching 名 U バードウォッチング,探鳥,野鳥観察.

bírd・wìng 名 (また **bírd-wìnged bútterfly**) 〖昆〗トリバネチョウ (Australasia 熱帯地方に生息する目立った模様の大型の蝶).

bì・refríngence 名 U 〖光〗複屈折. **bì・refríngent** 形

bi・reme /báɪriːm/ 名 (古代ギリシャ・ローマの)二橈漕(¿¿)船(櫓を両舷の前後2段に配したガレー船).

bi・ret・ta /bɪrétə/ 名 〖カト〗ビレッタ(聖職者の四角の帽子).

bir・ia・ni /bɪriáːni/ 名 =biryani.

birl /báːl/ 動 他 ❶ (米・スコ)こまのようにくるくる回す. ❷ (米)〈浮いた丸太を〉足でくるくる回す. ― 自 (米・スコ)くるくる回転しつつ進む;(米)(特に丸太乗り競争に出て)丸太

回しをする. ── 名 くるくる回る音, 旋回音, 回転音.
Bir·man /bə́ːmən | bə́ː-/ 名 バーマン《眼色と被毛はシャム猫に近いが足の先端が白いビルマ産出の長毛の猫》.
Bir·ming·ham /bə́ːmɪŋəm | -əm/ 名 バーミンガム《イングランド West Midlands 州の工業中心地》.
Bi·ro /báɪroʊ/ 名 (複 ~s) [しばしば b-]《英商標》パイロウ《ボールペンの商品名》.
‡**birth** /bə́ːθ | bə́ːθ/ 名 ❶ U.C **a** 出生, 誕生: the date of one's ~ 生年月日 (cf. birthdate) / the country of one's ~ 出生国 / news about ~s and deaths 誕生と死亡に関するニュース / at ~ 生まれた時には[は] / He has been blind since ~. 彼は生まれた時から盲目だ. **b** 出産, 分娩: a difficult ~ 難産. ❷ U 生まれ, 血統; (よい)家柄: a person of noble ~ 貴族の出である人 / She's of Scottish ~. 彼女はスコットランド生まれだ. ❸ U 起源, 発生, 出現: the ~ of a new nation 新国家の誕生.
by birth (1) 生まれに: He's (an) American by ~. 彼女は生まれは米国人だ. (2) 生まれながらに: a Londoner by ~ 生粋のロンドン子.
give birth to… (1)《子》を産む. (2)《事》を…を生み出す, …の原因となる.
── 他 自 起こす, 始める.
〖ON〗(動 bear¹; 関形 natal)
birth certificate 名 出生証明書《★ 日本の戸籍抄本に相当する》.
⁺**birth contròl** 名 U 産児制限, 妊娠調節, 避妊.
birth·date 名 生年月日 (cf. birthday).
***birth·day** /bə́ːθdeɪ | bə́ːθ-/ 名 誕生日, 誕生記念日: one's twentieth ~ 20歳の誕生日 / "When is your ~?" "It's (on) May 5." 「誕生日はいつですか」「5月5日です」/ Happy ~ (to you)! お誕生日おめでとう! ── 形 A 誕生日の: a ~ party 誕生日会, バースデーパーティー / a ~ present 誕生日の贈り物 / ~ boy [girl] (今日が)誕生日の男子[女子].
bírthday càke 名 バースデーケーキ, 誕生記念日のケーキ《ケーキ上に年の数だけろうそくを立てる》.
bírthday hónours 名 複《英》国[女]王誕生日に行なわれる叙爵・叙勲.
bírthday sùit 名 U《口》素肌: in one's ~ 生まれたままの姿で, 裸で.
bírth defèct 名《医》先天的欠損症《口蓋裂・フェニルケトン尿症など》.
birth father 名《養父に対して》実父.
birth·ing 名 U《特に自然分娩で》子を産むこと, 出産.
birthing pòol 名 出産プール《その中で出産するための大型浴槽》.
birth·màrk 名 (生まれつきの)あざ, 母斑(ぼはん) (nevus)《比較》bruise は打撲などによってできたあざ・傷》.
birth mòther 名《養母に対して》実母.
bírth pàng 名 [通例複数形で] ❶ (出産の)陣痛. ❷ (社会変革などの)生みの苦しみ.
birth parent 名 産みの親.
⁺**birth·plàce** 名 ❶ 出生地, 生まれ故郷. ❷ 発祥地.
⁺**birth·ràte** 名 出生率.
birth·right 名 [通例単数形で] 生得権: by ~ 生得権によって《★ 無冠詞》. **séll one's bírthright for a méss of póttage** 一時的利益のため永久的利益を手放す《★「ひとわんのあつもののために家督権を売る」がもとの意味; 聖書「創世記」から》.
bírth sìgn 名《占星》誕生宮《人が誕生したとき太陽が通過している十二宮の星座》.
bírth·stòne 名 誕生石《生まれ月を象徴する宝石》. ★各月の誕生石: 1月 garnet; 2月 amethyst; 3月 bloodstone, *aquamarine; 4月 diamond; 5月 emerald; 6月 pearl, *alexandrite, *moonstone; 7月 ruby; 8月 sardonyx, *peridot; 9月 sapphire; 10月 opal, *tourmaline; 11月 topaz; 12月 turquoise, *zircon; * は 20世紀になって付け加えられたもの.
birth·wòrt 名《植》誕生草《芳香をもつ根が安産の薬になるとされたウマノスズクサ属の各種のつる草》.

bir·ya·ni /bɪriáːni/ 名 U.C《インド料理》ビリャーニ《サフランかターメリック (turmeric) で香味をつけたライスといっしょに調理した肉[野菜]料理》.
bis /bís/ 副 ❶ 二度, 二回. ❷《楽》繰り返して《楽譜の指示またはアンコールの要求》.〖L=twice, double〗
BIS《略》Bank for International Settlements.
bis- /bís/《連結形》「両方」「二(回)」《主に化学用語》.
Bis·cay /bískeɪ, the Bay of ズビスケー湾《フランス西岸の湾》.
bis·cot·to /bɪskátoʊ | -kɔ́t-/ 名 (複 **-cot·ti** /-tiː/) ビスコット《アニスやハシバミで香りをつけたイタリア起源のクッキー》.
***bis·cuit** /bískɪt/ 名 (複 ~s, ~) ❶ C **a** ビスケット(《米》cookie). **b**《米》(ベーキングパウダーでふくらませた)柔らかな菓子パン(《英》scone). ❷ U ビスケット色, きつね色. ❸ U =bisque¹. **táke the bíscuit**《英口》=take the CAKE 成句.〖F＜L＝二度焼きしたくbis twice + coquere, coct- 料理する, 焼く (cf. cook)〗
bi·sect /báɪsekt/ 動 他《…》を二(等)分する. ── 自《道など》が二つに分かれる.
bi·sec·tion /bàɪsékʃən/ 名 U 二(等)分.
bi·sec·tor /báɪsektə | -tə/ 名《数》二等分線.
bi·serial 形《植・動》二列(配列)の, 二連の.
⁺**bi·sex·u·al** /bàɪsékʃuəl | -ʃəl-/ 形 ❶ C《心》《人が》両性に心を引かれる. ❷《生》両性の; 両性器官を有する (cf. unisexual 1). ── 名《心》(男女)両性に性欲を感じる人. **-ly** /-ʃuəli, -ʃəli/ 副.
bi·sex·u·al·i·ty /bàɪsekʃuǽləṭi/ 名 U《心》両性素質; 両性交.
bish /bíʃ/ 名《俗》間違い, へま.
Bish·kek /bɪʃkék/ 名 ビシケク, ビシュケク《キルギス共和国の首都; 別称 Pishpek, 旧称 Frunze (1926-91)》.
⁺**bish·op** /bíʃəp/ 名 ❶ [しばしば B-]《カト》司教;《プロ》監督,《英国教》主教《★英国国教会では England と Wales を約40に区分し各区分を1人の bishop が統轄する》: the **B-** of London ロンドン主教《St. Paul's に主教座をもつ》. ❷《チェス》ビショップ《★僧正帽子形で将棋の「角」に当たる動きをする駒; 略 B》. ❸ (また **bíshop bìrd**)《鳥》キンランチョウ. ❹ビショップ《ポートワインにオレンジとクローヴをつけて温めた飲料》.〖L episcopus＜Gk=監督＜EPI- + scopos 見る(人); ⇒ scope¹; cf. episcopal〗
bish·op·ric /bíʃəprɪk/ 名 bishop の職[管区] (diocese).
bíshop súffragan 名 =suffragan.
Bis·marck /bízmɑːk/ 名 ビズマーク (North Dakota 州の州都).
Bismarck, Otto (Eduard Leopold) von 名 ビスマルク (1815-98), ドイツの政治家; ドイツ統一を遂行してドイツ帝国宰相となる (1871); 'the Iron Chancellor' (鉄血宰相) と呼ばれた).
bis·mil·lah /bɪsmíləh/ 間 神かけて!《イスラム教徒の誓言》.
bis·muth /bízməθ/ 名《化》蒼鉛(そうえん), ビスマス《金属元素; 記号 Bi》.
bi·son /báɪs(ə)n, -z(ə)n | -s(ə)n/ 名 (複 ~s, ~) 動 バイソン, 野牛 (cf. buffalo).
bís·phènol Á 名《化》ビスフェノール A《エポキシ樹脂・ポリカーボネート樹脂などの製造に使用される合成有機化合物》.
bisque¹ /bísk/ 名 U ビスク焼き《素焼きの陶磁器》.
bisque² /bísk/ 名 U ビスク《主にエビ・カニなどを用いた濃いクリームスープ》.
bisque³ /bísk/ 名 ビスク《テニス・クローケー・ゴルフで弱い方に与えられる1点, 1ストロークのハンディキャップなど》.
Bis·sau /bɪsáʊ/ 名 ビサウ《ギニアビサウの首都・港町》.
bì·stáble 形 (回路が)2つの安定状態を有する, 双安定の.
bis·ter,《英》**bis·tre** /bístə | -tə/ 名 U ビスタ《濃褐色絵の具; その色》.
Bis·to /bístoʊ/ 名 U《商標》ビスト《英国製のグレービーソース (gravy) の素; 粉末》.
bis·tort /bístəːt | -tɔːt/ 名《植》タデ属の各種の草本, (特に)イブキトラノオ.

bis·tou·ry /bístəri/ 图《外科》折り込みメス, 柳葉刀.

bis·tro /bí:strou/ 图 (圈 ~s) ビストロ《小型のバー[レストラン, ナイトクラブ]》.《F=wine shop》

bi·sulfate 图《化》重硫酸塩.

*__bit__¹ /bít/ 图 ❶ [C] 《主に英》小片, 細片: a ~ of paper 紙切れ / ~s of glass ガラスの破片 / cut [tear] a letter to ~s 手紙をずたずたに切る[引き裂く]. **b** [...の]一部, 部分: the first ~ of the book この本の最初の部分. ❷ a [a ~] わずか, 少しばかり: Use a little ~ at a time. 一度に少しずつ使いなさい. **b** [a (little) ~ の...で形容詞的に] わずかの, 少しばかりの: a ~ of land わずかな土地《用法: a ~ land のように名詞の前で of を省くことはできない》/ with a ~ of luck うまく行けば, 運がよければ / know a little ~ of everything 何でも広く浅く知っている. **c** (小さな)一片, 一つ: a ~ of advice [information, news] 一つの忠告[情報, ニュース]. **d** [a (little) ~ で副詞的に]《口》少しだけ, いささか, やや: a ~ difficult ちょっと難しい / I am a ~ tired. 少々疲れた / I know a little ~ about it. そのことについては少しだけ知っている. **e** [not a [the least] ~ で副詞的に] 少しも(...でない), 全然(...でない): I'm not a ~ sleepy. 私は少しも眠くない / I don't feel the least ~ sorry for him. 彼を全然気の毒に思わない / Do you mind if I smoke? No, not a ~. 「たばこを吸ってもよいですか」「ええけっこうですよ」. **f** [C] (食物の)一口, 少量の食物: eat every ~ 残らず食べる. **g** [a ~ でしばしば副詞的に]《口》しばらくの間, わずかな時間: for a ~ ちょっとの間 / after a ~ しばらくして / Wait a ~. ちょっと待ってください. **h** (英口) かなりの, だいぶ: it takes a ~ of time to do... するには相当な時間がかかる / This program needs a ~ of working on to make it run faster. このプログラムをもっと速く動かすにはかなりの作業が必要だ. ❸ [C]《口》(風景画の)小品. **b** (劇の)小場面, 一シーン. ~ bit part. ❹ [C] **a** [修飾語を伴って]《英口》小銭(旧3ペンス, 6ペンス貨): a sixpenny ~ 6ペンス銀貨. **b**《米口》(その倍数を伴って) 12セント半: two ~s 25セント.

a bít múch [thíck]《口》ひどすぎて, あんまりで: That's a ~ much. それはあんまりだ[ひどすぎる].

a bit of a...《口》やや...だ: He's a ~ of a poet. 彼にはちょっと詩人らしいところがある《ちょっとした詩人だ》.

a bit of àll right《英俗》すばらしいもの[人]; 美しい女性.

a bit on the side《口》浮気(相手): (1) have a ~ on the side 浮気をする. (2) 本業以外で得る金.

a góod bít《口》(1) 相当長い間. (2) ずっと: I'm a good ~ older than he. 彼よりずっと年上だ.

a níce bít (of...)《口》かなりたくさん(の...): have a nice ~ of money 大金持ちだ.

a (níce) bit of skírt [stúff, flúff]《英俗》(かわいい)女の子.

be thrílled to bíts《英口》すくご喜ぶ; すごく感動する.

bít by bít《口》少しずつ, 徐々に.

bits and píeces [bóbs]《口》断片; 寄せ集め; あれやこれや.

chámp at the bít ⇒ champ¹ 成句.

dó one's bít 分担[応分の務め]を果たす.

évery bít どの点から見ても, まったく: He's every ~ a gentleman. 彼はどこから見ても紳士だ.

évery bít as...(as...) ...とまったく同じように...で: He's every ~ as clever (as his father). 彼も(父親と)まったく同じように利口だ.

nòt a bít of it!《英口》(ところが)全然[まったく]そんなことはない, とんでもない《★それまでの話の流れなどから予想されることを否定する》.

quite a bít《口》たくさん(の...), かなり(の...) of.

téar to bíts《口》(1) (ものを)ずたずたに引き裂く. (2) (...を)厳しく批判する[調べる].

the (whóle)...bít《口》...にお決まりのこと[もの].

to bíts (1) こなごなに, ずたずたに. (2)《英口》⇒ be thrilled to BITS¹ 成句.

《OE=かみ切った部分, 一口分; cf. bite》

*__bit__² /bít/ 動 bite の過去形・過去分詞形.

bit³ /bít/ 图 ❶ **a** (馬具の)はみ(馬の口にかませて, その両端に手綱をつける環がついている). **b** 拘束するもの. ❷ a (きり・ドリルの)穂先, ビット (⇒ brace¹ 图 3). **b** (かんなな

刃. **c** (かぎなどの)かみ合わせ. **d** はんだごての先. **cháfe [chámp] at the bít** (遅れて早く...したくて)いらいらする. **dráw bít** (1) 手綱を引いて馬を止める. (2) 速力をゆるめる. ❸ 控えめにする. **táke the bít betwéen [in]** one's **téeth** (1) 〈馬が〉暴れる. (2) 〈人が〉反抗して手に負えない; 敢然と事に当たる. ── 他 (bít·ted; bít·ting) 〈馬〉にはみをかませる; 〈馬〉をはみに慣らす. ❷ 〈...を〉抑制する[拘束]する.《OE; ⇒ bite》

bit⁴ /bít/ 图《電算》ビット (情報量の最小単位).《**bi**nary dig**it**》

†**bitch** /bítʃ/ 图 ❶ 雌犬, (イヌ科の動物の)雌 (↔ dog). ❷《俗》尻軽女, あばずれ女, いやな女, 毒女: You ~! このあま! ❸《口》とてもやな[難しい]事. **són of a bítch** ⇒ son 成句. ── 動《俗》自 [...のことで]人にひどく不平を言う《about》《at》. ── 他 ❶ 〈人に〉意地悪をする. ❷ 〈...を〉台なしにする《up》.

bitch·en, bitch·in' /-tʃən/, **bítch·ing** /-tʃɪŋ/《米俗》形 すごい, すばらしい, 最高の. **You guys bítchin'?**《米俗》やあきみ どうした, 元気にしてる？ ── 副 とても, すごく.

bitch·er·y /-tʃəri/ 图《俗》意地悪な[横柄な]ふるまい.

bitch·y /bítʃi/ 形 (**bítch·i·er; -i·est**)《俗》意地悪な: a ~ remark 意地悪な言葉.

*__bite__ /báɪt/ 動 (**bit** (bít); **bit·ten** (bítn) 《bit も時に用いられる》) 他 ❶ a 〈歯または口で〉〈...を〉かむ, 〈...に〉かみつく, 〈...を〉かみ切る(比較: **crunch** は歯で[ばりばり]かむ; **gnaw** は前歯でかじるように噛む; **chew** は奥歯でよくかむ): ~ one's fingernails (神経質に)つめをかむ / ~ one's lower lip 下唇をかむ / Once *bit*(*ten*), twice shy. 《諺》一度かまれると二度目から用心する.「あつものにこりてなますを吹く」/ The dog *bit* me *in* the left leg [*on* the butt]. 犬は私の左足に[お尻に]かみついた / John *bit off* a piece of meat from the bone. ジョンは骨から肉を(一口分)かじり取った / The dog *bit through* the rope. 犬はなわをかみ切った. **b** かんで...に穴などを作る: The dog *bit* a hole *in* the shoe. 犬は靴をかんで穴をあけた. ❷〈蚊・ノミなどが〉〈...を〉刺す, 食う; 〈ヘビが〉〈...を〉かむ, 〈カニが〉〈...を〉はさむ: A horsefly *bit* her on the arm. アブが彼女の腕を刺した. ❸〈寒さが〉〈...に〉しみる; 〈霜が〉〈...に〉[ばりばり]かむ: The cold *bit* me to the quick. 寒さがひどく身にこたえた. **b** 〈こしょうなどが〉〈...を〉刺激する. **c** 〈酸などが〉〈...を〉腐食する: Acid ~s metal. 酸は金属を腐食する. ❹ **a** 〈物が〉〈食いこんで〉〈...を〉押さえる. **b** 〈工具などに〉食いこむ. ❺《口》〈人を〉悩ます, 困らす: What's *biting* you? 何をいらいらしているんだい, どうしたんだ. ❻〈...を〉だます 《★ 通例受身; cf. biter 2》: I got *bitten* in a mail order swindle. 通信販売詐欺でいっぱい食わされた.

── 自 ❶ **a** かむ, かみ[食い]つく; 〈蚊・ノミなどが〉〈...を〉刺す, 食う: My dog doesn't ~. 私の犬はかみつかない / The dog *bit at* him. その犬は彼にかみついた / He *bit into* the slice of bread. 彼はその1枚のパンをかじった. **b** 〈歯車に〉かみ合う. **b** 〈工具などに〉切れる: This saw is dull and doesn't ~ well. このこぎりは刃が鈍ってよく切れない. **c** 〈ブレーキなどが〉きく. ❸ **a** 〈酸が〉〈...に〉作用する, 刺激する: Acids ~ *into* metals. 酸は金属を腐食する / This cheese ~s. このチーズはぴりっとする. **b** 風刺などが〈...に〉きく; 政策などが〈...に〉効果を示す, これに当たる: The recession started to ~. 不況の影響が出始めた. ❹ **a** 〈魚が〉餌につく: The fish are *biting* today. 魚はきょうはよく食う. **b** 〈人が〉誘惑などにのる, とびついてくる: He didn't ~ *at* our offer. 彼はこちらの申し出にのらなかった. ❺《俗》〈もの・ことが〉むかつく, 腹が立つ, ひどい.

bite báck《他》《口》(1) 〈人を〉かみ返す, こらえる. (2) 〈出かかった言葉・涙などを〉〈唇をかんで〉やっと抑える.

bite a person'**s héad óff** ⇒ head 图 成句.

Bite me!《卑・俗》勝手にしろ, ほっといてくれ, うせろ, くたばれ, じゃあやろう, ふざけんな《★ fuck you, go to hell などに相当するののしりの表現》.

bite óff móre than one can **chéw** 手に余るような仕事を

引き受ける. **bíte on...**《口》(1) …をよく考える: *B~ on that!* それをとくと考えてみろ. (2) …に真剣に取り組む.
bite the big one《口》死ぬ.
bitten by the...búg《ものに夢中にさせられて, …のとりこにされて: She has been [got] *bitten by the dance bug*. 彼女は(今)ダンスに夢中だ.
a person wòn't bíte《口》《…だって》かみつきはしないから, 《…に》(特に)怖がることはないよ.
── 名 ❶ C かむこと: at one ~ ひと口に. ❷ a C ひとかじり; 少量; 食物: a ~ of bread ひと口のパン / He took a ~ out of his apple. 彼はリンゴをひと口かじった. **b** [a ~]《口》食物; 軽食: We had a ~ at a snack bar. 軽食堂で軽食をとった. ❸ a C かみ傷, 刺し傷(の跡). **b** U 腐食(作用). ❹ U [また a ~] 刺激性, 辛辣(ﾆﾝ)味; (食物の)辛味, ぴりっとする味: the ~ of sarcasm 風刺の辛辣さ / the keen ~ of the wind 肌を刺すような厳しい風 / curry with ~ to it ぴりっとする[辛味の]カレー. ❺ C a (魚が)餌(ｴ)につくこと: get [have] a ~ 引きがある. **b** 誘惑にのること. **c** 強い反響, 食いつき. ❻ C《米口》(給料などから)差し引かれる[取られる]金額(税金など): Taxes take a big ~ out of my pay. 給料から税金をがっぽりもっていかれる. ❼ U《機》かみ合い, 食い込み, かかり. ❽ U C《歯》上下の歯のかみ合わせ, 咬合(ｺﾞｳ); かみ合わせをとった型, 咬合印象.
màke [tàke] a bíte at [of] the chérry ⇒ cherry 成句.
pùt the bíte on a person《米俗》《人》にたかる: She *put the ~ on* me for a thousand dollars. 彼女に千ドルくれと要求された.
tàke a bíte òut of...《口》…を激減させる.
〖OE; 原義は「裂く」; ⇒ beetle¹, bit¹, bitter〗
bít·er /-tə/ -tə-/ 名 ❶ a かむ人[動物, もの]: Great barkers are no ~s. すぐ吠(ﾎ)えて噛(ｶ)む犬. **b** すぐ餌に食いつく魚. ❷《古》だます人(★ 今は次の諺にのみ用いる): The ~ (is) bit [bitten]. 〘諺〙 だまそうとしてだまされる, 「ミイラ取りがミイラになる」.
bíte-size(d) 形 [通例 A] ❶《食べ物が》ひと口大の. たやすく[すぐに]把握できる[解せる].
bít·ing /-tɪŋ/ 形 ❶ a《寒風など》身を切るような; ひりひりする(piercing). **b** [副詞的に] 身を切るように: ~ cold 身を切るように寒い. ❷ a 鋭い; 痛烈な, 辛辣な: a ~ pain 激痛 / He has a ~ tongue. 彼は辛辣な皮肉屋である. **b**《食物など》刺激性の. ❸ かみつく, 噛む.
bít·ing·ly 副 刺すように; 辛辣に: a ~ cold morning 肌を刺すほど寒い朝.
bít·map 名《電算》ビットマップ《画像をディスプレー上のピクセルの行列[マトリックス]によって表わし, さらにそれをメモリー上のビットの対応する組合わせで表現したもの; そのような画像表現方式》.
bi·tónal 形《楽》2つの異なる調性を用いる, 複調性の, 両調性の. **bi·tonál·i·ty** 名
bít pàrt 名 (劇・映画の)端役(ﾊｼﾔｸ).
bít ràte 名《電算》ビット転送[処理]速度, ビットレート.
bít strèam 名《電算》ビットストリーム《バイト単位などでなくビット単位で送られるデータ》.
bit·sy /bítsi/ 形《口》ちっちゃい, ちびっちゃい, かわいらしい.
bitt /bít/《海》名 (船の甲板の)係柱, ビット; =bollard. ── 動《綱》を係柱に巻く.
****bit·ten** /bítn/ 動 bite の過去分詞.
****bit·ter** /bítə/ -tə-/ 形 (~·er; ~·est) ❶ 苦い(↔ sweet); 苦々しい: This lemon is somewhat ~. このレモンはちょっと苦い. ❷ [通例 A] つらい, 苦痛な: a ~ experience 苦い経験 / ~ grief 悲痛 / ~ tears 悲痛の涙. ❸ a《争いなど激しい, 苛烈(ｶﾚﾂ)[敵意]に満ちた, 冷酷な: a ~ quarrel 激しい争い / a ~ political dispute [feud] 激しい政治論争[政争] / a ~ rival 激しくせり合う競争相手 / ~ enemy 憎い敵, 仇敵 / a ~ hatred for imperialism 帝国主義への激しい憎しみ. **b** P [...につらく当たって《*to, against*》. ❹《…のことで怒りがおさまらない, くやしい: He was ~ *about* his bad luck. 彼は不運をいまいましく思った. ❺ a《風・寒さなど》激しい, 厳しい: a ~ winter 寒さの厳しい冬. **b**《言葉など》辛辣(ﾆﾝ)な, 痛烈な: ~ irony 痛烈な皮肉 / ~ criticism 酷評. **a bitter pill (to swallow)** 耐えなければならないやなこと[もの]. **to the bítter énd**《口》(不快・困難にもかかわらず)あくまで; 死ぬまで: fight to the ~ *end* あくまで戦う.
── 副 (~·er; ~·est) 非常に, とても (bitterly): The night was ~ cold. その夜は身を切るように寒かった.
── 名 ❶ [~s; 単数または複数扱い] **a** ビターズ《カクテルなどの味付け用》; gin and ~s=pink gin. **b** 苦味剤; 苦味チンキ. ❷《英》U C ビター《ホップのきいた生ビール; cf. mild》: a pint of ~ 1パイントのビター. **tàke the bitter with swéet** 人生の幸不幸をともに受け入れる.
〖OE; 原義は「かみつくような」; cf. bite〗
bítter ápple 名《植》=colocynth.
bítter béer 名 =bitter 2.
bítter lémon 名 U《英》ビターレモン《レモン風味の炭酸清涼飲料》.
bit·ter·ling /bítərlɪŋ |-tə-/ 名《魚》ヨーロッパタナゴ.
bit·ter·ly /bítəli |-tə-/ 副 ❶ ひどく: cry ~ 激しく泣く. ❷ 痛烈に; 苦々しげに: speak ~ 苦々しげに言う / I was ~ hurt. 私は痛く傷ついた. ❸ 身を切るように: It was ~ cold. 身を切るような寒さだった.
bit·tern /bítə(r)n/ 名《鳥》サンカノゴイ亜科の鳥《サンカノゴイ・ヨシゴイの類》.
bit·ter·ness 名 U ❶ 苦さ; 苦み. ❷ つらさ, 苦しさ. ❸ 辛辣さ; いやみ: There was ~ in his words. 彼の言葉には辛辣さがあった.
bítter órange 名《植》ダイダイ.
bítter pít 名 U《植》(リンゴ・ナシなどの)苦痘病《果実に褐色の斑点を生ずる》.
bítter·swéet 形 ❶ ほろ苦い; 苦しくも楽しくもある. ❷《米》《チョコレートなど》ほとんど砂糖を加えてない.
── /ˌ--/ 名 ❶ U 苦みの混じった甘さ[楽しさ]. ❷ C《植》**a** マルバノホロシの一種《ナス属のつる性草本》. **b** アメリカツルウメモドキ《ツルウメモドキ属のつる性の低木》.
bit·ty /bíti/ 形 ❶《英口》断片的な, こま切れの. ❷《米口》ちっちゃい: a ~ doll ちっちゃい人形.
Bit·u·mas·tic /bìtjuméstɪk/ 名《商標》ビチュマスティック《アスファルトと充填剤を混合した鉄材さび止め用被覆剤液》.
bi·tu·men /bɪt(j)úːmɪn | bítjʊ-/ 名 U《鉱》瀝青(ﾚｷｾｲ), ビチューメン《炭化水素化合物; asphalt, tar など道路舗装用》. ❷ 暗褐色.
bi·tu·mi·nize /bɪt(j)úːmənaɪz | -tjúː-/ 動 瀝青化する; 《…に》アスファルトを混ぜる; 瀝青で処理する. **bi·tú·mi·ni·zà·tion** /bətjùːmənɪzéɪʃən | -tjùːmənaɪ-/ 名
bi·tu·mi·nous /bɪt(j)úːmənəs | bítjʊ-/ 形 瀝青(質)の.
bitúminous cóal 名 U 瀝青炭, 軟炭.
bít·wise 形《電算》ビットに関する, ビットごとの.
bì·válence 名《化·遺伝》2価.
bì·válency 名 =bivalence.
bì·válent 形《化·遺伝》2価の.
bi·valve /báɪvælv/ 名 二枚貝《ハマグリ・アサリ・カキなど》. ── 形 ❶ 二枚貝の. ❷《植》両弁の. ❸ (ちょうつがいで)二枚貝のようにつながった. **bí·vàlved** 形
bì·váriate 形《数·統》二変数の.
biv·ou·ac /bívuæk | -væk/ 名 (軍隊·登山のテントなしの)露営(地), 野宿, ビバーク. ── 動 自 (biv·ou·acked; -ack·ing) (テントなしで)露営する, ビバークする. 〖F く Swiss-G=extra watch, night-watch〗
biv·vy /bívi/《俗》名 小さなテント[避難所]. ── 動 自 野営[露営]する. 〖biv·ou·ac〗
bi·week·ly /bàɪwíːklìː/ 形 副 ❶ 隔週の[に]《★ 刊行物では多くこの意味》. ❷ 週 2回の[に]《用法 1 との混同を避けるため twice a week, semiweekly のような代替の表現を用いる; bimonthly, biyearly も同様》. ── 名 隔週刊行の刊行物《新聞·雑誌など》. 〖BI-+WEEKLY〗
bi·year·ly /bàɪjíəlì | -jɪə-, -jəː-/ 形 副 ❶ 2年に1度(の). ❷ 年に2度の(の)《用法》⇒ biweekly》.
****biz** /bíz/ 名 U ❶《俗》職業, 商売: ⇒ show biz. ❷《電算》ビズ, biz: **a** インターネットのニュースグループの一つ; 新商

品情報などを扱う. **b** [.biz で] 企業向けのインターネットドメイン名. 《BUSINESS の短縮形》

****bi·zarre** /bɪzάːr | -záː/ 形 **奇怪な, 異様な**; 信じられない: his ～ behavior 彼の奇妙な行動. **～·ly** 副 **～·ness** 名《F に＝angry, strange》

bi·zar·re·rie /bìzɑːrəríː | -ríː/ 名 怪奇[異様](なもの).

Bi·zet /biːzéɪ | ―́―/, **Georges** /ʒɔːʒ | ʒɔ́ːʒ/ 名 ビゼー《1838-75; フランスの作曲家》.

bíz·jèt 名《口》ビジネスマン用旅客機.

biz·zy /bízi/ 名《英俗》警察, デカ (cf. busy 名).

bk.（略）bank¹; block; book. **Bk**（記号）《化》berkelium. **bkpt.**（略）《法》bankrupt. **bks.**（略）banks; books; barracks¹. **bl.**（略）bale¹; barrel; black. **b.l., B/L**（略）bill of lading. **BL**（略）Bachelor of Law(s) 法学士.

blab /blǽb/ 動（**blabbed; blab·bing**）他 《秘密を》ぺらぺらしゃべる: ～ out a secret ぺらぺらと秘密を話してしまう. ― 自 ❶ くだらぬおしゃべりをする. ❷ 秘密を漏らす. ― 名 ❶ ⓒ おしゃべりする人. ❷ ⓤ おしゃべり.

blab·ber /blǽbər | -bə/ 動 他 自 ＝blab. ― 名 おしゃべりする人, 口の軽い人.

bláb·ber·mòuth 名《口》(他人の秘密まで話す)おしゃべり(な人).

****black** /blǽk/ 形 (**～·er; ～·est**) ❶ **a** 黒い, 黒色の: (as) ～ as coal [ebony, ink, soot] 真っ黒で. **b** 《空・深い水など》黒ずんだ: a ～ night 暗黒の夜. (比較なし)《コーヒーがクリーム[ミルク]抜きの》: ～ coffee ブラックコーヒー / drink one's coffee ～ コーヒーをブラックで飲む. **d** 黒衣の: the ～ knight 黒装束の騎士 / the Black Friar. ❷ (比較なし) [また B～] 黒人の; 皮膚の黒い.《解説》1960 年代後半に米国で Black is beautiful.（黒は美しい）の運動が起こり, Negro に代わり black が使われるようになったが, 米国では以前はではなくなり African-American と呼ばれることを好む傾向がある; 英国では black が現在最も広く一般に受け入れられている: a ～ man 黒人男性 / the ～ vote 黒人票. ❸〈手・布など〉真っ黒によごれた. ❹ 光明のない, 暗黒(な)とした, 暗い; 不吉な: ～ despair 暗い絶望 / a ～ augury 凶兆. ❺ むっとした, 険悪な: ～ in the face (激怒・努力などで)顔が紫色になって, 血相を変えて / He gave me a ～ look. 彼はむっとして私を見た. ❻ 🇦 〈文〉腹黒い, 凶悪な: a ～ heart 険悪な心 / ingratitude がよくの恩知らず / a ～ lie 人でなしの悪いうそ. ❼ ⓒ 〈ユーモアなど〉悲劇的なことをコミックに表現する: ⇒ black comedy, black humor. ❽《英古風》〈労働争議で〉組合によってボイコットされた. ❾《会計》黒字の: a ～ balance sheet 黒字貸借対照表.

bláck and blúe 青黒いあざのできるほど (cf. black-and-blue): beat a person ～ and blue 人を一面に青あざができるまで殴る.

gò bláck（失神して）くあたりが》真っ暗になる.

lóok bláck (1)〈事態が〉険悪である: Things are looking ～. 険悪な情勢になってきた. (2) むっとしている. (3) 〔…を〕にらむ〔at, on〕.

páint a person bláck ⇒ paint 成句.

― 名 ❶ Ⓤ© 黒, 黒色. ❷ Ⓒ [しばしば B～] 黒人 (⇒ 形 2《解説》). ❸ **a** Ⓤ 黒絵の具, 黒色染料[インキ]; 墨. **b** Ⓒ 黒いしみ. **c** Ⓤ 黒い布; 喪服, 喪装: dressed in ～ 喪服を着て. ❹ [the ～]《会計》黒字 (↔ red): be [run] in the ～ 黒字である / get [go] into the ～ 黒字になる.

black and white 《通例 in ～ and white で》(1) 書き物, 印刷(したもの): I want this agreement in ～ and white. この契約書を作ってください. (2) 白黒[善悪]を単純に判断する. (cf. black-and-white)

swéar [próve] that bláck is white＝tálk bláck ìnto white 黒を白と言いくるめる.

― 動 他 ❶ **a** 黒くする;〈…を〉よごす. **b** 殴って〈人の目に黒いあざを作る. ❷〈靴などを〉磨く;〈ストーブなどに〉黒磨きをかける. ❸《英古風》〈労働組合が×仕事・商品などを〉ボイコットする (boycott). ― 自 黒くなる, 暗くなる (blacken).

bláck óut 《他+副》(1) (灯火管制によって)〈家・窓などを〉暗くする, 消灯する. (2) 停電などで〈…を〉真っ暗にする. (3)

〈舞台を〉暗くする. (4)〈ニュースなどの〉報道管制をする;（検閲によって）記事(の一部)を黒で塗りつぶす, 抹殺する (censor). (5) (ストライキなどで)テレビ放送を中止する. ― 《自+副》(6) (管制によって)消灯する, 暗くなる. (7) (停電などで)真っ暗になる. (8) 舞台の照明を消す;〈場面など暗転する. (9) (一時的に)気を失う, 失神する; 一時的に記憶をなくす.

《OE; 原義は「燃える; すすだらけの」》

Bláck África 名 ブラックアフリカ《アフリカ大陸で黒人が多く住む地域, また黒人が政治的主導権を有する地域》.

black·a·moor /blǽkəmùər | -mùə/ 名《通例 軽蔑的に》黒人, (特に)アフリカ黒人; 色の黒い人.

bláck-and-blúe 形 (打たれて)青あざになった.

Bláck and Tán ❶ [B～ and T～] ブラック・アンド・タン《Sinn Fein 党に率いられた民衆の反乱 (1919-21) の鎮圧のためアイルランドに派遣された英政府軍の一員; カーキ色と黒色の制服を着用していた》. ❷ Ⓤ《英》エールで割った黒ビール. ❸ ＝Manchester terrier.

***bláck-and-whíte** 形 ❶ **a**〈写真・テレビなど〉白黒の. **b** 黒と白との; ペン画の; 単色の. ❷〈判断など〉白と黒[善と悪]に割り切った. (cf. BLACK and white 成句)

bláck árt 名 [the ～; しばしば複数形で] 《邪悪な》魔法, 魔術 (black magic).

bláck·báll 動 他 ❶〈…に〉反対投票をする. ❷〈…を〉(社会的に)排斥(ばいせき)する, のけ者にする.《もと反対投票に黒球を用いたことから》

bláck báss /-bǽs/ 名 （他 ～, ~s)《魚》ブラックバス《サンフィッシュ科オオクチバス属の淡水魚; オオクチバス(＝ブラックバス), コクチバスなど; 北米原産》.

bláck béan ❶《ラテンアメリカ地域で食される》黒いインゲンマメ, ブラックビーン;《日本料理などで使う》黒豆. ❷ 《植》モートンワングリ《オーストラリア北東部原産のマメ科の常緑樹; 種子は食用, 材は家具に》.

bláck béar 名 ❶ アメリカグマ《体色は黒から白まで変化に富む》. ❷ ツキノワグマ, ヒマラヤグマ.

bláck béetle 名 [the ～] トウヨウゴキブリ, コバネゴキブリ《欧州でごく一般的にみられる中型のゴキブリ》.

bláck bélt¹ 名《柔道・空手》の黒帯; 有段者.

bláck bélt² ❶ [the ～]《米国 Alabama, Mississippi 両州の》沃土(よくど)地帯. ❷ [the B～ B～]《米国南部の》黒人地帯.

***bláck·bèrry** /-bèri | -b(ə)ri/ 名 《植》ブラックベリー(の実) 《英》bramble). ❷ ブラックベリーを摘む.

bláck bíle 名 Ⓤ《古生理》黒胆汁《四体液の一つ; 腎臓または脾臓(ひぞう)の分泌物とみなされ, これが多すぎると憂鬱(ゆううつ)になるとされた; ⇒ humor 4 b》.

bláck·bìrd 名《鳥》❶ クロウタドリ《ヨーロッパ産のツグミ科の鳥; 英国で美しく鳴く鳥として親しまれている》. ❷ ムクドリモドキ科の鳥《アメリカ産》.

***bláck·bòard** 名 黒板（《米》chalkboard）.

bláck·bódy 名《理》黒体《すべての波長の放射を完全に吸収する仮想物体》.

blackbird 1

bláck bòok 名 要注意人物[前科者]名簿帳. **be in a person's black books** 人ににらまれる.

bláck bóttom 名 [しばしば B～ B～] ブラックボトム《尻を激しくくねらせて踊るダンス; 1920 年代に米国で流行》.

bláck bóx 名 ブラックボックス: **a** 航空機に取り付けるフライトレコーダー (flight recorder). **b** 機能はわかっているが中の構造が不明の装置.

bláck bòy 名 スズキノキ (⇒ grass tree).

bláck bréad 名 Ⓤ (ライ麦製の)黒パン.

bláck búck 名 動 ❶ ブラックバック《インド産の中型羚羊》. ❷ ＝sable antelope《アフリカ産》.

blackbutt 178

bláck・bútt 名 幹の下部の樹皮が黒ずんだユーカリノキ.
bláck・cáp 名 ❶ 〘鳥〙頭部が黒い鳴鳥 《ズグロムシクイなど》. ❷ 《米》 = **black cherry**.
bláck・cóck 名 〘鳥〙 = black grouse 《特にその雄》.
bláck cómedy 名 Ｕ.Ｃ ブラックコメディー《black humor を用いる喜劇》.
Bláck Cóuntry 名 [the ~] 《イングランド中部の Birmingham を中心とする》大工業地帯.
⁺**bláck・cúrrant** 名 〘植〙クロフサスグリの実《黒くて甘い; よくジャムにする》; 〘植〙クロフサスグリ.
bláck・dámp 名 Ｕ 《炭鉱内の》窒息ガス.
Bláck Déath 名 [the ~] ペスト, 黒死病《14 世紀に流行した》.
bláck díamond 名 ❶ 〘鉱〙 黒ダイヤ《ブラジル産の不純なる金剛石》. ❷ 石炭.
bláck dóg 名 [the ~] 《口》憂鬱(ゆううつ), 気落ち, 落ち込み.
bláck ecónomy 名 [the ~] やみの経済, 隠し所得の経済.
⁺**black・en** /blǽkən/ 動 ⑪ ❶ 〈...を〉黒くする[暗くする]. ❷〈人の人格・評判を〉汚す; 〈...を〉悪く言う: ~ a person's name 人の名を汚す, 中傷する. ── ⑪ 黒く[暗く]なる. 〖BLACK＋-EN³〗
Bláck Énglish 名 Ｕ 《米国の》黒人英語.
bláck éye 名 a [a ~]《打たれてできた》目の周りの黒あざ: give a person *a* ~ 人の目を殴って黒あざを作る. b [通例 a ~] 《口》恥, 不名誉. c Ｃ 黒目.
bláck-éyed 形 ❶ 目のふちが黒あざになった. ❷ 目の黒い.
bláck-eyed péa 名 = cowpea.
bláck-eyed Súsan 名 〘植〙アラゲハンゴンソウ《花の中心部が黒い米国産のキク科植物; Maryland の州花》.
bláck・fáce 名 ❶ Ｃ 黒綿羊. ❷ a Ｕ 黒人の扮装(ふんそう). b 〈人に扮した役者. ❸ 〘印〙 = boldface.
bláck-fáced 形 ❶ 顔の黒い; 陰鬱な顔をした. ❷ 〘印〙 = boldfaced.
bláck-fígure 形 《美》〈壺が〉《古代ギリシアの》黒絵式の, 黒像式の.
bláck・fish 名 ❶ 〘動〙ゴンドウクジラ. ❷ 黒色の魚《クロウオなど》; 産卵後のサケ.
bláck flág 名 [the ~] ❶ 海賊旗. ❷《昔, 死刑終了の合図に刑務所で掲げた》黒旗. ❸《自動車レースの》黒色旗《旗に記された番号の車はピットストップしなければならないことを示す》.
bláck・flý 名 〘昆〙ブユ; アブラムシ.
Bláck・fóot 名 (複 -feet /-fiːt/, ~) ❶ a [the Blackfeet, the ~] ブラックフット族《北米先住民の一部族》. b Ｃ ブラックフット族の人. ❷ Ｕ ブラックフット語.
Bláck Fórest 名 [the ~] シュヴァルツヴァルト《ドイツ南西部 Baden-Württemberg 州の森林地帯》.
Bláck Fórest cáke [gatéau] 名 ブラックフォレストケーキ, シュヴァルツヴェルダー・キルシュトルテ《生クリームの入ったチョコレートケーキ; 時にはキルシュで香りをつけ, サクランボをはさみ込んだり上に載せたりしてある》.
Bláck Fríar 名 〘カト〙ドミニコ会の修道士.
bláck fróst 名 Ｕ《英》黒霜《植物の葉・芽を黒くする霜で目に見えない; cf. **white frost**》.
bláck gáme 名 = **black grouse**.
bláck góld 名 Ｕ《米口》石油.
bláck góods 名 徴《英》《通例黒い仕上げの》家電製品《テレビ・ステレオなど》.
bláck gróuse 名 〘鳥〙クロライチョウ.
black・guard /blǽgəd, -gɑːd | -gɑːd, -gəd/ 名 悪党, 悪人, 不良. ── 動 ⑪〈...の悪口を言う; 〈...を〉ののしる.
bláck guíllemot 名 〘鳥〙ハジロウミバト《ウミスズメ科; 夏羽は黒色で翼に大きな白斑》.
bláck・héad 名 ❶《頭部の皮膚にできる》にきび《cf. pimple》. ❷ 〘鳥〙頭の黒い鳥, 《特に》スズガモ.
bláck-héarted 形 邪悪な, 悪意の.
⁺**bláck hóle** 名 ❶ 〘天〙ブラックホール《重力崩壊によってきると考えられる強力な重力場をもつ天体》. ❷ ブラックホー

ル《ものが跡形もなく消えてしまうところ; 吸収・消費するばかりで何も産出しないもの》. ❸ 営倉, 獄舎.
bláck húmor 名 Ｕ ブラックユーモア《風刺的・冷笑的でどぎつく不気味なユーモア》.
bláck íce 名 Ｕ 黒氷《道路[地表]の色と変わらなく見える; 車の運転に危険なもの》.
bláck・ing 名 Ｕ ❶ 黒色塗料; 靴墨《廃 現在では shoe polish のほうが一般的》. ❷ 黒くする[磨く]こと.
bláck・ish /-kɪʃ/ 形 黒みがかった.
bláck・jáck 名 ❶《通例タールを塗った昔の》革製の《ビール用》大ジョッキ. ❷《先の方に鉛などを詰め, 柄をしなるように革をかぶせた》小型の棍棒(こんぼう). ❸ = **black flag 1**. ❹《米》= **twenty-one**.
bláck kíte 名 〘鳥〙トビ《旧世界に広く分布》.
bláck knígh t 名 黒い騎士《敵対的な会社乗っ取りを画策する個人・会社》.
bláck léad /-léd/ 名 Ｕ 石墨, 黒鉛.
bláck-léad /-léd/ 動 ⑪〈...に〉黒鉛を塗る[で磨く].
bláck・lég 名 ❶《競馬などの》いかさま師. ❷《英》スト破り (scab)《人; cf. **strikebreaker**》. ── 動 ⑪《英》スト破りをする.
bláck léopard 名 〘動〙黒ヒョウ.
bláck létter 名 Ｕ = **Gothic 3 a**.
bláck líght 名 Ｕ 不可視光線《赤外線と紫外線》.
bláck・lìst 名 ブラックリスト, 要注意人物一覧表. ── 動 ⑪〈...を〉ブラックリストに載せる.
bláck lúng 名 Ｕ《炭塵による》黒肺塵症, 鉱山病.
bláck・ly 副 ❶ 黒く, 暗く, 暗黒に. ❷ 陰鬱(いんうつ)に. ❸ 凶悪に, 邪悪に. ❹ 怒って.
bláck mágic 名 魔術, 妖術 (**black arts**).
⁺**bláck・màil** 名 Ｕ ゆすり, 恐喝(きょうかつ)《で得た金品》. ── 動 ⑪ ❶〈人を〉恐喝する, ゆする; 〈人を〉恐喝して〈...を〉ゆすり取ろうとする: She ~ed him *for* $ 20,000. 彼女は彼をゆすって 2 万ドルを取ろうとした. ❷〈人を〉恐喝して〈...を〉させる: ~ a person *into* revealing secret information 人を恐喝して秘密情報をもらわせる. **~・er** 名 〖BLACK 違法な＋MAIL¹《方》税金; 昔スコットランドで領主が勝手に不当な年貢を要求したことから〗
Bláck Ma・rí・a /-məráɪə/ 名 犯人護送車.
bláck márk 名 罰点, 黒星; 汚点 (*against*).
⁺**bláck márket** 名 やみ取引; やみ市場: at the ~ やみ市場で / He sold it on [in] the ~. 彼はやみ取引でそれを売った. **bláck-márket** 動 ⑪ やみ市場で売買する, やみ取引する.
bláck marketéer 名 やみ商人, やみ屋.
bláck máss 名 ❶ 〘カト〙黒ミサ《司祭が黒衣を着る死者ミサ》. ❷ [B- M-] 悪魔のミサ《特に 19 世紀末の悪魔崇拝者がミサをちゃかして行なったという》.
bláck métal 名 Ｕ《楽》ブラックメタル《悪魔崇拝などを歌詞に盛り込んだヘビーメタル》.
Bláck Mónday 名 [the ~] 暗黒の月曜日《1987 年 10 月 19 日の月曜日; ニューヨーク証券取引所で株価が暴落し, 世界株式不況の口火を切った》.
bláck móney 名 Ｕ やみ資金, ブラックマネー《申告をしない不正利得》; 隠し所得.
Bláck Mónk 名《黒衣の》ベネディクト会士.
Bláck Móuntains 名 徴 [the ~] ブラックマウンテンズ《North Carolina 州西部 Blue Ridge 山脈中の山群》.
Bláck Múslim 名 ブラックムスリム《黒人による黒人支配を主張する米国のイスラム教徒の運動員》.
bláck nátionalist 名 [しばしば B- N-] ブラックナショナリスト, 黒人国家主義者《白人から分離して黒人の自治による米国内建設を唱える戦闘的な黒人集団の一員》. **bláck nátionalism** 名
⁺**bláck・ness** 名 Ｕ ❶ 黒い[暗い]こと, 黒さ, 暗さ; やみ, 暗やみ. ❷ [また B-] 黒人であること.
⁺**bláck・òut** 名 ❶ 停電; 消灯; 灯火管制. ❷ 報道管制. ❸ 〘劇〙舞台暗転. ❹ a 瞬間的な失神. b 一時的な記憶喪失.
Bláck Pánther 名《米国の極左過激黒人団体の》ブラックパンサー党員.
bláck pépper 名 Ｕ 黒コショウ《コショウの実を殻ごと粉

bláck pówer 名 ① [しばしば B- P~]《米》ブラックパワー《平等権利獲得をめざす黒人の政治運動》.

Black Prince 名 [the ~] 黒太子《英国 Edward 3 世の王子 Edward (1330-76)》.

bláck púdding 名 =blood sausage.

Bláck Ród 名 C 《英》黒杖(ぼう)官《上院の式部官; 黒い杖を持つ》.

bláck rót 名 U 《植》黒腐れ(病), 黒菌病, 黒斑病.

Bláck Séa 名 [the ~] 黒海《ヨーロッパ南東部とアジアにまたがる海》.

bláck shéep 名 (複 ~) (一家・仲間の)やっかい者, のけ者.

Bláck-shìrt 名 ❶ 黒シャツ党員《イタリア国粋党員; cf. Fascist》. ❷ (黒シャツを着た)ファシズム団体の人.

*****bláck-smìth** 名 ❶ 鍛冶(かじ)屋 (cf. whitesmith). ❷ 蹄鉄(ていてつ)工.

bláck-snàke 名 ❶ 《動》黒ヘビ《特にクロムチヘビ, クロネズミヘビ《北米産で無毒》. ❷ 《米》大きなむち《革で編んだ先細りのもの》.

bláck spót 名 ❶ 《英》 **a** (道路の)危険地域, 事故多発地点. **b** 問題の多い地域[場所]: an unemployment ~ 失業率の高い地域. ❷ /⌣⌣/ 《植》黒斑病.

bláck-stràp molásses 名 U 廃糖蜜《砂糖の結晶を分離したあとに残る粘稠で黒っぽい最終的な糖液》.

bláck stúdies 名 複 U (米国)黒人(文化)研究(コース).

bláck stúmp 名 ❶ 《動》 《豪》文明の果て. **beyónd the bláck stúmp** ずっと奥地で[へ].

bláck swán 名 《鳥》コクチョウ《豪州産》.

bláck-tàiled déer 名 《動》 ❶ オグロジカ, ミュールジカ (mule deer). ❷ (コロンビア)オグロジカ《北米産》.

bláck téa 名 U 紅茶《★ 茶の葉を発酵させてから火入れをするので色が黒い; cf. green tea》.

bláck thórn 名 《植》 ❶ リンボクの一種《ヨーロッパ産; 早春のまだ寒いころに咲く; cf. hawthorn》. ❷ サンザシ《北米産》.

bláckthorn wínter 名 U 《英》リンボクの咲く冬《北西の風による早春の寒気の季節》.

bláck tíe 名 ❶ 黒のちょうネクタイ. ❷ U (男子の)夜装[夜会服]《タキシードに黒のちょうネクタイ; cf. white tie 2》. **bláck-tìe** 形 礼装を要する: a ~ party 礼装を着るパーティー.

bláck·tòp 名 《米》 ❶ U (道路舗装用の)アスファルト《《英》tarmac》. ❷ C アスファルト道路. ━━ 動 他 《道路を)アスファルトで舗装する.

bláck vélvet 名 U ブラッグベルベット《スタウトとシャンパンのカクテル》.

bláck wálnut 名 《植》(北米産)クログルミ.

bláckwàter féver 名 U 《医》黒水熱《熱帯地方に多いマラリア; 尿が黒褐色となる》.

Black·well /blǽkwel/, **Antoinette** 名 ブラックウェル (1825-1921); 米国の社会運動家; 米国で女性として最初に正式の牧師となった》.

Black·well, Elizabeth 名 ブラックウェル (1821-1910); イングランド生まれの米国の医師; 米国で女性として最初に医学博士となる》.

bláck wídow 名 《動》クロゴケグモ《米国産の有毒グモ》.

bláck wórk 名 U ブラックワーク《白い[淡い色の]布に黒い糸で刺した刺繍》.

+blad·der /blǽdə/ -da/ 名 《解》膀胱(ぼうこう); 嚢(のう). **a** (海草などの)気胞[のう], **b** (魚の)浮き袋. **c** ふくらんだもの: **a** (フットボールなどの内部のゴムの)空気袋. **b** 《医》火[水]ぶくれ. 《OE; 原義は「ふくらむもの」; cf. blow¹》
〖関連語〗cystic, vesical〗

bládder cámpion 名 《植》シラタマソウ《ナデシコ科》.

blád·dered 形 P 《俗》酔っぱらって.

bládder férn 名 《植》ナヨシダ.

bládder sénna 名 《植》ボウコウマメ《地中海周辺産》.

bládder·wòrt 名 《植》タヌキモ《食虫植物》.

*****blade** /bléɪd/ 名 ❶ **a** 刃, 刃部《匕首blade は刃の全部をさすす; edge は刃先》. **b** [one's ~, the ~] 《文》刀. **c** (安全かみそりの)刃. **d** (アイススケートの)刃. ❷ 《イネ科植

物の)葉, 葉身, 葉片: a ~ of grass 草の葉. ❸ **a** (かい・オールの)水かき. **b** (プロペラなどの)羽根. ❹ (肩の)扁平(へんぺい)部分; 肩甲骨: ⇒ shoulder blade. ❺ [the ~] 〖音声〗舌端. **in the bláde** (穂が出ない)葉のうちに. 〖OE=葉〗

bláded /-dɪd/ 形 [通例複合語] (...の)葉片[刀身]のある.

bláder 名 《口》ローラーブレードで滑る人.

blag /blǽɡ/ 《英俗》名 ❶ 強盗; だまし取ること, 詐欺. ━━ 動 (**blagged; blag·ging**) 他 〈...〉を強奪する; (言葉巧みに)だまし取る. **blág·ger** 名

blague /blɑ́ːɡ/ 名 ごまかし, でたらめ; 悪ふざけ, いたずら.

bla·gueur /blɑɡɚ́ː | -ɡɚ́ː/ 名 ほら吹き.

+blah /blɑ́ː/ 《俗》間 ばかばかしい, くだらない! ━━ 名 ❶ U ばかばかしいこと, たわごと《★ しばしば繰り返して用いる》. ❷ [the ~s] げんなりした気分, けだるさ; 不快感: the summer ~ s 夏ばて気分. ━━ 形 ❶ おもしろくない, つまらない. ❷ 憂鬱(ゆううつ)の, 元気のない. 〖擬音語〗

bláh-bláh-bláh 副 ...などなど, とかなんとか, あとなんだかんだ《言わなくても聞き手に該当する時などに話の一部を略すのに用いる》. ━━ 名 U,C たわごと, くだらないこと.

blain /bléɪn/ 名 《医》膿疱.

Blair /bléə | bléə/, **Tony** 名 ブレア (1953-); 英国の政治家; 首相 (1997-); 労働党; フルネーム Anthony Charles Lynton Blair). **Blair·ism** /bléə(ə)rɪzm/ 名 **Blair·ite** /bléərɑɪt/ 名 形 ブレア信奉者(の).

Blake /bléɪk/, **William** 名 ブレーク (1757-1827); 英国の詩人・画家》.

Bla·key /bléɪki/ 名 《英》《商標》ブレイキー《靴底に付ける保護金具》.

blam·a·ble /bléɪməbl/ 形 非難されるべき.

*****blame** /bléɪm/ 動 他 ❶ 〈...のこと〉で〈人〉を非難する, とがめる: I don't ~ you *for* being angry. あなたが怒ったということでとがめる気はない《★ 同情に近い気持ちを表わす》. ❷ 《事について》〈...〉に責任を負わせる[帰す], 〈...の〉せいにする: He ~d me *for* the accident. =He ~d the accident *on* me. 彼は事故の責任は私にあるといった / Don't ~ it *on* me. それを私のせいにしては困る. ❸ [命令法で]《米口》のろう《★ damn の代用で軽いのしりを表わす》: B- this rain! いまいましい雨だ! / B- it! くそいまいましい / "Go!" "I'll be) ~d if I will." 「行きなさい」「行くものか」 be to bláme 〈人が〉(...のことで)悪い, (...の)責任がある: Who is to ~ for the delay? 遅れたのはだれの責任だ. **hàve ónly onesèlf to bláme** 悪いのは当の本人だ, 自業自得だ. **I don't bláme you.** あなたの行為は正しいと思う. ━━ 名 U ❶ 非難, とがめ: incur ~ *for* ...のために非難を招く. ❷ [通例 the ~] (...の)責任, 罪: bear [take] *the ~ for* ...の責めを負う / lay [put, place] *the ~ (for* ...) *on* a person 人に(...の)罪を着せる. 《F<L; ⇒ blaspheme》
【類義語】**blame** 間違い・過失などを非難し, 責任を問うの普通の語. **criticize** 良くないとして[欠点を捜して]非難する. **censure** 公に非難するまたは権力・権限のある者がきびしく非難・けん責する. **condemn** 強く非難する; 狭い意味では有罪の判決を下すことを指す. **denounce** 公に攻撃し非難し, 弾劾する.

blame·a·ble /bléɪməbl/ 形 =blamable.

blame·ful /bléɪmf(ə)l/ 形 非難すべき[に値する], とがめられるべき.

blame·less 形 非難するところのない, 罪[欠点]のない, 潔白な. **~·ly** 副 **~·ness** 名

bláme·stòrming 名 U 《戯言》ブレームストーミング《失敗について話し合って責任を追求すること》. 《**blame**+brain**storming**》

bláme·wòrthy 形 とがめられるべき, 非難されるべき.

+blanch /blǽntʃ | blɑ́ːntʃ/ 動 自 ❶ (...のせい)で青ざめる, 蒼白(そうはく)になる, 真っ青になる: ~ *at* the news 知らせで真っ青になる / ~ *with* fear 恐怖で青ざめる. ❷ 白くなる. ━━ 他 ❶ **a** 〈野菜などを〉湯にくぐらせる, 湯通しする, 湯がく. **b** 〈アーモンドなど〉湯がいて(...を)白くする, 漂白する. **b** (日光をさえぎって)〈植物を〉白くする: ~ celery セロリを軟化栽培する. ❸ 〈恐怖・病気な

どか×顔などを〉青白くする.
〖F〈blanc, (女性形) blanche 白い; cf. blank〗

blanc·mange /bləmάːndʒ, -mάːnʒ | -mɔ́nʒ/ 图 C|U ブランマンジュ《牛乳とコーンスターチまたはゼラチンなどで作った冷たいデザート》. 〖F blanc manger 白い食べ物〗

blan·co /blǽŋkou/ 图 U ブランコ《特に英国陸軍でベルトなどに塗る白色または類似の色にした塗料》. — 動 他 〈…〉にブランコを塗る.

bland /blǽnd/ 形 ❶ **a** 気の抜けた, おもしろくない, 退屈な: a ~ novel つまらない小説. **b** 無感情の; ぱっとしない, 目立たない. ❷ 〈食物の〉風味〔味〕がない. ❸ 〈人・態度などの〉柔らかな, 人当たりのよい, 穏やかな; 落ち着いた. ❹ **a** 〈気候など〉温和な. **b** 〈飲食物が〉口当たりのよい, さっぱりした. ~·ly 副. ~·ness 图 〖L=柔らかい, 口のうまい〗

blan·dish /blǽndɪʃ/ 動 他 〈人〉にへつらう, こびる.

blán·dish·ment /-mənt/ 图 〔複数形で〕追従(ついしょう); 甘言.

*__blank__ /blǽŋk/ 形 (~·er; ~·est) ❶ **a** 白紙の, 空白の: a ~ sheet of paper 白紙 / a ~ form 書き込み用紙 / a ~ (cassette) tape 生のカセットテープ. **b** 〔商〕白地式の, 無記名の: a ~ endorsement 無記名裏書 / ⇨ blank check. ❷ 〈空間などの〉何もない, うつろな; a ~ space 余白; 空き地 / ⇨ blank cartridge. 〈壁など窓や戸口の〉(cf. blind 5 c). ❸ 〈生活など〉空虚な, からっぽの, 単調な; むなしい. ❹ 〈顔などぼんやりほかんとした, 無表情な; 当惑してものが言えない: a ~ look ぽかんとした顔つき / in ~ surprise びっくりぽかんとして / look ~ ぽかんとしている. ❺ 純然たる, まったくの(cf. point-blank). a ~ denial 完全否認. ❻ 〔damn, damned などののしり語の代用として〕いまいましい: a ~ idiot 大ばか者. **gò blánk** 〔1〕頭の中が真っ白になる, 一時的に想起〔理解(など)〕できなくなる. 〔2〕画面などが突然消える〔何も映らなくなる〕.

— 图 ❶ 空白, 空欄, 余白: Fill in the ~s. 〔問題の〕空白を埋めよ. ❷ **a** 白紙; 〔本の〕白ページ. **b** 書式〔用紙〕: fill in [《米》fill out] an application ~ 申し込み用紙に書き込む. **c** 白紙投票. ❸ **a** 〔通例単数形で〕〔心の〕空虚; 空白時間: a ~ in one's memory 記憶の空白 / My question met with a complete ~. 私の質問を受けて〈相手が〉ぽかんとしていた〔返事するだけの知識がなく無言であった〕. **b** 〔ヒミ〕 **c** =blank cartridge. ❹ 〔ダッシュの読み方として〕空白を示すダッシュ: Mr.— of —address 某住所の某氏〔読み方〕Mr. Blank of Blank address と読む〕 / in 19—1900 何年かに〔読み方〕nineteen blank と読む〕. ❺ **a** 〔標的の〕中心部〔白色; cf. bull's-eye 1〕. **b** 目標, 対象(物). ❻ 〔貨幣・かぎなどの〕未完成品.

dráw a blánk 〔1〕からくじを引く. 〔2〕〈人が…に〉失敗する〔in〕. 〔3〕〈…が〉理解できない, 思い出せない〔on〕.

— 動 他 ❶ 《米》〈相手を〉無得点におさえる, 完封する. ❷ 《英口》〈人を〉完全に無視する. — 自 《米口》 = BLANK out 成句〔1〕. **blánk óut** 〔自+ 副〕〔1〕《米口》頭の中が真っ白になる, 突然何も思い出せなく〔考えられなく〕なる. 〔2〕〈スクリーンなどが〉突然消える. 〔他+副〕〔3〕〈記入したものなどを〉消す, 抹消する. 〔4〕〈いやな事を〉意図的に忘れる, 記憶から消す(block out).

~·ness 图 〖F blanc, (女性形) blanche 白い; cf. blanch, blanket〗〖類義語〗⇨ empty.

blánk cártridge 图 空包.

blánk chéck 〔《英》 **chéque**〕 图 ❶ 〔金額未記入の〕白地式〔無記名〕小切手. ❷ 自由行動権; 白紙委任(carte blanche): give a person a ~ (to do...) 人に自由に〈…〉させる.

*__blan·ket__ /blǽŋkɪt/ 图 ❶ 毛布, ブランケット. ❷ 〔a ~ of…で〕一面におおうもの, 〈…の〉: A ~ of snow covered the ground. 雪が一面を白くおおった. **be bórn on the wróng síde of the blánket** 《英古風》私生児に生まれる. **wét blánket** ⇨ wet blanket. — 形 ❶ 総括的な, 全面的な: a ~ ban 全面禁止 / a ~ bill [clause] 総括的議案〔条項〕 / a ~ denial 全面的な否定 / a ~

policy 包括保険契約 / a ~ visa 包括査証《寄港地で税関の発する》. — 動 他 ❶ **a** 〈…を〉〔毛布のように〕一面におおう〔with, in〕: The field *was* ~*ed with* snow. 野原は雪で一面におおわれていた. **b** 〔制限などが〕〈ある地域など〉に全面的に及ぶ. ❷ **a** 〔事件・悪いうわさなど〕をもみ消す. **b** 〈信号・受信などを〉妨害する 〔*out*〕. 〖F=白い毛織物; ⇨ blank, -et〗

blánket báth 图 ブランケットバス《寝たきりの病人の体を洗うこと》.

blánket bòg 图 U 〔地理〕ブランケット型泥炭地《冷涼湿潤気候の比較的平坦な地域を広くおおいつくす, 強酸性で貧栄養の泥炭地》.

blánket fínish 图 〔陸上・競馬〕競技者全員〔全競走馬〕の僅差のゴールイン, だんご状のフィニッシュ.

blánket·ing /-tɪŋ/ 图 U ❶ 毛布地. ❷ 〔通信〕掩蔽(えんぺい)電波妨害, ブランケッティング.

blánket róll 图 〔食器・私物などを包み込んだ〕丸めた携帯用毛布〔寝具〕.

blánket stìtch 图 ブランケットステッチ《毛布などの縁のかがり》.

blank·e·ty(-blank) /blǽŋkɪṭi(-blǽŋk)/ 形 副 《俗》いまいましい(damned, bloody などの婉曲語).

blánk·ly 副 ❶ ぼんやりと, ぽかんとして. ❷ きっぱりと; 完全に.

blánk vérse 图 U 〔韻〕無韻詩《普通脚強 5 歩格; cf. RHYMED verse, free verse〕.

blan·quette /blɑːŋkét/ 图 C|U ブランケット《子牛肉[子羊肉, 鶏肉, ロブスターなど]のホワイトソース煮込み》.

+**blare** /blέə | blέə/ 動 自 〈…が〉鳴り響く, うるさく鳴る〔*out*〕: The trumpet ~*d*, announcing the first race. らっぱの音が鳴って第一レースの始まりを知らせた《競馬で》. — 他 ❶ 〈…を〉高々と〔うるさく〕鳴らす: The band ~*d out* a march. 楽隊は高々と行進曲を奏でた. ❷ 〔他動〕大声で書き立てる. — 图 ❶ 〔単数形で〕〔らっぱなどの〕鳴り響く音: a ~ of trumpets トランペットの響き. ❷ まばゆい〔ぎらぎらする〕光彩; a ~ of color 強烈な色彩.

blar·ney /blάːni | blάː-/ 图 U お世辞, 甘言: None of your ~. お世辞はよしてください. — 動 自 〈人に〉お世辞を言う, 〈人を〉甘言でたぶらかす. 〖↓〗

Blárney Stòne 图 〔the ~〕ブラーニー石《アイルランド Cork 近くの城内にある石; これにキスするとお世辞が上手になるといわれる》. **kiss the Blárney Stòne** お世辞がうまくなる.

bla·sé /blɑːzéɪ/ 〔仏-〕 形 〈…に〉無関心〔無感覚, 無感動〕な〔*about*〕; 歓楽などに飽きた.

blas·pheme /blæsfíːm/ 動 〔神・神聖なものに対して〕不敬なことを言う〔*against*〕. — 他 〈…に〉不敬なことを言う, 〈…を〉冒瀆する: ~ the name of God みだりに神の名を言う. **blas·phém·er** 图 〖F<L<Gk *blas*- うその / *phēmē* 言うこと; cf. blame〗

blas·phe·mous /blǽsfəməs/ 形 ❶ 〈人〉が不敬な. ❷ 〈言葉・内容など〉冒瀆的な. ~·ly 副

+**blas·phe·my** /blǽsfəmi/ 图 ❶ U 神への不敬, 冒瀆(ぼうとく). ❷ C 罰当たりの言動.

*__blast__ /blǽst | blάːst/ 图 ❶ **a** 爆発, 爆放; 爆風. **b** 発砲. **c** 発破〔すること〕, 〔1回分の〕爆破の薬. ❷ **a** 一陣の風, 突風. **b** 〔炉への〕送風. **c** 〔らっぱなどの〕強い一吹き. ❸ **a** 〔らっぱなどの〕音. **b** 〔車・船などの〕警笛の音. ❹ 《俗》〔憎しみなどの〕爆発; 激しい非難〔叱責〕. ❺ 《俗》 ~ にぎやかなひと時. **b** 〔大勢の客を呼んでの〕パーティー. ❻ 〔野〕強打, 猛打; ホームラン. ❼ **a** 〔植物を枯らす〕毒気; 胴枯れ病. **b** 〔疫病による〕災害, 被害, 害毒.

at a blást 一吹きに, 一気に.

(at) fúll blást 全力をあげて, フル回転で; 全速力で.

— 動 他 ❶ 〈…を〉爆発〔爆風〕で吹き飛ばす〔破壊する〕, 爆破〔爆撃〕する; 爆破して〈穴・道などを〉つくる: ~ a passage through rock 爆破して岩を通る通路をつくる. ❷ 〈…を〉撃つ; 〈人を〉撃ち殺す〔*away*, *down*, *off*〕: He ~*ed* her with a .38. 彼は彼女を 38 口径のピストルで射殺した / They ~*ed* him *away*. 《口》彼らは彼を撃ち殺した. ❸ 〈銃・ミサイルなどを〉撃つ, 発砲〔発射〕する. ❹ 〈大きい音・声を〉出す〔*out*〕. **b** 〔らっぱ・ふいごなどが〉吹く. ❺ **a** 〈人を〉

激しく非難する[叱責する]. **b** 《口》(スポーツで)〈相手(のチーム)を〉大敗させる. ❹ ぶん殴る, けっ飛ばす; 〘スポ〙〈ボールを〉(思い切り)打つ[ける]. ❺ 〈…に向けて〉風[水]を強く吹きつける; 〈嵐が〉〈場所を〉(強風とともに)襲う; 〈…に向けて〉放水する. ❻ **a** 〈暑さ・寒さなどが〉〈…を〉しなびさせる, 枯らす. **b** 〈名誉・望みなどを〉台なしにする: My hopes were *~ed*. 私の希望は水泡に帰した. ❼ [前に (May) God を略してのろいの文で] 《英口》〈…を〉のろい倒せ: *B~* it [you, *etc.*]! ちくしょう, くたばっちまえ! ── [自] ❶ 大きな音[声]を出す. ❷ **a** 発破をかける. **b** (銃などで)撃つ. ❸ 枯れる.

blást awáy 《[自]+[副]》〈人が〉銃を撃つ, 発砲する; 〈銃が〉続けざまに火を吹く[弾丸を放つ].

blást (the) héll òut of… ＝BEAT (the) hell out of… [成句].

blást óff 《[自]+[副]》(1) 〈ロケット・ミサイルなどが〉発射される, 飛び出す. ──《[他]+[副]》(2) 〈ロケット・ミサイルなどを〉発射する. (3) 〈爆風などが〉〈…を〉吹き飛ばす. (4) 〈人を〉撃ち落とす.

── [間] 《英口》ちくしょう!, いまいましい! (cf. [他] 7).

〖OE; cf. blow[1]〗【類義語】⇨ wind[1].

-blast /blæst/ [名詞連結形] 〘生〙「胚」「芽」; 〘解〙「芽球」「芽細胞」: epi*blast*, erythro*blast*.

blást·ed [形] [A] ❶ **a** しなびた, 枯れた, 霜の害を受けた. **b** 爆破された; 雷撃を受けた; 〈希望など〉打ちひしがれた. **c** 〈風景画〉荒れはてた, さびれた, 荒涼とした. ❷ のろわれた, ひどい: this ~ weather このいやな天候.

blást·er [名] ❶ 発破工. ❷ 〘ゴルフ〙 ブラスター《バンカー用の打面の広いクラブ》. ❸ (SF 小説で)宇宙銃.

blást fùrnace [名] 溶鉱炉, 高炉.

blasto- /blǽstoʊ/ [連結形] 〘生〙「胚」「芽」.

blásto·cỳst [名] 〘生〙 胚盤胞.

blásto·dèrm [名] 〘生〙 胚盤葉, 胚葉盤《脊椎動物の部分割する端黄卵において盤状に配列した卵割細胞の層》; 〘生〙 胞胚葉.

blást·òff [名] [U] (ミサイルなどの)発射, 打ち上げ.

blas·to·mere /blǽstəmɪ̀ɚ | -mɪ̀ə/ [名] 〘生〙 割球, 卵割球.

blàsto·mycósis [名] [U] 〘医〙 分芽菌症, ブラストミセス症.

blas·tu·la /blǽstʃʊlə | -tjʊ-/ [名] ([複] **-lae** /-lìː/, ~s) 〘生〙 胞胚(ほうはい).

blat /blǽt/ [動] [自] (**blat·ted; blat·ting**) 《米》 ❶ 〈ヒツジ・子牛が〉鳴く. ❷ 〈人が〉騒々しく[軽々しく]しゃべる. ── [他] 〈…を〉騒々しく[軽々しく]しゃべる.

bla·tan·cy /bléɪṭənsi/ [名] [U] ❶ 騒々しさ. ❷ けばけばしさ; 露骨さ. ❸ ずうずうしいこと, 厚かましさ.

+**bla·tant** /bléɪṭənt/ [形] ❶ 見えすいた, 露骨な; はなはだしい; けばけばしい, あくどい. ❷ ずうずうしい. ❸ 騒々しい, (しつこくて)やかましい.

+**bla·tant·ly** [副] ひどく, はなはだしく; あからさまに, 目に見えて.

blath·er /blǽðɚ | -ðə/ [名] [U] たわごと. ── [動] [自] ぺちゃくちゃしゃべる.

blath·er·skite /blǽðɚskàɪt | -ðə-/ [名] ❶ おしゃべりな人. ❷ たわごと; 〈くだらぬおしゃべり.

blat·ter /blǽṭɚ | -tə/ [動] [自] 《口》 パラパラ[バラバラ, カタカタ]と当たる[動く, 音をたてる].

blax·ploi·ta·tion /blæ̀ksplɔɪtéɪʃən/ [名] [U] 《米》 (特に映画制作における)黒人の商業的利用.

*__blaze__[1] /bléɪz/ [動] [自] ❶ 燃え立つ: When the fire engine arrived, the fire was already *blazing*. 消防車が来た時火はすでに赤々と燃えていた. ❷ 〔…で〕赤々と輝く[きらめく]: The street *~d* ***with*** neon lights. 街(まち)はネオンサインで光り輝いていた. ❸ 〔怒りなどで〕〈人が〉かっとなる, 燃える; 〈目が〉燃えるように光る (burn[1]): He was *blazing* ***with*** anger. 彼はかっとなって腹を立てていた. **bláze awáy** 《[自]+[副]》(1) 燃え続ける. (2) 〔…に〕連射する 〔*at*〕. (3) 〔人に〕〔…について〕まくし立てる, さかんに論議する: She *~d* *away* (***at*** us) ***about*** women's rights. 彼女は女性の権利について(我々に)まくしたてた. **bláze úp** 《[自]+[副]》(1) ぱっと燃え上がる. (2) 激怒する. ── [名] ❶ [単数形で] **a** (激しい)炎, 火炎. **b** 火事, 火災: The house went up in a ~. その家は炎上した. ❷ [単数形で] **a** 閃光(せんこう), 強い輝き; 燃えるような色彩: a ~ ***of*** colors 燃え立つような色彩 / the ~ ***of*** noon 真昼の輝き. **b** (名声などの)発揚: (in) a ~ of glory 輝く栄光(の中で). ❸ [単数形で] **a** 〔銃の〕連発: a ~ ***of*** rifle fire 銃の連発. **b** 〔感情などの〕かっと燃え立つこと, 激発: in a ~ ***of*** passion 烈火のように怒って. ❹ [複数形で] **a** 《俗》 地獄: Go to *~s*! ちくしょう!, くたばっちまえ! **b** 《口》 [the ~s; 疑問詞の後などに用いて強意語として] 一体全体: What [Who] *the ~s* do you mean? 一体何[だれ]のことだ! **like blázes** 《古風》 猛烈に.

〖OE; 原義は「輝く」〗【類義語】⇨ flicker.

blaze[2] /bléɪz/ [動] [他] [通例受身で] 〈ニュースを〉(新聞などで)広める, 公表する, 書き立てる 〈*abroad, about*〉.

blaze[3] /bléɪz/ [名] ❶ (牛馬の顔面の)白斑, 流れ星, 「ほし」. ❷ (目印に樹皮をはいでつけた)白いあと. ── [動] [他] ❶ 〈樹木の〉皮に白い目印をつける. ❷ 樹皮に白いあとをつけて〈道を〉示す. **bláze a tráil** (1) 木に道しるべをつける (cf. trailblazer 2). (2) あとの人のために道を開く.

+**blaz·er** /bléɪzɚ | -zə/ [名] ブレザー(コート) 《[比較] 「ブレザーコート」は和製英語》. 〖BLAZE[1]+-ER[1]; 「輝くもの」の意〗

bláz·ing [形] ❶ **a** [A] 燃えている; 焼けつくような; まばゆい: a ~ fire 赤々と燃えている火. **b** [副詞的に] 焼けるように: one ~ hot afternoon ある焼けつくように暑い午後. ❷ [A] 《口》 **a** 見えすいた, 明白な, ひどい: a ~ lie 真っ赤なうそ. **b** 激しい: a ~ argument 激論.

bla·zon /bléɪz(ə)n/ [動] [他] ❶ 〈出来事などを〉(大々的に)公表する, 言いふらす 〈*forth, out, abroad*〉. ❷ **a** [通例受身で] 〈…を〉〔…で〕飾る, 飾り立てる 〔*with*〕; 〔…に〕〈…を〉飾りとしてつける, 目立つように示す[書く, 描く, 載せる(など)] 〔*on*〕. **b** 〈…を〉見せびらかす, 誇示する. **c** 〈盾に〉紋章を描く, 〈…を〉紋章で飾る; 〈紋章を〉色彩で描く. ── [名] [C] ❶ **a** 紋章. **b** 紋章解説. ❷ (美徳などの)誇示, 見せびらかし.

bla·zon·ry /bléɪz(ə)nri/ [名] [U] ❶ 紋章(描写法). ❷ [また a ~] 盛観, 美観: the ~ ***of*** department store windows デパートの陳列窓の盛観.

bldg. 《略》 building.

+**bleach** /blíːtʃ/ [動] [他] 〈…を〉漂白する; 〈髪を〉脱色する, ブリーチする. ── [自] 白くなる, 色がぬける[落ちる]. ── [名] [U,C] 漂白(剤). 〖OE; 原義は「輝く」〗

bléach·er [名] ❶ [C] 漂白者, 漂布業者; 漂布器. ❷ 《米》 [通例 the ~s] 屋根なし観覧席 《大衆席》; 外野席.

bleach·er·ite /blíːtʃəràɪt/ [名] 《米》 外野席の見物人.

bléach·ing [名] [U] 漂白法; 漂白.

bléaching pòwder [名] [U] さらし粉.

*__bleak__[1] /blíːk/ [形] (~·er; ~·est) ❶ 〈状況・見通しなど〉厳しい, 暗い, 苦しい. ❷ 〈天候・風など〉寒い: a ~ wind 寒風. ❸ 〈場所など〉吹きさらしの, 寒々とした, 荒れた, 寂しい. **~·ly** [副] **~·ness** [名] 〖ON *bleikr* 青白い, 白っぽい〗

bleak[2] [名] 〘魚〙 ブリーク 《欧州産のコイ科の川魚; うろこの色素は模造真珠の原料》.

blear /blíɚ | blíə/ [形] 〈目が〉かすんだ; ただれた; ぼんやりした, かすかな. ── [動] [他] ❶ 〈目を〉かすませる. ❷ 〈輪郭を〉ぼんやりさせる. ❸ 〈鏡を〉くもらせる.

bléar-èyed [形] ❶ かすみ[ただれ]目の. ❷ 目先のきかない, 鈍い.

blear·y /blí(ə)ri/ [形] (**blear·i·er; -i·est**) ❶ 〈目が〉(疲れ・眠気などで)かすんだ. ❷ 〈輪郭など〉ぼやけた.

bléary-èyed [形] ＝blear-eyed.

bleat /blíːt/ [動] [自] ❶ 〈ヒツジなどが〉(メーと)鳴く; ヒツジのような声を出す. ❷ めそめそする, 泣き言を言う 〈*on*〉 〔*about*〕. ── [他] 〈…を〉弱々しく[ぐちっぽく]言う: "Help me," he *~ed*. 「助けてくれよ」彼は情けない声で言った. ── [名] ヒツジなどの(ような)鳴き声.

bleb /bléb/ [名] ❶ (小さな)水ぶくれ, 水疱 《[比較] 大きいのは blister》. ❷ (水・ガラスの中の)泡, 気泡. ❸ 〘生〙 (細胞表面の)泡状突起.

*__bled__ /bléd/ [動] **bleed** の過去形・過去分詞.

*__bleed__ /blíːd/ [動] (**bled** /bléd/) [自] ❶ **a** 出血する: The cut is *~ing*. その傷口から血が流れている / He was *~ing* to death. 彼は出血のため死にかけていた / ~ ***from***…から血を流す / He was *~ing* ***at*** the nose. 彼は鼻血が出てい

た《[変換] His nose was ~*ing*. に書き換え可能》. **b** 〔…の ために〕血を流す, 死ぬ: They fought and *bled for* their country. 彼らは祖国のために戦って倒れた. **c** 〈心が〉〔…に〕 ひどく痛む 〔*for*, *at*〕: My heart ~*s for* you. 君に同情する; [反語的に]《口》同情などするものか. ❷ **a** 〈木が〉樹液を出す. **b** 〈塗った染料が〉にじむ. ❸ 法外な支払いをする. ― [他] ❶ 〈人から〉血を取る: Doctors used to ~ sick people. 昔医者は血を取って病人を治療した. ❷《口》〈…から〉〈金を〉しぼり取る: The loanshark bled him dry [*for* every red cent]. その高利貸しは彼のあり金をすべてしぼり取った. ❸ 〈…から〉〈液体・ガスなどを〉抜き取る: ~ a pipe *of* water 管から水を抜く. **bléed óff** 〈樹液などを〉取り出す. **bléed...whíte** ⇨ white [形] [成句]. 〘OE〙 ([名] blood)

bléed·er /-dɚ | -də/ [名] ❶《口》血の出やすい人, 出血性素因者, 血友病患者. ❷ [限定詞を伴って]《英古風》やつ, 人; いやなやつ, いけすかないやつ: a little ~ かわいいやつ / You poor ~! この哀れなやつめ! ❸ [a ~ of a…で形容詞的に]《英俗》ひどい, いやな: *a* ~ *of a* cold ひどいかぜ. ❹ 放血医.

bléed·ing /-dɪŋ/ [形] [A] ❶ 出血する[している]. ❷ 血の出る思いのする, 苦しい. ❸《英俗》ひどい, とてつもない《★ bloody の婉曲語》: a ~ fool とんでもない大ばか. ― [名] [U] ❶ 出血: internal ~ 内出血. ❷ 放血.

bléeding édge [名] [the ~]《俗》(特にコンピューター分野での)最先端: on *the* ~ of…の最先端で. **bléeding-édge** [形] [A]最先端の, 最新の.

bléeding héart [名] (また **bléeding héart líberal**) ❶《口》(社会問題などで弱者に)大げさに同情する人. ❷〘植〙ケマンソウ.

⁺**bleep** /blíːp/ [名] ❶ (電子信号などによる)ピーッという音 (beep). ❷ (放送禁止用語などを消す)ピーッという電子音; 《口》(その口まねで)ピーッ. ❸《英》=bleeper. ― [動] [自] ピーッという音を出す. ― [他] ❶ 〈医者などを〉ポケットベルで呼び出す. ❷ 〈放送禁止用語などを〉電子音で消す 〈*out*〉.

bléep·er [名]《英》ポケットベル (《米》 beeper).

⁺**blem·ish** /blémɪʃ/ [名] (美・完全・品性を損うような)傷, 欠点; 汚点: His record is without (a) ~. 彼の経歴には汚点がない. ― [動] [他] 〈…の〉美[完全]を損う; 〈…を〉傷つける; 〈名声を〉汚す (tarnish): ~ one's record 経歴を汚す. 〘F=青ざめさせる〙 【類義語】⇨ defect[1].

blench[1] /bléntʃ/ [動] [自] ひるむ, たじろぐ.

blench[2] /bléntʃ/ [動] [自] [他] 白く[まっ青に]なる[する].

blend** /blénd/ [動] (~·ed, 《詩》 **blent** /blént/) [他] ❶ 〈…を〉(よく)混ぜる, **混ぜ合わせる**; 〈茶・酒・たばこなどを〉**調合する**, ブレンドする (《[比較]》 mix より形式ばったまたは専門的な語》: ~ milk *and* cream (together***) ミルクとクリームを混ぜる / ~ mayonnaise *with* other ingredients マヨネーズにほかの材料を混ぜ合わせる / I ~ teas to obtain this flavor. この香りが出るように茶をブレンドします. ❷ 〈…を〉うまく融合させる, 調和させる 〔*with*〕 〈*together*〉. ― [自] ❶ 混ざる, 混ざり合う 〔*with*〕 〈*together*〉: These ingredients ~ well ***together***. これらの成分はよく混ざり合う. ❷ 調和する, 合う; 融合する, 溶けこむ 〔*with*, *into*〕 〈*together*〉: The new curtains ~ well *with* the carpet. 新しいカーテンはじゅうたんとよく調和している.

blénd ín (([自]+[副]) (1) 〔…と〕調和する[混ざる] 〔*with*〕. ― (([他]+[副]) (2) 〈…を〉〔…と〕混ぜる; 調和させる 〔*with*〕: ~ *in* a house *with* its background 家を背景と調和させる.

― [名] ❶ **a** 混合(物): That film is a ~ ***of*** animation and live action. その映画はアニメと実写が混ざっている. **b** (2 種以上のコーヒー・たばこなどの)ブレンド: This coffee is a ~ ***of*** Java and mocha. このコーヒーはジャワとモカとのブレンドです. **c** 混紡 〔*of*〕. ❷ [通例単数形で] 調和, 融合 〔*of*〕. ❸〘言〙混成語, かばん語《2 つ(以上)の語が混交して 1 語になったもの; 例: brunch＜*b*reakfast+l*unch*》. 〘OE; 原義は「見えなくする」; cf. blind〙【類義語】⇨ mix.

blende /blénd/ [名] [U]〘鉱〙閃亜鉛鉱.

blénd·ed [形] [A] ❶ 〈茶・たばこ・酒など〉混合した, ブレンドした: ~ whiskey [coffee] ブレンドウイスキー[コーヒー]. ❷ 〈織物が〉混紡の.

blénded fámily [名] 混合家族《再婚などのため, 夫婦と以前の結婚によって生まれた子供たちとから構成される家族》.

blénd·er [名] ❶ 混合する人. ❷ **a** 混合する機械. **b**《米》(台所用)ミキサー (《英》 liquidizer; ⇨ mixer 1 b).

blénd·ing [名] ❶ [U] 混合, 融合, 調合(法). ❷ **a** [U]〘言〙(語・句・構文などの)混成, 混交《例 *different* from と other *than* から different than が生じること; cf. blend [名] 3》. **b** [C] 混成語[句, 文], かばん語.

Blen·heim /blénɪm/ [名] ❶ ブレニム《ドイツ南部 Bavaria 州の村; スペイン継承戦争で Marlborough 公に率いられたイングランド・オーストリア連合軍が, フランス・バイエルン連合軍を破った地 (1704)》. ❷ ブレニムスパニエル《愛玩犬》.

Blénheim Pálace [名] ブレナム宮殿《イングランド Oxford 州にある Marlborough 公爵の大邸宅》.

blen·ny /bléni/ [名]〘魚〙イソギンポ《総称》.

blent [動]《詩》blend の過去形・過去分詞.

bleo·mýcin /blìːə-/ [名] [U]〘薬〙ブレオマイシン《土壌菌から採る抗生物質で, 皮膚癌・舌癌・肺癌治療に用いる》.

bleph·a·ri·tis /blèfəráɪtɪs/ [名] [U]〘医〙眼瞼炎.

bléph·a·ro·plàsty /bléfəroʊ-/ [名] [U]〘医〙眼瞼形成(術).

blépharo·spàsm [名] [U]〘医〙眼瞼痙攣《眼輪筋の収縮による痙攣性まばたき》.

bles·bok /blésbɑ̀k/, **-buck** /-bʌ̀k/ [名]〘動〙ブレスボック《顔に大きな白斑のある南アフリカ産のレイヨウ》.

bless** /blés/ [動] [他] (~**ed** /~t/, **blest** /blést/) ❶ **a** 〈聖職者が〉〈人を〉**祝福する**, 〈人の〉ために神の恩恵を祈る: ~ one's child (十字を切って)子供を祝福する / The priest ~*ed* the congregation. 司祭は会衆を祝福した. **b** [~ one*self* で] (十字を切って)自らを祝福する; まあよかったと思う. ❷ **a** 〈神が〉〈人などに〉**恵みを授ける**, 祝福する: God ~ you! あなたの上に神のみ恵みがあらんことを (cf. 5). **b** (天恵として)〈人などに〉〔…を〕**恵む**, 授ける《★ 通例受身》: *be* ~*ed* ***with children [musical talent] 子宝[音楽の才能]に恵まれる / God ~*ed* him *with* a daughter. 神は彼に娘を授けた. ❸ 〈…を〉神聖にする; 〈食物などを〉清める, 清めて神にささげる: ~ bread at the altar パンを祭壇にささげて清める. ❹ **a** 〈神を〉賛美する, あがめる; 〈幸福・幸運を〉感謝する: *B*~ the Lord, O my soul.〘聖〙わが魂よ, 主をほめよ / ~ one's stars (よい星の下に生まれたと)天祐(てんゆう)を感謝する / ~ one's luck 幸運を感謝する. **b** 〈人に〉〔…を〕感謝する: I ~ him *for* his kindness. 彼の親切を心から感謝している. ❺ [驚き・喜び・困惑などを表わして間投詞的に]《口》〈神が〉〈人を〉守る: (God) ~ me!=*B*~ my soul [heart]!=I'll be ~*ed* [*blest*]!《古風》おやおや!, しまった!, とんでもない! / *B*~ you!=God ~ you! お大事に!《★ くしゃみをした人に向かって言う》(cf. 2 a). ❻ [*if* 節を伴い反語的に軽いののしりを表わして] 〈人を〉のろう: (I'm) ~*ed* [*blest*] *if* I know! そんなこと私が知るものか! / *B*~ me *if* it isn't true! それはまさしく本当だ! ― [間]《英》まあ, すてき! かわいい! 〘OE; 原義は「(血で)清める」; 祭壇に血をまきちらす儀式から〙

⁺**bless·ed** /blésɪd/ [形] ❶ 神聖な, 清められた; 神の祝福を受けた: my father of ~ memory 今はなきわが父上 / the ~ (ones) 天国の諸聖人. ❷ 恵まれた, 幸せな: ~ ignorance「知らぬが仏」/ *B*~ are the pure in heart. 心の清い人たちは幸いである《★ 聖書「マタイ伝」から》. ❸ [A] 楽しい, ありがたい: a ~ time 楽しい時. ❹ [A] [damned の婉曲語として]《古風》いまいましい, しゃくにさわる: We labeled every ~ book. まったくありとあらゆる本にレッテルを貼った.

bléss·ed·ly /blésɪd-/ [副] 幸いにも.

Bléssed Máry the Vírgin [名] 聖母マリア《略 BMV》.

bléss·ed·ness /blésɪd-/ [名] [U] 幸運, 幸福: (live in) single ~ 独身生活(を送る)《★ Shakespeare「夏の夜の夢」から》.

Bléssed Sácrament [名] [the ~]〘英国教・カト〙聖餐のパン, 聖体.

Bléssed Vírgin 名 [the ~] 聖母マリア.

*__bless·ing__ /blésɪŋ/ 名 ❶ C (神からの)恩恵, 天恵. b 祝福の言葉, (食前・食後の)祈り: ask a ~ 食前[食後]の祈りをする. ❷ C ありがたいもの, 幸運. ❸ U 賛意, 賛成 (approval): with my father's ~ 父の賛成を得て. **blessing in disguise** 不幸に見えて実はありがたいもの《つらいが後でためになる物事》. **count one's bléssings** 恵まれている点を数え上げる, 悪い事ばかりでないと思う.

blest /blést/ bless の過去形・過去分詞. —— 形 (詩) =blessed.

bleth·er /bléðə ∣ -ðə/ 名 動 =blather.

*__blew__ /blúː/ 動 blow¹,³ の過去形.

blew·it, blew·itt /blúːɪt/ 名 =blewits.

blew·its /blúːɪts/ 名 (植) オオムラサキシメジ (食菌).

Bligh /bláɪ/, **William** ブライ (1754–1817; 英国の海軍軍人; 船員が反乱を起こした際 (1808) の Bounty 号の艦長).

†**blight** /bláɪt/ 名 ❶ C (士気・希望などを)くじくもの, 障害(となるもの), 暗い影: cast [put] a ~ on [upon] …に暗い影を投げかける. ❷ a U (植) 胴枯れ病, 虫害. b [a ~] 胴枯れ病[虫害]をおこす害虫[細菌]. c U (都市環境の)荒廃(状態); 荒廃地域. —— 動 ❶ 〈…を〉くじく, 損なう: His reputation was ~ed by the affair. 彼の名声はその事件のために損なわれた. ❷ 〈植物を〉枯らす, しおれさせる. —— 自 枯れる, しおれる.

blíght·ed /-tɪd/ 形 損なわれた; 荒廃した.

blíght·er /-tə ∣ -tə/ 名 ❶ 害を与えるもの[人]. ❷ (英俗) **a** いやなやつ, いけすかないやつ. **b** [修飾語を伴って] やつ, 人 (cf. fellow): You poor ~! この哀れなやつ.

Bligh·ty /bláɪti/ 名 [通例 b~] (軍俗) 英本国; (第1次大戦で)本国送還となるほどの負傷 (a ~ one [two, etc.] と等級がある).

bli·mey /bláɪmi/ 間 (英俗) しまった!, これは驚いた!, とんでもない! (cor blimey) ((God) blind me! のなまった形)

blimp /blímp/ 名 ❶ 小型軟式飛行船 (★現在は広告用). ❷ [B~] =Colonel Blimp.

blin /blín/ 名 (複 **bli·ni, bli·ny** /blíːni, blíːni/, **bli·nis** /blíːniz, blíːniz/) ブリヌイ (そば粉でできたロシアのパンケーキ; サワークリームやバターを塗り, キャビア・塩漬けニシン・スモークサーモンなどとともに食べる).

*__blind__ /bláɪnd/ 形 (~·er; ~·est) ❶ a 目の不自由な, 盲目の: a ~ person 盲人 / go [become] ~ 失明する 《用法》go のほうがより一般的)) / He's ~ in the right [left] eye. 彼は右[左]の目が見えない. b [the ~; 名詞的に; 複数扱い] 目の不自由な人たち, 盲人: a school for the ~ 盲学校 / It's the ~ leading the ~. それは盲人が盲人を導くようなものだ 《聖書「マタイ伝」より). ❷ P [...に]気づかないで, 見る目なくて, 知らないで: He's ~ to the beauties of nature. 彼は自然の美しさがわからない / He's ~ to his own faults. 彼は自分の欠点に気がつかない. ❸ 盲目的な; 無計画な, 行き当たりばったりの: ~ obedience 盲従 / a ~ purchase 衝動買い / in one's ~ haste やたらに急いだため, あわてた拍子に / Love is ~. 恋は盲目 / He's ~ with love [rage]. 彼は恋[怒り]に目がくらんでいる. ❹ (比較なし) a 盲目の, 機械的な: ~ forces 無目的に働く力. b 肉眼によらない: ~ flying [landing] 計器飛行[着陸]. ❺ A (比較なし) a 〈道路など)見通しのきない: a ~ corner 見通しのきかない角 / ⇒ blind side, blind spot 4. b 行き止まりの: a ~ corridor 行き止まりになっている廊下 / ⇒ blind alley. c 出口[窓]がない: a ~ door (開閉できない)形だけのドア / a ~ wall 窓もドアもない壁. ❻ a 意識のない. b (俗) 泥酔した. ❼ (園) 花[果実]にならない: a ~ bud 花も実も生じない芽.

(as) blínd as a bát [móle] (戯言) 全然目が見えない.
gò blínd on it =go it BLIND 副 成句.
nòt a blínd bít of…=the bléndest bít of… 少しも…ない: This knife is *not* a ~ *bit of* use. このナイフは少しも使えない.
túrn a blínd éye to… ⇒ eye 名 成句.

—— 副 (~·er; ~·est) ❶ 盲目的に; 無計画に; 知識[指導]もなく. ❷ 物も見えなくなるほど, ひどく: ~ drunk 泥酔

して. ❸ 無視界で, 計器のみで: fly ~ 計器飛行する.
gó it blínd あと先の考えもなくやる.
swéar blínd (口) 〈…と〉断言する 《that》.

—— 動 ❶ a 〈…を〉盲目にする: He was ~ed in the accident. 彼は事故で目が見えなくなった. b 一時的に〈人の〉目を見えなくする: The bright lights ~ed me for a moment. 明るい光に一瞬目がくらんだ. ❷ 〈人の〉目をくらます, 〈人の〉判断力を失わせる, 惑わす: He was ~ed by her beauty. 彼は彼女の美貌に目がくらんだ. ❸ a (…に対して)〈人を〉わからなくさせる: His arrogance ~ed him *to* the defects of his argument. 彼は横柄なため自分の言い分の欠点を見落とした. b [~ oneself で] 〈…に〉目をつぶる, 〈…を〉見て見ぬふりをする: She has ~ed herself *to* her husband's love affairs. 彼女は夫の浮気には目をつぶってきている.

blind…with science (しばしば偽の)知識で〈人を〉幻惑する.

—— 名 ❶ [しばしば複数形で] ブラインド, 日よけ (shade, window shade): draw [pull down] the ~s 窓のブラインドを閉める[引き下ろす] / ⇒ Venetian blind. ❷ [通例単数形で] 目をくらますもの, ごまかし, 隠れみの (for). ❸ (米) (狩猟・観察のための)隠れ場所, ブラインド ((英) hide). [OE; 原義は「輝く」で「まぶしい, 目がくらんだ」の意味変化を経た; cf. blend]

blínd álley 名 ❶ 袋小路, 行き止まり. ❷ 行き詰まり(になるもの), デッドエンド (dead end): find one*self* in [up] a ~ (議論に)行き詰まる.

blínd cáll 名 =cold call.

blínd cóal 名 U 盲炭(もうたん) 《無煙炭の一種で長い炎を出さない》.

blínd dáte 名 (口) ❶ ブラインドデート 《初対面の男女のデート》. ❷ ブラインドデートをする男性[女性].

blínd·er 名 ❶ 目をくらます人[もの]. ❷ [通例複数形で] (米) (馬の)目隠し革 ((英) blinkers). ❸ (スポ) (英口) 超ファインプレー.

†**blínd·fòld** 動 他 ❶ 〈人・動物に〉目隠しする; 〈目を〉おおう. ❷ 〈…の〉目をくらます. —— 名 ❶ 目隠し布. ❷ 目をくらませるもの. —— 形 [副] (英) =blindfolded.

blínd·fòld·ed /-dɪd/ 形 副 ❶ 目隠しされた[て]: walk ~ 目隠しで歩く. ❷ 軽率に[に]. **can dó…blindfolded** (口) 目隠ししてでも…できる, (慣れていて)簡単に…できる.

blínd gút 名 [the ~] 盲腸.

†**blínd·ing** 形 ❶ 目をくらます(ような), まぶしい (dazzling): a ~ snowstorm 一寸先も見えない吹雪 / ~ sheets of rain しのつく雨. ❷ 〈痛み・感情など〉(非常に)激しい, 日常生活を妨げるほどの. ❸ (あまりにも)明白[明確]な; 突然明らかになった, 突然の. ❹ (英口) とてもすぐれた, 見事な; 楽しい. **~·ly** 副 きわめて, ひどく, まったく.

blínd·ly 副 ❶ 盲目的に, むやみに, やみくもに. ❷ ものが見えない状態(の中)で.

blínd·màn's búff [(米) blúff] /-mænz-/ 名 U 目隠し遊び.

*__blínd·ness__ /bláɪn(d)nəs/ 名 U ❶ 盲目 ⇒ color blindness, night blindness. ❷ 無知向こう見ず.

blínd píg 名 (米俗) もぐり酒場 (speakeasy).

blínd·sìde 動 他 (米) ❶ 〈…に〉見えない側[死角]からぶつかる[当たる]. ❷ 〈人の〉弱点[盲点]を突く[攻撃する]. ❸ [通例受身で] 〈突然の出来事などが〉〈人に〉ショックを与える, 〈人を〉困惑させる, ひどく驚かす.

blínd síde 名 ❶ [the ~, one's ~] 近づくものが見えない側, 死角. ❷ 見ている逆方向. ❸ 弱点, 盲点, 無防備なところ.

blínd·sìght 名 U 盲視 《光源や他の視覚的刺激を正確に感じ取る盲人の能力》.

blínd snàke 名 [動] メクラヘビ (熱帯産).

blínd spòt 名 ❶ (解) [目の網膜の]盲点. ❷ 自分の知らない分野, 「盲点」. ❸ (テレビ・ラジオの)難視聴地域. ❹ (車の運転者の)死角.

blínd stàmp 名 (製本) (表紙の)空(から)押し.

blínd·stàmp 動 他 〈表紙に〉空押しする.

blínd stàmping 名 U (製本) 空(から)押し 《金箔を用いず

blind stitch 名 □ 隠し縫い.
blínd stítch 名 □ 隠し縫い.
blínd tíger 名 《米俗》もぐり酒場.
blínd-tóol 動 他 =blind-stamp.
blínd trúst 名 (公職にある個人の株式・不動産などの)運用白紙委任《私意をはかる行為によって公益が損なわれないように運用を受託者に任せること》.
blínd·wòrm 名 ヒメアシナシトカゲ《欧州産》.
blini, blinis 名 blin の複数形.

****blink** /blíŋk/ 動 ⓘ ❶ [...に]まばたきする, 目をぱちくりする〔at〕: She ~ed in the sunlight. 彼女は日光を浴びてまばたきした. ❷ 驚きの目で~見る,〔...に〕びっくりする: She ~ed at his sharp rebuke. 彼女は彼の激しい非難に驚いた. ❸ [灯光・星などが]またたく, ちらつく: The street lamps ~ed suddenly on. 街灯が突然ぱっとついた. ❹ [...を]見て見ないふりをする, 見逃す: He ~ed at her mistake. 彼は彼女の過失を見逃してやった(匯盜 wink at the mistake の方が一般的である). — 他 ❶ 〈目を〉まばたく, しばたたく: ~ one's eyes まばたきする. ❷ 〈光を〉明滅させる: B~ your headlights on and off. 〈合図に〉ヘッドライトを点滅させろ. ❸ [しばしば否定文で]〈...を〉見て見ないふりをする, 無視する: You cannot ~ [There's no ~ing] the fact that there is a war. 戦争が起こっているという事実は無視することができない. blínk awáy [báck] (他+副) 〈涙・眠気など〉をまばたきして払う: She ~ed away [back] her tears. 彼女はまばたきして涙を払いのけた. nòt (èven) blínk まばたき一つしない, 動じない, 平然としている, 驚かない. — 名 ❶ a まばたき, またたき. b 一瞬, 瞬時: in the ~ of an eye 瞬時に. ❷ きらめき; ちらつき. **on the blínk** 《口》機械などが調子が悪くて. 〖ME=だます〗《類義語》blink 無意識的にすばやくまばたくことをいう. wink 両目あるいは片目を意識的にまばたかせる.

blínk·er 名 ❶ 《米》a 明滅信号灯《警戒標》. b [通例複数形で] 〔自動車の〕方向指示器《英》indicators〉. ❷ またたきする人. ❸ a 〔馬〕 [通例複数形で] (馬の)目隠し革 (《米》blinders). b [複数形で] 《俗》防塵眼鏡.

blínk·ered /blíŋkəd | -kəd/ 形 《英》狭量な, 偏狭な (narrow-minded).

blínk·ing 形 《英口》 ❶ まばたきする; 点滅する. ❷ 《英口》いまいましい, ひどい《★bloody の婉曲表現》: a ~ fool 大ばか者. — 副 《英口》ひどく, べらぼうに《★bloody の婉曲表現》.

blintz /blínts/ 名 ブリンツ《チーズ・フルーツなどを入れて包んだ薄いパンケーキ》.

blin·tze /blíntsə/ 名 =blintz.

bliny 名 blin の複数形.

⁺**blip** /blíp/ 名 ❶ ブリップ《レーダーのスクリーンに現われる映像》. ❷ **a** (グラフなどの)一時的な急上昇[急下降]. **b** 一時的な異常[悪化, 逸脱, 中断]; 一時のささいなこと. 《擬音語》

****bliss** /blís/ 名 Ⓤ 無上の喜び, 至福. — 動 ★次の成句で. **bliss óut** (自+副) 《口》至福を味わう, 恍惚となる. 〖OE; cf. blithe〗

blíssed-óut 形 至福の, 恍惚とした; 〈酒・麻薬に〉酔った.

⁺**bliss·ful** /blísfəl/ 形 至福の; この上なく幸せな, 楽しい. ~**·ly** /-fəli/ 副. ~**·ness** 名 Ⓤ.

blíssful ígnorance 名 Ⓤ (不快なことを知らない)幸せな無知,「知らぬが仏」.

B-lìst 形 (有名人が) B 級の, ほどほどに有名な.

⁺**blis·ter** /blístə | -tə/ 名 ❶ **a** (皮膚の)水[火]ぶくれ, 水疱(ほう), まめ 《廊廡 corn は足の裏の「まめ」》: get ~s on one's hands 手にまめができる. **b** (ペンキ・ニス塗り・金属板・植物などの)あぶく, ふくれ. **c** 《英俗》うるさい人. ❷ 〔医〕 発疱剤. ❸ ブリスター《爆撃機の胴体にある透明のおおいの部分, 機関銃などが取り付けられる》. — 動 他 ❶ a 〈...に〉水[火]ぶくれを生じさせる. **b** 〈ペンキに〉あぶくをつくる. ❷ [皮肉など]〈人に〉毒づく. — 自 水[火]ぶくれになる: Soft hands ~ easily. 柔らかい手はまめ[水ぶくれ]ができやすい. 〖F=ふくらみ〗

blíster bèetle 名 〔昆〕ツチハンミョウ科の各種の甲虫《分

泌液は皮膚に水疱や炎症を生じさせる》;《特に》ゲンセイ (Spanish fly)《乾燥させ粉末にして発疱剤に用いる》.

blíster còpper 名 Ⓤ 《冶》粗銅.

blís·tered 形 水[火]ぶくれのできた, まめのできた.

⁺**blís·ter·ing** /-tərɪŋ, -trɪŋ/ 形 ❶ **a** 焼けつくような: ~ heat 酷熱, 酷暑. **b** [副詞的に] 焼けつくほど: ~ hot とても暑い[熱い]. ❷ 辛辣(しんらつ)な: a ~ tongue 毒舌. ❸ 非常に速い, 猛烈な: with ~ speed 猛スピードで. ~**·ly** 副.

blíster pàck 名 ブリスターパック《商品を台紙上に透明材でかぶせた包装》.

blithe /bláɪð, bláɪθ | bláɪð/ 形 ❶ 朗らかな, 快活な, 陽気な. ❷ 気さくな, のんきな. ~**·ly** 副. ~**·ness** 名 〖OE=楽しい〗

blith·er /blíðə | -ðə/ 動 自 =blather.

blith·er·ing /blíð(ə)rɪŋ/ 形 Ⓐ《俗》❶ くだらぬことをしゃべる. ❷ 全くの, まったくの; 見下げ果てた: a ~ idiot [fool] 底抜けのばか.

blithe·some /bláɪðsəm, bláɪθ- | bláɪð-/ 形 朗らかな, 快活な.

BLitt, BLit 《略》 *Baccalaureus Litterarum* (ラテン語=Bachelor of Letters [Literature]) 文学士.

⁺**blitz** /blíts/ 名 ❶ **a** 電撃(戦), 奇襲(作戦). **b** [the B~] 《ドイツ空軍による 1940–41 年の》ロンドン大空襲. ❷ 〔あることの〕集中的な取り組み, 攻勢的大キャンペーン〔on〕: a media ~ 大々的な報道活動[取材攻勢]. ❸ 〔アメフト〕ブリッツ《ラインバッカーの位置からパッサーをブロックしに突っ込むこと》. — 動 他 〈...を〉電撃する; 猛攻する: ~ tactics 電撃作戦. — 自 〔アメフト〕ブリッツを仕掛ける. 〖**BLITZKRIEG**〗

blitzed /blítst/ 形 《米口》〈酒・麻薬に〉酔った.

blitz·krieg /blítskriːɡ/ 名 電撃戦; 大空襲; 電撃的集中攻撃[非難].

Blix·en /blíks(ə)n/, **Baroness Karen** 名 ブリクセン (Isak Dinesen の本名).

⁺**bliz·zard** /blízəd | -zəd/ 名 ❶ 大吹雪, 暴風雪. ❷ 〔物事の突発; 殺到〕: a ~ *of* gifts 贈り物の殺到 / a ~ *of* questions 質問攻め.

bloat¹ /blóʊt/ 動 他 〈ニシンを〉燻製(くんせい)にする: a ~ed herring 丸干し燻製ニシン.

bloat² /blóʊt/ 動 他 ❶ 〈...を〉〔...で〕ふくれさせる; むくませる; 膨大にする〔with〕(⇒ bloated 1). ❷ 〈...を〉〔...で〕慢心させる〔with〕(⇒ bloated 3). — 自 (水・空気などで)ふくれる, 膨張する. — 名 Ⓤ 〔獣医〕鼓脹(症)《牛や羊に多発する消化不良の一種》.

bló·at·ed /-tɪd/ 形 ❶ **a** (水分・気体などで)ふくれた, 膨脹した, むくんだ; 太り過ぎた: a ~ face ふくれた[むくんだ]顔. **b** 〈組織など〉〔無用に〕拡大[膨脹]した: a ~ budget 膨脹した予算. ❷ 食べ過ぎで気分[気持ち]が悪い. ❸ 慢心した, 増長した; 金満の: a ~ politician 慢心した政治家 / He's ~ *with* pride. 彼は慢心している.

blóat·er /-tə | -tə/ 名 丸干し燻製(くんせい)ニシン (cf. kipper 1).

bloat·ing /-tɪŋ/ 名 (腹部などの)膨満, 膨脹.

blóat·ware 名 Ⓤ 《口》❶ 不要機能のたくさんついたソフトウェア. ❷ メモリを食うソフトウェア.

⁺**blob** /blɑ́b | blɔ́b/ 名 ❶ (インクなどの)しみ. ❷ (どろどろした液の)一滴, (半固体の)小塊: a ~ of jelly ゼリーの小塊 ❸ ぼんやりした(形の)もの.

⁺**bloc** /blɑ́k | blɔ́k/ 名 ❷ ブロック, 圏《政治・経済上の特殊利益のために連携した数国民・数団体の一団》: the dollar ~ ドルブロック《貿易決済がドルで行なわれる地域》. ❷ 《米》(同党派的)議員連合. — 形 Ⓐ ブロックの: ~ economy ブロック経済. 〖F; ↓〗

***block** /blɑ́k | blɔ́k/ 名 ❶ **a** (石・木などの)かたまり; 木塊, 石塊〔*of*〕. **b** 《米》(おもちゃの)積み木 (《英》brick); (building block): a box of ~s 積み木箱. **c** (建築用)ブロック: a cement ~ セメントのブロック. **d** 台木, 台盤(まな板, 〔肉屋の〕肉切り台, まき割り台, 積み荷台, 断頭台, 造船台, 靴磨きの足台, 競売台など). **e** (木版の)版木;(印刷の)凸版台. **f** 帽子型. **g** [通例複数形で](短距離走用)スターティングブロック (starting blocks). **h** 《米》(4 つの街路で囲まれた)街区 (cf. square 3 a): a building occupying an entire ~ 一区画全体を占める

建物. **b** 《米》**1** ブロック《街区の一辺の距離》, 1丁 (cf. square 名 3 b): It's two ~s away. 2 ブロック先です. **c** 《英》(一棟の)大きな建物: a ~ of flats 一棟[一軒]のアパート. ❸ 〖通例単数形で〗**a** 障害(物), じゃま物. **b** (水道管などに詰まったもの. **c** 閉塞(状態): ⇒ block system. **d** 〖医〗遮断・体・思考などの内的な, 途絶, 阻害. **e** 《競技》妨害, ブロック. ❹ **a** (いろいろなものの) 一組, まとまり, 一続き: a ~ of tickets 一つづりの切符. **b** 〖電算〗ブロック《1単位として扱われるワード群》. **c** 一括に取引される(大量の)株式. **d** はぎ取り帳. ❺ 滑車《1つまたはそれ以上の滑車を木[金属]のケースに入れたもの》: a ~ and tackle 滑車装置. ❻ 《俗》(人間の)頭.

have béen aròund the blóck (a féw tímes) 《口》(あることについて)いろいろな経験している, 経験豊富だ.

knóck a person's **blóck óff** 《俗》人の頭をぶん殴る; 人をこっぴどくやっつける.

láy [pút] one's **héad [néck] on the blóck** (評判を落とすような)危険を冒す.

on the blóck 《米》売り物[せり]に出て.

pút the blócks on... を阻止する.

—— 動 他 ❶ 〈道路・管などを〉ふさぐ, 封鎖[閉塞]する: My nose is ~ed (up). 鼻が詰まっている / (Road) Blocked! 〖掲示〗通行止め / The highway was ~ed by a heavy snowfall. 幹線道路は大雪のため通れなかった / The police ~ed the road *with* a barricade. 警察は道路に検問所を設けた. ❷ **a** 〈進行・行動などを〉妨げる; 〈...の進行[行動]に〉妨げ(obstacle); 〈視界などを〉妨げる: 〈議案の〉通過を妨害する: Lack of funds is ~*ing* progress in the research. 資金不足が研究に支障をきたしている. **b** 〈競技〉〈相手を〉妨害[ブロック]する. ❸ 〈帽子・服などを〉型取りする. ❹ 〖経〗〈...を〉封鎖する: ~ed currency 封鎖通貨. ❺ 〖医〗(麻酔で)〈神経を〉遮断する. —— 自 《競技》相手を妨害する.

blóck ín (他+副) (1) =BLOCK out 〖成句〗. (2) 〈...を〉ふさぐ, 閉塞する. (3) 絵などの下図を描く.

blóck óff (他+副) 〈...を〉ふさぐ, 閉塞する.

blóck óut (他+副) (1) 〈...の〉輪郭を描く; 〈...の〉概略の計画を立てる: ~ *out* a stage performance 上演の大体の計画を立てる. (2) 情報・情景などを遮断する, 考えない[思い出さない]ようにする, 〈...に〉耳を閉ざす (blank out). (3) 〈光などを〉さえぎる, 遮断する. (4) 〈...のために〉〈時間を〉(まとめて)当てる, 〈...の〉ための時間を取る.

blóck úp (他+副) (1) 〈道路・管などを〉ふさぐ (⇒ 1). (2) 〈...を〉閉じ込める: ~ *up* ships in a harbor 船を港内に閉じ込める. (3) 〈管などが〉完全に詰まる. 〖F<Du=木の幹〗〖類義語〗 hinder¹.

*block·ade /blɑkéɪd | blɔk-/ 名 封鎖, 閉塞; (交通などの)妨害: break [run] a ~ 封鎖を突破する / lift [raise] a ~ 封鎖を解く. —— 動 他 〈...を〉封鎖する; さえぎる, 妨害する. 〖BLOCK+-ADE〗

blockáde rùnner 名 封鎖を破る人[船], 密航者[船].

⁺**block·age** /blɑ́kɪdʒ | blɔ́k-/ 名 ❶ 妨害, 閉塞. ❷ U 障害物, (管などに)詰まっているもの. 〖BLOCK+-AGE〗

block·bust·er /blɑ́kbʌstə | blɔ́kbʌstə/ 名 ❶ 《口》強い影響[感銘]を与える人[もの], 大ヒット作(特に映画・本など; cf. best seller). ❷ 超大型爆弾. ❸ 《米口》ブロックバスティング (blockbusting) をする投機家.

block·bust·ing /blɑ́kbʌstɪŋ | blɔ́k-/ 名 U 《米口》ブロックバスティング (近所に黒人などが入って来るといって白人に不安感を与え, 家屋を安く売らせる手口). —— 形 《映画・本など》大ヒットの, 大評判の.

blóck cápital 名 〖通例複数形で〗〖印〗ブロック体の大文字 (block letters): in ~s ブロック体の大文字で.

blóck díagram 名 ブロック線図《電器・コンピューターなどの構成[操作]図》.

blóck·er 名 ❶ block する人[もの]. ❷ 〖アメフト〗ブロッカー《相手に体当たりするプレーヤー》. ❸ 〖生化〗遮断剤[因子] 《ベータ遮断薬 (beta-blocker) など》.

block·head 名 《口》あほう, のろま.

blóck héater 名 蓄熱ヒーター《電力需要の少ない時刻に蓄電してあとで放電するヒーター》.

blóck·hòuse 名 ❶ 小要塞, トーチカ. ❷ (昔の)丸太防

blood

塞(さい). ❸ (ロケット基地などの)鉄筋コンクリートの建物《熱・突風・放射能を防ぐ》.

blóck·ing 名 U 〖心〗途絶, 阻害, ブロッキング.

blóck·ish /-kɪʃ/ 形 ❶ 木塊のような. ❷ 愚鈍な, がんこな.

blóck lètter 名 〖印〗❶ =block capital. ❷ ブロック体, 木版字; ひげ飾りなしの棒字.

blóck móuntain 名 〖地〗地塁山地.

blóck párty 名 ブロックパーティ《あるブロックの交通を遮断して野外で行なう町内の祭》.

blóck pláne 名 横削り用小型かんな, 木口用かんな.

blóck prínt 名 木版印刷物.

blóck prínting 名 木版印刷.

blóck reléase 名 U 《英》(英国やヨーロッパの)社外研究制度《研究に専念させるため職員の職務を一定期間免除する制度》.

blóck·shìp 名 (航路をふさぐために沈める)閉塞船.

blóck sìgnal 名 ❶ 〖鉄道〗閉塞信号機. ❷ 〖野〗ブロックサイン《味略「ブロックサイン」は和製英語》.

blóck sỳstem 名 〖鉄道〗閉塞(ふうそく)区間[式] 《1区間に一時に1列車だけ通す方式》.

blóck vóte 名 《英》ブロック投票《代議員の投票者がその代表する人数に比例した票数値を持つ投票》.

block·y /blɑ́ki | blɔ́ki/ 形 (**block·i·er; -i·est**) ❶ 〈体を〉どっしりとした. ❷ 〈写真など〉濃淡のむらがある.

blóc vòte =block vote.

blog /blɔ́g/ 名 〖電算〗ブログ《日記のように頻繁に更新されるウェブページで, 特に製作者のもつ意見や情報, 関連するリンク, 閲覧者の反応などが掲載されるもの》.

⁺**bloke** /blóʊk/ 名 《英俗》やつ, 男.

bloke·ish, blok·ish /blóʊkɪʃ/ 形 《英俗》〈人・言動が〉普通の男的な. **~·ness** 名

*blond(e) /blɑ́nd | blɔ́nd/ 形 (**blond·er; -est**) ❶ 〈人が〉ブロンドの《金髪で, しばしば白い肌に青い[灰色の]目》. ❷ 〈髪の〉金髪の 〈肌の〉白い (cf. brunet(te), dark 2 b). —— 名 ブロンドの人: a blue-eyed ~ 青い目のブロンド. 〖語法〗blonde は元来女性形だが, 現在はそれほど厳密に使い分けられていない》. 〖F<L=yellow〗

blónd·ish 形 ブロンドがかった.

*blood /blʌ́d/ 名 ❶ U **a** 血, 血液: the circulation of the ~ 血液の循環 / a drop of ~ 血一滴 / give [donate] ~ 供血[献血]する / lose ~ 血を失う, 失血 [出血]する. **b** (下等動物の)体液. **c** (果物などの)赤い樹液〖果実汁〗. **d** 〈魂(活素としての)血, 血気, 激情, 気質: a man of hot ~ 激情家 / with ~ in one's eyes 目を血走らせて, 殺気だって. ❸ U 流血; 殺人(罪); 犠牲: Was any ~ shed? 流血事件となったか. ❹ **a** U 純血; 血統; 血縁, 家柄, 生まれ, 名門: fresh [new] ~ (古い血筋などに取り入れられた)新しい血(団体などの)新進気鋭の人(々) / ⇒ half blood, blue blood, young blood / Bravery [is runs] in his ~. = He has bravery in his [the] ~. 勇敢なのは親譲りだ / *B-* is thicker than water. 〖諺〗血は水より濃い, 他人よりは身内 / *B-* will tell. 血は争えないものだ. **b** 〖the ~〗王族 (cf. blood royal): a prince [princess] of *the* ~ 王子[王女], 親王[内親王].

bád blóod ⇒ bad blood.

blood and thúnder 流血と暴力 (cf. blood-and-thunder): a novel full of ~ *and thunder* 血なまぐさい冒険小説.

one's **blóod bóils [is úp]** 頭に血がのぼる, 逆上する.

blóod on the cárpet 不和による深刻な事態《失職など》.

cúrdle [chíll, fréeze] a person's **blóod** 人を(恐怖で)ぞっとさせる, ふるえ上がらせる.

dráw blóod (1) 血を抜く, 採血する. (2) 血を流させる. (3) 人の感情を傷つける.

gét in a person's **blóod** 〈物事が〉人の好み[気持ち]にぴったり合う, 人の肌[性]に合う, 人の心をとらえて離さない.

hàve a person's blóod on one's hánds 人の死[不幸]に責任がある.
in cóld blóod 冷酷に, 平気で: commit murder *in cold* ~ 平気で人を殺す.
in one's blóod 親譲り[先祖伝来の]資質となって, 資質の一部で.
lìke gètting blóod from [òut of] a stóne (石から血を絞り取るように)全く不可能で, 無茶苦茶で.
màke a person's blóod bòil 人を激怒させる.
màke a person's blóod rùn cóld 人をぞっとさせる.
spíll the blóod of...を殺す, ...の血を流す.
stír one's [the] blóod 人を興奮させる.
swéat blóod 《口》 (1) 血みどろに働く. (2) ひどく心配する, やきもきする.
táste blóod (1) 〈猟犬・野獣などが〉血を味わう. (2) 初めて成功してその気になる, 味をしめる.
to the lást dróp of one's blóod 命のある限り.
— [動] [他] ❶ **a** 〈猟犬に〉初めて血を味わわせる. **b** 〈兵を〉流血に慣れさせる. ❷ 〈人に〉新しい体験をさせる《★ しばしば受身》.
〘OE〙 ([動] bleed, [形] bloody; [関形] hemal, sanguineous)

blóod-and-gúts [形] 《口》 〈争いなど〉暴力ざたの, 血を見るような, 〈映画など〉暴力に満ちた, ちなまぐさい.

blóod-and-thúnder [形] [A] 〈小説・映画など〉暴力や流血ざたの.

blóod bànk [名] ❶ [C] 血液銀行. ❷ [U] (血液銀行などの)貯蔵血液.

blóod·bàth [名] [単数形で] 大量殺人, 大虐殺, 血の海 (massacre).

blóod bòosting [名] =blood doping.

blóod bróther [名] 血盟者, 兄弟分; 親友; 血を分けた兄弟.

blóod cèll [名] 血球: red [white] ~*s* 赤[白]血球.

blóod clòt [名] 血の塊り, 血餅(けっぺい) (clot).

blóod còrpuscle [名] =blood cell.

blóod còunt [名] (赤血球と白血球の)血球数(測定).

blóod·cùr·dling /-kə̀ːdlɪŋ | -kə̀ː-/ [形] [A] ぞっとさせる(ような), 血も凍るような: a ~ scream 恐ろしい悲鳴. **~·ly** [副]

blóod dònor [名] 供血[献血]者.

blóod dòping [名] [U] 血液ドーピング《運動選手が血液製剤や採血して冷凍保存しておいた血液を試合前に注入すること》.

blóod drìve [名] 献血キャンペーン.

blóod·ed /-dɪd/ [形] ❶ [通例複合語で] ...血の: ⇨ cold-blooded, warm-blooded. ❷ 《米》 純血の: a ~ horse 純血種の馬, 良血馬.

blóod fèud [名] (何代にもわたる二族間の)血で血を洗う争い, 血の恨み (vendetta).

blóod·fìn [名] 〘魚〙 ブラッドフィン《南米原産カラシン科の熱帯魚; 銀色の体に血の色をしたひれをもつ》.

blóod flùke [名] 〘動〙 住血吸虫.

blóod gròup [名] 血液型 (blood type).

blóod hèat [名] [U] 血温《平均 37°C》.

blóod·hòrse [名] 純血種の馬, (特に)サラブレッド.

blóod·hòund [名] ❶ ブラッドハウンド《英国原産の警察犬》. ❷ しつこい追跡者, 探偵, 刑事, 「いぬ」.

blóod·less [形] ❶ 流血の惨事のない: a ~ victory 無血の勝利. ❷ **a** 血の気のない, 貧血の. **b** 青ざめた. ❸ **a** 冷血[無情]の. **b** 〈統計など〉冷酷な. ❹ 熱情[元気]のない. **~·ly** [副] **~·ness** [名]

Blóodless Revolútion [名] [the ~] (イギリスの)無血革命, 名誉革命 (⇨ English Revolution).

blóod·lètting [名] [U] ❶ (戦争などでの)流血 (bloodshed). ❷ 放血 (⇨ phlebotomy). ❸ (人員・予算などの)きびしい削減[縮小]. ❹ (組織内の)激しい反目[抗争], 決裂.

blóod·lùst [名] [U] 流血[殺人]への欲求.

blóod mèal [名] [U] 血粉《飼料や肥料になる》.

blóod·mo·bìle /-moubìːl/ [名] 《米》 移動採血車.

blóod mòney [名] [U] ❶ (殺し屋への)殺人謝礼金. ❷ 殺人償金《近親者殺害に対する慰謝料》. ❸ 死罪犯引き渡し賞金.

blóod òrange [名] 果肉の赤いオレンジ.

blóod plàsma [名] [U] 血漿(けっしょう).

blóod pòisoning [名] [U] 敗血症.

***blóod prèssure** [名] [U,C] 血圧: high [low] ~ 高[低]血圧 / take a person's ~ 人の血圧を測る.

blóod pùdding [名] =blood sausage.

blóod-réd [形] 血のように赤い.

blóod relátion [rélative] [名] 血族の者.

blóod·ròot [名] 〘植〙 (赤い根の)ケシ科の多年草《北米産》.

blóod róyal [名] [the ~] 王族.

blóod sàusage [名] [U,C] 《米》 ブラッドソーセージ(《英》 black pudding)《豚肉・豚の血などで作った黒ソーセージ》.

blóod sèrum [名] [U] 血清.

+**blóod·shèd** [名] [U] 流血(の惨事), 殺害, 虐殺: prevent ~ 流血を防ぐ.

blóod·shòt [形] 〈目が〉充血した, 血走った.

blóod spòrt [名] [通例複数形で] 流血を伴うスポーツ《狩猟・闘牛など》.

blóod·stàin [名] 血痕(けっこん).

blóod·stàined [形] 血痕のついた; 血まみれの, 血染めの; 殺人犯の.

blóod·stòck [名] [U] サラブレッドの競走馬.

blóod·stòne [名] [U,C] 〘鉱〙 ブラッドストーン, 血石, 血玉髄《特に heliotrope をいう; cf. birthstone》.

+**blóod·strèam** [名] [U] [通例 the [one's] ~] (体内の)血流.

blóod sùbstitute [名] [C,U] 代用血液, 血液代用剤.

blóod·sùcker [名] ❶ 吸血動物, ヒル. ❷ 吸血鬼, 強欲非道な人; 高利貸し.

blóod sùgar [名] [U] 〘生化〙 血糖.

+**blóod tèst** [名] 血液検査.

blóod·thìrsty [形] ❶ 血に飢えた, 殺伐とした, 残忍な. ❷ **a** 〈見物人など〉流血の場面を好む. **b** 〈映画など〉殺傷場面の多い. **-thìrstily** [副] **-thìrstiness** [名]

blóod transfùsion [名] [C,U] 輸血 (transfusion).

blóod tỳpe [名] =blood group.

+**blóod vèssel** [名] 血管. ([関形] vascular)

blóod·wòod [名] 〘植〙 木質[樹液]の赤い各種の木: **a** タマザキユーカリ《オーストラリア産》. **b** シタン属の樹木《ヤエヤマシタンなど; マメ科》.

blóod·wòrm [名] ❶ 赤みをおびた環形動物《釣り餌のミミズなど》. ❷ 赤いボウフラ, 赤虫.

***blood·y** /blʌ́di/ [形] (**blood·i·er**; **-i·est**) ❶ 出血している; 血の出る, 血によごれた, 血まみれの. ❷ 血なまぐさい, 殺伐な, 残虐な, むごたらしい: a particularly ~ murder ひどい虐殺. ❸ [A] (比較なし) 《英俗》 ひどい, いやな, べらぼうな《[用法] しばしば単に強意語として用いられる》: a ~ liar 大うそつき / 《英口》 a ~ fool 大ばか《略 b.f.》/ a ~ genius すごい天才. ❹ **a** 血の, 血に関する, 血を含む, 血のような. **b** 血の色の. — [副] (比較なし) 《英俗》 ひどく, べらぼうに: ~ cold やけに寒い. **Nót blóody líkely!** 《英俗》 まさか, とんでもない, 冗談じゃない《強い否定・反発》. — [動] [他] ❶ 〈人の鼻などを〉殴って出血させる, 血まみれにする. ❷ 〈...を〉血で汚す. **blóod·i·ly** /-dəli/ [副] 血まみれになって, 残酷に, 無惨に. ([名] blood)

Blóody Máry [名] ブラディメリー《ウオッカとトマトジュースのカクテル》.

blóody-mínded [形] ❶ 《英口》 非協力的な, へそ曲がりの, あまのじゃくな. ❷ 《米・英古》 冷酷な, 殺伐とした. **~·ly** [副] **~·ness** [名]

blóody shírt [名] [the ~] 《米》 (もと, 復讐(ふくしゅう)を象徴する)血染めのシャツ; 敵意をあおる手段: wave *the* ~ (派閥間などの)敵意をあおる.

bloo·ey, bloo·ie /blúːi/ [形] 《米俗》 調子がおかしい: go ~ 調子が狂う, だめになる.

***bloom**[1] /blúːm/ [名] ❶ [C,U] (特に 観賞用植物の)花; (特定の植物などの)花《ひとまとまり》: lotus ~*s* ハスの花 / the ~ of (the) tulips in the garden 庭のチューリップの花 /

have a heavy [light] ～ 花のつきが多い[少ない]. ❷ ⓤ (ほおの)ばら色, 輝き; 健康色《米》. b 新鮮味; 清純さ: The ～ is off her youth. 彼女はもう々しいとはいえなくなった. ❸ a ⓤ 開花(期), 花盛り. b [the ～] 真っ盛り: the ～ of youth 若い盛り, 青春. ❹ ⓤ 果粉, 蠟(ﾛｳ)状の粉(ブドウの果実, カーネーションなどの表面に生ずる白い粉). ❺ ⓤ(ぶどう酒の)香り, ブーケ. ❻ 〖鉱〗 華: cobalt ～ コバルト華.

in blóom (1) 〈花が〉咲いて. (2) 真っ盛りで.
in fúll blóom 真っ盛りで: The roses are *in full* ～. バラの花が今見ごろです.
òut of blóom (1) 〈花が〉散って. (2) 盛りを過ぎて.
tàke the blóom òff ...の美しさ[新鮮味]を失わせる; ...を古くさいものにする.
 ―― 動 ⓘ ❶ 花が咲く, 開花する (cf. blossom 動 1). ❷ [通例進行形で]〈人が〉健康で, 元気で, 幸せで(★ しばしば妊娠中の女性に用いる): She's ～*ing with* health. 彼女は健康に輝いている. ❸ 栄える, 真っ盛りである.
〖ON〗【類義語】⇒ flower.

bloom² /blúːm/ 名 〖冶〗 (大)鋼片, ブルーム(鋼塊を分塊圧延[鍛造]した半製品). ―― 動 ⓣ〈鋼塊を〉ブルームにする.

blóom·er¹ /blúːmə | -mə/ 名 [通例修飾語を伴って] ❶ 花の咲く植物: an early ～ 早咲きの花. ❷ (能力的・肉体的に)一人前になった人: She was a late ～. 彼女は遅咲きだった.

bloo·mer² /blúːmə | -mə/ 名 ❶ ブルーマー服(短いスカートの下に足首までギャザーを寄せたズボン付きの19世紀後半にはやった婦人服). ❷ [複数形で] a ブルーマー(もと, 婦人用のゆるやかな運動ズボン); a pair of ～ ブルーマー1着. b (同様の女児用)ブルーマー. 〖A. J. Bloomer これを推奨した19世紀米国のフェミニスト〗

blóom·er³ /blúːmə | -mə/ 名 《英古風》大失策, どじ.
blóom·er·y /-məri/ 名 塊錬炉, 塊錬工場.

⁺**blóom·ing** 形 ❶ 〖Ａ〗《英俗》ひどい, 途方もない (★ bloody の婉曲語): a ～ fool 大ばか. ❷ 花の咲いた, 花盛りの; 咲き誇る. ❸ a 花のような, 若々しく[健康的で]美しい. b 栄えている, 隆盛の. ―― 副《英俗》ひどく, 途方もなく. **-·ly** 副

Blooms·bu·ry /blúːmzb(ə)ri/ 名 ブルームズベリ(London 中央部の区域; ロンドン大学・大英博物館などがある).

bloop /blúːp/ 名《米》❶ (テープやサウンドトラックのヒューという)不快な雑音; =blooper. ❷ 失敗する. ―― 動《俗》〖野〗〈ボールを〉打ってボテンヒットとする.

bloop·er /blúːpə | -pə/ 名《米口》❶ 大失策, どじ: make a ～ へまをする. ❷ 〖野〗ポテンヒット, テキサスヒット.

*⁎**blos·som** /blásəm | blɔ́s-/ 名 ❶ (特に果樹の)花, ⓤ (一本の木・全部の木などの)花(全体): apple ～ s リンゴの花 / a shower of ～ s 花吹雪 / The apricot ～ is fine this year. 今年はアンズの花がきれいだ. ❷ ⓤ 開花(の状態), 花時: in ～ 花が咲いて / come into ～ 花が咲きだす / The cherry trees were in full ～. 桜が満開だった. b [the ～] (成長・発展の)初期: *the* ～ *of* youth 青春の開花期. ―― 動 ⓘ ❶ 花を開く〈*out*, *forth*〉: The peach trees ～ (*out*) in April. 桃は4月に花が咲く. ❷ 発展する, 栄える, 健康[若く]になる; (成長するなどして)...となる: He ～ ed (*out*) *into* a statesman. 彼はやがてりっぱに政治家となった. ❸ 快活になる, 活気づく〈*forth*, *out*〉.

blos·som·y /blásəmi | blɔ́s-/ 形 花盛りの; 花のような.
〖OE; cf. bloom〗【類義語】⇒ flower.

⁺**blot** /blát | blɔ́t/ 名 (blot·ted; blot·ting) ⓣ ❶ 〈吸い取り紙などで〉吸い取って〈書き物などを〉乾かす. ❷ 〈...に〉インクをにじませる, しみをつける; 〈...を〉よごす, 〈インクを〉にじます. **blót óut** (ⓣ+副) (1) 〈文字・行・文を〉消す: A whole line has been *blotted out* there. その部分は1行全体が消されている. (2) 〈記憶などを〉(意識的に)忘れる, ぬぐい去る: She *blotted out* all memory of it. 彼女はその記憶をすべて頭からぬぐい去った. (3) 〈...を〉おおい隠す, 見えなくする: A cloud *blotted out* the mountaintop. 雲が出て山頂が見えなくなった. (4) 〈都市などを〉(完全に)破壊する, 〈敵などを〉壊滅させる: The species was *blotted out* by de-

forestation. その種は森林伐採によって絶滅した.
 ―― 名 ❶ (インクなどの)よごれ, しみ(〖比較〗stain はコーヒー・ジュース・血などによる「しみ」). ❷ [名声などの]きず, 汚点, 汚名: a ～ *on* one's reputation [record] 名声[経歴]のきずとなるもの / He's a ～ *on* our profession. 彼はこの業界の面よごしだ. **a blót on the (one's) escútcheon** ⇒ escutcheon 成句.

blotch /blátʃ | blɔ́tʃ/ 名 大きなしみ; (皮膚の)できもの.
 ―― 動 〈...に〉しみをつける.
blotch·y /blátʃi | blɔ́tʃi/ 形 (**blotch·i·er; -i·est**) しみ[できもの]だらけの: a ～ complexion しみの多い顔(の肌).

blot·ter /blátə | blɔ́tə/ 名 ❶ 吸い取り紙. ❷《米》控え帳; 警察の事件控え帳: a police ～ 警察の事件控え帳.

blót·ting pàper /-tɪŋ-/ 名 ⓤ 吸い取り紙.

blot·to /blátou | blɔ́t-/ 形 〖Ｐ〗《俗》ひどく酔っぱらって, 泥酔して.

⁺**blouse** /bláus | bláuz/ 名 ❶ (女性・小児用の)ブラウス. ❷ (ゆるやかなシャツに似た)仕事着; 野良着. ❸ (通常軍装の)上着.

blous·on /bláusan | blúːzɔn; F bluzɔ̃/ 名 ブルゾン(ウェストで締め, 背中のふくらんだドレス・ブラウス・ジャケット).

*⁎**blow¹** /blóu/ 動 (**blew** /blúː/; **blown** /blóun/) (❶ の 10 の過去分詞は blowed) ⓘ ❶ a 息を吹く; 〈扇風機などが〉風を出す: B～ harder. もっと強く息を吹きなさい / He *blew on* a trumpet ラッパを吹いた / He *blew on* his red hands. 彼は赤くなった手にハーッと息を吹きかけた / He was ～*ing into* the tube. 彼はその筒をしきりに吹きつけていた. b 〈クジラが〉潮を吹く: There she ～ s! クジラが潮を吹いているぞ(★ 船上の船乗りの叫び言葉). c 〈馬が〉ハーハーあえぐ; ⇒ PUFF and blow 成句.

❷ [しばしば主語とし, 通例副詞(句)を伴って]〈風が〉吹く: *It's* ～*ing* hard. 風がひどく吹いている / There was a cold wind ～*ing in from* the sea. 海から冷たい風が吹き込んでいた / 〔＋補〕It was ～*ing* a gale [a storm]. 疾風が吹いていた.

❸ [通例副詞(句)を伴って]〈ものが〉(風に)吹かれて動く[飛ぶ]: The papers *blew away in* the wind. 書類が風に吹き飛ばされた / Her long hair was ～*ing* (*in* the wind). 彼女の長い髪の毛が風になびいていた / 〔＋補〕The door has *blown* open [shut]. ドアが風に吹かれてあいた[閉まった].

❹ 〈オルガン・笛などが〉鳴る: The whistle ～ s at noon. 汽笛が正午に鳴る.

❺ a 爆発する; 爆発して吹き飛ぶ[壊れる]: They defused the bomb before it could ～ *up*. 彼らは爆弾が爆発する前にその信管を抜いた / The engine *blew up*. エンジンが爆発した. b 〈ヒューズが〉とぶ: The fuse has *blown* (*out*). ヒューズがとんだ. c 〈タイヤがパンクする〈*out*〉.

❻《俗》急に立ち去る, 〈さっと逃げる.
❼《米口》ほらを吹く, 自慢する.
❽《口》=BLOW¹ up 成句 (10).
 ―― 動 ⓣ ❶ 〈...に〉息を吹く; 〈火を〉フーフー吹く: ～ a pair of bellows ふいごを吹く / He *blew up* the fire. 彼は火を吹いて起こした / He *blew* the dust *off* (the table). 彼はフッと(テーブルの上の)ほこりを吹き払った / 〔＋目＋補〕He *blew* his pipe clear. 彼はパイプを吹いてきれいにした.

❷ [通例副詞(句)を伴って]〈...に〉吹きつける, 〈...を〉なびかせる: The wind *blew* her long hair. 風は彼女の長い髪の毛をなびかせた / He had his hat *blown off*. 彼は帽子を吹き飛ばされた / The tent was *blown over* [*down*] by the wind. テントは風に吹き倒された / 〔＋目＋目〕It is an ill wind that ～ s nobody (any) good.(諺)だれのためにもならない風は吹かない, 「甲の損は乙の得」(★ 〔＋目＋目〕の形になる諺の一つ).

❸〈笛・らっぱなどを〉吹く, 吹奏する: ～ a horn [trumpet] 角笛[トランペット]を吹く / ～ a whistle 〈審判が〉笛を吹く.

❹ a ～ *one's nose* 鼻をかむ. b 〈指に当てた指先をフッと吹いて〉(人に)キスを送る: 〔＋目＋目〕She *blew* her friend a kiss.=She *blew* a kiss *to* her friend. 彼女は友だちに投げキスを送った.

❺ 〈ものを〉吹いて作る: ~ (soap) bubbles シャボン玉を吹く / ~ a glass (吹いて)ガラスを作る / He used to ~ glass animals *for* us. 彼はよく私たちにガラスの動物を吹いて作ってくれたものだった。

❻ a 〈...を〉爆破する: The railroad tracks were *blown up* with dynamite. 鉄道線路はダイナマイトで爆破された / The explosion *blew out* the windows. その爆発でいくつもの窓がめちゃめちゃに壊れた。 b 〈タイヤを〉パンクさせる; 〈ヒューズを〉とばす: The overload *blew* (*out*) the fuse. 負荷のかけすぎでヒューズがとんだ。

❼ 〈口〉〈秘密を〉ばらす, 明るみに出す.

❽ 〈口〉a 〈金を〉〈...に〉乱費する〔*on*〕: I *blew* $100 last night. 昨夜は(遊んで)100ドル使った。 b 〈人に〉〈...を〉おごる: ~ a person *to* lunch 人に昼食をおごる。

❾ 〈口〉a 〈好機を〉(へまして)棒に振る, 逸する: ~ one's last chance 最後のチャンスを逸する。 b 〈リードを〉失う, むだにする。

❿ (過去分詞は ~ed) [damned の婉曲語として命令法または受身で用いて]〈...を〉のろう: (I'll be) ~*ed* if it isn't Joe. いや驚いた, ジョーじゃないか。

⓫ 〈俗・卑〉〈...に〉フェラチオをする。

blów awáy《他+副》(1)〈人を〉感心〔驚嘆〕させる, (良い意味で)驚かせる; 〈相手を〉まかす, やっつける。(2)〈人を〉射殺する。

blów hót and cóld 〔...について〕(ほめたけなしたり)気まぐれで定見がない, 一喜一憂する〔*about*〕。

blów ín《自+副》❶〈口〉ひょっこりやってくる[現われる]: Jack *blew in*. ジャックがひょっこりやってきた。 ❷〈嵐などが〉襲ってくる, 吹きつけてくる。

blów ínto...〈口〉...にひょっこりやってくる[現われる]: He *blew into* town. 彼はひょっこり町にやってきた。

blów óff《自+副》(1) 怒って叫ぶ, 怒る。(2)《俗》おならをする。《他+副》(3)《米口》〈人を〉無視する, 相手にしない, 軽く扱う;〈人との〉約束をすっぽかす (stand up). (4)〈...を吹き飛ばす(⇨ ❻ 2). (5)〈ほこりなどを〉吹き払う。

blów óff stéam うっぷんを晴らす。

blów óut《明かりなどを〉吹き消す: The candle was *blown out* by a gust of wind. ろうそくが一吹きの風のために消えた / He *blew out* the lamp [match]. 彼はランプ[マッチ]の火を吹き消した。(2)〈*itself out*で〉〈風きやむ: The wind has *blown itself out*. 風が(さんざん吹いて)ようやく吹きやんだ。(3)〈...を〉吹き飛ばす; 爆破する (⇨ ❻ 6 a). (4)〈タイヤを〉パンクさせる;〈ヒューズを〉とばす (⇨ ❻ 6 b). (5)〈米口〉〈人を〉簡単にやっつけ, 〈人に〉楽勝する。── 《自+副》(6) 〈明かりなどが〉フッと消える。(7) 爆発する。(8)〈ヒューズが〉とぶ。〈タイヤが〉パンクする (⇨ ❻ 5). (9)〈油田・ガスなどが〉噴き出す, 噴出する。

blów óver《他+副》(1)〈...を〉吹き倒す (⇨ ❻ 2). ──《自+副》(2)〈暴風雨が通り過ぎる, 吹きやむ, 静まる。(3)〈危機・悩みなどが〉立ち消えになる; 無事におさまる。

blów tówn《米俗》町を急に立ち去る。

blów úp《他+副》(1)〈...を〉ふくらませる: ~ *up* a tire 空気を入れてタイヤをふくらませる。(2)〈...を〉爆破する (⇨ ❻ 6 a). (3)〈写真・地図などを〉引き伸ばす (enlarge). (4)〈さえいなことを〉大声で言う。(5)〈英口〉〈人を〉しかりつける。──《自+副》(6) タイヤ・風船などがふくらむ。(7) 爆弾が爆発[破裂]する;〈ものが爆発して吹き飛ぶ[壊れる], 爆発する (⇨ ❻ 5 a). (8)〈悪天候が起こる, つのる: A storm suddenly *blew up*. あらしが突然襲ってきた。(9)〈議論などが〉沸き立つ。(10)〈口〉〔...に〕腹を立てる〔*at, over*〕。

blów úp in one's fáce(計画などが)失敗して人の面目を失わせる, ぶざまに吹きとぶ。

──名 ❶ ひと吹き, (息の)吹きつけ。 ❷ 鼻をかむこと: give one's nose a good ~ 鼻を十分にかむ。 ❸ [a ~] (ひと陣の)風; 強風, 暴風: have [go for] a ~ 風にあたりにいく, 涼みに出かける。 ❹《米俗》コカイン。

〔OE; 原義は吹く風, cf. bladder〕

‡**blow²** /blóu/ 名 ❶ 強打, 殴打: Who struck the first ~? だれが最初に殴ったのだ / She gave him a sharp ~ in the stomach. 彼女は彼の腹に強烈な一撃を加えた。/ The first ~ is half the battle.《諺》先んずれば人を制す; 先手は万手。 ❷ (精神的な)打撃, ショック, 不幸: Her death was a terrible ~ to him. 彼女の死は彼にとってひどい打撃であった。 **at a (single) blów=at óne blów** (1) 一撃で[の下に]。(2) 一挙に, たちまち; 突然。 **còme to blóws** 〔...のことで〕殴り合いになる, けんかを始める。 **gét a blów ín** うまく一撃を加える。 **strike a blów for [agáinst]** ...を支持[に反抗]する: *strike a* ~ *for* clean elections 公正な選挙のために奮闘[奮起]する。

blow³ /blóu/ 動 (*blew* /blú:/; *blown* /blóun/)《古》開花する。──名 ⓤ 開花: in full ~ 満開で[の]。

blów-bàck 名 (ボイラー・内燃機関などの)後方への排気; (砲撃時の)後方への戻り漏れ。

blów-bàll 名 (タンポポなどの)綿毛のついた種子の球, 綿毛。

blów-by-blów 形 非常に詳細な: a ~ account (of ...) (...の)きわめて詳細な説明。

blów-dòwn 名 ⓤⓒ ❶ 風で樹木が吹き倒されること; 風で吹き倒された樹木。 ❷ (原子炉の冷却パイプの)突然の破裂。

blów-drỳ 動 〈髪を〉ヘヤードライヤーで乾かす[セットする], ブローする。

blów-drỳer 名 (整髪用の)ヘヤードライヤー。

blów·er 名 ❶ 送風機[装置]。 ❷ [the ~]《英口》電話。 ❸ a 吹く人。 b ガラス吹き工。 ❹《米口》ほら吹き, 自慢屋。

blów·fìsh 名 〈魚〉フグ, (特に)マフグ (puffer)。

blów·flỳ 名 〈昆〉クロバエ, ニクバエ。

blów·gùn 名 (長い)吹矢筒。

blów·hàrd 《米口》名 自慢屋; ほら吹き。── 形 自慢する。

blów·hòle 名 ❶ (クジラの)噴水孔。 ❷ (クジラ・アザラシなどが呼吸にくる)氷の穴。 ❸ (地下室の)通風孔。 ❹ (潮が吹き上げる)海岸の岩の裂け目。 ❺ (鋳物の)気泡。

blów jòb《俗・卑》フェラチオ (fellatio)。

blów·làmp《英》=blowtorch。

‡**blown¹** /blóun/ 動 blow¹,³ の過去分詞。

❶ ふくれた。 ❷ 息切れした, 疲れた。 ❸ ハエが卵を産みつけた: ⇨ flyblown。 ❹〈ガラス器など〉吹いて作った。

blown² /blóun/ 形 〈花の〉開いた, 咲いた (cf. fullblown)。

blów-òut 名 ❶ 破裂; パンク。 ❷《口》大ごちそう, (飲んだり食べたりの)にぎやかなパーティー。 ❸《口》楽勝, 一蹴。 ❹ (蒸気・油井などの)噴出: a ~ of gases ガスの噴出。 ❺〈電〉(ヒューズが)とぶこと。 ❻ 大敗。

blów·pìpe 名 ❶ 吹管。 ❷ (ガラス器製造用の)吹きざお。 ❸ =blowgun。

blows·y /bláuzi/ 形 =blowzy。

blów·tòrch 名 (溶接・配管工事用)小型発炎装置, トーチランプ, ガスバーナー (《英》blowlamp)。

blów-ùp 名 ❶ (写真の)引き伸ばし; 引き伸ばし写真。 ❷《口》むかっ腹, 激怒。 ❸ 破裂, 爆発。

blów-ùp 形 ふくらませることのできる。

blow·y /blóui/ 形 (**blow·i·er**; **-i·est**) ❶ 風の強い。 ❷ 吹き流されやすい。

blowz·y /bláuzi/ 形 (**blowz·i·er**; **-i·est**) ❶〈女性が赤ら顔の; だらしないかっこうをした。 ❷〈髪が〉ぼさぼさの。

bls.(略) bales; barrels。

BLT(略) bacon, lettuce, and tomato sandwich ベーコンとレタスとトマトをはさんだサンドイッチ。

blub /bláb/ 動 (**blubbed**; **blub·bing**)《英口》おいおい泣く, 泣きはらす。

blub·ber¹ /bλbə/ |-bə/ 名 ⓤ ❶ クジラ(など)の脂肪, あぶら身。 ❷ (人の)余分な脂肪。

blub·ber² /bλbə/ |-bə/ 動 ❶ おいおい泣く (《口》) ❷〈...を〉泣きながら言う〔*out*〕。 ❸〈目・顔を〉泣きはらす。──名 ⓤ [また a ~] 泣きじゃくる: be in a ~ 泣きじゃくる。

blub·ber³ /bλbə/ |-bə/ 形 〈唇などが〉厚ぼったい。

blub·ber·y /bλb(ə)ri/ 形 ❶ 脂肪が多い, 太った。 ❷ くれた。

blu·cher /blú:ʧə, -kə/|-ʧə, -kə/ 名 [通例複数形で] ブルーチャー (舌革と爪革とが一枚革の, ひもで締める靴)。

†**blud·geon** /bláʤən/ 動 他 ❶〈...を〉こん棒で打つ; (棒な

どで)殴って(...の状態に)する: ~ a person *to* death 人を打ち殺す / ~ a person senseless 人を殴って気絶させる. ❷〈人を強制して[ある行動を]させる: ~ a person *into* agreeing 人に無理やり同意させる. ── 名 (先に重みをつけた)こん棒.

‡**blue** /blúː/ 形 (blú·er; blú·est) ❶ **a** 青い, 青色の; 藍(ﾞ)色の, 紺色の.《解説》空や海の色をさし, 日本語の「青信号」や「青葉」などは blue ではなくて green): the ~ sky 青空 / the deep ~ sea 深い青い海 / ~ water 青海原. **b** 青衣を着た. ❷ **a** (寒さ・恐怖などで)青ざめた, 青白い: ~ with [from] cold 寒さで青ざめた / in the face (ひどく落胆などして)顔が青ざめて / turn ~ with fear 恐ろしさにまっさおになる. **b** (打ち身で)青黒くなった. ❸ [P] [口] **a**〈人が〉憂鬱(ﾞ)で, 悲観して (down): look ~ ふさいでいる / I'm [I feel] ~. 憂鬱である.《事態が思わしくなくて》: Things are looking ~. 形勢が思わしくない. ❹ わいせつな, きわどい, 下品な: ~ jokes きわどいジョーク / ⇒ blue movie. ❺ (英国)保守党の. ❻ 厳格な, 堅苦しい: ⇒ blue law. ❼ [楽] ブルース調の.

crý [**scréam, shóut**] **blúe múrder** ⇒ murder 成句.

ónce in a blúe moon ⇒ moon 成句.

tálk a blúe stréak《米口》しゃべりまくる.

till [**until**] **one is blúe in the fáce** 顔が青くなるまで, 徹底的に: You can talk *until* you're ~ *in the face*, but you'll never convince me. 君がいくら話をしたところで私を納得させることはできない.

── 名 ❶ [C,U] 青, 藍, 紺(ﾞ): dark ~ 紺 (Oxford 大学およびその選手の色標) / light ~ 淡青色, 浅葱(ﾞ)色 (Cambridge 大学およびその選手の色標) / pale ~ 薄青. ❷ [U] 青色絵の具, 藍色染料. ≒bluing. ❸ [U] **a** 紺[青色の]服: wear [be in] ~ ブルーの服を着ている. **b**《米》(南北戦争の北軍の)紺色の服 (cf. gray¹ 3 b): the ~ and the gray (南北戦争の)北軍と南軍. ❸ [the ~] **a** 青海. **b** 青空. **c** はるかかなた. ❹ [C] **a** (英国)保守党員. **b**《英》(Oxford, Cambridge 大学の)選手の青年; 選手: an Oxford ~ オックスフォード大学の選手 / win [get] one's ~ for Oxford [Cambridge] オックスフォード[ケンブリッジ]大学の選手になる. ❺ [複数形で] ⇒ blues.

òut of the blúe 出し抜けに: appear *out of the* ~ (突然に)現われる.

── 動 ❶ **a**〈...を〉青色にする. **b**〈洗濯物に〉青みをつける (cf. bluing). ❷《英俗》〈金銭を〉乱費する, 派手に使う.

~·ly 副 ~·ness 名 [F<Gmc]

blúe báby 名 [医] 青色児 (先天性心臓疾患などによりチアノーゼを生じている新生児).

Blúe·béard 名 ❶ 青ひげ (残忍無情で次々に 6 人の妻を殺したという物語の中の男). ❷ 青ひげのような男.

blúe·béat 名 [U] [楽] =ska.

blúe·bèll 名 [植] ❶ ブルーベル (ヨーロッパ原産のユリ科の多年草; 春に鈴形の青い花が咲く). ❷《スコ・北英》イトシャジン (harebell).

†**blúe·bèr·ry** /-bèri, -b(ə)ri/ 名 [植] ブルーベリー (スノキ属の低木; 果樹として栽培される); ブルーベリーの実 (ジャムなどにする).

Blúe Bírd [the ~] 「青い鳥」(Maeterlinck のおとぎ劇から幸福のシンボル).

blúe·bìrd 名 [鳥] ブルーバード, ルリツグミ (北米産の青い羽の鳴鳥).

blúe-bláck 形 濃い藍(ﾞ)色の.

blúe blòod 名 ❶ [U] 貴族の血統. ❷ [C] 貴族[名門]の人.

blúe-blóoded 形 貴族出の, 名門の.

blúe·bònnet 名《米》青花のルピナス (Texas 州の州花).

blúe bòok 名 ❶ [しばしば B- B-] 青書 (米国は官庁の, 英国は議会や枢密院の報告書; cf. white book).❷《米口》紳士録. ❸《米》**a** (大学の記述式試験答案用)青表紙の白紙帳. **b** その試験.[B- B-]《商標》ブルーブック (《型と製造年による中古車価格便覧》).

blúe·bòttle 名 ❶ (また bluebottle fly) [昆] キンバエ, クロバエ. ❷ [植] ヤグルマギク. ❸《英口》警察官.

---

blúe chèese 名 [U,C] ブルーチーズ (青かびで熟成させるチーズ).

blúe chìp 名 ❶《株式》優良株. ❷《ポーカー》ブルーチップ (点の高い数取り).

†**blúe-chìp** 形 ❶《株式・会社》かなり優良な: a ~ stock [company] 優良株[会社]. ❷ [口] すぐれた, 一流の.

blúe-chìpper 名《米俗》一流の[優秀な人[組織], 一流品, 一級品.

blúe·còat 名 ❶ 紺色制服の人《米国の巡査; 昔の陸海軍人, 特に米国南北戦争の北軍兵》.

†**blúe-còllar** 形 [A] 肉体労働(者)の, 作業服の (cf. white-collar): ~ jobs 労働者向きの仕事.《仕事着用の青色のシャツから》

blúe-còllar wórker 名 肉体労働者 (cf. white-collar worker).

blúe cráne 名 [鳥] ハゴロモヅル (アフリカ産; 南アフリカ共和国の国鳥).

blúe énsign 名 [通例 B- E-]《英海軍》予備艦旗 (cf. RED ENSIGN, WHITE ENSIGN).

blúe-èyed bóy 名《英口》お気に入り(の男性)((米) fair-haired boy).

blúe-eyed Máry 名 [植] ハナルリソウ (ワスレナグサに似た多年草).

blúe·fìn 名 (また blúe túna) [魚] クロマグロ.

blúe·fìsh 名 (復 ~, ~·es) [魚] ❶ ブルーフィッシュ (米国大西洋岸産のムツ科の魚; 食用). ❷ 青い色の魚の総称.

blúe flàg¹ 名 ❶ ブルーフラッグ (EU の基準に合格した海水浴場を有するリゾート地に与えられる認定証). ❷ 青色旗 (自動車レースで, すぐ後続する競争車が追い越しをかけていることを表わす).

blúe flàg² 名 [植] (青紫色の花をつける)アヤメ (北米産).

blúe fúnk 名 [単数形で]《英古》風》ひどくおびえていること[状態] .

blúe·gìll /-gìl/ 名 [魚] ブルーギル (サンフィッシュ科の食用魚・釣り魚; Mississippi 川流域原産).

blúe·gràss 名 ❶《米国南部の白人民俗音楽から生まれたカントリー音楽》. ❷ [植] ナガハグサ (牧草・芝草として知られている).

blúe-gréen álga 名 [植・菌] 藍藻(ﾞ), 藍藻植物, 藍色植物 (藍藻門の藻の総称).

blúe gróund 名 [U] [鉱] =kimberlite.

blúe gùm 名 [植] ユーカリ属の各種の木.

blúe héad 名 [魚] ブルーヘッド (大西洋熱帯域主産のベラ科の魚; 雄の頭は青く, 体は緑色).

blúe héeler 名 ブルーヒーラー (オーストラリア産の純粋種牧羊犬; 濃青の斑がある).

blúe hélmet 名 (国連の)平和維持部隊員.《ブルーのヘルメットをかぶっていることから》

blúe·ing /blúːɪŋ/ 名 =bluing.

blue-ish /blúːɪʃ/ 形 =bluish.

blúe·jàcket 名 (海兵隊と区別して)水兵.

blúe jày 名 [鳥] アオカケス (北米産).

blúe jèans 名 復 ブルージーンズ, ジーパン ([比較] 「ジーパン」は和製英語).

blúe jòhn 名 [U] 青蛍石, ブルージョン (Derbyshire 主産).

blúe láw 名《米》安息日法 (日曜日に仕事・飲酒・娯楽を禁ずる; もと植民地時代の New England 地方の人たちの中で守られていたものをいう).

blúe líne 名《アイスホッケー》ブルーライン (センターラインと平行にリンクを 3 等分する 2 本の線の一つ).

blúe métal 名 [U] 道路用に砕いた bluestone.

blúe móld 名 [U] 青かび.

blúe Móndav 名《米口》(また仕事の始まる)憂鬱(ﾞ)な月曜日.

blúe móvie 名 ポルノ[ピンク]映画, ブルーフィルム.

Blúe Níle 名 [the ~] 青ナイル (⇒ Nile).

blúe·nòse 名《米口》(極端なほど)清教徒的な人.

blúe nòte 名 [楽] ブルーノート (ブルースによく用いられる半音下げた第3[7]音).

blue-péncil 動 〈編集者・検閲官が〉〈原稿などを〉青鉛筆で削る[修正する].

Blúe Péter 名 [the ~; 時に b~ p~] 〖海〗出帆旗 (青地に白の正方形).

blue pláte 形 Ⓐ 《米》 〈定食が〉メインコース (たとえば肉と野菜) が一つのメニュー項目として供される特別価格の.

blue póinter 名 〖魚〗 ❶ ホオジロザメ 《大型で獰猛な人食いザメ》. ❷ 《豪》アオザメ 《大物として漁夫がねらう》.

+**blúe·print** 名 ❶ 青写真. ❷ (詳細な)計画, 青写真, 設計図. ── 動 〈…の〉青写真をとる[作る].

blúe ríbbon, 《英》 **blúe ríband** 名 ❶ 最高の賞[名誉], ブルーリボン. ❷ (ガーター勲章の)青リボン. ❸ 《禁酒会員の》青リボン記章.

blúe-ríbbon 形 《米》精選された, 特選の, 品質優秀な.

Blúe Rídge Móuntains 名 ⓟ [the ~] ブルーリッジ山脈 《Appalachians 山脈東部の支脈; 最高峰 Mt. Mitchell (2037 m)》.

blúe·rínse 形 Ⓐ 《米》 年輩婦人たちの: a ~ gathering おばあさんパーティー. 《白髪を青色に染めることが多いことから》

blúe-rínsed 形 = bluerinse.

blúe-róan 形 地色が黒の糟毛(かすげ)の 《馬など》.

blues /blúːz/ 名 Ⓤ ❶ [単数または複数扱い] ブルース 《米国南部の黒人の間に起こった歌・楽曲の一形式; 語法 音楽形式を意識している時は通例 the をつける; 個別の歌という時には Ⓒ で, 複数形は blues》: sing the [a] ~ ブルースを(一曲)歌う. ❷ [the ~] 《口》 気のふさぎ, 憂鬱(ぬつ): She has [She's got] the ~. 彼女はふさぎこんでいる. ── 形 Ⓐ ブルースの: a ~ singer ブルースの歌手 / sing a ~ number ブルースを一曲歌う. 《blue devils「気のふさぎ」から》

blúe schíst 名 Ⓤ 〖岩石〗 青色片岩(せっき), 藍閃石(らんせんせき)片岩 《高圧で比較的低温の下で生成される変成岩》.

blúe-shíft 名 〖光〗青方シフト, 青方偏移 《種々の原因でスペクトル線の波長が短い方へずれること》.

blúe-ský 形 Ⓐ ❶ 青空の. ❷ 漠然とした, 具体性のない, 空論的な: a ~ theory 漠然とした理論.

blúe-ský láw 名 《米》青空法 《不正証券取引禁止法; 州ごとに制定されている種々の証券関係法の通称》.

blúe·stócking 名 《軽蔑》 学問[学才]をもつ[気取る]女, 才女. 《18 世紀のロンドンで文芸愛好家が青色の靴下をはいたことから》

blúe·stóne 名 Ⓤ 青石, ブルーストーン 《粘土質砂岩; 建築・敷石用》.

bluesy /blúːzi/ 形 ブルース (blues) 的な[調の], ブルージーな.

blu·et /blúːɪt/ 名 〖植〗 トキワナズナ 《アカネ科の草本; 米国原産》.

blúe·thróat 名 〖鳥〗 オガワコマドリ 《欧州・アジア産》.

blúe tít 名 〖鳥〗 アオガラ 《アジア・ヨーロッパ産のシジュウカラ属の小鳥》.

blúe·tòngue 名 Ⓤ 〖獣医〗 ブルータング 《充血・チアノーゼ・点状出血・口辺上皮の腫脹を伴う, 特に羊のウイルス病》.

Blúe·tooth 名 Ⓤ 《商標》 ブルートゥース 《パソコンや電話などの機器間の無線通信規格》.

blúe vín·ny [**vín·ney**] /-víni/ 名 Ⓤ ブルーヴィニー 《スキムミルクで造った Dorset 産の青カビチーズ》.

blúe vítriol 名 〖化〗 胆礬(たんばん), 硫酸銅.

blúe whále 名 〖動〗 シロナガスクジラ.

bluff[1] /blʌf/ 形 (~·er; ~·est) ❶ 〈海岸などが〉絶壁の, 切り立った. ❷ 〈態度などが〉ぶっきらぼうな, 率直な. ❸ 絶壁, 断崖(だんがい). ~·ly 副 ~·ness 名

+**bluff**[2] /blʌf/ 動 他 〈人を〉はったり[こけおどし]でだます: They ~ed him into giving up. 彼らを脅してあきらめさせた. ── 自 はったりをかける, からいばりする. **blúff it óut** 《口》 はったりで切り抜ける. **blúff one's wáy óut (of...)** 〈…を〉はったりで切り抜ける. ── 名 Ⓤ 虚勢, こけおどし, からいばり, はったり: make a ~ = play a game of ~ 脅しつける. **cáll the [a person's] blúff** (1) 〖トランプ〗 《ポーカーではったりで高くふっかけてきた相手と同額のかけをして》相手に手を開かせる. (2) (相手をはったりと見て)やれるものならやってみろと挑む[開き直る]. 《Du = 自慢する, ほらを吹く》

blu·ing /blúːɪŋ/ 名 Ⓤ 《洗濯に使う》青みづけ(剤).

blu·ish /blúːɪʃ/ 形 青みを帯びた, 青みがかった. 《BLUE + -ISH[1]》

blun·der /blʌ́ndə|-də/ 名 (ばかな)間違い, へま 《類語 error》: make a ~ in one's work 仕事で大失敗する. ── 動 自 ❶ (不注意・精神的混乱などから)(ばかな)失敗をやる, しくじる. ❷ (副詞(句)を伴って) まごつく, まごまごして歩く, ぶつかりながら歩く 〈around, about〉. ── 他 ❶ a 〈仕事などを〉やりそこなう. b 〈…を〉うっかり言い漏らす: ~ away one's chance うっかり好機を逸する 〈…を〉うっかりしゃべる: ~ out a secret うっかり秘密を漏らす. **blúnder ínto...** (1) よろよろと歩いて〈暗い中を〉…にぶつかる. (2) 〈困難などに〉出くわす. **blúnder ón** へま[ミス]をやり続ける. ~·**er** /-dərə, -drə | -dərə, -drə/ 名 へまをやる人, そこつ者: You ~er! どじなやつ! ~·**ing** /-dərɪŋ, -drɪŋ/ 形 へまをしがちな. ~·**ing·ly** 副 不器用に, ぎこちなく. 《ON = 目を閉じる; よく見ないで行動することから》 【類語群】⇒ error.

blun·der·buss /blʌ́ndəbʌ̀s|-də-/ 名 らっぱ銃 《17-18 世紀ごろの筒先の太い短銃》.

blunge 動 〈陶土を〉水を混ぜてこね合わせる.

*****blunt** /blʌnt/ 形 (~·er; ~·est) ❶ a 〈刃先など〉鈍い, なまくらの (↔ sharp, keen): a ~ instrument [weapon] 鈍器. b 〈理解力など〉鈍感な. ❷ a 〈人が〉無遠慮な, 無愛想な. b 〈言葉などぶっきらぼうな, 率直すぎる. ── 動 他 鈍くする, 鈍らせる. ── 自 鈍る. ── 名 《米俗》マリファナを詰めた葉巻きタバコ. ~·**ly** 副 ぶっきらぼうに, 無遠慮に; 〖文修飾〗遠慮なしに言うと: to put it ~ly 《口》 遠慮なく言わせてもらうと. ~·**ness** 名 【類語群】⇒ dull.

*****blur** /blə́ː|blə́ː/ 名 Ⓒ ぼんやり[ぼんやりと見える]もの; 不鮮明[おぼろげ]な記憶: The racing cars passed in a ~. レーシングカーはかすみのように走り去った. ── 動 (**blurred; blur·ring**) 他 〈光景・視力などを〉ぼんやりさせる 〈くもらせる; 〈書きものをにじませる; 〈区別などを〉曖昧(あいまい)にする: Smoke blurred the landscape. 煙のために景色がぼうっとしていた / Tears blurred her sight. 涙で彼女の目がかすんだ / The printing is somewhat blurred. 印刷がちょっとぼやけている. ── 自 ぼんやりなる; 〈目が〉〈…で〉かすむ 〈with〉; 曖昧になる. 《BLEAR の別形から》

blurb /blə́ːb|blə́ːb/ 名 Ⓤ (新刊書のカバーなどに印刷の)自賛的広告, 推薦広告. 《米国のユーモア作家 G. Burgess による造語》

blurred /blə́ːd|blə́ːd/ 形 〈視界・形状など〉ぼやけた, かすんだ, はっきりしない; 〈記憶など〉不鮮明な, ぼんやりとした, 〈区別などが〉不明瞭[不明確, 曖昧].

blur·ry /blə́ːri|blə́ːri/ 形 ぼやけた, 不鮮明な (blurred). (名 blur)

+**blurt** /blə́ːt|blə́ːt/ 動 〈…を〉出し抜けに言い出す, うっかり口をすべらせる: In his confusion he ~ed out the secret. 彼は混乱してうっかり秘密を漏らした. 《擬音語》

+**blush** /blʌ́ʃ/ 動 自 ❶ 顔を赤らめる, 〈顔が〉赤くなる: ~ for [with] shame 恥ずかしさで顔を赤くする / She ~ed at the thought of it. 彼女はそれを考えるだけで顔が赤くなった / He ~ed fiery red. 彼の顔は火のように赤くなった. ❷ 恥じる 〈at, for〉: I ~ for you. 君の(した[言った])ことのためにこちらが恥ずかしい思いをする / I ~ to admit it. お恥ずかしい次第ですがそれは本当なのです. ❸ 〈つぼみなどが〉赤らむ, ばら色になる. ── 名 ❶ Ⓒ 顔を赤らめること, 赤面. ❷ Ⓤ (ばらなどの)赤らみ. ❸ Ⓒ 《米》 = blusher 1. **at first blúsh** 一見して, 一見したところでは. **spáre a person's blúshes** 《口》恥ずかしい思いをさせないようにする. ~·**ing** 形 ほおを染めた; 赤らんだ. ~·**ing·ly** 副 顔を赤らめて, はにかんで; cf. blaze[1]》

blúsh·er 名 ❶ Ⓤ.Ⓒ ほお紅, ブラッシャー (《米》 blush) (化粧品). ❷ Ⓒ (すぐに)顔を赤らめる人.

blúsh wíne 名 Ⓒ.Ⓤ ブラッシュワイン 《白ワインに味が似た薄赤いワイン》.

+**blus·ter** /blʌ́stə|-tə/ 動 自 ❶ どなり散らす; 虚勢を張る[張って言う]. ❷ a 〈風・波の荒れ狂う〉. b 〈人がたけり狂

う. ── [他] ❶ 〈…を〉どなって言う, わめくように言う〈*out*〉. ❷ 〈人を〉どなって[脅して]〔…に〕陥らせる; [~ *oneself* で] どなって〔…に〕なる〔*into*〕. ── [名] [U] ❶ どなりつけ, からいばり. ❷ (風の)吹き荒れ, (波の)騒ぎ. ~·er [名]

blus·ter·y /blʌ́stəri, -tri/ [形] 〈天候が〉荒れ狂う.

Blu-tack /blúːtæk/ [名] [U] 《英》〘商標〙ブルータック《壁紙を貼るための青色の接着剤》.

blvd. 《略》 boulevard.

Bly /bláɪ/, **Nellie** [名] ブライ《1867–1922; 米国のジャーナリスト; 本名 Elizabeth Cochrane Seaman》.

B́ lỳmphocyte [名]〘生理〙B リンパ球 (B cell). 〘*b*one-marrow-derived〙

BM 《略》 Bachelor of Medicine; 〘測〙 benchmark; bowel movement.

B́ mòvie [名]〘映〙B 級映画.

bmp, BMP 《略》〘電算〙bitmap《特に小文字はファイル拡張子》.

BMV 《略》 Blessed Mary the Virgin.

BMW /bíːèmdʌ́bljuː/ [名] ベーエムヴェー車 《ドイツの BMW 社の高級車》.

BMX /bíːèméks/ [名] [U,C] 自転車モトクロス(用自転車).

B'nai B'rith /bənéɪbəríθ/ [名] ブネイ・ブリス《道徳・博愛・教育・政治にかかわる目的をもったユダヤ人男性の友愛団体》.

BNP 《略》 British National Party 英国国民党《極右》.

BO 《略》《口》 body odor.

bo¹ /bóʊ/ [間] ＝boo《子供などを驚かす発声》.

bo² /bóʊ/ [名]《米俗》(複 **~s**) [呼び掛けに用いて] 相棒, 兄弟, おまえ(さん).

bo·a /bóʊə/ [名] ❶ (また **bóa constríctor**)〘動〙ボア《南北アメリカ大陸に多い無毒大型のヘビ》. ❷ ボア (feather boa)《婦人用毛皮または羽毛製襟巻き》. 〘L＝水辺[水]にすむ大蛇〙

Bo·ad·i·cea /bòʊədəsíːə/ [名] ボアディケア 《?–A.D. 62; Iceni 族の女王; ローマ人支配に反旗を翻し, 惨敗した》.

⁺**boar** /bɔ́ər | bɔ́ː/ [名] (複 **~s, ~**) ❶ [C]〘動〙イノシシ: ⇨ wild boar. ❷ [C] (去勢しない)雄豚 (⇨ pig [関連]). ❸ [U] (去勢しない)雄豚の肉; イノシシの肉: ~'s head 雄豚[イノシシ]の頭《[解説] めでたい時に食卓に飾る風習があった; 現在ではパブの名前として用いられることがある》.

‡**board** /bɔ́ərd | bɔ́ːd/ [名] ❶ [C,U] 板《[解説] board は専門的には厚さ 2 インチ半以下で幅が 6–12 インチの板; plank は厚さ 2–6 インチ幅 8 インチ以上の厚板; sheet は薄板》: a ~ fence 板塀 / He slept on the bare ~*s*. 彼は(マットレスなど敷かないで)床の上に寝た. ❷ [C] [しばしば複合語で] (特定の目的のための)板: **a** 黒板: ⇨ blackboard. **b** 掲示板; 伝言板. **c** (遊戯の)盤: ⇨ chessboard. **d** 台板, パンこね[切り]台: ⇨ breadboard. **e** ＝switchboard. **f** ＝surfboard. ❸ [C] **a** [しばしば the B~; 集合的; 単数または複数扱い] 委員会; 評議員(会), 重役(会): *the* ~ of directors 重役(会) [役員(会), 理事(会)]《全体》/ a ~ of inquiry 調査委員会《全体》/ *The* ~ is [are] to meet this Friday. 重役会[役員会(など)]は今週の金曜日に開かれる. **b** 会議の卓, テーブル, 会議. ❹ [C] [しばしば B~] (官庁の)庁, 院, 局, 部: a ~ of health《米》(地方自治体の)衛生局 / a ~ of trade《米》商業会議所 / a ~ of education《米》教育委員会 / a ~ of elections《米》選挙管理委員会 / ⇨ Federal Reserve Board. ❺ **a** [C] (食事の用意がしてある)食卓, テーブル. **b** [U] 食事, まかない(料): ~ and lodging まかない付きの下宿 / pay for one's room and ~ 部屋代と食費を払う. ❻ **a** [C,U] 厚紙, 板紙, ボール紙. **b** [複数形で]〘製本〙ボール表紙: in ~*s* ボール表紙の[で] / in cloth ~*s* クロース表紙の[で]. ❼ [the ~s] 舞台. ❽ [複数形で]《米》(委員会などが実施する)試験. ❾ [通例複数形で]〘バスケ〙リバウンド(を取ること). ❿ [C]〘海〙舷(側); 船内.

abòve bóard 公明正大な[で, に]《[由来] トランプで手をテーブルの下に入れないことから》.

acròss the bóard (1) 全面的に[で], 一律に[で] (cf. across-the-board 1): apply a rule *across the* ~ 規則をあらゆる場合に適用する / Wages have been raised *across the* ~. 賃金は一律に上がった. (2)《米》(競馬などで)単勝と複勝を同時に賭けて.

gó by the bóard (1) 〈計画などが〉まったく失敗する. (2) 〈風習などが〉すたれる, 無視される. (3) 〘海〙〈マストなどが〉折れて船外に落ちる.

on bóard (1) 船上[船内, 機内]に[の]; 車中に[の]《★ 前置詞的に用いることもある》: go *on* ~ 乗船[乗車(など)]する / have…*on* ~ …を積んでいる / take…*on* ~ …を積み込む, 乗船させる / *On* ~ the ship was a helicopter. その船上にはヘリコプターが一機搭載されていた. (2) 〘野〙出塁して. (3) (組織の)一員として.

swéep the bóard (1) (勝って)卓上のかけ金を皆さらっていく. (2) 大勝する, 全勝する.

táke on bóard (1) 〈責任などを〉とる, 引き受ける. (2) 〈問題・思想などを〉考える; 理解する.

táke [wálk] the bóards 《口》(役者として)舞台に立つ[出る].

── [動] [他] ❶ 〈船・列車・飛行機・バスなどに〉乗り込む. ❷ **a** 〈人に〉食事をまかなう, 〈人を〉下宿させる. **b** 〈ペットを〉預って飼う. ❸ 〈…に〉板を張る, 〈…を〉板で囲う[ふさぐ]: ~ *over* the floor 床に板を張る / ~ *up* a window [door] 窓[ドア]に板を打ちつける. ── [自] ❶ **a** 搭乗[乗車]する. **b** [進行形で] 〈飛行機などが〉乗客の搭乗準備ができている. ❷ **a** 〔…で〕食事をする; 〔…に〕下宿[寄宿]する: She ~*s at* her uncle's [*with* her uncle]. 彼女はおじのもとに下宿している. **b** 学校に寄宿する, 学寮で生活する.

bóard óut 《(自)+(副)》 (1) 外食する. ── 《(他)+(副)》 (2) 〈人に〉外食させる; 〈子供・ペットなどを〉よそに預けて面倒を見てもらう.

bóard úp 《(他)+(副)》 〈窓などを〉板でおおう.

〘OE; 原義は「切ったもの」〙

bóard·er /-ḍər | -də/ [名] 寄宿生, 寮生 (cf. day boy); (食事付き)下宿人.

bóard fòot [名] ボードフット《板材測定単位; 1 フィート平方の厚さ 1 インチの板の体積》.

bóard gàme [名] ボードゲーム《チェスのように盤面でするゲーム》.

bóard·ing /-dɪŋ/ [名] [U] ❶ 乗船, 乗車, (飛行機への)搭乗. ❷ **a** 板張り; 板囲い. **b** 板. ❸ (食事付きの)下宿.

bóarding brìdge [名] (旅客機の)搭乗橋.

bóarding càrd [名] (旅客機の)搭乗カード[券]; 乗船カード (boarding pass) (⇨ ticket [比較]).

bóarding·hòuse [名] (食事付き)下宿屋 (cf. lodging house).

bóarding kènnel [名] [通例複数形で]《英》(飼主の留守中の)ペット預り所, ペットホテル.

bóarding lìst [名] (旅客機の)乗客名簿, (客船の)乗船名簿.

bóarding pàss [名] ＝boarding card.

bóarding ràmp [名] ＝ramp¹ 2.

⁺**bóarding schòol** [名] [C,U] 全寮制の学校, 寄宿学校.

⁺**bóard·ròom** [名] 重役会議室.

bóard·sàiling [名] [U] ボードセーリング《ウィンドサーフィン(windsurfing)のこと》.

bóard schòol [名]〘英〙(学務委員会が管理した)公立小学校《1902 年廃止》.

bóard·wàlk [名]《米》板道, (海岸などの通例板敷きの)遊歩道.

bóar·fìsh [名] 口の突き出た魚《ヒシダイ・カワビシャなど》.

boart /bɔ́ərt | bɔ́ːt/ [名] ＝bort.

boast¹** /bóʊst/ [動] [自] 〔…を〕自慢する, 誇る《★ ~ of [about] は受身可》: He never ~*ed of* his success. 彼は決して自分の成功を自慢するようなことがなかった / She ~*ed of* win*ning* [*having* won] the prize. 彼女はその賞をもらったことを自慢した / He used to ~ *to* us ***about his rich uncle. 彼はよく私たちに金持ちのおじさんの自慢話をした. ── [他] ❶ 〈…だと〉自慢する, 豪語する: 〔+(*that*)〕 He ~*ed that* there was nobody he could not defeat. 彼は自分に勝てる者はだれもいないと豪語した / 〔+目+(*to be*)補〕 He ~*s* himself (*to be*) a good swimmer. 彼は泳

boast 192

ぎがうまいと自慢する. ❷ 〈場所・ものが〈...を〉(誇りとして)もつ, 有する〉: The village ~s [can ~] a fine castle. その村には(自慢の[誇るに足る])りっぱな城がある / The room ~ed only a broken chair. その部屋には壊れたいすが一つあるだけだった. ── 名 ❶ 誇り, 自慢(の種): make a ~ of...を自慢する / It's his ~ that he has three houses. 家を3軒持っていることが彼の自慢である. ❷ 自慢話: one's empty ~s ほら話. 〖F〗〖類義語〗boast「自慢する」の意の一般的な語. brag 大げさに見せびらかすようにして自慢する. vaunt より形式ばった語. 丁寧ではあるが, boast や brag よりさらに事実とはかけ離れた見栄をはる.

boast[2] /bóust/ 動 他 《スカッシュ》(ボールを)壁に打つ. ── 名 壁に打ったストローク.

bóast·er 名 自慢屋, ほら吹き.

boast·ful /bóustf(ə)l/ 形 自慢する, 自画自賛の: in ~ terms 自慢げな言葉で / He's ~ *of* [*about*] his house. 彼は持ち家を自慢する. **-ful·ly** /-fəli/ 副 自慢して; 自慢そうに. **~·ness** 名

*__**boat**__ /bóut/ 名 ❶ **a** 《通例屋根なしで比較的小型の》船, ボート; 《口》《大小に関係なく用いて》船, 汽船 《関連 いわゆる「ボート」は rowing boat, rowboat に当たるが, 他に tugboat, sailboat, motorboat などがある》: take a ~ で, 行きの船に乗る / by ~ 船で 《★無冠詞》. **b** 《通例複合語で》船: ⇒ ferryboat, lifeboat, steamboat. ❷ 船状の乗り物: a flying ~ 飛行艇. ❸ 船形の容器: ⇒ gravy boat, sauceboat. **be (áll) in the sáme bóat** 境遇[運命, 危険(など)]を共にする. **búrn one's bóats** (behind one) 《戻るに戻れない行動をとる, 背水の陣をしく《画英敵国に上陸した時船を燃やせば, 征服するか敗北しかないという故事から》. **míss the bóat** = miss the BUS 《俗句》. **púsh the bóat òut** 《英口》盛大に祝う. **róck the bóat** 《口》 (1) 〈不平分子などが〉平地に波乱(はらん)を起こす. (2) 《大事な時に》波風を立てる: *Don't rock the boat*. 余計なもめ事を起こすな. **táke to the bóats** (1) 《難破の時に》救命ボートに乗り移る. (2) 着手した仕事から急に手を引く. ── 動 自 《船遊びで》ボートに乗る[をこぐ], ボートで行く: go ~ing on the Thames テムズ川へ船[ボート]遊びに行く. 〖OE; 原義は「(くりぬいた)木の幹」〗〖類義語〗⇒ ship.

bóat·bìll 名 《鳥》 ❶ (また **bóat·bìlled héron**) ヒロハシサギ《熱帯アメリカ産》. ❷ = broadbill 2.

bóat dèck 名 端艇甲板, ボートデッキ《救命ボートを設置》.

boa·tel /boutél/ 名 ボーテル《ヨットなどの客用に水際に設けたホテル》. 〖BOAT＋HOTEL〗

bóat·er /-tə・|-tə/ 名 ❶ かんかん帽《由来 昔船遊びの時かぶったことから》. ❷ 船[ボート]に乗る人.

bóat hòok 名 かぎざお《ボートを引き寄せたりする時などに用いるフックのついた棒》.

bóat·hòuse 名 艇庫; 船[ボート]小屋.

⁺**bóat·ing** /-tɪŋ/ 名 U ボートこぎ, 舟遊び.

bóat·lòad 名 船1杯分の船荷[乗客]; ひと船の積載量 〖*of*〗.

bóat·man /-mən/ 名 《復 -men /-mən/》貸ボート屋の人; ボートのこぎ手; 船頭.

bóat pèople 名 [複数扱い] ボートピープル《小舟で脱出する漂流難民》.

bóat ràce 名 ❶ ボートレース (cf. regatta). ❷ [the B-R~] Oxford 対 Cambridge 大学対抗ボートレース《毎年Thames 川で復活祭前に行なう》.

boat·swain /bóus(ə)n | bóutswèɪn/ 名 《海》 (商船の)甲板(かんぱん)長, ボースン; (軍艦の)掌帆(しょうはん)長.

bóatswain's chair 名 《海》 ボースンチェア《高所で作業するときのロープでつるす腰掛け板》.

bóat tràin 名 《汽船と連絡する》臨港列車.

bóat·yàrd 名 艇庫《小型船やヨットを修理・収納・製作》.

bob[1] /báb/ 名 ❶ 《女性・子供の髪形のボブ(カット)》 《襟首あたりまでのショートヘアー》. ❷ 《犬・馬の》切り尾. ── 動 《**bobbed; bob·bing**》 他 〈髪を〉ボブショートヘアーにする (cf. bobbed): She *bobbed* her hair. 髪をボブにした. ❷ 〈動物の尻尾などを〉切る. 〖ME=束, 房〗

*__**bob**__[2] /báb/ | bɔ́b/ 動 (**bobbed; bob·bing**) 自 ❶ (急に)上下に動く[揺れる, はねる]; 〈頭・体などを〉急に動かす: The fisherman's float *bobbed* on the waves. 釣り師の浮きは波間に揺れていた. ❷ 〈体が〉〈ひざを折って〉〈人に〉お辞儀をする: ~ *to* [*at*] a person 人にお辞儀をする. ❸ 〈遊戯で〉〈つるしたり浮かべたりしたサクランボなどの果物を〉口にくわえようとする 〖*for*〗. ── 他 ❶ 〈首を〉上下に動かす 〖*up, down*〗: He *bobbed* his head *up* out of the hole. 彼は穴の中から頭をひょいともたげた. ❷ 〈女性が〉〈ひざを折って〉〈人に〉お辞儀をする: ~ a curtsy 人にお辞儀をする. **bób and wéave** (1) 《ボクシングのパンチをよけるように》体を激しく上下左右に動かす; 体を動かして(ものをかわしながら)縫うように進む. (2) 〈質問などを〉かわす, (話題などを) かわし, 切り抜ける, 避けて通る. ── 名 ❶ ひょいと(上下に)動くこと, 急に引く動作[こと]. ❷ お辞儀. ❸ おもり, 振り子の玉; 凧(たこ)の尾. ❹ 《魚釣りの》房(ふさ), ❺ (2個つながった)うきの房(ふさ). 〖擬音語〗

bob[3] /báb | bɔ́b/ 名 《英口》 (旧)シリング(現在の5ペンス). 〖BOB からか〗

bob[4] 名 《鳴鐘法》鐘の順を変えること; (一組 6, 8, 10 または 12 の)鐘で鐘の順を変えて鳴らす変打法.

Bob /báb | bɔ́b/ 名 ボブ《男性名; Bobby, Bobbie ともいう; Robert の愛称》. **(and) Bób's your úncle** 《口》 《...しても[しておけば]》大丈夫だ; 万事 OK だ.

bobbed 形 ❶ ボブ(カット)[ショートヘアー]の: ~ hair ボブカットの髪. ❷ 切り尾の.

bób·ber[1] 名 bob[2] する人[もの]; (釣りの)うき.

bobber[2] 名 bobsled に乗る人[の選手].

Bob·bie /bábi | bɔ́bi/ 名 ボビー: ❶ 男性名 (⇒ Bob). ❷ 女性名《Barbara, Roberta の愛称》.

bob·bin /bábin | bɔ́b-/ 名 《筒形の》糸巻き, ボビン; 細い組みひも: ~ lace 手編みレース. 〖F〗

bob·bi·net /bábɪnèt/ 名 Ｕ ボビネット《メッシュが六角の機械製網織物》.

bob·ble /bábl | bɔ́bl/ 名 ❶ 《帽子の上やクッションにつける装飾用の》毛糸玉 (pompon). ❷ 《ひょいひょい》上下に動くこと. ❸ 《米》失策, 失敗. ❹ 《野》ファンブル. ── 動 自 《米》 《...を》しくじる. ── 他 《野》《ボールを》ファンブルする.

bob·by /bábi | bɔ́bi/ 名 《英口》巡査. 〖↓; ロンドン警察を設立した Robert Peel の愛称〗

Bob·by /bábi | bɔ́bi/ 名 ボビー: ❶ 男性名 (⇒ Bob). ❷ 女性名《Barbara, Roberta の愛称》.

bóbby cálf 名 生後すぐ屠殺される子牛.

bóbby-dàzzler 名 《英口》 すばらしい[優秀な]人[もの].

bóbby pìn 名 《米》《ショートヘアー用の》ヘアピン (《英》 hairgrip).

bóbby sòcks [**sòx**] 名 Ｕ 《口》 《少女用の》短いソックス, ボビーソックス.

bóbby·sòx·er /-sàksə | -sɔ́ksə/ 名 《口》《ボビーソックス (bobby socks) をはく》十代の少女《特に 1940 年代に映画スターや歌手にあこがれた娘; cf. groupie》.

bób·cat 名 《復 ~s, ~》《動》ボブキャット《北米産の切ったように尾が短いオオヤマネコ》.

bob·o·link /bábəlɪŋk | bɔ́b-/ 名 《鳥》 ボボリンク《北米産のムクドリモドキ科の鳴鳥》.

bo·bot·ie /bubúːti/ 名 ボーボーティ, ブブチ《カレー・スパイスで味付けしたこまぎれ肉を使った南アフリカの料理》.

bób skàte 名 平行した 2 枚ブレードのアイススケート.

bób·slèd, 《英》 **bób·slèigh** 名 ❶ ボブスレー《前後に 2 対のすべりと操縦装置を備えた 2-4 人乗りの競技用そり; 時速 130 km 以上にもなる》. ❷ 《昔の》 つれぞり, 継ぎぞり; その片方. ── 動 自 (**bob·sled·ded; bob·sled·ding**) ボブスレーに乗る[ですべる]. **-slèd·der** 名

bob·slèd·ding, -slèigh·ing 名 Ｕ ボブスレー競技[操法, 遊び].

bób·stày 名 《海》第一斜檣(しゃしょう)控え, ボブステー.

bób·tàil 名 《馬・犬などの》短い尾[犬]. ❷ 切り尾, 短い尾. **(the) rágtag and bóbtail** ⇒ ragtag 成句. ── 形 = bobtailed.

bób·tàiled 形 ❶ 切り尾の. ❷ 切り詰めた, 省略した.

bób·wèight 名《機》釣合いおもり.
bob·white /bάb(h)wάɪt | bɔ́b-/ 名《鳥》(また **bóbwhite quàil**) コリンウズラ, ボブホワイト《北米産; 猟鳥》.
bo·cage /boʊkάːʒ | bɔ-/ 名 U ❶ (フランス北部などの)野原や林などが混在する田園風景. ❷ (つづれ織り・陶器などの)森や林の装飾的デザイン.
Boc·cac·ci·o /boʊkάːtʃiòʊ, -tʃoʊ | bɔ-/, **Gio·van·ni** /dʒoʊvάːni | dʒə-/ 名 ボッカチオ《1313–75; イタリアの作家・詩人》.
boc·con·ci·ni /bàkəntʃíːni | bɔ̀kən-/ 名 ボッコンチーニ《小球状のモッツァレッラチーズ》.
Boche /bάʃ | bɔ́ʃ/ 名 [時に b~]《俗・軽蔑》ドイツ人[兵](の), ドイツ野郎(の), 悪党(の).
bock /bάk | bɔ́k/ 名 U ボック(ビール)《ドイツ風の強い黒ビール》.
bóck bèer 名 =bock.
bod /bάd | bɔ́d/ 名《口》❶ (いい)体. ❷《英》**a** 人, やつ. **b** いらいらさせるやつ.《BODY)》
BOD 《略》=biochemical oxygen demand.
bo·da·cious /boʊdéɪʃəs/ 形《米南部・中部》紛れもない; 注目すべき, すごい, すばらしい.《bold+audacious》
+**bode**¹ /bóʊd/ 動 他 ❶ 〈もの・事が〉〈人に〉〈…の〉前兆である《★受身不可》: The crow's cry ~s rain. カラスが鳴くのは雨の前兆だ/This ~s you no good.それは君には縁起が良くない. ── [well, ill などの様態の副詞を伴って] […にとって〔良い[悪い]〕前兆である: That ~s well ill] for his future. それは彼の将来にとって良い[よくない]兆候だ.《OE=知らせる》
bode² 動 bide の過去形.
bo·de·ga /boʊdéɪɡə/ 名 ❶ ワイン貯蔵室, ワイン蔵. ❷ (食料雑貨店を兼ねた)ワイン店;(特にスペイン語圏[地区]の)食品雑貨店.
Bó·de's láw /bóʊdəz-/ 名《天》ボーデの法則《惑星の太陽からの平均距離が一つの級数で近似的に表わされるという経験法則; 海王星・冥王星にはあてはまらない》.《J. E. Bode 18–19世紀のドイツの天文学者》
bodge /bάdʒ | bɔ́dʒ/ 動《英口》へたに作る, ぶざまに修理する《up》. ── 名 できの悪い仕事[修理].
Bo·dhi·dhar·ma /bòʊdɪdάːrmə | -dάː-/ 名 菩提達磨, 達磨 《?–?532; 中国禅宗の開祖》.
bo·dhi·satt·va /bòʊdɪsátvə, -sάːt-/ 名 菩薩.
bó·dhi trèe /bóʊdi-/ 名《植》=bo tree.
bod·ice /bάdɪs | bɔ́d-/ 名 ❶ (婦人服の)胴部《肩からウエストまで》. ❷ ボディス《婦人用胸着》.
bódice rìpper 名 ボディス破り《特に歴史的な趣向の, 暴力と熱烈な性愛を扱った小説・映画》. **bódice-rìpping** 形.
bód·ied 形 [通例複合語で] ❶ 〔胴〕体[肉体]のある; 体が…の: ⇒ able-bodied. ❷ 〈飲物などに〉こくのある: ⇒ full-bodied.
bód·i·less 形 体[胴体]のない; 実体のない, 無形の.
+**bod·i·ly** /bάdəli | bɔ́d-/ 副 A ❶ 人体[肉体]上の; (精神的に対して)肉体的な: ~ fear 身体に対する危害の恐れ. ❷ 具体的な, 有形の. ── 副 ❶ 丸ごと, そっくり(そっくり), からだごと, 全部: The house was washed away ~. 家はそっくりそのまま押し流された. ❷ 自分自身で, 自ら.《BODY+-LY²》【類義語】**bodily** mental, intellectual に対して「肉体の」の意. **physical** しばしば bodily と同義に用いられるが、それより一般的, 全体的で身体器官などに直接言及する意味合いは薄い. **corporeal** spiritual に対して物質的に見た人体をいう. **corporal**「身体に加えられた」の意.
bod·kin /bάdkɪn | bɔ́d-/ 名 **a** ひも通し針《レースやリボンを通すもの》. **b** 千枚通し. ❷ (長い)束髪針.
Bod·lei·an /bάdliən | bɔ́d-/ 名 ザ ボドレー図書館《オックスフォード大学図書館; Bodleian Library ともいう》.
☆**bod·y** /bάdi | bɔ́di/ 名 ❶ C **a** (人間・動物の)身体, からだ: the human ~ 人体/the whole ~ 全身. **b** 死体, 死骸 (corpse). ❷ C **a** (手・足・頭部を除いた)胴体 (trunk). **b** (衣類の)胴部. **c** (木の)幹. ❸ C [ものの] 主要部 [of]: **a** (車・船・飛行機の)本体, 胴体, ボディー. **b** (建物の)本体. **c** (手紙や演説の)本文, 主体; (法律の)主文. **d** (楽器の)共鳴部. ❹ C [集合的; 単数または複数扱い] 統一体, 組織体: a legislative ~ 立法府, 議会/a parliamentary ~ 議会/The committee is an advisory ~. その委員会は諮問機関で/The main ~ of troops is [are] on the march. 軍隊の主力部隊が行進中である. ❺ [a ~] **a** かたまり: a ~ of water 水域《海・湖など》. **b** 一団, 一群; 大勢, 多数: a ~ of laws 法典/a ~ of facts 一団の事実. ❻ [the ~][団体などの]大部分: the ~ of the population 人口の大部分. ❼ C《理》物体, …体: a solid ~ 固体/a heavenly ~ 天体. ❽ U [また a ~] (物の)密度, 濃度; (酒などの)こく: a wine of full ~ こくのあるぶどう酒/This paste [cloth] lacks ~.(油の)粘性. ❾ C《口》人: a good sort of ~ いい人, 好人物/What's a ~ to do? (私は)どうすればよいか(分かりません). ❿ C《機》立体. ⓫ 正面体. ⓫ C《陶》(陶器類の)生地, 素地. ⓬《英》ボディースーツ《米 bodysuit》. **bódy and sóul** [副詞的に] 身心とも, すっかり: own a person ~ and soul 人を完全に掌握する/She gave herself ~ and soul to the project. 彼女は仕事に心身をささげた. **in a [óne] bódy** 一団となって: The Cabinet resigned in a ~. 内閣は総辞職した. **kéep bódy and sóul togéther** やっと生きていく (make ends meet). **òver one's déad bódy** 《口》自分の目の黒いうちは絶対に(…はさせない): Over my dead ~ you will! 私の目の黒いうちは絶対にそんなことはさせない, そんなことは私が死んでからにしろ. **the bódy of Chríst** (1) 聖餐(ﾃﾞｲﾑ)のパン, 聖体《キリストの肉を代表する》.(2) 教会.
── 動 〈観念を〉具現[体現]する. **bódy fórth** (1) 〈…〉を心に描く. (2) 〈…〉を具体的に示す. (3) 〈…〉を象徴[表象]する.
《OE; 原義は「たる」》【関形】corporal, corporeal, somatic)
bódy àrmor 名 U (警官・兵士などの)防弾防刃チョッキ, ボディーアーマー.
bódy àrt 名 U ボディーアート《飾りたてるなどして人体自体を美術の材料とする芸術の一様式; 写真などで記録することが多い》. **bódy àrtist** 名 ボディーアーティスト.
bódy bàg 名《ゴム製で》ジッパー付きの)遺体袋.
bódy blòw 名 ❶《ボク》ボディーブロー. ❷ 大敗北; 大きな痛手.
bódy·bòard 名 ボディーボード《小型のサーフボード; 腹ばいに乗り波に乗る》. **bódy·bòard·er** 名 ボディーボード競技者[愛好者]. **bódy·bòarding** 名 ボディーボード《スポーツ》.
bódy buìlder 名 ボディービルをする人.
bódy·buìlding 名 U ボディービル《バーベルなどで鍛えて筋肉美をつくること》.
bódy chèck 名《ホッケーなど》ボディーチェック《相手の動きを体で阻止すること》;【比較】空港などの「ボディーチェック」は和製英語; cf. body search). ── 動 他 〈敵に〉ボディーチェックをする.
bódy clòck 名《動》体内時計.
bódy còlor 名 U (宝石などの)実体色;(えのぐ・ペンキの)体質顔料.
bódy córporate 名《複 bodies corporate》《法》法人.
bódy còunt 名 (特定の軍事作戦での)戦死者数, (事故・事件などの)死者[犠牲者]数; その数の計算[算出].
bódy dóuble 名 (映画・テレビのヌードシーンなどに出演する)代役, ボディーダブル.
bódy Énglish 名 U ❶ ボールが思いどおりの方向へ飛ぶよう念じてプレーヤー[観衆]がとる反射的動作. ❷ 身振り手振り, ジェスチャー.
bódy fàt 名 U 体脂肪: a ~ percentage 体脂肪率.
☆**bod·y·guard** /bάdiɡàːrd | bɔ́diɡàː d/ 名 [集合的; 単数または複数扱い] 護衛, ボディーガード, お付きの人々: The Premier's ~ was [were] waiting there. 首相の護衛がそこに待っていた.
bódy hèat 名 U 体熱, 動物熱.
bódy ìmage 名 U.C《心》心体像, ボディーイメージ《自分の体に対して描く心像》.

bódy lànguage 名 U ボディーランゲージ, 身ぶり(言)語《無意識に行なわれる身ぶり手ぶりなどによる伝達; cf. kinesics》.

bódy-lìne bówling 名 U 《クリケ》打者すれすれの速球.

bódy mìke 名 ボディーマイク《歌手などが胸などに目立たないようにつける小型ワイヤレスマイク》.

bódy òdor 名 U 体臭; わきが《略 BO》.

bódy pìercing 名 U ボディーピアシング《耳たぶ以外の部位に行なうピアス》.

bódy pólitic 名 [the ~] 国家.

bódy-pópping 名 U ボディポッピング《体や手足をロボットのように動かすストリートダンスのスタイル》.

bódy scànner 名 《医》ボディスキャナー《全身断層 X 線透視装置》.

bódy scrùb 名 ボディースクラブ《表皮から死んだ細胞を粒子でこすり落とすクレンジング化粧品》.

bódy sèarch 名 《空港などの》ボディーチェック.

bódy-sèarch 動 《…の》ボディーチェックをする: ~ a suspect for weapons 武器を所持しているか調べるために容疑者のボディーチェックをする.

bódy·shèll 名 《自動車の》車体外殻, ボディーシェル.

bódy shòp 名 自動車車体修理[製造]工場.

bódy snàtcher 名 死体泥棒《昔, 墓をあばいて死体を解剖者に売った者》.

bódy stòcking 名 ボディーストッキング《身ごろから足先までつながって体にぴったりした下着》.

bódy·sùit 名 ボディースーツ《(英) body》《体にぴったり合ったワンピースの女性用運動着》.

bódy·sùrf 動 ボディーサーフィンをする《サーフボードなしで波乗りをする》.

bódy·sùrfing 名 U ボディーサーフィン.

bódy tèmperature 名 U 体温.

bódy wármer 名 《英》ボディウォーマー《袖なしのキルトにパッドの外出用ジャケット》.

bódy wàve 名 ボディーウェーブ《カールさせるパーマネントウェーブ》.

bódy·wòrk 名 U ❶ 車体; 車体製造[修理]. ❷ 《特に精神療法のための》整体(技術).

bódy wràp 名 ボディーラップ《美容効果のある成分を体に塗りつけてその上を温湿布状にラップする美容痩身術》.

Bóe·ing /bóυɪŋ/ 名 ボーイング(社)《米国の航空機メーカー》.

Boe·o·tia /bióʊʃə/ 名 ボイオティア《ギリシア中東部の地方; アッティカ (Attica) の北西に位置; 古代には Thebes が首都都市だった》.

Boe·o·tian /bióʊʃən/ 形 ボイオティア(人)の. — 名 C ボイオティアの住民, 《古》《古代ギリシア語の》ボイオティア方言.

Boer /bɔ́ə | bɔ́:, bóʊə/ 名 ボーア人《南アフリカのオランダ移住民の子孫; 否 現在では通例 Afrikaner を用いる》. — 形 A ボーア人の.

Bóer Wár 名 [the ~] ボーア[南ア]戦争 (1899-1902).

boeuf bour·gui·gnon /bə́:fbʊəgi:njɔ́:ŋ | -bʊə-/ 名 U ブフ・ブールギニョン《角切り牛肉を赤ワイン・タマネギ・マッシュルームといっしょに煮込んだフランス料理》.

boff /báf | bɔ́f/ 名《米俗》 ❶ げんこつの一発. ❷ 性交. ❸ 大成功のもの, ヒット作. ❹ 高笑い. — 動 他 ❶ 打つ, なぐる. ❷ 性交する. ❸ 《人を》高笑いさせる. ❹ 《…を》ヒットさせる.

bof·fin /báfɪn | bɔ́f-/ 名《英口》 ❶ 《特に科学技術・軍事産業研究の》科学者, 研究者. ❷ 専門家, 《…の》プロ.

bof·fo /báfoʊ | bɔ́f-/ 形 大当たりをした, 大評判の. — 名 (働 ~s) ヒット作.

bof·fo·la /bafóʊlə | bɔ-/ 名《米俗》爆笑を狙ったジョーク[せりふ].

*__bog__ /bág, bɔ́:g | bɔ́g/ 名 ❶ C,U 沼地, 湿原, 湿地, 泥沼. ❷ C 《英俗》《屋外》便所. — 動 (**bogged**; **bog·ging**) 泥沼にはまり込む; 《比喩》動きがとれなくなる, 難航する ⟨*down*⟩. 《…を泥沼に沈める; 《比喩》動きをとれなくする, 難航させる《★通例受身》: *be* [*get*] *bogged down* in details 細かいことで泥沼にはまり込む[動きがとれなくなる]. ⟨Ir＝柔らかい⟩

Bo·gart /bóʊgɑət | -gɑ:t/, **Hum·phrey** /hʌ́mfri/ 名 ボガート (1899-1957; 米国の映画俳優).

bóg àrum 名《植》ヒメカイウ, ミズイモ《サトイモ科》.

bóg·bèan 名《植》ミツガシワ (buckbean).

bo·gey¹ /bóʊgi/ 名《ゴルフ》 ❶ ボギー《par より1打多く打ってホールに入れること》. ❷ 《古風》《平均的プレーヤーに要求される》基準打数《通例 par より多い》. — 動 他 (~ed; ~·ing) 《ホールを》ボギーで上がる: I ~*ed* the 2nd hole. セカンドホールをボギーで上がった.

bo·gey² /bóʊgi/ 名 ＝**bogy**.

bo·gey·man /bóʊgimæ̀n, búgi- | bóʊgi-/ 名 (-men /-mèn/) 《子供を脅すのに使う》お化け.

bog·gle /bágl | bɔ́gl/ 動 ❶ 《怖くて・驚いて》ぎょっとする, ひるむ, とまどう: The [My] mind ~*s at* the thought of the patient's pain. 患者の苦痛を思うとぞっとする. ❷ 《…に》ためらう, 《…に》難色を示す: He ~*d at* accepting the offer. 彼はその申し出を受け入れるのをためらった. — 他 《通例 ~ the mind で》びっくりさせる, 呆然[愕然(ǎ)]とさせる.

bóg·gling 形 驚異的な, 圧倒的な.

bog·gy /bági | bɔ́gi/ 形 (**bog·gi·er; -gi·est**) 沼地の; 沼沢の多い. ⟨BOG+-y³⟩

bo·gie¹ /bóʊgi/ 名 ❶ 低い丈夫な荷車[トラック]. ❷ 《6輪トラックの4個の》駆動後輪. ❸ 《英》《鉄道》ボギー, 転向台車《車輪が自由に回る車両の車輪取り付け部分》.

bogie² /bóʊgi/ 名 ＝bogey¹.

bóg ìron (òre) 名 U 《鉱》沼(ぬ)鉄鉱《多孔質の褐鉄鉱》.

bo·gle /bóʊgl/ 名 ❶ お化け, 幽霊. ❷ 《英》かかし.

bóg mòss 名 U 《植》ミズゴケ《ミズゴケ属のコケの総称》.

bóg mỳrtle 名《植》＝sweet gale.

bóg òak 名 泥炭地に埋もれて黒色化したオークの木材.

Bo·go·mil /bágəmɪl | bɔ́g-/ 名 ボゴミール教徒[派]《10世紀中世に起こった Balkan 半島・小アジアを中心とする中世キリスト教の二元論的異端; 新約・詩篇・預言書以外はサタンの作品とみなす》.

Bo·go·tá /bòʊgətɑ́: | bɔ̀g-/ 名 ボゴタ《南米コロンビアの首都》.

bóg ròsemary 名《植》ヒメシャクナゲ.

bóg spàvin 名《獣医》《馬の》飛節軟腫[腫脹].

bóg-stándard 形《英口》ありきたりの, 平凡な.

+**bo·gus** /bóʊgəs/ 形 偽の, いんちきの: a ~ export permit 偽造の輸出許可証.

+**bo·gy** /bóʊgi/ 名 ❶ 《米》búgi, bú:gi/ 怖いもの, 悩み《の種》. ❷ 《英俗》鼻くそ《(米) booger》. ❸ 《米》búgi, bú:gi/ お化け, 幽霊. ❹ 《俗》国籍不明機; 敵機. ❺ 《古》刑事, 警官.

Bo Hai /bóʊhái/ 名 ⇒ 渤海(ぼっ)(かい)《黄海の一部で, 山東半島と遼東半島に囲まれた湾》.

bo·hea /boʊhí:/ 名 U 《しばしば B~》 ボヒー茶, 武夷《中国福建省の武夷山周辺産の紅茶で, 今では劣等品》.

Bo·he·mi·a /boʊhí:miə/ 名 ❶ ボヘミア《チェコ西部の地方, も王国; 中心地 Prague》. ❷ 《しばしば b~》自由奔放な社会[地区].

+**Bo·he·mi·an** /boʊhí:miən/ 名 ❶ ボヘミア人. ❷ 《しばしば b~》自由奔放な生活をする人《特に芸術家》; ジプシー. 形 ❶ ボヘミアの; ボヘミア人の. ❷ 《しばしば b~》放浪的な; 伝統にとらわれない, 自由奔放な.

Bo·he·mi·an·ism /-nìzm/ 名 U 放縦[奔放]気質[生活, 主義].

Böhm /bə́:m/, **Karl** 名 ベーム《1894-1981; オーストリアの指揮者》.

bo·ho /bóʊhoʊ/ (口) 名 ボヘミアン, 変わり者. ボヘミアン的な (bohemian), だらしない.

Bohr /bɔ́ə | bɔ́:/, **Niels (Henrik David)** 名 ボーア《1885-1962; デンマークの原子物理学者; Nobel 物理学賞 (1922)》.

boh·ri·um /bɔ́:riəm/ 名 U 《化》ボーリウム《ビスマス 209 にクロミウム 54 イオンを照射してつくられた人工放射性元素; 記号 Bh, 原子番号 107》.

bo·hunk /bóʊhʌŋk/ 名《米俗・軽蔑》東欧・中欧出身の

*boil¹ /bɔ́ɪl/ 動 他 ❶ ⟨液体を⟩沸かす; ⟨容器を⟩沸騰させる: ~ water 湯を沸かす. ❷ a ⟨…を⟩煮る; ⟨…を⟩ゆでる: B~ the meat until tender. 肉は柔らかくなるまで煮ます / [+目+目] She ~ed me an egg for breakfast.=She ~ed an egg for me for breakfast. 彼女は朝食に私に卵をゆでてくれた. b ⟨…を⟩⟨…に⟩煮る⟨ゆでる⟩: [+目+補] She ~ed the eggs hard. 彼女は卵を固くゆでた. ― 自 ❶ ⟨液体が⟩沸く; ⟨容器が⟩沸騰する: The water is ~ing. 湯が煮立っている / A watched pot never ~s. (諺) ポットは見つめているとなかなか沸かない《「待つ身は長い」》 / [+補] Don't let the kettle ~ dry. やかんをからからになるほど煮立たせてはいけない. ❷ ⟨食物が煮える; ゆだる. ❸ 激怒する, 腹わたが煮え繰り返る: That makes my blood ~. それには血が煮えくり返るようだ / I was ~ing with rage. 怒りのため胸の中が煮え立つ思いがした. ❹ ⟨水などがわき出る, 噴出する: Water ~ed from the spring. 泉から水が沸々とわいていた. b ⟨海が⟩⟨沸き立つように⟩荒れ狂う. boil awáy (自+副) (1) 沸騰して蒸発する. (2) ⟨容器が⟩⟨空になるまで⟩沸騰し続ける. (3) ⟨興奮などが⟩さめる. ― 他 (+副) (4) ⟨…を⟩沸騰させ続ける. bóil dówn (自+副) (1) 煮詰まる. (2) [口] ⟨…に⟩要約される: It ~s down to this. 要約すれば次のようになる. ― 他 (+副) (3) ⟨…を⟩煮詰める. (4) [口] ⟨…を⟩要約する: ~ down a report to a page or two 報告を1, 2ページに要約する. bóil óver (自+副) (1) 煮えこぼれる. (2) ⟨感情・事態などが⟩抑えきれなくなる, 激昂[激化, 悪化]して⟨…⟩に至る (explode) (in, into): ~ over into armed conflict 激化して交戦に至る. bóil úp (自+副) (1) 煮え立つ. (2) [口] 紛争などが起こりかけている. (3) ⟨スープなどを⟩熱くする, 温める. màke a person's blóod bòil ⇒ blood 名 成句. ― 名 ❶ [a ~] 煮沸: give it a ~ をする. ❷ [the ~] 沸騰(点): be on [off] the ~ 沸騰している[いない] / bring water to the [a] ~ 湯を沸騰させる / come to the [a] ~ 沸騰しだす. gò óff the bóil 興奮[興味]がさめる; 腕が落ちる. 【F⟨L⟨bulla 泡⟩】【類義語】⇒ cook.

boil² /bɔ́ɪl/ 名 はれもの, おでき.

boiled 形 煮沸した, ゆでた: a ~ egg ゆで卵.

bóiled shírt 名 (胸部を固くのりづけした)礼装用のワイシャツ.

bóiled swéet 名 (英) あめ玉, キャンディー((米) hard candy).

*boil·er /bɔ́ɪlə | -lə/ 名 ❶ 煮沸器(かまなべなど); ボイラー, 汽罐(きかん); (米) furnace. ❷ 煮沸係(人).

bóiler-màker 名 ❶ C ボイラー製造人. ❷ U.C ビールをチェイサー (chaser) に飲むウイスキー; ビールで割ったウイスキー.

bóil·er·pláte 名 ❶ U ボイラー板(ばん), ボイラー鋼板(圧延鋼板). ❷ U (米) [軽蔑] 陳腐な記事. ❸ U.C (契約書・保証書などの)定型的文言; (口) (ワープロで作成する通信文などの)反復して使用する文句. ❹ [複数形で] (足掛かりがまるで得られないような)平坦な岩壁.

bóiler ròom 名 ❶ ボイラー室. ❷ (また bóiler shòp) (米俗) [証券・商品などの詐欺的な売り込みを行なう集中的電話作戦を行なう部屋[事業所]. bóiler-ròom 形

bóiler sùit 名 (英) 上着とズボンが一緒になった仕事着, つなぎ ((米) overalls).

*boil·ing /bɔ́ɪlɪŋ/ 形 ❶ a うだるように暑い, ふれるほど暑い; 暑くてたまらなくて, 汗だくで(sweltering): a ~ sun 灼熱の太陽, 炎天 / ~ sand 熱砂. b [副詞的に] ⟨…⟩ 猛烈に: ~ hot 猛烈に暑い. ❷ 煮え[沸き]立つ. ❸ a 沸き返るような. b ⟨海が⟩⟨沸き立つように⟩荒れ狂う: the ~ waves 沸き立つような波.

bóiling pòint 名 ❶ 沸点《水の場合は1気圧で100℃, 212°F; cf. freezing point 1). ❷ U [しばしば the ~] (怒りなどの)沸騰点; 興奮; 重大な転機: reach the ~ 我慢の限界に達する.

bóiling-wáter reàctor 【原子力】 沸騰水型軽水炉 (略 BWR).

boing /bɔ́ɪŋ/ 間 ボイン, ボーン《跳んだりはずんだりする音[様子]》.

Boi·se /bɔ́ɪzi, -si/ 名 ボイシ (Idaho 州の州都).

†bois·ter·ous /bɔ́ɪstərəs, -trəs/ 形 ❶ a ⟨人・行為など⟩荒々しい, 乱暴な; 騒がしい. b (大声を出したりして)陽気な, にぎやかな: ~ laughter 陽気な高笑い / a ~ party にぎやかなパーティー. ❷ ⟨風・波など⟩荒れ狂う, 大あばれの. ~·ly 副 ~·ness 名

boîte /bwá:t/ 名 (他 ~s /~(s)/) (小さな)ナイトクラブ, キャバレー, レストラン.

bok choy /bàktʃɔ́ɪ | bɔ̀k-/ 名 U (米) 体菜(たいさい), チンゲンサイ, パクチョイ (pak choi).

bok·ma·kier·ie /bàkməkíə(r)i | bɔ̀k-/ 名 (鳥) キノドモズドリヤブモズ (南アフリカ産).

Bok·mål /búkmɔ:l/ 名 U ブークモール《デンマーク語の文語を次第に改変して出来上がったノルウェーの二大公用語の一; cf. Nynorsk》.

Bol. (略) Bolivia.

bo·la(s) /bóulə(s)/ 名 ボーラ (鉄の玉のついた投げなわ; 南米のカウボーイが獣などの足にからめて投げてからませる).

*bold /bóuld/ 形 (~·er; ~·est) ❶ 大胆な, 勇敢な, 果敢な (類義) ⇒ courageous): a ~ explorer [act] 大胆な探検家[行為]. ❷ ずうとい, 出しゃばりの, 鉄面皮な: a ~ retort ふてぶてしい口答え. ❸ 際立った; ⟨線などが⟩太い: ~ lines 太い線 / in ~ relief くっきりと浮き上がって / the ~ outline of a mountain くっきりした山の輪郭 / in ~ strokes 強く太く. ❹ (比較なし) 【印】 ⟨活字が⟩ボールドの(フェイス)の, 肉太活字(体)の. ❺ ⟨がけなど⟩険しい: a ~ cliff 断崖(だんがい). ❻ ⟨描写・想像力など⟩力強い, 奔放な: write in a ~ style 力強い文体で書く / a ~ imagination 奔放な想像力. (as) bold as bráss 実にずうずうしい. be [make] (so) bóld (as) to dó 失礼ながら…する, 大胆にも…する: I make ~ [make so ~ as] to ask you. 失礼ながらお尋ねいたします《★ 目上の人に対して用いるやや改まった言い方》. màke bóld with … を勝手に使う《比較》make FREE with…のほうが一般的). pùt a bóld fáce on … ⇒ face 名 成句. 【OE; 原義は「ふくれ上がった」】【類義語】 ⇒ courageous.

bóld·fáce 名 U 【印】 肉太活字(体), ボールド(フェイス) (↔ lightface).

bóld·fáced 形 ❶ ずうずうしい, 鉄面皮な. ❷ 【印】 ⟨活字が⟩ボールド(フェイス)の, 肉太活字(体)の (↔ lightfaced).

bóld·ly 副 ❶ 大胆に, 勇敢に. ❷ 厚顔に, ずうずうしく. ❸ くっきりと, きわ立って.

bóld·ness 名 U ❶ 大胆さ; ずうとさ, 押しの強さ: with ~ 大胆に / He had the ~ to ask for more money. 彼は厚かましくもまた金をくれと言った. ❷ 目立つこと.

bol·do /báldou | bɔ́l-/ 名 (他 ~s) (植) ボルド《チリ原産モニミア科の常緑小高木; 実は食用, 葉は薬用》.

bole¹ /bóul/ 名 木の幹 (trunk).

bole² /bóul/ 名 U 【地質】 ボール《玄武岩などが分解してできる, 赤黄色粘土または鮮紅色の蝋状物》.

bo·lec·tion /boulékʃən/ 名 【建】 浮出し繰形(くりがた).

bo·le·ro /bəlé(ə)rou/ 名 (他 ~s) ❶ a ボレロ《軽快な3/4拍子のスペイン舞踊》. b ボレロの曲. ❷ /(英) bòlə-/ (女性用の)短い上衣, ボレロ. [Sp]

Bo·leyn /búlɪn | bəlín/, Anne ブリン (1507-36; 英国王 Henry 8 世の2番目の妃; Elizabeth 1 世の母; 不義の罪とされて処刑された).

bo·lide /bóulaɪd/ 名 【天】 (爆発)火球, 爆発流星.

bol·i·var /bouli:vaə | bəlí:va:/ 名 ボリバル《ベネズエラの通貨単位》.

Bo·lí·var /bálɪvə | bɔlívə/, Si·món /sɪmóun/ 名 ボリバル (1783-1830; 南アメリカの独立運動指導者; 異名 'the Liberator' (解放者); Bolivia はその名にちなむ).

Bo·liv·i·a /bəlíviə/ 名 ボリビア《南米中西部の共和国; 首都は La Paz, 憲法上の公式首都は Sucre》.

Bo·liv·i·an /bəlíviən/ 形 ボリビアの. ― 名 ボリビア人.

boll /bóul/ 名 (綿・亜麻などの)丸蒴(がくさく).

bol·lard /báləd | -la:d/ 名 ❶ (英) (道路の真ん中にある交通島の)保護柱. ❷ 【海】 係船柱, ボラード.

bol·lix /báliks | bɔ́l-/ (米口) 動 他 ⟨…を⟩混乱させる, 台

なしにする ⟨up⟩. ── 图 混乱.

bol·lock /bάlək | bɔ́l-/ 動 箇 (英俗) しかりつける.

ból·lock·ing 图 (英俗) きつい叱責, しかりつけること, 大目玉.

bol·locks /bάləks | bɔ́l-/ 图 (英) ❶ [感嘆詞的にも用いて] ばかげたこと, たわごと. ❷ 睾丸(ᵏ̂ᵃⁿ), きんたま.

bóll wéevil 图 [昆] ワタミハナゾウムシ《綿の実に大害を与える》.

bóll·wòrm 图 [昆] 綿の実を食う蛾の幼虫《特にワタキバガ・オオタバコガの幼虫》.

Bol·ly·wood /bάliwùd | bɔ́l-/ 图 (口) ボリウッド《インドの大衆映画産業; Bombay が中心》. 《Bombay+Hollywood》

bo·lo /bóulou/ 图 (圏 ~s) (フィリピンの) ジャングルの枝などを伐採する長くて重い片刃の刀.

bo·lo·gna /bəlóuni/ 图 回 ボローニャ(ソーセージ) 《牛・豚肉の大型ソーセージ》. 【↓】

Bo·lo·gna /bəlóunjə/ 图 ボローニャ《イタリア北部エミリアーロマーニャ (Emilia-Romana) 州の州都; 中世の自治都市で世界最古の大学がある》.

Bológna sàusage 图 =bologna.

bo·lom·e·ter /boulάməṭə | -lɔ́mətə/ 图 [理] ボロメーター《電磁放射エネルギー測定用の抵抗温度計》. **bo·lo·met·ric** /bòuləmétrɪk⁺/ 形

bo·lo·ney /bəlóuni/ 图 =baloney.

bó·lo tìe /bóulou-/ 图 (米) ボロタイ, ループタイ.

Bol·she·vik /bóulʃəvìk | bɔ́l-/ 图 (圏 ~s, Bol·she·vik·i /bòulʃəvíki | bɔ́l-/ [the Bolsheviki] ボルシェビキ《ロシア社会民主労働党の多数派・過激派; cf. Menshevik 1》. ❶ Ⓒ ボルシェビキの一員. ❷ 共産党員. ❸ [時に b~] 過激派. ── 形 ❶ ボルシェビキの. ❷ [時に b~] 過激派の. 《Russ=より多数の》

Bol·she·vism /bóulʃəvìzm | bɔ́l-/ 图 Ⓤ ボルシェビキの政策[思想]. ❷ [時に b~] 過激主義.

Ból·she·vist /-vɪst/ 形 图 ボルシェビキ(の一員).

bol·shie /bóulʃi | bɔ́l-/ 形 =bolshy.

bol·shy /bóulʃi | bɔ́l-/ 形 (**bol·shi·er; -shi·est**) ❶ (英俗) 過激派の, 体制に反抗する; わざと問題を起こす, 反抗的な. ❷ =Bolshevik 1.

*****bol·ster** /bóulstə | -stə/ 動 ❶ 強める, 元気づける: ~ (up) a person's spirits 人に元気を出させる / It ~ed my spirits. 私はそれで元気になった. ❷ 《(一本立できない)主義・組織などを支持する: ~ (up) an argument with new evidence 新たな証拠で論を補強する. ── 图 ❶ 長まくら《頭部を高めるため通例シーツの下に入れ, その上に pillow を乗せる》. ❷ 支持物《まくら受け・受け材[台]など》. 《OE=まくら》

*****bolt¹** /bóult/ 图 **A** ❶ **a** 《ドア・門などの戸締まり用の》掛け金, さし金, かんぬき棒. **b** 《銃砲の》舌. **c** 《銃の》遊底. ❷ ボルト, 締めくぎ(cf. nut 2). ❸ 《布・壁紙の》ひと巻き, 一反, 一束 ⟨of⟩. ── **B** ❶ 稲妻; 雷. ❷ 《昔の石弓用の》太矢. ❸ 《水などの》噴出: a ~ of water 水の噴出. ❹ 《米》脱党; 自党政策[候補]の支持拒絶.

a bólt from [òut of] the blúe 青天の霹靂(ᵏ̂ᵉᵏⁱ).

màke a bólt (for...) (...に向かって)逃げ出す: make a ~ for it 急に逃げ出す.

núts and bólts ⇨ nut 图 成句.

shóot one's (lást) bólt 最善を尽くす, 力を出し尽くす 《画東「最後の太矢を射放つ」の意から》: A fool's ~ is soon shot. 《諺》愚者はすぐ奥の手を出し行き詰まる.

── 動 ❶ ボルト[掛け金]で締める[止められる]. ❷ 《通例副詞(句)を伴って》駆け[飛び, 逃げ]出す; 《馬が暴れて逃げ出す》: I saw a man ~ out of [into] our garden. 一人の男が私の家の庭から逃げ出す[に駆け込む]のを見かけた. ❸ 《米》脱退する, 脱党する. ❹ 《植》野菜などが薹(ᵗᵒᵘ)が立つ, 食べごろを過ぎる. ❺ 大急ぎで食べる《比較 現在では 箇 2 の用法のほうが一般的》. ── 箇 ❶ **a** 《ドアを掛け金で締める: ~ the door **(up)** ドアを掛け金で締める. **b** ⟨...⟩をボルトで締め合わせる ⟨together⟩; ⟨...⟩に⟨...⟩にボルトで止める ⟨to⟩. ❷ ⟨食物・飲物⟩を飲み込む ⟨down⟩. ❸ 《米》政党を⟩脱党する. ❹ ⟨...⟩をあわてて[うっかり]言う: ~ out a reply あわてて返事をする.

bólt...ín [óut] ⟨...⟩を閉じ込める[締め出す].

── 副 [~ upright で] まっすぐ, しゃちこばって. 《OE=矢》

bolt² /bóult/ 動 箇 ⟨...⟩をふるい分ける.

bólt-àction 形 《銃の》手動式の遊底のある.

bólt·er¹ /-tə | -tə/ 图 ❶ 逸走する馬; 脱走者. ❷ 《米》脱党者.

bólt·er² /-tə | -tə/ 图 ふるい.

bólt-hòle 图 安全な隠れ場所, 逃避所.

bólt-òn 形 [機]《車の部品などボルト締めの.

bólt·ròpe 图 [海] ボルトロープ《帆の周辺の補強ロープ》.

bo·lus /bóuləs/ 图 ❶ 柔らかい丸い塊; かんだ食物の塊, 食塊. ❷ 大きい丸薬.

*****bomb** /bάm | bɔ́m/ 图 ❶ **a** 爆弾: drop a ~ 爆弾を落とす / ⇨ atomic bomb. **b** [the ~] 核兵器, 原子[水素]爆弾: the threat of the ~ 核兵器の脅威. ❷ [a ~]《英口》大金: make [earn] a ~ 大金を稼ぐ / spend a ~ 大金を使う / cost a ~ 大金がかかる. ❸ 《通例単数形で》**a** (口)人を驚かすような事[人], 突発事件: drop a ~ 人騒がせな事件を引き起こす. **b** (米) (演劇などでの) 大失敗. **c** [the ~] (俗) すごい[とてもすてきな, 刺激的な, 最高の]もの [こと]. ❹ **a** 《米》(殺虫剤・塗料などの)噴霧器, スプレー: a bug ~ スプレー式殺虫剤. **b** [医] (放射性物質を入れる)鉛容器. ❺ [アメフト] ロングパス.

be the bómb 《米俗》最高によい.

gò dówn a bómb 《英口》大いに受ける.

gó like a bómb 《英口》(1) 《車が》猛スピードで走る. (2) 大成功する; 大ヒットする.

lóok like a bómb's hít it 《場所が》取り散らかっている, ひどく乱雑である.

pùt a bómb ùnder a person (口) (仕事などのことで)〈人〉にねじを巻く, 〈人〉を督促する.

── 動 ❶ ⟨...⟩に爆弾を投下する, ⟨...⟩を爆撃する, 爆破する; ⟨...⟩に爆弾を投げつける: ~ a city [a building] 都市[建物]を爆撃[爆破]する. ❷ 《米口》〈テスト〉などで大失敗する. ❸ 〈人〉を完敗させる. ── 箇 ❶ 爆弾を投下する. ❷ 《副詞(句)を伴って》(口) 急いで進む[動く]. ❸ 《米口》大失敗する ⟨out⟩.

bómb óut 《箇+副》[通例受身で] ⟨建物など⟩を爆破する; ⟨人の⟩居住を爆破する, 爆破して人の住む場所を奪う(cf. bombed-out).

bómb úp 《箇+副》(1) 《飛行機に》爆弾を積み込む. 《箇+副》(2) 《飛行機の》爆弾を搭載する.

《F<L<Gk=ボンという音; 擬音語》

bómb alèrt 图 (英) 爆発予告 (bomb scare).

bom·bard /bαmbάəd | bɔmbάːd/ 動 ❶ ⟨...⟩を砲撃する, 爆撃する: The artillery ~ed the enemy all day. 砲兵隊は一日中敵に砲撃を加えた. ❷ ⟨人に⟩⟨質問・嘆願などを⟩浴びせる: We were ~ed with requests for information about our new drug. わが社の新薬についての情報に対する要求が殺到した. ❸ [理] ⟨原子などに⟩衝撃を与える. 《BOMB+-ARD》

bom·bar·dier /bαmbədíə | bɔmbədíə/ 图 ❶ (爆撃機の)爆撃手. ❷ (英) 砲兵下士官.

bombardier bèetle 图 [昆] ホソクビゴミムシ.

bom·bárd·ment /-mənt/ 图 Ⓤ.Ⓒ [通例単数形で] ❶ 砲撃, 爆撃. ❷ [理] 衝撃.

bom·bar·don /bάmbədn | bɔ́mbα-/ 图 [楽] ボンバルドン《低音チューバ; 主に軍楽隊用》.

bom·ba·sine /bὰmbəsíːn | bɔ́mbəzìːn/ 图 =bombazine.

bom·bast /bάmbæst | bɔ́m-/ 图 Ⓤ 大言壮語, 豪語.

bom·bas·tic /bαmbǽstɪk | bɔm-/ 形 誇大な, 大げさな. **-bás·ti·cal·ly** /-kəli/ 副 大げさに, 誇大に.

Bom·bay /bαmbéɪ | bɔm-/ 图 ボンベイ《インド中西部の港湾都市; マラーティー語名・公式名 Mumbai》.

Bómbay dúck 图 ❶ Ⓒ [魚] テナガミズテング《ハダカイワシ類の小魚; インド近海主産》. ❷ Ⓤ ボンベイダック《テナガミズテングの塩漬けにした干し肉; カレー料理に添える》.

bom·ba·zine /bὰmbəzíːn | bɔ́mbəzìːn/ 图 Ⓤ ボンバジーン《縦糸が絹, 横糸がウーステッドのあや織り》.

bómb bày 图 (爆撃機の)爆弾投下室, 弾薬庫.
bomb disposal 图 U 不発弾処理. **bómb-dispósal** 图 A 不発弾処理の: a ~ squad 不発弾処理班.
bombe /bάm(b) | bɔ́m(b)/ 图 ボンブ《メロン形の容器に数種のアイスクリームを層にして詰めたもの》.
bom·bé /bɑmbéɪ | bɔmbéɪ/ 形《家具などふくらみのついた.
bombed /bάmd | bɔ́md/ 形《俗》(酒・麻薬で)ふらふらの, 泥酔した.
bómbed-óut 形 ❶ A 〈建物などが〉爆破された;〈人が〉家を爆破され住む所を失った. ❷ =bombed.
*__bómb·er__ /bάmə | bɔ́mə/ 图 ❶ 爆撃機. ❷ 爆撃手;爆破犯人.
bómber jàcket 图 ボマージャケット《腰と袖口をギャザーで絞った皮製ジャンパー》.
bom·bi·nate /bάmbənèɪt | bɔ́m-/ 動《戯》ブンブンいう[うなる].
bómb·ing /-mɪŋ/ 图 C,U 爆撃;爆破.
bómbing rùn 图 (目標確認から爆撃までの)爆撃航程[行程]《通例定常状態で飛ぶ》.
bómb·pròof 形 防弾の, 爆弾に耐える: a ~ shelter 防空壕(ごう).
bómb scàre [《米》**thrèat**] 图 爆破予告[脅迫]《《英》bomb alert》.
+**bómb·shèll** 图 ❶ [通例単数形で] **a** 《口》(通例不快な)人を驚かすような事, 突発事件. **b** 《俗》魅力的な女性, 美女. ❷ 爆弾;砲弾. **explode a bómbshell** 《口》驚かせることを言う, あっと言わせる.
bómb shèlter 图 爆撃退避所, 防空壕.
bómb sìght 图 爆撃照準器.
bómb sìte 图 空襲被災地域, 被爆地域.
bómb squád 图 (警察の)爆弾処理班.
*__bo·na fide__ /bóʊnəfáɪdi ~/ 形 誠実な, 本物の: a ~ offer (虚偽表示でない)真正の申し込み. ── 副 誠実に, 本当に.《L=with good faith; ↓》
bo·na fi·des /bóʊnəfáɪdi:z/ 图 C,U [複数扱い] ❶ 真正性(を立証するもの). ❷《法》善意, 誠意.《L=good faith; ⇨ bonus, fidelity》
+**bo·nan·za** /bənǽnzə/ 图 ❶ 大当たり, 幸運, 大もうけ: strike a ~ 大当たりをとる, 大もうけする. ❷ (含有量の)豊富な鉱脈. ── 形 A 大当たりの, 大隆盛の: a ~ crop 大豊作 / a ~ year 当たり年, 大豊年.《Sp=快晴, 繁栄》
Bo·na·parte /bóʊnəpὰːt | -pὰːt/ 图 ボナパルト(⇨ Napoleon 1).
Bó·na·pàrt·ìsm /-tìzm/ 图 U ナポレオン支持主義;ナポレオン流の独裁政治, ボナパルティズム.
Bó·na·pàrt·ist /-tɪst/ 图 形 ナポレオン支持者(の), ボナパルト主義者(の)《Napoleon 1世, 3世, その王朝の支持者》.
bon ap·pé·tit /bὰnèpeɪtí | bɔ̀n-/ どうぞ召し上がれ.《F=good appetite》
bo·na va·can·ti·a /bóʊnəvəkǽnt(i)ə/ 图 U《法》無主物《明白な所有主のない動産》.《L》
bon·bon /bάnbɑn | bɔ́nbɔn/ 图 ボンボン, 糖菓.《F bon good ⟨ L BONUS》
bon·bon·nière /bὰnbəníə | bɔ̀nbɔnjéə/ 图 ボンボン入れ.
bonce /bάns | bɔ́ns/ 图《英口》(人の)頭 (head).
*__bond__ /bάnd | bɔ́nd/ 图 ❶ C [しばしば複数形で] 結束;きずな, ちぎり, 縁故(⇨ tie): the ~ of friendship [affection, marriage] 友情愛情, 結婚]のきずな. ❷ **a** C (借用)証書, 証文;**公債証書, 債券**, 社債: a private ~ 借用証書 / a public ~ 公債 / call a ~ 公債償還の通告をする / His word is as good as his ~. 彼の約束は証文も同じ, 彼の約束は十分信用できる / ⇨ treasury bond. **b** U 保証[保釈]金. **c** C 保証証. **d** C 保証人. ❸ **a** C 縛る[結ぶ, つなぐ]もの(ひも・なわ・帯など). **b** [通例複数形で] 束縛, 拘束;かせ: in ~s 縛られて, 禁制されて: break one's ~s 束縛を断ち切る. ❹ C 契約, 約定, 盟約;同盟, 連盟: enter into a ~ with... と契約を結ぶ. ❺ C,U 接着剤, ボンド. **b** [a ~] 接着(状態). ❻ C《化》原子の手, (1原子の)結合, 価標. ❼ C《建》つなぎ石, (石・れんがなどの)組み積み,

組積(*そせき*) 構造[工法].
in bónd 保税倉庫留め置きの.
óut of bónd 保税倉庫から(出して).
── 動 ❶ ❶ 接着する, 接合する ⟨*together*⟩: ~ a plastic veneer *to* wood プラスチック製化粧板を木材に接着する. ❷ ‹...と›緊密な結びつきを確立する. ❸ ‹石・れんがを›組み積みする, つなぐ. ❹ ‹輸入品を›保税倉庫に預ける (cf. bonded 3). ❺ **a** ‹...を›担保に入れる, 抵当に置く: be heavily ~*ed* ‹物件が›多額の抵当に入っている. **b** ‹借入金を›債券に振り替える. **c** ‹...のために›損害を保証する.
── 値 ❶ 接着する, 接合する ⟨*to*⟩: Those plastics will not ~ *together*. その(二つの)プラスチックは接合しないだろう. ❷ ‹...と›緊密な結びつきを確立する, 信頼[愛情, 関係]を育む ⟨*with*⟩.
+**bónd·age** /bάndɪdʒ | bɔ́n-/ 图 U ❶ **a** (行動の自由の)束縛, 屈従. **b** とらわれの身, 奴隷の身分. **c** (麻薬・情欲などの)奴隷であること ⟨*of*⟩. ❷ (SMプレイで)縛り, 緊縛. ❸ 農奴の境遇;賎役(*せきえき*). **in bóndage** (*to*...) (...の)奴隷となって, (...に)とらわれて.《BOND+-AGE》
bónd·ed 形 ❶ 接着剤で張り合わせた. ❷ 公債[債券]で保証された;担保付きの: a ~ debt 社債保証付借入金. ❸ 保税倉庫留め置きの;保税品の: ~ goods 保税貨物.
bónded wárehouse 图 保税倉庫.
bónded whískey 图 U《米》保税瓶詰めウイスキー《最低4年間保税倉庫にびん詰めで置かれたウイスキー》.
+**bónd·hòlder** 图 公債証書[社債券]所有者.
bónd·ing 图 U ❶ (絶えず共同生活を送ることなどによる)母子などの)緊密な結びつき, きずな(の形成). ❷《化》(原子)結合.
bónd ìssue 图 公債[社債]発行.
bónd·màid 图 女奴隷.
bónd·màn /-mən/ 图 (**® -men** /-mən/) 男の奴隷;農奴.
bónd pàper 图 U ボンド紙《上質紙で証券用紙ともする》.
bónd·sèrvant 图 奴僕, 奴隷.
bonds·man /bάndzmən | bɔ́ndz-/ 图 (**® -men** /-mən/) ❶ =bondman. ❷《法》保証人.
bónd·stòne 图《建》つなぎ石, 控え石, 控え取り.
Bónd Strèet 图 ボンドストリート《ロンドンのWest Endにある一流商店街》.
bónd·wòman 图 (**® -wòmen**) 女奴隷.
*__bone__ /bóʊn/ 图 ❶ **a** C 骨: dry ~s からからの骨 / a horse with plenty of ~ 骨格のよい馬 / Hard words break no ~s.《諺》きつい言葉だけならけがはない. **b** U 骨質. ❷ **a** [複数形で] 骨格;身体: (one's) old ~s 老骨;老体 / keep one's ~s green 若さを保つ. **b** [複数形で] 死骸(*しがい*), 遺骨: His ~s were laid in the churchyard. 彼の遺骨は墓地に埋葬された. **c** C [通例複数形で] (話などの)骨子, (文学作品の)構成. ❸ C **a** 骨状のもの《象牙(*ぞうげ*)・鯨骨など》. **b** 骨の役目をするもの《傘の骨・コルセットの張り骨など》. ❹ C わずかに肉のついた骨, がら《スープなどの材料》. ❺ **a** U 骨・象牙製で作ったもの. **b** [複数形で]《口》さいころ;カスタネット. ❻ [複数形で] ボーンズ(打楽器).

a bóne of conténtion 不和の種, 論点《由来》犬が1本の骨を取り合って争うことから》.
(as) drý as a bóne ひからびた, からからに乾いた.
be skín and bóne ⇨ skin《成句》.
bréd in the bóne ‹考え・性質が›根深く植え付けられて.
clóse to the bóne =near the BONE《成句》.
féel [knów] (it) in one's bónes (直覚的に)‹...と›確信する, 直感する;予感がする ⟨*that*⟩.
háve a bóne in one's thróat [lég] のど[足]に骨を立てている《★言えない[行けない]時の言い訳の表現》.
háve a bóne to pìck with a person 人に苦情[不平, 言い分, 文句]がある.
júmp a person's bóne《卑》人とセックスする.
màke nó bónes abòut (doing)... (1) ...を率直に認める, 隠し立てをしない. (2) ...に[...について, ...するのに]平気である, ...を平気でする.

néar the bóne (1) ずけずけ[歯に衣着せず]ものを言う; わいせつな, きわどい. (2) 困窮して, 貧困で.
Nó bónes bròken! 大したことはないよ.
not have a…bone in one's body …なところ[性質]が少しもない, まったく…でない: He does*n't have a* poetic [democratic] ～ *in his body.* 詩的[民主的]なところがまったくない.
nót màke óld bónes 長生きしない.
thrów [tóss] a bóne to… (なだめるためなどに)…にわずかに譲歩する[ためになることをしてやる].
to the báre bónes ＝to the BONE [成句] (2).
to the bóne (1) 骨の髄まで: chilled [frozen] *to the* ～ 骨の髄まで冷え切って. (2) ぎりぎりまで; 徹底的に: cut (down) *to the* ～ 〈費用・情報などを〉ぎりぎりに切り詰める.
wórk one's fíngers to the bóne ⇨ finger [成句].
── [動] [他] ❶ 〈鶏・魚などの〉骨を抜く. ❷ 〈コルセットなどに〉張り骨を入れる. ❸ 《英俗》〈…を〉盗む. ❹ 《卑》〈…と〉セックスする.
bóne úp on… 《口》〈…を〉がつがつ勉強する《★ 受身可》: ～ *up on* a subject 学課と熱心に取り組む.
── [副] 《口》まったく, すっかり: ～ idle どこまでも怠け者で / I'm ～ tired [hungry]. ひどく疲れている[空腹である]. 〘OE〙 ([形] bony; [関形] osseous)

bóne àsh [名] [U] 骨灰(こっかい)《磁器・乳白ガラス・肥料用》.
bóne chína [名] [U] ボーンチャイナ《骨灰などを入れて作る半透明の軟質磁器》.
boned [形] ❶ 〈魚など〉骨を取り除いた. ❷ 〈衣服が〉(コルセットなど)骨で張りをつけた. ❸ [複合語で] 骨が…の, (…の)骨をした: big-[strong-]*boned* 骨太の[骨が頑丈な].
bóne-drý [形] ひからびた, からからに乾いた.
bóne·físh [名] 〔魚〕 ❶ ソトイワシ《釣り魚・食用》. ❷ タイセイヨウカライワシ.
bóne·hèad 《俗》[名] ばか者, まぬけ, とんま. **──** [形] [A] ばかな, まぬけな: a ～ play by the third baseman 三塁手の失策[ボーンヘッド].
bóne·héaded [形] ＝bonehead.
bóne·ídle, bóne·lázy [形] きわめて怠惰な.
bóne·less [形] 骨のない; 骨を抜き取った; 《比喩》強さ[芯]のない.
⁺**bóne màrrow** [名] [U] 骨髄. ([関形] myeloid)
bóne mèal [名] [U] 骨粉《肥料・飼料用》.
bon·er /bóʊnɚ | -nə/ [名] ❶ 《卑》勃起(したペニス). ❷ 《俗》ばかな間違い: make [pull] a ～ へまをやる.
bóne·sètter [名] (通例無免許の)接骨医.
bóne·sètting [名] [U] 接骨(術), 骨接ぎ.
bóne·shàker [名] ぽんこつ自動車[自転車].
bóne spàvin [名] [U,C] 〔獣医〕 骨肥大飛節内腫.
bóne-tíred [形] [P] ひどく疲れて.
bóne·yàrd [名] (自動車など)修理不能物[がらくた]置場; 《口》墓場 (cemetery).
⁺**bon·fire** /bánfàɪɚ | bɔ́nfàɪə/ [名] (祝いの)大かがり火, (野天の)たき火: make a ～ of fallen leaves 落ち葉を集めてたき火をする.
Bónfire Nìght [名] [U,C] 《英》たきびの夜 (⇨ Guy Fawkes Night).
bong¹ /báŋ | bɔ́ŋ/ [名] ボーン, ゴーン《鐘・ゴング・呼び鈴などの音》. **──** [動] [自] 〈鐘・ゴングなどが〉(ゴーンと)鳴る.
bong² /báŋ, bɔ́:ŋ | bɔ́:ŋ/ [名] (マリファナ用の)水パイプ.
bon·go¹ /báŋgoʊ, bɔ́:ŋ- | bɔ́ŋ-/ [名] ([複] ～s, ～es /~z/) ボンゴ《ラテン音楽に用いる小型のドラム; 2個をひざにはさんでたたく》. 〘Am-Sp〙
bon·go² /báŋgoʊ, bɔ́:ŋ- | bɔ́ŋ-/ [名] ([複] ～, ～s) 〔動〕 クチグロスジカモシカ, ボンゴ《赤い栗色に白い縞(しま)のあるレイヨウ; アフリカ産》.
bóngo drùm [名] ＝bongo.
Bon·hoef·fer /bánhoʊfɚ | bɔ́nhoʊfə/, **Dietrich** [名] ボーンヘッファー《1906–45; ドイツのルター派の神学者; Hitler 暗殺計画に関与, 処刑された》.
bon·ho·mie /bànəmí: | bɔ́nəmi/ [名] [U] 気さく, 人のよさ, 温容. 〘F＝good man〙

Bó·nin Íslands /bóʊnɪn-/ [名] [複] [the ～] 小笠原諸島.
bo·ni·to /bəní:ṭoʊ/ [名] ([複] ～, ～s) 〔魚〕 カツオ. 〘Sp＝good (fish)〙
bon·jour /bɔ̀:nʒʊ́ɚ | bɔ̀nʒʊ́ə/ [間] こんにちは! 〘F＝good day〙
bonk /báŋk | bɔ́ŋk/ [名] ❶ たたくこと. ❷ 《英口》性交. **──** [動] [他] ❶ 〈…を〉ポカッとたたく; 〈頭などを〉ぶつける, 〈…に〉ぶつかる. ❷ 《英口》〈…と〉性交する. **──** [自] ❶ ぶつかる, ぶつかって音を立てる. ❷ 《英口》性交する 〈*away*〉.
bónk·bùster [名] ボンクバスター《登場人物間の性的な出会いが頻繁に描かれる大衆小説》.
bon·kers /báŋkɚz | bɔ́ŋkəz/ [形] [P] 《俗》気が狂って; 夢中で: be stark ～ まったく気が狂っている / go ～ *over* soccer サッカーに夢中になる.
bon mot /bɔ̀:nmóʊ | bɔ̀nmə́ʊ/ [名] ([複] **bons mots** /～z/) 名文句, うまい言葉, (軽妙な)しゃれ. 〘F＝good word〙
Bonn /bán | bɔ́n/ [名] ボン《ドイツの都市》.
bonne bouche /bɔ(:)nbú:ʃ | bɔn-/ [名] ([複] ～s, **bonnes bouches** /～/) (最後に食べる)ひと口の珍味.
bonne femme /bɔ(:)nfǽm | bɔn-/ [形] [名詞の後に置いて] 家庭料理風に調理した, ボンファム風の.
⁺**bon·net** /bánɪt | bɔ́n-/ [名] ❶ ボンネット《女性・小児用の帽子; つけひもをあごの下で結ぶ》. ❷ **a** 《英》(自動車の)ボンネット《機関部のおおい》(《米》hood). **b** おおい, かさ《煙突帽・火の粉止めなど》. ❸ (スコットランドの男子, 特に軍人用の)縁なし帽. **──** [動] [他] 〈…に〉帽子[おおい]をかぶせる.
thrów one's bónnet òver the wíndmill ⇨ windmill [成句]. 〘F＜L〙
bónnet·hèad (shàrk) [名] 〔魚〕 ウチワシュモクザメ.
bon·ny, bon·nie /báni | bɔ́ni/ [形] (**bon·ni·er; -ni·est**) 《スコ》❶ 愛らしい. ❷ [A] すばらしい, すぐれた. **bón·ni·ly** /-nəli/ [副] 〘F *bon* good＜L BONUS〙
bon·o·bo /bánoʊbòʊ | bɔ́n-/ [名] ([複] ～s) 〔動〕 ピグミーチンパンジー, ボノボ《Congo 川南部に生息》.
bon·sai /bɑnsáɪ | bɔ́nsaɪ/ [名] ([複] ～; ～s) 盆栽. 〘Jpn〙
bon·soir /bɔ̀:nswáɚ | bɔ̀nswá:/ [間] こんばんは! 〘F＝good evening〙
bon·te·bok /bánṭəbàk | bɔ́ntəbɔ̀k/ [名] 〔動〕 ボンテボック《南アフリカ産の赤褐色の大型レイヨウ》.
***bo·nus** /bóʊnəs/ [名] ❶ **a** ボーナス, 特別手当, 賞与《[解説] 売り上げなどに特別に貢献した従業員個人に与えられるもの; 日本の制度とは違う》. **b** 《英》(株式の)特別配当金. **c** 割戻金. ❷ [通例単数形で] 思いがけない贈り物[よいこと, 幸運, 喜び]; おまけ, 特典. 〘L＝good〙
bónus ìssue [名] 《英》無償新株.
bon vi·vant /bánvi:vá:nt | bɔ́(:)nvi:vá:ŋ/ [名] ([複] **bons vivants** /～/) 美食家. 〘F＝good liver〙
bon vi·veur /bánvi:vɚ́: | -vɚ́:/ [名] ＝bon vivant.
bon voy·age /bánvwaɪá:ʒ | bɔ́:ŋ-/ [間] 道中ご無事に!, ごきげんよう! 〘F＝good voyage〙
⁺**bon·y** /bóʊni/ [形] (**bon·i·er; -i·est**) ❶ 骨ばった, やせた; 骨の太い. ❷ 〈魚が〉骨の多い. ❸ 骨質の, 骨のような. ([名] bone)
bóny físh [名] 〔魚〕 硬骨魚 (teleost).
bonze /bánz | bɔ́nz/ [名] (仏教の)坊主, 僧(侶). 〘F＜Port＜Jpn 梵僧(または坊主か)〙
bon·zer /bánzɚ | -zə/ [形] [名] 《豪口・米口》とてもすてきな(もの), とびきりの(もの).
boo /bú:/ [間] [おどかし・軽蔑・不賛成などを表わして] ブー, ワッ. **──** [名] ([複] ～s) ブーという声, ブーイング. **can't [còuldn't, wòuldn't] sáy bóo to ànyone [a góose]** 《口》とても臆病である[気が弱い]. **──** [動] [他] 〈人に〉ブーといってやじる, ブーイングを浴びせる; ブーイングを浴びせて〔…から〕退場させる: ～ a performer [performance] 役者[演技]にブーイングをする / The audience ～*ed* the singer *off* the stage. 聴衆は歌手をやじって舞台から退場させた. **──** [自] ブーという; (ブーと言って)やじる, ブーイングする. 〘擬音語〙
boob /bú:b/ [名] 《俗》❶ 《英》へま, 失敗. ❷ まぬけ者. **──** [動] [自] 《英口》失敗[へま]をする. 〘BOOBY からの逆成〙
boob·ies /bú:biz/ [名] [複] ＝boobs.

bóob jòb 名《俗》豊胸手術.
boo-boo /búːbùː/ 名《幼》~s) ❶《俗》へま: make a ~ へまをやる. ❷《米・小児》軽いかすり傷.
bóo·book (òwl) /búːbuk(-)/ 名《鳥》ニュージーランドアオバズク.《擬音語》
boobs /buːbz/ 名《口》(女性の)乳房, おっぱい.
bóob tùbe 名《口》❶《英》(婦人服の)チューブトップ(《米》tube top). ❷ [the ~]《米口》テレビ.
boob·y /búːbi/ 名《口》❶《米》最下位の人, びり, ブービー《人・チーム》. ❷《口》まぬけ. ❸《鳥》カツオドリ. 《?Sp bobo<L balbus どもり》
bóoby hàtch 名《米俗》❶ 精神病院. ❷ 刑務所.
bóoby prìze 名 ブービー賞, 最下位賞.
bóoby tràp 名 ❶《軍》仕掛け[偽装]爆弾. ❷ まぬけ落とし《半開きの戸の上部に物を載せておき最初に入る人の頭上に落とすなどのいたずら》.
bóoby-tràp 動 他《…に》まぬけ落とし[仕掛け爆弾]を仕掛ける.
boo·dle /búːdl/ 名《俗》❶ U わいろ;(政治上の)不正利得[献金]. ❷ U 大金. ❸ U 盗品. ❹ [the ~] (仲間)全部, 全員.《Du=財産, 家具》
boo·ga·loo /bùːɡəlúː/ 名 ブーガルー《2拍子のダンスの一種》. ── 動 自 ブーガルーを踊る.
boog·er /búɡər/ -gə/ 名《俗》鼻くそ.
boo·gey·man /búɡimæn, búː-/ 名《米》=bogeyman.
boo·gie /búɡi/ 名 =boogie-woogie. ── 動 自 ❶ ブギ(ウギ)に合わせて踊る. ❷《米俗》急いで行く.
bóogie bòard 名 ボディーボード(bodyboard).
bóogie-bòarder 名 **bóogie-bòarding** 名
boo·gie·man /búɡimæn/ 名《米》=bogeyman.
boo·gie-woo·gie /búɡiwúɡi, búːɡiwúːɡi/ 名 U ブギウギ《テンポの速いジャズビアノ曲; ダンス》.
boo·hoo /bùːhúː/ 動 自 ワーワー泣き騒ぐ. ── 名 (ワーワーいう)泣き声.
boo·jum /búːdʒəm/ 名 ブージャム《Lewis Carroll の詩 'The Hunting of the Snake' (1876) に登場する架空の危険な生き物》.
***book** /búk/ 名 ❶ **a** 本, 書物, 書籍; 著作: read [write] a ~ 本を読む[著わす] / ⇒ closed book 2, open book. **b** 知識[教訓]の源, (…という)書物: the ~ of Nature 自然の書. **c** [the (Good) B-] 聖書: the B- of Books 聖書. ❷ **a** 帳簿《切手・マッチ・小切手などのとじこみ帳》: a ~ of tickets 回数券1綴り. **b** [複数形で] 名簿: put a person's name on [take a person's name off] the ~s 人の名前を名簿に載せる[名簿から消す; 除名する]. **c** [複数形で] 帳簿(面), 会計簿(accounts): keep ~s 簿記をつける / shut the ~ の取引を中止する. **d**《英》電話帳. **e**《口》雑誌. ❸ 巻, 編: B- I 第1巻《読み方 book one と読む》. ❹ (歌劇の)歌詞;(芝居の)台本. ❺ [the ~] **a**《口》規則, 基準, 規範. **b** (使用についての)説明書. ❻《競馬》(賭(か)け屋の)賭け帳.
accórding to the bóok =by the BOOK 成句.
at óne's book(s) 勉強中で.
be in a person's góod [bád] bóoks 人の気に入って[人に嫌われて]いる.
book of hóurs [the ~, 時に the B- of H-] 《カト》時禱書, 《ギ正教》時禱経 《canonical hours に読むべき祈りと聖務日課を記したもの》.
bríng a person to bóok (1) [〔…のことで〕〈人に〉説明を求める, 〈人を〉責める《for》. (2) [〔…のことで〕〈人を〉罰する, 思い知らせる《for, over, about》.
by the bóok (1) 規則に従って; 規則どおり[しゃくし定規]にやる. (2) 型のごとく, 正式に.
clóse the bóoks (1) (決算用に)帳簿を締め切る; 決算する. (2) (募集を)締め切る《on》.
cóok the bóoks《口》帳簿をごまかす, 粉飾する.
hít [cráck] the bóoks《米俗》猛烈に勉強する.
in mý book 私の意見では (to my mind).
in the bóok(s) (1) 名簿に載って, 《口》記録されて, 存在して: know every trick in the ~ ありとあらゆる手を知っている.

líke a bóok (1) 十分に, すっかり: know…like a ~ …を熟知している / read a person like a ~ 人の腹の底まで読み取る. (2) 正確に; 堅苦しく: speak [talk] like a ~ 堅苦しい言葉で[〔注意して〕正確に]話す.
màke (a) bóok (1) 《競馬で》賭け屋が賭け金を集める, 胴元になる. (2) [〔…に〕賭ける (★ 名 6 の意から; cf. book maker); を保証する: You can make ~ on it that…ということは絶対間違いない.
óne for the bóok(s)《米口》驚くべき[意外な]もの[事].
on a person's bóoks〈組織などの〉リスト[名簿]に載っていて, 〈…に〉雇われて.
on the bóoks〈法律の〉施行されていて, 有効で.
súit one's bóoks [しばしば否定文で]《英》目的にかなう, 希望に添う (★ 名 6 の意から).
take a léaf from [òut of] a person's bóok ⇒ leaf 成句.
thrów the bóok at…《警察・裁判所などが》〈人を〉厳しく罰する, 〈人に〉罰を課する.
wróte the bóok (on…) (…を)〈誰よりも〉よく知っている, (…に)詳しい.
── 動 他 ❶ 〈部屋・座席などを〉予約する;〈旅行などの〉(予約)切符を買う (reserve): ~ seats [berths] 座席[寝台]を予約する / be fully [heavily] ~ed 〈…が〉予約が多くである[非常に多くの予約で埋まっている] / ~ a seat on a flight to New York ニューヨーク行きの航空券を買う / [+目+目] ~ a person a room at a hotel = ~ a room for a person at a hotel 人にホテルに部屋をとってやる. ❷ **a**〈人に〉[…の]出演などの契約をする: We've ~ed her for the show [for two weeks (beginning tonight)]. 彼女とそのショーの[(今夜から)2週間の予定で]出演契約をした. **b**〈人を〉[…に]予定する, 約束させる[してもらう]: ~ a person for dinner 人と夕食をともにする予定を立てる / [+目+to do] I'm ~ed to fly on Friday. 金曜日に飛行機で発つことにしている. ❸ **a**〈人を〉〈…のかどで〉警察の記録に載せる: He was ~ed for armed robbery. 彼は武装強盗で警察の記録に載せられた. **b**〈名前・注文などを〉記入する, 記帳する. ── 自 ❶ 〈旅行者などが〉予約する; 切符を買う, 予約する. ❷《口》(道路などを)速く進む, 走る《along》. ❸《俗》〈試験前の学生などが〉勉強に精を出す.
be bóoked úp (1) 〈ホテル・座席が〉予約で満席になっている: We are all [fully] ~ed up for this weekend. この週末は予約で全然空きがありません. (2) 〈人が〉(全然)暇がない; 〔…の〕先約がある《for》.
book ín (他) (+副) (1) 〔ホテルに〕人の予約をとる《at》. ── (自)(+副)〈ホテルに〉予約をする《at》. (3) (ホテルなどで)チェックイン[記帳]する. (4)《英》(出社して)記帳する.
book ínto〈ホテルに〉チェックインする.
── (他)(+副)人のために〈ホテル〉に予約を入れる.
book a person ón…〈飛行機などに〉〈人を〉予約する.
book úp (他)(+副)〈ホテル・列車などを〉すべて予約する (cf. be BOOKED up 成句).
《OE; 原義は「(ブナ (beech) の木に)書いたもの」》
book·a·ble /búkəbl/ 形 予約できる.
bóok·bìnder 名 ❶ 製本屋[人]. ❷ (書類の)バインダー.
bóok·bìndery 名 ❶ U 製本(術). ❷ C 製本所.
bóok·bìnding 名 U 製本, 製本術[業].
bóok bìte 名 (興味深い所を抄録しての)新刊紹介.
†**bóok·càse** 名 本箱, 書棚.
bóok clùb 名 ❶ ブッククラブ《一定の規約で図書を割引で会員に配布する組織》. ❷ 読書会.
bóok còver 名 本の表紙 《匠称 日本語でいう「本のカバー」は book jacket, dust jacket, wrapper》.
bóok·ènd 名 [通例複数形で] 本押さえ, ブックエンド.
── 動 他《米俗》〈…を〉はさむ, 〈…の〉前後にくる (★ 通例受身).
bóok hànd 名 U 典籍体《印刷術の発達以前に書籍の正式な筆写に用いた格式のある書体》.
book·ie /búki/ 名《口》=bookmaker 2.
***book·ing** /búkɪŋ/ 名 C,U ❶ **a** (座席などの)予約 (cf. reservation 1 a): make [cancel] a ~ 予約をする[取り

消す]. b 《出演などの》契約. ❷ 《予約などの》記帳[《サッカー》審判が反則選手の名を記録すること, ブッキング.

bóoking clèrk 名 出札係; 予約係.
bóoking òffice 名 《英》《劇場や駅などの》切符売り場, 出札所《《米》ticket office》.
bóok·ish /-kɪʃ/ 形 ❶ 書物上の, 読書の, 文学的な. ❷ 書物[学問]に凝った, 堅苦しい, 学者ぶった: ～ English 堅苦しい英語. ❸ 《現実的でなく》机上の. ～·ness 名 《BOOK＋-ISH¹》
bóok jàcket 名 本のカバー (cf. book cover).
bóok·kèeper 名 簿記係.
bóok·kèeping 名 Ⓤ 簿記: ～ by single [double] entry 単式[複式]簿記.
bóok·lànd 名 Ⓤ 《英史》勅許保有地, ブックランド (charter (特権状) によって譲渡された土地で, 地代だけ納めればよい).
bóok léarning 名 Ⓤ 机上の学問[知識].
***book·let** /búklət/ 名 小冊子 (pamphlet).
bóok lòuse 名 《昆》チャタテムシ類の各種, 《特に》コナチャタテ《古書・標本などの害虫》.
bóok lùng 名 《動》書肺《クモ形類の呼吸器官》.
⁺**bóok·màker** 名 ❶ 賭(か)け屋, ブックメーカー, 《私設》馬券業者《競馬などの賭けを引き受けて配当金を支払う業者》. ❷ 《特に, 金を目当てに乱作する》著述家; 書籍製造業者.
bóok·màking 名 Ⓤ 賭けを扱うこと, 賭け屋業.
bóok·man /-mən/ 名 (復 -men /-mən/) ❶ 読書人, 文人, 学者. ❷ 本屋, 出版業.
bóok·màrk 名 ❶ (また **bóok·màrker**) しおり. ❷ 《電算》ブックマーク, しおり《頻繁に参照するホームページの URL を登録していつでもすぐに呼び出せるようにしたもの》. — 他 《ホームページを》ブックマークする.
bóok màtch 名 《米》マッチブック (matchbook) のマッチ.
bóok·mo·bìle /-moʊbìːl/ 名 《米》《図書館のない地方を自動車で回る》移動図書館.
bóok·plàte 名 蔵書票《本の表紙裏に貼る, 持ち主の名などを記した装飾的な紙片; cf. ex libris》.
bóok·ràck 名 ❶ 書架, 本立て. ❷ 書見台.
bóok repòrt 名 読書感想文.
bóok rèst 名 書見台.
bóok revíew 名 ❶ 書評. ❷ 《新聞などの》書評欄.
bóok revíewer 名 《特に, 新刊》書評家.
***bóok·sèller** 名 書籍販売人[店], 本屋.
⁺**bóok·shèlf** 名 (復 -shelves) 書棚, 本棚.
⁺**bóok·shòp** 名 《英》本屋, 書店《《米》bookstore》.
bóok·sìgning 名 《著者による》サイン会.
bóok·stàll 名 ❶ 本の露店[屋台店]. ❷ 《英》《駅などの》新聞雑誌書籍販売店《《米》newsstand》.
bóok·stànd 名 ❶ 書見台. ❷ 書籍売店.
⁺**bóok·stòre** 名 《米》本屋, 書店《《英》bookshop》.
bóok stràp 名 ブックストラップ《本を十字形に縛るひも》.
bóok·sy /búksi/ 形 《口》学者臭い[気取りの].
bóok tòken 名 《英》図書券.
bóok tòur 名 著書の宣伝のための旅行.
bóok vàlue 名 Ⓤ 《帳簿》帳簿価格 (↔ market value).
bóok·wòrk 名 Ⓤ 《実験・実習に対して》書物[教科書]による研究[学習].
bóok·wòrm 名 ❶ 《昆》チャタテムシ, シミ. ❷ いつも本にかじりついている人, 「本の虫」.
Boole /búːl/, **George** 名 ブール (1815–64; 英国の数学者・論理学者).
Bool·e·an /búːliən/ 形 《数・論》ブールの: **a** 論理演算子として論理積 (AND), 論理和 (OR), 排他的論理和 (XOR), 否定 (NOT) を用いる. **b** データの型・変数などが真偽 (1 か 0) いずれかの値しか取らない.
***boom¹** /búːm/ 名 ❶ ブーンと鳴る音[鳴き声]; 《砲声・雷・波などの》とどろき. ❷ 《a》にわか景気, ブーム (cf. slump 1 a): a war ～ 軍需景気. ❸ 急激な増加. — 形 Ⓐ 《口》急騰した, にわか景気の: a ～ industry にわか景気の産業 / ～ prices にわか景気による高値. — 動 自 ❶ ドーンと 鳴る[とどろく]; ブーンと鳴る[鳴る]: His voice ～ed out above the rest. 彼の声はほかの者たちの声よりもひときわ高く鳴り響いた. ❷ にわかに景気づく, 人気が出る; 急成長する, 急増する: Business is ～ing. 景気が急によくなってきた / Alaska ～ed with the discovery of oil. アラスカは石油の発見で急に景気づいた. — 他 ❶ 《□》鳴り響く[言う/発する] 《《out》》. ❷ a 《広告などで》…の人気をあおる, 宣伝する. b 《候補者を》…にしようとかつぐ 《for》. 《擬音語》
boom² /búːm/ 名 ❶ 《工》《起重機の》張り出し棒. ❷ 《海》ブーム《帆のすそを張る円材》. ❸ 《港口の》防柵; 流木止め《区域》. ❹ マイク[カメラ]ブーム《マイク・カメラの位置調整用装置》. **lówer the bóom on a person** 《口》《人》を厳しく非難する[取り締まる, こらしめる].
bóom bòx 名 《米口》大型ポータブルラジオ; 《ステレオ》ラジカセ (ghetto blaster).
bóom·er 名 ❶ 《米口》ベビーブームに生まれた人, ベビーブーマー (baby boomer). ❷ 大きな足の動物. ❸ 《豪》雄の大カンガルー. ❹ 《米口》ミサイル搭載原子力潜水艦. ❺ 《米》ヤマビーバー. ❻ 《米》《特に架橋工事の》移動労働者.
boo·mer·ang /búːməræŋ/ 名 ❶ ブーメラン. ❷ やぶへびの議論[攻撃]. — 動 自 ❶ 投げた人の所へ戻る. ❷ 《…に》かえってやぶへびになる 《on, against》 (backfire). 《Austral》
bóom·ing 形 Ⓐ ❶ ブーン[ドーン]と鳴る: a ～ voice ブーンと鳴る声. ❷ にわか景気の, 急騰する: ～ toy sales ブームに乗って急増する玩具の売り上げ. ❸ 急増する: the Third World's ～ population 第三世界の爆発的人口増.
bóom·slang /búːmslæŋ, -slæn/ 名 《～s》 《動》ブームスラン《熱帯アフリカのツルヘビの一種; 毒蛇》.
bóom tòwn 名 新興都市; にわか景気[ブーム]にわき立っている町.
boom·y /búːmi/ 形 (**boom·i·er**; **-i·est**) ❶ ブーンと鳴る. ❷ にわか景気の, 経済的な.
⁺**boon¹** /búːn/ 名 たまもの, 恩恵, 利益: be [prove] a great ～ to [for]…に大きな恩恵となる. 《ON bón 願い》
boon² /búːn/ 形 Ⓐ 《古風》ほがらかな, 愉快な 《★次の句でのみ用いて》: one's ～ companion 飲み[遊び]仲間, 仲よし 《★通例男について用いる》. 《F＜L BONUS》
boon·docks /búːndɑks | -dɔks/ 名 《the ～》《米口》森林地帯, 奥地; 《草深い》いなか (boonies): people out in the ～ 片いなかにいる人たち. 《Tagalog＝山》
boon·dog·gle /búːndɑgl | -dɔgl/ 名 ❶ **a** 《ボーイスカウトが首の周りにつける》革の編みひも. **b** 手細工品. ❷ 《一見価値があるかに見える》むだな仕事, 《効果の疑わしい》公共事業. — 動 自 むだな仕事をする.
Boone /búːn/, **Daniel** 名 ブーン (1734–1820; アメリカ西部開拓の先駆者).
boon·ies /búːniz/ 名 《the ～》《米口》＝boondocks.
boor /bʊər | bʊə/ 名 ❶ いなか者. ❷ 不作法者; 粗野[やぼ]な男.
boor·ish /bʊərɪʃ/ 形 ❶ いなか者の. ❷ 野卑[粗野]な, やぼっぽい, がさつな. ～·ly 副 ～·ness 名
***boost** /búːst/ 動 他 ❶ **a** 《値段などを》つり上げる; 《生産量を》増加する; 《能力などを上昇[向上]させる; 《経済などを》成長させる, 活性化させる: ～ prices 物価をつり上げる / car production 自動車を増産する. **b** 《士気・自信などを》高める: It will ～ their morale. それで彼らの士気は高まるだろう. **c** 《…の》景気[人気]をあおる, 宣伝する; 《人を》後押しする, 後援する 《up》: The firm is ～ing its new product. 会社は新製品を盛んに宣伝している. ❷ **a** 《…を》押し上げる: He ～ed her 《up》 over the fence. 彼は彼女を押し上げて塀を越えさせた. **b** 《ロケットなどが》《宇宙船を》押し上げる, 推進する. ❸ 《電》《…の》電圧を上げる, 信号を増幅する. ❹ 《米俗》盗む. — 名 ❶ 《米俗》盗む. ❷ 《値段などの》つり上げ, 上昇; 《生産量などの》増大; 《能力などの》向上; 《経済の》成長: a tax ～ in pay 給与アップ. **b** 《自信などの》高揚. **c** 後援, 励まし; 景気[人気], 《商品の》景気づけ: give a person a ～ 人の後援[後押し]をする. ❸ 押し上げ, 尻押し.

bóost・er 名 ❶ 上昇[増加, 向上]させるもの; 高めるもの; 後押しする人; 後援者 (supporter). ❷ 【電】a 昇圧機. b (ラジオ・テレビのアンテナ入力を高める)増幅器, ブースター. ❸ 【字】ブースター (補助促進ロケット): a ~ rocket ブースターロケット (多段式推進ロケットの打ち上げ用ロケット). ❹ (薬の)効能促進剤. ❺ 《米俗》万引き《人》.

bóoster sèat [《英》**cúshion**] 名《子供を適当な高さですわらせるために椅子の上に置く》補助椅子.

*__boot__¹ /búːt/ 名 ❶《通例複数形で》(足首から膝までのいろいろの長さの)ブーツ, 深靴, 半長靴, 編み上げ靴《[比較] ひざまである長靴は wellingtons, wellington boots; cf. shoe 1): a pair of ~s ブーツ1足 / high ~s 長靴 / riding ~s 乗馬靴 / pull on [off] one's ~s 靴を引っぱってはく[脱ぐ]. ❷《口》(靴をはいた足で)けること, けり: get a ~ in one's belly 腹をけられる / give a person a ~ 人をけとばす. ❸《英》a (自動車の)荷物入れ, トランク (《米》trunk). b (昔の駅馬車の前後の)荷物入れ. ❹《複数形で》《古》a [the ~] 足枷, 首. ❺ 激励, 鼓舞. ❻ 刺激, スリル. ❼《米口》(海軍・海兵隊の訓練所にいる)新兵. ❽《米》(駐車違反の)車止め (《英》clamp).

bét one's bóots 《口》確かに, 違いない. be **tòo bíg for one's bóots** ⇒ **big** 形 成句. **díe in one's bóots = díe with one's bóots òn** ⇒ **die**¹ 成句.

gèt the bóot 《英口》(1) 首になる (get the chop). (2)《異性に》ふられる.

gíve a person the bóot (1)《英口》人を首にする. (2) 人をふる.

líck a person's bóots 人にこびる, おべっかを使う.

pút [stíck] the bóot ín 《英口》(1)(倒れている人を)残酷にける. (2) 断固とした行動をとる.

The bóot is on the óther fóot [lég]. 《英口》立場が逆になった, 形勢が逆転した.

You bét your bóots. 《口》確かに, 違いない.
— 動 ❶ 《口》けとばす: ~ a person *out* を外へけとばす. ❷《口》《人を》追い出す, 解雇する 《*out*》: He was ~*ed out of* the firm. 彼はその会社から追い出された. ❸ 《野》《ゴロを》つかみ損なう, ファンブルする: ~ a grounder ゴロをファンブルする. ❹ 《米》《...に》車止めをつける (《英》clamp). ❺ a《人に》ブーツ[長靴]をはかせる (⇒ **booted**). b [~ it で] 歩く.
〖(ON < F〗

boot² /búːt/ 名【電算】動 他 自《コンピューターを》[が]起動する, ブートする. — 名 U.C (コンピューターの)起動, ブート.〖BOOT(STRAP)〗

boot³ /búːt/ 名 ★次の成句で. **to bóot** そのうえに, おまけに.

bóot・blàck 名《米》(街頭の)靴磨き《人》.
bóot bòy 名《英俗》不良少年《特に髪にゆれて重いブーツをはいた》. ❷ 《史》靴磨きの少年.
bóot càmp 名《米口》(海軍・海兵隊の)新兵訓練所.
bóot cùt 形《ズボンの》ブーツカットの《ブーツをはけるようにすそが少し広がっている》.
bóot・ed /-ɪtɪd/ 形 ブーツ[長靴]をはいた.
boo・tee /buːtíː/ 名 = bootie.
Bo・ö・tes /boʊóʊtiːz/ 名【天】牛飼い座 (Arcturus が主星).

*__booth__ /búːθ/ 名 ❶ 小さく仕切った部屋, ブース: a 電話ボックス. b (ラボの)ブース. c 仕切り席; (レストランなどの)ボックス席. d 映写室. e 投票用紙記入所. f 試聴室. ❷ a (市場・祭礼などの)屋台店, 模擬店. b 仮小屋, 小屋掛け. 〖ON =仮住まい <*búta* 住む〗

Booth /búːθ/ 名, **John Wilkes** ~ ブース (1838-65; Lincoln 大統領を殺害した俳優).
Booth, William 名 ブース (1829-1912; 英国の牧師; 救世軍の創立者).
boo・tie /búːti/ 名: | ‿ ‿, ‿ ‿ | 名《通例複数形で》❶ = bú:ti: / 毛糸編みの幼児靴. ❷ ブーティ《女性・子供用の短いブーツ》.
bóot・jàck 名《ブーツ用》靴脱ぎ《V 字形》.
bóot・làce 名《通例複数形で》❶ 長靴用靴ひも. ❷《英》靴ひも.

---

201 | **border**

---

†**bóot・lèg** 動 (boot・legged; -leg・ging) 他 自《酒などを》密輸[密造, 密売]する; (レコード・ソフトウェアなどの)海賊盤[版]を作る[売る]. — 名 U 密輸[密売, 密造]酒; C 海賊盤[版]. — 形 A 密輸[密売, 密造]された; 違法に製作[販売, コピー]された: ~ whiskey 密輸ウイスキー. -leg・ger 名 〖長靴に隠して酒を密輸したことから〗
bóot・lèg・ging 名 U 密造, 密売, 密輸; 違法製作[販売, コピー].
bóot・less 形《文》無益な, むだな.
bóot・lìck 動 他《口》《人に》へつらう, おべっかを言う. **~・er** 名.
boots /búːts/ 名 (複 ~)《英》(ホテルの)靴磨き《人》《荷物運びなどもする》.
bóot・stràp 名 ❶ C《通例複数形で》(編み上げ靴の)つまみ皮. ❷ U,C【電算】ブートストラップ《特に OS のような大きなプログラムを読み込む際に, 最初に予備のプログラムを読み込んで, 次にそれに従って全プログラムを読み込む手法[操作]; またその予備の命令》. **púll onesèlf úp by one's [ówn] bóotstraps** 自力で進む[向上する]. ⇒ **自力の, 独力の. ❷ 自給の, 自動の. — 動 自 独立でやる[進む].
bóot tòpping 名【海】❶ 水線部《満載喫水線と軽荷喫水線との間の船体外面》. ❷《また **bóot tòp**》水線塗料《船体の水線部に塗るペイントの帯》.
bóot trèe 名 靴型《型くずれ防止用》.
boo・ty¹ /búːti/ 名 U ❶ 戦利品, 獲物 (loot). ❷ もうけ物.
boo・ty² /búːti/ 名 U《米口》《人の》尻.
†**booze** /búːz/ 《口》名 ❶ U 酒 (cf. BYOB): on the ~ 大酒を飲んで; 酔っぱらって / He's gone off the ~. 彼は酒を絶った. ❷ 酒盛り, 酒宴. — 動 自 大酒を飲む.〖Du がぶ飲みする〗

bóoz・er 名《俗》❶ 酒飲み《人》. ❷《英》飲み屋, パブ.
bóoze-ùp 名《英俗》酒盛り, 飲み騒ぎ.
booz・y /búːzi/ 形 (**booz・i・er; -i・est**)《口》❶ 酔った. ❷ 大酒飲みの.
†**bop**¹ /bɑp/ 名 ❶ U バップ. ❷ C《英口》(ポップミュージックにのった)ダンス; ダンスパーティー. ❷ U バップ, ビバップ (bebop). — 動 自 (**bopped; bop・ping**)《英口》ポップミュージックにのってダンスする.
bop² /bɑp/ 名《米俗》殴りつけること. — 動 他 (**bopped; bop・ping**)《...を》たたく, 殴る.
bo・peep /boʊpíːp/ 名 U いないいないばあ《物陰から急に顔を出し Bo! と言って子供をおもしろがらせる遊戯; cf. peekaboo): play ~ いないいないばあをする. 〖bo (擬音語) + PEEP¹〗
bop・per /bɑ́pɚ | bɔ́pə/ 名 ❶ = teenybopper. ❷ a バップのミュージシャン. b バップファン.
bor.《略》borough.
bo・ra /bɔ́ːrə/ 名【気】ボラ《アドリア海東岸地方に吹き降りてくる北または北東の冷たい乾燥した風》.
bo・rac・ic /bərǽsɪk, bɔː-/ 形 = boric.
bor・age /bɔ́ːrɪdʒ, bʌ́r- | bɔ́r-/ 名 U【植】ルリジサ《ヨーロッパ産の蜜源植物; 香味料やサラダ用》.
bo・rane /bɔ́ːreɪn/ 名【化】ボラン《水素化ホウ素の総称》; ボランの誘導体.
bo・rate /bɔ́ːreɪt/ 名 U,C【化】ホウ酸塩.
bo・rax /bɔ́ːrӕks/ 名 U【化】ホウ砂《ミ》.
bor・bo・ryg・mus /bɔ̀ːɚbərɪ́gməs/ 名 (複 -mi /-maɪ/)【医】腹鳴. **bòr・bo・ry̆g・mal, -mic** 形.
Bor・deaux /bɔːdóʊ | bɔː-/ 名 ❶ ボルドー《フランス南西部のガロンヌ (Garonne) 川に臨む河港都市》. ❷ U ボルドー(ワイン)《ボルドー地方産のワイン》.
Bordéaux mìxture 名 U ボルドー液《農薬》.
bor・de・laise /bɔ̀ːɚdəléɪz | bɔ̀ː-/ 形 [しばしば B-]《また **bórdelaise sàuce**》ボルドレーズ《赤ワインと冬ネギで風味をつけたブラウンソース》.
bor・del・lo /bɔːɚdélə | bɔː-/ 名《米》売春宿 (brothel).

*__bor・der__ /bɔ́ːɚdɚ | -də/ 名 ❶ a 国境(線); 国境地帯: along the ~ 国境(地帯)に / over [across] the ~ 国境

(線)を越えて. **b** [the Border(s)] 《英》イングランドとスコットランドの国境(地方). **c** [the ～] 南北アイルランドの国境地帯; 《米》メキシコ[カナダ]と米国との国境. **d** [しばしば複数形で] 領土, 領域; 国境地帯: within [out of] ～*s* 領土内[外]に. ❷ へり, 縁, 端. ❸ (一般に)境界(線), 限界, 周辺, 辺縁: the ～ between science and philosophy 科学と哲学の境界(線). ❹ **a** (衣服・家具などの)縁飾り. **b** (花壇・庭園などの)縁取り: ⇨ herbaceous border.

on the bórder of… (1) …の縁[ほとり]に, …に接して. (2) 今にも…しそうで: He's *on the* ～ *of* a great discovery. 彼はもう少しで大発見をするところまできている.

── [形] [A] 国境(近く)の: a ～ town 国境の町 / a ～ army 国境警備軍 / a ～ clash 国境での紛争.

── [動] [他] ❶ 〈…に〉境を接する, 隣接する, 面する: My land ～*s* his. 私の土地は彼の土地に隣接している. ❷ 〔…で〕〈…に〉縁をつける, 〈…を〉縁取る: ～ a dress *with* lace ドレスにレースの縁取りをつける. ── [自] ❶ 〔…に〕隣接する: Wales ～*s* ***on*** England. ウェールズはイングランドに接している. ❷ 〔…に〕近似する, 近い, まるで〔…の〕状態である: His humor ～*s* ***on*** the farcical. 彼のユーモアは茶番めいている.

〖F＝端〗 【類義語】**border**「縁, へり」の意で, 境界線またはこれに沿う部分[地帯]. **margin** 他の部分から何らかの特徴によって区切られている細長い端の部分. **edge** 立体の2面が接してとがっている端[角線].

bór·der·er /-dərə | -rə/ [名] ❶ 国境[辺境]の住民. ❷ 《英》イングランドとスコットランドの国境地方の住民.

bórder·lànd [名] ❶ [通例複数形で] 国境(地); 紛争地. ❷ [単数形で] どっちつかずの境界点; 夢うつつの境 〔*between*〕.

bórder·less [形] ❶ へり[縁]のない. ❷ 国境のない. ❸ 縁飾りのない.

⁺**bórder·lìne** [名] ❶ [通例単数形で] 国境線 〔*between*〕. ❷ [the ～] (2つの間の, 決めにくい)境界線 〔*between*〕. ── [形] [A] 境界線上の, 決めにくい: a ～ case どっちつかずの場合[事件]; 〘精神医〙 境界例 《神経症と精神病のいずれか判断をつけにくい場合など》. ── [副] ほぼ, ほとんど.

⁑**bore**[1] /bɔ́ə | bɔ́:/ [動] **bear**[1] の過去形.

bore**[2] /bɔ́ə | bɔ́:/ [動] [他] 〈人を〉うんざりさせる, 退屈させる (cf. bored): His lecture ～*d* me. 彼の講義に退屈した / He ～*s* me ***with his pointless tales. 彼の無意味な話にはうんざりする. ── [名] ❶ [a ～] 退屈な[おもしろくも何ともない]もの, 退屈な[面倒くさい, いやな]仕事 (drag): That movie was really *a* ～. あの映画はまったく退屈だった. ❷ (くだらぬ長話をしたりして)うんざりさせる人: She's a crashing ～. 彼女は恐ろしく退屈な人だ.

bore**[3] /bɔ́ə | bɔ́:/ [動] [他] ❶ 〈…に〉穴をあける; 〔…に〕〈穴・トンネルを〉あける, くり[掘り]抜く: ～ a well 井戸を掘る / ～ a board 板に穴をあける / ～ a hole ***into a door ドアに穴をあける / A tunnel has been ～*d* ***through*** the mountain. 山を掘り抜いてトンネルが造られた. ❷ [～ one's way で] (…を)くぐり抜けて[押し分けて]進む. ── [自] ❶ 〔…に〕穴をあける 〔*into, through*〕. ❷ (…を)押し分けていく, じりじり進む. **bóre ínto**…を穴のあくほど見つめる, 凝視する. ── [名] ❶ **a** (きりなどで開けた)穴. **b** ＝borehole. ❷ 穴あけ器, 穿孔(せんこう)機. ❸ (銃の)口径 (《米》 gauge).

bore[4] /bɔ́ə | bɔ́:/ [名] 海嘯(かいしょう), 潮津波, ボア 《浅い所で高潮が衝突するとき, また三角口状に開いた河口に高潮が押し寄せた時に見られる高い波》.

bo·re·al /bɔ́:riəl/ [形] ❶ 北風の. ❷ 北(方)の. ❸ 〈動植物が〉亜寒帯の. 〖L↓〗

Bo·re·as /bɔ́:riæs, -riəs | bɔ́-/ [名] ❶ 〘ギ神〙 ボレアス 《北風の神》. ❷ [U] 《詩》 北風, 朔風(さくふう). 〖L＜Gk〗

bored** /bɔ́əd | bɔ́əd/ [形] 〔…に〕うんざりして, 退屈して: I *was* ～ to death [tears].＝I *was* ～ stiff. ほとほとうんざりした[死ぬほど退屈した] / We *were* ～ ***with watching TV. テレビを見て退屈した.

-bored /bɔ̀əd | -bɔ̀:d/ [形容詞連結形]「…口径の〈銃〉」.

bóre·dom /-dəm/ [名] [U] 退屈, 倦怠. 〖BORE[2]+-DOM〗

bóre·hòle [名] (水・石油などを探る)試掘用の穴, 試錐孔, ボーリングによる穴 (bore).

bor·er /bɔ́:rə | -rə/ [名] ❶ 穴をあける人[器具], きり, たがね. ❷ 〘昆〙 穿孔(せんこう)虫 《草木に穴をあける》. ❸ 〘貝〙 フナクイムシ.

Borg /bɔ́əg | bɔ́:g/, **Björn** /bjɔ́ən | bjɔ:n/ [名] ボルグ 《1956– ; スウェーデンのテニス選手》.

Bor·ges /bɔ́əheɪs, -hes | bɔ́:gəs/, **Jorge Luis** [名] ボルヘス 《1899–1986; アルゼンチンの作家》.

Bor·gia /bɔ́əʤə, -ʤɑ: | bɔ́:ʤiə/, **Cesare** [名] ボルジア 《1475/76–1507; イタリアの枢機卿・専制政治家; Machiavelli が『君主論』で理想的専制君主として扱った》.

Borgia, Lucrezia [名] ボルジア 《1480–1519; Cesare の妹; 芸術・科学を保護した》.

Bor·glum /bɔ́əgləm | bɔ́:-/, **Gut·zon** /gʌ́ts(ə)n/ [名] ボーグラム 《1867–1941; 米国の彫刻家; Rushmore 山腹に4大統領の頭像を彫った》.

bo·ric /bɔ́:rɪk/ [形] ホウ素 (b) の: ～ ointment ホウ酸軟膏(なんこう).

bóric ácid [名] [U] 〘化〙 ホウ酸.

***bor·ing**[1] /bɔ́:rɪŋ/ [形] うんざりするような, 退屈な: a ～ job [person] 退屈な仕事[人]. 〖BORE[2]+-ING〗

bor·ing[2] /bɔ́:rɪŋ/ [名] ❶ **a** [U] 穿孔(せんこう), 中ぐり; 穿孔作業; 〘鉱山〙 ボーリング. **b** [C] 穿孔であけた穴. **c** [形容詞的に] 穴あけ用の, ボーリングの. ❷ [複数形で] 錐(きり)[中ぐり]くず. 〖BORE[3]+-ING〗

bor·lót·ti bèan /bɔəláti- | bɔ:lɔ́ti-/ [名] ボーロッティ豆 《インゲンマメの一種; 生では小斑のあるピンク色がかった茶色, 調理後は茶色》.

⁑**born** /bɔ́ən | bɔ́:n/ [動] **bear**[1]「生む」の過去分詞.

── [形] (比較なし) ❶ [P] 〈人などが〉生まれて 《[用法] 元来は bear[1] (A1a)の受身形であるが, by は用いない》: He was ～ at 7 in the morning. 彼は朝7時に生まれた / He was ～ on January 7, 1932. 彼は1932年1月7日生まれだ / A new republic was ～ in 1976. 1976年に新しい共和国が生まれた / I wasn't ～ yesterday. きのう生まれた赤ん坊ではあるまいし 《やすやすとだまされるほどうぶじゃない》 / There's one ～ every minute. 1分ごとに生まれるものがいる 《ばかな人はたくさんいるという意》 / He was ～ ***to*** [*of*] Italian parents. 彼はイタリア人の両親のもとに[両親から]生まれた / 〔＋補〕 Ideally, everyone is ～ free and equal. 理想的には人間だれしも生まれながらに自由で平等である. ❷ **a** 生まれながらの, 天成の: He's a ～ athlete [liar]. 彼は生まれながらの運動選手[うそつき]だ. **b** 〈…するべく〉生まれついて: 〔＋***to*** *do*〕 He was ～ *to* be an artist. 彼は芸術家になるように生まれついていた. ❸ [通例複合語で] (…に[で])生まれた, …生まれの: an American-*born* tennis player アメリカ生まれのテニス選手 / ⇨ firstborn. **bórn and bréd** 生粋の: a Parisian ～ *and bred* 生粋のパリっ子. **in áll one's bórn dáys** 《口》 [疑問・否定文で] 生まれてから今まで.

bórn-agáin [形] ❶ (宗教経験で)信仰を新たにした. ❷ 元気を回復した, よみがえった.

⁑**borne** /bɔ́ən | bɔ́:n/ [動] **bear**[1] の過去分詞.

-borne /bɔ̀ən | bɔ̀:n/ [形容詞連結形]「…によって運ばれる[伝えられる]」: air*borne*.

Bor·ne·an /bɔ́əniən | bɔ́:-/ [形] ボルネオ(人)の. ── [名] ボルネオ人.

Bor·ne·o /bɔ́əniòu | bɔ́:-/ [名] ボルネオ島 《Malay 諸島中にある島》.

Born·holm /bɔ́ənhou(l)m | bɔ́:n-/ [名] [U] 〘医〙 (また **Bórnholm diséase**) ボルンホルム病 《流行性胸膜痛症》.

born·ite /bɔ́ənàɪt | bɔ́:-/ [名] [U] 〘鉱〙 斑銅鉱.

bo·ron /bɔ́:rɑn | -rɔn/ [名] [U] 〘化〙 ホウ素 《非金属元素; 記号 B》. 〖BOR(AX)+(CARB)ON〗

bo·ro·ni·a /bəróuniə/ [名] 〘植〙 ボロニア 《香り高い赤紫・白の花の咲くミカン科ボロニア属の各種低木; 豪州産》.

bòr·o·sílicate glàss /bɔ̀:rou-/ [名] [U] 〘化〙 ホウ珪酸ガラス 《耐熱ガラス器具用》.

***bor·ough** /bɔ́:rou, -rə | bʌ́rə/ [名] ❶ 《米》 **a** (いくつかの州での)自治町村. **b** (New York 市の)行政区 《the Bronx, Brooklyn, Manhattan, Queens, Staten Island の5区》. **c** (Alaska 州の)郡 《他の州の county に

bor·row /bórou, bár-/ 《金・物などを》借りる (↔ lend): May I ~ your dictionary? 辞書をお借りしてもいいですか / I ~ed this bicycle *from* Harry. この自転車はハリーから借りた / He ~ed a large sum *from* the bank. 彼は銀行から大金を借りた. ❷ 《思想・風習などを》《...から》取り入れる: She ~ed that idea *from* Marx. 彼はその考えをマルクスから借用した. ❸ 《言葉を》《他の言語から》借入[借用]する: words ~ed from French フランス語からの借入語. ── 圓 《...から》借りる, 借金する, 借用する: He neither lends nor ~s. 彼は人に貸しもしなければ人から借りもしない / ~ *from* a bank 銀行から金を借りる. **live on bórrowed time** 〈死を予期された人などが〉《かろうじて》生きのびている, 余生の[借りもの]の時を生きている. 〖OE; 原義は「隠す, (借りたものを)保護する」; cf. bury〗【類義語】borrow 物を返すことを前提に一時的に借りる. hire, rent 〈英〉では車を出して衣類・ボートなどを借りるのは hire, 車は rent か hire, 家は rent だが, 〈米〉ではこれらの場合すべて rent を用いる.

*bor·row·er /bárouɚ, bár-/ 圖 ❶ 借り手, 借用者 (↔ lender): Neither a ~ nor a lender be. 借り手にも貸し手にもなるな (★ Shakespeare『ハムレット』から).

*bor·row·ing /bárouɪŋ, bár-/ 圖 ❶ 借りること, 借金すること. b ⓒ 《通例複数形で》《企業・組織などの》《全》借入金. ❷ ⓒ 借用語; 借り《物》《*of*》.

bórrowing pòwers 圖 圑 《企業の内規による》借入限度額, 借入力.

bórrow pit 圖〘土木〙《埋立て・盛土用の》土取場〘どとば〙.

Bor·sa·li·no /bɔ̀ːrsəlíːnou | bɔ̀ːs-/ 圖〘商標〙ボルサリーノ《広線の柔らかいフェルト製の男子帽》.

borsch /bɔ́ːrʃ | bɔ́ːʃ/ 圖 ⓊU ボルシチ《テンサイ (beets)・トマト・キャベツ・牛肉などで煮込んだロシア風スープ》. 〖Russ=ハナウド; 元来の材料〗

bors(c)ht /bɔ́ːrʃt | bɔ́ːʃt/ 圖 =borsch.

bórscht bèlt 圖 〘しばしば B- B-〙《米口》ボルシチベルト《Catskill 山地中のユダヤ人避暑地の劇場[ナイトクラブ]》.

Bor·stal /bɔ́ːrstl | bɔ́ːs-/ 圖 ⓒⓊ 〖時に b-〗《英》《もと》非行少年[少女]鑑別所, 少年院《現在は detention centre を用いる》.

bort /bɔ́ːrt | bɔ́ːt/ 圖 Ⓤ ボルト《産業用の下等なダイヤモンド》; ダイヤくず《研磨, 切削用》.

bor·zoi /bɔ́ːrzɔɪ | bɔ́ː-/ 圖 ボルゾイ《ロシア産のオオカミ狩り用の大型猟犬》. 〖Russ; 原義は「速い」〗

bos·cage | **bos·kage** /báskɪʤ | bɔ́s-/ 圖 =boscage.

Bosch /báʃ, bɔ́ːʃ | bɔ́ʃ/, **Hieronymus** /- bɔ́ʃ, ボッシュ (1450?-1516; オランダの画家).

bosh /báʃ | bɔ́ʃ/ 《口》圖 Ⓤ たわごと, ナンセンス. ── 間 ばかな!

bosk·age /báskɪʤ | bɔ́s-/ 圖 =boscage.

bosk·y /báski | bɔ́s-/ 圏 《文》❶ 樹木におおわれた. ❷ 木陰のある.

bo's'n /bóus(ə)n/ 圖 =boatswain.

Bós·ni·a and Hèrzegovína /báznia- | bɔ́z-/ 圖 ボスニアヘルツェゴビナ《バルカン半島北西部の共和国; 旧ユーゴスラビア連邦の一つ; 首都 Sarajevo》.

Bos·ni·an /bázniən | bɔ́z-/ 圏 ボスニア《人》の; ボスニア語の. ── 圖 ボスニア人; ボスニア語.

⁺**bos·om** /búzəm, búːz- | búz-/ 圖 ❶ 《特に, 女性の》胸: She held her baby to her ~. 彼女は赤ん坊を胸に抱きしめた. **b** 《英口》《女性の》乳房《の一つ》. **c** 胸中, 情, 愛情; [the ~] 《文》《思いやりのある》包み込むような愛情[庇護], 愛情と安らぎの場: keep something in one's ~ あることを胸に秘めておく / in *the* ~ of one's family 一家水入ら

203　botanical

ずで. ❷ **a** 《衣服の》胸部. **b** 《米》シャツの胸. ❸ **a** 内部, 奥まった所: in the ~ *of* the earth 地球の内部に. **b** 《海・湖水などの》表面: on the ~ *of* the ocean 大海の真ん中. ── 働 《形》 ❶ 腹心の, 親しい: a ~ friend [pal] 親友. 〖OE; 原義は「ふくれたもの」か〗【類義語】⇒ chest.

-bós·omed 〖形容詞連結形〗「...な胸をした」

bos·om·y /búzəmi, búːz- | búz-/ 《形》《口》〈女性が〉豊かな胸をした.

bos·on /bóusan | -sɔn/ 圖 〘理〙ボソン, ボゾン《スピンが整数の素粒子・複合粒子》.

Bos·po·rus /básp(ə)rəs | bɔ́s-/ 圖 [the ~] ボスポラス海峡《黒海とマルマラ海 (the Sea of Marmara) を結ぶ》.

*__boss__¹ /bɔ́ːs, bás | bɔ́s/ 圖 ❶ ⓒ **a** ボス, 親分, 親方; 上司, 上役, 長《社長, 所長, 主任など; 既義 女性にも用い, 日本語の「ボス」の悪いイメージではない》. **b** 決定権を持つ人, 実力者, 支配者. ❷ 《米》《政党などの》首領, 大立者. ── 形 《米》 ❶ Ⓐ ボスの, 主任の. ❷ 《俗》一流の; すばらしい: a ~ car すごい車. ── 働 《口》《他》〈仕事・人を〉取り仕切る, 切り回す, 指揮[指図]する (order around); 《こき使う: ~ one's husband (*around*) 夫を尻に敷く. **b** 〈人の〉ボス[親方, 上司(など)]になる. ── 圓 ボスとなる, いばる. 〖Du=親方〗

boss² /bɔ́ːs, bás | bɔ́s/ 圖 ❶ 《装飾的な》打ち出し突起部; 柱状のぶこぶ. ❷ 〘建〙《教会堂の天井の rib の交差点につける》浮き出し《飾り》. ── 働 《他》《...に》浮き出しに飾る (★ 通例受身). 〖F=ふくれたもの〗

boss³ /bɔ́ːs, bás | bɔ́s/ 圖 ❶ 子牛, 雌牛.

bos·sa no·va /bàːsənóuvə, bàs- | bɔ̀s-/ 圖 Ⓤ《楽》ボサノバ《ジャズを取り入れたサンバ》. 〖Port=新しい傾向〗

bóss-èyed 《形》《英俗》 ❶ 片目の. ❷ 斜視の.

bóss·ism /-sɪzm/ 圖 Ⓤ 《米》ボス制度, ボス政治.

bóss kèy 圖 〘電算〙ボスキー《コンピュータの表示画面をゲームなどから仕事に関するものに即座に切り換えるキー》.

bóss shòt 圖 《英口》射損じ; やり損ない, 不成功の企て.

boss·y¹ /bɔ́ːsi, bási | bɔ́si/ 圏 (boss·i·er; -i·est) 《口》親分気分を吹かせる, 威張り散らす, 偉そうに指図する. **bóss·i·ness** 圖

boss·y² /bɔ́ːsi, bási | bɔ́si/ 圏 浮き出し (boss²) のついた, 浮き出しにした.

bos·sy³ /bɔ́ːsi, bási | bɔ́si/ 圖 =boss³.

bóssy-bòots 圖 《英口》いばりちらす人.

Bos·ton /bɔ́ːstən, bas- | bɔ́s-/ 圖 ボストン《米国 Massachusetts 州の州都》.

Bóston cràb 圖 〘レス〙ボストンクラブ《相手の両足[片足]を取ってうつぶせに返し背に圧力を加えるホールド》.

Bos·to·ni·an /bɔːstóuniən | bɔs-/ 圏 ボストンの. ── 圖 ボストンの市民, ボストン人.

Bóston ívy 圖 《米》〘植〙ツタ (蔦), ナツヅタ, モミジヅタ.

Bóston Téa Pàrty 圖 [the ~]〘米史〙ボストンティーパーティー《1773年米植民地の人が英政府の《茶に対する》課税に反対しボストン港の英船を襲い船中の茶箱を海に投げ捨てた事件》.

Bóston térrier 圖 ボストンテリア《ブルドッグに似た黒い白ぶちの小型犬》.

bo·sun, bo'sun /bóus(ə)n/ 圖 =boatswain.

Bos·well /bázwəl, -wel | bɔ́z-/, **James** 圖 ボズウェル (1740-95; スコットランドの伝記作家・弁護士).

bot¹ /bát | bɔ́t/ 圖 ❶ 〘昆〙ウマバエ (botfly) の幼虫. ❷ [the ~s; 時に単数扱い] ボッツ症《ウマバエの幼虫が馬の胃に寄生して起こる病気》.

bot² /bát | bɔ́t/ 圖 ❶ (SFで) ロボット. ❷ 〘電算〙ボット: **a** オンラインゲームやチャットで, プログラムが表示する実在しない人物. **b** インターネットの情報取得などを自動的に行なうプログラム.

bot. 〖略〗botanical; botanist; botany.

bo·tan·ic /bətǽnɪk/ 圏 =botanical.

⁺**bo·tan·i·cal** /bətǽnɪk(ə)l/ 圏 ❶ Ⓐ 植物の[に関する]; 植物学《上》の. ❷ 植物から採った, 植物性の: a ~ drug 植物性薬品. ── **-ly** /-kəli/ 副

botánic(al) gárden 名 植物園.

⁺bot·a·nist /bɑ́tənɪst | bɔ́t-/ 名 植物学者.

bot·a·nize /bɑ́tənàɪz | bɔ́t-/ 動 自 植物を採集する, 植物の実地研究をする.

bot·a·ny /bɑ́təni | bɔ́t-/ 名 植物学; (一地方の)植物(全体); 植物の生態: geographical ~ 植物分布学.
〖BOTAN(ICAL)+-Y¹〗

Bótany Báy 名 ボタニー湾 (オーストラリア南東部 Sydney の南にある入江で, 1770年 Captain Cook がオーストラリアで最初に上陸したところ).

Bótany (wóol) 名 ⓊⓊ ボタニーウール (豪州産極上メリノ羊毛).

⁺botch /bɑ́tʃ | bɔ́tʃ/ 動 他 ❶〈...を〉下手にやる[作る]. ❷〈...を〉ぶざまに繕う〈up〉. ── 名 ❶ 下手な仕事[細工]: make a ~ of... をやり損なう. ❷ ぶざまな継ぎはぎ.

bótch-up 名《口》=botch.

bo·tel /boʊtél/ 名 =boatel.

bót·fly 名 〖昆〗ウマバエ(ウマバエ科の昆虫).

⁎both /bóʊθ | bóʊθ/ 形 両者の, 両方の, 双方の: B~ (the) brothers are alive. 兄弟は二人とも生きている《用法》 both の後の定冠詞は通例略される; cf. 代 1, 2) / I've lost ~ my gloves. 手袋を両方ともなくした《用法》 both は指示形容詞・所有格の代名詞などの前に置く》 / I don't want ~ books. 両方の本が欲しいわけではない《2冊のうち1冊だけ必要だ》《用法》 both の否定は部分否定を表わす; ⇒ not 4)/ on ~ sides of the street 通りの両側に. ── 代 ❶ [複数扱い]両者, 両方, 双方: B~ are good. 両方ともよい / B~ of the brothers are dead. 兄弟は二人とも死んでいる (cf. 代 2, 形) / B~ of us knew it. 我々は二人ともそれを知っていた / I love ~ of them. 彼(女)らをどちらも愛している (cf. 代 2) 《用法》 both of us [them] のように both の前に the を置くのは《米》の非標準的用法》 I don't need ~ of them. 両方は必要ありません(片方だけ必要だ; ⇒ not 4). ❷ [同格に用いて]両者とも, 両方とも《用法》 as well as, equal, equally, alike, together などとともに用いるのは意味上重複するので, その場合 both を用いない): The brothers are ~ dead. 兄弟は二人とも死んでいる (cf. 代 1, 形) / I love them ~. 彼(女)らをどちらも愛している (cf. 代 1) / They ~ wanted to go abroad. 彼らは二人とも外国へ行きたかった.

── 副 [both...and...で相関接続副詞として] ...も...も(両方とも); ...のみならずまた: B~ my brother and sister are dead. 兄も妹も死んでいる《用法》主語に用いられている場合は複数扱い》 / She's ~ intelligent and beautiful. 彼女は聡明な上に美人だ / ~ by day and by night 昼夜を分かたず / 《用法》 in Britain and in America 英国でも米国でも《用法》 both 以下と and 以下は同じ品詞(相当)の語句が望ましいが, 時に both in Britain and America ということもある).
〖ON báthir〗

⁎both·er /bɑ́ðə | bɔ́ðə/ 動 自 ❶ [否定文で]わざわざ〈...〉する: [+to do] Don't ~ to answer this note. この手紙にはご返事くださるに及びません / Don't ~ to knock. ノックは無用 / [+doing] Don't ~ coming to see me off. わざわざお見送りに及ばぬ. ❷ [...のことを]苦にする, 思い悩む: I've no time to ~ with [about] such things. そんな事にかまけている暇なんかないよ. ── 他 ❶ a 〈...のこと〉で〈人〉を悩ます, じゃまする, うるさがらせる, 心配させる 《★ しばしば受身》: Don't ~ the dog while he's eating. 犬が食べている時じゃまするな / The residents are ~ed by [with] the noise of the planes. 住民は飛行機の騒音に悩まされている / Don't ~ me with such trifles. つまらない事で私に手数をかけさせないでくれ / Stop ~ing your head about it. そのことでくよくよするのはよせ / It ~s me that he has lost so much weight recently. 近ごろ彼がとてもやせてしまって心配だ. **b** [~ oneself で] 《...のことでくよくよする, 悩む: Don't ~ yourself about it. その事でくよくよするな; 別にたいしたことでないからおかまいなく. ❷ [しばしば進行形で]〈人に〉〈...を〉ねだる, せがむ. ❸ [ていねいな表現で]〈人に〉迷惑[面倒]をかける: I'm sorry to ~ you, but would you do me a favor? ご迷惑をかけてすみませんが, 一つお願いがあるのです / May I ~ you a moment? I have a question to ask you. ちょっとすみませんがあなたに一つ質問があります. ❸ [軽いののしりの表現で]《英口》〈...〉をのろう: B~ the flies! このハエめ! / B~ you! こまった人だ / Oh, ~ it! ちょっ, うるさい, いまいましい!

I cán't be bóthered 《口》(わざわざ)〈...する〉気になれない, 〈...し〉たくない: [+to do] I can't be ~ed to ring him up. 彼に電話する気になれない.

── 名 ❶ ⓊⓊ 面倒, やっかい. ❷ [a ~] **a** 面倒くさいこと[もの]. **b** うるさい[やっかい]人: What a ~ he is! なんてうるさいやつだろう. **c** Ⓤ《英口》けんか, 騒ぎ, いざこざ: have a ~ with a person about a thing ある事で人といざこざを起こしている / make a ~ about... のことで騒ぎ立てる.

gó to the bóther of... わざわざ...する: Don't go to the ~ of coming all the way to see him. わざわざ彼に会いにはるばる来る必要はないですよ.

── 間 いやだ!, うるさい!: Oh, ~! ああ, いやだ!
〖?Ir = (耳を)つんざく〗〖類義語〗bother 相手にちょっとした迷惑・心配をかけて平静を乱す. annoy うるさく不快などで神経をいらいらさせる. vex annoy より一層大きな心の乱れ・怒り・心配などを引き起こす.

both·er·a·tion /bɑ̀ðəréɪʃən | bɔ̀ðə-/《口》名 U.C わずらわしさ, じゃま. ── 間 いまいましい!, うるさい!

both·er·some /bɑ́ðəsəm | bɔ́ðə-/ 形 うるさい, やっかいな, めんどうな.

bo·tu /bóʊtuː/ 名 =boutu.

Bo·tox /bóʊtɑks | -tɔks/ 名 Ⓤ 〖商標〗ボトックス(ボツリヌス毒素; 眼の周りの皮膚に注射して, しわ取りに用いられる). ── 動 他 《通例受身で》〈...に〉ボトックスを注射する.

bó trèe /bóʊ-/ 名 〖植〗テンジクボダイジュ (釈迦(ゅ゚か)がこの木の下で悟りを開いたという故事から仏教で神聖視されている).

bot·ry·oi·dal /bɑ̀triɔ́ɪdl | bɔ̀tri-/ 形 ブドウのふさ状の, ブドウ状の.

bo·try·tis /boʊtráɪtɪs/ 名 Ⓤ ❶ 〖菌〗ボトリチス (糸状菌類ハイイロカビ属の菌類;いくつかは植物の菌類病の原因となる). ❷《ワイン》貴腐(ふ).

Bot·swa·na /bɑtswɑ́ːnə | bɔ-/ 名 ボツワナ(アフリカ南部の英連邦内の共和国; 首都 Gaborone). **Bot·swá·nan** /-nən/ 形

botte /bɑ́t | bɔ́t/ 名 〖フェン〗突き.

Bot·ti·cel·li /bɑ̀tɪtʃéli | bɔ̀t-/, **San·dro** /sǽndroʊ/ 名 ボッティチェリ (1444?-1510; イタリアの画家).

⁎bot·tle /bɑ́tl | bɔ́tl/ 名 ❶ Ⓒ 瓶 (通例口細の液体を入れる容器; ふた付きで取っ手がない): a milk [wine] ~ 牛乳[ワイン]の(空き)瓶. ❷ Ⓒ ひと瓶の量: drink a ~ of wine ワインひと瓶を飲む. ❸ [the ~]酒, 飲酒: be fond of the ~ 酒が好きである / take to the ~ 飲酒にふける / be on the ~ 酒びたりである. ❹ Ⓒ **a** 哺乳(ᵓ゚)瓶. **b** [通例単数形で](母乳に対して, 哺乳瓶に入れた)牛乳: bring up a child on the ~ 子供をミルクで育てる. ❺《英俗》勇気, 気力: have a lot of ~ 気力がある. **hít the bóttle**《俗》大酒を飲む. (2) 酔っぱらう. ── 動 他 ❶ 〈...〉を瓶に入れる: ~ milk 牛乳を瓶に入れる. ❷《英》〈果物などを〉瓶詰にする, 瓶で保存する: ~ fruit 果物を瓶詰にする. **bóttle óut** (自+副)《英口》おじけつく, ひるむ, 気おくれする (chicken out). **bóttle úp** (他+副) (1)〈怒りなどを〉抑える, 隠す: She ~s up her anxieties. 彼女は心配事を胸に秘めている. (2)〈敵などを〉封じ込める; 封鎖する: The enemy ships were ~d up in port. 敵艦は港内に封鎖された.〖F < L < buttis たる〗

bóttle àge 名 Ⓤ (瓶詰め後の)ワインの熟成年数.

bóttle bànk 名《英》空き瓶回収ボックス[ポスト].

bóttle blónd 名《米俗》髪を染めて金髪になった人.

bóttle brùsh 名 ❶ 瓶洗いブラシ. ❷ 〖植〗ブラシノキ, 'キンポウジュ'(瓶ブラシ状の赤花をつけるフトモモ科カリステモン[ブラシノキ]属などの低木の総称; 豪州原産).

bóttle càp 名 (瓶の)王冠.

bót·tled 形 瓶詰の, 瓶入りの: ~ beer 瓶ビール.

bóttle-féd 形 ⒶⒶ ミルクで育った, 人工栄養の.

bóttle-féed 動 他 (**bottle-fed** /-fèd/)〈乳児を〉ミルク[人

工栄養]で育てる (cf. breast-feed).
bóttle·ful /bάtlfʊl | bɔ́tl-/ ひと瓶(の量)《of》.
bóttle gréen 图 □ 暗紫緑色.
bóttle·nèck 图 ❶ ⓒ 狭い通路[街路]; 交通渋滞の所, 「ネック」. ❷ ⓒ 《物事の進行[活動]の妨げられた状態, 障害. ❸ ⓒ 瓶の首. ❹ ボトルネック《瓶の首や金属の筒などを用いてグリッサンド効果を出すギター奏法》.
bóttle·nòse 图 とっくり鼻.
bóttle-nòsed dólphin 图【動】バンドウイルカ.
bóttle-nòsed whále 图【動】トックリクジラ.
bóttle-òpener 图 栓抜き.
bóttle pàrty 图 酒持参パーティー.
bot·tler /bάtlɚ | bɔ́tlə/ 图 瓶詰業者.
bóttle ròcket 图 ロケット花火.
bóttle scrèw 图【英】引締めねじ, ボトルスクリュー.
bóttle trèe 图【植】ボトルツリー, ピンノキ, 壺形樹《幹が壺形または瓶状に肥大した各種樹木; アフリカの baobab, 豪州産アオギリ科ツボノキ属の一種など》.
***bot·tom** /bάṭəm | bɔ́t-/ 图 ❶ a 底, 基部: the ～ of a cup 茶わんの底 / send a ship to the ～ 船を(海などの)底に沈める / Anglerfish are found at the ～ of the sea. チョウチンアンコウは海底にいる. b (いすの)座部. c 《口》尻, 臀部(ﾄﾞﾝ) (backside): smack a person's ～ 人の尻をぴしゃりと打つ. ❷ [the ～] a 最低(位)の部分; 末席, びり (↔ top): He was at the ～ of the class. 彼はクラスのびりだった / He started at the ～ of the company. 彼は会社の下積みから始めた. b (山の)ふもと; 《階段の》下: at the ～ of the stairs 階段の下の所. c (木の)根元. d (ページの)下部: the first line but one from the ～ 下から2行目. e [通例複数形で] 川沿いの低地. ❸ [the ～] a 根底, 根本, 基礎, 原因; 真相《of》. b 心底, 奥底: from the ～ of one's heart 衷心から. ❹ [複数形で] (パジャマなどの)ズボン. ❺ 《米》[the ～] (入江の)底; (庭などの)終点; (街路の)行き詰まり 《米》end). ❻《海》a 船底, 船腹; 船舶. b 貨物船: goods transported in foreign ～s 外国の貨物船で運ばれた荷物. ❼【野】(イニングの)裏 (↔ top)《of》.

at bóttom (1) 心の底は; 本当は: He's a good man at ～. 彼は根はよい人だ. (2) 根本的には.

at the bóttom of… (1) …の底に (⇒ 1 a). (2) …の末席に; …の下で (⇒ 2 a). (3) …の原因で: Ignorance is at the ～ of racism. 無知が人種差別の主な原因である (cf. 3 a). (4) …の黒幕で: Who is at the ～ of the scheme? 陰謀の黒幕はだれか.

Bóttoms úp! 《口》乾杯!

bóttom úp [úpward] 逆さまに.

from the bóttom úp (位置・階層などの)下から上に.

gét to the bóttom of… の意味[理由]を探り当てる, 真相を究明する.

gó to the bóttom (1) 沈む. (2) 探究[究明]する.

knóck the bóttom òut of… 《口》〈理論・証拠・計画・自信・価格の安定など〉を完全にくつがえす, 打ち壊す.

síft…to the bóttom 〈…〉を徹底的に調べる.

stánd on one's ówn bóttom 独立[自営]する.

stárt at the bóttom of the ládder 卑賤(ﾋﾟﾝ)から身を起こす (cf. 2 a).

The bóttom fálls óut of… (1) 〈物事が崩壊する, 崩れる. (2) 〈相場が〉落ちきる; …が不安になる.

tóuch bóttom (1) (足先が)水底に触れる: Here you can just touch ～. ここではちょうど君の背が立つ. (2) (船が)座礁する. (3) どん底に落ちる. (4) 《物価・相場が》底につく.

── 圏 Ⓐ ❶ a 底の, 最下位の: the ～ price 底値 / the ～ rung (はしごの)いちばん下の段; (社会などの)最低階級[地位]. b 最後の. ❷ 根本的な: the ～ cause 根本原因.

── 働 働 ❶ 〈…〉に底をつける; 〈いすなど〉に座部をつける. ❷ 〈…の〉真相を究める. ❸ 〈理論などを〉〈…に〉基づかせる《on》. ── 働 ❶ 〈…に〉基礎を置く《on》. ❷ (海などの)底に触れる.

bóttom óut (《自》《副》) (1) 《海》水底に達する: The submarine ～ed out at 200 meters. 潜水艦は200メートルで海底に達した. (2) (価格などが)底値に達する (経済などが底を打つ): Prices will ～ out in the second half of this year. 物価は今年後半底をうつだろう.

bóttom dòg 图 = underdog.

bóttom dráwer /-drɔ́ɚ | -drɔ́ː/ 图 《英》 ❶ たんす(などのいちばん下)の引き出し (《米》 hope chest) 《以前未婚の女性が結婚準備品をしまっておいた》. ❷ 結婚準備品.

-bót·tomed [形容詞連結形]「底が…な」「…な底の」: ⇒ flat-bottomed.

bóttom ferméntation 图 Ⓤ 下面[底面]発酵 《酵母が発酵液の底に蓄積するラガービールなどのゆっくりした発酵》.

bóttom físher 图《証券》後に価値の上がることを期待して価値の低い会社[株式]を買う人.

bóttom géar 图《英》【車】ローギヤ (low gear).

bóttom·lánd 图 Ⓤ《米》【地】(川沿いの)(沖積層)低地.

bóttom·less 形 ❶ a 底なしの, 底の知れない, 非常に深い: the ～ pit 地獄 (★ 聖書「黙示録」から). b 計り知れない; 際限のない: a ～ mystery 計り知れない神秘. ❷ 座部のない: a ～ chair 座部のないいす. ❸《米》根拠のない: a ～ charge いわれのない非難. ❹ ヌードの; 下半身が裸の. **～·ly** 副. **～·ness** 图.

+bóttom líne 图 [the ～] ❶ 《口》要点, 肝心かなめ: The ～ is that we mustn't lose this opportunity. 要はこの機会を逃さないことだ. ❷ (決算書の)最後の行; 収支決算; (計上された)純益, 損失. ❸ 最低値. ❹ 最終結果[決定].

bóttom-líne 形 損得勘定だけを問題にした; 実利的な, 現実主義の.

bóttom·mòst 形 Ⓐ いちばん底の[下の]; 最低の.

bot·tom·ry /bάṭəmri, bɔ́t-/《海法》图 Ⓤ 船舶(積荷)担保冒険貸借. ── 働 (船舶の冒険貸借契約をする).

bóttom-úp 形 ❶ (階層・地位などの)下から(上へ)の, 下から起こって上へと伝わる: a ～ decision-making process ボトムアップの意思決定過程《組織の下から意見などを出し, それが上位者に伝わって決定へとつながる》. ❷ 《処理展開・計算処理など》上昇型の, 上向きの, ボトムアップの《下位の[基本的な]要素から始めて上位の[複合的な]要素へ》.

bot·ty /bάṭi | bɔ́ti/ 图《英口》おしり.

bot·u·lism /bάtʃʊlìzm | bɔ́tjʊ-/ 图 Ⓤ【医】ボツリヌス中毒症《ソーセージ・缶詰肉などから発生することが多い》.《G < L botulus ソーセージ; cf. bowel》

bou·clé /buːkléɪ/ 图 Ⓤ ❶ よりなり糸, ブークレ. ❷ ブークレ織り.

Bou·dic·ca /buːdíkə | búːd-/ 图 ブーディッカ《Boadicea の別名》.

bou·din /buːdǽn/ 图 ブーダン《豚の血と脂肪入りソーセージ》.

bou·doir /búːdwɑɚ | -wɑː/ 图 婦人の私室.《F = するための部屋》

bouf·fant /buːfάːnt | búːfɑːŋ/ 形 (髪・衣服などが)ふっくらした.《F = ふくらんでいる》

bou·gain·vil·le·a, bou·gain·vil·lae·a /bùːgənvíliə/ 图【植】ブーゲンビリア《オシロイバナ科の熱帯植物》.《L. A. de Bougainville フランスの航海者》

bough /báʊ/ 图 (木の)大枝.《OE = 腕, 肩》【類語群】⇒ branch.

***bought** /bɔ́ːt/ 動 buy の過去形・過去分詞.

bou·gie /búːʒiː/ 图【医】ブジー, 消息子《尿道などを広げる器具》.

bouil·la·baisse /bùːjəbéɪs, -bés, -béɪs/ 图 Ⓤ Ⓒ ブイヤベース《魚肉・貝類を香辛料をきかせた煮込み料理; 地中海沿岸の名物》.《F < Prov》

bouil·li /buːjíː/ 图 Ⓤ ゆで肉, 蒸し肉.

bouil·lon /búː(l)jɑn | búːjɔŋ/ 图 Ⓤ Ⓒ ❶ ブイヨン《香辛料を加えた牛肉などの煮汁; スープのもと》. ❷ ブイヨンスープ《ブイヨンによる薄い澄ましスープ》. ❸ 【生化】肉汁, ブイヨン《細菌の培養液を作る》.《F = (濃い)肉汁, 沸騰による泡 < bouillir 沸騰する》

bouíllon cùbe 图 固形ブイヨン《溶かして使う》.

+boul·der /bóʊldɚ | -də/ 图 丸石, 玉石(ﾄﾞｲｼ)《風雨・河水・

boulder clay 氷河などの作用で丸くなった大石; 地質学では巨礫(きょれき)と呼び, 径 256 mm 以上のもの).

bóulder clày 名 ⓤ 〖地〗 巨礫粘土, 漂礫土.

bóulder·ing /-dəriŋ, drɪŋ/ 名 〖登山〗 ボールダーリング (訓練とされるスポーツとしての大岩登り).

boule /búːl/ 名 =boules.

Bou·le /búːli/ 名 (ギリシアの)(立法)議会, 国会; [通例 b-] ブーレー (古代ギリシアの立法会議).

boules /búːl/ 名 ⓤ ブール (鉄球を用いてするフランスの球ころがし遊び).

⁺**bou·le·vard** /búːlvɑ̀ːrd, búːlə- | búːləvɑ̀ːd/ ❶ 広い並木街路, ブルバール. ❷ [しばしば B- で街路の名に用い] 《米》大通り (略 blvd.): Sunset *B~* サンセット大通り. 《F<Du=城砦(じょうさい)の跡につくられた大通り》

bou·le·var·dier /bùːləvɑ̀ːrdjéɪ | buːlvá:dɪèɪ/ 名 (Paris の)ブルバールをうろつく[のカフェによく出入りする]人; (一般に)遊び人.

boulle /búːl/ 名 ⓤ ブール細工, 象眼細工,(の家具).

boult /bóʊlt/ 動 他 =bolt².

⁺**bounce** /báʊns/ 動 ⓘ ❶ **a** 〈ボールなどが〉はずむ, バウンドする: ~ *back* はね返る / The ball ~d *over* the net. ボールはバウンドしてネットを飛び越えた / The ball ~d *off* the wall. ボールが塀からはね返った. **b** 〈人などが〉はね上がる, 跳び上がる: She ~d *up* and *down* on his lap. 彼女は彼のひざの上に(座ったまま)ぴょんぴょん跳ねた / He ~d *out of* bed. 彼はベッド(の中)からとび起きた. **c** [副詞(句)を伴って] とびはねるように歩く; はずみながら進む[走る]: The ball went *bouncing down* the stairs. ボールは階段をはずみながら落ちていった / He ~d *into* the room and kissed her. 彼は軽快な足どりで部屋へとび込んできて彼女にキスした. **d** 上下に動く[はね]. **e** 〈価格などが〉反発, 反騰, 反落する. ❷ 《口》〈小切手が〉不払いとして戻ってくる. ❸ (次から次へと) 状況[話題(など)]が変わる. ❹ 〖電算〗電子メールが送信先に届かずに戻ってくる《back》.
— 他 ❶ **a** 〈ボール・子供などを〉はねさせる, はずませる《*off*, *from*》: ~ a ball ボールをバウンドさせる; まりつきをする / ~ a child on one's knees ひざの上で子供をあやす / ~ a ball *off* a wall (塀にボールを投げつけ)ボールを塀からはね返らせる. **b** 上下に動かす[はねさせる]. ❷ 《英口》〈人を〉脅して…にさせる: ~ a person *into* doing something 人を脅してあることをさせる. ❸ 《米口》〈人を〉解雇する; 場外へほうりだす.

bóunce báck 《自+副》(1) はね返る (⇒ 自 1 a). (2) 敗北・病気などから立ち直る (recover): ~ *back from* a cold かぜから立ち直る. (3) 〖電算〗 = 自 4. (4) 〈株価などが〉反騰する.

bóunce òff a person 〈自分の考えなどについて〉人に意見を聞く: I ~d ideas *off* a few experts. 何人かの専門家に私の考えについての意見をきいた.

— 名 ❶ ⓒ はずみ, はね返り; はね上がり: catch a ball on the ~ バウンドでボールをつかむ. **b** ⓤ 弾力(性). ❷ ⓤ **a** 《口》活気, 生き生きしていること: be full of ~ 活気にあふれている. **b** (髪の毛の)張り, こし. ❸ [the ~] 《米俗》解雇: give a person *the* ~ 人を首にする; 人を追い出す / get *the* ~ 首になる; 追い出される.

— 副 とぶように; いきなり.

【擬音語】

bóunc·er 名 ❶ ⓒ (ナイトクラブなどの)用心棒. ❷ **a** 《クリケ》=bumper¹. **b** 〖野〗内野ゴロ. ❸ はねとぶ人[もの]. ❹ 巨大な人[もの].

⁺**bóunc·ing** 形 ❶ 赤ん坊が元気のいい: a ~ baby boy (健康で)元気な男の赤ん坊. ❷ 誇張された, うるさい.

bóuncing Bét 名 〖植〗サボンソウ (soapwort).

⁺**bóunc·y** /báʊnsi/ 形 (bóunc·i·er, -i·est) ❶ よくはずむ, 弾力性のある: a ~ ball よくはずむボール. ❷ 〈人・態度など〉活気のある, 生き生きした.

bóuncy càstle 名 バウンシーキャッスル, ふわふわ城 (空気でふくらませた大きな幼児の遊具; 子供が跳びはねて遊ぶ).

⁺**bound**¹ /báʊnd/ 動 **bind** の過去形・過去分詞.
— 形 (比較なし) ❶ ⓟ **a** 〈人が…〉する) 義務があって (cf. bind 3 a): [+*to do*] I'm not ~ *to* please you with my answers. 私には何もあなたの気に入る返事をしなければならないという義務はない / I was ~ in duty *to* obey him. 私は彼に服従する義務があった / I am ~ *to* say I disagree with you. 残念ですが, あなたとは意見がちがうと申し上げざるをえません. **b** 確かに〈…する〉はずで: [+*to do*] Our team is ~ *to* win. 我々のチームは必ず勝つ. **c** 〈…する〉決心をして: [+*to do*] He was ~ *to* go. 彼は行く覚悟を決めていた. ❷ **a** 縛られた: ~ hands 縛られた手. **b** [複合語で] 束縛された, 閉ざされた: duty-*bound* 義務に縛られた, 義務のある / fog-[snow-]*bound* 霧[雪]に閉ざされた[た]. **c** 〈…と〉緊密[密接]に結びついて 《*to*》. ❸ 〈本が〉…で装丁した; 装幀された: ~ *in* cloth [leather] クロス装[革装]の / half-[whole-]*bound* 背革[総革]との. ❹ 〖文法〗拘束形の. ❺ 〖化〗化合[結合]した. **bóund úp in**…に夢中で, 深入りして; …と密接な関係で: He was ~ *up in* his work. 彼は仕事に没頭していた. **bóund úp with**…と利害を同じくして; …と密接な関係で: The employee's interests are ~ *up with* those of the company. 従業員一人一人の利害は会社の利害と密接な関係をもつ. **I'll be bóund.** 《口》請け合うよ, きっとだ.

⁺**bound**² /báʊnd/ 動 ⓘ ❶ [副詞(句)を伴って]〈ボールなどが〉はずむ, はね返る, バウンドする: The ball hit the fence and ~ed *back*. ボールはフェンスにぶつかってはね返ってきた. ❷ **a** [副詞(句)を伴って] 急に跳ぶ, 跳び上がる; とんでいく, 元気に歩く: ~ *away* とぶように去っていく / The dancer ~ed *across* the stage. ダンサーが跳びはねながら舞台を横切った. **b** 〈胸・鼓動などが〉躍る: My heart ~ed with delight. 私の胸は喜びではずんだ. — 名 (ボールなどの)はずみ, はね返り, はね上がり, 跳躍; 躍動: catch a ball on the ~ ボールがはずんだところを捕らえる / at a (single) ~ (ただ)ひととびで, 一躍して / with one ~ ひととびで, 一躍して. **by [in] léaps and bóunds** ⇒ leap 名 成句. 《F<L=ブンブンうなる[音]》【類義語】⇒ skip¹.

⁺**bound**³ /báʊnd/ 名 ❶ [複数形で] 限界(内), 境界; 立ち入り許可区域; 限度, 範囲: break ~s 境界外に出る; 常軌を逸する / put [set] ~s *to*…を制限する / be beyond [outside] the ~s of possibility 可能の範囲を越えている / keep one's expectations within ~s できそうもない期待は持たない / Her joy knew no ~s. 彼女は無性に喜んだ / pass the ~s of common sense 常識に反する.

òut of áll bóunds 法外な[に], 過度な[に].

òut of bóunds (1) 〈球技で〉〈ボール・人が〉(定められた)区域を越えて: The ball went *out of* ~s. ボールはコート外に出てしまった. (2) 〈…には〉立ち入り禁止(区域)で 《米》 off limits》《*to*》. (3) 〈行為など〉禁止で, 禁じられて, 〈話題など〉触れてはならなくて (off-limits, prohibited).

— 動 ❶ 〈…の〉境となる (★ 通例受身): The United States *is* ~ed on the west by the Pacific. 合衆国は西は太平洋に接している. ❷ 〈…と〉境を接する: Canada ~s *on* the United States. カナダは合衆国と境界を接している.

《F<L》

bound⁴ /báʊnd/ 形 (比較なし) ❶ ⓟ 〈船・列車・飛行機など〉…行きで; 〈人が〉〈…へ〉行くところで, 〈…への〉途中にあって: a train ~ *for* Berlin=a Berlin-*bound* train ベルリン行きの列車 / Where is this ship ~ *for*? この船はどこへ行くのか / a plane ~ *from* Chicago *to* New York シカゴからニューヨーク行きの飛行機 / The ship is homeward ~. その船は帰国途中である / a ship ~ *east* 東行きの)船. ❷ [通例複合語で] …行きの: ⇒ northbound, southbound, eastbound, westbound. 《ON =準備をする》

⁺**bound·a·ry** /báʊndəri, -dri/ 名 ❶ 境界(線): The mountains form the ~ (line) *between* the two countries. その山脈が2国間の境界(線)を作っている. ❷ 限界, 限度: Information technologies are expected to push back the *boundaries* of knowledge. 情報工学は知識の限界を広げるだろう. ❸ 〈クリケ〉境界線打(による点). 《BOUND³+-ARY》

bóundary làyer 名〖理〗境界層《流体内の物体の表面近くで流体の流れが遅れる薄い領域》.

bound·en /báundən/ 形 A 義務的《★ 通例次の句で》: one's ~ duty 自分のしなければならない義務, 本分.《bind の古い過去分詞》

bóund·er 名《口》無作法者, がさつ者.

bóund·less 形 無限の, 限りのない: the ~ future 果てない未来. **~·ly** 副 限りなく, 無限に. **~·ness** 名 U 無限.

boun·te·ous /báuntiəs/ 形 = bountiful.

boun·ti·ful /báuntif(ə)l/ 形 ❶《ものが》豊富な, 沢山ある: a ~ harvest 豊作. ❷ a《人々が》惜しみなく与える; 気前のよい (generous). b《土地・時期が》実りの多い, 豊作の. **~·ly** /-fəli/ 副 **~·ness** 名

†**boun·ty** /báunti/ 名 ❶ C a 惜しみなく与えられた物, 賜物. b《政府の》奨励[補助, 助成]金: a ~ on exports 輸出補助金. c《害獣退治などの》報奨金, 賞金 (for). ❷ U 博愛, 寛大.《F < L = goodness < BONUS》
形 bountiful.

bóunty hùnter 名 賞金目当てで犯人[野獣]狩りをする人.

†**bou·quet** /boukéi, bu:-│bu-, bou-/ 名 ❶ C 花束. ❷ C U《ぶどう酒などの特殊な》香り: wine with a rich ~ 芳醇のワイン. ❸ C 賞賛, お世辞: throw ~s ほめる, お世辞を言う.《F < 小さな森》

bouquét gar·ní /-gɑːniː│-gɑː-/ 名 ブーケガルニ《パセリ・タイムなどの香草の小さな束; スープ, シチューなどに香りを添えるために入れる》.《F》

†**bour·bon** /báːbən│báː-/ 名 U C バーボンウイスキー《トウモロコシとライ麦製の米国産のウイスキー; cf. corn whiskey》.《米国 Kentucky 州の産地名から》

Bour·bon /búəbən│búə-/ 名 ❶ a [the ~s] ブルボン家《ヨーロッパの幾多の王家の一つで, フランス, スペインなどを支配》. b ブルボン王家の人. ❷ [時に b-]《米》保守反動家. ❸ [また **Bóurbon róse**] 〖園〗ブルボンローズ《芳香の四季咲きバラ》. ❹《英》ブルボンビスケット《チョコレートクリームをはさんだチョコレート風味のビスケット》.

bóurbon whìskey 名 = bourbon.

bour·don /búədən│búə-/ 名 ブルドン: **a** パイプオルガンなどの最低音管〖弦〗. **b** バグパイプの低音音栓の一つ.

†**bour·geois** /búəʒwɑː│búə-/ 形 ❶ 中産階級の, ブルジョアの. ❷ a 資本主義の, ブルジョア根性の, 俗物の.
—名 形 ❶ C a 中産階級の市民 (b 地主・農家・俸給生活者に対して)商工業者. ❷ C 有産者, 資本家, ブルジョア (↔ proletarian). ❸ [a; 複数扱い] = bourgeoisie.《F = 都市の住民, 自由市の市民 < L burgus 都市》

†**bour·geoi·sie** /bùəʒwɑːzíː│bùə-/ 名 [the ~; 単数または複数扱い] ブルジョア[商工業]階級; 資本家[有産]階級 (↔ proletariat).《↑》

Bourke-White /báːk(h)wáit│báːk-/, **Margaret** 名 バーク-ホワイト (1906-71; 米国の写真家).

bourn, bourne /bɔən, búən│bɔːn, búə-/ 名《主に地名に用いて》小川, 細流.

Bourne·mouth /bɔənməθ│bɔːn-/ 名 ボーンマス《イングランド南部の都市; 海浜保養地》.

bour·rée /buréi│búɜ(ə)rei│-/ 名 ❶ ブーレー (gavotte に似た古いフランス, スペインの $\frac{4}{4}$ 拍子の舞曲[踊り]). ❷ 〖バレ〗パドブレ《つま先立ちで小刻みに横に進むステップ》.

bourse /búəs│búəs/ 名《ヨーロッパ, 特にフランスの》証券取引所.《F < L bursa 財布》

Bour·sin /buəsɛ̃n│buə-/ 名 U〖商標〗ブルサン《フランスのソフトチーズの一種》.

bou·stro·phe·don /bùːstrəfíːdən│-fiːdn-/ 名 形《書》(古代の)犁耕(れいこう)体《書式》《1行おきに左から右に, 右から左へと交互に行を進める書き方》.

*__bout__ /báut/ 名 ❶ ひとしきり, 短い時間, ひと仕事: a ~ of work ひと働き / a drinking ~ 酒宴. ❷《病気の発している間》発作: I had a ~ of the flu last week. 私は先週インフルエンザにかかった. ❸《ボクシングなどの》ひと勝負, 一番: have a ~ with... とひと勝負する.

'**bout** /báut/ 前 副《口》= about.

207　　　bow

bou·tade /buːtɑːd/ 名《感情の》爆発, 暴発, 突発的行動.

†**bou·tique** /buːtíːk/ 名 ブティック《流行の服・服飾品を扱う小規模な店舗またはデパート内の売り場》.《F = 小さい店 < Prov < L apotheca 倉庫; cf. apothecary》

bou·ton /búːtan│-tɔn/ 名 〖解〗神経線維末端, ボタン.

bou·ton·nière /bùːtənjéə│bu:tɔniéə/ 名《米》ボタンホールにさす飾り花《英》buttonhole.《F < bouton BUTTON》

bou·tu /búːt/ 名 動 アマゾン(カワ)イルカ《Amazon 川, Orinoco 川に生息する》.

Bou·vier (des Flan·dres) /bùː·vjéəderflɑːndr(ə)/ 名 [しばしば b- (d- F-)/-/] ブーヴィエ(・デ・フランドル)《ベルギー原産の強大な牧畜犬》.

bou·zou·ki /buzúːki/ 名 ブズーキ《マンドリンに似たギリシアの弦楽器》.《ModGk》

bo·vine /bóuvain/ 形 ❶《動》ウシ(属)の; 牛のような. ❷ 鈍重な. —名《動》ウシ属の動物.《L < bos, bov- 牛 + -INE》《cf. beef》

bóvine spóngiform encephalópathy 名 U〖獣医〗牛スポンジ様脳症, ウシ海綿状脳症, 狂牛病《脳組織がスポンジのようになる成牛の神経性疾患; 行動・姿勢に異常をきたし, 死に至る; 略 BSE》.

Bov·ril /bávrəl│báv-/ 名 U〖商標〗ボブリル《スープなどに用いる牛肉エキス》.

bov·ver /bávə│bávə/ 名《英俗》《不良少年たちによる》騒乱, けんか, 暴力事件.《BOTHER の Cockney なまりから》

bóvver bòot 名《通例複数形で》《英俗》ボバーブーツ《不良少年がはく底にびょうを打った靴》.

bóvver bòy 名《英俗》不良少年, ちんぴら.

*__bow__[1] /báu/ 動 ❶《あいさつ・服従・礼拝などのために》腰をかがめる, お辞儀する (to, before): She ~ed down on her knees in prayer. 彼女はひざまずいて祈った / The bamboo ~ed and swayed in the wind. 竹は風に吹かれてしなって揺れた / He ~ed to the gentleman. 彼はその紳士にお辞儀をした. —他 ❶《ひざ・頭》をかがめる: ~ one's head in prayer 頭を垂れて祈る / ⇨ bow the KNEE to [before] 成句. ❷ お辞儀をして謝意を示す: He ~ed his thanks. 彼はお辞儀をして謝意を表わした. ❸《[...]して人・意志などが》抗する; 《人の力・くじく《★ しばしば受身で用い, 「曲がっている」「気力がくじけている」の意になる》: He's ~ed with age. 彼は老齢のために腰が曲がっている / She was ~ed down [with] by care. 彼女は気苦労でめいっていた. **bów and scrápe** ばかていねいにふるまう, ぺこぺこする.《曲芸》右足を後ろに引いて礼をする意から》

bów dówn 成句 (1) [...にかぶとを脱ぐ, 屈服する, 従う (to)]. (2) 腰をかがめる (⇨ 自). **bów ín [óut]** 自《他+副》(1) お辞儀をして迎え入れる[送り出す]: He ~ed her in [out]. 彼はお辞儀をして彼女を案内した[送り出した]. (2) [~ oneself in [out] で] お辞儀をして入る[出る]. **bów óut** (自《+副》(1) お辞儀をして) 退場する. (2) 辞退[辞任]する. **bów óut of ...** を辞退[辞任]する: ~ out of one's candidacy 立候補を辞退する.

—名 お辞儀: with a low ~ 低くお辞儀をして: **make a [one's] ~ to ...** にお辞儀をする. **take a bów** (1)《劇場などでかっさいに対して》お辞儀をする. (2) 称賛に値する.《OE; 原義は「曲げる」; cf. bow[3]》

*__bow__[2] /báu/ 名〖海〗❶ [しばしば複数形で] 船首, 艦首, へさき, おもて (↔ stern): **a lean [bold, bluff] ~** とがった[平たい]船首. ❷ = bow oar. **bóws ón**《船がまっさかさに》. **bóws únder** (1)《船が沖で波をかぶって》思うように進まない(で). (2) 面くらって. **on the (pórt [stárboard]) bów** 船首[左舷[右舷]]の方向に《正面から左右 45 度以内に》.

*__bow__[3] /bóu/ 名 ❶ 弓. ❷ a《リボンなどが》蝶々結び. b ちょう形リボン[ネクタイ]. ❸ 弓形(のもの): **a** にじ. **b**《馬の鞍(くら)の》前輪. **c**《米》《眼鏡のふち, 枠, フレーム, つる. ❹《バイオリンなどの》弓, 一弓. ❺ = bow window. **hàve twó strìngs [anóther (a sécond) strìng] to one's bów** (一つがだめなら)他に手段がある, 万一の備えがある.
—動 他 ❶《バイオリンなどを》弾く. ❷ 弓状に曲げる

Bow bells

[曲がる]. 《OE; 原義は「曲げられたもの」; cf. bow¹》

Bów bélls /bóu-/ 图 ボウ教会の鐘《解説 英国 London の中心にある Bow Church (正式名 St. Mary-le-Bow) の鐘をいう; この鐘の聞こえる範囲内で生まれた体が生粋のロンドン子 (Cockney) とされた》. **within the sound of Bów bélls** ロンドン旧市内 (the City) に[で]: **be born within the sound of ~** 生粋のロンドン子である.

bów còmpass /bóu-/ 图 [通例複数形で] ばねコンパス, 小円規.

bowd·ler·ize /bóudləràiz, báud- | báud-/ 動 他《本などの》不穏[わいせつ]な部分を削除する. —— 自 (本から)不穏な部分を削除する. 《T. Bowdler スコットランドの医師; Shakespeare の作品から道徳的にいかがわしい所を削除した》; ⇒ -ize》

*__bow·el__ /báu(ə)-/ 图 ❶ a [医] 腸(の一部). b [通例複数形で] 腸(全体), 内臓, はらわた: loosen the ~s (薬などを飲んで)通じをつける / relieve [move, empty] the ~s 排便する / have loose ~s 下痢をしている. ❷ [複数形で]《大地などの》内部, 奥: deep in the ~s of the earth 地中深く. 《F<L botulus ソーセージ; cf. botulism》

bówel mòvement 图 便通(略 BM).

†**bow·er** /báuə | báuə/ 图 ❶ 木陰; 木陰の休息所, あずまや: a shady ~ 日陰のあずまや. ❷ [詩] =boudoir. 《OE=部屋, 小屋》

bow·er² /báuə-/ 图 (船) =bower anchor.

bówer ànchor 《海》主錨(しゅびょう) 《船首の大きないかり》.

bówer·bìrd 图 (鳥) ニワシドリ(同科の鳥の総称; 豪州・ニューギニア産); (豪) がらくたを集める人.

bów·fìn /bóu-/ 图 (魚) アミア, ボウフィン《北米中部・東部産の淡水魚; 原始的な特徴を残した古代魚の生き残り》.

bów·fròn /bóu-/形 《店・家・本棚などで》(水平方向に)張り出した;(建) 〈家が〉弓型張出し窓のある.

bów·hèad /bóu-/ 图 (また **bówhead whàle**) 〔動〕 ホッキョククジラ.

bow·ie /bóui, búːi/ 图 =bowie knife.

Bow·ie /bóui/, **James** 图 ブーイ, ボウイ《1796-1836; 米国の開拓者; メキシコ政府への反対運動を指導, Texas 軍の大佐となるが, Alamo の戦いで戦死》.

bówie knìfe 图 ボーイーナイフ(さや付きで片刃の猟刀).

bow·ing /bóuiŋ/ 图 U バイオリンの弓使い, 運弓法, ボウイング.

bów·knòt /bóu-/ 图 ちょう結び: tie a ~ ちょう結びにする.

*__bowl¹__ /bóul/ 图 ❶ a (深い半球状の)わん, ボウル, 鉢(ぐ), どんぶり: ⇒ finger bowl, mixing bowl, punchbowl, salad bowl. b ボウル 1 杯(分) (bowlful): a ~ of rice 飯 1 杯. ❷ ボウル状にくぼんだ部分(もの): a (さじの)くぼみ. b (パイプの)火ざら. c (水洗便所の)容器. d (鉢形の)土地のくぼみ. e (鉢形の)スタジアム, 円形競技場[劇場, 音楽堂]; =bowlgame: ⇒ Cotton Bowl, Orange Bowl, Rose Bowl, Sugar Bowl. 《OE; 原義は「丸いもの」》

bowl² /bóul/ 图 ❶ C (遊戯用の)木球. ❷ [~s で; 単数扱い] a ローンボウリング (lawn bowling). b 九柱戯 (ninepins). c スキットル (skittles). d 十柱戯 (tenpins). ❸ C (球技の)投球. —— 動 自 ❶ ボウリングをする: go ~ing ボウリングに行く. b 《クリケ》投手が投球する. ❷ [副詞(句)を伴って]さっそうと進む: The car ~ed along down the street. 車は街路をすべるように走って行った. —— 他 ❶ a 〈球を〉ころがす. b ボウリングで…を得点する. ❷ 《クリケ》 a 〈投手が〉〈球を〉投げる. b = BOWL² out. **bówl dówn** 《他+副》(1)《クリケ》〈三柱門 (wicket) を〉球で打ち倒す. (2) 《英俗》〈人を〉打ち倒す, やっつける. **bówl óff** 《他+副》《クリケ》三柱門横木で打ち倒とす. **bówl óut** 《他+副》《クリケ》〈投手が投球により三柱門を倒すことによって〉〈打者を〉アウトにする: The first batsman was ~ed out. 最初の打者は(三柱門を倒されて)アウトになった. **bówl óver** 《他+副》(1) (九柱戯などで)〈ピンを〉打ち倒す. (2) 〈…を〉倒す: He ~ed over a chair in his haste. 彼はあわてていすをひっくり返した. (3) 《口》〈知らせなどが〉〈人を〉ひどくびっくりさせる: He was completely ~ed over by the news. その知らせに彼はすっかりあわててしまった. 《F=ball<L bulla 泡, 球状のもの》

bów·lèg /bóu-/ 图 [通例複数形で] O 脚, がにまた足.

bow-legged /bóulèg(ɪ)d/形 O 脚の, がにまた(足)の.

bowl·er¹ /bóulə- | -lə-/ 图 ❶ 《クリケ》投手. ❷ ボウリングをする人, ボウラー.

bowl·er² /bóulə- | -lə-/ 图 (また **bówler hát**) 《英》山高帽《London のシティーの実業家たちがかぶった; cf. gentleman解説》. 《J. Bowler 考案者の 19 世紀 London の帽子屋》

bówl·fùl /-fùl/ 图 (~·s) ボウル一杯(の分量) (of).

bówl gàme 图 《米》ボウルゲーム《シーズンオフに行なわれる招待チームのフットボール試合》.

bów·line /bóulɪn/ 图 〔海〕 ❶ はらみ綱. ❷ もやい結び.

bówline knòt 图 =bowline 2.

*__bowl·ing__ /bóulɪŋ/ 图 U ❶ a ボウリング. b ローンボウリング (lawn bowling). c 九柱戯 (ninepins). d スキットル (skittles). ❷ 《クリケ》投球(法, 振り). 《BOWL²+-ING》

bówling àlley 图 ❶ (ボウリング用)アレー, レーン. ❷ ボウリング場.

bówling bàll 图 ボウリング用のボール.

bówling grèen 图 ローンボウリング (lawn bowling) 用の芝生[グリーン].

bow·man¹ /bóumən/ 图 (像 -men /-mən/) 弓手, 射手, バウ.

bow·man² /bóumən/ 图 弓の射手, 弓術家 (archer).

bów òar /bóu-/ 图 (ボートの)前オール.

bów sàw /bóu-/ 图 弓のこぎり, 回しのこ.

bow·ser /báuzə-/ 图 ❶ 《英》(航空機などの)給油車. ❷ 《豪・ニュ》(ガソリンスタンドの)給油ポンプ.

bów·shòt /bóu-/ 图 [通例単数形で] (まれ) 矢の届く距離, 矢ごろ《約 300 メートル》.

bow·sprit /báusprɪt/ 图 〔海〕第一斜檣(しゃしょう) 《船首から突き出ている円材》.

Bów Strèet rúnner [**ófficer**] /bóu-/ 图 ボウ街逮捕班員《London で最初の警察官 (1749-1829) の一員》.

bów·string /bóu-/ 图 弓のつる.

bów tíe /bóu-/ 图 ちょうネクタイ.

bów window /bóu-/ 图 (弓形)張り出し窓.

bow·wow /báuwáu/ 图 ❶ /ˊˋ/ (小児) わんわん. ❷ 犬のほえ声. —— 間 ワンワン! 《⇒ dog 関連》. 《擬音語》

bow·yer /bóujə-/ 图 弓師, 弓具.

*__box¹__ /báks | bóks/ 图 ❶ a (通例ふた付きの長方形の)箱. b (郵便)私書箱. ❷ 箱(の分量): a ~ of candy [matches] キャンデー[マッチ]ひと箱. ❸ 四角い枠, 解答欄; 囲み記事. ❹ 箱形に仕切られているもの: a (劇場などの)仕切り席, ボックス, ます, 特等席. b 《英》(法廷の)陪審席; 証人席. c =box stall. d 《野》投手[打者]席, ボックス. e サッカーのペナルティエリア. ❺ 箱形の建物: a 番小屋, 詰め所. b 《英》電話ボックス. c 告解室. d 《英》(鉄道の)信号所. e 《英》狩猟小屋. ❻ 箱形のもの: a (機械などの)箱形部分; ⇒ gearbox. b (窓の)戸袋. c [the ~] 《口》テレビ(受像機): appear on the ~ テレビに出る. d 《米口》大型ポータブルラジオ; (ステレオ)ラジカセ. e 《米》(スポーツでつける男性性器のプロテクター). ❼ 《英》贈り物 (cf. Boxing Day): ⇒ Christmas box. ❽ [the ~] 銭箱 (cf. strongbox). ❾ 《俗・卑》(女性の)性器. ❿ 《英》= box junction. ⓫ (新聞の)広告番号 (box number). **a bóx and néedle** (海) 羅針儀. **in a (tíght) bóx** 途方に暮れて. **in the sáme bóx** 同じ立場[破目]で. **in the wróng bóx** (1) 所を間違えて. (2) 困った立場に立って. **óut of the bóx** (1) 《米》独創的に(事を始めて). (2) (コンピューターなどを)箱から出してそのままに; すぐに. **thínk outsìde the bóx** 《米口》新しい考え方をする.

—— 動 他 ❶ 〈ものを〉箱に入れる[詰める]: Shall I ~ it for you? それを箱に入れてあげましょうか / He ~ed the apples he had picked. 彼はもいだリンゴを箱に詰めた. ❷ 〈狭い所に〉〈人を〉閉じ込める: I don't like being ~ed up in an office. 会社に缶詰めにされるのはいやだ. **bóx in** 《他+副》(1) 〈人を〉閉じ込める (⇒ 他 2). (2) 〈…の〉動きをじゃまする: I feel ~ed in. (閉じこめられたような)窮屈な感じがす

る. **bóx óff**《動＋副》〈ものを〉仕切る; 仕切って〈...に〉入れる〔*into*〕.
【L<Gk=ツゲ; ツゲ材で作られた容器の意から】

***box**² /báks | bɔ́ks/ 動 ❶〈人と〉ボクシングをする. ❷〈人の〉耳を平手[こぶし]で殴る. ── 自〈人と〉ボクシングをする《*with, against*》. ── 名 平手[こぶし]で打つこと,(耳たぶなどへの)張り手: He gave me a ~ on the ear(s). 彼は私の横つらを張った.

box³ /báks | bɔ́ks/ 名 (複 ~, ~es) ❶ C,U【植】ツゲ. ❷ U ツゲ材. 〔⇨ box¹〕

Bóx and Cóx /-káks | -kɔ́ks/ 名 ボックスとコックス《一つの役を交互に務めるすれ違いの二人》. ── 動 自 二人が代わる代わるやる, 二人交代する.

bóx bèam 名【建】= box girder.

bóx bòard 名 U ボール箱を作る板紙, ボール紙.

bóx cámera 名 (簡単な)箱形カメラ.

bóx cànyon 名 《米西部》崖の切り立った深い峡谷.

bóx càr 名《米》有蓋(ﾌﾞﾀｲ)貨車(van).

bóx èlder 名【植】トネリコバノカエデ, ネグンドカエデ《北米原産》.

***bóx·er** /báksə | bɔ́ksə/ 名 ❶ ボクサー. ❷ ボクサー(犬)《bulldog に似た短い尾の中型犬》. ❸〔複数形で〕= boxer shorts.

box·er·cise /báksəsàız | -sə-/ 名《商標》ボクササイズ《ボクシングのトレーニングを取り入れたフィットネス運動法》.

bóxer shòrts 名 複 ボクサーショーツ[パンツ]《ボクサーのはくトランクス型の男性用下着》.

bóx·fish 名【魚】ハコフグ《色あざやかで小型》.

bóx·ful /báksfùl | bɔ́ks-/ 名 箱 1 杯(の分量)《*of*》.

bóx gìrder 名【建】ボックス形大梁, 箱形断面梁.

***bóx·ing**¹ /báksɪŋ | bɔ́ks-/ 名 U ボクシング, 拳闘: a ~ match [ring] ボクシングの試合[リング]. 【BOX²+-ING】

bóx·ing² /báksɪŋ | bɔ́ks-/ 名 ❶ U 箱詰(作業). ❷ U 製函(ｶﾝ)材料. ❸ C 窓枠, (窓の)戸袋.

Bóxing Dày 名《英》ボクシングデー《通例 12 月 26 日の公休日; もと郵便配達人,使用人などに贈り物(Christmas box)をした》. 【BOX¹+-ING】

bóxing glòve 名〔通例複数形で〕ボクシング用のグローブ.

bóxing wèight 名 ボクシングの体重別階級.

bóx jèllyfish 名【動】立方クラゲ, アンドンクラゲ《猛毒》.

bóx jùnction 名《英》ボックスジャンクション《交差点の停止禁止区域; 黄色の格子編みで示す》.

bóx kìte 名 箱形紙凧(ｶｺ)《もと気象観測にも用いた》.

bóx lúnch 名《米》(サンドイッチなど)箱詰め弁当 (《英》 packed lunch): pack a ~ 弁当を詰める.

bóx nùmber 名 ❶《米》(郵便の)私書箱番号. ❷ (新聞の)広告の返信の宛名用).

***bóx office** 名 ❶ C (劇場などの)切符売り場. ❷ U a 切符売り上げ, (興行物の)上がり. b (興行・俳優などの大当たりをとる要素[演技(など)]; 人気; 人気を呼ぶ興行[俳優(など)], 大当たり: The show is good ~. そのショーはドル箱だ.

bóx-òffice 形 A〈芝居・映画などが〉人気を呼ぶ(ような), うける: a ~ hit [success, riot] 大当たり / ~ value 興行価値.

bóx pèw 名《教会》ボックス仕切りの信者席.

bóx plèat 名《スカートなどの》ボックスプリーツ, 箱ひだ《2 本のひだの折山がつき合うように折られる》.

bóx·ròom 名《英》(箱・トランク・使わない家具などを入れる)小部屋, 納戸.

bóx scòre 名【野】ボックススコア《一試合の選手の成績をまとめた表形式の記事》.

bóx sèat 名 ❶ (劇場・競技場の)桟敷内の座席. ❷ (馬車の)御者台《下が箱になっている》.

bóx spring 名 (寝台の)ボックススプリング.

bóx stàll 名《米》(馬屋・牛舎の)四角な大きな仕切り《《英》loosebox》.

bóx·thòrn 名【植】クコ (matrimony vine).

bóx·trèe 名【植】ツゲ (box).

bóx tùrtle 名【動】アメリカハコガメ《北米産; 腹甲の前端部と後端部が蝶番(ﾁｮｳﾂｶﾞｲ)式になっていて, 甲羅を閉じることができる》.

---

box·ty /báksti | bɔ́ks-/ 名 U ボクスティ《小麦粉とすりおろした生ジャガイモで作るアイルランドのパン》.

bóx·wòod 名 U ツゲ材.

bóx·y /báksi | bɔ́ksi/ 形 箱みたいな, 角張った, 四角な.

***boy** /bɔ́ɪ/ 名 ❶ (↔ girl) **a** 男の子, 少年《17-18 歳まで》: a ~s' school 男子校 / *Boys* will [wìl] be ~s. 《諺》男の子はやっぱり男の子だ, 男の子のいたずらは仕方がない / Got lost, ~? 坊や, 道に迷ったのかい. **b** (大人に対して未成年の)青年, 若者. ❷〔しばしば one's ~〕(年齢に関係なく)息子: This is my ~. これが息子です / He has two ~s and one girl. 彼には息子が 2 人に娘が 1 人いる. ❸ 男子生徒[学生]: college ~s 大学の男子学生. ❹〔the ~s〕**a** 一家の息子たち. **b** 男仲間, 男連中: *the* public relations ~s 広告関係の連中 / *the* ~s at the office 会社の男の同僚. ❺〔複合語で〕男の使用人: newsboy 新聞売りの少年. 《★ボーイはレストランでは waiter, ホテルでは bellboy または bellhop という》. ❻〔しばしば one's ~〕(男の)恋人: Jane's ~ ジェーンの恋人. ❼ **a** (少年のように)未熟・未経験な男. **b**〔親しみをこめた呼び掛けに用いて〕男《用法 現在ではあまり用いられない; 特に白人が黒人に対して用いるのはひどい侮辱とされる》: Thank you, my (dear) ~. 有難う, 君. ❽〔修飾語を伴って〕(ある土地生まれの)男: a local ~ 土地の人間. That's [There's] my [the] bóy! 《口》よし!, しっかり! 《激励・称賛の言葉》. ── 形 A (~er; ~est) 少年の, 息子の: a ~ baby 男の赤ちゃん / a ~ student 男子学生. ── 間《口》よう!, おや, 本当に, すごい!; やれやれ, あーあー《しばしば oh を伴い, 愉快・驚き, または皮肉な語調で失望・退屈を表わす》. 【ME=召使, 奴隷】

bo·yar(d) /boʊjáː | bɔ́ɪəd/ 名【史】(ロシアの)大貴族《皇族に次ぐ位と特権を有していた》.

bóy bànd 名 男性アイドルグループ.

bóy·chìk, bóy·chìck 名《米俗》少年, 若者.

***boy·cott** /bɔ́ɪkɑt | -kɔt/ 動 他 ❶〈人・会社・商品などを〉ボイコットする, 〈...に〉不買[不売]同盟を結ぶ, 排斥する. ❷ (会などに)参加を拒否する. ── 名 ボイコット, 不買[不売]同盟. 【C. Boycott 共同排斥を受けた 19 世紀アイルランドの土地差配人】

boy·friend /bɔ́ɪfrènd/ 名《女性の》ボーイフレンド, 男友だち; 彼氏, 恋人 (cf. girlfriend).

***boy·hood** /bɔ́ɪhʊd/ 名 ❶ U〔また a ~〕少年時代, 少年期: have *a* happy ~ 楽しい少年時代を送る. ❷ U 少年社会. 【BOY+-HOOD】

***boy·ish** /bɔ́ɪɪʃ/ 形 ❶ 少年のような, 少年らしい; あどけない, 天真らんまんな. ❷〈女の子が〉男の子のような. ❸ 少年の, 少年時代の. ~**·ly** 副. ~**·ness** 名. 【BOY+-ISH¹】

Boyle /bɔ́ɪl/, **Robert** 名 ボイル《1627-91; アイルランド生まれの英国の物理学者・化学者》.

Bóyle's láw 名【理】ボイルの法則《一定温度では気体の圧力と体積とは反比例する》.

boy·o /bɔ́ɪoʊ/ 名 (~s)〔通例呼び掛けに用いて〕《英口・アイ》少年, 若者; 《米口》男, やつ (fellow).

bóy ràcer 名《英口》暴走少年, 暴走族《自分の車を飾りたてたり改造したりして乱暴に乗りまわす若者》.

bóy scòut 名 ボーイスカウト(団員)《英国では 1908 年, 米国では 1910 年に創設されたボーイスカウト団 (the Boy Scouts) の一員; cf. girl scout》.

boy·sen·ber·ry /bɔ́ɪz(ə)nbèri | -bəri/ 名【植】ボイゼンベリー《各種の blackberries と raspberries の交配新種; その果実》.

bóy wónder 名 (異常に知能[技能]のすぐれた)天才少年.

bo·zo /bóʊzoʊ/ 名 (~s)《米俗》やつ, やぼな男.

bp《略》【生化】base pair(s) 塩基対(ｲ); boiling point 沸点. **BP**《略》balance of payments; before the present 現在から(...年)前; blood pressure. **bp.**, **Bp.**《略》Bishop. **BPH**《略》【医】benign prostatic hyperplasia [hypertrophy] 良性前立腺肥大. **BPOE**《略》Benevolent and Protective Order of Elks エルクス慈善保護会《1867 年米国で創立された》. **bps** /bíːpìː és/《略》【電算】bits per second 毎秒(...)ビット《情

報伝達量の単位). **Bq** 《記号》《理》becquerel(s). **Bq** 《記号》《化》bromin(e). **br.** 《略》branch; brig; brown. **Br.** 《略》Britain; British; 《カト》Brother. **BR** 《略》《米》bedroom(s); British Rail 英国国有鉄道; (また B/R) bills receivable 受取手形.

†**bra** /bráː/ 名 ブラジャー. 【BRA(SSIÈRE)】

__brace__[1] /bréis/ 名/動 ❶ **a** 〈…を〉締める, 引き締める;〈弓などを〉ぴんと張る;〈足などを〉踏んばる: ~ one's feet to keep from falling 倒れないように足をふんばる. **b** 〈神経などを〉緊張させる: He ~d every nerve for a supreme effort. 彼はひと奮発しようとぐっと全神経を引き締めた / A whiskey will ~ you *up*. ウイスキーを一杯飲めば気が引き締まるよ. **c** [~ *oneself* で]〈…のために〉身を引き締める, 備えて気構えをしっかりもつ; ふんばる, こらえる: [+目+*to do*] He ~d himself *to* tell her. (どんな反応をされるかわからないが, それでも)彼女に話すために彼はしっかりと気構えをした / ~ *oneself against* an enemy attack 敵の攻撃に備える / He ~d himself *for* the blow. 彼はぐっとこらえてその打撃を受けようとした. ❷ *a* 〈…に〉つっかい棒をする, 支える. **b** 〈…を〉補強する. ── 自 奮起する, 元気を出す, しっかりする〈*up*〉. ── 名 ❶ (倒れないようにする)突っ張り, 支柱. ❷ 〖医〗副木, 添え木. ❸ [通例複数形で] 歯列矯正器: wear ~s 歯列矯正器をつける. ❹ 締めつけるもの: **a** かすがい, 留め金. **b** 締め糸. ❺ 曲げ柄: a ~ and bit 曲げ柄(ぐ)り子錐(かじ)(曲がり板つきのドリル). ❻ 〖通例複数形で〗中括弧 (英) curly bracket (|{, }|, ─; cf. bracket 1). ❼ [複数形で]《英》ズボンつり (《米》suspenders): a pair of ~s ズボンつり1本. 【F<L<Gk=両腕】

brace[2] /bréis/ 名 (® ~) つがい, 一対: a ~ *of* dogs ひとつがいの犬 / three ~ *of* ducks 3つがいのカモ.

†**brace-let** /bréislət/ 名 ❶ 腕輪, ブレスレット. ❷ [複数形で] 《俗》手錠. 【BRACE[1]+-LET】

brác-er[1] /bréisər/ -sə/ 名 ❶ 《口》刺激性飲料, 酒. ❷ 支持する[緊張させる]もの[人];締めるもの, 締めひも, 張り綱, 帯.

brác-er[2] /bréisər/ -sə/ 名 (フェンシングなどの)こて; (アーチェリーの)腕甲.

bra-ce-ro /braːséirou/ 名 (® ~s) (米国に働きにくる)メキシコ人季節農場労働者, ブラセーロ.

bra-chi-al /bréikiəl/ 形 ❶ 腕の, 上腕の. ❷ 腕に似た, 腕状の.

bra-chi-ate /bréikiət, -èit/ 形 〖植〗交互対枝の (cf. decussate); ── 動 〖動〗有腕の;〈サル(類)が〉樹上性のサルが枝渡りする. **bra-chi-a-tion** /brèikiéiʃən/ 名 **brá-chi-à-tor** /-èitər/ -tə/ 名

bràchio-sáurus /ˌ…/ 名 〖古生〗ブラキオサウルス(北米・東アフリカのジュラ紀の竜脚類).

bra-chis-to-chrone /brəkístəkròun/ 名 〖理〗最速降下線.

brach-y- /bræki/ [連結形]「短い」.

bràchy-cephál-ic 形 名〖人〗短頭の(人)(頭指数が80を超える); ↔ dolichocephalic).

bràchy-céph-a-ly 名 U 〖人〗短頭; 〖医〗短頭(症).

brác-ing 形 元気をつける, すがすがしい: enjoy the ~ mountain air さわやかな山の空気を楽しむ. ── 名 突っ張り, 支柱.

brack-en /bræk(ə)n/ 名 U 〖植〗ワラビ(の茂み).

†**brack-et** /brækət/ 名 ❶ [通例複数形で] **a** 角括弧 (|[,]|). **b** 《英》丸括弧 (parenthesis). **c** 山括弧 (angle bracket) (|⟨, ⟩|). ❷ **a** (同類として区分される)グループ: the upper age ~ 年長者層. **b** (収入・高所得者などの)層: the high [low] income ~ 高[低]額所得者層. ❸ 〖建〗持ち送り, 腕木, 腕金; 張り出し棚受け, ブラケット. ❹ (腕木で支えられた)張り出し棚 [ガス管, ランプ受け]. ── 動 他 ❶ 〈…を〉括弧でくくる. ❷ ひとまとめに扱う: Sartre and Camus are ~ed *together* as existentialists. サルトルとカミュとは実存主義者としてまとめられる / Tom was ~ed *with* Jack for the first prize. 1等入選者としてトムとジャックがいっしょにあげられた. ❸ 〈二つの出来事が〉〈別の出来事の〉間にはさんで起こる, 前後で画する; 〈二つのものが〉〈あるものを〉はさんで位置する, 間にもつ. ❹ 〈…に〉持ち送り[腕木, 腕金, 棚受け(など)]をつける. ❺ 〈…を〉考慮から除く, 除外する〈*off*〉. 【F<Prov<L *bracae* 半ズボン; 腕木とズボンの形の類似から】

bráck-et fùngus 名 〖菌〗樹幹などに棚状に重なり合って生える背嚢・木質の担子菌(サルノコシカケなど).

brack-ish /brækiʃ/ 形 ❶ 塩気のある: a ~ lake 塩水湖. ❷ まずい, 不快な. **~·ness** 名

bract /brækt/ 名 〖植〗苞葉.

brac-te-ate /bræktiət, -èit/ 形 〖植〗苞葉のある.

brad /bræd/ 名 無頭くぎ.

brád-àwl /ˌ…/ 名〖木工〗小錐(ボ)(釘・ねじくぎの穴をあける).

Brad-bur-y /brædbèri/, -b(ə)ri/, **Ray** (**Douglas**) 名 ブラッドベリー (1920-; 米国のSF作家).

Brad-ford /brædfərd/, -fəd/, **William** 名 ブラッドフォード(1590-1657; イングランド生まれの初期アメリカの宗教・植民地指導者).

Brad-ley /brædli/, **Bill** 名 ブラッドリー (1943-; 米国のバスケットボール選手・政治家).

Brad-ley, Omar 名 ブラッドリー (1893-1981; 米国の将軍).

Bra-dy /bréidi/, **James** 名 ブレーディー (1856-1917; 米国の財政家・慈善家; 通称 Diamond Jim).

Brady, Mathew B. 名 ブレーディー (1823?-96; 米国の写真家).

bràdy-cárdia 名 U 〖医〗徐脈.

bràdy-kínin 名 〖生化〗ブラジキニン (9個のアミノ酸からなるキニンで血管拡張作用がある).

†**brag** /bræg/ 動 (bragged; brag-ging) 自〈…を〉自慢する〈*about, of*〉: He likes to ~ *about* his company. 彼は会社の自慢をするのが好きだ. ── 他〈…と言って〉自慢する, 〈…だと〉自慢して言う: He ~s *that* he will soon be richer than us all. 彼はやがて私たちのだれよりも金持ちになると自慢している. **be nóthing to brág abòut** 《口》たいしたことはない, あまりよくない. ── 名 ❶ U 自慢: make ~ of... を自慢する. ❷ C 自慢話, 自慢のもの. 【類義語】⇒ boast[1].

brag-ga-do-cio /brægədóusiòu, -dʒiòu/ 名 (® ~s) ❶ C 大ぼら吹き. ❷ U 大ぼら, 自慢. 【E. Spenser 作 *The Faerie Queene* の中の自慢屋の名から】

brag-gart /brægərt/ -gət/ 名 自慢屋. ── 形 A 自慢する. 【BRAG+-*art* (<-ARD)】

Bra-he /bráː(h)ə/, **Ty-cho** /táikou/ 名 ブラーエ (1546-1601; デンマークの天文学者).

Brah-ma /bráːmə/ 名 〖ヒンドゥー教〗❶ 梵天(ん), ブラフマン(三大神格の一つで一切衆生の父; cf. Siva, Vishnu). ❷ 梵 〖世界の最高原理〗. 【Hind<Skt=worship, prayer】

Brah-man /bráːmən/ 名 (® ~s) ❶ バラモン (インド四姓中の最高階級である僧族の人; cf. caste 1 a). ❷ 梵天; 梵 (⇒ Brahma). [↑]

Brah-ma-na /bráːmənə/ 名 『ブラーフマナ』 (ベーダ (Veda) 本文に対する説明と注釈の書).

Brah-man-i, -man-ee /braːmáːni/ 名 バラモンの女性.

Brah-man-ic /braːmænik/, **-i-cal** /-nik(ə)l/ 形 バラモン(教)の.

Bráh-man-ism /-nìzm/ 名 U バラモン教 (古代インドの経典ベーダを中心とする正統派のヒンドゥー教の組織).

Brah-min /bráːmin/ 名 ❶ =Brahman. ❷ (米) 教養の高い人, インテリ (特に New England の旧家出の人をいう): Boston ~s ボストンのインテリ連.

Bráh-min-ism /-nìzm/ 名 U =Brahmanism.

Brahms /bráːmz/, **Jo-han-nes** /jouháːnɪs/ 名 ブラームス (1833-97; ドイツの作曲家).

†**braid** /bréid/ 動 他 ❶ 組みひもを, 打ち[さなだ]ひもを: a straw ~ 麦わらさなだ. ❷ 《米》: gold [silver] ~ 金[銀]モール. ❸ C [しばしば複数形で] 編んだ髪, お下げ髪 (plait): wear one's hair *in* ~s 髪をお下げにしている. ── 動 他 ❶ 《米》〈ひも・髪などを〉組む, 編む; お下げ髪にする ((英) plait). ❷〈…を〉モールで飾る. 【OE=急に左右に動かす, 編む】【類義語】⇒ knit.

bráid·ed /-dɪd/ 形 組み製の, 編んだ.
bráid·ing /-dɪŋ/ 名 ① 組み[打ち]ひも. ② モール刺繍: gold ~ 金モール.
brail /breɪl/ 名 [通例複数形で]〖海〗絞り網. ── 動 他 〈帆を絞る.
Braille /breɪl/ [時にb-] 名 Ｕ (ブライユ)点字(法): write in ~ 点字で書く. ── 動 他 〈…を〉点字で書く. 〖L. Braille フランス人の音楽家・盲人の教師で, その考案者〗

*__brain__ /breɪn/ 名 ① a Ｃ [時に複数形で] 脳, 脳髄: blow one's [a person's] ~s 出て脳を射抜いて自殺する[人を殺す]. b [複数形で] (食物としての)脳: sheep's ~s 羊の脳. ② Ｕ,Ｃ [しばしば複数形で] (知性の中心としての)頭脳, 知力: have (good) ~s 頭がよい / have no ~s 頭が悪い / use one's ~s 頭を使う, とくと考える. ③ Ｃ (口) a 頭のいい人, 秀才: He's a ~. 彼は秀才だ / call in the best ~s 最も優秀な人材を集める. b [the ~s] 知的指導者, ブレーン: She's *the* ~s of the company. 彼女は会社のブレーンだ / be the ~s behind a project プロジェクトの立役者になる. ④ Ｃ (ミサイルなどの)頭脳部, 中枢部 (内蔵されたコンピュータなど). **béat [cúdgel] one's bráins** 知恵を絞る, 頭を抜く 《*for*》. **háve...on the bráin** (口) 〈…〉から離れない, 〈…に〉をいつも考えている, 〈…に〉取りつかれている. **píck a person's bráins** 人の知恵を借りる. **ráck one's bráins** =beat one's BRAINS (成句). **táx one's [a person's] bráin** (英口) 頭を使う[使わせる], 頭を絞る[絞らせる]. **túrn a person's bráin** (英口) 頭を変にさせる. ── 動 他 ① 〈…の〉脳を打ち砕く. ② (口) 〈人の〉頭を殴りつける. (関形 cerebral, encephalic)
bráin bòx 名 (英口) 頭のいいやつ.
bráin·càse 名 頭蓋(ずがい).
bráin cèll 名 〖解〗脳細胞.
+**bráin·chìld** 名 [単数形で] (口) 新構想; 新案, 発明品.
bráin còral 名 〖動〗ノウサンゴ (脳珊瑚) (造礁サンゴの一種類; 群体の表面が脳の皺状をなす).
bráin dàmage 名 Ｕ 脳損傷. **bráin-dàmaged** 形
bráin-dèad 形 ① 脳死の. ② 無能な, ばかみたいな.
bráin dèath 名 Ｕ 脳死.
bráin dràin 名 (口) 海外などへの)頭脳流出.
-brained 形 [通例複合語で] (…の)頭脳をした: feeble*brained* 頭[脳]の弱い.
bráin fèver 名 Ｕ 〖医〗脳(脊髄(せきずい))炎.
bráin-fèver bìrd 名 〖鳥〗チャバラカッコウ (インド産).
brai·ni·ac /bréɪniæk/ 名 《米口》非常に頭のいい[知的な]人間, 頭脳人間.
bráin·less 形 頭の悪い, 愚かな. **~·ly** 副
bráin·pàn 名 頭蓋(ずがい).
bráin·pòwer 名 Ｕ 知力; 頭脳集団, 知識人たち.
bráin·sìck 形 精神異常の, 気の狂った. **~·ly** 副 **~·ness** 名
bráin stèm 名 [the ~] 〖解〗脳幹.
bráin·stòrm 名 ① (米口) ひらめき (《英》brain wave): have a ~ すごい考えがひらめく. ② (発作的な)精神錯乱. ── 動 自 ブレインストーミングをする.
bráin·stòrm·ing 名 Ｕ ブレインストーミング (会議などで各人が自由に考えを出し合って問題を解決したり, アイディアを生み出したりする創造能力開発法).
bráins trùst 名 [単数または複数扱い] 《英》 ① (ラジオ・テレビ番組などの)専門解答者グループ. ② =brain trust.
bráin sùrgeon 名 脳外科医.
bráin sùrgery 名 Ｕ 脳外科.
bráin tèaser 名 (口) 難問, クイズ.
bráin trùst 名 [単数または複数扱い] 《米》ブレインストラスト, ブレイン (政府顧問の専門家グループ).
bráin trùster 名 《米》brain trust の一員.
bráin twìster 名 (口) 難問, クイズ.
bráin·wàsh 動 他 〈人を〉洗脳する; 洗脳して〈…〉させる〈*into*〉. ── 名 Ｕ 洗脳.
bráin·wàshing 名 Ｕ 洗脳, (強制)思想改造工作 (教育).
bráin wàve 名 ① [複数形で] 〖医〗脳波. ② (英口) 霊感, ひらめき ((米) brainstorm).

brain·y /bréɪni/ 形 (**brain·i·er**; -**i·est**) (口) 頭のいい, 聡明(そうめい)な. **brain·i·ness** 名

braise /breɪz/ 動 他 〈肉・野菜などを〉油でいためて少量の水などを加え密閉したなべで弱火で煮る, 蒸し煮にする. 〖F=おき, 火のついた炭〗【類義語】 ⇨ cook.

*__brake__¹ /breɪk/ 名 ① [しばしば複数形で] ブレーキ, 歯[輪]止め, 制動機[装置]: apply [put on] the ~s ブレーキをかける. ② 歯止めとなるもの, 抑制: put a ~ on reform change 改革に待ったをかける. ── 他 〈…に〉ブレーキをかける; 〈…の〉ブレーキを操作する: ~ an automobile 自動車にブレーキをかける. ── 自 ブレーキをかける; ブレーキをかけて止まる: The car ~d for a traffic light. 車は交通信号で停車した. 〖G or Du《braken to break》〗
brake² /breɪk/ 名 ① Ｃ やぶ, 草むら. ② Ｕ 〖植〗大きなシダの総称; (特に)ワラビ.
brake³ /breɪk/ 名 ① 大まぐわ, 砕土機. ② 〖紡〗荒梳(あらずき)ぐし (繊維が分離されてから麻などの木質部を破砕する歯のついた機械).
brake⁴ /breɪk/ 動 =break².
bráke blòck 名 (ブロック式ブレーキ装置の)ブレーキ片.
bráke dìsc 名 〖機〗ブレーキディスク.
bráke drùm 名 ブレーキドラム[胴].
bráke flùid 名 Ｕ (油圧ブレーキ用の)ブレーキ液.
bráke hòrsepower 名 ブレーキ馬力 (略 b.h.p.).
bráke lìght 名 ブレーキライト.
bráke lìning 名 〖機〗ブレーキライニング [裏張り].
bráke·man /-mən/ 名 (複 -**men** /-mən/) (《米》) ① 客車の車掌助手. ② (列車の)制動手[係]; (ボブスレーの)ブレーキ係.
bráke pàd 名 ブレーキパッド (ディスクブレーキのディスクに押しつけられるパッド).
bráke pèdal 名 ブレーキペダル.
bráke shòe 名 〖機〗(ドラムブレーキの)ブレーキシュー, ブレーキ片 (brake block).
brakes·man /-mən/ 名 《英》=brakeman.
bráke·vàn 名 《英》〖鉄道〗制動装置付きの車, 緩急車.
braky /bréɪki/ 形 やぶ[茂み, 草むら]の多い.
brá·less 形 ブラジャーをつけない, ノーブラの (比較 「ノーブラ」は和製英語).
bram·ble /bræmbl/ 名 〖植〗 ① イバラ, 野バラ. ② キイチゴ属の植物 (ブラックベリー・キイチゴなど).
bram·bling /bræmblɪŋ/ 名 〖鳥〗アトリ.
bram·bly /bræmbli/ 形 (**bram·bli·er**; -**bli·est**) イバラの多い[のような].
Bram·ley /bræmli/ 名 ブラムリー (リンゴ) (英国の緑色の大型の料理用リンゴ).
Brámley's séedling 名 =Bramley.
+**bran** /bræn/ 名 Ｕ (穀類の)ぬか, ふすま. 〖F〗

*__branch__ /bræntʃ | brɑːntʃ/ 名 ① (木の)枝: The highest ~ is not the safest roost. いちばん高い枝がいちばん安全な止まり木ではない, 「出る杭(くい)は打たれる」. ② a = branch office. b (官庁・組織などの)部局, 部門 (department). c 分家. ③ 部門, 分科: a ~ of knowledge 学問の一分野. ④ 枝状のもの 《*of*》: a 支流. b (山の)支脈, 支系. c =branch line.
róot and bránch ⇨ root¹ (成句).
── 動 自 ① 〈道路などが〉分岐する〈*off, away, out*〉: The road ~es at the bottom of the hill. その道路は丘のもとで分かれている / The railroad tracks ~ off [*away*] in all directions. 鉄道線路は四方八方に分岐している. ② 〈…から〉分かれて生じる, 派生する: Apes ~ed *from* man's family tree. 類人猿はヒト科の系統樹から分かれて出たものだ. ③ 〈木の枝を出す[広げる].
bránch óff (自+副) (1) 分岐する (⇨ 自 1). (2) わきにそれる, わき道に入る.
bránch óut (自+副) (1) 分岐する (⇨ 自 1). (2) 事業[商売]の手を〈…に〉広げる, 活動範囲[関心(など)]を〈…に〉広げる, 新しいことを始める〈*into*〉: ~ out on one's own 独立して新しいことを始める. (3) 〈木の枝を出す (⇨ 自 3).

〖F＜L＝(鳥獣の)かぎつめの〗【類義語】**branch** 幹 (trunk) から出る枝. **bough, limb** 大枝. **twig** 小枝. **spray** 葉や花がついた小枝.

bran・chia /brǽŋkiə/ (復 **-chi・ae** /-kiì:/) えら. **bránch・i・al** えらの; えらに関する. **bránch・i・ate** /-kiət, -kièit/ 厖 えらのある.

bránch・less bánk /-ləs-/ 图 インターネットバンク, 無店舗銀行.

bránch・let /-lət/ 图 小さい分枝, 末端枝.

bránch lìne 图 (鉄道・道路などの)支線.

bránch òffice 图 支店, 支部, 支局, 出張所.

bránch wàter 图 ① 《米》❶ 小川(など)の水, 引き水. ❷ (ウイスキーなどを割る)普通の水.

branch・y /brǽntʃi | bráːn-/ 厖 枝の多い[茂った].

*__brand__ /brǽnd/ 图 ❶ **a** 商標, ブランド, 銘柄: a leading ~ of cosmetics 化粧品の主要銘柄 / ⇨ store brand. **b** 品質 [の]. **c** (特別な)種類: I like his ~ of humor. 私は彼独特のユーモアが好きだ. ❷ (商品・家畜などに押す)焼き印. ❸ (昔罪人に押した)焼き印, 烙印(?); 汚名: the ~ of Cain カインの烙印, 殺人者の印《★聖書「創世記」から; ⇨ Cain》. ❹ 燃えさし, 燃え木.
── 動 他 ❶ 〈人を〉···だと決めつける, 烙印を押す (label): 〔+目+(as)補〕They ~ed him (as) a liar. 彼らは彼をうそつきだと決めつけた. ❷ 〈よくない経験が〉心に〈あることを〉焼きつける, 刻みつける: The war has ~ed an unforgettable lesson on our minds. 戦争は我々の心に忘れることのできない教訓を焼きつけた. ❸ 〈罪人・家畜に〉烙印[焼き印]を押す. 〖OE=燃え木〗

bran・dade /brɑːndɑːd/ 图 ブランダード《魚, 特に干ダラにオリーブ油・香料などを加え, すってクリーム状にしたもの, クルトンに塗って食べる》.

brand・ed 厖 Ⓐ ブランド[商標]のついた, ブランドものの.

bránd・er 图 焼き印[ブランド]押し《人・器械》.

bránd・ing 图 Ⓤ (商品の)ブランド化(戦略)《ブランドイメージを形成するため, 広告・デザインなどによる売り込みをする》.

bránding ìron 图 焼き金, 焼き印.

†**bran・dish** /brǽndɪʃ/ 動 他 〈刀などを〉(脅すように, 得意そうに)振り回す, 打ち振る.

bránd lèader 图 ブランドリーダー, トップブランド《同一種類の商品中いちばん売れているか, あるいは消費者にベストとみなされているブランド》.

brand・ling /brǽndlɪŋ/ 图 動 シマミミズ.

†**bránd nàme** 图 商標名 (trade name).

brand-náme 厖 Ⓐ (有名な)商標名のついた, ブランドものの: ~ goods ブランド商品.

†**brand-new** /brǽn(d)n(j)úː: | -njúː:˥／厖 真新しい, 新品の; 手に入れたばかりの.

Bran・do /brǽndou/, **Mar・lon** /mɑ́ələn | máː-/ 图 ブランド《1924–; 米国の俳優》.

bránd-spánkin'-néw 厖 真新しい.

†**bran・dy** /brǽndi/ 图 Ⓤ.Ⓒ ブランデー. ── 動 他 ❶ 〈果物などを〉ブランデーに漬ける. ❷ 〈···を〉ブランデーで香味をつける. 《Du brandewijn 燃えた[蒸留した+wijn ワイン; cf. brand, burn¹》

brándy bùtter 图 Ⓤ 《英》ブランデーバター《バターと砂糖を混ぜ合わせてクリーム状にして, ブランデーで香りをつけ, クリスマスプディングやミンスパイにつける; cf. HARD SAUCE》.

brándy snàp 图 ブランデースナップ《ブランデーの香りをつけたショウガ入りクッキー》.

branks /brǽŋks/ 图 動 鉄製のくつわ《昔英国では口やかましい女にこれをかぶせた》.

brant /brǽnt/ 图 (復 ~, ~s) 《米》【鳥】(また **bránt gòose**) コクガン《北米・北欧産》.

brán tùb 图 《英》ふすま桶《パーティーなどの中にプレゼントを忍ばせておき, 子供が手探りでつかませる》.

Braque /brɑ́ːk/, **Georges** /ʒɔ́əʒ | ʒɔ́ːʒ/ 图 ブラック《1882–1963; フランスの画家; Picasso とキュビスムを創始》.

†**brash¹** /brǽʃ/ 厖 ❶ 厚かましい, 生意気な. **b** 性急な, 軽率[無謀]な. ❷ 《英》派手な, やけに目をひく. ❸ 急に元気のいい[精力的な]. ❹ 《米》〈木材の折れやすい. い. ~・ly 副 ~・ness 图

brash² /brǽʃ/ 图 ❶ (岩石などの)破片の塊り[堆積]. ❷ (海や河に浮かぶ)砕氷塊[群]. ❸ (刈り込んだ植木の)枝くず.

bra・sier¹,² /bréɪʒə | -ziə/ 图 =brazier¹,².

Bra・sí・lia /brəzíljə/ 图 ブラジリア《1960 年以後ブラジルの首都; cf. Rio de Janeiro》.

*__brass__ /brǽs | brɑ́ːs/ 图 ❶ Ⓤ 真鍮(しんちゅう), 黄銅(おうどう). ❷ Ⓤ [the ~; 集合的; 単数または複数扱い] 金管楽器 (楽団の)金管楽器セクション. ❸ Ⓒ **a** [the ~(es)] 真鍮器具[製品]: clean [polish, do] the ~(es) 真鍮器具を磨く. **b** (教会の床や壁にはめた)死者の真鍮記念牌[板]. ❹ Ⓤ [the ~; 集合的; 単数または複数扱い] **a** 《口》高級将校連《英》top brass; cf. brass hat. **b** 高級官僚. ❺ 《英口》金, ぜに. ❻ Ⓤ 真鍮色. ❼ [*+to do*] 厚かましさ: 《口》He had *the* ~ *to* tell me I was wrong. 彼は厚かましくも私が間違っていると言った. (**as) bóld as brass** 実にずうずうしい. **dóuble in brass** → **b** 動 兼業の. ── 厖 Ⓐ ❶ 真鍮(製)の; 真鍮色の: a ~ instrument 金管楽器 / a ~ plate 真鍮の標札. ❷ 金管楽器の: a ~ player 金管楽器の奏者. **dòn't cáre a bráss fárthing** 《英》ちっともかまわない. ── 動 他 ···に真鍮をきせる. **be brássed óff** 《英口》〈···にいう〉んざりする〈with〉. 〖OE〗 [厖 brassy, brazen]

brás・sard /brǽsɑəd | -sɑːd/, **bras・sart** /brǽsət, -sɑːt/ 图 (よろいなどの)腕甲(わんこう); 腕章.

bráss bánd 图 吹奏楽団, ブラスバンド.

bráss-cóllar 厖 《米口》政党に絶対忠実な: a ~ Republican 共和党信奉者.

brassed /brǽst | brɑ́ːst/ 厖 [通例 ~ off で] 《英俗》〈···に〉飽きあきして, うんざりして〈with〉, 頭にきて〈at〉.

bras・se・rie /brǽsəri | brǽs(ə)ri/ 图 ビールと食事の店, フランス風ビアレストラン, ブラスリー.

bráss hát 图 《俗》高級将校 (cf. brass 图 4 a).

bras・sie /brǽsi | brɑ́ːsi/ 图 〖ゴルフ〗ブラッシー《2 番ウッド》. 〖BRASS+-IE〗

bras・siere, bras・sière /brəzíə | brǽziə/ 图 ブラジャー. 〖F〗

bráss knúckles 图 復 《米》=knuckle-duster.

bráss mónkey 图 ★次の成句で. **cóld enòugh to fréeze the bálls off a bráss mónkey** 《英卑・豪卑》きんたまが縮み上がる寒さだ.

bráss-rúbbing 图 Ⓤ (黄銅の碑の)拓本をとること, 拓本とり.

bráss tácks 图 復 ★通例次の成句で. **gèt dówn to bráss tácks** 《口》(もう直接関係のない話はよして)当面の問題を取り上げる, 本題に入る.

brass・y¹ /brǽsi | brɑ́ːsi/ 厖 (**brass・i・er; -i・est**) ❶ (真鍮をたたいたような)金属音の; やかましい. ❷ 《女》わけばけしい, 派手で品のない. ❸ 真鍮色の; 真鍮質[製]の. ❹ 厚かましい, 恥知らずな. ❺ 見かけ倒しの. **bráss・i・ly** /-səli/ 副 **-i・ness** 图 Ⓤ.

bras・sy² /brǽsi | brɑ́ːsi/ 图 =brassie.

†**brat** /brǽt/ 图 《手に負えない》子供, がき: a spoiled ~ いたずらっ子, 悪童.

Bra・ti・sla・va /brætɪsláːvə/ 图 ブラチスラバ《Slovakia の首都》.

brat・pack /brǽtpæk/ 图 《俗》❶ 若くして成功し注目を集めている連中《作家・芸能人など》. ❷ 態度の悪い[いい気になっている]若造グループ, 乱暴な若者集団. **~・er** 图

Brat・tain /brǽtn/, **Walter** ブラッタン (1902–87; 米国の物理学者; Nobel 物理学賞 (1956)).

brat・tice /brǽtɪs/ 图 (鉱坑の)通風仕切り, 張出し. ── 動 他 〈···に〉仕切り[張出し]を作る〈up〉.

brat・ty /brǽti/ 厖 ちびの, がきのような.

brat・wurst /brɑ́ːtwəːst | brǽtwəːst/ 图 Ⓤ ブラートヴルスト《ドイツ風豚肉ソーセージ; 焼いて食べる》.

bra・va /brɑ́ːvɑː, -/ 圏 【伊】女性に対する bravo 《⇨ bravo¹》.

†**bra・va・do** /brəvɑ́ːdou/ 图 (復 ~s, ~es) ❶ Ⓤ 虚勢, から威張り, 強がり: with ~ 虚勢を張って, 無鉄砲に. ❷ Ⓒ 強がりの行動. 〖Sp〈It bravo↓〗

*brave /bréɪv/ 形 (**bráv·er; -est**) ❶ 〈危険や困難に出会っても恐れない〉勇敢な, 勇ましい (↔ cowardly) /[+*of*/代名](+*to do*/+*of* her *to* disagree with him. =She was ~ *to* disagree with him. 彼と意見を異にするとは彼女は勇敢だ. ❷ 🇦 〈文〉**a** 派手な, 着飾った, 華やかな. **b** りっぱな. (北米先生風に)すばらしい新世界 (★ しばしば皮肉で; Shakespeare 「あらし」から). **pùt ón a bráve fáce** 自信ある[満足した]ふりをする. ── 名 ❶ 勇士. ❷ (北米先住民の)戦士. ── 動 他 〈危険・死に〉勇敢に立ち向かう; 〈...を〉ものともしない: He ~d the rapids in a canoe. 彼はカヌーに乗って急流をものともしなかった. **bráve it óut** 〈反対・非難に〉ひるまずに立ち向かう, 最後まで屈しない. **~·ly** 勇敢に(も). 〖F*It bravo*<L *barbarus* 野蛮な (cf. barbarous)〗〖名 bravery〗〖類義語〗⇒ **courageous**.

+brav·er·y /bréɪv(ə)ri/ 名 ❶ ᵁ 勇敢. ❷ 〈文〉華美, 華やかさ; 着飾り. 〖形 brave〗

bra·vo¹ /brɑ́:vou, ˈ-ˈ/ 間 うまいぞ!, ブラボー! 〖女性に対しては brava /brɑ́:vɑ:, ˈ-ˈ/ を用いる). ── 名 (複 **~es**, **~s**, **bra·vi** /brɑ́:vi:, ˈ-ˈ/) かっさい[ブラボー]の声 〖叫び〗. 〖It=素晴らしい, お見事; cf. brave〗

bra·vo² /brɑ́:vou/ 名 (複 **~es**, **~s**) 刺客, 暴漢.

bra·vu·ra /brəv(j)ʊ́(ə)rə/ 名 ᵁ (音楽・劇で)大胆で華麗な演奏[演出], 演出. ── 形 (演奏など)華麗な, 大胆な, さっそうとした. 〖It<BRAVO¹〗

+brawl /brɔ́:l/ 名 ❶ (しばしば街頭で殴り合いなどの騒々しい)けんか, 口論; 取っ組み合い (⇒ quarrel 比較). ❷ 〈俗〉にぎやかなパーティー. ── 動 自 ❶ けんかする, どなり立てる. ❷ 〈川が〉ごうごうと流れる. **~·er** 名

brawl·y /brɔ́:li/ 形 けんかを起こしがちな, 騒々しい, うるさい.

brawn /brɔ́:n/ 名 ᵁ ❶ 筋肉; 筋力, 腕力 (muscle). ❷ 〈英〉ヘッドチーズ (豚・牛の頭などを細かく刻んで香辛料とともに煮てゼラチンで固めた料理) (米) headcheese.

brawn·y /brɔ́:ni/ 形 (**brawn·i·er; -i·est**) 筋骨たくましい, 屈強な. **brawn·i·ness** 名

Bráx·ton Hícks contràctions /bræˈkstənhíks-/ 名 ブラクストン・ヒックス収縮《妊娠期における子宮の間欠的な収縮》. 〖J. *Braxton Hicks* 英国の婦人科医〗

brax·y /bræˈksi/ 名 ᵁ 〈獣医〉羊疫病《悪性水腫病による羊の急性感染病; 胃・腸の炎症を起こして死ぬ》.

bray¹ /bréɪ/ 動 自 ❶ 〈ロバなどがいななく〉. ❷ 騒々しい音を出す, やかましく鳴る. ── 他 〈...を〉やかましい声でどなる. ~ *out* one's grievances がみがみと苦情を言い立てる. ── 名 ❶ ロバの鳴き声. ❷ 騒々しい音.

bray² /bréɪ/ 動 他 すりつぶす, つき砕く.

Braz. (略) Brazil(ian).

braze /bréɪz/ 動 他 ろう付けする, 鑞接する.

+bra·zen /bréɪzn/ 形 ❶ **a** 厚かましい, 耳障りの, 騒々しい. **b** 真鍮(しんちゅう)(製)の, 真鍮色の. ── 動 他 〈非難などに〉ずうずうしく立ち向かう: ~ *out* a scolding 小言を言われてもしゃあしゃあとしている. **brázen it óut** [**through**] ずうずうしく押し通す[ふるまう]. **~·ly** 副 **~·ness** 名 (名 brass)

bra·zen-fáced /-feɪst/ 形 鉄面皮な, 厚かましい, ずうずうしい. **~·ly** -sɪdli/ 副

bra·zier¹ /bréɪʒə | -zɪə/ 名 真鍮(しんちゅう)細工師.

bra·zier² /bréɪʒə | -zɪə/ 名 ❶ (金属製の石炭火の)火鉢(ひばち) (cf. charcoal burner 2). ❷ (通例戸外で用いる簡単な)焼肉器.

*Bra·zil /brəzíl/ 名 ❶ ブラジル《南米の共和国; 首都 Brasília》. ❷ [また b~] =Brazil nut.

Bra·zil·ian /brəzíljən/ 形 ブラジルの. ── 名 ブラジル人.

Brazil nùt 名 [また b~] ブラジルナッツ《ブラジルナッツノキの実; 食用》.

bra·zil·wood /brəzílwʊd/ 名 ᵁ ブラジル木《ブラジルボクの材; バイオリンの弓を作るのに用いられる》.

Braz·za·ville /bræˈzəvɪl, brɑ́:z-/ 名 ブラザヴィル《コンゴ共和国の首都》.

BRB (略) be right back (チャットなどで)すぐ戻ります.

BRCA (略) 〈生化〉 breast cancer (gene)《家族性乳癌遺伝子の名称に用いる》.

213　**breadth**

Br. Col. (略) British Columbia.

BRCS (略) British Red Cross Society 英国赤十字社.

*breach /brí:tʃ/ 名 ❶ ᶜᵁ (法律・道徳・約束などの)違反, 不履行, 侵害: (a) ~ *of* contract 契約違反, 違約 / a ~ *of* duty 背任, 職務怠慢 / a ~ *of* etiquette 非礼, 不作法 / a ~ *of* faith 背信, 裏切り / sue a person for ~ *of* promise 婚約不履行で人を訴える《用法 for ~ の時は, しばしば無冠詞で用いられる》/ a ~ *of* the peace 治安妨害 / a ~ *of* privacy プライバシーの侵害 / a ~ *of* trust 信託違反, 背任 / be in ~ *of*...に違反している. ❷ ᶜ 絶交, 不和 (rift) (*between, of*): heal the ~ *between* the two countries その二国間の不和を解決する. ❸ ᶜ (城壁・堤防などの)裂け目; 突破口: open a ~ in the country's defenses その国の防御に突破口を開く. ❹ ᶜ (クジラの)水面上の躍り上がり. **stánd in the bréach** 攻撃の矢面(やおもて)に立つ. **stép into the bréach** (緊急な時に)救いの手をさしのべる, 代わり[代理]を務める. ── 動 他 ❶ 〈城壁などを〉破る, 突破する. ❷ 〈...に〉違反する. ── 自 〈クジラが水面上に躍り出る. 〖F=裂け目〗

*bread /bréd/ 名 ᵁ ❶ パン《★ 日本の米とは違い主食ではない; 関連 パンのかたまりは loaf; 薄く切ったものは slice; 焼き[トースト]パンは toast; ロールパンは roll》: a loaf [slice, piece] of ~ パン1個[ひと切れ]. ❷ (日常の)食物, 糧(かて); 生計: one's daily ~ 〈文〉[糧]《聖書「マタイ伝」から》/ the ~ of life 命の糧《★ 聖書「ヨハネの手紙」から》/ beg one's ~ こじきをする / earn [gain] one's ~ パンを得る, 生計を立てる. ❸ 〈俗〉金. **bréad and bútter** (1) [単数的] バターを塗ったパン: a slice of ~ *and* butter バターを塗ったパン1枚. (2) (口) 必要な食物; 生計; 本業; quarrel with one's ~ *and* butter 自分の職業について不平を言う; 自分の職業を捨てる. **bréad and círcuses** (大衆の不満をまぎらわすための)食事と娯楽; 〈比喩〉潜在的不満をそらすための姑息な手段. **bréad and wáter** パンと水だけの(粗末な)食事. **bréad and wíne** 聖餐(式). **bréak bréad** 〈人と〉食事を(共に)する 《*with*》. **cást one's bréad upòn the wáters** 報酬をあてにしないで善行をする. **knów which síde one's bréad is búttered òn** 自分の利害に敏感である. **táke the bréad óut of a pérson's móuth** 人の生計の道を奪う. ── 動 他 〈...に〉パン粉をつける. 〖OE; 原義は「発酵させたもの」; OE ではパンの意では *hláf* LOAF¹ が一般的だった〗

+bread-and-bútter 形 ᴬ ❶ 基本的な, 基盤となる. ❷ 生計の道を得るための. ❸ 平凡な, 日常の. ❹ もてなしを感謝するための: a ~ letter もてなしに対する礼状.

bread·bàsket 名 ❶ パンかご. ❷ [the ~] (特に米国中西部などの)穀類産地, 穀倉地帯. ❸ [the ~] 〈口〉胃袋.

bread bìn 名 蓋つきパン入れ容器 (⇒ bin 2).

bread·bòard 名 ❶ パンこね[切り]台. ❷ 電気[電子]回路の実験用組立盤, ブレッドボード.

bread bòx 名 (米) パン入れ.

+bread·crùmbs 名 パン粉, パンくず.

bread·ed /-dɪd/ 形 〈肉・魚などパン粉をまぶして揚げた〉.

bread·frùit 名 ᶜᵁ パンノキの実. ❷ [植] パンノキ《南洋産; 実は焼いて食べる》.

bréad knìfe 名 パン切り包丁[ナイフ].

bréad·lìne 名 食糧の配給などを待つ失業者などの列. **on the bréadline** 非常に貧しい.

bréad ròll 名 ロールパン (roll).

bréad sàuce 名 ᵁ パンソース《主としてミルクにパン粉などを入れた濃厚な猟鳥肉のロースト用のソース》.

bréad·stìck 名 細い棒状の堅焼きパン, スティックパン.

bréad·stùff 名 ᵁ ❶ パンの原料. ❷ パン類.

*breadth /brédθ, brétθ/ 名 ❶ ᶜᵁ 幅; 横幅 (width) (cf. length): The table is five feet in ~. そのテーブルは幅が5フィートある. **b** ᶜ (織物などの)一定の幅, 一幅. ❷ ᵁ **a** (見識などの)広さ, (度量などの)大きさ; 寛容: ~ *of* mind 心のゆとり, 寛大な心. **b** 〈芸術〉雄大さ. ❸ ᶜ (土地・水面などの)広がり. (形 broad)

breadth・ways 副 横に[の], 横切って[た].
breadth・wise 副 =breadthways.
bread tree 图 [植] パンノキ (breadfruit).
bread・winner 图 一家の稼ぎ手.

break[1] /bréɪk/ 動 (broke /bróuk/; bro・ken /bróukən/)
他 **A** ❶ a 〈ものを〉壊す, 割る, 砕く: Who broke the window? だれが窓を壊したのか / She broke the cup in two [into pieces]. 彼女は茶碗を真っ二つに割った[粉々に砕いた]. b 〈枝などを〉(荒っぽく) 引きちぎる, もぎ取る, 折る; 〈皮膚を〉切る, 傷つける: ~ one's pencil 鉛筆のしんを折る / He broke a branch off [from the tree]. 彼は枝をもぎ取った[その木から枝を折った] / ~ one's leg [arm] 脚[腕] を折る / ~ the skin (出血するほど)皮膚を傷つける. c 〈機械などを〉壊す, だめにする, 狂わせる: I've broken my watch again. また時計を壊してしまった.

❷〈平和・沈黙・単調・規則正しさなどを〉破る, 乱す: ~ a person's sleep 人の眠りを妨げる / A shot broke the morning calm. 銃声に朝の静けさが破られた / Only the whir of the air conditioner broke the silence in the office. 事務所の静けさを破るのはエアコンのブーンという音だけだった / ~ step 〈部隊が〉(行進中に) 歩調を乱す / ~ ranks 列を乱す.

❸ a 〈継続しているものを〉中断する, 遮断する; 〈悪習などを〉断つ: ~ an electric circuit 電流を絶つ / ~ diplomatic relations with... との外交関係を絶つ / ~ one's journey (at...) (…で) 途中下車する / ~ a strike ストライキをやりする / He broke the conversation short. 彼ははたと話をやめた / ~ (off) the habit of smoking 喫煙の習慣を断つ. b [~ oneself of で] 習慣をやめる: He broke himself of his drinking habit. 彼は飲酒癖をやめた.

❹〈道などを〉切り開く; 〈土地を〉(初めて)耕す: ~ a trail [path] through the woods 森の中に小道を切り開く / ~ ground 土地を耕す / ~ new [fresh] ground (研究・事業など)新分野に踏み出す, 新天地を切り開く. b 〈魚が〉〈水面から〉飛び上がる: I saw a fish ~ the water of the pond. 一匹の魚が池の水面から飛び上がるのが見えた.

❺ a 〈そろったもの・まとまったものを〉分ける, ばらにする: ~ a set ひとそろいのものを分ける, ばらで売る. b 〈貨幣・紙幣を〉くずす: ~ a $100 bill 100 ドル札をくずす.

❻〈人などを〉破産させる, 破産させる (cf. broke 形): The revelation broke him. その暴露では彼は破滅した / The expense would ~ us. その経費では破産してしまうだろう.

—— **B** ❶〈法律・規則・約束などを〉破る, 犯す; ~ one's promise [word] 約束を破る / She broke her date with me. 彼女は私とのデートの約束を破った.

❷〈記録を〉破る: ~ a world record 世界記録を破る.

❸〈束縛などを〉破って出る, 脱する: ~ jail 脱獄する / ~ bounds 〖軍〗 (禁止区域から) 無断で脱出する.

❹ a 〈気力・誇り・健康などを〉くじく: ~ a person's heart 人の悲嘆にくれさせる, 失恋させる / The heavy work will ~ your health. あんなに根つめて働いては体を壊すよ. b 〈敵を〉打ち破る, 散らす 〈down〉.

❺〈風力・落下などの力を〉はばむ, 弱める: The trees ~ (the force of) the wind. その木で風がはばまれている / The dense boughs broke my fall from the ladder. 密生した茂みのおかげではしごから落ちても痛い目にあわなかった.

❻〈悪い知らせを〉人に〈うまく〉伝える, 打ち明ける: B~ the news to her gently. その知らせを彼女に穏やかに伝えてください.

❼ a 〈動物を〉ならす: ⇒ housebroken. b 〈馬などを〉〈馬具に〉ならす: ~ a wild horse to the saddle 野生の馬を鞍(くら)にならす.

❽ a 〈暗号などを〉解読する, 解く (crack): ~ a secret code 秘密の暗号を解読する. b 〈事件・問題などを〉解決する: The police broke the case. 警察は事件を解くかぎをつかんだ.

❾〈士官を〉降等処分に付す: The captain was broken for neglect of duty. 大尉は任務怠慢のかどで降等処分を受けた.

—— 自 ❶ a 壊れる, 砕ける, 割れる; 〈網などが〉切れる; (ポキッと)折れる, ちぎれる: Crackers ~ easily. クラッカーは砕けやすい / The cup broke to [into] pieces. カップは粉々に砕けた / The handle has broken off. 取っ手が折れた. b 〈時計などが〉故障する, 壊れて使えなくなる: The TV has broken. テレビが壊れた. c 〈泡の消える; 〈はれ物などが〉つぶれる; 〈波が〉…に当たって砕ける: The surf broke on [over, against] the rocks. 寄せ波は岩に当たって砕け散った. d [~ open で] 破れて[開いて] ほどける: [+補] The box fell (to the floor) and broke open. 箱は(床に)落ちてパッと開いた / The seam broke open at the shoulder. 肩の所で縫い目がほどけた.

❷ a 〈人・健康・気力が〉衰える, 弱る, くじける: He broke under the strain of his responsibilities. 彼は重責を背負いこんで倒れてしまった / Her heart broke when her child died. 子供が息を引き取った時彼女はがっくりした / His health is beginning to ~. 彼の健康は弱ってきている. b 〈軍隊・戦線などが〉乱れる, 敗走する; 〈群衆などが〉ちりぢりになる: The enemy broke and fled. 敵陣はくずれ敗走した.

❸ a 〈霧・やみなどが〉消散する; 〈雲が〉切れる; 〈霜が〉解ける: The clouds began to ~. 雲間が出始めた. b 〈天候が〉(しばらく続いてから急に)変わる, やむ: The spell of bad [good] weather broke. 天候が回復した[くずれた].

❹ a 〈あらし・うめき・笑いなどが〉突発する, 起こる: The storm broke soon. まもなくあらしが襲ってきた / A gasp [sob] broke from her. あえぐ[すすり泣く]音が彼女の口から聞こえてきた / A broad smile broke over his face. 彼は満面に笑みを浮かべた. b 〈夜が〉明ける: Day was beginning to ~. 夜が明けかけていた. c 〈声が〉変わる: The boy's voice has broken. 少年は声変わりした.

❺ [束縛などから] 破って出る, 脱出する 〈from, out of〉: He broke out of jail. 彼は脱獄した.

❻〈口 〈ニュースなどが〉伝えられる, 知れ(わた)る: The news [story] broke unexpectedly. そのニュース[話]は突然知れわたった.

❼〈米〉事が展開する, 運ぶ: Things broke badly [well] for us. 事は(私たちにとって)うまくいかなかった[いった].

❽ 破産する, 倒産する.

❾〈球技〉球がカーブする.

❿〈ボク〉[命令法で] ブレーク, 分かれ 《★ 審判が言う》.

bréak awáy (自+副) (1) [...から] 逃げる: The cat broke away from the girl's arms. 猫は少女の腕から逃げ出した. (2) [...から] 離脱する, 脱退する 〈from〉: The state broke away and became independent. その州は脱退して独立した. (3) 壊れてはずれる. (4) 〖競技〗 フライングする; (急に) 相手を引き離す; 〖ラグビー・フット〗 (敵のゴールへ) 突進する; 〖競馬〗 合図前にスタートを切る. (5) [慣例などから] すたれることある, 逸脱する 〈from〉. —— (他+副) (6) 〈ものを〉もぎ取る, 取り壊す, はがす.

bréak dówn (他+副) (1) 〈…を〉破壊する, たたき壊す: ~ down a wall 塀を取り壊す. (2) 〈反対・敵などを〉圧倒[鎮圧]する: ~ down all opposition [resistance] すべての反対[抵抗]を抑圧する. (3) 〈…を〉〈…に〉分類[分析, 分解]する: Learn to ~ down large tasks into manageable units. 大きな仕事はやりやすいように小分けしてやるようにしなさい. (4) 〈…に〉化学変化を起こす. —— (自+副) (5) 〈機械・エンジン・車などが〉壊れる, 故障する: My car broke down on the highway. 私の自動車は幹線道路で故障した / The engine has broken down. エンジンが故障した. (6) 〈反抗・交渉・計画などが〉失敗する: The negotiations broke down. 交渉は失敗に終わった. (7) 〈…が〉(急に) 衰える, 〈健康・神経が〉衰弱する, 〈道義などが〉衰退する: His health broke down from overwork. 働き過ぎで彼の健康はまいってしまった / The old morality has broken down since the end of the war. 戦後古い道徳が地に堕ちた. (8) 〈人が〉泣きくずれる: She broke down (in tears) when she heard the sad news. その悲報を耳にした時彼女はわっと泣きくずれた. (9) 〈物質などが〉[…に] 化学変化する, 分解する: Water ~s down into hydrogen and oxygen. 水は水素と酸素に分解する.

bréak éven (商売・賭博などで) 損得なしになる, とんとんにな

る，五分五分になる．

bréak for (1) 《…のために》中断する，仕事を止める: ~ *for* tea 仕事を一時中断してお茶にする (cf. tea break) / School ~s *for* vacation on July 10th. 学校は7月10日から休みに入る. (2) …へ向かって走って逃げる: ~ *for* the door ドアに走って逃げる.

bréak frée [lóose]〔…から〕逃げ出す，脱出する: An artist must ~ *free from* the constraints of the past. 芸術家は過去の束縛から脱出しなければならない.

bréak ín (《自+副》) (1) 〈泥棒などが〉押し入る; 〈ハッカーなどが〉〈コンピューターに〉侵入する: The burglars *broke in* through a bedroom window. 二人の強盗たちは寝室の窓から押し入った. (2) (会話などに)口をはさむ，割り込む: He *broke in* with a comment. 彼は口をはさんで論評した.
——《他+副》 (3) 〈馬などを〉ならす; 〈靴・自動車などを〉使いならす: ~ a horse *in* 馬を調教する / ~ in a new pair of shoes 新しい靴をはきならす / This car is pretty well *broken in*. この車はかなりよく使い[運転し]ならしている. (4) 〈人を〉新しい仕事に慣れさせる，仕込む.

bréak in on [upòn]…〈会話〉に口をさしはさむ，割って入る (★ 受身可): It's impolite to ~ *in on* a conversation. 人の話に口出しするのは失礼だ.

bréak ínto… (1) …に侵入[乱入]する (★ 受身可): The store was *broken into* last night. 店は昨夜泥棒に入られた. (2) 急に…の状態になる: ~ *into* tears [laughter] わっと泣き[どっと笑い]だす / He *broke into* a run. 彼は急に走りだした / The low rumble *broke* suddenly *into* a loud peal of thunder. 低い騒音が突然荒々しい雷鳴となってとどろきだした. (3) …のじゃまをする; 〈話などを〉さえぎる: ~ *into* a person's leisure 人のくつろいでいるところのじゃまをする / He *broke into* our conversation. 彼は私たちの話に割り込んできた. (4) 〈時間〉に食い込む. (5) 〈紙幣・貨幣〉をくずして〔細かくして〕使う (★ 受身可): I *broke into* a 20-pound note to pay the fare. 運賃を支払うのに20ポンド紙幣をくずした. (6) 〈非常用蓄えなどに〉手をつける (★ 受身可): We had to ~ *into* our emergency supplies of food and water. 我々は非常用の食糧と水に頼らなければならなかった.

Bréak it úp! (けんかなどを)やめろ!, 解散しろ!

bréak óff (1) 《自+副》〈話などを〉〈急に〉やめる; 〈関係を〉断つ: ~ *off* an engagement 婚約を解消する / She *broke off* her relationship with him. 彼女は彼との関係を絶った. / They *broke off* negotiations. 彼らは交渉をやめた. (2) 〈うえなどを〉〈荒っぽく〉引きちぎる (⇒ A 1 b). (3) 〈悪習などを〉断つ, やめる (⇒ 《他》 A 3). ——《自+副》 (4) (ポキンと)折れる (⇒ 《自》 1 a). (5) 〈急に〉話[仕事など]をやめる: We *broke off* for a few minutes and had a rest. 数分仕事をやめて休息した. (6) 〔…と〕絶交する: I *broke off* *with* her. 彼女と交際を絶った.

bréak…ópen 〈ものを〉押し[こじ]あける: ~ a crate *open* 木枠をあける / ~ a door *open* ドアをこじあける.

bréak óut 《自+副》 (1) 〈火事・戦争・暴動・流行病などが〉突発[勃発]する，起こる: A fire *broke out* in a neighborhood store last night. 昨夜近所の店に火事があった / Flu has *broken out* all over the district. 流感が地方全体にはやっている / Bloody fighting *broke out* in the Balkans. バルカン諸国で血なまぐさい戦闘が起こった. (2) 〈吹き出物・汗などが〉出る; 〈人・顔が〉吹き出物で〔汗で〕おおわれる (*in*, *with*): Sweat *broke out* on his forehead. 汗が彼の額に吹き出た / His face *broke out in* a rash. 彼は顔に発疹が出た. (3) 脱出[脱走]する: They *broke out*. 彼らは脱出した. (4) 急に…しだす (*in*, *into*): They *broke out in* smiles. 彼らは急に笑いだした. ——《他+副》 (5) 〈揚げた旗を〉広げる. (6) 〔~ out・品〕〈とっておいたものを〉取り出す (お祝いなどで)〈シャンペン・葉巻などを〉取り出す, あける.

break through 《自+副》 ~ *through*… (1) …を押し通る, 切り抜ける, 突破する (★ 受身可): We've *broken through* the enemy's lines. 敵の戦列を突破した / He *broke through* the crowd. 彼は人を切り抜けて通った. (2) 〈日光などが〉〈雲のすき間から〉現われる: The sun is ~*ing through* the clouds. 太陽が雲のすき間から現われはじめた. (3) 〈新発見などによって〉〈障害などを〉克服する; 〈遠慮などを〉取り除く (★ 受身可): I tried to ~ *through* her reserve. 遠慮がちにしている彼女をくつろがせようと努めた. —— 〔《自+副》〕 ~ *thróugh*] (4) 突破する. (5) 〈日光などが〉〈雲のすき間〉間から現われる: At last the sun *broke through*. ついに太陽が見えてきた. (6) (新発見などで)開発の突破口を切り開く.

bréak úp 《他+副》 (1) 〈ものを〉粉砕する; 解体する, 分解する: ~ *up* a box for firewood 箱をばらばらにしてたきにする / ~ *up* an old ship for scrap 古船を解体する / ~ a word *into* syllables 単語を音節に分ける / We were 〔…の間で〕分配した: ~ *up* a piece of work *among* several people 仕事を数人に分配する. (3) 〈…を〉追い散らす, 解散させる: The group of demonstrators was *broken up* by the police. デモ隊は警官によって解散させられた. (4) 〈会合などを〉中止する: It's time to ~ *up* the party. もうパーティーをお開きにしてよい時だ. (5) 〈男女の〉間を裂く, 別れさせる; 〈結婚などを〉解消する: His unfaithfulness *broke up* their marriage. 彼が浮気したので二人の結婚は破綻〔はたん〕した. (6) 〈…の〉心をかき乱す，動転させる: His tragic death *broke* her *up*. 彼の悲惨な死に彼女ははっきり取り乱してしまった. (7) 〈米口〉〈人を〉笑いころげさせる: The story really *broke* us all *up*. その話を聞いて我々は皆笑いころげた. —— 《自+副》 (8) ばらばら〔散り散り〕になる; 解散する, 終わりになる: The clouds began to ~ *up*. 雲は散り散りになり始めた / The party *broke up* at ten. パーティーは10時に終わった / In four years their marriage *broke up*. 4年目には彼らの結婚は破綻をきたした. (9) 〈英〉〈学校などが〉休暇になる; 学期が終わって(休暇)となる: Our school [We] *broke up for* the summer holidays at the end of the week. 我々の学校[我々]はその週の終わりに夏休みに入った. (10) 〈天候が〉変わる, くずれる: The weather was ~*ing up*. 天気がくずれかかっていた. (11) 〈夫婦が〉離婚する, 別れる (split up). (12) 〈米口〉笑いころげる.

bréak with 〔…と〕関係を断つ, 断交する: ~ *with* an old friend 旧友と絶交する / ~ *with* old habits 昔からの習慣を絶つ.

—— 名 ❶ C 割れ目, 裂け目, 切れ目; ひび: a ~ in the wall 壁のひび / a ~ in the clouds 雲の切れ間.
❷ a C (仕事などの間の)小休止, 休み時間; (短い)休暇: the afternoon ~ (仕事場の)午後の休み時間 / ⇒ coffee break, tea break / during a lunch ~ 昼(食)休みの間 / My daughter is home for the Easter ~. 娘はイースター休みで家に帰っている. b U 〈英〉授業の間の休み時間 (〈米〉recess).
❸ C 中断, とぎれ: a ~ in (a) conversation 話のとぎれ / without a ~ 絶え間なく, 続けざまに / They established diplomatic relations with the country after a ~ of twenty-six years. 彼らはその国と26年ぶりに外交関係を確立した.
❹ a C (突然の)変化, 急変: a ~ in the weather 天候の変化. b 〔単数形〕: at (the) ~ of day 夜明けに.
❺ C 脱出, 脱走; (特に)脱獄: a prison ~ 脱獄.
❻ C a 断絶, 絶交 〔*with*, *from*〕: make a ~ *with* tradition 伝統と決別する. b 〔電〕(回路の)遮断, 断絶 (↔ make).
❼ C a 変わり目, 分岐点: a ~ in one's career 生涯の変わり目. b (進路の)急転回. C (相場の)暴落.
❽ C 〈英口〉 (社交上の)失態, へま, 失言: make a bad ~ ひどいへまをやらかす (cf. 9 a).
❾ C 〈口〉 a 機会, 運; 幸運: a lucky ~ 幸運 / a bad ~ 不運 (cf. 8). b [the ~s] 運: The ~s are against me. ついていない.
❿ C 〔球技〕カーブ, 曲球.
⓫ C 〔また **bréak of sérve**〕〔テニス〕サービスブレーク.
⓬ C 〔玉突〕突き初め, 連続の得点.
⓭ C 〔ボクシ〕ブレーク.

Gíve me a bréak. (そんなことを言うのは[するのは]）やめてくれ, いいかげんにしろ, ちょっと待ってよ.

màke a bréak for it《口》脱走を企てる, 逃げようとする.
〖OE; cf. brake[1], breach〗【類義語】break 最も一般的な語; 力を加えて固い物などを主に分解・破壊する. smash, crash 強打することによって, 大きな音とともに一気に破壊しつくすこと. crush 強い圧力で押しつぶす[くだく]. shatter 一気に粉砕して破片を飛び散らせる. crack ぱちんと音をたてて一部を割る[ひびを入らせる]. fracture 骨とか岩などを割る[折る]. split 固い物を縦にまたは木目に沿って裂く. splinter 木などを細長い断片に裂く.

break[2] /bréɪk/ [名] 幼馬調教用の特殊な馬車; 大型四輪馬車の一種.

break·a·ble /bréɪkəbl/ [形] 壊すことのできる; 破れ[壊れ]やすい, もろい. ― [名] [複数形で] 壊れやすい[破れやすい]もの, 割れ物.

break·age /bréɪkɪʤ/ [名] ❶ [U] 破損. ❷ [C] 破損個所; [通例複数形で] 破損物; 破損見越し[賠償]高.

+**bréak·awày** [名] ❶ 脱走. ❷ 切断, 分離. ❸ a 脱退者. b《豪》群れから離れた動物. ❹ 逸脱; 脱退: make a ~ *from*...から離脱[脱退]する. ❺〘競技〙早すぎるスタート, フライング. ❻〘ラグビー〙(ボールを持って敵のゴールへの)突進. ― [形] [A] ❶ 分離した, 独立した: a ~ faction 分派. ❷ 簡単に取り壊せるように作られた.

bréak·bèat [名]〘楽〙ブレークビーツ: a [C] ドラム音をサンプリングしたもの. b [U] ブレークビーツを使ったダンスミュージック.

bréak cròp [名] (連作を避けるために植えられる)区切り作物.

bréak-dànce [動] [自] ブレークダンスをする.

bréak-dàncer [名] ブレークダンサー.

bréak dàncing [名] [U] ブレークダンス《ラップミュージックに合わせて踊る, 形式にとらわれないアクロバティックなダンス》.

***break·down** /bréɪkdàʊn/ [名] ❶ [C] (機械・乗り物などの)故障, 破損 ❷ [C,U] a 崩壊, 没落, 瓦解(がかい): the ~ of the family 家庭の崩壊. b (交渉などの)決裂; 挫折(ざせつ). ❸ [C] [通例単数形で] a〔資料などの〕分析; 分類〔*of*〕. b 内訳, 明細(書); (わかりやすくした)説明〔*of*〕. c〘化〙分析. ❹ [C] (精神・肉体などの)衰弱: a nervous ~ 神経衰弱.

bréakdown làne [名]《米》路肩(《英》hard shoulder)《高速道路などでの緊急避難用》.

bréakdown trùck [名]《英》レッカー車(《米》tow truck).

+**bréak·er** [名] ❶ (海岸・暗礁などの)砕波, 砕け波. ❷ [しばしば複合語で] a 壊す人, 破砕者; 違反者: ⇨ lawbreaker. b 破る人: ⇨ record breaker. ❸ a 破砕機. b〘電〙(回路)遮断器, ブレーカー. ❹ (馬・動物の)調教師. ❺ (CB ラジオのチャンネルを使って)交信をしようとする人. ❻ ブレークダンサー. 【類義語】⇨ wave.

bréak·èven [名] [U] 損益平衡.

bréak-éven [形] 収支トントンの, 損益なしの.

bréak-fàll [名] (格闘技の)受身.

‡**break·fast** /brékfəst/ [名] ❶ [C,U] 朝食: a hot [cooked] ~ 温かい朝食《ベーコン・ソーセージ・卵料理など火を通した料理の出る朝食》/ be at ~ 朝食中である / What time [When] do you have ~? 朝食は何時に食べますか / He likes kippers for ~. 彼は朝食にニシンの燻製が好きだ / have a good ~ 十分な朝食とする / a ~ of oatmeal [porridge] オートミールの朝食 / ⇨ continental breakfast, English breakfast. ❷ [C] (時間に関係なく)その日の最初の食事: ⇨ wedding breakfast. ― [動] [自]〔...の〕朝食を食べる: ~ *on* coffee and rolls コーヒーとロールパンの朝食をとる. 〖BREAK+FAST[2]; 「断食を破る[中断する]」の意〗

bréakfast fòod [名] 朝食用食品《oatmeal, cornflakes など》.

bréak·frònt [形] [A] ブレイクフロントの《中央部が前に張り出した》. ― [名] ブレイクフロントの戸棚[書棚].

bréak-ìn [名] ❶ 押し入り, 割り込み; (盗みの目的での)住居侵入. ❷ 試運転, ならし運転.

bréaking and én·tering [名] [U]〘法〙家宅侵入(罪).

bréaking càrt [名] (馬の)調教用の馬車.

bréaking pòint [名] [the ~] ❶ (体力・忍耐などの)限界点, 極限, ぎりぎりいっぱい: He has reached *the* ~. 彼は極限に達している. ❷ (材質の)破壊点; (張力などの)極限, 限界点.

bréak·nèck [形] [A] 危険きわまる, 異常な速さの: drive at (a) ~ speed 猛烈なスピードでドライブする, 暴走する.

bréak·òut [名] ❶ (敵軍などの)包囲突破. ❷ (集団)脱獄, 逃亡. ❸ 発疹(ほっしん), 吹き出物ができること. ❹ (病気の)突然の発生. ― [形] [A] 突然の成功の[をもたらす].

bréak·pòint [名] ❶ 中止点, 区切り点. ❷〘電算〙区切り点, ブレークポイント. ❸〘テニス〙(サービス)ブレークポイント.

***break·through** /bréɪkθrùː/ [名] ❶〔科学・交渉などの〕大きな進歩, 躍進; (貴重な)新発見: a major ~ *in* computer technology コンピューター技術の大躍進. ❷ a (妨害・難関の)突破(口), 打開(策), (難問の)解明. b〘軍〙突破(作戦).

bréakthrough bléeding [名] [U]〘医〙破綻出血《月経時以外の子宮からの出血; エストロゲンの副作用などによる》.

bréak tìme [名] [U]《英》授業の間の休み時間(《米》recess).

***break·up** /bréɪkʌ̀p/ [名] [通例単数形で] ❶ (夫婦などの)仲たがい, 別離; 崩壊, 破壊. ❷ 分散; 分裂, 解体; (春先の)解氷; 解散, 散会.

bréak·wàter [名] 防波堤.

bream[1] /bríːm/ [名] (複 ~, ~s)〘魚〙❶ ブリーム《ヨーロッパ産のコイ科の淡水魚; うろこは模造真珠の塗料になる》. ❷ タイ科の海産魚: ⇨ sea bream.

bream[2] /bríːm/ [動] [他] (昔の船で)〈船底を〉焼き焦がして掃除する, たでる.

***breast** /brést/ [名] ❶ [C] 乳房(の一方): give the ~ to a child 子供に乳を与える / suck the ~ 乳をしゃぶる. ❷ a [C] 胸: beat one's ~ (大げさに)胸をたたいて悲しむ. b [C] (衣服の)胸部. c [C] (鳥の)胸. d [C,U] (子牛・鶏などの骨つきの)胸肉. ❸《文》胸中; 心情: a troubled ~ 思い悩む心. ❹ 胸に似た部分: a (手すりなどの)けた腹. b (器物の)側面. c (山の)中腹: the mountain's ~ 山腹. màke a cléan bréast of...をすっかり打ち明ける. ― [動] [他] ❶〈山・坂道を〉頂上まで登りつめる. ❷〈船などが〉〈波を〉切って進む: ~ the waves 波を切って進む. ❸〈ランナーが〉〈テープを〉胸で切る. ❹〈困難などに〉大胆に当たる, ものともしない. 〖OE; 原義は「ふくらみ」〗(関形 mammary)【類義語】⇨ chest.

bréast-bèating [名] [U] 胸をたたいて悲しむ[嘆く]こと《悲しみ・痛恨のしぐさ》.

bréast·bòne [名]〘解〙胸骨(sternum).

bréast drìll [名] 胸当錐(むなあてきり), 胸当てドリル, 胸ボール.

breast·ed [形] [複合語で] ...な胸の; ...の胸部をつけた: ⇨ pigeon-breasted, single-[double-]breasted.

bréast-fèd [形] [A] 母乳で育てた.

+**bréast-fèed** [動] [他] (-fed)〈乳児を〉母乳で育てる(cf. bottle-feed).

bréast-hígh [形] 胸の高さ(まで)の.

bréast ìmplant [名]〘医〙(埋込型)人工乳腺[乳房]《豊胸・乳房再建に用いる, 生理食塩水やシリコンジェルの入った袋》.

bréast·pìn [名] 胸の飾りピン, ブローチ.

bréast·plàte [名] ❶ a (甲冑(かっちゅう)の)胸当て. b (馬具の)むながい. ❷ (亀の)胸板, 腹甲.

bréast·pòcket [名] (上着の)胸ポケット.

bréast pùmp [名] 搾乳器.

bréast shèll [名] (泌乳期の女性の乳首にかぶせる)母乳受けパッド, ブレストシェル.

bréast·stròke [名] [U]〘水泳〙❶ [通例 the ~] 平泳ぎ, ブレスト. ❷ (競技種目としての)平泳ぎ.

breast·sum·mer /brésəmə | -mə/ [名]〘建〙大まぐさ.

bréast·wòrk [名]〘軍〙胸墻(きょうしょう), 胸壁.

***breath** /bréθ/ [名] ❶ [U] a 息, 呼吸: have bad [foul] ~ 息がくさい, 口臭がある / lose one's ~ 息を切らす, 息切れする / out of ~ (運動などのあとで)息を切らして / short of ~ 息[呼吸]が苦しくて / with the [one's] last ~ 死ぬ間際に, 臨終に. b 生命, 生命力, 活力: as long as I have

~=while there's ~ in me 命のある限り. ❷ a ⓒ (呼吸の)一息; 一息の間, 瞬間: at [in] a ~ 一息に, 一気に / take [draw] a deep [long] ~ 深呼吸する. b Ⓤ 休息: take a short ~ 一息入れる, 一休みする. ❸ [a ~] 《文》(風の)そよぎ: There was not a ~ of air [wind]. そよとの風もなかった. b [通例否定文で] かすか(な)に, わずか: There's not a ~ of suspicion. 疑いの「う」の字もない. ❹ ⓒ a (空気に漂う)ほのかな香気. b 気配, きざし. ❺ Ⓤ 《音声》無声(音), 気音 (cf. voice 7).
a bréath of frésh áir (1) さわやかな風のそよぎ. (2) 気分を一新してくれるもの; 新風.
belów one's bréath =under one's BREATH 成句.
cátch one's bréath (1) (驚き・恐れなどで)息をのむ, はっとする. (2) (運動などのあとで)息をつく; (仕事のあとで)一休みする.
dráw a bréath 《米》=《英》dráw bréath (1) 息をする. (2) 一息入れる[つく]; 一息ついて休む. (3) 生きている: draw one's first ~ 生まれる / draw one's last ~ 死ぬ.
gét one's bréath (agáin [báck]) 《英》(運動などのあとで)呼吸が整う.
hóld one's bréath (1) (診察・レントゲンのため)息を止める. (2) (興奮・恐れなどで)息をこらす, かたずをのむ: Don't hold your ~! 《口》あまり期待しすぎるな.
in óne bréath (1) 一息に, 一気に: He said it in one ~. 彼はそれを一気に話した. (2) 同時に.
in the néxt bréath 次の瞬間.
in the sáme bréath (1) 同時に; 同列で, 一律に: One shouldn't mention their names in the same ~. 彼らの名を同時に挙げるべきではない. (2) (相反する二つのこと)をやつぎばやに: say yes and no in the same ~ うんと言ったかと思うとすぐにやと言う.
knóck the bréath òut of a person (1) (殴ったりして)〈人〉の呼吸を困難にさせる. (2) 〈人〉をあっと驚かせる.
sáve one's bréath to cóol one's pórridge ⇨ porridge 成句.
táke a person's bréath (awáy) 人をはっとさせる, 人に息を呑ませる.
the (véry) breath of lífe 《文》生命(力), 活力; 欠かせないもの (+ 聖書「創世記」).
ùnder one's bréath 小声で, ささやいて, ひそひそと: He said it under his ~. 彼はそれを小声で話した.
wáste (one's) bréath むだに言葉を費やす; むだなことを言う.
with báted bréath 息を殺して, 心配して.
《OE=臭い, 発散》⇒ breathe; 形 respiratory)

breath·a·ble /bríːðəbl/ 形 ❶ 呼吸に適した, 呼吸できる. ❷ 〈布地が〉通気性のある.
breath·a·lyze /bréθəlàɪz/ 動 他 〈自動車運転者に〉(酒気検知器で)呼気検査をする.
Bréath·a·lỳz·er /-ər/ 名 《商標》=breath analyzer.
bréath ànalyzer 名 酒気検知器 (運転者の飲酒量を呼気検査によって調べる).
*breathe /bríːð/ 動 自 ❶ 息をする, 呼吸する (respire); 生きている: ~ hard 荒い息づかいをする / ~ deeply 深呼吸する / He is still breathing. 彼はまだ息がある. ❷ 一息入れる, 休息する: Let's ~ for a moment. ちょっと一休みしよう / Stand back and give me a chance to ~. (そんなにせっつかずに)後ろに下がって私に一息入れさせてくれ. ❸ 〈風がそよぐ, 〈香りが〉漂う. ❹ a 〈ワインが〉呼吸する《開栓後外気に触れ香りが出る》. b 〈素材が〉通気性がある. — 他 ❶ 〈…を〉吸う, 呼吸する: a sigh of relief つき / I walked in the garden, breathing (in) the smell of the flowers. 花の香りを吸いながら庭を散歩した. ❷ a 〈空気を〉吐き出す; 〈香りなどを〉発散する 〈out, forth〉: The flowers were breathing out fragrance. 花は芳香を放っていた. b 《文》〈…を〉ささやく; 〈言葉を〉漏らす, 口外する; 〈暗い調子で言う〉: ~ threats 脅しを言う / You mustn't ~ a word [syllable] of it. そのことはひと言も漏らしてはいけない. ❸ 〈生気などを〉〈…に〉吹き込む: Their commander ~d new life into his men. 隊長は兵士たちに新たな活気をもたらせた. ❹ 〈馬に〉息を継がせる, 休ませる. ❺ 《音声》〈…を〉無声音「い

き」]で発音する. As I líve and bréathe! 《口》まったく驚いた!, おやまあ!, 久しぶり! bréathe agáin ([fréely, (móre) éasily)] 《緊張・心配・危険などがなくなって》ほっとする. bréathe dówn a person's néck ⇨ neck 名 成句. bréathe ín (〈名〉+〈副〉) (1) 息を吸う. (2) 〈…を〉吸う (⇨ 〈他〉1). (3) 〈相手の言葉に〉熱心に聞き入る: ~ in every word 一語ももらすまいと一心に聞き入る. bréathe one's lást 《文》息をひきとる, 死ぬ. bréathe on [upòn]… (1) …に息を吹きかける, …を曇らせる: ~ on one's glasses (ふくために)眼鏡に息を吹きかけて曇らせる). (2) …を汚す, 非難する. bréathe óut 〈名〉+〈副〉息を吐き出す. 〈名 breath〉
breathed 形 ❶ [複合語で] …の息をしている. ❷ 《音声》無声(音)の.
breath·er /bríːðər | -ðə-/ 名 ❶ 《口》a しばらくの休息: have [take] a ~ 一休みする. b 散歩: go out for a ~ 散歩に出かける. ❷ 通気孔. ❸ [しばしば修飾語を伴って] 呼吸する人; 生き物: a heavy ~ 息づかいの荒い人. ❹ (息切れさせるような)激しい運動.
bréath gròup 名 《音声》呼吸段落, 息の段落 (一息に発音する音群).
breath·ing /bríːðɪŋ/ 名 ❶ [しばしば修飾語を伴って] 息づかい; 呼吸(法): deep ~ 深呼吸. ❷ [a ~] 息つく間, 短い間; 休息, 休止. ❸ [形容詞的に] 呼吸の: ~ exercises 呼吸法練習 / a ~ apparatus 呼吸装置. 《BREATHE+-ING》
bréathing capácity 名 Ⓤ 肺活量.
⁺bréathing spàce [ròom] 名 Ⓤ [また a ~] 息つく暇, 休息[熟考]の余裕; 動く[動き回る]余地.
⁺breath·less /bréθləs/ 形 ❶ 息を切らした[て]: He was ~ after running. 彼は走ったあとは息を切らした. ❷ a (恐怖・興奮などで)息をつかない(で), 息を殺した: with ~ anxiety はらはらして / with ~ interest かたずをのんで / He was ~ with terror. 彼は恐ろしくて息もつけなかった. b 息もつけないほどの: at a ~ speed 息もつかせぬ速力で. ❸ 風もつかない. ❹ 息のない, 死んだ. ~·ly 副 息を切らして; 熱心に. ~·ness 名 Ⓤ 息切れ; 呼吸困難.
⁺bréath·tàk·ing 形 はらはらさせる, はっとさせる, 思わず息をのむ: The race ended in a ~ finish. レースはスリルに満ちた結末であった / a ~ beauty 目を見張るような美人. ~·ly 副 息をのむほど.
bréath tèst 名 (検知器による)酒気検査.
breath·y /bréθi/ (breath·i·er, -i·est) 形 ❶ 〈音が〉息づかいが聞こえる, 気息音の交じる. ❷ 《音声》気息音(質)の. bréath·i·ly /-θɪli/ 副 -i·ness 名
bréc·cia /bréʧ(i)ə/ 名 Ⓤ 《地質》角礫岩(ガン).
brec·ci·ate /bréʧièit/ 動 他 角礫岩化する; 〈岩〉を砕く.
brèc·ci·á·tion 名 Ⓤ 角礫化作用.
Brecht /brekt, breçt/, Bertolt 名 ブレヒト (1898–1956; ドイツの劇作家・詩人). ~·ian 形
*bred /bréd/ 動 breed の過去形・過去分詞. — 形 [通例複合語で] 育ちが…である, …育ちの: ill-[well-]bred しつけの悪い[よい].
breech /bríːʧ/ 名 ❶ (大砲の)砲尾 《砲弾を入れるところ》. ❷ (銃の)銃尾 《銃身の弾丸をこめる部分》. ❸ 《古》尻, 臀部.
bréech bìrth [delìvery] 名 逆子(ぐ), 《医》骨盤位分娩.
bréech·blòck 名 砲尾の閉鎖機, 尾栓; (銃の)遊底.
bréech·clòth 名 腰布.
bréech·clòut 名 =breechcloth.
breech·es /brɪʧɪz, briːʧɪz-/ 名 ❶ 半ズボン; 乗馬[宮廷儀式]用のズボン. ❷ 《口》ズボン; ズボン下. wéar the bréeches 《口》〈妻が〉亭主を尻に敷く.
bréeches bùoy /brɪʧɪz-, briːʧɪz-/ 名 《海》半ズボン形の救助ブイ 《ズック製》.
breech·ing /brɪʧɪŋ, briːʧ-/ 名 ❶ (馬の)尻帯. ❷ (羊・ヤギ・犬の)尻毛と後脚の短い剛毛. ❸ 《海軍》(かつての大砲の)駐退索 《発砲の際銃の後退を防ぐ索》.
bréech·lòad·er /bríːʧlòʊdər | -də-/ 名 元込め銃, 後装

breech-loading 銃[砲].

breech-load·ing /-dɪŋ/ 形 A 〈銃が〉後装式の, 元込めの.

*__breed__ /bríːd/ 動 (bred /bréd/) 他 ❶ a 〈…を〉繁殖させる, 飼育する: ~ sheep 羊を飼育する. b 〈品種を〉作り出す[改良する]. ❷ a 〈動物が〉〈子を〉産む. b 〈鳥が〉〈卵を〉かえす. ❸ 〈好ましくないものを〉引き起こす: Filth ~s disease and vermin. 不潔は病気と害虫を生む. ❹ a 〈人を〉養育する: He was bred (up) in luxury. 彼はぜいたくに育てられた. b 〈人を〉(…に)仕込む, 育てる: He was bred to the law. 彼は法律家として育てられた / [＋目＋(to be)補] ＋目＋(as)補](★補語は名詞のみ) He was bred (to be) a gentleman. 彼は紳士に育てられた / They were bred as soldiers. 彼らは兵士として育てられた. c 〈作法などを〉〈人に〉教え込む (★通例受身). ── 自 ❶ 〈動物が〉子を産む; 繁殖する, 育つ: Mice ~ in all seasons. ネズミは年中繁殖する. ❷ 〈軽蔑〉〈人がたくさん子供を産む〉: ~ like rabbits 多産である. bórn and bréd ⇨ born 成句. bréed ín (and ín) 同種繁殖を行なう; 常に近親結婚をする. what is bréd in the bóne 持って生まれた性分: What is bred in the bone will not (go) out of the flesh. (諺) 生来の性分は骨肉に徹している《隠しおおせない》.

── 名 ❶ 〈動植物の〉品種, 種〈属〉: a new ~ of pig ブタの新品種. ❷ [通例単数形で] 種族, 型: a different ~ of man (ほかとは)変わった型の人間 / a rare [dying] ~ 今どき珍しいタイプ(の人). a bréed apárt 非常に変わっている[普通の基準では測れない]人[もの].

〖名 brood〗.

*__breed·er__ /bríːdə | -də/ 名 ❶ 飼育[栽培, 畜産]者, ブリーダー: a dog ~ 犬のブリーダー. ❷ a 繁殖する動物[植物]; 種畜. b 《俗・軽蔑》 ホモでない者. ❸ =breeder reactor.

bréeder reàctor 名 増殖(型原子)炉.

breed·ing /-dɪŋ/ 名 U ❶ 飼育, 飼養; 育種, 品種改良. ❷ 繁殖, しつけ, 教養; 行儀作法: a man of fine ~ 教養の豊かな人. ❹ 〖理〗増殖(作用).

bréeding gròund 名 ❶ [動物の]繁殖地 (of, for). ❷ [悪などの]温床, 培養地 (of, for).

*__breeze__[1] /bríːz/ 名 ❶ C 微風, そよ風; 〖気〗軟風 (⇨ wind scale): There was not much (of a) ~. そよ風もあまりなかった. ❷ C 《英口》争い, ごたごた, 『波風』: kick up a ~ 騒動を起こす. ❸ [a ~] 《口》たやすい事 (cinch). in a bréeze 《口》容易に, 簡単に: He passed the exam in a ~. 彼は楽々と試験にパスした. shóot [bát] the bréeze 《米口》むだ話をする, おしゃべりする.

── 自 ❶ [副詞(句)を伴って] 《口》(何事もなかったかのように)すーっと[出る, 進む]: He ~d on by without a glance at her. 彼は彼女に一瞥(ﾍﾞﾂ)もくれないでそよ風を通り過ぎた. ❷ [...を]難なくやってのける: ~ through a task 仕事を楽に片づける. ❸ [it を主語として] そよ風が吹く. ── 他 難なくやってのける. 《?Port & Sp=北東風》【類義語】 ⇨ wind[1].

breeze[2] /bríːz/ 名 U (石炭の)燃え殻, 灰.

bréeze blòck 名 《英》=cinder block.

bréeze·wày 名 (家とガレージなどの間の)屋根付きの通路.

breez·y /bríːzi/ 形 (breez·i·er; -i·est) ❶ 微風(ビ)の, そよ風の吹く, 風通しのよい. ❷ 〈性質・態度などが〉元気[威勢]のよい, 陽気な; のんきな. ❸ 〈会話などが〉内容のない. **bréez·i·ly** /-zəli/ 副 **-i·ness** 名 breeze[1]).

Bre·men /bréman, brét-/ 名 ブレーメン《ドイツ北西部の州, またヴェーザー (Weser) 川に臨むその州都》.

brems·strah·lung /brémʃtrùːlʌŋ/ 名 U 〖理〗制動放射.

Bren·da /brénda/ 名 ブレンダ《女性名》.

Bren (gùn) /brén(-)/ 名 ブレン銃《第2次大戦で英軍が用いた軽機関銃の一種》.

brént gòose /brént-/ 名 《英》〖鳥〗=brant.

breth·ren /bréðrən/ 名 ❶ 信者仲間; 会員仲間; 同業者仲間《匡教》一般用語の brothers に対する古風な語). 《OE; brother の複数形は bræthre であったが, さらに複数語尾 -ern を付加したもの (cf. child – children)》

Bret·on /brétn, -tən/ 名 ❶ C ブルトン人《フランス北西部ブルターニュ (Brittany) 地方の住民》. ❷ U ブルトン語. ── 形 ブルトン人[語]の.

Breu·ghel /brúːgəl, brɔ́ɪ-/ 名 =Brueghel.

breve /briːv, brív | bríːv/ 名 ❶ 〖音声〗(母音の上につける)短音記号《 ̆; 例 ă, ě, ŏ; cf. macron》. ❷ 2 全音符 (|o||; cf. crotchet 1). ❸ 〖史〗勅命, 令状. 《L brevis 短い; cf. brief》

bre·vet /brəvét, brévət | brǽvət/ 〖陸軍〗名 名誉進級辞令[文書]. ── 形 名誉進級(辞令)による: a ~ rank 名誉進級の / a ~ colonel 名誉進級の大佐. ── 動 (**bre·vet·ted, -vet·ed; bre·vet·ting, -vet·ing**) 〈人を〉名誉進級させる.

bre·vi·ar·y /bríːvièri | bríːviəri/ 名 [しばしば B-] 〖カト〗聖務日課書.

brev·i·ty /brévəti/ 名 U ❶ 簡潔さ: B- is the soul of wit. 簡潔は機知の精髄, 言は簡を尊ぶ 《★ Shakespeare 「ハムレット」から》. ❷ (時の)短さ. 《L brevis 短い; cf. brief》

*__brew__ /brúː/ 動 他 ❶ 〈ビールなどを〉醸造する. ❷ 〈茶・コーヒーなどを〉入れる: ~ (up) a pot of tea ポット1杯の紅茶を入れる. ❸ 〈陰謀・悪事などを〉たくらむ: ~ (up) mischief いたずら[悪事]をたくらむ. ── 自 ❶ 醸造する. ❷ 《主に米》 〈茶・コーヒーが〉はいる, 出る: This tea doesn't ~ very well. この茶はよく出ない. ❸ [通例進行形で] 〈いやなことが〉起ころうとしている, 準備されている: There's trouble ~*ing*. ごたごたが起こりそうだ / A storm is ~*ing*. あらしが今にも起ころうとしている. ── 名 ❶ a C (ビールなどの)醸造, 醸成. b C [通例単数形で] 英口) (ビールなどの1回の)醸造高; (茶などの)1回にいれる量. c C ビール醸造・茶などの)品質: a good ~ 良い品質. ❷ C (いれられた)茶, コーヒー; 出る [通例単数形で] ~ of a pot of tea 茶の出るさ. ❸ [通例単数形で] 混合, 配合. 《OE; 原義は「泡立てる」; cf. broth》

⁺**brew·er** /brúːər | -ərə/ 名 ビールの醸造者[会社].

⁺**brew·er·y** /brúːəri/ 名 C (ビール)醸造所.

brew·house 名 =brewery.

brew·ing /brúːɪŋ/ 名 ❶ U (ビール)醸造(業). ❷ C (1回の)醸造量[高].

brew·pub 名 《米》 醸造所敷地内で自家製ビールを飲ませる酒場.

brew·ski(e), -sky /brúːski/ 名 《米俗》ビール(一杯[ひと缶, 一本]).

Brezh·nev /bréʒnev/, Leonid I·lyich /ílɪtʃ/ 名 ブレジネフ (1906-82; ソ連の政治家).

Bri·an /bráɪən/ 名 ブライアン《男性名》.

bri·ar[1] /bráɪə | bráɪə/ 名 =brier[1].

bri·ar[2] /bráɪə | bráɪə/ 名 =brier[2].

brib·a·ble /bráɪbəbl/ 形 わいろのきく, 買収できる.

*__bribe__ /bráɪb/ 名 わいろ: offer [give] ~s 贈賄(ﾜｲ)する / accept [take] ~s 収賄する. ── 動 他 ❶ 〈人に〉わいろを贈る, 〈人を〉買収する; 〈子供を〉(…で)つる (with): ~ a person with favors 人を特別扱いで買収する / He tried to ~ the policeman into letting him go. 彼は警官を買収して放免してもらおうとした / [＋目＋to do] He ~d them to vote for him. 彼は彼らを買収して自分に投票させようとした. ❷ [~ oneself into ... の形で] …を一つの(いろいろな)やり方で)手に入れる: He ~d himself [his way] into office. 彼はわいろを使って公職についた. ── 自 わいろを贈る, 贈賄する. 《F＝物乞いに与えたパン; 意味が次第に拡大した》

brib·er 名 贈賄者.

⁺**brib·er·y** /bráɪb(ə)ri/ 名 U わいろ, 贈賄, 収賄: commit ~ 贈賄[収賄]する / use ~ to get one's way わいろを使って思いどおりにする. 〖BRIBE+-ERY〗

bric-a-brac, bric-à-brac /brɪ́kəbræ̀k/ 名 U 骨董(ﾄｳ)品, 古物《全体》. 〖F=がらくた〗

*__brick__ /brɪ́k/ 名 ❶ C|U れんが: lay ~s れんがを積む / The house is built of ~. その家は赤れんが造りだ. ❷ C れんが状のもの(パンなど): a ~ of cheese 長方形のチーズ. b 《英》(おもちゃの)積み木(《米》 block): a box of

~s 積み木箱. ❸ ⓒ (通例単数形で)《英古風》信頼できる[たのもしい]人. (**as**) **drý** [**hárd**] **as a bríck** とても乾いた[固い]. **báng** [**beat, knóck, rún**] **one's héad against a brick wáll** ⇨ wall 成句. **dróp a bríck** ⇨ drop 成句. **hít the brícks** 《米俗》(1) 外を出歩く[うろつく]; パトロールをして歩く. (2) ストで職場放棄をする. **like a lóad** [**tón**] **of brícks** 《口》猛烈に, 勢いよく: come down on a person *like a ton of* ~s 人をどなりつける. **máke brícks without stráw** 《英》必要な材料[資金]なしで仕事をする《★ 聖書「出エジプト記」から》. —形 A ❶ れんがで造りの: a ~ house れんが造りの家. ❷ れんが色の; ~ red 赤れんが色. ❸ れんがで(おおう[囲む, ふさぐ]: ~ *over* a garden path 庭の小道をれんがでおおう / ~ *up* [*in*] a window 窓[穴]をれんがでふさぐ. 《Du》

bríck・bat 名 ❶ れんがのかけら; れんがのつぶて. ❷ 《口》厳しい批評, にくまれ口.

brick chéese ⓊⒸ ブリックチーズ.

bríck・fìeld 名 《英》れんが工場 《米》brickyard.

bríck・fìelder 名 《気》ブリックフィールダー《豪州各地の暑く乾燥した北風》.

bríck・ie /bríki/ 名 《英口》=bricklayer.

bríck・kìln 名 れんが焼きがま.

bríck・làyer 名 れんが積み工, れんが職人.

bríck・làying 名 Ⓤ れんが積み[職].

bríck-rèd 形 赤れんが色の.

bricks and mórtar 名 Ⓤ 家屋, 建物.

bríck・wòrk 名 Ⓤ れんが積み[工事]; れんが造りの建物.

bríck・yàrd 名 《米》れんが工場.

bri・co・lage /brìːkoulάːʒ, brìk-/ ⓊⒸ 《美》ブリコラージュ《手に入るものを何でも利用して作ること[作ったもの]》.

bri・co・leur /brìːkoulə́ːr, brìk- | -láː/ 名 ブリコルール《bricolage をする人》.

†**bríd・al** /bráidl/ 形 A 花嫁の, 新婦の; 婚礼の: the ~ march 結婚行進曲 / a ~ shower ⇨ shower[1] 名 3. — 名 婚礼, 結婚式. 【BRIDE＋-AL】

brídal párty 名 ❶ 花嫁の一行. ❷ 結婚披露宴.

brídal règistry 名 《米》結婚祝い登録表《結婚を控えた人が欲しいものリストを店に預けておき, 知人がそれを見て贈り物を買う》.

brídal suíte 名 《ホテルの》新婚カップル用の部屋.

***bride** /bráid/ 名 花嫁, 新婦 (cf. bridegroom).

bríde・càke 名 =wedding cake.

***bríde・groom** /bráidgruːm, -grùm/ 名 花婿, 新郎 (groom) (cf. bride). 《OE *brȳdguma* に基づく *brȳd* bride+*guma* man; のちに guma が groom に置き換えられた》

bríde-price 名 婚資《売買婚において男が女の家に支払う貨幣・貴重品・家畜など; 時にそれに代わる労役》.

†**brídes・màid** /bráidz-/ 名 (結婚式で)花嫁付き添いの(若い)女性《★ 通例 2 人以上; cf. groomsman》: She was a ~ at the wedding. 彼女はその結婚式で花嫁の付き添い役を務めた.

bríde-to-bé 名 (覆 **brides-to-be**) 未来の花嫁, 近く花嫁になる人.

‡**brídge**[1] /brídʒ/ 名 ❶ 橋, 橋梁(きょう): a covered ~ 屋根のある橋 / a ~ of boats (並べたボートの上に架けた)舟橋(しゅうきょう) / build [throw] a ~ across [over] a river 川に橋を架ける / Don't cross your ~s until [till] you come [get] to them. 《諺》取り越し苦労をするな. ❷ 橋の形をしたもの: a 《単数形で》鼻梁(びりょう), 目の間の部分: the ~ of a person's nose 鼻梁. b 《眼鏡の》ブリッジ. c 《通例単数形で》《弦楽器の》柱(じ), こま. ❸ 《両者の》仲立ち, 橋渡し: He acted as a ~ between the negotiators. 彼は交渉者たちの仲立ちとして働いた. ❹ 《通例 the ~》《船の》船橋, 艦橋《船の指揮者の席》. ❺ 《歯》ブリッジ, 架工義歯. ❻ 《玉突》キュー受《指でつくるブリッジ《球を打つ時にキューの先を安定させる》. ❼ 《電》ブリッジ, 電橋, 橋絡. ❽ 《レス》ブリッジ. **A lót of wáter has flówed únder the brídge (since thèn)**. (それから)いろいろなことが起こった. **búrn one's brídges (behìnd one)** =burn one's BOATS (behind one) 成句. — 動 他 ❶ 《川・谷などに》橋を架ける. ❷ 《空間・ギャップなどを》埋める: ~ a gap [gulf, di-

219　brierroot

vide] ギャップ[断絶]をふさぐ[埋める], 橋渡しをする. 《OE; 原義は「丸太(でできた道)」》

brídge[2] /brídʒ/ 名 Ⓤ ブリッジ《トランプ遊びの一種》: ⇨ contract bridge.

brídge・hèad 名 ❶ 《軍》橋頭堡(ほう). ❷ 前進への足掛かり.

brídge lòan 名 《米》つなぎ融資《ローン》.

brídge pàssage 名 《楽》経過句《ソナタなどの主題と主題のつなぎの小楽句》.

brídge ròll 名 《英》小型のロールパン.

Brídge・tòwn 名 ブリッジタウン《バルバドスの首都》.

brídge・wòrk 名 Ⓤ ❶ 橋梁工事. ❷ 《歯》ブリッジ技工.

brídging lòan 名 《英》=bridge loan.

†**brí・dle** /bráidl/ 名 ❶ (馬を御するための)頭部馬具, 頭絡(ら)《馬の頭につけるおもがい・くつわ・手綱(たづな)の総称》: give a horse the ~ =lay the ~ on a horse's neck 馬の手綱をゆるめる; 馬を自由に活動させる. ❷ 拘束(物), 抑制, 束縛. — 動 他 ❶ 《馬に》頭部馬具をつける. ❷ 《感情などを》抑制する: ~ one's temper 怒りを抑える. — 自 (怒ってまたは誇って)頭を上げてつんとする, そり身になる: She ~*d up*. 彼女はそり身になった / She ~*d* (*up*) *at* the insinuation. 彼女はその当てこすりを聞いてつんとした.

brídle páth, 《英》**brídle・wày** 乗馬道《車は通れない》.

Brie /bríː/ 名 Ⓤ ブリー(チーズ) 《柔らかい白色のチーズ》.

‡**brief** /bríːf/ 形 (~**・er**; ~**・est**) ❶ 短時間の, しばらくの, 短命の: a ~ life 短い生涯. ❷ 手短な, 簡潔な《人から言葉[表現]など》簡潔[手短]で: a ~ note 短い手紙. **b** そっけない: a ~ welcome そっけない歓迎. ❸ 《服・水着など》丈の短い, 布のきわめて少ない.

to be brief 手短に言えば, 要するに.

— 名 ❶ **a** 摘要, 概要; 短い報告[発表] 《*of*》. **b** (新聞などの)短い記事. ❷ 《任務》内容の説明, 指示《*about, on*》; 任務, 権限: 《＋to do》It is not my ~ *to defend* the media. マスメディアを弁護するのは私の役目ではない. ❷ 《法》**a** 《米》訴訟事件摘要書. **b** 《英》訴訟事件: take a ~ 訴訟事件を引き受ける / have plenty of ~s 《弁護士の》事件の依頼が多い, はやる. **c** 《英口》弁護士. ❸ 《カト》教皇書簡, 小勅書 (bull[2] より略式のもの). ❹ 《複数形で》ブリーフ《短いぴったりしたパンツまたはパンティー》: a pair of ~s ブリーフ1着.

hóld nò bríef for... 《英口》…を弁護[支持]しない: I hold no ~ *for* his behavior. 彼の態度がよいとは思わない.

in brief (1) 手短に言えば, 要するに. (2) 手短に, 簡単に: He gave his reasons *in* ~. 彼は理由を簡単に話した.

— 動 他 ❶ 《人に》《…について》手短に必要な情報[報告]を与える, 要点を話す: I ~*ed* him *on* his new duties. 彼に新しい任務の概要を説明した. ❷ 《英》依頼する. ❸ 《法》**a** 《訴訟事件の》摘要を作る. **b** 《英》《…に》弁護を依頼する.

~**・ness** 名 《L *brevis* 短い; cf. abbreviate, (abridge,) breve, brevity》【類義語】⇨ short.

†**bríef・càse** 名 《書類入れの平たい》折りかばん (attaché case). 【類義語】⇨ bag.

***bríef・ing** /bríːfiŋ/ 名 ⓒⓊ 事前の状況説明(会), 打ち合わせ; 簡潔な報告[発表]; 会見 プレスブリーフィング《記者会見などにそなえ担当の記者に行なう説明会》: at a ~ 説明会で.

bríef・less 形 《弁護士が》訴訟依頼人のいない.

***bríef・ly** /bríːfli/ 副 (**more ~**; **most ~**) ❶ しばらく, 一時的に: He stopped here ~ on his way to Tokyo. 彼は東京に行く途中しばらくここに逗留(とうりゅう)した. ❷ 簡単に, 手短に《★ 時に文修飾》: to put it ~ 簡単[手短]に言えば. 《BRIEF＋-LY[1]》

bri・er[1] /bráiər | bráiə/ 名 ❶ ⓒ イバラ, 野バラ《の小枝》: ~s and brambles イバラのやぶ. ❷ Ⓤ イバラの茂み.

bri・er[2] /bráiər | bráiə/ 名 ❶ 《植》エイジュ《栄樹》《南ヨーロッパ産のツツジ科約低木; ヒースの一種》. ❷ ブライアーパイプ《エイジュの根で作ったパイプ》.

bríer・ròot 名 エイジュの根株.

bríer·wòod [名] [U] ブライアー材《根の部分》.
brig /bríg/ [名]〘海〙❶ ブリッグ《2本マストの帆船の一種》. ❷《米》(艦内の)営倉; 刑務所.
Brig. 《略》〘軍〙Brigade;〘英軍〙Brigadier.
*__bri·gade__ /brɪgéɪd/ [名] ❶〘軍〙旅団《略 Brig.; ⇨ army 2》: a mixed ~ 混成旅団. ❷ (軍隊式編成の)団体, 隊, 組: ⇨ fire brigade. ❸ [通例単数形で; しばしば軽蔑的に] (ある考え・特徴をもった)集団, 連中: the pro-life ~ 妊娠中絶合法化に反対する集団[連中]. ── [動] [他]〈…を〉旅団[組]に編成する. 〚F < It < *briga* 争い〛
brigáde májor [名]〘英陸軍〙旅団副官.
+**brig·a·dier** /brìgədíə | -díə⁻/ [名] ❶〘英軍〙准将《大佐と少将との中間で少将待遇; 海軍の commodore に当たる; 略 Brig.》. ❷〘米軍〙＝brigadier general.
brígadier géneral [名] ([複] ~s)〘米軍〙准将《海軍以外で, 大佐と少将との中間; cf. brigadier 1》.
brig·and /bríg(ə)nd/ [名] 山賊; 略奪者.
brig·and·age /brígəndɪʤ/ [名] [U] 山賊行為; 略奪.
brig·an·tine /brígəntìːn/ [名]〘海〙ブリガンティーン《2本マストの帆船の一種》.
‡**bright** /bráɪt/ [形] (~·er; ~·est) ❶ **a** 〈日光など〉明るい; 〈星など〉輝いている. **b** 〈天気など〉晴れた: ~ and clear 快晴の[で]. ❷ **a** 〈色が〉あざやかな, さえた (↔ dull): ~ red 鮮紅色. **b** 〈液体など〉透明な. ❸ **a** 〈顔など〉晴れやかな; 〈目など〉ぱっちりとした: a ~ smile にこやかな微笑. **b** 朗らかな, 快活な: in a ~ voice 元気な声で. ❹ **a** 〈子供など〉利口な, 頭のいい: a ~ child 聡明な子供 / [+***of***+[代名](+***to*** do) / +***to*** do] It wasn't very ~ *of* you *to* say that. ＝You weren't very ~ *to* say that. そんなことを言うなんて君はあまり賢明でなかったね. **b** [皮肉にも用いて]〈言葉など〉気のきいた; 〈考えなど〉うまい: Whose ~ idea was this? これはだれの名案だったのかね. ❺ 〈将来など〉明るい, 有望な; 輝かしい: ~ prospects [hopes] 輝かしい前途[希望] / look on the ~ side (of things) 物事の明るい面を見る, 物事を楽観する. **(as) bríght as a bútton** 才気煥発(かんぱつ)な, 頭の回転の速い. ── [副] [通例 burn, shine とともに用いて]《文》明るく: The sun was *shining* ~. 太陽は明るく輝いていた. **bríght and éarly** 朝早く; (定刻より)早めに. ── [名] [複数形で]《米》(車の)上向きにしたヘッドライト, ハイビーム. 〚OE＝輝く; cf. birch〛 ([動] brighten)
【類義語】**bright** 最も一般的な語で,「輝いている, 明るい」の意. **brilliant** ぴかぴかときらめくように非常に明るく輝いている. **shining** いつも絶え間なく明るく輝いている. **radiant** 自ら光を放射して輝いている. **luminous** 特に暗やみなどに光を発して輝いている. **lustrous** 表面につやがあって, ぴかぴかしているが, きらきらやぎらぎらはしない.
*__bright·en__ /bráɪtn/ [動] [他] ❶ 〈…を〉輝かせる, 明るくする 〈*up*〉: Young faces ~ a home. 若い人がいると家が明るくなる. ❷ 〈気分を〉晴れ晴れとさせる; 〈前途を〉明るくする, 有望にする 〈*up*〉. ── [自] ❶ 明るくなる: The sky *~ed* (***up***). 空がだんだん明るくなった. ❷ 〈人(の顔)が〉晴れやかになる: She *~ed* (***up***). 彼女は(急に)明るくなった. ([形] bright)
bríght-éyed [形] 明るい目をした. **bríght-éyed-and-búshy-táiled** 生き生きして元気のいい.
bríght·ish /-tɪʃ/ [形] やや明るい.
bríght líghts [名] [複] [the ~] (都会の)歓楽(街).
*__bright·ly__ /bráɪtli/ [副] (more ~; most ~) ❶ 明るく, きらきらと: The moon was shining ~. 月が明るく輝いていた. ❷ 晴れやかに, 明るく, 朗らかに: smile ~ にこやかに笑う. ❸ ぴかぴかに(なるまで).
*__bright·ness__ /bráɪtnəs/ [名] [U] ❶ 明るさ; 輝き. ❷ 鮮明さ. ❸ 賢さ, 聡明, 利口なこと.
Bríght's disèase /bráɪts-/ [名] [U]〘医〙ブライト病《現在の腎臓炎に当たる》.
Brigh·ton /bráɪtn/ [名] ブライトン《イングランド南部の都市; 海浜保養地》.
bríght spárk [名]《英口》[通例皮肉に] (陽気で)頭のいい人, おりこうさん.
+**brill**[1] /bríl/ [名] ([複] ~, ~s)〘魚〙ブリル《地中海・大西洋産ヒラメ科の大型の魚》.
brill[2] /bríl/ [形]《英口》すばらしい. 〚BRILL(IANT)〛
bril·liance /bríljəns/ [名] [U] ❶ 光輝; 光明, 光沢; 明るさ. ❷ すぐれた才気, 明敏さ.
bríl·lian·cy /-ljənsi/ [名] ＝brilliance.
*__bril·liant__ /bríljənt/ [形] ❶ **a** りっぱな, 見事な, 華々しい; 〈演奏など〉(技巧的に)すばらしい: a ~ performance すばらしい演奏[演技]. **b** (知性または才能の点で)目ざましい, 才気のある: a ~ idea すばらしい考え / a ~ mind 才気, 天才. ❷ **a** 〈宝石・日光など〉光り輝く, さんさんと輝く. **b** 〈宝石が〉ブリリアントカットの: a ~ cut ブリリアントカット《ダイヤモンドなどが最も効果的に輝くように切り磨く方法》. ❸ 〈色が〉鮮明な: a ~ yellow あざやかな黄色. ❹《英口》すばらしい, とてもよい (excellent). ── [名] ❶ [C]〘宝石〙ブリリアントカットの石《特にダイヤモンド》. ❷ [U]〘印〙ブリリアント《最小型活字; およそ $3^1/_2$ ポイント》. **~·ly** [副] きらきらと; あざやかに; すばらしく. 〚F < It〛【類義語】⇨ bright.
bril·lian·tine /bríljəntìːn/ [名] [U] ブリリアンティン, ヘアオイル《男性頭髪用香油》.
brílliant wèapon [名] コンピューター誘導なしに標的を見つけ出せる武器.
Bríl·lo pàd /brílou-/ [名]〘商標〙ブリロ《洗剤のついたスチールウール製のたわし》.
+**brim** /brím/ [名] ❶ (帽子の)つば. ❷ (コップ・皿などくぼみのある器物の)縁, へり (⇨ rim [比較]): full to the ~ あふれるばかりで[の]. ── [動] (**brimmed; brim·ming**) [他] 〈容器などに〉いっぱいに注ぐ. ── [自] […で]あふれる, あふれそうになる (overflow): Her eyes *brimmed* (***over***) ***with*** tears. 彼女の目は涙であふれていた / He was *brimming* (***over***) ***with*** health and spirits. 彼は元気ではち切れそうだった. **~·less** [形] 縁なしの. 〚ME＝端〛
brim·ful, brim·full /brímfúl/ [形] [P] […で]縁までいっぱいで, あふれんばかりで: ~ ***of*** ideas 才気あふれる / Her eyes were ~ ***with*** tears. 彼女の目には涙があふれていた. **-ful·ly** /-fúli/ [副]
brimmed [形] [通例複合語で] (…の)縁のある: a wide-*brimmed* hat つば広の帽子.
brim·mer [名] なみなみとついだコップ[グラス]; 満杯.
brim·stone /brímstòun/ [名] [U]《古》硫黄(いおう): a lake of fire burning with ~ 硫黄で燃えている火の池《地獄のこと; ★ 聖書「黙示録」から》. **fire and brímstone** ⇨ fire [名] [成句].
brin·dle /bríndl/, **brin·dled** /~d/ [形] 〈牛・猫など〉まだらの, ぶちの.
brine /bráɪn/ [名] ❶ [U] 塩水, 鹹水(かんすい)《食品保存のためなどに大量の塩を入れた水; [比較] 普通に「塩水」という場合は saltwater》. ❷〘化〙塩性溶液. ❸ [the ~]《文》海水, 海: *the* foaming ~ 荒海. ── [動] [他] 〈…を〉塩水につける.
bríne shrìmp [名]〘動〙ブラインシュリンプ《ホウネンエビモドキ科; 塩水湖に生息する小型の無甲類のエビ》.
‡**bring** /bríŋ/ [動] [他] (**brought** /brɔ́ːt/) ❶ (人に)〈ものを〉持ってくる; (ある場所に)〈人を〉連れてくる: [+目+目] She *brought* me some flowers.＝She *brought* some flowers ***to*** me. 彼女は私に花を持ってきてくれた / Please ~ me one.＝Please ~ one ***for*** me. 私(の分)に一つ持ってきてください / He *brought* his wife to the party. 彼は奥さんをパーティーに連れてきた / *B~* him ***here with*** you. 彼をこへ連れてきなさい / The suspect was *brought* before the judge. 容疑者は判事の前に連れ出された.
❷ 〈…を〉もたらす, 招来する: The winter *brought* heavy snowfalls. その冬は何度か大雪が降った / [+目+目] His presence *brought* us so much happiness. 彼がいたおかげで私たちはとても幸せだった / Fine weather *brought* bumper crops ***to*** the Midwest. よい天候に恵まれて中西部に大豊作がもたらされた / The smoke *brought* tears ***to*** my eyes. 煙で目に涙が出てきた / The brisk walk *brought* a little color ***into*** her cheeks. 勢いよく歩いたので彼女のほおはほんのりと赤らんでいた / Nuclear war would ~ an end ***to*** the world as we know it. 核戦争になったら今のような世界は滅亡するだろう.
❸ 〈ものが〉(人に)〈収入・利益を〉もたらす: The products

of her dairy were ~*ing* the highest prices in the market. 彼女の酪農場の製品は市場で最高値を呼んでいた/〔+目+目〕His paintings ~ him £20,000 a year. 彼は絵をかいて年2万ポンドの収入がある.

❹ **a** 〔副詞(句)を伴って〕〈物事や人を〉(ある場所に)来させる(【比較】日本語にする時には主語を副詞(句)的に訳すよく): What ~*s* you *here*? 何の用でここへ来たのですか/An hour's walk *brought* us *to* our destination. 1時間歩いたら目的地に着いた. **b** 〈人に〉…しむける: 〔+目+*doing*〕A phone call from his secretary *brought* him hurrying to his office. 彼は秘書から電話がかかってきたので大急ぎで事務所へかけつけた.

❺ **a** 〈…を〉(ある状態に)もってくる, 至らせる: ~ a car *to* a stop 車を停止させる / ~ a war *to* an end 戦争を終結させる / ~ the affair *to* mind その事件を思い出させる / ~ the police *into* the matter 警察をその事件に立ち入らせる / ~ business and government *into* a harmonious relationship 実業界と政府を協調させる / She *brought* him *to* his senses. 彼女は彼の迷いを覚ました. **b** 〈人を〉…する気にさせる: 〔+目+*to do*〕He wondered what *brought* her *to* see him. 彼はどういうことで彼女が自分に会ってみようという気になったのかと考えた. **c** 〔one*self* で; 通例 cannot [could not] ~ で〕〈…する〉気になる: 〔+目+*to do*〕I could not ~ *myself* to believe it. どうしてもそれを信じる気になれなかった.

❻ 〔…に対して〕〈訴訟・告訴・苦情などを〉提起する, 起こす, 申し立てる: He *brought* a charge *against* me. 彼は私を告訴した / She *brought* a slander suit *against* him. 彼女は彼に対して名誉毀損(ばん)の訴訟を起こした.

bring abóut 《他+副》(1) 〈…を〉引き起こす, もたらす (cause): Nuclear weapons may ~ *about* the annihilation of man. 核兵器は人類の絶滅をもたらすかもしれない. (2) 〈海〉〈船の〉向きを変える.

bríng alóng 《他+副》(1) 〈人を〉連れていく: I *brought* along Henry. 私はヘンリーを連れていった. (2) 〈ものを〉持っていく: I'll ~ *along* a picnic lunch. 私はピクニック用の昼食を持っていこう.

bríng aróund 《他+副》〔~+目+around〕(1) 〈人を〉正気づかせる, 回復させる, 生き返らせる(bring to): The smelling salts *brought* her *around*. 気つけ薬で彼女は意識を取り戻した / A cup of hot coffee will ~ you *around*. 熱いコーヒーを一杯飲めば元気が出るよ. (2) 説得して〈人の〉意見を〔…に〕変えさせる: They tried to ~ me *around to* their point of view. 彼らは私を説得して自分たちの考え方に従わせようとした. (3) 〈話などの〉方向を〔望む主題に〕変える〔*to*〕. (4) 〈人・ものを〉〔…に〕連れて[持って]くる〔*to*〕. (5) =BRING about 成句 (2).

bríng báck 《他+副》(1) 〈思い出を〉〈人に〉呼び返す, 思い出させる: Your words ~ *back* many memories. 君の言葉を聞くといろいろと思い出がよみがえってくる / The letter *brought* it all *back* to me. その手紙は彼女にすべてのことを思い出させた. (2) 〈…を〉〈人に〉持ち[連れ]帰る, 〈…を〉〈人に〉…に〉戻す: I'll ~ you *back* the book tomorrow. = I'll ~ the book *back to* you tomorrow. 本は明日お返しします. (3) 〈人を〉〈健康な状態に〉回復させる: The change of air *brought* him *back to* good health. 転地したおかげで彼の健康は回復した. (4) 〈旧制度などを〉復活させる(reintroduce).

bríng dówn 《他+副》(1) 〈ものなどを〉降ろす: ~ *down* a flag 旗を降ろす. (2) 〈人・政府などを〉打ち倒す: ~ *down* the government 政府を打ち倒す. (3) 〈敵機などを〉墜落させる; 〈鳥を〉撃ち落とす; 〈獲物を〉しとめる; 〔アメフト・ラグビー〕タックルして倒す: He *brought down* the lion at a shot. そのライオンを一発でしとめた. (4) 〈物価などを〉下げる; 〈商人に〉〔…まで〕まけさせる: ~ *down* prices 物価を下げる / ~ unemployment *down* to 3% 失業率を3%まで引き下げる / ~ a salesman *down to* a lower price 値切ってセールスマンにもっと安い値をつけさせる. (5) 〈歴史的記録を〉〈後代まで〉続ける〔*to*〕: It has been *brought down* in my family that... という話が私の家に代々伝わってきている. (6) 〈災い・罪などを〉〔…に〕もたらす: ~ *down* a person's anger *on* one's head 人の怒りを招く.

bring

bríng fórth 《他+副》〔~+forth+名〕《古》(1) 〈…を〉生む; 〈実を〉結ぶ, 結実する: April showers ~ *forth* May flowers. 《諺》卯月(うづき)の驟雨(しゅうう)は皐月(さつき)花を咲かす. (2) 〈提案などを〉言い出す, 表わす.

bríng fórward 《他+副》(1) 〈…の〉日取り・時間を〔…に〕繰り上げる(put forward): The meeting was *brought forward to* two in the afternoon. 会議の時間は午後2時に繰り上げられた. (2) 〈案・論を〉提出する, 議題にのせる; 〈証拠を〉あげる: ~ a matter *forward* at a meeting ある件を会で提案する. (3) 〈簿〉〈数字を〉前ページから繰り越す.

bríng ín 《他+副》(1) 〈法案・新制度などを〉導入する(introduce); 〈人などを〉引き入れる, 収める, 依頼する: ~ *in* an expert 一人の専門家の参加を依頼する / 〔~+目+*to do*〕We were *brought in* to assist them. 彼らに助力するよう依頼された. (2) 〈人に〉〈利益・利子を〉生ずる: 〔+目+目〕His lands ~ (him) *in* 100,000 pounds a year. 彼の地所から年10万ポンドの収益が上がる / This deposit account ~*s* (me) *in* 5½ per cent. この定期預金には5分5厘の利子がつく. (3) 〈陪審が〉〈評決を〉答申する: ~ *in* a verdict of guilty [not guilty] 有罪[無罪]の評決を答申する. (4) 〈人を〉警察へ連行する, 拘引する. (5) 〈新型など〉を採り入れる, 輸入する.

bríng óff 《他+副》(1) 〈事業などを〉見事にやってのける, 成就する: Can you ~ it *off*? うまくやり遂げられますか / The author has *brought off* a signal success with his latest book. 著者は最新作によって目ざましい成功を収めた. (2) 〈人を〉(難破船などから)救い出す: The climbers were *brought off* by the rescue party. 登山者たちはその斜面から救助隊に救い出された.

bríng ón 《他+副》(1) 〈病気・悪いことなどを〉もたらす, 引き起こす(cause). (2) 〈作物などを〉発育[生長]させる. (3) 〈花形などを〉舞台に引き出す. (4) 〈人の〉〔…の〕学力[技術]を増進させる, 上達させる: His tutor has *brought* him *on* rather quickly *in* English. 彼の家庭教師はかなり早く彼の英語力を上達させた.

bring…on (upòn) a person 人に…をもたらす.

bríng óut 《他+副》(1) 〈新製品などを〉製造する, 売り出す. (2) 〈本・CDを〉出す: His new book will be *brought out* next week. 彼の新著は来週出版される. (3) 〈人・ものを〉持ち[連れ]出す: They *brought out* the wedding cake. 彼らはウェディングケーキを運び出した. (4) 〈色・性質などを〉明らかにする: The dress ~*s out* the blue of her eyes. そのドレスのために彼女の青いひとみが引き立って見える. (5) 〈真価・特徴などを〉引き出す, 発揮する: The crisis *brought out* the best in her. その危機を経て彼女のいちばんすばらしい面が表面に現われた. (6) 〈花を〉開かせる: The warm weather has *brought* the dogwood *out* early. 陽気がいいのでハナミズキの花が早く咲いた. (7) 〈人を〉打ち解けさせる; 〈娘を〉社交界に出す. (8) 《英》〈労組などが〉〈労働者に〉ストライキをさせる.

bríng óver 《他+副》(1) 〈人・ものを〉(遠くから)連れて[持って]くる. (2) 〈人を〉〈ある別の考え・運動などに〉転向させる: ~ a person *over to* a cause 人を説得してある運動に参加[賛同]させる. (3) 〈海〉〈帆の〉向きを変える.

bríng róund = BRING around 成句.

bring through 《他+副》〔*~…thròugh…*〕(1) 〈人に〉〔困難・病気などを〕切り抜けさせる: Patience *brought* them *through* the difficult times. 彼らは忍耐により困難な時勢を切り抜けた. ── 《他+副》〔*~* thróugh〕(2) 〔~+目+through〕〈病人・けが人の〉命を救う: He was *brought through* by his mother's patient nursing. 彼は母親の辛抱強い看護によって一命を取り留めた.

bring tó 《他+副》〔~+*to*〕(1) 〈人を〉正気づかせる(bring around): She *brought* him *to* (with smelling salts). 彼女は(気つけ薬をかがせて)彼を正気づかせた. (2) 〈海〉〈船を〉止める: He *brought* the ship *to*. 彼は船を止めた. ── 《他+副》〔海〕〈船が〉止まる.

bríng to béar on… ⇒ bear[1] 成句.

bríng togéther 《他+副》〔~+目+together〕(1) 〔特に〕

bring-and-buy

〈男女を〉引き合わせる: Common interests *brought* them *together*. 共通の趣味で二人は心が通い合うようになった. (2) 〈人・ものを〉呼び[寄せ]集める; まとめる. (3) 〈当事者を仲直りさせる.

bríng...to onesélf (1) 〈人を〉われに返らせる, 正気づかせる. (2) 〈人に〉本心を取り戻させる, まともな気持ちにさせる: Your understanding should ~ him *to himself*. 〈俺の立場に対する〉あなたの理解で彼はもとの気持ちに立ち直るだろう.

bring únder [(他+副)] ~ únder] [~+目+under] (1) 〈...を〉鎮圧[抑制]する: ~ *rebels* [a *rebellion*] *under* 反乱者[反乱]を鎮圧する. —— [(他+副) ~...ùnder...] (2) 〈部類〉の下に分類する, ...に含める: The findings can be *brought under* five heads. 調査結果は5項目にまとめることができる.

bríng úp [(他+副)] (1) 〈子供を〉育てる; しつける《★ しばしば受身》: Your daughters have been well *brought up*. あなたの娘さんたちはよくしつけられていますね / [~+*to do*] She *was brought up* to behave politely. 彼女は礼儀正しくふるまうように育てられた. (2) 〈人・ものを〉〈上に〉連れて[持って]くる (⇒ 1). (3) 〈問題などを〉持ち出す (raise): They have decided to ~ *up* the question at the next session. その問題を次の会合に持ち出すことに決めた. (4) 〈部隊を〉前線へ送り込む. (5) 〈軽犯罪者を〉〈法廷に〉出頭させる. (6) […のことで〉〈人を〉厳しくしかる 《*for*》. (7) 《英》〈ものを〉吐く, 戻す. (8) 〈...を〉ぴたりと止める: He *brought up* the car at the traffic light. 彼は信号で車を停車させた / His reply that the bank was already closed *brought* me *up* (short). 銀行はすでに閉まっているという彼の言葉に私ははたと立ち止まった. (9) 〈合計を〉〈...に〉合わせる《*to*》. (10) =BRING TO 成句》.

bríng...úp against... (1) 〈...を〉〈不利な事態などに〉直面させる《★ 通例受身》: We *were brought up against* great difficulties. 大きな困難に出くわした. (2) 〈不利な証拠などを〉...に対して持ち出す《★ しばしば受身》: That evidence was *brought up against* him. その証拠は彼にとって不利な材料として持ち出された.

bríng・er 图 〈類義語〉**bring** ある場所へ物[人]を持って[連れて]来る: I *brought* some cake home with me. **take bring** とは反対に, ある場所から他へ持って[連れて]行く: I will *take* the umbrella to the office. **fetch** ある物[人]のある[いる]所へ出かけて行って持って[連れて]来る: Please *fetch* me my hat.

bríng-and-búy (sále) 图 《英》〈チャリティーのための〉持ち寄りバザー.

bríng・ing-úp 图 U 養育, しつけ.

*brink /brínk/ 图 [the ~] ❶ 縁間, 瀬戸際: be brought [driven, pushed] *to the* ~ *of* disaster 大惨事の寸前まで追いやられる. ❷ 《文》〈絶壁・がけなどの急斜面の〉縁, がけっぷち (⇒ **rim** 比較); 水際, 水辺: the ~ *of* a *cliff* がけっぷち. **on** [**at**] **the brínk of**... 今にも...しようとして, ...の瀬戸際で, 〈死・破滅などに〉瀕(ひん)して (on the verge of ...): The company is *on the* ~ *of* bankruptcy. その会社は倒産寸前である. **púsh** [**dríve**] **a person òver the brínk** 人を混乱状態に立とうという政策).

brínk・man・ship /brínkmənʃìp/, **brínks-** /brínks-/ 图 U 《口》 瀬戸際政策 《危険な状態をぎりぎりまで押し進めて強い態度で有利な立場へ持っていこうという政策》.

brin・y /bráini/ 形 (**brin・i・er**, **-i・est**) ❶ 塩水の, 海水の: the ~ **deep** 海. ❷ 塩辛い: a ~ taste 塩辛い味. —— 图 U 《口》海.

bri・o /bríː.ou/ 图 U 生気, 活気.《It》

bri・oche /brióu∫ | -ɔ́∫/ 图 ブリオッシュ 《卵・バターなどを入れて作った甘味のロールパン》. 《F》

bri・quette, **bri・quet** /brɪkét/ 图 ブリケット《粉炭や木炭を固めて作る小さなれんが形の練炭; 豆炭》. 《F》

Bris・bane /brízbən, -beɪn/ 图 ブリズベン《オーストラリア Queensland 州の州都で, 太平洋岸の港湾都市》.

bri・sé /briːzéɪ/ 图 (徳 ~s /~z/) 〈バレエ〉ブリゼ 《片足で跳び上がって両脚を空中で打ち合わせ, 両足で降りるステップ》.

---

*brisk /brísk/ 形 (~・er; ~・est) ❶ **a** 〈人・態度など〉活発な, 元気[勢い]のよい, きびきびした: a ~ walker 元気よく歩く人 / at a ~ pace きびきびした足どりで. **b** 〈商売〉繁盛の (↔ dull). ❷ 〈大気など〉爽快(そうかい)な, すがすがしい; 心地よい: ~ weather すがすがしい日和. —— 他 〈...を〉活気づける, 活発にする: ~ *up* one's pace 歩調を速める. —— 自 活気づく, 活発になる, 勇み立つ《*up*》. ~・**ly** 副 活発に, 元気よく. ~・**ness** 图 《?F=唐突な》

bris・ket /brísket/ 图 U 〈牛などの〉胸の肉, ブリスケ.

bris・ling /brízlŋ, brís-/ 图 (徳 ~, ~s) 〈魚〉スプラット (sprat) 《特にノルウェー産の燻製にしん; 油漬けでかんづめにしたもの》.

*bris・tle /brísl/ 图 ❶ 〈動物, 特に豚の〉剛毛, 荒毛. ❷ 剛毛状のもの: **a** 〈ブラシなどの〉毛. **b** 〈複数形で〉〈ひげそり後に伸びた〉剛毛のこと. —— 自 ❶ **a** 〈毛髪などが〉逆立つ (stand on end); 〈動物が〉毛を逆立てる《*up*》. **b** 〈...に対して〉〈怒りで〉気色ばむ, いらだつ: He ~*d* (*with* anger) *at* her allusion to his dress. 服装に対する彼女の当てつけに彼はいらだった. ❷ 〈...で〉いっぱいである, 密生する, 充満する: Our path ~*s with* difficulties. 我々の道は困難[いばら]に満ちている. ❸ 〈毛・とさかなどを〉逆立てる.

brístle・bìrd 图 〈鳥〉ヒゲムシクイ 《豪州産》.

brístle・còne píne 图 〈植〉イガゴヨウ 《球果の鱗片が著しくとがった米国西部産のマツ》.

brístle・tàil 图 〈昆〉シミ.

brístle・wòrm 图 〈動〉多毛類 《ゴカイなど》.

bris・tly /brísli/ 形 (**bris・tli・er**, **-tli・est**) ❶ 剛毛質の, 剛毛の多い; 密生した; 直立した, 逆立った. ❷ 〈人・気質が〉怒りっぽくて扱いにくい, けんか腰の.

Bris・tol /brístl/ 图 ブリストル 《イングランド南西部の港湾都市》.

Brístol bòard 图 U ブリストル〈紙〉《上質の板紙・画用紙》.

Brístol Chánnel 图 [the ~] ブリストル湾[海峡] 《ウェールズとイングランド南西部との間》.

Brit /brít/ 图 《口》英国人, イギリス人.

Brit. (略) Britain; Briticism; British; Briton.

*Brit・ain /brítn/ 图 大ブリテン〈島〉, 英本国 (⇒ Great Britain); ⇒ North Britain.

Bri・tan・nia /brɪtǽnjə, -nɪə/ 图 ブリタニア (Great Britain の女性擬人的名称;ヘルメットをかぶり, 三又の矛(ほこ)や盾(たて)によりかかった姿で描かれる).

Británnia (mètal) 图 U [時に b-] 〈冶〉ブリタニア《メタル》《スズ・アンチモン・銅からなる各種白色合金》.

Británnia sìlver 图 U 〈冶〉ブリタニアシルバー《純度約 96%の銀》.

Bri・tan・nic /brɪtǽnɪk/ 形 英国の: His [Her] ~ Majesty 英国国王[女王]陛下 《略 HBM》.

britch・es /brítʃɪz/ 图 復 《米》=breeches.

Brit・i・cism /brítəsìzm/ 图 イギリス英語特有の語〈法〉 (cf. Americanism 1).

*Brit・ish /brítʃ/ 形 ❶ 英国の, イギリスの; 英国人の, イギリス人の. ❷ 〈古代〉ブリトン族の. **The bést of British** (**lúck**)! 幸運を祈る 《成句》. —— 图 ❶ [the ~; 複数扱い] 英国民[人], イギリス人〈全体〉; 英国兵. ❷ U = British English. 《BRITAIN+ -ISH¹》

British Acádemy 图 [the ~] 英国学士院《人文学の研究・発達を目的とする; 略 BA》.

British Áirways 图 英国航空 《略 BA》.

British Ásian 图 形 アジア系イギリス人〈の〉 (Anglo-Asian).

British Bróadcasting Corporàtion 图 [the ~] 英国放送協会 《略 BBC》.

British Colúmbia 图 ブリティッシュコロンビア州《カナダ南西部の州; 州都 Victoria; 略 BC》.

British Cómmonwealth (of Nátions) 图 [the ~] 英連邦, イギリス連邦 《the COMMONWEALTH (of Nations) の旧称》.

British Cóuncil 图 [the ~] ブリティッシュカウンシル 《英国文化の海外紹介などを目的とする団体; 1934 年創設》.

British Émpire 图 [the ~] 大英帝国 《英本国およびそ

の植民地と自治領の旧称)．

British English 名 Ⓤ イギリス英語．

Brit·ish·er 名《米》英本国人．

British Ísles 名 複 [the ~] イギリス諸島《Great Britain, Ireland と付近の諸島約 500》．

Brit·ish·ism /-ĭzm/ 名 = Briticism.

British Légion 名 [the ~] 英国在郷軍人会．

British Líons 名 [the ~] ブリティッシュ・ライオンズ《Rugby Union の全英代表チーム》．

British Muséum 名 [the ~] 大英博物館《英国 London にある博物館》．

British Ópen 名 [the ~]《ゴルフ》全英オープン《世界 4 大トーナメントの1つ; 7月の第2週に行なわれる》．

British Súmmer Tìme 名 Ⓤ 英国夏時間《3月末から 10 月末まで1時間早める; 略 BST》．

British thérmal ùnit 名 英国熱量単位《1ポンドの水をカ氏1度上昇させるのに必要な熱量; 略 Btu, BTU》．

⁺**Brit·on** /brítn/ 名 ❶ ブリテン人, 英国人;《特に》イングランド人《★ 現在では新聞の見出しなどにのみ用いられる》．❷ ブリトン人《ローマ軍侵入のころ Britain 島南部に住んでいた Celt 族の一派》．

Brit·pop /brítpɑ̀p/ -pɔ̀p/ 名 Ⓤ ブリットポップ《ビートルズなど 1960 年代のグループの影響をうけた 90 年代中期の英国人グループによるポップミュージック》．

Brit·ta·ny /brítəni/ 名 ブルターニュ《フランス北西部の半島》．

Brit·ten /brítn/, **Benjamin** 名 ブリテン《1913-76; 英国の作曲家》．

⁺**brit·tle** /brítl/ 形 (brit·tler; brit·tlest) ❶〈ガラス・卵の殻など〉(硬いが弾力性がないために)砕け[壊れ]やすい, もろい．❷〈約束・気配など〉不安定な, もろい; はかない．❸ 情味のない, 冷たい．❹〈音色が〉鋭い, 金属性の．── 名 Ⓤ = peanut brittle.

brittle-bóne disèase 名 Ⓤ=osteoporosis.

Br·no /bə́ːnou/ bɑ́ː-/ 名 ブルノ《チェコ東部, Moravia 地方の中心都市》．

bro /bróu/ 名《口》❶ =brother. ❷ 友だち, 仲間《★呼び掛けにも用いる》．

Bro.（略）《カト》brother.

broach /bróutʃ/ 動 他 ❶〔人に〕〈話を〉切り出す, 提案する《*to, with*》: He ~ed the subject *to* him. 彼はその話を私に切り出した．── 名 回 ❶ 先のとがったもの: **a** 焼きぐし《比較 spit のほうが一般的》．**b**（燭台〈いっ〉の）ろうそくを刺すくぎ．❷ 穴くり器, 穴えぐり．
〖F *broche* くぎ, くし/ cf. brochure〗

bróach·er 名 発議者, 提案者．

bróach spìre 名《教会の》八角尖塔．

✱**broad** /brɔ́ːd/ 形 (~·er; ~·est) ❶ **a** 幅の広い, 広々とした (↔ narrow): a ~ street 広い街路 / ~ shoulders 幅広い肩 (cf. have broad SHOULDERS 成句). **b**〔数量を示す語句を伴って〕幅が...の: 5 feet ~ 幅 5 フィート．❷ **a**〈心などが〉広い, とらわれない, 寛大な: a ~ mind 広い心．**b**〈範囲・支持など〉多くの[もの]を含む, 幅の広い, 広範な: take a ~ view of things 物事を広く見て[考える]．**c**〈知識・経験など〉広い, 広範囲の: a man of ~ experience 経験の広い人．❸ Ⓐ 一般の; 大ざっぱな (general): in a ~ sense 広義で / a ~ outline 大体の輪郭 / in a ~ way 大体において, 大まかに言えば．❹〈なまりが〉丸出しの: a ~ dialect 丸出しのお国なまり / ~ Scotch [Scots] 低地スコットランドなまり．❺ **a**〔冗談・喜劇など〕下卑た, 露骨な, みだらな；〈笑いなど〉無遠慮な: one's ~ humor あけすけなユーモア．**b**〔芸術表現が〕大胆な, 自由奔放な．❻ ひと目でわかる, 明白な: a ~ distinction 明白な差異 / a ~ hint すぐにそれと分るヒント[ほのめかし]．❼《音声》〈低母音や後舌の〈ask などの母音を /ɑː/ と発音する; cf. flat¹ 形 9)〉．❽〈音声表現の〉広い (cf. narrow 形 6). as **broad as it is lóng**《英口》どちらでも結局同じことで, 五十歩百歩で《★ 「長さと幅が同じ」の意から》．**broad in the beam** ⇒ beam 5b. **in bróad dáylight** 真っ昼間に, 白昼に;《比喩》公然と．── 名 ❶（手・足・背など）広い部分．❷ [the Broads; 複数扱い]《英国の Norfolk または Suffolk の）湖沼地方《川が広がって生じた》．❸《米俗》

---

223 **broadsword**

古風〖軽蔑的に〗女, 娘．── 副 ❶ 十分に, すっかり《★通例次の句で》: ~ awake すっかり目を覚まして．❷ なまって: speak ~ いなか弁丸出しで話す．~·**ness**〖OE〗名 breadth, 動 broaden ⇒ wide.

broad árrow 名 太やじりのついた矢; 太やじり印《英国官有物に押す; cf. arrowhead 1）．

broad·bànd 形《通信》広(周波数)帯域の, ブロードバンドの．

broad-bàsed 形 広い基盤をもつ; 広い領域にまたがる[わたる]（broadly-based）．

broad bèan 名《植》ソラマメ《米》fava bean.

broad·bìll 名 ❶ くちばしの広い鳥《スズガモ・ハシビロガモなど》．❷ ヒロハシ《アフリカ・熱帯アジア産のあざやかな色をしたヒロハシ科の鳥の総称》．

broad-brush 形 ❶ 大まかな, 大づかみの, 大体の．

✱**broad·cast** /brɔ́ːdkæst/ -kɑ̀ːst/ 動 (~, 《また米》~·ed) ❶ 他 ❶ ...を放送[放映]する: ~ a concert 演奏会を放送[放映]する / The President's speech will be ~ over the major TV networks. 大統領の演説は主要テレビ局を通じて放送される予定だ / That news was ~ [~ed] yesterday evening. そのニュースは昨夕放送された．❷〈うわさなどを〉ふれまわる, 吹聴〈ちょう〉する．❸〈種子などを〉ばらまく, 散布する．── 自 ❶ 放送[放映]する．❷〈種子が〉(テレビ・ラジオの)放送, 放映: a ~ *of* a baseball game 野球の放送．**b** 放送[放映]番組 (program). ❷（種子の）散布．── 形 ❶ 放送[放映]の, 放送された[される]．❷〈うわさなど〉一般に広まった．❸〈種子など〉ばらまきの, 散布した．── 副 広く, 〖BROAD 副+CAST 過分〗

✱**bróad·càst·er** 名 ❶（テレビ・ラジオの）キャスター, アナウンサー; 放送局[会社]; 放送装置．❷ ばらまき器, 散布器．

✱**bróad·càst·ing** 名（ラジオ・テレビの）放送: a ~ station 放送局 / radio ~ ラジオ放送．

broadcast sàtellite 名 放送衛星《略 BS》．

Broad Chúrch 名 [the ~] 広教会派《19 世紀後半の英国国教会の儀式に対して自由主義的な一派》．

broad·clòth 名 Ⓤ ❶ 広幅織物．❷ 広幅の高級黒ラシャ, ブロード《広幅のワイシャツ・ドレスなどの生地》．

✱**broad·en** /brɔ́ːdn/ 動 他 ❶ 〈...を〉広げる．❷〈知識・経験など〉広める．── 自 広くなる, 広がる: The river ~s at its mouth. 川は河口で広くなっている / The old man's face ~ed (*out*) *into* a grin. 老人の顔が歯を見せてにっこりと笑った．(形 broad)

broad gáuge 名《鉄道》広軌《軌間が 1435 mm より広いもの》．

broad-gáuge(d) 形 ❶《鉄道》広軌の．❷ 心の広い．

broad jùmp 名 [the ~] = long jump.

broad·léaved, -léaf 形《植》広葉の; 広葉樹の．

broad·lòom 形 Ⓐ Ⓤ 広幅織りの(じゅうたん)．

✱**broad·ly** /brɔ́ːdli/ 副 ❶ 大まかに, 概括的に《★ 時に文修飾》: ~ speaking 大ざっぱに言えば, 概して．❷ 露骨に, 無遠慮に; 下品に: He smiled ~. 彼は口を広くあけて笑った．❸ 方言で．

broadly-básed 形 =broad-based.

broad-mìnded 形 心の広い, 寛大な, 偏見のない (tolerant; ↔ narrow-minded). ~·**ly** 副 ~·**ness** 名

broad mòney 名《英》広義の通貨, ブロードマネー《現金通貨に銀行などの要求払い預金, 定期性預金などを加えたもの; cf. narrow money》．

broad pénnant [péndant] 名《海軍》代将旗, 司令官旗;（商船隊先任船長・ヨット協会会長などの）燕尾旗．

broad·shèet 名 ❶ 大判紙の印刷物《俗謡・広告ビラなど》(broadside);《英》(tabloid 版と区別して) 大判の新聞《一般に高級紙》．

broad·sìde 名 ❶ 自 片舷一斉射撃．**b**（悪口の）一斉攻撃．❷《海》舷側．❸ =broadsheet. ── 副 舷側で[車の横側を]向こう方向に向けて《*on, to*》. ── 動 他〈...を〉脇腹にぶつける．

broad-spéctrum 形 Ⓐ ❶〈抗生物質が〉薬効範囲が広い．❷ 広範囲に使用される．

bróad·swòrd 名 広刃の刀, だんびら．

bróad·tail 名 ⓊⒸ カラクール(の毛皮) (⇨ karakul).

bróad·wày 名 広い道路, 大通り.

Broad·way /brɔ́ːdweɪ/ 名 ❶ ブロードウェー《米国 New York 市を南北に走る劇場・歓楽街》; on ~ ブロードウェーで. ❷ Ⓤ (New York 市の)商業演劇(界)《cf. off-Broadway, off-off-Broadway》. ── 形 Ⓐ ブロードウェー(ばり)の: a ~ hit 大当たりの(劇).

bróad·wàys 副 側面を向けて.

bróad·wìse 副 =broadways.

Brob·ding·nag /brɑ́bdɪŋnæɡ | brɔ́b-/ 名 ブロブディンナグ《*Gulliver's Travels* 第 2 部の巨人国の名称》.

Brob·ding·nag·i·an /brɑ̀bdɪŋnǽɡiən | brɔ̀b-/ [時に b-] 形 巨大な: a ~ appetite ものすごい食欲. ── 名 巨人.

Bro·ca /bróʊkə/, **Paul** ブローカ《1824-80; フランスの外科医・人類学者; 脳の言語中枢をみた》.

bro·cade /broʊkéɪd/ 名 ⓊⒸ 錦(にしき), 金襴(きんらん). ── 動 他《…を》錦織にする. **bro·cád·ed** 形 錦織の, 錦模様の.

Bróca's àrea 名[解] ブローカ野(や)《左脳前頭葉下前頭回にあり, 運動性言語中枢がある》.

⁺**broc·co·li** /brɑ́kəli | brɔ́k-/ 名 Ⓤ ブロッコリー《カリフラワーと同系統の野菜》. 《It; 元米は緑の芽》

broch /brɑ́k | brɔ́k/ 名[考古] ブロッホ《Orkney 諸島, Shetland 諸島などスコットランド本土に残存する石造の円塔》.

bro·chette /broʊʃét/ 名《料理用の》焼き串.《F *broche* (↓)+-ETTE》

*⁎**bro·chure** /broʊʃúr | bróʊʃə/ 名 パンフレット, 小冊子.《F=縫い綴(と)じたもの《*broche* 縫い針, くぎ; cf. broach》》

brock /brɑ́k | brɔ́k/ 名《英》アナグマ (badger).

Bróck·en spécter /brɑ́kən | brɔ́k-/ 名 ブロッケンの妖怪《怪物》《太陽を背に山頂などに立つときの雲の上に映る自分の影で, しばしば頭部のまわりに光環が見える》.

brock·et /brɑ́kət | brɔ́k-/ 名 ❶ 2 歳の雄のアカシカ《cf. pricket》. ❷【動】マザマジカ《中南米産の小型のシカ; 角は分枝しない》.

bro·de·rie an·glaise /bróʊd(ə)riːɑːŋɡléɪz/ 名 Ⓤ ブロドゥリ・アングレーズ《目打ちをしてまわりを刺繍するアイレットワークのこと》.《F=English embroidery》

bro·gan /bróʊɡən/ 名《通例複数形で》ブローガン《足首までの深さの丈夫な作業靴》.

brogue¹ /bróʊɡ/ 名《通例複数形で》❶《なめしてない革の》粗末で頑丈な靴《昔のアイルランド人や高地スコットランド人が使用した》. ❷ 穴飾りのある頑丈な短靴《ゴルフ靴など》.

brogue² /bróʊɡ/ 名《通例単数形で》アイルランドなまり.

broil¹ /brɔ́ɪl/ 動 他 ❶〈肉を〉あぶる, 焼く. b《米》〈肉を〉(オーブンなどの)上火(う゜ゎび)【直火(ぢかび)】で焼く. ❷〈炎熱が〉〈…に〉焼きつく. ── 自 ❶〈肉が〉焼ける. ❷ [通例進行形で] 暑い〈ように〉暑い: I *was* ~*ing* in my overcoat. 私はオーバーを着ていて暑苦しかった. ── 名 Ⓤ 焼く《あぶる》こと. ❷ 照り焼き, 焼き肉.《類義語》⇨ cook.

broil² /brɔ́ɪl/ 名 けんか[口論]《する》, 大騒ぎ《する》.

bróil·er 名 ❶《また **bróiler chìcken**》ブロイラー《焼き肉用の若鶏》. ❷《米》焼き肉用の器具《《英》grill》. ❸《口》炎天[酷暑]の日.

bróiler hòuse 名 ブロイラー鶏舎.

bróil·ing 形 ❶《焼けるように》暑い: a ~ day 焼きつくような暑い日. ❷ [副詞的に] 焼きつくほどに: ~ hot 焼きつくように暑い.

⁎**broke** /bróʊk/ 動 break¹ の過去形. ── 形《比較なし》《口》無一文で; 破産して (skint; cf. break 他 A 6): I'm ~. 全然お金がない / dead [flat, stone, stony] ~ 無一文で / go ~ 無一文になる; 倒産する. **gó for bróke**《口》《投機・事業などにすべてを賭(か)けて》, とことんやる《*in*》.

⁎**bro·ken** /bróʊkən/ 動 break¹ の過去分詞. ── 形《比較なし》❶ 壊れた, 砕けた, 破れた. ❷ 折れた; 《骨の》折れた; 《皮膚の》破れた: a ~ leg 骨折した足 / ⇨ broken reed. ❸ Ⓐ **a** 破産した: ~ fortunes 破産. **b**《通例 Ⓐ》〈家庭・結婚が〉崩れた, 破れた: a ~ marriage 破れた結婚 / a ~ family 離散した一家 / a ~ home 欠損家庭《離婚などで片親または両親のいない家庭》. ❹ [通例 Ⓐ]〈約束・契約など〉破られた, 破棄された: a ~ promise ほごにされた約束. ❺ **a**《通例 Ⓐ》〈電話・サービスなど〉途切れる: a ~ line 破線《- - - -》/ ~ service 中断している[途中で切れている]勤務[年限] / a ~ sleep 途切れがちの[途切れがちの]睡眠. **b**〈天候など〉〈眠り〉安定な, 定まらない: ~ weather 定まらない[不順な]天候. **c**〈土地などで〉でこぼこの, 起伏のある. ❻ Ⓐ〈病気・悲嘆などで〉くじけた, 衰弱した, 打ちひしがれた: a ~ man 失意の人, a ~ heart 失意; 失恋. ❼ Ⓐ 文法に反した, めちゃめちゃな: ~ English 文法的にくずれた[ブロークンな]英語. ❽ はしたの, はんぱの: ~ set はんぱな一組. ❾〈馬が調教された, ならされた. **~·ness** 名.

bróken chórd 名【楽】分散和音.

⁺**bróken-dówn** 形 ❶ 打ち砕かれた, 壊滅した. ❷《老齢・病気で》健康をそこねた; 衰弱した. ❸ **a**〈馬が疲れて動けなくなった. **b**〈機械などが〉壊れた, 動かない.

bróken fíeld 名【アメフト】ブロークンフィールド《ディフェンスラインを越えてディフェンダーが分散しているフィールド》.

bróken-héarted 形 失意の, 悲嘆にくれた; 失恋した. **-·ly** 副. **-·ness** 名

bróken hóme 名【社】欠損家庭, こわれた家庭《死亡・別居・離婚などによって片親または両親が欠如している家庭》.

bró·ken·ly 副 とぎれとぎれに, とぎれがちに: speak ~ とぎれとぎれに話す.

bróken réed 名 折れたアシ; いざという時頼りにならない人[物]《★聖書「マタイ伝」などから》.

bróken wínd /wínd/ 名【獣医】《馬の》肺気腫.

bróken-wínded /-wíndɪd/ 形〈馬など〉息切れする, ぜんそくの.

*⁎**bro·ker** /bróʊkər | -kə/ 名 ❶ ブローカー, 仲買人;《特に》株式仲買人 (stockbroker). ❷ 周旋屋. ── 動 他〈取引・交渉を第三者[黒幕]が間に入ってまとめる. ── 自 ブローカーをする.《F; 原義は「ワイン販売人」》

⁺**bro·ker·age** /bróʊk(ə)rɪdʒ/ 名 Ⓤ 仲買(業); 周旋. ❷ 仲買手数料, 口銭.

bro·king /bróʊkɪŋ/ 名 Ⓤ 形《英》仲介(業)の, 仲買(業)の.

brol·ly /brɑ́li | brɔ́li/ 名《英口》こうもり傘.《UMBRELLA から》

brom- /broʊm/ [連結形]《母音の前にくる時の》bromo-の異形.

bro·me·li·ad /broʊmíːliæd/ 名【植】アナナス《アナナス[パイナップル]科の植物の総称》.

bro·mic /bróʊmɪk/ 形 臭素を含む.

bro·mide /bróʊmaɪd/ 名 ❶ ⓊⒸ【化】臭化物; 臭化[ブロム]カリ《鎮静・催眠剤》. ❷ Ⓒ 陳腐な考え[言葉], 月並みな事[話]; 平凡な人.《BROMINE》

brómide pàper 名【写】ブロマイド(印画)紙.

bro·mid·ic /broʊmídɪk/ 形 月並みな, 平凡な, 陳腐な.

bro·mine /bróʊmiːn/ 名 Ⓤ【化】臭素《記号 Br》.《F〈Gk=悪臭》

bro·mo- /bróʊmoʊ/ [連結形]「臭素」.

bronc /brɑ́ŋk | brɔ́ŋk/ 名《米口》=bronco.

bron·chi /brɑ́ŋkaɪ | brɔ́ŋ-/ 名 bronchus の複数形.

bron·chi·al /brɑ́ŋkiəl | brɔ́ŋ-/ 形 気管支の: ~ asthma 気管支ぜんそく / ~ tubes 気管支.

brónchial trée 名【医】気管支樹《気管支が肺内部で分岐を重ねてできた樹状構造》.

bron·chi·ole /brɑ́ŋkioʊl | brɔ́ŋ-/ 名【解】細気管支. **bròn·chi·ó·lar** 形

bron·chi·o·li·tis /brɑ̀ŋkioʊláɪtɪs | brɔ̀ŋ-/ 名 Ⓤ【医】細気管支炎.

bron·chit·ic /brɑŋkítɪk | brɔŋ-/ 気管支炎の[にかかった].

bron·chi·tis /brɑŋkáɪtɪs | brɔŋ-/ 名 Ⓤ【医】気管支炎.

brón·cho·cèle 名【医】甲状腺腫.

bróncho-dilátor 名【薬】気管支拡張薬.

bròncho-pneumónia 名 Ⓤ【医】気管支肺炎.

bron·cho·scope /brɑ́ŋkəskoʊp/ 名【医】気管支鏡. **bron·chos·co·py** /brɑŋkɑ́skəpi | brɔŋkɔ́s-/ 名 気管支鏡(検査)法.

bron・chus /bráŋkəs | brɔ́ŋ-/ 名 (-chi /-kaɪ/) 【解】気管支.

bron・co /bráŋkou | brɔ́ŋ-/ 名 (~s) 動 ブロンコ(北米西部平原産の(半)野生の馬).《Am-Sp 荒々しい, 野生の》

brónco・bùster 名 ブロンコを乗り慣らす人.

Bron・të /bránti, -ter | brɔ́n-/, **Anne** 名 ブロンテ (1820-49; 英国の小説家; Charlotte と Emily の妹).

Bron・të, Charlotte 名 ブロンテ (1816-55; 英国の小説家; Anne, Emily の姉).

Bron・të, Emily 名 ブロンテ (1818-48; 英国の小説家; Anne の姉で Charlotte の妹).

bron・to・saur /brántəsɔ̀ə | brɔ́ntəsɔ̀ː/ 名 【古生】ブロントサウルス, 雷竜(恐竜の一種).《Gk brontē 雷+sauros トカゲ》

Bronx /bráŋks | brɔ́ŋks/ 名 [the ~] ブロンクス区 《米国 New York 市の北部の行政区; cf. borough 1 b》.

Brónx chéer 名 [通例単数形で]《米口》舌を両唇にはさんで震動させるやじ《軽蔑・冷笑を表わす; cf. raspberry 2》.

***bronze** /bránz/ 名 ① [U] ブロンズ, 青銅 (銅とスズの合金): a torso in ~ ブロンズのトルソー. ｂ [C] ブロンズ製品 (彫刻など). ｃ =bronze medal. ② [U] ブロンズ色 (赤みがかった茶色). ──形 ① ブロンズ製の: a statue 銅像. ② ブロンズ色の. ──動 ① 他 ⟨...を⟩ブロンズ色にする, 日焼けさせる. ② ⟨色を⟩ブロンズまがいにする. ── 自 (日焼けして)ブロンズ色になる.《F < It < ?Pers.=銅》

Brónze Àge 名 [the ~] ① [時に b- a-]《ギ・口 神》青銅時代 (伝説の四時代の中の三番目の時代; 戦争と暴力が特徴; cf. golden age 2). ② 《考古》青銅器時代.

bronzed 形 (褐色に)日焼けした.

brónze médal 名 銅メダル(競技などの3等賞).

brónze médalist 名 銅メダル獲得者.

brónze・wing 名 (また **brónze-winged pígeon**) 【鳥】ニジバト (翼に金属光沢斑のあるオーストラリア区の各種のハト).

bronz・y /-zi/ 形 青銅[ブロンズ](のような), ブロンズ色の.

brooch /bróʊtʃ, brúːtʃ | brɔ́ʊtʃ/ 名 ① ブローチ, 襟止め, 胸飾り《米》. ② (スコットランド軍人の)襟下飾り.《BROACH と二重語》

+brood /brúːd/ 名 ① [集合的; 単数または複数扱い] ａ 一かえりのひな, 一腹の子: a ~ of chickens 一かえりのひな. ｂ 蜂の子. ｃ 《口》 (一家の)子供たち. ② 種族, 種類, 品種 (of). ── 形 [A] 繁殖のために飼ってある, 卵をかかえる: a ~ hen 卵を抱かせるめんどり. ──動 他 ① ⟨over, on, about⟩: He sat ~*ing over* his troubles all day. 彼は心配事を考え込んで一日中座っていた/ He ~*ed on* how to recoup his fortunes. 彼はどうやって自分の人生を挽回するかつくづくと考えた. ② 卵を抱く, 巣につく: The hen is ~*ing*. 鶏が巣についている. ③ ⟨雲・夕やみなどが...にたれこめる, 静かにおおう⟨over, above⟩. ④ ⟨卵を⟩抱く.《OE; 原義は「暖めること」》(──名 breed)

bróod・er /-də | -də/ 名 ① ひな保育器. ② 思いにふける人, 黙考する人. ③ 卵を抱いているめんどり.

bróod・ing /-dɪŋ/ 形 ① もの思いに沈んだ; くよくよ考え込む. ② 《文》陰鬱(いんうつ)な, 不気味な. **~・ly** 副

bróod・màre 名 繁殖用のめん馬.

brood・y /brúːdi | -di/ 形 (**brood・i・er; -i・est**) ① ａ めんどりが巣につきたがる. ｂ [P]《英口》⟨女性が⟩子供を産みたがって. ② 考え込む, むっつりした. **brood・i・ly** 副 **-i・ness** 名

+brook¹ /brúk/ 名 小川.《類義語》⇒ river.

brook² /brúk/ 動 他 《文》[通例否定文で]① ⟨侮辱など⟩に耐える, 許す (tolerate): His pride would *not* ~ such insults. 自尊心から彼はそのような侮辱には耐えられなかった. ② 《事が⟩遅延を許す》: The matter ~*s no delay*. 事は一刻の猶予も許さない.

brook・let /brúklət/ 名 細流, 小川.

Brook・lyn /brúklɪn/ 名 ブルックリン区 《米国 New York 市の行政区; Long Island の西部; cf. borough 1 b》.

+broom /brúːm, brúm/ 名 ① ほうき: A new ~ sweeps clean. 《諺》新任者は改革に熱心なものだ. ② 【植】エニシダ.《OE; 原義は「とがったもの」》

bróom・bàll 名 [U] ブルームボール(ほうきとゴムボールを用い, スケート靴は履かずに行なう一種のアイスホッケー).

bróom・stìck 名 ほうきの柄《魔女はこれに乗って空を飛ぶと伝えられた》.

bros., Bros. /bráðəz | -ðəz/ 《略》brothers: Smith Bros. & Co. スミス兄弟商会.

brose /bróʊz/ 名 [U] (だしに野菜などを加えた)スコットランド風のかゆ. **brósy** 形

+broth /brɔ́ːθ, bráθ | brɔ́θ/ 名 [U,C] ① (肉・魚などの)煮汁, だし, ブイヨン, (スープ)ストック. ② (だしに野菜などを加えた)薄いクリアスープ. ③ (細菌培養の)肉汁, 培養液.《OE; 原義は「沸騰させたもの」; cf. brew》

+broth・el /bráθəl, brɔ́(ː)θ- | brɔ́θ-/ 名 売春宿《米》 bordello.《ME=ろくでなし》

bróthel crèepers 名 《英俗》クレープ底の靴(通例スエード製).

***broth・er** /bráðə | -ðə/ 名 (~s; 3, 4 では **breth・ren** /bréðrən/) 【語形】**brethren** は 3 では《古風》, 4 では ~s と並用》① 兄, 弟, 《義理の》兄・弟《解説》普通は兄と弟の区別をしないが, 特に区別する時は兄は one's elder [big, older] brother, 弟は one's younger [little] brother という;《英》ではそれぞれ elder [big] brother, younger [little] brother という; cf. sister): the Wright ~s ライト兄弟. ａ 同じ仲間の男, 同僚; 兄弟分: ~s *in arms* 戦友 / ａ ~ *of the brush [quill]* 《口》画家 [文筆家]. ｂ 同国人, 同胞. ｃ《口》《未知の男への呼び掛けに用いて》あなた, (そこの)お方: What can I do for you, ~? そこのお方[すみません]何のご用でしょうか. ｄ《米口》《黒人の仲間の呼び分けに用いて》君, おまえ, あれ, おい. ③ ａ 同組合員, 同業者(など) (cf. brethren): a ~ *carpenter* 同業の大工. ｂ 《教会》同信者, 同一教会員. ④ 《カ》聖職につかない修道僧, 平修士: a lay ~ 平修道士, 労働修士. ⑤《米》(男子大学生社交クラブの)会員 (cf. fraternity). ──間《主に米・古風》[通例 Oh, ~!で] おおすごい, あぁ驚いた!, いやになるね!《OE》 **brotherly**; 関形 **fraternal**)

bróther-gérman 名 (複 **bróthers-**) 同父母兄弟.

+bróther・hòod /bráðəhùd | -ðə-/ 名 ① ① 兄弟の間柄; 兄弟の縁[愛情]; 兄弟分. ② [C] [単数または複数扱い] 組合, 協会, 互助組合; 同業者の団体. ③ [the ~; 通例修飾語を伴って; 通例単数形で] 同業者: the legal [medical] ~ 法曹[医療]団. ④ [C] (通例一緒に生活する)聖職者[修道士]の団体.《BROTHER+HOOD》

+bróther-in-làw 名 (複 **brothers-in-law**) 義理の兄[弟], 義兄[弟].

bróth・er・li・ness 名 [U] 兄弟愛; 友愛.

bróth・er・ly /-li/ 形 ① 兄弟の[らしい]: ~ *affection* 兄弟愛. ② 兄弟同様の, 親身の: ~ *love* 兄弟愛.

brough・am /brúː(ə)m, brúːəm | brúːəm, -əm/ 名 ① ブルーム型馬車 (一頭立四輪箱馬車). ② ブルーム型自動車 (運転台が外にある箱形の旧式のもの).《H. P. Brougham がこの型の馬車を初めて用いた19世紀英国の政治家》

***brought** /brɔ́ːt/ 動 **bring** の過去形・過去分詞.

bróught fórward 《簿》繰り越された《略 b.f.; ⇒ BRING forward 成句 (3)》.

brou・ha・ha /brúːhɑːhɑ̀ː | ─ ─ ─/ 名 [U]《口》騒音; 騒動. ② センセーショナルな評判, 熱狂.

+brow¹ /bráʊ/ 名 ① [通例複数形で] まゆ(毛) 《比較 通例 eyebrows を用いる》: knit [bend] one's ~s まゆをひそめる, 顔をしかめる. ② 額 (forehead): ⇒ highbrow, middlebrow, lowbrow. ③《詩》顔(つき), 表情: an angry ~ 険しい表情. ④ [the ~] がけっぷち (険しい坂の)頂上: *the* ~ *of a* hill 山の端.《OE=まゆ(毛); のちに「まゆのあるところ, 額」の意となった》

brow² /brúː/ 名 =gangplank.

brów・bèat 動 他 (**brow-beat; -beat・en**) ⟨...を⟩(表情・言葉で)威嚇する, 脅しつける, どなりつける; ⟨人を⟩威圧して (...を)させる (intimidate): ~ a person *into* agreeing

人を脅して同意させる.

-browed /bráud/ [形容詞連結形]「...なまゆをした」.

***brown** /bráun/ 形 (~ -er, ~ -est) ❶ 褐色の, こげ茶色の: ~ hair [shoes] 茶色の髪[靴]. ❷ (主に英)(皮膚が)浅黒い; 日焼けした: You're quite ~. すっかり日に焼けたね. ❸ (穀物が)精白されていない, 〈食物が〉未精白の穀物でできた. ── 名 ❶ U.C 褐色, 茶色, こげ茶色: light ~ 明るい茶色, 薄茶色/ dark ~ こげ茶色 / The door was a dark [dark] ~. そのドアは薄茶色[こげ茶色]をしていた. ❷ U 褐色[茶色]絵の具[染料]. ❸ U 茶色の服(地): dressed in ~ 茶色の服を着た. ── 動 他〈...を〉褐色にする; 〈褐色に〉焼く: be [get] ~ed 日に焼ける. ── 自 褐色になる; (日に焼けて)黒くなる. 〔OE; cf. bear²〕

Brown /bráun/, **John** 名 ブラウン 《1800-59; 米国の奴隷制反対論者》.

Brown, Robert 名 ブラウン 《1773-1858; スコットランドの植物学者; Brownian movement を発見》.

brown ále U.C ブラウンエール《甘口の黒ビール》.

brown álga 〖植〗褐藻(類の海藻).

brown-and-sérve 形〈調理済食品が〉短時間でこんがり焼ける, ちょっと焼くだけで食卓に出せる.

brown-bàg 動 《米口》 ❶ 茶色の紙袋に〈昼食を〉持参する. ❷ レストラン[ナイトクラブ(など)]に〈酒を〉持ち込む. **brown-bàg it** 《米口》弁当持参で行く. **brown-bàg·ger** 名 **brown-bàgging** 名

brown béar 名〖動〗ヒグマ.

brown bélt 名〖柔道など〗茶帯(の人) (black belt より下, white belt の上).

brown Bétty 名 《米》 [時に b~ B~] ブラウンベティー《リンゴ・砂糖・パン粉・バター・香料などで作るプディング》.

brown bréad 名 U 黒パン《ふすまをとらない小麦粉で作る》.

brown cóal 名 U 褐炭.

brown dwárf 名〖天〗褐色矮星《核反応を開始せid熱と光を発生させている冷えた暗い天体》.

browned-óff 形 [P] 《英口》〔...に〕うんざりして, 困って〔*with*〕.

brown fát 名 U〖生理〗褐色脂肪(体)《人や(冬眠)動物の体内の体温維持組織》.

brown·field(s) 形 名 商工業地域の《特にさら地になっていて再開発を待つ状態の場合》.

brown hólland 名 U〖繊維〗未漂白のオランダ布, ブラウンホランド.

Brówn·i·an móvement [mótion] /bráunian-/ U〖理〗ブラウン運動《液体中のコロイド粒子の運動》.

+**brown·ie** /bráuni/ 名 ❶ a 《米》ブラウニー《ナッツ入りのチョコレートケーキ》. b 《豪・ニュ》干しブドウ入りのパン. ❷ [通例 B~] ブラウニー: a 《また **Brównie Guìde**》《英》ガールガイド(団) (Girl Guides) 見習いの幼年団員《7-11歳》. b 《米》ガールスカウト(団) (Girl Scouts) 中の幼年団員《約 6-8歳》. ❸ 〖スコ伝説〗ブラウニー《夜現われてひそかに農家の手回り仕事をする小妖精》. 〖BROWN+-IE〗

Brównie pòint 名 [通例複数形で] 《口》(人に取り入ることによる)信用,「点数」.

brown·ing 名 U 褐色着色剤, ブラウニング《グレービー (gravy) などに焦げ色をつけるための焦がした小麦粉やカラメルなど》.

Brow·ning /bráuniŋ/ 名 ブローニング(社製)の銃 《自動小銃[機関銃]など》.

Brow·ning /bráuniŋ/, **Elizabeth Barrett** 名 ブラウニング 《1806-61; 英国の詩人; Robert の夫人》.

Browning, Robert 名 ブラウニング 《1812-89; 英国の詩人》.

brown·ish /-nɪʃ/ 形 茶色がかった (browny).

brown·nòse 《米俗》 動 他 自 (人に)おべっかを使う. ── 名 ご機嫌取り, おべっか使い. **brówn·nòser** 名 **brówn·nòsing** 名

brown·óut 名 (電圧削減による)節電.

brown ówl 名 ❶〖鳥〗モリフクロウ (tawny owl). ❷ [通例 B~ O~] 《英国・カナダなどの》ブラウニー団 (Brownie Guides) の成年指導員《女性; 正式には Brownie Guider という》.

brown páper 名 U 《茶色の》包装用紙,「ハトロン紙」.

brown rát 名〖動〗ドブネズミ.

brown ríce 名 U 玄米.

brown rót 名 U〖植〗褐色菌核病《菌類によるリンゴ・モモ・サクランボなどの病気で, 果実が腐る》.

brown sàuce C.U ブラウンソース《小麦粉をバターなどで焦げ目がつくまで炒め, だし汁でのばしたソース》.

brown-shìrt 名 [しばしば B~] ナチ (Nazi), 《特に》突撃隊員 (storm trooper) 《制服が褐色》; 《一般に》極右団体員, ファシスト, ネオナチ.

brown·stòne 名 ❶ U ブラウンストーン《赤褐色の砂岩; 建築材料》. ❷ C 《もと New York 市などで》正面にブラウンストーンを張った家《高級住宅》.

brown stúdy 名 [a ~] 夢想, 黙考: be in *a* ~ 一心にもの思いにふけっている.

brown súgar 名 U 黒砂糖, 赤砂糖.

brown tróut 名 C.U (~, ~s)〖魚〗ブラウントラウト《ヨーロッパ原産ニジマス属の淡水魚》.

brown·y /-ni/ 形 茶色っぽい (brownish).

+**browse** /bráuz/ 動 自 a [本などを拾い読みする〔*through*〕: A number of people were *browsing* in the bookstore. 何人かの人が本屋で立ち読みしていた. b (店などで)漫然と商品を見る, ひやかす. ❷ 〖電算〗(特にネットワーク上の)データ(など)を閲覧する, ブラウズする. ❸ 《家畜などが》若葉[若芽]を食う;〈若葉などを〉食う〔*on*〕. ── 他 ❶ 〔...を求めて〕〈書棚などを〉あさる;〈本などを〉拾い読みする: ~ the headlines *for* interesting news 何かおもしろいニュースはないかと見出しを拾い読みする. ❷〖電算〗《特にネットワーク上のデータ》を閲覧する, ブラウズする. ❸〈牛などが〉若葉・新芽》を食う. ── 名 ❶ [a ~] 拾い読み; (商品などを)ひやかして歩くこと: have *a* ~ *through* a book 本をざっと読み通す. ❷ a 《牛などが食べるのに適した》若葉, 新芽. b 若葉を食べること: be at ~《牛などが》若葉を食べている.

brows·er 名 ❶〖電算〗ブラウザー《インターネットの閲覧ソフト》. ❷ 拾い読みする人; ひやかす人. ❸ 若葉を食う牛[鹿].

brrr… /brrr…/ 間 ブルブル《寒さ・恐れを示す》.

Bruce /brú:s/ 名 ブルース《男性名》.

Bruce, Robert (the) 名 ブルース, ロバート 1世 《1274-1329; スコットランド王; 1314年英軍を破りスコットランドの独立を保った》.

bru·cel·lo·sis /brù:səlóusɪs/ 名 U〖獣医・医〗ブルセラ病[症]《ブルセラ菌の作用で動物に流産させ, 人にはマルタ熱 (Malta fever) を起こす》.

bru·cite /brú:saɪt/ 名 U〖鉱〗水滑石, ブルーサイト.

Bruck·ner /brúknə|-nə/, **An·ton** /á:ntɑn|-tɔn/ 名 ブルックナー 《1824-96; オーストリアの作曲家》.

Brue·ghel, -gel /brú:gəl, brói-/, **Pieter** 名 ブリューゲル: ❶ 《1525?-69》 通称 'Brueghel the Elder'; 16世紀フランドル最大の画家で, 風景画・農民生活の諷刺画で有名. ❷ 《1564-1638》 前者の子; 通称 'Brueghel the Younger'; 地獄の絵で知られる.

Bruges /brú:ʒ/ 名 ブリュージュ《ベルギー北西部西フランドル (West Flanders) 州の州都》.

Bru·in /brú:ɪn/ 名 〖擬人〗クマ君, クマ公《童話に出てくる褐色のクマ》. 〖Du=brown〗

*bruise /brú:z/ 名 ❶ 打撲傷, 打ち身; 傷あと《比較》 ⇒ birthmark》: a ~ *on* the arm 腕の打ち身. ❷ (植物・果物などの)傷. ❸ (心の)傷. ── 動 他 〈...に〉打撲傷を与える: He ~*d* his shin on a chair. 彼はいすにぶつかって向こうずねに打ち身をつくった. b 〈果物などに〉傷をつける, 傷める. c 〈木材・金属を〉傷つける, へこます. ❷ 〈~*d* peach 傷のついた桃. ❷ 〈感情などを〉傷つける《★ 通例受身》: ~*d* feelings 傷ついた感情. ❸ 〈薬・食物を〉〈乳棒・乳鉢などで〉強く突き砕く, つぶす. ── 自 打ち身ができる, あざができる;〈果物が〉傷がつく: Peaches ~ easily. 桃は傷がつきやすい.

brúis·er 名 ❶ 《口》 いかつい大男; 乱暴者; 乱暴な騎手.

❷ (プロ)ボクサー.

brúis·ing 名 U 打撲, 打ち身. ── 形 熾烈(しれつ)な, 激烈な.

bruit /brúːt/ 動 他 〈うわさを〉広める, 言いふらす 〈*about, abroad*〉. 〘F＝騒音〙

brume /brúːm/ 名 U 《詩》 霧, もや (fog, mist).

Brum·ma·gem /brʌ́məʤəm/ 名 形 ❶ ブラマジェム(の) 《イングランド Birmingham の俗称》. ❷ [しばしば b~] いかもの(の), 安っぽい(もの).

Brum·mie, -my /brʌ́mi/ 《英口》 名 Birmingham 市民. ── 形 バーミンガム(から)の.

bru·mous /brúːməs/ 形 霧の深い, かすんだ.

brunch /brʌ́ntʃ/ 《口》 名 C,U 遅い朝食, ブランチ 《昼食兼用》: have [take] ~ ブランチをとる. ── 動 自 ブランチをとる. 〘BR(EAKFAST) + (L)UNCH〙

brúnch còat 名 ブランチコート 《女性用の短いハウスコート》.

Bru·nei /bruːnáɪ/ 名 ブルネイ 《ボルネオ島の北西部の国; 首都 Bandar Seri Begawan》. ~·an 形 名

bru·net(te) /bruːnét/ 《綴り 元来 brunet は男性形, brunette は女性形であるが, 《米》 では現在では区別しない》 形 名 ブルネットの(人) 《白人種のうちで黒みがかった髪で, しばしば肌も色黒で目も黒または褐色; cf. blond(e) 2, fair[1] B 1 a》. 〘F < *brun* brown+-ETTE〙

Brun·ner /brúnə | -nə/, **Emil** 名 ブルンナー 《1889–1966; スイスのプロテスタント神学者》.

Bruns·wick /brʌ́nzwɪk/ 名 ブラウンシュヴァイク: **a** ドイツ中北部の旧公国・旧共和国. **b** ドイツ中北部ニーダーザクセン (Lower Saxony) 州の市; 旧 Brunswick 公国・共和国の首都》.

Brúnswick stéw 名 U ブランズウィックシチュー 《鶏肉と野菜との煮込み; もともとはリス・ウサギの肉を使った煮込みをいった》.

+**brunt** /brʌ́nt/ 名 [the ~] 〔攻撃などの〕ほこ先 〔*of*〕.

béar [táke] the brúnt of… の矢面(やおもて)に立つ.

brus·chet·ta /bruːskéṭə/ 名 U ブルスケッタ 《オリーブ油に浸したガーリックトースト》.

*****brush[1]** /brʌ́ʃ/ 名 ❶ **a** [しばしば複合語で] はけ, ブラシ: ⇨ hairbrush, paintbrush, toothbrush. **b** [a ~] ブラシをかけること, ブラシがけ: She gave her hair *a* ~. 彼女は髪にブラシをかけた. ❷ **a** [単数形で] すれ合い, 軽い接触: I felt the ~ of her dress. 彼女のドレスが軽く触れたのを感じた. **b** 小ぜり合い; 抵触: have a ~ ***with*** the law 法律に抵触する. **c** 〔いやなこととの〕きわどい遭遇 〔*with*〕. ❸ [the ~] 《米》 拒絶, ひじ鉄: She gave me *the* ~. 彼女からひじ鉄をくらった. ❹ **a** 毛筆, 画筆. **b** [the ~, one's ~] 画法, 画風: *the* ~ of Turner ターナーの画風. ❺ 〘電〙 ブラシ, 刷子(さっし); ブラシ放電. ❻ (キツネの)尾 《キツネ狩りをする者が記念に保存する》.

── 動 他 ❶ 〈…に〉ブラシをかける, 〈…を〉磨く: ~ one's hat [hair] 帽子[髪]にブラシをかける / 〔+目+補〕 She ~*ed* the floor clean. 彼女は床をきれいに磨いた. ❷ **a** (…に)(塗料などを)塗る: ~ the pastry ***with*** beaten egg ＝~ beaten egg ***over*** the pastry 溶き卵を生地に塗る. **b** 〈ドアなどに〉軽くペンキを塗る: ~ the door ***over*** さっとドアにペンキを塗る / ~ *over* graffiti 落書きを塗り消す. ❸ 〈…を〉ブラシ[手]で払いのける 〈*away, aside, off, out*〉 〔*off, from*〕: He ~*ed* the dust ***off*** the keyboard. 彼はキーボードのほこりを払った / She ~*ed* ***away*** the crumbs. 彼女はパンくずを払った. ❹ 〈…を〉かすめて通る: Something ~*ed* my face in the dark. 暗やみの中で何かが顔にすっと触れた. ── 自 ❶ 〔…を〕かすめる: He ~*ed* ***against*** me in the passage. 彼は廊下で私に突き当たるようにして行った. ❷ [副詞(句)を伴って] かすめて通る, 疾走する: The car ~*ed past* [*by*] (him). その車は(彼の)そばをかすめるようにしてさっと通り過ぎた.

brúsh asíde [awáy] 《他+副》 (1) 〈問題などを〉無視する: She ~*ed aside* his reservations. 彼女は彼の疑念を一蹴した. (2) 〈…(のほこり)を〉ブラシ[手]で払いのける (⇨ 他 3).

brúsh báck 《他+副》 (1) 〈髪を〉後ろへかき上げる. (2) 〘野〙 〈打者を〉すれすれの速球でのけぞらせる.

brúsh dówn 《他+副》 (1) 《英》 〈服などの〉ほこりをブラシ[手]で払い落とす. (2) 〈子供などを〉しかる.. (3) 《英》 ＝BRUSH[1] off 成句 (2).

brúsh óff 《他+副》 (1) 〈…(のほこり)を〉ブラシ[手]で払いのける (⇨ 他 3). (2) 〈…を〉無視する; すげなく断わる (《英》 brush down). (3) 〈人と〉手を切る. ── 《自+副》 (4) すれて落ちる: The mud will ~ *off* when it dries. 泥は乾くとこすり落とせる.

brúsh onesèlf óff [《英》 dówn] 手やブラシでよごれを払い落とす.

brúsh úp 《他+副》 (1) 〈…の〉勉強をやり直す, 〈…の〉技術[知識]に磨きをかける 《比較 brush up には「能力を向上させる」という意味はない》: ~ *up* one's English (忘れかけた)英語を新しくやり直す. (2) 〈人の〉身なりを整える: Let me ~ myself *up* and I'll meet you in the lobby. ちょっと身なりを整えたらロビーでお目にかかります. ── 《自+副》 (3) 〔…の〕勉強をやり直す: ~ *up* a bit ***on*** one's English (忘れかけた)英語に少々磨きをかける.

〘F＝ブラシ; しば, そだ〙

brush[2] /brʌ́ʃ/ 名 ❶ U やぶ, 雑木林. ❷ U しば, そだ. ❸ [the ~] 《米》 (雑木林の)未開拓地. 〘F; ↑〙

brúsh·bàck 名 〘野〙 ブラッシュバック, ブラッシュボール 《バッターをのけぞらせるビーンボールまがいの速球》.

brúsh dìscharge 名 〘電〙 ブラシ放電 《コロナ放電の一種》.

brushed 形 〈織物など〉けばを立てた; 〘冶〙 ブラシ研磨の.

brúsh·less /-ləs/ 形 ブラシを使う必要のない.

brúsh-òff 名 [単数形で] 《口》 (そっけない)拒絶, ひじ鉄: give a person *the* ~ 人にひじ鉄を食らわす.

brúsh·stròke 名 はけづかい, (絵筆の)筆づかい.

brúsh·tàil (póssum) 名 〘動〙 フクロギツネ 《尾が長い毛でおおわれている; オーストラリア産》.

brúsh tùrkey 名 〘鳥〙 ツカツクリ (megapode), (特に)ヤブツカツクリ 《オーストラリア産》.

brúsh·ùp 名 ❶ (忘れかけた学問などの)磨き直し; 再勉強: give one's English a ~ 英語の勉強をし直す. ❷ 磨き; 身づくろい: have a (wash and) ~ (手や顔などを洗って)身づくろいする.

brúsh wòlf 名 《米》 〘動〙 コヨーテ (coyote).

brúsh·wòod 名 U ❶ しば, そだ. ❷ (低木の)茂み, 下生え.

brúsh·wòrk 名 U ❶ 筆致: delicate ~ 繊細な筆致. ❷ 画法, 画風.

brush·y[1] /brʌ́ʃi/ 形 (**brush·i·er; -i·est**) ブラシのような.

brush·y[2] /brʌ́ʃi/ 形 (**brush·i·er; -i·est**) やぶにおおわれた.

brusque, brusk /brʌ́sk | brúsk, brúːsk/ 形 〈態度・話し方などが〉ぶっきらぼうな, ぞんざいな, 唐突な; 〈人が〉〔…に対して〕無愛想な 〔*with*〕. **~·ly** 副 **~·ness** 名 〘F < It〙

brus·que·rie /brʌ̀skəríː | brúskərìː, brúːs-/ 名 U そっけなさ, ぞんざいさ, 無愛想.

Brus·sels /brʌ́slz/ 名 ブリュッセル 《ベルギーの首都; EC の本部がある》.

Brússels cárpet 名 ブラッセルカーペット 《機械製じゅうたんの一種》.

Brússels gríffon 名 ＝griffon 1.

Brússels láce 名 U ブリュッセルレース 《アップリケのついたレース; 高級品》.

brússels spróut 名 [しばしば B~ s~; 通例複数形で] 〘植〙 芽キャベツ (sprout).

brut /brúːt/ 形 〈シャンペンが〉辛口の. 〘F; ↓〙

*****bru·tal** /brúːṭl/ 形 (**more ~; most ~**) ❶ 残忍な, 冷酷な; 粗野な, 粗暴な; 獣的な. ❷ 〈真実・事実が〉冷厳な, 容赦のない: face the ~ truth that…という厳しい事実に直面する. ❸ 〈天候など〉(耐えられないほど)厳しい. **~·ly** /-ṭəli/ 副 〘F < L; ⇨ brute, -al〙

bru·tal·ism /brúːṭəlìzm/ 名 U ❶ 獣性, 残忍. ❷ 〘建〙 ブルータリズム 《様式化した近代建築のスタイルを破る大胆なスタイル》. **-ist** 形 名

+**bru·tal·i·ty** /bruːtǽləṭi/ 名 ❶ U 野蛮, 残忍性, 無慈悲. ❷ C 残忍な行為, 蛮行.

B

bru·tal·ize /brúːṭəlàɪz/ [動] [他] 〈…を〉獣的にする, 残忍[無情]にする[扱う]: She ~*d* the child. 彼女はその子を残忍に扱った. —— [自] 獣的になる, 残忍な仕打ちをする. **bru·tal·i·za·tion** /brùːṭəlɪzéɪʃən | -laɪz-/ [名]

+**brute** /brúːt/ [名] ❶ **a** けだもの: the ~*s* けだもの類. **b** 人非人, 人でなし: her ~ of a husband 彼女の人でなしの亭主. **c** 《口》ひどい男[人, もの], いやなやつ: You were a ~ *to* keep it from me. それを私に黙ってるなんてひどい. ❷ [the ~] 獣性; (特に)獣欲: *the* ~ in man 人間の獣性. —— [形] [A] ❶ けだものの, 理性のない: ~ beasts 獣類, 畜生. ❷ **a** けだもののような, 残酷な, 粗暴な: ~ courage 蛮勇. **b** 理性によらない; 肉欲的な: (a) ~ instinct 動物的な本能. **c** 〈力が〉体力のみによる: ~ force 暴力 / by ~ strength ただ腕力によって. ❸ 厳然たる: the ~ fact of his death 彼の死という厳然たる事実. 〚F＜L＝重い, 鈍重な〛

brút·ish /-ṭɪʃ/ [形] けだもの[畜生]のような; 野卑な, 残酷な; 愚鈍な; 肉欲的な. **~·ly** [副] **~·ness** [名] 〚↑＋-ISH[1]〛

Bru·tus /brúːṭəs/, **Mar·cus** /máəkəs | máː-/ [名] ブルートゥス, ブルータス《85?–42 B.C.; ローマの政治家; Caesar の暗殺に加わった》.

brux·ism /brʌ́ksɪzm/ [名] [U] 〘医〙歯ぎしり.

Bry·an /bráɪən/, **William Jennings** [名] ブライアン《1860–1925; 米国の法律家・政治家》.

Bry·ant /bráɪənt/, **Bear** [名] ブライアント《1913–83; 米国の大学フットボールコーチ; 本名 Paul William Bryant》.

Bryant, William Cullen [名] ブライアント《1794–1878; 米国の詩人・編集者》.

Bryl·creem /brílkriːm/ [名] [U] 〘商標〙ブリルクリーム《英国製の男性用ヘアクリーム》.

bry·ol·o·gy /braɪáləʤi | -ɔ́l-/ [名] [U] 蘚苔(せんたい)学. **-gist** [名] **brỳ·o·lóg·i·cal** [形]

bry·o·ny /bráɪəni/ [名] 〘植〙ブリオニア《ウリ科のつる植物》.

bry·o·phyte /bráɪəfàɪt/ [名] 〘植〙蘚苔類の各種のコケ, コケ植物(類).

bry·o·zó·an /bràɪəzóʊən/ [形] 〘動〙コケムシ綱の. —— [名] コケムシ《水中の石や植物にコケのように付着する》.

BS 《略》Bachelor of Science; broadcast satellite; 《卑》bullshit. **BS, B/S., b.s.** 《略》〘商〙balance sheet; bill of sale. **BSc** 《略》Bachelor of Science.

B́-schòol [名] 《口》＝business school.

BSE /bíːèsíː/ 《略》bovine spongiform encephalopathy.

B́-sìde [名] (レコードの) B 面(の曲) (cf. A-side).

BST 《略》British summer time. **Bt.** 《略》Baronet. **Btu, BTU** 《略》British thermal unit(s). **btw** 《略》by the way.

B2B /bíːṭəbíː/ [形] (通例インターネット上の商取引が)企業間の. 〚*b*usiness-*to*-*b*usiness〛

B2B2C /bíːṭəbíːṭəsíː/ (通例インターネット上の取引が)企業から別企業経由で消費者への. 〚*b*usiness *to* *b*usiness *to* *c*onsumer〛

B2C /bíːṭəsíː/ (通例インターネット上の取引が)企業から消費者への. 〚*b*usiness-*to*-*c*onsumer〛

bu. 《略》《米》bureau; bushel(s).

bub /bʌ́b/ [名] 《米俗・古風》君, 若いの《目下の者への呼び掛けに用いる》.

bub·ba /bʌ́bə/ [名] 《米俗》❶ ＝brother ❷ 《軽蔑》南部の無教養な白人男.

*__bub·ble__ /bʌ́bl/ [名] ❶ [C] [通例複数形で] (1 つ 1 つの)泡, あぶく, バブル: blow (soap) ~*s* シャボン玉を吹く. ❷ [U] 泡立ちの音; 煮えたぎること. ❸ [C] **a** 夢のような計画[野心]: She pricked his ~ with a flat no. にべもなく断わって彼女は彼の野望を砕いた. **b** 実体のない事業[経営], バブル: He lost everything in the Florida real-estate ~. フロリダの不動産バブルで彼はすべてを失った / The economic ~ has burst. バブル経済がはじけた. ❹ (漫画の)吹き出し (balloon): ⇨ speech bubble. ❺ [C] ふつふつとわき上がる感情. ❻ [C] **a** ドーム形の建物[部屋]. **b** 〘空〙(操縦席の上の透明な)円蓋. **c** (重病人の感染防止用などの)透明な覆い. **búbble and squéak** [U] 《英》ジャガイモと肉とキャベツのいため料理《[由来] 料理をする時の音から》. **on the búbble** 《米口》〈特にスポーツ選手[チーム]が〉(成否が)微妙で, (メンバー入り・上位戦進出などが)どうなるかわからない立場[順位]で. **príck a búbble** (1) シャボン玉を突き破る. (2) 化けの皮をはぐ. (3) 幻滅を与える. —— [動] [自] ❶ **a** 泡立つ, 沸騰する: A pot of stew was *bubbling* on the range. シチューのなべがレンジの上で沸騰していた. **b** 〈泉などが〉ふつふつとわく; ぶくぶく音を立てる 〈*out, up*〉: Clear water *bubbled up* from among the rocks. 岩の間から清水がふつふつとわいていた. ❷ 〔アイディアなどで〕満ちあふれる; 〔喜び・怒りなどで〕沸き立つ, 興奮する, はしゃぐ: ~ ***with*** laughter 笑いはしゃぐ. **búbble óver** 《[自]＋[副]》(1) 泡立ちあふれる, ふきこぼれる. (2) [通例進行形で] 〔喜び・怒りなどで〕あふれんばかりである, 興奮する: She's *bubbling over with* joy. 彼女はうれしくてはしゃいでいる. 〚擬音語〛

búbble bàth [名] ❶ [C] 泡ぶろ. ❷ [U] 泡立て溶剤[粉末].

búbble cànopy [名] 〘空〙＝bubble 6 b.

búbble càr [名] 《英》(透明なドームのついた)小型自動車 (cf. bubble top).

búbble chàmber [名] 〘理〙泡箱(あわばこ)《粒子検出装置》.

búbble·gùm [名] [U] ❶ **a** 風船ガム. **b** (風船ガムのような)どぎついピンク色. ❷ バブルガム《10 代の若者たちに受ける単純な音楽》. —— [形] 〈音楽など〉ティーンエイジャーや子供向けの(単純な).

búbble·hèad [名] 《米俗》まぬけ, 脳なし, ばか.

búbble-jèt prìnter [名] 〘電算〙バブルジェットプリンター《熱でインクを噴出するインクジェット(⇨ ink-jet)プリンター》.

búbble mèmory [名] [U] 〘電算〙バブルメモリー《磁気バブルを利用したメモリー》.

búbble pàck [名] ❶ ＝blister pack. ❷ ＝bubble wrap.

bub·bler /bʌ́blə | -lə/ [名] 噴水式水飲み器.

búbble tòp [名] バブルトップ《自動車などのドームの形の透明な屋根》.

búbble wràp [名] [U] (われもの梱包用などの)発泡ビニールシート, バブルラップ.

+**bub·bly** /bʌ́bli/ [形] (**bub·bli·er; -bli·est**) ❶ 泡の多い, 泡立つ. ❷ 元気のいい, 陽気な. —— [名] [U] [時に the ~] 《口》シャンペン (champagne).

Bu·ber /búːbə | -bə/, **Martin** [名] ブーバー《1878–1965; オーストリア生まれのユダヤ人思想家》.

bu·binga /buːbíŋ(g)ə/ [名] [U] ブビンガ材《熱帯西アフリカ産の堅くて赤色をおびた家具用材》.

bu·bo /b(j)úːboʊ/ [名] (複 ~**es**) 〘医〙横痃(おうげん), よこね《(鼠蹊)リンパ腺のはれ》. **bu·bon·ic** /b(j)uːbánɪk | -bɔ́n-/ [形]

bubónic plágue [名] [U] 〘医〙腺ペスト (the plague).

buc·cal /bʌ́k(ə)l/ [形] 頬(ほお)の; 口の.

buc·ca·neer /bʌ̀kəníə | -níə/ [名] ❶ 海賊《17–18 世紀アメリカ大陸のスペイン領沿岸を荒らした》. ❷ 無節操な人[冒険家].

buc·ci·na·tor /bʌ́ksənèɪṭə | -tə/ [名] 〘解〙頬筋(きょうきん).

Bu·chan·an /bjuːkǽnən/, **James** [名] ブキャナン《1791–1868; 米国第 15 代大統領 (1857–61)》.

Bu·cha·rest /b(j)úːkərèst | ⸗⸗⸗, ⸗⸗⸗/ [名] ブカレスト《ルーマニアの首都》.

Bu·chen·wald /búːkənwɔ̀ːld | -væld/ [名] ブーヘンヴァルト《ドイツ中部ワイマール (Weimar) 近郊の村; ナチス強制収容所があった (1937–45)》.

bu·chu /búːkuː/ [名] ❶ [C] 〘植〙ブッコノキ《アフリカ産》. ❷ [U] ブッコノキの乾燥葉《医薬・ブランデー香料》.

buck[1] /bʌ́k/ 《主に米口》[名] ドル (dollar); 金, 金銭. **bíg búcks** 大金. **make a fast [quick] búck** (時に不正に)楽してもうける. 〚? BUCKSKIN; 昔先住民との間で貨幣代わりだったことからか〛

buck[2] /bʌ́k/ [名] (複 ~**s**, ~) ❶ **a** 雄ジカ. **b** (トナカイ・アンテロープ・ウサギなどの)雄 (↔ doe). ❷ **a** 《古風》男, 元気な若者. **b** 《軽蔑》黒人[インディアン]の男. ❸ シカ皮の製品. —— [形] [A] 雄の: a ~ rabbit 雄ウサギ. 〚OE＝シカ[ヤギ(など)]の雄〛

buck[3] /bʌ́k/ [動] [自] ❶ 〈馬などが〉(急に背を曲げて)はね上が

る. ❷《米》〔…に〕頑強に抵抗する; 挑戦する〔*at, against*〕. ❸《米口》〈車などが〉ガクンガクンと動く. ❹《米》〔昇進・地位などを〕求める, 得ようとやっきになる〔*for*〕. ― [他] ❶〈馬が〉〈人を〉はね落とす〈*off*〉. ❷《米口》 **a**〈…を〉頭[角]で突く; 〈…に〉突撃[突進]する. **b**〈…と〉戦う, 〈…に〉反抗[抵抗]する. ❸〖アメフト〗ボールを持って〈敵陣に〉突入する. **búck úp**《口》《[他]+[副]》(1)〈人を〉元気づける; 励ます; 景気づける (cheer up): The book review *~ed* her *up*. その書評は彼女を元気づけた. ―《[自]+[副]》(2) 元気を出す; 気力を回復する. (3)《英口》[命令法で]元気を出しなさい, しっかりやりなさい; 急ぎなさい: *B~ up*, or we'll be late. 急がないと遅れますよ. ― [名] (馬が)急に背を曲げてはね上がること.

buck[4] /bʌ́k/ [名] ❶《米》木挽(こびき)台 (sawbuck). ❷ (体操用の)跳馬. ― [動] [他]〈木などを〉(両手)のこぎりで引く.

buck[5] /bʌ́k/ [名] ❶〖トランプ〗(ポーカーで)次の親を示す印の小片. ❷ [the ~]《口》責任: pass *the* ~ (to a person) (人に)責任を転嫁する / *The* ~ stops here. ここで責任はとまる, 責任の転嫁はしない《★ Truman 大統領の座右の銘》. ― [動] [他]《米口》〈責任などを〉〔人に〕押しつける〔*to, onto*〕.
〖シカの角のつかのナイフを次の親の前に置いたことから〗

buck[6] /bʌ́k/ [副]《米口》完全に: ~ naked すっ裸で.

Buck /bʌ́k/, **Pearl** [名] バック《1892–1973; 米国の女流小説家》.

buck·a·roo /bʌ̀kərúː, ⌐–⌐/ [名] (⦅複⦆ ~s)《米口》カウボーイ.

búck·bèan [名]〖植〗ミツガシワ《湿生の多年草》.

búck·bòard [名]《米》(車体が板の)四輪荷馬車.

bucked /bʌ́kt/ [形] [P]《英口》元気づいて, 得意になって〔*at, by*〕: She was very ~ *at* getting such good marks. 彼女はよい点数をとってすっかり得意になった.

***buck·et** /bʌ́kɪt/ [名] ❶ **a** バケツ; 手おけ; つるべ (《米》pail). **b** (浚渫(しゅんせつ)機の)バケツ. ❷ **a** バケツ1杯(の量) (bucketful)〔*of*〕. **b** [複数形で]《口》大量: *~s of* tears とめどもなく流れる涙 / The rain came down in ~s. 大雨が降った. **a dróp in the búcket** ⇨ drop [名] [成句]. **kíck the búcket**《口・戯言》死ぬ, 往生する, くたばる. ― [動] [他] ❶《米》〈水を〉バケツでくむ[運ぶ]〈*up, out*〉. ❷《英口》〈馬を〉乱暴に飛ばす. ― [自]《英口》❶ [しばしば it を主語として]〈雨が〉大量に降る〈*down*〉. ❷ [副詞(句)を伴って] **a** 馬を乱暴に飛ばす. **b**〈車などが〉乱暴に飛ばす. **c** 急ピッチでこぐ. 〖AF=おけ < OE *būc* 腹, 水差し+-ET〗

búcket brigàde [名] (消火のための)バケツリレーの列.

buck·et·ful /bʌ́kɪtfʊ̀l/ [名] バケツ1杯(の量): a ~ *of* water バケツ1杯の水.

búcket sèat [名] バケットシート《自動車・飛行機などで丸みのある背が前に倒せる一人用の座席》.

búcket shòp [名]《口》❶ (株の)もぐり仲買店. ❷《英》(割引航空券を売る)旅行代理店.

búck·èye [名]〖植〗セイヨウトチノキ(の実).

búck fèver [名] [U]《米口》(獲物を見つけて)猟の初心者が感ずる興奮.

búck·hòrn [名] [U,C] 鹿の角《ナイフの柄などに使う》.

Búck·ing·ham Pálace /bʌ́kɪŋəm-/ [名] (London の)バッキンガム宮殿.

Buck·ing·ham·shire /bʌ́kɪŋəmʃə | -ʃə/ [名] バッキンガムシャー《イングランド南部の州; 州都 Aylesbury /éɪlzb(ə)ri/; 略 Bucks.》.

+**buck·le** /bʌ́kl/ [名] ❶ (ベルトなどの)バックル, 尾錠(びじょう); (靴などの)飾り留め金. ❷ (板金・のこぎりなどの)ねじれ, ゆがみ. ― [動] [他] ❶〈…を〉バックルで留める[締める]: ~ (*up*) a belt ベルトをバックルで[ぎゅっと]締める / ~ *on* one's cartridge belt 弾薬帯を締める. ❷〈車輪・のこぎりなどを〉(熱・圧力などで)曲げる, ねじれさせる. ― [自] ❶〈靴・ベルトなどが〉バックルで締まる. ❷〈ものが〉曲がる, ゆがむ, ねじれる〈*up*〉. ❸ **a** つぶれる; 崩壊する: The roof *~d* under the weight of the snow. 屋根が雪の重みでつぶれた. **b**〔攻撃・(精神的)重圧などに〕屈する, 負ける〔*under*〕. **c**〈ひざが〉(弱って)がくっと曲がる, 折れる. **búckle dówn** (to…) (…に)全力を傾ける, 精を出す: ~ *down to* a task [*to* writ*ing* a book] 精を出して仕事[本の執筆]に取りかかる. **búckle úp**《米》シートベルトを締める (《英》belt up). 〖F < L=かぶとのほお革, 盾の浮き出し < *bucca* ほお〗

buck·ler /bʌ́klə | -lə/ [名] ❶ (左手に持つ小型の)円盾(まるたて). ❷ 防護物.

búckler fèrn [名]〖植〗盾形の包膜を有するシダ.

buck·ling /bʌ́klɪŋ/ [名] =bloater.

buck·min·ster·ful·ler·ene /bʌ̀kmìnstəfʊ̀ləríːn | -stə-/ [名] [U]〖化〗バックミンスターフラーレン (⇨ fullerene).

buck·o /bʌ́koʊ/ [名] (⦅複⦆ ~es) [しばしば呼び掛けに用いて]《アイル》若者, ねえきみ.

buck·ram /bʌ́krəm/ [名] [U] バックラム《のり・にかわなどで固くした亜麻布; 襟芯や製本用》. 〖F; 昔この布を輸出したトルキスタン (Turkestan) の町の名から〗

Bucks. /bʌ́ks/ (略) Buckinghamshire.

búck·sàw [名] (両手でひく)大枠のこぎり.

Búck's Fízz /bʌ́ks-/ [名] [U]《英》[しばしば b~ f~] バックスフィズ《シャンパンとオレンジジュースを混ぜた飲み物》. 〖*Buck's* ロンドンのクラブ〗

buck·shee /bʌ̀kʃíː⌐/ [形] [副]《英俗》無料の[で], ただの[で].

búck·shòt [名] [U] 鹿玉《大粒の散弾》.

búck·skìn [名] ❶ [U] シカ皮《ヒツジの黄色のなめし革にもいう》. ❷ [複数形で] シカ皮の半ズボン.

búck·skìnned [形] シカ皮の服を着た.

búck·thòrn [名]〖植〗クロウメモドキ.

búck·tóoth [名] (⦅複⦆ **búck·téeth**) [通例複数形で] 反(そ)っ歯.

búck·tóothed [形] 反っ歯の(ある).

búck·whèat [名] ❶ [U]〖植〗ソバ(の実). ❷ **a** =buckwheat flour. **b** =buckwheat cake.

búckwheat càke [名]《米》ソバ粉のパンケーキ.

búckwheat flòur [名] [U] ソバ粉《米国では朝食用の食品 (cereal) の原料, 英国では飼料》.

búck·y·bàll /bʌ́ki-/ [名]〖化〗バッキーボール《fullerene を構成する球状分子》.

búcky·tùbe [名]〖化〗=nanotube.

bu·col·ic /bjuːkɑ́lɪk | -kɔ́l-/ [形] 羊飼いの; 牧歌的な, いなか風の, 田園生活の. ― [名] [通例複数形で] 牧歌, 田園詩. **-i·cal·ly** /-kəli/ [副] 〖L < Gk=牧夫 < bous ウシ; cf. butter〗

***bud**[1] /bʌ́d/ [名] ❶ [しばしば複合語で] 芽: The ~*s* have begun to open. 芽が出始めた / ⇨ flower bud, leaf bud. ❷ [しばしば複合語で] つぼみ: ⇨ rosebud. ❸ **a** 子供, 小娘. **b** 未成物, 未成熟の物. ❹〖動・解〗芽体(がたい), 芽状突起. **in búd** 芽ぐんで, つぼみをもって. **in the búd** (1) 発芽期に[で]: ⇨ NIP[1]…in the bud [成句]. (2) 初期に, 未発達で: a physician *in the* ~ 医者の卵. ― [動] (**bud·ded; bud·ding**) [自] ❶ つぼみをもつ, 発芽する. ❷ 伸び始める, 発達しだす. ― [他] ❶〈…を〉発芽させる. ❷〖園〗〈…を〉芽接ぎする.

bud[2] /bʌ́d/ [名]《米口》=buddy 2.

Bu·da·pest /b(j)úːdəpèst | ⌐–⌐/ [名] ブダペスト《ハンガリーの首都》.

búd·ded /-dɪd/ [形] ❶ 芽ぐんだ, つぼみをもった. ❷ 芽接ぎした.

+**Bud·dha** /búːdə, búdə | búdə/ [名] ❶ [the ~] 仏陀(ぶつだ), ブッダ《釈迦牟尼(しゃかむに)の尊称, 釈尊(しゃくそん)》. ❷ [C] 仏(陀)像. 〖Skt=目覚めた(者)〗

+**Bud·dhism** /búːdɪzm, búd- | búd-/ [名] [U] 仏教.

+**Búd·dhist** /-dɪst/ [名] 仏教徒. ― [形] =Buddhistic.

Bud·dhis·tic /buːdístɪk, bʊd- | bʊd-/ [形] 仏教(徒)の; 仏陀の.

Bùd·dhís·ti·cal /-tɪk(ə)l/ [形] =Buddhistic.

+**bud·ding** /bʌ́dɪŋ/ [形] [A] ❶ 世に出始めた, 新進の: a ~ beauty うら若い美少女 / a ~ poet 売り出し中の詩人 / a ~ journalist 新進のジャーナリスト. ❷ 芽を出しかけた. ― [名] [U] ❶ 発芽, 出芽; 芽生え. ❷〖園〗芽接ぎ(法).

bud·dle /bʌ́dl/ [名] [動] [他]〖鉱〗洗鉱槽(で洗う).

bud·dle·ia /bʌ́dliə/ [名]〖植〗フジウツギ, ブッドレア《蝶がよく集まるので butterfly bush ともいう》.

+**bud·dy** /bʌ́di/ [名]《口・主に米》❶ 兄弟, 相棒 (bud[2]). ❷

buddy-buddy お前, おい. ❸ (buddy system での)二人組の一人. ❹ エイズ患者(など)のボランティアの介助者. ── 動 ★次の成句で. **búddy úp** (to [with]...) 《米》(...と)仲よく[友達に]なる, 親しくなる(《英》pal up with (with...)).

búddy-búddy 形 [P]《米口》 とても親しい, 親密で. ❷ 協力者[陰謀者]仲間である.

búddy sỳstem 名 [the ~]《米》バディーシステム《登山などで二人組になって行動し, お互いの安全を確保する方式》.

+**budge** /bʌ́dʒ/ [通例否定文で] 動 ⦿ ❶ (ちょっと)動く, 身動きする: He wouldn't ~ an inch. 彼は微動だにしなかった. ❷ 〔意見を〕変える: He wouldn't ~ *from* his opinion. 彼は自分の意見を変えようとはしなかった. ── 他 [主に否定文で] ❶ 〈...を(ちょっと)動かす: I can't ~ it. まったく動かすことができない. ❷ 〈人に〉意見を変えさせる. 〘F〈L bullire 沸騰する; cf. boil¹〙

Budge /bʌ́dʒ/, **Don(ald)** 名 バッジ (1915-2000; 米国のテニス選手).

bud·ger·i·gar /bʌ́dʒ(ə)rɪɡɑ̀ːr | -ɡɑ̀ː/ 名 〘鳥〙セキセイインコ(《口》budgie).

***bud·get** /bʌ́dʒɪt/ 名 [C|U] ❶ (政府などの)予算案; 予算(額), 経費, [B~] 〘英〙政府予算案: introduce the ~ (下院に)予算案を提出する / an advertising ~ of $5000 5千ドルの広告予算額 / a defense ~ 国防予算. ❷ 家庭などの予算, 家計; 生活費: work out a monthly ~ *for* household expenses 一ヶ月の家計予算を立てる / Our ~ *for* food is $400 a month. 私たちの食費は月400ドルです. ❸ (特定の目的のための)予算額, 経費: on a strict [tight] ~ 限られた予算で [over [within] ~ 予算超過 [内] で. **bálance the búdget** 収支の均衡をはかる. ── 形 ⦿ (お)買い得の, 格安の: a ~ dress 格安のドレス / a ~ sale 大特売. ── 動 他 ❶ 〈ある金額を〉予算として計上する[組む] 〔for〕; 〈ある金額で〉計画的に〈... 〉に予算をつける 〔at〕. ❷ 〈時間などの〉予定を立てる[組む]. ── ⦿ 〈時刻・事業の〉予算を立てる, 〈...の〉予算を計上する[組む]: ~ *for* the coming year 翌年の予算を立てる. 〘F=小袋, 財布 〈L bulga 袋; cf. bulge〙

búdget accòunt 名 =budget plan.

+**bud·get·ar·y** /bʌ́dʒətèri | -təri, -tri/ 形 予算上の[に関する]: a ~ request 予算要求 / take ~ steps 予算措置を講ずる.

búdget plán 名 [the ~] 分割払い, 月賦, クレジット; 《銀行の》自動支払い口座: on *the* ~ 分割払いで.

bud·gie /bʌ́dʒi/ 名 《口》=budgerigar.

búd·wòod 名 U 〘園〙 芽接ぎに適した芽のある若枝.

búd·wòrm 名 芽を食う毛虫[青虫], (特に)ハマキガの幼虫.

Bue·nos Ai·res /bwèɪnəsé(ə)riːz | -nɒsɑ́(r)rez/ 名 ブエノスアイレス 《アルゼンチンの首都》.

Búer·ger's disèase /bə́ːrɡəz- | bə́:ɡəz-/ 名 U 〘医〙 バーガー病《閉塞性血栓血管炎》. 〘L. Buerger 米国の医師〙

+**buff¹** /bʌ́f/ 名 ❶ U 淡黄色, 黄褐色. ❷ U (牛・水牛の淡黄色の)もみ革. ❸ C (もみ革などを張った)磨き棒[車]. ❹ [the ~]《口》素肌: (all) in *the* ~ 素っ裸でいる / strip to *the* ~ 真っ裸になる. ── 動 他 ❶ 《米口》(肉体的に)かっこいい, 筋骨たくましい. ❷ 淡黄色の, 黄褐色の. ❸ もみ革で作った. ── 動 他 ❶ 〈レンズ・つめなどを〉(もみ革で)磨く; 〈...を〉磨く 〈up〉. ❷ 〈金属を〉磨き棒[車]で磨く. 〘F〈L =BUFFALO 〙

+**buff²** /bʌ́f/ 名 [修飾語を伴って]《口》熱狂者, ファン, ...狂 (enthusiast): a film [jazz] ~ 映画[ジャズ]ファン.

+**buf·fa·lo** /bʌ́fəlòʊ/ 名 (~es; ~s; ~) ❶ a (アジアスイギュウ《アジア原産》. b アフリカスイギュウ, クロスイギュウ. ❷ 《米》アメリカバイソン (bison) 《北米産》. ── 動 (~ed; ~·ing) 他 《米俗》〈人を〉面くらわせる, まごつかせる; (威勢を張って)おどす. 〘Port〈L〈Gk〈bous ウシ; cf. butter〙

Buf·fa·lo /bʌ́fəlòʊ/ 名 バッファロー《米国 New York 州 Erie 湖東岸の都市》.

Búffalo Bíll 名 バッファロービル (1846-1917; 本名 W. F. Cody; 米国西部開拓史上の伝説的人物).

búffalo wìngs 名 ⦿ バッファローウイング《鶏の手羽を揚げスパイスの効いたソースに浸けて出す料理》.

buffed /bʌ́ft/ 形 《米口》(肉体的に)かっこいい. **gèt búffed** 筋力トレーニングをする.

+**buff·er¹** /bʌ́fə | -fə/ 名 ❶ C 《英》(鉄道車両などの)緩衝器[装置]. ❷ 緩衝物; 緩衝国. ❸ (また **búffer solùtion**)〘化〙緩衝液. ❹ 〘電算〙 バッファー (記憶). ── 動 他 ❶ 〈衝撃などを〉和らげる, 緩和する. ❷ a 〈...の〉緩衝物となる. b 〈子供などを〉〔...から〕守る, かばう 〔*from*〕. ❸ 〘化〙 緩衝剤で処理する. ❹ 〘電算〙 〈データを〉一時記憶領域へ入れる [移す], バッファーに入れる.

buff·er² /bʌ́fə | -fə/ 名 [通例 old ~ で]《英口》老いぼれ, じじい.

búff·er³ 磨く道具, とぎ棒, バフ車; (刃物の)とぎ師.

búffer stàte 名 緩衝国《敵対する2国間にある中立国》.

búffer stòck 名 〘経〙 (供給変動に備える)緩衝在庫.

búffer zòne 名 緩衝地帯.

buf·fet¹ /bʌ́fɪt/ 動 ❶ 〈波・不運などが〉〈人などを〉もむ, 翻弄 (ほんろう) する《★しばしば受身》: The boat *was* ~*ed* by the waves. ボートは荒波にもまれた / She *was* ~*ed* by fate. 彼女は運命にもてあそばれた. ❷ 〈荒波などと〉戦う. ❸ 〈...を〉打つ, 打ちのめす. ── ⦿ 〔...と〕苦闘して進む 〈with〉. ❹ (風波・運命などに)もまれること, 虐待. ❺ 《古》打撃. 〘F; 擬音語〙

+**buf·fet²** /bəféɪ, buː- | bʊ́feɪ/ 名 ❶ **a** (客が自由に取って食べられる)ビュッフェ[立食]式の食事, バイキング. **b** (駅・列車などの)簡易[立食い]食堂[カウンター]. **c** 《英》= buffet car. **d** 朝食用カウンター. **e** =sideboard 1. ── 形 ビュッフェ式の: a ~ lunch [supper] 立食式の昼食[夜食]. 〘F〙

buffét càr 名 《英》(簡易)食堂車, ビュッフェ(カー)《米》dining car).

búf·fet·ing /bʌ́fətɪŋ/ 名 U 乱打;《空》バフェッティング《飛行中の航空機の機体各部に生じた乱気流が尾翼や胴体後部にあたって起こる震動》.

búf·fle·hèad /bʌ́fl-/ 名 〘鳥〙 ヒメハジロ《北米の潜水ガモ; 雄は冠毛で頭が大きく見える》.

buf·fo /búːfoʊ | búf-/ 名 (@ **-fi** /-fi/, ~**s**) (歌劇の)道化役者, ブッフォ. ── 形 滑稽な, 喜劇的な.

buf·foon /bəfúːn/ 名 ❶ 道化師. ❷ (ばかで)下品なおどけ者. 〘F〈It〙

buf·foon·er·y /bəfúːn(ə)ri/ 名 U 道化;(下品な)おどけ.

***bug¹** /bʌ́ɡ/ 名 ❶ **a** 《主に米》(小さな)昆虫, 虫 (cf. insect). **b** 《英》=bedbug. ❷ 《口》(ウイルスなどによる, 軽い)病気; ばい菌, 微生物, ウイルス: a stomach [tummy] ~ 腹の病気 / pick up a ~ 病気がうつる / I've caught a ~. 私はカゼをひきました. ❸ **a** [the ~; 修飾語を伴って] (あまり長続きしない)熱中: be bitten by *the* travel ~ 旅行熱にとりつかれる. **b** [修飾語を伴って] 熱狂家: a movie ~ 映画狂. ❹ 《口》隠しマイク, 盗聴器. ❺ 《プログラムなどの)欠陥, 故障, 誤り, バグ: fix a ~ コンピューターのプログラムから欠陥[不備な点]を修正する, バグを取る. **(as) snúg as a búg in a rúg** ⇒ snug 成句. **pút a búg in a person's éar** 《米》人に(それとなく)ほのめかす. ── 動 (**bugged; búg·ging**) 他 ❶ 《俗》 〈...に〉隠しマイク[盗聴器]を取り付ける; 〈...を〉盗聴する (tap, wire): They have *bugged* his phone. 彼らは彼の電話に盗聴器を取り付けた. ❷ 《口》〈人を〉悩ます, いらいらさせる 〈out〉. **búg óff** (⦿ +副) [しばしば命令法で]《米口》立ち去る. **búg óut** (⦿ +副)《米口》急いで[あわてて]逃げ去る.

bug² /bʌ́ɡ/ 動 (**bugged; búg·ging**) 他 《米》(驚いて)〈目の玉が〉飛び出る 〈out〉.

bug·a·boo /bʌ́ɡəbùː/ 名 (@ ~**s**) お化け.

búg·bèar 名 ❶ (しばしば, 根拠のない)怖いもの: the ~ of nuclear war 核戦争の恐れ[脅威]. ❷ (悪い子を食べてしまうという)お化け.

búg-èyed 形 (驚いて)目を丸くした.

búg fíx 〘電算〙 ❶ (プログラムなどの)欠陥[バグ]の修正. ❷ [時に形容詞的に] バグを修正したプログラム(の), 修正版(の).

búg fíxing 〘電算〙 U (プログラムなどの)欠陥[バグ]を修

正すること. ── 形 バグ修正の; (バグ)修正用の.

bug・ger /bʌ́gə | -gə/ 名 ❶《英俗》見下げたやつ. ❷《しばしば愛情をこめて》《俗》やつ, 人. ❸ とてもやっかい[困難]なもの. ❹《俗・卑》男色者. **búgger áll**《英俗》何もない, 皆無: He's done ~ all to help me. 彼は私に何も援助してくれなかった. ── 他 ❶《命令法で間投詞的に》〈…どくそくらえ!, 知ったことか!《英俗》〈…を〉だめにする, 故障にする: This software's ~ed. このソフトウェアはいかれている. ❸《英俗》〈人を〉へとへとに疲れさせる〔★通例受身〕: I'm ~ed. へとへとだ. ❹《俗・卑》〈…と〉男色を行なう. **búgger abóut [aróund]**《英俗》《他》《副》❶ [~+to+about [around]]〈人に〉迷惑をかける,〈人を〉悩ます; ばかにする (mess about [around]). ── 自《副》❷〈人に対して〉ばかなふるまいをする 〈with〉. ❸ 暇をもって過ごす, ぶらぶらする[だらだらする]. **Búgger it!**《間投詞的に》《英俗》ちくしょう!, くそ! **Búgger me!**《英俗》《間投詞的に》うわっ!, 何だ!, びっくりした!, ちくしょう!, くそ! **búgger óff**《他》《副》《命令法で》立ち去る. **búgger úp**《他》《副》《俗》〈…を〉台なしにする, だめにする (mess up).《Du〈F〈L Bulgarus ブルガリア人, 異端者》

bug・ger・y /bʌ́gəri/ 名 Ⅱ《卑》男色.

Búg・gins' túrn /bʌ́gɪnz/ 名《英》年功序列制.

bug・gy¹ /bʌ́gi/ 形 (**bug・gi・er; -gi・est**) ❶ 虫だらけの. ❷〔電算〕〈プログラムなど〉欠陥(バグ)がある[多い], きちんと動作しない. ❸《米俗》**a** 気の違った, 頭のおかしい. **b** P〈…について〉頭にきた 〈about〉.《BUG+-Y³》

bug・gy² /bʌ́gi/ 名 ❶ うば車(赤ん坊を寝かせて乗せる); ベビーカー(赤ん坊を座らせて乗せる); 《米》stroller, 《英》Baby Buggy). ❷ **a**《英》軽装二輪馬車. **b**《米》軽装四輪馬車. ❸《通例無蓋の》小型自動車, バギー.

búg・house《米俗》名 精神病院. ── 形 狂った, 精神異常の.

bu・gle¹ /bjúːgl/ 名《軍隊の》らっぱ; ビューグル (trumpet より小さいらっぱでバルブはない). ── 動 自 らっぱを吹く. ── 他 らっぱを吹いて〈…を〉指令する[集める].《F=角, 牛 < bous ウシ; cf. bovine》

bu・gle² /bjúːgl/ 名 [通例複数形で] ガラスなどの管玉(主に婦人服の飾り用).【↑】

bu・gle³ /bjúːgl/ 名 Ⅱ〔植〕キランソウの各種草本, (特に)セイヨウキランソウ, ヨウシュジュウニヒトエ〔シソ科〕.

búgle hòrn 名 猟師の角笛, 角らっぱ (bugle).

bú・gler 名 らっぱ手, らっぱ吹き.

búgle・wèed 名〔植〕❶ (また **búgle・wòrt**) シロネ属の各種草本（北米に多くなるという）〔シソ科〕. ❷ キランソウ (bugle).

buhl /búːl/ 名 = boulle.

Bu・ick /bjúːɪk/ 名《商標》ビューイック(米国製高級車).

※**build** /bɪld/ 動 (**built**) 他 ❶〈…を〉建てる, 建設する, 建造する, 築く, 造る: A new bridge has been built across the river. その川に新しい橋が架けられた / The house is built of brick. その家はれんが造りである / Rome was not built in a day.《諺》ローマは一日にして成らず. **b**〈人に〉家などを建ててやる:〔+目+目〕He has built himself a new house. =He has built a new house for himself. 彼は家を新築した. ❷ **a**〈鳥が〉巣を作る: ~ a nest out of twigs 小枝で巣を作る. **b**〈火を〉起こす. **c**〈事業・富などを〉築く, 確立する: ~ a fortune out of a small investment わずかな投資から財産を築く. ❸〈感情・緊張などを〉増す, 高める, 強める. ❹〈希望・判断などの〉基礎をおく〔★通例受身〕: Society is built on trust 社会というものは信用の上に成り立っている. ❺〈…を〉〈…に〉仕上げる, 組み立てる: ~ stones into a wall 石を積んで塀を作る. **b**〈家具などを〉〈…に〉組み込む〔★通例受身〕: Bookshelves are built into the wall. 本棚は壁に作りつけにしてある / We've built safety features into this investment plan. この投資計画には安全面の条項を加えてある.
── 自 ❶ 建築する; 建築業をやる: He ~s for a living. 彼は建築業をして生計を立てている. ❷〈人の財産などを〉利用する, 頼りにする: He built on his father's fortune. 彼は親譲りの財産をもとにして富を作った / ~ on a person's promise 人の約束を頼りにする. ❸《文》〈感情・緊張などが〉増す, 高まる.

build ín《他》《副》[通例受身で] (1)〈ものを〉組み入れる;〈家具などを〉作りつけにする: Safety features have been built in to protect investors. 投資家が損をしないように安全対策が組み込まれている / The bookshelves have been built in. その書棚は作りつけになっている. (2)〈土地を〉建物で囲む: The area is now built in. その地域はもう建て込んでいる.

build…into…〈…を〉…の一部とする, …に組み込む.

build ón《他》《副》(1)〈土地・建物を〉増す: ~ on an addition 建て増しする / ~ an annex on 新館を建て増しする. (2)⇒ 他 4. (3)⇒ 自 2.

build óver《他》〈土地(全面)に〉建物を建てる: The field was built over with a housing development. その野原は建物開発で(急に)建て込んできた.

build úp《他》《副》(1)〈富・名声・人格・事業などを〉築き上げる, 確立する. 〈士気などを〉高める;〈兵力を〉増強する: The firm has built up a wide reputation for fair dealing. その会社はフェアな取引で広く評判を築き上げている / He built up a name for himself. 彼は独力で名声を築き上げた. (2)〈健康などを〉増進する;〈身体を〈…まで〉鍛え上げる 〈to〉: ~ up one's health 体を鍛え上げる. (3)〈土地を建物でふさぐ〔★しばしば受身〕: The place is now built up. その地域はもう家が建て込んでいる. (4)〈新製品・新人などを〉宣伝[ピーアール]する, ほめたてる;〈人をほめたてて〉売り込んで〈…に〉させる 〈into〉;〈人をほめたてて〉〈…〉させる:〔+to do〕The movie isn't all it's been built up to be. その映画はうわさほどではない / The Republicans are ~ing him up to run for Congress. 共和党員たちが彼をほめたてて議会に立候補させようとしている. ── 《自》《副》(5) 増加する, 蓄積する: Our savings are ~ing up. 私たちの貯金は増えつつある. (6)〈雲が〉発達する. (7)〈交通が〉渋滞してくる. (8)〈圧力・緊張などが〉強まる. (9)〈天候が〉(悪いほうに)変わってくる, 〈…に〉なりかかる: It's ~ing up for a storm. 今にもあらしになりそうだ.

búilt on sánd ⇨ sand 成句.

── 名 Ⅱ Ⅽ [通例単数形で] 体格 (physique): a man of sturdy ~ がっしりした人 / of the same ~ 同じ体型で[の] / He has a poor ~. 彼は体格が貧弱だ. ❷ Ⅱ（船などの）造り, 構造.

〖OE; 原義は「住む」〗

※**build・er** /bɪ́ldə | -də/ 名 ❶ 建築(業)者, 建造者: ⇨ master builder. ❷ [通例複合語で] 建設[創始]者;〈…の〉増進[強化]物: a health ~ 健康増進剤.

※**build・ing** /bɪ́ldɪŋ/ 名 ❶ Ⅽ 建築物, ビルディング (略 bldg.);〔解説〕house, school, church, factory, supermarket など建築物はすべて building; 日本語の「ビル(ディング)」は office building としたほうがよい場合もある). ❷ Ⅱ 建築術; 建築, 建造. ❸ [形容詞的に] 建築(用)の: a ~ area 坪地 / a ~ site 建築敷地.（関形 architectural）

building and lóan associàtion 名《米》建築貸付組合 (savings and loan association の旧称).

†**búilding blòck** 名 **a** 建築用ブロック. **b**（おもちゃの）積み木. ❷ 基礎的要素, 成分, 構成要素.

※**búilding socìety** 名《英》住宅金融組合（《米》savings and loan association に相当する).

※**búild・ùp** /bɪ́ldʌp/ 名 ❶ **a**（兵力・体力・産業などの）増強, 増進, 強化;（資材などの）蓄積 〈of, in〉. **b**（物語などの）盛り上がり. ❷（新製品・新人などの売り出しの）宣伝, 売り込み, ピーアール.

※**built** /bɪlt/ 動 build の過去形・過去分詞.
── 形 Ⅴ [通例複合語で]（…の)体格の; (で)造られた, (に)造られた: a well-built house [man]〈人を〉建てる家[りっぱな体格の人] / a stone-built house 石造りの家.

†**búilt-ín** Ⅴ ❶〈書棚などが〉はめ込みの, 作りつけの;〈部品などが〉組み込まれた, 内蔵の: a ~ range finder (カメラに)内蔵された距離計. ❷〈性質などが〉(本来)備わった, 生来の.

búilt-úp 形 ❶ 組み立ての. ❷〈区域が〉建物に囲まれた, 建て込んだ: a ~ area 建物密集地域.

Bu・jum・bu・ra /bùːdʒəmbú(ə)rə/ 名 ブジュンブラ《ブルンジの首都; Tanganyika 湖岸の港町; 旧称 Usumubura》.

*__bulb__ /bʌ́lb/ 名 ❶ 電球 (cf. light bulb). ❷ (タマネギなどの)球根, 鱗茎(れんけい). ❸ (温度計などの)球. b [写] バルブ. c 球状部分.〖L < Gk = タマネギ, 球根〗形 bulbous

bul・bil /bʌ́lbəl/, **bul・bel** /bʌ́lbəl/ 名〖植〗肉芽, 珠芽(しゅが), 鱗芽, 小鱗茎, むかご《ヤマノイモ・オニユリなどの葉腋(ようえき)にある無性芽で, これで繁殖する》.

bul・bous /bʌ́lbəs/ 形 ❶ 球茎の, 球根の; 球根から生じる: a ~ plant 球根植物. ❷ 丸くふくらんだ, 球根状の: a ~ nose だんご鼻. 名 bulb

bul・bul /bʊ́lbʊl/ 名〖鳥〗ヒヨドリ科の鳥.

búl・gar /bʌ́lgə/ = bulgur.

Bul・gar /bʌ́lgə, bʊl-|-gə/ 名形 = Bulgarian. OE.

Bul・gar・i・a /bʌlgé(ə)riə, bʊl-/ 名 ブルガリア《ヨーロッパ南東部の共和国; 首都 Sofia》.

Bul・gar・i・an /bʌlgé(ə)riən, bʊl-/ 形 ブルガリア(人, 語)の. ━━ 名 ❶ C ブルガリア人. ❷ U ブルガリア語.

+**bulge** /bʌ́ldʒ/ 名 ❶ a (外側への)ふくらみ. b (おなかの)贅肉(ぜいにく), 余分な脂肪. c (たるなどの)胴. d 〖軍〗(戦線の)突出部. ❷〖量・値などを一時的な〗増加, 膨張; 急騰: a ~ *in* birth statistics 出生統計における増加. ━━ 動 (自) ❶ ふくれる, 突き出る: *bulging* muscles 盛りあがった筋肉 / My stomach has begun to ~ *out*. 私の腹は出っ張ってきた. ❷ [...でふくれている, いっぱいである]: His pockets ~d *with* walnuts. 彼のポケットはクルミでふくれていた. ━━ 他 [...で]ふくらませる 《*with*》.〖F < L *bulga* 袋; cf. budget〗

bul・gur /bʌ́lgə, bʊl-|-gə/ 名 U ブルグル《トルコおよびその周辺地域の, 小麦を湯がいてから乾燥させて粗挽きした食品》.

bulg・y /bʌ́ldʒi/ 形 (bulg・i・er; -i・est) ふくらんだ.

bu・lim・a・rex・i・a /bjuːlìːməréksiə, -lìm-/ 名〖医〗過食無食症《病的飢餓と食欲不振を交互に繰り返す精神障害》.

+**bu・lim・i・a** /bjuːlíːmiə, -líːm-/ 名 U〖医〗大食, 過食(症); = bulimia nervosa.〖L < Gk = 非常に空腹なこと < *bous* ウシ (cf. butter) + *limos* 空腹〗

bulímia nervósa /-nəvóʊsə|-nə-/ 名 U〖医〗神経性過食(症).

bu・lim・ic /bjuːlíːmɪk, -líːm-/ 形〖医〗過食症の(人).

*__bulk__ /bʌ́lk/ 名 ❶ [the ~ of...] 大部分, 大半: The ~ of the work has not been finished. 仕事の大部分は終わっていない. ❷ U 大きさ, 容積, 嵩(かさ): a ship of vast ~ すごく大きい船. ❸ [単数形で] 巨体; 大きなもの[塊], 姿など]: the ~ of an elephant 象のような巨体. ❹ U (船の)積み荷. ❺ U 食物繊維 (fiber). **bréak búlk** 積荷を降ろし始める. *in* ~ (1) 大量に (in quantity). buy *in* ~ 大量に買う[仕入れる]. (2) 〖穀類などばらで[の]; 〈貨物など〉ばら荷[積み]で[の]. ━━ 形 A 大量の, 大口の. ━━ 動 他 ❶ かさばる, ふくれる; かたまりになる. ━━ 自 ❶ 〈...を〉かさばらせる 《*out*》. ❷ 〈ものを〉ひとまとめにする, 一括する. **búlk lárge**《英》大きく見える; 重要に思われる: The trade imbalance ~*s large* in our minds. 貿易不均衡が大きな問題であるように思える. **búlk úp** ━━ 動 (1) 体が大きくなる, 筋肉[体重]をつける. ━━ (他)(+動)(2) 大きく[たいそうなものに]見せる.〖ON = 船荷〗 形 bulky

búlk-bùying 名 大量買入れ.

búlk càrrier 名 〖海〗ばら積み貨物船《穀物・石炭などの貨物を包装せずにそのまま運送できる単層船》.

búlk・er 名(口) = bulk carrier.

+**búlk・hèad** 名 [しばしば複数形で] ❶ (船・飛行機の中の)隔壁. ❷ (鉱山などの)遮断壁, 仕切り.

búlk máil 名 U《米》料金別納郵便.

búlk mòdulus 名〖理〗体積弾性率.

+**bulk・y** /bʌ́lki/ 形 (bulk・i・er; -i・est) ❶ かさばった, (重さの割に)大きい(大きすぎて)扱いにくい: a ~ sweater バルキーセーター / a ~ package かさばった包み. ❷ 巨体の,

太った. **búlk・i・ly** /-kɪli/ 副 **-i・ness** 名 (名 bulk)

bull[1] /bʊ́l/ 名 ❶ C a (去勢されていない成長した)雄牛《関連》 ~ cow[1]》, b (サイ・ゾウ・クジラなどの)雄. ❷ C (雄牛のように)大きくがっしりした人. ❸ C 〖株式〗強気の買い手, 強気筋 (↔ bear). ❹ C 《米俗》警官. ❺ [the B-] 〖天〗牡牛座. ❻ ~ = bull's eye. ❼ U 《俗》= bullshit. **a búll in a chína shòp** はた迷惑な乱暴[そこつ]者《由来「陶磁器屋に闖入(ちんにゅう)した雄牛」の意から》. **shóot the búll**《米口》むだ話をする. **táke the búll by the hórns** 勇敢に進んで[難局に当たる《由来「牛の角をつかんで牛を取り押さえる」の意から》. ━━ 形 A 雄の; 雄牛の: a ~ whale 雄クジラ. ❷ 〖株式〗買い方の, 強気の (↔ bear): a ~ market 強気の相場. ━━ 動 他 ❶《米》《案・要求などを》〈...に〉強行する, ごり押しする: a bill *through* a committee 議案を委員会で強行に通す. b [~ one's way] 押し進む: ~ *one's way through* a crowd 群衆の中を押し進む. ❷ 〖株式〗〈...の〉値をつり上げようとする.〖OE; 原義は「ふくれたもの, 大きいもの」〗形 bullish; 関連 taurine[2]

bull[2] /bʊ́l/ 名 〖カト〗(ローマ教皇の)大勅書《教皇印を押した公式なもの》: a Papal ~ ローマ教皇の大勅書.〖< L *bulla* 教皇印, 球形のもの, 泡; cf. boil[1]〗

bull[3] /bʊ́l/ 名 こっけいな矛盾《解説》アイルランド人はしばしば矛盾したことをいけない平気で言うとされたことから Irish bull とも言う》.

bull[4] /bʊ́l/ 名《俗》U たわごと; うそっぱち: shoot the ~ むだ口をきく / throw [sling] the ~ ほらを吹く. ━━ 間 ーばかな!《BULLSHIT》.

bul・la /bʊ́lə/ 名 (働 **bul・lae** /-liː/) ❶ 教皇大勅書(bull[2])の封印《円盤形の鉛の封印》. ❷ 〖医〗ブラ, 気腫性[肺胞内]嚢胞, 水疱. ❸〖解〗胞《丸い隆起》.

bul・lace /bʊ́ləs/ 名 〖植〗ドメスチカスモモ, ヨーロッパスモモ.

bul・late /bʊ́leɪt, -ət/ 形〖植〗水疱様の隆起におおわれた.

búll・bàr 名 ブルバー《衝突による破損防止のために自動車の前部に取り付ける金属製格子; 装飾品としても用いる》.

búll díke 名 = bull dyke.

búll・dòg 名 ❶ ブルドッグ. ❷ がんこな人. ❸《口》(Oxford, Cambridge 大学の)学生監補佐. ━━ 形 A ブルドッグのような, 勇猛でねばり強い: ~ courage 猛勇. ━━ 動《米》〈子牛などを〉〈角をつかまえて〉投げ倒す.《BULL[1] + DOG》

búlldog bàt 名〖動〗ウオクイコウモリ《メキシコ・中南米産》.

búlldog bònd 名〖証券〗ブルドッグボンド《英国の債券市場において, 国際機関や外国の政府・企業がポンド建てで発行する債券》.

búlldog clíp 名《英》強力な紙ばさみ.

bull・doze /bʊ́ldoʊz/ 動 他 ❶〈建物などを〉ブルドーザーで破壊する[倒す], 〈土地を〉ブルドーザーでならす. ❷ a〈案などを〉〈...に〉強引に押し通す: ~ an amendment through Congress 修正案を議会に強引に通過させる. b [~ one's way] 〈...を〉強引に突き進む. ❸〈人を〉どなりつける, 脅して…〈...に〉させる: ~ a person *into* buy*ing* something 人を脅してものを買わせる.

+**búll・dòz・er** 名 ❶ ブルドーザー. ❷《口》威嚇者.

búll dýke 名《米俗》[しばしば軽蔑的に] 男役のレズ, しゃくま《特に 荒っぽいイメージのレズをいう》.

*__bul・let__ /bʊ́lɪt/ 名 ❶ (小銃・ピストルなどの)銃弾, 弾丸《比較》 shell は大砲の炸裂(さくれつ)する砲弾; shot は散弾》 / a stray ~ 流れ弾. ❷ a 小球; (釣糸の)おもり. b〖印〗黒丸《箇条書きの頭などに用いる》. **bíte**《英》**bíte on**》**the búllet**《口》じっと苦痛をこらえる[我慢する], いやな事に敢然と立ち向かう《由来 昔, 戦場で手術する時, 弾丸をかんで痛みをこらえたことから》.〖F < L = 球状のもの (cf. boil[1]); ⇒ -et〗

búllet・héaded 形 〈人が〉(弾丸形の)丸頭の.

*__bul・le・tin__ /bʊ́lətn, -ən|-tɪn/ 名 ❶《新聞・ラジオ・テレビの》ニュース速報, 臨時ニュース: a flash news ~ ニュース速報. ❷ a 公報; 報告, 告示. b (学会などの)紀要, 会報; (会社の)社報. c (大学の教課課程コースなどの)要覧. ━━ 動 (他) 〈...を〉公報[掲示]で知らせる.〖F < It < L *bulla* 印章, 泡; cf. boil[1]〗

bulletin bòard 名 ❶《米》掲示板, 告示板《英》no-

tice board). ❷ 《電算》電子掲示板.
búllet-pròof 形 ❶ 防弾の: a ~ vest 防弾チョッキ / ~ glass 防弾ガラス. ❷ 批判[失敗]の心配のない.
búllet tràin 名 弾丸列車, (日本の)新幹線列車.
búll fíddle 名《米口》=double bass.
búll fíght 名 闘牛.
búll fìghter 名 闘牛士 (matador).
búll fìghting 名 U 闘牛.
búll fìnch 名 《鳥》ウソ (以前は飼い鳥とされた).
búll fròg 名《動》ウシガエル, 食用ガエル.
búll hèad 名 ❶ 頭の大きい魚 《カジカ科やアメリカナマズなど》. ❷ がんこ者.
búll hèaded 形 がんこな, がむしゃらな. **~·ly** 副 **~·ness** 名
búll hòrn 名《米》(携帯用)拡声器, ハンドマイク (megaphone;《英》loudnier).
búl·lion /búljən/ 名 U ❶ 金塊, 銀塊; 純金[純銀]の延べ棒. ❷ 金モール, 銀モール.
†**búll·ish** /búlɪʃ/ 形 ❶ 強気の; 楽観的な; 《株式》強気の (↔ bearish): a ~ market 上がり気味の相場. ❷ 雄牛のような. ❸ ばかな; 愚かな. **~·ly** 副 **~·ness** 名 【BULL¹+-ISH¹】
búll márket 名《証券》上げ相場, 強気市場.
búll nècked 形《人が》(雄牛のように)首の太い.
búll nòse 名 ❶ だんご鼻. ❷ (れんが・タイルなどの)丸面.
bul·lock /búlək/ 名 去勢牛.
bul·lous /búləs/ 形《医》水疱性の, 水疱のような.
búll pèn 名《米》❶《野》ブルペン(救援投手練習場). ❷ 仮留置場. ❸ 牛の囲い場. 【BULL¹+PEN²】
búll ring 名 闘牛場.
Búll Rún /búlrán/ 名 [the ~] ブルラン 《Virginia 州北東部の小さな川; 南北戦争時, 付近で2度の戦闘があり, 共に南軍が勝利をおさめた》.
búll rùsh 名 =bulrush.
búll sèssion 名《米口》(通例学生などの)自由討論.
búll's-èye 名 ❶ (標的の)中心部, 金星. ❷ **a** 中心に当たった矢[弾丸]. **b** 当を得た言葉[行為]; 要点, 急所. ❸ a 半球レンズ. **b** (半球レンズ付きの)角灯, ランタン. **c** (明かり取りの)円窓. ❹《英》(はっか風味の)あめ玉. **hít the búll's-eye** (1) 的(まと)の中心を射る. (2) 《人・言葉などが》急所をつく, 要点をとらえる. (3) 《口》(物事に)成功する, うまくいく.
búll·shìt《卑》名 U たわごと, でたらめ. — 動 自 たわごとを言う, うそをつく. — 間 ばか, ばかな!
búll·shìt·ter 名《卑》大ぼら吹き, でたらめ野郎.
búll snàke 名《動》ネズミクイ (北米産の大型ヘビ).
búll térrier 名 ブルテリア (ブルドッグとテリアの雑種).
búll tròut 名《魚》❶《英》ブラウントラウト (sea trout). ❷ オショロコマ (Dolly Varden).
búll whìp 名 牛追いむち(生皮を編んだ長いむち). — 動 他 長いむちで打つ.
*__bul·ly¹__ /búli/ 名 弱い者いじめをする者; いじめっ子, がき大将. **pláy the búlly** 威張り散らす. — 動 他 《人を》いじめる, いじめて[脅して]...させる: He bullied me **into** doing it for him. 彼は私を脅して彼のためにそれをさせた. — 形 威張り散らした. — 間《古》すてきな, すばらしい: a ~ idea すてきな案 / He's in ~ health. 彼はとても健康だ. — 間《口》[通例 B~ for you! で反語的に用いて] そりゃすごい, ごりっぱ!
bul·ly² /búli/《ホッケー》名 試合開始 (bully-off). — 動 自 試合を開始する 〈off〉.
bul·ly³ /búli/ 名 =bully beef.
búlly bèef 名 U 缶詰[塩漬け]牛肉, コーンビーフ.
búlly bòy 名 暴漢, 暴力団員.
búlly-òff 名《ホッケー》試合開始.
bul·ly-rag /búliræg/ 動 自 他 (-ragged; -rag·ging)《口》おどし, しつこくいじめる[悩ます].
bul·rush /búlrʌʃ/ 名 ❶《植》**a** フトイ(太藺). **b** ガマ. ❷ 紙草, パピルス.
bul·wark /búlwə(ː)k/ — wə(ː)k/ 名 ❶ 〖国・主義などの〗防護者[物]: a ~ of liberty 自由の砦. ❷ [しばしば複数

形で] 砦(とりで), 堡塁(ほうるい); 防波堤. ❸ [通例複数形で] (船の)舷牆(げんしょう). — 動 他 〈…を〉砦で固める[防備する].

†**bum¹** /bám/ 名 ❶ a 浮浪者, 怠け者, ぐうたら. **b** 無能な人, 役立たず. ❷ 遊び[娯楽]に熱中する人; …狂: a ski ~ スキーマニア. **on the búm** (1) 浮浪生活をして; go on the ~ 浮浪生活を始める. (2) 効力がなしに; 壊れた. — 形 ❶ 下等な, くだらない. ❷ 〈足など痛めた: a ~ leg 痛めた足. ❸ 誤った, 偽の: He gave me a ~ steer. 《米俗》彼は私に誤った情報[かせわた]をつかませた / a ~ rap 無実の罪. — 動 (bummed; bum·ming) 自 ❶ のらくらして暮らす, 浮浪する〈around, about〉. ❷ (働けるのに)他人のやっかいになって暮らす. — 他《人から》〈ものを〉たかる, ねだる (cadge) 〈from, off〉: Can I ~ a cigarette (off you)? たばこを一本くれないか. 【BUM(MER) 3】

bum² /bám/ 名《英俗》尻. **búms on séats**《英口》(コンサートなどの)観客 (特に客集めだけを狙った場合にいう).

búm bàg 名《英》ウエストポーチ (《米》fanny pack).

bùm·báiliff 名《英史》《軽蔑》執達吏.

ber·ber·shoot /bámbəʃùːt/ — bə-/ 名《米口》傘.

bum·ble¹ /bámbl/ 動 自 ❶ よろよろ進む; へまをやる. ❷ 〖…について〗もぐもぐ言う 〈on〉〈about〉.

bum·ble² /bámbl/ 動 自 《ハチなどが》ブンブンいう.

búmble·bèe 名《昆》マルハナバチ.

búm·bling /bámblɪŋ/ 形 へまな, どじな, 間の抜けた.

bumf /bámf/ 名《英俗》❶ 退屈な書類, 役所の書類, 紙くず. ❷ 〖トイレットペーパー〗.

búm·flùff 名《英口》(少年の)うすく生えた[生やした]初めてのひげ, 「うぶ毛」.

Bu·mi·pu·tra /bùːmɪpúːtrə/ 名 [しばしば b~] (マレーシアで, 中国人と区別して)本土人, マレー人.

bum·ma·lo /báməlòu/ 名 (複 ~s)《魚》=Bombay duck.

bum·med /bámd/ 形 [通例 out で]《米俗》失望して, うんざりして, 落ち込んで.

bum·mer /bámə/ — mə-/ 名《米俗》❶ いやなこと; いやな目, がっかり. ❷《麻薬などの》不快な経験. ❸ 浮浪者, 怠け者. 【1, 2 は BUM¹+-ER¹, 3 はドイツ語 Bummler 「ぐうたら」から】

*__bump__ /bámp/ 動 ❶ 〖…に〗ドンと突き当たる, 衝突する 〈against, into, on〉: He ~ed **against** the door. 彼はドンとドアにぶつかった / In my hurry I ~ed **into** someone. 急いだあまり私はだれかに突き当たった. ❷ [副詞(句)を伴って]〈車が〉…をガタガタ揺れ動いて通る: The cart ~ed along (the rough road). 荷車は(でこぼこ道を)ガタゴト揺れながら通っていた. ❸《米・カナダ》〈ダンサーなどが〉〈挑発的に〉腰を突き出す; バンプを踊る: ~ and grind 〈ダンサーなどが〉〈挑発的に〉腰を突き出したり回したりする. — 他 ❶ **a** 〈…に〉ドンと打ち[突き]当たる, ぶつかる: The truck ~ed our car. トラックは私たちの車にドンと突き当たった. **b** 〈人を〉〈床・壁などに〉押し倒す[つける]〈against, on〉: He ~ed his head **against** the door. 彼は頭をドアにぶつけた. ❷ 《ぶつかって》〈ものを〉〈ガチャン〉[ドシン]と…に〈する〉: ~ a vase **off** the table ぶつかってテーブルから花瓶をガチャンと落とす. ❸《米口》〈航空会社が〉(予約を取りすぎて)〈人を〉〈飛行機などから〉押しのける: He was ~ed **from** his flight to Washington. 彼はワシントン行きの便からはずされた. ❹〈テレビ・ラジオ番組を〉別の時間帯に移動する.

búmp ìnto (1) …にドンと突き当たる (run into) (⇒ 自 1). (2)《口》…にばったり出会う: I ~ed **into** an old friend on my way home. 帰宅の途中でばったり旧友に出会った. **búmp óff**《他》+副》《口》〈人を〉ばらす, 殺す. **búmp úp**《他》+副》《口》〈物価・賃金などを〉(つり)上げる, ふやす.

— 名 ❶ 衝突, バタン, ドスン: a ~ from behind 追突 / with a ~ ドシンと; いきなり, 突然. ❷ **a** こぶ (lump). **b** (道路などの)隆起: B~ ahead!《掲示》先に段差あり!《道路工事現場などにある警告やスピードを落とさせる掲示》. ❸《空》(飛行機を動揺させる)悪気流, 突風, エアポケット. ❹ [the ~s として複数形で]《英》〈誕生日に〉親が子供を空中に上げたり下ろしたりして祝うこと.

—— 副 バタンと, ドンと: run ~ into a tree 木にドンと突き当たる. 【擬音語】 (形) bumpy.

bump・er[1] /bʌ́mpə/ |-pə/ 名 ❶ (自動車の前後の)バンパー, 緩衝器. ❷《米》(列車の)緩衝器. ❸《クリケ》投球後に高くはずむボール. 〖↑+-er[1]〗

bum・per[2] /bʌ́mpə/ |-pə/ 名 ❶ 満杯. ❷《口》異常に大きいもの. —— 形 (A)《口》異常に大きな; すばらしい: a ~ crop 豊作 / a ~ year for wheat 小麦のあたり年.

búmper cár 名《米》バンパーカー(《英》dodgem)《遊園地などでぶつけ合う小型電気自動車》.

búmper sticker 名 (車の)バンパーステッカー《広告・スローガンなどを刷り込んである》.

búmper-to-búmper 形 車が延々とつながった, 数珠つなぎの: ~ traffic 交通渋滞.

bumph /bʌmf/ =bumf.

bump・kin /bʌ́m(p)kɪn/ 名《軽蔑》いなか者, いなかっぺ.

búmp stàrt 名《英》=push-start. **búmp-stàrt** 動

bump・tious /bʌ́mpʃəs/ 形 傲慢(ごうまん)な, 横柄な, でしゃばりの. **~・ly** 副 **~・ness** 名

bump・y /bʌ́mpi/ 形 (bump・i・er; -i・est) ❶《道路など》でこぼこの: a ~ road がたごと道. ❷ a 《車・旅行などがたつく》: have a ~ ride がたがた揺られながら乗っていく. b 《音楽・詩などの》調子にむらのある. c 《情勢など》悪い, 不安定な: 浮き沈みのある: Things have been ~ for us this year. 今年は情勢が思わしくなかった. ❸《空》悪気流のある. **búmp・i・ly** /-pɪli/ 副 **~・ness** 名 (形 bump)

búm ràp 名《米俗》ぬれぎぬ, 冤罪(えんざい); 不当な非難[悪評].

búm-rùsh 名《米俗》つまみ出す, たたき出す.

búm's rúsh 名 [the ~]《俗》強制立ち退き: give a person the ~ 人を強制的に立ち退きさせる.

búm stéer 名《米口》誤った指示[指図, 情報]: give [sell] a person a ~ 人に間違って教える, 人を誤らせる 〈on〉.

bun /bʌn/ 名 ❶ (通例干しぶどう入りの)小型の丸いケーキ. b ハンバーガー用などの)円いパン, バン; ロールパン. ❷ (女性が頭の後ろに結うバンの形の)束髪: wear one's hair in a ~ 髪を束髪に結っている. ❸ [複数形で]《米俗》尻. **háve a bún in the óven**《口》《婉曲》妊娠している《★男性が用いる表現》. **háve a bún ón**《米俗》酔っぱらう.

*****bunch** /bʌntʃ/ 名 ❶ (果物などの)房(ふさ): a ~ of grapes 一房のぶどう. ❷ (花・かぎなどの)束, 花束(比喩的): a ~ of flowers 花束. ❸ [a ~ (of...)で]《主に米》多くの, たくさんの: She had a whole ~ of stuff to do this morning. 彼女には今朝することがたくさんあった. ❹ [単数形で]《口》仲間, 一団. ❺ [複数形で]《英》左右2つに分けて束ねた髪型; おさげ. **a búnch of fives**《古風・戯言・俗》げんこつ. **Thánks a búnch!**《戯言》それはどうもどうも 《ありがたく思っていないときの表現》. **the bést of the búnch** その中でいちばんよいもの, ピカ一の人[もの]. —— 動 自 束になる 〈up〉. —— 他 ❶ ~を束ねる; 〈...を〉一団に集める 〈up, together〉.

Bunche /bʌntʃ/, **Ralph Johnson** 名 バンチ (1904-71; 米国の外交官; Nobel 平和賞 (1950)).

búnch-gràss 名 (U)《植》バンチグラス, 束生するイネ科の各種の草《ネズミノオ・エゾムギ・ウシクサなど》.

bunch・y /bʌ́ntʃi/ 形 (bunch・i・er; -i・est) 房のある, 束状の; 束になる, こぶ状の.

bun・co /bʌ́ŋkoʊ/ 名 動 =bunko.

bun・combe /bʌ́ŋkəm/ 名 動 =bunkum.

bund /bʌnd/ 名 (アジア諸国の)海岸通り, バンド;《インド》堤防, 築堤.

Bun・des・bank /bʌ́ndəzbæŋk, báːn-/ 名 ドイツ連邦銀行《ドイツの中央銀行》.

Bun・des・tag /bʊ́dəstɑ̀ːɡ/ 名 (ドイツの)連邦議会.

*****bun・dle** /bʌ́ndl/ 名 ❶ (通例真ん中よくくった)束 《比較》 bunch は花・かぎなどの束; sheaf は書類などの束): a ~ of letters 一束の手紙. b 《植・解》管束(かんそく). ❷ 包み: a ~ of clothes 一包みの着物. ❸ [a ~ of ...]《口》a かたまり, 一団: It's a ~ of contradictions. それは矛盾だらけだ / ⇒ be a bundle of NERVES. (感嘆) b たくさん, 大量, さまざま. ❹ [a ~]《口》大金: It cost a ~. ずいぶん金がかかった. ❺《電算》バンドル製品《ハードウェアと組み合わせて販売されるソフトウェア》. **be a búndle of láughs** [fún, jóy]《口》面白いこと[人]が(しばしば皮肉に全然面白くないときに用いる》. **nót gò a búndle on ...**《口》...があまり好きではない. —— 動 他 ❶〈人を〉さっさと[...へ]追いやる: They ~d him off to 《米》the) hospital. 彼らは彼をさっさと病院へ追いやってしまった. ❷ a 〈...を〉包む[束]にする, くるむ, 包む: We ~d everything up. いっさいのものをまとめた. b [~ oneself / ~d] 《...に》暖かそうにくるまる: ~ oneself up in a blanket 毛布にくるまる. ❸ 〈...を〈...に〉ごちゃごちゃに投げ込む: She ~d everything into the drawers. 彼女は何もかもいっさいたんすの中に丸め込んだ. ❹《電算》(特にソフトなどを)〈...と〉組み合わせて販売する, 〈...に〉バンドルする 〈with〉. —— 自 ❶ さっさと立ち去る: They ~d off [out, away] in anger. 彼らは立腹してさっさと立ち去った. ❷ (厚着をして)暖かくする 〈up〉.

Búndt càke /bʌ́nt-/ 名 ブントケーキ《ドーナツ状のケーキ》.

bún-fight 名《英口》ティーパーティー.

bung[1] /bʌŋ/ 名 (容器・たるの口をふさぐための)栓. —— 動 他 ❶ 〈栓口に〉栓をする 〈up〉. ❷《英口》〈...を〉(ほうり)投げる. **bung...úp** [通例受身で] 〈...を〉詰まらせる, ふさぐ 〈with〉.

bung[2] /bʌŋ/ 名《英口》賄賂, 袖の下.

*****bun・ga・low** /bʌ́ŋɡəloʊ/ 名《米》バンガロー式住宅《ベランダのある別荘風の平屋》;《英》平屋建ての家 〖解説〗「キャンプ用貸し小屋」の意味ではない. 日本でいう「バンガロー」は cabin に相当). 〖Hindi ベンガル (Bengal) の〗

bun・gee /bʌ́ndʒi/ 名 (また **búngee còrd**) バンジー(コード)《荷物を荷台に固定したりショックを吸収させたりするためのゴムロープ; 両端にフックが付いているものが一般的》.

búngee jùmping 名 (U) バンジージャンプ《橋の上などの高所と足首などを伸縮性のあるロープで結び, 飛び降りてスリルを味わうスポーツ》. **búngee jùmper** 名

búng・hòle 名 (容器・たるの栓をする)口, のみ口.

*****bun・gle** /bʌ́ŋɡl/ 動 〈...を〉下手にする, しくじる. —— 自 不覚[不手際]; へま, しくじり: make a ~ of... ...をだめにする. 〖擬音語〗

búngler 名 へまをやる人, 不器用者.

búngling 形 (A) へまな, 不手際な.

bun・ion /bʌ́njən/ 名 バニオン, 腱膜瘤(けんまくりゅう) 《足の親指内側にできるはれもの》.

*****bunk**[1] /bʌŋk/ 名 ❶ a (船・列車の)寝棚, 寝台《壁に作りつけのもの》. b 寝所. ❷ =bunk bed. —— 動 自 狭い [即席の, 仮の]ベッドに寝る, ごろ寝する: ~ down with friends 友人たちとごろ寝する.

bunk[2] /bʌŋk/ 名 (U)《口》だぼら, ごまかし; ばかばかしいこと.

bunk[3] /bʌŋk/ 《英俗》逃亡: do a ~ ずらかる. —— 動 自 逃れる, ずらかる. **búnk óff** 《英口》欠席[欠勤]する, さぼる, ふける. **búnk óff**《英口》〈...を〉さぼる, ふける.

búnk bèd 名 (子供用の)二段ベッド.

*****bunk・er** /bʌ́ŋkə/ -kə/ 名 ❶《軍》掩蔽(えんぺい)壕《ロケット発射・核兵器実験などのしばしば地下の)観測室《防備が施されている》. ❷《ゴルフ》バンカー(《米》sand trap)《くぼんだ砂地で障害区域》. ❸ a (戸外に置いてある石炭などを入れる)大箱, 石炭びつ. b (船の)石炭庫, 燃料庫. —— 動 ❶ 〈船に〉燃料を積み込む. ❷《ゴルフ》〈ボールを〉バンカーに打ち込む; バンカーに打ち込んでプレーヤーを悩ませる《★通例受身》: I was ~ed. バンカーに打ち込んで(困って)しまった.

Búnker Híll 名 バンカーヒル《マサチューセッツ州チャールスタウン (Charlestown) にある丘; ここで独立戦争が開始された》.

búnk・hòuse 名《米》(労働者の泊まる)飯場(はんば).

bun・ko /bʌ́ŋkoʊ/ 名《米口》名 (トランプなどの)いかさま, ペテン. —— 動 他 〈人を〉ペテンにかける.

bun・kum /bʌ́ŋkəm/ 名《古風》❶ (選挙民の)人気取りの演説. ❷ くだらない話, たわいのないこと.

búnk-ùp 名 [通例単数形で]《英口》(登る時の)押し上げ: give a person a ~ 人を後ろから押し上げてやる.

+**bun·ny** /bʌ́ni/ ❶ 《小児》うさぎ, うさちゃん. ❷ = bunny girl. ❸ まぬけ, カモ. 【*bun*〔方〕ウサギ+-y²〕

búnny gírl 图 バニーガール《ウサギをかたどった衣装を着けたホステス》.

búnny ràbbit 图 =bunny 1.

búnny slòpe 图《米》《スキー場の》初心者用ゲレンデ《《英》nursery slope》.

Bún·sen búrner /bʌ́ns(ə)n-/ 图 ブンゼンバーナー《化学実験などに用いる》.《R. W. Bunsen 考案者の19世紀ドイツの化学者》

bunt¹ /bʌ́nt/ 動 ❶ 〔野〕〈ボールを〉バントする. ❷ 〈牛などが〉〈頭や角で〉〈…を〉押す. ― 圓 ❶ 〔野〕バントする. ❷ 〈牛などが〉突き当たりする. ― 图 ❶ 〔野〕バント. ❷ 頭突き.

bunt² /bʌ́nt/ 图《魚網の》きんちゃく部; 横帆の中央部.

bunt³ 图 Ⓤ《小麦などの》《なまぐさ》黒穂病; 黒穂病菌.

bun·tal /bʌ́ntl/ 图 Ⓤ バンタル《フィリピンのタリポットヤシの葉の細かい繊維, 帽子を作る》.

bun·ting¹ /bʌ́ntɪŋ/ 图 Ⓤ ❶《薄い》旗布. ❷《慶祝などの》細長い旗, 吹き流し, 幔幕(まんまく).

bun·ting² /bʌ́ntɪŋ/ 图 《乳児用の》おくるみ.

bun·ting³ /bʌ́ntɪŋ/ 图 〔鳥〕ホオジロ類の小鳥.

bunt·line /bʌ́ntlàɪn, -lɪ̀n/ 图 〔海〕バントライン《横帆の裾を引き揚げる索》.

bun·ya (bun·ya) /bʌ́njə(bʌ́njə)/ 图 〔植〕ヒロハノナンヨウスギ《豪州原産》.

Bun·yan /bʌ́njən/, **John** 图 バニヤン《1628-88; 英国の作家; *The Pilgrim's Progress* の作者》.

bun·yip /bʌ́njɪp/ 图 〔豪伝説〕ブンイップ《沼沢地にすむ人を食う野獣》;《豪》詐欺師.

+**bu·oy** /búː.i, bɔ́ɪ/ 图 ブイ, 浮標; 救命浮標〔浮輪, ブイ〕(lifebuoy). ― 動 ❶ 〈…に〉ブイをつける; ブイで浮標で示す. ❷ 〈精神的に〉支え, 〈望みなどを〉いだかせる《★しばしば受身》: He *was* ～*ed up with* [*by*] new hope. 彼は新しい希望に勇気づけられた. ❸ 活気づける, 成長させる《*Du* or *F*》

buoy·an·cy /bɔ́ɪənsi, búː.jən-/ 图 Ⓤ ❶ 価格騰貴の傾向. ❷ 〔打撃などを受けてもすぐ〕回復する力, 快活さ; 浮揚性; 浮揚能力. [↑-ANCY]

buóyancy àid 图《水上スポーツで着る》救命ベスト.

+**buoy·ant** /bɔ́ɪənt, búː.jənt/ 图 ❶ 〈価格が〉上がりぎみの; 市場が〉買い気の. ❷ 弾力をもった; すぐ元気を回復する, 軽快な; 楽天的な. ❸ 浮力〔浮揚性〕のある: ～ force 浮力. ~·ly 圓 【BUOY+-ANT】

Bup·pie /bʌ́pi/ 图 バッピー《黒人のヤッピー; cf. yuppie》. 【*black urban professional*+yup*pie*〕

Bup·py /bʌ́pi/ 图 =Buppie.

bur¹ /bə́ː/ 图 ❶ 〔植〕《クリ, ゴボウなどの実の》いが. **a búr in the thróat** のどにつかえるもの.

bur² /bə́ː/ 图 =burr¹,².

bur. 《略》 bureau.

burb /bə́ːb/ 图《米俗》 =suburb.

Bur·ber·ry /bə́ːberi, -b(ə)ri/ 图 〔商標〕❶ Ⓤ バーバリー《防水布の一種》. ❷ Ⓒ バーバリーのレインコート.

bur·ble /bə́ːbl/ 圓 ❶ べちゃくちゃしゃべる, まくしたてる《*on, away*》: She ～*d on about* her baby's health. 彼女は赤ん坊の健康のことをべちゃくちゃしゃべった. ❷ 〈小川などが〉さらさらと流れる《*on*》. ― 個 〈…を〉べちゃくちゃしゃべる. ― 图《川などの》ぶくぶくいう音; ぶつぶつ言うこと, まくしたてること. 〔擬音語〕

bur·bot /bə́ːbət, bə́ː-/ 图 〔魚〕カワメンタイ《タラ科の淡水魚》.

*___**bur·den**¹ /bə́ːdn, bə́ː-/ 图 ❶ 〔義務·責任の〕重荷, 負担; 《心の》重荷, 心配, 苦しみ: be a ～ *to* [*on*]…の負担〔重荷〕となる / His secretary took on the ～ *of* his work. 秘書は仕事の重荷を引き受けた. ❷ a Ⓒ 重い〔大きな〕荷物: carry a ～ 荷を運ぶ / a beast of ～ ⇒ beast 1 a. b Ⓤ 荷物運び. ❸ Ⓤ 《船の》積載力: a ship of 300 tons = 300 トン積みの船. **búrden of próof** 〔法〕挙証〔立証〕責任.
― 動 ❶ 〈人に〉《重荷となるものを》負担させる;《人を》〔…で〕悩ます, 苦しめる (weigh down) 《★しばしば受身》:

235　　　　　　　　　　　　　　burglarize

They *were* ～*ed with* heavy taxes. 彼らは重税に悩まされた / I *was* ～*ed with* debts. 借金を背負っていた / She *was* ～*ed with* three small children. 彼女は3人の小児をかかえていた. ❷ 〈…に〉重荷を負わせる: ～ a horse *with* a heavy load 馬に重荷を負わせる.
〔OE; 原義は「運ばれるもの」; cf. bear¹〕 形 **burden·some**; 〔関形 **onerous**〕 【類義語】⇒ **load**.

bur·den² /bə́ːdn / bə́ː-/ 图 Ⓒ 《歌の》折り返し〔句〕《比較 refrain のほうが一般的》. ❷ [the ～] 〔議論·主張などの〕要旨, 趣旨; *one's* ～ of report 報告書の要旨.

bur·den·some /bə́ːdnsəm / bə́ː-/ 形 負担となる, わずらわしい, やっかいな, 難儀な. 《图 **burden**¹》

bur·dock /bə́ːdɔk / bə́ːdɔk/ 图 〔植〕ゴボウ《その実にはいが (bur) がある; 欧米では雑草扱い》. 【BUR+DOCK⁴】

*___**bu·reau** /bjú(ə)rou / bjúər-, bjɔ́ː-/ 图 《圈 ～s, ~x /-z/》❶ a《官省の》局 (department)《略 bu., bur.》: the National B～ of Standards《米国商務省の》標準局《度量衡·含有量などを検定する》. b 《会社·組織の》支社, 支局, 支所. ❷ 事務〔編集〕局: an information ～《米》案内所, 受付. ❸《米》鏡付きの寝室用たんす. ❹《英》《開閉式の木製ふたや引き出し付きの大型の》書き物机.
〔F=ラシャ; テーブル掛けに使用したことから〕

*___**bu·reau·cra·cy** /bjurɑ́krəsi / bjʊ(ə)rɔ́k, bjɔː-/ 图 ❶ a Ⓤ Ⓒ 〔しばしば軽蔑的に〕官僚制, 官僚政治〔支配〕. b 官僚主義; 官僚式に煩雑な手続き, 官僚的形式主義 (red tape). c 官僚主義的国家〔組織, 社会〕. ❷ Ⓒ 官僚集団. 《形 ↑+-CRACY》

*___**bu·reau·crat** /bjú(ə)rəkræt / bjúər-, bjɔ́ː-/ 图 〔しばしば軽蔑的に〕官僚; 官僚主義者: a government ～ 官僚.

*___**bu·reau·crat·ic** /bjù(ə)rəkrǽtɪk / bjùər-, bjɔ̀ː-/ 形 官僚政治の, 官僚的な. **-i·cal·ly** /-kəli/ 圓

bu·reau·cra·tism /bjú(ə)rəkrætɪzm / bjúər-, bjɔ́ː-/ 图 Ⓤ 官僚制〔気質〕.

bu·reau·cra·tize /bjú(ə)rəkrətàɪz / bjʊrɔ́k-, bjɔː-/ 動 個 官僚体制〔組織〕にする, 官僚化する. **bu·reau·cra·ti·za·tion** 图

búreau de chánge /-dəʃɑːnʒ/ 图 《圈 bureaux de change /～/》両替所, 外貨交換所.

bu·reaux /bjú(ə)rouz / bjúər-, bjɔ́ː-/ 图 bureau の複数形.

bu·rette, bu·ret /bjurét/ 图 〔化〕ビュレット《精密な目盛り付きの分析用ガラス管》.

burg /bə́ːɡ / bə́ːɡ/ 图 ❶《米口》町, 市. ❷〔史〕《城壁を巡らせた》町; 城塞.

bur·gage /bə́ːɡɪdʒ / bə́ː-/ 图 Ⓤ〔古英法〕自治都市土地保有《態様》(borough の市民権を有する人が貨幣地代を支払って領主から許された権利);〔古スコ法〕国王直轄自治都市土地保有《態様》《自警に参加した代償となった》.

bur·gee /bə́ːdʒiː, -́-/ 图《ヨット·商船などの》三角旗, 二又旗.

+**bur·geon** /bə́ːdʒən / bə́ː-/ 動 圓 ❶ 急に出現〔発展〕する: the ～*ing* suburbs 伸展する郊外. ❷ 芽ぐむ, もえ出る《*out, forth*》. ― 图 芽, 若枝.

+**burg·er** /bə́ːɡə / bə́ː-/ 图 ❶《米口》ハンバーガー (hamburger). ❷〔通例複合語で〕…バーガー: cheeseburger チーズバーガー.

bur·gess /bə́ːdʒəs / bə́ː-/ 图《英》《自治都市の》市民, 公民 (cf. burg, bourgeois).

burgh /bə́ːrou, -rə / bə́ːg, bárə/ 图 ❶《スコ》自治都市. ❷ =borough. 〔OE; cf. borough〕

bur·gher /bə́ːɡə / bə́ː-/ 图《古風》市民, 町民.

+**bur·glar** /bə́ːɡlə / bə́ːɡlə/ 图《不法目的の》住居侵入者, 侵入強盗犯《★もと夜間の犯行犯人について言ったが, 現在は区別しない》. 【類義語】⇒ **thief**.

búrglar alàrm 图《防犯用》侵入警報器.

bur·glar·i·ous /bəːɡléə(ə)riəs / bəː-/ 形 夜盗《罪》の. **～·ly** 圓

+**bur·glar·ize** /bə́ːɡlərɑ̀ɪz / bə́ː-/ 動 個《米》〈…に〉押し入る〔押し入って強奪する〕《《英》burgle》.

búrglar-próof 形 盗難防止の.

+**bur·gla·ry** /bə́ːgləri | bə́ː-/ 名 ⓊⒸ (不法目的の)住居侵入(罪), 侵入強盗(行為).

bur·gle /bə́ːgl | bə́ː-/ 動 他《英》=burglarize.

búr·go·màster /bə́ːgə- | bə́ː-/ 名 (オランダ・オーストリア・ドイツ・ベルギーなどの)市長.

bur·goo /bə́ːguː, -ː | bə́ːguː-, -ː́/ 名 Ⓤ (~s) (船乗りの食べる)オートミール; 《米方》肉と野菜の濃いスープ; burgoo が出されるピクニック[野外パーティー].

bur·grave /bə́ːgrèiv | bə́ː-/ 名 [しばしば B~] 《ドイツ史》城主, (12-13 世紀の)都市の軍事長官.

Bur·gun·di·an /bə(ː)gʌ́ndiən | bə(ː)-/ 形 Burgundy (の住民)の. ― 名 ブルゴーニュの住民; 《史》ブルグント族 《ゲルマンの一族》.

+**bur·gun·dy** /bə́ːgəndi | bə́ː-/ 名 ❶ [B~] ブルゴーニュ (フランス南東部ソーヌ (Saône) 川西岸の地方; 愛と公爵). ❷ [しばしば B~] ⓊⒸ ブルゴーニュ(ワイン)《ブルゴーニュ地方産の通例赤ワイン》. ❸ Ⓤ 赤ワイン色, バーガンディ.

+**bur·i·al** /bériəl/ 名 ❶ ⓊⒸ 埋葬 米国では一般的であるが, 英国では現在火葬 (cremation) も多くなってきた): ~ at sea 水葬. ❷ Ⓒ 埋葬式. (動 bury; 関形 funerary, sepulchral)

búrial gròund 名 埋葬地, 共同墓地 《★ 古代民族の, または考古学用語として用いる》.

bu·rin /bjú(ə)rɪn | bə́r-/ 名 ❶ (銅版用などの)彫刻刀, たがね, ビュラン. ❷ 《考古》ビュラン 《後期旧石器文化に特徴的なのみ状の石器》.

burk /bə́ːk | bə́ːk/ 《英俗》名 ばか, まぬけ.

bur·ka, bur·kha /búəkə | búə-/ 名 ブルカ 《イスラム教徒の女性が人前で着る頭からすっぽりおおう外衣》.

Bur·ki·na Fa·so /bəːkíːnəfáːsou | bəːkíːnəfǽs-/ 名 ブルキナファソ 《アフリカ西部の内陸国; 旧称オートボルタ (Upper Volta); 首都 Ouagadougou》.

Búr·kitt's lymphóma /bə́ːkɪts-/ 名 Ⓤ 《医》バーキットリンパ腫 《アフリカの子供に多い悪性リンパ腫》.

burl /bə́ːl | bə́ːl/ 名 ❶ (糸や布の)節, パール. ❷ (樹木の)ふしこぶ.

bur·lap /bə́ːlæp | bə́ː-/ 名 Ⓤ 形 《米》バーラップ(の), 黄麻布(の) (《英》hessian) 《袋・衣料用の粗い平織りの麻布》.

bur·lesque /bəːlésk | bəː-/ 名 ⒸⓊ ❶ パロディー, 戯画, こっけい模倣, ちゃかし: make a ~ of... ...をちゃかす. ❷ 《米》バーレスク 《ストリップショーなどを呼び物にする演芸》. ― 形 ❶ おどけた; 戯画の. ❷ バーレスクの: a ~ show バーレスクショー. ― 動 他 ...を戯画化する, ちゃかす. 〖F＜It *burla* こっけい ＋-ESQUE〗

+**bur·ly** /bə́ːli | bə́ː-/ 形 (**bur·li·er; -li·est**) 〈人が〉たくましい, 頑丈な. **búr·li·ly** /-lɪli/ 副.

Bur·ma /bə́ːmə | bə́ː-/ 名 ビルマ (⇒ Myanmar).

Bur·man /bə́ːmən | bə́ː-/ 名 形 =Burmese.

Bur·mese /bə̀ːmíːz | bə̀ː-́/ 形 ビルマ(人, 語)の.
― 名 (複 ~) ❶ Ⓒ ビルマ人. ❷ Ⓤ ビルマ語.

Búrmese cát 名 ビルマネコ, バーミーズ.

‡**burn**[1] /bə́ːn | bə́ːn/ 動 (~ed /-d/, burnt /-t/; ★《米》では burned, 《英》では 他 通例 burnt, 自 通例 burned を用いることが多い). 他 ❶ 〈火・ものなどが〉燃やす; 〈暖炉が〉燃える: Paper ~s. 紙は燃える / [＋補] ~ red [blue] 赤々と[青く]燃える / ~ low 〈火・ろうそくの(火)が〉弱まる. **b** [特に進行形で] 火事である: The whole town was ~ing. 街全体火事で燃えていた. **c** 〈肌・人がひどく日に焼ける, ひどく日焼けする: Her skin ~s easily. 彼女の肌はひどく日焼けしやすい. **d** 〈料理などが〉...に焦げる: [動＋補] ~ black 黒焦げになる / The oatmeal is ~ing. オートミールが焦げている. **e** 《化》燃焼する.

❷ **a** 〈頭・顔などが〉...で激しくひりひり感じる, ほてる; 〈舌・口から〉ひりひりする: His angry words made my ears ~. 彼の怒った言葉に私の耳はほてった / My forehead ~ed *with* fever. 額は熱でひどく熱かった / My cheeks were ~ing *with* shame. 私のほおは恥ずかしさでほてっていた. **b** 〈薬品・飲食物が〉ひりひり[ぴりぴり]する: Iodine ~s. ヨード(チンキ)はしみる. **c** [...で] 興奮する, 燃える: She ~ed *with* curiosity [love]. 彼女は好奇心[恋]に燃えた.

❸ 輝く, 光る, 燃え立つ: Lights were ~ing in every room. どの部屋にも明かりがついていた / [＋補] The river ~ed crimson in the setting sun. 川は夕日に映えてあかね色に染まっていた / His eyes ~ed *with* rage. 彼の目は激しい怒りに燃えた.

❹ しきりに(...を)求める: She's ~ing *for* a career in politics. 彼女は政治家としての生活を熱望している / [＋*to* do] She's ~ing *to* see Paris. 彼女はパリを見たいと熱望している.

❺ [クイズなどで解答に近づいて] 今一息だ, くさいぞ (cf. cold 5 b): Now you're ~ing! さあ, もう解答まで一息だ.

❻ 〈心などに〉焼きつく [*in, into*]: His face has ~ed *into* my memory. 彼の顔が記憶に焼きついた.

❼ 〈酸が〉〈金属を〉腐食する [*into*].

❽ **a** 〈乗り物が〉速く走る[飛ぶ] 《*along, up*》. **b** 《宇》〈ロケットエンジンが〉燃焼して推力を得る.

― 他 ❶ **a** 〈...を〉燃やす, 焼く, たく; 〈ガス・ろうそくなどを〉点火する, ともす; 燃やして〈...にする〉: ~ incense 香をたく / ~ candles ろうそくをともす / be *burnt to* ashes [cinders] 燃えて灰になる. **b** 〈石油などを〉燃料に用いる: This stove ~s oil. このストーブは石油を燃料とする.

❷ **a** 〈...を〉...に焼き焦がす: I ~ed the toast. トーストを焦がした / [＋目＋補] ~ a piece of toast black トーストを真っ黒に焦がす / be *burnt to* a crisp かりかりに焼ける. **b** 〈日が〉...に焼きつける, 日焼けさせる: [＋目＋補] The grass has been ~ed brown by the sun. 草は日光で褐色に焼けている.

❸ **a** 〈...を〉やけどさせる: He ~ed his hand on the hot iron. 彼は熱いアイロンで手をやけどした. **b** [~ oneself で] やけどする (★ 受身でも用いる): She ~ed herself badly. 彼女はひどいやけどをした / He got ~ed on the leg. 彼は足にやけどした.

❹ **a** 〈焼き印・銘を〉〈...に〉焼きつける; 焼いて〈...に〉〈穴を〉作る [*in, into, on*]: He ~ed a hole *in* the rug. 彼は敷物に焼け穴を作った. **b** 〈思い出などを〉〈心・人に〉焼きつける [*in, into*] (★ 通例受身): The sight *was* ~ed *into* my mind. その光景は私の心に焼きついた. **c** 《電算》〈CD-R・PROM など〉プログラム[データなど]を書き込む, 〈CD などを〉焼く 《*with*》. **d** [~ its way で] 〈言葉などが〉〈心に〉焼きつく [*in, into*].

❺ **a** 〈人・心を〉燃え立たせる; 《米口》〈人を〉かっとさせる, 怒らせる: It really ~s me up the way she treats him. 彼女の彼の扱い方には腹が立つ. **b** 《口》〈人を〉(感情的に)傷つける, 傷心させる (★ 受身で): She was afraid of getting ~ed again. 彼女は再び自分が傷つくのをこわがっていた.

❻ 〈人を〉火あぶりに処する, 火刑にする: Joan of Arc was ~ed *to* death. ジャンヌダルクは火刑に処せられた / [＋目＋補] ~ alive 生きたまま火あぶりにされる / ⇒ be burnt at the STAKE[1] 2 b.

❼ 〈飲食物・薬品などが〉〈人に〉焼けるような感じを与える, 〈人を〉ひりひりさせる.

❾ (事業などで)〈人に〉損失をこうむらせる, 〈人を〉だます (★ しばしば受身).

❿ 〈カロリーなどを〉消費する, 〈体脂肪を〉燃やす, 燃焼する.

⓫ 《宇》〈ロケットエンジンを〉燃焼させる.

⓬ 《化》〈...を〉燃焼させる.

⓭ 《理》〈ウランなどの〉原子エネルギーを使用する.

búrn awáy (他＋副) (1) 〈...を〉焼き払う, 焼き尽くす.
― (自＋副) (2) 〈火・火事が〉燃え続ける; 燃え尽きる: The fire was still ~ing *away*. 火はまだ燃え続けていた.

búrn dówn (自＋副) (1) 全焼する, 焼け落ちる. (2) 〈火が〉弱まる, 下火になる: The fire has ~ed *down* *to* ashes [coals]. 火は燃えつきた[燃えておきになった]. ― (他＋副) (3) 〈...を〉焼き尽くす[する] (★ しばしば受身): The soldiers ~ed *down* the village. 軍人たちはその村を焼き払った.

búrn óff《⊕+副》(1)《...を》焼き払う, 焼き切る, 焼いてしまう;《開墾のために》《切り株・土地を》焼き払う. (2)《カロリー・脂肪など》を消費する. (3)《日光が》《雲・霧などを》消散させる, 散らす. ― 《⊕+副》(4) 燃え尽きる. (5)《雲・霧などが》《日光の熱で》消散する, 散る.

búrn óut 《⊕+副》(1)《...を》焼き尽くす[つぶす]. (2) 火で追い出す《★ 通例受身》: They were ~ed out (of house and home). 彼らは(家を)焼け出された. (3) [~ oneself で] 焼け切れる, 精力を使い果たす, 消耗する: The fire ~ed itself out. 火事[火]は燃え尽きた[消えた]. ― 《⊕+副》(4) 燃え切る: The light bulb has ~ed out. 電球が切れた. (5)《エンジンなどが》焼き切れる, 焼損する. (6)《ロケットが》燃料を使い果たす. (7)《熱意・精力などが》消耗される. 疲労困憊(ﾋﾟ)する.

búrn úp《⊕+副》(1)《隕石(ｲﾝ)・ロケットが》《大気圏に突入して》燃え尽きる. (2)《燃料を補給されたり, 風が吹いたりして》《火が》ぱっと燃え上がる, 焼けてしまう: The old letters ~ed up in no time. 古手紙はたちまち焼けてしまった. (3) [通例進行形で] 高熱が出ている. (4)《俗》猛スピードで行く,《車などで》ぶっ飛ばす. (5)《米口》怒る. ― 《⊕+副》(6)《...を》燃え尽くす[払う]: Let's ~ up the dead leaves. 落ち葉を焼き払いましょう. (7)《燃料・カロリーなどを》使い尽くす, 消費する: He eats a lot but ~s it all up. 彼はたくさん食べるが全部(エネルギーとして)消費する. (8)《俗》道路を猛スピードで行く, ぶっ飛ばす: ~ up the highway 幹線道路をぶっ飛ばす. (9)《米口》《人を》かんかんに怒らせる. ― 名 **①** a (火などでの)やけど《圧熱湯などによるやけどは scald》: first-degree [second-degree, third-degree] ~s 第1度 [2度, 3度]のやけど / a ~ on the hand 手のやけど. b ひどい日焼け. **②** a 焼け焦がし, b 焼き跡.《れんがなどの》ひと焼き; 焼成. (ロケットエンジンの)噴射. **❺** [the ~]《米》(激しい運動後に感じる)筋肉の痛み: Go for the ~! 痛くなるくらい体を動かせ. **❻**《俗》詐欺, ぺてん.

【OE; cf. brandy】

burn² /bə́:n | bə:n/ 名《スコ》小川.

burned 形 焼けた, 焦げた; やけどした.

†**búrned-óut** 形 ❶ 焼け尽くした, 燃え切った; 焼け出された. ❷《電球など》焼け切れた, 切れた. ❸《人が》精力などを使い果たした, 精根つき果てた.

†**búrn·er** /-/ 名 ❶《ストーブ・ガスレンジ・ランプなどの》火口. ❷ 燃焼器, バーナー: a gas ~ ガスバーナー. ❸ [通例複合語で] 焼く人: a charcoal ~ 炭焼き. **pút on the báck búrner**《...を》あとにまわす.

bur·net /bə́:nɪt | bə:-/ 名 ❶《植》ワレモコウ《バラ科ワレモコウ属の各種の多年草》. ❷《昆》マダラガの蛾.

*__búrn·ing__ /bə́:nɪŋ | bə:n-/ 形 A ❶《感情などが》激しい, 強烈な: a ~ thirst 激しい渇き. ❷《問題などが》白熱している; 重大な, 焦眉(ｼｮｳﾋﾞ)の: a ~ question 盛んに論じられている問題 / one of the ~ issues of our times 現在の重大な問題の一つ. ❸《痛みが》強い, ひりひりする. ❹ 燃え[焼け]ている. ❺ a 燃えるような, 非常に熱い. b [副詞的に] 燃えるように: ~ hot 燃えるように熱い. ❻ はなはだしい, ひどい: a ~ disgrace ひどい醜態.

búrning búsh 名 ❶《植》a ヨウシュハクセン《fraxinella》. b ニシキギ属の各種低木. ❷《聖》燃え尽きることのない柴(ｼ)《★ 聖書「出エジプト記」から》.

búrning gláss 名 天日採り《レンズ》《凸レンズ》.

bur·nish /bə́:nɪʃ | bə:-/ 動 他《金属を》磨く, 光らせる: ~ed ebony つやのある黒檀(ｺｸﾀﾝ). ― 名 U つや, 光沢. 【類義語】~ polish.

bur·nous(e), -noose /bə(:)nú:s | bə:-/ 名 バーヌース《アラビア人などのフード付き外衣》.

búrn·out 名 ❶ U 疲労・ストレスによる心身の疲労. ❷ C (ロケットの)燃焼終了(点). ❸ (電気器具の)焼損.

búrn ráte 名 U《商》《資本》燃焼率, バーンレート《新しい会社が, 営業活動による収入が入りきる前に, 資本を消費する割合》.

Burns /bə:nz | bə:nz/, Robert 名 バーンズ (1759–96; スコットランドの詩人).

burn·sides /bə́:nsaɪdz | bə:n-/ 名《米》豊かなほおひ

---

237 **burst**

げ(あごをそり, 口ひげとつながる).

*__burnt__ /bə́:nt | bə:nt/ 動 burn¹ の過去形・過去分詞.
― 形 ❶ 焼いた, 焦げた: a ~ taste 焦げ付いた味. ❷ やけどした: A ~ child dreads the fire.《諺》やけどした子は火を恐れる. ❸《顔などが》焼けて赤くなった.

búrnt álum 名 U《化》焼きミョウバン.

búrnt ócher 名《赤色顔料》.

búrnt óffering 名 ❶ 燔祭(ﾊﾝ), 焼いたいけにえ. ❷《戯言》《火にかけすぎて》焦げた食べ物.

búrnt-óut 形 =burned-out.

búrnt siénna 名 U ❶ 代赭(ｼｬ). ❷ 赤土色, 代赭色.

burp /bə́:p | bə:p/《口》自 げっぷをする. ― 他《授乳後に背中をなでて》《赤ん坊に》げっぷをさせる. ― 名 げっぷ.【擬音語】

bur·pee /bə́:pi: | bə:-/ 名 バーピー《立った姿勢からスクワットスラスト (squat thrust) を1回やって再び立ち上がる運動》.【R. H. Burpee 米国の心理学者】

búrp gùn /bə́:p- | bə:p-/ 名《米俗》小型軽機関銃.

burr¹ /bə́: | bə:/ 名 ❶《銅版彫刻などの》きざぎざ. ❷《医》バー(ドリル)《外科・歯科用の小さなドリル》.

burr² /bə́: | bə:/ 名 [通例単数形で] ❶《音声》口蓋垂顫動(ｾﾝ)音 (uvular r; 記号は [R]): the Scottish ~ スコットランド人の r の発音 [R]. ❷ ブーンという音. ― 動 ❶《音声》口蓋垂顫動音で話す. ❷ ブーンと音を出す. ❸《音声》《...を》口蓋垂顫動音に発音する.

burr³ /bə́: | bə:/ 名 =bur¹.

Burr /bə́: | bə:/, Aaron 名 バー (1756–1836; 米国の政治家; 副大統領 (1801–05)).

búr rèed 名《植》ミクリ《ミクリ属の各種; ガマに似て水沢に生じ, いがのある実をつける》.

bur·ri·to /bərí:tou/ 名 ブリトー《肉・チーズなどをトルティーヤで包んだメキシコ料理》.

bur·ro /bə́:rou | bár-/ 名《~s》《米》(荷物を運ばせる, 小型の)ロバ.

†**bur·row** /bə́:rou | bár-/ 動 他 ❶《ウサギなどが》《穴を》掘る. ❷《体を...に》すり寄せる: ~ one's head into a person's shoulder 人の肩に頭おすり寄せる. ― 自 ❶ a《ウサギなどが》穴を掘る; 穴にすむ. b 潜伏する. c (土中を掘りながら)進む. d 【...に】もぐる, 隠れる《into, under》: She ~ed into the bed. 彼女はベッドにもぐった. ❷《...を》突っ込んで調査する[探す]: ~ into a mystery 神秘を探る / He ~ed into (the) reference books for the information. 彼は参考書物をあさって情報を探した. **búrrow one's wáy**《ウサギなどが》穴を掘って進む《into, under, through》: A mole ~s its way through the ground. モグラは地中に穴を掘って進む. ― 名 ❶ (キツネ・ウサギ・モグラなどの掘った)穴. ❷ 隠れ場. ~**·er** 名

【BOROUGH から】

bur·sa /bə́:sə | bə:sə/ 名《~s, -sae /-si:, -saɪ/》《解》包, 嚢(ﾉｳ),《特に》滑液包(嚢). **búr·sal** 形

bur·sar /bə́:sə | bə:sə/ 名 ❶ (大学の)会計係, 出納係. ❷《英》奨学生.

bur·sar·i·al /bə:séə(r)rɪəl | bə:-/ 形 会計責任者[課]の, 財務担当の; 給費の.

bur·sar·y /bə́:s(ə)ri | bə:-/ 名 ❶ (大学の)会計課. ❷《英》奨学金 (scholarship).

burse /bə́:s | bə:s/ 名《カト》ブルサ《聖体布を入れる聖布嚢》.

bur·si·tis /bə:sáɪtɪs | bə:-/ 名 U《医》滑液包(嚢)炎.

*__burst__ /bə́:st | bə:st/ 自 (burst) ❶ a 破裂する, 爆発する: The balloon ~. その気球は破裂した. b 張り裂ける, はち切れる. c《ダムなどが》決壊する. ❷《ドア・錠などが》急に[開して, 激しく]開く《開く《+補》: The door ~ open. ドアがパタンと開いた. ❸ a《水泡・栗などがはじける, 《つぼみが》ほころびて花に》なる: The trees ~ into bloom [blossom, flower]. 木はぱっと花を咲かせだした. ❹ 突然...と飛び出る, 噴出する: ~ out of a room 部屋から飛び出す / A scream ~ from her lips. 悲鳴が彼女の口から上がった. b【...に】急に入り込む: ~ into a room 部屋に躍り込む. c【...に】突然現われる; 《...を》襲う: The sea ~ into view.

burster 238

海の(景色)が急に見えた / The blare of the radio ~ **upon** our ears. ラジオの騒音が突然我々の耳を襲った. **d** […を)破って通る,押し分ける: The sun ~ **through** the clouds. 太陽が雲の陰から現われた. ❺ **a** 〈(いっぱい)ではち切れる: I ate until I was fit to ~. おなかの皮がはち切れそうになるまで食べた. **b** 〔通例進行形で〕[…で]いっぱいである: The barns were ~**ing with** grain. 納屋は穀物であふれんばかりだった / She's ~**ing with** vitality. 彼女は活気ではち切れんばかりだ. ❻ 〔進行形で〕〈…したくて〉うずうずしている: [+to do] She was ~**ing to** tell us about what she had done during her vacation. 彼女は休暇中にしたことを私たちに聞かせたくてたまらなかった. ❼ 〔進行形で〕《口》(トイレに行きたくて)もれそうである.
―― 他 ❶ 〈…を〉破裂させる,爆発させる: ~ a blood vessel 血管を破裂させる. ❷ **a** 〈…を〉裂く,引きちぎる; 押し破る: The river ~ its banks. 川の水が堤を押し破った. **b** [~ open]〈…を〉急に[激しく]開く: [+目+補] They ~ the door open [~ open the door]. 彼らはドアを突き破るように開いた. ❸ [~ oneself で]無理をして体を傷める.
búrst fórth 《自＋副》《古風》(1)〈太陽などが〉突然現われる. (2) 飛び出す. (3)〈…を〉急に言い出す. (4)〈花などが〉突然咲く. (5)〈…を〉突然始める: ~ **forth into** song 急に歌い始める.
búrst ín 《自＋副》〈人が急に(ドアをあけて)入ってくる〉: She ~ **in to** tell me the news. 彼女はいきなり入ってきてその知らせを私に告げた.
búrst in on [upòn]…〔人の話・仕事を〕さえぎる: ~ **in on** a conversation 会話に口をはさむ / Excuse me ~**ing in on** you, but... 突然おじゃまして失礼ですが... (2)〔人の所に〕乱入する: ~ **in on** a person 人の所に押しかける.
búrst ìnto… (1) 突然〈…〉しだす,突然〈…〉の状態になる: ~ **into** laughter [tears] どっと笑い[わっと泣き]だす / ~ **into** a run 突然駆けだす / The crashed plane ~ **into** flames. 墜落した飛行機は急に燃え上がった. (2)〈…に〉急に入り込む(⇒ 自 4 b).
búrst óut 《自＋副》(1)〈戦争・病気・騒動などが〉突発的に起こる(break out). (2) 突然〈…〉しだす: [+doing] ~ **out** crying [laughing] わっと泣き[どっと笑い]だす. (3) 急に大声を出して〈…〉する: ~ **out into** threats 大声を立てて脅し始める. ―― 他 《＋副》(4) 突然〈…〉と言い出す.
búrst one's sídes with láughing [láughter] 腹の皮をよじらせて笑う.
―― 名 ❶ 突発,激発: a ~ **of** applause [laughter] どっと起こるかっさい[笑い] / a ~ **of** thunder 雷のとどろき. ❷ **a** 破裂,爆発. **b** 破裂個所,裂け穴. ❸ 一奮発,一気,(馬の)一駆け: at a [one] ~ 一気に,一挙に; 一奮発して. ❹ 集中射撃; 〈機関銃などの〉連射: a ~ **of** machine-gun fire 機関銃の集中射撃. ❺《口》飲み騒ぎ.
〔OE〕

búrst・er 名 ❶ 破裂[爆発]させる人[もの]. ❷ バースター《連続用紙を一枚ずつに分ける機械》. ❸《天》(X-ray などの)バースト天体. ❹ 強風.

búrst-proof 形〈ドアロックなど〉強い衝撃に耐える.

bur・ton /bə́ːtn | bə́ː-/ 名《英俗》★次の成句で: **gó for a búrton** (1)〈ものが〉だめになる,壊れる,なくなる. (2)〈人が〉殺される,行方不明になる.

Bu・run・di /burúndi/ 名 ブルンジ《アフリカ中東部の共和国; 首都 Bujumbura》.

*****bur・y** /béri/ 動 他 ❶ **a** 〈…を〉葬る,埋葬する;〈聖職者が〉死者の埋葬式を行なう: be dead and buried 地下に眠る / He has buried his wife. 彼は妻に死別している / Tennyson was buried in Westminster Abbey. テニスンはウェストミンスター寺院に葬られた / He was buried at sea. 彼は水葬された. **b** 〈…を〉葬り去る,忘れる; 〈感情など〉を隠す: They agreed to ~ the whole thing. 彼らはすべてを忘れる[水に流す]ことに同意した. ❷ **a** 〈…を〉埋める,埋蔵する: ~ treasure 宝を埋める / [+目+補] He was buried alive. 彼は生き埋めにされた; 彼は世に埋もれた / He buried it deep in the ground. 彼はそれを地中深くに埋めた. **b** 〈…を〉…で〉〈おおい〉隠す: She buried her face **in** her hands. 彼女は両手で顔をおおった / The letter was buried **under** the papers. 手紙は書類の下に隠れていた. **c** [~ oneself で]…に〉埋もれる〔under〕; 引きこもる: He buried himself **in** the country. 彼はいなかに引きこもった. ❷〈…に〉突っ込む[**in, into**]: He buried his hands **in** his pockets. 彼は両手をポケットに突っ込んだ. ❸ [~ oneself で]〈…に〉没頭する: She was buried **in** thought [grief]. 彼女はもの思いにふけって[悲しみに打ち沈んで]いた / I buried myself **in** my studies. 研究に没頭した. **búry one's héad in the sánd** ⇨ head 名〔成句〕.
búry the hátchet [tómahawk] ⇨ hatchet 名〔成句〕.
〔OE; 原義は「守る,隠す」; cf. borough〕 (名 burial)

búry・ing bèetle 名〔昆〕シデムシ,《俗》埋葬虫.

*****bus** /bʌs/ 名 (~・**es**, **bus・ses**) 〔複形〕複数形 busses は主に《米》❶ バス《解説》英国では coach,米国では Greyhound などの長距離バスが発達しているので,遠くの旅行にも利用されている. 《関連》sightseeing bus (観光バス), minibus (小型バス), double-decker (二階バス), limousine (空港バス)》: get on a ~ バスに乗る / get off a ~ バスから降りる / go by ~ = take a ~ バスで行く / miss a ~ バスに乗り遅れる. ❷《口》旅行用乗り物《飛行機, 自動車など》. ❸《電・電算》母線, バス: ⇨ data bus. **miss the bús** 《口》チャンスを逃す; しくじる. ―― 動 (bused /-t/, bussed /-t/; bus・ing, bus・sing) 自 ❶ バスで行く. ❷《米口》(レストランなどの)給仕人の助手をする. ―― 他 ❶ 〈乗客を〉バスで運ぶ. ❷《米》(人種差別をなくすために)〈学校へ〉〈学童を〉バスで運ぶ. ❸《米》(レストランなどで)〈食器・テーブル〉を片づける. 〔《OMNI》BUS〕

bus. 《略》business.

bús・bòy 名《米》(レストランなどの)給仕人の助手, 皿洗い.

bus・by /bázbi/ 名 ❶ 毛皮製高帽《英国軽騎兵または近衛兵の礼装帽》. ❷ =bearskin 2 b.

bús condùctor 名 バスの車掌.

bús・gìrl 名《米》(レストランなどの)給仕人の女の助手, 女性の皿洗い.

*****bush¹** /bʊʃ/ 名 ❶ **a** 低木, 灌木(かんぼく); (一本のように見える)やぶ, 茂み: trees and ~es 高木と低木 / A bird in the hand is worth two in the ~. ⇨ bird 1 a. **b** (やぶのように)もじゃもじゃしているもの: a ~ of hair もじゃもじゃした毛. ❷ [Ս] [しばしば the ~] 叢林(そうりん)(地), 《豪州・アフリカなどの》未開地, 奥地. **béat aròund [《àbout》] the búsh** (1) (やぶの周りをたたいて)獲物を狩り立てる. (2) 遠回しに探る, 要点に触れない: Stop beating around the ~ and tell me what you want. 遠回しな言わないで君が何を望んでいるかを私に言いなさい. **béat the búshes** 《米》〈人材などを求めて〉〈ありそうな所を〉くまなく探す〔**for**〕. 〔類義語〕⇨ tree.

bush² /bʊʃ/ 名《機》ブッシュ, ブッシング《穴の内面にはめこむ円筒部品》. ―― 動 他 〈…に〉ブッシュ[ブッシング]をつける.

Bush, George (Herbert Walker) 名 ブッシュ《1924- ; 米国第 41 代大統領 (1989-93)》.

Bush, George W(alker) 名 ブッシュ《1946- ; 米国第 43 代大統領 (2001-)》.

búsh bàby 名 〔動〕ガラゴ《アフリカ産の小型の原猿類; 夜行性で樹上にすむ》.

búsh・bùck 名 〔動〕ブッシュバック《南アフリカ産の羚羊》.

búsh crìcket 名 〔昆〕キリギリス.

bushed 形 ❶《米口》疲れきった. ❷《豪》やぶの中で道に迷った. ❸《カナダ口》(孤独で)頭がおかしくなった.

⁺búsh・el /bʊ́ʃ(ə)l/ 名 ❶ ブッシェル《容量の単位; =4 pecks; 略 bu.》. **a** 《米》乾量の単位; 約 35 リットル. **b** 《英》液量および乾量の単位; 約 36 リットル. ❷ ブッシェルます. ❸ 多量, 多数: ~s **of** books たくさんの本. **híde one's líght under a búshel** 自分の長所を謙遜して隠す.

búshel・fùl 名 ブッシェル容器一杯の量.

búsh・fire 名 《オーストラリアなどの》叢林(そうりん)地の火事.

bu・shi・do /búʃɪdòʊ | buːʃíːdou/ 名 Ս 《日本の》武士道. 〔Jpn〕

búsh・i・ness 名 Ս 毛むくじゃら.

bush・ing /bʊ́ʃɪŋ/ 名 Ս =bush².

búsh jàcket 名 ブッシュジャケット《ベルト付きの軽いシャツ

búsh lèague 名《俗》《野》= minor league.

bush-lèague 形《米俗》マイナーリーグの; 二流の.

búsh·man /-mən/ 名 (-men /-mən/) ❶ C 叢林(ホッ)地の居住者. ❷ [B~] = San.

búsh màster 名《動》ブッシュマスター《熱帯アメリカ産の3 m に達する巨大な毒ヘビ》.

búsh mèdicine 名 U《豪・カリブ》民間療法薬.

búsh·pìg 名《動》カワイノシシ《アフリカ南部産》.

búsh sìckness 名 U《獣医》未開墾地病《土壌中のコバルト不足による動物の病気》.

búsh tèlegraph 名《英》(情報・うわさの) 速い伝達方法; 非公式の情報ルート.

bush·wa(h) /búʃwɑ:, -wɔ:/ 名 U《俗》くだらぬ事.

búsh·whàck 動《米》❶ やぶを切り開いて進む; 未開地に住む; 叢林(ホッ)を歩き回る. — 他 《やぶを利用して》〈人を〉奇襲する. **~·er** 名

búsh·whàcked 形 疲れきった (exhausted).

†**bush·y** /búʃi/ 形 (**bush·i·er**; **-i·est**) ❶ 低木の生い茂る, やぶの多い. ❷〈毛の〉ふさふさした, 毛むくじゃらの.

bus·i·ly /bíz(ə)li/ 副 忙しく; せっせと: He's ~ engaged in writing a book. 彼はせっせと本を書いている.

＊**busi·ness** /bíznəs/ 名 ❶ U a [また《米》a ~] 商売, 取引, ビジネス: be connected in ~ with...と商売上の取引がある / do [get into] ~ 商売をする[始める] (cf. 2, 4) / do ~ with...と取引する / do good ~ 繁盛する / do a great ~ 大いに繁盛する / B~ is ~. 商売は商売だ《寛容とか感情は禁物》. **b** 商況, 景気; 取引高: drum up ~ 商売を活気づける / How's ~? 景気はどう / B~ is good [bad, slow] 景気がよい[悪い]. **c** [また《米》](商店などの)愛顧, 引き立て; 得意(客), 顧客 (custom): attract [lose] ~ 顧客を引き寄せる[失う].

❷ U 商業, 実業, 事業, 企業: go into ~ 実業界に入る (cf. 1 a, 4) / ⇒ big business.

❸ C 店, 会社, 商社(など) (★しばしば小さい会社, 店を指す; cf. company 1); のれん: close [set up, open] a ~ 閉店[開業]する / sell one's ~ 店(のれん)を売る / B~ for sale 店売ります《掲示など》 / He has [runs] a ~ in New York. 彼はニューヨークに店をもっている.

❹ U 業務, 事務, 仕事, 執務, 営業: a matter of ~ 事務上の事 / a man of ~ 実[実]務家; 実業家 / hours of ~ 執務[営業]時間 (⇒ business hours) / a place [house] of ~ 営業所, 事務所 / ⇒ get [come] down to BUSINESS 成句 / go into ~ 営業を始める (cf. 1 a, 2) / This store will open for ~ tomorrow. この店は明日から営業します / ⇒ funny business.

❺ U 職業, 家業 (★主に利益を目的とするものにいう): the grocery ~ 食料雑貨販売業 / ⇒ show business / What (line of) ~ is he in? 彼はどんな職業についていますか / go out of ~ 廃業して, 倒産して / go out of ~ 廃業[倒産]する.

❻ U **a** 用務, 用事, 用件: What is your ~ here? = What ~ has brought you here? ここへは何の用で見えたのですか. **b** 議事日程: the ~ of the day《議事》日程 / any other ~ 他の案件《★ AOB と略す》 / proceed to [take up] ~ 議事日程に入る.

❼ U **a** [通例 one's ~ で](やるべき) 仕事, 職務, 務め, 本分: I have ~ to deal with. 扱わなければならない仕事がある / B~ before pleasure. 《諺》遊ぶよりはまず仕事《遊びは仕事のあと》 / Éverybody's ~ is nóbody's ~. 《諺》共同責任は無責任(になりがちだ) / It's my ~ to investigate such things. そんなことを調査するのが私の仕事だ / The chief ~ of American is ~. アメリカ人のなすべき主な仕事はビジネスだ《米国第30代大統領 Coolidge の言葉》; ~後の business is 1 a の意. / Mind your own ~. ⇒ mind 3 a. **b** [しばしば否定文で](関係[干渉]する)権利, 筋合い: That's *not* [*none of*] yóur ~.=That's nó ~ of yours. それはお前の知ったことではない[余計なお世話だ] / You have *no* ~ *to* interfere [*no* ~ interfering] in the matter. 君にはそんなに干渉する権利はない.

❽ [a ~] **a** [通例修飾語を伴って] 事柄, 事件; 成り行き; (漠然と)もの, こと (affair): *a bad* [*an awkward*] ~ ひどい[困った]こと / What's this ~ about you retiring? あなたが引退するなんてどういうことですか. **b**《口》やっかいなこと: What *a* ~ *this is!* ほんとにやっかいなことだ. **c** [the ~]《米口》ひどい扱い, しかりつけること: She gave me *the* ~. 彼女にこっぴどくしかられた.

❾ [the ~] 《英口》すばらしい[うってつけ]のもの[人].

❿ U《米婉曲》(特にペットの排便)[尿].

⓫ U《劇》(せりふに対し)しぐさ, 所作.

àny óther bùsiness《会議の最後に》既出の議題以外で取り上げる[話し合う]べきこと.

be áll búsiness まじめ[真剣]である[になる].

be in búsiness (1) (会社などが)営業している; (人が)職業[商売]についている, 会社(など)に勤めている (⇒ 5): *be back in* ~ 営業を再開している / *be in* ~ *for oneself* 自分で商売をやっている. (2)《口》(人が)(すっかり)準備ができている.

búsiness as úsual (1) 業務平常どおり《掲示など》. (2) 事態は相変わらず; いつもの[従来どおりの]やり方.

dó the búsiness《英俗》セックスをする.

gèt [**còme**] **dówn to búsiness** (本腰を入れて) 仕事に取りかかる.

gó abòut one's búsiness 自分のすべきことをする.

hàve nó búsiness dóing ... [*to dó*...] すべきでない, ...の権利[資格]がない, ...の立場にない: *You had no* ~ *driving on such a stormy day.* そんな荒れた日に運転すべきじゃなかった.

in the búsiness of... (1) ...に従事して. (2) [否定文に用いて] ...のつもりで: *We are not in the* ~ *of offending anyone.* 我々はだれの感情も害するつもりはない.

like nóbody's [**nó one's**] **búsiness**《英口》すらすらと, とても上手に.

màke a gréat búsiness of it 持て余す.

màke it one's búsiness to...することを引き受ける, 自ら進んで...する, 必ず...する.

méan búsiness《口》(冗談ではなくて)本気だ.

on búsiness 商用で, 所用で, 仕事で (↔ for pleasure): travel *on* ~ 用事で旅行する / *I'm here on* ~. 私は所用でここに(きて)います.

òut of búsiness 廃業[倒産]して; 失業して: *go out of* ~ 廃業する.

sénd a person abòut his búsiness（うるさく言って）〈人を〉追い払う;〈人を〉首にする.

── 形 商売(上の); 業務(上の), 仕事(用)の; 店の: the community ~ 実業界の人たち / a ~ trip [lunch] 出張[ビジネスランチ].

《ME = 勤勉, かかわり ‹ BUSY + -NESS》【類義語】⇒ occupation.

búsiness administràtion 名 U 経営学.

búsiness càrd 名 業務用名刺 (card).

búsiness clàss 名 U 副 (旅客機の)ビジネスクラス(で): travel ~ ビジネスクラスで旅行する.

búsiness còllege 名 C,U《米》実務学校《速記・タイプ・簿記などの実務訓練をする》.

búsiness cỳcle 名 景気循環 (《英》 trade cycle).

búsiness dày 名 営業日, 平日.

búsiness ènd 名 [the ~] 《口》(道具・武器の)用をなす(重要な)部分《柄に対して》: the ~ *of* a tack 鋲(ミッッ)の先.

búsiness Énglish 名 U 商業英語.

búsiness hòurs 名 執務[営業]時間.

búsiness lètter 名 商用[業務用]書簡; 業務用[事務上]通信文.

＊**búsiness·lìke** 形 事務的な, 実際的な; 能率的な, てきぱきした.

＊**business·man** /bíznəsmæn/ 名 (**-men** /-mèn/) ❶ 実業家《匹較》特に企業の経営者・管理職の人をいう語で, 日本語でいう「ビジネスマン」(office worker) とは意味が異なる). ❷ 実務家; 商売が...な人.

búsiness pàrk 名 オフィス街.

búsiness・pèrson 名 (愛 búsiness・pèople)《米》実業家 (★男性にも女性にもかなり広く用いられる).

búsiness plàn 名 事業計画.

búsiness schòol 名 ビジネススクール, 経営学大学院.

búsiness stùdies 名 実務研修.

búsiness sùit 名《米》(仕事で着る)背広服, スーツ(《英》lounge suit).

búsiness-to-búsiness 形 企業間の (cf. B2B).

+**búsiness・wòman** 名 (愛 -wòmen) 女性実業家 (cf. businessperson).

bus・ing /bÁsɪŋ/ 名 U《米》(人種差別撤廃のための、生徒の)バス通学輸送.

busk¹ /bÁsk/ 名 (コルセットの)胸部の張り枠《くじらひげ・木・鋼条製》.

busk² /bÁsk/ 動 自《英》大道芸をする.

busk・er /bÁskə | -kə/ 名《英》大道芸人[音楽師](歌手, 道化師, 手品師, 火食い, 剣飲み奇術師, サクソフォーンやギターの奏者など).

bus・kin /bÁskɪn/ 名 ❶ [通例複数形で] バスキン《昔ギリシア・ローマの悲劇俳優が用いた厚底の半長靴》. ❷ [the ~]《文》悲劇 (cf. sock² 2 b). **pùt ón the búskins** 悲劇を書く[演じる].

bús・kined 形 バスキンを履いた; 悲劇の, 悲劇的な.

bús làne 名 (道路の)バス専用車線.

bús・lòad 名 バス一杯の乗客, バス一台分の人数《of》.

bús・man /-mən/ 名 (愛 -men /-mən/)《英》バスの運転手[乗務員].

búsman's hóliday 名 [通例単数形で] 平常と同じような仕事をして暮らす休日, 名前だけの休暇: take a ~ 名前だけの休暇をとる. 『バスの運転手が休日にドライブに出かけることから』

bús pàss 名 バス割引[無料]乗車券.

buss /bÁs/ 名 動《米口・英古》=kiss.

bús shèlter 名《英》(雨除けの屋根のついている)バス待合所.

bús・sing /bÁsɪŋ/ 名 =busing.

bús stàtion 名 (長距離用の)バスターミナル[発着所].

+**bús stòp** 名 バスの停留所, バス停.

*****bust**¹ /bÁst/ 動 (~・ed, bust) 他 ❶ 《口》a 〈ものを〉壊す, だめにする. **b** 〈…を〉破裂させる. 〈脚などを〉折る: bust one's leg 脚を骨折する. ❷《口》**a** 〈…の容疑で〉〈人を〉逮捕する《for》. **b** 〈警察が〉〈容疑の場所を〉急襲する, 手入れする; 〈他人の家などに〉押し入る. ❸《口》〈会社・財政などを〉破産[破綻]させる. ❹《米口》〈将校・下士官を〉…に降格する: be ~ed **to** private 兵卒に格下げされる. ❺《米》〈トラストを〉小さく分割する. ❻《米口》〈…を〉打つ, 殴る. ❼《米》〈野生の馬などを〉ならす. ── 自《口》❶ 壊れる《up》: The watch soon ~ed. その時計はすぐに壊れた. ❷ 破産[破綻]する: The company ~ed up. その会社は破綻した.

búst óut (自＋副)《米》(1)《俗》脱走する, 脱獄する. (2) =BURST out《成句》(3). (3) 落第[退学]する. (4) 急に花が咲く[葉が出る]. (5) (他＋副)《俗》〈人を〉非難[批判]する, 責める. (6) 〈士官学校の生徒を〉落第[退学]させる.

búst úp (自＋副)《口》(1) けがをする. (2) 〈夫婦・親友などが〉別れる, 〈関係が〉壊れる, 破綻する. (3) 破裂する (⇒ 1). (4) 破産する (⇒ 2). (5)《米口》爆笑[大笑い]する. ── (他＋副) (6) 〈ものを〉壊す, 台なしにする; 〈人を〉殴りつける, 〈人に〉けがをさせる: He got ~ed up in the accident. 《米口》彼はその事故で負傷した. (7) 〈会議・活動などの〉じゃまをする, 中断[中止]させる. (8)《口》よくない方向へめざめさせる, 止める: ~ up a counterfeiting ring 偽造組織を破壊[摘発]する. (9) 〈関係を〉壊す, 破綻させる. (10) 〈大企業を〉強制的に分割する.

... or búst [先行する句や文を強調して] 絶対…だ, 必ず[何が何でも]…するぞ[…に行く].

── 名 ❶《口》**a** (げんこつの)強打: You want a ~ on the nose? (なまいきぞ)一発くらわしてやる. ❸《米口》**a** (ショー・計画などの)失敗. **b** 破滅, 破産, 破綻. **c**《米》(軍隊などの)降格. **d** 急激な不況. ❹《口》酒盛り, 飲み騒ぎ: have a ~ 飲んで騒ぐ / on the ~ 酒に酔って浮かれて. ❺《口》**a** 逮捕. **b** (警察の)手入れ, がさ入れ: a drug ~ 麻薬の手入れ. ── 形 ❶《口》= busted 1. ❷ 破産した, 破滅した: go ~ 破産[倒産]する, つぶれる.

《BURST の別形》

bust² /bÁst/ 名 ❶ 胸像, 半身像. ❷ (特に, 女性の)胸, バスト, 胸囲. 《F<It》【類義語】⇒ chest.

bus・tard /bÁstəd/ -tad/ 名《鳥》ノガン.

búst・ed /-ɪd/ 形 ❶《口》❶ 壊れた, つぶれた. ❷ =bust¹ 2. ❸ 逮捕された;《俗》〈人が〉(悪事などが)ばれて, 見つかって. ── 間 ばれた!, 見つかった!

bust・er /bÁstə | -tə/ 名《口》❶ [しばしば B-; 軽蔑の呼び掛けで用いて] おい, 坊や. ❷ [通例複合語で] **a** 破壊する人[もの]: blockbuster. **b** (法律などを)破る人, …破り. **c** (違法行為などを)取り締まる[くじく, たたきつぶす]人, 退治する人. ❸《米》でかいもの; めずらしいもの. ❹ =broncobuster.

bus・tier /bù:stiér, bà:s- | bá:stièr, bú:s-/ 名 ビュスチエ, ビスチエ《袖なしでストラップレスのぴったりした婦人用トップ; もとはストラップレスロングブラジャー》.

+**bus・tle**¹ /bÁsl/ 動 ❶ **a** 忙しそうに動く; せわしく働く: She was *bustling* about preparing the dinner. 彼女は食事の準備にばたばたと立ち回っていた / People were *bustling* in and out (of the building). 人々が忙しそうに(ビルに)出入りしていた. **b** (ばたばた)急ぐ: We must ~ up a bit. 少し急がなければいけない. ❷ 〈…で〉にぎわう, 雑踏する: The street was *bustling* with Christmas shoppers. 通りはクリスマスの買い物客でひどく混雑していた. ❸ 〈人を〉急がせる; せきたてる: He ~d the maid *off* on an errand. 彼はお手伝いをせきたてて使いにやった. ── 名 [単数形で] ざわめき, にぎわい: the hustle and ~ *of* a city 都会のにぎわい[雑踏] / be in a ~ 〈人が忙しそうに〉動いている; 〈町などが〉雑踏している.

bus・tle² /bÁsl/ 名 腰当て《昔スカートの後ろをふくらませるために用いられた詰め物の枠》.

bús・tling 形 せわしない, 騒がしい, ざわめいた. **~・ly** 副

búst-úp 名《口》❶《英》(うるさい)けんか. ❷ (結婚などの)破綻[決裂], 離別. ❸ どんちゃんパーティー.

bust・y /bÁsti/ 形《女性が》豊かな胸をした.

bús・wày 名 バス専用道路[車線].

‡**bus・y** /bízi/ 形 (**bus・i・er**; **-i・est**) ❶ 忙しい, 多忙な, 手がふさがっている: a ~ man 忙しい人 / He keeps himself ~ to avoid thinking about her death. 彼は彼女の死のことを考えないように忙しくしている / I'm ~ now. 今手がふさがっている / I was ~ *with* [*over*] my accounts. 金の計算で忙しかった / [(+*in*)+*doing*] He was ~ (*in*) canvassing for the election. 彼は選挙運動で忙しかった 《用法》現在は in を用いないほうが一般的的. ❷ **a** にぎやかな, 繁華な, 〈時・季節などが〉せわしい, 忙しい, 活気のある (hectic): a ~ street 繁華街 / a ~ day 活気のある[忙しい]一日 / Things are getting ~ now (that) Christmas is near. クリスマスが近づいて何かとせわしくなってきている. **b** 〈デザインなどが〉こみすぎする, うるさい. ❸《口》〈…について〉おせっかいで, 干渉好きで: She's always ~ *in* other people's affairs. 彼女はいつも他人のおせっかいを焼く. ❹《米》〈電話が〉話し中で: The line is ~. 話し中です (《英》The number's engaged.). **(as) búsy as a bée** ⇒ bee 成句.

gèt búsy《口》仕事にとりかかる.

── 動 他 [~ oneself で]〈…で〉忙しくする[忙しく働く]: She *busied* herself *with* household chores in the morning. 彼女は午前中は家の雑用で忙しく過ごした / [+目(+*in*)+*doing*] I *busied* myself (*in*) tidying my apartment. アパートの片づけで忙しかった 《用法》現在は in を用いないほうが一般的.

── 名 (愛 **bus・ies**)《英》警察官, 刑事.

《OE=勤勉な, 忙しい; cf. business》

búsy・bòdy 名 おせっかいな人, でしゃばり.

búsy Lízzie 名《英》《植》ホウセンカ.

bus・y・ness /bízɪnəs/ 名 U 忙しさ, 繁忙 (比較 business と発音・意味が違うことに注意): Such ~! 何と忙しいことだ.

búsy・wòrk 名 U (時間を費やすだけの)見せかけ仕事; (学校などで課される)忙しいだけの学習活動.

*but /(弱形) bət; (強形) bʌt/ 腰 **A** (等位接続詞) ❶ **a** [前の語・句・節と反対または対照する語・句・節を導いて] しかし, だが, けれども: a young ~ competent worker 若いが有能な労働者 / He's poor ~ happy. 彼は貧しいが幸せだ / I didn't go, ~ he did. 私は行かなかったが彼は行った. **b** [(it is) true, of course, indeed, may などを持つ節のあとに用い, 譲歩の意味を表わして] (なるほど・確かに)…だが: Indeed he's young, ~ he's highly competent. いかにも[なるほど]彼は若いがきわめて有能だ / You may not believe it, ~ it's true. それを信じないかもしれないが本当なのだ.
❷ [前の否定語・句・文と照応して] (…ではなくて) (用法 not A but B で「A ではなく B である」の意を表わす表現; B が先にくる時は B and not A となる): It's not a pen, ~ a pencil. それはペンではなくて鉛筆だ / He didn't go to school ~ stayed (at) home. 彼は学校へ行かず家にいた / It's not that I disliked the work, ~ I have no time. その仕事が嫌いなわけではなくて時間がないのだ (★ that is because の意).
❸ [感動や謝罪の表現などのあとに無意味なつなぎ語として]: Heavens, ~ it rains! いや実にひどい雨だ / "Why didn't you go?" "Oh [Ah], ~ I did." 「君はなぜ行かなかったのだ」「いや, 僕はちゃんと行ったよ」/ Excuse me, ~ will you show me the way to the museum? すみませんが博物館までの道を教えてくださいませんか.
❹ [通例文頭で] **a** [異議・不満を表わして] でも: "I'll tip you 10 pence." "B~ that's not enough."「チップに 10 ペンスやろう」「でもそれじゃ十分ではありません」**b** [驚きや意外な気持ちを表わして] おや, そりゃあ: "He has succeeded!" "B~ that's great!"「彼が成功したって」「そりゃあすごいな」.

── **B** (従位接続詞) ❶ …のほかには(は), …を除いて(は) (用法 前置詞からの転用で, 用例中の he, she をそれぞれ him, her とすれば, but は前置詞となる; cf. 前 1a): All ~ he [him] are present. 彼のほかは皆出席している / Nobody ~ she [her] knew it. 彼女以外にはだれもそれを知っているはずはなかった.
❷ [否定文のあとで] **a** [しばしば ~ that で用い, 否定の主節中の so または such と相関的に用いて] …でないというほどに (用法 この but (that) の用法は文語的で, 一般には代わりに that…not を用いる): No man is so old ~ that he may learn. どんなに年をとっても学べないことはない (変換 No man is too old to learn. と書き換えてもよい). **b** [しばしば ~ that で否定の主節に対して条件節を導いて] …しないなら, …でなければ (用法 (1) 前から訳すと (…すれば)必ず…(する)となる. (2) but で節中の動詞は直説法): It never rains ~ it pours. (諺 降れば必ずどしゃ降り; 不幸[物事]は重なるもの, 「二度あることは三度」(★ 通例悪い時に用いるが, よい時にも用いる). / Scarcely a day passed ~ I met her. 彼女に会わない日はほとんど 1 日もなかった (匹較 Hardly a day passed without my meeting her. のほうが一般的).
❸ **a** [しばしば ~ that で否定文または疑問文に用いられ doubt, deny などのあとに名詞節を導いて] (文) …ということ (匹較 現在では that を用いる): I don't doubt [There's no doubt] ~ (that) you will succeed. 君が成功することを疑わない. **b** [しばしば ~ that [(口) what] で否定・修辞疑問に用いられ say, know, believe, be sure などのあとに名詞節を導いて] …でないことを: Who knows but that he may be right? 案外彼の言うとおりかもしれない (そうでないと誰が知るであろうか).

but no ⇒ **then** 副 成句.

nót bùt that [**whàt**]… もっとも…でないというのではないが: I can't come, not ~ that I'd like to. お伺いできません, もっともお伺いしたくないというのではありません (★ 現在では I can't come, not that I wouldn't like to. が一般的).

── 副 ❶ ただ, ほんの, …だけ: He's ~ a child. 彼はほんの子供にすぎない / I have ~ just seen him. 彼に今たった今会ったばかりである.

❷ [強意に用いて] (米俗) まったく, 本当に; 断然: That horse is ~ fast. あの馬は実に速い.

but tóo ⇒ **too** 副 成句.

── 代 ❶ **a** [no one, nobody, none, nothing, anything や all, every one, また who などの疑問詞などのあとに用いて] …のほかに[の], …を除いて[た] (except) (cf. 腰 B 1): ⇒ NOTHING but…, ANYTHING but…, NONE but… 成句 / All ~ him were drowned. 彼以外は皆溺死(でき)した / It seems nobody has heard of it ~ me. そのことを聞いたのは私しかいないようだ / It's nothing (else) ~ a joke. ほんの冗談にすぎない. **b** [the first [next, last] one [two, three] の形で] (英) 最初[次, 最後]から 2[3, 4] 番目の: the last house ~ one [two] 終わりから 2[3] 軒目の家.
❷ [~ that で] …ということがなかったら[を除けば] (⇒ 腰 B 2, 3).

áll but… ほとんど: She was all ~ nude. 彼女はほとんど裸同然だった / He all ~ died of his wounds. 彼は重傷で命も危うい所だった.

bùt for… がなければ; …がなかったなら (except for): B~ for your help, I could not have done it. あなたの援助がなければ[なかったら], 私はそれをすることができなかったでしょう.

cánnot but dó… ⇒ **can¹** 成句.

cánnot chóose but dó… = have no (other) choice BUT to do….

dò nóthing but dó… …するばかりである: She did nothing ~ complain. 彼女は不平を言うばかりだった.

hàve no (óther) chóice but to dó… …するよりほかはない: I had no choice ~ to accept the offer. その申し込みを引き受けるほか仕方がなかった.

── 代 (関係代名詞)[否定の不定代名詞または no+名詞を先行詞とする関係代名詞として] (古) …でない(もの, 人): There is no one ~ knows it. それを知らない者はない.

── /bʌt/ 名 [通例複数形で] 異議, 異論; and ~s と ~s 件と異議 / There will be no [No] (ifs or) ~s about it. (口) それには何の疑点も持たないことです; すなおに従いなさい. **But me no buts** [Nót so many búts, pléase]. 「しかし, しかし」の連発はご免だよ (★ but の臨時動詞[名詞]としての用法).

《OE būtan outside, without〈be- by+ut- out〉》

bu・tane /bjúːteɪn/ 名 U 〔化〕ブタン(無色可燃性のガス状炭化水素).

bú・ty・rò・ic ácid /bjúːtənòʊɪk-/ 名 U 〔化〕酪酸 (butyric acid).

+butch /bʊtʃ/ (俗) 形 ❶ 〈女が〉男みたいな. ❷ 〈男が〉タフな, 男っぽい. ── 名 ❶ 男っぽい女; 男役のレズ. ❷ 頑丈な男, タフガイ (★ しばしばあだ名に用いる).

*butch・er /bʊ́tʃɚ│-tʃə/ 名 ❶ **a** 肉屋 (人). **b** [~'s (shop) で] 肉屋 (店): She bought them at the ~'s [~'s shop]. 彼女はそれを肉屋で買った. **c** 食肉処理業者. ❷ 虐殺者. ❸ (米口) (列車・劇場内などの)売り子. **hàve [tàke] a bútcher's** (英口) ちょっと見る[調べる], 目を通す (at) (由来 a butcher's hook (肉屋の鉤(か)) と a look との音韻俗語 (rhyming slang)). **the bútcher, the báker, (and) the cándle-stick màker** さまざまな商売の人. ── 動 ❶ 〈動物を食用のために〉殺す[解体する]. ❷ 〈人を〉虐殺する. ❸ (不手際なやりかたで)〈物事を〉台なしにする. 《F= シカを殺して売る者》

bútcher-bìrd 名 〔鳥〕モズ (shrike).

bútch・er・ly 形 ❶ butcher のような. ❷ 残忍な.

bútcher's-bròom 名 〔植〕ナギイカダ (ユリ科の常緑小低木; 小枝で肉屋用のほうきを作る).

bútcher'(s) mèat 名 U (英) (保蔵処理をしない, 鳥肉・猟獣肉以外の)生の畜肉.

butch・er・y /bʊ́tʃ(ə)ri/ 名 ❶ U 虐殺. ❷ U 食肉業. ❸ C (英) 食肉処理場 (匹較 slaughterhouse のほうが一般的).

+but・ler /bʌ́tlɚ│-lə/ 名 執事, 使用人頭 (酒室・食器などを管理する; cf. housekeeper). 《OE=宮廷の酒の給仕く botele BOTTLE》

But·ler /bʌ́tlɚ | -lə/, **Samuel** 名 バトラー《1835-1902; 英国の小説家》.

bútler's pàntry 名 食器室《台所と食堂の中間にある》.

†**butt**¹ /bʌ́t/ 名 ❶《武器·道具などの》太い方の端; 《やり》の石突き. **b**《銃の台尻, 床尾. **c**《釣りざおの》お尻, 手元. ❷ **a** 残片, 残り. **b**《シガレット·葉巻きの》吸いさし(stub). **c**《ろうそくの》燃え残り, 消し残り. ❸《米口》尻, (buttock). ❹ **a** 樹木の根元; 葉柄の基部. **b** 丸太切れ. ❺《米俗》たばこ.

butt² /bʌ́t/ 名 ❶ 《嘲笑(ちょう)などの》的, 対象 《*of, for*》: I was the ~ *of* his joke. 私が彼の冗談の対象であった. ❷ **a** 標的. **b** [the ~s] 射撃場. ❸ 安土(あづち)《射撃場の的の後ろにある盛り土》.

butt³ /bʌ́t/ 名 大酒だる.

butt⁴ /bʌ́t/ 動 他《人·ものなどを》頭で押す, 角で突く: The goat ~*ed* the man *in* the stomach. ヤギはその男の腹を突いた. ── 自 ❶《頭で押す, 角で突く 《*at, against*》. ❷ 〔…に〕《頭から》突き当たる, (正面から)ぶつかる: In the dark I ~*ed* against somebody《against the fence》. 暗がりの中で私は頭からだれかに〔塀に〕突き当たった. ❸《話などに》干渉する, 口をさしはさむ 〔*into*〕. **bútt ín** (自+副)《話などに》干渉する, 干渉する 〔*on*〕. **bútt óut** (自+副)《米口》いらぬ口出し〔おせっかい〕をやめる: *B- out!* おせっかいをやめろ. ── 名 頭突き: give a person a ~ 人に頭突きをくらわす.

butte /bjúːt/ 名《米》ビュート《米国西部の平原に孤立する周囲の切り立った丘; cf. mesa》.

****but·ter** /bʌ́tɚ | -tə/ 名 [U] ❶ **a** バター. **b** バターに似たもの: apple ~ リンゴジャム／peanut ~ ピーナッツバター. ❷《口》お世辞: lay on the ~ やたらにほめる. **lóok as if bútter wòuldn't mélt in one's móuth** 虫も殺さぬような顔をしている. ── 動 ❶《…に》バターを塗る, バターで〔に〕味をつける. ❷《口》《人に》おべっかを言う, へつらう 《*up*》. 【L<Gk *boutyron* 牛のチーズ<*bous* ウシ (cf. bucolic, buffalo, bulimia)+*tyros* チーズ】

bútter-and-éggs 名 (働 ~)〖植〗ホソバウンラン《ゴマノハグサ科; 濃黄·淡黄2色の花を咲かせる》.

bútter·bàll 名 ❶ 小さな球にしたバター. ❷《米俗》太った人.

bútter bèan 名 〖通例複数形で〗インゲンマメ; アオイマメ.

bútter·crèam 名 [U] バタークリーム《バターと砂糖などを強くかきまぜて作るクリームで, ケーキなどに用いる》.

bútter·cùp 名 〖植〗キンポウゲ《4–6月ごろ黄色の花を開く》.

bút·tered 形 [A] バターを塗った, バターつきの: ~ bread [toast] バターつきパン〔トースト〕.

bútter·fàt 名 [U] バター脂(し), 乳脂肪《牛乳の脂肪分でバターの主成分》.

bútter·fìngered 形《口》物をよく取り落とし; 不器用な, 不注意な.

bútter·fìngers 名 (働 ~)《口》よく物を手から落とす人; 不注意な, へまな人.

bútter·fish 名 〖魚〗《特にスズキ亜目マナガツオ科の》ぬめりする各種の魚: **a** バターフィッシュ《米国大西洋岸産; マナガツオ科》. **b** ガンネルギンポ (gunnel).

****but·ter·fly** /bʌ́tɚflài | -tə-/ 名 ❶ チョウ. ❷《チョウのようにあちこち飛び回る》移り気な人. ❸ [複数形で]《口》《大事の前などの》おじけ, 上がること: have *butterflies* in the [one's] stomach〔心配で〕胸がどきどきする, 上がる. ❹ =butterfly stroke. ── 動 他《肉·魚などを》《料理で》うろの状に《二枚に》切り開く: a *butterflied* shrimp 2枚に開いたエビ.《チョウがバターやミルクを盗むという言い伝えから; また, チョウの排泄物の色, あるいはある種のチョウの羽の色からという説もある》.

bútterfly bùsh 名 〖植〗フジウツギ, ブッドレア (buddleia).

bútterfly effèct 名 [the ~, 時に the B- E-] 〖数〗バタフライ効果《カオス (chaos) の分野の用語; ある小さな力が長期的にみて, 大きな系に大規模な影響を及ぼすこと; たとえば, ある所でのチョウのはばたきが他の場所であらしを起こすという考え方》.

bútterfly fìsh 名 〖魚〗❶ チョウのような魚《イソギンポ·セミホウボウ·チョウチョウウオなど》. ❷ バタフライフィッシュ《西アフリカ産の熱帯魚; 大きく発達した胸びれをもつ》.

bútterfly kìss 名 ウインクしてまつげで相手の顔をなでること.

bútterfly knìfe 名 バタフライナイフ《長く幅の広い折りたたみナイフ》.

bútterfly nèt 名 捕蝶網, 捕虫網.

bútterfly nùt 名 〖機〗蝶ナット (wing nut).

bútterfly stròke 名 [U] [しばしば the ~]〖泳〗バタフライ(泳法).

bútterfly vàlve 名 〖機〗蝶形弁, バタフライ弁.

bútterfly wèed 名 [U] 〖植〗ヤナギトウワタ《だいだい色のあざやかな花をつけるガガイモ科の多年草; 北米原産》.

bútter·hèad 形《レタスがバターヘッド型の》葉が柔軟で, 結球がゆるい》.

bútter ícing 名 [U] =buttercream.

bútter knìfe 名 バターナイフ《バター皿からバターを切り取る小さなナイフ》; =butter spreader.

bútter·mìlk 名 [U] バターミルク《バター採取後の牛乳》.

bútter mùslin 名 [U] 寒冷紗 (cheesecloth).

bútter·nùt 名 〖植〗❶ バタグルミ, シログルミ《北米産のクルミ科の高木》. ❷ バタグルミの実《食用》.

bútter·scòtch 名 ❶ バタースコッチ: **a** バター·赤砂糖で作る菓子. **b** その味をつけた褐色のシロップ. ❷ 黄褐色.

bútter sprèader 名 バタースプレッダー[ナイフ]《パンにバターを塗るのに用いる; cf. butter knife》.

bútter·wòrt 名 〖植〗ムシトリスミレ《総称; 食虫植物》.

but·ter·y¹ /bʌ́tɚri, -tri/ 形 ❶ バター (butter) のような, バターを含んだ; バターのいっぱいついた. ❷《口》お世辞からの.

but·ter·y² /bʌ́tɚri, -tri/ 名 ❶《英国の大学などで》食品の売店. ❷ 食料品貯蔵室. 【BUTT³+-ERY】

bútt·hòle 名 ❶《米卑》尻の穴. ❷ いやなやつ.

butt-in·sky, -ski /bətínski/ 名《俗》割込み屋, さしでがましいやつ, でしゃばり, おせっかい屋.

but·tle /bʌ́tl/ 動《米戯言》執事として働く 〔*for*〕.

†**but·tock** /bʌ́tək/ 名 [通例複数形で] 尻, 臀部(でん). 【BUTT¹+-OCK】

****but·ton** /bʌ́tn/ 名 ❶《服の》ボタン: do up [fasten] a ~ ／undo a ~ ボタンをはずす. ❷ ボタンに似たもの: **a**《ベル·機械などの》押しボタン: at the touch of a ~ ボタン一つ押せば, ワンタッチで／⇒ push button. **b**《米》《円形のバッジ《英》 (badge). **c**《フェンシングの刀の》先点《危険止め》. **d**《カメラの》シャッター(ボタン). **e**《プッシュホンの》番号ボタン. ❸ [a ~; 否定文で]《口》無価値なもの, わずかな(もの): *not worth a* ~ 少しも価値[値打ち]がない／I don't care *a* ~. 少しも構わない. ❹ ~ buttons. (**as**) **bríght as a bútton**⇒ bright 形〖成句〗 **háve áll one's búttons**《口》正気である. **on the bútton**《口》時間どおりに, かっきり; まさしく. **púsh** [**préss**] **a person's búttons**《口》人を怒らせる[挑発する]. **púsh** [**préss, tóuch**] **the bútton** (1) ボタンを押す. (2) 糸口をつける, 口火を切る. ── 動 ❶ **a**《…に》ボタンをかける《*up*》: ~ one's blouse ブラウスのボタンをかける. **b**《口などを》固く閉じる: ~ *up* one's purse 財布の口を締める, 金を出そうとしない. ❷《…に》ボタンをかける. ── 自 ボタンで留まる[かかる]《*up*》. **bútton ít!**《英口》黙れ. **bútton úp** (動+副) (1) 仕事を完成する, 仕上げる. (2) 抑圧[抑制]する, 抑えつける (cf. buttoned-up). 【F<*bouter* 押す, 押し出す, 押しつける; cf. buttress】

But·ton /bʌ́tn/, **Dick** バットン《1929– ; 米国のフィギュアスケート選手; 本名 Richard Totten Button》.

bútton-bàck 形《椅子·ソファーなどのボンバックの》《縫い目をボタンで留めたキルトの背もたれのある》.

bútton-dòwn 形 [A] ❶《シャツのカラーがボタンで身ごろに留められるようになった》《シャツのボタンダウン式のカラーのついた》. ❷ (また **buttoned-down**)《米》保守的な, 型にはまった.

búttoned-úp 形 無口な; 内気な, 気持ちを表わさない (reserved); 抑圧された (cf. BUTTON up 〖成句〗).

bútton·hòle 名 ❶ ボタン穴. ❷《英》ボタンホールにさす飾り花(《米》boutonnière). ── 動 ❶〈人を〉引き止めて話に引き込む. ❷〈…に〉ボタン穴をつける. ❸〈…の〉穴かがり縫いをする.

búttonhole stìtch 名 U ボタンホールステッチ(ボタンの穴かがり, 飾り縫い).

bútton·hòok 名 ❶ ボタンかけ(靴などのボタンを穴に通すとき用いた鉤(ホッ)形の器具). ❷《アメフト》ボタンホック《レシーバーがまっすぐにダウンフィールドを走り突然スクリメージラインの方へターンする攻撃プレー》.

bútton múshroom 名 菌傘の開かない小さい若いマッシュルーム.

bútton quàil 名〖鳥〗ミフウズラ《旧世界に分布》.

bút·tons 名 (複 ~)《英口》《金ボタンの制服を着たホテル・クラブなどの》ボーイ.

But·tons /bátnz/ 名 バトンズ《クリスマスなどに行なわれるおとぎ芝居 (pantomime) の *Cinderella* に登場する人物で, 主人公のおどけ役》.

bútton-thròugh 形《婦人服など》ボタンが上から下までついている.

bútton·wòod 名〖植〗❶ スズカケノキ (plane). ❷ 熱帯のシクンシ科の木の一種.

bút·ton·y 形 ボタンのような; いっぱいボタンの付いた.

⁺but·tress /bátrəs/ 名〖建〗控え壁, バットレス: ⇒ flying buttress. ❷〈山・丘の〉飛び出した部分. ❸ 支え 〘*of*〙. ── 動 ❶〖建〗〈…を〉控え壁[補強材]で支える 〘*up*〙. ❷〈ものを〉〈…で〉支持する, 強化する 〘*up* 〘*with*〙. 〖F *bouter*; ⇒ **button**〗

but·ty¹ /báti/ 名〖英口〗仲間. ❷〖炭鉱の〗採炭請負人. ❸〖他船によって曳航される〗はしけ.

but·ty² /báti/ 名〖英口〗サンドウィッチ (sandwich).

bu·tyl /bjúːtl, -tɪl/ 名 U ❶ 〖化〗 ブチル (基). ❷《口》= butyl rubber.

bútyl rùbber 名 U〖化〗ブチルゴム《ガス不透過性合成ゴム》.

bu·tyr·ic ácid /bjuːtírɪk-/ 名 U〖化〗酪酸. 〖⇒ **butter**〗

bux·om /báksəm/ 形 (~·er; ~·est)《女性が》豊満な, 胸の豊かな; ぽっちゃりした;《健康で》ぴちぴちした. **-ly** ~·ness 名 〖ME; 原義は「曲がりやすい」; cf. **bow**¹〗

✽**buy** /bái/ 動 (**bought** /bɔːt/) 他 ❶〈ものを〉買う, 購入する, 〈人に〉〈ものを〉買う (⇔ **sell**): ~ a book 本を買う / You cannot ~ happiness. 幸福は買えない / ~ a thing *at* a store [*from* a person] 物を店で[人から]買う / I bought this ballpoint for two dollars. このボールペンは 2 ドルで買った / She bought the apples *at* fifty cents each. 彼女はそのリンゴを 1 個 50 セントで買った 〔＋目＋補〕 ~ a thing cheap ものを安く買う /〔＋目＋目〕 I bought her a new hat.＝I bought a new hat *for* her. 彼女に新しい帽子を買ってやった / I must ~ myself a new dictionary. 新しい辞書を買わなければならない / I bought him a car cheap. 彼に車を安く買ってやった. ❷〈金が〉〈…を〉買うのに役立つ, 買える:〔＋目＋目〕 A million dollars cannot ~ you health. 100 万ドルあっても健康は買えない / Money cannot ~ happiness. 金で幸福は買えない. ❸〈人を〉買収する, 抱き込む. ❹《犠牲を払って》〈…を〉獲得する《★通例受身》: Victory was dearly bought. 勝利は高い犠牲を払って獲得された. ❺《口》〈…を〉信じる, 受け入れる: I'll ~ it [that]. よし, 信じてやる; その条件ならのんでもよい. ── 自 物を買う, 買い物をする.

búy báck《他＋副》〈ものを〉買い戻す.

búy for a sóng 二束三文で買う.

búy ín《他＋副》(1)《値上がりを見越して》〈品物を〉〈たくさん〉仕入れる. (2)《競売で付け値が安かったり買い手がない時に》〈売り主が〉〈競売品を〉買い戻す.

búy ínto… (1)〈…会社の株を〉買い込む, 〈…の〉株主になる. (2)〈金を出して〉〈会社の役員になる〉. (3)《口》〈考えなど〉信じる, 受け入れる.

búy it (1)《口》信じる, 受け入れる (⇒《他》5). (2)《俗》殺される.

búy óff《他＋副》〈金を与えて〉〈不当な請求者・ゆすりなどを〉追い払う, 金を払って〈…から〉免れる.

búy óut《他＋副》(1)〈人・会社などの〉株[権利(など)]を買い取る[上げる]. (2) [~ oneself *out* で] 金を払って組織を抜ける, (特に) 金を払って〈軍を〉除隊する.

búy óver《他＋副》〈人を〉買収する, 抱き込む: We bought him *over* to our side. 彼をこちらの味方に引き入れた.

búy úp《他＋副》(1)〈ものを〉買い占める: ~ *up* stock in a company ある会社の株を買い占める. (2) 〈会社などを〉接収する. ── 名 C ❶《口》買い入れ, 購買. ❷ **a**《通例修飾語を伴って》買った物, 買い物: a bad ~ つまらない買い物 / a good ~ 安い[良い]買い物, 格安品. **b** 格安品, 掘り出し物.

búy·bàck 名 U 買戻し, (特に)自社株の買戻し.

*⁺**búy·er** /báɪə | báɪə/ 名 買い手, バイヤー (↔ seller); 仕入れ係, バイヤー: a ~s' association 購買組合 / a ~s' strike 非買同盟.

búyers' [búyer's] màrket 名《通例 a ~》買い手市場《供給が上回り, 買い手に有利; cf. sellers' market》.

*⁺**búy·in** 名 U 買い埋め.

*⁺**búy·òut** 名《株の》買い占め.

*⁺**buzz** /báz/ 動《通例副詞(句)を伴って》❶〈ハチ・機械などが〉ブンブンいう, ブンブン飛ぶ 〘*about*, *around*, *along*〙: A bee was ~*ing about*. 1 匹のハチがブンブンと周りを舞っていた. ❷ 忙しく動き回る 〘*around*, *about*, *over*, *along*〙: ~ *around* [*about*] 忙しそうに歩き回る / ~ *along* どんどん進む. ❸〈人が〉がやがや言う, うわさする〈場所で〉ざわつく, ざわめく: The place ~ed *with* excitement. その場所は興奮でざわめいていた. ❹〈人を〉ブザーで呼ぶ:〔＋*for*＋(代)名〕〔＋*to do*〕 ~ *for* one's secretary (*to* come in) 秘書をブザーで呼ぶ[秘書に入って来るようにとブザーで知らせる]. ❺《進行形で》〈考え・疑問などが〉頭をぐるぐる巡る 〘*around*, *about*〙:〈頭・心が〉〈考え・疑問などで〉いっぱいである 〘*with*〙. ── 他 ❶〈がやがや〉言いふらす. ❷ **a** 〈人に〉ブザーで合図する, ブザーで呼ぶ. **b**《口》〈人に〉電話をかける. ❸《空》〈…の〉上をかすめて飛ぶ: The plane ~ed the airfield. その飛行機は飛行場の上をすれすれに飛んで行った. **búzz óff**《自＋副》《口》(1) [命令形で] とっとと行ってしまえ (clear off). (2) 電話を切る. one's mind [head] **is búzzing** (**wíth**…) 考え・疑問などが頭に〈次々と〉浮かんでいる, 頭から離れない, 頭が一杯である: *My* mind *was ~ing with* ideas. 私の心にはいくつものよい考えが浮かんでいた. ── 名 ❶ (ブンブン)うなり, 《機械の》騒音. ❷ がやがや(いう)声; うわさ (rumor); むだ話. ❸ [a ~]《口》電話の呼び出し (の音): I'll give him a ~. 彼に電話しよう. ❹ [a ~]《俗》《ぞくぞくするような》快感, 高揚, 熱狂. ── 形 最近人気の, はやりの. **cóp a búzz**《米俗》麻薬[酒]で酔う.《擬音語》

buz·zard /bázəd | -zəd/ 名〖鳥〗❶《英》ノスリ. ❷《米》《コンドル・タカなどの》猛禽.

búzz bòmb 名《軍》ブンブン爆弾 (V-one のあだ名).

búzz-cùt 名《米》坊主刈り.

búzzed-abòut 形《米口》映画・本など話題の, 人気の.

búzz·er 名 ❶ ブザー; 汽笛, サイレン. ❷ ブンブンいうもの.

búzz sàw 名《米》電動丸鋸(ゔゔ)〘

búzz·wòrd 名《実業家・政治家・学者などの使う》もったいぶった言葉[専門語]; 流行語っぽい専門用語.

BV《略》Blessed Virgin.

BVD /bíːvìːdíː/ 名〖商標〗BVD《米国製の男性用下着》.

BVM《略》Blessed Virgin Mary 聖母マリア. **BW**《略》biological warfare. **BW**, **b/w**《略》black-and-white. **BWL**, **bwl**《略》bursting with laughter《電子メールなどで》爆笑. **BWR**《略》boiling-water reactor. **bx.**《略》(複 **bxs.**) box.

✽**by**¹《強形》bái;《弱形》bɪ/ 前 ❶ [動作主を示して] …によって, 〈は〉《用法: 受身を表わすのに用いられる》: It is operated *by* hand. それは手動式です / be made [written] *by* John Smith ジョンスミスによって作られる[書かれる] / a novel *by* Scott スコット《作》の小説.
❷ [手段・方法・原因・媒介を表わして] **a** [輸送・伝達の手段を表わして] …によって, …で: *by* letter [wire] 手紙 [電報] で / send *by* post 郵便で送る / go [travel] *by* bus

by 244

[boat, bicycle, plane, rail(road), train, *etc.*] バス[船, 自転車, 飛行機, 鉄道, 列車(など)]で行く[旅行する] / go *by* water [air] 水路[空路]を行く / *by* land [sea] 陸路[海路]で / go *by* the 9.00 p.m. train 午後9時発の列車で行く.

> [用法] (1) by のあとの交通・通信機関などを表わす名詞は無冠詞だが, 特定の時間に発着する交通・通信機関を表わす場合は定冠詞がつく: go *by* train 列車で行く / go *by the* noon train 正午(発)の列車で行く.
> (2) 所有格・不定冠詞のつく場合は on または in を用いる; 例: *in* one's car, *on* a bicycle.

b [手段・媒介を表わして] …で: *by* hand [machine] 手[機械](製)で / sell *by* auction 競売で売る / learn *by* heart 暗記する. **c** [*doing* を目的語にして]〈...することによって〉: Let's begin *by* review*ing* the last lesson. 前の課を復習することから始めよう / We learn *by* listen*ing*. 聞くことで身につく. **d** [原因を表わして] …のために: die *by* poison 毒で死ぬ / *by* reason of... …の理由で.

❸ [時・期間を表わして] **a** [期限を表わして] …までには: *by* the end of this month 今月末までに / finish *by* the evening 夕方までには完成する / *By* the time we reached home, it was quite dark. 家に着いた時にはすっかり暗くなっていた. **b** [時の経過を表わして] …のうちに, …の間は (★ by の後の名詞は無冠詞): I work *by* day and study *by* night. 昼は働き夜は勉強する.

❹ **a** [判断の尺度・標準を表わして] …によって, …に従って: It's five o'clock *by* my watch. 私の時計では5時です / Don't judge people *by* appearances. 外見で人を判断してはいけない. **b** [by the... の形で単位を表わして] …を単位にして, …で: board *by the* month 月決めで下宿する / sell *by the* yard [gallon] 1ヤール[ガロン]単位で売る / pay a worker *by the* piece 1個いくら[仕事のでき高]で職人に払う / *by the* hundred=*by (the)* hundreds 何百となく / He used to read *by the* hour. 彼は何時間も続けて読書したものだ.

❺ **a** [程度・比率を表わして] (いくら)だけ; (どの程度)まで; (どんなに); (どれほど)ずつ: *by* degrees 少しずつ, 徐々に / miss *by* a minute 1分だけ遅れる, 1分の差で乗り損ない / win *by* a boat's length 1艇身の差で勝つ / He's taller than she (is) *by* five centimeters. 彼は彼女より5センチだけ背が高い. **b** [前後に同じ名詞を用いて継続・反復を表わして] …ずつ: little *by* little=bit *by* bit 少しずつ / day *by* day 一日一日と / drop *by* drop 一滴一滴と / one *by* one ひとつ[一人]ずつ / step *by* step 一歩一歩と / room *by* room 部屋ごとに, 各室とも. **c** [乗除・寸法を表わして] …で: Eight multiplied *by* two is [equals] sixteen. 8×2=16 / a room 12 ft. *by* 15 (ft.) (縦)12フィートに(長さ)15フィートの部屋 / a 5-*by*-8-inch card (縦)5インチに(横)8インチのカード / ⇨ two-by-four.

❻ [動作を受ける体・衣服の部分を示して] (人・ものの)…を《[用法] catch, hold, lead などの動詞とともに用い, 目的語に「人・もの」を用い, さらに by 以下によってその部分を示す; by の後の名詞には the がつく》: He held the boy *by the* collar. 彼はその少年の襟もとをつかまえた / He led the old man *by the* hand. 彼はその老人の手を引いて行った.

❼ [場所・位置を表わして] …のそばに[で], …に《[比較] by よりも beside は「かたわら」の意を明確に表わす》: a house *by* the sea [seaside] 海浜の家 / I haven't got it *by* me. それはいま手元にない.

❽ [通過・経路を表わして] **a** …のそばを, …を過ぎて: go *by* me [the church] 私[教会]のそばを通り過ぎる. **b**〈道を通って, …に〉沿って: go *by* the highway 幹線道路を通って行く / pass *by* the river 川辺を通る. **c** …を経由して: travel *by* (way of) Italy イタリア経由で旅行する.

❾ [関係を表わして] …に関していえば, …は《[用法] by の後の名詞は無冠詞》: *by* birth [name, trade] 生まれ[名前, 商売]は / They're cousins *by* blood. 彼らは血の続いたいとこだ / I know him *by* name. (交際はないが)彼の名前は知っている / It's OK *by* me.《米口》私はオーケーだ / ⇨ by NATURE 成句.

❿〈名前・標示などで〉: He goes *by* the name of Daniel. 彼はダニエルという名で通っている / What do you mean *by* 'liberty'? 「自由」であなたはどういうことを意味するのですか.

⓫ [方位を表わして] …寄りに: North *by* East 東寄りの北, 北微東 (N と NNE の間); ⇨ the POINTS of the compass 成句.

⓬ **a**〈親としての男[女]〉から生まれた: He had a child *by* his first wife. 彼には先妻の子が一人いた. **b**〈馬など〉…を父にもつ: Justice *by* Rob Roy ロブロイを父にもつジャスティス.

⓭ …に対して: do one's duty *by* one's parents 両親に本分を尽くす / Do (to others) as you would be done *by*. 自分のされたいと思うように人を遇せ.

⓮ [誓言・祈願を表わして]〈神のみ名にかけて,〉〈神に誓って〉: swear *by* God that... …ということを神かけて誓う.

—— /bái/ 副 ❶ [位置を表わして] そばに, かたわらに, 付近に: close [hard] *by* すぐそばに / Nobody was *by* when the fire broke out. 出火の時にはだれもそばにいなかった.

❷ **a** [通例動作の動詞を伴って] 前を(通り, 行き)過ぎて: pass *by* そばを通る; 通り過ぎる / go *by* 通り過ぎる / Time goes *by*. 時はたつ / in days gone *by* 昔は. **b** [通例 come, drop, stop などを伴って]《米口》他人の家に[へ]: call [stop] *by* 立ち寄る.

❸ [通例 keep, lay, put などを伴って] かたわらに, わきに, 蓄えて: keep...*by* …を手元に置く / put [lay]...*by* …をしまっておく, 蓄える.

bý and *bý*《古風》やがて, まもなく.

bý and *lárge* ❶ 全般的に, 大体: Taking things *by and large*, ... 全般的に見て, 概して.... (2)《海》〈帆船が〉風を受けたり受けなかったりで.

《OE; 原義は「そばに, 近くに」》

by² /bái/ 間=bye¹.

by- /bái/ 接頭 ❶「付随的な, 副次的な」「本道をそれた」: *by*-election, *by*path. ❷「そばに, 横の」: *by*stander. ❸「過ぎた」: *by*gone.

bý-and-bý 图 [the ~] 未来, 将来.

bý-blòw 图 ❶ とばっちり, そばづえ. ❷ 私生児.

bý-càtch 图 漁網にかかった目的としない不要な魚(など).

*bye¹ /bái/ 間《口》さよなら: *Bye* now!《米口》じゃあさよなら. 《(GOOD-)BYE》

—— 图 ❶《競技》(トーナメントで相手がないための)不戦勝: draw a ~ くじで不戦敗となる. ❷《クリケ》バイ(打球が打者やウィケットキーパー (wicketkeeper) とを通り越した場合の得点). ❸《ゴルフ》(勝負ぶついて)必要のならない残りのホール. **by the býe** ついでながら (by the way).

*bye-bye /bàibái, ⌣⌣/ 間《口》さよなら! —— /⌣⌣/ 图 [また ~s で単数扱い]《小児》ねんね. **gó to býe-bye(s)**《英》ねんねする. —— 副《小児》外へ, 表に: Baby wants to go ~. 赤ん坊がおんもに行きたがっている.《BYE¹ の反復》

býe·làw 图 =bylaw.

bý-eléction 图《英下院・米国会・州議会の》補欠選挙 (cf. general election).

Bye·lo·rus·sia /bjèlouráʃə, bèl-/ 图 =Belorussia.

Bye·lo·rus·sian /bjèlouráʃən, bèl-⌣/ 图 形 =Belorussian.

bý-fòrm 图 (単語などの)副次形式, 異形.

bý·gòne 形 Ⓐ 過去の: ~ days 過ぎし日, 昔. —— 图 [複数形で] 過去(のいきさつ): Let ~s be ~s.《諺》過去の事は水に流し, 過去は過去.

bý·làw 图 ❶ (会社・団体の)内規;(法人の)定款. ❷《英》(地方自治体の)条例. ❸ 付則, 細則.

bý·line 图 ❶《新聞・雑誌の記事のタイトルの下の》筆者名を記す行. ❷《サッカー》=goal line.

bý·nàme 图 あだ名, 愛称.

BYOB /bí:wàroubí:/《略》bring your own booze [bottle] (パーティーの案内状などで)酒各自持参のこと.

*by·pass /báipæs| -pa:s/ 图 ❶ **a**《医》(血管などの)バイ

バス(手術). **b** 〈ガス・水道の〉側管, 補助管. ❷ バイパス《自動車用迂回(うん)路》. ❸ 〖電〗側路. ── 他 ❶ **a** 〈問題などを〉回避する. **b** 〈規約などを〉無視する. ❷ 〈場所を〉迂回する. ❸ 〖医〗(バイパスを形成して)〈病変部などを〉迂回して血液(など)を流す[血行(など)を再建する]. ❹ **a** 〈町などに〉バイパスをつける. **b** 〈ガス・液体などを〉側管に通す. ❺ **a** 〈…を飛び越えて進む《上司に訴えるなど》. **b** 迂回して〈敵を〉出し抜く.

bý·path 图 (極 ~s) =byway.

bý·plày 图 〔劇での〕わき演技; わき事件.

†**bý·pròduct** 图 ❶ 副産物〔*of*〕. ❷ (予期せぬ)副次的結果.

Byrd /bə́ːd | bə́ːd/, **Richard Evelyn** 图 バード《1888–1957; 米国の海軍軍人; 極地探検家》.

bý·ròad 图 わき道, 間道.

By·ron /bái(ə)rən/, **George Gordon** 图 バイロン《1788–1824; 英国の詩人; 称号 Lord [6th Baron] Byron》.

By·ron·ic /baɪrɑ́nɪk | baɪ(ə)rɔ́n-/ 圏 バイロン風の《悲壮でしかもロマン的》; 〈男性が〉肌の浅黒い美男の, 神秘的な, 憂わしげな.

bys·si·no·sis /bìsənóʊsɪs/ 图 Ⓤ 〖医〗綿繊維肺沈着(症), 綿肺(症).

bys·sus /bísəs/ 图 (極 ~·es, -si /-saɪ, -siː/) ❶ Ⓤ 〔古代エジプト人がミイラを包んだ〕目の細かい布〔特に〕亜麻布〕. ❷ Ⓒ 〖貝〗足糸. **býs·sal** /-s(ə)l/ 圏

†**bý·stànder** 图 傍観者, 居合わせた人, 見物人: an innocent ~ (現場にいたが)係わりのない人, 通りがかりの人.

byte /báɪt/ 图 〖電算〗バイト《情報量の一単位をなすビットの列; 通例 8 ビット》. 《*binary term*「二進法の言葉」の短縮形》

245 **Byzantium**

bý-the-wìnd sáilor /-wìnd-/ 图 〖動〗カツオノカンムリ《大西洋・地中海の海面に群生する腔腸動物; 帆状物の付いた円盤形のうきを有する》.

by·town·ite /báɪtaʊnàɪt/ 图 Ⓤ 〖鉱〗亜灰長石《斜長石の一種, 石は青色から暗灰色》.

bý·wày 图 ❶ わき道, 間道; 横道. ❷ 〔研究などの〕副次的側面, 目立たない分野〔*of*〕.

bý·wòrd 图 ❶ 〔…の〕見本, 典型, 「代名詞」《★ しばしば軽蔑的な含みをもつ》: Britain was a ~ *for* strikes. イギリスはストの代名詞だった. ❷ よく言われる言葉, ことわざ.

bý-your-léave 图 〔通例単数形で〕許可の願い出, (あらかじめの)断わり.

By·zan·tine /bízəntiːn, -taɪn | bɪzǽntaɪn/ 圏 ❶ ビザンチウム (Byzantium) の: ~ architecture ビザンチン式建築《5–6 世紀ごろ Byzantium を中心に興った様式》 / the ~ school 《美》ビザンチン派 / the ~ Church ビザンチン教会, 東方正教会 (the Orthodox (Eastern) Church の別称). ❷ 〔時に b~〕(迷路のように)入り組んだ; 理解しにくい, 複雑な: a b~ turn of mind 複雑な気質[性向]. ── 图 ビザンチウム[東ローマ帝国]の人; ビザンチン派の建築家[画家].

Býzantine Émpire 图 〔the ~〕ビザンチン帝国《476–1453 年の東ローマ帝国; 首都 Constantinople》.

Bý·zan·tin·ism /-nɪzm/ 图 Ⓤ ビザンチン風.

Bý·zan·tin·ist /-nɪst/ 图 ビザンチン(文化)研究者, ビザンチン学者.

By·zan·ti·um /bɪzǽntiəm, -ʃ(i)əm/ 图 ビザンチウム《古代ギリシアの都市; Istanbul の古名》.

C c

c¹, C¹ /síː/ 图 (圈 c's, cs, C's, Cs /~z/) ❶ [C,U] シー《英語アルファベットの第 3 字》. ❷ [U] 《連続したものの》第 3 番目(のもの). ❸ [U] 《ローマ数字の》100 《★ ラテン語 centum =hundred から》: CVI [cvi]=106 / CC [cc]=200.

c² /síː/ 图 (圈 c's, cs, C's, Cs /~z/) 《通例 c の字体で》[数] 第 3 既知数 (cf. a², b²; x², y², z²).

C² /síː/ 图 (圈 C's, Cs /~z/) ❶ [C] C字形(のもの): a C spring C型ばね. ❷ [C,U] 《5段階評価で》良, シー (cf. grade 3): He got a C in biology. 彼は生物で良をとった. ❸ [U] 《楽》a ハ音(ドレミ唱法のド音)》: C clef ハ音記号 / C flat [sharp] 変[嬰(ﾎ)]ハ音. b ハ調: C major [minor] ハ長調[短調]. ❹ [C] 《時に C-note で》《俗》100 ドル札. ❺ [U] 《電算》C《米国の Bell 研究所で開発されたシステム記述言語》.

C (略) 《電》capacitance; 《記号》《化》carbon; Celsius; centigrade; 《生化》cytosine; 《電》coulomb(s). Ⓒ 《記号》copyright. ¢ (略) cent(s): 3 ¢ 3 セント. **c.** (略) candle; carat; 《野》catcher; cent(s); center; centigrade; century; chapter; circa; city; cloudy; commander; cost; cubic; current; 《記号》centime. **C.** (略) Cape; Catholic; Celtic; curie; 《記号》centime.

C++ /síːplʌsplʌs/ 图 [U] 《電算》C++《C にオブジェクト指向を取り入れたプログラミング言語》.

ca (略) 《電》circa. **Ca** (略) 《化》calcium.

CA (略) 《米郵》California; Central America; chartered accountant. **C/A** (略) 《簿》capital account 資本[資産]勘定; credit account; current account.

CAA (略) 《英》Civil Aviation Authority 民間航空管理局.

Caa·ba /káːbə/ 图 =Kaaba.

caa·tin·ga /káːtɪŋɡə/ 图 [U] カーティンガ《ブラジル北東部の半乾燥地の植生で、とげをもつ低木と発育を阻害された木からなる》.

*****cab¹** /kǽb/ 图 ❶ タクシー (⇒ taxi[解説]): take a ~ =go by ~ タクシーで行く 《★ by ~ は無冠詞》 / Yellow Cab. ❷ 《昔の》辻馬車《通例一頭立てで二輪または四輪の貸馬車》. ❸ a 《機関車の》機関手室. b 《トラック・重機・クレーンなどの》運転台. — 勔 (cabbed; cab·bing) タクシー[辻馬車]で行く. [1, 2: CAB(RIOLET); 3: CAB(IN)]

cab² /kǽb/ 图 《口》ギターアンプのスピーカーの入ったキャビネット.

CAB (略) 《英》Citizens Advice Bureau; 《米》Civil Aeronautics Board 民間航空委員会.

ca·bal /kəbǽl, -bél/ 图 ❶ [集合的; 単数または複数扱い] 《通例政治的》陰謀団; 秘密結社. ❷ 《政治的》陰謀.

ca·ba·la /kəbáːlə/ 图 ❶ カバラ《ユダヤ教の神秘主義》. ❷ [U] 秘義, 秘教. [Heb=伝統]

ca·ba·let·ta /kæbəléttə, kɑː-/ 图 《楽》カバレッタ: **a** オペラの中の短い, 速いテンポで歌われる終結部. **b** アリアの速いテンポで歌われる終結部.

cab·a·lism /kǽbəlìzm/ 图 ❶ [しばしば C~] カバラ主義; (一般に)秘教. **cab·a·list** /kǽbəlɪst/ 图 カバラ主義者; 秘教[秘義]に通じた人. **cab·a·lis·tic** /kæbəlístɪk⁻/ 形.

cab·a·lle·ro /kæbəljé(ə)roʊ/ 图 (圈 ~s) ❶ 《スペインの》紳士. ❷ 《米南西部》乗馬者. [Sp=騎士]

ca·ban·a /kəbǽnə, -bɑːnə-, -bɑː-, -báː-/ 图 《米》小屋; 《海浜・プールなどの》更衣所.

⁺**cab·a·ret** /kæbəréɪ, ーーー/ 图 ❶ [C] キャバレー《音楽やダンスなどのショーが楽しめるレストラン; 通例夜営業される; 《米》では通例 nightclub を用いる》. ❷ [C,U] 《キャバレーの》ショー. [F=酒場]

*****cab·bage** /kǽbɪdʒ/ 图 ❶ [C,U] キャベツ 《関連 結球は head》. ❷ 《米俗》紙幣, お札. ❸ 《英口》無気力な人. ❹ 《英差別》植物状態の人. [F=頭, 脳天]

cábbage bùtterfly 图 《昆》モンシロチョウ.
cábbage lèttuce 图 《植》タマチシャ, タマレタス.
cábbage mòth 图 《昆》コナガ.
cábbage pàlm 图 《植》キャベツヤシ 《若芽は食用》.
cábbage ròse 图 《植》セイヨウバラ 《カフカス原産》.
cábbage whìte 图 =cabbage butterfly.
cábbage·wòrm 图 《昆》アオムシ 《モンシロチョウの幼虫; キャベツ類の野菜を食害する》.
cab·bagy /kǽbɪdʒi/ 形 キャベツのような.
cab·ba·la /kəbáːlə/ 图 =cabala.
cab·ba·lism /kǽbəlìzm/ 图 =cabalism.
*****cab·by, cab·bie** /kǽbi/ 图 《口》=cabdriver.
cáb·driver 图 ❶ タクシーの運転手. ❷ 《昔の》辻馬車の御者.
ca·ber /kéɪbə | -bə/ 图 《スコットランドで棒投げに用いる》丸太棒: tossing the ~ 棒投げ競技.
Cab·er·net Franc /kæbənèɪ frǽːŋ | -bə-/ [しばしば c~ f~] カベルネ・フラン: **a** [U] フランスの Loire 川流域とイタリア北東部で栽培されるワイン用黒ブドウの品種. **b** [U,C] a で造るワイン.
Cab·er·net Sau·vi·gnon /kæbənéɪsouvɪnjóːŋ | -bə-/ [しばしば c~ s~] カベルネ・ソーヴィニヨン: **a** [U] 主にフランスの Bordeaux 地方で栽培されている赤ワイン用の黒ブドウの一品種. **b** [U,C] それで造る辛口赤ワイン.
*****cab·in** /kǽbɪn/ 图 ❶ 《通例木造の》小屋: a log ~ 丸太小屋. ❷ 《船》a 《客船の》客室. b 《航空機などの》客室《客室・乗員室・貨物室など》. **c** 《宇宙船の》船室. **d** 《移動住宅車 (trailer) の》居住部分. — 厖 《客船の》特別二等クラスで: travel ~ 特別二等クラスで旅行する. — 勔 小屋[狭い所]に閉じこもる. — 佃 《狭い所に》閉じ込める.
cábin bòy 图 キャビンボーイ 《客船の船客付きのボーイ》.
cábin clàss 图 [U] 《客船の》特別二等 《first class と tourist class との間》.
cábin-clàss 形 [A] 《客船などの》特別二等の[で].
cábin crèw 图 [集合的; 単数または複数扱い] 《飛行機の》客室乗務員.
cábin crùiser 图 =cruiser 2.
cáb·ined 形 ❶ 船室のある. ❷ 窮屈な.
*****cab·i·net** /kǽb(ə)nɪt/ 图 ❶ **a** 飾り棚, 飾りだんす, キャビネット《貴重品などを収め, また陳列する》: ⇒ filing cabinet. **b** 《テレビ・ステレオの》キャビネット. ❷ **a** [しばしば the C~] 内閣; 《米》《各省長官で構成する》大統領顧問委員会: ⇒ shadow cabinet / form a (new) ~ 組閣する. **b** 《英》閣議. **c** [集合的; 単数または複数扱い] 閣僚連. ❸ **a** 《米》《博物館などの》小陳列室. **b** 《シャワー用などの》小区画[仕切り]. — 形 ❶ 《英》《しばしば C~》内閣の: a ~ meeting 閣議 / a C~ member 《英》 / a C~ Minister 閣僚 / a C~ crisis 《英》内閣の危機 / a C~ reshuffle 内閣改造. ❷ 飾り棚に向く. ❸ 《写》キャビネ版の: a ~ photograph キャビネ判の写真. 《CABIN+-ET》
cábinet·màker 图 高級家具師.
cábinet pùdding 图 [U] キャビネットプディング《ドライフルーツ入りプディング》.
cábinet·ry /-tri/ 图 =cabinetwork.
cábinet·wòrk 图 ❶ 高級家具類. ❷ 高級家具製造, さし物細工.
cábin fèver 图 閉所熱《僻地や狭い空間で生活するときに生じる情緒不安定》.
*****ca·ble** /kéɪbl/ 图 ❶ [U,C] 《針金または麻をより合わせた》ケーブル, 太索(なえ)《麻のものは通例周囲 10 インチ以上のもの》; 《海事》鎖. ❷ [C] **a** 《length of》 ~ 一組のケーブル. b [U,C] ケーブル線《電気絶縁物でおおった電線の束を鉛で外装したもの》: coaxial ~ 同軸ケーブル. **b** 海底電線. ❸

=cable television. ❹ ⓒ《古風》海底電信, 海外電報, 外電: send a ～ 外電を打つ / by ～ 海底電信で, 外電で(★無冠詞). ❺ ⓒ《海》いかりづな, 錨鎖(^{ʊ²}). b ⓒ［U］=cable('s) length. ❻ =cable stitch. ── 動 他 ❶《古風》〈連絡事項などを〉電信で送る. ❷〈場所に〉〈テレビ用の〉ケーブルを敷設する〈★通例受身で〉. ❸〈建〉〈円柱に〉綱形装飾をつける. ── 自《古風》外電を打つ.〖F<L *capulum*（捕縛用の）縄<*capere* つかむ; cf. capture〗

cáble càr 名 ケーブルカー; ロープウェー.
cáble-càst 名 ケーブルテレビ放送. ── 動 他 ケーブルテレビで放送する.
cáble-grám 名 海底電信, 海外電報.
cáble-láid 形《海》〈ロープが〉九つ撚(^{ょ})りの.
cáble mòdem 名〈電算〉ケーブルモデム《ケーブルテレビの回線でインターネットに接続するためのモデム》.
cáble mòlding 名〈建〉（ロマネスク建築などの）綱型装飾, 縄形繰形(そりがた).
cáble ráilway 名 鋼索鉄道, ケーブル鉄道.
cáble-réady 形〈テレビなどが〉CATV用インバーター内蔵の, ケーブルテレビ対応型の.
cáble reléase 名〈写〉ケーブルレリーズ《カメラに触れずにシャッターを切るためのワイヤー》.
cáble('s) léngth 名〈海〉鍵(^{ん})《距離の単位, 通例 $^1/_{10}$ 海里 （米）約 219 m;（英）約 185 m; cf. nautical mile》.
cáble stìtch 名 ［U］《また a ～》綱編み; ケーブルステッチ.
cáble télevision [TV, vìsion] 名 ［U］ケーブルテレビ.
cáble trànsfer 名〈外国〉電信為替（送金）: by ～（外国）電信為替で《★無冠詞》.
cáble-wày 名 空中ケーブル.
cáb-man /-mən/ 名（複 -men /-mən/）タクシー運転手.
cab·o·chon /kǽbəʃɑ̀n, -ʃɔ̀n/ 名 カボション《切子面をもうけず頂部を丸く磨いた宝石》. **en cábochon** カボション・カットの（した）.
ca·boo·dle /kəbúːdl/ 名 《次の成句で》the whóle cabóodle 何もかも, 全部.
ca·boose /kəbúːs/ 名 ❶（米）（貨物列車最後尾の）乗務員車（英）guard's van）. ❷（英）（商船の上甲板のまかない所.
Cab·ot /kǽbət/, **John** 名 カボット (1450?-?99; イタリア生まれの探検航海家; 1497年北米東海岸に到達).
Cabot, Sebastian 名 カボット (1476?-1557; John の子で航海家; イングランド・スペイン宮廷に仕えた).
cab·o·tage /kǽbətɑ̀ːʒ/ 名 ［U］（外国船［外国機］の）近海［国内］運航(権); 国内運航を自国船［機］に限定する運航制限.
cáb rànk 名〈英〉=cabstand.
Ca·bri·ni /kəbríːni/, **Saint Frances Xavier** 名 カブリーニ (1850-1917; 米国の修道女, 通称 'Mother Cabrini'; 列聖された最初の米国市民).
cab·ri·ole /kǽbriòʊl/ 名 ❶（また **cábriole lèg**）（家具の）猫脚《Anne 女王時代の家具の特色》. ❷〈バレエ〉キャブリオール《片足を空中に伸ばし, 他方の足でそれを打つ跳躍》.
cab·ri·o·let /kǽbriəlèɪ/ 名 キャブリオレー: **a** たたみ込み式ほろ屋根付きクーペ型の古い型の自動車. **b**（昔の）一頭立て二人乗り二輪ほろ馬車.
cáb·stànd 名（米）タクシーの客待ち待機場所.
ca'can·ny /kɑːkǽni, kɔː-/ 名 ［U］（英）怠業, サボ（タージュ）.
ca·ca·o /kəkáʊ/ 名（複 ~s）❶［植〕カカオ（ノキ）《熱帯アメリカ原産の常緑樹》. ❷ カカオの実《熱帯アメリカ原産のカカオの木の実; 主にココアとチョコレートの原料; cf. cocoa》.〖Sp<N-Am-Ind; COCOA は異形〗
cacáo bèan 名 =cacao 2.
cacáo trèe 名 =cacao 1.
cac·cia·to·re /kɑ̀ːtʃətɔ́ːri/, **-ra** /-rə/ 形［名詞の後に置いて］カッチャトーレ《トマト・マッシュルームを香草・香辛料などと共に煮込んだ》.
cach·a·lot /kǽʃəlɑ̀t | -lɔ̀t/ 名 ［動］マッコウクジラ.
+**cache** /kǽʃ/ 名 ❶ **a** ⓒ 盗品［食糧品, 貯蔵所（*of*）. **b** 隠し場所の）貯蔵物; 隠してある貴重品. ❷〈電算〉キャッシュ（メモリー）《CPU と主記憶 (memory cache)

あるいはディスクと主記憶 (disk cache) の間に置かれる高速のバッファーメモリー》. ── 動 他 ❶〈ものを〉隠し場に蓄える, 隠す. ❷〈電算〉〈データを〉キャッシュに入れる.〖F<*cacher* 1=抑える<俗*cogere* 閉じ込める, 駆り立てる co-+*agere* 駆り立てる (cf. agent)〗
cache·pot /kǽʃpɑ̀t/ 名 飾り鉢《植木鉢を入れておく》.
cache-sexe /kǽʃsèks/ 名《ヌードダンサー・部族民などの》恥部のおおい, 小さな腰布.〖F=sex hider〗
ca·chet /kæʃéɪ/ 名 ❶ **a** ⓒ 良質［純粋, 信頼, 威信(など)］を示すしるし［印, 特徴］. **b** ［U］威信, 高い身分. ❷ ⓒ（公文書の）公印, 封印. ❸ ［薬］カプセル, オブラート剤.〖F<*cacher*; ⇒ cache〗
ca·chex·ia /kəkéksiə/ 名 ［医］悪液質, カヘキシー《癌・結核・梅毒などの慢性疾患による不健康状態》.
cach·in·nate /kǽkənèɪt/ 動 自〈文〉（むやみに）大声で笑う, ばか笑いする. **cach·in·na·tion** /kæ̀kənéɪʃən/ 名
ca·chou /kæʃúː/ 名 ［U］口中香錠.〖Malay〗
ca·chu·cha /kətʃúːtʃə/ 名 カチューチャ《Andalusia 地方のボレロに似たソロダンス》.
ca·cique /kəsíːk/ 名 ❶（特に西インド諸島・中南米の）先住民族の族長, 首長. ❷（スペインやラテンアメリカの）地方政界のボス. ❸［鳥］ムクドリモドキ《熱帯アメリカ産》.
cack /kǽk/ 名 ［U］動 自《方・俗》うんち, くそをする.
cáck-hánded /-k-/ 形《英口》❶ 不器用な, ぎこちない. ❷ 左利きの. ── **ly** 副 ── **ness** 名
cack·le /kǽkl/ 動 自 ❶〈めんどりがクワックワッと鳴く〉. ❷ げらげら［きゃーきゃー］笑う. ❸〈人がぺちゃくちゃしゃべる〉ぺちゃくちゃとしゃべる（*out*）. ── 名 ❶ ［U］［しばしば the ～］クワックワッ《めんどりが卵を産んだ後の鳴き声》. ❷ ⓒ かん高い笑い: break into a ～ of laughter 突然きゃーきゃー笑い出す. ❸ ［U］ おしゃべり, むだ口. **cút the cáckle**〈英口〉むだ口をやめて本論に入る. **cáck·ler** /-klə | -klə/ 名 〖Du〗
cac·o- /kǽkoʊ/ (連結形)「悪い」.〖Gk *cacos* 悪い〗
cac·o·dyl /kǽkədìl/ 名 ［化］ ❶ カコジル（基）《砒素化合物中の1価の置換基》. ❷ カコジル《2個のカコジル基からなる不快臭のある無色液体》.
cac·o·dyl·ate /kǽkədɪlèɪt/ 名 ［化］カコジル酸塩.
cácodýlic ácid /kǽkədɪ̀lɪk-/ 名 ［U］［化］カコジル酸《有毒の結晶; 除草剤・染料・杀木剤製造用》.
caco·e·thes /kæ̀koʊíːθiːz/ 名 （特に悪いことに対する）抑えがたい欲求, …狂 (mania)（*for*）.
ca·cog·ra·phy /kækɑ́grəfi | -kɔ́g-/ 名 ［U］ ❶ 悪筆（↔ calligraphy）. ❷ 誤記, つづり誤り（↔ orthography）.〖F<Gk; ⇒ caco-, -graphy〗
cac·o·mis·tle /kǽkəmɪ̀sl/ 名 ［動］カコミスル《アライグマ科; 米国南西部・メキシコ産》.
ca·coph·o·nous /kækɑ́fənəs | kəkɔ́f-/ 形 不協和音の; 耳障りな.
ca·coph·o·ny /kækɑ́fəni | kəkɔ́f-/ 名 ［単数形で］不協和音, 不快な音調（↔ euphony）.〖F<Gk; ⇒ caco-, -phony〗
+**cac·tus** /kǽktəs/ 名（複 ～**es, cac·ti** /-taɪ/）［植］サボテン.〖L<Gk〗
ca·cu·mi·nal /kækjúːmən(ə)l/ 形 ❶ ［医］後屈した. ❷ ［音声］そり舌（音）の (retroflex).
cad /kǽd/ 名 下劣な男, 卑劣漢.
CAD /kǽd/ 名《略》computer-aided design コンピューター援用のデザイン［設計］.
ca·das·tral /kədǽstrəl/ 形 地籍図の, 土地台帳の; 地籍の: **a** ～ **survey** 地籍測量.
ca·dav·er /kədǽvə | -və/ 名 ⓒ（特に解剖用の, 人間の）死体.〖L=*cadere* 倒れる, 死ぬ; cf. case^1〗
ca·dav·er·ine /kədǽvərìːn/ 名 ［U］［生化〕カダベリン《蛋白質が腐敗する時にできる無色のプトマイン》.
ca·dav·er·ous /kədǽvərəs/ 形 死体のような, 青ざめた, やせこけた.
CAD/CAM /kǽdkæ̀m/《略》computer-aided design and computer-aided manufacturing コンピューター援用設計および製造.

+**cad·die** /kædi/ 《ゴルフ》キャディー. ── 動 ⓐ (**caddied**; **cad·dy·ing**) (…の)キャディーとして働く[*for*]. 《F<CADET》

cáddie càrt [**càr**] 图 (ゴルフ道具の)小型運搬車.

cad·dis /kædɪs/ 图 =caddisworm.

cáddis flỳ 图 《昆》トビケラ.

cad·dish /kædɪʃ/ 形 野卑な, 下劣な. **~·ly** 副

cáddis wòrm 图 《昆》イサゴムシ《トビケラ (caddis fly) の幼虫; 釣りの餌》.

cad·dy[1] /kædi/ 图 (お茶などを入れる)缶, 容器: ⇨ tea caddy.

cad·dy[2] /kædi/ 图 ⓐ =caddie.

ca·dence /kéɪdns/ 图 ❶ **a** (詩などの)韻律, リズム. **b** (朗読における)抑揚. ❷ 《楽》(楽章・楽曲の)終止形[法]. 《F<L<*cadere* 倒れる, 落ちる; cf. case[1]》

cá·denced 形 韻律的な, リズミカルな.

ca·den·cy /-si/ 图 ❶ 分家の家系; 次男[次男(以下)]の身分.

ca·den·za /kədénzə/ 图 《楽》カデンツァ《終止の前に挿入される無伴奏で技巧的な独奏[唱]部分》. 《It; ⇨ cadence》

+**ca·det** /kədét/ 图 ❶ (陸海空軍学校や警察学校の)生徒. ❷ 士官[幹部]候補生. ❸ 末の息子; 弟. ❹ 《俗》売春あっせん業者, ポン引き. ── 形 ❶ (長男以外の)息子, 弟の系統の: a ~ *family* [*branch*] 分家. ❷ 《米》見習[実習]生の: a ~ *teacher* 教育実習生. 《F》

cadge /kædʒ/ 動 《口》 ❶ ⓐ こじきをする, (人に)ものをねだって回る[生活する]. ❷ ⓦ (ものを)ねだる, たかる: ~ *for* drinks 飲み物をねだる. ❸ ⓦ (ものを)人にねだって手に入れる; たかる [*from*, *off*]: He ~*d* a cigarette *from* me. 彼はたばこを 1 本私にたかった. ── 图 ★通例次の成句で. **on the cádge** 《口》物乞いして, たかって. **cádg·er** 图

ca·di /kɑ́ːdi/ 图 =qadi.

Cad·il·lac /kædəlæk/ 图 《商標》キャデラック《米国製高級自動車》.

Cad·me·an /kædmíːən/ 形 《ギ神》カドモスの: a ~ *victory* 多大の犠牲を払った勝利 (cf. PYRRHIC victory).

cad·mi·um /kædmiəm/ 图 ⓤ 《化》カドミウム《金属元素; 記号 Cd》. **cad·mic** /kædmɪk/ 形

cádmium céll 图 カドミウム電池.

cádmium yéllow 图 ⓤ カドミウム黄; 鮮黄色.

Cad·mus /kædməs/ 图 《ギ神》カドモス《竜を退治しテーベ (Thebes) を創建したフェニキアの王子》.

+**cad·re** /kædri | kάːdə/ 图 ❶ [集合的; 単数または複数扱い] (新世隊編制に必要な)幹部, 政治・宗教団体などの中核, (共産党の)支部. ❷ 幹部[中核]の一員. ❸ 骨組み, 構造 (*of*). 《F<It<L *quadrus* 四角, 方陣; cf. quarry[1]》

ca·du·ce·us /kəd(j)úːsiəs | -djúː-/ 图 (徳 -ce·i /-siài/) 《ギ・ロ神》神々の使者 Mercury [Hermes] のつえ《2 匹のヘビが巻きつき頂上に双翼があるつえ; 平和・医術の表象; 米国では陸軍軍医部隊の記章》.

ca·du·ci·ty /kəd(j)úːsəti/ 图 ⓤ ❶ 老衰. ❷ はかなさ.

ca·du·cous /kəd(j)úːkəs/ 形《植》《葉などが》早落性の.

CAE (略) computer-aided engineering コンピューター援用エンジニアリング[工学].

cae·cil·i·an /sìːsíliən/ 图 アシナシイモリ, ハダカヘビ《アシナシイモリ目の両生類の総称; 熱帯産》.

cae·ci·tis /sìːsáɪtɪs/ 图 =cecitis.

cae·cum /síːkəm/ 图 (徳 -ca) = cecum. **cae·cal** /-k(ə)l/ 形

Caer·na·von /kəənǽvən | kɑnǽ-/ 图 カーナーボン《ウェールズ北西部 Gwynedd 州のメナイ (Menai) 海峡に臨む港町》.

Caer·phil·ly /kəəfíli | keə-/ 图 ⓤⓒ カーフィリーチーズ《ウェールズ産の白いマイルドなチーズ》.

Cae·sar /síːzə | -zə/ 图 ❶ [称号に用いて] ローマ皇帝. ❷ [しばしば c~] 帝王; 専制君主, 独裁者. ❸ 《医》 《俗》= Caesarian section.

Cae·sar /síːzə | -zə/, (**Gai·us**) **Julius** /ʤéɪəs | gáɪ-/ 图 カエサル, シーザー 《100-44 B.C.; ローマの将軍・政治家・歴史家; cf. triumvirate 2》. *Cáesar's wífe* 世の疑惑を招く行為があってはならない人.

Cae·sa·re·a /sìːzəríːə/ 图 カエサレア《イスラエル北西部の古代の港町; ローマ領パレスティナの首都》.

Cae·sa·re·an, Cae·sa·ri·an /sìːzé(ə)riən/ 形 ❶ カエサル[シーザー]の. ❷ (ローマ)皇帝の; 専制君主的な. ── 图 ❶ カエサル派の人; 専制主義者. ❷ =Caesarean section.

Caesárean [**Caesárian**] **séction** 图 《医》帝王切開(術), 開腹分娩(゙ぶ)法: deliver a baby by ~ 帝王切開で出産する 《★ 無冠詞》. 《この方法で Caesar が分娩されたとする故事から》

Cáe·sar·ism /síːzərìzm/ 图 ⓤ 皇帝政治主義; 帝国主義; 独裁君主制.

Cáe·sar·ist /-rɪst/ 图 帝国[独裁]主義者.

Cáesar sálad 图 ⓒⓤ シーザーサラダ《レタス・オリーブ油・レモンジュース・ガーリック・粉チーズ・卵・クルトン・アンチョビーなどをよく混ぜ合わせたサラダ》. 《メキシコのレストラン Caesar's から》

cae·si·um /síːziəm/ 图 =cesium.

cae·su·ra /sɪʒú(ə)rə | -zjúər-, -ʒɪːr-/ 图 (徳 ~s, -rae /-riː/) ❶ 《韻》行間休止 (cf. pause 3). ❷ 休止, 中断.

CAF (略) cost and freight.

ca·fard /kɑːfάː | -fά-/ 图 ⓤ (特に熱帯地方における白人の)極度の憂鬱.

+**ca·fé, ca·fe** /kæféɪ | ─ ─, ─ ´─/ 图 ❶ **a** (ヨーロッパなどの)料理店; カフェテラス. **b** (酒を出す)軽食堂; 《英》(酒を出さない)軽食堂. **c** コーヒー店. ❷ 《米》ナイトクラブ, バー. ❸ 《電算》カフェ《ネットワーク上で議論ができる場所》. 《F=コーヒー(ショップ)<It》

café au láit /-ouléɪ/ 图 ❶ ⓤ カフェオレ《コーヒーと同量のホットミルクを加えたミルクコーヒー》. ❷ 淡褐色. 《F》

café cùrtain 图 カフェカーテン《カーテンロッドに通したリングでつるされる, 通例窓の下半分をおおう短いカーテン》.

café nóir /-nwάː | -nwάː/ 图 ⓤ ブラックコーヒー. 《F》

café socíety 图 (特に New York 市の)一流カフェ[レストラン]やナイトクラブの常連.

+**caf·e·te·ri·a** /kæfətí(ə)riə/ 图 カフェテリア《解説》盆に好みの料理を自分で取り, 料金を払ってからテーブルに運んで食べるセルフサービス式の食堂》. 《Mex-Sp=コーヒーショップ<Sp *café* コーヒー》

caf·e·tière /kæfətjéə | -tjéə-/ カフェティエール《金属のフィルターの付いたピストンでコーヒーの出しがらを底に押し下げるコーヒーポット》.

caf·e·to·ri·um /kæfətɔ́ːriəm/ 图 《米》(学校などの)食堂兼講堂. 《*cafe*teria+audi*torium*》

caf·fein·at·ed /kæfənèɪtɪd/ 形 カフェイン含有の.

+**caf·feine** /kæfíːn | ─´─/ 图 ⓤ 《化》カフェイン《茶・コーヒーなどに含まれるアルカロイド; 興奮剤》. 《F<*café* コーヒー》

caf·fè lat·te /kæfeɪlάːteɪ, -lǽt-/ 图 ⓤⓒ カフェラッテ《同量のホットミルクを入れたエスプレッソコーヒー》.

caf·tan /kæftæn/ 图 ❶ カフタン《トルコ人などの着る帯のついた長そでの服》. ❷ カフタン風のドレス.

*****cage** /kéɪʤ/ 图 ❶ **a** 鳥かご; おり. **b** 捕虜収容所. ❷ かごに似たもの. **a** (エレベーターの)箱. **b** 《起重機の》運転室. ❸ 骨組み, 枠組み: a ~ *of* steel girders 鋼鉄の梁(゚ばり) を用いた骨組み. ❹ 《野》移動式バックネット; 《ホッケー》ゴール. ── 動 ❶ 《動物を》かご[おり]に入れる[閉じ込める]: a ~*d* bird かごの鳥. **cáge ín** (動 +副) 《★通例受身》 (1) 《動物などを》閉じ込める, 監禁する. (2) 《人の》自由を束縛[制限]する. 《F<L *cavea* 鳥かご; cf. jail》

Cage /kéɪʤ/, **John** ケージ 《1912-92; 米国の作曲家》.

cáge bìrd 图 かごに飼う鳥.

cáge·ling 图 かごの鳥.

ca·gey /kéɪʤi/ 形 (**ca·gi·er**; **-gi·est**) 《口》 ❶ ⓟ […について]遠慮がちで; はっきりしたことを言わないで: He was ~ *about* who he'd vote for. 彼は誰に投票するかについてはあまり話したがらなかった. ❷ 注意[用心]深い, 抜けめのない: a ~ boxer すきを与えないボクサー. **cá·gi·ly** /-ʤɪli/ 副 **-gi·ness**, **-gi·ness** 图

ca·goule /kəgúːl/ 图 カグール《登山用のフードつきのアノラック》.

ca·gy /kéɪdʒi/ =cagey.
ca·hier /kɑːjéɪ, kaɪéɪ/ 名 練習帳, 帳面, ノート.
ca·hoots /kəhúːts/ 名 次の成句で. **in cahoots** (…と)共謀して: He's *in* ~ *with* the mob. 彼はやくざと手を組んでいる.
CAI (略) computer-assisted instruction コンピューター援用の教育(システム).
cai·man /kéɪmən/ 名 (複 ~s, ~) 動 カイマンワニ (南米の沼地にすむワニに似た半水生の大きなトカゲ).
Cain /kéɪn/ 名 聖 カイン (Adam と Eve の第一子; 弟 Abel を殺した). **ráise Cáin** (口) 大騒ぎをする; 怒って暴れる.
Cai·no·zo·ic /kàɪnəzóʊɪk⁻/ 形 名 =Cenozoic.
ca·ïque /kɑːíːk/ 名 カイーク (Bosporus 海峡で用いられる軽舟, また地中海で用いられる帆船).
cairn /kéən│kéən/ 名 ❶ ケルン (記念塚・道標標・墓標などとして積み上げた石塚). ❷ =cairn terrier.
cáirn térrier 名 ケアンテリア (スコットランド原産の小型のテリア).
Cai·ro /káɪroʊ/ 名 カイロ (エジプトの首都).
cais·son /kéɪsn, -sən│kéɪsən, kəsúːn/ 名 ❶ a 〖工〗ケーソン, 潜函(ホん) (水密になった箱; 中で水中工事をする). **b** 浮きとびら (ドック用). **c** =camel 4. ❷ 〖軍〗弾薬箱[車].
cáisson disèase 名 Ｕ ケーソン病, 潜函病.
cai·tiff /kéɪtɪf/ 名 卑怯な, 卑劣な.
caj·e·put /kædʒəpət, -pʊ̀t/ 名 ❶ カユプテ (東南アジア原産フトモモ科の常緑樹). ❷ (また **cájeput òil**) カユプテ油 (薬用).
⁺ca·jole /kədʒóʊl/ 動 他 ❶ (人を)甘言でつる; 甘言でつって…させる: ~ *a person into* consent(*ing*) 人をおだてて同意させる / They tried to ~ their daughter *out of* marrying him. 両親は娘にうまいことを言って彼との結婚を思いとどまらせようとした. ❷ 甘言を弄して人からＸもの)を取り上げる (*out of, from*): He ~d the knife (*away*) *from* the child. 彼はうまくだましてその子供からナイフを取り上げた. **~·ment** 名 〖Ｆ〗
ca·jol·er·y /kədʒóʊləri/ 名 Ｕ 甘言, おべっか.
Ca·jun /kéɪdʒən/ 名 ケージャン (カナダのアカディア出身のフランス人子孫である Louisiana 州の住人). ―― 形 ケージャンの[に関する] (特に音楽・料理など).〘Acadian (= Nova Scotian) の変形〙
caj·u·put /kædʒəpət, -pʊ̀t/ 名 =cajeput.
***cake** /kéɪk/ 名 ❶ ＣＵ ケーキ, 洋菓子: a piece [slice] of ~ ケーキひと切れ (★ ナイフを入れて切ったもの) / Bring us two fruit ~s. フルーツケーキを２つ持ってきてください / You can't have your ~ and eat it (too). 〘諺〙菓子は食べたらなくなる(同時に両方はとれぬ). ❷ Ｃ (薄く平たい)固いかたまり, (固形物の)1個: a ~ *of* soap [ice] せっけん[氷] 1 個. ❸ Ｃ (魚のすり身などの)平たく固めたもの: ⇒ fish cake. ❹ [the ~; 修飾語を伴って] 分配[共有]されるべきもの. **a píece of cáke** (口) (1) ケーキひと切れ (⇒ 1). (2) 楽な[楽しい]こと[仕事]. **cákes and ále** 人生の快楽, 浮き世の楽しみ (★ Shakespeare 「十二夜」から). **gét a slíce [sháre] of the cáke** 利益[分け前]にあずかる. **táke the cáke** (口) (1) (1 等)賞を得る. (2) [しばしば反語的に] 他に抜きんでる, 段違いである (口語では競走で勝利の菓子を得たことから): That takes the ~! あきれたもんだ, それはまったくひどい. ―― 動 他 Ｘものに…を)厚く塗る (*with, in*): His shoes were ~*d with* mud 彼の靴には泥が固まりついていた. ―― 自 固まる.〘Scand〙
cáke flòur 名 Ｕ (グルテンの少ない)上質精選小麦粉.
cáke-hòle 名 (英) 口 (mouth).
cáke mìx 名 ケーキミックス, ケーキのもと.
cáke pàn 名 (米) ケーキの焼き型.
cáke tìn 名 (英) ❶ =cake pan. ❷ ケーキを保存するぶたつきの缶.
cáke·wàlk 名 ❶ ケーキウォーク: **a** ケーキを賞品とするアメリカ黒人の歩きぶり競技. **b** ステップダンスの一種. ❷ やすいこと[仕事].
CAL (略) computer-assisted learning コンピューター援用学習. **cal.** (略) calendar; caliber; calorie.

249　　**calciferous**

Cal. (略) California; (large) calorie(s).
Cál·a·bar bèan /kæləbə-│-bə-/ 名 〖植〗カラバルマメ (熱帯アフリカ産; 豆からフィソスチグミン (physostigmine) を得る).
cal·a·bash /kæləbæʃ/ 名 ❶ 〖植〗**a** カラバッシュ (熱帯アメリカ原産の高木). **b** (ひょうたん状の)カラバッシュの果実 (果皮は容器になる). ❷ カラバッシュの果皮製品 (さかずき・パイプなど).
ca·la·ba·za /kæləbɑ́ːzə/ 名 =calabash.
cal·a·boose /kæləbúːs/ 名 (米) 刑務所; 拘置場.
cal·a·bre·se /kæləbréɪzi, kæləbriːs/ 名 (英) ブロッコリー (broccoli).
Ca·la·bri·a /kəléɪbriə│-læb-/ 名 カラブリア (イタリア南部の州; イタリア半島の「長靴のつま先」を占める).
cal·a·di·um /kəléɪdiəm/ 名 〖植〗カラジウム属の植物; (特に)ニシキイモ (サトイモ科の観葉植物).
Ca·lais /kæleɪ│-⎯/ 名 カレー (Dover 海峡に臨むフランスの港市).
cal·a·man·co /kæləmæŋkoʊ/ 名 Ｕ Ｃ (複 ~es) キャリマンコ (16-19 世紀のつやのある毛織物).
cal·a·man·der /kæləmændə-│-də-/ 名 Ｕ カキ属の木材, (特に)黒檀の一種 (Ceylon 島産; 高級家具材).
cal·a·ma·ri /kæləmɑ́ːri/, **cal·a·ma·res** /kæləmɑ́ːreɪz/ 名 Ｕ 食用イカ.
cal·a·mi /kæləmaɪ/ 名 calamus の複数形.
cal·a·mine /kæləmaɪn/ 名 Ｕ 〖薬〗カラミン (軟膏または水薬として皮膚炎などの保護薬に用いる).
cálamine lótion 名 Ｕ カーマインローション (日焼けしたあとなどにつけるローション).
ca·lam·i·tous /kəlæmətəs/ 形 悲惨な, 痛ましい; 災難[惨事]をもたらす (to). **~·ly** 副 悲惨に.
***ca·lam·i·ty** /kəlæməti/ 名 ❶ Ｃ 大きな不幸[災難], 惨事: "How was your holiday?" "It was a ~." 「休暇はいかがでしたか.」「さんたんたるものでした.」❷ Ｕ 悲惨な状態), 惨禍: the ~ of war 戦争という災禍.【Ｆ＜Ｌ】【類義語】⇒ disaster.
Calámity Jáne 名 カラミティー・ジェーン (1852?-1903; 米国開拓時代の射撃の女名手 Martha Jane Burke の通称).
cal·a·mus /kæləməs/ 名 (複 -mi /-maɪ/) ❶ **a** 〖植〗ショウブ. **b** ショウブ(の芳香の)根茎. ❷ 〖鳥〗羽柄(ぇん).
ca·lan·do /kɑːlɑ́ːndoʊ/ 形 副 〖楽〗カランド, 次第に速度と音を減ずる[減じて]. 〖It〗
ca·lan·dra /kəlændrə/ 名 〖鳥〗クロエリコウテンシ (ヒバリ科; 欧州産).
ca·lash /kəlǽʃ/ 名 カラッシュ (18 世紀のほろ付き軽二輪または四輪馬車).
cal·a·the·a /kæləθíːə/ 名 〖植〗カラテア (主に熱帯アメリカ産クズウコン科カラテア属の各種多年草).
calc- /kælk/ [連結形] (母音の前にくる時の) calci- の異形.
cal·cal·ka·line /kælkælkəlàɪn/ 形 〖地〗カルクアルカリの (岩石がカルシウムとアルカリ金属に比較的富んでいる).
cal·ca·ne·um /kælkéɪniəm/ 名 (複 -nea /-niə/) 〖解〗=calcaneus.
cal·ca·ne·us /kælkéɪniəs/ 名 (複 -nei /-niàɪ/) 〖解〗踵骨(しょう).
cal·car·e·ous /kælkéər(ə)riəs/ 形 ❶ (炭酸)カルシウム[石灰(質)]の[のような]: ~ earth 石灰質の土. ❷ 石灰質土壌に生育する.
cal·ce·o·lar·i·a /kælsiəléə(ə)riə/ 名 〖植〗キンチャクソウ, カルセオラリア (ゴマノハグサ科キンチャクソウ属の各種草本).
cal·ces /kælsiːz/ calx の複数形.
cal·ci- /kælsi/ [連結形] 「石灰」「カルシウム(塩)」.
cal·cic /kælsɪk/ 形 カルシウムの(を含んだ).
cal·ci·cole /kælsɪkòʊl/ 名 好石灰植物. **cal·cic·o·lous** /kælsɪkələs/ 形
cal·cif·er·ol /kælsɪfərɔ̀ːl│-rɒl/ 名 Ｕ 〖生化〗カルシフェロール (ビタミン D_2 のこと).
cal·cif·er·ous /kælsɪfərəs/ 形 (炭酸)カルシウムを含む[生ずる].

cal·cif·ic /kælsífɪk/ 形 〖動·解〗 石灰性の, 石灰性にする, 石灰を分泌する.

cal·ci·fi·ca·tion /kæ̀lsəfɪkéɪʃən/ 名 ❶ 石灰化. ❷ 〖生理〗 石灰性物質の沈着.

cal·ci·fuge /kǽlsəfjùːdʒ/ 名 〖植〗 嫌石灰植物.

cal·ci·fy /kǽlsəfàɪ/ 動 (他)(自) 石灰(質)化する.

cal·ci·na·tion /kæ̀lsənéɪʃən/ 名 U ❶ 〖化〗 煆焼 (ぎょう). ❷ 〖冶〗 焼鉱法.

cal·cine /kǽlsaɪn, -́-, -́-/ 動 〈石灰を〉焼いて生石灰にする; 煆焼(ぎょう)する; 焼いて灰[粉]にする: ~ d lime 生石灰 / ~d alum 焼き明礬(みょうばん). ─ (自) 焼いて生石灰になる; 焼けて灰[粉]になる.

cal·cite /kǽlsaɪt/ 名 U 〖鉱〗 方解石.

cal·ci·to·nin /kæ̀lsətóʊnɪn/ 名 U 〖生化〗 カルシトニン《甲状腺C細胞から分泌され, 血中のカルシウムやリンの量を下げるホルモン》.

*__cal·ci·um__ /kǽlsiəm/ 名 U 〖化〗 カルシウム《金属元素; 記号 Ca》. 〖L *calx*, *calc-* 石灰+-IUM; cf. calculation〗

cálcium cárbide 名 U 〖化〗 炭化カルシウム.

cálcium cárbonate 名 U 〖化〗 炭酸カルシウム.

cálcium hydróxide 名 U 〖化〗 水酸化カルシウム, 消石灰《モルタルしっくいの原料, 革の軟化などに用いる》.

cálcium óxide 名 U 〖化〗 酸化カルシウム, 生石灰《モルタルしっくいの原料》.

cal·crete /kǽlkriːt/ 名 U 〖地〗 カルクリート《海底に形成される石灰質の凝灰; ウラン鉱床としても注目される》.

cal·cu·la·ble /kǽlkjʊləbl/ 形 ❶ 計算[予測]できる. ❷ 信頼のできる. **-la·bly** /-ləbli/副

*__cal·cu·late__ /kǽlkjʊlèɪt/ 動 (他) ❶〈費用などを計算する, 算定する, 算出する, 見積もる〉: She ~d the cost of heating. 彼女は暖房費を見積もってみた / [+*that*] He ~d that it would cost him a hundred dollars. 彼はそれに100ドルかかると計算した / [+*wh.*] Scientists have ~d *when* the comet will return. 科学者たちはその彗星がいつ戻るかを計算した. ❷〈物事を〉推定する, 判断[評価]する: ~ the merits and demerits of a project 企画の長所短所を判断する / [+(*that*)] ~d *that* prices may go up again 物価がまた上がるかもしれないと推測する / [+*wh.*] ~ *what* will happen next 次に何が起きるかを考えてみる. ❸ 〈...を〉意図する, たくらむ 《★通例過去分詞で形容詞的に用いる; ⇒ calculated》. ❹ 〖米方〗〈...であると思う; 〈...する〉つもりである〈*that*〉. ─ (自) 〈...を〉予想する, 見込む, 入れる: She ~s *on* a large outlay 大きな支出を見越して準備する / I ~ *upon* earning 3000 pounds a year. 年に3千ポンドの稼ぎをあげられるものと考えてこむ. 〖L<*calculus*(計算用)の小石<*calx* 石灰, 小石; cf. calcium〗 (名 calculation) 【類義語】⇒ count[1].

*__cal·cu·lat·ed__ /kǽlkjʊlèɪtɪd/ 形 ❶ P a〈...することを〉意図された, 狙って(designed): [+*to do*] That remark was ~ *to* hurt her feelings. その言葉は彼女の感情を傷つけることを意図して言われたものだった. 〖否定で〗〈...する〉見込みがなくて, 〈...し〉そうもなくて: [+*to do*] His policy is *not* ~ *to* win popularity. 彼の政策は人気を得そうにない. ❷ A 計画的な, 故意の: a ~ lie 故意のうそ / a ~ crime 計画的犯罪. ❸ A 予測[推定]された: a ~ risk 予測された危険, 考えたあげくの賭(か)け. ❹ A 計算して確かめられた. **-ly**副

+__cál·cu·làt·ing__ /-tɪŋ/ 形 ❶ 打算的な, 抜けめのない, ずるい: a man of a ~ nature 計算高い人. ❷ A 計算用の. **-ly**副

*__cal·cu·la·tion__ /kæ̀lkjʊléɪʃən/ 名 ❶ a C,U 計算(すること): make a ~ 計算する. b C 計算(結果). ❷ U 推定(すること), 見積もり; 予想(すること); (危険性·可能性などの)評価, 計算: According to my ~, he should be in Katmandu by now. 私の予想では彼はもうカトマンズにいるはずだ. ❸ U 打算, 損得勘定. (動 calculate)

cal·cu·la·tive /kǽlkjʊlèɪtɪv, -lət-/ 形 ❶ 計算(上)の. ❷ 打算的な, 勘定高い, 抜けめのない.

+__cál·cu·là·tor__ /-tə/ ─ -tə/ 名 ❶ a (小型の)計算器. b 計算表. ❷ 計算者.

cal·cu·lus /kǽlkjʊləs/ 名 (複 -li /-làɪ/, ~·es) ❶ U 〖数〗 微積分学: ⇒ differential calculus, integral calculus. ❷ C 〖医〗 結石. 〖L; ⇒ calculate〗

Cal·cut·ta /kælkʌ́tə/ 名 カルカッタ《インド東部の河港都市で, West Bengal 州の州都; 1999年 Kalkata と改名された《中央政府による改称の認可は 2000年 12月)》.

cal·dar·i·um /kældé(ə)riəm/ 名 (複 -ia /-iə/) 〈古代ローマの浴場の〉高温浴室, カルダリウム.

Cal·der /kɔ́ːldə | -də/, **Alexander** 名 コールダー《1898–1976; 米国の造形作家》.

cal·de·ra /kældé(ə)rə/ 名 〖地〗 カルデラ《火山の爆発や陥没によって生じる大規模な窪(くぼ)地》.

cal·dron /kɔ́ːldrən/ 名 U 大釜(がま), 大なべ.

Cald·well /kɔ́ːldwel/, **Ers·kine** /ɚ́ːskɪn | ɔ́ːs-/ 名 コールドウェル《1903–87; 米国の小説家》.

ca·lèche, -leche /kælé/ 名 ❶ 〖カナダ〗(Quebec で用いる)前部に御者席のある二輪馬車. ❷ =calash.

Cal·e·do·ni·a /kæ̀lədóʊniə/ 名 〖詩〗 カレドニア《スコットランドの古名; cf. Albion》.

Càl·e·dó·ni·an /-niən/ 形 ❶ 古代スコットランドの(人). ❷ (現代)スコットランドの(人).

*__cal·en·dar__ /kǽləndə | -də/ 名 [通例 the ~] ❶ カレンダー, こよみ. ❷ 暦, 暦法: the solar [lunar] ~ 太陽[太陰]暦 / ⇒ perpetual calendar, Gregorian calendar, Julian calendar. ❸ [通例単数形で] a 日程表, 年中行事表; 年次目録; 一覧表. b 法廷日程; (米)(議会の)議事日程: put a bill *on* the ~ 議案を日程にのせる. c (英) 大学要覧((米) catalog). ❹ 予定などをカレンダー[日程表]に記す. 〖注意〗 calender と間違えやすいので注意. 〖F<L=暦, 会計簿<*calendae* calends(朔日(さくじつ)); その日が支払期間であったことによる〗

cálendar dáy [mónth, yéar] 名 暦日[月, 年]: for three *calendar months* [*years*] 満3か月[年]間.

cal·en·der /kǽləndə/ 名 カレンダー《つや出しロール機械》. ─ 動 他 〈紙·布などに〉カレンダーにかける, つや出しする.

ca·len·dric /kəléndrɪk/, **-dri·cal** /-k(ə)l/ 形 暦(こよみ)に関する, に用いる.

cal·ends /kǽləndz/ 名 複 (古代ローマ暦の)朔日(さくじつ).

ca·len·du·la /kəléndjʊlə | -djʊ-/ 名 〖植〗 キンセンカ属の各種草本《キク科》, (特に)キンセンカ.

ca·len·ture /kǽləntjʊə | -tjʊə/ 名 U 〖医〗 熱射病, カレンチュア《特に熱帯海洋で水夫がかかるもの》.

+__calf[1]__ /kæf | kɑːf/ 名 (複 **calves** /kævz | kɑːvz/) ❶ a C 子牛(肉) 〖関連〗. b U 子牛の皮[革]: bound in ~ (書物の)子牛革で装丁した. 《カバ·サイ·クジラ·シカ·ゾウ·アザラシなどの》幼獣. ❸ C (口) 愚かな若者, 不器用な子. ❹ (氷や氷山からくずれ出た)分離氷塊. **in [with] cálf** 〈牛が〉子をはらんで. **kill the fátted cálf** 〈...のために〉歓待の用意をする 〈*for*〉《聖書『ルカ伝』にある太った子牛を殺して道楽息子の帰りを迎えた父の故事から).

calf[2] /kæf | kɑːf/ 名 (複 **calves** /kævz | kɑːvz/) ふくらはぎ, こむら.

cálf-léngth 形 〈服·ブーツなど〉ふくらはぎまでの(長さの).

cálf lòve 名 U (通例年上の異性に抱く)幼な恋; (少年と少女の)淡い恋.

cálf·skìn 名 U 子牛の皮; 子牛のなめし革《製本·靴用》.

Cal·ga·ry /kǽlɡəri/ 名 カルガリー《カナダ Alberta 州南部の都市》.

Cal·houn /kælhúːn/, **John C(aldwell)** 名 カルフーン《1782–1850; 米国の政治家; 州権論者》.

cal·i·ber, (英) **cal·i·bre** /kǽləbə | -bə/ 名 U [また a ~] a (人の)技量, 才幹, 器量: a man of (an) excellent ~ 手腕家. b (ものの)(品)質; 価値: tea of high ~ 上等の茶. ❷ C a (銃砲の)口径. b (弾丸の)口径. c (円筒の)直径; (特に)内径.

cal·i·bered 形 口径が...の.

cal·i·brate /kǽləbrèɪt/ 動 他 ❶〈温度計·計量器などの〉目盛りを決める[正す, 調整する]. ❷ a 射程距離を測定

する. **b** 《英》〈銃砲の〉口径[内径]を測定する. **❸** 換算する, 対応させる.

cal・i・bra・tion /kæləbréɪʃən/ 名 **❶** ⓤ 射程距離[口径]測定, 目盛り定め. **❷** ⓒ 目盛り: the ~s on a thermometer 温度計の目盛り.

cál・i・brà・tor /-tɚ | -tə/ 名 口径[目盛り]測定器.

calibre ⇨ caliber.

ca・li・che /kəlíːtʃi/ 名 ⓤ 《地》カリーチ: **a** 時に純粋の岩塩を含む塩類沈殿殻. **b** チリやペルーに多い硝酸ナトリウムによる膠結沈積土.

cal・i・co /kǽlɪkòʊ/ 名 (働 ~es, ~s) ⓤⓒ **❶** 《米》更紗(ざらさ)《いろいろな模様を捺染(なっせん)した綿布》. **❷** 《英》キャラコ, 白かなきん《平織りの白もめん》. ─ 形 **❶** 《米》更紗の; 《英》キャラコの 《米》ぶちの: a ~ horse 斑(ぶち)入りの馬 / a ~ cat 三毛猫. 《インドの原産地名から》

cal・if /kéɪlɪf, kǽl-/ 名 =caliph.

Calif. (略) California.

*__Cal・i・for・nia__ /kæləfɔ́ːrnjə, -niə | -fɔ́ː-／/ 名 カリフォルニア州《米国太平洋岸の州; 州都 Sacramento; 略 Calif., Cal., 【郵】CA; 俗称 the Golden State》. **the Gulf of California** カリフォルニア湾《メキシコ北西部 Baja California と本土の間の細長い湾》.

Cal・i・for・nian /kæləfɔ́ːrnjən, -niən | -fɔ́ː-／/ 形 カリフォルニア州(人)の. ─ 名 カリフォルニア州の人.

Califórnia póppy 名 【植】ハナビシソウ《米国 California 州の州花》.

cal・i・for・ni・um /kæləfɔ́ːrniəm | -fɔ́ː-／/ 名 ⓤ 《化》カリフォルニウム《放射性元素; 記号 Cf》.

Ca・lig・u・la /kəlígjulə/ 名 カリグラ(12-41; ローマ皇帝 Gaius Caesar のあだ名; 残虐と浪費で知られる).

cal・i・per /kǽlɪpɚ | -pə/ 名 **❶** 《通例複数形または a pair of ~s で》 カリパス, 測径両脚器. **❷** 《ディスクブレーキの》キャリパー(鉄製の副子の一種). **❸** 《ディスクブレーキの》キャリパー. ─ 動 他 〈内径・外径などを〉カリパスで測る.

ca・liph /kéɪlɪf, kǽl-/ 名 カリフ: **a** Muhammad の後嗣. **b** イスラム教主としての旧トルコ皇帝 Sultan の称号; 今は廃止. 〖F＜L＜Arab＝後継者〗

cal・i・phate /kéɪlɪfèɪt, kǽl-/ 名 カリフ (caliph) の地位 [統治].

cal・is・then・ic /kæləsθénɪk/ 形 《米》 =callisthenic.

cal・is・then・ics /kæləsθénɪks/ 名 《米》 =callisthenics.

ca・lix /kéɪlɪks, kǽl-/ 名 (履 **cal・i・ces** /kéɪləsìːz, kǽl-/) =calyx.

calk¹ /kɔ́ːk/ 名 《滑り止めのための》蹄鉄(ていてつ)［靴底]のとがり金. ─ 動 他 〈…に〉とがり金をつける.

calk² /kɔ́ːk/ 動 他 =caulk.

***call** /kɔ́ːl/ 動 他 ─ Ⓐ **❶ a** 〈人を×...と〉呼ぶ, 称する: [＋目＋補] He ~ed his child John. 彼は息子をジョンと命名した / What do you ~ this flower? この花は何という名前ですか / Chaucer is ~ed the Father of English poetry. チョーサーは英詩の父と呼ばれている / He had nothing that he could ~ his own. 彼には自分のものと言えるものは何もなかった. **b** 〈人の〉名を×...で呼ぶ: We ~ them by their nicknames. 我々は彼らをニックネームで呼ぶなる. **❷ a** 〈...を×...と〉みなす, 考える; 言う: [＋目＋補] I ~ that cruel. それは残酷だ / How can you ~ yourself my friend? そんなことをして君はどうして私の友人だと言えるのか / C~ it what you like. 何とでも言うがよい. **b** （口）〈数量を〉概算して〈...と〉する: [＋目＋補] Let's ~ it an even eight pounds. ちょうど8ポンドとしておこう.

─ Ⓑ **❶ a** 〈...を〉大声で呼ぶ[言う], 〈...に〉呼び掛ける: ~ (*out*) a person's name 人の名を大声で呼ぶ / [＋目＋補] "John," he ~ed (*out*) to me, "give me a hand." 彼は「ジョン, 手伝ってくれ」と私に叫んだ. **b** 〈名簿などを〉読みあげる: ~ the roll 出席簿を読みあげる, 出席をとる. **c** 〈...を〉いざなう: I felt the mountains ~ing me. 私は山が招いているように感じた. **d** 〈動物が〉〈他の動物に〉呼びかける. **❷ a** 〈...を〉呼び出す, 呼び寄せる, 呼ぶ: [＋目＋補] I ~ed a doctor 医者を呼ぶ / ~ a waitress *over* ウェートレスをこちら[席]に呼ぶ / He was ~ed *to* a meeting [the scene, the phone] 会議[その現場, 電話口]に呼ばれた / [＋目＋目] C~ me a taxi.＝C~ a taxi *for* me. タクシーを呼んで. **b** 〈人を〉召喚する (summon): be ~ed *before* a committee [court] 委員会[法廷]に呼び出される / He was ~ed to give evidence [to serve on the jury]. 彼は証言をする[陪審員を務める]ために召喚された. **c** 喝采(さい)して〈俳優・演奏家などを〉幕前に呼び出す: The singer was ~ed back (on stage) for three encores. その歌手は3度カーテンコールを受けた. **❸** 〈...に〉電話をかける (telephone): I was just about to ~ you. ちょうど君に電話するところでした / You can ~ (*up*) anytime. いつでも電話して下さい / Please ~ 123-4567. 123-4567番にお電話ください. **❹ a** 〈会を〉召集する: ~ a press conference 記者会見を召集する / An emergency cabinet meeting was ~ed for three o'clock. 緊急閣僚会議が3時に召集された. **b** 〈政府などが〉〈選挙を〉実施する, 行なう. **c** 〈ストなどを〉指令する: ~ a strike ストライキを指令する / ~ a halt 停止を命じる. **❺** 〈米〉〈...を〉予想する, 予言する: ~ a horse race 競馬の予想をする. **❻** 〈債券などの〉償還を請求する. **❼** 〈相手に〉持ち札を見せるように請求する. **❽** 《スポ》 **a** 〈タイムアウトを〉要求する, 〈タイムを〉取る. **b** 《米》(悪天候などのために)〈試合を〉中止させる: The game was ~ed. 試合は中止になった. **c** 〈審判が〉×...と〉宣する: [＋目＋補] The umpire ~ed the runner out [safe]. アンパイアは走者をアウト[セーフ]と宣した. **❾** 【計算】(プログラム中で分岐命令により)〈サブルーチンに〉制御を移す, 〈サブルーチンを〉呼び出す.

─ Ⓐ **❶ a** （大声で呼ぶ; 〈人に〉叫ぶ: I heard somebody ~ing. だれかが呼んでいるのが聞こえた / She ~ed (*out*) (*to him*) *for* help. 彼女は(彼に)助けてくれと叫んだ / [＋to do] The policeman ~ed (*out*) *to him* to stop. 警官は彼に止まれと叫んだ. **b** 〈鳥・動物が〉鳴く: I heard birds ~ing in the wood. 森の中で小鳥が鳴くのが聞こえた. **❷** 電話する: Who's ~ing? [電話口で] どちらさまですか / I'll ~ again later. 後でまたお電話します. **❸** 《主に英》〈人を〉(ちょっと)訪問する, 立ち寄る: A Jane Finch ~ed when you were out. お留守中にジェーン・フィンチという方が見えました (★ ~ 2 の意味にもなる) / I'll ~ *on* you on Sunday. 日曜にお伺いします (★ ~ on... は受身可) / I ~ed *at* Mr. Brown's yesterday. きのうブラウンさんのお宅を訪問した. **b** 〈列車・汽船などが〉〈場所に〉停車する: This train ~s *at* Bath only. この列車はバース駅にのみ停車する. **❹** 《御用聞き・配達人などが》(定期的に)やってくる: The laundryman ~s twice a week. 洗濯屋は週に2度御用聞きにくる. **❺** 《トランプ》持ち札を見せるよう請求する, コールする.

cáll a spáde a spáde ⇨ spade¹ 名 成句.

cáll awáy （働＋副）〈人を〉呼んで席をはずさせる (★通例受身): He was ~ed *away* from the meeting to attend to urgent business. 急な仕事をするために彼は呼ばれて席をはずした.

cáll báck （働＋副）(1) 〈人を〉呼び戻す, 呼び返す. (2) 〈人に〉電話をかけ直す; 〈人に〉電話をかけ返す: I'll ~ you *back* tomorrow. 明日こちらから電話し直します. (3) 〈前言を〉取り消す. ─ （他＋副）(4) 再度訪問する. (5) 電話し直す; 電話口に戻る.

cáll bý （働＋副）《口》(通りすがりに)〈...に〉立ち寄る: He ~ed by *at* his friend's on the way to the station. 彼は駅へ行く途中で友人のところに立ち寄った.

cáll (...) colléct 〈...に〉受信人払いで電話をする, コレクトコールをかける.

cáll dówn （働＋副）(1) 〈天恵・天罰を〉〈...に〉祈り求める: ~ *down* curses [a blessing] *on* a person's head のろい[天恵]が人の頭上にふりかかるように祈る. (2) 〈人を〉しかりつける, 叱責(しっせき)する. (3) 〈...を〉呼び寄せる.

cáll for （働＋副）(1) 〈人を〉連れに訪れる; 〈...を〉取りにいく[くる] (★ 受身可): We'll ~ *for* your daughter at six. 6時にお嬢さんをお迎えに参りましょう / ~ *for* orders 注文をとる. (2) 〈...を〉求める, 要求する; 〈...を〉求めて叫ぶ (⇒ 自 1) (★ 受身可): ~ *for* help [information, fair treatment) 助け[情報, 公正な処遇]を求める. (3) 〈物事が…〉必要とする《★ 受身可》: This ~s for prompt action. この際迅速な行動が必要である. (4) 〈言動に値する, ふさわしい〉《★ 受身可》: Your rude behavior was not ~ed for. あのような不法な態度はふさわしいものではない. (5) 〈天候などを〉予測する.

cáll fórth 《他+副》[~+forth+名] (1) 〈…を〉生じさせる: The decision of the government ~ed forth many protests. 政府の決定は多くの抗議を招いた. (2) 〈勇気などを〉呼び起こす.

cáll ín 《他+副》 (1) 〈医者に〉往診を頼む; 〈警察などの〉出動を要請する; 〈専門家などに〉援助を求める. (2) 〈人を〉呼び出す, 呼び入れる. (3) 〈不良品などを〉回収する; 〈通貨・貸し金を〉回収する. (4) 〈会社などに〉〈…に〉電話する: ~ in an order 電話で注文をする. ── 《自+副》 (5) (会社などに)電話を入れる. (6) 《主に英》ちょっと〈人を〉訪ねる《on》(drop in).

cáll ín síck 病欠の電話をする.
cáll...ìnto pláy ⇒ play 成句.
cáll...in [ìnto] quéstion ⇒ question 名 成句.
cáll a person námes ⇒ name 名 成句.

cáll óff 《他+副》 (1) 〈約束などを〉取り消す; 〈…を〉中止する; 〈…から〉手を引く. (2) 〈スト・試合などの〉中止を宣言[指令]する. (3) 〈…を〉呼んで去らせる: Please ~ your dog off. あなたの犬を呼んで向こうへ行かせてください《★ ほえかかる犬に対して言う》.

cáll on... (1) 〈人に〉〈…することを〉要求する, 求める, 請う《★ 受身可》: [+to do] ~ on the government to take urgent measures 政府に緊急に対策を講ずるよう要求する / We are being ~ed on to back the plan. その計画を支援するよう求められている / I feel ~ed on to warn you that…, とご注意申し上げるべきではないかと思います / I will ~ on Mr. Smith to make a speech. スミスさんにスピーチをお願いすることにします. ~ on professional staff [the latest technology] 専門のスタッフに頼る[最新の技術を利用する]. (3) 《米》〈授業中に〉学生を当てる, 指名する. (4) 《主に英》〈人を訪問する. (5) 〈体力・気力などを〉使うことを必要とする《★ 受身可》.

cáll óut 《他+副》 (1) 〈…を〉大声で呼ぶ; 叫ぶ《⇒ 名 B 1 a》. (2) 〈…を〉呼び出す, 出動させる: The National Guard was ~ed out to deal with the riot. 暴動を抑えるために国防軍の出動を頼む. (3) 《米》〔食物の〕宅配[出前]を頼む. (4) 《英》〈労働者・組合員に〉ストを指令する. ── 《自+副》 (5) 大声で呼ぶ《⇒ 自 1 a》.

cáll óver 《他+副》〈人を〉呼び寄せる.
cáll róund 《自+副》〈…の家に〉立ち寄る, 訪れる《at》.

cáll úp 《他+副》 (1) 〈人に〉電話をかける《⇒ 他 B 3》. (2) 〈電算〉〈情報などを〉(ディスプレイに)呼び出す. (3) 《スポ》〈選手を〉(チームに)呼び寄せる, 呼ぶ, 招く; 選抜[選出]する, 選ぶ; 《主に英》〈人を〉〈兵役に〉召集する, 徴兵する. (4) 〈…を〉思い出す (recall): He ~ed up memories of his childhood. 彼は幼年時代の記憶を思い出した. (5) 〈霊などを〉呼び出す. ──《自+副》 (6) 電話する. (7) (無線局へ)通信する.

cáll upòn... =CALL on... 成句 (1)(2)(5).

Don't càll ús, we'll càll yóu. 電話はいらないよ, こちらからかけるから《★ 特に応募者などに関心のない時に用いる言葉》.

(Nòw) thát's what I càll…. それこそまさに…だ.

what is cálled=what we [you, they] càll ⇒ what 代.
── 名 ❶ C a 呼び声, 叫び: We heard a ~ for help. 助けを求める叫び声を聞いた. b 出席調べ, 点呼: ~ roll call. c 〈鳥獣の〉鳴き声. d (らっぱなどによる)合図, 信号. ❷ C a 電話をかけること, 通話: make a long-distance ~ (to...) (…に)長距離電話をかける / give a person a ~ 人に電話する / put a ~ through to... …に電話をつなぐ / I had [received] a ~ from him. 彼から電話がかかってきた. b (ホテルなどで)電話の呼び出すこと: I asked for a seven o'clock ~ next morning. 次の朝 7 時のコールを頼んだ. ❸ C a 求めること, 要求, 要請, 求め: a ~ for papers 論文募集 / a ~ for support [help] 支持[助け]を求めること / A busy man has many ~s on his time. 忙しい人は何かと時間をとられることが多い. b 召集, 呼び出し; 命令. ❹ U 《通例否定文で》必要, (正当な)理由; 需要: There was no ~ for outside intervention. 外部からの介入は必要なかった[不適切だった]. ❺ C a 《短い, 通例公式の》訪問: make [pay] a ~ (on a person [at a person's house]) 〈人を〉[家を]訪問する / return a person's ~ 人を返礼訪問する. b 〈御用聞き・配達人などの〉立ち寄り《at》. c (船の)寄港; 〈列車の)停車. ❻ C 《空港の》飛行機の出発案内, アナウンス. ❼ C a 《口》決定, 決心, 決断: make the ~ 決定[決断, 決心]する / an easy [a hard] ~ 容易な[難しい]決定. b 《スポ》判定, ジャッジ. ❽ [単数形で] a 誘惑, 魅力: He felt the ~ of the sea 〈the wild〉. 彼は海[野性]の魅力を感じた. b 〈…したいという〉強い気持;〈…になりたいという〉天職意識《to do》. ❾ C 〈商〉〈株金・社債の〉払い込み請求; 〈証券〉コール, 買付選択権. ❿ C 〈トランプ〉a 持ち札請求: make one's ~ 持ち札請求をする. b 持ち札請求をする番. ⓫ C 《米》(勝敗などの)予測, 予想. ⓬ C 〈電算〉コール, 呼び出し《制御をサブルーチンなどに一時的に移すこと》.

at cáll =on CALL 成句.
at a person's cáll 呼び声に応じて(現われる); 待機して: He has a number of servants at his ~. 彼にはいつでもすぐ使える召使がたくさんいる.
cáll of náture 《戯言》トイレに行きたくなること, 便意: answer a ~ of nature トイレに行く.
hàve first cáll on...に優先権がある.
on cáll (1) いつでもすぐ使える; 呼べばすぐ来る, 待機して: A company car is always on ~. 社の車はいつでもすぐ使える / Which doctor is on ~ tonight? 今晩はどの医師が待機していますか. (2) 〈商〉請求次第(支払われる): money on ~ =call money.
páy a cáll 訪問する《⇒ 5 a》. (2) トイレに行く.
within cáll 呼べば聞こえる所に, すぐ近くに: Stay within ~, because supper is almost ready. 夕食の用意がもうすぐできるから遠くへ行かないようにしなさい.

【?ON kalla to call】

CALL /kɔ́ːl/ 《略》computer-assisted language learning コンピューターを利用した語学学習.
cal·la /kǽlə/ 名〈植〉オランダカイウ, カラー《観賞用》.
cálla líly 名=calla.
Cal·la·net·ics /kæ̀lənétɪks/ 名 U 《商標》キャラネティクス《小さな動きを繰り返して行なうエクササイズ》.
Cal·las /kǽləs/, **Maria** /ma-/ 名 カラス (1923-77; 米国生まれのソプラノ; 両親はギリシア人).
cáll·bàck 名 ❶ (自動車などの欠陥製品の)回収. ❷ 再オーディション, 二次面接. ❸ 折り返し電話.
cáll-bòard 名 (楽屋の)予定揭示板.
cáll bòx 名 ❶ 《米》(街頭などの)非常用電話《警察連絡・火災報知用など》. ❷ 《英》公衆電話ボックス (phone booth).
cáll-bòy 名 ❶ (俳優に出番を告げる)呼び出し係. ❷ =page² 2.
cáll cènter 名 電話受付センター[所], コールセンター.
cáll chànges 名 口頭指示に合わせての転調鳴鐘.
***cáll·er** /kɔ́ːlə | -lə/ 名 ❶ 電話をかける[かけてくる[きた]人], 発信者. ❷ (短時間の)訪問[来訪]者. ❸ 《米》スポーツなどの実況者. ❹ (bingo などで)数を読みあげる人.
【類義語】⇒ visitor.
cáller displày 名 《英》=caller ID.
cáller ID 名 UC 発信者番号通知サービス《電話をかけてきた人の電話番号が表示されるサービス》.
cáll fórwarding 名 U 自動転送《ある番号にかかってきた通話が自動的に指定された番号につながるサービス》.
cáll gìrl 名 (電話で呼び出す)売春婦, コールガール.
cal·li·graph /kǽləgræf | -gráːf/ 名 達筆で書く.
cal·lig·ra·pher /kəlígrəfə | -fə-/ 名 能筆家, 書道(家).
cal·li·graph·ic /kæ̀ləgrǽfɪk⁻/ 形 書道の; 能筆の.
cal·lig·ra·phist /-fɪst/ 名 =calligrapher.
cal·lig·ra·phy /kəlígrəfi/ 名 U ❶ 能書, 能筆 (↔ cacography). ❷ 書道, 書法. 【Gk < callos 美しい+

graphein 書く】

+**cáll-ìn** /(米)/形/名《テレビ・ラジオ》視聴者が電話で参加する〔番組〕((英)) phone-in): a ~ radio show 聴取者電話参加ラジオ番組.

+**cáll·ing** 名 ❶ C a 天職, (神の)お召し (vocation). b 職業: by ~ 職業は《★無冠詞》. ❷ C 職業・義務・活動などに対する強い衝動, 欲求; 性向: have a ~ *for* the ministry 聖職につきたいという欲求をもつ / have a ~ *to* become a singer 歌手になりたいという欲求をもつ. ❸ U.C 呼ぶこと, 叫び; 点呼; 召集.

cálling càrd 名 ❶ 《米》 = visiting card. ❷ (人・物の)痕跡, あと, しるし; (主体が特定できる)行為[行動]; 証拠. ❸ 《米》テレフォンカード.

Cal·li·o·pe /kəláɪəpi/ 名 ❶ 《ギ神》 カリオペ《雄弁・叙事詩の女神; the Muses の一人》. ❷ [c~] C 蒸気[汽笛]オルガン.

cal·li·per /kǽləpə | -pə-/ 名 《英》 = caliper.

cal·li·ste·mon /kǽləstiːmən/ 名 カリステモン, ブラシノキ (bottlebrush) 《フトモモ科カリステモン属の低木》.

cal·lis·then·ic /kæləsθénɪk/ 形 美容体操の.

cal·lis·then·ics /kæləsθénɪks/ 名 ❶ U 美容[健康]体操法. ❷ [複数扱い] 美容[柔軟]体操.

cáll lètters 名 《米》 = call sign.

cáll lòan 名 《商》 コールローン《主として銀行間の要求払い短期貸付金》.

cáll mòney 名 U 《商》 コールマネー《主として銀行間の要求払い短期借入金》.

cal·lop /kǽləp/ 名《魚》オーストラリア内陸部のスズキ科の食用魚.

cáll òption 名《証券》コールオプション, 買付選択権.

cal·los·i·ty /kælάsəti | -lɔ́s-/ 名 《医》 たこ, 皮膚硬結, 胼胝(ᡥ).

+**cal·lous** /kǽləs/ 形 ❶ 〔皮膚が硬くなった, たこになった. ❷ 無感覚な, 冷淡な, 平気な〔*to*〕. **~·ly** 副 **~·ness** 名

cáll-òver 名 《英》点呼.

cal·low /kǽloʊ/ 形 ❶ 〔鳥が〕羽毛がまだ生えない. ❷ 青二才の, 未経験の. **~·ly** 副 **~·ness** 名

cáll ràte 名 コールレート《コールローンの利率》.

cáll scrèening 名 U コールスクリーニング: **a** 特定者からの電話を受信拒否するサービス. **b** 留守番電話にしておき, 話したい相手の場合のみ受話器をとること.

cáll sìgn [sìgnal] 名 《無線》 呼び出し符号[信号], コールサイン.

cáll tìme 名 U 《携帯電話の》通話時間.

cáll-ùp 名 徴兵[召集]令 (draft).

cal·lus /kǽləs/ 名 ❶ 《医》皮膚硬結, たこ, 胼胝(ᡥ). ❷ 《植》癒傷組織. **~ed** 形

cáll wàiting 名 U 《電話の》キャッチホン.

*****calm** /kάːm/ 形 (**~·er**; **~·est**) ❶ 〔人などが〕平静な, 落ち着いた: stay [remain, keep] ~ 平静を保つ, 落ち着きを失わない / in a ~ voice 落ち着いた声で. ❷ 〔海・天候など〕(波やあらしがなく)穏やかな, 静かな (↔ stormy). **b** 〔状況や雰囲気などが〕平静な, 落ち着いた, 静かな. ❸ 《英》 自信たっぷりの, ずうずうしい. ━ 動 ❶ 他 (...を) 落ち着かせる, 静める: ~ one's nerves 気を静める / She soon ~ed the baby (*down*). 彼女はまもなく赤ん坊を泣きやませた. ❷ [~ one*self*で] 落ち着く. ━ 他 落ち着く, 静まる: *C*~ *down*. 気を落ち着けなさい / The crying baby [The sea] soon ~ed *down*. 泣いていた赤ん坊は[海はまもなく静かになった. ❷ U 〔また a ~〕無風(状態), なぎ, 静けさ. ❸ C 気象 静穏 (⇒ wind scale 表): the region of ~s 〔赤道付近の〕無風帯 〈F＜L =日中の暑さ＜L 日中の暑さ＜L 〔暑さ〕の「日中の暑さ→休息の時間」から》【類義語】calm 動揺・騒動・興奮などが全くなく静かな. tranquil calm に永続性が加わり, 静かに落ち着いている. serene 気品・清澄さが感じられる静かさのある. peaceful 騒ぎや混乱がなく静かな.

+**calm·ly** /kάːmli/ 副 静かに, 穏やかに, 冷静に.
cálm·ness 名 U 静かさ, 冷静.

cal·mod·u·lin /kælmάdʒələn | -mɔ́dj-/ 名 U 《生化》カルモジュリン《酵素活性化し細胞機能を調節するカルシウム

結合たんぱく質》.

cal·mel /kǽləməl, -mel/ 名 U 《化》甘汞(ᡥ)《塩化第一水銀》.

Cál·or gàs /kǽlɔː- | -lə-/ 名 U 《英》 《商標》 キャラーガス《家庭用の容器に入れた液化ブタンガス》.

ca·lor·ic /kəlɔ́ːrɪk | -lɔ́r-/ 形 熱の; カロリーの.

***cal·o·rie** /kǽləri/ 名 《熱量の単位》: **a** 水 1 kg を 1°C だけ高めるのに要する熱量; 食品の栄養価を示すのにも用いる; large calorie (大カロリー), kilocalorie (キロカロリー)ともいう (略 Cal.): count one's ~s 〔健康のためなどに〕カロリーを計算する〔とり過ぎないよう意識する〕 / burn off (the) ~s カロリーを消費する〔燃やす〕. **b** 水 1 g を 1°C だけ高めるのに要する熱量; small calorie (小カロリー), gram calorie (グラムカロリー)ともいう (略 cal.). 〖F＜L =熱〗

cal·o·rif·ic /kæləríf ɪk/ 形 ❶ 熱を生じる; 熱の〔に関する〕: ~ value 発熱量. ❷ 〈食物が〉カロリーの高い.

cal·o·rim·e·ter /kæləríməṭə | -tə/ 名 熱量計.

cal·o·rim·e·try /kæləríməṭri/ 名 U 熱量測定(法), 測熱. **cà·o·ri·mét·ric** /kæləərəmétrɪk/ 形

cal·o·ry /kǽləri/ 名 = calorie.

cal·o·type /kǽloʊtaɪp/ 名 U カロタイプ《ヨウ化銀を感光剤として用いる 19 世紀の写真術》.

calque /kǽlk/ 名 なぞり; 語義借用; 翻訳借用(語句). ━ 動 〈語の意味を〉他の言語の類似の語の意味にならってつくる.

cal·trop, -trap /kǽltrəp/ 名 ❶ 鉄菱《地上にまいて敵騎兵の進撃をはばむ, タイヤをパンクさせる》. ❷ 〔植〕 いが〔とげ〕のある実を結ぶ植物: **a** ヒシ (water chestnut). **b** ハマビシ.

cal·u·met /kǽljumèt/ 名 カルメット (peace pipe) 《北米先住民が和解などのしるしに吸う飾りのついた長いパイプ》.

ca·lum·ni·ate /kəlʌ́mniɪèɪt/ 動 〈人を〉そしる, 中傷する. **ca·lum·ni·a·tion** /kəlʌ̀mniéɪʃən/ 名 **ca·lúm·ni·à·tor** /-ṭə | -tə/ 名

ca·lum·ni·ous /kəlʌ́mniəs/ 形 中傷的な.

cal·um·ny /kǽləmni/ 名 U.C 誹謗, 中傷. ━ 動 他 中傷する.

cal·u·tron /kǽljuːtrɑn | -trɔn/ 名 《理》カルトロン《電磁方式による同位元素分離装置》.

Cal·va·ry /kǽlv(ə)ri/ 名 ❶ 《聖》カルバリ《キリストはりつけの地; Golgotha のラテン語訳》. ❷ [c~] C 《通例野外に》立つキリストはりつけの像. ❸ [c~] C 受難; 精神的苦悩.

calve /kǽv | kάːv/ 動 ❶ 他 〈牛などが〉〈子〉を産む. ❷ 〈氷河・氷山が〉〈氷塊〉を分離する. 《CALF[1] から》

+**calves[1]** /kǽvz | kάːvz/ 名 calf[1] の複数形.
calves[2] /kǽvz | kάːvz/ 名 calf[2] の複数形.

Cal·vin /kǽlvɪn/ 名 カルビン《男性名》.

Calvin, John カルバン (1509-64; フランス生まれのスイスの宗教改革者》.

Cálvin cỳcle 名 《生》カルビン回路《光合成生物および一部の化学合成生物における基本的な炭酸同化回路》.〖M. Calvin 米国の化学者〗

Cál·vin·ism /-vənɪ̀zm/ 名 U カルバン主義《神の絶対性・聖書の権威・神意による救いの予定などを強調する》.

Cál·vin·ist /-nɪst/ 名 カルバン派の人.

Cal·vin·is·tic /kæəlvənístɪk/, **-ti·cal** /-tɪk(ə)l/ 形 カルバン派の.

calx /kǽlks/ 名 (覆 **~·es, cal·ces** /kǽlsiːz/) 金属灰《金属・鉱物を焼いたあとのかす》. 〖L = 石灰(石)〗

ca·ly·ces /kǽləsìːz/ 名 calyx の複数形.

ca·lyp·so /kəlípsoʊ/ 名 (覆 ~s, ~es) カリプソ《Trinidad 島で生まれた黒人の音楽; 歌詞は即興》.

Ca·lyp·so /kəlípsoʊ/ 名 《ギ伝説》 カリプソ《トロイから帰る Odysseus を 7 年間引き止めた海の精》.

ca·lyx /kéɪlɪks, kǽl-/ 名 (覆 **~·es, ca·ly·ces** /kéɪləsìːz, kǽl-/) ❶ 《植》萼(ᡥ) (cf. sepal). ❷ 《解》杯(ᡥ), 《特に》腎杯.

cal·zone /kælzóʊni/ 名 (覆 ~, ~s) カルツォーネ《チーズとハムを詰めて半円形に折り重ねたパイ》.

cam /kém/ 名 [機] カム《回転運動を往復運動に変える、あるいはその逆を行なう装置》.

CAM /kém/ 《略》 computer-aided manufacturing コンピューター援用製造.

ca·ma·ra·de·rie /kà:mərá:dəri/ 名 U 友情, 友愛; 仲間意識.

cam·as, -ass /kéməs/ 名 [植] ヒナユリ《米国西部原産》.

Camb. 《略》 Cambridge.

Cam·ba·zo·la, -bo- /kæmbəzóulə/ 名 U 《商標》 カンバゾーラ《表面がカマンベールチーズ(Camembert)に似たドイツ産の柔らかいブルーチーズ》.

cam·ber /kémbə | -bə/ 名 C,U ❶ (道路・甲板などの) 上ぞり, かまぼこ形. ❷ [空] キャンバー《翼の前後方向の断面中心線の上ぞり》. ❸ [車] キャンバー《前輪の上端が下端より外側に開いていること》.

Cám·ber·well bèauty /kémbəwèl-/ 名 [昆] キベリタテハ (mourning cloak).

cam·bi·um /kémbiəm/ 名 U,C (複 ~s, -bia /-biə/) [植] 形成層. **cám·bi·al** 形.

Cam·bo·di·a /kæmbóudiə/ 名 カンボジア《インドシナ半島南西部の国; 首都 Phnom Penh》.

Cam·bo·di·an /kæmbóudiən/ 形 カンボジア(人)の. ── 名 ❶ C カンボジア人. ❷ U カンボジア語.

Cam·bri·a /kémbriə/ 名 カンブリア (Wales のラテン語名; cf. Albion). 〖L<Welsh *Cymry* ウェールズ人, *Cymr* ウェールズ〗

Cam·bri·an /kémbriən/ 形 ❶ ウェールズの. ❷ [地] カンブリア紀[系]の: the ~ period [system] カンブリア紀[系]. ── 名 ❶ ウェールズ人. ❷ [the ~] [地] カンブリア紀[系].

cam·bric /kéimbrik/ 名 U 寒冷紗(かんれいしゃ)《薄地の白い麻布または綿布; ハンカチなどに用いる》.

cámbric téa 名 U 《米》キャンブリックティー《牛乳・砂糖を入れた淡い紅茶》.

Cam·bridge /kéimbridʒ/ 名 ケンブリッジ: ❶ イングランド Cambridgeshire 州の州都《Cambridge 大学の所在地》. ❷ 米国 Massachusetts 州の都市《Boston 市に近く Harvard, MIT 両大学の所在地》. 〖1: そこを流れる Cam 川から〗

Cámbridge blúe 《英》 淡青色; C ケンブリッジ大学の選手 (cf. Oxford blue).

Cam·bridge·shire /kéimbridʒʃə | -ʃə/ 名 ケンブリッジシャー州《イングランド東部の州; 州都 Cambridge; 略 Cambs.》.

Cámbridge Univérsity 名 ケンブリッジ大学《Oxford 大学とともに英国の古い伝統をもつ; 12世紀に創立》.

Cambs. 《略》 Cambridgeshire.

⁺**cam·cord·er** /kémkɔːdə | -kɔːdə/ 名 カムコーダー《一体型ビデオカメラ》. 〖CAM(ERA)+(RE)CORDER〗

⁑**came¹** /kéim/ 動 come の過去形.

came² /kéim/ 名 《格子窓やステンドグラス窓のガラスを支える鉛製の小桟》.

⁺**cam·el** /kém(ə)l/ 名 ❶ C [動] ラクダ: an Arabian [a Bactrian] ~ ヒトコブ[フタコブ]ラクダ / (It is) the last straw (that) breaks the ~'s back. ⇒ straw 1. ❷ =camel's hair 2. ❸ U ラクダ色 (淡黄褐色). ❹ C [海] 浮き箱《沈没船などを水中から引き上げたり, 舟橋などに用いる》. ❺ ラクダ色の.

cámel·báck 名 ラクダの背 (★ 通例次の成句で). **on cámelback** ラクダに乗って.

cámel crícket 名 [昆] ラクダウマ.

cam·el·eer /kæməlíə | -líə/ 名 ラクダ追い《人》; ラクダ乗り《人》; ラクダ騎兵.

cámel háir 名 =camel's hair.

ca·mel·lia /kəmí:ljə/ 名 [植] ツバキ. 〖*Camellus* ツバキをヨーロッパに紹介した植物学者 J. Kamel のラテン名〗

ca·mel·o·pard /kəmélə-pèːd, kǽmələpàːd/ 名 《古》 キリン.

Cam·e·lot /kæməlàt | -lɔ̀t/ 名 キャメロット《Arthur 王の宮廷があったという伝説上の町》.

cámel's háir 名 U ❶ ラクダ毛(の代用品)《リスの尾の毛など; 絵筆に用いる》. ❷ ラクダ毛または長い羊毛でゆるかに織った黄褐色の毛織物.

cámel spìder 名 [動] =sun spider.

Cam·em·bert /kéməmbèə | -bèə/ 名 U カマンベール《表面を熟成させた柔らかくて味の濃厚なチーズ》.《フランスの原産地名から》

Cámembert chéese 名 =Camembert.

⁺**cam·e·o** /kémiòu/ 名 (複 ~s) ❶ (人物・場所・事件を見事に浮き彫りにするような珠玉の短篇(映画)(描写), 名場面. ❷ **a** カメオ《浮き彫りを施したのう・貝殻など》. **b** カメオ細工 (cf. intaglio 1). 〖It〗

cámeo gláss 名 U カメオガラス《カメオ風に浮き彫りを施した工芸ガラス》.

⁑**cam·er·a** /kém(ə)rə/ 名 (複 ~s; 2では -er·ae /-məri:, -ràɪ/) ❶ カメラ, 写真機; テレビ[ビデオ]カメラ. ❷ 判事の私室. **in cámera** (1) [法] 判事の私室で. (2) 秘密に. **on** [**óff**] **cámera** (映画・テレビ) なまのカメラの前でに[からはずれて]. 〖L=アーチ形天井(の部屋), 1は CAMERA OBSCURA から〗

cámera lú·ci·da /-lú:sədə/ 名 カメラルシダ《プリズムを用いて平面に虚像を出す自然物写生装置》.

⁺**cámera·mán** /-mæn/ 名 (複 -men /-mèn/) (映画・テレビ)の撮影技師《[比較] 日本では新聞・雑誌などの写真をとる人をカメラマンと呼んでいるが, 英語では photographer がこれに当たることが多い》.

cámera ob·scú·ra /-əbskjú(ə)rə/ 名 [写] 暗箱. 〖L=暗室〗

cámera-rèady 形 [印] 〈原稿など〉写真製版に利用可能な質の, カメラレディーの: ~ copy 写真撮影用中校了紙《略 CRC》.

cámera-shý 形 カメラ[写真]嫌いの.

cámera·wóman 名 (映画・テレビ)の女性撮影技師.

Cam·er·oon /kæmərú:n, ⁻⁻´⁻/ 名 カメルーン《西アフリカ大西洋岸の共和国; 首都 Yaoundé》.

Cam·er·oon·i·an /kæmərú:niən⁻/ 形 カメルーン(人)の. ── 名 カメルーン人.

cám fóllower 名 [機] カム従動子[従動節].

cam·i·ki·ni /kæmɪkí:ni/ 名 キャミキニ《上の部分がキャミソールになったビキニ水着》.

cam·i·knick·ers /kémɪnìkəz | -kəz/ 名 《英》 キャミニッカー《ショーツとキャミソールのつながった昔の女性用下着》. 〖CAMI(SOLE)+KNICKERS〗

Cam·i·sard /kéməzàəd | -zà:d/ 名 《フランス史》 カミザール《ナントの勅令の廃止後, 宗教の迫害に抵抗してセベンヌ山地で反乱 (1702) を起こしたプロテスタント集団の一員; 服の上に白い camiso (=shirt) を着て夜襲を行なったためにこの名がついたという》.

cam·i·sole /kéməsòul/ 名 キャミソール《女性用の短い化粧着》. 〖F<It<*camica* シャツ<L〗

⁺**cam·o·mile** /kéməmì:l, -màɪl/ 名 [植] カミレ, カミツレ, カモミール《乾燥した花は健胃・発汗剤》. 〖F<L<Gk *chamaimēlon*<*chamai* 大地の+*mēlon* リンゴ; cf. chameleon, melon〗

cámomile téa 名 U カミレ薬湯.

⁺**cam·ou·flage** /kéməflà:ʒ/ 名 U,C ❶ [軍] カモフラージュ, 偽装, 迷彩. ❷ [動] 隠蔽的擬態. ❸ ごまかし, 見せかけ. ── 動 ❶ 〈兵器などに〉(…で)カモフラージュ[偽装]を施す *with*. ❷〈感情などを〉(…で)ごまかす: ~ one's anger *with* a smile 作り笑いで怒りを隠す. 〖F<It〗

⁑**camp¹** /kémp/ 名 ❶ C,U **a** キャンプ, キャンプ地[場], 野営地; キャンプすること, 野営: pitch [make] (a) ~ =set up (a) ~ (キャンプのために)テントを張る / strike [break (up)] (a) ~ (引き揚げるために)テント[キャンプ]をたたむ (夏休み・スポーツなどの)キャンプ(地): (a) summer ~ 《米》(児童のための)夏季キャンプ, 臨海[林間]学校 / (a) ski ~ スキーのキャンプ. ❷ C (通例複合語で) (捕虜・難民などの)収容所, キャンプ: a refugee ~ 難民キャンプ / ⇒ concentration camp, prison camp. ❸ C [軍] 兵営; 駐屯[駐在]地. ❹ C **a** (主義・主張・宗教などの)同志(仲間)たち, グループ; 陣営: be in the same [the opposition] ~ 同志[相手側]である. **b** (主義・主張

などの)立場，陣. ── [動] [自] ❶ キャンプをする，野営[野宿]する〈*out*〉: go ～*ing* キャンプに行く / Let's ～ here. ここでテントを張ろう. ❷ (目的のために)(外に)とどまる[居座る], (外で)張る[張り込む]: The press ～*ed out* around his house, trying to get his picture. 報道陣たちが彼の写真をとろうと家の回りに張り込んでいた. ❸ (宿泊設備のない所などに)泊まる，一時滞在する. 〘F＜It＜L *campus* 野原，広場; cf. campaign, campus〙

camp[2] /kǽmp/ 《口》 [形] ❶ 〈男・男のしぐさが〉女っぽい，なよなよした (effeminate). ❷ 〈ふるまいなど〉(こっけいなほど)気取った，わざとらしい，大げさな，時代がかった，不調和な. ── [名] [U] ❶ (男の)女っぽいしぐさ. ❷ こっけいなほど気取った[わざとらしい，大げさな，時代がかった，不調和な]もの[ふるまい]: ⇨ high camp, low camp. ── [動] [自] わざとらしい[芝居がかった]ふるまい[話し方]をする. ── [他] 〈劇などを〉わざとらしく[芝居気たっぷりに]演じる〈*up*〉. **cámp it úp** 《口》 大げさに[わざとらしく]ふるまう[演技する].

‡cam·paign /kæmpéɪn/ [名] ❶ (社会的)運動，勧誘，遊説，キャンペーン: launch [mount, conduct] a ～ キャンペーンを開始する[展開する，行なう] / an advertising ～ (販売のための)広告戦，大宣伝 / an election ～ 選挙運動 / a political ～ 政治運動 / a ～ *for*…を求める[を支持する，のための，に向けての]運動 / a ～ *against* drugs＝an anti-drug ～ 麻薬反対運動 / 〔＋*to* do〕 a ～ *to* raise funds＝a fund-raising ～ 資金調達運動. ❷ (一連の)戦闘，戦役，作戦 (operation): the Waterloo ～ ワーテルローの戦役 (⇨ Waterloo 1). **on campáign** (1) キャンペーンに出て. (2) 選挙運動に出て. (3) 従軍[出征]して. ── [動] [自] ❶ 運動を起こす[行なう]，キャンペーンを張る: ～ *for* [*against*] the legalization of marijuana マリファナの合法化を推進[反対]する運動をする / 〔＋*to* do〕 They are ～*ing to* ban genetically engineered foods. 遺伝子組み換え食品を禁止するよう運動している. ❷ 選挙運動を行なう. 〘F＜It＝平原，作戦行動 L＜*campus* 野原，広場; cf. camp[1], campus〙

***cam·paign·er** /kæmpéɪnɚ | -nə/ [名] ❶ (社会・政治などの)運動家. ❷ 従軍者; 老兵: an old ～ 古つわもの，老練家.

Cam·pa·nel·la /kæ̀mpənélə/, **Roy** [名] キャンパネラ《1921–93; 米国の野球選手》.

cam·pa·ni·le /kæ̀mpəníːleɪ, -li/ [名] ([複] ～s, -li /-liː/) (通例聖堂と独立した)鐘楼，鐘塔 (cf. belfry 1). 〘It〙

cam·pa·nol·o·gy /kæ̀mpənɑ́ləʤi | -nɔ́l-/ [名] [U] ❶ 鐘学; 鋳鐘術. ❷ 鳴鐘術[法].

cam·pan·u·la /kæmpǽnjʊlə/ [名] ＝bellflower.

cam·pan·u·late /kæmpǽnjʊlət, -lèɪt/ [形] 〘植〙 釣鐘形[状]の.

Cam·pa·ri /kæmpɑ́ːri/ [名] [U] 〘商標〙 カンパリ《イタリアの Campari 社製のリキュール》.

cámp bèd [名] キャンプベッド《折りたたみ式で持ち運べる》.

cámp·cràft [名] [U] キャンプ生活法.

Cámp Dávid [名] キャンプデービッド《米国 Maryland 州 Catoctin /kətɑ́ktɪn | -tɔ́k-/ Mountain National Park (カトクチン山脈国立公園)にある大統領の別荘・静養地》.

⁺camped [形] キャンプして，野営して; テントで暮らす，キャンプで生活する; 外にいて[待ち伏せて，張り込んで].

⁺cámp·er [名] ❶ キャンプをする人. ❷ 《米》 キャンピングカー《★「キャンピングカー」は和製英語》.

cam·pe·si·no /kæ̀mpəsíːnoʊ/ [名] ([複] ～s) (特にラテンアメリカの先住民の)農民[農業労働者].

cámp·fire [名] ❶ キャンプファイヤー，野営のかがり火. ❷ 《米》 (軍人・ボーイスカウトなどの)再会の集い[懇親会].

Cámp Fìre [名] [the ～] キャンプファイア《少年少女の健全な人格育成を目的とした米国の組織》.

cámp fòllower [名] ❶ (団体・主義などの)部外の同調者. ❷ 非戦闘従軍者《商人・売春婦など》.

cámp·gròund [名] 《米》 ＝campsite.

cam·phor /kǽmfɚ | -fə/ [名] [U] 〘化・薬〙 樟脳(しょうのう)，カンフル《興奮剤・虫よけなどに用いる》.

cam·phor·at·ed /kǽmfərèɪṭɪd/ [形] 樟脳の入った: ～ oil 樟脳油.

cámphor bàll [名] 樟脳の玉《虫よけ用》.

cam·phor·ic /kæmfɔ́ːrɪk | -fɔ́r-/ [形] 樟脳の.

cámphor trèe [名] 〘植〙 クスノキ《樹脂から camphor を採る》.

cam·pim·e·try /kæmpímətri/ [名] [U] 〘眼〙 (中心)視野測定(法).

cam·pi·on /kǽmpiən/ [名] 〘植〙 センノウ，マンテマ《ナデシコ科》.

cámp mèeting [名] 《米》 野外[テント]伝道集会《祈禱(きとう)・説教などを数日にわたって行なう》.

camp·o·ree /kæ̀mpəríː/ [名] 《米》 キャンポリー《ボーイ[ガール]スカウトの地方大会; cf. jamboree》.

cámp-òut [名] キャンプ[テント]生活，野営.

cámp·sìte [名] キャンプ地[場].

cámp·stòol [名] キャンプスツール《X 型の脚に帆布を張った折りたたみ式の腰掛け》.

***cam·pus** /kǽmpəs/ [名] ❶ (大学などの)構内，キャンパス: on (the) ～ キャンパスで / off (the) ～ キャンパス外で《★ on [off] ～ は口語では無冠詞》. ❷ 《米》 大学; (大学の)分校: the Santa Barbara ～ of the University of California カリフォルニア大学のサンタバーバラ(分)校. ❸ 大規模な事業[工業]用地. ── [形] [A] 校庭[学園]での; 大学[学校]の: a ～ demonstration 学園デモ / ～ life 学園生活. 〘L＝野原，集会場; cf. camp[1], campaign〙

camp·y /kǽmpi/ [形] (camp·i·er; -i·est) ＝camp[2].

cam·py·lo·bac·ter /kæ̀mpəloʊbǽktɚ | -tə/ [名] 〘菌〙 カンピロバクター《家畜の流産やヒトの食中毒の原因となる》.

cám·shàft [名] 〘機〙 カム軸，カムシャフト.

Ca·mus /kæmúː/, **Al·bert** /ælbéɚ | -béə/ [名] カミュ《1913–60; フランスの作家; Nobel 文学賞 (1957)》.

‡can[1] /(弱形) k(ə)n; (強形) kǽn/ [助動]

> [用法] (1) 否定形は **cannot**, 《口》 では **can't** を用いる.
> (2) 過去形は **could** だが，仮定法過去になることが多く，直説法では was [were] able to を用いる.
> (3) 未来形は **will** [**shall**] **be able to** を用いる.
> (4) 不定詞・動名詞・現在分詞・過去分詞の形がないので，be able to の形で代用する.

❶ [能力を表わして] **a** …(することが)できる: The child *can't* walk yet. その子はまだ歩けない / I will do what I *can* /kǽn/. 私にできることは何なりと致します《★ can の次に do が省略されている》/ What ～ I do for you? 何のご用ですか; 何をさしあげましょうか《★ 店員が客にいう言葉》/ *C～* you speak English? 英語が話せますか《★ 相手の能力を尋ねる言い方になるので，*Do* you speak English? を用いるほうが一般的》. **b** …のしかたを知っている: I ～ swim. 泳げる / *C～* you play the piano? ピアノを弾けますか. **c** [感覚動詞および remember とともに用いて] …している《★ 進行形と同じ意味になる》: I *can*'t remember how to spell her name. 私は彼女の名前のつづりが思い出せない / *C～* you hear that noise? あの物音が聞こえるか. ❷ [許可を表わして] …してもよい《★ 口語では may より一般的》: You ～ go. お前は行ってよい; 君にはもう用はない (cf. 3 a) / *C～* I speak to you a moment? ちょっとお話ししてもいいでしょうか. ❸ [軽い命令を表わして] **a** [肯定文で] …しなさい，するとよい; …しなければならない: You ～ go. 行きなさい (cf. 2). **b** [否定文で] …してはいけない《★ may not より一般的; 強い禁止を表わすには must not が用いられる》: You *can't* run here. ここで走ってはいけない. ❹ [可能性・推量を表わして] **a** [肯定文で] …がありうる，することがある: He ～ be very rude. 彼はとても不作法なことをすることがある / You ～ get a burn if you are not careful. 注意しないとやけどすることがある. **b** [否定文で] …はずがない: It *cannot* be true. 本当のはずがない / She *cannot* have done such a thing. 彼女がそんなことをしたはずがない. **c** [疑問文で] …はずがあろうか，いったい…だろうか: *C～* it be true? いったい本当だろうか / How ～ we be so cruel? どうしてそんなひどいことができよう / Who ～ he be? いったいあの人はだれだろうか / *C～* she have killed him? 本当に彼女は彼を殺すことができただろうか / *C～* such

can 256

things be? そんなことがはたしてありえようか. **d** [傾向を表わして] (時に)…する[である, になる]ことがある: He ~ be impatient at times. 彼は時に我慢がきかなくなることがある. ❺ [Can you [I] …で依頼を表わして] …してくれませんか《圏 Could you…のほうがていねいな表現》: *C*— I have another cup of coffee, please? コーヒーのお代わりをもらえませんか / *C*— you give me a ride? 乗せていってくれませんか.

as…as (…) **can bé** この上もなく…: I'm *as* happy *as* (happy) ~ *be*. この上もなく幸福だ.

càn but dó《文》ただ(…する)だけである: We *can but* wait. ただ待つだけだ.

cánnot hélp dóing=**cánnot but dó**…しないではいられない,…するほかない,…せざるをえない (cf. help 動 B 2 a): I *couldn't help* laughing.＝I *could not but* laugh. 笑わずにはいられなかった (後者のほうが文語的; 圏語 混成した *cannot help but* do もよく用いられる;《文》では *cannot* CHOOSE *but* do も用いられる).

cánnot…tòo…*too* 成句.

〖OE *cunnan* 知っている; cf. cunning〗

*__can__² /kǽn/ 名 ❶ Ⓒ (缶詰の)缶; 缶詰《★ 通例《米》では飲料・食物,《英》では主に飲料に用いる;《英》で食物の缶詰は tin》: a ~ *of* sardines イワシの缶詰. ❷ Ⓒ [通例複合語で] 金属製容器, ブリキ缶, 缶: a trash [a garbage] ~《米》ごみ[くず]入れ《金属またはプラスチック製》/ a milk ~ ミルク缶 / a sprinkling [watering] ~ じょうろ. ❸ Ⓒ 缶 1 杯(分): a ~ *of* milk 缶 1 杯のミルク. ❹ [the ~]《俗》**a** 留置場, 刑務所: be sent to *the* ~ ぶた箱にほうり込まれる / He did time in *the* ~. 彼は刑務所で臭い飯を食った. **b**《米》便所. ❺《米》尻. **a cán of wórms**《口》こみいった[やっかいな]問題. **cárry the cán**《英口》[他人に代わって, 他人のしたことに対して]責めを負う(立場に立つ), 責任をとる〔*for*〕 (take the rap). **in the cán** (1) 刑務所で (⇨ 名 4 a). (2)《口》《映画等》撮影を完了して, 公開されるばかりになって.

— 動 （《**canned**; **can·ning**》 ❶ 《主に米》《食品を》缶詰にする(《英》では tin). ~ fruit 果物を缶詰にする. ❷ 《音楽などを》録音する (cf. canned 2). ❸ 《米口》**a** 〈人を〉首にする: get *canned* 首になる. **b** 〈…を〉退ける, 受けつけない, 拒否する; 〈話などを〉やめる: Let's ~ the chatter. おしゃべりはやめよう. **Cán it!**《俗》だまれ!; よせ!

can. （略）canon; canto.

Can. （略）Canada; Canadian.

Ca·na /kéɪnə/ 名《聖》カナ《キリストが水をぶどう酒に変えた最初の奇跡を行なった所》.

Ca·naan /kéɪnən/ 名 ❶《聖》カナン《ヨルダン川 (Jordan) と地中海の間の古代地方, ほぼ Palestine に相当; 神がイスラエルに約束した土地》. ❷ Ⓒ 理想郷, 楽園.

Ca·naan·ite /kéɪnənàɪt/ 名 (イスラエル人来住以前の) カナン人.

‡**Can·a·da** /kǽnədə/ 名 カナダ《北米大陸北部の英連邦内の独立国で 10 州と 3 準州から成る; 首都 Ottawa》.〖N-Am-Ind=村; これを地域の名と誤解した〗

Cánada bálsam 名 Ⓤ カナダバルサム (balsam fir から採る上質の含油樹脂; 検鏡標本用接着材).

Cánada Dày 名 カナダデー《7 月 1 日; 1867 年のカナダ自治領成立を記念するカナダの法定休日》.

Cánada góose 名 （複 **Canada geese**）《鳥》カナダガン.

‡**Ca·na·di·an** /kənéɪdiən/ 形 カナダ(人)の: ~ English カナダ英語. — 名 カナダ人.

Canádian bácon 名 Ⓤ カナディアンベーコン《豚のロースを使った脂肪の少ないベーコン》.

Canádian fóotball 名 Ⓤ カナディアンフットボール《カナダ版のアメリカ式フットボール; 1 チーム 12 人でプレーする》.

Canádian Frénch 名 Ⓤ カナダフランス語.

Ca·ná·di·an·ism /-nɪzm/ 名 Ⓤ Ⓒ ❶ カナダ特有の風俗・習慣. ❷ カナダ英語(語法・単語).

Ca·na·di·en /kənédiɛn/ 名 フランス系カナダ人(の)《★ 女性形 **Ca·na·di·enne** /-diɛ́n/》.

ca·naille /kənáɪl, -néɪl/ 名 下層民, 愚民, げす.

*__ca·nal__ /kənǽl/ 名 ❶ 運河; 人工水路: the Suez *C*— スエズ運河. ❷ 《解・植》（動植物体内の）（導）管: the alimentary ~ 消化管. 〖L=管, みぞ, 水路〗

canál bòat 名 運河で使う細長い船.

Ca·na·let·to /kæ̀n(ə)létoʊ/ 名 カナレット (1697–1768); イタリアの画家; 本名 Giovanni Antonio Canal (.

can·al·ize /kǽnəlàɪz/ 動 ❶ 〈河川を〉運河化する. ❷ **a** 〈水・感情などに〉はけ口を与える. **b** 〈感情・精力などを〉…に向ける, 方向づける 〔*into*〕 (channel). **can·al·i·za·tion** /kæ̀nəlɪzéɪʃən/ -larz-/ 名.

Canál Zòne 名 [the ~] パナマ運河地帯《パナマ運河および両岸各 8 km の地帯; 米国がパナマから借用していたが, 1999 年に返還》.

can·a·pé /kǽnəpi, -pèɪ/ 名 ❶ カナッペ《薄いトーストの小片やクラッカーにキャビアやチーズをのせた前菜》. ❷ ソファー. 〖F〗

ca·nard /kənáːrd | kænáːd/ 名 ❶ 流言, 虚報. ❷ 《空》前翼, 先尾翼《主翼の前方に取り付けられた, 水平安定板と昇降舵を組み合わせた翼》.

Ca·nar·ies /kənɛ́(ə)riz/ 名 [the ~]＝Canary Islands.

†**ca·nar·y** /kənɛ́(ə)ri/ 名 ❶ Ⓒ《鳥》カナリア. ❷ Ⓤ カナリア色 (鮮黄色). ❸ Ⓒ《俗》密告者. ❹ Ⓤ カナリアワイン《Canary 諸島産の白ワイン》. 〖F＜Sp=カナリア諸島の〗

canáry-còlored 形 カナリア色の, 鮮黄色の.

canáry crèeper 名《植》カナリアヤツル《ノウゼンハレン科キンレンカ属; ペルー・エクアドル原産》.

canáry gràss 名 Ⓤ 《植》カナリアクサヨシ《イネ科クサヨシ属の草本; Canary 諸島原産; 種子が飼鳥の餌》; クサヨシ.

Ca·nár·y Íslands /kənɛ́(ə)ri-/ 名 [the ~] カナリア諸島《アフリカ西北岸近くにある; スペイン領》. 〖Sp＜L＝犬の（島々）＜ *canis* 犬; ローマ時代, 大きな犬で有名な島があったことから〗

canáry yéllow 名 Ⓤ カナリア色 (鮮黄色).

ca·nas·ta /kənǽstə/ 名 Ⓤ カナスタ《2 組のトランプと 4 枚のジョーカーを使って遊ぶラミーに類するトランプ遊び》.

Ca·nav·e·ral /kənǽv(ə)rəl/, **Cape** ⇨ Cape Canaveral.

Can·ber·ra /kǽnbərə | -b(ə)rə/ 名 キャンベラ《オーストラリア南東部 Australian Capital Territory にある同国の首都》.

canc. （略）cancel; cancel(l)ed; cancellation.

can·can /kǽnkæn/ 名 カンカン《ひだ飾りのついたスカートのすそをまくり, 足を高くけり上げて踊るフランスの踊り》. 〖F〗

‡**can·cel** /kǽnsəl/ 動 （《**can·celed**, 《英》**-celled**; **can·cel·ing**, 《英》**-cel·ling**》 ❶ **a** 〈予約・注文などを〉取り消す, キャンセルする, 解消する; 〈契約・債務などを〉無効にする, 破棄する: ~ an order [a reservation] 注文[ホテルなどの予約]を取り消す / ~ a contract [a debt] 契約を解除する[債務を帳消しにする]. **b** 〈計画・予定・試合などを〉中止する, 取りやめる: ~ a trip [game] 旅行[試合]を中止する. ❷ **a** 〈切手に〉消印を押す: a ~ *ed* stamp 消印のある切手. **b** 〈切符に〉はさみを入れる. ❸ 〈数字・文字などに〉線を引いて消す; 削除する: ~ a person's name 人の名前に線を引いて消す. ❹ 〈物事を〉相殺（ホ）する, 帳消しにする, 〈…の〉効果[効力]を打ち消す: His weaknesses ~ *out* his virtues. 彼の弱点が彼の長所を帳消しにしている. ❺ 《数》〈…で〉〈方程式・分数などの〉共通の約数や項を〉約する 〔*by*〕. — 動 ❶ 相殺する, 打ち消し合う 〔*out*〕. ❷ 《数》〔…で〕約する, 消す 〔*by*〕. — 名 ❶ Ⓒ 消印. ❷ Ⓒ 印刷; 差し替え用ページ[折]. ❸ 《楽》《米》本位記号, ナチュラル. 〖F＜L＜*cancellus* 格子; cf. chancellor〗

cáncel bòt 名 《電算》キャンセルボット《USENET で, 特定の個人の掲出した情報を追跡して削除するプログラム》.

can·cel·la·tion /kæ̀nsəléɪʃən/ 名 ❶ **a** Ⓤ Ⓒ 取り消し, キャンセル; 無効, 解消. **b** Ⓒ 取り消されたもの《部屋・切符など》. ❷ Ⓒ 消印(されたもの). (動 cancel)

can·cel·lous /kǽnsələs, kǽns(ə)l-/ 形 《解》海綿状の, 網目状の: ~ bone 海綿骨質 / a ~ tissue 網状組織.

‡**can·cer** /kǽnsə | -sə/ 名 ❶ Ⓤ Ⓒ 癌（ホ）; 癌腫（ヒ）; 悪性腫瘍（ヒョ）: die of ~ 癌で死ぬ / breast ~＝~ *of the breast* 乳癌 / have stomach ~ [~ *of the stomach*]

胃癌にかかっている. ❷ [C]《社会の》害毒, 弊害《*in, of*》. ❸ [C-] **a** [U]《天》かに座. **b** [U]《占星》かに座, 巨蟹(きょかい)宮 (cf. the signs of the ZODIAC 成句). **c** [C] かに座生まれの人.《L *cancer* カニ, 悪性の病気(腫瘍, 潰瘍など)など;病気の意は病変部位周囲の血管をカニの脚にたとえたことから》(形) cancerous (関) carcinomatous.

can·cer·ous /kǽnsərəs/ 形 癌の[にかかった, のような].

cáncer stìck 名《俗》たばこ.

can·de·la /kǽndiːlə/ 名 カンデラ(光度の SI 基本単位; 記号 cd).《L; ⇒ candle》

can·de·la·brum /kæ̀ndəláːbrəm/ 名 (複 -bra /-brə/, ~s) 枝付き燭台(しょくだい).

can·des·cence /kændés(ə)ns/ 名 [U] 白熱.

can·des·cent /kændés(ə)nt/ 形 白熱の[で輝く].

c & f (略)《商》cost and freight.

⁺**can·did** /kǽndid/ 形 (more ~; most ~) ❶ **a** 率直な, 腹蔵のない, 遠慮のない: in my ~ opinion 腹蔵なく言わせてくれば. **b** ずけずけ言う, 歯に衣(きぬ)を着せない. ❷ [C]《写真などでポーズをとらない, ありのままの: a ~ photograph スナップ写真. ❸ 公平な, 偏見のない: a ~ decision [opinion] 公平な決定[意見] / Give me a ~ hearing. (私心なく)公平に聞いてくれたまえ. **to be (quite) cándid (with you)** [通例文頭に用いて] (ほんとに)率直に言えば. ~·**ly** 副 ❶ 率直に, ざっくばらんに. ❷ [文修飾] 腹蔵なく言えば. ~·**ness** 名 [U] 率直, ざっくばらん.《L *candidus* 白い, 輝く; ⇒ candidate》【類語】⇒ frank¹.

candelabrum

can·di·da /kǽndidə/ 名 [U] カンジダ菌(粘膜・皮膚に病変を生じることがある).

⁺**can·di·da·cy** /kǽndidəsi/ 名 [C,U]《…への》立候補《*for*》.

‡**can·di·date** /kǽndidèit, -dət/ 名 ❶ **a**《…の》候補者: a presidential ~=a ~ for president [the presidency] 大統領候補者. **b**《…の》志願者: a ~ for admission to a school 入学志願者 / a Ph.D. ~=a ~ for the Ph.D. 博士論文提出志願者. **c** 受験者. ❷ 十分《…に》なりそうな人[もの, 事]: a ~ for a heart attack 将来心臓発作を起こしそうな人.《L=白い礼服を着た(人)*candidus* 白い<*candere* 輝く (cf. candid, candle); 古代ローマでは公職の候補者が白い礼服を着用したことから》

can·di·da·ture /kǽndidèitʃə, -tʃə- | -tʃə/ 名《英》=candidacy.

cándid cámera 名 隠し撮り用カメラ.

can·di·di·a·sis /kæ̀ndidáiəsis/ 名《医》カンジダ症.

can·died /kǽndid/ 形 ❶ 砂糖漬けの, 砂糖煮の;《氷砂糖状に》固まった: ~ plums 砂糖漬けのスモモ. ❷《表現など》耳あたりのよい: ~ words 甘い言葉.

can·di·ru /kæ̀ndərúː/ 名《魚》カンディルー(南米 Amazon 地方の淡水に生息する全長5cm ほどのナマズ; 哺乳類の体内に入り込み吸血寄生する; ヒトに寄生する唯一の魚).

⁺**can·dle** /kǽndl/ 名 ❶ **a** ろうそく: light [put out] a ~ ろうそくをともす[消す]. **b** ろうそく形のもの. **c** 光を出すもの, ともし火,《特に》星. **be nót fit to hóld a cándle to ...** ⇒ cannot hold a CANDLE to ...(成句). **búrn the cándle at bóth énds**《口》精力[金銭など]を浪費する, 無理をする《由来》「ろうそくを両端からともすことが元から」の意から》. **cánnot hóld a cándle to ...**《口》〈人〉とは比べものにならない《由来》「人の仕事にろうそくをかかげて明るくしてやることすらできない」の意から》. **híde one's cándle ùnder a búshel** =hide one's LIGHT¹ under a bushel 成句. **nót wòrth the cándle**〈仕事・企画など〉に割に合わない, 骨折り損の《由来》「賭(と)け付金がそれをするときの明かりに用いられたろうそく代にもならない」の意から》. **can·dler** 名.《L *candela* ろうそく<*candere* 輝く; cf. candidate》

cándle·bèr·ry /-bèri | -b(ə)ri/ 名《植》❶ ククイノキ

---

257 **canine**

(candlenut). ❷ シロヤマモモ (wax myrtle). ❸ ベーラムノキ, ベイラム (bayberry).

cándle·fish 名《魚》ユーラカン(北太平洋産の食用魚;脂肪が多く, 干したものはろうそくの代用となる; eulachon ともいう).

cándle·light 名 [U] ❶ ろうそくの明かり: by ~ ろうそくの明かりで. ❷ 灯(ひ)ともしごろ, たそがれ, 夕方.

cándle·lit 形 ろうそくに照らされた, ろうそくをともした.

Can·dle·mas /kǽndlməs/ 名 [U]《カト》聖燭節(2月2日, 聖母の清めの祝日; ろうそく行列を行なう).

cándle·nùt 名《植》ククイノキ(マレー主産; トウダイグサ科; 堅果から灯火用の油脂が採取される).

cándle·pìn 名 ❶ [C]《米》キャンドルピンズ用のピン. ❷ [~s で; 単数扱い] キャンドルピンズ(両端が先細のピンを用いる, tenpins に類似したボウリングの一種).

cándle·pòwer 名 [U] 燭光.

⁺**cándle·stìck** 名 燭台, ろうそく立て.

cándle·wick 名 ろうそくの芯(しん).

can-dō /口/ 形 [A] やる気のある, 意欲的な: a ~ attitude やる気の態度. ~ **spírit** 名 やる気, 熱心さ.

can·dom·blé /kæ̀ndəmblé | dɔm-/ 名 [U] カンドンブレ(アフリカの宗教とカトリックの要素を習合させたブラジルの憑依(ひょうい)宗教).

can·dor,《英》**can·dour** /kǽndə | -də/ 名 [U] 虚心坦懐(かいかい)にある, 率直; 公平無私な.

C&W (略) country-and-western.

⁎**can·dy** /kǽndi/ 名 [U,C] ❶《米》キャンディー, 砂糖菓子《英》sweets《ドロップ・キャラメル・トフィー・チョコレートの類》: a piece of ~ キャンディー1個 / mixed [assorted] candies 各種詰め合わせキャンディー / Will you have a ~? キャンディーを一つどうですか. ❷《英》氷砂糖 《米》rock candy; ⇒ sugar candy. — 動 他 ❶ 〈果物などを〉砂糖漬けにする;〈…に〉砂糖をかぶせる[かける] (⇒ candied 1). ❷ 〈糖蜜〉を氷砂糖状に固める. 率直, 公平無私な. 甘く[甘美に]する (cf. candied 2).《F<Arab=砂糖》

cándy àpple 名《米》❶ =toffee apple. ❷ (また **cándy-àpple réd**) [U] キャンディーアップル(レッド) (光沢のある鮮やかな赤).

cándy àss, cándy-àss 名《米俗》臆病者.

cándy-àssed 形 いくじのない, へなちょこの.

cándy bàr 名《米》キャンディーバー(ナッツやキャラメルなどを棒状にし, チョコレートでコーティングしたもの).

cándy càne 名《米》キャンディーケーン(通常, 赤と白の縞模様があり, ステッキのように曲がっている棒あめ).

cándy flòss 名 [U]《英》綿菓子(《米》cotton candy).

cándy màn 名《米俗》麻薬の売人 (pusher).

cándy strìpe 名 白と赤のしま模様.

cándy-striped 形〈衣服など〉(棒キャンディーのように)白と(多くは)赤のしま模様の入った.

cándy strìper 名《米口》看護婦助手 (nurse's aid) として働く10代のボランティア《由来》制服の柄から).

cándy·tuft /kǽnditʌft/ 名《植》キャンディタフト(アブラナ科イベリス属の各種).

⁎**cane** /kein/ 名 ❶ **a** [C]《籐(とう)・竹・サトウキビなどの》茎. **b** [U]《用材としての》籐材, ⇒ sugarcane. — **c** [C] 籐製のステッキ, (軽い細身の)ステッキ. **d**《処罰用の》むち. **c** [the ~] むちによる体罰: get [give] **the** ~ むちでぶたれる[打つ]. — 動 他 ❶〈人などを〉むちで打つ. ❷〈かご・いすの〉背や座部などを籐で作る.《F<L<Gk=葦(あし)》

cáne·bràke 名《米》籐(とう)の茂み.

cáne chaír 名 籐(とう)いす.

can·er /kéinə | -nə/ 名 籐椅子作り(人).

cáne ràt 名《動》アフリカタケネズミ.

cáne sùgar 名 [U] 甘蔗糖(かんしょとう).

cáne tòad 名《動》オオヒキガエル.

cáne·wòrk 名 [U] 籐(とう)細工(品).

cán·field /kǽnfiːld/ 名 [U] キャンフィールド(数列をつくっていくひとりトランプ (solitaire) の一種).

can·ful /kǽnfʊl/ 名 缶1杯(の量) *of*.

ca·nine /kéinain/ 形 イヌ科の; 犬のような: a man with

〜 features 犬のような顔(つき)をした男. ― [名] ❶ a イヌ科の動物. b 犬. ❷ =canine tooth. 〖L=犬の＜ *canis* 犬〗

cánine tòoth [名] (複 **canine teeth**)〔解〕犬歯, 糸切り歯.

cán·ing [名] ❶ むち打ち: give a person a 〜 人をむち打つ / get a 〜 むちでぶたれる. ❷《口》負かすこと. ❸《口》手厳しい非難[叱責].

Cá·nis Májor /kéɪnɪs-/ [名] [U]〔天〕大犬座. 〖⇨ canine〗

Cánis Mínor [名] [U]〔天〕小犬座.

+**can·is·ter** /kǽnɪstɚ | -tə/ [名] ❶ (ふた付きの)小さな缶《茶・コーヒー・たばこなどを入れる》: a tea 〜 お茶の缶. ❷ (ガス弾などの)円筒弾. 〖L=basket＜Gk＜*canna* 葦(あし); cf. cane〗

can·ker /kǽŋkɚ | -kə/ [名] ❶ [U]〔植〕(果樹の)癌腫(がんしゅ)病, 根瘤(こんりゅう)病. ❷ a [U] (犬・猫などの)慢性外耳炎. b =canker sore. c [U]〔獣医〕(馬の)ひづめの病気. ❸ [C] 害毒; (心に食い入る)悩み. ― [動] [他] ❶ canker にかからせる. ❷ 〈人などを〉(精神的に)毒する, 徐々に破壊する. ― [自] canker にかかる. 〖CANCER と同語源〗

cán·kered [形] ❶ canker にかかった. ❷ 根性の腐った.

can·ker·ous /kǽŋk(ə)rəs/ [形] ❶ canker の(ような); canker を生じる. ❷ 心をむしばむ.

cánker sòre [名]〔医〕小さい潰瘍, (特に)アフタ(性口内炎).

cánker·wòrm [名]〔昆〕エダシャクトリ《果樹の害虫》.

can·na /kǽnə/ [名]〔植〕カンナ《熱帯原産》.

can·na·bi·noid /kǽnəbənɔ̀ɪd/ [名] [U]〔化〕カンナビノイド《大麻の化学成分の総称》.

can·na·bi·nol /kənǽbənɔ̀ːl | -nɔ̀l/ [名] [U]〔化〕カンナビノール《生理学的に不活性のフェノール; マリファナの有効成分 THC の親化合物》.

+**can·na·bis** /kǽnəbɪs/ [名] [U] ❶〔植〕アサ, タイマ(大麻). ❷ カンナビス《大麻の乾燥した雌蘂(しずい)で, 麻薬の原料; cf. bhang, hashish, marijuana 2》. 〖L＜Gk〗

*__canned__ /kǽnd/ [動] [他] can² の過去形・過去分詞. ― [形] ❶ 缶詰にした(《英》tinned): 〜 goods 缶詰類 / 〜 beer 缶ビール《[比較] can beer とは言わない》. ❷《口》(生(なま)でなく)録音された (cf. live² 2): 〜 laughter 録音された笑い声《テレビのコメディー(ドラマ)などで挿入される》/ 〜 music レコード音楽 / a 〜 program 録音[ビデオ]番組. ❸《米口》〈演説など〉あらかじめ準備された. ❹ [P]《俗》酔っぱらって.

can·nel /kǽn(ə)l/ [名] =cannel coal.

cánnel còal [名] [U] 燭炭(しょくたん)《油・ガスを多量に含み, すぐに火がつき明るい光を発する》.

can·nel·lo·ni /kæ̀nəlóʊni/ [名] [U] カネロニ《円筒形の大型パスタ, またはそれを用いたイタリア料理》. 〖It; 元来は複数形〗

can·ne·lure /kǽn(ə)l(j)ʊ̀ɚ | -l(j)ʊ̀ə/ [名] (銃弾の)薬莢圧入溝; (抵抗を減らすための)弾帯溝.

cán·ner [名] 缶詰業者.

can·ner·y /kǽnəri/ [名] 缶詰工場.

Cannes /kǽn, kǽnz/ [名] カンヌ《フランス南東部の避寒地; 毎年国際映画祭 (Cannes International Film Festival) が開かれる》.

+**can·ni·bal** /kǽnəb(ə)l/ [名] ❶ 人肉を食べる人. ❷ 共食いする動物. ― [形] [A] ❶ 人食いの, 食人慣習を持つ: a 〜 tribe 食人族. ❷ 〈動物が〉共食いする. 〖Sp; 食肉人種と臆測された一部のカリブ人に対する呼称から; 元来は Carib の異形〗 ([関形] anthropophagous)

cán·ni·bal·ìsm /-bəlɪ̀zm/ [名] [U] ❶ 人肉を食べる風習. ❷ 共食い.

can·ni·bal·is·tic /kæ̀nəbəlístɪk←/ [形] ❶ 人食いの(ような). ❷ 共食い性の.

can·ni·bal·ize /kǽnəbəlàɪz/ [動] [他] ❶ (古い[故障した]車・機械などから)利用可能な部品を取りはずす: 〜 an old radio to repair another 古いラジオをばらしてその部品で別のラジオを修理する / The parts for this radio were *〜d from* two old ones. このラジオの部品は 2 台の古いラジオから抜き取ったものだ. ❷ 〈同一会社が売り出した類似品が〉〈従来品の売り上げを〉食う. ❸ 〈人の〉肉を食う; 〈動物が〉〈同類を〉共食いする. ― [自] 人肉を食う; 共食いをする.

can·ni·kin /kǽnɪkɪn/ [名] 小缶[コップ].

cán·ning [名] [U] 缶詰製造業.

*__can·non__ /kǽnən/ [名] ❶ (複 〜, 〜s) a (昔の)カノン砲《★ 現在は通例 gun を用いる》. b (飛行機搭載用)機関砲. ❷《英》〔玉突〕キャノン(《米》carom)《手球が続けて 2 つの目的球に当たること》. ― [動] [自] ❶ 大砲を撃つ, 砲撃する. ❷《英》a〔玉突〕キャノンを突く. b 〔…に〕激しくぶち当たる, 衝突する (bump)〔*into, against*〕: 〜 *into* a person 人とぶつかる. 〖F＜It=大きい筒＜L *canna* 葦(あし); cf. cane〗

can·non·ade /kæ̀nənéɪd/ [名] 連続砲撃《★ 現在は通例 bombardment を用いる》. ― [動] [他] 連続的に砲撃する《★ 現在は通例 bombard を用いる》.

cánnon·bàll [名] ❶ (昔の球形の)砲弾, 砲丸. ❷《米口》特急[弾丸]列車. ❸〔テニス〕弾丸サーブ. ❹〔泳〕キャノンボール《両ひざをかかえ体を丸めてする飛び込み》: do a 〜 キャノンボールをやる. ― [形] [A] スピードの速い; すばやい.

cánnon bòne [名]〔動〕(有蹄動物の)砲骨, 馬脛骨.

can·non·eer /kæ̀nəníɚ | -níə/ [名] 砲手, 砲兵.

cánnon fòdder [名] [U]《口》(戦争の道具としての)兵士たち, 雑兵(ぞうひょう).

__can·not__ /kǽnɑ̀t, kənɑ́t | kǽnɔ̀t, -nət/ ⇨ can¹.

can·nu·la /kǽnjʊlə/ [名] (複 **〜s, -lae** /-lìː/)〔医〕カニューレ, 排管《患者に入れて液の排出・注入に用いる》.

can·nu·late /kǽnjʊlèɪt/ [動] [他]〔医〕〈…に〉カニューレを挿入する.

can·nu·la·tion /kæ̀njʊléɪʃən/ [名] [U]〔医〕カニューレ挿入, 挿管(法).

+**can·ny** /kǽni/ [形] (**can·ni·er; -ni·est**) ❶ 利口な; 慎重な, 用心深い; 抜けめのない: a 〜 baseball player 頭のいい野球選手 / a 〜 investor in stocks 慎重な株式投資家. ❷ 倹約な. ❸《スコ》よい, すばらしい. **cán·ni·ly** /-nəli/ [副] **-ni·ness** [名] 〖CAN¹《古》「知っている」から〗

+**ca·noe** /kənúː/ [名] カヌー《paddle でこぐ小舟》. **páddle one's ówn canóe**《口》独立してやっていく, 自活する. ― [動] [自] (**canoed; 〜·ing**) カヌーをこぐ[で行く]. 〖F or Sp＜Carib〗

ca·nóe·ist /-ɪst/ [名] カヌーのこぎ手.

canóe shèll [名]〔貝〕セーラーガイ, スイフガイ《殻が薄く, 開口部の広い海産の貝》.

can·o·la /kǽnələ, kənóʊ-/ [名] [U] [しばしば C〜]〔園〕カノーラ, キャノーラ《カナダで育成・栽培されているセイヨウアブラナの一変種; エルカ酸が少なく, 種子から油を採る》.

+**can·on¹** /kǽnən/ [名] ❶ [C] (一般的な)規範, 規準, 基準〔*of*〕. ❷ [C]〔キ教〕教会の法規. ❸ [C] (聖書外典 (Apocrypha) に対して)正典, 正典目録; (偽作に対して)真作品(目録): the Books of *the C〜* 聖書正典, 正経書. ❹ [the 〜]〔カト〕a (ミサ)典文, カノン《ミサの本体》. b 聖人名列, 聖者録. ❺ [C]〔楽〕カノン《先行句を厳格に模倣していく対位法》. 〖L＜Gk=規則, 物差し〗

can·on² /kǽnən/ [名] ❶〔キ教〕聖堂参事会員 (cf. chapter 4 a). ❷ = canon regular. 〖F＜L=canon¹ に従って生活する人〗

ca·ñon /kǽnjən/ =canyon.

cánon cán·cri·zans /-kǽŋkrəzæ̀nz/ [名]〔楽〕蟹(かに)形[逆行]カノン《後続声部が先行声部を末尾から冒頭へ逆に模倣するカノン》.

cán·on·ess /kǽnənəs | kæ̀nənés, kǽnənəs/ [名] 律修修女; 女子聖堂参事会員.

ca·non·ic /kənɑ́nɪk/ [形] =canonical.

ca·non·i·cal /kənɑ́nɪk(ə)l | -nɔ́n-/ [形] ❶ 規範的な, 標準的な. ❷ 正典の[と認められた]: the 〜 books (of the Bible) (聖書)正典. ❸ 教会法に基づく. ― [名] [複数形で] (儀式用の)聖職服, 法衣. **〜·ly** /-kəli/ [副]

canónical hóurs [名] [the 〜] ❶〔カト〕定時課, 時禱(じとう)《1 日 7 回の祈禱時》. ❷ (英国教会で)結婚式挙行時間《午前 8 時から午後 6 時まで》.

can·on·ic·i·ty /kæ̀nənísəṭi/ [名] [U] ❶ 規範[基準]性.

cán·on·ist /-nɪst/ 图 教会法学者.
can·on·is·tic /kæ̀nənístɪk⁻/ 形 教会法(上)の; 教会法学者の.
can·on·i·za·tion /kæ̀nənɪzéɪʃən | -naɪz-/ 图 ❶ Ü 列聖式. ❷ © 列聖式.
can·on·ize /kǽnənaɪz/ 動〈死者を〉聖人の列に加える, 列聖する.
cánon láw 图 Ü 教会法, 宗規.
cánon régular 图 (複 cánons régular)《カト》律修司祭, 立誓共住司祭.
cán·on·ry /-ri/ 图 聖堂参事会員職; 聖堂参事会員禄.
ca·noo·dle /kənúːdl/ 動《英口》〈男女が〉抱き合う, 愛撫する.
cán òpener 图《米》缶切り(《英》tin-opener).
ca·nó·pic jár [**váse**] /kənóʊpɪk-/ 图 [しばしば C~] カノープスの壺《古代エジプトでミイラの内臓を納めた壺》.
⁺can·o·py /kǽnəpi/ 图 ❶ 天蓋(話)《玉座・説教壇・寝台の上に設けたおおい》. ❷ **a** 天蓋のようにおおうもの: under a ~ of smoke [leaves] 煙[葉]におおわれて. **b**《建物の戸口などに張り出した》張り出し. **c** [the ~]《大空》: the ~ of heaven [the heavens] 青空. ❸《空》《操縦士室の上の透明な》円蓋, キャノピー. ── 動《他》《L《Gk=蚊帳(ダ)付きベッド》天蓋(で)におおう. 〔L《Gk=蚊帳(𛀁)付きベッド》〕
ca·no·rous /kənɔ́ːrəs/ 形 音調[音色]のよい, 響きされた. ~·ly 副 ~·ness 图
canst 《弱形》kənst, 《強形》kænst/ 助《古》can¹ の主語が 2 人称単数 thou 時の現在形: thou ~=you CAN¹.
cant¹ /kænt/ 图 Ü ❶《道学者などの》もったいぶった[偽善的な]言葉, 《政党などの》おざなりな標語. ❷ 一時的な流行語. ❸《特殊な階級・職業などの》合い言葉, 隠語: thieves' ~ 盗人の隠語. ── 動 ❶ 偽善的な[もったいぶった, 哀れっぽい]言い方をする. ❷ 合い言葉を用いる.
cant² /kænt/ 動〈ものを〉傾ける. ── 《自》❶ 傾く, 斜めに位置する. ❷ ひっくり返る〈over〉. ── 图 ❶ 結晶体・堤防などの)斜面, 傾斜. ❷《建物などの》切断面; 割り材. ── 形 A 角(2)[側面]を切り落とした; 傾斜した.
⁕can't /kǽːnt | káːnt/ cannot の短縮形(★ 通例 mayn't の代わりにも用いられる; ⇒ can¹ 3 b): C~ I go now? もう行ってもよくないか.
Can·tab. /kǽntæb/《略》Cantabrigian.
can·ta·bi·le /ka:ntá:beɪleɪ | -bəli/《楽》形 カンタービレ, 歌うような[に], 流れるような[に]. ── 图 ❶ © カンタービレの楽章. ❷ Ü カンタービレ様式. 〔It〕
Can·ta·bri·gi·an /kæ̀ntəbrídʒi(ə)n⁻/ 形 ❶《英国の》ケンブリッジの; ケンブリッジ大学の. ❷《米国 Massachusetts 州の》ケンブリッジの. ── 图 ❶《英国の》ケンブリッジの人[住民]; ケンブリッジ大学の学生[出身者](cf. Oxonian 2). ❷《米国の》ケンブリッジの人[住民]. 〔L *Cantabrigia* =Cambridge〕
can·ta·loupe, **can·ta·loup** /kǽntəloʊp | -luːp/ 图 ÇU カンタループ《マスクメロンの一種; 果肉はオレンジ色》. 〔イタリアの原産地名から〕
can·tan·ker·ous /kæntǽŋk(ə)rəs/ 形 意地悪の, つむじ曲がりの; けんか腰の. ~·ly 副
can·ta·ta /kəntá:tə/ 图《楽》カンタータ《独唱部・2 重唱部・合唱部からなる声楽曲》. 〔It〕
cánt dòg =cant hook.
⁺can·teen /kæntíːn⁻/ 图 ❶ **a**《会社・工場・学校などの》食堂. **b**《軍隊の》酒保《米軍では今は post exchange(略 PX)》: a dry [wet] ~ 食料品[酒類]を主に売る酒保. **c**《軍人の》娯楽室, クラブ《民営》. **d**《被災地などの》食料供給所. ❷《軍人・ハイカーなどの》水筒(water bottle). ❸《英》ナイフ・フォーク・スプーンのセット. 〔F〈It=ワイン貯蔵室〕
cánteen cúlture 图《英口》保守的で差別的な考え方《警察官の中にあるとされる》.
can·ter /kǽntə | -tə/ 图 [a ~]《馬》キャンター, 短軽駈歩(縺)《ゆるやかな駆足》: at a ~〈馬が〉キャンターで. [**in**] **a cánter**《競走馬が》楽勝する. **wín at** [**in**] **a cánter**《競走馬が》楽勝する. ── 動〈馬・乗馬者が〉キャンターで行く. ── 《他》〈馬を〉ゆっくりかけさせる. 〔昔, 馬で Canterbury 詣でをしたときの速度から〕

Can·ter·bur·y /kǽntəbèri | -təb(ə)ri/ 图 カンタベリー《イングランド Kent 州の都市; 英国国教総本山(Canterbury Cathedral)の所在地》. 〔OE; 原義は「Kent の町」〕
Cánterbury bèll 图《植》フウリンソウ《キキョウ科》.
Cánterbury Táles 图(複)[The ~]「カンタベリー物語」《中期英語で書かれた Geoffrey Chaucer 作の未完の(主に)韻文物語集》.
can·tha·ris /kǽnθərɪs/ 图 (複 **can·thar·i·des** /kænθǽrədìːz/) ❶《can·thar·i·des 扱い》《楽》カンタリス(Spanish fly の粉末からくる反射刺激薬; もと催淫剤)》.
can·thus /kǽnθəs/ 图 (複 **can·thi** /-θaɪ/)《解》眼角《眼の左右の隅》.
can·ti·cle /kǽntɪkl/ 图 ❶ ©《祈禱(禐)書》聖歌. ❷ [The Canticles または The Canticle of Canticles; 単数扱い] =Song of Solomon (⇒ song 成句). 〔L *cant* 歌; -cle〕
can·ti·le·na /kæ̀ntəlíːnə/ 图《楽》カンティレーナ《声楽, 時に器楽の抒情的な旋律》.
can·ti·le·ver /kǽntəlìːvə | -və/ 图《建》片持ち梁(🞠). ── 動〈梁などを〉片持ちにする.
cántilever brìdge 图 片持ち梁橋.
can·til·late /kǽntəleɪt/ 動《典礼文を》詠唱する, 朗唱する. **can·til·la·tion** /kæ̀ntəléɪʃən/ 图
can·tle /kǽntl/ 图 ❶ 鞍尾(🞠)《くらの後部の弓なりの部分》. ❷ 切れ端.
can·to /kǽntoʊ/ 图 (複 ~**s**)《詩歌の》編《小説などの chapter に当たる》. 〔It=歌〕
can·ton /kǽntən, -tn | -tɒn/ 图《スイス連邦の》州.
Can·ton /kæntán | -tɒn⁻/ 图 広東(𧘾)《Guangzhou の旧称》.
Can·ton·ese /kæ̀ntəníːz⁻/ 形《中国》広東(𧘾)の; 広東語の: ~ cuisine 広東料理. ── 图 (複 ~) ❶ © 広東人. ❷ Ü 広東語.
can·ton·ment /kæntánmənt | -túːn-/ 图《軍》宿営地.
can·tor /kǽntə | -tə/ 图《聖歌隊またはユダヤ教礼拝の》先唱者.
can·to·ri·al /kæntɔ́ːriəl/ 形《聖歌隊の》先唱者の; 教会内陣北側の (↔ decanal).
can·to·ris /kæntɔ́ːrɪs/ 图 北側聖歌隊 (↔ decani).
cánt ràil 图《鉄》客車の屋根を支える角材.
can·trip /kǽntrɪp/ 图《スコ》魔女のいたずら, まじない; 《英》いたずら, わるさ.
can·tus fír·mus /kǽntəsfə́ːməs | -fə́ː-/ 图 (複 **cántus fir·mi** /-miː/)《楽》定旋律《対位法作曲の基礎となる旋律; 単旋聖歌の旋律など》.
Ca·nuck /kənʌ́k/ 图《口》《時に軽蔑的》カナダ人; 《特に》フランス系カナダ人. ── 形 カナダ(人)の; 《特に》フランス系カナダ人の.
Ca·nute /kən(j)úːt | -njúːt/ 图 カヌート《994?-1035; イングランド王 (1016-35), デンマーク王 (1018-35), ノルウェー王 (1028-35) を兼ねた》.
⁕can·vas /kǽnvəs/ 图 ❶ **a** キャンバス, ズック《帆・テント・かばんなどに用いる麻・木綿の厚地の粗布》: ~ shoes ズック靴. **b** [the ~]《ボク・レス》試合の床, マット. ❷ **a** © 画布, カンバス. **b** Ü《カンバスに描いた》油絵 (painting). **c** Ü《歴史・物語などの》背景, 舞台 the ~ of a narrative 物語の背景. ❸ **a** © テント. **b** Ü テントの集まり. ❹ Ü 帆. **on the cánvas** (1) ボクシングでマットに倒れて. (2) 今にも負けそうに. **ùnder cánvas** (1)《軍隊》テントを張って, 野営中で. (2)《海》〈船が〉帆を上げて; 帆を使って. 〔F〈L CANNABIS〕
cánvas·bàck 图 (複 ~**s**, ~)《鳥》オオホシハジロ《北米産のカモ》.
⁺can·vass /kǽnvəs/ 動《他》❶ **a**《投票・注文などを》ある

地区(の人たち)に依頼[勧誘]して回る, 遊説する: The salesmen ~ed the whole city for subscriptions. セールスマンたちは予約申し込みを求めて町中を回った。b 《多くの場所で》toを求め, 確かめる, (体験を)調査する; 〈人に意見[考え]〉を聞く[尋ねる]. ❷ a 《物事を詳細に調べる; 徹底的に論じる: They ~ed the pros and cons of euthanasia. 彼らは安楽死の賛否を討議した。b 《英》〈議論のために〉〈…を〉提案する. c 《米》〈投票〉を公式に点検[チェック]する. ── 自 勧誘して回る, 遊説する; 注文取りに回る: We are ~ing for the Republican candidate. 共和党候補のための選挙運動をしています / ~ for a new product 新製品のセールスをして回る. ── 名 勧誘, 依頼; 選挙運動, 遊説: make a ~ of a neighborhood その地域を遊説[勧誘]する. 《もと「(罰・遊びとして)人を canvas の上でほうり上げる」の意》

cán·vass·er 名 (戸別訪問による)勧誘員, 注文取り, 運動員

†**can·yon** /kǽnjən/ 名 峡谷《両側が切り立った深い谷》: ⇒ Grand Canyon. 《Am-Sp〈Sp=管〈L canna; ⇒ cane》 《類義語》 ⇒ valley.

cán·yon·ing 名 Ⓤ キャニオニング《峡谷の急流に跳び込んで下流に流されていくスポーツ》.

can·zo·ne /kænzóuni, kɑːntsóunei | kæntsóunei, -zóu-/ 名 (-**s, can·zo·ni** /kɑːntsóunei | kæntsóunei/) 〘楽〙 カンツォーネ, 民謡風歌曲. 《It =歌》

can·zo·net /kæ̀nzənét/ -tsóunet/ 名 〘楽〙 カンツォネッタ(軽い小歌曲). 《It canzonetta; ⇒ ↑, -et》

caou·tchouc /káutʃuk/ 名 Ⓤ 天然ゴム.

***cap** /kǽp/ 名 ❶ a (縁なし)帽子, キャップ; 《職業・階級などを示す》帽子, 式帽《ひさしの付いたものを含む; cap は頭部にぴったりしたもの; cf. hat》: a baseball ~ 野球帽 / a nurse's ~ 看護婦帽(白色; cf. ⑥ a) / a work ~ 作業帽 / ~ hunting cap, liberty cap. b =mortarboard 2. c 〘スポ〙《英》(国・学校などの代表に与えられる)選手帽, キャップ; (国の)代表選手: get [win] one's (first) ~ for Wales ウェールズの代表選手になる. ❷ もの上にかぶせるキャップ状のもの: a 《口》, (瓶の)口金, キャップ. b (万年筆・カメラのレンズなどの)キャップ. c 〘歯〙人工歯冠, キャップ. d (靴の)つま先, つま革. e 〘通例複合語で〙《英》ペッサリー. ⇒ Dutch cap 2. ❸ 頂上, 最高; (価格, 賃金, 支出などの)上限, シーリング: set a ~ on... に最高限度を決める. ❹ 自 雷管; ⇒ percussion cap 1. b (おもちゃのピストルの)火薬玉. ❺ (キノコの)傘. ❻ 〘建〙柱頭. ❼ 〘海〙欄帽.

(a) **cáp and bélls** (昔の)道化師の鈴付き帽(cf. fool's cap). **a féather in one's cáp** ⇒ feather 名 〘威信〙. **cáp and gówn** (学長や法曹界で用いる)正式服装. **cáp in hánd** 《口》(1) 帽子を手にして. (2) 〘通例 go [come] ~ in hand で〙うやうやしく, かしこまって, 主に願い事をする時の表現〙. **cáp of líberty** =liberty cap. **cáp of máintenance** 捧持の式帽《もと高官の表章; 現在では英国国王戴冠式の際に御前に捧持される》. **If the cáp fíts(, wéar it).** その評言に思い当たるところがあれば(自分のこととと思うがよい). **pút ón one's thínking cáp** 《口》とっくり考える, 熟考する. **sét one's cáp for [at]**... 〈女が〉〈男の〉気を引こうとする.

── 動 （**capped; cap·ping**） ❶ a 〈ものの〉いちばん上をおおう〘★通例受身〙: mountains **capped with snow** 雪におおわれた山々. b 〈器具などに〉ふた(など)をする[取り付ける]: ~ a bottle 瓶に栓をする. c 〈歯〉に人工歯冠をかぶせる(crown). d 〈…〉に上限を定める, 〈…〉を制限する, 〈…〉の支出[予算(など)]を制限する. ❸ 〈他を〉しのぐ, 〈…〉に勝る, 〈…〉のうわてを行く. ❹ 《英》〈人〉をナショナルチームに選抜する〘★通例受身〙. ❺ 〈物事〉を完成する, 仕上げる, 〈一連の出来事〉の最後となる, 幕を下ろす, 〈…〉を締めくくる: This speech ~s a month of canvassing. 1 か月の遊説もこの演説で終わりだ. ❻ a 〈帽子〉を保護物として〈人〉に帽(子)をかぶらせる[許す]: ~ a nurse 《米》〈看護婦学校の卒業生に〉看護婦帽(nurse's cap)をかぶらせる, 看護婦の資格を与える. b 〈スコ〉〈人〉に学位を授ける.

to cáp it áll (一連の出来事のあとに)その上さらに, あげくの果てに.

《OE＜L＜caput 頭; cf. cape¹, capital¹, capitulate, captain, chapter; chef, chief; achieve, mischief》

cap. (略) capacity; capital; capitalize; captain; caput (ラテン語=chapter).

Cap·a /kǽpə/, **Robert** 名 キャパ(1913-54; ハンガリー生まれの米国の報道写真家).

***ca·pa·bil·i·ty** /kèipəbíləti/ 名 ❶ a Ⓒ,Ⓤ 能力, 才能, 手腕, (…)できること; (ものの)特性, 性能: evaluate the ~ of a person 人の才能を評価する / Does she have the ~ for the job? 彼女にはその仕事をするだけの能力がありますか / He showed ~ in handling the negotiations. 彼は交渉をさばくことに手腕をみせた / 〘+to do〙 He had no ~ to deal with the matter. 彼はその事を処理する能力がなかった. b 〘通例複数形で〙能力[才能]の範囲: beyond [within] a person's capabilities 能力の範囲を超えて[範囲内で]. ❷ Ⓤ 〘修飾語を伴って〙(国家のもつ)戦闘能力, 戦備状況: nuclear ~ 核(戦争)能力. 《capable》

***ca·pa·ble** /kéipəbl/ 形 （**more ~; most ~**）❶ 〈人が〉有能な, 〈…〉の能力[才能]がある（⇔ incapable）: a ~ mechanic 有能な修理工 / He's ~ as a mechanic. 彼は修理工として有能だ / He's ~ of winning the match. 彼はその試合に勝つ力量がある. ❷ Ⓟ ~ of … が可能で: This truck is ~ of carrying 10 tons of cargo. このトラックは 10 トンの荷を運ぶことができる. ❸ Ⓟ 〈もの・人が〉〈…〉のできる余地がある: The situation is ~ of improvement. 事態は改善の余地がある. ❹ Ⓟ 〈人が〉〈…〉をしかねなくて: He's ~ of (doing) anything. 彼はどんなことでもやりかねない男だ. **-bly** /-pəbli/ 副 うまく, 上手に. 《L＜capere 取る, つかむ; cf. capture》《類義語》⇒ able.

ca·pa·cious /kəpéiʃəs/ 形 ❶ 〈戸棚・バッグなど〉容量のある; 大きい: a ~ handbag 大きなハンドバッグ. ❷ 包容力のある: He has a ~ mind [memory]. 彼は包容力のある精神[豊かな記憶力]の持ち主だ. 《L capax, capac- + -ous; ⇒ capacity》

ca·pac·i·tance /kəpǽsətns/ 名 Ⓤ 〘電〙静電[電気]容量(略 C).

ca·pac·i·tate /kəpǽsətèit/ 動 ❶ 〈人を〉〈…すること〉ができるようにする: ~ a person for (doing) a task 人に仕事ができるようにする / ~ a person to pay his debts 人を借金が払えるようにする. ❷ 〈…〉を法的に適格にする. ❸ 〘生理〙〈精子の〉受精能を獲得させる.

ca·pac·i·tive /kəpǽsətiv/ 形 〘電〙容量性の.

ca·pac·i·tor /kəpǽsətə, -tə-/ 名 〘電〙蓄電器, コンデンサー.

‡**ca·pac·i·ty** /kəpǽsəti, -sti, -səti/ 名 ❶ Ⓤ,Ⓒ 収容力, 最大限度: The auditorium has a seating ~ of 800. 講堂は座席数で 800 人分の収容力がある / be filled to ~ 満員である. b 容量; 容積: This drum has a ~ of 60 gallons (a 60-gallon ~). このドラム缶は 60 ガロンの容積である. ❷ Ⓤ,Ⓒ a 才能, 能力, 力; 受容力, 理解力: a person of great ~ 才能の豊かな人, 度量の大きい人 / beyond one's ~ 自分の能力[理解力]を超えて / He has a great ~ for mathematics. 彼には非常な数学の才がある / 〘+to do〙 one's ~ to perform one's duties 職務を遂行する能力 / have ~ to pay 支払い能力がある. b Ⓤ,Ⓒ 〈…〉に対する適応力, 耐久力; 性能, 素質: a ~ for resisting heat 耐熱性. ❸ Ⓤ 〘また ~〙 (工場などの)(最大)生産[産出]力: expand plant ~ 工場の生産力を拡大する / at (full) ~ フル稼動[操業]で. ❹ Ⓒ 〘通例単数形で〙資格, 立場; 〘法〙法的資格: in an official ~ 公的な資格で / in one's ~ as a critic=in the ~ of a critic 批評家という立場で. =capacitance. ── 形 Ⓐ 収容力いっぱいの, 最大限度の; 満員の: a ~ audience [crowd] 満員の聴衆 / a ~ house 満員の会場 / (a) ~ yield 最大産出高. 《F＜L＝容量; 理解力; cf. capax, capac- 広い; 才能のある《capere 取る, つかむ; cf. capture》

ca·par·i·son /kəpǽrəs(ə)n/ 名 ❶ Ⓒ 〘通例複数形で〙(昔の, 馬・騎士などの)盛装. ❷ Ⓤ 豪華な衣装. ── 動 他 盛装させる〘★通例受身〙.

*cape¹ /kéɪp/ 图 岬: the C~ of Good Hope 喜望峰.〖F cap < Prov < L caput 頭; cf. cap〗

cape² /kéɪp/ 图 ❶ (婦人服の)ケープ. ❷ (軍隊などの)肩マント.〖F < Prov < L; ↑〗

Cápe Canáveral 图 ケープカナベラル《米国 Florida 州東海岸の岬; ミサイル・人工衛星の実験基地; 旧名 (1963-73) Cape Kennedy》.

Càpe Cód 图 ケープコッド《米国 Massachusetts 州南東部の岬》.

Cápe Cólony 图 ケープ植民地 (⇒ Cape Province.)

Cápe gòoseberry 图〖植〗シマホオズキ (熱帯産).

Cápe hèn 图〖鳥〗オオクロミズトドリ.

Cápe Hórn 图 ホーン岬《南米の最南端の岬; チリ領; the Horn ともいう》.

Cápe húnting dòg 图〖動〗リカオン《アフリカの野生犬; 群れをなして生活し狩りをする》.

Cápe jàsmine [jèssamine] 图〖植〗クチナシ.

cap·e·lin /kǽp(ə)lɪn/ 图〖魚〗カラフトシシャモ.

ca·pel·la /kəpélə/ 图〖天〗カペラ (馭者の)座のα星).

cap·pel·li·ni /kæpəlíːni/ 图 Ⓤ カペッリーニ《極細パスタ》.

Cápe prímrose 图 =streptocarpus.

Cápe Próvince 图 ケープ州《南アフリカ共和国南部の旧州; かつては英国の植民地で Cape Colony といった; 1994年に Eastern Cape, Northern Cape, Western Cape 州に分かれている》.

+ca·per¹ /kéɪpə│-pə/ 動 ❶ (陽気にふざけて)はね回る 《about》(cavort). — 图 ❶ (口) 悪ふざけ, いたずら, 狂態. ❸〖俗〗(盗みなどの)犯罪[違法]行為.

cút capers [a cáper] (陽気に)はね回る; ふざけ散らす.〖CAPRIOLE〗

ca·per² /kéɪpə│-pə/ 图 ❶〖植〗セイヨウフウチョウボク《地中海沿岸産》. ❷ 《複数形で》ケーパー《セイヨウフウチョウボクのつぼみの酢漬け; ソースなどの味付け用》.

cap·er·cail·lie /kæpəkéɪl(j)i│-pə-/ 图〖鳥〗キバシオオライチョウ, ヨーロッパオオライチョウ (ライチョウ (grouse) 類で最大の鳥).

cap·er·cail·zie /kæpəkéɪlzi│-pəkéɪl(j)i, -kéɪlzi/ 图 =capercaillie.

Ca·per·na·um /kəpə́ːniəm│-pə́ː-/ 图 カペルナウム《パレスチナの古都; Galilee 湖北西岸; キリストのガリラヤ伝道の中心地》.

cáper spùrge 图〖植〗ホルトソウ《地中海地方・西南アジア原産のトウダイグサ科の二年草; 種子は有毒で漢方薬にも用いられる; 北米にも帰化》.

cápe·skin 图 ❶ Ⓤ ケープスキン《南アフリカ産の羊の革》. ❷ Ⓒ ケープスキン製品.

Ca·pet /kéɪpət, kæpéɪ│kæpət/, Hugh 图 カペー(938?-996; フランス王 (987-996); カペー朝の祖).

Ca·pe·tian /kəpíːʃən/ 图〖史〗(987-1328年間のフランスの)カペー朝の(人[支持者]) (cf. Carolingian, Merovingian).

Cápe Tòwn 图 ケープタウン《南アフリカ共和国の立法府所在地; cf. Pretoria》.

Càpe Vérde /-və́ːd│-və́ːd/ 图 カボベルデ《アフリカ西部大西洋上の群島から成る共和国; 首都 Praia》.

cap·ful /kǽpfʊl/ 图 キャップ1杯(の量): a ~ of cough syrup 咳止めシロップのキャップ1杯分.

ca·pi·as /kéɪpiəs/ 图〖法〗拘引状, 令状.

cap·il·lar·i·ty /kæpəlǽrəti/ 图 Ⓤ〖理〗毛管現象.

+cap·il·lar·y /kǽpəlèri│kəpílərɪ/ 图 毛細(血)管.
— 图 ❶ 毛状の; 毛管(現象)の: ~ action 毛管作用[現象] / a ~ tube 毛(細)管 / a ~ vessel 毛細血管.〖L capillus 髪〗

cápillary áction 图 Ⓤ〖理〗毛管現象 (capillarity).

cápillary attráction 图 Ⓤ〖理〗毛管引力.

cápillary jóint 图 毛管ジョイント《2本のパイプの接合法; わずかに大きめのパイプに端を差し込み, すきまをはんだ付けした接合部》.

*cap·i·tal¹ /kǽpətl/ 图 ❶ Ⓒ 首都; 州都: the ~ of France フランスの首都. b 《ある活動の》中心地: the ~ of American finance アメリカの金融の中心地. ❷ Ⓒ 頭文字, 大文字: in ~s 大文字で. ❸ a Ⓒ 資本, 資産: ⇒

261 **Capitol**

CIRCULATING capital, FLOATING capital, FIXED capital / foreign ~ 外資. b Ⓤ 《また a ~》資本金, 元金 (principal): ~ and interest 元金と利子 / pay 5% interest on ~ 元金に5分の利息を支払う / start a business on borrowed ~ [on a borrowed ~ of two million yen] 借りた金と資本金にして [200万円の借金で]事業を始める. c Ⓤ〖利益〗の元, 源泉, 資源. ❹ Ⓤ 資本家(階級): the relations between ~ and Labor 労資関係. màke cápital (òut) of... を利用する, …に乗じる.
— 图 ❶ (比較なし) ❶ a 主要な, きわめて重要な: a ~ ship 主力艦 / an issue of ~ importance 非常に重要な問題. b 《都市など首位の, 政府所在地の: a ~ city 首都. ❷ a 《文字が大文字の: a ~ letter 大文字 (↔ small letter). b まったくの, 正真正銘の (★ with a ~ … の形で, …の前に強調する名前の最初の文字を大文字でつける): culture with a ~ C 正真正銘の[本格的な]文化. ❸ 資本の: a ~ fund 資本金 / ~ assets〖会計〗資本の資産. ❹ 《口》すばらしい, 見事な, 大変よい: a ~ book 非常に良書 / a ~ dinner すばらしいごちそう. ❺ a 《罪などで死(刑)に値する, 生命にかかわる: a ~ crime [offense] 死刑に値する犯罪 / the ~ sentence 死刑宣告 / ~ capital punishment. b 《失敗・過失などで》致命的な, 重大な, ひどい: a ~ mistake 大失策 / ~ sins 大罪. — 間 すてき!, りっぱ!, よろし!〖L=生命の[にかかわる] < caput 頭; cf. cap〗

cap·i·tal² /kǽpətl/ 图〖建〗柱頭.〖L ↑〗

cápital consúmption 图〖経〗資本減耗《生産活動による有形固定資産の消耗》.

cápital expénditure 图 Ⓤ《また a ~》〖会計〗資本支出《土地・建造物などの固定資産に対する支出》.

+cápital gáin 图 Ⓤ〖経〗資本利得, 固定資産売却益.

cápital gáins tàx 图 資本利得税《略 CGT》.

cápital góods 图 資本財《商品生産のために用いられる機械類など; ↔ consumer goods》.

cápital-inténsive 形 資本を多く要する, 資本集約的な (cf. labor-intensive).

cápital invéstment 图 Ⓤ 資本投資.

*cap·i·tal·ism /kǽpətəlɪzm│kǽpət-, kəpít-/ 图 Ⓤ 資本主義.

*cap·i·tal·ist /-lɪst/ 图 ❶ a 資本家. b 金持ち. ❷ 資本主義者. — 图 資本主義的な; 資本主義の.

cap·i·tal·is·tic /kæpətəlístɪk⁻/ 图 ❶ 資本主義者的な, 資本主義の. ❷ 資本家的な. -ti·cal·ly /-tɪkəli/ 副 資本主義的に, 資本家的に.

cap·i·tal·i·za·tion /kæpətəlɪzéɪʃən│-laɪz-/ 图 ❶ Ⓤ a 現金化. b 投資. c 資本化. ❷ Ⓤ《また a ~》 a 資本見積額, 現資計上額. ❸ Ⓤ 大文字使用.

+cap·i·tal·ize /kǽpətəlaɪz/ 動 ❶ 《資金を》現金化する. ❷ b 《企業に》資金を供給する, 投資する. c 《剰余金などを》資本に組み入れる, 資本化する. ❷ 《会社の》資本金を見積もる. ❸ 《語を》大文字で始める; 《文字を》大文字で書く[印刷する]. cápitalize on... 《物事を利用する: ~ on another's mistake [weaknesses] 他の人の誤り[弱点]につけこむ.〖CAPITAL¹ + -IZE〗

cápital lévy 图 資本課税.

cáp·i·tal·ly /-təli/ 副 ❶ 《英》すばらしく, 見事に. ❷ 極刑で: punish a person ~ 人を極刑[死刑]で処刑する.

cápital màrket 图 資本市場, 長期金融市場.

+cápital púnishment 图 Ⓤ 死刑, 極刑.

cápital stóck 图 Ⓤ (会社の)株式資本.

cápital súm 图 Ⓤ (保険の)支払い最高額.

cápital térritory 图 首都圏.

cápital tránsfer tàx 图 Ⓤ,Ⓒ《英》贈与税《1974-1986までの期間, 生前贈与と相続に課税; 1986年から inheritance tax に代わった》.

cap·i·ta·tion /kæpətéɪʃən/ 图 ❶ Ⓤ 頭割り(計算). ❷ Ⓒ 人頭税. b 頭割り料金.

capitátion grànt 图 (教育などの)人頭補助金.

Cap·i·tol /kǽpətl/ 图 ❶ a [the ~] 米国連邦議会議事堂 (Washington, D.C. にある). b Ⓒ《通例 c~》(米国

)の州議会議事堂. ❷ [the ~] カピトリウム《古代ローマのCapitoline 丘上にあった Jupiter 神殿》.《F＜L＜? *caput* 頭》

Cápitol Híll ❶ 連邦議会議事堂 (Capitol) のある小さな丘. ❷ Ⓤ 米国連邦議会 (the Hill).

Cáp·i·to·line (Hill) /kǽpətəlàɪn- | kəpít-/ 图 [the ~] カピトリウムの丘《古代ローマ七丘の一つ; 頂上に Jupiter 神殿 (the Capitol) があった》.

ca·pit·u·lar /kəpítʃʊlə | -lə-/ 形 ❶〖植・解〗capitulum の. ❷〖キ教〗参事会 (chapter) の.

ca·pit·u·lary /kəpítʃʊlèri | -ləri/ 图 ❶〖キ教〗参事会員. ❷ [複数形で] (特にフランク王国の) 法令集.

⁺**ca·pit·u·late** /kəpítʃʊlèɪt/ 自動 ❶ (不本意ながら)…に屈服する, 従う (yield): He ~*d to* his wife's pleas. 彼は (しぶしぶ) 妻の嘆願を聞き入れた. ❷ (条件付きで) 降伏する (*to*) (surrender).《L=章を立てて書く＜*capitulum* 章, 条項; ⇒ chapter》

ca·pit·u·la·tion /kəpìtʃʊléɪʃən/ 图 ❶ Ⓤ 服従 (*to*). ❷ **a** Ⓒ (条件付き) 降伏 (*to*). **b** Ⓒ 服従文書. ❸ Ⓒ (政府間協定の) 合意事項.

ca·pit·u·lum /kəpítʃʊləm/ 图 (徴 -la /-lə/) ❶〖植〗頭状花序; 〈大型菌類の〉 傘. ❷〖解〗(骨) 小頭.

cap·let /kǽplət/ 图 カプレット, キャプレット《カプセル型の錠剤》.

cap·lin /kǽplɪn/, **cap·ling** /-lɪŋ/ 图 =capelin.

cap'n /kǽp(ə)n/ 图〖俗〗=captain.

ca·po¹ /kéɪpoʊ/ 图 (徴 ~s) カポ《ギターなどの全部の弦のピッチを同時に上げるために指板に取り付ける器具》.

ca·po² /káː poʊ/ 图 (徴 ~s) (米俗) (マフィアの) 支部長.

Ca·po·di·mon·te /kàːpoʊdɪmánti | -mɔ́n-/ 图 Ⓤ カポディモンテ磁器《18世紀以降に Naples 市北部の Capodimonte で作られた装飾的な磁器・磁器像》.

ca·po·ei·ra /kàːpoʊéɪrə/ 图 Ⓤ カポエイラ《ブラジルで行なわれる男性の舞踊; 護身と踊りの両面をもつ》.

ca·pon /kéɪpɑn | -p(ə)n/ 图 (去勢した) 食用おんどり.

ca·po·na·ta /kàː pənáː tə/ 图 Ⓤ カポナータ《イタリアのナス料理の一種; しばしば前菜や付け合わせとして食べる》.

Ca·po·ne /kəpóʊn/, **Al(phonso)** 图 (アル) カポネ《1899-1947; ナポリ生まれの米国のマフィアの首領》.

ca·po·nier /kæpəníə | -níə-/ 图 要塞の堀にかかる屋根付き通路.

ca·pot /kəpɑ́t | -pɔ́t/ 图 (piquet¹ で) 全勝.

ca·pote /kəpóʊt/ 图 フードの付いたコート [クローク].

Ca·po·te /kəpóʊti | -póʊ-/, **Truman** 图 カポーティ《1924-84; 米国の小説家》.

cáp·per 图〖米俗〗 おさめつけ (の冗談), (笑い話などの) おち.

cap·puc·ci·no /kæptʃíː noʊ/ 图 (徴 ~s) カプチーノ《泡立った熱い牛乳またはクリームを加え, 時にシナモンで香りをつけたエスプレッソコーヒー》.《It; 元来は「カプチン会修道士」の意; 服の色との類似から》

Ca·pra /kǽprə/, **Frank** 图 キャプラ《1897-1991; 米国の映画監督・制作者》.

Ca·pri /kæpríː, kɑː-/ 图 カプリ《イタリアのナポリ湾入口の風光明媚 (ぴ) な島》.

ca·pric·cio /kəpríː tʃioʊ/ 图 (徴 ~s)〖楽〗カプリッチオ, 奇想曲.《It; ⇒ caprice》

ca·pric·cio·so /kəprìː tʃióʊsoʊ/ 形〖楽〗カプリチョーソ, 奇想的な (に).

ca·price /kəpríː s/ 图 ❶ **a** Ⓤ 気まぐれ, むら気; 気まぐれ (whim): from [out of] ~ 気まぐれから. **b** Ⓒ 予想 [説明] しにくい急変: With a sudden ~ of the wind the boat was turned over. 突然風向きが変わったのでボートは転覆した. ❷ =capriccio.《F＜It *capriccio* 気まぐれ》

ca·pri·cious /kəpríʃəs/ 形 ❶ 気まぐれな, 移り気な: one's ~ behavior 人の気まぐれなふるまい. ❷ 急変しがちな: a ~ wind 変わりやすい風. **~·ly** 副 **~·ness** 图

⁺**Cap·ri·corn** /kǽprɪkɔ̀ː n/ 图 ❶ やぎ座, 山羊 (ぷ) 座 (the Goat). ❷ 占星 **a** Ⓤ やぎ宮, 磨羯 (まっ) 宮 (cf. the signs of the ZODIAC 成句). **b** Ⓒ やぎ座生まれの人. **the trópic of Cápricorn** ⇒ tropic 成句.《L＜*caper*, *capr*- ヤギ＋*cornu* 角》

ca·prine /kǽpraɪn/ 形 ヤギ (goat) の (ような).

cap·ri·ole /kǽprioʊl/ 图 ❶ (ダンスなどの) 跳躍. ❷ [馬] カプリオール (垂直跳躍). ── 自動 とびはねる; 〈馬が〉 カプリオール (垂直跳躍) をする.《F＜It=はね回り》

Ca·prí pànts /ⓐ/ カプリパンツ《女性用で足首まである先細りのズボン》.

Ca·pris /kæpríː z, kɑː-/ 图 ⓐ =Capri pants.

cap·ro·ate /kǽproʊèɪt/ 图 Ⓤ〖化〗カプロン酸塩 [エステル].

ca·pró·ic ácid /kəpróʊɪk-/ 图 Ⓤ〖化〗カプロン酸.

cap·ro·lac·tam /kæproʊlǽktæm/ 图 Ⓤ〖化〗カプロラクタム《白色の結晶体化合物; ナイロンの原料》.

caps. (略) capital letters.

cap·sa·i·cin /kæpséɪɪsɪn/ 图 Ⓤ〖化〗カプサイシン《トウガラシの果実の辛味成分》.

Cap·si·an /kǽpsiən/ 形〖考古〗カプサ文化 (期) の《南欧・北アフリカの旧石器時代後期・中石器時代初期の文化》.《L *Capsa* 遺跡があるチュニジアの Gafsa の旧名》

cap·si·cum /kǽpsɪkəm/ 图〖植〗トウガラシ (の実).

cap·sid¹ /kǽpsɪd/ 图〖生〗カプシド《ウイルスの核酸を包む蛋白質の外殻》. **~·al** /-dl/ 形

cap·sid² /kǽpsɪd/ 图〖昆〗カスミカメムシ科の各種の昆虫《植物の害虫》.

⁺**cap·size** /kǽpsaɪz, -́-́ | -́-́/ 自動〈船などが〉 ひっくり返る, 転覆する. ── 他動〈船などを〉 ひっくり返す, 転覆させる (overturn).

cáp sléeve 图 キャップスリーブ《肩から少々出た非常に短いそで》.

cap·stan /kǽpstən/ 图 ❶〖海〗キャプスタン, 車地 (＜°ち), 絞盤. ❷ キャプスタン《テープレコーダーでテープを定速走行させる回転体》.

cápstan láthe 图 タレット旋盤 (turret lathe).

cáp·stone 图 ❶ (石柱・石壁などの) 笠 (ｶ) 石, 冠石. ❷ 最高点, 頂点: the ~ *of* one's political career 人の政治生活の絶頂.

cap·su·lar /kǽpsələ | -sjʊlə-/ 形 カプセルの (ような).

cap·su·late /kǽpsəlèɪt | -sjʊ-/, **-lat·ed** /-tɪd/ 形 カプセルになった [入った].

⁺**cap·sule** /kǽps(ə)l, -su:l | -sju:l/ 图 ❶ (薬を入れる) カプセル. ❷〖空・宇宙〗カプセル《乗員や計器類を収容したまま飛行機やロケットから分離できる部分》: ⇒ space capsule. **b** =time capsule. ❸〖解〗被膜, 囊 (゜). ❹〖植〗蒴 (さく). ❺ 要約, 概要: He repeated his chief demands in ~. 彼は主な要求をかいつまんでもう一度言った《★ in ~ は無冠詞》. ── 形 Ⓐ ❶ 小型の. ❷ 要約した. ── 他動 ❶〈ものを〉カプセルに入れる. ❷〈ニュースなどを〉要約する.《F＜L=小箱 ＜*capsa* 箱; cf. case²》

cap·sul·ize /kǽpsəlàɪz | -sjʊ-/ 他動 =capsule.

Capt. (略) Captain.

*⁺**cap·tain** /kǽptən/ 图 ❶ **a** 船長, 艦長, 艇長; 部隊長, 指揮官. **b** (飛行機の) 機長 (通例上級パイロット). **c** (チームの) 主将, キャプテン; 組長, 団長, 班長. **d** (米) (警察の) 警部 (⇒ police 解説). **e** (消防管区の) 隊長. **f** (米) (ホテルの) ボーイ長; (レストランの) 給仕長. ❷ **a** 大物, 大立者: a ~ *of* industry 大実業家, 大企業家. **b** (昔の) 名将, 名指揮官. ❸ 【米】陸軍大尉; 海軍大佐; 空軍大尉. ── 他動〈船・飛行機・チームなどの〉船長 [機長, 主将 (など)] をする; …を統率する, 率いる: Who will ~ the team? だれがチームの主将となるのか.《F＜L=長, かしらく*caput* 頭; cf. cap》

cáp·tain·cy /-si/ 图 Ⓒ Ⓤ captain の地位 [職, 任期]; captain としての資格, 統率力.

cáptain géneral 图 (徴 **cáptains gén-**, ~**s**)〖軍〗総司令官, 司令長官;《英》(砲兵隊の) 名誉将校.

cáp·tain·ship /-ʃɪp/ 图 =captaincy.

*⁺**cap·tion** /kǽpʃən/ 图 ❶ (写真, さし絵の) 説明文, キャプション, ネーム. ❷ (映画・テレビの) 字幕. ❸〖法〗(文書の) 頭書 (白). ── 他動〈さし絵などに〉説明文をつける. ❷〈…に〉字幕をつける.《L=捕らえること＜*capere*, *capt*- 取る, つかむ; cf. capture》

cap·tious /kǽpʃəs/ 形 あら捜しする, けちをつけたがる, あげ

足とりをする. ~・ly 副 ~・ness 名

+**cap・ti・vate** /kǽpəvèɪt/ 動 〈人を〉魅惑する, うっとりさせる《★しばしば受身》: The children *were* ~*d* by the story. 子供たちはその物語を聞いてうっとりした. 《CAPTIVE+-ATE²》

cáp・ti・vàt・ing /-ṭɪŋ/ 形 人の心をとらえるような, 魅惑的な. ~・ly 副

cap・ti・va・tion /kæptəveɪʃən/ 名 Ⓤ ❶ 魅惑(すること), 魅了. ❷ 魅惑された状態, 恍惚状態.

****cap・tive** /kǽptɪv/ 形 (**more** ~; **most** ~) ❶ (比較なし) 捕らえられた, とらわれた, 捕虜(ﾘｮ)の, 縛られた, 閉じ込められた; 自由に移動できない: ~ (wild) animals 捕えられた［飼育下に置かれた］野生動物 / take [hold] a person ~ 人を捕虜にする［しておく］. ❷ (話・宣伝などを)いやおうなしに聞かされる［見させられる］, 逃げようのない ~ audience いやでも聞かなければ［見なければ］ならない聴衆, 「囚(とら)われの聴衆」. ❸ 〔設備など〕独占的に管理［利用］される, 専有［専用］の. ❹ (比較なし)〈人かに心を奪われた, 魅せられた, とりこになった. ― 名 ❶ 捕虜, 監禁されている人; 捕らわれた動物《→ captor》. ❷ [恋などの]とりこになった人, [...に]魅了された人《*to, of*》. 《L=とらわれの〈*capere, capt-* 取る, つかむ; *capture*》

cáptive ballóon 名 係留気球.

+**cap・tiv・i・ty** /kæptívəṭi/ 名 Ⓤ とらわれ(の身), 監禁; 束縛: hold [keep] a person in ~ 人を監禁［束縛］する.

+**cap・tor** /kǽptɚ | -tə/ 名 捕らえる人, 逮捕者, 捕獲者《↔ captive》.

****cap・ture** /kǽptʃɚ | -tʃə/ 動 他 ❶ **a** 〈人などを〉捕らえる, 捕獲する; 捕虜にする: ~ three of the enemy 敵兵3名を捕虜にする / ~ a ship 船を捕獲する. **b** 〈要塞・敵陣などを〉占領する, 攻略する. ❷ 〈賞品などを〉獲得する, 取る(win): ~ a prize 賞品を獲得する. ❸ 〈心・関心・注意を〉とらえる, 魅了する: Her work ~*d* the boss's attention. 彼女の仕事ぶりは上司の目を引いた. ❹〈ものを/画像や言葉で〉とらえる, 保存する: ~ the beauty of the Alps on canvas 画布にアルプスの美しさを残す / ~ ...on video [film] ...をビデオ［フィルム］におさめる［残す］. ❺ 〔電算〕〈データを〉検索して捕捉する, つかまえる;〈画像などを〉取り込む, キャプチャーする. ❻ 〔電算〕 ❶ ❶ 捕獲, 逮捕; ぶんどり, 略奪. **b** 捕獲物［動物］; ぶんどり品, 捕獲船. ❷〔電算〕捕捉: ⇒ data capture. 《L=捕獲〈*capere, capt-* 取る, つかむ; cf. capable, caption, captive; accept, conceive, deceive, except, inception, intercept, perception, susceptible; conceive, deceive, perceive, receive; anticipate, municipal, participate; occupy, recuperate》【類義語】⇒ catch.

Cap・u・chin /kǽpjʊʃɪn, -tʃɪn/ 名 ❶ (フランシスコ会の一派の)カプチン会修道士(長頭巾を用いる). ❷ [c~] フード付き婦人用マント. ❸ [c~] 〔動〕オマキザル属の各種, (特に)ノドジロオマザル《中米・南米産; 頭頂部の毛が修道士のフードに似る》. ❹ [c~] カプチン(頭と首にフード状の羽の生えた品種の家バト).

cap・y・ba・ra /kæpɪbǽrə | -báːrə/ 名 〔動〕カピバラ, ミズブタ(南米の川辺にすむ, 体長がしばしば 1.2 m を超える齧歯(ゲッ)類中最大の動物).

‡**car** /káɚ | káː/ 名 ❶ 自動車, 車《★バス・トラック・タクシーは car と呼ばない; travel by ~ 自動車で旅行する《★無冠詞》 / go for a drive in one's ~ (自分の)車でドライブに出かける / drive a ~ 車を運転する / get into a ~ 車に乗る / get out of a ~ 車から降りる. ❷〔通例複合語で〕**a**《米》鉄道車両, 客車, 貨車: a 16-car train 16 両連結の列車 / a passenger ~ 客車 / a subway ~ 地下鉄車両. **b**《英》(特殊)車両, 一車.《関連》客車には carriage, 公式には coach, 貨車には wagon, 手荷物車には van を用いる》: ⇒ buffet car, restaurant car. ❸ 軌道車: ⇒ streetcar. ❹ 〔古〕(エレベーターの)箱. **b** (飛行船・ロープウェーなどの)つりかご, ゴンドラ. 《F<L《四輪の荷馬車; cf. career, cargo, caricature, carry, charge, chariot, discharge》

car・a・bi・neer, car・a・bi・nier /kærəbɪníɚ | -níə/ 名 騎銃兵《cf. carbine》.

car・a・bi・ner /kærəbíːnɚ | -nə/ 名 〔登山〕カラビナ(ピトンの穴とザイルをつなぐ長円形または D 字型の金属環).

ca・ra・bi・nie・re /kærəbənjéɪəreɪ/ 名《(複) **-ri** /-riː/》(イタリアの)警察官.

car・a・cal /kǽrəkæl/ 名 〔動〕カラカル(アフリカ・アジア産の, キツネよりやや大きい夜行性のヤマネコ).

car・a・ca・ra /kærəkáːrə/ 名 〔鳥〕カラカラ(南米産の足が長い肉食のハヤブサ).

Ca・ra・cas /kərɑ́ːkɑːs, -rǽk-/ カラカス(ベネズエラ (Venezuela) の首都).

car・a・cole /kǽrəkòʊl/ 名 動 《馬》半旋回(する).

car・a・cul /kǽrəkəl/ 名 =karakul.

ca・rafe /kəræf/ 名 (通例ガラス製の)水差し, ぶどう酒入れ.

cár alárm 名 自動車盗難警報装置.

ca・ram・ba /kɑːrǽmbɑː/ 間 チェッ, いまいましい, これは, エッ, ヘー (いらだち・驚きの発声).

car・am・bo・la /kærəmbóʊlə/ 名 ❶ 〔植〕ゴレンシ, ヨウトウ, カランギョー(ラ)(東南アジア原産カタバミ科の果樹). ❷ ゴレンシの実(5本の稜があり, 横断面は星形, star fruitともいう).

+**car・a・mel** /kǽrəm(ə)l/ 名 ❶ Ⓒ キャラメル. ❷ Ⓤ カラメル, 焼き砂糖(着色料, またプディングなどの味付け料). ❸ Ⓤ カラメル色(淡褐色).

car・a・mel・ize /kǽrəməlàɪz/ 動 他 カラメルにする; 〈...に〉カラメルをつける. ― 自 カラメルになる.

car・a・pace /kǽrəpèɪs/ 名 (カメ類の)背甲, 甲羅. (エビ・カニなどの)甲皮.

+**car・at** /kǽrət/ 名 ❶ カラット(宝石の衡量単位で200 mg). ❷《英》=karat 1(略 ct.).

Ca・ra・vag・gio /kærəváːdʒioʊ/, **Michelangelo da** 名 カラヴァッジョ(1571?-1610; イタリアの画家; 本名 Michelangelo Merisi), バロック様式の創始者). **Ca・ra・vag・gesque** /kærəvəːdʒésk⁺/ 形

+**car・a・van** /kǽrəvæn/ 名 ❶ 《英》(自動車で牽引する)移動住宅, トレーラー(《米》trailer). ❷ (ジプシー・サーカス団などの)ほろ馬車. ❸ (砂漠の)隊商, キャラバン. ― 自 (car・a・vanned,《米》-vaned; car・a・van・ning,《米》-van・ing)《英》トレーラーで旅をする［生活する］. 《F<Pers=隊商》

cár・a・vàn・ner 名 caravan で旅する人;《英》トレーラーを引いてキャンプに行く人.

cáravan pàrk [sìte] 名《英》トレーラーハウスキャンプ場 (《米》trailer park).

car・a・van・sa・ry /kærəvǽns(ə)ri/ 名 ❶ 隊商宿(広い中庭がある). ❷ 旅館, ホテル.

car・a・van・se・rai /kærəvǽnsərài/ 名 (複 **~s, ~**) = caravansary.

car・a・vel /kǽrəvèl/ 名 キャラベル(船) (15-16 世紀にスペイン人・ポルトガル人が用いた軽快な帆船).

car・a・way /kǽrəwèɪ/ 名 ❶ 〔植〕キャラウェー, ヒメウイキョウ. ❷ Ⓤ キャラウェーの種(芳香があり香辛料として用いられる).

cáraway sèed 名 ❶ 〔複数形で〕キャラウェーの実. ❷ =caraway 2.

carb¹ /káɚb | káːb/ 名《口》=carburetor.

carb² /káɚb | káːb/ 名《米》〔通例複数形で〕炭水化物 (carbohydrate)を多量に含む食品.

car・ba・mate /káɚbəmèɪt | káː-/ 名 〔化〕カルバミン酸塩(エステル).

carb・an・ion /kaɚbǽnàɪən | kaː-/ 名 〔化〕カルボアニオン(炭素陰イオン; cf. carbonium).

cár・bàrn 名《米》電車［バス]車庫.

car・ba・ryl /káɚbəril | káː-/ 名 Ⓤ カーバリル(広範囲殺虫剤). 《*carb*amate+*aryl*》

car・bide /káɚbaɪd | káː-/ 名 Ⓤ 〔化〕カーバイド, 炭化カルシウム.

car・bine /káɚbiːn, -baɪn | káːbaɪn/ 名 ❶ カービン銃. ❷〔昔の〕騎兵銃(短銃身).

car・bo- /káɚboʊ | káː-/〔連結形〕「炭素 (carbon)」.

càr・bo・cát・i・on /-kǽtaɪən/ 名 〔化〕カルボカチオン (carbonium ion の別称).

car・bo・hy・drate /kàːbouháidreit | kàː-/ 图 ❶ ⓊⒸ【化】炭水化物, 含水炭素. ❷ ⓒ [通例複数形で] 炭水化物を多く含む食品.

car・bol・ic /kɑːbɑ́lik | kɑː-bɔ́l-/ 形【化】コールタール性の: ~ acid 石炭酸 / ~ soap 石炭酸せっけん.

cár bòmb 图 (テロで用いられる)自動車爆弾.

*car・bon /káːb(ə)n | kàː-/ 图 ❶ Ⓤ【化】炭素 (記号 C). ❷ a ⓒ (複写用の)カーボン紙. b =carbon copy 1. ❸ ⓒ【電】炭素棒. 〖L=炭〗

car・bo・na・ceous /kàːbənéiʃəs | kàː-ˈ-/ 形 炭素質の.

car・bo・nade /kàːbənéid | kàː-/ 图 ⓊⒸ カルボナード (牛肉とタマネギをビールで煮込んだ料理).

car・bon・ate /káːbənèit | kàː-/ 图【化】炭酸塩. **bonate of lime [sóda]** 炭酸石灰[ソーダ]. ── 動 他 ❶ 炭酸塩化する; 炭化する. ❷ =aerate. **car・bon・a・tion** /kàːbənéiʃən | kàː-/ 图.

cár・bon・àt・ed /-tid/ 形 (飲み物が)炭酸入りの, 発泡性の (fizzy): ~ drinks 炭酸飲料 / ⇒ water ソーダ水.

cárbon bláck 图 Ⓤ【化】カーボンブラック《天然ガスを不完全燃焼させたときに生じる黒色の粉; 印刷インキなどの原料》.

cárbon cópy 图 ❶ (カーボン紙による)写し, カーボンコピー. ❷ 生き写し, うり二つ: He's a ~ *of* his father. 彼は父親にうり二つだ.

cárbon cýcle 图 [the ~] (生態系における)炭素循環.

cárbon-dáte 動 他 放射性炭素で年代を測定する.

cárbon dát・ing 图 Ⓤ【考古】放射性炭素年代測定法《carbon 14 を利用する》.

⁺**cárbon dióxide** 图 Ⓤ【化】二酸化炭素, 炭酸ガス《記号 CO₂》.

cárbon fíber 图 Ⓤ 炭素繊維, カーボンファイバー《軽くて強度・耐熱性にすぐれる; 補強材として利用》.

cárbon 14 /-fɔ̀ːrtíːn | -fɔ̀ː-/ 图 Ⓤ【化】炭素 14《炭素の放射性同位体; 記号 C¹⁴》.

car・bon・ic /kɑːbɑ́nik | kɑːbɔ́n-/ 形【化】炭素の: ~ acid 炭酸.

car・bon・if・er・ous /kàːbəníf(ə)rəs | kàː-ˈ-/ 形 ❶ 石炭[炭素]を生じる[含む]. ❷ [C~]【地】石炭紀[系]の (3.45 億から 2.8 億年前): the C~ *period* [*system*] 石炭紀[系]. ── 图 [the C~] 石炭紀[系].

car・bo・ni・um /kɑːbóuniəm | kàː-/ 图 《また **carbónium ìon**》【化】カルボニウム(イオン)《炭素陽イオン; cf. carbanion》.

car・bon・ize /káːbənàiz | kàː-/ 動 他 ❶ 炭化する; (焼いて)炭にする. ❷ ⟨...に⟩炭素を加える. ❸ ⟨紙の裏に⟩すすを塗る. ── 自 炭化する. **car・bon・i・za・tion** /kàːbənɪzéiʃən | kàː-bənaɪz-/ 图. 〖CARBON+-IZE〗

⁺**cárbon monóxide** 图 Ⓤ【化】一酸化炭素《記号 CO》.

car・bo・nade /kàːbənéid | kàː-/ 图 =carbonade.

cárbon pàper 图 ⓊⒸ カーボン紙《複写用》.

cárbon sìnk 图 カーボンシンク《二酸化炭素を吸収して, 地球温暖化防止に役立つと考えられている大森林地帯など》.

cárbon stéel 图 Ⓤ【冶】炭素鋼.

cárbon tàx 图 炭素税, 二酸化炭素排出税.

cárbon tetrachlóride 图 Ⓤ【化】四塩化炭素《消火剤》.

car・bon・yl /káːbənìl | kàː-/ 图【化】カルボニル(基); 金属カルボニル.

cár・bóot sàle 图《英》トランクセール《自動車のトランクに不用品がらくたを入れて持ってきて広場で売る》《米》swap meet》.

Car・bo・run・dum /kàːbərándəm | kàː-/ 图 Ⓤ【商標】カーボランダム《研磨材などとして用いる炭化ケイ素; 金剛砂》.

car・box・yl /kɑːbɑ́ksil | -bɔ́k-/ 图【化】カルボキシル(基).

car・box・yl・ic /kàːbɑksílik | kàː-/ 形.

car・box・yl・ase /kɑːbɑ́ksəlèis | kɑː-/ 图【生化】カルボキシラーゼ《カルボキシル基の脱離・添加反応を行なう酵素》.

car・box・yl・ate /kɑːbɑ́ksəlèit | kɑːbɔ́k-/ 图【化】カルボン酸塩[エステル]. ── 動 /-lèit/ ⟨有機化合物に⟩カルボキシル基を導入する. **car・box・yl・a・tion** /kɑːbɑ̀ksəléɪʃən | kɑːbɔ̀k-/ 图 Ⓤ カルボキシル化.

cárboxỳlic ácid 图【化】カルボン酸.

car・boy /káːbɔi | kàː-/ 图 カーボイ《酸などを入れる箱[かご]入りガラス瓶》.

car・bun・cle /káːbʌŋkl | kàː-/ 图 ❶【医】癰(ぅ)《皮下組織に生じる急性化膿性炎症》. ❷ カーバンクル《頂部を丸く磨いたざくろ石(宝石)》.

car・bun・cu・lar /kɑːbʌ́ŋkjulə | kɑːbʌ́ŋkjulə/ 形 癰(ぅ)(のような); 赤く炎症を起こした.

car・bu・ret /káːbjurèt, -rèt | kàːbjurèt/ 動 他《**car・bu・ret・ed**,《英》**-ret・ted; car・bu・ret・ing**,《英》**-ret・ting**》 ❶ ⟨元素⟩を炭素と化合させる. ❷ 炭素化合物を混入して⟨ガスを⟩濃厚にする.

cár・bu・rèt・ed,《英》 **-rét・ted** /-tid/ 形 気化器[キャブレター] (carburetor) のついた.

cár・bu・rè・tor,《英》 **-rét・tor** /-tə- | -tə-/ 图【機】(内燃機関の)気化器, キャブレター.

car・bu・ri・za・tion /kàːbjurɪzéiʃən | kàːbjuraɪ-/ 图 Ⓤ【冶】浸炭, 与炭.

car・bu・rize /káːbjurɑ̀ɪz | kàː-/ 動 他【冶】浸炭する.

car・ca・jou /káːkədʒùː, -ʒùː | kàː-/ 图【動】クズリ (⇒ wolverine).

⁺**car・cass, car・case** /káːkəs | kàː-/ 图 ❶ **a** (獣の)死体; (特に内臓をとった食用獣の)胴体本. **b**《俗》(人の)死体 (body); (生きている)人体. ❷ (ものの)形骸(就い), 残骸 *of*》. ❸ ⟨家屋・船舶などの⟩骨組み *of*》.

cárcass méat 图 Ⓤ 生肉《かんづめ肉に対して》.

car・ce・ral /káːsərəl | kàː-/ 形《詩・文》獄舎の.

car・cin・o・gen /kɑːsínədʒən | kɑː-/ 图【医】発癌(然)(性)物質.

car・ci・no・gen・e・sis /kàːsənoudʒénəsɪs | kàː-/ 图 Ⓤ 発癌(然)(現象).

car・ci・no・gen・ic /kàːsənoudʒénɪk | kàː-ˈ-/ 形【医】発癌(然)性の: a ~ substance 発癌(性)物質.

car・ci・noid /káːsənɔ̀ɪd | kàː-/ 图【医】類癌腫(ぶぅ), カルチノイド.

car・ci・no・ma /kàːsənóumə | kàː-/ 图《 ~s, ~・ta /-tə/》【医】癌腫(ぷぅ), 癌. 〖L<Gk *carcinos* 癌〗

car・ci・nom・a・tous /kàːsənámətəs | kàːsənɔ́m-/ 形【医】癌腫(性)の: a ~ lesion 癌の病巣.

cár còat 图 カーコート《運転者用七分丈のコート》.

*card¹ /kɑːd | kɑːd/ 图 ❶ **a** Ⓒ カード《クレジットカード, キャッシュカード, ID カードなど》, 券, 札(ふ): a membership ~ 会員証 / an application ~ 申し込みカード / ⇒ boarding card, cash card, credit card, embarkation card, phonecard. **b** あいさつ状, 招待状, 案内状, 賀状, カード: a Christmas [birthday] ~ クリスマス[バースデー]カード / ⇒ greeting card. **c** 献立表, メニュー; ワインリスト. **d** (業務用)名刺 (business card); (来訪のしるしに残す)名刺《米》calling card,《英》visiting card》: leave one's ~ at the door [with a person] (訪問のしるしに)玄関[人のところ]に名刺を置いてくる. **e** 葉書: ⇒ postcard. ❷ **a** Ⓒ (トランプの)カード, 札《[解説] 日本語の「トランプ」は「切り札」の意の trump (card) からきている》. **b** [~s; 単数または複数扱い] トランプ(遊び): play ~*s* トランプをする / be at ~*s* トランプをしている / win at ~*s* トランプで勝つ. ❸ Ⓒ **a** (特に競馬・ボクシングなどの)プログラム, (試合の)番組. **b** 人気を集めるもの, 呼び物. ❹ Ⓒ【電算】(拡張)カード (expansion card). ❺ **a** Ⓒ [修飾語を伴って] 方策, 手段, 手: play a doubtful [safe, sure] ~ 怪しげな[安全な, 確実な]手を打つ / ⇒ play one's best [strongest] CARD¹成句. **b** [the (correct) ~ で]《口》適切なもの[こと]: That's *the* ~ for it. それが肝心だ. ❻ [複数形で]《英》(雇用主が預かり退職時に返す)被雇用者の書類《国民保険カード (National Insurance card) など》: ask for one's ~*s* 退職を願い出る / get one's ~*s* 解雇される / give a person his ~*s* 人を解雇する. ❼ Ⓤ《英》厚紙, 板紙 (cardboard よりは薄い). ❽ Ⓒ《古風》風変わった人, 変人.

(hàve) a cárd ùp one's slèeve 奥の手が(ある). **hóld [háve] áll the cárds** 非常に有利な[強い]立場にある. **in the cárds**《米》多分あり[起こり]そうで《本来トランプ占いに

ちなむ]. láy one's cárds on the táble =put one's CARDS[1] on the table 《成句》. máke a cárd (トランプで1枚の札で)1回分の札(trick)を取る. Nó cards. 〖葬儀の新聞広告で〗お悔やみ状にご辞退申しあげます. on the cárds 《英口》=in the CARDS[1] 《成句》. pláy one's bést [stróngest] cárd (1) (トランプで)切り札を出す. (2) 最上の[とっておきの]手を用いる, 奥の手をとる. pláy [kéep, hóld] one's cárds to one's chést 《口》隠し立てする, 自分の手の内を明かさない. pláy one's cárds wéll [ríght, bádly] (1) (トランプで)持ち札の出し方がうまい[適切だ, 下手だ]. (2) 《口》事をうまく[適切に, 下手に]処理する. pút one's cárds on the táble (1) (トランプで)持ち札を卓上に出して手を見せる. (2) 《口》手の内[計画]を公開する, 事実をすべて明かす. pláy the..cárd (政治的駆け引きなどで)…(の問題[考え]など))を利用する, …カードを切る: pláy the terrorism [race] ~ テロ[人種]問題を巧妙に利用する. shów one's cárds (1) (トランプで)手を見せる. (2) 考え[意図]を知らせる, 腹のうちを見せる. the cárds are stácked against one ⇒ stack 動 《成句》.
— 動 他 ❶ a 〈…を〉カードに記入する. b 〈ものに〉カードをつける. ❷ 〈ゴルフで〉得点をスコアカードに記入する. ❷ 〈ゴルフで〉(得点)をあげる. 〖F<L carta, charta バピルス(紙)一枚< Gk; cf. cartel, carton, cartoon, chart〗

card[2] /káːd | káːd/ 名 ❶ すきぐし. ❷ けば立て機.
— 動 他 ❶ 〈羊毛などを〉すく. ❷ 〈布に〉けばを立てる.

car·da·mom, -mum /káːdəməm | káː-/ 名 ❶ 《植》カルダモン(熱帯アジア産のショウガ科の植物). ❷ a © カルダモンの実(その種は香味料・薬用). b U,C カルダモンの種.

cár·dan jòint /káːdæn- | káː-/ 名 《機》カルダン継手(自在継手).

cárdan shàft 名 《機》カルダン軸[シャフト](両端または一端にカルダン継手の付いたシャフト).

⁺**cárd·bòard** 名 U ボール紙, 厚紙(カードや紙箱用; cf. millboard). — 形 A ❶ ボール紙の(ような): a ~ box ボール箱. ❷ 名ばかりの, 生き生きしていない, 実質のない.

cárdboard cíty 名《英口》段ボールの町(路上生活者の集まる区域).

cárdboard cútout 名 ❶ (開くと絵の一部が飛び出す)厚紙細工の絵. ❷ 現実味のない登場人物.

cárd-càrrying 形 A ❶ 党員[会員]証をもった; 〈会員・党員などの〉正式な. ❷ 本物の, 真の: a ~ vivisectionist 真の生体解剖者.

cárd càtalog 名 《米》=card index.

cárd·er /-də | -də/ 名 ❶ すく人, けば立て職人. ❷ 梳(す)毛機, けば立て機.

cárd file 名《米》=card index.

cárd gàme 名 トランプゲーム.

cárd·hòlder 名 (クレジット)カード保有[所有]者.

car·dia /káːdiə | káː-/ 名《解》噴門(胃の入口).

⁺**car·di·ac** /káːdiæk | káː-/ 形 ❶ 心臓(病)の: ~ arrest 心臓停止 / ~ death 心臓死 / ~ surgery 心臓外科. ❷ (胃の)噴門の. — 名 心臓病患者. 〖F or L =心臓の<Gk; cf. cardia 心臓〗

car·die /káːdi | káː-/ 名《英口》カーディガン(cardigan).

Car·diff /káːdɪf | káː-/ 名 カーディフ(ウェールズ南東部の海港で, ウェールズの首都; 石炭積み出し港).

⁺**car·di·gan** /káːdɪɡ(ə)n | káː-/ 名 ❶ (また cárdigan swèater) カーディガン(前開きのセーター; cf. raglan). 〖第7代 Cardigan 伯爵; クリミア戦争(1853–56)で活躍した将軍; 着用していたジャケットから〗

Car·din /káːdɛn, -dæn | káː:dæn, -dæn/, **Pi·erre** /pjéə | pjéə/ 名 カルダン(1922– ; フランスの服飾デザイナー).

⁺**car·di·nal** /káːdɪn(ə)l | káː-/ 名 ❶ ① 枢機卿(š̀ɪ̀)(ローマ教皇(Pope)の最高顧問で新教皇を互選する; 緋の衣と緋の帽子を着ける; 称号としても用いる). ❷ U (枢機卿の衣のような)深紅, 緋色. ❸ =cardinal number. ❹ =cardinal bird. — 形 ❶ きわめて重要な, 基本的な, 主要な: a ~ principle 基本原則 / of ~ importance きわめて重要な. ❷ 深紅の, 緋(♡)の. 〖L=ちょうつがいの, かなめの, 主要な〗

265 care

car·di·nal·ate /káːdənəlèɪt | káː-/ 名《カト》枢機卿の職[地位, 権威].

cárdinal bírd 名《鳥》ショウジョウコウカンチョウ(猩々紅冠鳥).

cárdinal flòwer 名《植》ベニバナサワギキョウ(北米産).

car·di·nal·i·ty /kàːdənælətɪ | kàː-/ 名《数》濃度(一対一対応がつけられるという意味での集合の元の個数).

cárdinal númber 名 基数(one, two, three など; cf. ordinal number).

cárdinal póints 名 箇 [the ~] 基本方位(★ 北東南西 (NSEW)の順でいう).

cárdinal sín 名 ❶《口》してはならない重大な過ち. ❷ 《キ教》重大罪(deadly sins の一つ).

cárdinal vírtues 名 箇 [the ~] 枢要(š̀̀)徳(古代哲学で justice, prudence, temperance, fortitude の自然徳をさす; ⇒ the seven cardinal VIRTUES 《成句》).

cárdinal vówels 名 箇 [the ~] 《音声》基本母音(各言語の母音の性質を記述するための基準として設定された人為的母音).

cárd índex 名 カード式索引[目録].

cárd-ìndex 動 他〈資料・書物など〉のカード索引を作る.

cárd·ing wóol /káːdɪŋ- | káː-/ 名 U カーディングウール(紡毛紡績用の短い羊毛; cf. combing wool).

car·di·o /káːdiou | káː-/ 名 U 《口》心臓を強化する運動(ランニングなど).

car·di·o- /káːdiou | káː-/ 〖連結形〗「心臓」. 〖Gk cardia 心臓〗

car·di·o·gram /káːdiəɡræm | káː-/ 名 心拍[心拍動]曲線, (特に)心電図.

car·di·o·graph /káːdiəɡrænf | káːdiəɡrὰːf/ 名 心拍[心拍動]記録計, (特に)心電計.

car·di·oid /káːdiɔɪd | káː-/ 名, 形《数》心臓形(の), カージオイド(の).

car·di·ol·o·gy /kàːdiɑlədʒi | kàːdiól-/ 名 U 心臓(病)学.

càr·di·o·my·óp·a·thy 名 U《医》心筋症.

càr·di·o·púl·mo·nar·y 形 心臓と肺臓の, 心肺の.

cardiopúlmonary resuscitátion 名 U《医》(心拍停止後の)心肺機能回復[蘇生]法(略 CPR).

càr·di·o·rés·pi·ra·to·ry 形 《生・医》心肺(機能)の.

càr·di·o·vás·cu·lar 形 《解》心(臓)血管の: ~ disease 心(臓)血管系疾患.

car·di·tis /kɑːdáɪtɪs | kɑː-/ 名 U《医》心臓炎, 心炎.

cárd kèy 名 カードキー(key card).

car·doon /kɑːdúːn | kɑː-/ 名《植》カルドン(南欧原産アーティチョークの一種; キク科; 根と葉柄は食用).

cárd·phòne 名《英》カード電話(硬貨の代わりにテレフォンカード (phonecard) を利用する電話(機)).

cárd·plàyer 名 トランプ(遊び)をする人.

cárd pùnch 名《電算》カード穿孔(šʰ̀)機.

cárd·shàrk 名《米》=cardsharp.

cárd·shàrp 名 いかさまトランプ師.

cárd·shàrper 名 =cardsharp.

cárd swìpe 名 磁気カード読み取り装置.

cárd tàble 名 カードテーブル, トランプ台.

cárd vòte 名《英》《労働》カード投票(労働組合の大会などで代議員が代表する組合員の数を明記したカードで票数を決める投票).

car·dy /káːdi | káː-/ 名 =cardie.

⁂**care** /kéə | kéə/ 名 ❶ U 気にかけること: a (細心の)注意, 配慮, 気配り: with (great [extra, special]) ~ (たいへん(特別)に)注意して / Handle with ~! 取り扱い注意(★ 貨物の荷札などに書く) / use [《文》exercise) ~ 注意を払う, 注意をする / give ~ to…に注意する. b 世話, 保護, ケア, 介護, 看護, 心理的援助; 管理, 監督: He requires hospital ~. 彼は病院でみてもらう必要がある / The boy was left in his aunt's ~. その男の子はおばの手に預けられた / ~ for senior citizens [abused children] 高齢者[虐待を受けた子供たち]へのケア. ❷ 気にかかること: a U 心配, 気がかり, 不安: Few people are free of ~. 何の心

配もない人は少ない / *C-* killed the [a] cat. (諺) 心配は身の毒(由来)猫は9つ命をもつといわれるが, 心配はその猫さえも殺してしまうという意味から). **b** © [しばしば複数形で] **心配事, 心労[苦労]の種**: He didn't have a ~ in the world. 彼には悩みなどまるでなかった / labor under a burden of ~s 重くのしかかる心配事に悩む. ❸ © **関心事, 責任(対象)**: That shall be my ~. それは私が引き受けた / My first ~ is to make a careful inspection of the factory. 私の第一になすべきことはその工場をよく視察することである.

cáre in the commúnity =community care.
cáre of... [郵便物の表書きに用いて] …気付, (だれそれ)方(略 c/o): Please write to him ~ of me. 彼には私方へ手紙をお送りください.
háve a cáre [命令形で] 用心しろ, 注意しろ.
háve the cáre of... =take CARE of... (成句) (1).
in cáre of... (米) =CARE of... (成句).
táke cáre (★受身可) 注意する, 気をつける (用法 命令形で人と別れるときにも用いる): *Take* ~ when crossing the street. 通りを横切るときには注意しなさい / Special ~ should be *taken* in driving in winter. 冬の車の運転には特に注意すべきだ / [+*to do*] We *took* ~ not to be seen by anybody. 我々はだれにも見られないように注意した / [+(*that*)] *Take* ~ (*that*) you don't break the eggs. 卵を割らないように気をつけなさい (用法 節中未来形は用いない).
táke cáre of... (★受身可) (1) …を世話する, 大事にする, …に気をつける (look after): *Take* ~ of the baby, please. 赤ちゃんを見ていてください / *Take* good ~ of yourself. お体を大切に (★通例健康でない人に言う). (2) …を引き受ける: I'll *take* ~ of buying the wine for the party. パーティー用のワインを買う仕事を引き受けよう. (3) (口) (人・事態)を処理する, 切り抜ける: The job must be *taken* ~ of today. その仕事は今日片づけなくてはならない. (4) [take care of oneself で] 自分のことは自分で始末する: The matter will *take* ~ of itself. その問題は自然に解決するだろう / We cannot sit back and let things *take* ~ of themselves. 我々はふんぞり返って事をなりゆき任せにするわけにはいかない. (5) (俗) (人)をやっつける, 殺す.
— 動 ⓐ ❶ **心配する, 気にかける; 関心をもつ, かまう** (★進行時制なし): He ~s deeply *about* the future of his students. 学生たちの将来をたいへん心配している / She genuinely [truly] ~s *about* their health. 彼らの健康を本当に気づかっている / [+*wh.*] I don't ~ *what* you think. 君がどう思おうとかまわない (★通例否定文・疑問文で) / Who ~s? だれががまうものか / I couldn't [(米俗) could] ~ less. なんとも思っていない, ちっともかまわん, 関心ゼロだよ. ❷ (…し)たいと思う (★進行時制なし): [+*to do*] I don't ~ [wouldn't ~] *to* see her. 私は彼女に会いたくない / You may come if you ~ *to*. 来たいというなら来てもかまいません (★if you like [want to] よりもやや形式ばった表現).
A (fát) lót yóu [Í] cáre! 全然かまわない, まったく平気だ.
for áll...cáre (…しても)…の知ったことではない: He can die for all I ~. 彼が死のうと私の知ったことではない.
cáre for (1) (人)に愛情をもつ, (人)を愛する, 大切に思う: There's no one I ~ *for* as much as you. 君ほど思っている子はだれ一人いないよ. (2) (人)の世話[介護, 看護, ケア]をする (★look after, take care of の方が口語的): His wife ~d *for* him during his illness. 病気の間妻が彼の世話をした. (3) (ものの)手入れをする, …を大切にする. (4) 好む, 欲する: I don't ~ *for* fame. 私は別に名声を求めません / Would you ~ *for* some more coffee? コーヒーをもう少々いかがですか.

〖OE〗【類義語】**care** 責任・恐怖などによる心配や気苦労. **concern** 愛情や関心をもっている人やものに対する心配. **worry** あることで色々と悩む, 気をもむこと. **anxiety** 前途の不幸・災難などに対する漠然とした不安.
CARE /kéɚ | kéə/ 图 ケア (米国援助物資発送協会). 〖*Cooperative for American Relief Everywhere*〗

ca·reen /kərí:n/ 動 ⓐ ❶ [副詞(句)を伴って] (米) (自動車などが)(左右に揺れながら)疾走する (hurtle): The car ~*ed* (*along*) *down* the mountain road. 車は猛烈な勢いで山道を下っていった. ❷ **a** (海) (風などで)(船が)傾く. **b** 傾く, かしぐ. — 他 (海) ❶ (風で)(船を)傾ける. ❷ (船を)傾けて修理のにする.

*ca·reer /kəríɚ | -ríə/ 图 ❶ © **経歴, 履歴**: follow [begin] a business [political] ~ 実業家[政治家]の生涯を送る[に入る] / make a ~ of music 音楽で身を立てる / start [set out on] one's ~ as a pilot パイロットとしての生涯を始める / His ~ as a politician is finished. 政治家としての生涯は終わった. ❷ ⓒ (特別な訓練を要する)**職業, 生涯の仕事**: ~*s* once closed to women かつては女性には閉ざされていた職業. ❸ Ⓤ **疾走**: in [at] full ~ まっしぐらに. ❹ [形容詞的に, はえぬきの, 専門の: a ~ diplomat 本職[はえぬき]の外交官 / ⇒ career woman.
— 動 ⓐ [副詞(句)を伴って] 疾走する, 暴走する (hurtle). 〖F<L 車道 <*carrus* 荷馬車; cf. CAR〗

ca·reer·ism /kərí(ə)rɪzm/ 图 Ⓤ 出世第一主義.
ca·réer·ist /-rɪst/ 图 出世第一主義者.
caréer wòman 图 キャリアウーマン (職業での成功を追及する女性).

cáre·frée 形 心配[気苦労]のない, のんきな; (…に)無責任なで, むとんちゃくで: She's ~ *with* money. 彼女は金銭にむとんちゃくである.

*care·ful /kéɚf(ə)l | kéə-/ 形 (more ~; most ~) ❶ ℙ **a 気をつけて, 注意して, 慎重で**: Be ~ *with* the negatives. They scratch easily. (写真の)ネガの扱いには注意しなさい. すぐに傷がつくから / [+*to do*] Be ~ *not to* drop the vase. 花瓶を落とさないように注意しなさい / [+(*that*)] Be ~ *that* you don't break the vase. 花瓶を落とさないように注意しなさい (用法 節中未来形は用いない) / [+*wh.*] Be ~ *what* you say in public [*how* you talk in front of the children]. 人前で話すか[子供たちの前での話し方]に気をつけなさい / You must be more ~ (*in*) handl*ing* your CDs. (今後は) CD を扱うときにはもっとよく注意しなさい. **b** (…を)大切にして, (…)に気を配って: He's ~ *about* his appearance. 彼は身なりに気を配っている / Be ~ *of* your health. お体を大切に. **c** [金などの使い方に慎重で (金銭に)(戯言) けちで, しみったれで: She's ~ *with* her money. 彼女は金銭に細かい. ❷ Ⓐ (行為・仕事など)入念な, 徹底した (painstaking): ~ work [a ~ examination] 念入りな仕事[検査] / after ~ consideration (of...) (…を)よく考えた[十分に検討した]のち. ❸ (人が)注意深い, 慎重な (↔ careless): a ~ driver [observer] 注意深い運転者[観察者].
~·ness 图 〖CARE+-FUL¹〗
【類義語】**careful** 注意して誤りなどの起きないように気を配る. **cautious** 起こりそうな危険などに備えて注意・警戒する.

*cáre·ful·ly /kéɚfəli | kéə-/ 副 (more ~; most ~) ❶ 注意[用心]深く, 慎重に. ❷ 入念に, 苦心して.
cáre·giver 图 (児童・病人などの)世話[ケア]をする人, 面倒みる人, 養護者, 介護者. **cáre·gìving** 图 形
cáre làbel 图 (衣料品などについている)取り扱い方表示ラベル.

*care·less /kéɚləs | kéə-/ 形 (more ~; most ~) ❶ (人が)**不注意な, 軽率な, そそっかしい** (↔ careful): a ~ driver 不注意なドライバー / Don't be ~ *about* [*with*] your work. 仕事に不注意であってはいけない / [+*of*+(代名) (+*to do*) / +*to do*] It was ~ *of* you [You were ~] *to* lose my car keys. 私の車のキーをなくすとは君もうかつだった. ❷ (行為・仕事など)ぞんざいな, いいかげんな, 不注意[不用意]でした: do ~ work ぞんざいな仕事をする / That mistake was very ~. その誤りは実にうかつだった. ❸ **無関心な, むとんちゃくな** (casual): a ~ attitude 無関心な態度 / He's ~ *of* [*about*] his clothes. 彼は服装にはむとんちゃくだ. ❹ a (物憂(う)なく気取らない, ありのままの, ごく自然な: (a) ~ grace 飾らない気品. **b** (古風) (生活なのんきな, 気楽な, 悩みのない: a ~ life のんきな人生 / ~ days のんきな毎日. — ~·ness 图
+**cáre·less·ly** 副 ❶ 不注意で, うっかりして, うかつにも. ❷ ぞんざいに.

cáre·line 图 (英) (メーカーの)電話相談サービス.

cáre pàckage 名 《米》(親元を離れた学生などへの)仕送り小包《食料品など》.

†**ca·ress** /kərés/ 動 ❶ 愛撫する、なでる (stroke). ❷《風などが》肌などに快く当たる;《音が》耳に快く響く. ❸《人に》親切にする、人を優しく扱う. ── 愛撫(な)《キス・抱擁など》. ~**·ing·ly** 副 愛撫するように、なだめるように. 〖F<L=いとしい、親愛な〗

car·et /kǽrət/ 名 (原稿・校正などの)脱字符号 (∧).

†**cáre·tàker** 名 ❶《英》(学校・公共施設などの)管理人(《米》janitor);《米》(家・地所の)管理人、番人. ── 形《政権・経営など》暫定的な.

cáretaker gòvernment 名 暫定[選挙管理]内閣.

cáre·wàre 名 Ⓤ 電算 ケアウェア《無料で配布されるが、作者が善行など金銭以外の代償を求めるソフトウェア》.

cáre·wòrn 形 悩み疲れた[やつれた].

car·ex /kéəreks/ 名 (複 **car·i·ces** /kǽrəsìːz/) 植 スゲ《カヤツリグサ科スゲ属の草本の総称》.

cár·fàre 名 Ⓤ《米》電車賃、バス代、足代.

cár fèrry 名 カーフェリー: **a** 列車・自動車などを運ぶ船. **b** 海などを越えて自動車を運ぶ飛行機.

cár·fùl /-fùl/ 名 (複 ~**s**) 車一台分(の量)、車一杯.

car·ga·dor /kɑ̀ːɡədɔ́ː | kɑ̀ːɡədɔ́ː/ 名 ポーター (porter). 荷役人夫.

***car·go** /kɑ́ːɡou | kɑ́ː-/ 名 (複 ~**s**) ❶ ⒸⓊ 貨物、積荷、船荷: **a** ~ **of coal** 石炭の積み荷 / **How much can the ship carry?** その船はどれくらいの量の荷を積めますか. ❷ [複数形で] = cargo pants. 〖Sp<cargar 荷を積む〗

cárgo cùlt 名 [しばしば C~ C~] (Melanesia 特有の)積荷崇拝《現代文明の産物を満載した船または飛行機に乗って祖先たちが帰り、労働の必要がなくなって白人の支配から自由になる日が訪れるという信仰》.

cárgo pànts 名 カーゴパンツ《大型ポケットがついたゆるいズボン》.

cár·hòp 名 《米口》ドライブインの給仕《食べ物を自動車で運ぶ;主に女性》.

Car·ib /kǽrib/ 名 (複 ~, ~**s**) ❶ **a** [the ~(s)] カリブ族《西インド諸島の原住民》. **b** Ⓒ カリブ族の人. ❷ Ⓤ カリブ語. **Car·ib·be·an** /kæ̀rəbíːən⁻, kəríbiən/ 形

Ca·rib·be·an (Séa) 名 [the ~] カリブ海《中米・南米・西インド諸島間の海域》.

car·i·bou /kǽrəbùː/ 名 (複 ~**s**, ~) 動 カリブー《北米北部産》.

†**car·i·ca·ture** /kǽrikətʃùə, -tʃùə/ 名 ❶ Ⓒ カリカチュア、風刺画、戯画[文]《人物の特徴などを人目をひき興味をそそるように誇張して描いた滑稽画[文]》. ❷ Ⓒ 下手な[こっけいな]もじり、まね. ❸ Ⓤ 戯画化(の技法). ── 動 戯画風に描く. 〖F<It<caricare (荷を)積む,誇張する<L carriare; L<carrus ⇒ charge〗

car·i·ca·tur·ist /-tʃùərist/ 名 風刺画家, 戯画[文]家.

CARICOM /kǽrəkàm | -kɔ̀m/ 《略》Caribbean Community and Common Market カリブ共同体[共同市場], カリコム.

car·ies /kéəriz/ 名 Ⓤ 医 カリエス, 骨瘍(ホシ)《疾患によって硬い組織が侵食破壊されたもの》;(特に)齲蝕(シショ), 虫歯.

car·il·lon /kǽrəlàn | kəríljən/ 名 ❶ カリヨン《教会などの鐘楼に音階に沿って並べ据え付けられた一組の鐘》. ❷ カリヨンの奏する曲.

car·il·lon·neur /kǽrələnə́ː, kəriljənə́ː/ 名 カリヨン[鐘楽]奏者.

ca·ri·na /kəráinə, -ríː-/ 名 (複 ~**s**, -**nae** /-nìː, -ríːnài/) ❶ 鳥 胸峰. ❷ 解 竜骨、カリナ. ❸ [C~] 竜骨座 (the Keel). **ca·rí·nal** 形

car·i·nate /kǽrənət, -nət/ 形 ❶ 生 竜骨状の. ❷ 鳥 胸峰のある, 胸峰類の. **cár·i·nàt·ed** /-nèitid/ 形

car·i·na·tion /kæ̀rənéiʃən/ 名 Ⓤ 竜骨状組織, 櫛(ユ)竜骨形成.

***car·ing** /kéəriŋ/ 形 Ⓐ ❶ 優しい, 思いやりのある. ❷ (老人などの)日常の世話をする, 介護する. ── 名 Ⓤ 優しさ, 思いやり. ❷ (老人などの)世話をする, 介護.

---

267   **carnival**

car·i·o·ca /kæ̀rióukə/ 名 ❶ カリオカ《サンバに似たブラジルの踊り》. ❷ カリオカの曲.

car·i·o·gen·ic /kè(ə)rioudʒénik⁻/ 形 医 齲蝕(シショ)[虫歯]を生じさせる.

car·i·ole /kǽriòul/ 名 = carriole

car·i·ous /kéəriəs/ 形 ❶ カリエスにかかった. ❷《歯の》虫歯の.

car·i·tas /kǽrətəs, kàːrítɑːs/ 名 愛, カリタス.

†**car·jack** /kɑ́ːdʒæ̀k | kɑ́ː-/ 動 《略》《車を乗っ取る (cf. hijack). ~**·er** 名

cár·jàcking 名 Ⓤ 自動車の乗っ取り.

cark·ing /kɑ́ːkiŋ | kɑ́ː-/ 形 Ⓐ 不安な, 心配な, 煩わしい, 厄介な;心配している, 心配している.

Carl /kɑ́ːl | kɑ́ːl/ カール《男性名》.

cár length 名 車一台分の長さ[距離].

Cár·ley flòat /kɑ́ːli- | kɑ́ːli-/ 名 カーレー式救命ゴムボート. 〖H. S. Carley 考案者の米国人〗

car·ling /kɑ́ːliŋ/, **car·lin(e)** /-lin/ 名 [通例複数形で] 造船 部分的な縦梁(ハ)、カーリング.

Car·lisle /kɑːláil | kɑː-/ 名 カーライル《イングランド Cumbria 州の州都》.

cár·lòad 名 ❶ 貨車 1 両分の(貨物) (*of*). ❷ 自動車 1 台分 (*of*).

Car·lo·vin·gi·an /kàːrəlvíndʒ(i)ən | kàː-⁻/ 形 名 = Carolingian.

Cárls·bad plùm /kɑ́ːlzbæd- | kɑ́ːlz-/ 名 カールズバッドプラム《濃い藍色のデザート用プラム;砂糖漬けにされることが多い》.

Carls·berg /kɑ́ːlzbɑ̀ːɡ | kɑ́ːlzbɑːɡ/ 名 Ⓤ 《商標》カールスバーグ《デンマーク製のラガービール》.

Car·lyle /kɑːláil | kɑː-/, **Thomas** 名 カーライル《1795-1881;スコットランド生まれの英国の思想家・評論家》.

cár·màker 名 自動車製造業者[会社].

Car·mel·ite /kɑ́ːməlàit | kɑ́ː-/ 名 カルメル会修道士[修道女]《白衣を用いる》.

car·min·a·tive /kəmínətɪv | kɑːmín-/ 名 薬 (胃腸内の)ガスを排出する, 駆風剤.

car·mine /kɑ́ːmin, -main | kɑ́ː-/ 名 ❶ カルミン, 洋紅《cochineal から作る紅色の色素》. ❷ 洋紅色, えんじ色. ── 形 洋紅色の, えんじ色の.

†**car·nage** /kɑ́ːnidʒ | kɑ́ː-/ 名 Ⓤ 大虐殺 (slaughter): **a scene of** ~ 修羅(ʒ)場. 〖F<It<L caro, carn- 肉, 肉体; cf. carnival〗

car·nal /kɑ́ːn(ə)l | kɑ́ː-/ 形 Ⓐ ❶ 肉体の. ❷ 肉感的な;情[肉]欲的な: ~ **desire [lust]** 肉欲, 色情. ❸ 現世的な. ~**·ly** /-nəli/ 副 〖L<caro↑〗

car·nal·i·ty /kɑːnǽləti/ 名 Ⓤ 肉欲;現世欲.

cárnal knówledge 名 Ⓤ 《法》性交.

car·nal·lite /kɑ́ːnəlàit | kɑ́ː-/ 名 鉱 光鹵(ロ)石, カーナライト, カーナル石.

car·nas·si·al /kɑːnǽsiəl | kɑː-/ 形 動《食肉動物の歯が》肉を裂くのに適した;裂肉歯の. ── 名 裂肉歯.

†**car·na·tion** /kɑːnéiʃən | kɑː-/ 名 ❶ 植 カーネーション. ❷ Ⓤ 淡紅色.

car·nau·ba /kɑːnɔ́ːbə, -nɑ́ː- | kɑː-/ 名 植 ブラジルロウヤシ《南米産》.

Car·ne·gie /kɑ́ːnəɡi, kɑːnéiɡi | kɑːnéiɡi/, **Andrew** 名 カーネギー《1835-1919;スコットランド生まれの米国の鉄鋼王》.

Cárnegie Háll 名 カーネギーホール《米国 New York 市にある演奏会場》.

car·ne·lian /kɑːníːljən | kɑː-/ 名 紅玉髄, カーネリアン《宝石》.

car·net /kɑːnéi | kɑ́ː-/ 名 ❶ カルネ《欧州諸国を車で通過するときの無関税許可証》. ❷ (バス・地下鉄の)回数券.

car·ney[1] /kɑ́ːni | kɑ́ː-/ 名 = carny[1].

car·ney[2] /kɑ́ːni | kɑ́ː-/ 名《英口》ずる賢い.

***car·ni·val** /kɑ́ːnəv(ə)l | kɑ́ː-/ 名 **a** Ⓤ 謝肉祭, カーニバル《カトリック教徒が祝う四旬節 (Lent) の直前数日間の祝祭》: **at** ~ カーニバルに. **b** Ⓒ ばか騒ぎ, 大浮かれ: For him life is a ～. 彼にとって人生はどんちゃん騒ぎのお祭りである. ❷ [C] **a** (お祭り・コンテストなどの)催し物; (スポーツの)祭典: a water ～ 水上大会 / a winter ～ 冬の祭典. **b** 《米》 巡回ショー[サーカス]; 移動遊園地 (《英》 funfair). 〘It＜L＜*caro, carn-* 肉, 肉体+*levare* わきへやる, 持ち上げる; cf. carnage, lever〙

car·ni·vore /kάənəvɔ̀ə | kά:nəvɔ̀:/ [名] ❶ 〘動〙 肉食動物. ❷ 〘植〙 食虫植物.

car·niv·o·rous /kaənív(ə)rəs | ka:-/ [形] ❶ **a** 〈動物が〉肉食性の (cf. herbivorous). **b** 〈植物が〉食虫性の. ❷ **a** 肉食動物の. **b** 食虫植物の. 〘L＜*caro, carn-* 肉 (cf. carnival)+-VOROUS〙

car·no·saur /kάənəsɔ̀ə | kά:nəsɔ̀:/ [名] 〘古生〙 カルノサウルス, 食肉竜 《2 足歩行の大型肉食恐竜; ティラノサウルス・アロサウルス・メガロサウルスなどを含む》.

car·no·tite /kάənətàɪt/ [名] [U] 〘鉱〙 カルノー石[鉱], カーノット石 《ウラン原鉱》.

car·ny[1] /kάəni | kά:-/ [名] 《米》 ❶ 巡回ショー[サーカス]. ❷ 巡回ショー[サーカス]で働く人; 巡回ショー[サーカス]芸人.

car·ny[2] /kάəni | kά:-/ [形] 《英口》 ＝carney[2].

car·ob /kǽrəb/ [名] 〘植〙 イナゴマメ 《地中海沿岸原産》.

car·ol /kǽrəl/ [名] ❶ (宗教的な)祝歌, キャロル, カロル: ⇨ CHRISTMAS carol. ❷ クリスマスキャロル. ― [動] (**car·oled,** 《英》 **car·olled; car·ol·ing,** 《英》 **car·ol·ling**) [他] [自] ❶ 喜び歌う, 歌って祝う[たたえる]. ❷ (特に, クリスマスイブに)クリスマスキャロルを歌って回る. **～·(l)er** [名]

Car·ol /kǽrəl/ [名] キャロル 《男性名・女性名》.

Car·o·li·na /kæ̀rəláɪnə⁻/ [名] ❶ カロライナ 《もと米国大西洋岸にあった英国の植民地; 1729 年 North Carolina と South Carolina の 2 州に分かれた》. ❷ [the ～s] 南北カロライナ両州. 〘英国王 Charles (1 世または 2 世)のラテン語名の女性形から〙

Car·o·line /kǽrəlɪn, -làɪn/ [名] キャロライン 《女性名; 愛称 Carrie》. ― [形] 英国王チャールズ 1 世[および 2 世](時代)の.

Cároline Íslands /kǽrəlàɪn-, -lɪn-/ [名] [複] [the ～] カロリン諸島 《太平洋西部の旧米信託統治領; 500 以上の島から成り, 西部の諸島はベラウ共和国に, 東部はミクロネシア連邦に属する》.

Car·o·lin·gi·an /kæ̀rəlínʤ(i)ən/ [形] [名] ❶ 〘史〙 (751–987 年のフランスの, 752–911 年のドイツの, または 774–961 年のイタリアの)カロリング朝の(人[支持者]) (cf. Capetian, Merovingian). ❷ カロリング朝風の(書体).

Car·o·lin·i·an /kæ̀rəlíniən⁻/ [形] [名] North [South] Carolina 州の(住民).

cárol-sìng·ing [名] [U] キャロルシンギング 《クリスマスに, 特にグループで家々を回り, キャロルを歌って寄付を集めること》. **cárol-sìng·er** [名]

car·om /kǽrəm/ [名] [動] 《米》 〘玉突〙 ＝cannon 2.

car·o·tene /kǽrətì:n/ [名] [U] 〘生化〙 カロチン 《赤黄色の炭水化物; ニンジンなどに含まれる》. 〘G＜L *carota* CARROT〙

ca·rot·e·noid, -rot·i- /kərάṭənɔ̀ɪd | -rɔ́t-/ [名] 〘生化〙 カロチノイド 《動植物体の赤黄色素》.

ca·rot·id /kərάṭɪd | -rɔ́t-/ 〘解〙 [名] 頸(けい)動脈. ― [形] [A] 頸動脈の: the ～ arteries 頸動脈.

ca·rous·al /kəráuz(ə)l/ [名] [U,C] 《文》 大酒盛り.

ca·rouse /kəráuz/ [動] [自] 痛飲する; 飲み騒ぐ. ― [名] ＝carousal.

car·ou·sel /kæ̀rəsél/ [名] ❶ 《米》 メリーゴーラウンド, 回転木馬 (merry-go-round). ❷ (空港で乗客の荷物を運ぶ)回転式コンベヤー.

*__carp__[1] /kάəp | kά:p/ [名] ([複] ～, ～s) 〘魚〙 コイ; コイ科の魚.

carp[2] /kάəp | kά:p/ [動] [自] 〔…の〕あら捜しする, 〔…を〕口やかましくとがめる: You are always ～*ing at* my errors. 君はしょっちゅうぼくのあら捜しばかりしている.

car·pac·cio /kaəpǽʧiòu | ka:-/ [名] ([複] **-ci·os**) カルパッチョ 《生の牛肉をスライスしてソースをかけた料理》.

car·pal /kάəp(ə)l | kά:-/ 〘解〙 [名] 手根骨(部). ― [形] 手根(骨)の.

cárpal túnnel sỳndrome [名] [U] 〘医〙 手根管症候群 《手・指の疼痛・異常感覚を伴う; 略 CTS》.

+**cár pàrk** [名] 《英》 (自動車の)駐車場 (《米》 parking lot).

Car·pá·thi·an Móuntains /kaəpéɪθiən- | ka:-/ [名] [複] [the ～] カルパチア山脈 《ヨーロッパ中部の山脈; the Carpathians ともいう》.

car·pe di·em /kάəpidí:em/ [間] (将来を憂えることなく)今を楽しめ.

car·pel /kάəp(ə)l | kά:-/ [名] 〘植〙 心皮, 雌蕊(しずい)葉. **car·pel·lary** /-pəlèri | -ləri/ [形] 心皮に属した[を形成する, を含んだ]. **cár·pel·late** /-pəlèɪt, -lət/ [形] 心皮を有する.

+**car·pen·ter** /kάəpənṭə | kά:pəntə/ [名] ❶ 大工: a ～'s shop 大工の仕事場 / a ～'s square かね尺. ❷ (しろうとで)大工仕事のできる人: He's a good ～. 彼は大工仕事が上手だ. ― [動] [自] 大工仕事をする. ― [他] 〈ものを〉大工仕事で作る. 〘F＜L＝馬車を造る人〙

cárpenter ànt [名] 〘昆〙 オオアリ 《枯れ木に巣食う害虫》.

cárpenter bèe [名] 〘昆〙 クマバチ, ヒメハナバチ 《共に樹木に穴をあけて産卵する》.

car·pen·try /kάəpəntri | kά:-/ [名] [U] 大工職; 大工仕事; 木工品.

*__car·pet__ /kάəpɪt | kά:-/ [名] ❶ **a** [C] じゅうたん, カーペット, 敷物 (cf. rug 1). **b** [U] じゅうたん地. ❷ [C] 〔草花などの〕一面の広がり: a ～ ***of*** flowers [frost] 一面の花[霜]. **on the cárpet** (1) 審議[検討]中で. (2) 《口》 〈召使・下役など〉(叱責のため)呼びつけられて, しかられて (cf. on the MAT[1] [成句]): I was (called [put]) *on the* ～ *for* be*ing* late. 私は遅れたので(呼びつけられて)しかられた. **púll the cárpet (òut) from ùnder a person** 〈人〉の頼みとしているものを急に取り去る. **swéep ... ùnder the cárpet** 《口》 〈不都合なもの[こと]を〉隠す, 秘密にする. ― [動] [他] ❶ [通例受身で] **a** 〈床などに〉じゅうたんを敷く: ～ the stairs 階段にじゅうたんを敷く. **b** 〈草花が〉〈庭などを〉一面におおう (cover): The field *is* ～*ed* ***with*** flowers in spring. 春には野原一面が花でおおわれる. ❷ 《英口》 〈人を〉(呼びつけて)しかる (reprimand). 〘F＜It＜*carpire* けば立てる＜L *carpere* 引き抜く, むしる cf. excerpt〙

cárpet·bàg [名] (昔用いられた, じゅうたん地製の)旅行かばん.

cárpet·bàgger [名] ❶ **a** (自分に関係のない土地で公職につこうとする)渡り政治家. **b** (私利をあさり歩く)移住者, 渡り者. ❷ 渡り北部人 《米国で南北戦争直後ひと働きするつもりで全財産を carpetbag に詰め込んで南部に渡った人》. ❸ 《英》 住宅金融組合 (building society) の駆け込み口座開設者 《組合がすぐに銀行化されて配当が得られるのを当て込んでいる》.

cárpet bèetle [名] 〘昆〙 カツオブシムシ, (特に)マル[ヒメ]カツオブシムシ 《幼虫が毛織物をむしばむ》.

cárpet-bòmb [動] [他] 〈地域を〉じゅうたん爆撃する. **cár·pet bòmbing** [名]

cár·pet·ing /-ṭɪŋ/ [名] [U] ❶ 敷物材料, じゅうたん地. ❷ 敷物類.

cárpet slìpper [名] [通例複数形で] 屋内用スリッパ.

cárpet swèeper [名] (手動式の)じゅうたん掃除機.

cár phòne [名] 自動車電話, 移動電話, カーフォーン.

car·pi [名] carpus の複数形.

cárp·ing [形] あら捜しの, 口やかましい: a ～ tongue 毒舌. **～·ly** [副]

car·pol·o·gy /kaəpάləʤi | ka:pɔ́l-/ [名] [U] 果実学, 果実分類学. **car·po·log·i·cal** /kὰəpəlάʤɪk(ə)l | kὰ:pəlɔ́ʤ-⁻/ [形]

cár·pòol [動] [自] 《米》 自動車を相乗りする: ～ to work 自動車を相乗りして通勤する.

cár pòol [名] 《米》 カープール 《ガソリン代節約のための隣近所の自家用車の輪番相乗り方式》.

cárpool làne [名] 《米》 カープール専用車線 《同乗者のいない自動車は走ることのできない》.

car·po·phore /kάəpəfɔ̀ə | kά:pəfɔ̀:/ [名] 〘植〙 ❶ (フウロソウ科植物などの花軸の)心皮間注(しんぴかんちゅう). ❷ (高等菌類の)子実体.

cár·pòrt [名] カーポート 《差しかけ屋根の車庫》.

car·pus /kάəpəs | kά:-/ [名] ([複] **-pi** /-paɪ/) 〘解〙 ❶ 手首,

手根. ❷ 手首の骨, 手根骨.
carr 《英》/ká|ká:/ 图 ❶ 沼地, 湿原. ❷ 湿地の林, (特に) ハンノキ林.

Carr /káɚ|ká:/, **(John) Dickson** カー (1906-77; 米国の推理作家; 筆名 Carter [Carr] Dickson も使用).

car·rack /kǽrək/ 图 《史》 (14-16 世紀のスペイン人・ポルトガル人の) 武装商船 (cf. galleon).

car·ra·geen, -gheen /kǽrəgì:n/ 图 ① 《海藻》 トチャカ (ツノマタ属の紅藻; 北大西洋産).

car·ra·geen·an, -in, -gheen·in /kæ̀rəgí:nən/ 图 ① カラゲーニン 《海藻トチャカ・ツノマタなどから採るコロイド; ゼリー・乳製品などの安定剤・肝油乳化剤・細菌培養基》.

car·rel, car·rell /kǽrəl/ 图 (図書館の) 個人閲覧室, キャレル.

***car·riage** /kǽriʤ/ 图 ❶ [C] a 乗り物, 車, (特に, 自家用) 四輪馬車: a ～ and pair [four] 二 [四] 頭立ての馬車. b 《米》乳母車 (《英》 pram). c 《英》 《鉄道》 (客車の) 車両, 客車 (《米》 car): a railway ～ 鉄道客車. ❷ [C] a 《機械の》運び台. b 《タイプライターの》キャリッジ. c (大砲の砲架. ❸ [U] 運搬, 輸送: the ～ of goods 貨物輸送 / ～ by sea 海上輸送. b 《英》 free 運賃無料で / the ～ on a parcel 小荷物の運賃 / ～ prepaid 《米》 (《英》~ paid) 運賃前払いで. ❹ [U] [また a ～] 身のこなし, 態度: She has an elegant ～. 彼女は身のこなしが優雅だ. 《CARRY+-AGE》

cárriage bòlt 图 根角ボルト, ステップボルト.
cárriage dòg 图 馬車犬 (Dalmatian の異名).
cárriage fórward 副 《英》運賃着払いで (《米》 collect) (cf. COD).
cárriage relèase 图 キャリッジリリース 《タイプライターのキャリッジの固定をはずす機能[レバー]》.
cárriage retúrn 图 ❶ キャリッジリターン 《改行の際にタイプライターのキャリッジを所定の位置に戻す機能[レバー]》. ❷ 《電算》 復帰, 改行復帰, リターンキー (略 CR).
cárriage tràde 图 [U] 上流顧客との取引; 上流顧客, 自家用車階級, 富裕階級の人たち.
+**cárriage·wày** 图 《英》 ❶ 車線: ⇒ dual carriageway. ❷ 車道.
cár·rick bènd /kǽrɪk-/ 图 《海》キャリックベンド 《ロープの端と端をからげて結ぶ方の一種》.

Car·rie /kǽri/ 图 キャリー 《女性名; Caroline の愛称》.
***car·ri·er** /kǽriɚ|-riə/ 图 ❶ a 運送 [運送] 業者 (会社), (特に) 航空会社. b 運搬人, (新聞・郵便などの) 配達人. ❷ a 運送車; 運送機; 運送船: ⇒ PERSONNEL carrier. b 航空母艦: ⇒ aircraft carrier. ❸ a 運ぶもの, (自転車などの) 荷台: a baby ～ 子守帯. b 《英》 =carrier bag. ❹ a 《医》 保菌者, キャリア; 媒介体; (遺伝子の) 保有者, 保因者. b 《電》 担体, 輸送体. ❺ =carrier wave. ❻ 《米》 を電信 [電話, テレビ] 会社. 保険会社.
cárrier bàg 图 (紙, ビニールの) 買い物袋 (《英》 shopping bag).
cárrier pìgeon 图 伝書バト.
cárrier wàve 图 《通信》 搬送波.

car·ri·ole /kǽriòul/ 图 ❶ 一頭立ての小型馬車. ❷ 屋根付き荷車.

car·ri·on /kǽriən/ 图 [U] (動物の) 腐肉, 死肉. ― 形 ❶ 腐肉の (ような). ❷ 腐肉を食う.
cárrion bèetle 图 《昆》シデムシ.
cárrion cròw 图 《鳥》ハシボソガラス (⇒ crow[1] [解説]).

Car·roll /kǽrəl/, **Lewis** キャロル (1832-98; 英国の数学者・童話作家; 本名 Charles Lutwidge Dodgson /lǽtwɪʤ dɔ́ʤsn/).

car·ron·ade /kæ̀rənéɪd/ 图 カロネード砲 《18 世紀後半から 19 世紀の海戦用の短い大砲》.

***car·rot** /kǽrət/ 图 ❶ [U,C] 《植》 ニンジン: I'll have some more ～(s). ニンジンをもう少しもらおう. ❷ [C] (口) 褒美(ﾎﾞｳﾋﾞ), 報酬: dangle a ～ いい話をちらつかせる / hold out [offer] a ～ to a person 報酬をやると言って人をそそのかす, 人を甘言でつる. ❸ [～s で; 単数扱い] (口・通例軽蔑) 赤毛の人; 赤毛, 「にんじん」 (あだ名). (**the**) **cárrot and** (**the**) **stíck** 褒美と罰, 「あめとむち」 (昔好物のニンジンと嫌いなむちを使って馬をうまく走らせるために)): use

(*the*) ~ *and* (*the*) *stick* 脅したりすかしたりする. 《F<L<Gk》

cárrot-and-stíck 形 [A] 「あめとむち」の: ～ diplomacy あめとむちの外交.
cárrot·tòp 图 《俗》赤毛の人.
car·rot·y /kǽrəti/ 形 (**car·rot·i·er**; **-i·est**) ❶ ニンジン色の. ❷ 〈毛が〉赤い, 赤茶けた.
car·rou·sel /kæ̀rəsél/ 图 =carousel.

*****car·ry** /kǽri/ 動 ⓒⓃ **A ❶ a** 〈もの・人を〉 (持ち上げて [背負って]) 運ぶ, 持ち歩く; 〈銃・証明書などを〉 携帯する: ～ a box *on* one's back [shoulder] 箱を背負って [かついで] いく / ～ a baby *in* one's arms 赤ん坊を抱いていく / one's ID card 身分証明証を携帯する / ～ a cell phone [《英》 a mobile phone] 携帯電話を持ち歩く / *C~* your passport *with* [*on*] you at all times. パスポートはいつも身に着けていてください. **b** [しばしば進行形で] 〈体重を〉有する: She's ~ing a little extra weight (*around*). 少々体重がありすぎる. **❷** 〈…を〉 (他の場所へ) (持ち) 運ぶ, 運送する, 放送する, 伝える 〈乗物などが〉; 〈…を〉 輸送する; [進行形なし] 収容できる: Please ～ this trunk for me. 私のこのトランクを運んでください / I ran as fast as my legs could ～ me. 足の速さで走れるだけ速く走った / a bag *up*stairs [*downstairs*] かばんを階上 [階下] に運ぶ / *C~* these dirty plates *back to* the kitchen. このよごれた皿を台所に戻してください / This bus *carries* 90 passengers. このバスは 90 人の乗客を運ぶ. **❸ a** 〈話などを〉伝える: Helen *carried* the news *to* Henry. ヘレンはその知らせをヘンリーに伝えた. **b** 〈音・煙などを〉伝える, 運ぶ: The wind *carried* the sound *to* us. 風がその音を我々のほうへ運んだ. **c** [しばしば副詞(句)を伴って] 〈道路・導管・電線などが…を〉運ぶ, 導く: This bridge *carries* traffic *from* the island *to* the mainland. 人々はこの橋を通って島から本土へ往来する. **❹** 〈新聞・テレビなどが〉〈記事・ニュースなどを〉 報じる, 放送する, 載せる: The news was *carried on* [*by*] the major (TV) networks. そのニュースは主要な (TV) 放送網で報じられた. **❺** 〈小売店が〉〈特定の品物を〉店に置く, 売っている: This store *carries* clothing for large men. この店は大柄な男性用の衣類を売っている. **❻ a** 〈動機・時間などが〉人を〈…へ〉行かせる: Business *carried* him *to* London. 商用で彼はロンドンへ行かなければならなかった. **b** 〈…を〉押し進める, 駆り立てる (*to, into*); (ある程度まで) 進める; 〈…に〉勝利をもたらす: Hard work *carried* him *to* the top of his profession. 勤勉によって彼は業界のトップに上がった / She *carries* her kindness *to* excess [*too far*]. 彼女は親切の押し売りをしすぎる. **❼ a** 〈…が〉感染している 〈病原体に感染しているが発症していない状態で, 他者に感染を広める恐れがある〉; 〈伝染病などを〉 媒介する, 広める: ～ the hepatitis C virus C 型肝炎 (ウィルス) を媒介する / Mosquitoes do not ～ HIV. 蚊は HIV を媒介しない. **b** 〈有害遺伝子などを〉もつ, 保有する. **❽ a** 〈ものが〉 (一部として) 〈ラベル・保証書・注意書などを〉付けている, 記している: These products ～ a one-year guarantee. この製品には 1 年間の保証が付いている. **b** 〈言葉などが〉重み・説得力などをもつ; 〈意味を〉含む: His judgment *carries* great weight with them. 彼の判断は彼らには非常な重みとなっている / Mr. White's voice *carried* great authority. ホワイト氏の発言には大きな力があった 〈つるのひと声だった〉. **c** [進行形なし] (結果として) 〈…を〉伴う; 〈利子を〉生む: The crime *carries* a maximum 25-year sentence. その犯罪は最高懲役 25 年の判決を受けることになる / These privileges ～ great responsibilities *with* them. これらの特権には大きな責任が伴う. **❾ a** 〈法案などを〉通す, 通過させる [★ 通例受身]: The bill was *carried* by seven votes. その法案は 7 票差で通過した / declare a resolution *carried* 〈議長が〉決議が可決されたことを宣言する. **b** [受身不可] 〈人の支持 [賛同] を受ける; 〈主張などを〉認めさせる; 《米》 [進行形なし], 議席を得る: He *carried* the precinct. 彼は選挙区で勝利を得た. **c** 〈聴衆を〉〈…に〉引きつける: His acting *carried* the house. 彼の演技は満場のかっさいを博した / The

lecturer *carried* his audience *with* him. 講演者は聴衆の共感を呼んだ. **d** 〈要塞(ようさい)などを〉攻め落とす. ❿ 〈記憶・感情などを〉保持する, 抱く; 〈…を〉記憶に留めておく: I'll ~ these memories to my grave. これらの記憶は死ぬまで忘れないでおきます / He managed to ~ all those names *in* his head. 彼は何とかそれらの名前を全部覚え込んだ. ⓫ 〈数をひとけた繰り上げる.
 ── B ❶ 〈重量を〉支える, 支えている (★ 進行形なし; 受身に用いるときには前置詞に *on* を用いる): The bridge is *carried* on two massive columns. その橋は 2 本のどっしりした円柱で支えられている. ❷ [様態の副詞(句)を伴って] **a** 〈頭・体などを〉(ある姿勢に)保つ: He always *carried* his head high. (自信・誇りで)彼はいつも頭を高くまっすぐにしていた. **b** [~ oneself で] 〈…に〉ふるまう (★ 受身不可): She *carries* herself gracefully [with dignity]. 彼女は優美な[気品のある]身のこなしをする. ❸ 〈責任などを〉負う, 受け入れる, 〈…を〉背負う, 〈…に対して〉責任をもつ: He had to ~ great responsibility. 彼は重い責任を負っていかなければならなかった. ❹ 〈頼りにならない人などを〉支える, 〈…の埋め合わせをする; 〈…に〉財政援助をする, 〈…の〉便宜を図る. ❺ 〈口〉〈酒を〉飲んでもくずれない(酔わない). ❻ 〈年齢などを〉(人に知られないように)うまく隠す. ❼ **a** 〈農場などが〉〈家畜を〉養える. **b** 〈土地が〉〈作物を〉産出する. ❽ [通例進行形で]《古風》〈子を〉身ごもっている, 妊娠している.
 ── ⓐ **a** [しばしば副詞(句)を伴って] 〈声・音などが〉達する, 届く: My voice does not ~ well. 私の声はよく届かない / His voice from outside the room. 彼の声なら部屋の向こうまで[の後までも]届く. **b** [通例距離を表わす語(句)を伴って] 〈投げる[蹴る]動作などが〉ボール[弾]を(ある距離)…まで飛ばす [*to, into*]: His kick *carried* thirty meters. 彼のひと蹴りでボールは 30 メートル飛んだ / This gun will ~ a half mile. この銃は半マイル先まで撃てる. ❷ 〈法案などが〉通過する: The bill *carried* by a small majority. その法案はわずかの票差で通過した.
 cárry áll [éverything, the wórld] befòre one 向かうところ敵がない; 大成功を収める.
 cárry awáy 《⓱+副》(1) 〈…を〉運び[洗い]去る, さらってゆく: The oars were *carried away* by the waves. 波でオールが流されていった. (2) 〈人に〉われを忘れさせる, 〈人を〉夢中にする, 興奮させる (★ 通例受身で用いる): The entire gathering *was carried away* by his fiery speech. 会衆はひとり残らず彼の熱弁に感動した / Don't get *carried away* with your first taste of success. 初めて味わう成功に酔ってわれを忘れてはだめだ.
 cárry báck 《⓱+副》(1) 〈…を〉もとに運ぶ, 戻す (⇒ ⓱ A 2). (2) [~ +目+*back*] 〈人に〉昔の時を思い起させる: The kitchen smells *carried* me *back to* my childhood. その台所のにおいで私は子供時代を思い出した.
 cárry fórward 《⓱+副》(1) 〈事業などを〉進展させる. (2) 〈予算・休暇などを〉先送りする, 持ち越す [*to*]. (3) 〖簿〗〈項目記入などを〉〈次ページへ〉繰り越す.
 cárry it óff (wéll) 〈難しい[まずい]事態などを〉うまく切り分ける.
 cárry óff 《⓱+副》[~+*off*+名] (1) 〈難しいことなどを〉やってのける. (2) 〈賞・栄誉などを〉獲得する: Dick *carried off* all the school prizes. ディックは学校の賞をひとり占めした. (3) 〈…を〉連れ去る, さらう; 〈物を〉盗む. (4) 《古風》〈病気が〉〈人の命などを〉奪う.
 cárry ón 《⓱+副》[~+*on*+名] (1) 〈…を〉続けていく, 進める (continue): ~ *on* a conversation 会話を続ける / ~ *on* a tradition 伝統を引き継ぐ / [+*doing*] Everyone *carried on* singing and drinking. だれもが歌ったり飲んだりし続けた. (2) 〈事業を〉経営する: He has *carried on* his business as a contractor for many years. 彼は長年建築業を営んできた. ── 《⓱+副》(3) (そのまま)続行する; 《英》そのまま進む: ~ *on* regardless まわりにかまわず続ける. (4) 〈…を〉続ける: C~ *on with* your work. 仕事を続けなさい. (5) 《口》泣いたりわめいたりする, 取り乱す; 〈…について〉(うるさく)しゃべり続ける [*about*]. (6) 《古風》〈男女が〉みだらな関係になる; 〈異性と〉いちゃつく, 情事にふける [*with*].
 cárry óut 《⓱+副》[~+*out*+名] 〈…を〉成し遂げる; 実行する, 執り行なう: ~ *out* one's intention (of *doing*) (…をしようとする)もくろみを成し遂げる / ~ *out* a mission 任務を遂行する / The orders were not *carried out*. その命令は実行されなかった.
 cárry óver 《⓱+副》(1) 〈…を〉〈…から〉〈…にまで〉持ち越す [*from*][*into*]: We will ~ this discussion *over into* the next meeting. この議論は次の会合まで持ち越すことにします. (2) = CARRY forward 成句 (3). ── 《⓵+副》(3) 〈…から〉〈…へ〉持ち越している, 残る [*from*][*to*]: The effects of environmental pollution ~ *over to* later generations. 環境汚染の影響は後々の世代まで引き続く.
 cárry thróugh 《⓱+副》(1) 〈仕事などを〉やり通す, 成し遂げる: You must ~ the task *through* to the end. 最後までの仕事をやり抜かなければならない. (2) [~+目+*through*] 〈人を〉しのぎ通させる, がんばり抜かせる: Your encouragement will ~ her *through*. あなたが励ましてやれば彼女もがんばり抜くだろう.
 cárry thróugh on [with] …《米》〈仕事などを〉(約束どおり)やり遂げる, 〈約束〉を果たす.
 cárry…**tòo fár** 〈…の〉度を過ごす (⇒ A 6 b): You ~ the joke *too far*. ジョークの度が過ぎるよ.
 fétch and cárry ⇨ fetch 成句.
 ── 〖名〗[また a ~] ❶ 〖銃砲の〗射程; (ゴルフ・弾丸などの)飛行距離. ❷ 両水路間の陸上運搬.
 〖F < L *carrus* 馬車; cf. car〗 〖名〗 carriage
 〖類義語〗**carry** ある場所へ「運ぶ」意の一般語. **bear** 運ばれる物の重要性や運ぶ際の努力を強調する; 比喩的に多く用いる: bear a burden. **convey** carry とほぼ同義の形式ばった語; 規則的に伝える, あるいはある経路・手段を用いて運ぶ[伝達する]場合に多く用いる. **transport** ある目的地に向けての長距離の輸送に用いる.

cárry·àll 〖名〗 ❶ 〈米〉大きな手さげ袋, がっさい袋 (〈英〉holdall). ❷ 一頭立て軽馬車. ❸ 〈米〉両側に向かう客席のあるバス[自動車].
cárry-còt 〖名〗〈英〉〈赤ん坊用の〉携帯ベッド, キャリコット.
cárrying capácity 〖名〗U ❶ a (航空機などの)積載量, 運送力. **b** (ケーブルの)送電力. ❷ 〖生態〗環境収容力(一地域の動物扶養能力)[個体数].
cárrying chàrge 〖名〗〈米〉割賦販売割増金, 繰延日歩.
cárrying-ón 〖名〗(⓵ **carryings-on**) [通例複数形で] ❶ ばかな[けしからぬ]ふるまい, ばか騒ぎ; みだらな行為, いちゃつき.
cárrying tràde 〖名〗U 運送業.
cárry-òn 〖名〗 ❶ (飛行)機内持ち込み手荷物. ❷ [通例単数形で]《英口》=carrying-on. ── 〖形〗機内に持ち込める: ~ baggage 機内持ち込み手荷物.
cárry-òut 〖名〗〈米〉=takeout.
cárry-òver 〖名〗[通例単数形で] ❶ 〖簿〗(次欄[ページ]への)繰り越し(額). ❷ (商品などの次期への)持ち越し品.
cár·sick 〖形〗自動車[乗り物]に酔った: get ~ 車[乗り物]に酔う. ~·ness 〖名〗U 乗り物酔い.
Car·son /káːs(ə)n | káː-/, **Christopher** 〖名〗 カーソン (1809–68; 米国西部の猟師・道案内人; 通称 Kit ~).
Car·son, **Rachel** カーソン (1907–64; 米国の海洋生物学者).
Cár·son Cíty /káːs(ə)n- | káː-/ 〖名〗 カーソンシティー (Nevada 州の州都).
*****cart** /káːt | káːt/ 〖名〗 ❶ (馬・ロバ・牛が引く)荷車 (二輪または四輪, cf. wagon 1). ❷ 一頭立て二輪荷馬車. ❸ 〈米〉(二輪または四輪の低い)手押し車, カート (食料・雑貨・ゴルフ道具などを運ぶ) (〈英〉trolley): a shopping ~ (スーパーなどの)ショッピングカート / ⇒ golf cart. **in the cárt** 〈英俗〉困ったはめに陥って, 動きがとれなくなって. **pùt the cárt befòre the hórse** 前後の順序を誤る, 本末を転倒する. ── 〖動〗[通例副詞(句)を伴って] ❶ **a** 〈ものを〉荷車で運ぶ: ~ (*away*) rubbish *out of* the backyard 裏庭からごみを荷車で運び去る. **b** 〈人を〉(乗り物に)運ぶ. **c** 〈やっかいな荷物などを〉(苦労して)運ぶ: ~ *in* a table

through the door テーブルを(やっと)ドアから運び入れる. ❷ 〈人を〉(乱暴に, 強引に)連れ去る, 運び去る: ~ a criminal *off* [*away*] *to* jail 犯人を刑務所にぶち込む. 《ON *kartr*》

cart·age /kάːrtɪdʒ | káːt-/ 图 荷車運賃[運賃].
carte /kάːrt | káːt/ 图 = quarte.
carte blanche /kὰːrtblάːnʃ | kὰːt-/ 图 ❶ ⃞ 白紙[全権]委任: give ~ *to*... に白紙委任する. ❷ ⃝ 《トランプ》 (piquet 등) 絵札が1枚もない手 (10点がつく). 《F=白紙》
carte de vi·site /kὰːrtdəvɪzíːt | kὰːt-/ 图 (⓿ **cártes de visíte** /kὰːrt(s)- | kὰːt(s)-/) ⃝ 《写》 手札型写真 (5.7 × 9.5 cm). ❷ 名刺(代わりの写真).
*car·tel /kɑːrtél | kɑː-/ 图 ⃝ ❶ 《経》カルテル, 企業連合 (cf. trust 图 7). ❷ 《政》(共同目的のための)党派連合. 《G <F<It=掲示, 挑戦状 *carta*<L; ⇒ card¹; 現在の意味はドイツ語から》
car·tel·ize /kάːrtəlaɪz, kɑːrtélaɪz | kάːtəlaɪz, kɑːtélaɪz/ ⃝ ⓥ カルテルにする.
cárt·er /kάːrtər | kάːtə/ 图 荷(馬)車屋.
Car·ter /kάːrtər | kάːtə/, **Jimmy** 图 カーター (1924- ; 米国第39代大統領 (1977-81)).
Car·te·sian /kɑːrtíːʒən | kɑːtíːziən/ 形 デカルト(Descartes)の. — 图 デカルト派の学徒.
cárt·ful /-fùl/ 图 (❀ ~s) 荷車[荷馬車]一台分.
Car·thage /kάːrθɪdʒ | kάː-/ 图 カルタゴ (アフリカ北岸の古代都市国家; ローマに滅ぼされた). **Car·tha·gin·ian** /kὰːrθədʒíniən | kὰː-/ 形, 图
cárt·hòrse /-hɔ̀ːrs/ 图 荷馬車馬.
Car·thu·sian /kɑːrθjúːʒən | kɑːθjúːziən/ 图 ❶ [the ~s] カルトジオ修道会 (11世紀にアルプス山中に創設された). ❷ ⃝ カルトジオ会の修道士[女]. — 形 カルトジオ修道会の.
Cartier /kὰːrtiéɪ | kὰː-/ 图 カルティエ (フランスの宝飾店; Cartier 製のアクセサリー・時計など).
Car·tier, Jacques 图 カルティエ (1491-1557; フランスの航海者・探検家; St. Lawrence 川を発見).
⁺**car·ti·lage** /kάːrtəlɪdʒ | kάː-/ 图 ⃞⃝ 《解》 軟骨.
car·ti·lag·i·noid /kὰːrtəlǽdʒənɔɪd | kὰː-/ 形 《解》 軟骨様の.
car·ti·lag·i·nous /kὰːrtəlǽdʒənəs | kὰː-/ 形 《解》 軟骨(性[質])の.
cártilaginous físh 图 《魚》 軟骨魚 (↔ bony fish).
cárt·lòad 图 ❶ 荷車1台の荷 〔*of*〕. ❷ 大量 〔*of*〕.
car·tog·ra·pher /kɑːrtάɡrəfər | kɑːtɔ́ɡ-/ 图 地図製作者, (地図の)製作人.
car·tog·ra·phy /kɑːrtάɡrəfi | kɑːtɔ́ɡ-/ 图 ⃞ 地図作成(法). **car·to·graph·ic** /kὰːrtəɡrǽfɪk | kὰː-/, **car·to·gráph·i·cal** /-fɪk(ə)l/ 形
car·to·man·cy /kάːrtəmæ̀nsi | kάː-/ 图 ⃞ トランプ占い. **-màn·cer** 图 トランプ占い師.
⁺**car·ton** /kάːrtn | kάːtn/ 图 ❶ カートン (厚紙で作った運送用のハコ, ボール箱; (牛乳などの)ろう引き[プラスチック]容器): a ~ *of* cigarettes 1 カートンのたばこ 《10箱入り》. 《F<It *cartone*↓》
*car·toon /kɑːrtúːn | kɑː-/ 图 ❶ 漫画; (1枚の時事)風刺漫画, 戯画, アニメ, 漫画映画 (animated cartoon); (新聞などの)続き漫画 (comic strip). ❷ (壁画などの)実物大下絵. — ⓥ 〈人を〉戯画化する (★ 通例受身). 《It=厚紙, 戯画 *carta* 紙<L; ⇒ card¹》
cartoon·ish /-nɪʃ/ 形 漫画的な, 戯画的な, 漫画に似た. **~·ly** 副
⁺**car·toon·ist** /-nɪst/ 图 漫画家.
car·toph·i·ly /kɑːrtάfəli | kɑːtɔ́f-/ 图 ⃞ cigarette card の蒐集. **car·tóph·i·list** 图
car·touch(e) /kɑːrtúːʃ | kɑː-/ 图 ❶ カルトゥーシュ: a バロック建築様式にみられる渦形装飾. b 古代エジプト象形文字で国王・神の名が書かれていた楕円形の花枠. ❷ 弾薬包 (cartridge).
⁺**car·tridge** /kάːrtrɪdʒ | kάː-/ 图 ❶ a (銃の)弾薬筒, 装弾 (実包); 薬莢(きょう)(空包): a live ~ 実包, 実弾 / a blank ~ 空包, 空弾. b (爆破用の)火薬筒. ❷ a 《写》 (ロールフィルム入りの)カートリッジ. b (レコードプレーヤーの)

カートリッジ. **c** カートリッジ《再生用の音楽テープなどを収めたケース; cassette より大型》. **d** (万年筆などの)カートリッジ. 《F<It=円錐形の紙袋<*carta*; ⇒ cartoon》
cártridge bèlt 图 弾薬帯.
cártridge pàper 图 ⃞ 《製紙》 カートリッジ紙《厚手のざらざらした紙で薬莢(きょう)製造用; オフセット用紙・画用紙用にもなる》.
cárt ròad [**tràck**] 图 荷車道; でこぼこ道.
cárt·whèel 图 ❶ (曲芸師の)横とんぼ返り, 側方転回: turn a ~ 横にとんぼ返りをする. ❷ (荷車などの)車輪. ❸ (米俗) 大型貨幣, 1ドル銀貨. — ⓥ ❶ 車輪のように動く. ❷ 側方転回をする.
cárt·wright /-ràɪt/ 图 車大工.
car·un·cle /kárǽŋkl, kǽrʌŋ-/ 图 ❶ 《動》 肉阜(ふ)(とさか・肉垂など). ❷ 《植》 種阜, カルンクラ《胚珠の珠孔付近にある小突起》. ❸ 《医》 丘, 小丘. **ca·run·cu·lar** /kərʌ́ŋkjulə-/-lə/ 形
*carve /kάːrv | kάːv/ ⓥ ❶ a 〈文字・像などを〉刻む, 彫刻する; 〈木・石などを〉刻んで〈…に〉造る: He ~*d* his name *on* the tree. 彼は木に自分の名を刻みつけた / a Buddha ~*d in* wood 木彫りの仏像 / ~ a figure *out of* stone 石を彫刻して像を造る / The statue was ~*d from* a block of cherry wood. その彫像はさくら材の木片を刻んで造られた / ~ marble *into* a statue 大理石を刻んで彫像にする. **b** 〈風・川などが〉浸食して〈景観を〉つくる. ❷ (食卓で)〈肉を〉切る, 薄く切る: ~ a roast chicken 丸焼きの鶏をさばく / [＋目＋目] ~ the guests some meat=~ meat *for* the guests 客たちに肉を切り分ける. ❸ 〈進路などを切り開く; 〈地位・名声などを〉(努力して)つくりあげる: ~ (*out*) a career on Wall Street ウォール街で世に出る / ~ *out* a fortune for oneself 自力で富を成す. ❹ a 〔…から〕〈…を〉削る, 減らす, 削減する. **b** 〈…を〉細かに分ける, 分割する. — ⓥ ❶ 彫刻をする. ❷ 肉を切り分ける.
cárve úp (⓿ +⃞) (1)〈領土などを〉(勝手に)分割する. (2) (口) 〈人に〉刃物で(ひどい)傷を負わせる. (3) 《英口》〈他の車を〉急速度で追い越す. (4) 〈肉を〉切り分ける.
car·vel /kάːrv(ə)l | kάː-/ 图 = caravel.
cárvel-bùilt 形 〈ボートが〉平張りの (cf. clinker-built).
carv·en /kάːrvən | kάː-/ ⓥ 《古・詩》 carve の過去分詞.
⁺**cárv·er** /kάːrvər | kάː-/ 图 ❶ 彫刻者, 彫刻師. ❷ (食卓で)肉を切り分ける人. ❸ **a** 肉切りナイフ. **b** [複数形で] 肉切りナイフと大型フォーク.
Car·ver /kάːrvər | kάːvə/, **George Washington** 图 カーヴァー (1864?-1943; 米国の植物学者).
car·ve·ry /kάːrvəri | kάː-/ 图 肉料理を切り分けてくれるレストラン.
cárve-úp /-ʌ̀p/ [a ~] 《英俗》(盗品・戦利品などの)分け合い.
⁺**cárv·ing** 图 ❶ **a** ⃞ 彫刻(特に木彫り・象牙彫り); 彫刻術. **b** ⃝ 彫り物, 彫刻物. ❷ ⃞ 肉を切り分けること, 切り盛り.
cárving fòrk 图 肉切り用大型フォーク.
cárving knìfe 图 肉切り用大型包丁[ナイフ].
cár wàsh 图 ❶ 洗車場, 洗車機. ❷ 洗車.
car·y·at·id /kὰːriǽtɪd | kæ̀riǽtɪd/ 图 (⓿ ~s, -at·i·des /-əṭɪdìːz/) 《建》 女人像柱.
car·y·op·sis /kὰːriάpsɪs | -ɔ́p-/ 图 (⓿ -ses /-siːz/, -si·des /-sədɪz/) 《植》穀果, 穎果(えいか).
ca·sa·ba /kəsάːbə/ 图 ⃞⃝ カサバ (フユメロン (winter melon) の一種).
Ca·sa·blan·ca /kὰːsəblǽŋkə/ 图 カサブランカ (Morocco 北西海岸の港市).
Ca·sals /kəsάːlz | -sǽls/, **Pa·blo** /pάːblou/ 图 カザルス (1876-1973; スペインのチェロ奏者・指揮者).
Ca·sa·no·va /kὰːsənóuvə, kὰːzə-/ 图 ❶ **Gio·van·ni Gia·co·mo** /dʒouvάːnni dʒάːkoumòu/ カサノヴァ (1725-98; 漁色家として知られるイタリアの冒険家・作家). ❷ ⃝ 漁色家.
cas·a·reep /kǽsərìːp/ 图 = cassareep.
cas·bah /kǽzbɑː, kάːz-/ 图 [時に C~] ❶ (北アフリカ諸都市の)城, 館(たて), 宮殿, カスバ. ❷ [the ~] カスバ《城塞

都市の旧市街,特にナイトクラブや売春宿のある地区; cf. medina).

cas·cade /kæskéɪd/ 名 ❶ 小滝 (cf. cataract 2 a), 階段式に連続する滝. ❷ 一連の[連続する, 続発する]出来事. ❸ a 滝状に垂れたレース[髪](など). b (菊などの)懸崖(けんがい)作り. ❹ (電) 縦つなぎ. ━ 動 (自) 滝(のよう)になって落ちる, 滝となる. ━ (他) ❶ 順送りに伝える. ❷ 順々に[続けて]並べる. 〖F＜It＜cascare 落ちる＜L cadere, cas-: ⇒ case¹〗

Cascáde Ránge 名 [the ~] カスケード山脈《米国 California 州からカナダ British Columbia 州に及ぶ》.

cas·car·a /kæskéərə | -káːrə/ 名 ❶ [C] (植) カスカラ《北米産のクロウメモドキ属の植物》. ❷ [U] カスカラの樹皮(から製する緩下剤).

cascára sa·grá·da /-səgrάːdə, -gréɪ-/ 名 [U] カスカラサグラダ《カスカラの樹皮; 緩下剤》.

‡case¹ /kéɪs/ 名 ❶ [C] 場合, 状況; 事例, 実例: in such ~s そんな場合に/ in this (particular) ~ この場合に/ in either ~ どちらにしても/ There are many ~s where the pen is mightier than the sword. 文は武より強いという場合が多くある《用法》関係副詞に when を用いることがある, where のほうが一般的)/ It's a classic ~ of poor communication. コミュニケーション不足の典型的な例だ. ❷ [the ~] 事実, 真相; 実情: That is [is not] the ~. 事実はそうだ[でない]/ It is always the ~ with him. 彼はいつもそうだ/ Such being the ~, I can't go. こういう事情[わけ]だから私は行けない/ It is the ~ that... というのが事実[真相]である/ overstate [understate] the ~ 事実を大げさに[控え目に]言う. ❸ [C] (犯罪・事故などの) 事件: a murder ~=a ~ of murder 殺人事件/ We've put the ~ in the hands of the police. その事件は警察の手に任せてある. ❹ [C] (...の)問題: a ~ of life and death 死活の問題. ❺ [C] 症例, 病状; 患者; 《警察・ケースワーカーなどが扱う》調査[保護, 救助]対象者: a new [fresh] ~ of flu 流感の新患者/ His ~ is hopeless. 彼の容態は絶望的だ/ She had a bad ~ of the blues [blahs]. (口) ひどく憂鬱に[げげんな]なっていた. ❻ [C] (修飾語句を伴って)(ある状態にある)人, (特定のタイプの)人, もの: a sad ~ 哀れな状況にある人/ a difficult ~ なかなか難しい[扱いにくい]人/ a hard ~ しぶとい男; 常習的な犯罪者. b (口風)変人, 変わり者. ❼ [C] (通例単数形で) a 言い分, 主張, 論拠; 訴訟事実: the ~ for the defendant 被告の言い分/ lay one's ~ before the court 裁判官の前に陳述する/ state one's ~ 自己の言い分[立場]を述べる/ have a ~ (訴訟に勝つだけの)十分な言い分がある. b 十分な論拠[主張], 弁護[議]論: make out a (good) ~ for [against]...(の説得力のある)擁護[反対論]を証拠を挙げて唱える/ The ~ for conservatism is strong [weak]. その保守主義弁護論は説得力がある[ない]. ❽ [C] 訴訟(事件); 判例: a criminal [civil] ~ 刑事[民事]事件/ bring a ~ (of rape) against...を相手どってレイプの訴訟を起こす/ hear a ~ 訴訟を審理する/ drop a ~ 訴訟を取り下げる/ lose [win] one's ~ 敗訴[勝訴]になる. ❾ [C][U] (文法) 格.

as is óften the cáse (with...) (...に)よくあることだが. **as the cáse may bé** 場合場合で, 事情次第で. **be on the cáse** (口) 問題解決に当たっている; 事件を担当している. **case by cáse** 1 件ずつ《慎重に》(★ 日本語でいう「ケースバイケース」に当たる英語は as the case may be). **cáse in póint** ⇒ in POINT 成句. **in ány cáse** どうあろうと, いずれにせよ, ともかく, (anyway). **in cáse** (1) (通例文尾に置いて) 万一に備えて: I'll wear a raincoat, (just) in ~. 用心のためにレインコートを着ていこう《★ ~ in ~ it rains の略》. (2) (接続詞的に用いて) ...の場合に備えて (if)...するといけないから: Take an umbrella with you (just) in ~ it rains [should rain]. (もしかして)雨が降るといけないから傘をお持ちなさい. **in cáse of** (主に米) もし...なら, ...の場合には: In ~ I forget, please remind me of [about] it. 私がそれを忘れるようなことがあれば私に注意してください. **in cáse of** ...の場合には; ...の用心に: in ~ of need [danger, emergency] まさかの[危険の, 緊急の]時には. **in níne cáses òut of tén** 十中八九(まで). **in nó cáse** 決して...でない[しない]: You should in no ~ forget it. 決してそれを忘れてはいけない. **in thát cáse** もしそうなら, 万一そんなことがあれば. (,) **in whích cáse** その場合には(.). **I rést my cáse** (1) これで弁論を終わります《弁護士の言葉》. (2) (口) (こっけいに)(そう言った通りで)もう何も言う必要はありませんね. **júst in cáse** ⇒ in CASE¹ 成句 (1) (2). **make a (federal) cáse out of...** (米口) ...で大騒ぎをする. (文句を並べたてて)...を問題視する. **méet the cáse** 適切である, ぴったりである. **óff a person's cáse** (口) 人に干渉[うるさく]しないで, 人を非難[いじり]ないで: Get off my ~! (い加減)ほっといてくれ. **on a person's cáse** (口) 人に干渉[うるさく]して, 人を非難して. **on the cáse** (人が仕事を)担当している[(口) やるべきことをしている]. **pút the cáse** (1) 言い分を述べる (for, against). (2) 仮定する (that). **whatever the cáse may bé =as the CASE may be** 成句.

〖F＜L casus 落ちること, 成り行き, 出来事＜cadere, cas-, -cid-, 落ちる; cf. cascade, casual, casualty, occasion; accident, incident; decay, chance〗(形 casual) 〖類義語〗⇒ instance.

‡case² /kéɪs/ 名 ❶ a 箱, ケース, 容器: a packing ~ 荷造り用の箱/ a filing ~ 書類整理用の箱/ a book-case. b ひと箱(分): a ~ of wine ぶどう酒ひと箱《★ 1 ダース入り》. ❷ [通例複合語で] おおい, カバー, (ナイフの)さや, 筒, (時計などの)側(がわ), (拳銃の)覆(おおい). ❸ (窓・ドアなどの)枠: a window ~ 窓枠. ❹ ひと組, 一対(つい): a ~ of pistols ピストル 2 丁. ❺ (印) 活字ケース: ━ lower case, upper case. ━ 動 (他) ❶ (...を)箱[さや, 袋]に入れる. ❷ (...を)包む, (...に)かぶせる: a wall ~d with stone 石を張った壁. ❸ (俗) (犯罪の目的で)(建物を)事前下見する. **case the jóint** (俗) (犯罪の目標の建物などを)下検分する. 〖F＜L capsa 箱; cf. cash¹, cassette〗

ca·se·a·tion /kèɪsiéɪʃən/ 名 [U] (結核などの)乾酪化(変性), チーズ化, カゼイン変性.

cáse·bòok 名 ケースブック: **a** 法律・医学などで資料のために集めた詳細な事件集 **b** 特定テーマに関する一次・二次資料に注・練習問題・手引を加えた書物.

cáse·bóund 形 (英) (本が)硬い表紙の, ハードカバーの.

cáse éndiηg 名 (文法) 格語尾《所有格の 's など》.

cáse·hárden 動 ❶ (鉄・鋼鉄の)表面を硬化させる, (...に)焼きを入れる. ❷ (人を)無神経にする.

cáse·hárdened 形 焼きを入れた; 鉄面皮な, 無神経な.

cáse hístory 名 事例史, 病歴《個人・集団の病歴・環境など各種の記録; 社会学[事業]・精神医学資料用》.

ca·sein /kéɪsiːn, -sɪən/ 名 [U] カゼイン, 乾酪素《牛乳の中のたんぱく質; チーズの原料》.

cáse knìfe 名 ❶ 食卓用ナイフ. ❷ さや入りナイフ.

cáse làw 名 (法) 判例法.

cáse lòad 名 (裁判所・福祉事務所・病院などの一定期間中の)取扱い件数.

case·mate /kéɪsmeɪt/ 名 (壁壁を屋根で防護した)穹窖(きゅうこう)砲台; (艦上の)砲郭. **cáse·màt·ed** 形.

case·ment /kéɪsmənt/ 名 ❶ **a** 開き窓の枠, サッシ. **b** =casement window. ━ (詩) 窓. ❷ 枠, おおい, 包み.

cásement wìndow 名 開き窓.

ca·se·ous /kéɪsiəs/ 形 チーズ(状, 質)の.

cáse-sénsitive 形 (電算) 大文字・小文字の別を有効として感知する, 大文字・小文字を区別する.

cáse shòt 名 散弾.

‡cáse stúdy 名 ❶ (社) 事例研究 (cf. casework). ❷ =case history.

ca·sette /kəsét, kæ-/ 名 = cassette.

cáse·wòrk 名 [U] (社) ケースワーク《精神的・肉体的・社会的に欠陥をもつ人の来歴・環境などを調べて正常な生活に復帰させようとする仕事》.

cáse·wòrker 名 ケースワーカー《ケースワークに従事する人; 職員》.

‡cash¹ /kǽʃ/ 名 [U] ❶ 現金, キャッシュ《紙幣, 硬貨》: have ~ 現金をもっている/ pay (in) ~ 現金で払う/ buy [sell] a thing for ~ 現金で買う[売る] / ⇨ hard cash. ❷ (一般に)お金(の), 資金(現金以外に小切手, 預金, 手形などを含む): run out of ~ 現金[資金]がなくなる / be short of ~ 金が不足である. cásh and cárry =cash-and-carry. cash dówn 即金で, 即払いで. cash on delívery (英) 代金引き換え払い(略 COD).

——形 A 現金の, 現金取引の; 現金決済の: a ~ price 現金正価: Was it a ~ sale or did she pay by check? それは現金販売でしたかそれとも彼女は小切手で支払ったのですか.

——動 他 <小切手などを>現金に換える, 現金化する): The bank refused to ~ the check. その銀行はこの小切手を換金することを拒んだ / Can you ~ this check for me? この小切手を換金してくれませんか. cash ín (自+副) (1) (口) (...で)(金銭的に)もうける. (2) (口) (...を)利用する, (...につけ込む[乗じる]: ~ in on one's own experience 自分の体験を生かす. ——他 (自+副) <証券などを>現金に換える, 換金[現金化]する. cash ín one's chíps ⇨ chip 名 成句. cash óut (米) (自+副) (1) 一日の売り上げを計算する. (2) 換金[現金化]する. ——他 (自+副) (英) <証券などを>現金に換える, 換金する, 現金化する. cash úp (自+副) (英) =CASH out 成句 (1).

〖F=金を入れる箱 or It<L capsa 箱; cf. case²〗

cash² /kǽʃ/ 名 (複 ~) (中国・インド・昔の日本などの)穴あき銭.

Cash /kǽʃ/, Johnny 名 キャッシュ (1932- ; 米国のカントリー シンガーソングライター).

cash・a・ble /kǽʃəbl/ 形 <手形など>現金に換えられる.

cásh advánce 名 キャッシュアドバンス (クレジットカードによる現金の小口融資; 日本で言うキャッシング(サービス)).

cásh-and-cárry 名 C U 現金店頭渡し制(の店). ——形 限定 <商店・商品>が店頭売り(持ち帰り)の.

cásh・back 名 U C キャッシュバック: a 代金の一部を顧客にサービスとして返金すること. b デビットカードで買物をする際に一定限度の現金を引き出すことのできるサービス.

cásh bàr 名 キャッシュバー (宴会などに出席した人に有料で酒を売るバー; cf. open bar).

cásh bòok 名 現金出納帳.

cásh bòx 名 (現金を入れておく)金箱.

cásh càrd 名 キャッシュカード.

cásh còw 名 (俗) (企業の)財源, ドル箱, 黒字部門.

cásh cróp 名 市場用作物, 換金作物 (小麦・わたなど).

cásh dèsk 名 (英) (商店の)勘定台.

cásh díscount 名 現金割引.

cásh dispénser 名《英》現金自動支払い機.

cash・ew /kǽʃuː, kəʃúː/ 名 ❶ [植] カシュー (熱帯アメリカ産ウルシ科の常緑樹; 粘性ゴムをとり, 実は食用). ❷ = cashew nut.

cáshew àpple 名 カシューアップル (カシューナッツの花柄の肥厚した部分; 酸味があり, 生食用・料理用にする).

cáshew nùt 名 カシューナッツ (カシューの実の中の仁(じん); 炒(い)って食用にする).

⁺cásh flòw 名 U [また a ~] [会計] 現金流出入, 現金資金, キャッシュフロー.

⁺cash・ier¹ /kæʃíə | -ʃíə/ 名 ❶ 出納係; (売店などの)レジ係, 会計係. ❷ (英) (銀行の)支配人: a ~'s check 自己宛小切手, 預金小切手 (銀行が自行または他行に振り出す小切手). 〖Du or F=金を入れる箱; ⇨ cash¹〗

cash・ier² /kæʃíə | -ʃíə/ 動 他 <軍人・官吏を>罷免する; (特に)懲戒免職にする.

cásh・less /kǽʃləs/ 形 現金なしの, 現金のいらない: ~ shopping 現金なしの[カードでの]買い物.

cásh machìne 名 =cash dispenser.

⁺cash・mere /kǽʒmɪə, kǽʃ- | kǽʃmɪə/ 名 ❶ U a カシミヤ織 (インド Kashmir 地方産ヤギの毛織物); b まがいカシミヤ (羊毛製). ❷ C カシミヤ製ショール.

cásh néxus 名 (特に人間関係成立の主要因になっている)金銭的結びつき.

cásh póint 名 《英》=cash dispenser.

cásh ràtio 名 《銀行》(支払い準備金の, 総現金に対する)現金比率.

cásh règister 名 金銭登録器, レジ(スター).

cásh-stràpped 形 資金[予算]不足の.

cás・ing 名 ❶ C a 包装 (箱・袋・筒・さやなどの総称). b (自動車タイヤの)ケース, 外包. c (ソーセージの)皮. ❷ U 包装材料. ❸ C a 囲い, おおい. b (窓・ドアの)枠; 額縁. c (階段の)縁取り.

⁺ca・si・no /kəsíːnoʊ/ 名 (複 ~s) カジノ (ショー・音楽などの催しのある賭博場). 〖It (指小語) <casa 家<L〗

cask /kǽsk | káːsk/ 名 ❶ (酒を入れる)大だる, おけ. ⇨ barrel 比較 ❷ ひとたる(の量) (of).

cásk bèer 名 たるビール (たるの中で伝統的な方法によって醸成し保存されたドラフトビール).

cásk-condítioned 形 ビールがたる内で二次的に発酵中の(飲むときそれ以上加工処理しない).

cas・ket /kǽskɪt | káːs-/ 名 ❶ 小箱 (宝石・貴重品を入れる). ❷ (米) (長方形の)棺 (coffin).

Cás・pi・an Séa /kǽspiən-/ 名 [the ~] カスピ海, 裏海 (アジアとヨーロッパの境にある世界最大の塩水湖).

casque /kǽsk/ 名 (中世に用いられた)カスク (面頬(めんぼお)のないかぶと).

Cas・san・dra /kəsǽndrə/ 名 ❶ [ギ神] カサンドラ (Troy の女予言者). ❷ C 凶事の[世にいれられない]予言者.

cas・sa・reep /kǽsərìːp/ 名 U キャサリープ (ニガカッサバの汁を煮詰めて作った調味料; 特に西インド諸島の料理に用いる).

cas・sa・ta /kəsáːtə/ 名 U C カッサータ (果物・ナッツ入りのアイスクリーム).

cas・sa・tion /kæséɪʃən/ 名 [楽] カッサシオン (18 世紀の小規模なセレナード, しばしば戸外で演奏された).

Cas・satt /kəsǽt/, Mary Stevenson 名 カサット (1844-1926; フランスで活動した印象派の米国人画家).

cas・sa・va /kəsáːvə/ 名 ❶ C [植] キャッサバ, イモノキ (熱帯地方産). ❷ U (キャッサバの根から採る)キャッサバでんぷん (tapioca の原料).

Cás・se・grain télescope /kǽsəgrèɪn-/ 名 カセグレン式反射望遠鏡. 〖N. Cassegrain 17 世紀フランスの天文学者〗

⁺cas・se・role /kǽsəròʊl/ 名 ❶ C U なべ焼き料理, カセロール. ❷ C 蒸し焼きなべ. ❸ C [化] カセロール (実験用の柄付きなべ). ——動 他 <チキンなどの材料を>蒸し焼きなべで料理する, カセロールにする.

⁺cas・sette /kəsét, kæ-/ 名 ❶ (磁気テープの)カセット. ❷ [写] (ロールフィルムを入れた)パトローネ. 〖F=小箱<OF casse 箱<L capsa; cf. case²〗

casserole 1

cassétte dèck 名 カセットデッキ.

cassétte plàyer 名 カセットプレーヤー.

cassétte recòrder 名 テープレコーダー.

cassétte tàpe 名 カセットテープ.

cas・sia /kǽʃə | kǽsiə/ 名 ❶ C [植] a カワラケツメイ属の各種の木 (マメ科). b ケイ, トンキンニッケイ (クスノキ属). ❷ U 桂皮(けいひ) (肉桂の代用品).

Cas・si・ni /kəsíːni/, Giovanni Domenico カッシーニ (1625-1712; イタリア生まれフランスの天文学者).

Cas・si・o・pe・ia /kæsiəpíːə/ 名 カシオペア座.

cas・sis¹ /kæsíːs/ 名 ❶ C [植] クロフサスグリ (black currant). ❷ U カシス (クロフサスグリで造ったフランスの甘い酒).

cas・sis² /kæsíː/ 名 U カシ (Marseilles の近くにある町 Cassis で造られるワイン).

cas・sit・er・ite /kəsítərɪt/ 名 U [鉱] 錫石(すずいし) (tin-stone) (スズの原鉱).

Cas・si・us (Lon・gi・us) /kǽʃ(i)əs (lɑndʒiəs), kǽsi-| kǽsiəs (lɔ́n-), Gai・us /géɪəs/ gá-/ 名 カッシウス (ロンギウス) (d. 42 B.C.; ローマの将軍; Brutus らと共謀して, Caesar を暗殺した).

cas･sock /kǽsək/ 图 カソック, 司祭[牧師]平服《足首まである長い通例黒色の日常用法衣》.

cas･sou･let /kæ̀səléi/ 图 Ⓤカスレー《豚肉・羊肉・ソーセージなど種々の肉を加えた白インゲンの煮込み》.

cas･so･war･y /kǽsəwè(ə)ri/ 图〖鳥〗ヒクイドリ《飛べないが, よく走るオーストラリア産の鳥》.

＊**cast** /kǽst | kάːst/ 動 (**cast**) ⓣ ❶ a 〈俳優〉に〈…の役〉を振り当てる;〈劇・映画などの役〉を割り当てる: He was ~ *as* a salesman [*as* Hamlet, *in* the role of Shylock]. 彼はセールスマンの役[シャイロックの役に]振り当てられた / The film was well ~. その映画は配役がよかった. **b** 〈人〉を〈…(のタイプ)〉とみなす, 評する, 〈…に〉分類する〖*as, in* the role of〗. ❷ a 〈人〉に〈視線を〉注ぐ: He ~ a quick glance [look] *at* his friend. 彼はちらっと友人を見やった /〖+目+目〗He ~ her a glance. 彼は彼女をちらっと見た. **b**〈副詞(句)を伴って〉〈目〉を〈ある方向に〉向ける: ~ one's eyes *up* (*at* the ceiling) 〈天井〉を見上げる / ~ one's eyes *down* (*at* the floor) 目を〈床に〉落とす / ~ one's eyes *aside* 目をそらす. ❸ a 〈光を〉放つ, 〈影を〉落とす;〈疑惑・暗い気分などを〉…〈に〉投げかける: The moon ~ the shadow of a tree *on* the white wall. 月の光が白壁に木の影を落としていた / No doubt *on*…に疑いを投げかける / That ~*s* a new light *on* the subject. そのことは問題に新たな光明を投げかける / The sad news ~ (a pall of) gloom *over* the gathering. その悲報は集まりに暗い影を投げかけた. **b** 〖…に〗〈呪いを〉かける: ~ a spell *on* [*over*] a person 人に呪いをかける, 人を魅惑する. ❹ a 〈票を〉投じる: He ~ his vote for [in favor of] the reformist candidate. 彼は革新候補に投票した. **b** 〈くじを〉引く: ~ lots くじで決める. ❺ a 〖通例副詞(句)を伴って〗〈ものを〉投げる, ほうる: ~ a pebble *against* a window (中にいる人の注意を引くために)窓に小石を投げる / The boat was ~ *ashore*. ボートは岸へ打ち上げられた. **b** 〈さいころを〉振る: The die is ~. ⇒ die² 2 a. **c** 〈網を〉打つ;〈釣り糸を〉投げ込む;〈いかりを〉降ろす: ~ a fishing line 釣り糸を投げ込む / He ~ his net into the pond. 彼は池に網を打った. ❻ a 〈金属を〉鋳造(ちゅうぞう)する: The tin is first melted and then ~. スズは最初に溶かしそれから鋳造される. **b** 〈像を〉〈金属で〉鋳る: a statue ~ *in* bronze 青銅で造った像. **c** 〈不要なものを〉投げ捨てる〖*off, away, aside*〗. **b** 〈着物を〉脱ぎ捨てる〖*off*〗. **c** 〈ヘビが〉皮を脱ぐ, 脱皮する. **d** 〈鳥が〉羽毛を落とす;〈シカが〉角(つの)を落とす. **e** 〈馬が〉〈ひづめの〉鉄を落とす. **f** 〈木が〉〈葉・実などを〉落とす. ❽ a 〈…を〉計算する. **b** (星運観測のため)〈天宮図を〉繰る, 引く. ❾ 〖編物〗〈針目を〉刺す. ── ⓘ ❶ a 物を投げる. **b** 投網(とあみ)を打つ;〈釣り糸を〉投げ込む. ❷ 〖様態の副詞を伴って〗〈金属が〉〈…に〉鋳造される.

cást abóut [**aróund**] **for** …を(あちこち)捜し回る: ~ *about for* a means of escape 逃げ道を捜し回る.

cást aside (ⓣ+圓) (1) 〈友などを〉捨てる (discard). (2) 〈慣習などを〉廃する.

cást awáy (ⓣ+圓) (1) 〈…を〉投げ捨てる (⇒ ⓣ 7 a). (2) 〈人を〉〈難船の結果〉漂流させる《★ 通例受身》: They were ~ *away* on an island. 彼らはある島に漂流した.

cást dówn (ⓣ+圓) (1) 〈目〉を下の方向に向ける (⇒ ⓣ 2 b). (2) 〈人を〉落胆させる《★ 通例受身》.

cást lóose ⇒ loose 形 成句.

cást óff (ⓣ+圓) (1) 〈…を〉投げて[脱ぎ]捨てる (⇒ ⓣ 7 a, b). (2) 〈…を〉放棄する, 見捨てる. (3) 〖海〗綱をほどいて〈船〉を出す. (4) 〖編物〗〈…の〉目を止める. ── (ⓘ+圓) 〖海〗〈船が〉綱から解き放たれる. (6) 〖編物〗目を止める. (7) 〖ダンス〗(スクエアダンスで)他のカップルの位置に入れ替わる.

cást ón (ⓣ+圓) 〖編物〗〈…の〉編み始めの目を作る.

cást óut (ⓣ+圓) 〈…を〉追い出す, 追放する《★ しばしば受身》.

cást úp (ⓣ+圓) (1) 〈波が〉〈…を〉〈岸に〉打ち上げる. (2) 〈…を〉合計する《匹敵 現在では古い一般的だ》.

── 图 ❶ 〖集合的; 単数または複数扱い〗 配役: an all-star ~ スター総出演. ❷ a 鋳型(いがた): pour bronze into a ~ 鋳型に青銅を注ぐ. **b** 鋳造物. **c** ギプス: His (broken) leg was in a ~. 彼の折れた脚にはギプスが当てられていた. ❸ 〖単数形で〗 **a** 〈英〉(顔だち・性質などの)特色, 格好: He had a somewhat Slavic ~ of features. 彼はいくぶんスラブ的な顔だちをしていた / He had an inquiring ~ of mind. 彼の性質にはせんさく好きなところがあった. **b** (色の)色味, 色気味: The glass was green with a yellowish ~. そのグラスは黄味がかった緑色をしていた. ❹ a 投げること. **b** (投網(とあみ)・釣り糸の)投げ込み. **c** 〈古〉さいころのひと振り;運命: the last ~ 最後の運だめし. ❺ 投げ捨てられたもの; 脱ぎ捨てたもの. **b** (ヘビ・虫の)抜け殻. **c** (ミミズなどが地上に盛り上げた)ふん. ❻ 〖通例単数形で〗 (軽い)斜視: have a ~ in one's left eye 左の目がやぶにらみである.

〖ON *kasta*〗〖類義語〗 ⇒ throw.

cas･ta･net /kæ̀stənét/ 图 〖通例複数形で〗 カスタネット. 〖Sp＜*castaña* クリの実＜L *castanea* (⇒ chestnut); 形の類似から〗

cást･a･way /kǽstəwèi/ 图 Ⓒ ❶ 難船[漂流]者. ❷ (世間から)見捨てられた人, 無頼漢; 親から見放された子. ── 形 ❶ 難破[漂流]した. ❷ **a** 捨てられた. **b** 世間から見捨てられた.

＊**caste** /kǽst/ 图 ❶ Ⓒ Ⓤ 〖*the* ~〗 カースト, 四姓《インドの世襲的階級; 僧・士族・平民・奴隷の4階級がある》. **b** Ⓤ カースト制度. ❷ **a** Ⓒ 排他的[特権]階級. **b** Ⓤ 閉鎖的社会制度. ❸ Ⓤ 社会的地位: lose ~ 社会的地位を失う; 威信[信望, 面目]を失う. 〖Sp & Port＝人種＜*casto* 純粋な＜L *castus*; cf. castigate, chaste, incest〗

cas･tel･lan /kǽstələn/ 图 城主, 城代.

cas･tel･lat･ed /kǽstəlèitid/ 形 ❶ 〈建物・教会など〉城郭風の. ❷ 〈ある地域の〉城の多い.

cas･tel･la･tion /kæ̀stəléiʃən/ 图 ❶ 〖複数形で〗 胸壁. ❷ Ⓤ 胸壁取付け.

cáste màrk 图 (インドの)額につけるカーストのしるし.

cást･er /kǽstər/ 图 《つづり 1, 2 は castor ともつづる》 ❶ (ピアノ・いすなどの)足車, キャスター: be on ~*s* キャスターがついている. ❷ **a** (薬味・塩・砂糖などの) 振りかけ容器. **b** 薬味立て. ❸ Ⓤ 投票者. **c** 計算者. ❹ **a** 配役係. **b** 鋳造者, 鋳物師.

cáster sùgar 图 ＝castor sugar.

＊**cas･ti･gate** /kǽstəgèit/ 動 ⓣ ❶ 〈人・行為などを〉酷評する, 厳しく非難する (chastise). ❷ 折檻(せっかん)する. **cás･ti･ga･tor** /-tə- | -tə-/ 图 **cas･ti･ga･to･ry** /kǽstəgətɔ̀ːri | -gətəri/ 形 〖L *castus* 純粋な; cf. caste〗

cas･ti･ga･tion /kæ̀stəgéiʃən/ 图 Ⓤ Ⓒ ❶ 酷評, 非難. ❷ 折檻(せっかん), 懲戒.

Cas･tile /kæstíːl/ 图 ❶ カスティリヤ《スペイン中部の古王国》. ❷ ＝Castile soap.

Castíle sóap 图 Ⓤ カスティールせっけん《オリーブ油で作る上質のせっけん》.

Cas･til･ian /kæstíljən/ 形 カスティリヤの. ── 图 ❶ Ⓒ カスティリヤ人. ❷ Ⓤ カスティリヤ語《標準スペイン語》.

＊**cást･ing** /kǽstiŋ/ 图 ❶ Ⓤ 役の割り振り, 配役, キャスティング. ❷ Ⓒ 鋳物: a bronze ~ 青銅の鋳物. **b** Ⓤ 鋳造. ❸ Ⓤ 釣り糸の投げ込み. ❹ Ⓒ **a** ヘビの抜け殻. **b** ミミズの地上に盛り上げたふん.

cásting còuch 图 《米俗》配役決定のソファー《配役担当責任者の事務所にあるといわれるソファー; しばしば 役をつける代償に性行為を求める場所とされる》.

cásting nèt 图 ＝cast net.

cásting vóte 图 決定投票, キャスティングボート《賛否同数のとき議長が投じる》.

＊**cást íron** 图 Ⓤ 鋳鉄.

cást-íron 形 ❶ 鋳鉄製の. ❷ **a** 〈規則など〉厳しい, 厳格な. **b** 〈胃など〉丈夫な: a ~ stomach 丈夫な胃. **c** 〈証拠・保証など〉動かせない, 強力な.

＊**cas･tle** /kǽsl | kάːsl/ 图 ❶ **a** 城, 城郭: A man's [An Englishman's] house is his ~. 《ことわざ》 〖英〗英国人の家は彼の城である. **b** 大邸宅, 館. ❷ 〖チェス〗 ルーク (rook).
build cástles [**a cástle**] **in Spáin** [**the áir**] 空中楼閣を築く, 〈たわいもない〉空想にふける. ── 動 〖チェス〗〈王〉をキャスリング[入城]する[させる]. 〖OE＜F＜L *castellum*＜*castrum* とりで〗

cás･tled 形 〈ある地域の〉城のある.

cást nèt 图 投網(ぬ).

+cást-òff 形 ❶ (着古して)捨てられた. ❷ 〈人が〉見捨てられた. ―图 (通例複数形で) 古着.

cas·tor¹ /kǽstə | káːstə/ 图 ❶ Ｕ ビーバー香 《薬品・香水の原料》. ❷ Ｃ ビーバー帽.

cas·tor² /kǽstə | káːstə/ 图 ＝caster 1, 2.

Cas·tor and Pol·lux /kǽstəənpɑ́ləks | -stəənpɔ́l-/ 图 《ギ神》 カストルとポリュデウケス (Leda の双生の息子; Zeus によりふたご座 (Gemini) に変えられた).

cástor bèan 图 《米》 ❶ トウゴマの種子. ❷ ＝castor-oil plant.

cástor óil 图 Ｕ ひまし油.

cástor-óil plànt 图 《植》 トウゴマ, ヒマ 《その種子からひまし油を採る》.

cástor sùgar 图 Ｕ 《英》 粉末白砂糖.

+cas·trate /kǽstreit | ―一′/ 動 ⓣ ❶ 〈男性・雄の動物を〉去勢する. ❷ 〈...を〉骨抜きにする. 【Ｌ】

cas·tra·tion /kæstréiʃən/ 图 Ｕ ❶ 去勢. ❷ 骨抜き.

cas·tra·to /kæstráːtou/ 图 (徳 cas·tra·ti /-tiː/) 《楽》 カストラート《主に 17, 18 世紀のイタリアで声変わりする前の高音を保つために去勢された男性歌手》. 【It＝去勢された <Ｌ; cf. castrate】

Cas·tries /kǽstriːz | ―一′/ カストリース 《セントルシアの首都》.

Cas·tro /kǽstrou/, Fi·del /fidél/ 图 カストロ (1927- ; キューバの革命家・国家評議会議長).

*ca·su·al /kǽʒuəl, -ʒul-/ 形 (more ~; most ~) ❶ a むとんちゃくな, 気にかけない, 平気な, のんきな: "Nothing's wrong. I'm fine," she said, trying hard to sound ~. 「何でもないわ, 大丈夫よ」と, 彼女はなんとか平気に聞こえるように言った / He is too ~ about money. 彼は金にむとんちゃくすぎる. b Ａ 思いつきの, 何気ない, ふと出た; 不用意な, 配慮に欠ける; いい加減な, 軽はずみな, おざなりの, 漫然とした: a ~ remark ふと出た[不用意な]言葉 / a ~ attitude toward victims 被害者に対する配慮に欠ける態度 / take a ~ glance at... にざっと目を通す / a ~ observer 漫然と見ている人. ❷ a 〈服などふだん着の, 略式の, カジュアルな: ~ wear ふだん着, カジュアルウェア. b 〈場所・雰囲気など〉くつろげる, のんびりした, かしこまらない, 気兼ねの張らない: in a ~ atmosphere くつろいだ[うちとけた]雰囲気の中で. ❸ a 一時的な, 臨時の, 不定期の, その時々の; 時折の, たまの: ~ expenses 臨時支出, 雑費 / ~ labor＝~ workers [laborers] 臨時労働者 (cf. labor 4) / ~ staff 臨時職員. b 〈関係などゆきずりの, かりそめの; 軽い《気持の》, 真剣でない: ~ sex ゆきずりのセックス / (a) ~ friendship 軽い友情 / a ~ acquaintance 単なる顔見知り(人). ❹ 偶然の, たまたまの, 思いがけない, ふいの: a ~ meeting 偶然の出会い / a ~ visitor 思いがけない来客. ―图 ❶ a 時々[たまに]行なう[訪れる(などする)]人; 臨時雇用者[労働者]. b [複数形で] 《英》 (昔の)臨時保護を受けている人々. ❷ [通例複数形で] カジュアルウェア. b カジュアルシューズ. ―·ness 图 〔Ｆ<Ｌ ＝偶然の casus 出来事; ⇒ case¹〕〖類義語〗⇒ random.

cásual Fríday 图 《米》 カジュアル・フライデー《会社が社員にカジュアルな服装での出勤を認めている金曜日》.

cas·u·al·i·za·tion /kæʒuəlizéiʃən, -ʒul- | -laiz-/ 图 Ｕ 《常用雇用の》臨時雇用化.

+ca·su·al·ly /kǽʒuəli, -ʒuli-/ 副 ❶ むとんちゃくに, のんきに, 気にかける風もなく; 何気なく, 不用意に, ふと. ❷ 臨時に. ❸ ふだん着で, カジュアルに.

*ca·su·al·ty /kǽʒuəlti, -ʒul-/ 图 ❶ a 〔事故による〕死傷者, 負傷者, 死者〕: incur heavy [slight] casualties 多数[少数]の死傷者を出す. b (一般に)被害者, 損害を被った人. ❷ 不慮の災害; 不慮の傷害, 奇禍: ~ insurance 傷害保険. 〖Ｌ＝偶然, 事故; ⇒ casual〗

cásualty depártment [wàrd] 图 《英》 (病院の)救急病棟.

cásual wáter 图 Ｕ 《ゴルフ》 カジュアルウォーター 《降雨などによってコースにできた偶然のたまり水》.

ca·su·ist /kǽʒuist/ 图 ❶ 決疑論者 (⇒ casuistry 1). ❷ 詭弁(於)家.

ca·su·is·tic /kæʒuístik―′/ 形 ❶ 決疑論的な. ❷ ＝ casuistical.

cà·su·ís·ti·cal /-tik(ə)l―′/ 形 詭弁的な, ごまかしの. ~·ly /-kəli/ 副

ca·su·is·try /kǽʒuistri/ 图 Ｕ ❶ 詭弁, こじつけ. ❷ 〖論・哲〗 決疑論《社会の慣行や教会などの律法に照らして行為の道徳的正邪を決め(ようとす)ること》.

ca·sus bel·li /kéisəsbéli:, káːs-/ 图 （徳 ~）戦争原因; 開戦の理由. 〖Ｌ＝occasion of war〗

*cat /kǽt/ 图 ❶ Ｃ a 猫: A cat has nine lives. 《諺》猫には命が九つある《容易に死なない》/ A ~ [Even a ~] may look at a king. 《諺》猫でも王様が見られる《卑しい人にも相応の権利はある》/ Curiosity killed the ~. 《諺》好奇心は身を誤る / When the ~'s away, the mice will play. 《諺》「鬼の居ぬ間に洗濯」/ Care killed the cat. ⇒ care 图 2 a / There wasn't room to swing a ~ (in). 一匹扱い切れる余地もなかった《まったく狭苦しかった》. b 〔動〕 ネコ科の動物 (lion, tiger, lynx など). ❷ Ｃ (口)陰口をきく女, 意地悪女. ❸ Ｃ (俗) a ジャズ狂(人). b 男, やつ. c ＝cat burglar. ❹ [the ~] (口)＝cat-o'-nine-tails.

béll the cát 「猫の首に鈴をつける」, (みんなのために)進んで危険[嫌なこと]を引き受ける.

fight like Kilkénny /kilkéni/ cáts 双方死ぬまで戦う《由来》アイルランドの Kilkenny で 2 匹の猫がけんかを始め互いに food がずになったとする故事から.

grín like a Chéshire cát ⇒ Cheshire 〖成句〗

(Hàs the) cát gòt your tóngue? (口) どうして黙りこんでいるんだい〖用法〗 恐怖・臆病のために黙っている《通例子供の》相手に》.

lèt the cát óut (of the bág) (口) (うっかり)秘密を漏らしてしまう (cf. the CAT is out of the bag 〖成句〗).

like a cát on a hót tín róof ＝ 《英》 like a cát on hót bricks (口) そわそわして, いらいらして落ち着かずに.

look like sómething the cát drágged ín (口) ぼろぼろの[みすぼらしい]ようすをしている.

nót a cát in héll's chánce 全然機会がない.

pláy cát and móuse with a person 〈人〉をなぶりものにする, 残酷にからかう; じらす《由来》「猫とネズミ」の子供の遊びから》.

pút [sét] the cát amòng the pígeons (口) (秘密にすべき事実をばらしたりして)波乱[騒ぎ]を起こす.

ráin [còme dówn] cáts and dógs [しばしば進行形で] (口)(雨が)のどしゃ降りに降る《由来》 cats が大雨, dogs が強風を招くという迷信から》.

sée which wáy the cát will júmp ＝ wait for the CAT to jump 〖成句〗

The cát is òut of the bág. 秘密が漏れた《由来》 猫を袋に入れて豚だと言って売ろうとしたが, 猫がとび出てきたという故事から》.

wáit for the cát to júmp (口) ひより見をする, 形勢を静観する.

―動 ⓣ (cat·ted; cat·ting) 〖海〗〈いかりを〉水面まで吊錨(ちぉぅび)架 (cathead) へつり上げる. ―ⓘ 《米俗》男が女をあさる 〈around〉.

〔ＯＥ〈? Ｌ〕 〖関形〗 feline.

CAT /kǽt/ 图 《略》 clear air turbulence; computerized axial tomography コンピューター X 線体軸断層撮影[X線 CT]; computer-assisted[-aided] testing コンピューター能力テスト. cat. 《略》 catalog(ue).

cat·a- /kǽtə/ 接頭 「下に向かって」「...に反して」「...を通じて」「完全に」. 〖Gk cata 下に〗

cat·a·bol·ic /kæ̀təbɑ́lik | -bɔ́l-―′/ 形 〖生〗 異化[分解]用の (↔ anabolic).

ca·tab·o·lism /kətǽbəlizm/ 图 Ｕ 〖生〗異化(作用) (↔ anabolism; cf. metabolism). 〖CATA-+(META)BOLISM〗

cat·a·chre·sis /kæ̀təkríːsis/ 图 Ｕ.Ｃ. (徳 -ses /-siːz/) (語の)誤用. -chres·tic /-kréstik/ 形

cata·cla·sis /kæ̀təkléisis/ 图 Ｕ 〖地〗(岩石の)圧砕(作用), カタクラシス. cata·clas·tic /kæ̀təklǽstik―′/ 形

cat·a·clysm /kǽtəklìzm/ 名 ❶ (政治的・社会的な)大変動, 一大異変, 破壊(的な変化)《革命・戦争など》. **a** [地](地殻の)激変《地震・噴火など》. **b** 大洪水. cat·a·clys·mic /kæ̀təklízmɪk←/ 形

cat·a·comb /kǽtəkòum | -kùːm, -kòum/ 名 ❶ [通例複数形で] 地下墓地. ❷ [the Catacombs] (ローマの)カタコンベ《初期キリスト教徒の避難所となった地下墓地》.

cà·ta·dióptric 形《光》反射屈折の[によって生ずる, を伴う], カタジオプトリックの.

ca·tad·ro·mous /kətǽdrəməs/ 形《魚》降河(回游)性の《淡水にすむ魚が産卵のために川を下って海に行く》.

cat·a·falque /kǽtəfæ̀lk/ 名 ❶ 棺台. ❷ 無蓋の霊柩車.

Cat·a·lan /kǽtələn | kæ̀təlǽn←/ 形 ❶ カタロニア(地方)の(⇒ Catalonia). ❷ カタロニア人[語]の. — 名 ❶ C カタロニア人. ❷ U カタロニア語.

cat·a·lase /kǽtəlèɪs/ 名 U《生化》カタラーゼ《過酸化水素を水と酸素に分解する酵素》. càt·a·lát·ic /-lǽt-/ 形

cat·a·lec·tic /kæ̀təléktɪk←/ 形《詩学》最後の詩脚に音節を欠く, 韻脚不完の. — 名 欠節詩句.

cat·a·lep·sy /kǽtəlèpsi/ 名《医》強硬(きょうこう)症, カタレプシー.《L<Gk=握りしめること》

cat·a·lep·tic /kæ̀təléptɪk←/ 形 強硬症の(患者).

***cat·a·logue**, 《米》 **cat·a·log** /kǽtəlɔ̀ːg | -lɔ̀g/ 名 **a** 目録, カタログ, 一覧表: a ~ of new books 新刊書カタログ. **b** 図書[蔵書]目録, カタログ: a library ~ 図書館目録 / a card ~ index カード索引目録. ❷ 列記したもの, 一覧表: a ~ of gifts 寄付一覧. ❸ 《米》大学要覧. — 動 他 貞 (...の)目録を作る; 目録に載せる; 分類する. 《F<L<Gk<*catalegein* 一覧にする, 名簿に載せる; ⇒ cata-, -logue》【類義語】⇒ list¹.

cát·a·lòg·uer, 《米》**cát·a·lòg·er** カタログ[目録]編集[製作]者.

cátalogue rai·son·né /-rèɪzəneɪ/ 名 《贯 catalogues rai·son·nés /-g(z)-/》《書物・絵画の》解題付き類別目録.

Cat·a·lo·ni·a /kæ̀təlóuniə/ 名 カタロニア《スペイン北東部の地方》.

Cat·a·lo·ni·an /kæ̀təlóuniən/ 形 名=Catalan.

ca·tal·pa /kətǽlpə/ 名《植》キササゲの類の高木《アメリカキササゲ, ハナキササゲなど》.

cat·a·lyse /kǽtəlàɪz/ 動《英》=catalyze.

cat·al·y·sis /kətǽləsɪs/ 名《·*ses* /-sìːz/》❶ U《化》触媒作用, 接触反応: by ~ 触媒作用によって. ❷ C 誘因.《Gk=溶解; ⇒ analysis》

⁺**cat·a·lyst** /kǽtəlɪst/ 名 ❶《化》触媒. ❷ 促進の働きをする人[もの].《↑; analyst にならって》

⁺**cat·a·lyt·ic** /kæ̀təlítɪk←/ 形 触媒(による).

catalýtic convérter 名 触媒コンバーター《自動車の排気ガス中の有害成分を低減する装置》.

cátalỳtic crácker 名《石油精製の》接触分解器.

cat·a·lyze /kǽtəlàɪz/ 動 他《化》《反応を》触媒する.《⇒ catalysis》

cat·a·ma·ran /kæ̀təmərǽn/ 名 ❶ **a** いかだ舟《インドや南米の沿岸で用いる》. **b** (2艘の)小舟を並べてつないだ)双胴船, カタマラン. ❷ 《口》がみがみ女.

cat·a·me·ni·a /kæ̀təmíːniə/ 名 [単数または複数扱い]《生理》月経 (menses). -mé·ni·al 形

cat·a·mite /kǽtəmàɪt/ 名《古》稚児(ちご)《男色の相手の少年》.

cat·a·mount /kǽtəmàunt/ 名《動》ヤマネコ; (特に)クーガー, オオヤマネコ.《もと cat of the mountain から》

cat·a·moun·tain /kæ̀təmáuntn | -tɪn/ 名 ❶ ヤマネコ. ❷ 乱暴でけんか早い人.

cát·and-dóg 形 A《犬と猫のように》仲の悪い: lead a ~ life《夫婦がけんかばかりして暮らす》/ be on ~ terms 犬猿の仲である.

cát-and-móuse 形 A 猫とネズミの(ような): **a** 殺す前に獲物をもてあそぶ. **b** 追いつ追われつの.

cat·a·phat·ic /kæ̀təfǽtɪk←/ 形《神学》神を知ることが肯定法による (↔ apophatic).

ca·taph·o·ra /kətǽfərə/ 名 U《文法》後方照応.

cat·a·phor·ic /kæ̀təfɔ́(ː)rɪk, -fár- | -fɔ́r-/ 形《文法》後方照応的な, 進行指示の (↔ anaphoric)《例: I said *this* / *as follows*). -i·cal·ly 副

cat·a·plasm /kǽtəplæ̀zm/ 名 パップ (poultice).

cat·a·plexy /kǽtəplèksi/ 名 U《医》脱力発作, カタプレクシー《情動性興奮に続く発作性脱力症状》. càt·a·pléc·tic 形

Ca·ta·pres /káːtəprès/ 名《商標》カタプレス《クロニジン (clonidine) 製剤; 血圧降下薬》.

⁺**cat·a·pult** /kǽtəpʌ̀lt/ 名 ❶《英》ぱちんこ《slingshot》《Y字型の小枝の先にゴムをつけ, 小石を飛ばすおもちゃ》. ❷ **a** (空母からの)艦載機射出機, カタパルト. **b** グライダーの発射機. ❸ (古代・中世の)弩(いしゆみ). — 動 他 ❶ [副詞(句)を伴って] 《...を》勢いよく放つ, ほうり出す[込む]: be ~*ed* from one's seat 座席からほうり出される / be ~*ed* into fame 一挙に有名になる. ❷ 《ぱちんこで》撃つ; 《石などを》ぱちんこで飛ばす. ❸ 《飛行機を》カタパルトで発進させる. — 貞 ❶ [副詞(句)を伴って] (急に)勢いよく動く[飛ぶ, はねる]: ~ *into* the air 空中にはね上がる / ~ *into* a room 部屋に飛び込む. ❷ 《飛行機が》カタパルトで発進する.《L<L<Gk=弩(いしゆみ)》

⁺**cat·a·ract** /kǽtərækt/ 名 ❶ C《医》白内障, しろそこひ. ❷ **a** 瀑布(ばくふ), 大滝 (cf. cascade 1). **b** [通例複数形で] (白く泡立つ)急流. **c** 豪雨, 洪水.《L<Gk》

ca·tarrh /kətáː | -táː/ 名 ❶《医》カタル《鼻・のどなどの粘膜に起こる炎症》. ❷ (俗に)鼻かぜ, 鼻炎. ca·tarrh·al /kətáːrəl/ 形《L<Gk<*catarrhein* 流れ落ちる》

cat·ar·rhine /kǽtəràɪn/ 形《動》狭鼻猿類の(サル); [人] 狭鼻をもつ(ヒト).

*ca·tas·tro·phe /kətǽstrəfi/ 名 ❶ **a** (突然の)大惨事; 大災害. **b** 大きな不幸[不運, 災難]. ❷ **a** 大失敗. **b** 破滅, 破局. **c** (悲劇などの)大詰め, 結末. ❸ 《地》(地殻などの)突然の大変動[激変].《L<Gk=ひっくり返す[返す]こと, 終結 < CATA·+*strophē* 回転, 旋回》形 catastrophic【類義語】⇒ disaster.

catástrophe thèory 名 U.C《数》破局[カタストロフィ]の理論《地震や株の暴落など突然の大きな変化を説明するための数学理論》.

⁺**ca·ta·stroph·ic** /kæ̀təstráfɪk | -strɔ́f-←/ 形 ❶ 大変動[大災害]の. ❷ 大詰めの; 破滅的な, 悲劇的な. -i·cal·ly /-fɪkəli/ 副

ca·tas·tro·phism /kətǽstrəfɪ̀zm/ 名 U《地》激変説, 天変地異説.

cat·a·to·ni·a /kæ̀tətóuniə/ 名 U《精神医》緊張病, カタトニー.

cat·a·ton·ic /kæ̀tətánɪk | -tɔ́n-←/ 形 緊張病性の; 動き[表情]のない. — 名 緊張病患者.

Ca·taw·ba /kətɔ́ːbə/ 名《贯 ~s, ~》❶ **a** [the ~(s)] カトーバ族《North Carolina 州, South Carolina 州に住んでいた北米先住民族》. **b** C カトーバ族の人. ❷ U カトーバ語.

cát·bird 名《鳥》ネコマネドリ《北米産; 猫に似た声で鳴く》.

cátbird sèat 名《米口》有利な立場: sit in the ~ 有利な立場にある.

cát·bòat 名 1本マスト1枚帆の小帆船.

cát bùrglar 名 2階の窓などから押し入る夜盗[空巣ねらい].

cát·càll 名 (集会・劇場などで)猫の鳴き声をまねるやじ[鋭い口笛].

*catch /kǽʃ, kéʃ | kǽʃ/ 動 (caught /kɔːt/) 他 ❶ 《...を》捕らえる, つかまえる: ~ a thief 泥棒を取り押さえる / He has been *caught* several times for speeding. 彼はスピード違反で数回つかまれたことがある / The early bird ~*es* the worm. ⇒ early bird 1 / ~ a rat *in* a trap ネズミ捕りでネズミをつかまえる.

❷ **a** (投げられたものなどを)(途中で)つかむ, 受け止める: ~ a ball ボールを捕らえる, 捕球する. **b** ボールを受けて(打者をアウトにする 〈*out*〉.

❸ 《...を》(急にまたは強く)つかむ, 握る (seize): ~ a person's arm=~ a person *by the* arm 人の腕をつかむ / ⇒

catch HOLD¹ of 成句.

❹ a 〈打撃・物などが〉〈人の〉〈体の一部に〉当たる《用法》体の部分を表わす定冠詞の前に the を用いる》: The punch *caught* him *on* the jaw. そのパンチは彼のあごに入った / The bullet *caught* the captain *in* the throat. その弾丸はキャプテンののどもとに命中した. b 〈人に〉〈打撃を〉くらわす: [+目+目] I *caught* him one on the jaw.=I *caught* him on the jaw *with* a punch. やつのあごに一発くらわせてやった. c 〈体の一部を〉〈…に〉ぶつける: He *caught* his head *on* the edge of the table. テーブルのかどに頭をぶつけた.

❺ 〈くぎ・衣服などが〉〈…に〉引っかかる, からまる, 〈…を〉…に引っかける: Her sleeve *caught* the coffee cup and knocked it to the floor. 彼女の服のそでにコーヒーカップが引っかかり床に落ちてしまった / She *caught* her coat *on* a hook. 彼女はコートをかぎに引っかけた / He *caught* his fingers *in* the door. 彼はドアに手の指をはさんだ.

❻ a 〈人などが〉〈…しているところを〉見つける, 〈+目+*doing*〉I *caught* the boy *stealing* fruit from our orchard. 少年が果樹園から果物を盗むのを見つけた / (You'll never) *see me do*ing that! 〔口〕 そんなことをするものか / He was *caught in* the act. 彼は実際しているところを〔現行犯で〕見つかった. b 〔~ oneself *doing* で〕(突然)自分が…していることに気づく.

❼ 〈…に〉間に合う (cf. miss¹ 他 6): ~ the 9:40 train [bus] 9時40分発の列車[バス]に間に合う / ~ the mail [post] 郵便(集収時)に間に合う.

❽ a 〈人の注意などを〉引く: Her beauty caught my eye. 彼女の美しさが私の目に留まった / The child tried to ~ my attention. その子供は私の注意を引こうとした / ~ a person's fancy 好みを引く, 好きになる. b 〈視線を〉捕らえる: I couldn't ~ the waiter's eye for some time. しばらく給仕の視線を捕らえることができなかった.

❾ a 〈…を〉聞きとる, 理解する 《★進行時制なし》: I could not ~ what he said. 彼の言ったことは聞きとれなかった. b 〈感覚を〉感じとる, とらえる 《★進行時制なし》: ~ sight of …を見つける / ~ a glimpse of …をちらりと見る / ~ the smell of …のにおいをかぎつける.

❿ a 〈病気に〉感染する, かかる (contract): ~ (a) cold かぜを引く / ~ (the) flu 流感にかかる / ~ a disease (感染して)病気にかかる. b 〈火が燃えつく〉: Paper ~*es* fire easily. 紙は燃えやすい.

⓫ 〈人と〉連絡をつける, 〈人を〉つかまえる.

⓬ 〔口〕〈番組・映画などを〉見る, 聴く.

⓭ 〈問題・病気などを〉察知する, 発見する.

⓮ 〈雰囲気などを〉表わす, 反映する, (生き生きと)描き出す.

⓯ a 〈面倒・迷惑なことが〉〈人を〉襲う, 巻き込む 《★通例受身》: We got *caught in* a shower. にわか雨にあった / Sorry I was late. I got *caught in* (the) traffic. 遅れてすみません. 交通渋滞に巻き込まれてしまったのです. b 〔通例 unawares を伴って〕〈…を〉不意に襲う, 急襲する: ~ the enemy *unawares* 敵に不意打ちをくらわす.

⓰ 〈光を〉受ける, 〈光で〉輝く; 〈光が〉…を照らす.

⓱ 〈人を〉だます.

── 自 ❶ a 〔…を〕捕らえよう〔つかもう〕とする: A drowning man will ~ *at* a straw. 《諺》おぼれる者はわらをもつかむ. b 〔機会・申し出などに〕とびつく: ~ *at* an opportunity 好機にとびつく. ❷ a 〈錠などが〉かかる: Did the lock [anchor] ~? 錠〔いかり〕はかかりましたか. b 〔…に〕引っかかる, からまる 〔*on, in*〕: My sleeve has *caught on* a nail. そでがくぎに引っかかった. ❸ a 〈火がつく〉; 〈ものが〉燃えつく: The fire has *caught*. 火がついた / Dry kindling ~*es* easily. 乾いたたきつけは火がつきやすい. b 〈エンジンなどが〉作動しだす, かかる: It took several minutes before the engine *caught*. エンジンがかかるまで数分かかった. ❹ 〔野〕捕手を務める.

be cáught betwèen …の間で迷って〔揺れ動いて, 困惑して〕いる.

cátch it 〔口〕 しかられる, 罰をくう.

cátch a person nápping ⇒ nap¹ 成句.

cátch ón (自+副) (1) 人気を博する, はやる: The song *caught on* quickly. その歌はいち早くうけた. (2) わかる, 理解する; 〔…の〕意味を悟る, 〔…を〕のみこむ: He's slow to ~ *on*. 彼はのみこみが遅い / I don't ~ *on to* what you're driving at. 君が何をしよう〔言おう〕としているのか見当がつかない.

cátch óut (他+副) (1) 〈人の〉誤りを見つける, 〈人に〉ぼろを出させる, 〈人の〉〈偽りなどを〉見破る: The examiner tried to ~ the students *out* with a difficult question. 試験官は意地の悪い質問をして生徒たちにぼろを出させようとした / He was *caught out in* a lie. 彼はうそを見破られた. (2) 〈人を〉(予期せぬ)困難に陥れる, ひどい〔不快, 困難な〕めにあわせる 《★通例受身》.

cátch the sún ⇒ sun 成句.

cátch úp (他+副) (1) 〈人に〉追いつく: He has gone so far we cannot ~ him *up*. 彼はずっと先に行ってしまって追いつけない. (2) 〈…を〉さっと取り上げる. (3) 〈人を〉〔…に〕夢中にさせる, 熱中させる 《★通例受身》: We were *caught up in* the excitement of the crowd [festival]. 私たちは群衆〔祭り〕の興奮に巻き込まれてしまった. (4) 〈人を〉〈事態などに〉巻き込む 《★通例受身》: He was [got] *caught up in* a bribery scandal. 彼は贈収賄(ぞうしゅうわい)疑獄に巻き込まれていた. (5) 〈悪人などを〉つかまえる, 逮捕する.
── (自+副) (6) 〔…に〕追いつく 〔*with*〕: Go on ahead. I'll soon ~ *up* (*with* you). 先に行ってください. すぐに追いつきます / We cannot ~ *up with* past increases in the cost of living. これまでの生活費の上昇には追いついていけない. (7) 〔仕事などの〕遅れを取り戻す: I *caught up on* my reading during my vacation. 遅れた分の読書は休暇中に取り戻した. (8) 〔友人・縁者の消息を知る.

── 名 ❶ C 捕らえること; 捕球: He made a fine [nice] ~. 彼は見事に捕球した / He missed the ~. 彼は捕球しそこなった. ❷ U キャッチボール《比較「キャッチボール」は和製英語》: play ~ キャッチボールをする. ❷ 捕えたもの; 漁獲高: (get) a good [fine, large] ~ (of fish) 大漁(をする). ❸ C 〈人を引っかける〉落とし穴, わな (snag): There's a ~ to this question. この問題には落とし穴がある. ❹ C 掘り出し物; (結婚相手として)望ましい人. ❺ C 留め金, 取っ手: the ~ of the door ドアの留め金 / the ~ on a suitcase スーツケースの留め金. ❻ C (息の)引っかかり: He spoke with a little ~ in his voice. 彼はのどをちょっと詰まらせて話した. ❼ C 〔楽〕輪唱; 断片: ~*es* of a song 歌のところどころ.

── 形 A ❶ 〈質問など〉落とし穴のある. ❷ 興味をそそるような, 注意を引くような (cf. catchphrase): a ~ line 人の注意を引くような宣伝文句, キャッチフレーズ.

〖F=追いかける<L<*capere* 取る; cf. capture〗

【類義語】 人・ものなどをつかまえるという意で最も一般的な語. **capture** 抵抗・困難を排し, 力ずくではたは策略を用いて, 捕える. **trap, snare** 共に「わな」を用いて捕えて逃げられないようにする.

cátch·àll 名 ❶ がらくた入れ; (がらくた入れの)物置. ❷ 包括的なもの. ── 形 A 一切合切を含む, 多目的用の.

cátch-as-cátch-cán 名 U フリースタイルレスリング.
── 形 A 手当たり次第の, 無計画の, ほんの思いつきの: in a ~ fashion 無計画に.

cátch cròp 名〔農〕間作(作物).

⁺**cátch·er** /kǽtʃɚ, kétʃɚ|kǽtʃə/ 名 ❶ a 捕らえる人[もの]. b 〔野〕キャッチャー, 捕手. ❷ (捕鯨の)キャッチャーボート, 捕鯨船.

cátch·fly 名 花や茎の粘液で虫を捕らえる植物 (ムシトリナデシコなど).

⁺**cátch·ing** 形 ❶ 〈病気など〉伝染性の, 〈熱狂・あくびなど〉うつりやすい (infectious). ❷ 目を引く, 魅力のある.

cátch·lìght 名〔写〕キャッチライト《人物や動物の写真で, 瞳の中に映っている光源などの光点》.

cátch lìne 名 ❶ 標語, うたい文句. ❷〔印〕短く目立つように組まれた行《欄外見出しを含む行など》.

catch·ment /kǽtʃmənt/ 名 ❶ a U 集水, 湛水(たんすい); 集水された水. b C 集水[湛水]量. ❷ = catchment area 2.

cátchment àrea 名 ❶ 《英》(学校・病院・役所などの)

受け持ち[管轄(%)]区域. ❷ (川・貯水池などの)集水地域;流域.

cátch・pènny 形 A ❶ 安値かの, きわもの的な. ❷ 俗受けするだけの: a ~ book [show] 俗受けをねらった本[ショー]. ── 名 きわもの商品, 安ぴか物.

cátch・phràse 名 キャッチフレーズ, 標語, うたい文句, 決まり文句.

Cátch-22 /-twèntitúː/ (口) 名 (徼 ~'s, ~s) のがれようのない[手のうちようのない]状況, ジレンマ [逆説]的な状態. ── 形 A 手の打ちようのない, ジレンマの: be in a ~ situation ジレンマの状態で.《J. Heller の小説の題名》

cátch-ùp 名 U 巻き返し, 追い上げ: play ~ 相手に追いつこうとする, 巻き返しを図る. ── 形 A 巻き返しの[のための, を狙った].

catch-up /kǽtʃəp, kétʃ-/ 名 = ketchup.

cátch・wèight 名 U [スポ] 無差別の().

cátch・wòrd 名 ❶ 標語, キャッチフレーズ. ❷ (辞書類の)欄外見出し語. ❸ (せりふの)きっかけ.

⁺**cátch・y** /kǽtʃi, kétʃi | kǽtʃi/ 形 (catch・i・er, -i・est) (口) ❶ a 〈標語など〉人の心を捕らえる, 人気を呼びそうな. b 〈曲など〉(おもしろくて)覚えやすい: a ~ song 覚えやすい歌. ❷ 〈質問など〉引っかかり[間違い]がある. ❸ 〈風など〉断続的な, 気まぐれな. **cátch・i・ly** /-tʃəli/ 副. ({ catch})

cat・e・che・sis /kætəkíːsɪs/ 名 U ⟨キ教⟩ 教理口授法.

cat・e・chet・i・cal /kæ̀təkétɪk (ə) l/, **-chet・ic** /-kétɪk/ 形 ❶ 問答式の. ❷ ⟨教会⟩ 教理問答の.

càt・e・chét・ics /-íks/ 名 U ⟨キ教⟩ 教理教授学.

cat・e・chin /kǽtəkɪn/ 名 U ⟨化⟩ カテキン 《皮なめし・染色に用いる結晶化合物》.

cat・e・chise /kǽtəkàɪz/ 動 = catechize.

cat・e・chism /kǽtəkìzm/ 名 ❶ ⟨教会⟩ a U 教理問答, 公教要理 (cf. 2). b C 教理問答書. ❷ [the C~] a ⟨英国教⟩ 公会問答《祈禱(÷)書 (the Book of Common Prayer)中にある信仰教理についての問答; 堅信礼 (confirmation)を受ける少年少女が学ぶ》. b [カト] 公教要理《公的教理の教科書》. ❸ U 問答式教授(法). ❹ C やつぎばやの質問; 質問攻めにする: put a person through a [his] ~ 人を質問攻めにする. {Gk; ⇒ catechize}

cát・e・chist /-kɪst/ 名 U 公会問答[公的要理]の教師.

cat・e・chize /kǽtəkàɪz/ 動 ❶ 〈人〉に教理などを問答式に教える. ❷ 〈人〉に試問する; 〈人〉に細かく問いただす. **cát・e・chìz・er** 名 {Gk=口頭で教える}

cat・e・chol /kǽtəkɔ̀ːl | -kɔ̀l/ 名 U ⟨化⟩ a = catechin. b = pyrocatechol.

cat・e・chol・amine /kæ̀təkáːləmìːn, -kóʊl- | -kɔ̀l-/ 名 U ⟨生化⟩ カテコールアミン《アドレナリン・ノルアドレナリン・ドーパミンなどのアミン類; ホルモン・神経伝達物質の働きがある》.

cat・e・chu /kǽtəʃùː/ 名 U カテキュー《皮なめし・染色・収斂('ん)剤に用いる生薬》.

cat・e・chu・men /kæ̀təkjúːmən/ 名 ❶ 教理問答受講者, 求道者. ❷ 入門者, 初心者.

cat・e・go・ri・al /kæ̀tɪɡɔ́ːriəl/ 形/副 範疇 (category) の.

⁺**cat・e・gor・i・cal** /kæ̀təɡɔ́ːrɪk (ə) l | -ɡɔ́r-/ 形 ❶ a 絶対的な; 〈答え・陳述など〉断定的な. b ⟨論⟩ 断言的な. ❷ 範疇[類別]の[をなす, に属する]. **-cal・ly** /-kəli/ 副.

categórical impérative 名 ⟨倫⟩ 至上命令《良心の絶対無条件的道徳律; Kant の用語》.

⁺**cat・e・go・rize** /kǽtɪɡəràɪz/ 動 〈...を〉分類する; 類別する (classify). **cat・e・go・ri・za・tion** /kæ̀tɪɡərɪzéɪʃən | -raɪ-/ 名 U 分類; 類別.

＊**cat・e・go・ry** /kǽtɪɡɔ̀ːri | -ɡəri/ 名 種類, 部類, 部門, 区分 (class), ⟨論・言⟩ 範疇(‡‡), カテゴリー: The documents fall into four *categories*. それらの文書は 4 種類に分類される / They were put into [placed in] two *categories*. 彼らは二つの部門に分けられた / a grammatical ~ 文法範疇《性・数・格・人称など》.{F or L<Gk=告訴, 主張 < CATA-+ *agoreuein* 集会で話す}

cátegory kíller 名 小売店殺しの大型店《低価格・大規模展開で小売店を駆逐する》.

ca・te・na /kətíːnə/ 名 (徼 -nae /-niː/, ~s) ❶ 鎖; 連鎖. ❷ ⟨キ教⟩ 聖書注釈集《諸注釈の抜粋を集成したもの》.

cat・e・nar・y /kǽtənèri | kətíːnəri/ 名 ❶ [数] 懸垂線. ❷ (電車の架線をつる)つり線, カテナリー. ── 形 A 懸垂線の.

cat・e・nate /kǽtənèɪt/ 動 ⟨徼⟩ 鎖状に(連結)する. **cat・e・na・tion** /kæ̀tənéɪʃən/ 名.

cat・e・na・tive /kǽtɪ-nəʔɪv/ ⟨文法⟩ 形 連鎖した〈動詞〉. ── 名 連鎖動詞《準動詞をあとに従える実動詞》.

cat・e・noid /kǽtənɔ̀ɪd/ 名 ⟨数⟩ 懸垂面.

＊**ca・ter** /kéɪtə | -tə/ 動 徼 ❶ 〈パーティーなどの〉料理を提供する, 仕出し[配膳]する: Our hotel also ~s *for* weddings and parties. 当ホテルではまたご婚礼・ご宴会もお引き受けいたします (★ ~ for は受身可). ❷ ⟨娯楽⟩ を提供する; 〈要求⟩を満たす {*to, for*}: TV programs ~*ing to* the interests of children 子供の趣味に合うテレビ番組 / The shop ~*s to* young people. その店は若者を対象としている. ❸ 〈...のこ⟩を考慮に入れる, 見込む {*for*}. ── 〈料理〉を提供する, 仕出しする. {*cater* ⟨廃⟩ 仕出し屋, 食糧を買い入れる人《F=買う》}

cat・er・an /kǽtərən/ 名 ⟨昔のスコットランド高地の⟩不正規兵, 山賊.

cat・er・cor・ner(ed) /kǽtɪkɔ̀ːnə(d) | kæ̀tərkɔ́ːnə(d)⁻/ ⟨米⟩ 形 対角線状の, 斜めの. ── 副 対角線状に, 斜めに: walk ~ across the road 道路を斜めに横切る.

＊**ca・ter・er** /kéɪtərə | -rə/ 名 ❶ ⟨宴会などの⟩料理の仕出し屋. ❷ ⟨ホテル・レストランなどの⟩宴会係.

＊**ca・ter・ing** /kéɪtərɪŋ, -trɪŋ/ 名 U ケータリング, 仕出し(業), 配膳.

⁺**cat・er・pil・lar** /kǽtəpɪlə | -təpɪlə/ 名 ❶ 毛虫《チョウ・ガの幼虫》. ❷ [C~] ⟨商標⟩ キャタピラー: a 無限軌道. b 無限軌道式トラクター.《?F; 原義は「毛深い猫」か》

Cáterpillar tràck 名 = caterpillar 2 a.

Cáterpillar tràctor 名 = caterpillar 2 b.

Cáterpillar trèad 名 = caterpillar 2 a.

cat・er・waul /kǽtəwɔ̀ːl | -tə-/ 動 徼 ❶ ⟨交尾期の猫が⟩ギャーギャー鳴く (⇒ cat 関連). ❷ a ⟨猫のように⟩ギャーギャーいう. b がみがみいがみ合う. ── 名 ❶ ⟨猫の⟩ギャーギャー鳴く声. ❷ いがみ合い(の声).

cát・fìght 名 ⟨特に 女の⟩いがみ合い.

cát・fish 名 (徼 ~, ~・es) ⟨魚⟩ ナマズ.

cát flàp 名 キャットフラップ《猫の出入りのためにドアの下部に設けた蝶番式の小ドア [たれふた]》.

cát・gut 名 U ガット, 腸線《羊などの腸から作り, 弦楽器・ラケット・外科手術用縫糸に用いる》.

Cath. (略) Cathedral; Catherine; Catholic.

Cath・ar /kǽθə | -θə-/ 名 (徼 -ari /kǽθəràɪ/, ~s) カタリ派の信徒《特に中世後期の禁欲的で二元論的なキリスト教の一派に属する人》. **-a・rism** /-θərìzm/ **-a・rist** /-rɪst/ 名, 形 **Cath・a・ris・tic** /kæ̀θərɪ́stɪk⁻/.

Cath・a・rine /kǽθ (ə) rɪn/ 名 キャサリン《女性名》.

ca・thar・sis /kəθɑ́əsɪs | -θɑ́ː-/ 名 (徼 -ses /-siːz/) U C カタルシス: a ⟨哲・美⟩ 想像的経験《特に悲劇を見ること》による感情の浄化. b ⟨精神分析⟩ 患者に自分の苦悩とその原因になった抑圧感情を取り除かせようとする精神療法. ❷ ⟨医⟩ ⟨下剤による⟩便通. {Gk=浄化}

ca・thar・tic /kəθɑ́ətɪk | -θɑ́ː-/ 形 ❶ カタルシスの[を起こさせる]. ❷ 排便の; 下剤の. ── 名 下剤.

Ca・thay /kæθéɪ/ 名 キャセイ, ⟨古・詩⟩ 中国.《L < Turk; 中国史上の「契丹」》

cát・hèad /海/ (船首の両側の)吊錨(ちょう)架.

ca・thec・tic /kəθéktɪk, kæ-/ 形 cathexis の.

ca・the・dra /kəθíːdrə/ 名 (徼 -drae /-driː/) 大聖堂での司教座, カテドラ.

＊**ca・the・dral** /kəθíːdrəl/ 名 ❶ 大聖堂, 司教[主教]座聖堂, カテドラル《司教[主教] (bishop) の座があり, 従ってその司教[主教]区 (diocese) を代表する聖堂》. ❷ ⟨大⟩教会堂. ── 形 ❶ 司教[主教]座をもつ, b 大聖堂のある: a ~ city 大聖堂のある都市. c 大聖堂所属の. ❷ ⟨発表などが⟩権威ある, 断乎たる. {L<*cathedra*, chair; ⇒ chair}

Cath・er /kǽθə | -θə-/, **Wil・la** /wílə/ 名 キャザー《1873–1947; 米国の作家》.

Cath・e・rine /kǽθ (ə) rɪn/ 名 キャサリン《女性名; 愛称

Cathy, Kate, Kitty). **Cátherine of Áragon** (アラゴンのキャサリン (1485–1536; スペインの王女で, イングランド王 Henry 8 世の最初の妃; Mary 1 世の母)).
Catherine I 名 エカチェリナ 1 世 (1684–1727; Peter 大帝の妃で後にロシア女帝).
Catherine II 名 エカチェリナ 2 世 (1729–96; ロシアの女帝 (1762–96); 通称 '〜 the Great').
Cátherine de Mé·di·cis /-dəmerdíːsíːs/ 名 カトリーヌ・ド・メディシス (1519–89; フランス王アンリ 2 世の妃; 初期には旧教と新教の融和を目指したが, 後にサンバルテルミーの虐殺を行なった).
Catherine wheel 名 回転花火 (pinwheel).
cath·e·ter /kǽθətɚ | -tə/ 名 《医》カテーテル (尿道・血管などに挿入する管).
cath·e·ter·ize /kǽθətəràɪz/ 動 《医》〈…に〉カテーテルを入れる. **catheter·ization** /kǽθətərɪzéɪʃən | -raɪz-/ 名 カテーテル法.
cath·e·tom·e·ter /kæ̀θətάmətɚ | -tɔ́mətə/ 名 カセトメーター (2 点間の垂直・水平距離を遠くから精密測定する光学器械).
ca·thex·is /kəθéksəs, kæ-/ 名 U《精神分析》備給, 充当, カテクシス (心的エネルギーが特定の対象・人物・観念等に結びつけられること).
cath·od·al /-dl/ 形《生》陰極 (cathode) の[に引きつけられる]. **〜·ly** 副
cath·ode /kǽθoud/ 名《電》カソード (正電荷が流れ込むほうの電極; ↔ anode): ❶ (電解槽・電子管の)陰極. ❷ (蓄電池などの)陽極. 【Gk=下る道 CATA-+hodos 道】
cáthode ràys 名《電》陰極線.
cáthode-ràys tùbe 名 電子工》 (テレビなどの)ブラウン管, 陰極線管 (★ Braun tube という語は現在あまり用いられない; 略 CRT).
ca·thod·ic /kæθάdɪk, -θóu-/ 形 陰極 (cathode) の. **-i·cal·ly** 副
cathódic protéction 名 U《冶》(鉄鋼材料の)陰極保護, カソード防食.
cath·o·do·lu·mi·nés·cence /kæ̀θədou-/ 名 U《電子工》陰極ルミネセンス (陰極線によって生じる燐光性あるいは蛍光性の光).
*****Cath·o·lic** /kǽθ(ə)lɪk/ 形 (more 〜; most 〜) ❶ a (ローマ)カトリック教会の, 旧教の. **b** 西方教会の. **c** (東西教会に分裂前の)キリスト教会の. ❷ [c~] a 普遍的な, 一般的な; 万人が関心を持つ, 万人に共通の. **b** 〈理解・趣味などが〉かたよらない, 一方に偏しない. ── 名 (ローマ)カトリック教徒, 旧教徒. **ca·thol·i·cal·ly** /kəθάlɪkəli | -θɔ́l-/, **cáth·o·lic·ly** 副 【F<L<Gk=全体の, 普遍的な<CATA-+holos すべての】(名 catholicity)
Cathólic Chúrch 名 [the 〜] (ローマ)カトリック教会.
Cathólic Epístles 名 [the 〜]《聖》(新約聖書中の)公同書翰 (かん) (James, Peter, Jude および John が一般信者に当てた 7 文書).
+**Ca·thol·i·cism** /kəθάləsìzm | -θɔ́l-/ 名 U カトリック教義(の信奉); カトリック主義.
cath·o·lic·i·ty /kæ̀θəlísəti/ 名 U ❶ 普遍性. ❷ (理解・趣味等の)包容性, 寛大さ, おおらかさ. ❷ [C~] = Catholicism.
Ca·thol·i·cize /kəθάləsàɪz | -θɔ́l-/ 動 他 カトリック教徒にする.
ca·thol·i·cos /kəθάlɪkəs | -θɔ́l-/ 名 《-i·cos·es, -coi /-lɔksɔɪ/》 [しばしば C~]東方教会, 特にアルメニア教会・ネストリウス教会の総大主教.
cát·hòuse 名《米俗》売春宿.
Cath·y /kǽθi/ 名 キャシー (女性名; Catherine の愛称).
cát ice 名 (水のひいたあとに残った)薄氷, うわごり.
cat·i·on /kǽtàɪən/ 名《化》カチオン, 陽イオン (↔ anion).
cát·kin /kǽtkɪn/ 名 《植》(ヤナギなどの)尾状花序.
cát ládder 名 傾斜屋根に架けるはしご.
cát lìck 名《英口》おざなりな[いいかげんな]洗い方.
cát·like 形 猫のような; すばしこい; 忍び足の.
Cat·lin /kǽtlɪn/, **George** キャトリン (1796–1872; 米国の画家・著述家; 北米先住民の生活をスケッチした絵画で知られる).

279 Caucasia

cat·lin·ite /kǽtlənàɪt/ 名 U カトリン粘土 (Missouri 川上流に産する硬化粘土; 北米先住民がタバコ用パイプを作った).
cát lítter 名 U 猫のトイレに敷く砂(状のもの).
cát mìnt 名《英》= catnip.
cát·nàp 名 うたた寝. ── 動 うたた寝する.
cát·nip 名 U《植》イヌハッカ.
càt-o'-níne-tàils /kǽtənáɪntèɪlz/ 名《複》〜)9 本のなわをつけたむち (もと体刑のむち打ち用).【「九尾の猫」の意; むちの跡が猫のつけた傷に似ていることから】
ca·top·trics /kətάptrɪks | -tɔ́p-/ 名 U 反射光学 (cf. dioptrics). **ca·tóp·tric** 形
CÁT scàn 名《医》CAT スキャン (⇒ CAT).
CÁT scànner 名《医》X 線体軸断層撮影装置, CAT スキャナー (⇒ CAT).
cát's crádle /kǽts-/ 名 U あや取り (遊び): play 〜 あや取りをする.
cát's-éar 名《植》ユーラシア・アフリカ北部・南米産キク科エゾコウゾリナ属の数種の多年草, (特に)ブタナ《欧州原産の雑草で, 米国西部にも帰化している》.
cát's-éye 名 ❶ キャッツアイ, 猫目石〈宝石〉. ❷ [C~]《商標》キャッツアイ《車のヘッドライトを反射させるガラス玉を入れた道路鋲(びょう)》.
Cáts·kill Móuntains /kǽtskɪl-/ 名 [the 〜] キャッツキル山地《米国 New York 州東部の山地; the Catskills ともいう》.
cát's meów 名 [the 〜]《俗》すばらしい人[もの], すてきな人, とてもいいもの.
cát's pajámas 名 [the 〜] = cat's whiskers.
cát's-páw ❶ だし[手先]に使われる人: make a 〜 of …《手先に使う人. ❷《海》ねこ旋風《狭い範囲にさざなみを立てる程度の微風》.
cát's-táil 名《植》❶ **a** アワガエリ属の各種, (特に)オオアワガエリ (timothy). **b** ガマ (cattail). ❷ 尾状花序 (catkin).
cát·sùit 名《英》= jump suit.
cát·sup /kétʃəp, kǽtsəp/ 名 = ketchup.
cát's whískers 名 [the 〜]《俗》すばらしいもの[人].
Catt /kǽt/, **Carrie Chap·man** /tʃǽpmən/ 名 キャット (1859–1947; 米国の女権運動家; 女性の選挙権獲得に尽力した).
cát·tàil 名《植》ガマ.
cat·ter·y /kǽtəri/ 名 猫飼育所.
cát·tish /-tɪʃ/ 形 = catty.
*****cat·tle** /kǽtl/ 名《複数扱い》(★ 複数形はない) ❶ 牛, 畜牛 (cf. cow[1]): 〜 and sheep 牛と羊 / twenty (head of) 〜 牛 20 頭. ❷《軽蔑》(人間について)畜生ども.【AFL=所有物<capitalis 主要な, 生命の; ⇒ capital[1]】(関形 bovine).
cáttle càke 名 U《英》キャトルケーキ《ケーキ状に固めた牛用濃厚飼料》.
cáttle càll 名 集団オーディション, 公開オーディション.
cáttle égret 名《鳥》ショウジョウサギ《旧世界熱帯産》.
cáttle gríd 名《英》= cattle guard.
cáttle guárd 名《米》家畜脱出防止溝《牛などを通さないように牧場の中の道路に溝を掘り棒を並べたもの》.
cáttle·man /-mən/ 名《複 -men /-mən/》《米》❶ 牛飼い. ❷ (肉牛を飼育する)牧場主.
cáttle pród 名 (電流が流れる)牛追い棒.
catt·ley·a /kǽtliə/ 名《植》カトレア《熱帯アメリカ産の洋ランの一種》.【W. Cattley イギリスの植物学者】
cat·ty /kǽti/ 形 (cat·ti·er; -ti·est) 猫のような, 〈言動が〉意地悪な (《俗》bitchy).
cátty-còrner(ed) 形 = catercorner(ed).
CATV 略 community antenna television.
+**cát·wàlk** 名 ❶ **a** (ファッションショーの)客席に突き出た細長い舞台. **b** ファッションショー; ファッション業界. ❷ (機関室・橋などの一端に設けた)狭い通路.
Cau·ca·sia /kɔːkéɪʒə/ 名 コーカサス, カフカス《黒海とカスピ海の間にある地域で, ロシア, グルジア, アゼルバイジャン, ア

ルメニアの4国を含む).

Cau·ca·sian /kɔːkéɪʒən/ 形 ❶ カフカス[コーカサス]地方[山脈]の. ❷ カフカス[コーカサス]人の. ❸ 白色人種の (cf. Caucasoid 用法); 《主に米》白人の, ヨーロッパ系の. ― 名 ❶ カフカス[コーカサス]人. ❷ 白色人種;《主に米》白人.

Cau·ca·soid /kɔ́ːkəsɔɪd/ 形 コーカソイド[白色人種](の)《用法 Caucasoid, Mongoloid, Negroid のような語は, 外形的特徴に基づく人種区分自体に科学的根拠が薄いことが明らかになっているため, 現在では専門的に用いられることはないが; 時に一般的な文脈で使われることはあるが, 差別的になる可能性があるため使用は避けるべきである》.《CAUCAS(IAN)+-OID; コーカサス人がヨーロッパ人の祖先と考えられたことから》

Cau·ca·sus /kɔ́ːkəsəs/ 名 [the 〜] カフカス[コーカサス]山脈.

+**cau·cus** /kɔ́ːkəs/ 名 ❶《米》(政党の)幹部会《政策・候補者などを決定する会合》. ❷《英》(政党の)地方幹部会. ― 動 他 幹部会を開く.《★ N-Am-Ind=長老》

cau·dal /kɔ́ːdl/ 形 動 ❶ 尾部の, 尾状の. ❷ 尾にある[に近い], (体の)後端にある[近い]: a 〜 fin 尾びれ. 〜·ly /-dəli/ 副

cau·date /kɔ́ːdeɪt/ 形 解 =caudate nucleus. ― 形 動 尾のある, 有尾の; 尾状器官をもつ.

cáudate núcleus 解 尾状核《側脳室の全体に接している, アーチ状の灰白質》.

cau·dil·lo /kaʊdí(ː)joʊ, -díːoʊ/ 名 (徳 〜s) 《スペイン語圏諸国の》軍事独裁者, カウディヨ, (ゲリラの)リーダー.

‡**caught** /kɔːt/ 動 catch の過去形・過去分詞.

caul /kɔːl/ 名 解 ❶ コール《胎児が時々頭にかぶって出てくる羊膜の一部; 昔は水難よけのお守りとした》. ❷ 大網.

caul·dron /kɔ́ːldrən/ 名 =caldron.

+**cau·li·flow·er** /kɔ́ːlɪflàʊɚ, kɑ́lɪ- | kɔ́lɪflàʊə/ 名 U|C カリフラワー, ハナヤサイ.

cáuliflower chéese 名 U カリフラワーチーズ《カリフラワーにチーズソースを添えた料理》.

cáuliflower éar 名《ボクサーなどの》形のくずれた耳.

caulk /kɔːk/ 動 他 ❶〈...に〉コーキングする;《まいはだを詰めて》〈船・船板のすき間の〉水漏れを防ぐ. ― 名 U コーキング材.

cáulk·er 名 コーキング工; かしめ工; まいはだを詰める人.

cáulk·ing 名 U ❶ 水漏れの防止, コーキング; まいはだを詰めること. ❷ コーキング材.

caus·al /kɔ́ːz(ə)l/ 形 ❶ 原因の, 原因となる; 因果関係の: a 〜 force 原因となる力 / a 〜 relationship 因果関係. ❷《論・文法》原因を示す: 〜 conjunctions 原因を示す接続詞《because, as など》. 〜·ly /-zəli/ 副《←cause》

cau·sal·gia /kɔːzǽld͡ʒ(i)ə/ 名 U 医 灼熱痛, カウザルギー.

cau·sal·i·ty /kɔːzǽləti/ 名 U ❶ 因果関係, 因果律; the law of 〜 因果律. ❷ 原因作用, 作因.

cau·sa·tion /kɔːzéɪʃən/ 名 ❶ 原因(作用). ❷ 因果関係.

caus·a·tive /kɔ́ːzətɪv/ 形 ❶ 原因となる, 〔...を〕引き起こす: a 〜 agent 作因 / Slums are often 〜 of crime. スラム街はしばしば犯罪の温床となる. ❷《文法》原因表示の, 使役的な: a 〜 verb 使役動詞《make, let など》. ― 名《文法》使役動詞. 〜·ly 副

‡**cause** /kɔːz/ 名 ❶ C 原因, もと (↔ effect): 〜 and effect 原因と結果, 因果 / the underlying [root] 〜 of problem その問題の根本的原因 / Shortage of oil was the major [primary, chief] 〜 of the price surge. 石油不足が物価騰貴の主因であった / the first cause 1. ❷ U 理由, 根拠; 正当[十分]な理由; show 法 正当な理由を示す / There's no 〜 for concern [complaint]. 心配する[不平を言う]ようなことは何もない / You must not be absent from the meetings without (good) 〜. しかるべき理由なしに会を欠席してはいけない / [+to do] have good 〜 to do so そうするだけの十分な理由がある / I have no 〜 to hold a grudge against him. 彼にうらみを抱く理由がない. ❸ C 主張, 主義, ...運動: the anti-war 〜 反戦運動 / the 〜 of feminism 女性解放運動の主義[主張]. ❹ C 法 訴訟(事件). **cáuse of áction** 法 訴訟原因, 訴因, 訴権. **in [for] the cáuse of**...のために: They were fighting *in the* 〜 *of* justice. 彼らは正義のために戦っていた. **màke cómmon cáuse with**...《主義のために》...と提携する, と共同戦線を張る.

― 動 他 ❶〈...の〉原因となる;〈...を〉引き起こす;〈人に〉〈面倒などを〉もたらす, かける: 〜 trouble 問題[トラブル]を起こす / Hurricanes 〜 severe damage every year. ハリケーンは毎年大災害を引き起こしている / His death was 〜d by a high fever. 彼の死は高熱に起因する / [+目+目] The quarrel 〜d her a lot of problems. = The quarrel 〜d a lot of problems *for* her. その喧嘩は彼女に多大な面倒をかけた. ❷〈人・ものに×...〉させる: [+目+*to do*] The greenhouse effect 〜s global temperatures *to* rise. 温室効果により地球の温度が上昇する.《F<L *causa* 原因, 訴訟; cf. accuse, excuse》(形 causal; 関連 aetiological)

【類義語】**cause** ある結果を(必然的に)引き起こすもの, 直接的原因. **reason** 事態や行為の説明に役立つ(もっともな)理由となるもの. **ground(s)** あることを説明・主張するための証拠・材料となる物事.

(')**cause** /(強形) kɔːz, kʌz | kɔz; (弱形) kəz/ 接《口》 =because.

cause cé·lè·bre /kóːzsəléb(rə)/ 名 (徳 **causes cé·lè·bres** /〜/) ❶ 法 有名な裁判事件. ❷ 大きな反響を呼ぶよくない出来事[事件].《F=celebrated case》

cáuse·less 形 原因[いわれ]のない: 〜 anger 理由のない怒り. 〜·ly 副

cáus·er 名 ひき起こす人[もの]; 原動者.

cau·se·rie /kòʊzəríː | kóʊzəri/ 名 雑談, 閑話; 随想.

+**cause·way** /kɔ́ːzwèɪ/ 名 ❶《低湿地に土を盛り上げた》土手道. ❷ a 《敷石などによる昔の》舗装道路. b 街道.《「石灰で舗装された道」が原義》

+**caus·tic** /kɔ́ːstɪk/ 形 ❶ 腐食性の, 焼灼の, 苛性の (corrosive): 〜 alkali [soda] 苛性アルカリ[ソーダ] / 〜 lime 生石灰 / 〜 potash 苛性カリ / 〜 silver 硝酸銀. ❷ 痛烈な, しんらつな (bitter): 〜 remarks しんらつな批評 / a 〜 tongue 毒舌. ― 名 U|C 腐食剤, 焼灼(しゃっ)剤: lunar 〜 硝酸銀(棒状). **cáus·ti·cal·ly** /-kəli/ 副《L<Gk *causein* 燃える》

cau·ter·ize /kɔ́ːtəraɪz/ 動 他 医〈傷口などを〉焼灼(しゃく)する. **cau·ter·i·za·tion** /kɔ̀ːtərɪzéɪʃən | -raɪz-/ 名 U 医 焼灼法.

cau·ter·y /kɔ́ːtəri/ 名 ❶ C 焼灼(しゃく)器《焼ごてなど》. ❷ U 医 焼灼法[術].

*‡**cau·tion** /kɔ́ːʃən/ 名 ❶ U 用心, 慎重 (prudence); 警戒, 注意: exercise [use] (great [extreme]) 〜 (十分に)用心[警戒]する / with 〜 用心して / a word of 〜 ひと言注意. ❷ C 《英》訓戒, 警告, コーション: get off with a 〜 警告だけで放免される. ❸ [a 〜] 《古風》驚くべき[こっけいな]もの[人]. **thrów [flíng, cást] cáution to the wínd(s)**《慎重にならず》大胆に行動する. ― 動 他 ❶〈人に〉警告する, 注意する: I 〜ed him *against* danger [taking risks]. 彼に危険を避ける[危険を冒さない]ようにと注意した / The flight attendant 〜ed the passengers *about* smoking. 飛行機の乗務員は乗客に喫煙について注意を与えた / [(+目+)*that*] I must 〜 (you) *that* you are trespassing. 君が権利侵害を犯していることを警告しておく / [+目+*to do*] The librarian 〜ed the child *not to* make noise. 図書館員はその子に静かにするようにと注意した / [+目+引用]: "You'd better not invite Dick to the party," he 〜ed (me).「パーティーにはディックを招待するな」と彼は(私に)注意してくれた. ❷ [通例受身で] 《英》〈人に〉訓戒[警告]する《被疑者に法的権利を告知する》. ― 自 警告する (against).《L<*cavere*, *caut-* 警戒[用心]する》(形 cautious)

+**cau·tion·ar·y** /kɔ́ːʃənèri | -ʃ(ə)nəri/ 形 A 警戒的な;

訓戒の: a ~ tale 訓話.

cau·tious /kɔ́ːʃəs/ 形 (**more** ~; **most** ~) 用心深い, 慎重な, 周到な: a ~ investor [driver] 慎重な投資家[運転者] / take a ~ approach to... を慎重に扱う / express ~ optimism 控えめながら楽観的な見方を示す / He's **with** money. 彼は金には慎重である / He's very ~ **about** giving offense to others. 彼は人の感情を損ねないようによく気をつけている / [~**to do**] She's ~ **not to** be misunderstood. 彼女は誤解されないように気をつけている.
~·**ness** 名 ~·**ly** 副 〖類義語〗⇒ careful.

cav. (略) cavalier; cavalry; cavity.

ca·va /káːvɑ/ 名 U カヴァ(スペインの発泡性ワイン).

cav·al·cade /kǽvəlkèid, -̀-́-/ 名 **❶ a** 騎馬[馬車, 自動車]行列. **b** はなやかな行列, パレード. **❷** (行事などの)連続 〈*of*〉.

cav·a·lier /kæ̀vəlíər/ | -líə/ 形 **❶** 〈人・態度・行為などが〉らいらくな, むとんちゃくな. 騎士のような; 騎士気取りの. 〈人・態度・行為などが〉傲慢(😀)な. **❷** 親切な男, 婦人に付き添う男. **❷** (古)騎士. **❸** [C-] (英国 17 世紀 Charles 1 世時代の)王党員 (cf. Roundhead). ~·**ly** 副 〖F‹It ‹cavaliere ‹L ‹caballum 馬〗

cav·al·ry /kǽv(ə)lri/ 名 [集合的; 単数または複数扱い] **❶** 騎兵隊: heavy [light] ~ 重[軽]騎兵. **❷** (米) 機甲隊. 〖F‹It ‹cavalleria ‹L ‹caballum 馬〗

cávalry·man /-mən/ 名 (徽 -men /-mən/) 騎兵.

cávalry twìll 名 U キャバリーツイル(ズボンなどに用いられる堅い撚(ょ)りの丈夫な毛織物).

cav·a·ti·na /kæ̀vətíːnə/ 名 〖楽〗 カバティーナ: **❶** アリアよりも単純な形式の独唱. **❷** 歌謡曲的性格をもつ器楽曲.

cave¹ /kéiv/ 名 **❶** ほら穴, 洞窟(😀), 鍾乳[石灰]洞. **❷** (土地の)陥没. ─ 動 **❶** = CAVE¹ in 成句 (1) (2) (3). **❷** 洞窟探検をする. **cave ín** (自+副) **❶** 〈屋根・建造物が〉崩れ落ちる; 〈地盤・道路・鉱山などが〉陥没する, 落盤する, 落ち込む (collapse); 〈帽子・壁・ほおなどが〉へこむ (1) (2). (圧力・説得などで)〈…に〉屈服する, 降参する 〈*to*〉 (give in). ─ 動 **❶** 〈地盤・屋根などを〉陥没させる; 〈帽子などを〉へこませる. 〖F‹L cavus 穴〗

ca·ve² /kéivi/ 間 (英学生俗) 気をつけろ!, しっ(先生が来るぞ)! 〖L=注意〗

ca·ve·at /kǽviæt/ 名 **❶** 〖法〗 手続き差し止め通告: enter [file, put in] a ~ **against**...に対する差し止め願いを出す. **❷** 警告, 注意. 〖L=注意せよ〗

cáveat émp·tor /-ém(p)tɔər/ -tɔː/ 名 〖商〗買い手の危険持ち, 買い主危険負担. 〖L=let the buyer beware〗

cáve dwèller 名 **❶** =caveman 1. **❷** (口)(都市の)アパート住人.

cáve-ín /-ìn/ 名 (道路・鉱山などの)陥没[落盤](個所).

cáve·màn /-mæ̀n/ 名 (徽 -men /-mèn/) **❶** (石器時代の)穴居人. **❷** (口)(女性に対して)粗野な男, 野人.

Cav·en·dish /kǽvəndɪʃ/, **Henry** 名 キャベンディッシュ (1731–1810; 英国の物理学者・化学者).

cáv·er 名 洞窟[洞穴]探検家.

cav·ern /kǽvən | -və(ː)n/ 名 (大きな)洞窟(😀). 〖F‹L ‹cavus 穴 (cf. cave¹)〗 形 cavernous.

cav·ern·ous /kǽvənəs | -və-/ 形 **❶ a** 洞窟に似た[を連想させる]: a ~ chamber がらんとした大きな部屋. **b** 〈目・ほおなど〉落ちくぼんだ, こけた. **❷ a** 洞窟の多い, 小さなくぼみの多い. **❸** 〈声などが〉うつろに響く.

cav·i·ar(e) /kǽviɑ̀ː | -ɑ̀-/ 名 U キャビア (チョウザメ (sturgeon) の卵の塩漬け; 珍味). **cáviar to the général** 高級すぎて大衆にはわからないもの, 俗受けしないもの, 「猫に小判」 (★ Shakespeare 「ハムレット」から).

cav·il /kǽv(ə)l/ 動 (**-iled**, (英) **-illed**; **cav·il·ing**, (英) **cav·il·ling**) ささいなことにけちをつける, あらを捜す 〈*at, about*〉 (quibble). ─ 名 **❶** あげ足取り, あらを捜し. **❷** あら捜しをすること.

cav·ing /kéiviŋ/ 名 U (スポーツ・趣味としての) 洞窟[洞穴] 探検.

cav·i·tary /kǽvətèri | -t(ə)ri/ 形 **❶** 空洞のある, うつろな. **❷** 〖医〗空洞形成(性)の.

cav·i·ta·tion /kæ̀vətéɪʃən/ 名 U **❶** 〖機〗 キャビテーション: **a** 回転する推進機などの後方にできる流体中の真空部. **b** そのような真空部が崩壊するときにコンクリート・金属などに生ずる孔食や腐食. **❷** 〖医〗(疾患による体組織内の)空洞化, 空洞化.

cav·i·ty /kǽvəti/ 名 **❶** 空洞(😀), うろ. **❷** 虫歯の穴, 窩洞(ゕ̀). **❸** 〖解〗 腔(😀): the mouth [oral] ~ 口腔 / the nasal ~ 鼻腔. 〖F‹L‹cavus 穴; cf. cave¹〗 〖類義語〗⇒ hole.

cávity wàll 名 中空壁 (断熱効果がある).

ca·vort /kəvɔ́ət | -vɔ́ːt/ 動 (口) **❶** 〈人が〉はね回る, はしゃぐ 〈*about*〉 (caper¹). **❷** 〈馬がおどり回る.

ca·vy /kéivi/ 名 動 テンジクネズミ属の動物 (南米産).

caw /kɔ́ː/ 名 (カラスの)カーカーいう鳴き声 (⇒ crow¹ 関連). ─ 動 (自) 〈カラスが〉カーカー鳴く. 〖擬音語〗

Cax·ton /kǽkst(ə)n/, **Willam** 名 カクストン (1422?–91; 英国最初の印刷家).

cay /kí, kéi/ 名 (特に, 西インド諸島で) 岩礁, 小島.

cay·enne /kàién, -́-́/ 名 **❶** U カイエンペッパー (非常に辛い香辛料). **❷** U 〖植〗 トウガラシ(の実) (カイエンペッパーのもとになる; hot pepper, red pepper など).

Cay·enne /kaién, -́-́/ 名 カイエンヌ (フランスの海外県 French Guinea の港町・県都).

cáyenne pépper 名 =cayenne.

cay·man /kéɪmən/ 名 (徽 ~**s**) =caiman.

Cáyman Íslands /kéɪmən/ 名 (**the** ~) ケイマン諸島 (西インド諸島西部, キューバの南にある群島; 英国属領).

Ca·yu·ga /keɪjúːɡə/ 名 (徽 ~, ~**s**) **❶ a** [**the** ~(**s**)] カユーガ族 (New York 州中西部の Cayuga 湖の近くに住んでいた先住民). **b** C カユーガ族の人. **❷** U カユーガ語.

Cay·use /káɪjuːs, -́-/ 名 (徽 ~, ~**s**) **❶ a** [**the** ~(**s**)] カイユース族 (Washington, Oregon 州に住む先住民の一部族). **b** C カイユース族の人. **❷** U カイユース語. **❸** [**c-**] (米西部) カイユース (小馬の一種).

Cb (記号) 〖化〗 columbium; (略) 〖気〗 cumulonimbus.

CB (略) 〖通信〗 citizens' band; Companion (of the Order) of the Bath. **CBC** (略) Canadian Broadcasting Corporation カナダ放送協会. **CBE** (略) Commander of the British Empire 英帝国勲爵士. **CBS** (略) (かつての) Columbia Broadcasting System (米国の三大ネットワークの一つ; 現正式名は CBS Inc.).

CBT /sìːbiːtíː/ 名 U (TOEFL などの) コンピューター試験. 〖*computer-based testing*〗

CBW (略) chemical and biological warfare. 化学生物戦. **cc, c.c.** (略) carbon copy [copies] (★ 手紙・電子メールなどで同じ文書を別の人に送った場合などに cc (to) John Smith などの形で用いる); cubic centimeter(s). **cc.** (略) centuries; chapters; copies. **CC** (略) Chamber of Commerce; Circuit Court; City Council; County Council(lor); cricket club. **CCD** (略) 〖電子工〗 charge-coupled device 電荷結合素子 《光を電気信号に変換する半導体; 主にデジタルカメラなどで, 像の検出のために利用される》.

Ć clèf 名 〖楽〗 ハ音記号.

CCTV (略) closed-circuit television.

cd (記号) 〖光〗 candela(s). **Cd** (記号) 〖化〗 cadmium.

CD /síːdíː/ 名 コンパクトディスク CD. 〖*compact disc*〗

CD (略) certificate of deposit 預金証書, 譲渡可能定期預金証書; Civil Defense.

CD burner 名 〖電算〗 CD 書き込み装置 《CD-R・CD-RW に記録する装置》.

CDC (略) (米) Centers for Disease Control and Prevention 疾病管理予防センター.

CDMA (略) 〖通信〗 code division multiple access 符合分割多重接続 《複数の利用者が同時に同一周波数を使用し, それぞれをコードによって識別する通信方式》.

cDNA (略) 〖生〗 complementary DNA.

CD player 名 CD プレーヤー.

CDR, Cdr (略) Commander.

CD-R (略) compact disc-recordable 記録[書き込み]

可能コンパクトディスク, シィーディーアール.

+CD-ROM [名] [U] シーディーロム《コンパクトディスクを読み出し専用の記憶媒体としたもの》.

CD-RW《略》compact disc-rewritable 書き換え可能コンパクトディスク, シーディーアールダブリュー.

CDT《略》Central Daylight Time.

CD-vídeo [名] コンパクトディスクビデオ.

CDW《略》collision damage waiver. **Ce**《記号》〘化〙cerium. **CE**《略》Church of England; civil engineer; Common Era.

-ce /s/ [接尾] [名詞語尾]: diligen*ce*, intelligen*ce*. ★《米》では -se とつづるのもある: defen*se*, offen*se*, preten*se*.

***cease** /síːs/ [動] [自]〈物事が〉やむ, 終わる: The rain ~*d* at last. 雨はついにやんだ / ~ and desist〘法〙停止する. ── [他] ❶〈…を〉やめる, 終える, よす, 中止する: ~ fire 砲火を収める; 戦闘を中止する /〔+*doing*〕~ fir*ing* 射撃をやめる / He has ~*d* writ*ing*. 彼は書くのをやめた.《[比較] cease do*ing* は stop do*ing* と同義》. ❷ (次第に)〈…〉しなくなる:〔+*to* do〕~ *to* exist 存在しなくなる, なくなる / You never ~ *to* amaze me. あなたにはいつも驚かされる. ── [名] ★ 次の成句で. **without céase** 絶え間なく. 〘F<L=止まる<*cedere, cess-* 屈する, 引き下がる; 行く, 来る; cf. concede, exceed, precede, proceed, recede, secede; access, ancestor, concession, predecessor, process, recess, recession, success, succession〙 ([名] cessation) 【類義語】⇨ stop.

***cease·fire** /síːsfàɪɚ | -fàɪə/ [名] ❶ **停戦, 休戦** (truce): declare [implement] a ~ 停戦を宣言[実施]する. ❷〘軍〙「撃ちかたやめ」の号令.

céase·less [形] 絶え間のない: a ~ rain of leaves 休みなく降り落ちる落ち葉.

Cec·il /síːs(ə)l, sés- | sésl, sís-/ [名] セシル《男性名》.

Ce·cile /sesíːl/ [名] セシール《女性名》.

Ce·cil·ia /səsíːljə, -síl-/ [名] ❶ セシリア《女性名》. ❷ [Saint ~] 聖セシリア《d. ?230 A.D.; ローマの殉教者で音楽の守護聖人; 祝日 11 月 22 日》.

ce·ci·tis /sisáɪtɪs/ [名] [U]〘医〙盲腸炎.

ce·cró·pia (móth) /sɪkróupiə(-)/ [名] [時に C~]〘昆〙アカスジシンジュサン《北米東部産ヤママユガ科のガ》.

ce·cum /síːkəm/ [名] ([複] **ce·ca** /síːkə/)〘解〙盲腸. **ce·cal** /síːkəl/ [形]

+ce·dar /síːdɚ | -də/ [名] ❶ [C]〘植〙ヒマラヤスギ《ヒマラヤスギ属の樹木》; スギ, ビャクシン, ヒバ: a ~ of Lebanon レバノンスギ《ヒマラヤスギに似た中東産の針葉樹》/ a Japanese ~ スギ (cryptomeria). ❷ [U] ヒマラヤスギ材.

cédar·wòod [名] =cedar 2.

+cede /síːd/ [動] [他]〈権利などを〉譲る;〈領地を〉割譲する, 引き渡す: Spain ~*d* the Philippines ***to*** the United States in 1898. 1898 年にスペインはフィリピン群島を合衆国へ譲渡した. 〘L *cedere* 譲る; cf. cease〙

ce·dil·la /sədílə/ [名] セディーユ《ç のように c の下に添えて /s/ 音を示す符号; 例: façade /fəsáːd/》.

Ced·ric /sédrɪk, síːdrɪk/ [名] セドリック《男性名》.

cei·ba /séɪbə/ [名] ❶〘植〙カポックノキ, パンヤ(ノキ)《キワタ科; 熱帯原産》. ❷ =kapok.

ceil /síːl/ [動] [他]《米・英古》〈建物・部屋の〉天井を張る;〈船の〉内張りをする.

ceil·ing** /síːlɪŋ/ [名] ❶ **天井**; 天井板; (船の)内張り(板): a fly on the ~ 天井にとまったハエ. ❷〔価格・賃金・料金などの〕最高限度, シーリング (↔ floor): an 8% ~ ***on wage increases 8% の賃上げシーリング. ❸〘空〙**a** (飛行機の)上昇限界. **b** 雲高, シーリング《雲底高度》. **hít the céiling** =hit the ROOF [成句].

cel·a·don /sélədàn | -dɔ̀n/ [名] [U] ❶ 青磁《鉄分を含んだある透明な青緑色のうわぐすりをつけて焼いた磁器》. ❷ 青磁色《薄灰緑色》.

cel·an·dine /séləndàɪn/ [名] ([複] ~)〘植〙クサノオウ《ケシ科の多年草》.

-cele /sìːl/ [名詞連結形]〘医〙「…の腫瘍 (tumor)」「…のヘルニア (hernia)」: bronchocele.

ce·leb /səléb/ [名]《口》有名人, 名士 (celebrity).

cel·e·brant /séləbrənt/ [名] ❶ (ミサ・聖餐(せいさん)式などの)司式者, 執行者. ❷ 祝賀会[祭典]の参加者, 祝賀者.

***cel·e·brate** /séləbrèɪt/ [動] [他] ❶ **a**〈日・事を〉(会を開くなどして)祝う: ~ a person's birthday 人の誕生日を祝う / ~ Christmas クリスマスを祝う. **b**〈儀式・祝典を〉挙行する: The priest ~*d* the mass. 司祭はミサを挙げた. ❷〈…を〉ほめたたえる: a program *celebrating* the life of Mother Teresa マザーテレサの生涯をたたえる番組. ── [自] 祝う. 〘L=足しげく通う, 祝う〙 ([名] celebration, celebrity)

cél·e·bràt·ed** /séləbrèɪtɪd/ [形] **名高い, 有名な**: a ~ writer 著名な作家 / The place is ~ ***for its hot springs. その地は温泉で有名である. 【類義語】⇨ famous.

***cel·e·bra·tion** /sèləbréɪʃən/ [名] ❶ [C] **お祝いの会, 祝賀会, 儀式**; [U,C] **祝うこと, お祝い, 祝賀**: birthday [inaugural] ~*s* 誕生パーティー[就任祝賀会] / hold a ~ 祝賀会を催す / in ~ of…を祝って. ❷ [U,C] ほめたたえること[機会], 称賛する作品[言葉(など)].

cél·e·brà·tor /-tɚ | -tə/ [名] =celebrant.

***ce·leb·ri·ty** /səlébrəṭi/ [名] ❶ [C] (マスコミなどをにぎわす)名士, 有名人. ❷ [U] 名声, 高名 (fame).

ce·ler·i·ac /səlériæ̀k/ [名] [U]〘植〙根用セロリ, セルリアック《カブ状の肥大根を食用とする》.

ce·ler·i·ty /səlérəṭi/ [名] [U] (行動の)敏速, 機敏.

+cel·er·y /séləri/ [名] [U] セロリ, オランダミツバ: a bunch of ~ セロリの茎ひと束 / a stick [stalk] of ~ セロリのスティック 1 本. 〘F<It<L=パセリ<Gk〙

célery sàlt [名] [U] セロリソルト《すりつぶしたセロリの種子と食塩を混ぜて作った調味料》.

ce·les·ta /səléstə/ [名] チェレスタ《鐘のような音を出すピアノに似た楽器》.

+ce·les·tial /səléstʃəl | -tiəl/ [形] (**more** ~; **most** ~) ❶ [A] (比較なし) 天の, 空の; 天体の (cf. terrestrial 2): a ~ body 天体 / a ~ map 天体図, 星図. ❷ 天国[天界]の(ような), こうごうしい, 絶妙な, こよなく美しい, すばらしい (heavenly): ~ beauty 絶妙の美 / a ~ being 天界の人 / ~ bliss 至福 / the *C*~ City 天上の都, 天国《エルサレム》. **~·ly** /-tʃəli | -tɪəli/ [副] 〘F<L=天上の, 神の<*caelum* 空, 天〙

celéstial equátor [名] [the ~]〘天〙天(球上)の赤道.

celéstial glóbe [名] 天球儀.

celéstial látitude [名]〘天〙黄緯(こうい).

celéstial lóngitude [名]〘天〙黄経(こうけい).

celéstial mechánics [名] [U] 天体力学.

celéstial navigátion [名] [U]〘海・空〙天文航法.

celéstial póle [名]〘天〙天(球)の極.

celéstial sphére [名] [the ~]〘天〙天球《観測者を中心として描いた半径無限大の球》.

ce·li·ac /síːliæ̀k/ [形]〘解〙腹腔の. ── [名]〘医〙セリアック病患者.

céliac disèase [名] [U]〘医〙セリアック病《小児に起こる吸収障害症候群; 下痢・脂肪便などの症状を呈する》.

cel·i·ba·cy /séləbəsi/ [名] [U] 独身(生活)《特に, 修道者が宗教的誓いを立てて行なう》; 独身主義; 禁欲.

cel·i·bate /séləbət/ [名] [形] (特に, 宗教的理由で)独身の(人), 禁欲している(人).

‡cell /sél/ [名] ❶〘生〙細胞. ❷ (刑務所の)独房, (小人数の)監房; (修道院付属の)庵室, 個室; (ハチの巣の)穴. ❸〘電〙電池: a dry ~ 乾電池《★ cell が集まったものが battery》/ ⇨ solar cell. ❹ (政治組織などの)末端組織, 細胞. ❺〘電算〙セル《表計算ソフトのマス目》. ❻ **a** (携帯電話の)通話可能区域. **b**《米口》携帯電話 (cellphone). 〘F<L *cella* 小室, 部屋〙

cel·la /sélə/ [名] ([複] **cel·lae** /séliː/)〘建〙セラ, ケラ《ギリシア・ローマの神殿の神像安置所》.

+cel·lar /sélɚ | -lə/ [名] ❶ [C] **a** 地下室, 穴蔵《通例物置きや貯蔵庫にする; ⇨ basement [比較]》. **b** (地下の)ワインセラー. ❷ [C] ワインの蓄え: keep a good ~ 良いワインをたくさん蓄えている. ❸ [the ~]《口》最下位: be in *the* ~〈チームなどが〉最下位にある. ── [動] [他]〈ワインなどを〉地下

室に蓄える.〖F<L=食糧貯蔵室<*cella*↑〗
cel·lar·age /séləridʒ/ 图 ❶ Ū [また a~] **a** 地下室の総面積[収納力]. **b** 地下室保管料. ❷ Ū 地下室(全体).
céll·ar·er /-rərə | -rə/ 图 ❶ (修道院などの)食料品係. ❷ =cellarman.
cel·lar·et(te) /sèlərét/ 图 (食堂などの)ワインボトル[酒瓶]戸棚, ワインキャビネット(グラス類も納める).
céllar·man /-mən/ 图 (働 **-men** /-mən/) (ホテル・大酒舗の)地下(貯蔵)室係, セラーマン.
céll biólogy 图 Ū 細胞生物学.
céll blóck 图 (刑務所の)独房棟.
céll divísion 图 〘生〙 細胞分裂.
-celled /séld/ [形容詞連結形]「…な[個の細胞(cell)]をもつ」.
Cel·li·ni /tʃelí:ni/, **Benvenuto** 图 チェリーニ(1500-71;イタリアの彫刻家・金細工師).
céll·ist /tʃélist/ 图 チェロ奏者.
céll·mate /sélmert/ 图 (刑務所の)同房者.
céll-mèdiated immúnity 图 Ū 細胞(媒介)性免疫《主に T 細胞によって媒介される免疫》.
céll mémbrane 图 細胞膜.
*cel·lo /tʃéloʊ/ 图 (働 ~s) 〘楽〙 チェロ. 〖(VIOLON)CELLO〗
cel·lo·phane /séləfèin/ 图 Ū セロハン《英国では商標》.
céll phone /sélfòʊn/ 图 携帯電話.
+**cel·lu·lar** /séljulə/ 形 ❶ 細胞の;細胞質[状]の. ❷ a〈生地・シャツなど〉透き間のある. **b**〈岩石など〉多孔性の. ❸〈電話〉地域別の移動電話システムの. 〖L *cellula* 小部屋<*cella*; ⇒ cell〗
céllular phóne 图 =cellphone.
céllular télephone 图 =cellphone.
cel·lu·lase /séljulèis/ 图 Ū 〘生化〙 セルラーゼ《セルロース分解酵素》.
cel·lule /sélju:l/ 图 〘解〙 小細胞, 小房.
cel·lu·lite /séljulàit/ 图 Ū セリュライト《特に女性の皮下脂肪》.
cel·lu·li·tis /sèljulártɪs/ 图 〘医〙 蜂巣炎, 小胞炎, フレグモーネ.
cel·lu·loid /séljulòid/ 图 Ū ❶〘商標〙 セルロイド. ❷ (口) 映画(のフィルム): on ~ 映画で. —— (特に昔の)映画の.
cel·lu·lose /séljulòus, -lòuz/ 图 Ū 〘生化〙 セルロース, 繊維素.
céllulose ácetate 图 Ū 〘化〙 アセチルセルロース, 酢酸繊維素《写真フィルム用など》.
céllulose nítrate 图 Ū 〘化〙 ニトロセルロース, 硝化綿《爆薬用》.
cel·lu·los·ic /sèljulóusik⁻/ 形 セルロースの[でできた].
céll wáll 图 〘生〙 細胞壁.
***Cél·si·us** /sélsiəs/ 形 セ氏の(centigrade)(⇒ Fahrenheit 解説). 〖A. Celsius スウェーデンの天文学者〗
Célsius thermómeter 图 セ氏温度計.
celt /sélt/ 图 〘考古〙 (有史以前の)石斧, 金属斧.
+**Celt** /kélt, sélt/ 图 ❶ [the ~s] ケルト族《ブリテン島の先住民族; 今は Ireland, Wales および Scotland 高地などに住む》. ❷ C ケルト人.
Celt. (略) Celtic.
+**Celt·ic** /kéltik, sél-/ 形 ❶ ケルト族の. ❷ ケルト語の. —— 图 Ū ケルト語(略 Celt.). 〖CELT+-IC〗
Céltic Chúrch 图 [the ~] ケルト教会《597 年に聖アウグスティヌス(St Augustine)がイングランドに渡って布教を始める以前のイギリス諸島に存在した教会の汎称》.
Céltic cróss 图 ケルト十字架《中心に輪がある》.
Céltic frínge [édge] 图 [the ~] ケルト外辺(人)《インクランドの外辺に住む Scots, Irish, Welsh および Cornish; またその居住地域》.
Celt·i·cism /kéltɪsìzm, sélt-/ 图 ❶ ケルト語的語法[表現]. ❷ ケルト人的習慣; ケルト人気質.
cem·ba·lo /tʃémbəlòu/ 图 (働 **-li** /-li:/, ~s) 〘楽〙 チェンバロ, ハプシコード.
***ce·ment** /sɪmént/ 图 Ū ❶ セメント; 接合[着]剤. ❷ 〘解〙 (歯の)セメント質. ❸ 〘文〙 結合, (友情などの)きずな.

283　centenarian

—— 動 働 ❶〈床などに〉セメントを塗る〈*over*〉;〈砂利などを〉(セメントで)固める;〈…を〉セメント[接合剤]で接合する〈*together*〉. ❷〈友情・団体などを〉固く結びつける, 強固にする. **cè·men·tá·tion** /sì:mentéɪʃən/ 图 〖F<L=荒石<*caedere* cf. decide〗
ce·ment·ite /sɪméntart/ 图 Ū 〘冶〙 セメンタイト《一炭化三鉄》.
ce·men·ti·tious /sì:mentíʃəs/ 形 セメント質[性]の.
cemént míxer 图 =concrete mixer.
ce·men·tum /sɪméntəm/ 图 Ū 〘解〙 (歯の)セメント質.
***cem·e·ter·y** /séməteri | -tri, -tari/ 图 C (特に教会墓地でない)共同墓地(cf. churchyard, graveyard). 〖L<Gk=共同, 眠る場所〗
cen. (略) central; century.
cen·a·cle /sénɪk(ə)l/ 图 ❶ (通例 二階の)晩餐の間; [C~] (キリストが最後の晩餐をした)高間(たかま). ❷ (作家などの)同人(coterie); 同人の集会所.
ceno·bite /sénəbàɪt/ 图 (修道院に住む)修道士.
ceno·taph /sénətæf | -tà:f/ 图 ❶ C 記念碑《埋葬場所とは別に建てたもの》. ❷ [the C~] (London のWhitehall 街にある)世界大戦戦没者記念碑. 〖F<L<Gk=からの墓〗
Ce·no·zo·ic /sì:nəzóʊɪk/ 〘地〙 形 新生代の: the ~ era 新生代. —— 图 [the ~] 新生代(の地層).
cense /séns/ 動 働 (香をたいて)〈…のあたり[前]を〉芳香で満たす, 〈…に〉焼香する.
cen·ser /sénsə | -sə/ 图 つり香炉《宗教儀式でこれを手にさげて振って用いる》.
+**cen·sor** /sénsə | -sə/ 图 ❶ C 検閲官. ❷ C〈古口〉 監察官《住民調査・風紀取り締まりをした》. ❸ =censorship 3. —— 動 働〈出版物・映画・信書などを〉検閲する; 検閲して削除する. 〖L<*censere* 評価[査定]する; cf. census〗
cen·so·ri·al /sensɔ́:riəl/ 形 検閲(官)の.
cen·so·ri·ous /sensɔ́:riəs/ 形 (検閲官のように)批判的な, 口やかましい. **~·ly** 副 **~·ness** 图
+**cén·sor·ship** /-ʃìp/ 图 Ū ❶ 検閲. ❷ 検閲官の職[職権, 任期]. ❸ 〘精神分析〙 検閲《潜在意識を抑圧する心理機能》.
cén·sor·wàre 图 Ū 〘電算〙 センサーウェア, 検閲ウェア《特に website へのアクセスを, パスワードの設定などによって管理制限する機能を備えたソフトウェア》.
cen·sur·a·ble /sénʃ(ə)rəbl/ 形 非難に値する[すべき]. **-a·bly** /-rəbli/ 副
+**cen·sure** /sénʃə | -ʃə/ 图 Ū 非難, とがめ: pass a vote of ~ 不信任決議を通過させる. —— 動 働〈人を〉〈…のことで〉非難する, とがめる: The government was ~*d for* its negligence. 政府は怠慢を非難された. 〖F<L=判断<*census*↓〗〖類義語〗 ⇒ blame.
+**cen·sus** /sénsəs/ 图 C 人口調査, 国勢調査; 全数[個体]調査: take a ~ (of the population) 人口[国勢]調査をする. 〖L=(財産)評価, 査定<*censere* 評価[査定]する; cf. censor〗
***cent** /sént/ 图 ❶ C **a** セント《米国・カナダなどの通貨単位; =¹⁄₁₀₀ dollar; 記号 ¢》: 5 ~s 5 セント. **b** =euro cent. **c** セント銅貨. ❷ [a ~] (通例否定文で)びた一文. ❸ ⇒ percent. **pùt ín one's twó cénts' wòrth**(米口) 求められないのに意見を述べる. 〖F<L=*centum* 百〗
cent. (略) centered; centigrade; centimeter; central; century.
Cent. (略) centigrade.
cen·taur /séntɔə | -tɔ:/ 图 ❶ C 〘ギ神〙 ケンタウルス《半人半馬の怪物》. ❷ [the C~] =Centaurus.
Cen·tau·rus /sentɔ́:rəs/ 图 〘天〙 ケンタウルス座《おとめ座の南方にある星座》.
cen·ta·vo /sentá:vou | -vou/ 图 (働 ~s) センターボ《メキシコ・キューバなどの通貨単位; escudo, peso など基本通貨の ¹⁄₁₀₀》.
cen·te·nar·i·an /sèntənéə(ə)riən⁻/ 图 百歳(以上)の

人. ― 形 ❶ 百歳(以上)の. ❷ 百年(祭)の.

†**cen·ten·a·ry** /séntənèri, sentí:nəri, -tén-/ 名 ❶ 百年祭. ❷ 百年間. ❸ 百年(間)の; 百年ごとの.

†**cen·ten·ni·al** /senténiəl/ 形 百年祭の(行事). ― 名 Ⓐ 百年ごとの; 百年間の; 百年祭の: a ~ anniversary 百年記念日[祭]. **~·ly** /-əli/ 副 《L *centum* 百+-*enni-* (《BIENNIAL etc》)》

Centénnial Státe 名 [the ~] 百年祭州(Colorado 州の俗称).《独立百周年(1876)に成立したことから》

‡**cen·ter** /séntə | -tə/ 名 ❶ Ⓒ [通例 the ~] **a** (円などの)中心,〔場所の〕中央, 真ん中: *the ~ of* a circle 円の中心 / stage ― 舞台中央(★無冠詞) / walk in *the ~ of* the path 道のまん中を / *in the ~ of* a room 部屋の中央に. **b**〔理〕中心: *the ~ of* attraction 引力の中心 / *the ~ of* gravity 重心 / *the ~ of* mass 質量中心. ❷ Ⓒ [通例単数形で](活動などの)中心地, 中心:〔施設・設備などの〕総合地域[施設], センター; [通例 urban などの形容詞を伴って] 人口の集中した地域: a trade ― 貿易の中心地 / ⇨ amusement center / a medical ― 医療センター / an operations ― (各部署に指示を流す)司令センター / a shopping center / a ― of excellence 優れた活動の場 / an *urban* ― 都会の密集地. ❸ [通例 the ~](活動・興味などの)中核, 核心, 的, 焦点(focus); 中心人物: take ― stage 関心の的となる / In any group she's usually *the ~ of* attention. どのグループにいても彼女はいつも注目の的だ / He is at *the ~ of* the project. 彼はその計画の中心にいる. ❹ [the C~]国内中道派, 穏健派(cf. left¹ 名 2, right² 名 2). ❺ Ⓒ[ポジションは ~ センター, 中堅(バスケットボール・サッカー・ホッケー・野球などで); the ― forward (ホッケーなどで)センターフォワード (cf. wing 5) / a ― fielder〔野〕中堅手, センター / He plays ~. 彼はセンターを守る(★ play ~ は無冠詞) / He's *the ~*. 彼(のポジション)はセンターです. ❻ Ⓒ(果物・キャンディーなどの)芯(㍉). ― 形(最上級 **center·most**)❶ 中心の. ❷ 中道派の. ― 動 ❶〈ものを〉中心に置く[移す]: ~ a table in the parlor 談話室の中央にテーブルを置く. ❷ [しばしば受身で]〔…に〕集中させる: The discussion was ~ *ed on* unemployment. 議論は失業に集中した. ❸(サッカー・ホッケーなどで)〈ボールを〉センターへける[飛ばす]. ― 動 ❶〔一点に〕集まる, 集中する: The story ~ *s (a)round* a robbery. 物語はある盗難を軸として展開する / The dispute ~ *ed on* political issues. 争いは政治問題に集中した. ❷(サッカーなどで)ボールをセンターへける.《F<L<Gk=円の中心》形 central.【類義語】⇨ middle.

cénter báck 名〔球技〕センターバック(バレーボールなどでバックラインの中央に位置するプレーヤー).

cénter bít 名〔機〕回し錐(㌭).

cénter·bòard 名〔海〕センターボード, 垂下竜骨《船体の安定度を増すけりあげ式の可動式の竜骨》.

cénter·bòard·er 名〔海〕センターボーダー《センターボードの付いた帆船》.

*‡**cen·tered** /séntəd | -təd/ 形 **a** 中心にある. **b**〈出来事・産業など〉〔…を〕中心とする,〔…に〕中心を置く〔*in*〕. ❷ 集中した[された]. ❸(情緒的・精神的に)安定した, バランスのとれた. **~·ness** 名

-cén·tered [形容詞連結形]「(…な)中心をもつ」「(…を)中心[的, 対象]とした」: a *dark-centered* cornflower 中心が黒ずんだヤグルマギク / *consumer-centered* 消費者中心の[をターゲットにした].

cénter fíeld 名 Ⓤ〔野〕中堅, センター.

cénter fíelder 名〔野〕中堅手, センター.

cénter-fíre 形(弾薬筒が)基部中央に雷管のある, 中心起爆式の (cf. rimfire);(銃砲が)中心起爆式弾薬筒用に作られた.

cénter·fòld 名 =center spread.

cénter hálf(back) 名〔サッカー・ホッケーなど〕センターハーフ(ハーフラインの中央にいるプレーヤー).

cénter·ing /-tərɪŋ, -trɪŋ/ 名〔建〕仮枠, 迫持枠(㍳).

cénter·mòst 形 まん中の.

cénter of cúrvature 名〔数〕曲率中心.

cénter of préssure 名〔理・空〕圧力中心.

†**cénter·píece** 名 ❶ (テーブルなどの)中央部装飾, センタービース《テーブルセンター・生け花など》. ❷ (計画・演説などの)最も重要なもの,「目玉」〔*of*〕.

cénter púnch 名〔機〕センターポンチ《ドリルで穴をあけるときに中心位置にしるしをつける工具》.

cénter spréad 名(雑誌などの)中央見開きページ.

cénter stáge 名 形 動 舞台の中央(の[に]); 中心的な位置(の[に]).

cen·tes·i·mal /sentésəm(ə)l/ 形 ❶ 百分法の, 百進法の (cf. decimal 1). ❷ 100 分の 1 の.

cen·ti- /sénti, -tə/ [連結形]「100」「100 分の 1 (⇨ metric system)」.《L; ⇨ cent》

cen·ti·grade /séntəgrèid/ 形 [しばしば C~] セ氏の(Celsius)《略 C, Cent., cent.; ⇨ Fahrenheit 解説》: 50° ~ [C]セ氏 50 度(★ *fifty degrees* ~ と読む). ― 名 ❶ Ⓤ セ氏. ❷ =centigrade thermometer.

céntigrade thermómeter 名 セ氏温度計《水の氷点 0°, 沸点 100°》.

cen·ti·gram,《英》**cen·ti·gramme** /séntəgræm/ 名 センチグラム《メートル法の重量の単位; =¹⁄₁₀₀ gram; 略 cg》.

cen·tile /séntaɪl/ 名 =percentile.

cen·ti·li·ter,《英》**cen·ti·li·tre** /séntəlìːtə | -tə/ 名 センチリットル《メートル法の容量の単位; =¹⁄₁₀₀ liter; 略 cl》.

cen·time /sáːntiːm/ 名 ❶ サンチーム《通貨単位; franc, アルジェリアの dinar などの ¹⁄₁₀₀; 記号 c., C.》. ❷ 1 サンチーム貨.《F=¹⁄₁₀₀(フラン)》

*‡**cen·ti·me·ter,**《英》**cen·ti·me·tre** /séntəmìːtə | -tə/ 名 センチメートル《メートル法の長さの単位; =¹⁄₁₀₀ meter; 略 cm》.

cen·ti·mo /séntəmòu/ 名(複 ~s)❶ センチモ《スペイン系諸国の通貨単位; colon, peseta などの ¹⁄₁₀₀》. ❷ 1 センチモ貨.《Sp=¹⁄₁₀₀(ペセタ)》

cénti·mòrgan 名 センチモルガン《同一染色体上の遺伝子間の相対距離の単位; =¹⁄₁₀₀ morgan》.

cen·ti·pede /séntəpìːd/ 名 動 ムカデ (cf. millipede).《F<L<CENTI-+*pes*, *ped-* 足》

cen·to /séntou/ 名(複 **-tones** /sentóuniːz/, ~s)寄せ集め詩文《名詩句のつづり合わせ》;(一般に)寄せ集め.

*‡**cen·tral** /séntrəl/ 形(比較なし)❶ Ⓐ 中心の, 中央の;(都市などの)中心の[中央];中心部の;〔場所が〕中心に近くて便利な: the ~ area of the city その都市の中心部 / the ~ shopping district of a town 町の中央部にあるショッピング街 / open a store in a ~ location 便利な中心部に開店する. ❷ Ⓐ 主要な, 主流をなす: the ~ figure of a scandal スキャンダルの中心[主要]人物 / a ~ issue 主要な問題 / the ~ post office 中央郵便局 / play a ~ role 中心的な役割を果たす / This theme is ~ *to* our study. このテーマはわれわれの研究の中心である. ❸ 集中方式の: ⇨ central heating. ❹ [名詞に後置して][口]…のよく行なわれる, …の中心になる: fashion information]《米》流行[情報]の中心. ❺ Ⓐ(組織などが)最高の権限をもつ, 中枢の;(政府など)中央の. ❻ (比較なし)〔音声〕中舌の[で発音される] (cf. front 3, back 7). ❼〔解〕中枢神経の (cf. peripheral 2). **~·ly** /séntrəli/ 副 中心(的)に. (名 center)

Céntral Áfrican Repúblic 名 [the ~] 中央アフリカ共和国《アフリカ中部にある共和国; 首都 Bangui》.

Céntral América 中央アメリカ, 中米. **Céntral Américan** 形 中央アメリカの. ― 名 中央アメリカ人.

céntral bánk 名 中央銀行.

Céntral Dáylight Tìme 名 Ⓤ《米》中部夏時間(Central Standard Time の夏時間(1 時間早い); 略 CDT).

Céntral Éurope 名 中央ヨーロッパ, 中欧.

Céntral Européan Tìme 名 Ⓤ 中央ヨーロッパ標準時(GMT より 1 時間早い; 略 CET).

*‡**céntral góvernment** 名 Ⓤ.Ⓒ (地方政府に対して)中央政府.

+**céntral héating** [名] [U] 集中暖房(装置), セントラルヒーティング.
Céntral Intélligence Àgency [名] [the ~] 〖米〗中央情報局 (略 CIA).
cén·tral·ìsm /-lìzm/ [名] [U] 中央集権主義. **cen·tral·is·tic** /sèntrəlístɪk⁻/ [形]
cen·tral·i·ty /sentrǽləṭi/ [名] [U] ❶ 中心であること, 中心性. ❷ 重要な地位.
cen·tral·i·za·tion /sèntrəlɪzéɪʃən | -laɪz-/ [名] [U] ❶ 集中(化). ❷ 中央集権(化).
+**cen·tral·ize** /séntrəlàɪz/ [動] [他] ❶ 〈国家などを〉中央集権制にする. ❷ 〈…を〉中心に集める, 集中させる. ── [自] ❶ 中央集権化する. ❷ 中心に集まる, 集中する. ([形] central)
céntral nérvous sỳstem [名] [the ~] 〖解・生理〗中枢神経系 (略 CNS, cns).
Céntral Párk [名] セントラルパーク (米国 New York 市 Manhattan 区にある大公園).
céntral prócessing ùnit [名] 〖電算〗中央処理装置 (略 CPU).
céntral prócessor [名] =central processing unit.
céntral reservátion [名] 《英》(道路の)中央分離帯 (《米》median).
Céntral (Stándard) Tìme [名] [U] 〖米〗中部(標準)時 (日本標準時より 15 時間遅い; 略 C(S)T; ⇨ standard time [解説]).
céntral vówel [名] 〖音声〗中舌母音 (/ə/, /əː/, /ʌ/ など).
‡**cen·tre** /sénṭə | -tə/ [名] [形] [動] 《英》=center.
cen·tric /séntrɪk/ [形] 中心の; 中枢的な.
-cen·tric /séntrɪk/ [形容詞連結形]「…の[に]中心をもつ」「…中心の」: helio*centric*.
cén·tri·cal /-trɪk(ə)l/ [形] =centric.
cen·trif·u·gal /sentrífjʊg(ə)l | sèntrɪfjúː-⁻/ [形] (↔ centripetal) ❶ 遠心性[力]の: ~ force 遠心力. ❷ 遠心力利用の: a ~ machine 遠心分離機. ❸ 中央集権化から離れる, 地方分権的な. ── [名] 遠心分離機[筒]. **~·ly** /-gəli/ [副] 〖L＜*centrum* 中心+*fugere* 逃げる〗
centrífugal púmp [名] 〖機〗遠心[渦巻]ポンプ.
cen·trif·u·ga·tion /sèntrəfjʊgéɪʃən/ [名] [U] 遠心分離, 遠心沈澱法, 遠沈.
cen·tri·fuge /séntrəfjùːʤ/ [名] 遠心分離機. ── [動] [他] 遠心分離機にかける.
cén·tring /-tərɪŋ, -trɪŋ/ [名] 《英》=centering.
cen·tri·ole /séntriòʊl/ [名] 〖生〗中心小体, 中心粒, 中心子 (centrosome の中心にある小器官).
cen·trip·e·tal /sentrípəṭl/ [形] (↔ centrifugal) ❶ 求心性[力]の: ~ force 求心[向心]力. ❷ 求心力利用の. **~·ly** /-ṭəli/ [副]
cen·trism /séntrɪzm/ [名] [U] 中道主義; 穏健主義.
+**cén·trist** /-trɪst/ [形] [名] [しばしば C~] 中道政党の(党員) (moderate).
cen·troid /séntrɔɪd/ [名] 〖理〗重心, 質量中心, 図心, 中心軌跡. **cen·trói·dal** [形]
cen·tro·mere /séntrəmìə/ [名] 〖生〗動原体 (染色体の第一くびれ部にある小粒). **cèntro·mér·ic** /sèntrəmí(ə)rɪk⁻/ [形]
cen·tro·some /séntrəsòʊm/ [名] 〖生〗中心体 (細胞の中心小体 (centriole) を取り囲む小器官).
cen·trum /séntrəm/ [名] ([複] ~s, **-tra** /-trə/) 〖解〗椎体(ついたい) (cf. vertebra).
cen·tu·ple /sent(j)úːpl | séntjʊ-/ [動] [他] 百倍する.
cen·tu·ri·al /sɛnt(j)ʊ́(ə)riəl | -tjʊ́ə-/ [形] ❶ 百年の, 一世紀の. ❷ 〖古ロ〗百人隊[組] (century) の.
cen·tu·ri·on /sent(j)ʊ́(ə)riən | -tjʊ́ər-/ [名] 〖古ロ〗百人隊 (century)の隊長.
‡**cen·tu·ry** /sénʧ(ʊ)ri/ [名] ❶ 1 世紀 (百年; the 21st ~ (21 世紀)は 2001 年 1 月 1 日から 2100 年 12 月 31 日まで): in the last [19th] ~ 前[19]世紀に / at the turn of the ~ 世紀の変わり目に. ❷ **a** 百個. **b** 〖クリケ〗百点. ❸ 〖古ロ〗百人隊 (もと百人の歩兵を 1 隊とし 60 隊で legion を編成した). 〖L=百人隊＜*centum* 百〗
céntury plànt [名] 〖植〗アオノリュウゼツラン (100 年に 1 回花が咲くと想像された; cf. agave).
CEO 《略》chief executive officer.
cep, cèpe /sép/ [名] 〖植〗ヤマドリタケ, セープ (食用キノコ).
ce·phal·ic /səfǽlɪk/ [形] [A] 頭の, 頭部の.
-ce·phal·ic /səfǽlɪk/ [形容詞連結形]「…の頭を有する」: dolicho*cephalic*.
cephálic índex [名] 〖人〗頭長幅指数 (頭幅の頭長に対する百分比).
ceph·a·li·za·tion /sèfəlɪzéɪʃən | -làɪz-/ [名] [U] 〖動〗頭化 (重要器官の頭部集中傾向).
ceph·a·lom·e·try /sèfəlɑ́mətri | -lɔ́m/ [名] [U] 〖人〗頭部測定(法). **cèph·a·lo·mét·ric** [形]
ceph·a·lon /séfəlɑ̀n | -lɔ̀n/ [名] ([複] **-la** /-lə/) 〖動〗(特に節足動物の)頭部 (head).
ceph·a·lo·pod /séfələpɑ̀d | -pɔ̀d/ [名] 〖動〗頭足綱の動物 (イカ・タコなど). 〖Gk *cephalē* 頭+*pous, pod-* 足〗
ceph·a·lo·spo·rin /sɛ̀fələspɔ́ːrɪn/ [名] 〖薬〗セファロスポリン (セファロスポリウム属の不完全菌からつくる抗生物質).
cèphalo·thórax [名] 〖動〗頭胸部 (甲殻類などの).
-ceph·a·lous /séfələs/ [形容詞連結形] =-cephalic.
cer- /sí(ə)r | sɪər/ [連結形] (母音の前にくる時の) cero- の異形.
***ce·ram·ic** /sərǽmɪk/ [名] ❶ [C] [通例複数形で] 陶磁器, 窯業(ようぎょう)製品, セラミックス; 陶芸品. ❷ [~s; 単数扱い] 製陶術, 窯業(ようぎょう), 陶芸. ❸ [U] 陶磁器素材. ❹ [U] 熱処理により硬化する非金属固体. ── [形] 陶磁器の; 製陶術の, 窯業の; 陶芸の: a ~ tile 陶製タイル / the ~ art 陶芸 / the ~ industry 窯業. 〖Gk＜*ceramos* 陶器, 陶土〗
cerámic hób [名] (電気[電磁]調理器の)セラミック製の上面[加熱部].
ce·ram·i·cist /sərǽməsɪst/ [名] =ceramist.
ce·ram·ist /sərǽmɪst, sérəm-/ [名] 陶芸家; 窯業家.
cer·a·tite /sérətàɪt/ [名] 〖古生〗セラタイト (ケラチテス目 (Ceratitida) のアンモナイト; 山と刻みのはいった谷からなる縫合線を特徴とする; 三畳紀に繁栄した).
cer·a·top·si·an /sérətɑ́psiən | -tɔ́p-/ [名] [形] 〖古生〗角竜亜目 (Ceratopsidae) の(恐竜), 角竜.
Cer·ber·us /sə́ːb(ə)rəs | sə́ː-/ [名] 〖ギ・ロ神〗ケルベロス (頭が 3 つで尾がヘビの地獄の番犬). **gíve [thrów] a sóp to Cérberus** 面倒な人を買収する (〖由来〗Virgil の *Aeneid* /iːníːɪd | iːniɪd/で, Aeneas が地獄を訪れた時に, Cerberus に餌をやって眠らせてから入り口を通ったということから).
cer·car·i·a /sə(ː)ké(ə)riə | səː-/ [名] ([複] **-car·i·ae** /-riìː/, ~s) 〖動〗有尾幼虫, 尾虫, セルカリア, ケルカリア (吸虫類の幼虫).
cer·cus /sə́ːkəs | sə́ː-/ [名] ([複] **-ci** /-sàɪ/) 〖昆〗尾角(びかく), 尾葉 (最後の体節から伸びる一対の突起; 感覚器官としてのはたらきをする).
cere /síə | síə/ [名] 〖鳥〗(くちばしの)蠟膜(ろうまく). ── [動] [他] 〈死体を〉蠟引き布で包む.
***ce·re·al** /sí(ə)riəl/ [名] ❶ [C,U] 穀物食品, シリアル (cornflakes や oatmeal など). ❷ [C] **a** 穀草 (米・麦・トウモロコシなど). **b** [U] 穀物, 穀類. 〖L＜CERES〗
cer·e·bel·lum /sèrəbéləm/ [名] ([複] ~s, **-bel·la** /-bélə/) 〖解〗小脳.
cerebr- [連結形] (母音の前にくる時の) cerebro- の異形.
ce·re·bra [名] cerebrum の複数形.
+**cer·e·bral** /sérəbrəl, sərí:-/ [形] ❶ 〖解〗大脳の; 脳の: a ~ hemisphere 大脳半球. ❷ 〈作品・ゲームなど〉(情より)知性に訴える, 知的な; 〈人など〉知的(傾向)の (intellectual): a ~ poem [poet] 知的な詩[詩人]. ([名] cerebrum)
cérebral córtex [名] [U] 〖解〗大脳皮質.
cérebral déath [名] [U] 〖医〗脳死 (brain death).
cérebral hémisphere [名] 〖解〗大脳半球.
cérebral hémorrhage [名] [U] 〖医〗脳出血.
cérebral pálsy [名] [U] 〖医〗脳性(小児)麻痺.
cer·e·brate /sérəbrèɪt/ [動] [自] 頭脳を使う; 考える.
cer·e·bra·tion /sèrəbréɪʃən/ [名] [U] 大脳作用[機能];

cerebro- 思考(作用), 思索.

ce・re・bro- /sérəbrou, sərí-/ [連結形]「脳」「大脳」.〖CEREBRUM〗

cer・e・bro・side /sérəbrəsàid, sərí:-/ 图〖生化〗セレブロシド《神経組織中の糖脂質》.

ce・rè・bro・spí・nal 形〖解〗❶ 脳脊髄(芯)の: ~ meningitis 脳脊髄膜炎. ❷ 中枢神経系の.

cerébrospinal flúid 图〖解〗髄液, 脳脊髄液.

cerèbro・váscular 形 脳血管の.

ce・re・brum /sérəbrəm, sərí:-/ 图 (徴 ~s, -bra [-brə])〖解〗大脳; 脳.〖L〗

cére・clòth /síə-│síə-/ 图 U 《死体を包む》蠟引き布.

cere・ment /síəmənt│síə-/ 图 ❶ =cerecloth. ❷ [通例複数形で]《米・英古》埋葬するときに死者に着せる衣服, きょうかたびら (winding sheet).

⁺cer・e・mo・ni・al /sèrəmóuniəl/ 形 ❶ 儀式上の, 儀礼上の. b 儀式用の: wear ~ dress 式服を着用する. ❷ 儀式ばった, 正式の. 图 ❶ C 儀式, 儀礼典. ❷ U 儀式次第. -ly /-əli/ 副 (图 ceremony)

cèr・e・mó・ni・al・ism /-lìzm/ 图 U 儀式[形式]尊重(主義). **cèr・e・mó・ni・al・ist** /-list/ 图

cer・e・mo・ni・ous /sèrəmóuniəs/ 形 ❶ a 儀式に従った, 厳かな (↔ unceremonious). b 儀式ばった, 堅苦しい, 仰々しい: with ~ politeness かしこまって. ❷ 儀式の[に関する]. **-ly** 副 (图 ceremony)

*****ce・re・mo・ny** /sérəmòuni│-məni/ 图 ❶ C 儀式, 祭典: a religious ~ 宗教儀式 / a wedding [marriage] ~ 結婚式 / a funeral ~ 葬儀 / the tea ~ 《日本の》茶の湯; 茶会 / hold [perform] a ~ 式を挙げる. ❷ U 《社交上の》儀礼, 作法; 仰々しさ: without ~ 形式ばらずに, 打ち解けて. **stánd on céremony** [通例否定文で] 堅苦しくふるまう: Please don't *stand on* ~. どうぞおつろぎください. 〖L=《宗教的》儀式, 礼拝〗 形 ceremonial, ceremonious 【類義語】**ceremony** 宗教的・国家的・社会的な公式の厳かな儀式・式典. **rite** 伝統や宗教によって規定された儀礼的な行為. **ritual** 主に宗教上の rite を集合的に指す.

Ce・rén・kov radiàtion /ʧərénkɔf-│-kɔf-/ 图〖理〗チェレンコフ放射《帯電粒子が物質中で光速以上の等速度運動を行うとき放射する電磁波》. 〖P. A. *Cherenkov* ソ連の物理学者〗

ce・re・ol・o・gy /sì(ə)riáləʤi│-ɔ́l-/ 图 U ミステリーサークル (crop circle) の研究[調査]. **-gist** 图

Ce・res /sí(ə)ri:z│-/ 图〖神話〗ケレス《穀物の女神; ギリシャ神話の Demeter に当たる》.

cer・e・sin /sérəsən/ 图 U〖化〗セレシン《無定形の蠟状物質》.

ce・rise /sərí:s, -rí:z/ 图 U 形 サクランボ色(の), 鮮紅色(の). 〖F=サクランボ〗

ce・ri・um /sí(ə)riəm/ 图 U〖化〗セリウム《希土類元素; 記号 Ce》.

cer・met /sə́:met│sə́:-/ 图 U〖冶〗サーメット《セラミックスと金属との複合材料; 硬さ・耐熱性および靱性(%)がともにすぐれ, 耐熱材料・工具などに用いられる》.

ce・ro- /sí(ə)rou/ [連結形]「蠟 (wax)」.

ce・roc /sərʌ́k│-rɔ́k/ 图 U セロック《フランスから広まった, ペアで踊る情熱的なダンス; jive が起源とされる》.

cèro・plástic 形 蠟模型術の; 蠟製細工の.

cert /sə́:t│sə́:t/ 图 [通例単数形で]《英口》❶ 確実なこと[結果] (certainty); 必ず起ること: a dead ~ 絶対間違いなく起ること. ❷《競馬の》本命馬. 〖CERT(AINTY)〗

*****cer・tain** /sə́:tn│sə́:tn/ 形 A (more ~; most ~) ❶ P (...を)確信して, 確かだと思って《*of, about*》: I am [feel] ~ *of* his success. 彼の成功は確かだと思う / 〖~+*that*〗 She was ~ *that* he would pass the exam. 彼は彼が試験に合格するに違いないと思った / 〖~+*wh*.〗 He was not ~ *whether* he should obey her. 彼は彼女の言葉に従ってよいものかどうか迷っていた / I'm not ~ *what* to do. 何をしてよいものやらよくわからない. ❷《事が》確実な, 確かな, 信頼できる; 《人が》きっと[必ず](...)して: ~ evidence 確証 / to

my ~ knowledge 私の確実に知るところでは, 確かに / It's ~ that he will get the post. 彼がその職に就くことは確かである / It's not ~ whether they'll accept the proposal. 彼の提案が受け入れられるかどうかは分からない / 〖~+*to do*〗 They're ~ *to* need help. 彼には確かに援助が必要となるだろう〖変換〗It's ~ *that* they will need help. と書き換え可能.

— B (比較なし) A ❶ (ある)一定の: at a ~ place 一定の場所に. ❷ (知らずに, または知っていても明言せずに)ある..., とある...: I was told it by a ~ person. ある人からそれを聞いた / a ~ Mr. Smith スミスさんとかいう人《★a Mr. Smith というほうが一般的》. ❸ (多くはないが)いくらかのある程度の: to a ~ extent ある程度(まで) / show a ~ amount of sympathy いくぶん同情を示す.

for cértain [通例 know, say の後に置いて] 確かに (for sure): I don't *know for* ~. はっきりとは知らない / I can't *say for* ~. はっきりしたことは言えない / One thing is *for* ~. 一つ(だけ)確かなことがある.

màke cértain (1)〈...ということ〉を確かめる (make sure):〖(~+*that*)〗 *Make* ~ *(that)* you know what time the film begins. その映画が何時に始まるのか確かめておきなさい. (2)〖...を〗確保する; 確実にする: I think so, but you'd better *make* ~. そうは思うが確かめたほうがよい / I'll go earlier and *make* ~ *of* our seats. 早めに出かけて席をとっておこう.

— 代 [of+複数(代)名詞を伴って; 複数扱い] (...のうちの)いくらか[いくつか]《★比較》some のほうが口語的》.

〖F＜L *certus* 定まった, 確実な＜*cernere, cert-* 決意[決断]する; cf. concern, discern; ascertain, concert, disconcert; decree, discriminate, excrement, excrete, secret, secretary〗 (图 certainty)【類義語】⇒ sure.

*****cer・tain・ly** /sə́:tnli│sə́:-/ 副 (more ~; most ~) ❶ [文修飾] 確かに, きっと間違いなく: She will ~ become ill if she goes on working like that. あんなに働いてばかりいたうでは彼女はきっと病気になってしまう. ❷ [返答に用いて] 承知しました, もちろんとも; いいですとも; ええ, いいですとも: "Could I borrow $50"? "C~." ["C~ *not.*"] "50ドル貸してもらえませんか" "いいですよ" ["とんでもない"].

*****cer・tain・ty** /sə́:tnti│sə́:-/ 图 ❶ C 確実なもの[こと], 必然的な事物; 確信をもてるもの; 疑いないもの: a near ~ =practically [almost] a ~ まず間違いないと思われること / bet on a ~ 確実と知っていて[勝ち目を見越して]賭(*)ける / High unemployment is a ~. 失業率が上がるのは間違いない / The old ~ are crumbling in Japan. 日本では, 長い間確かであると思われてきたことが崩れつつある. ❷ U 確実(なこと); 確信: I can't say *with* (absolute) ~ that this is true. これが真実だと(絶対の)確信をもっては言えない / 〖+*that*〗 There is little ~ *that* I could repay the money within a few months. 確実に 2, 3 か月中にその金を返せるとは思わない. **for a cértainty** 確かに, きっと. 形 (certain)

【類義語】**certainty** あらゆる証拠に基づいた, あることに対する確固とした信念. **certitude** 客観的な証明または裏付けのないものに対する絶対的な確信. **assurance** 多くは経験などから, 将来確かにこうなるであろうという自信のある考え. **conviction** 十分な理由・証拠によって, これまでの疑念なども取り去った上でだいに至った信念.

cer・ti・fi・a・ble /sə́:təfàiəbl│sə́:-/ 形 ❶ 保証[証明]できる. ❷ **a** 精神障害で要治療と認定された. **b** 《戯言》まともでない, 異常な, 変な, 変な.

*****cer・tif・i・cate** /sə(:)tífikət│sə(:)-/ 图 ❶ 証明書, 証明: a birth [death] ~ 出生[死亡]証明書 / a health ~ 健康証明書 / a medical ~ 診断書 / issue a ~ 証明書を発行する / a ~ of deposit 預金証書; 譲渡可能定期預金証書《略 CD》. ❷《学位を伴わない課程の》修了[履修]証明書, 免許状: a teacher's [a teaching] ~ 教員免許状. —/-fəkèrt/ 動 [通例受身で]〈人〉に証明書を与える (⇒ certificated). 〖F=証明＜L; ⇒ certain〗 (图 certification)

cer・tif・i・cat・ed /-kèrtɪd/ 形《英》免許を取得した, 有資格の《★比較》qualified のほうが一般的》.

cer・ti・fi・ca・tion /sə̀ːtəfɪkéɪʃən | sə̀ː-/ 名 ❶ U 証明, 検定, 認可《*of*》. ❷ C 証明書. ❸《英》精神異常の証明.

cér・ti・fied 形 ❶ 保証[証明]された: a ~ check [cheque] 支払い保証小切手. ❷《会計士などが公認の》公許の. ❸《人の》精神異常と証明された.

cértified fináncial plánner 名 公認ファイナンシャルプランナー[個人資産運用コンサルタント].

cértified máil 名 U《米》書留配達便《英》recorded delivery).

cértified mílk 名 U《以前あった》品質保証牛乳.

cértified públic accóuntant 名《米》公認会計士《《英》chartered accountant》《略 CPA》.

cér・ti・fi・er 名 証明者.

+**cer・ti・fy** /sə́ːtəfàɪ | sə́ː-/ 動 他 ❶《正式[公式]文書で》証明する,《事実・任命などを》認証する: I hereby ~ that …=This is to ~ that…の相違ないことをここに証明する / I ~ (that) this is a true copy. この書類は真正の写しであることを証明する / His report was certified (as) correct. 彼の報告は正確であると証明された. ❷《人に証明書[免許状]を交付[発行]する:》a teacher 教員に免許状を交付する. ❸《英》《医師が人を》精神異常だと証明する. ❹《銀行などが》《小切手を》保証する. 《F<L<certus 確実な》.

cer・ti・o・ra・ri /sə̀ːʃiɔːré(ə)ri | sə̀ːʃiourérɑːri/ 名《通例 a writ of ~》《法》《上級裁判所が下級裁判所に命ずる》事件移送命令.

cer・ti・tude /sə́ːtətjùːd | sə́ːtɪtjùːd/ 名 U 確信; 確実性. 【類義語】 ⇒ certainty.

ce・ru・le・an /sərúːliən/ 形 空色の, 濃青色の.

ce・ru・men /sərúːmən/ 名 U《生理》耳垢(づ)《= earwax》.

ce・ruse /sərúːs/ 名 U《白色顔料としての》鉛白; おしろい.

Cer・van・tes /sərvǽntiːz | sə:-/, **Mi・guel de** /mɪgél də/ 名 セルバンテス (1547-1616; スペインの作家, *Don Quixote* の作者).

cer・ve・lat /sə́ːvəlæt | sə́ːvəláː/ 名 U セルベラー, セルベラート《大きな燻製ソーセージ; 牛肉・豚肉製》.

+**cer・vi・cal** /sə́ːvɪk(ə)l | sə́ːváɪ-/ 形《解》❶ 子宮頸の. ❷ 首[頸]部の[に関する]. 《医 cervix》

cérvical sméar 名《医》頸管塗抹《標本》, 頸管スミア.

cer・vi・ci・tis /sə̀ːvəsáɪtɪs/ 名《医》子宮頸炎.

+**cer・vix** /sə́ːvɪks/ 名《複 ~・es, cer・vi・ces /-vəsi:z | -váːsiz/》《解》❶ 子宮頸(部), 頸部; 頸部様構造. 《L=首》 形 cervical.

Ce・sar・e・an, Ce・sar・i・an /sɪziː(ə)riən/ 形《米》=Caesarean.

ce・si・um /síːziəm/ 名 U《化》セシウム《金属元素; 記号 Cs》.

césium clóck 名 セシウム時計《セシウムの原子の振動を利用した原子時計》.

+**ces・sa・tion** /seséɪʃən/ 名 UC 中止, 中断; 休止, 停止: the ~ of hostilities [armed conflict] 休戦, 停戦 / continue without ~ 絶え間なく続く. 《F<L=遅滞する, *cessare cessat*- 遅滞する, 中止する》

ces・ser /sésə/ 名| -sə/ 名 U《法》《権利の》消滅《抵当の期間などが終わること》.

ces・sion /séʃən/ 名 ❶ U《領土の割譲》《権利の譲渡, 《財産の》譲与《*of*》. ❷ C 割譲された領土. 《F<L cedere, cess- 譲渡する》 動 cede.

Cess・na /sésnə/ 名 セスナ機《米国製の軽飛行機》. 《製作者の名から》

cess・pit /séspɪt/ 名 = cesspool.

cess・pool /séspùːl/ 名 ❶ C《地下の》汚水[汚物]だめ. ❷ 不潔な場所: a ~ *of* drug-related crime 麻薬関連犯罪の巣.

c'est la vie /séɪla víː/ 間 それが人生だ, 人生とはそんな[こうした]ものだ.

ces・tode /séstoʊd/ 名《動》条虫, サナダムシ《tapeworm》.

ce・su・ra /sɪʒú(ə)rə/ 名 = caesura.

CET《略》Central European Time.

ce・ta・cean /sɪtéɪʃən/ 名 形《動》クジラ目の《動物》《クジラ・イルカなど》.

---

287 **chafe**

ce・ta・ceous /sɪtéɪʃəs/ 形 =cetacean.

ce・tane /síːteɪn/ 名《化》セタン《石油中に含まれる無色油状の炭化水素》.

ce・te・ris pa・ri・bus /kéɪtərəspǽrəbəs | kétəri:s-/ 副 ほかの事情が同じならば《略 cet. par.》.

ce・vi・che /səvíːtʃeɪ, -tʃi/ 名 = seviche.

Cey・lon /sɪlán, seɪ- | sɪlɔ́n/ 名 ❶ セイロン島《インド東南方インド洋上の島; Sri Lanka 共和国をなす》. ❷ セイロン《Sri Lanka の旧称》.

Cey・lon・ese /sèɪləníːz, sìː- | sèl-, sìː-⁻/ 形 セイロン《島, 人》の. ── 名《複 ~》セイロン《島》人.

Cé・zanne /seɪzǽn/, **Paul** 名 セザンヌ (1839-1906; フランスの後期印象派の画家).

Cf《記号》《化》californium.

***cf.** /kəmpéə, síːéf | kəmpéə, síːéf/《略》比較せよ, …を参照. 《L *confer*「比較せよ」の略》

+**CFC** /síːèfsíː/ 名 CU クロロフルオロカーボン, フロン《ガス》《スプレー・冷蔵などに用いられ, オゾン層破壊の原因となる》: ozone-destroying ~s オゾン破壊のシーエフシー[フロン]. 《C(HLORO)F(LUORO)C(ARBON)》

CFC-frée 形 シーエフシー[フロン]を用いない: a ~ refrigerator フロンを用いない冷蔵庫.

CFI《略》cost, freight, and insurance《★ 普通は CIF》.

CFO Chief Financial Officer 最高財務責任者.

CFS《略》《医》chronic fatigue syndrome. **cg**《略》centigram(s); centigramme(s). **CG**《略》《理》center of gravity 重心; 質量中心; Coast Guard; Commanding General《司令官《commander》を務める将官》; Consul General. **cgs**《略》centimeter-gram-second《理》CGS《単位》《長さ・質量・時間の基本単位; 科学技術関係では現在は SI unit を用いる》. **CGT**《略》capital gains tax. **Ch., ch.**《略》champion; channel; chaplain; chapter; 《チェス》check; chemical; chemistry; chief; child; children; church. **Ch.**《略》Chaplain; Charles; China; Chinese; Christ.

cha /tʃáː/ 名 U《英俗》茶 (tea).

chaat /tʃáːt/ 名 U チャート《ゆでた野菜または生の果物にスパイスをきかせたインド料理》.

Cha・blis /ʃæblíː | ─ ─ ⁻/ 名《鉱》斜方沸石, 菱沸石. Cha・blis Chablis 原産の辛口の白ワイン》.

cha-cha /tʃáːtʃɑː/ 名《また **cha-cha-cha** /─ ─ ─/》チャチャ《チャ》《西インド諸島起源の歯切れのよい 2/4 拍子の舞踏曲》. ── 動 自 チャチャ《チャ》を踊る.

chac・ma /tʃǽkmə/ 名《また **chácma babóon**》《動》チャクマヒヒ《アフリカ南部のサバンナや半砂漠に生息する体が褐色の大型ヒヒ》.

cha・conne /ʃɑkɔ́ːn, -kán | ʃækɔ́n/ 名《複 ~s /-z/》シャコンヌ: a スペイン起源の古いダンスの一種. b《楽》1 から発生したバロック時代の変奏曲の一形式.

cha・cun à son goût /ʃækú:n ɑː sɔːn gúː/ 副 おのおのの自分の好みのため, 蓼(たで)食う虫も好きずき.

chad /tʃǽd/ 名 CU《電算》チャド, 穿孔くず《パンチカードなどに穴をあけたときに生じる紙片》.

Chad /tʃǽd/ 名 チャド《アフリカ中北部の共和国; 首都 N'Djamena》. **Chad・i・an** /-diən/ 名 形

cha・dor, cha・dar /tʃʌ́də, -dɑːr/ 名 チャドル《インド・イランで女性がベールやショールに用いる黒い四角な布》.

chae・bol /tʃéɪbɑl | -bɔl/ 名《複 ~, ~s》《韓国の》財閥, コングロマリット.

chae・ta /kíːtə/ 名《複 **-tae** /-tìː/》《動》剛毛.

chae・tog・nath /kíːtɑgnæθ | -tɔg-/ 名《動》毛顎動物, ヤムシ. ── 形 毛顎動物の.

chafe /tʃéɪf/ 動 他 ❶ すりむく: This stiff collar ~s my neck. このきついカラーでは首の皮がすりむける. ❷《手などを》こすって温める: The boy ~d his cold hands. 少年は冷たくなった手をこすった. ❸《人をいらだたせる, 怒らせる.

── 自 ❶《動物が》おりなどに体をこすりつける《against,

chafer

on): The bear ~d against the bars of its cage. クマはおりの鉄格子に体をこすりつけた. ❷ すりむける. ❸ いらいらする, 怒る: He ~s at criticism. 彼は非難されるといらいらする / She ~d under her brother's teasing. 彼女は兄にからかわれていらいらした. ── 名 ❶ Ⓤ,Ⓒ すり傷(の痛み). ❷ [a ~]《古》いらだち: in a ~ いらいらして.

cha·fer /tʃéɪfə | -fə/ 名《昆》コガネムシ科の甲虫《cockchafer など》.

chaff¹ /tʃæf | tʃɑ:f/ 名 Ⓤ ❶ もみ殻. ❷ 切りわら《牛馬飼料》, まぐさ. ❸ つまらないもの, がらくた, くず. **separate the wheat from (the) chaff** ⇒ **wheat** [成句]. ── 動 他《わら・まぐさなどを》刻む.

chaff² /tʃæf | tʃɑ:f/ 名 Ⓤ《悪意のない》ひやかし, からかい. ── 動 他《軽い気持ちで》人を《...のことで》ひやかす, からかう 〈about〉.

cháff-cùtter 名 まぐさ切り(器).

chaf·fer /tʃæfə | -fə/ 動 自 値切る. ── 名 Ⓤ《古》値切ること.

chaf·finch /tʃæfɪntʃ/ 名《鳥》ズアオアトリ《ヨーロッパ産の鳴鳥》.

chaff·y /tʃæfi | tʃɑ:fi/ 形 (chaff·i·er; -i·est) ❶ もみ殻の多い(のような). ❷ つまらない.

cháfing dìsh /tʃéɪfɪŋ-/ 名 こんろ付き卓上なべ.

Cha·gall /ʃəɡɑ́:l, -ɡǽl/, **Marc** /má:ək | má:k/ 名 シャガール (1887–1985; フランスに住んだロシア人画家).

Chá·gas' disèase /ʃá:ɡəs-/ 名 Ⓤ《医》アメリカトリパノソーマ症, シャガス病《中南米の眠り病の一種》. 《C. *Chagas* ブラジルの医師》

cha·grin /ʃəɡrín | ʃǽɡrɪn/ 名 Ⓤ 無念, 悔しさ: to one's ~ 残念なことには. 《F》

cha·grined /ʃəɡrínd | ʃǽɡrɪnd/ 形 Ⓟ《人が》悔しがる, 残念に思う 〈at, by〉.

chai /tʃáɪ/ 名 Ⓤ《インド》チャイ《ミルク・砂糖・香味料を入れて煮出した茶》.

*****chain** /tʃéɪn/ 名 ❶ a Ⓒ,Ⓤ 鎖, チェーン: a (length of) ~ 1 本の鎖 / a bicycle ~ 自転車のチェーン / ⇒ **door chain**. b Ⓒ 首飾り; (官職のしるしとして首にかける)鎖. ❷ Ⓒ [しばしば a ~ of...で] ひと続き, 連鎖: a ~ of mountains=a mountain ~ 山脈 / a ~ of islands 列島 / a ~ of events 一連の出来事 / a ~ of command 指揮系統 / form a human ~ 人の鎖をつくる. ❸ Ⓒ (同一資本のチェーン(店): a bookstore ~=a ~ of bookstores 書店チェーン 《★ 個々の店舗は a branch》. ❹ [複数形で] 足[手]かせ (fetter); 拘禁; 結びつき; 《文》束縛: put a person in ~s 人を(捕らえて)鎖で縛る. ❺ Ⓒ 《測》a 測鎖, チェーン. b 1 チェーン《英米では 66 ft.》. ❻ [通例単数形で]《英》不動産売却後の次の不動産の購入. ❼ Ⓒ《化》(原子の)連鎖 (cf. chain reaction). ❽ Ⓒ《細菌》連鎖. **in cháins** 鎖で縛られて; 獄舎につながれて; 奴隷となって. ── 動 他 ❶ a 鎖でつなぐ[縛る]《★ しばしば受身》: ~ shut a door ドアに鎖をかけて閉める / C~ up the dog. 犬を鎖でしっかりつないでおきなさい / The prisoners were ~ed together. 囚人たちを鎖でつながれていた. b《物を》動かないように鎖でつなぐ[鎖をかける]: The dog was ~ed to a pole. その犬は柱につないであった. ❷《人を》...で束縛する, 〈...に〉縛りつける《★ 受身で》: I'm ~ed (down) to my work. 私は仕事で動きがとれない. 《F<L *catena* 鎖》【類義語】⇒ **series**.

cháin ármor 名 =chain mail.

cháin brìdge 名 鎖つり橋.

cháin drìve 名《機》(動力の)チェーン駆動[伝動, ドライブ]; チェーン駆動システム. **cháin-driven** 形

cháin gàng 名 一つの鎖につながれ屋外労働をさせられる囚人たち.

cháin gèar 名 鎖歯車.

cháin lètter 名 連鎖手紙, 幸福の手紙《受取人が順次数名の人に写し出す》.

cháin-lìnk fènce 名 チェーンリンクフェンス《スチールワイヤをダイヤモンド状のメッシュに編んだフェンス》.

cháin máil 名 Ⓤ 鎖かたびら.

cháin plàte 名 [通例複数形で]《海》チェーンプレート《舷側に shrouds (静索)を取り付ける金属板》.

†**cháin reàction** 名 ❶《理》連鎖反応. ❷ (事件などの)連鎖反応: set off [up] a ~〈物事の〉連鎖反応を引き起こす.

cháin sàw 名 チェーンソー, 鎖のこ.

cháin shòt 名 Ⓤ 鎖弾 (՛ːŋ)《昔海戦で帆柱などを破壊するのに用いられた鎖でつないだ大砲の砲弾》.

cháin-smòke 動 自 立て続けにたばこを吸う.

cháin-smòker 名 立て続けにたばこを吸う人.

cháin stìtch 名 Ⓤ 鎖編み, チェーンステッチ.

cháin-stìtch 動 他 (...を)鎖編みに編む.

cháin stòre 名 チェーンストア, チェーン店《英》multiple store).

*****chair** /tʃéə | tʃéə/ 名 ❶ Ⓒ いす《通例一人用で背もたれのある》: sit on a ~ (ひじかけのない)いすに座る / sit in a ~ 安楽[ひじかけ]いすに座る / Won't you take a ~? おかけになりませんか. ❷ [the ~] 議長(職, 席); 会長(職, 席); 議長職; 市長職: C~! ~! 議長! 議長! 《議場整理の要求》/ in the ~ 議長を務めて, 議長席に着いて / address [support] *the* ~ 議長に呼び掛ける[を支持する] / appeal to *the* ~ 議長の裁決を求める. ❸ Ⓒ 講座, 大学教授の職: hold the C~ *of* History at Oxford University オックスフォード大学で史学講座を担当している. ❹ [the ~] 電気(死刑)いす; 電気いすによる死刑: send [go] to *the* ~ 死刑に処する[なる]. ❺ Ⓒ《鉄道》《英》チェア《レールをまくら木に固定する座鉄》. **take the cháir** 議長席に着く; 開会する. ── 動 他 ❶《会の》議長を務める: He ~s the committee. 彼はその委員会の議長を務めている. ❷《英》〈人をいすに乗せて[肩車にして]かつぎ回る 《胴上げの類》. 《F<L *cathedra* 座 < Gk; cf. cathedral》

cháir bèd 名 (引き伸ばし式または折りたたみ式の)いす兼用ベッド.

cháir-bòrne 形 地上[非戦闘]勤務の.

cháir càr 名《米》❶ チェアカー《通路の両側にリクライニングシートが 2 つ並んだ客車》. ❷ =parlor car.

cháir làdy 名 =chairwoman.

cháir lìft 名 チェアリフト《ケーブルにいすをつって客を乗せて山を上下するもの》.

*****chair·man** /tʃéəmən | tʃéə-/ 名 (徰 -men /-mən/) ❶ 議長, 司会者《用法 呼び掛けでは男には Mr. C~, 女には Madam C~; 米国では chairperson を用いる傾向がある》. ❷ 委員長; 社長, 頭取: the C~ of the Board (of Directors) (会社などの)会長. ❸《米》(学科の)主任教授, 学科長. ❹ (昔の sedan chair の)かごかき.

†**cháir·man·shìp** 名 Ⓤ,Ⓒ chairman の地位[身分, 期間].

cháir·pèrson 名 議長, 司会者; 委員長; 社長《★ 男女共通語》.

cháir·wòman 名 (徰 -women) 女性議員[委員長, 社長, 司会者].

chaise /ʃéɪz/ 名 ❶ a 二人乗り一頭引きほろ付き軽装二輪馬車. b 四輪遊覧馬車. c (18–19 世紀の)駅伝馬車. ❷ =chaise longue.

chaise longue /ʃéɪzlɔ́:ŋ | -lɔ́ŋ/ 名 (徰 ~s, **chaises longues** /-(z)/) 長いす, シェーズロング《一方に背もたれ・ひじかけのついた寝いす》.

cháise lóunge 名《米》=chaise longue.

chak·ra /tʃʌ́krə | tʃɑ́:k-/ 名《ヨガ》チャクラ《生命のエネルギーの集積するいくつかの点》.

cha·la·za /kəléɪzə/ 名 (徰 ~s, -zae /-ziː/) 動 卵帯, カラザ.

Chal·ce·do·ni·an /kæ̀lsədóʊniən/《宗教》形 カルケドン公会議の《451 年カルケドン (Chalcedon) で開かれた会議で, キリスト単性論のネストリウス派を排斥した》. ── 名 カルケドン信条[信経]信奉者.

chal·ce·do·ny /kælsédəni/ 名 Ⓤ,Ⓒ 玉髄 《宝石》.

chal·ce·don·ic /kæ̀lsədánɪk | -dɔ́n-/ 形

chal·cid /kǽlsɪd/ 名 (また **chálcid flỳ** [wàsp])《昆》コバチ, (特に)アシブトコバチ.

Chal·co·lith·ic /kæ̀lkəlíθɪk/ 形《考古》銅石器時代の《新石器時代から青銅器時代への過渡期》.

chal·co·py·rite /kælkəpáɪraɪt/ 图 Ⓤ〖鉱〗黄銅鉱.
Chal·de·a /kældí:ə/ 图 カルデア《古代バビロニアの南部地方；現在のイラク南部に当たる地域》.
Chal·de·an /kældí:ən/ 图 ❶ a Ⓒ (古代)カルデア人. b Ⓤ カルデア語. ❷ Ⓒ 占星家. ── 圈 カルデア(人[語, 文化])の.

†**cha·let** /ʃælér, ─'─/ ─'─/ 图 ❶ a シャレー《スイス山地の屋根の突き出たいなか家》. b シャレー風の家[別荘]. ❷ バンガロー.

chal·ice /tʃælɪs/ 图 ❶ a 杯. b《教聖餐, 聖餐(式)杯. ❷〖植〗杯状花. **a póisoned chálice**《主に英》一見魅力的だがじきにそれが重荷になるもの[仕事]； [詩語]杯.

chal·i·co·there /kǽləkoʊθɪə|-θɪə/ 图〖古生〗カリコテリウム《北米・欧州で第三紀に栄えた奇蹄類の奇獣》.

†**chalk** /tʃɔ:k/ 图 ❶ 白亜《灰白色の軟土質の石灰岩》. ❷ Ⓤ,Ⓒ チョーク, 白墨, (クレヨン画用)色チョーク《用法 チョークを数える時は **a piece of ～, two pieces of ～** などが一般的だが, **a chalk, two chalks** も用いられる》: French [tailor's] ～ チャコ(洋裁用)/ three colored ～s 色チョーク3本. ❸ Ⓒ a チョークでつけた印. b (掛け売りで)貸しの記録. c (勝負の得点. (**as**) **different as chálk and [from] chéese**〘口〙(外見は似ているが本質的には)まったく違った. **by a lóng chàlk**〘英口〙はるかに《曲乗ゲームのスコアをチョークで記すことから》； a **long ～** は《大量(得点)の意》. **chálk and tálk**(黒板と対話による)伝統的な教授法. **nót by a lóng chàlk**〘英口〙全然…ない. **wálk a [the] chálk (màrk, line)**《米口》(1)《酔っぱらっていない証拠に》まっすぐ歩く. (2) 正しくふるまう； 人の命令に従う, 従順である.
── 動 ❶ a〈文字などを〉チョークで書く. b〈…に〉チョークで印をつける. ❷〈玉突きのキューの先に〉チョークを塗る. **chálk óut**《他+副》(1)〈ものの輪郭をチョークで描く〉(2)〈…の〉計画を作る；〈…の〉大要を述べる. **chálk úp**《他+副》〘口〙(1)〈…を〉記録に残す, メモする；〈勝利・得点・利益などを〉あげる, 得る.〈飲み代などを〉勘定につける: *C- it up to me.* それを私につけておきなさい. (2)〈物事を〉〈…の〉せいにする: *He ~ed up his failure to inexperience.* 彼は自分の失敗を不慣れのせいにした.
〖L *calx, calc-* 石灰〗（形 *chalky*).

chálk·bòard 图《米》(色の薄い)黒板.
chalk·y /tʃɔ́:ki/ 圈 (**chalk·i·er**; -**i·est**) 白亜質の; 白亜に似た. ❷ 白亜色の.
chal·la(h) /há:lə/ 图〖ユダヤ教〗ハッラー, ハラー《安息日(Sabbath)や祝祭日に食べる特製パン; 通例生地を編んで焼き上げる》.

‡**chal·lenge** /tʃǽləndʒ/ 图 ❶ Ⓒ,Ⓤ 手ごたえのある事[仕事(など)], 難題; 手ごたえ, やりがい: face a serious ～ 深刻な難題に直面している / meet [rise to] a ～ 力量を必要とする仕事などに挑戦してみる; 難問処理という大仕事を引き受ける / It's not enough of a ～. それはあまりやりがいのない事だ / I want a job that offers a ～. 手ごたえのある仕事がやりたい. ❷ Ⓒ 挑戦, 決闘[試合(など)]の申し込み, チャレンジ: a ～ *to* violence 暴力への挑戦 / a ～ *to* a duel 決闘[チェス]の申し込み / give [offer] a ～ 挑戦する / accept [take up] a ～ 挑戦に応じる. ❸ Ⓒ〈権威・正当性などへの〉異議, 異議申し立て; 説明[証拠]の要求; 抗議, 難詰: He took her request for an explanation as a ～ *to* his authority. 彼女の説明要求を彼は権限への反抗と受け取った. ❹ Ⓒ〘通例単数形で〙気むずかしい人. ❺ Ⓒ 誰何(すいか): Halt! Who goes there?「止まれ! だれだ」と呼び止めること. ❻ Ⓒ〖法〗(任命制の陪審員に対する)忌避. ❼ Ⓤ〖医〗免疫系が病原体[抗原]にさらされること.
── 動 ❶〈正当性・権利などを〉疑う,〈…に〉異議を唱える;〈物事が…に〉疑念を抱かせる: They ~d the government the legality of the measures. 彼らは裁判を起こして, その措置の合法性について政府に異議を申し立てた. ❷〈人に〉挑戦する,〈人に×…するように〉挑む: He ~d me to another game of chess. 彼はもう一番チェスをしようと[をしないかと]申し出た. / [~+目+*to do*] He ~d anyone *to* beat him. 彼は自分に勝てる者はだれでも来いといどんだ. ❸〈物事が〈想像力などを〉刺激する:

289　chametz

This task will ～ your abilities. この仕事には君の能力が必要になろう. ❹〈番兵が〉〈人を〉誰何(すいか)する. ❺〖法〗〈陪審員などを〉拒否する. ❻〖医〗〈免疫系を〉病原体[抗原]にさらす.
〖F<L *calumnia* 中傷〗

****chál·lenged** /tʃǽləndʒd/ 圈《婉曲》困難を背負った, 不自由な, ハンディのある; 〘戯言〙苦手な, へたな; 〘戯言〙欠点のある: physically ～ 身体に障害のある / electronically ～〘戯言〙コンピューターの扱いのへたな / horizontally ～〘戯言〙水平方向[横幅]に欠点のある, 太った.

****chál·leng·er** 圈 ❶ 挑戦者 (↔ **defender**). ❷ 誰何(すいか)する人. ❸〖法〗忌避者, 拒否者.

****chál·leng·ing**《仕事・テストなどの》能力[努力]を必要とするような, 難解だが興味をそそる, 深く考えさせる, やりがいのある.〈言葉・態度など〉挑戦的な (defiant).

chal·lis /tʃǽli/, **chal·lie** /tʃǽli/ 图 Ⓤ シャリ(織り)《軽く柔らかい婦人服地の一種》.

cha·lone /kéɪloʊn, kəlóʊn/ 图〖生理〗ケイロン《組織から分泌され, その組織の細胞分裂を特異的に抑制するとされる物質》.

cha·lu·meau /ʃæljumóʊ/ 图《楽》(**～s, ~-meaux /~z/**) シャリュモー. a シングルリードの木管楽器; クラリネットの前身. b クラリネットの最低音域.

cha·lyb·e·ate /kəlíbɪət, -li-, -èɪt/ 圈 Ⓐ〖化〗〈鉱泉・薬が〉鉄分を含んだ.

cham·ae·phyte /kǽmɪfàɪt/ 图〖植〗地表植物《寒期・乾期の抵抗芽が地上 30 cm 以下にある植物》.

****cham·ber** /tʃéɪmbə|-bə/ 图 ❶ Ⓒ 会議室, 会館, 会議所: a council ～ 会議室. ❷ a [the ～] 議院, 議会: the lower [upper] ～ (議会の)下[上]院. b Ⓒ (宮廷・王宮の)公式の間. c Ⓒ 謁見室. d Ⓒ (特別の目的の)部屋: a torture ～ 拷問部屋. ❹ Ⓒ 薬室《銃砲の砲身中の, またはリボルバーの弾倉の, 装填(そうてん)された弾薬の入る所》(機械中の)室;〖生〗小室, 房, 空洞; (地下の)空間. ❺ [複数形で](裁判所内の)判事室; 裁判官執務室; (英)(特に, 英国法学院(**Inns of Court**)内の)弁護士の事務室[所]. ❻ Ⓒ〘古〙(家の)部屋, 私室, 室, (特に)寝室.
chámber of cómmerce 商工会議所. **Chámber of Hórrors** [**the** ～] 恐怖の部屋, 戦慄(せんりつ)の間《**Madame Tussaud's** で犯罪者の像や刑具を陳列してある地下室》.
〖F<L *camera* アーチ形天井; cf. **camera**〗

chám·bered 圈〘通例複合語で〙(…の)室[薬室]のある.
chámbered náutilus 图 = **nautilus 1**.
cham·ber·lain /tʃéɪmbələn/ 图 ❶ 式武官, 侍従; ⇒ **Lord Chamberlain**. ❷ (貴族の)家令. ❸《英》(市町村の)収入役, 会計係.
Cham·ber·lain /tʃéɪmbələn|-bə-/, (**Arthur**) **Neville** 图 チェンバレン《1869–1940; 英国の保守党政治家; 首相 (1937–40), ナチスドイツに対して宥和(ゆうわ)政策を採った》.
Chamberlain, Wilt /wílt/ 图 チェンバレン《1936–99; 米国のバスケットボール選手》.
chám·ber·màid 图 (ホテルなどの)客室係のメイド (cf. **housemaid**).
chámber mùsic 图 Ⓤ 室内楽.
chámber òrchestra 图 室内楽団.
chámber òrgan 图《楽》小型パイプオルガン.
chámber pòt 图 寝室用便器.
Cham·ber·tin /ʃà:mbɜ:rtǽn|-bɛə-/ 图 Ⓤ,Ⓒ シャンベルタン (**Burgundy** 産の赤ワイン).
cham·bray /ʃǽmbreɪ, -bri/ 图 Ⓤ シャンブレー《白横糸と色つき縦糸で霜降りを出した織物》.
cham·bré /ʃa:bréɪ/ ─'─ 圈 Ⓟ〈赤ワインが〉室温の.
cha·me·le·on /kəmí:liən/ 图 ❶〖動〗カメレオン. ❷ 意見のころころ変わる人, 無節操な人; 気まぐれな人.〖F<L<Gk *chamai* 地上の (cf. **camomile**) + *leōn* ライオン (cf. **lion**)〗
cha·me·le·on·ic /kəmì:liánɪk|-ɔ́n-/ 圈 カメレオン的な, 無節操な, 気の変わりやすい.
cha·mé·le·on·like 圈 = **chameleonic**.
cha·metz /xɑ:méts/ 图 Ⓤ〖ユダヤ教〗ハーメツ《過越しの

祝い (Passover) の期間中に使用を禁じられている, 酵母入りの練り粉, またそれで作ったパン).

cham·fer /tʃǽmfɚ | -fə/ 動 他 〈木材・石材の〉かどをそぐ, 面取りする. ─ 名 面取りした面.

cham·my /ʃǽmi/ 名 =chamois 2.

cham·ois 名 ❶ /ʃǽmi(z), ʃæmwá:(z) | ʃǽmwa:/ (C) (複 ~ /-z/) [動] シャモア《南ヨーロッパ・西アジア産のレイヨウ》. ❷ /ʃǽmi/ (複 ~ /-z/) a (U) セーム革, シャミ革. (C) (食器などをふく[磨く]のに用いる)セーム革製のふきん. ❸ (U) シャモクロス《セーム革に似せて起毛した綿織物》.

cham·o·mile /kǽməmì:l, -màɪl | -màɪl/ 名 =camomile.

champ¹ /tʃæmp/ 動 他 ❶ **a** 〈馬が〉〈くつわを〉ぐちゃぐちゃかむ; 〈馬が〉〈かいばを〉むしゃむしゃ食う (at, on). **b** 〈人が〉〈固いものを〉ばりばり食べる. ❷ 〈人が〉〈…のために〉歯ぎしりする: ~ with anger 怒って歯ぎしりする. ❸ [通例進行形で] (口) 〈人が〉…したくてうずうずしている: [+to do] They are ~ing to start at once. すぐに出発したくてうずうずしている. **chámp at the bít** (1) 〈馬が〉くつわをかむ. (2) 〈人が〉…しようといらだつ (★ 通例進行形で用いる): They were ~ing at the bit to get into the baseball stadium. 彼らは早く野球場に入りたくてうずうずしていた. 【擬音語】

+champ² /tʃæmp/ 名 (口) チャンピオン: a boxing ~ ボクシングのチャンピオン. 【CHAMP(ION)】

***cham·pagne** /ʃæmpéɪn⁺/ 名 ❶ U.C シャンパン, シャンペン《東フランス産の発泡性ワインの一種》. ❷ (U) シャンパン色 (緑黄または黄褐色). 【↓】

Cham·pagne /ʃæmpéɪn/ 名 シャンパーニュ《フランス北東部の地方・旧州》.

chámpagne sócialist 名 〔軽蔑〕生活ぶりが贅沢な社会主義者, ブルジョワ社会主義者.

cham·paign /ʃæmpéɪn/ 名 U (文) 平野, 平原.

cham·pers /ʃǽmpɚz | -pəz/ 名 (英俗) =champagne.

cham·per·tous /tʃǽmpɚtəs | -pə-/ 形 (法) 訴訟援助の約束のある.

cham·per·ty /tʃǽmpɚti | -pə-/ 名 U (法) (利益分配の特約の付いた)訴訟援助.

cham·pi·gnon /ʃæmpínjən, tʃæm-/ 名 シャンピニオン《食用キノコの一種》. 【F; 原義は「野原に生育するもの」か】

***cham·pi·on** /tʃǽmpiən/ 名 ❶ **a** (競技の)選手権保持者, 優勝者: an Olympic swimming ~ 水泳のオリンピックチャンピオン. the reigning ~ 現チャンピオン. **b** (品評会の)最優秀品. ❷ (主義・主張のために戦う)闘士, 擁護者 (defender): a ~ of peace 平和の闘士. ❸ (口) 他よりすぐれた人[動物]: a ~ at singing 歌の上手な人. ─ 動 他 〈主義・権利などを〉擁護する (defend): ~ the cause of human rights 人権の擁護運動を擁護する. ─ 形 ❶ A 優勝した: a ~ boxer ボクシング選手権保持者. ❷ (北イング) 一流の; すてきな. ─ 副 (北イング) この上なく, すばらしく. 【F<L=戦場に出る人<campus 野; cf. camp¹】

chámpion bèlt 名 チャンピオンベルト.

***cham·pi·on·ship** /tʃǽmpiənʃɪp/ 名 ❶ (C) [また複数形で] 選手権大会[試合]: the 2002 US Open tennis ~ 2002 年度全米オープンテニス選手権大会. ❷ (C) 選手権, 優勝者の地位: win [lose] a world ~ 世界選手権を勝ち取る[失う]. ❸ (U) (人・主義・主張・運動の)擁護: ~ of the oppressed 被抑圧者の擁護.

Cham·plain /ʃæmpléɪn/, **Lake** シャンプレーン湖《New York 州と Vermont 州との州境の湖; 北端はカナダにかかる》.

Cham·plain /ʃæmpléɪn/, **Samuel de** 名 シャンプラン (1567?-1635; フランスの探険家; Quebec を建設).

cham·ple·vé /ʃà:nləvéɪ/ 形 シャンルヴェの《金属板に装飾図様を彫り, 彫ったくぼみにエナメルを詰めて焼き付ける》. ─ 名 (U) シャンルヴェ七宝.

Cham·pol·lion /ʃà:mpoʊljóʊn/, **Jean-François** 名 シャンポリオン《1790-1832; フランスのエジプト学者; Roset-ta stone の碑文を解読》).

Champs Ély·sées /ʃà:nzeɪli:zéɪ | -zelí:zeɪ/ 名 [the ~] シャンゼリゼ《フランス Paris の大通り》.

***chance** /tʃæns | tʃɑ:ns/ 名 ❶ (C) 機会, 好機, チャンス: get [have] a ~ チャンスを得る[がある] / a ~ in a million 千載一遇のチャンス / It's the ~ of a lifetime. 一生にまたとない好機だ / Now's your ~. 今こそ君のチャンスだ / Give him another [a second] ~. (今度は気をつけるだろうから)彼にもう一度やり直させてみなさい / This is your big ~. 君が成功する一大チャンスだ / [+to do] jump [grab] at the ~ to go abroad 外国へ行く機会に飛びつく / This is your last ~ to see her. 今回が彼女に会える最後のチャンスだ / [+for+代+to do] It's a good ~ for you to meet him. 君が彼に会うにはちょうどよいチャンスだ. ❷ U.C (可能な)見込み, 成算: a one in a million ~ =a million to one ~ 一万に一つの見込み, ほんの小さな可能性 / have an even [a fifty-fifty] ~ 五分五分の見込みがある / an outside ~ ごくわずかな見込み / ⇨ fighting chance, off chance / There's only a slim [slight] ~ that he'll succeed [of him succeeding]. 彼が成功する見込みはまずない / We have no [not much, little] ~ of winning the game. 試合に勝つ見込みはない[あまりない, ほとんどない] / Any ~ of her father lending you some money? 彼女のお父さんがお金を貸してくれる見込みはあるのかな / What are his ~s of winning the prize? 彼がその賞を取れる見込みはどの程度でしょうか / [+that] There's no ~ that he will succeed. 彼が成功する見込みはない / Is there any ~ that she will recover? 彼女が回復する見込みはありますか. ❸ U 偶然, 運, めぐり合わせ (luck): pure [sheer, blind] ~ まったくの偶然 / a game of ~ 運のものをいうゲーム / leave nothing to ~ 何事も成り行き任せにしない. ❹ (C) 危険, 冒険《of》(risk): run a ~ 危険を冒す. ❺ (C) 宝くじ券.

as chánce would háve it 偶然にも. **by ány chánce** [通例疑問文で] ひょっとして, 万が一: By any ~ do you have change for a dollar? もしかして 1 ドル札をくずせますか. **by chánce** 偶然に (by accident): I met him by ~. 彼に偶然に会った. **Chánces áre (that)…** ⇒ (The) CHANCES are that… 成句. **Chánce would be a fíne thíng** (英) そういう機会があればありがたいのだが, そんなことができればいいけれど. **fát chánce** ⇒ fat 名 成句. **gíven hàlf a chánce** (口) 少しでも機会があれば. **nót a cát in héll's chánce** ⇒ cat 成句. **nó chánce** そんなことはありえない[考えられない]: "Do you think he'll win?" "No ~." 「彼が勝つと思うかい」「まずだめだね」. **on the óff chánce** 予期[期待]して: I stopped by on the off ~ of finding him in. ひょっとすると彼が在宅かもしれないと思って寄ってみた / [+that] I mention this on the off ~ that it may be of some use. 何かお役に立つかと思いこれを申しあげるのです. **stánd a chánce (…の)見込みがある**: stand a good [fair] ~ of succeeding 成功の見込みが十分ある. **take a chánce=take chánces** 一か八か[運だめしに, 当てずっぽうに]やってみる: I took a ~ and applied to the university. 思い切ってその大学を受けてみた / Take no ~s. (出たとこ勝負でなく)確実[地道]にやりなさい. **take one's chances** (運にかけて)できるだけのことをやってみる; 機会を最大限利用する: I'm not going to give you preferential treatment; you'll have to take your ~s like the other candidates. 特例扱いはしませんから, ほかの志望者と同じようにできるだけのことをしてください. **táke a [one's] chánce on [with]…** (あえて)…に賭けてみる, 運を任せる: I'll take a ~ on that horse. あの馬に賭けてみよう. **(The) chánces àre (that)…** (口) 多分[おそらく]…である[あろう]: Chances are (that) he has already got there. 多分彼はもう向こうに着いているだろう.

─ 形 A 偶然の: a ~ encounter [meeting] 偶然の出会い.

─ 動 他 [通例 ~ it [one's luck] で] (口) 〈…を〉一か八かやってみる, 思い切ってやってみる: The plan may not work, but we'll have to ~ it. その計画はうまくいかないかも知れないが思い切ってやってみなければならないだろう. ─ (自) ❶ (文) からずも〈…〉する: [+to do] I ~d to be pass-

ing when he got injured. 彼がけがをしたとき私は偶然そばを通りかかった. ❷《文》〔…に〕偶然出会う; 〔…を〕ふと発見する: I ~*d on* Paul in the park yesterday. きのう偶然公園でポールに出会った. ❸ [it を主語として] 偶然起こる: as *it* may ~ その時と場合次第で / 〔(+*that*)〕 *It* ~*d* (*that*) I was absent from the meeting that day. たまたまその日は私は会合に出席していなかった. ★[用法] [自] はいずれも現在では通例 happen を用いる. [他] [自] とも進行時制なし.
〖F＜L *cadens, cadent-* (現在分詞)＜*cadere* 落ちる, 起こる; cf. case[1]〗 [形] chancy) 【類義語】(1) ⇨ opportunity. (2) ⇨ happen.

chan·cel /ʧǽns(ə)l | ʧɑ́ːn-/ [名] (教会堂の)内陣《通例, 東端で聖壇の周囲, 礼拝式が行なわれる部分》. 〖F＜L; ⇨ chancellor〗

chan·cel·ler·y, chan·cel·lor·y /ʧǽns(ə)ləri | ʧɑ́ːn-/ [名] ❶ chancellor (法官・大臣など)の地位. ❷ chancellor の官庁[法廷, 事務局]. ❸ 大使館[領事館]事務局. ❹ [集合的に; 単数または複数扱い] chancellor の事務局[大使館, 領事館]の事務職員たち.

*__chan·cel·lor__ /ʧǽns(ə)lɚ | ʧɑ́ːns(ə)lə/ [名] ❶ (ドイツなどの)首相. ❷ [C~] 〖英〗(大蔵)大臣・司法官の称号. ❸ 大学総長, 学長《★ 米国では多くは president という; 米国では名誉職で事実上の総長は vice-chancellor》. ❹〖米〗衡平法裁判所長. **Cháncellor of the Dúchy of Láncaster** 〖英〗ランカスター公領尚書[公領相]《ランカスター公としての国王を代表し, 通例 無所任の閣僚となる; もと同公領の衡平法裁判所大法官》. **the Cháncellor of the Exchéquer** 〖英〗大蔵大臣. **the Lórd (Hígh) Cháncellor** ＝**the Cháncellor of Éngland** 〖英〗大法官《閣僚の一人; 議会開期中は上院議長を務める最高司法官で国璽(こくじ)を保管する》. 〖F＜L＜*cancelli* 格子; 昔「法廷の手すりのそばに位置した廷吏」から〗

chánce-médley [名] [U] ❶〖法〗過失殺人. ❷ 無目的[偶然]の行為.

chánc·er [名]《英俗》あぶないこと[賭け]をやってみるやつ, ‘ばくち打ち’.

chan·cer·y /ʧǽns(ə)ri | ʧɑ́ːn-/ [名] ❶ [the C~] 〖英〗大法官庁裁判所《訴訟が長引くので有名だった; 今は高等法院の一部》. ❷〖米〗衡平法裁判所 (cf. equity 3). ❸ 公文書保管所. ❹ ＝chancellery 3. **in cháncery** (1)〖法〗〈事件が〉大法官庁裁判所に訴訟中の (cf. 1). (2)〖ボクシング〗頭を相手のわきの下にかかえ込まれて. (3) 動きがとれなくなって, 絶体絶命になって. 〖CHANCELLERY の短縮形〗

chan·cre /ʃǽŋkɚ | -kə/ [名] [U] 〖医〗下疳(げかん).

chan·croid /ʃǽŋkrɔɪd/ [名] [U] 〖医〗軟性下疳(げかん).

chanc·y /ʧǽnsi | ʧɑ́ːn-/ [形] (**chanc·i·er; -i·est**)《口》❶〈結果・予想など〉不確かな, 当てにならない. ❷ 危なっかしい, 危険な (risky): a ~ investment 危険な投資で. ([名] chance)

⁺**chan·de·lier** /ʃæ̀ndəlíɚ | -líə/ [名] シャンデリア《豪華なつり下げ式の室内装飾電灯》. 〖F＜*chandelle* ろうそく＜L *candela*; ⇨ candle〗

Chan·di·garh /ʧʌ́ndɪgɚ, ʧʌ̀ndɪgɚ́ː | ʧʌ̀ndɪgɑ́ː/ [名] チャンディガール《インド北部 Delhi の北方にある市; 連邦直轄地で Punjabi 州および Haryana 州の州都》.

chan·dler /ʧǽndlɚ | ʧɑ́ːndlə/ [名] ❶ 雑貨商《ろうそく・油・せっけん・ペンキなどを売る》: ⇨ ship chandler. ❷ ろうそく製造販売人.

Chand·ler /ʧǽndlɚ | -lə/, **Raymond** [名] チャンドラー《1888–1959; 米国の推理小説家》.

chan·dler·y /ʧǽndləri | ʧɑ́ːn-/ [名] ❶ [U] 雑貨類《ろうそく・せっけん・油類など》. ❷ [C] 雑貨[荒物]商.

Cha·nel /ʃənél/, **Ga·bri·elle** /gɑ̀ːbriél/ [名] シャネル《1883–1971; フランスの女流服飾デザイナー; 香水で有名; 通称 Coco /kóukou/ Chanel》.

Chang /ʧɑ́ːŋ/ ＝Yangtze.

Chang·chun /ʧɑ̀ːŋʧʊ́n/ [名] 長春(ちょうしゅん)(チャンチュン)《中国吉林省の省都》.

‡**change** /ʧéɪnʤ/ [名] ❶ a [C,U] **変化**, 移り変わり, 変遷; **変更**, 改変; 改心, 変節: undergo a ~ 変化をうける, 変化する / a ~ *of* temperature 温度の変化 / a ~ *of* mind

考え直し, 思い直し / a time of drastic ~(*s*) 激変の時期 / a ~ *in* the weather 天候の変化 / There's been no ~ *in* our daily routine. 我々の日常生活には何の変化もなかった / a ~ *of* address 住所変更 / a ~ *of* name *from* A *to* B A から B への名称の変更 / make a ~ (*to*...) (…に)変更を加える, (…を)変更する. b [the ~]《口》(女性の)更年期: *the* ~ *of* life 更年期. ❷ [C] a **取り替え**, 交替; 異動: an oil ~ オイル交換 / a ~ of staff 職員[スタッフ]の入れ替え / a ~ *from* analogue *to* digital アナログからデジタルへの移行 / make ~*s* in personnel 職員の異動を行なう. b 着替え《衣類》; 更衣, 着替え(ること): a ~ *of* clothes 着替え《ひと組》; 着替えること / make a quick ~ 急いで[すばやく]着替える. ❸ [a ~] **気分転換**; **転地** 〔*from*〕: go away for *a* ~ of air [climate] 転地療養に出かける / *A* ~ is as good as a rest. 気分転換は骨休めになる. ❹ [U] a **釣り銭**: give her her ~ 彼女に釣り銭を(出して)渡す / Here's your ~. お釣りです / Exact ~, please. 釣り銭のいらぬように願います. b 小銭; くずした金: small ~ 小銭で; 小額 / loose ~ 小銭 / spare ~ 余分な小銭 / a dollar in ~ 小銭で 1 ドル / give a person ~ *for* a ten (dollar bill [pound note]) 人に 10 ドル[ポンド]札をくずす. ❺ [C] 乗り換え: a ~ of buses [trains, planes] バス[列車, 飛行機]の乗り換え / make a ~ at the next station 次の駅で乗り継ぐ. ❻ [C~] [U]《英古》取引所《★ しばしば Exchange の略と誤解して 'Change と書く》: on *C*~ 取引所で. ❼ [C] [通例複数形で]〖楽〗転調《いろいろに順序を変えたひと組の鐘 (peal of bells) の鳴らし方》.

a chánge for the bétter [**wórse**] 〈事態などの〉好転[悪化]. **a chánge of diréction** [**cóurse**] 方向[行く先]を変えること; 方向[方針]転換. **a chánge of páce**《米》(1) 気分転換. (2) ＝change-up. **a chánge of scénery** [**scéne, áir**] 環境を変えること, 転地 (cf. 3). **chánge of héart** ⇨ heart [成句]. **chóp and chánge** ⇨ chop[2] [名] [成句]. **for a chánge** いつもと変えて, 気分転換に, 時には. **gèt nó chánge òut of a person**《英口》〈人〉から何も聞き出せない[援助を引き出せない]《[由来]「人から釣り銭をもらえない」の意から》. **It màkes a chánge.** いつもと違ったものは楽しい. **ríng the chánges** 言い方[やり方]をいろいろと変える: The lecturer *rang the* ~*s on* the subject of pollution. 講演者はいろいろな角度から汚染[公害]の問題を説いた.

— [動] [他] ❶ 〈…を〉**変える**, **変化させる**; **変更する**: ~ one's attitude 態度をかえる / ~ one's mind 考えを変える, 考え直す / ~ one's address [job] 住所[職]をかえる / ~ one's ways [habits] 行い[習慣]を改める / ~ course [direction] コース[方向]を変える; 方針を変える / Information technology has ~*d* our lives. 情報技術により私たちの生活は変化した / Heat ~*s* water *into* steam. 熱は水を水蒸気に変える / The meeting has been ~*d* *to* Saturday. 会合は土曜に変更された / ~ step ⇨ step [名] 4 a. ❷ 〈ものを〉**換える**, **交換する**; 〈場所・立場などを〉**転じる**; 〈乗り物を〉〔…行きに〕**乗り換える**: ~ a tire タイヤを交換する / ~ one's doctor かかりつけの医者[担当医]をかえる / ~ the subject 話題をかえる / ~ lanes 車線変更する / ~ old machines *for* modern ones 旧式の機械を最新のものに入れ換える / She ~*d* the title *to* "Autumn Leaves". 彼女はその表題を「枯葉」に改めた / Shall I ~ places with you? 席を交換しましょうか / He ~*d* trains at [in] Chicago *for* the west coast. 彼はシカゴで西海岸行きの列車に乗り換えた. ❸ 〈…を〉**着替える**; 〈赤ん坊の〉おむつを替える; 〈ベッドの〉シーツを取り替える: ~ one's clothes 着替える / I ~*d* my dirty clothes *for* clean ones. よごれた服をきれいなのに着替えた / ~ the sheets [bed] ベッドのシーツを替える / ~ a baby [a nappy] 赤ん坊のおむつを替える. ❹ 〈貨幣を〉**両替する**; 〈紙幣などを〉くずす; 〈小切手・為替(かわせ)を〉現金化する: ~ a traveler's check トラベラーズチェックを現金化する / ~ one's yen *into* dollars 円をドルに換える / He ~*d* a dollar bill *for* ten dimes. 1 ドル紙幣を 10 セント銀貨 10 枚にくずした.

changeability

❺ 《英》〈車のギアを〉入れ変える (《米》shift).
— 圓 ❶ 変化する; 〈風向きなどが〉変わる: The weather will ~. 天候は変わるだろう / You haven't ~d. あなたは変わっていない / ~ *from* yellow *to* red 黄色から赤に変わる / A caterpillar ~s *into* a butterfly. 青虫はチョウに変わる / Things have ~d *for* the better [worse]. 事態は改善された[悪化した]. 着替えをする: He ~d *into* jeans. 彼はジーンズにはき替えた / I ~d *out of* my wet clothes. ぬれた服を着替えた. ❸ (…で)乗り換えをする〔*at*, *in*〕: All ~! どなたもお乗り換えください! / C~ *at* Reading [rédɪŋ] for Oxford. レディングでオックスフォード行きに乗り換えなさい. ❹ 《英》〈自動車の〉ギアを〔…に[から]〕入れ変える, シフトする (《米》shift)〔*into*, *to*; *out of*〕: ~ *down* [*up*] (*into* third) (サードに)シフトダウン[アップ]する.
chánge báck (圓+圖) (1) 〔もとの状態・服に〕戻る〔*into*〕.
— 働 (働+圖) (2) 〈金を〉もとの通貨に〕戻す〔*into*〕.
chánge óver (圓+圖) (1) 切り替える, 変更する: ~ *over from* gas *to* electricity ガスから電気に切り替える. (2) 〈二人が〉役割[立場, 位置など]を交替する. (3) 《英》〔スポ〕〈選手・チームが〉コート(など)を入れ替わる. **chánge róund** (圓+圖) (1) 〈風の〉方向が変わる〔*from*; *to*〕. (2) 《英》= CHANGE over 意味(1). (3) — 〈…の〉順序[配置]を変える, 〈…を〉入れ替える.

〖OF〈L＝交換する〗【類義語】change 一部分または全体を質的に変化させる意味の一般的な語. alter 部分的[表面的]に変化・手直しする. vary 同一のものを・値でなく, 状況によって不規則に変化する. modify 限定・修正するための変更を意味する. transform 外形と同時にしばしば性格や機能もすっかり変える. convert 新しい用途や条件に合うように大きく変える.

change・a・bil・i・ty /tʃèɪndʒəbíləti/ 名 Ⓤ 変わりやすい性質, 可変性, 不安定(な状態).
change・a・ble /tʃéɪndʒəbl/ 形 ❶ 〈天候・価格など〉変わりやすい, 定まらない: ~ weather 変わりやすい天気. ❷ 〈契約条項など〉可変性の, 変えられる. ❸ 〈絹などが光線や角度の具合で変化して見える, 玉虫色の. **-a・bly** /-dʒəbli/ 副 ~**ness** 名
changed 形 〈人・状況など〉以前とはすっかり変わった.
change・ful /tʃéɪndʒf(ə)l/ 形 〈人生など〉変化に富む, 変わりやすい, 不安定な. **-ly** /-fəli/ 副
chánge・less 形 変化のない, 不変の, 定まった. ~**ly** 副
change・ling /tʃéɪndʒlɪŋ/ 名 取り替え子〈さらった子の代わりに妖精たちが残すとされた醜い子〉. 〖CHANGE+-LING〗
chánge mànagement 名 Ⓤ (仕事やコンピュータシステムにおける)変更管理.
change・ment de pied /ʃɑ̃nʒmɑ̃ːndəpjéɪ/ 名 (圈 **change・ments de pied** /~/) (バレエ)シャンジュマン・ド・ピエ (跳躍しながら交差した両足の前後を入れ替えること).
chánge・òver 名 ❶ (装置などの)切り換え. ❷ a (政策などの)転換, 変更. b (内閣などの)改造, 更迭. ❸ (形勢の)逆転.
chánge pùrse 名 《米》 (女性用の)財布 (《英》purse).
cháng・er 名 ❶ 変更する人; 交換する人; よく意見[気持]の変わる人. ❷ (CDなどの)切り換え装置, チェンジャー.
chánge rìnging 名 Ⓤ 転調鳴鐘(法) (cf. change 7).
change・úp 名 〔野〕 チェンジアップ〈投手が打者のタイミングをはずすため速球と同じモーションで投げる遅い球〉.
cháng・ing ròom 名 《英》 (運動場の)更衣室.
chánging tàble 名 おむつ替えテーブル.
*chan・nel /tʃǽnl/ 名 ❶ a (テレビなどの)**チャンネル**;〔割り当てられた〕周波数帯. b 〔電算〕チャンネル, 通信路. ❷ 〔通例複数形で〕(報道・貿易などの)**経路**, ルート: distribution ~s (商品の)流通ルート / through official [diplomatic, secret, the proper] ~s 公式[外交, 秘密, 正式]ルートを通じて. ❸ (感情などの)はけ口, (力などを)発揮する場所; (活動の)分野; (思想・信仰の)方向. ❹ 水路; 可航水路, 運河. b 〈川・海などの〉流床, 河床, 川底. 海峡 (★ strait より大きなもの): the (English) C~ イギリス海峡. ❻ (水を流す)水管, 導管; (道路の)溝, 側溝, 暗渠(ｷｮ).

— 働 (働 (chan・neled, 《英》-nelled; chan・nel・ing, 《英》-nel・ling) ❶ 〈関心・努力などを〉(ある方向に)向ける, 傾注する〔*into*, *to*〕: ~ one's efforts *into* a new project 新しい企画に努力を向ける. ❷ 〈援助・資金などを〉(ある経路・媒介で)送る, 流す, 向ける〔*through*〕〔*to*, *into*〕. ❸ 〔通例受身で〕〈水などを〉水路を〔通例で〕に…通す〔*to*, *into*〕. ❹ 〈人・物を〉向ける, 流通させる〔*into*〕. ❺ 〈…に〉水路[溝]を作る. ❻ 〈人が〉〈…の〉霊媒となる. 〖F〈L canalis 導管; ⇒ canal〗
chán・nel・er 名 霊媒.
chánnel-hòp 働 《英口》 ❶ =channel-surf. ❷ イギリス海峡を越えて短期間に往復する. **chánnel-hòpper** 名 **chánnel-hòpping** 名
chán・nel・ing 名 Ⓤ チャネリング 〈霊媒による死者や神霊との交信〉.
Chánnel Íslands 名 圈 〔the ~〕 チャネル諸島 〈イギリス海峡にあり英領〉.
chan・nel・ize /tʃǽnəlàɪz/ 働 〈…に〉水路を開く; 〈…に〉溝を掘る; 水路で運ぶ, 向ける (channel).
chánnel-sùrf 働 国 《米口》 (リモコンで)テレビのチャンネルを次々に変える (《英》channel-hop). **chánnel sùrfer** 名 **chánnel-sùrfing** 名
Chánnel Túnnel 名 〔the ~〕 英仏海峡トンネル, ドーバートンネル, イングランド Folkestone からフランスの Calais までの海底トンネル; 別名 Eurotunnel〉.
chan・son /ʃɑːnsɔ́ːŋ/ /-/ 名 歌; シャンソン. 〖F〗
chan・son de geste /dəʒést/ 名 (圈 **chan・sons de geste** /~/) (11–13 世紀に北フランスの詩人たちが作った中世フランスの)武勲詩.
+**chant** /tʃǽnt | tʃɑ́ːnt/ 名 ❶ たびたび繰り返される意見[文句, スローガン]. ❷ 聖歌; 詠唱. ❸ 詠唱口調; 単調な話しぶり. ❹ 歌; 歌うこと. — 働 (働 ❶ 〈賛辞を〉繰り返す; 〈…を〉単調な調子で続ける[繰り返す]: He ~*ed* his praises of her abilities. 彼は彼女の才能をほめそやした. ❷ 〈…を〉(詩歌に詠じて)賛美する. ❸ 〈歌・聖歌を〉歌う.
— 圓 ❶ 単調な調子で[繰り返して]言う. ❷ 詠唱する; 聖歌を歌う. 〖F〈L cantare 歌う〗
chánt・er /-tə | -tə/ 名 ❶ 詠唱者. ❷ a 聖歌隊の先唱者. b 聖歌隊員.
chan・te・relle /tʃàntəɪél/ 名 〔植〕 アンズタケ 〈欧州で最も好まれる食用キノコ〉.
chan・teuse /ʃɑːntúːz | -tə́ːz/ 名 (圈 **-téus・es** /-z(ɪz)/) (特にナイトクラブなどの)女性歌手.
chan・tey /tʃǽnti | ʃɑ́ːn-/ 名 (圈 ~**s**) 〔海〕 シャンティ 〈水夫が作業中に歌うはやし歌〉.
chan・ti・cleer /tʃǽntəklɪə | ʃɑ́ːntəklɪə/ 名 おんどり 〈★ Chanticleer で cock (おんどり)の擬人名に用いる〉. 〖中世フランスの寓話集『狐物語』のおんどりの名から〗
Chan・til・ly créam /ʃæntíli-/ 名 シャンティクリーム 〈甘み[香料]を加えたホイップクリーム〉.
chan・try /tʃǽntri | tʃɑ́ːn-/ 名 ❶ 〈冥福を祈ってもらうための〉寄進, 寄金. ❷ 寄進によって作られた礼拝堂. b (教会堂付属の)小礼拝堂.
chan・ty /tʃǽnti/ 名 =chantey.
Cha・nu(k)・kah /háːnəkə, xáː-/ 名 =Hanukkah.
cha・ol・o・gy /keɪɑ́lədʒi | -ɔ́l-/ 名 Ⓤ 〔数・理〕 カオス論, カオス理論 (chaos theory). **-gist** 名
*cha・os /kéɪɑs | -ɔs/ 名 ❶ Ⓤ **無秩序, 大混乱**: in (utter [total, complete, absolute]) ~ (まったくの)大混乱で. ❷ 〔通例 C~〕 (天地創造以前の)混沌(ｺﾝ) (↔ cosmos). 〖L〈Gk＝深い淵(ﾌﾁ)〗, 混沌, 形 **chaotic**. 【類義語】⇒ confusion.
cha・ot・ic /keɪɑ́tɪk | -ɔ́t-/ 形 **混沌とした; 無秩序な**: the ~ economic situation 混沌とした経済状態. **cha・ót・i・cal・ly** /-kəli/ 副
+**chap**¹ /tʃǽp/ 名 《英口》 〔通例形容詞を伴って〕 **男, やつ** 〈★ 呼びかけに用いるのは《古風》〉. 〖CHAPMAN〗
chap² /tʃǽp/ 名 〔通例複数形で〕(皮膚・唇の)ひび, あかぎれ, 荒れ. — 働 (働 (**chapped**, **chap・ping**) 〈寒気・霜などが〉〈ひふ〉にひび[あかぎれ]をきらす 〈★通例過去分詞で受け身的に用いる〉: have *chapped* lips 唇がかさかさに荒れている.
— 圓 〈手などが〉荒れる, ひび[あかぎれ]ができる.

chap³ /tʃǽp/ 名 〖通例複数形で〗あご.

chap. (略) chaplain; chapter.

chap·a·ra·jos, -re- /ʃæpəréɪoʊs, -rá:-/ 名 = chaps.

chap·ar·ral /ʃæpəræl/ 名《米》低木の茂み[やぶ].

cha·pa·ti /tʃəpá:ti/ 名 チャパティ《小麦粉を練り発酵させずに鉄板で焼くインドのパン》.

cháp·bòok 名 呼び売り本《昔, 呼び売り商人 (chapman) が売り歩いた物語・俗謡などの小冊子》.

chape /tʃéɪp/ 名《刀のさやの》こじり; 革帯を押えるバックルの背部.

cha·peau /ʃæpóʊ | ⸺/ 名 (~s /-z/, ~x /-z/) 帽子.〖F〗

*__chap·el__ /tʃǽp(ə)l/ 名 ❶ C (キリスト教の)礼拝堂, チャペル《教会の礼拝堂内, 学校・病院・大邸宅などに設けられたものを言う》: a ~ royal 王宮付属礼拝堂 / ⇒ Lady Chapel. ❷ C a 《英》(英国国教以外の)教会堂. b 《スコ》カトリックの教会 (cf. church 1). ❸ 葬儀場; 葬儀室; 霊安室. ❹ C 印刷[新聞, 出版]業労働組合《由来 Caxton が Westminster 寺院の近くの chapel で仕事をしたことから》. ~·er《英》非国教徒. **chápel of éase** 支聖堂, 司祭出張聖堂. **chápel of rést** (葬儀施設の)葬儀場, 霊安室.〖F<L; 原義は「聖人のマントを安置する聖所」〗

chápel·gòer 名 チャペルの礼拝によく行く人.

chápel·ry /-ri/ 名 礼拝堂管轄区.

chap·er·on, chap·er·one /ʃǽpəròʊn/ 名 ❶ 付き添い《通例年少者に付き添う年長者》;《米》付き添いの親[教師]《学生たちの旅行や催しに付き添う》. ❷《古風》シャペロン《昔, 社交界などで若い女性に付き添った, 多くは年配の婦人》. ── 動 ❶〈…に〉付き添う. ── ❷ 付き添いをする.

chap·er·on·age /ʃǽpəròʊnɪdʒ/ 名 付き添い(行為).

chap·e·ro·nin /ʃæpəróʊnɪn/ 名《生化》シャペロニン《生体内部で他のたんぱく質分子の形成をたすけるたんぱく質》.

cháp·fàllen 形 しょげた, 元気のない.

⁺**chap·lain** /tʃǽplən/ 名 ❶ a 礼拝堂勤務の牧師《大邸宅・学校・病院などの礼拝所付属》. b 従軍牧師. c (刑務所の)教誨師. ❷ 集会などで祈禱(きとう)する人.〖F<L; ⇒ chapel〗

chap·lain·cy /tʃǽplənsi/ 名 ❶ chaplain の職[任期]. ❷ chaplain の勤め所.

chap·let /tʃǽplət/ 名 ❶ 花の冠. ❷ (ビーズの)首飾り. ❸〖カト〗小数珠(ずず)《ロザリオの 1/3 で 55 個; cf. rosary 1》. **~·ed** /-tɪd/ 形

Chap·lin /tʃǽplɪn/**, Sir Charles Spencer** 名 チャップリン (1889–1977; 英国生まれの喜劇映画俳優・監督; 通称 Charlie Chaplin).

chap·man /tʃǽpmən/ 名 (~·men /-mən/)《英》(昔の)行商人, 呼び売り商人.〖OE〗

chap·pal /tʃǽp(ə)l/ 名 インドの革製サンダル.

chap·pie /tʃǽpi/ 名《口》= chap¹.

chap·py /tʃǽpi/ 形 ひびのきれた, あかぎれのできた.

chaps /tʃǽps/ 名《米》チャップス《カウボーイが脚を保護するために普通のズボンの上にはく尻の部分のない革ズボン》.

Cháp Stick /tʃǽp-/ 名 U《商標》チャップスティック《薬用リップスティック》.

chap·tal·ize /ʃǽptəlaɪz/ 動 他《ワイン醸造の際に》(発酵前[中]のブドウ液に)補糖する, 加糖する. **chàp·tal·izá·tion** 名 U 補糖, シャプタリゼーション, シャプタリザシオン.

*__chap·ter__ /tʃǽptər | -tə/ 名 ❶〖書物・論文の〗(略 chap., ch., c.; cf. canto): the first ~ one 第 1 章. ❷ (人生・歴史などの)重要な時期[一区切り], 出来事: in this ~ of his life 彼の生涯のこの時期に. ❸《米》(同窓会・クラブ・組合・協会の)支部, 分会. ❹〖集合的; 単数または複数扱い〗a〖キ教〗(cathedral または collegiate church の) 参事会《その会員は canons で dean が主宰する》. b (修道院・騎士団の)総会. **a chápter of áccidents [misfórtunes]**《英》ひとしきり続く不幸; 一連の予期せぬ事件. **chápter and vérse** 1 (聖書の)章と節. 2 正確な出所[典拠, 根拠]《on, for》: give [quote] ~ and verse 根拠[典拠]を示す. (3)〖副詞的に〗正確に;

---

293 characteristic

詳細に.〖F<L; caput 頭; cf. cap〗

chápter 11 [XI] /-ɪlév(ə)n/ 名 U《米》(1978 年の連邦改正破産法の)第 11 章《自発的破産申請による会社更生を規定する; 日本の会社更生法に相当》.

chápter hòuse 名 ❶〖キ教〗参事会[牧師団]会議場. ❷《米》(大学同窓会・クラブなどの)支部会館.

chápter mèmber 名《米》創立メンバー (《英》founder member).

⁺**char**¹ /tʃɑ́ər | tʃɑ́:/ 動 (**char·red; char·ring**)〈火が〉〈木などを〉炭にする, 黒焦げにする: the *charred* remains of a house 黒焦げになった住宅の焼け跡. ── 炭になる, 黒焦げになる. ── 名 ❶ U 木炭; 骨炭 (製糖用). ❷ C 黒焦げ(になったもの).〖CHARCOAL からの逆成〗

char² /tʃɑ́ər | tʃɑ́:/ 名《英口》= charwoman. ── 動 (**charred; char·ring**)〈女性が〉(通例日雇いで)家庭の雑用をする.

char³ /tʃɑ́ər | tʃɑ́:/ 名 U《英俗》茶: a cup of ~ お茶 1 杯.

char⁴ /tʃɑ́ər | tʃɑ́:/ 名 (@ ~s, ~) 魚 チャー《イワナ・カワマスなどのイワナ属淡水魚》.

char·a·banc /ʃǽrəbæŋ/ 名《英古風》大型遊覧バス.

‡**char·ac·ter** /kǽrəktər, -rɪk- | -tə/ 名 ❶ C U〖通例単数形で〗(個人・国民の)性格, 性質, 気質 (nature); ものの特質, 特性, 特色 ❶ すぐれた[おもしろい]特徴: the American ~ アメリカ人の国民性 / ~ traits 性格の特徴 / different in ~ 性格[性質]が違う / He has a weak [strong] ~. 彼は性格が弱[強]い / the ~ of a district ある地方の特色 / a face without any ~ 特徴のない顔 / a tree of a peculiar ~ 一種変わった木 / lack ~ 特徴がない. ❷ U 人格, 品性; 徳性: ~ building 人格の陶冶(とうや) / strength of ~ しっかりした性格. ❸ C a〖修飾語を伴って〗(…な)人, 人物: a bad [suspicious, strange] ~ 評判の悪い[疑わしい, 変わった]人 / a reformed ~ 改心した[生まれ変わった]人. b (口) 個性の強い人, 変わり者 (eccentric): He is quite a ~. 彼はおもしろい人. ❹ C《小説などの》人物, (劇の)役; (漫画の)キャラクター: the leading ~ 主役 / a video-game ~ テレビゲームのキャラクター. ❺ U 評判, 名声, 令名: a person of good ~ 評判のよい人物 / ⇒ character assassination. ❻ C (遺) 形質: an acquired [inherited] ~ 獲得[遺伝]形質. ❼ C《古風》人物証明書, 推薦状. ── B ❶ C a 記号, 符号, しるし: a musical ~ 楽譜記号. b 暗号. c〖電算〗文字《文字・数字・特殊記号などコンピューターの扱う符号》. ❷ C a 文字: a Chinese ~ 漢字. b 字体《体系としての》文字, アルファベット. c (印刷または筆記の)字体: write in large [small] ~s 大きい[小さい]字で書く. **in cháracter** その人らしく; 役にはまって, 柄に合った: The work is *in* ~ with him. その仕事は彼の柄に合っている. **òut of cháracter** その人らしくない; 役に不向きで, 柄に合わない: It would be *out of* ~ for her to do that. そんなことをしたら彼女らしくないだろう.〖F<L; =しるしを Gk =を刻印む, 刻字〗 形 characteristic, 動 characterize【類義語】(1) **character** 特に道徳的・倫理的な面における個人の性質. **personality** 個人を他の人から区別させるような外的・内的な身体的・精神的特徴. **disposition** 個人の普段の精神的傾向. **temperament** 個人の行動や物事に対する反応を決定づけるような, 身体的・知的・感情的な要素全体. (2) ⇒ quality.

cháracter àctor [àctress] 名 性格俳優[女優].

cháracter assassinàtion 名 U 中傷, 誹謗(ひぼう).

chár·ac·ter·ful /-f(ə)l/ 形 特徴[性格]の表われた; 著しい特色のある, 性格の強い.

*__characterise__ ⇒ characterize.

*__char·ac·ter·is·tic__ /kæ̀rəktərístɪk, -rɪk-⸺/ 名〖通例複数形で〗特質, 特色, 特徴, 特性 (feature): the physical ~ of...の~特徴[物理的, 形態的, 地形的特徴]/ Every college has its unique ~s. どの大学もそれぞれ特有の特色を持っている. ── 形 (**more ~; most ~**) 特質ある, 独特の, 特徴的な (typical) (~ uncharacteristic): the ~ smell of gasoline ガソリン独特のにおい / attributes ~ *of* humans 人間に特有の属性. **-ti·cal·ly**

/-kəli/ 副 ❶ 特質上;特徴として;個性的に. ❷ 〘文修飾〙いかにもその人らしいのだが.

characterístic cúrve 名〘理・写〙特性曲線.

characterístic radiátion 名〘理〙固有放射.

⁺**char·ac·ter·i·za·tion** /ˌkærəktərɪzéɪʃən, -rɪk- | -raɪz-/ 名 U.C ❶ 特徴を示すこと,特徴づけ. ❷ 〔劇や小説での〕性格描写.

⁺**char·ac·ter·ize**, 〘英〙-**ise**/kǽrəktəràɪz, -rɪk-/ 動 ⊕ ❶ 〈物事が〉…に特徴を与える,〈…の特色となる,〈…を〉特徴づける (★ しばしば受身): Mozart's music is ~d by its naivety and clarity. モーツァルトの音楽の特色はその純真さと透明なことにある. ❷ 〈人・ものの〉特徴を述べる,〈…を〉…の性格付ける:〔+目+as補〕The editorial may be ~d as a personal attack on Mr. White. その社説はホワイト氏への人身攻撃だといってよい.

cháracter·less 形 特徴のない,平凡な.

cháracter recognítion 名 U 〘電算〙文字認識《手書き・印刷・タイプなどの文字を認識してコンピュータのコードに変換すること》.

cháracter rèference 名 人物証明書.

cháracter skètch 名 人物寸評;性格描写.

cháracter witness 名〘法〙性格証人《原告または被告の評判・素行・徳性などについて証言する人》.

⁺**cha·rade** /ʃəréɪd, -rάːd | -réɪd/ 名 ❶ C 見えすいたまねごと,くだらない芝居. ❷ a [~s; 単数扱い] ジェスチャーゲーム《比較「ジェスチャーゲーム」は和製英語》: play ~s ジェスチャーゲームをする. b C 《ジェスチャーゲームの》動作《で表わす言葉》.

cha·ran·go /ʃərǽŋgoʊ/ 名 〘楽〙(~s) チャランゴ《胴がアルマジロなどの殻でできたギターに似たアンデス地方の楽器》.

cha·ras /tʃɑːrɑːs/ 名 U チャラス《大麻の頂花から出る粘性物質で幻覚成分を含む. b 喫煙用にこれを固めたもの (hashish).

chár·bròil 動 ⊕〘米〙〈肉を〉炭火で焼く,炭火焼きにする.

⁺**char·coal** /tʃɑːkoʊl | tʃɑː-/ 名 ❶ U 炭,木炭: a piece [bag] of ~ 木炭1個[袋]. b〘素描用の〙木炭. ❷ =charcoal drawing. ❸ =charcoal gray.

chárcoal bùrner 名 ❶ 炭焼き人. ❷ 木炭こんろ (cf. brazier² 1).

chárcoal dràwing 名 木炭画.

chárcoal gráy 名 U チャコールグレー《消し炭色で,黒に近い灰色》.

char·cu·te·rie /ʃɑːkùːtəri | ʃɑː-/ 名 ❶ C 《フランスの》豚肉店,肉加工食品店. ❷ U 肉加工食品《ソーセージ・ハム・ベーコン・パテなど》.

chard /tʃɑːd | tʃɑːd/ 名 U〘植〙フダンソウ,トウチシャ《葉と茎は食用》.

Char·don·nay /ʃɑːdəneɪ | ʃɑːdəneɪ/ 名〘時に c~〙シャルドネ: **a**〘 フランス東部原産の白ワイン用ブドウ. **b** U.C それから造る辛口の白ワイン.

cha·ren·tais /ʃɑːrəntéɪ/ 名 シャラント種のメロン,シャラント《オレンジ色の果肉の小型のメロン》.

‡**charge** /tʃɑːdʒ | tʃɑːdʒ/ 動 ― **A** ❶ 〈ある金額を〉請求する: How much do you ~ for delivering books? 本を配達してもらっくらですか / 700 yen is ~d for the use of the machine. この機械の利用には 700 円が請求される /〔+目+目〕They ~d me another $30 for the processing. その手続きにもう 30 ドル支払わされた / She was ~d $200 (for it). 彼女は(それに) 200 ドルを請求された. ❷〈商品などを〉クレジット[つけ]で買う《買い物・費用などを》〈人(の勘定)に〉記入する,つける: I ~d it on my credit card. それをクレジットで買った / C~ the cost to my account [up to me]. 費用は私の勘定に[私につけて]おいてください. ❸〈人を〉告発する;非難する: He was ~d with tax evasion [speeding]. 彼は脱税[スピード違反]で告発された /〔+that〕He ~d that they had infringed his copyright. 彼は彼らが版権を侵害したと告発した. ❹〔通例受身で〕〈義務・責任などを〉〈人に〉負わせる,課する: The police are ~d with keeping law and order. 警察は法と秩序の維持という任務を課されている. ❺〈人に〉〈権威をもって〉…するように〉命じる:〔+目+to do〕I ~ you to be silent. 静粛にしてもらいたい.

― **B** ❶ 〈…に〉充電する;〈銃砲に〉火薬を詰める;《英口》〈グラスを〉満たす;(up) a car battery [a cell phone] 車のバッテリー[携帯電話]に充電する / a gun 大砲に弾丸をこめる. ❷〘通例受身で〕〈場所などを〉〈感情・気分などで〉みなぎらせる,満たす,包む: The hall was ~d with intense excitement. ホールは熱っぽい興奮に包まれていた.

― **C** ❶ 〈…を〉襲う,〈…に〉突撃[突進]する: They ~d the enemy. 彼らは敵に突撃した. ❷〘サッカーなど〙〈人に〉チャージする.

― 動 ⊜ ❶ 〔…に対する〕代価[料金]を請求する: The store does not ~ for delivery of purchases over $50. その店は 50 ドル以上の配達料は請求しない《配達料はサービスだ》. ❷ [副詞(句)を伴って]突撃する,突進する: The bear suddenly ~d at me. そのクマは突然私めがけて飛びかかった / He came charging through the door [into the office]. 彼はそのドアを通って[事務室に]突進して来た. ❸ 充電される (up).

― 名 **A** ❶ U.C 請求金額,料金,掛かり: the ~ for delivery 配達料金 / free of ~ 無料で《★ 無冠詞》/ No admission ~. [掲示などで]入場無料 / at a ~ of $50 50 ドルの費用で / at no extra ~ 余計な料金を払わずに / ~s forward [paid] 諸掛かり先払い《支払い済み》. ❷ U.C 非難,告発,告訴,問責,罪 (indictment): make a ~ against… …を非難する / bring [press, prefer] ~s against a person 人を告発する / on a ~ of theft 窃盗のかどで / face ~s [a ~]告発される / drop (the) ~s 告発を見送る / deny a ~ 告発(内容)を否定する / She was arrested on a ~ of murder [a murder ~]殺人罪で逮捕された / Don't leave yourself open to ~s of…. …だと非難されないように注意しなさい. ❸ U 世話,管理,義務,責任;〔単数形で〕仕事,任務;〔通例複数形で〕〘戯言〙預かりもの: take ~ (of…) 〈…を〉世話[担任,監督]する / The administration of the hospital is under the ~ of Dr. White. その病院の運営はホワイト医師の管理下にある / Those two children are her ~s. あの二人の子供たちは彼女が預かっている. ❹ C 命令,指令,訓令,説示 (to).

― **B** ❶ U.C 電荷;〘蓄電池 1 杯の〙充電; C 装薬: (a) positive [negative] ~ 陽[陰]電荷. ❷ C 〘軍隊・動物などの〙攻撃,突進;〘サッカーなど〙チャージ;〔通例単数形で〕努力,推進力: make a ~ (at…) 〈…に〉突撃する / lead the ~ against…. …に対する攻撃を指揮する. ❸ C 〔通例単数形で〕スリル,刺激,興奮.

gèt a chárge òut of… 《米》…に興奮する.

in a person's chárge 人に預けられて,人に管理[保護]されて: The baby was put [left] in her ~. 赤ん坊は彼女に預けられた[預けられていた].

in chárge (of…) 〈…を〉預かって,〈…の〉担当の,係の,〈…を〉管理して,〈…に〉責任をもって: the teacher in ~ 担任教師 / the nurse in ~ of the patient その患者の係の看護婦 / put a person in ~ (of…) 人に〈…について〉責任をもたせる,人に〈…を〉任せる.

tàke chárge (of…) 〈…を〉預かる,〈…を〉管理[担当]する.

〔F<L carricare 荷を積む<carrus 荷馬車; cf. car, caricature〕〘類義語〙⇒ **price**.

char·gé /ʃɑːʒéɪ | ʃɑːʒeɪ/ 名 =chargé d'affaires.

charge·a·ble /tʃɑːdʒəbl | tʃɑː-/ 形 ❶ 〈…の費用など〉〈…に対して〉請求される[できる];〈…にとって〉支払い義務がある;請求の対象となる: The freight costs are ~ to the customer. 輸送費は顧客に請求される[顧客が支払う] / a ~ service《別途》支払いを伴うサービス. ❷《資産など》課税対象となる;〈税を〉かけられる〔税に〕課される (on, to): a ~ gain 課税対象となる利得. ❸ 〈違反などで〉起訴[起訴]の対象となる.

chárge accòunt 名《米》掛け売り勘定《《英》credit account): buy a thing on one's ~ 掛けで物を買う.

chárge-càp 動 ⊕《英》〈地方自治体の地域社会税 (community charge)〉徴収額に上限を課す.

chárge càrd 名〘特定の店の〙クレジットカード.

chárge càrrier 名 〖理〗電荷担体 (carrier).

+**charged** /tʃɑːdʒd | tʃɑːdʒd/ 形 ❶ 熱のこもった, 気合いが入った, 張りつめた. ❷ 荷電[帯電]した.

char·gé d'af·faires /ʃɑːʒeɪdæféə | ʃɑːʒeɪdæfɛə/ (複 **char·gés d'af·faires** /ʃɑːʒeɪ(z)dəfɛə | ʃɑːʒeɪ(z)dəfɛə/) ❶ 代理大使[公使]. ❷ 公使代弁《大使[公使]のない国に置く》. 《F=(a person) in charge of affairs》

chárge hànd 名〖英〗組長;職 (foreman) の下の地位の労働者.

chárge nùrse 名〖英〗(病棟の)主任看護婦.

+**chárg·er**¹ 名 ❶ 充電器. ❷〖詩〗馬. ❸ 突撃者. ❹ **a** 装填(そう)手. **b** 鉱石を溶鉱炉へ入れる人. ❺ 装薬器.

char·ger² 名 | tʃɑːdʒə | tʃɑːdʒə/ 名〖古〗(肉を載せる平たい)大皿.

chárge shèet 名〖英〗《警察の》事件簿; 起訴用犯罪者名簿.

Chár·ing Cróss /tʃǽrɪŋ-/ 名 チャリングクロス《London の中央, Strand /strǽnd/ 街南端の繁華な区域》.

char·i·ot /tʃǽrɪət/ 名 ❶《古代ギリシャ・ローマの》二輪戦車, チャリオット《戦争・凱旋・競走などに用いた馬車で, 御者は立ったまま》. ❷《18 世紀の》四輪軽戦車.《F<char 荷馬車<L carrus; cf. car》

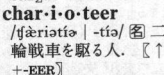

char·i·o·teer /tʃærɪətíə | -tíə/ 名 二輪戦車を駆る人. [↑+-EER]

chariot 1

+**cha·ris·ma** /kərízmə/ 名《複 ~·ta /-tə/》❶ Ⓤ **a**《特定の個人や地位に備わる》魅力, 権威. **b**《大衆を信服させる》カリスマ[教祖]的魅力[指導力]》(magnetism). ❷ Ⓒ 〖神学〗カリスマ, 特能《神より特別に授けられた才能》.《Gk=「神の賜物(たま)」; 1 の意は Max Weber『経済と社会』から》

cha·ris·mat·ic /kærɪzmǽtɪk⁻/ 形 ❶ カリスマ的な; カリスマ的な. ❷〖宗〗《キリスト教の》カリスマ派[運動]の《聖霊がもたらす超自然的力を強調する》. — 名 カリスマ派[運動]のクリスチャン. **chà·ris·mát·i·cal·ly** /-tɪkəli/ 副

*__char·i·ta·ble__ /tʃǽrətəbl/ 形 ❶ Ⓛ 〖団体·行為〗慈善(事業)の, 慈善[チャリティー](ための): a ~ institution 慈善施設 / work 慈善活動. ❷《人を判断するのに》寛大[寛容]な (↔ uncharitable): ~ treatment 情ある処置. **-ta·bly** /-təbli/ 副 慈悲深く, 寛大に. ~**·ness** 名 [↓-ABLE]

+**char·i·ty** /tʃǽrəti/ 名 ❶ Ⓒ Ⓤ 慈善団体. ❷ Ⓤ **a** 慈善(行為), チャリティー; 施し(物): ~ for the poor 貧者のための慈善 / give money to ~ 慈善のために金を出す / ask [beg] ~ 施しを請う / give one's ~ 施しをする. **b**《公共の》救済: accept ~ 救済を受け入れる. ❸ Ⓤ 慈善心; 寛容, 寛大さ. ❹《古》慈愛, 思いやり;《聖書で説かれた》キリスト教的愛;同胞愛, 博愛. **Chárity begins at hóme.**《諺》慈愛は家庭から始まる, 愛はまず肉親より《★しばしば寄付をしないときの言い訳なり》.《F<L=愛情<carus; cf. cherish》〖関形〗**eleemosynary**

chárity schòol 名 Ⓤ Ⓒ〖英〗(昔の)慈善学校《貧困者の子供を無料で寄宿させる学校》.

chárity shòw 名 チャリティーショー, 慈善興行.

cha·ri·va·ri /ʃívərí | ʃɑːrívəriː/ 名《結婚を祝って》どんちゃん騒ぎ.

chár·lady 名 =charwoman.

char·la·tan /ʃɑːlətən/ 名 専門家を騙(かた)る人, 山師;(特に)偽医者.

char·la·tan·ism /-tənɪzm/ 名 Ⓤ 大ぼら, いんちき.

char·la·tan·ry /ʃɑːlətənri | ʃɑː-/ 名 =charlatanism.

Char·le·magne /ʃɑːləmèɪn | ʃɑː-/ 名 シャルルマーニュ, カール大帝《742-814; フランク王国の王; のちに西ローマ帝国皇帝》.

Charles /tʃɑːlz | tʃɑːlz/ 名 ❶ チャールズ《男性名; 愛称 Charley, Charlie; 略 Ch.》. ❷ チャールズ《1948- ; 英

国女王 Elizabeth 2 世の長子; イングランド皇太子 (Prince of Wales)》. **Charles I** (1) チャールズ 1 世 (1600-49; 内乱で処刑された英国王). (2) =Charlemagne. **Charles II** チャールズ 2 世 (1630-85; Charles 1 世の子, 王政回復後の英国王; the Merry Monarch ともいう》. **Charles V** カール 5 世 (1508-58; 神聖ローマ帝国皇帝 (1519-56); カルロス 1 世 (Charles I) としてスペイン王 (1516-56)》. **Chárles the Gréat** =Charlemagne.

Chárles's láw 名〖熱力学〗シャルルの法則.《J. A. C. Charles フランスの物理学者》

Charles's Wain /tʃɑːlzɪzwéɪn | tʃɑː-/ 名〖英〗〖天〗❶ 北斗七星《《米》the (Big) Dipper (⇒ dipper 4 a)》. ❷ おおぐま座.

Charles·ton /tʃɑːlstən | tʃɑː-/ 名 チャールストン: ❶ 米国 West Virginia 州の州都. ❷ 米国 South Carolina 州の港市. ❸ Ⓒ 1920 年代に米国で流行した踊り.

Char·ley /tʃɑːli | tʃɑː-/ 名 =Charlie.

chárley hòrse 名《米俗》筋肉硬直《スポーツ選手などの筋肉の酷使などにより手足(特に, 脚部)に生じる》.

char·lie /tʃɑːli | tʃɑː-/ 名 ❶《英俗》❶ ばか, とんま. ❷ [複数形で] 《女性の》おっぱい.

Char·lie /tʃɑːli | tʃɑː-/ 名 チャーリー《男性名 Charles また女性名 Charlotte の愛称》.

char·lock /tʃɑːlək | tʃɑːlɔk/ 名《複 ~》〖植〗ノハラガラシ《カラシナの類の雑草》.

char·lotte /ʃɑːlət | ʃɑː-/ 名 Ⓒ Ⓤ シャルロット《スポンジケーキを台にして果物などを詰めて焼いたケーキ》.

Char·lotte /ʃɑːlət | ʃɑː-/ 名 ❶ シャーロット《女性名; 愛称 Charley, Lottie, Lotty》. ❷ シャーロット《米国 North Carolina 州最大の都市》.

Charlotte A·ma·lie /-ˈæməli/ 名 シャーロットアマリエ《米国領 Virgin 諸島の中心都市; 旧称 St. Thomas》.

chàrlotte rússe /-rúːs/ 名 Ⓒ Ⓤ シャルロットリュス《スポンジケーキを台にして中へ泡立てたクリームないしカスタードを入れたデザート》.《F=ロシア風シャルロット》

Charlotte·town /ʃɑːlətàʊn | ʃɑː-/ 名 シャーロットタウン《カナダ南東部 Prince Edward Island 州の州都》.

*__charm__ /tʃɑːm | tʃɑːm/ 名 ❶ Ⓤ Ⓒ 魅力, 人を引きつける力: lose one's ~ 魅力を失う / He has a great deal of ~. 彼は魅力がいっぱいだ. ❷ Ⓒ《腕輪・時計の鎖などにつける》小さな飾りもの. ❸ Ⓒ 呪文》(spell); 護符, 魔よけ, お守り;《まじないの》魔力, 魔法: a ~ against evil 魔よけのお守り / a good luck ~《災難をよけ》幸運を招くお守り. **like a chárm**《口》魔法にかかったように, 不思議に; 見事に, 効果的に: work like a ~《薬などが不思議にきく; 機械類・計画などが見事に動く》進む》. **túrn on the chárm** 自分の魅力を利用する, 愛嬌(あい)を振りまく. — 動 ❶《人を》うっとりさせる, 魅了する; 楽しませる: She was ~ed by the beautiful scene. 彼女は美しい景色にうっとりと見とれた. ❷《人を》魅惑する(…)させる: He ~ed her into offering him a job. 彼は彼女にうまくとり入って仕事をもらった / I ~ed the secret out of him. うまく持ちかけて彼からその秘密を探り出した. ❸ 魔力で守る. ❹《ヘビ使いなどが》ヘビなどを使う, 操る. — ❶ 人の心を引きつける, 魅力をもつ.《F<L carmen 歌, 呪文》〖類義語〗**fascinate**.

chárm bràcelet 名 小さな装飾品のついた腕輪.

charmed 形《魔法で守られたように》幸運な: a ~ circle 特権社会, エリート仲間[グループ] / lead [have] a ~ life いつも運よく危険[事故]を免れる, 不死身である《★ Shakespeare「マクベス」から》.

chárm·er 名 ❶ 魅力的な人. ❷ 魅惑者, 魔法使い: ⇒ snake charmer.

Char·meuse /ʃɑːmˈj)uːz | ʃɑːmˈɜːz/ 名 Ⓤ〖商標〗シャルムーズ《サテンに似た絹織物》.

*__charm·ing__ /tʃɑːmɪŋ | tʃɑːm-/ 形 《more ~; most ~》❶《とても》すてきな, とても感じのよい, とてもかわいらしい; 魅力的な: a ~ person すてきな人. ❷《物事が》すてきで, とてもおもしろい[楽しい]. ~·ly 副 魅力的に, すてきに.《類義語》 **charming** 人をうっとりさせるほど魅力的な.

attractive 人の心を引きつけるほど(容貌が)美しい[感じがよい].

charm・less 形 魅力のない.

chárm offénsive 名 ご機嫌取り作戦.

chárm schòol 名 チャームスクール《女性に社交術・話術・美容・エチケットなどを教える学校》.

char・nel /tʃɑ́ːnl | tʃɑ́ː-/ 名 =charnel house.

chárnel hòuse 名 死体安置所; 納骨堂.

Cha・ro(l)・lais /ʃærəleɪ|ー ー ー/ 名 シャロレー《フランス原産の大型の白牛; 主に食肉や交配用》.

Char・on /ké(ə)rən/ 名 ❶ 〖ギ神〗カローン《三途(ぎょう)の川 (Styx) の渡し守》: ~'s boat [ferry] 三途の川の渡し舟; 臨終. ❷ 〖一〗《戯言》渡し守.

char・o・phyte /kǽrəfaɪt/ 名 〖植〗シャジクモ《シャジクモ綱 (Charophyceae) の各種の緑藻類 (stonewort)》.

char・poy /tʃɑ́ːpɔɪ/ 名 《インドの》簡易ベッド.

charr /tʃɑ́ːr|tʃɑ́ː/ 名 =char⁴.

char・ro /tʃɑ́ːroʊ/ 名 (複 ~s) チャーロ《手の込んだ民族衣装をまとったメキシコの騎手・カウボーイ》.

*****chart** /tʃɑ́ːrt|tʃɑ́ːt/ 名 ❶ 図表, グラフ, 表 (diagram): a statistical ~ 統計表 / a fever ~ 体温表 / a weather ~ 天気図. ❷ 海図, 水路図; (航空用の)チャート. ❸ [the ~s]《口》ヒットチャート, 売り上げ順位: His new CD topped [made] the ~s. 彼の新しい CD がヒットチャートの一位になった[にのった]. ❹ 〖占星〗黄道十二宮図, ホロスコープ, チャート. ── 動 ❶《変化・経過などを》記録する. ❷《口》〈事を〉計画する; 図示する; 地図を作る. 〖F<L c(h)arta (パピルス)紙; cf. card¹〗〖類義語〗 ⇒ map.

*****char・ter** /tʃɑ́ːrtər | tʃɑ́ːtə/ 名 ❶ [しばしば C-] Ⓒ《目的・綱領などを述べた》憲章: the C~ of the United Nations 国連憲章 / the Great C~ (英国の)大憲章, マグナカルタ / the People's C~ (英国の)人民憲章. ❷ Ⓒ a (国王・国家が組織・自治都市などに権益・権利などを保障する)勅許(状), 認可(状). b (法律による)法人団体設立許可(書); 支部設立許可(書). ❸ Ⓤ (乗り物の)チャーター, 貸し切り(契約); Ⓒ チャーターした飛行機[船]; Ⓒ チャーター便による旅行. ❹ Ⓒ [単数形で]《英》(法的政略的)特権; (特別)免除 [for]. ── 形 Ⓐ《乗り物を》チャーターした: a ~ flight チャーター機. ❷ 特許による; 特権を有する. ── 動 ❶《船・飛行機・バス・車などを》チャーターする. ❷《...に》特許状を与える. 〖F<L chartula <c(h)arta 〗

chárter còlony 名《米》植民地時代の特許植民地.

*****chár・tered** /tʃɑ́ːtəd|tʃɑ́ːtəd/ 形 Ⓐ ❶ チャーターした; 貸し切りの: travel in a ~ plane チャーター機で旅行する. ❷ (英)特許を受けた, 公認の.

chártered accóuntant 名《英》公認会計士 (《米》certified public accountant)（略 CA).

chárt・er・er /-tərər | -rə/ 名 用船契約者, 用船主.

chárter flìght 名 (飛行機の)チャーター便.

chárter mèmber 名 (協会などの)創立委員.

chárter pàrty 名 〖海〗用船契約(書)（略 c/p): under a ~ チャーター[用船契約]によって.

chárter schòol 名《米》チャータースクール《教師, 親, 地域から地方自治体や国の特許状を得て設立し, 公的資金によって運営される独立学校》.

Char・tism /tʃɑ́ːtɪzm | tʃɑ́ːt-/ 名《英史》チャーチスト運動 (1838–48年に起こった労働者の人民憲章運動).

Chár・tist /-tɪst/ 名 チャーチスト運動家[支持者]. ── 形 チャーチスト運動(家)の.

Char・tres /ʃɑ́ːtrə|ʃɑː-/ 名 シャルトル《フランス中北部, Paris の南西にある市; ゴシック式大聖堂が有名》.

char・treuse /ʃɑːtrúːz|ʃɑːtrɔ́ːz/ 名 Ⓤ ❶ 〖商標〗シャルトルーズ酒《ブランデーをベースにした芳香甘味のリキュール; 緑色ないし黄色》. ❷ 明るく薄い黄緑色. ── 形 明るく薄い黄緑色の. 〖フランス Grenoble (grənóʊbl) 近くにある酒造元の修道院の名から〗

chárt-tòp・ping 形 ヒットチャートでトップの.

chár・wòman 名 (複 -women)《英古風》（家・ビルなどの）雑役[掃除]婦.

char・y /tʃé(ə)ri/ 形 (char・i・er, -i・est) ❶ 用心深い, 警戒して (wary): with a ~ look 慎重な顔つきで / A cat is ~ of wetting its paws. 猫は足をぬらさないように気をつける. ❷ 遠慮がちな, 内気な: a ~ girl 遠慮深い少女. ❸ 〖口...〗を出し惜しみして: He's ~ of his praise. 彼はなかなか人をほめない. **chár・i・ly** /tʃé(ə)rəli/ 副 ❶ 用心深く, 警戒しながら. ❷ 惜しそうに. **chár・i・ness** 名.

Cha・ryb・dis /kərɪ́bdɪs/ 名 カリブディス《Sicily 島沖合の大渦巻き》. **betwèen Scýlla and Charýbdis** ⇒ Scylla 成句.

*****chase¹** /tʃéɪs/ 動 ❶ 〈人などを〉（つかまえるために）追う, 追跡[追撃]する; 〈獲物を〉狩る (pursue): A policeman ~d the thief. ひとりの警官が泥棒を追いかけた / ~ a rabbit [fox] ウサギ[キツネ]を追う. b 〈...を〉〈権力などから〉追い払う[落とす], 追放する, 放逐(ほうちく)する (from, out of). ❷ 〈金・仕事・成功などを〉捜し求める: ~ a dream 夢を追い求める. ❸ 〖口〗〈異性を〉追いかける;〈...に〉つきまとう:〜 girls 女の尻を追いかける. ❹ 《口》〈人に〉催促する, せっつく. ❺ [副詞(句)を伴って]〈人・動物を〉〈...に〉追い立てる: C~ that cat out [away, off]. その猫を追い出してくれ. ── ❶ ❶ 《の後を》追いかける; 〈異性を〉追いまわる: ~ after a thief 泥棒を追いかける. ❷ [副詞(句)を伴って] 〖口〗走る, かけ回る, 急ぐ (rush): ~ about (the house) (家の中を)急いで動き回る / I ~d around all day looking for a job. 職を求めて1日中奔走した. **cháse dówn**（他＋副）《米口》(1)〈人・ものを〉追う, 追いかける, 追跡する. (2)〈人・ものを〉見つけ出す[出そうとする],〈...を〉追求[追跡]する, 追いかける. **cháse úp**（他＋副）《英口》(1)〈人〉に催促をする, 思い出させる. (2)〈人・ものを〉捜し出そうとする. **Gó (and) cháse yoursélf!**《口》立ち去れ! 失せろ!
── 名 ❶ Ⓒ [しばしば the ~] 追跡, 追撃 (pursuit); (望むものを)激しく求めること, 追求: give up the ~ 追跡をやめる / the ~ for fame [success] 名声[成功]の追求. ❷ [the ~]《古風》(スポーツとしての)狩猟. ❸ =steeplechase. ❹ Ⓒ《古》狩りの獲物. 〖F<L captare つかまえる; ⇒ catch〗

chase² /tʃéɪs/ 動〈金属に〉浮き彫りを施す, 模様を打ち出しにする. 〖(EN)CHASE〗

chase³ /tʃéɪs/ 名 ❶ (銃の)前身. ❷ (配管用の)みぞ, すじ.

Chase /tʃéɪs/, **Sál・mon** 名 チェース (1808–73; 米国の法律家・政治家; 最高裁判所長官).

⁺**chás・er¹** 名 ❶ 《口》 チェイサー《強い酒の直後または間に飲む水・ビールなど》. ❷ 〖競馬〗 固定障害競争の馬. ❸ 追っ手; 追撃者. ❹ ハンター, 狩猟家. ❺《米口》女の尻を追う男.

chás・er² 名 彫金師.

Cha・sid /hǽsɪd | hǽsiːd/ 名 =Hasid.

⁺**chasm** /kǽzm/ 名 ❶ a (地面・岩などの)深い割れ目[裂け目]; 深い溝 (abyss). b (壁・石垣の)割れ目, 大ひび, すき間. ❷ (感情・意見の)隔たり, 食い違い, 相違 (gap): the ~ betwèen capital and labor 労使間のみぞ. 〖L<Gk〗

chasse /ʃɑːs/ 名 (コーヒー・タバコなどのあとの)口直しのリキュール.

chas・sé /ʃæseɪ|ー ー/ 名 〖ダンス・バレエ・スケート〗シャッセ《急速なすり足》. ── 動 ⓘ (~d; -ing) シャッセで踊る.

Chas・se・las /ʃæsəlɑ́ː | ー ー ー/ 名 ❶ Ⓤ シャスラ《ワイン用または生食用の白ぶどうの品種》. ❷ ⓊⒸ シャスラワイン.

Chas・sid /hǽsɪd | hǽsiːd/ 名 =Hasid.

⁺**chas・sis** /ʃǽsi, ʃéɪsi/ 名 (複 chas・sis /-z/) ❶ a (自動車などの)車台, シャーシー. b (砲架がその上を移動する)砲座. c (ラジオ・テレビの)シャーシー《セットを組み立てるフレーム》. ❷ (飛行機の機体を支える)脚部. 〖F=枠組〗 < L capsa 箱; cf. case²〗

chaste /tʃéɪst/ 形 (chast・er, -est) ❶ (肉体的に)純潔な, 貞節な; 処女の. ❷〈人が〉（思想・言動の〉みだらでない, 慎み深い. b 〈趣味・文体などが〉飾りがなく上品な, 簡素な. **~・ly** 副 〖F<L castus 純粋な, 貞節な; cf. caste〗(動 chasten, put chastity)

chas・ten /tʃéɪs(ə)n/ 動 他 ❶ [通例受身で]〈経験などが〉〈人をおとなしく[控えめに, 神妙に]させる; 〈熱情などを〉抑え

る; 〈気性などを〉やわらげる. ❷ 《古》〈特に神が〉〈人を〉懲らしめる. ～·er [名]

cháste trèe [名] 〔植〕セイヨウニンジンボク, 貞操木(ﾃﾞ).

chas·tise /ʧæstáɪz/ [動] [他] ❶ 厳しく非難する, 責める. ❷ 〈人を〉(体罰で)厳しく罰する, 折檻(ｾｯｶﾝ)する (castigate).

chas·tise·ment /ʧæstáɪzmənt, ʧǽstɪz-/ [名] [U,C] 厳しい非難; 折檻(ｾｯｶﾝ), 懲罰.

chas·ti·ty /ʧǽstəṭi/ [名] [U] ❶ 純潔; 貞節; 性的禁欲. ❷ **a** (思想・感情の)清純. **b** (文体・趣味などの)簡素.

chástity bèlt [名] 貞操帯.

chas·u·ble /ʧǽʒʊbl | -zjʊ-/ [名] 〔カト〕上祭服, カズラ, チャズブル 《司祭がミサのとき alb の上に掛けるそでのない祭服》.

*__chat__ /ʧǽt/ [名] [C,U] 雑談, おしゃべり; 〔電算〕チャット 《ネットワーク上での即時的応答によるメッセージのやりとり》: have a ～ ***with*** a person 人と雑談する / have a ～ ***about*** one's schooldays 学生時代のことでおしゃべりする. ── [動] [自] (**chat·ted; chat·ting**) ❶ 雑談[談笑]する 〔*with, to*〕: We *chatted* ***away*** in the lobby. ロビーで盛んに雑談をした / I *chatted* ***with*** my friends ***about*** the affair. 私はそのことについて友だちと語り合った. ❷ 〔電算〕チャットする. ── [他] 《英口》(なれなれしく, またはふざけて)〈異性に〉声をかける, 話しかける: ～ ***up*** a girl 女性に声をかける. 〘CHATTER からの逆成〙

⁺**châ·teau** /ʃætóʊ | ⌐–/ [名] (複 ～**s**, ～**x** /～(z)/) ❶ **a** (フランスの)城. **b** (フランスのいなかの貴族・大地主の)大邸宅. ❷ [C～] シャトー 《フランス Bordeaux 地方でぶどう園とワイン醸造所のある農園; ★ 通例 Château... の形で特定のシャトー製のワイン名を表わす》. 〘F < L *castellum*; cf. castle〙

cha·teau·bri·and, -ant /ʃætoʊbriɑ́ːŋ/ [名] [しばしば C～] シャトーブリアン 《ヒレ肉のいちばん太い部分を使ったステーキ》.

chat·e·laine /ʃǽṭəlèɪn/ [名] ❶ **a** 女城主; 城主夫人. **b** 大邸宅の女主人. ❷ 帯[ベルト]飾りの鎖 《もと女性がかぎなどをつけて腰に下げた》. 〘F〙

chát·lìne [名] チャットライン 《多数の加入者が同時に会話, メッセージのやりとりをすることができる電話・メールサービス》.

chát ròom [名] 〔電算〕(ネットワーク上の)チャットルーム.

chát shòw [名] 《英口》(テレビ・ラジオの)トークショー.

chat·tel /ʧǽṭl/ [名] 〔法〕 ❶ [通例複数形で] 家財 (★ 通例次の句で): goods and ～*s* 人的財産 《個人の所有物一切》. ❷ 動産: ～*s* personal 純粋動産 《家具・自動車など》 / ～*s* real 不動産的動産 《土地の定期賃借権 (leasehold) など》.

chátttel mòrtgage [名] 動産抵当.

⁺**chat·ter** /ʧǽṭə | -tə/ [動] [自] ❶ 〔つまらないことを〕ぺちゃくちゃしゃべる, くだらないことを(うるさく)しゃべる 〈*on, away*〉 〔*on, about*〕 (rattle): The two were ～***ing away*** over their coffee. 二人はコーヒーを飲みながらぺちゃくちゃ話し合っていた / ～ ***on about*** various matters いろんなことをぺちゃくちゃしゃべる. ❷ **a** 〈鳥が〉けたたましく鳴く; 〈サルが〉キャッキャッと鳴く. **b** 〈歯・機械などが〉ガチガチ[ガタガタ]音を立てる: My teeth ～*ed* ***with*** the cold. 寒さのため歯がガタガタした. ── [名] [U] ❶ くだらないおしゃべり 《[比較] chat と異なり悪い意味合いに用いられる》. ❷ **a** キーキー鳴く声. **b** (機械・歯などの)ガチガチ[ガタガタ]する音. 〘擬音語〙

chátter·bòx [名] おしゃべりな人.

chát·ter·er /-ṭərə | -rə/ [名] ❶ おしゃべりする人. ❷ よく鳴く小鳥.

chátter·ing clásses /-rɪŋ-/ [名] (複) [the ～] 《軽蔑》おしゃべり階級, 喋々階級 《政治・社会などの問題について, 特にリベラルな発言をするインテリ階級》.

chat·ty /ʧǽṭi/ [形] (**chat·ti·er; -ti·est**) ❶ おしゃべりな, 話好きの: a ～ old lady 話好きな老婦人. ❷ 〈話・手紙など〉打ち解けた: a ～ letter 打ち解けた手紙.

Chau·cer /ʧɔ́ːsə | -sə/, **Geoffrey** [名] チョーサー 《1340?–1400; 英国の詩人》.

Chau·ce·ri·an /ʧɔːsí(ə)riən/ [形] チョーサー(風)の[に関する]. ── [名] チョーサー研究家.

⁺**chauf·feur** /ʃoʊfə́ː, ʃóʊfə | ʃóʊfə, ʃoʊfə́ː/ [名] (自家用車の)おかかえ運転手: a *chauffeur*-driven limousine おかかえ運転手付きのリムジン. ── [動] [他] ❶ 〈人・自家用車の〉おかかえ運転手を勤める. ❷ 〈人を〉自動車で運ぶ[案内する] 〈*around, about*〉. 〘F〙

chauf·feuse /ʃoʊfə́ːz/ [名] (おかかえの)女性運転手.

chausses /ʃóʊs/ [名] (複) (中世の)すねよろい.

chau·tau·qua /ʃətɔ́ːkwə/ [名] 《米》(教育と娯楽とを兼ねた)夏期大学, 文化講演会. 〘New York 州 Chautauqua で始められた the Chautauqua Institute から〙

⁺**chau·vin·ism** /ʃóʊvənɪzm/ [名] [U] ❶ 狂信的愛国主義. ❷ (自己の属する団体・性別などに対する)極端な排他[優越]主義: ⇨ male chauvinism. 〘Nicolas Chauvin ナポレオンを崇拝したフランス人兵卒; 喜劇などで諷刺された〙

cháu·vin·ist /-nɪst/ [名] ❶ 狂信的愛国主義者. ❷ 極端な排他[優越]主義者.

chau·vin·is·tic /ʃòʊvənístɪk/ [形] ❶ 狂信的愛国主義(者)の. ❷ 極端な排他[優越]主義(者)の. **chau·vin·is·ti·cal·ly** /-tɪkəli/ [副]

chaw /ʧɔ́ː/ [動] [他] 《方》(ムシャムシャ)かむ (chew). ── [名] 一かみ(の量); クチャクチャかむもの[かみタバコ]の一かみ. **gèt a cháw on a person** 《米方》人をつかまえる.

‡**cheap** /ʧíːp/ [形] (～·**er**; ～·**est**) ❶ **a** 安い, 安価な; 割安な; (店など)安売りの (⇨ inexpensive [比較]): a ～ car 安い車 / ～ labor 賃金の安い労働(者たち) / a ～ restaurant 安いレストラン. **b** 安物の, 質の悪い: a ～ imitation 粗悪な類似品. ❷ **a** 安っぽい, とるにたらない, つまらない; 軽蔑すべき, 低俗な: a ～ novel くだらぬ小説, 三文小説 / a ～ joke 低俗なジョーク / a ～ trick 卑劣なたくらみ, 小細工. **b** 《米口》けちな, しみったれな. ❸ 努力[苦労]せずに得られる, 楽々と手に入る: a ～ thrill 楽に得られる[安物の]スリル. ❹ **a** 〈金が〉低利の: ～ money 低利の金. **b** (インフレ・外国為替レートの変動などのため)〈通貨が〉価値の低下した: the ～ dollar (現行の)安い[安くなった]ドル. **chéap and násty** 《英》安かろう悪かろうの. **chéap at twíce the príce** ＝《英》**chéap at the príce** 価格以上の価値がある. **dírt chéap** すごく安い. **féel chéap** 《口》〔...に〕恥じ入る〔*about*〕. **hóld...chéap** 〈...を〉見くびる, 軽視する. **Lífe is [has còme] chéap.** 人の命が安い[安くなった], 人命が軽視される(ようになった), 人の死が気にならない[ならなくなった]. ── [副] (～·**er**; 最上級なし) ❶ 《口》安く (↔ dear): (be) going ～ 普段より安い[安く出ている] / Carpets like this [Lawyers] don't come cheap. このようなカーペットは[弁護士(を雇うの)は]安くはない[高い, 金がかかる]. ❷ 安っぽく: act ～ 下等なふるまいをする. ── [名] ★ 次の成句で. **on the chéap** 《口》安く, 経済的に: travel *on the* ～ 安あがりの旅行をする. 〘OE＝好条件の売買〙 ([動] cheapen)

cheap·en /ʧíːp(ə)n/ [動] [他] ❶ **a** 安っぽくする (degrade); 見くびる, 軽んじる: Constant complaining ～*s* you. いつもぐちばかりこぼしていると人間が安っぽくなる. **b** [～ one*self* で] 自分の評判を落とす. ❷ 〈ものを〉安くする, 〈...の〉値をまける. ── [自] 安くなる.

cheap·ie /ʧíːpi/ 《口》[名] ❶ 他より安い品, 安物; 安作りの製品. ❷ けちる人. ── [形] 安価な; 質の劣った.

chéap-jàck [名] (安物売りの)行商人. ── [形] [A] ❶ 〈ものが〉安っぽい, 品質の劣る. ❷ いかがわしい, 不公正な.

chéap·ly [副] ❶ 安く, 安価に; 割安に: live ～ 安い生活費で暮らす. ❷ 安っぽく, 下品に: a ～ furnished room 安っぽい調度品を置いた部屋. ❸ 楽々と, 苦もなく.

chéap·ness [名] [U] 安価; 割安; 安っぽさ.

cheap·o /ʧíːpoʊ/ [名][形] 《口》＝cheapie.

chéap shót [名] 不当[卑劣]な言動.

chéap·skàte [名] 《米口》けちん坊, しみったれ.

*__cheat__ /ʧíːt/ [動] [他] ❶ 〈...を〉だます; 〈人を〉だまして取る: feel ～*ed* だまされていると感じる / ～ one's (business) partner(s) (自社の)組合員をだます / ～ the IRS 国税庁の目をくぐり抜ける / He ～*ed* me (*out*) *of* my money. 彼は私をだまして金を奪い取った. ❷ (運よく, または策をろうして)〈...を〉うまく逃れる: ～ death 運よく死をまぬがれる. ── [自] ❶ 〔...で〕ごまかし[不正]をする: ～ ***at*** cards トランプでいかさまをする / ～ ***on*** one's taxes 税金をごまかす / ～

cheater

on [in] an exam 試験でカンニングをする《用法》《米》では on, 《英》では in) / That's ~ing. それはいかさま[詐欺]です. ❷ (口) 浮気をする, 裏切る: He ~s on his wife. 彼は妻を裏切って浮気をしている. — 图 ❶ ずるいやつ, いかさま師, 詐欺師; a tax ~ 脱税者. ❷ [a ~] 詐欺, いかさま, カンニング《比較》この意味では cheating のほうが一般的的;「カンニング」は和製英語). ❸《電算》チート《オンラインゲームなどで, 製作者・開発の意図しない操作によって, 不正に優位に立とうとする行為, またその手段). 《escheat 「(財産を)没収する」の頭音消失》《類義語》cheat 利益を得たり, 目的を達するために不正手段で相手を欺く. deceive 目的を達成するために真実を隠したりゆがめたりして事実でないことを信じさせる. trick 計略によって人をだます.

chéat·er /-tə | -tə/ 图 ❶ 詐欺師, ぺてん師. ❷ [複数形で] (米口) めがね, サングラス.

Che·chen /tʃéən, -tʃən/ 图 (働 ~, ~s) ❶ a [the ~(s)] チェチェン族 (主に Chechnia に居住する民族; イスラム教徒). b [C] チェチェン族の人. ❷ [U] チェチェン語.

Chech·ni·a, -nya /tʃétʃnjə, -niə/ 图 チェチニア《ヨーロッパロシア南部 Caucasus 山脈の北斜面に位置する共和国; Chechen Republic (チェチェン共和国) ともいう; 首都 Grozny).

*****check*** /tʃék/ 图 ❶ [C] 検査, 点検; 照合: make [run] a ~ on a report 報告の真偽をチェックする / do a ~ for health 健康診断をする. ❷ [C] a 《米》 小切手 (《英》 cheque) (★「偽造を阻止するもの」の意から): write [cash] a ~ 小切手を切る[現金化する] / pay by ~ 小切手で支払う[買う] (★ by ~ は無冠詞) / write a person a ~ [make out a ~ to a person] for a hundred dollars 人に100ドルの小切手を切る / ⇒ traveler's check. b 《米》 (商店・レストランなどの) 勘定書 (bill); 領収書: How much is the ~? お会計はいくらですか / May I have the ~ please? お勘定をお願いします. ❸ [C] (通例単数形で) 抑制[防止]; 阻止(するもの); 停止(させるもの), 歯止め(となるもの): The requirement will act as a ~ on tax evasion. その要件は脱税防止として機能するだろう. ❹ [C] 照合(の印し), チェック(√) (tick). ❺ [C] 格子縞, チェック. ❻ [C] a (預かり品などの)合札, 預かり札: a ~ for baggage 手荷物の預かり証[チッキ]. b (通例コート) 《米》 クローク, 手荷物預かり所. ❼ [C] 《チェス》 王手, チェック. ❽ [C] 《アイスホッケー》 (ボディー)チェック (体当たり). **checks and balances** 《政》 (権力の)抑制と均衡 (権力の集中・専制を防ぎ, 政治の健全な運営をはかるために工夫された制度[原理]). **kéep a chéck on** ...をチェック[監視]する. **kéep [hóld] ... in chéck** ...を抑制する.

— 图 ❶ 照合(の), チェック(の) : a ~ mark 照合用マーク. ❷ 格子縞模様の[をした], チェックの: a ~ suit チェックのスーツ.

— 働 ❶ ⟨...を⟩調べる, 点検する, 照合する, 検査する, 確認する, ~ a person's body for weapons 武器を所持していないかどうか身体検査をする / ~ the brakes ブレーキの点検をする / C- your answers *against* mine. 君の答えを私のと合わせてみなさい / [+*that*] ~ *that* the fire is out 火が消えていることを確かめる / [+*wh*.] I ~ed *with* him whether he would do it. それをやってくれるかどうか彼に問い合わせた. ❷ 《米》 (所持品を)預ける: ~ one's baggage (搭乗前に)荷物を預ける / I'll ~ my coat. コートを預けるよ / I'll ~ this suitcase (*through*) *to* Chicago. このスーツケースはシカゴまで手荷物として預ける. ❸ 《米》 (リストなどで)...に照合のしるし(√)をつける (tick): C- (*off*) the books you've read. 読んだ本に印をつけなさい. ❹ ⟨...を⟩くい止める, はばむ, 阻止する; (感情・活動などを)抑える, 抑制する: ~ the spread of the disease その病気の拡大を抑える / take steps to ~ inflation インフレ抑制策を講じる / ~ one's anger 怒りを抑える / He ~ed the impulse to cry out. 彼は叫びたいという衝動を抑えた. b [~ oneself で]自制する: She opened her mouth but ~ed herself. 彼女は口を開きかけたが自制して何も言わなかった. ❺ 《アイスホッケー》 (...に)(ボディー)チェックをする. ❻ 《チェス》 (相手のキングに)王手をかける.

— 圓 ❶ 調査する, 調べる, 確認する: ~ *for* cracks ひびがないか調べる / Let me ~. 確認してみます. ❷ a 【人に】照会する: I ~ed *with* him to see if his address was right. 彼の住所が正しいかどうかを調べるために彼に照会した. b 《米》 (照合してみて)(...と)一致する, 符合する: This copy ~s *with* my original in every detail. このコピーは私の原文とぴったり一致する / Her statement ~ed *out* (pretty well). 彼女の報告は(かなりよく)合って[裏づけられて]いた. ❸ 《チェス》 王手をかける.

chéck in (働 +圓) (1) (ホテルなどに)記帳する, チェックインする; (空港で)搭乗手続きをする (register): ~ *in at* a hotel [the airport] ホテルに[空港で]チェックインする. (2) 《米》 〈...に〉連絡する, 知らせる (*with*). — (働 +圓) (3) ⟨荷物・人の⟩チェックインの手続きをする; 搭乗手続きをする. (4) 《米》 (本の)返却手続きを取る.

chéck ínto ... (1) (ホテルなどに)記帳する, チェックインする. (2) ...を調査する: The IRS is ~*ing into* the firm's finances. 国税庁がその会社の経理状態を調べている.

chéck on (働 +圓) ⟨人・ものを⟩調べる, ようすを見る: I'll ~ *on* the report. 報告書の真偽は私が調べましょう.

chéck óff (働 +圓) 《米》 ⟨...に⟩照合の印をつける (⇒ 圓 3).

chéck óut (圓 +圓) (1) (勘定を済ませて)チェックアウトする; 《米》 (スーパーマーケットなどで)勘定を済ませて出る. (2) 《米》 (情報などが)正しいとわかる, 確認される. (3) (米古風) (急いで)出発する, 去る. ❹ (米口) 死ぬ. — (働 +圓) (5) 《米》 ⟨...を⟩調べる, 確かめる; 十分に検査[チェック]する: ~ *out* the facts その事実を確認する. (6) (米口) (興味を持って)見る, 調べる: *C-* it out! He's got a new car. 見てみろ. あいつやっぱり新車を買ったぞ. (7) 《米》 (図書館で)本の貸し出しを受ける, 借りる. (8) (スーパーマーケットで)(レジ係が)⟨買い物の⟩勘定をする.

chéck óut of ... (ホテルなどから)(勘定を済ませて)出ていく, チェックアウトする.

chéck óver (働 +圓) (1) (誤りがないかなど)...を⟨念入りに⟩調べる[チェック]する: ~ *over* the names of the examinees 受験者の名前に誤りがないかよく調べる. (2) ⟨人を⟩健康診断する.

chéck thróugh (働 +圓) = CHECK over 成句 (1).

chéck úp on ... (1) ⟨人・ものを⟩(背景・事実関係・真偽などについて)調べる, 検討する, 照合する. (2) ⟨人の⟩健康診断をする.

— 圓 [C-] (米口) そのとおりだ, よろしい, 承知した (OK). 《F <L チェス .《Pers. *shāh* 王, 《チェス》の王手》

chéck·bòok 图 《米》 小切手帳 (《英》 chequebook).

chéckbook jóurnalism 图 [U] 札束ジャーナリズム《お金を使って記事・インタビューなどを独占する慣行》.

chéck bòx 图 《電算》 チェックボックス《GUI 環境で, オプションが選択されているかどうかを示す欄; トグルスイッチになっていて, クリックで設定を変更できる》.

chéck càrd 图 チェックカード《指定額までの小切手を支払うことを保証する銀行発行のカード》.

*****checked*** 形 格子縞の: a ~ dress チェックのドレス.

chéck·er[1] 图 ❶ 照合[チェック]する人. ❷ 《米》 a (携帯品の)一時預かり人. b (スーパーマーケットなどの)レジ(係).

chéck·er[2] /tʃékə | -kə/ 图 ❶ 格子縞. ❷ [複数形で] ⇒ checkers. — 働 ⟨...を⟩格子縞模様にする; 色とりどりにする; ⟨...に⟩変化を与える (★ しばしば受身). 《「チェス盤」の意から》

chéck·er·bòard 图 ❶ 《米》 チェッカー盤《用法》《米》ではチェスに用いる時は特に chessboard といい, 《英》ではチェッカーに用いる時は特に draughtboard という). ❷ [また形容詞的に] (特に工場の)チェック, 格子縞.

chéck·ered 形 ❶ 変化[浮沈]に富んだ: a ~ career [life] 波瀾(はらん)万丈の経歴[人生]. ❷ 格子縞の; 色とりどりの: a ~ flag (自動車レースのゴールで振られる黒と白の)チェッカーフラッグ.

chéck·ers 图 [U] 《米》 チェッカー (《英》 draughts) 《チェス盤上で二人がそれぞれ 12 のこまを用いてするゲーム》.

⁺chéck-ìn 图 [U;C] (ホテル・空港での)宿泊[搭乗]の手続き, チェックイン; チェックインカウンター. — 形 [A] チェックインの: a ~ counter チェックインカウンター.

chécking accòunt 图 《米》 当座預金口座.

chéck·kìting 图 [U] 手形[小切手]詐欺.

⁺**chéck·lìst** [名] 照合表, (チェック)リスト.
chéck màrk [名] 照合のしるし《✓ など》.
chéck-màrk [動] [他] 〈…に〉照合のしるしをつける.
check·mate /ʧékmèɪt/ [名] [U,C] ❶ 〖チェス〗王手詰み. ❷ (計画・事業などの)行き詰まり, 敗北. ── [間] [C~] 〖チェス〗詰み! ── [動] [他] ❶ 〖チェス〗〈相手のキングを〉王手詰めにする[にして勝つ]. ❷ 〈人・計画などを〉行き詰まらせる, 失敗[敗北]させる; 阻止する. 〚F < Arab=王は死んだ〛
chéck·òff [名] [U] 労働組合費の天引き, チェックオフ.
⁺**chéck-òut** [名] ❶ [U,C] (ホテルなどの)チェックアウト(の時間): What time is ~? チェックアウトは何時ですか / *C~* is at noon. チェックアウトは正午です. ❷ [C] =check-out counter. ❸ [C] (機械・飛行機などの)点検, 検査. ❹ [C] 《米》(図書館での)本の貸し出し手続き.
chéck-out còunter [名] 勘定台, レジ.
chéck-out dèsk [名] 図書貸し出しデスク.
⁺**chéck·pòint** [名] (通行)検問所, チェックポイント《国境などに設けられているものや自動車のラリー競技用のものなど》.
chéck·rèin [名] (馬の頭を下げさせないための)止め手綱.
chéck·ròll [名] =checklist.
chéck·ròom [名] 《米》❶ (ホテル・劇場などの)携帯品一時預かり所 (《英》 cloakroom). ❷ (駅などの)手荷物一時預かり所 (《英》 left luggage office).
chéck stùb [名] ❶ 給料小切手の控え[明細]. ❷ 小切手帳の台紙.
chéck·sùm [名] 〖電算〗検査合計, チェックサム《冗長検査のためにデータに付加される, 一定のデータのまとまりの和》.
⁺**chéck·ùp** [名] ❶ 健康診断: a medical [physical] ~ 健康診断 / get [have] a ~ 健康診断を受ける. ❷ 照合, 引き合わせ; (仕事の能率・機械の状態などの)総点検, 検査.
chéck vàlve [名] 〖機〗逆止め弁, 逆止(ぎゃく)弁.
chéck·wrìter [名] 《米》小切手印字器.
Ched·dar /ʧédɚ | -də/ [名] [U] チェダー(チーズ). 〚イングランド Somerset 州の原産地名から〛
che·der /héɪdɚ | -də/ [名] =heder.
chee·cha·ko, che- /ʧiʧɑ́ːkoʊ/ [名] (複 ~s) (Alaska や北西太平洋岸で) 新入り, 新参者.
***cheek** /ʧíːk/ [名] ❶ [C] ほお: rosy ~*s* ばら色のほお / dance ~ to ~ ほおを寄せあって踊る / She kissed him on the ~. 彼女は彼のほおにキスをした. ❷ [C] 《口》尻の一方. ❸ [U] [また a ~] 《英口》生意気な言葉[態度]; 厚かましさ: What (a) ~! 何という厚かましさ! / 〔+*to* do〕She had *the* ~ *to* ask me to lend her some money. 彼女は厚かましくも私に金を貸してくれと言った. **chéek by jówl** 《口》〔…と〕ぴったり接して; 〔…と〕非常に親しくて〔*with*〕: Bookstores stand ~ *by jowl* in this street. この通りには書店が軒を連ねている. **túrn the óther chéek** (不当な処置を受けても)反発しない, 甘んじている《★ 聖書「マタイ伝」から》. **(with one's) tóngue in (one's) chéek** ⇨ tongue [成句]. ── [動] [他] 《英口》〈人に〉生意気な口をきく[態度をとる]. ([関形] buccal, malar)
⁺**chéek·bòne** [名] ほお骨.
cheeked /ʧíːkt/ [形] [通例複合語で] ほおが…の, …なほおをした: red-*cheeked* 赤いほおの.
chéek·pìece [名] 馬のくつわの両側にある棒; (ライフル・散弾銃の銃床の)ほお当て部.
⁺**cheek·y** /ʧíːki/ [形] (**cheek·i·er; -i·est**) 《口》〈人・言動が〉生意気な, あつかましい, ずうずうしい (saucy). **chéek·i·ly** /-kili/ [副] **-i·ness** [名]
cheep /ʧíːp/ [動] [自] 〈ひな鳥が〉ピヨピヨと鳴く; 〈ネズミなどが〉チューチューと鳴く. ── [名] (ひな鳥などの)ピヨピヨ鳴く声; (ネズミなどの)チューチュー鳴く声. **~·er** [名] 〚擬音語〛
***cheer** /ʧíɚ | ʧíə/ [名] ❶ [C] **a** かっさい, 歓呼: give [raise] a ~ かっさいをする / (give) three ~*s* (*for*...) (…のため)万歳を三唱(する). **b** 《米》応援(文句), 声援. ❷ [U] 《文》陽気, 元気; 激励, 励まし. ❸ [複数形で; 間投詞的に用いて] **a** 乾杯, 健康を祝して. **b** 《英口》ありがとう《★ ちょっとした好意に対して用いる》. **c** 《英口》さようなら, じゃあね. ❹ [U] 食べ物, ごちそう. ── [動] [他] ❶ 〈人などに〉かっさいする; 〈…を〉やんやとはやす; 〈人を〉歓迎して叫ぶ: We ~*ed* the news that he was elected governor. 彼が知事に選ばれたというニュースで我々は歓声をあげた. ❷ [通例受身で] 〈人を〉元気づける; 励ます, 激励する (hearten): He was ~*ed* by the news. 彼はその知らせで元気づいた. ── [自] 歓声をあげる: We ~*ed* wildly. 狂喜して歓声をあげた. **chéer ón** ([他]+[副]) 〈人・チームを〉声援する: We all ~*ed* our baseball team *on*. 我々は皆味方の野球チームに声援を送った. **chéer úp** ([自]+[副]) (1) 元気づく: *C~ up*! 元気を出せ!, がんばれ! ── ([他]+[副]) (2) 〈人を〉元気づける. 〚OF=顔 < L < Gk〛 ([形] cheerful, cheery)
***cheer·ful** /ʧíɚf(ə)l | ʧíə-/ [形] (**more ~; most ~**) ❶ 快活な, 朗らかな, 元気のいい. ❷ 愉快な, 楽しい; 〈場所など〉気持ちのよい, 明るい. ❸ [A] 快く[喜んで, 進んで]する; 楽観的な: ~ obedience 心からの服従. **-ful·ly** /-fəli/ [副] 快活に, 元気よく; 楽しげに. **~·ness** [名] [U] 上機嫌, 快活. 【類義語】⇨ happy.
cheer·ing /ʧí(ə)rɪŋ/ [形] ❶ 励ましになる, 元気づける: ~ news うれしい[喜ばしい]ニュース. ❷ かっさいする: a ~ crowd かっさいする群衆.
cheer·i·o /ʧì(ə)rióʊ/ [間] 《英口》❶ さようなら, ではまた《別れのあいさつ》. ❷ おめでとう, 乾杯!
⁺**chéer·lèader** [名] ❶ 《米》チアリーダー《フットボールやバスケットボールの高校や大学対抗試合の応援団員; [比較] 日本語の「チアガール」は和製英語》. ❷ 熱烈な支持者.
chéer·lèading [名] [U] チアリーダーによる応援; 激励.
chéer·less [形] 喜びのない, 陰気な, もの寂しい (gloomy). **~·ly** [副] **~·ness** [名]
chéer·ly [副] 《古》=cheerfully; [間投詞的に] 〖海〗元気でやろう!《水夫の励ましの声》.
⁺**cheer·y** /ʧí(ə)ri/ [形] (**cheer·i·er; -i·est**) 上機嫌の; 陽気な, 元気のいい. **chéer·i·ly** /-rəli/ [副] 元気よく, 陽気に. **-i·ness** [名]
***cheese**[1] /ʧíːz/ [名] ❶ [U,C] チーズ: a piece [slice] of ~ チーズ 1 個[ひと切れ]. ❷ [U] 《口》(話など)感情[感傷]的なこと; 感傷. **hárd chéese** 《英口》不運《[用法] 相手に何か不都合・失敗などがあってもそれはこちらとは関係ないとする時に用いる》: *Hard* ~! それはお気の毒さまだ. **Sày chéese!** はい, にっこり笑って! チーズ!《[由来] 写真をとるとき, cheese と言うと笑い顔になることから》.
〚L〛 ([形] cheesy; [関形] caseous)
cheese[2] /ʧíːz/ [名] 《俗》[通例 big ~で] 偉い人, お偉方, ボス, 大物, 要人.
cheese[3] /ʧíːz/ [動] [他] 《俗》やめる. **Chéese it!** 《俗》(1) よせ!, 逃げろ! (2) 気をつけろ!
chéese·bòard [名] ❶ チーズボード《チーズを切って出す板》. ❷ (板にのせて出す)さまざまなチーズ.
chéese·bùrg·er /-bɚ̀ːgɚ | -bə̀ːgə/ [名] 《米》チーズバーガー.
chéese·càke [名] ❶ [C,U] チーズケーキ. ❷ [U] 《米古風》(雑誌などの)女性の(セミ)ヌード写真 (cf. beefcake).
chéese·clòth [名] [U] 荒目薄地の綿布, 寒冷紗(かんれいしゃ).
cheesed [形] [P] 《英俗》〔…に〕うんざりして, あきあきして: be ~ *off with*...にはうんざりしている.
chéese-hèad [名] (ねじなどの)ずんぐりした丸い頭; 《俗》ばか.
chéese·mònger [名] 《英》チーズ屋《バター・卵なども売る》.
chéese·pàring [形] [A] 〈人が〉けちけちした. ── [名] [U] けち(なこと).
chéese·stràw [名] チーズストロー《小麦粉に粉チーズを混ぜて焼いた細長いビスケット》.
chéese·wòod [名] 〖植〗トベラ《オーストラリア原産》.
chees·y /ʧíːzi/ [形] (**chees·i·er; -i·est**) ❶ チーズ質の, チーズのような; チーズの風味のある. ❷ 《俗》下等な, 安っぽい. ❸ 《俗》にせの, うそっぽい.
chee·tah /ʧíːṭə/ [名] 〖動〗チータ《アジア南西部・アフリカ産のヒョウに似た動物》.
Chee·ver /ʧíːvɚ | və/, **John** [名] チーバー《1912–82; 米国の小説家》.
chef /ʃéf/ [名] コック; (特に)(レストランなどの)コック長. 〚F〛
chef d'é·cole /ʃéfdeɪkál | -kɔ́l/ [名] (複 **chefs d'é·cole** /ʃéf(s)deɪ-/) (芸術・思想の)流派の指導者. 〚F=head of school〛
chef-d'oeu·vre /ʃèɪdɚ́ːvr(ə), -də́ːv/ [名] (複 **chefs-**

d'oeu・vre /-dɔ́ːvrə, -dɔ́ːv(z)/) 傑作 (masterpiece).
〖F=chief work〗

cheiro- /káɪrou/ 〖連結形〗 =chiro- の異形.

Che・khov /tʃékɔːf | -kɔf/, **An・ton** /ǽntɑn | -tɔn/ 图 チェーホフ(1860-1904; ロシアの劇作家・短編小説家). **Che・kho・vi・an** /tʃekóuvɪən/ 形 チェーホフの(ような).

che・la /kíːlə/ 图 (徳 **-lae** /-liː/) (エビ・カニなどの)はさみ.

che・late /kíːleɪt/ 形 〖動〗 はさみ (chela)をもっている. ── 動 〖化〗 «金属と化合して»キレート環を形成する, キレート化する. ── 图 〖化〗 キレート(化合物). **che・la・tor** /-tə, -tə/ 图 〖化〗 キレート剤.

che・la・tion /kiːléɪʃən/ 图 Ⓤ 〖化〗 キレート化, キレーション.

che・lic・era /kəlísərə/ 图 (徳 **-er・ae** /-riː/) 〖動〗 鋏角(きょうかく)《鋏角類の第1対の頭部付属肢で他の節足動物の大顎に相当する》. **che・lic・er・al** 形 鋏角の.

che・lic・er・ate /kəlísərèɪt/ 形 〖動〗 鋏角をもつ. ── 图 鋏角類の節足動物.

Chel・sea /tʃélsi/ 图 チェルシー《英国 London 南西部 Thames 川北岸の高級住宅地区》.

Chélsea bóot 图 チェルシーブーツ《側面にゴム布の入ったブーツ[靴]; 1960年代に Chelsea で売られた》.

Chélsea pénsioner 图 《英》チェルシー国立廃兵病院入院者.

Chélsea wàre 图 Ⓤ チェルシー焼き《18世紀に Chelsea で製造された軟磁器》.

chem. chemical; chemist; chemistry.

che・mi- /kíːmɪ, kémɪ/ 〖連結形〗 chemo- の異形.

*__chem・i・cal__ /kémɪk(ə)l/ 形 (比較なし)化学の; 化学的な, 化学作用の[による]: ~ action 化学作用 / ~ analysis 化学分析 / ~ pollution 化学汚染 / ~ safety 化学的安全性. ── 图 [通例複数形で] 化学物質[製品, 薬品]: agricultural ~s 農業化学品, 農薬 / fine ~s 精薬品 《少量で取り扱う医薬品・香料など》 / highly toxic ~s 高度有害化学物質. **~・ly** /-kəli/ 副 化学的に; 化学作用で. 〖F chimique < L alchemicus < alchemia 錬金術; cf. alchemy〗

chémical abúse 图 Ⓤ 薬物乱用.
chémical bónd 图 〖化〗 化学結合.
chémical depéndency 图 薬物依存.
chémical enginéering 图 Ⓤ 化学工業.
chémical fórmula 图 化学式.
Chémical Máce 图 =Mace.
chémical péel 图 ⒸⓊ 化学的表皮剝離(法), ケミカルピール.
chémical reáction 图 化学反応.
chémical wárfare 图 Ⓤ 化学戦争.
chémical wéapon 图 化学兵器.

chem・i・co- /kémɪkou/ 〖連結形〗 =chemo-.

chèmi・luminéscence 图 Ⓤ 化学ルミネセンス《化学反応において生ずる低温発光現象》. **-cent** 形

che・min de fer /ʃəmændəféə | -féə/ 图 〖トランプ〗 シュマンドフェール (baccarat の一種).

che・mise /ʃəmíːz/ 图 シュミーズ《肩ひも付きワンピースの女性用肌着またはウエストのゆったりした簡単なドレス》.

che・mi・sorb /kémɪsɔəb/ 動 〖理・化〗 化学吸着する.
che・mi・sorp・tion /kèmɪsɔ́əpʃən | -sɔ́ːp-/ 图 Ⓤ 化学吸着. 〖CHEMI-+(AD)SORB〗

*__chem・ist__ /kémɪst/ 图 ❶ 化学者. ❷ 《英》薬剤師; 薬屋, ドラッグストア《米》druggist》: a ~'s (shop) 薬屋, ドラッグストア. 〖(AL)CHEMIST〗

*__chem・is・try__ /kémɪstri/ 图 Ⓤ ❶ 化学: applied ~ 応用化学 / organic ~ 有機化学 / inorganic ~ 無機化学. ❷ 化学的性質, 化学現象[作用]. ❸ «物事の»不思議[複雑な過程]現象]. ❹ 《口》《人との»相性 《between》. 〖CHEMIST+-RY〗

chémistry sèt 图 (子供用)化学実験セット.

che・mo- /kíːmou, kémɪ/ 〖連結形〗 「化学 (chemical)」.

chèmo・áutotroph 图 〖生〗 化学合成独立栄養生物.

chèmo・àuto・tróphic 形 〖生〗 化学合成独立栄養の.

-autótrophy 图 化学合成独立栄養.
chèmo・recéption 图 Ⓤ 〖生理〗 化学受容.
chèmo・recéptor 图 〖生理〗 化学受容器.
chèmo・sýnthesis 图 Ⓤ 〖生〗 化学合成. **-synthetic** 形
chèmo・táxis 图 Ⓤ 〖生〗 走化性, 化学走性《化学的刺激によって起こる(集団的)移動運動》. **-táctic** 形
⁺**chè・mo・thérapy** /kìːmou-, kèm-/ 图 Ⓤ 〖医〗 化学療法. **chèmo・therapéutic** 形
chem・ur・gy /kémədʒi | -mə-/ 图 Ⓤ 農産化学. **che・mur・gic** /kemə́dʒɪk | -má-/ 形

Cheng・du, Ch'eng・tu /tʃʌŋdúː/ 图 成都(ﾁｪﾝﾄﾞｩ)《中国四川省の省都》.

che・nille /ʃəníːl/ 图 シュニール, 毛虫糸《ビロード状に毛を立てた飾り糸; ししゅう・縁飾り用》.

cheong・sam /tʃɔːŋsǽm/ 图 チョンサン(長衫)《襟が高く, スカートの片側にスリットの入った女性用の中国服》.

*__cheque__ /tʃék/ 图 《英》小切手《米》check》.
chéque・bòok 图 《英》=checkbook.
chéquebook jóurnalism 图 《英》=checkbook journalism.
chéque càrd 图 《英》=check card.
cheq・uer /tʃékə | -kə/ 图 《英》=checker².
chéq・uered /tʃékəd/ 图 《英》=checkered.
chéq・uers 图 《英》=checkers.

Cher・bourg /ʃéəbuəg/ 图 シェルブール《フランス北西部の, イギリス海峡に臨む港町・海軍基地》.

Che・rén・kov radiàtion /tʃərénkɔːf- | -kɔf-/ 图 =Cerenkov radiation.

cher・i・moya /tʃèrɪmɔ́ɪə/ 图 〖植〗 チェリモヤ《熱帯アメリカに広く産する小木; 緑色の果実がなる》.

⁺**cher・ish** /tʃérɪʃ/ 動 他 ❶ 《子供・ものを》《愛情をこめて》大事にする, かわいがる: She ~es her grandson. 彼女は孫息子をかわいがる. ❷ 《望み・信仰・恨みなどを》心に抱く; 《時などを》なつかしく思う[思い出す]: a long-*cherished* dream 長く胸に抱いた夢. 〖F<*chér* 愛しい, 大切な<L *carus*; cf. charity〗

Cher・no・byl /tʃənóubɪl | tʃəˌnáu-/ 图 チェルノブイリ《ウクライナ共和国の首都 Kiev 北方にある都市; 1986年同市にある原子力発電所で事故が起こり, 広範囲に放射能汚染が生じた》.

cher・no・zem /tʃéəənɑʒɔ́ːm, -zém | tʃèə-/ 图 チェルノジョーム土(ﾄﾞ)《ヨーロッパロシアや北米中央部などの冷温帯・亜湿潤気候のステップにみられる肥沃な黒い成帯性土壌》.

Cher・o・kee /tʃérəkìː/ 图 (徳 ~ (s)) **a** [the ~ (s)] チェロキー族《北米先住民の一部族; 今はその大部分が Oklahoma 州に住む》. **b** Ⓒ チェロキー族の人. ❷ Ⓤ チェロキー語.

Chérokee ròse 图 〖植〗 ナニワイバラ《中国南部原産の芳香の白色花をつけるつる性バラ; 米国 Georgia 州の州花》.

che・root /ʃərúːt/ 图 両切り葉巻きたばこ.

⁺**cher・ry** /tʃéri/ 图 ❶ Ⓒ 〖植〗 サクランボ. ❷ **a** Ⓒ 〖植〗 サクラ(の木). **b** Ⓤ サクラ材. ❸ Ⓤ サクランボ色, 鮮紅色. **a bite at [of] the chérry** 《英》機会, チャンス. **lóse one's chérry** 《卑》処女[童貞]を失う, 初体験をする. **póp a person's chérry** 《卑》《...の》処女[童貞]を奪う, 初体験の相手となる. ── 形 ❶ サクランボ色の; サクランボ色の, 鮮紅色の. ❷ Ⓐ サクラ材製の. ❸ 《俗》**a** 処女[童貞]の. **b** 未経験の, 新しい.

chérry blòssom 图 [通例複数形で] 桜の花.
chérry bòmb 图 サクランボ大の赤いかんしゃく玉.
chérry brándy 图 ⓊⒸ チェリーブランデー《サクランボをブランデーに浸して作ったリキュール; またはサクランボを発酵蒸留した酒》.
chérry làurel 图 〖植〗 セイヨウバクチノキ《欧州南東部産のバラ科常緑低木》.
chérry-pìck 動 他 《口》入念に選ぶ; (小売店で, 特売品・目玉商品などだけを)えり好みして買う.
chérry picker 图 人を上げ下げする移動クレーン.
chérry píe 图 ⒸⓊ チェリーパイ《サクランボ入りのパイ》.
chérry plùm 图 〖植〗 ミロバランスモモ.
chérry・stòne 图 サクランボの種.

chérry tomàto 名 チェリートマト, ミニトマト.
chérry trèe 名 =cherry 2 a.
chérry wòod 名 =cherry 2 b.
chert /tʃə́ːt│tʃə́ːt/ 名 U 〖岩石〗チャート, 燧岩(ほどいわ) 《純粋な珪質堆積岩の一種》.
cher·ub /tʃérəb/ 名 (働 ~s, cher·u·bim /-bìm/) ❶ a ケルビム, 智天使《九天使中の第2位で知識を司る; 通例翼のある愛らしい子供の姿や頭で表わされる; cf. hierarchy 4 a》. b 〖美〗ケルビムの絵. ❷ 丸々太った愛らしい幼児; 美しくて無邪気な人.〖L<Gk<Heb〗[形 cherubic]
che·ru·bic /tʃərúːbɪk/ 形 ケルビムの(ような); 無邪気な;〈顔つきなど〉ふくよかな: ~ innocence 天使のようなあどけなさ. **che·rú·bi·cal·ly** /-kəli/ 副
cher·u·bim 名 cherub の複数形.
cher·vil /tʃə́ːv(ə)l│tʃə́ː-/ 名 U〖植〗チャービル《パセリに似た葉のセリ科の植物; 香味用》.
Ches. 〖略〗Cheshire.
Chés·a·peake Báy /tʃésəpìːk-/ 名 チェサピーク湾《米国Maryland州とVirginia州に囲まれた湾》.
Chesh·ire /tʃéʃə│tʃéʃə-/ 名 チェシャー州《イングランド西部の州; 略 Ches.; 州都 Chester》. **grín lìke a Chéshire cát** わけなくにやにや笑う《画家 L. Carroll の *Alice's Adventures in Wonderland* に出てくるにやにや笑う猫から》.
Chéshire chéese 名 U チェシャーチーズ《Cheddarに似た硬質チーズ》.
*__chess__ /tʃés/ 名 U チェス《解説 盤上に白黒それぞれ16個, 計32個のこまを動かし二人でするゲーム;「将棋」と異なり, 一度捕獲されたこまは使えない; こまの種類は king (1), queen (1), rook また castle (2), bishop (2), knight (2), pawn (8); それぞれのこまの動きは各項を参照》: play (at) ~ チェスをする.〖F<*eschec* check〗
chéss·bòard 名 チェス盤 (⇒ checkerboard).
chéss·màn 名 (働 -men) (チェスの)こま.
*__chest__ /tʃést/ 名 ❶ 胸; 胸郭: ~ pain(s) 胸の痛み / have a bad ~ 〈英〉胸[肺]を病んでいる / raise a hand to one's ~ 胸に手を置く《★国旗に対する表敬・忠誠心のしぐさ》/ throw [stick] one's ~ out 胸を張る《★自信・自慢のしぐさ》/ beat one's ~ 胸をたたく《★元気いっぱいまたは嘆き悲しむしぐさ》/ point at one's ~ with one's thumb 親指で胸をさすしぐさ《★自分のことをさすしぐさ》. ❷ (通例ふた付きの丈夫な大型の)箱, ひつ, (茶などの)輸送用包装箱; たんす: a medicine ~ 薬箱; 薬品棚 / a tea ~ 〈英〉茶箱 / a ~ of drawers (寝室・化粧室の)整理だんす. ❸〈英〉資金; ⇒ community chest, war chest. **gét óff one's chést** 〈気になっていたこと〉を打ち明けてさっぱりする.〖L<Gk=箱〗〖関連 pectoral, thoracic〗〖類義語〗**breast** 人体の肩[首]と腹の間の部分, 特に女性の乳房をさす. **bosom** 同じ「胸部」でも, 比喩的に感情・愛情を宿す所としての胸・心の意に用いることが多い. **chest** 肋骨や胸郭を含めた箱状の部分で, 心臓や肺のある所. **bust** 女性の胸部; 普通衣服・身体の寸法などに用いる.
-chést·ed 形〖複合語で〗(...の)胸をした: broad-[flat-] chested 胸の広い[平たい].
Ches·ter /tʃéstə│-tə-/ 名 チェスター《イングランド Cheshire 州の州都》.
ches·ter·field /tʃéstəfìːld│-tə-/ 名 ❶ チェスタフィールド《隠しボタンでシングルまたはダブルの男物オーバーコート》. ❷ (同じ高さの背とひじ掛けのある)寝台兼用ソファー.
Ches·ter·ton /tʃéstətən│-tə-/, **G(ilbert) K(eith)** /-kíːθ/ 名 チェスタトン (1874-1936; 英国の文筆家).
+chest·nut /tʃésnàt, -nət/ 名 ❶ C クリの実. ❷ C〖植〗a クリの木. b セイヨウクリ (cf. horse chestnut). ❸ C クリ材. ❹ a U くり色 (赤茶色). b C くり毛の(馬). ❺ C〈口〉陳腐な話, 古くさいしゃれ. **púll a pérson's chéstnuts òut of the fíre** 火中のクリを拾う, 他人を救うために危険を冒す. ── 形 くり色の, 赤茶色の: ~ hair くり色の髪.〖ME *chesten* クリの木+NUT〗
chést vòice 名 胸声《胸の共鳴によって発せられるような低い声; cf. head voice》.
chest·y /tʃésti/ 形 (chest·i·er; -i·est) ❶ 〈口〉胸の大きい[広い]; (特に)〈女性が〉胸の豊かな. ❷〈英〉〈せきなど〉胸部

301　chiasmus

の炎症による; 〈胸の病気の〉徴候のみえる. ❸〈米俗〉威張った; うぬぼれた.
Chet·nik /tʃétnɪk│tʃétnɪk/ 名 チェトニク《セルビア民族独立運動グループの一員; 第1次大戦前はトルコに抵抗し, 両大戦中はゲリラ活動を展開した》.
che·val glàss /ʃəvǽl-/ 名 大姿見《前後に傾けることができ, 全身を写す鏡》.
chev·a·lier /ʃèvəlíə│-líə/ 名 ❶ (中世の)騎士. ❷ (フランスの)勲爵士. ❸ 義俠(ぎょう)心の人.
che·vet /ʃəvéi/ 名〖建〗シュヴェー《特にフランス中世の大聖堂における, 半円形の歩廊に囲まれ, いくつものチャペルに通じる形式の聖域》.
chev·i·ot /ʃéviət│tʃív-, tʃév-/ 名 C チビオット羊毛織物.〖↓〗
Chév·i·ot Hílls /tʃíː-viət-, tʃév-/ 名 〖the ~〗チェビオット丘陵《イングランドとスコットランドの境にある丘陵地帯》.
Chev·ro·let /ʃèvrəléi, ⏌⏌⏌/ 名〖商標〗シボレー《米国 GM 社製の自動車》.
+chev·ron /ʃévrən/ 名 山形形で章《∧, ∨; 軍服・警官服などにつけて身分を示す》.〖F=(屋根の)たる木〗
chev·ro·tain /ʃévrətèɪn, -tən/, **-tin** /-tɪn/ 名〖動〗マメジカ, ネズミジカ《熱帯アジア・西アフリカ産; 小型で角がない》.
chev·y, chev·vy /tʃévi/ 名 =chivy.
*__chew__ /tʃúː/ 動 C〈食物など〉を(よく)かむ (⇒ bite 類比): You must ~ your food well before you swallow it. 食物はよくかんでから飲み込まなければいけない. ── 動 〖...を〗かむ. ❷〈米口〉かみたばこをかむ. **be chéwed úp** 〈英俗〉〖...のこと〗をひどく心配する, 気に病む 〖about〗. **chéw ón** (働+副) 〈...〉をじっくりと考える, 考えめぐらす. **chéw óut** (働+副) [~+目+out] 〈米口〉〈人〉に〖...のこと〗でしかりつける: I ~*ed* him *out for* not locking the door. ドアにかぎをかけなかったので私は彼をひどくしかった. **chéw óver** (働+副) (1) =CHEW out 成句. (2) 〈...〉を十分に話し合う; 議論する. **chéw úp** (働+副) (1) 〈食物など〉をかみ砕く[こわす]. (2) 〈人〉を〈めちゃめちゃに〉打ち負かす. ── 名 ❶ [a ~] かむこと, (特に, かみたばこの)ひとかみ: have *a* ~ *at*...をよくかむ. ❷ かむ菓子《キャンディーなど》.
chew·a·ble /tʃúːəbl/ 形 かむことができる. ── 名 かめるもの.
chéw·er 名 かむ人; (特に)かみタバコをかむ人; (問題を)よく考える人; 反芻動物.
+chéw·ing gùm 名 U チューインガム.
chew·y /tʃúːi/ 形 (chew·i·er; -i·est) かみでのある, よくかむ必要のある.
Chey·enne /ʃàɪén, -én/ 名 (働 ~s, ~) ❶ a [the ~(s)] シャイアン族《北米先住民の一部族》. b C シャイアン族の人. ❷ U シャイアン語.
Chéyne-Stókes bréathing [respirátion] /tʃéinstóuks-/ 名 U〖医〗チェーン[シェーン]-ストークス呼吸《深い呼吸と浅い呼吸が交互に現われる異常呼吸》.〖J. Cheyne 18-19 世紀スコットランドの医師, W. Stokes 19 世紀アイルランドの医師〗
chg., chge. 〖略〗change; charge.
chi¹ /káɪ/ 名 U.C カイ《ギリシャ語アルファベットの第22文字 X, χ; 英字のch に当たる; ⇒ Greek alphabet 表》.
chi² /tʃíː/ 名〖中国哲学〗気.
Chiang Kai-shek /tʃiǽːŋkaɪʃék, tʃǽŋ-/ 名 蔣(しょう)介石 (1887-1975; 中国の政治家).
Chi·a·ni·na /kìːaníːnə/ 名 (働 ~, ~s) キアニータ《イタリア原産の肉牛の品種; 赤身の肉が得られる》.
Chi·an·ti /kiǽnti, -én-│-én-/ 名 U.C キャンティー(ワイン)《イタリア原産の辛口の赤ワイン; 普通わらで包んだ瓶入り》.《イタリア内のトスカナ地方にある山脈の名から》
chi·a·ro·scu·ro /kiàːrəskjú(ə)roʊ/ 名 (働 ~s) ❶ U (絵画の)明暗の配合. ❷ C 明暗配合の画.
chi·as·mus /kaɪǽzməs/ 名 (働 -mi /-maɪ/) 〖修〗交差対句法 《*Love's fire heats water, water cools not love.* のように対句法を逆に並べ交差させるもの》. **chi·as·tic** /kaɪǽstɪk/ 形

chi·as·to·lite /kaɪǽstəlàɪt/ 图 ⓤ 〖鉱〗空(⅘)晶石.

chi·b(o)uk, -bouque /tʃɪbúːk, tʃə-/ 图 (トルコ)の長ギセル《火皿は陶[クレー]製》.

⁺chic /ʃiːk, ʃɪk/ 形 (**chic·quer; -quest**) 上品[シック]な, あか抜けした (elegant). ── 图 ⓤ 上品さ, あか抜け: She dresses with ~. 彼女は着こなしがシックだ. 〖F〗

＊Chi·ca·go /ʃɪkάːgou/ 图 シカゴ《米国 Illinois 州北東部, Michigan 湖に臨む米国第3の都市》.

Chi·ca·go·an /ʃɪkάːgouən/ 图 シカゴ市民.

chi·cane /ʃɪkéɪn/ 图 ❶ シケイン《自動車レースのコース上に置かれる可動の障害物; スピードの出し過ぎを防ぐ》. ❷ ⓤ 〖古〗言い抜け, ごまかし (★ chicanery のほうが一般的). ❸〖トランプ〗 ⓒ 〖古風〗(bridge で)配られた札に切り札が1枚もない手. ── 動 ⓐ 〖古〗ごまかしを言う; ずるい策略を用いる. ── 匝 ~ をだます. 〖F〗

chi·ca·ner·y /ʃɪkéɪn(ə)ri/ 图 ⓤ (政治・法律上の)言い抜け, ごまかし.

Chi·ca·no /tʃɪkάːnou/ 图 (覆 ~s) チカーノー《メキシコ系アメリカ人; ★ 女性形 **Chi·ca·na** /tʃɪkάːnə/》.

chi·cha /tʃíːtʃə/ 图 ⓤ チッチャ《南米・中米の, 発酵させたトウモロコシから造るビールに似た飲み物》.

Chi·chén It·zá /tʃɪtʃénɪtsάː/ 图 チチェンイツァ《メキシコユカタン (Yukatán) 州の村; Maya の都市遺跡がある》.

Chich·es·ter /tʃítʃɪstə | -tə/ 图 チチェスター《イングランド West Sussex 州の州都》.

chi·chi /ʃíːʃiː/ 形 〈服装などに)いやに飾り立てた, 派手な. ハイカラな, 当世風の. ❷ (わざとらしい)飾り立て, 派手. ❸ (派手な)飾り, 派手なもの.

⁺chick /tʃík/ 图 ❶ a ひよこ (⇒ **cock**¹ A 関連). b ひな鳥. ❷ [しばしば愛称として] 子供. ❸ 〖俗・時に軽蔑〗若い女, 娘. 〖**CHICK**(EN)〗

chick·a·bid·dy /tʃíkəbìdi/ 图 〖愛称〗こども, 赤ちゃん.

chick·a·dee /tʃíkədìː/ 图 〖鳥〗アメリカコガラ.

chick·a·ree /tʃíkəriː/ 图 〖動〗アカリス《北米産》.

Chick·a·saw /tʃíkəsɔ̀ː/ 图 (覆 ~, ~s) ❶ a [the ~s] チカソー族《今は Oklahoma 州に住む》. b チカソー族の人. ❷ ⓤ チカソー語《Choctaw と同一言語とみなされることもある》.

＊chick·en /tʃíkən/ 图 ❶ ⓒ a ひよこ. b ひな鳥. ⓒ 鶏. b ⓤ 鶏肉, チキン. ❸ ⓒ [通例 no (spring) ~ で] 〖口〗子供; (特に)小娘, 若い女. ❹ ⓒ 〖俗〗臆病者 (coward). **cóunt one's chíckens (befòre they àre hátched)** [通例否定の命令法で]「捕らぬたぬきの皮算用」をする (由来 「卵がかえる前にひよこの数を数えるな」の意から). **gò to bèd with the chíckens** 〖米口〗夜早寝する. **pláy chícken** 〖口〗(1) 相手が手を引くと思って脅し合う. (2) (車を衝突寸前まで猛スピードで走らせたりして)度胸だめしをする. ── 形 〖P〗 〖口〗臆病で, おじけて. ── 動 ⓐ (口)★次の成句で. **chícken óut** しりごみする, おじけづいて手を引く: ~ *out on* the plan その計画におじけづいて手を引く / ~ *out of* jumping おじけづいてジャンプをやめる.

chícken-and-égg 形 (卵が先か鶏が先か)解決のできない: a ~ problem 因果関係のわからない問題.

chícken brèast 图 はと胸.

chícken-brèasted 形 はと胸の.

chícken brìck 图 〖英〗チキンブリック《鶏料理用の素焼き鍋》.

chícken chòlera 图 ⓤ 家鶏コレラ.

chícken fèed 图 ⓤ 小銭; はした金.

chícken-fríed 形 〖米〗〈ステーキなど)小麦粉または衣をつけて揚げた.

chícken-fríed stéak 图 〖米〗フライドチキン風ステーキ《小さめのステーキ用牛肉のフライ》.

chícken·héarted 形 臆病な, 小心な.

chícken-lívered 形 =chickenhearted.

chícken pòx 图 ⓤ 〖医〗水痘, 水ぼうそう.

chícken rùn 图 (金網フェンスで囲んだ)鶏飼い場.

chícken·shít 图 〖米俗〗小心[臆病]者. ── 形 臆病な, 弱虫の (cowardly); つまらない.

chícken wìre 图 ⓤ (六角形の目の)金網.

chíck-pèa 图 〖植〗ヒヨコマメ《豆も食用》.

chíck·wèed 图 ⓤ 〖植〗ハコベ, コハコベ; ミミナグサ.

chi·cle /tʃíkl/ 图 ⓤ チクル《熱帯アメリカ産の植物サポジラ (sapodilla) から採るチューインガムの原料》.

chícle gùm 图 =chicle.

chic·o·ry /tʃík(ə)ri/ 图 ⓤ 〖植〗チコリー, キクニガナ《キクヂシャの類; 葉はサラダ用, 根の粉末はコーヒーの代用品》.

chide /tʃáɪd/ 動 (**chid** /tʃɪd/, 〖米〗**chid·ed; chid·den** /tʃídn/, **chid**, 〖米〗**chid·ed**) ⓣ 〈子供などを〉〈...のことで〉しかる, 〈子供などに〉小言を言う: She ~*d* her daughter *for* getting her dress dirty. 彼女は娘が服をよごしたのでしかった. 〖類義語〗⇒ scold.

＊chief /tʃíːf/ 图 ❶ (組織・集団の)長, 頭(⅗ら); 長官, 上役, 局[部, 課, 所]長, (部族の)族長, 首長: a ~ of police (⇒ police 解説) / ⇒ fire chief / the ~ of staff 参謀長 / the ~ of state (国家の)元首. ❷ ⓒ 〖口〗親分, ボス. **in chief** [名詞の後に置いて] 最高の, 長官の: ⇒ COMMANDER in chief 成句. **tòo mány chíefs (and nòt enóugh Índians)** 〖口〗命令する人ばかりで働く人がいなくて. ── 形 ⓐ (比較なし) ❶ 主要な, 主な: the [a] ~ cause [reason] 主な原因[理由] / one's ~ rival 宿敵. ❷ 第一位の, 最高の: a ~ officer [mate] 〖海〗 (主席)一等航海士 / a ~ petty officer 〖米海軍〗一等兵曹 〖下士官〗/ a ~ engineer 機関長. 〖F＜L *caput* 頭; cf. cap〗〖類義語〗**chief** は人に関する場合は第一の優位たる地位の意で, 物事については **main** と似た意. **main** 同類の中で大きさ・重要性が他より勝っている.

chíef cónstable 图 〖英〗(自治体[地方]警察の)本部長 〖米〗chief of police (⇒ police 解説).

chíef exécutive 图 [the C- E-] 〖米〗大統領; [the ~] 〖米〗州知事.

chíef exécutive ófficer 图 最高経営責任者《略 CEO》.

chíef inspéctor 图 〖英〗(警察の)警部 (⇒ police 解説).

⁺chíef jústice 图 [the ~] 裁判長. **the Chíef Jústice of the Uníted Státes** 連邦最高裁判所長官.

⁺chíef·ly /tʃíːfli/ 副 (比較なし) ❶ 主に, 大部分(が), ほとんど(が) (mainly, chiefly): be ~ made of wood 主に木でできている. ❷ まず第一に.

chíef máster sérgeant 图 〖米空軍〗上級曹長.

chíef óperating ófficer 图 最高経営執行者《略 COO》.

Chíef Rábbi 图 [the ~] 一国のユダヤ教最高指導者.

chíef superinténdent 图 〖英〗(警察の)警視正 (⇒ police 解説).

chief·tain /tʃíːftən/ 图 ❶ 指導者; (山賊などの)首領. ❷ (氏族・部族などの)族長, 首長.

chief·tain·cy /tʃíːftənsi/ 图 chieftain の地位[役目].

chief·tain·ship 图 =chieftaincy.

chíef techníčian 图 〖英空軍〗曹長.

chíef wárrant òfficer 图 〖米軍〗上級准尉[兵曹長].

chíff·cháff /tʃíftʃæf/ 图 〖鳥〗チフチャフムシクイ《欧州産》.

⁺chif·fon /ʃɪfάn | ʃɪfɔ́n/ 图 ⓤ シフォン, 絹モスリン. ❷ [複数形で](ドレスの)飾りレース. ── 形 ❶ シフォンの. ❷ 〈ケーキなど)(卵白などで)ふわっとした. 〖F〗

chif·fo·n·nier /ʃɪfəníə | -níə/ 图 (丈の高い)西洋だんす〖しばしば上に鏡付き〗.

chif·fo·robe /ʃífəròub/ 图 シフォローブ《整理だんすと洋服だんすがセットになったもの》.

chig·ger /tʃígə | -gə/ 图 ❶ 〖動〗ツツガムシ《ツツガムシ科のダニの幼虫; 人や動物のリンパ液を吸う》. ❷ 〖昆〗= chigoe.

chi·gnon /ʃíːnjαn | -njɔn/ 图 シニョン《女性の髪の後ろのまげの一種》. 〖F＝うなじ〗

chi·goe /tʃígou/ 图 〖昆〗スナノミ《人畜の皮膚に食い入る寄生昆虫》.

chi·hua·hua /tʃɪwάːwαː/ 图 チワワ(犬)《メキシコ原産の小型犬》.

chik·un·gun·ya /tʃík(ə)ngάnjə/ 图 ⓤ 〖医〗チクングニヤ熱《アフリカやアジアにみられるデング熱と同様の熱病; 主として蚊の媒介するアルボウイルスによって感染する》.

chil·blain /tʃílblèɪn/ 名 [通例複数形で] しもやけ, 凍瘡《比較 frostbite より軽い》【CHILL+blain 水ぶくれ】
chil·blained 形 しもやけのできた.

child /tʃáɪld/ 名(複 **chil·dren** /tʃíldrən/) ❶ **a** 子供, 児童《★この語を受ける人称代名詞の用法については ⇨ baby 1 a [用法]: a young ~ 幼い子供 / a six-year-old ~ = of six 6歳の子供 / as a ~ 子供のころに / ⇨ child's play. **b** 赤子, 赤ん坊. **c** おなかの子, 胎児. ❷ 〔親に対して〕子〔息子・娘〕: the eldest [youngest] ~ 長[末]子 / an only ~ 一人っ子 / The ~ is father to [of] the man. ⇨ father 4 b / Spare the rod and spoil the ~. ⇨ spare 動 4 a. ❸ **a** 子供っぽい人. **b** 未経験な人: When it comes to business dealings, he is still a ~. 彼は商取引のこととなるとまだ子供だ. ❹ 〔遠い祖先の〕子孫: a ~ of Abraham アブラハムの子, ユダヤ人. ❺ 弟子, 崇拝者: a ~ of God 神の子〔善人・信者〕/ a ~ of the Devil 悪魔の子〔悪人〕. ❻ 〔ある階層・環境に生まれた人〕〔ある特殊な性質に〕関連のある人: a ~ of fortune [the times] 運命〔時代〕の寵児(ちょうじ) / a ~ of the 80's 80 年代の申し子. ❼ 〔頭脳・空想などの〕生み出した子, 所産: This invention is a ~ of his brain. この発明は彼の頭脳が生んだものだ. **from a child** 子供のころから. **with child** 妊娠中で[の]; be great [big] with ~ 〔妊娠して〕おなかが大きい. ━━名 ❶ 子供の: ~ welfare 児童福祉. ❷ 子供である: a ~ prodigy 天才児, 神童 / a ~ wife 幼な妻. 《OE; 複数形は BRETHREN の類推》(形) childish; 関形 filial.

child abúse 名 児童虐待.
child-bèaring 名 Ⓤ 出産. ━━形 Ⓤ 出産の; 出産可能な.
child-bèd 名 Ⓤ 分娩, 産褥(じょく).
child bénefit 名 Ⓤ《英》児童手当《もと family allowance と呼ばれていた》.
child-birth 名 Ⓤ 出産, 分娩 (labor). (関形 obstetric, puerperal)
child-càre 名 Ⓤ 子供を養育する[技術]; 児童保育《特に託児施設・ベビーシッターなどによる養育保護》;《英》児童保護《家庭で保育できない児童の地方自治体による一時的保護》. ━━形《英》育児の, 保育の: ~ leave 育児休暇.
child-céntered 形 子供中心の.
*child-hood /tʃáɪldhùd/ 名 Ⓤ.Ⓒ ❶ 幼年時代, 幼時; 幼年のころ (from (one's) ~ 子供のころから / in one's ~ 子供時代に / a happy [an unhappy] ~ 幸せな[不幸な]子供時代 / ⇨ second childhood. ❷ 〔物事の発達の〕初期の段階: the ~ of science 科学の揺籃(ようらん)期.

+**child·ish** /tʃáɪldɪʃ/ 形 (more ~; most ~) ❶ 子供らしい, 児童の: a ~ face 子供らしい顔. ❷ 子供じみた, おとなげない (immature): a ~ argument 幼稚な議論 / It's ~ of you [You're ~] to say that. そんなことを口にするなんてあなたも幼稚だ. ━━ly 副 子供っぽく, 幼稚に. ~-ness 名 Ⓤ 子供っぽさ, 幼稚. (形 child)

child lábor 名 Ⓤ 児童労働, 幼年労働《法定年齢以下の子供の就労》.
+**child·less** 形 子供のない.
+**child·like** 形《よい意味で》子供らしい, 純真な, 無邪気な.
child-mìnder 名《英》子供の世話をする人, 保母, 保父.
child negléct 名 Ⓤ.Ⓒ 児童遺棄, ネグレクト《親が子供にしかるべき養育・保護を行わない[怠る]こと; その事例》.
child pródigy 名 天才児, 神童.
child-pròof 形 子供に安全な(ようにしてある), 子供には扱えない: a ~ cap《薬の瓶などの》子供には開けられないふた. ━━動 他 子供に安全な[扱えない]ようにする.
child psychólogy 名 Ⓤ 児童心理学.

chil·dren /tʃíldrən/ 名 child の複数形.
child's plày 名 Ⓤ《口》簡単な[わけない]こと. ❷ つまらぬ事柄.
child suppòrt 名 Ⓤ 《離婚後の親権者に支払われる》子供の養育費.

chil·e /tʃíli/ 名 =chili.
Chil·e /tʃíli/ 名 チリ《南米南西部太平洋岸の共和国; 首都 Santiago》.

303   **chill room**

Chil·e·an /tʃíliən/ 形 チリ(人)の. ━━名 チリ人.
Chíle pine 名〘植〙チリマツ (monkey puzzle).
chíle re·lléno /-rejéɪnoʊ/ 名 (複 **chíles re·lléno** /-rejéɪnoʊz/) チレス レエノス《大型のチリにひき肉・野菜・チーズを詰めて衣をつけ, 揚げたメキシコ料理》.
Chíle sáltpeter /níter/ 名 Ⓤ〘鉱〙チリ硝石.
+**chil·i** /tʃíli/ 名 (~es) Ⓒ.Ⓤ チリ《熱帯アメリカ産のトウガラシの実; 香辛料》. ❷ =chili powder. ❸ =chili con carne.
chil·i·arch /kíliɑːk | -ɑ̀ːk/ 名 《古代ギリシアの》千人隊長.
chil·i·asm /kíliæzm | -æst/ 名 Ⓤ 千年至福説(信奉)(millenarianism). **-ast** /-æst/ 名 Ⓤ 千年至福説〔王国〕信奉者. **chil·i·ás·tic** 形
chili còn cár·ne /-kɑ̀ːnkáːni | -kɑ́ː-/ 名 Ⓤ チリコンカルネ《牛の挽肉・豆にトマトソース・チリパウダー (chili powder) を加えて煮込んだメキシコ料理》.
chíli dòg 名 チリドッグ《チリコンカルネをかけたホットドッグ》.
chíli pèpper 名 =chili powder.
chíli pòwder 名 Ⓤ チリパウダー《粉末にしたトウガラシ》.
chíli rellèno 名 =chile relleno.
chíli sàuce 名 Ⓤ チリソース《チリその他の香辛料入りトマトソース》.

*chill /tʃíl/ 名 ❶ [通例単数形で] **a** 冷え, 冷たさ; 《身にしみる》寒さ; 冷気, 寒気: the ~ of early morning 早朝の冷え込み / a ~ in the air 肌寒さ. **b** ぞっとする気持ち, おじけ: send a ~ down [up] a person's spine 背すじをぞっとさせる. ❷ 悪寒(おかん), 寒け, かぜ: take [catch] a ~ 悪寒を覚える; かぜを引く / have a ~ 寒けが(してぞくぞく)する; かぜを引いている. ❸ [単数形で] 〔熱意・よろこびを〕興ざめ, 不快: cast a ~ over [upon]…をしらけ[興ざめ]させる. **táke the chíll òff**…《水・酒などを少し温める. ━━形 (~·er; ~·est) ❶ 冷えて, 冷え冷えとした: a ~ morning 冷え冷えとした朝 / a ~ wind 冷たい風. ❷ 気を滅入らせるような, 冷淡な, よそよそしい《比較 現在では chilly のほうが一般的》: give [receive] a ~ welcome 冷たい歓迎をする[受ける]. ❸ 寒さに震えている; 悪寒のする: feel ~ 寒けがする. ━━動 他 ❶ **a** 〔食物を〕冷やす; 冷蔵する (⇨ chilling): …in the refrigerator …を冷蔵庫で冷やす. **b** 〔ワインなどを〕冷やしておく. ❷ 〔人などを〕冷やす, 寒がらせる《★通例受身》: be ~ed to the bone [marrow] 骨の髄まで冷え込んでいる. ❸ 〔人を〕ぞっとさせる, こわがらせる: It ~s my blood to think of it. それを思うとぞっとする. ❹ 〔関係などを〕冷え込ませる, 悪化させる. ❺ 〔熱意・意気を〕くじく; 〔興をそがす〕; 〔人をがっかりさせる〕失望させる. ❻ 《俗》〔人を〕殺す, 害する事する. ━━(自)❶ 冷える: The beer is ~ing in the fridge. そのビールは冷蔵庫で冷やしています. ❷ 〔関係などが〕冷え込む, 悪くなる. ❸ 《米口》落ち着く, 冷静になる. **chíll a person's blóod** ⇨ blood 名 成句. **chíll óut**《口+副》《口》落ち着く, 冷静になる (relax).

chill-càst 動 他〘冶〙〔溶かした金属を〕チル鋳造する《硬い密な表面を作るために溶かした金属を, 冷やした金属製の鋳型と接触させて急速に冷却する》.
chilled 形 冷やした; 冷蔵の; ~ food(s) 冷蔵[チルド]食品 / ~ water [milk] 冷たく冷やした水[牛乳].
chí·ller /tʃíler/ 名 ❶ 冷たくするもの[人]; 冷凍係. ❷《口》ぞっとさせる物語[映画など], スリラー, 怪奇小説. ❸ 冷却[冷蔵]装置.
chíll fàctor 名 =windchill.
chil·li /tʃíli/ 名 (~es) =chili.
chíl·li·ness 名 Ⓤ 冷気; 寒け; 冷淡さ.
+**chill·ing** /tʃílɪŋ/ 形 ❶ ぞっとさせる, 恐ろしい. ❷《米》冷や水を浴びせるような, 萎縮させる, 抑えつける.
chill·ness 名 =chilliness.
chill-out /tʃílàʊt/ 名 Ⓤ 環境音楽.
chíll pìll 名 次の成句で. **táke a chíll pìll**《米俗》気を鎮める, リラックスする.
chíll ròom 名 ❶《バーやオフィスなどの》休憩室, 娯楽室. ❷《インターネット上の》休憩室《リラックスして楽しめるような

ゲーム・画像・音楽などを含むサイト).
chíll·some /-səm/ 形 うすら寒い, 冷たい (chilly).
chíll·um /tʃíləm/ 名 水ギセルの雁首.
†**chíll·y** /tʃíli/ 形 (chill·i·er; -i·est) ❶ a 〈日・天候など〉冷え冷えする, うすら寒い, ひんやりとした: a ~ morning 肌寒い朝 / It was rather ~ that day. その日はかなり冷えこえした日だった. b 〈人が〉寒いがする: feel [be] ~ 寒けがする. ❷ 〈態度など〉冷淡な, 冷ややかな: offer [be given] a ~ greeting [welcome] 冷淡なあいさつ[歓迎]をする[受ける]. ❸ 〈物語など〉ぞっとさせる, スリラーの. — /tʃíli(li)/ 副 冷ややかに, 冷淡に. **chíll·i·ly** /tʃíləli/ 副 冷ややかに, 冷淡に. **-ness** 名 (chill)
Chíl·tern Hílls /tʃíltən- | -tən-/ 名 適 [the ~] チルターン丘陵地帯 (イングランド中南部の丘陵地帯).
chi·mae·ra /kaɪmí(ə)rə, kɪ-/ 名 =chimera.
chimb /tʃáɪm/ 名 =chime².
chime¹ /tʃáɪm/ 動 ⓐ 〈鐘・ベル・時計など〉が鳴る, 響く. — 名 〈鐘などが〉〈音を鳴らして〉〈時刻を〉知らせる: The clock ~d six. 時計が 6 時を告げた. **chíme ín** (⑥+副) (1) 〈物事が〉〈…と〉調和する, 一致する: His views ~d in with mine. 彼の考えは私の考えと符合した. (2) 話の途中に〈賛成の意見をとなえて〉割り込む (with). (3) 〈人・話なとに〉同意する (with). — (⑥+副) (4) 〈…と〉相づちを打つ: [+圓] "Of course," he ~d in. 「もちろんです」と彼は相づちを打った. **chíme with**...〈ものと〉調和する, 一致する. — 名 ❶ⓒ a 〈ドア・置時計などの〉チャイム(装置). b [しばしば複数形で] チャイムの音. ❷ a 〈調律した〉ひと組の鐘. b [通例複数形で] 合奏鐘音, 鐘楽. c [通例複数形で] 管鐘 (オーケストラ用の楽器). ❸ⓊⒶ 諧調(ヒミラ), 旋律. ❹Ⓤ〈…との〉調和, 一致: keep ~ with...と調子を合わせてゆく. 〖F=シンバル<L〗
chime² /tʃáɪm/ 名 〈樽の両端の〉出縁(ξ).
chím·er /tʃáɪmə/ 名 鐘を鳴らす人, 鐘楽手.
chi·me·ra /kaɪmí(ə)rə, kɪ-/ 名 ❶ [C-] 【ギ神】 キマイラ, キメラ 〈頭はライオン, 胴体はヤギ, 尾はドラゴンで火を吐く怪獣〉. ❷ 〈恐怪な〉幻想, 妄想. ❸ⒸⒶ 【生】キメラ: a 突然変異・接ぎ木・胚が若い時期の移植などにより 2 種以上の遺伝的に異なる組織をもつ生物体. b 異種生物の DNA 切片を挿入した組換え DNA.
chi·mer·ic /kaɪmérɪk, kɪ-/ 形 =chimerical.
chi·mer·i·cal /kaɪmérɪk(ə)l, kɪ-/ 形 怪物的な; 空想的な, 途方もない. **-ly** /-kəli/ 副
chi·mi·chan·ga /tʃìmɪtʃɑ́ːŋɡə/ 名 チミチャンガ (スパイスを効かせた肉などをトルティーヤ (tortilla) で包んで揚げたメキシコ料理).
†**chím·ney** /tʃímni/ 名 ❶ 煙突. ❷ 煙突状のもの: a (火山の)噴煙口. b 〈ランプの〉ほや. c 〈登山〉チムニー (岩壁中の体が入るくらいの縦の裂け目). 〖<L=暖炉〗
chímney brèast 名 《英》炉胸 (暖炉の部屋に突き出た壁の部分).
chímney còrner 名 ❶ 〈昔風の大きい炉の〉炉隅(ξ). ❷ 炉辺, 炉ばた.
chímney-pìece 名 =mantelpiece.
chímney pòt 名 チムニーポット 《煙突頭部に付けた煙出し》.
chímney stàck 名 《英》❶ 組み合わせ煙突 《(米) stack》〈そのおのおのが flue (煙道)で, その頭部に chimney pot がつく〉. ❷ 〈工場などの〉大煙突.

1 chimney stack
2 chimney pots

chímney swèep [swèeper] 名 煙突掃除夫 《★昔は子供が使われた》.
chímney swíft 名 〖鳥〗エントツアマツバメ (北米産).
chi·mo·nan·thus /kàɪmənǽnθəs/ 名 〖植〗ロウバイ属の低木, (特に)ロウバイ (winter sweet).
chimp /tʃímp/ 名 《口》 =chimpanzee.
†**chim·pan·zee** /tʃìmpænzíː, -pən-/ 名 〖動〗チンパンジー (アフリカ産).
*****chin** /tʃín/ 名 あご, あご先, おとがい: with (one's) ~ in (one's) hand ほおづえをついて / ~ in the air あごを突き出して / chuck a person under the ~ (戯れに, また愛情をこめて)人のあごの下を軽くたたく / lift [thrust out] one's ~ 頭を高く後ろにそらす, 鼻をつんと立てる 《★ 高慢な態度や挑戦的な気持ちを表わすしぐさ》. **Chín úp!** 《口》元気を出せ!, がんばれよ! 《★ 次の句の短縮形》. **kéep one's chín úp** [しばしば命令法で] 《口》気落ちしない, 元気を出す. **táke it on the chín** 《口》(1) ひどく痛めつけられる. (2) 〈逆境・敗北・苦痛などに〉耐える, 勇気をもって受けとめる 《画来ボクシングから》. — 動 (chinned; chin·ning) ⓐ 《口》〈人〉のあごに殴る, あごに一発食らわす. ❷ [~ oneself で] 〈鉄棒で〉懸垂する. ❸ 〈バイオリンなど〉をあごに当てる.
Chin. 略 China; Chinese.
*****chi·na** /tʃáɪnə/ 名 Ⓤ 磁器; 陶磁器, 瀬戸物, 焼き物: a piece of ~ 1 個の磁器. 〖Pers.=中国製の(磁器)〗
⁑Chi·na /tʃáɪnə/ 名 中国, 中華人民共和国 (アジア東部の共和国; 正式名称 the People's Republic of China; 首都北京 (Peking, Beijing)). 〖L<Chin 秦(ξ) 〈紀元前 3 世紀の王朝名〉〗
Chína àster 名 〖植〗エゾギク, アスター (中国北部原産).
chína·bèr·ry /-bèri/ -b(ə)ri/ 名 〖植〗(また **chínaberry trèe**) センダン.
chína blúe 名 Ⓤ チャイナブルー, 明るい灰色がかった青.
chína càbinet 名 =china closet.
chína clày 名 Ⓤ 〖鉱〗カオリン, 陶土.
chína clòset 名 陶磁器戸棚.
Chi·na·graph /tʃáɪnəɡrǽf | -ɡrɑ́ːf/ 名 《英》〖商標〗チャイナグラフ (磁器・ガラスなどに書ける色鉛筆).
Chína·man /-mən/ 名 (適 -men | -mən/) 《軽蔑》中国人. **a Chínaman's chánce** [通例否定文で] わずかなチャンス.
Chína róse 名 ❶ 〖植〗コウシンバラ (中国原産). ❷ ブッソウゲ (フヨウ属の花木).
Chína Séa 名 [the ~] シナ海 (East China Sea (東シナ海)と South China Sea (南シナ海)を合わせた海域).
chína stòne 名 Ⓤ チャイナストーン (陶磁器素地のフラックスとする, 一部分解した花崗岩).
Chína sýndrome 名 [the ~] チャイナシンドローム 《原子炉の炉心溶融による仮説的原発事故》. 〖溶解物が米国から見て地球の反対側の中国にまで到達するという説から〗
Chína téa 名 Ⓤ (燻製した)中国茶.
Chína·tòwn 名 中華街, チャイナタウン.
chína·wàre 名 =china.
chinch /tʃíntʃ/ 名 《米》❶ トコジラミ, ナンキン虫. ❷ =chinch bug.
chínch bùg 名 〖昆〗ヒメコガネナガカメムシ (麦の害虫).
chin·chil·la /tʃɪntʃílə/ 名 ❶ⒸⒶ 〖動〗チンチラ (南米産のリスに似た小動物). ❷ Ⓤ チンチラの毛皮 (ねずみ色で柔かい高級品).
chin-chin /tʃíntʃín/ 間 《英口》❶ 乾杯. ❷ こんにちは; さようなら.
Chin·dit /tʃíndɪt/ 名 (第 2 次大戦下のビルマにおける)英国突撃隊員.
chine /tʃáɪn/ 名 ❶ 〈動物の〉背骨. ❷ 〈料理用の〉肉付き背骨. ❸ 〈山の〉尾根. ❹ 〖海〗チャイン (船の側面と底面が交わる線). — 動 〈…の〉背骨を切り divide.
⁑Chi·nese /tʃàɪníːz←/ 名 中国(製, 産, 人, 語)の. — 名 (適 ~) ❶Ⓒ 中国人. ❷Ⓤ 中国語 (略 Chin., Ch.).
Chinese bóxes 名 適 入れ子 (小さい箱から順に大きい箱の中に入れられるひと組の箱).
Chinese cábbage 名 ⒸⓊ 白菜.
Chinese cháracter 名 漢字.
Chinese chéckers [《英》**chéquers**] 名 Ⓤ ダイヤモンドゲーム (2-6 人の競技者が, 穴のあいた六つの頂点のある星状の盤上で, それぞれ 10 個の駒を自分の陣地から反対側に進めるゲーム).
Chinese fíre drìll 名 《米口・軽蔑》大混乱, 大騒動.
Chinese góoseberry 名 〖植〗オニマタタビ, シナサルナシ,

シナスグリ, キーウィ《長江沿岸地方から台湾にかけてを原産地とするマタタビ科のつる性落葉樹; これの栽培品種の果実が kiwi fruit》.

Chínese lántern 名 ❶ (紙張りで折りたたみ式の装飾用)ちょうちん. ❷ 〖植〗 ホオズキ.

Chínese láyer·ing 名〖園〗=air layering.

Chínese léaf [léaves] 名 =Chinese cabbage.

Chínese médicine 名 Ⓤ 漢方《漢方薬, 鍼灸などを用いる中国式医療》.

Chínese púzzle 名 ❶ 難解なパズル. ❷ 複雑で難解なもの; 難問.

Chínese réd 名 Ⓒ 緋(ʰ)色.

Chínese Wáll 名 [the ~]=Great Wall (of China).

Chínese whíspers 名 Ⓤ 《英》伝言ゲーム.

Chínese whíte 名 Ⓤ 亜鉛白 (zinc white).

ching /tʃíŋ/ 名 チーン(という音).

chink[1] /tʃíŋk/ 名 ❶ (細い)裂け目, 割れ目; (光・風などのもれる)狭いすき間: a ~ in the wall 壁のすき間 / a ~ in the law 法の抜け穴. ❷ すき間からもれる光線. ❸ (法律などの)逃げ道, 抜け穴: a ~ in the law 法の抜け穴. **a [the] chínk in a person's ármor** Ⓤ (防御・擁護などにおける)弱点; 欠点. ── 動 《…の》割れ目[すき間]を詰める.

chink[2] /tʃíŋk/ 名 [a ~] チリン, カチン《ガラスや金属の触れ合う音》. ── 動 チリンと鳴る. ── 動 〈グラスなどを〉チリンと鳴らす. 【擬音語】

Chink /tʃíŋk/ 名 《俗・軽蔑》中国人.

chin·ka·pin /tʃíŋkəpìn/ 名 =chinquapin.

chin·ka·ra /tʃíŋkɑ:rə/ 名 (複 ~) 〖動〗 ドルカスガゼル《インド産のガゼル》.

Chink·y, Chink·ey, Chink·ie /tʃíŋki/ 名 ❶ 《俗・軽蔑》シナ人 (Chinese). ❷ 《英》中華料理屋.

chín·less 形 ❶ あごの引っ込んだ. ❷ 《英口》性格の弱い, 軟弱な.

chínless wónder 名 《英口》(上流階級の)無能な人, 《良家の》ばか息子.

chín músic 名 《米俗》雑談, おしゃべり: make ~.

-chinned /tʃínd/ 形《形容詞連結形》「…のあごをもつ」.

chi·no /tʃí:nou/ 名 (複 ~s) 《米》 ❶ Ⓤ チノ《軍服・労働服用カーキ色の木綿》. ❷ 〖複数形で〗チノ地のズボン, チノパンツ.

Chi·no- /tʃáinou/ 〖連結形〗「中国」 (cf. Sino-): *Chino-Japanese* 日中の.

chi·noi·se·rie /ʃìnwɑ:z(ə)rí, ʃìːnwɑ:z(ə)ríː/ 名 Ⓤ シノワズリー《17–18 世紀にヨーロッパで流行した服装・家具・建築などにおけるシナ趣味》. ❷ Ⓒ シナ趣味の品物.

Chi·nook /ʃinúk, tʃi-/ 名 (複 ~s, ~) **a** [the ~(s)] チヌーク族 (Columbia 川河口の北岸一帯にいた北米先住民). **b** Ⓒ チヌーク族の人. ❷ [c~] Ⓒ 〖気〗チヌーク風《米国 Rocky 山脈の東側に吹き下ろす乾燥した暖風; または Washington, Oregon 両州の太平洋岸地に吹く湿気を帯びた南西の暖風》.

Chinook Járgon 名 チヌーク混成語《チヌーク語と他の言語の混ざった言語》.

chinóok sálmon 名〖魚〗=king salmon.

Chinóok Státe 名 [the ~] チヌーク州 (Washington 州の俗称).

chin·qua·pin /tʃíŋkəpìn/ 名〖植〗ブナ科のクリ属・シイ属などの木,《特に》チンカピングリ《米国南東部産》; チンカピングリ(などの)実《食用》.

chín·stràp 名 (帽子の)あごひも.

chintz /tʃínts/ 名 Ⓤ インドさらさ, チンツ《光沢をつけたはでな模様の木綿; カーテン・家具おおい用》.

chintz·y /tʃíntsi/ 形 (**chintz·i·er, -i·est**; *more* ~, *most* ~) ❶ チンツの[で作った(ような). ❷ 安ぴかの, 安っぽい. ❸ けちな (stingy).

chín·ùp 名 懸垂形: do a ~ 懸垂をする.

chín·wàg 名 《口》おしゃべり: have a ~ おしゃべりする.

*****chip** /tʃíp/ 名 ❶ 〖通例複数形で〗 **a** 《米》ポテトチップス(《英》 crisps), 《英》(小片の)ポテトフライ, フレンチフライ《《米》 French fries》. **c** (食べ物の)小片; 薄切り: chocolate ~s チョコレートチップス. ❷ 〖電子工〗チップ《集積回路をつける半導体の小片》. ❸ (木・ガラスなどの)かけら, 切れ端, 削りくず. ❹ (食器・コップ・各板などにみられる)欠けあと, きず. ❺ =bargaining chip. ❻ (賭(ば)け事に用いる現金代用の)数取り, チップ. ❼ 〖スポ〗短い上向きのキック[打球]; 〖ゴルフ〗=chip shot. **a chíp òff the óld blóck** (気質など)父親そっくりの息子《画来》「古い木の塊のかけら」の意から. **cásh [páss] in one's chíps** (1) 死ぬ. (2) 《米俗》生き方(など)を変える. (3) 《米俗》商売の権利を売り払う; 取り引き(など)から手を引く. **hàve a chíp on one's shóulder** 《口》不満[恨み]を抱いている, 議論好き《画来》もと米国で男の子がけんかをしかける時に肩にこっぱを載せてこれを打ち落とさせたことから. **have hád one's chíps** 《英口》敗北は免れない, 死ぬ. **in the chíps** 《口》あるほどある, 裕福である. **lèt the chíps fáll where they máy** 《口》どんな結果になろうと《画来》賭け事の「数取り」(5) の意から. **when the chíps are dòwn** 《口》せっぱつまった時に, いざという時に《画来》賭け事の「数取り」(5) の意から.

── 動 (*chipped; chip·ping*) 他 **a** 〈ものの縁・角(ど)など〉をかく: ~ (the edge of) a plate 皿の縁をかく. **b** 〖副詞(句)を伴って〗〈刃・縁・角〉などを..、から少し、殺(ど)ぐ, 削る: The old paint was *chipped off* [*chipped from* the side of the ship]. 古ペンキが削り取られた[その船の舷側から削られた]. ❷ 〖スポ〗〈ボール〉を高く短くける[打つ]. ❸ ジャガイモなどを薄く切る. ❹〈木・石〉を削って作る. ── 自〈石・陶器などが〉かける: This china ~s easily. この磁器はかけやすい. **chip awáy** (動+副) (1) 〈木・石〉などを少し ずつ削る[くずす]. (2) 〈...〉を少しずつ削る, 少しずつ減らしていく: He *chipped away at* the tree with his ax. 彼はその木をおので少しずつ削った / Repeated failure *chipped away at* his determination. 重なる失敗で彼の決意はしだいにくずれていった. **chip ín** 《口》(動+副) 〔事業などに〕寄付する, 金を出す[出し合う] 〔to, for〕 (contribute): We each *chipped in* (with a dollar) *for* the gift. 私たちはその贈り物などに金を(1 ドルずつ)出し合った. (2) (議論・話に)口を出す, 〔意見などを〕さしはさむ: ~ *in* with a few pertinent remarks 適切な意見をいくつかさしはさむ. (3) 〈金などを〉寄付する, 出し合う: ~ *in* five dollars 5 ドル寄付する. ── (動+副) (4) 〈言葉〉をさしはさむ, ...と言って話に割り込む.

chíp bàsket 名 経木(ポ*)で編んだかご.

chíp·bòard 名 Ⓤ ❶ (木くずから作った)合板. ❷ 紙くずから作った硬いボール紙.

chip·munk /tʃípmʌŋk/ 名〖動〗シマリス; トウブシマリス《北米東部産; 主に地上に住む》.

chip·o·la·ta /tʃìpəlɑ́:tə/ 名 チポラータ《香料を入れた小さなソーセージ》.

chi·pot·le /tʃipóutleɪ/ 名 (複 ~s) チポトレ《メキシコ料理で用いる刺激の強いレッドペッパー》.

chipped 形 〈陶器などが〉かけた.

chípped béef 名 Ⓤ チップドビーフ《薄切りの燻製牛肉》.

Chip·pen·dale /tʃíp(ə)ndeɪl/ 形 チッペンデールの《曲線が多くて装飾的な家具作りの意匠にいう》: a ~ chair チッペンデール風のいす. ── 名 Ⓤ チッペンデール風の家具. 《Thomas Chippendale 18 世紀英国の家具設計者》

chip·per[1] /tʃípər/ 形 《米口》元気のよい, 快活な.

chipper[2] 名 chip する人[道具], はつり工.

Chip·pe·wa /tʃípəwɑ̀:/, **Chip·pe·way** /-wèɪ/ 名 (複 ~, ~s) チペワ (Ojibwa の別称).

chíp píe 名〖料〗=chippy.

chíp·pings 名 〖複〗(のみ・のみなどで削った石などの)切れ端, 断片, こっぱ.

chípping spàrrow 名〖鳥〗チャガシラヒメドリ《北米産ホオジロ科の小鳥》.

chip·py /tʃípi/ 名 ❶ 《英口》フィッシュアンドチップスの店. ❷ 《英口》大工. ❸ 《米俗》いかがわしい女, 売春婦. ── 形 《口》おこりっぽい, いらだった; 〖アイスホッケー〗ラフなプレーをする.

chíp shòt 名〖ゴルフ〗チップショット《芝生に向かい手前の動作で短くボールを打つこと》.

chi·ral /káɪrəl/ 形 〖理・化〗キラルの, 鏡像異性の《(それ自身

Chi-Rho 306

の鏡像の上に重ねることができない分子についていう). **chi‧ral‧i‧ty** /kaɪrǽləṭi, kə-/ 图

Chi-Rho /kárróu, kí:-/ 图 (複 ~s) カイロー(Christ を意味するギリシア語 ΧΡΙΣΤΟΣ の最初の2文字からなる組合わせ文字 (✥); 教会の飾りなどに用いられる).

Chi‧ri‧co /kíːrɪkòu, kíː-/, **Giorgio de** キリコ(1888–1978; ギリシア生まれのイタリアの画家).

chir‧i‧moy‧a /tʃɪrəmɔ́ɪə/ 图 [植] =cherimoya.

chi‧ro- /káɪrou/ [連結形]「手 (hand)」.『医』

chi‧rog‧ra‧pher /kaɪrάgrəfə/ 图 書家.

chi‧rog‧ra‧phy /kaɪrάgrəfi | -rɔ́g-/ 图 ⓤ ❶ 筆法; 書体. ❷ 書道.

chi‧ro‧man‧cy /káɪroumænsi/ 图 手相占い. 『F<L<Gk; ⇒ chiro-, -mancy』

chi‧ron‧o‧mid /kaɪrάnəmɪd/ 图 [昆] ユスリカ (総称).

chi‧róp‧o‧dist /-dɪst/ 图 (英) 手足治療医 ((米) podiatrist).

chi‧rop‧o‧dy /kɪrάpədi | -rɔ́p-/ 图 ⓤ (英) 手足治療 ((米) podiatry) 《まめ・たこの治療・つめ切りなど》. 『CHEIRO-+-POD』

chi‧ro‧prac‧tic /kàɪroupræktɪk, ー‐ー‐/ 图 ⓤ (脊柱 (きらちゅう) 指圧療法, カイロプラクティック.

chi‧ro‧prac‧tor /káɪrouprǽktə | -tə/ 图 (脊柱) 指圧師.

chirp /tʃə́ːp | tʃə́ːp/ 动 ⓘ ❶ チュッチュッ[チーチー]鳴く. ❷ a かん高い声で話す. b 楽しそうにしゃべる. — ⓣ ❶ かん高い声で言う: ~ (*out*) a hello おーいとかん高い声で叫ぶ. — 图 チュッチュッ, チーチー (小鳥や昆虫の鳴き声).

chirp‧y /tʃə́ːpi | tʃə́ː-/ 厖 (**chirp‧i‧er**; **-i‧est**) ❶ 〈小鳥などが〉チーチーさえずる. ❷ ⟨□⟩ 陽気な, 楽しそうな. **chírp‧i‧ly** /-pɪli/ 副. **-i‧ness** 图.

chirr /tʃə́ː | tʃə́ː-/ 图 チリチリッ, ギーギー (コオロギ・キリギリスなどの鳴き声). — 动 ⓘ チリチリッ [ギーギー] と鳴く.

chir‧rup /tʃə́ːrəp, tʃír- | tʃír-/ 图 チュッチュッ, シッシッ (小鳥の連続的な鳴き声または赤ん坊・馬などを励ます時の声). — 动 ⓘ (馬などを励ますために) チュッチュッ [シッシッ] という. — ⓣ 〈馬などに〉シッシッという [いって励ます].

chi‧ru /tʃíːru/ 图 动 チルー (チベット産のガゼルに近縁の哺乳動物).

†chis‧el /tʃízə)l/ 图 のみ, たがね: ⇒ cold chisel. — 动 (**chis‧eled**, (英) **-elled**; **chis‧el‧ing**, (英) **-el‧ling**) ⓣ ❶ (のみで)彫る: ~ marble 大理石を彫る[刻む] / ~ (*out*) a statue 彫像を彫る / ~ stone into a figure — a figure *out of* stone 石を彫って像を作る. ❷ ⟨古風⟩ 〈人を〉だます. b (人から)〈ものを〉だまし取る (*out of*). — ⓘ ❶ 彫刻する. ❷ ⟨□⟩ 不正をやる: ~ *for* good marks [*on* the exam] (試験で)良い点を取ろうと[試験で]不正をする. **chísel in** ⟨米□⟩ 〈...に〉割り込む: ~ *in on* a person's profit 人のもうけに割り込んでくる. 『F<L *caedere*, *caes-* 切る; cf. case¹』

chís‧eled, (英) **chís‧elled** 厖 のみで彫刻した; 〈顔が〉輪郭のはっきりした, よく整った.

chís‧el‧er, (英) **chís‧el‧ler** /-z(ə)lə | -lə/ 图 ❶ のみで彫る人. ❷ ⟨□⟩ 不正な人, いかさま師.

Chis‧holm /tʃízəm, **Shirley** チザム (1924– ; 米国の政治家; 黒人女性初の下院議員).

Chísholm Tráil /tʃízəm-/ 图 [the ~] チザム交易路, チザムトレール (Texas 州 San Antonio から Kansas 州 Abilene に通じていた家畜輸送路; 南北戦争後, 1866 年から約 20 年間重要な役割を果たした). 『Jesse *Chisholm* (1806–68) Cherokee との混血の交易商』

Chi‧și‧nău /kì:ʃɪnáu/ 图 キシナウ (モルドヴァ中部の市; 首都; 旧称 Kishinyov).

chí‑square tèst /káɪ-/ 图 [統] カイ二乗検定.

chit¹ /tʃít/ 图 ❶ 幼児, 子供. ❷ [a ~ of a girl で] 小娘.

chit² /tʃít/ 图 ❶ (飲食の小額の)伝票 (客が署名する). ❷ (英) 短い手紙; メモ.

chit³ /tʃít/ 图 芽, 若芽 (sprout, shoot). — 动 (**chit‧ted**; **chit‧ting**) ⓘ 芽が出る, 芽生える. — ⓣ 〈ジャガイモなどの〉芽を取る.

chi‧tal /tʃíːtl/ 图 [动] アクシスジカ (axis deer).

chi‧tar‧ro‧ne /kì:tərɔ́uneɪ/ 图 (複 **-ni** /-niː/) 『楽』キタローネ (archlute のうち低音弦の長いもの).

chit‑chat /tʃítʃæ̀t/ 图 ⓤ 世間話; 雑談 (chat). — 动 ⓘ 世間話をする.

chi‧tin /káɪtɪn | -tɪn/ 图 ⓤ キチン質 (エビ・カニなどの殻・甲羅の成分).

chi‧tin‧ous /káɪtənəs/ 厖 キチン質の.

chit‧lins /tʃítlɪnz/ 图 =chitterlings.

chi‧ton /káɪn, -tαn/ 图 ❶ [古ギ] キトーン (ゆるい肌着で, そのまま衣服ともなった; 男子用はひざまで, 女子用は裾まで). ❷ [貝] ヒザラガイ類の各種のもの.

chit‧ter /tʃítə | -tə/ 动 ⓘ ❶ さえずる. ❷ (英方) 寒さで震える.

chit‧ter‧lings /tʃítəlɪnz | tʃítələnz/ 图 復 (豚・子牛などの)小腸を用いた料理.

chit‧ty /tʃíti/ 图 (英□) =chit².

chiv‧al‧ric /ʃɪvǽlrɪk | ʃív(ə)l-/ 厖 騎士道 (時代) の; 騎士的な.

chiv‧al‧rous /ʃív(ə)lrəs/ 厖 ❶ 騎士道時代[制度]の. ❷ 騎士道的な; 勇気があって礼儀正しい; 〈敵・弱者に対して〉寛大な, 義俠 (ぎきょう) 的な; 〈婦人に〉丁重な. ~**‧ly** 副.

chiv‧al‧ry /ʃív(ə)lri/ 图 ⓤ ❶ (中世の)騎士道, 騎士道的精神 《忠君・勇気・仁愛・礼儀などをモットーとし婦人を敬い弱きを助ける》: the Age of C~ 騎士道時代 (ヨーロッパの 10–14 世紀). ❷ (中世の)騎士制度. 『F<*chevalier* 騎士<L *caballum* 馬』

†chive /tʃáɪv/ 图 ❶ [植] エゾネギ, チャイブ. ❷ [通例複数形で] チャイブの葉 (薬味に用いる).

chiv‧y, chiv‧vy /tʃívi/ 动 ❶ ⟨□⟩ 〈人などを〉追いまわす. ❷ a 〈人に〉(仕事などのことで)うるさく言う[催促する] ⟨*along, up*⟩. b 〈人に〉うるさく言って〈...を〉させる ⟨*into*⟩. — 图 追跡; 狩猟. 『バラッド *Chevy Chase* から』

Chlád‧ni fígures [páttens] /klά:dni-/ 图 復 『理』 クラードニ図形 (適当な点で支持した板に砂などをまいて振動させたとき, 振動の節にそって砂などが集まってできる図形). 『E. *Chladni* 18–19 世紀のドイツの物理学者』

chla‧myd‧ia /kləmídiə/ 图 (複 **-i‧ae** /-dii:/, ~**s**) [生] クラミジア (クラミジア属の偏性細胞内発育型病原体の一つ球状グラム陰性菌); クラミジア感染症. **chla‧mýd‧i‧al** 厖.

chlam‧y‧dom‧o‧nas /klǽmədάmənəs | -mɪdɔ́mə-/ 图 [生] コナミドリムシ.

chla‧myd‧o‧spore /kləmídəspɔ̀ə | -spɔ̀ː/ 图 [植] 厚膜[厚壁]胞子.

chla‧mys /klǽmɪs, kléɪ-/ 图 (複 ~**es**, **chlam‧y‧des** /klǽmədiːz/) [古ギ] クラミス (肩で留める短い外套; 初め騎馬者が用い, のちに青年が常用した).

chlo‧as‧ma /klouǽzmə/ 图 ⓤⒸ (複 **-ma‧ta** /-tə/) [医] しみ, 褐色斑, 肝斑.

chlor- /klɔː/ [連結形] (母音の前に来る時の) chloro- の異形.

chlo‧ral /klɔ́ːrəl/ 图 [化] ❶ クロラール. ❷ =chloral hydrate.

chlóral hýdrate 图 ⓤ [化] 抱水クロラール (催眠剤).

chlo‧ra‧mine /klɔ́ːrəmìːn/ 图 [化] クロラミン (窒素と塩素を含む化合物; 局所消毒剤).

chlor‧am‧phen‧i‧col /klɔ̀ːrǽmfénɪkɔ̀ːl | -kɔ̀l/ 图 ⓤ [薬] クロラムフェニコール (広域抗生物質).

chlo‧rate /klɔ́ːreɪt/ 图 [化] 塩素酸塩.

chlor‧dane /klɔ́ːdeɪn | klɔ́ː-/, **-dan** /-dæn/ 图 ⓤ [薬] クロルデン (無臭の殺虫液).

chlor‧di‧az‧ep‧ox‧ide /klɔ̀ːdaɪæzəpάksaɪd | klɔ̀ː-daɪæzpɔ́k-/ 图 ⓤ [薬] クロルジアゼポキシド (神経症・アルコール中毒の鎮静薬用; cf. Librium).

chlo‧rel‧la /klərélə/ 图 ⓤⒸ [植] クロレラ (淡水産の緑藻; 『L<Gk=淡緑色の(藻)』).

chlor‧hex‧i‧dine /klɔ̀ːhéksədìːn | klɔ̀ː-/ 图 ⓤ [化] クロルヘキシジン (塩酸塩・アセテートとして用いる).

chlo‧ric /klɔ́ːrɪk/ 厖 [化] 塩素酸の.

chlo‧ride /klɔ́ːraɪd/ 图 [化] ❶ ⓤ 塩化物: ~ of lime クロル石灰, さらし粉 (★ 単に chloride ともいう). ❷ Ⓒ 塩化化合物.

chlo·ri·nate /klíːrənèɪt/ 動 他 《化》〈水などを〉塩素で処理[消毒]する. **chlo·ri·na·tion** /klɔ̀ːrənéɪʃən/ 名

†**chlo·rine** /klɔ́ːriːn/ 名 U 《化》塩素《記号 Cl》.

chlo·rite¹ /klɔ́ːraɪt/ 名 U 《化》亜塩素酸塩.

chlo·rite² /klɔ́ːraɪt/ 名 U 《鉱》緑泥石. **chlo·rit·ic** /klɔːrítɪk/ 形

chlo·ro- /klɔ́ːroʊ/ [連結形] 「塩素」「緑」.

chlòro·fluoro·cárbon 名 U,C クロロフルオロカーボン《フロンのこと; 略 CFC; ⇒ CFC》.

chlo·ro·form /klɔ́ːrəfɔ̀ːm | klɔ́rəfɔ̀ːm/ 名 U 《化・薬》クロロホルム《無色揮発性の液体; 麻酔剤・溶剤》. ── 動 他 ❶ 〈人などを〉クロロホルムで麻酔する[気絶させる, 殺す]. ❷ クロロホルムで処理する.

chlòro·mélanite 名 U 《鉱》クロロメラナイト《鉄分の多い緑がかった黒色のジェダイト (jadeite)》.

Chlo·ro·my·ce·tin /klɔ̀ːroʊmaɪsíːtn | klɔ̀ːrəʊmaɪsíːtn/ 名 U 《商標》クロロマイセチン《抗生物質の一種でチフスなどの特効薬》.

chlo·ro·phyl(l) /klɔ́ːrəfɪl/ 名 U 《生化》葉緑素.

chlo·ro·plast /klɔ́ːrəplæ̀st/ 名 《植》葉緑体.

chlo·ro·quine /klɔ́ːrəkwìːn/ 名 U 《薬》クロロキン《マラリアの特効薬》.

chlo·ro·sis /klərɔ́ʊsɪs, klɔː-/ 名 U ❶ 《医》萎黄(いおう)病《鉄分の欠乏による貧血; 思春期の女性に見られる》. ❷ 《植》退緑, 白化, クロロシス《元素の欠乏・ウイルス病などのために葉緑素が形成されない現象》. **chlo·rót·ic** /-rɔ́t- | -rɔ́t-/ 形

chlórous ácid /klɔ́ːrəs-/ 名 U 《化》亜塩素酸.

chlor·prom·a·zine /klɔːprɑ́məzìːn | klɔːprɔ́m-/ 名 U 《薬》クロルプロマジン《精神安定剤》.

choc /tʃɑk | tʃɔk/ 名《英口》=chocolate 1.

choc·a·holic /tʃɑ̀kəhɔ́ːlɪk | tʃɔ̀kəhɔ́l-/ 名 =chocoholic.

chóc-bàr 名《英口》アイスチョコバー.

chóc-ìce 名《英口》チョコアイス（クリーム）.

chock /tʃɑk | tʃɔk/ 名 ❶《扉・車輪などを固定する》くさび, まくら, 輪止め. ❷《海》《索鎖などを導く》チョック, 索導器; 《甲板上のボートを載せる》止め木. ── 動 他 ❶ くさびで止める〈up〉. ❷〈ボートを〉止め木に載せる〈up〉.

chock-a /tʃɑ́kə | tʃɔ́kə/ 形《英》=chockablock.

chock·a·block /tʃɑ́kəblɑ̀k | tʃɔ́kəblɔ̀k/ 形 ❶ P《口》〔…で〕ぎっしり詰まって〈with〉: The streets were ~ with tourists during the festival. 通りはフェスティバルの期間中, 観光客でいっぱいだった. ❷《海》《複滑車の上下の滑車が》ぴったり引き寄せられた. ── 副 ぎっしりと.

chock·er /tʃɑ́kə | -kə/ 形《英俗》うんざりして, 不機嫌な;《豪口》ぎっしり詰まった.

chock-full /tʃɑ́kfʊ́l | tʃɔ́k-/ 形 P〔…で〕ぎっしり詰まって〈of, with〉: The stadium was ~ (of fans). スタジアムは(ファンで)いっぱいだった.

chóck·stòne 名《登山》チムニーにはまり込んだ岩塊.

choc·o·hol·ic /tʃɑ̀kəhɔ́ːlɪk | tʃɔ̀kəhɔ́l-/ 名《米戯言》チョコレートが異常に好きな人.

*__chocolate__ /tʃɑ́k(ə)lət, tʃɔ́ːk-| tʃɔ́k-/ 名 ❶ U,C a チョコレート《粉末または固形》: a bar of ~ 板チョコ / a box of ~s チョコレート1箱. b （飲料の）チョコレート, ココア. U チョコレート色の（濃い茶色）. ── 形 ❶ チョコレート（製）の; チョコレートで風味をつけた: ~ cake チョコレートケーキ. ❷ チョコレート色の: ~ shoes チョコレート色の靴. 《Mex-Sp〈N-Am-Ind〉》

chócolate-bòx 形（チョコレート箱のように）装飾的で感傷的な; ありふれた美しさの.

chócolate chìp 名（デザートなどに入れる）チョコレートチップ.

chócolate chìp cóokie 名 チョコチップクッキー.

chócolate spòt 名 U 《植》赤色斑点病, チョコレート斑点病《茶色の斑点ができるソラマメなどのマメ科植物の菌類病》.

cho·co·la·tier /tʃɑ̀k(ə)lətíə | tʃɔ̀kəlætíə/ 名 他《~s /-z, -/》チョコレートメーカー[販売業者].

choc·o·la·ty, choc·o·lat·ey /tʃɑ́k(ə)ləti, tʃɔ́ːk- | tʃɔ́k-/ 形 チョコレート（製）の[に似た], チョコレート風味の.

Choc·taw /tʃɑ́ktɔː | tʃɔ́k-/ 名（複 ~, ~s）❶ a [the ~(s)] チョクトー族《昔 Mississippi 下流域, 現在は Oklahoma 州に住む北米先住民の一部族》. b C チョクトー族の人. ❷ U チョクトー語.

*__choice__ /tʃɔɪs/ 名 ❶ C 選択, 選ぶこと〈between〉: (an) informed ~ （十分な）情報を与えられた上での選択; インフォームドチョイス《医師から説明を受けた上に治療方法などを選択する》/ face [be faced with] a stark ~ 厳しい選択を迫られている[に直面している] / make a ~ 選択する, 選ぶ (cf. make [take] one's CHOICE 成句) / make careful ~s 慎重に選ぶ. ❷ U [また a ~] 選択力[権利, 余地]; 選択の機会〈between〉: exercise ~ 選択権を行使する, 選択する / have one's ~ 選ぶ権利がある, 自由に選べる / have no ~ 選択の余地がない, ほかにしようがない / give [offer] (a person) a ~ 選択の機会[選択権]を与える[提供する], 好きなのを選んでよいという / The ~ is yours. 選択権はあなたにあります, どうぞ選んでください. ❸ a C […に]選ばれた[る]もの[人]〈for, as〉: a natural [an obvious] ~ 選ばれて当然のもの[人] / the perfect ~ 選んで間違いのないもの[人], 完璧な選択 / He's one of the ~s for the team. 彼はそのチームに選出された一人だ. b [the ~] 選ばれうるもの[人], 選ぶ権利[自由]. ❹ U [通例 a ~ of ...で]（選択の）種類, 選択の豊富さ: a great ~ of roses 種々さまざまなバラ / There's a good [poor] ~ of transport facilities. 交通機関の種類が余り[多い] / The store has a large [wide] ~ of shoes. あの店は靴をたくさんそろえている. **at (one's) chóice** 好みのままに, 好き勝手に. **by chóice** 特に, 好んで: I do not live here by ~. すき好んでここに住んでいるのではない. **for chóice** 選ぶとすれば: I will take [have] this one for ~. 選ぶとすればこれにしたい. **from chóice** 好んで, 進んで. **hàve nò (óther) chóice but to dó...** ⇒ but 前 成句. **màke one's chóice = take one's CHOICE 成句** (1). **of chóice** [名詞の後に置いて] 特別に好まれる: White is the wine of ~ with fish. 魚(料理)と一緒に飲むワインは一般的に白が好まれる. **...of one's chóice** 自分で選んだ.... **of one's ówn chóice** すき好んで, 進んで. **táke one's chóice** (1) どれか[どちらか](好きなの)に決める. (2) 選んで取る: You may take your ~. どれでも好きなのを取って(よい).

── 形 (choic·er; -est) ❶ A a 〈食物など〉極上の, 優良(品)の; 高級な: the choicest melons 特選メロン / a ~ residential area 高級住宅地. b 《米》〈牛肉が〉上等の (⇒ beef 関連). : ~ beef 上等のビーフ. ❷ a 〈言葉など〉よりすぐった, 精選した. b [反語的に] 〈言葉が〉痛烈な, 攻撃的な: speak in ~ words しんらつな言葉で話す.

~·ly 副 精選して, よりすぐって. **~·ness** 名 U 精選; 極上.

【F】 動 choose 【類義語】 **choice** 自分の自由な意志によって複数のものの中から選ぶこと, または選んだもの. **selection** 注意深く見きわめて広い範囲から選ぶこと(もの). **option** 権限のある者から与えられた選択の権利. **alternative** 厳密には2つのもののどちらか1つを選ぶこと.

†**choir** /kwáɪə | kwáɪə/ 名 ❶ [集合的; 単数または複数扱い]（教会の）聖歌隊 (cf. chorister 1). ❷ [通例単数形で] 聖歌隊席《大きな教会堂では内陣にある》. 【F〈L chorus 合唱隊; ⇒ chorus】

chóir·bòy 名 聖歌隊少年歌手.

chóir·gìrl 名 聖歌隊少女歌手.

chóir lòft 名（教会堂の）中二階の聖歌隊席.

chóir màster 名 聖歌隊指揮者.

chóir òrgan 名《楽》合唱オルガン, クワイアオーガン《手鍵盤の一つ》.

chóir schòol 名 U,C 聖歌隊学校《大聖堂・教会が経営し, 少年聖歌隊員に一般教育を授ける》.

chóir stàll 名（教会内部にある）聖歌隊席.

choi·sy·a /tʃwɑ́ːzɪə/ 名 チョイシアテルナタ《メキシコ原産のミカン科の観賞用低木; 香りのよい白い花をつける》.

*__choke__ /tʃóʊk/ 動 他 ❶ a 〈人などを〉窒息させる, 〈…の〉息を詰まらせる; 〈煙・涙などが〉〈人を〉むせさせる, 息苦しくする: I

chokeberry 308

was almost ~*d* by [with] the smoke. 煙で窒息しそうだった / Tears ~*d* her words. 彼女は涙で言葉も出なかった. **b** ⟨人の⟩首を絞める; ⟨…を⟩絞殺する: He was ~*d* to death. 彼は絞殺された. **c** ⟨感情が⟩⟨言葉・声を⟩詰まらせる; ⟨人の⟩言葉を失わせる (★しばしば受身): in a ~*d* voice 詰まった声で, 声を詰まらせて / He was ~*d* with rage. 彼は怒りがこみ上げて言葉が出なかった. ❷ ⟨パイプ・水路などを⟩詰まらせる, ふさぐ ⟨*up*⟩: Sand is choking the river. 砂のために川が詰まりかけている / The drain was ~*d* with mud. 排水管は泥でつまっていた. **b** ⟨場所を⟩いっぱいに詰める: The street was ~*d* (*up*) with cars. 通りは車でいっぱいに詰まっていた. ❸ ⟨雑草などが⟩⟨他の植物・庭を⟩だめにする, 枯らす: The garden was ~*d* with weeds. 庭は雑草が生い茂っていた. ❹ ⟨…の発展・伸びなど⟩を妨げる, ⟨…を⟩抑制する, 抑える; ⟨…の供給など⟩を停止する[断つ]: ~ (*off*) demand [economic growth] 需要の伸び[経済の成長]を妨げる. ❺ ⟨エンジン⟩にチョークをかける (キャブレターの空気吸入量を少なくし混合気を濃くする). ── ⓐ ❶ ⟨人が⟩息を詰まらせる, 窒息する: ~ *on* a bite of food 一口食べた食べ物でのどを詰まらせる. **b** ⟨感情で⟩⟨言葉・声に⟩詰まる, ⟨人が⟩口がきけなくなる: He [His voice] ~*d* with rage. 彼は怒りのあまり口がきけなくなった. ❸ ⟨米口⟩ (特にスポーツで⟩あがる, 堅くなる, あがって失敗する (cf. CHOKE up 成句 (4)). **chóke báck** (他+副) ⟨感情・涙・怒りの言葉など⟩を抑える (suppress): ~ back one's angry words [tears] 腹立たまぎれのことば[涙]をこらえる. **chóke dówn** (他+副) (1) ⟨食べ物などをやっと飲み込む. (2) = CHOKE back 成句. (3) ⟨怒りなどを⟩ぐっとこらえる. **chóke óff** (他+副) ⇒ ❹. **chóke úp** (他+副) (1) ⟨…を⟩詰まらせる (⇨ ❷). (2) (口) ⟨物事が人を⟩口がきけなくする: He was all ~*d* up about it. 彼はそこでどくど腹が立って[気が転倒して]いた. ── (⾃) (2) ⟨感情が高ぶって⟩ものが言えなくなる. (4) (米口) (特にスポーツで⟩あがる, 堅くなる: He ~*d* up and dropped the ball. 彼は緊張してしまってボールを落としてしまった. ── ⓑ ❶ 窒息; むせび. ❷ **a** ⟨管などの⟩閉塞(?)部. **b** ⟨機⟩絞り, 閉止装置.

chóke·bèr·ry /-bèri | -b(ə)ri/ 图 [植] ザイフリボク ⟪北米産⟫; ザイフリボクの渋い実.

chóke chàin 图 = choke collar.

chóke chèrry 图 ⟨渋い実をつける各種の⟩サクラ ⟪北米産⟫.

chóke còllar 图 ⟨犬の訓練用の⟩輪縄式首輪.

choked 形 ❶ 詰まった; 窒息した. ❷ [P] [英口] うんざりして: be [feel] ~ うんざりする.

chóke·dàmp 图 ⟨鉱⟩窒息性ガス (blackdamp).

chóke·hòld 图 ⟨背後から腕を回すなどして⟩首を締めつけること, チョークホールド.

chóke·pòint 图 (米) 難所, ネック; (交通) 渋滞地点.

chók·er 图 ❶ **a** チョーカー ⟨首の回りにぴったりする短い首飾り⟩. **b** 高い立ちカラー. ❷ 息を止める[詰まらせる]もの[人].

cho·key /tʃóʊki/ 形 = choky².

chók·ing /tʃóʊkɪŋ/ 形 ❶ 息苦しくさせる, 窒息させる(ような). ❷ (感動で)むせぶような: a ~ voice むせぶような声. **~·ly** 副

chok·y¹ /tʃóʊki/ 形 (chok·i·er, -i·est) ❶ 息の詰まるような; 息苦しい: a ~ room 息が詰まるような部屋. ❷ ⟨声が⟩⟨感動などで⟩詰まった: in a ~ voice 詰まった声で.

chok·y² /tʃóʊki/ 图 [the ~] (英俗) 刑務所.

chol- /kóʊl/ [連結形] ⟨母音の前に来る時の⟩ chole- の異形.

cho·la /tʃóʊlə/ 图 チョーラ: **a** スペイン人と中南米先住民の混血の女性. **b** ⟨特にメキシコ系米国人の間で⟩ cholo(s) とつきあう⟨十代の⟩女.

chol·an·gi·o·gram /kəlændʒiəgræm, koʊ-/ 图 [医] 胆管造影[撮影]図.

chol·an·gi·og·ra·phy /kəlændʒiágrəfi, koʊ-| -ɔ́g-/ 图 [U] [医] 胆管造影[撮影] (法).

cho·le- /kóʊlə/ [連結形] [生理]「胆汁」.

chòle·calcíferol 图 [U] [薬] コレカルシフェロール ⟪動物の皮膚・羽毛などに存在するビタミン D₃⟫.

chòle·cystéctomy 图 [U] [医] 胆囊切除(術).

chòle·lithíasis 图 [U] [医] 胆石症.

chol·ent /tʃʃ(:)lənt, tʃʌl-/ 图 [U] チョレント ⟪肉・インゲンマメ・野菜などを煮込んだ伝統的ユダヤ料理で, 安息日に食べる⟫.

chol·er /kálə | kɔ́lə/ 图 [U] ❶ [詩・古] かんしゃく. ❷ (古・生理) 胆汁 ⟨四体液の一つ; 昔, これが多すぎると短気になると考えられた; ⇨ humor 4 b⟫. 【F < L *cholera*】

†cho·ler·a /kálərə | kɔ́l-/ 图 [U] [医] コレラ. 【L = コレラ, 胆汁 < Gk = コレラ *cholē* 胆汁】

chol·er·ic /kálərɪk | kɔ́l-/ 形 かんしゃく持ちの, 怒りっぽい: a man of ~ temper 怒りっぽい気性の男.

***cho·les·ter·ol** /kəléstəròʊl, -rɔ̀:l | -rɔ̀l/ 图 [U] [生化] コレステロール ⟪動物の脂肪・胆汁・血液や卵黄などに含有する物質⟫. 【F < Gk *cholē* 胆汁 + *steros* 固体の; 胆石中に発見されたことから】

cho·li /tʃóʊli/ 图 チョリ ⟪インドのヒンドゥー教徒の女性がサリーの下に着る襟ぐりが大きい短袖のブラウス⟫.

cho·li·amb /kóʊliæm(b)/ 图 [詩学] 跛行(ほ)短長格 ⟨短長六歩格の最後の詩脚が長々[長短]格で終わるもの⟩. **cho·li·am·bic** /kòʊliǽmbɪk/ 形

chól·ic ácid /kóʊlɪk-/ 图 [U] [生化] コール酸 ⟨胆汁酸(塩)を含むステロイド⟫.

cho·line /kóʊli:n/ 图 [U] [生化] コリン ⟪動植物に分布する塩基性物質; 燐脂質の構成成分, アセチルコリンの前駆体として重要; 欠乏すると脂肪肝をきたす⟫.

cho·lin·er·gic /kòʊlənə́ːdʒɪk | -nə́:-/ 形 [医] コリン作用[作動]性の ⟨アセチルコリン (acetylcholine) を遊離させる[によって活性化させる]⟩: ~ agent コリン作用薬. **-gi·cal·ly** 副

cho·lin·es·ter·ase /kòʊlɪnéstəreɪs/ 图 [U] [生化] コリンエステラーゼ: **a** = acetylcholinesterase. **b** コリンエステルを非特異的に加水分解する酵素.

cho·lo /tʃóʊloʊ/ 图 (⓪ ~s) チョーロ: **a** スペイン人と中南米先住民の混血の人. **b** (米南西部) [しばしば軽蔑的で] 下層のメキシコ (系) 人. **c** ⟨メキシコ系米国人の間で⟩十代の路上チンピラ.

cho·metz /xɑːméts/ 图 = chametz.

chomp /tʃɑmp | tʃɔmp/ 動 = champ¹.

Chom·sky /tʃɑ́mski | tʃɔ́m-/, **Noam** /nóʊ(ə)m/ 图 チョムスキー (1928– ; 米国の言語学者).

chon·drite /kɑ́ndraɪt | kɔ́n-/ 图 [鉱] 球粒[球顆]隕石, コンドライト. **chon·drit·ic** /kɑndrítɪk | kɔn-/ 形

chondro- /kándroʊ | kɔ́n-/ [連結形] 「軟骨」「粒」.

chóndro·cỳte /解/ 軟骨細胞.

chon·droi·tin /kɑndrɔ́ɪtən | kɔn-/ 图 [U] [生理] コンドロイチン ⟨軟骨や腱などのムコ多糖類⟩.

chon·drule /kándruːl/ 图 [鉱] コンドリュール ⟨chondrite に含まれている球状体⟩.

Chong·qing /tʃʌ̀ŋkʰɪ́ŋ, tʃʌ̀n-| tʃɔ̀ŋ-/ 图 重慶 ⟨中国四川省の都市⟩.

choo-choo /tʃúːtʃùː/ 图 (幼児) (汽車) ポッポ.

***choose** /tʃúːz/ 動 (chose /tʃoʊz/; chosen /tʃóʊz(ə)n/) ⓐ ❶ ⟨もの・人を⟩選ぶ, 選択する: ~ A or B A か B かを選ぶ / C~ one of them. その一つを選びなさい / C~ the pastry you like best. いちばん好きなお菓子を選びなさい / ~ an item *from* a list リストから商品[項目]を選ぶ / Over 30,000 titles to ~ *from*! 3 万以上のタイトルからお選びになれます. 選べる万冊以上 | [+目+(*as*)補 / +目+(*to be*)補] We chose him (as [to be]) our representative. 彼を我々の代表に選んだ / On May Day a girl is *chosen* (*to be*) May Queen. 五月祭にはひとりの少女が五月の女王に選ばれる (用法) 受身では as, to をはぶして省略される) / She chose him *as* [*for*] her secretary. 彼女は彼を秘書に選んだ / [+目+*to do*] We chose him *to* replace him as the chair. 彼に代わる議長として彼女を選んだ / [+wh.] C~ what [whichever] you like. 何でも[どれでも]好きなのを選び[取り]なさい. ❷ ⟨…しようと⟩決める [+*to do*] if you ~ *to go* あなたが行く気なら / I chose not *to go*. 行かないことに決めた / ~ *to ignore*... …を無視する[気にしない]ことにする. ── ⓑ ❶ […から]選択をする,

選ぶ: He had to ~ *between* the two. 彼はその両者のうちどちらかを選ばなければならなかった / We had to ~ *from* what remained. ❷ 決める; 欲する, 望む: as you ~ お好きなように, ご随意に / You may stay here if you ~. お望みならここにお残りになってよろしい. **cannot chóose but** dó ⇨ but 前成句. **chóose úp** 《米口》《⊕+副》(1) 選手を選んで〈チームを〉作る: ~ *up* sides [teams] チームに分ける. — 《⊕+副》(2) 〈野球などの試合をするために〉チームに分かれる. **nóthing [nòt múch, little] to chóose betwèen ...**の間に甲乙はない[大してない, ほとんどない]: There's *nothing to ~ between* these two methods. この二つの方法に優劣はない. 〖OE〗(⇨ choice)
【類義語】choose 与えられた二つ以上のものの中から自分の判断によって選ぶ. select 広い範囲の中から考慮して選ぶ.

chóos·er 名 選ぶ人, 選択者; 《史》選帝侯.
choos·y /tʃúːzi/ 形 (choos·i·er; -i·est) 《口》えり好みする, 好みがむずかしい〔*about*〕(picky): a ~ customer えり好みする客.

****chop**[1] /tʃɑp | tʃɔp/ 動 (chopped; chop·ping) ⊕ ❶ ⟨...を⟩〈おの・ナイフなどで〉ぶち[たたき]切る; 切り刻む: ~ (*up*) meat 肉を細かく切る / ~ *potatoes into* bite sizes ジャガイモを食べやすい大きさに切る. ❷ a (テニスなどで)〈ボールを〉チョップする[切る]. b 〈...に〉(空手で)チョップをする. ❸ a 〈経費・予算などを〉削る, 削減する. b 〈計画などを〉中止する, 取りやめる (★しばしば受身): The project *was chopped*. その企画は急に中止された. — ⊜ ❶ ⟨...を⟩たたき切る, 〈...に〉打ってかかる: He *chopped at* the tree. 彼は木に切りつけた / He *chopped away* for an hour before the tree fell. 彼が1時間もおのを振るって〔やっと〕その木は倒れた. ❷ a ⟨ボールをチョップする[切る]⟩〔*at*〕. b (空手)チョップをする. **chóp dówn** 《⊕+副》〈木などを〉切り倒す. **chóp lógic** へ理屈をこねる, 学者ぶって議論する. **chóp óff** 《⊕+副》〈...を〉切り落とす, 切り離す, 切り取る. **chóp úp** 《⊕+副》⇨ ⊕ 1.
— 名 ❶ C〈羊・豚などの〉小さな肉片, チョップ (通例あばら骨付きる): a mutton [pork] ~ マトン[ポーク]チョップ. ❷ C 切断, たたき切り; (空手などの)チョップ (上からの短い一撃): take a ~ *at* ...をたたき切る. ❸ C 不規則な小波; 三角波. ❹ C (テニスなどで)チョップ (強い逆回転がかかるようにボールを切ること). **be for the chóp** 《英口》(1)〈建物が〉壊されそうである. (2)〈人が首になり[殺され]〉そうである. **gét the chóp** 《英口》(1) くびになる, 解雇される. (2) 殺される.
〖CHAP[2] の変形〗【類義語】⇨ cut.

chop[2] /tʃɑp | tʃɔp/ 動 (chopped; chop·ping) ★次の成句で. **chóp and chánge** 《英口》〈人が〉意見[計画など]をくるくる変える, 動揺する.

chop[3] /tʃɑp | tʃɔp/ 名 《英古》商標, 銘柄. **nót múch chóp** 《主に豪口》たいしたことない.
chop-chop /tʃɑptʃɑp | tʃɔp-/ 間 早く早く!, 急いで!
chóp·fàllen 形 =chapfallen.
chóp·hòuse 名 (肉料理専門の)料理店 〖匯考〗現在は steakhouse のほうが一般的).
Cho·pin /ʃóʊpæn, —-́ | ʃɔ́pæn/, **Fré·dé·ric Fran·çois** /frèdərík frɑːnswɑ́ː/ 名 ショパン (1810–49; ポーランド生まれのピアニスト・作曲家).
Cho·pin /ʃóʊpæn/, **Kate** 名 ショパン (1851–1904; 米国の小説家).
chóp·lógic 名 U こじつけの論議; へ理屈. — 形 こじつけの論議の, へ理屈の. 〖成句 CHOP[1] logic から〗
+**chop·per** /tʃɑ́pə | tʃɔ́pə/ 名 ❶ (口) a ヘリコプター (helicopter). b (改造)オートバイ. c おの; 肉切り包丁. ❸ (なた・包丁などで)ぶち切る人. ❹ [通例複数形で] (俗) 歯; 入れ歯. ❺ 〔電子工〕チョッパー (短い周期で電流・光線を断続させる装置). ❻ 〔野〕高くバウンドする打球. — 動 ⊜ ヘリコプターで飛ぶ.
chóp·ping blòck [《英》**bòard**] 名 物切り台, まな板.
chópping knìfe 名 こま切り包丁.
chop·py /tʃɑ́pi | tʃɔ́pi/ 形 (chop·pi·er; -pi·est) ❶ 三角波の立つ, 波立ち騒ぐ. ❷ a とぎれとぎれの, 関連性のない. b ⟨文体などの⟩むらのある.

309　**choroidal**

chop·sock·y /tʃɑ́psɑ̀ki | tʃɔ́psɔ̀ki/ 名 U 《米口》(映画に登場する)空手, カンフー.
chóp·stìck 名 [通例複数形で] はし(箸): eat with ~*s* はしで食べる.
chop su·ey /tʃɑpsúːi | tʃɔp-/ 名 U チャプスイ (肉や野菜の炒め煮にごはんを添えた米国式中国料理). 〖Chin 雑炊〗
+**cho·ral** /kɔ́ːrəl/ 形 ❶ C 合唱[聖歌]隊の; 合唱曲の; 合唱の: the C- Symphony 合唱付交響曲 (Beethoven の第9交響曲の通称). ❷ ⟨朗読などを声をそろえての, 一斉の: ~ speaking (詩などの)朗唱, 吟唱. 〖⇨ chorus〗
cho·rale /kərǽl | kɔrɑ́ːl/ 名 ❶ (合唱)聖歌. ❷ 《米》合唱団.
choral·ly /kɔ́ːrəli/ 副 合唱で.
chóral socìety 名 合唱団; 合唱同好会.
+**chord**[1] /kɔːd | kɔːd/ 名 ❶ 《数》弦. ❷ (楽器の)弦. ❸ (特別な)感情, (心の)琴線: strike a ~ (with...) (人)の心の琴線に触れる, 感情に巧みに訴える. ❹ 《解》索, 腱 (弦) (★ **cord** のほうが一般的). 〖⇨ CORD の異形〗
chord[2] /kɔːd | kɔːd/ 名 《楽》和音, 和声 (↔ discord). 〖ACCORD〗
chord·al /kɔ́ːdl | kɔ́ː-/ 形 《楽》和音の[に似た]; 《楽》対位の構造より和声を重んずる.
chor·date /kɔ́ːdət/ 動 形 索を有する; 脊索類の. — 名 脊索動物 〖脊椎動物と原索動物とを合わせて〗.
chórd·ing /-dɪŋ/ 名 《楽》コーディング: a 和音を演奏する[和音で唱する]こと. b 音を和音に配すること.
chor·do·to·nal /kɔ̀ːdoʊtóʊn(ə)l | -́-/ 形 《昆》音響や振動に反応する, 弦音器官の.
+**chore** /tʃɔə | tʃɔː/ 名 ❶ [通例複数形で] 日常的な仕事 〔にやるべきこと〕, (特に)家事: do [help with] household ~*s* 家事をする[手伝う]. ❷ こなさなければならない面倒な〔いやな, 退屈な, 骨の折れる〕仕事 (burden). 〖CHAR[2] の変形〗
cho·re·a /kəríːə | kɔːríːə/ 名 U 《医》舞踏病.
cho·re·o·graph /kɔ́ːriəɡræf | kɔ́ːriəɡrɑ̀ːf/ 動 ⊕ ❶ ⟨バレエの⟩振りつけをする. ❷ 計画[準備]する; 系統的に指揮[管理]する.
+**cho·re·og·ra·pher** /kɔ̀ːriɑ́ɡrəfə | kɔ̀ːriɔ́ɡrəfə/ 名 (バレエなどの)振りつけ師.
cho·re·o·graph·ic /kɔ̀ːriəɡræfɪk | kɔ̀ːr-/ 形 舞踏術の.
+**cho·re·og·ra·phy** /kɔ̀ːriɑ́ɡrəfi | kɔ̀ːriɔ́ɡ-/ 名 U (バレエなどの)舞踏術[法]; 振りつけ.
cho·re·ol·o·gy /kɔ̀ːriɑ́ləʤi | kɔ̀ːriɔ́l-/ 名 U 踊記譜法研究. **-gist** 名
cho·ri·am·bus /kɔ̀ːriǽmbəs | kɔ̀r-/ 名 《詩学》強弱弱強格 (‐×× ‐), 長短短長格 (‐⏑⏑‐). **cho·ri·ám·bic** /kɔ̀ːriǽmbɪk | kɔ̀r-/ 形
cho·ric /kɔ́ːrɪk | kɔ́r-/ 形 《ギ劇》合唱歌風の; 合唱歌舞式の.
cho·rine /kɔ́ːriːn/ 名 《米》=chorus girl.
cho·rio- /kɔ́ːrioʊ/ [連結形] 《解》「絨毛(ジュウモウ)膜 (chorion)」「脈絡膜 (choroid)」.
chòrio-allàntois /-ə-/ 名 《発生》漿尿膜. **-allantóic** 形 漿尿膜の[で発生した].
chòrio·carcinóma 名 《医》絨毛(ジュウモウ)癌 (子宮癌の一種).
cho·ri·on /kɔ́ːriɑn | -riən/ 名 《解》絨毛(ジュウモウ)膜; 《動》漿膜. **chò·ri·ón·ic** 形
cho·ris·ter /kɔ́ːrɪstə | kɔ́rɪstə/ 名 ❶ (特に, 教会の)少年聖歌隊員 (cf. choir 1). ❷ 《米》聖歌隊指揮者.
cho·ri·zo /tʃəríːzoʊ/ 名 《⊕-s》チョリソー (トウガラシ・ニンニクなどの香辛料を効かせたポークソーセージ).
cho·rog·ra·phy /kərɑ́ɡrəfi/ 名 U 地形図作成法; 地方地誌, 地勢(図). **-pher** 名 地方地誌学者. **cho·ro·graph·ic** /kɔ̀ːrəɡrǽfɪk-́/ 形
cho·roid /kɔ́ːrɔɪd/ 名 《解》《眼球の)脈絡膜. — 形 絨毛膜 (chorion) のような.
cho·roi·dal /kərɔ́ɪdl/ 形 《解》脈絡膜の.

C

chóroid plèxus [名]〘解〙脈絡膜叢(そう)《第三・第四側脳室の軟膜にある血管叢》.

chó·ro·pleth màp /kɔ́:rəplèθ-/ [名] コロプレスマップ《地域の特色を示すために陰影・着色・記号を用いた地図》.

chor·ten /ʧɔ́ətn | ʧɔ́:-/ [名] (チベットの)ラマ教の寺院[記念碑].

chor·tle /ʧɔ́əṭl | ʧɔ́:-/ [動] [自] (うれしそうに[満足げに])声高に笑う. ── [名] [a ～] うれしそうな[満足げな]笑い.

*__cho·rus__ /kɔ́:rəs/ [名] ❶〘楽〙**a** 合唱: a mixed ～ 混声合唱. **b** 合唱曲; (歌の)合唱部. **c** (賛美歌などで繰り返し歌われる)折り返し (refrain). ❷ [集合的; 単数または複数扱い] **a** 合唱隊[団] (choir); (ミュージカルなどの)合唱舞踊団, コーラス. **b**〘古ギ〙(演劇の)合唱隊, コロス. ❸ (人が)一斉に発する言葉, 異口同音: a ～ of disapproval 反対[非難]の大合唱. **in chórus** (1) 合唱して: sing *in* ～ 合唱する. (2) 声をそろえて: protest *in* ～ 一斉に抗議する. ── [動] [他] ❶ 〈歌を〉合唱する. ❷ 〈称賛・抗議などを〉一斉に唱える[口にする]. 〘L＜Gk＝円舞, 合唱(隊)〙 ([形] choral)

chórus gìrl [名] コーラスガール《歌劇・ミュージカルなどの歌手兼ダンサー》.

chórus lìne [名] コーラスライン《ミュージカルなどで一列に並んでコーラス・ダンスをするコーラス隊》.

‡**chose** /ʧóuz/ [動] **choose** の過去形.

‡**cho·sen** /ʧóuzn/ [動] **choose** の過去分詞. ── [形] 選ばれた, 好きな: one's ～ field 自分の選んだ[好きな]分野. **chósen féw** [複数扱い] 選ばれた少数の人たち《特権・特典などを与えられている人々, また特別な才能をもつ人々など》. **chósen péople** 神の選民: **a** ユダヤ人の自称. **b** 神に救われる運命の人々; 敬虔なキリスト教徒たち.

chou·croute /ʃu:krú:t/ [名] [U] シュークルート《sauerkraut の別称》.

Chou En·lai /ʧóuènlái, ʤóu-/ [名] 周恩来 (⇨ Zhou Enlai).

chough /ʧʌ́f/ [名]〘鳥〙❶ ベニハシガラス《欧州・北アフリカ・アラビア産; 足・くちばしが赤》. ❷ キバシガラス《欧州・北アフリカ・中国の高山産》.

chóu [chóux] pástry /ʃú:-/ [名] [U] シュー皮用生地.

chow /ʧáu/ [名] ❶ [U]《口》**a** 食物. **b** 食事(時間). ❷ ＝chow chow. ── [動] [自]《米口》食べる 〈*down*〉.

chów chòw [名] チャウチャウ(犬)《中国原産の中型犬》.

chow·chow /ʧáuʧàu/ [名] [U]《ダイダイの皮・ショウガを漬けた》中華漬け; からし漬けのピクルス.

chow·der /ʧáuḍə | -də/ [名] [U]《米》チャウダー《魚介類に塩漬けの豚肉・野菜などを加えて牛乳またはトマトで煮込んだ濃いスープの一種》. 〘F＝シチューなべ〙

chówder·hèad [名]《俗》うすのろ, あほう. **～·ed** [形]

chow mein /ʧàuméın/ [名] [U] チャーメン《五目中華焼きそば》.

CHP combined heat and power 熱・電併給《発電所などから出るエネルギーを熱源および電源の両方に用いるエネルギーの効率的利用方式》.

Chr.《略》Christ; Christian.

chres·tom·a·thy /krestáməθi | -tɔ́m-/ [名] 名文集《特に外国語学習のために編集されたもの》.

Chris /krís/ [名] クリス: ❶ 男性名《Christopher の愛称》. ❷ 女性名《Christiana, Christina, Christine の愛称》.

chrism /krízm/ [名] [U] 聖油《キリスト教の儀式に用いる》. **chris·mal** /krízm(ə)l/ [形]

chris·om /kríz(ə)m/ [名] 幼児の洗礼服《白衣》.

*__Christ__ /kráıst/ [名] **キリスト**《救世主 (the Savior) となって出現した Jesus の称号》: before ～ 西暦紀元前《略 B.C.》. ── [間] [驚き・怒りなどを表わして]《俗》まあ(驚いた)!, とんでもない! 〘L＜Gk＝油を注がれた人〙 ([関形] dominical)

Chris·ta·del·phi·an /krìstədélfiən⁻/ [名] [形] キリストアデルフィアン派の(信徒)《1848 年米国で John Thomas (1805–71) が創設した千年至福説を信奉する教派》.

Chríst Chúrch [名] クライストチャーチ《ニュージーランド南島東岸の市》.

⁺**chris·ten** /krís(ə)n/ [動] [他] ❶ 〈人に〉洗礼を施す; (洗礼を施して)〈人を〉キリスト教徒とする. ❷ **a** (洗礼を施して)〈人を〉〈…と〉命名する: The child was ～*ed* John after his uncle. 子供はおじにちなんでジョンという洗礼名をつけられた. **b** 〈船などに〉〈…の〉名をつける. ❸《口》〈新しい自動車などを〉使い始める, 〈…の〉使いぞめをする. 〘Christ＋-en³〙

Chrísten·dom /-dəm/ [名] [U] ❶ 全キリスト教徒. ❷ キリスト教界, キリスト教国.

⁺**chrís·ten·ing** /-s(ə)n-/ [名] [U,C] 洗礼(式), 命名(式).

Chríst·hòod [名] [U] キリスト[救世主]であること[事実]; キリストの性格[神性].

*__Chris·tian__ /krísʧən/ [形] (more ～; most ～) ❶ (比較なし) **a キリスト教の**: the ～ religion キリスト教 / a ～ burial 教会葬. **b キリスト教徒の**; キリスト教を信じる. ❷ **a** キリスト教徒らしい, 隣人愛をもっている: display a truly ～ charity 真にキリスト教徒らしい思いやりを示す. **b**《口》人間らしい; 上品な, 尊敬すべき. ── [名] ❶ **キリスト教徒**, キリスト(教)信者, クリスチャン. ❷《口》りっぱな人, 文明人, 人間: behave like a ～ 人間らしくふるまう. 〘Christ＋-ian〙

Chris·ti·an·a /krìsʧiǽnə | -tiá:nə/ [名] クリスティアナ《女性名; 愛称 Chris, Christie》.

Chrístian éra [Éra] [名] [the ～] 西暦紀元: in the first century of *the* ～ 紀元 1 世紀に.

chris·ti·an·i·a /krìsʧiǽniə | -tiá:n-/ [名] ＝christie.

*__Chris·ti·an·i·ty__ /krìsʧiǽnəṭi/ [名] [U] ❶ **a キリスト教**. **b** キリスト教的信仰[精神]. ❷ ＝Christendom 1. 〘Christian＋-ity〙

Chris·tian·ize /krísʧənàız/ [動] [他] キリスト教化する.

Chrís·tian·ly [形] [副] キリスト教徒らしい[らしく].

Chrístian náme [名] 洗礼名《洗礼の時につけられる名; 姓の前につける; ⇨ name [解説]》.

Chrístian Scíence [名] [U] クリスチャンサイエンス《信仰療法を特色とするキリスト教の一派; 19 世紀中ごろから米国に起こった》. **Chrístian Scíentist** [名] クリスチャンサイエンスの信者.

chris·tie /krísti/ [名]〘スキー〙クリスチャニア回転.

Chris·tie /krísti/ [名] クリスティー: ❶ 男性名. ❷ 女性名《Christiana, Christine の愛称》.

Christie, Dame **Agatha** [名] クリスティー《(1890–1976; 英国の女流推理小説家》.

Chris·tie's /krístiz/ [名] クリスティーズ《ロンドンにある美術品競売会社; 正式には Christie, Manson & Woods, Ltd.》.

Chris·ti·na /krıstí:nə/ [名] クリスティーナ《女性名; 愛称 Chris》.

Chris·tine /krıstí:n, ⌐─/ [名] クリスティーン《女性名; 愛称 Chris, Christie》.

Chris·tin·gle /krístıŋgl/ [名] クリスティングル《特に待降節の礼拝のときに子供たちが持つ, キリストを象徴する火をともしたろうそく》.

Chríst·lìke [形] キリストのような.

Chríst·ly [形] キリスト (Jesus Christ) の; キリストらしい.

‡**Christ·mas** /krísməs/ [名] ❶ [U,C] **クリスマス**, キリスト降誕祭《12 月 25 日; イングランド・ウェールズ・北アイルランドでは quarter day の一つ; 略 Xmas; [比較] X'mas は和製英語》: at ～ クリスマスに / keep ～ クリスマスを祝う / give a person a gift for ～ 人にクリスマスの贈り物をする / *a* green ～ 雪の降らない(暖かい)クリスマス / *a* white ～ 雪のある[積もった]クリスマス / *A* merry ～ (to you)! クリスマスおめでとう!《★その返事は The same to you. または You too. という》. ❷ ＝Christmastide. 〘Christ＋Mass〙

Chrístmas bòx [名]《英》クリスマスに渡すご祝儀[贈り物]《郵便配達人・使用人などに与える; cf. Boxing Day》.

Chrístmas càctus [名]〘植〙シャコバサボテン.

Chrístmas càke [名] [C,U]《英》クリスマスケーキ《干しぶどうなどをたくさん入れ表面にアイシングをかけたこってりしたケーキでクリスマスに食べる》.

⁺**Chrístmas càrd** [名] クリスマスカード.

Chrístmas cárol [名] クリスマスの祝歌, クリスマスキャロル.

Chrístmas clùb [名] クリスマスクラブ《クリスマスの買物の

Christmas còokie 名《米》クリスマスクッキー《クリスマスツリーや星などをかたどった砂糖衣をかけたものが多い》.

†**Chrístmas Dáy** 名 キリスト降誕祭, クリスマス《12月25日》.

Christmas dìnner 名 クリスマスディナー《伝統的なクリスマスの昼食; 英国では七面鳥・クリスマスプディング・ミンスパイとワインが普通》.

†**Christmas Éve** 名 クリスマスイブ, クリスマスの前夜[日]《12月24日》: on ~ クリスマスイブに.

†**Christmas hólidays** 名 覆 [the ~] クリスマス休暇; (学校の)冬休み.

Christmas púdding 名 C,U《英》クリスマスプディング《解説 干しぶどうなどをたくさん入れたプディング; しばしば部屋を暗くして上からブランデーをかけ火をつけてクリスマスのディナーの終わりに食べる》.

Christmas ròse 名《植》クリスマスローズ《クリスマスごろ通例白い花の咲くキンポウゲ科の常緑の多年草》.

Christmas stòcking 名 クリスマスの靴下《クリスマスイブに子供が贈り物を入れてもらうためにマントルピースやクリスマスツリーまたはベッドの端に下げる靴下》.

Chríst·mas·sy /-məsi/ 形《口》クリスマスらしい.

Chrístmas·tìme, -tìde 名 U クリスマス季節《クリスマス前後の時期; 12月半ばごろから正月過ぎまで; Christmastide は特に宗教色が濃く, クリスマス前夜から1月6日 (公現祭, Epiphany) までの12日間を含む》.

†**Christmas trèe** 名 クリスマスツリー《通例モミ (fir) の木に装飾を施す》.

†**Chrístmas vacátion** 名 [the ~]《米》=Christmas holidays.

Chris·to- /krístou, kráis-/ [連結形]「キリストの」.

Chrìsto·céntric 形 キリスト中心の《神学》.

Chris·tol·o·gy /kristálədʒi | -tɔ́l-/ 名 U《神学》キリスト論. -gist 名 キリスト論学者. **Chris·to·lóg·i·cal** 形

Chris·to·pher /krístəfə | -fə/ 名 クリストファー《男性名; 愛称 Chris, Kit》.

Chris·to·pher /krístəfə | -fə/, **Saint** 名 聖クリストフォロス《?-?250; 小アジアの殉教者; 旅人の守護聖人で, 祝日7月25日》.

chris·to·phine, -phene /krístəfi:n/ 名《植》ハヤトウリ.

Chríst's-thòrn 名《植》キリストノイバラ《Palestine 地方産クロウメモドキ科のセイヨウハマナツメまたはナツメなどの低木; キリストのイバラの冠はこの枝で作られたという》.

chris·ty /krísti/ 名 =christie.

chrom- /króum/ [連結形] (母音の前にくる時の) chromo- の異形.

chro·ma /króumə/ 名 クロマ: **a** 彩度 (saturation). **b** 色相 (hue) と彩度を合わせた性質.

chróma·kèy 名 U《テレビ》クロマキー《人物などの前景はそのままにして, 背景画像だけを差し換えて一つの画面に合成する特殊技術》. —— 動 他《画像》をクロマキーで処理する.

chro·mat- /kroumǽt, króumæt/ [連結形] (母音の前にくる時の) chromato- の異形.

chro·mate /króumeit/ 名 C クロム酸塩[エステル].

chro·mat·ic /kroumǽtik | krə-/ 形 ❶ 色彩の, 着色[彩色]の: ~ printing 色刷り / ~ aberration 色収差. ❷《生》染色性の. ❸《楽》半音階の: the ~ scale 半音階 / a ~ semitone 半音階の半音. **chro·mát·i·cal·ly** /-kəli/ 副

chro·mat·i·cism /kroumǽtəsìzm/ 名 U 半音階主義.

chro·ma·tic·i·ty /kròumətísəti/ 名 U《光》色度.

chro·mat·ics /kroumǽtiks/ 名 U 色彩論[学].

chro·ma·tid /króumətid/ 名《発生》染色分体.

chro·ma·tin /króumətin/ 名《生》(細胞核内の)染色質, クロマチン.

chro·mato- /kroumǽtou, króumætou/ [連結形]「色」「染色質」.《Gk *chrōma(t-)* 色》

chromáto·gràm 名《化》色層列[系], クロマトグラム.

chromáto·gràph 名《化》クロマトグラフ《色層分析装置》.

---

chro·ma·tog·ra·phy /kròumətágrəfi | -tɔ́g-/ 名 U 色層分析, クロマトグラフィー.

chro·ma·top·sia /kròumətápsiə | -tɔ́p-/ 名 U《医》着色視症, 色視; 色彩視覚異常.

chrome /króum/ 名 U ❶ **a** クロム合金. **b** クロム合金でめっきしたもの《製品・仕上げなど》. ❷ =chromium. ❸ =chrome yellow.

chróme léather 名 U クロム革《クロム法でなめしたもので主に靴の製造に用いる》.

chróme stéel 名 U クロム鋼《ステンレススチールの一種》.

chróme yéllow 名 U ❶《化》クロムイエロー, クロム酸鉛《黄色顔料》. ❷ クロムイエロー《黄色》.

chro·mic /króumik/ 形《化》(3価)クロムの[を含む]: ~ acid クロム酸.

chro·mide /króumaid/ 名《魚》カワスズメ (cichlid).

chro·mi·nance /króumənəns/ 名 U《光》クロミナンス《ある色と同輝度の参照色との差異》.

chro·mite /króumait/ 名 ❶ C《鉱》クロム鉄鉱. ❷ C 亜クロム酸塩.

†**chro·mi·um** /króumiəm/ 名 U《化》クロム《金属元素; 記号 Cr》.

chrómium pláte 名 U クロムめっき.

chro·mo /króumou/ 名 (複 ~s) =chromolithograph.

chro·mo-[1] /króumou/ [連結形]《化》「クロミウム」.

chro·mo-[2] /króumou/ [連結形] chromato- の異形.

chròmo·dynámics 名 U クロモ力学 (⇒ quantum chromodynamics).

chròmo·génic 形 色を生ずる; 色原体の; 発色体の;《写》発色現象の.

chròmo·líthograph 名 クロモ[多色]石版(詧)刷りの絵. —— 動 クロモ石版術で印刷する. **-lithógraphy** 名 **-lithógrapher** 名 **-lithográphic** 形

chro·mo·ly /króuməli/ 名 U クロモリ《クロムとモリブデンを含んだ鋼鉄》.

chrómo·plàst 名《植》有色体《花や果実などの細胞内にある色素を含む色素体》.

chro·mo·som·al /kròuməsóum(ə)l-/ 形 染色体の: ~ abnormality 染色体異常.

†**chro·mo·some** /króuməsòum/ 名 C《生》染色体: ⇒ X chromosome, Y chromosome.《CHROMO-[2]+-SOME[2]》

chrómosome máp 名 染色体地図《染色体の上における遺伝子の相対的位置関係を示した図》.

chrómo·sphère 名《天》彩層《太陽光球面のすぐ外側の白熱ガス層》. **chròmo·sphéric** 形 彩層(状)の.

chro·mous /króuməs/ 形《化》(2価)クロムの[を含む], 第一クロムの.

chron. (略) chronicle; chronological(ly); chronology.

Chron. (略)《聖》Chronicles.

†**chron·ic** /kránik | krɔ́n-/ 形 ❶ **a**《病気が》慢性の (↔ acute): a ~ disease 慢性病 / ~ hepatitis 慢性肝炎 / ~ renal failure 慢性腎不全. **b** A《人が》持病持ちの: a ~ diabetic 慢性の糖尿病患者. ❷ 長期にわたる, 長く続く, 慢性的な: ~ rebellion 長期にわたる反乱 / a ~ trade deficit 長引く貿易赤字 / ~ depression 長引く不況, 慢性的不況. ❸ A 癖になった, 常習の, 病みつきの (habitual): a ~ grumbler 年中不平を言っている人. ❹《英口》とても《質の》悪い, ひどい: (in) a ~ state ひどい状態(で). **chrón·i·cal·ly** /-nɪkəli/ 副《F<L<Gk=時間に関する, 永続の<*chronos* 時》

chrónic fatígue sỳndrome 名 U《医》慢性疲労症候群《頭痛・発熱・筋肉痛・鬱状態などの諸症状を伴って半年以上も続く極度の疲労状態; 略 CFS》.

†**chron·i·cle** /kránɪkl | krɔ́n-/ 名 ❶ C 年代記, 編年史. ❷ [the C-] ...新聞: the *News C-* ニュースクロニクル紙. ❸ [the Chronicles; 単数扱い]《聖》歴代志[史] (The Book of the Chronicles)《旧約聖書中の一書; 上下2巻あり; 略 Chron.》. —— 動《史実など》を年代記に載せる, 記録にとどめる.《F<L<Gk; ⇒ chronic》

chrón·i·cler [名] 年代記編者, 年代史家; (事件の)記録者.

chrónic obstrúctive púlmonary diséase [名] [U,C] 〘医〙 慢性閉塞性肺疾患 《略 COPD》.

chron·o- /kránoʊ, krán- | krɔ́n-/ [連結形]「時」. 〘Gk *chronos* 時間〙

chròno·biólogy [名] [U] 時間生物学 《生体内に認められる周期的現象を扱う》. **-gist** [名]

chron·o·graph /kránəgræ̀f | krɔ́nəgrɑ̀ːf/ [名] クロノグラフ 《時間を図形的に記録する装置》.

+**chron·o·log·i·cal** /krɑ̀nəlɑ́ʤɪk(ə)l | krɔ̀nəlɔ́ʤ-ˉ/ [形] ❶ 年代順の, 時間順の: in ～ order 年代順に. ❷ 年代学の; 年代記の, 年表の: a ～ table 年表. **-cal·ly** /-kəli/ [副] 年代順に, 時間順に.

chrónological áge [名] 〘心〙 暦年齢 《略 CA; cf. mental age》.

chro·nól·o·gist /-ʤɪst/ [名] 年代[年表]学者.

chro·nol·o·gy /krənɑ́ləʤi | -nɔ́l-/ [名] ❶ [U,C] (事件の)年代順配列. ❷ [C] 年代記, 年表. ❸ [U] 年代学. 〘CHRONO-+-LOGY〙

chro·nom·e·ter /krənɑ́məṭɚ | -nɔ́mətə/ [名] ❶ クロノメーター 《精密な経度測定用の時計》. ❷ 非常に正確な(腕)時計.

chro·no·met·ric /krɑ̀nəmétrɪk/, **-ri·cal** [形] クロノメーターの[で測定した]. **-ri·cal·ly** [副]

chro·nom·e·try /krənɑ́mətri | -nɔ́m-/ [名] [U] 時刻測定(法).

chron·o·scope /krɑ́nəskòʊp | krɔ́nə-/ [名] クロノスコープ 《光速などを測る分秒時計》.

chrys·a·lid /krɪ́səlɪd/ [名] =chrysalis.

chrys·a·lis /krɪ́səlɪs/ [名] (複 ～·es, **chry·sal·i·des** /krɪsǽlədìːz/) ❶ (硬い皮で包まれた)さなぎ. ❷ 準備時代, 過渡期.

+**chry·san·the·mum** /krɪsǽnθəməm/ [名] 〘植〙 ❶ キク(菊). ❷ キクの花. 〘L＜Gk＜*chrysos* 金色の+*anthemon* 花〙

chrys·elephántine /krɪ̀s-/ [形] 〈ギリシア彫刻が〉金と象牙で装飾された.

Chrys·ler /kráɪslɚ | -zlə/ [名] 〘商標〙 クライスラー 《米国 Chrysler 社 (現 Daimler Chrysler 社) 製の自動車》.

Chrysler /kráɪslɚ | -zlə/, **Walter Percy** [名] クライスラー 《1875–1940; 米国 Chrysler 社の創設者・社長》.

chrys·o·ber·yl /krɪ́səbèrəl/ [名] [U] 〘鉱〙 金緑石.

chrys·o·col·la /krɪsəkɑ́lə | -kɔ́lə/ [名] [U] 〘鉱〙 珪孔雀(けいくじゃく)石.

chrys·o·lite /krɪ́səlàɪt/ [名] [U,C] 貴橄欖(かんらん)石, クリソライト.

chrys·o·prase /krɪ́səprèɪz/ [名] [U] 〘鉱〙 緑玉(ぎょく)髄.

chrys·o·tile /krɪ́sətàɪl/ [名] [U] 〘鉱〙 温石綿 《撓曲(とうきょく)性があり切れにくい》.

chtho·ni·an /θóʊniən/ [形] =chthonic.

chthon·ic /θɑ́nɪk | θɔ́n-/ [形] 〘ギ神〙 地中[地下]に住む.

chub /ʧʌ́b/ [名] (複 ～, ～s) 〘魚〙 チャブ 《ヨーロッパ産コイ科の円筒状の体をした淡水魚》.

Chúbb (lòck) /ʧʌ́b(-)/ [名] 〘商標〙 チャッブ 《こじあけようとするとボルトを動かないように固定する装置がついている錠》. 〘Charles Chubb 発明した錠前屋〙

chub·by /ʧʌ́bi/ [形] (**chub·bi·er; -bi·est**) まるまる太った, 丸ぽちゃの: a ～ face 丸ぽちゃの顔. **chúb·bi·ness** [名]

*__chuck__[1] /ʧʌ́k/ [動] [他] ❶ [通例副詞(句)を伴って] 〈ものを〉ぽいと投げる, ほうる, ほうり投げる (throw): ～ a ball *to* a person 人にボールをほうる / ～ a stone *at* a dog 犬に石を投げつける / [+目+目] *C*～ me the book. その本を投げてよこせ. ❷ 《口》 **a** 〈…を〉(投げ)捨てる: ～ ***away*** an old hat 古帽子を(投げ)捨てる / ～ ***out*** rubbish ごみを捨てる. **b** 〈人を〉(場所から)追い出す: ～ a drunken man ***out*** 酔っぱらいをつまみ出す / ～ a drunken man ***out of*** a pub 酔っぱらいをパブからつまみ出す. ❸ 《英口》 〈仕事・企画などを〉中止する, 放棄する, (いやになって)やめる, あきらめる 〈*up, in*〉; 〈関係などを〉断つ: ～ one's job 職をほうり出す, 辞職する. **chúck it áll ín** (職・財産など)すべてを投げ捨てる. **chúck úp** 《[他] [自]+[副]》 吐く, もどす. ── [名] [the ～] 《英古風》 (人を)首にすること; 拒むこと, 拒否.

chuck[2] /ʧʌ́k/ [名] ❶ [C] (旋盤などの)チャック, つかみ. ❷ [U] 牛[羊]の首の回りの肉. ❸ [U] 《米口》 食べ物, 食糧.

chuck[3] /ʧʌ́k/ [動] [他] [名] (人の)あごの下を軽くたたく[なでる](こと).

chúck·hòle [名] 道路の穴.

+**chuck·le** /ʧʌ́kl/ [動] [自] [...に]くすくす笑う; ほくそ笑む, 悦に入る [*at, about*]: ～ while reading 本を読みながらくすくす笑う / ～ to one*self* 一人で含み笑いをする / He ～***d at*** the child's mischievousness. 彼は子供のいたずらっぽさにくすくす笑ってしまった. ── [名] くすくす笑い, (満足げな)含み笑い: give a ～ くすくす笑う. 【類義語】⇨ laugh.

chúckle·hèad [名] 《口》 ばか, 低能.

chúck stéak [名] =chuck[2] 2.

chúck wàgon [名] 《米》 ❶ (農場・牧場へ運ぶ)炊事車. ❷ 路傍の小食堂.

chuck·wal·la /ʧʌ́kwɑ̀lə | -wɔ̀lə/ [名] 〘動〙 チャクワラ 《米国南西部・メキシコ産のイグアナの一種; 食用になる》.

chud·dies /ʧʌ́ḍiz/ [名] 複 《英俗・戯言》 ズボン下, パンツ (underpants). **kíss my chúddies** くそくらえ, ふざけんな.

chu·fa /ʧúːfə/ [名] 〘植〙 ショクヨウカヤツリ.

chuff /ʃʌ́f/ [名] (蒸気機関車の)シュッシュッポッポという音. ── [動] [自] 〈列車が〉シュッシュッポッポと音を立てて進む.

chuffed /ʧʌ́ft/ [形] [P] 《英口》 喜んで, ご機嫌で.

+**chug**[1] /ʧʌ́g/ [動] [自] (**chugged; chug·ging**) (エンジンなどが)ポッポッと音を立てる; [副詞(句)を伴って] ポッポッと音を立てて進む: The train *chugged along* [*away from* the station]. 列車がシュッシュッポッポッと音を立てて走っていった[駅から離れていった]. ── [名] ポッポッという音. 〘擬音語〙

chug[2] /ʧʌ́g/ [動] (**chugged; chug·ging**) =chug-a-lug.

chug-a-lug /ʧʌ́gəlʌ̀g/ [動] [他] [自] 《米俗》 (ビールなどを)一気飲みする.

chu·kar /ʧʌ́kɚ | ʧʌkɑ́ː/ [名] (また **chukár pártridge**) 〘鳥〙 イワシャコ.

chúk·ka bòot /ʧʌ́kə-/ [名] [通例複数形で] チャッカブーツ 《足首までのブーツで, ひもを締めるための 2 対の鳩目穴がある》.

+**chum**[1] /ʧʌ́m/ 《英古風》 [名] (子供の中での)仲よし, 親友 (pal). ── [動] [自] (**chummed; chum·ming**) [...と]仲よしになる 〈*up*〉 [*with*].

chum[2] /ʧʌ́m/ [名] [U] (魚の)寄せ餌(え), まき餌. ── [動] [自] [他] (魚を)まき餌で寄せる.

chum·ble /ʧʌ́mbl/ [動] [他] [自] かじる, かむ.

chum·my /ʧʌ́mi/ [形] (**chum·mi·er; -mi·est**) 《古風》 仲のいい, 仲よしの [*with*].

chump /ʧʌ́mp/ [名] ❶ 《口》 ばか, まぬけ; だまされやすい人. ❷ **a** 短い丸太切れ. **b** =chump chop. **off** one's **chúmp** 《英俗》 気が狂っている. 〘CHUNK+LUMP[1]〙

chúmp chànge [名] [U] 《俗》 わずかな金銭, はした金.

chúmp chòp [名] 《英》 羊の腰肉(など)の太い側からの切り身.

Chung·kin [名] 重慶 (⇨ Chongqing).

*__chunk__[1] /ʧʌ́ŋk/ [名] ❶ 大きいかたまり, 厚切り (lump): a ～ ***of*** bread パンのかたまり. ❷ 《口》 かなりの量[額]; たんまり, どっさり: a ～ ***of*** money かなりの金額. ❸ 《米口》 (ずんぐりして)がっちりした人[馬など].

chunk[2] /ʧʌ́ŋk/ [動] [自] [名] カチャン[ガチャン, ガチン, ガツン, ゴツン, ポチャン](と音をたてる).

+**chunk·y** /ʧʌ́ŋki/ [形] (**chunk·i·er; -i·est**) ❶ ずんぐりした; がっちりした. ❷ 〈布・衣服など〉厚ぼったい. ❸ 〈スープなど〉(肉・魚などの)厚切り(chunk) の入った; 〈ジャムなど〉かたまりの入った.

Chun·nel /ʧʌ́n(ə)l/ [名] [the ～] 《口》 =Channel Tunnel.

chun·ter /ʧʌ́nṭɚ | -tə/ [動] [自] 《英》 つぶやく, ブツブツ言う (mutter); ガタガタ音をたてて行く.

chup·pa(h) /húpə/ [名] (複 **chup·pot** /húpoʊt/) 〘ユダヤ教〙 フッパー 《結婚式が行なわれる天蓋》.

‡**church** /ʧə́ːʧ | ʧə́ːʧ/ [名] ❶ [C,U] (キリスト教の)教会(堂),

聖堂; [U] (教会の)礼拝: go to [attend] ~ 教会へ(礼拝に)行く / get married in ~ 教会で結婚式を挙げる / They are in [at] ~. 彼らは礼拝中である / after ~ 礼拝(式)後 / Is ~ over yet? 礼拝はもう終わりましたか. ❷ [C~] [C] (教派の意味で)**教会**; 教会組織; 教派: the Catholic [Protestant] *C*~ カトリック[プロテスタント]教会 / the established [state] ~ 国教 / ⇨ High Church. ❸ [U] (国家に対して)教会; 教権: the separation of ~ and state 政教分離. ❹ **a** [the C~] (全)キリスト教徒: *the C*~ and the world 教会と世俗. **b** [the ~] (教会の)会衆. ❺ [the ~] 聖職, 僧職: go into [enter] *the* ~ 聖職につく. **(as) póor as a chúrch móuse** ひどく貧乏で. **Chúrch of Éngland** [the ~] 英国国教会, 英国聖公会. **Chúrch of Scótland** [the ~] スコットランド国教会 《長老派》. ── [形] ❶ [A] 教会の: a ~ wedding 教会の結婚式. ❷ [P] 《英》 英国国教会に属して: Are you ~, or chapel? あなたは国教ですか, それとも非国教ですか. ── [動] [他] 《古》〈女性を〉(産後の感謝祈禱(きとう)のため)教会に連れていく[くる] 《★ 通例受身》. 〘Gk＝主(の家)〙 ([関形] ecclesiastical)

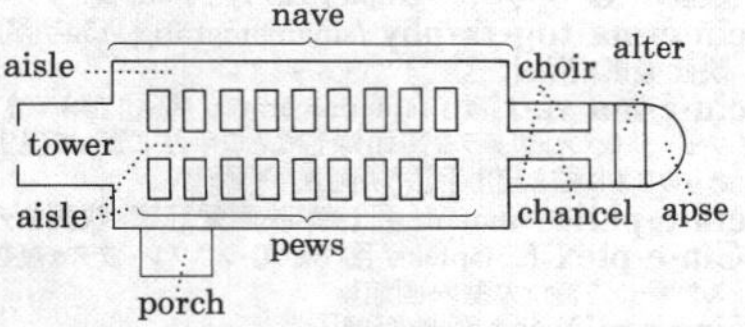

English church

Chúrch Commíssioners [名] [複] [the ~] 《英》 国教財務委員会 《国教会の財産管理・運営をつかさどる》.

chúrch·gòer [名] (規則正しく)教会に行く人, 礼拝によく出席する人.

chúrch·gòing [名] [U] 教会通い. ── [形] 教会に(規則正しく)行く, 教会通いの.

Chur·chill /ʧə́ːʧɪl | ʧə́ː-/, Sir **Winston** (**Leonard Spencer**) [名] チャーチル 《1874–1965; 英国の政治家・著述家; 首相 (1940–45, 51–55)》.

chúrch kèy [名] 《米俗》 (先が三角形にとがった)缶切り, 栓抜き.

chúrch·less [形] ❶ 教会のない. ❷ 教会に属さない, 無教会の.

+**chúrch·man** /-mən/ [名] ([複] **-men** /-mən/) ❶ 聖職者, 牧師. ❷ 教会信者; 《英》 国教信者 (cf. dissenter 2).

chúrch mílitant [名] [しばしば C~ M~] 戦闘の教会, 戦いの教会 《現世にあって悪と戦っている教会[信者たち]》.

chúrch régister [名] 《米》 教区記録.

chúrch schòol [名] [U,C] 教会(付属)学校.

chúrch·wàrden [名] (英国国教会の)教区委員 《教区 (parish) を代表して教会の世話をする人; 定員 2 名》.

chúrch·wòman [名] ([複] **-women**) 女性教会員; 《英》 国教会女性信徒.

chúrch·y /-ʧi/ [形] 教会に忠実な, 国教に凝り固まった; 教会のような. **chúrch·i·ness** [名]

+**chúrch·yàrd** [名] (教会の)中庭, 構内; (教会付属の)墓地 (cf. cemetery): A green Christmas [Yule, winter] makes a fat ~. 《諺》 クリスマスに暖かで雪がない年は(病気がはやり)死人が多い.

chúrchyard béetle [名] 〔昆〕 クサオサムシダマシ 《ゴミムシダマシ科の黒い夜行性の甲虫; 地下室などで見られる》.

chu·ri·dars /ʧúːrɪdàəz | -dàːz/ [名] [複] チュリダルス 《インドで男女ともにはく, 足にぴったりしたズボン》.

chu·rin·ga /ʧuːríŋgə/ [名] ([複] ~**s**, ~) チュリンガ 《オーストラリア先住民の, トーテム動物を彫った石[木]の魔よけ》.

churl /ʧə́ːl | ʧə́ːl/ [名] ❶ 粗野な男, 育ちの卑しい人. ❷ 《古》 けちんぼ, しみったれ. ❸ 《古》 百姓.

chúrl·ish /-lɪʃ/ [形] 粗野な; 育ちの卑しい(者がするような). ~·**ly** [副] ~·**ness** [名]

+**churn** /ʧə́ːn | ʧə́ːn/ [名] ❶ 攪乳(かくにゅう)器 《クリーム・ミルクをかき回してバターを造る機械》. ❷ 《英》 (運搬用の)大型ミルク缶. ── [動] [他] ❶ 〈水・泥などを〉激しくかき回す, はね上げる; 〈風などが〉〈波を〉わき返らせる; 〈波が〉〈岸などを〉激しく洗う. ❷ (手数料を得るために)〈顧客の投資・証券を〉さかんに動かそうとする, 頻繁に売買する. ── [自] ❶ 〈波などが〉岸を激しく洗う, 泡立つ. ❷ 〈胃が〉むかつく. ❸ 動揺する, 狼狽する. ❹ 条件のよいプロバイダー[電話会社(など)]に乗り換える. **chúrn óut** 《[他]+[副]》 《口》 〈映画・製品などを〉大量に次々と作る, 大量生産する (turn out): ~ *out* movie after movie (くだらない)映画を次々に出す.

churr /ʧə́ː | ʧə́ː/ [名] チー 《ある種の昆虫・鳥の鳴き声》. ── [動] [自] チーと鳴く. 〘擬音語〙

chur·ras·co /ʧurάːskou/ [名] [U] シュラスコ 《南アメリカの牛肉のバーベキュー料理》.

chur·ri·gue·resque /ʧʊ̀rɪgərésk←/ [形] [しばしば C~] チュリゲレスコの, チュリゲラ風の 《過剰装飾を特徴とするスペインのバロック様式》. 〘José B. de *Churriguera* 17–18 世紀のスペインの建築家〙

chute[1] /ʃúːt/ [名] ❶ 射水路, 落とし樋(ひ), 滑降斜面路: a letter ~ レターシュート 《郵便投下装置》. ❷ (プールの)水の流れる滑り台, ウォーターシュート.

chute[2] /ʃúːt/ [名] ＝parachute.

chut·ist /ʃúːṭɪst/ [名] ＝parachutist.

chut·ney /ʧʌ́tni/ [名] [U] チャツネ 《マンゴーなどの果物を種々の香料とともに煮た甘ずっぱいインドの保存食》.

chutz·pa, chutz·pah /hútspə, xúts-/ [名] [U] 《俗》 ❶ (ひどい)厚かましさ, 鉄面皮. ❷ 大胆さ, 豪放.

chyle /káɪl/ [名] [U] 〔生理〕 乳糜(にゅうび). **chý·lous** [形]

chyme /káɪm/ [名] [U] 〔生理〕 (胃消化による)糜粥(びじゅく), 糜汁, キームス. **chý·mous** /-məs/ [形]

chy·mo·tryp·sin /kàɪmoutrípsɪn/ [名] [U] 〔生化〕 キモトリプシン 《小腸でキモトリプシノーゲンから生成される蛋白分解酵素》.

chy·pre /ʃíːprə/ [名] [U] ビャクダン (sandalwood) からつくられた香水.

Ci 《略》 curie. **CI** 《略》 Channel Islands.

+**CIA** 《略》 Central Intelligence Agency.

cia·bat·ta /ʧəbάːṭə/ [名] [U] チャバッタ 《オリーブオイルを使ったしっとりと柔らかい食感のあるイタリアのパン》.

ciao /ʧáu/ [間] 《口》 やあ, じゃあ, またね 《くだけた挨拶のことば》. 〘It〙

ci·bo·ri·um /səbɔ́ːriəm/ [名] ([複] **-ria** /-riə/) (祭壇や聖像などの)天蓋; 〔カト〕 聖体容器 《ミサのパンを入れる容器》.

ci·ca·da /sɪkéɪḍə, -kάːḍə/ [名] ([複] ~**s**, **-dae** /-diː/) 〔昆〕 セミ.

cic·a·trice /síkətrɪs/ [名] ＝cicatrix.

cic·a·tri·cial /sìkətríʃ(ə)l/ [形] 〔医〕 瘢痕(はんこん)性の.

cic·a·trix /síkətrɪks/ [名] ([複] **cic·a·tri·ces** /sìkətráɪsiːz/, ~·**es**) ❶ 〔医〕 瘢痕(はんこん). ❷ 〔植〕 葉痕.

cic·a·trize /síkətràɪz/ [動] [他] 〈傷に〉瘢痕を形成させる. ── [自] 〈傷が〉瘢痕を生じて癒(い)える. **cic·a·tri·za·tion** /sìkətrɪzéɪʃən | -traɪz-/ [名] [U] 瘢痕形成, 瘢痕化; (傷の)治癒.

Cic·e·ro /sísəròu/, **Mar·cus Tul·li·us** /mάəkəstʌ́liəs | mάː-/ [名] キケロ 《106–43 B.C.; ローマの政治家・哲学者・雄弁家》.

cic·e·ro·ne /sìsəróuni, ʧìːʧə-/ [名] ([複] ~**s**, **-ro·ni** /-niː/) (名所旧跡などの)観光案内人. 〘It＝Cicero のような雄弁家〙

Cic·er·o·ni·an /sìsəróuniən←/ [形] キケロ流[風]の, 荘重典雅な, 雄弁な.

cich·lid /síklɪd/ [名] 〔魚〕 カワスズメ 《南米・アフリカ・南アジア産の熱帯淡水魚》.

ci·cis·be·o /ʧìʧɪzbéɪou/ [名] ([複] **-bei** /-béɪiː/) (特に 18 世紀のイタリアの)夫のある女の公然たる愛人.

+**CID** /sìːàɪdíː/ 《略》 Criminal Investigation Department 《英》 (London 警視庁の)捜査課.

-ci·dal /sáɪdl←/ [形容詞連結形] 「殺す(力のある)」.

-cide /⌣ー sàɪd/ [接尾] [名詞語尾] 「…殺し, 殺す人[薬]」: patri*cide* (父殺し), insecti*cide* (殺虫剤). 〘L *caedere* 殺す〙

+**ci·der** /sáidə | -də/ 图 ⓊⒸ ❶《英》リンゴ酒《リンゴのしぼり汁を発酵させたもの; アルコールを含む; 《米》では hard cider という》. ❷《米》リンゴジュース《リンゴのしぼり汁を発酵させないもの; sweet cidere とも》《匹較》日本の「サイダー」は清涼飲料水で, 英語では soda pop に当たる》. 〖F<L=強い酒<Gk<Heb〗

cíder prèss 图《cider 製造用の》リンゴ圧搾器.

CIF, c.i.f. /síː.æef, síf/《略》《商》cost, insurance, and freight 保険料運賃込み値段: a ~ price 着渡渡し値段.

cig /síg/ 图《口》=cigarette, cigar.

+**ci·gar** /sigáː | -gáː/ 图 葉巻(たばこ), シガー. 〖Sp〗

*****cig·a·rette, cig·a·ret** /sìgərét, ˋˎˊ/ 图《紙巻き》たばこ. 〖↑+-ETTE〗

cigarétte càrd 图 タバコの箱に入っている絵入りカード.

cigarétte càse 图 巻きたばこ入れ, シガレットケース.

cigarétte hòlder 图 巻きたばこ用パイプ.

cigarétte lìghter 图 たばこ用ライター.

cig·a·ril·lo /sìgəríːlou/ 图 シガリロ《細い葉巻き》.

cig·gy /sígi/ 图《口》=cigarette.

ci·gua·te·ra /sìːgwətérə, sìː-g-/ 图 Ⓤ《医》シガテラ《体内に神経毒を蓄積した熱帯産の魚を食べて起こす中毒症》.

ci·lan·tro /salá:ntrou, -læn-/ 图 Ⓤ《メキシコ料理で用いる》コリアンダー (coriander) の葉.

cil·i·a /síliə/ 图 複 《単 **cil·i·um** /síliəm/》 ❶ まつげ. ❷《葉・羽などの》細毛. ❸《生》繊毛.

cil·i·ar·y /sílièri | -əri/ 形 まつげの; 細毛状の; 繊毛状の, 毛様(体)の.

cíliary bòdy 图《解》毛様体.

cil·i·ate /síliət/ 图《動》繊毛虫《ゾウリムシ・ラッパムシなど》. ── 形 繊毛虫の; まつ毛[繊毛]のある. **~·ly** 副

cil·i·at·ed /sílièitid/ 形 =ciliate.

cil·i·a·tion /sìliéiʃ(ə)n/ 图 まつげ[繊毛]のあること; まつげ, 繊毛.

cil·ice /sílis/ 图 =haircloth.

cilium 图 cilia の単数形.

cill /síl/ 图 =sill.

Ci·ma·bu·e /tʃìːmabúː.ei, Gio·van·ni /dʒouváːniː/ チマブーエ《1240?-?1302; イタリアのフィレンツェ派の画家》.

cim·ba·lom /símbələm, tsím-/ 图《楽》シンバロン《ハンガリージプシーの dulcimer》.

ci·met·i·dine /saimétədìːn/ 图 Ⓤ《薬》シメチジン《ヒスタミンの類似体で十二指腸潰瘍治療薬・制酸剤》.

C in C, C. in C.《略》Commander in Chief.

cinch /síntʃ/ 图 ❶ [a ~]《口》a 容易なこと, 朝飯前: That's a ~ for me. そんなこと私には何でもないことだ. b (まったく)確かなこと; 有力候補, 本命: He's a ~ to win.＝It's a ~ that he'll win. 彼は勝つこと間違いなしだ. ❷《米》くら帯, (馬の)腹帯. ── 動 （主に米》a 締める〈up〉. b《米》〈馬に〉くら帯をつける. ❷《口》確実にする: ~ one's victory 勝利を確実にする. 〖Sp=帯〗

cin·cho·na /siŋkóunə/ 图 ❶ Ⓒ《植》キナノキ《南米熱帯原産》. ❷ Ⓤ キナ皮《キニーネの原料》.

Cin·cin·nat·i /sìnsənǽti/ シンシナティ《米国 Ohio 州南西部にある都市》.

cinc·ture /síŋ(k)tʃə | -tʃə/ 图 ❶ 回りを取り巻くもの. ❷《文》帯, ひも. ── 動 ❶ 帯で巻く[締める]. ❷ 取り巻く, 囲む.

cin·der /síndə | -də/ 图 ❶ 《通例複数形で》《石炭などの》燃え殻; 消し炭. ❷《複数形で》灰, 石炭殻. **búrn to a cínder**《料理などを》黒焦げにする.

cínder blòck 图《米》シンダーブロック《《英》breeze block》《中空で軽量の建築用コンクリートブロック》.

cínder còne 图《地》噴石丘.

Cin·der·el·la /sìndərélə/ 图 ❶ シンデレラ《まま子から王妃になった童話の主人公》. ❷ a 価値に気づかれない[不当に軽視されている]もの[人]; (不当に)軽視される[人]. b 一躍有名になった人. 〖「灰 (cinder) にまみれた少女」の意; フランス語からの類推〗

cine /síni, sínei/ 图 =cinematographic.

cin·e- /síni, -nə/《連結形》「映画 (cinema)」.

cin·e·ast, cin·e·aste /síniæst/ 图《熱狂的な》映画ファン.

cíne·càmera 图《英》映画撮影機《《米》movie camera》.

*****cin·e·ma** /sínəmə/ 图 ❶ Ⓒ《英》映画館《《米》movie theater》. ❷ Ⓤ [通例 the ~] **a** 映画 (⇒ movie 2 a): go to the ~ 映画を見に行く. **b** 映画製作法[技術]. **c** 映画産業. 〖CINEMA(TOGRAPH)〗

cinema òrgan 图 シネマオルガン《1910-30 年ごろ映画館に設置されたオルガン; トーキーの出現ですたれた》.

cin·e·ma·theque /sìnəmətέk/ 图《前衛映画や古典的作品を専門に上映する》小映画館, フィルムライブラリー.

cin·e·mat·ic /sìnəmǽtik/ 形 ❶ 映画の, シネマの. ❷ 映画的な.

cin·e·mat·o·graph /sìnəmǽtəgrǽf | -grà:f/ 图《英》 ❶ 映画撮影機. ❷ 映写機. 〖F<Gk cinema(t-) 動き +-GRAPH〗

cin·e·ma·tog·ra·pher /sìnəmətɑ́grəfə | -fə/ 图《映》カメラマン, 映写技師.

cin·e·mat·o·graph·ic /sìnəmæ̀təgrǽfik/ 形 ❶ 映画の, 映写の. **-graph·i·cal·ly** /-kəli/ 副

cin·e·ma·tog·ra·phy /sìnəmətɑ́grəfi | -tɔ́g-/ 图 Ⓤ 映画撮影術[法].

cin·é·ma vé·ri·té /sínəmavèrətéi/ 图 Ⓤ《映》シネマ・ヴェリテ《ハンドカメラや街頭録音などの手法によって現実をありのままに描き出す手法[映画]》. 〖F〗

cin·e·phile /sínəfàil/ 图《英》映画愛好家, 映画ファン.

Cin·e·plex /sínəplèks/ 图《商標》シネプレックス《複数のスクリーンを持つ大型映画館》.

cíne-projéctor 图 映写機.

cin·er·a·ri·a /sìnərέ(ə)riə/ 图《植》シネラリア, (俗に)サイネリア, フウキギク《富貴菊》《キク科の観賞用植物》.

cin·er·a·ri·um /sìnəré(ə)riəm/ 图 《複 -i·a /-riə/) 納骨所.

cin·er·ar·y /sínərèri | -rəri/ 形 納骨(用)の: a ~ urn 骨つぼ.

ci·ne·re·ous /sìníriəs/ 形 羽毛など灰色の.

cin·gu·late /síŋgjulət/ 形《昆虫の》帯状の色彩をもつ.

cin·gu·lum /síŋgjuləm/ 图 《複 -la /-lə/》《解・動》帯状束, 帯 (belt).

cin·na·bar /sínəbàə | -bàː/ 图 Ⓤ ❶《鉱》辰砂《しんしゃ》《水銀の原鉱》. ❷ 鮮赤色, 朱色.

+**cin·na·mon** /sínəmən/ 图 ❶ **a** Ⓤ 肉桂《ニッケイ》, シナモン, 桂皮《ニッケイの芳香性樹皮; 香味料》. **b** Ⓒ《植》ニッケイ《クスノキ属の樹木》. ❷ 肉桂色《黄味がかった褐色》.

cinq(ue) /síŋk/ 图《トランプの》5 の札, 《さいころの》5 の目; [cinques] 《鳴鐘》11 個の鐘を用いペアを 5 組つくって行なう転調鳴鐘(法).

cin·que·cen·to /tʃìŋkwətʃéntou/ 图 [the ~; しばしば C-]《イタリア芸術の》十六世紀; 十六世紀イタリア美術[建築, 文学].

cínque·fòil /síŋkfɔil/ 图 ❶《植》キジムシロ《バラ科キジムシロ属の草本の総称; 五指状の葉がある》. ❷《建》五葉《弁》飾り, 梅鉢形.

Cin·za·no /tʃìntsáː.nou/ 图《商標》チンザノ《イタリア産ベルモット》.

CIO /síː.àiòu/《略》《米》Congress of Industrial Organizations 産業別労働組合会議《1955 年 AFL と合同》; ⇒ AFL-CIO.

cion /sáiən/ 图 =scion.

ci·pher /sáifə | -fə/ 图 ❶ ⓊⒸ 暗号 (code): in ~ 暗号で[の]. ❷ Ⓒ《暗号を解く》かぎ. ❷ Ⓒ 取るに足らない人[もの]. ❸ Ⓒ《古風》《記号の》ゼロ, 0. ❹ Ⓒ アラビア数字. ── 動《通信などを》暗号化する (encode; ↔ decipher). 〖F<L<Arab=ゼロ, 無の〗

ci·po·lin /sípəlæn/ 图 Ⓤ 雲母大理石, シポリン《白と緑の縞の)はいったイタリア産大理石》.

cir., circ.《略》circa.

cir·ca /sə́:kə | sə́:-/ 前《年代・日付の前に用いて》およそ (about)《略 c., ca.): He was born c. 1600. 彼は 1600 年ごろ生まれた. 〖L=about〗

cir·ca·di·an /səkéidiən | sə-/ 形 Ⓐ《生理》約 24 時間

周期の: ~ rhythms 24時間周期のリズム.

Cir·ce /sə́ːsi | sɔ́ːsi/ ❶《ギ神》キルケー《魔術で Odysseus の部下たちを豚に変えたという魔女》. ❷ [C] 妖婦.

cir·ci·nate /sə́ːsənèɪt | sɔ́ː-/ 形《医》(連)環状の; 《植》(ウ⁽¹⁾)巻きの. **~·ly** 副

*__cir·cle__ /sə́ːkl | sɔ́ː-/ 名 ❶ 円; 円周 (cf. sphere 1 a): make [draw] a ~ 〈物体が〉円を描く / ⇒ great circle. ❷ a 環, 輪 (ring): in a ~ 輪になって. b 〈目のふちの〉くま. ❸ a 〔交友・活動などの〕範囲: have a large ~ *of* friends 交際範囲が広い. b 〔通例複数形で〕〈同一の利害・職業などの〉仲間, サークル, ...界《比較「同好会」でのサークルは英語では club》: the upper ~*s* of society 上流社会 / business [literary] ~*s* 実業[文学]界 ~ of family circle 1. ❹ 周期, 周行, 循環, 一周: the ~ of the seasons 季節の循環. ❺《劇場》(半円形の)さじき: ⇒ dress circle, parquet circle. ❻《論》循環論法; 悪循環: ⇒ vicious circle. ❼《地理》緯線; 圏: the Arctic *C*~ 北極圏. còme fúll círcle〈ものが〉一周してもとに戻る. gò róund in círcles《口》(1) ぐるぐる同じ所を巡る. (2) 努力の割には進歩しない, 堂々巡りをする. rùn círcles aróund... =run RINGS¹ around 〈敵〉に. rùn róund in círcles《口》むだに忙しく騒ぎ回る. squáre the círcle 不可能なことを企てる〔由来「円と同面積の正方形を求める」の意から〕.
— 動 他 ❶ a 〈...を〉丸で囲む: *C*~ the right word. 正しい単語を丸で囲め. b 〈...を〉囲む, 取り巻く (encircle) ぐるりと回す: He ~*d* her waist with his arm. 彼は彼女の腰に腕をした. ❷ 〈...の回りを回る *(around)*, 〈空を〉旋回する; 〈危険を避けて〉〈...を〉迂回(う)する. — 自 回る, 回転する, 旋回する *(around) (above, over)* (go around).
círcle báck 《自+副》(出発点に向かって)ぐるりと戻る.
〔F＜L *circulus*＜*circus* 円, 輪＜Gk; cf. circuit, circular, circulate, circum-, circus, search〕形 circular)

cir·clet /sə́ːklət | sɔ́ː-/ 名 ❶ 小円. ❷《女性装飾用の》飾りわ; 頭飾り, 腕飾り, 指輪(など).

cir·clip /sə́ːklɪp | sɔ́ː-/ 名《英》サークリップ《シャフトなどの溝[四所]に環状にはめる止め輪》.〔*circle*+*clip*〕

circs /sə́ːks | sɔ́ːks/ 名《英口》=circumstances.

*__cir·cuit__ /sə́ːkɪt | sɔ́ː-/ 名 ❶《電気の》回路, 回線: break [open] the ~ 回路を開く / make [close] the ~ 回路を閉じる / a short ~ 短絡, ショート. ❷ 巡回; 回遊[周遊]旅行; 一連の公演[(スポーツの)試合(など), 巡回公演[トーナメント(など)], 一連の公演[トーナメント(など)]の開催地: make [go] the ~ of ... を一周する. ❸《自動車レース用の》サーキット, 周回路. ❹《牧師・セールスマン・巡回裁判の》判事などの》定期的な巡回, 巡回路, 巡回地区. ❺ a《劇場・映画館などの》興行系統, チェーン: the Toho ~ 東宝系. b《運動競技などの》連盟, リーグ. ❻《野》本塁打 hit for the ~ ホームランを打つ.〔L=回転＜*circus* 円+*ire*, *it*- 行く; cf. circle, exit〕形 circuitous)

círcuit bòard 名《電子工》回路基板 (board).

círcuit brèaker 名《電気》回路遮断器, ブレーカー.

círcuit cóurt 名 巡回裁判所《略 CC》.

círcuit jùdge 名 巡回裁判所判事.

cir·cu·i·tous /səkjúːɪtəs | sə(ː)-/ 形 ❶ 回り道の. ❷ 回りくどい, 遠回しの. **~·ly** 副

círcuit rìder 名《米》《開拓時代の主にメソジストの》巡回牧師《馬で回った》.

cir·cuit·ry /sə́ːkɪtri | sɔ́ː-/ 名 [U,C] 電気回路構成《要素》; 電気回路明細図.

cir·cu·i·ty /sə(ː)kjúːəti | sə(ː)-/ 名 [U,C] 回りくどいこと.

*__cir·cu·lar__ /sə́ːkjələ | sɔ́ːkjʊlə/ 形 (**more** ~; **most** ~) ❶《比較なし》円の; 円形の: ~ measure 円度法《円の角度を測る単位》/ a ~ design 円形模様. ❷ ぐるぐる回る, 環状の: a ~ movement 円運動 / a ~ stair 回り階段. ❸《比較なし》巡回の, 周遊の: a ~ tour [ticket]《英》周遊旅行[券]. ❹《論理の》循環式の: ~ reasoning 循環論法. ❺ 遠回しの, 回りくどい; 間接的な: a ~ expression 回りくどい表現. ❺〔比較なし〕〈手紙・広告など多数の人に回す〉回章の: a ~ letter 回状, 回章. — 名 ❶ 回状. ❷ (広告用)ちらし. **~·ly** 副〔F＜L *circulus* 円; ⇒ circle〕動 circulate, 名 circle, circularity)

【類義語】⇒ round.

círcular bréathing 名 [U]《楽》円環[循環]呼吸《サックス奏者などが, 鼻から吸い込んだ吸気をそのまま呼気として楽器に吹き込んで音をとぎれなく発生させるようにする呼吸法》.

cir·cu·lar·i·ty /səːkjʊlǽrəti | sə̀ː-/ 名 [U] ❶《論旨などの》循環性. ❷ 円形, 環状.

cir·cu·lar·ize /sə́ːkjʊləràɪz | sɔ́ː-/ 動 他《団体などに》回状[ビラ(など)]を配る; アンケートを送る; 《手紙・覚え書などを》回覧する.

círcular polarizátion 名 [U]《光》円偏光.

círcular sáw 名 丸鋸(ぎ).

*__cir·cu·late__ /sə́ːkjʊlèɪt | sɔ́ː-/ 動 自 ❶《血液・空気などが》《...を》循環する *(in, through, around, round)*: Blood ~*s through* the body. 血液は体内を循環する. ❷《風説などが》流布する, 伝わる (spread): Rumors about him have ~*d* throughout the city. 彼のうわさは町中に広まった. ❸《人が》《人の間に》送られる, 配られる, 回る, 回覧される; 《新聞・本などが》流布される, 販売される; 《通貨などが》流通する: Anonymous e-mails have been circulating about the matter. その問題に関して匿名の電子メールが出回りつづけている. ❹ あちこち歩き回る; 《特に, 会合などで》まめに歩き回る: He ~*d* among the guests at the party. 彼はパーティーで言葉を交わしながら客の間を歩き回った. — 他 ❶《...を》循環させる. ❷《情報・うわさに》広める, ふれ回る: ~ rumors うわさを広める. ❸《...を》《...に》送る, 配る, 回す, 回覧する; 《新聞などを》流布する; 《通貨などを》流通させる: The documents will be ~*d to* all members. それらの文書は全会員に配布される. **cir·cu·là·tor** /-t̬ə- | -tə-/ 名 circulation)

cir·cu·lat·ing /-tɪŋ/ 形 循環する, 巡回する: a ~ decimal《数》循環小数 / ~ capital 流動資本. **in circulátion**

círculating líbrary 名 ❶《会員制》貸し出し図書館. ❷《米》貸し本屋.

círculating mèdium 名 通貨.

*__cir·cu·la·tion__ /sə̀ːkjʊléɪʃən | sə̀ː-/ 名 ❶ [U,C] 循環: the ~ of the blood 血液の循環 / have (a) good [bad] ~ 《血液の》循環が良い[悪い]. ❷ [U] 流通; 流布: withdraw bills《英》notes from ~ 紙幣を回収する. ❸ 〔単数形で〕発行部数, 売れ行き; 《図書の》貸し出し部数: have a large [small, limited] ~ 発行部数が多い[少ない] / This newspaper has a ~ of 100,000. この新聞は発行部数は10万である / What is the ~ of this magazine? この雑誌の発行部数はどれだけか. **in circulátion** (1) 流通して, 出回って. (2) 社会[実業界]で活動して. **òut of circulátion** (1) 出回っていないで. (2) 社会[実業界]で活動しないで. **pút ~ [ínto] circulátion**《...を》流布[流通]させる. **tàke ~ óut of circulátion**《...を》流通から回収する.〔動 circulate〕

cir·cu·la·to·ry /sə́ːkjʊlətɔ̀ːri | sə̀ːkjʊléɪtəri, sə́ːkjʊlətəri, -tri/ 形《血液・樹液の》循環上の: the ~ system 循環系《統》/ a ~ disease 循環系疾患.

cir·cum- /sə̀ːkəm | sɔ́ː-/ 接頭「周囲に」「回って」「取り巻く」〔L *circum* ...の周囲に, ...の周りに〕

cir·cum·am·bi·ent /sə̀ːkəmǽmbiənt | sə̀ː-/ 形 取り巻く, 周囲の: the ~ air 周囲の空気.〔CIRCUM-+AMBIENT〕

cir·cum·am·bu·late /sə̀ːkəmǽmbjʊlèɪt | sə̀ː-/ 動 自 歩き回る, 巡回する. **cir·cum·am·bu·la·tion** /sə̀ː-kəmæ̀mbjʊléɪʃən | sə̀ː-/ 名

círcum·cìrcle 名《数》外接円.

*__cir·cum·cise__ /sə́ːkəmsàɪz | sɔ́ː-/ 動 他《人に》割礼を行なう, 包皮を切り取る; 《女子の陰核を切り取る》.〔L＜CIRCUM-+*caedere*, *caes*- 切る; cf. decide〕

cir·cum·ci·sion /sə̀ːkəmsíʒən | sə̀ː-/ 名 [U,C] ❶ 割礼. ❷《医》包皮環状切除.

cir·cum·fer·ence /səkʌ́mf(ə)rəns, -fəns | səkʌ́mf(ə)rəns/ 名 [U,C] ❶ 円周: the ~ *of* a circle 円周. ❷ 周囲, 周辺: a lake about two miles in ~ 周囲約2マイルの湖《★ in ~ は無冠詞》.

cir・cum・fer・en・tial /sə̀ːkʌmfərénʃəl | sə-/ 形 円周の; 周辺の, 周辺を取り巻く.

cir・cum・flex /sə́ːkəmflèks | sə́-/ 形 [音声] 曲折アクセントのついた, (アクセントが)曲折的な: a ～ accent 曲折アクセント ((^, ～ など)). — 動 (母音を)曲折する; (...に)曲折アクセントをつける.

cir・cum・flu・ent /sə(ː)kʌ́mfluənt | sə-/ 形 周りを流れる, 還流性の.

cir・cum・flu・ous /sə(ː)kʌ́mfluəs | sə-/ 形 =circumfluent.

cir・cum・fuse /sə̀ːkəmfjúːz | sə̀-/ 動 《古》(光・液体などを)周囲に注ぎかける 《around, round, about》. **cir・cum・fu・sion** /sə̀ːkəmfjúːʒən | sə̀-/ 名

cir・cum・ja・cent /sə̀ːrkəmdʒéisnt | sə̀-/ 形 周辺の.

cir・cum・lo・cu・tion /sə̀ːkəmloukjúːʃən | sə̀ːkəmlə-/ 名 ❶ ⓤ 回りくどさ: use ～ 回りくどく言う. ❷ ⓒ 回りくどい[婉曲(な)]表現.

cir・cum・loc・u・to・ry /sə̀ːkəmlɑ́kjutɔ̀ːri | sə̀ːkəmlɔ́kjutəri, -tri/ 形 (表現が)回りくどい; 婉曲な.

cìrcum・lúnar 形 月の周りを回る[取り巻く].

cìrcum・návigate 動 《世界・島などを》周航する. **cìrcum・navigátion** 名

cir・cum・po・lar /sə̀ːkəmpóulər | sə̀-/ 形 ❶ 〔天〕(天体が)北極[南極]の周囲を巡る: a ～ star 周極星. ❷ (海洋など)両極の, 極地付近にある.

cir・cum・scribe /sə́ːkəmskràib | sə̀-/ 動 ❶ 〈...の活動などを〉制限する《within, in》(★ 通例受身): The patient's activities are ～d. その患者の行動は制限されている. ❷ 〈領土などの〉周りに境界線を描く; 〈...の〉周囲を囲む. ❸ [幾] 〈円などを〉外接させる(↔ inscribe) 〈円が...に外接する: a ～d circle 外接円. 【CIRCUM-+SCRIBE】(名) circumscription

cir・cum・scrip・tion /sə̀ːkəmskrípʃən | sə̀-/ 名 ❶ 制限, 限界. ❷ (周りを)取り囲むこと. ❸ [幾] 外接(させること).

cìrcum・sólar 形 太陽を巡る[囲む], 太陽周辺の.

cir・cum・spect /sə́ːkəmspèkt | sə́-/ 形 用心深い, 慎重な, 用意周到な (cautious). ～・**ly** 副

cir・cum・spec・tion /sə̀ːkəmspékʃən | sə̀-/ 名 ⓤ 細心の注意, 慎重さ, 用意周到(なこと): with ～ 慎重に, 用意周到に.

__cir・cum・stance__ /sə́ːkəmstæns, -stəns | sə́-/ 名 ❶ ⓒ [通例複数形で](周囲の)事情, 状況, 環境; ⓤ (ままならない)情況, 環境: due to unforeseen [exceptional, unavoidable] ～s 不測の[例外的な, やむをえない]事情によって / if (the) ～s allow [permit] 事情が許せば / given [considering] the ～s その事情を考慮して, 状況を考えれば / It depends on (the) ～s. それは場合による / Circumstances alter cases. 〘諺〙事情によっては話が違ってくる / a victim of ～ 境遇の犠牲者 / by [through] force of ～(s) 環境の力[よんどころない事情]によって. ❷ ⓒ [通例複数形で] (経済的・物質的な)境遇, 暮らし向き: be in bad [needy, poor, reduced, straitened] ～s 貧乏[窮乏]している / live in easy [good] ～s 楽に暮らしている. ❸ ⓒ 出来事, 事実; 事柄, 事態: a lucky ～ 幸運な事柄 / Economic collapse is a rare ～. 経済の崩壊はめったに起こりえない. ❹ ⓤ (事の)次第, (話・事柄の)詳細. **in [ùnder] nó círcumstances** どんなことがあっても...ない, 決して...しない. **in [ùnder] the círcumstances** こんな[そんな]事情では[で], だから], 現状では. 〖F < L < *circumstare* ...の周りに立つ; CIRCUM-+*stare* 立つ; cf. stay〗(形) circumstantial, (動) circumstantiate)

cír・cum・stànced 形 P [通例副詞を伴って] (...の)事情に(あって); (経済的に...の)境遇にあって: thus ～ こうした事情で.

cir・cum・stan・tial /sə̀ːkəmstǽnʃəl | sə̀-/ 形 ❶ a (その時の)場合[事情]による. b 〈証拠など〉状況的な: ～ evidence 〔法〕状況証拠 〖間接的推定的証拠〗. ❷ 付随的な, 偶然の: a ～ conjunction of events 〈事件の〉偶然の同時発生. ❸ 詳細な. ～・**ly** /-ʃəli/ 副 ❶ 状況[場合]によって. ❷ 付随的に, 偶然に. ❸ 詳しく.

cìrcum・terréstrial 形 地球を巡る, 地球周辺の.

cir・cum・val・late /sə̀ːkəmvǽleit | sə̀-/ 動 城壁などで囲む. — 形 /-, -lət/ 城壁などで囲まれた; 〔解〕有郭の: ～ papillae (舌の)有郭乳頭.

†**cir・cum・vent** /sə̀ːkəmvént | sə̀-/ 動 ❶ **a** 〈困難・問題点などを〉巧みに回避する (get around): ～ the rush-hour traffic ラッシュ時の車の流れを回避する. **b** 〈計画などの〉裏をかく (outwit): ～ the income tax laws 所得税法の抜け道を考える. ❷ 迂回(ú-)する: ～ the town その町を迂回する. ❸ 〈敵などを〉包囲する, 取り囲む. ～・**er**, **-vén・tor** /-tə/ -tə/ 名 〖L=CIRCUM-+*venire* 来る, 行く; cf. venue〗

cir・cum・ven・tion /sə̀ːkəmvénʃən | sə̀-/ 名 ⓤ ❶ 回避. ❷ 迂回.

cir・cum・vo・lu・tion /sə̀ː(ː)kʌmvəlúːʃən | sə̀(ː)-/ 名 旋転, 周転, 渦線; 曲がりくねり.

__cir・cus__ /sə́ːkəs | sə́-/ 名 ❶ ⓒ サーカス団; [the ～] サーカス; [形容詞的に] サーカスの(ような), 曲芸の: a traveling ～ 旅回りのサーカス団 / go to *the* ～ サーカスを見に行く. ❷ [単数形で] (マスコミなどの)大騒ぎ[ばか騒ぎ, 大はしゃぎ]. ❸ 円形競技場[試合場, 劇場]; 〔古ロ〕円形闘技[競技]場. ❹ 《英》 **a** (幾本かの街路が集まる)円形広場 (cf. square 2). **b** [C～; 地名に用いて] ⇒ Piccadilly Circus. 〖L=円, 円形競技場; cf. circle〗

ci・ré /səréi | síːrèi/ 形 ⓤ シーレ (ワックスをかけて加熱・加圧し光沢を与えた織物).

cire per・due /síəpeəd(j)úː | síəpeədjúː/ 名 ⓤ 〔冶〕蝋型(ろうがた)法.

círl bùnting /sə́ːl-| sə́ːl/ 名 〔鳥〕ノドグロアオジ 《欧州産》.

cirque /sə́ːk | sə́ːk/ 名 ❶ 〔地〕圏谷, カール 《山頂近くの丸いくぼ地》. ❷ 《詩》円, 輪.

cir・rho・sis /sɪróusɪs/ 名 ⓤ 〔医〕硬変(症): alcoholic ～ アルコール性肝硬変.

cir・ri 名 cirrus の複数形.

cir・ro・cu・mu・lus /sìrəkjúːmjuləs /-làɪ/ 名 (覆 -mu・li /-làɪ/) 〔気〕巻積雲.

cir・ro・stra・tus /sìroustréɪtəs | -strɑ́ː- /-tə-/ 名 (覆 -stra・ta /-tə/) 〔気〕巻層雲.

cir・rus /sírəs/ 名 (覆 cir・ri /-raɪ/; 2 ではまた ～) ❶ **a** 〔植〕つる, 巻きひげ. **b** 〔動〕触毛. ❷ 〔気〕巻雲.

CIS /síːáiés/ 〔略〕 the Commonwealth of Independent States 独立国家共同体.

cis・al・pine /sɪsǽlpaɪn/ 形 (ローマからみて)アルプスのこちら側の, アルプスの南側の (↔ transalpine).

cis・at・lan・tic /sìsætlǽntɪk/ 形 大西洋のこちら側の 〖話し手[書き手]の立場により米国側, ヨーロッパ側のいずれにもなる〗.

cis・co /sískou/ 名 (覆 ～**es**, ～**s**) 〔魚〕コクチマス 《北米五大湖地方で産するものは重要な食用魚とされる》.

cis・lu・nar /sɪslúːnə | -nə/ 形 地球と月軌道の間の.

cis・plat・in /sɪsplǽtn/ 名 〔薬〕シスプラチン《プラチナを含んだ抗腫瘍剤; 睾丸・卵巣の腫瘍や進行した膀胱癌の治療用》.

cis・pon・tine /sɪspɑ́ntaɪn | -pɔ́n-/ 形 橋のこちら側の; (特に London で) テムズ (Thames) 川のこちら側[北岸]の.

cis・sing /sísɪŋ/ 名 ⓤ はじき 《ワニスなどを塗った表面に油のしみやゆがいた穴ぼこのためにできる条[ミ]や小突起》.

cis・sy /sísi/ 名 形 《英口》 = sissy.

cist /sɪst, kɪst/ 名 〔考古〕石槨(ぜっかく); 《古代ギリシアの》聖箱.

Cis・ter・cian /sɪstə́ːʃən | -tə́ː-/ 形 シトー修道会の (修道士(女)).

cis・tern /sístən | -tən/ 名 ❶ (屋上などの)水槽. ❷ 《天然の》貯水池.

cis・tron /sístrɑn | -trɔn/ 名 〔遺〕シストロン 《遺伝子の機能単位》.

cit. 〔略〕 citation; cited; citizen; 〔化〕 citrate.

cit・a・ble /sáɪtəbl/ 形 引用できる, 引用に値する.

__cit・a・del__ /sítədl, -dèl/ 名 ❶ (市街を見おろして守護する)城, とりで (fortress). ❷ 最後のより所 (stronghold): a ～ *of* conservatism 保守主義のとりで. 〖F < It く

città 都市; cf. city】

+**ci·ta·tion** /saɪtéɪʃən/ 名 ❶ ⓒ 引用文[句, 節]; ⓤ 引証, 引用 (quotation). ❷ ⓤ (法廷への)召喚 (先例の証明). ❸ 名 ❶ 表彰(状), 賞賛, 感状. b (殊勲を立てた軍人の名前などを)公報中に特記すること (cf. be mentioned in DISPATCHES 感状). ❹ 名 (⇒cite)

*cite /sáɪt/ 動 ❶ ❶ 〈章句・判例などを〉引用する, 引証する, 例証する (quote);〈権威者などを〉引き合いに出す;〈…に〉言及する;〈例を〉挙げる: ~ a number of authorities to support one's views 自説を確証するために多くの権威者を引き合いに出す. ❷ 〈訴訟などで〉〈人を〉名指し, 〈人に〉言及する;〈事由を述べて…〉〈人を〉…について〉(法廷へ)召喚する: The policeman ~d her *for* a traffic violation. その警官は彼女を交通違反で法廷へ出頭を命じた. ❸〈人を〉〈…のことで〉表彰する,〈人に〉賞辞[感状]を送る[*for*].【F<L citare 召集する, 駆り立てる (ciere, cit- 動かす, 呼び寄せる, 引き起こす; cf. excite, incite, resuscitate, solicit】【❹ citation)

cít·i·fied 形《主に軽蔑》都会(人)化した, 都会ずれした: a ~ air 都会ずれした様子.

cit·i·fy /sítɪfàɪ/ 動 他 ❶〈土地などを〉都市化する. ❷〈人などを〉都会風にする.

＊**cit·i·zen** /sítəzn, -s(ə)n | -z(ə)n/ 名 ❶ (出生または帰化により)市民権をもつ公民, 国民, 人民: a U.S. ~ アメリカ合衆国国民. ❷ a (市や町の)市民, 町民; 都会人: a ~ of New York City ニューヨーク市民. b《米》(軍人・警官などに対して)民間人, 一般人. ❸ the ~ *of..* a *citizen* of the **wórld** 世界人, 国際人.【F=都会; ⇒ city】【類義語】citizen おもに共和国の国民, 国家への義務と市民権を有する者. subject おもに君主国の国民. national ある国の国民で, その国から離れて住んでいる者;特に外国居住の同国人同士で用いる. native 生地との関連で用い, ある国[土地]生まれの人, または原住民.

cit·i·zen·ry /sítəzənri, -s(ə)n- | -z(ə)n-/ 名 ⓤ (通例 the ~; 集合的; 単数または複数扱い) (一般)市民.

Cítizens Advíce Bùreau [the ~]《英》市民助言局 (市民の法律などの相談を無料で助言する団体;略 CAB).

cítizen's arrést 名【法】市民による逮捕《重罪の現行犯を市民の権限において逮捕すること》.

cítizens bánd,《英》 **cítizens' bánd** 名 ⓤ (通信)市民バンド《トランシーバーなど個人用無線通信に開放されている周波数帯;略 CB》.

+**cítizen·shìp** 名 ⓤ 市民権, 公民権;公民の身分[資格]: acquire ~ 市民権を獲得する / lose one's ~ 市民権を失う / strip a person of his ~ 人の市民権を剥奪する.

cit·ole /sɪ́toʊl, -⟂-/ 名 =cittern.

cit·ral /sítræl/ 名 ⓤ 【化】シトラール《レモン油・だいだい油などに含まれている液状アルデヒド;香料用》.

cit·rate /sítreɪt/ 名 ⓤ 【化】クエン酸塩.

cit·ric /sítrɪk/ 形 柑橘(かんきつ)類の果実の[から得た].

cítric ácid /sítrɪk-/ 名 ⓤ 【化】クエン酸.

cit·rine /sítrɪn/ 名 ❶ レモン色, 淡黄色. ❷ 【鉱】黄水晶. ― 形 レモン色の.

cit·ron /sítrən/ 名 ❶【植】 a シトロン《ミカン属の植物》. b シトロンの実. ❷ ⓤ (砂糖漬けにした)シトロンの皮《ケーキの味付けに用いる》. ❸ ⓤ シトロン色《淡黄色》.

cit·ro·nel·la /sìtrənélə/ 名 ⓤ ❶【植】コウスイガヤ《熱帯アジア原産イネ科オガルカヤ属の多年草》. ❷ (また *cit-* *ronélla òil*) ⓤ シトロネラ油《コウスイガヤから採る精油;香水・せっけん・除虫用》.

cit·rous /sítrəs/ 形 =citrus.

cit·rus /sítrəs/ 名【植】柑橘(かんきつ)類の植物, 実. ― 形 柑橘類の: a ~ fruit 柑橘類の果物.

cit·tern /sítən | -tə-n/ 名 シターン《16-17 世紀に用いられたギターに似た楽器》.

＊**cit·y** /síti/ 名 ❶ (town より大きい)都市, 都会. ❷ ⓒ 市:《米》市長または市議会の行政下にある自治体. ❷《英》国王の勅許状によりその名称が与えられ, 通例 cathedral のある町 (cf. borough 2 c). ❸ 《カナダ》人口に基づく最高の地方自治体. ❸ [the ~; 集合的; 単数複数扱い] 全市民. ❹ [the C~]《英》 a (London の)シ

---

317   civil disobedience

ティー《市長 (Lord Mayor) および市会の支配する約1マイル平方の旧市内で, 英国の金融・商業の中心区域; cf. Bow bells》. b 財界, 金融界. **the Cíty of Gód** 神の都, 天国.【F<L *civitas* 市民権, (都市)国家《*civis* 市民; cf. citizen, civil】 (関形 urban)

Cíty Cómpany 名 ロンドン市商業組合.

cíty cóuncil 名 市議会, 市会.

cíty cóuncilor 名 市議会議員, 市会議員.

cíty désk 名 ❶《米》(新聞社の)地方記事編集部. ❷《英》(新聞社の)経済記事編集部.

cíty éditor 名 ❶《米》(新聞社の)地方記事編集長, 社会部長. ❷《英》(新聞社の)経済記事編集長.

cíty fárm 名《英》シティーファーム《都市圏にある農場で, 教育的目的に使用される》.

cíty fáther 名 [通例複数形で] 市の長老《市会議員・区長など》.

cit·y·fied /sítifàɪd/ 形 =citified.

cíty háll 名《米》❶ ⓒ 市役所, 市庁舎. ❷ ⓤ 市当局. ❸ ⓤ 官僚支配: fight ~ 市の官僚支配と戦う.

cíty mánager 名《米》市政担当官《公選でなく市会の任命で市政をとる》.

cíty pàge 名《英》(新聞の)経済欄.

cíty plánner 名 都市計画者《特にプロの立案参画者》.

cíty plánning 名 ⓤ 都市計画.

cit·y·scape /sítɪskèɪp/ 名 ❶ (大都会の)都市の景観[風景]. ❷ 都市の風景画.

cíty slícker 名《口》都会人.

cíty-státe 名《古ギム》都市国家.

Cíty Technólogy Còllege 名《英》都市技術カレッジ《都市部において科学技術中心の教育を行なう上級の中等学校; 運営の一部は企業の拠出金で賄われる;略 CTC》.

cíty-wíde 形 市全体を含む, 市全域の, 全市的な.

civ·et /sívɪt/ 名 ❶ ⓤ シベット, ジャコウネコ香《ジャコウネコの生殖器の近くから採る香料》. ❷ =civet cat.

cívet cát 名【動】ジャコウネコ《アジア南部・アフリカ産》.

civ·ic /sívɪk/ 形 🅰 ❶ 市民の, 公民の;公民としての[にふさわしい]: ~ duties 市民の義務 / ~ rights 公民権 / ~ virtues 公民道徳. ❷ 市の, 都市の: ~ life [problems] 都市生活[問題]. **cív·i·cal·ly** /-kəli/ 副【L<*civis* 市民; cf. civil】

cívic cénter 名 ❶ (都市の)官庁街, 都心. ❷ 市民会館[センター].

cívic-mínded 形 公民としての意識をもった, 公共心のある.

civ·ics /sívɪks/ 名 ⓤ ❶ (学科の)公民科. ❷ 市政学[論].

civ·ies /sívɪz/ 名 =civvies.

＊**civ·il** /sív(ə)l/ 形 (**civ·i·ler, -i·lest; more ~, most ~**) ❶ 🅰 (比較なし) **市民[公民]**(としての), 公民的な: ~ life 社会[公民]生活 / ~ society 市民社会. ❷ (比較なし) **a** (軍人・官吏に対して) 一般市民の, 民間人の;(聖職者に対して)俗(人)の: a ~ service examination 文官試験 / be married in a ~ ceremony 宗教儀式によらない結婚式をする. b 民間(用)の: a ~ airport 民間空港 / ~ aviation 民間航空. ❸ 🅰 (比較なし) 市民間の[に対しての]内政の: ~ unrest [conflict] 社会不安《国内の対立, 国内紛争》 / ~ affairs 内政問題, 国事 / ⇒ civil war. ❹ 🅰 (比較なし)【法】**民事の, 私法(上)の (⇒ criminal)**: a ~ case 民事事件. ❺ (不作法にならない程度に)**礼儀正しい, ていねいな** (↔ uncivil): a ~ reply 丁重な返事 / ~ but not friendly ていねいだが親しみのない / Be more ~ *to* each other. お互いにもっと礼儀をわきまえなさい. ❻ (比較なし)《時間・暦など》《天文暦[暦]に対して》常用の (cf. astronomical 1): the ~ **dày** [**year**] 暦日[年]. **kèep a cívil tóngue** (**in one's héad**) ⇨ tongue 成句.【F or L=市民の《*civis* 市民; cf. citizen》(名 civility, 動 civilize) 【類義語】⇒ polite.

civil commótion 名 騒乱, 暴動.

+**cívil defénse** 名 ⓤ (空襲などに対する)民間防衛.

cívil disobédience 名 ⓤ 市民的不服従《納税拒否な

civil enginéer 名 土木技師.
civil enginéering 名 U 土木工学.
*__ci·vil·ian__ /səvíljən/ 名 (軍人・聖職者に対して)一般人, 文民; 軍属; 非戦闘員. ── 形 A ❶ (軍・聖職に関係のない)一般人の, 民間の; 非軍事的な: a ~ airplane 民間機. ❷ (軍人に対して)文官の, 文民の: ~ control 文民統制 / a ~ government 文民政治. 【CIVIL+-IAN】
ci·vil·ian·ize /səvíljənàɪz/ 動 軍管理から民間管理に移管する. **cìv·il·ian·i·zá·tion** 名
*__civ·i·li·sa·tion__ /sìvəlɪzéɪʃən | -laɪz-/ 名 《英》=civilization.
*__civ·i·lise__ /sívəlàɪz/ 動 《英》=civilize.
ci·vil·i·ty /səvíləti/ 名 ❶ (不作法にならぬ程度の)礼儀正しさ, 丁重. ❷ C [通例複数形で] ていねいな言葉[ふるまい]: exchange *civilities* ていねいな言葉であいさつをかわす.
*__civ·i·li·za·tion__ /sìvəlɪzéɪʃən | -laɪz-/ 名 ❶ U,C 文明 《文化的・技術的・科学的な面での人間の発達した状態》: Western ~ 西洋文明. ❷ U 文明世界[社会] 《戯言》(快適な)文明[文化]生活. ❸ U 文明化. 動 civilize) 【類義語】⇒ culture.
*__civ·i·lize__ /sívəlàɪz/ 動 ❶ ⟨民族など⟩を文明化する, 教化する. ❷ ⟨人など⟩を洗練する; 礼儀正しくさせる.
+__civ·i·lized__ /sívəlàɪzd/ 動 形 ❶ 文明化した, 教化された (↔ uncivilized, barbarous): ~ life 文化生活 / a nation 文明国 / the ~ world 文明世界. ❷ ⟨人・態度など⟩(文明人としての)教養のある, 洗練された.
cívil láw 名 【法】❶ 民法, 民事法. ❷ (国際法に対して)国内法. ❸ ローマ法.
civil libertárian 名 市民的自由の擁護者.
+__civil liberty__ 名 U [また複数形で] 市民的自由 《思想・言論・行動の自由など権利章典によって保障されている自由》.
cívil líst 名 [the ~] 《英》(議会が設定する)年間王室費.
civ·il·ly /sívə(l)li | -vəli-/ 副 ❶ 礼儀正しく, ていねいに. ❷ 民法上, 民事的に.
cívil márriage 名 U,C 民事婚 《宗教上の儀式によらず公吏が行なう》(戸籍役場に届ける).
cívil párish 名 《英》地方行政区 (⇒ parish 2).
*__cívil ríghts__ 名 複 市民的権利の, 公民権の: the ~ movement 公民権運動.
cívil-ríghts 形 A 市民的権利の, 公民権の: the ~ movement 公民権運動.
cívil sérvant 名 (軍関係以外の)文官, 公務員.
+__cívil sérvice__ 名 [the ~] ❶ (軍・司法・立法関係以外の)政府官庁[機関]. ❷ [集合的; 単数または複数扱い] (軍関係以外の)文官, 公務員: join [enter] *the* ~ 公務員になる.
cívil únion 名 U,C 《米》シビルユニオン 《同性のカップルを法的に認知したもの; 異性間の結婚に準ずる権利が認められる》.
*__cívil wár__ 名 ❶ C,U 内戦, 内乱. ❷ [the C~ W~] a (英国の) Charles 1 世と議会との争い (1642-46, 1648-52). b (米国の)南北戦争 (1861-65). c スペイン内乱 (1936-39).
cívil wróng 名 【法】(民事上の)権利侵害 《契約違反など》.
civ·vies /sívɪz/ 名 複 (軍服に対して)私服, 平服.
cívvy strèet 名 [しばしば C~ S~] 《英口》(軍隊に入っていない人の)市民[民間人]生活: in ~ 民間生活をして.
CJ 《略》 Chief Judge; Chief Justice. **CJD** 《略》【医】Creutzfeldt-Jakob disease. **ck** 《略》《cks》check.
Cl 《記号》【化】chlorine. **cl** 《略》centiliter(s). 《略》claim; class; classification; clause; clergyman; clerk; cloth.
clack /klǽk/ 動 ❶ カタッ[パチッ]と鳴る. ❷ ⟨めんどりなど⟩がコッコッと鳴く. ❸ (早口に)ぺちゃくちゃしゃべる. ── 動 ⟨ものなど⟩をカタッ[パチッ]と言わせる. ── 名 [単数形で] ❶ カタッ, パチッ(という音). ❷ (早口に)しゃべりたてること, がやがや話す声. 【擬音語】

clack·et /klǽkɪt/ 動 自 カタカタ[カチカチ, パチパチ]と鳴る[鳴らす].
+__clad__[1] /klǽd/ 形 [また連結形で] 着た; おおわれた: She was ~ in white. 彼女は白い服を着ていた / a poorly-*clad* [jeans-*clad*] boy 貧しい身なり[ジーンズ姿]の少年 / ⇒ ironclad. ── 動 《古・文》 clothe の過去形・過去分詞.
clad[2] /klǽd/ 動 ⟨金属⟩にクラッディングする.
clad- /klǽd/ (連結形) (母音の前にくる時の) clado- の異形.
Cládd·agh ríng /klǽdə-/ 名 クラダリング 《2つの手が心臓をつかんでいる形の指輪; アイルランドで愛のしるしとして贈られる》.
clad·ding /klǽdɪŋ/ 名 U クラッディング 《金属表面に他の金属をかぶせること》.
clade /kléɪd/ 名 【生】クレード 《共通の祖先から進化した生物群》.
cla·dis·tics /klədístɪks/ 名 U 【生】分岐論 《分類群を単系統性に基づいて把握・配列しようとする分類理論》. **cla·dist** /klǽdɪst, klér-/ 名 分岐論者. **cla·dís·tic** 形
clado- /klǽdoʊ/ (連結形) 「枝」. 【Gk *clados* 枝】
clàdo·génesis /klædoʊdʒénɪsɪs/ 名 U 【生】分岐進化, クラドゲネシス 《一系統が 2 つ以上の系統に分裂すること》. -**genétic** 形
*__claim__ /kléɪm/ 動 ❶ a ⟨...と⟩主張する, 言い張る (maintain): ~ success [racial discrimination] 成功した[人種差別があった]と主張する / [+(*that*)] He ~*ed* (*that*) he had reached the top of the mountain. = [+*to do*] He ~*ed* *to* have reached the top of the mountain. 彼はその山頂をきわめたと主張した. b ⟨ある数の会員・支持者など⟩がいると称する. ❷ a ⟨...を⟩(当然の権利として)要求[請求]する; 自分のものだと言う: ~ damages [ownership of...] 損害賠償[...の所有権]を要求する / ~ the right to *do*... 自分に...する権利があると言う / one's luggage [baggage] (空港などで)手荷物を受け取る / Does anyone ~ this watch? この時計の落とし主はいませんか. b ⟨責任・功績など⟩が自分にあると言う; ⟨行為など⟩を自分がしたと言う: A terrorist organization ~*ed* responsibility for the bombing. あるテロ組織が爆破したのは自分たちだと認めた. ❸ ⟨賞・地位など⟩を獲得する; ⟨記録⟩を樹立する. ❹ ⟨物事が⟩⟨人の注意など⟩を要求する, ⟨時間⟩を必要とする; ⟨尊敬など⟩に値する: His argument ~*ed* our attention. 彼の議論は我々の注目に値した. ❺ ⟨病気・戦争・事故など⟩が⟨人⟩命を奪う: AIDS has ~*ed* thousands of lives. エイズは何千もの人の命を奪っている. ── 自 要求[請求]する; [...の支払いを要求する: ~ *for* (the) damages 損害賠償を請求する / ~ *on* one's insurance 保険の支払いを要求する. **cláim báck** 《英》[動] ⟨...の⟩(権利の)返還を要求する.
── 名 ❶ C 主張, 断言: a ~ of justice 正義の主張 / dispute a ~ 主張に異議を唱える / [+*that*] reject [deny] ~s *that*...という主張を認めない[否定する] / [+*to do*] I make no ~ *to* understand jazz. ジャズが分かるとは言えない. 【意 a (権利と(みな)しての) ~, 権利の主張 【区別】日本語で不満の意で「クレーム」という場合は complaint, また「クレームをつける」は make a complaint): a ~ *for* damages 損害賠償の請求 / a ~ form 請求用紙 / make [put in] a ~ *for*... (自分のものだとして)...を要求[請求]する / I have [There are] many ~*s* *on* my time. 《文》いろいろなことに時間を取られる. b (補償・賠償金の)請求額, 保険金. ❸ C,U (要求する)権利, 資格: have a ~ *to* [*on*] the money その金を要求する権利がある / He has no ~ *to* scholarship. 彼は学者とは言えるような柄ではない / She has no ~ *on* me. 彼女は私に対し何も要求する権利はない. ❹ C 請求物; (特に)(鉱区の)払い下げ請求地: jump a ~ 他人の土地[採鉱権]を横領する. **a person's cláim to fáme** [しばしば戯言的に] 人がよく知られている理由, 面白い[自慢できる]ところ. **láy cláim to...** ...に対する権利[所有権]を主張する: Nobody *laid* ~ *to* the house. だれもその家の所有権を主張しなかった. 【F < L *clamare* 叫ぶ; cf. acclaim, clamant, clamor, exclaim, proclaim, reclaim】⇒ demand.
claim·a·ble /kléɪməbl/ 形 要求[請求, 主張]できる.
+__claim·ant__ /kléɪmənt/ 名 ❶ 主張者, 要求者, 請求者

cláim・er 名 =claimant.

cláim・ing ràce 名〖競馬〗譲渡要求競走 (出走馬はレース後規定の価格で売却される対象となりうる競馬).

cláim jùmper 名 (特に 鉱区の)他人が払い下げ請求している土地の横領者.

clair・au・di・ence /kle(ə)ɔ́ːdiəns/ 名 Ⓤ 透聴, 明透聴力, 霊聴力. **-ent** 形 clairaudience の[を有する](者).

clair・voy・ance /kleəvɔ́iəns | kleə-/ 名 Ⓤ 予知能力; 霊能.

clair・voy・ant /kleəvɔ́iənt | kleə-/ 形 予知能力[霊能]のある人.

†**clam** /klǽm/ 名 ❶ 〖貝〗(食用)二枚貝 (ハマグリなど): shut up like a ~ 急に黙る. ❷ 〘口〙だんまり屋.
— 動 **(clammed; clam・ming)** ハマグリ(など)をあさる. **clam úp** (自+副) 〘口〙(相手の質問に対して)黙ってしまう, 口を閉ざす; 黙秘する.

cla・mant /kléimənt/ 形 〘文〙やかましく要求する, 主張する《for》; 緊急の; 騒々しい. **~・ly** 副

†**clam・ber** /klǽm(b)ə | -bə/ 動 自 (副詞(句)を伴って)(手足を使って苦労しながら)よじ登る; やっとはい登る: ~ up [over] a wall 塀をよじ登る[乗り越える] / ~ down from a tree 木を伝い降りる. — 名 [a ~] よじ登ること. **~・er** /-(b)ərə | -bərə/

clám chówder 名 Ⓤ クラムチャウダー (ハマグリに牛乳[トマト]・塩漬けの豚肉・タマネギ・ジャガイモなどを加えて煮込んだシチュー[スープ]).

clám dìggers 名⑱ 《米》ふくらはぎの途中くらいまでの長さのズボン (もともと潮干狩り用ズボンのスタイル).

clam・my /klǽmi/ 形 **(clam・mi・er, -mi・est)** 冷たくてべとべとする, じっとりした. **clám・mi・ly** /-mɪli/ 副 **-mi・ness** 名

†**clam・or** /klǽmə | -mə/ 名 [単数形で] ❶ (群衆などの)大きな叫び, どよめき; 喧騒(ᅶ). ❷ (抗議・要求などの)叫び: the ~ *against* heavy taxes 重税反対の叫び / raise a ~ *for* reform 改革の声をあげる. — 動 自 ❶ 叫ぶ, 騒ぎ立てる. ❷ やかましく要求する: They ~ed *against* the government's announcement. 彼らは政府の発表にやかましい反論を唱えた / The workers ~ed *for* higher wages. 労働者たちはやかましく賃上げを要求した / The reporters ~ed *to* interview her. 報道記者たちは彼女に面会を求めて騒ぎ立てた. — 他 〈...と〉やかましく言う, 騒がしく言う〖同節〗.
〖F < L < clamare 叫ぶ; cf. claim〗

clam・or・ous /klǽm(ə)rəs/ 形 騒々しい, やかましい. **~・ly** 副 **~・ness** 名

clam・our /klǽmə | -mə/ 名 動 〘英〙=clamor.

****clamp¹** /klǽmp/ 名 ❶ 締め金, クランプ, しゃこ万力, かすがい; 車輪止め. ❷ (複数形で) 〖外科〗鉗子(ᅱ), クランプ. — 動 他 ❶ 〈...を〉締め金で留める[固定する]《to》〈*together*〉. ❷ 〈...を〉きつく[ぎゅっと]締める; 〈...を〉固定する; 〈...を〉強く押しつける: ~ one's lips together ぎゅっと口を閉じる / She ~ed her hand over his mouth. 彼女は彼の口を(声を出さないように)抑えた / ~ the receiver to one's ear 受話器を耳に押しつける. ❸ 〘英〙違法駐車の車に(罰金を払うまで)車輪止めをつけて動けなくする.
clámp dówn 《他+副》〈...を〉圧迫[弾圧]する, きつく取り締まる: The government ~ed down on draft resisters. 政府は徴兵に反対する者を弾圧した (★ ~ down on は受身可).

clamp² /klǽmp/ 名 ❶ (冬期保存のためにわら・土の中に入れる)ジャガイモ(などの)山. ❷ れんがの山積み.

†**clámp・dòwn** 名 〘口〙取り締まり, 弾圧《on》.

clámp・er /klǽmpə | -pə/ 名 (複数形で) やっとこ, (靴底に付ける)すべり止め, かんじき.

clám・shèll 名 ❶ ハマグリの貝殻. ❷ =clamshell bucket.

clámshell bùcket 〖土木〗つかみあげバケット, クラムシェル (貝殻のように開閉する泥すくい器).

319　**clapperboard**

clámshell dòors 名 ⑱ クラムシェルドア (航空機の機首または機尾にある荷物積み降ろし用の観音開きのドア).

†**clan** /klǽn/ 名 [集合的; 単数または複数扱い] ❶ a (スコットランド高地人の)氏族, 一族, 一門. ❷ 閥, 族, 一味. ❸ 大家族. 〖Gael=子孫〗 **clannish**

†**clan・des・tine** /klǽndéstin/ 形 内々の, 秘密の (secret): ~ surveillance 秘密の見張り. **~・ly** 副

clang /klǽŋ/ 動 自〈鐘・武器などが〉ガーン[カチン, ガラン]と鳴る. — 他 〈鐘などを〉ガーン[カチン, ガラン]と鳴らす: He ~ed the gong. 彼はガーンとどらを鳴らした. — 名 [単数形で] ガーン[カチン, ガラン]という音.

clang・er /klǽŋə | -ŋə/ 名 ❶ 〘英口〙大失敗, へま. ❷ ガーン[カチン, ガラン]と鳴るもの[人]. **dróp a clánger** ⇨ drop 句 成句.

clan・gor /klǽŋ(g)ə | -ŋ(g)ə/ 名 [単数形で] カチンカチン, チャリン (金属がぶつかり合う音). — 動 自 カチンカチン[チャリン]と鳴り響く.

clan・gor・ous /klǽŋ(g)ərəs/ 形 ガランガランと鳴り響く. **~・ly** 副

clan・gour /klǽŋ(g)ə | -ŋ(g)ə/ 名 動 〘英〙=clangor.

clank /klǽŋk/ 動 自 ❶ 〈重い鎖などが〉ガチャンと鳴る: Their swords clashed and ~ed. 彼らの刀と刀が打ち合ってカチンと鳴った. ❷ ガチャンガチャンと音を立てて動く〈走る〉. — 他 〈鎖などを〉ガチャンと鳴らす. — 名 [単数形で]ガチャン[という音: a ~ of chains 鎖のガチャンという音. 〖擬音語〗

clan・nish /klǽnɪʃ/ 形 ❶ 党派的な; 排他的な. ❷ 氏族の. **~・ly** 副 **~・ness** 名

clán・shìp 名 Ⓤ ❶ 氏族制度. ❷ 氏族精神; 党派的感情.

cláns・man /-mən/ 名 (⑱ **-men** /-mən/) 同氏族の人, 一門の人.

cláns・wòman /-/ 名 (⑱ **-women**) 同氏族の女性, 一門の女性.

†**clap¹** /klǽp/ 動 **(clapped; clap・ping)** 他 ❶ **a** 〈手を〉たたく 〈*together*〉: He [They] *clapped* his [their] hands. 彼[彼ら]は拍手した. **b** 〈人・演技に〉拍手する 〖匚〗この意味では ❷ のほうが一般的〗: ~ a performer [a person's performance] 演技者[演技]に拍手を送る. ❷ (友情・称賛のしるしに)〈人の〉〈体の一部を〉平手でたたく: I *clapped* my friend *on* the back. 友人の背をたたいた. ❸ 〔副詞(句)を伴って〕〈...を〉すばやく[勢いよく]さっと置く; たたき込む, 放り込む: He *clapped* the door to. 彼はドアをぴしゃりと閉めた / ~ one's hat *on* 帽子をひょいとかぶる / ~ a person *in* jail 人を牢屋(ᅭ)にぶち込む. ❹ **a** 〈...を〉〈...に〉パチンと打ちつける[ぶつける]: He *clapped* his head *on* the floor. 彼は床に頭をゴツンとぶつけた. **b** 〈本などを〉ピシャリと閉じる: 〖+目+補〗~ a book shut 本をピシャリと閉じる. — 自 ❶ (人に)(かっさいの)拍手をする: We *clapped for* the singer. その歌手に拍手を送った. ❷ ピシャリ[パタン]と音を立てる: The door *clapped to*. ドアがピシャリと閉まった / 〖+補〗The door *clapped* shut (in my face). (目の前で)ドアがピシャリと閉まった. — 名 ❶ [a ~] 拍手(の音): give a person *a* good ~ 人にうんと拍手する. ❷ Ⓒ パチパチ, バリバリ, ピシャリ 〖破裂・雷鳴などの音〗: a ~ of thunder 雷鳴. ❸ [a ~] (平手で友情・称賛などを示すため背中などをポンとたたく音): He gave me a ~ *on* the back. 彼は私の背中をポンとたたいた.

clap² /klǽp/ 名 [the ~] 〘俗〙淋(ᇩ)病 (gonorrhea).

clap・board /klǽbəd, klǽpbɔ̀əd | klǽpbɔ̀ːd/ 名 Ⓤ 《米》下見板, 羽目板. — 動 他 〈家などに〉下見板を張る.

clápped-óut /-/ 形 〘英口〙 ❶ 〈機械が〉ぼろぼろになった, おんぼろの: a ~ car おんぼろ車. ❷ 〈人が〉疲れ果てた, くたびれた: feel ~ へとへとに疲れる.

clap・per /klǽpə | -pə/ 名 ❶ 鐘[鈴]の舌. ❷ 拍手する人. ❸ **a** 拍子木: beat [strike] ~s 拍子木を打つ. **b** 〘英〙鳴子. **líke the cláppers** 〘英俗〙とても速く; 一生懸命に: run *like the ~s* 速く走る.

clápper・bòard 名 [通例複数形で] 〖映〗(撮影のときに用いる)カチンコ.

cláp tràp 名 U《口》❶《人気取りの安っぽい》当たりの言葉、はったり。❷ ばかげたこと、くだらぬ話。

claque /klǽk/ 名《集合的; 単数または複数扱い》《劇場に雇われて拍手かっさいする》掛け声屋、「さくら」、取り巻き連。

Clar·a /klé(ə)rə/ 名 クララ《女性名; 愛称 Clare》.

clar·a·bel·la, clar·i- /klǽrəbélə/ 名《楽》《オルガンの》クララベラ音栓《フルートの音色》.

Clare /kléə | kléə/ 名 ❶ 女性名《Clara, Clarissa の愛称》。❷ 男性名《Clarence の愛称》.

clar·ence /klǽrəns/ 名 クラレンス《箱型4人乗り四輪馬車》.

Clar·ence /klǽrəns/ 名 クラレンス《男性名; 愛称 Clare》.

+**clar·et** /klǽrət/ 名 ❶ U.C クラレット《フランス Bordeaux 地方産の赤ワイン》。❷ U 赤紫色.《F=澄んだ《ワイン》<L *clarus* 明るい、澄んだ; cf. clear》

clar·i·fi·ca·tion /klæ̀rəfikéiʃən/ 名 U.C ❶《液体などを》清めること、澄ますこと; 浄化。❷ 説明、解明: The press asked for a ~ of his position. 報道陣は彼の立場についての説明を求めた.（動 clarify）

clár·i·fi·er 名 ❶ a 清浄化するもの. b 浄化器. ❷ 澄まし剤.

*****clar·i·fy** /klǽrəfài/ 動 ❶ ❶《意味などを》明らかに[明白]にする; はっきり説明する: Would you ~ that remark? 今おっしゃったことをもう少しはっきりさせていただけませんか. ❷《液体などを》澄ませる、浄化する.《F<L *clarus* 明るい、はっきりとした; cf. clear》（名 clarification）

+**clar·i·net** /klæ̀rənét/ 名 クラリネット《木管楽器》.

clàr·i·nét·ist, 《英》**clàr·i·nèt·tist** /-tɪst/ 名 クラリネット奏者.

clar·i·on /klǽriən/ 名 ❶ クラリオン《明快な響き渡る音色の昔のらっぱ》。❷ クラリオンの音; 明快ならっぱの響き. ── 形 A 明るく響き渡る: a ~ voice 高々と響き渡る声.

clárion càll 名《通例単数形で》行動を呼び掛けることば.

Cla·ris·sa /klərísə/ 名 クラリッサ《女性名; 愛称 Clare》.

+**clar·i·ty** /klǽrəti/ 名 U ❶《思想・文体などの》明晰 (lucidity): have ~ of mind 頭脳明晰である / remember with ~ はっきりと覚えている. ❷ a《音色の》清澄. b《液体の》透明さ.《F or L *clarus* 明るい、はっきりとした; cf. clear》

Clark /klǽək | klǽːk/, **William** 名 クラーク《1770–1838; 米国の探検家》.

car·y /klé(ə)ri/ 名 U《また **cláry sàge**》《植》オニサルビア《シソ科》.

*****clash** /klǽʃ/ 動 ❶ ❶ a《勢力・軍隊などが》ぶつかる、衝突する: Protesters ~*ed with* the police. 抗議する人たちが警察と衝突した。b《スポ》《重要な試合などで》対戦する、激突する: The Yankees will ~ *with* the Red Sox tonight. ヤンキースは今夜レッドソックスと対戦する. ❷ 意見が対立する、衝突する、激しく言い合う[論争する];《意見・利害などが》衝突する、ぶつかり合う (collide): She ~*ed with* the other committee members *over* [on] the issue. 彼女はその問題でほかの委員たちと対立した / Principles often ~ *with* interests. 主義と利益はしばしば衝突する. ❸〈行事などが〉…とかち合う: I'm afraid (that) 2 o'clock ~*es with* my schedule. 2時の約束は残念ながら予定とかち合っています. ❹〈色などが〉…と釣り合わない (↔ match): Your purple sweater will ~ *with* this yellow skirt. あなたの紫のセーターはこの黄色いスカートと釣り合わないだろう. ❺ a ジャンジャン[ガチャン]と鳴る、ガチャガチャ音がする《*together*》: The cymbals ~*ed*. シンバルがジャーンと鳴った. b ガチャンと音を立ててぶつかる: swords ~*ing* and clanging カチャンガチャンと音を立ててぶつかる剣と剣. ── 他〈鐘などを〉ジャンジャン《打ち》鳴らす;〈剣などを〉打ち合わせる.

── 名 ❶ a《二つの集団の》衝突、小ぜり合い〔*between*, *with*〕: violent ~*es between* civilians and troops 市民と軍隊との激しい衝突. b《スポ》対戦、激突. ❷《意見・利益などの》衝突、対立、不一致 (collision): a ~ *between* the government and the opposition(s) *over* the issue その問題についての政府と野党の対立 / avoid a head-on ~ *with*…ととまっこうから対立するのを避ける / a ~ *of* viewpoints 見解の不一致. ❸ ジャンジャン鳴る音; 相打つ音: a ~ of cymbals ジャーンと鳴るシンバルの音. ❹《行事などの》かち合い〔*between*, *with*〕. ❺《色などの》不適当な組み合わせ、不釣り合い〔*of*〕.

*****clasp** /klǽsp | klǽːsp/ 動 ❶ ❶ 握りしめる: She ~*ed* his hand. 彼女は彼の手を握りしめた / He ~*ed* his hands (*together*). 彼は両手の指を組み合わせた《★哀願・絶望などを示すしぐさ》/ They ~*ed* hands. 彼らは固い握手を交わした; 二人は手を握り合った / The boy ~*ed* the coin *in* his hand. 少年はその硬貨を手に握りしめた. ❷〈人・ものを〉《…に》抱き締める: She ~*ed* her daughter tightly *to* her breast [*in* her arms]. 彼女は娘を[腕に]しっかり抱き締めた. ❸《…を》《留め金で》留める: a necklace round one's neck 首にネックレスを留め金で留める. ── 他 ❶ 抱き締める、抱きつく. ❷《留め金で》留める[まる]、締る[まる]. ── 名 ❶ 留め金、掛け金、尾錠 (びじょう)、バックル. ❷《通例単数形で》a 握り、握りしめ; 握手: I gave his hand a warm ~. 私は彼の手を（気持ちを込めて）固く握りしめた. b 抱き締め.

clásp knìfe 名 折りたたみナイフ.

*****class** /klǽs | klǽːs/ 名 ❶ C《集合的; 単数または複数扱い》a《学校の》クラス、学級、組 (cf. form 8); クラスの生徒[学生]たち: The ~ consists of 30 boys and girls. そのクラスは30人の男子・女子から成り立っている / the whole ~ クラス全員 / Good morning, ~! 《クラスの》皆さんお早う / C- dismissed!《きょうの》授業はこれで終わり! b《主に米》同期卒業生[学級]: the ~ of '98 98年卒業クラス. ❷ a C《クラスの》授業《時間》 (lesson): between ~*es* 授業の合間に / be in ~ 授業中である / go to ~ 授業に行く / attend a history ~ = attend a ~ in history 歴史の授業に出る / be late for [in] ~ 授業に遅れる / cut [skip] (a) ~ 授業をサボる / teach [《英》take] a biology ~〈先生が〉生物の授業を受け持つ / There was [We had] an English ~ this morning. 今朝英語の授業があった. b C《時に複数形で》《ひと続きの》講習、講座; 講義、科目 (course): take ~*es in* cooking 料理の講習を受ける. ❸ C《集合的; 単数または複数扱い》《社会》階級、階層: the upper [middle, lower, working] ~ (*es*) 上流[中流, 下層, 労働]階級 / the educated ~ 知識階級 / ⇨ chattering classes / people of all ~*es* なぐらの階級の人たち. b C 階級制度: abolish ~ 階級をなくす. ❹ C a《共通の性質を有する》部類、種類: a special ~ of car〈s〉特殊な型[種類]の車 / be divided into three ~*es* 3種類に分類される / be in a ~ *with*…と同類である. b《生》《動植物分類上の》綱 (ごう) (cf. classification 1 b). ❺《数》類、クラス; 集合. ❻ C.U《品質・程度による》等級、格: first [second, third] ~《列車などの》1[2, 3]等 / travel (in) business [economy] ~ ビジネス[エコノミー]クラスで旅行する. / play in class B《スポーツで》B クラスでプレーする. ❻ U《口》優秀、卓越: with ~ 見事に / He showed the ~ of a grand master. 彼はチェス[ブリッジ]の名人としての優れた技量を見せた. b《衣服・行為などの》優雅、上品、《良い》センス (cf. classy 1): She has ~. 彼女には気品がある. ❼ C《英大学》優等試験の合格等級: take [get, obtain] a ~ 優等で卒業する. **be in a cláss by itsélf** [onesélf] = **be in a cláss of** [on] **its** [one's] **ówn** 比類がない: He's in a ~ of his own. 彼は断然優れだ. **be in a dífferent clàss** (**from**…)（…より）ずっとすぐれている. **nó cláss**《口》通常で、まったく劣って: That writer has no ~. あの作家はだめだ.

── 形 A ❶ 階級の、階級的な: ~ feeling 階級感情 / ~ psychology 階級心理. ❷ クラスの、組の、同窓の: a ~ teacher クラスの先生 / hold a ~ reunion クラス会を開く. ❸《口》a 優秀な、一流の: a ~ golfer [horse] 一流のゴルファー[《競走》馬]. b 上品な、いきな.

── 他《しばしば受身で》〈…を〉《…として》分類する、みなす:〔+目+*as* 補〕a person as old 人を老人の部類に入れる.《+目+*as* 補》It is ~*ed as* a 3-star restaurant そのレストランは三つ星に格付けされている. ❸〈生徒を〉組分けする.

〖L classis 区分, 階級〗(動 classify)

class. 《略》classic; classical; classification; classified.

cláss áct 名《米口》一流の人[もの], 傑出した人[もの].

cláss áction 名《米》集団訴訟.

cláss-cónscious 形 ❶ 階級意識をもった: a ~ society 階級意識のある社会. ❷ 階級闘争を強く意識した.

cláss cónsciousness 名 ⓤ 階級意識.

*****clas·sic** /klǽsɪk/ 形 (比較なし) ❶ a 《芸術品など》一流の, 最高水準の, 古典的な: a ~ work of art 最高級の芸術作品. b 《学問研究・研究書など》権威のある, 定評のある: a ~ study of Dante 権威のあるダンテ研究書. c 《服装, 家具などは》はやりすたりのない, 伝統的な(スタイルの): a ~ blue suit 伝統的な紺のスーツ. ❷ 典型的な, 模範的な (typical): a ~ method 代表的なやり方 / a ~ case of one-sided love 片思いの典型的なケース. ❸ とてもよい, すばらしい: a ~ show [match] すばらしいショー[試合] / That's ~! これは傑作[見もの]だ《実におかしい[ばかげている]》; (よくあることだが)しゃくにさわった; まったくあなた[あの人など]らしい. ―― 名 ❶ a 一流の作品, 古典: a modern ~ 現代の古典. b 《特定分野の》権威, 権威書, 名著. a [通例 Classics; 単数扱い] (学科としての)古典《ギリシャ・ローマの文学・言語・思想などの研究》. b [通例 the ~s] 古典作品《ギリシャ・ローマの文学・哲学作品》. ❷ a 伝統的なスタイルの服(車, 道具など), はやりすたりのない(スタイルの)服. b 《米口》クラシックカー(1925–48年型の自動車). ❹ 代表的なもの, 模範となるもの. ❺ (記憶に残るような)すばらしいもの[こと]: His second goal was a ~. 彼の2本目のゴールは最高のものだった / That (joke) is a ~! それ[その冗談]は傑作だ (cf. 形). ❻ 《L=las·si·cus <classis 階級; cf. class》【類義語】classic 洗練され非常に質の高いこと, classical 昔からの伝統を受け継いでいること, また特に古代ギリシャ・ローマの伝統を継いでいること.

*****clas·si·cal** /klǽsɪk(ə)l/ 形 (more ~; most ~) [通例 Ⓐ] ❶ (比較なし)《芸術・学問など》古典的な(様式の), 古典主義の; 伝統的な, 正統派の: ~ ballet クラシックバレエ / ~ physics 《量子物理学に対して》古典物理学《ニュートン力学・マクスウェル電磁気学を柱とする》. ❷ (比較なし)音楽からクラシックの(18–19世紀の音楽のような均衡のとれた形式を特徴とする); クラシック音楽の: ~ music (popular music などに対して)クラシック《比較》日本語でいう「クラシック」は和製英語[CD] / a ~ composer [CD] クラシック音楽の作曲家 [CD]. ❸ (比較なし)[時に C~] 古代ギリシャ・ローマの, 古典(語)[文学]の: C~ languages [literature] 古典語[文学] / 《ギリシャ語[文学]とラテン語[文学]》/ a ~ scholar 古典学者. ❹ (比較なし)言語が古典(正則)の; 文語の(古い言語で, 文法体系が整い, 多くの文学作品が生み出された時期)の): ~ Arabic 正則[文語]アラビア語. ❺ 古典風の, 簡素な, 素朴な. ❻ =classic 3. **clás·si·cal·ly** /-kəli/ 副 【CLASSIC+-AL】【類義語】⇒ classic.

clas·si·cal·i·ty /klæsɪkǽləti/ 名 ⓤ 古典的な特質《古風の完成・純真・古雅・典雅など》.

clas·si·cism /klǽsɪsɪzm | klɑ́ːs-/ 名 ❶ [しばしば C~] ⓤ《文学・芸術》古典主義 (cf. realism 2, romanticism 1). ❷ ⓤ 古典趣味, 正統主義.

clas·si·cist /-sɪst/ 名 ❶ 古典学者. ❷ 古典主義者.

clas·si·cize /klǽsəsaɪz/ 動 ⓘ 《文体などを》古典風にする, 古典をまねる.

clas·si·co /klǽsɪkoʊ/ 名 [イタリアのワイン名の後に置いて] 特定品質基準をもつ土地産の, クラシコ.

clássic ráces 名 [the ~] 《競馬》クラシックレース: **a** 英国の五大競馬 (Two Thousand Guineas, One Thousand Guineas, Derby, Oaks および St. Leger). **b** 米国の三大競馬 (Kentucky Derby, Preakness Stakes, Belmont Stakes).

clas·si·fi·a·ble /klǽsəfàɪəbl/ 形 分類できる.

†**clas·si·fi·ca·tion** /klæ̀səfɪkéɪʃən/ 名 ❶ ⓤⓒ **a** 分類, 類別, 種別. **b** 《生》分類《生物学上の分類順序: kingdom(界)――動 phylum, 《植》division(門)――class(綱)――order(目)――family(科)――genus(属)――species(種)――variety(変種)》. **c**《図書》図書分類法. ❷ 等級別, 格付け, 級別. ❸ (公文書の)機密種別.

---

321 **claw**

†**clas·si·fied** 形 Ⓐ ❶《軍事情報・文書など》機密扱いの: ~ information (国家)機密情報 / a highly ~ project 極秘の計画. ❷ **a** 分類した: a ~ catalogue 分類目録 / a ~ telephone directory 職業別電話帳 (cf. Yellow Pages). **b** 《広告》の項目別の: a ~ ad [advertisement] 項目別広告, 三行広告《求人・求職など項目別に分類されている》. [名; 集合的に] 項目別広告; 三行広告: look in the ~s 三行広告をのぞいてみる.

clás·si·fi·er 名 分類者; 選別器;《言》分類辞《日本語や中国語の助数詞など》.

*****clas·si·fy** /klǽsəfaɪ/ 動 ❶〈ものを〉分類する (categorize): ~ plants *according to* their habitats 植物をその生育地で分類する / Words are *classified into* parts of speech. 語は品詞に分類される《+目+*as*補》We usually ~ types of character *as* good or bad. 我々は通例人の性格を善か悪かに分類する. ❷〈軍事情報・文書などを〉機密扱いにする. (名 class)

class·ism /klǽsɪzm/ 名 ⓤ 階級主義; 階級差別の態度.

†**class·less** 形 ❶《社会が》階級差別のない: a ~ society 階級差別のない社会. ❷《人などが》特定の社会階級に属さない. **~·ness** 名.

class-list 名《英》(大学の)優等試験合格者等級別名簿.

†**cláss·màte** 名 同級生.

†**cláss ring** 名 クラスリング《学校名・卒業年などを刻んだ指輪》.

*****class·room** /klǽsrùːm, -rùm | klɑ́ːs-/ 名 教室.

cláss strúggle 名 ⓤ [通例 the ~] 階級闘争.

cláss wár 名 ⓤ [通例 the ~] 階級闘争.

cláss wórk 名 ⓤ (homework に対して) 教室学習.

class·y /klǽsi | klɑ́ːsi/ 形 (**class·i·er**; **-i·est**) ❶《口》高級な, 上等な, いきな, シックな: a ~ car 高級車. ❷ 身分の高い. (名 class)

clast /klǽst/ 名《地》砕屑[さい]岩[物].

clas·tic /klǽstɪk/ 形《地》砕屑性の.

clath·rate /klǽθreɪt/ 名《化》包接化合物.

clat·ter /klǽtɚ | -tə/ 動 ⓘ ❶ カタカタ[ガチャガチャ]鳴る: The window ~*ed* in the wind. 窓は風でカタカタ鳴った. ❷ [副詞(句)を伴って] ガタガタ音を立てて動く[進む]: A truck ~*ed along* (the street). トラックが 1 台ガタゴトと音を立てて(通りを)通っていった / Two horses ~*ed up* the road. 2 頭の馬が道をパカパカ走っていった[きた]. ―― ⓣ〈…を〉カタカタ[ガチャガチャ]鳴らす. ―― 名 ❶ [単数形で] カタカタ[カチャカチャ, ガチャガチャ]いう音《堅い物体がぶつかる音, タイプライターの音など》. ❷ 騒々しさ; 騒々しい響き[人声]: the ~ *of* the street 通りの騒々しさ. **~·er** /-tɚɚ | -tərə/ 名. 《擬音語》

*****clause** /klɔ́ːz/ 名 ❶ (条約・法律の)条項, 個条. ❷《文法》節 (cf. phrase 1). 《F <L claudere, claus- 閉じる; cf. close¹》

claus·tral /klɔ́ːstrəl/ 形 =cloistral.

claus·tra·tion /klɔːstréɪʃ(ə)n/ 名 ⓤ (修道院のようなところに)閉じ込めること, 幽閉.

claus·tro·phobe /klɔ́ːstrəfòʊb/ 名 閉所恐怖症患者.

claus·tro·pho·bi·a /klɔ̀ːstrəfóʊbiə/ 名 ⓤ《精神医》閉所恐怖症《閉鎖された場所などを嫌う》. 《L *claustrum* 閉所+-PHOBIA》

†**claus·tro·pho·bic** /klɔ̀ːstrəfóʊbɪk⁻/《精神医》形 閉所恐怖症の. ―― 名 閉所恐怖症の患者.

cla·vate /kléɪveɪt, -vət/ 形《植》棍棒形の, 棍棒状の (claviform).

cla·ve /kleɪv | kleɪv/ 名 [通例複数形で]《楽》クラベス《ルンバの伴奏などに用いる 2 本で一組の打楽器》.

clav·i·chord /klǽvəkɔ̀ɚd | -kɔ̀ːd/ 名《楽》クラビコード《ピアノの前身》.

clav·i·cle /klǽvɪkl/ 名《解》鎖骨.

cla·vier /kləvíɚ | -víə/ 名《楽》❶ 鍵盤. ❷ 鍵盤楽器.

clav·i·form /klǽvəfɔ̀ɚm | -fɔ̀ːm/ 形 棍棒状の.

†**claw** /klɔ́ː/ 名 ❶ **a** (猫・タカなどの)かぎつめ (⇒ nail 関連). **b** かぎつめのある足. ❷ (カニ・エビなどの)はさみ. ❸ つめ形のもの; (金づちの先の)くぎ抜き. **cút the cláws of**…

《口》〈人などから危害を加える力を奪う; …を無力にする.
gèt [**sínk, háve**] **one's cláws ínto** [**ín**]… (1) 不快なことを言って嫉妬(½)・嫌悪を表わす. (2) 〈通例〉女が〈結婚するために〉男)をがっちりつかまえる. ― *vi.* 〘~+圖〙[手]でひっかく, かきむしる: The cat is ~*ing* the door. 猫がドアをひっかいている / 〘~+目+補〙~ a parcel open (あわてて[興奮して])包みをつかんでひっかいて開ける. ~ *vt.* [手]で〘穴などを〙作る: ~ **a** **hole** つめ(など)で穴を掘る. **b** [~ one's way で](必死になって)ひっかいて[手探りで]進む.
  ― *vi.* [….から], *vt.* 〈at〉. **cláw báck** 〘他+圖〙(1)(苦労して)X…を)取り戻す. (2) 《英》〈政府が〉給付金を増税で取り戻す.
cláw-báck 图 ⓊⒸ 支払った金を取り戻すこと, (また)その金;(特に)政府が給付支出増を増税で回収すること.
cláw hàmmer 图 ❶ くぎ抜き金づち. ❷ 燕尾服, モーニング.
*****clay** /kléi/ 图 Ⓤ ❶ 粘土: as ~ in the hands of the potter 〈人・ものが〉思いのままにして[されて](聖書「エレミヤ記」から). ❷ 土, 泥: a lump of ~ ひと塊の土. 《文・詩》(肉体と考えられた)土;(霊魂に対し, 死ぬと土になる)肉体: be dead and turned to ~ 死んで土に帰る. **háve féet of cláy** (人・物事のもつ)人格上の[本質的な]欠点がある, 思いがけない欠点[弱点]がある(★聖書「ダニエル書」から).
Clay /kléi/, **Henry** 图 クレイ(1777-1852;米国の政治家).
cláy cóurt 图 《テニス》クレーコート(土のコート; cf. grass court, hard court).
clay·ey /kléii/ 圈 (**clay·i·er, -i·est**) ❶ 粘土の(多い), 粘土のような, 粘土状の: 粘土でよごれた).
cláy·ish /-iʃ/ 圈 やや粘土のような, 少し粘土を含む.
Clay·ma·tion /kleiméiʃən/ 图 Ⓤ 《商標》クレイメーション(粘土人形を使ったアニメーション映画制作法).
clay·more /kléimɔ̀ː-/ -mɔ̀ː] 图 ❶ 両刃の大刀(昔スコットランド高地人が用いた). ❷ =claymore mine.
cláymore míne 图 《米》《軍》クレイモア地雷(電気的に起爆し小金属球を飛び散らす).
cláy pígeon 图 クレー《クレー射撃(trapshooting)で空中に投げ上げる粘土製の皿状の標的).
cláy pípe 图 陶製のパイプ(パイプ粘土(pipe clay)を焼いて作ったもの).
-cle /kl/ 腰尾「小…」(★単語によっては「小」の意が失われたものもある: article, spectacle など).
*****clean** /klíːn/ 圈 (**~·er; ~·est**) ❶ **a** 清潔な, よごれていない, きれいな(↔dirty); 無菌状態の: ~ air 清浄な空気 / Be careful to keep yourself ~. いつも体を清潔にしておくように気をつけなさい. **b** きれい好きな, 身だしなみのよい.
❷ 《機会・燃料等で》有害[汚染]物質の廃出が少ない, 低公害の: ~ energy 低公害エネルギー / ~ combustion technologies 低公害燃焼技術 / ~ burning of fossil fuels 化石燃料を低公害で燃焼させること. ❸ **a** 〘口〙 みだらでない, わいせつでない: use ~ language きれいな言葉をつかう. **b** 犯罪と無関係の, 潔白な: a ~ record (前科などのない)経歴. **c** (精神的・道徳的に)潔白な, 高潔な, 偽りのない; 公正な, 公明正大な, フェアプレーの (fair) な: ~ election 明るい選挙 / ~ politics 清い政治 / a ~ fight 正々堂々の戦い / ~ money 公正な手段で得た)きれいな金 (↔ DIRTY money). **d** Ⓟ〘口〙〈人が〉違法な物を隠し持っていなくて;麻薬を常用[所持]していなくて. ❹ 〈香りなどさわやかな, 味むさわやかで, さわやかで鮮明[明瞭]な: smell fresh and ~ さわやかで澄んだ香りがする. ❺ **a** (均整のとれて)すらりとした, かっこうのよい: ~ limbs すらりとした肢体(½). / The car has ~ lines. その車はきれいな輪郭をしている. **b** 〈切り口などで〉でこぼこ[ぎざぎざ]のない: a ~ cut [wound] すぱっと切れた切り口[傷口]. ❻ **a** 〈校正刷りなど〉間違いが[訂正が]ない, 読みやすい (↔ foul): a ~ copy きれいな原稿 / a ~ copy 清書. **b** 何も書いてない (blank): a ~ page 白紙ページ / a ~ sheet of paper 白紙1枚. ❼ まったくの, 完全な: a ~ hundred dollars

100ドルそっくり, まるまる100ドル / **make a ~ break** きれいさっぱりと縁を切る. 〘競馬〙競走馬がいっせいに好スタートを切る. ❽ 〈プレーで〉反則のない[少ない], きれいな (↔ dirty). ❾ 〘聖〙 **a** (モーセ (Moses) の律法に照らして)不浄でない. **b** 〈鳥・獣など〉汚れのない, 食べられる. ❿ Ⓟ よごれ[塵など]のないものがなくて: **wash one's hands ~ of dirt** 手を洗ってよごれを落とす. ⓫ **a** 混ぜものない, 純粋な: ~ gold 純金. **b** 〈宝石など〉きずのない: a ~ diamond 無きずのダイヤ. ⓬ (手際の)あざやかな, 巧妙な: a ~ stroke (ゴルフなど)で)見事な打ち方 / a ~ hit 〘野〙クリーンヒット.
còme cléan 〘口〙 真実を話す, 白状する, 泥を吐く.
  ― 圖 (**~·er; ~·est**) ❶ (比較なし) **a** まったく, すっかり: ~ **mad** [**wrong**] まったく気が狂って[間違って] / He jumped ~ over the brook. 彼はその小川をひとまたぎに飛び越えた / I ~ forgot about it. 〘口〙 そのことはきれいに忘れていた. **b** ずばりと, あざやかに, まともに: hit a person ~ in the eye 人の目をまともに打つ. ❷ きれいに(なるように): scrub the floor ― 床をこすってきれいにする. ❸ 正々堂々と: play ~ フェアプレーで(試合)をする.
  ― 圖 ❶ **a** 〈…を〉清潔[きれい]にする, 掃除する, 手入れをする; 〈歯を〉磨く: ~ one's shoes 靴をきれいにふく / ~ one's teeth 歯を磨く. **b** 〈傷を〉消毒する, 洗って手当てする. ❷ 〘…から〙X汚れをなどを〉取る: ~ a spot *off* one's necktie ネクタイのしみを取る. ❸ **a** 〈食べて〉皿を空(½)にする: ~ one's plate 料理をきれいに[すっかり]食べる. **b** 〈魚・鶏などから〉臓物をとる (⇒ disembowel 比較). **c** 〈魚の〉はらわたをとる. ❹ 掃除になる; きれいになる.
  cléan dówn 〘他+圖〙 《英》〈壁・自動車などを〉〈上から下へと〉きれいに掃除する. **cléan óut** 〘他+圖〙(1)〈場所をきれいに(はいて)掃除する; ごみなどを捨てる, 片付ける, 〈よごれを〉落とす: ~ out a room 部屋をきれいに掃除する. (2) 〘口〙 〈人・貯金などを一文なしにする: I'm ~ *ed out*. 一文なしだ / Hospital bills have ~*ed out* my savings. 病院からの請求書で私の貯金はすっからかんになってしまった. (3)〈場所・人から〉すべてを盗む. **cléan úp** 〘他+圖〙(1)〈部屋などを〉きれいに掃除[整頓]する; 〈ごみなどを〉片付ける, 取り除く. (2)〈…から〉不正[腐敗, 暴力(など)]を一掃する, 〈…を〉浄化する, 〈…の〉秩序[道義(など)]を取り戻す: ~ up the city *up* 市の浄化をする / ~ *up* the political scandal 政界の汚職を一掃する. (3)〈行ないを〉改める: ~ *up* one's act どう行ないを改める, 悪習をやめる. (4) 〈場所から〉有害[汚染]物質などを除去する, 公害を〈製造行程などから〉公害[有害物質]が出ないようにする. ― 〘他+圖〙(1) きれいに掃除する, 片付ける. (2) 〘口〙 大金を得る[稼ぐ, もうける].
  ― 图 [a ~] 清潔にすること, 手入れ, 掃除: give one's shoes a ~ 靴のよごれを落とす.
  ~·ness 图 ⇨ cleanse]
clean·a·ble /klíːnəbl/ 圈 きれいにすることができる.
cléan and jérk 图 Ⓤ 《重量挙》ジャーク (clean (バーベルを肩の高さまで持ち上げる) と jerk (バーベルを頭の上に持ち上げる) の動作).
cléan-cút 圈 ❶ 〈形の〉くっきりした, かっこうのよい: ~ features 彫りの深い顔立ち. ❷ きれいに刈った: a ~ hairstyle きれいに刈り上げた髪型. ❸ 〈意味の〉明確な, はっきりした: a ~ explanation 明確な説明. ❹ 〈人の〉端正な: a ~ young man 端正な青年.
*****clean·er** /klíːnə- | -nə/ 图 ❶ 掃除する人; 清掃作業員, そうじ人, クリーナー. ❸ (電気)掃除機. ❹ クリーニング屋の主人[職人]; [通例 the ~*s*, the ~'*s*] クリーニング店. **táke a person to the cléaners** [**cléaner's**] 〘口〙(1)(特にだまして)〈人の有り金を残らず巻き上げる, 〈人を〉すってんてんにする. (2) 〈人を〉こてんぱんにやっつける, 〈…に〉完勝する.
cléaner físh 图 《魚》 掃除魚(大きな魚の体表やえらや口内から外部寄生虫を取って食べる; ホンソメワケベラなど).
cléan·ing 图 Ⓤ 掃除; 〈衣服などの〉手入れ, 洗濯: a general ~ 大掃除 / do the ~ 掃除をする.
cléaning làdy [**wòman**] 图 女性清掃作業員, 掃除婦.
cléan·ish /-niʃ/ 圈 こぎれいな, ややきれいな.

cléan-límbed 形 〈運動選手など〉均整のとれた手足をした, すらりとした.

+**cléan・li・ness** /klénlinəs/ 名 U 清潔, こぎれいさ; きれい好き: C- is next to godliness. 《諺》きれい好きは敬神に次ぐ美徳.

cléan-líving 形 清潔な性格の, 貞節な.

clean・ly¹ /klénli/ 形 (**clean・li・er; -li・est**) きれい好きな, こざっぱりした, 清潔な. **clean・li・ly** /klénləli/ 副 こざっぱりと, こぎれいに.

+**clean・ly**² /klí:nli/ 副 (**more ~; most ~**) ❶ 手際よく, きれいに, 見事に: This knife cuts ~. このナイフは切れ味がよい / cut a pie ~ into four パイをきれいに4つに切り分ける. ❷ 清潔に, きれいに; 清らかに: live ~ 清く生きる.

cléan róom 名 無菌室; 無塵室.

cléans・a・ble /klénzəbl/ 形 洗い清めることができる, 清潔にできる.

*****cleanse** /klénz/ 動 他 ❶ a 〈場所・組織などから〉〈好ましくないもの・人などを〉取り除く; 粛清する: ~ the atmosphere of pollutants 大気から汚染物質を除去する / The area was ethnically ~d. その地域では民族浄化政策がとられた. b 〈人から〉〈罪などを〉洗い清める, 浄化する: ~ oneself of guilt 罪をなくして身を清める. c 《聖》〈らい(癩)病を〉癒(いや)す. ❷ 〈肌・顔などの〉よごれ(など)を落とす, クレンジングする; 〈傷などを〉清潔にする, 洗浄する. 《形 clean》

+**cléans・er** 名 ❶ CU a クレンジングクリーム[ローション]. b 磨き粉, クレンザー. ❷ C 洗浄係.

cléans-sháven 形 〈人・顔などひげのない, ひげをすっかりそり落とした.

cléans・ing 名 ❶ U 浄化, (罪の)清め. ❷ [複数形で] 掃き捨てたゴミ. ❸ U 浄化《望ましくない社会集団や民族の一掃》⇒ ethnic cleansing.

cléans・ing créam 名 CU クレンジングクリーム《油脂性の洗顔クリーム》.

cléansing depártment 名 《英》清掃課.

cléan sláte 名 ⇒ slate 成句.

cléan swéep 名 ❶ 《選挙などにおける》完勝, 全勝, 総なめ; 《要らない人「もの」の》一掃, 総ざらい: make a ~ of the Davis Cup デビスカップの試合を総なめにする.

*****clean-up** /klí:nλp/ 名 ❶ CU 《通例単数形で》〈場所を〉きれいに[清潔]にすること; 《汚物・不要物などの》除去, 《社会悪などの》一掃, 浄化, 粛正. ❷ C 《米俗》大もうけ. ❸ UC 《通例形容詞的に》《野》4番《打者》の, 4番の.

*****clear** /klíə¹, klíə/ 形 (**~・er; ~・est**) ❶ 《説明・記事などわかりやすい, 明快[明確]な: a ~ answer はっきりした答え / a ~ explanation 明確な説明 / Let me get one thing ~. 一つはっきりさせてください / make oneself ~考え[意図]をはっきりさせる. b 《頭脳・思考など》明晰(せき)な, 明瞭な, 《人の》頭脳明晰な, 頭のよい: have a ~ mind 頭脳明晰である / a ~ judgment はっきりした判断 / a ~ thinker 頭のよい思想家. ❷ a 《輪郭・映像などはっきり見える, くっきりした, 見やすい: a ~ outline くっきりした輪郭 / a ~ photo はっきり撮れた写真 / write with [in] a ~ hand はっきりした字で書く. b 《音・声など》はっきりした, さえた: the ~ ring of a bell さえた鈴の音 / a ~ voice はっきり聞こえる声 / a ~ signal 《雑音・妨害音などがなく》はっきり聞こえる信号《音》. c 《音声》〈l/音〉側音の明るい (← dark). ❸ 《事が明白な, 明らかな, 間違いようのない (obvious): a ~ case of ... の疑問の余地のない例 / It's ~ that he is in the right. 彼が正しいことは間違いない / It wasn't ~ what he had in mind. 彼が何を考えているかはっきりしなかった / I have to make it perfectly ~ to her that ... 彼女に ... ということを(はっきりと)認識させなければならない. ❹ P 《人が》《...について》明確に理解して, 確信して, 考えて《立場》をはっきりさせる: He's very ~ on [about] this point. 彼はこの点に関して確信がある 《また,「はっきり自分の意見を述べる」の意にも用いられる》 / [+wh.] I'm not ~ what he means. 私は彼の言いたいことがよくわかっていない / [+that] She was ~ that she wanted to join the club. クラブに入りたいという気持ちがはっきりしていた. ❺ a 《天・空など》晴れた, 晴れ渡った空 / ~ weather 晴天 / a ~ day 晴れた日. b 《月・星などが明るい: a ~ star 明るい星. ❻ 《液体・ガラスなど》澄んだ, すき通った (transparent): ~ air 澄んだ空気 / ~ soup すープ, コンソメ / ~ water 透明な水. ❼ a 《顔色・肌色など》晴れやかな, 色つやのよい; 《目が》澄んだ: a ~ complexion 色のよい肌. b 《色》《色に混ざりものがない, 純粋な: a ~ red 真っ赤. ❽ a 《表面・道路など》障害[おおい]のない, 《視野など》妨げのない, 開けた; 《道路》〈車が〉走っていない, すいている: a ~ space 空地 / a ~ passage 進路 / have a ~ view of the ocean 海がよく見える / see the way ~ 前途に障害がない / The surface is ~ of dust. 表面にほこりがない / At that hour the road was ~ of traffic. その時間には道路は交通はなかった / The way was ~ for us to carry out our plan. その計画を実行するのに何の障害もなかった / All ~. 敵影なし, 「警報解除」. b 《比較なし》《時間など》何もすることのない, 用事のない (free): I have a ~ hour from 4:30. 4時半以後はひまだ. ❾ a 《やましい点のない, 罪[咎]のない: with a ~ conscience 良心にやましいところなく / My conscience is ~ on this matter. この問題について私には何もやましいところはない. b 《医学検査が》問題を示していない. ❿ 《比較なし》 P [...がまったくなくて, 除かれて, 《...から》離れて: be ~ of worry [suspicion, debt] 心配[容疑, 借金]がない / get ~ of ... を離れる, 避ける / keep [stay] ~ of ... に近づかない, ... を避けている / sit ~ of ... から離れて座る / get ~ of a person 人を避ける; 人とかかわらないようにする. ⓫ A 《比較なし》《米》 A 《時に名詞の後に置いて》〈数・量がまるまるの, 丸ごとの; 《賃金・収益など》正味の, まったくの (net): a ~ month=a month ~ まる1か月 / a hundred pounds ~ profit 100ポンドの純益. b 完全な, 絶対の: a ~ victory 完勝, 圧勝.

Do I make myself clear?=Is that clear? (今言ったことが)わかりますか《権限のある人の発言であることを強調する》.

— 副 (~・er; ~・est) ❶ 《比較なし》《...から》《完全に》離れて; 《...を》避けて (★ 形 ともみなされうる; ⇒ 形 10): Please stand ~ of the doors. ドアから離れていてください《乗物での注意》. ❷ 曇りなく, 明らかに, くっきり: The tower stood ~ against the evening sky. 塔は夕空にくっきり立っていた / The street lamps shone bright and ~. 街灯があかあかとついていた 《用法》bright, clear は 形 ともみなされる. ❸ 明瞭に, はっきりと: speak ~ はっきり話す. ❹ 《比較なし》a 十分に, 完全に: get ~ away 十分に離れる; 逃げ切る / The bullet went ~ through the wall. 弾丸は壁をぶち貫いていった. b 《米》ずっと (all the way): dive ~ to the bottom 底までもぐる.

— 名 ❶ 空所, 空地. ❷ 《バド》クリアショット《弧を描いて相手の背後に落ちるショット》. **in cléar** 《通信が》《暗号でなく》平文で. **in the cléar** (1) 危険を脱して; 疑いが晴れて. (2) 障害[借金]のない.

— 動 他 ❶ a [~ X 《場所》of Y 《もの》= ~ Y from [off] X] 《じゃま物を》《場所から》取り除く; 《場所を》きれいにする, 片づける: ~ the road of snow=snow from the road 道路から雪を取り除く / ~ one's mind of doubts 心から疑念を払う / ~ a room 部屋を片づける / ~ the table テーブル[食卓]《の上のもの》を片づける. b 《建物・通りなどから》人々を立ち去らせる (evacuate): The police ~ed the crowd (away) from the entrance. 警察は群衆を入口から追い出した / They ~ed the room of people. 彼らは部屋から人を追い払った. c 〈森・土地を〉開拓[開墾]する, 切り開く: ~ the land 土地を開墾する. d 〈商品を〉一掃する, 蔵ざらいする: ~ (out) last year's stock 昨年の在庫を一掃する. ❷ 《...から》《疑惑などを》晴らす《★通例受身》: ~ one's name 汚名[疑惑など]を晴らす / ~ed of [from] suspicion 人の容疑を晴らす / be ~ed of charges [wrongdoing] 起訴された件で無罪になる[犯罪の疑いが晴らされる]. ❸ a 《...を》《正式に》許可[認可]する認める: be ~ed for public release [diagnostic use] 一般公開[診断目的の使用]が認められている / be ~ed for takeoff 離陸許可を与えられる / [+目+to do] JAL flight 008 has been ~ed to take off. 日本航空008便は離陸許可を与えられた. b 《...によって》《...の》《正式な》許可[承認]を得る[受ける]: The project was ~ed with the board of directors. その計画は重役会で承認を得た. **c** 〈税関・出入国管理などを〉通過する; 〈ものを〉〈税関などを〉通す, 通過させる: ～ immigration [customs] 出入国管理[税関]を通過する / The goods were ～*ed* ***through*** customs. その商品は税関を通った. **d** 〈人に〉出入国の許可を与える; 機密を任せられると認める. ❹ **a** (接触しないで)〈…を〉**通過する**, 〈…との〉衝突を避ける; (支障なく)〈…を〉**跳び越す**, クリアする: The horse ～*ed* the bar. その馬はバーを跳び越えた / My car only just ～*ed* the truck. 私の車は危うくトラックとの衝突を免れた. **b** 〈難関を〉突破する: ～ preliminaries 予選を通過する. **c** 〈案件が〉〈議会などを〉通過する: The draft ～*ed* the council. 草案は審議会を通った. ❺ **a** 〈頭・目などを〉はっきり[すっきり]させる: A breath of fresh air will ～ your head. 新鮮な空気を吸えば頭がすっきりするだろう. **b** 〈…を〉**きれいにする**, 〈…の〉汚れ[曇り]を取る: ～ (***up***) a person's skin 〈せっけん・クリームなどが〉人の(荒れた)肌をきれいにする / Pollution control has ～*ed* the air. 公害規制が大気を浄化した. **c** 〈液体などを〉澄ませる, 透明にする: add a chemical to ～ a solution 溶液を澄ませるために科学薬品を加える. ❻ **a** 〈のどの〉たんを取り除く: ～ one's throat せき払いする. **b** 〈声を〉はっきりさせる. ❼ 〈借金を〉返済する; 〈勘定を〉清算する: ～ one's debts 借金を返済する. ❽ 〈小切手を〉現金に換える; 〈手形を〉交換清算する: ～ a check 小切手を現金化する. ❾ 〈ある金額の〉純益をあげる: ～ $60 60 ドルの純益をあげる / ～ expenses 出費に見合うだけの利益をあげる, 利益で出費を払う. ❿ 〈仕事などを〉処理する, さばく: ～ a backlog 残務を片づける. ⓫ 〘電算〙 (メモリー・画面などから)(データなどを)消去する. ⓬ 〘球技〙 〈ボールを〉クリアする. ⓭ 〘軍〙 〈暗号を〉解読する.

— [自] ❶ **a** 〈天候・雲・霧などが〉晴れる, 〈雨が〉上がる 〈*away, off, up*〉: It [The sky] will soon ～ (***up***). やがて晴れるだろう / The haze soon ～*ed* (***away***). もやはまもなく晴れた. **b** 〈液体が〉澄む: The muddy stream gradually ～*ed*. 濁った小川がだんだん澄んできた. **c** 〈かぜ・熱などが〉(次第に)消える, 〈痛み・熱などが〉ひく: The rash [inflammation] ～*ed up*. 発疹[炎症]が引いた. ❷ **a** 〈頭が〉はっきり[すっきり]する, 正常に働くようになる. **b** 〈顔・前途などが〉明るくなる: Her face ～*ed* (of doubt). (疑惑のかげが消えて)彼女の顔が明るくなった. **c** 〈肌が〉すべすべで健康になる, きれいになる 〈*up*〉. ❹ **a** 〈小切手・手形が〉交換清算される, 決済される. **b** (手形交換所で)交換清算する. ❸ **a** 障害物(など)がなくなる, すっきりする, 通り[流れ]がよくなる: Suddenly the traffic ～*ed*. 突然車の流れがよくなった. **b** 〈部屋などが〉人が去っていなくなる. ❺ **a** 通関手続きを済ます. **b** 〈船が〉通関手続きをして出港[入港]する. ❻ 〘球技〙 〈ボールが〉クリアされる.

cléar awáy 《[他]+[副]》 (1) 〈…を〉**取り除く**; 立ち去らせる (⇨ [他] 1 a, b). (2) 〈卓上のものなどを〉**片づける**: ～ *away* the leftovers 食べ残しを片づける. — 《[自]+[副]》 (3) **晴れる** (⇨ [自] 1 a). (4) (…から)立ち去る, **離れる**. (5) (食後の)後片づけをする.

cléar óff 《[他]+[副]》 (1) 〈借金を〉返済する; 清算する: ～ *off* a debt 借金の支払いを済ませる. (2) 〈じゃま物を〉取り除く, 片づける. — 《[自]+[副]》 (3) 晴れる (⇨ [自] 1 a). (4) 《主に英口》 (さっさと)出て行く.

cléar óut 《[他]+[副]》 (1) 〈場所を〉(不要なものを捨てて)片付ける, 掃除する; 〈…の〉中味を空(から)にする (cf. [他] 1 d); 〈不要なものを〉捨てる: ～ *out* a cupboard 戸棚の中を空にする. — 《[自]+[副]》 (2) 片づけをする. (3) 《口》 出て行く, 立ち去る 〔*of*〕.

cléar the áir ⇨ air [名] [成句].

cléar the décks (for áction) ⇨ deck¹ [成句].

cléar the wáy [páth] (目的のために)道を開く, 障害を取り除く, (目的を)可能にする 〔*for*〕 〈*for*+[代名]+*to* do〉.

cléar úp 《[他]+[副]》 (1) 〈問題・疑問・誤解を〉解く; はっきりさせる: ～ *up* a mystery なぞ(の事件)を解く. (2) 《主に英》 〈ものを〉きれいに片づける; 〈場所を〉整頓(せいとん)する: ～ *up* rubbish ごみを取り片づける / He ～*ed up* his desk before leaving the office. 彼は退社する前に机を整頓した. (3) 〈病気などを〉治す, よくする. — 《[自]+[副]》 (4) 晴れる (⇨ [自] 1 a). (5) 《主に英》 きれいにする, 清掃する. (6) 〈病気などが〉治る, よくなる.

clear up after... 《主に英》 〈人〉の後始末をする.

～**·ness** [名] 〘F < L *clarus* 明るい, 明白な〙 ([名] clarity, clearance, [動] clarify) 【類義語】 ⇨ obvious.

cléar áir tùrbulence [名] [U] 晴天乱気流 《略 CAT》.

⁺**clear·ance** /klí(ə)rəns/ [名] ❶ **a** [C,U] 取り片づけ, (じゃま物・不用物の)除去, 排除; 整理: make a ～ of...をきれいに処分する, 一掃する. **b** =clearance sale. ❷ [U,C] (橋げたと下を通る船, 車の間などの)ゆとり, 余裕, すき間: There's not much ～. あまりゆとりがない / There's a ～ of only five inches. 5 インチのすきましかない. ❸ [U] **a** 通関(手続き); 出港(認可). **b** (航空機の)離着陸許可, クリアランス: takeoff ～=～ for takeoff 離陸許可. **c** (秘密情報利用の)許可 (authorization). ❹ [U] 手形交換(高). ❺ 〘サッカー〙 クリア 《守備側からボールを蹴り返すこと》.

cléarance sàle [名] 蔵払い, 在庫一掃セール.

cléar·cole /-kòul/ [名] [U] [動] [他] 目止め塗り(にする).

⁺**cléar-cút** [形] ❶ 輪郭のはっきりした: ～ features 端正な目鼻立ち. ❷ 明快な: ～ thinking 明晰(めいせき)な思考 / ～ pronunciation 歯切れのいい発音. — [名] 皆伐地, 皆伐. — [動] [他] 皆伐する.

clear·er /klí(ə)rə | -rə/ [名] ❶ 障害などを取り除く人[もの]. ❷ 《英》 =clearing bank.

cléar-éyed [形] ❶ 目の澄んだ. ❷ 視力の鋭い; 明敏な.

cléar-féll [動] [他] 皆伐する (clear-cut).

cléar-héaded [形] 頭脳明晰(めいせき)な.

***clear·ing** /klí(ə)rɪŋ/ [名] (森林の中の)**開拓地**.

cléaring bànk [名] 《英》 手形交換所加盟銀行, クリアリングバンク.

cléaring·hòuse [名] ❶ 手形交換所. ❷ 情報センター.

‡**clear·ly** /klíəli | klíə-/ [副] (**more** ～; **most** ～) ❶ **明らかに**, 疑いもなく (★ 文修飾可): *C*～, it is a mistake.=It's ～ a mistake. 明らかにそれは間違いだ. ❷ **明瞭に**, **はっきり**: I wish he would speak more ～. 彼は言葉をもっとはっきり言ってくれたらいいのだが. **pút it cléarly** はっきり言えば.

cléar-síghted [形] ❶ 視力の鋭い. ❷ 明敏な, 先見の明のある. ～**·ly** [副] ～**·ness** [名]

clear·sto·ry /klíəstɔ̀:ri | klíə-/ [名] 《米》 =clerestory.

⁺**cléar-ùp** [形] [A] 《英》 検挙の: the ～ rate for burglary 強盗の検挙率.

cléar·wày [名] 《英》 駐車[停車]禁止道路.

cleat /klí:t/ [名] ❶ くさび形の木製[金属製]の止め具. ❷ **a** (靴底などの)滑り[摩滅]止め. **b** [複数形で] スパイクシューズ. ❸ 〘電〙 クリート 《電線押さえ》. ❹ 〘海〙 (耳形の)索留め. — [動] [他] 〈靴底に〉滑り[摩滅]止めをつける: ～*ed* shoes 底に滑り[摩滅]止めをつけた靴.

⁺**cleav·age** /klí:vɪʤ/ [名] ❶ [C,U] 女性の乳房の間のくぼみ, 乳房の谷間. ❷ [C] 〔政党などの〕分裂, 亀裂, 溝 (division) 〔*between*〕. ❸ [U] 〘生〙 (受精卵の)卵割. ❹ [U] 〘鉱〙 劈開(へきかい). 〘↓ +-AGE〙

cleave¹ /klí:v/ [動] (**clove** /klóuv/, **cleft** /kléft/, ～**d**; **clo·ven** /klóuvən/, **cleft**, ～**d**) [他] ❶ **a** 〈材木・岩石などを〉(木目・劈開(へきかい)面にそって)裂く, 割る: ～ a piece of wood in two まきを縦に二つに割る. **b** 〘化〙 〈分子を〉特定の結合で切り離す, 結合開裂させる. ❷ 〈道を〉切り開いて(…を)進む; 〈…を〉かき分けて[分けるように]進む: We *clove* a path ***through*** the jungle. 我々は密林の中へ踏み込んでいった. — [自] ❶ かき分けて進む, 突破する 〔*through*〕. ❷ 〘生〙 〈受精卵が〉分裂[卵割]する.

cleave² /klí:v/ [動] [自] (～**d**, **clove** /klóuv | kláuv/; ～**d**) 《文》 ❶ 〔主義などを〕固守する, 〔…に〕執着する; 〔人に〕忠実である; 〔…に〕熱中する 〔*to*〕. ❷ 〔…に〕付着する, 粘着する 〔*to*〕.

cléav·er [名] ❶ (大型の)肉切り包丁. ❷ 裂く[割る]もの[人].

Clea·ver /klí:və | -və/, **El·dridge** /éldrɪʤ/ [名] クリーヴァー 《1935–98; 米国の黒人運動家; Black Panther の指導者》.

clef /kléf/ [名] 〘楽〙 (5 線上の)音部記号: a C ～ ハ音記号

cleft /kléft/ ■ cleave の過去形・過去分詞. ― 图 裂けた, 割れた: He has a ~ chin. 彼は縦に割れ目のついたあごをしている. **in a cléft stíck** 進退きわまって, 窮地に陥って. ― 图 ❶ 裂け目, 割れ目 (額の中央の縦長のくぼみ;〘解〙裂, 裂溝: a ~ in a rock 岩の裂け目.

cléft líp 图 口唇裂, みつくち.

cléft pálate 图 U C 口蓋(裂.

cléft séntence 图〘文法〙分裂文 (it is ... that ... によって分裂された文).

cleg /kléɡ/ 图〘英〙〘昆〙アブ (horsefly, gadfly).

cleis·tog·a·my /klaɪstágəmi/, -tóɡ-/ 图 U〘植〙閉鎖花[閉花]受精. **cleis·tóg·a·mous** 形

+**clem·a·tis** /klémətɪs/ 图 U C〘植〙クレマチス《キンポウゲ科センニンソウ属のつる植物》.

Cle·men·ceau /klémənsòʊ/, **Georges** /ʒɔ́əʒ | ʒɔ́:/ 图 クレマンソー (1841–1929);フランスの政治家;首相 (1906–9, 17–20)》.

clem·en·cy /klémənsi/ 图 U ❶ **a** (特に, 裁判や処置に際してみせる)寛容, 仁慈 (mercy): show ~ to a person 人に温情を示す. **b** 情け深い処置: grant ~ 温情的に取り計らう. ❷ (気候の)温和.

Clem·ens /klémənz/, **Samuel Langhorne** 图 クレメンズ (Mark Twain の本名).

clem·ent /klémənt/ 形 ❶ 〈気候が〉温和な, 温暖な (↔ inclement). ❷ 〈裁判(官)・処罰が〉寛容な.

clem·en·tine /klémənti:n, -tìn/ 图 クレメンタイン《小型のオレンジ》.

+**clench** /klénʧ/ 動 他 ❶ 〈歯を〉くいしばる (grit);〈口を〉固く結ぶ;〈こぶしを〉固める: ~ one's fingers [fist] こぶしを固める/ with ~ed teeth 歯をくいしばって. ❷ 〈ものを〉しっかりとつかむ, 握る (grip). ❸〖口〗手もとがが固く締まる. ― 图 [a ~] ❶ 歯をくいしばること, (無念の)歯ぎしり. ❷ 固く握りしめること. **~·er** 图

Cle·o·pa·tra /klì:əpǽtrə/ 图 クレオパトラ (69?–30 B.C.);古代エジプト最後の女王 (51–49 B.C. および 48–30 B.C.)》.

clep·sy·dra /klépsɪdrə/ 图 (~s, -drae /-dri/) 水時計(装置).

clere·sto·ry /klíərstɔ̀ːri | klíə-/ 图 ❶〘建〙(ゴシック風建築の大寺院などの)明かり層, 高窓. ❷ (工場などの側壁, 鉄道車両の屋根などの)通風・採光窓.

+**cler·gy** /kláːdʒi | klá:-/ 图 [the ~; 複数扱い] 聖職者たち (★ 牧師・神父・ラビなど, 英国では通例英国国教会の牧師; ↔ laity): The ~ have opposed the plan. 聖職者たちはその計画に反対である. 〖F<L clericus 聖職者; cf. clerk〗 (形 clerical).

+**cler·gy·man** /kláːdʒimən | klá:-/ 图 (-men /-mən/) (キリスト教の)聖職者.

clérgy·wòman 图 女子聖職者, 女性牧師.

+**cler·ic** /klérɪk/ 图 聖職者. 〖L clericus; cf. clerk〗

+**cler·i·cal** /klérɪk(ə)l/ 形 ❶ 聖職者の, 牧師の (↔ lay): a ~ **collar** 聖職者用カラー, ローマンカラー 《堅くて細い帯状の白カラー》/ ~ **garments** 法衣〔聖職〕服. ❷ 書記の, 事務員の: the ~ **staff** 事務職員/ ~ **work** 書記の仕事, 事務. **-·ly** /-kəli/ 副 (1: 图 clergy; 2: 图 clerk).

clérical érror 图 書き誤り, 誤記.

cler·i·cal·ism /klérɪkəlìzm/ 图 U ❶ 聖職権主義 (↔ secularism). ❷ 聖職者の不当な勢力.

cler·i·hew /klérɪhjù:/ 图〘詩学〙クレリヒュー四行詩 (aabb と押韻する長短不同の 4 行詩;人物を風刺的に歌った). 〖英国の作家の名から〗

cler·i·sy /klérəsi/ 图〔通例複数扱い〕知識人, 学者;インテリ階級.

*****clerk** /kláːk | klá:k/ 图 ❶ (銀行・会社の)事務員, 社員, 行員;(官庁の)書記, 事務官, 吏員: a bank ~ 銀行員. ❷ 〘米〙(小売店の)売り子, 店員 (〘英〙shop assistant); (ホテルの)フロント係; ⇒ salesclerk, desk clerk. ❸ **a** 〘英〙教会書記. **in holy orders**, **clerk in hóly orders** 英国国教会の牧師. **Clérk of the Clóset** 〘英〙国王[女王]付きの牧師. **clérk of the cóurse** (競馬場の)馬場取締り委員, (自動車競技場の)コース取締り委員. **clérk of (the) wórks** 〘英〙(請負工事の)現場監督. ― 動 ⃝〘米口〙❶ 書記[事務員]として勤める. ❷ 店員として働く. 〖L clericus 聖職者<Gk=聖職(の)〗 (形 clerical).

clerk·ly 形 (clerk·li·er; -li·est) ❶ 書記の, 事務員の. ❷ 〘米〙店員の. ― 副 事務員[店員]らしく.

clerk·ship 图 U C 書記[事務員, 店員]の職[身分].

Cleve·land /klí:vlənd/ 图 ❶ クリーブランド《米国 Ohio 州の工業都市》. ❷ クリーブランド州《イングランド北部の旧州; 州都 Middlesbrough /mídlzbrə/》.

‡**clev·er** /klévɚ | -və/ 形 (~·er; ~·est) ❶ 利口な, 賢い, 才気のある; 如才ない: He's the ~**est** boy in the class. 彼はクラスでいちばん頭のいい子です 〘用法〙〘米〙ではこの場合の clever は「こざかしい」の意味を含むので, cleverest の代わりに brightest, smartest を用いる / [+**of**+(代)图(+**to do**) / +**to do**] It was ~ **of** you **to solve** the problem. = You were ~ **to solve** the problem. その問題ができたとはお前もよくやった. ❷ 器用な, 上手な, 手際のよい, 得意な: a ~ **workman** 器用な職人 / She is ~ **at mathematics** [**with** her fingers]. 彼女は数学がよくできる[手先が器用だ]. ❸ 〈物事・考えなど〉巧妙な, 思いつきのいい (ingenious): a ~ **trick** うまいやり方 / a ~ **imitation** 精巧なイミテーション. ❹ 〔通例否定文で〕〘口〙〈行為などが〉分別のある, 慎重な, 熟慮のうえの. ❺ P〔通例否定文で〕〘英口〙健康で, 調子がよくて. **tòo cléver by hálf**〘英口〙才をあまりにかけて. **-·ly** 副 利口に, 賢く. ❷ 器用に, 上手に. **-·ness** 图 U 利口, 賢さ. ❷ 器用(さ), 手際よさ.

cléver-cléver 形〘口〙これ見よがしに賢がる, お利口さんぶる.

cléver Dìck 图〘英口〙賢ぶる人, 知ったかぶりをする人.

clev·is /klévɪs/ 图 U 字形かけ, U リング.

clew /klú:/ 图 ❶ **a** 糸玉. **b**〔+伝説〕(迷宮の)道しるべの糸. ❷ C〘海〙帆耳(横帆の下隅, 縦帆の後隅). ❸〔複数形で〕(ハンモックの)つるし綱. ― 動 他〘海〙〈帆の〉帆耳を引く: ~ **down** sails 帆の下隅を引き下げる《帆を広げる時》/ ~ **up** sails 帆の下隅を帆げたに引き上げる《帆をたたむ時》.

cli·an·thus /klìǽnθəs/ 图〘植〙クリアンサス《マメ科クリアンサス属の低木・つる植物の総称; 豪州原産》.

+**cli·ché** /kli:ʃéɪ | ─ ─/ 图 ❶ 決まり文句. ❷ 陳腐な表現〔考え・筋・場面など〕. 〖F<clicher 「型にはめる」の過去分詞〗

cli·chéd, **cli·ché'd** /-d/ 形 陳腐になった, 言い古された.

*****click** /klík/ 動 ⃝ ❶ **a** 〈ものが〉カチッ[カチリ]と音をたてる: The latch ~ed. 掛け金がカチッとかかる音がした. **b** カチッと音がして〈...する〉:〔+ 補〕 Her suitcase ~ed shut. 彼女のスーツケースはカチッと音をたてて閉まった / The phone [line] ~ed dead. プツッと電話が切れた. ❷〘電算〙画面のメニューなどを[マウスでクリックする]: ~ **on** the "Save" button (画面の)「保存」ボタンをクリックする. ❸〘口〙〈事が;人に〉急にわかる, ピンとくる: What he meant has just ~ed (with me). 彼の言っていたことが(私に)ようやくピンときた. ❹〘口〙〈異性と〉意気投合する, うまが合う: Jody and I ~ed immediately. ジョディーと私はすぐに意気投合した / They ~ed **with** each other. 彼らは互いに意気投合した. ❺〘口〙〈事が... に対して〉うまくいく, 成功する, 当たる: The song ~ed **with** teenagers. その歌は 10 代の若者にうけた. ― 他 ❶ 〈ものを〉カチッと鳴らす: ~ the light (switch) **on** [**off**] 電灯のスイッチをカチッと入れる[切る] / ~ one's **tongue** 舌打ちをする / ~ one's **fingers** 〘英〙指をパチンとならす. ❷〈マウスのボタンを〉クリックする: ~ the "Edit" menu 「編集」メニューをクリックする / ~ the left mouse button マウスの左ボタンをクリックする. ― 图 ❶ **a** カチッという音: with a ~ カチッと音をたてて. **b**〘言〙吸気音〈舌打ち音など〉. ❷〘機〙掣子(ᵻᵘ), つめ.

click·a·ble /klíkəbl/ 形〘電算〙クリックすると動作する[開く, リンクをたどれる], クリッカブルな.

click-and-mórtar 形 A 実店舗とウェブ上店舗を組み合わせた商売の. **clíck**s **and mórtar** 图

click bèetle 名《昆》コメツキムシ《あおむけにするとプチッと音をたてて跳び上がって起きる》.

click-clàck 名 カタカタ[カタコト, カツコツ]《という音》《ハイヒールの靴音など》. ― 動 カタカタと動く.

clíck·er 名《口》(テレビなどの)リモコン.

clíck·e·ty-clíck, click·e·ty-cláck /klíkəti-/ 名 [単数形で]《電車やタイプライターなどの出す早いリズムの》カタカタ, ガタンゴトン(という音)〔of〕.

*cli·ent /kláɪənt/ 名 ⓒ ❶ a (弁護士などの)依頼人; (商店などの)顧客, お客. b クライアント《福祉事業家などの世話を受ける人》: a welfare ~ 社会福祉を受ける人. ❷《電算》クライアント《機能の実現の一部をサーバーに依存するコンピューターやプログラムなど》. ❸ =client state. 〖F<L=追随者〗〖類義語〗⇒ customer.

⁺**cli·en·tele** /klàɪəntél, klì:- | klì:ɑ:n-/ 名 [集合的; 単数または複数扱い] 訴訟依頼人, 患者, 顧客, 常連: a bank's ~ 銀行の顧客たち / a wealthy ~ 裕福な常連.

clíent-sérver 形《電算》クライアント/サーバー(型)の《ネットワークシステムが, ユーザーが直接操作するクライアントとそれからの要求を受けて処理を行なうサーバーから構成される》.

clíent stàte 名《大国の》従属国, 依存国〔of〕.

***cliff** /klíf/ 名 (特に, 海岸の)がけ, 絶壁.

clíff dwèller 名 ❶ [しばしば C- D-] 岩窟(%?)居住民《有史以前の北米先住民》. ❷《米》高層アパートの住人.

clíff-hànger 名 ❶ サスペンス連続ドラマ[小説]. ❷ 最後まではらはらさせる競争[状況].

clíff-hànging 形 最後まではらはらさせる.

cli·mac·ter·ic /klaɪmæktərɪk, -trɪk, klàɪmæktérɪk⁻/ 形 ❶ 転換期にある, 危機の. ❷ 厄年の. ❸《医》(45-60 歳の)更年期の, 閉経期の. ― 名 ❶ 厄年《7 年目, またはその奇数倍の年; 特に the grand ~ 大厄年《通例 63 歳》》. ❷ 危機, 転換期. ❸《生理》更年期, 閉経期.

cli·mac·tic /klaɪmæktɪk/ 形 クライマックスの, 頂点の, ピークの. **cli·mác·ti·cal·ly** /-kəli/ 副

***cli·mate** /kláɪmət/ 名 ⓒⓊ ❶ 気候: The ~ of Australia is milder than that of Britain. オーストラリアの気候は英国より温暖だ. ❷ (ある特定の気候の)土地, 地方: move to a warmer ~ 暖かい地方へ転地する. ❸ (ある地域・時代などの)風潮, 思潮, 風土, 雰囲気, 情勢: an intellectual ~ 知的風土 / a ~ of opinion 世論 / the current economic ~ 現在の経済情勢. 〖F<L<Gk=傾斜, (緯度でみた時の)地域〗〖類義語〗**climate** 一地方の年間を通しての平均的気候状態. **weather** 特定の時・場所での気象状態.

clímate contròl 名 Ⓤ 空調システム(をコントロールするサーモスタット).

cli·mat·ic /klaɪmǽtɪk/ 形 ❶ 気候上の. ❷ 風土的な. **-i·cal·ly** /-kəli/ 副 気候上. ❷ 風土的に.

cli·ma·tol·o·gy /klàɪmətɑ́lədʒi | -tɔ́l-/ 名 Ⓤ 気候学, 風土学.

***cli·max** /kláɪmæks/ 名 ⓒ ❶ a 〈事件・劇などの〉絶頂, 最高潮, 最高点, 最高潮, 極点: come to [reach] a ~ 最高潮に達する. b (性的な)エクスタシー, 性的快感の絶頂, オルガスム (orgasm). c《生態》極相, クライマックス. ❷ Ⓒ Ⓤ《修》クライマックス, 漸層法. ― 動 (…で)クライマックスに達する〈with〉. ❷ オルガスム[性的絶頂]に達する. ― 他〈…を〉〈…で〉クライマックスに到達させる〈with〉. 〖Gk=はしご, 漸層法〗(形)climactic

‡**climb** /kláɪm/ 動 ⓘ ❶ 登る ~ a (特に, 手足を使って)〈木・はしごなど〉をよじ登る: ~ a tree [ladder, rope] 木[はしご, ロープ]を登る. b 〈高い山を〉(スポーツとして)登る, 登攀(ぷん)する: ~ a mountain 山登りをする. ❷〈植物が〉壁などにはい上がる. ― ⓘ ❶ [副詞(句)を伴って] a (特に, 手足を使って)登る, よじ登る: We were ~ing up. 私たちは登っていくところだった / ~ up a ladder はしごを登る / ~ in 登って入る / ~ into a room 登って部屋に入る / ~ up onto a higher branch 上のほうの枝に登る. b 登山する: ~ to the top of a mountain 山頂まで登る / go ~ing in the Alps アルプスに登山に行く. ❷ a 〈太陽・煙など〉立ち昇る, 上昇 (rise): The smoke ~ed into the

sky. 煙がもくもくと空に立ち昇った. b 〈航空機などが〉高度を上げる, 上昇する. c 〈物価などが〉上がる, 騰貴する: ~ing prices 上昇する物価 / Inflation went on ~ing. インフレが高まっていった. ❸ a (努力して)〈…に〉昇進する, 地位が上がる: ~ to the head of the section 課長に昇進する. b (表の)順位が上がる. ❹ 〈道路などが〉登り坂になる. 〈家並みなどが〉登り坂に位置している. ❺〈植物が〉巻きついて登る, はい上がる. ❻ [副詞(句)を伴って] (手足を使って)〈…に〉乗り込む[込んで], 〈…から〉はい出る, 降りる: ~ into a car 車に乗り込む / ~ up into the cab of a truck トラックの運転台に乗り込む / ~ between the sheets シーツの中にもぐり込む / ~ out of (a car)(車から)降りる / He ~ed through the window into the room. 彼は窓から部屋に入った. ❼ 急いで服を着る[脱ぐ]〈into, out of〉. **climb down** (副+動) ~ dówn) (1) (木を)降りる: ~ down from a tree 木から降りる. (2) 《口》〈主張〉などを捨てる, 引き下がる, 非を認める. ― (副+動) ~ dówn...) (3) 〈高い所から〉(手足を使って)はい降りる: ~ down a ladder はしごから降りる / ~ down a mountain 山を降りる. ― 名 [通例単数形で] ❶ a 登り, よじ登り. ❷ 登り, 登り坂. ❸ (航空機の)上昇. b (物価などの)上昇: a ~ in prices 物価の上昇. ❸ 昇進, 栄達〈to〉. 〖類義語〗**climb** 特に努力して高い所に登る. **ascend** climb と違って努力や困難の意を含まない.

clímb·a·ble /-məbl/ 形 よじ登ることのできる, 登れる.

clímb-dòwn 名 ❶《口》(主張・要求などの)撤回, 譲歩. ❷ はい降りること.

⁺**climb·er** /-mə | -mə/ 名 ❶ よじ登る人; 登山者. ❷《口》絶えず出世を志す人; ⇒ social climber. ❸ a はい登る植物《セイヨウキヅタ (ivy) など》. b はい登る鳥類《キツツキなど》. ❹ =climbing iron.

***climb·ing** /kláɪmɪŋ/ 名 Ⓤ よじ登ること; 登山; [形容詞的に] 登山用の: ~ shoes 登山靴.

clímbing fràme 名 ジャングルジム.

clímbing ìron 名 [通例複数形で] 登山用スパイク, アイゼン.

clímbing pérch 名《魚》キノボリウオ《東南アジア産》

clímbing wàll 名《登山》クライミングウォール《ロッククライミング練習用の人工の壁》.

clime /kláɪm/ 名《詩・文》❶ [しばしば複数形で] 地方, 国: from northern ~s 北の国から. ❷ 気候, 風土.

***clinch** /klíntʃ/ 動 ❶〈議論・取引などに〉片をつける, 決まりをつける;〈勝利など〉を決める, 獲得する: ~ a deal 取引をまとめる / ~ it 〈口〉(考えていることに)決着をつける / The fact that I'd agreed ~ed the bargain. 私がその提案に賛成して取引はまとまった / ~ a victory [title, game] 勝利する[タイトルを得る, 試合に勝つ]. ❷〈打ち込んだくぎなどの突き出た先を折り曲げて留める, 〈ボルトの〉先をつぶす. ❸〈ものを〉締めつける, 固定する〈together〉. ― ⓘ ❶《ボクシングなどで》組み合う, クリンチする. ❷《口》激しく抱擁する. ― 名 ❶ a 〈くぎの先を折り曲げること, (折り曲げて)締めつけること, 折り曲げ. b 折り曲げた[くぎ釘]. ❷ [a ~] 《ボクシングなどの》クリンチ; 組み合い. ❸ [a ~] 《口》激しい抱擁 (embrace). 〖**CLENCH** の異形〗

clínch·er 名 ❶ 決定的な議論[要因, 行為(など)], 決め手; とどめを刺す言葉: That was the ~. そのひと言で決まった; それが決め手だった. ❷ くぎを留める人, ボルトの締め付け工. ❸ (くぎ頭の)折り返し器, 先曲げ器, (ボルトの)締め具.

cline /kláɪn/ 名 ❶《生》(地域的)連続変異, クライン. ❷《言》(漸次的な推移ていう)連続体.

Cline /kláɪn/, **Patsy** 名 クライン《1932-63; 米国のカントリー歌手》.

***cling** /klíŋ/ 動 ⓘ (**clung** /klʌ́ŋ/) ❶ 〈…に〉くっつく, くっついて離れない, ぴったりつく: Her wet clothes clung to her body. ぬれた服は彼女の体にくっついた / She clung to him 彼女は彼にすがった. ❷〈…に〉(手などで)しがみつく, すがりつく, 抱き合う: The little boy clung to his father's hand. その小さな男の子は父親の手にしがみついていた. ❸〈…に〉執着し, 愛着をもつ;〈権力[役職]〉にしがみつく / ~ to one's last hope 最後の望みを捨てない / He clung to his memories of home. 彼はいつも郷里の思い出を忘れえないでいた. ❹〈においい・習慣・偏見などが〉[...]にしみこむ, ついて離れない: The smell of manure still *clung to* him. こやしのにおいがまだ彼の体にしみこんでいた. **clíng togéther** (自+副) (1) くもの力が互いにくっつき合う, 離れなくなる. (2) 団結する. ── 图 粘着; ⇨ static cling. 【類義語】 ⇨ stick².

clíng film 图 U (英) 食品包装用ラップ.
clíng-fish 图 [魚] ウバウオ (腹部吸盤で石などに吸い着く).
clíng·ing 形 ❶ **a** 〈子供などが〉まといつく. **b** 〈服などぴったりつく, (ぴったりついて)体のかっこうがよく見える. ❷〈ものが〉密着性の, 粘りつく. ~・ly 副.
clíng péach 图 種離れの悪いモモ.
clíng·stòne 图 種離れの悪い果実 (↔ freestone).
cling·y /klíŋi/ 形 (cling·i·er, -i·est) =clinging.
*§**clin·ic** /klínɪk/ 图 ❶ **a** (病院・医科大学の付属)診療所. **b** 個人[専門]病院, クリニック: a dental ~ 歯科診療所 / a speech ~ 言語クリニック. **c** (通例修飾語を伴って) (病院内の)科: a diabetic ~ 糖尿病科 / (主に米) (専門)診察[相談](の時間). ❷ (医学の)臨床講義(のクラス). ❸ (米) (医学以外の)実地講座, セミナー: a golf ~ ゴルフ講習会. 【F < Gk = 臨床の(技術) < clinē ベッド】 形 clinical.

*§**clin·i·cal** /klínɪk(ə)l/ 形 ❶ Ⓐ 臨床の; 臨床講義の: ~ medicine [pathology] 臨床医学[病理学] / ~ practice 臨床実習, 診療, 臨床行為 / a ~ trial 臨床試験. ❷ 病床の; 病室用の: a ~ diary 病床日誌. ❸〈態度・判断・描写など〉(極度に)客観的な, 分析的な, 冷静な (impersonal). ~·ly /-kəli/ 副.
clínical déath 图 U [医] 臨床死(機器によらず臨床の観察で判断した死).
clínical ecólogy 图 U 臨床環境医学.
clínical psychólogy 图 U 臨床心理学.
clínical thermómeter 图 体温計, 検温器.
⁺**cli·ni·cian** /klɪníʃən/ 图 臨床医(学者).
⁺**clink**¹ /klíŋk/ 動〈金属・ガラスなどを〉チリン[カチン]と鳴らす: ~ glasses (乾杯で)グラスを触れ合わせる. ── 自 チリン[カチン]と鳴る. ── 图 [単数形で] (薄い金属片・ガラスなどの触れ合う)チリン[カチン]と鳴る音.
clink² 图 [単数形で] (古風・俗) 刑務所. 【ロンドンにあった刑務所の名から】
clin·ker¹ /klíŋkɚ | -kə/ 图 ❶ UC クリンカー, 金くそ(溶鉱炉の中にできる). ❷ C (オランダ焼きの)硬質れんが; 透化れんが.
clínk·er² /klíŋkɚ | -kə/ 图 (俗) ❶ (米) 間違い, へま. ❷ **a** (米) (音楽の)調子はずれの音. **b** 失敗作. ❸ (英) すばらしいもの.
clínker-bùilt 形〈船が〉(船側の外板が)よろい張りの.
cli·nom·e·ter /klaɪnámətɚ | -nɔ́mətə/ 图 [測量] クリノメーター, 傾斜儀[計].
Clin·ton /klíntn | -tən/, **Bill** [**William Jefferson**] 图 クリントン (1946– ; 米国の第 42 代大統領 (1993–2001)).
Clinton, Hillary Rodham 图 クリントン (1947– ; Bill の妻; 弁護士・上院議員 (2000–)).
Cli·o /klíaʊ/ 图 [ギ神] クレイオー (歴史の女神; the Muses の一人).
cli·o·met·rics /klàɪəmétrɪks/ 图 U 計量経済史, クリオメトリックス. **-mét·ric** 形 **-me·tri·cian** /-mətríʃən/ 图.
*§**clip**¹ /klíp/ 動 (clipped; clip·ping) ❶〈毛・小枝などを〉はさみで切る, 刈る; 〈生け垣・庭木などを〉刈り込む; 〈羊の毛を〉刈る[刈り込む] 〈off, away〉: ~ a person's hair 人の髪を刈る[刈り込む] / a hedge 生け垣の刈り込みをする / A sheep's fleece is *clipped off* for wool. 羊の毛は刈り込んで羊毛とする / [+目+補] He got his hair *clipped* close [short]. 彼は髪を短く刈ってもらった. ❷〈新聞・雑誌などの〉記事などを切り抜く〈out〉: ~ a newspaper photo 新聞写真を切り抜く / ~ an article *from* [*out of*] a newspaper 新聞から記事を切り抜く. ❸ (英) (検札のため)〈切符〉〈切符の〉一部をもぎ取る, 切り取る. ❹ 〈権力などを〉制限する, 抑える; 〈期間などを〉縮める; 〈経費などを〉削減する. **b** 〈語の末尾を落として〉

---

327 clivia

発音する; 〈語尾の音を〉落とす: ~ one's g's g の音を落とす ([ŋ] を [n] と発音する). ❺ (口) ぶん殴る; ── a person's ear = ~ a person *on* the ear 人の耳を殴る. ❻ (俗) (法外なねだんをふっかけて)〈人から〉金を巻き上げる[ふんだくる]: I was *clipped* in that nightclub. そのナイトクラブでひどくぼられた / ~ a person *for* a hundred dollars 人から 100 ドル巻き上げる. ── 图 ❶ 切り取り, 切ること. ❷ 刈り取り. ❸ (新聞・雑誌などの)切り抜き. ❸ (口) 疾走する, 突っ走る. **clíp a person's wíngs** ⇨ wing 成句. **clíp a person's wórds** そんざいな話し方をする. ❶ (頭髪・羊毛などの)刈り込み. ❷ (一季に刈り込んだ)羊毛量. ❸ [a ~] (口) 速度; 足早: go at a good ~ 急ぎ足で行く. ❹ (新聞などの)切り抜き. ❺ [口] 強いひと打ち, 強打: give a person a ~ on the ear 人の頭などを殴る. [a ~] (米口) 一回, 一度: at a ~ 一度に. 【ON】

*§**clip**² /klíp/ 图 (clipped; clip·ping) ❶ [副詞(句)を伴って]〈ものを〉クリップで留める: ~ papers 書類をクリップで留める / ~ two sheets of paper *together* 紙を 2 枚クリップで留め合わせる / ~ *on* a pair of earrings イヤリングをつける / ~ a sheet of paper *to* [*onto*] another クリップで書類をほかの書類にくっつける. ❷〈...を〉(しっかり)つかむ. ── 图〈装身具などが〉クリップで(...に)留められる〈*on*〉〈*to*〉. ── 图 ❶ **a** (書類などをはさむ金属製などのクリップ, 紙ばさみ. **b** (髪を留める)クリップ. **c** (万年筆などの)留め金具, クリップ. ❷ (洋服にクリップ留めの装身具(イヤリング・ブローチなど; cf. clip-on). 【OE = 抱き締める】

clíp árt 图 U [電算] クリップアート(文書中に挿入するためにソフトウェアに収められて用意されたイラスト).
clíp·bòard 图 ❶ クリップボード: **a** 一方の端から紙をはさむようになっている筆記用板. **b** [電算] copy あるいは cut したデータの一時格納用の記憶領域.
clip-clop /klípklàp | -klɔ̀p/ 图 [a ~] (馬のひづめなどの)パカパカいう音; (ひづめに似た)リズミカルな足音. ── 自 (-clopped, -clop·ping) パカパカと走る[音を出す].
clíp jòint 图 (俗) 法外な金をとるナイトクラブ[レストランなど].
clip-òn 形 Ⓐ 〈装身具など〉(ばね付き)クリップで留められる: ~ earrings クリップ式イヤリング.
⁺**clipped** /klípt/ 形 ❶ 刈り込んだ, 刈りそろえた. ❷〈話し方が〉早口で歯切れのよい.
⁺**clíp·per** 图 ❶ [通例複数形で] はさみ; 木ばさみ: hedge ~s せんていばさみ / hair ~s バリカン / nail ~s つめ切りばさみ). ❷ クリッパー (19 世紀の 3 本マストの快走帆船. ❸ (昔のプロペラ式)長距離快速飛行艇; 大型旅客機. ❸ 足の早い人[馬]. ❹ 刈る人.
Clípper Chip 图 [the ~] [電算] クリッパーチップ (一定条件下で保安当局が解読できるような通信の暗号化を実現するチップ).
clip-pie /klípi/ 图 (英口) (バスの)女車掌.
⁺**clíp·ping** 图 ❶ **a** 切り取ったもの. **b** [しばしば複数形で] 刈り取った草[毛]. **c** (米) (新聞・雑誌などの)切り抜き. ❷ U はさみで切ること, 刈り込み. ── 形 ❶ Ⓐ 刈り取る, 切り取る. ❷ (口) 速い, 早い.
⁺**clique** /klíːk/ 图 (排他的な)徒党, 派閥 (⇨ faction¹ 比較): form a ~ 派閥を結成する. 【F < OF = 音を立てる】
cliqu·ey /klíːki/ 形 (cliqu·i·er, -i·est) =cliquish.
cliqu·ish /klíːkɪʃ/ 形 徒党(的)の, 派閥的な; 排他的な. ~·ness 图 U 党派心, 派閥根性.
C-list 形 (芸能人などが) C 級の, 有名でない.
C Lit (略) Companion of Literature.
clit·ic /klítɪk/ 图 [言] 接語(強勢を受けず, 通例 直前または直後の語の一部であるかのように発音される; 例 フランス語の me, le など; cf. enclitic, proclitic). **clit·i·ci·za·tion** /klìtəsɪzéɪʃən | -sɑɪz-/ 图.
clit·o·ri·dec·to·my /klìtərədéktəmi/ 图 U [医] 陰核切除(手術).
clit·o·ris /klítərɪs/ 图 [解] 陰核, クリトリス. **clit·o·ral** 形 【L < Gk】
cli·vi·a /klάɪviə, klíːv-/ 图 [植] クンシラン (Kaffir lily)(ヒ

clk. 《略》clerk; clock.

Cllr. 《略》《英》Councillor.

clo・a・ca /klouéikə, -cae /éiki:, éisi:/ 图 (**-cae** /éiki:, éisi:/) 下水(溝), 《動》(総)排泄腔, (総)排泄出. **clo・á・cal** 形

cloak /klóuk/ 图 ❶ (ゆったりとした)そでなしの外套(がいとう), マント. ❷ [単数形で] おおい隠すもの (blanket); 表向き, 口実: under a ~ of snow 雪におおわれて / use a pizza shop as a ~ for trafficking in drugs ピザショップを麻薬取引の隠れみのとして使う. ❸ [複数形で] = cloakroom 1. **under the cloák of...** (1) ...の口実のもとに: under the ~ of charity 慈善の名に隠れて. (2) ...にまぎれて: under the ~ of night 夜陰に乗じて.
—— 動 ❶ 〈...を〉おおう, おおい隠す (★ 通例受身): a mountain ~ed with snow 雪でおおわれた山 / The development project is ~ed in secrecy. その開発計画は秘密のベールに包まれている. ❷ 〈人に〉マントを着ける[着せる]; [~ oneselfで] マントを着る.
《F〈L=鐘(の形をしたマント)》

clóak-and-dágger 形 A [映画・物語・事件など]陰謀(劇)の, スパイものの.

*cloak・room /klóukrù:m, -rùm/ 图 ❶ **a** (ホテル・劇場などの)携帯品一時預かり所, クローク. **b** 《英・婉曲》(ホテル・劇場などの)便所, トイレ (《米》rest room). ❷ 《米》(議院内の)議員控え室 (cf. lobby 1 b): a ~ deal 議員控え室での協定[取引].

†**clob・ber**[1] /klábə | klɔ́bə/ 動 《俗》❶ 〈人を〉容赦なく打つ; 殴り倒す. ❷ 〈...に〉大打撃[深刻な影響]を与える. **b** 〈...相手に〉圧勝[大勝, 完勝, 楽勝]する.

clob・ber[2] /klábə | klɔ́bə/ 图 U 《英俗》❶ 所持品. ❷ 衣服.

clob・ber[3] /klábə | klɔ́bə/ 動 〈陶器などに〉釉(うわぐすり)を塗る.

cloche /klóuʃ | klɔ́ʃ/ 图 ❶ (園芸用)つり鐘形ガラスおおい. ❷ つり鐘形婦人帽.

*clock[1] /klák | klɔ́k/ 图 ❶ 時計: The ~ is 2 minutes slow [fast]. 時計が2分遅れて[進んで]いる / wind a ~ 時計を巻く / set a ~ for six 時計を6時にセットする / ⇨ alarm clock, grandfather clock. ❷ **a** =time clock. **b** (口) =stopwatch. **c** (口) =speedometer. ❸ 《英俗》(人の)顔. **agàinst the clóck** 時計と競争で, 時計とにらめっこで, 大急ぎで: work against the ~ 期限がせまる仕事にとりかかっている. **aròund the clóck** (1) 24時間通しで. (2) 絶え間なく, 昼夜, 休みなく. **béat the clóck** 一定時間内に仕事を終える. **kíll the clóck** [スポ] (フットボールでリードを守るために時間かせぎをして)残された時間を使い切る, ボールをキープする. **líke a clóck** きわめて正確に, 規則正しく. **pùt [sèt] báck the clóck** = **pút (the hánds of) the clóck bàck** (1) (夏時間などが終わって)時計の針を戻す. (2) 過去に立ち戻る. (3) 進歩を妨げる, 逆行する, 旧習を固守する. **pút [sét] the clóck fòrward** [(米) ahéad, (英) ón] (夏時間[など]のために)時計の針を進める. **róund the clóck** =around the CLOCK[1] 成句. **rún óut the clóck** =kill the CLOCK[1] 成句. **wátch the clóck** 《口》[退出時間]ばかり気にしている.
—— 動 ❶ **a** 時計で〈...の〉時間を計る[記録する]: He was ~ed at 10 seconds for 100 meters. 彼は100メートルで10秒を記録した. **b** 〈時間・距離などが〉達成[記録]する. ❷ 《英俗》〈人の頭[顔]を殴る. **clóck ín [ón]** (タイムレコーダーで)出勤時を記録する; 出勤する. **clóck in at** ...に(の時間)かかる. **clóck a pérson óne** 《英俗》〈人の〉頭[顔]をぶん殴る. **clóck óut [óff]** (®+圀) (タイムレコーダーで)退出時を記録する (cf. CHECK out 成句 (3)); 退出[退社]する. **clóck úp** (®+圀) 〈ある数値に〉達する, 〈...を〉(累計で)記録する: She ~ed up her 18th consecutive victory. 彼女は18連勝を記録した / ~ up 20 years of service 勤務20年になる. ❷ 《電算》〈コンピューター・CPUの〉処理速度を上げる, クロックアップする.
《Du=鐘〈L》《類義語》clock 掛け時計・置き時計など携帯用でないもの. watch 携帯用の小型時計.

clock[2] /klák | klɔ́k/ 图 (靴下の足首のところにある)ししゅう, 縫い取り飾り.

clóck・er 图 (口) (競走馬の試走の)計時係; 正式計時員.

clóck・face 图 時計の文字盤.

clóck gólf 图 U クロックゴルフ (円周上の12点からホールにパットするゲーム).

clóck・like 形 (時計のように)規則正しい, 正確な; 単調な.

clóck・màker 图 時計師, 時計工.

clóck rádio 图 [タイマー付きラジオ.

clóck spèed [ràte] 图 [電算] クロックスピード[レート] (clockの周波数; CPUなどの動作速度を決定する).

clóck tòwer 图 時計塔[台].

clóck-wàtch 動 ⓘ 終業時間ばかり気にして働く.

clóck-wàtcher 图 (口) 終業時間ばかり気にする人.

clóck・wise 形 時計回りの[に], 右回りの[に] (↔ counterclockwise, (英) anticlockwise).

*clóck・wòrk 图 U 形 ❶ 時計[ぜんまい]仕掛け. **like clóck・work** (口) 規則正しく, 正確に; 自動的に: Everything went like ~. 万事がうまくいった. —— 形 ❶ 時計[ぜんまい]仕掛けの: a ~ toy ぜんまい仕掛けのおもちゃ. ❷ 機械的な, 自動的な, 精密な: with ~ precision きわめて正確に.

clod /klád | klɔ́d/ 图 ❶ [C] (土などの)かたまり: a ~ of earth [turf] ひとかたまりの土[芝生]. ❷ [the ~] 土. ❸ [C] のろま, ばか. ❹ 牛の肩肉, クロッド. 《OE》

clód・dish /-dɪʃ/ 形 のろまの, 鈍重な. ~・ly 副 ~・ness 图

clód・hopper 图 (口) ❶ [通例複数形で] どた靴. ❷ いなか者; のろま.

clód・hopping 形 (口) 無骨な, 無作法な.

clód・pòll, -pòle 图 とんま, まぬけ, あほ.

†**clog** /klág | klɔ́g | klɔ́gl/ 動 (**clogged; clog・ging**) ⓗ ❶ 〈...の〉動きを妨げる (★ 通例受身): The country's import market is clogged with restrictions. その国の輸入品市場は制限を受けて活動が阻害されている / My bicycle chain is [has got] clogged (up) with dirt. 私の自転車のチェーンはよごれて動きが悪くなった. **b** 〈管などを〉詰まらせる (★ 通例受身): The pipe is clogged (up) with grease. パイプは油がたまって詰まっている / The street was clogged with cars. 通りは車で動きがとれなかった. ❷ 〈心・気分を〉重くする, 悩ます: Fear clogged his mind. 不安で彼の心がふさがれた / Don't ~ (up) your mind with worries. 心配ごとでくよくよするな. —— ⓘ ❶ 〈管などが〉詰まる: The fuel line clogged up. (エンジンの)燃料パイプが詰まった / The bathtub drain clogged up with hair. 浴槽の排水管が髪の毛で詰まった. **b** 動きが悪くなる: Without the filter the moving parts will ~ (up) with dust. フィルターがなければその可動部分はほこりで動きが鈍くなるだろう. ❷ 木靴ダンスを踊る. —— 图 ❶ おもり木 [逃げないように]動物の足などにからみつけて自由な行動を妨げる丸木). ❷ [通例複数形で] (ぬかるみなどを歩くための)木靴 (底が木; cf. sabot): a pair of ~s 一足の木靴 / in ~s 木靴をはいて.

clóg dànce 图 (軽い木靴でリズムをとる)木靴ダンス.

clóg・ger 图 ❶ 木靴職人. ❷ 《俗》[サッカー] きまって妨害をする選手.

clóg・ging 图 《米》木靴ダンス.

clog・gy /klági, klɔ́:gi | klɔ́gi/ 形 (**clog・gi・er, -gi・est**) ❶ **a** べとべと[ねばねば]する. **b** 〈管の〉詰まりやすい. ❷ かたまり[こぶ]だらけの, ごつごつした.

cloi・son・né /klɔ̀ɪzənéɪ | klwɑ:zɔ́neɪ/ 图 U 形 七宝(しっぽう)(の): ~ work [ware] 七宝細工[焼き].

clois・ter /klɔ́ɪstə | -tə/ 图 ❶ [C] [通例複数形で] (修道院・大学などの中庭の周囲の)回廊, 歩廊. ❷ [C] 修道院; [the ~] 修道院生活, 隠遁(いんとん)生活. —— 動 [~ oneself で] 引きこもる (⇨ cloistered 1): He ~ed himself in his study. 彼は書斎に閉じこもった. 《F〈L 閉ざされた場所<clandere 閉じる; cf. close[1]》

clóis・tered 形 A ❶ 修道院にこもっている: ~ monks 修道院住まいの修道士たち. **b** 世間とは没交渉の, 研究(など)に没頭する: lead a ~ life 世間から離れた生活を送る. ❷ 回廊付きの.

clois・tral /klɔ́ɪstrəl/ 形 ❶ 修道院(住まい)の. ❷ 浮き世を離れた, 孤独な.

clom・i・phene /klɑ́məfiːn | klóʊ-/ 名 U 〖薬〗クロミフェン《排卵誘発薬》.

clomp /klɑ́mp | klɔ́mp/ 動 自 ドシンドシン[ドスンドスン]と歩く(clump).

clom・py /klɑ́mpi | klɔ́m-/ 形 〈靴が〉ごつい, ドタドタする.

+clone /klóʊn/ 名 ❶ 〖生〗クローン, 分枝系《単一個体または細胞の無性生殖によって生じた遺伝的に同一の個体群または個体・細胞群》; またはその個体・細胞. ❷ 《複写したように》まったく同じ[そっくりの]人[もの], コピー(人間): an Elvis ~ エルビス(プレスリー)そっくりの人. ❸ 〖電算〗《他メーカーのある機種に対する》互換機, クローン. ━━ 動 他 ❶ 〈…〉のクローンをつくる. ❷ そっくりに作る, コピーとして作成する. ❸ 〈携帯電話の〉番号を不正にコピーする《他人に料金が請求されるようにする》. **clon・al** /klóʊnl/ 形

clon・ic /klɑ́nɪk | klɔ́n-/ 形 〖医〗間代(就)性のけいれん. **clo・nic・i・ty** /klʌnísəti | klɔ-/ 名 間代性.

clon・i・dine /klʌ́nədiːn | klɔ́n-/ 名 〖薬〗クロニジン《血圧降下薬》.

clonk /klɑ́ŋk | klɔ́ŋk/ 名 ゴツンという音. ━━ 動 ゴツンという音がする. ━━ 他 《口》ゴツンとなぐる[打つ].

clo・nus /klóʊnəs/ 名 U 〖医〗間代(就), クローヌス《急激で反復的な筋肉の攣縮(就)》.

clop /klɑ́p | klɔ́p/ 名 [a ~] パカパカいう音《馬のひづめの音》; ⇒ horse 〖関連〗. ━━ 動 (clopped; clop・ping) パカパカ歩く[音を立てる].

clop-clop /klɑ́pklɑ̀p | klɔ́pklɔ̀p/ 名 = clop. ━━ 動 (-clopped; -clop・ping) = clop.

clo・que, -qué /kloʊkéɪ/ 名 クロッケ《表面でこぼこの浮き出し模様になった織物》.

＊close¹ /klóʊz/ 動 他 ❶ a 〈ドア・窓・目・口などを〉閉じる, 閉める, ふさぐ(↔ open): All the doors and windows were ~d. ドアと窓は全部閉めた / C~ your eyes [mouth]. 目[口]を閉じなさい. b 〈店・役所・港などを〉閉じる, 休業する: The shop will be ~d for two weeks from today. 店は本日から2週間休業です / The school was ~d because of the flu. インフルエンザで学校は休校になった / The firm has ~d (down) its Paris branch. その会社はパリ支店を閉鎖した. ❷ 〈場所への〉通行[入場]を締め出す[停止する], 遮断する: ~ a street for repairs 改修のため通りを閉鎖する. b 〈…に〉地域などを閉鎖する: That old bridge is ~d to traffic. あの古い橋は通行禁止となった. ❸ a 〈仕事・話などを〉終える, 完了する; 打ち切る, 締め切る: ~ one's account (with …) 〈…と〉掛け取引を清算する, 銀行口座を閉じる / ~ the books ⇒ book 名 〖成句〗 / The chairman announced the debate to be ~d. 司会者は討論を打ち切ることを告げた. b 〈商談・契約などを〉まとめる, 取り決める: They haven't ~d the deal on the new airplane. 彼らは新型機の取引がまだ取り決められていない. ❹ 〈傷き・傷口などを〉ふさぐ: ~ a wound with stitches 傷口を縫ってふさぐ. ❺ 〖軍〗〈…の〉列の間を詰める: ~ ranks [files] 列間[伍間(ごゕ)]を詰める.

━━ 動 自 ❶ a 〈ドア・目などが〉閉じる, 閉まる: The door ~d with a bang. ドアがバタンと閉まった. b 〈商店・劇場などが〉戸を閉める, 閉店する[閉館する], 閉鎖される, 休業する: Some stores ~ on Sundays. 日曜日に閉店する店がある / The factory ~d down for lack of business. その工場は仕事不足のため閉鎖された. ❷ 〈会などが〉休会する: School will ~ early next month. 学校は来月上旬に休みになる / The meeting ~d with a speech by the chairperson. 最後に議長の話があって閉会となった.

clóse abóut [aróund, róund]…《他+副》〈…〉を取り巻く, 囲む: Darkness ~d around us. あたりに暗やみが立ちこめた.

clóse aróund [óver]《他+副》(1) 〈腕・手などが〉〈…を〉抱き[握り]しめる: His arms ~d tightly around her. 彼の腕は彼女を強く抱き締めあた. (2) 〈腕・手などを〉〈…に〉回して[かぶせて]抱き[握り]しめる: ~ one's arms around…〈…〉に腕を回して抱きしめる.

clóse dówn《他+副》(1) 〈…を〉閉じる《⇒ 1b》. (2) 〈放送・放映を〉終了する. ━━《自+副》(3) 閉じる, 締まる

329　close

《⇒ 自 1b》. (4) 〈放送時間が〉終了する: We are now closing down. 放送の時間も終わりに近づいています. (5) 〈やみ・霧などが〉〈…に〉おりる: A heavy fog ~d down on the airport. 空港に濃霧が垂れこめた.

clóse ín《自+副》(1) 〈…を〉〈次第に〉包囲する; 〈…に〉敵・夜・やみなどが迫ってくる, 近づく, 迫る [on, upon]《★ 受身可》: Winter was closing in on us. 冬が我々の回りに迫っていた. (2) 〈日が〉短くなる, 詰まる: The days are beginning to ~ in. 日が短くなりかけてきた.

clóse óff《他+副》〈…を〉通行止めにする, 遮断する.

clóse óut《米》《他+副》(1) 〈商品を〉《割引値段で》売り切る, 処分する. (2) 〈…を〉終了する. ━━《自+副》(3) 見切り売りをする.

clóse úp《他+副》(1) 〈家・窓などを〉《完全に》閉ざす, ふさぐ, 閉鎖する (↔ open up). (2) 〈間隔を〉詰める; 〖印〗〈隊列の印刷物の行間を〉詰める: ~ up the space between lines of print 印刷の行間を詰める. ━━《自+副》(3) 〈飲食店などが〉《一時的にまたは無期限に》閉店する. (4) 〈間隔が〉詰まる; 近寄る, 寄り合う; 〖軍〗〈兵士・部隊が〉列の間隔を詰める. (5) 〈傷口が〉癒着(ゃく)する. (6) 口を閉ざす.

clóse wíth…(1) 〈申し出・条件などに〉応じる. (2) 〈取引相手と〉協定する, 手を打つ. (3) 《文》〈人と〉格闘する, 取っ組み合いをする.

━━ 名 [単数形で] 終結, 終わり (end): come to a ~ 終わる / bring…to a ~ 〈…を〉終わらせる / draw to a ~ 終わりに近づく / since the ~ of World War II 第二次大戦終結以来.

〖F clore, clos- < claudere, claus- 閉じる; cf. close²; conclude, exclude, include, preclude; conclusion, exclusion〗 〖類義語〗⇒ finish.

＊close² /klóʊs/ 形 (clos・er; -est) ❶ a 《空間・時間・程度が》接近した; 類似した (near): in ~ proximity すぐそばに / ⇒ close quarters / Their birthdays are ~ together. 彼らの誕生日は互いに接近している / a ~ resemblance 酷似 / be ~ in meaning 意味が類似している / something ~ to hostility 敵意に近い感情 / This is the closest we can get to the lake. これ以上湖に近づくのは無理だ / The population of the city is ~ to a million. 市の人口はほぼ100万です (cf. CLOSE² to…〖成句〗). b P 〈時に〉〈…〉しそうで, 〈…〉に近い: ~ to death [extinction] 死(絶滅)に瀕して / She was ~ to tears. 彼女は今にも泣きだしそうだった / ~ to breaking a record 記録を破る寸前で. c 《口》きわどい, かろうじての: That was ~! 危ないところだった / ⇒ close call, close shave, close thing.

❷ a 親しい, 親密な (intimate); 〈仕事上などで〉関係の深い, 緊密な: a ~ friend 親友 / be in ~ contact [cooperation] with…〈…〉と密接な関係[協力関係]にある / become [grow] ~ to a person 人と親密になる / a source ~ to the President 大統領側近[に近い]筋 / have ~ links with…〈…〉と密接な関係がある. b 〈親族関係において〉近い (↔ distant): ~ relatives 近い親戚.

❸ A a 精密な, 綿密な: a ~ analysis 綿密な分析 / ~ reasoning 綿密な推理 / ~ work (手元でする)緻密な仕事《針仕事・刺繍など》. b 注意深い, 周到な: a ~ observer 注意深い観察者 / Let's take a closer look. もっとよく見よう / with ~ attention to details 細部に細心の注意を払って / on closer examination 原典に忠実な翻訳.

❹ A a 監視の厳しい, 厳重な: in ~ custody 厳重に監禁されて / keep a ~ watch on a person 人を厳重に監視する / keep…a ~ secret …を厳重に秘密にする. b 〈囚人など〉閉じ込められた, 監禁された: a ~ prisoner 重禁固の囚人.

❺ 〈試合・競争など〉ほとんど優劣のない, 互角の: a ~ contest [match, game, race] 接戦 / a ~ election 勢力伯仲の選挙戦 / It's too ~ to call. 接戦でどちらが勝つかわからない / finish a ~ second わずかの差で二位に終わる.

❻ A a 〈髪・芝生など〉短く刈った: a ~ haircut 短髪 /

have a ~ shave ひげをきれいにそる. **b** 〈衣服などぴったり合った〉: a ~ coat 体にぴったりの上着.
❼ **a** ぎっしり詰まった, 密集した; (行間の)あきのない: ~ print 細かく詰めた印刷. **b** 〈織物などが〉目の細かい: a sweater with a ~ weave 目の細かい編み方のセーター.
❽ **a** 〈部屋など〉風通しの悪い, むんむんする. **b** 〈天気が〉うっとうしい, 蒸し暑い. **c** 〈空気が〉息苦しい 〈場所が〉狭苦しい, 窮屈な (stuffy): a ~ space 窮屈な場所.
❾ ⓟ 無口な, 打ち解けない: He's ~ *about* his plans. 彼は自分の計画については口をすべらない男だ.
❿ ⓟ〈金などにつけて〉: He's ~ *with* his money. 彼は金離れが悪い.
⓫〈音声〉〈母音が〉閉じた (↔ open)《舌の位置が高い》.
at clóse quárters ⇨ close quarters 成句.

Clóse [You're clóse, Thàt's clóse] (口)《正解に》近い, ほぼ当たり (cf. 1 c).

clóse, but nó cigár 《主に米口》《正解や成功には》もうすごい, 残念だ.

the clósest (thíng) one géts to... に最も近い[近似した]もの (cf. 1 a): It's the *closest* we can *get to* heaven on earth. 地上の天国とほぼ言える.

tóo clóse for cómfort 危険[不快]なほど近くで[に], (近づきすぎて)いらいらする.

— 副 (clos·er; -est) ❶《空間的・時間的に》〈...に〉接して, すぐそばに, 近くに; 直前すぐ近くに; 切迫して / ~ *behind* (a person)〈人〉のすぐ後ろに / ~ *by* (the school) (学校の)すぐ近く[そば]に / sit [stand] ~ *to* a person 人のすぐ近くに[立つ] (cf. 図 2 a) / Come *closer* to me. もっと近くにきなさい / Sit *closer* together! もっと詰めて座って / The end is drawing ~. 終わりに近づいている. ❷ **a** 〈物人が〉ぴったりと合う / hold [draw] a person ~ 人を抱き寄せる[締める]. **b** すき間なく, ぎっしり詰まって: Stack the boxes ~ *against* the wall. 箱を壁にぴったり積み上げなさい / The experience drew them *closer* together. その経験で彼らはいっそう親しくなった. ❸ 綿密に, じっと: listen [look] ~ じっと聞く[見る].

clóse on... = CLOSE² to... 成句 (2).

clóse tó = CLOSE² up 成句.

clóse to... (1) ...に接して (⇒ 副 1). (2)《時間・数量が》およそ..., ほぼ... (almost, nearly): He stands ~ *to* six feet. 彼の身長はおよそ6フィートある / It was ~ *to* midnight. 午前 0 時に近かった.

clóse to hóme (口)《評言・忠告が》痛切に, 強く身にしみて: His advice hit [struck, came, was] ~ *to* home. 彼の忠告は強く身にしみた.

clóse úp [ùp clóse] 近距離で[から].

cóme clóse on the héels of ... のあとにすぐ起こる.

còme clóse to dóing ⇨ come 成句.

cút it clóse ⇨ cut 動 成句.

gò clóse 《競馬》《英》辛勝する.

préss a person clóse〈人〉を厳しく追求する.

rún...clóse (英)《競技・技量などで》〈...〉にほぼ互角である, 肉薄する.

— 名 ❶《英》**a** 〈カテドラルなどの〉境内; 囲い地. **b** 《学校の》運動場, 校庭. ❷ **a** 《英》袋小路《しばしば通りの名として用いる》. **b** 《スコ》(表通りから裏町へ通じる)路地.
《F <L; ⇨ close¹》
《類義語》(1) ⇨ familiar. (2) ⇨ dense.

clóse-bý /klóus-/ 形 A すぐ近くの, 近所の.
clóse cáll /klóus-/ 名 (口) = close shave.
clóse-cropped /klóus-/ 形 〈髪・芝生など短く刈った〉; 〈人が〉五分刈りの.
*clóseed /klóuzd/ 形 ❶ **a** 〈ドア・窓・蓋など〉閉じた, 閉鎖した: She kept her eyes tightly ~. 目をきつく閉じていた《開けようとしなかった》. **b** 〈店など〉業務を停止した; 〈道路が〉交通を遮断した: "C~ today." 〈掲示〉本日休業 / a ~ military base 閉鎖された軍事基地. ❷ 〈会・場所など〉非公開の, 〈...を〉締め出して, 〈活動などを〉禁じて: a ~ conference 非公開の会議 / This garden is ~ *to* visitors. この庭は訪問客に非公開である. ❸ 〈組織・心など〉閉鎖的な, 排他的な; かたくな, 固陋(ぅ)な: a ~ society 閉鎖社会. **b** 〈会員など〉〈特定の人に〉限定された. **c** 数〈解答(など)が〉限られた, 閉じた: ⇨ closed question. ❹ 〈問題など〉決着がついて. ❺ 自給(自足)の: a ~ economy 自給経済. ❻ 〈冷暖房が〉循環式の: ⇨ closed circuit. ❼〈音声〉〈音節が〉子音で終わる (↔ open): a ~ syllable 閉音節.

behìnd clósed dóors 秘密で.

wìth clósed dóors (1) 戸を締め切って. (2) 傍聴を禁じて.

clósed bóok 名 〔単数形で〕(口) ❶ 不可解な事柄, えたいの知れない人物. ❷ 決定[確定]した事柄 (cf. open book): The affair is a ~. その事件はもう決着済みだ.

clósed cáption 名〔テレビ〕耳の不自由な人のための字幕《解読装置を付けると見ることができる》.

clósed-cáp・tioned 形〈テレビ番組の〉解読装置付きテレビだけに字幕が出ている.

clósed círcuit 名 ❶〔電〕閉回路. ❷〔テレビ〕有線テレビ(方式), クローズドサーキット《特定の受像機だけに送信される》.

clósed-cìrcuit télevision 名 ⓤ 有線テレビ《略 CCTV》.

clósed-dóor 形 A 非公開の, 秘密の: a ~ session [deal] 秘密会[取引].

clósed-énd 形〈投資信託など〉資本総額固定の, 閉鎖式の, クローズドエンド型の;〈担保が〉貸付金額を固定した: a ~ investment (trust) company 閉鎖式投資(信託)会社.

clósed·lóop 形〈コンピューターが〉閉回路の.

clóse·dówn /klóus-/ 名 Ⓒ **a** 作業[操業]停止. **b** (米)工場閉鎖. ❷ Ⓤ,Ⓒ (英)放送[放映]時間終了.

clósed prímary 名《米》制限予選会《党員有資格者だけが投票する候補者選挙会》.

clósed quéstion 名 ❶ 閉じた質問《「はい」「いいえ」など解答のしかたが限定される質問》. ❷ すでに決着のついた問題.

†**clósed séason** 名《米》禁猟期, 禁漁期 (《英》close season; ↔ open season).

clósed sét 名〔数〕閉集合.

clósed shóp 名 クローズドショップ《労働組合員だけ雇う事業所; ↔ open shop; cf. union shop》.

clóse-fìsted /klóus-/ 形 握り屋の, けちな.

clóse-fìtting /klóus-/ 形〈服など〉《体の線がわかるほど》ぴったり体に合った.

clóse-gráined /klóus-/ 形 木目の細かい.

clóse hármony /klóus-/ 名 ⓤ〔楽〕密集和声.

clóse-háuled /klóus-/ 形[副]〔海〕〈帆船・帆〉が詰め開きの[で].

clóse-knít /klóus-/ 形 ❶ 結びつきの緊密な, 堅く団結した. ❷ 〈理論など〉〈論理的に〉すきのない, 綿密な.

clóse-lípped /klóus-/ 形 = closemouthed.

*clóse·ly /klóusli/ 副 (more ~; most ~) ❶ 接近して, ぴったりと: The baby clung ~ to his mother's breast. 赤ん坊は母親の胸にぴったりしがみついた. ❷ きっちりと, びっしりと: ~ packed seats ぎっしりの座席 / a ~ printed page びっしり活字の詰まったページ. ❸ **a** 厳重に, 綿密に, 一心に, 注意して: listen [watch] ~ 一心に聞く[見る]. **b** 親密に, 親しく: be ~ allied with a person 人と親しい同盟関係にある.

clóse·mouthed /klóusmáuðd, -máuθt⁻/ 形 無口な, 打ち解けない.

clóse·ness /klóusnəs/ 名 ⓤ ❶ 近いこと, 接近. ❷ 親密[近密]さ. ❸ 綿密(さ), 精密(さ). ❹ 閉鎖; 密閉. ❺ 息苦しいこと.

clóse·òut /klóuz-/ 名《米》《閉店などの》見切りバーゲンセール.

clóse-pítched /klóus-/ 形〈戦いが〉互角の: a ~ battle 接戦.

clóse quárters /klóus-/ 名 ⓟ ❶ 接近, 肉薄. ❷ 狭苦しい場所. **at clóse quárters** 接近して, 肉薄して: fight *at* ~ 肉薄[白兵]戦を行なう / a man living *at* ~ with

clos·er /klóuzə-|-zə/ 名 ❶ 閉じるもの, 閉塞者. ❷《野》抑えの切り札, リリーフエース.

†**clóse séason** /klóus-/ 名《英》禁猟期, 禁漁期 (《米》closed season).

close-sét /klóus-´/ 形 互いに寄り合った; 建てこんだ, 密集した: ～ teeth [eyes] すき間なく並んだ歯[互いに寄った目] / ～ houses びっしり並んだ家々.

close sháve /klóus-/ 名 [a ～] 危機一髪: I had *a* ～ with death. 私は危うく死ぬところだった.

close shòt /klóus-/ 名《映》近写, 大写し (↔ long shot).

*__clos·et__ /klɑ́zɪt, klɔ́:z-|-klɔ́z-/ 名 ❶《米・カナダ》押し入れ, 戸棚 (cf. cupboard). ❷ a (接見・勉強などのための)私室, 小室. b =water closet.　**be in the closet** 同性愛者であることを明かしていない.　**còme óut of the clóset**〈人が〉自分が同性愛者であることを認める[明かす]; (隠していたことを)明らかにする: ～ racism 表面化しない[隠れた]人種差別(主義) / a ～ alcoholic《俗》隠れたアルコール依存者. ― 動 他 ❶ 〜 oneself で (部屋などに)閉じこもる, 閉じこもる; (密談のために)[...と]閉じこもる, 閉じこもって密談する: be ～ed in one's study 書斎に引きこもって外出しない / He ～ed himself in his office. 彼は仕事部屋にこもった / They were ～ed together. 彼らは密談中であった / She is ～ed with Smith. 彼女はスミスと密談中である. 《CLOSE²形+-ET》

closet dráma 名 書斎劇, レーゼドラマ (読物としての劇).

clos·et·ed /-tɪd/ 形 秘密の, 隠れた.

clóse thíng /klóus-/ 名 [a ～] =close shave.

closet pláy 名 =closet drama.

†**clóse-úp** /klóus-/ 名 U.C. ❶ a《映》大写し, クローズアップ (比較 日本語では英語の発音と違うので注意). b 接近写真, 大写し場面. ❷ 詳細な観察[検査, 描写].

close-wóven /klóus-/ 形〈布が〉織り目の細かい.

†**clos·ing** /klóuzɪŋ/ 形 A ❶ 終わりの; 閉会の (↔ opening): one's ～ years 晩年 / a ～ address 閉会の辞 / at ～ time 閉店[終業]時刻 / the ～ day 締め切り日.　❷《証券》終わりの, 引けの: the ～ price 終わり[引け]値.　―名 U 閉鎖 (↔ opening). ❷ U 終結, 締め切り. ❸ U a《会計》決算. b《証券》大引け, 引け値.

clósing dàte 名 [申し込みなどの]締め切り日 [for].

clósing òrder 名《英》(地方当局が出す, 没収財産の)閉鎖命令.

*__clo·sure__ /klóuʒə|-ʒə-/ 名 ❶ a U.C. 閉鎖; 締め切り, 閉店, 休業; 終止. b 閉鎖: the ～ of a branch office 支店[支局]の閉鎖 / come to ～ on...の議論(など)を終える / face ～ 閉鎖に直面する. b C (道・国境などの)封鎖物, 障害物. c U 総括感. ❷《英議会》討論終結 (cloture). ― 動 他《英議会》討論を終結に付す.《CLOSE²形+-URE》

clot /klɑ́t | klɔ́t/ 名 ❶ [血などの]かたまり: a ～ *of* blood 血のかたまり, 凝血. ❷ 群れ, かたまり [*of*]. ❸《英口》ばか, のろま. ― 動 他 凝固させる. 自 凝固する, 凝血する. (clot·ted /-tɪd/; clot·ting /-tɪŋ/)

clot-bur /klɑ́tbə̀: | klɔ́tbə̀-/ 名《植》オナモミ(キク科の一年草; トゲオナモミなどを含む).

*__cloth__ /klɔ́:θ | klɔ́θ/ 名 (健 ～s /klɔ́:ðz, klɔ́ɑ́z, klɔ́ɔ́z|klɔ́θs, klɔ́θs, klɔ́ðz/) ❶ U 布(地), 反物, 服地: two yards of ～ 服地2ヤール / cotton [silk] ～ 綿[絹]布. b クロス, 表紙布. ❷ C [通例複合語で] 布切れ; テーブルクロス; 食卓ふきん; ぞうきん: lay the ～ 食卓の用意をする / dishcloth, floorcloth, tablecloth. ❸ [the ～] 聖職; 聖職者たち (clergy): a man of the ～ 牧師. ❹ ❶ 布の, 布製の. ❷ 布装丁の: ～ binding クロースとじ.
clóth of góld 金糸織り《金糸を織り込んだ布地》.
(máde) óut of whóle clóth ⇨ whole 成句.《OE》

clóth-bòund 形〈本が〉布装丁の, クロスとじの.

clóth cáp 名《英》布製の帽子 (労働者階級の象徴とされることがある; cf. hunting cap).

†**clothe** /klóuð/ 動 他 (～d /-d/, 《古・文》clad /klǽd/)
❶ a〈人に〉衣服を与える: feed and ～ one's family 家族に食物と衣服を(買い)与える. b〈...に〉服を着せる; [～ one-self で]〈衣服〉を着る, まとう [*in*] (⇨ clothed 1). ❷《文》 a〈...を〉おおう, 包む (⇨ clothed 2). b [権限・性質などを〉〈...に〉与える [*with, in*]. 《OE<*clāth* cloth》

cloth-éared 形《口》やや耳が遠い, 難聴の.

†**clothed** 形 ❶〈衣服を〉着た, 身にまとった (dressed): lie down fully ～ 服をすべて身に着けたまま横になる / be half [partially] ～ 半裸である / in white 白い服を身に着けて. ❷《文》[...に]おおわれた, 包まれた [*in, with*]: The field *was* ～ *in* snow. 野原は雪におおわれていた.

*__clothes__ /klóuðz|-ðz/ 名 復 ❶ 着(る)物, 衣服, 服, 衣類, 衣料: a suit [change] of ～ 服[着替え]1着 / put on [take off] one's ～ 服を着る[脱ぐ] / change ～ 服を着替える / work [play] ～ 作業[遊び]着 / wear elegant [comfortable] ～ 上品な[着心地のよい]服を身につけている / She has many ～. 彼女は衣装持ちである / Fine ～ make the man.《諺》馬子にも衣装. ❷ 寝具: ⇨ bedclothes. 《CLOTH (服地)の複数形から》 関形 sartorial)

clóthes·bàsket 名 洗濯物入れのかご.

clóthes·brùsh 名 衣服用ブラシ.

clóthes·hànger 名 (洋服をかける)ハンガー.

clóthes·hòrse 名 ❶ (室内用)物干し掛け. ❷《口》服装にこる人.

clóthes·lìne 名 物干し綱.

clóthes mòth 名《昆》イガ(衣蛾)《幼虫が毛織物などをする》.

clóthes pèg 名《英》=clothespin.

clóthes·pìn 名《米》洗濯ばさみ (《英》clothes peg).

clóthes·pòle 名 物干し綱支柱.

clóthes·prèss 名 衣装箱, 洋服入れ[たんす].

clóthes pòle 《英》=clothespole.

clóthes trèe 名《米》柱型帽子[外套]掛け.

cloth·ier /klóuðjə|-ðjə-/ 名 洋服屋《紳士服の仕立てまたは販売》.

*__cloth·ing__ /klóuðɪŋ/ 名 U 衣類, 衣料《★ clothes より格式ばった語》: an article [a piece, an item] of ～ 衣類 1 点 / food, ～, and shelter 衣食住 (比較 日本語と語順が異なる).

Clo·tho /klóuθou/ 名《ギ神》クロト(運命の三女神の一人; 人間の生命の糸を紡ぐ役; ⇨ fate 3).

clóth yàrd 名 布ヤール《★ 現在は yard と同じ長さ (3フィート, 0.914メートル); 昔は 37 インチで長弓の矢の長さ; cf. yard² 1).

clótted créam /-tɪd-/ 名 凝固した濃厚なクリーム《イングランド南西部で果物・デザートなどに添える》.

clótting fàctor 《生化》凝固因子《血液の凝固過程にかかわる種々の血漿成分》.

clo·ture /klóutʃə|-tʃə-/ 名 [通例単数形で]《米》討論終結《《英》closure). ― 動 他〈討論を〉終結に付す.

*__cloud__ /kláud/ 名 ❶ C.U. 雲: a dark [rain] ～ 暗雲[雨雲] / a sea of ～s 天をおおう一面の雲, 雲の海 / Every ～ has a silver lining.《諺》どんな雲にも必ず銀の裏がついている《憂いの陰にも喜びがある》. ❷ C 雲状のもの, もうもうと立ちこめるもの, (一面の)ほこり[煙(など)]: a ～ *of* smoke [dust] もうもうと立ちこめた煙[ほこり]. ❸ C a《昆虫・鳥などの》大群: a ～ *of* flies 無数のハエ. b 大勢, 多数: a ～ *of* witnesses 数多くの証人《★聖書「ヘブル書」から》. ❹ C a (透明なもの・鏡などの表面の)曇り, きず. b (顔面・額に漂う)曇り; (疑惑・不満・悲哀などの)暗い影; (おおいかぶさって)暗くさせるもの, 暗雲, かげり: a ～ on the brow [face] 額[顔]に漂ううかげり / a ～ of grief 悲しみの暗い影 / cast [throw] a ～ on [over]...に暗い影を投げる.
in the clóuds《口》(1)〈人・心が〉うわの空で; 世事に超然として: turn one's head *in the* ～s 空想にふける. (2)〈事物が〉架空的な, 非現実的な.
on a clóud たいへん幸せな, 天にも昇る心地で.
on clóud níne [séven]《口》=on a CLOUD 成句.
ùnder a clóud〈人の〉疑惑[とがめ]を受けて.
― 動 他 ❶〈...を〉曇らせる (mist); 雲でおおう: The

steam ~ed my glasses. 湯気で眼鏡が曇った / The whole sky was ~ed over. 空全体が雲におおわれて暗くなっていた. ❷ 〈問題などを〉あいまいに[わかりにくく]する, 混乱させる; 〈視力・判断などを〉鈍らせ, ぼやけさせる: the issue 問題をうやむやにする / Tears ~ed her vision. 涙で彼女の視界がぼやけた / His judgment was ~ed by his affection for her. 彼女への愛情で彼の判断が鈍ってしまった. ❸ 《文》〈不安・心配事などが〉〈顔・心気などを〉曇らせる: Disappointment ~ed her features. (その)失望は彼女の顔を曇らせた / Her mind was ~ed with anxiety. 彼女の心は心配で曇っていた. ❹ 〈事態・雰囲気などを〉悪くする, 暗くする, 曇らせる. ❺ 〈…を〉汚す, 損じる, だめにする: ~ one's reputation 名声を汚す. ── @ ❶ a 〈空が〉曇る〈over, up〉: It's beginning to ~ 〈over〉. 空が曇ってきた. b 〈窓などが〉曇る〈up〉. ❷ 〈顔が〉苦痛・心配で〉曇る: His face ~ed over 〈with anxiety〉. 彼の顔が(不安で)曇った.
〖OE=岩, 土のかたまり〗 (形) cloudy; 関形 nebulous〗

clóud·bánk 名 低い雲の厚いかたまり.
clóud base 名《気》雲底(3%)(雲または雲層の底部).
clóud·bèr·ry /-bèri| -b(ə)ri/ 名《植》クラウドベリー《野生のキイチゴ》.
clóud·bùrst 名《突然の》豪雨, どしゃ降り.
clóud·càpped 形《山か雲をいただいた, 雲にまで届く.
clóud·càstle 名 空想, 夢想.
clóud chàmber 名《理》霧箱.
clóud-cúckoo-lànd 名 ⓤ 〔しばしば Cloud-Cuckoo-Land〕 夢想の国.
clóud·ed /-dɪd/ 形 ❶ 雲におおわれた, 曇った, 雲模様の. ❷ 〈頭など〉鈍った, 混乱した. ❸ 〈考え・意味など〉ぼんやりした, あいまいな.
clóud·lànd ❶ UC 仙境, 夢の国. ❷ 〔the ~〕空.
clóud·less 形 雲のない, 晴れ渡った: a ~ day 〔sky〕晴れ渡った日〔空〕 / a ~ future 何のかげり〔不安〕もない将来. ~·ly 副
clóud·let /kláʊdlət/ 名 小さな雲.
clóud·scàpe 名 雲景(画).
*_**clóud·y**_ /kláʊdi/ 形 (cloud·i·er; -i·est) ❶ 曇った, 雲の多い: a ~ sky 〔day〕曇り空〔日〕 / It is ~. 曇っている. ❷ a 〈液体が〉にごった, 不透明な. b 〈色が〉くすんだ, ぼやけた. ❸ あいまいな, わかりにくい, はっきりしない, 混乱した 〈unclear〉: a ~ issue はっきりしない問題. ❹ 〈目が涙で曇った. (名) cloud〗
clough /klʌf/ 名《英》狭い谷, 谷あい.
⁺**clout** /klaʊt/ 名 ❶ ⓤ 《口》(特に, 政治的な)権力, 影響力: He has a lot of ~ with the board of directors. 彼は役員会に多大な影響力をもっている. ❷ C (手で)殴る〔たたく〕こと. ❸ C 《野》強打. ── 動 他 《口》 ❶ (手で)〈…を〉殴る, たたく. ❷ 《野》〈ボールを〉強打する.
clóut nàil 名《靴底の)鋲釘(%?).
clove¹ 動 cleave¹,² の過去形.
clove² /kloʊv/ 名 〔通例複数形で〕 クローブ, 丁字(%2)《チョウジノキのつぼみを乾燥したもの; 香辛料》. ❷《植》チョウジノキ.
clove³ /kloʊv/ 名 〔植〕 〔ユリ・ニンニクなどの小鱗茎(%ぶ): a ~ of garlic ニンニクの一片.
clóve gìllyflower 名 〔植〕= pink.
clóve hítch 名《海》巻結び《結索法の一種》.
clo·ven /kloʊvən/ 動 cleave¹ の過去分詞. ── 形 〈ひづめなど〉(途中まで)二つに)割れている.
clóven fóot 名 =cloven hoof.
clóven-fóoted 形 =cloven-hoofed.
clóven hóof 名《牛・シカなどの)分趾蹄(%.%), 偶蹄《二つに割れているひづめ》. **shów the clóven hóof** 《悪魔》の本性を現わす《由来 悪魔《Devil》 はヤギに象徴され, 割れたひづめを持っているとされることから》.
clóven-hóofed 形 ❶ 偶蹄の. ❷ 悪魔の(ような).
clóve pìnk 名《植》カーネーション.
clo·ver /klóʊvə-|-və/ 名 UC《植》クローバー《シロツメクサなどの総称; 牧草): ⇒ four-leaf〔-leaved〕clover. **live**

clóver·lèaf 名 《複 ~s, -leaves》 ❶ クローバーの葉. ❷ クローバー葉形のもの; (特に)(四つ葉の)クローバー型交差点《高速道路の立体交差点》.
⁺**clown** /klaʊn/ 名 ❶ 《劇・サーカスなどの》道化役者, 道化師. ❷ おどけ者, 悪ふざけをする人 〈joker〉: play the ~ おどける. ❸ 《口》ばか, まぬけ 〈idiot〉. ── 動 @ おどける, ふざける 〈around, about〉: Stop ~ing around. ふざけ回るのはやめなさい.
clówn·er·y /kláʊnəri/ 名 ⓤ 道化, おどけ.
clówn·ish /-nɪʃ/ 形 おどけ者らしい, こっけいな: a ~ getup 道化師のような身なり. ~·ly 副 ~·ness 名
cloy /klɔɪ/ 動 他 〈甘いもの・ぜいたくなどが〉うんざりさせる, 飽き飽きさせる: Too much sweet food ~s the palate. 甘いものを食べすぎるといやになる. ── @ 〈ごちそうなどが〉鼻につく, 飽きがくる: His flattery has begun to ~. 彼のお世辞が鼻につき始めた.
clóy·ing 形 うんざりさせる, 飽き飽きさせる, 鼻につく. ~·ly 副
clo·za·pine /klóʊzəpìːn/ 名 ⓤ《薬》クロザピン《鎮静薬・抗精神病薬》.
clóze tèst /klóʊz-/ 名 穴埋め式読解力テスト.
clr.《略》clear.
*_**club**_ /klʌb/ 名 ❶ クラブ《同好会・共済会など》; スポーツチーム, クラブ《〖用法〗《英》では集合的に単数形で複数扱いとすることもある》. ❷ a クラブ室〔会館〕 〈clubhouse〉. b クラブ《ジャズの演奏やダンスミュージックなどを楽しむ》; =nightclub. ❸ a 《ゴルフ・ホッケーなどの》クラブ, 打球棒. b 《武器用の頭が太くて重い》こん棒. **c** =Indian Club. ❹ a 《トランプのクラブの札》. b 〔複数形または U で〕クラブの組. **in the (pádding) clúb**《英俗》《未婚の女性が妊娠して: get 〔put〕 a woman **in the** ~ 女をはらませる. **Jóin〔Wélcome to〕 the clúb!**《口》《同じ立場にあることを暗示して〉《こちらも》同様に!: "I have no money." *"Join the* ~! Neither have I." 「お金がありません」「同じだよ, ぼくもだよ」. ── 動 (clubbed; club·bing) 他 〈…を〉こん棒で打つ〔懲らしめる〕. **clúb togéther**《自+副》(共同の目的に)協力する, 金を出し合う: We *clubbed together* to buy them a wedding present. 私たちは彼らに結婚式の贈り物を買おうと金を出し合った.
club·ba·ble /klʌ́bəbl/ 形 クラブ員に適する; 社交的な.
clúb·ber クラブのメンバー, 会員.
clúb·bing 名 ★次の成句で. **gò clúbbing**《口》ナイトクラブに通う.
clúb·by 形 クラブ風の, クラブ的な, クラブ特有の; 社交的な, 人好きのする; 入会資格のやかましい, 排他的な.
clúb càr 名《米》《鉄道》休憩用特別列車《安楽椅子やビュッフェなどがある》.
clúb·fóot 名 UC 《複 -feet》 内反足, 湾曲足.
clúb·fóoted 形 内反足の, 足の曲がった.
⁺**clúb·hòuse** 名 ❶ クラブハウス, クラブ会館 〈club〉. ❷《米》《運動選手用の》更衣室, ロッカールーム.
clúb·lànd 名 ⓤ《英》クラブの多く集まる地区, クラブ街.
clúb·màn 名《複 -men》クラブの会員.
clúb·ròot 名《植》《キャベツなどの》根こぶ病.
clúb rùsh 名《植》 ❶ ガマ 〈cattail〉. ❷ ホタルイ《蛍藺》属のイグサ.
clúb sándwich 名《米》クラブサンドイッチ《通例トースト 3 切れを重ね, 間に鶏肉・レタスなどをはさんだサンドイッチ》.
clúb sóda 名 UC《米》=soda water.
cluck /klʌk/ 動 @ ❶ 〈めんどりが〉コッコッと鳴く. ❷ 舌打ちする. ── 他 ❶ 〈舌を〉鳴らす: ~ one's tongue reprovingly 非難するように舌を鳴らす. ❷〈賛成・関心などを〉舌打ちして表わす: ~ one's disapproval 不賛成の意を表わす. ── 名 ❶ 〈めんどりの〉コッコッと呼ぶ声《⇒ cock¹ A〖関連〗》. ❷《米俗》まぬけ. 〖擬音語〗
clúck·ing 形 〈めんどりが〉コッコッと鳴いた; 〈人が〉〔言葉や舌打ちで〕不賛成〔同情〕を表した.
clúck·y /-ki/ 形 〈鶏が卵を抱いた; 《豪俗》妊娠した《女性語》.
*_**clue**_ /kluː/ 名 〔なぞを解く〕手がかり; 〔調査・研究などの〕糸

口; [クロスワードの]かぎ: look for ~s 手がかりを探し求める / The police found a ~ to her whereabouts. 警察は彼女の居所の手がかりをつかんだ. **nót hàve a clúe** (口) (1) まったく知らない, 見当がつかない: They *don't have a* ~ (as to) what democracy is. 民主主義とは何なのか何もわかっていない / He *doesn't have a* ~ about business. 彼は商売のことは何もわからない. (2) 無能[無知, ばか]である. ── 動 他 (clued; clu(e)·ing) ❶ 〈人に〉〈解決などの〉手がかりを与える. ❷ (口) 〈人に〉〈…についての〉情報を伝える, 〈…を〉教えてやる: Please ~ me *in on* what to do. どうすればよいか教えてください. **be (áll) clúed úp** (英口) 〔…について〕よく知っている, 熟知している 〔*about, on*〕. 〖CLEW (糸玉)の異形〗

clued-ín /klú:dín/ 形 (米口) よく知っている 〔*on, about*〕.
clúe·less 形 ❶ (英口) 無知な, 無能な, ばかな. ❷ 手がかりのない. **~·ly** 副 **~·ness** 名
clúm·ber (spániel) /klʌmbə(-)/ |-bə(-)/ 名 [しばしば C~] クランバースパニエル(脚が短く, 白い毛に淡黄色の斑紋のある鳥猟犬). 〖*Clumber* イングランド Nottinghamshire にある Newcastle 公の所領地〗

⁺**clump**¹ /klʌmp/ 名 ❶ 木立ち, 小森; (低木の)やぶ: a ~ *of* trees 木の茂み, 木立ち. ❷ **a** かたまり, 群れ (cluster): a ~ *of* earth 土のかたまり / The grass was growing in ~s. 草がかたまって生えていた. **b** (細菌) 細菌塊. ── 自 ❶ 群生する, かたまる. ❷ 〈細菌などが〉集合する. ── 他 ❶ 〈…を〉群生させる, かたまらせる. ❷ 〈細菌などを〉集合させる.

clump² /klʌmp/ 名 [単数形で] 重い足音: I heard the ~ *of* his boots on the stairs. 階段にドシンドシンという彼の靴音が聞こえた. ── 副 [副詞句] を伴って] ドシンと踏む, 重々しく[ドシンドシン]と歩く: ~ *down* the staircase 階段をドシンドシンと降りる.

clump·y /klʌmpi/ 形 (**clump·i·er; -i·est**) ❶ かたまりの(多い), 塊状の. ❷ 木立ち[やぶ]の多い, こんもりした.
⁺**clum·sy** /klʌmzi/ 形 (**clum·si·er; -si·est**) ❶ 不器用な, 下手な, 〔…が〕下手な人 〔*with, at, in*〕: a ~ dancer ダンスの下手な人 / He's ~ *with* tools. 彼は道具の扱いが下手だ / He's ~ *at* tennis. 彼はテニスが下手だ. ❷ 〈弁解・表現などが〉下手な, まずい: a ~ apology まずい弁解 / a ~ joke 下手なジョーク. ❸ ぶかっこうな (ungainly); 扱い使いにくい: ~ shoes はきにくい靴. **clúm·si·ly** /-zəli/ 副 **-si·ness** 名

*clung /klʌŋ/ 動 cling の過去形・過去分詞.
clunk /klʌŋk/ 名 ❶ (金属などがぶつかる)ガチャン[ガーン]という音. ❷ (米口) 間抜け, ばか. ❸ (米) ガチャンと音をたてる. ── 他 〈…に〉ガチャンと音をさせる. 〖擬音語〗
clunk·er /klʌŋkə|-kə/ 名 (米口) ❶ ぽんこつ車, おんぼろ車. ❷ 失敗. 役に立たないもの[人].
clunk·y /klʌŋki/ 形 (口) ❶ (米) 不細工な, かっこ悪い, さまにならない. ❷ 古くさい, 時代遅れの; 役に立たない. ❸ ガチャンという音をたてる.

*cluster /klʌstə|-tə/ 名 ❶ [ブドウ・サクランボ・フジの花などの]房(さ): a ~ *of* grapes 一房のブドウ. ❷ [同種類のもの・人の群れ, 集団]: a ~ *of* butterflies チョウの群れ, a ~ *of* stars 星団 / in a ~ (一つに)固まって, 群れをなして / in ~s いくつもの群れをなして, かたまりになって. ❸ (米陸軍) 同じ勲章を再度授与されたことを示すバッジ. ── 自 ❶ (…の回りに)群がる; 群生する; 密集する: We ~ed *around* him. 私たちは彼の周りに群がった / The horses ~ed *together* for warmth. 馬たちは暖を求めて群がった. ❷ 〈…を〉群がらせる (★ 通例受身): Several outbuildings *were* ~ed *around* the farmhouse. 農家の周りにはいくつかの付属の建物が群がっていた.

clúster anàlysis 名 (統) クラスター分析 (ある集団の要素を類似性に基づいていくつかの群に分類する手法).
clúster bòmb 名 集束爆弾.
⁺**clús·tered** 形 群がった, 群生した, 鈴なりになった.
clúster hèadache 名 (口) 群発(性)頭痛.
clúster hòme 名 (英) クラスター住宅, クラスターホーム (小規模住宅群を構成する同種の住宅の一つ).
clúster pìne 名 (植) カイガンショウ (地中海沿岸原産のマツ).

⁎**clutch**¹ /klʌtʃ/ 動 他 ❶ 〈…を〉ぐいとつかむ, しっかり握る (grasp): She ~ed her daughter *to* her breast [*in* her arms]. 彼女はわが子をぎゅっと胸に[腕に]抱き締めた. ── 自 〔…を〕つかもうとする: A drowning man will ~ *at* a straw. (諺) おぼれる者はわらをもつかむ. ── 名 ❶ [a ~] つかむこと, しっかり握ること. ❷ **a** [単数形で] (つかもうとする)つかみ, 握り. **b** [通例複数形で] 手中, 支配力: fall into the ~*es of* …の手中に陥る / get out of the ~*es of* …の毒手を逃れる. ❸ (機) (自動車などの)クラッチ (駆動力を断続させる継手装置); クラッチレバー: let in [out] the ~ クラッチをつなぐ[切る]. ❹ (米) 危機; ピンチ: in the ~ いざというときに / come through in the ~ 危機を切り抜ける. ── 形 [A] (米) ❶ ピンチのときになれる. ❷ ピンチに強い: a ~ hitter ピンチに強い打者.

clutch² /klʌtʃ/ 名 ❶ **a** (めんどりの)一回に抱く卵. **b** ひとかえりのひな. ❷ 一群, 一団: a ~ *of* ladies at tea (午後の)お茶に集まっている婦人たち.
clútch bàg 名 クラッチバッグ (腕にかかえる小型ハンドバッグ).

⁺**clut·ter** /klʌtə|-tə/ 名 ❶ [a ~] 乱雑, 混乱; 散らかっているもの. ❷ [a ~] 乱雑, 混乱: in a ~ 散らかって, 混乱して. ── 他 (場所を)取り散らかす: Books and papers ~ed *up* his desk. 彼の机の上には本や書類が乱雑に置いてあった / His study was ~ed *up with* piles of books. 彼の書斎は本の山で散らかっていた.

Clw·yd /klú:id/ 名 クルーイド州 (英国ウェールズ北部の旧州; 州都 Mold /móuld/).
Clyde /kláid/ 名 ❶ [the ~] クライド川 (スコットランド南部の川; 河口を Glasgow がある). ❷ [the Firth of ~] クライド湾 (クライド川が注ぐ入り江).
Clydes·dale /kláidzdèil/ 名 クライズデール(馬) (スコットランド原産の体格のいい, 足首の毛が長い重輓馬(じゅうばんば)).
clyp·e·us /klípiəs/ 名 (pl. **clyp·ei** /klípiài/) 〔昆〕 額片, 額板, 頭盾, 唇基部. **clýp·e·al** 形
Cly·tem·nes·tra /klàitəmnéstrə/ 名 〔ギ神〕 クリュテムネストラ (Agamemnon の不貞な妻; その子 Orestes に殺された).

*cm (略) centimeter(s).
Cm (記号) curium. **Cmdr.** (略) Commander.
cml. (略) commercial.
c'mon /kəmɑ́n, -mɔ́:n | -mɔ́n/ (口) =come on (⇨ come 成句).
CMOS (略) 〔電子工〕 complementary metal-oxide semiconductor [silicon] 相補型金属酸化膜半導体[シリコン], シーモス. **CND** (略) (英) Campaign for Nuclear Disarmament 核兵器廃絶運動.
cni·dar·i·an /naidéəriən/ 名 〔動〕 刺胞動物. ── 形 刺胞動物[の].
CNN /sì:ènén/ (略) Cable News Network ケーブルニュースネットワーク (米国のニュース専門テレビ局).
C-nòte /sí:-/ 名 (米俗) 100 ドル紙幣.
CNS (略) 〔解・生理〕 central nervous system.
Cnut /kə(n)jú:t|-njú:t/ 名 =Canute.
Co (記号) 〔化〕 cobalt.
CO (略) carried over 〔簿〕 繰り越し; (米郵) Colorado; Commanding Officer; conscientious objector.

*Co. /kóu, kʌ́mpə(n)i/ 名 (商) 会社: Jones & Co. ジョーンズ商会 (★ 人名の後では & を入れる; cf. company 1) / (口) Mary and ~ メアリーとその仲間たち.
Co., co. (略 **Cos., cos.**) (略) County; county.
c/o /sí:óu/ (略) care of.
co- /kou/ 接頭 ❶ 「共同」「共通」「相互」「同等」 (綴り字) 次の 3 通りの綴りがある: cooperate, coöperate, co-operate: **a** [名詞につけて] *co*religionist, *co*partner. **b** [形容詞・副詞につけて] *co*operative, *co*eternal. **c** [動詞につけて] *co*(-)operate, *co*-adjust. ❷ =com- (母音または h, gn の前で). ❸ (数) 余, 補: *co*sine.
co·ac·er·vate /kòuǽsə:vət, -veit |-əsə:-/ 名 〔化〕 コアセルベート (コロイド溶液から分離したコロイド粒子に富む相).

coach /kóutʃ/ 名 ❶ a (競技・演技などの)コーチ, 指導員[係]: a baseball ~ 野球のコーチ / a dramatic ~ 演技コーチ. b 《英》(受験準備などのための)個人[家庭]教師. ❷ a 《米》(飛行機の)エコノミークラス (economy class, coach class); (parlor car, sleeping car と区別して)普通客車. b 《英》客車. ❸ [C] a 《英》(長距離用)バス《★ 通例一階建てのバスをいう; 短距離用には通例 double-decker が用いられる; 《米》では共に bus を用いる; ⇒ bus 【解説】. b コーチ (セダンタイプの有蓋(ユウガイ)自動車). ❹ 四輪大型馬車 ≒ stagecoach, mail coach, slowcoach.
── 動 他 ❶ 指導する, コーチする〈in, for〉: ~ baseball 野球のコーチをする / ~ a boat's crew for a race ボートレースのためにクルーのコーチをする. ❷ 〈受験生などを〉教える: ~ a boy in mathematics 少年に数学の勉強の指導をしてやる / ~ a boy for an examination 少年に試験勉強の指導をする. ❸ 〈人に〉指示を与える〈in, on〉. ── 自 コーチ[指導員, 家庭教師]となる[として働く].
〔もとは「馬車」の意でこの種の馬車が考案されたとされるハンガリーの町 Kocs /kóutʃ/ から; 「指導者」の意は被指導者を運ぶ道具とみた比喩から〕

cóach-and-fóur 名 4頭立ての馬車.
cóach bòlt 名 《英》＝carriage bolt.
cóach-bùilt 形 〈自動車の車体が〉熟練工の手作りの.
cóach clàss 名 [U]《米》(旅客機の)二等, エコノミークラス《比較 economy class のほうが一般的の》.
cóach hòuse 名 馬車置場;(また **cóach·ing hòuse** [ìnn]) 《旧》(宿駅の)交替馬がいる宿屋.
cóach·ing 名 [U] コーチすること, 指導.
cóach·man /-mən/ 名 (-men /-mən/)(馬車の)御者.
cóach-ròof 名 《海》(ヨットの)コーチルーフ 《キャビンの屋根の高くなった部分》.
cóach·whìp 名 ❶ (また **cóachwhip bìrd**)〔鳥〕シラヒゲドリ《マルサバシリ亜科; オーストラリア産》. ❷ (また **cóachwhip snàke**)〔動〕クスノヘビに近縁の無害のヘビ《北米産; ヘビ亜科》.
cóach·wòod 名〔植〕コーチウッド《豪州産クノニア科ケラトペタルム属の木; 家具用材》.
cóach·wòrk 名 [U] (自動車・鉄道車両などの)車体.
co·ad·ju·tor /kouædʒutər | -tə/ 名 ❶ 助手, 補佐. ❷ 〔カト〕司教補.
co·ag·u·la·ble /kouǽgjuləbl/ 形 凝固させうる, 凝固可能な, 凝固性の. **co·ag·u·la·bíl·i·ty** 名 [U].
co·ag·u·lant /kouǽgjulənt/ 名 [U] 凝固[集]剤.
co·ag·u·lase /kouǽgjuleis/ 名 [U]〔生化〕凝固[凝結]酵素, コアグラーゼ.
co·ag·u·late /kouǽgjuleit/ 動 他 〈溶液を〉凝固させる, 固める. ── 自 〈溶液が〉凝固する; 固まる.
co·ag·u·la·tion /kouægjuléiʃən/ 名 [U] 凝固(作用).
co·ag·u·lum /kouǽgjuləm/ 名 (複 **-la** /-lə/, **~s**) 〔生理〕凝塊, クロット: a blood ~ (凝)血塊.
*coal /kóul/ 名 ❶ a [U] 石炭: brown ~ 褐炭 / hard ~ 無煙炭 / soft ~ 瀝青(レキセイ)炭 / small ~ 粉炭. b [U] (また 複数形で)《英》(燃料用に砕いた)石炭, 小塊炭: a ton of ~(s) 砕炭1トン / put ~(s) on a fire 火に石炭をくべる. c [U] 木炭. ❷ [C] 燃えさし, おき; おき(炭)で: cook food on [over] ~s おきで食べ物を料理する. **cárry [táke] cóals to Néwcastle** 《口》よけい[不必要]なことをする, むだ骨を折る《由来 Newcastle は石炭の積み出し港であることから》. **hául a person òver the cóals** 《…のことで》人を(呼んで)しかりつける〈for〉(reprimand)《由来 異端者の刑罰に石炭の上を引きずり回したことから》. **héap cóals of fíre on a pérson's héad**(恨みに報いるに徳をもってして)相手を恥じ入らせる《★ 聖書「ロマ書」などから》. ── 動 他 〈船などに〉石炭を補給する[積み込む]. ── 自 石炭を採掘[採取]する.

cóal bèd 名 炭層.
cóal-blàck 形 真っ黒の.
cóal·bùnker 名 ❶ 石炭庫. ❷ (船の)炭倉.
cóal·er 名 ❶ 石炭船; 石炭車. ❷ (船の)石炭積み込み人夫.
co·a·lesce /kouəlés/ 動 自 ❶ 合体する; 合同[連合]する (merge). ❷ 〈折れた骨が〉癒合(ユゴウ)する. 〔L *coalescere*; ⇒ coalition〕
co·a·les·cence /kouəlés(ə)ns/ 名 [U] ❶ 合体, 合同, 連合. ❷ 癒合(ユゴウ).
co·a·les·cent /kouəlés(ə)nt/ 形 ❶ 合体した, 合同した. ❷ 癒合(ユゴウ)する.
cóal·fàce 名 採炭切羽(キリハ).
cóal·fìeld 名 炭田.
cóal-fíred 形 石炭で熱せられた; 石炭が動力の.
cóal gàs [U] 石炭ガス.
cóal hòle 名《英》地下の石炭置き場.
cóal·hòuse 名 石炭貯蔵小屋.
cóaling stàtion 名 給炭港[所].
*co·a·li·tion /kouəlíʃən/ 名 ❶ [C] (特に政治的な)提携, 連立, 連立組織: a three-party ~ 三党連立 /(a) ~ government 連立政権 / form a ~ 連合[提携]する. ❷ [U] 提携[連立, 連合](すること) (alliance): in coalition with... と提携[連立]して. 〔F < L < *coalescere coalit-* 融合[合体]する, 一つになる < *co-* + *alescere* 育つ 《< *alere* 育てる; cf. adult》〕
coalítion cábinet 名 連立内閣.
co·a·lí·tion·ist /-ʃ(ə)nist/ 名 連合[合同]論者.
coalítion mínistry 名 ＝ coalition cabinet.
cóal mèasures 名 複〔地〕炭層.
†**cóal mìne** 名 炭坑, 炭山.
cóal mìner 名 炭鉱夫.
cóal òil [U]《米》灯油.
cóal-pìt 名 ＝ coal mine.
Coal·port /kóulpɔːrt |-pɔːt/ 名 コールポート《Shropshire の Coalport で生産され, 19世紀初め 特に珍重された磁器》.
cóal sàck 名 石炭袋.
cóal·scùttle 名 (室内用)石炭バケツ.
cóal sèam 名 炭層.
cóal tàr 名 [U] コールタール《黒色のねばっこい油状物質》.
cóal tìt /kóul-/ 名〔鳥〕ヒガラ《シジュウカラ科; 欧州・アジア・アフリカ北部産》.
cóal·y /-li/ 形 石炭の(ような), 炭質の; 石炭の多い; 真っ黒な.
coam·ing /kóumiŋ/ 名〔海〕縁材《ハッチなどから水の入るのを防ぐ》.
co·apt /kouǽpt/ 動 他 〈折れた骨・傷などを〉しっかりつなぎ合わせる, 接着する. **co·ap·ta·tion** /kouæptéiʃən/ 名 [U] 接着, 接合, 骨接ぎ.
co·arc·tate /kouáːrktèit, -tət | -áːk-/ 形 押して近づけた, 圧縮された;〔昆〕〈サナギが〉蛹嚢(ヨウノウ)[蛹殻]に包まれた.
co·arc·ta·tion /kouaːrktéiʃən | -aːk-/ 名 [U]〔医〕(大動脈などの)狭窄(症).
*coarse /kɔːrs | kɔːs/ 形 (coars·er; -est) ❶ 〈食物など〉粗末な, 下等な: ~ fare [food] 粗食. ❷ 〈生地・肌・粒などが〉粗い, きめの荒い (rough; ↔ fine): ~ cloth 織りの粗い布地 / ~ skin きめの荒い肌 / ~ sand 粒の粗い砂. ❸ 〈態度・言葉など〉粗野な, 下品な (vulgar): ~ manners 不作法 / ~ jokes 品性の悪いジョーク. **~·ly** 副 粗雑に; 粗野に, 下品に. **~·ness** 名 [U] 粗末; 粗雑; 粗野, 下品.〔course¹ の変形; of course などの「普通の」の意が転化したもの〕

cóarse fish 名 (複 **~, ~·es**)《英》雑魚《サケとマス以外の淡水魚》.
cóarse físhing 名 [U] 雑魚釣り.
cóarse-gráined 形 ❶ 目の粗い. ❷ 粗野な, 下品な, がさつな: ~ prose 粗雑な散文.
coars·en /kɔːrs(ə)n | kɔː-/ 動 他 ❶ 粗雑[粗野, 下品]にする. ❷ 〈皮膚などを〉荒れさせる. ── 自 ❶ 粗雑[粗野, 下品]になる. ❷ 〈皮膚などが〉荒れる. (形 coarse)
*coast /kóust/ 名 ❶ a (大陸・大きな島などの)海岸, 沿岸: on [off] the ~ of Scotland スコットランドの沿岸[沖合]で. b [the ~] 沿岸地方. c [the C~]《米》太平洋沿岸地方. ❷ a [a ~](そりなどの)滑走, 滑降; (下り坂での自転車の)惰力走行: The next 20 miles will be *an* easy ~. 次の20マイルは惰走で簡単に行けるだろう. b

《米》[C] (滑走用の)斜面. (from) cóast to cóast (1) 《米》太平洋岸から大西洋岸まで. (2) 全国あまねく. The coast is cléar. 人目[じゃま者]なし, 危険はない《由来 密貿易で「警備隊がいない」の意から》. ── 動 ⓐ ❶ [副詞(句)を伴って](そりなどで)滑走[滑降]する;(自転車などで)惰力走行する(freewheel): ~ along a road [down a hill] 道路を惰走[丘を滑降]する. ❷ 何の努力[苦労]もせずにやっていく: He's ~ing (along) on (his) past successes. 彼は過去の成功のおかげで今はのんびりやっている. ❸ 沿岸航行[貿易]をする. 《国の沿岸部を[に沿って]航行する. 《F<L=わき腹, わき》 (形 coastal; 関形 littoral) [類義語] ⇒ shore¹.

*cóast·al /kóustl/ 形 ❶ 沿岸の: ~ defense [trade] 沿岸防衛[貿易] / a ~ nation [city] 沿岸国[都市].

+cóast·er 名 ❶ (瓶・コップなどの)下敷き, コースター. ❷ 沿岸貿易船. ❸《米》a (滑走用の)そり, トボガン. b = roller coaster.

cóaster bràke 名《米》(自転車の)コースターブレーキ《ペダルの逆回転で制動する》.

cóast·guàrd 名《英》=coastguardsman.

+cóast guàrd /kóus(t)gὰəd | -gὰːd/ 名 [U]《通例 the C-G-》沿岸警備隊《密貿易の取り締まり, 海難救助などに当たる》.

cóast·guàrds·man /-mən/ 名《複 -men /-mən/》《英》沿岸警備隊員《《英》coastguard》.

cóast·lànd 名 沿岸地帯.

*cóast·lìne 名 海岸線.

+cóast-to-cóast 形 Ⓐ《米》太平洋岸から大西洋岸までの; 全米の: a ~ TV network 全米テレビ網.

cóast·ward /-wəd/ -wəd/ 形 海岸のほうに向かう. ── 副 海岸のほうへ.

cóast·wards /-wədz/ | -wədz/ 副 =coastward.

cóast·wise 形 沿岸の. ── 副 海岸沿って.

*coat /kóut/ 名 ❶ a (外出・防寒用の)コート. b 上着, ジャケット: a ~ and skirt 女性の外出用スーツ. c (実験用の)白衣, コート状の保護用外衣. ❷ (獣の)外被《毛皮または毛》: a fine ~ of fur 立派な毛並み. ❸ a 皮, 殻, 膜: the ~s of an onion タマネギの皮. b〔銀などの〕めっき, コーティング. c〔ちりなどの〕層: a thick ~ of dust 厚くたまったほこり. d〔ペンキなどの〕塗り, 塗装: a new ~ of paint ペンキの新しい塗り. cóat of árms (盾形の紋章《由来 盾に描いた紋章を陣中着(tabard) にも描いたことから》. cóat of máil 鎖かたびら (cf. mail²). cút one's cóat accórding to one's clóth 収入に応じた生活をする. tráil one's cóat 《英》けんかをふっかける. túrn one's cóat 変節する, 裏切る; 改宗する. ── 動 (~(...)ㆍ~(...)の)表面をおおう, 〔ペンキなどを〕塗る, 〔錫(ㄒ)などを〕かぶせる《★しばしば受身》: おおう(~(...)の)表面をおおう: ~ a cake with frosting [《英》icing] ケーキに糖衣をつける / He finished it up by ~ing the surface with paint. 彼は表面にペンキを塗ってそれを仕上げた / The furniture was ~ed with [in] dust. 家具はほこりをかぶっていた.

cóat ármor 名 Ⓤ 紋章.

cóat chèck 名《米》(係員のいる)携帯品預かり所, クローク (cloakroom). cóat chècker 名

cóat drèss 名 コートドレス《コートに似た婦人用ドレス》.

cóat·ed /-tɪd/ 形 ❶ コート[上着]を着た. ❷ (複合語で)(...で)コーティングした, (...で)おおわれた: plastic-coated ビニールコーティングした. ❸ 上塗りを施した. b (紙が)艶(つ)出しした, 光沢のある, コート紙: ~ paper アート紙. c (舌が)(消化不良などで)こけが生えたように白くなった, 舌苔(ᴺ)の.

coat·ee /koutí | kóuti/ 名 コーティ《女性・子供用の半コート》.

cóat hànger 名 洋服掛け, ハンガー.

co·a·ti /kouáːti/ 名 動 ハナグマ《熱帯アメリカ産のアライグマに似た肉食動物; 長い鼻と尾を持つ》.

+cóat·ing /kóutɪŋ/ 名 ❶ U,C a (ペンキなどの)塗り, 上塗り: It needs another ~ of paint. もう一度ペンキで上塗りをする必要がある. b (料理・菓子アートなどの)〔舌がなどの〕衣. ❷ Ⓤ[コート[上着]用生地: new woolen ~ 新しいウールの生地.

cóat·ràck 名 (クロークなどの)洋服掛け[置棚].

cóat·ròom 名《米》=cloakroom.

335 cobby

cóat-stànd 名 コート掛け.

cóat·tàil 名 [通例複数形で]❶ (特に, 燕尾(ﾖﾝ)服・モーニングなどの)上着のすそ. on a person's cóattails 人の(名声・政治力などの)おかげで, 人の助けで: When a president wins an election by a landslide, many congressmen ride into office on his ~s. 大統領が選挙で大勝すると多くの議員が彼の力で政府の役職につく.
── 形 他人との連合で得られた.

+cò·áuthor 名 共著者 (of).

+coax¹ /kóuks/ 動 ⓐ ❶ 〈人を〉おだてて[なだめすかして][...]させる, やさしく説き伏せる (cajole): I ~ed her into [out of] attending the meeting. 私は彼女をその会合に出席する[しない]ようにうまく説き伏せた / ~ a person out of 〈人を〉うまくおだてて外に連れ出す / "Come on in," she ~ed. 「さあお入りなさい」とやさしく言った. ❷ a 〈人から〉〈物などを〉奪う: ~ a person out of his money 人を口車に乗せて金を巻き上げる. b 〈ものㆍ情報などを〉〈人などから〉うまく引き出す, うまく誘い出す (wheedle): She ~ed a smile from her baby. 彼女は赤ん坊をあやして笑わせた / He ~ed the secret out of his wife. 彼はうまく機嫌をとって妻からその秘密を探り出した. ❸ 〈機械などを〉うまく取り扱う[動かす]: ~ the lock of a trunk (open) トランクの錠を何とかあける / I ~ed the engine to start. 何とかエンジンを始動させた. / He ~ed the canary into its cage. カナリアをうまく扱ってかごに入れた.

co·ax² /kóuæks/ 名《口》=coaxial cable.

cò·áxial 形 同軸の.

cóaxial cáble 名 C,U (電信・電話・テレビなどの)同軸ケーブル.

cóax·ing 形 甘言を用いる, なだめすかす(ような): a ~ smile 機嫌をとるような笑い(方). ~·ly 副 なだめすかして.

cob¹ /káb | kɔ́b/ 名 ❶ トウモロコシの穂軸: eat corn on the ~ 穂軸についた(ままの)トウモロコシを食べる / = corn-cob. ❷ 足が短く丈夫な乗用馬. ❸《英》(パンなどの)小さい丸いかたまり (roll). ❹ 雄の白鳥 (↔ pen). ❺ = cobnut.

cob² /káb | kɔ́b/ 名 U《英》荒壁土, 壁土.

co·bal·a·min /koubǽləmən/, -mine /-mìːn/ 名 U,C 〔生化〕コバラミン(ビタミン B_{12} の一つ).

+cóˑbalt /kóubɔːlt/ 名 Ⓤ〔化〕コバルト《金属元素; 記号 Co》.

cóbalt blúe 名 Ⓤ ❶ コバルト青《顔料》. ❷ 暗青色.

cóbalt bómb 名 コバルト爆弾.

co·bal·tic /koubɔ́ːltɪk/ 形〔化〕コバルト (III) の.

co·bal·tous /koubɔ́ːltəs/ 形〔化〕コバルト (II) の.

cóbalt 60 /-síksti/ 名 Ⓤ〔化〕コバルト 60《質量数 60 のコバルトの放射性同位元素; がん治療用》.

Cobb /káb | kɔ́b/ 名, Ty [Tyrus Raymond] 名 カップ (1886–1961; 米国のプロ野球選手).

cob·ble¹ /kábl | kɔ́bl/ 動 ❶ 〈靴を〉修繕する. ❷ つぎはぎして雑に作り上げる (together).

cob·ble² /kábl | kɔ́bl/ 名 [通例複数形で] 丸石, 玉石, くり石 (pebble より大きく boulder より小さい; 昔は道路舗装用に用いられた).

+cób·bled 形 〈道路が〉丸石を敷いた.

cob·bler¹ /káblə | kɔ́blə/ 名 ❶《古風》靴の修繕屋: ~'s wax 靴の縫糸用のろう. ❷《諺》靴直しの女房はほろ靴をはく, 「紺(ᶜ)屋の白ばかま」/ The ~ should [Let the ~] stick to his last.《諺》本分を守れ, よけいな口[手]出しをするな. ❷[複数形で]《英》a ばかげたこと, 愚大儿(ɴᴀ). ❸《古》不器用な職人. Whát a lóad of (óld) cóbblers! = Cóbblers! 《英口》なんたるばか話だい, ばかばかしい.

cob·bler² /káblə | kɔ́blə/ 名 ❶ コブラー《ワインやシェリーにレモンなどのスライス・砂糖・氷を入れた飲み物》. ❷《米》コブラー(パイ)《上部だけに厚いパイ皮をかぶせたフルーツパイの一種》.

cóbble·stòne 名 =cobble².

cob·by /kábi | kɔ́bi/ 形 (cob¹ 種の馬のように) ずんぐりして強健な.

co·bel·lig·er·ent 名 共戦国. ━ 形 共戦国の.

co·bia /kóubiə/ 名 《魚》スギ《暖海に広く分布するスギ科の食用・釣用魚》.

co·ble /kóubl/ 名 《スコットランドなどの》平底漁船.

cób·nùt 名 セイヨウハシバミ(の実), ヘーゼルナッツ.

COBOL, Co·bol /kóubɔ:l | -bɔl/ 名 Ⓤ 《電算》コボル《事務データ処理のためのプログラミング言語; cf. computer language》. 《*c*ommon *b*usiness *o*riented *l*anguage》

co·bra /kóubrə/ 名 《動》コブラ《インド・アフリカ産の毒ヘビ》.

cò-brándìng 名 《商》共同ブランド構築.

cob·web /kábwèb | kɔ́b-/ 名 ❶ クモの巣[糸]. ❷ 《人を陥れる》わな, たくらみ. ❸ 《複数形で》(頭の中などの)もやもや, 迷їи, 混乱: get the ~*s out of one's eyes* (眠い目をこすって)眠気をさます. **blów the cóbwebs awày** (口) (1) 《散歩・旅行などして》頭の中のもやもやを取り除く, 気分を一新する. (2) 気風(など)を一新[刷新]する.

cób·wèbbed 形 クモの巣だらけの.

cob·web·by /kábwèbi | kɔ́b-/ 形 ❶ クモの巣だらけの. ❷ クモの巣のような; 軽く薄い.

co·ca /kóukə/ 名 ❶ Ⓒ《植》コカ, コカノキ《南米原産の常緑低木》. ❷ コカ葉《乾燥してコカインを採る》.

Co·ca-Co·la /kòukəkóulə/ 名 Ⓤ,Ⓒ《商標》コカコーラ《cf. Coke》.

*co·caine /koukéin/ 名 Ⓤ《化》コカイン《coca の葉から採った有機塩基; 局所麻酔剤》.

coc·cal /kákəl | kɔ́k-/ 形 球菌の[に関する].

coc·cid·i·oi·do·my·có·sis /kaksìdiɔ̀idoumóu-/ 名 Ⓤ《医》コクシジオイデス(真菌)症《発熱し, 肺が冒されるなどの症状を呈する》.

coc·cid·i·o·sis /kaksìdióusɪs/ 名 Ⓤ《獣医》コクシジウム症《家畜・鳥などに下痢や貧血を起こす》.

coc·coid /kákɔɪd/ 形 球菌様の; 球状の.

coc·co·lith /kákəlìθ | kɔ́k-/ 名 円石(¼¼), コッコリス《単細胞浮遊性生物の分泌した石灰質の微細な鱗片; 生物の死後堆積して軟泥をつくることもある》.

coc·co·li·tho·phore /kàkəlíθəfɔ̀:r | kɔ̀kəlíθəfɔ̀:-/ 名 《生》コッコリソフォア, 鱗鞭毛虫《石灰質の殻 (coccolith) を分泌する海産の微小な単細胞プランクトン性鞭毛虫》. **-li·thoph·o·rid** /-ləθɑ́fərɪd | -ɔ́f-/ 名 形

coc·cus /kákəs | kɔ́k-/ 名 (圈 coc·ci /kák(s)aɪ | kɔ́k-/) 球菌.

coc·cyg·e·al /kaksídʒ(i)əl | kɔk-/ 形 《解》尾(骶)骨(coccyx)の.

coc·cyx /káksɪks | kɔ́k-/ 名 (圈 coc·cy·ges /káksədʒì:z | kɔksɪ-/) 尾骨, 尾骶(5¾)骨. 《Gk=カッコウ; 形がカッコウのくちばしに似ていることから》

co·chair /kòutʃéə | -tʃéə/ 動 《…の》共同議長[司会者]を務める. ━ 名 共同議長[司会者].

Co·chin /kóutʃɪn, -tʃìn/ 名 時に c~》コーチン《大型の肉用種のニワトリ》.

coch·i·neal /kátʃənì:l | kɔ̀-/ 名 Ⓤ コチニール《エンジムシの雌を乾燥させて作る紅色染料》.

cóchineal insect 名 《昆》コチニールカイガラムシ, 臙脂虫(ऄक्क्र)《主にコチニールサボテンに寄生; 乾燥してコチニールを採る》.

Co·chise /koutʃí:s, -tʃí:z/ 名 コチース《1812?–74; チリカワ (Chiricahua) 北米先住民アパッチ族の族長》.

co·chle·a /kákliə | kɔ́k-/ 名 (圈 -chle·ae /-klì:/)《解》《内耳の》蝸牛殻(ऄ³ऄ¼), 渦巻管.

*cock¹ /kák | kɔ́k/ 名 **A** ❶ Ⓒ **a** おんどり《用法 B 1 (の語義)の《米》では通例 rooster を用いる》: As the old ~ *crows,* the young ~ *learns.*《諺》親鳥時を作れば若鳥これに習う, 「見よう見まね」/ Every ~ *crows on its own dunghill.*《諺》陰弁慶はだれにでもできる. **b** [通例複合語で] 《鳥の》雄: a ~ cardinal 雄ショウジョウコウカンチョウ / ⇒ cock robin, peacock 1, woodcock 1. ❷ Ⓤ 風見, 風見鶏(ㇶ) ⇒ weathercock. ❸ 《男同士の呼び掛けに用いて》《英俗》相棒, 大将, 君: old ~ おい[ねえ]君. ❹ Ⓤ《英俗》ばかげたこと, たわごと《★ cock-and-bull story から》: talk a load of old ~ ばか話をする.

━ **B** ❶ Ⓒ《卑》ペニス. ❷ Ⓒ《水道・ガス・たるなどの》コック, 蛇口, 栓《用法》《英》では tap,《米》では faucet を用いるほうが一般的》: turn on [off] a ~ コックをあける[しめる]. ❸ **a** Ⓒ《昔の銃の》打ち金, 撃鉄. **b** Ⓤ 打ち金の位置: ⇒ half cock / at full ~ 打ち金をいっぱいに起こして. **gò óff at hálf cóck** ⇒ half cock 成句.

(the) cóck of the wálk (口) 《いばっている》親分,「お山の大将」: He's ~ *of the walk* now. 今はボスに納まっている.

━ 動 ❶ ⓐ ~ one's nose 鼻をつんと上に向ける《軽蔑の表情》/ ~ one's head (つんとすましたり, 好奇心をもったりして)小首をかしげる. **b** 《目などを》あけて[…に]見る: He ~*ed* his eye *at* her. 彼は彼女に目くばせした, 彼女を心得顔にじろりと見た. ❷《銃の打ち金を》起こす. ❸《帽子の縁を上ぞりにする;《帽子》気取って斜めにする. ⇒ cocked hat.

cóck a snóok ⇒ snook 成句.

cóck of the róck 《鳥》イワドリ《カザリドリ科; 南米産》.

cóck úp (他+圖) (1)《…をぴんと立てる. (2)《英俗》《…をしくじる, 台なしにする.

cock² /kák | kɔ́k/ 名 《古風》《干し草などを積み上げた》小さな円錐(ᵉ̊ঽ̀)形の山 ≒ haycock. ━ 動 (他)《古》干し草などを円錐形の山に積み上げる.

cock·ade /kakéid | kɔk-/ 名 花形帽章, コケイド《階級・会員などの表象として帽子につけるバラ花飾り; 今の英国王室の従僕が帽子につける》.

cock-a-doo·dle-doo /kákədù:dldú: | kɔ́kə-/ 名 (圈 ~s) コケコッコー《おんどりの鳴き声》.

cock-a-hoop /kàkəhú:p | kɔ̀k-/ 形 Ⓟ (口)《…について》大得意で, 大喜びで; 威張って: He was ~ *about* the birth of his first child. 彼は初めての子供の誕生に大喜びだった.

cock·a·leek·ie /kàkəlí:ki | kɔ̀k-/ 名 Ⓤ《スコ》コッカリーキー《鶏肉を煮込んで西洋ネギ (leek) を加えたスープ》.

cock·a·lo·rum /kàkəlɔ́:rəm | kɔ̀k-/ 名 (圈 ~s) 《雄の若鶏のような》いばりくさった小男, 生意気なやつ.

cock·a·ma·my, -mie /kàkəmémi | kɔ̀k-/ 形《米俗》できの悪い, 低級な; ばかげない, 信じられない. ━ 名 ばかばかしいこと[もの].

cóck-and-búll stòry 名 《口》たわいもないでたらめ話, まゆつばもの. 《cock と bull が自慢し合う昔の民話から》

cock·a·tiel, -teel /kàkətí:l | kɔ̀k-/ 名 《鳥》オカメインコ.

cock·a·too /kákətù: | kɔ̀kətú:/ 名 ❶ 《鳥》《冠羽のある, 一般に羽毛の白い》オウム, オカメインコ《オーストラリア産》. ❷ 《豪口》小農場主.

cock·a·trice /kákətrɪs, -trɪs | kɔ́k-/ 名 コカトリス《おんどりの卵から生まれ, 頭と足と羽はニワトリ, 胴体と尾はヘビで, ひとにらみで人を殺したといわれる伝説上の怪物; cf. basilisk 1, griffin》.

cóck·bòat 名 《本船付属の》小舟.

cóck·chàfer 名 《昆》《ヨーロッパ》コフキコガネ《植物に害を与えるコガネムシの一種》.

cóck·cròw, cóck·cròwing 名 Ⓤ 夜明け: at ~ 夜明けに.

cócked hát 名 ❶ 三角帽《18 世紀に正装用に使用された三面が上に折り上がった帽子》. ❷《左右または前後の》つばを上に曲げた帽子. **knóck…ìnto a cócked hát** (1) 《人を》完全にやっつける, 打ち破る. (2)《計画などを》台なしにする, だめにする.

cock·er /kákə | kɔ́kə/ 名 =cocker spaniel.

cock·er·el /kák(ə)rəl | kɔ́k-/ 名 《1 歳未満の》若いおんどり.

cócker spániel 名 コッカースパニエル《犬》《狩猟または愛玩用の犬の一種》. 《主に cocking「ヤマシギ (woodcock) 猟」に用いられたことから》

cóck·èyed 形 《口》❶ ⓐ やぶにらみの, ゆがんだ, 傾いた (crooked). ❷《話などが》ばかな, ばかげた (absurd): a ~ story ばかげた話. ❸ 酔っぱらった;

cocker spaniel

《俗》意識不明の, 気を失った.

cock·fight 名 闘鶏(試合).

cock·fighting 名 ⓤ 闘鶏《おんどり・シャモの足に金属製のけづめ (spur) をつけて戦わせる》.

cock·horse 名 ❶ 揺り木馬. ❷ 《子供がまたがって遊ぶ, おもちゃの》お馬 《ほうき・棒など》: 馬乗りになって; ride ~ on a broomstick ほうきの柄に馬乗りに乗る《★ 昔, 魔女はこうして空を飛んだと伝えられた》.

cock·le¹ /kákl | kókl/ 名 ❶ ⓒ 《貝》ザルガイ《食用になる二枚貝》. ❷ =cockleshell. the cóckles of one's [the] héart 心の奥底: The scene delighted [warmed] the ~s of my heart. その光景は私を心から喜ばせた.

cock·le² /kákl | kókl/ 名 《植》ムギセンノウ《畑に生える雑草》; ⇒ corn cockle.

cock·le³ /kákl | kókl/ 名 《紙・皮などの》しわ (wrinkle). ── 動 ⊕ ⊖ しわになる[する]; 波立つ, 波立たせる.

cock·le·bur /kákl | -bə̀ː/ 名 《植》❶ オナモミ《キク科の雑草》. ❷ ゴボウ《キク科》.

cock·ler /káklə | -lə/ 名 ザルガイを採って売る人, ザルガイ売り.

cock·le·shell 名 ❶ ザルガイの貝殻. ❷ 底の浅い小舟.

cóck·lòft 名 小さな屋根裏部屋.

cock·ney /kákni | kókn-/ 名 《しばしば C~》 ❶ ⓒ ロンドン子 《解説》伝統的にはバウ教会 (Bow Church) の鐘の音が聞こえる地域に育った人々をさすといわれるが, 主としてロンドンの East End 地区に住むロンドン方言を話す労働者階級の人をさす; cf. Bow bells》. ❷ ⓤ ロンドン英語[なまり] 《★ /eɪ/ を /aɪ/ と発音したり, 語頭の /h/ を発音しなかったりする》. ── 形 ロンドン風(の): He speaks with a ~ accent. 彼にはロンドンなまりがある. 《COCK¹+ME ey 卵; もと「甘やかされた子供」>「(軟弱な)都会人」の意》

cock·ney·ism /níɪzm/ 名 ⓤⓒ ロンドンなまり (cf. cockney 2).

*c**óck·pit** /kákpìt | kók-/ 名 ❶ a 《航空機・宇宙船・レーシングカーなどの》操縦室[席], コックピット. b 《ヨットなどの》操舵(*ど)席. ❷ a 闘鶏場. b 闘争の場; 古戦場: the ~ of Europe ヨーロッパの古戦場《ベルギーのこと》.

cóckpit vóice recórder 名 《空》コックピットボイスレコーダー《事故原因解析を目的とする操縦室音声録音装置; 略 CVR》.

†**cóck·ròach** 名 《昆》ゴキブリ.

cóck róbin 名 コマドリの雄: Who killed Cock Robin? だれが殺したコックロビン《★ 有名な童謡 (nursery rhyme) のひとつの出だし》.

cocks·comb /kákskòum | kóks-/ 名 ❶ 《おんどりの》とさか. ❷ 《植》ケイトウ. ❸ =coxcomb 1.

cócks·fòot 名 《植》カモガヤ《牧草; 小花が鳥の指状に開いてつくことから》.

cóck·shỳ 名 標的落とし《球・棒などを投げて賞品を落とすゲームで, もとは鶏を縛って的とした》; 標的落としの標的; [比喩的に] 嘲笑[非難]の的.

cócks·màn 《米卑》精力絶倫の男; 色事師, 女たらし.

cóck spárrow 名 ❶ 雄のスズメ. ❷ 元気のよいけんかっ早い男.

cóck·sùck·er 名 《卑》❶ フェラチオをする人. ❷ 見下げてたやつ, げす, ちくしょう, ばかたれ.

cóck·súre 形 《古風》《人・態度などで》ひとり決めの, うぬぼれの強い, 自信過剰の.

cóck·swain /káks(ə)n, -swèɪn | kók-/ 名 =coxswain.

*c**óck·tail** /káktèɪl | kók-/ 名 ❶ ⓒ カクテル《ジン・ウイスキーなど強い酒をベースにして, 芳香料・苦味剤・甘味などを加えた混合酒》. ❷ ⓒⓤ 《通例修飾語を伴って》《前菜としての》カクテル《フルーツ・カニ・ハマグリなどにトマトケチャップなどで作ったソースを添えた前菜料理》: (a) shrimp ~ 小エビのカクテル. ❸ ⓒ 《さまざまな要素の》混合(物).

cócktail bàr 名 カクテルを出すバー.

cócktail drèss 名 カクテルドレス《カクテルパーティーなどに着る婦人のセミフォーマルドレス》.

cócktail lòunge 名 カクテルラウンジ《ホテル・クラブ・空港などでカクテルを出す部屋》.

cócktail pàrty 名 カクテルパーティー《夕食前の午後4-6時ごろ催され, カクテルなどの酒類が供される社交的会合》.

337　code

cócktail shàker 名 =shaker 1 c.

cócktail stìck カクテルスティック《チーズの小片やオリーブなどに刺すような状の細い棒》.

cócktail wàitress 名 バーのホステス.

cóck·ùp 《英俗》へま, 失敗; てんやわんやの状態.

†**cóck·y** /káki | kóki/ 形 (cóck·i·er; -i·est) 《口》気取った; うぬぼれた; 生意気な: ~ intellectuals 生意気なインテリたち. **cóck·i·ly** 副 **-i·ness** 名

cock·y·leek·y /kàkɪlíːki | kòk-/ 名 =cock-a-leekie.

co·co /kóʊkoʊ/ 名 (物 ~s) ❶ 《植》ココヤシ. ❷ =coconut.

*c**o·coa** /kóʊkoʊ/ 名 ❶ ⓤ ココア (cacao の種子を大部分脱脂して炒(*)り, 粉末にしたもの; cf. chocolate 1 a》. ❷ a ⓤ ココア《飲料》: a cup of ~ ココア1杯. b ⓒ ココア1杯. ❸ ⓤ ココア色, 赤茶色. ── 形 ココア色の; ココア色の, 赤茶色の, 《CACAO の異形》

cócoa bèan 名 ココア豆《cacao の種子; ココア・チョコレートの原料》.

cócoa bùtter 名 ⓤ カカオ脂.

cócoa·nùt 名 =coconut.

cócoa pòwder 名 =cocoa 1

coco-de-mer /kòʊkoʊdəméə | -méə/ 名 《植》オオミヤシ (Seychelles 諸島産); オオミヤシの実《食用》.

†**co·co·nut** /kóʊkənʌ̀t/ 名 ❶ ⓒ ココナツ《ココヤシの実; 実の胚乳からやし油 (coconut oil) を採る; 若い果実には果汁 (coconut milk) があり飲料にする》.

cóconut bùtter 名 ⓤ ココナツバター.

cóconut ìce 名 ⓤ ココナツアイス《砂糖・乾燥ココナツなどで作るピンクまたは白の菓子》.

cóconut màtting 名 ⓤ ココヤシむしろ《ココヤシの実の外皮の繊維 (coir) で作ったむしろ》.

cóconut mìlk 名 ⓤ ココヤシの果汁[胚乳], ココナツミルク.

cóconut pàlm [trèe] 名 =coco 1.

cóconut shỳ 名 《英》《ココヤシの実を的とする》標的落とし.

co·coon /kəkúːn/ 名 ❶ 《カイコなどの》繭(*). ❷ 包むもの, おおい. ── 動 ⊕ ❶ 《繭で包むように》保護する. ❷ 《機械などに》保護被膜を吹きつける.

co·cóon·ing 名 《米》コクーニング, 「ひきこもり」《外界との接触を絶ち, 家に閉じこもって過ごすこと》.

Có·cos Ísland /kóʊkəs-/ 名 ココス諸島《Java 島の南西にあるサンゴ礁島群; オーストラリア領》.

co·cotte /koʊkát | -kót/ 名 ❶ ココット《小型耐火なべ》. ❷ 《古》高級売春婦. 《F》

Coc·teau /F kaktóʊ | kóktoʊ/, **Jean** /ʒáːŋ/ 名 コクトー (1889-1963) フランスの詩人・作家; 前衛作家として文学・映画・絵画など広く芸術界に活躍した.

cod¹ /kád | kód/ 名 (物 ~, ~s) ⓒⓤ 《魚》タラ.

cod² /kád | kód/ 《英俗》動 (cod·ded; cod·ding) ❶ もじる, からかう. ❷ だます, ばかにする. ── 名 ❶ 人をからかうこと, ほら. ❷ もじり.

cod³ /kád | kód/ 名 ⓤ 《英俗》ばかばかしいこと, ナンセンス.

Cod /kád | kód/, **Cape** 名 ⇒ Cape Cod.

COD /síːòʊdíː/ 《略》《米》collect] on delivery: 代金引き換え払い.

co·da /kóʊdə/ 名 ❶ 《楽》コーダ, 《楽曲・楽章などの》終結部. ❷ 詰め, 大詰め. 《It =しっぽ; ⇒ CAUDAL》

cod·dle /kádl | kódl/ 動 ⊕ ❶ 《口》《人・動物を》甘やかす, 大事に扱う[育てる]. ❷ 《卵・果物などを》とろ火でゆでる[煮る].

*c**ode** /kóʊd/ 名 ❶ a 《体系だった》符号, 記号, コード: ⇒ area code, bar code, zip code. b 暗号, 信号: in ~ 暗号で, 信号で《★ 無冠詞》/ a telegram 暗号電報 / the International C- 万国船舶信号; 万国共通電信符号 / ⇒ Morse code / break [crack] the enemy's ~ 敵の暗号を解読する. ❷ 《ある階級・学校・団体・同業者などの体系のある》規約, 規則, 規定; 慣例: the ~ of the school 学則 / a moral ~ 道徳律 / the social ~ of manners 《社交上の》作法のおきて / a ~ of silence《秘密を口外し

い)沈黙の掟 / a ~ of practice (社内などの)実践規約. ❸ 法典: the civil [criminal] ~ 民[刑]法. ❹ 〘電算〙コード, 符号体系. ❺ 〘発生〙(生物の特徴を決める)情報, 暗号: a genetic ~ 遺伝情報. ── [動] [他] ❶ 〈電文を〉暗号[信号]にする. ❷ 〘電算〙〈...を〉コード化する. 〚F < L *codex* 法典, 書板〛

C

códe bòok [名] 電信暗号帳, コードブック.

co·dec, CODEC /kóudek/ [名] 〘通信〙 コデック, 符号器/復号器 《コンピューターから電話回線を使ってデータを送受信するための機器》.

⁺**cód·ed** /-dɪd/ [形] ❶ (情報など)暗号化[符号化]された. ❷ (表現など)間接的な, 婉曲的な. ❸ (識別用に)番号[記号]のふられた; 数字[記号]で表わされた.

co·deine /kóudi:n/ [名] [U] 〘薬〙 コデイン 《鎮痛・催眠剤》.

códe nàme [名] コード名 《人・ものの名の代わりに用いられる符号》.

códe-nàme [動] [他] 〈...に〉コード名をつける.

códe nùmber [名] コード番号 《個々の名前の代わりにつけられた番号》.

cò·depéndency, -depéndence [名] [U] 共依存(症) 《アルコール依存症患者などと生活して世話をする立場の人間が, その関係に(精神的に)過度に依存する状態; 患者の治癒を妨げ, 当人の情緒的障害などの原因となる》. **cò·depéndent** [形] 共依存(関係)の, 共依存症の. ── [名] 共依存関係にある人, 共依存症の人.

cod·er /kóudə | -də/ [名] ❶ 符合[コード]化する人. ❷ 〘電算〙コーダー, 符合器 (encoder).

códe-shàring [名] [U] コードシェアリング, 共同運航 《2つ以上の航空会社が提携し, 同じ便にそれぞれの便名をつけて航空券を販売すること》.

códe wòrd [名] ❶ =code name. ❷ 《米》婉曲語.

co·dex /kóudeks/ [名] ([複] **co·di·ces** /-dəsì:z/) ❶ (聖書・古典などの)写本. ❷ 製剤・処方集, 薬局方. 〚L; cf. code〛

⁺**cód·fish** [名] ([複] ~, ~·es) =cod[1].

cod·ger /káʤə | kóʤə/ [名] 《口》(通例老人の)偏屈者, 変人.

co·di·ces [名] codex の複数形.

cod·i·cil /kádəsɪl | kóud-/ [名] ❶ 〘法〙 遺言補足書. ❷ 追加条項, 付録.

co·di·col·o·gy /kòudəkáləʤi | -kɔ́l-/ [名] [U] 写本研究, 写本学. **co·di·co·log·i·cal** /kòudəkəláʤɪk(ə)l/ [形]

cod·i·fi·ca·tion /kàdəfɪkéɪʃən | kòu-/ [名] [U,C] 法典編集, 法典化, 成文化.

cod·i·fy /kádəfàɪ | kóu-/ [動] [他] 〈法律を〉法典 (code) に編む; 成文化する.

⁺**cód·ing** /-dɪŋ/ [名] ❶ **a** [U] (識別用の)目じるし[番号, 記号]づけ. **b** [C] (識別用)記号, 番号, 符号. ❷ [U] 〘生化〙(遺伝情報の)暗号[符号, コード]化.

cod·lin /kádlɪn | kɔ́d-/ [名] =codling[2].

cod·ling[1] /kádlɪŋ | kɔ́d-/ [名] ([複] ~, ~s) 小ダラ; タラの幼魚.

cod·ling[2] /kádlɪŋ | kɔ́d-/ [名] 頭のとがったリンゴの一種 《英国産; 料理用》.

cód-lìver óil [名] [U] 肝油.

cò·domáin [名] 〘数〙 変域, 値域.

co·don /kóudan | -dɔn/ [名] 〘遺〙 コドン 《ヌクレオチドが3個配列したもので, 特定のアミノ酸を指定する遺伝情報の最小単位》.

cod·piece /kádpì:s | kɔ́d-/ [名] コッドピース 《15-16 世紀の男性用ズボンの前あきを隠すためにつけた装飾的な袋[布]》.

cò·dríver [名] (ラリーなどでの)交替運転手.

cods·wal·lop /kádzwàləp | kɔ́dzwɔ̀l-/ [名] [U] 《英俗》 たわごと, ばかばかしいこと.

Co·dy /kóudi/, **William F(rederick)** [名] コーディ 《Buffalo Bill の本名》.

coe·cil·ia·n /si:síliən/ [名] =caecilian.

co-ed /kóuèd/ [形] [A] 《口》 ❶ 男女共学の: a ~ school (男女)共学学校. ❷ 男女混合の, 両性のための. ── [名] ([複] ~s) 《米古風》(男女共学の大学の)女子学生. 〚*co-educational*〛

cò·éditor [名] 共編者.

cò·educátion [名] [U] (男女)共学.

cò·educátional [形] 男女共学の.

cò·efficient [名] 〘数・理〙 係数, 率: a differential ~ 微分係数 / a ~ of expansion 膨張係数 / a ~ of friction 摩擦係数.

-coel /⌐─sì:l/ [名詞連結形] =-coele.

coe·la·canth /sí:ləkænθ/ [名] 〘魚〙 シーラカンス 《古生代の原始魚類で, 現生する》.

-coele /⌐─sì:l/ [名詞連結形] 「腔」「体腔」. 〚Gk *coilos* 中空の〛

coe·len·ter·ate /sɪléntərèɪt/ 〘動〙 [名] 腔腸(こうちょう)動物 《クラゲ・イソギンチャクなど》. ── [形] 腔腸動物の.

coe·li·ac /sí:liæk/ [形] 《英》 =celiac.

coe·lom /sí:ləm/ [名] ([複] ~s, **-lo·ma·ta** /sɪlóumətə, -lám-/) 〘動〙 体腔 (body cavity).

coe·lo·mate /sí:ləmèɪt, -mət/ 〘動〙 [形] 体腔のある. ── [名] 体腔動物.

coen·a·cle /sénɪk(ə)l/ [名] =cenacle.

coe·no·bite /sí:nəbàɪt/ [名] =cenobite.

coe·no·cyte /sí:nəsàɪt/ [名] 〘生〙 多核細胞, 多核体, ケノサイト. **coe·no·cyt·ic** /sì:nəsítɪk⌐/ [形]

cò·énzyme [名] [U] 〘生化〙 補酵素, コエンチーム, コエンザイム. **-enzymátic** [形] **-ti·cal·ly** [副]

co·e·qual /kòuí:kwəl/ [形] 同等の, 同格の: Women should be treated as ~ ***with*** men in every way. 女性はあらゆる面で男性と同等に扱われるべきだ. ── [名] 同等の人, 同格の人 〔*with*〕. **~·ly** [副]

⁺**co·erce** /kouə́:s | -ə́:s/ [動] [他] 強制[強要]する, 強いる, 〔...〕させる: They ~*d* her ***into*** sign*ing* the contract. 彼らは無理に彼女にその契約書に署名させた / Our consent *was* ~*d*. 我々は承諾を強いられた. 〚L=支配[管理, 抑圧]する < co-+*arcere* 囲う, 閉じこめる; cf. exercise〛 ([名] coercion, [形] coercive)

⁺**co·er·cion** /kouə́:ʒən, -ʃən | -ə́:ʃən/ [名] [U] ❶ 強制, 強要 (compulsion). ❷ 威圧, 弾圧政治.

⁺**co·er·cive** /kouə́:sɪv | -ə́:-/ [形] 強制的な, 威圧的な, 高圧的な: ~ measures 強制手段. **~·ly** [副] **~·ness** [名]

co·er·civ·i·ty /kòuə:sívəti | -ə:-/ [名] [U] 〘理〙 (材料の)保磁力.

cò·etérnal [形] 永遠に共存する 〔*with*〕. **~·ly** [副]

co·e·val /kouí:v(ə)l/ [形] 同年代の 〔*with*〕. ── [名] 同時代の人[もの].

cò·evolútion [名] [U] 共進化 《系統的に無関係の生物体が相互に関連し同時に進化すること》.

cò·exíst [動] [自] 共存する; (同一場所に)同時に存在する: A violent temper cannot ~ ***with*** a love of peace. 激しい気性と平和を愛する心とは共存できない.

cò·exístence [名] [U] 共存, 共在 〔*with*〕.

cò·exístent [形] 共存する 〔*with*〕.

cò·exténsive [形] (時間・空間において)同一の広がりをもつ: The District of Columbia is ~ ***with*** the city of Washington. コロンビア特別区はワシントン市と同一地域を占める.

có·fàctor [名] 〘数〙 余因子, 余因数; 〘生化〙 補(助)因子, 共同因子.

C. of E. 《略》 Church of England.

⁑**cof·fee** /kɔ́:fi, káfi | kɔ́fi/ [名] ❶ **a** [U] **コーヒー**: a cup of ~ コーヒー1杯 / weak [strong] ~ 薄い[濃い]コーヒー / ~ and milk ミルク入りコーヒー / make ~ コーヒーをいれる / ⇨ BLACK coffee. **b** [C] コーヒー1杯: They ordered two ~*s*. コーヒーを2つ注文した. ❷ [U,C] コーヒー豆. ❸ [U] コーヒー色, 暗黒色.

cóffee bàr [名] 《英》 コーヒーバー 《スタンドでコーヒー・軽食を出す飲食店》.

cóffee bèan [名] コーヒー豆.

cóffee brèak [名] コーヒーブレーク 《午前・午後なかほどの短い休憩》: take [have] a ~ コーヒーブレイクをとる[にする].

cóffee càke [名] [U,C] コーヒーケーキ 《くるみ・干しぶどうなどの入ったパン菓子; コーヒーを飲むときなどに食べる》.

***cóffee cùp** [名] コーヒーカップ[茶わん].

cóffee èssence 名 U コーヒーエッセンス.
cóffee grìnder 名 コーヒーひき(器).
cóffee hòuse 名 コーヒー店, 喫茶店 《コーヒーや軽食を出す店; 18-19世紀英国では文人・政客などがクラブとして利用した》.
cóffee klàtsch [klàtch] /-klætʃ/ 名《米》コーヒーを飲みながらのおしゃべり会.
cóffee machìne 名 コーヒー自動販売機.
cóffee màker 名 コーヒーメーカー 《コーヒーを沸かす器具》.
cóffee mìll 名 コーヒーひき.
cóffee mòrning 名《英》(特にチャリティーの)朝のコーヒーパーティー.
⁺cóffee pòt 名 コーヒーポット.
⁺cóffee shòp 名 ❶ コーヒーショップ 《ホテル内などの喫茶軽食の店》. ❷ コーヒー豆を売る店.
cóffee spòon 名 コーヒースプーン 《デミタスコーヒーにつける小型のスプーン》.
⁺cóffee tàble 名 コーヒーテーブル 《ソファーの前に置く低いテーブル》.
cóffee-tàble 形 コーヒーテーブル向きの《絵・写真の多い大型豪華本[雑誌]についていう》.
cóffee-tàble bóok 名 《コーヒーテーブルに置いてあるような》大型の立派な本 《画集・写真集など》.
cóffee trèe 名 《植》コーヒーノキ 《コーヒー豆のなる低木》.
⁺cof·fer /kɔ́:fə | kɔ́fə/ 名 ❶《古風》貴重品箱, 金箱. ❷《複数形で》財源, 資金: the ~s of the State 国庫. ❸《建》《格(⁵)天井の格間(⁶ː)》. 《F＜L＝かご; cf. coffin》
cóffer·dàm 名 ❶ 防水せき, 囲いぜき 《橋脚・ダム工事などのときに一時的に水を排除する止水壁》. ❷《工》潜函(ゼンカン).
⁺cof·fin /kɔ́:fin | kɔ́f-/ 名 棺, ひつぎ. ── 他《遺体を》棺に入れる, 納棺する. 《F＜L＝かごく Gk》
cóffin bòne 名 《馬の》蹄骨.
cof·fle /kɔ́:fl, kɑ́f- | kɔ́f-/ 名 《鎖でつないだ》一連の獣[奴隷].
cof·fret /kɔ́:frət, kɑ́f- | kɔ́f-/ 名 小箱, 小型容器.
cò·fúnd 他 共同出資する.
cog¹ /kɑ́g, kɔ́:g | kɔ́g/ 名 ❶ a 《歯車の》歯. b ～wheel. ❷ 《口》《企業・事業などで》必要だがつまらぬ仕事をしている人, 《歯車》: be just a ～ in the (corporate) machine (会社)組織の一員 《歯車》にすぎない.
cog² /kɑ́g, kɔ́:g | kɔ́g/ 名 小型漁船; 小型ボート.
co·gen·cy /kóudʒənsi/ 名 U 《理由・推論の》適切さ, 説得力.
cò·generátion 名 U コジェネレーション, 熱電併給 《電気と熱を同時に供給するシステム; 発電時に生じた排熱を給湯や冷暖房に有効利用するなど》.
co·gent /kóudʒənt/ 形 《理由・推論など》人を承服させる, なるほどと思わせる, 適切な: a ～ argument 説得力のある議論. ~·ly 副
cogged /kɑ́gd, kɔ́:gd | kɔ́gd/ 形 歯車のついた.
cog·i·tate /kɑ́dʒətèit | kɔ́dʒ-/ 動 自 《...について》考える, 熟慮する 《*about, on, upon*》.
cog·i·ta·tion /kɑ̀dʒətéiʃən | kɔ̀dʒ-/ 名 U,C 思考(力), 熟考; 思案: after much ～ あれこれと考えたあげく.
cog·i·ta·tive /kɑ́dʒətèitiv | kɔ́dʒətə-/ 形 ❶ 思考力のある, 思考[熟考]する. ❷ 思いにふける.
co·gi·to /kɑ́gitou | kɔ́g-/ 名 《通例 the ~》コギト 《'cogito, ergo sum' という哲学の原理》; 自我の知的作用.
cógito èrgo súm /kɑ́gitou ə̀:goʊ súm | kɔ́g- ə̀:goʊ/ 我思う, ゆえに我あり《デカルト (Descartes) 哲学の原理》. 《L＝I think, therefore I am》
⁺co·gnac /kóunjæk | kɔ́n-/ 名 U,C コニャック 《上等のブランデー》. 《フランスの産地名から》
cog·nate /kɑ́gneit | kɔ́g-/ 形 ❶《言》同語族の; 同語源の 《*with, to*》: ～ languages 同族言語. ❷ 関連する, 同種の, 同じ性質の: physics and the ～ sciences 物理学とその同系の科学 / a science ～ *with* [*to*] economics 経済学と関連する科学. ❸ 祖先を同じくする, 同血族の 《*with, to*》. ❹《文法》➡ cognate object. ── 名 ❶《言》同族の言語; 同語源語. ❷ 血縁者, 親族.

339 **cohort**

cógnate óbject 名《文法》同族目的語 《たとえば *die* a glorious *death*, live a glorious *happy* life における death, life》.
cog·ni·tion /kɑgníʃən | kɔg-/ 名 U 《心理・哲》認識, 認知; 認識力.
⁺cog·ni·tive /kɑ́gnətiv | kɔ́g-/ 形 認識[認知]の.
cógnitive dissonance 名 U《心》認知的不協和 《二つの矛盾する信念や態度を同時にとることによる心理的葛藤》.
cógnitive science 名 U 認知科学 《認知過程のメカニズムと機能を明らかにしようとする学際的研究》.
cógnitive thérapy 名 U《精神医》認知療法 《否定的自己認識と期待によってゆがんだ思考を正すことで, 鬱病の徴候を減じてゆく療法》.
cog·ni·za·ble /kɑ́gnəzəbl | kɔ́g-/ 形 ❶ 認識できる. ❷《法》《犯罪など》裁判所の管轄内にある, 審理しうる. **-bly** /-zəbli/ 副
cog·ni·zance /kɑ́gnəz(ə)ns | kɔ́g-/ 名 U ❶ 認識, 《事実の》認知り: have ～ of...を知っている / take ～ of...を認める; ...を考慮に入れる / be [lie] within [beyond, out of] one's ～ 認識の範囲内[外]である. ❷《法》《裁判に顕著な事実についての》裁判所による確認.
cog·ni·zant /kɑ́gnəz(ə)nt | kɔ́g-/ 形 P《...を》認識して, 知って: He's ～ *of* his situation. 彼は自分の置かれている立場を認識している.
cog·nize /kɑgnáiz | kɔ́gnaiz/ 動 他《哲》認める, 認識する.
cog·no·men /kɑgnóumən | kɔg-/ 名 《複 ~s, **-nom·i·na** /-námənə/ | **-nom-**/》呼び名, 称号; 姓.
co·gno·scen·te /kɑ̀njəʃénti, kɑ̀gnə-/ 名 《複 **-ti** /-ti:/》通, 目利き.
cóg ràilway 名 歯形レール鉄道, アプト式鉄道.
cóg whèel 名 はめば歯車.
⁺co·hab·it /kouhǽbit/ 動 自 ❶《特に》結婚していない男女が》同棲(ドウセイ)する; 《...と》同居する 《*with*》. ❷《...と》共存する; 二つのことが両立する.
co·hábitant 名 =cohabiter.
co·hab·i·ta·tion /kouhæ̀bətéiʃən/ 名 U ❶ 同棲, 同居, 共同生活. ❷《特にフランスの》保革共存, コアビタシオン.
co·hab·it·ee /kouhæ̀bətí:/ 名 =cohabiter.
co·hábiter /-tə | -tə/ 名 同棲者.
co·heir /kouéə | -éə/ 名《法》共同相続人.
co·heir·ess /kouéər(ə)əs/ 名《法》女子共同相続人.
Co·hen /kóu(h)ən | kóu(h)ənim/ コーヘン 《Aaron の子孫であるために一種の宗教上の特権と責務をもつユダヤ人家系の一員》.
co·here /kouhíə | -híə/ 動 自 ❶ 《文体・論理などか》筋が通っている, 首尾一貫している. ❷ しっかりと結合する; 密着する. 《L＝...と結びつくく co-+*haerere*, *haes-* はなれない; cf. hesitate》 形 coherent, cohesive, 名 coherence, cohesion》【類義語】➪ stick².
⁺co·her·ence /kouhí(ə)rəns/ 名 U 《文体・論理などの》統一, 首尾一貫性 (↔ incoherence): (a) lack of ～ 一貫性の欠如 / lack ～ 一貫性を欠く. 《動 cohere》
co·hér·en·cy /-rənsi/ 名 =coherence.
⁺co·her·ent /kouhí(ə)rənt/ 形 ❶《話などが》筋の通った, 首尾一貫した (↔ incoherent); 明快な, わかりやすい: a ～ explanation 理路整然とした説明. ❷ 密着する, 粘着する. ~·ly 副 《動 cohere》
co·her·er /kouhí(ə)rə | -rə/ 名《電》コヒーラー 《検波器の一種》.
⁺co·he·sion /kouhí:ʒən/ 名 U ❶ 結合(力). ❷《理》《分子の》凝集力. 《動 cohere》
⁺co·he·sive /kouhí:siv/ 形 ❶ 密着する, 結合力のある. ❷《理》凝集性の. ~·ly 副 ~·ness 名
co·ho, -hoe /kóuhou/ 名 《複 ~, ~s》 《また **cóho sàlmon**》《魚》ギンザケ.
⁺co·hort /kóuhɔ:t | kóuhɔ:t/ 名 ❶《米》仲間, 相棒. ❷《統計》《同時出生集団などの》群, コーホート. ❸ **a** 《古代ローマの》歩兵隊 《legion を10に分けたその1隊で300人か600人》. **b** 《しばしば複数形で》軍隊. ❹《生》《分類上の》

亜綱[亜科]の下位階級.《F<L cohors, cohort- 囲い地, 一団; cf. court》

co·hosh /kóuhɑʃ | -hɔʃ/ 名《植》コホッシュ《サラシナショウマ属の多年草 (black cohosh), ルイヨウボタン (blue cohosh); 北米原産の毒草[薬草]》.

co·húne (pálm) /kouhúːn(-)/ 名《植》コフネヤシ《中南米原産; 果実から良質の油が採れる》.

COI /síːòuài/《略》Central Office of Information《英》中央公報局.

coif¹ /kɔ́if/ 名 コイフ《耳までぴったり包むずきん; 修道女がベールの下にかぶる以外現在あまり用いられない》.

coif² /kwɑ́ː f/ 動〈髪を〉セットする.

coif·feur /kwɑːfə́ː | -fə́ː/ 名 美容師《男》.

coif·feuse /kwɑːfə́ː z/ 名 美容師《女》.

coif·fure /kwɑːfjúə | -fjúə/ 名 髪型, 髪の結い方 (hairstyle). ── 動〈髪を〉セットする.

coif·fured 形 手入れをされた, 整った; ブラシを入れた[くしけずられた]髪の, 髪がカールの.

coign /kɔ́in/ 名 a (壁などの)突角, 外角. **cóign of vántage** 有利な地点, 地の利, 要害; 有利な立場, 優位《★Shakespeare 「マクベス」から》.

⁺**coil**¹ /kɔ́il/ 名 ❶ a (ぐるぐると)巻いたもの, 輪: wind up a rope in ～s ロープをぐるぐると輪に巻く. b (縄・針金などの)ひと巻き, ひとかせ: **a ～ of rope** ロープひと巻き. **c** 避妊リング (IUD). ❷ 巻き毛: Her hair hung in ～s. 彼女の髪は巻き毛で垂れ下がっていた. ❸《電》コイル, 線輪. ── 動 他 ❶〈長くしなやかなものを〉ぐるぐる巻く, 渦巻き状に巻く: ～ **a rope (up)** ロープを巻く / They ～ed electric wire **around** the iron bar. 彼らはその鉄の棒に電線を巻きつけた. ❷ とぐろを巻く, 丸くなる; 巻きつく: The snake ～**ed up**. へびがとぐろを巻いた / The rope had ～**ed around** his ankle. そのロープは彼の足首に巻きついた. ❷《副詞(句)を伴って》渦巻きながら進む[流れる]. ❸〈感情が〉渦巻く, 収拾がつかなくなる.《F<L colligere 集める; ⇒collect¹》

coil² /kɔ́il/ 名《古・詩》騒ぎ, 混乱; 面倒. **shúffle óff this mórtal cóil** この世のわずらわしさをなくす; 死ぬ《★Shakespeare 「ハムレット」から》.

*__coin__ /kɔ́in/ 名 ❶ Ⓒ 硬貨, 鋳貨《米国の硬貨は1セント (penny), 5セント (nickel), 10セント (dime), 25セント (quarter), 50セント (fifty-cent piece), 1ドルがあり, 英国では1ペニー, 2ペンス, 5ペンス, 10ペンス, 20ペンス, 50ペンス, 1ポンドがある; cf. paper money》: **a silver** (gold, copper) ～ 銀[金, 銅]貨 / **toss** [**flip**] **a ～** 硬貨を投げ上げる《表か裏で順などを決める》/ I have a fifty-cent piece but no small(er) ～. 半ドル硬貨はあるがそれより小さい硬貨[小銭]は持っていない. ❷ Ⓤ (紙幣に対して)硬貨: pay in [with] ～ 硬貨で支払う / change a pound note for ～ 1ポンド札を硬貨に替える. **páy a person (báck) in his ówn** [**the sáme**] **cóin**《口》〈人に〉しっぺ返しする. **the óther sìde of the cóin** (事の)別の一面, 「盾(⇔)の反面」: Yes, that's true; but we must look at **the other side of the ～**. 確かにそのとおりだが, 別の面も見なければならない. **twó sídes of the sáme cóin** 表裏一体. ── 形 Ⓐ 硬貨を入れると始動する: a ～ phone 小銭で сервис公衆電話. ── 動 他 ❶〈新語などを〉造り出す: a newly ～ed word 新造語. ❷〈硬貨を〉鋳造する. **cóin móney** [**it**]《英口》どんどん金をもうける (rake it in). **to cóin a phráse** ⇒phrase 成句.《F<L cuneus くさび; 刻印用の金型がくさび形だったことから》〘関連語〙 numismatic〘類義語〙⇒invent.

coin·age /kɔ́inidʒ/ 名 ❶ Ⓤ a 鋳造硬貨. **b** (一国[時代]の)硬貨. ❷ Ⓤ a 硬貨鋳造. **b** 貨幣制度: decimal ～ 十進貨幣制. ❸ a Ⓤ (語句)の新造: a word of recent [ancient] ～ 最近[昔]の造語. **b** Ⓒ 新造語.《COIN+-AGE》

cóin bòx 名 ❶ (電話・自動販売機の)料金箱. ❷ 公衆電話, 電話ボックス.

*__co·in·cide__ /kòuinsáid/ 動 ❶ 同時に起こる: The two events ～d. 二つの事件が同時に発生した / His ill-ness ～d **with** his move to Tokyo. 彼が病気になったのは東京に引っ越したと同時だった. ❷ 符合する, 一致する: Our opinions did not ～ on the issue. その問題に関しては私たちの意見は一致しなかった / Her ideas ～ **with** mine. 彼女の考え方は私のと一致している.《L<co-+incidere 起こる; ⇒incident》名 coincidence, coincident)

*__co·in·ci·dence__ /kouínsədns/ 名 ❶ Ⓒ 偶然の一致, たまたまぴったり合うこと: a strange ～ 不思議な偶然の一致 / **by ～** 偶然に(も). ❷ (出来事が同時に起こること, 同時発生: the ～ **of** two accidents 二つの事故の同時発生.《L ↑》

co·in·ci·dent /kouínsədnt/ 形 ❶ 同時に起こる: ～ accidents 同時発生の事故 / His death was ～ **with** his son's birth. 彼が死んだのと息子が生まれたのが同時だった. ❷ 完全に一致した, 調和した: My opinion was ～ **with** hers. 私の意見は彼女の意見と合致した. ～·**ly** 副

co·in·ci·den·tal /kouìnsədéntl‐/ 形 ❶ (偶然)一致した, 符合する: It was ～ that she arrived when he did. 彼が着いた時に彼女が着いたのは偶然の一致だった. ❷ 同時に起こる (with).

⁺**co·in·ci·dén·tal·ly** /-təli/ 副 ❶ (偶然)一致して. ❷ 同時に.

cóin·er 名 ❶ a 貨幣鋳造者. **b**《英》偽金作り《人》. ❷ 新語考案者.

cóin-òp /-ɑ̀p | -ɔ̀p/ 名《英》コインランドリー; 自動販売機.

cò·insúrance 名 Ⓤ 共同保険.

cò·insúre 動 他〈…に〉共同で保険をかける.

cóin tòss 名《通例 単数形で》コイン投げ《表が出るか裏が出るかで順番などを決める》.

Coin·treau /kwéntrou, kwíntrou/ 名 Ⓤ《商標》コアントロー《オレンジの香りのする甘口のリキュール》.

coir /kɔ́iə | kɔ́iə/ 名 Ⓤ ココヤシ皮の繊維《ココヤシのしろ・ロープなどに用いる》.

co·i·tal /kóuitl/ 形 性交の.

co·i·tion /kouíʃən/ 名 =coitus.

co·i·tus /kóuitəs, -ətəs/ 名 Ⓤ 性交.

co·jo·nes /kəhóuneis | -niːz/ 名《米》❶ 睾丸. ❷ 度胸.

*__coke__¹ /kóuk | kóuk/ 名 Ⓤ コークス. ── 動 他《石炭を》コークスにする.

Coke, coke² /kóuk/ 名 Ⓒ,Ⓤ《商標》《口》コカコーラ.

coke³ /kóuk/ 名 Ⓤ《俗》コカイン (cocaine).

cóke·hèad 名《米俗》コカイン中毒者.

col /kɑ́l | kɔ́l/ 名 ❶ (峰と峰の間の)鞍部(ᵃ^ʰ), コル. ❷《気》気圧の谷.

col.《略》collected; collector; college; colonel; colony; colored; column. **Col.**《略》Colombia; Colonel; Colorado;《聖》Colossians; Columbia.

col- /kɑl, kəl | kɔl, kəl/ 接頭 =com- 《l の前の形》.

*__co·la__¹ /kóulə/ 名 ❶ コーラ(飲料) 《コカ葉・コラノキの実からの抽出エキスなどを入れた暗黒色の炭酸飲料》. ❷ =kola.

co·la² 名 colon² の複数形.

COLA /kóulə/ 名 Ⓤ《米》生活費調整.《cost-of-living adjustment》

col·an·der /kʌ́ləndə | -də/ 名 Ⓤ 水切り器《わんの形をして下の方に小さい穴がいくつもある料理用具; 洗った野菜などの水切りに用いる》.

cóla nùt [**sèed**] 名 =kola nut.

cò·látitude 名《天・海》余緯度《ある緯度と90度との差》.

col·can·non /kɑlkǽnən/ 名 Ⓤ コルカノン《キャベツとジャガイモを煮つぶしたアイルランド・スコットランドの料理》.

col·chi·cine /kɑ́ltʃisiːn | kɔ́l-/ 名 Ⓤ《薬》コルヒチン《イヌサフランの球茎・種子から採る有毒アルカロイド; 淡黄色の針状品; 植物染色体の倍数化用にし, 痛風薬としても》.

col·chi·cum /kɑ́ltʃikəm | kɔ́l-/ 名 ❶ Ⓒ《植》コルチカム, イヌサフラン. ❷ Ⓤ コルチカムの乾燥球茎《コルヒチンを採る》.

*__cold__ /kóuld/ 形 (～·**er**; ～·**est**) ❶ **a** 寒い, 冷たい (⇔hot)〘解説〙: a ～ day 寒い日 / feel ～ 寒い / ⇒cold snap / We had a ～ winter this year. 今年は寒い冬

だった / It's ~ today. きょうは寒い / ice [freezing] ~ 氷のように冷たい. **b** ぞっとする: He went ~ all over when he heard what had happened. 彼は何が起こったのかを聞いて体中ぞっとした / make a person's blood run ~ ⇒ blood 名 成句.

❷ **a** 冷やした: ~ drinks 冷たい飲み物. **b** 〈料理など〉冷たくして食べる, 加熱しない: a ~ snack 冷たくして食べる軽食 / ~ meat コールドミート, 冷肉.

❸ **a** 冷淡な, よそよそしい; 冷酷な, 無情な: a ~ heart ややかな心, 冷淡 / give a person a ~ stare 人を冷たく見つめる / He's ~ in manner. 彼は態度が冷淡だ. **b** 冷静な, 慎重な: a ~ judgment 私情を交えない判断. **c** 情熱のない, 冷たい: a ~ kiss [welcome] 冷たいキス[歓迎]. **d** (性的に)不感症の.

❹ **a** 関心[興味]を示さない: a ~ audience 無関心な聴衆 / She leaves me ~. 彼女は私に何の感銘[印象]も与えない. **b** 興ざましの; 気乗りのしない: ~ comfort [counsel] なんの慰め[助言]にもならない. **c** 冷たい感じを与える; 〈色が〉寒色の: ~ colors 寒色.

❺ **a** 《猟》〈獲物の〉遺臭がかすかな (cf. hot 12, warm 7): a ~ scent (古くなった)かすかな遺臭 / The trail was ~. (獲物の)臭跡は消えかかっていた. **b** [P][口] (クイズ・当て物遊びで)見当をはずれて, 正解から遠くなって (cf. burn¹ [自] 5, hot 11, warm 6): You're getting ~(er). (解答・捜し物などから)(ますます)遠ざかっています.

❻ **a** [P][口] (ひどい殴打・ショックのために)意識を失って: knock a person (out) ~ 人を殴って意識を失わせる. **b** 死んで, 冷たくなって.

❼ 《俗》(スポーツ・ゲームで)得点のない.

háve [《米》gét] a person cóld 〔口〕(弱点を握ったりして)〈人に〉ぐうの音も出させない(ようにする).

hàve [gèt] cóld féet ⇨ cold feet. **in cóld blóod** ⇨ blood 成句. **léave a person cóld** ⇨ leave¹ 動 成句. **tàke [néed] a cóld shówer** 〔戯言〕(恋愛の)熱を冷ます.

—— 副 (~·er; ~·est) ❶ 《米口》完全に, まったく, すっかり: refuse a person's offer ~ 人の申し出をきっぱり断わる. ❷ 《口》準備せずに, 突然.

—— 名 ❶ [U][通例 the ~] 寒さ, 冷気 (↔ heat): sit in *the* ~ 寒い所に座る / shiver with (*the*) ~ 寒さに震える / feel *the* ~ 寒さがこたえる.

❷ [C][U] かぜ, 感冒: a common ~ 普通のかぜ / a head ~ = a ~ in the head [nose] 鼻かぜ / a ~ in [on] the chest [lungs] せきかぜ / catch (a) ~ かぜを引く (用法 主に《米》では catch のときには無冠詞が好まれる; ただし形容詞がついているときは不定冠詞が用いられる) / have a (bad) ~ (ひどい)かぜを引いている (用法 have のときは不定冠詞が必要) / catch one's death of ~ ひどいかぜを引く / Many students are absent with ~s. かぜで休んでいる生徒が多い / Don't give me your ~. 私にかぜをうつさないでくれ.

còme ín from [òut of] the cóld 孤立[無視されている]状態から抜け出す.

(óut) in the cóld 〔口〕のけ者にされて, 無視されて: They left me *out in the* ~. 彼らは私をのけ者にした.

~·ly 副 ❶ 寒く, 冷たく. ❷ 冷淡に; 冷静に. ~·ness 名 ❶ 寒さ, 寒気. ❷ 冷淡; 冷静.

cóld áir màss 名 《気》寒気団.

cóld-blóoded /-dɪd/ 形 ❶ 〈動物が〉冷血の (↔ warm-blooded). ❷ 〔口〕寒さに敏感な, 冷え性の. ❸ 冷淡な, 血も涙もない: a ~ killer 血も涙もない人殺し. ~·ness 名

cóld bóot 名 《電算》電源の入っていない状態からのコンピューターの起動.

cóld cáll 名 (商品を販売するための)勧誘電話[訪問]. —— 動 (いきなり)勧誘電話[訪問]をする.

cóld cásh 名 [U]《米》= hard cash.

cóld cáthode 名 《電》冷陰極.

cóld chísel 名 冷たがね《常温のままで金属を切断したり削ったりできるたがね》.

cóld cómfort 名 うれしくもない慰め.

cóld créam 名 [C][U] コールドクリーム《化粧用の油性クリーム》.

cóld cúts 名 働 コールドカット《さまざまな種類のハム・ソー

341　　　　　　　　　　　　　　　　　　　　colic

セージなどの冷肉の薄切り料理).

cóld féet 名 働 〔口〕おじけ, 逃げ腰: get [have] ~ おじけづく, 逃げ腰になる.

cóld físh 名 冷たい人, 冷淡な人.

cóld fráme 名 《園》冷床《苗などを寒さから保護するための無加温のフレーム; cf. hotbed 1》.

cóld frònt 名 《気》寒冷前線 (↔ warm front).

cóld fúsion 名 [U]《理》低温[常温]核融合《低音[常温]で起こるとされる核融合》.

cóld·héarted /-tɪd/ 形 冷淡な; 無情な. ~·ly 副 ~·ness 名

cóld·ish /-dɪʃ/ 形 少々寒い, やや寒い.

cóld líght 名 《理》冷光《燐光・蛍光など》.

cóld páck 名 ❶ 冷湿布. ❷ (缶詰の)低温処理法.

cóld sáw 名 常温のこ《常温で鋼材を切断するのこぎり; cf. hot saw》.

cóld-shórt 形 《冶》〈金属が〉赤熱以下の常温にもろい (cf. HOT-SHORT). ~·ness 名 [U] 冷間もろさ.

cóld shóulder 名 [単数形で; 通例 the ~]〈口〉冷たいあしらい, 冷遇: give [show] *the* ~ to a person 人によそよそしい態度を見せる, 人を冷遇する.

cóld-shóulder 動 〈人を〉冷遇する.

cóld snáp 名 突然の一時的な寒い天候.

cóld sóre 名 [C] 単純疱疹(ﾎﾟｳｼﾝ)《かぜ・高熱に伴い口のまわりにできる発疹》.

cóld spéll 名 寒い天候のひと続き, 寒波の訪れ.

cóld stéel 名 [U] 刃物《ナイフ・剣など鋼の武器》.

cóld stórage 名 ❶ [U] (食物・毛皮・薬品などの)冷蔵. ❷ (計画などの)保留: put a problem into ~ 問題を一時棚上げする.

cóld stóre 名 冷凍倉庫.

cóld swéat 名 [a ~] (恐怖・ショックなどによる)冷や汗: in a ~ 冷や汗をかいて.

cóld túrkey 《米口》名 [U] 麻薬などをいきなり絶つこと; (その特有の)禁断症状, 鳥肌(状態). —— 副 突然, 準備なしに: give a speech ~ 準備なしにスピーチをする.

⁺**cóld wár** 名 〔しばしば the C- W-〕冷たい戦争, 冷戦《武力によらず外交・経済圧迫・宣伝などによる戦争; ↔ hot war》.

cóld-wáter 名 A ❶ 冷水の[を用いる]. ❷〈アパートなど〉給湯設備のない.

cóld wáve 名 ❶ コールドパーマ. ❷ 《気》寒波 (cf. heat wave 2).

cole /kóʊl/ 名 《植》アブラナ属の植物の総称《セイヨウアブラナ・カブ・キャベツ・ケールなど》.【L=茎, キャベツ】

Cole /kóʊl/, **Nat 'King'** 名 コール (1917-65; 米国のジャズピアニスト・歌手).

Cole, Thomas 名 コール (1801-48; 米国の画家).

col·ec·to·my /koʊléktəmi/ 名 [U][C] 結腸切除(術).

col·e·op·ter·ous /kɑ̀liɑ́ptərəs | kɔ̀li-/ 形 《昆》鞘翅(ｼｮｳｼ)類の, 甲虫類の《カブトムシなど》.

co·le·op·tile /kɑ̀liɑ́pt(a)l | kɔ̀liɔ́ptaɪl/ 名 《植》子葉鞘《単子葉類の発芽時に若葉を包んで伸びる子葉のさや》.

co·le·o·rhi·za /kɑ̀liərάɪzə | kɔ̀li-/ 名 (働 -zae /-zi/) 《植》根鞘《幼根の基部をおおうさや》.

Col·e·ridge /kóʊlrɪdʒ/, **Samuel Tay·lor** /téɪlə | -lə/ 名 コールリッジ (1772-1834; 英国の詩人・批評家).

cole·slaw /kóʊlslɔ̀ː/ 名 [U] コールスロー《生のキャベツを細かく刻んだものをドレッシングであえたサラダ》.【Du=キャベツサラダ】

cole·tit /kóʊltɪt/ 名 = coal tit.

Co·lette /koʊlét | kɔ-/ 名 コレット (1873-1954; フランスの小説家; Sidonie-Gabrielle ~ のペンネーム).

co·le·us /kóʊliəs/ 名 《植》コリウス《シソ科の観葉植物》.

cóle·wòrt 名 = cole.

co·ley /kóʊli/ 名 《英》黒魚.

Col·gate /kálgeɪt | kɔ́l-/ 名 コルゲート (1783-1857; 米国の実業家; せっけん・歯磨きなどの製造会社を設立).

col·ic /kálɪk | kɔ́l-/ 名 [U] 〔しばしば the ~〕《医》疝痛(ｾﾝﾂｳ),

さしこみ. ── 形 =colicky.

col·ick·y /kálɪki | kɔ́l-/ 形 ❶ 疝痛(ホホミン)の; 疝痛を起こす. ❷ さしこみを起こした.

co·li·form /kóʊləfɔ̀əm | -fɔ̀ːm/ 名 形 大腸菌(の): ~ counting 大腸菌数.

col·i·se·um /kɑ̀ləsíːəm | kɔ̀l-/ 名 ❶ C 大競技場, 大体育館, 大スタジアム. ❷ [the C~] =Colosseum 1.

co·li·tis /koʊláɪtɪs/ 名 U 〖医〗大腸炎.

coll. 〖略〗colleague; collect(ion); collective; college; colloquial.

+**col·lab·o·rate** /kəlǽbərèɪt/ 動 自 ❶ 〈二人以上の人が〉共同して働く, 協力する, 合作する, 共同研究する: Tom is *collaborating on* the project *with* us. トムは我々と共同でその事業をしている / I ~*d with* him *in* writing a play. 私は彼と共同して劇を書いた. ❷ 〈占領軍・敵国に〉協力する (*with*). 〖L<*col-*+*laborare* 働く (《*labor* 苦労, 労働; cf. labor)〗 (名 collaboration)

*****col·lab·o·ra·tion** /kəlæ̀bəréɪʃən/ 名 ❶ a U 共同(作業), 協力, 共同研究: in ~ with...と共同して / close ~ between parents 父母の緊密な協力. b C 合作, 共著. ❷ U 利敵協力. (動 collaborate)

col·làb·o·rá·tion·ist /-ʃ(ə)nɪst/ 名 〖歴〗(利敵)協力者 (の) (特に第2次大戦中枢軸国側の占領下に積極的に協力した者).

+**col·láb·o·ra·tive** /kəlǽbərèɪtɪv | -b(ə)rət-/ 形 共同の, 協力的な.

+**col·láb·o·rà·tor** /-t̬ə-/ 名 ❶ 共同作業者, 共編者, 合作者. ❷ 利敵協力者.

+**col·lage** /kəlɑ́ːʒ/ 名 《米》 ❶ U コラージュ(技法) (画面に新聞紙の切り抜きや写真などをはりつけ, 特殊な効果をねらう技法). ❷ C コラージュの作品. ❸ C さまざまな断片の集まり. 〖F<*coller* のり付けする<Gk *colla* にかわ〗

+**col·la·gen** /kɑ́lədʒən | kɔ́l-/ 名 U 膠原(ニラ), コラーゲン (硬たんぱく質の一つ). 〖Gk *colla*↑+*-GEN*〗

col·lap·sar /kəlǽpsəə | -sɑː/ 名 =black hole.

*****col·lapse** /kəlǽps/ 動 自 ❶ a 〈建物・足場などが〉くずれる, 崩壊する; 〈屋根から〉落ち込む, 陥没する (give way). b 〈計画・事業などが〉つぶれる, 失敗する (break up): The negotiations have ~*d*. 交渉は決裂した. ❷ a 〈人が〉 (過労・病気などで)倒れる, 寝倒する. b 〈体力・健康が〉衰える: His health has ~*d*. 彼の健康はがたっと衰えた. ❸ 〈価値・力などが〉暴落する: The price of rubber ~*d within* a year. ゴムの価格が1年のうちにがた落ちした. ❹ a 〈風船・気球などが〉しぼむ, しぼんで落ちる. b 〈空気を含まぬ収縮状態になることから〉. ❺ 〈肺・人などが〉折りたためる. ── 他 ❶ 〈...を〉くずれさせる, 崩壊させる. ❷ 〈器具を〉折りたたむ: ~ a folding chair 折りたたみいすを折りたたむ / ~ a telescope 望遠鏡を(中へ押し込んで)納める. ❸ 〖医〗〈肺などを〉虚脱させる. ── 名 ❶ U.C a つぶれること, 倒壊; (屋根などの)陥没: A heavy flood caused the ~ of the bridge. 大洪水で橋がくずれ落ちた. b (計画・事業などの)失敗, 挫折; (株価などの)暴落; (内閣・銀行などの)崩壊. ❷ U.C a (健康などの)衰弱; 意気消沈: suffer a nervous ~ 神経衰弱に陥る. b 〖医〗虚脱. 〖L; ⇒ col-, lapse〗

col·laps·i·ble /kəlǽpsəbl/ 形 いすなど折りたためる: a ~ table くすれ折りたたみ式のテーブル 〖-GEN〗

*****col·lar** /kɑ́lə | kɔ́lə/ 名 ❶ a (衣服の)カラー, 襟: a stand-up ~ 立ち襟 / a turndown ~ 折り襟 / grab [seize, take] a person by the ~ 〈人の〉襟首をつかむ / He turned up the ~ of his coat. 彼はコートの襟を立てた / ⇒ Eton collar. b (犬などの)首輪. c 〖医〗頚椎カラー (首に巻きギプスに似た装具). ❷ (動物の首の回りの)変色部, 色輪. ❸ a 束縛: wear [take] a person's ~ 〜人の命令に従う. b 《米口》 逮捕, 捕縛: They finally put the ~ on that notorious dope dealer. 当局はついにあの悪名つきの麻薬売人を逮捕した. ❹ 〖機〗 環, 接管; 軸つば.
hót ùnder the cóllar (口) 怒って, 興奮して, かっかして 〈因来〉 怒ったときなどに首の所が赤くなることから〉: Don't get *hot under the* ~. そんなに興奮するな. ── 動 他 ❶ (口) 〈人の〉襟首をつかむ[捕らえる], 〈...を〉逮捕する; 〈...を〉(乱暴に)つかまえる (grab). ❷ (口) 〈人を〉(話しかけて)引き止める. ❸ (俗) 〈...を〉勝手に自分のものとする; 〈...を〉盗む. 〖F<L=首輪<*collum* 首〗

cóllar·bòne 名 〖解〗鎖骨.

col·lard /kɑ́ləd | kɔ́ləd/ 名 ❶ 〖植〗コラード (米国南部で栽培されるケールの一種). ❷ [また **cóllard grèens**] [複数形で] コラードの葉 (食用).

cól·lared 形 [しばしば複合語で] (...な)カラー[襟]を付けた: high-*collared* ハイカラーの.

cóllared dóve 名 〖鳥〗シラコバト.

cóllar·less 形 カラーの付いていない, 襟のない; 首輪のない.

cóllar stùd 名 《英》 (カラーをワイシャツに留める)カラーボタン.

+**col·late** /kəléɪt/ 動 他 ❶ 〈情報を〉順序正しくまとめる. ❷ 〖製本〗〈本などの〉ページ順をそろえる. ❸ 〈テキスト・版などを〉対照する, 校合 (ネネン) する: ~ the later with the earlier edition 新版を旧版と校合する. 〖L=まとめる, CON-, COL-+*ferre*, *lat-* もってくる; cf. translate〗 (名 collation)

+**col·lat·er·al** /kəlǽt̬ərəl, -trəl/ 名 ❶ U [また a ~] 担保物件 (security): as (*a*) ~ for a loan 借金の担保物件として. ❷ C 傍系親, 縁者. ❸ C 付帯事実[事項]. ── 形 ❶ a 付帯的な, 二次的な. b 直系でない, 傍系の (cf. lineal): a ~ relative 傍系親族. ❷ 相並んだ. ❸ 見返りの: a ~ security 見返り担保. **~·ly** /-rəli/ 副 〖L=...と並んで; ⇒ col-, lateral〗

collateral contract 名 〖法〗付随[付帯]契約.

collateral dámage 名 U 付帯的損害 (軍事行動によって民間人が受ける人的および物的被害).

col·lát·er·al·ize /kəlǽt̬ərəlàɪz/ 動 他 〈貸付金などを〉担保によって保証する; 〈有価証券などを〉担保として使う.

col·la·tion /kəléɪʃən/ 名 ❶ U 対照(調査), 校合 (ネネン). ❷ C 〖カト〗(断食中の)軽食.

col·lá·tor /-t̬ə-/ 名 ❶ 照合者. ❷ 〖製本〗紙そろえ人, 丁付け調べ人.

*****col·league** /kɑ́liːɡ | kɔ́l-/ 名 同僚. 〖F<L *collega*<COL-+*legare* (仕事を)委(ミケ)ねる; cf. college〗 【類義語】 ⇒ companion[1].

*****col·lect**[1] /kəlékt/ 動 他 ❶ 〈...を〉集める, 収集する: ~ children into groups 子供をグループごとに集める / ~ the waste paper lying about 散らかっている紙くずを寄せ集める / ~ garbage ごみを収集する / My brother ~*s* stamps for a hobby. 弟[兄]は趣味に切手を集めている / He ~*s* information on UFOs. 彼はユーフォーに関する情報を収集している. ❷ 〈税金・家賃などを〉徴収する; 〈寄付を〉募る(): ~ taxes [bills] 税金を集める [勘定を取り立てる]. ❸ a 〈考えを〉集中する, まとめる: ~ one's (scattered) thoughts (散漫な)考えをまとめる. b 〈勇気を〉奮い起こす: ~ one's courage 勇気を奮い起こす. c [~ one-*self* で] 心を落ち着け, 気を取り直す (compose): He ~*ed* himself before getting up onto the platform. 彼は心を落ち着けて演壇に登った. ❹ 《口》 a 〈預けた [置いた]場所から〉〈ものを〉取りにいく, 取ってくる: Don't forget to ~ your umbrella. 預けた傘を忘れずに受け取ってください. b 〈人を〉連れにいく, 連れてくる (pick up): ~ one's girlfriend from her dormitory ガールフレンドを寮から連れ出す / I'll ~ you at seven. 7時に迎えにいくよ. ❺ 〈金を〉手に入れる, 勝ち取る. ── 自 ❶ 〈人が〉集まる: A crowd had ~*ed* at the scene of the accident. 事故の現場には大勢の人が集まっていた. ❷ 〈雪・ちりなどが〉...の上に積もる, たまる: Dust soon ~*s on* unread books. 読まない本にはすぐほこりがたまる. ❸ 〈...の〉集金をする; 募金をする: She went ~*ing for* a charity. 彼女は慈善事業の募金に出かけた. 副[是] は通常 (比較なし) 《米》 〈料金〉受信人払いの[で]: a ~ call 《電話》料金受信人払い通話, コレクトコール / send a telegram ~ 料金受信人払いで電報を打つ. 名. 〖L=一か所に集める; COL-+*legere, lect-* 集める, 選ぶ; cf. lecture〗 (名 collection, 形 collective) 【類義語】 **collect** 目的をもって少しずつ注意深く集めて整理する: **gather** 散らばっているものを1つに集める;

最も一般的な語. **assemble** 特別の目的のために人や物を集める.

col·lect² /kálɪkt | kɔ́l-/ 名 ❶ 《カト》(ミサの)集禱(しゅうとう)文. ❷《英国教》特禱《短い祈禱文》.

col·lect·a·ble /kəléktəbl/ 形 ❶ 収集向きの, コレクター好みの. ❷ 集められる, 取り立てられる. ── 名《通例複数形で》コレクター好みの品《古道具など》.

***col·lect·ed** /kəléktɪd/ 形 ❶ (全て)集めた, 収集した: ~ papers 論文集 / the ~ edition 全集. ❷ 《集中力を失わないで》落ち着いた, 冷静な. **~·ly** 副 落ち着いて, 平然として.

col·lect·i·ble /kəléktəbl/ 形 =collectable.

***col·lec·tion** /kəlékʃən/ 名 ❶ © **a** 収集物, 収蔵品, コレクション; 作品集, 選集: He has a good ~ of jazz records. 彼はジャズのいいレコードをたくさん集めて持っている / The museum's ~ of French paintings is famous. その美術館に収集されているフランス絵画は有名です. **b** (服飾の)コレクション, 新作品(発表会)《デザイナーが1シーズンに売り出す衣服の全部》. **c** 集団, 団体. ❷ **a** ©U 集めること, 収集, 採集: continue the ~ of data [information] データ[情報]の収集を続ける / make a ~ of books about cricket クリケットに関する書物を収集する. **b** © (ごみ・郵便物などの, 定期的)収集, 回収. ❸ © **a** 集金, 徴税, 募金, 献金, 寄付金: A ~ will be made for the fund. その資金のために献金が行なわれるだろう. ❹ © 《通例単数形で》《ほこり・ごみくずなど不要のものの》堆積(たいせき); (人の)集まり: a ~ of worn-out tires 使い古しのタイヤの山. (動 collect).

colléction àgency 名《他の会社の未収金の回収を代行する》取立て代行会社.

colléction bòx 名 募金箱.

colléction plàte 名 献金皿.

***col·lec·tive** /kəléktɪv/ 形《通例 A》❶ 《行動・感情など》集団(全体)による, 集団の, 共同の; 集団的な (joint): a ~ protest 集団による[皆で一緒になっての]抗議 / (a) ~ responsibility 共同[連帯]責任 / ~ ownership 共同所有権 / The invention was a ~ effort. その発明は集団の努力によるものであった. ❷《数量など》全体を合わせた, 一つに集められた, 全体としての (combined): our individual and ~ capacities 我々個々の及び全体としての能力. ❸ 《名称など》包括的な;《文法》集合的な: a ~ term for...の総称. ❹ 《共同で事業などをする》集団; 共同所有[経営]会社, 集団農場. ❷ =collective noun. **~·ly** 副

colléctive bárgaining 名 U (労使間の)団体交渉.

colléctive fárm 名《ソ連などの》集団農場, コルホーズ.

colléctive frúit《植》集合果《クワの実・パイナップルなど》.

colléctive márk 名 団体マーク《団体の商標・サービスマークで当該団体のメンバーのみが用いるもの》.

colléctive mémory 名 U (特定の集団内で共有され受け継がれる)集団的記憶.

colléctive nóun 名《文法》集合名詞.

colléctive secúrity 名 U 集団安全保障.

colléctive uncónscious 名 U 《心》集団的無意識《古代人から受け継がれて個人が持つとされている無意識の一部分》.

col·léc·tiv·ism /-vɪzm/ 名 U 集産主義《国家または私的な集団が生産分配の経済活動を統制する制度》.

col·lec·tiv·i·ty /kəlèktívəti | kɔ̀lek-/ 名 ❶ U 集合性; 集団性, 共同性. ❷ © 集合体, 集団. ❸ U 民衆, 人民.

col·lec·ti·vize /kəléktɪvàɪz/ 動 他 ❶ 《社会などを》集産主義化する. ❷ 《土地を》集団農場化する.

***col·lec·tor** /kəléktɚ | -tə/ 名《しばしば複合語で》❶ 収集家; 採集者: an art ~ 美術品収集家 / a garbage collector, stamp collector. ❷ 集金人; 取り立て人, 徴集人; (関税の)徴収官: a bill ~ 集金人 / a tax ~ 収税人. ❸ 収集器[装置]: a solar ~ 太陽熱収集器. ❹《電》集電器.

colléctor's ìtem [pìece] 名 =collectable.

col·leen /kɑ́liːn | kɔ́l-/ 名《アイル》少女, 娘.

343　collide

***col·lege** /kɑ́lɪdʒ | kɔ́l-/ 名 ❶ ©U カレッジ, 大学《解説 米国では通例総合大学 (university) に対して単科大学をさすが両者の区別は必ずしも明確ではない; 英国では public school の合格者にも用いられている》: a women's ~ 女子大学 / ⇒ junior college, community college / enter ~ 大学に入学する / be at [《米》in] ~ 大学に在学する / work one's way through ~ 学資を稼ぎながら大学を卒業する / Where do you go to ~?=What ~ do you go to? どこの大学に行っていますか / He was accepted at X C-. 彼はX大学に入学を許可された. ❷ ©《英》(Oxford, Cambridge などの大学を構成する)学寮《解説 学寮は学部のような専門別の単位ではなく, それぞれ独立した自治体で伝統的な特色をもち, 大学としての専門部門と学生が寄宿する): King's C-, Cambridge ケンブリッジ大学キングズカレッジ / live in ~ 学寮に住む《★ in ~ は無冠詞》. ❸《英・カナダ》パブリックスクール: Winchester C- ウィンチェスター校 / Eton College. ❹ (特殊)専門学校: a business ~ 実務専門学校 / a barber's [hair dressing] ~ 理髪学校 / a ~ of theology 神学校 / the Royal Naval C- 海軍兵学校 / a ~ of education 教員養成所. ❺ © 協会, 団体: ⇒ electoral college / the American [Royal] C- of Surgeons 米国[英国]外科医師会 / a ~ of Arms《英》紋章院 / the C- of Cardinals=Sacred College. ❻ © college の職員・学生全体. ❼ © カレッジの, 大学の; 大学生向けの: a ~ student 大学生 / a ~ paper 大学新聞 / a ~ dictionary 大学生用辞書. 《F<L=団体, 組合<*collega* (同僚); ⇒ colleague》 collegiate)

cóllege bòards 名 複《米》大学入学資格試験《大学入試委員会が行なう試験》: take (the) ~ 大学入学資格試験を受ける.

cóllege púdding 名 U.C 《英》カレッジプディング《干した果物入りの一人用プディング》.

cóllege trý 名 [the old ~ で]《米口》最大の努力: Let's give it the old ~. 懸命の努力をしよう.

col·le·gi·al /kəlíːdʒ(i)əl/ 形 ❶ 大学の. ❷ 同僚間に平等に与えられた権限[権威]を特徴とする.

col·le·gi·al·i·ty /kəlìːdʒiéləti/ 名 U 同僚間の関係, 同僚間の協同.

col·le·gi·an /kəlíːdʒ(i)ən/ 名 カレッジ[大学]の学生.

***col·le·gi·ate** /kəlíːdʒ(i)ət/ 形 ❶ **a** カレッジ[大学]の; 大学程度の; 大学生の: a ~ dictionary 大学生[カレッジ]用辞典. ❷《英》大学が学寮組織の, いくつかの学寮から成る: a ~ university 学寮組織の大学. ❸ collegiate church の.

collégiate chúrch 名 ❶《英国教》参事会管理[組織]の教会《主教ではなく聖堂参事会長 (dean) が管轄する Westminster Abbey などの教会》. ❷《米・スコ》協同教会《二つ以上の教会が数人の牧師の管理のもとに合同したもの》.

col·le·gi·um /kəlíːdʒiəm, -légi-/ 名 《複 -gia /-iə/, ~s》《ロシア》協議会, 合議会, 参与会.

collégium músicum /mjúːzɪkəm/ 名 コレギウム・ムジクム《古い音楽やよく知られていない音楽を研究し演奏する, しばしば大学に属する愛好家の団体》.

col legno /koʊlléɪnjoʊ/ 副《楽》木で, コル・レーニョ《ヴァイオリン属の弓の木部で弦をたたくようにする》.《It》

col·len·chy·ma /kəléŋkəmə/ 名 U 《植》厚角組織 (cf. sclerenchyma).

Cól·les'(s) frácture /kɑ́ləs(ɪz)- | kɔ́l-/ 名《医》コリース骨折《橈骨(とうこつ)下端が背側, 手首の背・外側へ変位する骨折》.《A. Colles 18–19世紀アイルランドの外科医》

col·let /kɑ́lət | kɔ́l-/ 名 コレット《宝石の受座》;《機》コレット《丸棒材をつかむ》;《時計》引玉《ひげぜんまいの内側を支える小リング》.

col·lic·u·lus /kəlíkjələs/ 名 《複 -li /-làɪ, -li/》《解》丘, 小丘. **col·líc·u·lar** 形.

***col·lide** /kəláɪd/ 動 ❶ ぶつかり合う, 衝突する: ~ head-on 正面衝突する / Dashing for the bus, I ~d with a man at the corner. バスに乗ろうと勢いよく走って

collider

ゆくと曲がり角で一人の男性とぶつかった. ❷ 〈意志・目的などが〉一致しない, 相反する (clash): Our views ~d over the matter. 我々の意見はその件について一致しなかった / We ~d with each other over politics. 私たちは政見がまるで違って食い違った. 《L=…とぶつかる〈COL-+laedere, laes- 打つ, 傷つける; cf. lesion》〖名〗collision

col·lid·er /kəláɪdə | -də-/ 〖名〗〖理〗衝突型加速器, コライダー.

col·lie /káli | kɔ́li/ 〖名〗コリー(犬)《スコットランド原産の牧羊犬・愛玩(がん)犬》.

col·li·er /káljə | -liə/ 〖名〗〖英〗❶ (炭鉱の)坑夫. ❷ a 石炭船. b 石炭船の船員.

col·lier·y /káljəri | kɔ́li-/ 〖名〗〖英〗(関係設備を含めての)炭鉱.

col·li·ga·tive /káligèitiv | kəlígət-/ 〖形〗〖理〗束一的な《物質を構成している分子の数だけに依存し, その種類には関係しない》.

col·li·mate /káləmèit | kɔ́li-/ 〖動〗〖光〗視準する;〈レンズ・光線を〉平行にする. **còl·li·má·tion**

cól·li·mà·tor /-tə | -tə-/ 〖名〗〖光〗コリメーター《平行光線をつくる装置》;《望遠鏡の》視準儀, コリメーター.

col·lin·e·ar /kəlíniə | kɔlíniə/ 〖形〗〖数〗同一線上の, 共線的の. **col·lin·e·ar·i·ty** /kəlìniǽrəti, kɔ-/

*__col·li·sion__ /kəlíʒən/ 〖名〗〖C|U〗❶ 衝突, 激突〈with, between〉(crash¹): be killed in a head-on ~ 正面衝突事故で死亡する / His car had a ~ with a truck. 彼の車はトラックと衝突した. ❷ (利害・意見・目的などの)対立, 不一致 (clash): come into ~ (with…) (…と)対立する. 〖動〗collide〗

collísion còurse 〖名〗衝突針路《そのまま進めばほかのものや意見などと衝突が避けられない針路》: His policy is on a ~ with the public interests. 彼の政策は公共の利益と必ずぶつかる.

collísion dámage wàvier 〖名〗〖C|U〗(レンタカー借用時に契約する)車両・対物事故免責補償 (略 CDW).

col·lo·cate /káləkèit | kɔ́l-/ 〖動〗❶ 一緒に並べる. ❷ (一定の順序に)配置する, 配列する. ── 〖語が連語をなす〗: The words 'glad' and 'person' do not ~. 'glad' と 'person' は連語にはならない / 'Glad' ~s with 'news.' 'glad' は 'news' と連語を作る. 《L=並べて置く (⇒ col-, locate)》〖名〗collocation〗

col·lo·ca·tion /kàləkéiʃən | kɔ̀l-/ 〖名〗❶ 〖文法〗〖U〗語の配置. b 〖C〗連語《正しく結びついた語群または意味に一単位をなす語群》: 'Take place' is a common ~. 'take place' はよく使われる連語だ. ❷ 並置, 配列.

col·lo·di·on /kəlóudiən/, -**di·um** /-diəm/ 〖名〗〖U〗〖化〗コロジオン《ピロキシリンを溶かした粘着性のある液体; すり傷・写真フィルムのコーティングに用いる》.

col·logue /kəlóug/ 〖動〗打明け話をする, 密談する 〈with〉.

col·loid /kɔ́lɔid | kɔ́l-/ 〖名〗〖化〗コロイド, 膠(ゴ)質 (cf. crystalloid). ── 〖形〗=colloidal. 《Gk colla にかわ+-OID》

col·loi·dal /kəlɔ́idəl/ 〖形〗コロイド状の.

col·lop /káləp | kɔ́l-/ 〖名〗薄い肉片, 薄いきれ.

colloq. 〖略〗colloquial(ly); colloquialism.

col·lo·qui·al /kəlóukwiəl | -kwi-/ 〖形〗口語(体)の, 話し言葉の, 日常会話の《★教育ある人が日常の談話で使う言葉についていい, 無教育者の言葉とは別》. **~·ly** /-əli/ 〖副〗口語で, 口語的に.

col·ló·qui·al·ism /-lìzm/ 〖名〗❶ 〖C〗口語(的)表現. ❷ 〖U〗口語[談話]体, 会話体.

col·lo·qui·um /kəlóukwiəm/ 〖名〗(複 ~s, **-qui·a** /-kwiə/) 討論集会, (専門家)会議, セミナー.

col·lo·quy /káləkwi | kɔ́l-/ 〖名〗(複 **-quies**) (改まった)対話, 会話 〈with, between〉. 《L<colloqui 会話をする

COL-+loqui 話す; cf. eloquent》

col·lo·type /káləˌtaɪp | kɔ́l-/ 〖名〗❶ 〖U〗コロタイプ(版)《写真製版の一種》. ❷ 〖C〗コロタイプ印刷物.

col·lude /kəlúːd/ 〖動〗(…と)結託する, 共謀する, 談合する〈with〉. 《L<COL-+ludere 戯れる; cf. ludicrous》

*__col·lu·sion__ /kəlúːʒən | -ʒən/ 〖名〗❶ 〖U〗共謀, 結託 〈with, between〉: act in ~ with… と共謀して[なれ合いで]行動する. ❷ 〖法〗通謀: the parties in ~ なれ合い訴訟の当事者. 《L<》

col·lu·sive /kəlúːsɪv/ 〖形〗共謀[談合]の, なれ合いの: ~ pricing なれ合いの価格づけ. **~·ly** 〖副〗

col·ly·ri·um /kəlíriəm/ 〖名〗(複 **-ia** /-iə/, **~s**) 〖医〗洗眼剤 (eyewash).

col·ly·wob·bles /káliwɔ̀blz | kɔ́liwɔ̀blz/ 〖名〗[通例単数または複数扱い]〖口〗❶ 神経性腹痛. ❷ 精神的不安: I always get the ~ before an exam. 試験の前にはいつも気持ちが落ち着かなくなる.

Colo. 〖略〗Colorado.

col·o·bus /káləbəs | kɔ́l-/ 〖名〗(また **cólobus mònkey**) 〖動〗コロブス《アフリカ産コロブス属のサル; 尾が退化》.

col·o·cynth /káləsinθ | kɔ́ləsinθ/ 〖名〗❶ 〖植〗コロシント《スイカ属; 苦い実から下剤をつくる》.

Co·logne /kəlóun/ 〖名〗❶ ケルン《ドイツの Rhine 川に臨む都市; ドイツ名 Köln /kéln/》. ❷ [c~] =eau de Cologne.

Co·lom·bi·a /kəlámbiə | -lɔ́m-/ 〖名〗コロンビア《南米北西部の共和国; 首都 Bogotá》. 《C. COLUMBUS》

Co·lóm·bi·an /-lɔ́m-/ 〖形〗コロンビア(人)の. ── 〖名〗コロンビア人.

Co·lom·bo /kəlámbou/ 〖名〗コロンボ《スリランカの首都・海港》.

*__co·lon¹__ /kóulən/ 〖名〗(句読点の)コロン(:). 《L<Gk=肢体, 部分》

> 〖用法〗(1) 対句の間または説明句・引用句の前などに用いる.
> (2) 時(間)・分・秒を表わす数字の間に用いる: 10: 35: 40 10 時 35 分 40 秒 / the 9:10 train 9 時 10 分発の列車.
> (3) 聖書の章句の間に用いる: Matt. 5:6 マタイ伝 5 章 6 節.
> (4) 対比を表わす数字の間に用いる: 4:3 4 対 3《★four to three と読む》/ 2:1=6:3 2 対 1 は 6 対 3《★Two is to one as six is to three. と読む》.

co·lon² /kóulən/ 〖名〗(複 ~s, **co·la** /-lə/) 〖解〗結腸.

co·lon·ic /koulánik | -lɔ́n-/ 〖形〗《L<Gk=大腸》

co·lon³ /kəlɔ́ːn/ 〖名〗(複 **co·lo·nes** /-nes/, ~s) コロン《コスタリカ (=100 centimos)・エルサルバドル (=100 centavos) の通貨単位; 記号 C》.

col·o·nel /kə́ːnəl | -/ 〖名〗〖陸軍・海兵隊・米空軍〗大佐. 《F<It=縦隊長<L columna; ⇒ column》

Cólonel Blímp 〖名〗大時代な考え方の人; 超反動主義者.《英国の新聞漫画の主人公から》

co·lo·nes /kəlɔ́ːnes/ colon³ の複数形.

*__co·lo·ni·al__ /kəlóuniəl/ 〖形〗❶ 〖A〗a 植民(地)の; 植民地風の: a ~ policy 植民地政策. b 入植者の. 2 〖A〗[しばしば C~]《米》(米国独立以前の)英国植民地時代の: (the) ~ era [days] 英国植民地時代. b〈建築など〉植民地時代の, コロニアル風の《主として英国の George 王朝様式の模倣にいう》. ❸ 〖生〗コロニーの; 群体の. ── 〖名〗❶ 植民地住民; (特に)入植者, 植民者. ❷ コロニアル風の建築[家具]. ~·ly /-əli/ 〖副〗《colony》

*__co·ló·ni·al·ism__ /-lìzm/ 〖名〗〖U〗❶ 植民地主義, 植民地政策. ❷ 植民地風[気質].

co·ló·ni·al·ist /-list/ 〖名〗植民地主義者. ── 〖形〗植民地主義(者)の.

co·lon·ic /koulánik | -lɔ́n-/ 〖解〗結腸 (colon) の; 〖医〗結腸洗浄の. ── 〖医〗結腸洗浄.

*__col·o·nist__ /kálənist | kɔ́l-/ 〖名〗海外移住民; (特に)植民地開拓者, 入植者.

col·o·ni·za·tion /kàlənizéiʃən | kɔ̀lənaiz-/ 〖名〗〖U〗植

民地化; 入植.

col·o·nize /kάlənàɪz | kɔ́l-/ [動] [他] ❶ 〈土地を〉植民地にする; 〈土地に〉入植する. ❷ 〈人々を〉移住させる. ❸ 〖生〗〈動植物が〉〈…に〉コロニーをつくる. ── [自] ❶ 開拓者となる, 入植する. ❷ 植民地を造る. ([名] colony)

cól·o·nìz·er [名] ❶ 植民地を開拓する国. ❷ 植民地開拓者, 入植者.

col·on·nade /kὰlənéɪd | kɔ̀l-/ [名] ❶ 〖建〗(ギリシア建築などに見られる)列柱, 柱廊. ❷ (道の両側にある)並木.

co·lo·nos·co·py /kòʊlənάskəpi | -nɔ́s-/ [名] [U] 〖医〗結腸内視術.

***col·o·ny** /kάləni | kɔ́l-/ [名] ❶ **a** 植民地. **b** [the Colonies] (英国が米国に最初に建設した)東部 13 州の植民地 《独立によって合衆国を形成した》. ❷ [集合的; 単数または複数扱い] 植民; 移民団. ❸ 居留地; (居留地の)居留民, …人街: the Italian ～ in Soho (ロンドンの)ソーホーのイタリア人街. ❹ 群居地, 集団居住地, 「村」: a ～ of artists＝an artists' ～ 芸術家村. ❺ [集合的; 単数または複数扱い] 〖生〗コロニー; 群体 《cf. individual 3 c》. 〖L＝植民地＜*colonus* 入植者, 農夫＜*colere* 耕す; cf. culture〗

col·o·phon /kάləfən | kɔ́l-/ [名] (本の背や表題紙につける)出版社マーク 《たとえば, この辞書の背などについている唐獅子(からじし)マーク》.

col·o·pho·ny /kəlάfəni | kɔlɔ́f-/, **co·lo·pho·ni·um** /kὰləfóʊniəm | kɔ̀l-/ [名] 〖化〗コロホニー, コロホニウム (rosin).

****col·or** /kʌ́lə | -lə/ [名] **A** ❶ **a** [C,U] 色, 色彩 《★ black と white はしばしば含まない》: What is the ～ of your car? ＝What ～ is your car? あなたの車(の色)は何色ですか 《[用法] What color does your car have? とは言わない; また答えとして, たとえば "It's black." と言い, black color, black in color とは通例言わない》 / be reddish in ～ 色が赤みがかっている / the ～*s* of the rainbow 虹の七色 / Her hair is (of) a chestnut ～. 彼女はくり色の髪の毛をしている / The scarf is available in five (different) ～*s*. スカーフは 5 色取りそろえております / see the fall [autumn] ～*s* 秋の(木々の)紅葉を見る / complementary ～*s* 余色, 補色 / ⇨ primary color, secondary color. **b** [U] 色付き, 多色; 彩色 (cf. [形] 2). **c** [U] 色調; (光線・画・墨絵などの)明暗.

❷ **a** [C,U] **着色[染色]料[剤]** 《特に染毛剤, 口紅などの化粧品や, 食品着色料など》; 絵の具, 顔料: a permanent hair ～ 永久染毛剤, パーマネントヘアカラー / a natural food ～ 天然食品着色料 / (a) nail ～ ネイルカラー, マニキュア / ⇨ oil color, watercolor 1. **b** [C] (ある)色の衣服(など): wear bright [light] ～*s* 明るい色のものを身につけている.

❸ [U,C] **皮膚の色** 《特に人種の違いを示す; (皮膚の)有色》: ～ prejudice＝prejudice based on ～ 肌の色に基づく偏見 / people of all ～*s* あらゆる肌の色の[人種の]人々 / a person of ～ 《主に米》非白人, 有色人 《★ colored と異なり「黒人」に限定して用いない》.

❹ [U] **a** **顔色**, 血色: have little [no] ～ 血色が悪い, 青ざめている / change ～ 顔色を変える; 青くなる; 赤くなる / lose ～ 青ざめる, (顔)色を失う / The ～ drained from her face. 顔から血の気がひいた. **b** (顔の)赤らみ; 赤面, 紅潮: *C*～ showed in her face. 彼女は顔を赤らめた / The walk brought ～ to his face. 散歩して顔色がよくなった[顔に赤みが戻った].

❺ [U] **a** (作品・土地などの)持ち味, 個性, 特色, 生彩, 面白み; 《米》放送を面白くするもの 《スポーツ放送で実況中に加えられる試合の分析・統計・エピソードなど; cf. [形] 4》: period ～ 時代色 / lack ～ 生彩に欠ける / add [give, lend] ～ to… 〈話など〉に生彩を添える (cf. A 6 a) / His writing shows considerable ～. 彼の作品にはかなり個性が出ている / ⇨ local color. **b** 〖楽〗音色: the rich ～ of a Stradivarius ストラディバリウスの豊かな音色.

❻ **a** [U] [また a ～] 本当らしさ, 見せかけ: some ～ of truth 多少の真実味 / give [lend] ～ to… 〈主張など〉を本当らしく見せる (cf. A 5 a) / take on a different ～ 異なる様相を呈するようになる. **b** [U] 口実: a favor rendered *under* ～ *of* affection 愛情を装ってなされる世話.

── **B** ❶ [複数形で] **a** (学校・チームなどの標識としての)シンボルカラー, 校色, 団体色; 色リボン[バッジ]: the school [team] ～*s* 校色[チームの色] 《★ 校風[チームの特色]を意味しない》 / get [win] one's ～*s* 《英》(競技組別の, または選手としての)色リボンをもらう, 選手になる. **b** (所属団体などを表わす)色服: be (dressed) in one's [the] ～*s* (校色などの)制服を着ている.

❷ **a** [複数形で] 国旗; 軍旗, 連隊旗, 船舶旗: salute the ～*s* 軍艦旗[国旗]に敬礼する / capture the enemy's ～*s* 敵の軍旗をぶんどる. **b** [the ～s] 軍隊: join [follow] *the* ～*s* 入隊する / serve (with) *the* ～*s* 兵役に服する.

❸ [C] [通例 one's true ～s で] 立場; 本性, 本音: show one's *true* ～*s*＝《英》show [reveal] oneself in one's *true* ～*s* 本性を表わす, 本音を吐く / come out in one's *true* ～*s* 本性を表わす / see things in their *true* ～*s* ものの真相を見る.

a hórse of anóther cólor ⇨ horse [名] [成句].

have a lot of color 《米》＝《英》**have a high color** (発熱などのため)顔が紅潮している; 赤ら顔である.

in cólor (白黒に対して)カラーで (cf. A 1a): illustrated *in* ～ カラーのさし絵入りで.

láy ón the cólors tòo thíckly 誇張して述べる.

lówer one's cólors 自分の要求[主張, 地位]を放棄する; 降参する 《[由来] 敗北を認めて旗を下ろすことから》.

náil [hoist] one's cólors to the mást 《英》旗印を鮮明にして固守する; 決心を曲げない 《[由来] 船旗をマストにくぎづけにすると, それを下げることができないことから》.

òff cólor (1) いかがわしい, きわどい (cf. off-color). (2) 《主に英》顔色が悪い; 気分がすぐれない: You look *off* ～. 顔色が悪いね / I feel a little *off* ～. ちょっと気分が悪い.

páint…in glówing cólors 〈…を〉激賞する.

sáil ùnder fálse cólors (1) 〈船が〉偽りの国旗を揚げて[国籍をくらまして]走る. (2) 本当の自分を偽ってふるまう.

sée the cólor of a person's móney 《口》人が金を払えることを確かめる, 人に金を払ってもらう: Don't let them *see the* ～ *of* your *money*. 支払う金があることは彼らに知らせるな.

stánd [stíck] to one's cólors 自分の旗印[主義, 立場]を固守する, あくまで踏みとどまる.

tróoping the cólour(s) ⇨ troop [成句].

with flýing cólors 大成功を収めて, 見事に 《[由来]「勝利の旗を翻(ひるがえ)して」の意から》: He sailed through the exam *with flying* ～*s*. 彼は見事に試験に合格した.

── [形] [A] ❶ 色の, 色彩の: a ～ print 色刷り版画, 浮世絵; カラー写真 / ⇨ color scheme. ❷ 色のついた, カラーの: ～ film カラーフィルム / a ～ filter [screen] (写真の)カラーフィルター. ❸ 肌の色の; 黒人の, 有色人種の: ～ prejudice 黒人[有色人種]に対する偏見. ❹ 《米》実況放送に彩りを添える (cf. [名] A 5a): a ～ analyst [commentator] 放送を面白く盛り上げる解説者[アナウンサー].

── [動] [他] ❶ 〈…に〉彩色する, 色を塗る; 〈髪などを〉染める: The children ～*ed* the Easter eggs. 子供たちは復活祭の卵に色を塗った / water ～***ed with*** a blue dye 青い染料で染まった水 / 〔＋目＋補〕The child ～*ed* the sky green and the trees purple. その子は空を緑色に木々を紫色に塗った. ❷ 〈人の顔を〉紅潮させる, 赤くする; 〈赤みが〉〈人の顔に〉のぼる, さす. ❸ **a** 〈判断・見方などに〉(悪い)影響を与える, 〈…を〉ゆがめる: The interpretation of facts is often ～*ed* by prejudices. 事実の解釈は偏見によってしばしばゆがめられる. **b** 〈…を〉潤色する, 粉飾する; もっともらしくする ❹ 〈…を〉特色づける: Love of nature ～*ed* all of the author's writing. 自然への愛がその作家の作品全体の特徴となっていた. ── [自] ❶ **a** 〈人が〉顔を赤らめる, 〈顔が〉赤らむ 〈*up*〉〔*at*〕(blush). **b** 〈葉・果物などが〉色づく. ❷ 色を塗る.

cólor ín 《[他]＋[副]》〈…に〉色づけする, 色を塗り込む.

Cólor me… [主に分詞を伴って] 《米口》私を…だと思ってくれ: *C*～ *me* surprised [confused, disappointed]! 全く驚いた[困惑した, がっかりした]よ.

C

〖F＜L〗(形) colorful; 関形 chromatic) 〖類義語〗 **color**「色」の一般語; 白・黒を含まないことがある. **hue** color と同義にもなるが, 普通中間色に言い, 明るさを暗示する. **shade** 色の明暗の度合い, 特に, 暗さ(濃さ)の度合い. **tint** 色の明るさの度合い, 特に白っぽい淡い色合い.

col・or・a・ble /kʌ́lə(ə)rəbl/ 形 ❶ 着色できる. ❷ もっともらしい. ❸ 偽りの. **-a・bly** /-əbli/ 副

Col・o・ra・do /kɑ̀lərǽdou, -rɑ́ː- ǀ kɔ̀ləráː-⁻¹/ 名 ❶ コロラド州《米国西部の州; 州都 Denver; 略 Colo., 〖郵〗CO; 俗称 the Centennial State》. ❷ [the ~] コロラド川《Colorado 州に源を発し, California 湾に注ぐ川; 大峡谷 Grand Canyon や Hoover Dam で有名》.

Colorádo béetle 名 =Colorado potato beetle.

Colorádo potáto béetle 〖C〗〖昆〗コロラドハムシ《ジャガイモの大害虫》.

Colorádo Springs 名 コロラドスプリングズ《米国 Colorado 州中部の都市; 米国空軍士官学校 (US Air Force Academy) 所在地》.

col・or・ant /kʌ́lərənt/ 名 〖U〗着色剤.

col・or・a・tion /kʌ̀ləréiʃən/ 名 〖U〗❶ (生物の)天然色: protective ~ 保護色. ❷ **a** 着色, 配色, 彩色. **b** 着色法.

col・o・ra・tu・ra /kʌ̀lərət(j)ú(ə)rə, kɑ̀l- ǀ kɔ̀l-/ 名 〖U〗〖楽〗**a** コロラチュラ, コロラトゥーラ《声楽の技巧的で華やかな装飾》. **b** コロラチュラの曲. ❷ 〖C〗コロラチュラ歌手《ソプラノ》.

cólor bàr 名 =color line.

cólor-bèarer 名 旗手.

cólor-blìnd 形 ❶ 色盲の. ❷ (米) 白人と有色人種[黒人]との区別をしない; 人種偏見のない.

cólor blìndness 名 〖U〗色盲.

cól・or・càst 〖テレビ〗名 カラー放送. — 動 他 自 (~, ~ed) カラー放送する.

cólor còde 名 (識別用の)色コード.

cólor-còde 動 他 色コードで区別[分類]する.

cólor-coórdinated 形 〈服装・室内装飾など〉色彩の調和がとれた.

cólor-coordinátion 名 〖U〗色彩調和.

co・lo・rec・tal /kòuləlóurεktl⁻¹/ 形 〖医〗結腸直腸の.

*col・ored** /kʌ́ləd ǀ -ləd/ 形 ❶ **a** 着色[染色]した, 彩色してある: ~ glass 色ガラス / ~ printing 色刷り. **b** 〖通例複合語で〗(...の)色の: cream-colored クリーム色の. ❷ 〖差別〗名 〈人種〉の有色の. **b** 黒人の. **c** 混血の. ❸ 〈意見・事実など〉ゆがめられた, 誇張した.

cólored péncil 名 色鉛筆.

cól・or・fàst 形 〈織物が〉色あせない, 変色しない. **~ness** 名

cól・or-fìeld 形 〈抽象画の〉色彩面を強調した.

*col・or・ful** /kʌ́lə(ə)f- ǀ -ləf-/ 形 (more ~; most ~) ❶ 色彩に富んだ, 多彩な: ~ folk costumes 多彩な民族衣装. ❷ 華やかな; 生彩のある, 派手な: a ~ description 生彩に富んだ描写 / a ~ character (経歴などが)華やかな人物. ❸ 〈言葉が〉乱暴な, 汚い: ~ language [speech] (口汚い言葉の多い)下品な言葉使い.

~・ly /-fəli/ 副. **~・ness** 名

cólor guàrd 名 (米) 隊旗奉持隊; 軍旗衛兵隊.

col・or・if・ic /kʌ̀lərífik⁻¹/ 形 色を伝えることのできる.

col・or・im・e・ter /kʌ̀lərímətə ǀ -tə/ 名 比色計; 〖色彩〗色彩計. **col・or・im・e・try** 名 〖U〗比色定量[分析]; 測色(学). **còl・or・i・mét・ric** 形

+**col・or・ing** /-lərɪŋ/ 名 ❶ 〖U〗着色, 彩色: artificial ~ 人工着色. **b** 着色法. ❷ 〖U,C〗着色剤, 絵の具; 色素: food ~ 食品着色料. ❸ 〖U〗肌[髪, 目]の色; (顔の)血色. ❹ 〖U〗(生物の)天然色.

cóloring bòok 名 塗り絵帳.

cól・or・ist /-lərɪst/ 名 ❶ **a** 色着け師, 彩色者. **b** 髪を染める美容師. ❷ 彩色を得意とする画家[デザイナーなど].

col・or・is・tic /kʌ̀lərístɪk⁻¹/ 形 色の, 彩色(上)の; 音色を強調した(音楽). **-ti・cal・ly** 副

col・or・ize /kʌ́ləràɪz/ 動 〈白黒フィルムを〉(コンピューター処理で)色づけする. **col・or・i・za・tion** /kʌ̀lərɪzéɪʃən ǀ klərɑɪ-/ 名

cólor・less 形 ❶ 無色の. ❷ **a** 〈空などが〉どんよりした. **b** 〈顔など〉血の気がない, 青白い. ❸ 特色のない, 生彩を欠く; つまらない, おもしろくない (dull). **~・ly** 副. **~・ness** 名

cólor line 名 〖通例単数形で〗黒人[有色人種]に対する差別, 肌の色による境界線[障壁].

+**cólor schème** 名 色彩の配合(設計).

cólor sèrgeant 名 軍旗衛兵下士官.

cólor súpplement 名 〈新聞の〉カラー付録ページ.

cólor télevision [TV] 名 ❶ 〖U〗カラーテレビ(放送). ❷ 〖C〗カラーテレビ(受像機).

cólor témperature 〖理〗色(₁)温度《ある物体の熱放射の色と等しい色の熱放射をする黒体の温度》.

cólor wàsh 名 〖U〗水性塗料.

cólor-wàsh 動 他 水性塗料で塗る.

cólor・wày 名 (英) =color scheme.

co・los・sal /kəlɑ́sl ǀ -lɔ́sl/ 形 ❶ 巨大な (enormous): a ~ high-rise office building どでかい高層オフィスビル. ❷ 〈数量など〉途方もなく大きい; 並はずれた: a ~ fraud (途方もなく)大がかりな詐欺. **-sal・ly** /-səli/ 副 ❶ (口)非常に, 途方もなく: a ~ly popular singer ものすごい人気歌手. ❷ 大規模に, 大がかりに: a ~ly conceived plan 大規模な計画.

Col・os・se・um /kʌ̀ləsíəm; -lɔ́s-/ 名 [the ~] コロセウム《ローマの円形大演技場; 紀元 1 世紀ごろの建造で, 剣闘士の試合やキリスト教徒の殉教の場として知られた遺跡》. ❷ [c~] =coliseum 1. 〖L〗〈 COLOSSUS〉

Co・los・sian /kəlɑ́ʃən ǀ -lɔ́ʃ-/ 形 〈小アジア Phrygia の古都〉コロサイの. — 名 ❶ 〖C〗コロサイ人. ❷ [the ~s; 単数扱い] 〖聖〗コロサイ人への手紙, コロサイ書 (The Epistle of Paul the Apostle to the Colossians)《新約聖書中の一書; 略 Col.》.

co・los・sus /kəlɑ́səs ǀ -lɔ́s-/ 名 (-es) ❶ 〖C〗**a** 巨人, 巨大なもの. **b** 大人物, 偉人. ❷ 〖C〗巨像. **b** [the C~] アポロの巨像《世界七不思議の一つで Rhodes 港口にあった》. 〖L=巨大な〗

co・los・to・my /kəlɑ́stəmi ǀ -lɔ́s-/ 名 〖U,C〗人工肛門形成(術).

co・los・trum /kəlɑ́strəm ǀ -lɔ́s-/ 名 〖U〗〖医〗(産婦の)初乳.

*col・our** /kʌ́lə ǀ -lə/ 名 〖英〗=color.

col・por・tage /kʌ̀lpɔətɑ́ːʒ ǀ kɔ́lpɔːtɪdʒ/ 名 〖U〗(宗教)書籍行商.

col・por・teur /kʌ̀lpɔətɑ́ː ǀ kɔ́lpɔːtə/ 名 (宗教)書籍行商人.

col・po・scope /kálpəskòup ǀ kɔ́l-/ 名 〖医〗膣拡大鏡, 膣鏡. **col・pos・co・py** /kalpɑ́skəpi ǀ kɔlpɔ́s-/ 名

colt /kóult/ 名 ❶ **a** 子馬. **b** 〖競馬〗若ごま《普通 4 歳までの雄馬; ⇒ horse 関連》. ❷ 〖口〗未熟な若者, 青二才.

Colt /kóult/ 名 〖商標〗コルト《輪胴式連発拳銃》.

col・ter /kóultə ǀ -ltə/ 名 (すき (plow) の先につけた)草切り刃.

cólt・ish /-tɪʃ/ 形 ❶ 子馬のような: ~ high spirits (とびはねる)子馬のような元気さ. ❷ はねてふざける, ひょうきんな; 御しにくい. **~・ly** 副

Col・trane /kóultreɪn ǀ kɔ́ltreɪn/, **John (William)** コルトレーン《1926-67; 米国のジャズサクソフォーン奏者・作曲家》.

cólts・fòot 名 (複 ~s) 〖植〗フキタンポポ, カントウ.

col・u・brine /kʌ́l(j)ubràɪn ǀ kɔ́l-/ 形 蛇のような.

co・lu・go /kəlúːɡoʊ/ 名 (複 ~s) 〖動〗ヒヨケザル (flying lemur).

col・um・bar・i・um /kʌ̀ləmbέ(ə)riəm ǀ kɔ̀l-/ 名 (複 -ria /-riə/) 〖古〗(Catacomb 中の, 多数の壁龕(ᵏᵃⁿ)のある)地下遺骨安置所; (その一つ一つの)壁龕.

Co・lum・bi・a /kəlʌ́mbiə/ 名 ❶ 〖詩〗コロンビア《アメリカ大陸[合衆国]の女性擬人名》. ❷ [the ~] コロンビア川《カナダ南西部から米国北西部を通って太平洋に注ぐ》. ❸ コロンビア《米国 South Carolina 州の州都》. 〖米大陸発見者とされた C. Columbus から〗

Co·lum·bi·an /kəlʌ́mbiən/ 形 米国の.

col·um·bine /kάləmbàin | kɔ́l-/ 名 ❶ C 〔植〕 オダマキ属の多年草《観賞用植物》. ❷ [C~] コロンバイン, コロンビナ《イタリアの古い喜劇などで Pantaloon /pǽnṭəlúːn/ の娘で Harlequin の恋人の名》.

col·um·bite /kəlʌ́mbait/ 名 U 〔鉱〕コルンブ石, コロンバイト《主に鉄とコロンビウムからなる黒い鉱物》.

co·lum·bi·um /kəlʌ́mbiəm/ 名 U 〔化〕コロンビウム (niobium の旧称; 記号 Cb).

Co·lum·bus /kəlʌ́mbəs/ 名 コロンバス (米国 Ohio 州の州都).

Columbus, Christopher 名 コロンブス (1451-1506; イタリアの航海者; 米大陸(実はサンサルバドル島)に到達(1492)).

Colúmbus Dày 名 《米》 コロンブス記念日 《米大陸到達記念; 多くの州で10月の第2月曜日を法定休日とする》.

comb. (略) combination(s); combined.

*__com·bat__ /kάmbæt | kɔ́m-/ 名 ❶ U|C 戦闘, 争う, 論争, 争い, 闘争 《between, against, with》: single ~ 一騎打ち, 決闘 / close ~ 白兵戦 / armed [unarmed] ~ 武器を用いて[用いないでの]戦い / in ~ 《with...》 (...)と戦闘中に[の], 戦って / be locked in mortal ~ (一方が死ぬまでの)果たし合いをしている / see ~ 戦闘に加わる / do ~ with... と戦う; ...と格闘する. ❷ C (犯罪・病気などの)阻止 (撲滅(など))のための取り組み, 戦い 《between, against, with》. ❸ [複数形で] ⇒ combats. ─ 形 A 戦闘の, 戦闘用の: ~ troops 戦闘部隊 / (a) ~ aircraft 戦闘機 / ~ boots 軍靴. ─ 動 /kάmbæt, kəmbǽt | kɔ́mbæt, kəmbǽt/ (com·bat·ed, -bat·ted /-tɪd/; com·bat·ing, -bat·ting /-tɪŋ/) ❶ 他 (犯罪・病気・差別・インフレなど)を阻止するよう取り組む, ...と戦う: ~ child abuse 児童虐待を防止するよう取り組む / ~ organized crime 組織犯罪と戦う. ❷ 自 〔文〕〈敵と〉戦う, 戦闘する. ─ 他 〔古風〕 〈敵と〉戦う 《with, against》. 【L com-+battuere たたく, 戦う; cf. batter²】

⁺**com·bat·ant** /kəmbǽtnt | kɔ́mbət-/ 名 ❶ 戦闘員 (↔ noncombatant). ❷ 闘士, 格闘者. ─ 形 ❶ 戦闘[実戦]に臨む, 戦う. ❷ 好戦的な.

cómbat fatìgue 名 U 戦争神経症《長期の戦闘のストレスから起こる兵士の精神障害》.

*__com·bat·ive__ /kəmbǽtɪv | kɔ́mbət-/ 形 闘争的な, 闘志盛んな; けんか好きな, 好戦的な: a ~ lawyer 闘争的な弁護士. ─ **·ly** 副 ─ **·ness** 名

cómbat jàcket 名 戦闘服.

com·bats /kάmbæts | kɔ́m-/ 名 複 コンバット《ミリタリースタイルの衣服》.

comb-back /kóumbæk/ 名 コームバック《背もたれ部に肘の高さよりさらに上に数本の縦桟があるウィンザーチェア》.

combe /kúːm/ 名 《英》 ＝coomb.

comb·er¹ /kóumə/ 名 ❶ **a** (羊毛・綿などを)すく人, すき手. **b** すく機械[道具]. ❷ 寄せ波, 砕け波.

comb·er² /kóumə | kɔ́mbə/ 名 〔魚〕 カブラニラミ《死я口を開く; スズキ科》.

com·bi /kάmbi | kɔ́m-/ 名 複数の機能をもつ機械[道具].

*__com·bi·na·tion__ /kὰmbənéiʃən | kɔ̀m-/ 名 ❶ U|C 結合, 組み合わせ, 取り合わせ, 配合: in ~ with... と結合して / be [make] a good ~ 〈人・ものが〉よい組み合わせである [となる] / a ~ of inflation and recession インフレと不況の二重苦. ❷ C 結合した[組み合わせた]もの: a ~ of letters 文字の組み合わせ. ❷ **a** U 《...との》連合, 同盟, 連携動作: in ~ with... と共同[協力]して / enter into ~ with... と協力する. **b** C 連合体, 共同体. ❸ C **a** (combination lock を開けるのに使う)数字[文字]の組み合わせ. **b** ＝combination lock. ❹ C 〔英〕コンビネーション《ズボン下付きシャツなど上下ひと続きの下着》; 《米》 union suit. ❺ 〔化〕 **a** U 化合. **b** C 化合物. ❻ C 組合わせ: ~ salad コンビネーションサラダ. ❷ 兼用の: a ~ office and study 事務室と書斎兼用の部屋. ─ 動 combine)

combinátion lòck 名 《数字・文字などの》組み合わせ錠, ダイヤル錠.

combinátion pláte 名 コンビネーションプレート《数種の料理を盛り合わせた皿》.

combinátion thèrapy 名 U 〔医〕 《1つの病気に対して2種以上の薬を用いた》併用療法.

com·bi·na·tive /kámbənèɪtɪv, kəmbáɪnət-| kómbɪnət-, -nèɪt/ 形 結合する, 結合力のある; 結合性の; 結合に関する; 結合によってできた.

com·bi·na·to·ri·al /kəmbàɪnətɔ́ːriəl | kɔ̀mbə-/ 形 [数] 組合わせの.

com·bi·na·tor·ics /kəmbàɪnətɔ́ːrɪks, -tár- | kɔ̀mbínətər-/ 名 U [数] 組合わせ論.

com·bi·na·to·ry /kámbənətɔ̀ːri, kəmbáɪn- | kómbɪnət(ə)ri/ 形 =combinative.

*__com·bine__ /kəmbáɪn/ 動 ❶ 〈…を〉結合する; 〈人・力・会社などを〉合併[合同]させる, 連合する: Let's ~ our efforts. 一緒に努力しよう / Opera ~s music and drama. 歌劇は音楽と演劇を結びつける / You should ~ your language ability with your business skills. 君は語学力を仕事の技能に結びつけるべきだ / ~ two parties ***into*** one 二党を合併して一党にする. ❷〈別々の性質などを〉同時に〉兼ねる, 兼ね備える; 兼務する: ~ beauty and utility 美しさと便利さとを兼ね備える / ~ business ***with*** pleasure 仕事と遊びを兼ねる. ❸ [化] 〈二つの物質を〉化合させる: ~ mercury and oxygen 水銀と酸素とを化合させる / ~ oxygen ***with*** hydrogen 酸素と水素とを化合させる. ── 自 ❶ 結合する, 結びつく; 合同する, 連合する: The three mistakes ~d (***together***) to produce the catastrophe. その 3 つのミスが結びついてこの大惨事を招くことになった / The company ~d ***with*** its closest competitor. その会社は最も競い合っているライバル会社と合併した / The two nations ~d (***together***) ***against*** their common enemy. 2 国は共通の敵に対して連合した. ❷ [化] 化合する 〈***with***〉. ❸ a 合同[合併]する 〈企業合同〉; 〈政治上の〉連合. **b** =combine harvester. [F<L<COM-+*bini* 二つずつ] 名 combination. 【類義語】⇒ unite.

*__com·bined__ 形 A ❶ 合同[協同]の, 連合の (joint): a ~ class 合併クラス / ~ efforts 協力 / ~ operations [exercises] (陸海空軍の)協同作戦 / a ~ squadron [(米) fleet] 連合艦隊. ❷ 合わせた, 一体とした, すべてを含めた; 組み合わせた, 複合の[的な]: a [the] ~ total 合計, 総計 / a ~ workforce of more than 50,000 合計で 50,000 人を超える労働力. ❸ [化] 化合した.

combined píll 名 混合経口避妊薬 [エストロゲンと黄体ホルモンを成分とする].

cómbine hàrvester 名 コンバイン, 複式収穫機 《刈り取り・脱穀などの機能を兼備した農業機械》.

comb·ing /kóʊmɪŋ/ 名 ❶ U すく[くしげずる]こと: give one's hair regular ~s いつも通りに髪をとかす. ❷ [複数形で] (すき取った)抜け毛.

cómbing wòol 名 U 梳毛用羊毛, コーミングウール (worsted などの原料とする長い羊毛; cf. carding wool).

combíning fòrm 名 [文法] 連結形 《複合語を作る連結要素; 例: Japano-, -phile など》.

cómb jèlly 名 U [動] クシクラゲ, 有櫛(ゆうしつ)動物 (ctenophore).

com·bo /kámboʊ/ 名 (~s) ❶ コンボ (小編成のジャズ楽団). ❷ (米) 〈人・物の〉組み[取り]合わせ: Those two make a strange ~. あの二人[二つのもの]は変わった組み合わせだね.

combs /kámz | kóʊmz/ 名 (英口) =combination 4.

com·bust /kəmbʌ́st/ 形 [占星・天] 〈星が〉太陽に近くて光の薄れた. ── 動 燃焼する.

com·bus·ti·bil·i·ty /kəmbʌ̀stəbíləti/ 名 U 燃焼力, 可燃性.

com·bus·ti·ble /kəmbʌ́stəbl/ 形 ❶ 燃えやすい, 可燃性の. ❷〈人・性格が〉興奮しやすい. ── 名 [通例複数形で] 可燃物.

+__com·bus·tion__ /kəmbʌ́stʃən/ 名 U ❶ 燃焼: spontaneous ~ 自然発火. ❷ 激動, 大騒ぎ.

combústion chàmber 名 [機] 燃焼室.

com·bus·tive /kəmbʌ́stɪv/ 形 燃焼性の.

comdg. (略) commanding. **Comdr.** (略) Commander. **Comdt.** (略) Commandant.

*__come__ /kʌ́m/ 動 (came /kéɪm/; come) 自 A ❶ 来る: a [通例副詞(句)を伴って] (話し手のほうへ)やってくる; (相手のほうへ)行く 《用法 go は出発点を中心に考えるが, come は第 1 に話し手のいるどこかが移動してくる時に用い, 第 2 に相手を中心にして相手の思う場所へ移動する時にも用いる; その時, 日本語では「行く」になる; come に副詞(時に前置詞)のついた形は成句の場合を参照》: ~ by train 列車で来る / ~ a long way 長い道のりを来る / C~ here. ここへ来なさい / C~ this way, please. こちらへおいでください / I'm *coming* with you. 一緒に行きます / "I'm going to the zoo today." "Can I ~, too?" 「きょうは動物園に行きます」「私も行っていいですか」 / "John! Supper is ready!" "Yes, (I'm) *coming*." 「ジョン, 夕食ができましたよ」「はい, すぐ行きます」 《用法 この場合 (I'm) going. と言えば相手の所でなく違う所へ行くことを意味する(たとえば I'm going to the pub) へ行きますの場合は食事はけっこうです)》. **b** [~ *to do* で] 〈…しに〉来る 《用法 現在時制の場合 to なし原形がくることがある; また come and do にもなる; cf. and 2 c》: She *came* to see me. 彼女は私に会いに来た / Will you ~ and dine with us? うちにお食事にいらっしゃいませんか / You must ~ see us in Boston. ボストンでは必ずうちへ来てください. **c** [~ *doing* で] …しながらやってくる: Some children *came* ru*nning*. 何人かの子供が走ってきた.

❷〈人・ものが〉(ある場所に)到着する, やってくる; 届く, 達する: He hasn't ~ yet. 彼はまだ来(てい)ない / They *came* to a fountain. 彼らは泉の所までやってきた / The dress ~s to her knees. そのドレスは彼女のひざの所までである.

❸ **a** [通例副詞(句)を伴って]〈時などが巡って来る, 到来する; 〈順序に従って〉出てくる, 来る (★進行形なし): Spring has ~. 春が来た / ★ Spring is come. は [古語] / Dawn *came* at six. 6 時に夜が明けた / His hour has ~. 彼の死期が到来した / The time [Time] will ~ when I must say good-bye. お別れを言う時がやがてやってきて しょう / *Coming* soon. (映画など)近日公開 / The time has ~ for [to do]. …する[すべき]時がやってきた / My turn has ~. 私の番だった / Coffee will ~ after the meal. 食事のあとにコーヒーが出る / "Where did you ~ in the race?" "I *came* (in) second." 「競走では何番でしたか」「2 番でした」/ **b** [to come で名詞の後に置いて] 将来の, 未来の: for some time *to* ~ これからしばらくの間 / in time(s) *to* ~ 将来(において) / in the years *to* ~ この先何年も, 将来. **c** [仮定法現在形を接続詞的に用いて] [古風] 〈…が〉来る: He will be fifty ~ May. 彼はこの 5 月で 50 歳になる / C~ tomorrow (and) you'll feel differently. 明日になれば気持ちが違ってきますよ.

❹〈事が〉起こる, 生じる: take life as it ~s 人生をありのまま受け入れる, あせらない / I'm ready for whatever ~s. 何が起ころうと私には用意がある / It will ~ as no surprise to you that…なのはあなたにとって驚くことではないでしょう / No harm will ~ *to* you. 君には何の害も及ばない 〈危ないことはない〉 / He'll get what's *coming to* him. 彼はひどいめにあうことになるだろう 〈自業自得〉 / Everything ~s [All things ~] *to* those who wait. 〈諺〉待てば甘露[海路]の日和(ひより).

❺ [通例現在形で用いて] 〈…の〉出身である; 〈…の〉子孫である; 〈…から〉生じる, 起こる (★進行形なし): I ~ *from* Kansas. 出身地はカンザスだ 《比較 I *came* from Kansas. は「カンザスから出てきた」の意》/ Where do you ~ *from* (in America)? 出身地は(アメリカの)どこですか / She ~s *from* [文] *of* an old family. 彼女は古風な家の出だ / The civilization of Egypt *came* from the Nile River. エジプト文明はナイル川から生じた / Cultural prejudices ~ *from* ignorance. 文化的偏見は無知から生じる / That ~s *of* your carelessness. それは君の不注意の結果である / Nothing *came* (*out*) *of* all their talk. 彼らの話し合いからは何も生じなかった.

❻〈商品などが〉〈…の形で〉売り出される, 買える; 移る, 手に入る (★進行形なし): This shampoo ~s *in* three sizes. このシャンプーは 3 種類の容器のサイズで売っている / Meat ~s packaged *in* plastic wrap. 肉はラップで包装されて売っている / High-quality products don't ~ cheap.

《口》高品質な製品は安くない / His fortune *came to* him *from* his father. 彼の財産は父から受け継いだものだった / Easy ~, easy go. (諺)得やすいものは失いやすい,「あぶく銭は身につかない」(★ come, go とも命令法で easy は共に副詞).

❼ 〈感情・考え・涙などが〉〈…に〉生まれる, 現われる: A smile *came to* her lips. ほほえみが彼女の口もとに現われた / A good idea *came to* me. いい考えが浮かんだ / It suddenly *came to* me that my theory was all wrong. 私の理論はまったく間違いだと突然気づいた / Tears [A look of relief] *came into* her eyes. 彼女の目に涙[安堵(ぁんど)の色]が浮かんだ.

❽ [様態の副詞(句)を伴って]〈物事が〉〈…に〉やれる, こなせる: That sort of thing ~s naturally [easily] to him. そのようなことは彼の人には自然に[楽に]できる.

❾ [間投詞的に用いて, いらだち, 誘い・督促・再考などを表わして]〈古風〉さあ, これ (come on): C~, tell me what it's all about. さあ, それがどうしたっていうんだ / C~, ~, you shouldn't speak like that! これこれ, そんな口をきくもんじゃない.

❿ 〈卑〉オルガスムスに達する, 「いく」.

── B ❶ 〈ある状態・結果に〉なる, 変わる; 至る: ~ *into* use 使われるようになる / ~ *into* action [play] 活動[動き]を始める / ~ *into* being 生まれる / ~ *to* a conclusion 結論に到達する / ~ *to* life 生き返る, 正気づく / ~ *to* oneself 正気に返る; 迷いがさめる.

❷ 〈…に〉達する, 帰着する ❷〈…の〉事[問題]となる: Your bill ~s *to* £5. お勘定は 5 ポンドになります / It ~s *to* the same thing. つまり同じことになる.

❸ 〈…に〉なる: [+補]〈夢が現実に〉なる; 〈予言・予感が〉当たる / Things will ~ right. 万事よくなるだろう / My shoelaces *came* undone [untied, loose]. 靴ひもがほどけてきた.

❹ 〈…するように〉なる, 〈…するに〉至る: [*+to do*] I came to realize that he didn't love me. 彼が私を愛していないと悟るようになった / How did you ~ to hear of it? どういうわけで君がそのことを知っているのか [比較] How *came* you to hear of it? は古い慣用的表現; How come...? (HOW 副 成句).

── (他) [the+名]を伴い否定文で]《英口》〈…〉ぶる, 〈…〉風を吹かせる: *Don't* ~ *the* moralist, now. 今は君子ぶっている場合ではない.

as...as they cóme [it cómes]《口》〈人・ものが〉とても[この上もなく]…で: As a friend he's *as* good *as* they ~. 友人として彼は実に[この上なく]いいやつだ.

còme abóut (⾃+副) (1) 起こる, 生じる: How did it ~ *about* that he was asked to resign? どうして彼は辞職を求められることになったのですか / How did the accident ~ *about*? その事故はどんな具合に起こったのですか. (2) 〈風が〉変わる; 〈船が〉上手(うわて)回しになる〈船首を風上に回すこと〉.

come across [(⾃+副= acróss...] (1) …を横切る: He *came across* the street to where I stood. 彼は通りを横切って私の立っている所へ来た. (2) …に〈ふと〉出くわす, を見つける: I *came across* a very interesting book at that bookshop. あの書店でとてもおもしろい本を見つけた. ── [(⾃+副= acróss] (3) 横切る, 渡る. (4) 〈声・発言などが〉〈相手に〉理解される, 伝わる (come over): His lecture *came across* well. 彼の講義は十分理解された. (5) 〈ふるまいから〉〈人に〉〈…という印象を与える, 〈…のように〉見える, 思われる: [*+as* 補] He *came across* (*to* me) *as* (be)ing an extremely strange person. 彼は私にまったく〈変人だという印象を与えた. (6) 〈俗〉〈相手の求める金・情報などを〉与える, 渡す: She *came across with* the money she owed him. 彼女は彼に借りていた金を出した.

cóme áfter... (1) …のあとに来る[続く] (follow; ⇒ 5 a). (2) …を追いかけてくる: He *came after* me with a gun. 彼は銃を持って私を追いかけてきた.

còme agáin (⾃+副) (1) また来る, 戻ってくる. (2) [Come again? で]《口》何だって?, 何?(聞き取れなかった), もう一度言ってくれ.

còme alóng (⾃+副) (1) やってくる; [...と]一緒に来る, つ

349　come

いて行く, 同行する: C~ *along* this way. (さあ)こちらへおいで[一緒に行こう] / He *came along* (*with* me). 彼は(私と)一緒に来た. (2) 〈事が〉起こる, 生じる; 〈子供が〉生まれる: Take advantage of every opportunity that ~s *along*. めぐってくるすべての好機を利用せよ. (3) [通例進行形で]《口》〈...が〉(うまく)進む, 進行する, はかどる; やっていく, 暮らしていく (come on): How are you *coming along with* your work [studies]? 研究[勉強]はうまくいっていますか / The patient is *coming along* well [all right]. 患者は順調だ. (4) [命令法で]《英》急げ; がんばれ, もっとしっかりしろ.

Cóme and gét it!《口》食事の用意ができたぞ!

cóme and gó 行ったり来たりする (★ 日本語とは語順が逆), 見えたり隠れたりする; 移り変わる: People ~ *and* (people) *go*. 人々が行ったり来たりする[絶えず入れ替わる] / The cough ~s *and goes*. せきが出たり出なかったりする.

còme apárt (⾃+副) (1) 〈ものが〉ばらばらになる[割れる, 壊れる]; 分解される[できる]: We glued the teapot together but it *came apart* in a few days. (壊れた)ティーポットを接着剤でくっつけたが 2, 3 日で壊れてしまった. (2) 〈関係・協定など〉破綻する, 壊れる, 〈事態がまとまり[収拾]がつかなくなる.

còme apárt at the séams ⇒ seam 成句.

còme aróund (⾃+副) (1) 回ってくる, 遠回りをする. (2) ぶらりとやってくる, 立ち寄る [*to*]: C~ *around* and see me this evening. 今晩訪ねてきたまえ. (3) 〈人が〉意見を変えて同調[同意]する: He will ~ *around to* my opinion. 彼は私の意見に同調してくるだろう. (4) 〈季節などが〉巡ってくる: Leap year ~s *around* once in four years. うるう年は 4 年に 1 度やってくる. (5) 正気づく, 意識を回復する (come to): He fainted, but soon *came around*. 彼は気絶したが, まもなく意識を取り戻した. (6) 機嫌を直す.

cóme at... (1) …に向かってくる, …を攻撃する; 〈情報などが〉…の手にどっと来る: He *came at* me with a gun. 彼は銃を持って私に迫ってきた; …に至る; …に達する: We *came at* the facts by looking through the records. 我々は記録を詳しく調べることによってその事実を見つけることができた. (3) 《口》〈問題など〉に対処する.

còme awáy (⾃+副) (1) 〈ものが〉とれる, 離れる [*from*]: The handle *came away* in my hand. (手に握った)柄がぽろりととれた. (2) 〈人が〉出て[別れて]くる: He *came away from* the meeting in excellent spirits. 彼は上機嫌で会議から出てきた. (3) 〈ある感情・印象などを抱いて〉去る[離れる]: He *came away with* a feeling of sadness. 彼は悲しい気持ちで去った.

còme báck (⾃+副) (1) 帰る, 戻る [*from*, *to*]; 〈話題に〉戻る [*to*]. (2) 思い出される: The name *came back to* him. その名前が彼の頭に浮かんできた. (3) 〈流行などが〉復活する, 返り咲く [*in*, *into*]: Mini skirts have ~ *back*. ミニスカートがまたはやりだした. (4) 〈人に〉言い返す, しっぺ返しする: He *came back at* me *with* bitter words. 彼は私にひどい言葉で食ってかかってきた.

cóme befóre... (1) …の前に来る[現われる]. (2) …に先だつ; …の上位にある, …より重要である. (3) 〈会議などに〉議題として提出される; …で審議される: That question *came before* the committee. その問題は委員会に提出された.

cóme betwèen... (1) …の間に入る. (2) …の仲を裂く: After the accident some coldness *came between* Jane and me. その事故があってからジェーンと私との間が幾分か冷たくなった.

come by [(⾃+副)~ *by*...] (★受身可) (1) …のそばを通り過ぎる. (2) 《米》立ち寄る. (3) …を手に入れる: Paintings by that artist are hard [difficult] to ~ *by*. その画家の絵を手に入れるのは難しい. (3) (偶然に)〈傷などを〉受ける: How did you ~ *by* that black eye? その目の周りの黒あざはどうしてできたの. ── [(⾃+副)~ *bý*] (4) (そばを)通り過ぎる; 《米》〈人が〉立ち寄る: She *came by* for a visit. 彼女が訪ねてきた.

còme cléan ⇒ clean 形 成句.

cóme clóse to dóing すんでのところ[もう少し]で…するところである: Our car *came close to* running over a dog. 我々のはすんでのところで犬をひき殺すところだった.
cóme dówn (自+副)(1) 降りる; 〈階上の寝室から〉降りてくる: ~ *down* to breakfast 朝食に降りてくる. (2) 〈ものが〉落ちてくる, 落ちる; 倒れる; 〈飛行機が不時着する; 墜落する〉; 〈雨などが〉降る: The rain is *coming down* harder. 雨が激しくなってきている. (3) 〈値段を〉〈下がる〉; 〈値段を〉まける [to, on]: Prices rarely ~ *down*. 物価はめったに下がらない. (4) 〈ものが〉〈下へ延びる[届く, 垂れる]: Her skirt ~*s down to* her ankles. 彼女のスカートは足首の所まで届く. (5) 決意する, 決める: ~ *down* on the side of [in favor of]…を支持することに決意する. (6) 南に来る, 南下する; 〔都会から〕地方にやってくる: ~ *down from* London *to* Dorset ロンドンからドーセットへやってくる. (7)《英古風》〔Oxford, Cambridge 大学から〕帰る〔*from*〕. (8)〔地位などにおいて〕落ちぶれる; 〈評価などが〉落ちる: He has ~ *down in* the world since I saw him last. この前会ってから彼は落ちぶれた. (9) 《口》麻疹(の効き目)が出る, 現われる. (10) 《口》〈金が〉収入として入る.
còme dówn on [upòn]…(1) 〈人を〉〔…のことで〕しかりつける; 厳しく非難[批判]する: The boss *came down on* us *for* coming to work late. 上司は出勤が遅れたことで私たちをひどくしかった. (2)《口》〈人に〉〈金などを〉〈支払いなどを〉ように〉請求する: They *came down on* him *for* 10,000 dollars in back taxes. 税金滞納と言って彼らは彼に1万ドルを払えと要求した.
còme dówn to…(1) …に帰着する, 結局…になる: It (all) *came down to* a choice between war and peace. 結局は戦争か平和のどちらかひとつを選ばなくてはならなくなった. (2) …に伝来する, 伝わる: These old books *came down to* me from my great grandfather. これらの古書は私の曾祖父から受け継がれてきたものだ.
còme dówn with…《口》〈伝染性の〉病気になる, かかる: ~ *down with* measles はしかにかかる.
cóme for…(1) …の目的で来る: What have you ~ *for*? 何の目的で[ために]来たのですか. (2) 〈ものを〉取りにくる, 〈人を〉迎えにくる: Who has she ~ *for*? 彼女はだれを迎えに来たのですか. (3) 〈人に〉〔脅迫するように〕迫る, 向かってくる; 連れ去る.
còme fórward (自+副)(1) 進み出る, 現われる; 〔情報提供・助力などを〕進んで申し出る〔*with*〕〔*to do*〕. (2) 〈…として〉求めに応じて立つ, 買って出る: He *came forward as* a candidate for Congress. 彼は議員に自分から進んで立候補した.
còme ín (自+副)(1) 入る, 入場する; 〈ニュースなどが〉入ってくる: Please ~ *in*. どうぞお入りください / News of a traffic accident has just ~ *in*. 交通事故のニュースが今入ってきた. (2) 〈列車などが〉到着する; 〈船が〉入港する: The train will ~ *in* at platform ten. 列車は10番ホームに到着します. (3) 〔競技で〕…着で入賞する: Bill *came in* third. ビルは3着に入った. (4) 流行しだす: Long skirts have ~ *in*. ロングスカートがはやりだした. (5) 役割を持つ, 参加する〔*on*〕: Where do I ~ *in*? 私の立場はどこにあるのか, 私のなすべきことは何なのか; 私にとってどんな利益があるのか. (6) 〔~ in handy [useful] で〕(必要な時に)役に立つ: This will ~ *in* useful (to us) for keeping things in. これは物入れに役立つことがあるだろう. (7)《海が満ちてくる. (8)《口》〈金が〉入ってくる: Money is *coming in* hand over fist. お金がじゃんじゃん入ってくる. (9) 〈食べ物が〉旬(じゅん)になる; 〈品物が〉入荷する: Oysters have just ~ *in*. ちょうどカキの季節になった; カキが入荷したところです. (10)〔選挙で〕当選する; 〈党派が〉政権の座に着く: Will Labour ~ *in*? 労働党が政権を取るだろうか. (11)〈季節・日が〉始まる. (12)〈法律などが〉施行される. (13)〔討論などに〕加わる〔*on*〕; 話に割り込む; [命令法で](無線で)どうぞ, 話してください.
còme ín for…〈称賛・非難などを〉受ける: You'll ~ *in for* a reprimand if you do that. そんなことをしたらしかられますよ.
còme ín on…〈計画・事業などに〉加わる, 参加する: He *came in on* our plan. 彼は我々の計画に加わった.
còme ínto…(1) …に入る: He *came into* the company before me. 彼は私より前に入社した. (2)〈財産・権利などを〉受け継ぐ (inherit): ~ *into* a fortune 財産を受け継ぐ. (3) …になる (⇒ 自 B1). (4) …と係わる, 関係がある.
còme ìnto exìstence ⇒ existence 1.
còme ìnto fáshion ⇒ fashion 名 1 a.
còme ìnto it 《口》重要である, 考慮する必要がある.
còme ìnto one's ówn ⇒ own 代 成句.
cóme it 《英俗》〔…に対して〕厚かましく[失礼に]ふるまう〔*over, with*〕.
còme it stróng ⇒ strong 成句. còme néar dóing ⇒ near 副 成句. còme néar to dóing ⇒ near 副 成句.
cóme of áge ⇒ age 成句.
cóme óff (自+副)(1) 〈ボタン・柄などが〉…からとれる, はずれる; …から落ちる: The second hand has ~ *off* my watch. 時計から秒針がとれた. (2) 〈仕事などをやり始める〉. (3) 〈金額が〉…から引かれる, 割引される: Ten dollars will ~ *off* the unit price, if you buy in quantity. 大量に買えば単価あたり10ドル安くなるだろう. — (自+副) (4) 〈場所を〉去る. (5) 〈ボタン・柄などがとれる〉; 〈ペンキなどがはげる〔*on*〕; 落ちる. (6)《口》〈ことが〉行なわれる, 実現する: The strike did not ~ *off*. そのストライキは行なわれなかった. (7)《口》成功する: The experiment *came off* as expected. その実験は思い通りうまくいった. (8)〔…のように〕見える, 〔…らしい〔*as*〕. (9)〔様態の副詞を伴って〕(…という)結果になる: The play *came off* well [badly]. その芝居はうまくいった[いかなかった] / He *came off* best [worst] in the fight. 彼はその競技で優勝した[敗退した]. (10)〔結果が〕〈…になる〉: He *came off* a [the] victor [victorious]. 彼は勝者になった. (11)《卑》性的オルガスムに達する.
Còme óff it! 《口》(1) 本当のことを言え! (2) 偉そうなまねをするな!; 間違った[ばかな]考えはやめろ!
còme on [[(自+副 = ón](1) [命令法で] 急いで; 〔督促・挑戦・懇願などを表わして〕がんばって; さあ(元気を出して), さあ(来い), さあさあ, まあまあ; [反語的に] まさか; いいかげんにしろ, よせ: C-*on* (now)!さあ行こう, さあ急ごう, さあ来い!/ C-*on*, stop it! ねえ, やめて! (2) 〈電灯などが〉〈機械などが〉作動する: Lights *came on* one by one in the houses. 家々に一つまた一つと明かりがついた. (3) 〔通例進行形で〕(うまく)進む, 進行する; やっていく, 進歩する〔*with*〕(come along): The crops are *coming on* nicely. 作物のできはよい具合だ / He's *coming on* (well). 彼も(うんと)うまくなってきた. (4)〈俳優・選手が〉登場する; 〈テレビ番組が〉放映される: He ~*s on* in the second act. 彼は2幕目に登場します / A new situation comedy ~*s on* tonight at 8. 新しい連続ホームコメディーが今夜8時から放映されます. (5) [通例進行形で] 〈病気が〉襲ってくる: I feel a cold *coming on*. 悪寒がやってくるのを感じる. (6)〈季節・夜などがやってくる, 近づく: Darkness [The storm] *came on*. 暗やみ[あらし]がやってきた. (7) [It を主語に] come *on to* do で]《英》…し始める: *It came on to* rain hard. 雨が激しく降りだした. (8)〔問題が議論に上る; 〈事件が持ち出される; 〈裁判が〉行なわれる: The trial is *coming on* in a day or two. 公判は一両日に迫っている. (9) 後から来る[行く]. (10) 異性に言い寄る: ~ *on* strong 強引に言い寄る. —[(自+前)~ on…](11)=come upon 成句.
còme òn dówn さっさと下に降りてくる, 〔…へ〕来る〔*to*〕: Why don't you ~ *on down* and see your guests? さっさと下にお下がってお客さまを迎えなさい.
Còme òn ín. さっさと入りなさい.
còme ón to…(1)《口》異性に言い寄る. (2) 別の話題に移る.
còme óut (自+副)(1) 出てくる, 出る; 〈太陽・月などが〉現われる; 〈花が咲く, 〈木の葉を出す: The stars *came out* one by one. 星が一つまた一つと現われた. (2)〈書物などが〉世に出る, 出版される: His book will ~ *out* next spring. 彼の本は来春出版される. (3)〈ものごとが〉知れる, わかる; 〈意味がはっきりする〉: It *came out* that he was the mur-

derer. 彼がその殺人犯であることがわかった. (4) 〈本性などが〉現れる: His character ~s out in everything he says. 彼の言うことのひとつひとつに彼の性格が出ている. (5) 〈言葉などが〉述べられる: ~ out all wrong 真意が伝わらない. (6) 〈写真が〉現像される; [well などの様態の副詞を伴って] 〈人が〉(写真に)うつる: That picture didn't ~ out. その写真は写っていなかった / She didn't ~ out well in this photo. 彼女はこの写真ではあまり引き立たなかった. (7) 結局…となる; 〈試験で〉〈…〉の成績をとる; 〈経費が〉〈総計〉〈…〉になる: ~ out right in the end 結局うまくいく / I never expected to ~ out as high as I did. あんなよい成績をとれるとは夢にも思わなかった / The fare ~s out to four dollars and fifty cents (at seventy-five cents a mile). 料金は(1マイル75セントで)4ドル50セントとなる. (8) 同性愛者であることを明かす[認める]. (9) 〈しみが〉抜ける; 〈染色などが〉あせる, 消える; 〈くぎ・歯などが〉抜ける: That stain won't ~ out. そのしみは抜けません / After a few washings the colors began to ~ out. 何度か洗濯した後は色があせ始めた. (10) 〈英〉ストライキをやる: The printers have ~ out for higher pay again. 印刷工は賃上げを求めて再びストライキに入った. (11) 《古風》(社交界・舞台に)初めて出る, デビューする.

còme óut agàinst …に反対する[を表明する].

còme óut for [in fávor of] …に賛成する[を表明する].

còme óut in …〈人が〉〈病気などで〉吹き出物などでおおわれる; 〈斑点が〉顔に出る: She has ~ out in red spots. 赤い斑点が彼女の顔に出ている.

còme óut of… (1) 〈場所〉から出てくる: ~ out of a room 部屋から出て(く)る. (2) 〈くぎなどが〉…から抜ける; しみ・色などが…から抜ける, 落ちる, はげる. (3) …から生じる (⇒ 自 A 5).

còme óut of onesélf 打ち解ける.

còme óut of the wóodwork ⇒ woodwork 成句.

còme óut with… 《口》 (1) …を見せる, 発表[公表]する: The newspapers came out with the story on the front page. 〈各〉新聞はその記事を第一面に出した. (2) …を口に出す, 話す, もらす: C~ out with it. ぐずぐずしないで言ってしまいなさい.

còme óver (自+前) (1) 〈感情・夜気などが〉…を襲う, 支配する: A deep darkness came over the land. 深い暗黒がその土地を襲った. (2) 〈変化が〉…に起こる: What has ~ over you? どうしたの. (3) 〈人が〉やってくる, 渡来する[to][from]: Her parents had ~ over from England. 彼女の両親は(もと)英国から渡ってきたのだった. (4) ぶらりとやってくる, 立ち寄る[to]: Won't you ~ over and have a drink? うちへちょっと寄っていったらいかないか. 〔味方につく, 変節する〕: They came over to our side during the war. 彼らは戦争中我々の味方についた. (6) …の感じになる: She came over all sad [dizzy]. 彼女は急に悲しい[めまいのするような]気分になった. (7) …という印象を与える [as]. (8) 〈考え・発言などが〉理解される, 伝わる (come across).

còme (rìght) óut and sáy …と公然と言う.

còme róund 《英》= COME around 成句.

còme thróugh (自+前) (1) …を通り抜ける; …をやり通す, 〈難事を〉切り抜ける, 生き抜く: I came through that town on my way here. 私はここへ来る途中の町を通りました / He came successfully through the ordeal. 彼は苦難を立派に切り抜けた. —— (自+副) (2) 〈情報・文書などが〉届く; 〈ビザ・ローンなどが〉おりる, 認められる; 〈電話などが〉通じる: A phone call has ~ through to you from Hamburg. ハンブルクからあなたに電話がつながっています. (3) 〔必要とするものなどを〕提供する, 手渡す, 支払う: He came through with the information he promised us. 彼は私たちに約束した情報を提供してくれた. (4) 〈感情などが〉現れる, 伝わる. (5) 切り抜ける, やり通す, 成し遂げる; 成功する.

còme tó (自+副) (1) 意識を回復する, 正気づく (come around). (2) 〈海〉船を風上に向ける.

còme to thát 《口》 そのことになると, そう言えば: If it ~s to that, you can always stay at my house. そのことなら, あなたはいつでも私の家に泊まって構いません.

351　come

Cóme to thínk of it 《口》 考え(直し)て[思い出して]みると, そういえば: C~ to think of it, I did see him. そういえば確かに彼を見かけました.

còme ùnder… (1) 〈攻撃・批判などに〉見舞われる; 〈影響・支配などを〉受ける, …に支配される: ~ under a person's influence 人の影響を受ける. (2) …の部類[項目]に入る, …に編入される: Milk and cheese ~ under the heading of dairy products. ミルクとチーズは酪農製品の部類に入る.

còme ùnder the hámmer ⇒ hammer 名 成句.

còme unstúck ⇒ unstuck 成句.

còme úp (自+副) (1) 〈つかつかと〉やって来る, 近づく; [通例進行形で] 〈行事などが〉近づく: She came up for a look at the new boy. その新しい少年を見るために彼女は近づいてきた. (2) 論議に上る; 〈法廷で〉審理される: The issue will ~ up for discussion next week. その問題は来週審議される. (3) 〈ことが〉起こる, 生じる: A similar case came up several years ago. 同じような事件が数年前に起こった. (4) 上る, 昇る; 階上へ行く: The sun came up at 4:47. 4時47分に太陽が昇った. (5) 〈種・草などが〉芽を出す, 頭をもたげる: These daisies ~ up again every spring. これらのヒナギクは春が来るたびに芽を出す. (6) くじに当たる; 〈情報などが〉現われる: My number came up. 私の番号が当たった. (7) 〈食べたものが吐かれる, もどる. (8) 〈地位・階級などにおいて〉昇進する, 上がる: ~ up in the world 出世する. (9) 北に来る, 北上する: 〔都会へ〕やってくる: He came up to New York last month. 彼は先月ニューヨークにやってきた. (10) 〈英〉(Oxford, Cambridge 大学に)入学する[to]. (11) 〈英〉〔磨いて〕光沢がでる; 〈洗濯して〉〈…〉になる: My shirt came up quite beautifully. シャツは洗濯してすっかりきれいになった.

còme úp agàinst …〈困難・反対〉にぶつかる, …に直面する《★受身不可》: We came up against massive popular resistance. 我々は大がかりな大衆の抵抗に直面した.

còme úp for… (2) 〈審査などを〉受ける. (3) 〈選挙などに〉出る. (3) 〈不動産などが〉売り・オークションに出される.

còme upòn… (1) 〈文〉 …に出会う, に出くわす (come across): I had not gone far when I came upon an old man. 出かけてほどないころに一人の老人に出会った. (2) 〈感情・感情などが〉…に浮かぶ, 漂う. (3) 〈人を〉不意に襲う: Misfortune came upon him. 不幸が彼を襲った. (4) …の責任になる.

còme úp to… (1) …のすぐそばまでやってくる: He came up to me to say "Hello." 彼は「ハロー」と言うために私のそばまでやってきた. (2) …に達する: The water came up to his waist. 水は彼の腰の部分まで達した. (3) 〔通例否定文で〕〈期待〉に添う; 〈標準・見本〉にかなう, 匹敵する, 劣らない: The play did not ~ up to our expectations. その劇は我々の期待したほどの出来ばえではなかった / His work does not ~ up to company standards. 彼の仕事は会社の標準に達しない 《あまりよくない》. (4) [通例進行形で] 〈英口〉 〈ある時刻・状態などに〉近づく. (5) ⇒ COME up 成句 (9).

còme úp with… (1) 〈案など〉考え出す, 思いつく; 〈解答などを〉見つける: He came up with an answer to our problem. 彼は我々のかかえる問題のひとつの解決法を見出した. (2) 〈必要なもの〉を(取り, 持ち)出す: She came up with the photo album. 彼女はそのアルバムを(さがし)出してきた / The Government will ~ up with the money. 政府がその金を出すだろう. (3) …を持って(二階に)上ってくる. (4) …に追いつく.

còme what máy [will] 何事があろうとも: C~ what may, I won't change my mind. どんな事が起こっても私は心を変えません.

cóming from a person 人からそう言われると: "You are hopeless at math(s)." "Coming from you, that's a bit much." 「君は数学はまるでだめだね」「君からそんなことを言われることはないよ」.

cóming úp (家・レストランで)料理ができ上がったよ: "Ham and eggs coming up!" the cook behind the

come-along

counter called out.「ハムエッグ上がり!」とカウンターの後ろのコックが叫んだ.
First cóme, first [bést] sérved.《諺》早いもの勝ち.
if it cómes to thát =Come to that (⇨ COME 成句).
knów whèther...is cóming or góing [否定文で]《口》どうしていいかわからない.
Nòw [I] cóme to thínk of it =Come to think of it (⇨ COME 成句). **to còme** ⇨ A 3 b.
when it cómes (dówn) to... (話が)...ということになると: *When it ~s to* (playing) golf, he is next to none. ゴルフ(をすること)にかけては彼はだれにも引けをとらない.
whére...is cóming fròm《口》...の言いたいこと[考え,信念].
── 图 ⓤ《卑》精液 (semen).

cóme-alòng 图《米口》カムアロング(手動式ウィンチ).

come-at-a-ble /kʌmǽɛtəbl/ 形《英口》❶《場所·人など》近づきやすい. ❷ 手に入れられる.

***come·back** /kʌ́mbæ̀k/ 图 ❶ ⓒ[通例単数形で](一時窮退後の)返り咲き, カムバック, 復活, 復帰: make [stage] a ~ 返り咲く, カムバックする[を果たす]. ❷ ⓒ うまい応答, 即妙な答え. ❸ ⓤ[通例否定文で]賠償弁償, 補償; 埋め合わせ.

COMECON, Com·e·con /kʌ́mɪkɑ̀n | kɔ́mɪkɔ̀n/ 图 経済相互援助会議, コメコン(旧ソ連, 東欧諸国の国際経済機構; 1949年結成, 1991年解散).《*C*ouncil for *M*utual *E*conomic *A*ssistance》

***co·me·di·an** /kəmíːdiən/ 图 ❶ 喜劇俳優, コメディアン (comic),《口》おどけ者. 《F *comédie*; ⇨ comedy》

co·me·dic /kəmíːdɪk/ 形 喜劇(用)の[に関する].

co·me·di·enne /kəmìːdién/ 图 喜劇女優.《F》

com·e·do /kʌ́mədòʊ/ 图 面皰(にきび), にきび.

còmedo·génic 形 面皰 (comedo) を生じさせる.

***come·down** /kʌ́mdàʊn/ 图 [通例単数形で]《口》❶ (地位·名誉の)零落, 失墜. ❷ 失望させるもの, 期待はずれ (disappointment).

***com·e·dy** /kʌ́mədi | kɔ́m-/ 图 ❶ ⓒⓤ 喜劇: a musical ~ 音楽喜劇, 喜歌劇 / a ~ of errors 間違いや失敗が重なったことによるドタバタ, てんやわんや (Shakespeare の戯曲名から) / a ~ of manners 風俗喜劇(社交界の軽薄·因襲などを機知に富んだ喜劇) / stand-up ~ ⇨ stand-up 形 1 a. ❷ ⓤ 喜劇的なこと, 喜劇的要素 (humor).《F<L<Gk *cōmos* 宴会+*aoidos* 歌い手; cf. comic》《形 comedic》

còme-híther 形 《口》《表情·態度など》誘惑的な, 魅惑的な.

come·ly /kʌ́mli/ 形 (come·li·er, -li·est; more ~, most ~) ❶《女性が》顔立ちのよい, みめよい (attractive). ❷《古》適当な, ふさわしい. **cóme·li·ness** 图

cóme-òn 图《口》❶ 誘惑する目つき[態度]. ❷ 誘惑するもの; 宣伝ビラ; (客寄せの)目玉商品.

†**cóm·er** /kʌ́mə˞/ 图 ❶ a [通例修飾語を伴って]来る人, 来た人: a late ~ 遅刻者 / the first ~ 第一先着者 / newcomer. b [all ~s で]だれでも来る人は皆(すべての希望者·応募者·飛び入り参加者など): I stand up against *all* ~s. だれでも来い. ❷《米口》有望な新人.

co·mes·ti·ble /kəméstəbl/ 形 食べられる. ── 图 [通例複数形で] 食料品.

***com·et** /kʌ́mɪt/ 图《天》彗星(すいせい), ほうき星: Halley's comet.《L<Gk=長い髪の(星)<*comē* 髪》

come·up·pance /kʌ̀mʌ́p(ə)ns/ 图 [通例単数形で]《口》当然の罰[報い].

COMEX /kóʊmɛks/《略》Commodity Exchange コメックス《もとのニューヨーク商品取引所で, 現在は NYMEX の一部門》.

com·fit /kʌ́mfɪt/ 图 コンフィット《果物またはクルミの入った球状の糖菓》.

***com·fort** /kʌ́mfə˞t | -fət/ 图 ❶ ⓤ 安楽, 快適, 楽: be designed for ~ 心地よいように設計されている / in the ~ of one's own house 自宅[我が家]で快適に / live in ~ 安楽に暮らす. ❷ ⓤ 慰め, 慰安: cold [small] ~ 少しも慰めにならないもの, あまり慰めにもならない慰め / give [bring] ~ to...を慰める / take [draw] ~ from...を慰めとする / words of ~ 慰めの言葉 / If it is any ~ (to you) 何かの慰めになるならば / I took ~ *in* the fact that I would see her again in five days. 5日すればまた彼女に会えるということを慰めにした. ❸ ⓒ [通例単数形で] 慰めとなる人[もの][*for*]: She's a great ~ to her parents. 彼女は両親にとって大変慰めになる. ❹ ⓒ [通例複数形で] 生活を楽にするもの: ⇨ creature comforts / My hotel offered all the ~s. 私が泊まったホテルには(滞在を快適にする)あらゆる設備があった. **tóo clóse for cómfort** (いやなものが)迫った. ── 動 働《人を》慰める: She ~*ed* me in my grief. 彼女は悲しんでいる私を慰めてくれた / It ~s me to see her so happy. 彼女が幸せそうなのを見ると心がなごむ.《OF<L=強化する, 元気づける<COM-+*fortis* 強力な, 勇敢な; cf. force》《類義語》**comfort** 苦しみ·悲しみ·悩みを和らげ, 元気づける. **console** 悲しんでいる, あるいは落胆している人を慰めて気持ちを軽くする. **solace** 悲しみ·落胆などの他に退屈·孤独の感じを取っ去ってやる.

***com·fort·a·ble** /kʌ́mftəbl | -fət-/ 形 (**more ~; most ~**) ❶ 心地よい, 快適な (↔ uncomfortable): a ~ sofa 座り心地のよいソファー / a ~ room 快適な部屋 / a ~ pair of shoes はき心地のよい靴 / My house is ~ to live in. わが家は住みよい場所にいる. ❷ 安楽で, 気持ちよくて, 楽で, 苦痛のなく: feel ~ 気持ちがいい / get ~ 体を楽にする / be ~ with English 英語に不安を感じない, 苦もなく使える / Make yourself ~. 体を楽にして[くつろいで]ください. ❸《収入など》十分な: a ~ income 十分な収入. ❹ Ⓐ《差などが》かなりの, 楽勝の: have a ~ lead 大きな差をつけている / a ~ win 楽勝. **~·ness** 图 **comfortable** 悩み·苦痛·面倒なことなどがない, 心地のよい. **cozy** 外界の寒さ·あらし·困難などから守られているかのように快適な. **snug** 小さいながらも安楽で安らぎを与える, 居心地のよい. **restful** 心をくつろがせ, 落ち着いた[快適な]気持ちにする.

†**cóm·fort·a·bly** /-təbli/ 副 ❶ 快適に, 気持ちよく; 不安なく: He settled himself ~ in an easy chair. 彼は安楽いすにゆったりと座った. ❷ 何不自由なく: be ~ off かなり裕福である. ❸ 楽々と, 難なく.

cóm·fort·er /-tə˞ | -tə-/ 图 ❶ ⓒ 慰める人[もの], 慰安者[物]. **b** [the C-] 聖霊(★聖書「ヨハネ伝」から): ⇨ Job's comfort. ❷ ⓒ 掛けぶとん. ❸ ⓒ《英》(赤ん坊用の)ゴム製乳首, おしゃぶり(《米》pacifier).

cómfort fòod 图 ⓤ なつかしい味, 元気の出る食べ物.

†**cóm·fort·ing** /kʌ́mfətɪŋ | -fət-/ 形 元気づける, 慰める.

cóm·fort·less 形 慰めのない, わびしい: a ~ room わびしい部屋.

cómfort lètter 图「慰励」の監査意見書, コンフォートレター《合併や新株·社債の発行などを前に公認会計士が略式監査に基づいて出す, 前回監査後会社財務に大きな変化はない旨の意見書》.

cómfort stàtion 图《米》公衆便所.

com·frey /kʌ́mfri/ 图《植》ヒレハリソウ, コンフリー.

com·fy /kʌ́mfi/ 形《口》=comfortable. **cóm·fi·ly** 副 **cóm·fi·ness** 图

***com·ic** /kʌ́mɪk | kɔ́m-/ 形 ❶ 喜劇的な, こっけいな, おかしい; Ⓐ 喜劇の: a ~ conversation こっけいな会話 / ⇨ comic opera, comic relief. ❷ Ⓐ 漫画の: ⇨ comic strip. ── 图 ❶《口》喜劇俳優, コメディアン (comedian). ❷ **a** 漫画(雑誌). **b** [the ~s]《米》(新聞·雑誌の)漫画欄.《L<Gk=宴会に関する<*cōmos* 宴会; cf. comedy》

***com·i·cal** /kʌ́mɪk(ə)l | kɔ́m-/ 形 こっけいな, おどけた. **~·ly** /-kəli/ 副《類義語》funny.

†**cómic bòok** 图 =comic 2 a.

com·ice /kʌ́mɪs | kɔ́m-/ 图《植》コミス《ナシの一品種》.

cómic ópera 图 喜歌劇《通例ハッピーエンドの軽い題材のオペラ》.

cómic relíef 图 ⓤ (悲劇の場面にはさむ)喜劇的な息抜き; (緊張をやわらげるような)おかしな逸話.

cómic stríp 图 (新聞·雑誌などの)続き漫画(《英》strip cartoon).

***com·ing** /kámiŋ/ 形 A (比較なし) ❶ 来るべき, 次の: the ~ election 次の選挙. ❷ 新進の: a ~ young businesswoman 今売り出し中の若手女性実業家. ― 名 ❶ [the ~] 到来: with the ~ of spring 春が来ると. ❷ [the (Second) C~] キリストの再臨. **cómings and góings** (口) 行き来《★日本語口語順が逆》: the ~s and goings of tourists 旅行者の往来.

cóming-of-áge 名 U 成人; 成熟; 頭角をあらわすこと, 人に知られるようになること, 一人前になること.

cóming-óut 名 U ❶ 社交界へのデビュー. ❷ ホモであることを公式に認めること.

Com·in·tern /kάmintə:n | kɔ́mintə:n/ 名 [the ~] コミンテルン (the Third International; ⇒ international 名 2).《Com(munist) Intern(ational)》

Co·mis·key /kʌ́miski/, **Charlie [Charles Albert]** 名 コミスキー (1859–1931; 米国の野球選手・監督・オーナー).

com·i·tal /kάmətl | kɔ́m-/ 形 伯爵 (earl, count) の.

com·i·ty /kάməti | kɔ́m-/ 名 U 礼儀; 礼節: the ~ of nations 国際礼譲《各国が他国の法律・制度を相互に尊重する親交関係にあること》.

comm. 《略》commission(er); committee; communication.

*com·ma /kάmə | kɔ́mə/ 名 ❶ (句読点の)コンマ (,): ⇒ inverted comma. ❷《楽》コンマ, 小音程.《L<Gk=断片》

*com·mand /kəmǽnd | -mάːnd/ 名 ❶ C (権威をもった)命令, 言いつけ: at [by] a person's ~ 人の命により, 指図に従って / execute a ~ (受けた)命令を実行する / obey a ~ 命令に従う /[+to do] give the ~ to attack 攻撃の命令を出す. ❷ 指揮 (charge): be in ~ of an army 軍の指揮に当たっている / take [have] ~ of …を指揮する[している] / I had thirty men under my ~. 私の管轄[指揮]下に 30 名の人がいた. ❸ C 『軍』《電算》指令: a copy [quit, save] ~ コピー[終了, 保存]コマンド. ❹ a U [また a ~]〈言語〉を自由に駆使する力: He has a good [comprehensive] ~ of English. 彼は英語が達者だ[全般的に理解できる]. b ~ 支配, 支配権: take ~ of a situation 事態を掌握する. c U〈感情などを〉制御できる力, 抑制, 制御力: be in ~ of oneself 自制できている[している]. ❺ C [通例修飾語を伴って]《軍》支配下の全部隊; [通例 C~] 司令部. ❻ U (要所を見おろす位置の(占有); 見晴らし, 展望.

at commánd 自由に使える: He has a lot of money at his ~. 彼は自由に使える金がたくさんある. **at a person's commánd** (1) 人の命により (⇒ 名 1). (2) 人の意のままに動いて; 自由に使える: all the money at my ~ 私の自由になる金全部 / He's at your ~. 彼に何なりとご用を言いつけください. **at the wórd of commánd** 《軍》命令一下, 号令に従って.

― 動 他 ❶ (権力・権限のある者が)〈…〉に命令する, 命ずる: ~ silence 静粛を命令する /[+目+to do] The general ~ed the troops to retreat. =[+that] The general ~ed that the troops (should) retreat. 将軍は軍隊に退却するように命じた. ❷ 〈…〉を指揮する: A ship is ~ed by its captain. 船は船長が指揮する. ❸ 〈同情・尊敬などを〉集める, 起こさせる《★受身・進行形なし》: ~ considerable attention かなりの注目を集める / He ~ed much respect for his honesty. 彼は正直なため非常な尊敬を集めた. ❹ 〈高い場所・家などが〉〈景色を〉見渡す, 〈要所などを〉見渡せる位置にある: a house ~ing a fine view 見晴らしのよい家. ❺ 〈人〉を支配する, 支配下に置く; 占めている《★受身・進行形なし》: ~ a majority 過半数を占める. ❻ 〈…〉を〈思うままに〉できる, 自由にできる. ❼《古》〈感情などを〉抑える, 制御する; [~ oneself] で]自制する. ❽ 〈売り物が〉〈よい値で〉売れる: ~ a high price 高値で売られる, 値段が高い. ― 自 ❶ 命令する. ❷ 指揮する.

《L<L=ゆだねる COM-+*mandare* 命ずる; cf. mandate》 名 commandment [類義語] ⇒ order.

†**com·man·dant** /kάməndǽnt, -dάːnt | kɔ́m-/ 名 司令官, 指揮官.

commánd ecònomy 名《経》指令経済, (中央政府によ

353　commencement

る)計画経済 (planned economy).

com·man·deer /kὰməndíə | kɔ̀məndíə/ 動 他 ❶《軍》〈人を〉(兵役に)徴用する; 〈私有物を〉(軍用・公用などに)徴発する (commandeer). ❷ (口) 人のものを勝手に使う[所有する].

*com·mand·er /kəmǽndə | -mάːndə/ 名 ❶ 指揮者, 司令官. ❷ a 《陸軍》指揮官. b 《海軍》中佐. ❸ 《英》(ロンドン警視庁の)警視長 (⇒ police 解説). **commánder in chief**《軍》commanders in chief)《略 C in C》(1) 最高司令官. (2)《陸軍》司令長官. (3)《海軍》司令長官. **Commánder of the Fáithful** [the ~] 大教主《イスラム教国主 (caliph) の称号》.

†**com·mánd·ing** 形 A ❶ 指揮する: Who is your ~ officer? あなたの指揮官はだれですか. ❷〈リードが〉圧倒的な. ❸〈態度・風采など〉堂々とした, 威厳のある, 威圧するような: a ~ voice 他を(威)圧するような声. ❹ 眺望がきくような, 見晴らしのよい; 地の利を占めた: a ~ height 眺望のきく高台. ~·**ly** 副

†**commánding ófficer** 名 司令官《略 CO》.

commánd lànguage 名《電算》指令言語.

com·mand·ment /kəmǽndmənt | -mάːnd-/ 名 ❶ C (神の)掟(*おきて*), 戒律. **b** [C~] モーゼの十戒の一つ: the Ten *Commandments* モーゼの十戒《★聖書「出エジプト記」などから》. ❷ U 命令. ⓒ (動 command)

commánd mòdule 名《宇宙》(宇宙船の)司令船.

†**com·man·do** /kəmǽndou | -mάːnd-/ 名 (@ ~s, ~es) (特殊訓練を受けた)奇襲隊(員), コマンド(員) (cf. ranger 3). **gò commándo** (米俗) 下着を着ない.

commándo knìfe 名 コマンドナイフ《対人殺傷用の合口状ナイフ》.

Commánd Pàper 名《英》(議会に対する)勅令書《略 Cmd》.

commánd perfòrmance 名 (国家元首の要請によって行なわれる)御前上演[演奏].

commánd pòst 名《陸軍》(戦闘)司令所《略 CP》.

cómma splìce 名《文法》コンマ結合《接続詞なしで2つの等位節間にコンマを用いること; 誤用とされる》.

comme ci, comme ça /kɔ̀:msíː kɔ̀:msáː/ 形 副 まあまあの[で], まずまずの[で].《F=like this like that》

com·me·dia del·l'ar·te /kəmèːdiadelláːrti | -άːteɪ/ 名 コメンディア・デラルテ《16–18 世紀のイタリアの即興喜劇; 筋書だけで演じられ, Scaramouch, Pantalone など決まった名の衣裳・性格の人物が登場する》.

comme il faut /kὰmiːlfóu | kɔ̀miː-/ 形 副 礼儀にかなった[で], 上品な[に].《F=as it should be》

*com·mem·o·rate /kəmémərèit/ 動 他〈…〉を記念する, 祝する;〈…〉の記念となる: ~ the 50th anniversary of …の 50 周年を祝う.《L=思い起こす COM-+*memor* 記憶している; cf. memory》 名 commemoration, 形 commemorative)

†**com·mem·o·ra·tion** /kəmèmərèiʃən/ 名 ❶ U 祝賀, 記念: in ~ of …を記念して. ❷ C a 記念式, 祝典. **b** 記念となるもの; 記念物.

†**com·mem·o·ra·tive** /kəmém(ə)rətiv, -ərèit-/ 形 記念の: a ~ coin 記念硬貨 / a series of stamps ~ of the Olympic Games 1 組のオリンピック記念切手.
― 名 記念物; 記念切手[貨幣].

†**com·mence** /kəméns/ 動 他 開始する, 始める: The factory will ~ operation next month. その工場は来月操業を開始するだろう / At the age of eighteen he ~*d* studying [to study] law. 彼は 18 の年に法律の勉強を始めた. ― 自 始まる: The first term ~s in April. 1 学期は 4 月から始まる / Direct flights between New York and Tokyo have ~*d*. ニューヨーク・東京間の直行便が開始された.《F<COM-+L *initiare* 始める《<*initium* 始まり》; cf. initial》 名 commencement) [類義語] ⇒ begin.

†**com·mence·ment** /-mənt/ 名 [また a ~] ❶ 開始, 始まり; 初め (*of*). ❷ **a** (主に米国大学の)学位授与式[日]. **b**《米》(大学以外の)卒業式 (graduation)《★5月

末か6月初めに行なわれることが多い》.

⁺**com·mend** /kəménd/ [動] [他] ❶〈人·ものを〉(特に公に)ほめる, 推賞する〔*for, on*〕: We ~*ed* him ***for*** his many years of service to the company. 長年会社に勤務したことで彼をほめた / This project was highly ~*ed* by the judges. このプロジェクトは審査員に大いに推賞された(が入賞はしなかった). ❷〈人·ものを〉〔…に〕推薦する, 勧める《★ recommend のほうが一般的》: ~ a man ***to*** a firm 人を会社に推薦する / The proposal has much [little] to ~ it. 提案には良い点が多い[ほとんどない]. ❸《古·文》〈人·ものを〉〔他人の世話に〕ゆだねる, 託する〔*to*〕. **comménd itsèlf to**… 〈もの·事が〉…に好印象を与える, …をひきつける. 〖L=ゆだねる＜COM-+*mandare* 命ずる; cf. mandate〗【類義語】⇨ praise.

⁺**com·mend·a·ble** /kəméndəbl/ [形] ほめるに足る, 立派な, 感心な (admirable): a ~ attitude 殊勝な態度. **com·ménd·a·bly** /-əbli/ [副]

com·men·da·tion /kὰməndéɪʃən | kɔ̀men-/ [名] ❶ [U] **a** 推賞, 称賛. **b** 推薦. ❷ [C] 賞, 賞状〔*for*〕.

com·men·da·to·ry /kəméndətɔ̀ːri | -təri, -tri/ [形] 推賞の.

com·men·sal /kəméns(ə)l/ 〖生〗 [名] (片利)共生生物. **—** [形] (片利)共生の.

com·mén·sal·ìsm /-lìzm/ [名] [U] 〖生〗 片利[偏利]共生 (cf. mutualism).

com·men·sal·i·ty /kὰmènsǽləṭi | kɔ̀m-/ [名] =commensalism.

com·men·su·ra·ble /kəméns(ə)rəbl, -ʃ(ə)r-/ [形] ❶ [P] 〔…と〕同一規準[尺度]で計ることができて〔*with*〕. ❷〖数〗同一数で割り切れる, 通約できる〔*with*〕.

com·men·su·rate /kəméns(ə)rət, -ʃ(ə)r-/ [形] [P] [しばしば名詞の直後に置いて] ❶〔…と〕比例して, 釣り合って, 〔…に〕ふさわしくて: clothes ~ ***with*** one's position in life 身分相応の衣服. ❷〔…と〕同一基準[数量, 程度]で: In size, the building is ~ with a baseball stadium. その建物の大きさは野球場に匹敵する.

‡**com·ment** /kάment | kɔ́m-/ [名] ❶ [C,U]〔時事問題などの〕論評, 批評, コメント; 批判: He made some ~*s* ***on*** [***about***] current topics. 彼は時事問題に若干の論評をした / No ~. 言うことはない, ノーコメント. ❷ [C,U] 注解, 評釈, 解説. ❸ [C]〖電算〗コメント《ソースプログラムに書き込む注釈》. **be a cómment on**…の(否定的な)一面を表わしている. **—** [動] [自]〔…を〕批評[論評, 批判]する; 注釈する: Would you care to ~ ***on*** the President's decision? 大統領の決定に何かご意見をお持ちですか. **—** [他]〈…ということを〉意見として述べる, 〈…と〉(論)評する:〔+***that***〕He ~*ed* ***that*** prospects for the firm look good. 彼は会社の展望は明るいと述べた. 〖L=解釈, 考案〗【類義語】**comment** ある問題や見たり聞いたりしたことに関する説明·解説·批評など; remark, observation と同義に用いることもある: **remark** 意見·判断を思いつくままに簡単に述べた[記した]もの. **observation** 観察·経験に基づいてよく考えた意見·判断の表現.

*__com·men·tar·y__ /kάməntèri | kɔ́məntəri, -tri/ [名] ❶ [C,U]〖テレビ·ラジオ〗(時事問題·スポーツなどの)解説, 実況放送: do an Olympic Games ~=do a ~ ***on*** Olympic Games オリンピックの解説をする / ⇨ running commentary 2. ❷ [C] 論評(集); 注釈(書): a ~ ***on*** the Scriptures 聖書評釈 / ⇨ running commentary 1. ❸ [C,U] 批評, 論評: be a (sad [tragic]) ~ on…の(嘆かわしい)実態を物語るものである. 〖COMMENT+-ARY〗

⁺**com·men·tate** /kάməntèɪt | kɔ́m-/ [動] [自]〔…の〕解説[論評]をする: He ~*d* ***on*** the present political situation. 彼は現在の政治情勢について解説した. 〖COMMENTATOR からの逆成〗

*__com·men·ta·tor__ /kάməntèɪṭə | kɔ́məntèɪtə/ [名] ❶ 論評者, 解説者〔*on*〕. ❷〖テレビ·ラジオ〗実況放送担当者.

*__com·merce__ /kάməːs | kɔ́məːs/ [名] [U] ❶ **商業**, 通商, 貿易: ~ and industry 商工業. ❷《古風》(世間的な)交際, 交渉. 〖F＜L＜COM-+*merx, merc-* 品物, 商品 (cf. merchant)〗 ([形] commercial)

‡**com·mer·cial** /kəmə́ːʃəl | -mə́ː-/ [形] (**more ~; most ~**) ❶ [通例 [A]] (比較なし) **商業(上)の, 商事の; 通商[貿易](上)の**: ~ flights (軍用でない)民間航空便 / ~ law 商法 / a ~ transaction 商取引 / a ~ treaty 通商条約. ❷ [A] **営利的な**, 営利本位の; 《軽蔑》もうけ主義の, 商業主義の: ~ applications of scientific technology 科学技術の営利的利用 / The movie was a ~ success. その映画は興業的に成功した. ❸ [A] (比較なし) 市販用の, 一般市場を意図した. ❹ (比較なし) 〖テレビ·ラジオ〗スポンサー付きの; 民間放送の: ~ television [TV] 民放テレビ / ~ broadcasting 民放. **—** [名] **広告放送, コマーシャル.** **~·ly** [副] 商業上, 商業[営業]的に, 営利的に(見て); 通商上, 貿易上.

commércial árt [名] [U] 商業美術.

commércial bánk [名] 市中銀行.

commércial bíll [名] 商業手形.

commércial bréak [名]〖ラジオ·テレビ〗コマーシャルによる中断, コマーシャルブレーク.

com·mér·cial·ìsm /-lìzm/ [名] [U] ❶ 商業主義[本位], 営利主義. ❷ 商習慣.

com·mer·ci·al·i·ty /kəmə̀ːrʃiǽləṭi/ [名] [U] 商業主義, 営利主義[本位].

com·mer·cial·ize /kəmə́ːʃəlàɪz | -mə́ː-/ [動] [他] 商業[営利]化する: New scientific discoveries are quickly ~*d*. 科学上の新発見はすぐに商業化される. **com·mer·cial·i·za·tion** /kəmə̀ːʃəlɪzéɪʃən | -mə̀ːʃəlaɪz-/ [名] ([形] commercial)

commércial pàper [名] [U] 《米》コマーシャルペーパー《一流企業が資金調達のために発行する無担保の単名約束手形》.

commércial tráveler [《英》 **tráveller**] [名] (地方販売)セールスマン.

commércial véhicle [名] 商業乗物《料金を取って荷物や乗客を運ぶ乗物》.

com·mère /kάmeə | kɔ́meə/ [名] 《英》(演芸·ショー番組の)女性司会者 (cf. compere).

com·mie /kάmi | kɔ́mi/ [名] [しばしば C~]《口·軽蔑》共産党員, 共産主義者, 「アカ」. 〖COMMUNIST の短縮形〗

com·mi·na·tion /kὰmənéɪʃən | kɔ̀m-/ [名] [U] (神罰があるぞとの)脅迫, 威嚇.

com·min·gle /kəmíŋgl/ 《文》 [動] [自] 混ざる, 混じり合う. **—** [他] ❶〈…を〉〔…と〕混ぜる, 混ぜ合わせる〔*with*〕《★ 通例受身》. ❷ (銀行などが不正に)〈資金·資産を〉一つに合わせる.

com·mi·nute /kάmən(j)ùːt | kɔ́mənjùːt/ [動] [他] 細かく砕く. **—** [形] 細かく砕いた.

com·mi·nu·tion /kὰmən(j)úːʃən | kɔ̀mənjúː-/ [名] [U] 粉砕; 細分.

com·mis /kamíː | kɔ́mi/ [名] ([複] ~ /-(z)/) 料理長[給仕]見習い.

com·mis·er·ate /kəmízərèɪt/ [動] [自]〔人を〕〔…のことで〕ふびんに思う〔*with*〕〔*on, over*〕: ~ ***with*** a friend ***on*** his misfortunes 友の不幸をあわれむ.

com·mis·er·a·tion /kəmìzəréɪʃən/ [名] ❶ [U]〔…に対する〕同情, 哀れみ〔*for*〕. ❷ [複数形で] 同情の言葉: Thank you for your ~*s*. ご同情ありがとうございます.

com·mis·saire /kὰməséə | -séə/ [名]〖フランス〗警務部長; (自転車競技などの)審判員.

com·mis·sar /kάməsὰə | kɔ̀mɪsάː/ [名] (共産党の党規強化に当たる)代表, 委員; 〖ソ連〗人民委員《他国の各省大臣に相当; 1917–46年に用いられ, 以後は minister》.

com·mis·sar·i·al /kὰməsé(ə)riəl←/ [形] 代理者の; 〖英国教〗主教 (bishop) 代理の; 兵站(たん)将校の.

com·mis·sar·i·at /kὰməsé(ə)riət | kɔ̀m-/ [名]〖軍〗兵站(たん)部, 糧食経理部. 〖F〗

com·mis·sar·y /kάməsèri | kɔ́mɪs(ə)ri/ [名] ❶《米》**a** (軍隊·鉱山などの)物資配給所, 販売部, 売店. **b** (撮影所などの)構内食堂. ❷〖軍〗兵站(たん)部将校. ❸ 代理(人), 代表(者).

‡**com·mis·sion** /kəmíʃən/ [名] ❶ [しばしば C~] [C] (官庁などから委託された)**委員会**: a ~ of inquiry 《英》調査委

員会 / the Atomic Energy *C*~ 原子力委員会. ❷ [C,U]〔委託事務に対する〕手数料, 歩合, コミッション; [U] (商取引の)委託: get a 10 percent ~ ***on*** sales 売り上げに対して1割の手数料を取る / have [sell] goods on ~ 商品を委託されている[委託販売する]. ❸ [C] (委任された)仕事, 任務: give a painter a ~ 画家に仕事[絵]を頼む /〔+***to*** do〕He had [received] a ~ *to* build a new house. 彼は新築の注文を受けた. ❹ [C]〘軍〙将校任命辞令; 将校の地位[階級]: receive a [get one's] ~ 将校に任官する / resign one's ~ 将校をやめる. ❺ [U]〔罪を〕犯すこと, 遂行, 犯行: be charged with the ~ ***of*** murder 殺人罪で告訴される. **commíssion of the péace** [the ~]〘英法〙治安判事たち《全体》. **in commíssion** (1) 〈軍艦など〉就役中の. (2) 〈兵器など〉まだ使用できる. (3) 委任を受けた. **òut of commíssion** (1) 〈軍艦など〉退役して, 予備の: take a ship *out of* ~ (海軍の)船を退役させる. (2) 〈兵器など〉使用不能の. (3) 《口》 〈人が〉働けない, 使いものにならない. ── [動] [他] ❶ 〈…を〉委任[命令, 依頼, 注文]する, 〈人に〉〈…するよう〉依頼する: ~ a survey 調査を依頼する /〔+目+***to*** do〕He ~*ed* the artist *to* paint his wife for him. 彼はその画家に頼んで妻の肖像画を描かせた. ❷ 〈人を〉〈将校に〉任命する《★ 通例受身で》:〔+目+補〕He was ~*ed* a major. 彼は少佐に任命された. ❸ 〈機械などを〉作動させる; 〈軍艦を〉就役させる. 〘L＝任務＜*committere, commiss-* ゆだねる; ⇨ commit〙

commíssion àgent [名] 私設馬券屋.

com·mis·sion·aire /kəmìʃənéə | -néə/ [名]《英》(ホテル・劇場などの制服を着た)守衛, 送迎係, 門衛.

com·mís·sioned ófficer [名]〘軍〙士官, 将校《少尉以上; cf. noncommissioned officer》.

*__com·mis·sion·er__ /kəmíʃ(ə)nə | -nə/ [名] ❶ (官庁などの任命する)**委員, 理事**; (官庁の)長官, 局長(など): the *C*~ of the Metropolitan Police《英》(ロンドン警視庁の)警視総監 (⇨ police [解説]) / ⇨ high commissioner. ❷〘スポ〙《米》コミッショナー《プロスポーツ協会の最高責任者》. **commíssioner for óaths**〘英法〙宣誓管理官.

commíssion plàn [名] [the ~]〘米〙委員会制.

com·mis·sure /kάməʃʊ̀ə | -sjʊ̀ə/ [名] 合わせ目;〘解〙交連, 横連合: anterior [posterior] ~ 前[後]交連. **com·mis·su·ral** /kàməʃʊ́(ə)rəl | kɔ̀mɪsjʊ́ər-ˈ/ [形]

‡**com·mit** /kəmít/ [動] [他] (**com·mit·ted; com·mit·ting**) ❶ 〈罪・過失などを〉犯す: ~ a crime 罪を犯す / ~ (a) murder 人殺しをする / ~ suicide 自殺する / ~ a serious blunder 大失敗をする. ❷ 〈金・時間・労力などを〉〈…に〉当てる, 充当する, 割く; 〈兵力などを〉投入する〔*to, for*〕: ~ a lot of money *to* developing countries 発展途上国に多数の金を拠出する. ❸ **a** [~ one*self* で]〔特定の目的・責務を〕引き受ける,〔…することに〕決める; 〈…すると〉約束する: I have *committed myself to* sitting on two committees. 二つの委員会の委員を引き受けてしまった /〔+目+***to*** do〕She has *committed herself to* take the job. 彼女は就職することを約束してしまった. **b** 〈協定などが〉〈人に〉〈(…(すること)を)義務づける, 約束させる〔*to*〕〈*to* do〉: My contract ~*s* me ***to*** teaching six hours a week. 私は契約で週に6時間教えねばならない / My contract ~*s* me ***to*** two concerts a month. 契約上月に2回コンサートに出ねばならない. ❹ [~ one*self* で]〔仕事・人などに〕積極的に[深く]掛かり合う, 傾倒する, コミットする (cf. committed): He *committed himself* ***to*** an arranged marriage. 見合い結婚に一所懸命だった. ❺ [~ one*self* で]〔掛かり合った問題などに〕自分の立場[態度]を明らかにする《★ 通例否定的文脈で用いる》: He refused to ~ *himself to* a deadline [***on*** the subject]. 彼は締切[その問題]についてはっきりした態度を示そうとしなかった. ❻ **a** 〈人を〉〔刑務所・精神病院などへ〕引き渡す, 収容する《★ しばしば受身》: The man *was committed to* prison [*to* a psychiatric hospital]. その男は投獄[精神病院に収容]された. **b** 〈仕事・人などを〉〔…に〕ゆだねる, 任す; [~ one*self* で]〔…に〕身を任す: ~ *oneself to* the care of a doctor 医者の治療に身をゆだねる. **c** 〈ものを〉〔記憶・記録などに〕ゆだねる, とどめる: ~ a poem ***to*** memory 詩を暗記する /《文》~ one's observations *to* paper [writing] 感想を書き留める. **d**《英》〈人・事件を〉〔審理のために〕裁判所に送る,〔審理・裁判に〕かける〔*for*〕. **e** 〈議案を〉(審議のために)委員会に付託する. ── [自] ❶〔仕事・人などに〕傾倒する, つくす: ~ ***to*** a common goal 共通の目標に打ち込む. ❷〔…を〕約束する: ~ ***to*** a year of service 1年間の奉仕を引き受ける.〔*to*〕. 〘L *committere* 組み合わせる, ゆだねる, (犯罪を)犯す＜COM-+*mittere, miss-* 送る, 譲る; cf. mission〙 ([名] commission, commitment) 【類義語】**commit** 最も意味の広い語で, 人や物の保管・保護・世話のために他に預ける[委ねる]. **entrust** 相手を信頼して仕事などを任せる, または人や物を預ける. **confide** 血縁者や親しい者を信頼して委託する; 特に秘密を打ち明ける. **consign** 物を正式に他の管理・所有に移す.

‡**com·mit·ment** /kəmítmənt/ [名] ❶ [C,U] 約束, 公約, 言質(げんち)〔*to*〕: honor a ~ 約束を果たす /〔+***to*** do〕make a ~ *to* do…することを約束する. ❷ [U] [また a ~] 専心, 献身, 打ち込み; (積極的)関与, 肩入れ; 熱意, やる気; 傾倒: have a long-standing ~ ***to***…に長年力を入れている / The country has shown its ~ *to* peace. その国は平和への熱意を示した. ❸ [C] [通例複数形で] 責任, 義務, 約束事: financial [legal] ~*s* 財政的責任[法的義務] / family [work] ~*s* 家族[仕事]に対する責任, そのために生じる制約. ❹ [U,C] (時間・金などの)充当, 割り当て: (a) ~ of a million dollars ***to*** the project その計画への100万ドルの充当. ❺ [U]《米》〔刑務所・精神病院などへの〕引き渡し, 送致. ([動] commit)

com·mit·tal /kəmítḷ/ [名] ❶ [U,C]〔刑務所・精神病院などへの〕引き渡し〔*to*〕. ❷ [C] 埋葬.

*__com·mit·ted__ /kəmítɪd/ [形] (主義・仕事などに)打ち込んでいる, 力[時間, 情熱(など)]を注いでいる, 傾倒している, 献身的な (↔ uncommitted): a ~ socialist 傾倒している社会主義者 / He was ~ ***to*** the cause of world peace. 彼は世界平和に専念した.

‡**com·mit·tee** /kəmíṭi/ [名] ❶ **委員会**: a budget ~ 予算委員会 / an executive ~ 実行委員会 / a standing ~ 常置[常任]委員会 / be [sit] on a ~ 委員会に列している, 委員の一員である. ❷ [集合的; 単数または複数扱い] 委員(全員): The ~ are [is] all against the bill. 委員会の全員がその議案に反対である. **in commíttee** (1) 委員会に出席して. (2) 〈議案が〉委員会にかけられて. **commíttee of the whóle** (**hóuse**) [the ~]〘議会〙(英国下院などの)全院委員会《法案・財政問題などを自由に審議する》. 〘COMMIT+-EE〙

com·mít·tee·man /-mən/ [名] ([複] **-men** /-mən/) 委員(会の一員).

commíttee stàge [名]〘英議会〙委員会審議《法案が第二読会から第三読会に移される途中で, 委員会で細部にわたって審議されている段階》.

com·mít·tee·wòman [名] ([複] **-women**) 女性委員.

com·mix /kəmíks, kɑ- | kɔ-/ [動] [他] [自]《古・詩》混ぜる, 混ざる (mix). **com·mix·ture** /-míkstʃər/ [名] 混合(物).

com·mode /kəmóʊd/ [名] ❶ (いす・箱に取り付けた)室内便器. ❷ (引き出し付きの背の低い)整理だんす. ❸ (下に戸棚のついた)移動式洗面台.

com·mo·di·fi·cation /kəmὰḍəfɪkéɪʃən | -mɔ̀d-/ [名] [U] 商品化.

com·mo·di·ous /kəmóʊḍiəs/ [形] ❶ 〈家・部屋など〉広い, 間取りの十分な: ~ storage space 広々した貯蔵場所. ❷《古》好都合な, 便利な. **~·ly** [副] **~·ness** [名] 〘L↓〙

com·mod·i·ty /kəmάḍəṭi | -mɔ́d-/ [名] ❶ 商品; (農業・鉱業などの)産物; 必需品, 物資: ~ prices 物価; (先物市場などの)商品価格 / household *commodities* 家庭用品. ❷ 有用な品, 役に立つもの. 〘F＜L＝便利, 快適さ＜*commodus* 便利な, 適当な, 快適な＜COM-+*modus* 尺度; cf. mode〙

com·mo·dore /kάmədɔ̀ə | kɔ́mədɔ̀:/ [名] ❶〘英海軍〙准将, 代将《少将と大佐との間》. ❷ 提督《艦隊の中での最上席の艦長・商船隊の中での最上席の船長・ヨットクラブ会長など》: *C*~ Perry ペリー提督.

com·mon /kámən | kɔ́m-/ 形 (more ~, most ~; ~er, ~·est) **A ❶** ありふれた, 普通の, よくある (↔ uncommon, rare): ~ practice 普通の, よくなされること / a sight よく見る光景 / a grammatical error ~ *among* Japanese students 日本の学生によくある文法上の間違い / as is ~ *with*...には普通にあることだが / This word is ~*er* [more ~] than that one. この語のほうがされより一般的です / It's ~ for politicians *to* take bribes. 政治家が賄賂(ゎぃろ)を受け取ることはよくある (★ It is ~ that politicians receive bribes. の構文は好ましくないとされることがある) / ⇒ common cold. **❷** A (比較なし) 特別の身分でない, 名も位もない: the ~ people 普通の人々, 庶民 / the ~ man 普通の人 / the ~ reader 一般読者. **❸** A 並の水準の, あたりまえの; 常識的な; 平凡な, 通俗な, 粗末な: a ~ criminal 並の[単なる]犯罪者 / ~ knowledge 周知の事実; 常識 / ~ courtesy [decency] 常識的な礼儀 / ~ clothes 安っぽい服 / a person of no ~ ability 非凡な技量の人. **❹** (英) 〈人・態度など〉下層階級の[に見られる]; 品のない (coarse, illbred; ↔ refined): ~ manners 不作法 / a ~ person 品のない人 (比喩)「普通の人」an ordinary person という). — **B** (比較なし) **❶** 共通の, 共有の; 共同の: a ~ goal 共通の目標 / a ~ language 共通の言語 / ~ interests 共通の利害 / ~ ownership 共有, 共有権 / ~ property 共有財産 / by ~ consent 満場一致で, 異口同音に / Love of fame is ~ *to* all people. 名誉欲は万人に共通する. **❷** 社会一般の, 公共の: for the ~ good 公益のため / the ~ high road 公道 / ~ pleas. **❸** 〘数〙 共通の, 公...: ⇒ common denominator 1, common fraction.

(as) cómmon as múck [dírt] 〈人がまるで〉品がない, 無教養な. **cómmon or gárden** (英口) 普通の, ありふれた ((米) garden-variety).

— 名 **❶** [the Commons] (英·カナダ) 下院; 下院議員 (全体): the House of *Commons* ⇒ house 3 b. **❷** C [しばしば C~ で地名に用いて] (町村などの)共有地, 公有地, コモン. **b** U 〘英法〙(牧草地などの)共同使用権; (the) right of ~ 共有権, 入会(ぃりぁぃ)権. **❸** [~s で; 単数扱い] (米) (大学などの)食堂. **❹** U (英口) =commonsense. **❺** [the ~] (古) '平民', 庶民. **cómmon of píscary** [físhery] 〘法〙入漁権, 漁獲入会権. **in cómmon** 共通に, 共同で: He and I have nothing [a lot] *in* ~. 彼と私には共通なところが何もない[いろいろある]. **in cómmon with** ...と共通して[して], と同じで: *In* ~ *with* many other people, he feels that his house is his castle. 他の多くの人と同様彼は自宅が城であると感じている. **óut of cómmon** (英) 異常な[に]; 非凡な[に]. **right of cómmon** ⇒ 名 A 2.

〖F<L *communis* 共通[共有, 公共]の; cf. commune¹, communicate, communion, communism, community〗 【類義語】**common** よく見受ける, ありふれた, 悪い意味で質が悪い, つまらない. **ordinary** 平均的で, 特に目立つところのない, 通常の, 並の.

cómmon·a·ble /-nəbl/ 形 〈土地が〉入会地の; 〈牛馬が〉入会地 (common) に放牧してよい.

com·mon·age /kámənɪdʒ | kɔ́m-/ 名 U **❶** (牧草地の)共同使用権; 共有. **❷** 共有地. **❸** =commonalty.

com·mon·al·i·ty /kàmənǽləṭi | kɔ̀m-/ 名 U **❶** 共通性. **❷** =commonalty.

com·mon·al·ty /kámən(ə)lti | kɔ́m-/ 名 U [the ~; 複数扱い] 平民, 庶民.

cómmon cárrier 名 **❶** 一般輸送業者 (鉄道・汽船・航空会社など). **❷** (米) 一般通信事業者.

cómmon cáse 名 〘英文法〙通格 《名詞の所有格以外の格のように, 語形上主格・目的格に共通のもの》.

cómmon chórd 名 〘楽〙普通和音.

cómmon cóld 名 (普通の)かぜ.

cómmon denóminator 名 **❶** 〘数〙公分母: the least [lowest] ~ 最小公分母 (略 LCD, lcd). **❷** 共通点 (特質など).

cómmon divísor 名 〘数〙公約数: the greatest ~ 最大公約数 (略 GCD, gcd).

Cómmon Éntrance (Examinàtion) 名 [the ~] 〘英〙(public school の)共通入学試験.

com·mon·er /kámənə | kɔ́mənə/ 名 **❶** 平民, 庶民 (cf. noble ❷). **❷** (英) (Oxford 大学などの)奨学生でない学部生, 自費生.

Cómmon Éra 名 [the ~] 西暦紀元.

cómmon fáctor 名 =common divisor.

cómmon fráction 名 〘数〙常分数 《(小数 (decimal fraction) に対し普通の分数のことをいう》.

cómmon génder 名 U 〘文法〙通性 《男女両性に通じる parent など》.

cómmon gróund 名 U (議論の)共通点, 共通の場: on ~ 共通の場で[に立って]

cómmon·hòld 名 U (英) 共同保有(権) 《共同住宅内の一区分に対する自由保有(権); 共同住宅全体の共同管理責任を伴う》.

cómmon júry 名 〘法〙(一般の人から成る)普通陪審.

cómmon lánd 名 U 共有地.

cómmon láw 名 U コモンロー, 慣習法 《英米法全体をいうが, 特に, 制定法 (statute law) と区別した判例法 (case law) をいう; cf. statute law》.

cómmon-láw 形 **❶** コモンローの. **❷** 慣習法上の 《正式の結婚ではなく同棲している夫婦関係にいう》: (a) ~ marriage 慣習法上の結婚 / a ~ wife [husband] 慣習法上の妻[夫], 内縁の妻[夫].

cómmon lógarithm 名 〘数〙常用対数 《10 を底とする》.

cómmon lóon 名 〘鳥〙ハシグロアビ 《北米北部産などのアビの類の海鳥》.

com·mon·ly /kámənli | kɔ́m-/ 副 一般に, 通例, よく; (通)俗に: the most ~ used technique(s) 最も一般的に用いられる技法[技術] / The disease is ~ known as mad cow disease. その病気は一般的には狂牛病として知られている / John is ~ called Jack. ジョンは俗にジャックと呼ばれる.

cómmon márket 名 共同市場; [the C~ M~] ヨーロッパ共同市場 (⇒ European Community).

cómmon méter 名 U 〘韻〙普通律 (ballad meter).

cómmon múltiple 名 公倍数: the least [lowest] ~ 最小公倍数 (略 LCM, lcm).

cómmon·ness 名 U 共通(性), 普通; 普通, 平凡; 通俗.

cómmon nóun 名 〘文法〙普通名詞.

cómmon·place /kámənplèɪs | kɔ́m-/ 形 (more ~; most ~) **❶** ありふれた, 陳腐な: a ~ topic 平凡な話題. **❷** [the ~; 名詞的に; 単数扱い] 平凡なこと, 単調さ. — 名 ありふれたこと[もの], 平凡なこと[もの], 決まり文句; 通り相場: The computer is now a ~. コンピューターは今では珍しくないものになっている. **~·ness** 名 〖L *locus communis*「広く応用できる議論」の翻訳〗

cómmonplace bòok 名 備忘録.

cómmon pléas 名 複 **❶** 〘英法〙民事訴訟. **❷** [C~P~] 民訴裁判所.

cómmon práyer 名 **❶** U 〘英国教〙公禱(きとう) 《すべての公の教会集会の礼拝式のための祈禱文》. **❷** [the C~ P~] =The Book of COMMON PRAYER 〘成句〙. **The Bóok of Cómmon Práyer** 《主に英国国教会の》祈祷書 《教会の儀式の文句や聖書からの抜粋を収めた書; 1549 年に出版, 現在のものは 1662 年に再発行の》.

cómmon ròom 名 **❶** (学校などの)談話室, 控え室, 休憩室. **❷ a** (大学の)特別研究員社交[休憩]室. **b** 学生社交[休憩]室.

cómmon sált 名 U 食塩.

cómmon séal 名 社印, (法人などの)公印.

com·mon·sense /kámənséns | kɔ́m-/ 形 A 常識的な, 常識のある: a ~ view 常識的な見方[考え方].

cómmon sénse 名 U 常識, 判断力: have no ~ 常識がない / It's ~ to carry an umbrella in this weather. こんな天気の時は傘を持っていくのが常識[当然]だ.

Cómmon Sérjeant 名 (英) ロンドン市法務官 《the City of London を管轄とする中央刑事裁判所の巡回裁判官》.

cómmon stóck 名 ⓊⒸ [単数または複数扱い]《米》(優先株式 (preferred stock) に対して)普通株 (《英》ordinary share) (★また〜s名 単数扱い).

cómmon tíme 名 Ⓤ《楽》普通拍子 ($4/4$ 拍子のこと).

cómmon tòuch 名 [the 〜] 人に受け入れられる資質[才能], 新しみやすさ, 庶民性.

com·mon·weal /kámənwì:l | kɔ́m-/ 名 [the 〜] 公共の福祉.

*__com·mon·wealth__ /kámənwèlθ | kɔ́m-/ 名 ❶ **a** (国家群からなる)連邦. **b** [the C〜] = the COMMONWEALTH (of Nations) 成句. **c** [the C〜] = the COMMONWEALTH of Australia 成句. ❷ Ⓒ 州《米公式には Massachusetts, Pennsylvania, Virginia, Kentucky について State の代わりに用いる》; 準州《Puerto Rico と Northern Mariana Islands》. ❸ ⓐ Ⓒ 共和国. **b** [the C〜] イギリス共和国 (1649 年 Charles 1 世の死刑後 1660 年の王政復古までの共和政治時代の英国).
Commonwealth of Austrália [the 〜] オーストラリア連邦《オーストラリアの正式名称; 英連邦の一つで Tasmania を含む》. **Commonwealth of Indepéndent Státes** [the 〜] 独立国家共同体 (ソ連邦解体 (1991 年) 後に発足した共和国連合体); 略 **CIS**. **Cómmonwealth (of Nátions)** [the 〜] 英連邦《英国 (Great Britain) をはじめ, カナダ・オーストラリア・インドなどから成る連合体; 旧称 the British Commonwealth (of Nations)》. 〖もと commonweal「公共の福祉」から〗

cómmon yèar 名 (うるう年 (leap year) に対して)平年.

+**com·mo·tion** /kəmóʊʃən/ 名 ⓊⒸ 動揺; 興奮; 騒動, 動乱, 暴動: be in a state of 〜 動揺している / create [cause] a 〜 騒動を引き起こす. 〖F<L; ⇨ com-, motion〗

comms /kámz | kɔ́mz/ 名《英口》= communication 2.

*__com·mu·nal__ /kəmjú:n(ə)l, kámjʊ- | kɔ́mjʊ-/ 形 〘通例Ⓐ〙 ❶ **a** 共同の, 共有の, 共用の: a 〜 kitchen 共同炊事(場). **b** 共同社会の, 自治体(市町村)の. ❷ (人種などの異なる)共同体間の. ❸ コミューンの.

com·mú·nal·ism /-nəlìzm/ 名 Ⓤ 地方自治主義; 自民族中心主義; 共同体主義.

com·mu·nal·i·ty /kàmjʊnǽləṭi/ 名 Ⓤ 共同体の状態[性質]; (意見・感情の)全共同体的な一致[調和].

com·mu·nal·ize /kəmjú:nəlàɪz, kámjʊ- | kɔ́mjʊ-/ 動 ⓣ (土地などを)地方自治体の所有にする, 共同所有化する. **com·mu·nal·i·za·tion** /kəmjù:nəlɪzéɪʃən, kàmjʊ- | kɔ̀mjʊnəlaɪz-/ 名

Com·mu·nard /kámjʊnàɑd | kɔ́mjʊnɑ̀:d/ 名 ❶ (1871 年の)パリコミューン支持者. ❷ [c〜] commune¹ に住んでいる人.

+**com·mune¹** /kámju:n | kɔ́m-/ 名 ❶ **a** 生活共同体, (ヒッピーなどの)コミューン. **b** (中国などの)人民公社. ❷ コミューン《フランス・ベルギー・イタリアなどの最小行政区である市町村自治体》. ❸ (中世都市などの)自治体. ❹ [the C〜] パリコミューン: **a** 1792-94 年のブルジョワによる革命的なパリ市自治体. **b** 1871 年民衆の革命によって成立したパリ市政府. 〖F<L *communis* 公共の; cf. common〗

com·mune² /kəmjú:n/ 動 ⓘ ❶ 親しく交わる, 語り合う《*together*》: 〜 *with* nature 自然を友とする, 親しむ / 〜 *with* oneself [one's own heart] 沈思黙考する. ❷《米》《キ教》聖餐(さん)[聖体]を受ける[拝領する]. 〖F = 共有する; ⇨ common〗

com·mu·ni·ca·ble /kəmjú:nɪkəbl/ 形 ❶ 〈考えなど〉伝達できる, 伝えうる. ❷ 〈病気が〉伝染性の (infectious): a 〜 disease 伝染病.

com·mu·ni·cant /kəmjú:nɪkənt/ 名 ❶《キ教》聖餐(さん) (Communion) を受ける人, 聖体拝領者. ❷《古》伝達者, 通知者.

*__com·mu·ni·cate__ /kəmjú:nəkèɪt/ 動 ⓘ ❶ a 情報(など)を**交換[伝達]する**, 連絡する: 〜 *with* a person by e-mail 人と電子メールで連絡をとる / 〜 *through* an interpreter 通訳を介して話す. ❷ 意思[気持ち]を通じ合う, 理解し合う: Parents often find it difficult to 〜 *with* their children. 親は子供たちと話が通じない[理解し合えな

い]ことがよくある. ❷ 〈部屋などが〉別の部屋などと通じる, 連絡する《*with*》: a communicating door 連絡ドア. ❸《キ教》聖餐(さん)[聖体]を受ける. — ⓣ ❶ 〈情報・考えなどを〉他者に伝え, 知らせる: She 〜d her suspicions *to* her husband. 彼女は心の疑惑を夫に話した / 〘(*to*+代名)+*that*〙 He 〜d (*to* her) *that* he was leaving Japan. 日本を離れると(彼女に)連絡した. ❷ 〈通例受身で〉〈病気などを〉感染させる; 〈熱などを〉伝える《*to*》: Meningitis is 〜d by mosquitoes. 髄膜炎は蚊によって伝染する. ❸ [〜 oneself で]〈感情などが〉…に伝わる, はっきりわかる: Her enthusiasm 〜d itself *to* him. 彼女の熱意が彼にもはっきりわかった. 〖L = 他人と分かち合う<*communis* 公共の; ⇨ common〗 (名 communication)

*__com·mu·ni·ca·tion__ /kəmjù:nəkéɪʃən/ 名 ❶ Ⓤ 伝達(すること), コミュニケーション, 情報交換; [時に複数形で]意志疎通, 気持ちの通じ合い: a means of 〜 (情報)伝達手段 / 〜 skills 意志疎通術, コミュニケーション能力. **b** [時に複数形で]通信, 交信, 文通: mutual 〜 相互交信 / be in 〜 *with*…と交信[文通]している / get into 〜 *with*…と交信[文通]を始める / establish 〜 *between*…の間に通信を確立する, 交信する. ❷ [複数形で; 時に Ⓤ]情報伝達手段, 通信システム; global [on-line] 〜 世界的[オンライン]の通信手段 / disrupt 〜 *between*…間の通信システムを乱す. ❸ Ⓒ (伝えられる)情報; 通信文, 手紙, 伝言; 電話連絡: receive [send] a 〜 情報を受ける[送る]. ❹ [複数形で; 時に Ⓤ] 交通(手段), 連絡: have good rail 〜s *with*…との鉄道交通の便がよい / There's no direct 〜 between the two villages. その二つの村には直接行き来できない. ❺ 〘〜s で; 単数扱い〙コミュニケーション論, 伝達学. ❻ Ⓤ (病気の)伝染. 〖L<〗(動 communicate)

communicátion còrd 名《英》(列車内の)非常停止索[ひも].

communicátions [communicátion] sàtellite 名 通信衛星 (cf. Comsat).

communicátion thèory 名 Ⓤ コミュニケーション理論, 伝達理論.

com·mu·ni·ca·tive /kəmjú:nəkèɪṭɪv, -nɪkə- | -nɪkət-/ 形 ❶ 話し好きな, おしゃべりな: She's not very 〜. 彼女はあまり話し好きでない. ❷ 通信の, コミュニケーションの. (動 communicate)

com·mú·ni·cà·tor /-ṭɚ | -tə/ 名 伝達者, 通報者; 発信機; (列車内の)通報器.

com·mu·ni·ca·to·ry /kəmjú:nɪkətɔ̀:ri | -təri, -tri/ 形 通信[伝達]の[する].

+**com·mu·nion** /kəmjú:njən/ 名 ❶ Ⓤ 親交; (霊的)交渉: hold 〜 *with*…と親しく交わる, 〈自然など〉を心を交える. ❷ Ⓤ《キ教》 [(Holy) C〜] 聖餐(さん)式, 聖体拝領: take [receive] C〜 聖体を拝領する / take [go to] C〜 聖餐式に参列する. ❸ ⓐ Ⓤ 信仰・宗派などを共にすること: in 〜 *with*…と同じ宗派に属して. **b** Ⓒ (同じ信仰・宗派の)仲間; 宗教団体: ⇨ Anglican Communion.
commúnion of sáints [the 〜] 《キ教》聖徒の交わり, 《カト》諸聖人の通功. 〖F<L *communis* 共有の; cf. common〗

commúnion tàble 名 聖餐台, 聖体拝領台.

*__com·mu·ni·qué__ /kəmjù:nəkéɪ, ━━━━/ 名 コミュニケ, 公式声明, 公報. 〖F = communicated〗

*__com·mu·nism__ /kámjʊnìzm | kɔ́m-/ 名 Ⓤ [しばしば C〜] 共産主義. 〖F<L *communis* 共有の; cf. common〗

*__com·mu·nist__ /kámjʊnɪst | kɔ́m-/ 名 ❶ 共産主義者. ❷ [C〜] 共産党員. ❸《軽蔑》革新的な考えの人. — 形 ❶ 共産主義(者)の. ❷ [C〜] 共産党の.

com·mu·nis·tic /kàmjʊnístɪk | kɔ̀m-/ 形 共産主義的な. **com·mu·nís·ti·cal·ly** /-kəli/ 副

Cómmunist Pàrty [the 〜] 共産党.

com·mu·ni·tar·i·an /kəmjù:nətéə(r)iən/ 名 形 共同体主義的な(人), コミュニタリアン.

com·mu·ni·tár·i·an·ism /-nìzm/ 名 Ⓤ《米》コミュニタリアニズム《個人に対する共同体の存在論的優位を説く政治思想》.

com·mu·ni·ty /kəmjúːnəṭi/ 名 ❶ C 《集合的; 単数または複数扱い》 **a** [しばしば the ~] 《ある地域・都市・学校などの》共同社会, 共同体; 地域社会, コミュニティー; 《人々の住む》地域: serve the ~ 《地域》社会に奉仕する / a close-knit ~ 緊密な結びつきの共同体 / a library ~ 町[市]立図書館 / discuss ~ problems 地域社会の問題について話し合う. **b** [通例修飾語を伴って] 《共通の利害・宗教・民族性などを持つ》集団, 社会, …界: the Jewish [Japanese] ~ in New York ニューヨークのユダヤ人[日本人]社会 / the gay [scientific] ~ ゲイ社会[科学界]. **c** 《通信》バーチャルコミュニティー (virtual community). **d** 《利害などを共有する》国家群: the Pacific Rim ~ 環太平洋国家群; [the C~] 《古風》=The European Community. ❷ [the ~] 一般社会, 公衆: for the good of the ~ 社会のために. ❸ U **a** 《人[集団]同士の》結びつき, 親交; 連帯感, 一体感: a sense of ~ 連帯感, 共同意識. **b** [また ~] 《思想・利害などの》共通性, 一致; 《財産などの》共有, 共用: a ~ *of* interests 利害の共通 / ~ *of* goods [property] 財産共有. ❹ 《生物》《動物の》群;《植物の》群落. ❺ C 《修道士などの》集団: a religious ~ 教団. **the internátional commúnity** 国際社会. 〖F<L=社会的関係, 共有<*communis* 共有の; cf. *common*〗

commúnity anténna télevision 名 U 共同聴視アンテナテレビ《略 CATV》.

commúnity cáre 名 U 《英》《福祉》コミュニティーケア《施設に入院[入所]せず在宅のまま受けるケア》.

†**commúnity cènter** 名 コミュニティーセンター《教育・文化・厚生・社交などの設備がある社会事業センター》.

commúnity chárge 名 U 《英》コミュニティーチャージ《地方自治体からなる成人に年間徴収される税で, 人頭税 (poll tax) の正式名; 1993 年 council tax に変更された》.

commúnity chést 名 《米》共同募金.

commúnity cóllege 名 《米国の》コミュニティーカレッジ《2 年制の公立短期大学; 授業料が安く地域の住民ならだれでも入れ, 職業訓練的な技術専門教育に重点が置かれ, 卒業後はさらに一般の大学への道も開かれている》.

commúnity hóme 名 《英》コミュニティーホーム, 教護院《《米》reformatory》《少年犯罪者などの収容施設; cf. approved school》.

commúnity médicine 名 =family practice.

commúnity po·lic·ing /-pəlíːsɪŋ/ 名 U コミュニティー警備《住民をよく知り, 地域とかかわりの深い警察官がその地域の警備を担当する制度》.

commúnity próperty 名 U 《米》《夫婦の》共有財産.

†**commúnity sérvice** 名 ❶ 《法》社会奉仕《有罪判決を受けた者を投獄する代わりに地域のために無償労働させる刑罰》. ❷ 《ボランティアによる》地域奉仕活動.

commúnity sérvice òrder 名 《法》《裁判所の発する》地域奉仕命令.

commúnity sínging 名 U 会衆の合唱.

commúnity spírit 名 U 共同体意識.

com·mu·nize /kámjʊnàɪz | kɔ́m-/ 動 他 《土地・財産などを》共有[国有]にする; 共産化する. **com·mu·ni·za·tion** /kàmjʊnɪzéɪʃən | kɔ̀mjʊnaɪz-/ 名 U 共有化, 共産制.

com·mut·a·ble /kəmjúːtəbl/ 形 ❶ 交換[代替]できる. ❷ 《法》《刑などが》減刑できる.

com·mu·tate /kámjʊtèɪt | kɔ́m-/ 動 他 《電》《電流の》方向を転換する, 《交流を》整流する.

com·mu·ta·tion /kàmjʊtéɪʃən | kɔ̀m-/ 名 ❶ U.C 《法》〔…から…への〕減刑《*from*; *to*〕. ❷ U.C 《支払い方法などの》振替. ❸ 《電》交換, 整流《*into*, *for*》. ❹ 《米》《定期(回数)券による》通勤. ❺ 動 commute)

commutátion tìcket 名 《米》《しばしば回数制限の》定期乗車券.

com·mu·ta·tive /kámjʊtèɪṭɪv, kəmjúːṭə- | kəmjúːṭ-/ 形 ❶ 交換的な. ❷ 《数》可換性の.

cóm·mu·tà·tor /-tə- | -tə-/ 名 《電》電流転換器, 整流子.

*__com·mute__ /kəmjúːt/ 動 自 《定期[回数]券で》通勤[通学]する: ~ *between* New York and Philadelphia ニューヨーク・フィラデルフィア間を通勤する / ~ *from* the suburbs *to* the city center 郊外から都心へ通勤している / live within *commuting* distance (of…) (…からの)通勤圏内に住む. ── 他 ❶ 《法》《重い刑罰を》《軽いものに》代える, 減刑する: ~ a death sentence to one of life imprisonment 死刑を終身禁固刑に減ずる. ❷ 《支払い方法などを》〔…に〕切り[振り]替える; 《年金などを》一時払いに切り替える: ~ an annuity *into* [*for*] a lump sum payment 年金制を一時払いに切り替える. ❸ 《米》通勤, 通学. 〖L=すっかり変える<COM-+*mutare* 変える; cf. *mutate*〗 commutation)

com·mút·er /-tə | -tə/ 名 通勤者.

Co·mo /kóʊmoʊ/ 名 [Lake ~] コモ湖《イタリア北部, Alps 前衛の山に囲まれた湖》.

Com·o·ran /kámərən | kɔ́m-/ 形 コモロ《諸島》の. ── 名 コモロ《諸島》の住民, コモロ人.

Com·o·ros /kámərəʊz | kɔ́m-/ 名 [the ~] コモロ《イスラム連邦共和国》《インド洋西部 Comoro 諸島から成る共和国; 首都 Moroni》.

comp[1] /kámp, kɑ́mp/ 《口》《ジャズ》動 自 《不規則なリズムで》伴奏する (accompany). ── 他 《…の》伴奏をする. ── 名 伴奏(者).

comp[2] /kámp | kɔ́mp/ 《米口》名 《催し物などの》無料招待券. ── 動 他 《チケットなどを》無料で提供する.

comp[3] /kámp | kɔ́mp/ 名 《米口》=compensation.

comp[4] /kámp | kɔ́mp/ 名 《英口》=competition.

comp[5] /kámp | kɔ́mp/ 名 《英口》=comprehensive school.

comp.《略》comparative; compensation; compilation; compiled; complete; complimentary; composer; composition; compositor; compound; comprehensive.

*__com·pact__[1] /kəmpǽkt, kámpækt | kəmpǽkt, kɔ́mpǽkt⁺/ 形 (**more** ~; **most** ~) ❶ 小型の, 小型で必要な機能[設備など]のある《家・部屋などにこちんまりした: a ~ car [camera] 小型車[コンパクトカメラ]. ❷ 《体格が》引き締まった, がっしりした. ❸ 《文章など》簡潔な. ❹ **a** 《ぎっしり》目の詰んだ, 質の密な: Clay is extremely ~. 粘土は実にきめが細かい. **b** ぎっしり詰まった, 密集した: a ~ formation 密集隊形. ── 動 ❶ 《…を》圧縮する, 《押し》固める《★通例受身》. ❷ 《…を》簡潔に表現する, 要約する. ── 自 固まる, 圧縮される. ── /kámpækt | kɔ́m-/ 名 ❶ 《米》小型自動車; コンパクトカメラ. ❷ コンパクト《携帯用おしろい・鏡・パフ入れ》. ── 名 ❶ 固く, 密集して. ❷ 簡潔に. **·ness** 名 ❶ 緊密さ. ❷ 簡潔さ, 小型で経済的なこと. 〖L=しっかり締められた<COM-+*pangere*, *pact*- 締める, 打ち込む〗

com·pact[2] /kámpækt | kɔ́m-/ 名 契約, 盟約. ── 他 《…と》《合意などを》結ぶ, 締結する, 契約する〔*with*〕. 〖L; ⇨ com-, pact〗

†**cómpact dísc** 名 コンパクトディスク, CD.

cómpact dísc plàyer 名 コンパクトディスクプレーヤー.

com·pac·tion /kəmpǽkʃən | kəm-/ 名 U ぎっしり詰めること[詰まった状態], 圧縮; 簡潔化;《地》《堆積物の》圧密《作用》.

com·pác·tor /-tə | -tə/ 名 ❶ 固める人[もの]; 圧縮機. ❷ 《苗床・路床の》突き固め機.

com·pa·dre /kəmpɑ́ːdreɪ/ 名 《米南西部》親友, 仲よし.

*__com·pan·ion__[1] /kəmpǽnjən/ 名 ❶ **a** 仲間, 友; 連れ: a ~ in arms 戦友 / one's [a] constant ~ いつも一緒にいる人[動物], いつも持ち歩いているもの / a ~ for life 生涯の伴侶 / a drinking ~ 飲み仲間 / a traveling ~ 旅の道連れ. **b** 《特に, よくいい》経験をした[する]人. **c** 《婉曲》《長年の》愛人. ❷ 《老人などの世話をする》付き添い《通例女性》. ❸ 《組・対の》一方: the ~ *to* a picture 二枚そろいの絵の一方 / a ~ volume to … の姉妹編. ❹ [C-;通例書名に用いて] 手引き, 必携, … の友: *A Teacher's C-* 教師必携. ❺ [C-] 最下級勲爵士 (cf. knight 3 a): a C- of the Bath 《英国のバス勲等》最下級勲爵士《略 CB》. **Compánion of Hónour** 《英》名誉勲爵士. **Compánion of Literature** 《英》文学勲爵士《1961 年の制定, 王立文

学協会 (the Royal Society of Literature) が授与する; 略 CLit. —— 動 他 〈…に〉伴う, 付き添う.《F<L *companio(n-)*（原義）パン〈食事を共にする人〉← COM-+*panis* パン; cf. company, pannier》【類義語】**companion** 行動を共にし, 通例親密な関係にある人. **associate** 共通の仕事・興味などのために必ずしも親密でない対等な関係にある人. **colleague** 特に職業上の同僚; 個人的な親密さは問わない. **comrade** 親密な結びつきがあって経験・運命などを共にする人, 同志.

com·pan·ion[2] /kəmpǽnjən/ 图 《海》❶ (甲板の)天窓. ❷ =companionway.

com·pan·ion·a·ble /kəmpǽnjənəbl/ 形 友とするによい, 人づきのよい, 気さくな.

com·pan·ion·ate /kəmpǽnjənət/ 形 友人の; 友愛的な: ~ marriage 《米》友愛結婚《正式ではなく合意のうえで結婚する試験的な結婚》.

compánion hàtch 图 甲板昇降口の風雨よけ.
compánion làdder 图 =companionway.
compánion sèt 图 《炉端のスタンドの》暖炉用器具のセット《火かき棒・シャベルなど》.

†**com·pan·ion·ship** /-ʃìp/ 图 Ⓤ 仲間づきあい, 交わり: enjoy the ~ of a person 人との交遊を楽しむ.

compánion·wày 图 《海》甲板昇降口階段.

‡**com·pa·ny** /kʌ́mp(ə)ni/ 图 ❶ Ⓒ [集合的; 単数または複数扱い] 会社, 商会 (⇨ Co.): a business [bus] ~ 商事[バス]会社 / a private ~ 私企業, 個人会社 / a Limited Liability C~ 《英》有限責任会社《株式会社または保証有限会社をさす; 社名としての略 Co., Ltd.》⇨ East India Company / join a ~ 入社する / run [work for] a publishing ~ 出版社を経営するに勤める》《匿義》「出勤する」の意の「会社へ行く」は go to the company ではなく, go to work [the office] などという》/ ~ policy 会社の方針 / a ~ employee 従業員. ❷ Ⓒ [集合的; 単数または複数扱い] **a** 〈…の〉一行, 一団, 一隊 《of》;《俳優の》一座, 劇団: a theater [theatre] ~ 劇団 / a touring ~ 巡業中の一座. **b** 《軍》歩兵[工兵]中隊 (⇨ army 2): get [receive] one's ~ 中隊長[大尉]になる《★中隊は大尉 (captain) が指揮する》. **c** [通例 a ship's ~ 中で; 集合的]《海》全乗組員. ❸ Ⓤ **a** 〈人・ペットが相手として〉一緒にいること, 同席, 同伴; つき合い: in a person's ~ =in the ~ of a person 人と一緒に[いるとき] / I hope we will have the pleasure of your ~ at dinner. 夕食をご一緒していただきたいと思います / I enjoy his [my own] ~. 彼と一緒に[ひとりで]いることが楽しい[好きだ] / I need [⁂] could use] company ~. お相手が必要[欲しいところ]だ. **b** 人の集まり, 一座の人たち: in mixed ~ 男女[いろいろな人]の集まりで / in ~ 人中で, 人前で / the assembled ~ 《文》集まった人たち / present ~ excepted ここにいらっしゃる皆さまは別として. ❹ [時に複数扱い] Ⓤ 仲間, 連れ, 一緒に過ごす人; [形容詞を伴って] 一緒にいて…な人: get into bad ~ 悪友の仲間に入る / keep good [bad] ~ 良い[悪い]連中とつき合っている / Two's ~, three's none [a crowd]. 《諺》二人はよい連れだが三人は仲間割れ / A man is known by the ~ he keeps. 《諺》つき合う友を見れば人柄がわかる / be good [poor] ~ 話し相手におもしろい[つまらない]人である. ❺ Ⓤ 来客(1人または複数): expect ~ 客を迎える / We are going to have ~ this evening. 今晩は来客がある. ❻ [the C~] 《米口》中央情報局, CIA.

..and cómpany (1) […and C~ として】A・C… 会社: Jones *and* C~ ジョーンズ会社[商会]《代表社員 Jones と他の社員よりなる会社の意; ⇨ Co.》. (2) 《人名の後で》《口》とその仲間たち[友だち, 関係者].

be in góod cómpany [しばしば戯言]《うまく行かなくても》ほかの（偉い）人も似たようなものである: So you failed the college entrance exam. You *are in* good ~. それじゃ君は大学入試に失敗したんだね.（でも試験に落ちたのは君だけじゃないよ.

for cómpany （寂しい時の相手に; お）つき合いに: He has only a cat for ~. 《寂しい彼は飼い猫1匹なのである / Come with me —— just *for* ~. 一緒に来てくれないか. ほんのつき合いに.

in cómpany with... 〈人・ものと〉一緒に; …と同様に.

jóin cómpany with... …と一緒になって[と]を行なう 《*in*》.

kèep a person cómpany 人に同行する, 人のお供[相手]をする: *Keep* me ~ for a while. ちょっと付き合ってよ.

kèep cómpany with... (1) 〈人〉と付き合う, 一緒に[行く]. (2) 〈異性〉と出歩く, デートする《★やや古い表現》.

pàrt cómpany (with [from] a person) (1) 〈人〉と別れる. (2) 〈人〉と縁を切る, 別れる. (3) 〈人〉と意見を異にする.

《F<L *companio(n-)*; ⇨ companion》《関形》corporate》【類義語】**company** 規模・内容にかかわらず会社を表わす最も一般的な語. **firm** 二人以上の合資で経営されている商社・会社. **corporation** 法人として認められている株式(有限)会社で《米》では(有限)会社. (2) **company** 一時的に集まった人々または永続的に結ばれた一群の人々; 最も一般的な語. **band** 共通の目的や仕事のために結成された比較的小人数のグループ. **troop** 全体が一つとなって行動するように組織された集団. **party** 共通の目的のために一時的に集まった人々.

†**cómpany cár** 图 社用車.
cómpany làw 图 Ⓤ 《英》会社法 (《米》corporation law).
cómpany òfficer 图 《米陸軍・空軍・海兵隊》尉官 (captain, first lieutenant および second lieutenant).
cómpany sécretary 图 (会社の)総務担当重役, 総務部長.
cómpany sérgeant májor 图 《軍》中隊付曹長《英軍・英連邦軍の連隊・大隊に所属する上級の准尉 (warrant officer) で, 中隊の下士官以下の統率に当たる》.
cómpany stóre 图 (会社の)購買部, 売店.
cómpany tòwn 图 会社町《雇用や住宅などの面でほとんど全面的に一企業に依存している町》.
cómpany ùnion 图 企業内組合《特に》御用組合.

compar. (略) comparative.

＊**com·pa·ra·ble** /kάmp(ə)rəbl, kəmpǽrə- | kɔ́mp(ə)rə-, kəmpǽrə-/ 形 ❶ 比較できる; 相当する, 同等の; 類似の: provide ~ data 比較可能な[似たような]データを提示する / These figures are not directly ~ *with* [*to*] those of the last year. これらの数字は昨年のそのまま比較できるわけではない / in the ~ period for the year 2000 2000年の相当する時期[同時期]に. ❷ (質や重要性で)…に匹敵する, ひけをとらない: achieve a performance ~ *to* [*with*]…と同等の[に匹敵する]性能を達成する.

com·pa·ra·bil·i·ty /kὰmp(ə)rəbíləti | kɔ̀m-/ 图 Ⓤ 比較可能性[な点], 同等(な点). **-ra·bly** /-bli/ 副 比較できるほどに, 同等に.《COMPARE+-ABLE》

com·par·a·tist /kəmpǽrətɪst/ 图 比較言語学者, 比較文学者.

＊**com·par·a·tive** /kəmpǽrətɪv/ 形 (比較なし) ❶ 他と比較しての, 相対的な, かなりの (↔ absolute): with ~ ease 比較的容易に / The expedition was a ~ success. その探検はかなりうまくいった. ❷ 比較(上)の; 比較による[に基づく]: a ~ study 比較研究. ❸ 《文法》比較級の: the ~ degree 比較級. —— 图 《文法》[the ~] 比較級.（動 compare）

comparátive advántage 图 比較優位(性)《国際分業と国際貿易の根拠として Ricardo が唱えた概念》.
comparátive linguístics 图 Ⓤ 比較言語学.
comparátive literature 图 Ⓤ 比較文学.

†**com·par·a·tive·ly** /kəmpǽrətɪvli/ 副 ❶ 比較的に, わりあいに, かなり: The task is ~ easy. その仕事はわりに簡単だ. ❷ 比較してみると: ~ speaking 比較して言えば.

com·pa·ra·tor /kámpərətər, kámpərèɪ- | kɔ́mpərèɪtə/ 图 《機》比較測定器, コンパレーター（長さ・距離・色彩などを比較する精密測定機械》;《電》比較器《2つの信号の同一・不一致を判断する》.

‡**com·pare** /kəmpéə | -péə/ 動 他 ❶ 〈…を〉比較する: ~ New York *and* London ニューヨークとロンドンを比較する / C~ these two sentences. この二つの文を比較してみよ / The Earth is only a baby (when it is) ~*d with* [*to*] many other celestial bodies. 地球は他の多くの天体と

比較すればまるで赤子のようなものにすぎない / This place cannot be ~d with Naples. この地はナポリとは比べものにならない. ❷ 〈ものを〉[…に]たとえる, なぞらえる: Some people have ~d books to friends. 書物を友人にたとえた人もいる. —— (自) ❶ [通例否定文で] […に]匹敵する: For relaxation *nothing* ~s *with* a day on [at] the beach. 休養には海岸での一日が何よりだ. ❷ [様態の副詞を伴って] […と]比較して(…)だ: His school record ~s favorably [unfavorably] *with* hers. 彼の学業成績は彼女のより比べて優る[劣る]. **(as) compared with** […]…と比べて, と比べると (cf. 他 1): *Compared with* my child, yours seems a veritable angel. うちの子供に比べるとお宅のお子さんはまるで天使ですよ. **compáre nótes** ⇒ note 成句. **nót to be compáred with**…とは比べものにならない(ほど劣って). —— 图 ★次の成句で. **beyónd [pást, withóut] compáre** 《文》 比類ないほど[なく], 無比の: The scenery is beautiful *beyond* ~. その景色は比類のないほど美しい. 〖F<L<compar 等しい<com-+par 等しい, 同等の〗(cf. pair) (图 comparison) **compare** 2つ以上のものについて, その類似点と相違点とを比較し, 相対的な価値を考える. **contrast** 両者間の違いを明確にするために比べる.

*com・par・i・son /kəmpǽrəs(ə)n/ 图 ❶ ⓊⒸ 比較, 対照: on careful ~ 入念に比較してみて / by ~ 比べると, 比較して / cross-cultural ~ 異文化間比較 / make [draw] a ~ *between* A and B A と B とを比較する / in [by] ~ *with* [*to*]…と比較して / *Comparisons* are odious. 〈諺〉(人と人との)比較はいやなこと (人の比較をするものではない). ❷ Ⓒ たとえること, なぞらえること: The ~ of the heart *to* a pump is an apt one. 心臓をポンプにたとえることはきわめて当を得ている. ❸ Ⓤ 〖文法〗(形容詞・副詞の)比較(変化). **béar [stánd] compárison with**… (1) …に匹敵する. (2) …に似る, 類似する. **beyónd [withóut] compárison** 比類ない[なく], たとえようもない[なく]. **Thére's nó compárison.** 比べようもない, 比較にならない. 〖F<L〗(動 compare)

compárison-shòp (自) 同業他店 [競合商品] の価格などを比較する. **compárison shòpping**

⁺com・part・ment /kəmpάːtmənt | -pάːt-/ 图 ❶ 区画, 仕切り: ⇒ glove compartment. ❷ (英国などの列車の)仕切り客室, コンパートメント《座席が2列あり, 向かい合って座る小室; ドアによって通廊 (corridor) に出る; cf. corridor train》; (米) 寝台車のトイレ付き個室. 〖F<It<L=分割する <*com*-+*partiri* 分ける 〈*pars, part-* 部分; ⇒ part)〗

compartment 2

com・part・men・tal・ize /kəmpὰːtméntəlàɪz | kɔ̀mpɑːt-/ (他) 区画に分ける, 仕切る, 区分する. **com・part・men・tal・i・za・tion** /kəmpὰːtmèntəlɪzéɪʃən | kɔ̀mpɑːtmèntəlaɪz-/ 图

com・part・men・ta・tion /kɑ̀mpɑːtmentéɪʃən | -pὰːt-/ 图 Ⓤ 区画化, 仕切ること, 区分.

⁺**com・pass** /kʌ́mpəs/ 图 ❶ 羅針盤 [儀]; 磁石, コンパス: a mariner's ~ 船舶用羅針盤 / the points of the ~ 羅針盤の方位 / ⇒ radio compass, magnetic compass. ❷ [通例複数形で] コンパス, 両脚規: a pair of ~es コンパス一丁. ❸ [通例単数形で] **a** 範囲, 限界: within [beyond] the ~ of…の(扱う, 及ぶ)範囲内[外]で. **b** 〖楽〗音域. **bóx the cómpass** (1) 〖海〗羅針盤の方位を順に読み上げる. (2) 〈意見・議論が〉結局出発点に戻る. —— (他) 《古》 ❶ **a** 〈…を〉一周する, 〈…の〉周囲を巡る. **b** 〈…を〉囲い込む, 巡らす 《比較 encompass のほうが一般的》. ❷ 〈…を〉達する, 成就する. ❸ 〈…を〉企てる. 〖F<L *com*-+*passus* 歩み, 歩幅 (cf. pace¹); 原義は「歩幅で測る」〗

cómpass càrd 图 コンパスカード《羅針盤の指針面》.

*com・pas・sion /kəmpǽʃən/ 图 Ⓤ (切実な)同情(心), 哀れみ: have [feel, show] ~ *for*…に同情を寄せる. 〖F<L<*compati* 同情する, 共に苦しむ <*com*-+*pati*, *pass*- 苦しむ, 耐える; cf. passion〗【類義語】⇒ pity.

⁺**com・pas・sion・ate** /kəmpǽʃ(ə)nət/ 形 哀れみ深い, 情け深い, 同情的な. **~・ly** 副

compássionate léave 图 Ⓤ 《英》(軍人などの)恩情休暇《忌引きなど》.

compássion fatìgue 图 Ⓤ 同情疲労《しばしば慈善を求められる[惨状を知らされる]うちに同情心が薄れること》.

cómpass pòint 图 羅針盤の方位《32方位ある》.

cómpass ròse 图 〖海〗羅針図《海図上の円形方位図》.

cómpass sàw 图 回し鋸(ぎり), 糸鋸(のこ).

cómpass wíndow 图 〖建〗半円出窓, 弓形張出し窓.

com・pat・i・bil・i・ty /kəmpæ̀təbíləti/ 图 Ⓤ ❶ 〖電算〗互換性. ❷ 適合性 《with》.

*com・pat・i・ble /kəmpǽtəbl/ 形 ❶ 〖電算〗(…と)互換性のある: UNIX ~ software ユニックスと互換性のあるソフトウェア / be fully ~ *with*…と完全な互換性がある, のでもまったく同じように使用できる. ❷ 〈考え・方法などが〉[…と]両立する, 矛盾しない, 一致する; 〈血液型が〉適合する; 〈人の性格が〉合う《*with*》(↔ incompatible): We [She and I] are not really ~. 我々は[彼女と僕は]あまり相性がよくない. ❸ 〖電算〗互換機. **-bly /-təbli/** 副 〖F<L (⇒ compassion); もと「同情的な」の意〗

⁺**com・pa・tri・ot** /kəmpéɪtriət | -pǽtri-/ 图 同国人, 同胞. —— 形 同じ国の, 同胞の.

com・peer /kʌ́mpɪə | kɔ̀mpɪə/ 图 ❶ (地位・身分の)同等の人, 同輩. ❷ 仲間.

*com・pel /kəmpél/ 他 (com・pelled; com・pel・ling) ❶ 〈…に〉…するよう強(し)いる, 無理に〈…に〉させる: [+目+*to do*] Her illness *compelled* her *to* give up her studies. 彼女は病気のため勉強をやめなければならなくなった / I felt *compelled to* confess. 私は白状せざるをえないと思った. ❷ 〈服従・尊敬などを〉強要する《★ 受身・進行形なし》: No one can ~ obedience. だれも人に服従を強要できるものではない. ❸ 〈古・詩〉むりやり行かせる[来させる]. 〖L <*com*-+*pellere, puls-* 駆り立てる, 押す; cf. push〗(图 compulsion, 形 compulsory)【類義語】**compel** 権力とか抵抗しがたい力にあることを無理にさせる, しいる. **force** 一般的な語で, 人の意志に反して, または物事の抵抗を排して, あることをさせる; 普通は力ずくまたは差し迫った周囲の事情によることを暗示する. **oblige** 余儀なく[やむを得ず]あることをさせる; しばしば道徳的または精神的な必要性によることを表わす. **constrain** 相手の行動の幅を制限して無理にあることを行なわせる. **impel** 強い感情・思想などによってある行動に駆りたてる.

com・pel・ling /kəmpélɪŋ/ 形 ❶ 人の気持を動かさずにはおかない, 注目[称賛]せずにいられないような: a ~ smile 思わずひき込まれる微笑 / a ~ figure 興味をかき立ててやまない人物. ❷ 反論しえない, 認めざるをえない: a ~ argument 説得力のある議論 / ~ evidence 有力な証拠. ❸ 抗しがたい, 抑えがたい: a ~ desire 抗しがたい欲望[欲求]. **~・ly** 副 人の気持を動かすほどに[ほど], 抗しがたいほど.

com・pen・di・a /kəmpéndiə/ 图 compendium の複数形.

com・pen・di・ous /kəmpéndiəs/ 形 〈書物が〉簡明な, 簡潔な. **~・ly** 副 **~・ness** 图

com・pen・di・um /kəmpéndiəm/ 图 (~s, -di・a /-diə/) ❶ 大要, 要約, 概論. ❷ 寄せ集め. ❸ レターセット《便箋と封筒のセット》.

com・pen・sa・ble /kəmpénsəbl/ 形 補償しうる, 埋め合わせできる. **com・pen・sa・bil・i・ty** /kəmpènsəbíləti/ 图

*com・pen・sate /kάmpənsèɪt | kɔ̀m-/ 他 〈損失・欠点

などを)償う, 補う, 埋め合わせる《★ ~ for... は受身可》: ~ *for* losses 損失[欠損]を補う / Hard work sometimes ~s *for* lack of ability. 勤勉は無能の埋め合わせをしてくれることがある. ― ⦿ 〈人に〉損失などを)償う, 補償する: Employers should ~ their workmen *for* injuries. 雇い主は労働者の傷害に対して補償しなければならない. / 〈人に〉〈労働などに対して〉支払いをする, 対価を払う [*for*]. cóm·pen·sà·tor /-țə-|-tə/ 《L=釣り合わせる <COM-+*pendere, pens-* 量る, 考える; cf. pension》 (名) compensation, (形) compensatory 〖類義語〗⇒ pay¹.

*com·pen·sa·tion /kὰmpənséɪʃən| kɔ̀m-/ 名 ❶ ⓤ 償い, 賠償; 補償[補償]金: monetary ~ 金銭による補償 / in ~ *for*...の償いとして / claim [seek, receive, pay] ~ *for*...に関して賠償金を要求する[求める, 受け取る, 支払う] / unemployment ~ 失業手当. ❷ ⓒⓤ 埋め合わせとなるもの, 代償物: Middle age has its ~s. (若さはなくなっても)中年にはそれなりの代償物[楽しみ(など)]がある. ❸ ⓤ 《米》報酬: work without ~ 無報酬で働く. ❹ ⓒⓤ 〖心〗代償[補償](作用)〔*for*〕〔劣等感をもつ者がその償いに権力意志を達成しようとするなどの心理〕.

compensation pèndulum 名 〖時計〗補正振子.

com·pen·sa·tive /kάmpənsὲɪṭɪv| kɔ̀m-/ 形 =compensatory.

cóm·pen·sà·tor /-țə-|-tə/ 名 ❶ 〖機〗補正器[板]; 〖電〗補償器; 〖光〗補償板[器]. ❷ 賠償[補償]者.

com·pen·sa·to·ry /kəmpénsətɔ̀:ri| kὸmpənséɪṭəri, -tri-/ 形 償いの, 賠償的な.

comp·er /kάmpə-|-pə/ 名 片っ端から懸賞に応募する人, マニア.

com·pere, com·père /kάmpeə-| kɔ̀mpeə/ 名 《英》(テレビ・舞台・ショーなどの)司会者. ― 動 ⦿ ⦾ (テレビ・ショーなどの)司会を務める.

*com·pete /kəmpíːt/ 動 ❶ 競争する; 競い合う; (...を求めて): The two men ~d *with* [*against*] each other *for* the contract [her love]. 二人の男性たちはその契約を取ろうと[彼女の心をつかもうと] / She ~d *with* [*against*] three others *to* win her promotion. 彼女は今の地位を得るために三人の相手と競い合った. ❷ 〔競技に〕参加[出場]する〔*in, at*〕: ~ *in* the marathon マラソンに参加する. ❸ 〈音・においなどが〉他に負けないくらい大きい[強い]. **cánnot compéte** (*with*...) (...に)かなわない, (...と)張り合えない, 競争できない, (...の)相手にならない. 〖L=共に追求する <COM-+*petere* 求める, 襲う; cf. petition〗 (名) competition, (形) competitive.

⁺**com·pe·tence** /kάmpəṭəns, -tns| kɔ̀m-/ 名 ❶ ⓤ 能力, 技能; 適性 (↔ incompetence): a level of ~ 能力水準 / have [demonstrate, achieve] ~ *at* [*in*]...について[において]能力がある[を示す, を得る] / He plays the piano with ~ but little feeling. 彼は上手にピアノを弾くがあまり感情がこもっていない / There's no doubt of his ~ *for* the task. 彼は確かにその仕事をやっていける能力がある. b 《特定の》技術. ❷ 〖法〗a 権能, 権限: within [beyond] the ~ of...の権限内[外]の[で]. b (証人などの)適格性, 能力; 〖精〗mental ~ 精神的能力. ❸ 〖言〗言語能力 (cf. performance). ❹ [a ~]《古風》資産, 十分な収入. 〖類義語〗⇒ ability.

⁺**com·pe·ten·cy** /-ṭənsi, -tn-/ 名 =competence.

*com·pe·tent /kάmpəṭənt, -tnt| kɔ̀m-/ 形 (more ~; most ~) ❶ 〔...に〕有能な, 能力のある〔*at, in, for*〕(↔ incompetent): a ~ player [teacher] 有能な選手[教師] / be ~ *at* one's job 仕事がこなせる〔⁺*to do*〕 He's ~ *to* teach English. 彼は英語を教える力がある. ❷ 要求にかなう, 相当の〈程度の〉, まあまあの: a ~ knowledge of English そこそこの英語の知識. ❸ 〖裁判官・法廷・証人など〗〔法定の〕資格ある, 適格の: 〔⁺*to do*〕 She was declared mentally ~ *to* stand trial. 彼女は裁判を受ける精神的能力があると宣告された. ~·ly 副 〖F<L; ⇒ compete, -ent〗 〖類義語〗⇒ able.

⁺**com·pet·ing** /-t̬ɪŋ/ 形 ❶ 〈考え・要求・利益など〉相反する, 衝突する: balance ~ interests 対立する利害のバランスをとる. ❷ 競争する, 競い合う, 競合する: ~ teams 出場

361 complaisant

チーム, 対戦チーム / a ~ product 競合製品.

*com·pe·ti·tion /kὰmpətíʃən| kɔ̀m-/ 名 ❶ ⓤ 競争, 競合, 競い合い〔*with, among, between*〕〔*for*〕: intense [fierce, stiff] ~ *between* schools 学校間の激しい競争 / ~ *for* a prize 賞の奪い合い / in ~ *with*...と競争して. ❷ ⓒ 競技(会), 試合, コンテスト, コンペ: enter a swimming ~ 水泳競技会に参加する / win a golf ~ ゴルフコンペで勝つ. ❸ ⓤ 〖通例 the ~〕競争者, 競争相手: *The* ~ is very strong [stiff] this time. 今度の相手(たち)はとても手ごわい. (動 compete)

*com·pet·i·tive /kəmpéṭəṭɪv/ 形 ❶ 競争のある[激しい], 競争に関する]: a highly ~ market [environment] 競争の激しい市場[環境] / a ~ edge 競争面での強み. ❷ 競争心の強い, まさろうする: be fiercely ~ 非常に競争心が強い / (a [the]) ~ spirit 競争心. ❸ 競争力のある, 競争に耐えうる: at a ~ price (ほかよりも安く)競争力のある価格で / offer a ~ salary (ほかよりも高く)競争力のある給与を提示する. ❹ 〈製品が〉競合がある. ~·ly 副 ~·ness 名 (動 compete)

*com·pet·i·tor /kəmpéṭəṭə-|-tə/ 名 ❶ 競争相手, 商売がたき. ❷ 競技出場[参加]者[チーム, 国].

⁺**com·pi·la·tion** /kὰmpəléɪʃən| kɔ̀m-/ 名 ❶ ⓒ 編集物, 寄せ集め, コンピレーション. ❷ ⓤ 編集: the ~ *of* an encyclopedia 百科事典の編集. (動 compile)

*com·pile /kəmpάɪl/ 動 ⦿ ❶ 〈書物などを〉編集する, まとめる; 〈編集のために〉〈資料などを〉集める: ~ a report 報告書をまとめる / ~ an index 索引を作り上げる. ❷ 〖電算〗〈プログラムを〉機械語に翻訳する, コンパイルする. 〖F<L=略奪[剽窃(ひょうせつ)]する〗

com·pil·er 名 ❶ 編集者. ❷ 〖電算〗コンパイラー〖高水準言語のプログラムを機械語に翻訳するプログラム〗.

comp·ing /kάmpɪŋ| kɔ̀m-/ 名 ⓤ (趣味としての)懸賞クイズ[コンテスト]応募.

com·pla·cence /kəmpléɪs(ə)ns/ 名 ⓤ 自己満足, ひとりよがり.

⁺**com·plá·cen·cy** /-s(ə)nsi/ 名 =complacence.

⁺**com·pla·cent** /kəmpléɪs(ə)nt/ 形 自己満足[の満足した], ひとりよがりの. ~·ly 副

*com·plain /kəmpléɪn/ 動 ❶ 不平を言う, ぐちをこぼす: Some people are always ~*ing*. いつも不平ばかり言っている人がいる / "How are you?" "I can't ~." 「いかがですか」「元気だよ」 / I have nothing to ~ *of* [*about*]. 何の不満もない / She ~*ed of* the noise we were making. 彼女は私たちが立てていた音に文句を言った / Oh well, I can't ~! ⇒ Oh WELL¹ 成句. ❷ 〖病苦を訴える〗: ~ *of* a headache [headaches] 頭痛を訴える[頭が痛いと言う]. ❸ 〖警察などに〗...のことを訴える, 苦情を言う: I ~*ed to* the police *about* my neighbor's dog. 隣の犬のことで警察に訴えた. ― ⦿ 〈...だと〉不平を言う, 苦情を言う〈★受身可〉: 〔⁺*that*〕 She ~*ed* (*to* me) *that* her husband drank too much. 彼女は(私に)夫が飲み過ぎるとぐちをこぼした / 〔⁺引用〕 "You are always late home," she ~*ed*. 「あなたはいつも帰宅が遅いのね」と彼女は不平を言った. ~·ing·ly 副 不平を(ぶつぶつ)言って, 不平に. 〖F<COM-+L *plangere* たたく, 悲しむ; 原義は「胸を打って悲しむ」〗 (名 complaint)

com·plain·ant /kəmpléɪnənt/ 名 〖法〗原告, 告訴人.

*com·plaint /kəmpléɪnt/ 名 ❶ ⓒ 不平, 苦情, ぐち; 不平の種〈*about, against*〉〈*that*〉: make a ~ *about*... ...のことで苦情を言う / be full of ~s *about* one's food 食物に不平たらたらだ. ❷ ⓤ 不平[苦情](を言うこと): have cause *for* ~ 苦情を言ううえで十分な理由がある. ❸ ⓒ (皮膚病などの, 軽い)疾患, 病気; 〖医〗患者が訴える症状, 病訴, 愁訴(しゅうそ). ❹ ⓒ 〖法〗(民事の)告訴; 《米》(民事訴訟で)原告の最初の申し立て: file [lodge] a ~ *against*...を告訴する. (動 complain, 関名 querulous)

com·plai·sance /kəmpléɪs(ə)ns, -z(ə)ns| -z(ə)ns/ 名 ⓤ 愛想のよさ, 人のよさ; 親切.

com·plai·sant /kəmpléɪs(ə)nt, -z(ə)nt| -z(ə)nt/ 形 人を喜ばせる[喜ばせようとする], 愛想のいい, 人のいい; 丁寧な;

親切な. ～·ly [副]

com·plect·ed /kəmplέktɪd/ [形] [複合語で] 《米方·口》 顔色が…の: dark-*complected* (顔)色の黒い.

***com·ple·ment** /kάmpləmənt | kɔ́m-/ [名] ❶ **補足して完全にするもの, 補足物**: Good music is the ～ *of* [*to*] a lively party. よい音楽があってこそパーティーは盛り上がる. ❷ [通例 単数形で] (必要な)全数, 全量; 定数; 〖海〗 乗組定員: have a full ～ *of*…を[が]必要な[十分な, 定められた]数だけもつ[いる, ある]. ❸ 〖文法〗 補語. ❹ 〖数〗 余数, 余角, 余弧. ── /-mὲnt/ [動] [他] 〈…を〉補って完全にする; 補足する. 〚L＝完全にするもの ‹ *complere*; ⇨ complete〛 ([形] complementary)

com·ple·ment·al /kὰmpləméntl | kɔ̀m-ˊ/ [形] ＝ complementary.

⁺**com·ple·men·ta·ry** /kὰmpləméntəri, -tri | kɔ̀m-ˊ/ [形] 補足的な: ～ colors 余色, 補色 《混ぜ合わせると白または灰色となる二つの色; 赤と青緑など》/ a ～ angle [arc] 〖数〗 余角[弧] / Discipline and love should be ～ *to* each other. しつけと愛はお互いに補い合うべきだ. **-ta·ri·ly** /-méntərəli, -trə-, -mentérəli | -méntərə-, -trə-/ [副]

compleméntary distribútion [名] [U] 〖言〗 相補分布.

cómplementàry ĎŇÁ [名] [U] 〖遺〗 相補的 DNA 《略 cDNA》.

cómplementàry médicine [名] [U] 相補的医療, 補完医療[療法] 《従来の医療を補完するものとしての各種療法; alternative medicine とほぼ同義》.

com·ple·men·ta·tion /kὰmpləmentéɪʃən, -mən-/ [名] [U] 〖文法〗 補文化; 〖遺〗 相補(性).

‡**com·plete** /kəmplíːt/ [形] (more ～, most ～; **com·plet·er, -est**) ❶ [A] (比較なし) 《口》 **完全な**, まったくの: a ～ surprise まったくの驚き / a ～ victory 完勝 / a ～ stranger 赤の他人 / a ～ fool まったくのばか. ❷ **全部の**; 完璧(かんぺき)な: the ～ works of Shakespeare シェイクスピア全集 / this *more* ～ statement より完璧なこの陳述. ❸ [P] (比較なし) 〔…を〕完備して: a flat ～ *with* furniture 家具完備のアパート. ❹ [P] 完成して, まとまっていて: His work is ～. 彼の仕事はできあがっている. ★ [用法] complete は意味上比較変化をなしがたい形容詞であるが, 特に「完全さ」への程度を強調するために比較変化を用いることがある. ── [動] [他] ❶ 〈…を〉**完了する**, 終える, 仕上げる 《★進行形なし》: ～ an MA degree in two years 2 年で文学修士の学位を取得する. ❷ 〈…を〉完成させる, 完全なものにする, 完結する: ～ a questionnaire アンケートに(全部)記入する / I need one volume to ～ my set of Hardy. もう 1 冊手に入れれば私のハーディーの全集もそろうことになる. ～·**ness** [名] [U] 完全(であること). 〚L *complere* 完全にする, 一杯にする COM-＋*plere*, *plet*- 満たす (cf. accomplish; complement, implement; comply, supply[1]; deplete); [名] completion〛 【類義語】 (1) ⇨ full[1]. (2) ⇨ finish.

com·plét·ed /-ṭɪd/ [形] 完成された; 〈書類など〉記入済の.

‡**com·plete·ly** /kəmplíːtli/ [副] (比較なし) ❶ **完全に**, 完璧(かんぺき)に; まったく, 徹底的に: ～ different まったく異なる / be ～ destroyed 潰滅する[させられる] / I ～ forgot to thank her. 彼女にお礼を言うのをすっかり忘れてしまった. ❷ [否定文で] 完全に…しているわけではない: I do*n't* ～ agree with him. 私は彼にまったく賛成しているわけではない.

⁺**com·ple·tion** /kəmplíːʃən/ [名] [U] 完成, 完了; 修了, 卒業; 満了, 満期: bring…to ～ …を完成させる, 仕上げる / on ～ of…が完成すると / The development project is nearing [is near] ～. 開発計画は完成間近である.

com·plé·tist /-ṭɪst/ [名] 完全主義者. ── [形] 完全主義(者)の.

***com·plex** /kὰmpléks, kəmpléks | kɔ́mpleks, kəmpléksˊ/ [形] (more ～; most ～) ❶ **複合の**, いくつかの部分から成る, 合成の. ❷ **複雑な, 入り組んだ**: a ～ problem 複雑な問題 / The process has become highly ～. その工程[手順]は非常に複雑になった. ❸ (比較なし) 〖文法〗 **a** 〈文が〉複合の, 複文の: ⇨ complex sentence. **b** 〈語が〉合成の 《接辞などの結合でできた語にいう》. ── /kάmpleks | kɔ́m-/ [名] ❶ **a** 複合体, 合成物: a cultural ～ 文化複合体 / the military-industrial ～ 産軍複合体. **b** (建物などの)集合体; 工場団地, コンビナート: a housing ～ 団地 / a great industrial ～ 大工業団地, 大コンビナート. ❷ 〖精神分析〗 コンプレックス, 複合: ⇨ inferiority complex 1, superiority complex 1, Electra complex, Oedipus complex. ❸ 《口》 〔あることに関する〕固定観念, 過度の不安[恐怖, 嫌悪]; 《口》 ＝inferiority complex 2: He has a ～ *about* his height. 彼は身長のことでひけめを感じている. ～·**ly** [副] 〚L＝からみ合わせる ‹ COM-＋*plectere*, *plex*- 編む; [名] complexity〛

【類義語】 **complex** 複雑に関わり合う種々の部分·要素からなっていて, その理解や操作に相当の研究や知識を要する. **complicated** 各要素の関係が非常に複雑で理解·解決·説明が一層困難な. **intricate** 各部分が非常に入り組んでいて分析する, またはあとをたどることがほとんど不可能な. **involved** 事態·考えなどが複雑にからみ合った, またはもつれたような; しばしば混乱を暗示する.

cómplex fráction [名] 〖数〗 繁[複, 重]分数.

⁺**com·plex·ion** /kəmplékʃən/ [名] ❶ 顔色, 血色, 顔の色つや; 顔の肌: a ruddy [pallid] ～ 血色のよい[青白い]顔. ❷ [単数形で] (事態の)外観, 様相: That puts a different [another] ～ on the situation. それで状況は違った様相を呈する. 〚F ‹ L＝体質, 気質, (体液の)配合; ⇨ complex〛

com·pléx·ioned [形] [複合語で] (…の)顔色をした: fair-[dark-]*complexioned* 色白[黒]の顔をした.

***com·plex·i·ty** /kəmpléksəṭi/ [名] ❶ [U] **複雑さ**: the sheer ～ *of* the system その制度[システム]の非常な複雑さ / a problem of considerable ～ かなり複雑な問題. ❷ [C] [通例複数形で] 複雑なもの 〔*of*〕.

cómplex séntence [名] 〖文法〗 複文 《従節を含む文; cf. compound sentence》.

⁺**com·pli·ance** /kəmpláɪəns/ [名] [U] ❶ (要求·命令などへの)応諾, 服従, 追従: in ～ *with* the law 法に従って. ❷ 人の願いなどをすぐ受けいれること, 迎合性; 人のよさ, 親切. ([動] comply)

com·plí·an·cy /-ənsi/ [名] ＝compliance.

com·pli·ant /kəmpláɪənt/ [形] 人の言いなりになる, 従順な; 迎合的で: He's ～ *to* her every demand. 彼は彼女の要求にはことごとく応じる. ～·**ly** [副] 〚COMPLY＋-ANT〛 【類義語】 ⇨ obedient.

***com·pli·cate** /kάmpləkèɪt | kɔ́m-/ [動] [他] ❶ 〈事を〉**複雑にする**, 紛糾させる; わかりにくくする, 理解しにくくする: That ～*s* matters. そうなると事がめんどうに[ややこしく]なる. ❷ 〈既存の症状などに〉合併症を引き起こす; 〈病気などを〉悪化させる: His disease *was* ～*d* by pneumonia. 彼の病気は肺炎の併発によってさらに重くなった. 〚L＝折り重ねる ‹ COM-＋*plicare*, *plicat*- 折りたたむ; cf. duplicate〛 ([名] complication)

***com·pli·cat·ed** /kάmpləkèɪṭɪd | kɔ́m-/ [形] (more ～; most ～) ❶ 〈ものが〉**複雑な** (↔ simple): a ～ machine 複雑な機械 / become increasingly ～ ますます[次第に]複雑になる. ❷ 〈事が〉(ひどく)込み入った, わかりにくい: a ～ question 難問. ❸ 〈病気が〉合併[併発]の[した]; 合併症状を伴う. 【類義語】 ⇨ complex.

⁺**com·pli·ca·tion** /kὰmpləkéɪʃən | kɔ̀m-/ [名] ❶ **a** [C] (事態などを)複雑にするもの[事], やっかいな問題, 紛糾の種: A ～ has arisen. 困った問題が持ち上がった. **b** [U] 複雑(化); (事件の)紛糾(ふんきゅう), 混乱. ❷ [C] [通例複数形で] 〖医〗 合併症, 併発症: ～*s* of diabetes＝diabetic ～*s* 糖尿病の合併症.

com·plic·it /kəmplísɪt/ [形] 共謀して, 連坐して.

com·plic·i·ty /kəmplísəṭi/ [名] [U] 〔事件などの〕共謀, 共犯, 連座: ～ *in* a crime 共犯関係.

***com·pli·ment** /kάmpləmənt | kɔ́m-/ [名] ❶ **賛辞, ほめ言葉**; (社交上の)お世辞 〔*on*〕: pay a person a ～ 人をほめる, 人にお世辞を言う / fish for ～*s* ほめてもらうように仕向ける / I take that as a ～. それはおほめの言葉と受け取っておきます. ❷ (行為·言葉などによる)**敬意**; 光栄なこと: return the ～ 返礼する; (ほめられた後で)ほめ返す /

Your presence is a great ~. ご臨席は光栄の至りです / He paid me the ~ of consulting me about the affair. 彼は私に敬意を表してその事について意見を求めてきた. ❸ 〖複数形で〗(儀礼的な)あいさつ(の言葉); 祝辞: the ~s of the season (クリスマスや元旦の)時候のあいさつ / Give [Send, Present] my ~s to the chef. 料理長によろしくお伝えください / With the ~s of....=With ...'s ~s. ...と〖謹呈[贈呈]〗(「...」には人名・企業名・役職名などが入る; 贈呈本の表紙裏などに記す文句).
── /-mènt/ 動 ❶ a 〈人に/...のことで〉お世辞を言う, 敬意を表する, ほめる: My supervisor ~ed me on my work. 上司が仕事のことで私をほめてくれた (匡運 My supervisor ~ed my work. のように物事を目的語に取るのは正しくないとされるが, 実際には〖口〗を中心により使われる). b 〈もの・ことを〉たたえる, ほめる: They ~ed her ability. 彼らは彼女の才能をたたえた. ❷〖古〗(敬意を表して)〈人に〉敬意を贈呈する: ~ a person with an honorary degree 人に名誉学位を贈呈する.
〖F<It<L=完全にするもの; ⇒ complement〗 形 complimentary 〖類義語〗compliment 社交上の賛辞. flattery へつらいの気持ちからのおべっか.

+com·pli·men·ta·ry /ˌkɑmpləméntəri, -tri | ˌkɔm-ˈ-/ 形 ❶ 敬意を表する, 称賛の: a ~ address [speech] 祝辞 / He was ~ about my picture. 彼は私の絵を称賛してくれた. ❷ (好意または敬意を表しての)招待の, 無料の: a ~ copy 献本 / a ~ ticket 優待券, 招待券.
cómplimentary clóse /-klóuz/ [clós·ing /-klóuzɪŋ/] 名 (手紙の)結びの文句 (Sincerely yours など).
cómpliments [cómpliment] slíp 名 謹呈スリップ (贈呈物や贈物につける細長いカード).

com·plin, com·pline /kɑ́mplɪn | kɔ́m-/ 名 U 〖しばしば Complin(e)s〗〖カト〗聖務日課の終課 (1日の最後の祈り).

*com·ply /kəmpláɪ/ 動 自 〈要求·規則に〉応じる, 従う, 〈基準を〉満たす 〈~ with... は受身可〉: They complied with our demands. 彼らは我々の要求を受諾した. 〖F<L complere to COMPLETE〗 名 compliance, 形 compliant.

com·po /kɑ́mpou | kɔ́m-/ 名 《~s》 ❶ U.C 混合物, コンポ; (特に)しっくい. ❷ U 〖英〗(各種入った)数日分の食糧. 〖COMPO(SITION)〗

*com·po·nent /kəmpóunənt/ 名 ❶ (機械·ステレオなどの)構成部分, コンポ(ーネント); 構成要素, 成分 of: stereo ~s ステレオコンポ. ❷〖理·数〗ベクトルの成分. — 形 構成している, 成分の: ~ parts 構成分子[部分], 成分. 〖L (現在分詞) <componere 組み立てる < COM-+ponere, posit- 置く; cf. position〗〖類義語〗⇒ element.

com·po·nén·tial análysis /ˌkɑmpənénʃ(ə)l kɔ̀m-/ 名 U 〖言〗(語の意味の)成分分析 (たとえば man は 'male' 'mature' 'human' の成分で表す).

com·po·nent·ize /kəmpóunəntaɪz/ 動 他 (機械·システムなどを)コンポーネントに分割する.

cómpo rátions 名 ⇒ compo 2.

com·port¹ /kəmpɔ́ət | -pɔ́ːt/ 動 他 〖文〗 [~ oneself で〗 様態の副詞(句)を伴って〗 (...にふるまう: A judge should ~ himself authoritatively [with dignity]. 裁判官は厳然として[威厳のある態度で]ふるまわなければならない.
── 自 〖古〗 (...にふさわしい, 適合する 《with》. 〖F=耐える<L; ⇒ com-, portable〗

com·port² /kɑ́mpɔət | -pɔːt/ 名 たかつき形の容器 (compote).

com·pórt·ment /-mənt/ 名 U 〖文〗ふるまい, 態度.

*com·pose /kəmpóuz/ 動 他 ❶ 〈ものを〉構成する, 成り立たせる (make up) (★ 受身·進行形なし): The four volumes ~ a single book. その4冊で1巻の書物をなしている / Women ~ 45% of the workforce. 女性が労働力の45%を構成している. ❷ 〈曲を〉作曲する; 〈詩文を作る, 〈手紙などを〉書く; 〈絵を〉構図する: ~ an opera オペラを作る / ~ a song 歌を作曲する / ~ a poem 作詩する / ~ a shot 写真の構図を決める. ❸ 〈顔色·表情を〉やわらげる; 〈心·気持ちを〉静める; [~ oneself で] 気[心]を落ち着ける, 気を鎮める (★ 受身なし): He ~d himself to read. 彼

363 compound

は気を落ち着けて読書にとりかかった / Try to ~ your mind. 心を落ち着けるようにしなさい. ❹〖古〗〈争いなどを〉収拾[調停]する. ❺〖印〗〈活字を〉組む; 〈...を〉活字に組む.
── 自 作曲する. be composed of ...から成り立っている, 構成されている: Switzerland is ~ of twenty-three cantons. スイスは23州から成り立っている. 〖F<L componere 組み立てる; ⇒ component〗 名 composition; 3: composure)

com·posed 形 ❶ ⇒ be COMPOSED of 〖成句〗. ❷ 落ち着いた, 沈着な (calm): a ~ expression 落ち着きはらった顔つき. -pós·ed·ly /-zɪdli/ 副 落ち着いて, 冷静に, 平気で. -pós·ed·ness /-zɪdnəs/ 名 U 落ち着き, 冷静.

compósed sálad 名 《米》きれいに盛りつけられたサラダ.

*com·pos·er /kəmpóuzə | -zə/ 名 作曲家.

*com·pos·ite /kəmpɑ́zɪt | kɔ́mpə-/ 形 A 混成の, 合成の: a ~ photograph 合成写真. ❷ [C~] 〖建〗(古代ローマの)混合柱式の 《イオニア様式 (Ionic order) とコリント柱式 (Corinthian order) の折衷様式》. — 名 ❶ C 合成物, 複合物. ❷ C モンタージュ写真(の各部). ❸ U [C~] 〖建〗混合柱式. 〖L componere, composit- 組み立てる; ⇒ component〗

*com·po·si·tion /ˌkɑmpəzíʃən | ˌkɔm-/ 名 ❶ a U 構成, 構造, 組み立て, 組成 (makeup): the ~ of the committee その委員会の構成 / the changing racial and ethnic ~ of the US (population) 変化しつつある米国(人口)の人種·民族構成 / the ~ of the hydrogen atom 水素原子の構造 / be similar [different] in ~ 構成[構造]が似る[異なる]. b U 構成[形成, 組織]すること; 〖数〗(関数の)合成. c C 構成物; 合成物, 混合物. ❷ C (芸術)作品; (一編の)楽曲, 絵画; (一編の)文章, (特に課題としての)作文: a ~ for (the) violin バイオリンのための作品[コンポジション] / write a ~ 作文を書く. ❸ U 作曲; (芸術作品の)製作, 作曲[作画]法, 作曲[絵画, 作文, 作曲]法: He played a piano sonata of his own ~. 彼は自作のピアノソナタを演奏した / She's good at English ~. 彼女は英作文が上手だ. ❹ U 構図(写). ❺〖写真〗 of this painting is poor. この絵は構図がまずい. ❻〖文法〗(語の)合成, 複合. ❻ U 〖印〗植字, 組版. ❼ C 〖法〗調停, 和解; 示談金. ❽ U 〖古〗(人の)気質, 性質.
〖F<L〗 ⇒ compose)

com·pos·i·tor /kəmpɑ́zətə | -pɔ́zɪtə/ 名 〖印〗植字工.

com·pos men·tis /ˌkɑmpəsméntɪs, ˌkɔm-/ 形 〖ラ〗心身の健全な, 正気の (↔ non compos mentis). 〖L〗

*com·post /kɑ́mpoust | kɔ́mpɔst/ 名 U 堆肥(ﾋﾞ), コンポスト. — 動 ❶ 〈...から〉堆肥を作る. ❷ 〈土地に〉堆肥を施す.

cómpost hèap [pìle] 名 堆肥の山.

*com·po·sure /kəmpóuʒə | -ʒə/ 名 U 沈着, 平静: with ~ 落ち着いて / keep [lose] one's ~ 平静を保つ[失う] / recover [regain] one's ~ 落ち着きを取り戻す. (動 compose 3)

com·pote /kɑ́mpout | kɔ́m-/ 名 ❶ U コンポート (砂糖漬け[煮]の果物). ❷ C (コンポート·果物·菓子などを盛る)高脚付きの皿, コンポート.

*com·pound¹ /kɑ́mpaʊnd | kɔ́m-/ 名 C 〖化〗化合物 (chemical compound); C,U 混合物, 複合物, 合成物; (比喩) (人·物の)組み合わせ: form a ~ 〈複数のものが〉(結合して)化合物になる. ❷ = compound word.
── 形 (比較なし) ❶ A 合成の, 混成の, 複合の (↔ simple): a ~ leaf 〖植〗複葉 / a ~ document 〖電算〗複合文書 (テキスト, 画像, 音声など異なるアプリケーションで作成されたデータを, 元のアプリケーションとの連結を維持したまま, ひとつにまとめた文書), 〖文法〗a 〈文が〉重文の: ⇒ compound sentence. b 〈語が〉複合の: ⇒ compound word. ❸ 〖化〗化合した. ── 動 /kəmpáʊnd, ˌ-ˈ- | kəmpáund/ 他 ❶ よくなこと·問題の)度を増す, 〈面倒などを〉いっそうひどくする (★ しばしば受身): Our firm's financial difficulties were ~ed by the president's sudden death. 社長が突然死んだのでわが社の財政困難はいっそうひどくなった. ❷ 〈利子を〉複利にする, 複利で計

算する. ❸ 〔…から〕混ぜてくものを〕作る《★通例受身》: What chemicals is this plastic ~ed of? このプラスチック製品はどんな化学薬品から作られているのか. ❹《要素・成分を混ぜ合わせる》〈薬〉を調合する《★しばしば受身》: ~ a medicine 薬を調合する. ❺《法》〈負債・争いなどを〉和解する, 示談にする;〈犯罪を〉金銭などと引き換えに起訴[告発]しない, 私和する.〖F＜L componere 組み立てる; ⇒ component〗

com·pound² /kámpaʊnd | kɔ́m-/ 图 囲いをめぐらせた敷地, 囲い地《工場, 大邸宅, 収容所, 軍事施設などのある広い敷地》.〖Port or Du＜Malay＝村〗

cómpound éye 图《動》《節足動物の》複眼.

cómpound flówer 图《植》《キク科植物などの》集合花, 頭状花.

cómpound fráction 图 ＝complex fraction.

cómpound frácture 图《医》開放骨折《皮膚などの損傷を伴う》.

cómpound ínterest 图 Ⓤ 複利.

cómpound ínterval 图《楽》複(合)音程.

cómpound léaf 图《植》複葉.

cómpound pérsonal prónoun 图《文法》複合人称代名詞《人称代名詞の後に-self のついたもの》.

cómpound séntence 图《文法》重文《節を and, but などの等位接続詞でつないだ文; cf. complex sentence》.

cómpound tíme 图 Ⓤ《楽》複合拍子.

cómpound wórd 图 複合語, 合成語《schoolgirl, nobleman のように 2 語が結合して 1 語になったもの》.

com·pra·dor(e) /kàmprədɔ́ː | -dɔ́ə/ 图 買弁(窆)《中国にある外国商館・領事館などに雇われ売買仲介をした中国人》.

⁺**com·pre·hend** /kàmprəhénd | kɔ̀m-/ 動 ❶《通例否定文で》〈…を〉理解する《★進行形なし》: I cannot ~ this phrase. 私はこの句を理解できない. ❷〈…を〉含む: Science ~s many disciplines. 科学には多くの分野がある.〖L＝理解する, 含む, 一緒につかむ〈COM-＋prehendere, prehens- つかむ; cf. prison〗图 comprehension, 形 comprehensive【類義語】(1) ⇒ understand. (2) ⇒ include.

com·pre·hen·si·bil·i·ty /kàmprəhènsəbíləti | kɔ̀m-/ 图 Ⓤ ❶ 理解できること, わかりやすさ. ❷ 包含性.

com·pre·hen·si·ble /kàmprəhénsəbl | kɔ̀m-⁻/ 形 ❶ 理解できる, わかりよい. ❷《古》包含しうる. **-bly** /-sə-bli/ 副

⁺**com·pre·hen·sion** /kàmprəhénʃən | kɔ̀m-/ 图 Ⓤ ❶ 理解, 会得; 理解力; 包容力: listening [reading] ~ 聞いて[読んで]理解する力[こと] / The problem is above [beyond] my ~. その問題は私には理解できない. ❷ 包含, 含蓄. (動 comprehend)

⁺**com·pre·hen·sive** /kàmprəhénsɪv | kɔ̀m-⁻/ 形 ❶ 包括的な, 広い: ~ insurance 総合保険 / ~ measures 包括的対策 / ~ knowledge of medicine 幅広い医学知識 / a ~ survey 広範囲の調査. ❷〈勝敗が〉圧倒的な, 完全な, 大差の. ❸《古》理解の[に関する]. — 图 ＝ comprehensive school. **~·ly** 副 包括的に. ❷ 理解力を示して. **~·ness** 图 (動 comprehend)

comprehénsive schòol 图《英》総合中等学校《同一地域のすべての生徒を入学させる中等学校》.

⁺**com·press** /kəmprés/ 動 ❶《…を〉圧縮する, 押し縮める; 押しつめて小さくする: ~ one's lips 唇をかたく結ぶ / ~ cotton *into* bales 綿を圧縮して梱(ﾞ)にする. ❷《思想・言語などを》要約する. ❸《電算》《データを》圧縮する《データの冗長さを減らしてファイルを小さくする》. — /kámpres | kɔ́m-/ 图《医》《止血のための》圧迫包帯; 湿布: a cold [hot] ~ 冷[温]湿布.〖F＜L COM-＋*premere*, *press*- 押す; cf. press〗(图 compression).

com·préssed 形 圧縮した, 圧搾した: a bottle of ~ nitrogen 圧搾窒素のびん.

compréssed áir 图 Ⓤ 圧搾[圧縮]空気.

com·press·i·bil·i·ty /kəmprèsəbíləti/ 图 Ⓤ 圧縮性[率].

com·press·i·ble /kəmprésəbl/ 形 圧縮できる, 圧縮性の. **-bly** /-səbli/ 副

com·pres·sion /kəmpréʃən/ 图 Ⓤ ❶ 圧縮, 圧搾. ❷《思想・言語などの》要約. ❸《電算》《データの》圧縮.

compréssion rátio 图《機》圧縮比《シリンダー内に吸入されたガスの容積と圧縮されたガスの容積との比》.

com·pres·sive /kəmprésɪv/ 形 圧縮力のある, 圧縮の. **~·ly** 副

compréssive stréngth 图《理》耐圧強度, 圧縮強さ.

com·prés·sor /-sə | -sə/ 图 ❶ a 圧縮[圧搾]機, 圧搾ポンプ; 送風機 b 圧縮する人. ❷《医》《血管などの》圧迫器, コンプレッサー.

⁺**com·prise** /kəmpráɪz/ 動 ❶《全体が》《部分から》成る; 〈…〉を含む: The United States ~s fifty states. 合衆国は 50 州から成る. ❷《全体を》構成する: People of 65 and over ~ 15% of the population. 65 歳以上の人が人口の 15% を構成する. **be comprised of** …から成る, 構成される: The committee *is* ~*d of* eight members. 委員会は 8 人から成る.〖F *comprendre*, *compris* 含む, 理解する〈L; ⇒ comprehend〗【類義語】⇒ include.

⁺**com·pro·mise** /kámprəmàɪz | kɔ́m-/ 图 ❶ a Ⓒ,Ⓤ 妥協, 歩み寄り; 和解: by ~ 妥協によって / make ~s (with …) (…と) 妥協する / reach [come to] a ~ (with …) (…と) 妥協するに至る / a ~ *between* two parties 二当事者[二党]間の妥協. b Ⓤ 譲歩. ❷ Ⓒ 折衷(ﾞ)案; 折衷[中間]物: a ~ *between* opposite opinions 対立する意見の折衷案 / a ~ *between* East and West 東洋と西洋の折衷, 和洋折衷. — 動 ❶ 〈人と〉…のことで〕妥協する, 歩み寄る, 和解する; 譲歩する, 折れる: We ~*d with* them **on** the matter. その件で彼らと妥協した / We will not ~ **on** food safety. 食品の安全性については譲らない. — 他 ❶ ❹《主義・信条などを》曲げる, 犠牲にする, 〈…に〉反する;〈名声・立場などを〉そこなう, だめにする: ~ one's principles 主義を曲げる. b [~ *oneself* で]《愚行などにより》自分の体面を危うくする, 信用を落とす. ❷《安全性・独立・機会などを〉危険にさらす, 危うくする: ~ safety 安全性を犠牲にする / ~ the security of … の安全性をそこなう / ~ privacy プライバシーを危険にさらす, 個人情報を流出させる危険性がある. ❸《古》《紛争を》妥協によって解決する, 示談にする.〖F＜L ＝合意, 和解, 協定; ⇒ com, promise〗

⁺**cóm·pro·mìs·ing** 形 《情報・状況などの人の名誉[評判]を傷つけるような, 疑いを招くような: be in a ~ situation 疑われてもしようがない状況に陥っている / a ~ photo (評判を落とすことになる)困った写真.

compte ren·du /kɔ́ːntra:ndú/ 图《仏》**comptes rendus** /~/)《調査などの》報告(書).

cómp tìme 图 Ⓤ 代休.

Cómp·ton effèct /kám(p)tən- | kɔ́m(p)-/ 图 Ⓤ《理》コンプトン効果《X 線, γ 線領域の電磁波放射が散乱されたとき波長が長くなること》.

⁺**comp·trol·ler** /kəntróʊlə | -lə/ 图《会計・銀行の》検査官, 監査官: the C~ General《米》会計検査院長.

⁺**com·pul·sion** /kəmpʌ́lʃən/ 图 ❶ Ⓒ《抑えがたい》強い欲望, 衝動: feel a strange [sudden] ~ *to do* … したいという不思議な[急な]衝動を感じる, 不思議と[急に]…せずにいられなる. ❷ Ⓤ 強制: by ~ 強制的に / under [on, upon] ~ 強制されて. (動 compel)

⁺**com·pul·sive** /kəmpʌ́lsɪv/ 形 ❶ 強迫観念にとらわれた(ような), 何かにとりつかれたような: a ~ eater《何かを食べずにはいられない人. ❷《小説・テレビ番組など》人の心をとらえる, 非常におもしろい, 読まずに[見ずに]いられない. ❸ 強制的な, いやおうなしの. **~·ly** 副 やむにやまれず; いやおうなしに.

⁺**com·pul·so·ry** /kəmpʌ́ls(ə)ri/ 形《比較なし》❶《法・命令によって》強制する, 強制的な: ~ execution 強制執行 / ~ measures [means] 強制手段. ❷ 義務的な; 必修の: ~ education 義務教育 / ~ (military) service 義務兵役, 徴兵 / a ~ subject《英》必修科目. — 图《体操などでの》規定演技, コンパルソリー. **com·púl·so·ri·ly** /-s(ə)rəli/ 副 強制的に, 義務的に.〖L; ⇒ compel〗

compúlsory púrchase 图 Ⓤ《土地などの》強制収用.

com·punc·tion /kəmpʌ́n(k)ʃən/ 名 ⓤ [通例否定で] 良心のかしゃく, 悔恨: *without* (the slightest) ~ (まったく)平気で, (少しも)悪いと思わずに.

com·punc·tious /kəmpʌ́n(k)ʃəs/ 形 悔恨の, 後悔の, 気がとがめる. **~·ly** 副

com·pur·ga·tion /kàmpə(ː)géɪʃən, -pəː-/ 名 ⓤ 《古英法》(被告の無罪・誠実などに対する友人や隣人などの)免責宣誓. **cóm·pur·gà·tor** 名 免責宣誓者.

com·pu·ta·ble /kəmpjúːtəbl/ 形 計算[算定]できる.

com·pu·ta·tion /kàmpjutéɪʃən | kɔ̀m-/ 名 ❶ ⓒⓤ 計算; 評価. ❷ ⓒ 計算結果, 算定数値. ❸ ⓤ コンピューターの使用. (動 compute)

com·pu·ta·tion·al /-ʃ(ə)nəl⁻/ 形 コンピューターを利用する[した]; コンピューターの[に関する]; 計算の[に関する].

computátional linguístics 名 ⓤ コンピューター[計算(機)]言語学.

com·pute /kəmpjúːt/ 動 ⓣ 〈通例受身〉〈数・量を〉計算[算定]する, 見積もる ⟨…⟩: We ~*d* the distance *at* 300 miles. 距離を300マイルと見積もった. — ⓘ [通例否定文で] 《米口》〈言説が〉意味をなす; 筋が通る, 納得がいく: It *doesn't* ~. それは筋が通らない. 《F<L *computare* 数え上げる, 計算する <COM-+*putare* 計算する, 考える; cf. count¹, putative》【類義語】⇒ count¹.

*com·put·er** /kəmpjúːṭɚ | -tə/ 名 ⓒ コンピューター, 電子計算機: **by** ~ コンピューターによって (★ 無冠詞) / start (up) [restart, shut down] a ~ コンピューターを起動する[再起動する, の電源を切る] / The information is stored on ~. その情報はコンピューターに蓄積[記憶]されている. 《【↑】》

compúter áge 名 [通例 the ~] コンピューター時代.

compúter animátion 名 ⓒⓤ コンピューターアニメーション《コンピューターを利用したアニメーション(制作)》.

com·put·er·ate /kəmpjúːṭərət/ 形 コンピューターに習熟[精通]した, コンピューターがわかる. **com·put·er·a·cy** /kəmpjúːṭ(ə)rəsi/ 名 《*computer*+*literate*》

compúter dáting 名 ⓤ コンピューターによる縁結び.

+**compúter gàme** 名 コンピューターゲーム.

compúter gráphics 名 ⓒ コンピューターグラフィックス《コンピューターによる図形処理》.

com·put·er·ist /-ṭərɪst/ 名 ⓒ コンピューターの仕事をする人; コンピューター熱中者.

*com·pu·ter·ize** /kəmpjúːṭəràɪz/ 動 ⓣ ❶ 〈作業などを〉コンピューター化する. ❷ 〈情報を〉コンピューターで処理できる形式にする, 電子化する. — ⓘ コンピューターを導入する[使用する]. **com·put·er·i·za·tion** /kəmpjùːṭərɪzéɪʃən | -ṭəraɪz-/ 名 《COMPUTER+-IZE》

+**com·pút·er·ized** 形 ❶ コンピューター化[電算化]された. ❷ 情報などコンピューターに蓄積された.

compúter lànguage 名 ⓒⓤ コンピューター言語.

compúter líteracy 名 ⓤ コンピューターに習熟していること.

compúter-líterate 形 コンピューターに習熟した[有能な].

compúter módeling 名 ⓤ コンピューターによるモデル化[構築].

compúter prógram 名 ⓒ コンピュータープログラム.

compúter prógrammer 名 ⓒ (コンピューター)プログラマー.

compúter scíence 名 ⓤ コンピューターサイエンス, 計算機科学《コンピューターの原理・使用などを扱う科学》.

compúter vírus 名 ⓒ コンピューターウイルス.

*com·put·ing** /kəmpjúːṭɪŋ/ 名 ⓤ コンピューターの使用[操作].

+**com·rade** /kámræd, -rɪd | kɔ́mreɪd, -rəd/ 名 ❶ 僚友, 仲間. ❷ (共産[社会]主義者の)同志, 組合員 (★ 呼び掛けにも用いる). 《F<Sp=同室の仲間》【類義語】⇒ companion¹.

cómrade-in-árms 名 ⓒ (欄 **comrades-in-arms**) 戦友.

cóm·rade·shìp 名 ⓤ 仲間[同志]であること; 僚友関係, 友愛, 友情: a sense of ~ 仲間意識.

coms /kámz | kɔ́mz/ 名 《英口》 =combination 4.

Com·sat /kámsæt | kɔ́m-/ 名 コムサット《米国の衛星通信サービス会社 *C*ommunications *Sat*ellite Corporation の略称》.

Comte /kóːnt | kɔ́nt/, **(Isidore-)Auguste(-Marie-François-Xa·vi·er** /zàːviéə | -éə/) 名 コント 《1798–1857; フランスの数学者・実証主義哲学者》.

Co·mus /kóʊməs/ 名 《ギ・ロ神》 コーモス 《酒宴・歓楽をつかさどる若い神; たいまつを持ち翼のある酔っぱらった青年として表わされる》.

*con¹** /kán | kɔ́n/ 動 ⓒ (**conned; con·ning**) 〈人をだまして, ペテンにかける; 〈人を〉だまして⟨…⟩させる; だまして〈人から〉〈ものを〉巻き[取り]上げる: He con*ned* me *into* buying this watch. 彼は私をだましてこの時計を買わせた / She was con*ned out of* all her savings. 彼女は甘言に乗せられて貯金を全部巻き上げられた. **cón one's wáy ínto...** 身分をいつわって[人をだまして]…に入り込む. — 名 ペテン, 詐欺; 信用[取り込み]詐欺. — 形 ⓐ 信用[取り込み]詐欺の: a ~ artist ペテン師, 詐欺師 / ⇒ con man. 《CON(FIDENCE)》

con² /kán | kɔ́n/ 副 反対して: pro and ~ ⇒ pro². — 名 [通例複数形で] 反対, 反対論(者), 反対投票(者): the pros and ~s ⇒ pro². 《L *contra* 「…に反対して」の略》

con³ /kán | kɔ́n/ 動 ⓣ (**conned; con·ning**) 《古》〈…を〉(繰り返し)勉強する[読む, 調べる]; 暗記する ⟨*over*⟩: ~ by rote 棒暗記する. 《CAN¹ の異形》

con⁴ /kán | kɔ́n/ 名 ⓒ 《俗》=convict.

con⁵ /kán | kɔ́n/ 動 ⓣ (**conned; con·ning**) 《海・空》=conn.

con- /kan, kən | kɔn, kən/ 接頭 =com-.

Co·na·kry /kánəkri | kɔ̀nəkríː/ 名 コナクリ《ギニアの首都》.

con amo·re /kànəmɔ́ːri, -reɪ | kɔ̀n-/ 副 《楽》 愛情こめて, 優しく, コン・アモーレ. 《It=with love》

co·na·tion /koʊnéɪʃən/ 名 ⓤ 《心》 動能, コネーション. **~·al** 形

co·na·tive /kóʊnəṭɪv/ 形 ❶ 《心》 動能の. ❷ 《文法》 動能的, 努力[意欲]の動詞など. **~·ly** 副

con brí·o /kanbríːoʊ | kɔn-/ 副 《楽》 元気に. 《It》

con·cat·e·nate /kankǽṭənèɪt | kan-/ 動 ⓣ ❶ 鎖状につなぐ. ❷ 《電算》〈文字列などを〉連結する.

con·cat·e·na·tion /kankæṭənéɪʃən | kan-/ 名 ❶ ⓤ 連結(すること), 連鎖. ❷ ⓒ 〈事件などの〉つらなり, 連続: a ~ *of* accidents 事故の連続.

con·cave /kànkéɪv | kɔn-/ 形 凹(ᅙᅡ)面(形)の, 中くぼの, くぼんだ (↔ convex): a ~ lens [mirror] 凹レンズ[凹面鏡].

con·cav·i·ty /kankǽvəṭi | kɔn-/ 名 ❶ ⓤ くぼんでいること[状態]. ❷ ⓒ 凹(ᅙᅡ)面, くぼみ, 凹所, 陥没部.

con·cà·vo-con·cáve /kankèɪvoʊ- | kɔ̀n-⁻/ 形 = biconcave.

con·cà·vo-con·véx 凹凸(ᅙᅠᅮᅳᅳ)の《一面が凹で他面が凸の》.

*con·ceal** /kənsíːl/ 動 ⓣ ❶ 〈ものなどを〉隠す, 見えないようにする: ~ a gun 銃を隠す / a ~*ed* place 隠れた[人目につかない]場所. ❷ 〈ことを〉秘密にする (↔ reveal): ~ one's emotions 感情を隠す / I ~ nothing *from* you. 君には何も秘密にしない(どんなことでも打ち明ける). 《F<L》 名 concealment 【類義語】⇒ hide¹.

con·céal·ment /-mənt/ 名 ⓤ ❶ 〈秘密〉にすること, 隠蔽(ᅙᅡ), 隠匿(ᅙᅧ), 潜伏: be [remain] in ~ 隠れている / ~ of facts from the public 事実を世に対して隠すこと.

*con·cede** /kənsíːd/ 動 ⓣ ❶ 〈…を〉 〈しぶしぶ〉事実 [妥当]と認める; 〈競技・選挙などの〉 落選[敗北]を認める: ~ defeat 敗北を認める / [+*that*] Everyone ~s *that* lying is wrong. うそをつくことはだれも悪いとするところだ / ~ an election 選挙の敗北を認める. ❷ 〈権利・特権などを〉(しぶしぶ)与える: ~ the independence of a nation 国の独立を許す[与える] / Many privileges have been ~*d to* foreign residents. 外国人居住者には多くの特権が与えられている / [+目+目] He ~*d* us the right to walk through his garden. 彼は私たちに庭園を通る権利を認め

con·ced·ed·ly /-dɪd-/ 副 明白に.

con·ceit /kənsíːt/ 名 ❶ Ⓤ 自負心, うぬぼれ (↔ humility); 独断, 私見: be full of ~ うぬぼれが強い / She is wise in her own ~. 彼女は自分では利口なつもりでいる. ❷ Ⓒ 奇抜な着想, 奇想; (詩文などにおける)奇抜な隠喩.《もと「思考」の意; deceive → deceit の類推で conceive から造られた》⇨ pride.

con·céit·ed /-tɪd/ 形 うぬぼれの強い, 思いあがった; 気取った. **~·ly** うぬぼれて, 思いあがって. **~·ness**

con·ceiv·a·ble /kənsíːvəbl/ 形 考えられる, 想像できる: It's hardly ~ that he will fail. 彼が失敗することはまず考えられない / by every ~ means 考えられるあらゆる手段で / Under the circumstances it's the best ~. 現状ではそれ以上のものは思い及ばない. 《CONCEIVE+-ABLE》

con·ceiv·a·bly /-vəbli/ 副 考えられるところでは, 想像では, あるいは, たぶん, おそらく: C~, he's telling the truth for once. ひょっとすると彼も今度だけは本当のことを言っているのかもしれない.

*__con·ceive__ /kənsíːv/ 動 ⓔ ❶ **a** 〈計画・作品などを〉思いつく, 考え出す, 考案[構想]する (★ しばしば受身): The plan [robot] was brilliantly [poorly] ~d. その計画[ロボット]は構想が見事[不十分]だった. **b** 〈感情を〉抱く. ❷ 〈...と〉考える, 思う, 理解する; 〈...だと〉想像する: [+目+as 補] The ancients ~d the earth as flat. 昔の人は地球は平らだと考えた [+wh.] I cannot ~ how he could have made this mistake. 彼がどうしてこんな間違いをしてかのか考えられない. ❸ 〈子を〉妊娠する, みごもる (★ 通例受身).
—— ⓘ (~ of...) **a** [通例否定文で] 〈...を〉想像する, 考える (★ ~ of は受身可): I cannot ~ of his killing himself. 彼が自殺するなんて考えられない. **b** [通例作品などを思いつく, [~ of X as Y] 〈X を Y だと〉思う: People used to ~ of disease as a punishment for sin. 人々は昔病気は(犯した)罪に対する罰であると考えてきた. ❸ 妊娠する, みごもる. 《F <L concipere < CON-+capere つかまえる; cf. capture》（名 conception）

con·cel·e·brant /kən-/ 名 〈ミサ・聖餐の〉共同執行[挙式]者.

con·cel·e·brate /kən-/ 動 ⓔ 〈ミサ・聖餐を〉共同執行する. —— ⓘ ミサ[聖餐]を共同執行する. **con·cel·e·bra·tion** /kən-/ 名 Ⓤ 共同執行[挙式].

con·cen·ter /kənséntə | -tə/ 動 ⓔ 一点に集まる[集める], 集中する[させる].

*__con·cen·trate__ /káns(ə)ntreɪt, -sen- | kɔ́n-/ 動 ⓔ ❶ 〈努力などを〉集中する: C~ your effort on the task in front of you. 目の前のことに全力を注ぎなさい. ❷ 〈ものなどを〉...に集める〈at, in, on〉: ~ troops at one place 軍隊を一か所に集める. ❸ 〈液体を〉濃縮する.
——ⓘ ❶ 〔...に〕心を集中する, 全力を注ぐ, 専念する: ~ on a problem 専心して問題にとりかかる / He ~d on his new job [driving the car]. 彼は新しい仕事に専念[車の運転に神経を集中]した. ❷ 〔...に〕集まる, 集中する〈at, in, on〉: The population is rapidly concentrating in urban areas. 人口が都市部に急速に集中している. cóncentrate the [a person's] mínd 〈状況などが〉人に真剣に物事を考えさせる, 人を集中させる.
—— 名 ⒰Ⓒ 濃縮物[液]; 濃縮液[ジュース].《CON-+L centrum CENTER+-ATE²》（名 concentration）

*__cón·cen·trat·ed__ /-tɪd/ 形 ❶ Ⓐ 集中した: ~ fire 集中砲火 / with a ~ effort 一心に努力して. ❷ 濃縮した, 濃厚な: ~ juice 濃縮果汁.

*__con·cen·tra·tion__ /kàns(ə)ntréɪʃən, -sen- | kɔ̀n-/ 名 ❶ Ⓤ 〈仕事などへの〉集中, 集中力, 専念: powers of ~ 集中力 / lose one's ~ 集中力をなくす / Too much on one aspect of a problem is dangerous. 問題の一面に注意力を集中しすぎることは危険だ. ❷ ⒰Ⓒ 集結: (a) ~ of armaments 軍集の集結. ❸ ⒰Ⓒ (液体の)濃度; Ⓤ 濃縮. （動 concentrate）

*__concentrátion càmp__ 名 〈ナチなどの政治犯・捕虜〉強制収容所.

con·cen·tra·tor /-tə̀ | -tə̀/ 名 集中させるもの[装置]; (液体の)濃縮器[装置].

con·cen·tric /kənséntrɪk/ 形 〖数〗同一中心の, 同心の〈with〉(↔ eccentric): ~ circles 同心円. **con·cén·tri·cal·ly** /-kəli/

*__con·cept__ /kánsept | kɔ́n-/ 名 概念, 観念, 考え; 構想, 発想, コンセプト: have no ~ of religion 宗教という概念がない / launch a new ~ 新しい構想を打ち出す. 《L cipere, concept-; ⇨ conceive》【類義語】⇨ idea.

cóncept álbum 名 コンセプトアルバム《ひとつのコンセプトが全体に貫かれている CD[レコード]アルバム》.

*__con·cep·tion__ /kənsépʃən/ 名 ❶ Ⓤ,Ⓒ 概念, 考え: They should have a clear ~ of their duties as citizens. 彼らは市民としての義務をはっきりわきまえておくべきである / I have no ~ of what it's like. それがどんなものか全然わからない. ❷ Ⓤ 概念作用[形成]; 構想, 着想, 創案, 考案. ❸ Ⓤ,Ⓒ 妊娠, 受胎. 《F<L; ⇨ concept》【類義語】⇨ idea.

con·cep·tu·al /kənséptʃuəl/ 形 概念の. **~·ly** 副

concéptual árt 名 Ⓤ 概念芸術, コンセプチュアルアート《芸術家の製作中の理念・過程を重視する》.

con·cép·tu·al·ism /-lìzm/ 名 Ⓤ 〖哲〗概念論.

con·cép·tu·al·ist /-lɪst/ 名 概念論者.

con·cep·tu·al·ize /kənséptʃuəlàɪz/ 動 概念化する. **con·cep·tu·al·i·za·tion** /kənsèptʃuəlɪzéɪʃən | -laɪz-/ 名 Ⓤ 概念化.

con·cep·tus /kənséptəs/ 名 胎児産物.

*__con·cern__ /kənsə́ːn | -sə́ːn/ 名 ❶ Ⓤ,Ⓒ 心配, 懸念, 関心, 気づかい, 配慮: a matter of ~ 関心事 / out of ~ for... …に対する心配から, ...を心配して / public ~(s) about [over] food safety 食品の安全性に対する人々の不安[心配] / express [voice] ~ about... …について懸念を表わす / She has (a) deep ~ for her husband's safety. 彼女は夫の無事を切に願っている. ❷ Ⓒ 関心事, (...に)かかわること, 重要なこと; 責任[義務]のあること: Our chief ~ at the moment is the weather. さしあたって一番の関心事は天候だ / What he does is no ~ of mine [not my ~, none of my ~]. 彼が何をしようと私の知ったことではない. ❸ Ⓤ [通例 of ~ で] 重要性: a matter of utmost [no] ~ (to me) (私にとって)きわめて重要な[少しも重要でない]事柄. ❹ 事業; 会社: ⇨ going concern / a paying ~ 引き合う商売. ❺ [複数形で] (漠然と)こと, 事柄, 問題: political ~s 政治上の問題 / everyday ~s 日常の問題.
—— 動 ⓔ ❶ 〈ことが...に〉関係している, 関係がある; 〈...にかかわる, 重要である, 〈...の〉利害に関係する (★ 受身・進行形なし): The story ~s an invasion by aliens (from outer space). その物語は宇宙人による侵略の話だ / That doesn't ~ me. それは私に関係ないことだ [私の知ったことではない]. ❷ 〈人に〉心配させる: Don't let my sickness ~ you. どうか私の病気のことでご心配くださらないように. **as concérns**... [前置詞的に] …に関しては. **concérn onesélf** (1) 〔...に〕かかわる, 関係する〈with, in〉: I will not ~ myself with his affairs. 彼の事にかかわるはよそう. (2) 〔...について〕心配する: You must not ~ yourself about me. 私のことで心配なさらないでください. **To whóm it may concérn.** 関係当事者殿 (★ 証明書などの一般的なあて名に用いる). 《F<L=関係する, 熟考する; (ふるいにかけるに)混ぜる<CON-+cernere ふるいにかける, 区別する; cf. certain》【類義語】⇨ care.

*__con·cerned__ /kənsə́ːnd | -sə́ːnd/ 形 ❶ 心配している, 心配そうな: with a ~ air [look] 心配そうな様子[顔つき]で / He's very (much) ~ about the future of the country [over her health]. 彼は国の将来を[彼女の健康状態を]案じている / We were ~ for him [his safety]. 我々は彼の安否を心配していた / [+that] We are very much ~ that they may not hire him. 彼らが彼を雇わないのではないかとたいへん心配している. ❷ Ⓟ [または

名詞の後で] 関係している, 関心を持って: all ~ 関係者全員, 関係各位 / He's ~ *with* the real estate business. 彼は不動産業に関係している / Many companies were ~ *in* the scandal. 多くの会社が汚職事件にかかわっていた / Modern history is ~ *with* the future as well as *with* the past. 近代史は過去ばかりでなく未来をも扱う 〔*+to do*〕He's ~ *to* finish his work. 彼は自分の仕事を終えたいと思っている. **so [as] fàr as ... be concérned** (1) …に言わせれば: *As far as* I'm ~, it doesn't matter what happens to him. 私としては彼に何が起ころうがかまわない. (2) …に関係するかぎり. **where ... be concérned** …のことに関するかぎり, …ということになれば: He's really an incurable fool *where* women are ~. 女のことになると彼はまったくどうしようもないばか者だ. **con·cérn·ed·ly** /-nɪdli/ 副 心配して.

*__con·cern·ing__ /kənsə́ːnɪŋ | -sə́ː-/ 前 …に関して(は): C~ his financial standing, I know nothing. 彼のふところ具合については私は全然知りません.

__con·cérn·ment__ /-mənt/ 名 ❶ U《文》重要(性), 重大. ❷ 心配, 憂慮. ❸ 関係, 関心事.

*__con·cert__ /kάnsət | kɔ́nsət/ 名 ❶ C 音楽会, 演奏会, コンサート. ❷ U 一致, 調和. ❸ 〖法〗共謀(行為). **in cóncert** (1) 声を合わせて, 一斉に. (2) 〔…と〕提携[協力]して, 一致して〔*with*〕: The three firms developed the jet engine *in* ~. 3 社が提携してそのジェットエンジンを開発した. ── 形 コンサート用の; コンサートを開催[放送]できる]: a ~ hall コンサートホール. ── /kənsə́ːt | -sə́ːt/ 動 徼《…を協議して調整する[取り決める]. 〖F or It < *concertare* 音を合わせる, 調和させる〗

__con·cer·tan·te__ /kὰnsətάːnti, -teɪ | kɔ̀ntʃətάːn-/ 形 〖楽〗協奏曲形式の, ソロ楽器奏者に高度の技巧を発揮させる 〖楽章〗.

+__con·cért·ed__ /-tɪd/ 形 ❶ 協調した, 一致した, 足並をそろえた; 協調して計画された, 申し合わせた: take ~ action 一致した行動をとる / They all made a ~ effort to improve the situation. 全員が力を合わせて事態の改善にあたった. ❷ 〖楽〗合唱[合奏]用に編曲された. ❸ 〈努力など〉非常な, 力の限りの.

__cóncert·gòer__ 名 音楽会によく行く人.

__cóncert gránd__ 名 (演奏会用)大型グランドピアノ (cf. baby grand).

__con·cer·ti__ 名 concerto の複数形.

__con·cer·ti·na__ /kὰnsətíːnə | kɔ̀nsə-/ 名 コンチェルティーナ《六角形のアコーディオンに似た楽器; 蛇腹(髭)式になっている》. ── 動 A《英》コンチェルティーナ(のような). ── 動 金 コンチェルティーナのように折りたためる[ぺちゃんこになる].

__concertína wìre__ 名 U 蛇腹型鉄条網.

__con·cer·ti·no__ /kɑ̀ntʃətíːnoʊ | kɔ̀ntʃə-/ 名 〖楽〗 (徼 ~s, -ti·ni /-tíː/ni/) 小協奏曲, コンチェルティーノ (cf. concerto); 合奏協奏曲の独奏楽器(群).

__cóncert·màster__ 名 《米》 〖楽〗 (オーケストラの)コンサートマスター (《英》 leader) 《主席バイオリン奏者》.

+__con·cer·to__ /kəntʃéətoʊ | -tʃéə-/ 名 (徼 ~s, -ti /-tiː/) 〖楽〗コンチェルト, 協奏曲 (cf. concertino). 〖It; ⇒ con-cert〗

__concérto gròs·so__ /-gróʊsoʊ | -grɔ́s-/ 名 (徼 ~s, concerti gros·si /-siː/) 合奏協奏曲.

__cóncert óverture__ 名 演奏会用序曲.

__cóncert pàrty__ 名 ❶ コンサートパーティー《軽妙な出し物・歌・舞踊などを見せる, 英国の避暑地などの演芸会》. ❷ 《英証券》《標的会社にさとられないように数人で示し合わせて株式を買い集める》隠密株式買い占め団, 会社乗っ取りダミー連合.

__cóncert perfórmance__ 名 演奏会形式による上演《オペラなどにいう》.

__cóncert pìtch__ 名 U 〖楽〗 演奏会用標準音.

__at cóncert pítch__ 〔…に対して〕非常に高ぶった[張り切った]状態で; 準備万端ととのって: The new musical is *at* ~ *for* its opening on Saturday. その新しいミュージカルは土曜日の開演を控えて用意万端ととのっている.

*__con·ces·sion__ /kənséʃən/ 名 ❶ a CU 譲歩; 容認, 認可: make a ~ *to*…に譲歩する / obtain [win] major ~s

---

on…に関して大きな譲歩を得る. **b** U (選挙などで)負けを認めること: a ~ speech 敗北宣言[演説]. ❷ **a** CU (政府などからの)免許, 特許; (採掘権・使用権などの)許与, 特権, 《米》(売店などの)土地使用権, 営業権, 販売権; 《米》場外売り場, 売店(など): a water ~ 水利権, 用水権 / an ice cream ~ アイスクリーム売店. **b** (徼形で] 売店の商品. ❸ C (税率などの)減免(措置), 減免率; 《英》特別割引: tariff ~s 関税優遇措置. 〖F < L〗〚動 concede〛

__con·ces·sion·aire__ /kənsèʃənéə | -néə/ 名 ❶ (権利の)譲り受け人. ❷ **a** (政府などからの)特許権所有者. **b** 《米》(売店などの)土地使用権所有者.

__con·ces·sion·a·ry__ /kənséʃənèri | -séʃ(ə)nəri/ 形 譲歩の, 譲与の; 減免の, 割引の.

__concéssion stànd__ 名 (フランチャイズの)売店, 場内売り場.

__con·ces·sive__ /kənsésɪv/ 形 ❶ 譲与の, 譲歩的な. ❷ 〖文法〗譲歩を表わす: a ~ conjunction [clause] 譲歩接続詞[節] (although, even if など(で始まる)節).

__conch__ /kάŋk, kάntʃ | kɔ́ŋk, kɔ́ntʃ/ 名 (徼 ~s /-ks/, ~·es /-tʃɪz/) ❶ **a** 巻き貝 《ホラガイなど》. **b** [複数形で] 〖ギ神〗(海神 Triton の吹き鳴らす)ほら貝. ❷ 〖建〗(教会後陣の)半円形屋根.

__con·cha__ /kάŋkə | kɔ́ŋ-/ 名 (徼 -chae /-kiː/) 〖解〗甲介, (特に)耳甲介.

__con·chie__ /kάntʃi | kɔ́n-/ 名 《英俗》= conscientious objector.

__con·choi·dal__ /kɑŋkɔ́ɪdl | kɔŋ-/ 形 〖鉱〗貝殻状の; 貝殻状断口のある. ~·ly /-dəli/ 副

__con·chol·o·gy__ /kɑŋkάlədʒi | kɔŋkɔ́l-/ 名 U 貝類学.

__con·chy__ /kάntʃi | kɔ́n-/ 名 = conchie.

__con·ci·erge__ /kɔ̀ːnsiéəʒ | kɔ̀nsièəʒ/ 名 ❶ (特にフランスなどで, アパートなどの)管理人 《通例女性》. ❷ (ホテルの)接客係, コンシェルジュ 《宿泊客の求めに応じて, 観光や旅の手配などを行なうサービス係》.

__con·cil·i·ar__ /kənsíliə | -liə-/ 形 会議の; 〖キ教〗総会議至上主義の. ~·ly 副

__con·cil·i·ate__ /kənsílièɪt/ 動 徼 ❶ 〈人〉をなだめる, 〈人の怒りを静める, 〈…の不信を晴らす; 〈人の機嫌をとる, 歓心を買う. ❷ 〈…〉を折り合いがつく[両立する]ようにする, 〈不満などをやわらげ, 解消する; 〈…〉を調停する. ❸ 《古》〈評価・人気などを〉得る. ── 徼 仲裁[調停]する. **con·cil·i·a·tor** /-tə | -tə-/ 名. 〖L = to tie 固く結びつける < *concilium*; ⇒ council〗 名 conciliation, 形 conciliatory.

+__con·cil·i·a·tion__ /kənsìliéɪʃən/ 名 U ❶ 和解, 調停: a ~ board 調停委員会. ❷ なだめること, 慰撫(髭); 懐柔.

__con·cil·i·a·tive__ /kənsíliətɪv, -lièt̬-/ 形 = conciliatory.

+__con·cil·i·a·to·ry__ /kənsíliətɔ̀ːri | -təri, -tri/ 形 なだめる(ような); 懐柔的な: a ~ gesture (相手をなだめるような)身ぶり.

__con·cin·ni·ty__ /kənsínəti/ 名 U 全体的調和(のとれた巧みな構成); (文体の)均斉, 優雅.

*__con·cise__ /kənsάɪs/ 形 簡潔な, 簡明な (succinct): a ~ statement of the facts 事実の簡明な陳述. ~·ly 副 ~·ness 名. 〖F < L < *concidere*, *concis-* < CON-+*caedere* 切る; cf. decide〗 〚名 concision〛

__con·ci·sion__ /kənsíʒən/ 名 U 簡潔, 簡明: with ~ 簡潔に.

__con·clave__ /kάnkleɪv | kɔ́ŋ-/ 名 ❶ 〖カト〗コンクラーベ《枢機卿(^(き)) (cardinals) の教皇選挙会(の会場)》. ❷ 秘密会議. **in cónclave** 密議中で[の]: sit [meet] *in* ~ 密議する.

__con·clude__ /kənklúːd/ 動 ❶ 〈…だと〉結論を下す, 断定する 《★ 進行形なし》〔+that*〕As it did not move, I ~*d that* the animal was dead. その動物は動かなかったので死んでいるものと断定した / What can you ~ *from* the data? そのデータから何を決論できますか[何がわかりますか]. ❷ 〈…を〉終わりにする; 締めくくる, 完結する: ~ an in-

concluding

vestigation 調査を終える / He ~d his speech *by saying*...と言って彼は演説を終えた / I will ~ my remarks *with* a request for a contribution to the club. (ひとつ)クラブへの寄付をお願いして私の話を終えることにします. ❸〈条約などを〉結ぶ,締結する: ~ a treaty of friendship 友好条約を締結する. ❹《米口語》《...するように》決心する,決心する 《*to do*》. ━ ⓐ ❶〈人が話を〉結ぶ,会(など)を終える: He ~d *by* quoting a passage from Goethe. 彼はゲーテから一節を引用して結びとした. ❷《文・話・会などが》終わる: The ceremony ~d *with* (the singing of) the school song. 式は校歌の(斉唱)で終わった. **to conclúde** 結論として(言えば),終わりに (in conclusion). 〖L =閉じ込める,終了する‹CON-+*claudere, claus-* 閉じる; cf. close¹〗 (图 conclusion, 圈 conclusive) 〔類義語〕(1) ⇒ infer. (2) ⇒ finish.
con·clúd·ing /-dɪŋ/ 圈 終結の,結びの: ~ remarks 結びの言葉.
☆**con·clu·sion** /kənklúːʒən/ 图 ❶ ⓒ 結論,断定: draw a ~ from evidence 証拠から断定する / jump [leap] to ~s [a ~] 速断する,早合点する / ⇒ foregone conclusion / [+*that*] From her letter I reached [came to, arrived at] the ~ *that* she liked me. 手紙を読んでみて,彼女が私を好いていることが判断できた. **b**(三段論法の)結論,帰結. ❷ ⓒ 〖通例単数形で〗終わり,終結,結び; 終局 (end); come to a successful ~ 成功裡(°)に終わる / bring...to a ~ ...を終える. ❸ ⓤ 〖条約・取引などの〗締結《*of*》. **in conclúsion** 終わりに臨んで,結論として (to conclude). **trý conclúsions with** ... と決戦を試みる,と優劣を競う. 〖F‹L〗 (動 conclude)
+**con·clu·sive** /kənklúːsɪv/ 圈 決定的な,断固たる (↔ inconclusive); 終局の: a ~ answer 最終的な答え / ~ evidence 確証. **~·ly** 圖 **~·ness** 图
+**con·coct** /kənkákt | -kɔ́kt/ 動 ⓣ ❶〈スープ・飲み物などを〉材料を混ぜ合わせて作る: He ~s wonderful soups. 彼は〈工夫を凝らして〉おいしいスープを作る. ❷〈作り話・うそなどを〉作りあげる, でっちあげる (cook up); 〈計画・陰謀などを〉仕組む: ~ an excuse [alibi] 口実[アリバイ]をでっちあげる. 〖L =一緒に調理する‹CON-+*coquere, coct-* 料理する; cf. cook〗 (图 concoction)
+**con·coc·tion** /kənkákʃən | -kɔ́k-/ 图 ❶ ⓤ 混成,調合. **b** ⓒ 調製物,混合飲料,調合薬: a ~ *of* potatoes and leeks じゃがいもとリーキの料理. ❷ ⓤ でっちあげ,捏造(¾). **b** ⓒ 作り事, うそ; 策謀.
con·com·i·tance /kənkámətəns, -tns | -kɔ́m-/ 图 随伴, 付随.
con·com·i·tant /kənkámətənt, -tnt | -kɔ́m-/ 圈 付随する,伴う,同時にある[起こる]: Tsunamis are ~ *with* offshore earthquakes. 津波は沖合いの地震に付随して発生する. ━ 图 付随するもの, 付きもの《*of*》. **~·ly** 圖 付随して.
con·cord /kánkɔːd | kɔ́ŋ-/ 图 ❶ ⓤ 〖意見・利害などの〗一致; 〖事物・人間間の〗調和, 和合 (harmony; ↔ discord): in ~ with...と調和[一致,和合]して; ...に従って. ❷ ⓒ〖国際・民族間の〗協定,協約,(特に)友好協定. ❸ ⓤ 〖文法〗(数・性・人称などの)一致, 呼応 (たとえば many a book は単数で, many books は複数で受けることなど)(agreement). ❹ ⓤ〖楽〗協和音 (↔ discord). 〖F‹L‹*con-+cor, cord-* 心; cf. courage〗 (圈 concordant)
Con·cord /kánkəd | kɔ́ŋkəd/ 图 コンコード: ❶ 米国 New Hampshire 州の州都. ❷ 米国 Massachusetts 州東部の町;独立戦争の古戦場.
con·cor·dance /kənkɔ́ədns | -kɔ́ː-/ 图 ❶ ⓒ 〖聖書・一作家などの〗用語索引, コンコーダンス: a ~ *to* [*of*] the Bible 聖書のコンコーダンス. ❷ ⓤ 一致, 調和. 〖CONCORD+-ANCE〗
con·cor·dant /kənkɔ́ədnt | -kɔ́ː-/ 圈 調和した, 合致する: The results were ~ *with* our hypothesis. 結果は我々の仮説と一致した. **~·ly** 圖
con·cor·dat /kənkɔ́ədæt | kɔnkɔ́ː-/ 图 〖キ教〗(教会と政府間の)政教条約.
Con·corde /kánkɔəd | kɔ́ŋkɔː d/ 图 コンコルド 《英仏共同開発の超音速旅客機; 1976 年就航》.
Cóncord grápe 图 コンコード種のブドウ.
con·cours /kɔːŋkúə | kɔ́ŋkʋə/ 图 《優 ~ /-z/》コンクール. 〖F〗
concóurs d'e·le·gánce /-dèɪlɪgáːns/ 图 コンクールデレガンス《実用よりも外見や装備を競う乗物のショー》.
con·course /kánkɔəs | kɔ́ŋkɔːs/ 图 ❶ 〖公園・道路の〗集中点などの〗(中央)広場; 〖駅・空港などの〗中央ホール, コンコース. ❷ 群集. ❸〖人・河川などの〗集合,合流《*of*》.
con·cres·cence /kɑnkrésəns | kɔn-/ 图 ⓤ 〖生〗(細胞・組織・器官などの)癒合,合生,癒着. **-cent** 圈
***con·crete** /kánkriːt˝, kɑnkríːt | kɔ́nkriːt, -ˊ-/ 圈 (**more ~; most ~**) ❶ Ⓐ 具体的な; 有形の, 具象の (↔ abstract): in ~ terms 具体的な言葉で, 具体的に / a ~ noun 〖文法〗具象名詞. ❷ 現実の, 実際の; 明確な: Our project is not yet ~. 我々の計画はまだ固まっていない. ❸ /kánkriːt | kɔ́n-/ (比較なし) コンクリート(製)の. **in the concréte** 具体的に[な]. ━ 图 /kánkriːt | kɔ́ŋ-/ ⓤ コンクリート. **be sét** [**embédded**] **in cóncrete** 〈計画などが〉固まって[決まって]いる; 変更できない. ━ 動 ⓣ /kánkriːt | kɔ́ŋ-/ ⓐ〈...に〉コンクリートを塗る, 〈...を〉コンクリートで固める. ❷〈...を〉凝結させる, 固める. ━ ⓘ /kánkriːt | kɔ́ŋ-/ 凝結する, 固まる. **~·ly** /kánkríːtli | kɔ́ŋkriːt-/ 圖 具体的に (↔ abstractly), **~·ness** /kánkríːtnəs | kɔ́ŋkriːt-/ 图 具体性. 〖L=固まる, 一緒に育つ‹CON-+*crescere, cret-* 成長する; cf. crescent〗 (图 concretion)
cóncrete júngle 图 [a ~] コンクリートジャングル《ビルばかりで緑のない大都会》.
cóncrete míxer 图 コンクリートミキサー.
cóncrete músic 图 ⓤ 具体音楽《自然界の音を録音・合成して作る音楽》.
cóncrete póetry 图 ⓤ 具体詩, 具象詩《文字・記号などの空間的配列で表現する詩》.
con·cre·tion /kɑnkríːʃən | kɔn-/ 图 ❶ ⓒ 凝結物; 〖医〗結石. ❷ ⓤ 凝固.
con·cre·tion·ar·y /kɑnkríːʃənèri | -ʃ(ə)nəri/ 圈 凝結してできた;〖地〗コンクリーションを含む, 結核性の.
con·cret·ize /kɑnkríːtaɪz, -ˊ-ˊ- | kɔ́ŋkriːtàɪz/ 動 ⓣ 具体化する, 明確化する. **con·cret·i·za·tion** /kɑnkríːtɪzéɪʃən | kɔ̀nkriːtaɪz-/ 图
con·cu·bi·nage /kɑnkjúːbənɪdʒ | kɔn-/ 图 ⓤ 内縁関係.
con·cu·bi·nar·y /kɑnkjúːbənèri | -n(ə)ri/ 圈 同棲する[による], 内縁(関係)の.
con·cu·bine /káŋkjubàɪn | kɔ́ŋ-/ 图 ❶ (一夫多妻制の)第一夫人以外の妻. ❷《古》内妻 (mistress).
con·cu·pis·cence /kɑnkjúːpəs(ə)ns | kən-/ 图 ⓤ 《文》色欲, 情欲.
con·cu·pis·cent /kɑnkjúːpəs(ə)nt | kən-/ 圈《文》❶ 色欲の盛んな, 好色な. ❷ 強欲な.
+**con·cur** /kənkəː | -káː/ 動 (**con·curred; con·cur·ring**) ⓘ ❶ 一致する, 同意する (agree): Our opinions *concurred* on that point. その点では我々の意見は一致した / I ~ *with* him *in* many points. 彼といろいろな点で意見が一致している / The judges *concurred* in giving Bob the first prize. 審査員がボブを1 等入賞者とすることに意見が一致した. ❷ **a** 同時に起こる: The time of his presence at the scene ~s *with* that of the crime. 彼が現場にいた時刻と犯罪が行なわれた時刻は一致している. **b** 共同して作用する,協力する: These circumstances *concurred* to make him what he is. これらの事情が彼に作用して彼を今日あらしめた. ━ ⓣ 〈...ということに〉同意する《*that*》. 〖L=同時に起こる, 共に走る‹CON-+*currere* 走る; cf. current〗 (图 concurrence, 圈 concurrent)
con·cur·rence /kənkə́ːrəns | -kʌ́r-/ 图 ⓤⓒ ❶ 一致, 同意: with the ~ of the President 大統領の合意のもとに / the ~ of the union *that* he should represent them 彼が代表になるべきだということについての組合の合意. ❷ 同時に起こること: a ~ *of* events 事件の同時発生 / Pa-

rades are often held in ~ with national holidays. パレードはしばしば祝祭日にあわせて行なわれる.

con·cur·rent /kənkə́ːrənt | -kʌ́r-/ 形 ❶ 同時(発生)の, 伴う: ~ insurance 同時保険 / National elections were ~ with the outbreak of war. 全国選挙は戦争の勃発と時を同じくして行なわれた. ❷ 共同に作用する, 協力の. ❸ 一致の, 同意見の. ~·ly [...と]同時に, 共に [with].

con·cuss /kənkʌ́s/ 動 他 ❶ 〈人に〉脳震盪(とう)を起こさせる(★通例受身). ❷ 激しく動かす.

con·cus·sion /kənkʌ́ʃən/ 名 ❶ [医] 震盪(とう): ~ of the brain 脳震盪. ❷ 震動, 激動.

*__con·demn__ /kəndém/ 動 他 ❶ 〈人・行為を〉非難する, 責める, とがめる, だめだと決めつける: ~ racial discrimination 人種差別を非難する / His friends ~ed him for his indiscretion. 彼の友人たちは彼の無分別を非難した / ~ war as evil 戦争を悪だと非難する. ❷ 〈人に〉刑を宣告する(sentence) (★通例受身): He was ~ed to death. 彼は死刑の宣告を下された / [+目+to do] be ~ed to be shot 銃殺を宣告される. ❸ 〈人を〉〈不快な状況に〉運命づける, 追い込む(doom): His lack of education ~ed him to a lifetime in a menial occupation. 彼は教育を受けていなかったので生涯つまらない職につかねばならなかった. ❹ 〈...を〉〈使用に〉不適と宣告する, 破壊[廃棄]するよう命じる (★しばしば受身): Many ghetto apartments have been ~ed. ゲットー街の多くのアパートは〈危険と断定され〉使用を禁止された / [+目+as補] Nuclear energy is often ~ed as too dangerous. 核エネルギーはしばしば危険が多すぎると断定されている. ❺ 〈顔・言葉などが〉〈人を〉有罪と思わせる: His hangdog looks ~ him. 彼にしたその恥じ入った顔に書いてある. ❻ [法] (米) 〈私有の土地などの〉公的収用を宣告する. [F<L くCON-+*damnare* 刑を宣告する, 危害を加える; cf. damn] [cf. condemnation) 【類義語】⇒ blame.

con·dem·na·ble /kəndémnəbl/ 形 非難すべき, とがむべき.

*__con·dem·na·tion__ /kὰndemnéɪʃən | kɔ̀n-/ 名 ❶ [U.C] 非難(すること): ~ *of* the nuclear tests それらの核実験に対する非難 / draw ~ *from*... から非難を受ける. ❷ [U.C] 有罪の判決, 罪の宣告. ❸ [C] [通例単数形で] 宣告[非難]の根拠[理由].

con·dem·na·to·ry /kəndémnətɔ̀ːri | -təri, -tri/ 形 ❶ 非難の, 非難を表わす. ❷ 有罪宣告の.

con·demned /kəndémd/ 形 ❶ 有罪の判決を受けた; 使用禁止の: a ~ building 使用禁止の建物. ❷ 有罪犯人[死刑囚]用の: ⇒ condemned cell.

condémned céll 名 死刑囚監房.

con·den·sa·ble /kəndénsəbl/ 形 ❶ 凝縮[圧縮]できる. ❷ 簡約[要約]できる.

con·den·sate /kάndensèɪt | kɔ́n-/ 名 ❶ U 凝縮液[物]. ❷ C 縮合物.

con·den·sa·tion /kὰndenséɪʃən | kɔ̀n-/ 名 ❶ U a 濃縮; 〈気体から液体などへの〉凝縮, 凝結. b 凝結[液化]したもの; (水蒸気の)水滴. ❷ U (思想・表現・物語などの)要約, 簡約. b 要約したもの.

condensátion tràil 名 =contrail.

+**con·dense** /kəndéns/ 動 他 ❶ 〈気体を〉凝縮する, 〈液体を濃縮する: ~ steam *into* water 蒸気を凝縮して水にする. ❷ 〈文章などを〉要約[圧縮]する; 短縮する: The report was ~d *from* reams of research data. その報告は大量の研究資料から要約された / *C*~ this article *to* 500 words [*into* three paragraphs]. この記事を500語[3つの段落]に縮めてみよ. ❸ 圧縮する, 密にする, 縮める: ~ a full into a semester 全課程を一学期に圧縮して行なう.
— 自 凝縮する: The steam ~d on the mirror *into* droplets of water. 蒸気は鏡の表面に凝縮して水滴となった. [L; ⇒ con-, dense].

con·densed 形 ❶ 〈情報など〉要約[圧縮]された; 〈課程・訓練など〉(短期)集中された. ❷ [印] コンデンス体の.

condénsed mílk 名 U 練乳, コンデンスミルク (⇒ milk 関連).

con·dén·ser 名 ❶ 凝縮装置, 凝縮器. ❷ [電] 蓄電器, コンデンサー (capacitor). ❸ [光] 集光装置, 集光レンズ [鏡].

con·de·scend /kὰndɪsénd | kɔ̀n-/ 動 自 〔人に対して〕上位者ぶって〔偉そうに〕ふるまう; 恩着せがましく〈...〉する, 〈皮肉〉偉そうにされるのはいやだ / She ~ed to chat with me. 《皮肉》彼女はありがたくも私とおしゃべりしてくださった.

còn·de·scénd·ing 形 人を見下したような, 偉そうな; 腰は低いが人を下に見るような, 慇懃無礼な. ~·ly 副

con·de·scen·sion /kὰndɪsénʃən | kɔ̀n-/ 名 U 偉そうな態度[ふるまい].

con·dign /kəndáɪn/ 形 〈処罰など〉適当な, 当然の.

con·di·ment /kάndəmənt | kɔ́n-/ 名 C.U [通例複数形で] 薬味, 調味料 (からし・こしょうなど).

*__con·di·tion__ /kəndíʃən/ 名 A ❶ a U [また a~] (人・もの・財政などの)**状態**; 健康状態, 体調, (よい)コンディション: in that ~ 〈口〉そんな状態で / be in good [bad, poor] ~ 良い[悪い]状態である; 調子[コンディション]がいい[悪い] / be in (a) perfect [(a) critical] ~ 全く問題のない[危険な]状態である / be out of ~ (運動不足などで)健康でない, 調子[コンディション]が悪い / You shouldn't drink in your ~. その(健康)状態では飲まないほうがよい (★[蝋ımı] 妊娠して」の意にもとれることもある) / [+to do] He's in no ~ to attend school. 彼は(とても)学校へ行ける状態ではない. b [単数形で] (ある集団の)生存の有様, 境遇: the human ~ 人間であること, 人間としての存在[生存] / improve the ~ of the urban poor 都市の貧しい人々の境遇をよくする. ❷ C (身体の長期的な)異常, 病気 (ailment): a medical ~ 医学的な異常, 疾患 / have a heart ~ 心臓が悪い. ❸ [複数形で] (周囲の)状況, 事情 (circumstances); 気象状況: housing ~s 住宅状況 / economic ~s 経済状況 / poor living ~s 貧乏な生活状況 / under favorable [difficult] ~s 順[逆]境にあって / under [in] the existing [present] ~s 目下の事情では / *C*onditions are ideal for a picnic. ピクニックには絶好の天候だ. ❹ U.C 《古》身分, 地位, 境遇: people of every ~ あらゆる階級の人々.

— B ❶ C [しばしば複数形] **条件**, 制約: the necessary ~s *for*... に必要な条件 / the ~s *of* a peace treaty 講和条件 / on this [that, what] ~ この[その, どんな]条件で / meet [satisfy] a ~ 条件をみたす / impose strict ~s *on*... に厳しい条件を課す / What are your ~s *for* accepting the offer? その申し出を受け入れる条件は何か / I will let you go only on one ~. 条件を一つつけたうえで行かせるとしよう / [+*that*] This book is sold subject to the ~ *that* it should not be lent.... この本は貸し与えれば, しないという条件で売りに出す. ❷ C (米) (仮入学・仮進級学生の)再試験(科目), 追加の論文(など): work off ~s 再試験を済ませる. **on condition that...** =(米) **ùnder the cóndition that**... [接続詞的に] ...という条件で, もし...ならば: He was allowed to go swimming *on* ~ (*that*) he kept near the other boys. 彼は他の少年たちの そばを離れないなら泳ぎに行ってよいと言われた. **on [《米》ùnder] nó condition** どんな条件でも[どんなことがあっても]...ない.

— 動 他 ❶ 〔環境・経験などが〕〈人・動物などを〉〈...に〉慣らす, 〈...するように〉しむける (★通例受身): be ~ed into thinking that... と考えるようにしむけられている / [+目+*to do*] They have been ~ed to believe that wealth is the only measure of happiness. (周囲の状況などのために)彼らは富が幸福の唯一の尺度であると信じるようになっている. ❷ 〈事情などが〉〈...を〉決定[制約]する, 〈...に〉影響を与える (★通例受身): Our lives are ~ed by outer circumstances. 我々の生活は外的状況によって左右される. ❸ 〈髪・肌などに〉コンディショナー[ローション]をつける. ❹ **a** 〈人・動物などの〉調子を整える. **b** 〈室内の(空気・温度〉を)調節する. ❺ 《米》〈学生の進級に再試験などの条件をつける, 再試験などを条件として〈学生の〉仮進級[入学]を許す.

conditional

〖F<L=条件, (話し合っての)合意, 協定<CON-+*dicere* 話す; cf. dictate〗(形) conditional 【類義語】⇒ state.

⁺**con·di·tion·al** /kəndíʃ(ə)nəl/ 形 (more ~; most ~) ❶ a 条件付きの, 暫定的な, 仮定的な: a ~ contract 条件付き契約, 仮契約. b ⓟ 〖…に〗条件として, 〖…に〗次第で: Employment is ~ *on* her ability. 雇用(になるかどうか)は彼女の力量次第だ. ❷ (比較なし)〖文法〗条件を表わす: a ~ clause 条件節 《通例 if, unless, provided などによって導かれる》. ── 〖文法〗仮定法節, 条件文[節], 条件法. ~·ly /-ʃ(ə)nəli/ 副

conditional díscharge 名〖法〗条件付き釈放.

con·di·tioned 形 ❶ 条件づけられた, 条件付きの: a ~ reflex [response] 〖心〗条件反射[反応]. ❷ 〖通例様態の副詞を伴い, 複合語で〗(…の)状態[境遇]にある: well-[ill-]conditioned 良い[不良の]状態にある. ❸ 調節された; 空気調節された. ❹ 《米》仮入学[進級]

⁺**con·di·tion·er** /kəndíʃənə | -nə/ 名 ❶ a (洗髪後に使う)リンス, コンディショナー. b (衣服の)柔軟仕上げ剤. ❷ a 調節する人[もの]. b 空気調節装置, エアコン.

con·di·tion·ing /-ʃ(ə)nɪŋ/ 名 ❶ 条件づけ. b (心身の)調整; 訓練, (動物などの)調教. ❷ (空気)調節: ⇒ air-conditioning.

con·do /kándou /kɔ́n-/ 名 (復 ~s) =condominium 1.

con·do·la·to·ry /kəndóulətɔ̀ːri | -təri, -tri/ 形 哀慰の, 哀悼の: a ~ letter 悔やみ状.

con·dole /kəndóul/ 動 自 〖人に〗…の悔やみを言う, 弔慰する 〖*with*〗〖*on, over*〗: His friends ~*d with* him *on* his wife's death. 友人たちは彼の妻の死に対し弔慰の言葉を述べた. **con·dól·er** 〖L=共に嘆く〗 名 condolence)

⁺**con·do·lence** /kəndóuləns/ 名 ❶ Ⓤ 悔やみ, 哀悼 〖*on*〗: a letter of ~ 悔やみ状. ❷ Ⓒ 〖しばしば複数形で〗哀悼のことば, 弔詞: Please accept my sincere ~s *on* your father's death. 御尊父の御逝去を衷心からお悔やみ申し上げます.

[*]**con·dom** /kándəm, kán- | kɔ́n-/ 名 コンドーム: a female ~ 女性用コンドーム / use [wear, put on] a ~ コンドームを使うつける, つける].

⁺**con·do·min·i·um** /kàndəmíniəm | kɔ̀n-/ 名 ❶ Ⓒ 《米・カナダ》 分譲マンション《建物全体または各戸》. ❷ Ⓤ 共同統治[管理]; Ⓒ 共同統治国[地]. 〖CON-+L *dominium* 所有, 支配〗

con·do·na·tion /kàndənéɪʃən | kɔ̀n-/ 名 Ⓤ(罪の)見のがし, 容赦, (特に 姦通の)宥恕(ゆうじょ).

⁺**con·done** /kəndóun/ 動 他 〖通例否定文で〗悪い行ないなどを大目に見る, 容赦する.

⁺**con·dor** /kándə /kɔ́n-/ 名 〖鳥〗コンドル.

con·dot·tie·re /kàndətjé(ə)ri | kɔ̀ndɒtieári/ 名 (復 -ri /-riː/, ~) コンドッティエーレ (14-16 世紀ヨーロッパの傭兵隊長); 傭兵.

con·duce /kənd(j)úːs | -djúːs/ 動 自 〖ある結果に〗導く, 結びつく, 貢献する: Regular exercise ~*s to* good health. 定期的な運動は健康をもたらす.

⁺**con·du·cive** /kənd(j)úːsɪv | -djúː-/ 形 ⓟ 〖…の〗助けとなって, 〖…に〗資して: It's not ~ *to* the public good. それは公共の利益にならない. 〖CON +-IVE〗

[*]**con·duct** /kəndʌ́kt/ 動 ⓓ ❶ <活動・仕事などを>行なう, 実施する; 経営[管理]する: ~ a survey [an experiment] 調査[実験]を行なう / ~ business 仕事[商売]をする, 業務[事業]を行なう. ❷ [~ oneself で; 副詞(句)を伴って] ふるまう, 身を処する: He always ~*s himself* well [like a gentleman]. 彼はいつも立派な[紳士らしい]ふるまいをする. ❸ <…を>指揮する: ~ an orchestra オーケストラを指揮する. ❹ [副詞(句)を伴って] <…を>案内する, <…の>ガイドを務める: a ~*ed* tour ガイド付きツアー / The usher ~*ed* me *to* my seat. 案内係は私を席に案内してくれた. ❺ <熱・光・電気などを>伝導する: Glass does not ~ electricity. ガラスは電気を伝えない. ── 自 (楽曲などを)指揮する. ── /kándʌkt, -dəkt | kɔ́n-/ 名 Ⓤ ❶ 行為, 品行, 行ない, ふるまい: good ~ 善行 / bad [shameful] ~ 恥ずべき]行為. ❷ 経営, 運営, 管理: the ~ *of* a business 事業の運営. 〖L=集める, (原義)まとめて導く〈CON-+*ducere, duct-* 導く; cf. duct〗 名 conduction) 【類義語】(1) 動 ⇒ manage. (2) 動 ⇒ lead¹. (3) 名 ⇒ behavior.

con·duc·tance /kəndʌ́ktəns/ 名 Ⓤ 〖電〗コンダクタンス(電気抵抗の逆数).

condúcted tóur 名 案内人[ガイド]付きの旅行[ツアー].

con·duct·i·ble /kəndʌ́ktəbl/ 形 伝導性の.

con·duc·tion /kəndʌ́kʃən/ 名 Ⓤ ❶ (水を管などで)引くこと, 誘導(作用). ❷ 〖理〗(電気・熱などの)伝導.

con·duc·tive /kəndʌ́ktɪv/ 形 伝導(性)の, 伝導力のある: ~ power 伝導力.

condúctive educátion 名 Ⓤ 伝導教育《運動障害をもつ児童に歩いたり, 衣服を着たりする行動を繰り返し試みさせることによって自立した行動がとれるようにするもの》.

con·duc·tiv·i·ty /kàndʌktíːvəti | kɔ̀n-/ 名 Ⓤ ❶ 〖理〗伝導性[力, 率, 度]. ❷ 〖電〗導電率.

[*]**con·duc·tor** /kəndʌ́ktə | -tə/ 名 ❶ 〖楽〗指揮者. ❷ (バスなどの)車掌; 《米》(列車の)車掌 (《英》guard). ❸ 伝導体, 導体; 導線; 避雷針 (lightning conductor). ❹ 案内人, ガイド《団体旅行の》添乗員.

condúctor ráil 名 〖鉄道〗導体レール.

con·duc·tress /-trəs/ 名 女性車掌.

cónduct shèet 名 〖下士官・兵などの〗素行表.

con·duc·tus /kəndʌ́ktəs/ 名 (復 ~, -duc·ti /-tai/) コンドゥクトゥス (12-13 世紀のラテン語の歌詞をもつ声楽曲).

con·du·it /kándʌɪt | kɔ́ndjʊɪt, -dɪt /kɔ́ndjuːɪt, -djuːt/ 名 ❶ a 導管 (pipe). b 水道, 溝, 暗渠(あんきょ). ❷ 〖電〗コンジット, 線架. 〖F<L; ⇒ conduct〗

con·dyle /kándɪl | -daɪl/ 名 〖解〗顆(か), 関節丘《骨端の丸い隆起》. **con·dy·lar** /-dələ | -dɪlə/ 形

con·dy·loid /kándəlɔ̀ɪd | kɔ́n-/ 形 〖解〗顆状の.

con·dy·lo·ma /kàndəlóʊmə | kɔ̀n-/ 名 (復 ~s, -ma·ta /-tə/) 〖医〗コンジローム. **con·dy·lom·a·tous** /kàndəlámətəs | -lɔ́m-˜/ 形

[*]**cone** /kóun/ 名 ❶ 円錐(えんすい)体[形]. ❷ 円錐形のもの: a セーフティーコーン(道路工事区域などを区画する円錐標識). b (アイスクリームの)コーン(《英》cornet). c 〖植〗球果, まつかさ. d 〖地質〗火山錐. e 〖解〗(網膜内の)円錐(体). 〖F<L<Gk=まつかさ〗 形 conic(al))

cóne shèll 名 〖貝〗イモガイ《同科の貝の総称》.

Con·es·to·ga /kànɪstóugə | kɔ̀n-˜/ 名 =Conestoga wagon.

Cónestoga wágon 名 《米》大ほろ馬車《西部移住者が用いた》.

co·ney /kóuni/ 名 (復 ~s) ❶ Ⓤ (模造品に染めた)ウサギの毛皮. ❷ Ⓒ (動) アナウサギ.

Có·ney Ísland /kóuni-/ 名 コーニーアイランド《米国 New York 市 Long Island 南西端にある海水浴場・遊園地》.

con·fab /kánfæb | kɔ́n-/ 名 (口) =confabulation. ── /kənfǽb/ 動 (**con·fabbed; con·fab·bing**) =confabulate.

con·fab·u·late /kənfǽbjulèɪt/ 動 自 〖人と〗談笑する, くつろぎて話す 〖*with*〗.

con·fab·u·la·tion /kənfæ̀bjuléɪʃən/ 名 Ⓤ.Ⓒ 懇談, 談笑; 打ち解けたおしゃべり.

con·fect /kənfékt | kɔ́n-/ 名 砂糖漬け, 糖菓. ── /kənfékt/ 動 寄せ集めて作る; 調製する; 砂糖漬けにする.

con·fec·tion /kənfékʃən/ 名 ❶ 菓子, 糖菓 (candy, bonbon など). ❷ 手の込んだ作りのもの《衣服・装飾など》. 〖F<L=仕上げられたもの; 「ごちそう」→「菓子」と意味が変化した〗

con·fec·tion·er /-ʃ(ə)nə | -nə/ 名 糖菓製造販売人; 菓子屋; 菓子製造人: at a ~'s (shop) 菓子屋で.

conféctioner's cústard 名 Ⓤ 製菓用カスタード《ケーキやペストリーの詰め物に使う濃くて甘いクリーム》.

conféctioners' súgar 名 Ⓤ 《米》(菓子にかける精製した)アイシング用の粉砂糖.

con·féc·tion·er·y /-ʃənèri | -ʃ(ə)nəri/ 名 ❶ Ⓤ 菓子

類 (pastry, cake, jelly などの総称). ❷ Ⓤ 菓子製造. ❸ Ⓒ 菓子製造[販売]店.

con·fed·er·a·cy /kənfédərəsi, -drə-/ 图 ❶ Ⓒ 連合, 同盟. ❷ Ⓒ a (個人・団体・国などの) 連合体. b 連邦. ❸ Ⓒ (悪事をたくらむ) 徒党: a ~ of thieves 窃盗(ぜっとう)団. ❹ [the (Southern) C~] =Confederate States (of America).

con·fed·er·al /kənfédərəl/ 形 連合[連盟]の[に関する] 《特に 連合規約 (Articles of Confederation) 時代の合衆国についていう》. ~**·ist** 图

†**con·fed·er·ate** /kənfédərət, -drət/ 图 ❶ 共謀者 (in) (accomplice). ❷ 同盟国, 連合国. ❸ [C~] (米国の南北戦争時代の) 南部同盟支持者, 南部派の人.
— 形 ❶ 同盟した, 連合した. ❷ [C~] (米国の南北戦争時代の) 南部同盟の (cf. federal 3 a): the C~ army 南軍.
— /-dərèɪt/ 動 《…を》同盟[共謀] させる. — 圓 同盟[共謀]する. 〖L〖CON-+foedus, foedr- 同盟; cf. federal〗 图 confederacy, confederation

Confederate States (of America) 图 圉 [the ~] (米国の南北戦争時代の) 南部連合国 《南北戦争で南部同盟に参加した 11 州》.

*__con·fed·er·a·tion__ /kənfèdəréɪʃən/ 图 ❶ Ⓤ 連合, 同盟 (of, between). ❷ Ⓒ 連邦, 連合国. ❸ [the C~] アメリカ連合政府 (1781-89 年, 連合規約 (the Articles of Confederation) により組織された 13 州連合).

†**con·fer** /kənfə́ː | -fə́ː/ 動 (con·ferred; con·fer·ring) 圓 《…のことで》打ち合わせる, 協議する: The President conferred *with* his advisers *on* [*about*] the matter. 大統領は顧問官たちとその件で協議した. — 他 《贈り物・名誉などを》人に授与する, 贈る: The President conferred the Medal of Freedom on her. 大統領は彼女に自由勲章を授与した. 〖L=相談する, 与える, 運び集める 〖 CON-+ferre 運ぶ; cf. transfer〗 图 conference

〖類義語〗⇒ give.

con·fer·ee /kɑ̀nfəríː | kɔ̀n-/ 图 ❶ 会議出席者; 評議員. ❷ 授与される人, 受納者.

*__con·fer·ence__ /kɑ́nf(ə)rəns | kɔ́n-/ 图 ❶ (数日にわたる) 会議, 協議会: hold [have] a ~ on cancer prevention 癌(がん)予防に関する会議を催す / attend a summit ~ 首脳会議に出席する / ⇒ press conference, IMPERIAL Conference. ❷ 《米》 (学校・スポーツチームなどの) 競技連盟, リーグ, カンファレンス. **be in cónference** (1) 協議 [会議] 中である. (2) (会議中で) 忙しい: Mr. White *is in* ~. ホワイトさんは会議中です (★ 忙しくて会えないなどの意).

〖類義語〗⇒ meeting.

cónference càll 图 会議電話 (3 本以上の電話を同時につなぐ電話).

cón·fer·enc·ing 图 Ⓤ (特に電子工学的な通信システムを利用した) 会議開催: computer ~ コンピュータ会議.

con·fer·en·tial /kɑ̀nfərénʃəl | kɔ̀n-ˊ/ 形 会議の.

con·fer·ment /kənfə́ːmənt | -fə́ː-/ 图 Ⓤ 授与, 贈与, 叙勲: the ~ of a BA degree 文学士の学位授与.

con·fer·ree /kɑ̀nfəríː | kɔ̀n-/ 图 =conferee.

con·fer·rer /-fə́ːrə | -fə́ːrə/ 图 授与者.

*__con·fess__ /kənfés/ 動 他 ❶ 《罪・隠し事などを》告白する, 白状する, 打ち明ける: He ~ed his guilt. 彼は罪を犯したと告白した / 〖+(that)〗 He ~ed that he had taken the money. 彼は (私に) その金を盗んだと白状した / "I did it," he ~ed.「私がやりました」と彼は告白した. ❷ 《…と》認める, 自認する (admit): 〖+(that)〗 I ~ I was surprised to hear it. 実を言うとそれを聞いて驚いた / I must [have to] ~ that I don't like it. 実はそれが好きではないのです / 〖+目+補〗 ~ *oneself* guilty. 罪を犯したと認める (★現在ではまれな表現) / He ~ed the letter (*to be*) a forgery. 彼はその手紙は偽手紙だと認めた. ❸ 〖カト〗 a 〔司祭に〕罪を告解する 〖*to*〗. b 〈司祭が〉人の告解を聞く. — 圓 ❶ 白状する, 罪を認める: He refused to ~ *to* the crime [*to* killing her]. 彼はその犯罪を [彼女を殺したことを] 自白しようとしなかった. ❷ 〖…と〗認める, 自認する: I ~ *to* being proud of my son's success. 実を言うと子供の成功を誇りに思っているのだ. ❸ 〖カト〗 告解する. 〖F〖L〖 CON-+fateri, fass- 認める; cf. profess〗 图 confession)

con·fés·sant 图 告白者; 聴罪司祭.

†**con·féssed** 形 自らそうであると認めた, 告白した (self-confessed): a ~ murderer 自ら殺人犯であると認めた人. **stànd conféssed as…** であること (の罪状) は明白である.

con·féss·ed·ly /-sɪdli/ 副 自ら認めているように[ところによれば]; 明白に 〖★人を修飾前〗.

*__con·fes·sion__ /kənféʃən/ 图 ❶ Ⓒ,Ⓤ 自白, 白状, 自認: a ~ *of* guilt 罪の告白 / make a full ~ すべて白状する (認める) / 〖+that〗 His ~ that he had stolen my wallet was a great shock to me. 私の財布を盗んだという彼の告白は私にとって大きなショックでした. ❷ Ⓤ,Ⓒ 〖カト〗 告解: go to ~ 告解に [司祭から] 告解に行く / hear ~ 〈司祭が〉告解を聞く. ❸ Ⓒ 〖信仰の〗 告白: a ~ *of* faith 信仰告白. ❹ Ⓒ (同一の信仰告白を有する) 宗派. 〖F〖L〗 動 confess)

con·fes·sion·al /kənféʃ(ə)nəl/ 图 〖カト〗 ❶ Ⓒ 告解聴聞席. ❷ [the ~] 告解 (の制度). — 形 ❶ 告白の, 告解の: a ~ booth (教会の) 告解聴聞席. ❷ 信仰告白の. ❸ 自伝的な.

con·fes·sion·a·ry /kənféʃənèri | -ʃ(ə)nəri/ 形 告白 [告解]の.

con·fes·sor /kənfésə | -sə/ 图 ❶ 〖カト〗 告解を聞く司祭. ❷ 告白者. ❸ [しばしば C~] 証聖者 (迫害にも屈せず信仰を守った信者): ⇒ Edward the Confessor.

con·fet·ti /kənféti/ 图 [単数扱い] 色紙片, 紙吹雪, 紙テープ (祝祭・結婚式などの時にまく; cf. ticker tape 2). 〖It=砂糖菓子; もとにこれをまいたことから〗

con·fi·dant /kɑ́nfədæ̀nt | kɔ́n-/ 图 (秘密, 特に恋愛問題などを打ち明けられる) 信頼できる友, 親友.

con·fi·dante /kɑ́nfədæ̀nt | kɔ́n-/ 图 confidant の女性形.

†**con·fide** /kənfáɪd/ 動 他 (信頼して) 人に秘密を打ち明ける: She ~d *in* me about her daughter. 彼女は娘のことを私に打ち明けた. — 他 ❶ 〈…を〉人に打ち明ける: He ~d his situation *to* me. 彼は彼の立場を私に打ち明けた / He ~d (*to* me) *that* he had done it. 彼はそれは自分がやったことだと (私に) 打ち明けた. ❷ 《古風》 (信頼して) 〈もの・人を〉…に託する, 任せる 〖*to*〗. 〖L=信頼する, 信じる〖 CON-+*fidere* 信頼する; cf. fiancé〗 图 confidence, 形 confident) 〖類義語〗⇒ commit.

*__con·fi·dence__ /kɑ́nfədəns, -dns | kɔ́n-/ 图 ❶ Ⓤ a 信用 (すること), 信任, 信頼: gain [lose, restore, betray] a person's ~ 人の信用を得る [失う, 取り戻す, 裏切る] / give one's ~ to…=put [have, place] ~ *in*…を信頼する / I have every ~ *in* him. 彼を全面的に信用している / The report did not inspire ~. その報告は信頼を呼ばなかった (信用されなかった). b (議員投票による) 内閣への信任 〖*in*〗: pass a vote of (no) ~ (不) 信任案を可決する. ❷ Ⓤ 自信: have ~ *in* one's ability 自己の能力に自信がある / be full of ~ 自信に満ちている / act with ~ 自信をもって行動する / lose [gain, develop] ~ 自信を失う [つける] / (a) lack of ~ 自信喪失. ❸ Ⓤ 確信: with ~ 確信をもって / have ~ *in* the information その情報に確信をもっている / 〖+that〗 You must have the ~ *that* you can do it. あなたにそれができるという確信をもたなければならない. ❹ Ⓒ 〖文〗 打ち明け話, 秘密, ないしょ事 (secret): exchange ~s (*with*…) 〔…と〕秘密を語り合う / betray a ~ 秘密を漏らす. **in cónfidence** ないしょで, 秘密に: I tell you this in the strictest ~. 極秘ということにしてこれを話してやろう. **in a person's cónfidence**=**in**[**into**] **one's cónfidence** 人に信任されて; 人の秘密に参与して. **take a person into one's cónfidence** 人に秘密を打ち明かす. 〖L; ⇒ confide, -ence〗 〖類義語〗⇒ belief.

cónfidence-bùilding 形 自信をつける[高める]; 信頼を醸成する.

cónfidence gàme 图 《米》 信用 [取り込み] 詐欺.

cónfidence ìnterval 图 〖統〗 信頼区間.

cónfidence màn 图 《古風》 信用 [取り込み] 詐欺師 (⇒

con man).

cónfidence tríck 名《英》=confidence game.
cónfidence tríckster 名《英》=confidence man.

*con·fi·dent /kάnfədənt, -dnt | kɔ́n-/ 形 (more ~; most ~) ❶ 自信に満ちた, 大胆な (assured): his ~ way of talking 彼の自信に満ちたしゃべり方 / be ~ about the future 将来について自信をもっている / He's ~ in [of] his abilities. 彼は自分の才能に自信をもっている. ❷ P 確信して: be ~ of victory 勝利を確信している / He was ~ of winning. =[+(that)] He was ~ that he would win. 彼は自分が勝つものと確信していた.
— 名《古》=confidant. ~·ly 副 自信をもって; 大胆に; 確信して. 〖L; ⇨ confide, -ent〗【類義語】⇨ sure.

*con·fi·den·tial /kὰnfədénʃəl | kɔ̀n-´-/ 形 (more ~; most ~) ❶ 機密の, 内々の: C- 親展《手紙の上書き》 / strictly ~ 極秘の / a ~ inquiry 秘密調査 / ~ papers 機密書類. ❷ [通例 A] 秘密を打ち明ける(内輪話をするような)親しげな: a ~ talk 打ち明け話 / in a ~ tone 親しげな口調で. ❸ A〈人が〉信任の厚い, 腹心の: a ~ secretary 腹心の秘書. 〖CONFIDENT+-IAL〗【類義語】⇨ familiar.
con·fi·den·ti·al·i·ty /kὰnfədenʃiǽləti | kɔ̀n-/ 名 秘密性; 信任の厚いこと: a breach of ~ 守秘義務違反.
còn·fi·dén·tial·ly /-ʃəli/ 副 ❶ 内々に, ないしょで: Speaking ~, ... ここだけの話ですが.... ❷ 打ち明けて, 心おきなく, 親しげに.

con·fid·ing /-dɪŋ/ 形〈容易に〉信頼する, 人を信じやすい: have [be of] a ~ nature 信じやすい性質をしている. ~·ly 副

con·fig·u·ra·ble /kənfígjʊərəbl/ 形《電算》設定(変更)可能な.

†con·fig·u·ra·tion /kənfìgjʊréɪʃən/ 名 ❶〔地図などの〕形状, 地形, 輪郭, 外形: the ~ of the earth's surface 地表の形状, 地形. ❷《電算》機器構成; (システムの)設定. ❸《化》《原子などの》配置. ❹《心》形態《ドイツ語の Gestalt の訳語》.

con·fig·ure /kənfígjə | -fígjə/ 動 ❶《電算》《パラメーターを指定するなどして》〈システムなどを〉設定する. ❷〈…を〉《用途に応じて》構成[設計], 形成する.

*con·fine /kənfáɪn/ 動 ⓣ ❶ a〈話題・活動などを〉〈…の範囲に〉限る, 制限する (restrict): His talk is ~d to politics. 彼の話は政治のことに限られている / The institute ~s its activities to domestic issues. その機関は活動の範囲を国内の問題に限定している. b [~ oneself で]〈…の範囲に〉限る, とどめる: I will ~ myself to making a few short remarks. 私は二, 三分短に述べるだけにしたい.
❷〈…を〉閉じ込める; 監禁する《★通例受身》: Ill health has ~d her all week. 病気で彼女は 1 週間外に出られなかった / He was ~d to (his) bed for a week. 彼は一週間床についた / It is not good to keep a wild bird ~d in a cage. 野鳥を鳥かごに閉じ込めておくのはよくない / be ~d in a prison 刑務所に収容される. ❸〈災害・争いなどの〉拡大を抑える, 〈…を〉限られた範囲で食い止める (to).
— /kάnfaɪn | kɔ́n-/ 名 [the ~s で] 境界, 国境; 領域, 範囲; 限界, 制約: within [beyond] the ~s of ... の境界[範囲]の中[外]で / the ~ of everyday life 日常生活の制約[拘束].
〖F<L=境界を接している CON-+finis 境界, 終わり; cf. final〗 名 confinement.

*con·fined /kənfáɪnd/ 形 ❶〔特定の場所・集団などに〕限られた, 限定[限定]されて: Domestic violence is not ~ to certain groups. ドメスティックバイオレンスは特定の集団にのみ見られる[生じる]ものではない. ❷〈場所など〉狭い, 窮屈な. ❸ P《古》〈女性が〉お産の床にいる.

†con·fine·ment /kənfáɪnmənt/ 名 ❶ U 幽閉(すること), 監禁: in [under] ~ 監禁されて. ❷ U お産の床につくこと, 出産. b ひきこもり. ❸ U 制限(すること), 局限.

*con·firm /kənfə́ːm | -fə́ːm/ 動 ⓣ ❶〈陳述・証拠・うわさなどを〉確かめる, 確認する, 確証する《★進行形なし》: a reservation [an order] 予約[注文]を確認する / The new discovery was ~ed by further experiments. その新発見よる実験によってより正しさが確認された / [+(that)] The candidate's disclaimers ~ that we were right in our estimation. その候補者の否認発言によって我々の評価が正しかったことが立証された / [+wh-] We must ~ who is coming to the party. 誰がパーティーに出席するのかを確認しなければならない. ❷〈決心・意見などを〉強める, 固める: ~ one's determination 決意を固める / His performance ~ed (me in) my belief in him. 彼のできばえで彼に対する私の信頼が強まった. ❸《裁可・批准などで》〈条約・仮決定などを〉承認する, 追認する: The appointment was ~ed by Congress. その任命は議会で承認された. ❹《キ教》〈人に〉堅信礼を施す《★通例受身》. 〖F<L=確固たるものにする; ⇨ con-, firm〗 名 confirmation.

con·fir·mand /kάnfəmænd | kɔ́n-/ 名《教会》堅信礼志願者, 受堅者.

con·fir·ma·tion /kὰnfəméɪʃən | kɔ̀nfə-/ 名 U.C ❶ 確認(すること), 確証: in ~ of ... の確認[確証]として / seek ~ of ... の確証を求める / The information requires ~. その情報は確認を要する / We have (a) ~ that he's going to resign. 彼が近く辞任するという確証がある. ❷《キ教》堅信礼《通例幼児洗礼を受けた者が成人して信仰を告白して教会員となる儀式》.

con·fir·ma·tive /kənfə́ːmətɪv | -fə́ː-/ 形 =confirmatory.

con·fir·ma·to·ry /kənfə́ːmətɔ̀ːri | -fə́ːmətəri, -tri/ 形 確認の, 確証的な.

†con·firmed 形 A ❶ 凝り固まった, 常習的な: a ~ bachelor どうしても結婚しない男 / a ~ habit どうしても抜けない癖. ❷ 確認[確立]された: a ~ report 確認された報告.

†con·fis·cate /kάnfəskèɪt | kɔ́n-/ 動《財産を》没収する; 押収する, 差し押さえる (seize): The government ~s the illegally imported goods. 政府は輸入品をすべて押収する. 〖L<CON-+fiscus 国庫, 金庫; cf. fiscal〗 名 confiscation.

con·fis·ca·tion /kὰnfəskéɪʃən | kɔ̀n-/ 名 U.C 没収, 押収 (seizure).

cón·fis·cà·tor /-tə | -tə/ 名 没収[押収]者.

con·fis·ca·to·ry /kənfískətɔ̀ːri | -təri, -tri/ 形《税金などを》厳しく取り立てる.

con·fit /kɑːŋfíː | kɔ́n-/ 名 U《料理》コンフィ《ガチョウ・カモ・豚などの肉をそれ自体の脂肪で煮込み, 冷まして固めたもの》.

con·flab /kάnflǽb | kɔ́n-/ 名 動 (con·flabbed; con·flab·bing) 《口》=confab.

con·fla·gra·tion /kὰnfləgréɪʃən | kɔ̀n-/ 名 ❶ 大火災, 大火. ❷ 《大きな》争い; 戦争.

con·flate /kənfléɪt/ 動〈二つ以上のものを〉融合する;〈異本などを〉合成する. con·fla·tion /-ʃən/ 名

‡con·flict /kάnflɪkt | kɔ́n-/ 名 ❶ C.U a《主張などの》争い, 論争; 軋轢(あつれき), 摩擦: a ~ between father and son 父と子との間の争い / avoid ~ with one's friends 友だちとの争いを避ける / resolve a ~ over working hours 労働時間に関する対立を解消する / trade ~s 貿易摩擦. b《武力による》争い, 戦闘, 紛争《★主に新聞用語》《between, with》: engage in armed ~ 交戦する / a ~ between two countries 二国間の争い. ❷ C.U a《利害・利益などの》対立, 不一致: a ~ of interest (公私の)利害対立 / a ~ between law and compassion 法と情との対立. b《心》葛藤(かっとう)《二つ以上の欲求が対立した心理状態》: undergo [suffer] a mental [an inner] ~ 心理的葛藤を経験する, 煩悶(はんもん)する. ❸ C《予定などの》かち合うこと, ぶつかること. cóme into cónflict (with ...) (...と)衝突する; (...と)争う. in cónflict (with ...) (...と)衝突[矛盾]して: His statements are in ~ with his actions. 彼の言説は行動と一致しない. — /kənflíkt/ 動 ❶〈考え・説明・報告など〉〈...と〉一致しない, 矛盾[対立]する (clash): His statements on the subject ~ed. その問題に関する彼の陳述は矛盾していた / Your interests ~ with mine. あなたの利害は私の利害と一致しな

い. ❷ 〈予定などが〉〈…と〉かち合う: The date set for the meeting ~s with my schedule. その会合の日取りは私の予定に合わない. 【L=ぶつかり合う 〈 CON-+*fligere, flict-* 打つ, ぶつかる; cf. afflict, inflict】

con·flíct·ed 形 《米》精神的葛藤(ホッ)をかかえた.

con·flíct·ing 形 ❶考え・説明などが相いれない, 矛盾する: ~ views 対立する意見 / have ~ emotions about…に対して相反する感情をもつ.

con·flu·ence /kάnfluːəns | kɔ́nfluəns/ 名 ❶ (川の)合流点. ❷ **a** [二つ以上のものの]合流, 集合 (*of*). **b** 群衆.

con·flu·ent /kάnfluːənt | kɔ́nfluənt/ 形 ❶ 合流する, 落ち合う. ❷ [医] 融合性の.

con·flux /kάnflʌks | kɔ́n-/ 名 =confluence.

con·fo·cal /kɑnfóukəl/ 形 [数] 共焦(点)の.

*__con·form__ /kənfɔ́ːrm | -fɔ́ːm/ 動 ❶ **a** 〈人が〉〈規則・慣習などに〉従う, 〔…〕を守る (comply): ~ *to* [*with*] rules 規則に従う / We must ~ *to* the customs of the country. その国の慣習に従わなければならない. **b** 《英》国教を遵奉(ばんぽう)する. ❷ 〔…と〕同じ[同様]になる, 一致する: The outcome did not ~ *to* our expectations. 結果は我々の見込みどおりにならなかった. 【L=(同様に)形造る; ⇒ con-, form】(形 conformable, 名 conformity)

con·form·a·ble /kənfɔ́ːrməbl | -fɔ́ː-/ 形 ❶ 〔…に〕準拠した, 適合[一致]した, 合った (*to*). ❷ 〔P〕〔…に〕従順で, 従って (*to*). ❸ [地] 整合的な. **con·fór·ma·bly** /-məbli/ 副 一致して; 従順に.

con·for·mal /kənfɔ́ːrm(ə)l | -fɔ́ː-/ 形 ❶ [数] 等角の, 共形の. ❷ [地図] 正角[等角](投影)の.

con·for·mance /kənfɔ́ːrməns | -fɔ́ː-/ 名 =conformity.

con·for·ma·tion /kɑ̀nfɔːrméɪʃən, -fər- | kɔ̀nfɔː-, -fə-/ 名 ❶ U.C 形態, 構造. ❷ [化] (立体)配座, コンフォメーション. ❸ U 適合, 一致 (*to*).

con·fórm·er [化] 配座異性体《配座 (conformation) の異なる異性体》.

con·fórm·ist /-mɪst/ 名 ❶ (法律・慣行などに)従う人, 遵奉(ばんぽう)者; (むやみな)順応者. ❷ [しばしば C~] 《英》英国国教徒↔Nonconformist. — 形 体制順応的な.

*__con·form·i·ty__ /kənfɔ́ːrməti | -fɔ́ː-/ 名 ❶ U (法・慣習などに)従うこと, 服従, 準拠, 遵奉, 協調 (*with, to*). ❷ [しばしば C~] 《英》国教信奉. ❸ (外形・性質・態度などの)[…との]相似, 符合; 適合, 一致 (*to, with*). in confórmity with [to]…に従って, …を遵奉して; …と一致して: act *in* ~ *with* company regulations 会社の規則に従って行動する.

+**con·found** /kənfáʊnd/ 動 他 ❶ 〈人を〉困惑させる, ろうばいさせる, まごつかせる (cf. confounded 2): That problem ~ed me. その問題に私はまごついた. ❷ 〈予想・理論・期待などに反する結果となる, 裏切る; 〈計画など〉をくじく, 失敗させる; 〔古〕〈敵を〉圧倒する. ❸ /+kʌnfáʊnd | kɔn-/ [軽いののしりの言葉を用いて]〈…の〉のろう: C~ it [you]! こんちくしょう!, ええ, いまいましい! ❹ 混同する, 区別ができない: Don't ~ the means *with* the end. 手段を目的と混同してはいけない / ~ right and wrong 正邪の区別がつかない. 【F<L=混ぜ合わせる; ⇒ confuse】

con·fóund·ed 形 ❶ 〔口〕べらぼうに, いやに, ひどく.しかもA, べらぼうな: a ~ radical とんでもない急進論者. ❷ 困惑した, まごついた (*at, by*) (cf. confound 1).

con·fóund·ed·ly /-li/ 副 べらぼうに, いやに, ひどく.

con·fra·ter·ni·ty /kɑ̀nfrətə́ːrnəti | kɔ̀nfrətə́ː-/ 名 (宗教・慈善事業などの)団体, 協会; 結社.

con·frere, con·frère /kάnfreər | kɔ́nfreə/ 名 会員, 同僚.

*__con·front__ /kənfrʌ́nt/ 動 他 ❶ **a** 〈困難・問題などが〉〈人に〉持ち上がる, 立ちはだかる, 差し迫る (face): A great problem ~ed them. 大問題が彼らに持ち上がった. **b** [be ~ed with [by] として]〈困難・危機などに〉直面している (face): I'm ~ed *with* enormous difficulties. 大変な困難に直面している. ❷ 〈人が〉〈困難などに〉向き合う, 直面する, 正面から取り組む (face): We must ~ this economic crisis. この経済危機に立ち向かわなければなりません. ❸

373

(議論などのために)〈人と〉向かい合う, 対決する 〔*about*〕: She ~ed him in court. 法廷で彼女は彼と向かい合った. ❹ (威嚇するように)〈人・ものが〉〈人の〉前に現われる[立ちはだかる, 置かれる] [しばしば受け身]: He was ~ed by two armed men. 彼の前に武器をもった二人の男が立ちはだかった. ❺ 〈人を〉〈人・事実などに〉向き合わせる, 対決[直視]させる [しばしば受け身]〈証拠などを〉突きつける 〔★ しばしば受け身〕: The defendant was ~ed *with* the evidence against her. 被告人は自分に不利な証拠を突きつけられた.

*__con·fron·ta·tion__ /kɑ̀nfrəntéɪʃən, -frʌn- | kɔ̀n-/ 名 U.C 対立, 衝突; 対決; 立ち向かうこと; 直面: a military ~ 軍事衝突 / a ~ *between* labor and management 労使間の対立 / in ~ *with*…と対立して, …に直面して.

+**con·fron·ta·tion·al** /kɑ̀nfrəntéɪʃ(ə)nəl, -frʌn-/ 形 対決の, 衝突の; 対立する(ような), 対決的な: a ~ attitude 対決姿勢.

Con·fu·cian /kənfjúːʃən/ 孔子の; 儒教の. — 名 儒者.

Con·fu·cian·ism /-ʃənɪzm/ 名 U 儒教.

Con·fu·cius /kənfjúːʃəs/ 名 孔子《552-479 B.C.; 中国の思想家, 儒教の始祖》. 【『孔夫子』のラテン語名】

*__con·fuse__ /kənfjúːz/ 動 ❶ 〈人を〉困惑させる, まごつかせる, あわてさせる (⇒ confused 1): Her reply ~d me. 彼女の返答は私を困惑させた. ❷ 〈…を〉混同する, 〈…の〉区別がつかない (mix up): I ~d their names. 私は彼らの名前を取り違えた / Even her father ~s her and her twin sister. 父親でさえ彼女と双子の姉[妹]を間違える / I ~d physical desire *with* love. 私は肉欲と愛情を混同していた. ❸ 〈…を〉混乱させる; わかりにくくする: ~ the issue 論点をぼやけさせる. 【L=混ぜる, 混ぜる, 一緒に注ぐ〈CON-+*fundere, fus-* 注ぐ; cf. fusion〉】(名 confusion)

*__con·fused__ /kənfjúːzd/ 形 ❶ 当惑[困惑]した, とまどった, 途方に暮れた: He looked totally ~. 彼はまったく途方に暮れているようだった / I was ~ *about* the matter. その件で困惑し, まごついた. ❷ 〈考えが〉混乱した, ごちゃごちゃの: ~ ideas 混乱した考え / give a ~ explanation わけのわからない説明をする. -**fús·ed·ly** /-zɪdli/ 副 ❶ 乱雑に, ごっちゃに. ❷ 途方に暮れて, ろうばいして.

*__con·fus·ing__ /kənfjúːzɪŋ/ 形 混乱させる(ような); ろうばいさせる: ~ instructions まぎらわしい指示. -**ly** 副.

*__con·fu·sion__ /kənfjúːʒən/ 名 ❶ U.C 混乱 〔*about, over, as to*〕; 乱雑: ~ *about* [*over*] terminology 用語(法)についての混乱 / Everything is in ~. 何もかもごった返しになっている / The poor election results threw the party into ~. そのひどい選挙結果で党は混乱に陥った. ❷ U.C 混同(すること) 〔*of*〕〔*with, between, in*〕: to avoid ~ 混同しないように / a ~ *of* liberty with license 自由と放縦を混同すること. ❸ 困惑, ろうばい: in ~ 当惑[ろうばい]して. 【F<L】(動 confuse)

【類義語】confusion ものが無差別に混ざっているため, 個々の区別のつかない混乱状態. disorder ものの然るべき順序や配列が乱れていること. chaos 全面的に手の付けられないくらい極度に混乱していること. jumble 不調和なものがごたごた混ざり合っていること. muddle へま・不手際・無能力がもとで生じた混乱.

con·fu·ta·tion /kɑ̀nfjutéɪʃən | kɔ̀n-/ 名 U.C 論駁(ろんばく), 論破.

con·fute /kənfjúːt/ 動 〈議論・人などの〉誤りを立証する, 〈…を〉論駁する, 〈…を〉やり込める: an argument which cannot be ~d 論破できない議論.

Cong. 〔略〕 Congregation(al); Congregationalist; Congress; Congressional.

con·ga /kάŋɡə | kɔ́ŋ-/ 名 コンガ: **a** アフリカ原住民の踊りから発達したキューバの踊り. **b** その音楽. **c** その伴奏に用いる樽形の太鼓. — 名 コンガの踊り.

cón gàme /kάn- | kɔ́n-/ 名 =confidence game.

con·gé /kɔːnʒéɪ | kɔ́nʒeɪ/ 名 ❶ 解雇, 免職: give a person his ~ 人を免職する / get one's ~ 解雇される.

❷ いとまごい，別れのあいさつ．〖F〗
con·geal /kəndʒíːl/ 動 他 自 〈液体が〉(なかば)固まる，凝固[凝結]する；凍らせる: The jelly has not yet ~ed. ゼリーはまだ固まっていない．
con·ge·la·tion /kàndʒəléɪʃən | kɔ̀n-/ 名 ❶ U 凍結，凝固． ❷ C 凍結物，凝結物．
con·ge·ner /kándʒənə | -nə/ 名 ❶ a 同じ性質の人，同種のもの．b 〖生〗同属の動物[植物]．❷ 〖生化〗コンジナー《アルデヒドやエステルなどアルコール飲料醸造中に生ずる副産物；香りなどを左右する》．
còn·ge·néric 形 関連のある；同種の，同類の；〖生〗同属の．
con·ge·ner·ous /kəndʒíːnərəs, -dʒén-/ 形 〖生〗同属の；同類の，同種の．
con·ge·ni·al /kəndʒíːniəl/ 形 ❶ 同性質[同精神，同趣味]の，気の合った: ~ company 気の合った同士 / in ~ society 意気投合する人々と交わって． ❷ 〖健康・趣味などに〗適した，性分に合う: ~ work 性分に合った仕事 / a climate ~ to one's health 健康に適した風土. ~·ly /-njəli/ 副 気性[性分，趣味]に合って: They work ~ly together. 彼らは一緒に和気あいあいと働く．〖CON-+GENIAL〗 (名 congeniality)
con·ge·ni·al·i·ty /kəndʒìːniǽləti/ 名 U ❶ (性質・趣味などの)一致，相性．❷ 性分に合うこと，適合[適応]性．
con·gen·i·tal /kəndʒénətl, kən-/ 形 ❶ 〖病気など〗先天性の，先天的な: a ~ disease 先天性の病気．❷ 〈欠点など〉根っからの，直りようがない；〈人が〉生まれつきの，生まれつき…である人: a ~ screw-up 〈米俗〉 どうしようもないろくでなし． -tal·ly /-təli/ 副 先天的に，生まれつき，根っから: He's ~ly handicapped with a hearing problem. 彼は生まれつき難聴という不利な条件を負っている．〖L=同時に生じた〈CON-+genitus 生まれた; cf. genital〗
⁺**cón·ger (éel)** /káŋɡə- | kɔ́ŋɡə-/ 名 〖魚〗アナゴ．
con·ge·ries /kándʒəriːz, kɔ́n-/ 名 (複 ~) 寄せ集め；堆積(たい)，集積〔of〕．
con·gest /kəndʒést/ 動 ❶ 〈車などが〉〈道路・都市など〉を渋滞させる，混雑させる (⇒ congested 1): Traffic ~ed the street. 通りは交通渋滞だった．❷ 〖医〗〈…〉を充血(じゅう)させる． ── 〖医〗充血[鬱血]する．〖L=運び集めるくCON-+gerere, gest- 運ぶ; cf. gesture〗 (名 congestion)
⁺**con·gést·ed** 形 ❶ 密集した，混雑した: ~ traffic 交通渋滞 / a ~ city 過密都市 / Traffic was very ~. 道がひどく渋滞していた / The traffic ~ was with ~ traffic. 通りは交通渋滞だった．❷ 充血[鬱血]した．❸ 鼻づまりの．
⁺**con·ges·tion** /kəndʒéstʃən/ 名 U ❶ 密集，(人口の)過剰；過密；(交通などの)渋滞: the ~ of cities 都市の過密化 / traffic ~ 交通渋滞．❷ 〖医〗充血，鬱血: ~ of the brain 脳充血．❸ 鼻づまり．〖F<L〗 (動 congest)
congéstion chàrging 名 =road pricing.
con·ges·tive /kəndʒéstɪv/ 形 充血性の．
con·glob·u·late /kəŋɡlɔ́bjulèɪt | kən-/ 動 他 自 球状に集まる．
⁺**con·glom·er·ate** /kəŋɡlɔ́m(ə)rət | -ɡlɔ́m-/ 名 ❶ 複合企業，コングロマリット〔多くの異なった企業を吸収併合した多角経営の大会社〕．❷ 集塊，集団，集成体．❸ 〖地〗礫岩(れきがん)，子持ち石． ── 形 ❶ 複合企業の，コングロマリットの．❷ 丸く固まった，集団になった；密集性の．❸ 〖地〗礫岩(れきがん)質の，集塊性の． ── /-mərèɪt/ 動 他 〈…〉を丸く固める，団塊状に集める． ── 自 ❶ 丸く固まる，団塊状に集まる．❷ 〖L=固める，丸めるくCON-+glomus, glomer- 玉〗
con·glom·er·a·tion /kəŋɡlɔ̀m(ə)réɪʃən | -ɡlɔ̀m-/ 名 ❶ C 雑多な寄せ集め: a ~ of ideas さまざまな思想の寄せ集め．❷ U 集塊状に集まる[める]こと．❸ C 凝塊，集塊．
Con·go /káŋɡou | kɔ́ŋ-/ 名 ❶ [the ~] コンゴ川《アフリカ中部から大西洋に注ぐ; 別称 Zaire 川》．❷ [(the) ~] コンゴ: **a** コンゴ地方の共和国 (the Republic of the Congo); もとフランス領; 首都 Brazzaville. **b** アフリカ中部の共和国 (the Democratic Republic of Congo); 旧称 Zaire; 首都 Kinshasa.

Con·go·lese /kàŋɡəlíːz | kɔ̀ŋ-ˈˈ/ 形 コンゴの；コンゴ人の． ── 名 ❶ (複 ~) コンゴ人．❷ U コンゴ語．
con·grats /kəŋɡrǽts/ 間 〖口〗 おめでとう！ 〖CONGRAT(ULATION)S〗
⁑**con·grat·u·late** /kəŋɡrǽtʃulèɪt, -ɡrǽdʒu- | -ɡrǽtʃu-/ 動 他 ❶ 〔…のことで〕〈人〉を祝う，〈人に祝いの言葉を述べる〉（★ 記念日やうれしい出来事を祝うのは celebrate): I ~ you *on* your marriage. ご結婚おめでとう / I ~ you *on* passing the examination. 試験に合格おめでとう． ❷ 〔…のことで〕〈人〉を称賛する，ほめる，たたえる（★ 通例受身): She is to be ~*d for* her leadership in the project. 彼女がそのプロジェクトで指導者としての役割を果たしたことは称賛に値する．❸ [~ oneself で] 〔…のこと〕を喜ぶ；〔…に〕自信[誇り]を持つ: He ~*d himself on* his escape. 彼はうまく逃げおおせたことを喜んだ．〖L<CON-+*gratulari, gratulat-* 喜ぶ《*gratus* 喜ばしい，感謝に満ちた; cf. grateful》〗 (名 congratulation, 形 congratulatory)
⁑**con·grat·u·la·tion** /kəŋɡrǽtʃuléɪʃən, -ɡrǽdʒu- | -ɡrǽtʃu-/ 名 ❶ U 祝い，祝賀，慶賀: a speech of ~ 祝辞 / a matter for ~ めでたいこと．❷ **a** [複数形で] 祝辞: offer one's ~s 祝辞を呈する / Please accept my sincere ~s (*up*)*on* your success. ご成功を心からお喜び申し上げます． **b** [Congratulations! で] 間投詞的に] おめでとう〔on〕（★ 個人的な祝い事に用い, 新年のあいさつなどには用いない). (動 congratulate)
con·grat·u·là·tor /-ṭə- | -tə-/ 名 喜び[祝辞]を述べる人，祝賀の客．
con·grat·u·la·to·ry /kəŋɡrǽtʃulətɔ̀:ri, -ɡrǽdʒu- | -ɡrǽtʃulèɪtəri, -tri/ 形 祝賀の: a ~ address 祝詞, 祝辞 / send a ~ telegram 祝電を打つ．
con·gre·gant /káŋɡrɪɡənt/ 名 (ほかの人びとと共に)集まる人, (特に宗教的な)会衆の一人．
⁺**con·gre·gate** /káŋɡrɪɡèɪt | kɔ́ŋ-/ 動 自 集まる: The directors ~*d* in the conference room. 重役たちは会議室に集まった．── 他 〈…〉を集める，集団的に．〖L<CON-+*gregare, gregat-* 集める《*grex, greg-* 群れ; cf. garious)》〗 (名 congregation, 形 congregational)
⁺**con·gre·ga·tion** /kàŋɡrɪɡéɪʃən | kɔ̀ŋ-/ 名 ❶ C [集合的；単数または複数扱い] (礼拝に集まる)会衆；(ある教会に所属する)信徒たち: deliver a sermon to the ~ 会衆に説教をする．❷ U 集合．❸ U 集合，会合．
con·gre·ga·tion·al /kàŋɡrɪɡéɪʃ(ə)nəl | kɔ̀ŋ-ˈˈ/ 形 ❶ 会衆の，集合の．❷ [C~] 会衆派の: the C~ Church 会衆派教会，組合教会《英国国教会から分離した一派で各教会の独立自治を基本とするプロテスタント》．
Còn·gre·gá·tion·al·ism /-ʃ(ə)nəlɪ̀zm/ 名 U 会衆派教会主義．
Còn·gre·gá·tion·al·ist /-ʃ(ə)nəlɪst/ 名 会衆派教会信者．
⁑**con·gress** /káŋɡrəs | kɔ́ŋɡres/ 名 ❶ [C~] U (米国の)議会，国会；(中南米共和国の)国会，議会: an act of C~ 法令《議会で制定され大統領の批准を経た法律》 / a member of C~ 米国会議員 / in C~ 国会開会中で． ❷ C (代表者などの正式の)大会議，評議会，学術大会: an International PEN c~ 国際ペンクラブ大会 / hold a medical ~ 医学大会を開く．〖L=一緒にやって来る，出会う〈CON-+*gradi*, *gress-* 歩く, 行く, 進む (cf. progress)〗 (形 congressional)

┌─────────────────────────────────┐
|解説| 米国の議会は上院 (the Senate) と下院 (the House of Representatives) から成り，上院議員 (Senator) は 100 名で各州から 2 名ずつ選ばれ，任期 6 年で 2 年ごとに 1/3 ずつ改選．President of the Senate (上院議長) は副大統領が兼任する．一方下院議員 (Representative, Congressman [Congresswoman]) は 435 名で人口比によって選ばれる．2 年ごとに全員改選．議席配分は各州最低 1 議席で，10 年ごとに国勢調査の結果をふまえて見直される．Speaker of the House (下院議長) は下院の多数党から選出する (cf. diet², parliament 1 a).
└─────────────────────────────────┘

*con·gres·sion·al /kəŋgréʃ(ə)nəl/ 形 ❶ [しばしば C~] (米国の)議会の, 国会の: a C~ district 下院議員選挙区. ❷ 会議の; 集会の. the Congressional Medal (of Honor)《米》名誉勲章《議会の名において大統領が特別の殊勲のあった軍人に対して親授する最高勲章; the Medal of Honor ともいう》.

Congressional Record 名 [通例 the ~]《米》連邦議会議事録.

*con·gress·man /káŋgrəsmən | kɔ́ŋgres-/ 名 (複 -men /-mən/) [しばしば C~]《米国の》連邦議会[国会]議員;(特に)下院議員《★ congressman, congresswoman を用いずに, 男女共通の congressperson (複 congresspeople) を用いることがある; ⇒ congress 解説》.

cóngress·pèrson 名 (複 cóngress·pèople)《米国の》国会議員, (特に)下院議員《男女の区別を避ける時に用いる》.

cóngress·wòman 名 (複 -women) [しばしば C~]《米国の》女性国会議員;(特に)女性下院議員.

con·gru·ence /káŋgru:əns, kəŋgrú:- | kɔ́ŋgru-/ 名 U ❶ 適合, 一致, 調和. ❷ 〔数〕(2 図形の)合同.

con·gru·ent /káŋgru:ənt, kəŋgrú:- | kɔ́ŋgru-/ 形 ❶ =congruous. ❷ 〔数〕(2 図形の)合同の 〈with〉.

con·gru·i·ty /kəŋgrú:əṭi/ 名 a U 適合(性), 一致, 調和. b U [通例複数形で] 一致点. ❷ U 〔機〕(図形の) 合同性.

con·gru·ous /káŋgruəs | kɔ́ŋ-/ 形 ❶ 一致する, 適合する; 適切な 〈to, with〉. ~·ly 副

con·ic /kánɪk/ 名 〔数〕円錐(5%)(cone)の.

cón·i·cal /-nɪk(ə)l/ 形 円錐(えい)(体, 形)の: a ~ hat 円錐形の帽子. ~·ly /-kəli/ 副

cónic [cónical] projéction 名 〔地図〕円錐図法.

cónic séction 名 円錐曲線.

co·nid·i·um /kənídiəm/ 名 (複 -dia /-diə/)〔植〕分生子《菌類の無性的胞子》.

*con·i·fer /kánəfə | kɔ́nɪfə/ 名 〔植〕球果(ちょう)植物, 針葉樹《マツ・モミ・イトスギなど》.《L conus 松かさ+ferre 結ぶ; cf. transfer》

co·nif·er·ous /kounífə(ə)rəs/ 形 球果を結ぶ; 針葉樹の: a ~ tree 針葉樹 / a ~ forest 針葉樹林.

co·ni·form /kóunəfɔːm/ -fɔːm/ 形 円錐形の.

co·ni·ine /kóuniì:n/ 名 U 〔化〕コニイン《ドクニンジンに含まれる有毒成分; 医薬用》.

conj. conjugation; conjunction; conjunctive.

con·jec·tur·al /kəndʒéktʃ(ə)rəl/ 形 ❶ 推測的な[上の], 確定的でない. ❷ 憶測好きな.

+**con·jec·ture** /kəndʒéktʃə | -tʃə/ 名, U.C ❶ 推量, 推測, 憶測: (a) pure [mere] ~ まったくの[単なる]憶測 / hazard a ~ あてずっぽうを言ってみる / make [form] ~s on [upon] …に推測を下す / I don't agree with his ~ that there will be a big earthquake in the near future. 近いうちに大地震があるという彼の推測には賛成できない. ❷ U 判読, 校訂《で本文にない部分の推定による読み》. ― 動 他 ❶ …を推測する: I do not ~ an immediate drop in demand. 私は需要がすぐに落ち込む(だろう)とは憶測していない / He ~d that his proposal would be accepted. 彼は自分の提案が受け入れられるだろうと推測した / Can you ~ why this has happened? どうしてこれが起こったのか推測できますか. ❷ 判読する. ― 自 推測する, あてずっぽうを言う.《L ← conicere 推測する, (頭の中で)まとめる 〈 CON-+jacere, jact, -ject- 投げる; cf. jet¹》【形 conjectural】【類義語】⇒ guess.

con·join /kəndʒɔ́ɪn/ 動 自 他 結合する, 連合する.

conjóined twíns 名 複〔医〕結合双生児 (Siamese twins ともいう).

con·joint /kəndʒɔ́ɪnt/ 形 ❶ 結合した, 連合[合同]の. ❷ 共同の, 連帯の. ~·ly 副 共同で, 連帯して.

con·ju·gal /kándʒʊg(ə)l | kɔ́n-/ 形 A 夫婦(間)の; 結婚の, 婚姻(上)の. ~·ly -gəli/ 副

con·ju·gal·i·ty /kàndʒʊgǽləṭi | kɔ̀n-/ 名 U 婚姻(状態), 夫婦であること.

cónjugal ríghts 名 複〔法〕夫婦同居[性交]権《夫婦間の性交を求める権利》.

cónjugal vísit 名 夫婦面会《受刑者を配偶者が刑務所に訪れること; 看守立会い抜きで面会でき, 性交が許される》.

con·ju·gate /kándʒʊgèɪt | kɔ́n-/ 動 他〔文法〕〔動詞を〕活用[変化]させる; 活用[変化]をあげる. ― 自 ❶〔文法〕(動詞が)変化[活用]する. ❷〔生〕(単細胞生物などが)接合する. ― /-gət/ 形 ❶ (対(?)になって)結合した. ❷〔生〕接合の. ❸〔植〕葉が対の, 対をなす. ❹〔数·化〕共役の.

con·ju·ga·tion /kàndʒʊgéɪʃən | kɔ̀n-/ 名 ❶〔文法〕U.C (動詞の)活用, 語尾変化: (a) regular [irregular] ~ 規則[不規則]活用 / (a) strong ~ 強変化《母音変化によるもの》/ (a) weak ~ 弱変化《-ed, -t の語尾変化によるもの》. b C (動詞の)活用形. U.C 結合, 連結, 配合. ❸ U〔生〕(単細胞生物の)接合.

con·junct /kəndʒʌ́ŋ(k)t/ 形 ❶ 結合した, 連結した, 共同の. ❷〔文法〕接続形の (I'll の 'll などにいう). ❸〔楽〕順次進行の. ❹〔天〕(2 惑星などの)合の (cf. conjunction 3).

con·junc·tion /kəndʒʌ́ŋ(k)ʃən | kɔ̀n-/ 名 ❶ C 結合, 連結; [通例単数形で] (事件などの)同時発生, 続発: The accident was caused by a ~ of three mistakes. この事故は 3 つのミスが重なって生じた / in ~ with …と関連して, …と合同[連絡]して, …とともに. ❷ C〔文法〕接続詞《★この辞書ではこの記号を用いる》: coordinating ~s 等位[対等]接続詞《対等の語句を接続する and, but など》/ subordinating ~s 従位[従属]接続詞《従節を主節に接続する if, though など》. ❸ U.C〔天〕(2 惑星などの)合, (月の)朔(ﾆ)(など).《F ← L=連結, 結合; ⇒ con-, junction》

con·junc·ti·va /kàndʒʌ̀ŋ(k)táɪvə | kɔ̀n-/ 名 (複 ~s, -vae /-vi:/)〔解〕(眼球の)結膜.

con·junc·tive /kəndʒʌ́ŋ(k)tɪv/ 形 ❶ 結合[接合, 連結]の. ❷〔文法〕接続的の. ― 名〔文法〕接続語. ~·ly 副

con·junc·ti·vi·tis /kəndʒʌ̀ŋ(k)təváɪṭɪs/ 名 U〔医〕結膜炎.

con·junc·ture /kəndʒʌ́ŋ(k)tʃə | -tʃə/ 名 ❶〔出来事などの〕結びつき, からみあい, 巡り合わせ 〈of〉. ❷ 急場, 危機.

con·ju·ra·tion /kàndʒʊréɪʃən | kɔ̀n-/ 名 U まじない, 呪(?)文, 魔法.

+**con·jure** /kándʒə, kʌ́n- | kʌ́ndʒə/ 動 他 ❶ 魔法[手品]で[魔法を使ったかのように] 〈…を〉ある状態にさせる[〈…を〉得る, 作り出す]: The juggler ~d a rabbit *out of* the top hat. 奇術師はシルクハットから手品を使ってウサギを取り出した. ❷ (古) 懇願[祈願]する. ― 自 魔法[手品]を使う. **a náme to cónjure with** 重要な[有力な, 魅力に富んだ, 想像力をかき立てる]人[もの]の名: As a candidate George Smythe would be *a name* to ~ *with*. 立候補者としてジョージスマイズは有力な名となるであろう. **cónjure úp** (+副) [~+up+名] (1) 〈…を〉魔法を使ったかのように得る[成す, 作り出す]: ~ up new ideas [an excuse] 新しいアイデア[言い訳]をひねり出す ― ~ up mouthwatering dishes (out of leftovers) (残りものから)よだれが出るような料理を魔法のように作る. (2) 〈…を〉思い起こさせる, 心によみがえせる (evoke): ~ up visions of the past 過去の光景を思い起こさせる. (3) 呪文を唱えて[魔法を使って] 〈死霊·鬼神などを〉呼び出す.《F ← L=誓い合う ← CON-+jurare 誓う; ⇒ jury》

con·jur·er, con·jur·or /kándʒ(ə)rə, kʌ́n- | kʌ́ndʒ(ə)rə/ 名 ❶ 手品師, 奇術師. ❷ 魔法使い.

cón·jur·ing /-dʒ(ə)rɪŋ/ 名 手品(の), 奇術(の) (magic).

conk¹ /káŋk, kɔ́:ŋk | kɔ́ŋk/ 《俗》 名 ❶《英》 a 頭 b 鼻, 鼻 [頭]への一撃. ― 動 他 〈人の〉頭をぶん殴る.

conk² /káŋk, kɔ́:ŋk | kɔ́ŋk/ 動 (口) ❶ 〈機械などが〉故障する, 止まらなくなる 〈out〉. ❷ a 〈人が〉気絶する; 死ぬ 〈out〉. b《米》眠り込む 〈out〉.

con·ker /káŋkə, kɔ́:ŋkə | kɔ́ŋkə/ 名《英》❶ C (口) マロニエ (horse chestnut) の実. ❷ [~s で; 単数扱い] トチの実遊び《トチの実を糸に通し互いに打ち合い, 相手のものを割る子供の遊び》.

cón màn 名《俗》=confidence man.

con mo·to /kɑnmóutou | kɔn-/ 副《楽》動きをもって, 元気よく, コン・モートで.

conn /kǽn | kɔ́n/ 動 ⦅船・飛行機などの⦆操舵[コース]を指揮する. ——名 [the ~] 操舵[操艦]指揮; 操舵指揮者の位置.

Conn. ⦅略⦆ Connacht; Connecticut.

Con·nacht /kɑ́nɔːt | kɔ́n-/ 名 コナハト地方《アイルランド共和国北西部の一地方; 略 Conn.⦆

con·nate /kɑ́neɪt | kɔ́neɪt/ 形 ❶ 生得の, 先天的な. ❷ 同時発生の, 同性質の. ❸ 《地》《水が》同生の. ❹ 《生》合着(ぷ_{ちゃ})の. **~·ly** 副

con·nat·u·ral /kənǽtʃ(ə)rəl | kɔ-/ 形 生まれつきの, 生来の, 固有の 〔to, with〕; 同性質の. **~·ly** 副

__con·nect__ /kənékt/ 動 他 ❶ ⦅…を⦆つなぐ, 連結[結合, 接続]する (↔ disconnect): C~ these two electric cords. これら2本の電線をつなぎなさい / This road ~s London and Dover. この道路はロンドンとドーバーをつないでいる / a computer (up) to a power supply コンピューターを電源につなぐ / ~ a PC to the Internet [a printer] パソコンをインターネット[プリンター]に接続する / Technology ~s science with industry. 科学技術は科学と産業を結びつける. ❷ ⦅人・場所などを⦆電話でつなぐ: You're ~ed. [電話で]つながりました, (相手が)お出になりました / Please ~ me to [with] Mr. Smith. スミスさんにつないでください ⦅★⦅英⦆では Please put me through to Mr. Smith. のほうが一般的; cf. PUT through ⦅成句⦆(2)⦆. ❸ ⦅…を⦆⦅…と⦆結びつけて考える, 連想させる; [...と]関連づける, 結びつける (associate): People from other countries often ~ Japan *with* Mt. Fuji. 外国人は日本というと富士山を連想する / There is nothing solid to ~ him *with* the bribery. 彼が贈収賄と結びつけられるような確実なものは何もない. ❹ ⦅…に⦆関係している, 関連させる, 関係づける (⇒ connected 1). ——自 ❶ つながる, 連絡する 〔*to, with*⦆: Two roads ~ here. ここで二つの道路がつながっている / The two rooms ~ by a door. その二つの部屋はドアでつながっている / ~ *to* the server サーバーに接続する. ❷ ⦅列車・飛行機などが⦆接続する, 連絡する: This flight ~s *with* one to Boston at New York. この航空便はニューヨークでボストン行きの便に連絡する. ❸ ⦅…と⦆気持ちが通じる, ⦅…に⦆共感する 〔*with*⦆. ❹ ⦅スポーツ⦆〔ヒットなどを〕打つ; ⦅バスなどに⦆成功する 〔*for*⦆. ❺ ⦅口⦆《体・打撃などが》⦅…に⦆あたる, 命中する. **~·er** 名 〖L ＜ CON-+*nectere*, *nex*-* 結ぶ; cf. annex〗 形, connective; 関形 conjunctive〗 【類義語】⇒ unite.

__con·nect·ed__ /kənéktɪd/ 形 ❶ 関係のある, 関連した 〔*to, with*⦆: ~ ideas 互いに関連した思想 / The two events are closely ~. その二つの出来事は密接に関連している. ❷ つながった, 連絡した; 接続した: The hospital consists of three ~ buildings. その病院は3つの連結した建物からなる / a network-*connected* printer ネットワークでつながったプリンター. ❸ ⦅P⦆〔しばしば複合語で〕⦅…の⦆親戚関係で: She's well ~ in the business world. 実業界では彼女はずいぶんコネがある / ⇒ wellconnected / She's ~ *with* the family by marriage. 彼女はその一族と姻戚関係にある⦅その一族の人と結婚している⦆. **~·ly** 副 **~·ness** 名 U 連帯感, 一体感; 人々のつながり, 連絡.

Con·nect·i·cut /kənétɪkət/ 名 コネティカット州⦅米国北東部の州; New England にある; 州都 Hartford /hɑ́ːtfəd | hɑ́ːtfəd/; 略 Conn., ⦅郵⦆ CT; 俗称 the Constitution State⦆. 〖N-Am-Ind=千満のある長い川のところ〗

con·néct·ing ròd 名 ⦅機⦆ ⦅機関の⦆連接棒.

__con·nec·tion__ /kənékʃən/ 名 ❶ CU (因果的・論理的な)関係, 関連: (a) direct [strong] ~ 直接的な[強い]関係 / have a [no] ~ *with*...と関係がある[ない] / make a ~ *with*...と関係をつける, 関連づける / There's an established ~ *between* smoking and cancer. 喫煙とがんにははっきりとした因果関係がある. ❷ U 連結(すること), 結合, 連絡; C 結合部〔*to, with*⦆: the ~ of a hose *to* a faucet ホースを蛇口につなぐこと / a loose ~ 不良接続[触]. ❸ C ⦅列車・飛行機などの⦆連絡, 接続; 乗り換え; 接続便: make a ~s at Charleston for St. Louis チャールストンでセントルイス行きの(他の列車・飛行機に)乗り換える〔接続する〕 / make [miss] one's ~ ⦅人の⦆接続する列車(など)に間に合う〔遅れる〕 / a ~ to Tokyo 東京への接続便. ❹ C 〔通例複数形で〕 a 親類, 有力な知人, 縁故, 「コネ」: a man of good ~s いい縁故のある人 / use one's ~s コネを利用する / She is one of my ~s. 彼女は私の親戚の一人だ. b C ⦅商売上の⦆得意先, 取引先: His business has good ~s in the US. 彼の商売はよい得意先が合衆国にある. ❺ C ⦅電話などの⦆接続: have a bad ~ ⦅電話の⦆接続状況が悪い / establish a ~ to the Internet インターネットへの接続を確立する / a wireless LAN ~ 無線 LAN 接続. ❻ C ⦅比⦆気持ちが通じること, 理解[共感]すること. ❼ C ⦅米口⦆麻薬密売組織; 麻薬取引. in connéction with...に関しての⦅の⦆, ...に関連して. in this [thát] connéction この[その]点について. 〖L ⇒ connect〗

con·néc·tion·ism /-ʃənɪzm/ 名 U コネクショニズム⦅記憶は脳の中のいくつかの基本ユニットに分散されており, これらのユニットの間の神経結合が活性化されることによって頭脳が機能するという記憶理論⦆.

con·nec·tive /kənéktɪv/ 形 ❶ 接続の, 結合の, 連接の: ~ tissue 〖解〗 結合組織. ❷ 〖文法〗⦅語が⦆連結の. ——名 ❶ 〖文法〗連結語⦅接続詞・関係詞など⦆. ❷ 連接, 接続, 連結, 連係. **~·ly** 副

con·nec·tiv·i·ty /kɑ̀nektívəti | kɔ̀n-/ 名 U 連結性.

con·néc·tor 名 ❶ 連結者[物]. ❷ ⦅鉄道⦆連結手[器]. ❸ 〖電〗接続装置, コネクター.

con·nex·ion /kənékʃən/ 名 ⦅英⦆ ＝connection.

Con·nie /kɑ́ni | kɔ́ni/ 名 ❶ コニー⦅女性名; Constance の愛称⦆. ❷ コニー⦅男性名; Conrad, Cornelius の愛称⦆.

cón·ning tòwer /kɑ́nɪŋ- | kɔ́n-/ 名 ❶ ⦅軍艦の⦆司令塔. ❷ ⦅潜水艦の⦆展望塔.

con·nip·tion /kənɪ́pʃən/ 名 ⦅俗⦆ ⦅興奮・激怒の⦆発作, かんしゃく. **hàve [thrów] a conníption (fìt)** かんしゃくを起こす.

con·niv·ance /kənáɪvəns/ 名 U ❶ ⦅悪事を⦆見て見ぬふりをすること, 黙認 〔*at, in*⦆. ❷ 共謀 〔*with*⦆.

con·nive /kənáɪv/ 動 自 ❶ ⦅ひそかに⦆共謀する (conspire): ~ *with* a person *in* a crime [*to* steal money] 人とひそかに共謀して犯罪を犯す〔金を盗む〕 / They ~d *to* kill him. 彼らは共謀して彼を殺そうとした. ❷ ⦅悪事を⦆見て見ぬふりをする, 黙認する ⦅★ ~ at は受身で⦆: She ~d *at* his embezzlement. 彼女は彼の横領を黙認した. 〖F＜L=目を閉じる〗

†**con·nois·seur** /kɑ̀nəsə́ː | kɔ̀nəsə́ː/ 名 ⦅美術品などの⦆鑑定家, 目きき; くろうと 〔*of, in*⦆. 〖F〗

connoisséur·shìp 名 U 鑑識眼.

Con·nol·ly /kɑ́nəli | kɔ́n-/, **Mau·reen** /mɔːríːn/ 名 コナリー, コノリー (1934–69; 米国のテニス選手; 女性初の Grand Slam を達成).

Con·nors /kɑ́nəz | kɔ́nəz/, **Jimmy [James Scott]** 名 コナーズ (1952– ; 米国のテニス選手).

†**con·no·ta·tion** /kɑ̀nətéɪʃən | kɔ̀n-/ 名 ❶ C 言外の意味, 含蓄, 含意: Celibacy carries ~s of asceticism and religious fervor. 修道者の独身主義には禁欲と宗教的熱情の意が含まれる. ❷ U 〖論〗内包 (↔ denotation). 〖L〗⦅動 connote⦆

con·no·ta·tive /kɑ́noutèɪtɪv, kǽnətèɪt- | kɔ́nnətèɪt-, kənóut-/ 形 ❶ 言外の意味を暗示する 〔*of*⦆. ❷ 〖論〗内包的な (↔ denotative). **~·ly** 副

con·note /kənóut/ 動 他 ❶ 《語が》⦅言外の意味を⦆含む, 含蓄する, 意味する (たとえば father の意味には「父」だが, そのほかに「厳格」「祖先」などの意味をもつことを言う): The word 'portly' ~s dignity. portly という語は威厳の⦅観念⦆を暗示する. ❷ (結果・付随状況として)⦅…を⦆伴う: Crime ~s punishment. 犯罪には罰が伴うものだ. ❸ 〖論〗⦅…を⦆内包する (↔ denote). 〖L; ⇒ con-, note〗

con·nu·bi·al /kən(j)úːbiəl | -njúː-/ 形 A 結婚の, 婚姻

co·no·dont /kóunədànt | -dɔ̀nt/ 形 《古生》コノドント《古生代の絶滅した海底の無脊椎動物のものといわれる小さな歯のような微化石》.

co·noid /kóunɔɪd/ 形 円錐形[状]の. ── 名 ❶《数》円錐曲線体, コノイド. ❷ 尖円体のもの(銃弾など).

co·noi·dal /kóunɔ́ɪdl/ 形 =conoid.

*con·quer /kάŋkə | kɔ́ŋ-/ 動 ❶〈国などを〉征服する, 武力で奪う;〈敵を〉攻略する: ~ a country 国を征服する. ❷〈競争相手などに〉勝つ, 勝利を得る.〈精神力で〉〈激情を〉抑える;〈習慣などを〉打ち破える;〈困難などを〉克服する,〈高峰を〉登り切る: ~ a bad habit 悪い習慣に打ち勝つ / ~ Mt. Everest エベレスト山を征服する. ❸〈愛情などを〉獲得する: ~ a person's heart 愛情を勝ち取る. ── 動《文》征服する; 勝利を得る, 勝つ: stoop to ~ 負けて勝つ.〚F＜L＝得る, 捜し求める (CON-+qu(a)erere, qu(a)est-捜す, 求める (cf. question); ⇒ conquest)〛【類義語】⇒ defeat.

con·quer·a·ble /kάŋkərəbl | kɔ́ŋ-/ 形 征服できる; 克服できる, 打ち勝てる.

⁺**cón·quer·or** /-kərə | -rə/ 名 征服者, 戦勝者; [the C~] 征服王 (Normandy 公 William 1 世; 1066 年イングランドを征服した).

⁺**con·quest** /kάŋkwest, kάŋ- | kɔ́ŋ-/ 名 ❶ a U 《武力などによる》征服: the ~ of Spain by the Moors ムーア人によるスペインの征服 / The ~ of cancer is imminent. がんの征服はもうすぐだ. b [the C~]=Norman Conquest. ❷ C 占領地, 征服地. b〈どき落とした人, なびいてきた女[男]. ❸ U 克服(努力による)獲得, 《特に未登峰の》征服《of》. **máke a cónquest of** ...を征服する;〈人の愛情を得る.【類義語】⇒ victory.

con·quis·ta·dor /kɑnkí:stədɔ̀ə | kɔnk(w)ístədɔ̀ | kɔnk(w)ístədɔ́ː-/(複 ~**s, -do·res** /kɑnk(w)ɪstədɔ́ːriːz | kɔnk(w)ɪstədɔ́ːreɪz/) 名 征服者《特に 16 世紀にメキシコ・ペルーを征服したスペイン人》.

Con·rad /kάnræd | kɔ́n-/ 名 コンラッド《男性名; 愛称 Connie》.

Conrad, Joseph 名 コンラッド (1857-1924; ポーランド生まれの英国の小説家).

cón ròd 名《英口》=connecting rod.

Cons.《略》Conservative.

con·san·guine /kɑnsǽŋgwɪn | kɔn-/ 形 =consanguineous.

con·san·guin·e·ous /kὰnsæŋgwíniəs | kɔ̀n-͡/ 形 血族の, 血を分けた, 同族の: ~ marriage 血族結婚.

con·san·guin·i·ty /kὰnsæŋgwínəṭi | kɔ̀n-/ 名 U 血族, 親族(関係), 同族.

*con·science /kάnʃəns | kɔ́n-/ 名 C,U 良心, 道義心, 善悪の観念: a person with a [no] ~ 良心的な[でない]人 / a matter of ~ 良心の(決める)問題 / a good [clear] ~ やましくない心, 安らかな心 / a bad [guilty] ~ やましい心, 罪悪感 / freedom of ~ 良心の自由 / the prick of ~ 良心の呵責(か) / have no ~ 善悪の区別がつかない, どんな悪事でもしかねない. **éase [cléar] a person's cónscience** 人を安心させる, 人の気を楽にさせる. **for cónscience(')** sake 気安めに; 良心を安めるため, お願いだから. **háve...on one's cónscience** ...を気にやむ, やましく思う: He *has* a lot *on his* ~. 彼はいろいろな事を気にやんでいる. **in áll [góod] cónscience** (1) 良心に順みて, 道義上: I can't, *in all* ~, do such a thing. とてもそんな事はする気になれない. (2) 確かに: What he says sounds very strange, *in all* ~. 彼の言うことは確かに奇妙に思える.〚F＜L＜*conscire* (罪を)自覚する CON-+*scire* 知る (cf. science)〛形 conscientious)

cónscience clàuse 名《法》良心条項《信教の自由・兵役の拒否などを認めるもの》.

cónscience mòney 名 U 《脱税者などが匿名でする》罪滅ぼしの献金, 償いの献金.

cónscience-smìtten 形 =conscience-stricken.

cónscience-strìcken 形 良心の呵責を感じて, ためらめて.

---

377 **consecutive**

⁺**con·sci·en·tious** /kὰnʃién∫əs | kɔ̀n-͡/ 形 ❶〈人·行為が〉良心的な, 誠実な. ❷ 注意深い, 念入りな: a ~ worker 細心の注意を払って働く人 / Be more ~ *about* your work. もっと慎重に仕事をしなさい. ~**·ly** 副 ~**·ness** 名 〚L〛 conscience)【類義語】⇒ honest.

consciéntious objéction 名 U 良心的参戦[兵役]拒否.

consciéntious objéctor 名《宗教上などの理由による》良心的参戦[兵役]拒否者《略 CO》.

con·sci·a·ble /kάnʃəbl | kɔ́n-/ 形 良心的な.

*con·scious /kάnʃəs | kɔ́n-/ 形 (more ~; most ~) ❶ P […を]意識して, 知って, […に]気づいて (↔ unconscious): We are ~ *of* the need to protect the environment. 環境を守る必要性を意識している / I was ~ *of* being lifted from the ground. 体が地面から持ち上げられるのに気づいた / [+(that)] She was ~ *that* her strength was failing. 彼女はだんだん体力が衰えてゆくのを意識していた. ❷ P 〈人が〉意識があって, 知覚反応がある: become fully ~ 完全に意識が戻る[正気づく] / He is barely ~. 彼はほとんど意識がない. ❸ A 意識的な, わざとらしい: a ~ smile 作り笑い / a ~ decision 意識的な決断. ❹〈思考·記憶など〉自覚[意識]される[している, できる], 意識上の, 顕在的な: the ~ mind 顕在意識 / (a) ~ memory 顕在(的)記憶. ❺〘通例複合語で〙(...の)意識の強い: ~ class-conscious / fashion-*conscious* 流行に敏感な.〚L=自覚している, (秘密などを)分かち合っている CON-+*scire* 知る; cf. science〛名 consciousness)【類義語】⇒ aware.

⁺**con·scious·ly** 副 ❶ 意識して, 意識的に, わざと. ❷ 自覚[意識]できるように, 意識上, 顕在的に.

*con·scious·ness /kάnʃəsnəs | kɔ́n-/ 名 ❶ U (知覚反応による)意識: lose ~ 意識を失う / regain [recover] ~ 意識を回復する, 正気づく. ❷ U [また a ~] a 問題·事物(の存在)に対する意識, 自覚: raise public ~ *about* [*of, on*]...について人々の意識を高める. b […に]気づいていること, 感知: a dim ~ *of* injustice 不公平だという漠然とした意識. ❸ U (集団の共有する)意識, 考え方, 信念, 心情: race ~ 民族意識 / Is the notion of gender equality firmly embedded in the Japanese ~? 男女平等の考え方は日本人の意識の中にしっかりと定着しているだろうか. ❹ U 《心·哲》意識, 心象. **(the) stream of cónsciousness** ⇒ stream 名 成句.

cónsciousness-ràising 名 U 《社会·政治問題などの》意識昂揚(法).

con·script /kάnskript | kɔ́n-/ 名 徴集兵 (cf. volunteer). ── 形 U 徴集された: a ~ soldier 徴集兵. ── /kənskrípt/ 動〈人を〉徴集に取る.

con·scrip·tion /kənskrípʃən | kɔn-/ 名 U 徴兵(制度); 徴集, 徴募.

⁺**con·se·crate** /kάnsɪkrèɪt | kɔ́n-/ 動 ❶ a 〈ものを〉神聖にする, 清める;〈パンとぶどう酒を〉聖変化させる, 聖別する: ~*d* bread 聖別したパン. b〈教会·場所などを〉奉献する. c〈人を〉(宗教的儀式によって)聖職に任命する. ❷〈ある目的·用途に〉〈人生活などを〉ささげる: Dr. Brown ~*d* himself [his life] *to* the relief of suffering. ブラウン博士は生涯を病苦の救済にささげた.〚L; ⇒ con-, sacred〛名 consecration)【類義語】⇒ devote.

con·se·cra·tion /kὰnsɪkréɪʃən | kɔ̀n-/ 名 ❶ a U 神聖化, 聖別《*of*》. b the ~; しばしば C~〛《カト》聖変化《ミサでパンとぶどう酒をキリストの体と血に変化させること》. c U,C (教会の)献堂(式), 奉献(式); 聖職授任. ❷ U 献身, 精進: the ~ of one's life *to* one's family 生涯を家族にささげること.

*con·sec·u·tive /kənsékjuṭɪv/ 形 ❶ 連続する, 引き続く (successive): ~ numbers 通し番号, 連番 / ~ holidays 連休 / one's fifth ~ win 5 連勝目 (cf. five ~ wins 5 連勝) / for three ~ years 3 年間続けて. ❷ 《文法》結果を表わす: a ~ clause 結果を表わす副詞節《例: He's so ill *that he can't come.*》. ~**·ly** 副 連続して, 連

続的に. **～・ness** 名 《F<L<*consequi* 付随[同行]する; ⇒ consequent》

con·sen·su·al /kənsénʃuəl/ 形 合意の; 総意による: ～ sex 合意に基づく性行為.

*__con·sen·sus__ /kənsénsəs/ 名 [a ～; また U] (意見の)一致; 合意, コンセンサス: a national ～ 国民の一致 / a matter of opinion seen as the ～ 全世論の一致; 世論 / reach (a) ～ *on* [*about*] ...について合意に達する / build (a) ～ *among*...の間で合意を形成する. 《L<*consentire*; ⇒ consent》

consénsus búilder 名 合意を形成する人[特に]政治家]. **consénsus búilding** 名 U 合意形成.

consénsus sèquence 名 《生化》(核酸の)共通[コンセンサス]配列.

*__con·sent__ /kənsént/ 名 U ❶ 《...への》承諾, 同意: give (one's) ～ *to*...に同意する / withhold [refuse] (one's) ～ ～ 承諾[同意]を与えない[拒否する] / Silence implies ～. 沈黙は承諾に解釈される. ❷ (意見・感情の)一致: with one ～ by common [general] ～ 異議なく, 満場一致で. **the áge of consént** ⇒ age 成句.
—動 自 《...に》承諾する, 《...に》同意する (↔ dissent): He ～*ed to* the divorce. 彼は離婚に同意した / 《+*to* do》I won't ～ *to* have her come home. 私は彼女を家に帰ってこさせることには賛成しない. 《F<L *consentire* 一致[同意], 共感》する<CON-+*sentire, sens-* 感じる (cf. sense)》【類義語】consent 提案・要請に自発的[感情的]にすっかり同意する. **assent** 提案・意見を理知的に判断して同意・承諾を表明する. **agree** 話合いや説得によって意見の相違を解決して同意に達する. **accede** 提案・条件などに一方が譲歩する形で同意する.

con·sén·tient 形 (全員)同意見の; 賛同の気持ちある (*to*).

con·sént·ing adúlt /-tɪŋ-/ 名 同意成人《性行為に同意する能力があると法的に認められた年齢の人》.

*__con·se·quence__ /kánsɪkwèns, -kwəns | kɔ́nsɪkwəns/ 名 ❶ C [通例複数形で]結果, 成り行き: bear [accept, take] the ～*s* (自分の行為の)結果に責任を負うこと[受け入れる] / lead to serious ～*s* ゆゆしき結果につながる / He carefully considered the ～*s* of his decision. 彼は自分の決定の結果を慎重に考えた ❷ U (影響の)重大性, 重要さ; 社会的重要性: of (great) ～ (非常に)重大な / of little [no] ～ ほとんど[まったく]取るに足りない / people of ～ 重要人物, 有力者. **as a cónsequence (of**...)=**in cónsequence (of**...) (...の)結果として, (...の)ゆえに (consequently). **with the cónsequence that**...という結果を伴って: The yen is on the rise, *with the* ～ *that* imports from Japan will cost more. 円(価格)は上昇しているので, その結果日本からの輸入品は高くなるだろう. 《F<L》 (形 consequent) 【類義語】(1) ⇒ result. (2) ⇒ importance.

*__con·se·quent__ /kánsɪkwənt, -kwènt | kɔ́nsɪkwənt/ 形 結果の, 結果として生じる: the oil embargo and ～ fuel shortages 石油輸出停止とその結果として起きた燃料不足 / the confusion ～ *upon* administrative reform 行政改革の結果起こる混乱. —名 《論》(条件文の)後件, 後文. 《F<L=付随[同行]する, 後に続く<CON-+*sequi* 伴う, 続く; cf. sequence》

con·se·quen·tial /kànsɪkwénʃ(ə)l | kɔ̀n-⁻⁻/ 形 ❶ 結果として起こる; 当然な, 必然の. ❷ **a** [重大[重要]な (↔ inconsequential). **b** 《人が》もったいぶった, 尊大な. **～・ly** /-ʃəli/ 副.

con·se·quén·tial·ìsm /-ʃəlɪ̀zm/ 名 U 《哲・倫》結果主義《行為の善悪はその結果によってのみ判断されるとする》.

*__con·se·quent·ly__ /kánsɪkwèntli, -kwənt- | kɔ́nsɪkwənt-/ 副 (比較なし) その結果[として], 従って.

con·ser·van·cy /kənsə́ːvənsi | -sə́ː-/ 名 ❶ C [集合的; 単数または複数扱い] 《英》 (河川・港湾の)管理局[委員会]. ❷ U 環境などの保護. ❸ C [団体名に用いて] (自然・資源の)保護[保存]団体.

*__con·ser·va·tion__ /kànsə·véɪʃən | kɔ̀nsə-/ 名 ❶ (環境・野生動物などの)保護; (歴史的建造物などの)保存, 管理: environmental [nature, wildlife] ～ 環境[自然, 野生動物]保護. ❷ ～ of wall paintings 壁画の保存. ❸ (資源の保護, 維持, 節約: ～ of water [natural resources] 水資源[天然資源]保護. ❸ 《理》保存 《反応の前後で不変に保たれる物理量をいう》: ～ *of* energy エネルギー保存 / ～ *of* mass [matter] 質量保存. 《F<L》 (動 conserve)

conservátion àrea 名 《英》(自然・史跡などの)保護地域.

con·sèr·vá·tion·ìsm /-nìzm/ 名 U (環境)保護主義.
con·ser·vá·tion·ist /-ʃ(ə)nɪst/ 名 (環境)保護主義者 (environmentalist).

*__con·ser·va·tism__ /kənsə́ːvətɪ̀zm | -sə́ː-/ 名 U ❶ 保守性, 保守的傾向. ❷ 保守主義; [通例 C~] (特に英国の)保守党の主義. **con·sér·va·tist** /-tɪst/ 名.

*__con·ser·va·tive__ /kənsə́ːvətɪv | -sə́ː-/ 形 (more ～; most ～) ❶ 《人・考えなど》保守的な, 変化を好まない, 伝統的な; 旧弊な, 古くさい: a ～ way of thinking 古くさい考え方 / be ～ *about* food 食べ物について変化を好まない. ❷ **a** (政治的に)保守の; 保守主義の: a ～ newspaper [politician] 保守系の新聞[政治家]. **b** [C~] (特に英国の)保守党の (Tory; cf. liberal 2 b, labor 2). ❸ 《服装など》地味な: a ～ black suit 地味な黒のスーツ. ❹ 《推測など》控えめな, 低めの, 抑えめの: a ～ estimate 控えめな[低めの]見積もり. —名 ❶ 保守的な人; 旧弊家. ❷ [C~] 保守党員. **～・ness** 名 《F》 (動 conserve)

Consérvative Júdaism 名 U 保守派ユダヤ教 《Torah と Talmud を信奉するが時代と環境の変化に応じてある程度の変化も認める; cf. Orthodox Judaism, Reform Judaism》.

con·sér·va·tive·ly 副 ❶ 保守的に. ❷ **a** (服装など)地味に: dress ～ 地味な服装をする. **b** 控えめに, 抑えめに: They suffered losses ～ estimated at $20 million. 控えめに見積もっても2千万ドルの損失をこうむった.

+**Consérvative Pàrty** 名 [the ～] 《英》保守党.

consérvative súrgery 名 U 保存外科 《出来るだけ組織を保存する》.

con·ser·va·toire /kənsə́ːvətwàə | -sə́ː vətwɑ̀ː/ 名 《主にフランスの》音楽[美術, 芸術]学校, コンセルバトワール (cf. conservatory 2). 《F》

con·ser·va·tor /kənsə́ːvətə, kánsəvèɪ- | kɔ́nsəvèɪtə, kənsə́ːvə-/ 名 ❶ 保存者. ❷ (博物館などの)管理委員, 管理者.

+**con·ser·va·to·ry** /kənsə́ːvətɔ̀ːri | -sə́ːvət(ə)ri, -trɪ-/ 名 ❶ 温室. ❷ 音楽[美術, 芸術]学校.

*__con·serve__ /kənsə́ːv | -sə́ːv/ 動 他 ❶ 《...を》保存する, 保護する (preserve); 《資源などを》大事に使う, 浪費しない (save): ～ one's strength 体力を維持する / ～ a gasoline [energy, water] ガソリン[エネルギー, 水]を大事に使う. ❷ 《果物などを》(ジャムなどにして)保存する. —名 /kánsəːv | kɔ́nsəːv/ C,U 砂糖漬け; ジャム. 《F<L=保温[保存]する<CON-+*servare* 保つ, 守る; cf. observe》

‡**con·sid·er** /kənsídə | -də/ 動 (-da-) 他 ❶ …をよく考える, 熟考する, 考察する; 検討する: ～ a matter in all its aspects 問題をあらゆる面からよく考えてみる / Please ～ my proposal. 私の提案をよく考えてください / 《+*doing*》I ～*ed* writing to her, but then decided to see her. 彼女に手紙を書くことを考えてみたが, あとでは会ってやろうという気持ちになった 《★ 《+*to do*》は間違い》 / 《+*wh*.》He ～*ed what to do* [*what* he should do] next. 彼は次に何をしたらよいものかと考えた. ❷ 《...を》《...だと》みなす, 考える 《★ 進行形なし》: 《+目+*to* do》 We ～ Shakespeare a great poet. 我々はシェイクスピアを大詩人とみなしている / He's ～*ed* a fool. 彼はばかだとみなされている 《用法》受身の文では通例 to be は用いない》 / 《+目+*to be*》 (to be) lucky. 私は自分が幸運だと思っている 《★ to be が入るとより形式ばった表現になる》 / 《+目+*as*補》 She ～*s* marriage *as* the ideal human relationship. 彼女には結婚を理想的な人間関係とみなしている / 《+目+*to do*》 I ～ him *to have* done the right thing. 彼は正しいことをしたと思う / 《+《*that*》》 Do you ～ *that* he behaved properly? 彼がきち

んとふるまったと思いますか. ❸ 〈…を〉考慮する, 思いやる, しんしゃくする; 思いやる: You must ~ the feelings of other people. 他人の感情を考慮に入れなければならない / [+(that)] If you ~ that he's in his eighties, he's quite healthy. 彼が80歳代ということを考慮に入れれば, 彼はすこぶる健康だ. 【用法】that の前に the fact が入ることがある). ❹ 〈…を〉じっと見る, 熟視する: C- carefully before you decide. 決める前に慎重に考えなさい. **all things considered** 万事を考慮して(みると), あれこれ考えてみると: *All things ~ed* it was quite a productive meeting. あれこれ考えてみるとなかなか実りある会合だった. 《F＜L＜CON-+*sidus, sider*- 星; 原義は「星を観察する」》【類義語】 ⇨ regard.

‡**con·sid·er·a·ble** /kənsídərəbl, -drə-/ 形 (*more* ~; *most* ~) ❶ (比較なし) (量・数が)かなりの, 相当な, 少なからぬ (substantial): a ~ number of students かなりの数 [相当数]の学生 / a man of ~ importance かなりな重要な人物. ❷ 考慮に入れるべき, 無視できない; かなり重要な, 著名な: a ~ personage 著名な人物. ── 名 Ⓤ 《米口》かなりの量[数]; たくさん, 多量.

*****con·sid·er·a·bly** /kənsídərəbli, -drə-/ 副 (比較なし) かなり, 相当に, ずいぶん (substantially): Our welfare system has improved ~. 私たちの国の福祉制度は相当改善されてきている / Individuals vary ~ in how they react to stress. ストレスにどう反応するかについては個々人によってかなりの差がある / He's ~ older than I (am). 彼は私よりかなり年上だ.

†**con·sid·er·ate** /kənsídərət, -drət/ 形 (*more* ~; *most* ~) 思いやりのある (⇔ inconsiderate), 察しのよい: ~ treatment 思いやりのある処置 / It was ~ of you to give her a call. =You were ~ to give her a call. 彼女に電話をしてあげるとはあなたも思いやりがありましたね / She's ~ of other people's feelings. 彼女はよく他人の人の気持ちを考える / They should be more ~ toward [to] young people. 彼らは若い人たちにもっと思いやりがあるべきだ. ~·**ly** 副 思いやり深く. ~·**ness** 名 Ⓤ 思いやり(深いこと). 【類義語】 ⇨ thoughtful.

‡**con·sid·er·a·tion** /kənsìdəréɪʃən/ 名 ❶ Ⓤ よく考えること, 熟慮, 考察; 考慮, 検討: give a problem (one's) careful ~=give (one's) careful ~ to a problem 問題に十分な考慮を払う / She left that issue out of ~. 彼女はその問題を度外視した / I'll send for your ~ a copy of my recent article. 最近まとめた拙論をご高覧に供したく一部お送りいたします. ❷ Ⓒ 考慮すべき事柄; 理由, 動機: Money is no ~. 金は問題でない / *Considerations* of time and expense led us to shelve the project. 時間と費用の理由でわれわれはその計画を棚上げすることにした. ❸ Ⓤ 〈…に対する〉同情, 思いやり, しんしゃく: She never showed much ~ *for* my feelings. 彼女は私の気持ちなどあまり思ってくれることはなかった / Have more ~ *for* the old. 年寄りにもっと思いやりの気持ちを持ちなさい. ❹ a Ⓒ (通例単数形で) 報酬 (通例 金銭), チップ: for a ~ 報酬を受けて; 報酬になれば. b (単数形で) 《法》対価.

in consideration of... (1) …の報酬として: He was given a large bonus *in* ~ *of* his services to the company. 会社に尽くしたお礼に彼はたくさんの賞与を与えられた. (2) …を考慮して, …の理由で: The death penalty was reduced to penal servitude *in* ~ *of* mitigating circumstances. 酌量に値する情状に鑑(ポム)みて死刑が懲役刑に減刑された.

on nó considerátion どんなことがあっても[決して]…ない: *On no* ~ must you divulge this to him. この事は決して彼に漏らしてはいけない.

take…into considerátion …を考慮に入れる: I will take that suggestion *into* ~. その提案は考慮に入れましょう.

ùnder considerátion 考慮中で[の], 検討中で[の]: The plan is now *under* ~ by the government. その計画は現在政府が検討中である. (動 consider).

†**con·sid·ered** 形 🅐 熟考のうえでの: a carefully ~ plan 慎重に熟慮された計画 / one's ~ opinion いろいろ考えてみたうえでの意見.

*****con·sid·er·ing** /kənsídərɪŋ, -drɪŋ/ 前 …の割には, …を考慮すると, …を思えば, …にしては: He looks young ~ his age. 彼は年の割には若く見える. ── 接 …を思えば, …だから; …だのに: He does well, ~ (*that*) he has no experience. 彼は経験がない割によくやる. ── 副 (比較なし) (文尾に置いて) (口) その割には: It's not so bad, ~. それはその割にそう悪くない (【用法】 もとは 前 で, 後に続く the circumstances を略したもの).

†**con·sign** /kənsáɪn/ 動 他 ❶ (処分などのために) 〈ものを〉〈…に〉置く, 放り込む, (厄介払いなどのために) 〈人を〉〈…に〉送る, 追いやる: He ~ed his old diaries *to* the trash can. 彼は古い日記をごみ箱に放り込んだ / ~ …*to* history. …を歴史の一部にする[として葬る]. 今の世からなくす, 忘れ去る. ❷ 〈人を〉〈悪い状態に〉追い込む, 陥らせる: ~ a person *to* poverty 人を貧困へと追い込む. ❸ 〈…を〉〈他の管理に〉ゆだねる, 託す, 任す: ~ one's baby *to* [*into*] a person's care 赤ん坊を人の世話にゆだねる. ❹ 《商》〈商品を〉〈店などに〉発送する, 送り届ける: We will ~ the goods *to* him by express. 品物を彼のもとに速達[至急]便で送ろう. 《F＜L＜En-封印する; ⇨ con-, sign》 名 consignment. 【類義語】 ⇨ commit.

con·sign·ee /kànsaɪníː, -sə- | kɔ̀nsaɪ-, -sɪ-/ 名 《商》 (販売) 受託者; 荷受人 (cf. consignor).

con·sign·er /- ə r/ 名 =consignor.

†**con·sign·ment** /-mənt/ 名 ❶ Ⓒ 委託貨物, 積送品, 送り荷; 委託販売品 (*of*). ❷ Ⓤ 委託(販売), 託送: on ~ 委託(販売)で[の].

consignment nòte 名 《英》委託貨物運送状, 送り状, (特に)航空貨物運送状.

consignment shòp 名 委託販売店.

con·sign·or /kànsaɪnə | kənsáɪnə, kɔ̀nsaɪnɔ́ː/ 名 (販売品の)委託者; 荷送人, 荷主 (cf. consignee).

con·sil·ience /kənsíljəns/ 名 Ⓤ Ⓒ 符合, 一致. **con·síl·ient** 形 〈推論の結果など〉一致する.

*****con·sist** /kənsíst/ 動 ⓘ ❶ 〈部分・要素から〉成る: The committee ~s *of* twenty members. その委員会は20人のメンバーから成っている. ❷ 〈…(のうち)に〉存在する: Happiness ~s *in* being contented [in contentment]. 幸福は満足することにある. ❸ 《古》〈…と〉両立する, 一致する (*with*) (【比較】be consistent with のほうが一般的). ★【用法】1–3 いずれも進行形なし. 《L=しっかりと立つ<con-+*sistere* 立たせる; cf. assist, exist, insist, persist, resist, subsist》

con·sís·tence /-təns/ 名 =consistency.

*****con·sis·ten·cy** /kənsístənsi/ 名 ❶ Ⓤ 一貫性, 矛盾がないこと (⇔ inconsistency): His writing lacks ~. 彼の書き物は一貫性に欠けている. ❷ Ⓒ Ⓤ (液体などの)濃度, 密度; 粘度.

*****con·sis·tent** /kənsístənt/ 形 ❶ a 〈人が〉〈言動などで〉終始一貫した, 節操のある: She is ~ *in* her opinions [actions]. 彼女は行動[意見]に矛盾がない. b 〈プレー・仕事振りなど〉安定している; 〈品質などむらのない〉: the most ~ player [performer] 最も安定している選手[演奏家]. ❷ 〈事・事態が〉変わらずに続く, 持続的な: ~ growth [success] 持続的な成長[成功]. ❸ 首尾一貫した, 矛盾しない (⇔ inconsistent): The president has no ~ policy. 大統領には首尾一貫した政策がない / Your conduct is not ~ *with* what you say. 君のすることは言うことと一致しない. ❹ 〈人が〉言行一致した, 信念のある. 《L; ⇨ consist, -ent》

con·sís·tent·ly 副 終始一貫して, 変わらずに, 持続的に.

con·sis·to·ry /kənsístəri, -tri/ 名 ❶ a 教会会議, 宗教法廷. b (旧) 教皇, 枢密会議. c 《英国教》監督法院. ❷ 会議, 評議会.

con·so·ci·a·tion /kənsòʊsɪèɪʃən/ 名 ❶ Ⓤ Ⓒ 連合, 結合. ❷ Ⓒ 《生態》優先種群叢, コンソシエーション. ❸ Ⓒ (組合教会の)協議会.

con·sol /kánsəl, kənsál | kənsɔ́l, kɔ́ns(ə)l/ 名 ⇨ con-

con・sol・a・ble /kənsóuləbl/ 形 慰められる, 気の休まる (↔ inconsolable).

con・so・la・tion /kànsəléɪʃən | kɔ̀n-/ 名 ❶ ⓒ 慰めとなるもの[人]: Your company was a great ~ to me. あなたがご一緒くださって大変気が休まりました. ❷ Ⓤ 慰め, 慰謝: a letter of ~ 慰問の手紙. 【F<L】(動 console¹)

consolátion prize 名 残念賞.

con・so・la・to・ry /kənsóulətɔ̀:ri | -sɔ́lətəri, -tri/ 形 慰めの, 慰問の.

*__con・sole¹__ /kənsóul/ 動 〈人を〉慰める, 励ます: I tried to ~ her, but in vain. 彼女を慰めようとしたがだめだった / He ~d himself *with* the thought that there might be no other way. それ以外には方法がないかもしれないと考えて気休めとした. 【F<L CON-+*solari* 慰める; cf. solace】【類義語】⇒ comfort.

+**con・sole²** /kánsoul | kɔ́n-/ 名 ❶ (機械の)制御装置, 制御器. ❷ 家庭用ゲーム機, ゲームコンソール. ❸ (ラジオ・テレビ・ステレオなどの)コンソール型[床上型]キャビネット (卓上型に対する). ❹ パイプオルガンの演奏台 (鍵盤(けん)とペダルを含む). ❺ 【建】渦形持ち送り, コンソール. ❻ = console table.

cónsole tàble 名 (脚を持ち送り (console) 風に作った幅の狭いコンソール型テーブル(壁際に置く)).

*__con・sol・i・date__ /kənsálədèɪt | -sɔ́l-/ 動 他 ❶ 〈地位などを〉固める, 強化する: ~ one's position 地位を固める. ❷ 〈複数のものを(特に会社などを)〉整理統合する, 合併する: ~ business companies 商事会社を合併する / ~ debts 負債を統合する / ~ two companies *into* one 二つの会社を一つに統合する. ── 自 〔...と〕合併する: The two environmentalist organizations ~d. その二つの自然保護団体が合併した / Our company recently ~d *with* a Japanese company. わが社は最近日本の会社と合併した. 【L=堅固にする<CON-+*solidus* 固い; cf. solid】(名 consolidation)

con・sól・i・dàt・ed /-tɪd/ 形 固定[強化]した; 合併整理した, 統合された: ~ annuities=CONSOLS.

consólidated fúnd 名 [the ~] 【英】整理公債基金 《各種の公債基金を併合整理したもので英国公債利子支払いの基金》.

consólidated schóol 名 Ⓤ.Ⓒ 【米】合同学校 《数学区の児童を収容する辺地の学校》.

con・sol・i・da・tion /kənsàlədéɪʃən | -sɔ̀l-/ 名 Ⓤ.Ⓒ ❶ 強化; 地固め. ❷ 合同, 合併, 統合, 整理.

con・sols /kánsəlz, kənsálz | kənsɔ́lz, kɔ́ns(ə)lz/ 名 【英】コンソル[整理]公債 《1751 年発行した, 各種公債を年3分利付きで整理した永久公債》. 【consol(idated annuitie)s】

con・som・mé /kànsəméɪ, ⸺⸺ | kɔnsómeɪ, ⸺⸺/ 名 コンソメ, 澄ましスープ (cf. potage). 【F】

con・so・nance /kánsənəns | kɔ́n-/ 名 ❶ Ⓤ 一致, 調和: in ~ *with*...と調和[一致]して. ❷ 【楽】Ⓤ.Ⓒ 協和音 (↔ dissonance).

con・so・nant /kánsənənt | kɔ́n-/ 名 【音声】子音 (cf. vowel); 子音字. ── 形 ❶ (more ~; most ~) Ⓟ 〔...に〕一致[調和]した 〔*with*, *to*〕: behavior ~ *with* one's words 言葉と一致する行為, 言行一致. ❷ (比較なし)【楽】協和音の. ❸ (比較なし)【音声】子音の: a ~ letter 子音字.

con・so・nan・tal /kànsənǽnt̬l | kɔ̀n-⸺/ 形 子音の, 子音的な.

con sor・di・no /kànsəɔdí:nou | kɔ̀nsɔ:-/ 副 【楽】弱音器 (mute) を付けて, コン・ソルディーノ(で).

con・sort /kənsɔ́ɚt | -sɔ́:t/ 自 ❶ 〔悪い人と〕つき合う, 交わる 〔*together*〕〔*with*〕. ❷ 【古】〔...と〕調和する 〔*with*, *to*〕. ── /kánsɔɚt | kɔ́nsɔ:t/ 名 ❶ [通例修飾語を伴って] (特に王族の)配偶者: ⇒ queen consort, prince consort 1. ❷ 【楽】コンソート 《特にルネサンス期の楽器を演奏する合奏団またはその楽器群》. ❸ 僚船[艦, 艇]; 同僚, 仲間. **in cónsort** (**with**...) (...と)一緒に.

+**con・sor・ti・um** /kənsɔ́ɚtiəm, -ʃ(i)əm | -sɔ́:-/ 名 (~s, -ti・a /-ṭiə, -ʃ(i)ə/) ❶ (国際)協会, 組合; 共同企業体[事業体]. ❷ (国際)借款団. ❸ 【法】配偶者権 《夫婦の一方が他方に同居・協力・愛情などを求める権利》.

còn・specífic /⸺/ (動・植) 形 同種の. ── 名 [通例複数形で] 同種のもの.

con・spec・tus /kənspéktəs/ 名 ❶ 概観. ❷ 梗概, 摘要.

*__con・spic・u・ous__ /kənspíkjuəs/ 形 (more ~; most ~) ❶ はっきり見える, 人目につく, 目立つた (↔ inconspicuous): a ~ star よく見える星 / ~ errors 目立つ誤り / She's ~ *for* her good looks. 彼女は美貌(ぼう)の持ち主なので人目につく. ❷ 著しい, 顕著な; 著名な; 異彩を放つ: a ~ example 顕著な[著名な]例 / make oneself ~ by dressing distinctively 特殊な洋服のセンスで目立つようにふるまう. **conspícuous by one's [its] ábsence** いない[ない]ことでかえって目立つ. **~・ly** 副 著しく, 目立って, 群を抜いて. **~・ness** 名 【L<*conspicere* よく見る<CON-+*specere* 見る; cf. spectrum】

conspícuous consúmption 名 Ⓤ 財力[地位]を誇示するための浪費[散財].

con・spir・a・cist /-sɪst/ 名 陰謀説 (conspiracy theory) 支持者.

con・spir・a・cy /kənspírəsi/ 名 Ⓒ.Ⓤ 共謀, 陰謀, 謀議 (plot); 【法】共同謀議: in ~ 共謀して, 徒党を組んで / form a ~ against the government 政府に対して陰謀を企てる / a ~ *to* overthrow the government 政府を倒そうとする陰謀. **a conspiracy of silence** 沈黙[黙殺]の申し合わせ 《私利のため共謀してある事を秘密にすること》. (動 conspire)

conspíracy thèory 名 陰謀説 《特定の事件についての原因を陰謀に求める説》.

con・spir・a・tor /kənspírəṭɚ | -tə/ 名 共謀者, 陰謀者.

con・spir・a・to・ri・al /kənspìrətɔ́:riəl⸺/ 形 共謀[陰謀]の. **~・ly** /-əli/ 副

+**con・spire** /kənspáɪɚ | -spáɪə/ 動 自 ❶ (徒党を組んで)陰謀を企てる, 共謀する 〔*with*〕〔*against*〕〔*together*〕(plot): They ~d (*with* each other) *against* the government. 彼らは政府を倒そうと(互いに)たくらんだ / He ~d *to* keep him from the presidency of the company. 彼らは彼を社長にさせまいと共謀した. ❷ 〈事態が〉 〈...するように〉重なってはたらく[生じる], 重なって〈(...に)〉不利にはたらく: Events ~d *to* bring about his ruin. いろいろな事件が重なって彼の破滅をもたらした / Everything ~d *against* us. すべてが我々に不利にはたらいた. 【F<L CON-+*spirare* 呼吸する; cf. spirit】(名 conspiracy)

*__con・sta・ble__ /kánstəbl, kán-, kɔ́n-/ 名 ❶ 【呼び掛けにも用いて】【英】巡査 《最下位の警察官》; ⇒ police 【解説】【米】保安官, 執行官 《sheriff よりも権限が狭く, 轄区域も小さい》: a special ~ (非常時などに治安判事の任命する)特別巡査 / ~ chief constable, police constable. ❷ (昔の)城守. 【F=城守<L=馬屋係】

Con・sta・ble /kánstəbl/, **John** 名 コンスタブル (1776-1837; 英国の画家).

+**con・stab・u・lar・y** /kənstǽbjuləri | -ləri/ 名 [集合的; 単数または複数扱い](一管区の)警察隊[力]. ── 形 警官の: the ~ force 警察力. 【L=CONSTABLE の地位】

Con・stance /kánstəns | kɔ́n-/ 名 コンスタンス (女性名; 愛称 Connie).

con・stan・cy /kánstənsi | kɔ́n-/ 名 Ⓤ ❶ 恒久性, 不変. ❷ 志操堅固; 忠実(さ); 節操, 貞節 (fidelity).

*__con・stant__ /kánstənt | kɔ́n-/ 形 (more ~; most ~) ❶ 絶えず続く[繰り返される], 恒常的な, 不断の: ~ hard work 絶え間ない重労働. ❷ 不変の, 一定の (fixed; variable): at a ~ temperature [speed] 一定の温度[スピード]で / a ~ wind 恒風, 常風. ❸ 忠実な, 節操の固い 〔*to*〕: a ~ friend 忠実な友. ❹ 数・理定数の, 不変数[量] (↔ variable): the circular ~ 円周率. 【F<L<*constare* しっかり立つ<CON-+*stare* cf. stay, cost】【類義語】(1) ⇒ continual. (2) ⇒ faithful.

con・stan・tan /kánstəntæn | kɔ́n-/ 名 Ⓤ コンスタンタン

《銅とニッケルの合金;電気の抵抗線,熱電対に用いる》.

Cón·stan·tine the Gréat /kánstəntìːn, -tàın | kɔ́n-/ 图 コンスタンティヌス大帝, コンスタンティヌス1世 《280?-337; ローマ皇帝; キリスト教を公認した》.

Con·stan·ti·no·ple /kɑ̀nstæntənóupl | kɔ̀n-/ 图 コンスタンティノープル《トルコの Istanbul の旧名; 東ローマ帝国の首都》.

*__con·stant·ly__ /kɑ́nstəntli | kɔ́n-/ 副 (more ~; most ~) ❶ 絶えず, いつも: The issue is ~ on the Prime Minister's mind. 首相はその問題が絶えず気にかかっている. ❷ しばしば, しょっちゅう《用法》しばしば進行形とともに用いる; 匥 frequently より感情的色彩が強い》: He's being asked to make speeches. 彼はいつも話をするよう頼まれてばかりいる.

con·sta·tive /kɑnstéıtıv, -stǽt- | stǽt-/ 〘哲〙形 陳述的な, 述定的な. ── 图 陳述文, 述定文, 事実確認文.

con·stel·late /kɑ́nstəlèıt | kɔ̀n-/ 動 ⊜ 星座のように群がる[群げる].

*__con·stel·la·tion__ /kɑ̀nstəléıʃən | kɔ̀n-/ 图 ❶ 〘天〙星座, 星宿: the ~ Orion 星座オリオン, オリオン座. ❷ 〔類似・関連するものの〕一群, 〔貴顕の〕一群, 〔すぐれたものなどの〕集まり: a ~ of factors [symptoms] 一群の要因 [症状]. ❸ a (思想・観念の)集団, 配置. b 〘心〙布置 (さまざまな観念集団が連鎖配置されている状態).《F<L く CON-+*stella* 星+-ATION》

con·ster·nate /kɑ́nstənèıt | kɔ́nstə-/ 動 ⊕ 〈人を〉びっくり仰天させる《★通例受身》.《L くCON-+*sternere* 投げ倒す, 広がる (cf. street)》

†**con·ster·na·tion** /kɑ̀nstənéıʃən | kɔ̀nstə-/ 图 U ひどい驚き, 驚愕, 仰天 (dismay): in ~ びっくり仰天して / throw a person into ~ 人を仰天させる.

con·sti·pate /kɑ́nstəpèıt | kɔ́n-/ 動 ⊕ 〈人を〉便秘させる《★通例受身》《L=強く押す》(图 constipation)
cón·sti·pàt·ed /-tıd/ 形 便秘している.

†**con·sti·pa·tion** /kɑ̀nstəpéıʃən | kɔ̀n-/ 图 U 便秘: relieve ~ 通じをつける.《L; ⇒ constipate》

*__con·stit·u·en·cy__ /kənstítʃuənsi/ 图 ❶ a 〔集合的; 単数または複数扱い〕選挙民. b 選挙区, 地盤. ❷ 〔集合的; 単数または複数扱い〕〔ある人の〕顧客, 購買者層. **núrse** one's **constituency** 《英》《国会議員が》選挙運動期間中に〉地盤の手入れをする《米》 mend one's FENCES 成句).

*__con·stit·u·ent__ /kənstítʃuənt/ 图 ❶ 構成要素, 成分. ❷ 選挙区民, 選挙人. ── 形 A ❶ 組成[構成]する, 成分[要素]となる: a ~ part 成分. ❷ 代議士選出の; 選挙権をもつ: a ~ body 選挙母体 (有権者の団体). ❸ 憲法制定[改正]の権能ある: a ~ assembly 憲法制定[改正]会議 / ~ power 憲法制定[改正]の権能.《L く *constituere*↓》《類義語》⇒ element.

*__con·sti·tute__ /kɑ́nstət(j)ùːt | kɔ́nstıtjùːt/ 動 ⊕ ❶ 〈事実上〉〈…に〉等しい, 〈…となる, あたる, 〈…に〉等しい《★進行形なし》: Behavior of this kind ~s child abuse. この種の行為は児童虐待になる / These links do not ~ an endorsement of information or products provided by other sites. これらのリンクは, 他のウェブサイトで提供されている情報や商品について保証するものではありません. ❷ 〈複数のものが〉〈…を〉構成する, 〈…の〉構成要素となる (make up)《★進行形なし》: Twelve months ~ a year. 12 か月で1年になる / The committee is ~d of ten members. 委員会は10人で構成されている. ❸ 〈機関など〉〈制度を〉制定する (set up)《★通例受身》: A new committee of experts will be ~d to make a detailed study on the matter. 問題を詳細に検討するために新しい専門家委員会が設置される. ❹ 〈人を〉〈…に〉任命[選定]する: [C+目+補] He was ~d representative of the party. 彼は党の代表者に立てられた.

cón·sti·tù·tor /-tə | -tə/ 图《Lく=設立する, 立てる CON- +*statuere*, -stitut- 立てる; cf. statute》.《图 constitution》

*__con·sti·tu·tion__ /kɑ̀nstət(j)úːʃən | kɔ̀nstıtjúː-/ 图 ❶ C a 憲法《[解説] 米国の憲法は成文憲法としては最古で, 1787 年に起草, 1789 年に発効, 1790 年に全州により批准

---

381 construct

された; 英国の憲法は, 慣習法による不文憲法である》: a written ~ 成文憲法 / an unwritten ~ 不文憲法 / the C~ of Japan [the United States] 日本国[合衆国]憲法. b (組織などの)憲法; 基本規則[規約], 本則. ❷ C a 体質; 体調, 体力, 健康: have a good [strong, weak] ~ 体質が健全[丈夫, 虚弱]だ / undermine a person's ~ 人の体をこわす. b 気質, 性質. ❸ a U,C 構成, 組織, 構造 (structure): the ~ *of* society 社会組織. b U 設立(すること), 設置; 制定(すること): the ~ of law 法の制定.《F くL》《图 constitute》

*__con·sti·tu·tion·al__ /kɑ̀nstət(j)úːʃənl | kɔ̀nstıtjúː-/ 形 ❶ 憲法(上)の; 合憲の, 合法の, 憲章[基本規約]にかなった (⇔ unconstitutional): a ~ assembly 憲法制定会議 / a ~ government 立憲政治[政体] / ~ law 憲法 / the ~ rights of prisoners 憲法で認められた囚人の権利. ❷ 体質上の; 体調[体力, 健康]の; 生まれつきの: a ~ disease 体質性疾患. ❸ 構成[組織]上の: a ~ formula 〘化〙構造式. ── 图 〘古風〙(運動不足のある人がする)健康のための運動, 散歩: take [go for] [one's] ~ (いつもの)散歩をする[に行く]. **~·ly** /-nəli/ 副《图 constitution》

còn·sti·tú·tion·al·ìsm /-ʃ(ə)nəlìzm/ 图 U 立憲政治; 憲法擁護.

còn·sti·tú·tion·al·ist /-ʃ(ə)nəlıst/ 图 ❶ 憲法論[擁護]者; 立憲主義者. ❷ 憲法学者.

con·sti·tu·tion·al·i·ty /kɑ̀nstət(j)ùː·ʃənǽləti/ kɔ̀nstıtjùː-/ 图 U 合憲性, 立憲性.

con·sti·tu·tion·al·ize /kɑ̀nstət(j)úː·ʃ(ə)nəlàız | kɔ̀nstıtjúː-/ 動《米》憲法の条項として採り入れる.

constitutional mónarchy 图 立憲君主国[政体].

Constitution Stàte 图 [the ~] 憲法州 (Connecticut 州の俗称).

con·sti·tu·tive /kɑ́nstət(j)ùːtıv | kɔ̀nstıtjùː-/ 形 ❶ 構成的な, 構造の; 組成分である, 要素をなす. ❷ 制定[設定]的な. **-ly** 副

†**con·strain** /kənstréın/ 動 ⊕ ❶ 〈…を〉制限[束縛]する, 抑制する《★しばしば受身》: Our project [We] are ~ed by lack of funds. 我々のプロジェクト[我々]には資金不足による制約がある / be ~ed *from doing* …することを制限する. ❷ 〈…を〉妨げる. ❸ 〈人に〉強いて[無理に]〈…〉させる《★通例受身》: He felt ~ed to tell the truth. 彼は真実を語らざるをえないと感じた.《F<L=制する, 縛りつける CON-+*stringere*, -strict- 縛る, 押さえる; cf. strict》《图 constraint》《類義語》⇒ compel.

con·strained /kənstréınd/ 形 ❶ 制限された, 制約を受けた[のある]: in a ~ environment 限られた環境[状況]の中で. ❷ 無理な, 不自然な, ぎこちない: a ~ manner 不自然[窮屈]な様子 / a ~ voice (無理に作った)苦しそうな声 / a ~ laugh [smile] 作り笑い. **con·strán·ed·ly** /-nıdli/ 副 無理に, 不自然に. ❷ 強制されて.

*__con·straint__ /kənstréınt/ 图 ❶ C,U 制約[束縛](するもの) (restriction): impose ~s *on*… を制限する, …に制約を課す / There are few legal ~s on the sale of firearms in the US. 合衆国には小火器の販売に関する法律上の制約がほとんどない. ❷ 強制, 圧迫. ❸ U 窮屈な感じ, 気がね: feel [show] ~ 気がねを感じる(遠慮] する.

†**con·strict** /kənstríkt/ 動 ⊕ ❶ 〈血管などを〉締めつける, 収縮させる. ❷ 〈行動などを〉抑制する, 制限する (restrict). ── ⊜ 収縮する, すぼまる.《L; ⇒ constrain》 (图 constriction)

con·stric·tion /kənstríkʃən/ 图 U,C 締めつけ, 収縮; 締めつけられる感じ, 窮屈さ; 制約, 制限.

con·stric·tive /kənstríktıv/ 形 締めつける, 圧縮する; 括約的な, 収縮性の.

con·stric·tor /-tə | -tə/ 图 ❶ 獲物を締め殺す大ヘビ (boa constrictor, anaconda など). ❷ 〘解〙括約[収縮]筋.

con·stru·a·ble /kənstrúːəbl/ 形 解釈できる.

con·stru·al /kənstrúːəl/ 图 解釈.

*__con·struct__ /kənstrʌ́kt/ 動 ⊕ ❶ 〈…を〉建てる, 建設[建

造]する (build): ~ a factory 工場を建設する / be ~ed *from* [*out of, of*]…を材料にして建設[建造]されている. ❷ 〈文・理論などを〉組み立てる, 構成する, 構築する: ~ a sentence 文を組み立てる / a well-*constructed* novel 構成のうまい小説. ❸ 〖幾〗〈…を〉作図する, 描く. ── /kánstrʌkt | kón-/ 图 ❶ 組み立てたもの, 構成物. ❷ 〖心〗構成概念. 〖L<CON-+*struere, struct*- 立てる, 積み重ねる, 建てる; cf. structure〗 (图 construction, 图 constructive)【類義語】⇒ make.

*con·struc·tion /kənstrʌ́kʃən/ 图 ❶ Ⓤ a 建設, 建造, 架設, 敷設, 建設工事[作業] (↔ demolition); 建設業, 建築業: the ~ *of* a new highway 新しい幹線道路の建設 / of steel — 鉄骨構造の / under — 建設中で, 工事中で / C- ahead. 《米》[掲示] この先工事中 / Housing ~ is now a major industry here. 当地では住宅建設業が主たる産業の一つである. b (機器などの)製造, 製作. c (制度・概念などの)構築, 形成. ❷ a Ⓒ 建物, 建造物 (structure). b Ⓤ 建築様式, 構造法. ❸ Ⓤ (ものの)構造, 構想: be similar in ~ 構造的に似ている. ❹ Ⓒ [語句・文・法律・行為などの]解釈 (construal, interpretation): put a good [bad] ~ on…を善意[悪意]に解釈する. ❺ Ⓒ 〖文法〗(文・語句の)組み立て, 構文, 文章. 〖F<L〗 (動 construct, construe)

con·struc·tion·al /-ʃ(ə)nəl/ 形 建設上の; 構成的な, 構造上の. ~·ly /-ʃ(ə)nəli/ 副

con·struc·tion·ist /-ʃ(ə)nɪst/ 图 《米》(法律・憲法などの)解釈(学)者: a strict [loose] ~ 厳正[ゆるやか]な解釈をする人.

constrúction pàper 图 Ⓤ 《米》(ポスター・切り抜き用の)厚いパルプ紙.

*con·struc·tive /kənstrʌ́ktɪv/ 形 ❶ 建設的な, 前向きの (positive; ↔ negative): ~ criticism 建設的批判. ❷ 構成的な; 構造的な. ~·ly 副 ~·ness 图

constrúctive dismíssal 图 Ⓤ 〖法〗推定的解雇《表面的には自発的退職だが, 真の原因は雇い主の不当な扱いや苛酷な労働条件にある場合》.

con·struc·tiv·ism /kənstrʌ́ktɪvìzm/ 图 Ⓤ 〖美・数・哲〗構成主義.

con·struc·tor /-tə | -tə/ 图 建設[建築](業)者.

†con·strue /kənstrúː/ 動 他 ❶〈ことばや行為を〉解釈する(★しばしば受身): What he said *was* wrongly ~*d.* 彼の言ったことが間違って解釈された (誤解された) / His silence may be ~*d* *as* agreement. 彼の無言は同意と解されるかもしれない. ❷ 〖文法〗〖古風〗〈…の〉構文を分析する; 〈語句を〉〈…と〉文法的に結びつける 〔*with*〕. 〖L; CONSTRUCT と同語源〗 (图 construction)

con·sub·stan·tial /kànsəbstǽnʃəl | kón-/ 形〈…と〉同質の, 同体の 〔*with*〕; 〖神学〗(特に三位一体の子と父が)本同質の.

còn·sub·stan·ti·ál·i·ty 图 Ⓤ 同体[同質]であること; 〖神学〗同本質性, 同一実体性.

còn·sub·stan·ti·á·tion 图 Ⓤ 〖神学〗両体[実体]共存(説)《キリストの肉と血の本質は聖餐のパンとぶどう酒の本質に共存するという説; Luther 派の立場; cf. transubstantiation》.

con·sue·tude /kánswɪtjùːd | kónswɪtjùːd/ 图 Ⓤ 《主にスコ》(法的効力をもつ)慣例, 慣行.

con·sue·tu·di·nar·y /kànswɪtjúːdənèri | kònswɪtjúːdɪn(ə)ri/ 形 慣習の, 慣習上の.

†con·sul /káns(ə)l | kón-/ 图 ❶ 領事: an acting [honorary] ~ 代理[名誉]領事. ❷ 〖古ロ〗執政官, コンスル《定員 2 名》. ❸ (フランスの 1799–1804 年の)執政, 統領《定員 3 名の最高行政官》. 〖L〗

†con·su·lar /káns(ə)ljulə | kónsjulə/ 形 ❶ 領事(館)の: a ~ agent 領事代理 / a ~ assistant 領事官補 / a ~ attaché [clerk] 領事館員[書記] / a ~ invoice 〖商〗領事送り状. ❷ 執政官の.

†con·su·late /káns(ə)lət | kónsju-/ 图 ❶ Ⓒ a 領事館. b [集合的; 単数または複数扱い] 領事館員. ❷ Ⓤ 〖古ロ〗a 執政官の職[身分, 地位, 期間]. b [the ~] 執政官政治[政体]. ❸ [the C~] (フランスの)執政[統領]政治[政府]. 〖CONSUL+-ATE³〗

cónsul général 图 (❀ consuls general, ~s) 総領事.

*con·sult /kənsʌ́lt/ 動 他 ❶ 〈専門家に〉意見を聞く, 助言を求める; 〈医者に〉かかる, 診察してもらう: ~ a lawyer *(about*…) …について弁護士の意見を求める. ❷ 〈関係者などと〉協議[相談]する, 打ち合わせる, 話し合う: Patients have a right to be ~*ed about* their medical treatment. 患者には受ける治療について協議を受ける権利がある. ❸ 〈参考書・辞書・地図などを〉調べる (cf. refer 自 2): ~ a dictionary [map] 辞書[地図]を調べる. ❹ 〈…を〉顧慮する, 考慮に入れる (困既 現在では consider のほうが一般的). ── 自 ❶ 〈人と〉〈…のことで〉協議[相談]する, 打ち合わせる, 話し合う (用法 「専門家に相談する, 意見を聞く」の意の場合, 他 を伴なうほうが一般的だ): The Surgeon ~*ed with* his colleagues *about* the operation. 医師は手術のことで同僚と相談した. ❷ 〔会社などの〕コンサルタントを務める 〔*for*〕. ── /~́, kánsʌlt | -́-, kón-/ 图 《米口》相談, (特に)診察 (consultation): request a ~ 診察を求める. 〖F<L *consulare* 協議する, 熟考する<*consulere*; ⇒ council〗 (图 consultation)

⁺con·sul·tan·cy /kənsʌ́lt(ə)nsi/ 图 ❶ Ⓤ.Ⓒ コンサルタント[顧問医]業: He has a ~ in Harley Street. 彼はハーリー街で顧問医師をしている. ❷ Ⓒ コンサルタント会社.

*con·sul·tant /kənsʌ́lt(ə)nt/ 图 専門的な相談相手, コンサルタント, 顧問《技師・技術者など》; 《英》顧問医師, 医局長《医科の最上級医》. 〖CONSULT+-ANT〗

*con·sul·ta·tion /kànsəltéɪʃən | kòn-/ 图 ❶ Ⓤ.Ⓒ (専門家に対する)相談; 諮問; 診察[鑑定]を受けること: I made the decision in ~ *with* her. 私は彼女と相談してその決断を下しました / She has weekly ~s *with* her doctor. 彼女は週に一度かかりつけの医師に診察してもらう. ❷ Ⓒ (専門家の)会議, 協議[審議]会. ❸ Ⓤ (書物などを)参照すること 〔*of*〕.

⁺con·sul·ta·tive /kənsʌ́ltətɪv/ 形 相談[評議, 協議]の; 諮問の, 顧問の (advisory): a ~ body 諮問機関.

con·sul·ta·to·ry /kənsʌ́ltətɔ̀ːri | -təri, -tri/ 形 = consultative.

con·sult·ing 形 A ❶ 顧問の(資格の); 〈医師が〉診察専門の: a ~ engineer 顧問技師 / a ~ physician 顧問医師《同僚・患者の相談に応じる》. ❷ 相談の; 診察のための: a ~ room 診察室. ── 图 Ⓤ コンサルティング業.

con·sum·a·ble /kənsúːməbl | -sjúː-/ 形 消費[消耗]できる. ── 图 [通例複数形で] 消耗品.

*con·sume /kənsúːm | -sjúːm/ 動 他 ❶〈…を〉(たくさん)食べる[飲む], 食い[飲み]尽くす: ~ a whole bottle of whiskey ウイスキー 1 本をからにする. ❷〈…を〉消費する, 使い尽くす (use up): ~ one's energy 精力を使い果たす / He ~*d* much of each day *in* reading. 彼は読書に毎日多くの時間を費やした. ❸〈火炎が〉〈…を〉焼き尽くす: The fire ~*d* all I owned. その火事で持っている物をすべて焼かれた. ❹〈感情などが〉〈人の心を〉奪う《★通例受身》: He *was* ~*d with* [*by*] grief [curiosity]. 彼は悲しみ[好奇心]に心を奪われていた. 〖F<L<CON-+*sumere, sumpt*- 取る; cf. assume, presume, resume; assumption consumption, presumption〗 (图 consumption, 形 consumptive)

*con·sum·er /kənsúːmə | -sjúːmə/ 图 消費者 (↔ producer): an association of ~s = 《米》a ~s' union 消費者組合.

consúmer cónfidence 图 Ⓤ 消費者信頼(感)《消費者が経済に対して抱く信頼感で, 消費動向の指標になると考えられている》.

consúmer crédit 图 Ⓤ (銀行・小売店などの)消費者信用.

consúmer dúrables 图 ❀ 耐久消費財.

⁺consúmer góods 图 ❀ 〖経〗消費財 (↔ producer('s) goods, capital goods).

con·súm·er·ism /-mərɪ̀zm/ 图 Ⓤ ❶ 大量消費(主義). ❷ 消費者(保護)運動.

con·súm·er·ist /-rɪst/ 图 ❶ 消費拡大主義者. ❷ 消

費保護運動家.

consúmer príce ìndex 图 [経] 消費者物価指数 《略 CPI》.

consúmer resèarch 图 ① 消費者(需要)調査.

consúmer socìety 图 消費社会.

*__con·sum·ing__ /kənsúːmɪŋ | -sjúːm-/ 厖 A 〈情熱・関心が〉熱烈な, 強い: Baseball is her ~ passion. 彼女には野球が何よりも大事だ.

con·sum·mate 厖 /kɑ́nsəmət, kənsʌ́mət | kənsʌ́m-, kɔ́nsə-/ 厖 ❶ 熟練した; 完全な, 申し分のない: a ~ artist 名画家 / ~ art 至芸. ❷ まったくの, 途方もない: a ~ ass 大ばか. ❸ 〈結婚〉を〈性交〉をすることで〉完了する. ❷ 〈合意・取り引きなど〉をまとめる, 完了する. ~·ly 副 《L=完成したく CON-+summus 至上; cf. sum》 (图 consummation)

con·sum·ma·tion /kɑ̀nsəméɪʃən | kɔ̀n-/ 图 ❶ ⓤ (床入り[性交]による)結婚の完了. ❷ ⓤ 完成, 完了; 成就, 達成. ❸ [通例単数形で] 頂点, 到達点, 極致 (of).

*__con·sump·tion__ /kənsʌ́m(p)ʃən/ 图 ❶ a ⓤ 消費; 食べる[飲む]こと: fit for human ~ 人の食用[飲用]に適する. b ⓤ [また a ~] 消費高[量]; 食べた[飲んだ]量: reduced [increased] ~ 減少[増加]した消費量. ❷ ⓤ (体力などの)消耗. c ⓒ 《古》 肺病, 結核 (tuberculosis). **for a person's consúmption** (真意は別にして)人に聞かせる[見せる, 読ませる, 知らせる]ために: This information is not for public ~, so keep it to yourself. この情報は世間に知らせるためのものではないから, 口外しないでください. (動 consume)

con·sump·tive /kənsʌ́m(p)tɪv/ 厖 ❶ 《古》 肺病の, 肺病質の. ❷ 〔無益に〕消費する, 使い尽くす; 消耗的な.
—— 图 《古》 肺病患者.

cont. 《略》 containing; content(s); continent; continental; continue(d); contract. **Cont.** 《略》 Continental.

*__con·tact__ /kɑ́ntækt | kɔ́n-/ 图 ❶ ⓤ 接触; 触れ合い, 交際: a point of ~=a ~ point 接触点, 接点 / be in [out of] ~ with…と接触[連絡, 交際]している[いない] / come in [into] ~ with…と接触する; 出くわす, 衝突する / get in ~ with…と接触[連絡]をとる / stay [keep] in ~ with…と接触し続ける, …と連絡を保つ / lose ~ with…との連絡を失う / make ~ with…と連絡をとる / I have little personal ~ with him. 彼とあまり個人的な付き合いはありません. ❷ ⓒ 有力な知人, 縁故, つて, コネ; (商売上の) 橋渡し役. ❸ ⓒ 《無線》 交信. ❹ ⓒ [通例複数形で] 《口》 コンタクトレンズ. ❺ ⓒ [電] 接点[接触](装置). ❻ ⓒ [医] 接触者, 保菌容疑者. ❼ ⓒ 接触の[によって動く]: a ~ mine 接触型地雷 / ⇒ contact lens, contact sport. ❽ ⓒ 連絡をとるための; a ~ address 連絡先住所. ❸ [空] 有視界飛行の: ⇒ contact flying.
—— /kɑ́ntækt, kəntǽkt | kɔ́ntækt, kəntǽkt/ 動 ⓗ 〈人と連絡[コンタクト]をとる, 渡りをつける; 〈…と〉会う: C- the police immediately. すぐ警察に連絡をとれ.
《F<L< CON-+tangere, tact- 触れる (cf. tax)》

cóntact clàuse 图 [文法] 接触節 (関係代名詞なしに名詞に付けられた関係節; 例 the boy I saw yesterday).

con·tact·ee /kɑ̀ntæktíː | kɔ̀n-/ 图 (SF で) 被接触者, 宇宙人に接触された者.

cóntact flỳing [flìght] 图 ⓤ 《空》 有視界飛行 (cf. instrument flying).

⁺cóntact lèns 图 コンタクトレンズ: wear [put in one's] ~es コンタクトレンズをつけている[はめる].

cóntact màn 图 仲介者; (スパイなどの)連絡要員.

cóntact prìnt 图 《写》 密着印画, 密着プリンティング.

cóntact-prìnt 動 〈ネガから〉密着印画で写真を作る.

cóntact shèet 图 《写》 密着印画紙, べた焼き.

cóntact spòrt 图 コンタクトスポーツ (フットボール・ボクシングなど体をぶつけ合うスポーツ).

con·ta·gion /kəntéɪdʒən/ 图 ❶ a ⓤ (病気の)接触伝染, 感染. b ⓤ 空気伝染 は除外!: Smallpox spreads by ~. 疱瘡は接触伝染で広がる. ② 《古風》 (接触)伝染病. ❷ ⓒ (悪い思想などが)うつる[広まる]こと, 伝染: a ~ of fear 恐怖の伝染. 《L=接触く CON-+tangere; ⇒

contact》 (厖 contagious)

⁺**con·ta·gious** /kəntéɪdʒəs/ 厖 ❶〈病気が〉(接触)伝染性の: a ~ disease 伝染病. ❷ ⓟ〈人が伝染病をもっていて, 保菌者であるる. ❸〈感情など〈人に〉うつりやすい, 影響を与える: Yawning is ~. あくびはうつりやすい. ~·ly 副 ~·ness 图

contágious abórtion 图 ⓤ 《獣医》 伝染性流産 《ブルセラ病 (brucellosis) など》.

*__con·tain__ /kəntéɪn/ 動 ⓗ ❶ a 〈…を〉(内に)含む, 包含する; 〈…〉を成分とする 《★進行形なし》: This chest ~s our family heirlooms. この大箱にはわが家の家宝が入っています / The pamphlet ~s tourist information and includes a list of inns. そのパンフレットには観光用の情報が入っていて, しかも宿の一覧表がついている. b 〈複数のもの・人から〉成る, 構成される: The committee ~s representatives from staff and students. その委員会は教職員と学生の代表から成る / The report ~s five parts. その報告は5つの部分から成る. ❷ a 〈いくら〉入る, 収容する 《（比較的 hold のほうが一般的）: The pitcher ~s enough milk for all of us. その水差しには我々全員が飲むのに十分な牛乳が入っている. b 〈…に〉等しい: A pound ~s 16 ounces. 1ポンドは16オンスである. ❸ [通例否定文で] 〈感情など〉を抑える, 辛抱する: He could not ~ his anger. 彼は怒りを抑えることができなかった. b [~ oneself で] 感情を抑える: She could not ~ herself for joy. 彼女はうれしさでじっとしていられなかった. ❹ a 〈反乱・伝染病・流出などを〉阻止する, 食い止める: ~ inflation インフレを抑える. b 〈敵国に〉封じ込め政策を行なう; 〈ある場所・塀などに〉…を囲む; 《数》 〈辺がある角をはさむ: a ~ed angle 夹角《はさみかく》. b 〈ある数で割り切れる, 〈ある数〉を因数にもつ: 10 ~s both 5 and 2. 10 は5と2で割り切れる. 《F<L continere 抑える, 含む, 一緒にしておく (cf. content¹,², continent¹, continue) < CON-+tenere 保つ, 保持する; cf. abstain, detain, entertain, maintain, obtain, pertain, retain, sustain; abstention, detention, retention》 (图 containment)

con·tained 厖 抑制した, 自制した. ❷ 落ち着いた, 静かな. **con·tain·ed·ly** /-nɪdli/ 副

*__con·tain·er__ /kəntéɪnə | -nə/ 图 ❶ 容器, 入れ物. ❷ (貨物輸送用の)コンテナ.

con·tain·er·ize /kəntéɪnəràɪz/ 動 ⓗ ❶ 〈貨物を〉コンテナにする. ❷ 〈貨物を〉コンテナで輸送する.

contáiner-pòrt 图 コンテナ船用のコンテナ港.

contáiner-shìp 图 コンテナ船.

⁺**con·tain·ment** /-mənt/ 图 ⓤ ❶ (敵国の勢力などの)封じ込め(政策): adopt a policy of ~ 封じ込め政策を採用する. ❷ (一定の地域・限度内に)抑えること, 抑制.

con·tam·i·nant /kəntǽmənənt/ 图 汚染菌; 汚染物質.

*__con·tam·i·nate__ /kəntǽmənèɪt/ 動 ⓗ 〈…を〉汚染する, よごす (↔ purify): The air has been ~d by exhaust fumes. あたりの空気は排気ガスでよごれている / The bay is ~d with effluents. その湾は(工場)廃水でよごれている. ❷ 〈人・心など〉に悪影響を与える, をむしばむ. 《L=接触させる》

con·tam·i·na·tion /kəntæ̀mənéɪʃən/ 图 ❶ a ⓤ 汚染, 汚濁: radioactive ~ 放射能汚染. b ⓒ 汚濁物. ❷ 《言》 = blending 2 a.

con·tam·i·na·tor /-tə | -tə/ 图 よごす[汚染する]人[もの], 汚染物質.

con·tan·go /kəntǽŋɡoʊ/ 图 ⓤ ❶ 《ロンドン証券取引所》 繰延べ日歩, 延延金利, コンタンゴ (cf. backwardation). ❷ コンタンゴ 《現物または期近物より先物が高い状況》.

*__contd.__ 《略》 continued.

conte /kóːnt/ 图 ~s /~s/ コント 《特に冒険・空想ものの短編小説》. 《F》

con·temn /kəntém/ 動 ⓗ 《文》 軽蔑する.

*__con·tem·plate__ /kɑ́ntəmplèɪt, -tem- | kɔ́n-/ 動 ⓗ ❶ a 〈…を〉(将来することとして)考える, 〈…しようか〉と思っている; 〈…を〉ありうべきことと考える, 予測[予期]する (consider): She's contemplating retirement [a job change]. 彼女は退職[転職]を考えている / [+*doing*] He ~d going to some health resort. 彼はどこか保養地へ行こうと考えていた (★ [+*to do*] は間違い) / [+*wh.*] We are contemplating where we should travel [*where to travel*] (to). どこへ旅行に行くか考慮中である. **b** 〈…をありうべきことと考える〉: We did not ~ such a consequence. そのような結果は予期しなかった. ❷ 〈問題などを〉じっくり考える, 熟視する, 熟慮する: ~ the universe [one's future] 宇宙について[将来のことを]じっくり考える. ❸ 〈…を〉じっと見つめる, 熟視する: They ~d each other for some minutes. 二人は数分間相手の顔をじっと見つめあった. ❹ 〈…を〉期待[予期]する. —— 圓 熟考する, 黙想する, 考えにふける (★ 原義は CON-+*templum* 聖所 (cf. temple¹); 原義は「聖所で占いのために観察すること」) (名 contemplation, 形 contemplative)

con·tem·pla·tion /kàntəmpléɪʃən, -tem- | kɔ̀n-/ 名 U ❶ 黙想; 熟考: be lost in ~ 黙想にふけっている. ❷ 熟視, 凝視. ❸ 期待, 予期; 企図, 計画: An addition to the building is in ~. 《文》増築を計画中である.

con·tem·pla·tive /kəntémplətɪv, kántɛmplèɪ- | kɔ́ntəmplèɪ-, kəntémplə-/ 形 静観[観照]的な, 黙想的な, 瞑想(%ミミ)にふける: a ~ life (隠者などの)黙想生活, 瞑想的な生活. —— 名 瞑想にふける人 (特に修道士[女]). ~·ly 副 〖類義語〗⇒ pensive.

cón·tem·plà·tor /-ţɚ | -tə/ 名 熟考者; 黙想家.

con·tem·po·ra·ne·i·ty /kəntèmpərəníːəţi/ 名 U 同時期[同時代]であること[事実], 同時代性.

con·tem·po·ra·ne·ous /kəntèmpəréɪniəs/ 形 事件などが〉同時存在[発生]の; 同時代の: The discovery of America was ~ with the fall of Granada. アメリカの発見はグラナダの崩壊と同時代にした. ~·ly 副 同時に; 同時代に. ~·ness 名 U 同時性; 同時代性. 《CONTEMPORARY と同語源》 〖類義語〗⇒ contemporary.

***con·tem·po·rar·y** /kəntémpərèri | -p(ə)rəri/ 形 (比較なし) ❶ 現代の (用法 2 の意味と混同しないために modern, present-day を用いることがある): ~ literature [writers] 現代文学[作家] / ~ art 現代美術. ❷ 〈人・作品など〉同時代の, その当時の: Elizabethan plays are often presented in ~ costume. エリザベス朝の劇はよくその当時(エリザベス朝)の衣装を用いて演出される. / Byron and Wordsworth were ~. バイロンとワーズワスは同時代だった / Byron was ~ with Wordsworth. バイロンはワーズワスと同時代の人だった. —— 名 C 同時代の人[もの]; 現代の人: Coleridge is a ~ of Wordsworth. コールリッジとワーズワスは同時代の人である. ❷ 同年輩の人; 同期生: my contemporaries at school 私の同期生たち. ❸ 〈英〉ライバル新聞[雑誌]. 〖L=CON-+*tempus, tempor-* 時間; cf. temporary〗 〖類義語〗**contemporary**, **contemporaneous** は共に「同じ時期[時代]の」の意. 前者のほうが普通の, 主に人や作品に, 後者は出来事について言う. **simultaneous** 同じ瞬間に, または同じ時間内に存在する[行なわれる].

***con·tempt** /kəntém(p)t/ 名 ❶ U (また a ~) 軽蔑, 侮り, 侮辱; 軽視 (↔ respect): with ~ 軽蔑して / be beneath ~ 軽蔑するにも足らない / hold a person in ~ 人を軽蔑している / They have a great ~ *for* conventionality. 彼らは因襲をひどく軽蔑している. **b** 〈物事の〉軽視, 軽んずること: He showed ~ *for* the dangers facing him. 彼は身に迫っている危険を侮った. ❷ 〖法〗(司法・議会などに対する)侮辱罪: ~ of court 法廷侮辱罪. ❸ U 〈人から〉軽蔑されていること[状態], 恥辱, 不面目: bring [fall] into ~ 恥をかかせる[かく]. 〖L contemptible, contemptuous〗 〖類義語〗⇒ despise.

+**con·tempt·i·ble** /kəntém(p)təbl/ 形 卑しむべき, 見下げはてた, 卑劣な, 情けない: You're a ~ worm! お前は見下げはてた卑劣漢だ / It's ~ to cheat at cards. トランプでいかさまをするのは卑劣なことだ. **-i·bly** /-təbli/ 副 卑劣に, 見下げはてて.

con·temp·tu·ous /kəntém(p)tʃuəs/ 形 人をばかにした, 軽蔑的な; 〈…を〉軽蔑して (↔ respectful): a ~ smile 人をばかにしたような笑い[せせら笑い] / He's ~ *of* my ability. 彼は私の能力をばかにしている. ~·ly 副 軽蔑して, 人をばかにして. ~·ness 名 U 傲慢無礼.

***con·tend** /kənténd/ 動 ❶ 〈…ということを〉〈強く〉主張する (★ 受身不可): [+*that*] He ~ed *that* reform was urgently needed. 彼は改革が緊急に必要であると主張した. —— 圓 〈人と〉〈…を求めて〉争う, 競う: We ~ed *with* each other *for* the prize. その賞を目ざして互いに競い合った. **contend with...** 〈困難などと〉戦う, …に対処する, …に苦労[我慢]する: They had to ~ *with* sickness and lack of food. 彼らは病気や食糧不足と戦わなければならなかった. 〖L=争う, 張り合う *CON*-+*tendere* 伸ばす; ⇒ tend¹〗 (名 contention, 形 contentious)

***con·tend·er** /kənténdɚ | -də/ 名 (職・地位などの)競争者, 競技出場者[参加]者: a ~ *for* the heavyweight title ヘビー級選手権をねらう選手.

***con·tent¹** /kántent | kɔ́n-/ 名 ❶ [複数形で] **a** 〈容器の〉中身, 内容物: The ~s *of* his wallet were missing. 彼の札入れの中身が紛失していた. **b** 〈書物・文書などの〉内容 (*of*): Don't worry about your spelling; it's the ~s that count. つづりなどの心配はな, 重要なのは内容なのだから. **c** 目次: a table of ~s 目次, 目録. ❷ U **a** (作品・論文などの)趣意, 要旨, 真意: a speech with very little ~ 内容の乏しい演説. **b** (形式に対して)内容 (↔ form): C~ determines form. 内容が形式を決定する. ❸ [単数形で] 含有量: the vitamin ~ *of*...のビタミン含有量 / food with a high protein ~ 高たんぱく食品. ❹ U 〖電算〗(ウェブサイトの)内容, コンテンツ. 〖L=中身つまった continere 含む; ⇒ contain〗

***con·tent²** /kəntént/ 形 (**more ~; most ~**) (一応)満足して; 甘んじて (比較 A の場合には contented を用いる): He's not ~ *with* his lot (in life). 彼は(人生の)巡り合わせに満足していない / [+*to do*] He's ~ *to* remain an expatriate the rest of his life. 彼は残された生涯を国外在住者の身でいることに満足している. —— 名 U 満足さ (↔ discontent) (比較 contentment のほうが一般的): live in ~ 満足して生活する / smile with ~ 満足そうにほほえむ. **to one's heart's content** 心ゆくまで, 存分に: I had the chance to play the piano *to* my *heart's* ~. 私は心ゆくまでピアノをひく機会があった. —— 動 〈人に〉満足を与える, 〈人を〉満足させる: Nothing ~s her. 彼女は何事にも満足するということがない. **content oneself with...** …に満足する; 〈…に〉甘んじる: There was no beer, so I had to ~ *myself with* a glass of water. ビールがなかったのでコップ 1 杯の水で満足[我慢]しなければならない. 〖L=よく continere ↑〗 (形 contented) 〖類義語〗⇒ satisfy.

cóntent anàlysis 名 〖コミュニケーション〗内容分析.

+**con·tent·ed** /kənténtɪd/ 形 (現状に)満足している, 満足そうな (content² 比較) (↔ discontented): a ~ person 満足している人 / a ~ look [smile] 満足そうなまなざし[ほほえみ] / He looked very ~ just sitting and watching us. 彼は至極満足そうにただ座って私たちをながめていた / I'm ~ *with* the way things turned out. 私は事の成り行きに満足している. ~·ly 副 満足して, 満足そうに. ~·ness 名 U 満足.

***con·ten·tion** /kənténʃən/ 名 ❶ C 論点, 主張: It was his ~ *that* world trade barriers should be lowered. 世界貿易の障壁を減らすべきだというのが彼の主張だった / [+*that*] We agreed with his ~ *that* the bridge was unsafe. その橋は安全でないとの彼の主張に賛成した. ❷ U 争い, 闘争; 口論, 論争, 論戦. **in contention (with...)** (1) (競争・競技で)〈…と〉争って, 〈…の〉勝算が大きくて 〈*for*〉. (2) 論争[争い]の種になって; 論争中で. 〖L〗 (動 contend)

+**con·ten·tious** /kənténʃəs/ 形 ❶ 〈問題など〉議論[異論]のある[生じそうな] (controversial). ❷ 〈人が〉争いを好む, 議論好きな. ❸ 〖法〗係争の: a ~ case 係争[訴訟]事件. ~·ly 副. ~·ness 名 〖L〗 (動 contend)

+**con·tent·ment** /kəntén(t)mənt/ 名 U 満足(すること) (↔ discontentment). (動 content²)

cóntent províder 名 コンテンツプロバイダー.

cóntent sìte 名 〖電算〗コンテンツサイト, 情報サイト.

con·ter·mi·nous /kɑntə:mənəs | -tə́:-/ 形 =coterminous.

con·tes·sa /kəntésə/ 名 (イタリアの)伯爵夫人.

*__con·test__ /kɑ́ntest | kɔ́n-/ 名 ❶ 競争; 競技, 競演, コンテスト, コンクール: win [compete in] a dance ~ ダンスコンテストで優勝する[に出場する] / lose a close [closely-fought] ~ 接戦に敗れる / a speech ~ 弁論大会 (↔) no contest. ❷ 争い, 抗争; 論戦, 論争: a bloody ~ for power 血なまぐさい権力闘争. ─ 動 他 ❶ 〈…〉に対して異議を唱える, 〈…の〉正当性を疑う: ~ a decision 決定に異議を唱える. ❷ 〈勝利・賞・議席などを〉争う; 〈競争・争いに〉加わる, 出場する, 〈選挙に〉出馬する: ~ a seat in Parliament (選挙で)議席を争う. ❸ 〈…を〉論議する. ─ (自) 〔人と/…を求めて〕争う; 議論を戦わす; 競争する〔*with*, *against*〕〔*for*〕. 〖F<L=証人とする<CON-+*testari* 証人を呼ぶ, 証明する; cf. protest〗 ~**·er** 名 =contestant, contestation).

con·test·a·ble /kəntéstəbl/ 形 争われる, 論争される.

*__con·tes·tant__ /kəntéstənt/ 名 ❶ 競技者; 論争[競争]者, 競争相手. ❷ 異議申し立て者.

con·tes·ta·tion /kɑ̀ntestéɪʃən | kɔ̀n-/ 名 Ⓤ 論争; 異議申し立て: in ~ 〈事の係争[論争]中で[の].

*__con·text__ /kɑ́ntekst | kɔ́n-/ 名 Ⓒ Ⓤ ❶〔ある事柄の〕状況, 背景, 環境: in the ~ *of* politics 政治という面において(は) / in this ~ このような関係[状況]において(は) (cf. 2). ❷ 文脈, 脈絡, コンテクスト, (文章の)前後関係: in a different ~ 異なった文脈の下で(は) / in this ~ この文脈において(は) (cf. 1). in **cóntext** その[しかるべき]状況の下で, 当該状況下で, 事情を考慮した[した時, すれば]; 文脈[前後関係]の中で. óut of **cóntext** その状況を離れて, 事情を考慮せず; 文脈を離れて, 文脈がない時; 話題(など)と無関係で, 主旨に合わなくて.〖L=関連,〈原義〉共に織られたもの<CON-+*texere*, *text-* 織る; ⇒ text〗 形 contextual)

con·tex·tu·al /kɑntékstʃuəl | kən-/ 形 (文の)前後関係上の, 文脈上の: ~ analysis 文脈の分析. ~**·ly** 副

con·téx·tu·al·ìsm /-lɪzm/ 名 Ⓤ 〖哲〗 コンテクスト理論《言明や概念は文脈を離れては意味をもたないとする》.

con·tex·tu·al·ize /kɑntékstʃuəlàɪz | kən-/ 動 他 〈…の〉状況[文脈]を説明する, 状況[文脈]にあてはめる. **con·tex·tu·al·i·za·tion** /kɑntèkstʃuəlɪzéɪʃən | kəntèkstʃuəlaɪz-/ 名

con·ti·gu·i·ty /kɑ̀ntɪɡjúːəṭi | kɔ̀n-/ 名 Ⓤ 接近; 接触, 隣接 〔*to*, *with*〕: in ~ *with*…と近接して.

con·tig·u·ous /kəntíɡjuəs/ 形 接する, 隣接する: California is ~ *with* [*to*] Mexico. カリフォルニアはメキシコと隣接している. ❷ 〈事件など〉(時間・順序などで)切れ目のない, 連続した 〔*to*, *with*〕. ~**·ly** 副 ~**·ness** 名

con·ti·nence /kɑ́ntənəns | kɔ́n-/ 名 Ⓤ ❶ 自制; (性欲の)抑制. ❷ 排泄(はいせつ)抑制能力 (↔ incontinence).

*__con·ti·nent__[1] /kɑ́ntənənt | kɔ́n-/ 名 ❶ 大陸: on the European C-ヨーロッパ大陸で. ❷ [the C-] (英口) ヨーロッパ大陸, (特に)西欧 (英国・アイルランドに対して).〖L=続いている(土地)<*continere* つなげる, 一緒にしておく; cf. contain, continue〗 形 continental)

con·ti·nent[2] /kɑ́ntənənt | kɔ́n-/ 形 ❶ 排泄(はいせつ)を抑制できる. ❷ 自制心のある; 性欲を節する. 〖↑〗

*__con·ti·nen·tal__ /kɑ̀ntənéntl | kɔ̀n-/ 形 ❶ 大陸の, 大陸性[風]の: ⇒ continental climate. ❷ [C-] (英国風[式]に) ヨーロッパ大陸[式]の; 南欧(風)の. ❸ [C-] (米国独立戦争当時の)アメリカ植民地の. ─ 名 ❶ (米) [C-] (ハワイとアラスカを除く)大陸 48 州. ❷ [C~] (英) ヨーロッパ大陸の人. ❸ (米国独立戦争当時の)アメリカ大陸兵.

cóntinental bréakfast 名 Ⓒ Ⓤ (パンとコーヒーだけの)ヨーロッパ式朝食 (cf. English breakfast).

cóntinental climate 名 大陸性気候 (1年間および1日間の気温差が大きく, 降水量が少ない; cf. OCEANIC climate).

cóntinental dáy 名 (英) 早朝から午過までの授業[昼過ぎまで授業のある日].

Continéntal Divíde 名 [the ~] ❶ (北米)大陸分水嶺(れい) (Rocky Mountains のこと). ❷ [c~ d~] 大陸分水嶺 [分水界].

cóntinental dríft 名 Ⓤ 〖地〗 大陸漂移[移動](説).

cóntinental quílt 名 =duvet.

cóntinental shélf 名 〖地〗 (海底の)大陸棚.

+__con·tin·gen·cy__ /kəntíndʒənsi/ 名 ❶ Ⓒ **a** 不測の事態[出来事], 偶発事: future *contingencies* 将来起こるかもしれない事柄. **b** 〔不測の事態(に対する)〕備え, 用意, 準備; [形容詞的に] 不測の事態に対応するための: as a ~ (*for* …) (…に対する)備えとして. **c** (偶発事に)付随する事柄. ❷ Ⓤ (事態などの)不確実さ, 不確定性; 偶発(性), 偶然(性); 〖哲〗 偶然性. 形 contingent)

contíngency fèe 名 (弁護士などの)成功報酬.

contíngency fùnd 名 偶発危険資金.

contíngency tàble 名 〖統〗 分割表.

+__con·tin·gent__ /kəntíndʒənt/ 名 ❶ [通例修飾語を伴って; 集合的に; 単数または複数扱い] **a** 分遣隊[艦隊]. **b** (集会などへの)代表団, 派遣団. ❷ 不測の出来事. ─ 形 ❶ Ⓟ 〈…〉次第で, 〈…を〉条件として (dependent): a fee [remuneration] ~ *on* [*upon*] success 成功報酬 / The punctual arrival of an airplane is ~ *on* the weather. 飛行機が時間どおりに到着するかは天候次第である. ❷ **a** 〈損失など〉発生しうる, 生じうる; 不定の, 臨時の: ~ expenses 臨時費. **b** 偶発的な, 偶然の, 不測の; 〖哲〗 偶然の: a ~ event 不測の事件. ~**·ly** 副 偶然に; 付随的に, 場合によって. 〖L<*contingere* 起こる, 触れる; ⇒ contact〗

contíngent fèe =contingency fee.

con·tin·u·a /kəntínjuə/ 名 continuum の複数形.

*__con·tin·u·al__ /kəntínjuəl/ 形 (*more* ~; *most* ~) Ⓐ ❶ 〈過程・事態など〉継続的な, 絶え間ない: a week of ~ sunshine お天気続きの 1 週間 / They live in ~ fear of starvation. 彼らは絶えず飢餓におびえながら生きている. ❷ 〈不快なことが〉何度も繰り返される, しょっちゅう起こる, 頻発する: ~ interruptions 絶えず繰り返されるじゃま[中断] / There is ~ trouble on the border. 国境で絶えず紛争が起こっている. 〖類義語〗 **continual** 特に不快なことが長期間にわたって絶えず続く, または反復して繰り返される. **continuous** 時間あるいは空間的に最後まで切れ目なく続く. **constant** 継続または反復の動作などが一定不変・規則的であることを強調する. **incessant** 活動・運動が中断されずひっきりなしの. **perpetual** 動作の一様性と持続性を強調し, ほとんど永久的なことをいう.

*__con·tin·u·al·ly__ /kəntínjuəli/ 副 (*more* ~; *most* ~) 断続的に, 頻繁に.

con·tin·u·ance /kəntínjuəns/ 名 ❶ Ⓤ [また a ~] 継続, 連続: a ~ of bad weather 悪天候の連続 / of long [short, some] ~ 長い[わずかの, しばらくの]間続く[いた]. **b** 〈ある状態・条件などに〉とどまっていること, 滞在; 持続, 存続: during one's ~ *in* office 在職中に. ❷ 継続期間. ❷ Ⓤ 〖法〗 (訴訟手続きの)延期, (裁判の)続行.

con·tin·u·ant /kəntínjuənt/ 形 〖音声〗 継続音の. ─ 名 継続音, 連続音 《/f, s, z, m, l/ などの子音; cf. stop 7, plosive》.

+__con·tin·u·a·tion__ /kəntìnjuéɪʃən/ 名 ❶ **a** Ⓤ 続けること, 継続, 連続; 持続, 存続 〔*of*〕. **b** Ⓤ [また a ~] (中断後の)継続, 再開: a ~ *of* hostilities 戦闘の再開. ❷ Ⓒ **a** 続くもの, 続きもの; 〈線などの〉続き 〔*of*〕. **b** 〔話などの〕続き, 続編: a ~ *of* last week's story 先週の話の続き / C- follows. 以下次号《★無冠詞》. **c** 継ぎ足し, 建て増し 〔*to*〕. 動 continue)

continuátion schòol 名 (素行不良の生徒などが通う)補習学校.

con·tin·u·a·tive /kəntínjuèɪtɪv, -əṭɪv/ 形 ❶ 連続的な; 継続的な. ❷ 〖文法〗 継続用法の, 非制限的な (↔ restrictive): the ~ use (関係詞の)継続的用法.

con·tin·u·a·tor /-èɪtər/ 名 継続者; 引継人, 継承者 《特に人の死後その仕事を引き継ぐ作家》.

‡__con·tin·ue__ /kəntínjuː/ 動 他 ❶ 〈…を〉続ける, 継続する, 持続する, 〈…〉し続ける (↔ stop): They ~d their

continued

journey. 彼らは旅行を続けた / [+*to do*] He ~*d to* write novels. 彼は小説を書き続けた / Prices ~*d to* rise. 物価は騰貴し続けた / [+*doing*] He ~*d* reading into the night. 彼は夜遅くまで読み続けた / How long will you ~ working? いつまで仕事[勉強]を続けるのですか. 用法 (1) *to do* は状態を表わす動詞以外は *doing* と書き換えるが, 断続的・習慣的な場合に多く用いられる. (2) *doing* は一つの行動の持続を表わす場合に多く用いられる. ❷ 〈…を〉中断後また〉継続する, 続行する (carry on, resume): He took a short rest and ~*d* his journey. 彼は小休止してまた旅を続けた / To be ~*d*. 未完, 以下次号 / *Continued on* [*from*] page 20. 20ページに[から]続く / [+*doing*] He ~*d* writing after dinner. 彼は夕食後もまた書き続けた. ❸ 〈…と〉(再び)話を続ける, 引き続いて言う: [+引用] "Well," he ~*d*, "what I want to say is...." 「ところで, 私の言いたいことは」と彼は言葉を続けた. ❹ 〈人を〉[…に]継続[存続]させる (★ しばしば受身; cf. ❺ 5): a boy *at* school 少年に就学を続けさせる / The Home Secretary *was* ~*d in* office. 内相が留任した. ❺ [米法] 〈裁判を〉延期する. ── 自 ❶ 〈出来事などが〉継続する, 続く: This wet weather may ~. この雨天はまだまだかもしれない / The king's reign ~*d* (for) thirty years. 王の治世は 30 年続いた. ❷ 〔仕事などを〕(休まずに)続ける; (中断後また)続ける: ~ *with* one's work 仕事を続ける. ❸ (中断後また)続く: The Dancing ~*d* after dinner. ダンスはディナーの後また続いた. ❹ (再び)話を続ける, 再び話し始める: Now, let me ~. それでは話を続けさせてください. ❺ (地位・役職などに)とどまる: He ~*d at* his post [*in* office]. 彼は留任した / [+名補] He ~*d as* president. 彼は会長としてとどまった. ❻ [通例副詞(句)を伴って] a (空間的に)連続している, 〈道路などが〉続いている: The road ~*s for* miles. 道路は何マイルにもわたって続いている. b (同じ方向に)動き続ける, 進み続ける: ~ *along* the road その道をずっと進む[行く]. ❼ 引き続き…である: [+補] If you ~ obstinate, ... お前がどこまでも強情を張るなら.... ❽ 〈…を〉存続する, 守り続ける: They have ~*d in* the faith of their fathers. 彼らは祖先の信仰を守り続けている. 【F＜L＜*continuus* 続いている＜*continere* つなげる, 一緒に〔する〕; ⇒ contain】【類義語】 **continue** ある過程を継続した状態が切れ目なく続く. **last** ある一定の期間続く, あるいは通常以上に長く続く. **endure** 破壊的な力に抵抗して, または困難な状況の中で存続する. **persist** 普通以上にまたは予想される時以上に長く存続する, または繰り返される. しばしば執拗さを暗示する.

con·tin·ued 形 A 続けられた, 引き続きの; 連続している, とぎれない; 延長された; 中断後に再開された.

continuing education 名 U 継続教育(課程), 成人教育《最新の知識・技能を授けるための》.

⁺con·ti·nu·i·ty /kɑ̀ntən(j)úːəṭi | kɔ̀ntɪnjúː-/ 名 ❶ U 連続(状態), 連続性; 継続性; (論理的に)密接な関連〔*in, between*〕(↔ discontinuity): break the ~ of a person's train of thought 人の思考の流れを中断する / There is no ~ *between* the two paragraphs. その二つの段落には連続性がない. ❷ C 一続き: a ~ *of* scenes 一続きの場面. ❸ U 〔映・ラジオ・テレビ〕 a 撮影《放送》用台本, コンテ. b (番組の間に入れる放送者の)つなぎ[語り]部分. (動 continue)

continuity person [girl, man] 名〔映〕撮影記録係.

con·tin·u·o /kəntínjùoʊ/ 名 (複 ~s) 〔楽〕通奏低音, コンティヌオ《17-18 世紀の音楽で基礎をなす低音部; 通例有鍵楽器かチェロなどが演奏する》. 【It】

***con·tin·u·ous** /kəntínjuəs/ 形 (more ~; most ~) ❶ 〈過程・出来事など〉連続的な, 切れ目のない, とぎれない (unbroken): a ~ sound とぎれなく聞こえてくる音 / ~ rain ひっきりなしの雨 / a ~ performance (映画などの)切れ目なしの上演. ❷ [口] 何度も繰り返される (continual): ~ interruptions 何度も繰り返されるじゃま《頻発される中断》. ❸ 〔文法〕〈形・時制の〉進行形の (progressive). ── 名 [the ~] 〔文法〕進行形. 【L *continuus*; ⇒ continue】【類義語】⇒ continual.

continuous assessment 名 U 〔英〕継続評価《定期試験によらず日頃の学習段階に追って評価すること》.

continuous creation theory 名 〔天〕 = steady state theory.

⁺**con·tin·u·ous·ly** 副 連続的に, 切れ目なく.

continuous stationery 名 U 〔電算〕連続印字用紙《折り重ねて一束になっている》.

⁺**con·tin·u·um** /kəntínjuəm/ 名 (複 -*tin·u·a* /-tínjuə/) (物質・事件などの)連続(体) (cline): a space-time ~ 時空連続体. 【L; ⇒ continuous】

con·tort /kəntɔ́ət | -tɔ́ːt/ 動 他 〈…を〉ねじ曲げる, ゆがめる: ~ one's limbs 手足をねじ曲げる / His face *was* ~*ed* with pain. 彼の顔は苦痛でゆがんでいた. ── 自 〈顔などが〉ゆがむ: His lips ~*ed into* a grimace. 彼の口もとがゆがんでしかめっ面になった.

con·tort·ed /-ṭɪd/ 形 ゆがんだ, ねじ曲がった; ゆがめられた, 歪曲された: a ~ face ゆがんだ顔[表情] / a ~ interpretation 曲解.

con·tor·tion /kəntɔ́əʃən | -tɔ́ː-/ 名 U.C ❶ ねじれ, ゆがみ; ひきつり, 捻転: the ~s of a pitcher throwing a ball ボールを投げる投手の身体のひねり. ❷ (語句などの)曲解, 歪曲(などする): verbal ~ 言葉のこじつけ.

con·tor·tion·ist /-ʃ(ə)nɪst/ 名 (体を自由に曲げる)曲芸師.

⁺**con·tour** /kɑ́ntʊə | kɔ́ntʊə, -tɔː-/ 名 ❶ [通例複数形で] 輪郭, 外形《★ 外形によって作られる全体の形で, 特に曲線をなるもの》: the ~ *of* a coast 海岸線 / the ~*s of* the female body 女体の曲線. ❷ = contour line. ── 形 A ❶ 輪郭[等高]を示す: a ~ map 〔地理〕等高線地図. ❷ 〈いすなど〉体形に合わせて作った. ── 動 他 ❶ 〈道路が〉(…の)自然の地形に沿っている. 【F＜It＜*contare* 丸で囲む＜CON-＋L *tornare* 回転する; cf. turn】

con·toured /-tʊəd/ 形 ❶ (ほかのものの)輪郭[外形]に合うように作られた; 工夫された輪郭の. ❷ 曲線を描いた, 曲線状の; ゆるやかな傾斜の. ❸ 等高線を記された.

contour farming [plowing] 名 U〔農〕等高線農業[耕作]《土壌侵蝕を防ぐため等高線に沿って作物を帯状に植える栽培法》.

contour feather 名 〔鳥〕大羽《体表をおおって体形を示す, 綿毛 (down) でない羽》.

contour line 名 〔地理〕等高線.

contr. contract(ed); contraction.

con·tra[1] /kɑ́ntrə | kɔ́n-/ 副 反対に. ── 前 …に対して, …に反対して.

con·tra[2] /kɑ́ntrə | kɔ́n-/ 名 コントラ《米国の援助を受けてニカラグアの Sandinista 民族解放戦線政府の打倒を策した反革命ゲリラ組織 (1979-90) の一員》.

con·tra- /kɑ́ntrə | kɔ́n-/ 接頭 「逆[反, 抗]…」(against, contrary) 〔楽〕「普通の低音 (bass) より 1[2]オクターブ低い」. 【L=against】

con·tra·band /kɑ́ntrəbænd | kɔ́n-/ 名 U 密売買(品), 密輸(品); (戦時)禁制品. ── 形 禁止[禁制]の: ~ goods (輸出入)禁制品 / a ~ trader 密輸業者. 【F＜It＜CONTRA-＋*bando* 布告, 法令】

con·tra·band·ist /-dɪst/ 名 密輸者, 禁制品売買者.

con·tra·bass /kɑ́ntrəbèɪs | kɔ́ntrəbéɪs/ 名 〔楽〕コントラバス (⇒ double-base).

con·tra·bass·ist /-sɪst/ 名 コントラバス奏者.

con·tra·bas·soon /kɑ̀ntrəbəsúːn/ 名 〔楽〕コントラバスーン《普通のバスーンより 1 オクターブ低い音の出る木管最低音楽器》.

⁺**con·tra·cep·tion** /kɑ̀ntrəsépʃən/ 名 U 避妊(法). 【CONTRA-＋(CON)CEPTION】(形 contraceptive)

⁺**con·tra·cep·tive** /kɑ̀ntrəséptɪv | kɔ̀n-/ 形 避妊薬[用具, 法]の. ── 名 避妊薬(用). (名 contraception)

⁺**con·tract** /kɑ́ntrækt | kɔ́n-/ 名 ❶ a C.U (仕事・雇用・売買などの)契約, 約定; 請負; 契約書: (a) breach of ~ 契約違反, 違約 / a verbal [an oral] ~ 口約, 口約束 / a written ~ 成文契約 / ⇒ social contract / by ~ 契約によって; 請負で. on ~ 請負で / make [enter into] a ~ 〈*with*...〉 〈…と〉契約を結ぶ / under [on] ~ 〈*with*...〉 〈…と〉契約を結んで, 契約して / get an exclusive ~ *with*...と独占契約を結ぶ / [+*to do*] a ~ *to* build a house 家の建築契約. **b** [C] 契約書: sign [draw up] a ～ 契約書に署名する[を作成する]. **c** [U]〘法〙契約を扱う部門. ❷ [C]《口》〔…を〕殺害させる契約, 殺人契約: take [put] out a ～ on…を人を使って殺害(しようと)する, …に対する殺人契約をする. ❸〘トランプ〙 **a** ＝contract bridge. **b** [C] (contract bridge で, スーツ (suit) と獲得予定のトリック (trick) 数の)契約取り決め. ❹ [C]《古風》婚約. **pút…to cóntract** 〈仕事を〉請負に出す. ── [形] [A] 契約の, 請負の: a ～ worker 契約社員 / ～ work 請負仕事.

── /kəntrǽkt, kɑ́ntrækt | kəntrǽkt/ [動] [他] ❶ **a** 〈…と〉**契約を結ぶ**; [しばしば受身で]〈人と〉〈…してもらう〉契約する: as ～*ed* 契約どおり / We have ～*ed* that firm for the job. 我々はその会社とその仕事の契約を結んだ / 〔+目+*to*+do〕 The player *is* ～*ed* (*to* the club) *to* play until the end of the season. その選手は(クラブと)シーズンの終わりまでプレーする契約をしている. **b** (自分が)〈…することを〉契約する: 〔+*to* do〕 The architect ～*ed to* build the houses at a fixed price. その建築家は固定額でその家を建てることを請け負った. ❷ 〈(友好)関係などを〉結ぶ: ～ a marriage 婚姻を結ぶ. ❸ **a** 〈筋肉を〉収縮させる: ～ a muscle 筋肉を収縮させる. **b** 〈ひたい・まゆを〉しかめる, 寄せる. ❹ 〈病気・ウイルスに〉かかる, 感染する: ～ AIDS [HIV] エイズ[エイズウイルス]に感染する. ❺ 〈負債などを〉負う, 作る. ❻ /kəntrǽkt/ 〈語・句などを〉(音を略して)縮める, 縮約する: ⇨ CONTRACTED form. ── [自] ❶ 〔人などと〕〔…の〕(請負の)契約をする: She ～*ed with* a carpenter *for* the repair of her house. 彼女は大工と家の修繕の契約を結んだ / 〔+*to* do〕 I ～*ed with* the coal merchant *to* buy a ton of coal every month. 石炭商と毎月石炭 1 トンを買う契約を結んだ. ❷ **a** 〈ものが〉縮む, 縮小する; 〈経済・市場などが〉縮小する, 規模が小さくなる (↔ expand). **b** 〈筋肉が〉収縮する. **cóntract ín** 《[自]+[副]》《英》(正式に)参加の契約をする. **cóntract óut** 《[他]+[副]》 (1) 〈仕事を〉契約[外注, 下請け]に出す〔*to*〕. ── 《[自]+[副]》 (2) 《英》(正式に)不参加の契約をする〔*of*〕.
〘L＝取り引きを結ぶ, 互いに引き合う < CON-+*trahere*, *tract-* ひっぱる; cf. tract[1]〙 ([名] contraction)

con·tract·a·ble /kəntrǽktəbl/ [形] 感染しうる.

cóntract brídge [名] [U]〘トランプ〙コントラクトブリッジ《★英米で最も普通のブリッジ》.

con·tráct·ed [形] [A] ❶ **a** 収縮した. **b** 〈額・まゆなど〉しかめた. ❷ 短縮した: a ～ form〘文法〙短縮[縮約]形《isn't, I'm など》.

con·tract·i·ble /kəntrǽktəbl/ [形] 縮まる, 縮められる; 収縮性の. **～·ness** [名]

con·trac·tile /kəntrǽktl | -taɪl/ [形] 収縮性の(ある); 収縮を起こす.

con·trac·til·i·ty /kɑ̀ntræktɪ́ləṭi | kɔ̀n-/ [名] [U] 収縮性.

+**con·trac·tion** /kəntrǽkʃən/ [名] ❶ **a** [U] 短縮(すること), 収縮; (額・まゆを)ひそめること. **b** [C,U] (筋肉, 特に出産時の子宮の)収縮. ❷〘文法〙 **a** [U] 短縮, 縮約〔*of*〕《do not を don't にするなど》. **b** [C] 短縮[縮約]形〔*of*〕《can't, I'm など》. ❸ [U] **a** 〔負債を〕作ること〔*of*〕. **b** 〔病気に〕かかること〔*of*〕. **c** 〔習慣が〕つくこと〔*of*〕.

con·trac·tive /kəntrǽktɪv/ [形] 収縮性の(ある).

cóntract nòte [名] 契約報告書; 売買契約書.

*__con·trac·tor__ /kɑ́ntræktə, kəntrǽk- | kəntrǽktə/ [名] 契約者; 請負人, 土建業者.

con·trac·to·ri·za·tion /kəntræ̀ktərɪzéɪʃən | -ràɪz-/ [名] [U]《英》(特に公共サービスの)民間委託. **con·trac·to·rize** /kəntrǽktəràɪz/ [動] [他]

+**con·trac·tu·al** /kəntrǽkʧuəl/ [形] 契約(上)の.

con·trác·tur·al /-ʧərəl/ [形] ❶〘医〙拘縮 (contracture) の, 痙縮(けいしゅく)性の. ❷ ＝contractual.

con·trac·ture /kəntrǽkʧə | -ʧə/ [名] [U]〘医〙(筋肉・腱などの)拘縮, 痙縮.

+**con·tra·dict** /kɑ̀ntrədɪ́kt | kɔ̀n-/ [動] [他] ❶ 〈陳述・報道などを〉否認する, 否定する; 反駁(はんばく)する; 〈人(の言葉)に〉反対する, 逆らう: The statement has been officially ～*ed*. その声明は公式に否定された / I'm sorry to ～ you, but… お言葉を返すようですが…. ❷ **a** 〈事実・陳述が〉〈…と〉矛盾する, 相反する, 両立しない: The two accounts ～ each other. その二つの報告は互いに矛盾している. **b** [～ one*self* で] 矛盾したことを言う. ── [自] ❶ 反対の意見を述べる, 反駁する. 〘L＝反論する < CONTRA-+*dicere*, *dict-* 言う; cf. dictate〙 ([名] contradiction, [形] contradictory) 【類義語】⇨ deny.

*__con·tra·dic·tion__ /kɑ̀ntrədɪ́kʃən | kɔ̀n-/ [名] [U,C] ❶ **矛盾(すること), 相反, 不両立; 矛盾するもの[言葉, 行動, 事実(など)]**: in ～ to…と矛盾して / a ～ in terms〘論〙名辞矛盾《たとえば a round square (丸い四角形)》. ❷ 否定(すること), 否認; 反駁, 反対: without fear of ～ 異議を唱えられる心配なく《賛成[賛同]を得られるものとして》.

+**con·tra·dic·to·ry** /kɑ̀ntrədɪ́ktəri, -tri | kɔ̀n-ˊ/ [形] ❶ 矛盾した, 両立しない: ～ statements 互いに矛盾する供述: be ～ *to* each other 互いに矛盾する. ❷ 〈人・性格など〉論争[反対]好きな. **-to·ri·ly** /-tərəli, -trə-/ [副]

còntra·distínction [名] [U] 対照区別, 対比. **in contradistínction to**…と対比して.

còntra·distínguish [動] [他] 〈…を〉〈…と〉対比する, 対照区別する〔*from*〕.

còntra·fáctual [形] ＝counterfactual.

cóntra·flòw [名]《英》対向分流《道路工事のため片側車線を閉鎖し, 残りの片側車線に一時的に上下車線を設ける処理》.

con·trail /kɑ́ntreɪl | kɔ́n-/ [名]〘空〙飛行機雲.

còntra·índicate [動] [他]〘医〙〈薬・療法に〉禁忌を示す.

còntra·indicátion [名] [U]〘医〙禁忌.

còntra·láteral [形]〘医〙(身体の)反対側に起こる, 反対側の類似の部分と連動する, (反)対側性の.

con·tral·to /kəntrǽltoʊ/ [名] ([複] ～s)〘楽〙❶ [U] コントラルト《alto より低い音域; 通例女性最低音; ⇨ bass[1] [関連]》. ❷ [C] コントラルトの声. ❸ [C] コントラルトの歌手[楽器]. ── [形] コントラルトの. 〘CONTRA-+ALTO〙

con·tra mun·dum /kɑ́ntrəmʌ́ndəm | kɔ́n-/ [副] 世界に対して, 一般の意見に反して(も).

còntra·posítion [名] [U,C] 対置, 対立;〘論〙対偶. **in contraposítion to [with]**…に対置して, と対照して.

còntra·pósitive [形] 対置の, 対立の;〘論〙対偶の, 換質換位の. ── [名]〘論〙対偶命題.

con·trap·pos·to /kɑ̀ntrəpɑ́stoʊ | kɔ̀n-/ [名] ([複] ～s)〘美〙コントラポスト《後期ルネサンスの絵画や彫刻において, 人体の正中線がわずかに S 字形を描き, 腰・肩・頭が異なる向きになるポーズ》.

cón·tra pro·fe·rén·tem /-prɑ̀fəréntəm | -erɔ́f-/ [副]〘法〙(契約の解釈について)起草者の不利に《あいまいな点は提案[提示]者に不利に解釈すべき》.

con·trap·tion /kəntrǽpʃən/ [名] 奇妙な[珍妙な]仕掛け[機械].

con·tra·pun·tal /kɑ̀ntrəpʌ́nṭl | kɔ̀n-ˊ/ [形]〘楽〙対位法(的)の. **～·ly** /-ṭəli/ [副]

con·trar·i·an /kəntré(ə)riən/ [名] [形] ❶ 人と反対の行動[見解]をとる(人). ❷ (ほかの投資家が売りに出ている時に株を買い, 買いに出ている時に売る)逆張り投資家(の).

con·tra·ri·e·ty /kɑ̀ntrəráɪəṭi | kɔ̀n-/ [名] ❶ [U] 反対; 不一致. ❷ [C] 相反する点[事実]; 矛盾点.

con·trar·i·ly /kɑ́ntrerəli, ─ˊ── | kɔ́ntrərəli/ [副] ❶ これに反して. ❷ /kəntré(ə)rəli/ ひねくれて, 頑固に.

con·trar·i·ness /kəntré(ə)rinəs/ [名] [U] つむじ曲がり, いこじ.

con·trar·i·wise /kɑ́ntreriwàɪz | kəntréəri-/ [副]《古風》❶ 反対(の方向)に, 逆に. ❷ これに反して. ❸ いこじに, ひねくれて.

*__con·trar·y__ /kɑ́ntreri | kɔ́ntrəri/ [形] (**more** ～; **most** ～) ❶ (比較なし) (完全に)**反対の**, 正反対の, 相反する: ～ opinions 相反する意見 / It's ～ *to* rules. それは規則違反だ. ❷ /kəntré(ə)ri/ つむじ曲がりの, ひねくれた, いこじな. ❸ 逆の, 不利な: ～ weather 悪天候 / a ～ wind 逆風. **cóntrary to**…に反して《cf. [形] 1; ★ contrary to で前置詞と考える人もいる》: act ～ *to* regulations 規則にそむく行動をする / ～ *to* one's expectations [popular belief] 予

期[一般に信じられていること]に反して. ── 图 [the ~] 正反対: Quite the ~. まるで反対だ / He's neither tall nor the ~. 背が高くもなくその反対でもない. **by cóntraries** 反対に; 反して: Dreams go by contraries. 夢は逆(ﾊﾞ)夢. **on the cóntrary** [今述べられたことに強く反対して]それどころか, とんでもない: I was told she's over the hill. On the ~ I thought her singing (was) better than ever. 彼女はもう絶頂期は過ぎたと人に言われたが, どうしてその歌声は前にも増してすばらしかった / "Have you finished?" "On the ~. I haven't yet begun." 「もう終わったか」「とんでもない, まだ始めてもいない」. **to the cóntrary** それと反対に[の], 逆に[の]: She says she didn't see him yesterday, and there's no evidence to the ~. きのう彼には会わなかったと彼女は言っているし, そうではな[い(会った)]という証拠は何もない / I know nothing to the ~. それと反対のことは何も知らない. 《F<L<contra against》【類義語】⇨ opposite.

*con·trast /kάntræst | kɔ́ntrɑː:st/ 图 ❶ C,U 対照, 対比(すること); (激しい)差異; U (写真・画面などの明暗の)コントラスト: the ~ **between** light and shade 光と陰の対照 / by ~ 対照してみると / by ~ **with**...との対照[対比]によって / in ~ **to** [with]...に対比して, ...と対照をなして; ...とは著しく違って (★ **to** が一般的です) / form [present, provide] a striking [strange, singular] ~ **to**...と著しい[妙な, 奇異な]対照をなす. ❷ C [しばしば a ~] 対照となるもの, 正反対のもの[人] 《**to, with, for**》: His modest lifestyle is a ~ **to** that of his extravagant father. 彼の質素な生活様式な父とは正反対だ.
── /kəntrǽst | -trάː:st/ 動 他 ❶ ...と対照する, 対比する: ~ the Japanese welfare system **with** that of Sweden 日本の福祉制度をスウェーデンのものと対照[対比]する / ~ two things 二つのものを対比する / ~ light **and** shade 明暗を対照する. ── 自 [...と]よい対照をなす, [...と]対照して目立つ, [二つのものが]対照的である: His approach strongly ~s **with** traditional ones. 彼のやり方は伝統的なものと著しい対照をなしている / Her white face and her dark dress ~ sharply. 彼女の白の顔と黒のドレスがきわだって対照的である. **as contrasted with**...と対照して見ると.
《F<It<L=対立する《CONTRA-+stare 立つ; cf. stay》》(形) contrastive. 【類義語】⇨ compare.

con·trást·ing 形 [通例 A] 〈色・性質などが〉対照的の.
con·tras·tive /kəntrǽstɪv | -trɑ́ːs-/ 形 対照的な, 対比(研究)する: ~ linguistics 対照言語学.
cóntrast mèdium 图 [医] 造影剤.
con·trast·y /kάntræsti | kɔ́ntrɑːs-/ 形 (**con·trast·i·er; -i·est**) 〈写真・映像が〉コントラストの強い.
còntra·suggéstible 形 【心】暗示に逆の反応を示す, 対抗被暗示性の.

†**con·tra·vene** /kὰntrəvíːn | kɔ̀n-/ 動 他 〈慣習・法律などに〉違反[違背, 抵触]する, 反する, 犯す: The bill ~s international human rights standards. その法案は国際的な人権基準に反している. 《F<L=come against<CONTRA-+venire to come; cf. venue》
con·tra·ven·tion /kὰntrəvénʃən | kɔ̀n-/ 图 U,C 違反, 違背: in ~ of...に違反して.
con·tre·danse /kάntrədæns | kɔ́ntrədɑ̀ːns/ 图 コントルダンス, 対舞(曲).
con·tre·jour /kὰntrəʒúə | kɔ́ntrəʒùə/ 形 副 [写] 逆光の[で].
con·tre·temps /kάntrətὰː | kɔ́n-/ 图 (圈 ~ /-z/) あいにくな出来事; 意外な事故. 《F》
contrib. 《略》 contribution; contributor.

*con·trib·ute /kəntríbjuːt, -bjuːt | kəntríbjuːt, kὰntrəbjùːt/ 動 ❶ **a** 〈金品などを〉...に**寄付**する, 寄贈する (donate): He ~d a large sum of money **to** [**toward**] the fund. 彼はその基金に多額の金を寄付した. **b** 〈助言・援助などを〉...に与える, ささげる, 貢献する: He did not ~ anything **to** the work. 彼はその仕事に何の貢献もしてくれなかった / Everyone was asked to ~ suggestions for raising money for the club. だれもがクラブの寄付金集めに提案を寄せるように求められた. ❷ 〈記事などを〉新聞・雑誌などに**寄稿する**: I ~d a short story **to** that magazine. その雑誌に短編を寄稿した.
── 自 ❶ [...に]**寄付をする**: ~ **to** a community chest 共同募金に寄付する. ❷ [...に]**貢献[寄与]する**; [...の]一因[原因]となる, 役に立つ: Your help will ~ **toward** providing food for these starving people. ご援助があれば飢餓状態にあるこれらの人々への食料供給も容易になるでしょう / Heavy seas ~d **to** the difficulty of the rescue operation. 海が荒れていたのが救助作業をさらに難航させた / a contributing factor 一因. ❸ 〈新聞・雑誌などに〉**寄稿する**: ~ **to** a newspaper 新聞に寄稿する. 《L=結びつける, 割り当てる《CON-+tribuere, tribut- 与える; cf. tribute》》(图 contribution, 形 contributory)

*con·tri·bu·tion /kὰntrəbjúːʃən | kɔ̀n-/ 图 ❶ **寄付(金), 寄贈(物), 貢献, 寄与** 《**to, toward**》 (donation): the ~ of money **to** charity 慈善献金 / political ~s 政治献金 / make a ~ **to**...に貢献[寄与]する / a significant [an outstanding] ~ 重要な[顕著な]貢献. ❷ **寄稿作品**[記事]. ❸ [保険] (損失または支払金の)分担(額), (社会保険の)保険料.
con·trib·u·tive /kəntríbjʊtɪv/ 形 貢献的な; [...に]寄与する《**to**》. ~·**ly** 副 ~·**ness** 图
con·tríb·u·tor /-bjʊtə | -tə/ 图 ❶ 寄付者; 貢献者 《**to**》. ❷ 寄稿家, 投稿家 《**to**》. ❸ 誘因, 一因 《**to**》.
con·trib·u·to·ry /kəntríbjʊtɔ̀ːri | -təri, -tri/ 形 ❶ 寄与する; 結果に影響する: It was a ~ cause of the accident. それが事故の有力な原因であった. ❷ 〈年金・保険制度など〉醵出(ｷｮ)の《従業員が一部を負担する》.
contributory négligence 图 U 《法》寄与[助成]過失 《被害発生には原告の過失が決定的な寄与をしたとの損害賠償を受けられないとするもの; 英国では 1945 年廃止》.
cón trìck 图 《英口》=confidence game.
con·trite /kəntráɪt/ 形 罪を深く悔いている; 悔恨の情を表わした: ~ tears 悔恨の涙.
con·tri·tion /kəntríʃən/ 图 U 悔恨.
con·triv·a·ble /kəntráɪvəbl/ 形 考案できる.
con·triv·ance /kəntráɪvəns/ 图 ❶ **a** 工夫(すること), 考案. **b** 工夫[考案]の才. ❷ C 考案品, 発明品; 仕組み, 装置. ❸ C (通例複数形で) もくろみ, たくらみ, 計略. (動 contrive)

†**con·trive** /kəntráɪv/ 動 ❶ 〈...を〉考案する, 工夫する: ~ a new kind of engine 新種のエンジンを考案する. ❷ 〈悪事などを〉たくらむ, もくろむ. ❸ **a** 何とか(うまく)...する (manage): He ~d his escape. 彼は逃げおおせた / I ~d **to** arrive in time after all. なんとかどうやら遅ればせに到着できた. **b** [反語的に] わざわざ...をしでかす[招く]: He ~d **to** get himself disliked. 彼はわざわざ嫌われるようなことをした 《用法》 **to** do は不利なことを表わす動詞が用いられる》.
《F=想像[創案]する<L=比べる》
con·trived /kəntráɪvd/ 形 わざとらしい, 不自然な (artificial; natural): a ~ ending of a play 劇の不自然な結末.
con·triv·er 图 ❶ 考案者; 計略家. ❷ やりくり上手(人).

‡**con·trol** /kəntróʊl/ 图 ❶ **a** U 支配(すること), 取り締まり, 管理, 監督, 管制: ~ of foreign exchange 外国為替(管理)管理する / be in [under] the ~ of...の管理[支配]下にある / fall under the ~ of...の支配されるようになる / take ~ of...の支配権を握る / have [keep] ~ **over** [of]...を支配[管理]している / gain ~ **of** [over] the armed forces 軍隊を掌握する / ⇨ TRAFFIC control, quality control. **b** U,C (出入国などの)審査: immigration ~(s) 入国管理[規制]. ❷ U **a** 抑制(力), 制御; 統制, 規制: thought ~ 思想統制 / inflation ~ インフレ抑制 / bring [get]...**under** ~ ... を抑えつける, うまく治める / gain [lose] ~ of...を制御できるようになる[制し切れなくなる] / keep...**under** ~ ...を抑え, 治めている / regain ~ of the car [machine] その車[機械]の制御[コントロール]を取り戻す / without ~ 勝手次第に / He is [He has got] completely out of ~. 彼はまったく手に負えない[なくなっている] / Things are be-

yond ~. 事態は収拾がつかなくなっている / Everything is under ~. 万事がうまくいっている / ⇨ price control, birth control. **b** 自制(心), 克己(心); lose ~ of oneself 自制心を失う, 取り乱す / keep ~ of oneself 自制心を保つ, 自分(の感情)を抑える. **c** 〖野〗制球(力); コントロール. **d** 〖宇宙〗制御. ❸ ⓒ **a** [通例複数形で] 統制[管制]手段[策, 措置]: wage ~s 賃金抑制策. **b** 制御[操縦]装置(テレビなどの)調整用つまみ. **c** 管理[管制]する場所; 〖空〗管制塔. ❹ ⓒ (control experiment の)対照(群). ❺ Ⓤ 〖電算〗コントロールキー (control key). ━━ 動 (con·trolled; con·trol·ling) ❶ 〈…を〉支配する, 管理する, 監督する; 管制する: ~ the situation 事態を掌握する; 物事を思いどおり進める / He *controlled* the company responsibly. 彼はその会社を責任を持って管理した / He can't ~ his children. 彼は自分の子供を監督できない. ❷ **a** 〈…を〉抑制する (restrain); 制御する, 統制する, 規制する, 調整する, 防ぐ: ~ one's anger 怒りを抑える / ~ inflation インフレを抑制する / ~ green house gas emissions 温室効果ガスの排出を規制[抑制]する / ~ an aircraft 航空機を制御する / The thermostat ~s the temperature. サーモスタットが温度を調節[調節]してくれる / ~ the spread of… が広がる[拡大する]のを防ぐ. **b** [~ oneself] 自制する. **contról for…** (実験で)〈目的としない条件を考慮に入れる, …〉を〖群(群)として実験する. 〖F=(照合用の)登録簿〖帳簿〗の控え <*contre*- CONTRA-+*rolle* ROLE》〖類義語〗⇨ manage.

contról chàracter 名 〖電算〗制御文字.

contról expèriment 名 対照実験《他の実験に照査規準を与えるための実験》.

contról frèak 名 〘口〙 周囲をことごとくコントロールしようとする者, 支配狂[魔].

contról kèy 名 〖電算〗制御キー, コントロールキー《文字キーなどと同時に押すことによってそれらのキーの本来のコードとは別のコードを発生させるキー》.

con·trol·la·ble /kəntróʊləbl/ 形 管制[管理, 支配]できる; 制御[操縦]可能な.

con·trólled 形 ❶ 感情を抑えた, 落ちついた (restrained). ❷ 管理[統制, 制限, 規制]された.

contrólled drùg 名 〖法〗=controlled substance.

contrólled ecónomy 名 〖経〗統制経済《経済活動の大半が市場ではなく政府によって規制されている経済》.

contrólled expériment 名 ❶ 制御された実験. ❷ 対照付きの実験《対照実験 (control experiment) によって照査された実験》.

contrólled súbstance 名 〖法〗規制薬物《ヘロイン・コカインなど, その所持および使用が規制された薬物》.

*con·trol·ler /kəntróʊlə | -lə/ 名 ⓒ **a** (組織の)管理者, 監督者. **b** (会社の)経理部長 《官庁官公庁としては comptroller とつづる》. **c** 〖航空〗管制官. ❷ 制御[操縦]装置.

contrólling ínterest 名 Ⓤ 支配的利権《会社経営の実権を握るのに十分な株式の保有》.

contról ròd 名 (原子炉の)制御棒.

contról ròom 名 管制室; (原子力施設などの)制御室. ❷ (放送局などの)調整室.

contról stìck 名 〖空〗操縦桿(かん).

contról tòwer 名 〖空〗(空港の)管制塔, コントロールタワー.

*con·tro·ver·sial /kɑ̀ntrəvə́ːʃəl | kɔ̀ntrəvə́ː-/ 形 論争的になる, 物議をかもす, 問題[異論]の多い: a ~ decision [statement] 論争を招くような決定[言説]. ~·ly 副 《L》(名 controversy)

còn·tro·ver·sial·ist /-/lɪst/ 名 論議家, 論客; 論争者.

*con·tro·ver·sy /kɑ́ntrəvə̀ːsi | kɔ́ntrəvə̀ːsi, kəntrɔ́vəsi/ 名 Ⓤ ⓒ (特に公の)論争, 論議: a matter [source] of ~ 論争の種 / beyond [without] ~ 議論の余地なく[がない] / arouse [cause, create] great ~ 大きな議論を呼ぶ / enter into a ~ with…と議論を始める. 〖L <*contro*- (= CONTRA-) +*vertere*, *vers*- 向く; cf. *verse*〗(動 controvert) 〖類義語〗⇨ argument.

con·tro·vert /kɑ́ntrəvə̀ːt, ▽▽▽ ́ | kɔ̀ntrəvə́ːt, ▽▽▽ ́/ 動 他 ❶ 〈…について〉論議[論争]する. ❷ 〈…を〉反駁する, 否定する (refute).

con·tu·ma·cious /kɑ̀nt(j)ʊméɪʃəs | kɔ̀ntjʊ-/ 形 (法廷の命令などに)応じない; 反抗的な.

con·tu·ma·cy /kɑ́nt(j)ʊməsi, kənt(j)úː- | kɔ́ntjʊ-/ 名 Ⓤ (特に法廷の命令などに)応じないこと, 官命抗拒.

con·tu·me·li·ous /kɑ̀nt(j)ʊmíːliəs | kɔ̀ntjʊ-/ 形 傲慢無礼な. ~·ly 副

con·tu·me·ly /kɑ́nt(j)uːməli, kənt(j)úː(m)əli | kɔ́ntjuː(m)əli/ 名 Ⓤ ⓒ ❶ (言語·態度の)傲慢無礼. ❷ 侮辱.

con·tuse /kənt(j)úːz | -tjúːz/ 動 他 〖医〗〈人に〉打撲傷を負わせる, 挫傷(ざしょう)させる.

con·tu·sion /kənt(j)úːʒən | -tjúː-/ 名 〖医〗打撲傷, 挫傷 (bruise).

+**co·nun·drum** /kənʌ́ndrəm/ 名 ❶ なぞ(のような問題), 難問. ❷ (答えにしゃれ・地口のあるような)なぞなぞ; とんち問答, 判じ物 (riddle) 《たとえば "What is the strongest day of the week?" "It's Sunday." 「一週間でいちばん強い日はなんだ」「日曜日」》; ★ その他の日は week days で weak とひっかけたもの》.

con·ur·ba·tion /kɑ̀nə(ː)béɪʃən | kɔ̀nəː-/ 名 集合都市, 広域都市圏 (London のように中核になる都市とそれに隣接した多数の都市から成る大都市圏).

con·ure /kɑ́njə | kɔ́njʊə/ 名 〖鳥〗クサビオインコ《南米·中米産》.

co·nus (ar·te·ri·o·sus) /kóʊnəs (ɑətɪ̀(ə)rióʊsɪ | ɑː-)/ 名 **co·ni (ar·te·ri·o·si)** /-naɪ (-sàɪ)/ 〖解〗(ヒトの右心室の)動脈円錐, コーヌス.

cónus med·ul·lár·is /-mèdələ́rɪs/ 名 Ⓤ 〖解〗脊髄円錐.

con·va·lesce /kɑ̀nvəlés | kɔ̀n-/ 動 ⓘ (病後など)健康を回復する, 病後療養する (recuperate): He's still *convalescing* from his heart attack. 彼はまだ心臓発作の病後療養中である.

con·va·les·cence /kɑ̀nvəlés(ə)ns | kɔ̀n-/ 名 Ⓤ [また a ~] (病後)快方に向かうこと; 回復(期), 療養(期間), 病み上がり.

con·va·les·cent /kɑ̀nvəlés(ə)nt | kɔ̀n-/ 形 ❶ 回復期の, 病気上がりの. ❷ 回復期患者(用)の: a ~ hospital [home] 病後療養所. ━━ 名 回復期[病後療養中]の患者.

con·vect /kənvékt/ 動 ⓘ 対流で熱を送る. ━━ 他 〈暖かい空気を〉対流で循環させる.

con·vec·tion /kənvékʃən/ 名 Ⓤ 〖理〗(熱·大気の)対流, 環流.

convéction òven 名 対流式オーブン.

con·vec·tive /kənvéktɪv/ 形 対流性の; 伝達性の.

con·vec·tor /kənvéktə | -tə/ 名 対流暖房器.

con·ve·nance /kɑ́nvənəns | -nàːns/ 名 ❶ 慣用. ❷ [通例複数形で] 世間のならわし, 慣習.

*con·vene /kənvíːn/ 動 他 〈会議·人々を〉召集する; 召喚する: ~ a press conference 記者会見を召集する. ━━ ⓘ 会合する, 会を開く: The Diet will ~ at 3 p.m. tomorrow. 国会は明日午後 3 時に開会するだろう. 〖L *convenire* 来る; ⇨ *convenient*〗

con·vén·er, con·vé·nor 名 ❶ (会合·委員会などの)召集者[係]. ❷ 《英》組合幹事.

+**con·ve·nience** /kənvíːnjəns, -niəns/ 名 ❶ Ⓤ 好都合(なこと), 便利: the ~ of living near a railroad station 鉄道駅の近くに住むことの便利さ / a marriage of ~ 政略結婚 / as a matter of ~ 都合[便宜]上 / for ~ of explanation 説明の都合[便宜]上 / at one's (own) ~ 自分の都合のよいときに / at your earliest ~ なるべく早く, ご都合つき次第 / consult one's own ~ 自分の都合[勝手]を考える / if it suits your ~ ご都合がよろしければ / It's a great ~ to have an encyclopedia at hand. 手もとに百科事典を置いておくのは大変便利なことだ. ❷ Ⓒ 便利なもの, (文明の)利器; [複数形で] 便利な設備; 衣食住の便: a hotel with modern ~s 近代設備の整ったホテル. ❸ ⓒ 《英》公衆便所 (public convenience). **for convénience＝for convénience(') sàke** 便宜上; 便利のよいように. **màke a convénience of…** 〈人など〉をいい[好きな]ように利用する. 〘L〙 ([形] convenient)

convénience fòod [名] インスタント食品.

convénience stòre [名] 《米》 コンビニエンスストア 《終日営業の日用雑貨食料品店》.

con·ve·nient** /kənvíːnjənt, -niənt/ [形] (**more** ～; **most** ～) ❶ 〈ものが〉**便利な**, 使いやすい, 手ごろな (↔ inconvenient): a ～ kitchen 使いやすい台所 / a ～ place to meet 会うのに都合のよい場所. ❷ **a** 〈もの・時間など〉〔人に〕**都合がよい**; 重宝な 《[用法]「人」を主語にはしない》: a ～ time 都合のよい時間[時期] / if it's ～ ***for [***to***] you ご都合がよければ 《★ if you are ～ は間違い》 / make it ～ to do 都合をつけて…する. **b** 自分に都合のよい, 身勝手な: a ～ excuse 都合のよい言い訳. ❸ [P] 〔…に〕手近で, 近くて (handy): My house is ～ ***to*** [《英》 ***for***] the station. 私の家は駅に近い. 〘L＜*convenire* 適合する, 集まる, 一緒に来る＜CON-＋*venire* 来る; cf. venue〙 ([名] convenience)

***con·ve·nient·ly** /kənvíːnjəntli, -niənt-/ [副] **便利に, 都合よく; 都合のよいことには** 《★ 文修飾可》: as soon as you ～ can ご都合つき次第できるだけ早く / The post office is ～ situated. 郵便局は便利な所にある / *C*～ enough, there's a supermarket near my house. 好都合なことに家の近くにスーパーがある.

^+^**con·vent** /kánvənt, -vent | kɔ́n-/ [名] ❶ 女子修道会; 女子修道院 《★ 男子の修道院は monastery》: go into [enter] a ～ 修道女[尼]になる. 〘F＜L＝集まり＜*convenire*; ⇨ convenient〙

con·ven·ti·cle /kənvéntɪkl/ [名] 秘密集会; (英国16–17世紀の非国教徒またはスコットランド長老派の)秘密集会[礼拝].

***con·ven·tion** /kənvénʃən/ [名] **A** ❶ [C,U] (社会の)**慣習**, しきたり; 因習 (custom): by [according to] ～ 慣習で[によって] / follow the ～ その慣習に従う / defy ～ 慣習に反する[を拒む]. ❷ [C,U] (芸術上の)**伝統的手法**, 約束(事), しきたり: stage ～*s* 舞台上の約束. ❸ [C] (国家・個人間の)**条約, 協定**, 申し合わせ 《★ treaty よりも軽いもの》: Universal Copyright *C*～ 万国著作権条約. ── **B** [C] ❶ (政治・宗教などの)**大会**, 代表者会議, 定期総会 (conference). ❷ 《米》 党大会 《候補者の指名などをする》: ⇨ national convention. 〘F＜L＝集会, 一致＜*convenire*; ⇨ convenient〙 ([形] conventional)

***con·ven·tion·al** /kənvénʃ(ə)nəl/ [形] (**more** ～; **most** ～) ❶ **a 社会的慣習に従う[合った], 因習的な** (↔ unconventional): ～ morality 因習道徳. **b** 型にはまった, 紋切り型の, 独創性[個性]を欠いた; 陳腐な: a ～ melodrama ありきたりのメロドラマ / ～ phrases 決まり文句 / exchange ～ greetings 形式的なあいさつを交わす. ❷ [通例 [A]] **a** 〈方法・制度など〉**従来からある**, 伝統的な (traditional); 〈製品・道具など〉在来の, 通常の, 一般的な: the ～ welfare system 従来の福祉制度 / ～ medicine 通常医療 《特に alternative medicine に対する》 / a ～ oven 従来型のオーブン 《microwave (電子レンジ)に対して》. **b** 〔芸術〕 様式化された. ❸ (比較なし) [通例 [A]] **a** 〈戦争など〉核(兵器)を用いない; 通常兵器の: ～ weapons 通常兵器 / a ～ warhead (核弾頭に対し)通常弾頭. **b** 原子力を用いない: a ～ power plant 在来型発電所. ❹ (法定に対して)約定の, 協定(上)の: a ～ tariff 協定税率[料金]. **～·ly** /-ʃ(ə)nəli/ [副] 慣習的に, しきたりどおりに; 伝統的な方法で. ([名] convention, conventionality, [動] conventionalize)

con·vén·tion·al·ìsm /-ʃ(ə)nəlìzm/ [名] ❶ [U] 因習尊重, 慣例尊重主義. ❷ [C] しきたり, 慣例; 型にはまった[紋切り型の]もの, 決まり文句.

con·ven·tion·al·i·ty /kənvènʃənǽləṭi/ [名] ❶ [U] 因襲的であること, 因襲性; 因習[慣例, 伝統]尊重. ❷ [C] 因習, 慣例. ([形] conventional)

con·ven·tion·al·ize /kənvénʃ(ə)nəlàɪz/ [動] [他] ❶ 慣例に従わせる, 因習的にする. ❷ 〔芸術〕 様式化する. ([形] conventional)

conventional oven [名] (電子レンジではない)従来のオーブン.

convéntional wísdom [名] [U] 世間一般の通念.

con·ven·tion·eer /kənvènʃəníə | -níə/ [名] 《米》 大会参加者.

cónvent schòol [名] (女子)修道院付属学校.

con·ven·tu·al /kənvénʧuəl/ [形] ❶ 修道院 (convent) の; (女子)修道院らしい. ❷ [C～] コンヴェンツアル会の 《フランシスコ会のうち不動産・定収入を認める穏健派》. ── [名] 修道士, (特に)修道女.

^+^**con·verge** /kənvə́ːʤ | -və́ːʤ/ [動] [自] ❶ 〔一点に〕集まる, 集中する (↔ diverge) 〔*on; at, in*〕: Squad cars ～*d* ***on*** [***at***] the scene of the crime. パトカーが(あちこちから)犯行現場に集結しつつあった[集結した]. ❷ 〈意見・行動などが〉一点に向けられる, まとまる. ❸ **a** 〔数〕 〈級数などが〉収束する. **b** 〔理〕 収斂(しゅうれん)する. 〘L＜CON-＋*vergere* 向かう, 傾く; cf. diverge〙 ([名] convergence, [形] convergent)

^+^**con·ver·gence** /kənvə́ːʤəns | -və́ː-/ [名] [U,C] ❶ (一点への)集中; 集中性. ❷ **a** 〔数〕 収束. **b** 〔理〕 収斂(しゅうれん).

con·vér·gen·cy /-ʤənsi/ [名] ＝convergence.

con·ver·gent /kənvə́ːʤənt | -və́ː-/ [形] ❶ 次第に一点に集中する, 集中的な (↔ divergent). ❷ **a** 〔数〕 〈級数が〉収束する. **b** 〔理〕 収斂(しゅうれん)性の.

con·ver·sance /kənvə́ːs(ə)ns | -və́ː-/ [名] [U] 〔…に〕精通(していること) 〔*with*〕.

con·ver·sant /kənvə́ːs(ə)nt | -və́ː-/ [形] [P] ❶ 〔…に〕親しんで, 精通して: He's ～ ***with*** Greek literature. 彼はギリシア文学に精通している. ❷ 《米》 〔外国語を〕一応使える 〔*in*〕. **～·ly** [副]

‡**con·ver·sa·tion** /kànvəséɪʃən | kɔ̀nvə-/ [名] [C,U] **会話, 談話, 対話, 座談, 会談**: have [hold] a ～ ***with*** a person 人と談話をする / be in ～ *with* a person 人と談話中である / make ～ 世間話をする, 雑談する; (話がとだえた後などに無理に)話題を作る / start [strike up] a ～ about…について対話を始める. 〘F＜L＜*conversari* 付き合う＜CON-＋*versari* 従事する (＜*vertere* 回転する, 向く; cf. verse)〙 ([動] converse, [形] conversational)

^+^**con·ver·sa·tion·al** /kànvəséɪʃ(ə)nəl | kɔ̀nvə-ˉ/ [形] ❶ 会話(体)の, 座談風な (cf. colloquial): in a ～ voice くだけた声で. ❷ 〈人が〉話し好きな. **～·ly** /-ʃ(ə)nəli/ [副] 会話風に; 打ち解けて.

còn·ver·sá·tion·al·ist /-lɪst/ [名] 話し好きな人; 座談家: a good ～ 座談のうまい人.

conversátion pìece [名] ❶ 風俗画, 団欒(だんらん)画 《18世紀英国で流行した家族の集まりなどの群像画》. ❷ 話の種, 話題となる[人目を引く]品物 《家具など》.

conversátion stòpper [名] 《口》 (すぐに答えられない)思わぬ発言.

con·ver·sa·zi·o·ne /kànvəsɑːtsióʊni | kɔ̀nvə-/ [名] ([複] **～s, -o·ni** /-niː/) (文学・芸術・学術上の)座談会, 談話会. 〘It＝conversation〙

^+^**con·verse**[1] /kənvə́ːs | -və́ːs/ [動] [自] 〔人と〕〔…のことで〕談話を交わす: ～ ***with*** a person 人と語り合う / ～ ***on*** [***about***] a matter ある事柄について話をする. 〘L〙 ([名] conversation) 【類義語】 ⇨ speak.

^+^**con·verse**[2] /kənvə́ːs, kánvəːs | kɔ́nvəːs, kənvə́ːs/ [形] 〈意見・陳述など〉逆の, あべこべの (opposite): take the ～ point of view 逆の考え方[見方]をする / His opinions are ～ ***to*** mine. 彼の意見は私の意見と正反対だ. ── [名] [the ～] ❶ 反対, 逆; 逆の言い方: He argued *the* ～ (of her view). 彼は(彼女とは)逆の意見を論じた. ❷ 〔論〕 換位命題. ❸ 〔数〕 逆. 〘L; ⇨ convert〙

^+^**con·verse·ly** /kənvə́ːsli, kánvəːs- | kɔ́nvəːsli, kənvə́ːs-/ [副] 逆に, 反対に; 逆に言えば; 逆関係において 《★ 文修飾可》: *C*～, one might say that…. 逆に言えば…と言ってよいかもしれない.

con·ver·sion** /kənvə́ːʒən, -ʃən | -və́ːʃən/ [名] ❶ [U,C] **転換**(すること), **転化**; 改装(すること), 改造 〔*from; to, into*〕: the ～ of farmland ***to residential property 農地の宅地への転換 / the ～ of goods ***into*** money 商品の

現金化[換金]. ❷ ⓊⒸ 変説, 転向, 改宗: his ~ *from* Judaism *to* Catholicism ユダヤ教からカトリックへの彼の改宗. ❸ Ⓤ 〔紙幣の〕換算, 両替(ぶん). ❹ Ⓤ 〔外国通貨の〕換算, 両替. ❹ Ⓒ 〘スポ〙 コンバート: **a** 〘ラグビー〙 トライ後のキックによる追加得点(2点). **b** 〘アメフト〙 タッチダウン後の追加得点(1点または2点). ❺ Ⓤ 〘理〙 転化 (核燃料物質が他の核燃料物質に変化すること). 〖F<L〗 〘動〙 convert》

convérsion fàctor 名 換算係数.

*con・vert /kənvə́ːt | -vəːt/ 動 ❶ ⟨…を⟩…に変える, 転換する; ⟨…を⟩…に改装[改造]する: ~ water *into* steam 水を蒸気に変える / ~ Macintosh files *to* [*into*] Windows files マッキントッシュのファイルをウインドウズのファイルに変換する / The guest bedroom has been ~ed *into* a sitting room. 客人用の寝室は居間に改造された. **b** ⟨車・設備などを⟩⟨あるエネルギー向けに⟩改造する, 切り替える: ~ one's house *to* solar power 家を太陽発電向けに改築する. ❷ ⟨紙幣・銀行券を⟩⟨…に⟩兌換(ぶん)する; ⟨外国通貨を⟩⟨…に⟩換算する, 両替する; ⟨度量衡を⟩別の体系に換算する ⟨*to, into*⟩: Dollars can no longer be ~ed *into* silver. ドルはもはや銀に兌換できない / ~ dollars *into* yen ドルを円に換算する. ❸ ⟨人を⟩⟨…に⟩改宗[転向]させる; 改宗させる: The missionaries were able to ~ few Chinese *to* Christianity. 伝道師たちは中国人をほとんどキリスト教に帰依させることはできなかった. ❹ 〘ラグビー・アメフト〙 ⟨トライ・タッチダウンを⟩コンバートする (cf. conversion 4). ── 自 ❶ 〔…に〕変わる, 転換する; 改造できる; 〔…から…に〕切り替わる: This sofa ~s *into* a bed. このソファーはベッドになる / We ~ed *from* coal *to* gas. 石炭からガスへ切り替えた. ❷ 〔…から…に〕改宗する; 転向する: He has ~ed *from* Judaism *to* Judaism. 彼はユダヤ教からカトリックに改宗した. ❸ 〘ラグビー・アメフト〙 コンバートする.

convért...to one's ówn úse 〘法〙 ⟨公金などを⟩横領する.

── /kɑ́nvəːt | kɔ́n-/ 名 改宗者; 転向者: make a ~ of a person 人を改宗[転向]させる. 〖F<L=変える, 方向を変える ⟨CON-+*vertere, vers-* 向きを変える⟩; cf. verse〗 名 (conversion) 〘類義語〙 ⇒ change.

†**con・vért・er** /-tə | -tə/ 名 ❶ 〘電〙 変換器; 〘冶〙 転炉; 〘車〙 触媒コンバーター (catalytic converter); 〘電算〙〔データ〕変換プログラム. ❷ 改宗[転向]させる人.

convérter reàctor 名 〘原子力〙 転換炉.

con・vert・i・bil・i・ty /kənvə̀ːtəbíləti | -və̀ː-/ 名 Ⓤ 転換[変換, 改変]できること; 〘金融〙 兌換(ぶん)性.

*con・vert・i・ble /kənvə́ːtəbl | -və́ː-/ 形 ❶ コンバーチブル (たたみ込みのルーフ付きの自動車). ── 形 ❶ 変えられる, 改造[改装]できる ⟨*to, into*⟩: a ~ sofa ⟨ベッドなどの⟩兼用ソファー / This sofa is ~ *into* a bed. このソファーはベッドに変えることができる. ❷ 兌換[換算]できる: a ~ note 兌換券 / ~ paper currency 兌換紙幣. ❸ ⟨自動車か屋根がたたみ込める, コンバーチブルの. **-i・bly** /-təbli/ 副. 〘CONVERT+-IBLE〙

con・vér・tor /-tə | -tə/ 名 = converter 1.

con・vex /kɑ̀nvéks | kɔ̀n-⫽/ 凸(ら)状[面]の (↔ concave): a ~ lens [mirror] 凸レンズ[凸面鏡]. ── 凸面レンズ. **-ly** 副.

con・vex・i・ty /kənvéksəti/ 名 ❶ Ⓤ 凸状. ❷ Ⓒ 凸面, 凸面体[形].

con・vex・o・con・cáve /kənvèksou-⫽/ 形 一面が凸で他面が凹(さ)の.

convéxo-convéx 形 両凸の.

*con・vey /kənvéi/ 動 ❶ ⟨意味・感情・情報などを⟩伝える, 伝達する (communicate): This photo ~s the atmosphere of the Lake District. この写真は湖水地方の雰囲気を伝えている / No words can ~ my feelings. I cannot ~ my feelings in words. 言葉では私の感情を表すことができない / I will ~ the information *to* him. その情報を彼に伝えます / Her words ~ no meaning to me. 彼女の(言う)言葉は私には何の意味も全然わからない / [+*that*] His dark looks ~ed *that* he was unhappy. 彼の暗い顔つきは彼が幸せでないと伝えていた / [+*wh.*] I cannot ~ in writing how sad this news makes me. この知らせを聞いて私がどれだけ悲しんでいるかとても書き表せません. ❷ ⟨人・輸送機関などが⟩⟨物・乗客を⟩運ぶ, 運搬する: ~ passengers 乗客を運ぶ / ~ goods by truck トラックで品物を運ぶ / ~ goods *from* one place *to* another 品物をある場所から別の場所へ運ぶ / ~ passengers *to* their destinations 乗客を目的地まで運ぶ. ❸ 〘法〙 ⟨財産を⟩⟨人に⟩譲渡する ⟨*to*⟩. ❹ ⟨媒体が⟩⟨音・熱などを⟩伝える; ⟨伝染病をうつす〔*from*〕⟨*to*⟩. 〖F<L=護送[護衛]する ⟨CON-+*via* 道; cf. via⟩ 名 conveyance〗 〘類義語〙 ⇒ carry.

con・vey・a・ble /kənvéiəbl/ 形 運搬[伝達, 譲渡]できる.

con・vey・ance /kənvéiəns/ 名 ❶ Ⓤ 運搬, 伝達, 輸送 (transport): ~ by land [water] 陸上[水上]輸送 / (a) means of ~ 輸送機関. **b** Ⓒ 運輸[輸送]機関, 乗り物 (vehicle). ❷ Ⓤ 〔音・におい意味などの〕伝達, 通達. ❸ **a** Ⓤ 〘法〙 ⟨不動産の⟩譲渡. **b** Ⓒ 譲渡証書.

con・véy・anc・er 〘法〙 不動産譲渡取扱人.

con・véy・anc・ing 名 Ⓤ 〘法〙 譲渡証書作成(業); 不動産譲渡手続き.

con・vey・er, con・vey・or /kənvéiə | -véiə/ 名 ❶ [主に conveyor] コンベヤー; ⫽ ~ system コンベヤー(ベルト)で(★無冠詞] / a ~ system コンベヤー装置, 流れ作業. ❷ 運搬人, 伝達者[するもの]. ❸ [主に conveyor] 〘法〙 譲渡人.

convéyor bèlt 名 = conveyor 1.

*con・vict /kənvíkt/ 動 〔通例受身で〕⟨人を⟩有罪と宣告する (↔ acquit): a ~ed felon 既決重罪犯 / He was ~ed *of* forgery. 彼は偽造罪の判決を受けた. ── /kɑ́nvɪkt | kɔ́n-/ 名 〔既決〕囚人, 受刑者 (prisoner). 〖L=有罪と宣告する, 証明する⟩; ⇒ convince〗

*con・vic・tion /kənvíkʃən/ 名 ❹ Ⓐ Ⓤ ⟨…だという⟩確信, 信念 (belief); Ⓤ 〔信念などに対する〕強い自信: His testimony shook my ~ of his innocence.=[+*that*] His testimony shook my ~ *that* he was innocent. 彼の証言で彼が無罪だという私の確信が揺らいだ / She appeared to speak with ~. 彼女は確信して話しているように見えた / a woman of strong ~ 強い信念をもつ女性 / ~ politics ⟨頑強な⟩信念を振りかざす政治. ❷ Ⓤ 説得力: His argument does not carry much ~. 彼の議論にはあまり説得力はない. ── **B** Ⓐ Ⓒ ⟨人に対する⟩有罪の判決[宣告, 立証]: a murder ~ 殺人の有罪判決 / previous ~s 前科 / He has had a ~ *for* drunken driving. 彼はこれまでに飲酒運転で有罪になったことがある. 〖L〗 動 convince, convict〗 〘類義語〙 = certainty.

*con・vince /kənvíns/ 動 ❶ ⟨人に⟩…を確信させる; [*oneself*] ⟨自ら⟩…を確信する: He tried to ~ me *of* his innocence.=[+目+*that*] He tried to ~ me *that* he was innocent. 彼は自分が無罪であることを私に納得させようと努めた / Her smile ~d him *that* she was happy. 彼女のほほえみを見て彼は彼女が幸せだと信じた. ❷ ⟨人に…するように⟩納得させる, ⟨人に説得して…させる⟩ (persuade): [+*to-*do] We ~d her *to* go with us. 彼女に同行するように説得した. 〖F<L=証明する, 有罪と宣告する ⟨CON-+*vincere, vict-* 征服する, 宣告する⟩; cf. victor〗

*con・vinced /kənvínst/ 形 ❶ 確信して (↔ unconvinced): I'm ~ *of* the truth of my reasoning. 私の推理の誤りのないことを確信している / [+(*that*)] You will soon be ~ *that* she is right. 彼女の正しいことをすぐ確信するでしょう. ❷ Ⓐ 確信を抱いた, 信念のある: He's a ~ user of our products. 彼は我々の製品を信じて使っているユーザーの一人だ.

con・vin・ci・ble /kənvínsəbl/ 形 説得できる, 道理のわかる.

*con・vinc・ing /kənvínsɪŋ/ 形 ❶ 説得力のある, なるほどと思わせる, 納得のいく (↔ unconvincing): a ~ argument 説得力のある論拠 / She was very ~ as Cleopatra. 彼女のクレオパトラ役の演技には十分説得力があった. ❷ ⟨勝利が⟩圧倒的な, 完全な. **-ly** 副.

con・viv・i・al /kənvíviəl/ 形 ❶ 宴会の; 懇親的な: a ~ party 懇親会. ❷ ⟨人が⟩宴会好きな; 陽気な. **~・ly** /-əli/ 副.

con・viv・i・al・i・ty /kənvìviǽləti/ 名 Ⓤ 宴会(気分), 陽気さ, 上機嫌.

con·vo·ca·tion /kànvəkéɪʃən | kɔ̀n-/ 名 ❶ [C] **a** (英国国教の)大主教区会議. **b** (米国聖公会の)主教区会議. ❷ (会議・議会の)召集. ❸ 〘英〙 (大学の)評議会. 〜**al** /-ʃ(ə)nəl/ 形

con·voke /kənvóʊk/ 動 〘文〙〈会議・議会〉を召集する.

con·vo·lute /kάnvəlùːt | kɔ́n-/ 形 ❶ 巻き込んでいる.

cón·vo·lùt·ed /-ṭɪd/ 形 ❶ 入り組んだ, 複雑で難しい: 〜 reasoning 複雑な推論. ❷ 〘動・解〙 回旋状の. 〜**ly** 副 複雑に; 回旋状に.

con·vo·lu·tion /kὰnvəlúːʃən | kɔ̀n-/ 名 〘通例複数形で〙 ❶ (議論などの)もつれ, 紛糾. ❷ **a** 回旋; 渦巻き: the 〜s of a snake ヘビのとぐろ巻き. **b** 〘解〙脳回.

con·volve /kənvάlv | -vɔ́lv/ 動 〈渦巻状に〉巻く, 巻き込む; からみつく.

con·vol·vu·lus /kənválvjʊləs | -vɔ́l-/ 名 (~es) 〘植〙ヒルガオ科セイヨウヒルガオ属の植物.

***con·voy** /kάnvɔɪ | kɔ́n-/ 名 ❶ [C] 〈輸送機の〉一団 [of], 輸送機関, 艦隊, (特に)被護送[護衛]輸送機団. ❷ 護衛隊, 警護艦. ❸ [U] 護衛, 護送. **in cónvoy** 〈輸送機など〉一団で; 護衛のために船[集団]団を組んで. —— /kάnvɔɪ, kənvɔ́ɪ | kɔ́nvɔɪ/ 動 他 ❶ 〈輸送機関を〉護衛する. ❷ 〘軍・軍隊などが〉〈商船隊など〉を護送する, 護衛[警護]する. 【L=運ぶ; CONVEY と同源語】

con·vul·sant /kənválsənt/ 名 けいれんを引き起こす けいれん性の (convulsive). —— 名 けいれん毒, けいれん薬.

con·vulse /kənváls/ 動 他 ❶ 〈笑い・苦痛などが〉〈人を〉けいれんさせる, 身もだえさせる; 〈人を〉激しゆさ(★通例受身): He *was ~d with* pain [grief]. 彼は痛みを覚えた[身を震わせて悲しんだ]. ❷ 〈国などに〉大騒動を起こさせる: 重大問題[害]をもたらす, ...〈人〉を強く揺さぶる [新聞用語]: The country *was ~d with* civil war. 国中は内乱で激動していた. —— 自 けいれんする; (激しく)震える. 【L=引き裂く】 (名 convulsion, 形 convulsive)

+con·vul·sion /kənválʃən/ 名 ❶ 〘通例複数形で〙 **a** けいれん, ひきつけ: fall into a fit of 〜s けいれんを起こす. **b** (笑いの)発作, こみあげ: 〜*s of* laughter 腹をよじらす笑い. ❷ **a** (自然界の)激動, 変動: a 〜 of nature 天変地異 (地震・噴火など). **b** (社会・政界などの)異変, 動乱.

con·vul·sive /kənválsɪv/ 形 ❶ けいれん(性)の, 発作的の. ❷ 急激な, 激しい: a 〜 burst of laughter 身を震わせる爆発的な大笑い / make a last 〜 effort 最後の必死の努力をする. ❸ 大きな問題[害]をもたらす(ような). 〜**ly** 副 けいれんを起こして; 発作的に.

co·ny /kóʊni/ 名 =coney.

+coo /kúː/ 動 自 ❶ 〈ハトがクークーと鳴く. ❷ 〈赤ん坊がくくと言って喜ぶ. ❸ 優しくささやく: ⇒ BILL² and coo 成句. —— 他 優しい声で言う. —— 名 (〜s) クークー(ハトの鳴き声). —— 間 〘英俗〙〈驚きや不信を表わして〉えっ! ひえっ! 【擬音語】

COO (略) chief operating officer.

***cook** /kúk/ 動 他 ❶ 〈食物を〉料理[調理]する; 〈食事を〉作る, 用意[準備]する: 〜 fish 魚を料理する / 〜 (the) breakfast 朝食を作る / [+目+目] He 〜ed her some sausages.=He 〜ed some sausages *for* her. 彼は彼女にソーセージを料理してやった. ❷ 〘口〙〈証拠などを〉偽る, 曲げる, 改竄(ざん)する. ❸ 〘受身で〙〘口〙悪い状態に陥る, まずいことになる. —— 自 ❶ 〈食物が煮れる, 焼ける: Let it 〜 slowly. ゆっくり煮える[焼ける]ようにしなさい. ❷ 料理する; コックとして働く: Do you like to 〜? 料理するのは好きですか. **be cóoking** 〘口〙秘密に計画されて[進められて]いる. **cóok dówn** 〘他+副〙煮て[焼いて]量を減らす[小さくする], 〈ソースなどを〉煮詰める. —— 〘自+副〙煮えて[焼けて]小さくなる, 煮詰まる. **cóok óut** 〘口〙戸外で調理する, 野外で料理する. **cóok úp** 〘口〙〈...を〉手ばやく作る, ごまかす; 〈話などをこしらえる (concoct): He 〜ed up a story to explain his absence. 彼は欠席を説明するための言い訳をでっちあげた. **Whàt's cóoking?** 〘口〙どうしたのかね, どうなっているのかね; (これから)どうするのかね. —— 名 料理人, コック, 板前 (chef): a good [bad] 〜 料理上手[下手]の 人 / (a) head 〜 コック長 / Too many 〜s spoil the broth. 〘諺〙料理人が多すぎるとスープができそこなう, 「船頭多くして船山に上る」. 【OE < L = 料理人 *coquere, coc-*; cf. cuisine, kitchen 料理する, 焼く】 〘類義語〙 **cook** 熱を用いて料理することを意味する最も一般的な語. **bake** パン・菓子などをオーブンで焼く. **roast** 肉を天火で焼く. **grill**, 〘米〙**broil** 肉などを直火で焼く. **fry** 油で焼いためたりする. **deep-fry** たっぷりした油の中で揚げる. **panfry**, **sauté** フライパンなどで少量の油でいためる. **boil** 熱湯で煮る. **simmer** 沸騰直前の温度でとろとろ煮る. **stew** とろ火でゆっくり煮る. **braise** 油でいためた後ふた付きの容器で煮込む. **steam** 蒸気で蒸す.

Cook /kúk/ 名 [Mount 〜] クック山 〘ニュージーランド南島にある, 同国の最高峰 (3764 m); マオリ語名 Aorangi〙.

Cook /kúk/, (Captain) **James** 名 クック 〘1728–79; 英国の航海家・探検家〙.

+cóok·a·ble /-kəbl/ 形 料理できる.

+cóok·bòok 名 〘米〙料理の本 (〘英〙cookery book).

cóok-chíll 形 〘英〙調理後冷凍された: 〜 foods 調理済み 冷凍食品.

cooked 形 (熱を加えて)調理した; 調理済みの.

+cóok·er 名 ❶ **a** 調理道具: a rice 〜 炊飯器 / ⇒ pressure cooker. **b** 〘英〙 オーブン, レンジ. ❷ 〘通例複数形で〙[生で食べるのではなく]料理向きの果物. ★ 〘比較〙「料理をする人」の意では cooker ではなく cook という.

+cook·er·y /kúk(ə)ri/ 名 ❶ [U] 〘英〙料理法. ❷ [C] 〘米〙料理場[室], 調理室.

cóokery bòok 〘英〙 =cookbook.

cóok·hòuse 名 (キャンプ・船などの)炊事場.

+cóok·ie /kúki/ 名 ❶ 〘米〙 クッキー (〘英〙biscuit). **b** 〘スコ〙菓子パン. ❷ 〘米俗〙 〘通例修飾語を伴って〙 **a** 人, やつ: a clever 〜 利口なやつ. **b** 〘古風〙魅力的な女, かわいこちゃん. ❸ 〘電算〙クッキー 〘インターネット上のページの設定を, そこにアクセスして利用するブラウザーがローカルディスクに記憶させたもの〙. **Thàt's the wáy the cóokie crúmbles.** これが世の中というものさ 〘不幸なことが起こった時にいう〙. **tóss [spíll] one's cóokies** 〘米俗〙吐く, もどす. 【Du < *koek* cake】

cóokie bùster 名 〘電算〙 クッキーバスター 〘クッキーを削除するプログラム〙.

cóokie cùtter 名 〘米〙クッキーの抜き型.

cóokie-cùtter 形 〘米〙(クッキーの抜き型のように)個性のない, 大量生産の.

cóokie shèet 名 〘米〙クッキーを焼く鉄板[アルミ板].

***cóok·ing** /kúkɪŋ/ 名 ❶ [U] 料理(法). ❷ 料理法. ❸ [形容詞的に] 料理用の: a 〜 stove 調理用コンロ[レンジ] / 〜 facilities 料理用設備 / 〜 sherry 料理用シェリー酒 / a 〜 apple 料理用リンゴ. ❷ 〘米口〙聴衆・ミュージシャンなどの調子がいい, 盛り上がっている, のる.

cóoking òil 名 [U] 料理油.

Cóok Íslands 名 [the 〜] クック諸島 〘太平洋南西部にあるニュージーランド自治領の群島〙.

cóok·òut 名 〘米口〙野外料理(のパーティー).

Cóok's tóur /kúks-/ 名 駆け足の観光旅行(; 粗雑な)概観, ざっと(一通り)見ること. 〘Thomas Cook & Son 英国の旅行社〙

cóok·stóve 名 〘米〙 料理用コンロ[レンジ].

cóok·tóp 名 レンジの上面; (通例 4 つ火床がある)キャビネット型レンジ.

cóok·wàre 名 [U] 炊事[料理]用具, 調理器具.

***cook·y** /kúki/ 名 =cookie.

***cool** /kúːl/ 形 (〜·**er**; 〜·**est**) ❶ **a** 涼しい, ほどよく冷たい, 少し冷たい; 〈風などが〉涼しい (⇒ hot 解説): a 〜 day [breeze] 涼しい日[風] / a 〜 drink 冷たい飲み物 / get 〜 さめる, 冷たくなる / keep a room 〜 部屋を涼しくする. **b** (見た目に)涼しそうな, 暑さを感じさせない; 〈色が〉涼しげな: a thin, 〜 dress 薄くて涼しそうなドレス. ❷ 冷静な (calm): remain [keep, stay] 〜 気を落ち着けていろ / a 〜 head 冷静な頭脳(の持ち主) / Keep 〜! 冷静にしろ, あわてるな. ❸ 熱のない, 冷淡な, よそよそしい: a 〜 reception [greeting] 冷たいもてなし[あいさつ] / He was very *to* 〜 [*toward*] her. 彼は彼女に対してとても

冷たかった. **c** (平然としていて)ずうずうしい: a ~ customer ずうずうしいやつ. ❸《口》**a** すてきな, すばらしい, いかす, かっこいい: a ~ guy [chick] いいやつ[いかす娘]. **b** [同意などを表わして] いいよ, OK だ: Saturday is ~ with [for] me.《米口》土曜なら OK だよ. **c** 熟達した, 名人的な; (社交上)精通した. ❹ [A]《口》正味[大枚]…, 掛け値なしの: a ~ million 大枚 100 万ドル[ポンド(など)]. ❺〘ジャズ〙理知的な感興を与える, クールな (cf. hot 7 a): ⇨ cool jazz. ❻〘猟〙〈遺臭が〉かすかな, 弱い (cf. warm 7). **as cóol as a cúcumber** ⇨ cucumber [成句]. **cóol, cálm, and colléctéd**《口》落ち着き払って, 冷静で: keep ~, *calm, and collected* 冷静さを失わない. **léave** a person **cóol** ⇨ leave[1] [成句]. **——** [副] (~·er; ~·est)《口》冷静に. **pláy it cóol**《口》冷静に構える[ふるまう]; 無関心を装う. **——** [動] [他] ❶〈…を〉冷やす; 涼しくする: This rain will soon ~ the air. この雨でじき涼しくなるだろう. ❷〈熱情・怒りなどを〉さます, 静める 〈*down, off*〉. **——** [自] ❶ 冷える; 涼しくなる 〈*down*〉. ❷〈熱情・怒りなどが〉おさまる, 静まる; 〈人が〉興奮がおさまる, 冷静になる 〈*down, off*〉: His anger hasn't ~*ed* yet. 彼の怒りはまだおさまっていない. **cóol it**《俗》冷静にする, 落ち着く: *C~ it.* 落ち着きなさい. **——** [名] ❶ [the ~] 涼味, 冷気; 涼しい時[場所]: enjoy *the* ~ of the evening 夕涼みをする. ❷ [one's ~]《俗》冷静さ, 落ち着き: keep one's ~ 冷静でいる, かっとならない / lose [blow] one's ~ 冷静でなくなる, 興奮する.

cool·ant /kú:lənt/ [名] [C,U] ((エンジンなどの)内部の熱・摩擦熱を下げる)冷却剤.

cóol bàg [bòx] [名]《英》アイスボックス (《米》cooler).

⁺**cóol·er** [名] ❶ **a** 冷却器. **b**《米》アイスボックス, クールボックス, 保冷箱 (《英》cool bag [box])《[比較] 日本語の「クーラー」に当たる英語は air conditioner》: ⇨ wine cooler a. ❷ 冷たい清涼飲料; (特に)ワインと果汁を混和した飲料. ❸ [the ~]《俗》刑務所.

Cóo·ley's anémia /kú:liz-/ [名] [U]〘医〙クーリー貧血(症) (thalassemia の別称). 〘T. B. Cooley 米国の小児科医〙

cóol-héaded [形] 冷静な, 沈着な. **~·ly** [副] **~·ness** [名]

Coo·lidge /kú:lɪʤ/, **(John) Calvin** [名] クーリッジ (1872–1933; 米国第 30 代大統領).

coo·lie /kú:li/ [名]《古風》(インド・中国などの)日雇い労働者, 苦力(クーリー).

cóolie hàt [名] クーリーハット (幅広の円錐形の麦わら帽).

cóoling-óff [形] [A] ❶ 激情を冷却させるための: after a ~ period 冷却期間をおいて. ❷ 割賦販売契約取消し制度の, クーリングオフの: a ~ period クーリングオフ期間.

cóoling sỳstem [名] (機械・エンジンなどの)冷却装置.

cóoling tòwer [名] 冷却塔.

cóol·ish /-ɪʃ/ [形] やや冷たい.

cóol jázz [名] [U] クールジャズ (モダンジャズの一形式).

cool·ly /kú:(l)li/ [副] ❶ 涼しく. ❷ 冷静に: take it ~ 冷静に受けとめる. ❸ 冷淡に, よそよそしく.

cóol·ness [名] [U] ❶ 涼しさ: the ~ of the night 夜の涼しさ. ❷ 冷静さ: show ~ in behavior ふるまいに冷静さを見せる. ❸ 冷淡さ.

coolth /kú:lθ/ [名] [U]《口・戯言》涼しさ (coolness).

coomb /kú:m/ [名]《英》(深い)谷あい; 山腹の谷あい.

coon /kú:n/ [名] ❶《米口》アライグマ. ❷《軽蔑》黒人. 〘(RAC)COON〙

coon·can /kú:nkæn/ [名] [U]〘トランプ〙クーンキャン (ジョーカー 2 枚を含む 2 箱のカードを使ってするラミー).

cóon·hòund [名] アライグマ用の猟犬 (米国産).

cóon's àge [名]《米口》長い長い間 (アライグマは長命なので).

cóon·skìn [名] ❶ [U] アライグマの毛皮. ❷ [C] アライグマの毛皮製品; アライグマの毛皮帽.

coop /kú:p, kúp | kú:p/ [名] ❶ (鶏)小屋, おり. ❷ 狭苦しい所. **flý the cóop** 去る, 立ち去る; 逃げる, 逃げ出す, ずらかる;《俗》脱獄する. **——** [動] [他] ❶〈人・動物などを〉〔狭い所に〕閉じ込める (★ 通例受身): The children *were* ~*ed up* (*in* the house) by the rain. その雨で子供たちは(家の中に)閉じ込められた. ❷ おり[かご]に入れる.

coop., co-op.《略》cooperative.

co-op /kóʊɑp | -ɔp/ [名]《口》(生活)協同組合(の店). 〘COOP(ERATIVE)〙

coo·per /kú:pə, kúp- | kú:pə/ [名] おけ屋, たる製造人.

Coo·per /kú:pə, kúpə | kú:pə/, **James Fenimore** [名] クーパー (1789–1851; 米国の小説家).

coo·per·age /kú:p(ə)rɪʤ/ [名] ❶ [U] おけ[たる]の製造. ❷ [C] おけ屋の製品; おけ屋の仕事場.

***co·op·er·ate** /koʊápərèɪt | kəʊɔ́p-/ [動] [自] ❶〔人と〕〔…に〕協力する, 協同する: They ~*d on* [*in*] the project. その計画に彼らは協力した / We ~*d with* their company *in* developing [the development of] the technology. 我々はその科学技術の開発に彼らの会社と協力した. ❷ (頼まれて[脅されて])手[力]を貸す, 協力する; 情報を提供するなどして協力する. 〘L < co-+*operari, operat-* 働く; cf. operate〙 ([名] cooperation, [形] cooperative)

***co·op·er·a·tion** /koʊɑ̀pəréɪʃən | -ɔp-/ [名] [U] ❶ 協力, 協同, 提携: economic ~ 経済協力 / technical ~ 技術提携 / in ~ with…と協力して. ❷ 協調性; 援助.

⁺**co·op·er·a·tive** /koʊáp(ə)rəṭɪv | -ɔ́p-/ [形] (more ~; most ~) ❶ 協力的な, 協調的な (↔ uncooperative); 協同の: ~ savings 共同貯金 / They are very ~. 彼らは非常に協力的だ. ❷ (比較なし) 協同組合の: a ~ movement 協同組合運動 / a ~ society 協同組合 (消費者・生産者などの) / a ~ store 協同組合の売店. **——** [名] ❶ (生活)協同組合(の店). ❷《米》協同住宅 (居住者が建物を共有・管理運営する). **~·ly** [副]

co·óp·er·à·tor /-ṭə | -tə/ [名] ❶ 協力者. ❷ 協同[消費]組合員.

Cóo·per pàir /kú:pə- | -pə-/ [名]〘理〙クーパー対(つい) (超電導を量子力学的に説明する際の基礎となる等運動量で反対方向のスピンをもつ一対の電子). 〘L. N. Cooper 米国の物理学者〙

coop·er·y [名] =cooperage.

co-opt /koʊápt | -ɔ́pt/ [動] [他] ❶ (自分の側につくよう)〈人を〉説得する, 取り込もうとする. ❷〈他人の考え・計画などを〉自分のものとして取り込む[利用する], 盗用する. ❸〈人を〉構成員[委員]として新たに追加する〔*into*〕. ❹《米》〈人・分派などを〉吸収する, 組み入れる. 〘L=選出する < co-+*optare* 選ぶ; cf. option〙

co-op·ta·tion /kòʊɑptéɪʃən | -ɔp-/ [名] =co-option.

co-op·tion /koʊápʃən | -ɔ́p-/ [名] [U] ❶ 新会員選出. ❷《米》(人・分派などを)吸収すること.

***co·or·di·nate** /koʊɔ́ədənèɪt | -ɔ́:-/ [動] [他] ❶〈…を〉調整する, 調和[協調, 整合]させる; 〈洋服を〉コーディネートする; 〈体の部分を〉協調させて動かす: How shall we ~ these two projects? この二つの計画をどう調整したらよいだろうか / Let's ~ our efforts. 我々はひとつ協調しようではないか / She ~*s* her clothes well. 彼女は着る物を上手にコーディネートさせる. ❷〘化〙〈…を〉〔…と〕配位結合させる〔*with*〕. **——** [自] ❶ 調和する; (各部が)調和して動く[働く, 機能する]. ❷〔人と〕調整する, 協調する〔*with*〕. **——** [名] /-ḍənət/ ❶ [複数形で] コーディネート (色調・生地など組み合わせの効果をねらった婦人服). ❷ [通例複数形で]〘数〙座標. **——** [形] /-d(ə)nət/ ❶ (重要性・位・身分など)同等の, 同格の, 等位の; 〔…と〕同等で, 同位で〔*with*〕: a man ~ *with* him in rank 彼と同じ階級の人. ❷〘化〙配位結合の. ❸〘文法〙等位の: a ~ clause 等位節 / ⇨ coordinate conjunction. **~·ly** [副] 〘co-+L *ordinare, ordinat-* 配置する (< *ordo, ordin-* 順序; cf. order)〙 ([名] coordination, [形] coordinative)

coórdinate [co·ór·di·nat·ing /-ṭɪŋ-/**] conjúnction** [名]〘文法〙等位接続詞 (and, but, or, for など; ↔ subordinate conjunction).

⁺**co·or·di·na·tion** /koʊɔ̀ədənéɪʃən | -ɔ̀:-/ [名] [U] ❶ (作用・機能の)調整, 協調. ❷ (筋肉運動の)整合, 共同作用. ❸ 同等(にすること); 対等関係. **in coordinátion with**…と協力[協調]して. ([動] coordinate)

co·or·di·na·tive /koʊɔ́əḍənəṭɪv, -dnə-, -ḍənèɪṭ- | -ɔ́:-/ [形] 同等の, 対等の.

co·ór·di·nà·tor /-ṭə | -tə/ [名] ❶ **a** 調整者. **b** (意見

などのまとめ役, 進行係, コーディネーター. ❷ 同格にするの[人].

coot /kúːt | kúːt/ 图 ❶ 〖鳥〗オオバン (ヨーロッパ産). ❷ 《口》おろかな老人. (as) **báld as a cóot** ⇒ bald 形 成句.

coot·ie /kúːti | kúː-/ 图《俗》シラミ.

co-ówn 他 共同所有する.

co-ówn·er 图 《法》共同所有者. **~·ship** 图

*cop¹ /káp | kɔ́p/ 图《口》警官, 巡査: Call the ~s. 警官を呼べ / play ~s and robbers 泥棒ごっこをする. 〖COP(PER?)〗

coot 1

cop² /káp | kɔ́p/ 動 他 (**copped; cop·ping**) ❶《米口》(思いがけなく)手に入れる, 獲得する, 達成する; 〈麻薬などを〉入手する. ❷《米口》〈ある姿勢・態度を〉とる: ~ an attitude 強硬な態度をとる; 上手に出る; 偉そうにする, 気取る. ❸ つかまえる, 捕らえる. ❹《英俗》〈非難などを〉招く, 〈ひどい目にあう, うけとる. ❺《英俗》~ を盗む. **cóp hóld of...** 《英》...をつかむ, つかまえる. **cóp it** 《英俗》(1) ひどい目にあう, 罰をくう. (2) 殺される, 死ぬ. **cóp óut** 《口 +囲》〈仕事・約束などから〉手を引く, 責任回避する 〈*of, on*〉: He copped out of running the race. 彼はその競走に出ると言ったのに [くせに] 取り消した. **Cóp thát!** あれを見よ! **cóp to...** 〈罪・失敗を〉認める, 受け入れる: ~ to the fact that... ...という事実を認める[受け入れる]★次の成句で. **a fáir cóp**《英》まんまと[見事に]つかまること. **nó [nót mùch] cóp**《英》つまらない, 大して値打ちがない[得にならない].

cop³ /káp | kɔ́p/ 图 《紡》管糸, コップ (管に糸を巻いたもの), 管.

cop. 《略》copyright; copyrighted.

co·pa·cet·ic /kòʊpəsétɪk | -/ 形《米俗》すばらしい; 順調な.

co·pal /kóʊp(ə)l/ 图 Ｕ コーパル《天然樹脂; ワニスの原料》.

cò·párcenary 图 Ｕ.Ｃ 《法》相続財産共有; 共同所有.

cò·párcener 图 《法》(土地)共同相続人.

cò·pártner 图 協同者, パートナー; 共同経営者(など).

co·pa·set·ic /kòʊpəsétɪk/ 形 = copacetic.

có·pàyment 图 (健康保険の被保険者による医療費の)定額自己負担, 一部負担.

COPD 《略》〖医〗chronic obstructive pulmonary disease.

*cope¹ /kóʊp/ 動 ⓘ ❶〖困難な事などをうまく処理する; ...と)対抗する, 〈...を〉抑えようとする〉 ⟨~ **with** は受身可⟩: ~ **with difficulties** 窮境に(対)処する / ~ **with a disability** 身体障害と闘うに負けない. ❷《口》(なんとかうまくやっていく: "How are you getting along with the boss?" "I'm *coping*." 「ボスとうまくやってるかい」「なんとかうまくやってるよ」. 〖F=打つ, 殴る < coup 打つこと, 打撃＜L < Gk; cf. coup〗

cope² /kóʊp/ 图 ❶ コープ《聖職者のマント形の大きな外衣》. ❷ おおうもの: the ~ of night 夜のとばり.

co·peck /kóʊpek/ 图 = kopeck.

Co·pen·ha·gen /kòʊp(ə)nhéɪɡən, -hάː-/ 图 コペンハーゲン《デンマークの首都》.

Co·per·ni·can /koʊpə́ːnɪkən | -pə́ː-/ 形 ❶ コペルニクス(説)の (cf. Ptolemaic): the ~ **theory** [**system**] 地動説. ❷ コペルニクスの, 画期的な: a ~ **revolution** (思想・技術などの)コペルニクス的大変化.

Co·per·ni·cus /koʊpə́ːnɪkəs | -pə́ː-/, **Nic·o·la·us** /nɪkəléɪəs/ 图 コペルニクス (1473–1543; ポーランドの天文学者; 地動説を唱えた; cf. Ptolemy).

cópe·stòne 图 = coping stone.

cop·i·able /kápiəbl | kɔ́p-/ 形 コピー[複写, 複製]できる.

cóp·i·er 图 ❶ **a** 複写機, コピー機. **b** 複写する人. ❷ 模倣者.

có·pìlot 图 〖空〗副操縦士.

cóp·ing 图 〖建〗❶ (れんが塀などの)笠石. ❷ 笠木 (塀などの頂部の横材).

cóping sàw 图 糸のこ (Ｕ字形枠の弓のこ).

cóping-stòne 图 ❶ 〖建〗笠石, 冠石. ❷ 最後の仕上げ, 極致.

†**co·pi·ous** /kóʊpiəs/ 形 ❶ 豊富な, おびただしい (abundant): ~ **profits** 莫大な利益. ❷《作家など》言葉数の多い, こまごまと述べる; 多作な; 内容の豊富な. **~·ly** 副 **~·ness** 图. 〖F<L<*copia* 豊富; ⇒ copy〗

co·pi·ta /koʊpíːtə/ 图 コピータ《チューリップ形のシェリー用グラス》.

cò·plánar 形 〖数〗〈点・線など〉同一平面上の, 共面の. **cò·planárity** 图

Cop·land /kóʊplənd/, **Aaron** 图 コープランド《1900–90; 米国の作曲家》.

Cop·ley /kápli/, **John Singleton** 图 コプリー《1738–1815; 米国の肖像画家》.

cò·pólymer 图 〖化〗共重合体. **cò·polyméric** 形

cò·polymerizátion 图 〖化〗共重合. **co·pólymerize** 動 共重合する.

cóp·òut 图《口》❶ 責任回避, 手を引くこと, (卑怯な)逃げ. ❷ 責任回避をする人, (卑怯な)逃げをする人.

*cop·per¹ /kápə | kɔ́pə/ 图 ❶ Ｕ 銅《金属元素; 記号 Cu》: **red** ~ 赤銅鉱. ❷ Ｃ 銅製のもの: **a** ~ 銅貨 (penny など). **b**《英》炊事口 [洗濯用ボイラー《今は通例鉄製》. ❸ Ｕ 銅色, 赤褐色. ❹ Ｃ 〖昆〗ベニシジミ(チョウ). ― 形 ❶ Ａ 銅(製)の. ❷ 銅色の, 赤褐色の. ― 動《...に》銅をかぶせる; 〈船底に〉銅板を張る. 〖OE<L *cuprum* 銅 <キュプロス島 (Cyprus) の(金属)<Gk; 古代に銅の産地だったことから〗

cop·per² /kápə | kɔ́pə/ 图《英口》警官. 〖COP²〗

cop·per·as /káp(ə)rəs | kɔ́p-/ 图 Ｕ 〖化〗硫酸鉄, 緑礬 (ばん) (green vitriol).

cópper béech 图 〖植〗ムラサキブナ《葉が銅紫赤色のヨーロッパブナの変種》.

cópper-bóttomed 形 ❶《口》まったく本物の; 〈事業など(財政的)に〉信頼できる, 健全な, 安全な: **a** ~ **guarantee [promise]** 絶対確実な保証[約束]. ❷《船・ボイラー・なべなど》底に銅板を張った, 底が銅でできた.

cópper·hèad 图 〖動〗アメリカマムシ《北米産の赤銅色をしたマムシ属の毒ヘビ》.

cópper·plàte 图 ❶ Ｕ きれいな曲線の手書き体 (銅版刷りをまねた書体): **write like** ~ きれいに書く. ❷ Ｕ 銅板. ❸ **a** 銅板彫刻. **b** Ｃ 銅版刷り.

cópper pyrítes 图 Ｕ 〖鉱〗黄銅鉱 (chalcopyrite).

cópper·smìth 图 銅細工師, 銅器製造人.

cópper súlfate [《英》**súlphate**] 图 Ｕ 硫酸銅.

cop·per·y /káp(ə)ri | kɔ́p-/ 形 ❶ 銅色の, 赤褐色の. ❷ 銅を含んだ. ❸ 銅のような.

cop·pice /kápɪs | kɔ́p-/ 图 低林, 矮林. ― 動 〈木々を〉(材木用に成長を早めるため)定期的に刈り込む.

cop·ra /káprə | kɔ́p-/ 图 Ｕ コプラ《coconut を乾燥したもの; やし油・せっけんなどの原料》.

cò·precipitátion 图 Ｕ 〖化〗共沈. **cò·precipitate** 動 他

cò·pròcessor 图 〖電算〗コプロセッサー, コプロ《計算機内で CPU と同等の扱いをうけるプロセッサー; 数値演算用・出入力用など》.

cò·prodúce 動 他 〈劇・映画などを〉共同制作する. **-prodúcer** **-prodúction** 图

cop·ro·la·li·a /kὰprəléɪliə | kɔ̀p-/ 图 Ｕ 〖精神医〗汚言, コプロラリー《糞便・排泄に関することばを絶えず口にする傾向》.

cop·ro·lite /káprəlàɪt | kɔ́p-/ 图 糞石 (ふんせき), コプロライト《動物の糞の化石》.

co·proph·a·gous /kəpráfəɡəs | kɔ-/ 形〈昆虫・鳥・動物が〉糞を食とする. **cop·róph·a·gy** -ʤi/ 图 Ｕ 食糞(性).

cò·pro·phíl·i·a 图 〖精神医〗嗜糞(し)症《糞便に対する性的な要素を伴った嗜好》.

copse /káps | kɔ́ps/ 图 = coppice.

cóp shòp 图《口》警察署.

Copt /kápt | kɔ́pt/ 图 ❶ コプト人《古代または非イスラム化以前のエジプト人, またその子孫》. ❷ コプト教会信者, コ

プト教徒 (⇨ Coptic Church).
cop·ter /káptɚ | kɔ́p-/ [名]《口》ヘリコプター (helicopter).
Cop·tic /káptɪk | kɔ́p-/ [形] ❶ コプト人[語]の. ❷ コプト教会の. ── [名] [U] コプト語《現在は廃れてコプト教会の典礼にのみ用いられる》.
Cóptic Chúrch [名] [the ~] コプト教会《キリストの単性論を信じるエジプト・エチオピアのキリスト教会》.
cop·u·la /kápjulə | kɔ́p-/ [名]〘文法〙連結詞《主語と述語をつなぐ語; 特に動詞 be をさすが, 時に become, seem などを含める》.
cop·u·late /kápjulèɪt | kɔ́p-/ [動] [自] 〈人が〉性交する; 〈動物が〉交尾する〔*with*〕. **cop·u·la·tion** /kàpjuléɪʃən | kɔ̀p-/ [名]
cop·u·la·tive /kápjuləṭɪv, -lèɪt- | kɔ́p-/ [形] ❶〘文法〙連結的な: a ~ conjunction 連結接続詞《and など》/ a ~ verb 連結動詞 (⇨ linking verb). ❷ 性交の; 交尾の. ── [名]〘文法〙連結接続詞. **~·ly** [副]
cop·u·la·to·ry /kápjulətɔ̀:ri | -təri, -tri/ [形] ❶ 性交の, 交尾の. ❷ 連結[結合]の[に用いられる].
‡cop·y /kápi | kɔ́pi/ [名] ❶ [C] 写し, 複写, コピー; **複製**, そっくりなもの; そっくりなにせもの, 模造品: the original and five *copies* 原本と5枚の写し / make [take] a ~ (*of*...) (...を)1枚複写する / a ~ *of* a file (コンピューター)ファイルの複製[コピー] / a ~ of Van Gogh's "Sunflowers" ファンゴッホの「ひまわり」の複製 / ~ protection コピー[複製]防止 / an illegal ~ 違法コピー / ⇨ carbon copy 1. ❷ [C]〔同一書物・雑誌などの〕...部, 冊,〔CD などの〕...枚: Five thousand *copies* of the book were sold. その本は5千部売れた. ❸ [U] **a** (印刷の)原稿: follow ~ 原稿どおりに組む / knock up ~ (新聞などの)原稿を(すぐに印刷にまわせるように)整理する. **b** 新聞種, 題材: It will make good ~. いい新聞種になるだろう. ❹ [U] 広告文(案), コピー (cf. copywriter). ── [動] [他] ❶ 〈...を〉写す, コピーする; **複製する**, コピーを作る; 模造[模写]する; 写し取る: *C*~ this letter. この手紙をコピーしてください / ~ a file to a directory [a disk, a computer] ファイルをフォルダー[ディスク, コンピューター]にコピーする / ~ DNA DNA を複製する / He *copied* (*down*) the telephone number ***from*** the phone book [***into*** his notebook]. 彼はその電話番号を電話帳から[ノートに]写し取った. ❷ 〈長所などを〉まねる, 〈人に〉ならう: You should ~ your sister. 姉さんを見習いなさい. ❸ 〈他人のアイディアなどを〉そっくりまねる, そのまま使う; (カンニングで)〔...から〕〈...を〉そっくり写す〔*from*, *off*〕. ── [自] ❶ 写す, 複写する, コピーする, 複製する; 模造[模写する]〔*from*〕. ❷ まねる, 模倣する, ならう. ❸〔人の答案や本を〕写す, カンニングする〔*from*, *off*〕: No ~*ing*! (他人のものを)写してはいけません / She was caught ~*ing* ***from*** the student next to her. 彼女はとなりの生徒のものを盗み書きしているところを見つけられた. **cópy dówn**《[他]+[副]》〈文章・発言などを〉(そっくり)書き取る[書き写す] (⇨ [他] 1). **cópy ín**《[他]+[副]》〈人に〉写し[コピー]を送る. **cópy óut**《[他]+[副]》〈書いてあるものを〉(そっくり)写し取る[書き取る]. **cópy...to a person** 人に〈...を〉写して[コピーして]送る. 〚F < L *copia* 豊富; cf. copious〛【類義語】⇨ imitate.
cópy·bòok [名] 習字手本, 習字帳. **blót one's cópybook**《英》(軽はずみなことをして)評判を落とす. ── [形] [A] ❶ 手本どおりの. ❷ 陳腐な, ありふれた; 古くさい: ~ maxims (習字帳にあるような)古くさい格言[教訓].
cópy·bòy [名] (新聞社・印刷所などの)雑用係.
cópy·càt [名] 人まねをする人, まねっ子. ── [形] まねをした, 模倣の: a ~ crime 模倣犯罪. ── [動] [他] まねる.
cópy·dèsk [名]《米》(新聞社などの)編集机.
cópy·èdit [動] [他] 〈原稿を〉(印刷用に)整理編集する.
cópy èditor [名] 原稿整理編集者.
cópy·hòld [名] [U]〘英法〙(荘園主の記録による, 昔の)土地謄本保有権 (cf. freehold 1).
cópy·hòlder [名] ❶〘英法〙(昔の謄本保有権による)土地保有者《終身借地権保有者と世襲借地権保有者とがあった; 1922年廃止》. ❷ 読み合わせ校正の読み手. ❸ (タイプライターの)原稿押さえ.
cópying machìne [名] 複写機, コピー機.
cópy·ist /-pɪɪst/ [名] ❶ 写字生, 筆耕人. ❷ 模倣者.
cópy·lèft [名] [U,C]〘電算〙コピーレフト《プログラムなどの自由使用許諾》.
cópy machìne [名] =copying machine.
cópy-protécted [-pròof] [形] 〈CD など〉コピー[複製]できない[防止機能付きの].
cópy protèction [名] [U,C] コピー防止(機能).
cópy·rèad [動] [他] 〈原稿を〉整理する.
cópy·rèader [名] (新聞・雑誌社の)原稿整理係[員], 編集部員.
cop·y·right** /kápiràɪt | kɔ́p-/ [名] [U,C] 著作権, 版権, コピーライト〔*in*, *on*〕《記号 ©》: *C*~ reserved 版権所有 / hold [own] the ~ ***on a book 書物の版権をもっている. ── [形] 著作権[版権]のある. ── [動] [他] 〈作品を〉著作権で保護する; 〈...の〉版権を取る.
cópyright lìbrary [名]《英》納本図書館《英国内で出版される本を各一部納める図書館; 大英図書館 (British Library) など》.
cópy·tỳpist [名] 文書[口述]をタイプで打ち込む人.
cópy·wrìter [名] 広告文案家, コピーライター.
coq au vin /kóukouvǽŋ, kák- | kɔ́k-/ [名] [U] ココヴァン《炒(い)めて赤ワインで煮込んだチキン》.
coque·li·cot /kóuklɪkòu/ [名] ❶ [C]〘植〙ひげなし. ❷ [U] 鮮紅色.
co·quet /koukét | kə-/ [動] (**co·quet·ted**; **co·quet·ting**) [自] 〈女が〉こびを呈する, いちゃつく.
co·quet·ry /kóukɪtri | kɔ́k-/ [名] ❶ [U] (女が)こびを呈すること, 男たらし. ❷ [C] こび, しな.
co·quette /koukét | kɔk-/ [名] なまめかしい女, 男たらし.
co·quét·tish /-ṭɪʃ/ [形] 〈女が〉なまめかしい; 男たらしの. **~·ly** [副]
co·qui·na /koukí:nə/ [名] ❶ [C]〘貝〙コチョウナミノコ《米国東岸産》. ❷ [U] コキナ《貝殻・サンゴなどを主成分とする石灰堆積物; 建築・土木材料》.
co·qui·to /koukí:ṭou/ [名] (複 **~s**) (また **coquíto pálm**)〘植〙チリーヤシ《樹液からシロップをつくる; チリ産》.
cor /kɔ́ɚ | kɔ́:/ [間]《英口》[驚きを表わして] うわっ! おや! あら! 〚GOD のなまり〛
cor. 《略》corner; corpus; correct; corrected.
Cor. 《略》〘聖〙Epistles to the Corinthians.
cor- /kər, kɔ:r | kər, kɔr/ [接頭] =com-《r の前の形》.
cor·a·cle /kɔ́:rəkl | kɔ́r-/ [名] かご舟, コラクル《枝編み細工の枠に皮などを張った一人乗りの小船; アイルランドやウェールズの川・湖で用いる》.
cor·a·coid /kɔ́:rəkɔ̀ɪd | kɔ́r-/ [名] (また **córacoid prócess**)〘解・動〙(肩甲骨の)烏啄(うたく)[烏口(うこう)]突起.
⁺cor·al /kɔ́:rəl | kɔ́r-/ [名] ❶ **a** [U] サンゴ. **b** [C]〘動〙サンゴ(チュウ). ❷ [C] サンゴ細工. ❸ [U] サンゴ色, 黄色がかった赤色. ── [形] ❶ サンゴ色の, 黄赤色の. ❷ サンゴ製の: a ~ necklace サンゴのネックレス.
córal ísland [名] サンゴ島.
cor·al·i·ta /kɔ̀:rəlí:ṭə | kɔ̀r-/ [名] =corallita.
cor·al·line /kɔ́:rəlàɪn | kɔ́r-/ [形] 珊瑚質[状]の; 珊瑚色の; サンゴモの. ── [名] ❶〘植〙サンゴモ《同科の藻(も)の総称》. ❷〘動〙サンゴ状の動物《コケムシ・ヒドロ虫類など》.
cor·al·li·ta /kɔ̀:rəlí:ṭə | kɔ̀r-/ [名]〘植〙アサヒカズラ《メキシコおよびカリブ海域原産のつる植物》.
cor·al·lite /kɔ́:rəlàɪt | kɔ́r-/ [名] サンゴ石《サンゴの化石》; サンゴポリプ骨格.
cor·al·loid /kɔ́:rəlɔ̀ɪd, kár- | kɔ́r-/ [形] 珊瑚状の.
córal rèef [名] サンゴ礁.
córal·ròot [名]〘植〙❶ サンゴネラン《無葉のラン科植物》. ❷ (また **córalroot bìttercress**) タネツケバナ属の一種《ユーラシア産の紫色の花を咲かせる森林地帯の植物》.
córal snàke [名]〘動〙サンゴヘビ《アメリカ大陸熱帯地方産の小毒ヘビ》.
córal spòt [名] [U]〘植〙紅粒(こうりゅう)癌腫病《樹木のありふれた菌類病で, ピンクまたは暗赤色の微小な腫瘍ができる》.
córal trèe [名] [U]〘植〙デイコ, エリスリナ《インド原産; マメ科》.

cor an·glais /kɔ́ːrɑːŋgléɪ | kɔ́ː(r)ɑ́ːŋleɪ/ 名 (複 cors anglais /kɔ́ːrzɑːŋgléɪ | kɔ́ːzɑ́ːn/) 《英》《楽》コーラングレ(《米》 English horn)《木管楽器の一種》.《F=イギリスのホルン》

cor·bel /kɔ́ːrbəl | kɔ́ː-/ 名《建》コーベル, 持送り《壁の中でアーチの起点や軒じゃばら(cornice)などを受けるために壁面から突き出た石または人物の持出し》.

córbel táble 名《建》コーベルテーブル《石壁で, ひと続きの持送りによって支持された突出面》.

Cor·bett /kɔ́ːrbɪt | kɔ́ː-/, **James J(ohn)** 名 コーベット(1866-1933; 米国のボクサー, 通称 Gentleman Jim).

cor·bic·u·la /kɔːrbíkjələ | kɔː-/ 名 (複 -lae /-lìː/)《昆》(ミツバチの)花粉籠 (pollen basket).

cor·bie·step /kɔ́ːrbistèp | kɔ́ː-/ 名《建》破風(はふ)の両側につけた(いらか)段.

cor bli·mey /kɔːrbláɪmi | kɔː-/ 間《英俗》〔驚き・不快を表わして〕えー!, ちぇっ! ちきしょう!

*__cord__ /kɔ́ːrd | kɔ́ːd/ 名 ❶ Ⓒ a (太い)ひも, (細い)縄, 綱, 細引き〔比較 string より太く, rope より細い; ⇨ rope 関連〕: a length of (nylon) ~ (ナイロンの)ひも1本. b (電気・電話の)コード. ❷ a Ⓤ あぜ織り(布), コーデュロイ, コール天. b〔複数形で〕きずな, 束縛〔of: the ~s of love 愛のきずな. ❹ Ⓒ《解》索状組織, 靭帯(じんたい): the spinal ~ 脊髄(せきずい) / the vocal ~s 声帯 / ⇨ umbilical cord. ❺ Ⓒ コード《木材の体積の単位; 3.62 m³=128 ft³》. cút the (umbílical) córd (親などに)頼るのをやめる, 自立する. ── 形 コーデュロイ[コール天]の: a ~ skirt コール天のスカート.《F<L chorda<Gk; cf. chord¹》

cord·age /kɔ́ːrdɪʤ | kɔ́ːd-/ 名 Ⓤ ❶ 縄類, 索条. ❷ (船の)索具.《L <cor, cord- 心, 心臓》

cor·date /kɔ́ːrdeɪt | kɔ́ː-/ 形《植》心臓形の.

cord·ed /-dɪd/ 形 ❶ ひも[コード]のついた (↔ cordless). ❷ うね織りの (ribbed). ❸ 筋肉などがすじ張った.

Cor·de·lia /kɔːrdíːljə | kɔː-/ 名 ❶ コーディーリア《女性名》. ❷ コーディーリア (Shakespeare 作「リア王」中のリア王の末娘).

Cor·de·lier /kɔ̀ːrdəlíər | kɔ̀ːdɪlíə/ 名 フランシスコ会原始会則派(コルドリエ)修道士《結び目のある縄を腰帯とする》.

†**cor·dial** /kɔ́ːrdʒəl | kɔ́ːdiəl/ 形 (more ~; most ~) ❶ 心からの, 誠心誠意の: a ~ welcome 暖かい歓迎. ❷ 心底からの: have a ~ dislike for... 心底から嫌う. ── 名 ❶ Ⓤ 果汁入り清涼飲料. ❷ Ⓤ.Ⓒ コーディアル《甘味と香料を加えたアルコール性飲料; リキュールなど》. **~·ness** 名《L<cor, cord- 心, 心臓》

cor·di·al·i·ty /kɔ̀ːrdʒiǽləti, kɔ̀ːrdiǽl- | kɔ̀ːdiǽl-/ ❶ Ⓤ 心からの気持ち, 真心, 温情; 心からの友情. ❷〔複数形で〕真心のこもった言葉[行為].

cór·dial·ly /-dʒəli -diə-/ 副 心から; 真心こめて, 誠意をもって: dislike [hate] a person ~ 心底から人を嫌う. **Córdially yóurs**=**Yóurs córdially** 敬具《手紙の結びの文句》.

cor·di·er·ite /kɔ́ːrdiərdàɪt | kɔ́ː-/ 名 Ⓤ《鉱》菫青石(きんせいせき).《P. L. A. Cordier 18-19世紀フランスの地質学者》

cor·dil·le·ra /kɔ̀ːrdəljéər)ə | kɔ̀ː-, kɔːdɪljéərə/ 名《大陸を走る》大山系, 山系.《Sp》

cord·ing /kɔ́ːrdɪŋ | kɔ́ːd-/ 名 Ⓤ 索類, ロープ類; うね織り, コーディング.

cord·ite /kɔ́ːrdaɪt | kɔ́ː-/ 名 Ⓤ コルダイト《ひも状の無煙爆薬》.

cord·less 形 コードのない, コードレスの (↔ corded); バッテリ式の.

Cor·do·ba /kɔ́ːrdəbə, -və | kɔ́ː-/ 名 コルドバ: a スペイン南部 Andalusia 地方の市; イスラム支配下におけるスペインの中心. b アルゼンチン中部の市. **Cor·do·ban** /-bən/ 形 コルドバの(人).

†**cor·don** /kɔ́ːrdn | kɔ́ːd-/ 名 ❶ 非常[警戒]線; (軍隊の)哨兵(しょうへい)線; 防疫線; 交通遮断線: post [place, draw] a ~ 非常線を張る / escape through a police ~ 警察の非常線を突破する. ❷〔肩からわきの下へ掛ける〕飾りリボン, 綬章(じゅしょう): the blue ~ 青綬章 / the grand ~ 大綬章. ── 動 他〈...に〉非常線を張る;〈...の〉交通を遮断する,〈...を〉立ち入り禁止にする〈off〉.《F; ⇨ cord》

cor·don bleu /kɔ̀ːrdoʊnblúː | kɔ̀ː-/ 名 ❶ Ⓐ《料理が》一流料理人が作った;《料理》一流の. ── 名 (複 ~s, **cor·dons bleus** /~/) ❶ 青綬章《ブルボン王朝の最高勲章》. ❷ その道の一流人; (特に)一流の料理人.《F=blue cordon》

cor·don sa·ni·taire /kɔ̀ːrdóʊnsànɪtéər | kɔ̀ːdɔ́ːnsænɪtéə/ 名 (複 **cor·dons sa·ni·taires** /~/) 悪疫防止のための交通遮断線, 防疫線;〔政治・思想上の〕緩衝地帯.

Cor·do·va /kɔ́ːrdəvə | kɔ́ː-/ 名 コルドバ《スペインの Cordoba の英語綴り》.

cor·do·van /kɔ́ːrdəvən | kɔ́ː-/ 形 コードバン革の. ── 名 Ⓤ コードバン革.《↑》

cor·du·roy /kɔ́ːrdərɔ̀ɪ | kɔ́ː-/ 名 ❶ Ⓤ コーデュロイ, コール天. ❷〔複数形で〕コーデュロイの服[ズボン]. ── 形 Ⓐ コーデュロイの.

córduroy ròad 名《沼地などの》丸太道.

córd·wòod 名 Ⓤ 薪の束, 長さ4フィートに切って売る薪 (⇨ cord).

*__core__ /kɔ́ːr | kɔ́ː-/ 名 ❶ Ⓒ a (ナシ・リンゴなどの)芯(しん). b (電線などの)芯. c (鋳物の)心型, 中子(なかご). d (原子炉の)炉心. ❷〔the ~〕《物事の》核心, 中心, 枢要(すうよう);〔集団などの〕中核, 中心;《都市・ものなどの》中心部, 核: the ~ *of* the problem その問題の核心. ❸ Ⓒ《電算》《磁気心》 コア, 磁心. ❹ Ⓒ《地》(地球の)中心核. **to the córe** 心底で; 徹底的に: He's rotten *to the* ~. 彼はまったく悪だ / He's a gentleman *to the* ~. 彼は根っから紳士だ. ── 名 中核[中心]となる, 枢要な: ~ business コアビジネス《中核となる事業》/ ~ members コアとなるメンバー, 中核メンバー. ── 動 他《果物の》芯を抜く: ~ an apple リンゴの芯を抜く.

CORE /kɔ́ːr | kɔ́ː-/《略》《米》Congress of Racial Equality 人権平等会議.

córe currìculum 名《教育》コアカリキュラム《核心となる科目を中心に他をそれに総合するように編成された教科課程》.

córe dùmp 動 他《電算》主記憶を空にする.

cò·réference 名 Ⓤ《言》同一指示《2 つの名詞(句)の間で同一の対象を言う関係; たとえば *She* laid *herself* on the bed. の代名詞の指示関係》. **cò·referéntial** 形

co·re·late /kɔ́ːrəlèɪt | kɔ́r-/ 動《英》=correlate.

cò·relígionist 名 同宗教(教)信者.

córe mèmory 名《電算》磁心記憶装置.

cor·e·op·sis /kɔ̀ːriɑ́psɪs | kɔ̀rɪɔ́p-/ 名 (複 ~)《植》ハルシャギク.

cor·er /kɔ́ːrə | -rə/ 名 (リンゴなどの)芯(しん)抜き(器).

co·re·spon·dent /kòʊrɪspɑ́ndənt | -spɔ́nd-/ 名《法》〔離婚訴訟の〕共同被告《被告 (respondent) と姦通したとされる相手》.

córe tìme 名 Ⓤ コアタイム《フレックスタイムでの必ず勤務しなければならない時間帯》.

corf /kɔ́ːrf/ 名 (複 **corves** /kɔ́ːrvz/)《英》石炭[鉱石]巻揚げかご.

cor·gi /kɔ́ːrgi | kɔ́ː-/ 名 =Welsh corgi.

co·ri·a·ceous /kɔ̀ːriéɪʃəs, kɑ̀r- | kɔ̀r-/ 形 革質の.

†**co·ri·an·der** /kɔ́ːriæ̀ndə | kɔ̀riǽndə/ 名 ❶ Ⓤ《植》コリアンダー, コエンドロ《地中海地方原産のセリ科の植物》. ❷ =coriander seed.

córiander sèed 名 Ⓒ.Ⓤ コリアンダーの実《乾燥したものは香辛料》.

Cor·inth /kɔ́ːrɪnθ | kɔ́r-/ 名 コリント, コリントス《ギリシア南部の海港; 古代ギリシア商業・芸術の中心》.

Co·rin·thi·an /kərínθiən | kə-/ 形 ❶《古代ギリシアの》コリント[コリントス]の. ❷《建》コリント式の: the ~ order コリント柱式. ── 名 ❶ コリント人. ❷ 金持ちの(アマチュア)スポーツマン. ❸〔Corinthians; 単数扱い〕《聖》コリント(前, 後)書, コリント人への手紙 (Epistles to the Corinthians)《新約聖書中の一書; 第一の手紙[前書]または第二の手紙[後書]; 略 Cor.》.

Co·ri·o·lis effect /kɔːriˈoʊlɪs- | kɔːr-/ ⓊⒷ [the ~] 〖理〗コリオリ効果《Coriolis force による運動する物体の見かけの偏向》. 〘G. G. Coriolis 19世紀フランスの数学者〙

co·ri·um /ˈkɔːriəm/ 名 (複 -ri·a /-riə/) 〖解〗真皮 (dermis).

†**cork** /kɔːk | kɔːk/ ❶ Ⓤ コルク《コルクガシの外皮》; burnt ~ 焼きコルク《まゆ墨や役者の扮装(ホッミ)に用いる》. ❷ Ⓒ **a** コルク製品. **b** コルクの栓: draw [pull out] the ~ (瓶の)コルクを抜く. ❸ =cork oak. ❹ =cork sole. ― 動 他 ❶ **a** 〈瓶〉にコルクの栓をする 〈up〉 (↔ uncork). **b** 〈感情を抑える 〈up〉. ❷ 焼きコルクでくまゆなどを〉描く.

Cork /kɔːk | kɔːk/ 名 コーク《アイルランド共和国 Munster 地方の州, およびその州都で海港》.

cork·age /ˈkɔːkɪdʒ | ˈkɔːk-/ 名 Ⓤ 持ち込み料, 栓抜き料《ホテル・レストランなどで, 客の持ち込んだワインなどを供する時に請求する》. 〘CORK+-AGE〙

corked 形 ❶ コルクの栓がしてある. ❷ 〈ワインなど〉(コルクのせいで)味の落ちた, コルク臭い.

cork·er 名 ❶ 〘口〙驚くべき人[もの], すばらしい人[もの]: He's a ~ of an athlete. 彼はすばらしいスポーツマンだ. ❷ (瓶に)(コルクの)栓をする人[機械]. ❸ 〘口〙**a** とどめを刺すような議論. **b** 決め手, 見事な一撃: The last play of the game was a ~. 最後のプレーが試合を決めた.

cork·ing /ˈkɔːkɪŋ/ 形 〘口〙すばらしい; ばかでかい. ― 副 とても, すごく.

córk òak 〖植〗コルクガシ.

córk·screw 名 コルク栓抜き. ― 形 Ⓐ らせん状の: a ~ dive 〖空〗らせん降下 / a ~ staircase らせん階段. ― 動 ⓐ 旋回する; 旋回[回旋]しながら動く.

córk-tìpped 形 〘英〙〈たばこ〉コルク(様)フィルターのついた.

cork·y /ˈkɔːki | ˈkɔːk-/ 形 (**corki·er**, **-i·est**) ❶ コルクの(ような). ❷ 〈ワインが〉コルク臭い.

corm /kɔːm | kɔːm/ 名 〖植〗球茎.

cor·mo·rant /ˈkɔːmərənt/ 名 ❶ 〖鳥〗ウ(鵜). ❷ 貪欲な[大食の]人.

***corn**¹ /kɔːn | kɔːn/ 名 Ⓤ ❶ **a** 〘英〙穀物, 穀類《小麦・大麦・オート麦など》. **b** 穀物の種子, 穀粒 〈全体〉. ❷ 〘米・カナダ・豪〙トウモロコシ: eat ~ on the cob 軸つきトウモロコシを食べる. ❸ 〘口〙穀物飼料. ❹ 〘米口〙=corn whiskey. ❺ 〘口〙**a** 陳腐[平凡]なもの; つまらない出し物: That book is pure ~. あの本は実に陳腐だ. **b** 感傷的な音楽. 〘OE〙

corn² /kɔːn | kɔːn/ 名 (足指の)うおのめ; まめ (★ ⇒ blister 〖比較〗). **tréad [trámple] on a pérson's córns** 〘口〙人の痛い所に触る(ようなことを言う[する]), 人の機嫌をそこなう. 〘F<L=角(?)〙

Corn. 〘略〙Cornish; Cornwall.

córn·bàll 名 〘米俗〙野暮なやつ, 野暮くさい人[話]. ― 形 =corny 1.

Córn Bèlt 名 [the ~] 〘米国中西部の〘トウモロコシ地帯 (Iowa, Illinois, Indiana などの諸州).

córn·bràsh 名 〖地〗コーンブラッシュ層《イングランド南部の穀類生産に好適な泥灰質石灰岩からなる層》.

córn brèad 名 Ⓤ トウモロコシパン.

córn chìp 名 〘米〙コーンチップ《コーンミールを使った揚げ菓子》.

córn circle 名 =crop circle.

córn·còb 名 ❶ トウモロコシの穂軸. ❷ =corncob pipe.

córncob pìpe 名 トウモロコシ[コーン]パイプ《火皿の部分に穂軸を用いる》.

córn cóckle 名 〖植〗ムギセンノウ.

córn·cràke 名 〖鳥〗ウズラクイナ《麦畑などにいるクイナの一種》.

córn·crìb 名 〘米〙(通風設備のある)トウモロコシ倉.

córn dòg 名 〘米〙コーンドッグ, アメリカンドッグ《ソーセージにトウモロコシ粉の衣をつけて油で揚げたもの》.

córn dòlly 名 〘英〙わらで作った人形.

cor·ne·a /ˈkɔːniə | ˈkɔːn-/ 名 〖解〗角膜. 〘L=角(?)のよう(に硬い(組織)》

---

cór·ne·al /-niəl/ 形 角膜の: a ~ transplant 角膜移植.

corned 形 〈食品が〉塩漬けの.

córned béef 名 Ⓤ コーンビーフ.

Cor·neille /kɔːˈneɪ(l) | kɔː-/, **Pierre** /pjɛː | pjɛːr/ 名 コルネイユ(1606–84; フランスの劇作家).

cor·nel /ˈkɔːn(ə)l | ˈkɔːn-/ 名 〖植〗ミズキ, ヤマボウシ.

Cor·ne·lia /kɔːˈniːliə | kɔː-/ 名 コーネリア《女性名》.

cor·ne·lian /kɔːˈniːliən | kɔː-/ 名 =carnelian.

cornélian chérry 〖植〗セイヨウサンシュユ.

Cor·ne·lius /kɔːˈniːliəs | kɔː-/ 名 コーネリアス《男性名; 愛称 Connie》.

Cor·nell /kɔːˈnel | kɔː-/, **Ezra** 名 コーネル(1807–74; 米国の富豪; Cornell University の創立者》.

cor·ne·ous /ˈkɔːniəs | ˈkɔː-/ 形 角質の, 角(?)状の.

✦**cor·ner** /ˈkɔːnə | ˈkɔːnə/ 名 ❶ **a** 角(?); 曲がり角(★〖比較〗競技場などの曲線で曲がっている「コーナー」は turn): the ~ of a table テーブルの角 / turn at the next ~ 次の角で曲がる / sell papers at [on] a street ~ 街角で新聞を売る. **b** 隅(?), くま; (目・口の)端; 眼角, 目頭, 目尻; 口角: in the ~ of a room 部屋の隅に / leave no ~ unsearched くくくを)探す / look (at...) out of the ~ of one's eye (...を)横目で[ちらっと]見る / put [stand] a child in the ~ (罰として)子供を教室の隅に立たせる. **c** 角につける金具[飾り], コーナー. ❷ 隅っこ; 人目につかない所, へんぴな場所, 片隅; 地方, 方面: a quiet ~ of the village 村の静かな引っ込んだ所 / from the (four) ~s [all ~s] of the earth 世界の隅々から / done in a ~ 秘密に行なわれた. ❸ [通例 a ~] 逃げるに逃げられない立場, 窮地, 窮境: in a tight ~ 窮地に陥って / drive [force, put] a person into a ~ 人を窮地に追い詰める. ❹ 〖サッカー〗=corner kick. ❺ 〖ボクシング〗リングのコーナー. ❻ [通例単数形で] 〖商〗独占: establish [get] a ~ on [in] the grain market 穀物市場を独占する. **cùt córners** (1) (曲がり角を避けて)近道する. (2) (事をするのに経費・労力を節約して)最も安易な方法をとる, 手を抜く: You have to cut ~s to make a profit. もうけるには手を抜かなければならない. **cút (óff) the [a] córner** 〘英〙(曲がり角を通らないで)原っぱなどを横切って)近道する. **(júst) aróund [róund] the córner** (1) 角を回った所に, すぐ横町に. (2) すぐ間近になって: Christmas is just round the ~. もうすぐクリスマスだ. **túrn the córner** (病気・不景気などが)峠を越す. ― 形 Ⓐ **❶** 角の[にある]: a ~ drugstore 角のドラッグストア. **❷** 隅に置く[で使う]: a ~ table コーナーテーブル《部屋のコーナーに置く三角テーブル》. **❸** 〖スポ〗コーナーの. ― 動 他 **❶** 〈人・動物〉を隅に追いやる; 〈...を〉窮地に陥らせる, 追いつめる; (話をするために)〈人〉をつかまえる: ~ a fox キツネを追いつめる / We've got him ~ed. 彼を追いつめた. **❷** 〘商〙〈...を〉独占する (monopolize): ~ the market 市場を独占する. ― ⓐ 〈乗り物・運転者が〉角を曲がる, コーナリングする. 〘F<L cornu 角(?), 点〙

córner·bàck 名 〘アメフト〙コーナーバック《両サイドに位置する守備チームのバックス》.

córner bòy 名 〘米口〙街の不良(少年), ごろつき, チンピラ.

cór·nered 形 ❶ [通例複合語で] (...の)隅[辺]の[角(?)の]ある: a three-*cornered* hat 三角帽. ❷ 追いつめられた, 進退窮まった: like a ~ rat 窮鼠(?)のごとく.

córner kìck 名 〖サッカー〗コーナーキック.

córner·màn 名 (複 -men) 〖ボクシング〗セコンド.

córner shòp 名 〘英〙(街角の)小さな商店.

†**córner·stòne** 名 ❶ 基礎, 基本, 肝要なもの, 根本理念: the ~ *of* the state 国家の柱石. ❷ 〖建〗隅石(?), 礎石 (cf. foundation stone 1): lay the ~ *of* ...の定礎式を挙げる.

córner·wàys 副 =cornerwise.

córner·wìse 副 筋違いに, 斜めに.

cor·net¹ /ˈkɔːnɪt | ˈkɔː-/ 名 ❶ 〖楽〗コルネット《トランペットに似た金管楽器》. ❷ **a** 円錐(?)形の紙袋. **b** 〘英〙 (アイスクリームの)コーン (〘米〙cone). 〘F<cor(n) ホルン, 角(?)+-ET〙

cor·net² /kɔːnét | kɔ́ːnɪt/ 图 《英史》騎兵隊旗手.

cor·net·cy /kɔːnətsi | kɔ́ː-/ 图 《英史》騎兵隊旗手[役].

cornet·fish 图 《魚》ヤガラ (矢柄)《熱帯産のヤガラ科の魚; 吻(ふん)が管状に伸びる》.

cor·net·ist, cor·net·tist /kɔːnétɪst | kɔ́ːnɪt-/ 图 コルネット奏者.

cor·nett /kɔːnét | kɔ́ːnɪt/ 图 《楽》コルネット《直管または曲管で木製または象牙製の古楽器》.

cor·net·to /kɔːnétoʊ | kɔː-/ 图 (徳 -net·ti /-néti/:) = cornett.

córn exchànge 图 《英》穀物取引所.

córn-fàctor 图 《英》穀物問屋.

córn-fèd 形 《米》❶《家畜が》トウモロコシで養った. ❷ 太って健康そうな.

córn·field 图 ❶ 《英》小麦畑. ❷ 《米》トウモロコシ畑.

córn·flàkes 图 徳 コーンフレークス《トウモロコシの粗びきの粉で作った薄片状の加工食品; 牛乳や砂糖をかけて朝食に食べる》.

córn flòur 图 Ⓤ 《英》= cornstarch.

córn·flòwer 图 《植》❶ ヤグルマギク. ❷ ムギセンノウ.

córn·hùsk 图 《米》トウモロコシの皮.

Córn·hùsker Stàte 图 [the ~] 米国 Nebraska 州の俗称.

córn·hùsking 图 《米》❶ Ⓤ トウモロコシの皮むき. ❷ = husking bee.

cor·nice /kɔ́ːnɪs | kɔ́ː-/ 图 ❶ 《建》コーニス, 軒じゃばら (entablature の最上部輪を成す突出部); (室内の)天井じゃばら. ❷ 《登山》雪庇(せっぴ).

cor·niche (ròad) /kɔːníːʃ(-) | kɔ́ː-/ 图 (見晴らしのよい)断崖沿いの道路.

Cor·nish /kɔ́ːnɪʃ | kɔ́ː-/ 形 ❶ コーンウォール (Cornwall) 地方(産)の. ❷ コーンウォール人[語]の. ── 图 Ⓤ コーンウォール語《ケルト語の一; 今は死語》.

Córnish·man /-mən/ 图 (徳 -men /-mən/) コーンウォール人.

Cornish pásty 图 コーニッシュパイ《調理した肉や野菜を, 半円形に包んで焼いた Cornwall 地方のパイ料理》.

Córn Làws 图 [the ~] (英国の)穀物法《15 世紀以来穀物輸入に重税を課した法律; 1846 年廃止》.

córn liquor 图 《米》= corn whiskey.

córn màrigold 图 《植》アラゲシュンギク《欧州原産》.

córn·mèal 图 Ⓤ ❶ 《米》ひき割りトウモロコシ. ❷ 《スコ》= oatmeal 1.

córn òil 图 Ⓤ コーンオイル, トウモロコシ油.

córn·pòne 图 《米南部・中部》《パン種を使わない》トウモロコシパン. ── 形 《米》南部風の, いなかくさい.

córn pòppy 图 《植》ヒナゲシ《小麦畑の雑草; 真っ赤な花をつける; 第一次大戦後, 戦死した兵士の象徴とされている》.

córn·ròw 图 《米》コーンロー型《ヘアスタイル》《堅く三つ編みにして頭皮にぴったり並べるヘアスタイル》. ── 動 徳 《髪》をコーンロー型に編む.

córn sàlad 图 Ⓤ 《植》コーンサラダ, (特に)ノヂシャ.

córn sílk 图 Ⓤ トウモロコシの毛.

córn snàke 图 《動》アカダイショウ《北米産》.

córn snòw 图 Ⓤ 《米》《スキー》コーンスノー, ざらめ雪.

córn·stàlk 图 トウモロコシの茎.

córn·stàrch 图 Ⓤ 《米》コーンスターチ《《英》corn flour》《トウモロコシの(精白した)でんぷん》.

córn·stòne 图 Ⓤ 穀粒石灰岩《英国各地の旧赤色砂岩の下層にある》.

córn sùgar 图 Ⓤ 《米》コーンシュガー《コーンスターチから作る砂糖》.

córn sỳrup 图 Ⓤ 《米》コーンシロップ《コーンスターチから作るシロップ》.

cor·nu /kɔ́ːn(j)uː | kɔ́ː-: nju:/ 图 (徳 -nu·a /-n(j)uə | -njə/) 角(つの) 《解》角状突起, 角. **córn·u·al** 形

cor·nu·co·pi·a /kɔ̀ːn(j)uːkóʊpiə | kɔ̀ːnjuːk-/ 图 ❶ [the ~] 《ギ神》豊饒(ほうじょう)の角《幼時の Zeus 神に授乳したと伝えられるやぎの角; しばしば角の中に花・果物・穀類を盛った形で描かれ, 物の豊かな象徴》. ❷ [a ~] 宝庫, 豊富: a ~ of good things to eat たくさんのおいしい食物. ❸ Ⓒ 円錐形の容器. 《L *cornu* 角(つの)+*copia* 豊富》

Corn·wall /kɔ́ːnwɔːl | kɔ́ːn-/ 图 コーンウォール州《イングランド南西端の州, 風光明媚(び)で有名; 州都 Bodmin /bádmɪn | bɔ́d-/; 略 Corn.》.

córn whìskey 图 Ⓤ.Ⓒ 《米》コーンウイスキー《トウモロコシ製のウイスキー; cf. bourbon》.

corn·y /kɔ́ːni | kɔ́ː-/ 形 (**corn·i·er, -i·est**) ❶ 《口》a くしゃれなど古くさい, 陳腐な; いなかくさい: a ~ joke 聞き古したジョーク. b 感傷的な, メロドラマ的な: a ~ love scene in an old movie 昔の映画の感傷的なラブシーン. ❷ 穀物の; 穀物の多い.

co·rol·la /kəróʊlə, -rálə | -rɔ́lə/ 图 《植》花冠.

cor·ol·lar·y /kɔ́ːrəlèri | kərɔ́ləri/ 图 ❶ a (ある命題から)自然[当然]に引き出せる結論; (必然的)結果 [*of*]. b 推論. ❷ 《数》系.

cor·o·man·del /kɔ̀ːrəmǽndl | kɔ̀roʊ-/ 图 = calamander.

co·ro·na /kəróʊnə/ 图 (徳 ~s, -nae /-ni:/) ❶ 《天》コロナ, 光冠《太陽の外方に広がる高温のガス体》. ❷ 《気象》(太陽・月の周りに見える)光環, 暈(かさ). ❸ 《解》冠(歯冠・体冠など). ❹ 《植》(スイセンなどの花冠の中の)副(花)冠. 《L = crown》

coróna díscharge 图 《電》コロナ放電.

Co·ro·na·do /kɔ̀ːrənáːdoʊ, kàr- | kɔ̀rə-/, **Francisco Vásquez** /vá:skerz/ **de** 图 コロナード (1510?-54; スペインの探検家; 米国南西部を探検).

co·ro·na·graph /kəróʊnəgræf | -grà:f/ 图 《天》コロナグラフ《日食時以外のコロナ観測装置》.

cor·o·nal /kɔ́ːrənl | kɔ́ː-/ 图 ❶ 宝冠. ❷ 花冠; 花輪. ── /kəróʊ-/ 形 《天》コロナの.

córonal pláne 图 《解》冠状面《身体を前部と後部に分ける想像上の平面》.

córonal súture 图 《解》冠状縫合.

⁺**cor·o·nar·y** /kɔ́ːrənèri | kɔ́rən(ə)ri/ 形 ❶ 冠状(動脈)の: a ~ artery [vein] 《心臓の》冠状動脈[静脈]. ❷ 心臓の: ~ trouble 心臓病. ── 图 = coronary thrombosis. (= corona)

córonary thrombósis 图 Ⓤ.Ⓒ 《医》冠(状)動脈血栓(症).

⁺**cor·o·na·tion** /kɔ̀ːrənéɪʃən | kɔ̀r-/ 图 戴冠[即位]式; 戴冠.

coronátion chícken 图 Ⓤ コロネーションチキン《アプリコットとカレー粉で味付けしたソースに入れて出される冷製の鶏肉料理》.

coròna·vírus 图 《医》コロナウイルス《呼吸器感染症を起こすウイルスの形をしたウイルス》.

⁺**cor·o·ner** /kɔ́ːrənə | kɔ́rənə/ 图 《法》(変死者などの)検死[検視]官《役人》: a ~'s court 検死法廷 / a ~'s inquest 検死 / a ~'s jury 検死陪審.

⁺**cor·o·net** /kɔ́ːrənét | kɔ́rənɪt/ 图 ❶ (王子・貴族などの)宝冠, 小冠《王・王妃の冠 (crown) より小さい》. ❷ (女性の)小冠状頭飾り《宝石や花をつける》. 《CORONA+-ET》

co·ro·no·graph /kəróʊnəgræf | -grà:f/ 图 = coronagraph.

cór·o·noid pròcess /kɔ́ːrənɔɪd- | kɔ́r-/ 图 《解》烏口(うこう)突起, (尺骨の)鉤状突起, (下顎骨の)筋突起.

⁺**corp., Corp.** (略) corporal; corporation.

cor·poc·ra·cy /kɔːpákrəsi | kɔːpɔ́k-/ 图 Ⓤ 企業官僚主義[体制].

cor·po·ra 图 corpus の複数形.

cor·po·ral¹ /kɔ́ːp(ə)rəl | kɔ́ː-/ 形 身体[肉体]の: the ~ pleasures 肉体的快楽 / ~ punishment 体刑, 体罰《はむちで打つ刑》. ~·ly /-rəli/ 副 肉体的に, 身体上. 《L *corpus*, *corpor-* 体の》《類義語》 bodily.

⁺**cor·po·ral**² /kɔ́ːp(ə)rəl | kɔ́ː-/ 图 《軍》伍長(ごちょう) 《最下位の下士官》. 《F < It *capo* 頭 < L *caput*; cf. cap》

cor·po·ral³ /kɔ́ːp(ə)rəl | kɔ́ː-/ 图 《キ教》聖餐布; 聖体布.

⁺**cor·po·rate** /kɔ́ːp(ə)rət | kɔ́ː-/ 形 Ⓐ 法人(組織)の; 企業[会社]の: in one's ~ capacity 法人の資格において / ~ right(s) 法人権 / a ~ image 企業イメージ / a ~

name 法人名, 会社名 / ~ law 会社法. ❷ 団体の; 集合的な, 共同の: ~ action 共同行為 / ~ responsibility 共同責任. ‖ **~·ly** 副 法人として, 法人の資格で. 【L=形づくる《CORPUS, corpor- 体; 名 corporation】

córporate ráider 名 企業乗っ取り屋.
córporate státe 名 (非人間的な) 法人型国家.
córporate·wéar 名 ⓤ 会社用の服[スーツ].
*¶**cor·po·ra·tion** /kɔ̀ːrpəréɪʃən | kɔ̀ː-/ 名 ❶ 【法】 法人; (法人格をもつ) 企業, 会社, 株式会社, 団体: a private ~ 私法人 / a religious ~ 宗教法人 / a joint-stock ~ 株式会社 / a trading ~ 商事会社, 貿易商社 / ⇒ public corporation. ❷ **a** 地方公共団体, 地方自治体. **b** [しばしば C-] (英) 都市自治体; 市議会: the C~ of the City of London ロンドン市(旧市内)自治体. ❸ 《古風》太鼓腹. 【類義語】⇒ company.
corporation láw 名 ⓤ (米) 会社法 ((英) company law).
corporation táx 名 ⓤ 法人税.
cor·po·rat·ism /kɔ́ːrpər(ə)rətɪzm/ 名 ⓤ 【政·経】 協調組合主義. **cór·po·rat·ist** 形 名
cor·po·ra·tive /kɔ́ːrpəreɪtɪv, -p(ə)rə- | kɔ́ː-/ 形 ❶ 法人の, 団体の. ❷ 【政·経】 協調組合主義の.
cor·po·ra·tiv·ism /kɔ́ːrpərətɪvɪzm, -p(ə)rə- | kɔ́ː-/ 名 = corporatism.
cor·po·ra·tize /kɔ́ːrp(ə)rətaɪz | kɔ́ː-/ 動 他 (大) 企業化する; 法人組織にする.
cor·po·re·al /kɔːrpɔ́ːriəl | kɔː-/ 形 ❶ **a** (精神的に対して) 身体の, 肉体の: ~ needs 肉体的必要物 (飲食物など). **b** 物質的な, 形而下の. ❷ 【法】 有形の: ~ property [movables] 有形財産 [動産] / ~ capital 有形資本. ‖ **~·ly** 副 《CORPORAL¹ と二重語》【類義語】⇒ bodily.
cor·po·re·al·i·ty /kɔːrpɔ̀ːriǽləti/ 名 ⓤ 有形, 有体; 肉体, 物体.
cor·po·re·i·ty /kɔ̀ːrpəríːəti, -réɪ- | kɔ̀ː-/ 名 ⓤ 形体のあること, 形体的存在; 物質性.
cor·po·sant /kɔ́ːrpəsænt, -zænt | kɔ́ː-/ 名 = Saint Elmo's fire.
*¶**corps** /kɔːr | kɔː/ 名 《ⓒ ~z/) ❶ 【軍】 軍団, 兵団 (⇒ army 2); ...隊[部]: the Army Ordnance C~ 陸軍兵器部 / the US Marine C~ 米海兵隊 / the Army Service C~ 陸軍戦務部隊 / a flying ~ 航空隊. ❷ (同一の活動・仕事をする人々の) 集団, 団体, 団: ⇒ DIPLOMATIC corps. 【F<L CORPUS 体】
corps de ballet /kɔ̀ːrdəbælér | kɔ̀ːdəbǽleɪ/ 名 ⓒ (~/ /kɔ́ːrz- | kɔ́ːz-/) [単数または複数扱い] 《バレエ》コールドバレエ (ソリストを除いた舞踊団員). 【F】
*¶**corpse** /kɔːrps | kɔːps/ 名 (特に人間の) 死体, 死骸(だが) (body). 【F<L CORPUS 体】
córpse càndle 名 ❶ 人だま (人の死の予兆とされる). ❷ 死体の横に置くろうそく.
corps·man /kɔ́ːr(z)mən | kɔ́ː(z)-/ 名 (ⓒ -men /-mən/) (米陸軍) 衛生兵; (米海軍) 衛生下士官.
cor·pu·lence /kɔ́ːrpjuləns/ 名 ⓤ 肥満.
cór·pu·len·cy /-lənsi/ 名 = corpulence.
cor·pu·lent /kɔ́ːrpjulənt | kɔ́ː-/ 形 太った, 肥満した (★ fat の婉曲語).
cor pul·mo·na·le /kɔ̀ːrpùlməníːli | kɔ̀ː-pʌlmənɑ́ːli/ 名 ⓤ 肺性心 (肺疾患に伴う心臓障害).
⁺**cor·pus** /kɔ́ːrpəs /kɔ́ː-/ 名 (ⓒ **cor·po·ra** /kɔ́ːrpərə | kɔ́ː-/) ❶ **a** (文書などの) 集成, 集積, 全集. **b** (資料の) 総体, 集成資料. ❷ (人・動物の) 死体, 本体. ❸ **a** 本体, 中身. **b** 【解】 (身体・内臓の) 主要部分; 体. 【L=体, 総体; cf. corporate, corps, corpse】
córpus cal·ló·sum /-kəlóʊsəm/ 名 (ⓒ **córpora cal·ló·sa** /-sə/) 【解】 脳梁.
córpus ca·ver·nó·sum /-kæ̀vərnóʊsəm/ /-rə-/ 名 (ⓒ **córpora ca·ver·nó·sa**) 【解】 (陰茎·陰核の) 海綿体.
Córpus Chrís·ti (Dày) /-krísti-/ 名 キリスト聖体節 (《Trinity Sunday の後の木曜日》).
cor·pus·cle /kɔ́ːrpʌsl | kɔ́ː-/ 名 【生理】 小体, 血球: red

399   **correctly**

[white] ~s 赤[白]血球. **cor·pus·cu·lar** /kɔːrpʌ́skjulə | kɔːpʌ́skjulə/ 形 【L<corpus 体+-CLE】
córpus de·líc·ti /-dɪlíktaɪ/ 名 (ⓒ **córpora delícti**) 【法】 罪体 (犯罪の実質的事実). 【L】
córpus lú·te·um /-lúːtiəm/ 名 (ⓒ **córpora lú·te·a** /-tiə/) 【生理】 (卵巣の) 黄体.
córpus spon·gi·ó·sum /-spʌndʒióʊsəm/ 名 【解】 海綿体.
córpus stri·á·tum /-straɪéɪtəm/ 名 (ⓒ **córpora stri·á·ta** /-straɪéɪtə/) 【解】 (脳の) 線条体.
corr. (略) correct(ed); correction; correlative; correspond(ence); correspondent; corresponding; corrupt(ion).
cor·ral /kərǽl | -rɑ́ːl/ (米) 動 他 (**cor·ralled**, **-raled**; **cor·ral·ling**, **-ral·ing**) ❶ 〈家畜を〉囲い[おり]に入れる. ❷ 〈人·ものを〉集める; 〈人を〉(集めて)頼る; 〈人を〉(目的のために)かき集める, 招集する. ❸ 〈馬車を円陣に並べる. — 名 ❶ (家畜用)さく囲い. ❷ (昔, 野営の際防御のためにつくった馬車の) 円陣, 車陣. 【Sp】
*¶**cor·rect** /kərékt/ 形 (**more ~**; **most ~**) ❶ 正しい, 間違いのない, 正確な (↔ incorrect): a ~ judgment 正しい判断 / a ~ view 正当な見解 / It was on the 7th of last month, if my memory is ~. 確か先月の 7 日でした / You're quite ~ in thinking so. そうお考えになるのはまったく正しい (そのお考えは間違っていません). ❷ 礼儀にかなった; 品行方正な (proper): do [say] the ~ thing 当を得たことをする[言う] / It's not ~ to wear brown shoes with a morning coat. モーニングを着て茶色の靴をはくのは礼儀にかなっていない. — 動 他 ❶ 〈誤りを〉訂正する, 直す (rectify); 〈...の〉誤りを指摘する, 添削する; 〈...を〉校正する: C~ errors, if any. 誤りがあれば正せ / ~ an examination paper 答案を添削する / C~ me if I am wrong, but I believe she was a classmate of yours. 間違っていたらごめんなさいですが, 彼女はあなたの級友だったでしょう. ❷ **a** 〈問題などを〉是正[修正]する; 〈障害·欠陥など〉を治療する, 矯正する: ~ discriminatory practices 差別的な慣行を是正する / ~ a speech disorder 言語障害を治療[矯正]する. **b** 〈計算·観測·器械を〉修正する. ❸ 《古風》〈子供などを〉(矯正しようとして)〈...のことで〉しかる [for]. — 動 ❶ 〈...を〉計算に入れて [調整]する, 計算[測定値など]を修正する [for]. **stánd corrécted** 訂正を承認する: I stand ~ed. いかにも私が間違っていました. ‖ **~·ness** 名 ⓤ =まっすぐにする《COR-+regere, rect- 規定する, 正しく導く; cf. region》 《corrections》 【類義語】 **correct** 規準に合って間違いのない, または一般的に認められた慣習に合った; 一般的な語. **accurate** 注意を払って事実や真理に忠実に合致させた. **exact** 事実·真理や規準に完全に合っている. **precise** 細かな点まで accurate [exact] な; 極端にきちょうめんな意を含む.
cor·rect·a·ble /kəréktəbl/ 形 修正可能.
cor·rect·i·ble /kəréktəbl/ 形 = correctable.
*¶**cor·rec·tion** /kərékʃən/ 名 ❶ ⓒⓤ 訂正(すること), 修正, 補正; 正誤, 校正: make ~s in a cost estimate 費用見積もり(額)の修正をする. ❷ ⓒⓤ 《数·理·光》補正, 修正. ❸ ⓒⓤ 《商》(株式市場の) 反落. ❹ ⓤ 《古風》 懲らしめ, 罰. **ùnder corréction** 誤っていたら直してもらうことにして. 【F<L】 動 correct)
cor·rec·tion·al /kərékʃ(ə)nəl/ 形 矯正の, 懲らしめの.
corréctional facílity 名 (米) [時に戯言的に] 矯正施設, 刑務所.
corréction flúid 名 ⓤ 修正液.
cor·rec·ti·tude /kəréktətjùːd | -tjùːd/ 名 ⓤ (品行·作法などの) 方正, 適正.
⁺**cor·rec·tive** /kəréktɪv/ 形 矯正の (remedial); 調整的な. — 名 矯正物[策]; 調整策.
⁺**cor·rect·ly** /kəréktli/ 副 (**more ~**; **most ~**) 正確に, 正しく; 礼儀にかなって; [文頭修飾] 正確には: I have trouble using chopsticks ~. 私はなかなかはしが正しく使えない / C~ (speaking), the gorilla is not a monkey, but an ape. 正確に言えばゴリラはサルではなく類

人猿である.

cor·réc·tor /-tə | -tə/ 名 ❶ **a** 訂正者; 校正者. **b** 訂正用装置[プログラム]《スペルチェッカーなど》. ❷ 矯正者, 罰する人.

cor·re·late /kɔ́ːrəlèɪt | kɔ́r-/ 動 ❶ 互いに関係がある[関連する] 〔*with, to*〕: Form and meaning ~ *to* each other. 形態と意味は互いに関連している. — ⑪ ❶ 〈…を…と〉(相互に)関連させる, 連動させる〔*with, to*〕: Salaries are ~d *with* the number of years of formal education. 給料は正規の教育を受けた年数と関連している. ❷ 〈…を…と〉互いに関係づける.
— 名 /-lət, -lèɪt/ 相互関係のあるもの, 相関物. 《COR-+ RELATE》 名 correlation, 形 correlative》

cor·re·la·tion /kɔ̀ːrəléɪʃən | kɔ̀r-/ 名 ⓒⓊ 相関させること; 相関(関係), 相互関係〔*with, between*〕: show a ~ *between* smoking and lung cancer 喫煙と肺がんの相関関係を示す.

correlátion coefficìent 名 相関係数.

cor·rel·a·tive /kərélətɪv/ 名 ❶ 相関物. ❷ 相関語. — 形 相関的な, 相関関係のある: ~ conjunctions 《文法》相関接続詞《both…and; either…or など》 / ~ terms 《論》相関名辞《『親』と『子』など》 / ~ words 《文法》相関語《either と or, the former と the latter など》. ~·ly 副

cor·rel·a·tiv·i·ty /kərèlətívəṭi/ 名 Ⓤ 相関性, 相関関係.

*__cor·re·spond__ /kɔ̀ːrəspɑ́nd | kɔ̀rəspɔ́nd/ 動 ❶ ~ 致する, 符合する: His words and actions do not ~. 彼の言行は一致しない / The result of his experiment ~ed *with* mine. 彼の実験結果は私のと一致した / The goods do not ~ *to* the samples you sent me. 品物は送っていただいた見本と同じでない. ❷ 〈…に〉相当する, 該当する, 対応する: The broad lines on this map ~ *to* roads. この地図の太い線は道路を示すものである. ❸ 文通する: I am ~*ing with* him about that. そのことで彼と文信をしている. 《F<L<COR-+*respondere* to RESPOND》

*__cor·re·spon·dence__ /kɔ̀ːrəspɑ́ndəns | kɔ̀rəspɔ́n-/ 名 ❶ **a** Ⓤ [また a ~] 文通, (手紙による)通信: be in ~ *with* …と文通している; …と取引関係がある / enter into ~ *with* …と文通を始める / keep up a regular ~ (欠かさず)文通を続ける. **b** Ⓤ 書信(往信·来信のいずれも含む); 《新聞·雑誌の記者からの》通信文, ニュース, 記事: personal ~ 私信. ❷ ⓒⓊ 一致, 調和 〔*to, with, between*〕: There's no [a] ~ *between* the two. 二者間には一致がない[ある]. ❸ ⓒⓊ 相応, 対応, 該当: the ~ of a bird's wing *to* a human arm 鳥の翼と人の腕の対応関係. (動 correspond)

correspóndence còlumn 名 《英》(新聞·雑誌の)読者通信欄.

correspóndence còurse 名 通信講座[教育]: take a ~ in …の通信教育を受ける.

correspóndence prìnciple 名 《理》対応原理《量子数の大きい極限では量子論と古典論とは一致するというもの》.

correspóndence schòol 名 ⓒⓊ 通信教育学校; (大学の)通信教育部.

correspóndence thèory 名 《哲》(真理の)対応説《事態とそれについての命題の対応が知覚または経験を通じて確認されるときその命題を真とみなすこと》.

*__cor·re·spon·dent__ /kɔ̀ːrəspɑ́ndənt | kɔ̀rəspɔ́n-⁻/ 名 ❶ (新聞·放送などの)通信員, 特派員, 担当記者(reporter): a foreign ~ 海外通信員 / a political ~ 政治担当記者 / a royal ~ 《英》王室担当記者. ❷ **a** 通信者, 手紙を書く人: a good [bad, poor] ~ 筆まめな[筆不精な]人. **b** (新聞などの読者欄への)投書家[者]. — 形 対応する; 一致する〔*to, with*〕. ~·ly 副 《CORRESPOND +-ENT》

†**cor·re·spon·ding** /kɔ̀ːrəspɑ́ndɪŋ | kɔ̀rəspɔ́n-⁻/ 形 ❶ 一致する, 対応する: the ~ period of last year 昨年の同期. ❷ 通信(関係)の: a ~ secretary 《市民団体などの》通信係 / a ~ member (of an academic society) (学会の)通信会員. ~·ly 副 相応して, 相当するように, それ相応に, 同様に.

*__cor·ri·da__ /kɔːríːdə/ 名 闘牛 (bullfight).

*__cor·ri·dor__ /kɔ́ːrədə | kɔ́rɪdɔ̀ː/ 名 ❶ (長い)廊下, 通廊《両側に部屋や出入口がある》: walk down [along] a ~ 廊下を歩く. ❷ 回廊地帯《内陸国などが他国内を通って海港などに達する細長い地域》. ❸ =air corridor. **córridors of pówer** [the ~] 権力の回廊《政治で陰の力が行使される所で, 政界の高官たちをいう》. 《F<It *currere* 走る<L *currere* cf. current》

córridor tràin 名 《英》通廊列車《片側に通路があり, 横にコンパートメント(compartment)がある; cf. vestibule 2, vestibule train》.

cor·rie /kɔ́ːri, kɑ́ri | kɔ́ri/ 名 《地》=cirque.

cor·ri·gen·dum /kɔ̀ːrədʒéndəm | kɔ̀r-/ 名 ($(pl.$) **cor·ri·gen·da** /-də/) ❶ (書物などの)訂正すべき個所, 誤植. ❷ [複数形で] 正誤表. 《L》

cor·ri·gi·ble /kɔ́ːrɪʤəbl | kɔ́r-/ 形 ❶ 訂正できる. ❷ 〈人の〉矯正できる, 矯正しやすい.

†**cor·rob·o·rate** /kərɑ́bərèɪt | -rɔ́b-/ 動 ⑪ 〈所信·陳述などを〉強める, 確証する: There's nothing to ~ your story. 君の話を裏づけるものは何ひとつない. 《L=堅固にする》 《名 corroboration, 形 corroborative》

cor·rob·o·ra·tion /kərɑ̀bəréɪʃən | -rɔ̀b-/ 名 Ⓤ ❶ 確実にすること; 確証: in ~ of …を確証するために. ❷ 確証のための情報, 補強証拠.

cor·rob·o·ra·tive /kərɑ́bərèɪṭɪv, -b(ə)rəṭ- | -rɔ́b-/ 形 《証拠·証言·新事実など》(所信·陳述などを)確証する, 裏づける: ~ evidence 裏づけとなる(ような)証拠. ~·ly 副

cor·rob·o·rà·tor /-rèɪṭə | -tə/ 名 確証[確認]者[物].

cor·rób·o·ra·tò·ry /-b(ə)rətɔ̀ːri | -təri, -tri/ 形 =corroborative.

cor·rob·o·ree /kərɑ́bəri | -rɔ́b-/ 名 《豪》 ❶ カラバリ《オーストラリア先住民が祝いの時などに行なう歌と踊り》. ❷ 《口》大騒ぎのパーティー, お祭り騒ぎの会.

cor·rode /kəróʊd/ 動 ⑪ ❶ 〈金属などを〉腐食させる: Sea water has ~d the anchor chain. 海水で錨鎖(びょうさ)が腐食している. ❷ むしばむ, 弱める, 悪くする: Failure ~d his self-confidence. 彼は失敗して次第に自信をなくした. — ⑪ ❶ 腐食する, さびつく. ❷ 〈人·心などが〉むしばまれる. 《L<COR-+*rodere* かじる; cf. rodent》 (名 corrosion, 形 corrosive)

†**cor·ro·sion** /kəróʊʒən/ 名 Ⓤ 腐食(作用): cause ~ (of…) (…の)腐食を引き起こす, (…を)腐食させる. 《F<L》 (動 corrode)

cor·ro·sive /kəróʊsɪv/ 形 ❶ 腐食性の: ~ sublimate 《化》昇汞(しょうこう). ❷ (精神的に)むしばむ: Poverty can have a ~ influence on the human spirit. 貧しさは人間の精神をむしばむ(力をもつ)ことがある. ❸ 〈言葉など〉痛烈な, しんらつな: She has a ~ tongue. 彼女はしんらつな口をきく. — 名 ❶ Ⓒ 腐食させるもの. ❷ ⓒⓊ 腐食剤. ~·ly 副 ~·ness 名

cor·ru·gate /kɔ́ːrəgèɪt | kɔ́r-/ 動 ⑪ ❶ 〈金属に〉波形をつける (⇒ corrugated). ❷ 〈額などに〉しわを寄せる. — ⑪ しわが寄る.

†**cór·ru·gàt·ed** /-ṭɪd/ 形 波形の, ひだのついた: ~ iron なまこ板 / ~ paper ボール紙(紙).

cor·ru·ga·tion /kɔ̀ːrəgéɪʃən | kɔ̀r-/ 名 ❶ Ⓤ 波形にすること. ❷ Ⓒ (鉄板などの)波形; しわ.

*__cor·rupt__ /kərʌ́pt/ 形 (*more* ~; *most* ~) ❶ (道徳的に)堕落した, 腐敗した, 頽廃(たいはい)した, 不道徳な, 邪悪な: いろいろき, 汚職の: ~ morals 乱れたモラル / a ~ politician 腐敗した政治家 / a ~ press 悪徳新聞(界) / a ~ judge 収賄(しゅうわい)判事 / ~ practices (選挙などの)買収行為. ❷ **a** 《電算》〈ファイルなど〉破損した, 壊れた. **b** 〈テキストなど〉(誤写·改変などで)間違いの多い, そこなわれた: a ~ manuscript 原形のそこなわれた写本. — ⑪ ❶ 〈人·品性などを〉**堕落[腐敗]させる**; 〈人を〉(わいろで)買収する: ~ public morals 公衆道徳を低下させる / They have ~ed our police force. 彼らは我々の警察を買収した. ❷ **a** 〈…を〉だめにする, そこなう; 《電算》〈ファイルなどを〉壊す《★通例受身》. **b** 〈原文を〉改悪する, 変造する.

~·ly 副 **~·ness** 名 〖L=堕落させる, 壊すCOR-+rumpere, rupt- 破る, 壊す; cf. rupture〗(名 corruption)

cor·rúpt·er 腐敗させるもの; 堕落させる人[もの]; (風俗などの)壊乱者; 贈賄[買収]者.

cor·rupt·i·ble /kəráptəbl/ 形 堕落しやすい; わいろのきく (↔incorruptible): a ~ official 買収のきく役人.

*__cor·rup·tion__ /kəráp∫ən/ 名 ❶ Ⓤ 汚職, 不正, 贈賄(ぞうわい), 収賄, 買収: official ~ 役人の汚職. ❷ Ⓤ 堕落, (道徳的)腐敗; 頽廃(たいはい). ❸ a Ⓤ 〖電算〗(ファイルなどの)破損, 破壊. b Ⓒ 〖通例単数形で〗〖言語のなまり, 転訛(てんか)〗〈of〉. ❹ Ⓤ 〖文〗(死体·有機物の)腐食. (動 corrupt)

cor·rup·tive /kəráptɪv/ 形 堕落させる; 堕落しやすい.

corrúp·tor = corrupter.

cór·sac fòx /kɔ́ːsæk-│kɔ́ː-/ 名 〖動〗コサックギツネ (中央アジア産).

cor·sage /kɔːsáːʒ│kɔː-/ 名 ❶ コサージュ (婦人服の腰·肩などにつける花飾り). ❷ (婦人服の)胴部.

cor·sair /kɔ́ːseər│kɔ́ː-/ 名 ❶ (昔, エジプトを除く北アフリカ沿岸に出没した)私掠(しりゃく)船《キリスト教団の船を略奪することを政府から承認されていたトルコ人などの一種のprivateer》. ❷ 海賊; 海賊船.

corse /kɔːs/ 名 〖詩·古〗=corpse.

corse·let /kɔ́ːslət│kɔ́ː-/ 名 ❶ 胴鎧(どうよろい). ❷ =corselette.

corse·lette /kɔ̀əsəlét│kɔ̀ːs-/ 名 コースレット (ブラジャーとコルセットを合わせた女性用下着).

cor·set /kɔ́ːsɪt│kɔ́ː-/ 名 コルセット (体型を整えるため胴などの部分を締める女性用下着, または整形外科用のもの).

cór·set·ed /-tɪd/ 形 〖F<cors 体+-ET〗

cor·se·tiere /kɔ̀əsətíər│kɔ̀ːsɪtíə/ 名 コルセット職人[着付人, 販売業者] (通例女性).

Cor·si·ca /kɔ́əsɪkə│kɔ́ː-/ 名 コルシカ島 (地中海のフランス領の島; ナポレオン 1 世の生地).

Cor·si·can /kɔ́əsɪkən│kɔ́ː-/ 名 形 コルシカ島の(人).

cor·tège, cor·tege /kɔːtéʒ│kɔːtéɪʒ/ 名 ❶ 葬列. ❷ 随員, 供ぞろい.

Cor·tes /kɔ́ətɪz│kɔ́ːtez/ 名 (複 ~) [the ~] (スペインの, またはかつてのポルトガルの)国会, 議会, コルテス.

Cor·tés /kɔətéz│kɔː-/, **Her·nán** /eənáːn│eə-/ [**Her·nan·do** /eəná:ndou│eə-/] コルテス (1485-1547; スペインの軍人; メキシコのアステカ帝国を滅ぼした).

+**cor·tex** /kɔ́əteks│kɔ́ː-/ 名 (複 **-ti·ces** /-təsɪ:z/, **~·es**) ❶ 〖解〗a 大脳皮質. b 皮質, 外皮. ❷ 〖植〗皮層. 〖L=樹皮〗

Cor·tez /kɔətéz│kɔːtez/ 名 =Cortés.

cor·ti·cal /kɔ́ətɪkl│kɔ́ː-/ 形 皮質の; 皮層の.

cor·ti·cate /kɔ́ətɪkət│kɔ́ː-/, **-cat·ed** /-tɪkèɪtɪd/ 形 皮層[外皮]のある; 樹皮におおわれた. **còr·ti·cá·tion** 名

cor·ti·co- /kɔ́ətɪkou│kɔ́ː-/ 〖連結形〗「皮層」「皮質」

còr·ti·co·stéroid 〖生化〗コルチコステロイド (副腎皮質でつくられるステロイドの総称; 抗炎症薬として用いる).

cor·ti·cos·ter·one /kɔ̀ətɪkoustéərəun│kɔ̀ː-/ 名 Ⓤ 〖生化〗コルチコステロン (グルココルチコイド (glucocorticoid) の一種).

cor·ti·co·tro·pin /kɔ̀ətɪkoutróupɪn│kɔ̀ː-/, **-phin** /-fɪn/ 名 Ⓤ 〖生化〗コルチコトロピン (副腎皮質刺激ホルモン (ACTH) の別称; 慢性関節リウマチ·リウマチ熱の治療に用いられる).

cor·ti·sol /kɔ́ətəsɔ̀ːl│kɔ́ːtəsɔ̀l/ 名 Ⓤ 〖薬〗コルチゾール (hydrocortisone の別称).

cor·ti·sone /kɔ́ətəsòun│kɔ́ː-/ 名 Ⓤ コーチゾン (副腎皮質ホルモンの一種; 関節炎·アレルギーなどの治療剤).

co·run·dum /kərándəm/ 名 Ⓤ 〖鉱〗鋼玉石.

Co·run·na /kəránə/ 名 コランナ (スペイン北西部の市·港町; 1588年無敵艦隊 (Invincible Armada) が出港したところ).

cor·us·cant /kəráskənt/ 形 きらめく, 輝く.

cor·us·cate /kɔ́ːrəskèɪt│kɔ́r-/ 動 自 〖詩·文〗❶ きらめく, ぴかぴか光る. ❷ 〈才気·知性·機知などが〉輝く, 光彩を放つ.

cór·us·càt·ing /-tɪŋ/ 形 〈才気·機知などが〉きらめく: ~ wit きらめく才知. **~·ly** 副

cor·us·ca·tion /kɔ̀ːrəskéɪ∫ən│kɔ̀r-/ 名 Ⓤ 〖詩·文〗
❶ きらめき; 光輝. ❷ 〈才気などの〉きらめき, ひらめき.

cor·vée /kɔːvéɪ│kɔ́ːveɪ/ 名 Ⓤ Ⓒ ❶ 〖史〗(封建諸侯が領民に課した)賦役, 強制労役 ❷ (税金の代わりの)労役, (道路工事などの)勤労奉仕.

corves 名 corf の複数形.

cor·vette /kɔːvét│kɔː-/ 名 〖海〗❶ コルベット艦 (対空対潜装置付きの輸送船護送用小型快速艦). ❷ (昔の)コルベット艦 (平甲板·一段砲装の木造帆装戦艦).

cor·vid /kɔ́əvɪd│kɔ́ː-/ 名 〖鳥〗カラス科の鳥; カラス.

cor·vine /kɔ́əvaɪn│kɔ́ː-/ 形 カラスの(ような).

Cor·y·bant /kɔ́ːrəbænt│kɔ́r-/ 名 (複 **~s, -ban·tes** /kɔ̀ːrəbǽntɪːz│kɔ̀r-/) ❶ 〖ギ神〗a コリュバス (女神 Cybele の従者). b コリュバス僧 (Cybele に仕える神官で, 騒々しい酒宴と乱舞で儀式を行なった). ❷ [c~] 飲み騒ぐ人. **còr·y·ban·tic** /kɔ̀ːrəbǽntɪk│kɔ̀r-/ 形 コリュバス僧のような; 狂騒的な.

cor·ymb /kɔ́ːrɪm(b)│kɔ́r-/ 名 (複 **~s** /-mz/) 〖植〗散房花序. **co·rym·bose** /kərímbous/ 形

còr·y·ne·bactérium /kɔ̀ːrəni-│kɔ̀r-/ 名 〖菌〗コリネバクテリア (ジフテリア菌など).

cor·y·phée /kɔ̀ːrəféɪ│kɔ̀r-/ 名 〖バレエ〗コリュフェイ (ソロダンサーとコール·ド·バレエ (corps de ballet) の中間の, 小群舞の主役).

co·ry·za /kəráɪzə/ 名 Ⓤ 〖医〗鼻感冒, 鼻かぜ.

cos[1] /kás│kós/ 名 Ⓒ Ⓤ 〖英〗〖植〗タチチシャ, コスレタス ((米) romaine) (英国で多く栽培されるレタスの一変種). 〖エーゲ海にある島の名から〗

*__cos__[2], __'cos__ /(弱形) kəz, kəs; (強形) kɔ́ːz│kɔ́z/ 接 〖口〗=because.

cos /kás│kós/ 名 〖数〗cosine.

Co·sa Nos·tra /kóuzənóustrə/ 名 コーザ·ノストラ (マフィア型の米国の秘密犯罪組織).

cosec /kóusek/ 〖略〗〖数〗cosecant.

co·se·cant /kòusíːkənt│-kæ-/ 名 〖数〗コセカント, 余割 (略 cosec).

có·sèt 名 〖数〗剰余類.

cosh /káʃ│kóʃ/ 名 〖英口〗=blackjack 2. ― 動 ⦁ 棍棒で打つ.

cosh·er /káʃə│kóʃə/ 動 ⦁ 〖米〗〈人を〉溺愛(できあい)する, 甘やかす.

COSHH 〖略〗〖英〗control of substances hazardous for health (1989年 衛生安全委員会 (Health and Safety Executive) 公式に導入された一連の法令で, 人体への有害物質の貯蔵と使用を管理するためのもの).

có·sìgn 動 ⦁ 連帯保証人として署名する, 連署する.

co·sig·na·to·ry /kòusígnətɔ̀ːri│-təri/ 形 名 連署の: the ~ powers 連署国. ― 名 連署人, 連署者; 連署国. 〖CO-+SIGNATORY〗

có·signer 名 連署者.

co·sine /kóusaɪn/ 名 〖数〗コサイン, 余弦 (略 cos).

cós léttuce /kás-│kós-/ =cos[1].

cos·me·ceu·ti·cal /kàzməsúːtɪk(ə)l│kòzməsjúːti-/ 形 名 薬用化粧品, 美容用薬品.

*__cos·met·ic__ /kazmétɪk│kɔz-/ 名 〖通例複数形で〗化粧品 (makeup). ― 形 ❶ 表面的[皮相的]な, 外面だけの, ぼろ隠しの (superficial): a ~ compromise 表面上の妥協 / make ~ changes in a manuscript 原稿の(大意を変えないで)文章[字面(じづら)]を整える. ❷ Ⓐ 化粧用の, 美顔[髪]用の: ~ surgery 美容整形外科. 〖F<Gk=秩序だった, 整ったくCOSMOS 秩序〗

cos·me·ti·cian /kàzmətíʃən│kòz-/ 名 ❶ 美容師, メーキャップの専門家. ❷ 化粧品製造[販売]業者.

cos·me·tol·o·gy /kàzmətáləʤi│kòzmətɔ́l-/ 名 Ⓤ 美容術.

+__cos·mic__ /kázmɪk│kóz-/ 形 ❶ 宇宙の. ❷ 広大無辺な. **cós·mi·cal·ly** /-kəli/ 副 (名 cosmos)

cós·mi·cal /-k(ə)l/ 形 =cosmic.

cósmic dúst 名 ⓤ 【天】宇宙塵(じん).
cósmic radiátion 名 ⓤ 【理】宇宙(放射)線.
cósmic ráy 名 [通例複数形で] 【天】宇宙線.
cósmic stríng 名 宇宙ひも, コスミックストリング《宇宙の他の部分とは空間の性質を異にする膨大な長さと質量をもつ線状の構造; 宇宙の初期に形成される》.
cos·mo- /連結形/「世界」「宇宙」.《COSMOS》
cos·mo·gen·e·sis 名 宇宙の生成. **còs·mo·ge·nét·ic** 形
cos·mog·o·ny /kɑzmɑ́gəni | kɔzmɔ́g-/ 名 ❶ ⓤ 宇宙[天地]の発生[創造]. ❷ ⓒ 宇宙発生説, 宇宙進化論.
cos·mog·ra·phy /kɑzmɑ́grəfi | kɔzmɔ́g-/ 名 ❶ ⓤ 宇宙地理学. ❷ ⓒ 宇宙構造論.
cosmológical cónstant /kɑ̀zmǝlɑ́dʒɪk(ə)l- | kɔ̀z-/ 名 【天】(アインシュタイン方程式の)宇宙定数.
cos·mol·o·gy /kɑzmɑ́lədʒi | kɔzmɔ́l-/ 名 ❶ ⓤ 宇宙論《宇宙の起源・構造を研究する天文学の一部門》. ❷ ⓒ 【哲】宇宙論《宇宙の特性を論ずる科学・哲学》. 《COSMO-+-LOGY》
cos·mo·naut /kɑ́zmənɔ̀ːt | kɔ́z-/ 名 (特に旧ソ連の)宇宙飛行士 《比較》 《米》 では astronaut.
cos·mop·o·lis /kɑzmɑ́pəlɪs | kɔzmɔ́p-/ 名 国際都市, コスモポリス. 《COSMO-+Gk *polis* 都市》
cos·mo·pol·i·tan /kɑ̀zməpɑ́lətən, -tn̩ | kɔ̀zməpɔ́l-/ 形 ❶ 世界各地の人々からなる, 全世界的, 国際的な: a ~ city 国際都市. ❷ 世界的視野をもつ, 世界主義の, コスモポリタンの: a ~ outlook 世界主義的見解. ❸ 【生】全世界に分布している. ── 名 世界人, 国際人, コスモポリタン. 《Gk=世界の市民 < COSMO-+*politēs* 市民(cf. politics)》
còs·mo·pól·i·tan·ism /-tənɪ̀zm/ 名 ⓤ 世界主義, 四海同胞主義.
cos·mo·pol·i·tan·ize /-tənaɪz/ 動 他 世界(主義)化する.
cos·mop·o·lite /kɑzmɑ́pəlàɪt | kɔzmɔ́p-/ 名 =cosmopolitan.
*__cos·mos__ /kɑ́zmǝs | kɔ́zmɔs/ 名 (働 ~, ~·es) ❶ [the ~]《秩序と調和の表われとしての》宇宙 (↔ chaos). ❷ ⓒ 【植】コスモス. 《Gk=秩序, 宇宙, 世界》
co·spon·sor /kouspɑ́nsǝ | -spɔ́nsǝ/ 名 共同スポンサー. ── 動 他 〈…の〉共同スポンサーになる.
Cos·sack /kɑ́sæk | kɔ́s-/ 名 ❶ [the ~s] コサック《黒海の北方ステップ地方のトルコ系農耕民; 乗馬術に長じ, 帝政ロシアでは軽騎兵として活躍》. ❷ コサックの人; (昔の)コサック軽騎兵.
cos·set /kɑ́sɪt | kɔ́s-/ 動 他 〈人を〉かわいがる; 甘やかす (pamper). ── 名 手飼いの子羊, ペット.
*__cost__ /kɔːst | kɔst/ 名 ❶ a ⓒⓤ 費用, 経費, コスト; 代金, 代価; [複数形で] 総費用, 合計費: at a ~ of $500 500 ドルの費用で / shipping ~s (荷物などの)輸送費, 送料 / the total ~ of car ownership [a purchase] 自動車を所有することでかかる総経費[購入総額(送料なども含む)] / cover the ~ of tuition 授業料をまかなう / increase the ~ of…にかかる費用を増加させる / labor [production] ~s 人件[製作, 製造]費 / lower [cut, reduce] ~s コストを下げる[経費を削減する] / ~ and freight 【商】運賃込み値段《略 CAF, c & f》 / ~, insurance and freight 【商】保険料運賃込み値段《略 CIF》. **b** [複数形で] 【法】訴訟費用. ❷ ⓤ [通例 the ~] 〈人命・時間・労力などの〉犠牲, 損失: The ~ of the flood *in* lives and property was great. 洪水の人命と財物における損失は大きかった. **at áll cósts=at ány cóst** どんなに費用をかけても; 万難を排して, ぜひとも: We must keep our word *at all ~s*. 何としてでも約束を破ってはならない. **at cóst** 原価で, 仕入れ値段で: sell *at* ~ 原価で売る. **at the cóst of…** (1) …を犠牲にして: *at the ~ of* one's health 健康を犠牲にして / Madame Curie carried through her researches *at the ~ of* her own life. キューリー夫人はわが身を犠牲にして研究を最後までやり通した. (2) …という代価を払って: *at the ~ of* losing one's life 命を失うという代価を払って. **cóst of líving** [the ~] 《一人の人間が標準的な生活をするのに必要な》生活費: a rise in the ~ of living 生計費の上昇. **cóunt the cóst** 事前に状況を十分に考え合わせる, 先の見通しをつける: You should have *counted the ~* before you decided. 君は決定する前に諸事情を勘案しておくべきだった. **to one's cóst** (1) 損をして, 迷惑をこうむって: I know it *to my ~*. それにはこりごりだ / He ferreted out the secret *to his ~*. 彼はその秘密を探り出してひどい目にあった. (2) 苦い経験から.
── 動 (cost; ⓗ 4 では cost·ed) ❶ 〈物・事が〉〈…の〉金額がかかる, 〈値段[値段]が〉〈…〉する; 〈物・事が〉〈人に〉〈…を〉費やさせる《★受身不可》: This book ~s ten dollars. この本は 10 ドルだ / What [How much] does it ~ to spend a month in France? フランスで 1 か月過ごすのにどれくらい(費用)がかかりますか / [~+目+目] This hat ~ me $10. この帽子は 10 ドルした / It ~ him £200,000 to build the house. 彼がその家を建てるのに 20 万ポンドかかった. ❷ 〈物・事が〉〈時間・労働力などを〉要する, いる, 〈人に〉費やさせる; 〈人に〉貴重なものを〉犠牲にさせる, 失わせる《★受身不可》: [~+目+目] The project ~ me long hours at the computer. その(研究)課題をやるために, 私はコンピューターに長時間向かう必要があった / That mistake ~ him dearly. その間違いは彼に高いものについた《その間違いのため彼はひどい目にあった》 / [~+目+目] The accident almost ~ him his life. その事故のために彼はもう少しで命を落とすところだった / Your refusal to testify will ~ you a month in jail. あなたが証言を拒めば 1 か月の禁固に処せられることになる. ❸ 〈口〉〈人に〉費用が高くかかる[つく]: It'll ~ you to go by plane. 飛行機で行くのではずいぶんかかるでしょう. ❹ 〈商〉〈物品・事業などの〉生産費[費用]を見積もる: They ~ed construction at $ 50,000. 彼らはその工事費を 5 万ドルと見積もった.
── 自 〈口〉費用がかかる: This ~s a lot. これはうんと金がかかった. **cóst an árm and a lég** たいへんな金がかかる. **cóst óut** (動+副) 〈ものの〉経費の見積もりを出す.
〖F<L *constare* (金額が)かかる, しっかり立つ, 耐えるく CON-+*stare* 立つ; cf. stay, constant〗【類義語】⇒ price.
cos·ta /kɑ́stə/ 名 (働 -tae /-tiː, -taɪ/) ❶ 【解】肋骨 (rib). ❷ 【植】 (葉の)中肋, 主脈. ❸ 【昆】(羽の)前縁脈. **cós·tal** 形
cóst accóuntant 名 原価計算係.
cóst accóunting 名 ⓤ 【会計】原価計算.
*__co-star__ /kóʊstɑ̀ː | kóʊstɑ̀-/ 名 ⓒⓤ (主役の)共演者. ── 動 (co-starred; co-star·ring) 自 (主役として)共演する: He *co-starred* with Dustin Hoffman in that movie. 彼はその映画でダスティン ホフマンと共演した. ── 他 (主役として)共演させる: a movie that ~s two famous actresses 有名女優二人が共演する映画.
cos·tard /kɑ́stǝd | kɔ́stəd/ 名 ❶ [しばしば C~] コスタード《大きい卵形の英国種の食用リンゴ》. ❷ 《古・戯言》頭, おつむ (head).
Cos·ta Ri·ca /kòʊstəríːkə, kɑ̀s- | kɔ̀s-/ 名 コスタリカ《中米の共和国; 首都 San José /sæ̀nǝzéɪ/》.
Cós·ta Rí·can /-ríːkən^/ 形 コスタリカの. ── 名 コスタリカ人.
cos·tate /kɑ́steɪt, -teɪt/, **-tat·ed** /-teɪtɪd/ 形 【解】肋骨 (costa) のある; 【植】主脈[中肋]のある.
cóst-bénefit 形 費用と便益の: ~ analysis 費用便益分析.
cóst clérk 名 《英》=cost accountant.
cóst-cútter 名 ❶ 安売り[特売]品, 廉価[経済的]な商品. ❷ コストを削減する[人].
cóst-cútting 名 ⓤ 経費[費用, コスト]削減[節減].
*__cóst-efféctive__ 形 費用対効果が高い. **~·ly** 副 **~·ness** 名
cos·ter /kɑ́stǝ | kɔ́stə/ 名 =costermonger.
cóster·mònger 名 《英》(果物・野菜などの)呼び売り商人.
*__cost·ing__ /kɔ́ːstɪŋ | kɔ́st-/ 名 ⓒⓤ 原価計算, 費用見積もり (estimate).

cos·tive /kástɪv | kóst-/ 形 ❶ 便秘(性)の; 便秘している. ❷ けちな, しみったれの. ❸ 鈍い, のろい.

***cost·ly** /kɔ́:s(t)li | kɔ́s(t)-/形 (cost·li·er; -li·est) ❶ a 高価な; 金のかかる (↔ cheap): ~ jewels 高価な宝石 / Cathedrals are ~ to maintain. 大聖堂は維持するのに金がかかる. b ぜいたくな, 豪華な(ろうか). ❷ 犠牲[損失]の大きい: a ~ political move 犠牲の大きい[大きかった]政治的手段. **cóst·li·ness** 名 [COST+-LY²] 【類義語】**costly** 物が豪華な[高い]ものであるために高価である. **expensive** 品物の値うち, または買手の資力に比べて金のかかる. **dear** 通例品質以外の要因で普通以上[法外]に値が高い.

cóst-of-líving índex 名 [しばしば the ~] 生計費指数 (consumer price index の以前の名称).

cóst-plús 形 コストプラス方式の(原価に協定利益を加算し売価を決定する).

cóst príce 名 C,U 仕入れ値段, 原価: at ~ 仕入れ値で, 原価で.

cóst-púsh infrátion 名 U コストインフレ (生産費用の上昇によって物価が上昇すること).

***cos·tume** /kástj(j)u:m | kóstju:m/ 名 ❶ C,U a (演劇などに用いる)衣装, 服装, コスチューム. b (時代・階級・職業・地方などに特有の)服装, 身なり (髪型・装身具なども含める): traditional ~(s) 伝統衣装 / the ~(s) of the Victorian era ビクトリア時代の服装. ❷ C a (英)= swimming costume. b (英古風) 女性用スーツ.〖F<It<L *consuetudo* 習慣; cf. custom〗

cóstume báll 名 仮装舞踏会.

cóstume dráma [pláy] 名 時代衣装で演じる劇.

cóstume jéwelry [(英) jéwellery] 名 U (安い材料で作った)模造宝石類.

cos·tum·er /kást(j)u:mɚ | kɔ́stju:mǝ/ 名 (演劇・映画用の)衣装屋; 衣装方[係].

cos·tum·i·er /kɑstj(j)ú:mièr, -mìǝ | kɒstjú:mjǝ/ 名 = costumer.

***co·sy** /kóuzi/ 名形 (co·si·er; -si·est) (英) = cozy. **có·si·ly** /-zǝli/ 副 **-si·ness** 名

cot¹ /kát | kɔ́t/ 名 ❶ (羊・ハトなどの)小屋, 囲い (cote). ❷ (詩) 粗末な家, 小屋. ❸ (米) 指サック.

⁺cot² /kát | kɔ́t/ 名 ❶ (英) 小児用ベッド ((米) crib). ❷ (米) (キャンプ用の)折りたたみ式簡易ベッド ((英) camp bed).

cot /kát | kɔ́t/ 《略》《数》 cotangent.

co·tan·gent /kòutǽndʒǝnt | kǝu-/ 名 《数》 コタンジェント, 余接 (略 cot).

cót déath 名 U (英) = sudden infant death syndrome.

cote /kóut/ 名 [通例複合語で] (家畜・飼い鳥の)小屋.

Côte d'Ivoire /kòutdí:vwá:ɚ | --vwá:/ 名 コートジボワール《西アフリカの共和国; 1960年独立; 首都 Yamoussoukro》.

co·te·rie /kóutǝri/ 名 ❶ (社交界の)仲間, 連中. ❷ (文芸などの)同人, グループ: a literary ~ 文学同人.

co·ter·mi·nous /kòutɚ́:mǝnǝs | -tǝ́:-/ 形 ❶ 境界線を共にする, 隣接する 〔with, to〕. ❷ <空間・時間・意味など>同一延長の 〔with〕. **~·ly** 副

co·tíd·al 形 《気》 同潮の: a ~ line 同潮[等潮]時線.

co·til·lion /koutíljǝn, kǝ-/ 名 ❶ a コティヨン (活発なフランス起源の社交ダンス). b コティヨンの曲. ❷ (米) (娘たちが社交界に紹介される)正式の舞踏会.

Cots·wold /kátswòuld | kɔ́t-/ 名 ❶ C コッツウォルド種(の羊) 《イングランド Cotswolds 丘陵産の大型長毛種》. ❷ U コッツウォルド(チーズ) 《チャイブ (chive) とタマネギ入りの Double Gloucester チーズ》.

Cots·wolds /kátswouldz | kɔ́ts-/ 名 [the ~] コッツウォールド 《イングランド Gloucestershire 州にある低い連丘で羊の放牧地》.

cot·ta /kátǝ | kɔ́tǝ/ 名 《教》 小[短]白衣, コッタ.

***cot·tage** /kátɪdʒ | kɔ́t-/ 名 ❶ (特にいなかの)小家屋, いなか家, コテージ. ❷ (米) (避暑地の)小別荘. *lóve in a cóttage* 貧しいが楽しい結婚生活.〖F<L〗

cóttage chéese 名 U カッテージチーズ (脱脂乳 (skim milk) から作る白い柔らかいチーズ).

cóttage gárden 名 コテージガーデン(英国の cottage のまわりにみられたような色とりどりの花を植えた素朴な庭).

cóttage hóspital 名 (英・カナダ) (辺地にある)小病院.

cóttage índustry 名 U 家内工業[産業].

cóttage lóaf 名 (英) コテージパン (大小二つのかたまりを重ねて焼いた白パン).

cóttage píe 名 (英) = shepherd's pie.

cóttage púdding 名 C,U コテージプディング (あっさりしたケーキに果物の入った甘いソースをかけたプディング).

cot·tag·er /kátɪdʒɚ | kɔ́tɪdʒǝ/ 名 ❶ cottage に住む人. ❷ = cottier 1. ❸ cottaging をする人.

cot·tag·ing /kátɪdʒɪŋ | kɔ́t-/ 名 (英俗) 同性愛者が公衆便所で相手を捜すこと.

cot·ter¹, -tar /kátɚ | -tǝ/ 名 ❶ 《スコ史》 小屋住み農 (農場小屋に住む日雇い農夫). ❷ 《アイル史》 = cottier.

cot·ter² /kátɚ | kɔ́tǝ/ 名 ❶ 横くさび, コッター. ❷ = cotter pin.

cótter pín 名 割りピン, コッタービン.

cot·ti·er /kátiɚ | kɔ́tiǝ/ 名 ❶ (英) (cottage に住む) 小農. ❷ 《アイル史》 入札小作人. ❸ 《スコ史》 = cotter.

cóttier ténure 名 《アイル史》 入札小作.

***cot·ton** /kátn | kɔ́tn/ 名 ❶ a 綿, 綿花: ~ in the seed 実綿 / raw ~ 原綿, 綿花. b 《植》 ワタ. ❷ a 綿糸, 木綿糸. b 綿布, 綿織物: C~ is best for summer wear. 夏服には綿布が最良だ. c 〈米〉= absorbent cotton. ❸ (植物の)綿毛. —形 A 綿の, 綿糸の; 木綿の, 綿布の: ~ cloth 綿布 / ~ goods 綿製品 / a ~ shirt 木綿の(ワイ)シャツ / ~ yarn 綿糸, カタン糸 / the ~ industry 綿織業 / ⇒ cotton waste. —動 自 (口) ★次の成句で.

cótton ón (自+副) ❶ (に)気づく, [...を]理解する, (...を)了解する, (...に)気がつく: I was a bit slow to ~ *on* (*to* what was going on). (何が起こっているかに)気づくのが少し遅かった. **cótton to** ...~...が好きになる: I don't ~ *to* him at all. あの人はどうしても好きになれない / I ~*ed* (*on*) *to* the idea of going by boat. 船で行くという案に気に入った.〖F<Arab〗

cótton báll 名 小さな球状にした脱脂綿 (顔とか肌の手入れ用).

cótton bátting 名 U 精製綿, コットンバッティング (薄い層にして押し重ねた脱脂綿; 外科・布団綿用).

Cótton Bélt 名 [the ~] コットンベルト (米国南部の綿花栽培地帯).

Cótton Bówl 名 [the ~] 《アメフト》コットンボウル (米国の Dallas にある Cotton Bowl Stadium でシーズン終了後の招待大学チームが行なう六大ボウルの一つ).

cótton búd 名 (英) 綿棒 ((米) cotton swab).

cótton cáke 名 U 綿の実のしめかす (牛の餌).

cótton cándy 名 U (米) 綿菓子, 綿あめ ((英) candy floss).

cótton gín 名 綿繰り機械.

cótton gráss 名 U 《植》 ワタスゲ (カヤツリグサ科).

cótton lávender 名 《植》 ワタスギギク (キク科; 地中海沿岸原産).

cótton míll 名 紡績工場, 綿織工場.

cótton-móuth 名 = water moccasin.

cótton-pícking, cótton-píckin' 形 (米俗) つまらない, いまいましい.

cótton plánt 名 U,C 《植》 ワタ (アオイ科; 亜熱帯主産).

cótton·sèed 名 U,C 綿の種子, 綿の実.

cóttonseed óil 名 U 綿実油.

Cótton Státe 名 [the ~] 米国 Alabama 州の俗称.

cótton swáb 名 (米) 綿棒 ((英) cotton bud).

cótton·tàil 名 《動》 ワタオウサギ (米国産; 尾が白い).

cótton wáste 名 U 綿繊維くず, ウェス (機械類掃除用).

cótton·wòod 名 《植》 ヒロハハコヤナギ (北米産ポプラの一種; 種子に綿毛がある).

⁺cótton wóol 名 ❶ (英) 脱脂綿 ((米) absorbent cotton). ❷ 生綿(きわた), 原綿.

cot·ton·y /kátǝni, -tni- | kɔ́t-/ 形 ❶ 綿のような; ふわふ

わした, 柔らかい. ❷ 綿毛のある[でおおわれた].

cóttony-cúshion scàle 名 [U] [昆] ワタフキカイガラムシ, イセリヤカイガラムシ《特に柑橘類の害虫》.

cot・y・le・don /kὰtəlíːdn | kɔ̀t-/ 名 [植] 子葉《胚の初葉》. **cot・y・le・don・ous** /kὰtəlíːdənəs | kɔ̀t-/ 形

cou・cal /kúːk(ə)l/ 名 [鳥] バンケン《アフリカ・南アジア・豪州産》.

*__couch__¹ /káutʃ/ 名 ❶ **a** 寝いす, カウチ, ソファー（settee, sofa）. **b** (精神科医などが患者を寝かせる)診察用ベッド. ❷ **a**《文》寝床, ふしど: retire to one's ~ 寝所に退く. **b** 休み場《草の上など》. **on the cóuch** 精神分析[治療]を受けて. ── 動 他《返事・意見などを》(...の言い方で)言い表わす (phrase) (★ 通例受身): His reply was ~ed in polite terms. 彼の返事はていねいな言葉で述べられた. ── 自《詩・文》(特に獣が)横たわる, 休む.《F<L collocare おく; cf. collocate》

couch² /káutʃ, kúːtʃ/ 名 =couch grass.

couch・ant /káutʃənt/ 形 [名詞の後に置いて] [紋] (獣が)頭をもたげてうずくまった姿勢の. 《COUCH+-ANT》

cou・chette /kuːʃét/ 名 (ヨーロッパの列車の)寝台車のコンパートメント; その寝台.

cóuch gràss 名 [U] [植] シバムギ《イネ科カモジグサ属の雑草; 英国では畑から抜き収穫期別に燃やす》.

cóuch hòpping 名 [U] 《戯言》いろいろな人のうちを泊まり歩くこと.

cóuch potáto 名 《口》カウチポテト《ソファーにすわり込んでテレビばかり見ている人》.

cou・dé /kuːdéi/ 名, 形 [天]《望遠鏡がクーデ式の》[対物レンズ[対物反射鏡]からの光を反射鏡により極軸に平行にし, 天体の日周運動によって動かない焦点に集め, ここに乾板や分光器を置《ようにした方式の望遠鏡)》; クーデ式の[に関する]. ── 名 クーデ望遠鏡.

cou・gar /kúːgə | -gə/ 名 (複 ~s, ~) [動] ピューマ, クーガー, アメリカライオン (puma, mountain lion)《カナダ南部からパタゴニアにかけて生息するネコ科の動物》.

*__cough__ /kɔ(ː)f | kɔ́f/ 動 自 ❶ せきをする, せき払いする: have [get] a fit of ~ing せき込む. ❷ せきに似た音を出す: The engine ~ed into life. エンジンせき込むような音を立てて始動した. ❸《英口》罪を白状する, 告白する. ── 他《たん・血などを》吐き出す: ~ *up* phlegm せきをしてたんを吐き出す. **cóugh óut**《他+副》乱暴に[ぶっきらぼうに, 吐き捨てるように]言う. **cóugh úp**《口》《金などを》(しぶしぶ)出す[支払う]. ── 名 ❶ [a ~] せき; せき払い; せきの出る病気: give *a* slight ~ 軽いせきをする / have *a* (nagging) ~ (しつこい)せきを病む / get *a* bad ~ ひどくせきの出るかぜにかかる. ❷ せき込むこと; せき(のような)音. [擬音語] [関連語 tussive]

cóugh dròp 名 せき止めドロップ.

cóugh・ing 名 [U] せき(をすること), せきこむこと.

cóugh mìxture 名 《英》せき止めシロップ.

cóugh swèet 名 《英》=cough drop.

cóugh sỳrup 名 せき止めシロップ.

*__could__ /(弱形) kəd; (強形) kúd/ 助動 **can**¹ の過去形《語形否定形: could not, 短縮形 couldn't /kúdnt/》 **A** (直説法[叙実法]で用いて) ❶ 「能力・可能の can の過去形として用いて]（…することが）できた（用法 肯定文の could は B 3 の用法との混同を避けるために, 代わりに was [were] able to, managed to, succeeded in ...ing を用いる; ただし否定文や can, could, be able to, feel, hear などの感覚動詞とともに用いる場合と, 習慣的意味を表わす場合は除く）: I listened closely but ~ not hear a [any] sound. 耳を澄ましたけれども何の音も聞こえなかった / When I lived by the subway station I ~ reach the office in ten minutes. 地下鉄の駅近くに住んでいた時は10分で会社に着くことができた（用法 習慣的でなくたまたまその時（1回だけ）「…できた」という場合には could を用いず, I *was able to* reach the office on time *this morning*. などのように言う方がする. ❷ （過去形の主節の時制の一致により従属節中の can が過去形に用いられて）…できる, …してよい: He thought he ~ swim across the river. 彼は泳いでその川を渡ることができ

ると思った. **b** [間接話法で can が過去形に用いられて] ...できる, ...してよい: He said (that) he ~ go. 行くことができると彼は言った (cf. He said, "I can go.") / He asked me if he ~ go home. 彼は家に帰ってよいかと私に尋ねた (cf. He said to me, "Can I go home?")

── **B** ── (仮定法[叙想法]で用いて) ❶ [現在の事実に反対の条件節, または願望を表わす名詞節に用いて] ...できる(なら): If I ~ go, I would. 行けたらよいが(実際は行けそうもない) / I wish I ~ go. 行けたらよいのに(行けそうもない). ❷ **a** [現在の事実に反対の仮定の帰結節に用いて] ...できるだろう: I ~ do it if I wanted (to) [would]. しようと思えばできるのだが(実はしない). **b** [~ have+ 過分 で; 過去の事実に反対の仮定の帰結節に用いて] ...できただろう: I ~ have done it if I had wanted (to) [wished] to. しようと思えばできたのだが(実はしなかった). ❸ **a** [条件節の内容を言外に含めた主節だけの文で; 婉曲的に] ...できるだろうに, ...したいくらいだ; ...しているみたいだ [と同然だ]; 多分...だろう: I couldn't ride a horse. 私はとても馬にならん乗れない (★ even if I tried を補って読む) / That ~ be true. それはひょっとしたら本当かもしれない / That report couldn't be true. その報告は本当のはずがない / For all I know, I ~ be drinking water. よくはわからないが, (酒などが薄くて)水を飲んでるみたいだ. **b** [~ have+ 過分 で; 条件節の内容を言外に含めた主節だけの文で; 婉曲的に] ...できたみたいだった[も同然だった]: You ~ *have told* me! 言ってくれればよかったのに!(どうして言ってくれなかったのか) / I ~ *have* danced for joy. うれしくて踊りだしたかった / He ~ *have* been talking to everyone in the office. (二人だけの話だったのに)彼は事務所中の皆に話しているみたいだった. **c** [許可・依頼を表わす疑問文で] ...していただけますか, ...してよいですか (★ can よりもていねいな表現): C~ you come and see me tomorrow? 明日おいで願えましょうか / C~ you open the window, please? 窓をあけていただけないでしょうか.

cóuld bé 《口》 そうかも, たぶん（★ it could be so の略から）: "Do you have to work late today?" "C~ be." 「きょうは遅くまで働かなければならないのですか」「たぶんね」 / "Are we lost?" "C~ be." 「道に迷ったのかしら」「そうかも」.

I cóuldn't. もう十分[結構]です（★ 飲食物をすすめられた時丁寧に断わる言い方）.

《OE cūthe から; -l- の挿入は would, should の類推で16世紀ごろ》

*__could・n't__ /kúdnt/ could not の短縮形.

couldst /(弱形) kədst; (強形) kúdst/ 助動《古》can の 2 人称・単数《thou》canst の過去形: thou ~ =you could.

cou・lee /kúːli/ 名 ❶《米》クーリー《米国西部・カナダなどの流水でできた峡谷; 夏は水が枯れる》. ❷ 溶岩流.

cou・lis /kuːlíː | ―′―/ 名 クーリ《野菜や果物をピューレ状にして作るとろみのあるソース; しばしば飾りに使われる》.

cou・lisse /kuːlíːs/ 名 [演] (舞台の)袖《通例複数形で》舞台の左右の袖; [しばしば比喩的に] 舞台裏.

cou・loir /kuːlwáː | -wá′/ 名 山腹の峡谷; 通路.

cou・lomb /kúːlɑm | -lɔm, kuːlɔ́m/ 名 [電]《電気量の SI 組立単位; 記号 C》. 《C.-A. de Coulomb フランスの物理学者》

Cóulomb's láw 名 [理] クーロンの法則《2 電荷間にはたらく電気力の大きさは電荷の積に正比例し, 距離の2乗に反比例する》.

coul・ter /kóultə | -ltə/ 名 《英》=colter.

cou・ma・rin /kúːmərən/ 名 [U] [化] クマリン《香料をつくる》.

cou・ma・rone /kúːməròun/ 名 [U] [化] クマロン《印刷インキ・塗料製造用》.

*__coun・cil__ /káuns(ə)l/ 名 [集合的; 単数または複数扱い] ❶ 地方議会: a county ~ 州議会 / a municipal [city] ~ 市議会. ❷ **a** (立法・諮問のために召集された人たちの)評議会, 協議会, 諮問会（★ 各種機関の公式名に使うことが多い）⇒ British Council, Privy Council. **b** (大学などの)評議員会. ❸ 会議, 協議: a ~ of war 作戦会議 / in ~ 会議中で[に]（★ 無冠詞）. ── 形 A ❶ 地方議会の;《英》地方議会の所有[提供]する, 州[市, 町]営

の: a ～ estate [flat] 州[市, 町]営住宅団地[フラット]. ❷ 会議用の: a ～ room [chamber] 会議室. 〘F < L *concilium* 集会, 《原義》 呼び集めること (cf. conciliate) < CON-+*calare* 呼ぶ; cf. reconcile〙

coun·cil·lor /káuns(ə)lɚ | -lə/ [名] 《英》 =councilor.

cóun·cil·man /-mən/ [名] ([複] **-men** /-mən/) 《米》 (地方)議会男性議員 (《英》 councillor).

***coun·cil·or** /káuns(ə)lɚ | -lə/ [名] ❶ (地方議会の)**議員**: ⇨ city councilor. ❷ 顧問官, 評議員. **the Hóuse of Cóuncilors** (日本の)参議院.

cóuncil tàx [名] 〘英〙 地方議会税 《居住不動産価値を基礎に課税される地方税》.

cóuncil·wòman [名] 《米》 (地方)議会女性議員.

***coun·sel** /káuns(ə)l/ [U,C] [名] ❶ **a** 助言, 忠告: give ～ 助言する, 知恵を貸す / take [follow] ～ 助言を受ける[に従う] / cold ～ ⇨ cold [形] 4 b. **b** 《古》 相談, 協議. ❷ 〘法〙 **弁護士**(団); 訴訟代理人(団); **法律顧問**(団): (the) ～ for the Crown 《英》 検事 / (the) ～ for the defense =defense ～ 被告側弁護士 / (the) ～ for the prosecution=prosecuting ～ 訴追弁護士. **a cóunsel of perféction** 実行できない理想案. **kéep one's ówn cóunsel** 自分の考えを人に明かさない. **tàke cóunsel** (1) ⇨ [名] 1. (2) 協議[相談]する. ── [動] [他] (**coun·seled, -selled; coun·sel·ing, -sel·ling**) ❶ 〈人に〉カウンセリングを行なう, (専門的な立場から)助言する: ～ victims of crime 犯罪被害者のカウンセリングをする / Teenagers should *be ～ed* about safe sex. 10 代の若者はセーフセックスについてカウンセリングを受けるべきだ. ❷ 〈人に〉〈…するように〉**助言する**, 忠告する; 〈…を〉勧める: 〔+目+*to* do〕 He *～ed* me *to* keep out of the way. 彼は私にじゃまにならぬように遠ざかっているほうがよいと言った / ～ patience [prudence] 我慢[慎重に]せよと勧める. 〘F < L=相談〙 【類義語】 ⇨ advise.

***coun·sel·ing, coun·sel·ling** /káuns(ə)lɪŋ/ [名] [U] カウンセリング, 相談, 助言.

***coun·sel·or, coun·sel·lor** /káuns(ə)lɚ | -lə/ [名] ❶ **a** カウンセラー; 相談役, 相談相手, 顧問. **b** 《米》 (キャンプ生活の)指導員. ❷ 《米》 法廷弁護士. ❸ (大[公]使館の)参事官. **Cóunsellor of Státe** [the ～] 〘英〙 (国王不在期間中の)臨時摂政. 【類義語】 ⇨ lawyer.

cóunselor-at-láw [名] ([複] **cóunselors-**) 《米》 弁護士.

****count**[1] /káunt/ [動] [他] ❶ **a** 〈…を〉数える, 数え上げる: ～ the number of people present 出席者の数を数える / 〔+*wh.*〕 The turnstiles ～ *how* many people have passed through. 回転式改札口は何人の人が通り過ぎたかを数える. **b** 〈特定の数まで〉数を順にいう: ～ ten 10 まで数える. ❷ 〈…を〉**数**[**勘定**]**に入れる** (include): There were fourteen plates, not *～ing* the cracked ones. 皿が, 欠けたのを数えないで, 14 枚あった. ❸ 〈…を〉〈…と〉思う, みなす 《★ 進行形なし》: I no longer ～ him ***among*** my friends. 彼のことはもう友人の一人に考えてはいない / 〔目+補〕 I ～ myself fortunate in having good health. 私は自分が健康なのを幸福だと思っている / 〔+目+***as*** 補〕 Your house and car are *～ed as* assets. 家と車は資産とみなされます.

── [自] ❶ **数を数える, 計算する**: She can't ～ yet. 彼女ははまだ数が数えられない / ～ ***from*** one (***up***) ***to*** a hundred 1 から 100 まで数える. ❷ **大切である**, 重きをなす; 〔…の〕**価値がある** 《★ 進行形なし》: It's quality, not quantity that ～*s*. 大事なのは量ではなくて質である / The amount is so small that it hardly ～*s*. その量は少なくてほとんど問題にならない / Money ～*s* ***for*** nothing. 金など大したことはない / Mere cleverness without sound principles does not ～ *for* anything [much]. しっかりした信念がなく単に頭が切れるというだけではまったく[あまり]値打ちがない. ❸ 〔…に〕数えられる, 含められる: His new novel ～*s* ***among*** his best works. 彼の新しい小説は彼の傑作の一つに数えられる / Those courses will not ～ ***toward*** the degree. それらのコースは学位の課程に含められない. ❹ 〔…と〕考えられる, みなされる: Does a scholarship ～ ***as*** income? 奨学金は収入とみなされますか. ❺ 〘スポ〙 得点になる.

cóunt agàinst…に不利となる: His bad record *～ed against* him. 悪い成績が彼の不利になった.

cóunt one's **bléssings** ⇨ blessing [成句].

cóunt one's **chíckens** (**befóre they are hátched**) ⇨ chicken [名] [成句].

cóunt dówn ([自]+[副]) (10,9,8,7,…1 のように)〔…まで〕数を逆に数える, 秒読みする: ～ *down to* liftoff 発射まで秒読みする.

cóunt (**dówn**) **the dáys** [**wéeks, hóurs**] 〔…まで〕あと何日[何週, 何時間かと]指折り数えて[楽しみに]待つ 〔*to, until*〕.

cóunt ín ([他]+[副]) (1) 〈ものを〉勘定に入れる: He had an income of £1000, *～ing in* extra fees. 臨時報酬を加えれば彼には千ポンド収入があった. (2) 《口》 〈人を〉仲間に入れる: *C～* me *in* if you're going to play baseball. 野球をするというのなら私も仲間に入れてください.

cóunt óff ([他]+[副]) (1) 〈…の〉数を確かめる. ── ([自]+[副]) (2) 《米》 〈兵士などが〉(整列して)番号を言う (《英》 number off).

cóunt on [**upòn**]…に頼る; …を当てにする, 期待する 《★ 受身可》 (rely): I ～ *on* your help. あなたの援助を当てにしている / He *～ed on* inherit*ing* the fortune. 彼はその財産を相続できるものと考えていた / 〔+*to* do〕 I'm *～ing on* you *to* help me. 助けてくださるものと頼りにしています.

cóunt óut ([他]+[副]) (1) 〈特に 金を〉(単位ごとに)取り上げ[出し]ながら数える, 数えて出す: He *～ed out* five dimes. 彼は 10 セント貨 5 枚を数えて出した. (2) 《口》 〈…を〉数に入れない, 除外する, 除く (exclude): *C～* me *out*. The plan seems a little too dangerous. 私を抜きにしてくれ. どうもその計画は危なっかしい. (3) 〘ボク〙 〈人に〉ノックアウトを宣告する: He *was ～ed out* in the fifth round. 彼は第 5 ラウンドでノックアウトになった. (4) 《米口》 〈投票用紙を〉(違法に)無効にする. (5) 〘英下院〙 〈議長が〉定足数不足の理由で〈国会の〉流会を宣する.

cóunt the cóst ⇨ cost [名] [成句].

Cóunt to tén (**befòre you lóse your témper**)! 腹を立てるな!

cóunt úp ([他]+[副]) 〈…を〉数え上げる, しめる: ～ the figures *up* 数を合計する.

── [名] ❶ [C,U] 計算, 勘定: beyond [out of] ～ 数え切れない, 無数の / take [make] a ～ of…を数える / keep ～ (of…) (…を)数え続ける, (…の)勘定を続ける / lose ～ (of…) (…を)(途中で)数え切れなくなる, (…の)勘定が(途中で)わからなくなる / at (the) last ～ 最新の[最終的な]集計[計算, 数]で(は). ❷ [C] [通例単数形で] 総数, 総計. ❸ [C] **a** 〘法〙 (起訴状の)訴因. **b** (考慮中の事柄の)問題点, 論点: on all [two] *～s* あらゆる[二つの]点で / I agree with you on that ～. その点ではあなたと同意見です. ❹ [U] [the ～] 〘ボク〙 カウントをとること: get up at *the* ～ of five カウント 5 で立ち上がる / take *the* ～ 10 秒を数える(まで起き上がれない), カウントアウトになる. ❺ [C] 〘野〙 (打者の)カウント 《[解説] 英語でたとえば "1 and 2" といえば日本の場合と逆で, one ball and two strikes のこと; [比較] 「ボールカウント」は和製英語》.

dówn [(《英》) **óut**] **for the cóunt** (1) 〘ボク〙 ノックアウトされて. (2) 意識を失って; 眠っていて. (3) だめになって.

〘F < L *computare* 数え上げる, 計算する < COM-+*putare* 計算する, 考える; cf. compute, putative〙 【類義語】 (1) **count** 1 つ 1 つ数える. **calculate** 普通, 比較的高等な数学を用いて複雑な計算をする. **compute** calculate より簡単な計算で, 与えられた数字や式を用いて正確な計算の結果を出す. **reckon** 暗算でもできるような簡単な計算をする; 概算のこともある: *reckon* the days till Christmas. (2) ⇨ depend.

count[2] /káunt/ [名] [しばしば C～] (英国以外の)伯爵 《英国の earl に当たる; ⇨ nobility》. 〘F < L *comes, comit-* 仲間, 友人〙

count·a·ble /káunṭəbl/ [形] 数えられる: a ～ noun 可算名詞. ── [名] 〘文法〙 数えられる名詞, 可算名詞 (↔ uncountable).

cóunt·bàck [名] カウントバック方式 《同点[互角]のとき後

半で成績のよかったほうを勝者にする方式).

†**cóunt・dòwn** 名 ❶ (ロケット発射などの際の)秒[分]読み (10, 9, 8...などと数を逆に読むこと): begin the ~ 秒読みを開始する. ❷ 秒読み段階[時期].

†**cóun・te・nance** /káuntənəns/ 名 ❶ C 顔つき, 表情: a sad ~ 悲しそうな顔つき / His ~ fell. 彼は浮かない顔をした (顔に失望の色が浮かんだ). ❷ U (精神的)援助, 支持, 奨励, 賛助: give [lend] ~ to...を支持する, ...の肩を持つ. **chánge cóuntenance** (怒り・ろうばいなどのために)顔色を変える. **kéep one's cóuntenance** 平然として[すまして, 笑わないで]いる. **kéep a person in cóuntenance** 人を当惑させない; 人に恥をかかせない. **òut of cóuntenance** あわてて, 当惑して: put a person *out of* ~ 人をうろたえさせる; 人の面目を失わせる / He stared me *out of* ~. 彼ににらまれて私はどぎまぎしてしまった. ── 動 他 ❶ (...を)容認する, 黙認する, (tolerate): He's a man who cannot ~ defeat. 彼は負けて黙ってはいられない男だ[+目[所有格]+*doing*] I will not ~ you [your] giv*ing* up. 私はあなたが降参するのを許さない. 〘F＜L=自制＜*continere* 抑える; ⇒ contain〙 〘類義語〙⇒ face.

*****cóunt・er**[1] /káuntɚ | -tə/ 名 **A** ❶ (銀行・商店などの)カウンター, 勘定口, 売り台: the person behind the ~ 店員, 店の人 / pay at the ~ 帳場に払う / stand [sit] behind the ~ レジ係をする. ❷ **a** (食堂・バーなどの)カウンター: ⇒ lunch counter / Shall we sit at a table or at the ~? テーブルにつきますかそれともカウンターにしますか. **b** (米) (台所の)調理台 ((英) worktop). ── **B** ❶ 計算する人, 計算係. ❷ **a** 計算器, 計数器, カウンター. **b** 計数装置, 計数管: ⇒ Geiger counter. ❸ (トランプなどの得点を数える)数取り, チップ. **náil a líe to the cóunter** ⇒ lie[2]名[成句]. **òver the cóunter** (1) (薬を買う時に)処方箋(きれ)なしで. (2) 〖株式〗 (取引所でなく証券業者の)店頭で. **ùnder the cóunter** やみで, 正規のルートによらず, ひそかに: They sell hard-core videos *under the* ~. 彼らはやみどぎついポルノビデオを売っている. 〘F＜L＜*computare* 計算する; ⇒ count[1]〙

coun・ter[2] /káuntɚ | -tə/ 動 ❶ 〔...で...に〕対抗する, 逆らう: I ~ed their proposal *with* [*by* offering] my own. 彼らの提案に対し対抗策として私自身の案を持ち出した. ❷ 〈...を〉無効にする, 打ち消す, 阻止する. ❸ 〈...に〉反論する, 論駁する. ❹ (チェス・ボクシングなどで)〈...を〉迎え打つ, 逆襲する. ── 自 ❶ 〔...に〕反論する〔*with*〕. ❷ 〖ボク〗 迎撃する, カウンターをくらわせる. ── 名 ❶ 反対[反対](するもの); 反論, 論駁(※). ❷ 〖フェン〗 (剣先で円を描いての)受け止め. ❸ 〖ボク〗 迎撃, カウンター. ── 形 〘匹敵〙 opposite より文語的〙 ❶ 反対の, 逆の: the ~ direction 反対方向 / the ~ side 反対側 / His opinion is ~ *to* mine. 彼の意見は私のと正反対だ. ❷ (一対の)片方の, 対の. ── 副 反対に(の方向に), 逆に: run [go, act] ~ *to* the rules 規則と反対の行動をとる[に背く]. 〘F＜L *contra* against〙

coun・ter- /káuntɚ | -tə/ 接頭「敵対, 報復; 反, 逆; 対応, 副」の意で, 自由に動詞・名詞・形容詞・副詞につける.

†**coun・ter・act** /kàuntɚækt/ 動 他 中和する, 打ち消す, 阻止する: measures to ~ terrorism テロを防止するための措置 / This medicine will ~ the queasiness caused by the antibiotics. この薬は抗生物質によるむかつきを抑えます.

còun・ter・áction 名 UC 中和作用; 阻止; 反作用.
còun・ter・áctive 形 反作用の; 中和性の.
cóun・ter・àrgument 名 反論: offer a ~ 反論する.
†**cóun・ter・attàck** 名 逆襲, 反撃: mount [launch] a ~ 反撃を開始する. ── 動 自 他 逆襲[反撃]する (retaliate).
còun・ter・attráction 名 (他のものに)対抗した呼び物.
còun・ter・bálance 動 他 ❶ 〈...の効果を〔...で〕相殺(ξ)する; 〈...で〉...の埋め合わせをする: A marathon runner ~s lack of speed *with* endurance. マラソン走者は速度の不足を忍耐力で埋め合わせる. ❷ 〈...を〉〔...で〕釣り合わせる, 平衡させる〔*with*〕: The two weights ~ each other. その二つの分銅は釣り合う. ── 名 ❶ 平衡力, 他とつり合いをとるもの, 対抗勢力〔*to*〕. ❷ 釣り合いおもり, 平衡錘(まい).

cóun・ter・blàst 名 激しい反発; 猛反対〔*to*〕〔★新聞によく用いられる〕.
cóun・ter・blòw 名 ❶ 反撃, 逆襲. ❷ 〖ボク〗 カウンターブロー.
cóun・ter・bòre 名 〖機〗 端ぐり機, もみ下げ機; 端ぐり機で広げた穴. ── 動 他 〈...に〉端ぐり機で穴をあける.
còun・ter・chánge 動 他 ❶ 入れ替える. ❷ (文) 市松模様にする; 多彩にする.
cóun・ter・chàrge 名 ❶ 反撃, 逆襲; 反論: make a ~ 逆襲[反論]する. ❷ 〖法〗 反訴. ── 動 他 〈...に〉逆襲する; 反論する.
cóun・ter・chèck 名 ❶ 再照合, ダブルチェック. ❷ 対抗[抑制]手段, 反対, 妨害. ── 動 他 ❶ 再照合[ダブルチェック]する: ~ a person's calculations 人がした計算を再点検する. ❷ 妨害する; 〈...に〉対抗する.
cóun・ter・clàim 〖法〗 名 反訴. ── 動 他 反訴する. ── 自 反訴して〈...を〉請求する.
còun・ter・clóckwise 形 副 時計の針と反対回りの[に], 左回りの[に] ((英) anticlockwise) (↔ clockwise).
cóun・ter・cùlture 名 U (通例 the ~) 反体制文化, カウンターカルチャー (社会の既存価値観や慣習に反抗する, 特に若者の文化・生活様式). **còunter・cúltural** 形
cóun・ter・cùrrent 名 逆流.
cóun・ter・èspionage 名 U (敵のスパイ活動に対する)対抗的スパイ活動, 防諜(きょう).
cóun・ter・exàmple 名 反例, 反証.
còun・ter・fáctual 〖論〗 形 反事実(的)の. ── 名 反事実的条件文.

†**cóun・ter・feit** /káuntɚfìt | -tə-/ 形 ❶ 偽造の, にせの; 模造の, まがいの (fake): a ~ diamond 模造ダイヤ / a ~ note [《米》bill] 偽造紙幣, にせ札 / a ~ signature にせの署名. ❷ 偽りの, 虚偽の: ~ grief うわべだけの悲しみ / ~ illness 仮(ウ)病. ── 名 偽造物; 模造品, 偽作. ── 動 他 ❶ 〈通貨・文書などを〉偽造[模造]する. ❷ 〈感情を〉偽る, 装う, 〈...の〉ふりをする 〘匹敵〙 pretend, feign のほうが一般的): ~ concern 心配しているように見せかける. ~・er /-tɚ | -tə-/ 名 〘F＜COUNTER-+*faire* 作る, ...する 〘L *facere*; cf. fact〙

còunter・fláme 動 他 名 〖電算〗 (人に)煽(ξ)るような電子メール(flame)に対して同じ調子で返信する(こと).
cóun・ter・fòil 名 (英) (小切手帳・入場券などの)控え, 半券.
cóun・ter・fòrce 名 反対に働く力, 対向力, 対抗勢力〔*to*〕.
cóun・ter・insúrgency 名 U 対ゲリラ活動[計画].
cóun・ter・intélligence 名 U (敵のスパイ活動に対抗するための)対敵情報活動.
còun・ter・intúitive 形 直観に反した, 反直観的な.
cóun・ter・írritant 名 UC 反対刺激剤.
cóun・ter・màn /-mæn/ 名 (複 -men /-men/) (簡易食堂などの)カウンター係, 給仕人.
coun・ter・mand /kàuntɚmǽnd, ー'ー | kàuntəmáːnd/ 動 他 〈すでに出した命令・注文を〉取り消す, 撤回する. ── /'ー-ー/ 名 ❶ 注文[命令]の取り消し. ❷ [撤回]命令. 〘F＜COUNTER-+*mander* 命ずる〙
cóun・ter・màrch 〖軍〗 名 回れ右しての行進, 反対行進. ── 動 回れ右して行進する.
cóun・ter・mèasure 名 ❶ (相手の策・行動などに対する)対抗策[手段], 対応策 〘匹敵〙 災害などに対する「対策」には measures を用いる). ❷ [報復]手段 〔*against*〕.
cóun・ter・mòve 名 = countermeasure.
cóun・ter・offènsive 名 反攻, 逆襲.
coun・ter・pane /káuntɚpèin | -tə-/ 名 (装飾用の)ベッドの上掛け, ベッドカバー.

*****cóun・ter・pàrt** /káuntɚpɑ̀ːɚt | -təpɑ̀ːt/ 名 ❶ (地位・機能などが)対応する人[もの], 対等物 (equivalent): The results show female students outperform their male ~s in reading. その結果によれば女子学生の方が男子学生よりも読解力の点でまさっている /

have a [no] (direct) ~ in Britain イギリスに(直接)対応するものがある[ない]. ❷ 〖法〗(正副二通中の)一通; (特に)副本, 写し.

cóunter·plòt 名 対抗策. ── 動 ⓣ (-plot·ted; -lot·ting) 〈敵の計略に〉計略で対抗する, 〈計略〉の裏をかく. ── 自 対抗策を講ずる.

cóunter·pòint 名 ❶ 〖楽〗a Ⓤ 対位法. b Ⓒ 対位旋律. ❷ Ⓤ 対照(をなすもの). ── 動 ⓣ ❶ 〈…を…と〉対照させる, 対照して引き立たせる 〔with, against〕. ❷ 〈…と〉対照をなす.

coun·ter·poise /káuntərpòiz | -tə-/ 名 ❶ Ⓒ 釣り合いおもり, 平衡錘(ˋ). ❷ Ⓤ 均衡をとるもの, 平衡力. ❸ Ⓤ 均斉, 釣り合い, 安定: be in ~ 平衡を保つ, 釣り合いが取れている. ── 動 ⓣ 釣り合わせる, 〈…に〉平衡を保たせる.

còunter·póse 動 ⓣ 対置する.

+**còunter·prodúctive** 形 逆効果の[を招く].

cóunter·propòsal 名 ⓊⒸ 反対提案.

cóunter·pùnch 名 =counterblow.

Cóunter Reformátion 名 〖the ~〗反宗教改革《プロテスタントの宗教改革によってカトリック教会内で起こった 16–17 世紀の改革運動》.

còunter·revolútion 名 ⒸⓊ 反革命.

còunter·revolútionary 形 反革命の. ── 名 反革命主義者.

còunter·rotáte 動 自 逆回転する. **cóunter·rotátion** 名 ⓊⒸ 逆回転.

coun·ter·scarp /káuntərskàrp | -təskà:p/ 名 〖城〗(城塁外堀の外岸の)傾斜した外壁, 外壁に守られた通路 (cf. scarp).

cóunter·shàding 名 Ⓤ 〖動〗明暗消去型隠蔽《動物の体色が, 太陽光に通常さらされる部分は暗く, 陰になる部分は明るくなる現象》.

cóunter·shàft 名 〖機〗中間軸, 〖車〗副軸.

cóunter·sìgn 動 ⓣ 〈書類に〉副署[連署]する: ~ a check 小切手に副署する. ── 名 ❶ a 合言葉: a sign and ~ ⇒ sign 3 c / give the ~ 合言葉を言う. b 応答信号. ❷ 副署.

cóunter·signature 名 副署, 連署.

cóunter·sìnk 動 ⓣ (-sank; -sunk) ❶ 〈穴の〉口を円錐(ˋ)形に広げる. ❷ 〈ねじなどの頭を〉さら穴に埋める. ── 名 ❶ さら穴. ❷ さらもみ錐(ˋ).

cóunter·spỳ 名 逆スパイ.

cóunter·stròke 名 打ち返し, 反撃.

cóunter·tènor 名 〖楽〗❶ a Ⓤ カウンターテナー《tenor より高い男声の最高音部》. b Ⓒ カウンターテナーの声. ❷ Ⓒ カウンターテナーの歌手. ── 形 Ⓐ カウンターテナーの.

cóunter·térrorist 形 テロリスト対策の: a ~ squad テロ対策班. **cóunter·térrorism** 名 Ⓤ テロリスト対策.

cóunter·tòp 名 《米》調理台《上部の平面》.

cóunter·tràde 名 Ⓤ 見返り貿易《輸入代金に見合うだけの製品買いつけを条件とする国際貿易》.

cóunter·tránsference 名 ⓊⒸ 〖精神分析〗逆転移, 対抗転移《分析者が被分析者に対して感情転移をすること》.

coun·ter·vail /káuntərvèil, ˌ–ˈ– | -tə-/ 動 ⓣ 〈…に〉対抗[拮抗]する; 相殺(ˋ)する.

cóuntervàiling dúty 名 ⓊⒸ 相殺関税.

cóunter·vàlue 名 同等の価値, 等価. ── 形 〖軍〗対価値の《民間施設を攻撃する核戦略を伴う》.

cóunter·wèight 名 =counterbalance.

+**count·ess** /káuntəs/ 名 〖しばしば C-〗❶ 伯爵夫人[未亡人]《count および earl の夫人; ⇒ nobility》. ❷ 女伯爵. 〖count² + -ess〗

coun·ti·an /káuntiən/ 名 州[郡] (county) の居住者.

cóunt·ing·hòuse 名 ❶ 〈昔の貴族・商人の家の〉執務部屋, 帳場. ❷ 〈会社・銀行などの〉会計課, 経理部; 会計[経理]室.

*count·less** /káuntləs/ 形 (比較なし)数え切れない, 無数の (innumerable).

cóunt nòun 名 〖文法〗可算名詞 (countable).

cóunt pálatine 名 ❶ 宮中伯《神聖ローマ帝国において大公領に置かれた皇帝の代官》. ❷ 王権伯《中世イングランドおよびアイルランドにおいて王権に近い強大な権限の行使を許された州領主; cf. county palatine》.

coun·tri·fied /kʌntrɪfaɪd/ 形 ❶ 〈人・物事など〉いなかじみた, 粗野な; いなか風の. ❷ 〈景色など〉ひなびた, 野趣のある.

‡**coun·try** /kʌntri/ 名 ❶ a Ⓒ 国, 国家; 国土: an industrialized ~ 工業国 / a developing ~ 発展[開発]途上国 / in this ~ この[わが]国で / in European *countries* ヨーロッパ諸国で / all over the ~ 国じゅう / So many *countries*, so many customs. 〈諺〉所変われば品変わる. b 〖the ~; 単数扱い〗国民: *The* ~ was against war. 国民は戦争に反対だった. ❷ 〖通例 one's ~〗Ⓒ 本国, 祖国, 故国: love of (one's) ~ 祖国愛, 愛国心 / fight for one's ~ 祖国のために戦う / He left his ~ never to return. 彼は祖国を去って二度と戻らなかった. ❸ Ⓤ 〖通例修飾語を伴って〗(地勢的に)地方, 地域, 土地: mountainous [open] ~ 山国[広く開けた平野] / wooded ~ 森林地方. b 〈ある広い〉地域; 〈ある人のゆかりの〉地方, 土地: 〖the〗Hardy ~ ハーディーゆかりの地方《英国 Dorset 州一帯をさす》/ ⇒ North Country. c 〈活動の〉領域, 分野. ❹ 〖the ~〗〈都市に対して〉いなか; 郊外, 田園, 農村地帯 (countryside): go (out) into the ~ いなかへ行く / live in the ~ いなかに住む / town and ~ 都会といなか《★ 対句なので無冠詞》. ❺ = country music. **acròss cóuntry** 〈道路を通らないで〉田野を横切って. **gó [appéal] to the cóuntry**《英》《国会を解散して》政府の政策を世論に問う, 総選挙を行なう. ── 形 Ⓐ ❶ いなか(風)の, いなかで育ちの: a ~ road いなかの道路 / life 田園生活 / a ~ town いなか町 / a ~ boy いなか育ちの少年. ❷ カントリーミュージックの: a ~ singer カントリー歌手. 〖F〈L= 〈見る人の〉反対側にある〈土地〉〈 contra 反対の; …に対する〉〗〖類義語〗 **country**「国」の意味を表わす最も普通の語で, 国土を意味する. **nation** 国土よりその国民に重点を置く. **state** 法律的・理論的な意味での統一体としての国家.

cóuntry-and-wéstern 名 = country music.

cóuntry búmpkin 名 いなかっぺ.

+**cóuntry clùb** 名 カントリークラブ《テニス・ゴルフ・水泳などの設備がある郊外のクラブ》.

cóuntry cóusin 名 おのぼりさん.

cóuntry-dànce 名 カントリーダンス《2 列の男女が互いに向かい合って踊る英国の踊り》.

coun·try·fied /kʌntrɪfaɪd/ 形 =countrified.

cóuntry géntleman 名 〈いなかに広い土地を持ち広大な屋敷に住む〉紳士[貴族]階級の人, 地方の大地主.

cóuntry hóuse 名 《英国でいなかにある》貴族[富豪]の邸宅[屋敷].

+**cóuntry·man** /-mən/ 名 (ⓟ -men /-mən/) ❶ 〖通例 one's ~〗同国人, 同郷の人 (compatriot). ❷ いなかの人 (cf. citizen 2 a).

cóuntry mìle 名 《米口》とても長い距離, 広大な範囲.

cóuntry mùsic 名 Ⓤ 《口》カントリーミュージック《米国南部に起こった民俗音楽》.

cóuntry pàrty 名 《昔の》地方党《農村の利益を擁護する政党》.

cóuntry ròck¹ 名 Ⓤ カントリーロック(の音楽).

cóuntry ròck² 名 Ⓤ 〖地〗母岩(ˋ).

cóuntry séat 名 《英》= country house.

*cóuntry·sìde** /kʌntrisàid/ 名 ❶ Ⓤ 〈いなかの〉一地方: The Japanese ~ looks its best in October. 日本のいなかは 10 月がいちばん景色がよい. ❷ 〖the ~; 単数扱い〗〈ある〉地方の住民たち.

cóuntry-wéstern 名 = country music.

cóuntry·wíde 形 全国的な.

cóuntry·wòman 名 (ⓟ -women) ❶ 〖通例 one's ~〗同国[同郷]の女性. ❷ いなかの女性.

‡**coun·ty** /káunti/ 名 ❶ 《米》郡《parish を用いる Louisiana 州と borough を用いる Alaska 州を除く各州の政治・行政の最大下位区画; 郡の名をいう時には Madison County の形式による》. ❷ 《英・アイル》州《行政・司法・政治上の最大区画; ★ 州の名をいうのに the County of

Dorset または -shire をつけて Dorsetshire という).— 形 《英》州の旧家の: ⇒ county family. 【F<L=(王侯の)従者<L comes, comit- 仲間, 友人; cf. count²〗

cóunty bórough 名 《英史》特別市《人口5万以上で行政上 county と同格; 1974年廃止》.

cóunty commíssioner 名 《米》郡行政委員会委員.

cóunty córporate 名 《英史》独立自治区《行政上 county と同格の, 市・町とその隣接地帯》.

cóunty cóuncil 名 《集合的; 単数または複数扱い》《英》州(議)会.

cóunty cóuncillor 名 《英》州会議員.

cóunty cóurt 名 ❶ 《英》州裁判所. ❷ 《米》郡裁判所.

cóunty crícket 名 《英》州対抗クリケット試合.

cóunty fáir 名 《米》(農・畜産物などの)郡共進会, カウンティーフェア (⇒ fair² 1).

cóunty fámily 名 《英》州の旧家, 地方の名門.

cóunty pálatine 名 《愈 cóunties pálatine》《英》王権州《もと count palatine が領有した諸州; 今でもイングランドの Cheshire と Lancashire はこう呼ばれる》.

cóunty schóol 名 U.C 《英》州立学校, 公立学校《地方教育局が維持運営する学校》.

cóunty séat 名 《米》郡庁所在地, 郡の首都.

cóunty tówn 名 ❶ 《英》州庁所在地, 州の首都. ❷ 《米》=county seat.

*****coup** /kú:/ 名 (~s /-z/) ❶ クーデター (coup d'état): stage [plan] a ~ クーデターを起こす[企てる] / an attempted ~ 企てられた[未遂に終わった]クーデター. ❷ 大当たり, 大成功: make [pull off] a great ~ すばらしい当たりを取る. 〖F=打つこと〗

coup de fou·dre /kú:dəfú:drə/ 名 (愈 coups de foudre /~/) 落雷; 青天の霹靂; 電撃の恋, 一目ぼれ. 〖F〗

coup de grâce /kú:dəgrá:s/ 名 (愈 coups de grâce /~/) ❶ 情けの一撃《重傷を負って苦しむ人・動物を即死させる一撃》. ❷ 最後の一撃, とどめの一撃 (deathblow). 〖F=stroke of mercy〗

cóup de máin /-dəmǽn/ 名 (愈 coups de main /~/) 奇襲, 不意討ち.

coup de maî·tre /-dəmétr(ə)/ 名 (愈 coups de maître /~/) すばらしい腕前 (masterstroke).

†**coup d'é·tat** /kù:deitá:/ 名 (愈 coups d'état /~z/) クーデター, 武力政変(事件) (coup). 〖F<COUP+de+état 国〗

coup de the·â·tre /-dəteiá:tr(ə)/ 名 (愈 coups de theâtre /~/) 劇の展開[筋]の意表をつく急転換.

coup d'œil /-də́:i/ 名 (愈 coups d'œil /~/) (全局を見通す)一望; 概観; すばやく見て取る能力, 慧眼 (⇨).

†**cou·pé, coupe¹** /ku:péi, kú:p | kú:pei, —⁻/ 名 ❶ クーペ(型自動車)《sedan より小さく流線型の後部をもつ2ドア 2-5 人乗りの自動車》. ❷ /ku:péi, kú:pei/ 《昔の》クーペ型馬車《前に御者席が別にある二人乗り四輪箱型》. 〖F=切られた〗

coupe² /kú:p/ 名 クープ: **a** 足付きグラスで供するフルーツとアイスクリームなどのデザート. **b** そのボウル[足付きグラス].

Cou·pe·rin /kù:pəræŋ|, Fran·çois /frænswá:/ 名 クープラン (1668–1733; フランスの宮廷音楽家・作曲家).

‡**cou·ple** /kʌ́pl/ 名 ❶ **a** (組になっている)二つ, 二人, 一対 (⇨ **a COUPLE of...**) 〖成句〗: a ~ of players 二人ひと組の競技者 / a ~ of gangsters 二人組のやくざ. **b** 男女ひと組; (特に)夫婦; (同性愛者を含めて)カップル; (ダンスの)男女ひと組《用法 人を表わす場合には動詞が複数形をとることがある》: a loving ~ 恋仲の男女 / a married ~ 夫婦 / make a good [lovely] ~ 似合いの夫婦である / The ~ were [was] dancing. その(男女)二人は踊っていた. ❷ 《電》カップル, 対. ❸ 《理》偶力《大きさが等しく方向が互いに反対のひと組の力》. **a cóuple of...** [of の次の名詞は複数形で] (1) (同種の)二つの, 二人の: a ~ of apples リンゴ2個 / a ~ of girls 女の子二人 / for a ~ of days 2日間《★以上の3つの用例の a couple of は (2) の意味にも解釈できる》. (2) 《口》数個[人]の, 2, 3(人)の: I had only a ~ of drinks. ほんの2, 3杯飲んだだけだ / She's a ~ of

inches taller than him [he is]. 彼女は彼より数インチ背が高い. — 形 A [a ~ で] 《米口》二つの, 二人の; 2, 3 の, 2, 3 人の《★ a couple of の of が略された形》: a ~ books 本2[2, 3]冊 / for a ~ more years もう2[2, 3]年間. — 動 他 ❶ 〈...を〉...〉に結びつける, 一体にする, 加える (combine) 《★ 通例受身》: The delicious food, ~d with the warm hospitality of the host, made the party perfect. おいしい料理にホストの温かいもてなしぶりが加わってパーティーは申し分なかった. ❷ 〈...を〉...〉につなぐ, 連結する, 結合させる, 結びつける 《★通例受身》: a vehicle ~d to a trailer トレーラーと連結した車輌 / ~ two coaches (together) 客車を2両つなぐ. — 自 《文》動物の交尾する, つがう; 〈人が〉性交する. 〖類義語〗⇨ pair. 〖F<copulare 結びつける〗

cóu·ple·dom /-dəm/ 名 U カップルで生活すること.

cóu·pler 名 ❶ 連結者. ❷ 連結するもの; 連結器. ❸ 《電算》=acoustic coupler.

cou·plet /kʌ́plət/ 名 《詩》2行連句, 対句.

†**cóu·pling** 名 ❶ U.C 組み合わせ, 結合, (CDなどの)カップリング. ❷ C 連結器[装置]; (機械の)継ぎ手. ❸ C,U 《文》性交.

cóupling cònstant 名 《理》結合定数《粒子と場の相互作用の強さを表わす定数》.

cóupling ròd 名 《機》連結棒.

*****cou·pon** /kú:pɑn, kjú:- | kú:pɔn/ 名 ❶ **a** クーポン(券), 優待券, 割引券 (voucher): a discount ~ 割引券. **b** 切り取り切符; (鉄道の)クーポン式乗車券; 回数券 (1枚). **c** (新聞・雑誌などに添付した, 切り取り式の)申し込み用紙. **d** 食品引換券; 配給切符. ❷ (公債証書・債券などの)利札: cum ~ = ~ on 利札付き 《★ 無冠詞》 / ex ~ = ~ off 《★ 無冠詞》利札落ち. 〖F<couper 切り取る<coup; 原義は「切り取られたもの」〗

cóupon clìpper 名 《米口》利札[利子]生活者《利札付き債券 (coupon bond) の利札を切り取って換金して暮らす(富裕で有閑な)人》.

*****cour·age** /kə́:rɪʤ | kʌ́r-/ 名 U 勇気, 度胸: moral ~ (主義・節操を貫こうとする)精神的勇気 / physical ~ (肉体上の危険に立ち向かう)肉体的勇気 / lose ~ 落胆する / take ~ in... に勇気を出す / muster [pluck, screw] up one's ~ 勇気を奮い起こす / It takes ~ to do...するのに勇気が必要だ / [~ of] He had the ~ to live his life according to his own beliefs. 彼は勇敢にも自分の信念に従って一生を貫いた / ⇨ Dutch courage. **hàve the cóurage of one's (ówn) convíctions** 勇気をもって自分の信じることを断行[主張]する. **táke one's cóurage in bóth hánds** 必要な事を思い切ってする, 大胆に乗り出す. 〖F<L cor, cord- 心+-AGE; cf. accord, concord, cordial, discord, record〗 (形 courageous)

*****cou·ra·geous** /kəréɪʤəs/ 形 (more ~; most ~) 勇気のある, 勇敢な, 度胸のある: a ~ person 勇気のある人 / take a ~ stand [step] 勇気ある態度をとる[一歩を踏み出す] / [~ of+代名 (+to do) / +to do] It was ~ of you to tell the truth. =You were ~ to tell the truth. 本当の事を言ったのはさすがに勇気がある. **~·ly** 副 **~·ness** 名 〖類義語〗**courageous** 危険・困難に毅然(きぜん)と立ち向かう精神力のある. **brave** 「危険や困難を恐れない, 勇ましい」の意の最も一般的な語; 特に生まれつきの性格についていう. **bold** 勇ましいのほかに, ずぶとく挑戦的な大胆さを表わすことがある.

cou·ran·te /kurɑ́:nt, -rǽnt/ 名 クーラント: **a** イタリア起源のステップの速いダンス. **b** その舞曲; 古典的組曲を構成する曲になった.

Cour·bet /kuəbéɪ | kuə-/, **Gus·tave** /gústa:v/ 名 クールベ (1819–77; フランスの画家).

cour·bette /kuəbét | kuə-/ 名 =curvet.

†**cour·gette** /kuəʒét | kuə-, kɔ:-/ 名 《英》=zucchini.

*****cou·ri·er** /kə́:riə, kúriə | kúəriə, kǽr-/ 名 ❶ C **a** 配達[宅配]業者. **b** 急使; 密使. ❷ C 《英》旅行団添乗員, 案内人, ガイド. ❸ [C~; 新聞の名称に用いて] 「...新報」: the Liverpool C~ リバプール新報. 〖F<It=使者<correre 走る<L currere; cf. current〗

course¹ /kɔ́ːrs | kɔ́ːs/ 名 ❶ Ⓒ Ｕ [通例単数形で] **a** (船・飛行機の)コース, 針路, 航(空)路: a ship's ～ 針路 / hold [change] one's ～ 針路を保つ[変える] / We're on ～ for Manila. 私たちの船(飛行機)はマニラへの針路についている / The plane was many miles off ～. 飛行機は何マイルも航路をはずれていた. **b** 進路; 水路: The river takes its ～ to the west. その川は西に向かって流れている. ❷ Ⓒ (行動の)方針, 方向: hold to a middle ～ 中道を行く / hold [change] one's ～ 方針を続ける[変える] / take one's own ～ 独自の方針を取る, 自分の好きなようにする. ❸ Ⓤ **a** (通例 the ～) 進行, 推移: the ～ of life 人生行路, 一生 / the ～ of history 歴史の流れ. **b** 過程, 経い行き: the ～ of an argument 議論の順序[筋道] / in (the ordinary) ～ of things [events] 自然[事]の成り行きで, 自然に / allow events to follow their ～ 事態を成り行きに任せる. ❹ Ⓒ **a** (通例高校以上の学習)課程; 一定の教育課程, コース; 学科, 科目: a ～ of study 教科課程 / 学習指導要項 / a summer ～ 夏期講座[講習] / take a ～ **in** [**on**] mathematics 数学の科目を選ぶ[履修する]. **b** (講義などの)連続: a ～ of lectures 連続講義. **c** (医) (治療の)período, クール: prescribe a ～ of treatment [antidepressant drugs] 一連の治療を指示する[一定期間の抗うつ剤を処方する]. ❺ Ⓒ (食事の)一品, コース, (蕎) dinner で順次に出る一皿一皿で, 普通は soup, fish, meat, dessert, coffee の順): the fish ～ 魚の料理 / a dinner of four ～s=a four-course dinner 4品料理. ❻ Ⓒ **a** (競走・競技の)コース (距離 競技など選手が走ったコースをとるのには lane を用いる): a golf ～ ゴルフコース / ⇒ racecourse. **b** 競馬場. ❼ Ⓒ (建) (石・れんがなどの)横の層.

in dúe cóurse 事が順当に運んで[運べば], 適当な時に, 時節が来れば, そのうちに, やがて.

in [dúring] the cóurse of... ...のうちに; ...の途中で: in the ～ of (our) conversation (私たちが話しているうちに) / in the ～ of this year [a few centuries] 今年[数世紀]のうちに.

in the nórmal [nátural, órdinary, úsual] cóurse of evénts 普通は, 順調に進めば (=normally).

in (the) cóurse of tíme そのうちに, やがては (eventually).

of course /əvkɔ́ːs, əf- | -kɔ́ːs/ (1) もちろん, 当然: Of ～ he'll come. もちろん彼は来ます. (2) [相手の言葉を受けて] もちろん (よろしいですよ): "May I use your phone?" "Of ～." 「電話をお借りしていいですか」「もちろんいいですよ」; "You don't like it?" "Of ～ nòt."「それはお好きではないでしょうね」「もちろん(好きではありません)」. (3) [重文で但を伴って]: Of ～ he's well qualified as a teacher [for teaching] *but* he has little experience. もちろん彼は教師の資格は十分あるが経験が不足している. (4) [相手に何かを指摘されたり, 何かに思い当たったりして]そうか!, そうだ!: "Today is Sunday; the shops are closed." "Oh, of ～! (How stupid of me!)"「きょうは日曜ですからお店は閉まっていますよ」「あっそうだ! (私ってなんてばかなんだろう)」.

on cóurse (目的を達する・ある結果となる)方向に進んで, ...することが見込まれて [*for*]〈*to do*〉.

rún [táke] its [their] cóurse 自然の経過[成り行き]をたどる; 自然に消滅する (《用法》ある成り行きの完了した「結果」をいう場合は take は使わない): The law must *take its* ～. 法は曲げるわけにはいかない / Let matters *take their* ～. 事を成り行きに任せよ / The term of the contract has *run its* ～. 契約の期限が切れた.

stáy the cóurse (1) (競走で)完走する. (2) 最後までがんばる[あきらめない].

―― 自 〈液体が〉とどまることなく流れる: Tears ～*d down* her cheeks. 涙が彼女のほおを伝って流れた.
―― 他 猟犬を使って〈獲物を〉狩る.

〖Ｆ＜Ｌ *currere* 走る; cf. **current**〗

course², **'course** /kɔːrs | kɔːs/ =of COURSE¹ 成句.

cóurse・bòok 名 《英》(特定の教科課程で使用する)テキスト, 教科書.

cours・er¹ /kɔ́ːrsər | kɔ́ːsə/ 名 (詩) 駿馬(しゅんめ).

cours・er² /kɔ́ːrsər | kɔ́ːsə/ 名 (鳥) 地上を速く走る鳥. (特に)スナバシリ (ツバメチドリ科; アフリカ・南アジア産).

cóurse・wàre 名 Ⓤ 教育用ソフトウェア, コースウェア (教材用カセット・レコードなど).

cóurse・wòrk 名 Ⓤ (教育) コース学習, コースワーク (特定のコースで学生に要求される学習課題).

cóurs・ing 名 Ⓤ 猟犬使用の狩猟 (獲物を, 匂いではなく視覚で追わせるもの; (特に)グレーハウンドを使ったウサギ狩り).

court /kɔ́ːrt | kɔ́ːt/ 名 ❶ **a** Ⓒ Ｕ 法廷, 裁判所: a civil [criminal] ～ 民事[刑事]裁判所 / a ～ of appeal 控訴裁判所 / a ～ of first instance 初審裁判所 / a ～ of justice [law] 法廷, 裁判所 / the High C~ (of Justice) 《英》高等法院 / the Supreme C~ (of Judicature) 《英》最高法院 (⇒ judicature 成句) / Supreme C~ of the U.S. 《米》連邦最高裁判所 (chief justice (長官) 1 人と associate justice (判事) 8 人) / United States C~ of Appeal 《米》連邦高等裁判所, 控訴裁判所 (連邦地裁の判決後の上告を取り扱う; 13 か所ある) / United States District C~ 《米》連邦地方裁判所 (州・地方自治体裁判所で 95 か所ある) / police court / hold (a) ～ 裁判を行なう[開く] / appear *in* ～ 出廷する / go to ～ 裁判に訴える, 訴訟を起こす / settle *out of* ～ 法廷外で決着[和解]する, 示談にする / take a case *into* ～ 事件を裁判にする / take a person *to* ～ (for breach of trust) 人を (背任で)裁判に訴える / bring a prisoner *to* ～ for trial 審理のため被告人を法廷に引き出す. **b** [the ～] ある法廷の人全体; (特に)裁判官 [判事, 陪審員] (たち): The ～ found him guilty. 法廷では彼を有罪と判決した. **c** [the ～] (制度としての)司法, 裁判所. ❷ Ⓒ Ｕ (テニスなどの)コート: a grass ～ 芝生の(テニス)コート / The ball was *in* [*out of*] ～. ボールはコートに入っていた[コートから出ていた] / She behaves well *off* [*on*] ～. 彼女はコートの外[中]で行儀がよい / ⇒ tennis court, hard court, service court. ❸ **a** Ⓒ Ｕ 宮廷, 宮中, 王室: the C~ of St. James's 聖ジェームズ宮廷, 英国宮廷 / *at* ～ 宮廷で / *go to* ～ 参内(さんだい)する. **b** Ⓤ [the ～] 宮廷の人々 (王室, 廷臣などすべて). ❹ Ⓒ **a** (周囲に建物のある)中庭. **b** 《英》(周囲に建物のある)裏町の..., 袋小路 (しばしば大文字で Kensington Court のように地名にも用いられる).

Cóurt of Cláims [the ～] 《米》請求裁判所 (連邦または州政府に対する請求権を審査する).

cóurt of récord 記録裁判所 (訴訟記録を作って保管しておく裁判所).

cóurt of revíew 《法》上訴裁判所.

Cóurt of St. Jámes('s) [the ～] 聖ジェームズ宮廷 《英国宮廷の公式名》: the American ambassador to the ～ 駐英米国大使.

cóurt of súmmary jurisdíction 《英法》即決裁判所 (陪審なしに即決的に, 略式起訴による刑事事件を扱う(治安判事)裁判所).

hóld cóurt たくさんの人たちに囲まれる, 周囲に人が群がる.
láugh...òut of cóurt 〈...を〉一笑に付す, 問題にしない.
páy cóurt to a pérson 人におべっかを使う [追従する, 取り入る]; 人の機嫌を取る; (女性に)くどく.
pút [rúle]...òut of cóurt 〈...を〉取り上げないことにする; 〈...を〉無視する.

―― 形 ▲ ❶ 宮廷の[に関する], にふさわしい: a ～ poet 宮廷詩人 / a ～ officer 宮内官. ❷ 〈スポーツなど〉コートを使ってる, コートを使ってるスポーツの: a ～ star (テニスなどの)花形選手.

―― 動 他 ❶ 〈人の〉支持[歓心]を得ようとする, 機嫌を取る, 〈人に〉取り入る, くどく. ❷ 〈人の〉支持・称賛などを得, 得ようと努める: ～ a person's approbation 人の賛同を求める. ❸ 〈不幸・災難・敗北などを〉自ら招く (invite): You are ～*ing* disaster [danger, ruin]. 君は自分で災難[危険, 破滅]を招くようなことをしている. ❹ (古風) 〈男が女に〉言い寄る, くどく, 求愛する. ―― 自 (古風) 〈男女が〉愛する, 結婚を前提につき合う, 愛し合う.

〖Ｆ＜Ｌ *co(h)ors, co(h)ort-* 囲い地, 集団 ＜ *hortus* 庭〗

cóurt bóuillon /kúər- | kɔ́ːt-/ 名 Ⓤ クールブイヨン (野菜・白ワイン・香料などで作る魚を煮るためのストック).

cóurt càrd 图《英》(トランプの)絵札 (《米》face card).

cóurt círcular 图《英》[通例 the C- C-]《マスコミに発表される》王室行事日報.

court cúpboard 图 (16-17世紀の)陶器飾り戸棚.

cóurt drèss 图 ⓤⓒ 宮中服, 大礼服.

***cour・te・ous** /kə́ːtiəs | kə́ː-, kɔ́ː-/ 形 (more ~; most ~) 礼儀正しい, 思いやりのある, 丁重な (to, of) (↔discourteous): a ~ person 礼儀正しい人 / receive a ~ welcome 手厚い歓迎を受ける / She was very *to* me. 彼女は私にとても親切でした. **-ly** 副 **~ness** 图 〖F; ⇒ court, -eous〗【類義語】⇒ polite.

cour・te・san /kɔ́ːtəzə(ə)n | kɔ̀ːtizǽn/ 图《主に文・詩》(王侯貴族・金持ち相手の)高級売春婦.

***cour・te・sy** /kə́ːtəsi | kə́ː-, kɔ́ː-/ 图 ❶ ⓤ 礼儀(正しさ), 丁重, いんぎん, 親切: as a matter of ~ 礼儀として / by ~ 儀礼上, 慣例上 / to return the ~ 返礼のために[として] / She didn't even have the ~ to thank me. 彼女は私に礼を言う礼儀さえもわきまえていなかった / He did me the ~ of answering the question. 彼は私の質問に答えてくれた. ❷ ⓒ 丁重な行為[言葉]: She has done me innumerable *courtesies*. 彼女は私に何度となく親切にしてくれた. **courtesy of** (1) …のご好意(によって): through the ~ *of*…＝(by) ~ *of*…の好意によって(の)《【用法】《米》では通例 by が略される》/ by ~ of the author 著者のご好意により《転載の場合などの断わり書き》. (2) …の提供で, …からの賞品として. (3) …のおかげで, …の結果として. ── 形 🅐 ❶ 儀礼上の: a ~ call [visit] 儀礼(表敬)訪問 / a ~ letter 儀礼的な手紙. ❷ 優遇の, 優待の: a ~ card 優待カード / a ~ bus 無料送迎バス. 〖F; ⇒ courteous, -y¹〗

cóurtesy càr 图 (修理工場の)代車; ホテルが滞在客に無料で提供する車.

cóurtesy lìght 图 (自動車の)カーテシーライト《ドアが開くと自動的につく室内灯》.

cóurtesy phòne 图 (空港・ホテルなどに設置された)無料電話.

cóurtesy tìtle 图 優遇爵位[敬称]《法的効力がないが貴族の子女の前につける Lord, Lady, The Hon. など》.

⁺**cóurt・hòuse** 图 ❶ 裁判所. ❷《米》郡庁舎.

⁺**cóur・ti・er** /kɔ́ːtiə | kɔ́ːtiə/ 图 ❶ (昔の)宮廷に仕える人, 廷臣. ❷ ご機嫌取り(人).

cóurt・ly 形 (court・li・er; -li・est) ❶ (宮廷人のように)ようやしい, 上品な; 優雅な, 奥ゆかしい: ~ manners きょう品[典雅]な作法. ❷ へつらう. ── 副 ❶ 宮廷風に; 上品に, 優雅に. ❷ へつらって. **cóurt・li・ness** 图.

cóurtly lóve 图 (中世の)宮廷風恋愛, 騎士道的愛.

⁺**cóurt-mártial** 图 (働 courts-martial, ~s) 軍法会議: by ~ 軍法会議で《★ by ~ は無冠詞》. ── 動 他 (court-mar・tialed, 《英》-tialled; -mar・tial・ing, 《英》-tial・ling) 〈人〉を軍法会議にかける.

cóurt órder 图 裁判所命令.

cóurt plàster 图 ⓤ《特に にべ (isinglass) のコーティングをした》絆創膏(ばんそうこう).

cóurt repòrter 图 法廷速記者.

cóurt ròll 图 裁判所記録; 〖英法史〗荘園記録《荘園領主裁判所の土地登録台帳》.

⁺**cóurt・ròom** 图 法廷.

⁺**cóurt・shìp** 图 ❶ ⓤ (女性への, また動物の)求愛, 求愛. ❷ ⓒ 求婚期間.

cóurt shòe 图 [通例複数形]《英》パンプス《ひもの留め金のない中くらいのヒールの女性靴》.

cóurt tènnis 图 ⓤ《米》コートテニス《高い壁に囲まれたコートでする屋内テニス; cf. lawn tennis 1》.

⁺**cóurt・yàrd** 图 中庭《城などの》前庭.

cous-cous /kúːskuːs/ 图 ⓤ クスクス《ひき割り麦を蒸して作る北アフリカの料理; 通例 肉や野菜を添える》.

***cous・in** /kʌ́zə)n/ 图 ❶ いとこ《おじ・おばの子》: a first [full] ~ (実の)いとこ / a (first) ~ once removed いとこの子 / a second ~ また[ふた]いとこ, はとこ《親のいとこの子》; (俗)いとこの子 / a third ~＝a first ~ twice removed またいとこの子 / He's a ~ of the President('s) [~ to the President]. 彼は大統領のいとこに当たる《★~ to は通例無冠詞》. ❷ a 親戚, 縁者: ⇒ kissing cousin. b 近縁関係にあるもの: Monkeys are obviously ~s of man. サルがヒトと近縁関係にあることははっきりしている. 〖L=母の姉妹の子供〗

cóusin-gérman 图 (働 cousins-german) (実の)いとこ.

cóusin-in-làw 图 (働 cousins-in-law) 義理のいとこ.

cóus・in・ly 形 いとこ(間)の, いとこらしい.

Cous・teau /kuːstóu/, **Jacques-Yves** /ʒɑːkíːv/ クストー《1910-97; フランスの海洋探検家》.

⁺**cou・ture** /kuːtjúə | -tjúə/ 图 ⓤ《(オート)クチュール: **a** 高級婦人服仕立て[デザイン]; ⇒ haute couture. **b** ファッションデザイナー連. **c** デザイナー仕立ての服.

cou・tu・ri・er /kuːtúə)rièi, -riə | -t(j)úə)rièi, -riə/ 图 高級婦人服ドレスメーカー[デザイナー].

cou・tu・ri・ère /kuːtúə)riɛə, -riə | kuːt(j)úə)riə/ 图 couturier の女性形.

cou・vade /kuːváːd/ 图 ⓤ 擬娩《妻の産褥中, 夫が床につき産の苦しみをまねたり食物を制限したりする風習》.

cou・vert /kuːvéə -véə/ 图 (食卓上の)一人前の食器.

cou・ver・ture /kùːveə(r)tjúə | -veət)júə/ 图 ⓤ キャンディーやケーキにかけるチョコレート.

co・vá・lence, **-cy** 图 【化】 ❶ 共有原子価 (cf. electrovalence). ❷＝covalent bond.

co・vá・lent 形 【化】電子対を共有する. **~・ly** 副

covàlent bónd 图 【化】共有結合.

co・várience 图 ⓤ 〖統〗共分散.

co・váriant 形 〖数〗(微分・指数など)共変の[する].

co・variátion 图 ⓤ 〖数〗共変動《2つ以上の変数の相関的な変化》.

cove¹ /kóuv/ 图 ❶ (湾内の)入り江, (海岸の)小湾《★ bay より小さい》. ❷ 【建】コーブ: **a** くぼみのある部材. **b** 壁面上部の光源を隠す凹面.

cove² /kóuv/ 图《英俗》人, やつ, 男.

co・vel・lite /kouvélait/, **co・vel・line** /kouvéliːn/ 图 ⓤ 〖鉱〗銅藍《藍色の天然硫化銅》.

cov・en /kʌ́vən/ 图 (特に, 13人の)魔女の集会.

⁺**cov・e・nant** /kʌ́vənənt/ 图 ❶ ⓒ 契約, 盟約, 誓約. ❷ 〖法〗捺印(なつ)証書, 捺印証書契約; 契約条項: (a) breach of ~ 約定違反. ❸ ⓒ《主に英》(特に慈善事業への, 定期的な)寄付金の約束. ❹＝〖神学〗《神とイスラエル人の間の》聖約: the Land of *the C-* 〖聖〗聖約の地. ── 動 他 〈…を〉契約[誓約]する: ~ a donation of 100 pounds to a church 教会に100ポンドの寄付を約束する / They ~ed to sell only to certain buyers. 彼らは特定の買い手にだけ販売する契約を結んだ. 〖F<L *convenire* 集まる, 一致する; ⇒ convenient〗

cóv・e・nánt・er /-tə | -tə/ 图 ❶ 盟約者, 誓約者; 契約者. ❷ [C-] 〖スコ史〗盟約者, カヴェナンター《17世紀スコットランドで長老主義維持のために誓約を結んだ人々》.

cóv・e・nant・or /-tə | -tə/ 图 〖法〗契約(当事)者.

Cóv・ent Gárden /kʌ́vənt-, kʌ́v- | kɔ́v-, kʌ́v-/ ❶ コベントガーデン《London 中央部の地区; もと青物・草花の卸し市場があった》. ❷ コベントガーデン(オペラ)劇場《正式名 Royal Opera House》.

Cov・en・try /kʌ́vəntri, kʌ́v- | kɔ́v-, kʌ́v-/ 图 コベントリー《イングランド中部の都市》. **sènd a person to Cóventry** 〈人〉を仲間はずれ[村八分]にする, 〈…と〉絶交する《由来 昔この町の住民が兵士を嫌ったことから》.

***cov・er** /kʌ́və | -və/ 動 他 ❶ **a** 〈…を〉おおう, おおい隠す, おおって保護する; 〈ものに〉おおいをする, ふたをする: ~ a dish 皿にふたをする / ~ one's face (手などで)顔をおおう / She ~ed the mouthpiece of the phone *with* her hand. 彼女は電話の送話口を手でおおった. **b** [~ *oneself* で] (…で)身を包む (*with*).
❷ **a** 〈…の〉表面をおおう, 上に広がる[広げる]: Snow ~ed the ground. 雪が地面をおおった / The ground *was* ~ed *with* snow. 地面は雪でおおわれていた / His shoes *were* ~ed *with* [*in*] dust. 彼の靴はほこりまみれになっていた. **b** 〈…に…を〉張る, 表装する; 塗る; 〈一面に…を〉まき散らす[はねかける]: ~ the seat of a chair *with* leather

いすの座部を革張りにする / He ~ed the cake *with* icing. 彼はケーキに糖衣を塗った.
❸ 〈分野などを〉含む,〈主題などを〉扱う,対象とする;〈規則などが〉〈人・事例などに〉適用される,〈...を〉対象とする: His lecture ~ed various aspects of language. 彼の講義は言語の諸相にわたっていた / The rule ~s all cases. その規則はあらゆる場合に当てはまる.
❹ 〈報道機関・記者などが〉〈事件などを〉報道する, 取り上げる: CBS ~ed the issue. CBSがその問題を報道した / She ~ed the story for *The Times*. 彼女はタイムズのためにその記事を取材した.
❺ 〈金銭が〉〈費用などを〉まかなう,〈...に〉足りる: Will ＄500 ~ our expenses for the weekend? 500ドルで週末の費用がまかなえるだろうか / Can you ~ the check? その小切手をカバーするだけの預金がありますか.
❻ 〈保険が〉〈損害・人などを〉補償の対象とする, 〔...に対して〕補償する: Are you ~ed *against* [*for*] fire? 火災保険に入っていますか / 〔目+to *do*〕 You are not ~ed to drive a company vehicle. 会社の車両を運転することに対しては保険がききません.
❼ 〈ある距離を〉行く,〈ある土地を〉踏破する: I ~ 200 miles a day in my car. 1日に200マイル車を走らせる / We ~ed three countries in a week. 1週間で3か国を回った. b 〈範囲が〉〈...に〉広がる, わたる, 及ぶ: The Sahara ~s an area of about three million square miles. サハラ砂漠は約300万平方マイルの地域に及んでいる.
❽ a 〈人を〉掩護(ኢん)する, 掩護射撃する; かばう, 保護する: C~ me! 掩護してくれ. b 〈砲・銃などが〉〈...に〉対する防衛として役立つ;〈...を〉見下して射撃する.
❾ 〈人に〉〈銃を〉向ける, 〈人を〉銃の射程内におく.
❿ 〖スポ〗 a 〈...を〉守る, カバーする. b 〈相手を〉ガードする.
⓫ 〈感情などを〉隠す: He laughed to ~ his annoyance. 彼は笑っていらだちを隠した.

cóver for... (1) ...をかばう, 守る: He ~ed for a friend who was suspected of a terrorism. 彼はテロ行為の嫌疑を受けている友人をかばった. (2) 〈人の〉代わりを勤める, 代理をする: C~ *for* me for a few minutes, will you? ちょっと私の代わりをしてください.

cóver ín 《他+副》 (1) 〈穴・墓などを〉土でふさぐ, 埋める《比較》 fill in のほうが一般的》. (2) 〈道路・テラスなどに〉屋根をつける.

cóver óver 《他+副》 (1) 〈物のきずなどを〉おおい隠す. (2) 〈失策などを〉隠す.

cóver úp 《他+副》 (1) 〈...を〉〈...で〉すっかりおおう〔包む〕: C~ yourself *up* (*with* something warm). (何か暖かいもので)体をくるみなさい. (2) 〈悪事などを〉包み隠す: They tried to ~ *up* the bribery. 彼らはわいろをもみ消そうとした.
──《自+副》 (3) 〔人をかばう, 人のために〕取りつくろう: He tried to ~ *up for* her by lying. 彼はうそを言って彼女をかばってやろうとした.

──名 ❶ a おおい, カバー; 包むもの; ふた: a sofa ~ ソファーのおおい / put a ~ on a chair いすにカバーをかける / take the ~ from [off] a pan なべのふたを取る. b ~ from (本・雑誌などの)表紙;(CDなどの)ジャケット《比較》日本語でいう「本のカバー」は (dust) jacket または 《英》wrapper》. c [the ~] (寝具用の)上掛け, 毛布, 毛布類; 寝具類.
❷ Ⓤ a 隠れ場所, 避難所; 獲物の隠れ場所〔森林・茂みなど〕(shelter): find ~ from a storm あらしからの避難場所を見つける / break ~ 隠れ場所〔やぶなど〕から飛び出す. b 〖軍〗掩護(ኢん)する, 掩護射撃: give [provide] ~ 掩護する.
❸ a Ⓒ (通例単数形で) そらすもの, (注目を引く)〔...の〕おおい, (注目をそらすための)隠れみの (front): The pizzeria was a ~ *for* selling drugs. そのピザ料理店は麻薬を売るための隠れみのであった. b Ⓤ かこつけ, 口実. c Ⓤ (やみ・夜・煙などの)遮蔽物: under ~ of night [darkness] 夜陰に隠れて〔まぎれて〕.
❹ Ⓤ 〖保険〗 《英》補償〔範囲〕(《米》coverage) 〔against〕.
❺ Ⓒ (曲などの)カバーバージョン (cover version).
❻ a Ⓒ,Ⓤ 《米》席料, カバーチャージ (cover charge). b Ⓒ (テーブルの)席.

❼ Ⓤ 《英》(不在者の仕事などを)補うこと, 補佐.
❽ Ⓤ 〖通例 the ~〗 (一地域に生育する)植物: *the* natural ~ of Scotland スコットランド産自然植物.

blów one's cóver (不注意に)秘密の身分を明かす.

(from) cóver to cóver (本一冊)初めから終わりまで(残さず), 全編を通して: read a book (from) ~ *to* ~ at one sitting 本を一気に最初から最後まで読み通す.

táke cóver (1) 〖軍〗 (地形・地物を利用して)隠れる, 〔敵の砲火などから〕身を守る〔*from*〕(shelter). (2) 隠れる, 避難する〔*from*〕.

únder cóver (1) 隠れて; 内密に: go *under* ~ 身を隠す / We sent an agent *under* ~ to investigate. 我々は調査のためひそかにスパイを送った. (2) 保護物〔遮蔽物, 屋根(など)〕の下で.

únder séparate cóver 別の封筒で, 別封で.

〚F く L=すっかり隠す〛 《派》coverage

*cov·er·age /kʌ́v(ə)rɪʤ/ 名 ❶ Ⓤ a 報道(範囲), 取材(範囲): radio and TV ~ ラジオとテレビによる報道 / The story received front-page ~. その記事は第一面で報道された. b (題材などの扱う〔取り上げる〕範囲. c (ラジオ・テレビの)放送(範囲), サービス区域. ❷ Ⓤ 〖また a ~〗 〖保険〗 《米》補償〔範囲〕(《英》cover).

cóver·àll 名 〖通例複数形で〗 《米》カバーオール《上着とズボンが一緒になった作業服; overalls と違ってそでがある》 (《英》boiler suit).

cóver chàrge 名 (レストランなどの)席料, カバー[テーブル]チャージ《レストラン・キャバレーなどで飲食料以外のアトラクション・サービス料として取る料金》.

cóver cròp 名 被覆作物, 間作物《冬期土質を保つために植えるクローバーなどマメ科植物》.

*cov·ered 形 おおいのついた, ふた付きの.

cóvered brídge 名 《米》屋根付き橋.

cóvered wágon 名 《米》(19世紀の開拓者たちが用いた)ほろ馬車.

cóver gìrl 名 カバーガール《雑誌などの表紙に使われる魅力的な女性》.

*cov·er·ing /kʌ́v(ə)rɪŋ/ 名 ❶ Ⓒ おおい, 外被, 屋根. ❷ Ⓤ おおうこと, 被覆; 援護, 遮蔽(ፕ፟ሊ).

cóvering lètter [nòte] 名 (同封物につけた)添え手紙, 添書, 添付説明書.

cov·er·let /kʌ́vəlɪt | -və-/ 名 ベッドの上掛け.

cóver lètter 名 《米》=covering letter.

cóver·lìd 名 =coverlet.

cóver nòte 名 《英》〖保険〗仮証書, 仮契約書.

cóver stòry 名 ❶ カバーストーリー《雑誌の表紙の絵や写真に関連した記事》. ❷ (真実を隠すための)口実.

*co·vert /kóʊvɚːt, kʌ́vɚt | kʌ́vət, kóʊvɚːt/ 形 ひそかな, 隠れた; 暗に示した (↔ overt): ~ negotiations 秘密交渉. ──/kʌ́v(ə)t, kóʊvɚt/ 名 ❶ (獲物の)隠れ場, 潜伏所. ❷ 〖鳥〗雨(ᡰま)おおい(羽). ~·ly 副 〚F=covered〛

cóvert còat 名 《英》カバートコート《狩猟・乗馬用などの短い外套》.

cov·er·ture /kʌ́vəʧɚ, -ʧʊə | -vəʧə, -ʧʊə/ 名 ❶ Ⓤ,Ⓒ おおい, 外皮. ❷ Ⓤ 〖旧法〗 (夫の保護下にある)妻の地位〔身分〕.

*cóver-ùp 名 〖通例単数形で〗隠すこと, もみ消し (whitewash): His chatter is a mere ~ *for* his nervousness. 彼のおしゃべりは単に自分の神経質なところを隠すためのものにすぎない.

*cóver vérsion 名 (ヒット曲などの)カバーバージョン.

*cov·et /kʌ́vɪt/ 動 〈他人のものなどを〉むやみに欲しがる, 切望する: All ~ all lose. 〖諺〗 大欲は無欲. 〚F く L=欲望〛 《派》covetous

cov·et·ed /-tɪd/ 形 〈賞・栄誉などが〉多くの人が欲しがる.

cov·et·ous /kʌ́vɪtəs/ 形 非常に欲しがる; 強欲な: ~ eyes 欲望の瞳 / be ~ *of* another person's property 他人の財産をひどく欲しがる. ~·ly 副 ~·ness 名

cov·ey /kʌ́vi/ 名 ❶ (ウズラなどの)親子連れの鳥の一群 〔*of*〕. ❷ (人・ものの)一団〔隊〕 〔*of*〕.

cov·in /kʌ́vɪn/ 名 ❶ 〖法〗(第三者を詐害する目的での)詐害密約, 共謀. ❷ 《古》詐欺.

cov·ing /kóʊvɪŋ/ 名 〖建〗=cove¹ 2.

*__cow¹__ /káʊ/ 名 (~s) ❶ a 雌牛, (特に)乳牛 (関連 bull は去勢してない雄牛; ox は去勢された雄牛, 牛の総称としても用いられる; calf は子牛; 牛肉は beef, 子牛肉は veal; 鳴き声は moo): ⇒ sacred cow. b 畜牛 (雌牛を含む). ❷ (サイ・ゾウ・アザラシ・クジラなどの)雌; [形容詞的に] 雌の: a ~ elephant 雌のゾウ. ❸《軽蔑》女. hàve a ców 《米口》興奮する, 怒る. till [until] the cóws còme hóme 《口》長い間, いつまでも (由来 乳をしぼる時に牛がなかなか帰ってこないことから). 〖OE〗

cow² /káʊ/ 動 他 おびやかす, 脅す (intimidate) 《★ 通例受身》: He was ~ed by her intelligence. 彼は彼女の聡明さに恐れをなした.

†**cow·ard** /káʊəd | -əd/ 名 臆病者, 卑怯(きょう)者. 〖F < coue 尾; 原義は「(おびえた動物が)尾を垂れた」〗 (形 cowardly)

Cow·ard /káʊəd | -əd/, Noël カワード (1899-1973; 英国の劇作家・小説家).

cow·ard·ice /káʊədɪs | -əd-/ 名 U 臆病, 卑怯(きょう). 〖COWARD+-ICE〗

*__ców·ard·ly__ 形 臆病な; 卑怯(きょう)な, 卑劣な (↔ brave): a ~ man 臆病者 / a ~ lie 卑劣なうそ. ── 副 臆病に, 卑怯に. **-li·ness** /-linəs/ 名 〖名 coward〗

ców·bàne 名〖植〗毒ゼリ.

ców·bèll 名 ❶ (所在を示すため)牛の首につける鈴. ❷《楽》カウベル (①に似た楽器).

ców·bìrd 名〖鳥〗コウウチョウ (北米産のムクドリの一種; 牛の群れにむらがる).

*__ców·bòy__ /káʊbɔ̀ɪ/ 名 ❶《米・カナダ》カウボーイ, 牛飼い (cf. gaucho). ❷ 牧童. ❸《口》a 無鉄砲な人. b 乱暴な運転をする人. ❹《英口》荒っぽい[不誠実な]商売をする人.

cówboy hàt 名 (カウボーイの)つば広帽子.

ców·càtcher 名《米》(機関車前部の)排障器.

ców chìp 名《米》乾燥牛ふん.

cow·er /káʊə | káʊə/ 動 (寒さ・恐怖などで)ちちこまる; すくむ.

ców·fìsh 名 ❶〖動〗海牛の類 (マナティーなど). ❷〖魚〗ハコフグ.

ców·gìrl 名 牧場の手伝い女, 女のカウボーイ.

ców·hànd 名 牛飼い, カウボーイ.

ców·hèel 名 C,U《英》カウヒール (ゼリー状になるまで煮込んだ牛の足の料理).

ców·hèrd 名 牛飼い.

ców·hìde 名 ❶ U,C (毛のついている)牛皮. ❷ U 牛皮. ❸ C 牛皮のむち.

ców·hòuse 名 牛小屋, 牛舎.

cowl /káʊl/ 名 ❶ a (僧の)ずきん付き外衣. b (僧の外衣の)ずきん. ❷ a (僧帽形の)煙突帽. b (通風筒の頂上の)集風器. c (機関車煙突頂上の)火の粉止め《金網のかご》. ❸ =cowling.

cowled 形 僧帽(状のもの)を着けた[取り付けた]; 〖植・動〗僧帽形[状]の.

ców·lìck 名 (額の上などの)立ち毛.

cow·ling /káʊlɪŋ/ 名 (航空機のエンジンカバー.

cówl·nèck 名 カウルネック (襟元にドレープのある婦人服のネックライン).

ców·man /-mən/ 名 (愎 -men /-mən/) ❶《英》牛飼い. ❷《米西部》牧畜農場主, 牧牛業者.

có·wòrker 名 (一緒に仕事をする)協力者.

ców pàrsley 名 U〖植〗シャク.

ców pàrsnip 名〖植〗ハナウド (セリ科; 牛の飼料).

św·pàt 名 牛のふん.

św·pèa 名〖植〗ササゲ, カウピー (食用または飼料・緑肥用).

Św·per's glànd /káʊpəz, kúː- | -pəz-/ 名〖解〗カウパー[クーパー]腺 (男性の尿道球腺; 性的興奮で粘液を分泌する). 〖W. Cowper 17-18 世紀の英国の外科医〗

św pìe 名 =cow chip.

św·pòke 名《米》カウボーイ.

św·pòx 名 U〗医〗牛痘.

św·pùncher 名《米》=cowboy 2.

cow·rie /káʊri/ 名〖貝〗タカラガイ, コヤスガイ (アフリカ・南アジアでは貨幣に用いられた).

có·wrìte 動 他 共同執筆する. **có·wrìter** 名 共著者.

cow·ry /káʊri/ 名 =cowrie.

św·shèd 名 =cowhouse.

św·slìp 名〖植〗❶ キバナノクリンザクラ (春に芳香のある黄色い花が咲くサクラソウの一種). ❷ リュウキンカ.

cox /káks | kóks/ 《口》名 (特に, レース用ボートの)コックス, かじとり. ── 動 他 (…の)コックスを務める. 〖COX(SWAIN)〗

Cox /káks | kóks/ 名 =Cox's orange pippin.

cox·a /káksə | kóks-/ 名 (愎 **cox·ae** /-siː/) ❶〖解〗寛骨部, 腰, 股関節(部). ❷〖昆〗基節. **cóx·al** /-s(ə)l/ 形

cóx·còmb /kákskòʊm | kóks-/ 名 ❶ ばかなしゃれ者. ❷〖植〗ケイトウ. 〖cock's comb から〗

cóx·còmb·ry /-mri-/ 名 おしゃれ, 気取り; 気取ったふるまい.

Cox·sáck·ie vírus /kaksǽki- | kɔks-/ 名〖医〗コクサッキーウイルス (ヒトに各種の感染症を起こす腸管系ウイルス). 〖*Coxsackie* は初めに患者が見つかった New York 州の町〗

Cóx's óra nge píppin /káksɪz | kóksɪz-/ 名 コックスオレンジピピン (英国産の赤みがかった緑色の皮のリンゴ).

cox·swain /káksən, kákswèɪn | kɔ́k-/ 名 =cox. 〖cock 小舟+SWAIN〗

+**coy** /kɔ́ɪ/ 形 ❶〈若い娘・女の態度が〉恥ずかしそうなふりをする; はにかみやの (demure): Don't be [play] ~. 恥ずかしそうないりはよしなさい. ❷ いやに無口な, 口を割らない (reticent): He's ~ *about* his income. 彼は収入のことを詳しく言わない. **~·ly** 副 **~·ness** 名 〖F L=静かな〗〖類義語〗⇒ shy¹.

coy·o·te /kaɪóʊti, káɪoʊt | kɔɪóʊti, kɔ́ɪoʊt/ 名 (愎 ~s, ~) コヨーテ (北米大草原産; オオカミに似ている).

Coyóte Stàte [the ~] コヨーテ州 (South Dakota 州の俗称).

coy·pu /kɔ́ɪpuː/ 名 (愎 ~s, ~) =nutria.

coz¹ /káz | kɔ́z/ 名 (愎 **cóz·(z)es**) 《米口・英古》いとこ (cousin).

coz² 《弱形》kəz; 《強形》kʌ́ːz | kɔ́z/ 腰圈《口》=because.

coz·en /kʌ́z(ə)n/ 動 他 《文・詩》〈人を〉かつぐ, だます; 〈ものを〉だまし取る.

coz·en·age /kʌ́z(ə)nɪdʒ/ 名 U だますこと, 詐欺. だまされること.

*__co·zy__ /kóʊzi/《米》形 (**co·zi·er; -zi·est**) ❶《部屋など》(暖かくて)居心地のよい, こぢんまりした: a ~ little restaurant 居心地よよくこちんまりしたレストラン. ❷《人の》くつろいだ, 楽な; 打ち解けた, 親しみやすい: I felt ~ watching the hearth fire. その炉の火を見ているうちにほのぼのとよい気分になった. ❸ 保温カバー (ゆで卵用・ティーポットの保温用の綿入れカバー): a tea [an egg] ~ 茶器[卵]保温カバー. ── 動 他 ❶《米》〈家などを〉居心地よくする 〈*up*〉. ❷《英口》〈人をだまして〉安心させる 〈*along*〉. ── 自《米口》❶ 居心地よくなる 〈*up*〉. ❷〈人に〉親しくなる; 取り入る 〈*up*〉〈*to*〉. **có·zi·ly** 副 **có·zi·ness** 名 〖類義語〗⇒ comfortable.

cp, c.p. 《略》 candlepower. **CP** 《略》 cerebral palsy 脳性麻痺; chemically pure 化学的に純粋な; command post; Common Prayer; Communist Party.

cp. 《略》 compare. **c/p** 《略》 charter party.

CPA /síːpiːéɪ/ 名 =certified public accountant.

cpd. 《略》 compound. **CPI** 《略》 consumer price index. **CPI, CPL, cpl.** 《略》 corporal. **CPO** 《略》 chief petty officer. **CPR** 《略》〖医〗 cardiopulmonary resuscitation. **cps** 《略》〖電算〗 characters per second; 〖電〗 cycles per second. **Cpt., CPT** 《略》 captain. **CPU** 《略》〖電算〗 central processing unit. **CPVC** 《化》 chlorinated polyvinyl chloride 塩素化ポリ塩化ビニル (水道のホースに用いる).

CQ /síːkjúː/ 名 シーキュー (アマチュア無線で通信交換呼び掛けの信号). 〖c(all to) q(uarters)〗

Cr 《記号》〘化〙 chromium. **CR** 〔電算〕《略》 carriage return. **cr.** 《略》 credit(or); crown.

+**crab**[1] /krǽb/ [名] ❶ [C] 〘動〙 **a** カニ《カニ類の甲殻類の総称》. **b** カニに似た甲殻類《ヤドカリ (hermit crab), カブトガニ (horseshoe crab) など》. ❷ [U] (食用とする)カニの肉[身]. ❸ **a** ＝crab louse. **b** [C] [複数形で]《口》ケジラミがわくこと. ❹ [the C~]〘天〙かに座. **cátch a cráb** (ボートで, 水中に突っ込みすぎて, または浅すぎて)オールをこぎそこねてひっくり返る. ── [動] [自] (**crabbed; crab·bing**) ❶ カニを取る: go *crabbing* カニ取りに行く. ❷ 横ばいする.

crab[2] /krǽb/ [動] (**crabbed; crab·bing**)《口》[他] 〈人を〉不機嫌にする, ふくれさせる. ── [自] ぐちをこぼす, 不平を言う〔*about*〕. 〘CRABBED から〙

crab[3] /krǽb/ [名] ❶ ＝crab apple. ❷ 意地の悪い人, 気難しい人.

cráb àpple [名] (小粒で酸味の強い)野生リンゴ.

crab·bed /krǽbɪd, -bd/ [形] ❶ 〈筆跡が〉読みづらい. ❷ 〈文体など〉ひねくれた, 難解な: a ~ style ごつごつした文体. ❸ 〈人・言動など〉つむじ曲がりの; 気難しい. **~·ly** [副] **~·ness** [名] 〘カニ (crab[1]) の歩き方がひねくれた性質を思わせることから〙

cráb·ber [名] カニ漁師; カニ漁船.

crab·by /krǽbi/ [形] (**crab·bi·er, -bi·est**) ＝crabbed 3.

cráb càctus [名] ＝Christmas cactus.

cráb·gràss [名] [U] 〘植〙メヒシバの類《野原や芝生にはびこる雑草》.

cráb lòuse [名] 〘昆〙ケジラミ《陰毛などに付着する》.

cráb spìder [名] 〘動〙カニグモ《木や花にすみ横長でカニのように横歩きもする小型のクモの総称》.

cráb·stìck [名] ❶ (特に野生リンゴ (crab apple) の)木で作った杖[棍棒]. ❷ 意地の悪い人, 邪険な人.

cráb stìck [名] カニ棒《カニ風味カマボコ》.

cráb·wìse, cráb·wàys [副] カニのように, 横ばいで, 横に.

*__crack__ /krǽk/ [動] [他] ❶ 〈…に〉ひびを入れる; 〈堅いものを〉(パチンと)割る, 砕く: I have *~ed* the cup, but not broken it. カップにひびを入れはしたが割りはしなかった / ~ an eggshell [the shell of a peanut] 卵[落花生]の殻を割る / 〔+目+補〕 ~ open a nut クルミを(パチンと)割る. ❷ 〈…に〉鋭い音をさせる; 〈むちを〉ピシッと鳴らす《★ 受身不可》: ~ a whip むちをピシッと鳴らす / ~ one's fingers [knuckles] 指[指の関節]をポキンと鳴らす. ❸ **a** 〈…を〉〔…に〕ぶつける〔*against, on*〕: ~ one's knee ***against*** the edge of a table ひざをテーブルの端にぶつける. **b** 〈人の〉〔体の一部を〕ピシャリとたたく: ~ a person *on* the head 人の頭をピシャリとたたく. ❹《口》〈難問などを〉解く; 〈暗号などを〉解読する: ~ a code 暗号を解読する. ❺《口》〈ジョークなどを〉飛ばす: ~ a joke ジョークを飛ばす. ❻〔電算〕**a** 〈システムなどに〉不正侵入する, クラックする. **b** 〈製品を〉防止機能を破って不正コピーする. ❼ 〈金庫などを〉破る, 〈家などに〉押し入る. ❽《口》〈酒瓶などを〉あけて飲む: ~ a bottle (of wine) (ぶどう酒の)瓶をあけて飲む. ❾〘化〙(加圧蒸留によって)〈重油などを〉分解してガソリンなどを採る, 〈…を〉分留する.
── [自] ❶ パチリと砕ける[裂ける, 割れる]; ひびが入る: This plaster may ~ when it dries. このしっくいは乾燥するとひびが入るかもしれない / 〔+補〕 The nut *~ed* open. クルミはパチンと割れて開いた. ❷ 鋭い爆音を発する; 〈むちが〉ピシッと鳴る; 〈銃が〉パーン(パーン)と鳴る. ❸ (泣き出しそうになった時など)〈声が〉(急に)かすれる, うわずる. ❹ (精神的・肉体的に)弱る, くじける, だめになる; 〈神経などが〉参る: Will he ~ (***up***) under the strain? 彼はこの緊張で参ってしまうだろうか.

cráck a smíle にっこりする.

cráck dówn (on…) (…に)断固たる措置をとる, (…を)厳しく取り締まる (clamp down); 厳罰に処する: ~ *down on* terrorists テロリストを厳重に取り締まる.

cráck ínto… 〈コンピューターシステムなど〉に不正に侵入する.

cráck ón (with…) 《英口》(仕事などを)早急に進める, 一所懸命やり続ける.

cráck ónto a person 《俗》人と性的関係をもつようになる.

cráck úp 《[自]+[副]》 (1) (精神的・肉体的に)弱る, くじける (⇨ [自] 4) (go to pieces). (2)《口》急に笑い[泣き]出す; ゲラゲラ笑い出す. ──《[他]+[副]》 (3) ⇨ be CRACKED up to be [成句]. (4)《口》〈人を〉(ゲラゲラ)笑わせる: You ~ me *up*! 笑わせてくれるね.

gèt crácking 《口》(仕事を)どんどん始める; 急ぐ: *Get ~ing*! どんどんやれ, ぼやぼやするな.

hárd nút to cràck ⇨ nut [成句].

── [名] ❶ **a** [C] **裂け目, 割れ目** (chink); (陶器・ガラス器などの)ひび(割れ), きず: a ~ in a board 板のひび / *~s* in a cup 茶わんのひび. **b** [C] (ささいな)欠点, 欠陥: a ~ in one's argument 論拠の欠陥. **c** [C] (ドア・窓・板などの)わずかな開き, すき: a ~ in the curtains カーテンのすき間. **d** [a ~; 副詞的に] ちょっと, すこし: Open the window *a ~*. 窓をちょっとあけなさい. ❷ **a** [C] (むち・雷鳴などの)パチッ, ピシャリ, バリバリッ(などという音): the ~ of a whip むち打ちのバシッという音 / a ~ of thunder 雷鳴. **b** [the ~] (銃の)パーン(パーン)という発射音: *the* ~ of a rifle ライフルの発射音. ❸ [C] (音を伴う)鋭い一撃, ひと打ち: give a person a ~ on the head 人の頭をピシャリと打つ. ❹ [C] (突然の)声変わり. ❺ [C] 《口》 あざけり, 皮肉, (きつい)冗談 (gibe): make a ~ ***about***…に(下品な)冗談を言う. ❻ [C] [通例単数形で]《口》試み, ためし: have [take] a ~ ***at***… を試みる[しようとする] / give a person a ~ *at*… 人に…のチャンスを与える. ❼ [U] 《俗》 精製結晶コカイン, クラック《麻薬》.

a fáir cráck of the whíp 《英口》公平[公正]な機会[扱い].

at the cráck of dáwn [dáy] 夜明けに.

páper [páste, cóver] óver the crácks 《口》あわてて欠点[ぼろ]を隠す, その場しのぎをする, その場を取りつくろう.

slíp through the crácks ⇨ slip [成句].

the cráck of dóom 最後の審判日の雷鳴; 世の終わり《★ Shakespeare「マクベス」から》.

── [形] [A] 《口》 優秀な, 一流の: a ~ hand 妙手, 名人 / a ~ ship 優秀船 / a ~ shot 射撃の名手.

── [副] パチッと, ピシャッと.

【類義語】⇨ break[1].

cráck bàby [名] 《俗》クラックベビー《crack 中毒患者から生まれた心身障害児》.

cráck·bràined [形] 頭のおかしい, 気のふれた; ばかな: a ~ idea 愚かな考え.

*__cráck·dòwn__ [名] 〔違法行為などの〕取り締まり; 締めつけ, 弾圧〔*on, against*〕(clampdown).

+**cracked** [形] ❶ 砕けた, 砕いた; ひびの入った; 割れた: a ~ cup ひびの入ったカップ. ❷ 〈声が〉うわずった, かすれた; 声変わりした. ❸ [P] 《口》 〈人が〉気が変で; ばかで (crazy). ❹ 〈信用など〉損じた, 落ちた. **be crácked úp to be…** 《口》 [通例否定文で] …という評判である, …と信じられている: I'm afraid it's not all it *was ~ up to be*. それは前評判にはほど遠いと思います.

+**cráck·er** [名] ❶ クラッカー《甘みをつけない薄い硬焼きビスケット》. ❷ **a** 爆竹: ⇨ firecracker. **b** (パーティー用などの)クラッカー. ❸ 割る器具, 破砕機; [複数形で] くるみ割り器. ❹《英口》**a** たいしたもの, すごくいいもの. **b** 美人, いい女. ❺《米軽蔑》(米国南部の)貧乏白人. ❻〔電算〕クラッカー, (悪意の)ハッカー (hacker).

crácker-bàrrel [形] 《米》(いなかの店の雰囲気を思わせる)打ち解けた, 気軽な.

crack·er·jack /krǽkəʤæ̀k | -kə-/ 《米口》 [名] 優秀品; 一流の人, ぴか一. ── [形] 優秀な, 一流の: a ~ stunt pilot 超一流の曲芸飛行士.

crack·ers /krǽkəz | -kəz/ [形] [P] 《英口》〈人が〉気が変で, 狂って; ひどくいらいらして[怒って].

Crácker Stàte [名] [the ~] 米国 Georgia 州の俗称.

cráck·hèad [名] 精製結晶コカイン[クラック]の常用者.

cráck hòuse [名] 《米俗》 精製結晶コカイン[クラック] 密売所, クラックハウス.

cráck·ing 《俗》 [形] すばらしい, すてきな, すごい (great). ── [副] [通例 ~ good で] すごく, とても: a ~ *good* football match すばらしいサッカー試合. ── [名] [U] 〔電算〕クラッキング: **a** システムに不正侵入すること. **b** (防止機能を破って)製品を違法コピーすること.

crácking plànt [名] (石油の)分留所《重油・軽油などを

加圧蒸留により分解してガソリンなどを製造する所).
cráck-jàw 形《口》発音しにくい(言葉).
crack・le /krǽkl/ 動 (自) パチパチ[パリパリ]音をたてる: A fire ~d in the fireplace. たき火が暖炉でパチパチ鳴った. —— 名 パリパリこわす; ひび入らせる. — 名 ① [単数形で] パチパチ鳴る音: the ~ of distant rifle fire 遠くから聞こえてくるライフルの銃の音. ② ① (陶磁器)のひび. b =crackleware. [CRACK+-LE]

cráckle・wàre 名 ① ひび焼き(陶磁器).
cráck・ling 名 ① パチパチと音をたてること. ② a (ローストポークの)かりかりする上皮. b ⓒ [通例複数形で] (脂肪からラードをとった後の)かす. ③ ① 《英戯言・軽蔑》魅力的な女 (全体)の; a bit of ~ いい女.
cráck・nel /krǽkn(ə)l/ 名 ① 堅焼きビスケット. ② 《米》[複数形で] カリカリに揚げたブタの脂肉.
cráck・pòt 《口》名 風変わりな人, 奇人. —— 形 気の狂ったような; 風変わりな.
crácks・man /-mən/ 名 (複 -men /-mən/) 押し入り強盗; 金庫破り.
cráck・ùp 名 ① (車の)衝突; 大破. ② a (精神的に)急にまいること; 神経衰弱. b 崩壊.
cráck wìllow 名 ① ポッキリヤナギ.
cráck・y 形 割れ目ができた; われやすい.
Cra・cow /krǽkau/ 名 =Kraków.
-cra・cy /krəsi/ 腰屋 [名詞語尾] 「...の支配(力, 権)」「...政治・政体」「政治階級」: aristocracy, democracy. [Gk *cratos* 力, 権力]

†**cra・dle** /kréɪdl/ 名 ① 揺りかご, 小児用ベッド. ② [the ~] 幼年時代, 揺籃(ﾗﾝ)時代: from the ~ 幼少時から / from the ~ to the grave 揺りかごから墓場まで, 一生を通じて / in the ~ 初期において / What is learned in the ~ is carried to the tomb. 《諺》「すずめ百まで踊りを忘れぬ」. b (芸術・国民などを育成した)揺籃の地, (文化などの)発祥地: The Near East is the ~ of civilization. 近東は文明の発祥地である. ③ 揺りかご状の架台: a (窓清掃用などの)宙吊りの足場. b (受話器の)受け台. c [海] (造船・修理用の)船架; (進水時の)滑り台. **rób the crádle** 《米口》 ずっと年下の相手と結婚[交際]する. —— 動 (他) ① <...>を優しく抱く; <...>を慎重に持つ. ② <...>の揺籃の地である. ③ 受話器を受け台に置く.

crádle càp 名 ① 《医》乳児脂肪冠(乳児頭皮の脂漏性皮膚炎; かさぶたが帽子をかぶったように見えることから).
crádle-ròbber 名 《米俗》=cradle-snatcher.
crádle-ròb
crádle-snàtcher 名 《俗》 ずっと年下の人と結婚[交際]する人.
crádle・sòng 名 子守歌.
crá・dling 名 《建》(特に)天井の木ずり下; 下地枠.

*__craft__ /krǽft│krɑːft/ 名 ① ⓒ① 技能, 技巧; 技術, 技芸: learn a ~ 技能を身につける / This is a fine specimen of the builder's ~. これはその建築者の技芸の見事な成果だ. ② ⓒ① a school for arts and ~s 美術工芸学校. b [通例複数形で] 工芸品, 手芸品. ③ ① こうかつ, 悪知恵, 悪くみ, 術策: a man full of ~ 術策家, 策士 / get industrial information by ~ 策を弄して産業情報を手に入れる. ④ ⓒ [the ~] 同業者連. —— B (複 ~) ① (特に, 小型の)船舶: a seaworthy ~ 耐航力のある船舶. ② 飛行機: a squadron of fifteen ~ 15 機の飛行大隊. b =spacecraft. —— 動 (他) [通例受身で] (手で)巧みに作る: a hand-crafted chair 手作りのいす. [OE=力] [類義語] ⇒ art¹.

-craft /krǽft│krɑːft/ 腰屋 [名詞語尾] 「...の技能, 技能」「...の才[術]」「...業」「...の乗り物」: statecraft, spacecraft. [↑]

†**cráfts・man** /-mən/ 名 (複 -men /-mən/) ① 熟練工, 職人. ② 技芸家, 名工, 名匠.
†**cráftsman・shìp** 名 ① 職人の技能; 熟練.
cráfts・wòman 名 女性職人; 女性工芸家.
cráft ùnion 名 (熟練職業従事者の)職業別組合 (cf. industrial union).

cráft・wòrk 名 ① 工芸, 職人芸; 工芸品. **cráft・wòrker** 名 工芸作家, 職人.
†**cráft・y** /krǽfti│krɑːfti/ 形 (**craft・i・er**, **-i・est**) ずるい, 悪賢い; (as) ~ as a fox きわめてずるい. **cráft・i・ly** /-təli/ 副 **-i・ness** 名 (名 craft (A 3)) [類義語] ⇒ sly.
crag /krǽg/ 名 ごつごつの岩, 険しい岩山.
crag・ged /krǽgɪd/ 形 =craggy.
crag・gy /krǽgi/ 形 (**crag・gi・er**, **-gi・est**) ① 岩の多い; 岩かどのごつごつした. ② (男の顔が)ごつごつした, いかつい. **crág・gi・ness** 名
crágs・man /-mən/ 名 (複 -men /-mən/) 岩登りのうまい人, 岩山の登山家.
crake /kreɪk/ 名 (複 ~s, ~) [鳥] クイナ属の鳥 (特にウズラクイナ).

cram /krǽm/ 動 (**crammed**; **cram・ming**) 他 ① (狭い所に)<ものを>詰め込む, 押し込む; <場所に>詰め込む [in, into] (stuff): He crammed all his clothes into the trunk. 彼は服を全部トランクに詰め込んだ / ~ food down (a person's [one's] throat) 食べ物を(人の[自分の])のどに押し込む / The train was crammed with [full of] passengers. 列車は乗客でぎゅうぎゅう詰めだった. ② <人に>(試験などに備えて)詰め込み主義で教える[勉強させる]; <学科を>(試験などに備えて)詰め込む: My father crammed me for the entrance examination. 父は私に入学試験の詰め込み勉強をさせた / ~ history (for an exam) 試験に備えて歴史の暗記をする. —— 自 ① 《口》[受験などのため詰め込み勉強をする[勉強させる]: The students are cramming for their final exams. 学生たちは学期末試験のため詰め込み勉強をしている. ② [...に](どっと)押し寄せる, 詰めかける; 乗り込む (pack): Several hundred students crammed into the lecture hall. 何百人という学生がその講堂に押し寄せた. —— 名 《口》① ① 詰め込み[一夜づけの]勉強. ② ① (人の)すし詰め, ちん詰め.

cram・bo /krǽmbou/ 名 ① 韻複し(相手の出した語と同韻の語を見いだす遊び).
crám-fúll 形 《英口》[...で]ぎっしりいっぱいで [of].
crammed /krǽmd/ 形 ぎゅうぎゅう詰めの, すし詰めの.
cram・mer /krǽmə│-mə/ 名 《英》① a 受験[詰め込み]勉強をさせる教師. b 塾, 予備校. ② 受験[詰め込み]勉強をする学生[生徒].

†**cramp**¹ /krǽmp/ 名 ① ⓒ [[英] では通例 ①] (筋肉の)けいれん, こむら返り: have a ~ [get (a) ~] in one's leg 脚にけいれんを起こしている[起こす]. ② [複数形で] 《米》生理痛. —— 動 (自) けいれんを起こす.
cramp² /krǽmp/ 名 ① ⓒ [建] かすがい. ② 締めつけ金具. ③ a 拘束物. b 拘束, 束縛. —— 動 (他) ① <人・行動などを>束縛する, 拘束する. ② かすがい(など)で締めつける.
crámp bàll 名 [植] オオクロタケ(黒っぽいこぶ状の子嚢菌; 昔こむらがえりよけとして持ち歩いた).

†**cramped** 形 ① 狭苦しい, 窮屈な (confined): ~ quarters 狭苦しい宿舎 / feel ~ 狭くて息が詰まるような感じがする. ② 束縛[制約]された, 息苦しい. ③ けいれんを起こした. ④ (筆跡・文字など)(くっつきすぎていて)読みにくい. ~・**ness** 名

crámp ìron 名 =cramp² 1.
cram・pon /krǽmpɑn│-pɔn/, **cram・poon** /krǽmpuːn/ 名 ① ① [複数形で] スパイク底, アイゼン. ② [通例複数形で] (氷塊・材木・石などを引き上げての)つかみ金, 釣りかぎ.

crám school 名 (日本などの)学習塾, 予備校.
cran・age /kréɪnɪʤ/ 名 ① 起重機使用権[使用料].
†**cran・ber・ry** /krǽnbèri│-b(ə)ri/ 名 [植] クランベリー, オオミツルコケモモ(北米東部産; 果樹として栽培される). ② クランベリーの実(暗紅色で酸味が強く小粒; ソース・ゼリーなどの材料になる). [CRANE+BERRY]
cránberry sàuce 名 ① クランベリーソース(クランベリーの実で作るゼリー状のソース; 米国では感謝祭 (Thanksgiving) の七面鳥の料理に用いる).

*__crane__ /kreɪn/ 名 ① [鳥] ツル. ② a 起重機, クレーン (cf. hoist 1). b [テレビ・映画などの]カメラクレーン. —— 動 ① (よく見ようとして)<首を>伸ばす: She ~d her neck to see over the person in front of her. 彼女は前にいる

人越しに見ようと首を伸ばした. ❷ 〈ものを〉起重機で持ち上げる[動かす]. ── 圓 (よく見ようとして)首を伸ばす: people *craning* to see a car accident 自動車事故をよく見ようと首を伸ばしている人々.

Crane /kréɪn/, (**Harold**) **Hart** 图 クレイン 《1899–1932; 米国の詩人》.

Crane, Stephen 图 クレイン 《1871–1900; 米国の小説家》.

cráne flỳ 图 〖昆〗 ガガンボ 《大型の蚊に似た昆虫》.

cra·ni·a 图 cranium の複数形.

cra·ni·al /kréɪniəl/ 形 頭蓋(ず̆がい)の. ~·**ly** /-əli/ 副 (图 cranium)

cránial índex 图 =cephalic index.

cránial nérve 图 〖解・動〗 脳神経.

cra·ni·ol·o·gy /krèɪniɑ́lədʒi | -ɔ́l-/ 图 Ⓤ 頭蓋学, 頭骨学. **cra·ni·ol·o·gist** /-dʒɪst/ 图 **cra·ni·o·log·i·cal** /krèɪniəlɑ́dʒɪk(ə)l | -lɔ́dʒ-/ 形

cra·ni·om·e·try /krèɪniɑ́mətri | -ɔ́m-/ 图 Ⓤ 〖人〗 頭骨計測法 (cf. cephalometry). **cra·ni·o·met·ric** /krèɪniəmétrɪk/ 形

cra·ni·ot·o·my /krèɪniɑ́təmi | -ɔ́t-/ 图 Ⓤ 〖医〗 開頭(術).

cra·ni·um /kréɪniəm/ 图 (覆 -**ni·a** /-niə/, ~**s**) 〖解〗 頭蓋(ず̆がい); 頭蓋骨 (skull). 〖L<Gk=頭蓋骨〗

+**crank**¹ /kræŋk/ 图 ❶ クランク 《回転軸の端に直角に取りつけられた柄(鉛筆削りの取っ手など), また往復運動を回転運動に換える装置》. ❷ Ⓤ 〈俗〉 メタンフェタミン (methamphetamine) の粉末. ── 動 ❶ クランクを回して動かす. ❷ 〈ものを〉クランク状に曲げる; クランクで連結する. **cránk óut** 〈米+副〉 〈口〉 〈…を〉〈機械的に〉どんどん作り出す (turn out): This machine ~*s out* a thousand screws an hour. この機械は1時間に千個のねじを製造する / He ~*s out* a new detective novel every six months. 彼は6ケ月ごとに新作の推理小説を出している. **cránk úp** 〈米+副〉 (1) 〈機械などを〉動かす, 起動する; 〈…の〉準備をする, 〈…を〉始める. (2) 〈口〉 〈機器などの〉強さ[速度, 回転速度(など)]を上げる (turn up). (3) 〈口・軽蔑〉 次々とつくり出す.

+**crank**² /kræŋk/ 图 ❶ 風変わりな人, むら気な人. ❷ 〈米〉 気難しい人, 怒りっぽい人. ── 形 =cranky 3. ❷ 〈米〉 変人の[による]: a ~ (phone) call [letter] いたずら電話[いやがらせの手紙].

crank³ /kræŋk/ 形 〈海〉 傾きやすい, 転覆しやすい.

cránk·càse 图 〈内燃機関の〉クランク室.

cránk·pìn 图 〖機〗 クランクピン.

cránk·shàft 图 〖機〗 クランク軸.

crank·y /kræŋki/ 形 (**crank·i·er**; **-i·est**) ❶ 風変わりな, むら気な (eccentric). ❷ 〈米〉 気難しい: The baby's in a ~ mood today. 赤ん坊がきょうはむずかる. ❸ 〈機械など〉不安定な, がたがたする, 修理が必要な.

Cran·mer /krǽnmə | -mə/, **Thomas** 图 クランマー 《1489–1556; イングランドの宗教改革者; 初代 Canterbury 大主教 (1533–56)》.

cran·nied /krǽnid/ 形 ひび[割れ目]の入った.

cran·nog /krǽnəg/ 图 〖考古〗 (古代スコットランドおよびアイルランドの)湖上人工島, 湖上住家.

cran·ny /krǽni/ 图 割れ目, 裂け目: search every (nook and) ~ くまなく捜す.

*****crap**¹ /kræp/ 〈卑〉 图 ❶ Ⓤ たわごと; うそ: Cut the ~. それ, つまらないことを言うな / That's a lot of ~. それはまったくのばかばかしい; そんなうそ八百だ! ❷ Ⓤ くず, がらくた. ❸ Ⓤ くそ. ❹ [a ~] 排便: have [take] a ~ 排便する. ── 動 (**crapped; crap·ping**) 〈そをする. ── 間 ばかな!, ばかばかしい!

crap² /kræp/ 〈米〉 图 クラップ (craps の負け数字; 1投目は 2, 3, 12, 2投目以後は 7). ── 動 圓 (**crapped; crap·ping**) 負け数字 (2, 3, 12) が出る; 2投目以後(で) 7が出る 〈*out*〉 (賭けに当たる権利も失う). **cráp óut** 〈米+副〉 〈俗〉 ⇒ 圓; おだぶつになる; 手を引く, おりる.

crape /kréɪp/ 图 Ⓤ.Ⓒ 黒いクレープ (crepe) の喪章 《もと帽子・そでなどに巻いた》.

crápe háir 图 Ⓤ 人造毛 《演劇の付け髭・かつら用》

crápe mỳrtle 图 〖植〗 サルスベリ, 百日紅.

---

415 crashproof

cráp gàme 图 〖ゲーム〗 クラップス (craps).

crap·per /krǽpə | -pə/ 图 〈米俗・卑〉 便所, トイレ.

crap·pie /krǽpi/ 图 (覆 ~**s**, ~) 〖魚〗 クラッピー 《北米産のサンフィッシュ科の扁平な淡水魚》.

crap·py /krǽpi/ 形 〈俗〉 悪質な, くだらない.

craps /kræps/ 图 Ⓤ 〈米〉 クラップス 《2 個のさいころを用いるばくちの一種》 : throw ~ クラップスをする.

cráp·shòot 图 (結果が予測できない)冒険(的事業), 賭け.

cráp·shòot·er 图 〈米〉 クラップス賭博(と̆ばく)師.

crap·u·lence /krǽpjʊləns/ 图 Ⓤ 暴飲暴食によるむかつき, 吐き気.

crap·u·lent /krǽpjʊlənt/ 形 =crapulous.

crap·u·lous /krǽpjʊləs/ 形 ❶ 飲み食べ〕過ぎの, 不節制の; 暴飲[暴食]で気分が悪い.

crap·y /kréɪpi/ 形 クレープ (crape) のような, 縮れた.

craque·lure /krǽkloə | krǽkəlʋə/ 图 Ⓤ (絵画に生ずる)細かなひび割れ, 亀裂.

*****crash**¹ /kræʃ/ 图 ❶ 《車の》衝突; (飛行機の)墜落: an automobile ~ 自動車事故. ❷ 〖電算〗 (システム・ディスクの)壊れること, 故障, クラッシュ. ❸ ガラガラ, ドシン, ガチャン 《ものがくずれたり衝突する時などのすさまじい音》; 雷・砲のとどろき: a ~ of thunder 雷のとどろき / fall with a ~ すさまじい音をたてて倒れる[くずれる]. ❹ 〈市場などの〉暴落, 崩壊, 〈企業などの〉破綻, 倒産: a sweeping ~ 〈相場〉総くずれ. ❺ 〈乗物が衝突する, 〈飛行機が〉墜落する: Our train ~*ed into* a truck at a crossing. 我々の列車は踏切ですさまじい音響をたててトラックに衝突した. ❷ 〔通例副詞(句)を伴って〕 (すさまじい音をたてて)ぶつかる[動く]; ガラガラ[ドシン, ガチャン]という音をたてる: a ~*ing* sound すさまじい音 / The roof ~*ed in*. 屋根がガラガラとくずれ落ちた / A stone ~*ed through* the window. ガチャンと音をたてて石が窓を突き破った / The avalanche ~*ed down* the mountainside. 雪崩が山腹をすさまじくくずれ落ちた. ❸ 〖電算〗 〈システム・ディスクが〉壊れる, 故障する, クラッシュする. ❹ 〈市場などが〉暴落[崩壊]する, 〈事業などが〉破綻する, 倒産する. ❺ 〈口〉 〔ある場所に〕(一時的に)泊まる, 寝る: Can I ~ *in* your room? 君の部屋に泊まれてくれないか / ~ *out on* the floor 床の上に寝る. ❺ 〔通例副詞(句)を伴って〕〖スポ〗 〈主に英〉 惨敗[大敗]する. ❼ 〈俗〉 〈麻薬が切れて〉不快感を経験する. ── 動 ❶ 〈乗物を〉…に〉衝突させる; 〈飛行機を〉墜落させる: ~ a car *into* a utility pole 車を電柱にぶつける. ❷ 〈ものを〉(すさまじい音をたてて)ぶつける; ガラガラ[ドシン, ガチャン]と壊す. ❸ 〈口〉 〈招かれていない会などに〉押しかける, 不切手なしに入る: ~ a dance ダンスパーティーに押しかけていく. **crásh and búrn** 〈米俗〉 〈俗〉 だめになる, 失敗する. ── 形 Ⓐ 〔比較なし〕(応急に対処するために)全力を挙げての, 突貫の, 応急の; 速成の: a ~ program (工事などの)突貫計画 / a ~ course in German ドイツ語速成コース. ── 副 〔比較なし〕 すさまじい音をたてて: go [fall] ~ ガラガラと鳴り響く[くずれ落ちる]. 〖類義語〗 ⇒ break¹.

crash² /kræʃ/ 图 Ⓤ クラッシュ 《目の粗い麻布でタオル・夏服・テーブル掛けなどに用いる》.

crásh bàrrier 图 《自動車が道路からそれたりするのを防ぐ》ガードレール; 中央分離帯 (cf. crush barrier).

cráshdìet 图 短期間でのダイエット[減量].

cráshdìve 图 〈潜水艦の〉急速潜航.

cráshdìve 動 圓 ❶ 〈潜水艦が〉急速に潜航する. ❷ 〈飛行機が〉急降下する.

cráshhàlt 图 《車の》急停車.

cráshhèlmet 图 〈自動車レーサー・オートバイ乗りなどの用いる〉(安全)ヘルメット.

cráshing 形 Ⓐ 完全な, まったくの: He's a ~ bore. 彼は退屈きわまりない男だ.

cráshlànd 動 圓 胴体着陸[不時着]する.

cráshlànding 图 胴体着陸, 不時着: make a ~ 胴体着陸をする.

cráshpàd 图 ❶ 〈口〉 (緊急時などの)仮の宿泊所. ❷ (運転席などの)衝撃吸収パッド.

cráshpròof 图 =crashworthy.

crash stop 图 =crash halt.
crash test 图 衝突試験[テスト].
crash-test 動 他〈自動車を〉衝突試験[テスト]する.
crash-worthiness 图 U (自動車などの)衝突安全性, 耐衝撃性.
crash-worthy 形 耐衝撃性のある[高い].
cra·sis /kréɪsɪs/ 图 (⑱ -ses /-siːz/)【文法】母音縮合《2 母音が結合して1長母音または二重母音になること》.

*****crass** /kræs/ 形 ❶ 愚鈍な. ❷〈愚かさが〉はなはだしい, ひどい: ~ ignorance [stupidity] はなはだしい無知[愚鈍]. ~·ly 副 〖L=厚い, 太った〗

cras·si·tude /kræsɪt(j)uːd/-sɪtjuːd/ 图 U,C 鈍感, 粗雑.

-crat /⏑-kræt/ 腰尾 [名詞語尾] 「-cracy の支持者[一員]」: aristocrat, democrat.

*****crate** /kreɪt/ 图 ❶ a 《ガラス・陶器類を運ぶ)木枠, プラスチック[金属]製枠箱. (果物を運ぶ)柳かご. b =crateful. ❷《古風》おんぼろ自動車[飛行機]. —— 動 他〈ものを〉枠箱[柳かご]に詰める.

crate·ful /kréɪtfəl/ 图 枠箱[柳かご] 1 杯分《of》.

*****cra·ter** /kréɪtə/ 图 ❶ (火山の)噴火口. ❷ (爆弾・砲弾・地雷の破裂による)爆弾穴. ❸ (月面などの)クレーター.

-crat·ic /⏑-krætɪk/, **-crat·i·cal** /-k(ə)l/ 連結形 -crat に対応する形容詞をつくる.

cra·ton /kréɪtɑn/ -tn/ 图【地】大陸塊[核], 剛塊, クラトン《地殻の安定部分》. **cra·ton·ic** /krətánɪk, kreɪ-, kræ-/ 形

cra·vat /krəvǽt/ 图 (男子用)スカーフ, ゆるく結ぶ幅の広いネクタイ. 〖F=Croat (クロアチア人); クロアチア人が首に巻いた布のこと〗

*****crave** /kreɪv/ 動 他 ❶ 〈…を〉しきりに欲しがる, 切望する: ~ a cup of coffee コーヒーを欲しがる / He ~s to become a pop music star. 彼は流行歌手の花形になることを切望している. ❷〈…を〉懇願する. ❸〈同情などを〉切望する, しきりに欲しがる《for, after》: He ~s for recognition from his higher-ups. 彼はしきりに上役から功績を認めてもらいたがっていた.

cra·ven /kréɪvən/ 形 臆病な (cowardly). —— 图 臆病者. ~·ly 副 ~·ness 图

crav·ing 图 切望な: have a ~ for chocolate チョコレートが欲しくてしかたがない / have a ~ to be a success in business しきりに事業の成功者になりたがっている.

craw /krɔː/ 图 ❶ (鳥・昆虫の)嗉嚢. ❷ (動物の)胃袋. **stick** in one's **craw** 気にくわない, 我慢ならない: His slight still *sticks in* my ~. 彼が私をけなした言葉に腹の虫がおさまらない.

craw·dad 图《米》ザリガニ.

craw·fish 图 (⑱ ~, ~·es) C,U 動 ザリガニ; イセエビ. —— 動 自《米口》(ザリガニのように)後ずさりする, しりごみする.

*****crawl** /krɔːl/ 動 自 [通例副詞(句)を伴って] ❶ (のろのろ)はう, 腹ばってはう: ~ on (one's) hands and knees よつんばいにしてはう / He ~ed into bed. 彼ははうようにベッドにもぐりこんだ. ❷ a のろのろ動く[進む]: The train ~ed along. 列車がのろのろ走った. b 〈時が〉徐々に過ぎる. ❸ 〔人に〕(取り入るために)ぺこぺこする〔へつらう〕: ~ *to (before)* one's superiors 上役にへつらう[取り入ろうとする]. ❹ 〈肌が〉〈虫などが〉むずむずする, ぞっとする: make a person's flesh ~ ⇒ flesh 成句 / a person's skin ~ *at* ... 〈光景・考え・感触などで〉肌がぞっとする. ❺ クロールで泳ぐ. **be crawling with...** (場所に)〈人などが〉うようよいる; 〈虫などが〉うようよしている. —— 图 [a ~] はうこと, 徐行: move at a ~〈車が〉徐行する. ❷ U [通例 the ~]《水泳》クロール泳法: swim the ~ クロールで泳ぐ.

crawl·er 图 ❶ a はう者. b はって歩く動物, 爬虫(ﾁｭｳ)類の動物. c =crawler tractor. d【電算】クローラー《自動的にウェッブページを巡回して, 検索用のインデックスを作るプログラム》. ❷《英俗》おべっか使い. ❸ [複数形で]《米》(赤ん坊の)はい着.

crawler tractor 图 クローラートラクター《キャタピラー[無限軌道式]のトラクター》.

crawl·y /krɔːli/ 形 (crawl·i·er; -i·est)《口》むずむずする; (薄気味悪く)ぞっとする: Ants make me feel ~ (all over). アリを見ると(体中が)ぞっとする. 〖CRAWL+-Y³〗

cray·fish /kréɪ-/ 图 (⑱ ~, ~·es) C,U 動 ザリガニ; イセエビ.

*****cray·on** /kréɪən/ -ɑn/ 图 ❶ クレヨン: a box of ~s クレヨンひと箱 / in ~ クレヨンで(描いた)《★無冠詞》/ draw with a ~ [~s]クレヨンで描く. ❷ クレヨン画. —— 動 他 〈…を〉クレヨンで描く. 〖F<L=白墨〗

*****craze** /kreɪz/ 图 (一時的な)熱狂, 夢中; 大流行 (fad): He has a ~ *for* jazz. 彼はジャズに夢中である / Miniskirts are all the ~ again. ミニスカートが再び大流行である. —— 動 他 ❶〈人を〉発狂させる (⇒ crazed). ❷ 〈陶磁器に〉ひび焼きをする. **cra·zi·ly** /-zəli/ 副 狂気[狂人]のように. (形 crazy)

crazed 形 ❶ 錯乱した, 気が狂った. ❷ [複合語で] …に狂った[目がくらんだ]: a money-*crazed* old man 金に狂った老人.

*****cra·zy** /kréɪzi/ 形 (cra·zi·er; -zi·est)《口》❶ ひどくばかげた[ばかげている], 途方もない, 異常な; 狂気の (mad): a ~ idea 途方もない[正気のさたとは思えない]考え / go ~ 気が狂う / Are you ~? 気は確かか[+*to do*] You're ~ *to* give him money. 彼に金をやるとは君もどうかしている. ❷ 《口》P 熱狂して, 夢中になって; ほれて; 〔…が〕大好きで, とても気に入って: He's ~ *about* that girl. 彼はあの娘に夢中だ / I'm ~ *about* your new dress. あなたの新しいドレスが大好きです. ❸《俗》すばらしい, 申し分のない: "How did you like the party?" "C-, man."「パーティーはどうだった?」「すばらしかったぜ」. **drive a person crazy** 人を(ひどく)いら立たせる[怒らせる]. **go crazy** (1) 怒る, 腹を立てる. (2) 退屈する, うんざりする; (飽き始めて)いら立つ. (3) 大喜びする, 熱狂する, 興奮する, 盛り上がる. **like crazy**《口》猛烈に, ものすごく (like mad): run *like* ~ 必死に走る. —— 图 《差別》精神病患者. **cra·zi·ness** 图 (图 craze)

crazy bone 图《米》=funny bone.

Crazy Horse 图 クレージー・ホース《1842?-77; 北米先住民 Sioux 族の族長; Little Bighorn の戦いで Custer 中佐の騎兵隊と戦った》.

crazy paving 图 U《英》(庭園の散歩道などの)ふぞろいな敷石やタイルによる舗装(面).

crazy quilt 图《米》パッチワークによるキルティングの掛けぶとん).

CRC (略)【印】camera-ready copy;【電算】cyclic redundancy check.

*****creak** /kriːk/ 動 自 きしる, キーキーという音を出す: *Creaking* doors make the longest.〈諺〉きしるドアほど長持ちする, 病身者の長命. —— 图 [通例単数形で] キーキー[ギーギー]鳴る音, きしる音, きしみ: The wooden flooring gave a ~ at each step. 床板は一歩踏み出すたびにキーときしる音を立てた.

creak·y /kríːki/ 形 (creak·i·er; -i·est)きしむ; がたがたの. **creak·i·ly** 副 **-i·ness** 图

*****cream** /kriːm/ 图 ❶ U a クリーム《牛乳の上層に集まる脂肪分》: skim off the ~ クリームを取り除く. b クリーム状のもの. ❷ C,U [通例修飾語を伴って] クリーム菓子[料理]: ⇒ ice cream. ❸ U,C [通例修飾語を伴って] 化粧用クリーム: ⇒ cold cream, vanishing cream. b クリーム状の薬. ❹ [the ~ of] 最もすぐれた人[もの], 精華, 粋; (話の)妙所 (best): *the* ~ *of* society [the literary world] 社交界の花[文壇の大御所たち] / *the* ~ *of* the story その話の佳境 / *the* ~ *of ...* の粋[最良部分]を抜く. ❺ U クリーム色, 淡黄色. **cream of tártar**【化】酒石英. **the cream of the crop**《英》**bunch** 最良のもの[人], 精選されたもの[人], 粋. —— 形 ❶ A クリームで作った[入りの]; クリーム状の. ❷ クリーム色の, 淡黄色の. —— 動 他 ❶ (まぜて)クリーム状にする. ❷ a 〈…に〉クリームを入れる. b〈料理に〉クリームソースをかける. c〈肉・野菜を〉クリーム(ソース)で料理する. 〈野菜を〉すりつぶしてクリーム[牛乳]と混ぜる. ❸《米俗》〈相手を〉完全にやっつける; さんざん打ち負かす: We ~ed them 7 to nothing. 彼らに 7

対0で完勝した / We got ~ed. 我々は完敗した. ❹《卑》性的に興奮して<下着を>濡らす[よごす]. —— 《卑》性的に興奮して射精する [濡れる]. **cream óff**《他＋副》❶《くいちばんよい所を抜き取る, 精選する: The best students are ~ed off from all over the city. 優秀な学生たちが全市から選び抜かれた. ❷ 不相応な[過度]の利益を得る, 不当にもうける. 〖F〗（形）creamy〗

créam bùn [càke]（名）クリームパン[ケーキ].
cream chèese（名）《英》クリームチーズ《生牛乳にクリームを加えた白くて軟らかい味の淡泊なチーズ》.
créam-còlored（形）クリーム色の, 淡黄色の.
cream cràcker（名）《英》クラッカー《甘みをつけていないパリパリするビスケットで, 通例チーズをつけて食べる》.
créam·er（名）❶ クリーマー《コーヒーなどに入れるクリームの代用品》. ❷ a クリーム入れ, クリーマー《食卓用》. ❸ a《米》クリームすくい取り皿. b クリーム分離器.
cream·er·y /kríːməri/（名）❶ バター・チーズ製造所; 酪農場. ❷ 牛乳・乳製品販売店. 〖CREAM+-ERY〗
cream hòrn（名）クリームホーン《（角に）形に焼いたパイ皮の空胴内にクリームを詰めたもの》.
cream-làid（名）⓾ クリーム色簀(*)の目紙《筆記用紙》.
cream pùff（名）❶ クリームパフ, シュークリーム（解説）日本語のシュークリームはフランス語の chou à la crème《クリーム入りのキャベツ》で, 皮の形がキャベツに似ているところからこの名がある. ❷《口》❸ めめしい男, いくじなし《wimp》. b《軽蔑》男の同性愛者, ホモ. ❸《米》状態のいい中古車[品]. —— 图 ❶《米》取るに足らない, 大したことない, ちょろい. ❷ かわいらしく飾られた.
cream sàuce（名）⓾ クリームソース《生クリームを加えて濃厚にしたホワイトソース》.
cream sóda（名）⓾ バニラの香りをつけたソーダ水《瓶詰》日本語の「クリームソーダ」は ice-cream soda》.
cream téa（名）⓾ クリームティー《スコーン・ジャム・クリームの出る午後のお茶》.
créam·wàre（名）⓾ クリームウェア《クリーム色の釉を施した陶器》.
cream·y /kríːmi/（形）（**cream·i·er**; **-i·est**）❶ クリームを含む[の多い]. ❷ クリーム状の; なめらかで軟らかい. ❸ クリーム色の. **créam·i·ness**（名）
cre·ance /kríːəns/（名）鷹狩〗足革《訓練中タカの足を縛っておくひも》.
crease /kríːs/（名）❶ a《紙・布などの》折り目, 畳み目. b《通例複数形で》《ズボンの》折り目. c《服などにできる大きな》しわ《顔の》しわ《類義》くちゃくちゃ小さなしわは wrinkles》. ❷《クリケ》投手［打者］の限界線. —— 動 ⓾ ❶《ズボン・紙など》折り目をつける. ❷ ...をしわだらけにする;《ひたいなど》にしわを寄せる. —— 圓 折り目がつく; しわになる. **créase úp**（圓＋副）《英口》大笑いする[させる]. 〖CREST の異形〗

*cre·ate /kri(ː)éit/（動）⓾ ❶ a《新しいものを》創り出す, ...を新しくつくる;《新製品などを》考案する;《組織などを》創る[創設する];《神・自然力などが》新しいものを創造する: ~ a folder フォルダーを作る / ~ jobs 雇用を創出する / ~ a system 制度《システム》をつくる / ~ a style 様式《スタイル》を創り出す / God ~d the heaven and the earth. 神天地を創りたまえり. 人はみな平等に造られている《★米国独立宣言から》. b《新事態・騒動などを》引き起こす, 生み出す《★ cause の方が一般的》;《印象などを》与える;《評判などを》立てる: ~ a sensation センセーションを起こす, 物議をかもす / ~ environmental problems 環境問題を生み出す / ~ an impression 印象を与える. c《芸術作品などを》創作する,《俳優が》《ある役を》創造する, <...の役>づくりをする: ~ a work of art 芸術品を制作する. ❷《人を貴族に》列する: [＋目＋補] He was ~d a baron. 彼は男爵に列せられた. ❸《英口》わめきたてる, 騒ぎたてる, 苦情を言う. 〖L＝産む, 育てる〗（名）creation, crea·ture, 形 creative〗

cre·a·tine /kríːətiːn, -tin/（名）⓾〖生化〗クレアチン《脊椎動物の, 特に筋肉中に多く存在するアミノ酸に類似の化合物》.
cre·at·i·nine /kriætəniːn, -nin/（名）⓾〖生化〗クレアチニ

417 **credit**

ン《脊椎動物の筋肉・尿・血液中に含まれる白色結晶》.
*cre·a·tion /kri(ː)éiʃən/（名）❶ a ⓾ 創り出すこと, 創造, 考案; 創立; 創作; 創設. b [the C~] 天地創造, 創世. ❷ ⓒ《知力・想像力の》産物, 創作物, 作品;《衣装などの》創案, 新意匠. ❸ ⓾《神の》創造物《全体》, 森羅万象: the whole ~ 万物, 全宇宙. ❹ ⓾《貴族に》列すること, 授爵, 位階の授与: a peer of recent ~ 新貴族. （動 create）
cre·a·tion·ism（名）⓾〖神学〗霊魂創造説《個人の魂は受胎または出生の際に神が無から創造するとする》. ❷ 特殊[別]創造説《聖書の創世記にみられるように》, 物質・生命・世界は神が無から創造したとする》. cf. evolutionism. **cre·a·tion·ist** /-ʃ(ə)nist/（名）（形）
creation science（名）⓾ 創造科学《特殊創造説（creationism）を科学的に妥当だとする理論》.
*cre·a·tive /kri(ː)éitiv/（形）（more ~; most ~）❶ 創造的な, 創造力のある: ~ writing 創造的作文（法）. ❷ 独創的な, 創作的な. **~·ly**（副）**~·ness**（名）（動 create）
cre·a·tiv·i·ty /kriːeitívəti/（名）⓾ 創造的なこと, 創造性, 独創性[力]: show [display] ~ 創造性を示す.
*cre·a·tor /kri(ː)éitər | -tə/（名）❶ a ⓒ 創造者, 創作者, 創設者. b [the C~] 造物主, 神. ❷ ⓒ《人の役に対する》新型創始者. b《新意匠》考案者. 〖CREATE+-OR[1]〗
*crea·ture /kríːtʃər | -tʃə/（名）❶ a ⓒ 生き物;（特に）動物: dumb ~s 物を言えない動物, 畜類. ❷ 架空の動物; 不思議な生物: a ~ of fancy 空想の動物 / ~s from outer space 宇宙から来たなぞの生物. ❷ [通例修飾語を伴って] 人, やつ, 女; a: a pretty [dear] ~ かわいらしい女（の子） / Poor ~! かわいそうに / What a low ~! 何というやな卑劣なやつだ. ❸《人・ものなどに支配されるもの, 隷属者, 子分, 手先: a ~ of circumstance(s) [impulse, habit] 境遇［衝動, 習慣］の奴隷. ❹ 所産, 産物; 手: a ~ of the age 時代の子. ❺《神の》創造物. **(áll) Gód's créatures (gréat and smáll)** 生きとし生けるもの, 人間も動物も. 〖CREATE+-URE〗
créature cómforts（名）（題）[しばしば the ~] 身体的な快適さを与えるもの; 衣食住.
+crèche /kréʃ/（名）❶《英》保育所, 託児所《nursery》. ❷《米》馬小屋のまぐさおけの中の》キリスト生誕の像《《英》crib》. 〖F〗
cred（名）⓾《英口》=credibility.
cre·dence /kríːdəns, -dns/（名）⓾ 信用, 信憑性: a letter of ~ 信任状 / find ~ with... に信任される / give [refuse] ~ to... を信じる[信じない]. 〖F<L credere 信頼する〗 cf. credit.
+cre·den·tial /kridénʃ(ə)l/（名）[複数形で] ❶ 信用を保証するもの, 資格のあかしとなるもの. ❷ a（大使・公使などに授ける）信任状. b 資格証明書, 成績[人物]証明書: show one's ~s 証明書を示す. 〖L↑; ⇒ -ent, -ial〗
cre·den·tialed（形）資格のある.
cre·den·tial·ism /-ʃəlizm/（名）⓾ 証明書[学歴]偏重主義.
cre·den·za /kridénzə/（名）戸棚, 本箱.
*cred·i·bil·i·ty /krèdəbíləti/（名）⓾ 信じること, 信用性, 信憑(#)性.
credibility gàp（名）❶《政治家などの言動の》食い違い《between》. ❷《政府などへの》不信感.
*cred·i·ble /krédəbl/（形）信用[信頼]できる, 確かな; 説得力のある《convincing》: a ~ story 信用できる話 / It's hardly ~ that she could have done that. 彼女があんなことをしたとは信じられない.
cred·i·bly /-dəbli/（副）確実に; 確かな筋から: We are ~ informed that.... 信ずべき筋によると...ということだ.
*cred·it /krédit/（名）❶ a ⓾ クレジット, 信用販売, 掛け（売り）, 信用貸し《反》; 支払い猶予の期限: a letter of ~ 信用状《略 L/C》/ long-[short-]term ~ 長期［短期］信用貸し / buy [sell] a thing on ~ クレジットでもの[物]を売る[買う] / give [allow] a person 3 months' ~ 人に3か月の信用貸しを認める / No ~. 掛け売りお断わり. b ⓾,ⓒ《銀行からの》貸付（金）, 融資. c ⓒ《口座への》振込, 入金;《銀行の》預金（額）; ⓒ〖簿〗貸し方《credit side》;

[C,U] 貸し方への記入: be paid by direct ~ 口座に直接支払われる[支配いを受ける] / He has ~ of $100,000 at his bank. 彼は銀行に10万ドルの預金がある. ❸ [C,U] (税額控除・払い戻し(金)・交付金・援助金・借款などとして)受け取る[供与する]金額[金]: a tax ~ 税額控除 / provide $10 million in ~s (払い戻し・援助金などとして) 1千万ドルを支払う. ❹ a [U] (功績などで)称賛[名誉, (しかるべき)評価](を受けること), (公けに)認められること; 功績, 手柄: claim ~ ***for***…についての功績を自分のものだと言う / do a person ~ 〈…が〉人の名誉となる, 〈…で〉人が称賛に値する / get ~ ***for***…に対して称賛[評価]を得る, 功績を認められる / give ~ where it is due 功績のある者には功績を認める; 正当に評価する / ⇨ take (the) CREDIT for… [成句]. b [a ~]〔…にとって〕名誉となるもの[人]: He is *a* ~ ***to*** his family. 彼は一族の誉れである. ❺ [C] [通例複数形で] クレジット: **a** 出版物・演劇・放送番組などに使用された材料の提供者に口頭または紙上で表わす敬意. **b** 映画・番組などのプロデューサー・ディレクター・俳優・技術者の表示. ❻ [C] (科目の)履修証明; 履修単位. ❼ [U] **a** 信頼, 信用. **b** (信用から生じる)名声, 評判; 信望.

in crédit 《主に英》(口座に)金[預金]がある.

on the crédit sìde 良い[肯定的な]面としては.

tàke (the) crédit for… (1) (特に, 協力者などがあったのに)…のことで称賛される, …を手柄とされる[とする]: He *took* to himself all *the* ~ *for* what was actually a joint effort. 彼は実際には皆の協力でやった事を自分(一人)の手柄にした. (2) 〈自分も〉…のことで役立ったと思っている: I *take* some [no] ~ *for* your successful career. 君が今日このように成功していることには私も多少役に立っているよ[私は何も役立ってはいないよ].

to a person's crédit (1) 人の名誉となるよう(に), 感心な[にも]: His conduct is very much *to* his ~. 彼の行為は大いにほめられていい / It's *to* your ~ that you did it alone. それを君一人でやったのは偉い / Much *to* his ~, he didn't abandon his poor relatives. 感心にも彼は貧乏な親類を見捨てなかった. (2) 自分の名で[のつく]: He already has ten published books *to* his ~. 彼は自分の名のつく本をすでに10冊も出版している.

— [動] [他] ❶ (ある金額を)(口座に)振り込む, 入金する (cf. debit); 〖簿〗(ある金額を)(人の)貸し方に記入する: ~ a sum ***to*** a person's account = ~ a person's account ***with*** a sum ある金額を人の貸し方に記入する. ❷ [通例否定文で] 〈…を〉信じる, 信用する (believe) (★ 進行形なし): I can*not* ~ his story. 彼の話を信用することはできない.

crédit a person with… [通例受身で] (1) 人に〈功績など〉を帰する: Newton *is ~ed with* the invention of the reflecting telescope. ニュートンが反射望遠鏡を発明したとされている. (2) 人を〈ある性質・感情など〉を持っていると信じる.

crédit…to… (1) 〈よい結果などを〉〈…の〉のため[おかげ, せい]だとする: They *~ed* his success *to* his wife. 人は彼の成功を奥さんのおかげだとした. (2) [通例受身で] 〈功績などを〉〈人〉に帰する: The invention of the reflecting telescope *is ~ed to* Newton. 反射望遠鏡の発明はニュートンの功績とされている.

〘F < It < L = 貸し付け < *credere, credit-* 信用[信頼]する〙 ([形] creditable)

⁺**cred·it·a·ble** /krédɪṭəbl/ [形] 名誉となる; ほめるべき, 称賛に値する: a ~ achievement たたえるべき業績. **-a·bly** /-ṭəbli/ [副] 見事に, りっぱに.

crédit accòunt [名] 《英》 = charge account.

*__crédit càrd__ [名] クレジットカード: pay by ~ クレジットカードで払う (★ 無冠詞) / charge a person's ~ (account) 人のクレジットカード(口座)に請求する.

crédit càrd skìmming [名] ⇨ skimming.

crédit hìstory [名] 信用履歴 《クレジットカード会社への支払いやローンの返済状況など》.

crédit lìmit [名] クレジットカードの利用限度額.

crédit lìne [名] ❶ クレジットライン 《テレビ番組・写真・絵画の複製などに書き添える提供者の名前など》. ❷ 信用貸し付け[掛け売り]限度(額), 貸し出し限度.

crédit nòte [名] 〖商〗 貸し方票 《入金・返品に際して売り主が送る伝票》.

*__créd·i·tor__ /krédɪṭə | -tə/ [名] ❶ **債権者**, 貸し主; 借金取り (↔ debtor): a ~'s ledger 仕入れ先元帳. ❷ 〖簿〗 貸し方 《略 cr.》.

créditor nátion [名] 債権国 (↔ debtor nation).

⁺**crédit ràting** [名] (個人の)信用等級[格付け].

crédit sàle [名] 信用販売, 掛け売り.

crédit sìde [名] [the ~] 〖簿〗 貸し方 《帳簿の右側; 略 cr.; ↔ debit side》: on *the* ~ 貸し方に (cf. credit [名] [成句]).

crédit squèeze [名] (インフレ対策として政府のとる)金融引き締め(策).

crédit stànding [名] [C,U] 信用状態.

crédit tìtle [名] [複数形で] 〖映・テレビ〗 クレジットタイトル 《製作者・監督・出演者などの名前》.

crédit trànsfer [名] 銀行口座振替.

crédit ùnion [名] 信用組合.

crédit·wòrthy [形] 信用貸しする価値のある, 信用できる. **-wòrthiness** [名] [U] (債務履行に対する)信用力[度].

cre·do /kríːḍoʊ, kréɪ-/ [名] ([複] **~s**) ❶ 信条 (creed): It's a ~ I live by. それは私の生活信条の一つだ. ❷ [the C~] 〖キ教〗 使徒信経, ニケア信経. 〘L = 私は信じる〙

cre·du·li·ty /krɪd(j)úːləṭi | -djúː-/ [名] [U] 信じやすいこと; 軽信, ばか正直.

cred·u·lous /krédʒʊləs/ [形] ❶ 軽々しく信じがちな, すぐ真に受ける, ばか正直な. ❷ 軽信に基づく[よる]. **~·ly** [副] **~·ness** [名]

Cree /kríː/ [名] ([複] ~, ~s) ❶ **a** [the ~(s)] クリー族 《北米先住民の一部族》. **b** [C] クリー族の人. ❷ [U] クリー語.

⁺**creed** /kríːd/ [名] ❶ [C] 信条, 信念, 主義, 綱領 (credo). ❷ **a** [C] (宗教上の)信経: the Athanasian *C~* アタナシウス信経 / the (Apostles') *C~* 使徒信経. **b** [the C~] 使徒信経. 〘OE < L CREDO〙

⁺**creek** /kríːk/ [名] ❶ 《英》(海・川・湖の)(小さな)入り江, …浦 (inlet). ❷ 《米》 小川, クリーク. **ùp the créek (withòut a páddle)** 《俗》 (1) 困って, 苦境に立って. (2) 狂気じみた, まったくひどい.

Creek /kríːk/ [名] ([複] ~, ~s) ❶ **a** [the ~(s)] クリーク族 《北米先住民の一部族》. **b** [C] クリーク族の人. ❷ [U] クリーク語.

creel /kríːl/ [名] (魚釣りの)びく; (エビなどを捕る)かご.

*__creep__ /kríːp/ [動] [自] (**crept** /krépt/) ❶ **a** [通例副詞(句)を伴って] **こっそりと[そっと]進む[歩く]**, 忍び足に行く: The cat *crept* (*up*) *toward* the mouse. その猫はネズミのほうへはうように近づいていった / He *crept in* [*into* bed]. 彼は中へ忍び込んだ[ベッドにもぐり込んだ]. **b** 〈ものが〉(とどまることなく)ゆっくりと[少しずつ]動く[進む]; 〈霧などが〉徐々におおう, 〈炎などが〉ゆっくりと進む, 〈陽光などが〉少しずつ差し込む; 〈乗物が〉のろのろと進む: Darkness *crept* over the town. 闇が次第にその町を包んでいった / The fire *crept* closer to his house. その火は次第に彼の家へと近づいて行った / A car *crept* past. 一台の車がのろのろと通りすぎて行った. **c** 《米》 はう, はって進む (crawl). **d** 〈手などが〉はうように動く. ❷ **a** 〈通例よくないことが〉(気づかぬうちに)徐々に起こる[進行する], 忍び寄る, 忍び込む: Mistakes will ~ *into* one's work. 間違いはいつのまにか作業の中に入ってくるものだ. **b** 〈感情などが〉次第にわく, きざす. **c** 〈表情などが〉徐々に浮かぶ[現われる]. ❸ 〈つる・木の根などが〉(…に)からみつく, はびこる: Ivy *crept along* [*over*] the walls. ツタが壁を伝わって生えていた. ❹ 《英口》〔人に〕ひそかに取り入る〔*to*〕. ❺ 〈肌が〉むずむずする; ぞっとする: The sight made my flesh [skin] ~ [made me ~ all over]. その光景に身の毛もよだつ思いがした. **créep úp** (数値・量などが)〔…まで〕徐々[次第]に増加[増大]する〔*to*〕. **créep úp on**… (1) …にこっそり近づく, 忍びよる. (2) 〈事態などが〉気づかぬうちに…に少しずつ起こる[訪れる], 忍び寄る: Age *~s up on* us. 老いは知らぬ間にせまってくる.

— [名] ❶ [C] 《口》 いやな[気に食わない]やつ; 《英》 おべっか使い, こびる[へつらう]人, 追従(ついしょう)者. ❷ [C] [通例 the ~s] 《口》 ぞっとする感じ: It gave me *the* (cold) *~s*. それ

には思わずぞっとした. ❸ ⓤ ゆっくりとした[忍び寄る(ような)]動き[進行, 変化]; (乗物の)徐行; 〖地〗漸動.

créep·er 图 ❶ ⓒ 〖植〗つる植物: ⇒ Virginia creeper. ❷ ⓒ はうもの; (特に)はう昆虫, 爬虫(はちゅう)類の動物. **b** 〖鳥〗木に登る鳥; (特に)キバシリ. ❸ 〖複数形で〗(靴底の)すべり止め薄鉄板. ❹ **a** 〖複数形で〗=crawler 3. **b** (米) =romper 2.

créep·ered 形 〈家など〉ツタにおおわれた.

créep·ing 形 ❶ はい回る: ~ plants ほふく植物 / ~ things 爬虫(はちゅう)類. ❷ **a** のろい, 忍びやかな. **b** 徐々に忍びよる, 潜行性の: ~ inflation 徐々に進行するインフレ. ❸ むずむずする, ぞっとする. ❹ こそこそ取り入る, 卑劣な.

creeping Jénnie [Jénny] 图 ヨウシュコナスビ (moneywort).

creeping Jésus 图 《英俗》偽善的な人, 卑劣な人.

⁺**creep·y** /kríːpi/ 形 (creep·i·er, -i·est) ❶ (口) むずむず[ぞくぞく]する; ぞっとする, 気味の悪い: feel ~ ぞっとする / a ~ old house 《幽霊の出そうな》古い家. ❷ はい回る; のろのろ動く. **créep·i·ly** /-pɪli/ 副 **-i·ness** 图 (名 creep)

creepy-cráwly (口) 图 はい回る虫[昆虫]. —— 形 ❶ はい回る. ❷ ぞっとする.

creese /kríːs/ 图 =kris.

cre·mains /krɪméɪnz/ 图 (米) 火葬にした遺骨. 《CREMATED+REMAINS》

⁺**cre·mate** /kríːmeɪt, krɪméɪt | krəméɪt/ 動 他 〈死体を〉火葬にする 《しばしば受身》. 《L=燃やす》 图 **crema·tion**, 图 crematory)

cre·ma·tion /krɪméɪʃən/ 图 ⓤ.ⓒ 火葬.

cre·ma·tor /-ṭɚ | -tə/ 图 ❶ (火葬場の)火葬作業員. ❷ 火葬炉.

cre·ma·to·ri·um /krìːmətɔ́ːriəm, krèm- | krèm-/ 图 (複 **-ri·a** /-riə/, **~s**) =crematory.

cre·ma·to·ry /kríːmətɔ̀ːri, kréma- | krémətɔ̀ri, -tri/ 图 (米) 火葬場. —— 形 火葬の.

Crème, **crème** /krém, kréɪm/ 图 ❶ =cream 2. ❷ クレーム 《甘いリキュール》.

crème an·glaise /ɑːŋɡléɪz/ 图 ⓤ 〖料理〗クレームアングレーズ 《バニラ風味のカスタードソース》.

crème brû·lée /bruːléɪ/ 图 ⓤ 〖時に C~ B~〗クレームブリュレ 《カラメルにした砂糖をかけたクリーム[カスタード]のデザート》. 《F=burnt cream》

crème ca·ra·mel /kærəmél/ 图 ⓤ クレームカラメル, プリン 《カラメルソースをかけたカスタード》.

crème de cas·sis /dəkəsíː/ 图 ⓤ クレームドカシス 《クロフサスグリの実から造るリキュール》.

crème de la crème /-dəlɑ-/ 图 〖the ~〗一流の人びと, 社交界の粋; 最良のもの, 精華 (the choicest). 《F=cream of the cream》

crème de menthe /-má:nt, -ménθ/ 图 (複 **crèmes de menthe** /はさま ぺパ与/) ⓤ.ⓒ クレームドマント 《はっか入りのリキュール》.

crème fraîche [fraiche] /-fréɪʃ/ 图 ⓤ 生クリーム.

cre·nate /kríːneɪt/, **-nat·ed** /-tɪd/ 图 〖植〗〈葉の葉縁が〉鈍鋸歯(どんきょし)状の, 円鋸歯状の.

cre·na·tion /krɪnéɪʃən/ 图 ⓤ 鈍鋸歯状(周縁).

cren·el /krén(ə)l/ 图 〖城〗銃眼, はざま.

cren·el·(l)ate /krénəleɪtɪd/ 形 〈城壁など〉銃眼をつけた, はざまを設けた.

cren·el·(l)a·tion /krènəléɪʃən/ 图 〖通例複数形で〗銃眼[はざま付き胸壁] (battlement).

cre·nelle /krənél/ 图 =crenel.

cren·u·late /krénjʊleɪt/, **-lat·ed** /-leɪtɪd/ 形 小鈍鋸歯状の; 微鋸歯縁ある. **cren·u·la·tion** /krènjʊléɪʃən/ 图 ⓤ 小鈍鋸歯(状).

⁺**Cre·ole** /kríːoʊl/ 〖また c~〗图 ❶ ⓤ.ⓒ クレオール(語) 《ヨーロッパ人の言語(特に英語, フランス語, スペイン語, ポルトガル語)とその旧植民地の言語による混成語で, それを母語とする人がいる語》. ❷ ⓒ クレオール(人): **a** 西インド諸島・モーリシャス (Mauritius) 島・南米などに移住した白人(特にスペイン人)の子孫. **b** (米) Louisiana 州のフランス系移民の子孫. **c** ヨーロッパ人と黒人の混血の人(特にクレオール語を用いる人). —— 形 ❶ クレオール(特有)の. ❷ 〈料理が〉クレオール風の《トマト・タマネギ・トウガラシなどを使った料理にいう》.

Créole Stàte 图 〖the ~〗クレオール州 (Louisiana 州の俗称).

cre·ol·ize /kríːəlaɪz/ 動 他 〖言〗混交[混成]言語にす[なる], クレオール化する. **cre·ol·i·za·tion** /krìːəlɪzéɪʃən | -laɪz-/ 图.

cre·o·sol /kríːəsoʊl, -sɔːl | -sɒl/ 图 ⓤ 〖化〗クレオソール 《無色油状の液体; 防腐剤用》.

cre·o·sote /kríːəsoʊt/ 图 ⓤ 〖化〗クレオソート(医療・防腐用): ~ oil クレオソート油. —— 動 他 クレオソートで処理する.

crepe, **crêpe** /kréɪp/ 图 ❶ **a** ⓤ クレープ 《強撚糸(きょうねんし)を用いた織物で, 収縮させて皺(しわ)を出したもの》. **b** ⓒ 黒いクレープの喪章. ❷ =crepe rubber. ❸ ⓒ クレープ《ごく薄く焼いたパンケーキ》. ❹ =crepe paper. 《F》

crêpe de Chíne /-dəʃíːn/ 图 ⓤ 《クレープ》デシン 《薄地の絹クレープ》. 《F=crepe of China》

crêpe mýrtle 图 =crape myrtle.

crêpe pàper 图 ⓤ クレープペーパー 《造花用など》.

crêpe rúbber 图 ⓤ クレープゴム 《靴底などに使う縮みじわ付きのゴム》.

crepe su·zette /kréɪpsuːzét/ 图 (複 **crepes suzette** /kréɪps-/, ~s /-suːzéts/) クレープシュゼット 《クレープにリキュールなどの入った熱いソースをかけて供する》. 《F》

cré·pi·nette /krèpɪnét/ 图 クレピネット 《挽肉を生のまま豚の網膜(もうまく)で包んだ平たいソーセージ》.

crep·i·tant /krépətənt/ 形 ❶ パチパチ鳴る. ❷ 〖医〗捻髪音の.

crep·i·tate /krépəteɪt/ 動 ⾃ パチパチいう.

crep·i·ta·tion /krèpətéɪʃən/ 图 ❶ パチパチいうこと[鳴る音]. ❷ 〖医〗(折れた骨の)コツコツ音; (肺の)捻髪(ねんぱつ)音.

crep·i·tus /krépətəs/ 图 〖医〗=crepitation.

⁎**crept** /krépt/ 動 creep の過去形・過去分詞.

cre·pus·cu·lar /krɪpʌskjʊlɚ | -lə/ 形 ❶ **a** 薄暗い, たそがれの(ような). **b** 半開化の. ❷ 〈動物が〉薄明に出現[活動]する.

cres., cresc. 《略》〖楽〗crescendo.

cre·scen·do /krəʃéndoʊ/ 图 (複 ~s, ~es) ❶ 〖楽〗クレッシェンド(の楽節). ❷ (感動・勢いなどの)盛り上がり, 高まり; 最高潮. —— 形副 〖楽〗クレッシェンド, 次第に強い[強く] 《略 cres(c).; 記号 <; ↔ decrescendo, diminuendo》. ❷ (感情・動作を)次第に強めて. —— 動 ⾃ 〈音・力などが〉次第に強くなる. 《It<crescere 増える<L↓》

⁺**cres·cent** /krés(ə)nt/ 图 ❶ ⓒ 三日月 《新月から上弦または下弦から新月までの月》. ❷ ⓒ 三日月形(のもの): **a** クロワッサン. **b** (英) 三日月形の街路. ❸ **a** ⓒ (トルコなどイスラム圏の)新月旗. **b** 〖the C~〗イスラム(教) (cf. cross 1 c). —— 形 ❶ 三日月形の (cf. descrescent). ❷ 〈月が次第に満ちる[大きくなる]. 《F<creistre 増加[増大]する<L crescere, cret- 成長する, 大きくなる, 増える; cf. decrease, increase; accrue, crew¹, recruit; concrete》

cre·sol /kríːsɔːl | -sɒl/ 图 ⓤ 〖化〗クレゾール 《殺菌消毒剤》.

⁺**cress** /krés/ 图 ⓤ カラシナの類の植物; (特に)クレソン.

cres·set /krésɪt/ 图 (かがり火の)油つぼ, 火かご.

Cres·si·da /krésədə/ 图 〖ギ伝説〗クレシダ 《トロイの王子Troilus の恋人》.

⁺**crest** /krést/ 图 ❶ 〖通例単数形で〗**a** (ものの)頂上: the ~ of a hill 丘の頂上. **b** (波の)峰, 波頭. **d** 最上, 極致: at the ~ of one's fame 名声の絶頂に立って. ❷ **a** (鳥の)とさか. **b** (鳥の)冠毛. ❸ (かぶとの)羽毛飾り, 前立て. **b** 〖紋〗(かぶとの)前立て; かぶと. ❹ **a** 〖紋〗紋所形紋地の頂飾り. **b** (封印・便箋(びんせん)・皿などの)紋章. ❺ 〖建〗棟(むね)(飾り). ❻ 〖解〗稜 《特に骨の》. **on the crést of a wáve** (1) 波頭に乗って. (2) 得意[幸福]の絶頂にあって. —— 動 他 ❶ 〈山の〉頂上に達する. ❷ 〈波の〉峰に乗る. ❷ 〖建〗〈…に〉棟飾りをつける. —— ⾃ 〈波が〉うねり立つ, 波頭を立てる. 《F<L=(毛髪の)房(ふさ)》

crést·ed 形 冠毛[とさか]のある; 紋章のついた.
crést·fàllen 形 がっかりした, 元気のない.
crést·fish 名 《魚》アカナマダ《非常に細長い銀色の海産魚; 深紅色の長い背びれをもつ》.
crést·ing 名 U《建》棟飾り, クレスト.
crést·less 形 頂飾のない; 家紋のない; 身分の卑しい.
cre·syl /krésəl, krí:-/ 名《化》クレシル.
cre·ta·ceous /krɪtéɪʃəs/ 形 ❶ 白亜質の. ❷ [C~]《地質》白亜紀[系]の. —— 名 [the C~]《地》白亜紀[層].
Cre·tan /krí:tn, -tən/ 名 クレタ島(人)の. —— 名 クレタ島人.
Crete /krí:t/ 名 クレタ島《地中海東部のギリシア領の島; ギリシア文化に高い文化をもっていた》.
cre·tic /krí:tɪk/ 名《韻》長短長格 (-‿-), 強弱強格 (´×´).
cre·tin /krí:tn | krétɪn/ 名 ❶ 《軽蔑》ばか, 白痴. ❷《古風》クレチン病患者 (cf. cretinism).《CHRISTIAN の変形》
cre·tin·ism /krí:tənɪzm | krétɪ-/ 名 U クレチン病《先天性の甲状腺機能低下症; 発見・治療が遅れると知能障害・成長発育障害をもたらす》.
cre·tin·ous /krí:tənəs | krétɪ-/ 形 ❶ ばかな, 白痴(的)の. ❷ クレチン病の[にかかった].
cre·tonne /krɪtán | kretón/ 名 U クレトンサラサ《いすカバー・カーテンなどに用いる無光沢の丈夫なサラサ木綿》.
Créutz·feldt-Já·kob disèase /krɔ́ɪtsfeltjá:-koub- | -jǽkob-/ 名 U《医》クロイツフェルト-ヤコブ病《進行性で致命的な海綿状脳症; プリオン (prion) によるものとされ, 痴呆・運動失調などの症状を呈する; 略 CJD》.
《H. G. Creutzfeldt, A. M. Jakob ともに 19-20 世紀のドイツの精神科医》
cre·vasse /krɪvǽs/ 名 ❶ (氷河の)深い割れ目, クレバス. ❷《米》(堤防の)裂け目, 破損個所.
crev·ice /krévɪs/ 名 (狭く深い)裂け目, 割れ目.
*__crew__[1] /krú:/ 名 [集合的; 単数または複数扱い] ❶ a (客を除いた)全乗組員, 全乗務員: The ~ number's thirty in all. 乗組員は全部で 30 人. b (船で士官以外の)一般乗組員; (飛行機で運航乗務員以外の)乗務員; officers and ~ 士官[運航乗務員]および他の乗組員[乗務員]. b 隊, 組, クルー, チーム: a TV ~ テレビ撮影, 取材班, テレビクルー. ❷《口・軽蔑》連中, 一団. ❸ (ボートの)クルー, ボートチーム. b U《米》ボートレース, 漕艇. ❹ 《…の》乗組員として働く. 【F=(軍隊の)増強 < *creistre* 増加(増大)する; ⇒ crescent】
crew[2] /krú:/ 動 crow[2] の過去形.
créw cùt 名 (短い)角刈り.
crew·el /krú:əl/ 名 = crewel yarn.
créwel·wòrk 名 U 毛糸刺繍(しゅう).
créwel yàrn 名 U 刺繍用毛糸.
+**créw·man** /-mən/ 名 (複 -men /-mən/) (船・飛行機・宇宙船などの)乗組員[搭乗員].
créw mèmber 名 乗組[搭乗]員(の一人).
créw nèck [nècklìne] 名 クルーネック《セーターなどの襟のない丸首のネックライン》. **créw-nècked** 形
créw sòck 名 [通例複数形で]クルーソックス《うねのある厚手のソックス》.
+**crib** /kríb/ 名 ❶ C 《米》(四方にさくのついた)ベビーベッド, サークルベッド (《英》cot). ❷ C a かいばおけ, まぐさおけ (manger). b《英》= crèche 2. ❸ C 《口》(語学などの)とらの巻; カンニングペーパー. ❹ a = cribbage. b《口》[the ~] (cribbage で)配り手の持ち札. ❺ a C 《米》(塩・トウモロコシなどの)貯蔵所, 置き場. b 狭い部屋[家]. ❻ C《口》(他人の作品の)無断使用, 盗作《*from*》. **cráck a crib**《俗》家に強盗に入る. —— 動 (転) ❶ 《口》a (他人の作品を)無断使用する; 盗用する. b《…を》盗む. c カンニングする. ❷ 《…に》まぐさおけを備える. ❸ 《…を》狭い所に押し込める. ❹ 《口》カンニングをする; とらの巻を使う. **críb·ber** 名
crib·bage /kríbɪdʒ/ 名 U クリベッジ《2-4 人で遊ぶトラン
プ遊びの一種》.
críbbage bòard 名 クリベッジの得点盤.
críb bìting 名 U 齦癖(にへき) 《馬がまぐさ桶をかんでよだれをたらす癖》. **críb-bìte** 動
críb dèath 名《米》= sudden infant death syndrome.
cri·bel·lum /krɪbéləm/ 名 (複 -la /-lə/)《動》篩板(しはん)《クモの出糸(しゅっし)突起》.
críb nòte 名 = crib 3.
cri·bo /krí:boʊ/ 名 (複 ~s)《動》インディゴヘビ《熱帯アメリカ産》.
crib·ri·form /kríbrəfɔ̀rm | -fɔ̀:m/ 形《解・植》小孔質の, 篩状(しじょう)の.
críb shèet 名 = crib 3.
críb·wòrk 名《建・土木》いかだ床(しょう), 枠工《丸太材を井桁に組む工作などの称》.
crick /krík/ 名 [通例単数形で]《首・背中などの)筋肉[関節]ひきつり, 筋違い: get [have] a ~ *in* one's neck [back] 首[背中]の筋を違える[違えている]. —— 動 《…に》けいれんを起こし, 《…の》筋を違える.
Crick, Francis Harry Compton 名 クリック《1916- ; 英国の生化学者; Nobel 生理学医学賞 (1962)》.
*__crick·et__[1] /kríkɪt/ 名 U クリケット《【解説】英国の国技といわれる野球に似た球技; 11 人ずつの 2 チームで勝敗を争う》. **nòt crícket**《口》公明正大を欠く: It's *not* ~ to kick a man when he's down. 人の弱みにつけこんでひどい仕打ちをするのはフェアでない. —— 動 クリケットをする.
crick·et[2] /kríkɪt/ 名《昆》コオロギ《関連》鳴き声は chirp》. **(as) mérry [chírpy, lívely] as a crícket**《俗》至極快活[陽気]で.
crícket bàg 名 クリケットバッグ《クリケット用具入れ》.
crícket bàt 名 クリケット用バット.
+**crícket·er** /-tə | -tə/ 名 クリケット競技者.
crícket gròund [fìeld] 名 クリケット競技場.
cri·coid /kráɪkɔɪd/ 名《解》輪状軟骨.
cri de coeur /krí: də-/, *(仏)* -kɔ́:r/ 名 (複 **cris de coeur** /krí:(z) də-/) 熱烈な抗議[訴え]. 【F=*cry from the heart*】
cri·er 名 ❶ a (昔の町村などで新規則・布告などの)触れ役: ⇒ town crier. b 呼び売り商人. ❷ 叫ぶ[泣く]人; よく泣く子, 泣き虫. ❸ (公判廷の)廷吏.
cri·key /kráɪki/ 間《俗》これはこれは!, いやはや《驚きの表現》.
crim /krím/ 名 形《米俗・豪俗》= criminal.
*__crime__ /kráɪm/ 名 ❶ C U 犯罪, 罪: a capital ~ 死刑に値する重罪, 死罪 / a ~ against nature《法》自然に反する罪《獣姦など不自然な性行為》/ a ~ against the State 国事犯 / commit a ~ 罪を犯す / blame [put, throw] ~ on an innocent person 潔白な人に罪を押しつける / organized ~ 組織犯罪 / the prevention of ~ 犯罪防止 / a wave of ~ = a ~ wave 犯罪の波《急増現象》/ turn to ~ 犯罪行為に走る / *C~* doesn't pay. ⇒ pay[1] の 2. ❷ C (道徳的に)よくない行為, 罪悪: Blasphemy is a ~ against God. 冒瀆(ぼうとく)とは神に対する不敬である. ❸ [a ~]《口》残念なこと, 遺憾なこと: It's *a* ~ (*that*) you didn't get more recognition for your work. 君がみの仕事でもっと認めてもらえなかったのは遺憾だ. 【F<L=*判決*】
críme agàinst humánity 人道に対する罪《ある地域の住民の皆殺し・奴隷化など》. **críme of pássion** = crime passionel. 【F<L=*判決*】 形 criminal, 動 criminate 【類語】**crime** 殺人・強盗など法律にそむく行為; これを犯せば処罰されるもの. **sin** 特に宗教上・道徳上の罪悪; 宗教的・道徳的には sin であっても法律的には crime にならない行為もある. **offense** 一般的な行為で, crime ほど重くなくても, 広く法律・道徳・公共の利益に反する行為. **vice** 不道徳な習慣や行為, えげつなようすをつくことなど.
Cri·me·a /kraɪmí:ə, krə-/ 名 [the ~] クリミア半島《黒海北岸の半島; 今はウクライナのクリミア自治共和国に属する》. **Cri·me·an** /kraɪmí:ən, krɪ- | -mí:ən/ 形
Cri·mé·an Wár /kraɪmí:ən, krɪ- | -mí:ən/ 名 [the ~] クリミア戦争 (1853-56)《英・仏・トルコ・サルジニア連合国対ロシアの戦争》.

críme fiction 名 U 犯罪小説, 推理小説.
crime pas·sio·nel /krí:mpæsiənél/ 名 (複 **crimes pas·sio·nels** /~/) 痴情殺人 (特に殺人).
crime writer 名 《英》推理[犯罪]小説作家.
*crim·i·nal /krímən(ə)l/ 形 (**more ~; most ~**) ❶ A (比較なし) 犯罪の; 犯罪を犯す, 犯罪的な[に]; 刑事上の: a ~ act 犯罪行為 / a ~ case 刑事事件 / a ~ court 刑事裁判所 / a ~ offense 刑事犯 / ~ psychology 犯罪心理学. ❷ 〘口〙けしからん, 残念な, 嘆かわしい: It's ~ to charge such high prices. そんな高値をふっかけるなんてけしからんことだ. ── 名 犯罪者, 犯人 (offender): a habitual ~ 常習犯 〔人〕.
críminal conversátion [**connéction**] 名 U 〘法〙姦通(罪) 〔略 crim. con.〕.
crim·i·nal·is·tics /krìmənəlístiks/ 名 U (犯人)捜査学.
crim·i·nal·i·ty /krìmənǽləti/ 名 ❶ U 犯罪性, 有罪. ❷ C 犯罪(行為).
crim·i·nal·ize /krímənəlàiz/ 動 他 ❶ 〈…を〉犯罪[違法]にする, 非合法化する. ❷〈人を〉犯罪者(扱い)にする.
críminal láw 名 U 刑法.
críminal líbel 名 〘法〙犯罪的誹毀(ひき)行為 (きわめて悪質な中傷文書を出すこと).
crim·i·nal·ly /-nəli/ 副 ❶ 法を犯して, 犯罪的に. ❷ 刑法によって, 刑事[刑法]上.
críminal négligence 名 U 〘法〙刑事過失.
críminal récord 名 前科.
crim·i·nate /krímənèit/ 動 他 ❶ a 〈人に〉罪があるとする, 罪を負わせる. b 〈人を〉告発する; 〈人について〉有罪の証言をする. ❷ 非難する.
crim·i·na·tion /krìmənéiʃən/ 名 ❶ 告発, 告訴. ❷ 非難.
crim·i·no·gen·ic /krìmənoudʒénik⁻/ 形 〈制度・状況・土地が〉犯罪の原因となる, 犯罪を生む[誘発する].
crim·i·nól·o·gist /-dʒist/ 名 犯罪学者.
⁺**crim·i·nol·o·gy** /krìmənáladʒi/, -nól-/ 名 U 犯罪学.
crimp /krímp/ 動 他 ❶ a 〈髪を〉縮らす, カール (ウェーブ) させる. b 〈布などに〉ひだ[しわ]を作る. c 〈…に〉波形をつける. ❷ 《米口》 妨害する: Tariff barriers have ~ed the flow of imports. 関税障壁が輸入品の流入を妨げている. ── 名 ❶ 〔通例複数形で〕(アイロンなどで) 縮らした毛, ウェーブ, カール. ❷ ひだ, 折り目. put a crimp in …をじゃま [妨害] する: His illness put a ~ in our plans. 彼の病気のために我々の計画に支障が生じた.
crim·ple /krímpl/ 動 他 〈…に〉しわを寄せる; 縮らせる. ── 自 しわが寄る; 縮れる. 〔CRIMP +-LE〕
Crimp·lene /krímpli:n/ 名 U 〘商標〙クリンプリン (しわになりにくい合成繊維).
crimp·y /krímpi/ 形 (**crimp·i·er; -i·est**) 縮れた, 縮らした: ~ hair 縮れ髪.
⁺**crim·son** /krímzn(ə)n/ 形 深紅(色)の; 〈夕日があかね色の〉: He turned ~ (with anger [shame]). 彼は(怒って[恥ずかしくて]) 真っ赤になった. ── 名 U 深紅色. ── 動 他 深紅色にする[染める]; 真っ赤にする. ── 自 深紅色になる; 真っ赤になる. 〔Arab=タマカイガラムシ(えんじ色の虫)〕
crímson láke 名 U クリムソンレーキ (深紅色の顔料).
⁺**cringe** /kríndʒ/ 動 自 ❶ (恐怖・卑屈さで) すくむ, 縮録する, 縮みあがる (recoil): ~ at the thought of an air crash 飛行機の墜落のことを考えて縮みあがる. ❷ 恥ずかしい[ばつの悪い] 思いをする: a ~d when he began singing his wife's praises. 彼が奥さんをほめそやし始めたときにこっちまで恥ずかしくなった. ❸ ぺこぺこする; へつらう 〔to, before〕. 〔OE=戦闘で倒れる〕
crínge·wòrthy 形 《口》当惑させる, 身のすくむような.
crin·gle /kríngl/ 名 〘海〙(帆の縁に取り付けた)索目(つめ), クリングル.
crin·kle /kríŋkl/ 動 他 〈…に〉しわを寄せる; 縮らせる: ~ (up) one's nose 鼻にしわを寄せる 《当惑・不賛成などの表情》. ── 自 ❶ しわが寄る, 縮む (up). ❷ 〈紙などが〉かさかさ鳴る. ── 名 ❶ しわ; うねりくねり. ❷ かさかさいう音.
crin·kly /kríŋkli/ 形 (**crin·kli·er, -kli·est; more ~,**

421　　**crisscross**

most ~) ❶ a しわの寄った, しわくちゃの. b 《毛髪が》縮れた, 波状の. c 〈織物の生地が〉縮んだ. ❷ かさかさ鳴る. **crín·kli·ness** 名
crin·kum-cran·kum /kríŋkəmkréŋkəm/ 形 U 《文》曲がりくねった(もの), うねうねした(もの), 複雑な(もの).
cri·noid /kráinoid, krín-/ 形 ❶ ユリのような. ❷ 〘動〙ウミユリ類の. ── 名 〘動〙ウミユリ. **cri·noi·dal** /krainóidl, krə-/ 形
crin·o·line /krínəlin/ 名 ❶ U クリノリン 《昔, スカート地に用いた馬の毛などで織った硬い布》. ❷ C クリノリンスカート.
cri·o·llo /kriúloujou/ 名 (複 ~s) ❶ 中南米生まれの純スペイン人の子孫; 中南米に生まれ育った人 (★女性形 cri·o·lla /-l(j)ə/). ❷ 中南米産の家畜, [しばしば C-] クリオロ種のポニー 《アルゼンチンで作出された頑丈な小型の馬》. ❸ クリオーロ《良質の種子を産するカカオノキの品種》.
cripes /kráips/ 間 《俗》[驚き・嫌悪などを表わして] おやおや, これはこれは. 〔Christ の変形〕
⁺**crip·ple** /krípl/ 名 〘差別〙身体障害者, 手足の不自由な人; 精神[情緒]障害者. ── 動 他 ❶ 〈人(の体)に〉障害を残す, 〈人を〉不具にする (⇒ crippled 1; 【比較】 現在では disable の方が一般的): The injury ~d him for life. その けがは彼を一生不自由な体にした. ❷ 〈…を〉そこなう, 無力にする; 〈活動などを〉ぶちこわす: An oil embargo would ~ industry. 石油輸出禁止となったら産業が麻痺するだろう.
crip·pled 形 ❶ 〈身体に〉障害のある, 不具の 〔with, by〕 (【比較】現在では disabled のほうが一般的): a ~ person 不具者 / The old man was ~ with rheumatism. 老人はリューマチのため歩行も不自由な体になっていた. ❷ 無能力な.
crípple·dom /-dəm/ 名 U 不具; 無能力.
⁺**crip·pling** 形 大きな損害[打撃]を与える: a ~ strike 壊滅的ダメージを与えるストライキ.
***cri·sis** /kráisis/ 名 C,U (複 **cri·ses** /-si:z/) ❶ 危機, 決定的段階, 重大局面: a ~ of confidence [conscience] 信頼[良心]の危機 / a financial ~ 財政危機 / an oil ~ 石油危機 / bring to a ~ 危機に追い込む / come to [reach] a ~ 危機に達する. ❷ 《運命の分かれ目; 〘医〙分利, クリーゼ《急性疾患で, 症状が急激に改善されるか悪化するかの変わり目; 通例前者》: pass the ~ 峠を越す. 〔L<Gk 決定, 転換<crinein 決定する, 分ける〕【類義語】
⇒ emergency.
crísis mànagement 名 U 危機管理.
***crisp** /krísp/ 形 (~·er; ~·est) ❶ a 〈食物がパリパリ[カリカリ]する〉: This pastry is quite ~. このパイはとてもパリパリする. b 〈野菜・果物など〉新鮮な, ぱりっとした: a ~ leaf of lettuce 新鮮なレタスの葉. ❷ a 〈紙などパリパリ音がする; 折りたてできたての〉 ~ bills 〘(米)notes〙手の切れそうな紙幣[お札]. ❸ 〈空気・天気などが身の引き締まる〉; さわやかな, すがすがしい: a ~ autumn day さわやかな秋の日. ❹ a 〈挙動がきびきびした. ❺ 〈話しぶりが歯切れのいい. ❺ a 〈文体がきびきびした, 明快な. ❺ a 〈髪が細かく縮れた. b 〈波がさざ波の立つ. ❻ 〈古〉カリカリに焼く. ── 名 ❶ カリカリした物. ❷ 〈古〉髪などが縮れた. b 波立つ. ❷ C クリスプ《切った果物をクッキー生地で包んで, 焼き上げたお菓子》. ❸ [通例複数形で] 《英》ポテトチップ; ⇒ potato crisp. **be búrned to a crísp** カリカリに焼ける 《食べられないほど》黒焦げになる. **~·ly** 副 **~·ness** 名 〔L=(毛髪が)縮れた〕
cris·pate /kríspeit, -pət/, **-pat·ed** /-pèitid/ 形 縮れた.
crísp·brèad 名 全粒ライ麦粉[小麦粉]で作った薄いカリカリのビスケット.
crísp·er 名 (冷蔵庫の)野菜入れ, クリスパー.
crisp·y /kríspi/ 形 (**crisp·i·er; -i·est**) =crisp 1.
crísp·i·ness 名
⁺**criss·cross** /krískrɔ̀:s | -krɔ̀s/ 形 A 十字(模様)の. ── 名 ❶ 十字に; 交差して. ❷ 食い違って: go ~ 〈事が〉うまくいかない, 食い違う. ── 動 他 ❶ 〈…を〉縦横に

cris・ta /krístə/ 图 (圈 -tae /-tiː, -taɪ/) ❶ 鶏冠, とさか. ❷ [解・動] 稜, 小稜. ❸ [生] クリスタ (ミトコンドリアの内膜か櫛(◇)の歯状に内側に突出した部分).

cris・to・bal・ite /krɪstóʊbəlàɪt/ 图 [U] [鉱] クリストバル石, クリストバライト (ケイ酸鉱物の一種).

*__cri・te・ri・on__ /kraɪtíəriən/ 图 (圈 -ri・a /-riə/, ~s) [判断・批評の]基準, 標準 《of, for》: meet [satisfy] the *criteria for*…の基準に合う[を満たす]. 《Gk=判断の手段〈*critēs* (↓)》【類義語】⇨ standard.

*__crit・ic__ /krítɪk/ 图 ❶ (文芸・美術などの)批評家, 評論家 (reviewer); (古文書などの)鑑定家: a Biblical [textual] ~ 聖書[原典]批評家 / an art [a theater] ~ 美術[演劇]評論家. ❷ 批判する人; いつもあら捜しをする人. 《Gk =識別し決定することができる(人)〈*critēs* 判断〈*crinein* 判断する, 分ける; cf. crisis, endocrine, hypocrisy》

‡__crit・i・cal__ /krítɪk(ə)l/ 圈 (*more* ~; *most* ~) ❶ 決定的な, 重大な; 重要な (crucial): a ~ situation 重大な局面[形勢] / of ~ importance 非常に重要な. ❷ (生死を分けるような)危機の, きわどい, 危ない (病状が峠にある, 危篤の: a ~ moment 危機 / The patient is in ~ condition. 患者は重態だ. ❸ 批判的な, 厳しく批評する, 酷評する: I am nothing, if not ~. 口の悪いのだけが私の取りえだ (★ Shakespeare 「オセロ」から) / He is ~ *of* the present government. 彼は今の政府に対して批判的だ. ❹ [A] (比較なし) 批評(家)の, 評論の: a ~ essay 評論 / a ~ edition (原典の異文などを厳密に検討した)校訂版 / receive ~ acclaim 批評家から称賛される[高い評価を受ける]. ❺ 精密に検討評価する, 批判[批評]的な; 批評[鑑識]眼のある: a ~ reader 批判力のある読者. ❻ [数・理](比較なし) 臨界の: the ~ angle 臨界角 / the ~ point [temperature] 臨界点[温度] / the ~ state 臨界状態 / go ~ 〈原子炉が〉臨界点に達する. 《1, 2, 6 は crisis, 3, 4, 5 は critic の形容詞形》

crítical apparátus 图 ❶ (文学批評などの)研究資料. ❷ (原典批評の)比較資料《脚注の形で示す異文[異読]など》.

crítical dámping 图 [U] [理] 臨界減衰, 臨界制動.

crit・i・cal・i・ty /krìtɪkǽləti/ 图 [U] ❶ 重大さ, 重要性; 危険性. ❷ [理] 臨界.

crit・i・cal・ly /-kəli/ 圖 ❶ 批判的に, 批判的に; 批判して: He looked ~ at the dog. 彼は犬をじろじろ見た. ❷ きわどく, 危なく, 危篤状態で: She's ~ ill. 彼女は危篤である.

crítical máss 图 [U] ❶ 限界質量. ❷ ある結果を得るために必要な量.

crítical páth ❶ クリティカルパス (一つの操作において必ず通らねばならない論理的な道筋のうち最も時間のかかるもの). ❷ =critical path analysis.

crítical páth análysis 图 [U.C] [電算] クリティカルパス分析 (最短日数・最小経費で進むようにコンピューターで作業日程を算出する方法).

crítical préssure 图 [理] 臨界圧.

crit・i・cise /krítɪsàɪz/ 動 (英) =criticize.

‡__crit・i・cism__ /krítəsìzm/ 图 ❶ [U.C] 批判, 非難, あら捜し (~ praise): be beyond [above] ~ 批判[非難]の余地がない / level [direct] ~ at…に批判を向ける, …を非難する / meet with severe ~(s) *from*…から容赦ない批判を浴びる. ❷ [U] 批評, 評論 (review): literary ~ 文学評論. b [C] 批評文[書]. 《CRITIC+-ISM》

*__crit・i・cize__ /krítɪsàɪz/ 動 ❶ 〈…を〉非難する, 酷評する, 〈…の〉あらを捜す (~ praise): The policy of the government was ~d by the opposition party. 政府の政策は野党から非難された / He ~d me *for* not working hard enough. 彼は本腰を入れて仕事をしていないと私を非難した. ❷ 〈…を〉批評する, 評論する: ~ poetry 詩を批評する. ── 圓 非難[批判, 批評]する. 《CRITIC+
-IZE》【類義語】⇨ blame.

†__cri・tique__ /krɪtíːk/ 图 (文芸作品などの本格的な)批評, 評論, 批評文. ── 動 批評[論評]する. 《F<Gk; ⇨ critic》

crit・ter /krítə | -tə/ 图 (方) =creature.

croak /kroʊk/ 動 圓 ❶ (カエルが)ゲーガー[カーカー]鳴く. ❷〈人が〉しわがれた声を出す. ❸ (俗)くたばる, 死ぬ. ── 個 ❶ しわがれ声で言う. ❷ (俗) 殺す. ── 图 ❶ (カエル・カラスなどの)ガーガー[カーカー]鳴く声 (⇨ crow¹ 関連). ❷ [a ~] しわがれ声.

cróak・er 图 ❶ ガーガー[カーカー]鳴くもの (カエル・カラスなど). ❷ 不吉の予言者.

Cro・at /króʊæt, -ət/ 图 ❶ [C] クロアチア人. ❷ クロアチア語. ── 囗 クロアチア(人・語)の.

Cro・a・tia /kroʊéɪʃə/ 图 クロアチア (バルカン半島北西部の共和国; 旧ユーゴスラビア連邦の一; 首都 Zagreb). **Cro・a・tian** /-ʃən/ 囗

cro・chet /kroʊʃéɪ | ---/ 图 [U] クロシェ編み, かぎ針編み. ── 動 圓 クロシェ編み[かぎ針編み]をする. 《F=小さな鉤(ヘ)》

crochét hòok [nèedle] 图 クロシェ編みかぎ針.

cro・chet・ing 图 [U] クロシェ編み(をすること).

cro・ci 图 crocus の複数形.

crock¹ /krɑk | krɔk/ 图 ❶ (陶器の)容器 (つぼ・かめなど). ❷ 瀬戸物の破片 (植木鉢の穴ふさぎ); [複数形で] (英古風) =crockery. ❸ [a ~] (米口) ばか話, うそ, ナンセンス: a ~ of shit (卑) うそだらけ, うそっぱち.

crock² /krɑk | krɔk/ 图 (英口) ❶ 老いぼれ. ❷ 老朽車, ぽんこつ[おんぼろ]車. ── 動 個 (英)〈…を〉負傷する[させる].

crocked 囗 (米俗) 酔っぱらった.

crock・er・y /krɑk(ə)ri | krɔk-/ 图 [U] 瀬戸物, 陶磁器類. 《CROCK¹+-ERY》

crock・et /krɑ́kɪt | krɔk-/ 图 [建] クロケット (ゴシック建築のピナクルや天蓋に付ける葉形やつぼみの飾り). **~ed** 囗

Crock・ett /krɑkɪt/ 图 **David** 图 クロケット (1786-1836; 米国の西部開拓者・政治家; Alamo で戦死; 伝説的英雄ともなっている; 通称 Davy Crockett).

Crock-Pot /krɑkpɑt | krɔkpɔt/ 图 [商標] クロックポット (電気鍋).

†__croc・o・dile__ /krɑkədàɪl | krɔk-/ 图 ❶ **a** [C] [動] クロコダイル (アフリカ・アジア・アメリカ産の大型のワニ; 口先が細長く, 下あごの第 4 歯は口を閉じても外にはみ出す). **b** [U] ワニ皮[革]. ❷ [C] (英口) (2 列になって歩く)小学生の長い列.

crócodile clìp 图 わにクリップ.

crócodile tèars /-tɪə̀z | -tɪə̀z/ 图 圈 そら涙: weep [shed] ~ そら涙を流す. 《ワニはえさを食べながら涙を流すという伝説から》

croc・o・dil・i・an /krɑkədílɪən | krɔk-⁻⁻/ 图 ワニ類. ── 囗 ワニ(のような).

cro・cus /króʊkəs/ 图 (圈 ~・es, cro・ci /-kiː, -kaɪ/) [植] クロッカス (英国で春の花のさきがけ).

Croe・sus /kríːsəs/ 图 ❶ クロイサス (Lydia /lídiə/ の大金持ちの王 (560-547 B.C.)). ❷ [C] 大金持ち. (as) **rích** **as Cróesus** 大金持ちの.

croft /krɔft | krɔft/ 图 (英) ❶ (屋敷続きの)小農場. ❷ (スコットランドの)小作地.

cróft・er 图 (英) (スコットランドの)小作人.

cróft・ing 图 [U] (英) 小作(制).

Cróhn's disèase /króʊnz-/ 图 [U] [医] クローン病, 限局性回腸炎. 《B. B. Crohn 米国の医師》

crois・sant /krwɑːsɑ́ːŋ | krwǽsɔ̃ŋ/ 图 (圈 ~s /-(z)/) クロワッサン (三日月形のロールパン; cf. crescent 图 2 a). 《F=三日月(形のロールパン)》

Cro-Mag・non /kroʊmǽɡnɑn, -mǽnjən/ [人類] [U.C] クロマニヨン人(種) (後期旧石器時代の長身長頭の原始人). ── 囗 クロマニヨン(人)の. 《この原始人の骨が発見されたフランス南部の洞穴の名から》

crom・lech /krɑ́mlek | krɔm-/ 图 [考古] ❶ ドルメン (⇨ dolmen). ❷ 環状列石, ストーンサークル (stone circle).

Crom・well /krɑ́mwel, -wəl | krɔm-/, **Oliver** 图 クロムウェル (1599-1658; 英国の軍人・政治家; Charles 1 世を

処刑し英国を一時共和国とした; cf. Lord Protector).

crone /króun/ 图 (古風) しわくちゃ婆(ば).

cron·ing /króunɪŋ/ 图 (特に米国・オーストラリアのフェミニストの間での)年配女性の祝賀. 【↑+CROWNING】

Cro·nos, Cro·nus /króunəs/ 图 〖ギ神〗クロノス《巨人(Titans)の一人, 父の王位を奪ったが, 後わが子 Zeus に退位/ローマ神話の Saturn に当たる》.

+**cro·ny** /króuni/ 图 (特に 悪い)仲間, 友だち. 【Gk=永続する <*chronos* 時》

cró·ny·ism /-ìzm/ 图 Ⓤ (米)(政治家などの友人関係によ)るえこひいき, 身びいき.

*****crook** /krúk/ 图 ❶ (口)悪人, 犯罪者 (criminal); 詐欺師, 泥棒. ❷ 屈曲[湾曲](部): the ~ of the arm 折り曲げたひじの内側 (cf. elbow 1). ❸ **a** 鉤(♱). **b** 羊飼いのつえ. **c** =crosier. —— 動 ❶ ⟨腕・指などを⟩⟨かぎ形に⟩曲げる, 湾曲させる. ❷ (俗)⟨ものを⟩盗む, くすねる. **by hóok or (by) cróok** ⇒ hook 图 成句.

crook-backed 形 せむしの.

+**crook·ed** /krúkɪd/ 形 ❶ 曲がっている, 屈曲した (↔ straight); (笑顔などが)ゆがんだ: The picture on the wall is ~. 壁にかかっている絵は曲がっている. ❷ (正直でない, 違法な; 腐敗した: a ~ business deal 不正な商取引. **~·ly** 副 **~·ness** 图

crook·er·y /krúk(ə)ri/ 图 Ⓤ 曲がったこと, 悪事, 不正.

crook·neck 图 曲がり首カボチャ.

+**croon** /krúːn/ 動 他 圓 (感傷的に)小声で歌う, 口ずさむ: ~ a lullaby 子守歌を口ずさむ / She ~ed her baby to sleep. 彼女は子守歌を口ずさんで赤ん坊を寝かしつけた. —— 图 低い声; (低い声で歌う)感傷的な流行歌.

cróon·er 图 低い声で感傷的に歌う人[歌手], クルーナー.

*****crop** /kráp | krɔ́p/ 图 ❶ (特定の)作物, 収穫物 (穀物・果実・野菜など): harvest [gather in] a ~ 作物を収穫する / a rice [wheat] ~ 米[麦]作. ❷ 収穫高, 産額: an abundant [average] ~ 豊[平年]作 / a bad [poor] ~ 不作, 凶作 / a good ~ of rice 上々の稲作 / a bumper ~ of wheat 小麦の大豊作. ❸ [a ~] (一度に続出する) 群れ, 集まり; (めんどうな事などの)発生, 続出: a good ~ *of* young musicians (同時期に世に出た)大勢の若手音楽家たち / a ~ *of* lies (話が次から次への)うそ八百. ❹ [通例単数形で] 短い髪型, 短髪, 刈り込み. ❺ (先端に革ひもの輪のついた)短い乗馬むち; ⇒ hunting crop. ❻ (鳥の)えぶくろ, 嗉嚢(おう). —— 動 ❶ ⟨作物を⟩植え付ける, 刈り入れる. ❷ ⟨土地に⟩⟨作物を⟩植え付ける (with, in). ❸ **a** ⟨頭髪・草などを⟩短く刈り込む: He *cropped* back the hedge. 彼は生け垣を短く切り詰めた. **b** ⟨耳・写真などの⟩縁を切り落とす. ❹ ⟨動物が⟩⟨草などを⟩食べる, 食(ど)む. ❺ (作物が)⟨収穫できる⟩. **cróp óut** (圓+副) ⟨鉱床などが⟩露出する. **cróp úp** (圓+副) 突然現われる[生じる] (pop up); ⟨問題などが⟩持ち上がる.

cróp cìrcle 图 クロップサークル, ミステリーサークル《特にイングランド南部の麦畑などに起こる, 作物が一面に円形をなしてなぎ倒される現象》.

cróp dùster 图 ❶ 農薬散布用の飛行機. ❷ 農薬散布のパイロット.

cróp-dùsting 图 Ⓤ (作物への)農薬(空中)散布.

cróp-èared 形 動物が)耳の端を切り取った.

cróp-fúll 形 腹いっぱいの, 満腹の.

cróp-òver 图 Ⓤ (西インド諸島の)砂糖キビ刈り上げ祭.

+**cropped tóp** 图 =crop top.

cróp·per 图 ❶ [通例修飾語を伴って] 作物: a good [poor] ~ よくできる[できない]作物. ❷ 作物を刈り込む人[機械]. ❸ (主に米)作物を植え付ける人; (英) =sharecropper. ❹ (機)(布・紙などの)端切り機, 切断器. **còme [fáll, gèt] a crópper** (口)(1) (馬などから)どしんと落ちる. (2) (事業などで)大失敗をする, さんざんな目にあう.

cróp rotàtion 图 Ⓤ (作物の)輪作.

cróp-sprày·ing 图 =crop-dusting.

cróp tòp 图 クロップトップ《腹の部分が露出するよう短くカットした女性用カジュアルウェア》.

cro·quem·bouche /kròkəmbúːʃ | krɔ̀k-/ 图 クロカンブッシュ《シュークリームを積み上げてカラメルで包んだケーキ》.

---

croque-mon·sieur /kràkməsjə́ː | krɔ̀kməsjə́ː/ 图 クロックムッシュ《ハムとチーズをはさんだサンドイッチを軽く網焼きした[油で焼いた]もの》.

cro·quet /króukéɪ | -ɔ́-/ 图 Ⓤ クローケー《芝生の上で木槌(はち) (mallet) で木製ボールを打って鉄の門 (hoop) を通し, 相手のボールを追いのけながらゴールのポールにあてるゲーム》. 【F】

cro·quette /króukét | krɔ́-/ 图 コロッケ. 〖?F<*croquer* 砕く, つぶす+-ETTE〗

crore /krɔ́ː | -krɔː/ 图 Ⓒ (インド) 1000万ルピー.

cro·sier /króuʒɚ | króuzɪə, -ʒə/ 图 牧杖(ぼくじょう), 司教杖 (*bishop* または *abbot* の職標).

*****cross** /krɔ́ːs | krɔ́s/ 動 他 ❶ **a** ⟨道路・砂漠などを⟩横切る, ⟨川・橋を⟩渡る 《比喩》⟨許される線・限界などを⟩越える (go across): ~ a street 通りを横断する / ~ the border 国境を越える / Don't ~ that bridge [your bridges] until you come to it [them]. (諺)取り越し苦労をするな / ~ the line of acceptable behavior 許容される行動の限界を越える / ~ a threshold 敷居をまたぐ, 家に入る[家から出る]; 許容範囲[限界, 閾値(いち)]を越える. **b** ⟨考えが⟩⟨心に⟩浮かぶ; ⟨笑いなどが⟩⟨人の顔を⟩よぎる: A wonderful idea ~ed my mind. すばらしい考えがふと心に浮かんだ / A smile ~ed her face. 彼女の顔を微笑がさっとよぎった. ❷ ⟨…を⟩交差させる, 組み合わせる; ⟨互いに⟩交差する: ~ one's legs 足を組む / with one's legs ~ed 足を組んで / The roads ~ each other. 道は交差している. ❸ [~ oneself また ~ one's heart で] (胸に)十字を切る: The priest ~ed *himself*. 司祭は十字を切った. ❹ ⟨人に⟩逆らう; ⟨人の⟩じゃまをする: You'll regret having ~ed me. 私にそむいたことをいつか後悔するだろう. ❺ ⟨動植物を⟩⟨…と⟩交配する, かけ合わせる: ~ a tiger and [*with*] a lion トラとライオンとをかけ合わせる. ❻ **a** ⟨…に⟩横線を引く; CROSS out 成句. **b** (英)⟨小切手を⟩線引きにする: ~ a cheque 小切手を横線(小切手にする). ❼ 〖スポ〗⟨ボールを⟩クロスにパスする [出す, 蹴る, 打つ]. ❽ ⟨人を⟩裏切る; だます.

—— 圓 ❶ ⟨道・川を⟩越えて[…から…へ]渡る, 渡航する: We ~ed (*over*) *from* Yokohama *to* San Francisco. 横浜からサンフランシスコへ渡った / Many Mexicans looking for work ~ illegally *into* the U.S. 職を求めている多くのメキシコ人が米国に不法に入国している. ❷ ⟨二線が⟩交差する: The two roads ~ there. 2本の道路はそこで交差している. ❸ ⟨二つの手紙・使者などが⟩行き違いになる.

cróss my héart (and hópe to díe) 本当だ, うそではない: I didn't say so —; ~ *my heart*. そうは言ってない —— 本当ですよ.

cross off [(他+副)] ~ *óff* (1) ⟨名前などを⟩線を引いて消す; 抹殺(ごう)する. —— [(他+副)] ~…*óff*...] (2) ⟨名前などを⟩…から線を引いて消す; 抹殺する: Please ~ my name *off* the program. プログラムから私の名前を消してください.

cróss óut ⟨(他+副)⟩ ⟨語などを⟩線を引いて消す; 棒引きにする, 抹殺する, 帳消しにする.

cróss óver ⟨(自+副)⟩ (1) 越えて渡る (⇒ 圓1); (英)道を渡る. (2) ⟨主に英⟩反対派に寝返る, 転向する (*to*). (3) ⟨演奏家・歌手が⟩⟨…へと⟩スタイル[ジャンル]を変える (*to*). (4) ⟨固定ファン層から⟩他にも人気を博すようになる[が出る]. (5) ⟨病気などが⟩⟨ある種から⟩他の種に[も]感染するようになる: BSE in cattle may have ~ed *over* (*from*) [*to*]: humans. 畜牛の海綿状脳症が人にも感染するようになった可能性がある.

gèt one's wíres [línes] crossed 勘違いする; 誤解する.

—— 图 ❶ **a** Ⓒ 十字架, はりつけ台: die on the ~ はりつけになる. **b** [the C~] キリスト教のはりつけにされた十字架, the holy C~ 聖十字架. **c** Ⓤ [通例形容詞 the C~] (十字架に象徴される)キリスト教(国): *the C~* and [*versus*] the Crescent キリスト教と[対]イスラム教 / a follower of *the C~* キリスト教徒 / a soldier [warrior] of *the C~* 十字軍の戦士; キリスト教(伝道)の闘士 / a preacher of *the C~* キリスト教宣教師. ❷ Ⓒ **a** 十字, 十字形, 十字記号 (十または

cross-

×)]: the Geneva ~ 赤十字 (cf. Red Cross 1 a) / the Maltese ~ マルタ十字 / the papal ~ 法王の十字形 / the patriarchal ~ 総主教の十字(✝形) / ⇒ Celtic cross, Greek cross, Latin cross, St. Andrew's cross, St. George's cross, St. Patrick's cross. **b** (額・胸などの上で切る)十字の印: make the sign of the ~ 十字を切る. **c** ×印(無学者の署名の代用): make one's ~ (署名代わりに)×印を書く. **d** 十字標,十字塔(墓碑に,または町の中心・市場などの標識に用いた): ⇒ market cross. **e** (通例修飾語を伴って)十字形章: the Military C~ 戦功十字章(世界大戦当初英国で制定; 略 MC) / ⇒ Victoria Cross. **f** (首から下げる)十字(架)飾り. **g** 十字(架をいだく)つえ (archbishop の職標). ❸ **a** [U] (通例 the C~) キリストの受難, 贖罪(しょく). **b** [C] (通例単数形で) 試練, 受難, 苦難: bear [take (up)] one's ~ 受難[苦難]に耐える(★聖書「マタイ伝」から) / You must bear the ~ of your disability. 君は身体障害という苦難に耐えなければだめだ / No ~, no crown. (諺) 困難なくして栄冠なし. **c** [C] 苦労(の種), 不幸; 障害: a ~ in love 失恋. ❹ [C] **a** (動植物の)異種交配; 雑種: The mule is a ~ between a male donkey and a mare. ラバは雄のロバと雌馬との雑種である. **b** 折衷, どっちつかずのもの: Brunch is a ~ between breakfast and lunch. ブランチは朝食とも昼食ともつかないものである. ❺ [the C~] (天) 十字星: the Northern [Southern] C~ 北[南]十字星.

on the cróss (1) 十字架[はりつけ]にかけられて (⇒ 图 1 a). (2) (英) 筋違いに. (3) (英俗) 不正に, 不正な手段で.

1 Celtic cross
2 Greek cross
3 Latin cross
4 Maltese cross
5 patriarchal cross
6 St. Andrew's cross, saltire

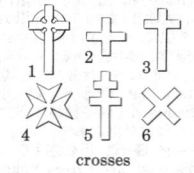

crosses

── 形 (~·er; ~·est) ❶ 横の, 斜めの, 横切った, 交差した: go down a ~ street 交差路を通って行く. ❷ (通例 P) (人に)腹を立てて (annoyed), (赤ん坊が)むずかる: He is ~ with his boss [at his boss's remarks]. 彼はボス[ボスの言葉]に腹を立てている / The baby is ~. 赤ん坊はむずかっている. ❸ 異種交配の, 雑種の. **(as) cróss as twó sticks**(口) 非常に気難しい[不機嫌で].

~·ness 名

〖ON < Ir < L *crux, cruc-* 十字形; cf. crucial, crucify, crusade〗

cross- /krɔ́ːs | krɔ́s/ [複合語で] 「横断」「(相互)間」「反対」「交差」.

cróss·bàr 名 ❶ (サッカーゴールや走り高跳びなどの)横棒, クロスバー. ❷ (自転車のサドル下とハンドルをつなぐ)上パイプ.

cróss·bèam 名 (建) 大梁(はり), 横げた.

cróss·bèdding 名 (地) 斜層理.

cróss·bèncher 名 (英議会)中立[無所属]議員.

cróss·bènches 名 (英議会) 中立[無所属]議員席.

cróss·bìll 名 (鳥) イスカ (上下のくちばしが交差している).

cróss·bònes 名 =skull and crossbones ⇒ skull 成句.

cróss·bòrder 形 A (取引など海外との), 国際の (overseas; ↔ domestic); (攻撃など)国境を越えての.

cróss·bòw /-bòu/ 名 石弓(中世の武器).

cróss·brèd 名 形 雑種(の).

cróss·brèed 動 他 (-bred) (動植物)を異種交配させる, 雑種にする. ── 自 (動植物)が異種交配する. ── 名 雑種.

cross bún 名 =hot cross bun.

cróss-chéck 動 他 ❶ 〈資料・調査などを〉いろいろな角度から検討する, クロスチェックする: I ~ed the figures (*against*) our records. 私はその数字[金額]を我々の記録と比べて)調べた. ❷ 〖アイスホッケー〗クロスチェックする(スティックを両手で握り, 相手の顔や体に交差するように押しつけること; 反則). ── /ー⁀─/ 名 いろいろな角度からの検討.

*****cross-cóuntry** /krɔ́ːskʌ̀ntri, krɑ́s- | krɔ́s-⁀/ 形 ❶ (道を通らないで)山野を横断する, クロスカントリーの: a ~ race クロスカントリーレース. ❷ 〈旅行など〉(幹線以外を利用して)国[地域]を横断する; 国[地域]のあちこちを回る. ── 副 山野を横断して; 国[地域]を横断して. ── 名 [C|U] クロスカントリースポーツ[競技].

cróss-country skíing 名 [U] クロスカントリースキー.

cróss-còusin 名 (人・社) 交差いとこ, クロスカズン(親同士が異性つまり兄妹[姉弟]である)(異性の); cf. parallel cousin).

cróss-cúltural 形 文化(相互)間の; 文化横断的な.

cróss-cúrrent 名 ❶ (本流を横切る)逆流. ❷ (通例複数形で) 反対の[相反する]傾向: the ~s of public opinion 相反する世論の傾向.

cróss-cút 形 A 〈のこぎりから〉ガン横びきのこぎり. ❷ 横にした. ── 名 間道, 近道. ── 動 〈…〉を横切る.

cross dáting 名 [U] 〖考古〗比較年代測定(すでに同じ年代と知られている他の遺跡・位置と比較して年代を決める方法).

cross-dréss 動 自 異性の服を着る. **cross-dréss·er** 名

cross-dréss·ing 名 [U] 服装倒錯 (transvestism).

crosse /krɔ́ːs, krɑ́s | krɔ́s/ 名 クロッス (ラクロス (lacrosse) 用の長柄のラケット).

crossed 形 ❶ 十文字に置いた, 交差した. ❷ 〈小切手が〉横線を引いた: a ~ cheque (英) 横線(≋)小切手, 線引小切手.

cróssed líne 名 (電話の)混線.

cróss-examinátion 名 [U|C] ❶ 〖法〗反対尋問 (証人を呼び出した側の相手方が主尋問に引き続いて行なう証人の尋問). ❷ 詰問, 厳しい追及.

***cróss-exámine** 動 他 ❶ 〖法〗〈証人に〉反対尋問を行なう. ❷ 〈人〉を詰問する, 厳しく追及する.

cróss-exáminer 名 反対尋問者; 詰問者; 追及者.

cróss-èye 名 [U] 内斜視, やぶにらみ.

cróss-èyed 形 内斜視の, やぶにらみの.

cróss-fáde 〖ラジオ・映など〗動 フェードアウトとフェードインを同時に用いる, クロスフェードする. ── 名 クロスフェード.

cróss-fertilizátion 名 [U] ❶ 交雑[他家]受精; 交配 (cf. self-fertilization). ❷ (異なった思想・文化などの)相互交流.

cróss-fértilize 動 他 ❶ 〈…〉を交雑[他家]受精させる. ❷ 意見[情報(など)]を交換して〈…〉を発展させる[創り出す].

cróss fíre 名 ❶ [U] 〖軍〗十字砲火. ❷ [U] (言葉の激しいやりとり[応酬, 対立]; (その間での)板ばさみ: He was caught in the ~ between his wife and his sister. 彼は自分の妻と妹の対立の間で板ばさみに立たされた.

cróss-gráin 名 (木材の)板目.

cróss-gráined 形 ❶ 〈木材が〉木目の不規則な. ❷ 〈人が〉ひねくれた, へそ曲がりの.

cróss háirs 名 複 (光学器機の焦点につけた)十字線.

cróss-hátch 動 他 〈…に〉細かい平行線の陰影をつける.

cróss-hátching 名 [U] 細かい平行線の交差によって陰影を入れること; あや目陰影の効果.

cróss·héad 名 ❶ 〖機〗クロスヘッド (ピストンロッドの頭部). ❷ (=**cróss·hèad·ing**) 〔新聞〕中見出し(長い新聞記事の節を区分するために縦欄の中央におく).

cróss·índex 名 (参考書・索引などに)相互参照をつける. ── 動 相互参照 (cross-reference).

*****cróss·ing** /krɔ́ːsɪŋ, krɑ́s- | krɔ́s-⁀/ 名 ❶ [C|U] 横断; 渡航. ❷ [C] **a** 交差点, 十字路; 横断歩道: a pedestrians' [street] ~ 横断歩道. **b** 踏切: a ~ gate 踏切遮断機 / a grade = (米) = a level ~ 踏切. **c** 国境通過地点. ❸ [C] (教会内の)(十字)交差部 (本堂 (nave) と翼廊 (transept) とが交差する部分). ❹ [U] 雑交, 異種交配.

cróss·ing-óver 名 [U] 〖生〗(相同染色体の)交差, 乗換え.

cróss-légged /-lég(ɪ)d/ [形][副] あぐらをかいた[て]: sit ～ あぐらをかいてすわる.
cróss-lìnk 〘化〙 [名] (分子の)橋かけ[架橋]結合のつなぎ. **—** [動] [他] [自] /⸗ ⸗́/ 橋かけ[架橋]結合する. **cróss-línk·age** [名] [U,C] 橋かけ結合, クロスリンケージ; ＝cross-link.
cróss·ly [副] ❶ 横に, 斜めに. ❷ 不機嫌に, すねて.
cróss·màtch [動] [他] 〈供血者・受血者の血液の〉適合検査[試験]をする. **—** [名] (血液の)適合検査.
+**cróss·òver** [名] ❶ **a** [U] 〘楽〙 クロスオーバー《音楽家などが表現手段やスタイルを変更すること; またその結果, より広く一般にアピールするようになること》. **b** [C] クロスオーバーの歌手[演奏者]. ❷ [C] (立体)交差路, 歩道橋. ❸ [C] 《英》〘鉄道〙 渡り線. **—** [形] 〈音楽など〉クロスオーバーの.
cróssover vèhicle [名] クロスオーバー車《乗用車とミニバン・SUV などの特徴を合わせ持つ車》.
cróss-ównership [名] [U] 同一社主による異なる関連事業 (新聞社と放送局など) の所有, 交差所有, クロスオーナーシップ.
cróss·pàtch [名] 《口》 気難しい人.
cróss·pìece [名] 横木, 横材.
cróss-plàtform [形] 〘電算〙 異なるプラットフォームに対応した.
cróss-plỳ [形] [A] 〈自動車タイヤが〉クロスプライの《コードを対角線状に重ね合わせて強化したもの》.
cróss-póllinate [動] [他] 〘植〙 〈…に〉他家受粉させる.
cróss-pollinátion [名] [U] 〘植〙 他家受粉.
cróss pròduct [名] 〘数〙 (ベクトルの)外積.
cróss-púrposes [名] [複] (意向の)食い違い. **be at cróss-púrposes** 互いに誤解する; 食い違う.
cróss-quéstion [動] [他] 〈人に〉反対尋問をする, 詰問する.
cróss ràte [名] 〘経〙 クロスレート《米ドルや他の第三国の通貨に対するそれぞれの為替レートから算定した 2 国間の為替レート》.
cróss-refér [動] [他] 〈読者に〉(同一書中で)他所を参照させる. **—** [自] 〔…から〕〔…に〕他所参照をする 〔*from*〕〔*to*〕.
cróss-réference [名] (同一書中の)他所参照. **—** [動] ＝cross-refer.
cróss-rhỳthm [名] [U,C] 〘楽〙 交差リズム, クロスリズム, (広く)ポリリズム (polyrhythm).
*‍**cróss·ròads** /krɔ́ːsròudz, krɑ́s- | krɔ́s-/ [名] ([複] ～) ❶ 交差点, 十字路, 四つ辻. ❷ 重大決意をすべき分岐点, 岐路: stand [be] at the ～ 岐路に立つ.
+**cróss sèction** [名] ❶ 横断面, 断面図. ❷ 〔社会などの〕横断面, 代表的な面: a ～ ***of*** American city life アメリカの都市生活の一断面.
cróss-sèlling [名] [U] 抱き合わせ[相互]売り込み, クロスセリング.
cróss-stìtch [名] ❶ [C] (X 形の)十字縫い, 千鳥掛け, クロスステッチ(ひと縫い). ❷ [U] クロスステッチ刺繍(ししゅう). **—** [動] [他] クロスステッチに縫う.
cróss strèet [名] 交差道路.
cróss-súbsidize [動] [他] 〈採算のとれない事業を〉他事業の収益によって維持する. **cróss-subsidizátion** [名]
cróss tàlk, cróss·tàlk [名] [U] ❶ (電話・無線などの)混線, 混信. ❷ 《英》 当意即妙の応答[やりとり].
cróss·tìe [名] 《米》 まくら木 (《英》 sleeper).
cróss·tówn 《米》 [形][副] 町を横切る[横切って].
cróss-tràding [名] [U] ❶ (外国通貨の)売買交換, クロストレーディング《一つの外国通貨を, 別の外国通貨と交換して売買すること》. ❷ 〘証券〙 相対取引, クロストレーディング《証券業者が, 一顧客の売りまたは買い注文と第三者の注文とを相殺する形で, 取引所を通さずに同一商品を売買すること; 禁止行為》.
cróss-tráin [動] [他] 2 職種以上の仕事ができるように訓練する.
cróss·tràiner [名] クロストレーナー: **a** (特に, 専門競技での向上を図るため)複数のスポーツでトレーニングを行なう人. **b** スポーツシューズの一種. **c** フィットネス機具の一種.
cróss tràining [名] [U] クロストレーニング《数種の運動やスポーツを組み合わせて行なうトレーニング法; 特に自分の専門種目の上達を目的として行なわれる》.

cróss·trèe [名] [通例複数形で] 〘海〙 檣頭(しょうとう)横材《組み立てマストの場合, 下のマストの頂部に取りつける横木》.
cróss-vóting [名] [U] 交差投票《自党に反対, または反対党に対する賛成を許す投票方式》.
cróss·wàlk [名] 《米》 横断歩道 (《英》 pedestrian crossing).
cróss·wàys [副] ＝crosswise.
cróss·wìnd [名] 〘海・航〙 横風.
cróss·wìse [副] 横に, 斜(はす)に; 交差するように (diagonally): sit ～ in a chair いすに横向きにかける.
+**cróss·word pùzzle** [名] クロスワードパズル《与えられた横 (across) と縦 (down) のヒント (clues) を手がかりに字を埋める文字遊び》: do a ～ クロスワードパズルを解く.
cros·ti·ni /krɑstíːni | krɔs-/ [名] [U,C] ([複] ～, ～s) クロスティーニ《トーストした[揚げた]パンの小片にトッピングを載せたもので, 前菜[カナッペ]として出される》.
crotch /krɑ́tʃ | krɔ́tʃ/ [名] ❶ **a** (人体の)また. **b** (樹木の)また. ❷ (ズボン・パンツなどの)また下の所[布].
crotch·et /krɑ́tʃɪt | krɔ́tʃ-/ [名] ❶ 《英》〘楽〙 4 分音符 (《米》 quarter note) (cf. breve 2): a ～ rest 4 分休止符. ❷ 奇想, 気まぐれ. 〘CROCHET の異形〙
crotch·et·y /krɑ́tʃəṭi | krɔ́tʃ-/ [形] (**crotch·et·i·er; -i·est**) ❶ 気まぐれな, 奇狂な. ❷ 〈老人が〉気難しい, ぐちっぽい (grumpy).
*‍**crouch** /kráutʃ/ [動] [自] かがむ, しゃがむ; うずくまる (squat): The cat ～*ed*, ready to spring at the mouse. 猫はネズミにとびかかろうと身構えてうずくまった / She ～***ed down*** to light a fire. 火をつけようとしゃがみこんだ. **cróuch òver**… (よく見るためなどに)…におおいかぶさるようにかがむ[体を折る]. **—** [名] [a ～] かがむこと; しゃがんだ姿勢: The runners started from *a* ～. 走者たちはしゃがんだ姿勢から走り始めた.
croup[1] /krúːp/ [名] [U] [しばしば the ～] 〘医〙 クループ, 偽膜性喉頭(こうとう)炎《激しいせきを伴う小児病》.
croup[2] /krúːp/ [名] (特に馬の)尻.
crou·pade /krupéɪd, ⸗ ⸗́/ [名] 〘曲馬〙 クルーパード《後ろ足を腹部へ引きつけるようなはね方》.
crou·pi·er /krúːpièɪ | -piə/ [名] ❶ (賭博(とばく)台の)ゲーム進行補佐, クルピエ 《賭け金を集めたり支払ったりする係》. ❷ (昔の, 宴会の)副司会者《食卓の下座につく》.
crous·tade /krustɑ́ːd/ [名] クルースタード《カリカリに揚げた[焼いた]パンなどで作ったカップ状のもの; 肉・カキなどの料理を盛る》.
croute /krúːt/ [名] クルート《キャビアなどを載せて出すための小さなトースト[揚げたパン]》.
crou·ton /krúːtɑn, ⸗ ⸗́ | krúːtɔn/ [名] クルトン《カリカリに焼いたり揚げたりしてスープに浮かせたりするパンの小片》.
+**crow**[1] /króu/ [名] ❶ 〘鳥〙 カラス 《[解説] raven, rook, jackdaw などカラス科の鳥の総称; 英国では普通 rook または carrion crow をさす; 一般に不吉な予兆の鳥とされている; [関連] 鳴き声は caw または croak》. ❷ 《口》 ブス, ばあさん. **as the crów flìes** 一直線に, 直線距離で(は): The place is about ten miles from here *as the* ～ *flies*. その場所はここから直線距離で約 10 マイルだ《[由来] カラスは目的地に向かってまっすぐ飛ぶことから》. **éat crów** 《米口》 (1) 屈辱を忍ぶ. (2) 余儀なく自分の失敗[敗北, 誤り]を認める: She made him *eat* ～. 彼女は彼に彼の誤りを認めさせた. **Stóne the crόws!** 《英俗》 [驚き・不信を表わして] へえ, おや. 〘OE〙 ([関形] corvine)
crow[2] /króu/ [動] [自] (**crowed, crew** /krúː/; **crowed**) ❶ 〈おんどりが〉鳴く, 時を作る: The cock ～*ed*. 鶏は時を作った. ❷ 〈赤ん坊が〉(喜んで)声をあげる. ❸ 大得意になる (boast), 大喜びする: ～ ***about*** one's success 成功を自慢する / ～ ***over*** one's victory 自分の勝利をいい気になって大喜びする. **—** [名] [通例単数形で] ❶ おんどりの鳴き声 (⇨ cock[1] A [関連]). ❷ (赤ん坊の)喜びの声.
Crow /króu/ [名] ([複] ～, ～s) ❶ **a** [the ～(s)] クロウ族《北米先住民の一部族》. **b** [C] クロウ族の人. ❷ [U] クロウ語.
crów·bàr [名] バール, かなてこ.

C

crow・ber・ry /bèri/ -b(ə)ri/ 名 【植】ガンコウラン; ガンコウランの果実 【食用】.

＊crowd /kráud/ ❶ C 【集合的; 単数または複数扱い】群衆, 大勢; 人込み; 観客, 聴衆: There was a large ~ in the garden. 庭園に大群衆がいた / The police dispersed the ~. 警官隊は群衆を分散させた / Two's company, three's a ~. ⇒ company 4. ❷ C 【(口)連中, 仲間, グループ: the usual ~ いつもの仲間【連中】 / the Bush ~ ブッシュとその取り巻き. ❸ [the ~] 民衆, 大衆: rise above the ~ 一般の人より抜きんでる. ❹ [a (whole) ~ of... または ~s of...; 複数扱い] 多数の, たくさんの: There were ~s of applicants. たくさんの申し込み者がいた. **fóllow** [**móve with, gó with**] **the crówd** 群衆について行く; 大衆にならう. **in crówds** 大勢で, 群れをなして. **páss in a crówd** 〈人・ものが〉大勢の中では見劣りしない, まず普通程度である: That may [might, would] pass in a ~. それは目立って劣りはせず, まず普通程度だろう.
— 動 ⾃ ❶ 〈人が〉(…の)周りに群がる, 殺到する: The boys ~ed around the baseball player. 少年たちがその野球選手の周りにどっと集まった. ❷ [副詞(句)を伴って] 押し寄せる, 押し合って入る (cram): Spectators ~ed into the stadium [through the gate]. 観客は競技場に[門から]押し合いながら入った / Customers ~ed in to look for bargains. お客が特価品を求めてどっと入った.
— 他 ❶ a 〈人が〉(…の)場所に群がる, 〈場所をいっぱいにする〉 (⇒ crowded 1): People ~ed the streets. 通りに人がいっぱい群がった. b 〈人・ものを〉(狭い所に)ぎっしり詰め込む, 押し込む 〈*into*, *onto*〉〈*in*〉: ~ people *into* a train 列車に人をいっぱい押し込める / Fifty people were ~ed *into* the bus. 50人がそのバスに詰め込まれた / He managed to ~ everyone *in*. 彼はなんとかみんなを中に押し入れた. ❷ a 〈人に〉(不快を感じさせたりするほど)近づく, 詰め寄る, 迫る. b 《口》 〈人に〉うるさくせがむ 〔*for*〕: Stop ~*ing* me. 私にせっつくのはやめなさい. **crówd ín [upòn] on...** 〈人に〉どっと押し寄せる, 殺到する: Scenes from the past ~ed *in upon* him. ありし日々の光景がどっと彼の頭に浮かんできた. **crówd óut** 《他＋圖》 (スペースが足りずに)〈…を〉押し出す, 〈…に〉締め出しをくわせる 《★ しばしば受身》: Her contribution to the magazine *was* ~ed *out*. その雑誌への彼女の寄稿は(スペースの不足のため)没にされた. **crówd...óut of...** 〈…から〉…を押し出す, 締め出す 《★ しばしば受身》: Many people *were* ~ed *out of* the hall. 多くの人がホールから押し出された.
〖OE=押す〗〖類義語〗⇒ mob.

＊crowd・ed /kráudid/ 形 (**more ~; most ~**) ❶ 込み合った, 混雑した, 人でいっぱいの: a ~ street 雑踏する街路 / a ~ train [bus] 満員列車[バス] / The street *was* ~ *with* shoppers. 通りは買い物客でいっぱいだった / The room *was* ~ *with* furniture. 部屋には家具がいっぱい詰まっていた. ❷ 多事な, 忙しい: a ~ life 多事(多端)の生活[生涯] / a ~ schedule 忙しいスケジュール. **~・ness** 图.

crow-die, -dy /kráudi/ 图 C クラウディー 《スコットランドの, カテージに相当する軟質チーズ》.

crówd-pléaser 图 大勢の人を楽しませるもの.

crówd-pléasing 形 大勢の人を楽しませる.

crówd púller 图 大勢の観客を引きつける人[もの], 呼び物.

crow・fòot 图 (優 ~**s**) 【植】 キンポウゲ 《などの葉身が複数に分かれた葉をもつ植物》. ❷ (優 crow・feet) [通例複数形で]=crow's-feet.

crów・hòp 图 短いジャンプ; 《米》 (馬の)脚をこわばらせ背を弓状にして行なう跳躍.

＊crown /kráun/ 图 ❶ a C 王冠: wear the ~ 王冠をいただく, 王位にある. b [the ~, the C~] 帝王の身分, 帝[王]位; (君主国の)主権, 国王の統治(統括): an officer of *the C*~ 《英》 官吏 / property belonging to the *C*~ 国王の財産. ❷ C (勝利の)花冠, 栄冠. b [the ~] (努力に対する)光栄, 名誉(の賜物): the martyr's ~ 殉教者のになう栄誉 / the ~ of life 生命の冠 《天上で受ける永遠の命; ★ 聖書「黙示録」から》. ❸ C a 王冠章[印]; 王冠印つきのもの. b 《英》 (旧貨幣制度の)クラウン 《5 シリング銀貨(現行通貨の 25 ペンス相当); 1551-1946 に使用》. c (北ヨーロッパ諸国の)クラウン通貨単位 《スウェーデンの krona, デンマーク・ノルウェーの krone など》. ❹ C 最上部, 頂部: a (頭の)てっぺん, 頭頂; 頭. b 頭, 髪 (帽子の)山. c 山頂, 山腹. d (鳥の)とさか. e (瓶などの)王冠, キャップ. f 【歯】 歯冠; 金冠. ❺ [the ~] 絶頂, 極致: the ~ of one's labors 努力の結晶 / the ~ of the year (一年の最後を飾る)収穫期, 秋. **the crówn of thórns** (キリストがかぶらされた)いばらの冠 《★ 聖書「マタイ伝」などから》.
— 動 他 ❶ 〈人(の頭)に〉髪をかぶらせる; 〈人を王位[チャンピオンなど]に〉つかせる: The king ~ed his son. 王は息子に王冠をいただかせた / He was ~ed in 1272. 彼は1272年に王位についた / [＋目＋補] He was ~ed world heavyweight champion. 彼は世界ヘビー級チャンピオンと認められた. ❷ 〈…の〉頂部[てっぺん]をおおう: Snow ~ed the mountain. 雪が山の頂きをおおっていた / The hill *was* ~ed *with* mist. 丘の頂上には薄い霧がかかっていた. ❸ 〈…の〉最後を飾る, 有終の美を成す: Her singing ~ed the party. 彼女の歌がパーティーの最後を飾った / one's career *with* a triumph 大成功で生涯の有終の美を飾る. ❹ 〈歯に〉金冠をかぶせる, 〈歯を〉被覆する (cap). ❺ 《古風》 〈人の〉脳天をぶつ[殴る]. ❻ (分娩時に)胎児先進部が発露する. **to crówn it áll** (一連のよい事[よくない事]が続いた後に)そのうえさらに, あげくの果てに.
〖F＜L=*corona* 花冠, 冠〗

crówn and ánchor 图 U クラウン・アンド・アンカー 《王冠・錨などのしるしのついたさいころと盤で行なう賭博》.

crówn càp 图 (ビール瓶などの)王冠, キャップ.

crówn cólony 图 [しばしば C~ C~] (英国王)直轄植民地.

crówn còrk 图 =crown cap.

+Crówn Cóurt 图 [時に c~ c~] U,C 《英》刑事法院 《従来の巡回裁判所 (assizes) および四季裁判所 (quarter sessions) にかわって 1971 年に新設; イングランドとウェールズの刑事事件を扱う》.

Crówn Dérby 图 U クラウンダービー 《しばしば 英国王室認可の証しとして王冠標がついている, Derby 産の磁器》.

crowned 形 ❶ 王冠をいただいた, 王位についた; 冠飾のある: the ~ heads of Europe ヨーロッパの国王[女王]たち. ❷ [通例複合語で] (…の)頂のある, 山が…の: high-[low-]crowned (帽子の)山が高い[低い] / snow-crowned mountains 頂きに雪をかぶった山々.

crówn gàll 图 U 【植】 根頭癌腫病, 植物瘍瘤(ちゅう), クラウンゴール.

crówn glàss 图 U クラウンガラス: a ソーダ石灰ガラスで, フリントガラスより屈折率・分散他が小さい光学ガラス. b 旧式の手吹き板ガラス製法クラウン法でつくった窓ガラス.

crówn grèen 图 クラウングリーン 《両側より中央が高くなっているローンボウリング用芝生》.

crówn impérial 图 【植】 ヨウラクユリ.

crówn・ing 形 A 最後を飾る, この上ない, 無上の: a ~ glory 最後を飾る光栄 / the ~ folly 愚の骨頂 / the ~ moment of my life わが生涯の栄光の頂点.

crówn jéwels 图 優 [the ~] 《英》戴冠用宝玉 《戴冠式などの時々に国王[女王]が用いる王冠などの宝器類; regalia はその一部》.

crówn lánd 图 U 《英》王室御料地, 王料地.

crówn mólding 图 【建】天井じゃばら (cornice).

Crówn Óffice 图 [the ~] 《英法》 ❶ 大法官庁 (Chancery)の国璽(くじ)部. ❷ (王座裁判所の)刑事部.

+Crówn prínce 图 (英国以外の)皇太子 《★ 英国では the Prince of Wales という》.

crówn príncess 图 ❶ 皇太子妃 《★ 英国では the Princess of Wales という》. ❷ 王位継承資格のある女王.

Crówn prósecutor 图 (イングランド・ウェールズ・カナダの)公訴官.

crówn sàw 图 【機】 かんむりのこ.

crówn whèel 图 【機】 冠歯(かんば)[クラウン]歯車.

crów's-fèet 图 優 目じりの小じわ,「カラスの足跡」.

crów's-nèst 名〖海〗檣頭(しょう)見張り台.
croze /króuz/ 名 おけ板の溝; (おけ板の溝の)溝切り道具.
cro·zier /króuʒə | króuziə/ 名 =crosier.
CRT 〘略〙 cathode-ray tube.
cru /krú:/ 名 (慶 ~s/-z/, ~z/) クリュ: **a** 銘醸ワインを産するフランスのブドウ園・ワイン生産地区. **b** [U.C] フランス産ワインの等級; その等級のワイン: ⇒ grand cru, premier cru.
cru·ces 名 crux の複数形.
*****cru·cial** /krú:ʃ(ə)l/ 形 ❶ 決定的な, 非常に重要な, 重大な (critical): a ~ moment 危機 / a ~ test (事の真偽・将来に関する)決定的なテスト / Salt is a ~ ingredient in cooking. 塩は料理の重要な材料だ / The next step is ~ to [for] our success. 次の段階は我々の成功を決めるかぎとなる. **-cial·ly** /-ʃəli/ 副 ❶ 決定的に, 重大に. 〖F<L crux, cruc- 十字形; cf. cross〗
crú·cian (cárp) /krú:ʃən(-)/ 名〖魚〗ヨーロッパブナ.
cru·ci·ate /krú:ʃiət, -èɪt/ 形〖動・植〗十字形の.
crúciate lígament 名〖解〗(膝の)十字靭帯.
cru·ci·ble /krú:səbl/ 名 ❶ るつぼ (高温で金属などを溶解するための容器). ❷ 厳しい試練.
cru·ci·fer /krú:səfə | -fə/ 名 ❶ (宗教行事の行列などの)十字架奉持者. ❷〖植〗アブラナ科の植物. 〖L=十字架を運ぶ; ⇒ cross, transfer〗
cru·cif·er·ous /krusífərəs/ 形〖植〗アブラナ科の.
cru·ci·fix /krú:səfìks/ 名 ❶ キリストの受難の像(キリストのはりつけ像のついている)十字架. ❷ (キリスト教の象徴としての)十字架. 〖F<L=十字架にはりつけされた; ⇒ cross, fix〗
⁺**cru·ci·fix·ion** /krù:səfíkʃən/ 名 ❶〖C.U〗はりつけ. ❷ **a** [the C-] キリストのはりつけ. **b** 〖C〗 キリストはりつけの絵[像]. ❸〖U〗苦しい試練, 苦難.
⁺**cru·ci·form** /krú:səfɔ̀ːm | -fɔ̀ːm/ 形 十字形の, 十字架状の: a ~ church 十字形教会堂.
cru·ci·fy /krú:səfàɪ/ 動 他 ❶〈人を〉はりつけにする. ❷〈人を〉責め苦しめる. ❸〈...を〉酷評する. 〖F<L<crux, cruc- CROSS; ⇒ -fy〗 crucifixion)
cruck /krák/ 名〖英〗クラック (中世の建物の土台から屋根の頂までの屋根を支える湾曲した一対の大角材の一).
crud /krád/ 名〖俗〗❶ **a** (沈殿・付着した)よごれ, かす. **b** (原子炉の)腐食汚泥物. ❷ 〖C〗 不快な人物. ❸〖C〗無価値なもの, つまらないもの.
crud·dy /krádi/ 形〖俗〗汚い, 不潔な.
*****crude** /krú:d/ 形 (**crud·er; -est**) ❶ **a** 〈計測・推測など〉おおまかな, およその, だいたいの (rough): a ~ estimation おおまかな評価; 概算 / おおざっぱな見積もり / in ~ terms おおざっぱに言うと. **b** 〈統〉〈データなど〉調整していない, 粗の, 一般[普通]の. ❷ 〈ものが〉(作り・材質などが)単純な, 簡単な[簡素な], 素朴な: a ~ handmade weapon 素朴な手製の武器. **b** 〈行動・計画など〉雑な, 綿密[精緻]さを欠く, 役に立たない. ❸ 優雅さを欠いた, 粗野な, 下品な; 露骨な, むき出しの (vulgar): ~ manners 不作法 / a ~ person 粗野な人 / a ~ joke 下卑なジョーク. ❹ 天然のままの; 加工していない, 粗製の: ~ oil [petroleum] 原油 / ~ sugar 粗糖. ❺〈統〉〈データなど〉調整していない, 粗の, 一般[普通]の. ━ 名 〖U〗 原油: a barrel of ~ 1 バレルの原油. **~·ly** 副 ❶ 粗雑に, 下品に; 露骨に. **~·ness** 名 〖L〗〖類義語〗⇒ raw.
cru·di·tés /krù:dɪtéɪ | ーーー/ 名 (オードブルとしての)生野菜.
cru·di·ty /krú:dəti/ 名 〖U.C〗 おおまかさ; 単純[簡素]さ; 粗雑[下品]さ.
*****cru·el** /krú:əl/ 形 (**~·er, ·ler; ~·est, ·lest**) ❶〈人・行為など〉残酷な, 冷酷な, 無慈悲な, じゃけんな: a ~ person 無情な人 / a ~ joke きついジョーク / Don't be ~ to animals. 動物を虐待してはいけない. 〈+of+(代名)+to do〉/ +to do〗 It is ~ of him [He is ~] to beat his dog like that. あんなに犬をぶつなどは彼は残酷な男だ. ❷ 〈光景・運命など〉悲惨な, みじめな, ひどい: a ~ sight むごたらしい光景. ❸ 苦痛を与える, 厳しい, 激しい: the ~ struggle for existence in the wild 自然の苛酷な生存競争. **~·ly** /krú:əli/ 副 ❶ 残酷に, 無残に. ❷ ひどく, とても. 〖F<L〗 名 cruelty)
*****cru·el·ty** /krú:əlti/ 名 ❶〖U〗残酷, 冷酷, 無慈悲; 残虐, 残忍性, むごたらしさ: He was treated with ~. 彼は残酷[じゃけん]に扱われた. ❷〖C〗(通例複数形で)残酷な行為; 虐待. 形 cruel)
crúelty-frée 形〈化粧品・薬品など〉動物実験抜きの.
cru·et /krú:ɪt/ 名 ❶ **a** 薬味瓶. **b** =cruet stand. ❷〖*教*〗祭壇用瓶 (聖餐(さん)のぶどう酒・水を入れる小さな容器).
crúet stànd 名 薬味立て.
*****cruise** /krú:z/ 名 船[ヨット(など)]での周遊, クルーズ, クルージング; 巡洋航海, 巡航: go on [for] a ~ = take a ~ (ヨット・客船などで)周遊する. ━ 動 ⓘ 〔通例副詞(句)を伴って〕 ❶ 船[ヨット(など)]で周遊する, クルーズ[クルージング]する. ❷ 〈船が〉巡航する; 〈飛行機が〉巡航速度[高度]で飛ぶ; 〈自動車が〉経済速度で走る. ❸ **a** 〈人が〉あてもなく歩き回る, ぶらつく. **b** 〖口〗ナンパ目的で歩き回る. ❹ 〈自動車が〉ゆっくり走る, 流す. ━ ⓗ ❶ 〈場所を〉クルーズ[クルージング]する. ❷ 〈場所を〉ぶらつく; 〖口〗〈人をナンパ目的でうろつく; 〈人を〉ナンパする. ❸ 〈場所を〉車でゆっくりと走る[ドライブする], 流す. **cruíse to...** (スポーツなどで)容易に〈目標を〉達成する, 楽々と〈勝利〉を得る: ~ to a 5-0 win 5 対 0 で楽勝する. 〖Du〗
crúise contròl 名〖C.U〗(自動車の速度を一定に保つための)自動速度制御装置, クルーズコントロール.
crúise lìner 名 =cruise ship.
⁺**crúise mìssile** 名〖軍〗巡航ミサイル.
⁺**cruís·er** /krú:zə/ 名 ❶ クルーザー (キャビンその他の設備が備わったレジャー用モーターボート[ヨット]): by ~ クルーザーで (★無冠詞). ❷ 巡洋艦: an armored ~ 装甲巡洋艦 / a battle cruiser / a converted [light] ~ 改装[軽]巡洋艦. ❸〖米〗パト(ロール)カー. ❹ 巡航する航空機; 流しのタクシー.
crúiser-wèight 名〖英〗ライトヘビー級のボクサー.
crúiser shìp 名 (長期遊覧旅行用)巡航船, 観光船.
crúising spèed 名〖U.C〗 巡航速度 (最高速度以下の快適経済スピード).
crul·ler /králə/ 名〖米〗クルーラー (ねじった軽いドーナツ).
⁺**crumb** /krám/ 名 ❶〖C〗[通例複数形で](パンなどの)くず, かけら; パンくず, パン粉. ❷〖U〗 (パンの皮 (crust) に対して)パンの中身. ❸〖C〗 わずか: a ~ of comfort 少しばかりの慰め / a few ~s of food わずかな食物. ❹〖C〗 〈米古風〉人間のくず, ろくでなし. ━ 動 ⓗ〈食品を〉パン粉粉で処する.
*****crum·ble** /krámbl/ 動 ⓘ ❶ ほろほろにくずれる, 砕ける. ❷ 〈建物などが〉(一部が)くずれ落ちる, 崩壊する (disintegrate): The Roman aqueduct has largely ~d (away). その古代ローマの水路は大部分がくずれて(なくなって)しまった. ❸ 〈制度などが〉くずれる, 崩壊する; 〈希望などが〉ついえる, 〈決心などが〉くずれる, くじける (away). ❹ 〈人が〉くじける, 挫折する, 心が折れる, (重圧などに)押しつぶされる. ━ ⓗ ❶ くずす, 砕く, こなごなに[ぱらぱらに]する. ━ 名〖U.C〗〖英〗クランブル (そぼろ状の小麦粉の生地をふりかけて, オーブンで焼いた果物の甘煮): apple ~ アップルクランブル. 〖CRUMB+-LE〗
crum·bly /krámbli/ 形 (**crum·bli·er, -bli·est; more ~, most ~**) 砕けやすい, もろい.
crumbs /krámz/ 間〖英〗ヒェッ, いやはや (驚き・失望の発声).
crumb·y /krámi/ 形 (**crumb·i·er, -i·est**) ❶ パン粉だらけの; パン粉をまぶした. ❷ ふんわりと柔らかい.
crum·horn /krámhɔ̀ən | -hɔ̀ːn/ 名 =krummhorn.
crum·my /krámi/ 形 (**crum·mi·er, -mi·est**) 〖口〗 ❶ 下等な, 安っぽい, くだらない. ❷ 薄汚い; みすぼらしい. ❸〖P〗気分のすぐれない, 体調が悪い: feel ~ 気分がすぐれない.
crump /krámp/ 名 (ドーンという)爆発音. ━ 動 ⓘ 爆発音を立てる.
crum·pet /krámpɪt/ 名 ❶〖C〗〖英〗クランペット (片面に小さな穴がたくさんある一種のホットケーキ; 通例トーストにしてバターをつけて食べる). ❷〖U〗〖英口〗セックスの対象, (特

crumple

crum・ple /krʌ́mpl/ 動 他 ❶ 〈...を〉もみくちゃ[くしゃくしゃ]にする; くしゃくしゃにまるめる: She ~d (up) the letter. 彼女はその手紙をくしゃくしゃにした / A compactor can ~ up a car into a small cube. 圧縮機は自動車をぐしゃぐしゃにつぶして小さな立方体(のかたまり)にすることができる. ── 自 ❶ しわになる, もみくちゃになる, ぺちゃんこになる: This cloth ~s easily. この布はしわになりやすい / The paper cup ~d under his foot. 紙コップは彼に踏まれてぺちゃんこになった. ❷ 急にくずれる《up》. ── 名 しわくちゃ, もみくちゃ.

crúmple zòne 名 衝撃吸収帯, クランプルゾーン《車の先端および最後部にあって, 衝突時につぶれて衝撃を吸収する》.

crunch /krʌ́ntʃ/ 動 他 ❶ 〈...を〉バリバリ[ガリガリ]かむ, かみ砕く (⇔ bite 比較): ~ potato chips ポテトチップをボリボリ音を立てながら食べる. ❷ 〈堅いものを〉粉々に[かみ砕く, 粉砕する〈down, up〉. ❸ 〈数値の大量な[複雑な]計算を行なう; 〈情報を〉すばやく処理する. ── 自 ❶ バリバリ[ガリガリ]音をたてる, ボリボリ食べる: A dog was ~ing on a bone. 犬が骨をバリバリ音を立てて食べていた. ❷ ざくざく砕ける: The hard snow ~ed under our feet. 固い雪は我々の足に踏まれてざくざく砕けた. b. 〈副詞(句)を伴って〉ざくざく踏み鳴らしていく: The children ~ through the snow. 子供たちは雪を踏み鳴らしながら歩いていった. ── 名 ❶ 〔単数形で〕〔the ~〕(口) バリバリ; ざくざく踏み砕く音. ❷ 〔the ~〕(口) 危機, どたん場: when [if] it comes to the ~ = when [if] the ~ comes いざという時には. ❸ [a ~] 不足, 削減; 経済的危機, 財政逼迫(crisis): a gas ~ ガソリン不足 / be [get] caught in a financial ~ 財政逼迫状態に陥る. ❹ C 腹筋(運動).

crunch・er 名 ❶ (俗) とどめの一発[一撃]. ❷ 複雑な計算[情報処理]を行なう機械[人].

crunch・y /krʌ́ntʃi/ 形 バリバリ[ガリガリ]いう, ザクザクと音がする. **crúnch・i・ness** 名

crup・per /krʌ́pə | -pə/ 名 ❶ しりがい(馬具). ❷ a (馬の)尻. b (人間の)尻.

cru・ral /krʊ́(ə)rəl/ 形 〔解〕脚の, 下腿(たい)の, (特に)大腿部の (femoral).

cru・sade /kruːséid/ 名 ❶ 改革[粛清, 撲滅]運動(campaign): a temperance ~ =a ~ against alcohol 禁酒運動 / the ~ for women's rights 女権拡張運動. ❷ a 〔通例 C-〕(11-13 世紀の)十字軍《イスラム教徒に奪われた聖地 Jerusalem をキリスト教ヨーロッパのキリスト教会が企てた数回の遠征軍》. b (教皇の認可した)宗教上の聖戦. ── 自 ❶ 改革運動に加わる〔for, against〕. ❷ 十字軍に加わる.〔F & Sp = 十字架をつけた集団; ともに L crux, cruc- CROSS にさかのぼる〕.

cru・sád・er /-də | -də/ 名 ❶ 改革運動者. ❷ 十字軍戦士.

cruse /krúːz/ 名 (古風) 壺, 小瓶.

crush /krʌ́ʃ/ 動 他 ❶ 〈...を〉押しつぶす, 押し砕く; くしゃくしゃにする: I ~ed the empty beer can in my hand. ビールの空き缶を片手で押しつぶした / He was ~ed to death. 彼は圧死した / ~ a tablet into powder 錠剤を砕いて粉末にする. ❷ a 〈反乱・運動などを〉壊滅させる, つぶす, 鎮圧する: ~ a rebellion 反乱を鎮圧する. b 〈敵などに〉圧勝する, 〈...を〉つぶす, 圧倒する. ❸ a 〈人を〉打ちひしぐ, (精神的に)打ちのめす《★ 通例受身》: She was ~ed with grief. 彼女は悲しみに打ち沈まれ / He was ~ed by his son's death. 彼は息子の死に打ちのめされた. b 〈精神・希望などを〉くじく; 〈a person's dream 人の夢を打ち砕く. ❹ 〈人・ものを〉〈...に〉押し込む, 詰め込む; 〈...に〉押しつける, ぶつける: Passengers were ~ed into the train. 乗客たちは列車にすし詰めに押し込まれた / ~ a person against the wall 人を壁に押しつける. ❺ 〈...を〉圧搾する, 絞る: ~ grapes for wine ワインをつくるためにぶどうをつぶす / The machine ~es the oil out of [~ es out the oil from] rape seeds. その機械は菜種から油を搾り出す. ── 自 ❶ くしゃくしゃになる. ❷ 押し合って入る, 殺到する. **crush on a person** (俗) 人に思いこがれる. ── 名 ❶ C 〔通例単数形で〕押し合う群衆, ぎゅうぎゅう詰め(の人込み), 雑踏: be [get] caught in the ~ 雑踏に巻き込まれる / avoid the ~ 雑踏を避ける. ❷ U (一時の)のぼせ, ほれこみ, のぼせあがり, 夢中; のぼせあがりの相手: He has a ~ on your sister. 彼は君の妹に夢中だ. ❸ U (英) 果汁(飲料), スカッシュ: lemon ~ レモンジュース. 【類義語】⇒ break[1].

crush・a・ble /krʌ́ʃəbl/ 形 押しつぶせる.

crúsh bàr 名 (英)(幕間(まく)に観客が行く)劇場内のバー.

crúsh bàrrier 名 (英)(群衆整理のための)防護さく (cf. crash barrier).

crúshed vélvet 名 U 〔紡〕クラッシュベルベット《表面にしわ出し加工をしたドレス》.

crush・er 名 ❶ a 押しつぶすもの[人]. b 粉砕機; 砕石機. ❷ (口) a 猛烈な一撃. b ぎゃふんと参らせる議論, 決定的な事実.

crush・ing 形 A ❶ 圧倒的な, 壊滅的な: a ~ defeat 大敗北. ❷ 打ちひしぐ(ような): a ~ blow 決定的な一撃. ❸ 押しつぶす, 押しつぶす, つぶす.

crúsh zòne = crumple zone.

Cru・soe /krúːsou/ 名 ⇒ Robinson Crusoe.

crust /krʌ́st/ 名 ❶ U パンの皮[耳] (cf. crumb); パンの皮: a ~ of bread 片側に皮のついたパンと切れ / ⇒ upper crust. b C 堅くなったパンの一片; 乏しい食物. c (口) 生計. ❷ C U a 物の堅い表面, 外皮. b 凍結雪面, クラスト. c (ワインの瓶の内側に生じる)酒あか. d [the ~] 〔地質〕地殻. ❸ U C 〔動〕甲殻, 外殻. **éarn a crúst** (英) 生計(暮らし)を稼ぐ. ── 他 〔〜で〕〈外皮[外殻]でおおう, 外皮で包む. ── 自 堅い外皮を生ずる〈over〉; 〈雪などが〉固まる.〔F < L〕 形 crusty.

crus・ta・ce・an /krʌstéiʃən/ 名 甲殻類の動物《カニ・エビなど》. ── 形 甲殻類の.

crus・ta・ceous /krʌstéiʃəs/ 形 〔動〕甲殻類の.

crus・tal /krʌ́stəl/ 形 地殻の.

crust・ed /krʌ́stid/ 形 ❶ 外皮[外殻]のある. ❷ 〈ワインが〉酒あかを生じた, 熟成した. ❸ 〈習慣・人など〉古めかしい, 凝り固まった〈一種を重ねて〉尊い: ~ habits 凝り固まった癖 / a few ~ characters 古風な二, 三の人たち.

crust・ie /krʌ́sti/ 名 (英口) = crusty.

crus・tose /krʌ́stous/ 形 〔植〕地衣から甲殻状葉状体を基物に密着する (cf. foliose, fruticose).

crust・y /krʌ́sti/ 形 (**crust・i・er**; **-i・est**) ❶ a 皮殻質の, 外皮のような. b (雪の)表面が硬くなった. c (パンの)皮の部分が硬くて厚い. ❷ 気難しい, 怒りっぽい, ぶっきらぼうな. ── 名 (英口) クラスティー《因習的価値を拒否し, 放浪生活・みすぼらしい服装をする若者》.

crutch /krʌ́tʃ/ 名 ❶ 〔通例複数形で〕松葉づえ: a pair of ~es 松葉づえ一対 / walk [go about] on ~es 松葉づえをついて歩く[歩き回る]. ❷ 支え. ❸ = crotch 1 a. ❹ = crotch 2. ── 他 〈...を〉〈松葉づえ・棒などで〉支える: ~ (up) a leaning tree 傾いている木につっかい棒をする.

crux /krʌ́ks/ 名 (~・es, **cru・ces** /krúːsiːz/) ❶ 要点, 急所; 難問, 難点: That's the ~ of the problem. それが問題の核心である. ❷ [C~] U 〔天〕南十字星.〔L; < cross〕

cru・zei・ro /kruːzé(ə)rou/ 名 クルゼイロ《Brazil の旧通貨単位》.

cry /krái/ 動 自 ❶ 〈声をあげて〉泣く: Stop ~ing. 泣くのはおやめ / ~ about [over] ...のことで[...を悲しんで]泣く / He cried for [with] joy [grief]. 彼はうれし泣きに[悲しみのあまり]泣いた / The baby cried for its mother. その赤ん坊は泣いて母を求めた. ❷ 大声で叫ぶ, どなる《out》aloud 大声で叫ぶ / I could not help ~ing with pain. あまりの痛さに思わず大きな声を出してしまった / ~ (out) for help [justice] 大声で助けを求める[正義を求めて声を上げる] / ~ out against injustice 不正に対して反対の声をあげる. ❸ a 〈鳥獣が〉鳴き叫ぶ. b 〈猟犬が〉ほえる, 遠ぼえする.

── 他 ❶ 〈...を〉大声で叫ぶ, どなる; 〈ニュースを〉大声で報ずる; 〈物を〉ふれ売る: We cried his name in vain. 彼の名を大声で呼んだがだめだった / He was ~ing his wares. 彼は商品を呼び売りしていた / [+引用] "Stop!" the policeman cried. 「止まれ」と警官は叫んだ / "Help!" she

cried out. 「助けて」と彼女は叫んだ. ❷ **a** 泣いて〈涙を〉流す《用法》形容詞を伴った tears は複合語とする》: She *cried* bitter [hot] *tears*. 彼女は身を切るような[熱い]涙を流して泣いた. **b** [~ *oneself*] 泣いて〈…の状態〉になる: The baby *cried itself to* sleep. その赤ん坊は泣いているうちに眠ってしまった.

crý dówn《他+副》《古風》〈…を〉やじり倒す; けなす.

crý fóul 不正だと抗議する: If we invade now, the UN will ~ *foul*. 今 我々が侵略をすれば, 国連は抗議するだろう.

crý óff《自+副》(1)《契約などから》手を引く, 〈…を〉放棄する: They *cried off from* the deal. 彼らはその取引から手を引いた. —《他+副》(2) …を取り消す, 〈あとに…を〉断わる: I was tempted to ~ *off* going to the party. パーティーに出かけるのをやめたい気になった.

crý óut for…(1) …を求めて呼ぶ(⇒ ❷ 2). (2) …を大いに必要とする: The land is ~*ing out for* development. その土地は開発を大いに必要としている.

crý óver spilt mílk ⇒ milk〈成句〉

crý úncle ⇒ uncle〈成句〉

crý úp《他+副》《古風》〈…を〉(むやみに)ほめ立てる.

for crýing óut lóud《口》(1)《疑問文などに添えて強調的に》これは驚いた, あきれた: *For* ~*ing out loud*, can't you see I'm busy? 何だって, 私は忙しいんだよ. (2)《命令文などに添えて強調的に》お願いだから: *For* ~*ing out loud*, stop it! お願いだからやめてくれ.

give a person sòmething to crý abòut《口》《軽くしかられて後で泣いている》〈子供を〉より厳しく罰する.

— 名 ❶ **a** 叫び(声): give a ~ of pain [joy] 苦痛[喜び]の叫び声をあげる / let out a sudden ~ 突然叫び出す. **b**《通例修飾語を伴って》呼び売りの声, ふれ声: street *cries* 町の呼び売りの声. **c** ときの声; 標語, スローガン: ⇒ battle cry, war cry / 'Safety first' is their ~. 「安全第一」が彼らのモットーである.《通例単数形で》声をあげて泣くこと, ひと泣き: A baby usually has a ~ after waking. 赤ん坊は目を覚ました後はたいていひとしきり泣くものだ / She had a good ~. 彼女は存分に泣いた, 泣けるだけ泣いた. ❸〔鳥獣の鳴き声〕(call): the *cries of* gulls カモメの鳴き声 / the ~ *of* (the) hounds 猟犬のほえる声. ❹ **a** 世論(の声), 多くの人々の要求[抗議]: a ~ *for* [*against*] reform 改革賛成[反対]の世論 / the cries of the victims その被害者たちの声. **b** 懇願, 求め, 訴え: a ~ *for* help 助けを求める声.

a crý from the héart 熱烈な訴え[抗議].

a fár [lóng] **crý** 遠距離: It's *a far ~ to* London. ロンドンまでは遠い. ❷ はなはだしい隔たり, 非常な相違: His business is still *a far ~ from* being a success. 彼の商売が成功だったとはとてもいえない.

in fúll crý〈…に〉熱心に追い求めて, 鋭く追及して: The opposition set out *in full ~ after* the government. 野党は一斉に与党の攻撃を開始した. (2)《猟犬が》一斉に追え立てて: The hounds were *in full ~ after* the fox. 猟犬が一斉にキツネを追跡した.

withìn crý (of…)〈…から〉呼べば聞こえる所に.

〖F くL = 嘆き悲しむ; 抗議の叫びを上げる〗《類義語》 (1) **cry** 悲しみや苦しみ, 痛みなどで泣く〈声をあげて泣くときに用いる. **weep** cry と同義で; 特に涙を流すことを強調する. **sob** 声をつまらせたり, しゃくりあげたりする. **whine** 鼻にかかった声を出して泣く. **whimper** 子供などが弱々しく泣く. **wail** 悲しみのために長い, 大きな声をあげて泣く. (2) **cry** 喜び・驚き・怒りなどの際に出す声. **shout** 声を限りに大声で物を言う. **exclaim** 驚き・喜び・怒りなどの強い感情に襲われて突然大声で言う.

crý·baby 名 泣き虫, 弱虫《特に子供》; (失敗などに)ぐちる人.

crý·er 名 =crier.

crý·ing 形 《A》 ❶《口》 **a** 緊急な, 捨てておけない: There's a ~ need for more medical supplies for the refugees. 難民たちへの医療品の援助を至急追加する必要がある. **b** ひどい, はなはだしい: It's a ~ shame. それはひどい不面目[つらよごし]だ. ❷ 叫ぶ; 泣き叫ぶ.

cryo- /kráɪoʊ/〔連結形〕「低温」「冷凍」

cry·o·biólogy 名 U 低温生物学.

cryo·gen /kráɪədʒən/ 名 《化》起寒剤, 寒剤.

cry·o·génic /krà͜ɪədʒénɪk/ 形 U 低温の; 低温学の.

cryò·génics /-dʒénɪks/ 名 U 低温学.

crý·o·lite /kráɪəlàɪt/ 名 U 《鉱》氷晶石.

cry·on·ics /kraɪɑ́nɪks/ 名 U《化》冷凍保存術《死体を超低温で保存し, 後日医学が進歩した時に蘇生させようとする》. **cry·ón·ic** 形

cryo·precípitate 名 U《化》寒冷沈降物《寒冷沈降反応によって生じた抗血友病性グロブリンなど》.

cryo·protéct·ant 名 凍結防止剤.

cryo·stát 名 低温保持装置, クリオスタット.

cryo·súrgery 名 U 冷凍外科[手術].

+**crypt** /krípt/ 名 ❶《主に聖堂の》地下室《埋葬・礼拝用など》. ❷《解》陰窩. 〖L くGk = 隠れた(場所)〗 形 **cryptic**.

crypt·análysis 名 U 暗号解読; 暗号解読法. **-ánalyst** 名 **-análytic** 形

cryp·tic /kríptɪk/, **-ti·cal** /-tɪk(ə)l/ 形 ❶ 神秘的な, なぞめいた: He made the ~ remark that the meaning of life is life itself. 彼は人生の意味は人生そのものだとなぞめいたことを言った. ❷ 隠れた, 秘密の. ❸ 暗号を用いた. **-ti·cal·ly** /-kəli/ 副 〖CRYPT+-IC〗

cryp·to- /kríptoʊ/〔連結形〕「隠れた (hidden)」「秘密の (secret)」「神秘的な」

crypto·bíont 名 《生態》陰蔵(生活ができる)生物.

crypto·bíosis 名 U《生態》《超低温下などでの》陰蔵生活.

crypto·biótic 形《生態》陰蔵生活の《代謝活動なしに生存できる》.

crypto·coc·có·sis /-kakóʊsɪs/ 名 U《医》クリプトコックス症《肺(全身, 脳脊髄膜)の真菌症》.

crypto·cóccus 名 (-cóci) 《菌》クリプトコックス《糸状不完全菌類のクリプトコックス属の総称》. **-cóccal** 形

crypto·crýstalline 形《岩石》隠微結晶質の.

crypto·gam /kríptəgæ̀m/ 名 《植》隠花植物. **cryp·tog·a·mous** /krɪptɑ́gəməs/ 形

crypto·génic 形《病気など》原因不明の, 潜源性の.

crypto·gram /kríptəgræ̀m/ 名 ❶ 暗号(文). ❷ 秘密の記号.

cryp·tog·ra·pher /krɪptɑ́grəfə/ | -fə-/ 名 暗号使用[作成, 解読]者.

cryp·tog·ra·phy /krɪptɑ́grəfi/ | -tɔ́g-/ 名 U 暗号法. **cryp·to·gráph·ic** /krɪptəgrǽfɪk/ 形

cryp·tol·o·gy /krɪptɑ́lədʒi/ | -tɔ́l-/ 名 U 暗号作成[解読]法. **-gist** 名 **cryp·to·lóg·ic** /krɪptəlɑ́dʒɪk/ , **-i·cal** /-k(ə)l/ 形

crypto·me·ri·a /krìptəmí(ə)riə/ 名 《植》スギ(杉)《日本・中国産》.

cryp·to·nym /kríptənìm/ 名 匿名. **cryp·ton·y·mous** /krɪptɑ́nəməs/ 形

crypt·or·chid /krɪptɔ́ːkɪd/ | -tɔ́ː-/ 名《医》潜在睾丸症の人.

crypt·ór·chi·dìsm /-dìzm/ 名 U《医》潜在睾丸, 停留[潜伏]睾丸(症).

crypto·spo·ríd·i·um /-spəríd(i)əm/ 名 《動》クリプトスポリジウム《球虫類クリプトスポリジウム属の原虫; 日和見感染を起こす》.

crypto·zoólogy 名 U 神秘動物学, 未知動物学《雪男やネッシーなどの実在が確認されていない動物の, 特に存在の可能性を究める研究》. **-gist** 名 zoological =

*+**crys·tal** /krístl/ 名 ❶《化・鉱》結晶(体): Salt forms in ~s. 塩は結晶する. ❷ U.C 水晶: liquid ~ 液晶. ❸ U クリスタルガラス, カットグラス; カットグラス製食器類. ❹《米》《時計の》透明カバー. ❺ U《電子》**a**《受信機検波用》鉱石; 鉱石[ダイオード]検波器. **b** 水晶振動子. (**as**) **cléar as crýstal**〈水など〉澄みきって;《言葉・論理など》明白で. — 形 ❶ U 水晶(質, 製)の; クリスタル〈カットグラス〉製の. ❷ 水晶のような, (清く)透明な: ~ water 透明な水. 〖L くGk =氷, 水晶〗 形 **crystalline, crystalloid**.

crýstal áxis 名〖晶〗結晶軸.
crýstal báll 名〖水晶占い用の〗水晶球.
crýstal cláss 名〖晶〗結晶族, 晶族.
⁺**crýstal-cléar** 形 ❶ 〈水など〉澄みきった. ❷ 非常に明瞭[明晰, 明白]な.
crýstal gàzer 名 ❶ 水晶占い師. ❷ 予想屋.
crýstal gàzing 名 ❶ 水晶占い〖水晶またはガラスの球を凝視し, 幻像を呼び起こして行なう占い〗. ❷ 未来の予測.
crýstal glàss 名 Ⓤ クリスタルグラス.
crys·tal·ize /krístəlàɪz/ 動 =crystallize.
crýstal làttice 名〖晶〗結晶格子.
crys·tal·line /krístəlɪn, -làɪn | -làɪn/ 形 ❶ 水晶のような, 透明な. ❷ 結晶(質)の, 結晶体から成る.
crýstalline léns 名〖眼球の〗水晶体.
crys·tal·lin·i·ty /krìstəlínəti/ 名 Ⓤ 透明度; 結晶性; 結晶(化)度.
crys·tal·lite /krístəlàɪt/ 名 ❶〖鉱〗晶子, クリスタライト. ❷〖理〗クリスタリット〖高分子物質における微結晶〗.
crys·tal·li·za·tion /krìstəlɪzéɪʃən | -laɪz-/ 名 ❶ Ⓤ 結晶作用. b Ⓒ 結晶体. ❷ a Ⓤ 具体化. b Ⓒ 具体化したもの.
⁺**crys·tal·lize** /krístəlàɪz/ 動 ⊕ ❶ 〈思想・計画などを〉具体化する. ❷ 〈…を結晶(化)させる. ── 動 ⊜ ❶ 〈思想・計画などが〉具体化される. ❷ 結晶化する: Water ~s to form snow. 水は結晶して雪となる.
crýstal·lìzed 形 〈果物などが〉砂糖漬けにした.
crys·tal·lo·graph·ic /krìstələgrǽfɪk⁻/ 形 結晶の, 結晶学的な, 結晶学上の. **-i·cal·ly** 副
crys·tal·log·ra·phy /krìstəlágrəfi | -lɔ́g-/ 名 Ⓤ 結晶学. **-pher** 名 結晶学者.
crys·tal·loid /krístəlɔ̀ɪd/ 名 結晶状[様]の, 晶質の. ── 名〖理〗晶質. cf. colloid.
crýstal méth 名 Ⓤ 〖俗〗メタンフェタミン (methamphetamine) の粉末状結晶.
crýstal sèt 名〖電子工〗鉱石受信器.
crýstal sỳstem 名〖晶〗結晶系 〖hexagonal, isometric, monoclinic, orthorhombic, tetragonal, triclinic, trigonal の 7 系がある〗.
crýstal wédding 名 水晶婚式 〖結婚 15 周年の祝い〗.
Cs (記号) 〖化〗cesium; (略) 〖気〗cirrostratus. **CS** (略) capital stock; chief of staff; Christian Science; Civil Service; 〖心〗conditioned stimulus 条件刺激.
csar·das /tʃáːdəʃ, -dæʃ | tʃɑ́ːdæʃ/ 名 =czardas.
Ć-sèction /síː-/ 名 〖医〗帝王切開 (Caesarian section).
CSF (略) cerebrospinal fluid 脳脊髄液.
ĆS gás /síːèːs-/ 名 Ⓤ CS ガス〖催涙ガス〗. 〖Ben Corson, Roger Staughton, 共に米国の化学者〗
C(S)T (略) Central (Standard) Time. **CT** (略) Central Time; 〖米郵〗Connecticut; computerized tomography コンピューター断層撮影. **ct.** (略) carat(s); cent(s); country; court. **CTC** (略) 〖英〗City Technology College.
cte·nid·i·um /tɪnídɪəm/ 名 (獲 **-ia** /-iə/) 〖動〗〈軟体動物の〉櫛鰓(くしえら).
cte·noid /tíːnɔɪd, tén-, tíː-/ 形 櫛状の; 〈うろこなどが〉櫛鱗(しつりん)のある.
ctén·o·phore /ténəfɔ̀ɚ | -fɔ̀ː/ 名 〖動〗有櫛動物.
ctrl (略) 〖電算〗control (key). **CTS** (略) 〖医〗carpal tunnel syndrome. **cts.** (略) centimes; cents.
ĆT scán 名 [a ~] CTスキャン: get a ~ of the head 頭の CT スキャンを受ける.
ĆT scánner 名 CT装置.
C2C /síːtəsíː/ 形 〖インターネット上の取引が〗消費者間の 〖オークションなど〗. 〖consumer *to* consumer〗
Cu (記号) 〖化〗copper, cuprum. **Cu, cu** (略) see you 〖電子メールなどで用いる〗. **cu.** (略) cubic.
cua·dri·lla /kwɑːdríː(l)jə/ 名 〖闘牛〗クァドリリャ〖matador の助手団; cf. torero〗.
cua·tro /kwɑ́trou/ 名 (獲 **~s**) 〖楽〗クアトロ〖カリブ・中南米で用いられる 4-5 弦のギターの一種〗.

⁺**cub** /kʌ́b/ 名 ❶ 〖クマ・ライオン・キツネなど肉食動物の〗子, 幼獣 (⇨ fox 解説). ❷ **a** =cub scout. **b** [the ~s] ボーイスカウト団の年少隊員. ❸ 〖古〗 (特に不作法な) 若者. ── 動 ⊜ ❶ 〈母獣が〉子を産む. ❷ 子狐狩りをする.
Cu·ba /kjúːbə/ 名 キューバ〖西インド諸島の共和国; 首都 Havana〗.
cub·age /kjúːbɪdʒ/ 名 体積, 容積.
Cu·ban /kjúːb(ə)n/ 形 キューバ(人)の. ── 名 キューバ人.
Cúban héel 名 〖靴〗キューバンヒール〖太めの中ヒール〗.
cu·ba·ture /kjúːbəʧʊɚ, -ʧə | -tjʊə, -ʧə/ 名 Ⓤ 立体求積法.
cúb·by·hòle /kʌ́bi-/ 名 ❶ 狭苦しい部屋; 押入れ, (机などの)ひきだし. ❷ こぢんまりして〈暖かくて〉気持ちのよい部屋〖場所〗.
⁺**cube** /kjúːb/ 名 ❶ 立方体, 正六面体; 立方形のもの〖さいころ・敷石・木れんがなど〗: ~ sugar 角砂糖 / two sugar ~s 角砂糖 2 個. ❷ 〖数〗立方, 3 乗: The ~ *of* 4 is 64. 4 の 3 乗は 64 である. ── 形 A 〖数〗立方の, 3 乗の. ── 動 ⊕ ❶ 〈数〉を3 乗する; 〈…の〉体積を求める: 5 ~*d* is 125. 5 の 3 乗は 125 である. ❷ 〈…を〉さいの目に切る (dice); 〈ステーキなどに〉格子形の刻み目を入れる: ~ carrots ニンジンをさいの目に切る. 〖F<L<Gk=立方体, さいころ〗 (形 cubic)
cu·beb /kjúːbeb/ 名 ❶ Ⓒ 〖植〗ヒッチョウカ〖コショウ科の常緑低木〗. ❷ Ⓤ クベバ〖ヒッチョウカの実; 薬用・調味料〗.
cúbe fàrm 名 〖戯言〗仕切り小部屋 (cubicle) のたくさんある大事務所.
cúbe róot 名 〖数〗立方根, 3 乗根 〖*of*〗.
⁺**cu·bic** /kjúːbɪk/ 形 ❶ 〖数〗3 次の, 立方の, 3 乗の: a ~ foot [inch, meter] 1 立方フィート[インチ, メートル] / a ~ equation 3 次方程式. ❷ 立方体の, 正六面体の: ~ content 容積, 体積. ── 名 〖数〗3 次(方程)式; 3 次曲線. (名 cube)
cu·bi·cal /-bɪk(ə)l/ 形 =cubic 1.
⁺**cu·bi·cle** /kjúːbɪkl/ 名 ❶ 〖仕切りのある〗個人用小室 〖図書館の個人用閲覧室・プールの脱衣室など〗. ❷ 〖寮などの仕切った〗小寝室. 〖L=寝室 <*cubare* 横になる; cf. incubate〗
cúbic zircónia 名 ⒸⓊ キュービックジルコニア〖ダイヤモンドに似た人造の宝石〗.
cu·bi·form /kjúːbəfɔ̀ɚm | -fɔ̀ːm/ 形 立方形の.
cub·ism /kjúːbɪzm/ 名 Ⓤ 〖美〗立体派, キュービズム〖20 世紀の初めにフランスで Picasso などが起こした絵画・彫刻の一派〗.
cúb·ist /-bɪst/ 名 形 立体派の(芸術家).
cu·bit /kjúːbɪt/ 名 腕尺〖昔の長さの単位; ひじから中指の先端までの長さで, 45-56 cm〗.
cu·bi·tal /kjúːbəṭl/ 形〖解・動〗ひじの.
cu·boid /kjúːbɔɪd/ 形 立方形の, さいころ形の. ── 名 ❶ 〖数〗直方体. ❷ 〖解〗立方骨. **cu·bói·dal** 形 立方体様の.
cúb repòrter 名 駆け出しの新聞記者.
cúb scòut 名 〖ボーイスカウト団 (Boy Scouts) の〗カブスカウト (8-10歳の年少隊員).
cuck·ing stòol /kʌ́kɪŋ-/ 名 〖史〗懲罰椅子〖不身持ち女・不正商人などをこれにくくりつけ, さらし者にしたり, 水に浸したりした; cf. ducking stool〗.
cuck·old /kʌ́kəld, -koυld/ 名 〖古風〗妻を寝取られた男, コキュ. ── 動 〈妻が夫に〉不義をする; 〈男が〉他の男の妻を寝取る.
cúck·old·ry /-dri/ 名 Ⓤ 〖古風〗妻に不義をされる; 寝取られ男であること.
⁺**cuck·oo** /kúːkuː, kʌ́k- | kʊ́k-/ 名 (獲 **~s**) ❶ 〖鳥〗カッコウ〖早春のころに南方から渡ってきて他の小鳥の巣に産卵する〗. ❷ カッコウの鳴き声, クックー. ❸ 〖口〗まぬけ, ばか者. **cúckoo in the nèst** (1) 〈子供の〉親の愛を奪い合う愛の巣の侵入者. (2) 〈平和を乱す〉じゃま者, 闖入(ちんにゅう)者. ── 形 〖口〗気が狂った; 愚かな.
cúckoo bèe 名 〖昆〗キマダラハナバチ.

cúckoo clòck 图 かっこう時計, はと時計.
cúckoo ègg 图 〖電算〗カッコウの卵 (MP3 ファイルに見せかけて実は audio ファイルではないファイル).
cúckoo·flòwer 图 〖植〗ハナナズナ (アブラナ科).
cúckoo spìt 图 Ⓤ アワフキムシ (spittlebug) の泡.
cúckoo wàsp 图 〖昆〗セイボウ (セイボウ科の総称; 他のハチの巣に産卵する習性がある).
cu. cm. 《略》 cubic centimeter(s) 立方センチメートル.
†**cu·cum·ber** /kjúːkʌmbə | -bə/ 图 Ⓒ〖植〗キュウリ. ❷ ⓊⒸ キュウリ(の実). (**as**) **cóol as a cúcumber** (1) あくまで落ち着き払って. (2) 心地よく涼しい.
cud /kʌd/ 图 Ⓤ 食い戻し (反芻(ﾊﾝｽｳ)動物が第一胃から口中に戻してかむ食物). **chéw the** [**one's**] **cúd** (1) 反芻する (ruminate). (2) 〘口〙 (決断する前に)熟慮する.
†**cud·dle** /kʌdl/ 動 ⓣ 〈人・ものを〉(愛情をこめて)抱き締める (hug). ── ⓘ ❶ 抱き合う[締める]. ❷ ぴったり寄り添う, 寄り添って寝る[座る]. ❸ 〘口〙〈人に〉取り入る, 機嫌をとる《*up*》《*to*》. ── 图 [a ~] 抱擁: have a ~ 抱擁する.
cud·dle·some /kʌdlsəm/ 形 =cuddly.
†**cud·dly** /kʌdli/ 形 抱き締めたいような, とてもかわいい: a ~ little boy とてもかわいい坊や.
cud·gel /kʌdʒəl/ 图 《武器または懲罰用の》こん棒. **táke úp the cúdgels** 論争に加わる; 〈…を〉頑強に弁護する《*for*》. ── 動 ⓣ (**cud·geled, -gelled**; **cud·gel·ing, -gel·ling**) 〈…をこん棒で打つ.
cúd·wèed 图 ⓊⒸ ハハコグサ, チチコグサ 〈など〉 (キク科の雑草).
***cue**[1] /kjúː/ 图 ❶ 《劇》きっかけ, キュー (せりふの最後の文句またはしぐさ; 他の俳優の登場または発言の合図となる). ❷ きっかけ, 手がかり, 合図《*for*》《*+to do*》: a ~ to do…する(ための)きっかけ[合図]. ❸ 《楽》演奏指示楽節. (**ríght**) **on cúe** まさに〘ちょうど〙その時に, 計ったように; ちょうど〘タイミングで〙. **táke one's cúe from a person** 人の例にならう, 人を模範とする. ── 動 ⓣ ❶ 〈…にきっかけを与える. ❷ 《AV 機器で》テープ・ディスクなどの聞きたい[見たい]ところに移動する 《探す, を選ぶ》《*up*》. 〖L *quando* 'when?' の q のアルファベット名から〗
cue[2] /kjúː/ 图 ❶ (玉突きの)キュー. ❷ おさげ(髪), 弁髪 (queue). ── 動 ⓣ 〈…を〉キューで突く. 〖QUEUE の変形〗
cúe bàll 图 〖玉突〗突き球, 手球.
cúe bìd 图 〖ブリッジ〗キュービッド (敵側のビッドしたスーツをビッドすること).
cúe càrd 图 キューカード (テレビ放送中に出演者にせりふをつけるのに用いるキーワードなどを記したカード).
cues·ta /kwéstə/ 图 〖地理〗ケスタ (一方が急傾斜, 反対側がなだらかな丘陵).
†**cuff**[1] /kʌf/ 图 ❶ Ⓒ 《装飾用の》そで口 《ワイシャツの》カフス. ❷ Ⓒ 〘米〙 (ズボンの折り返し, 〘英〙 turnup). ❸ [複数形で] 〘口〙 手錠. ❹ (血圧測定の)加圧帯. **òff the cúff** 〘口〙 即座に[の], 即興的に[の]: *speak off the ~ before an audience* 聴衆を前にして即席に話をする (画来演説する人が忘れないように話の要点をワイシャツのカフスに書いたことから). **on the cúff** 《米俗》(1) 掛け売りで[の]. (2) 無料で. ── 動 ⓣ 〈…に〉手錠をかける. 〖もと「手袋」の意〗
cuff[2] /kʌf/ 图 平手打ち: give someone a ~ *on the head* 人の頭を(平手で)打つ. ── 動 ⓣ 〈…を〉平手で打つ.
cúff lìnks 图 ⓟ カフスボタン.
Cu·fic /k(j)úːfɪk/ 图 形 =Kufic.
cu. ft. 《略》 cubic foot [feet].
cui bo·no /kwíːbóʊnoʊ/ 問 何[だれ]の役に立つのか, 何のために; だれが, 犯人はだれだ. 〖L〗
cu. in. 《略》 cubic inch(es).
cui·rass /kwəræs/ 图 胴よろい; 胸当て.
Cui·sin·art /kwízənɑ̀ːt | -nɑ̀ːt/ 图 〖商標〗クウィジナート (米国製のフードプロセッサー).
†**cui·sine** /kwəzíːn/ 图 Ⓤ 料理(法): They serve excellent French ~ at the restaurant. あのレストランはすばらしいフランス料理を出してくれる. 〖F=料理, 台所 <L *coquere* 料理する; cf. cook〗
cuisse /kwíːs/, **cuish** /kwíʃ/ 图 《よろいの》もも当て.

cuke /kjúːk/ 图 〘米口〙 =cucumber.
CUL, cul 《略》 see you later 《電子メールなどで用いる》.
culch /kʌltʃ/ 图 =cultch.
Cul·dee /kʌldiː/ 图 Ⓒ [-- -- /] クルディ (8–12 世紀にアイルランド・スコットランド・ウェールズに存在した隠者の一団に属する者; 通例 13 名 ('キリストと12弟子'の数) を 1 集団として共住生活をした.
cul-de-sac /kʌ́ldəsæk, kúl-/ 图 《 **culs-de-sac** /~/, ~s》❶ 行き止まり(道), 袋小路. ❷ 窮地, 窮境; 《議論の》行き詰まり. 〖F=袋[鍋] 袋 (sack) の底〗
-cule /kjuːl/ 腰尾 「小…」: animal*cule*.
†**cul·i·nar·y** /kʌ́ləneri, kjuː-| -nə(ə)ri/ 形 台所(用)の; 料理[かっぽう]の: the ~ art 料理法, かっぽう / ~ implements 台所用具. **-nar·i·ly** 副 料理上, 料理的に. 〖L <*culina* 台所; cf. kiln〗
†**cull** /kʌl/ 動 ⓣ ❶ 〈…を〉〈…から〉えり抜く, 抜粋する: Big business ~s the brightest *from* among college graduates. 大企業は大卒者の中から最も優秀な人材をえり抜く. ❷ 〈質の悪い家畜・果物などを〉選んで殺す, 淘汰(ﾄｳﾀ)する. ── 图 ❶ えり分け, 選別; 淘汰. ❷ 〈くず・劣等品として〉えりのけたもの, くず. 〖F<L *colligere* 集める ⇨ collect[1]〗
Cul·len /kʌ́lən/, **Coun·tée** /kaʊntéɪ/ カレン (1903–46; 米国の詩人).
cul·len·der /kʌ́ləndə | -də/ 图 =colander.
cul·let /kʌ́lət/ 图 Ⓤ カレット (再溶解用のくずガラス).
culm[1] /kʌ́lm/ 图 Ⓤ ❶ 粉炭; (特に)粉末[下等]無煙炭. ❷ 〖地〗 クルム(層).
culm[2] /kʌ́lm/ 图 〖植〗 稈(ｶﾝ) (麦・竹などの中空で節のある茎).
cul·mi·nant /kʌ́lmənənt/ 形 最高点の, 絶頂の.
†**cul·mi·nate** /kʌ́lmənèɪt/ 動 ⓘ ❶ **a** ついに〈…と〉なる《*in, with*》(end): His efforts ~*d in* success. 彼の努力はついに成功となって実を結んだ. **b** 最高点[極点, 絶頂]に達する, 最高潮に達する, 全盛をきわめる. ❷ 〖天〗 〈天体が〉最高度[子午線]に達する, 南中する. 〖L<*culmen, culmin-* 頂点〗 ⇨ culmination)
†**cul·mi·na·tion** /kʌ̀lmənéɪʃən/ 图 Ⓤ ❶ [通例 the ~] 最高点, 頂点; 最高潮, 全盛, 極致: *the ~ of* one's ambition 大望の絶頂. ❷ 〖天〗 子午線通過, 南中.
cu·lottes /k(j)uːlɑ́ːts, -- /| kjuːlɔ́ts/ 图 ⓟ キュロット (女性用の, スカートに似たひざ丈のズボン). 〖F〗
cul·pa·ble /kʌ́lpəbl/ 形 過失のある, とがめらるべき, 不埒(ﾌﾗﾁ)な: ~ negligence 怠慢の罪, 不行届き / hold a person ~ 人を悪いと思う. **-pa·bly** 副 不埒(ﾌﾗﾁ)に[も], 不届きにも. **cul·pa·bil·i·ty** /kʌ̀lpəbɪləti/ 图 Ⓤ 〖L<*culpa* 過失, 罪; ⇨ -able〗
cúlpable hómicide 图 Ⓤ 〖法〗 故殺(罪).
†**cul·prit** /kʌ́lprɪt/ 图 犯人, 罪人 (offender).
***cult** /kʌ́lt/ 图 ❶ カルト (少人数の邪教的宗教団), 新興宗教, にせ宗教. ❷ 礼賛, 崇拝; 流行, …熱; 熱狂[崇拝]の対象: the ~ *of* beauty [peace] 美[平和]の礼賛 / the ~ *of* surfing サーフィン熱. ❸ 《宗教的な》崇拝, 信仰: the ~ *of* Apollo アポロ信仰. ❹ 《宗教的な》祭式, 祭儀, 儀式. ❺ [特定の集団に人気のある (崇拝されている)]: a ~ figure among young people 若者の間の崇拝の的《人》/ a ~ movie カルトムービー 《少数者に異常な人気のある映画, 小映画館でくりかえし上映される》. ❷ カルトの, 新興宗教の: (a) ~ religion カルト宗教. 〖F or L=耕作, 崇拝 *colere, cult-* 耕す; cf. culture〗
cultch /kʌltʃ/ 图 Ⓤ (カキ養殖の)採苗用カキ殻.
cul·ti·gen /kʌ́ltədʒən/ 图 〖植〗 (原種不明の)栽培変種.
cúlt·ism /-tɪzm/ 图 Ⓤ 礼賛(主義); 極端な宗派的傾向.
cúlt·ist /-tɪst/ 图 Ⓒ 《宗教・流行などの》崇拝者, 熱狂者.
cul·ti·va·ble /kʌ́ltəvəbl/ 形 ❶ 〈土地など〉耕作できる. ❷ 〈果樹など〉栽培できる. ❸ 啓発できる.
cul·ti·var /kʌ́ltəvɑ̀ː | -vɑː/ 图 〖植〗 栽培変種, (栽培)品種.
cul·ti·vat·a·ble /kʌ́ltəvèɪtəbl/ 形 =cultivable.
***cul·ti·vate** /kʌ́ltəvèɪt/ 動 ⓣ ❶ 〈土地を〉耕す, 耕作する

る; 〈栽培中の作物・畑地を〉中耕する: ～ a field 畑を耕す. ❷ **a** 〈作物を〉**栽培する**: ～ tomatoes トマトを栽培する. **b** 〈細菌を〉培養する. **c** 〈魚・カキなどを〉養殖する. ❸ **a** 〈才能・品性・習慣などを〉**養う**, **磨く**, 洗練する; 〈印象を〉築く, 創り出す: ～ one's mind 精神を陶冶(とうや)する / ～ patience 忍耐力を身につける / Our team is *cultivating* new talent. 我々のチームは新しい才能を育てている / ～ a positive [professional] image 肯定的な[専門家としての]印象を築く. **b** 〈文学・技芸を〉修める, 錬磨する: ～ an art 技芸を修める[にはげむ]. ❹ 〈知己・交際を〉求める, 深める; 〈人と〉親しくなろうとする, 交際を求める. 〖L *cultivare* 耕す＜*colere*, *cult-* 耕す (cf. culture); [名] cultivation〗

C

⁺**cúl·ti·vàt·ed** /-ṭɪd/ [形] ❶ 教化[洗練]された, 教養のある, 上品な (refined): ～ manners 洗練された作法. ❷ 耕作[栽培, 養殖]された (↔ wild): ～ land 耕(作)地 / a ～ plant 栽培植物.

⁺**cul·ti·va·tion** /kʌ̀ltəvéɪʃən/ [名] [U] ❶ (土地の)耕作: land under ～ 開墾地, 耕(作)地 / bring land into ～ 土地を開墾する. ❷ **a** (作物の)栽培. **b** 養殖; 培養. ❸ **a** 養成, 教化; 修養, 修練. **b** 教養, 洗練.

cúl·ti·và·tor /-ṭə | -tə/ [名] ❶ **a** 耕作者; 栽培者. **b** 耕耘(こううん)機, 中耕機, カルチベーター; 土ならし器. ❷ 養成者, 開拓者; 修養者.

***cul·tur·al** /kʌ́ltʃ(ə)rəl/ [形] (比較なし) ❶ **文化の**[に関する]; 文化的な 《[比較] 日本語から連想する「生活水準の高い」という意味はない》: ～ exchange 文化交流 / ～ conflict 文化摩擦. ❷ **教養的な**, 修養上の; 人文の. ❸ 培養上の; 栽培上の. **-al·ly** /-rəli/ [副] ❶ 教養的に, 教養上. ❷ 文化的に. ❸ 栽培上. ([名] culture)

cúltural anthropólogist [名] 文化人類学者.

cúltural anthropólogy [名] [U] 文化人類学.

cúltural at·ta·ché /-æ̀ṭəʃéɪ | ətǽʃeɪ/ [名] (大使館の)文化担当官.

cúltural lág [名] 〖社〗 文化のずれ, 文化的遅滞.

⁑**cul·ture** /kʌ́ltʃə | -tʃə/ [名] ❶ [U] (精神的活動が生む)**文化** 《芸術・思想・学問など》; [C,U] (社会などに特有の)**文化** 《行動・思考・生活様式など》; [C] (固有の文化をもつ)社会, 集団: contemporary ～ 現代[同時代]文化 / oral [mass] ～ 口承[大衆]文化 / Greek ～ ギリシア文化 / (a) corporate [(an) urban, (an) indigenous] ～ 企業[都市, 土着]文化 / (an) understanding of various ～*s* 多様な文化の理解 / people in different ～*s* 異なる文化[社会]の(中にいる)人々. ❷ [U] **教養**, 洗練: a person of ～ 教養(のある)人. ❸ **a** [U] (細菌などの)培養; [C] 培養菌. **b** [U] 養殖, 栽培. ── [動] [他] 培養する. 〖F＜L＝耕作, 手入れ＜*colere*, *cult-* 耕す; cf. colony, cult, cultivate〗 ([形] cultural) 【類義語】**civilization** が物質的な面に重きを置く語であるのに対して **culture** は精神的な面に重きを置く語.

⁺**cúl·tured** [形] ❶ 教化された, 教養[文化]のある. ❷ 栽培[養殖, 培養]された: a ～ pearl 養殖真珠.

cúlture gàp [名] 文化(間)の違い[ずれ].

cúlture làg [名] ＝cultural lag.

cúlture shòck [名] [U] カルチャーショック 《異なる文化に接した時に生じる不安・衝撃など》: suffer [experience] ～ カルチャーショックを受ける[経験する].

cúlture vùlture [名] 《口》 教養マニア 《教養を身につけようと努める人》.

cul·tus /kʌ́ltəs/ [名] 祭式 (cult).

cul·ve·rin /kʌ́lvərən/ [名] 〖史〗 カルヴァリン砲 《16–17 世紀の長砲》; カルヴァリン小銃.

cul·vert /kʌ́lvət | -vət/ [名] ❶ (道路・鉄道などの下を通る)排水路, 暗渠(きょ). ❷ 線渠 《電線・ガス管などを地下に通すパイプ》.

cum[1] /kʊm, kʌm/ [前] [通例複合語で] …付き, …と兼用の: a bed-*cum*-sitting room 寝室兼居間.

cum[2] /kʌ́m/ 《卑》 [動] [自] オルガスムに達する, いく (come). ── [名] [U] 精液.

Cumb. 《略》 Cumberland.

cum·ber /kʌ́mbə | -bə/ [動] [他] 《文》 ＝encumber.

Cum·ber·land /kʌ́mbələnd | -bə-/ [名] カンバーランド州 《イングランド北西部の旧州; 略 Cumb.》.

Cúmberland Platéau [名] [the ～] カンバーランド高原 《米国 West Virginia 州南西部から Alabama 州北東部に至るアパラチア山脈南部の台地》.

Cúmberland sàuce [名] [U] カンバーランドソース 《オレンジ・レモン・カランツゼリー・ワイン・からしで風味をつけた冷たいソース》.

Cúmberland sàusage [名] [U] 《英》 カンバーランドソーセージ 《もとは Cumberland 産のあらびき肉のソーセージ》.

cum·ber·some /kʌ́mbəsəm | -bə-/ [形] じゃまな, 扱いにくい, やっかいな, 煩わしい (unwieldy); 〈言葉が〉長ったらしい: a ～ suitcase 扱いにくいスーツケース / a ～ procedure 煩わしい手続き. **～·ly** [副] **～·ness** [名]

cum·bi·a /kúmbiə/ [名] [U] 〖楽〗 クンビア 《サルサ (salsa) に似たコロンビア起源のダンス音楽》.

Cum·bri·a /kʌ́mbriə/ [名] カンブリア州 《1974 年に設立されたイングランド北部の州; 州都 Carlisle /kɑəláɪl | kɑ:-/》.

cum·brous /kʌ́mbrəs/ [形] ＝cumbersome. **～·ly** [副] **～·ness** [名]

cum div. 《略》 〖株式〗 cum dividend.

cùm dívidend [副] [形] 〖株式〗 配当付きで[の] (↔ ex dividend) 《略 cum div.》. 〖L〗

cum gra·no (sa·lis) /kʊmgrá:noʊ(sá:lɪs)/ [副] [形] いくぶん割引きして[した], 控えめに[の]. 〖L＝with a grain (of salt)〗

cum·in /kʌ́mɪn/ [名] [U] ❶ 〖植〗 クミン, ヒメウイキョウ. ❷ クミンの実 《薬味・薬用にする》.

cum lau·de /kʊmláʊḍi, kʌ̀mlɔ́:di/ [副] [形] 《米》 (第三位) 優等で[の] 《★ 卒業証書などに用いる; 優秀な順に summa cum laude, magna cum laude》.

cum·mer·bund /kʌ́məbʌ̀nd | -mə-/ [名] カマーバンド 《男性のタキシードの上着の下に巻くサッシュベルト》.

Cum·mings /kʌ́mɪŋz/, **E(dward) E(stlin)** /-éstlɪn/ [名] カミングズ 《1894–1962; 米国の詩人》.

cum·quat /kʌ́mkwɑt | -kwɔt/ [名] ＝kumquat.

cu·mu·late /kjú:mjʊlèɪt/ [動] [他] 積み重ねる, 積み上げる; 蓄積する; 〈目録などを〉一つにまとめる. ── [自] 積もる, 蓄積する. ── [名] /-lət/ 〖地〗 集積岩, キュームレイト 《マグマの中で晶出した鉱物の集積でできた火成岩》. **cù·mu·lá·tion** /kjù:mjʊléɪʃən/ [名] [U,C] 積み重ね; 蓄積, 堆積, 〖数〗 累加.

⁺**cu·mu·la·tive** /kjú:mjʊləṭɪv, -lèɪ-/ [形] 累積する, 累加する: a ～ deficit 累積赤字 / ～ evidence 〖法〗 重複証拠 / ～ error 〖統〗 累積誤差 / a ～ medicine 〖医〗 漸加薬. **～·ly** [副] 〖L *cumulus* 堆積, 塊(かたまり)＋-ATIVE〗

cúmulative préference shàre [stòck] [名] 《英》 累積的優先株.

cúmulative vóting [名] [U] 累積投票法 《候補者と同数の票が与えられ, 複数の候補者に分けて投票することも全部を一候補者に投票することも自由》.

cu·mu·li [名] cumulus の複数形.

cu·mu·lo·nim·bus /kjù:mjʊloʊnímbəs/ [名] [U,C] 〖気〗 積乱雲, 入道雲 《略 Cb》.

cu·mu·lo·stra·tus /kjù:mjʊloʊstréɪṭəs/ [名] [U,C] 〖気〗 積層雲.

cu·mu·lus /kjú:mjʊləs/ [名] ([複] **cu·mu·li** /-làɪ/) ❶ [a ～] 堆積(たいせき), 累積 〔*of*〕. ❷ [U,C] 〖気〗 積雲. **cu·mu·lous** /kjú:mjʊləs/ [形] 〖L＝塊(かたまり)〗

cu·ne·ate /kjú:niət, -nièɪt/ [形] 〖植〗 くさび状の.

cu·ne·i·form /kjú:n(i)əfɔ̀əm | -fɔ̀:m/ [形] ❶ 〈文字など〉くさび形の: ～ characters くさび形文字, 楔形(せっけい)文字 《古代バビロニア・アッシリア・ペルシアなどで用いられた》. ❷ くさび形文字の[で書かれた]. ── [名] [U] 楔形文字. 〖L *cuneus* くさび＋-FORM〗

cun·ner /kʌ́nə | -nə/ [名] 〖魚〗 (イギリス海峡の)ギザミベラ, (北米大西洋岸産の)ギザミベラに近いベラ 《共に食用》.

cun·ni·lin·gus /kʌ̀nɪlíŋgəs/ [名] [U] クンニリングス 《口による女性性器への性行為》.

⁺**cun·ning** /kʌ́nɪŋ/ [形] (**more ～; most ～**) ❶ こうかつな, ずるい, 悪賢い 《[類語] ⇨ sly》. ❷ 巧みな. ❸ 《米口》 〈子供・笑いなど〉かわいらしい: a ～ girl [baby] かわいい女の子

[赤ちゃん]. **(as) cúnning as a fóx** とてもずるい[悪賢い]. ── 名 U こうかつ, 抜けめなさ, ずるさ; 悪知恵 《比較 日本語の「カンニング」の意には; cf. crib》. **~·ly** 副 《OE =知っている<*cunnan* 知っている; cf. can》[類義語] ⇒ sly.

Cun·ning·ham /kʌ́niŋhæm ǀ -niŋəm/, **Im·o·gen** /íməʤən/ 名 カニンガム, カニンガム (1883-1976; 米国の写真家).

Cunningham, Merce 名 カニンガム (1919- ; 米国の舞踊家・振付家).

cunt /kʌ́nt/ 名 《卑》 ❶ 女性性器; 膣(ちつ). ❷ 《俗》**a** 女. **b** いやな女.

‡**cup** /kʌ́p/ 名 ❶ ⓒ (紅茶・コーヒー用の)カップ, 茶わん (⇒ glass 2 [比較]: a coffee ~ コーヒーカップ / a breakfast ~ 朝食用カップ (普通の約 2 倍大きい) / a ~ and saucer 受け皿付きの茶わん 《★ a cup with saucer ということもある; 受け皿付きの茶わん 3 組ある場合は three cups and [with] saucers となる》. ❷ ⓒ カップ [茶わん] 1 杯(の量) (cupful) (料理では ½ pint): a ~ *of* tea 紅茶 1 杯 / two ~*s of* flour 小麦粉カップ 2 杯. ❸ ⓒ 聖餐(せいさん)杯, 聖杯. **b** the ~ 聖餐 (Eucharist) の杯. **c** ⓒ 《時に the C~》優勝杯; 優勝杯を争う試合: ⇒ Davis Cup. ❹ ⓒ 杯状のもの; (ブラジャーの)カップ; 《ゴルフ》カップ (グリーン上のホールにさす金属筒); 《スポ》カップ (ボクサーなどのサポーターの一種): the ~ of a person's hand カップのような形にした手. ❺ C,U 《主に英》カップ (シャンパン・ぶどう酒・りんごなどに果物・甘味を混ぜ, 氷で冷やした飲料): cider ~ りんご酒入りカップ. ❻ ⓒ 《通例修飾語を伴って》運命(の杯); 経験: a bitter ~ 苦杯《人生の苦い経験》/ drain the ~ of sorrow [pleasure, life] (to the bottom [dregs]) 悲しみの杯[歓楽の美酒, 浮き世の辛酸]をなめ尽くす / Her ~ of happiness [misery] is full. 彼女の幸福[不幸]は極点に達している. **one's cùp of téa** 《口》気に入ったもの, 好物: Golf isn't his ~ *of* tea. ゴルフは彼の性に合わない. **in one's cúps** 一杯機嫌で, 酔って(いる). ── 動 (**cupped; cup·ping**) ❶ 《手などを》カップのような形にする; カップのような形にして...をおおう[支える]: He cupped his hands around his mouth and called. 彼は両手を大きく口に当てて呼んだ / ~ one's chin in the palm of one's hand ほおづえをつく / She cupped the match against the wind. 彼女は風で消えないようにマッチを片手でおおった. ❷ 《古》《患者に》吸い玉をあてて血を取る (cf. cupping glass). 《OE<L *cuppa* カップ<*cupa* おけ, たる》

cúp·bèarer 名 宮廷などの酌(しゃく)取り.

*****cup·board** /kʌ́bəd | -bəd/ 名 食器棚, 戸棚. **skéleton in the cúpboard** ⇒ skeleton 成句. **The cúpboard is báre.** 《英》すっからかんだ, 一文なしい.

cúpboard lòve 名 U 欲得ずくの愛情《子供などがお菓子欲しさに「おばさん大好き」といったりする場合など》.

cúp·càke 名 ❶ カップケーキ《カップ型に入れて焼いたケーキ》. ❷ 《米口》**a** かわいこちゃん《呼びかけにも用いる》. **b** 奇人, 変人.

cu·pel /kjuːpél, kjúː·pəl/ 名 《金銀試金用の》灰吹(はい)皿; 灰吹炉. ── 動 (**cu·peld**, 《英》**-pelled; cu·pel·ing**, 《英》**-pel·ling**) 灰吹皿で吹き分ける. **cu·pel·la·tion** /kjùːpəléiʃən/ 名 灰吹法.

cúp fínal 名 《また C~ F~; the ~》《英》 (優勝杯を争う)決勝戦 《通例サッカーの FA 杯》.

cup·ful /kʌ́pfʊl/ 名 カップ 1 杯(の量) (cup) (約 ½ pint): two ~*s of* milk カップに 2 杯の牛乳. 《CUP+-FUL²》

Cu·pid /kjúː·pid/ 名 ❶ 《ロ神》キューピッド, クピド (Venus の子, 恋愛の神; 羽の生えた裸体の美少年が弓に矢を持った姿で表わされる; ギリシア神話の Eros に当たる》. ❷ [c~] ⓒ キューピッドの絵[彫像].

cu·pid·i·ty /kjuːpídəti/ 名 U 《金銭・財産への》貪欲(どんよく), 金銭欲 (greed).

Cúpid's bów /-bóʊ/ 名 ❶ (絵などにある)キューピッド(式)の弓. ❷ 二重弓形の(上唇の)形.

Cúpid's-dárt 名 《植》ルリニガナ (欧州南部原産).

cu·po·la /kjúː·pələ/ 名 ❶ 《建》**a** 小丸屋根; 半球天井. **b** (屋根の上に設けた)丸屋根の頂塔. ❷ =cupola furnace. 《It く L<*cupa*; ⇒ cup》

cúpola fúrnace 名 《冶》キューポラ, 溶銑(ようせん)炉.

cup·pa /kʌ́pə/ 名 《通例単数形で》《英口》 1 杯のお茶. 《*cup of* の短縮形》

cup·per /kʌ́pə ǀ -pə/ 名 =cuppa.

cup·ping /kʌ́piŋ/ 名 U 《医》吸い玉放血法.

cúpping glàss 名 《放血に用いた》吸い玉.

cupr- /k(j)uː·pr- ǀ kjuː·pr/ 《連結形》(母音の前にくる時の) cupro- の異形.

cu·pram·mo·ni·um /k(j)ùː·prəmóʊniəm ǀ kjúː-/ 名 U 《化》銅アンモニア (溶液).

cu·pric /k(j)úː·prɪk ǀ kjúː-/ 形 《化》銅 (cuprum) の[を含む]: ~ sulfate 硫酸銅.

cu·prite /k(j)úː·praɪt ǀ kjúː-/ 名 U 赤銅鉱.

cu·pro- /k(j)úː·proʊ ǀ kjúː-/ 《連結形》「銅」.

cùpro·níckel 名 U 白銅 《特に, 銅 70% とニッケル 30% の合金》.

cu·prous /k(j)úː·prəs/ 形 《化》第一銅の.

cu·prum /k(j)úː·prəm/ 名 U 《化》銅 (記号 Cu). 《L》

⁺**cúp tìe** 名 《英》(特にサッカーの)優勝杯争奪戦.

cúp-tìed 形 《英》(選手が)(資格がないので)優勝杯戦に出場できない.

cu·pule /kjúː·pjuːl/ 名 ❶ 《植》(どんぐりなどの)殻斗(かくと); (ぜにごけの)杯状体. ❷ 《動》杯状吸盤, 吸盤.

cur /kɜ́ː ǀ kɜ́ː/ 名 ❶ のら犬; たちの悪い犬. ❷ やくざ, ろくでなし, 卑怯者.

cur·a·ble /kjú(ə)rəbl/ 形 治癒できる, 治せる, 治る. **cur·a·bil·i·ty** /kjù(ə)rəbíləti/ 名 《CURE+-ABLE》

cu·ra·çao /kjú(ə)rəsòʊ, -sàʊ/ 名 U,C キュラソー《オレンジ香味のリキュール》. 《↓》

Cu·ra·ça·o /kjú(ə)rəsòʊ, -sàʊ/ 名 クラサオ, キュラソー《西インド諸島南部, ベネズエラ北西岸沖の島》.

cu·ra·cy /kjú(ə)rəsi/ 名 副牧師[助任司祭] (curate) の職[任期].

cu·ran·de·ro /kùː·rɑːnndéroʊ/ 名 《複 ~s》クランデロ《ラテンアメリカの土着の男性呪医》.

cu·ra·re, -ri /k(j)uːráː·ri ǀ kjuː-/ 名 U クラーレ《インディオが数種の植物で調製した矢毒》.

cu·ras·sow /k(j)úː·rəsòʊ; kjúə-/ 名 《鳥》ホウカンチョウ《中米・南米産の, 七面鳥に似たキジ科の鳥》.

cur·ate¹ /kjú(ə)rət/ 名 ❶ 《英国教》(教区の)副牧師 (rector [vicar] の代理または助手). ❷ 《カト》助任司祭.

cu·rate² /kjú(ə)reɪt, kjʊréɪt/ 動 他 (...の)管理者[館長] (curator) を務める.

cúrate-in-chárge 名 《英》(教区牧師の失格・停職時などに)一時教区を預かる牧師.

cúrate's égg 名 《the ~》良いところも悪いところもあるもの, 玉石混淆.

cur·a·tive /kjú(ə)rətɪv ǀ kjúərət-, kjɜ́ː·r-/ 形 病気に効く, 治療の, 治癒的な. ── 名 医薬; 治療法.

⁺**cu·ra·tor** /kjú(ə)reɪtə, -ˌ- ǀ kju(ə)réɪtə/ 名 (博物館・図書館などの)管理者, 館長, 主事. **~·ship** 名 《F or L <*curare* 気を配る<*cura*; ⇒ cure》

⁺**curb** /kɜ́ː·b ǀ kɜ́ː·b/ 名 ❶ 《米》(車道と歩道の境の)縁石(えんせき), へり, ふち (kerb): He pulled over to the ~. 彼は車を道路のへりに寄せて(止めた). ❷ 拘束, 抑制: place [put] a ~ *on* expenditures 経費を制限する, ❸ (馬具の)くつわ鎖, 止めぐつわ. ── 動 他 (...を)抑制する, 制御する (restrain): ~ one's desires 欲望を抑える / ~ inflation インフレを抑制する.

cúrb bìt 名 《馬具の》大勒(だいろく)ばみ, 止めぐつわ.

cúrb ròof 名 《建》二段勾配屋根 (mansard roof または gambrel roof).

cúrb·sìde 名 《the ~》《米》(道路の)縁石側.

cúrb·stòne 名 《米》(歩道の)縁石(えんせき), ふち石 (1 個) 《俗》bordstone).

cur·cu·li·o /kə·kjúː·liòʊ ǀ kə-/ 名 《複 ~s》《昆》シギゾウムシ.

curd /kɜ́ː·d ǀ kɜ́ː·d/ 名 ❶ U 《また複数形で》凝乳, カード

curd cheese

《チーズの原料; cf. whey》. ❷ Ⓤ 凝乳状の食品: (soy) bean ~ 豆腐.

cúrd chèese 图 =cottage cheese.

cur・dle /kə́:dl | kə́:-/ 動 ⓐ 凝乳になる, 凝結する: Milk ~s when kept too long. 牛乳は長くおくと凝結する / The sight made my blood ~. その光景を見て思わずぞっとした. ⓑ 凝乳にする, 凝結させる. **cúrdle a person's blóod** ⇒ blood 成句.

curd・y /kə́:di | kə́:-/ 形 (curd・i・er, -i・est) 凝乳状[質]の.

*__cure__ /kjúə | kjúə, kjɔ́:/ 動 ⓑ ❶ 〈病気・病人〉を治す, いやす: This medicine will ~ your cold. この薬でかぜが治るでしょう / The doctor ~d him of rheumatism. 医者は彼のリューマチを治してくれた / I was ~d of cancer. がんが治った. ❷ ⓐ 〈悪癖などを〉矯正する; 〈人の〉〈悪癖などを〉直す: ~ bad habits 悪い癖を直す / What can't be ~d must be endured. どうしようもないことは耐えるより仕方がない / He tried to ~ his child of the habit. 彼は子供の癖を矯正してやろうと努めた. ❸ 〈問題を〉解決する, 取り除く. ❹ 〈肉類・魚類などを〉(乾燥・燻製(ﾂﾞﾝ)または塩漬けにして)保存処理をする. ── 图 ❶ Ⓒ 治療, 治療法[薬]: an effective ~ for cancer がんの効果的な治療法[薬] / a rest cure. ❷ ⒸⓊ 回復, 治癒(ﾖｳ). ❸ Ⓒ 困難な問題などの解決法, 救済法[策]: a ~ for juvenile delinquency 青少年犯罪をなくす決め手. ❹ 〔文〕 魂の救済; 牧師の務め; Ⓒ 教会区. 【F＜L *cura* 注意, 心配; cf. curious】 形 curative; 関形 sanative, therapeutic) 【類義語】⇒ heal.

cu・ré /kjuréi, ﾕ - | - /图 (フランスの)教区司祭, 主任司祭.

cúre-àll 图 万能薬, 万病薬 (panacea).

cúre-less 形 治療法のない, 不治の; 救済[矯正]できない.

cu・ret・tage /kjùə(ə)rətá:3/ 图 Ⓤ 〔医〕 搔爬(*ﾂﾞｸ)(術).

cu・rette /kjurét/ 图 〔医〕 キュレット, 搔爬(*ﾂﾞｸ)器 (さじ形の外科器具).

*__cur・few__ /kə́:fju: | kə́:-/ 图 ❶ ⒸⓊ (戦時中などの)夜間外出禁止令, 消灯令; 夜間外出禁止時間: impose a ~ from midnight to dawn 真夜中から夜明けまで外出禁止令を課する. ❷ ⒸⓊ 門限, 門限時間, 夜間外出禁止時間: It's past ~. 門限を過ぎている. ❸ 〔昔〕 消灯の合図として打ち鳴らした〕晩鐘, 入相(ﾒﾘ)の鐘. 【F＝(原義) 火を落とす】

cu・ri・a /kjú(ə)riə/ 图 (榎 **-ri・ae** /-ri:/) ❶ Ⓒ (ノルマン王朝時代の)法廷. ❷ [the C~] ローマ教皇庁.

cu・rie /kjú(ə)ri, kjurí: | kjúəri/ 图 キュリー 《放射能の強さの単位; 略 C.》.

Cu・rie /kjúri, kjú(ə)ri | kjúəri/, **Ma・rie** /mərí:/ キュリー (1867-1934; フランスの物理学者; 夫 Pierre /pjéə | pjéə/ (1859-1906)とともにラジウムを発見した).

Cúrie pòint 图 〔理〕キュリー点 《磁気変態の起こる温度》.

cu・ri・o /kjú(ə)riòu/ 图 (榎 ~**s**) 骨董(ﾂ)品. 【CURIO(SITY)】

cu・ri・o・sa /kjù(ə)rióusə, -zə/ 图 榎 珍品; 珍本, 春本.

cúrio shòp 骨董店.

*__cu・ri・os・i・ty__ /kjù(ə)riás/ti, -sti | kjùəriɔ́səti, kjɔ̀:r-/ 图 ❶ [また a ~] 好奇心: intellectual ~ 知的好奇心 / out of ~ 好奇心から, もの好きに / arouse [stir] ~ 好奇心をかき立てる / She has a ~ which knows no bounds. 彼女はもの好きで何にでも首を突っ込みたがる / 〔+ *to do*〕 She satisfied my ~ to know the reason. そのわけを知りたいという私の好奇心を満足させてくれた / *C~ killed the cat.* ⇒ cat 1 a. ❷ Ⓒ 珍奇なもの, 骨董品: a ~ of nature 自然の(作った)珍奇なもの. 【F＜L】 (形 curious)

curiósity shòp 图 骨董店.

*__cu・ri・ous__ /kjú(ə)riəs | kjúər-, kjɔ́:r-/ 形 (more ~; most ~) ❶ ⓐ 物を知りたがる, 好奇心の強い, もの好きな, せんさく好きな: ~ neighbors 物見高い近所の人たち / steal a ~ look (*at*...) (...)をもの珍しそうにのぞいて見る / He is too ~ *about* other people's business. 彼は人のことをやたらに知りたがる / 〔+*wh.*〕 I'm ~ (*as to*) *how* she will receive the news. 彼女がその知らせを聞いてどう思うか知りたいものだ. ⓑ 〔P〕〈...〉したがって (《★ 通例 know, learn などと共に用いる》: 〔+*to do*〕 He was ~ *to* know everything. 彼は何でも知りたがった / I'm ~ *to* see what he will do. 彼が何を[どう]するか見たい. ❷ 好奇心をそそるような, 珍しい, 不思議な, 奇異な, 変な: a ~ fellow 変人 / *That's ~!* それは(奇)妙だ / It's ~ that he should have asked you that question. 彼が君にそういう質問をしたとは奇妙だ. **cúrious to sáy** 妙な話だが, 不思議なことに. **cúriouser and cúriouser** 《口》 いよいよ(ますます)奇妙な (《★ L. Carroll の句から》. ~・**ness** 图 【F＜L＝注意深い, 熱心な, 好奇心に富んだ *cura* 注意, 心配; cf. care】 图 curiosity) 【類義語】 **curious** 物事の奇妙さのこともある. **inquisitive** 自分に関係のないことでもやたらに質問を発して始終聞きたがる. **prying** inquisitive の意に加えて, 非常に無礼で, おせっかいを焼いたりする意味が含まれる.

*__cu・ri・ous・ly__ /kjú(ə)riəsli | kjúə-, kjɔ́:r-/ 副 (more ~; most ~) ❶ もの珍しそうに, もの好きに. ❷ 〔文修飾〕 奇妙に(も): C~ (enough), he already knew. 不思議なことには彼はすでに知っていた.

cu・ri・um /kjú(ə)riəm/ 图 Ⓤ 〔化〕 キュリウム 《放射性元素; 記号 Cm》.

curl /kə́:l | kə́:l/ 動 ⓐ ❶ 〈頭髪を〉カールさせる, 縮らす. ❷ 〈体の一部〉を丸める, 丸める, 曲げる. ❸ 〈ものを〉カーブを描くように〔カーブをかけて〕動かす〔蹴る, 投げる〕. ❹ 〈唇などを〉ひねる, ねじ曲げる: ~ one's lip(s) 《軽蔑して》口[唇]をゆがめる. ── ⓑ ❶ 〈頭髪などが〉カールする. ❷ 〔通例副詞(句)を伴って〕〈紙・葉などが〉丸くなる, 巻きあがる; 巻きつく; 〈煙の渦巻く〉; 〈ボールなどが〉カーブする, カーブする: Smoke ~ed (*up*) *from* the chimney. 煙が煙突から渦巻きあがり立ち昇った. ❸ 体を丸くする, 丸くなって寝る[座る]: ~ (*up*) *into* a ball 丸くなる, ちぢこまる / The child ~ed *up on* the sofa. 子供はソファーの上でちぢこまって寝た. **cúrl úp** ⓐ (1) ⇒ 動 3. (2) 〈ものが〉丸くなる, 丸まる. (3) 《英口》 ひどくどぎまぎする[ばつの悪い思いをする]. ── ⓑ 〈人〉を丸くする, 丸める. (2) 《英口》 どぎまぎさせる, ばつの悪い思いをさせる. **màke a person's háir cúrl** ⇒ hair 成句.

── 图 ❶ ⒸⓊ (頭髪の)カール, 巻き毛: His hair falls in ~s over his shoulders. 彼の髪は波打って肩に垂れている / keep one's hair in ~ 髪をカールにしておく / go out of ~ カールがとれる. ❷ らせん状のもの, 巻いた形: a ~ of smoke ゆらゆらと立ち昇る煙 / a ~ of the lip(s) 《軽蔑して》口をゆがめること. ❸ Ⓒ カール 《ウェートトレーニングの一種で, 負荷をかけた腕[脚]をひじ[ひざ]を支点にして曲げ伸ばしする》. ❹ [the ~] 〔数〕 (ベクトルの)回転.

curled 形 巻き毛の; 渦巻いた.

cúrl・er 图 ❶ [しばしば複数形で] カーラー, カールクリップ (roller): in ~s 〈髪に〉カールクリップをつけて. ❷ 髪の毛を巻く人[もの]. ❸ カーリング (curling) をする人.

cur・lew /kə́:lju: | kə́:-/ 图 (榎 ~**s**, ~) 〔鳥〕 ダイシャクシギ.

curl・i・cue /kə́:lɪkjù: | kə́:-/ 图 装飾的な渦巻き; (特に)渦巻き形の飾り書き.

cúrl・ing 图 カーリング 《半円形の重い石 (curling stone) を標的 (tee) に向けて氷上を滑らせ, 標的の周りのハウス (house) に入れば得点になる 4 人一組の 2 チームで行なう氷上ゲーム; 石の通路をほうきで掃くことができる》.

cúrling ìron 图 ヘアアイロン.

cúrling stòne 图 カーリングストーン 《カーリング (curling) で用いる, 上に曲がった柄のついた石または鉄製のもの》.

curling 右上部は curling stone

cúrling tòngs 名 ⦅英⦆ =curling iron.
cúrl・pàper 名 Ⓤ カールペーパー《毛髪カール用の柔らかい紙》.
*__curl・y__ /kə́:li | kə́:-/ 形 (**curl・i・er**, **-i・est**) ❶ 巻き毛の, カールした (↔ straight): ~, brown hair カールした褐色の髪. ❷ 渦巻状の; 巻きあがった; ちぢれた. **cúrl・i・ness** 名 (curl)
curl・y・cue /kə́:lɪkjù: | kə́:-/ 名 =curlicue.
cúrly éndive 名 =endive 1.
cur・mud・geon /kə(:)mʌ́dʒən | kə(:)-/ 名 意地の悪い人[じいさん].
cur・rach, cur・ragh /kə́rə, kə́rəx| /名 ⦅アイル・スコット⦆ =coracle.
cur・rant /kə́:rənt | kʌ́r-/ 名 ❶ 小粒の種なし干しぶどう《料理用》. ❷ 【植】フサスグリ, カラント: ⇨ blackcurrant, redcurrant.
cur・ra・wong /kə́:rəwò:ŋ | kʌ́rəwòn/ 名 【鳥】フエガラス《よく響く鳴き声をもつ; 豪州産》.
*__cur・ren・cy__ /kə́:rənsi | kʌ́r-/ 名 ❶ ⒸⓊ 通貨; 流通貨幣: (a) foreign ~ 外国通貨, 外貨 / (an) electronic ~ 電子通貨 / (a) metallic [paper] ~ ⟨流通⟩硬貨[紙幣] / convert ~ 通貨を換算する / ⇨ hard currency. ❷ Ⓤ 通用(していること), 流通; 流布, 流行: be in common [wide] ~ 一般に[広く]通用する / accept a person at his own ~ 人を当人のいう相場どおりに認める / gain [lose] ~ 通用しだす[しなくなる] / give ~ to…を広める[はやらせる, 流通させる] / Communism enjoyed considerable ~ in the US between the World Wars. 共産主義は二つの世界大戦の間にアメリカ合衆国でかなり流行した. (形) current
*__cur・rent__ /kə́:rənt | kʌ́r-/ 形 (**more ~**; **most ~**) 現在通用している, 現行の, 流通[流布]している, 流行している; 今の, 現在の: ~ events 時事 / ~ fashions 現下の流行 / ~ news 時事ニュース / the ~ price 時価 / the ~ issue [number] of a magazine 雑誌の最近号《今月[今週]号》 / the ~ month [year] 今月[年] / the ~ premier 現首相 / The two-dollar bill is no longer ~. 2ドル紙幣はもう流通していない. ── 名 ❶ Ⓒ (液体・気体などの)流れ; 気流; 潮流, 海流: ⇨ Japan Current. ❷ ⒸⓊ 電流; 電流の強さ: a direct ~ 直流 / an alternating ~ 交流 / switch [turn] on [off] the ~ =switch [turn] the ~ on [off] 電流を通[遮]じる[切る]. ❸ Ⓒ 傾向, 動向, 時流, 風潮: ~s of thought 思潮 / swim with [against] the ~ 時勢に順応する[逆らう]. ⦅F =走っている *courre* ⟨ L *currere, curs-* 走る, 流れる; cf. concur, curriculum, incur, occur, recur, cursor, excursion, precursor; course, discourse, intercourse, recourse⦆ (名) current 【類義語】(1) 形 ⇨ prevailing. (2) ⇨ tendency.
cúrrent accóunt 名 ⦅英⦆ 当座預金口座[勘定] (⦅米⦆ checking account).
†**cúrrent affáirs** 名 ⦅英⦆ [しばしば単数扱い] 時事問題.
cúrrent ássets 名 ⦅英⦆ 【会計】 流動資産《営業活動で1年以内に現金化される資産; cf. fixed assets》.
cúrrent liabílities 名 ⦅英⦆ 【商】 流動負債.
*__cúr・rent・ly__ 副 現在(は), 今のところ, 目下: She's ~ working in our New York office. 彼女は目下ニューヨーク支店で働いている / C~, names beginning with J are the rage. 最近ではJで始まる名前がはやっている.
cur・ri・cle /kə́:rɪk(ə)l | kʌ́r-/ 名 (昔の)二頭立て二輪車.
cur・ric・u・lar /kərɪ́kjʊlə | -lə-/ 形 カリキュラムの (↔ extracurricular).
*__cur・ric・u・lum__ /kərɪ́kjʊləm | -lə-/ 名 Ⓒ (複 **-la** /-lə/, **~s**) 教科課程, 履修課程, カリキュラム. ⦅L =走路, 経歴 ⟨ *currere*; ⇨ current⦆
cur・ric・u・lum vi・tae /kərɪ́kjʊləmvɑ́:rti:, -váɪti, -ví:taɪ, -ti:/ 名 **cur・ric・u・la vitae** /kjʊlə-/ 履歴(書) (⦅米⦆ résumé); ⦅米⦆ (大学教員の)業績表 (略 CV). ⦅L =course of life⦆
cur・ri・er /kə́:riə | kʌ́riə/ 名 ❶ 馬にくしをかける人. ❷ 製革工.

435

curst

Cur・ri・er and Ives /kə́:riəənáɪvz | kʌ́riə-/ 名 カリアー・(アンド)・アイヴズ印刷工房《Nathaniel Currier (1813-88) と James Merritt Ives (1824-95) の石版印刷会社; 19世紀米国の人々・風俗・事件等を活写した版画を製作》.
cur・rish /kə́:rɪʃ | kʌ́r-/ 形 ❶ 野犬[のら犬]のような; がみがみ言う, 意地悪な. ❷ 下劣な. **~・ly** 副
†**cur・ry**¹ /kə́:ri | kʌ́ri/ 名 ⒸⓊ カレー料理, カレー: ~ and [with] rice カレーライス / chicken ~ 鶏肉のカレー料理. ❷ =curry powder. ── 動 ⟨…を⟩カレー料理にする; **curried** chicken [egg] カレーで味付けしたチキン[卵]. ⦅Tamil =ソース⦆
cur・ry² /kə́:ri | kʌ́ri/ 動 ⦅他⦆ ❶ ⟨馬に⟩馬ぐし (currycomb) をかける, ⟨馬を⟩くしで手入れする. ❷ ⟨なめし革を⟩仕上げる.
cúrry・còmb 名 馬ぐし, 鉄ぐし.
cúrry lèaf 【植】 カレーリーフ, ナンヨウサンショウ《インド・スリランカ原産のミカン科の低木; 葉は香辛料》.
cúrry pòwder 名 ⓊⒸ カレー粉.
*__curse__ /kə́:s | kə́:s/ 動 (**~d** /-t/) ⦅他⦆ ❶ ⟨人などを⟩のろう: ~ the day one was born 自分の生まれた日をのろう《★ 聖書「ヨブ記」から》. ❷ ⟨人などに⟩悪態をつく, ⟨…に⟩悪態をつく (swear): ~ a barking dog ほえている犬をのろう / He ~d the taxi driver *for* trying to overcharge him. 彼はタクシーの運転手を法外な料金を請求しようとしたとのろしった. He ~d himself *for* his stupidity. 彼は自分の愚かさに腹を立てた. ❸ ⟨人を⟩苦しめる, 悩ます (⇨ **cursed** 3). ❹ 【聖】 ⟨人を⟩破門する. ── ⦅自⦆ のろう: ~ *at* one's ill luck 不運をのろう. 悪態をつく, ののしる: ~ and swear 悪口雑言する / He often ~s *at* his children. 彼はよく自分の子供たちをののしる. **Cúrse it!** ちくしょう! **Cúrse yóu!** くたばれ, くそくらえ. ── 名 ❶ Ⓒ のろい: be under a ~ のろわれている, たたりを受けている / call down [lay, put] a ~ on [upon] a person ⟨人に⟩呪いをかける = put a person under a ~ 人にのろいをかける / C~ on it [you]! ちくしょう! / *Curses* (, like chickens,) *come home to roost.* ⦅諺⦆ のろいは必ずその主に返る, 「人をのろわば穴二つ」. ❷ Ⓒ のろいの言葉, 悪態, 毒舌《例: Damn you!, Go to hell! など》: shout ~s at a person 人に悪態をつく. ❸ Ⓒ のろわれたもの, 困りもの; たたり, 災い; 災いのもとかね: the ~ of drink 酒の大害 / Typhoons are a ~ in this part of the country. この地方では台風が災いのたねである. ❹ [**the ~**] ⦅古⦆ 月経, メンス. ❺ Ⓒ 【聖】 破門.
*__curs・ed__ /kə́:sɪd, kə́:st | kə́:sɪd/ 形 ❶ のろわれた, たたられた. ❷ ⒶⒷ のろうべき, いまいましい《【用法】口語では単にいらだちを表わす強意語に用いる》: a ~ nuisance 迷惑千万 / This ~ lock won't open. この錠ときたら⟨いまいましいことに⟩どうしても開かない. ❸ Ⓟ […で]苦しんで, いやな性質を持って: We are ~ *with* a plague of mosquitoes. 蚊が襲来して実にうるさい / He was ~ *with* a short temper. 彼は短気を持って生まれた⟨かんしゃく持ちだった⟩. **~・ly** /-sɪdli/ 副 ❶ のろわれて, たたられて. ❷ ⦅口⦆ ひどく, ばかに, べらぼうに: a ~ly hard job えらくつらい仕事.
cur・sil・lo /kəsí:(l)joʊ | kə:-/ 名 (複 **~s**) [しばしば C~] クルシリョ: **a** カトリックにおける刷新運動で, 精神生活を深め, 日々の生活様式を改めようとするもの. **b** この運動に参加する第1段階とされる3日間の集会.
cur・sive /kə́:sɪv | kə́:-/ 形 続け書きの, 筆記体の: a Japanese script 日本語の草書体. ── 名 続け書き書体[文字(など)]. **~・ly** 副
cur・sor /kə́:sə | kə́:sə/ 名 【電算】 カーソル《ディスプレー画面上で入力位置を示す移動可能な下線と記号》. ⦅L =走者 ⟨ *currere* 走る; ⇨ current⦆
cur・so・ri・al /kə:sɔ́:riəl | kə:-/ 形 【動】 走行に適する: ~ birds 走鳥類《ダチョウ・ヒクイドリなど》.
cur・so・ry /kə́:s(ə)ri | kə́:-/ 形 ⟨仕事・読書など⟩急ぎの; ぞんざいな, 粗略な: (a) ~ reading ざっと読むこと / give a report a ~ glance 報告書にざっと目を通す. **cúr・so・ri・ly** /-rəli/ 副
curst /kə́:st | kə́:-/ 形 ⦅古⦆ =cursed.

+**curt** /kə́ːt | kə́ːt/ [形] ❶ 〈人・態度・言行など〉ぶっきらぼうな, そっけない: a ～ answer [reply] そっけない返事 / a ～ way of speaking ぶっきらぼうなしゃべり方. ❷ 〈文体が〉簡略な, 簡潔な. **～·ly** [副] **～·ness** [名] 〖L＝短い〗

curt. 《略》 current.

+**cur·tail** /kə(ː)téɪl | kə(ː)-/ [動] [他] ❶ 〈スピーチ・時間などを〉切り詰める; 短縮する, 省略する; 〈費用などを〉削減する; 〈権利などを〉縮小する, そぐ: ～ government expenditure 政府支出を削減する. ❷ 《古》 〔ものを〕〈人から〉奪う 〔*of*〕. 【類義語】 ⇨ shorten.

cur·táiled [形] 〈語・費用など〉短縮[省略]した, 削減した: ～ expenses 削減した費用 / ～ words 短縮語 《bus, cinema など》.

cur·táil·ment /-mənt/ [名] [U,C] 短縮; 削減.

*__cur·tain__ /kə́ːtn, -tən | kə́ː-/ [名] ❶ [C] カーテン: draw the ～ カーテンを引く《あける・閉める》/ draw the ～*s* (部屋の)カーテンを全部閉め(て暗くす)る. ❷ **a** [C] (劇場の)幕, どんちょう: The ～ rises [falls]. 幕が上がる[下りる] / The Wright brothers raised the ～ on the age of mechanical flight. ライト兄弟は飛行機時代の幕を開けた. **b** ＝curtain call. **c** [U] 開幕[開演](時間). ❸ [C] カーテン状のもの, おおう[さえぎる]もの: a ～ ***of*** mist 霧の幕 / a ～ ***of*** secrecy 秘密のベール / a ～ ***of*** fire 〘軍〙 弾幕 / ⇨ Iron Curtain. ❹ [複数形で] 《口》 一巻の終わり, 死; 解雇 〔*for*〕. **behind the cúrtain** 黒幕で, 秘密に. **bring dówn the cúrtain on**…を終わりにする, …に幕を下ろす. **dráw the cúrtain(s) òver [on]**… (1) 〈話〉を終わりにする. (2) …を秘密にしておく. **dróp [ráise] the cúrtain** (劇場の)どんちょうを下ろす[上げる], 終演[開演]とする. **lift the cúrtain on**… (1) …を始める. (2) …を打ち明ける. **ríng dówn [úp] the cúrtain** (1) (劇場で)ベルを鳴らして幕を下ろす[上げる]. (2) 〔…の〕結末[開始]を告げる 〔*on*〕: His death *rang down the ～ on* an age. 彼の死はひとつの時代の終わりを告げた. **——** [動] [他] 〈…に〉カーテン[幕]を張る; カーテンでおおう[飾る]; 〈…を〉カーテンでさえぎる[仕切る]: That part of the room has been *～ed off*. 部屋のその部分はカーテンで仕切られている.
〖F＜L＜*co(h)ors, co(h)ort-* 囲い地; cf. court〗

cúrtain càll [名] カーテンコール 《幕切れに観客がかっさいして俳優を幕前に呼ぶこと》.

cúrtain fìre [名] [U] 〘軍〙 弾幕砲火[射撃], 弾幕.

cúrtain hòok [名] カーテンフック.

cúrtain lècture [名] 《古風》 寝室説法 《寝室で妻が夫にいう小言》.

cúrtain rail [名] カーテンレール.

cúrtain ràiser [名] ❶ 大事の前の先ぶれとなる小事, 前哨戦, 皮切り, 幕開け: For Americans Pearl Harbor was the ～ for World War II. 米国人には真珠湾攻撃は第二次大戦の先ぶれであった. ❷ 開幕劇 《主要な劇の前座に演じられる, 通例一幕ものの劇》.

cúrtain ròd [名] カーテン吊り棒, カーテンロッド.

cúrtain wàll [名] 〘建〙 カーテンウォール, 非耐力壁.

cur·tal /kə́ːṭl | kə́ː-/ [名] 〘楽〙 カータル 《低音[次中音]を出すオーボエ型の楽器で, 16 世紀の bassoon》; (低音[次中音]の)オルガンカータル. **——** [形] 《古》 短い, (切り)詰めた.

cur·ta·na /kəːtéɪnə, -táː- | kəː-/ [名] 無先刀 《英国王の載冠式に慈悲のしるしとして捧持する》.

cur·ti·lage /kə́ːṭəlɪʤ | kə́ː-/ [名] 〘法〙 宅地, 住宅付属庭地.

curt·sy, curt·sey /kə́ːtsi | kə́ː-/ [名] (複 **curt·sies, -seys**) 左足を引きひざを曲げる女性のおじぎ[会釈]: drop [make, bob] a ～ (to a person) 〈女性が〉(人に)おじぎをする, 会釈する. **——** [動] [自] (**curt·sied, curt·sy·ing; curt·seyed, curt·sey·ing**) 〈女性が〉〔人に〕おじぎをする 〔*to*〕. 〖COURTESY の変形〗

cu·rule /kjú(ə)ruːl/ [形] 〘古ロ〙 (高官専用の)大官椅子 (curule chair) にすわる資格のある; 最高位の, 高位高官の.

cur·va·ceous, cur·va·cious /kəːvéɪʃəs | kəː-/ [形] 《口》 〈女性が〉曲線美の, セックスアピールのある.

cur·va·ture /kə́ːvəʧə, -ʧʊ̀ə | kə́ːvəʧə, -ʧʊ̀ə/ [名] [U,C] ❶ 湾曲, ひずみ. ❷ 〘医〙 (体の器官の)異常な湾曲: spinal ～ 脊柱の湾曲. ❸ 〘数・理〙 曲率, 曲度: the ～ of space (相対性原理による)空間曲率[のゆがみ].

*__curve__ /kə́ːv | kə́ːv/ [名] ❶ **a** 曲線, カーブ: The road bends in a wide ～. その道路はゆるやかにカーブして曲がっている. **b** 屈曲, 湾曲部, カーブ: a ～ in the road 道路のカーブ / go round [take] a ～ カーブを曲がる / The road makes a tight ～ there. 道路はそこで急カーブしている. ❷ **a** 曲線状のもの. **b** (製図用の)曲線規: a French ～ 雲形定規. **c** [複数形で] (女性の)曲線美. ❸ 〘野〙 ＝curveball. ❹ 〘統〙 曲線図表, グラフ. ❺ 〘教育〙 相対評価 《クラス全体の成績が一定の曲線を描くように成績をつけること》: mark on a [the] ～ 相対評価で評点する. **——** [動] [他] [通例副詞(句)を伴って] ❶ 〈…を〉曲げる, 湾曲させる; 〈口などを〉ゆがめる. ❷ 〈球を〉カーブさせる. **——** [自] 曲がる, 湾曲する. 〖L＝曲がった〗 ([形] curvy; [関形] sinuous)
【類義語】 **curve** 曲線状に曲げる. **bend** 厚紙・板・金属・腕などの硬いものを力を加えて曲げる. **fold** 紙・布のような柔らかいものを折ってたたむ.

cúrve·bàll [名] 〘野〙 カーブ, 曲球.

+**curved** [形] 曲がった, 湾曲した, 曲線状の: a ～ line 曲線 / a ～ surface 曲面.

cur·vet /kə(ː)vét | kəː-/ [名] 〘乗馬〙 クルベット, 騰躍(とうやく) 《前足が地につかぬうちにあと足から躍進する優美な跳躍》: cut a ～ 騰躍する. **——** [動] (**cur·vet·ted, -vet·ed; cur·vet·ting, -vet·ing**) [自] 〈馬が〉騰躍する. **——** [他] 〈騎手が〉〈馬を〉騰躍[跳躍]させる.

cur·vi·line·al /kə̀ːvəlíniəl | kə̀ːvɪ-ˊ/ [形] ＝curvilinear.

cur·vi·lin·e·ar /kə̀ːvəlíniə | kə̀ːvɪlíniəˊ/ [形] 曲線の, 曲線をなす, 曲線的な. **～·ly** [副]

cúrv·ing [形] ＝curvy 1.

curv·y /kə́ːvi | kə́ː-/ [形] (**curv·i·er; -i·est**) ❶ 〈道路など〉くねくねと曲がった, カーブの(多い). ❷ 〈女性が〉曲線美の.

cus·cus /kʌ́skəs/ [名] 〘動〙 ユビムスビ, (ブチ)クスクス 《ニューギニア・熱帯オーストラリア森林地の有袋動物》.

cu·sec /kjúːsek/ [名] キューセック 《流量の単位: 毎秒 1 立方フィート相当》.

Cush /kʌ́ʃ, kʊ́ʃ/ [名] クシ 《エジプトの影響下にあったスーダン人の国家で紀元前 1000 年頃から紀元 350 年まで栄えた》.

cu·shaw /kəʃɔ́ː, kʊ-/ [名] 〘植〙 ニホンカボチャ, (特に)ヘチマカボチャ.

cush-cush /kʊ́ʃkʊ̀ʃ/ [名] 〘植〙 ミツバドコロ 《熱帯アメリカ産のヤマノイモの一種》.

Cúsh·ing's disèase [sỳndrome] /kʊ́ʃɪŋz-/ [名] [U] 〘医〙 下垂体好塩基細胞腺腫, クッシング症候群.
〖H. Cushing 米国の神経外科医〗

*__cush·ion__ /kʊ́ʃən/ [名] [C] ❶ クッション, 座ぶとん. ❷ **a** クッション状のもの: ⇨ pincushion. **b** (置き物などの)台ぶとん. ❸ (玉突き台の)クッション. ❹ 衝撃などをやわらげるもの; 緩和策[剤]: a ～ ***against*** inflation インフレ緩和策. **——** [動] [他] ❶ 〈…に〉クッションを備える[入れる]. ❷ **a** 〈…の〉クッション代わりとなる: The grass *～ed* his fall. 芝生が彼の墜落のクッション役をしてくれた. **b** 〈衝撃・苦痛などを〉やわらげる, 緩和する: She tried to ～ the shock of her confession to him. 彼女は彼への告白の衝撃をやわらげようとした. ❸ 〈人を〉〔…から〕守る, 保護する 〔*from, against*〕: We try to ～ our children ***from*** the hard realities of life. 我々は子供を人生の厳しい現実から守ろうとする. 〖F＜L＝腰, 尻〗

cúshion stàr [名] 〘動〙 イトマキヒトデ 《五角形で, 腕が短く切れ込みが浅い》.

cúsh·ion·y /-ʃəni/ [形] クッションのような; 柔らかい; クッションの用をなす; クッションを備えた; 楽な, 楽しい.

Cush·ite /kʌ́ʃaɪt, kʊ́ʃ-/ [名] [形] クシ人(の).

Cush·it·ic /kʌʃítɪk, kʊʃ-/ [名] [U] [形] クシ諸語(の) 《ソマリ語・オロモ語などを含む東アフリカの言語群》.

cush·y /kʊ́ʃi/ [形] (**cush·i·er; -i·est**) 《口》 ❶ 〈仕事など〉楽な, 楽しい. ❷ 《米》 〈席など〉柔らかな, 快適な.

cusk /kʌ́sk/ [名] (複 **～s, ～**) 〘魚〙 タラ科の食用魚 《北大西洋産》, (アメリカの)カワメンタイ (burbot).

cusp /kʌ́sp/ [名] ❶ とがった先, 先端; (特に歯・葉などの)先端. ❷〔天〕(新月の)先端. ❸ **a**〔占星〕宿(しゅく) (house) の開始点. **b** 転換点, 変わりめ. ❹〔解〕心臓弁膜尖.

cus·pid /kʌ́spɪd/ [名]〔解〕(人間の)犬歯.

cus·pi·date /kʌ́spədèɪt/ [形] 先のとがった, 先端のある.

cus·pi·dor /kʌ́spədɔ̀ɚ | -dɔ̀ː/ [名]《米》たんつぼ (spittoon).

cuss /kʌ́s/《口》[名] ❶ やつ, 野郎: an odd ～ 変なやつ. ❷ のろい; 悪口. **──** [動] ＝curse. 〘CURSE から〙

cuss·ed /kʌ́sɪd/ [形]《口》❶ 意地の悪い, つむじ曲がりの; 強情な (stubborn). ❷ のろわれた. **～·ly** [副] **～·ness** [名]

cúss·wòrd [名]《米口》ののしりことば, 悪態.

⁺**cus·tard** /kʌ́stɚd | -təd/ [名] ❶ [U,C] カスタード《牛乳・卵に砂糖・香料を加えて煮たり焼いたり凍らせたりした食品》. ❷ [U] カスタードソース《デザート用ソース》.

cústard àpple [名]〔植〕❶ バンレイシ, (特に)ギュウシンリ《果実は生食する》. ❷ ポポー (pawpaw).

cústard píe [名] カスタードパイ《ドタバタ喜劇で相手の顔をめがけて投げつけられることがある》.

Cus·ter /kʌ́stɚ | -tə/, **George Armstrong** [名] カスター《1839–76; 米国の陸軍将校; Little Bighorn の戦いで戦死》.

cus·to·di·al /kʌstóʊḍiəl/ [形] (↔ noncustodial) ❶ 〈親が〉〈子供の〉保護監督権[養育権, 親権]の(ある). ❷ 〈判決・刑など〉拘禁を内容とする.

⁺**cus·to·di·an** /kʌstóʊḍiən/ [名] ❶ (美術館・図書館など公共建造物の)管理人. ❷ 守衛. 〘CUSTODY＋-AN〙

cus·to·dy** /kʌ́stəḍi/ [名] [U] ❶ **保護, 管理;** (後見人としての)保護[監督, 養育](の義務, 権利): be in the ～ ***of…に保管されている; …に保護[監督, 養育]されている / have [get] ～ of…の保護[監督, 養育]権[義務]がある[を得る] / The court has taken ～ *of* the child. 裁判所がその幼児の保護を引き受けた. ❷ [通例 in [into] ～で] 拘留(こうりゅう), 拘置, 強制収容, 監禁: *in* ～ 収監[拘引]されて, 拘留中で / keep a person *in* ～ 人を拘置[監禁]しておく / take a person *into* ～ 人を収監[拘引]する.

***cus·tom** /kʌ́stəm/ [名] ❶ [C,U] **a 慣習, 風習, 慣例:** keep up [break with] a ～ 慣習を守る[捨てる, 断つ] / It's the ～ for [with] Japanese to bow when they meet an acquaintance. 日本人は知人に会うとお辞儀をするのが慣例である / So many countries, so many ～*s*. ⇨ country 1 a. **b** (個人の)習慣, 習慣的行為《★ この意味では habit のほうが一般的》: *C*～ is second nature.《諺》習慣は第二の天性 / It's my ～ to go for a walk before breakfast. 朝食前に散歩するのは私の習慣です. ❷ [U] **a** (商店などの)愛顧, 引き立て, お得意 (cf. customer 1): We should like to have your ～. ごひいきをお願いします. **b** 顧客: increase ～ お得意を増やす / lose ～ 得意[客]が減る. ❸ [複数形で] ⇨ customs. **──** [形] [A]《米》注文の, あつらえの: a ～ suit 注文服 / a ～ tailor 注文服仕立て屋 / a ～ car 注文製の自動車《★《英》でも用いる》. 〘F ＜L *consuetude* 習慣; cf. costume〙 ([形] customary)

【類義語】**custom** 社会的に伝統として行なわれている習慣・しきたりとなっているもので広く人々の間で行なわれ, それに従うのが無難と考えられるもの. **habit** 繰り返し行なっているうちに, 意識しないで自然にするような行為; 主として個人的なもの. **practice** 意図して, または自分の好みで習慣として繰り返し行なわれる動作・行為. **usage** 長い間行なわれてその社会または集団内で他人の行動などを規制する力をもっているもの.

cus·tom·al /kʌ́stəm(ə)l/ [名] ＝custumal.

cus·tom·ar·i·ly /kʌ̀stəmérəli, ⌐ー⌐ー | kʌ́stəm(ə)rəli/ [副] 習慣的に, 慣例上.

⁺**cus·tom·ar·y** /kʌ́stəmèri | -m(ə)ri/ [形] ❶ 習慣的な, 通例の〔*for, with*〕: a ～ practice 慣行 / It is ～ ***for*** me to get up at six. 6時に起きるのが私のきまりだ. ❷〔法〕慣例による, 慣習上の: ～ law 慣習法. 【類義語】⇨ usual.

cústom-buíld [動] [他] 注文で建てる[作る].

cústom-buílt [形] 〈自動車・家など〉注文製の.

‡**cus·tom·er** /kʌ́stəmɚ | -mə/ [名] ❶ **顧客;** 得意先, 取引先《[比較] 日本語の「お客さま」と異なり, 呼び掛けには用いない》: A salesman's job is to seek out ～*s*. セールスマンの仕事は顧客を探し出すことだ / The ～ is always right.《諺》お客さまはいつも正しい《店・ホテルなどでお客をたてるモットー》. ❷《口》[修飾語を伴って] (…な)やつ, (…な)人《[用法] 男女両方について用いるが, 男をさすほうが一般的》: an awkward ～ (相手として)始末の悪いやつ, いやなやつ / a tough ～ 手ごわい相手. 【類義語】**customer** 商店などで定期的に買い物をする客. **client** 医師・銀行・弁護士などの技術的サービスを受ける人.

cústomer-fàcing [形] 接客(業)の.

cústom·hòuse [名] 税関.

⁺**cus·tom·ize** /kʌ́stəmàɪz/ [動] [他] ❶ 注文[ニーズ]に合わせて作る[改造する]. ❷〔電算〕カスタマイズする《アプリケーションの個々のユーザーがキー割り当てその他の操作性を変更する》.

cústom-máde [形] 注文品の, あつらえの.

***cus·toms** /kʌ́stəmz/ [名] [複] ❶ [the ～; しばしば the Customs; 通例単数扱い] **税関** (cf. customhouse): at the London *C*～ ロンドン税関で / go through [clear, pass] (the) ～ 税関を通過する. ❷ **関税:** pay ～ on jewels bought overseas 海外で買った宝石の関税を払う. **──** [形] [A] 税関の, 関税の: ～ duties 関税 / a ～ officer 税関吏.

cústoms·hòuse [名] ＝customhouse.

cústoms ùnion [名]〔経〕関税同盟.

cus·tu·mal /kʌ́stəm(ə)l, -tʃʊ- | -tjʊ-/ [名] (一国・一領域の)慣習記録集.

‡**cut** /kʌ́t/ [動] (**cut; cut·ting**) [他] ❶ 〈体・ものの一部を〉**切る, 傷つける;** [～ one*self* で] (誤って)〔…で〕**身を切る, けがをする:** The knife slipped and ～ his finger. ナイフが滑り彼は指を切った / She ～ her finger ***with*** a kitchen knife. 彼女は包丁で指を切った / He ～ his hand ***on*** a piece of glass. 彼はガラスの破片で手を切った /〔＋目＋補〕He ～ the envelope open. 彼はその封筒を切り開いた / I ～ *myself* on the cheek *with* my razor. うっかりかみそりでほおを切ってしまった.

❷ **切断する: a** 〈ものを〉**切り離す;** 切り分ける; 切り払う[落とす]: ～ the tape [ribbon] テープにはさみを入れる, テープカットをする / He ～ the string ***with*** a pair of scissors. 彼ははさみでひもを切った /〔＋目＋目〕*C*～ me another piece of pie.＝*C*～ another piece of pie ***for*** me. パイをもうひと切れ私に切ってくれ / I ～ the cake ***in*** half [***in(to)*** seven pieces]. ケーキを半分ずつに[7つに]切った / ～ (***away***) the dead branches ***from*** a tree 木から枯れ枝を切り落とす / ～ a picture ***out of*** a magazine 雑誌から写真を切り抜く /〔＋目＋補〕I ～ the boat loose.＝I ～ loose the boat. ボートの綱を切り離した. **b** 〈草花などを〉**摘み取る;** 〈作物・草などを〉**刈る, 刈り取る:** ～ flowers [grass] 花を摘む[草を刈る]. **c** 〈木材などを〉**伐(き)る:** ～ ***down*** trees 木を伐る.

❸ **切って整える;** 〈つめを〉**切る;** 〈髪を〉**刈る;** 〈芝生・垣根などを〉**刈り込む:** ～ one's nails つめを切る / have one's hair ～ 散髪してもらう /〔＋目＋補〕～ the lawn close 芝生を短く刈り込む / ～ a person's hair short 人の髪の毛を短く刈る.

❹ **切って作る: a** 〈ガラス・宝石などを〉**切って形を整える,** カットする; 〈石・像などを〉**刻む, 彫る;**〔石などに〕〈像を〉**刻む:** ～ a diamond ダイヤモンドをカットする / He ～ his initials ***on*** [***into***] the tree. 彼はその木に自分の頭文字を刻みつけた《[用法] 文字(など)を深く刻みつける時には into が用いられる》/ There was a figure ～ ***in*** the stone wall. 石壁に刻んだ像があった. **b** 〈布・衣服を〉**裁断する:** ～ a pattern 型紙を裁つ. **c** 〈道などを〉〔…に〕**切り開く;** [～ one's way で] 道を切り開く: ～ a canal 運河を切り開く / ～ a road ***through*** a forest 森林の中に道を切り開く / He ～ his way *through* the jungle with a machete. 彼はなたを振るってジャングルの中に道を切り開いた. **d** 〈CD などを〉**録音する:** Michael Jackson has ～ a new CD. マイケルジャクソンは新しい CD を録音した.

❺ **削減する: a** 〈費用などを〉**切り詰める;** 〈値を〉**切り下げる**

C

(reduce): They ~ his salary by ten percent. 彼の給料を10パーセント切り下げた / Automation will ~ production costs. オートメ化すれば製作費を切り詰められるだろう / They ~ *down* the price by half during the sale. 彼らは大売り出しの期間中その値段を半額にした. **c** 〈公共サービスなどを〉低下させる: Postal deliveries are being ~ (*back*). 郵便配達の回数が減ってきている / ~ 〈…から〉〈一部を〉削除する, カットする 〈*out*〉: Several scenes have been ~ *from* the original film. いくつかのシーンが映画のオリジナルからカットされた / You had better ~ your speech in several places. 君の演説は数か所削るほうがよい. **d** 〔電算〕〈テキストなどの指定した範囲を〉切り取る, カットする (cf. cut and paste). **e** 《米》〈酒類を…で〉薄める; 〈麻薬などに〉混ぜ物をする: ~ whiskey *with* water ウイスキーを水で薄める 《★ グラス(など)についだウイスキーを薄める場合と, 瓶やたるに入っているウイスキー全体を(違法に)薄める場合とがある》.

❻ やめる, 止める: **a** 〈関係・交際などを〉絶つ: ~ an acquaintance 人と絶交する / ~ *off* a relationship 関係を絶つ. **b** 〈水道・配管などを〉止める, 断つ, 〈エンジンなどを〉切る: ~ (*off*) the (supply of) gas [electricity] ガス[電気]の供給を止める / ~ (*off*) an engine [a switch] エンジンを止める[スイッチを切る]. **c** 《口》〈学校・講義などをサボる: ~ school [class] 学校[授業]をサボる. **d** 《俗》〈話などを〉やめる 〈*out*〉: C- the talking! 話をやめろ. **e** 〈人の言葉〉をさえぎる: She ~ me *off* in mid-sentence. 彼女は発言の途中で私の言葉をさえぎった.

❼ **a** 〈寒風などが…の〉肌を射す: The cold wind ~ me to the bone. 冷たい風が骨まで沁みた. **b** 〈むちなどで…を〉鋭く[ぴしりと]打つ. **c** 〈人の言葉が〉〈人の〉心をえぐる: His remark ~ me to the quick. 彼の言葉は胸にこたえた.

❽ 《口》〈人に〉知らぬふりをする: He sometimes ~s me when he sees me. 彼は私を見かけても時々知らんぷりをする / ~ a person dead [《米》cold]. 人に知らぬふりをする. ❾ **a** 〈角を〉〈回らずに中を斜めに〉横断する. **b** 〈線と〉交差する.

❿ 〔…を〉演じる, 行なう.

⓫ 〈赤ん坊が〉歯を生やす: ~ a tooth 歯が生える.

⓬ 〔トランプ〕 **a** 〈ひと組のカードを〉二つ(以上)に分けて(上下を入れかえる). **b** 〈親を決めたりするために〉〈カードを〉引く. ⓭ 〔テニスなど〕〈ボールを〉切る, カットする.

── 🄑 ❶ 〔…に〉切りつける; ナイフを入れる: He ~ *at* the enemy *with* the knife. 彼はナイフを手にかけて切りつけた 《★ at は受身可》 / The bridal couple ~ *into* the wedding cake. 新郎新婦はウェディングケーキにナイフを入れた.

❷ **a** 〈刃物が〉切れる: This razor won't ~. このかみそりはどうも切れない / This knife ~s well. このナイフは切れ味がよい. **b** 〔様態の副詞(句)を伴って〕〈ものが〉〔…に〉切れる: Butter from the fridge doesn't ~ easily. 冷蔵庫から出したてのバターはなかなか切れない.

❸ 〈船などが…を〉押し切って進む, 通り抜ける; 〔…を〉〈近道を〉横切る: The ship ~ *through* the waves. 船が波を切って進んでいった / We ~ *through* the woods to get home. 森を突っ切って家に帰った / A truck ~ *across* the road in front of my car. 1台のトラックが私の車の前を横切っていった.

❹ 〔副詞(句)を伴って〕**a** 〈身を切るように〉痛い, ぴりぴりする, 〈身[心]〉にしみる: The wind ~ *like* a knife. 風は身を切るように冷たかった / The wind ~ *through* her thin clothes. 風は身を切るような薄着の彼女の肌を刺した. **b** 身を切られる思いをさせられる; 〈問題点などに〉切り込む, 核心をつく: The remark ~ *deep*. その評言は痛烈にこたえた / His insight ~ *to* the heart of the problem. 彼の洞察は問題の核心をついた.

❺ 〔通例副詞(句)を伴って〕**a** 《米口》(急いで)去る, 走る: I('ve) got to ~ *out* now. じゃあもう行かなくちゃ / The boy ~ *away through* the side gate. 少年はくぐり戸から走り去った / He ~ *out of* the party. 彼はパーティーからさっと姿を消した. **b** 〈車などが〉急に向きを変える; 割り込む:

I ~ *over to* [*over, into*] the lefthand lane. 私は急に左の車線に入った / A truck ~ *in front of* my car. トラックが1台私の車の前に出た.

❻ 〔映〕 〔通例命令法で〕撮影をやめる, カットする; 〈場面が〉すばやく変わる: C-! カット!

❼ 〔トランプ〕札を切る (⇨ 🄓 12).

❽ 〔テニス・クリケ〕ボールを切る.

be cùt óut for [to be]… 〔通例否定文で〕…に[…となるのに]生まれついている[適任である]: He isn't ~ *out for* business. 彼は商売に向いていない.

cút acróss… (1) …を横切って近道をする (⇨ 🄑 3). (2) …をこえる(⇨ 🄑 4) b). **a** …を越える, 超越する; …に広く及ぶ: The issue ~ *across* party lines. その問題は各党の政治路線を超越するものであった / The phenomenon ~s *across* the whole range of human activity. その現象は人間活動の全分野に及んでいる.

cút and rún 《俗》大急ぎで[あわてて]逃げ出す.

cút báck (🄓+🄒) (1) 〈木(の枝)を〉刈り込む. (2) 〈…を〉低下させる (⇨ 🄓 5 b). (3) (🄑+🄒) 〔…を〕削減する, 減少させる: He had to ~ *back on* his weekend golf. 彼は週末のゴルフを減らさなければならなかった. (4) (映画・小説などで)前に描いた場面・人物などに切り返す, カットバックする 〈*to*〉.

cút bóth wáys (1) 〈議論が〉どちらの側にも役立つ. (2) 〈行為が〉よしあしの両面の効果をもつ.

cút dówn (🄓+🄒) (1) 〈木材などを〉伐(*)る (⇨ 🄓 2 c). (2) 〈費用などを〉切り詰める; 〈値を〉切り下げる (⇨ 🄓 5 a). (3) 〈病などが〉人を倒す: Cancer ~ him *down* in the prime of life. 彼は男盛りにがんで命を失った. (4) 〈衣服の長さ・寸法などを〉切り詰める, 縮める: I want this pair of trousers ~ *down*. このズボンの丈を詰めてほしい. (5) 〈…を〉減量する: ~ *down* smoking たばこを減らす. (6) 〈人を〉〈…で〉値切る: He ~ the clerk *down to* £5 for the vase. 彼は店員と掛け合って花瓶の値段を5ポンドまで値切った. ── (🄑+🄒) (7) 〔食品・たばこなどの〕量を減らす: I'm cutting *down on* smoking [sugar]. たばこ[砂糖]の量を減らしているところだ.

cút ín (🄑+🄒) (1) 急に言葉をさしはさむ; 〔人の話を〕さえぎる, 〔人の話をさえぎって〕口をはさむ: Let me ~ *in* with a remark about that. そのことについて私にもひとこと言わせてください / Don't ~ *in on* me while I'm speaking. 私が話してる時に口を出さないでくれ. (2) 〈車の運転者が〉〔前から来て〕〔他車の前へ〕割り込む 〔*on*〕. (3) 《口》(軽く肩をたたいたりして)〈ダンス中の人から〉踊り相手を横取りする 〔*on*〕. (4) 〈機械の動きを出す.

cút ínto… (1) …にナイフを入れる (⇨ 🄑 1). (2) 〈話を〉さえぎる; 〈時間に〉食い込む: He ~ *into* our conversation. 彼は私たちの話に口をはさんできた. (3) 〈預金・利益などを(やむなく)切りくずして使う, 減らす: We had to ~ *into* our savings. 我々は預金に手をつけなければならなかった / Inflation has ~ *into* our savings. インフレで我々の預金が減ってしまった.

cút it 《米口》〔しばしば疑問文・否定文で〕見事に[りっぱに]やる: She doesn't quite ~ *it*. 彼女はもう少しというところでうまくできない.

cút it fíne [clóse] 《口》(時間・金などを)ぎりぎりに見積もる[切り詰める]: You're cutting *it* too *fine*. それでは余裕がなさすぎる.

Cút it óut! よせ!, 黙れ!

cút óff (🄓+🄒) (1) 〈…を〉切り払う[落とす]. (2) 〈…を〉断つ; やめる; さえぎる (⇨ 🄓 6 a, b, e). (3) 〈…を〉切り離す, 分離する (isolate): Many villages were ~ *off* by the snow. 多くの村がその冬の雪のために分断された. (4) (遺言で)〈人を〉勘当する: His father ~ him *off* without a penny [a red cent]. 彼の父は彼を無一文のまま勘当した. (5) 突然〈人の〉生命を奪い去る, 早死にさせる 《★ 通例受身》: He *was* ~ *off* in the prime of manhood. 彼は男盛りの時期に倒れた. (6) 〈人の〉話をさえぎる, 電話[通信]を突然不通にする〔遮断する, 切る〕.

cút óut (🄓+🄒) (1) 〈…を〉切り抜く: He ~ *out* the article for her. 彼はその記事を彼女のために切り抜いた. (2)

〈家畜を一頭〉群れから切り離す. (3)《口》〈...を〉省く,省略する (omit): We shall ~ *out* unimportant details. 重要でない細かな点は省くことにします. (4)《口》〈話・騒ぎなどを〉やめる (stop): *C*- *out* the noise. 静かに(しなさい). (5) 〈...の〉飲食[使用]を断つ: ~ *out* all starchy foods でんぷん質の食物をすべて断つ. (7)〈衣服・型紙などを〉裁断する. (8)《競争相手に》取って代わる,出し抜く: The company succeeded in *cutting out* its major competitors. その会社は主な競争相手を出し抜くことに成功した. (9)〈...を〉削除する (⇨ ~ 5c). ──《自+副》(10)〈エンジンなどが〉止まる;〈器具などが〉使えなくなる;〈ヒーターなどが〉切れる: The engine ~ *out* in the middle of the highway. (車の)エンジンが幹線道路の真ん中で止まってしまった《エンストを起こした》. (11)〈車が〉〈前の車を追い越すために〉急に道路の片側に寄る.

cút úp《他+副》(1)〈...を〉分割する: Let's ~ *up* the profits 60-40. もうけは 4 分 6 に分けよう. (2)〈肉などを〉切り刻む. (3)〈...を〉細かく切断する. (4)〈敵軍などを〉殲滅させる. (5)《口》〈...を〉さんざんにこきおろす. (6)《口》〈人を〉ひどく悲しませる,〈人の〉気を悪くさせる《★通例受身》: She *was* terribly ~ *up* by her husband's death. 彼女は夫に死なれてひどく参っていた. (7)〈人に〉重傷を負わせる. ──《自+副》(8)[...に]裁断される,裁つことができる: How many suits will this piece of cloth ~ *up into*? この切れ地からは何着分の服ができるだろうか. (9)《英口》〔ある額の〕財産を残す: He ~ *up for* a million pounds. 彼は百万ポンドの財産を残した. (10)《米口》ふざける[暴れ]回る: ~ *up* in class 教室でふざけ回る.

──形 Ⓐ (比較なし) ❶ 切った;切り離した[取った], 刈った,摘んだ: ~ flowers 切り花. ❷ 短く[小さく]切った, 刻んだ: ~ tobacco 刻みたばこ. ❸ 切り磨いた: ⇨ cut glass. ❹ 切り詰めた, 減税した: ~ prices 割引値段, 特価 / at ~ rates 割引で.

──名 ❶ **a** 切り傷, 切り口: I got a ~ on the left cheek while shaving. ひげをそっているうちに左のほおに切り傷をつけた. **b** [通例単数形で] 〔刃物などによる〕 切りつけ: I made a ~ *at* the log with my axe. おのでその丸太に切りつけた. **c** (むちなどの)痛打: He gave the horse a sharp ~ with his crop. 彼は馬をむちでピシッとひと打ちした.

❷ **a** 削減, 切り詰め, 引き下げ: personnel ~s 人員削減 / a one-percent ~ *in* income taxes 所得税の 1 パーセントの引き下げ. **b** 切断, 停止: ⇨ power cut. **c** (脚本などの)削除, カット; カットした個所.

❸ **a** 切片;(特に)肉片, 切り身: a ~ *of* beef [pork] 牛[豚]肉の切り身. **b** [もうけの]分け前《*of*》.

❹ [単数形で] **a** (羊毛などの)刈り込み(量). **b**《米》(木材の)伐採量.

❺ [単数形で] **a** (衣服の)裁ちかた, 型: a suit of poor ~ 仕立てのよくないスーツ. **b** (髪の)切り方, カット;髪を切ること. **c** (宝石の)カット.

❻ 木版画, さし絵, カット.

❼ **a** (鉄道などの)切り通し, 掘り割り. **b** 近道《★通例 short cut という》.

❽ 無情な仕打ち;しんらつな皮肉: The remark was (intended as) a ~ *at* me. その言葉は私への当てつけ(のつもり)だった.

❾《口》(授業などを)サボる[すっぽかす]こと, 無断欠席.

❿《口》分け前, 配当《*of*, *in*》(share): He wanted to take a 50% ~ *of* the profits. 彼はもうけの 50 パーセントをもらいたいと思った.

⓫ [トランプ] 札を切り分けること (⇨ ~ 12);切り番;切って出た札.

⓬ [テニスなど] ボールを切る[カットする]こと.

a cút abòve...《口》...より一段うわて, ...の一枚上: He looks upon himself as a ~ *above* the common laborer. 彼は自分が普通の労働者より一段上にあると思っている.

màke the cút 目的に達する; 成功する.

the cút and thrúst 活発な議論(のやりとり), つばぜり合い 〔*of*〕《画策》フェンシングで剣で切ったり突いたりし合うことから〕: *the* ~ *and thrust of* (parliamentary) debate (国

会)討論の活発な議論.

the cút of a person's jíb《口》風采, 身なり.

【類義語】**cut**「切る」という意味を表わす最も一般的な語. **chop** 包丁やおので立て続けに切る. **hack** 乱雑にまたは乱暴にぶった切る.

cút-and-come-agáin 名 Ⓤ 豊富.

cút-and-dríed[**-drý**] 形 ❶ 決定的な, 確定的な, 動かない, 動かしがたい. ❷ 型にはまった, 決まりきった.

cút and páste [電算] 名 Ⓤ 切り取りと貼りつけ. ──動 他 (ワープロなどで)テキストの一部を他の所に切り取って移し貼りつける.

cu·ta·ne·ous /kjutéiniəs/ 形 皮膚 (cutis) の.

cút-awáy 形 ❶ (上衣の前すそを腰の辺から斜めに裁った, 裾ち落とした形の. ❷ (模型・図解などで)〈内部が見えるように〉外部の一部を切り取った. ──名 ❶ = cutaway coat. ❷ (内部が見えるように)外部の一部を切り取った図[模型](など). ❸《映・テレビ》(主な話の展開に)挿入された場面《関連または同時進行中の他の場面を見せるもの》.

cútaway cóat 名 モーニングコート.

+**cút-báck** 名 ❶ 縮小, 削減 (reduction): Many factories have made production ~s. 生産を縮小している工場が多い. ❷ (映画・テレビ・小説などの)カットバック《二つ以上の異なった場面を交互に切り返すこと》.

*****cute** /kjúːt/ 形 (**cút·er**, **-est**)《口》❶〈子供・品物などが〉かわいい, きれいな: a ~ little girl かわいい女の子. ❷《米》利口な, 抜けめのない, はしこい, 気がきく (clever): He has a ~ way of putting people in their place. 彼は人を立ち上がらせない抜けめのないやり方がある / Don't get ~ with me!《米俗》生意気を言うな, ばかにするな, ふざけるな, いいかげんにしろ. **~·ly** 副. **~·ness** 名 〖(A)CUTE〗

cute·sy /kjúːtsi/ 形 かわいく見せる, 気取った.

cút gláss 名 Ⓤ 切り子ガラス, カットグラスの器物.

cút-gláss 形 ❶ カットグラス(製)の. ❷《英》〈話し方など〉上流階級(風)の.

cu·ti·cle /kjúːtɪkl/ 名 ❶ 〖解・動〗**a** 表皮. **b** (つめの付け根の)あま皮. **c** (髪の)キューティクル, 毛小皮. ❷ 〖植〗クチクラ.

cut·ie /kjúːti/ 名 ❶《俗》かわいい人, かわいこちゃん. ❷ **a** 相手を出し抜こうとする人. **b** 策略. 〖CUTE〗

cu·tin /kjúːtɪn/ -tɪn/ 名 Ⓤ 〖植〗角皮素, クチン(質).

cút-in 名 〖映〗カットイン《画面の途中に挿入したリーダー》, 切り込み画面.

cu·tis /kjúːtɪs/ 名 (複 ~·es, -tes /-tiːz/) 〖解〗皮膚;真皮.

cut·lass, cut·las /kʌ́tləs/ 名 (そり身で幅広の短剣《昔船乗りが用いた》.

cut·ler /kʌ́tlə | -lə/ 名 刃物師, 刃物屋.

cut·ler·y /kʌ́tləri/ 名 Ⓤ (家庭用)刃物類;食卓用金物《ナイフ・フォーク・スプーンなど》.

cut·let /kʌ́tlət/ 名 ❶ カツレツ《子牛・羊・豚などの一人前の料理用の薄い切り身;焼いたりフライにする》. ❷ (ひき肉・魚肉などの)カツレツ形コロッケ. 〖F < *côte* あばら肉 + -LET〗

cút·líne 名 (イラストの)説明文.

*****cút-óff** 名 ❶ 区切り, 境界, 限度, 限界, 制限《★時に形容詞的にも用いる》; 締め切り日;決算日: a ~ *date* (申請・応募などの)受付締め切り日. ❷ 切断, 遮断;(パイプなどの)遮断装置, 締め切り. ❸《米》近道, バイパス. ❹ [通例複数形で] 膝のあたりで切ったジーンズ.

cút-óut 名 ❶ 切り抜き. ❷ 〖電〗カットアウト, 安全器.

cútout bòx 名《米》(電気の)安全器収納箱, ヒューズ箱 (fuse box).

cút·óver 名 切り替え[替わり], 転換. ──形 木を伐採した.

cút-príce 形 ❶〈商品が〉割引値段の, 特価の (cutrate): ~ merchandise [goods] 特価品. ❷ Ⓐ 特価品を商う: a ~ store 特価店.

cút·pùrse 名《古》すり (pickpocket).

cút-ráte 形 = cut-price.

+**cút·ter** /-tə | -tə/ 名 ❶ 切る道具, 裁[切]断器[機]. ❷ **a** 切る人, 裁断師, ガラス[石]切り職人. **b** 〖映〗フィルム編集者. ❸ 〖海〗**a** カッター《軍艦用小艇》. **b**《米》監視船.

cutthroat 440

❹ (1頭立てで通例1人乗りの)小型ヨット.
cút·throat 图 ❶ 人殺し. ❷ =cutthroat razor. ── 形 Ⓐ ❶ 殺人の; 凶暴な. ❷〈競争など〉激しい、殺人的な: ~ competition 激烈な競争.
cútthroat rázor 图〈英〉西洋かみそり(〈米〉straight razor).
*****cút·ting** /kʌ́tɪŋ/ 图 ❶ 切り取ったもの; 切り抜き(〈新聞・雑誌などの〉切り抜き(〈米〉clipping); 〈挿し木用の〉切穂, 挿し穂. ❷〈英〉切り開いた道, 切り通し; 水路. ── 形 ❶ Ⓐ (比較なし)切断する. ❷〈言葉など〉痛烈な, 辛らつな. ❸〈風など〉身を切るような. **~·ly** 副 身を切るように, 鋭く; 痛烈に.
cútting bòard 图〈米〉まな板(〈英〉chopping board).
+**cútting édge** 图 ❶ [the ~] 最前線, 先頭: be at [on] *the ~ of* the information revolution 情報革命の最前線で活動している. ❷ 優位に立たせる要素, 利点, 強み: give a person a ~ 人を優位に立たせる.
cutting-edge 形 最先端の.
cútting ròom 图〈映画などの〉編集室.
cut·tle /kʌ́tl/ 图 = cuttlefish.
cúttle·bòne 图 イカの甲.
cúttle·fìsh 图(~, ~·es) ❶ Ⓒ 〖動〗 イカ〈体の短いもの; 特にコウイカ, モンゴウイカなど; cf. squid〉. ❷ Ⓤ イカの身.
cút·ùp 形 ❶〈口〉悩んで, 苦しんで; 動揺して, 混乱して; 気を害して, 腹を立てて. ❷〈切り〉刻まれた; 切り傷を負った[だらけの]. ── 图 ❶〈既存の録音[録画]をカットし編集して作った〉編集ものの録音[録画]. ❷〈米口〉ふざけん坊, おどけ者.
cút·wàter 图〈船首の〉水切り, 〈橋脚の〉水よけ.
cút·wòrk 图 Ⓤ 切り抜き刺繍, カットワーク; アップリケ.
cút·wòrm 图〖昆〗ヨトウムシ(夜盗虫)〖夜間に植物の根元を食うヤガ科のガの幼虫〗.
cu·vée /kjuvéɪ/ 图 キュヴェ〖樽詰めの混合ワイン〗.
cu·vette /kjuːvét/ 图〈化学実験用の〉キュベット.
Cu·vi·er /kjúːvièɪ/, Georges /ʒɔ́ɔʒ | ʒɔ́ː/ 图 キュヴィエ(1769–1832; フランスの博物学者).
cuz /(弱形) kəz/ 图〈口・非標準〉= because.
Cuz·co /kúːskoʊ | kúːs-, kúːs-/ 图 クスコ〖ペルー南部の市; スペインに征服される以前のインカ帝国の主都〗.
CV /síːvíː/ (略) curriculum vitae. **CVR** (略) cockpit voice recorder. **CVT** (略)〖車〗continuously variable transmission 連続可変トランスミッション[伝動装置]. **cwt.** (略) hundredweight(s).
-cy /si/ 接尾〔名詞語尾〕❶「職・地位・身分」: captaincy. ❷「性質・状態」: bankruptcy.
cy·an /sáɪæn, -ən/ 图 Ⓤ 青緑色〖シアン〗(の).
cy·an·a·mide /saɪǽnəmìːd, -màɪd/, **-mid** /-məd/ 图 Ⓤ〖化〗シアナミド; シアナミド塩〖エステル〗; カルシウムシアナミド〖農業用石灰窒素の主成分〗.
cy·an·ic /saɪǽnɪk/ 形 〖化〗シアンの[を含む]: ~ **acid** シアン酸.
cy·a·nide /sáɪənàɪd/ 图 〖化〗Ⓤ ❶ シアン化物, 青酸塩〖有毒〗. ❷ 青酸カリ; 青酸ナトリウム.
cy·ano- /sáɪənoʊ/ 〔連結形〕「青色」「シアン(化物)」.
cyano·ácrylate 图 〖化〗シアノアクリレート〖瞬間接着剤〗.
cyano·bactérium 图 〖菌〗藍色細菌, シアノバクテリア(blue-green alga の別称).
cyano·cobálamin, -mine 图 Ⓤ 〖生化〗シアノコバラミン〖ビタミン B_{12}〗.
cy·an·o·gen /saɪǽnədʒən/ 图 Ⓤ 〖化〗(ジ)シアン, 青素〖有毒ガス〗.
cyano·génesis 图 Ⓤ 〖生化〗(植物による)シアン化物生成. **cyano·genétic, -génic** 形
cyano·hy·drin /-háɪdrən/ 图 〖化〗シアノヒドリン(1分子内にシアン基と水酸基をもつ化合物).
cyano·phỳte /-fàɪt/ 图 〖植〗藍色植物, 藍藻植物〖藍色植物門(Cyanophyta) の植物〗.
cy·a·no·sis /sàɪənóʊsɪs/ 图 Ⓤ 〖医〗チアノーゼ〖血液中の酸素欠乏のため皮膚や粘膜が暗紫色になる状態〗.
cy·ath·i·um /saɪǽθiəm/ 图 (働 **cy·ath·i·a** /-θiə/)〖植〗杯状花序, 壺状花序〖杯状になった総苞の中に1個の雌花と数個の雄花がある〗.
Cyb·e·le /síbəlìː, -lɪ | -lɪ/ 图〖神話〗キュベレ(Phrygia の女神; the Great Mother と呼ばれ, 穀物の実りを表象する; のちにギリシア神話の Rhea と同一の神格).
cy·ber- /sáɪbə | -bə/〔連結形〕「コンピューター(ネットワーク)」「電脳」「サイバー」.
cýber·café /-kæfèɪ | -kæfeɪ/ 图 インターネットカフェ, サイバーカフェ.
cýber·crìme 图 Ⓒ Ⓤ コンピューターやインターネットを利用した犯罪, サイバー犯罪.
cýber·forénsics 图 Ⓤ サイバー犯罪捜査科学.
cýber·fràud 图 Ⓤ インターネット詐欺.
cy·be·ri·a /saɪbí(ə)riə/ 图 = cyberspace.
cýber·lànd 图 Ⓤ サイバーランド, インターネットの世界.
cy·ber·nate /sáɪbənèɪt | -bə-/ 動 〈…を〉サイバネーション化する.
cy·ber·na·tion /sàɪbənéɪʃən | -bə-/ 图 Ⓤ サイバネーション〖コンピューターなどを利用した自動制御〗.
cy·ber·naut /sáɪbənɔ̀ːt | -bə-/ 图 = netizen.
cy·ber·net·ic /sàɪbənétɪk | -bə-/ 形 人工頭脳学の. **cy·ber·net·i·cal·ly** /-kəli/ 副
cy·ber·ne·ti·cian /sàɪbənətíʃən | -bə-/, **-net·i·cist** /-nétəsɪst/ 图 サイバネティックス専門家[学者].
cy·ber·net·ics /sàɪbənétɪks | -bə-/ 图 Ⓤ サイバネティックス, 人工頭脳学.
cýber·phòbe 图 コンピューター恐怖症[嫌悪症]の人.
cýber·phóbic 形
cýber·phóbia 图 Ⓤ コンピューターに対する恐怖, コンピューター恐怖症[嫌悪症].
cýber·pòrn 图 Ⓤ〈俗〉サイバーポルノ〖インターネット上のポルノ画像・映像など〗.
cýber·pùnk 图 ❶ サイバーパンク: **a** Ⓤ 世界がコンピューターネットワークによって支配される未来社会を描いた SF の一ジャンル. **b** Ⓒ そのような作品を書く SF 作家). ❷ Ⓒ〈俗〉ハッカー (hacker).
cýber·ràge 图 Ⓤ〈戯言〉インターネット利用者の暴力[激怒].
cýber·sèx 图 Ⓤ サイバーセックス〖コンピューターを通じて行なう性的行為・会話〗.
cýber·síckness 图 Ⓤ コンピューター病〖コンピューター環境に長時間さらされて気分の悪くなること〗.
cýber·spàce 图 Ⓤ サイバースペース〖コンピューターネットワークのなす空間〗.
cýber·squàtter 图 ドメイン名を買い占める人.
cýber·squàtting 图 Ⓤ ドメイン名買占め〖高値で売却することをねらって有名企業名などをドメイン名として取得すること〗.
cýber·stálking 图 Ⓤ コンピューターを利用したストーカー行為. **cýber·stálker** 图
cýber·tèrrorism 图 Ⓤ サイバーテロ〖ネットワークを通じて行なわれる, コンピューターシステムやネットワークに対する破壊・攪乱(ホシ)行為〗.
cýber·tèrrorist 图 サイバーテロリスト.
cýber·wìdow 图〈口〉サイバーウィドー〖夫がコンピューター狂の妻〗.
cy·borg /sáɪbɔəg | -bɔːg/ 图 サイボーグ〖SF 小説などで, 身体の一部に電子機器などを組み込んだ改造人間〗. 〖CYBER(NETIC)+ORG(ANISM)〗.
cy·cad /sáɪkæd, -kəd/ 图 〖植〗ソテツ(科)植物.
Cy·cla·des /síkladìːz/ 图 [the ~] キクラデス諸島〖エーゲ海南部にあるギリシア領の島々〗.
Cy·clad·ic /sɪkládɪk, saɪ-/ 形 キクラデス諸島の; 〈考古〉キクラデス文化(期)の. ── 图 [the ~] 〈考古〉キクラデス文化(期)〖紀元前 3000–1100 年ごろの Cyclades 諸島の青銅器文化〗.
cy·cla·mate /sáɪkləmèɪt, sík-/ 图 Ⓒ Ⓤ シクラメート, チクロ〖無栄養の人工甘味剤〗.
cy·cla·men /sáɪkləmən, sík-/ 图 〖植〗シクラメン.
*****cy·cle** /sáɪkl/ 图 ❶ **a** 周期, 循環期: ⇨ life cycle /

move in a ～ 周期的に循環する. **b** (季節・事件などの)ひと回り: the ～ of the seasons [the year] 季節[年]の一巡. **c** 〘生〙周期;〘生化〙回路;〘生態〙循環. **d** 〘電〙サイクル, 周波 (cf. hertz): ～*s* per second 毎秒サイクル《略 cps》. **e** 〘電算〙サイクル《メモリーにアクセスしてデータの読み込み[書き出し]を行なって, 次の命令を受けつけられる状態になるまで》. ❷ (詩・曲・物語などの)一団, 群, 全体《特に一つの主題にそったもの》: the Arthurian ～ アーサー王物語集成 / the Trojan ～ トロイ戦争史詩大系. ❸ 自転車, 三輪車, オートバイ(など). ── [動] [自] ❶ 循環する, 回帰する, 周期を成す. ❷ [通例副詞(句)を伴って]《主に英》自転車(など)に乗ってゆく, 自転車旅行[サイクリング]をする. 〘F＜L＜Gk *cyclos* 円, 輪; cf. cyclone〙

cýcle-tràck[-wày] [名] 自転車用道路.

+**cy·clic** /sáɪklɪk/, **cý·cli·cal** /-k(ə)l/ [形] ❶ 循環(期)の; 周期的な. ❷ (ある一群の)史詩[伝説]の: the ～ poets ホメロスに次いでトロイ戦争を詠じた詩人たち. **-cal·ly** /-kəli/ [副]

cýclic ÁMṔ [名] [U] 〘生化〙環状[サイクリック] AMP《代謝作用に関与する細胞内情報伝達物質》.

cýclic redúndancy chèck [名] 〘電算〙周期[巡回]冗長検査《略 CRC》.

cy·clin /sáɪklɪn/ [名] 〘生化〙サイクリン《細胞周期 (cell cycle) の制御に関するたんぱく質》.

cy·cling /sáɪklɪŋ/ [名] [U] サイクリング.

+**cy·clist** /sáɪklɪst/ [名] 自転車乗り《人》.

cy·clize /sáɪklaɪz/ [動] [他] [自] 〘化〙環化する. **cy·cli·za·tion** /sàɪklɪzéɪʃən | -laɪz-/ [名] [U] 環化.

cyclo- /sáɪkloʊ/ [連結形]「円」「環」「周期」「回転」「環式」「毛様体」. 〘Gk *cyclos* 円〙

cýclo-cròss [名] [U] クロスカントリー自転車レース.

cỳclo·héxane [名] [U] 〘化〙シクロヘキサン《無色の液体; 溶媒・有機合成用》.

cỳclo·héxyl [名] [U] 〘化〙シクロヘキシル基.

cy·cloid /sáɪklɔɪd/ [名] 〘数〙擺線(はいせん), サイクロイド. **cy·clói·dal** [形]

cy·clom·e·ter /saɪklámət̬ɚ | -tə/ [名] ❶ 車輪回転記録器, (自転車などの)走程計. ❷ 円弧測定器.

+**cy·clone** /sáɪkloʊn/ [名] ❶ 〘気〙サイクロン, 低気圧《南半球では風が時計回りに, 北半球では反時計回りに旋回しながら移動する; 温帯性低気圧と熱帯性低気圧の 2 種類がある; ⇨ storm [関連]》. ❷ **a** 大暴風. **b** 《米》大竜巻. 〘Gk＝回る(もの)＜*cyclos*; ⇨ cycle〙

cy·clon·ic /saɪklánɪk | -klɔ́n-/ [形] ❶ サイクロン[旋風](性)の. ❷ 激しい, 強烈な.

Cy·clo·pe·an /sàɪkləpíːən←, saɪklóʊpiən/ [形] ❶ (一つ目の巨人) Cyclops の(ような). ❷ [時に c~] 巨大な.

cy·clo·pe·di·a, -pae- /sàɪkləpíːdiə/ [名] 百科事典 (encyclopedia). **-dic** /-dɪk/ [形] 百科事典の; 多岐にわたる, 網羅的な, 百科事典的な.

Cy·clops /sáɪklɑps | -klɔps/ [名] ([複] ～·es, **Cy·clo·pes** /saɪklóʊpiːz/) 〘ギ神〙キュクロプス《Sicily に住んでいたという一つ目の巨人》.

cy·clo·ra·ma /sàɪkləræ̀mə, -ráːmə | -ráːmə/ [名] 円形パノラマ; 〘劇〙パノラマ式背景幕[壁]. **-ram·ic** /-mɪk←/ [形]

cy·clo·spo·rine /sàɪkləspɔ́ːrən, -riːn/, **-rin** /-rɪn/ [名] [U] 〘薬〙シクロスポリン《臓器移植時の拒絶反応防止薬》.

cy·clo·stome /sáɪkləstòʊm/ [名] 円口類の魚.

cy·clo·style /sáɪkləstàɪl/ [名] サイクロスタイル《歯車式鉄筆; それで原紙をきる謄写器》. ── [動] [他] サイクロスタイルで印刷する.

cy·clo·thy·mia /sàɪkləθáɪmiə/ [名] [U] 〘精神医〙循環気質《躁と鬱とが交替》. **cy·clo·thy·mic** /sàɪkləθáɪmɪk←/ [形] [名]

cy·clo·tron /sáɪklətrɑ̀n | -trɔ̀n/ [名] 〘理〙サイクロトロン《イオン加速器 (accelerator)の一種》.

cyg·net /sígnət/ [名] 白鳥のひな.

Cyg·nus /sígnəs/ [名] 〘天〙白鳥座.

cyl. 《略》cylinder; cylindrical.

***cyl·in·der** /sílɪndɚ | -də/ [名] ❶ 円筒, 円柱. ❷ **a** (ポンプ・エンジンの)シリンダー, 気筒: a six-*cylinder* engine 6 気筒エンジン. **b** (輪胴式ピストルの)弾倉. **on áll cýlinders** [évery cýlinder] 《口》〈機械・機能など〉フル回転して; 全力を挙げて: I've recovered from my cold and am running *on all* ～*s.* かぜが治り快調そのものです. 〘F＜L＜Gk＝転がるもの〙 ([形] cylindrical)

cýlinder blòck [名] 〘機〙(エンジンの)シリンダーブロック.

cýlinder hèad [名] 〘機〙シリンダーヘッド.

cýlinder sèal [名] 〘考古〙(バビロニア・アッシリアで用いた)円筒印章.

cy·lin·dri·cal /sɪlíndrɪk(ə)l/, **-dric** /-drɪk/ [形] 円筒(形)の; 円柱(状)の. **-cal·ly** /-kəli/ [副]

cym·bal /símb(ə)l/ [名] [通例複数形で] シンバル《打楽器》.

cým·bal·ist /-bəlɪst/ [名] シンバル奏者.

cym·bid·i·um /sɪmbídiəm/ [名] 〘植〙シンビジウム《シュンラン属のラン; その花》.

cyme /sáɪm/ [名] 〘植〙集散花序.

cy·mose /sáɪmoʊs/, **-mous** /-məs/ [形] 〘植〙集散花序 (cyme) の; 集散状の.

Cym·ric /kímrɪk, kʌ́m-/ [形] ウェールズ人の, ウェールズ語の. ── [名] [U] ウェールズ語.

Cym·ry /kʌ́mri, kím-/ [名] カムリ《Wales のウェールズ語名》.

+**cyn·ic** /sínɪk/ [名] ❶ [C] 皮肉屋, すね者, 冷笑家《★ 人間の行動をすべて利己的だとして, すべてに不信と軽蔑を抱いている人の意》. ❷ **a** [C~] [C] 犬儒(けんじゅ)[キニク]学派の人《古代ギリシア哲学の一派で, 自由独立の人格を唱道し, 禁欲的消極主義の実践から犬のような生活を行なった》. **b** [the Cynics] キニク学派, 犬儒学派. ── [形] ❶ ＝cynical. ❷ [C~] 犬儒学派的な. 〘L＜Gk＝犬のような＜*cyōn*, *cyn-* 犬〙 ([形] cynical)

cyn·i·cal** /sínɪk(ə)l/ [形] 皮肉な, 冷笑的な, 世をすねた: a ～ smile 冷笑的な笑い / He was ～ ***about her prospects for success. 彼は彼女の成功の見込みに冷笑的だった. **-cal·ly** /-kəli/ [副] 皮肉に, 冷笑的に. ([名] cynic)

+**cýn·i·cìsm** /-sìzm/ [名] ❶ **a** [U] 冷笑, 皮肉癖. **b** [C] 皮肉な言葉[ふるまい]. ❷ [C~] [U] 犬儒哲学, キニク主義 (⇨ cynic [名] 2).

cy·no·sure /sáɪnəʃʊ̀ɚ, sín- | -sjʊ̀ə, -ʃʊ̀ə/ [名] (万人)注視[注目, 嘆賞]の的〔*of*〕.

Cyn·thi·a /sínθiə/ [名] ❶ シンシア《女神 Artemis, Diana の異名》. ❷ [U] 《詩》月《擬人》.

cy·pher /sáɪfɚ | -fə/ [名] [動] ＝cipher.

cýpher·pùnk [名] サイファーパンク《人に見られず親書を送るのを万人の権利とする立場から暗号技術の規制に反対する者》.

cy pres, cy-pres /síːpréɪ, sáɪ-/ 〘法〙[副] [形] 可及的近似の原則による[よって]《種々の事情により財産の処分が遺言者が指定した方法で実行できない場合, それに最も近い方法を採るという衡平法上の解釈》.

+**cy·press** /sáɪprəs/ [名] ❶ [C] 〘植〙イトスギ《[解説] この木で棺を作ったことや, 一度切ったら二度と生えないことからも喪の象徴とされた》. ❷ [U] イトスギ材.

Cyp·ri·an /síprian/ [形] ❶ ＝Cypriot. ❷ (恋の女神)ビーナス (Venus) の. ── [名] ❶ ＝Cypriot 1. ❷ [the ～] (女神)ビーナス.

Cyp·ri·ot /sípriət, -ɑ̀t | -ət/, **Cyp·ri·ote** /-òʊt/ [形] キプロス (Cyprus)の; キプロス人[語]の. ── [名] ❶ [C] キプロス人. ❷ [U] (ギリシア語の)キプロス島方言.

cyp·ri·pe·di·um /sìprəpíːdiəm/ [名] 〘植〙アツモリソウ, シペリペディウム《ラン科アツモリソウ属の草本》.

Cy·prus /sáɪprəs/ [名] キプロス《地中海東部の島で英連邦内の共和国; 女神 Venus の生地という伝説がある; 首都 Nicosia》.

cyp·se·la /sípsələ/ [名] ([複] **-lae** /-lìː/) 〘植〙菊果, 下位痩果(そうか).

Cy·ra·no de Ber·ge·rac /sírənòʊdəbéəʒəræ̀k | -bɑ́ːʒ-/, **Sa·vi·nien de** /sævɪnjéndə/ [名] シラノ・ド・ベルジュラック《1619–55; フランスの大鼻の詩人・軍人》.

Cy·ril·lic /sərílɪk/ [形] キリル文字の[で書かれた]: the ～ alphabet キリルアルファベット《現在のロシア語・ブルガリア

cyst /síst/ 图 ❶ 【医】囊腫(%), 囊胞. ❷ 【動・植】包囊(%), 被囊.

cys·te·ine /sístiːn/ 图 U 【生化】システイン《含硫アミノ酸の一つ; 酸化されて cystine になる》.

cyst·ic /sístɪk/ 厖 ❶ 包囊(%)の(ある). ❷【解】膀胱(%)の; 胆嚢の.

cýstic fibrósis 图 U 【医】囊胞性線維症.

cys·tine /sístiːn/ 图 U 【生化】シスチン《含硫アミノ酸の一つ; 多くのたんぱく質の構成成分》.

cys·ti·tis /sɪstáɪṭɪs/ 图 U 【医】膀胱(%)炎.

cys·to- /sístou/ [連結形]「膀胱」「胆嚢」「囊胞 (cyst)」.

cys·to·scope /sístəskòup/ 图 【医】膀胱鏡. **cys·to·scop·ic** /sìstəskápɪk | -skɔ́p-/ 厖 膀胱鏡による.

cys·tos·co·py /sɪstáskəpi | -tɔ́s-/ 图 U,C 【医】膀胱鏡検査(法).

cys·tot·o·my /sɪstátəmi | -tɔ́t-/ 图 U,C 【医】膀胱切開(術).

-cyte /ーー sàɪt/ [名詞連結形]「細胞」: leuko*cyte*.

cy·ti·dine /síṭədìːn, sáɪ-/ 图 U 【生化】シチジン《cytosine とリボースが結合してできたヌクレオチド》.

cyto- /sáɪṭou/ [連結形]「細胞」「細胞質」.

cỳto·architectónics 图 U 【生】= cytoarchitecture.

cỳto·árchitecture 图 U 【生】細胞構造.

cýto·chròme 图 U 【生化】シトクロム《細胞内の酸化還元に重要なはたらきを示す色素》.

cỳto·genétics 图 U 細胞遺伝学. **-genéticist** 图 **-genétic, -nétical** 厖 **-ical·ly** 圖

cy·to·kine /sáɪṭəkàɪn/ 图 【免疫】シトキン, サイトカイン《リンパ球やその他の細胞から分泌される活性液性因子; 生体の防御機構全体に作用し抗腫瘍効果を発揮する》.

cỳto·kinésis 图 U 【生】細胞(質)分裂.

cy·tól·o·gist /-ʤɪst/ 图 細胞学者.

cy·tol·o·gy /saɪtálədʒi | -tɔ́l-/ 图 U 細胞学.

cy·tól·y·sis /saɪtáləsɪs | -tɔ́l-/ 图 U 【生理】細胞溶解[融解, 崩壊](反応). **cy·to·lyt·ic** /sàɪṭəlíṭɪkー/ 厖

cỳto·megálic 厖 【生】〈ウイルスが〉巨細胞性の.

cỳto·mègalo·vírus 图 【生】巨細胞[サイトメガロ]ウイルス《ヒト・動物の唾液腺に特異親和性を有し, 諸器官の巨大化などをひき起こすヘルペスウイルス》.

cy·to·plasm /sáɪṭəplæzm/ 图 U 細胞質.

cy·to·sine /sáɪṭəsìːn/ 图 U 【生化】シトシン《核酸を構成するピリミジン塩基の一つ; 記号 C》.

cỳto·skéleton 图 【生】細胞骨格《細胞質中にあるたんぱく質の微小繊維・微小管からなる網目状の構造》. **-skéle·tal** 厖

cy·to·sol /sáɪṭəsɔ̀ːl | -sɔ̀l/ 图 U 【生】細胞質ゾル, サイトゾル《細胞質の液状部》. **cy·to·sol·ic** /sàɪṭəsálɪk | -sɔ́l-/ 厖

cỳto·tóxic 厖 【医】 細胞毒(性)の, 細胞傷害性の. **-toxícity** 图

czar /záː | záː/ 图 ❶ [しばしば C~] (1917 年までの)ロシア皇帝, ツァー(リ) (tsar, tzar). ❷ **a** 専制君主; 独裁者. **b** 権力者; 指導者. 《Russ》

czar·das /tʃɑ́ːdɑ̀ːʃ, -dæʃ | tʃɑ́ːdæʃ/ 图 (働 ~) 【楽】チャルダーシュ《ゆったりと始まり激しく急速なテンポで終わる $^2/_4$ 拍子のハンガリーの民俗舞曲; その舞踏》.

czar·e·vitch, -wich /záːrəvìtʃ, tsáː-/ 图 (帝政ロシアの)皇子, 皇太子.

cza·ri·na /zɑːríːnə, tsɑː-/ 图 旧ロシア皇后[女帝].

czar·ism /záːrɪzm, tsáː-/ 图 U 専制[独裁]政治.

cza·ritza /zɑːrítsə/ 图 = czarina.

Czech /tʃék/ 图 ❶ C チェコ(共和国)の人. ❷ U チェコ語. ─ 厖 ❶ チェコ(共和国)の. ❷ チェコ人[語]の.

Czech. (略) Czechoslovakia(n).

Czech·o·Slo·vak, Czech·o·Slo·Slo·vak /tʃékəslóuvɑːk, -væk | -væk̄ː / 图 (旧)チェコスロバキア人,「チェコ」人. ─ 厖 (旧)チェコスロバキア(人)の.

Czech·o·slo·vak·i·a, Czech·o·Slo·vak·i·a /tʃèkəslouváːkiə, -væk-/ 图 チェコスロバキア《ヨーロッパ中部の旧連邦共和国; 首都 Prague; 1993 年 Czech Republic と Slovakia に分離した》.

Czech·o·slo·vak·i·an /tʃèkəslouváːkiən, -væk-ー/ 图 厖 = Czechoslovak.

Czéch Repúblic 图 [the ~] チェコ共和国《ヨーロッパ中東部の国; 首都 Prague》.

D d

d, D[1] /díː/ 名 (複 **ds, d's, Ds, D's** /~z/) ❶ U.C ディー (英語アルファベットの第 4 字; cf. delta 1). ❷ U (連続したものの)第 4 番目(のもの). ❸ U (ローマ数字の) 500: C**D** [*cd*]=400 / *DC* [*dc*]=600.

D[2] /díː/ 名 (複 **D's, Ds** /~z/) ❶ C D 字形(のもの). ❷ U.C (5 段階評価で)可, ディー 《最下位合格成績; cf. grade 3》. ❸ U 〖楽〗 **a** 二音 (ドレミ唱法のレ音): *D* flat [sharp] 変[嬰](ホ)二音. **b** ニ調: *D* major [minor] ニ長調[短調]. — 形 平均以下の, 不良の.

D (略) density; 〖車〗 drive; (記号) 〖化〗 deuterium. **d.** (略) dele, date; daughter(s); dead; degree; 〖校正〗 dele, delete《み》; denarius, denarii; departs; diameter; died; dime; dividend; dollar; dose(s); drachma(s); dram(s); drama. **D.** (略) December; Democrat(ic); Department; *Deus* [ラテン語=God]; Doctor; Don; Duchess; Duke; Dutch.

d' /d/ [人の前にだけつけて] =do[1] (⇒ d'you).

＊'d /d/ 動 助動 ❶ [代名詞の主語の後で] **had, would, should** の短縮形: I'*d* /aɪd/=I had [would, should]. ❷ [where, what, when などの疑問文で] **did** の短縮形: When*'d* he start?=When did he start?

d— /díː, dém/ ⇒ **damn** 動 ≈ 1 b.

DA (略) district attorney.

†**dab**[1] /dǽb/ 動 (**dabbed; dab·bing**) 他 ❶ 〈…を〉〈…で〉軽くたたく[はたく]: ~ one's cheek *with* powder [a powder puff] ほおにおしろいをたたいてつける / ~ one's eyes *with* a handkerchief 目にハンカチを軽く当てる. ❷ 〈ペンキ・薬などを〉〈…に〉(ぞんざいに)軽く塗る 〔*on*, *over*〕: He *dabbed* paint *on* the wall. 彼は壁にペンキを塗りつけた. — 自 〔…で〕〔…に〕軽くはたく[たたく]: She *dabbed at* her face *with* a puff. 彼女はパフで顔をはたいた. — 名 ❶ 〔…に〕ペンキ・薬などを〕軽く塗る[つける]こと, 〔叩く〕こと 〔*at*〕 〔*with*〕. ❷ (ペンキ・薬などを)軽く塗る[つける]こと. ❸ (口) 少量: a ~ *of* butter [oil] 少量のバター[油]. ❹ [複数形で] 〖英俗〗 指紋. **dáb·ber** 名 〖擬音語〗

dab[2] /dǽb/ 名 (複 ~, ~s) C.U 〖魚〗 マコガレイ; マコガレイの身.

dab[3] /dǽb/ 名 =dab hand.

†**dab·ble** /dǽbl/ 動 他 《水の中で》〈手足を〉バチャバチャ動かす 〔*in*〕. — 自 ❶ 水をはねかす[バチャバチャさせる], 水遊びをする. ❷ 〈…に〉道楽半分に手を出す, 〔…を〕ちょっとやって[かじって]みる: ~ *at* painting 道楽半分に絵を描く / ~ *in* stocks 株に手を出す.

dáb·bler 名 道楽半分に事をする人 〔*at*, *in*〕.

dábbling dúck 名 水面採食ガモ, 水面ガモ 《浅い水面で逆立ちして餌をとるマガモ属などの総称; cf. diving duck》.

dáb·chìck 名 《小型の》カイツブリ.

dáb hànd 名 〖英口〗 名人, 名手: He's a ~ *at* chess [mending things]. 彼はチェス[物を修理するの]が上手だ.

DAC (略) Development Assistance Committee.

da capo /dɑːkáːpou/ 〖楽〗 副 初めから(繰り返す), 繰り返して, ダカーポ. — 形 A ダカーポの. 〖It〗

Dac·ca /dǽkə/ 名 =Dhaka.

†**dace** /déɪs/ 名 (複 ~, ~s) 〖魚〗 ❶ デイス 《ヨーロッパ産のコイ科の淡水魚》. ❷ 米国産のコイ科のハヤに似た魚.

da·cha /dɑ́ːtʃə | dǽtʃə/ 〖ロシアの田舎の邸宅・別荘〗.

Da·chau /dɑ́ːkau | dǽk-/ 名 ダッハウ 《ドイツ南部バイエルン (Bavaria) 州の都市; ナチ強制収容所があった (1933-45)》.

dachs·hund /dɑ́ːks.hùnt | (英) dǽksənd/ 名 ダックスフント (犬) 《(英) sausage dog》 《胴が長く四肢の短いドイツ原産の犬》. 〖G; 原義は「アナグマ用猟犬」; cf. hound〗

da·cite /déɪsaɪt/ 名 U 〖岩石〗 デイサイト, 石英安山岩.

dac·it·ic /deɪsítɪk/ 形

da·coit /dəkɔ́ɪt/ 名 ダコイト 《インド・ビルマの武装強盗団のメンバー》.

da·coi·ty /-ti/ 名 《ダコイト (dacoit) による》強盗.

Da·cron /déɪkrɑn, dǽk- | -rɔn/ 名 U 〖商標〗 (米) ダクロン 《合成繊維の一種, テトロン》.

dac·tyl /dǽktəl/ 名 〖詩学〗 ❶ (英詩の)強弱弱格 (–××; 例: Trávelling | páinfully | óver the | rúgged road. (19 世紀英国の詩人 R. Southey /sáυði/ の詩から); cf. foot 名 5). ❷ (古典詩の)長短短格 (—⌣⌣). 〖L<Gk=指; 指関節と同じく音節数が三つあることから〗

dac·tyl·ic /dæktílɪk/ 形 (英詩の)強弱弱格の; (古典詩の)長短短格の. — 名 [通例複数形で] 強弱弱格[長短短格]の詩行.

dac·ty·lol·o·gy /dæktəlɑ́lədʒi | -lɔ́l-/ 名 U.C (聾唖(ホホ)者の)手話.

＊**dad** /dǽd/ 名 (複 ~s) (口) おとうちゃん, パパ 〖用法〗 father などのように通例無冠詞で用いる; cf. papa, mom》. 〖小児語〗

Da·da /dɑ́ːdɑː/ 名 U ダダイズム 《1916-22 年ごろの芸術運動; 既成の芸術形式・権威などを否定し, 自発性・偶然性を重視》. 〖F=hobby horse; 小児語で無意味なたわごとの象徴として用いられた〗

Dá·da·ism /-ìzm/ 名 =Dada.

Dá·da·ist /-ɪst/ 名 形 ダダイズムの芸術家, ダダイスト(の).

＊**dad·dy** /dǽdi/ 名 (口) おとうちゃん, パパ. 〖DAD +-y[2]〗

dáddy lóng·lègs 名 ❶ 〖英〗 ガガンボ, 「蚊とんぼ」 (★crane fly の俗称). ❷ (米) 〖動〗 メクラグモ (★harvestman の俗称).

da·do /déɪdoυ/ 名 (複 (米) ~**es**, (英) ~**s**) 〖建〗 ❶ 腰羽目 《壁の下部を板材で張ったもの》. ❷ 台胴 《円柱下部の方形部》.

Daed·a·lus /dédələs | díː-d-/ 名 〖ギ神〗 ダイダロス 《Crete の迷路 (labyrinth) を作った名工匠》.

dae·mon /díːmən/ 名 ❶ 〖ギ神〗 ダイモン 《神々と人間の間に介在する二次的な神》. ❷ 守護神[霊]. ❸ =demon 1. 〖L<Gk=神, 悪霊〗

dae·mon·ic /diːmánɪk | -mɔ́n-/ 形 =demonic.

†**daf·fo·dil** /dǽfədìl/ 名 〖植〗 ラッパスイセン 《春に黄色いらっぱ状の花をつける; leek とともに Wales の象徴; cf. narcissus, jonquil》. 〖L<Gk〗

daffodil   jonquil   narcissus

daf·fy /dǽfi/ 形 (**daf·fi·er; daf·fi·est**) (口) ばかな; 狂気じみた.

†**daft** /dǽft | dɑ́ːft/ 形 (口) ❶ **a** ばかな, まぬけの; ばかげた. **b** 気のふれた: go ~ 気がふれる. ❷ P 〔…に〕熱中して, 夢中で〔*about*〕. ~·**ly** 副 ~·**ness** 名 〖OE=やさしい, 温和な; 意味の悪化が起こった〗

dag /dǽg/ 名 ❶ ゆるくたれさがった先端[切れはし]; [通例複数形で] (羊の)しりのよごれ毛 《ふんまみれで固まっている》. ❷ 〖豪口・ニュロ〗 保守的な人. **ráttle one's dágs** 《豪口》急ぐ, 急いでやる. — 動 他 (**dagged; dag·ging**) 〈羊の〉尻のよごれ毛を刈る.

da Gama 名 ⇒ Gama.

Da·ge·stan /dàːɡəstáːn/ 名 ダゲスタン《ロシア北 Caucasus のカスピ海西岸にある共和国; 首都 Makhachkala /məkàːtʃkǽlə/》

†**dag·ger** /dǽɡə | -ɡə/ 名 ❶ 短剣, 短刀. ❷《印》剣標, ダガー(†)《参照・没年などを示すのに用いる》. **at dággers drawn**〔人と反目して, ひどく仲が悪くて《with》〕. **lóok dággers at...**〈人〉を(悪意をこめて, または怒って)にらみつける.《F<Prov》

da·go /déiɡou/ 名 (複 ~s, ~es)《俗・軽蔑》イタリア[スペイン, ポルトガル]系の人.

da·guerreo·type /dəɡérətàip/ 名 ❶ ⓤ (昔の)銀板写真術. ❷ ⓒ 銀板写真.《L. J. M. Daguerre フランスの画家で写真術の発明者》

Dag·wood /dǽɡwud/ 名 [しばしば d~]《米》ダグウッドサンドイッチ《間に具がたくさんはさんであるサンドイッチ》.《米国の新聞漫画 *Blondie* の主人公(=Blondie)の夫の名で, 大きなのを作る人》

dah /dáː/ 名《通信》(トンツーの)ツー, 長点 (cf. dit).

da·ha·be·ah, -bee·yah /dàː(h)əbíːə/ ダハビヤ《Nile 川の屋形船; もと三角帆船》.

Dahl /dáːl/, **Ro·ald** /róuəld/ ダール (1916–90; 英国の小説家).

†**dahl·ia** /dǽljə, dáːl- | déil-/ 名《植》ダリア.《A. *Dahl* スウェーデンの植物学者》

Da·ho·mey /dəhóumi/ 名 ダオメー (Benin の旧称).

Dail (**Eir·eann**) /dóil(é(ə)rən), dóːl-/ 名 [the ~]《アイルランド共和国の》下院 (cf. Seanad Éireann).《Ir=assembly Ireland》

‡**dai·ly** /déili/ 形 Ⓐ (比較なし) ❶ **a** 毎日の;〈新聞など〉日刊の(★時に日曜日, または土日を除くことがある): ~ exercise 毎日 [日課]の運動 / a ~ help《英》通いのお手伝い / a ~ (news)paper 日刊新聞. **b** 日常の: (one's) ~ life 日常生活. ❷ 一日計算[勘定]の: in ~ installments 日掛け[日賦(ぷ)]で / ~ interest 日歩(ぶ)で. ─ 副 (比較なし) 毎日. 名 ❶ 日刊新聞. ❷《英口》通いのお手伝い (cf. 形 1 a 用例). (名 day)

dáily bréad 名 ⓤ (one's one's ~] 日々の糧(ⓟ), 生計: earn one's ~ 生活の糧を稼ぐ / Give us this day our ~. 我らの日用の糧をきょうも与えたまえ《★「主の祈り」の一節; 聖書「マタイ伝」から》.

dáily dóuble 名 (競馬などの)二重勝式投票方式《同日の指定された2レースの1着を当てる》.

dáily dózen 名 [one's ~, the ~](口)(通例起きた時に行なう)日課の体操: do one's ~ 日課の体操をする.

Daim·ler /déiml | -lə/, **Gottlieb** (**Wilhelm**) 名 ダイムラー (1834–1900; ドイツの機械技術者; 自動車製造の先駆, のちの Daimler-Benz 社の基礎を築いた).

dai·mon /dáiməːn/ 名 (複 -mo·nes /-məníːz/, ~s) = daemon 1, 2.   **dai·mon·ic** /dáimánik | -món-/ 形.

†**dain·ty** /déinti/ 形 (**dain·ti·er**; **-ti·est**) ❶ **a** きゃしゃな, かわいらしい: a ~ girl きゃしゃな女の子. **b**〈動きなど〉優雅な, 気品のある, 風味のよい: ~ bits 美味, 珍味. ❸ (特に食べ物について)好みのやかましい, ぜいたくな好みの: an ~ eater 口のおごった人 / He's ~ *about* his food. 食の好みの難しい人だ. ─ 名 うまいもの, 美味.   **dáin·ti·ly** /-təli/ 副   **-ti·ness** 名《F<L *dignitas* 真価, 品位; cf. dignity》【類義語】⇒ delicate.

dai·qui·ri /dǽikəri, dái-/ 名 ダイキリ《ラム酒・ライム[レモン]ジュース・砂糖に氷を入れて作るカクテル》.《キューバのラム酒の産地》

*****dair·y** /dé(ə)ri/ 名 ❶ (農場内の)搾乳(*ᵟ*)場, バター・チーズ製造場. ❷ 牛乳[乳製品]販売店. ─ 形 酪農の: ~ produce [products] 酪農製品, 乳製品 / a ~ farmer 酪農業者 / ~ farming 酪農業.《OE=パンをこねる人; ⇒ dough, -ry》

dáiry cáttle 名 [複数扱い] 乳牛 (cf. beef cattle).

dáiry ców 名 乳牛.

dáiry fàrm 名 酪農場.

dáir·y·ing 名 ⓤ 酪農業.

dáiry màid 名 酪農場で働く女, 乳搾りの女.

dáiry·man /-mən/ 名 (複 -men /-mən/) ❶ 酪農場で働く男. ❷ 乳製品[酪農製品]販売業者.

da·is /déis/ 名 [通例単数形で](広間・講堂などの)台座, 演壇 (platform).

†**dai·sy** /déizi/ 名 ❶《植》ヒナギク; フランスギク《解説》《米》ではヒナギクを English daisy, フランスギクを oxeye daisy という; ヒナギクは丈が低くピンクまたは白の花びらをつけるが, フランスギクは丈が高く花は中心が黄色で周りの花びらが白い》. ❷《俗》第1級のもの[人], すてきなもの[人]. (as) **frésh as a dáisy** ⇒ fresh¹ 形 成句. **púshing úp (the) dáisies** (口) 死んで埋められて.《OE=day's eye; 朝に開花することから》

dáisy cháin 名 ❶ (鎖状につないだ)ヒナギクの花輪. ❷ つなぎ合わせたもの, ひとつながり. ❸《電算》デイジーチェーン《複数の周辺機器をコンピューターにつなぐ際に, 装置から装置へじゅずつなぎにする方式》.

dáisy-chàin 動《電算》《機器を》デイジーチェーン方式で接続する (cf. daisy chain 3).

dáisy cùtter 名《俗》(野球・クリケット・テニスなどの)地をはうような打球.

dáisy whèel 名 デイジーホイール《活字が放射状のスポークの端にヒナギクの花弁のように並んだコンピュータープリンター・タイプライターの円盤形印字エレメント》.

dáisy whèel printer 名 デイジーホイールプリンター (daisy wheel を用いたプリンター).

Da·kar /dəkáə, dǽkə | dǽkɑ/ 名 ダカール《セネガルの首都》.

Da·ko·ta /dəkóutə/ 名 (複 ~, ~s) ❶ ダコタ《米国中部の地方; North Dakota 州と South Dakota 州とに分かれる》. ❷ **a** [the ~]《口》ダコタ族《グレートプレーンズに居住する北米先住民の一部; Sioux とも呼ばれる》. **b** Ⓒ ダコタ族の人.

Da·ko·tan /dəkóutən, -tn/ 形 ダコタの(人).

daks /dǽks/ 名《英俗・豪俗》ズボン.

Da·lai La·ma /dáːlailàːmə/ 名 [the ~] ⇒ lama.

dale /déil/ 名 《詩・北英》谷, 谷間.

dáles·man /-mən/ 名 (北イングランドの)谷間の住人.

Da·li /dáːli, daːlíː/, **Salvador** 名 ダリ (1904–89; スペイン生まれのシュルレアリスムの画家).

Da·lit /dáːlɪt/ 名 ダリト《インドの伝統的なカースト制度における最下層民》.

Dal·las /dǽləs/ 名 ダラス《米国 Texas 州北東部の都市》.

dal·li·ance /dǽliəns/ 名 Ⓤ, Ⓒ ❶ 戯れ, ふざけ, いちゃつき. ❷ (時間の)浪費.

dal·ly /dǽli/ 動 ❶ **a**〔考え・問題などを〕もてあそぶ, 面白半分に扱う《with》. **b**〈異性と〉いちゃつく, 戯れの恋をする;〈異性の感情を〉もてあそぶ: ~ *with* a girl 女の子といちゃつく. ❷ ぶらぶら時を過ごす, ぐずぐずする《*over*》. ─〈時間を〉ぶらぶら過ごす: ~ *away* the time ぶらぶら時間を過ごす.

Dal·ma·tia /dǽlméiʃə, -ʃiə/ 名 ダルマチア: **a** Balkan 半島西部のクロアチアを中心とするアドリア海沿岸地方. **b** アドリア海東岸一帯を占めた古代ローマの属州.

Dal·ma·tian /dǽlméiʃən/ 名 ❶ ダルマチア人. ❷ ダルメシアン(犬)《全身白色で黒または赤褐色の小さな斑点がある犬》.

dal·mat·ic /dǽlmǽtik/ 名《カト》ダルマチカ《法衣の一種》;(国王の)戴冠式衣.

dal se·gno /dɑːlséinjou | dǽlsén-/ 副《楽》記号 ‧§‧ ['$,§] のところから《繰り返しの指示; 略 DS》.

Dalmatian

dal·ton /dɔ́ːltən/ 名《理》ダルトン《原子の質量単位》.

Dal·ton /dɔ́ːltən/, **John** 名 ドルトン (1766–1844; 英国の化学者・物理学者; 原子論を発表).

Dál·ton·ism /-tənìzm/ 名 Ⓤ [d~] (先天性)赤緑色盲; 色盲.

*****dam¹** /dǽm/ 名 ❶ ダム, せき: the Hoover D~ フーバーダム. ❷ (流体の流れや拡散を遮断する)障壁. ─ 動

(dammed; dam·ming) ❶ 〈…に〉ダムを造る, ダムで〈流れを〉せき止める 《up》. ❷ 〈感情などを〉(無理に)抑える, さえぎる: ~ up one's anger [grief] 怒り[悲しみ]を抑える《抑圧する》. 〖Du〗

dam² /dǽm/ 图 (特に家畜の)雌親, 母獣 (cf. sire). 〖dame の変形〗

‡dam·age /dǽmɪdʒ/ 图 ❶ Ｕ 損害, 損傷, 被害: do [cause] ~ to…に損害[被害]を与える[及ぼす], …を傷める. ❷ [the ~] (口) 損害, 代償, 勘定: What's *the* ~? 費用[勘定]はいくらか. ❸ [複数形で] 〖法〗 損害賠償(額): claim [pay] ~s 損害賠償を要求する[支払う]. ─ 動 他 〈…に〉損害を与える;〈名誉・体面などを〉傷つける: Too much drinking can ~ your health. 酒の飲みすぎは健康を害する 《用法》 ~ you と人を目的語にしない》/ The front part of my car *was* ~d when it hit the wall. 塀にぶつかった時に車の前の部分が壊れた. 〖F<L *damnum* 危害, 損失; cf. damn〗 〖類義語〗⇒ injure.

dámage contròl 图 Ｕ 被害対策《被害を最小限におさえるためにとる対策》.

dám·aged góods 图 きずもの.

dámage féa·sant /fiː(ə)nt/ 〖英法〗 Ｕ 加害《他人の動物または物件がある人の土地に加えた損害; 土地所有者は損害賠償額を受け取るまでその動物[物件]を手許に置くことができる》. ─ 形 土地[財産]への加害を根拠として.

dámage limitátion 图 Ｕ 《英》=damage control.

dám·ag·ing 形 ❶ 損害[被害]を与える, 有害な: a ~ effect on…に対する有害な影響. ❷ (法的に)不利な: ~ evidence 不利な証拠.

damar /dǽmə/ 名 =dammar.

dam·a·scene /dǽməsìːn, ⸺⸺́/ 形〈鋼〉の波形の模様のある.

Da·mas·cus /dəmǽskəs/ 图 ダマスカス (シリアの首都).

Damáscus stéel 图 Ｕ ダマスク鋼《堅くしなやかな刀剣用の鋼》.

dam·ask /dǽməsk/ 图 Ｕ ダマスク織, 紋どんす《食卓掛けなどを作る》. ─ 形 ❶ ダマスク織の. ❷ 《詩》 ばら色の, 淡紅色の.

dámask róse 图 ❶ Ｃ ダマスクローズ(香りのよいピンク, 赤のバラ). ❷ Ｕ ダマスクローズ色, 淡紅色.

dame /déɪm/ 图 ❶ [D-] **a** デイム (knight に相当する爵位に叙せられた女性の敬称; 用法 男子の Sir の場合同様に必ず Christian name の前につける): *D-* Judi (Dench) デイム ジュディー (デンチ) / be made a *D-* デイムに叙せられる (★ Ｃ 扱い). **b** (米)婦人 一般の敬称に付して] 女陛: *D-* Fortune [Nature] 運命[自然]の女神. ❷ 《英》(特に, 男性喜劇役者の演じる)年配女性 (pantomime dame). ❸ (米)婦人. 〖F<L=女主人〗

dám·fool, -fóol·ish 形 (口) ばかな(愚かな)(やつ).

dam·mar /dǽmə | -mə/ 图 ダマール, ダンマー: **a** 南洋諸島産のラワン類の木から得られる硬質の樹脂で無色ワニス・インキなどの原料. **b** ナンヨウスギなどから採る同様の樹脂.

dam·mit /dǽmɪt/ 間 《口》ちくしょう!, くそ!, ちぇっ!《damn it から》

‡damn /dǽm/ 動 他 ❶ **a** 〈…を〉(damn と言って)ののしる, のろう: He ~ed his men right and left. 彼は部下に当たり散らした. **b** 〈仮定法または命令法で, 間投詞的に〉怒り・あせり・失望などを表わして] ちくしょう! 《用法》damn と品の悪い言葉と考えて d─n /déɪm, díːn/ または d─ /déɪm, díːn/ とすることがある》: *D-* it (all)! ちくしょう! / *D-* you! =God ~ you! こんちくしょう! / God ~ it! ちえっ!, しまった! ❷ (文芸作品・演劇などを)酷評する, けなす: The reviewers ~*ed* his new novel. 書評家たちは彼の新しい小説をこきおろした. ❸ 《神が》〈人を〉永遠に罰する, 地獄に落とす. ── 自 ❶ (damn と言って)ののしる, のろう. ❷ [間投詞的に]《ちくしょう!, しまった! 《dammit, damn it): *D-*! I've forgotten my key. しまった! 鍵を忘れた. (and) dámn the cónsequences [expénse] (結果や費用のように)やっかいなことは気にする必要はない. **Dámn me!** 《英俗》これは驚いた! **dámn…with fáint práise** 〖成句〗. **I'll be [I'm] dámned if…** 《口》(if 節の内容を強く否定して] 絶対に…しない(でない): *I'll be* ~*ed if* I('ll) do such a thing. 絶対そんなことはしないぞ / *I'm* ~*ed if* it is true. それが本当でたまるものか《絶対本当でない》. **(Wéll,) I'll be dámned!** 《俗》これは驚いた! ── 图 ❶ Ｃ damn ということ. ❷ [a ~; 否定文で] 少しも(…ない): *not* give [care] *a* ~ 少しもかまわない / I *don't* give *a* ~ what they say. 彼らが何を言おうと全然気にしません / *not worth a* ~ 何の値打ちもない. ── 形 Ａ (比較なし) 《俗》とんでもない, ひどい (damned): a ~ fool とんでもない愚か者 / *a* ~ *lie* ひどいうそ. **dámn áll** 《英俗》何も…ない: You'll get ~ *all* from him. 彼からは何ももらえないぞ. ── 副 (比較なし) 《俗》すごく, ひどく, やけに (damned): I'm ~ tired. やけに疲れた / It's a ~ good idea. すごくいいアイディアだ. **dámn wéll** 《俗》確かに, ちゃんと: I know ~ *well* what you think of me. 君が私をどう思っているかよくわかっている. 〖F<L=有罪とする *damnum* 危害, 損失; cf. damage〗

damna 图 damnum の複数形.

dam·na·ble /dǽmnəbl/ 形 ❶ (口) いまいましい, べらぼうな, ひどい: a ~ lie とんでもないうそ. ❷ 地獄に落ちるべき[ほどの]. **-na·bly** /-nəbli/ 副 ❶ 言語道断に(も). ❷ (口) ひどく, べらぼうに.

dam·na·tion /dæmnéɪʃən/ 图 Ｕ 地獄に落とす[落ちる]こと, 天罰; 破滅: (May) ~ take it [you]! (俗) こんちくしょう! **in damnátion** [強意語として] 《俗》一体(全体): What *in* ~ are you talking about? 一体何をしゃべっているのだ. ── 間 《古風》ちくしょう!, しまった, 残念!

dam·na·to·ry /dǽmnətɔ̀ːri | -təri, -tri/ 形 ❶ のろいの; 破滅的な. ❷ 非難を表わす.

‡damned /dǽmd/ 形 ❶ 《俗》**a** 忌まわしい. **b** [強意語として] いまいましい, ばかばかしい (damn) 《用法》しばしばはばかって d─d と書き /dí:d, dǽmd/ と発音する》: You ~ fool! このばかめ! / It's a ~ lie! とんでもないうそ! ❷ **a** 永久に地獄に落とされた, のろわれた. **b** [the ~; 名詞的に; 複数扱い] 地獄の亡者たち. ── 副 [強意語として]《口》ばかに, とても: It's ~ hot. やけに暑い / a ~ good car すごくいい車. **dámned wéll** 《俗》=DAMN well 〖成句〗.

damned·est /dǽmdɪst/ 形 Ａ [the ~] ひどく変わっているつに驚くべき, まったく異常な: That's *the* ~ story I ever heard. そんな途方もない話は聞いたことない. ── 图 [one's ~] 最善, 最大限: do one's ~ 精いっぱいやる, 最善を尽くす.

dámn·fóol 形 Ａ (口) 大ばかな, 全く愚かな.

dam·ni·fi·ca·tion /dæmnəfɪkéɪʃən/ 图 〖法〗 損傷(行為), 侵害(行為).

dam·ni·fy /dǽmnəfàɪ/ 動 他 〖法〗 損傷する.

‡damn·ing /dǽmɪŋ/ 形〈証拠など〉罪を免れない; 破滅的な.

dam·num /dǽmnəm/ 图 (徳 **-na** /-nə/) 〖法〗 損害.

Dam·o·cles /dǽməklìːz/ 图 ダモクレス (Syracuse の王 Dionysius 1 世 [-zɪəs] (430?-367 B.C.) の廷臣). **the swórd of Dámocles=Dámocles' swórd**(栄華の最中にも)身に迫る危険《画来 あまり王位の幸福をたたえたので王はダモクレスを王座に座らせ, その頭上に毛 1 本で剣をつるすことで王位の安泰でないことを教えた故事から; cf. hang by a HAIR〖成句〗》.

Da·mon /déɪmən/ 图〖ギ伝説〗ダモン (紀元前 4 世紀ごろ死刑を宣告された親友 Pythias を救った男). **Dámon and Pýthias** 無二の親友.

‡damp /dǽmp/ 形 (~·er; ~·est) 湿気のある, じめじめした, しめっぽい: ~ air しめっぽい空気 / a ~ day じめじめした日. ── 图 Ｕ ❶ 湿気, 水気: catch a chill in the evening ─ 晩方の湿気に寒けを催す. ❷ 落胆. ── 動 他 ❶〈…を〉湿らせる (dampen). ❷ **a**〈火・音などを〉弱める, 消す: ~ (*down*) a fire (灰をかけたりストーブの通風を止めたりして)火を弱める. **b**〈興奮・熱意などを〉しずめる 《*down*》: ~ a person's enthusiasm 人の熱意を鈍らせる. ❸〖楽〗〈弦〉の振動を止める. ── 自〈植物が〉(湿気が多すぎて)枯れる, 立ち枯れ病でし

damp course 446

れる ⟨*off*⟩. **~·ly** 副 **~·ness** 名 《Du=蒸気》 動 dampen)【類義語】⇒ wet.

dámp cóurse 名 《建》(壁内下部の水平の材料層で地面からの湿気の上昇を防ぐ)防湿層.

+**damp·en** /dǽmp(ə)n/ 動 ❶ ⟨…⟩を湿らせる (damp). ❷ ⟨意気・熱意などを⟩くじく, そぐ: The bad weather has *~ed* her spirits. 悪天候で彼女は気がそがれた. ── 自 湿る. (名 damp)

dámp·er 名 ❶ 雰囲気をぶちこわす物[人]. ❷ (ストーブなどの)通風調節装置, ダンパー; (炉の風戸(ﾌ)). ❸ **a** (ピアノの)消音装置, ダンパー. **b** (バイオリンなどの)弱音器. **c** (自動車などの)ダンパー, ショックアブソーバー.

dámp·ing 名 《理》制動, 減衰, ダンピング.

dámp·ing-óff 名 《植》(苗)立枯れ病.

dámp·ish /-pɪʃ/ 形 湿っぽい.

dámp·próof 形 防湿性の.

dámp squíb 名 《英》[通例単数形で] 目算違いのもの[計画].

dam·sel /dǽmz(ə)l/ 名 《古》未婚の若い女性. **dámsel in tróuble [distréss]** 《戯言》困っている(若い)女性.

dámsel bùg 名 《昆》マキバサシガメ《褐色または黒色の小さなカメムシ類で, 小昆虫を捕食する益虫》.

dámsel·fish 名 《魚》スズメダイ《熱帯魚》.

dámsel·fly 名 《昆》イトトンボ.

dam·son /dǽmz(ə)n/ 名 ❶ 《植》ダムソン, インシチチアスモモ《西洋スモモの一種》. ❷ ダムソンの実《暗紫色の果実で干しスモモにする》.

Dan /dǽn/ 名 ダン《男性名; Daniel の愛称》.

dan¹ /dǽn/ 名 (また **dán bùoy**) 《英》(深海漁業・掃海作業用の)標識浮標, ダン(ブイ).

dan² /dáːn, dǽn/ 名 《柔道・剣道・碁・将棋などの》段; 有段者.

Dan. 《略》《聖》Daniel; Danish.

Dana /déɪnə/, **Richard Henry** 名 デーナ《1815-82; 米国の著述家・法律家; 海洋冒険小説 *Two years Before the Mast* [1840]》.

‡**dance** /dǽns | dáːns/ 動 自 ❶ 踊る, ダンスをする: ~ along [in, out] 踊って進む[入る, 出ていく] / go dancing ダンスをしに行く / ~ to a waltz ワルツに合わせて踊る / Will you ~ with me? 踊りませんか. ❷ 《…で》はね回る, 小躍りする: I ~*d for [with]* joy. 小躍りして喜んだ / ~ up and down はね回る. ❸ ⟨木の葉・波などが⟩舞う, 揺れる. **b** ⟨心臓・血液などが⟩躍動[鼓動]する. ── 他 ❶ ⟨あるダンスを⟩踊る: ~ a [the] waltz ワルツを踊る. ❷ **a** ⟨人を⟩踊らせる: He ~*d* her around (the room). 彼は彼女の相手をして(部屋を)踊り回った / ~ *d* her out of the room. 彼は踊りながら彼女を部屋から連れ出した. **b** ⟨赤ん坊を⟩(踊るように)あやす, 上下にゆする: ~ a baby on one's knee ひざに乗せた赤ん坊をひざでゆすぶってあやす. **dánce atténdance on a person** ⇒ attendance 名 成句. **dánce the níght awáy** (一晩中)踊り明かす. **dance to a person's túne** 人の言いなりになる. ── 名 ❶ **a** ダンス, 踊り, 舞踏; 舞踊: a social ~ 社交ダンス / the ~ of death 死の舞踏 / May I have the next ~ (with you)? 次のダンスをお相手に願えますか. **b** 《舞踏》曲. ❷ ダンスパーティー, 舞踏会 《比較》英語では他のパーティー (a cocktail party など) と対照する場合を除いて a dance party というのは誤り》: give a ~ ダンスパーティーを催す / go to a (Saturday night) ~ (土曜の夜の)ダンスパーティーへ出かける. **dánce of déath** [the ~] =danse macabre. **léad a person a (mérry) dánce** 《英》⟨人を⟩さんざん引き回して困らせる, (優柔不断な態度で)⟨人に⟩迷惑をかける. 【F】

dance·a·ble /dǽnsəbl | dáːns-/ 形 《音楽などが》踊るのに適した, ダンス向きの.

dánce bànd 名 ダンス(の伴奏をする)バンド.

dánce cárd 名 《女性がパーティーでのダンスの約束をした相手を記したカード》 **a person's dánce cárd is fúll** 予定が一杯だ[詰まっている]; 恋の相手が多い.

+**dánce flóor** 名 (ナイトクラブ・レストランなどの)ダンスフロア.

dánce·hàll 名 ❶ ⓤ 《楽》ダンスホール《1970 年代にジャマイカのナイトクラブで生まれたダンスミュージック; レゲエなどの録音済の音源を操作しながら DJ の声を重ねて作る》.

dánce háll 名 ダンスホール, ダンス場.

dánce mùsic 名 ⓤ 舞曲, ダンス音楽.

***dánc·er** /dǽnsə | dáːnsə/ 名 ⓒ ❶ 踊る人: She's a good ~. 彼女はダンスがうまい. ❷ (専門の)ダンサー, 踊り子; 舞踊家.

danc·er·cise /dǽnsəsàɪz | dáːnsə-/ 名 ⓤ 《米》(フィットネス用の)激しいダンス運動. [DANC(E)+(EX)ERCISE]

***danc·ing** /dǽnsɪŋ | dáːns-/ 名 ⓤ ダンス, 踊ること.

dáncing gìrl 名 ダンサー, 踊り子.

D and C, D & C 《略》dilatation and curettage (⇒ dilatation 成句).

+**dan·de·li·on** /dǽndəlàɪən/ 名 《植》タンポポ. 【F<L=ライオンの歯; 葉の形から】

dándelion clòck 名 タンポポの綿毛のような頭, タンポポの穂.

dan·der /dǽndə | -də/ 名 ⓤ 《口》かんしゃく, 怒り《★通例次の成句で》. **gèt one's [a person's] dánder úp** 怒る[人を怒らせる].

dan·di·cal /dǽndɪk(ə)l/ 形 しゃれ者らしい, ダンディー風の, めかしたてた. **~·ly** 副

Dán·die Dín·mont (tèrrier) /dǽndɪdínmɒnt(-) | -mənt(-)/ 名 ダンディディンモントテリア《スコッチテリアの一種; 胴が長くて足が短く, 毛は青みがかった灰色または淡黄色》. [*Dandie* (Andrew) *Dinmont*: Scott, *Guy Mannering* (1815) 中の 2 匹のテリアを飼っている農夫]

dan·di·fied /dǽndɪfàɪd/ 形 いきにめかしこんだ, しゃれこんだ.

dan·dle /dǽndl/ 動 他 ⟨赤ん坊を⟩ゆすってあやす.

dan·druff /dǽndrəf/ 名 ⓤ (頭の)ふけ. [ON]

dan·dy /dǽndi/ 名 ❶ しゃれた男, ダンディー. ❷ 《口》すばらしいもの. ── 形 (**dan·di·er**; **-di·est**) 《口》すてきな, 一流の. [*Andy* (愛称形 < ANDREW)]

dándy brùsh 名 馬の手入れブラシ.

dán·dy·ish /-dɪʃ/ 形 (ちょっと)ダンディーな. **~·ly** 副

dán·dy·ism /-dìɪzm/ 名 ⓤ ❶ おしゃれ, おめかし, 伊達(好みの気風). ❷ 《文学・美術》ダンディズム.

Dane /déɪn/ 名 ❶ デンマーク人. ❷ 《英史》デーン人《9-11 世紀に英国に侵入した北欧人》. [ON]

Dane·law /déɪnlɔ̀ː/ 名 《英史》 ❶ デーン法, デーンロー《9-11 世紀ごろイングランドのデーン人の居住地域》. ❷ デーンロー《デーン法の行なわれたイングランドの北部および東部》.

dang /dǽŋ/ 動 他 《婉曲》=damn.

***dan·ger** /déɪndʒə | -dʒə/ 名 ❶ ⓤ 危険(状態): the ~*s of* a polar expedition 極地探検に伴う危険 / in ~ 危険で; 危篤(,)で / His life is in ~. 彼は危篤だ[彼の生命が危ない] / The patient is in ~ *of* dying. 患者の生命が危ない / You're in ~ *of losing* your public credibility. あなたは公的な信用を失う恐れがある. / out of ~ 危険を脱して / escape from ~ 危険から脱する / *D-* past, God forgotten. 《諺》「のど元過ぎれば熱さを忘る」/ There's no ~ *of* a flood. 洪水の危険はない. ❷ ⓒ 《…にとっての》危険(有害)となるもの, 脅威 (threat): He's a ~ *to* society. 彼は社会にとっての危険人物だ. [F<L=(君主の)権力, (危害を加えうる)力<*dominus* を重んじる; cf. dominate] (形 dangerous)【類義語】**danger**「危険」の意の最も普通で広義の語. **peril** danger より意味が強く, 差し迫った大きな危険. **hazard** 予測がつかない, あるいは左右される, あるいはどうすることもできない危険; **jeopardy** より意味が弱い. **risk** 自発的に冒す危険.

dánger lìst 名 (病院の)重患名簿: on the ~ 重態で.

***dan·ger·ous** /déɪndʒ(ə)rəs/ 形 (**more ~; most ~**) 危険な, 危ない; 物騒な 《比較》dangerous は周囲の人・ものに対して危険を与える恐れがあり; in danger がら自分が危険な状態にあること》: a ~ road [plan] 危険な道路[計画] / The river is ~ to cross.=It is ~ to cross the river. その川を渡るのは危険だ / It is ~ *for* so many people to get in the boat. こんなに多くの人がボートに乗り込むのは危険である. (名 danger)

dan·ger·ous·ly /déɪndʒ(ə)rəsli/ 副 (**more ~; most**

dánger pày 《英》**mòney**》 名 ⓤ 危険手当.
dan·gle /dǽŋgl/ 動 ⓐ ぶら下がる; ぶらぶら揺れる: The children sat on the high wall, (with) their legs *dangling*. 子供たちは足をぶらぶらさせながら高い塀に腰をかけていた. ── ⓗ ❶ 〈…を〉ぶら下げる, ぶらぶらさせる: They ~*d* their legs. 彼らは足をぶらぶらさせた. ❷ 〈誘惑物を〉〈…の〉前に見せびらかせ, ちらつかせる 《*in front of, before*》. **kéep a person dángling** 《口》〈人に〉結果を知らせないで待たせておく, やきもきさせる. 【*Scand*】

dángl·ing párticiple 名 《文法》懸垂分詞 《文の主語と文法的に結びつかない分詞; 例: *Swimming in the pond, the car was out of sight.* 池で泳いでいたので車は見えなかった》.

dan·gly /dǽŋgli/ 形 ぶらさがった, ぶらぶらする.
Dan·iel /dǽnjəl/ 名 ❶ ダニエル《男性名; 愛称 Dan, Danny》. ❷《聖》**a** ダニエル《ユダヤの預言者》. **b** ダニエル書 (The Book of Daniel)《旧約聖書中の一書; 略 Dan.》. ❸ ⓒ (ダニエルのような)名裁判官 《A ~ come to judgment! 名裁判官が裁きにご到来だ《★ Shakespeare「ベニスの商人」のシャイロックの言葉から》.

da·ni·o /déiniòu/ 名《-ni·òs》《魚》ダニオ《インド・セイロン産コイ科の各種観賞用小魚》.

Dan·ish /déiniʃ/ 形 デンマーク(人[語])の. ── 名 ❶ ⓤ デンマーク語. ❷ =Danish pastry. 【DANE+-ISH¹】
Dánish blúe 名 ⓤ デーニッシュブルー《デンマーク産のブルーチーズの一種》.
Dánish óil 名 ⓤ 家具ふきオイル, デニッシュオイル《桐油と他の植物油との混合油》.
Dánish pástry 名 ⓒ デニッシュペストリー《バターを多く使いたパン生地を焼いた菓子パン》.
dank /dǽŋk/ 形 (冷たく)いやにしめっぽい, じめじめしてひんやりした. ~·**ness** 名
Dan·ny /dǽni/ 名 ダニー 《男性名; Daniel の愛称》.
danse ma·ca·bre /dá:nsməká:br(ə)/ 名 (複 **danses ma·ca·bres** /~/) 死の舞踏《死と無常を表現するヨーロッパ中世芸術のモチーフ; 骸骨姿の「死」がさまざまな生者と手を取り合ったり踊ったりする図像が有名》.

dan·seur /dɑːnsə́ː, | -sə́ː/ 名 男性バレエダンサー.
danséur nó·ble /-nóubl/ 名 (複 **-seurs no·bles** /~/) 主役バレリーナの相手をつとめる男性ダンサー.
dan·seuse /dɑːnsə́ːz, | -sə́ːz/ 名 女性バレエダンサー.
Dan·te /dǽntei, dǽnti/ 名 ダンテ 《1265-1321; イタリアの詩人; 「神曲」(*The Divine Comedy*) の作者; フルネームは Dante Alighieri /-à:ligíeri(ə)ri/》.
Dan·te·an /dǽntiən, dǽn-/ 形 =Dantesque.
── 名 ダンテ研究家〔崇拝者〕, ダンテ学徒.
Dan·tesque /dɑːntésk, dǽn-/ 形 ダンテ(風)の, 荘重な.
Dan·ton /dɑːntɑ́n, dǽntən/, **Georges-Jacques** /ʒɔːrʒʒɑ́ːk/ 名 ダントン 《1759-94; フランスの革命家; Robespierre に処刑された》.
Dan·ube /dǽnjuːb/ 名 [the ~] ドナウ[デューブ]川《ドイツ南西部に発し東流して黒海に注ぐ》.
Da·nu·bi·an /dǽn(j)ú:biən, | -njúː-/ 形 ❶ ドナウ川の. ❷《考古》ドナウ文化(期)の《ヨーロッパ中東部の最古の農耕民文化についていう》.
dap /dǽp/ 動 ⓐ (**dapped; dap·ping**) 餌を水面に浮き沈みさせて釣りをする. ── ⓗ 〈釣り餌を水面に浮き沈みさせる. ── 名 (水面に浮き沈みさせる)釣りの餌.
Daph·ne /dǽfni/ 名 ❶ ダフニー《女性名》. ❷《ギ神》ダフネ《Apollo に追われて月桂樹(ゲッ)と化した nymph》. ❸ [d-] ⓒ 《植》ジンチョウゲ. 【L<Gk=月桂樹】
dap·per /dǽpə | -pə/ 形 〈小柄な男が〉服装がこざっぱりしたいきで, 敏捷な.
dap·ple /dǽpl/ 名 ❶ まだら, ぶち. ❷ ぶちの動物[馬].
── 形 まだらの, ぶちの. ── 動 ⓗ まだらにする.
dap·pled まだらの: a ~ deer ぶちの鹿 / ~ shade まだらになった日陰.
dápple-grày, 《英》**dápple-gréy** 形 ねずみ色に黒いぶちのある(馬).

447　**dargah**

dap·sone /dǽpsoun/ 名 ⓤ《薬》ダプソーン《癩・皮膚炎の治療薬》.
dar·bies /dá:biz | dá:-/ 名 《英俗》手錠, わっぱ (handcuffs).
Dár·by and Jóan /dá:bi- | dá:bi-/ 名 《複数扱い》《英》仲のよい老夫婦.
Dar·da·nelles /dà:dənélz | dà:-/ 名 [the ~] ダーダネルス海峡《エーゲ海とマルマラ海を結ぶヨーロッパとアジアを分ける海峡》.
*****dare** /déə | déə/ 動 ⓗ ❶ あえて〈…〉する, 思い切って[勇気をもって, 生意気にも]〈…〉する: [+*to do*] He doesn't ~ (*to*) tell us. 彼は私たちに告げる勇気がない / Do you ~ *to* ask her? 思い切って彼女に尋ねることができますか / I have never ~*d* (*to*) speak to him. あの人には怖くて物を言ったことがない / I wonder how she ~*s* (*to*) say that. 彼女がどうしてそれを言えるのだろうか / Don't you ~ (*to*) touch me. (生意気なまねをして)おれに手を触れたりするな / On and on he ran, never *daring* to look back. 彼はただ先へ先へと走り続けた 〖用法〗(1) 否定文・疑問文では dare のあとの不定詞の to が略されることもある; (2) 肯定形 dare to の代わりにしばしば not be afraid が用いられる: He wasn't afraid [= He dared] to ask the question. 彼は恐れずにその問いを発した. ❷ **a** 〈…を〉ものともしない, 〈…に〉敢然と立ち向かう: I will ~ any danger [anything]. どんな危険[こと]があってもやり抜いてみせる. **b** 〈新しいことなどを〉あえてやってみる, 冒険的に試みる: He ~*d* a dive he had never before attempted. 彼はこれまでやったことのない飛び込みを思い切ってやってみた. ❸ 〈人に〉(…してみろと)挑む: [+目+*to do*] I ~ you *to* jump across that stream. あの小川が飛び越せるものなら越してみろ(悔しくてもできまい) / He ~*d* me *into* the race. 彼はその競争に出られるものなら出てみろと私に挑んだ.

── ⓐ (…する)勇気がある: I would do it if I ~*d*. できればするのだが(怖くてできない) / Let them try it if they ~. 彼らがやれるものならやらせてみろ.

Dòn't you dáre!=**Júst you dáre!** やめなさい!

── 助動 《語形》否定形 **dare not**; 否定短縮形 **daren't**; 過去形 **dared**》《否定・疑問・条件文に用いて》あえて…する, 思い切って[恐れずに, 生意気にも]…する: I *daren't* go there. 私はそこへ行く勇気がない / D- you fight me? 私と戦う勇気があるか / They ~*d not* look at me in the face. 彼らはまともに私の顔を見られなかった.

〖用法〗(1) 3 人称・単数・現在の形は dare で, -s をつけず, 助動詞 do を用いず, またその次に to なし不定詞が続く. (2) 下の成句以外は助動詞としての用法は現在あまり用いられず, 動詞の用法が一般的.

dáre I sáy (it) (皆は同意しないだろうが)あえて言わせてもらえば: I think this film is ── I *say*? ── boring. あえて言わせてもらうとこの映画は退屈だと思う.
Hòw dáre you…!〔?〕よくもまあ〔ずうずうしくも〕…できるものだ: How ~ *you* say such a thing? 君はどうしてそんなことが言えるのだ, よくもまあそんな口がきけるね.
I dáre sáy おそらく…だろう, たぶん; そうでしょうよ 《〖用法〗*that* 節 (that は常に省略)または文尾に主文と並列的に用いる》: I ~ *say* that's true.=That's true, I ~ *say*. おそらくそれは本当でしょう.

── 名 やれるものならやってみろと挑むこと, 挑戦: accept a ~ 挑戦に応じる.
〖OE=勇敢である〗

dáre·dèvil 名 向こう見ずな人, がむしゃらな人. ── 形 A 向こう見ずの, 大胆不敵な.
dare·n't /déənt | déənt/ dare not の短縮形.
dàre·sáy 動 [I ~ で]《英》=I DARE say (成句).
Dar es Sa·laam /dá:ressəlá:m/ ダルエスサラーム 《タンザニアの旧首都; インド洋に臨む港湾都市; cf. Dodoma》.

dar·gah /dá:gɑ: | dá:-/ 名 (イスラム教の)聖人の墓, 聖廟.

***dar·ing** /déərɪŋ/ 形 (more ~; most ~) ❶ 大胆な; 向こう見ずな (bold): a ~ act 大胆な行動. ❷ 斬新(ざんしん)な, 型破りの: a ~ design 斬新なデザイン. ── 名 ❶ 冒険的勇気; 大胆不敵; 斬新さ. **~·ly** 副 大胆に; 向こう見ずに.

dar·i·ole /déəriòul/ 名 《料理》 ダリオール: **a** 小さなコップ形の型. **b** それにクリームなどを入れた焼き菓子.

Da·ri·us I /dəráɪəs-/ ダリウス1世 (550-486 B.C.; アケメネス朝ペルシャの王 (522-486 B.C.); Darius the Great).

Dar·jee·ling /dɑːdʒíːlɪŋ | dɑː-/ 名 Ｕ ダージリン紅茶《インド東部ダージリン産の高級紅茶》.

*****dark** /dάːk | dάːk/ 形 (~·er; ~·est) ❶ (明かりのない) 暗い, やみの (↔ clear, light): a ~ night 暗い夜. ❷ a 〈色彩が〉薄黒い, 黒ずんだ; 〈色の〉濃い (↔ light, pale): a ~ blue [red] 暗青[赤]色. b ~ suit ダークスーツ. b 〈人が〉肌が黒く黒髪の; 〈肌の〉浅黒い; 〈髪の〉黒っぽい (⇒ fair¹ B1a 【比較】: a *dark*-skinned[-complexioned] woman 肌の浅黒い女性. ❸ 意味があいまいな, わかりにくい; 一般に知られていない: keep one's purpose ~ 目的を秘しておく. ❹ 暗黒な, 無知蒙昧な: the ~*est* ignorance 極度の無知. ❺ 腹黒い, 凶悪な, 陰険な: ~ deeds 悪事, 非行. ❻ a 光明のない, 陰鬱(いんうつ)な: ~ days 悲運[失意]の時代, 不吉の日々 / look on the ~ side of things 物事の暗黒面を見る, 物事を悲観的に見る / D~ days lie ahead. 前途は暗たんとしている. b 〈顔色など〉曇った, 陰気な, 憂鬱(ゆううつ)な: have a ~ expression on one's face 憂鬱な表情をしている. c 〈目つきなど怒った(ような), 不機嫌[険悪]な: He gave me a ~ look. 彼は不機嫌な目で私を見た. ❼ ❽ 声・音など深みのある. ❾ 《音声》 《l音が》暗い (↔ clear) 《後舌面が軟口蓋へ向かって盛り上がって後舌母音の暗い響きで発音される》. (as) dárk as níght ⇒ night 成句.

── 名 ❶ [the ~] やみ; 暗がり, 暗い部分[場所]: Cats can see in *the* ~. 猫は暗がりでも目が見える / in *the* ~ beneath the stairs 階段の下の暗やみ. ❷ Ｕ 【無冠詞で】 夜, 夕暮れ: after ~ 暗くなってから / before ~ 暗くならないうちに / (just) at ~ (ちょうど)暗くなって[日暮れ時に]. ❸ Ｕ 暗い色.

in the dárk (1) 暗がりで (⇒ 名 1). (2) 秘密に; わからずに: She kept him *in the* ~ about her abortion. 彼女は中絶したことを彼には隠していた.

《OE=暗い, 陰気な》 (動 darken)

【類義語】 **dark**「暗い」の意の最も一般的な語. **dim** 暗くて物がほんやりとしか見えない. **dusky** たそがれ時に特有な薄暗さを表わす. **murky** 煙・霧・ほこりなどによって物がどんよりと暗い. **gloomy** 薄暗くて陰うつな感じのする.

Dárk Áges 名 [the ~] ❶ 暗黒時代《およそ紀元 476年から1000年までのヨーロッパ》; 広義では中世; cf. Middle Ages. ❷ (一般に)暗黒時代, 未発達期.

dárk chócolate 名 Ｕ ブラックチョコレート《ミルクのはいっていないチョコレート》.

dárk cómedy 名 ❶ ダークコメディー《登場人物に取り返しのつかない災難がふりかかるような喜劇》. ❷ ブラックコメディー.

dárk cúrrent 名 《電子工》 (電極)暗電流.

†**dark·en** /dάːkən | dάː-/ 動 ❶ 〜を暗くする; 薄暗くする: She flicked the switch and ~*ed* the room. 彼女はスイッチをパチッと消して部屋を暗くした. ❷ 〜をあいまいにする, 不明瞭にする. ❸ 〈顔・心など〉を陰鬱[険悪]にする. ── 自 ❶ 暗くなる. ❷ 〈顔などが〉陰鬱[険悪]になる: His face ~*ed* with anger. 彼の顔は怒りで険悪になった. **dárken a person's dóor** [通例否定文で] 人を訪問する: Don't [Never] ~ my *door* again. 二度と私の家のしきいをまたぐな. (形 dark).

dark·ey /dάːki | dάː-/ 名 =darky.

dárk glásses 名 (複) サングラス (sunglasses).

dárk hórse 名 ダークホース, 穴馬: **a** 競馬で力量不明の出走馬. **b** (競技・選挙などで)不気味な競争相手.

dark·ie /dάːki | dάː-/ 名 =darky.

dárk·ish /-kɪʃ/ 形 薄暗い; 黒ずんだ.

dark·ling /dάːklɪŋ | dάːk-/ 副 形 《文》 (薄)暗がりに[(で)の].

dárk·ly 副 ❶ 暗く, 黒ずんで. ❷ 陰気に; 険悪に: He looked ~ at her. 彼は陰気[険悪]な表情で彼女を見た. ❸ あいまいに; おぼろに, ほんやりと. ❹ ひそかに.

dárk màtter 名 Ｕ 《天》 暗黒物質, ダークマター《電磁波による通常の方法では直接観測されない星間物質》.

dárk méat 名 Ｕ 〈鶏のももなどの〉色の濃い肉.

*****dark·ness** /dάːknəs | dάːk-/ 名 Ｕ ❶ 暗さ; 暗やみ: The cellar was in complete ~. 地下室は全く暗やみだった / He went home before ~ fell. 彼は暗くなる前に家に帰った. ❷ 心のやみ, 無知. ❸ 腹黒さ, 邪悪: deeds of ~ 悪行, 犯罪. ❹ 不明瞭, あいまい; 秘密.

dárk night of the sóul 霊魂の暗夜《神秘体験への過程で魂が神から見放された状態になること》.

dárk reáction 名 《生・化》 暗(ク)反応《光合成で明反応 (light reaction)に続く段階の反応》.

*****dárk·ròom** 名 《写》 暗室.

dárk·some /-səm/ 形 《古・詩》 薄暗く陰気[神秘的]な, 暗黒の; 意味あいまいな.

dark·y /dάːki | dάː-/ 名 《軽蔑》 黒人.

*****dar·ling** /dάːlɪŋ | dάː-/ 名 ❶ かわいい人, 最愛の人, お気に入り(の人, 動物): the ~ of the town 町の人気者 / the ~ of fortune 運命の寵児(ちょうじ), 幸運児. ❷ あなた, 君, ねえ, お前さん《★ 夫, 妻, 恋人, (親から)子への呼びかけ; 他人でも特に女性への親しみをこめた呼びかけに用いる》. ── 形 Ａ ❶ 最愛の; 気に入りの. ❷ (口)) 魅力のある, すてきな; かわいい (★ 通例女性が用いる): a ~ dress すてきなドレス / a ~ baby かわいい赤ちゃん. 《OE; ⇒ dear, -ling》

†**darn¹** /dάːn | dάːn/ 動 ⦅他⦆ 〈靴下・編み物など〉(の穴・ほころび)をかがる, 繕う: ~ a sock ソックスの穴をかがる. ── ⦅自⦆ 繕いものをする. ── 名 繕い, かがり(細工); かがったところ.

darn² /dάːn | dάːn/ 動 名 形 副 《婉曲》 =damn.

darned /dάːnd | dάːnd/ 形 副 《婉曲》 =damned.

dar·nel /dάːn(ə)l | dάː-/ 名 《植》 ドクムギ《小麦に似た雑草; 家畜中毒を起こすことがある》.

darn·er /dάːnə | dάː-/ 名 ❶ darn¹ する人[もの]; =darning needle. ❷ 《米》 トンボ.

dárn·ing 名 Ｕ ❶ (ほころび穴の)かがり. ❷ かがり物.

dárning nèedle 名 かがり針.

Dar·row /dǽroʊ/, **Clarence (Seward)** 名 ダロー (1857-1938; 米国の弁護士; 学校で進化論を教えて訴えられた John T. Scopes の弁護活動などで有名).

dar·shan /dάːʃən | dάː-, -ʃɑːn/ 名 《ヒンドゥー教》 ダルシャナ《神像・偉人・聖人への礼拝・拝謁(で得られる精神的高揚・祝福)》.

*****dart** /dάːt | dάːt/ 名 ❶ **a** Ｃ (投げ矢遊びの)投げ矢: throw a ~ 投げ矢を投げる. **b** [複数形で; 単数扱い] 投げ矢遊び, ダーツ 《解説》 ダート盤 (dartboard) に8フィート以上離れた所から矢を投げる室内遊戯; 英国のパブなどによくかけてある; 自分の持ち点301点から引いてゆく減点法で, 早く0点になった者が勝つ): play [do] ~*s* ダーツをする. ❷ [a ~] 急な突進: make a sudden ~ at... に襲いかかる / make a ~ for the exit 出口に向かって突進する. ❸ Ｃ 《服飾》 ダーツ《布の一部を細長い三角の形に切り, 縫い合わせる縫い方》. ❹ Ｕ いらだった強い感情. ── 動 ⦅他⦆ 〈視線・光などを〉急に[すばやく]投げかける, 放つ; 〈舌などを〉急に出す: The sun ~*ed forth* its beams. 太陽がさっと光を放った / He ~*ed* a quick glance *at* me. 彼はすばやい視線を私に投げかけた. ── ⦅自⦆ [副詞(句)を伴って] (投げ矢のように)飛んでいく; 突進する: ~ *away* [*off*] 走り去る / The boy ~*ed into* [*out of*] the room. 少年は部屋へ駆け込んだ[から飛び出した] / Birds ~*ed among* the trees. 鳥たちが木々の間を矢のように飛んでいった.

dárt·bòard 名 ダート盤《ダーツ (darts) の標的》.

dárt·er /-tə | -tə/ 名 ❶ 《鳥》 ヘビウ (snakebird). ❷ 《魚》 ヤウオ《米国産; 矢のように速く泳ぐスズキ科の淡水小魚》.

Dart·moor /dάːtmʊə | dάːtmɔː, -mʊə/ 名 ❶ ダートムーア 《イングランド南西部 Devon 州の高原; 国立公園》. ❷ ダートムーア刑務所 《厳重な警備で有名》.

Dártmoor póny 名 ダートムーアポニー《頑健でむく毛のポニー》.

Dart·mouth /dáːtməθ | dáː-/ 名 ダートマス《イングランド Devon 州南東部の都市》.

Dar·win /dáːwɪn | dáː-/ 名 ダーウィン《オーストラリア Northern Territory の中心都市·港町》.

Dar·win /dáːwɪn | dáː-/, **Charles** 名 ダーウィン《1809-82; 英国の博物学者; 進化論を提唱》.

Dar·win·i·an /dɑːwíniən | dɑː-/ 形 ❶ ダーウィンの. ❷ ダーウィン説の. —— 名 ダーウィンの信奉者.

Dár·win·ism /-nìzm/ 名 U ダーウィン説, 進化論《種は自然選択により進化してきたとする理論》.

Dár·win·ist /-nɪst/ 名 形 =Darwinian.

Da·sein /dáːzàɪn/ 名 独 《ヘーゲルの用語で》定有, 定在《質的規定をされた存在》;《実存主義で》現存在《自己の存在について自覚的な主体としての現存在を指す》.

*****dash** /dǽʃ/ 動 自 ❶ 《通例副詞(句)を伴って》突進する, 急行する: He ~ed to catch the last train. 彼は最終列車に間に合うように全速力で急いだ / He ~ed for the door. 彼はドアめがけて突進した / They ~ed by in a car. 彼らはくるまを自動車で飛ばしていった / I must ~ off to London. ロンドンへ飛んで行かなければならない / He ~ed up [down] the stairs. 彼は階段を駆け上がった[駆け下りた]. ❷ 《…に》《激しく》衝突する: The waves ~ed against the rocks. 波は岩に打ち当たって砕けた / A sparrow ~ed into the windowpane. スズメが窓ガラスにぶち当たった / The cup ~ed to pieces against the floor. 茶わんは床に打ち当たって粉々に壊れた.
—— 他 ❶ 《副詞(句)を伴って》〈…を〉打ちつける, 投げつける; 打ち砕く: He ~ed the cup to the floor [against the wall]. 彼は茶わんを床に[壁に]投げつけた / The boat was ~ed to pieces on the rocks. ボートは岩礁にぶち当たって粉々に砕けた. ❷ 〈水などを〉《…に》ふりかける; 〈水を〉はねかける: He ~ed some paint on the canvas. 彼はカンバスに絵の具を塗りたくった / A car ~ed me with mud. 自動車に泥をはねかけられた. ❸ 〈希望·気力を〉くじく: Our hopes have been ~ed. 我々の希望は打ち砕かれた. ❹ 〈液体などの少量を〉《…に》加味する (cf. 3a): D~ your tea with a little whiskey. 紅茶にウイスキーを少し混ぜなさい / cream ~ed with vanilla バニラを混ぜたクリーム. ❺ 《英口·婉曲》《…を》ののしる, のろう《='d—' と略すことから; cf. 2》: I'll be ~ed if he is right. 彼が正しいならおれの首をやる].

dásh dówn= DASH off 成句 (2)

dásh it (áll)《英口》ちくしょうめ!, なんてことだ!

dásh óff《他+副》(1)〈…を〉投げ捨てる[飛ばす]. (2)〈文章·絵などを〉急いで書き上げる, 書きなぐる: I'll ~ off a note to John. 急いでジョンに一筆書こう. —— 《自+副》(3) 飛んで行く (⇒ 自 1).

—— 名 ❶ a [a ~] 突進, 突撃, 急いですること: make a ~ at the enemy [for shelter] 敵めがけて[避難場所に]向かって突進する / make a ~ for the bathroom トイレに向かって猛突進する. **b**《通例単数形》《短距離の》競走 (sprint): the hundred-meter ~ 100 メートル競走. ❷ C ダッシュ《──》《★構文の中断·変更や語の省略などを示す; cf. 5》. **a** ~ of—(3) 《加除·混合される》少量 (cf. 4): tea with a ~ of whiskey in it ウイスキーをほんの少し入れた紅茶 / red with a ~ of blue わずかに青みがかった赤. **b** [a ~]《通例否定文で》少しも(…ない): I don't care a ~ about him. 私は彼のことなど少しも気にしない. ❹ U《通例 the ~》《水などの》ぶつかる音[こと], 激突《の音》: the ~ of the waves against the rocks 岩に砕ける波の音. ❺ C さっと書いた一筆, 筆勢: with a ~ of the pen 一筆で. ❻ **a** U 鋭気, 気力: with ~ and spirit 元気よく, 威勢よく. **b** [a ~] 派手な身なり[かっこう]; みえ. ❼ C《通信》《モールス信号の》「ツー」(cf. dot 1 a). ❽《米口》=dashboard 1.

at a dásh まっしぐらに, 一目散に, 一気に.

cút a dásh《古風》派手なかっこうをする, 人目を引く; みえを張る.

《Scand; 擬音語》

449 **date**

†**dásh·board** 名 ❶《自動車·飛行機の》計器盤, ダッシュボード(《米》dash, 《英》fascia). ❷ **a**《馬車·そりの》泥[雪]よけ. **b**《ボートのへさきの》波よけ板.

dáshboard díning 名《戯言》運転しながらの食事.

dashed /dǽʃt/ 形 副《口》=damned.

da·sheen /dæʃíːn/ 名《植》=taro.

dásh·er 名 ❶ 突進者. ❷ 攪拌(ホミ)器. ❸ さっそうとした人.

da·shi·ki /dɑːʃíːki, dɑː-/ 名 ダシーキ《アフリカの衣裳を模した色彩はなやかなゆったりした上着》.

†**dásh·ing** 形 ❶ 威勢のよい, さっそうとした, 勇み肌の: a ~ young man 威勢のいい若者. ❷〈衣服が〉しゃれた, めかした. **-ly** 副

dásh·pòt 名《機》ダッシュポット《緩衝·制動装置》.

das·sie /dǽsi/ 名《動》イワダヌキ, ハイラックス.

das·tard /dǽstəd/ -təd/ 名《戯言》卑怯者, 卑劣漢.

dás·tard·ly 形《戯言》卑怯な, 卑劣な. **-li·ness** 名

das·y·ure /dǽsɪjùə | -jùə/ 名《動》フクロネコ《オーストラリア·タスマニア産》.

†**DAT** /dǽt, díːèɪtíː/《略》digital audiotape.

dat.《略》dative.

‡**da·ta** /déɪtə, dǽtə | déɪ-, dáː-/ 名 ❶《複数または単数扱い》データ, 資料;《観察や実験による》事実, 知識, 情報: This ~ indicates [These ~ indicate] ... この[これらの]データによれば…である. ❷《通例単数扱い》《電算》データ. 《L DATUM(与えられたもの)の複数形 <dare, dat- 与える; cf. date¹》.

dáta bànk 名《電算》データバンク《コンピューター用に大量に蓄積されたデータ; それを利用者に提供する機関》.

†**dáta·bàse** 名《電算》データベース《コンピューターで迅速に検索利用可能になるように分類整理したデータの集合体》.

dat·a·ble /déɪtəbl/ 形《…の時代まで》年代測定ができる《to》.

dáta bùs 名《電算》データバス《バスのうちプロセッサーとメモリーをつないで, データを伝送する部分》.

dáta càpture 名 U《電算》データの取り込み.

dáta mìning 名 U《電算》データマイニング《膨大なデータを統計的手法などによって解析し有用な情報を得ること; 売上げと天候·陳列位置, 商品と購買層の相関などを見つけ出すことが典型的な応用例》.

dáta pròcessing 名 U《電算》データ処理.

dáta pròcessor 名《電算》データ処理装置.

datcha /dáːtʃə/ 名 =dacha.

‡**date¹** /déɪt/ 名 ❶ C 日付, 年月日; 期日, 日取り: What's the ~ today? きょうは何日ですか《用法》曜日をたずねるときは day を用いる; ⇒ day 1 a》/ a letter bearing the ~ June 10 6月10日付の手紙 / at a later ~ 後日 / at an early ~ 近々 / fix the ~ for a wedding 結婚式の日取りを決める. ❷ C **a** 面会[会合]の約束《異性と会う約束, または約束して異性と会うこと》: a coffee [picnic] ~ コーヒーを飲む[ピクニックに行く]デート / a dinner ~ ディナーの約束 / go on a ~ with... …とデートに出かける, …と会う[デートする] / have a ~ with... …とデートがある; …と会う[デートする] / make a ~ with... …とデートする / take a girl on a ~ 女の子とデートに連れ出す. **b**《米口》デートの相手: Bessy is my ~ for tonight. ベッシーが今夜の私のデートの相手だ. ❸ U 年代, 時代: coins of Roman ~ ローマ時代の硬貨 / of early ~ 初期の, 古代の / of recent ~ 最近の. ❹《複数形で》《人の》生没年; 《物事の》始まりと終わりの年: Shakespeare's ~s are 1564 to 1616. シェイクスピアの生没年は1564年生まれで1616年没である.

dáte of bírth 生年月日.

òut of dáte 時代遅れで[の], 旧式で[の].

to dáte 現在まで, 今日まで: This film has grossed $50 million to ~. この映画は現在までに5千万ドルの総収益を上げている.

úp to dáte (1) 今日まで(の). (2) 最新式に[の], 現代的に[の]: bring one's office equipment up to ~ 事務所の設備を最新のものにする. (3)《時代などに》遅れないで: keep

[get] *up to* ~ *with* the latest fashions 最新のファッションに遅れないでいる[ようにする].

— [動] [他] ❶ 〈手紙・文書などに〉日付をつける: ~ a letter 手紙に日付をつける / The letter is ~*d* (from London) 16 July. その手紙は(ロンドン発)7月16日付になっている. ❷ a 〈事件・美術品などの〉年代を定める: Can you ~ this urn? このつぼの年代がわかりますか / Her clothes ~ her. 服装で年齢がわかる. b 〈…を〉古く思わせる; 時代遅れにする (cf. dated 2). ❸ 《米口》〈異性と〉会う約束をする; 〈…と〉デートする: Do you ~ her regularly? 彼女と定期的にデートしているのかい. — [自] ❶ 〔…から〕始まる: His house ~*s from* the 17th century. 彼の一家は17世紀から始まっている. ❷ 《米口》デートする: He doesn't ~ so often. 彼はそんなにデートしない / She ~*s* ***with*** many boys. 彼女はたくさんの男の子とデートする. ❸ 〈芸術・文体などが〉時代物である, 古風になる; 時代遅れになる: His car is beginning to ~. 彼の車はもう古くなりかけている. ❹ 〈手紙が〉〔…からの〕日付がある: This letter ~*s* ***from*** Paris on March 10. この手紙はパリからの3月10日の日付がある.

dáte báck 《[自]+[副]》〔…に〕さかのぼる: This church ~*s back* as far as the reign of Elizabeth. この教会の起源は古くエリザベス時代にさかのぼる / The castle ~*s* ***back to*** the 16th century. その城は16世紀にまでさかのぼる.

〖F < L *data* (場所・日時において)与えられた(＝書かれた) < *dare, dat-* 与える; cf. data; add, edit, tradition; render, surrender, vend; betray, traitor〗

[解説] (1) (年,) 月, 日まで示し(年), 月だけ示すことはない.
(2) 《米》では一般に March 17, 2010; 軍・科学関係などでは 17 March, 2010 の形を好む; 3 / 17 / 10 と略記する.
(3) 《英》その他では 17(th) March, 2010 と書き, 17 / 3 / 10 と略記する.
(4) ⇨ January.

date[2] /déɪt/ [名] ❶ ナツメヤシの実. ❷ ＝date palm. 〖F < L < Gk＝指; 葉の形から〗

date·a·ble /déɪṭəbl/ [形] ＝datable.

dáte·bòok [名] 《米》(重要な日・できごと・約束・支出などを書き入れる)メモ帳, 手帳 (diary).

dát·ed /-ṭɪd/ [形] ❶ 日付のある[のついた]. ❷ 時代遅れの, 旧式の. ~·**ness** [名]

dáte·less [形] ❶ 日付のない, 年代[時期]のわからない. ❷ 無限の, 永遠の. ❸ 太古からの. ❹ いつまでも興味のある. ❺ 《米》デート(の相手)のない.

dáte lìne [名] [the ~] ❶ 日付変更線 《東経または西経180度の子午線》. ❷ 国際日付変更線 (international date line).

dáte·lìne [名] 日付線 《新聞・雑誌などの記事で日付と発信地を書くところ; New York, Aug. 5 などと示す》.
— [動] [他] 〈…に〉日付をつける.

dáte pàlm [名] 〔植〕ナツメヤシ.

dát·er /-ṭɚ | -tə/ [名] 日付スタンプ, 日付印字器.

dáte ràpe [名] [U] デートレイプ 《デートの相手をレイプすること》.

dáte stàmp [名] (郵便物などの)日付印, 日付スタンプ, 消印; 日付スタンプ器.

dáte-stàmp [動] [他] 〈郵便物などに〉日付印[消印]を押す.

dáting àgency [sèrvice] /-ṭɪŋ-/ [名] 恋人紹介業者.

da·tive /déɪṭɪv/ 〔文法〕[名][形] 与格(の) 《名詞・代名詞が間接目的語となっている時の格: *I gave the boy an apple.* における boy》. 〖L < *dare, dat-* 与える; cf. date[1]〗

da·tum /déɪṭəm, dǽṭ- | déɪ-, dɑ́ː-/ [名] ([複] **da·ta** /-ṭə/) ⇨ data 《★ 通例複数形の data を用いる》.

dátum lìne [lèvel] [名] 〔測〕基準線[面].

daub /dɔ́ːb/ [動] [他] ❶ (塗料などを)(…に)塗りつける: ~ paint ***on*** a wall＝~ a wall ***with*** paint 塀にペンキを塗りつける. ❷ 〔…で〕汚す 〔*with*〕. — [自] 下手な絵を描く.
— [名] ❶ a [U,C] (どろどろした)塗料. b [C] どろどろした少量: a ~ ***of*** plaster 少量のしっくい. ❷ [C] 下手な絵.

daube /dóʊb/ [名] 〔料理〕ドーブ 《肉の蒸し煮》.

dáub·er [名] ❶ 下手な絵を書く人; 塗る人. ❷ 塗り道具.

‡**daugh·ter** /dɔ́ːṭɚ | -tə/ [名] ❶ a 娘 (↔ son). b 義理の娘, 養女. ❷ 〔ある一族・種族の〕女の子孫: a ~ ***of*** Abraham アブラハムの娘, ユダヤ女. ❸ a 〔団体などの〕女性構成員: ~*s* ***of*** the church 女性教会員たち. b 〔娘のように親に当たるものから〕生まれ[派生し]たもの: a ~ ***of*** Greek civilization ギリシア文明から生まれたもの / the ~*s of* Latin ラテン語からの派生語. **Dáughters of the Américan Revolútion** 〔米〕アメリカ革命の娘 《独立戦争の精神を長く伝えようという愛国婦人団体》. 〖OE〗 ([関形] filial)

dáughter céll [名] 〔生〕(細胞分裂による)娘細胞.

dáughter élement [名] 〔理〕娘元素 《放射性元素の崩壊によって生じる元素; cf. parent element》.

dáughter-in-làw [名] ([複] **daughters-in-law**) (息子の親からみて)息子の妻, 嫁.

dáugh·ter·ly [形] 娘としての, 娘らしい.

daunt /dɔ́ːnt/ [動] [他] 〈人を〉ひるませる, 〈人の〉鋭気[気力]をくじく 《★ 通例受身》: He *was* ~*ed* by her obstinacy. 彼は彼女の強情に辟易した. **nóthing dáunted** 少しもひるまずに (cf. nothing [副] 1). 【類義語】⇨ dismay.

+**daunt·ing** /-ṭɪŋ/ [形] 〈仕事など〉気力をくじくような, やっかい(そう)な.

dáunt·less [形] びくともしない, 豪胆な, 不屈の: a ~ explorer 不屈の探検家. ~·**ly** [副] ~·**ness** [名]

dau·phin /dɔ́ːfən/ [名] [D~] 〔史〕王太子 《1349–1830年のフランス皇太子の称号》.

Dave /déɪv/ [名] デイブ 《男性名; David の愛称》.

da·ven /dɑ́ːvən/ [動] [自] 〔ユダヤ教〕祈りのことばを唱える.

dav·en·port /dǽvənpɔ̀ɚt | -pɔ̀ːt/ [名] ❶ 《米》(通例ベッド兼用の)大型ソファー. ❷ 《英》(傾斜蓋と引き出しのついた)書き物机. 〖(Captain) Davenport 最初の製作者〗

Da·vid /déɪvɪd/ [名] ❶ デイビッド 《男性名; 愛称 Dave, Davy》. ❷ 〔聖〕ダビデ 《紀元前1000年ごろのイスラエルの第2の王; 旧約聖書詩編の詩の作者とされる》. ❸ [St. ~] 聖ダビデ 《ウェールズの守護聖人; 祝日は3月1日; ウェールズ語名 St. Dewi》. **Dávid and Golíath** 〔聖〕ダビデとゴリアテ 《劣勢の者が強大な相手と戦う時のたとえ; 羊飼いの若者 David (のちのダビデ王)が巨人戦士 Goliath を石ひとつで倒した故事から; 聖書「サムエル記上」から》. **Dávid and Jónathan** 無二の親友 《★ 聖書「サムエル記 上」から》.

da Vin·ci /dəvíntʃi/ [名] ⇨ Leonardo da Vinci.

Da·vis /déɪvɪs/ [名] デイビス 《男性名》.

Da·vis /déɪvɪs/, **Jefferson** [名] デイビス 《1808–89; 米国の政治家; アメリカ南部連合国大統領 (1861–65)》.

Davis, Miles [名] デイビス 《1926–91; 米国のジャズトランペット奏者・作曲家・バンドリーダー》.

Dávis Cúp [名] [the ~] ❶ デビスカップ戦 《国際テニス選手権試合》. ❷ デビス杯 《[解説] 米国のテニス選手でのちに政治家となった Dwight /dwáɪt/ F. Davis (1879–1945) が英米対抗試合のために寄贈した優勝銀杯; この試合が発展して国際選手権試合となった》.

dav·it /dǽvɪt, déɪv-/ [名] 〔海〕(ボートなどを上げ下ろしするための, 通例2本ひと組の)つり柱, ダビット.

Da·vy /déɪvi/ [名] デイビー 《男性名; David の愛称》.

Dávy Jónes [名] [U] 海魔, 海の悪霊. **gó to Dávy Jónes's** /dʒóʊnzɪz/ **lócker** 海のもくずとなる, 溺死する.

Dávy làmp [名] (デイビー)安全灯 《昔の炭坑用》.

daw /dɔ́ː/ [名] ＝jackdaw.

daw·dle /dɔ́ːdl/ [動] [自] 《口》のらくらする, ぐずぐずする: ~ over one's coffee コーヒーを飲みながらぼんやり時間を過ごす.

dáw·dler [名] のんびり屋, 怠け者.

dawg /dɔ́ːg/ [間] 《俗》あらら, まあ 《驚き・困惑・愉快感を表わす》.

***dawn** /dɔ́ːn/ [名] ❶ [U,C] 夜明け, あけぼの, 暁 (daybreak): It's nearly ~. もうそろそろ夜明けだ / at ~＝at (the) break of ~ 明け方に / from ~ till dusk 夜明けから夕暮れまで / The ~ [*D*~] is breaking. 夜が明けかかっ

ている / *Dawns* seen from the top of that mountain are impressive. あの山の頂から見る夜明けは印象的だ. ❷ [the ~] (物事の)始まり, 兆し: *the* ~ *of civilization* [*the 21st century*] 文明の兆し[21 世紀の初め]. ──動 ⑪ ❶ 夜が明ける, 空が白む: The day ~*ed bright and sunny*. その日は晴天の夜明けだった. ❷ (徐々に)発達を始める;〈ものが〉現われれた, 見えだす: *A new era is* ~*ing*. 新しい時代が始まろうとしている. ❸〈事が〉〈人に〉わかり始める: *At last it* ~*ed on* [*upon*] *him what his sister really wanted*. ついに妹が本当に何をほしがっているのかということが彼にわかってきた. 《OE》(関形) auroral)

dáwn chórus 图 (夜明けの)鳥のさえずり.
dáwn·ing 图 夜明け;(新時代などの)始まり.
dáwn rédwood 图 《植》メタセコイア, アケボノスギ《中国原産, スギ科; 絶滅したと思われていたが, 現存が確認された》.

*‡**day** /déɪ/ 图 ❶ ⓒ **a** (24 時間の長さとしての)**1 日, 一昼夜, 日**;(暦の上の)日 (cf. month 1, year 1a): in a [one] ~ 1 日で / on a sunny [cold] ~ ある晴れた[寒い]日に / ⇒ lunar day, red-letter day / *What* ~ (*of the week*) *is it today?* きょうは何曜日ですか《用法 日付をたずねる時は date を用いる; ⇒ date¹ 图 1》/ *The longest* ~ *must* [*will*] *have an end*. 《諺》 どんなに長い日にも必ず終わりがある, 「驕(きょ)る平家は久しからず」. **b** [副詞的に] ...日: *every* ~ 毎日 / *every other* [*second*] ~ 1 日おきに / *one* ~ (過去の)ある日 / (未来の)いつか, そのうち / *one fine* ~ ある(晴れた)日に / *the other* ~ 先日 / *some* ~ (未来の)いつか, やがて, 他日 (用法 過去からみた未来にも用いる) / *any* ~ いつでも, いつの日でも / (*the*) ~ *after tomorrow* 明後日 《用法 《米口》ではしばしば *the* を略す》 / (*the*) ~ *before yesterday* 一昨日 《用法 《米口》ではしばしば *the* を略す》 / *this* ~ *week* 《英》来週のきょう; 先週のきょう / *He was born the* ~ (*that*) *his father left for Europe*. 彼は父親がヨーロッパに向けて出発した日に生まれた《★ the day は on the day の意). **c** 《天》(地球以外の)天体の 1 日 (1 回の自転に要する時間).

❷ **a** Ⓤ (日の出から日没までの)**日中, 昼**(間) (↔ *night*): *before* ~ 夜明け前に / *at the break of* ~ 夜明けに / *broad* ~ 昼日中に, 真っ昼間に / *D-* *is breaking*. 夜が明けてきた / *When he awoke it was* ~. 彼が目が覚めたときは昼間だった. **b** [副詞的に] 昼に (⇒ days).
❸ Ⓒ (労働[勤務]時間の)**1 日** (workday): *an eighthour* ~ 8 時間労働(制).
❹ [しばしば D~] Ⓤ Ⓒ **記念日, 祝日, 祭日; ...デー, ...日**: ⇒ Christmas Day, New Year's Day.
❺ Ⓒ 特定の日, 期日, 約束の日: *keep one's* ~ 期日を守る.
❻ Ⓒ **a** [しばしば複数形で] **時代, 時世, 時期** (cf. year 5): *the present* ~ 現代 / ⇒ salad days / *in that* [*this*] ~ そのころ[目下] / *in Shakespeare's* ~ = *in the* ~ *of Shakespeare* シェイクスピアの時代に / *in* ~*s gone by* [*to come*] 昔[将来]に / *in his school* ~*s* 彼の学校時代に / *in the* ~(*s*) *of Queen Elizabeth* エリザベス女王時代に / *the good old* ~*s* 古きよき時代, なつかしい昔 / *in those* ~*s* あの[あの]ころ[時代]は, 当時は (用法 通例 *in* を略さない; cf. these DAYS 成句) / *the best writer of his* ~ 当時の一番優れた作家 / *He has seen* [*known*] *better* ~*s*. 彼にもいい時代があった 《今は盛りを過ぎた; 今はみじめだ》. **b** [*the* ~] その時代, 当時; 現代: *men and women of the* ~ 時の人 / *the topics of the* ~ 時事的な話題.
❼ **a** Ⓤ [通例 *the* ~, *one's* ~] (人の)栄えた時, 全盛期: *She was a beauty in her* ~. 彼女は若いころは美人だった. **b** [複数形で] (人の)一生: *spend one's* ~*s in study* 一生を研究に費やす / *end one's* ~*s* 一生を終える, 死ぬ.
❽ [*the* ~] ある日の出来事;(特に)戦い, 勝負, 勝利: *lose* [*win*] *the* ~ 勝利を失う[得る], 負ける[勝つ] / *carry the* ~ 勝利を得る, 成功する.

áll dáy (**lóng**)= **áll the dáy** 一日中, 終日: *He worked all* ~ *long*. 彼は一日中働いた.
áll in a [**the**] **dáy's wórk** ⇒ work 图 成句.
ány dày (1) いつでも, いつの日でも (⇒ 1b). (2) =any DAY (of the week) 成句.

ány dáy (**nòw**) もう間もなく, もうすぐ: *The exam results are coming out any* ~ *now*. 試験の結果はもうすぐ発表になる.
ány dày (**of the wèek**) 《口》いつでも, どんな条件でも, 何がなんでも, どう考えてみても (★ 通例文尾で, しばしば can [could] とともに用いる): *I'd drink water any* ~, *rather than that disgusting wine*. どう考えてもそのまずいワインよりも水を飲むほうがましだ / *I could beat you any* ~ (*of the week*). (やれば)いつでもお前になんか勝てるさ.
(as) cléar as dáy 昼のように明らか; きわめて明白で.
at the énd of the dáy ⇒ end 图 成句.
by dáy 日中は, 昼は (↔ by night).
by the dáy (1) 日決めで: *work* [*pay*] *by the* ~ 日当てで働く[支払う]. (2) 一日一日と, 日ごとに 《★ 進行形で比較級とともに用いる》: *It's getting warmer by the* ~. 日ごとに暖かくなっている.
cáll it a dáy 《口》(1 日の)仕事(など)を切り上げる: *Let's call it a* ~ *and go home*. きょうはこれで終わりにして帰ろう.
cárry the dáy (議論などに)勝つ.
dáy áfter dáy 来る日も来る日も, 毎日毎日.
dáy and níght = **níght and dáy** 成句.
dáy by dáy 日々, 日ごとに.
dày ín and dày óut = **dày ín, dày óut** 明けても暮れても.
One's dáys are númbered ⇒ number 動 ⑪ 4.
fáll on évil dáys 不運にぶつかる.
from dáy to dáy (1) 日ごとに, 日増しに. (2) 1 日 1 日と;(将来を見通さず)その日その日で.
from óne dáy to the néxt 2 日続けて: *I never know where she'll be from one* ~ *to the next*. (日ごとに違うので)彼女がどこにいるかはるでわからない.
háve a dáy óff (勤め人などが)一日休む[休みをとる].
háve a dáy óut (1) (遊びなどのために)一日外出する. (2) 《口》思い切り使い(など)(暇をもらって)一日外出する.
Háve a níce dáy! いい 1 日を! 《★ 別れの言葉に用いる》.
háve one's dáy よい日の目を見る, 全盛時代がある: *Every dog has his* ~. 《諺》 だれでも悪い事ばかりはない《何か成功の機会もある).
have hád one's dáy 全盛期を過ぎた《昔はよかったが今はだめだ》: *The typewriter has had its* ~. タイプライターは(昔より)用いられたが)今はすたれた.
have séen [**knówn**] **bétter dáys** 昔はもっとりっぱだった[はぶりがよかった].
if a dáy ⇒ if 腰 成句.
It's nót my dáy. 今日はついてない, 今日はよくないことが起こった.
máke a person's dáy 《口》人を(その日)一日楽しませる, 大いに喜ばす: *He made my* ~ *by coming such a long way to see me*. 彼があんな遠くからわざわざ訪ねてきてくれて本当に楽しかった / *Go ahead! Make my* ~! (殴りかかってこようとする相手などに向かって)どんとこい! 大いに楽しませてもらおう《痛いめにあわせせてくれ》.
náme the dáy ⇒ name 動 ⑪ 3 c.
nót hàve áll dáy 《口》ぐずぐずしていられない: *Hurry up. I don't have all day, you know*. 急いでくれ, おれには時間がないんだ.
∴ of the dáy (レストランで)今日出される...: *salad of the* ~ 今日のサラダ.
óne of thèse dáys 近いうちに, そのうち, まもなく 《★ 特に何かよくないことがおこりそうな態度をしている人にふりかかることを言う時に用いる》.
óne of thòse dáys ついてない日, 運の悪い日.
Thát'll be the dáy. 《口》そうなったらお楽しみだ《が, そんなことは起こるまい》.
the dày áfter = **the fóllowing** [**néxt**] **dáy** その次の日(に).
the dày befóre = **the prévious dáy** その前の日(に).
the Dáy of Atónement = Yom Kippur.
the Dáy of Júdgment = Judgment Day.
the dáy of obligátion 《キ教》義務の日《ミサ[聖餐式]のため

全員が教会に行かなければならない日).
the dáy of réckoning 罪の罰せられる時; 悪事[過ち]を思い知る時《由来》「審判の日」(the Judgment Day)の意から).
the Dáys of Áwe =High Holidays.
thése days 近ごろは《用法》このまま前置詞なしで副詞的に用いる; cf. in those DAYS 名 6 a)
Thóse were the (góod old) dáys! (なつかしんで)あのころはよかった[楽しかった]!
till [úp to] thìs dáy 今日まで.
to a [the (véry)] dáy 1 日も違わず, きっちり.
to thìs dáy 今日(に至る)まで.
〖OE〗(形 副 daily; 関連 diurnal)

Day /déɪ/, **Dorothy** デイ (1897-1980; 米国のジャーナリスト・社会改革家).

da·yan /dɑːjáːn | daɪǽn/ 名 (-**ya·nim** /-nəm/) ユダヤ人の宗教裁判官; タルムードに通じている人.

Da·yan /dɑːjáːn | daɪǽn/, **Mo·she** /móʊʃə/ ダヤン (1915-81; イスラエルの軍人・政治家).

dáy·bèd 名 ソファー兼用ベッド.

dáy·bòok 名 ❶ (簿記で)取引日記帳. ❷ 日記.

dáy bòy 名 《英》(寄宿制学校の)通学男子生徒 (cf. boarder).

dáy·brèak 名 U 夜明け (dawn): at ~ 夜明けに / *D-* came. 夜が明けた.

dáy càmp 名 (夏休みに児童が行く)昼間キャンプ (宿泊はしない).

+**dáy càre** 名 ❶ C デイケア《未就学児童・高齢者・身体障害者などに行なう昼間だけのケア). ❷ C 《米》デイケアセンター.

dáy-càre 形 A デイケアの: a ~ center デイケアセンター; 保育所, 託児所.

dáy cèntre 名 《英》デイセンター (昼間だけ高齢者・身障者の介護を提供する施設).

dáy còach 名 =coach 2 a.

dáy·dàwn 名 《詩·文》夜明け (daybreak).

+**dáy·drèam** 名 白日夢, 空想, 夢想. —— 動 空想にふける.

dáy·drèamer 名 空想家.

dáy·flòwer 名 咲いた日にしぼむ花, (特に)ツユクサ.

dáy gírl 名 《英》(寄宿制学校の)通学女子生徒.

Day-Glo /-glòʊ/ 名 U 《商標》デイグロー《顔料に加える蛍光着色剤》. —— [day-glo] デイグローを使った(ような), (派手な)蛍光色の.

dáy jòb 名 昼間の仕事, 本業.

dáy làborer 名 日雇い労務者.

dáy lètter 名 《米》昼間発送電報 (低料金だが時間がかかる; 50 語が基準; cf. night letter).

Day-Lew·is /déɪlúːɪs/, **Cecil** デイルイス (1904-72; アイルランド生まれの英国の詩人).

+**dáy·light** /déɪlàɪt/ 名 ❶ U **a** 日光, 昼光. **b** 日中, 昼, 昼間: in broad ~ 真っ昼間に, 白昼に; (白昼)公然と. ❷ U 夜明け (dawn): at ~ 夜明けに / before ~ 夜明け前に. ❸ U (つながっている 2 つのものの間の)はっきり見えるすき間, あき. **béat [knóck] the (líving) dáylights òut of a person** 気を失うほど人をなぐりつける. **scare [frígten] the (líving) dáylights òut of a person** 気を失うほど人をおびえさせる. **sée dáylight** (1) 理解する. (2) <ものか>日の目を見る, 公表される; <人が>生まれる. (3) (難しい事柄などの)解決[終決]の曙光(とき)を認める, やまが見える.

dáylight róbbery 名 U 《英》法外な金を請求すること.

dáylight (sáving) tìme, dáylight sàvings tìme U 《米》日光節約[活用]時間, 夏時間(《英》summer time)《夏に時計を通例 1 時間進める; 通例 4 月から 10 月まで; 略 DST).

dáy·lòng 形 終日の[続く].

dáy núrsery 名 《英》託児所, 保育所 (《米》day care center).

+**dáy óff** 名 (働 days off) 非番の日, 休日.

dáy·pàck 名 デイパック《小型のナップザック》.

dáy púpil 名 《英》=day student.

dáy reléase 名 U 《英》研修休暇(制度).

dáy retúrn 名 U 《英》通用当日限りの(割引)往復切符 (cf. round trip).

dáy·ròom 名 (病院などの)日中娯楽室, 談話室.

days /déɪz/ 副 《米口》昼に(いつも), 日中は: They sleep ~ and work nights. 昼間寝て夜働く. 〖DAY+-^{s}〗

dáy·sàck 名 《英》=daypack.

dáy schòol 名 ❶ (寄宿制学校 (boarding school) に対して)通学学校. ❷ (夜間学校 (night school) に対して)昼間学校.

dáy shìft 名 ❶ C 昼間勤務(時間): work the ~ 昼間勤務時間に働く. ❷ U 昼間勤務者(全体).

dáy·sìde 名 〖天〗(惑星の)昼の(の)側.

dáy·stàr 名 ❶ C 明けの明星. ❷ [the ~]《詩》太陽.

dáy stúdent 名 (寄宿生に対して)通学生.

dáy súrgery 名 U (入院不要の)小手術, 日帰り手術.

+**day·time** /déɪtàɪm/ 名 [the ~] 昼間 (↔ nighttime): in the ~ 昼間に, 日中に. —— 形 昼間の: ~ activities 日中の活動 / ~ burglaries 白昼強盗.

Day-Timer /déɪtàɪmə- | -mə/ 名 《商標》デイタイマー《スケジュール手帳).

dáytime rúnning lìght [《英》làmp] 名 日中走行灯《車両の被視認度を高めるために昼間でも点灯しておくヘッドライト).

+**dáy-to-dáy** /déɪtədéɪ⁺/ 形 ❶ 日々の, 日常の: ~ occurrences 日々の出来事. ❷ その日限りの, その日暮らしの.

dáy tráding 名 U 〖証券〗デイトレーディング, 日計り商い《日中の細かな値動きに着目して, 頻繁に売買を繰り返す商い; 特にインターネットを利用したもの). **dáy tráder** 名

+**dáy tríp** 名 日帰り旅行.

dáy-trìpper 名 日帰り客[旅行者].

dáy·wèar 名 U デイウェア (ふだん着).

dáy·wòrk 名 U (時間給の)日給労務, 日雇い仕事.

daze /déɪz/ 名 [a ~] 眩惑(ぱ), ぼーっとした状態《★ 通例次の句で). **in a dáze** 目がくらんで, ぼーっとして. —— 動 (打撃・衝撃で)ぼーっとさせる, 茫然(ぼ)とさせる; <人の>目をくらます (⇒ dazed). 〖ON=疲れさせる〗

+**dazed** /déɪzd/ 形 (打撃·衝撃で)ぼーっとした, 茫然とした.

dáz·ed·ly /-zɪdli/ 副 目がくらんで, ぼーっとして.

*****dazz·le** /dǽzl/ 動 [しばしば受身で] ❶ <光が><人の>目をくらます, <目を>まぶしくする: Our eyes [We] *were* ~*d* by the car's headlights. その車のヘッドライトに私たちの目がくらんだ. ❷ <美しさ・華麗さなどが><人を>眩惑(ぱ)させる: I *was* ~*d* by her charm. 私は彼女の魅力に眩惑された. —— 名 [単数形で] まぶしく光るもの; きらめき, 華麗. 〖DAZE+-LE〗

+**dáz·zling** /dǽzlɪŋ/ 形 ❶ 目もくらむばかりの, まぶしい: sunlight [diamonds] まぶしい日光[ダイヤモンド]. ❷ 眩惑的な. **~·ly** 副

dB, db (記号)〖電・理〗decibel(s).

dbl., dble (略) double. **DBS** (略) direct broadcasting by satellite 直接衛星放送《パラボラアンテナにより直接受信できるもの); direct broadcast satellite 直接放送衛星.

dbx /díːbìːéks/ 名 U 《商標》dbx《テープ録音・放送におけるノイズ低減システム).

DC (略) 《楽》da capo; 〖電〗direct current; district court. **d.c.** (略) 〖電〗direct current. **D.C., DC** (略) District of Columbia. **DCMS** (略) 《英》Department of Culture, Media and Sports. **DD** (略) Doctor of Divinity 神学博士.

d—d /díːd, dǽmd/ 形=damned.

D̀ dày /díː-/ 名 D デー: ❶ 1944 年 6 月 6 日; 第 2 次大戦で連合軍が Normandy に上陸. ❷ 計画開始予定日, 大事な日.

DDE 〖電算〗dynamic data exchange.

DDI /díːdìːáɪ/ 名 U 〖薬〗DDI《エイズ治療に用いる抗レトロウイルス薬). 〖*di*deoxy*i*nosine の略〗

DDS (略) Doctor of Dental Science [Surgery] 歯科学[口腔外科]博士.

DDT /díːdìːtíː/ 名 U ディーディーティー《殺虫剤).

DE 《略》《米郵》Delaware.

de- /diː, dɪ/《接頭》❶「下降」: descend, depress. ❷「分離, 除去」: deprecate. ❸ 強意で: declaim, denude. ❹「悪化, 低下」: deceive, delude. ❺「否定, 逆転」: decentralize, decode.

DEA 《米》Drug Enforcement Administration 麻薬取締局 (Department of Justice の一局).

de·ac·ces·sion /dìːəksésʃən, -æk-/《米》動〈作品・コレクションの一部を〉〈新規購入資金を得るために〉売却する. ── 名 U 売却.

⁺**dea·con** /díːkən/ 名 a 《カト》助祭（司祭の補佐）. b 《英国教》執事（司祭の補佐）. ❷ 《長老教会など》執事（信者の中から選ばれる役員）. 【L<Gk=しもべ, 聖職者】

dea·con·ess /díːkənəs/ 名《プロ》❶ （教会の）女子執事. ❷ （教会の）女子慈善奉仕団員.

de·ac·ti·vate /diːǽktəvèɪt/ 動 ❶ 不活発にする, 作動しないようにする;《化》〈薬品を〉非[不]活性化する, 失活させる (disable). **de·ác·ti·và·tor**, -tə-, -tə-/ 名 **dè·ac·ti·vá·tion** /diːæktəvéɪʃən/ 名

‡**dead** /déd/ 形 （比較なし）❶ a 〈人・動物が〉死んだ, 死んでいる (↔ alive, living): a ~ body [man / shoot a person ~ 人を射殺する / He has been ~ for two years. 彼が死んで2年になる《変換》He died two years ago. と書き換え可能》/ D~ men tell no tales. 《諺》死人に口なし〈秘密を知る者は殺すのが安全》. b 〈植物など〉枯れた: ~ leaves 枯れ葉. c 生命のない: ~ matter 無機物.

❷ a 〈法律など〉無効の, 〈言語など〉すたれた, 使われなくなった; ⓟ〈議論などが〉やらない, すたれた: a ~ law 空文 (cf. dead letter 1) / ~ customs すたれた慣習 / a ~ language 死語〈古代ギリシア語やラテン語など〉 / a ~ mine 廃鉱. b 〈電池・テレビが〉切れた; 〈電話が切れた, 通じない; 〈回路など〉電流の通じていない (↔ live): a ~ battery 切れた電池, あがったバッテリー / The phone went ~. 電話が切れた[不通になった] / a ~ circuit 電流の流れていない回線. c 〈火が〉〈火の消えた, 消えた[つかない]; 〈瓶などが〉空の: a ~ match 火の消えたマッチ / ~ coals 石灰の燃えかす. d 〈飲料など〉気の抜けた: ~ beer 気の抜けたビール.

❸ a 《口・軽蔑》〈人が〉動かない, 静まり返っている: the ~ hours (of the night) 人の寝静まった時刻, 真夜中 / a ~ sleep ぐっすりと深い眠り / The village was ~ after sunset. 村は日没後静まり返っていた. b 《通例 ⓟ》《口》（死んだように）疲れ果てた, ぐったり疲れた: I'm quite ~. もうへとへとだ. c 〈風がないで, 落ちて: The wind fell ~. 風がないだ.

❹ a 生気[気力, 活気]のない;〈音・色・光など〉さえない, 鈍い: His prose is ~. 彼の散文には精彩がない / The party was completely ~. 会場は全然活気がなかった / the ~ sound of a cracked bell 割れた鐘のさえない音. b 《口・軽蔑》〈市場などが〉不活発な: the ~ season in the tourist trade 観光客中の閑散期［シーズンオフ］ / a ~ market 沈滞状態の市場.

❺ a ⓟ 無感覚の, まひした (numb): feel ~ 〈指などが〉感覚がない / Feeling in my fingers has gone ~. 指がまひした / He's ~ to reason. 彼は理屈を言っても通じない / He's ~ to pity. 彼にはあわれみの心が全然ない. b 〈声・表情などが〉感情のこもらない.

❻ 役に立たない, 非生産的な; 無意味な: ~ capital 寝ている資本 / ~ soil 不毛の土壌 / ~ formalities 虚礼.

❼ 出口[外へのふさがりと]: a ~ wall 出入り口のない壁, 平壁 ⇒ dead end.

❽ A a まったくの, 完全な: (a) ~ silence 完全な沈黙, まったくの静けさ / in a ~ faint あっけに気を失って / on a ~ level 真っ平らに / in a ~ line 一直線に / come to a ~ stop ぴたりと停止する / in ~ earnest 大まじめに. b 必然の, 的確な: a ~ certainty 必然のこと / ⇒ dead shot.

❾ 《スポ》a 試合一時停止の (↔ live): a ~ ball デッドボール (★ 試合一時停止[インプレー]でないボールのこと; 〘匿〙野球の「デッドボール」は和製英語で, 英語では hit by a pitched ball,「死球を受ける」は be hit by a pitch,「死球を与える」は hit a person with a pitch という). b 〈ボール・グラ

ウンドが〉はずまない. c 《ゴルフで》〈ボールがホールイン寸前の.
(as) **déad as a [the] dódo**《英口》(1) 完全に死んだ. (2) 完全に無効の[すたれた].
(as) **déad as múttion [a dóornail]** 完全に死んだ; まったく不活発な.
déad and búried (1) 死んで葬られて, 死んでしまって《★ 聖書「使徒行伝」から》. (2) 〈物事が〉過去のものとなって.
déad and góne《口》（もうとっくに）死んでしまって.
déad from the néck úp《口》頭が鈍くて.
déad to ríghts《米》現行犯で.
déad to the wórld ぐっすり眠り込んで; 意識不明の.
òver my déad bódy《口》自分の目の黒いうちは[だれが何と言っても]絶対に...させない.
Stríke me déad! ⇒ strike 動 成句.
wóuldn't be sèen déad《口》(...は)死んでもいやだ, (...するのは)絶対ごめんだ: I wouldn't be seen ~ wearing [in] jeans. ジーンズなんか絶対はかない / I wouldn't be seen ~ with her. 彼女と一緒なのはまっぴらだ.
── 副 （比較なし）❶ a 《英口》まったく, すっかり: ~ asleep ぐっすり眠って / ~ beat くたくたになって; 惨敗して / ~ broke 文無しで / ~ drunk ぐでんぐでんに酔っぱらって / ~ serious 大まじめな / ~ slow 最徐行で / ~ tired 疲れきって / I'm ~ against the plan その計画にまったく反対です / I'm ~ sure. 絶対に確かだ. b まさに, ちょうど: The station is ~ ahead. 駅はちょうどこの先です. ❷ 急に, ぴたりと: stop ~ ぴたりと止まる.
be déad sét 固く決意している (cf. set 動 2 b): He's ~ set on [against] living in a big city. 彼はぜひとも都会に住む[絶対に住まない]つもりだ.
dróp déad ⇒ drop 動 成句.
── 名 a [the ~; 複数扱い] 死者: the ~ and the wounded 死傷者 / the ~ and the living 死者と生者 / the quick and the ~ 生者と死者 b [the ~; 単数扱い] 死んだ状態: rise [raise] from the ~ 復活する[させる], 生き返る[らせる]. ❷ U 死人のようにひっそりした時; (寒さ・暗さの)最中: in the ~ of night =《英》 at (the) ~ of night 真夜中 / in the ~ of winter 真冬に.
~·ness 名 〖OE〗（名 death, 動 deaden, die）
déad-and-alíve 形《英》単調な, 退屈な.
déad-báll lìne 名《ラグビー》デッドボールライン《ゴールライン後方 6-12 ヤードのライン》.
déad béat 形 ⓟ《口》疲れ果てた (beat).
déad·bèat 形 ⓟ❶怠け者, のらくら者. ❷《口》無一文の人; 居候. ❸《米俗》いつも借金をしている人; 借金を踏み倒す人. ── 形《計器が〉振動なくすぐ目盛りを示す, 速示の.
déadbeat dád 名《口》甲斐性(がいしょう)なしパパ《親としての責任, 特に離婚後の養育費負担を怠っている父親》.
déad bólt 名 デッドボルト, 本締めボルト《ばねによらず鍵を回すと動く錠前用差し金》.
déad cát bóunce 名《俗》〈下落基調の相場や株価の〉一時的反騰.
déad cénter 名 [the ~] ちょうど中心. ── 副 ちょうど中心に, ど真ん中に.
déad cért 名 ⇒ cert 1.
déad dúck 名《俗》〈計画・人など〉だめな[になった]もの, 役立たず, 見込みのないもの.
déad·en /dédn/ 動 ❶ 〈音・苦痛・光沢・速力などを〉消す, 弱める; 鈍くする; 無感覚にさせる: ~ pain 痛みを緩和する / ~ sound 音を殺す, 音を出ない[聞こえない]ようにする. ❷ 〈床・壁・等の〉音抗リする. ── 自 鈍くなる. (形 dead)
⁺**déad énd** ❶ （通路などの）行き止まり; 袋小路. ❷ 行き詰まり, 窮境: reach [come to] a ~ 行き詰まる.
déad-énd 形 A ❶〈道などが〉行き止まりの: a ~ street 袋小路. ❷ 《政策・行動などが》進歩[発展]の見込みのない, 行き詰まった: a ~ job 将来性のない職. ❸《米》どん底生活の: ~ kids スラム街の子供たち, 街の浮浪児.
déad·èye 名 《海》三つ目滑車. ❷《米》射撃の名手.
déad·fàll 名《米》❶ （上から丸太などが落ちてきて野獣を捕らえる）落とし穴. ❷ （森林の）倒れ木, 枯れ落ちた枝.

déad hánd 图 U ❶ 【法】 死ん手(で)譲渡 (⇨ mortmain). ❷ 死者の影響力[圧迫感].

déad·héad 图 ❶ (優待券などによる)無賃乗客; 無料入場者. ❷ 【口】能なし, 役立たず. ❸ 《米》回送車. ❹ 《米》沈んだ[沈みかけた]流木. ── 動 ❶ 《米》回送する.

déad héat 图 ❶ 《米》接戦, 互角の戦い, デッドヒート. ❷ 《英》引き分け, 同着, 同順位.

déad-héat 動 自 〈二者が〉同着になる, 引き分ける.

déad·lèg 《英口》(大腿部にひざげりをうけたあとの)脚のしびれ.

déad létter 图 ❶ 空文 《効力を失ったのに廃止されていない法律など》. ❷ 配達不能の郵便物.

déad líght 图 ❶ 舷窓の内ぶた, デッドライト《浸水や灯火漏れを防ぐ》; 《屋根・天井の》固定式天窓.

__déad·line__ /dédlàın/ 图 締め切り(日時); 《最終》期限: meet [miss] a ~ (for…) (…の)締め切りに間に合う[遅れる].

†**déad·li·ness** 图 U 致命[致死]的なこと.

déad lóad 图 【土木・建】静[死]荷重 (↔ live load).

déad·lòck 图 ❶ U (また a ~) (勢力の拮抗(き$_{-}$)による)行き詰まり: in ~ 行き詰まって / reach [come to] a ~ 行き詰まる / break [resolve] a ~ 行き詰まりを打開する. ❷ C 本締め錠《ドアの内側についているスプリング式でない安全錠》. ── 動 自 行き詰まる《on》.

†**déad·lócked** 形 行き詰まった, 暗礁に乗り上げた.

__déad lóss__ 图 ❶ まる損. ❷ 【口】 役に立たない人[もの].

__déad·ly__ /dédli/ (**déad·li·er, -li·est; more ~, most ~**) ❶ 致命的な, 致死の, 命取りの: a ~ disease 命にかかわる病気 / a ~ poison 猛毒, 劇毒 / a ~ weapon 凶器. ❷ 《口》 はなはだしい, まったくの; dullness まったく退屈である状態》: in ~ earnest まじめに / a ~ silence 静まりかえっていること. b 非常に正確な. ❸ A 生かしてはおけない: ~ enemies 不倶戴天(ふ$_{-}$)の敵 / possess a ~ hatred for… を殺したいと思うほどの憎悪を抱く. ❹ A 死[死人]のような: a ~ paleness まっさお. ❺ 《英口》活気のない; 退屈な: a ~ lecture 退屈な講義. ❻ A 【神学】《罪悪が地獄に落ちるような: the seven ~ sins ⇨ sin 成句》. ── 副 (**déad·li·er, -li·est; more ~, most ~**) ❶ 【口】 ひどく, 恐ろしく: ~ dull まったく退屈で. ❷ 《まれ》 = deathly. 【DEAD+-LY^{1,3}】 【類義語】⇨ mortal.

déadly níghtshade 图 【植】 = belladonna.

déadly síns 图 《the ~》 【キ教】 七つの大罪 (⇨ seven deadly SINS 成句).

déad·màn 图 デッドマン《雪中・地中に埋めてロープを固定するのに用いる道具》.

déad mán 图 《俗》 (酒の)空き瓶.

déad-màn's-fíngers, -mèn's- 图 《他 ~》 ❶ 【動】 ウミトサカ《北欧のサンゴ》. ❷ 【植】 ハクサンチドリ属の各種のラン.

déad màn's flóat 图 《米》 伏し浮き 《両手を前に伸ばしてうつぶせに浮く水泳姿勢》.

déadman's hándle 图 【機】 デッドマンハンドル 《列車などで運転士の手が離れると自動的に制動がかかるハンドル》.

déadman's pédal 图 【機】 デッドマンペダル 《列車などで足を放すと自動的に制動がかかるペダル》.

déad màrch 图 葬送行進曲.

déad néttle 图 オドリコソウ, ホトケノザ 《シソ科》.

déad·pán 形 副 《口》〈顔・人など〉(特に冗談を言う時も)無表情な[に], ポーカーフェースの[で] (cf. pan^1 7).

déad réckoning 图 U 【海・空】推測航法.

déad rínger 图 ⇨ ringer^2 3.

déad·rìse 图 【海】船底勾配.

Déad Séa 图 《the ~》死海 《イスラエルとヨルダンの間にある塩湖; 世界一標高の低い湖沼(海面下 400 メートル)》.

Déad Séa Scrólls 图 《他 ~》死海写本 《死海北西部クムラン (Qumran) の洞窟などで発見された旧約聖書その他を含む古写本の総称》.

déad sét 图 猟犬が獲物を知らせる不動の姿勢.

déad shót 图 ❶ 命中弾. ❷ (百発百中の)射撃の名手.

déad sóldier 图 《俗》 (酒の)空き瓶.

déad·stòck 图 U 農機具《類》 (cf. livestock).

déad tíme 图 U 【電子】 (連続する動作が干渉しないように, 2 つの動作の間に設定される)不感時間, デッドタイム.

déad trée edìtion 图 《戯言》 《雑誌・新聞の》印刷版 《オンライン版に対して》.

déad wáter 图 U 静水, 流れない水, 死水(し$_{-}$).

déad·wéight 图 ❶ (a ~) どっしりと重いもの. ❷ a 〔負債などの〕重荷 《of》. b 重量《車両などの》自重.

deadweight tón 图 重量トン (⇨ ton 3 d).

déad·wòod 图 U ❶ 無用な人々 [もの]. ❷ 枯れ枝[木].

__deaf__ /déf/ 形 (**~·er; ~·est**) ❶ a 耳の不自由な, 耳の聞こえない: ~ and dumb 聾唖(ご$_{-}$)の / He's ~ in one ear. 彼は片耳が聞こえない. b [the ~; 名詞的に; 複数扱い] 耳の不自由な人たち. ❷ P [...に]耳を傾けないで: He was ~ to all requests for payment. 彼は支払いの依頼にはいっさい耳を貸さなかった. (**as**) **déaf as a póst** 《口》まったく耳が聞こえない. **~·ness** 图 《OE》 (動 deafen)

déaf áid 图 《英》補聴器.

déaf-blínd 形 耳と目の不自由な, 聾盲(ろう$_{-}$)の.

†__deaf·en__ /défən/ 動 他 〈人の〉耳を聞こえなくする: We were almost ~ed by the uproar. その騒ぎで耳が聞こえなくなるくらいだった. 《DEAF+-EN^3》 (形 deaf)

déaf·ened 形 (後天的に)聴力を失った.

déaf·en·ing 形 耳を聞こえなくするような: ~ cheers 耳を聾(ろう)する歓声. **~·ly** 副

déaf-múte 形 图 《差別》 聴覚と発声の不自由な(人), 聾唖(ろう$_{-}$)の.

__deal__^{1} /díːl/ 動 (**dealt** /délt/) 他 ❶ a 〈人に〉〈…を〉配る, 分配する; 〈裁き・罰を〉加える: A judge ~s out justice. 裁判官は公平な裁きをする / The money was not dealt out fairly. その金は公平に分配されなかった / She dealt (out) each child three sandwiches. = She dealt three sandwiches (out) to each child. 彼女は子供におのおの 3 個ずつサンドイッチを配った. **b** 〈人に〉〈トランプ札を〉配る 《out》: D- the cards. カードを配ってください / He dealt each player four cards. = He dealt four cards to each player. 彼は各プレーヤーに 4 枚ずつトランプを配った. ❷ 〈人に〉〈打撃を〉加える: [+目+目] ~ a person a blow = ~ a blow to a person 人に一撃を加える. ❸ 〈麻薬を〉売買する.

── 自 ❶ 〈人が〉〔問題・人を〕処理する, 扱う; 〔事態などに〕(うまく)対処する, 〈感情などを〉制御する, 整理する; 〔本・講演などが〕〈主題などを〉扱う, 論じる: ~ with a difficult problem 難問を処理する / He's hard to ~ with. 彼は扱いにくい / This book ~s with economics. この本は経済学を扱っている. ❷ a 〔商品を〕商う, 扱う: Our firm ~s largely in electronic games. わが社はもっぱら電子ゲーム機器を商っている. **b** 〔人・会社と〕取引する 《★ ~ with は受身可》: Which supplier do you ~ with? どの業者から供給を受けていますか / I ~ at that store. 私はあの店と取引する[で買い物をする]. ❸ 〔fairly などの様態の副詞を伴って〕〈人に対して〉(…に)ふるまう, 〔…を〕扱う 《★ 動との連結は受身可》: I have been well [badly] dealt with [by]. 私は優遇[冷遇]されてきた. ❹ トランプ札を配る. ❺ 麻薬を売買する.

── A (cf. lot A 1) ❶ [a (grèat [góod]) ~で] a かなり[ずいぶん]たくさんの(量) 《比較 great のほうが good よりよく使われ, 「多量」の感じが強い》: He reads a good [great] ~. 彼はかなり[ずいぶん]たくさんの本を読む. **b** [副詞的に; 強意句として more, less, too many, too much, または比較級について] かなり, ずっと, だいぶ: He smokes a good [great] ~. 彼はかなり[ずいぶん]たばこを吸う / He is a great ~ older than me [I am]. 彼は私よりずっと年が上だ. ❷ [a (góod [gréat]) ~ of…で] かなり[ずいぶん]たくさんの… 《範囲 量を表わす時に用い, a ~ of…は《古風》; 比較 数の時には a great [large] number of を用いる》: a ~ of trouble 《古風》相当の面倒 / He spends a great ~ of money. 彼はどんどん金を使う.

── B ❶ C a 〈商売上の〉取引: make [do] a ~ in

grain with...と穀物の取引をする. b (双方に好都合な)談合, 密約. ❷ [通例 a ~; 通例修飾語を伴って] 取り扱い, 仕打ち: get a raw [rough] ～ ひどい扱い[不当な仕打ち]を受ける / get a fair [square] ～ 公平[公正]な扱いを受ける. ❸ Ⓒ (社会・経済上の)政策, 計画: ⇒ New Deal. ❹ [the ~, one's ~] (トランプで)札を配ること, 配る番[権利]: It's your ~. あなたの配る番です. Bíg déal! 《口》 たいしたことはない!, なーんだ! It's a déal! それに決めた, それで手を打とう. Nó déal! 不賛成だ, 承知できない. 【OE=分ける】

deal² /díːl/ 图 Ⓤ 图 Ⓐ モミ[マツ]材(の). 《Du》

＊deal・er /díːlə | -lə/ 图 ❶ 商人, 販売業者, ディーラー; 【...の...商: a wholesale ～ 卸売商 / a (used) car ～ (中古)車の販売業者 / a ～ in antiques 骨董(Z)商. ❷ (株取引の)ディーラー. ❸ 《俗》 麻薬販売人. ❹ (トランプで)札の配り手, 「親」.

déaler・shìp 图 ❶ Ⓤ 販売権. ❷ Ⓒ 販売代理店, 特約店.

déal・fish 图 《魚》 フリソデウオ(細長い銀色の深海魚).

＊deal・ing /díːlɪŋ/ 图 ❶ [複数形で] (商)取引, 売買: have [have no] ～s with ... と(取引)関係がある[ない]. ❷ Ⓤ (他人に対する)ふるまい, 仕打ち: fair ～ 公平なふるまい.

＊dealt /délt/ 動 deal¹ の過去形・過去分詞.

de・am・i・nate /diːˈæmənèɪt/ 動 《生化》 《...から》アミノ基を取り去る. **de・am・i・na・tion** /diːˌæmənéɪʃən/ 图 脱アミノ(反応), 脱アミノ化.

⁺dean¹ /díːn/ 图 ❶ a (大学の)学部長. b (米国の大学・中等学校の)学生部長: a ～ of men [women, freshmen] 男子[女子, 新入生]学生部長. c (Oxford, Cambridge 大学学寮の)学生監. ❷ (英国教会) 地方監督[司祭] (rural dean). ❸ 指導的立場の人, 重要人物; 最古参者, 長老 (doyen, doyenne). 【F<L<Gk=十人を治める者】

dean² /díːn/ 图 谷 (vale) 《しばしば 地名に用いる》; (樹木の生えた)深い谷.

Dean /díːn/, **James** ディーン (1931-55; 米国の映画俳優).

dean・e・ry /díːn(ə)ri/ 图 ❶ Ⓒ dean の管区[邸宅]. ❷ Ⓤ dean の職[地位]. 【DEAN+-ERY】

déan's lìst 图 《米》 (大学での)優等性名簿.

＊dear /díə | díə/ 图 (~・er; ~・est) ❶ 親愛な, かわいい, いとしい: my ～ children 私の愛する子供たち / my ～ friend 一番の親友 / hold a person ～ 人をいとしく思う / They were ～ to him. 彼らは彼にとっていとしい人たちだった / Bow Church is ～ to the heart of every Londoner. ボウ教会はロンドン市民のだれもがなつかしく思う場所である. ❷ Ⓐ [D~; 手紙の書き出しのあいさつ, 演説の呼び掛けに用いて] 親愛なる: D~ George [Mary] 親愛なるジョージ[メアリー] (★ 親しい友人の間などで用いる). ❸ 《英》 (商品が)値段が法外に高い, 高価な; (店などが)高い: a ～ shop 高い店 / Beef is too ～. 牛肉は高すぎる (price を主語にすると通例 The price of beef is too high. となる). ❹ 大事な, 貴い: one's ~est wish 切なる願い / He lost everything that he held ～. 彼は大切にしているものを何もかも失った / He lost all that was ～ to him. 彼は大切なものを全部失ってしまった. **Déar [My déar] Mr. [Mrs., Miss, Ms.]** A (1) 拝啓 《用法》 私信の書き出しのあいさつ; My dear... は古風で気取った言い方). (2) ねえ, A さん 《用法》 談話でていねいな呼び掛け; 時には皮肉・抗議の気持ちを表わす). **déar òld** [lìttle] ... 《KNOW》 親愛なる[かわいい]...(さん). **Déar Sír [Mádam]** 拝啓 《用法》 商用文または未知の人への手紙の書き出しのあいさつ). **Déar Sírs [Mádams]** 拝啓 《用法》 会社・団体などへの手紙の書き出しのあいさつ). **for déar lífe** ⇒ life 成句. ── 图 Ⓒ [呼び掛けにも用いて] 《英口》 親愛なる者, かわいい人; あなた, おまえ (男女ともに用いる): What ～s they are! なんてかわいらしいこと! / Come on in, my ～. さあ, お入り / Be a ～ and make me a drink. ねえ, 飲み物を1杯つくってくれないか. **óld déar** 《英口》 =God KNOWS dear. **There's [That's] a déar.** いい子だから(しておくれ, 泣かないで); (よくしてくれた, 泣かないで)いい子だね: Don't cry, Betty, there's a ～. ベティー泣かないで, いい子だね.

── 副 (～・er; ~・est) ❶ 《英》 高価に, 高く (↔ cheap): buy cheap and sell ～ 安く買って高く売る 《用法》 この場合 dearly は用いない). ❷ 大きな代価を払って: That mistake may [will] cost him ～. その誤りは彼に高いものにつくかもしれない[だろう], その誤りのため彼はひどい目にあうかもしれない 《用法》 通例 dearly を用いる人もいる).

── 間 [驚き・あわれみ・あせり・困惑・軽蔑などを表わして] おや!, まあ!: D~, ～!=D～ me!=Oh(,) ～! おやおや!, あらまあ! 《用法》 Oh ～! のほうが一般的) / Oh ～, ～! no! いやいやだめない! **～・ness** 图 《OE》 《類義語》 ⇒ costly.

⁺dear・est /díə(ə)rɪst/ 图 親愛な人, いとしい人; あなた, おまえ.

dear・ie /díə(ə)ri/ 图 《英口》 親愛なる人, いとしい人; あなた, おまえ. **Déarie mé!** おやおや, あらまあ! 《DEAR+-IE》

Déar Jóhn (lètter) 图 《口》 (女性から男性への)絶縁状, 絶交状.

⁺dear・ly /díəli | díə-/ 副 (more ～; most ～) ❶ 心から, 切に, 深く: She loved him ～. 彼女は彼をとても愛していた. ❷ 高価に; 大きな代価を払って 《用法》 ⇒ dear 副 1, 2): The victory was ～ bought. その勝利は高い犠牲を払って得たものだ. **séll one's lífe déarly** 死ぬ前に敵に大損害を与える.

dearth /dɚːθ | dɜːθ/ 图 [a ～] 払底, 欠乏 (lack): a ～ of information 情報不足.

dear・y /díə(ə)ri/ 图 ＝dearie.

＊death /déθ/ 图 ❶ a Ⓤ Ⓒ 死, 死亡; 死に方, 死にざま; 死んだ状態: (an) accidental ～ 事故死 / (a) natural ～ 自然死, 寿命が尽きての死 / die a violent ～ 非業の最期を遂げる / fear ～ 死を恐れる / worse than ～ 死より悪い[つらい] / lie still in ～ 死んで横たわる / D~ comes to all. 死は万人に訪れる. b Ⓒ 死亡(事例); 死者: Traffic ~s are increasing. 交通事故死が増加しつつある / deaths from AIDS エイズによる死者数. ❷ Ⓤ 死の原因, 命取り (of). ❸ [the ～] (事物などの)破滅, 終わり: the ～ of our hopes [plans] 我々の希望の終わり[計画の破滅]. ❹ [D~] 《文》 死の神 《解説》 通例手に大鎌(scythe)を持った黒服 (black cloak) を着た骸骨(ｶﾞｲ)(skeleton) で表わされる).

(as) pále as déath まっさおで.
(as) súre as déath まったく確かで[に].
be at déath's dóor ⇒ door 成句.
be déath on ... を厳しく扱う, ...に手厳しい.
be ín at the déath (1) (キツネ狩りで)獲物の最期を見届ける. (2) (出来事などの)結末を見届ける.
cátch one's déath (of cóld) 《口》 ひどいかぜをしょい込む.
déath with dígnity 尊厳死, 安楽死 (mercy killing の婉曲表現).
dó...to déath 《口》 ～を何回も繰り返しすぎておもしろくなくする: This sort of story has been done to ～. この種の話はもうたくさん[うんざり]だ.
háng [hóld] ón lìke grím déath 《英口》 死んでも離さない, しがみつく.
like déath (wármed úp [《米》 óver]) 《口》 ひどく疲れて; ひどく具合が悪いように: feel [look] like ～ (warmed up [over]) ひどく疲れている[見える]; ひどく具合が悪い[見える].
pút...to déath 〈人〉を処刑する (execute); 〈...を〉殺す.
to déath (1) 死ぬまで: shoot [bludgeon] a person to ～ 人を射殺する[殴り殺す] / be burned [burnt] to ～ 焼死する / bleed [be choked] to ～ 出血死する[絞殺される] / starve to ～ 餓死する. (2) 死ぬほど, 極端に, ひどく: be tired [bored, scared] to ～ 疲れきる[退屈し, おびえ]きっている / I'm starved to ～. 腹ペコだ.
will be the déath of... (1) 〈人・ものが〉...の命取りになる: Your worrying will be the ～ of you. そんな気苦労があなたの命取りになりますよ. (2) 《戯言》 〈人・ものが〉...を死ぬほど笑わせる[困らせる, いらだたせる]: Stop! You'll be the ～ of me. やめて[もう言わないで]! (笑いすぎで)死にそう.

【OE】 形 dead, 動 die

déath àdder 名《動》デスアダー《毒ヘビ; オーストラリア産》.
déath・bèd 名 死の床, 臨終: on one's ～ 臨終に.
déath・blòw 名 [通例単数形で] ❶ 致命的打撃, 命取り: The word processor has dealt a ～ to the typewriter. ワープロはタイプライターに壊滅的打撃を与えている. ❷ 死をもたらす一撃.
déath càmp 名 (多数の人が殺される)死の収容所.
déath càp 名《菌》タマゴテングタケ《猛毒》.
déath cèll 名 死刑囚用の独房.
déath certíficate 名 (医師の署名入りの)死亡診断[証明]書.
déath cùp 名 ＝death cap.
déath dùty 名 U (以前の)相続税.
déath fútures 名 複《米俗》死亡先物《末期患者の生命保険証券を割引で買い取ること》.
déath grànt 名《英》公的)死亡給付金.
déath hòuse 名《米》死刑囚房.
déath knèll 名 ❶ 死を告げる鐘. ❷ 破滅[終わり]を予兆する出来事 (knell).
déath・less 形 不死の, 不滅の, 永久の. ～・ly 副 ～・ness 名
déath・like 形 死[死人]のような.
déath・ly 形 ❶ 死のような. ❷ 致死の; 致命的な. —— 副 ❶ 死んだように (deadly): ～ pale [cold] 死んだように青白い[冷たい]. ❷ 極端に, ひどく: He's ～ afraid of earthquakes. 彼は地震をひどく恐れる.
déath màsk 名 デスマスク《死者の顔をかたどった像; cf. life mask》.
+**déath pènalty** 名 [the ～] 死刑.
+**déath ràte** 名 死亡率.
déath ràttle 名 死前喘鳴(ぜんめい)《死に際にのどで鳴る音》.
déath ròll 名 ❶ (事故などによる)死亡者名簿. ❷ 死亡者数.
+**déath rów** /-róu/ 名《米》(ひと並びの)死刑囚監房[棟].
+**déath sèntence** 名 死刑判決.
déath's-hèad 名 しゃれこうべ(の図, 模型)《★死の象徴》.
déath's-head móth [háwkmoth] 名《昆》メンガタスズメ《欧州産の蛾; 背部にしゃれこうべのような模様がある》.
+**déath squàd** 名 (政敵などに対する)暗殺団.
déath tàx 名《米》相続税.
déath thròes 名 複 死に際の苦しみ, 断末魔; 土壇場, 体絶命.
+**déath tòll** 名 [通例単数形で] (事故・戦争などの)死亡者数.
déath・tràp 名《口》死の落とし穴《人命に危険の恐れのある建物・場所・状況・乗物》.
Déath Válley 名 デスバレー《米国カリフォルニア州南東部の乾燥盆地; 西半球で最も低い土地で海面下 86 m》.
déath wàrrant 名 ❶ 死刑執行令状. ❷ 致命的打撃, とどめ, 引導.
déath・wàtch 名 ❶ a 臨終の見取り. b 通夜. ❷ ＝deathwatch beetle.
déathwatch béetle 名《昆》シバンムシ《《由来》古い木製家具などの中に穴を掘って, かちかち立てる音は死の前兆との俗説から》.
déath wìsh 名 [通例単数形で]《心》死の願望《意識的または無意識的に自己または他人の死を願うこと》.
deb /déb/ 名《口》＝debutante.
+**de・ba・cle** /dibá:kl, dei-/ 名 ❶ 大失敗, 大失態 (fiasco); 大敗. 《F＝かんぬきをはずす》
de・bag /dì:bǽg/ 動 他《英俗》(いたずら, 罰で)〈人〉のズボンを脱がす.
De Ba・key /dəbéɪki/, **Michael** ド・ベーキー《米国の心臓外科医; 人工心臓の移植手術に初めて成功》.
de・bar /dibáə-/ -bá:/ 動 他 (**de・barred; de・bar・ring**)〈人に〉〈...(すること)を〉(法的に)禁ずる; 妨げる [from; from doing]《★通例受身》. 〖DE-＋BAR¹〗
de・bark¹ /dibáə-k/ -bá:k/ 動 他 自 ＝disembark.
　de・bar・ka・tion /dì:baə-kéɪʃən/ -ba:-/ 名
de・bark² /dì: báə-k/ -bá:k/ 動 他《木》の皮をはぐ.

de・base /dibéɪs/ 動 他 ❶ 〈...の〉品質・価値を低下させる: ～ the franc フランの価値を低下させる. ❷ a 〈人の〉人格・評判などを卑しくする, 堕落させる. b 〈~ oneself で〉品性を落とす, 面目を失う. **de・bás・er** 名 〖DE-＋BASE²〗 【類義語】⇒ degrade.
de・báse・ment /-mənt/ 名 U (品位・品質の)低下; (貨幣の)価値低下.
de・bat・a・ble /dibéɪtəbl/ 形 ❶ 論争の余地のある, 異論ある (arguable): a ～ point 議論の余地のある点; 疑わしい点 / It is highly ～ whether that is true. それが真実かどうかは大いに議論の余地がある. ❷《古》〈土地・国境など〉係争中の.
*__de・bate__ /dibéɪt/ 名 ❶ ⓒⓊ 討議, 論争: the question under ～ 論争中の問題 / hold a ～ on an issue ある問題について討論する / There has been much ～ about the bill. その法案をめぐって多くの論争があった. ❷ ⓒ 討論会. **ópen to debáte** 議論の余地があって (debatable).
—— 動 他 ❶ 〈問題などを〉討議する, 討論する: ～ an issue 問題を討論する / [＋wh.] We were *debating* which was best. どれがいちばんよいかを討論していたところだった / We are *debating what to do*. 我々は何をすべきかを討論しているところだ. ❷ 〈...を〉熟考する: ～ the issue in one's mind. その問題をじっくり考える / [＋wh.] I was *debating* (in my mind) *whether to go* [I should go] or not. 行くか行かないかを(心の中で)思案し続けていた.
—— 自 討論する, 討論に参加する: ～ *about* what measures to take どのような対策をとるかを討論する / I ～ *d with* him *on* that issue. 私は彼とその問題を論じ合った.
〖F＝戦う《DE-＋*battre* 打つ《L *battuere*; cf. batter²》〗
【類義語】⇒ discuss.
de・bát・er /-tə-/ -tə/ 名 ❶ 討論者[ディベート]参加者; 討論者. ❷ 討議者, 論客.
de・bauch /dibɔ́:tʃ/ 動 他 ❶ 〈人を〉堕落させる. ❷ 〈趣味・判断を〉低下させる. —— 名 ⓊⒸ 放蕩, 道楽. 〖F＝そむかせる《分離させる《幹から枝を払う》〗
de・báuched adj. 堕落した: a ～ person 放蕩者.
de・bauch・ee /dèbə:ʃí:, dɪbɔ:tʃí:/ -bɔ:tʃí:/ 名 放蕩者, 道楽者.
de・bauch・er・y /dɪbɔ́:tʃ(ə)ri/ 名 Ⓤ 酒色にふけること, 放蕩, 道楽: a life of ～ 放蕩生活.
de・beak /dì:bí:k/ 動 他 (共食い・けんかなどの防止のため)〈鳥の上くちばしの尖端を取り除く.
de・ben・ture /dibéntʃə-/ -tʃə/ 名 ❶《米》無担保社債. ❷《英》社債, 社債券. 〖L＝債務を負っている; cf. debt〗
debénture bònd 名《米》無担保社債.
*__de・bil・i・tate__ /dibílətèɪt/ 動 他 ❶ 〈人・健康を〉(肉体的・精神的に)衰弱させる《★通例受身》. ❷ 〈...を〉弱体化させる; 〈...を〉弱める. 〖L *debilis* 虚弱な〗
de・bíl・i・tàt・ing /-tɪŋ/ 形 ❶ 〈病気など〉衰弱させるような. ❷ 弱体化させるような.
de・bil・i・ty /dibíləti/ 名 ⓊⒸ 衰弱(した状態).
deb・it /débɪt/《簿》名 ❶ 借り方《帳簿の左側; 略 dr.》. ❷ 借り方への記入; 借入金(額), 引落とし額. —— 動 他 〈ある金額を〉〈口座から〉引き落とす; 〈口座から〉引き落とす (cf. credit): ～ ($500 *from*) a person's account 人の口座から(500 ドル)引き落とす. 〖L *debitum* 債務; cf. debt, due〗
débit càrd 名 デビットカード《利用金額が直接口座から引き落とされる銀行発行のカード》.
débit sìde 名 [the ～]《簿》借り方, 帳簿の左側《略 dr; ↔ credit side》: on *the ～* 借り方に.
deb・o・nair /dèbənéə-/ -néə/ 形《男性が》明るく愛想のいい, スマートで親切な. 〖F＜*de bon aire* 生まれの良い〗
de・bone /dì:bóʊn/ 動 他《鳥・魚などの》骨を除く.
Deb・o・rah /déb(ə)rə/ 名 デボラ《女性名》.
de・bouch /dɪbáʊtʃ, -bú:ʃ/ 動 自 [副詞(句)を伴って]〈川などが〉(狭い所から広い所へ)流れ出る; 〈軍隊などが〉(狭い所から広い所へ)出る. ～・**ment** /-mənt/ 名 ❶ Ⓤ 進出 (河川の)流出. ❷ Ⓒ 進出個所 (河川の)流出口.
de・bride・ment /dibrí:dmənt, deibri:dmá:ŋ/ 名 Ⓤ《医》創面切除(術), 創傷清拭(せいしき), 挫滅壊死組織除去[切除], デブリードマン.

de·brief /diːbríːf/ 動 他 〈特定の任務の終わった人から〉報告を受ける〔on〕.

***de·bris** /dəbríː, déibriː/ 名 U 〈破壊物の〉破片, 残骸(ざん), 瓦礫(がれき);〔地質〕(山や絶壁の下に積もった)岩くずの堆積物.〖F〗

Debs /débz/, **Eugene V(ictor)** 名 デブズ (1855–1926; 米国の労働運動指導者; 5度の社会党大統領候補).

※**debt** /dét/ 名 ❶ Ⓒ 借金, 負債, 債務: a bad ~ 貸し倒れ / a good ~ 回収の確実な貸金 / a floating ~ 一時借入金 / the National D- 国債 / a ~ of $10,000 = $10,000 ~ 1 万ドルの借金 / contract [incur] ~s 負債を生じる / owe a ~ 借金がある. b Ⓤ 借金(している状態): be in ~ 借金している / get [go, run] into ~ =fall in ~ 借金をする / get [keep] out of ~ 借金を返す[しないで暮らす]. ❷ Ⓤ(通例単数形で)(他人に)負うているもの, おかげ, 恩義: a ~ of gratitude 恩義, 義理. **a débt of hónor** 信用借り, (特に)賭博(とばく)の借金. **in débt to a person** **= in a person's débt** (1) 人に借金のある. (all) this help. 〈人〉に義理がある: I am greatly *in* your ~ *for* all this help. こんなに助けてもらってあなたに借りができました. 〖F＜L *debitum* 借金, 借りている(もの)＜*debere*, *debit*- 借りている; cf. debit, due〗

débt colléctor 名 貸金取立て代行業者.

†**debt·or** /déta/ |-ta/ 名 ❶ 借り主, 債務者 (↔ creditor): I'm your ~. 私は君に借りがある. ❷ 〔簿〕借り方《略 dr.; James Taylor dr. $1000 のように人名の後につける》.〖DEBT+-OR¹〗

débtor nátion 名 債務国 (↔ creditor nation).

débt óverhang 名 Ⓤ 債務過剰.

débt retírement 名 Ⓒ,Ⓤ (特に銀行からの)債務の弁済.

de·bug /diːbʌ́g/ 動 他 (**de·bugged; de·bug·ging**) ❶ 〔電算〕〈プログラムなどの〉不備な点を探して修正する, バグを取り除く, デバッグする. ❷ 〈部屋などから〉盗聴器を取り除く. ❸ 〈米〉〈…から〉害虫を除く.

de·búg·ger 名 〔電算〕 デバッガー: **a** デバッグをする人. **b** (また **debúg prògram**) プログラムのデバッグを支援するプログラム.

de·bunk /diːbʌ́ŋk/ 動 他 〈口〉〈人・制度・思想などの〉正体を暴露する, すっぱぬく.

de·burr, -bur /diːbə́ː/ |-bə́ː/ 動 他 ❶ 機械加工品のかえり[まくれ]を取り除く. ❷ 羊毛の汚れやくずを取り除く.

de·bus /diːbʌ́s/ 動 他 〈英〉《主に軍》バス[車]から降ろす[降りる].

De·bus·sy /débjusíː, débjúːsi / dəb(j)uːsíː/, **Claude** /klóːd/ 名 ドビュッシー (1862–1918; フランスの作曲家).

***de·but** /deibjúː, -ˊ-/ 名 デビュー, 初登場, 初演[舞台]; (社会生活の)第一歩; 〈古風〉(若い女性が)初めて(正式に)社交界に出ること: make one's ~ デビューする. ── 動 自 〈…として〉デビューする〈as〉.〖F＜DE-+*but* 目標, 目的〗

deb·u·tant /débjutɑːnt | -taŋ/ 名 初舞台の俳優; 社交界に初めて出席する人.

deb·u·tante /débjutɑːnt/ 名 初めて社交界に出る女性 (deb); 初舞台の女優; 初出演の女性音楽家.

dec. 《略》deceased; decimeter; declension; decrease.

Dec. 《略》December.

dec- /dek/ 《母音の前にくるときの》deca- の異形.

deca- /déka/〔連結形〕「10(倍)」(⇒ metric system).〖L＜Gk=10〗

dec·a·dal /dékəd^l/ 形 decade の. **-ly** 副

*****dec·ade** /déke_{Id}, -ˊ-/ 名 ❶ 10 年間: for the last several ~s ここ数十年間 / the first ~ of this [the 21st] century 今[21]世紀の初めの 10 年間. ❷ /dékəd/ 〔カト〕ロザリオの一組.〖F＜L＜Gk=10 個一組; cf. deca-〗

dec·a·dence /dékədəns, -dns/ 名 Ⓤ ❶ 衰微, 堕落. ❷ 〔芸術〕退廃, デカダン.〖F＜L=衰退, 腐食＜*decadere* 朽ちる; ⇒ decay〗

†**dec·a·dent** /dékədənt, -dnt/ 形 ❶ 退廃的な. ❷ 〔芸術〕退廃期の, デカダン派の. ── 名 ❶ 退廃的な人. ❷ デカダン派の芸術家[文士]. **~·ly** 副 〖F; ↑ からの逆成〗

---

de·caf, 〈英〉 **de·caff** /díːkæf/ 形 《口》=decaffeinated. ── 名 Ⓤ カフェイン抜きのコーヒー[紅茶].

de·caf·fein·ated /diːkǽfənɪtɪd/ 形 カフェイン抜きの: ~ coffee カフェイン抜きコーヒー.

dec·a·gon /dékəgɑ̀n | -gən/ 名 十角形, 十辺形.

dec·a·gram, 〈英〉 **dec·a·gramme** /dékəgræ̀m/ 名 デカグラム《メートル法の重量の単位; =10 grams》.

dec·a·he·dron /dèkəhíːdrən, -hédrən/ 名 (**働 -dra** /-ə/, **~s**)〔数〕十面体. **dec·a·he·dral** /dèkəhíːdrəl | -hédrəl/ 形

de·cal /díːkæl, dɪkǽl/ 名 =decalcomania 2.

de·cal·ci·fi·ca·tion /diːkæ̀lsɪfɪkéɪʃən/ 名 Ⓤ 脱石灰.

de·cal·ci·fy /diːkǽlsəfàɪ/ 動 〈…から〉石灰質を除く, 脱灰する. **-cál·ci·fi·er** 名

de·cal·co·ma·ni·a /dɪkæ̀lkəméɪnia/ 名 ❶ Ⓤ デカルマニー《特殊な用紙に描いた図案・絵などをガラスや陶器に写す方法》. ❷ Ⓒ デカルコマニーで描いた図案[絵].

dec·a·li·ter, 〈英〉 **dec·a·li·tre** /dékəlìːtə | -tə/ 名 デカリットル《メートル法の容量の単位; =10 liters》.

Dec·a·logue, 〈米〉 **Dec·a·log** /dékəlɔ̀ːg | -lɔ̀g/ 名 [the ~] 〔聖〕(モーセの)十戒 (the Ten Commandments).〖L＜Gk; ⇒ deca-, -logue〗

dec·a·me·ter, 〈英〉 **dec·a·me·tre** /dékəmìːtə | -tə/ 名 デカメートル《=10 meters》.

de·camp /dɪkǽmp/ 動 自 ❶ (急に, ひそかに)逃亡する. ❷ 〈軍隊が〉野営を引き払う. **~·ment** 名 〖DE-+CAMP〗

dec·a·nal /dɪkéɪn(ə)l, dékənl/ 名 dean¹ の; 教会内陣南側の (↔ cantorial). **-ly** 副

dec·ane /dékeɪn/ 名 Ⓤ〔化〕デカン《メタン列炭化水素》.

de·ca·ni /dɪkéɪnaɪ/ 形 (教会の)南側(聖歌隊)《通例最高声部が配される》.

de·cant /dɪkǽnt/ 動 他 〈瓶詰のワインなどを〉静かにデカンターに移す.〖DE-+CANT²〗

de·cant·er /dɪkǽntə | -tə/ 名 デカンター《栓付きの食卓用ガラス瓶; 主にワイン入れ》.〖↑+-ER¹〗

de·cap·i·tate /dɪkǽpətèɪt/ 動 他 〈人〉の首を切る. **de·cap·i·ta·tion** /dɪkæ̀pətéɪʃən/ 名 Ⓤ,Ⓒ 断頭, 斬首.〖L＜DE-+*caput*, *capit-* 頭+-ATE²〗

dec·a·pod /dékəpɒ̀d | -pɔ̀d/ 名 形 十脚類(の)《イカなど》.〖DECA-+*pod* 足〗

de·car·bon·i·za·tion /diːkɑ̀ːbənɪzéɪʃən | -kɑ̀ːbənaɪz-/ 名 Ⓤ 炭素除去[脱失], 脱炭素, カーボン.

de·car·bon·ize /diːkɑ́ːbənàɪz | -kɑ́ː-/ 動 他 〈内燃機関のシリンダー壁などの〉炭素を除く, 脱炭素処理する. **-iz·er** 名

de·car·box·yl·ase /diːkɑːbɑ́ksəlèɪs | -kɑːbɔ́k-/ 名 〔生化〕デカルボキシラーゼ《アミノ酸などの脱炭酸酵素》.

de·càrboxylate /diː-/ 動 他 〔化〕〈有機化合物から〉カルボキシ基を除去する; 〔生化〕〈アミノ酸・たんぱく質から〉二酸化炭素分子を除去する.

de·càrboxylátion /diː-/ 名 Ⓤ,Ⓒ〔化〕脱カルボキシル基; 〔生化〕脱カルボキシル反応, 脱炭酸(反応).

de·car·bur·i·za·tion /diː-/ 名 Ⓤ,Ⓒ〔冶〕脱炭《鉄合金などの表面から炭素を除去すること》.

de·cár·bur·ize /diː-/ 動 他 〔冶〕脱炭する.

dec·a·style /dékəstàɪl/ 形 〔建〕十柱式の(表玄関).

dec·a·syl·lab·ic /dèkəsɪlǽbɪk/ 名 形 十音節詩行(の).

dec·ath·lete /dɪkǽθliːt/ 名 十種競技の選手.

de·cath·lon /dɪkǽθlɑn | -lən/ 名 Ⓒ[通例 the ~] 十種競技《醒醒》 1 日目の 100 メートル競走・走り幅跳び・砲丸投げ・走り高跳び・400 メートル競走, 2 日目の 110 メートル障害競走・円盤投げ・棒高跳び・槍投げ・1500 メートル競走の 10 種目で競う; 男子陸上競技種目; cf. pentathlon》.〖F＜DECA-+Gk *athlon* 競技〗

***de·cay** /dɪkéɪ/ 動 自 ❶ 腐食, 腐朽; 虫歯に: prevent dental [tooth] ~ 虫歯を防ぐ. ❷ 衰微, 衰退; 退廃: moral ~ 道徳的退廃. ❸ 〔理〕(放射性物質の)崩壊: radioactive ~ 放射性崩壊. **be in decáy** 腐っている; 衰

微している. **fáll into decáy**=**gò to decáy** 腐る, 朽ち果てる; 衰弱する. —— 動 ⓐ ❶ **a** 腐る, 腐敗する《比較 rot のほうが一般的で, 特に悪臭があることを含意する》. **b** 〈歯が〉虫歯になる. ❷ 〈体力などが〉衰える, 衰退する; 堕落[退化]する: Spain's power ~ed after her Armada was destroyed. スペインは無敵艦隊の壊滅後その勢力が衰えた. 【理】〈放射性物質が〉(自然)崩壊する. —— ⓑ ❶ 〈…を〉腐らせる, 腐敗[崩壊]させる. ❷〈歯を〉虫歯にする: a ~ed tooth 虫歯. 〖F=朽ちる, 衰える＜DE-+L cadere 落ちる (cf. case¹)〗

Déc·can /dékən/ [the ~] デカン高原《インド半島östを成す高原》.

decd.《略》deceased.

de·cease /dɪsíːs/《法》名 Ⓤ 死亡. —— 動 ⓐ 死ぬ. 〖F=死, 出発; ⇒ de-, cease〗【類義語】⇒ **die¹**.

de·ceased /dɪsíːst/ 形 ❶ 死去した, 故の: one's ~ father 亡父. ❷ [the ~; 名詞的に; 単数または複数扱い] 故人.

de·ce·dent /dɪsíːdənt, -dnt/ 名 《米法》死者, 故人.

*__**de·ceit**__ /dɪsíːt/ 名 ❶ Ⓤ 詐欺, ぺてん, 虚偽 (deception): discover a person's ~ 人の詐欺行為を見破る. ❷ Ⓒ 策略, たくらみ. 〖F〗《動 deceive》

de·ceit·ful /dɪsíːtf(ə)l/ 形 ❶〈人が詐欺(誌)の, ぺてんの, 偽りの: a ~ man 実のない男. ❷〈外見など〉人を誤らせやすい: Appearances are often ~. 外見はとかく人を誤らせやすい. **~·ly** /-fəli/ 副 **~·ness** 名

*__**de·ceive**__ /dɪsíːv/ 動 ⓑ ❶ **a**〈人を〉だます, 欺(あざむ)く;〈人に〉思い違いをさせる: Her abrupt manner ~d me. 彼女の無愛想な態度に惑わされた / Don't be ~d by appearances. 外見に惑わされてはいけない / He was ~d into accepting the painting as genuine. 彼はだまされてその絵が本物だと信じた. **b**〈人を〉誤らせる,〈人に〉誤解させる (mislead): Do my ears ~ me or is that Jane? 私は聞き間違えたのだろうか, それともあれは(確実に)ジェインなのだろうか. ❷ [~ oneself で] 甘やかし自らを欺かす; 思い違いをする. ❸《古風》〈配偶者などを〉裏切る. —— ⓐ だます, 詐欺を行なう. 〖F＜L=だます, 〈わなにかける＜DE-+capere, capt-, -cip-つかまえる (cf. case¹)〗《名 deceit, deception, 形 deceptive》【類義語】⇒ **cheat**.

de·céiv·er 名 欺く人[もの], 詐欺師.

de·céiv·ing·ly 副 偽って, 欺いて: It looked ~ easy to do. それは容易にできるように見えたがそうはいかなかった.

de·cel·er·ate /diːsélərèɪt, dì-/ 動 ⓑ ❶ 速度を落とす, 減速する (↔ accelerate). **de·cel·er·a·tion** /dìːsèləréɪʃən, dì-/ 名 Ⓤ ❶ 減速. ❷ 【理】減速度 (↔ acceleration). 〖F〗《⇒ (AC)CELERATE》

*__**De·cem·ber**__ /dɪsémbə | -bə/ 名 12月《略 Dec.; 用法は ⇒ **January**》. 〖F＜L=10月; ローマ暦で一年は今の3月を始めとしたことから; cf. deca-〗

*__**de·cen·cy**__ /díːs(ə)nsi/ 名 ❶ Ⓤ 見苦しくないこと, 良識にかなっていること,(言動・服装など)きちんとしていること, 礼儀正しさ; 良識; 体面形: for ~'s sake 体面[体裁]上 / an offense against ~ = a breach of ~ 不作法 / public ~ 世間体 / have the ~ to do…するだけの礼儀をわきまえている《否定・命令・疑問文で人を責めるのに用いる》: Have the ~ to apologize! 謝りなさい. ❷ [the decencies] 礼儀, 作法: observe the decencies 作法を守る. **b** 人並みの[快適な]生活に必要なもの. 《形 decent》

de·cen·ni·al /dɪséniəl/ 形 10年間[ごと]の. —— 名《米》10年祭. **~·ly** 副 〖L<decem 10+annus 年+-AL〗

*__**de·cent**__ /díːs(ə)nt/ 形 (**more ~; most ~**) ❶ 〈主に口〉(質など)まともな, よい, 十分な; ほどほどの, そこそこの (reasonable): a ~ hotel [income] そこそこのホテル[収入] / a ~ striker それなりによいストライカー / a ~ chance 十分な機会. ❷ 見苦しくない, 良識にかなっている, ちゃんとした, きちんとした; 礼儀正しい (respectable, ↔ indecent): ~ clothes きちんとした服装 / a ~ living まともな暮らし / It is not ~ to laugh at a funeral. 葬式の時に笑うのは不作法である. ❸ 親切な, 感じのいい, 寛大な, 同情的な: a ~ person 感じのいい人 / [+of+代名(+to do)] It's awfully ~ of you to come and see me off. 見送りにおいでいただいてどうもありがとうございます / The lecturer was ~ about my absences.《主に英》その講師は私の欠席に寛大であった. ❹《口》〈人が〉(人前に出られる程度に)何か着ていて, 裸でなくて: I'm not ~. 私は(まだ下着などだけで)服を着ていませんから(など).
〖F＜L=適している〗《名 decency》

de·cen·ter /diːséntə | -tə/ 動 ⓑ ❶ 中心から外に出す[そらす], 周辺に追いやる. ❷〈小説の主題などから〉外す, 周辺化する.

décent·ly 副 ❶ まともに, 十分に; そこそこに. ❷ 見苦しくなく, きちんと. ❸ 親切に; 礼儀正しく.

de·cen·tral·i·za·tion /dìːsèntrəlɪzéɪʃən | -laɪz-/ 名 Ⓤ 分散; 集中排除, 地方分権.

*__**de·cen·tral·ize**__ /dìːséntrəlàɪz/ 動 ⓑ〈行政機・人口などを〉分散させる, 地方分権にする: ~ authority 権力を分散させる. —— ⓐ 分散化する, 地方分権化する. 〖DE-+CENTRALIZE〗

*__**de·cep·tion**__ /dɪsépʃən/ 名 ❶ Ⓤ 欺(あざむ)くこと, 惑わし, 欺瞞(ぎまん)する: practice ~ on a person [the public] 人[世間]をだます. ❷ Ⓒ 詐欺(誌)手段; ごまかし, ぺてん. 《動 deceive》

*__**de·cep·tive**__ /dɪséptɪv/ 形 人を欺(あざむ)く[誤解させる]ような; 当てにならない (misleading): Appearances are very often ~. 見かけは往々にして当てにならない. **~·ly** 副 **~·ness** 名

de·cer·e·brate /dìːsérəbrèɪt/ 動 ⓑ〈…の〉大脳を除去する, 除脳する;〈…の〉大脳活動を停止する. —— 形 /-brət, -brèɪt/ 除脳の: ~ rigidity 除脳硬直[固縮]. —— 名 /-brət/ 除脳動物, 除脳者. **de·cer·e·bra·tion** /dìːsèrəbréɪʃən/ 名

dec·i- /désə/ 《連結形》「10分の1」(⇒ **metric system**). 〖L decimus 10分の1; ⇒ decimal〗

dec·i·bel /désəbèl/ 名 【電・理】デシベル《電力・音などの大きさを表す単位; 記号 dB, db》. 〖↑ +BEL〗

*__**de·cide**__ /dɪsáɪd/ 動 ⓑ ❶ 決める, 決定する (★ ~ on は受身可): I haven't ~d yet. まだ決めていません / ~ on a name for…の名を決める / I've ~d on buying a new car. 新しい車を買うことに決めた / He ~d against investing in the company. 彼はその会社に投資するのをやめることにした《変換 He ~d not to invest in the company. と書き換え可》/ It is difficult to ~ between the two opinions. その二つの意見のうちどちらに決めてよいか難しい / He hasn't ~d about the date of the wedding. 彼はまだ結婚式の日取りを決めていない. ❷〈…に有利[不利]に〉判決を下す: The judge ~d against [for, in favor of] the defendant. 裁判官は被告人に不利な[有利な]判決を下した.

—— ⓑ 〈人が×…しようと〉決心する, 決意する; 判断する《用法 この意味では通常は名詞・代名詞は用いない》: [+to do] He ~d to postpone his departure. 彼は出発を延ばすことに決めた《用法 [+doing] は間違い》/ [+(that)] He ~d that he'd postpone his departure. 彼は出発を延ばすことに決めた. ❷〈…を〉決定する, 決める: [+(that)] It has been ~d that the conference will be held next month. 会議は来月開くことに決定された / [+wh-] He has ~d when he will go [what he will do]. 彼はいつ行くか[どうするか]を決めた / She could not ~ which way to go. 彼女はどっちの道を通ってよいか決心がつかなかった. ❸ **a**〈人が〉〈論争・問題などを〉解決する;〈判事が〉〈事件に〉〈有利[不利]に〉判決を下す: I leave that matter for you to ~. その問題はあなたに任せます / The judge ~d the case for [against] the plaintiff. 判事はその事件を原告に有利[不利]に判決した. **b**〈ことが〉〈…を〉決める, 決着させる: That battle ~d the war. その戦闘で戦争の勝敗が決まった / His home run ~d the game. 彼のホームランで試合が決まった. ❹〈ことが〉〈人に〉〈(…する[しない])決心させる: [+to do] What finally ~d him to support you? 何でいよいよ彼はあなたを支持しようという気持ちになったのか / That has ~d me. それで私の決心がついた《用法 to do を略した形》/ What ~d him

against support*ing* you? 彼があなたを支持しない決意をしたのはなぜですか.
〖F＜L＝決心する, 完全に切り離す＜DE- +*caedere, -cidere, caes-, -cis-* 切る (cf. cement, circumcise, concise, excise, occasion, precise, scissors)〗 ([名] decision, [形] decisive)
【類義語】**decide** 迷いや疑念をたち切ってある行動をとる. あるいはある判断を下す. 一般的な語. **determine** よく考え, または調べた上で決定する; 一度決定したら変更しない気持を暗示する. **settle** 最終的に決定する. **resolve** 決めたことを必ず実行する[しない]という強い決意を示す.

de·cid·ed /dɪsáɪḍɪd/ [形] (more ～; most ～) ❶ 決定的な, はっきりした, 明確な (definite). ❷ 〈人・性格など〉決然とした, 断固とした: a person of ～ manner 果断に振る舞う人. ❸ [A] 〔法〕解決した, 判決の出た.

+**de·cíd·ed·ly** [副] (more ～; most ～) ❶ 確かに, 明らかに, 断然: This is ～ better than that. このほうがあれより断然すぐれている. ❷ 断固として, きっぱりと: answer ～ きっぱり答える.

de·cíd·er /-ḍə | -də/ [名] ❶ 《英》決勝試合[レース]. ❷ 《英》決勝点. ❸ 決定者; 決め手.

de·cíd·ing /-ḍɪŋ/ [形] [A] 決定的な, 決定力のある: She cast the ～ vote. 彼女は賛否を決定する一票を投じた. ～·**ly** [副]

de·cid·ua /dɪsíʤuə | -djuə/ [名] (複 **-u·ae** /-ʤuìː | -dju-/, **-u·as**) 〔解〕脱落膜《子宮内側の粘膜で, 分娩のとき失われる》. **de·cíd·u·al** /-əl/ [形]

de·cid·u·ous /dɪsíʤuəs | -dju-/ [形] ❶ 〔生〕**a** 落葉性の: a ～ tree 落葉樹. **b** 〈葉・歯・角など〉(ある時期に)落ちる, 抜ける: a ～ tooth 乳歯. ❷ はかない; 一時的な.

dec·i·gram, 《英》**-gramme** /désəgræ̀m/ [名] デシグラム《メートル法の重量の単位; ＝1/10 gram; 略 dg》.

dec·ile /désaɪl/ [名][形] 〔統〕十分位数(の), デシル(の)《総量を 10 等分したものの任意の 1 個の数量》.

dec·i·li·ter, 《英》**-li·tre** /désəlìːṭə | -tə/ [名] デシリットル《メートル法の容量の単位; ＝1/10 liter; 略 dl》.

dec·i·mal /désəm(ə)l/ 〔数〕[形] (比較なし) ❶ 十進法の: ～ arithmetic 十進算 / (a) ～ classification (図書)十進分類法 / a ～ currency 十進法通貨(制度) / ～ notation 十進記数法 / the ～ system 十進法 / go ～ (通貨の)十進法を採用する. ❷ 小数の: a ～ point 小数点. — [名] 小数 (decimal fraction): a circulating [recurring, repeating] ～ 循環小数 / an infinite ～ 無限小数. 〖L＜*decimus* 10 分の 1＜*decem* 10〗

décimal fràction [名] 〔数〕小数 (cf. common fraction).

dec·i·mal·i·za·tion /dèsəməlɪzéɪʃən | -laɪz-/ [名] [U] (貨幣・度量衡の)十進法化[制].

dec·i·mal·ize /désəməlàɪz/ [動] [他] 〈通貨・度量衡を〉十進法化する.

déc·i·mal·ly /-məli/ [副] 十進法で; 小数で.

décimal place [名] 〔数〕小数位; 小数点以下の桁数.

+**dec·i·mate** /désəmèɪt/ [動] [他] ❶ 〈疫病・戦争などが〉〈…の〉多くを殺す: a population ～*d* by disease 病気で激減した人口. ❷ 〈…を〉(急激に)弱体化する, 弱める, 衰退させる, 〈…の〉力[効力(など)]を弱める. ❸ (特に, 古代ローマで処罰として)〈反乱グループなどの〉10 人ごとに 1 人を殺す. 〖L＜*decimus* 10 分の 1; ⇨ decimal; cf. 語義 3〗

dec·i·ma·tion /dèsəméɪʃən/ [名] [U] 多数の殺害.

dec·i·me·ter, 《英》**-me·tre** /désəmìːṭə | -tə/ [名] デシメートル《メートル法の長さの単位; ＝1/10 meter; 略 dm》.

+**de·ci·pher** /dɪsáɪfə | -fə/ [動] [他] 〈暗号・なぞを〉解読する (↔ cipher, encipher). ～·**ment** /-mənt/ [名] 〖DE-+CIPHER〗

‡**de·ci·sion** /dɪsíʒən/ [名] ❶ **a** [U,C] **決定, 決断**; 解決, 判決: ～ by majority 多数決 / come to [arrive at, reach] a ～ (***about*** one's future career) (将来の職業を)決定する / make [take] a ～ (***on*** which way *to* go) (どの道を行くか)決断する / hand down a ～ of not guilty 無罪の判決を言い渡す / This is a time of ～. 今こそ決断の時だ. **b** [C] 決議文, 決定書; 判決文. ❷ [U,C] 〈…しようとする〉**決心, 決意**: 〔+*to* do〕He made known his ～ *to* resign. 彼は辞任の決意を明らかにした / A ～ *to* resign is often painful. 辞任の決心はつらいことが多い / 〔+*that*〕The principal's ～ *that* he would resign was a surprise to me. 校長の辞任しようとの決意は私には寝耳に水だった. ❸ [U] 決断力, 果断: a man of ～ 果断の人 / act with ～ 決然と行動する / He lacks ～. 彼は決断力を欠く. ([動] decide, [形] decisive)

***decísion-màking** [名] [U] [形] 政策[意思]決定(の): a ～ process 意思決定過程.

decísion thèory [名] [U] ❶ 〔統〕決定理論《決定過程の数量化を試みる統計学の一分野》. ❷ 〔経営〕決定理論, 意思決定論《不確定な状況下での目的達成のための最適コースの選択に関する理論》.

***de·ci·sive** /dɪsáɪsɪv/ [形] (more ～; most ～) ❶ **決定的な**, 決定力のある; 重大な: a ～ ballot [vote] 決選投票 / ～ evidence [proof] 決定的な証拠 / play a ～ role in …に決定的な役割を果たす. ❷ **決断力のある**, 断固とした, きっぱりした: take ～ action on…に対して断固とした行動をとる. ❸ 明白な, 疑いのない: a ～ superiority 明白な優越. ～·**ly** [副] ❶ 決定的に. ❷ 断固として, きっぱり. ～·**ness** [名] [U] 決断, 決定. ([動] decide, [名] decision)

***deck**[1] /dék/ [名] ❶ 〔海〕(船の)デッキ, 甲板(かんぱん): the main ～ 正甲板 (cf. quarterdeck). ❷ (バス・船などの)床, 階 (cf. decker). ❸ 《主に米》(トランプカードの)ひと組 (《英》pack): a ～ of cards トランプひと組. ❹ 《主に米》テラス, 露台. ❺ テープデッキ: ⇨ tape deck. ❻ 《俗》麻薬の小さな包み. **abòve [belòw] déck(s)** 甲板の上[下]に[へ]. **cléar the décks (for áction)** 《口》闘争[活動]の準備をする. **hít the déck** 《口》床[地面]に倒れる. **on déck** (1) 〔海〕デッキに出て: be *on* ～ 甲板に出ている; 当直中である / go (up) *on* ～ 甲板に出る; 当直する《[用法] up はその船員の船室が甲板下にある場合に用いる; cf. go BELOW [副] 1 d》. (2) 待機して; 〔野〕次の番で[の]. — [動] [他] 《俗》〈人を〉殴り倒す. 〖Du＝おおい, 屋根〗

deck[2] /dék/ [動] [他] 〈…を〉〔…で〕飾る, 装飾する; [～ one*self* で] 着飾る, 飾り立てる《★ 通例受身》: The room *was* ～*ed* (***out***) ***with*** flowers. 部屋は花で飾られていた / They *were* ～*ed out in* their Sunday best. 彼らは晴れ着で着飾っていた. 〖↑〗

déck chàir [名] デッキチェア《ズック張りで折りたたみ式の安楽いす》.

deck·er /dékə | -kə/ [名] [複合語で] (…層の)バス[船(など)]: a double-*decker* (bus) 2 階建てのバス / a triple-*decker* sandwich 3 段重ねのサンドイッチ.

déck·hànd [名] 〔海〕甲板員, 平水夫.

déck·hèad [名] 〔海〕甲板下面[裏面].

déck·ing [名] [U] ❶ デッキの(上張り)用材, 甲板被覆, 敷板. ❷ 装飾.

deck·le /dékl/ [名] ❶ (紙の判の型を定める)漉桁(すきげた), デッケル. ❷ (また **déckle stràp**) デッケル《紙幅を一定に保つために, 紙漉き機のワイヤーの両側に取り付けたエンドレスのゴムバンド》.

déck·le édge /dékl-/ [名] 耳付き, デッケル, 耳《手すきの紙のぎざぎざのへり; 上等製本などにはそのまま用いる》.

déckle-édged [形] 〈紙・写真など〉(ぎざぎざの)耳付きの.

déck shòe [名] [通例複数形で] デッキシューズ《キャンバス布地とゴム底で作った平たい靴》.

decl. 《略》declension.

de·claim /dɪkléɪm/ [動] [他] 〔人に〕〈詩・文を〉誇張して朗読する 〔*to*〕. — [自] ❶ (偉そうに)熱弁をふるう, 演説する; 誇張して朗読する. ❷ 〔…を〕激しく非難[攻撃]する 〔*against*〕.

dec·la·ma·tion /dèkləméɪʃən/ [名] ❶ [U] (詩・文などの)朗読(法); 雄弁(術). ❷ [C] (大げさな)演説, 長口舌.

de·clam·a·to·ry /dɪklǽmətɔ̀ːri | -təri, -tri/ [形] 朗読風の; 演説口調の, 大げさな(調子の).

de·clar·a·ble /dɪklé(ə)rəbl/ [形] ❶ 宣言できる. ❷ 〈品物が〉申告すべき[の必要のある]: ～ goods (通関の際に)申告の必要のある物品.

de·clar·ant /dɪklé(ə)rənt/ [名] 申立人, 申告者; 裁判の

D

訴答を行なう原告; 供述者.

***dec·la·ra·tion** /dèklərέɪʃən/ [名] ❶ [C,U] **宣言**, 発表, 布告;〔愛の〕告白〔*of*〕: a ～ *of* war 宣戦布告 / make a ～ *of* love 愛を告白する. ❷ [C] (税関・税務署での)申告(書): a ～ of income 所得の申告. ❸ [C]〘法〙供述; (証人の)宣言; (訴訟における)原告の陳述. ❹ [C]〘トランプ〙切り札宣言. **the Declarátion of Húman Ríghts** 世界人権宣言《1948 年 12 月国連で採択された》. **the Declarátion of Indepéndence**〘米〙独立宣言《1776 年 7 月 4 日》. ([動] declare)

D

de·clar·a·tive /dɪklǽrətɪv/ [形]〘文法〙平叙の: a ～ sentence 平叙文《単にある事実を述べる文; 肯定文と否定文がある; cf. assertive 2》. **～·ly** [副]

de·clar·a·to·ry /dɪklǽrətɔ̀ːri | -təri, -tri/ [形] 宣言する, 明らかにする;〔…の〕現われである〔*of*〕.

‡de·clare /dɪkléə | -kléə/ [動] [他] ❶〈…を〉〈…と〉**宣言する**, 布告する, 公表する: ～ independence [a ceasefire] 独立[停戦]を宣言する / ～ war ***on*** [***against***] a nation ある国に対して戦争を布告する /〔＋目＋(*to be*) 補〕He was ～*d* guilty [a failure]. 彼は有罪[失敗者]だと宣告された / She was ～*d* the winner of the first prize. 彼女は一等賞の受賞者と発表された /〔＋目＋[過分]〕I ～ William Jones elect*ed*. ウィリアム ジョーンズが当選だと宣言します.
❷ **a**〈…を〉**言明する**: ～ one's position 自分の立場をはっきり述べる / He ～*d* his innocence. 彼は自分の潔白なことを言明した /〔＋(*that*)〕He ～*d that* he was innocent. 彼は自分が潔白であると言明した /〔＋目＋(*to be*)補〕He ～*d* himself (*to be*) innocent. 彼は自分が潔白であると言明した / He has ～*d* himself a candidate for the office. 彼はその公職への立候補を言明した /〔＋*wh.*〕He refused to ～ *which* way he would vote. 彼はどちらに投票するか明言を拒んだ《★ 否定的な文で用いる》/〔＋[引用]〕"I won't go," she ～*d*.「私は行きません」と彼女はきっぱり言った. **b** [～ one*self* で]〔…に賛成[反対]だと〕**自分の立場を表明する**, 意思表示する: He ～*d himself for* [*against*] the proposal. 彼はその提案に賛成[反対]だと表明した.
❸〈ものが〉〈…を〉示す, 表わす: The heavens ～ the glory of God. もろもろの天は神の栄光を表わす《★ 聖書「詩編」から》/ His handling of that matter ～*s* his probity. その件の取り扱い方が彼の誠実さを示している /〔＋目＋(*to be*)補〕His sullen response ～*d* him (*to be*) *guilty*. 彼のすねた反応は自分に罪があるといわんばかりのものだった.
❹ (税関・税務署で)〈課税品・所得額を〉申告する: Do you have anything to ～? 課税品をお持ちですか.
❺〘トランプ〙(ブリッジで)〈ある札を〉切り札として宣言する;〈切り札なし(の勝負)〉を宣言する.
❻〘クリケ〙〈チームの主将が〉中途で〈イニングの〉終止を宣する:〔＋目＋[過分]〕～ an innings clos*ed* イニングを中断すると宣する.
— [自] ❶《英》〔…に賛成[反対]だと〕宣言[断言, 言明]する: ～ ***for*** [***against***] war 主戦[反戦]論を唱える. ❷〘クリケ〙中途でイニングの終止を宣する.
Wéll, I (dó) decláre!《古風》これは驚いた[弱った]!, まさか!
〘F＜L＝明確にする＜DE-＋*clarus* 明らかな (cf. clear)〙([名] declaration)
【類義語】**declare** あることをはっきりと公に知らせる. **announce** 情報・人々の関心事を一般にまたは公式に初めて発表する. **publish** 一般の人が入手できる印刷物によって発表する. **proclaim** 特に重大な事件を正式に宣言する.

de·cláred [形] [A] ❶ 宣言[言明]した, 公然の: a ～ can*didate* 立候補を宣言[表明]した人. ❷ 申告した: ～ value (輸入品の)申告価格.

de·clár·ed·ly /-kléə(ə)rɪdli/ [副] 公然と.

de·clár·er /-kléə(ə)rə | -rə/ [名] ❶ 宣言者; 申告者. ❷〘トランプ〙(ブリッジで)切り札の宣言者,「ノートランプ」の宣言者.

dé·clas·sé /dèklæséɪ/ [形] 没落した, おちぶれた; 位[格]の低い, 低級な.

de·clas·si·fy /dìːklǽsəfàɪ/ [動] [他]〈書類などを〉機密情報のリストから落とす, 機密指定から解く. **de·clas·si·fi·ca·tion** /dìːklæ̀səfɪkéɪʃən/ [名] 〘DE-＋CLASSIFY〙

de·clen·sion /dɪklénʃən/ [名]〘文法〙❶ [U] 語形変化, 屈折《名詞・代名詞・形容詞の数・性・格による変化》. ❷ [C] 同一語形変化の語類.

de·clin·a·ble /dɪkláɪnəbl/ [形]〘文法〙語形変化をする.

dec·li·na·tion /dèklənéɪʃən/ [名] ❶ [U,C]〘理〙(磁針の)偏差;〘天〙赤緯《天球上で赤道からある天体へ測った角距離》. ❷ [U]《米》(正式の)辞退. 〘↓＋-ATION〙

‡de·cline /dɪkláɪn/ [名] [通例単数形で] ❶ **低下, 減少**; 下降: a (sharp) ～ ***in*** prices 物価の(急な)下落 / a ～ ***in*** the quality of employees 従業員の質の低下 / the ～ ***of*** the art of conversation 話術の低下. ❷ **衰微, 衰え**, 減退(期); 堕落: a ～ ***in*** the power of Europe ヨーロッパの勢力の衰微. ❸ 下り坂: a gentle ～ ***in*** the road 道路のゆるやかな下り勾配(こうばい). **fáll [gó] ìnto a declíne**〈人が〉(病気などで)衰える. **in declíne＝òn the declíne** 傾いて; 衰えて, 少なくなって: Absenteeism is *on the* ～. 長期欠勤[欠席]は減少している.
— [動] [自] ❶〈地位・勢力などが〉**低下する, 衰える, 堕落する**, 退歩する, 減退する: Great nations have risen and ～*d*. 大国は興亡を経てきた / His strength [health] is *declining*. 彼の体力[健康]は衰えてきた / Demand for [The price of] this software has ～*d*. このソフトウェアの需要[価格]は低下した. ❷ (ていねいに)**辞退する**, 断わる: She ～*d* with thanks. 彼女は体よく断わった. ❸ [通例副詞(句)を伴って] 傾く, 下を向く;〈夕日などが〉傾く: The valley ～*s* gently *to* a fertile plain. その谷は肥沃(ひよく)な平野へなだらかに続いている / The sun had ～*d* nearly *to* the horizon. 太陽はほとんど地平線に傾いていた. ❹〘文法〙〈名詞・代名詞・形容詞が〉(格)変化する.
— [他] ❶〈招待・申し出などを〉(ていねいに)断わる: ～ an invitation 招待を断わる / He ～*d* my offer of help. 彼は私の援助の申し出を断わった /〔＋***to*** **do**〕I ～ *to* accept. どうもお受けしかねます. ❷〈…を〉傾ける;〈頭を〉がっくりたれる: He ～*d* his head. 彼は頭をたれた. ❸〘文法〙〈名詞・代名詞・形容詞を〉(格)変化させる.
〘F＜L＝下に傾く＜DE-＋*-clinare* 傾く (cf. incline, recline)〙【類義語】⇨ refuse.

de·clín·ing [形] [A] 傾く; 衰える: the ～ day 暮れゆく日, 日暮れ / one's ～ fortune(s) 衰運 / one's ～ years 晩年.

de·cliv·i·ty /dɪklívəṭi/ [名] 下り勾配(こうばい), 下り坂 (↔ acclivity): a sudden ～ 突然の下り坂[勾配].

de·clutch /dìːklʌ́tʃ/ [動] [自]《英》(自動車の)クラッチを切る.

de·coct /dɪkɑ́kt | -kɔ́kt/ [動] [他]〈薬草などを〉煮出す, せんじる. **de·coc·tion** /dɪkɑ́kʃən | -kɔ́k-/ [名] ❶ [U] せんじ出し. ❷ [C] せんじ汁[薬]. 〘L＝煮詰める; ⇨ de-, cook〙

de·code /dìːkóʊd/ [動] [他]〈…の〉暗号を解く, 解読する;〈記号などを〉平文に直す;〘電算〙デコードする, 復号する《符号化されたデータをもとの形に復元する》(decipher; cf. encode). 〘DE-＋CODE〙

dè·cód·er /-ḍə | -də/ [名] ❶ **a** (暗号文の)解読者; 解読器. **b** (電話暗号)自動解読装置. ❷〘電算〙デコーダー, 復号器《decode するためのソフトウェア・ハードウェア》.

de·coke /dìːkóʊk/《英口》[動] [他] ＝decarbonize.
— [名] ＝decarbonization.

dé·col·le·tage /deɪkɑ̀lətάːʒ | dèɪkɔl(ə)-/ [名] ❶ [U] デコルタージュ (décolleté)《ドレスの胸元を大きく開けたネックライン》. ❷ デコルタージュのドレス. 〘F〙

dé·colle·té /deɪkɑ̀ltéɪ | deɪkɔ́lteɪ/ [形] ❶〈ドレスが〉襟ぐりをくった: a robe ～ ローブデコルテ《女性の襟なし夜会服》. ❷ [P]〈女性が〉襟ぐりをくったドレスを着た. **—** [名] ＝décolletage 1 〘F〙

de·col·o·nize /dìːkɑ́lənàɪz | -kɔ́l-/ [動] [他]〈…を〉非植民地化する,〈植民地を〉独立させる. **de·col·o·ni·za·tion** /dìːkɑ̀lənɪzéɪʃən | -kɔ̀lənaɪz-/ [名]

de·col·or·ize /dìːkʌ́ləràɪz/ [動] [他]〈…から〉色を抜く,〈…を〉脱色する; 漂白する.

de·com·mis·sion /dìːkəmíʃən/ [動] [他] ❶〈船・飛行機を〉退役させる. ❷〈原子力発電所などを〉閉じる. ❸〈武器などを〉非作動状態にする, 廃棄する.

de·com·mu·nize /diːkάmjʊnàɪz | -kɔ́m-/ 動 他《国家・制度などを》非共産化する. **de·com·mu·ni·za·tion** /diːkὰmjʊnɪzéɪʃən | -kɔ̀mjʊnaɪz-/ 名

dè·compensátion /dìː-/ 名 ① 補償作用の喪失; 〖医〗(心臓などの)代償不全.

*__de·com·pose__ /diːkəmpóʊz/ 動 他 ❶ 〈…を〉分解する: A prism ~s sunlight *into* its various colors. プリズムは日光をいろいろな色に分解する. ❷ 〈…を〉腐敗[変質]させる (decay). ── 自 ❶ 分解する. ❷ 腐敗する. 〖DE-+ COMPOSE〗

dè·com·pós·er 名 分解する人[もの];〖生態〗分解者《有機物を分解するバクテリア・菌類など》.

de·com·po·si·tion /diːkὰmpəzíʃən | -kɔ̀m-/ 名 U ❶ 分解; 解体. ❷ 腐敗, 変質.

de·com·press /diːkəmprés/ 動 他 ❶ 〈…の〉圧力を減らす, 〈…を〉減圧する. ❷〈潜水夫などを〉もとの気圧に戻す. ❸ 〖電算〗〈圧縮ファイルを〉解凍する. ── 自 ❶ 減圧する. ❷ 《口》 楽になる, リラックスする.

de·com·pres·sion /diːkəmpréʃən/ 名 U 減圧: a ~ chamber 減圧室.

decompression sìckness 名 U 〖医〗減圧症.

dè·compréssor 名 《エンジンの》減圧装置.

dè·condítion 動 他 〈人の〉体調を狂わせる, 〈…の〉健康をそこなう;〈条件反応を〉消去する, 〈動物の〉条件反応を消去する.

dè·congést 動 他 〈…の〉過密[鬱血, 充血]を緩和[除去]する. **de·congéstion** 名 **de·congéstive** 形

de·con·ges·tant /diːkəndʒéstənt/ 名 〖薬〗(特に鼻の)充血緩和剤, 鼻づまり薬.

de·cón·se·crate /diː-/ 動 他 〈神聖なものを〉俗化する;〈教会堂などを〉俗用に使う. **dè·consecrátion** 名

*__de·con·struct__ /diːkənstrʌ́kt/ 動 他 ❶ 〈…を〉分解する, 〈文学作品などを〉脱構築 (deconstruction) の方法で分析する. 〖DE-+CONSTRUCT〗

de·con·struc·tion /diːkənstrʌ́kʃən | -kɔ̀n-/ 名 U 脱構築《構造主義後のテキスト分析の方法論の一つ》. **de·con·strúc·tion·ism** /-ʃənɪzm/ 名 **dè·con·strúc·tion·ist** /-ʃ(ə)nɪst/ 名

de·con·tam·i·nate /diːkəntǽmənèɪt/ 動 他 〈…の〉汚染を除く, 〈…を〉浄化する;〈…の〉危険物質[放射能など]を除く. **de·con·ta·mi·na·tion** /diːkəntὰmənéɪʃən/ 名 U 浄化(作用), 放射能などの危険物除去法.

dè·contéxtualize 動 他 文脈から切り離して考える. **dè·contextualizátion** 名

de·con·trol /diːkəntróʊl/ 動 他 (**de·con·trolled**; **de·con·trol·ling**) 〈…に対する〉(政府などの)管理を解く, 〈…の〉統制を解除する (deregulate). ── 名 U 管理[統制]解除: (the) ~ of domestic oil prices 国内石油価格の統制解除.

de·cor, dé·cor /deɪkɔ́ːr | déɪkɔː-/ 名 ❶ U.C 装飾(様式); 室内装飾. ❷ C 舞台装置. 〖F<L↓〗

*__dec·o·rate__ /dékərèɪt/ 動 他 ❶ 〈…を…で〉飾る: ~ a room *with* pictures and flowers 部屋を花や絵で飾る / a beautifully ~*d* room きれいに飾った部屋. **b** 〈…の〉飾りとなる: Paintings ~ the walls. 絵画が壁の飾りとなっている. ❷ 《主に英》 壁・部屋などにペンキを塗る, 壁紙をはる: ~ a wall wall 壁紙をはる. ❸ **a** 〈人に〉〈…に対して〉勲章を授ける: The Queen ~*d* the explorers *for* their achievement. 女王は探検家たちの偉業に対して勲章を授けられた. **b** 〈人に〉〈…〉勲章を授ける《*with*》: He was ~*d with* the Order of Merit *for* his literary achievements. 彼は文学的業績でメリット勲章を授けられた / a heavily ~*d* general (胸にいっぱいに勲章をつけた)将軍. ❹ 《主に英》壁[部屋]に壁紙をはる, ペンキを塗る. 〖L<*decus, decor-* 飾り, 気品, 美〗 名 decoration, 形 decorative 〖類義語〗 **decorate** 単調になるのを防ぐもともとは美しくないものを特定の目的のために飾って美しくする. **adorn** 本来美しいものを飾っていっそう美しさを高める. **ornament** 装飾を施して外観をさらに美しくする.

*__dec·o·ra·tion__ /dèkəréɪʃən/ 名 ❶ C 〖通例複数形で〗装飾物: Christmas (tree) ~s クリスマス(ツリー)の飾り物. ❷ U.C 装飾, 飾りつけ: interior ~ 室内装飾. ❸ U 《英》(家の)壁紙はり, ペンキ塗り. ❹ C 勲章, 綬(じゅ). 動 decorate

Decorátion Dày 名 《米》= Memorial Day.

*__dec·o·ra·tive__ /dékərətɪv,-kərèɪt-|-k(ə)rə-/ 形 装飾(用)の, 装飾的な: ~ art 装飾美術. **~·ly** 副 **~·ness** 名 動 decorate

dec·o·ra·tor /-tə|-tə/ 名 ❶ 装飾者. ❷ 室内装飾家[業者]: ⇒ interior decorator.

dec·o·rous /dékərəs, dɪkɔ́ːrəs/ 形 礼儀正しい, 端正な; 気品のある, 上品な. **~·ly** 副 **~·ness** 名

de·cor·ti·cate /diːkɔ́ːtəkèɪt | -kɔ́ː-/ 動 他 〈…から〉樹皮[さや, 殻など]をはぎ取る, 〈…の〉皮をむく;〖医〗〈脳などの〉皮質を除去する, 剥皮(はく)する. ── 形 外皮のない, 剥皮した. **de·cór·ti·cà·tor** /-tə|-tə/ 名 剥皮機.

de·cor·ti·ca·tion /diːkɔːtəkéɪʃən | -kɔːt-/ 名 U 剝皮(術), 皮質除去[剝離](術).

de·co·rum /dɪkɔ́ːrəm/ 名 U ❶ (動作の)端正, 礼儀正しさ; (りっぱな)行儀作法, エチケット (propriety): observe proper ~ きちんと礼儀正しくふるまう. ❷ C 〖通例複数形で〗《古》礼節. 〖L=適切, 美; ⇒ decorate〗

dé·cou·page /dèɪkuːpάːʒ/ 名 U 紙の切り抜きで作る装飾. 〖F〗

de·cou·ple /diːkʌ́pl/ 動 他 ❶ 切り離す, 分断する. ❷ 〖電子工〗減結合する《回路間のエネルギーの移動・帰還を防ぐため結合度を下げる》. **dè·cóu·pler** 名 **dè·cóu·pling** 名

*__de·coy__ /díːkɔɪ, dɪkɔ́ɪ/ 名 ❶ **a** おとり, おとりに使われるもの[人]: a police ~ おとりの刑事. **b** 《カモなどを猟銃で撃つために》おびき寄せる仕掛け, デコイ《模型の鳥など》. ❷ (カモ猟などの)おとり池, おびき寄せる場所. ── /dɪkɔ́ɪ/ 動 他 〖副詞(句)を伴って〗おびき寄せる, 誘惑する; おびき出す. 〖Du *de kooi* the cage<L *cavea*; ⇒ cage〗〖類義語〗⇒ lure[1].

*__de·crease__ /dɪkríːs, dí:kriːs/ 動 自 減少する; 低下する;〈力などが〉衰える (↔ increase). ── 他 〈…を〉減少させる, 低下させる: ~ pollution 汚染を減少させる. ── /díːkriːs, dɪkríːs/ 名 ❶ C.U 減少, 縮小: a rapid ~ *in* population 人口の急減. ❷ C 減少量[額]. **òn the décrease** 次第に減少して(いる). 〖F<L=小さく[少なく]なる<DE-+*crescere* 成長する (cf. crescent)〗〖類義語〗 **decrease** 大きさ・数・量などが次第に減っていく, 減らす. **dwindle** だんだん少なく[小さく]なって, しまいになくなってしまう. **lessen** 「減少する, 減少させる」意であるが, 急激な減少にもごく緩慢な減少にも使われる. **diminish** 全体から取り去ることで減少する, 減少させる. **reduce** 大きさ, 程度などを小さくする. 低くする.

de·creas·ing·ly /dɪkríːsɪŋli/ 副 次第に減少して; 漸減して.

*__de·cree__ /dɪkríː/ 名 ❶ 法令, 命令, 布告: issue a ~ 法令を発布する / order by ~ 命令で命じる《★by ~ は無冠詞》/ [+*that*] issue a ~ *that* foreigners (should) be expelled 外国人を追放せよとの法令を出す. ❷ 《裁判所の》命令, 判決. ── 他 〈…を〉法令として布告する: ~ the abolition of slavery 奴隷制度の廃止を布告する / [+*that*] ~ *that* slavery (should) be abolished 奴隷制度を廃止すべしと布告する. ❷「天・運命が…ということを〉定める, 決定する. ── 自 法令を発布する. 〖F<L *decernere, decret-* (公に)決定する<DE-+*cernere* 分ける, 決める (cf. certain)〗

decrée ábsolute 名 〖法〗離婚確定判決.

decrée nísi /-náɪsaɪ/ 名 〖法〗離婚仮判決《期限《今は6週間》内に相手方の異議がなければ確定判決となる》.

dec·re·ment /dékrəmənt/ 名 ❶ C.U 減少, 漸減. ❷ C 減少量[高] (↔ increment). ── 動 他 〖電算〗〈数量を〉減数的に減らす.

de·crep·it /dɪkrépɪt/ 形 ❶ 老いぼれの, よぼよぼの; (病気で)弱った. ❷ (古くなって)がたがたの.

de·crep·i·tate /dɪkrépətèɪt/ 動 他 〈塩・鉱石などを〉煆焼(かしょう)[焙焼(ばいしょう)]してパチパチいわせる, パチパチいわなくなるまで煆焼[焙焼]する. ── 自 〈塩などが〉パチパチと音をたてる. **de·crep·i·ta·tion** /dɪkrèpətéɪʃən/ 名

de・crep・i・tude /dɪkrépətjùːd | -tjùːd/ 图 ⓤ ❶ 老いぼれ(の状態), もうろく, 虚弱. ❷ 老朽.

decres., decresc. 《略》《楽》decrescendo.

de・cre・scen・do /dìːkrəʃéndou, dèɪ-/ 《楽》形 副 デクレシェンド, 次第に弱い[弱く] (diminuendo) 《略 decres(c); 記号》; ↔ crescendo). ― 名 (徴 ~s) 漸次弱音; 漸次弱音楽節. 〖It〗

de・cres・cent /dɪkrés(ə)nt/ 形 《月の》下弦の (cf. crescent 1).

de・cre・tal /dɪkríːtl/ 图 教皇教令, (特に)回勅; [複数形で] 教皇教令集. ― 形 教皇教令[回勅]の.

de・crim・i・nal・ize /dìːkrímənəlàɪz/ 動 他 犯罪の枠からはずす, 解禁する.

de・cry /dɪkráɪ/ 動 他 《…を》非難する, けなす (condemn): He *decried* the mayor's use of sexist language. 彼は市長の性差別語の使用を非難した. 〖F < DE- + *crier* to CRY〗

de・crypt /dɪkrípt/ 動 他 《暗号を》解読[翻訳]する. **de・cryp・tion** /dɪkrípʃən/ 图.

de・cu・bi・tus /dɪkjúːbətəs/ 《医》图 (徴 -ti /-tàɪ/) 臥床姿勢, 臥位.

decúbitus úlcer 图 = bedsore.

de・cum・bent /dɪkʌ́mbənt/ 形 《植》《茎・枝・幹が》傾状の 《地面をはいながら先端が上向いた》.

dec・u・ple /dékjupl/ 形 10倍の. 〖F < L; ⇒ deca-, -ple〗

de・cur・rent /dɪkə́ːrənt | -kʌ́r-/ 形 《植》《葉が茎に流れる基部を茎沿いに葉柄の付け根より下方に伸ばした, 沿下(ﾋﾟ)の. ~・ly 副

dè・cúrved /dìː-/ 形 《鳥のくちばしなど》下方に曲がった.

de・cus・sate /dékəsèɪt, dɪkʌ́sət/ 動 他 X字形に交差させる[切る, 分ける]. ― 自 X字形に交わる. ― 形 X字形の; 《植》《葉・枝の》十字対生の (cf. brachiate). ~・ly 副

de・cus・sa・tion /dèkəséɪʃən/ 图 X字形[十字形]交差; 《解》《中枢神経繊維の》交差, キアズマ.

dec・yl /désəl | -saɪl/ 图 《化》デシル(基) 《デカン (decane) から水素原子1個を除去した1価の基》.

*__ded・i・cate__ /dédɪkèɪt/ 動 他 ❶ a 《一生涯を》《…に》捧げる: ~ one's time *to* politics [one's business] 政治[自分の仕事]に専念する / ~ one's life *to* the service of one's country 祖国のために一生をささげる. b 《~ oneself で》《…に》専念する: He ~*d himself to* the study of bacteria. 彼は細菌の研究に専念した. ❷ 《著書・作曲などを》《人に》献呈する: I ~ this volume *to* my wife in token of affection and gratitude. 本書を感謝のしるしとして妻に献呈する / *Dedicated to*... (本書を)…に捧ぐ. ❸ 《教会堂などを》奉献する, 献納する (cf. dedicated 2): ~ a new church building 新築教会の献堂式を行なう / There the Greeks ~*d* a shrine *to* Apollo. そこでギリシャ人は(太陽神の)アポロンに聖堂を奉献した. 〖L=聖別する, 捧げる DE- + *dicere, dict-* 言う; cf. dictate〗 (图 dedication) 【類義語】⇒ devote.

*__ded・i・cat・ed__ /dédɪkèɪtɪd/ 形 ❶ 一身を捧げた, 打ち込んだ, 献身的な (committed): a ~ nurse 献身的な看護婦. ❷ 〖P〗《…に》奉納されて: a chapel ~ *to* the Virgin Mary 聖母マリアに捧げられた礼拝堂. ❸ 《機器などが》特定の目的のための, 専用の: a ~ fiber-optic cable 専用光ファイバーケーブル.

ded・i・ca・tee /dèdɪkətíː/ 图 献呈を受ける人, 被献呈者.

ded・i・ca・tion /dèdɪkéɪʃən/ 图 ❶ ⓤ 献身, 専念 (*to*). ❷ ⓤ 奉納, 献納. ❸ a ⓒ 献呈. b ⓒ 献呈の辞. (動 dedicate)

déd・i・cà・tor /-tə- | -tə/ 图 ❶ 奉納者, 献納者. ❷ 《著書などの》献呈者.

ded・i・ca・to・ry /dédɪkətɔ̀ːri | -təri, -tri/ 形 ❶ 奉納[献納]の(ための). ❷ 献呈の.

+**de・duce** /dɪd(j)úːs | -djúːs/ 動 他 《…から》《…を》演繹(ﾌﾟ)する; 推論する, 推測する (cf. deduction A; ↔ induce): a conclusion ~*d from* the known facts 既知の事実から演繹された一つの結論 / He ~*d from* this information *that* a coup was being plotted. この情報から彼はクーデターが企てられていると推測した. 〖L=導き出す DE- + *ducere, duct-* 導く (cf. duct)〗 (图 deduction, 形 deductive) 【類義語】⇒ infer.

de・duc・i・ble /dɪd(j)úːsəbl | -djúː-/ 形 演繹(ﾌﾟ)できる, 推論できる; 《…から》演繹[推論]できて 《*from*》.

*__de・duct__ /dɪdʌ́kt/ 動 他 《一定額を》《全体の額から》控除する (★ withholding taxes *from* a person's salary 人の給与から税を源泉徴収する. 〖L; ⇒ deduce〗 (图 deduction)

de・duct・i・ble /dɪdʌ́ktəbl/ 形 控除できる.

*__de・duc・tion__ /dɪdʌ́kʃən/ 图 A 〖論〗 ⓤ 推論; 演繹(ﾌﾟ)法 《一般的な[既知の]原理から特殊な[未知の]事例を推論すること; ↔ induction》; ⓒ 《推論による》結論. B ⓤ ⓒ 差し引き, 控除; ⓒ 差引高, 控除額: a ~ *of* ¥10,000 *for* health insurance 健康保険料1万円の差し引き. (動 A deduce, B deduct)

de・duc・tive /dɪdʌ́ktɪv/ 形 〖論〗 演繹(ﾌﾟ)[推論]的な (↔ inductive): ~ reasoning 演繹的推論. ~・ly 副 (動 deduce)

*__deed__ /díːd/ 图 ❶ 《文》行為, 行動; 功業: do a good ~ 善行をする / *Deeds* are better than words. 実行は言葉にまさる. ❷ 〖法〗《正式に捺印(ﾆ)した》証書, 権利証書 《《英》ではしばしば複数形》: a ~ *to* a piece of real estate 一つの不動産の権利書. **góod déed for the dáy** 《戯》 一日一善. ❸ 《略》証書にして《財産を》譲渡する. 〖OE; 原義は「置かれたもの, なされたもの」; DO¹ と同語源; cf. indeed〗 【類義語】⇒ behavior.

déed of cóvenant 《英法》約款捺印(ﾆ)証書.

déed pòll 《英法》平型捺印証書《氏名変更など当事者の一方のみが作成するもの》.

dee・jay /díːdʒèɪ/ 《口》 ディージェー, ディスクジョッキー. 〖DJ の発音から〗

*__deem__ /díːm/ 動 他 《…を》…と思う (consider) 《★ 非常に形式ばった語; 用法 通例進行形なし; しばしば受身》: 〖+ (*to be*) 補〗 He ~s himself (*to be*) a liberal. 彼は自分を自由主義者だと思っている / 〖+ (*that*)〗 They ~*ed that* he had received just recompense. 彼らは彼が正当な報酬を受け取ったとみなした / 〖+目+*to do*〗 She is ~*ed to* have accepted the conditions. 彼女はその条件を受け入れたとみなされる. 〖OE = 判断する〗

de・en・er・gize /dìːénə-dʒàɪz | -énə-/ 動 他 《…の》動力源[電源, 送電]を断つ.

*__deep__ /díːp/ 形 (~・er; ~・est) ❶ a 深い, 底深い (↔ shallow): a ~ well 深い井戸 / ~ snow 深い雪 / The sea is ~ here. ここの海は深い. b 深さが…の: a pond 5 feet ~ 深さ5フィートの池 / The snow lay three feet ~ on the streets. 雪は街路に3フィート積もっていた. c 〖通例 A〗 深くまで達する; 深い所からくる: a ~ wound 深い傷, 深手 / draw [take] a ~ breath 深呼吸をする / give [heave] a ~ sigh 深いため息をつく. d 低く体を曲げた: a ~ bow 深いおじぎ. ❷ a 奥行きのある, 奥深い: a ~ cupboard 奥行きのある食器棚 / ~ woods 奥深い森. b 奥行きが…の: The cupboard is 20 inches ~. その戸棚は奥行きが20インチある. c 横へ一列に並んで: They are standing three ~. 3列に並んで立っている. ❸ a 〖P〗《時間的・空間的に》《…に》遠く離れて: ~ *in* the past 遠い過去に / ~ *in* the ground 地中深く / a house ~ *in* the country 遠く辺鄙(ﾋ)な田舎にある家 / It has its roots ~ *in* the Middle Ages. それは遠く中世に起源を発している. b A 《地球圏・太陽系から》遠く離れた: ⇒ deep space. ❹ 《通例体の部位を示す語と比較級で》深さを示して 《…に》《…まで》没して: ankle- [knee-, waist-] *deep in* mud 泥の中にくるぶし[ひざ, 腰]まで没して. ❺ a 《音・声などが》低い, 低音の; 《色などが》濃い: (a) ~ blue 濃紺色. ❻ a 《眠りなど》深い; 《夜など》深まった, 更けた: a ~ sleep 深い眠り, 熟睡 / (a) ~ silence 深い沈黙 / It was ~ in the night. 夜も深くふけていた. b 《感情などが》深く感じる, 痛切な, 心からの: ~ sorrow 深い悲しみ / ~ affection(s) 心からの愛情 / (a) ~ love 深い愛 / a ~ grudge 深い恨み. c 深酒をする: a ~ drinker 大酒飲み. d 《重

要性 など 重大な: a speech of ～ importance きわめて重要な演説 / in ～ trouble ひどく困って. ❼ Ⓐ ⦅意味・学問・知識など⦆深遠な, 洞察力の深い: ～ thinking 熟慮 / a man of ～ learning 学識の深い人 / a ～ thinker 深くものを考える人 / have a ～er meaning さらに深い意味をもつ. b 理解しがたい, 難解な: a ～ allusion 難解な言及 / a ～ person 人柄の測りかねる人物 / a secret 神秘的な秘密. c ずるい: ～ dealings 狡猾な取引. ❽ Ⓐ ⦅もの思いにふけって⦆: He's ～ in a book. 彼は夢中になって本を読んでいる / He's ～ in thought [conversation]. 彼は思いにふけっている[話に夢中である]. b ⦅借金などにはまり込んで⦆: be ～ in debt 借金で首が回らない (cf. deeply 1). ❾ ⦅医⦆身体深部の: ⇒ deep therapy. ❿ ⦅野・クリケ⦆打者から遠くの, 深い位置の;⦅サッカー・テニス⦆⦅パス・ショットなど⦆深くまで届く, 深い位置への.

── 副 (～er; ～est) ❶ 深く (cf. deeply 1 ⦅用法⦆): dive [dig] ～ 深く潜る[掘り下げる] / Still waters run ～. ⇒ still 1 1b. / breathe ～ 深呼吸する / go ～ into the problem その問題を深く究める. ❷ ⦅夜⦆遅く まで: work ～ into the night 夜更けまで仕事[勉強]をする. ❸ ⦅野・クリケ⦆打者から遠くに, 深くに; play ～ 深く守る. ❹ 深く. déep dówn ⦅口⦆心の中で[では], 内心は;⦅外見とは違って⦆根は, 本当は: She seems frivolous, but ～ down she's a very serious person. 彼女は軽薄に見えるが根はとてもまじめな人です.

── 名 [the ～] ⦅文⦆ 海原, 海底: monsters [wonders] of the ～ 大海の怪物[驚異].

~・ness 名

〖OE〗 (動 deepen, 名 depth)

deep-bódied 形 ⦅動物の, 特に魚が⦆体高の高い.

déep-díscount bónd 名 ⦅証券⦆高率割引債, ディープディスカウント債⦅低率の利札を付ける代わりに20%以上の割引きで発行される債券⦆.

déep-dísh 形 ❶ ⦅パイ・ピザなどが⦆深皿で焼かれた. ❷ ⦅米口⦆極端な, 徹底的な, 全くの.

déep-dýed 形 ⦅口⦆根っからの, 骨の髄まで染み込んだ.

+**deep-en** /díːpən/ 動 ❶ ⦅不安などが⦆深刻になる: as the economic crisis ～s 経済危機が深刻になるにつれて. ❷ 深まる: The darkness ～ed in the woods. 森の中の暗やみは深まっていった. ❸ ⦅音が太く[低く]なる;⦅色が濃くなる. ❹ ⦅呼吸が⦆深くなる. ── 他 ❶ ⦅不安などを⦆深刻にする. ❷ ⦅印象・知識などを⦆深める. ❸ ⦅…を⦆深くする. ❹ ⦅音を⦆太く[低く]する,⦅色を⦆濃くする. (形 deep)

déep fréeze 名 ❶ Ⓤ 冷凍保存. ❷ ⦅英⦆=deep freezer.

deep-fréeze 動 (～d, -froze; -frozen) ⦅食物を⦆冷凍貯蔵する, 急速冷凍する.

déep fréezer 名 冷凍冷蔵庫.

déep-frý 動 油をたっぷり使って⦅食品を⦆揚げる. 【類義語】⇒ cook.

déep kíss 名 ディープキス.

déep-kíss 動 ⦅…と⦆ディープキスをする.

déep-láid 形 (deep-er-laid, deep-est-laid; more ～, most ～)⦅陰謀などが巧妙に[入念に]たくらまれた.

***deep-ly** /díːpli/ 副 (more ～; most ～) ❶ 深く;徹底的に, 非常に, ひどく ⦅用法⦆ 主に比喩的な意味に用いる;cf. deep 副 1): her ～ tanned face ひどく日焼した彼女の顔 / sleep ～ 熟睡する / a ～ lined forehead 深くしわの刻まれた額 / I ～ regret your misfortune. ご不幸を深くお察しいたします / He's ～ in debt. 彼は大変な借金がある, 借金で首が回らない (cf. deep 形 8 b). ❷ ⦅陰謀など⦆深くたくらまれて, 巧妙に: a ～ laid intrigue 巧みにたくらまれた陰謀. ❸ a ⦅音が⦆太く, 低く. b ⦅色が⦆濃く.

déep móurning 名 ❶ ⦅故人への⦆深い哀悼: He was in ～ for his father. 彼は父の死に悲嘆にくれていた. ❷ 正式の喪服, 本喪服⦅全部黒で光沢がない;cf. half mourning 1⦆.

déep-pócket·ed /-pɑ́kɪt̬əd | -pɔ́k-/ 形 豊富な資金のある, 財源の豊かな.

déep-róoted 形 深く根ざした, 根強い, 抜きがたい (deep-seated): a ～ social problem 根深い社会問題.

déep-séa 形 Ⓐ 深海の;遠洋の: ～ fishing 深海[遠洋]漁業 / a ～ diver 深海潜水夫.

+**déep-séated** 形 根深い; がんこな (deep-rooted): a ～ disease 慢性病 / a ～ fear 抜きがたい恐怖心.

déep-sét 形 ❶ ⦅目など⦆深くくぼんだ. ❷ しっかりと定着した, 根深い, がんこな.

déep-síx 動 他 ⦅米口⦆破棄[廃棄, 処分]する;⦅計画などを⦆中止する.

Déep Sóuth 名 [通例 the ～] ⦅米国の⦆深南部, ディープサウス⦅Georgia, Alabama, Mississippi, Louisiana の諸州⦆.

déep spáce 名 Ⓤ ⦅地球からはるか遠い⦆宇宙空間.

déep strúcture 名 ⦅言⦆深層構造⦅変形⦆生成文法で仮定されている構造の一つ⦆.

déep thérapy 名 Ⓤ ⦅超波長 X 線による⦆深部治療.

déep véin thrombósis 名 ⓒⓊ 深部静脈血栓(症)⦅下肢, 特に大腿部の深部静脈に血栓ができること;血栓が血流に乗って流れることで肺塞栓につながる恐れがある;俗に economy class syndrome ともいう;略 DVT⦆.

déep-wáter 形 Ⓐ 深海の (deep-sea).

***deer** /díə | díə/ 名 ❶ ⓒ (圈 ～) 動 シカ⦅鹿⦆⦅★シカ科の動物の総称, 関連 雄は stag, buck, 雌は hind, doe, 子は fawn; 鹿肉は venison). ❷ Ⓤ 鹿肉. 〖OE=動物;シカ⦅狩りの対象となる動物⦆の語義は12世紀ごろから〗

déer・flý 名 ⦅昆⦆ メクラアブ⦅シカ・ウマなどにたかる各種のアブ⦆.

déer gráss 名 ⦅植⦆ ミネハリイ⦅カヤツリグサ科の多年草⦆.

déer・hóund 名 ディアハウンド⦅犬⦆⦅もと鹿狩り用の猟犬⦆.

déer móuse 名 ⦅動⦆ シロアシネズミ[マウス]⦅white-footed mouse⦆,⦅特に⦆シカシロアシマウス⦅北米産⦆.

déer·skín 名 ❶ Ⓤ 鹿革. ❷ ⓒ 鹿革の服.

déer-stálker 名 ❶ 鹿猟師. ❷ ⦅前と後ろにひさしのついた⦆鳥打ち帽, ハンチングキャップ.

déerstalker hát 名 =deerstalker 2.

de-es·ca·late /diːéskəlèɪt/ 動 他 ⦅規模・範囲などを⦆段階的に縮小する. **de-es·ca·la·tion** /diːèskəléɪʃən/ 名

def /déf/ 形 ⦅俗⦆ すばらしい, すてきな. 〖DEF(INITIVE)〗

def. ⦅略⦆ defective; defendant; defense; deferred; definite; definition.

de·face /dɪféɪs/ 動 他 ❶ ⦅…の⦆外観をそこなう. ❷ ⦅刻銘などを⦆摩損する⦅摩滅・落書きなどで⦆読みづらくする.

~·ment 名

+**de fac·to** /dɪfǽktoʊ, deɪ-/ 形 副 事実上(の): the country's ～ ruler その国の事実上の支配者. 〖L=from the fact〗

de fácto stándard 名 ⓒⓊ [通例 the ～] 事実上の標準, デファクトスタンダード⦅複数の仕様や規格がある中から, 特定の一つを多くの人が実際に利用するようになり, ほかもそれに追随することでできあがった標準⦆.

de·fal·cate /dɪfǽlkeɪt | díːfælkèɪt/ 動 自 ⦅委託金を⦆使い込む 〔on〕. **de·fal·ca·tion** /dìːfælkéɪʃən/ 名 Ⓤⓒ 委託金横領, 使い込み. **de·fál·ca·tor** /-t̬ə | -tə/ 名

def·a·ma·tion /dèfəméɪʃən/ 名 Ⓤ 中傷: ～ of character 名誉毀損(きそん).

de·fam·a·to·ry /dɪfǽmətɔ̀ːri | -təri, -tri/ 形 中傷的な: ～ statements 中傷的な陳述.

de·fame /dɪféɪm/ 動 他 ⦅人・団体を⦆中傷する,⦅…の⦆名誉を毀損(きそん)する.

de·fang /diːfǽŋ/ 動 他 骨抜きにする, 無害化[弱体化]する.

***de·fault** /dɪfɔ́ːlt/ 名 ❶ Ⓤ ⦅義務などの⦆**不履行**, 怠慢;債務不履行: go into ～ 債務不履行に陥る. ❷ Ⓤ ⦅法廷への⦆欠席: make ～ 欠席する / judgment by ～ 欠席裁判. ❸ Ⓤ ⦅競技⦆不出場, 欠場, 棄権: win [lose] by ～ 不戦勝[敗]になる. ❹ ⓒ ⦅通例単数形で⦆ ⦅コンピュータ⦆ デフォルト, 初期設定(値)⦅指定が省略された場合のシステムの選択⦆. **gó by defáult** (1) 欠席のため無視される. (2) 欠席とされる. **in defáult of** …の不履行の場合には; …がないから. ── 動 自 ❶ 義務を怠る; 債務を履行しない: ～ on $600 million in loans 6億ドルの債務の履行を怠る. ❷ ⦅裁判に⦆欠席する. ❸

de·fault·er /-ər/ 名 ❶ 怠慢者; 滞納者, 契約債務不履行者. ❷ (裁判の)欠席者.

de·fea·sance /dɪfíːzəns/ 名 ❶ 〖法〗無効にすること; 契約[証書]の無効化. ❷ 〖法〗 (契約・証書の)失効条件, 権利消滅条件, 契約解除条件; 〖法〗失効条件規定文書, 失権条項.

de·fea·si·ble /dɪfíːzəbl/ 形 無効にできる, 解除可能な.

*__de·feat__ /dɪfíːt/ 動 ⓣ ❶〈敵・相手を〉破る, 負かす: ~ one's opponent 相手を打ち負かす / The Giants were ~ed by the Swallows. ジャイアンツはスワローズに負けた. ❷〈計画・希望などを〉挫折(ざせつ)させる, くつがえす;〈難問にか〉人を〉くじく (thwart): ~ a person's hopes 人の希望をくじく / His lack of cooperation ~ed our plan. 彼の協力が(得られ)なかったので我々の計画はだめになった / I was ~ed by the first question (in the exam). (試験の)第一問でくじけて[参って]しまった. ── 名 ❶ U,C 負け, 敗北 (↔ victory): acknowledge ~ 敗北を認める, 参ったと言う / four victories and [against] three ~s 4勝 3敗. ❷ C (相手を)打ち負かすこと, 打破: our ~ of the enemy 我々が敵を負かしたこと. ❸ U,C〖希望・計画などの〗挫折(ざせつ), 失敗: the ~ of his plans [hopes] 計画[希望]の失敗.〖F<L= 壊すく DE-+facere 作る, 為(な)す (cf. fact)〗〖類義語〗**defeat** 打ち負かすという意味の最も一般的な語. **conquer** 永続的な勝利・支配を表わす. **vanquish** 特に1回の戦いで相手に勝利を得る.

de·feat·ism /-tɪzm/ 名 U 敗北主義; 敗北主義的行動.

de·feat·ist /-tɪst/ 名 敗北主義者. ── 形 敗北主義(者)的な.

def·e·cate /défɪkèɪt/ 動 ⓘ 排便する. **def·e·ca·tion** /défɪkéɪʃən/ 名 U 排便.〖L; ⇒ de-, feces〗

*__de·fect__[1] /díːfekt, dɪfékt/ 名 欠点, 欠陥; 弱点: a speech ~ 言語障害 / a ~ in a car 車の欠陥(個所) / Everyone has the ~s of his qualities (virtues). 〖諺〗だれにも長所に伴う欠点がある.〖L= 失敗する deficere 欠けている<de-+facere, fact- 作る, 為(な)す (cf. fact, deficient, deficit)〗 (形 defective) 〖類義語〗**defect** 比較的一般的な語. 重要な要素・ものが欠けていて完全でないことを示す. **blemish** 表面[外観]だけに関係するきず. **flaw** 構造や組織上の小さいきずが根本的な弱点になりかねない欠陥. **imperfection** ものの完全さを損うきず, きず.

de·fect[2] /dɪfékt/ 動 ⓘ〈自国などから…へ〉逃げる, 亡命する, 離脱する; 変節する〘from〙〘to〙.〖L= 見捨てること, 失敗;〖↑〗

de·fec·tion /dɪfékʃən/ 名 U,C (国などを)捨て去ること, 逃亡, 亡命; 変節; 脱党, 脱会〘from〙〘to〙.

†**de·fec·tive** /dɪféktɪv/ (more ~; most ~) ❶ 欠点のある, 欠陥のある, 不完全な: a ~ car 欠陥車 / He's *in* humor. 彼はユーモアが欠けている. ❷〖古・差別〗精神に障害のある. ❸〖文法〗活用形の一部が欠く:⇒ *defective verb*. ── 名〖古・差別〗精神障害者. **~·ly** 副 **~·ness** 名 (名 defect[1])

deféctive vérb 名〖文法〗欠如動詞 (変化語形の不完全な shall, will, can, may, must など).

de·féc·tor 名 離反者, 脱党者, 脱落者; 逃亡者, 亡命者.

*__de·fence__ /dɪféns/ 名〖英〗= defense.

*__de·fend__ /dɪfénd/ 動 ⓣ ❶〈国・人などを〉守る, 守備する: ~ one's country 国を守る / ~ one's country *against* its enemies 外敵から国を守る / ~ a person *from* his attackers 攻撃者から人を守る. ❷ (言論などで)〈意見・主義・行為などを〉正しいと主張する, 弁護する: ~ one's ideas 自分の意見を弁護する / ~ *oneself* 自分の立場を弁護する. ❸〖スポ〗〈タイトルなどを〉防衛する;〈ポジション・ゴールを〉守る. ❹〖法〗〈…を〉弁護[抗弁, 答弁]する: ~ a suit 訴訟の弁護をする. ── ⓘ ❶ 防御する, 守る.❷〖スポ〗ポジションを守る.〖F<L= 撃退するく DE-+-fendere, -fens- 打つ (cf. offend)〗 (名 defense, 形 defensive)〖類義語〗⇒ protect.

†**de·fen·dant** /dɪféndənt/ 名〖民事〗被告, 〖刑事〗被告人 (↔ plaintiff).〖F↑; ⇒ -ant〗

†**de·fénd·er** /-dər/ 名 ❶ 防御[弁護, 擁護]者. ❷〖スポ〗**a** 守備の選手, ディフェンダー. **b** 選手権保持者 (↔ challenger). (**the**) **Defénder of the Fáith** 信教擁護者 (英国王の伝統的称号).

de·fen·es·tra·tion /dìːfènəstréɪʃən/ 名 U〖文・戯言〗(物や人を)窓から外へ放り出すこと, 窓外放出. **de·fén·es·tràte** 動.

*__de·fense__ /dɪféns/ 名 ❶ **a** U 防衛, 防御, 守備 (↔ offense) (〖発音〗offense と対照させる時には〖米〗ではしばしば /díː-/). 〖英〗= defence): national ~ 国防 / the D- Agency (日本の)防衛庁 / the Department of D- 〖米〗国防総省 / the Ministry of D- 〖英〗国防省 / The best ~ is offense. ⇒ offense 3 a. **b** C 〖複数形で〗〖軍〗防御施設. ❷ C 擁護のための弁論[文書・行動]: a ~ *of* Marxism マルクス主義擁護論. ❸〖法〗**a** C (通例単数形で)弁護, 答弁; (民事で)抗弁. **b** C (集合的; 単数または複数扱い) 被告側 (被告とその弁護士; ↔ prosecution). ❹〖スポ〗**a** U 守備(の方法), ディフェンス: play ~(s) on [in] ~ ディフェンスをする / They need more practice at [in] ~. 彼らは守備の練習がもっと必要だ. **b** U (通例 the ~) ディフェンス, 守備側 (ゴールを守る選手[チーム]). ❺ C (人間・動物の)防御[防衛](機能[機構]); 免疫機構 *against*. (動 defend)

defénse·less 形 防備のない: a ~ city 無防備都市. **~·ness** 名

defénse mèchanism 名〖生理・心〗防衛機構[機制] (cf. escape mechanism).

de·fen·si·bil·i·ty /dɪfènsəbíləti/ 名 U 防御[弁護]可能なこと.

de·fen·si·ble /dɪfénsəbl/ 形 防御[弁護]できる (↔ indefensible).

*__de·fen·sive__ /dɪfénsɪv/ 形 ❶ 防御的な, 自衛上の; 守備の (↔ aggressive, offensive): take ~ measures 防御策を講じる. ❷〈言葉・態度などが〉守勢の, 受け身の;〈…について〉(批判されていると思って)警戒して: She was ~ *about* her marriage plans. 彼女は結婚の計画については用心して言葉にした. ❸〖スポ〗守備(側)の (↔ offensive). ── 名 U (通例 the ~) 防御; 守勢 (↔ offensive); 弁護: assume *the* ~ 守勢をとる / be on [go on(to)] *the* ~ 守勢に立っている[に回る]. **~·ly** 副 **~·ness** 名 (動 defend)

†**de·fer**[1] /dɪfə́ːr | -fə́ː/ 動 ⓣ (**de·ferred; de·fer·ring**) ❶〈…を〉延ばす, 延期する (postpone): ~ one's departure for a week 1週間出発を延ばす〖+*doing*〗I will ~ going till I have more money. もっと金ができるまで出かけるのを延ばそう. ❷〈人の〉徴兵を一時的に延ばす. ── ⓘ 延びる, ぐずぐずする.〖F<L differre 遅らせる, 異なる; ⇒ differ〗 (名 deferral, deferment)

de·fer[2] /dɪfə́ːr | -fə́ː/ 動 ⓘ (**de·ferred; de·fer·ring**) 〈…に〉(敬意を表して)譲る, 従う *to*.〖F<L= 運び去る, 譲る< DE-+ferre 運ぶ (cf. transfer)〗 (名 deference, 形 deferential)

†**def·er·ence** /défərəns/ 名 U 服従; 尊敬, 敬意: blind ~ 盲従 / pay [show] ~ *to* a person 人に敬意を払う / in ~ *to* your wishes ご意見を尊重して[に従って] / out of ~ *to*…に対する敬意から, …に敬意を表して / with all due ~ *to*…にしかるべき十分な敬意を払って[払いつつも]. (動 defer[2])〖類義語〗⇒ honor.

def·er·en·tial /dèfərénʃəl◂/ 形 敬意を表する, うやうやしい (↔ irreverent): offer [receive] ~ treatment 礼をつくした扱いをする[を受ける]. **~·ly** /-ʃəli/ 副

de·fér·ment /-mənt/ 名 U,C ❶ 延期, 繰り延べ. ❷ 徴兵猶予. (動 defer[1])

de·fer·ra·ble /dɪfə́ːrəbl | -fə́ːr-/ 形 延期できる; 延期に適した, 繰延べ扱いをうけられる, 〖米〗徴兵猶予の適用をうけられる.

de·fer·ral /dɪfə́ːrəl | -fə́ːr-/ 名 = deferment.

de·ferred 形 延期した; 据え置きの: a ~ payment 延べ払い / ~ savings 据え置き貯金 / on ~ terms ⇒ term 名 C1 / Hope ~ makes the heart sick. 望みを得ること

が長びく時は心を悩ます《★聖書「箴言(しんげん)」から》.

de·fer·ves·cence /dìːfəvésns, dèf-/ -fə-/ 名 ⓤ《医》解熱, 下熱.

***de·fi·ance** /dɪfáɪəns/ 名 ⓤ (公然たる)反抗[挑戦]の態度, 反抗; 無視, 侮り: show ~ toward... に対して反抗の[挑むような]態度を示す / glare ~ at... に反抗の目を投げかける. **in defiance of** ~ を無視して, ~ をものともせずに: in ~ of the law 法律を無視して. **sét...at defíance** 《...を》無視する, 侮る. (動 defy, -ant) (名 defiance)

de·fi·ant /dɪfáɪənt/ 形 反抗[挑戦]的な, けんか腰の, 傲慢(ごうまん)な: a ~ stare 挑むようなにらみつけ. **~·ly** 副 《F; ← defy, -ant》 (名 defiance)

de·fib·ril·late /diːfíbrəlèɪt/ 動 (電気ショックなどで)〈心臓の〉(筋繊維)細動を止める. **de·fib·ril·lá·tion** 名 ⓤ 除細動, 細動除去.

de·fib·ril·la·tor /diːfíbrəlèɪtə | -tə-/ 名 細動除去器.

***de·fi·cien·cy** /dɪfíʃənsi/ 名 ❶ **a** ⓤⓒ 不足(分), 欠乏: vitamin ~ ビタミン欠乏(症) / a ~ of good sense 良識の欠如 / supply a ~ 不足分を補充する. **b** (精神的・肉体的な)欠陥. ❷ ⓒ 欠陥品, 不備なもの. (形 deficient)

deficiency disèase 名 ⓤⓒ 《医》欠乏(性)疾患《ビタミンなどの不足によって起こる》.

†**de·fi·cient** /dɪfíʃənt/ 形 《more ~; most ~》 ❶ 不足した, 不十分な: a ~ supply of food 食糧の不十分な供給 / a diet which is ~ **in** iron 鉄分が不足している日常の食事. ❷ 不完全な, 欠陥のある (inadequate): a ~ legal system 欠陥のある法制度. ❸《差別》知恵の足りない: mentally ~ 精神薄弱の. **~·ly** 副 《L deficere 欠けている (⇒ defect[1])+-ENT》 (名 deficiency)

***def·i·cit** /défəsɪt/ 名 ❶ (金銭の)不足, 赤字(額) (↔ surplus): trade ~s 貿易赤字 / a ~ of one million dollars 100万ドルの赤字. ❷ 不足(額): a ~ **in** [**of**] oil 石油の不足《用法》《米》では in のほうが一般的。 ❸ (機能などの)欠如, 欠損, 欠陥, 不足 [*in*]. 《F＜L *deficit* 欠けている (3人称単数現在)＜*deficere* ↑》

déficit fináncing 名 ⓤ (政府の)赤字財政(政策).

déficit spénding 名 ⓤ (赤字公債発行による)赤字財政支出.

de·fi·er 名 反抗者; 挑戦者.

def·i·lade /dèfəléɪd, ⌐ ⌐ ⌐/ 動 ⑬ 《軍》〈部隊・車両・火器など〉敵の砲火[監視]を防ぐように配置する, 遮蔽(しゃへい)する. ━ 名 ⓤ 遮蔽.

de·file[1] /dɪfáɪl/ 動 ⑬ ❶ **a** 〈...の〉神聖を《...で》汚す《by, with》: ~ a holy place **with** blood 聖地を血で汚す. **b** 〈人の名声など〉を汚す《with, by》. **c** 《古》〈女性の〉純潔[貞操]を汚す. ❷ よごす, 不潔にする. **~·ment** /-mənt/ 名 《F＝踏みつける》

de·file[2] /dɪfáɪl, díːfaɪl/ 名 (山あいなどの)狭い道, 隘路(あいろ) (pass). ━ ⓐ 《古》一列縦隊で行進する. 《F; ⇒ file[2]》

de·fin·a·ble /dɪfáɪnəbl/ 形 限定[定義]できる.

***de·fine** /dɪfáɪn/ 動 ⑬ ❶ 〈語句・概念など〉を**定義する**, 〈語の意味〉を明確にする: ~ a word 語の定義をする / [+*as* 補] ~ language *as* a tool for communication 言語をコミュニケーションのための道具と定義する. ❷ 〈真意・立場など〉を明示する, 説明する: ~ one's position 自分の立場を明確にする / [+*wh.*] I can't ~ *why* I dislike him. 彼がなぜ嫌いなのか自分でもよくわからない. ❸ 〈...の〉境界を定める; 〈...の〉輪郭を明示に示す; 〈境界・範囲など〉を限定する: Boundaries between countries should be clearly ~d. 国と国との境界ははっきりと定められなければならない. 《F＜L *definire, definit*- 範囲を定める＜DE-+*finis* 際限, 末端 (cf. final)》 (形 definite, definitive, 名 definition)

***def·i·nite** /défənət/ 形 《more ~; most ~》 ❶ 明確な, 確定的な, 《...に》確信して: a ~ answer 確答 / evidence 確定的な証拠 / [+*that*] It's ~ *that* he will sign (the contract). 彼が(契約書)に署名するのは確実だ / He seemed ~ *about* what he wanted. 彼は自分が欲しているものがはっきりしているようだった. ❷ 明確に限定された, 一定の; 明白な: a ~ period of time 一定時間 / a ~ aim in life 人生の確たる目標. ❸ 《文法》限定的な, 限定する: ⇒ definite article. ━ 名 [a ~] 《口》確実なこと[人]. **~·ness** 名 《L ↑》 (動 define)

définite árticle 名 [the ~] 《文法》定冠詞《the のこと; cf. indefinite article》.

***def·i·nite·ly** /défənətli/ 副 《more ~; most ~》 ❶ (主に口) **a** [同意または強い肯定の表現として] 確かに, そうですとも: "So you think he is correct?" "Yes, ~ [*D*-]." 「では, 君は彼の言っていることが正しいと考えるんだね」「(うん,)そうだとも」. **b** [否定語とともに用いて強い否定を表わして] 絶対に(...ない), 断じて(...ない): "So you don't trust him?" "*No*, ~ *not* [*D*- *not*]!" 「では,君は彼を信用しないんだね」「(うん,)そうだとも」. ❷ 明確に, はっきりと; 確実に: This book is ~ the best for beginners. この本は間違いなく初心者に一番よい.

***def·i·ni·tion** /dèfəníʃən/ 名 ❶ ⓒⓤ **定義**(すること); (思想などの)意味するところ: What is the ~ of this word? この単語の定義はどのようになっていますか. ❷ ⓤ (レンズ・録音・テレビなどの)鮮明度, 精細度, 解像度. **by definítion** 定義により; 定義上は, 当然: A pianist *by* ~ plays the piano. ピアニスト(というもの)は(名前からして)当然ピアノを弾くものだ. 《L》 (動 define)

***de·fin·i·tive** /dɪfínətɪv/ 形 ❶ 決定的な; 最終的な: a ~ victory 決定的勝利. ❷《テキスト・伝記など》最も完全で正確な, 決定版の: a ~ edition 決定版. **~·ly** 副

def·la·grate /défləgreɪt/ 動 ⓐ 爆燃させる[する].

def·la·gra·tion /dèfləgréɪʃən/ 名 ⓤ《化》爆燃《高熱と閃光を伴う急激な燃焼で音速以下の化学反応; cf. detonation》.

de·flate /dɪfléɪt, diː-/ (↔ inflate) 動 ⑬ ❶ 〈希望・自尊心など〉をくじく, 引き下げる; 〈人〉を意気消沈させる, しょげさせる. ❷ 〈タイヤ・気球・フットボールなどの〉空気[ガス]を抜く; 〈ふくれたもの〉をすぼませる. ❸《経》〈価格・通貨〉を収縮させる: ~ the currency (膨張した)通貨を収縮させる, 経済をデフレにする. ❹〈感情・うわさなど〉を静める, 鎮静化する. ━ ⓐ 空気が抜ける, しぼむ. 《DE-+(IN)FLATE》

de·fla·tion /dɪfléɪʃən, diː-/ 名 ⓤ ❶《経》デフレ(ーション), 通貨収縮 (⇒ inflation 比較). ❷ 空気[ガス]を抜くこと; 収縮.

de·fla·tion·ar·y /dɪfléɪʃənèri, diː- | -ʃ(ə)nəri/ 形 デフレの, 通貨収縮的な: ~ measures デフレ方策.

†**de·flect** /dɪflékt/ 動 ⑬ ❶ 〈人・思考などを〉《...から》そらす, 逸脱させる, 偏向させる, 偏向させる: a person's criticism 人の批判をそらす / ~ a person *from* his purpose 人に目的をはたさせないようにする. ❷ 〈光線・弾丸などを〉《...に》《一方に》そらせる, かたよらせる: ━ a bullet *from* its course 弾丸を弾道からそらせる. ━ ⓐ 《...から...へ》それる《*from*》《*to*》. 《L＜DE-+*flectere* 曲げる (cf. flex)》

de·flec·tion /dɪflékʃən/ 名 ⓤ ❶ それ, ゆがみ, かたより. ❷《理》偏向, (計器などの針の)ふれ, 偏差.

de·flec·tive /dɪfléktɪv/ 形 それる, 偏向的な, ゆがみの.

de·flexed /diːflékst, dɪflékst/ 形《生》急角度で下向きに折れ曲がった, 下曲の, 反曲の.

de·flex·ion /dɪflékʃən/ 名《英》=deflection.

de·floc·cu·late /diːflɑ́kjʊlèɪt | -flɔ́k-/ 動 ⑬ 〈...を〉解膠(かいこう)する《凝集したコロイド粒子などを分散させる》; 〈コロイドの〉凝集を防止する. **de·floc·cu·la·tion** /diːflɑ̀kjʊléɪʃən | -flɔ̀k-/

def·lo·ra·tion /dèfləréɪʃən | dìːflɔː-/ 名 ⓤ《文》純潔[処女]を奪うこと.

de·flow·er /diːfláʊə | -fláʊə/ 動 ⑬ ❶《古風・文》〈女性〉の処女を犯す. ❷〈...から〉花を取る; 〈...の〉美[神髄]などを奪う.

De·foe /dɪfóʊ/, **Daniel** 名 デフォー《1660?-1731; 英国の小説家; *Robinson Crusoe* (1719)》.

de·fog /diːfɑ́g, -fɔ́g | -fɔ́g/ 動 ⑬《米》〈車の窓・鏡などから〉曇りをとる《英》demist.

de·fóg·ger 名 ⓒⓤ《米》(車の窓・鏡などの)曇り除去器《英》demister.

de·fo·li·ant /diːfóuliənt/ 名 枯れ葉剤.

de·fo·li·ate /diːfóulièit/ 動 他 〈…に〉枯れ葉剤をまく.
de·fo·li·a·tion /diːfòuliéiʃən/ 名 U ❶ 落葉(させること). ❷ 《軍》 枯れ葉作戦.
de·fo·li·a·tor /diːfóulièitə, -tə/ 名 食葉害虫.

†**de·for·est** /diːfɔ́ːrɪst | -fɔ́r-/ 動 他 〈地域の森林を破壊[伐採]する (disafforest)《★しばしば受身》. 【DE- + FOREST】

de·for·es·ta·tion /diːfɔ̀ːrɪstéiʃən | -fɔ̀r-/ 名 U 森林破壊[伐採], 乱伐.

†**de·form** /dɪfɔ́ːm | -fɔ́ːm/ 動 他 ❶〈…の〉形[様相, 顔]を悪くする[ゆがめる], 変形する. ❷〈…を〉醜くする.
〖F < L; ⇒ de-, form〗

de·for·ma·tion /dìːfɔəméiʃən, dèfə- | -fɔː-/ 名 U C **a** 形のくずれ, 変形; 醜悪化. **b** ぶかっこう, 不体裁; 奇形. ❷ U 《美》変形; デフォルマシオン, デフォルメ《素材や対象を作者の主観によってゆがめたり誇張したりする手法》.

de·fórmed 形 形を損じた, 形のくずれた, 変形した; 醜い, ぶかっこうな (malformed).

de·form·i·ty /dɪfɔ́ːməti | -fɔ́ː-/ 名 C U (体の)奇形, 変形.

de·frag /diːfrǽg/ 動 他 (**de-fragged**; ~·(g)ing) = de-fragment.

de·frág·ger 名 《電算》 デフラグソフト.
de·frag·ment /dìːfrǽgmənt, ーーー | ーー/ 動 他 《電算》〈ディスクなどの〉フラグメンテーションを解消する, デフラグする.
de·frag·men·ta·tion /dìːfrægməntéiʃən/ 名 U.

†**de·fraud** /dɪfrɔ́ːd/ 動 他〈人から〉〈ものを〉だまし取る, 詐取する, 横領する: They ~ed him *of* his property. 彼の財産をだまし取った. 〖F < L; ⇒ de-, fraud〗

de·fray /dɪfréɪ/ 動 他〈費用を〉支払う, 支出する: ~ the cost 費用を支払う. **~·al** /-fréɪəl/, **~·ment** /-mənt/ 名

de·friz·zer /diːfrízə | -zə/ 名 C U 《口》縮れ髪伸ばし剤.

de·frock /diːfrɑ́k | -frɔ́k/ 動 他〈人に〉聖服を脱がせる;〈人から〉聖職を奪う.

de·frost /diːfrɔ́ːst | -frɔ́st/ 動 他 ❶〈冷蔵庫などの〉霜[氷]を除く. ❷〈冷凍食品などを〉解凍する. ❸《車のウインドーの》霜を取る. ― 自 **1** (冷蔵庫の)霜[氷]が取れる. **2** 冷凍食品などが解凍する.

dè·fróst·er 名 ❶ 霜とり[とり]装置. ❷《米》デフロスター《車のウインドーの曇り除去装置》.

†**deft** /déft/ 形〈すばやくて〉器用[上手]な; 手際のよい, 巧みな: ~ *of* hand 手先が器用で / a ~ touch 巧みさ, 器用さ / a ~ combination of A and B A と B の巧みに組み合わされた組み合わせ[取り合わせ], コンビネーション / He's ~ *at* dealing with people. 彼は人への応対が巧みである.
~·ly 副 巧みに, 器用に. **~·ness** 名 U 巧みさ, 器用さ.

†**de·funct** /dɪfʌ́ŋ(k)t/ 形 消滅した, 現存しない; 故人となった. 〖L なし終えた, 死んだ; ⇒ de-, function〗

†**de·fuse** /diːfjúːz/ 動 他 ❶〈…の〉危険[不安]を取り除く;〈…の〉緊張をやわらげる: She was able to ~ the situation. 彼女はその場の緊張感を取り除くことができた. ❷《爆弾から》信管を抜き取る. 【DE- + FUSE¹】

*__**de·fy**__ /dɪfáɪ/ 動 他 ❶〈年長者・命令・法などを〉ものともしない, 無視する, 侮る;〈…に〉(公然と)反抗する: ~ one's superiors [the Government] 目上の人[政府]に反抗する / He has a constitution that *defies* any climate. 彼はどんな気候にもびくともしない体格の持ち主である. ❷〈物事が…に〉向かって努力しても至らない,〈…を〉受けつけない《★受身・進行形なし》: It *defies* description [criticism]. それは筆舌に尽くしがたい[批評の余地がない] / The fortress *defied* every attack. 何度攻撃してもその要塞は落ちなかった. ❸《困難などが》物ともしない, 乗り越える. ❹〈人に×…を〉やれるものならやってみろと言う[挑む]: [+目+*to* do] I ~ you to explain this. この説明が君にできるものか《できるものならやってみろ》.

〖F < DE- + L *fidere* 信頼する (cf. fiancé)〗(名 defiance, 形 defiant)

deg.《略》degree; degrees.

dé·ga·gé /dèigɑːʒéi/ 形 ❶ くつろいだ, ゆったりした. ❷ われ関せずの, 超然とした. ― 名《バレエ》デガジェ《ステップに移る前にトウをポイントにして伸ばすこと》.

de·gas /diːgǽs/ 動 他〈…から〉ガスを抜く.
De·gas /dəgɑ́ː/, **Edgar** 名 ドガ (1834-1917; フランスの印象派の画家).

de Gaulle /dəgóʊl, -góʊl/, **Charles** /ʃɑ́əl | ʃɑ́ː l/ 名 ド ゴール (1890-1970; フランスの将軍・政治家).

de·gauss /diːgáʊs/ 動 他 《海》(磁気機雷を防ぐため)鋼鉄の船体などに)排磁[消磁]装置をつけて磁気を消す.

de·gear /diːgíə | -gíə/ 動 他〈企業が〉確定利付き負債を減らして払い込み資本に代える.

de·gen·er·a·cy /dɪdʒén(ə)rəsi/ 名 U ❶ 退化, 退歩. ❷ 堕落. ❸ 性的倒錯.

*__**de·gen·er·ate**__ /dɪdʒénərèit/ 動 自 ❶ 悪化する, 悪くなる, 低下する; 堕落[退廃]する (deteriorate). ❷《生》退化する. ― /-n(ə)rət, -rɪt/ 形 (*more* ~; *most* ~) ❶ 堕落した, 退廃した. ❷ 退化した. ― /-n(ə)rət/ 名 ❶ 堕落者. ❷ 退化したもの[動物]. ❸ 変質者; 性的倒錯者. 〖L = 種族からはずれる, 悪くなる〈DE- + *genus*, *gener*- 種, 生まれ (cf. general)〗

de·gen·er·a·tion /dɪdʒènəréiʃən/ 名 U ❶ 堕落, 退廃; 退歩. ❷《生物》退化. ❸《医》変性, 変質.

de·gen·er·a·tive /dɪdʒén(ə)rəṭɪv, -ərèt-/ 形 ❶ 退化的な, 退行性の. ❷《医》変性[変質]の. **~·ly** 副.

de·glaze /diːgléɪz/ 動 他《フライパンなどに》ワイン[水など]を落として付着した汁を煮溶かす(ソースを作る).

de·glu·ti·tion /dìːgluːtíʃən/ 名 U 《生理》のみこみ, のみ下すこと, 嚥下(えんか).

de·grad·a·ble /dɪgréidəbl/ 形《化学的に》分解できる.

†**deg·ra·da·tion** /dègrədéiʃən/ 名 U ❶《名誉・地位などの》低落, 下落; 零落; 悪化, 低下; 堕落, 退廃: live in ~ 落ちぶれた生活をする. ❷《環境・土地などの》悪化, 劣化. **3**《生・化》分解, 変質. (動 degrade)

†**de·grade** /dɪgréɪd/ 動 他 ❶〈人の〉品位を落とす,〈人をおとしめる (demean): live in ~d circumstances みじめな境遇で生活する. **b** [~ one*self*] 自分の品位を下げる: You should not ~ *yourself* by letting them use you. 彼らに利用されて自分の品位を落としてはいけない. ❷〈環境・質などを〉悪化[劣化]させる: ~ the environment [water quality] 環境[水質]を悪化させる. 〈物質が〉水質を分解する. ❹《古》〈人を〉降格する. ― 自〈物質が〉分解する (break down). 〖F < L = 地位を下げる〈DE- + *gradus* 段, 地位 (cf. grade)〗【類義語】 **degrade** 地位を下げるという意味. 特に道徳, 自尊心を忘れて恥ずべき不面目な状態にするということを言う. **debase** 性格も含めて, ものの価値や質を下げること.

de·grád·ing /-dɪŋ/ 形 品位[自尊心]を下げる(ような), 下劣な, 不面目な.

*__**de·gree**__ /dɪgríː/ 名 ❶ C (温度・角度・経緯度などの)度: 45 ~s 45度《★45°とも書く》 / zero ~s centigrade 0 度 C《★0でも複数形を用いる》 / ~s of latitude 緯度. ❷ C U 程度, 度合い: a matter of ~ 程度の問題 / a ~ of... ある程度の... / problems of varying ~s of difficulty それぞれ難しさの程度の異なる問題 / The risks differ only in ~. それらの危険はただ程度が違うだけだ / She was worried to such a ~ that she could not sleep. 彼女は心配で眠れないくらいだった. ❸ C 学位, 称号; 《英》(専攻)課程: a doctoral ~ 博士号 / the ~ of doctor of philosophy [Ph.D.] ⇒ Ph.D. 解説 / take the ~ of Master of Arts 文学修士の称号を取る. ❹ C 親等: **a** a relation in the first ~ 一親等 / the prohibited [forbidden] ~s (of marriage) 結婚禁止の親等 (一親等から三親等まで). **b**《米法》(犯罪の)等級: murder in the first [second] ~ 第1[2]級殺人. ❺ C 《文法》級: the positive [comparative, superlative] ~ 原[比較, 最上]級. **by degrees** 次第に, だんだんに. **in sóme degrée** いくらか, 多少, 幾分か. **nòt in the slíghtest** [**léast, smállest**] **degrée** 少しも…ない: Her beauty has *not* faded *in the smallest* ~. 彼女の美貌は少しも衰えていない. **to a degrée** (1) = to some DE-

GREE 成句．(2) 《英まれ》非常に，大いに. **to sóme [a cértain] degrée** 多少は，いくぶん，ある程度(まで)は (to some extent) **to the lást degrée** 極度に: The whole thing was absurd *to the last* ~. すべての事が極度にばかげていた. **to whát degrée…?** どの程度(まで)…か．⦅F＜L＝(þe‐)＋*gradus* 段, 程度⦆(cf. DE‐＋*gradus* 段, 地位 (cf. grade))

degrée of fréedom 名 自由度: **a** 〖理・化〗一つの系の運動や状態変化をきめる変数のうち独立な任意の変化をすることができるものの数. **b** 〖統〗標本分布を表わす式に含まれ，自由に変えうる自然数.

de·gres·sive /dɪɡrésɪv/ 形 下降する; 〈税の〉逓減(⑦)税率の.

de·gu /déɪɡuː/ 名 〖動〗デグー《南米西部産のヤマアラシ類の小型の齧歯動物》.

de haut en bas /dóʊtəmbɑː| dióʊ‐/ 副 見くだすような[に]，いばった態度[で]，愍懃無礼な(態度)で．⦅F＝from top to bottom⦆

de·hire /diːháɪr | ‐háɪə/ 動 他 《米》解雇する，〈経営者の〉首切りをする.

de·hisce /dɪhís/ 動 自 〖植〗〈種皮・果実が〉裂開する.

de·his·cence /dɪhís(ə)ns/ 名 〖植〗裂開. **de·his·cent** /dɪhís(ə)nt/ 形.

de·horn /diːhɔ́rn | ‐hɔ́ːn/ 動 他 〈動物の〉角(%)を取る.

de hors /diːhɔ́rz | ‐hɔ́ːz/ 前 《法》…の外側[外部]の，…外の; …と異質[無関係]の.

de·hu·man·i·za·tion /diːhjùːmənɪzéɪʃən | ‐naɪz‐/ 名 Ⓤ 人間性抹殺，非人間化.

de·hu·man·ize /diːhjúːmənàɪz/ 動 他 〈…の〉人間性を奪う，非人間化する.

dè·hu·míd·i·fi·er 名 除湿器.

dè·hu·míd·i·fy /diːhjuːmídəfàɪ/ 動 〈大気から〉湿気を除去する.

del. 《略》delegate; delete. **Del.** 《略》Delaware.

†**de·hy·drate** /diːháɪdreɪt/ 動 他 〈…を〉乾燥させる; 〖化〗脱水する: ~ *potatoes* ジャガイモから水分を抜く[を乾燥させる]. ── 自 脱水症状になる; 水分が抜ける．⦅DE‐＋Gk *hydōr*, *hydr*‐ 水＋‐ATE²⦆

de·hý·drat·ed /‐tɪd/ 形 ❶ 乾燥させた，水分を抜いた: ~ *eggs* [*foods*, *vegetables*] 乾燥卵[食品，野菜]. ❷ 脱水症状の[になった].

de·hy·dra·tion /diːhaɪdréɪʃən/ 名 Ⓤ 〖医〗脱水症状.

dè·hy·dro·cho·lés·ter·ol /diː‐/ 名 Ⓤ 〖生化〗デヒドロコレステロール (皮膚に存在するコレステロール; 紫外線照射によってビタミン D₃ になる).

dè·hy·dróg·e·nase /diː‐/ 名 〖生化〗脱水素酵素，デヒドロゲナーゼ.

dè·hy·dróg·e·nate /diː‐/ 動 他 〖化〗〈化合物から〉水素を除く. **dè·hy·dro·ge·ná·tion** 名 Ⓤ 脱水素.

de·ice /diːáɪs/ 動 他 〈…から〉氷を取り除く.

de·ic·er /‐sə/ 名 除氷[防氷]装置.

de·i·cide /díːɪsàɪd, déɪə‐/ 名 ❶ Ⓒ 神を殺す者. ❷ Ⓤ 神(の身代わり)を殺すこと，神殺し.

deic·tic /dáɪktɪk/ 形 〖文法〗直示的な. ── 〖文法〗直示語.

de·i·fi·ca·tion /diːəfɪkéɪʃən, dèɪə‐/ 名 Ⓤ ❶ 神としてあがめる[崇む]こと，神格化. ❷ 神聖視.

de·i·fy /díːɪfàɪ, déɪə‐/ 動 他 ❶ 神とする，神に祭る. ❷ 神としてあがめる，神格化する. ❸ 神聖視する.

deign /deɪn/ 動 他 〖けなして〗皮肉に〗〈もったい[かたじけな]くも〉〈…してくださる〉: He would *never* ~ *to* notice me. 彼は私などには目もくれようとしないだろう.

de·in·dex /diːíndeks/ 動 他 〈賃金・年金などを〉物価指数スライド制からはずす.

dè·in·dus·tri·al·i·za·tion /diː‐/ 名 Ⓤ (特に 敗戦国の産業組織[潜勢力]の縮小[破壊]; (ある地域の) 製造業の衰退，産業の空洞化. **dè·in·dústri·al·ize** 動 他.

dei·non·y·chus /daɪnɑ́nɪkəs | ‐nɔ́n‐/ 名 〖古生〗デイノニクス《北米白亜紀の二足歩行をする肉食性の小型恐竜》.

de·i·on·ize /diːáɪənàɪz/ 動 他 〈水・空気から〉イオンを取り除く.

de·ism /díːɪzm, déɪ‐/ 名 Ⓤ〖しばしば D‐〗〖哲〗理神論，自然神論〖教〗《世界は神の創造したものであるが，神の支配を

---

467 **delectable**

離れて自然の理法によって動くという思想; 18 世紀の思想家が説いた). **de·ist** /díːɪst, déɪ‐/ 名 理神論者，自然神教信奉者. **de·is·tic** /diːístɪk, deɪ‐/ 形．⦅L *deus* 神＋‐ISM⦆

de·i·ty /díːəti, déɪə‐/ 名 ❶ Ⓤ 神位，神格，神性. ❷ **a** Ⓒ 神: a pagan ~ 異教の神. **b** 〖the D‐〗天帝，神.⦅F＜L＜*deus* 神＋‐TY⦆

deix·is /dáɪksɪs/ 名 Ⓤ 〖文法〗(発話行為依存的)直示性，ダイクシス.

dé·jà vu /dèɪʒɑːvjúː/ 名 〖心〗既視感 (初めての経験を以前にも経験したように感じること).⦅F⦆

de·ject /dɪʤékt/ 動 他 〈人を〉落胆させる (⇒ dejected).

de·ject·ed /dɪʤéktɪd/ 形 落胆した，しょげた: He went home looking ~. 彼はしょげた顔をして家に帰った. **‐ly** 副.

de·jec·tion /dɪʤékʃən/ 名 Ⓤ 落胆，失意: in ~ 落胆して.

de ju·re /diːʤú(ə)ri, deɪʤú(ə)rɪ | dèɪʤú(ə)reɪ/ 副 形 正当に[適法に]な，法律上の.⦅L⦆

dek·a‐ /dékə/ ＝dec(a)‐.

dek·ko /dékoʊ/ 名 (複 ~s) 《英口》一目(見ること): have a ~ at …をちょっと見る.⦅Hindi＝見よ⦆

de Klerk /dəklɜ́rk | ‐klɜ́ːk/, **F(rederik) W(il·lem)** /‐víləm/ 名 デクラーク (1936‐; 南アフリカの大統領 (1989‐94); Nobel 平和賞 (1993)).

de la Mare /dèləmèr | ‐méə/, **Walter John** デラメア (1873‐1956; 英国の詩人・小説家).

de·lam·i·nate /diːlǽmənèɪt/ 動 他 薄片[薄い層]に裂ける[裂く].

Del·a·ware /déləwèr | ‐wèə/ 名 ❶ デラウェア州《米国東部の州; 州都 Dover; 略 Del., ⑦ DE; 俗称 the First State》. ❷ 〖the ~〗デラウェア川《米国東部 New York 州から Delaware 州に南流する川》. ❸ Ⓒ デラウェア《赤みがかった小粒のブドウの品種名》.《De La Warr アメリカ植民地時代の行政官》

Del·a·war·e·an /dèləwéərɪən/ 形 デラウェア州(人)の. ── 名 デラウェア州人.

†**de·lay** /dɪléɪ/ 名 ❶ Ⓒ 遅延時間[期間]: The train arrived after a ~ *of two hours*. その列車は 2 時間遅れで到着した. ❷ ⒸⓊ 遅滞，遅延; 猶予: after several ~*s* 何度も遅れた後で / *without* (*any*) ~ 猶予なしに，直ちに / The situation admits of no ~. 情勢は一刻も猶予を許さない. ── 動 他 ❶ 〈…を〉遅らせる (hold up): A clerical error ~*ed* delivery. 書き誤りで配達が遅れた / The train *was* ~*ed* (*for*) two hours by the accident. 列車はその事故で 2 時間遅れた. ❷ 〈…を〉延ばす: He ~*ed* his arrival to coincide with hers. 彼は彼女の到着と合わせるために(先に)延ばした. / 〖＋*doing*〗Why have you ~*ed* writing to him? 彼へ手紙を出すのをどうして延ばしているのか《〖用法〗〖＋to do〗は用いないほうがよい). ── 自 ぐずぐずする，手間どる: Write the letter now! Don't ~. 手紙は今書きなさい，ぐずぐずしないで．⦅F＝後に残す⦆〖関形〗dilatory〗

de·láyed-áction 形 〈爆弾・カメラなど〉遅延作動式の: a ~ bomb 時限爆弾 / a ~ camera セルフタイマーのカメラ.

deláyed bróadcast 名 ⒸⓊ 録音放送; 録画放映 (cf. LIVE² broadcast).

de·láy·er·ing /dɪléɪərɪŋ/ 名 Ⓤ 階層削減，ディレイヤリング《企業・組織で，管理職の階層を減らすこと》.

de·láy·ing táctics 名 他 引き延ばし(作戦[戦術]).

de·le /díːliː, ‐li/ 〖命令法で〗⒞ (不要の個所を)とれ，削除する〗〖用法〗校正用語として通例その個所に下線を施し欄外に ð と書く; cf. stet). ── 名 削除記号.

de·lec·ta·ble /dɪléktəbl/ 形 ❶ 快い，楽しい. ❷ おい

しい, おいしそうな. **de·léc·ta·bly** /-bli/ [副]

de·lec·ta·tion /dìːlektéɪʃən/ [名] [U] 《文》 歓喜, 快楽: for one's ～ 楽しみに.

del·e·ga·ble /délɪgəbl/ [形] 〈責務などが〉代理人に委任できる.

del·e·ga·cy /délɪgəsi/ [名] ❶ [C] [集合的; 単数または複数扱い] 代表者団, 使節団. ❷ [U] **a** 代表任命[派遣]. **b** 代表任命[派遣]制(度). 〘↓〙

del·e·gate** /délɪgət, -gèɪt/ [名] (会・組織の)**代表(者)**, 使節, 派遣団員 (★ 代表団は delegation; ⇨ representative [比較]): ～*s* to the *UN from* India インドの国連代表. ── /-gèɪt/ [動] [他] ❶ 〈権限などを〉〔…に〕委任[付与]する: The belligerents should ～ the solution of the conflict ***to the United Nations. 交戦国は紛争の解決を国連に委任すべきである. ❷ **a** 〈人を〉代表(者)に指名する. **b** 〈人を〉(代表者[使節]として)特派[派遣]する: He was ～*d **to*** the convention. 彼は大会に派遣された / 〔+目+***to** **do***〕 I was ～*d to* tell him the bad news. その悪い知らせを彼に告げる役を背負わされた (★〔+目+***to do***〕は通例受身). ── [自] 権限[責任]を委任する. 〘L＝送る, 派遣する＜DE- +*legare, legat-* 派遣[委任]する (cf. colleague)〙 ([名] delegation)

***del·e·ga·tion** /dèlɪgéɪʃən/ [名] ❶ [C] [集合的; 単数または複数扱い] **代表[派遣]団**. ❷ [U] 代表任命[派遣]. ❸ [U] 〔権力などの〕委任 〔*of*〕. ([動] delegate)

⁺**de·lete** /dɪlíːt/ [動] [他] 〈…を〉〔…から〕削除する, 消す 〔*from*〕 (erase): ～ a line 行を削除する[削る] / ～ data ***from*** a database データベースからデータを削除する. 〘L *delere, delet-* 消す〙 ([名] deletion)

del·e·te·ri·ous /dèlɪtí(ə)riəs←/ [形] 有害な; 有毒な. **～·ly** [副]

de·le·tion /dɪlíːʃən/ [名] [U] 削除; [C] 削除部分. ([動] delete)

delf /délf/ [名] ＝delft.

delft /délft/ [名] [U] (オランダの)デルフト焼 (一種の彩色陶器). 〘Delft オランダ南西部の原産地名〙

delft·ware /délftwèə | -wèə/ [名] ＝delft.

Del·hi /déli/ [名] デリー (インド北部の連邦直轄地; 旧都 Old Delhi と, その南に隣接する首都 New Delhi の二つの市からなる).

del·i /déli/ [名] 《口》 ＝delicatessen.

de·lib·er·ate** /dɪlíb(ə)rət/ [形] (**more** ～; **most** ～) ❶ **故意の**, 計画的な (intentional): a ～ lie [insult] 故意のうそ[侮辱] / ～ tax evasion 意図的な脱税. ❷ **慎重な**, よく考えたうえでの, 思慮のある: take ～ action 慎重に行動する / He's ～ ***in speak*ing* [action]. 彼は慎重に話をする[行動する]. ❸ 〈話し方・行動など〉気の長い, 落ち着いた: with ～ steps ゆったりとした足どりで. ── /-bərèɪt/ [動] [他] 〈…を〉熟考する (ponder); 熟議[審議]する: We are still *deliberating* the question. なおその問題を審議中である. ── [自] 〔…について〕熟考する, 審議する: He ～*d* ***upon*** [***about***] the matter. 彼はその問題を熟慮検討した. **～·ness** [名] 〘L＝熟考する, 重さを量る＜DE-+*libra* はかり (cf. level)+-ATE²〙 【類義語】⇨ slow.

de·líb·er·ate·ly [副] (**more** ～; **most** ～) ❶ 故意に, 計画的に, わざと (intentionally). ❷ 慎重に. ❸ ゆっくりと.

de·lib·er·a·tion /dɪlìbəréɪʃən/ [名] ❶ [U,C] [通例複数形で] 熟考, 熟慮, 思案; 審議, 討議: after careful ～ 慎重に考慮[検討]したうえで / conduct ～*s* on…について審議する. ❷ [U] 慎重さ; (動作の)緩慢, 気長さ: with great ～ 非常に慎重に[ゆっくりと].

de·lib·er·a·tive /dɪlíbərèɪtɪv, -b(ə)rə- | -b(ə)rə-/ [形] ❶ 審議する: a ～ assembly 審議会. ❷ 熟慮の. **～·ly** [副]

⁺**del·i·ca·cy** /délɪkəsi/ [名] ❶ **a** [U] きゃしゃ, かよわさ, もろさ; 虚弱: ～ of health 病弱 / The ～ of roses makes them unfit for extreme climates. バラは弱いから極端な気候には向かない. **b** [U] 優美; (容姿などの)優雅, 上品さ; 微妙(な美し)さ. ❷ [U] **a** (機械などの)精密さ. **b** 精巧さ, 精緻. **c** (問題などの)微妙さ, 扱いにくさ: a matter of great ～ 非常に微妙な事柄[問題]. ❸ **a** [U] (感覚などの)繊細, 敏感. **b** [U] 配慮, 気配り, 慎重(さ), (他人や自分のマナーに対して)神経の細かいこと, 心づかい, 思いやり: handle a situation with the utmost ～ 事態を最大限の配慮[慎重さ]をもって扱う. ❹ [C] 珍味: the *delicacies* of the seasons 季節ごとの珍味. ([形] delicate)

***del·i·cate** /délɪkət/ [形] (**more** ～; **most** ～) ❶ 〈ものが〉**壊れやすい**, もろい; 〈人が〉きゃしゃな, かよわい; 虚弱な: ～ china 壊れやすい陶器 / The child was in ～ health. その子は病弱だった. ❷ **優美な, 繊細な; 上品な, 優雅な**: the ～ skin of a baby 赤ちゃんの柔らかい肌. ❸ **a** 〈機械など〉**精密な**; 正確な; 精巧な, 精緻な (★ しばしば「壊れやすい」意を含む): a ～ instrument 精密な器具 / ～ embroidery 精巧な刺繍. **b** 〈差異など〉微妙な: a ～ difference [nuance] 微妙な相違[ニュアンス]. **c** 扱いにくい, 慎重な扱いを要する, 難しい: a ～ situation 難しい[デリケートな]立場 / a ～ operation (細心の注意を要する)難しい手術. ❹ **a** 感度の鋭い, 鋭敏な, 敏感な: He has a ～ ear for music. 彼は音楽に対して鋭い耳をもっている. **b** (他人や自分のマナーに対して)神経の細かい, 気配りする, 心づかいの細かい, 思いやりのある: ～ attention 気配り / a ～ refusal 相手の感情を害さないような拒絶. **c** 〈人が〉気難しい; 神経質な. ❺ **a** 〈色が〉妙(たえ)なる, 〈色調が〉柔らかい, ほのかな: a ～ hue ほのかな色 / a ～ blue light かすかな青い光. **b** 〈食物・味・においなど〉上品で微妙な; おいしい, 美味な: a ～ flavor 美味な味. ── [名] [複数形で] いたみやすい素材でできた衣類. **～·ly** [副] 〘L *delicatus* うっとりさせるような〙 ([名] delicacy) 【類義語】**delicate** 上品で優雅な; 質が上等で上品な趣味に合う, または感覚に快く訴える; 繊細・微妙またはもろさを暗示する. **dainty** delicate と似ているが, 特に見た目に訴える小さいかわいらしさ・優美さなどを暗示する. **exquisite** 手ぎわや出来ばえ・デザインなどがこの上なく精妙で, 特に感覚の鋭い趣味の高尚な人だけにわかるような.

del·i·ca·tes·sen /dèlɪkətés(ə)n/ [名] ❶ [C] デリカテッセン販売店 (deli). ❷ [U] デリカテッセン (手軽に食卓に出せる調理済みの肉・チーズ・サラダ・缶詰など). 〘G＝珍味＜F＜It＜*delicatus*; ⇨ delicate〙

***de·li·cious** /dɪlíʃəs/ [形] (**more** ～; **most** ～) ❶ 〈食物など〉**とてもおいしい**, うまい; 〈香りなど〉かんばしい: a ～ dinner [cake] おいしい夕食[ケーキ] / a ～ smell よい香り. ❷ 《文》 とても気持ちのよい; とてもおもしろい: a ～ breeze 気持ちよいそよ風 / a ～ story とても楽しい話. ── [名] [D～] [U] デリシャス (米国原産の赤リンゴの一種). **～·ly** [副] **～·ness** [名] 〘F＜L *delicia* 喜び[楽しさ]を与えるもの＜DE-+*lacere* 誘う (cf. delight, elicit)〙

de·lict /dɪlíkt/ [名] 〔法〕 不法[違法]行為, 犯罪.

de·light** /dɪláɪt/ [名] ❶ [U] **大喜び**, うれしさ, 歓喜: with ～ 大喜びで / in ～ 喜んで / to one's ～ 喜ばしいことには, うれしいことには / give ～ to…〈人〉を喜ばせる / take (great) ～ in music [watch*ing* TV] 音楽を[テレビを見て](大いに)楽しむ. ❷ [C] 楽しみ(となるもの)[こと], うれしいもの: Dancing is a ～ to me. ダンスは私にとって楽しみだ. ── [動] [他] 〈人を〉**大いに喜ばせる, うれしがらせる**; 〈耳目を〉楽しませる (★ ⇨ delighted; [比較] please より意味が強い): Your present ～*ed* her. あなたの贈り物は彼女を大いに喜ばせた / It ～*ed* me that she remembered me. 彼女が私を覚えていてくれたことで私はとてもうれしく思った / She ～*ed* the children ***with a story [***by*** tell*ing* them a story]. 彼女は子供たちを話で[話をして]喜ばせた / Beautiful pictures ～ the eye. 美しい絵は目を楽しませる. ── [自] ❶ **人を大いに喜ばせる**: This movie is certain to ～. この映画はきっと人が喜んでくれる. ❷ 〔…に〕**大喜びする**, 〔…を〕おもしろがる: Children ～ ***in*** surprises. 子供はびっくりするようなものをおもしろがる. 〘F＜L＝喜ばせる＜DE-+*lacere* わなにかける, 誘う; cf. delicious〙 ([形] delightful) 【類義語】⇨ pleasure.

‡**de·light·ed** /dɪláɪtɪd/ [形] (**more** ～; **most** ～) ❶ [P] **a** 〔…に〕**大いに喜んで** ([比較] pleased より意味が強い): He was much [very] ～ ***with*** [***by***] this idea. 彼はこの考えを大変おもしろがった / She was ～ ***at*** receiv*ing* so many letters and telegrams. 彼女は手紙や電報をそんなにたく

さんもらって大喜びだった / 〔+*to* do〕I am ~ *to* be here today. 本日こちらにお招きいただいてうれしく思っております / 〔+*that*〕He's ~ *that* you are well again. 彼があなたが全快されたことを喜んでいます. **b** 〔would [should] be ~ *to* do〕で〕喜んで…します《用法》ていねいな表現》: I'd be absolutely ~ *to* come. 喜んでお伺いさせていただきます. ❷ Ⓐ うれしそうな,楽しそうな: She gave a ~ giggle. 彼女は楽しそうにくすくす笑った.

de·líght·ed·ly 副 喜んで, うれしがって.

*__de·líght·ful__ /dɪláɪtf(ə)l/ 形《*more* ~; *most* ~》楽しい, 愉快な; 快適な: a ~ evening 楽しい夕べ / a ~ room 快適な部屋 / She's a ~ person. 彼女はとても楽しくさせてくれる人だ. ~**·ly** /-fəli/ 副 ~**·ness** 名 《de-light》

De·li·lah /dɪláɪlə/ 名 ❶《聖》デリラ《Samson の愛人; Samson を裏切った》. ❷ Ⓒ 裏切り女, 妖婦.

de·lim·it /dɪlímɪt/ 動《…の》範囲[限界, 境界]を定める.

de·lim·i·tate /dɪlímətèɪt/ 動 =delimit.

de·lim·i·ta·tion /dɪlìmətéɪʃən/ 名 ❶ Ⓤ 限界[境界]決定: territorial ~ 領土画定. ❷ Ⓒ 限界, 分界.

de·lím·it·er /-tə| -tə/ 名 区切り文字, デリミッター《磁気テープなどのデータの初め[終わり]を示す文字[符号]》.

de·lin·e·ate /dɪlíniːèɪt/ 動 ❶《言葉で詳細に》描写する, 叙述する. ❷《境界・範囲などを》定める. ❸ 線で描く, …の輪郭を描く. **de·lín·e·à·tor** /-tə| -tə/ 名 〔L draw a line <DE-+*linea* LINE¹〕

de·lin·e·a·tion /dɪlìniéɪʃən/ 名 ❶ Ⓤ,Ⓒ《言葉による》描写, 叙述;《線・図形による》描写. ❷ Ⓤ,Ⓒ《境界・範囲などの》決定, 区画. ❸ Ⓒ 図形, 略図.

de·lin·quen·cy /dɪlíŋkwənsi/ 名 Ⓤ,Ⓒ ❶ 過失, 犯罪, 非行: juvenile ~《青》少年犯罪. ❷《支払い・職務などの》怠慢;滞納. 《形 delinquent》

⁺**de·lin·quent** /dɪlíŋkwənt/ 形 ❶ **a** 過失を犯した, 非行の. **b** 非行者の; 非行少年の《ような》. ❷ **a** 怠慢な, 義務不履行の. **b** 《米》《負債等・勘定が》滞納の. ―名 過失者; 非行者: a juvenile ~ 非行少年. 〔L=間違いをする, 不完全なまま残す <DE-+*linquere* あとに残す《cf. relinquish》〕《名 delinquency》

del·i·quesce /dèlɪkwés/ 動 溶ける, 溶解する;《化》潮解する.

del·i·ques·cence /dèlɪkwés(ə)ns/ 名 Ⓤ 溶解;《化》潮解《性》.

del·i·ques·cent /dèlɪkwés(ə)nt⁻/ 形 溶解[潮解]《性》の.

de·lir·i·a /dɪlí(ə)riə/ 名 delirium の複数形.

⁺**de·lir·i·ous** /dɪlí(ə)riəs/ 形 ❶ 精神が錯乱した, うわごとを言う; ~ words うわごと《の言葉》: He was ~ *with* fever. 彼は高熱でうわごとを言った. ❷ 興奮した, 無我夢中の《ecstatic》: He was ~ *with* delight. 彼はうれしくてわれを忘れた.《名 delirium》

de·lír·i·ous·ly 副 ❶ 精神が錯乱して. ❷ **a** 《無我》夢中になって. **b** 無性に, やたらに, 非常に.

de·lir·i·um /dɪlí(ə)riəm/ 名《複 ~s, -lir·i·a -riə》❶ Ⓤ,Ⓒ 譫妄《えんもう》状態, 精神錯乱: lapse [fall] into 《a》 ~ 譫妄状態に陥る. ❷〔a ~〕興奮《状態》, 無我夢中: a ~ of joy 狂喜, 有頂天. 〔L〕《形 delirious》

delírium trémens /-tríːmənz, -trém-/ 名 Ⓤ《医》《アルコール中毒による》振戦譫妄《せんもう》《症》《《口》DTs》.

de-list /diːlíst/ 動《…を》表《目録》などから除く;《ある証券を》銘柄表からはずし, 上場廃止にする.

De·li·us /díːliəs/, Frederick 名 ディーリアス《1862-1934; 英国の作曲家》.

*__de·liv·er__ /dɪlívə| -və/ 動 Ⓐ ❶ **a**《品物・手紙などを》《…に》配達する: ~ the mail 郵便物を配達する / I ~ed the parcel *to* him in person. 私はその小包を直接彼に届けた. **b**《伝言などを》《…に》伝える: ~ one's message *to* a person 人にことづてを伝える. ❷《…を》《…に》引き渡す, 明け渡す; 手渡す;《~ *up*》《fortress を敵に明け渡す / ~ *over* the house *to* the buyer その家を買い主に引き渡す. ❸ **a**《演説・説教などを》;《陪審員が評決を》下す《《比較》この意味では give より形式ばった表現》: He ~ed a course of lectures on world affairs. 彼は世界情勢について連続講演を行なった / ~ a verdict 評決を下す. **b**《文》《叫び声などを》上げる: He ~ed a cry of rage. 彼は怒りの叫び声を上げた《《比較》この意味では give のほうが一般的》. **c**《文》〔~ *oneself* で〕《意見などを》述べる: He ~ed *himself of* an anecdote. 彼は逸話を話した. ❹《医師・助産婦が》《赤ん坊を》分娩《ぶん》させる, 産み出させる: The baby was ~ed by Caesarean《section》. その赤ちゃんは帝王切開で生まれた. **b**《妊婦の》出産を助ける. **c**《妊婦から》《赤ん坊を》分娩させる《★しばしば受身で用いる》: She *was* ~ed *of* a boy last night. 彼女は昨夜男の子を産んだ. ❺〔打撃・攻撃などを〕《…に》加える;《ボールを》《…に》投げる: ~ a blow *to* the man's jaw その男のあごに一撃をくらわす. ❻《約束を》果たす,《なすべきことを》実行する: ~ promised benefits 約束した利益をあげる. ❼《主に米》《候補者・運動のために》《票・支持を》集める:〔+目+目〕Let's ~ him all our support.=Let's ~ all our support *to* him. 我々は一団となって彼を支持してやろう. ❽《電算》《プログラムを》配布[販売]する. **b**《性能を》発揮する, 出す. ― Ⓑ《古》《人を》《…から》救い出す, 救出する: ~ a person *from* danger 人を危険から救い出す / D- us *from* evil.《聖》我らを悪より救いたまえ《★「主の祈り」の一節》. ❷ ❶ 配達する: Do you ~? 《この店は》配達してくれますか. ❷ 《約束・期待された結果などを》果たす, 実現する: I wonder if he can ~《on》his promise. 彼は約束を果たすだろうか. ❸ 分娩する, お産する.〔F<L=自由にする <DE-+*liber* 自由な《cf. liberty》〕《名 delivery, deliverance》《類義語》⇒save¹.

de·liv·er·a·ble /dɪlív(ə)rəbl/ 形 ❶ 配達可能な. ❷ 引き渡すことのできる. 配達できる.

de·liv·er·ance /dɪlív(ə)rəns/ 名 Ⓤ 救出, 救助; 釈放, 解放《*from*》.《動 deliver》

de·liv·er·er /-v(ə)rə| -rə/ 名 ❶ 救助者; 釈放する人. ❷ 引き渡し人, 交付者. ❸ 配達人.

*__de·liv·er·y__ /dɪlív(ə)ri/ 名 ❶ Ⓤ,Ⓒ **a**《手紙・品物などの》配達, …便: express ~《英》special ~《米》速達 / make a ~ of letters 手紙を配達する / We have taken ~ of the goods. その品物は受け取りました / We have three *deliveries* every day. 毎日配達が 3 回あります / Your letter arrived by the first ~. お手紙は第 1 便でいただきました. **b**《城などの》《…への》明け渡し, 引き渡し;《~ of one's position *to* the enemy 味方の陣地の敵方の明け渡し. ❷ Ⓒ 分娩《ぶん》, 出産: an easy ~ 安産. ❸〔a ~〕話し方《ぶり》: have a good [poor] ~ 話し方がうまい[へただ] / a telling ~ 効果のある話しぶり. ❹ Ⓒ《球技》投球《法》; 放出, 発射. **cásh on delívery** ⇒ cash¹ 名成句. 《動 deliver》

delívery·man /-mən/ 名《複 -men /-mən/》配達員《男》.

delívery nòte 名《英》《商品配達の》受領証《通例 2 通になっていて買い主がサインする》.

delívery pèrson 名 配達員[担当者]《★男女共通語》.

delívery ròom 名《病院の》分娩《ぶん》室.

dell /dél/ 名《山間の木の茂った》小さな谷.

de·lo·cal·ize /diːlóʊkəlàɪz/ 動 ❶ 正規の場所から離す[移す]; ❷《理》《電子を》特定の位置から離す, 非局在化する. **de·lò·cal·i·zá·tion** 名.

de·louse /diːláʊs/ 動《…から》シラミをとる.

Del·phi /délfaɪ/ 名 デルフォイ《ギリシアの遺跡; 神託で有名な Apollo の神殿があった》.

Del·phi·an /délfiən/ 形 =Delphic.

Del·phic /délfɪk/ 形 ❶ デルフォイの. ❷ デルフォイの神託《のような》; わかりにくい, あいまいな.

del·phin·i·um /delfíniəm/ 名《植》ヒエンソウ, デルフィニウム《larkspur》.

⁺**del·ta** /déltə/ 名 ❶ デルタ《ギリシア語アルファベットの第 4 字, Δ, δ; 英字の D, d に当たる; ⇒ Greek alphabet 表》. ❷ Δ 字形のもの;《河口の》三角州, デルタ. **del·ta·ic** /deltéɪɪk/ 形

délta rày [名] [通例複数形で]〘理〙デルタ線.

délta-v /-víː/ [名] [U]《口》加速 (acceleration). 〖*delta*+*v*elocity〗

délta wàve [rhỳthm] [名] [U]〘生理〙(脳波の)デルタ波[リズム]《深い睡眠の場合に典型的にみられる》.

délta wíng [名] (ジェット機などの)三角翼.

del·ti·ol·o·gy /dèltiáləʤi | -ɔ́l-/ [名] [U] 絵はがき収集. **-gist** [名]

del·toid /déltɔɪd/ [名] 三角筋. ── [形] ❶ 三角形の, デルタ状の. ❷ 三角筋の.

de·lude /dɪlúːd/ [動] [他] ❶ [～ one*self* で]〔…で〕思い違いをする〔*with, by*〕; 思い違いをして〔…〕する〔*into*〕; 〈…と〉誤解する〈*that*〉. ❷〈人を〉〔…で〕惑わす, 欺く〔*with, by*〕; 〈人を〉だまして[惑わして]〔…〕させる〔*into*〕(deceive). 〖L＝あざける＜DE-+*ludere, lus-* 遊ぶ (cf. ludicrous)〗 ([名] delusion)

⁺**del·uge** /délju:ʤ, -ljuːʒ/ [名] ❶ **a** [C] 大洪水, 氾濫(はんらん); 豪雨: a ～ of rain どしゃ降り, 豪雨 / a ～ of fire 火の海 / After me [us] the ～. 後は野となれ山となれ. **b** [the D～] ノア (Noah) の大洪水. ❷ [C] [通例 a ～ of… で] (手紙・訪問者などの)殺到: *a* ～ *of* letters [visitors] 手紙の殺到[押し寄せる訪問客]. ── [動] [他] [通例受身で] ❶〈…を〉大水にひたす, 氾濫させる (flood). ❷〈人・場所に〉〔…を〕殺到させる〔*with*〕: We *were* ～*d with* applications. 我々のところに申し込みが殺到した. 〖F＜L *diluvium* 洪水＜*diluere* 洗い去る; ⇨ dilute〗

⁺**de·lu·sion** /dɪlúːʒən/ [名] ❶ [U] 惑わし, 欺き. ❷ [C] **a** 迷い, 惑い; 妄想; 思い違い: ～*s* of persecution [grandeur] 被害[誇大]妄想 / labor under a ～ 妄想を抱いている. **b**〈…という〉思い違い, 妄想: He's under the ～ *that* he's Hitler. 彼は自分はヒットラーだという妄想を抱いている. **～·al** [形] ([動] delude) 【類義語】⇨ illusion.

de·lu·sive /dɪlúːsɪv/ [形] ❶ 人を惑わせる[誤らせる], ごまかしの. ❷ 妄想的な. **～·ly** [副] **～·ness** [名]

de·lu·so·ry /dɪlúːs(ə)ri/ [形] ＝delusive.

⁺**de·luxe, de luxe** /dilʌ́ks, -lúks/ [形] 豪華な, ぜいたくな, デラックスな: a ～ edition＝an edition ～ 豪華版 / the ～ model of a car ある車の一番豪華なモデル. 〖F＝of luxury〗

delve /délv/ [動] [自]〔書物・記録などを〕探究する, 詮索(せんさく)する〔*in, into*〕: ～ ***into*** documents 書類を調べる.

Dem.《略》Democrat(ic).

de·mag·net·i·za·tion /dìːmæ̀gnətɪzéɪʃən | -taɪz-/ [名] [U] ❶ 磁気除去, 消磁. ❷ (磁気テープの)消音.

de·mag·net·ize /dìːmǽgnətàɪz/ [動] [他] ❶〈…から〉磁気を除く. ❷〈磁気テープから〉音を消す.

dem·a·gog /déməgɔ̀g | -gɔ̀g/ [名]《米》＝demagogue.

dem·a·gog·ic /dèməgágɪk, -gáʤ- | -gɔ́g-, -gɔ́ʤ-⁻/ [形] 扇動的な.

dèm·a·góg·i·cal /-gɪk(ə)l, -ʤɪ-⁻/ [形] ＝demagogic.

dem·a·gogue /déməgɔ̀g | -gɔ̀g/ [名] ❶ 扇動(政治)家. ❷ (古代ギリシア・ローマの)民衆指導者. 〖Gk＝民衆の指導者; 扇動政治家＜*dēmos* 人々+*agōgos* 指導者〗

dem·a·gog·uer·y /déməgɔ̀g(ə)ri | -gɔ̀g-/ [名] [U] 民衆扇動《★ 根拠のないうわさ話の意での「デマ」は rumor》.

dem·a·gog·y /déməgɔ̀gi | -gɔ̀gi/ [名] ＝demagoguery.

*****de·mand** /dɪmǽnd | -máːnd/ [名] ❶ [C]〔…の〕要求, 請求; 強要: meet a person's ～*s* 人の要求に応ずる / Our ～ ***for*** payment went unanswered. 我々の支払いの要求には答えのないままだった / 〔+***that***〕 The company refused the workers' ～ *that* their wages (should) be raised. 会社側は労働者の賃上げ要求を拒絶した. ❷ [複数形で]〔人などへの〕(やむをえない)要求; 必要[負担](となるもの)〔*on*〕: His job makes heavy ～*s on* him [his time]. 彼の仕事は彼にたいへんな負担になっている[たいへんな時間がかかる]. ❸ [U,C] 需要, 売れ口: supply and ～ ⇨ supply [名] 1 / meet public ～ 大衆の需要にこたえる / There's *a* great [*a* poor, little] ～ ***for*** this item. この品の需要が多い[少ない].

by pópular demánd 一般の人々に求められて.

in demánd 需要のある: Interpreters were *in* great ～ ***for*** the Olympics. オリンピックのため通訳の需要が非常に多かった《引っぱりだこだった》/ These goods are *in* little ～. これらの商品の需要は少ない / This type of machine is much [not much] *in* ～. この種の機械は需要が多い[あまり多くない].

on demánd 要求に応じて, 要求があり次第.

── [動] [他] ❶〈…を〉**要求する**: A mugger ～*ed* the tourist's money. 強盗は観光客に金を出せと言った / He ～*ed* an apology ***from*** me. 彼は私に謝罪を求めた / She ～*ed* too high a price ***of*** him. 彼女は彼に法外な値段を請求した / 〔+***to*** do〕 The sentry sharply ～*ed to* know why I was there. 歩哨は私になぜそこにいるのかと詰問した《[用法] demand は人を目的語とすることがなく, 〔+目+***to*** do〕の型には用いない》/ 〔+***that***〕 She ～*ed that* he (should) tell her the whole truth. 彼女は彼が自分にいっさいのことを言うように要求した / 〔+[引用]〕 "Hand over your money," the mugger ～*ed*. 「金を出せ」と強盗は要求した. ❷〈…を〉(権威をもって)問いただす, 言えと要求する: The policeman ～*ed* my name and address. その警官は名前と住所を要求した. ❸〈事物が〉〈…を〉**必要とする** (need): Keeping a diary ～*s* patience. 日記をつけるには忍耐がいる / The matter ～*s* great caution. 事は細心の注意を要する.
〖F＜L＝要求する, 任せる＜DE- +*mandare* 任せる, ゆだねる (cf. mandate)〗

【類義語】**demand** 権力的または命令的に断固として要求する. **claim** 自分が当然所有する権利があると考えている人がある物を要求する. **require** 当然のこと[義務]として, または差し迫った事情があってある物事を必要とする, あるいは法規上要求する.

demánd bìll [dràft] [名] 一覧払為替手形.

demánd depòsit [名] 要求払い預金, 当座預金.

demánd fèeding [名] [U] 欲求即応的授乳, 自律哺乳[授乳]《時間・量を定めず, 乳児が欲しがるままに行なう授乳法》.

⁺**de·mánd·ing** [形] ❶〈人が〉(あまりにも)多くを要求する (↔ undemanding). ❷〈仕事など〉過酷な, きつい. **～·ly** [副]

demánd lòan [名] ＝call loan.

demánd mànagement [名] [U]《英》需要管理, 需要マネジメント《需要に応じて供給をふやすのではなく, 供給に合わせて需要の調整をはかること; cf. predict and provide》.

demánd-pùll inflátion [名] [U]〘経〙需要超過インフレ, ディマンドプル インフレ《需要が供給を上回るために生じる物価上昇》.

demánd-sìde [形] 需要重視の.

de·mar·cate /dɪmáəkeɪt | díːmaːkèɪt/ [動] [他] ❶〈…の〉限界を定める[示す]. ❷ 分離する, 区別する.

de·mar·ca·tion /dìːmaəkéɪʃən | -maː-/ [名] ❶ [C] 境界, 分界. ❷ [U] 境界[限界]決定, 区分: a line of ～ 境界線. ❸ [C]《英》〘労働〙労働組合間の作業管掌区分.

demarcátion dispùte [名] なわばり争い.

dé·marche /deɪmáəʃ | déɪmaːʃ/ [名] (特に 外交上の)手段; 政策転換, 新政策.

de·mark /dɪmáək | -máːk/ [動] [他] ＝demarcate.

de·mas·si·fy /dimǽsəfàɪ/ [動] [他]〈社会・機構などを〉非画一化する, 〈…の〉集中化を排除する. **de·màs·si·fi·cá·tion** [名]

dè·matérialize [動] [自] ❶ 非物質化する, 見えなくなる. ❷ 精神的なものになる. ── [他]〈書類などを〉コンピューター化[電子化]する. **dè·materializátion** [名]

deme /díːm/ [名] ❶ (古代ギリシア Attica の)市区; (現代ギリシアの)市, 地方自治体. ❷〘生〙デーム《個体群に重点をおく分類学上の単位》.

de·mean¹ /dɪmíːn/ [動] [他] ❶〈人の〉品格[信望]を落とす (degrade): Your actions have ～*ed* all of us. あなたの行動で私たち全員の信望が低下してしまった. ❷ **a** [～ one*self* で]〔…をして〕品位[身]を落とす: Don't ～ *yourself by* doing business with him. 彼と取引して身を落とすようなことはするな. **b** 品位[身]を落として〈…〉する〈*to* do〉

de·mean² /dɪmíːn/ 動 他 《古》[~ oneself で; 様態の副詞(句)を伴って](…に)ふるまう, 身を処する: He ~ed himself ill. 彼はぶざまにふるまった.

de·mean·ing /dɪmíːnɪŋ/ 形 品位[名]をおとしめる, 屈辱的な.

†**de·mean·or**, 《英》**de·mean·our** /dɪmíːnɚ | -nə/ 名 Ｕ ❶ 物腰, 態度; 表情, 様子: He's of quiet ~. 彼は静かな物腰をしている. ❷ ふるまい, 行ない, 行状. 【類義語】⇒ manner.

de·ment·ed /dɪméntɪd/ 形 発狂した. ~**·ly** 副

dé·men·ti /dèɪmɑːntí/ 名 (複 ~s /-z/) 《外交》(風説などに対する)公式の否認.

†**de·men·ti·a** /dɪménʃ(ɪ)ə/ 名 Ｕ 《医》痴呆(ち): senile ~ 老人性痴呆症. 〖L=out of mind <DE-+*mens, ment-* mind (cf. mental)〗

deméntia práe·cox /-príːkɑks | -kɔks/ 名 Ｕ 《精神医》早発(性)痴呆《統合失調症 (schizophrenia) の古い呼称》.

de·merge /diːmɚ́ːdʒ | -mɚ́ːdʒ/ 動 他 《英》《企業・事業》を合併企業から分離する.

de·merg·er /diːmɚ́ːdʒɚ | -mɚ́ːdʒə/ 名 《英》合併企業の分離, グループからの企業の分離.

de·mer·it /diːmérɪt, dìː- | -díː-/ 名 落ち度, 欠点, デメリット (↔ merit): the merits and ~s /díːmèrɪts/ ⇒ merit 2.

de·mer·sal /dɪʒmɚ́ːs(ə)l | -mɚ́ː-/ 形 《魚》海底(湖底)近く)の(にすむ): ~ fish 底魚(ほ), 底生(ぶ)魚.

de·mesne /dɪmémn, -míːn/ 名 **a** Ｕ (所有者の土地の)占有: hold land *in* ~ 〈所有者が〉土地を占有する. **b** Ｃ 占有地 《王侯たちの》領地: a ~ of the Crown = a royal ~ 王室御料地. ❸ Ｃ 《法》私有地, 所有地.

De·me·ter /dɪmíːtɚ | -tə/ 名 《ギ神》デメテル《農業・結婚・社会秩序の女神; ローマ神話の Ceres に当たる》.

dem·i- /démɪ/ 接頭「半…」「部分的…」(cf. bi-, hemi-, semi-). 〖F=半分<L〗

demi·glace /démɪɡlæs/ 名 ドミグラスソース《ブラウンソースに肉汁を加えて煮詰めたソース; 上等な肉料理用》.

démi·gòd /démɪɡɑd | -ɡɔd/ 名 ❶ (神話などの)半神半人《神と人との間に生まれた者》. ❷ 神格化された英雄, 崇拝される人物.

démi·gòddess demigod の女性形.

dem·i·john /démɪdʒɑn | -dʒɔn/ 名 デミジョン《瓶》《通例かご入りの細口大瓶[大物]; 5-45 リットル入り; cf. carboy》. 〖F *dame-jeanne* Dame Jane; 箍で腰をふくらませた女性に見立てた〗

de·mil·i·ta·ri·za·tion /diːmìlətərɪzéɪʃən | -raɪz-/ 名 Ｕ 非武装化, 非軍事化.

†**de·mil·i·ta·rize** /diːmílətəràɪz/ 動 他 ❶ 〈ある国・土地〉を非武装化する. ❷ 〈ある国·地域など〉に武装を解除させる. ❸ 〈原子力など〉を非軍事化する. 〖DE-+militarize〗

de·míl·i·ta·rìzed zóne 名 非武装地帯 (略 DMZ).

De·Mille /dəmíl/, **Cecil B**(lount) /blʌnt/ 名 デミル (1881–1959; 米国の映画制作者・監督).

dem·i·lune /démɪlùːn/ 名 ❶ 三日月, 半月. ❷ 《城》半月堡(ほ).

dem·i·monde /démɪmɑ̀nd | dèmɪmɔ́ːnd/ 名 [the ~; 集合的に] (19 世紀フランスの)売春婦の世界, (高級)売春婦たち; いかがわしい集団. 〖F=half world〗

de·min·er·al·ize /diːmín(ə)rəlàɪz/ 動 他 〈…から〉鉱物質を除く, 脱塩する: ~*d* water 脱塩[脱イオン]水. **de·min·er·al·i·za·tion** /diːmìn(ə)rəlɪzéɪʃən | -laɪ-/ 名.

de·mi·pen·sion /dəmí/pɑ:nsjɔ́n | ―――/ 名 《英》 half board.

†**de·mise** /dɪmáɪz/ 名 Ｕ ❶ 崩御, 逝去(ぶ), 死去. ❷ 消滅, 終焉, 活動停止. 〖F<L *demittere* to DISMISS〗

dem·i-sec /démɪsék/ 形 《ワイン・シャンパン》かやや辛口の, ドミセックの.

dem·i·sem·i·qua·ver /démɪsèmɪkwèɪvɚ | -və/ 名 《英》《楽》32 分音符 (《米》 thirty-second note).

de·mist /diːmíst/ 動 《英》=defog.

dè·míst·er 《英》=defogger.

471　**demolish**

dem·i·tasse /démɪtæs/ 名 デミタス《食後用の小型コーヒーカップ; そのカップで飲むブラックコーヒー 1 杯》. 〖F=half cup〗

Dem·i·urge /démɪɚ̀ːdʒ, díːmɪ-/ 名 ❶ (プラトン哲学で)デミウルゴス《世界形成者》. ❷ (グノーシス派哲学で)創造神, デミウルゴス《上帝のもとで宇宙を創造した下級神; 悪の創造神ともされる》. **dèmi·úr·gic** 形

†**dem·o** /démoʊ/ 名 (複 ~s) 《口》❶ 《主に英》デモ, 示威運動. ❷ =demonstration 2. ❸ 試聴用テープ; 試聴盤. ❹ 《ソフトウェアなどを実演してみせる; 〈歌〉を試聴テープ[試聴盤]用に録音する. 〖DEMO(NSTRATION)〗

de·mob /diːmɑ́b | -mɔ́b/ 動 他 《英口》=demobilize.

de·mo·bi·li·za·tion /diːmòʊbəlɪzéɪʃən | -laɪz-/ 名 Ｕ 復員; 動員解除.

†**de·mo·bi·lize** /diːmóʊbəlàɪz/ 動 他 ❶ 〈軍隊の〉動員を解く, 戦時編制を解く. ❷ 〈人・兵〉を復員させる. ── 自 動員解[戦時編成]を解く. 〖DE-+MOBILIZE〗

※**de·moc·ra·cy** /dɪmɑ́krəsi | -mɔ́k-/ 名 ❶ Ｕ 民主主義《人民が権力を所有し行使するという政治原理》: direct ~ 直接民主主義. ❷ Ｃ 民主主義国, 民主社会. ❸ Ｕ 民主政治, 民主政体. ❹ 民主政体. ❺ 社会的平等, 民主的. 〖F<L<Gk=民衆の政治 <*dêmos* 民衆+-CRACY〗 形 democratic)

* **dem·o·crat** /déməkræt/ 名 ❶ 民主主義者; 民主政治論者. ❷ [D-] 《米》**a** 民主党員 (cf. republican 2): the Democrats 民主党. **b** 民主党支持者.

* **dem·o·crat·ic** /dèməkrǽtɪk/ 形 (more ~; most ~) ❶ 民主主義の; 民主政治の: ~ government 民主政治. ❷ 大衆向きの; 庶民の: ~ art 大衆芸術. ❸ 社会的平等の, 民主的な, 民主的の. ❹ [D-] (比較なし) 《米》民主党の (略 Dem., D., cf. republican 2). 〖 democracy〗

dèm·o·crát·i·cal·ly /-kəli/ 副 民主(主義)的に: decide an issue ~ 問題を民主的に解決する.

Démocratic Párty 名 [the ~] 《米》民主党 (the Republican Party とともに現在米国の二大政党の一つ; 漫画化したロバ (donkey) を党の象徴とする).

de·moc·ra·ti·za·tion /dɪmɑ̀krətɪzéɪʃən | -mɔ̀k-rətaɪz-/ 名 Ｕ 民主化.

de·moc·ra·tize /dɪmɑ́krətàɪz, -mɔ́k-/ 動 他 ❶ 民主化する; 民主国にする. ❷ 民主[庶民]的にする. ── 自 民主化する.

De·moc·ri·tus /dɪmɑ́krətəs | -mɔ́k-/ 名 デモクリトス (460?–?370 B.C.) 《ギリシアの唯物論哲学者; 原子論を完成した》.

dé·mo·dé /dèɪmoʊdéɪ | dèɪmóʊdeɪ/ 形 時代遅れの, 旧式の. 〖F〗

de·mod·u·late /diːmɑ́dʒʊlèɪt | -mɔ́djʊ-/ 動 他 《通信》〈変調された信号〉を復調する, 検波する. **de·mod·u·la·tion** /diːmɑ̀dʒʊléɪʃən | -mɔ̀djʊ-/ 名 **de·mód·u·là·tor** /-tɚ | -tə/ 名

de·mog·ra·pher /dɪmɑ́ɡrəfɚ | -mɔ́ɡrəfə/ 名 人口統計学者.

†**de·mo·graph·ic** /dèməɡrǽfɪk, dìː m-/ 形 人口統計(学)の; 人口の(構成の). ── 名 ❶ [複数形で] 人口統計. ❷ [単数形で] (特定の層の)人々; 購買層, 視聴者層, 年齢層(など).

‡**de·mog·ra·phy** /dɪmɑ́ɡrəfi | -mɔ́ɡ-/ 名 Ｕ 人口統計学. 〖*demo*-<Gk *dēmos*; ⇒ democracy)+-GRAPHY〗

de·moi /dí.mɔɪ/ 名 demos の複数形.

de·moi·selle /dèm(w)əzél | -mwɑ.-/ 名 ❶ (また **dem·oiselle crane**) 《鳥》アネハヅル《アジア・北アフリカ・南欧産》. ❷ =damselfly. ❸ =damselfish. ❹ 《詩・文》おとめ, 少女.

* **de·mol·ish** /dɪmɑ́lɪʃ | -mɔ́l-/ 動 他 **a** 〈建物などを〉取り壊す (pull down, destroy). **b** 〈計画・持論など〉をつぶす, 粉砕する. ❷ 《口》〈敵〉に圧勝する (annihilate). ❸ 《口》〈…を〉(あっという間に)たいらげる. 〖F<L=取り壊す DE-+*moliri, molit-* 建設する〗 (名 demolition)

†**dem·o·li·tion** /dèməlíʃən, dì:-/ 名 U C ❶ (建物などの)取り壊し; 破壊 (↔ construction); (特権などの)打破 〔*of*〕. ❷ 〖口〗圧勝.

demolítion dérby 名 自動車破壊競争《自動車をぶつけ合って最後に残ったものが勝者となる》.

demolítion jòb 名 ❶ 中傷, こきおろし〔*on*〕. ❷ (試合などで)こっぴどく打ち負かすこと, 圧勝〔*against*〕.

†**de·mon** /díːmən/ 名 ❶ 悪鬼, 鬼, 悪霊. ❷ **a** 鬼のような人: a little ~ (of a child) いたずらっ子. **b** 〔利欲・情欲などの〕権化(のような人): the [a] ~ *of* jealousy 嫉妬心. ❸ 〖口〗〔仕事などの〕大の熱心家; 達人: a ~ *for* work [*at* golf] 仕事の鬼[ゴルフの名人]. 〖Lくく Gk=神, 霊〗 〖派生語〗 **demonic** ギリシア神話でいう神々と人間の中間にあると考えられる悪霊. **devil** キリスト教でいう神に対する悪魔.

de·mon·e·tize /diːmánətàɪz, -mʌ́n- | -mʌ́n-, -mɔ́n-/ 動 他 ❶ 〈金〉などの本位貨幣の資格を失わせる. ❷ 〈貨幣・切手〉などの(公的)通用を廃止する. **de·mòn·e·ti·zá·tion** /dìːmànətɪzéɪʃən | -mʌ̀nətaɪz-/ 名

de·mo·ni·ac /dɪmóʊniæ̀k/ 形 ❶ 鬼神(のような), 悪魔に取りつかれた; 凶暴な. ── 名 悪魔に取りつかれた人; 狂人.

de·mo·ni·a·cal /dìːməáɪək(ə)l-/ 形 =demoniac.

de·mon·ic /dɪmánɪk | -mɔ́n-/ 形 ❶ 悪魔(のような). ❷ 悪魔に取りつかれた; 神通力[魔力]をもった. **de·món·i·cal·ly** /-kəli/ 副

dé·mon·ism /-nìzm/ 名 U 魔神信仰, 邪神教.

de·mon·ize /díːmənàɪz/ 動 他 ❶ 悪魔[悪鬼]に擬する, 悪魔呼ばわりする. **de·mon·i·za·tion** /dìːmənɪzéɪʃən | -naɪz-/ 名

de·mon·ol·a·try /dìːmənálətri | -nɔ́l-/ 名 U 魔神[鬼神]崇拝.

de·mon·ol·o·gy /dìːmənálədʒi | -nɔ́l-/ 名 U 鬼神学[論], 悪魔研究.

de·mon·stra·bil·i·ty /dɪmànstrəbíləti, dèmən- | dɪmɔ̀n-, dèmən-/ 名 U 論証[証明]可能性.

de·mon·stra·ble /dɪmánstrəb, démən- | dɪmɔ́n-, démən-/ 形 ❶ 論証[証明]できる. ❷ きわめて明らかな, 明白な.

de·món·stra·bly /-strəbli/ 副 はっきりと, 明らかに.

*__dem·on·strate__ /démənstrèɪt/ 動 他 ❶ **a**〈人が〉〈...に〉〈学説・真理などを〉論証[証明]する〔*to*〕: Darwin ~d the principles of evolution. ダーウィンは進化の原理を論証した / [+*that*] Columbus ~d *that* the earth is round. コロンブスは地球が丸いということを証明した. **b**〈事物が〉〈...を〉証拠となる: This ~s his sincerity. このことが彼の誠実さを証明している / [+*that*] This ~s *that* he's honest. このことが彼が正直であることを証明している. ❷〈人が〉〈...に〉〈...を〉(実例などで)説明する, 示す〔*to*〕: ~ the mechanism of a watch 時計の仕組みを説明する / He ~d the use of the machine. 彼はその機械の使い方を実地に示した / [+*wh*.] He ~d how the computer worked. 彼はそのコンピュータがどのように動くかを実際にやってみせた. ❸〈人が〉〈商品の〉実物宣伝する: The salesman ~d the new car. そのセールスマンは新車の実物宣伝をした. ❹〈感情などを〉表に出し, あらわにする (display): He ~d his displeasure by kicking a chair. 彼はいすをけって不満を表わした. ── 自 ❶ 示威運動[デモ]をする: ~ *against* war 戦争反対のデモをする / ~ *for* peace 平和を要求するデモをする. ❷ 〖軍〗陽動作戦をとる. 〖L=はっきり示す <DE-+*monstrare* 示す《*monere* 警告する; cf. monitor》〗 〖派生語〗 **demonstration**, **demonstrative**〗

*__dem·on·stra·tion__ /dèmənstréɪʃən/ 名 C ❶ 示威運動, デモ(行進): hold [participate in] a ~ *for* world peace [*against* nuclear weapons]世界平和を求める[核兵器に反対する]デモを行う[に参加する]. ❷ U 実演説明, 実演宣伝: give a ~ of a computer コンピュータを実演してみせる / explain by ~ how to do...のしかたを実演して説明する. ❸ C U 論証, 証明: an inadvertent ~ of one's ignorance うかつに自分の無知をさらけだすこと / in [by way of] ~ 証明として / [+*that*] a ~ *that* the earth is round 地球が丸いという証明. ❹ C〔感情の〕表明〔*of*〕. **~·al** 形 〖動 demonstrate〗

de·mon·stra·tive /dɪmánstrətɪv | -mɔ́n-/ 形 ❶〈人・行動など〉感情を外に出す (↔ reserved): a ~ person 感情をすぐ表わす人. ❷ (決定的)証明[証拠]となる, 証明する(ような). ❸ P〔...を〕あらわに示して, 実証して: That is ~ *of* our progress. それは我々の進歩を実証している. ❹ **a** 指示的の. **b** 〖文法〗指示の: a ~ adjective [adverb, pronoun] 指示形容詞[副詞, 代名詞]. ── 名 〖文法〗指示詞 (that, this など). **~·ness** 名 〖動 demonstrate〗

de·món·stra·tive·ly /-li/ 副 ❶ 例証的に; 明示的に, あらわに. ❷ 示威的に. ❸ 指示的に.

*__dém·on·strà·tor__ /démənstrèɪtə | -tə/ 名 ❶ 示威運動者, デモ参加者. ❷ (化学・解剖学などの)実地教授者; 《主に英国の大学で》実験(授業)の助手. ❸ 実演宣伝する人[商品].

†**de·mor·al·ize** /dɪmɔ́ːrəlàɪz, dì:- | -mɔ́r-/ 動 他〈人・兵士などの〉士気をくじく[落とす]. **de·mor·al·i·za·tion** /dɪmɔ̀ːrəlɪzéɪʃən, dì:- | -mɔ̀rəlaɪz-/ 名 U 士気喪失.

de·mos /díːmɑs | -mɔs/ 名 (複 ~·es, de·moi /díːmɔɪ/) ❶ (古代ギリシアの)市民. ❷ 人民, 民衆, 大衆. 〖Gk=人々(の)〗

De·mos·the·nes /dɪmɑ́sθəniːz | -mɔ́s-/ 名 デモステネス (384?–322 B.C.); アテネの政治家》.

†**de·mote** /dɪmóʊt/ 動 他〈人の級位〉を[...から][...に]落とす,〈人を〉降格させる〔*from*〕〔*to*〕(↔ promote); 〖通例受身で〗〖スポ〗〈チームを〉下位リーグに降格させる. 〖DE-+(PRO)MOTE〗

de·mot·ic /dɪmɑ́tɪk | -mɔ́t-/ 形〈言語など〉民衆の, 庶民の. ── 名 U 〖時に D~〗デモーティケー《現代ギリシア語の口語体ともいうべきもの》.

de·mo·tion /dɪmóʊʃən/ 名 C U 下級に落とすこと, 降格; 〖スポ〗(リーグなどの)降格.

de·mo·ti·vate /dì:móʊtəvèɪt/ 動 他〈人に〉やる気を失わせる,〈...から〉動機を奪う.

de·mount /dì:máʊnt/ 動 他 ❶ 台座から取りはずす. ❷ 解体[分解]する. **dè·móunt·a·ble** /-təbl/ 形

Demp·sey /dém(p)si/, **Jack** 名 デンプシー《1895–1983; 米国のボクサー; 世界ヘビー級チャンピオン (1919–26)》.

de·mul·cent /dɪmʌ́ls(ə)nt/ 〖医〗形 刺激を緩和する, 痛みを和らげる. ── 名 (炎症[擦傷]部位の)粘滑薬, 保護薬.

de·mur /dɪmə́ː | -mə́ː/ 動 自 (de·murred; de·mur·ring) ❶ 難色を示す; 返事をしぶる〔*at, to*〕. ❷ 〖法〗《古》抗弁する. ── 名 U〖通例否定的語句とともに〗異議(の申し立て): make no ~ 異議を申し立てない. **without demúr** 異議なく.

de·mure /dɪmjʊ́ə | -mjʊ́ə/ 形 (**de·mur·er**; **-est**) ❶ おもに女性・子供などが〉内気で控えめな, おとなしい. ❷〈服装など〉地味な, 控えめな. **~·ly** 副 **~·ness** 名

de·mur·rage /dɪmə́ːrɪdʒ | -mʌ́r-/ 名 U 滞船(料).

de·mur·ral /dɪmə́ːrəl | -mʌ́r-/ 名 U 異議申し立て.

de·mur·rer /dɪmə́ːrə | -mʌ́rə/ 名 ❶ 異議 (objection). ❷ 〖法〗法律効果不発生答弁, 妨訴抗弁.

de·mu·tu·al·ize /dì-/ 動 他〈相互保険会社〉を株主所有の会社にする.

de·my /dɪmáɪ/ 名 U デマイ判: **a** 印刷用紙のサイズ: $17^{1}/_{2} \times 22^{1}/_{2}$ インチ (44×57 cm) 《★英国では 444×564 mm がメートル法での標準サイズ》. **b** 筆記用紙のサイズ: 米国では $16×21$ インチ (41×53 cm), 英国では $15^{1}/_{2}×20$ インチ (39×51 cm). **c** 書籍のサイズ: $5^{5}/_{8}×8^{3}/_{4}$ インチ (14×21 cm); 《主に英》 $8^{3}/_{4}×11^{1}/_{4}$ インチ (22×29 cm).

de·my·e·lin·ate /dì:máɪəənèɪt/ 動 他 〖解〗〈神経の〉髄鞘[ミエリン]を除去[破壊]する. **de·my·e·lin·a·tion** /dì:màɪəlɪnéɪʃən/ 名 U 脱髄, 髄鞘脱落. **dè·mý·e·lin·àt·ing** /-tɪŋ/ 形

de·mys·ti·fy /dì:místəfàɪ/ 動 他 ❶〈...の〉神秘[なぞ]を解く. ❷ 啓蒙する. **de·mys·ti·fi·ca·tion** /dì:mìstəfɪkéɪʃən/ 名

de·my·thol·o·gize /diːmɪθɑ́lədʒàɪz/ | -ɔ́l-/ 動 《...の》神話的要素を取り除く;《聖書》を非神話化する.

†**den** /dén/ 图 ❶〔野獣の〕巣, 穴, ねぐら, ほら穴. ❷《米》私室《書斎・仕事部屋など》. ❸〔不法な活動の〕隠れ家(が), あじと《盗賊などの》巣, 巣窟(くっ): a gambling ~ 賭博場 / an opium ~ あへん窟(くっ). ❹ むさくるしい部屋[住居]. ❺ (Cub Scouts の)分隊. 〖OE; 原義「低地」〗

Den. (略) Denmark.

De·na·li /dənáːli/ 图 デナリ (McKinley 山の別名).

de·nar·i·us /dɪnéə(ə)riəs/ 图 (傻 -ri·i /-riaɪ/) デナリウス(貨)《古代ローマの銀貨; 新約聖書で penny と記されているもの; ★その略 d. は英国では旧 penny, pence の記号として用いられた; cf. £.s.d.》. 〖L=(coin) of ten〗

de·na·ry /díːnəri, dén-/ 形 10 を含む, 10 倍の; 十進の (decimal): the ~ scale 十進法.

de·na·tion·al·i·za·tion /diːnæʃ(ə)nəlɪzéɪʃən | -laɪz-/ 图 Ⓤ ❶ 非国有化, 準国有化, 民営化. ❷ 国籍喪失, 国籍剝奪.

de·na·tion·al·ize /diːnǽʃ(ə)nəlàɪz/ 動 ⊕ ❶〈産業を〉非[準]国有化する, 民営化する (privatize). ❷〈人の〉国籍を奪う.

de·nat·u·ral·ize /diːnǽtʃ(ʊ)rəlàɪz/ 動 ⊕ ❶〈...の〉本来の性質[特質]を変える; 不自然にする. ❷〈人の〉帰化権[国籍, 市民権]を奪う.

de·nat·u·rant /diːnéɪtʃ(ʊ)rənt/ 图 変性剤.

de·na·ture /diːnéɪtʃə | -tʃə-/ 動 ⊕〈物質などを〉変性させる: ~d alcohol 変性アルコール. **dè·na·tur·á·tion** 图 Ⓤ

de·na·zi·fy /diːnáːtsɪfaɪ, -néɪtsɪ-/ 動 ⊕ 非ナチ化する.

den·drite /déndraɪt/ 图 ❶〖鉱〗模樹(ぎゅ)石, しのぶ石(い)《石灰岩などがほかの鉱物か樹枝状に付着したもの》. ❷〖化〗樹枝状結晶. ❸〖解〗〔神経細胞の〕樹状突起.

den·drít·ic /déndrítɪk/ 形 樹木[樹枝]状の; 模樹石状の; 樹状突起の.

den·dro- /déndrou/ [連結形]「樹木」.〖Gk *dendron* 木〗

dèn·dro·chro·nól·o·gy 图 Ⓤ 年輪年代学《年輪を比較研究して過去の事象の年代を推定する編年学》. **-gist** 图 **-chronológ·i·cal** 形

déndro·gràm 图〖生〗樹状(枝)図, 系統樹.

den·droid /déndrɔɪd/ 形 樹木状の, 樹木様の, 樹形の, 樹枝状の.

den·drol·o·gy /dendrɑ́ləʤi | -drɔ́l-/ 图 Ⓤ 樹木学.

den·dron /déndrən/ 图 =dendrite 3.

dene[1] /díːn/ 图《英》(海岸などの)砂地, 砂丘.

dene[2] /díːn/ 图 =dean[2].

de·ner·vate /díːnə(ː)vèrt | -nə(ː)-/ 動 ⊕〖医〗〈...の〉神経を切って神経を麻痺させる. **dè·ner·vá·tion** 图 Ⓤ 除神経, 脱神経.

den·gue /déŋgi, -geɪ/ 图 Ⓤ《また **déngue fèver**》〖医〗デング熱《関節・筋肉などが痛む熱帯性伝染病》.

Deng Xiao·ping /dʌ́ŋ ʃàʊpíŋ, déŋ-/ 图 鄧小平(とうしょうへい) (1904-97; 中国の政治家).

de·ni·a·bil·i·ty /dɪnàɪəbíləti/ 图 Ⓤ《米政治》関係否認能力《高官が政治スキャンダルに関係する知識を否認する能力》.

de·ni·a·ble /dɪnáɪəbl/ 形 否認[否定]できる.

*__de·ni·al__ /dɪnáɪəl/ 图 ❶ Ⓒ|Ⓤ 否認, 否定; 拒否, 拒絶: the ~ *of* human rights 人権の否認こと, 人権の否定 / [+*that*] The politician issued a ~ *that* he had taken a bribe. その政治家はわいろを受け取ったことを否定する声明を出した. ❷ Ⓤ〖心〗否認《不快な事実などの認知を拒む自我の防衛機制》.(動 **deny**)

de·ni·er[1] /dɪnáɪə | -náɪə-/ 图 否認[拒否]者.

de·ni·er[2] /dénjə | -njə-/ 图 デニール《生糸・レーヨンの太さを測る単位》.

†**den·i·grate** /dénɪɡrèɪt/ 動 ⊕〈...の〉名誉を傷つける, 中傷する. **den·i·grá·tion** /dènɪɡréɪʃən/ 图 Ⓤ 誉傷, 中傷.〖L=黒くする; **DE-**+*niger, nigr-* 黒〗

†**den·im** /dénɪm/ 图 ❶ Ⓤ デニム《厚地綿布》. ❷〔複数形で〕デニムの衣服《ズボン, 作業衣》(jeans).〖F *serge de Nîmes* ニーム産のサージ〗

Den·is /dénɪs/ 图 デニス《男性名》.

---

473 dense

dè·nitrificátion /diː-/ 图 Ⓤ《特にバクテリアによる》脱窒素作用, 脱窒(作用). **dè·nítrify** /diː-/ 動 ⊕

den·i·zen /dénəz(ə)n/ 图 ❶ a《詩》〔特定の地域の〕住民〔*of*〕. b《特定の場所の生息地《鳥獣・樹木など》〔*of*〕. ❷《英》(市民権の一部を与えられた)居留民, 帰化外国人.

Den·mark /dénmɑːk | -mɑːk/ 图 デンマーク《ヨーロッパ北西部の王国; 首都 Copenhagen; 関連「デンマーク人」は Dane,「デンマーク語」は Danish;「デンマーク(人, 語)の」は Danish》.《Dan=デンマーク人の国境; ⇒ Dane, mark[1]》

dén mòther 图《米》(Cub Scouts の)分隊 (den) の女性指導者[監督者].

de·nom·i·nal /di-/ 〖文法〗形 Ⓐ 名詞に由来する. — 图 名詞に由来する語.

de·nom·i·nate /dɪnɑ́mənèɪt | -nɔ́m-/ 動 ⊕ ❶〈金額などを〉《ある通貨単位で〉表示する〔*in*〕: US-dollar ~d bonds 米ドル建て債券. ❷〈...を...と〉称する, 呼ぶ.〖L; ⇒ **de-**, **nominate**〗

†**de·nom·i·na·tion** /dɪnɑ̀mənéɪʃən | -nɔ̀m-/ 图 ❶ a Ⓤ 命名. b Ⓒ 名称; 名義. ❷ Ⓒ a 階級, 派, 種類. b 宗派, 教派: clergy of all ~s 各宗派の牧師. ❸ Ⓒ〔数値・度量衡・通貨などの〕単位(名)《[囲碁] 日本語の「デノミ」に相当する英語は (a) redenomination of a currency (通貨単位の変更); devaluation (平価切り下げ)》: reduce yards, feet, and inches to one ~ ヤード, フィート, インチを 1 単位化にする / bills [《英》notes] money of small ~s 少額貨幣.《↑》

de·nòm·i·ná·tion·al /-ʃ(ə)nəl-/ 形 宗教(的)の, 教派の: a ~ school 宗派経営の学校. **de·nòm·i·ná·tion·al·ism** /-lìzm/ 图

de·nom·i·na·tive /dɪnɑ́mənətɪv | -nɔ́m-/ 形 ❶ 名称的な. ❷〖文法〗〈名詞〉形容詞〉から出た. — 图〖文法〗名詞形容詞由来語《特に動詞; 例: eye, warm》.

de·nom·i·nà·tor /-nèɪtə | -tə/ 图 ❶〖数〗分母 (⇒ fraction 2 a):⇒ **common denominator**. ❷ 共通の性質[要素].

de nos jours /dənuːʒúə | -ʒúə/ 形〔名詞の後に置いて〕当代の, 現代の.

de·no·ta·tion /diːnoutéɪʃən/ 图 ❶ Ⓤ 表示. ❷ Ⓒ〔言葉の〕指示的意味. ❸ Ⓤ〖論〗外延 (↔ connotation). **—·al** /-ʃ(ə)nəl/ 形〖**DENOTE**+**-ATION**〗

de·no·ta·tive /díːnoutèɪtɪv, dɪnóutə-/ 形 ❶ 表示的な, 指示する; 〔...を〕表示して, 指示する〔*of*〕. ❷〖論〗外延的な (↔ connotative). **~·ly** 副 **~·ness** 图

†**de·note** /dɪnóʊt/ 動 ⊕ ❶〈...を〉表示する, 示す; 意味する;〈...の〉しるしである. この地図の記号は史跡地を示す / A fever normally ~s sickness. 熱(があるの)は普通病気のしるし / These signs ~ *that* a political crisis is approaching. これらの兆候は政治危機が接近していることを示している. ❷〖論〗〈...の〉外延を表わす (↔ connote).〖F<L=しるしをつける; **DE-**+*nota* しるし; ⇒ **note**〗

de·noue·ment, dé·noue·ment /dèɪnuːmɑ́ːŋ | —́-/ 图 ❶〔劇などの〕大団円. ❷〔事件・紛争などの〕解決; 大詰め, 終局.〖F〗

*__de·nounce__ /dɪnáʊns/ 動 ⊕ ❶〈...を〉(公然と攻撃し)非難する, 弾劾する: ~ a heresy 異端を弾劾する /〔+目+*as*補〕 ~ a person *as* a traitor 人を反逆者だと弾劾する. ❷〈...を〉〈...に〉〈...だと〉告発する: Somebody ~d him *to* the police (*as* a spy). 彼を警察へ(スパイだと)告発した. ❸〈二国間の一国が〉〈条約・休戦などの〉終了[廃棄]を(正式に)通告する. **de·nóunce·ment** 图〖**DE-**+*nuntiare* 告げる (cf. announce, pronounce, renounce)〗(名 **denunciation**)【類義】 ⇒ **blame**.

de no·vo /diːnóʊvou, diː-/ 副 初めから, あらためて.〖L=from the new〗

*__dense__ /déns/ 形 (**dens·er; dens·est**) ❶ 密集[密生]した,《人口の密度が高い》(↔ sparse): a ~ crowd 非常な人込み / a ~ forest 密林 / a ~ population 密集した人口 /

The marsh was ~ *with* reeds. 沼地にはあしが密生していた. ❷ 〈霧など〉〈光をよく通さないで〉見通しにくい, 濃い, 深い; 〈写〉〈ネガが〉不透明な: a ~ fog 濃霧 / a ~ negative 濃いネガ. ❸ 〈口〉〈頭が〉鈍い: Don't be so ~! もっと頭を働かせ[気をきかせ]なさい. ❹ 〈文章など〉〈内容が濃密で〉理解しにくい, 晦渋(かいじゅう)な: a ~ poem 晦渋な詩. ~·ness 名 《L=厚い》【類義語】**dense** 水·空気·光などを通さないくらい濃く密集している. **close** できるだけすき間のないように接している. **thick** 多数あるいは多量のものが一定の場所に緊密に集まっている.

dénse·ly 副 濃く, 密集して, 入り込んで: a ~ populated area 人口密度の高い地域.

den·si·fy /dénsəfàɪ/ 動 他 〈…の〉密度を高める, (特に 樹脂を染み込ませて加圧し)〈木材を〉緻密にする. **den·si·fi·ca·tion** /dènsəfɪkéɪʃən/ 名

den·si·tom·e·ter /dènsətámətə | -tómətə/ 名《光·写》濃度計. **dèn·si·tóm·e·try** /-mətri/ 名 **den·si·to·met·ric** /dènsətəmétrɪk/ 形

†**den·si·ty** /dénsəti/ 名 ❶ Ⓤ 密集, 密度, 濃度; 〈霧などの〉深さ; 〈人口〉密度: population ~ 人口密度 / a population ~ of 50 per square kilometer 1平方キロあたり50人の人口密度 / traffic ~ 交通量. ❷ ⒸⓊ《理》比重, 密度. (形 dense)

†**dent**[1] /dént/ 名 ❶ (固いものに当たったり, 打ったりしてできる)くぼみ, へこみ〈*in*〉. ❷ (弱めるような)影響; (得意の鼻を)へこませること〈*in*〉. **máke a dént in ...** (1) …をくぼませる. (2) …に(経済上などで)影響を与える; …を減少させる: Holding that party has *made a* ~ *in* my pocket [finances]. あのパーティーを開いたおかげで私の懐(ふところ)がさみしくなった. ── 動 ❶ 〈…を〉へこませる, くぼませる. ❷ 〈熱意·自信などを〉弱める, くじく, へこませる. ── 自 くぼむ, へこむ. 《DINTの変形》

dent[2] /dént/ 名《機》(くし·歯車などの)歯. 《Fくdent ↓》

*†**dent·al** /déntl/ 形 Ⓐ ❶ 歯の, 歯科(用)の: a ~ plate 義歯(床). ❷《音声》 歯音の: ⇒ dental consonant. ── 名 =dental consonant. 《Lくdens, dent- 歯; cf. dentist》

déntal assìstant 名 歯科助手.

déntal cónsonant 名《音声》 歯音(子音 /t, d, θ, ð/ など).

déntal dám 名 デンタルダム: **a** 歯科治療中に唾液の流入などを防ぐために歯に装着するゴムシート. **b** オーラルセックスによる性病の感染を防ぐために用いるゴムシート.

déntal flóss 名 Ⓤ デンタルフロス (floss) (歯間の汚物を除去するためのろうを塗った強い糸).

déntal hygíene 名 Ⓤ 歯科衛生学.

déntal hygíenist 名 歯科衛生士.

den·ta·li·um /dentéɪliəm/ 名 Ⓤ《貝》ツノガイ.

den·tal·ize /déntəlàɪz/ 動 他《音声》歯音化する.

déntal mechànic 名《英》=dental technician.

déntal sùrgeon 名 歯科医 (比較 dentist のほうが一般的).

déntal sùrgery 名 Ⓤ 歯科(医学), 口腔(外科.

déntal techníician 名《米》歯科技工士.

den·ta·ry /déntəri/ 名 動 歯骨 (下顎の膜骨).

den·tate /dénteɪt/ 形 ❶《動》歯のある. ❷《植》のこぎり歯状の.

den·ti·cle /déntɪkl/ 名 動 歯状突起, 小歯.

den·tic·u·late /dentíkjʊlət, -lèɪt/, **-lat·ed** /-lèɪtɪd/ 形 動 小歯のある; 《植》小歯状突起のある.

den·ti·frice /déntəfrɪs/ 名 歯磨き(剤) (比較 toothpowder, toothpaste などのほうが一般的).

den·til /déntl, -tɪl/ 名《建》(軒蛇腹の)歯飾り.

den·tin /déntɪn/ 名 =dentine.

den·tine /déntiːn/ 名 Ⓤ 歯の象牙質. **den·tin·al** /déntənəl/ 形

*†**den·tist** /déntɪst/ 名 歯科医; [the ~('s)] 歯科医院: consult a ~ 歯科医にみてもらう / go to the ~('s) 歯医者に行く. 《Fくdent 歯くL dens, dent-; cf. dental》

†**den·tist·ry** /déntɪstri/ 名 Ⓤ 歯科医術[業].

den·ti·tion /dentíʃən/ 名 Ⓤ 歯生状態 (歯の数·種類など, また形や配列), (特に)歯列.

den·ture /déntʃə | -tʃə/ 名 義歯; [複数形で] 総義歯 (false teeth). ── 形 Ⓐ 義歯の, 義歯用の[を扱う]: a ~ adhesive 義歯安定剤.

den·tur·ist /déntʃ(ə)rɪst/ 名 義歯技工士.

de·nu·cle·ar·i·za·tion /diː·n(j)ùːkliərɪzéɪʃən | -raɪz-/ 名 Ⓤ 非核化, 核兵器撤去.

de·nu·cle·ar·ize /diː·n(j)úːkliəràɪz | -njúː-/ 動 他 非核化する: a ~d nation 非核武装国.

de·nu·da·tion /diː·n(j)uː·déɪʃən | -nju:-/ 名 Ⓤ ❶ 裸にすること; 露出. ❷《地》(表面)侵食, 剥削(はくさく)作用.

de·nude /dɪn(j)úːd | -njúːd/ 動 他 ❶ **a** 〈…を〉裸にする, 露出させる. **b** (伐採·火災などで)〈樹木をはぎ〉〈山〉を裸にする: a ~*d* hill はげ山. **c**《地》〈土壌などの〉岩石表を露出させる, 表面侵食する. ❷ 〈…から〉外被物をはぐ; 〈…から〉〈ものを〉剥奪(はくだつ)する: Most trees are ~*d of* their leaves in winter. 冬にはたいていの木は葉を全部落とす. 《DE- + NUDE》

de·nu·mer·a·ble /diːn(j)úːm(ə)rəbl | -njúː-/ 形《数》〈集合体〉可付番(ふばん)の, 可算の. **-bly** 副 **de·nu·mer·a·bil·i·ty** /dɪh(j)ùːm(ə)rəbíləti | -njúː-/ 名

†**de·nun·ci·a·tion** /dɪnʌ̀nsiéɪʃən/ 名 ⒸⓊ ❶ 公然の非難, 弾劾(だんがい) (condemnation). ❷ (罪の)告発. ❸ (条約などの)廃棄通告. (動 denounce)

de·nun·ci·a·tor /dɪnʌ́nsièɪtə, si- | -tə/ 名 弾劾[告発]者.

de·nun·ci·a·to·ry /dɪnʌ́nsiətɔ̀ːri, -ʃiə-, -siéɪ- | -təri, -tri/ 形 非難の, 弾劾的な. ❷ 威嚇的な.

Den·ver /dénvə | -və/ 名 デンバー (米国 Colorado 州の州都).

Dénver bóot 名《米》(駐車違反車などを動かなくする)車輪固定具, 車輪止め (《英》wheel clamp).

‡**de·ny** /dɪnáɪ/ 動 他 ❶ 〈…を〉否定する, 否認する; 〈…を〉知らないと言う, 〈…と〉関係がないと言う《用法》「人」を目的語に取らない): ~ one's guilt 自分の罪を否認する / He *denied* familiarity with the software. 彼はこのソフトウェアをよく知らないと言った / The defendant *denied* the charges against him. 被告は告訴された罪状を否認した / [+*doing*]《用法》〔+*to do*〕 は間違い) He *denied* having done any such thing. 彼はそんな事をした覚えはないと言った / [+*that*] She *denied that* his statement was true. 彼女は彼の陳述が真実でないと言った / It cannot be *denied* [There's no ~*ing*] *that* crime is on the increase. 犯罪が増加していることは紛れもない事実だ / [+目+*to be* 補] I ~ it *to be* true that I ate the chocolate. 私がそのチョコレートを食べたと言うことは真実ではないと言える. ❷ (人などに)〈要求などを〉拒む, (人などに)〈与えるべきものを〉与えない (refuse): [+目+目] He *denies* his child nothing.=He *denies* nothing *to* his child. 彼は子供の言うことは何でも聞きいれてくる / He was *denied* access to the chairman of the board. 彼は取締役会長へのお目通りを拒まれた. ❸ [~ oneself で] 飲食·快楽を断つ, 自制する, 我慢する: I've always *denied myself* for others. 私はいつも他人のために自分を犠牲にしている / [+目+目] ~ *oneself* nothing 何でも好きなように生きる / He *denied* himself all luxuries. 彼はぜいたくは一切我慢した. 《Fく L=完全に否定するくDE-+*negare* 否定する (cf. negate)》 (名 denial)【類義語】**deny** 相手の言うことを否定·否認する. **contradict** 公然とまたははっきりと否定するだけでなく, むしろ反対のことが正しいと主張する.

de·o·dar /díːədàː | -dàː/ 名 ❶ Ⓒ《植》ヒマラヤスギ. ❷ Ⓤ ヒマラヤスギ材.

†**de·o·dor·ant** /diːóʊdərənt, -drənt/ 名 ⒸⓊ 防臭剤; (特に)わきが止め, デオドラント. ── 形 防臭効果のある. 《DE- + ODOR + -ANT》

de·o·dor·i·za·tion /diːòʊdərɪzéɪʃən | -raɪz-/ 名 Ⓤ 臭気除去(作用), 防臭.

de·o·dor·ize /diːóʊdəràɪz/ 動 他 〈…の〉臭気を除く.

de·ó·dor·iz·er 名 =deodorant.

Deo gra·ti·as /déɪoʊɡrɑ́ːtiɑ̀ːs | -tiəs/ 圖 神のおかげで、ありがたいことに《略 DG》.【L】

de·on·tic /diántɪk, dión-/ 形 義務の、義務に関する: ~ logic 義務論理学 (義務・許可・禁止などの概念を扱う).

de·on·tol·o·gy /dìːɑntáːlədʒi | -ɔn-/ 图 ⓤ 義務論. **-gist** 图 **de·on·to·log·i·cal** /dìːɑ̀ntəlɑ́dʒɪk(ə)l | -ɔ̀ntəlɔ́dʒ-/ 形

de·or·bit /diːɔ́ːbɪt | -ɔ́ː-/ 图 ⓤ.ⓒ 軌道離脱. — 動 ⓐ ⓓ 軌道から離れる[はずす].

Deo vo·len·te /déɪoʊvəléntɪ/ 圖 天意[神意]にかなえば、事情が許せば《略 DV; cf. GOD willing 成句》.【L】

de·ox·i·dize /diːɑ́ksədàɪz | -ɔ́ks-/ 動 《化》《…の》酸素を除く《酸化物を》還元する.

dè·óxygenate /diːɔ́ksɪdʒənèɪt/ 動 《…から》《遊離》酸素を除去する. **dè·oxygenátion** 图 ⓤ 脱酸素化.

de·óxy·ribonuclèic ácid 图 ⓤ 《生化》デオキシリボ核酸 《細胞染色体の重要物質で、遺伝子の本体とされる; 略 DNA; cf. RNA》.

deòxy·ríbose 图 ⓤ 《生化》デオキシリボース 《デオキシリボ核酸の主要成分》.

dep. (略) department; depart(s); departure; deponent; 《銀行》deposit; depot; deputy.

*__de·part__ /dɪpɑ́ːt | -páːt/ 動 ⓐ ❶ 《人・列車などが》出発する《圧ани leave, start よりも形式ばった語》: The train ~s at 7: 15. 列車は 7 時 15 分に出発する / Your flight ~s from gate 2 at 5: 15. あなたの便は 5 時 15 分に 2 番ゲートから出発します / He ~ed for South Africa with his parents in 1945. 彼は 1945 年に両親とともに南アフリカに向けて出発した. ❷ 〔常道・習慣などから〕はずれる、それる《~ from は受身可》: ~ from one's usual practice いつものやり方を変える / ~ from one's plans 計画を変更する / ~ from one's promise 約束をたがえる. ❸ 〔仕事・会社から〕離れる、離職する、辞める《from》. ❹ 《文》《…を》出発する: My plane ~s Chicago at 5: 45. 私の飛行機は 5 時 45 分にシカゴを出発します. ❷ 《仕事・会社などをやめる、離れる. **depàrt this lífe** この世を去る、死ぬ. 【F<L=分ける DE- + pars, part- 部分, cf. part (cf. part)】 图 departure】【類義語】⇒ go.

de·párt·ed /-tɪd/ 形 Ⓐ ❶ a 死んだ: one's ~ friend 今はなき友. b 〔名詞前の; the ~〕〔単数扱い〕故人《1人》; 〔複数扱い〕死者《全体》. ❷ 過去の: memories of ~ days 過ぎ去りし日々の思い出.

*__de·part·ment__ /dɪpɑ́ːtmənt | -páːt-/ 图 ❶ ⓒ a (会社・企業などの組織上の)部門、…部[課] 《略 dept.》: the export ~ 輸出部 / the accounting ~ 会計課 / the personnel ~ 人事部[課]. b 《デパートの》売り場、コーナー: the men's clothing ~ 紳士服売り場. ❷ 《通例 D-》ⓒ a 《特に英で》長官 (secretary) が管轄する行政部門《また英国の一部行政機関の名称》. b 《英国の行政組織の》局 《(米) bureau》、部 《(米) division》. ❸ ⓒ 《大学などの》学部、科: the comparative literature ~=the ~ of comparative literature 比較文学部. ❹ 〔単数形で; 通例 one's ~ で〕《口》《仕事などの》《専門》領域, 《担当》分野: Making pizzas is *my* husband's ~. ピザを作るのは私の夫の仕事だ.【F; ⇒ depart, -ment】

解説 (1) 合衆国政府の省は次のとおり: the D~ of Commerce [the Interior, State, the Treasury, Energy] 商務[内務, 国務, 財務, エネルギー]省 / the D~ of Justice [Agriculture, Labor, Education, Transportation] 司法[農務, 労働, 教育, 運輸]省 / the D~ of Defense 国防総省《陸・海・空軍を統轄する》 / the D~ of Health and Human Services 保健福祉省 / the D~ of Housing and Urban Development 住宅都市開発省 / the D~ of Veteran's Affairs 復員軍人省 《1989 年 Veterans Administration から昇格》. (2) 英国の省で Department を用いるものもあり; 他の省は Ministry, Office を用いる: the D~ for Culture, Media and Sport 文化・メディア・スポーツ省 / the D~ for Education and Skills 教育技能省 / the D~ for Environment, Food and Rural Affairs 環境・食糧・農村地域省 / the D~ of Health 保健省 / the D~ for International Development 国際開発省 / the D~ of Trade and Industry 通商産業省 / the D~ for Transport 運輸省 / the D~ for Work and Pensions 労働年金省 / Lord Chancellor's D~ 大法官省.

†**de·part·men·tal** /dɪpɑ̀ːtméntl, dìːpɑɑt- | dìː-pɑ̀ːt-⁻/ 形 部門(別)[省, 局, 課]の.

de·pàrt·mén·tal·ize 動 ⓓ 部門[部局]に分ける.

*__depártment stòre__ 图 デパート, 百貨店《用法 depart(ment) とは略さない》.

*__de·par·ture__ /dɪpɑ́ːtʃə | -páː-/ 图 ❶ ⓒ.ⓤ 出発 《↔ arrival》; 出発便: a ~ platform 発車ホーム / a point of ~ 《議論などの》出発点 / take one's ~ 出発する / There are fifty arrivals and ~s every hour. 毎時間 50 便の発着がある. ❷ ⓒ 〔通例 new ~ で〕《方針などの》新発展、新しい試み: a *new* ~ *for* the company その企業における新発展[新軸]. ❸ ⓒ 《常道・習慣などからの》離脱, 背反 (deviation): a ~ *from* one's customary habits 日常的習慣からの離脱. 《動 depart》.

depárture lòunge 图 《空港の》出発ロビー.

de·pau·per·ate /dɪpɔ́ːpərət/ 形 ❶ 発育不全の. ❷ 《動植物相が》貧弱な《数・種類が乏しい》.

*__de·pend__ /dɪpénd/ 動 ⓐ 〔~ on [upon] で〕❶ a 《人が》《…に》頼る《受身可》: Children ~ *on* their parents. 子供は親を頼りにする / I have no one but you to ~ *on*. 私にはあなたしか頼れる人がいない. b 頼る, 依存する《★受身可》: The Japanese ~ *on* fish for half of their animal protein. 日本人は動物性たんぱく質の半分を魚に依存している.

❷ 《人が》《…を》当てにする, 信頼する《★受身可》: You can ~ *on* her word. 彼女の言葉は信頼できるよ / His statement cannot be ~ed upon. 彼の陳述は信用できない / You may ~ *upon* his consenting. 彼はきっと同意してくれるだろう[彼が同意してくれることは間違いない] / 〔+ *on*+(代名)+*to do*〕You can ~ *on* her to do it right. 彼女なら心配いりません, 必ずそれをきちんとやります / You may ~ *on it that* she will go with you. 彼女はきっと君と同行してくれるよ《★ it は省略不可》.

❸ 《事が》《…による》, 次第である《★進行形なし》: Our success ~s [will ~] entirely *upon* the weather [everyone working hard]. 我々が成功するかどうかは一に天候[各人の懸命の努力]にかかっている / 〔+*wh.*〕Everything ~s *on whether* you pass the examination. すべては君が試験に通るかどうかにかかっている / It all ~s (on) *how* you handle it. それは君の扱われた次第だ《用法 《口》では on, upon が省略されることが多い》.

depénding on…〔前置詞的に〕…次第で[によっては].

depènd on [upòn] it 〔命令法で; 文頭または文尾に用いて〕大丈夫だ: D~ *on* it. He'll come. 大丈夫. 彼は来ますよ.

Thàt [It] (áll) depènds. それは[すべては]時と場合による、ケースバイケースだ《★次に *on* the circumstances [*on how* you look at it] などが省略された決まり文句; 単に De·pends. ともいう》.

《F<L=…からぶら下がる DE-+*pendere* 掛ける, 掛かる (cf. pension)》《图 dependence, dependency, 形 dependent》

【類義語】**depend** 自分では良い方法が見出せないので他の人[もの]の力・援助を当てにする. **rely** 経験から判断して信頼をおく, 信頼してあてにする. **trust** 経験的証拠があるわけではなく, 頼られるという深い確信・信念を示す. **count on, reckon on** 《口》確実だと予想して当てにする.

de·pend·a·bil·i·ty /dɪpèndəbíləti/ 图 ⓤ 頼り[当て]になること, 信頼[信用]性, 信頼度.

†**de·pend·a·ble** /dɪpéndəbl/ 形 頼み[頼り]になる, 信頼できる (reliable): a ~ person 頼りになる人. **de·pénd·a·bly** /-bli/ 副

†**de·pen·dant** /dɪpéndənt/ 图 《主に英》=dependent.

†**de·pen·dence** /dɪpéndəns/ 图 ⓤ ❶ 《…に》頼ること; 依存 (reliance; ↔ independence): mutual ~ 相互依

存 / Japan's ~ *on* imported oil 日本の輸入石油依存. ❷ 信頼, 信用: put [place] ~ *on* a person 人を信頼する. ❸ 〖医〗依存(症) (addiction, dependency): drug ~ 薬物依存(症). (動 depend)

de·pén·den·cy /-dənsi/ 名 ❶ ⓒ 属国, 保護領. ❷ Ⓤ 依存(の状態)〖[比較] dependence のほうが一般的〗;〖医〗依存(症) (addiction, dependence). (動 depend)

*__de·pen·dent__ /dɪpéndənt/ 形 (more ~; most ~) ❶ [...に]頼っている (reliant), 扶養されている; 従属関係の, 隷属的な (↔ independent): a ~ child 自分で立ちしていない子 / He's still ~ *on* his parents. 彼はまだ両親に頼っている / He's ~ *on* his uncle *for* his living expenses. 彼は生活費をおじに頼っている. ❷ 〖薬物などに〗依存している〖*on, upon*〗. ❸ P [...に]左右されて, [...に]次第で (contingent): Promotion is ~ *on* achievement. 昇進は業績次第だ. ── 名 (主に米) 他人に頼って生活する人, 召し使い, 従者; 扶養家族. (動 depend)

depéndent cláuse 名 = SUBORDINATE clause.

de·pén·dent·ly 副 他に頼って, 従属して, 従属的に.

depéndent váriable 名 〖数〗従属変数.

de·per·son·al·i·za·tion /diːpə̀ːs(ə)nəlɪzéɪʃən | -pə̀ːs(ə)nəlɑɪ-/ 名 Ⓤ 非人格化, 個性喪失.

de·per·son·al·ize /diːpə́ːs(ə)nəlɑɪz | -pə́ː-/ 動 他 〈人を〉非人格化する;〈人の〉個性を奪う.

*__de·pict__ /dɪpíkt/ 動 他 ❶ 〈絵画・映画などで〉〈...を〉描く: The paintings ~ famous stories from the Bible. それらの絵には聖書の有名な話が描かれている. ❷ 〈...を〉(言葉で)描写する, 叙述する (portray): In her book she ~s her father *as* a tyrant. 彼女は自分の本で父を暴君のような人として描いている. 〖L < DE-+ *pingere*, *pict*- 描く (cf. picture)〗 ⇒ depiction

*__de·pic·tion__ /dɪpíkʃən/ 名 Ⓤ,ⓒ 描写, 叙述. (動 depict)

dè·pig·men·tá·tion /dìː-/ 名 Ⓤ 〖医〗色素脱失.

dep·i·late /dépəlèɪt/ 動 他 〈手・足などの〉脱毛をする.

dep·i·la·tion /dèpəléɪʃən/ 名 Ⓤ 脱毛.

de·pil·a·to·ry /dɪpílətɔ̀ːri | -təri, -tri/ 形 脱毛効果のある. ── 名 脱毛剤.

de·plane /dìːpléɪn/ 動 自 飛行機から降りる.

*__de·plete__ /dɪplíːt/ 動 他 〈勢力・資源などを〉激減させる, 消耗する (★ 通例受身): ~ the ozone layer オゾン層を破壊する[減少させる] / a ~d battery 消耗したバッテリー / a ~d species 減少品種. 〖L = 空(か)にする < DE-+*plere*, *plet*- 満たす (cf. complete)〗 (名 depletion)

de·plét·ed uránium /-tɪd-/ 名 Ⓤ 劣化ウラン.

+**de·ple·tion** /dɪplíːʃən/ 名 Ⓤ 〈資源などの〉激減, 消耗: ozone (layer) ~ オゾン層破壊[減少] (動 deplete)

+**de·plor·a·ble** /dɪplɔ́ːrəbl/ 形 嘆かわしい; 哀れな, みじめな: ~ conduct 嘆かわしい行為 / This ~ situation must be put right. このひどい状態は改善されなければならない.

de·plór·a·bly /-rəbli/ 副 遺憾ながら; ひどく.

+**de·plore** /dɪplɔ́ː | -plɔ́ː/ 動 他 ❶ 遺憾[残念]に思う (進行形なし): I ~ the waste of food. 食べ物をむだにすることを残念に思う. ❷ 〈人の死を嘆く, いたむ: ~ the death of a close friend 親友の死を嘆く. 〖F < L = 泣き叫ぶ < DE-+*plorare* (泣き叫ぶ) (cf. explore)〗

*__de·ploy__ /dɪplɔ́ɪ/ 動 他 ❶ 〈部隊・兵力などを〉展開する, 配置する: ~ troops for battle 軍隊を戦闘配備する. ❷ 〈...を〉効果的に用いる. ── 自 〈部隊・兵力などが〉展開する, 配置される. 〖F < L *displicare* 広げる, 見せる; ⇒ display〗

*__de·ploy·ment__ /dɪplɔ́ɪmənt/ 名 Ⓤ (兵力などの)展開, 配置, 配備 (*of*).

de·plume /dìːplúːm/ 動 他 〈...の〉羽毛をむしり取る.

de·po·lar·ize /dìːpóʊləràɪz/ 動 他 〖電〗減極する. **de·po·lar·i·za·tion** /dìːpòʊlərɪzéɪʃən | -raɪz-/ 名 Ⓤ.

de·po·lit·i·cize /dìːpəlítəsàɪz/ 動 他 ❶ 〈...から〉政治性[的色彩]を除く. ❷ 〈...から〉政治的関心をなくす.

de·pol·lute /dìːpəlúːt/ 動 他 〈...の〉汚染を除去する.

de·po·lym·er·ize /dìːpəlímərɑɪz/ 動 他 〖化〗単量体に分解する, 解重合[脱重合]する. **de·po·lym·er·i·za·tion** /dìːpəlìmərɪzéɪʃən/ 名 Ⓤ.

de·po·nent /dɪpóʊnənt/ 名 〖法〗(特に文書による)宣誓証人[供述者].

de·pop·u·late /dìːpɑ́pjʊlèɪt | -pɔ́p-/ 動 他 〈戦争・病気などから〉〈...の〉人口[住民]を減らす: The country has been ~d by war and disease. 戦争と病気のため国の人口が減った.

de·pop·u·la·tion /dìːpɑ̀pjʊléɪʃən | -pɔ̀p-/ 名 Ⓤ 住民を減らすこと; 人口減少;(人口の)過疎(化).

*__de·port__[1] /dɪpɔ́ːt | -pɔ́ːt/ 動 他 〖好ましくない外国人を〗(国外に)追放する, 国外退去させる. 〖F < L =運び去る < DE-+*portare* 運ぶ (cf. portable)〗 〖[類義語]〗 (名 deportation)

de·port[2] /dɪpɔ́ːt | -pɔ́ːt/ 動 他 [~ *oneself* で; 様態の副詞(句)を伴って] 〈...に〉身を処する; ふるまう.

de·por·ta·tion /dìːpɔəːtéɪʃən | -pɔː-/ 名 Ⓤ 国外追放, 国外退去. (動 deport[1])

de·por·tee /dìːpɔəːtíː | -pɔː-/ 名 国外追放[退去]者; 流刑者.

de·port·ment /dɪpɔ́ətmənt | -pɔ́ːt-/ 名 Ⓤ ❶ (人前での)態度, ふるまい, 行儀. ❷ 立ち居ふるまい.

+**de·pose** /dɪpóʊz/ 動 他 ❶ 〈人を〉〈高位から〉退ける [*from*] (oust) (★ 通例受身). ❷ 〖法〗〈...と〉宣誓証言する, 供述する 〈*that*〉. ── 自 〖法〗[...と]宣誓証言する 〈*to*〉. 〖F < L = 下に置く, 宣言する; ↓〗 (名 deposition)

*__de·pos·it__ /dɪpɑ́zɪt | -pɔ́z-/ 名 ❶ ⓒ [通例単数形で] a 手付け金, 頭金 (down payment); 敷金: a ~ of two months rent 家賃の 2 か月分の敷金 / make a ~ on [toward the purchase of] a new car 新車の[新車購入の]頭金を払う. b (銀行)預金;(英)(国政選挙立候補者が支払う)供託金: a current [fixed] ~ 当座[定期]預金 / have [place] money on ~ 金銭を預かっている[預ける] (★ on ~ は無冠詞) / make a ~ of £500 in cash 現金で 500 ポンドを預金する. ❷ ⓒ 沈澱物, 付着物;〖鉱石・石油などの〗埋蔵物, 鉱床: glacial ~s 氷河堆積物 / uranium ~s ウラン鉱床. ❸ Ⓤ,ⓒ 沈澱(作用), 堆積(作用). ❹ ⓒ 保管所, 倉庫. ── 動 他 ❶ 〈ものを〉〈特定の場所に〉置く, (口)〈乗客を〉降ろす 〈*on, in*〉: He ~ed his bag *on* the chair. 彼はかばんをいすの上に置いた / He ~ed himself *on* the sofa. 彼はソファーに座った. b 〈卵を〉ある場所に〉産みつける: These insects ~ their eggs *in* the ground. これらの昆虫は地中に卵を産みつける. ❷ 〈貴重品などを〉〈銀行・金庫などに〉預ける,〈金を〉預金する: ~ money *in* a bank 銀行に金を預ける / ~ papers *with* one's lawyer 弁護士に書類を預ける. ❸ 〈風・水などが〉〈砂・泥などを〉堆積[沈澱]させる, 沈澱させる (★ 通例受身). ❹ 〈...を〉手付け金として支払う. 〖L = 下に置かれたもの < DE-+*ponere*, *posit*- 置く (cf. position)〗

depósit accóunt 名 (米) 銀行預金(勘定);(英) 通知預金.

de·pos·i·tar·y /dɪpɑ́zətèri | -pɔ́zɪtəri, -tri/ 名 = depository.

+**dep·o·si·tion** /dèpəzíʃən, dìː-/ 名 ❶ ⓒ 〖法〗宣誓証書; Ⓤ 宣誓証言. ❷ Ⓤ,ⓒ 堆積(作用). ❸ (高位からの)追放, 官職剥奪(奮), 罷免; 廃位. (動 depose)

*__de·pos·i·tor__ /dɪpɑ́zətə | -pɔ́zɪtə/ 名 預金[供託]者.

*__de·pos·i·to·ry__ /dɪpɑ́zətɔ̀ːri | -pɔ́zɪtəri, -tri/ 名 ❶ 保管所, 貯蔵所, 倉庫. ❷ 保管人. 〖DEPOSIT+-ORY〗

depósitory líbrary 名 (米) 官ற出版物保管図書館.

depósit slíp 名 (銀行の)預入伝票.

*__de·pot__ /díːpoʊ | dép-/ 名 ❶ /dép-/ 貯蔵所, 倉庫. ❷ (米) 停車場, 駅; バス発着所. ❸ /dép-/ (英) 鉄道[バス]の(修理)車庫. 〖F < L = *deponere*, *deposit*-; ⇒ deposit〗

dè·pówer /dìː-/ 動 他 〖ヨット〗〈帆を〉風を受けなくなるよう調節する.

dep·ra·va·tion /dèprəvéɪʃən/ 名 Ⓤ 悪化; 腐敗, 堕落.

de·prave /dɪpréɪv/ 動 他 〈人を〉(道徳的に)悪くする, 堕落させる.

de·práved 形 堕落した, 下劣な, 不良の: ~ tastes 下劣な趣味.

de·prav·i·ty /dɪprǽvəti/ 图 ❶ U 堕落, 腐敗. ❷ C 悪行.

dep·re·cate /déprɪkèɪt/ 動 他 ❶ 非難する. ❷ 〈...に〉反対を唱える. ❸ 軽視する.

dép·re·cát·ing /-tɪŋ/ 形 ❶ 非難の, 不賛成の. ❷ 哀願[嘆願]的な, 弁解の. **~·ly** 副 非難するように, たしなめるように.

dep·re·ca·tion /dèprɪkéɪʃən/ 图 U 非難, 反対, 不賛成, 抗議.

dep·re·ca·to·ry /déprɪkətɔ̀:ri | -kèɪtəri, -tri/ 形 = deprecating.

de·pre·ci·a·ble /dɪprí:ʃ(i)əbl/ 形 値下がりのありうる.

†de·pre·ci·ate /dɪprí:ʃièɪt/ 動 他 ❶ 価値[市価]が下落する, 値下がりする (↔ appreciate): The yen ~d against the dollar. 円がドルに対して値を下げた. ── 他 ❶ a 〈...の〉(市場)価値を低下させる〈減ずる〉. b 〈資産を〉減価償却する. ❷ 〈...を〉軽視する, 見くびる: We should not ~ the value of regular exercise. 規則的な運動の価値を見くびってはならない. 〖L=...の値を下げる〈DE-+*pretium* 値段 (cf. price)〗 〖類義語〗⇒ disparage.

de·pre·ci·àt·ing·ly /-tɪŋ-/ 副 軽んじて, 軽蔑して.

de·pre·ci·a·tion /dɪprì:ʃiéɪʃən/ 图 U ❶ 価値低落, 下落. ❷ 〖経〗減価償却. ❸ 軽視: in ~ (of) (...を)軽視して.

de·pre·ci·a·tive /dɪprí:ʃièɪtɪv, -ʃə-/ 形 =depreciatory.

de·pre·ci·a·to·ry /dɪprí:ʃətɔ̀:ri | -ʃiətəri, -tri/ 形 ❶ 減価的な, 下落の傾向の. ❷ 軽視する(ような).

dep·re·date /déprədèɪt/ 動 他 略奪[強奪]する, 荒廃させる. **dep·re·dá·tor** /-tə-/ 图 **dep·re·da·to·ry** /dɪprédətɔ̀:ri | -təri, -tri/ 形

dep·re·da·tion /dèprədéɪʃən/ 图 〖通例複数形で〗略奪行為.

†de·press /dɪprés/ 動 他 ❶ 〈人を〉意気消沈させる, 憂鬱(ゆううつ)にする: The rainy weather has ~ed him [his spirits]. この雨天で彼はすっかり気がめいってしまった. ❷ a 〈声・調子・力などを〉落とす. b 〈商売・市況などを〉不景気[不振]にする; 〈相場を〉下落させる: These circumstances ~ed the market. こういう状況で相場は下落した. ❸ 〈ボタン・レバーなどを〉押す[押し下げる]. 〖L=下に押す〈DE-+*premere, press-* 押す (cf. press¹)〗 (图 depression, 形 depressive)

de·pres·sant /dɪprés(ə)nt/ 形 ❶ 抑制作用のある. ❷ 抑制力のある. ── 图 ❶ 抑制剤. ❷ 抑制[抑圧]作用.

*de·pressed /dɪprést/ 形 ❶ 気持が沈んだ, ふさぎ込んだ, (意気)消沈した: I feel rather ~ this morning. 今朝はどうも気が重い / He's ~ *about* the result. 彼はその結果に気落ちしている. ❷ 鬱病(うつびょう)の. ❸ 不景気な, 不振の; 〈株めが〉下落した; 貧困な, 窮乏の. ❹ 陥没した, くぼんだ, へこんだ.

depréssed área 图 不況地域 (cf. DISTRESSED area).

*de·press·ing /dɪprésɪŋ/ 形 気のめいる, 憂鬱(ゆううつ)そうな, ゆううつな: ~ news 憂鬱なニュース / ~ weather うっとうしい天気 / The test results were very ~. テストの結果はまったくひどかった. **~·ly** 副

*de·pres·sion /dɪpréʃən/ 图 ❶ U 意気消沈, 憂鬱: nervous ~ 神経衰弱. ❷ a U,C 不景気, 不況(期). b [the D-] 大恐慌(1929 年 10 月米国に始まり 30 年代初めまで続いた世界的経済不況). ❸ C 〖文〗くぼみ, くぼ地 (hollow). ❹ U,C 押し下げること; 沈下, 下降. ❺ C 〖気〗低気圧: an atmospheric [a barometric] ~ 低気圧. (動 depress) 〖類義語〗**depression** 失業者の増大を伴う広範な不景気. **recession** 景気後退の不況. **stagnation** 景気停滞の不況.

de·pres·sive /dɪprésɪv/ 形 ❶ 抑えつけられるような; 憂鬱な. ❷ 〖医〗鬱病の: ~ illness 鬱病. ❸ 鬱病の人.

de·pres·sor /dɪprésə | -sə/ 图 ❶ 〖生〗圧下筋(圧舌器など). ❷ (また depréssor mùscle) 〖解〗下制[下引]筋. ❸ (また depréssor nèrve) 〖生理〗減圧神経.

de·pres·sur·ize /dì:préʃəràɪz/ 動 他 〈飛行機・宇宙船などの〉気圧を下げる, 減圧する. **de·pres·sur·i·za·tion** /dì:prèʃərɪzéɪʃən | -raɪz-/ 图

---

†dep·ri·va·tion /dèprɪvéɪʃən/ 图 ❶ U,C (生活必需品などの)欠乏(状態), 不足(状態); (睡眠などの)不足. ❷ 〖古〗a 剥奪(はくだつ): ~ *of* liberty 自由の剥奪. b (相続人の)廃除. c (聖職の)罷免. ── 他 (deprive)

*de·prive /dɪpráɪv/ 動 他 〈...から〉〈ものを〉奪う, 拒む: The new building ~d their house *of* sunlight. その新しい建物のために彼らの家に日光が当たらなくなった / They were ~d *of* their civil rights. 彼らは市民権を剥奪された. 〖F<L=完全に奪う〈DE-+*privare* 奪う (cf. private)〗 (图 deprivation)

*de·prived /dɪpráɪvd/ 形 ❶ 〈人・境遇など〉恵まれない, 貧困な (underprivileged): a culturally ~ environment 文化的に恵まれない環境. ❷ [the ~; 名詞的に; 複数扱い] 恵まれない人たち.

de pro·fun·dis /dèɪproʊfʊ́ndɪs/ 图 〖単数形で〗(悲しみ・絶望などより)どん底からの叫び. 〖L〗

de·pro·gram /dì:próʊɡræm/ 動 他 〖米〗〈人の〉洗脳を解く, 信仰を(強制的手段で)やめさせる.

dept. (略) department; deputy.

*depth /dépθ/ 图 ❶ C,U 深さ; 深度: The ~ of the pond was about five feet.=The pond was about five feet in ~.=The pond had a ~ of about five feet. 池は約 5 フィートの深さだった / at a [the] ~ of 50 feet 50 フィートの深さのところで. b 奥行き: the ~ of a room 部屋の奥行き. ❷ U (感情の)深刻さ, 深層的な: with a ~ of feeling 深い感情をこめて. ❸ U (人物・性格などの)深み; 深遠: a person of great ~ 非常に深みのある人. ❹ [the ~; しばしば複数形で] a たけなわ, 最中; 絶境・絶望などの)深み, どん底: in the ~ of winter 冬の最中に / in the ~s of despair [depression] 絶望[不況]のどん底に. b 深い所, 深さ; 奥まった所, 奥地: in the ~s of the forest 森林の奥に. ❺ U (色の)濃さ; (音の)低さ. ❻ U (写真・絵の)立体感. **be òut of [beyònd] one's dépth** (1) 〖英〗(水中の)深みにはまっている, 背が立たない. (2) 理解できない, 力量が及ばない. **dépth of field** 〖写〗被写界深度(被写体の前後のピントの合う範囲). **in dépth** (1) 深さ[奥行き]は (⇒ 1). (2) 徹底的に[に], 問題的を深く探求する. (cf. in-depth): explore a subject *in* ~ 問題を深く探求する. **plúmb the dépths** 〔...の〕どん底に陥る *(of)*. (形 deep)

dépth chàrge [bòmb] 图 (特に潜水艦爆破用の)水中爆雷.

dépth psychólogy 图 U 深層心理学(無意識の内容研究; cf. psychoanalysis).

dep·u·ta·tion /dèpjətéɪʃən/ 图 〖集合的; 単数または複数扱い〗代理委員団, 代表団.

de·pute /dɪpjú:t/ 動 他 ❶ 〈人を〉代理者とする, 〈人に〉代理を命ずる; 〈人に〉代理で〈...〉させる: [+*to do*] I ~d him *to* take charge of the business while I was away. 留守中彼に私の代理として仕事をゆだねた. ❷ 〈仕事・職権を〉〈...に〉委任する: ~ a task *to* an assistant 仕事を助手に委任する. 〖F<L; ⇒ deputy〗

dep·u·tize /dépjətàɪz/ 動 他 〔...の〕代理を務める, 代行する *(for)* 〖* 受身可〗. ── 他 〖米〗〈人に〉代理を命じる.

*dep·u·ty /dépjəti/ 图 ❶ 代理役, 副官, 補佐; 代理(人), 使節. ❷ (フランス・イタリアなどの)代議士, 議員. ❸ 〖米〗保安官代理. **by dèputy** 代理で, 代理人として. ── 形 A 代理の, 副の: a ~ chairman 議長[会長]代理, 副議[会]長 / a judge 予備判事 / a ~ mayor 助役代理 / a ~ premier [prime minister] 副首相 / the D- Speaker 〖英〗下院副議長. 〖F=派遣された<*député* 派遣する<L=見積もる, 割り当てる<DE-+*putare* 考える, 数える (cf. putative)〗

der. (略) derivation; derivative; derive(d).

de·rac·i·nate /dɪrǽsənèɪt/ 動 他 根こそぎにする, 根絶する. **de·rac·i·na·tion** /dɪræ̀sənéɪʃən/ 图

*de·rail /dɪréɪl/ 動 他 ❶ 〈列車などを〉脱線させる. ❷ 〈計画などの〉頓挫させる: ~ cease-fire talks 停戦協議を頓挫させる. ── 他 脱線する. 〖DE-+RAIL〗

de·rail·leur /dɪréɪlə | -lə/ 图 ❶ (自転車の)変速装置.

derailment 478

❷ 変速装置付きの自転車.
de·rail·ment /-mənt/ 名 [C,U] 脱線; 頓挫.
de·range /dɪréɪndʒ/ 動 他 ❶ 〈人を発狂させる (⇒ deranged). ❷ 〈常態・計画などを〉乱す, 混乱させる. 〖DE-+RANGE〗
de·ranged 形 気が狂った: His mind is ~.=He is (mentally) ~.=He has a ~ mind. 彼は気が狂っている.
de·range·ment /-mənt/ 名 ❶ [U] 錯乱, 発狂: mental ~ 精神錯乱. ❷ 擾乱(じょう), 狂い, 混乱.
†**Der·by** /dɚ́ːbɪ | dɑ́ː-/ 名 ❶ ダービー《Derbyshire の都市》. ❷ a [the ~] ダービー競馬《解説 イングランド Surrey 州 Epsom で毎年通例 6 月の第 1 水曜日に 3 歳馬によって行なわれる; 1780 年第 12 代ダービー伯爵 (Earl of Derby), Edward Smith Stanley によって創始された; cf. classic races》. b ❷ 大競馬. ❸ [a d~]《だれでも参加できる》競技, レース. ❹ [d~] =derby hat. ❺ [U] ダービーチーズ《イングランド Derbyshire で造られる白い硬質チーズ》. 〖ON=deer-farm〗
Dérby Dày 名《英》ダービー競馬の日 (⇒ Derby 2 a).
dérby hàt 名《米》山高帽《英》bowler).
Der·by·shire /dɚ́ːbɪʃɚ, dɚ́ː- | dɑ́ːbɪʃə/ 名 ダービーシャー州《イングランド中部の州; 州都 Matlock /mǽtlɑk | -lɔk/》.
de·rec·og·nize /dìːrékəgnàɪz/ 動 他 〈組織・国家に対する〉承認を取り消す.
de·ref·er·ence /dìːréf(ə)rəns/ 動 他 〖電算〗〈ポインター・リンクから〉参照先の値[データ]を取得する.
de·reg·is·ter /dìːrédʒɪstɚ | -tə/ 動 他 〈...の〉登録を取り消し[抹消する].
de·reg·u·late /dìːrégjʊlèɪt/ 動 他 〈...の〉規制[統制]を撤廃する, 〈...を〉自由化する (decontrol): ~ imports 輸入品の統制をはずす.
de·reg·u·la·tion /dìːrègjʊléɪʃən/ 名 [U] 規制[統制]撤廃, 自由化.
der·e·lict /dérəlìkt/ 形 ❶ 〈建物など〉遺棄[放置]された. ❷《米》義務怠慢の, 無責任な. —— 名 ❶ 見捨てられた人, 落伍者で;〈家も職もない〉浮浪者, ホームレス《★ a homeless person のほうが一般的》. ❷ 遺棄物;《特に》乗り捨てた船. 〖L=残された＜DE-+relinquere, relict- あとに残す, 去る (cf. relinquish)〗
der·e·lic·tion /dèrəlíkʃən/ 名 ❶ [U] 放棄, 遺棄. ❷ [U][また a] (職務)怠慢: (a) ~ of duty 職務怠慢.
de·représs /dìː-/ 動 他〖生化・遺〗〈酵素・遺伝子を〉抑制解除する. **dè·represssion** 名
de·re·strict /dìːrɪstríkt/ 動 ❶ 〈...の〉統制を解除する. ❷〈道路の〉速度制限を解除する.
†**de·ride** /dɪráɪd/ 動 他 あざける, あざ笑う, ばかにする: ~ a person as a fool 人をばかにして愚弄する. 〖L＜DE-+ridere, ris- 笑う (cf. ridicule)〗〖類義語〗⇒ ridicule.
de rigueur /də rɪɡɚ́ː | -ɡə́ː/ 形〖F〗礼式に従って, 礼式上必要で: Evening dress is ~. 必ず夜会服着用のこと. 〖F〗
de·ri·sion /dɪríʒən/ 名 [U] あざけり, あざ笑い, 嘲笑 (disdain): treat a person with ~ 人を愚弄する. 〖F＜L; ⇒ deride〗
de·ri·sive /dɪráɪsɪv/ 形 嘲笑的な (contemptuous): a ~ gesture 人を小ばかにした身ぶり. ~·ly 副
de·ri·so·ry /dɪráɪsəri/ 形 ❶ ごくわずかな; まったくふさわしくない: a ~ salary すずめの涙ほどの給料. ❷ =derisive.
deriv.《略》derivation; derivative; derive(d).
de·riv·a·ble /dɪráɪvəbl/ 形 引き出せる; 推論できる.
der·i·va·tion /dèrəvéɪʃən/ 名 ❶ [U] 引き出すこと, 本源から引き出すこと, 誘導. ❷ a [U] 由来, 起源, 派生. b [C] 派生物. ❸〖言〗a [U] (語の)派生, 語源. b [C] 派生語. (動 derive)
de·riv·a·tive /dɪríːvətɪv/ 形 ❶ 派生的な. ❷〖言〗派生語. ❸ 金融派生商品, デリバティブ. ❹〖化〗誘導体. ❺〖数〗導函数[関数]. —— 形 ❶ (本源から)引き出した, 派生的な. ❷〈考えなど〉独創性のない, 新しさの欠けた. ~·ly 副 (動 derive)

de·rive /dɪráɪv/ 動 他 ❶〈...を〉(他のもの・本源から)引き出す, 得る: We ~ knowledge from books. 我々は書物から知識を得る. ❷〈...に〉〈語・慣習などの〉由来を尋ねる;〈...の〉語源を〈...に〉跡づける《★ しばしば受身》: The word "October" is ~d from the Latin word "octo," which means "eight." 英語の "October" (10 月) は 8 を意味するラテン語 "octo" が語源である. ❸〖化〗〈化合物を〉...から誘導する [from]. —— 自〈...に〉起源を持つ, 由来[派生]する, 〈...から〉出ている: These English words ~ from Greek. これらの英語の単語はギリシア語に由来する. 〖F＜L=《原義》川から水を引く＜DE-+rivus 川〗(名 derivation, 形 derivative)
der·ma /dɚ́ːmə | dɚ́ː-/ 名 [U] 真皮; 皮膚.
der·ma·bra·sion /dɚ̀ːməbréɪʒən | dɚ̀ː-/ 名 [U] (ワイヤーブラシ・紙やすりなどによる)皮膚剝離.
der·mal /dɚ́ːm(ə)l | dɚ́ː-/ 形 真皮の; 皮膚の.
der·ma·ti·tis /dɚ̀ːmətáɪtɪs | dɚ̀ː-/ 名 [U] 皮膚炎.
der·ma·to- /dɚ́ːmətoʊ | dɚ́ː-/ [連結形]「皮膚」. 〖Gk derma(t-) 皮膚〗
der·ma·to·glyph·ics /dɚ̀ːmətəɡlífɪks | dɚ̀ː-/ 名 皮膚紋理学, 掌紋学. **-glyph·ic** 形
†**der·ma·tól·o·gist** /-ɪst/ 名 皮膚科医, 皮膚病学者.
der·ma·tol·o·gy /dɚ̀ːmətɑ́lədʒi | dɚ̀ːmətɔ́l-/ 名 [U] 皮膚病学.
dermato·mycósis 名 (複 -mycoses) [U,C]〖医〗皮膚真菌症.
dèrmato·myosítis [U]〖医〗皮膚筋炎.
der·ma·to·phyte /dɚ́ːmətəfàɪt | dɚ́ː-/ 名 [C] 皮膚糸状菌. **der·ma·to·phyt·ic** /dɚ̀ːmətəfítɪk | dɚ̀ː-⁻/ 形
der·ma·to·phy·to·sis /dɚ̀ːmətoʊfaɪtóʊsɪs | dɚ̀ː-/ 名 (-ses /-siːz/) [U,C]〖医〗皮膚糸状菌症, (足の)水虫 (athlete's foot).
der·ma·to·sis /dɚ̀ːmətóʊsɪs/ 名 (複 -ses /-siːz/) [U,C]〖医〗皮膚病.
der·mis /dɚ́ːmɪs | dɚ́ː-/ 名 =derma.
dér·moid cýst /dɚ́ːmɔɪd-/ 名〖医〗類皮囊腫.
der·nier cri /dèɚnjeɪkríː | deə-/ 名 [the ~] 最新流行. 〖F=the last cry〗
der·o·gate /dérəɡèɪt/ 動 自 ❶〈名声・品位・価値など〉を損じる, 落とす [from]. ❷〔規制などから〕それる, 逸脱する [from]. —— 他 けなす, さげすむ.
der·o·ga·tion /dèrəɡéɪʃən/ 名 ❶ [C](規制などから)の免除, 緩和, 軽減 [from]. ❷ [U] 軽蔑(感), 軽視, 蔑視.
de·rog·a·tive /dɪrɑ́ɡətɪv | -rɔ́ɡ-/ 形 価値[名誉]を傷つけるような.
de·rog·a·to·ry /dɪrɑ́ɡətɔ̀ːri | -rɔ́ɡətəri, -tri/ 形 (名声・人格などを)傷つけるような;〈言葉など〉侮辱的な: a ~ remark 悪口. **-to·ri·ly** /dɪrɑ̀ɡətɔ́ːrəli | -rɔ́ɡətərə-, -trə-/ 副
der·rick /dérɪk/ 名 ❶ デリック《船などに貨物をつり上げる起重機》. ❷ (石油坑の)油井やぐら. 〖Derrick 17 世紀のロンドンの死刑執行人〗
Der·ri·da /dèrɪdɑ́ː | dɑrí-də, Jacques /ʒɑ́ːk/ 名 デリダ (1930– ; フランスの哲学者).
der·ri·ere, der·ri·ère /dèrɪéɚ | dérɪèə/ 名《戯言》尻. 〖F〗
der·ring-do /dèrɪŋdúː/ 名 [U]《古風・戯言》大胆不敵, 豪勇, 蛮勇; 勇敢な行為, 捨て身の戦法: deeds of ~ 豪胆[勇敢]な行動.
der·rin·ger /dérəndʒɚ | -dʒə/ 名 デリンジャー《口径が太くて銃身が短い小型ピストル》. 〖H. Derringer 発明者の米国人〗
Der·ry /déri/ 名 =Londonderry.
derv /dɚ́ːv | dɚ́ːv/ 名 [U]《英》《商標》ディーゼル用重油.
der·vish /dɚ́ːvɪʃ | dɚ́ː-/ 名 ダルウィーシュ《イスラム教の托鉢(たく)僧; 体を激しく回転させる踊りや祈禱(きとう)で法悦状態に入る》. 〖Turk＜Pers=beggar〗
de·sal·i·nate /dìːsǽlənèɪt/ 動 他 =desalt.
de·sal·i·na·tion /dìːsæ̀lənéɪʃən/ 名 [U] 脱塩, 淡水化: a ~ plant 淡水化プラント[設備].

de·sal·i·nize /diːsǽlənàɪz/ 動 =desalt.

de·salt /diːsɔ́ːlt/ 動 他 〈海水などから〉塩分を除く,〈海水を〉淡水化する.

des·a·pa·re·ci·do /dèzəpærəsíːdoʊ/ 名 (@ ~s) (中南米における)行方不明者, デサパレシード (政府機関や軍によって詰問・暗殺される).

des·at·u·rate /dìːsǽʧərèɪt/ 動 他 〈色の〉彩度を減ずる, 非飽和にする. **des·at·u·ration** /dìːsæʧəréɪʃən/ 名.

de·scale /dìːskéɪl/ 動 他 …の湯あか[さび]を取り除く.

des·cant /déskænt/ 名 ❶ C|U 〔楽〕 a デスカント (唱法) 《中世ルネサンスの多声音楽で定旋律の上に歌われる》. b 高声部, ソプラノ. ❷ C 〔詩〕 歌曲, 歌. — /déskænt, -ː-/ 動 自 ❶ 詳しく[長々と]説く [on]. ❷ 〔楽〕 デスカントを歌う[奏する].

Des·cartes /deɪkáːt | deɪkɑ́ːt/, **René** /rəneɪ/ 名 デカルト (1596–1650; フランスの哲学者・数学者). 形 Cartesian).

*****de·scend** /dɪsénd/ 動 自 ❶ [通例副詞(句)を伴って] 下(くだ)る, 下りる (go down, ↔ ascend): He ~ed from the mountain at dawn. 彼は明け方に山から下りてきた / The Mississippi River ~s to the Gulf of Mexico. ミシシッピ川はメキシコ湾に注ぐ. b 下りになる, 傾斜する: The road ~s steeply. 道路が急に下りになっている / The hill ~s abruptly toward the south. 山は南のほうに急に傾斜している. ❷ 〈土地・性質などが〉 […に]伝わる: This farm has ~ed from father to son in our family for 100 years. この農場は我々の家族で父から子へと100年も引き継がれている. ❸ a […に]身を落とす (stoop): He wouldn't ~ to such meanness. 彼はどうしてもそんな卑劣なことはしなかった / He ~ed to importuning his friends for loans. 彼は友人たちにうるさく借金をせがむまでに身を落とした. b 〔悪い状況に〕陥る [into]. ❹ a 〈集団などが〉…を急襲する, 突然〔…に〕押しかける, 〈人などを〉見舞う (fall on): The guerrillas have ~ed on the capital. ゲリラ兵たちは首都を急襲した / His whole family ~ed on me. 彼の家族全員が私の所へ押しかけてきた / His anger ~ed upon me, not upon her. 彼の怒りは彼女でなく私の上に降りかかった. b 〔文〕 〈夜・暗闇などが〉…に訪れる: Silence ~ed on the room again. 静けさが部屋に再び戻った. — 他 ❶ 〈坂・階段などを〉下る, 下りていく: We went on ~ing the hill. 丘を下り続けた. ❷ 〈人を〉〈子孫として〉〈…から〉系統を引かせる [from] (⇒ descended). 〔F<L =下る DE-+ scandere, -scendere 登る (cf. scan)〕 (名 descent).

†de·scen·dant /dɪséndənt/ 名 子孫 [of] (cf. ancestor 1, forefather).

de·scénd·ed 形 [子孫として] 〈…の〉出で, 〈…の〉系統を引いて: He's ~ from a distinguished family. 彼はりっぱな家柄の出である.

de·scen·dent /dɪséndənt/ 形 ❶ 下行性の, 降下[落下]する. ❷ 伝来の, 世襲の.

descénd·er 名 〔印〕 ディセンダー: **a** 並び線より下に延びた部分 **b** これをもつ活字: p, q, j, y など.

de·scen·deur /dèsɑ̀ːndə́ː | -dɚ́ː/ 名 〔登山〕 下降器 (懸垂下降に用いる金属製器具; ロープの摩擦によって制動をかける).

de·scend·i·ble /dɪséndəbl/ 形 子孫に伝えうる, 遺贈できる.

de·scénd·ing 形 下っていく, 降下的な, 下向きの (↔ ascending).

†de·scent /dɪsént/ 名 ❶ C|U **a** 降下; 下山 (↔ ascent). **b** 没落, 転落; 下り坂: a sudden [steep] ~ in the price of shares 株価の急落. ❷ C 下り坂[道]. ❸ U **a** 家系, 系図, 出(で), 血統 (ancestry): a man of high ~ 門閥家 / of Irish ~ アイルランド系の / in direct ~ from…の直系で. **b** 〔法〕 世襲, 相続: by ~ 相続によって. ❹ U [a ~] a 〈不意の〉襲来, 急襲入 [on]. **b** (警察などの) 突然の手入れ, 臨検 [on]. (動 descend).

de·scram·ble /dìːskrǽmbl/ 動 他 〔通信〕〈信号などの〉スクランブルを解除する (unscramble).

de·scrib·a·ble /dɪskráɪbəbl/ 形 記述できる, 描きうる.

*****de·scribe** /dɪskráɪb/ 動 他 ❶ 〈…を〉言葉で述べる, 記述する, 描写する 〔用法〕 describe about…とするのは正しくないとされる〕: D- him. 彼の特徴を描写してください / Words cannot ~ the scene. 言葉ではその光景を言い表わせない / Can you ~ the car to [for] me? その車の様子を[どんな車かを]話してもらえますか [+wh.] He ~d exactly what had happened. 彼は何が起きたかを正確に記述した / The ~d how to get to his house. 彼は家までの道順を説明した 〔用法〕 〔+回詞〕 の文には用いない). ❷ 〈…を〉…と評する, みなす, 言う: 〔+目+as補〕 He ~d her as clever [a clever person]. 彼は彼女は賢いと言った / He ~d her (to me) as being a bundle of nerves. 彼は(私に)彼女をとても神経質だと評した. ❸ 〈線・図形を〉描く; 〔天〕〈ある軌道〉に沿って運行する. 〔比喩 draw をよく用いる〕: ~ a circle 円を描く. 〔F =書き写す DE-+ scribere, script- 書く (cf. script)〕 (名 description, 形 descriptive).

*****de·scrip·tion** /dɪskrípʃən/ 名 ❶ C|U 記述, 叙述, 描写: excel in ~ 描写がうまい / give a brief [detailed] ~ of…を手短に[詳しく]描写する. ❷ C 〈物品・計画などの〉説明書, 解説(書); 人相書き: fit [match, answer (to)] the ~ 人相書[説明書]にぴったりである. ❸ C [of+形容詞 +~ で] 種類, タイプ (kind, type): We sell used cars of every ~ [all ~s]. 我々はあらゆる種類の中古車を販売している / There was no food of any ~. どんな種類の食物もなかった. **béggar (áll) descríption** ⇒ beggar 動 2. **beyónd [pàst] (àll) descríption** 言い尽くせない(ほど) (★ よい意味でも悪い意味でも用いる): The English countryside is beautiful beyond ~. イングランドの田園は言葉では言い表わせないほど美しい. **defý descríption** 言葉で表わせない, 形容しがたい; 筆舌に尽くしがたい; 手に負えない. (動 describe).

†de·scrip·tive /dɪskríptɪv/ 形 (more ~; most ~) ❶ 描写的な, 記述的な, 叙述的な, 記事体の. ❷ 〔言〕 記述的な: ~ grammar [linguistics] 記述文法[言語学]. ~·**ly** 副. ~·**ness** 名 (describe).

de·scrip·tiv·ism /dɪskríptɪvɪ̀zm/ 名 U ❶ 〔哲〕 経験主義, 記述[事実]主義. ❷ 〔言〕 記述主義. **-ist** /-vɪst/.

de·scrip·tor /dɪskríptɚ | -tə/ 名 〔電算〕 記述子, デスクリプター (情報の類別・索引に用いる語句[英数字]).

de·scry /dɪskráɪ/ 動 他 〔文〕 遠くに物を, はるかなものに見つける.

Des·de·mo·na /dèzdəmóʊnə/ 名 デズデモーナ (Shakespeare 作の悲劇「オセロ」で Othello の妻).

†des·e·crate /désɪkrèɪt/ 動 他 ❶ 〈神聖な場所などを〉汚す, 冒瀆(どく)する, 〈…の〉神聖を汚す (defile). ❷ 〈価値のあるものなどを〉そこなう, だめにする. 〔DE-+(CON)SECRATE〕.

des·e·cra·tion /dèsɪkréɪʃən/ 名 U (神聖)冒瀆(どく).

de·seed /dìːsíːd/ 動 他 〈植物・野菜・果実の〉種子をとる.

de·seg·re·gate /dìːségrɪgèɪt/ 動 他 〈学校などの〉人種差別を廃止する (cf. integrate, segregate 1).

de·seg·re·ga·tion /dìːsègrɪgéɪʃən/ 名 U 人種差別廃止[撤廃].

de·se·lect /dìːsəlékt/ 動 他 ❶ 〔電算〕〈機能などの〉選択を解除する. ❷ (米)〈研修生などを〉研修計画からはずす. ❸ (英)〈議員・予定候補者を〉選挙立候補からはずす.

de·sen·si·tize /dìːsénsətàɪz/ 動 他 ❶ 〈…の〉感度を減じる, 鈍感にする. ❷ 〔写〕〈フィルムなどの〉感度を減じる. ❸ 〔医〕〈…の〉過敏性を減じる, 減感作(げんかんさ)する. **de·sen·si·ti·za·tion** /dìːsènsətɪzéɪʃən | -taɪz-/ 名.

*****des·ert**¹ /dézɚt | -zət/ 名 ❶ 砂漠; 〈砂漠のような〉不毛の地: the Sahara D- サハラ砂漠 / a cultural ~ 文化不毛の地. 形 ❶ 砂漠のような, 荒涼とした; 不毛の: ⇒ desert island. 〔F<L =見捨てられた場所 deserere, desert- 見捨てる 《 DE-+serere つなげる (cf. series) 》〕

*****de·sert**² /dɪzɚ́ːt | -zɚ́ː/ 動 他 ❶ **a** 〈家族・組織・職務などを〉(見)捨てる; 〈場所などを〉(見捨てて)去る (★ しばしば受身; ⇒ deserted): ~ one's wife and children 妻子を捨てる / ~ one's post 持ち場を捨てる / ~ teaching for politics 教職を捨てて政界に入る. **b** 〈軍人・船員などが〉

〈...から〉(許可なく)脱走する: ~ the army 軍隊から脱走[逃亡]する / ~ a ship 船から逃亡する. ❷〈信念などから〉〈人から〉去る: His customary self-assurance ~ed him. 彼はふだんの自信を失った. ── 他 ❶ 義務[職務]を捨てる, (無断で)地位[持ち場]を去る. ❷〈軍〉[...から]脱走する [from]. 〖F<L *deserere* ↑〗

de·sert[3] /dizə́:t | -zə́:t/ 图 〖複数形で〗当然の報い, 相応の賞[罰]: get [meet with] one's (just) ~s 相応の賞[罰]を受ける.

désert bòot 图〖通例複数形で〗デザートブーツ《ゴム底でスエード革製の編上靴》.

de·sert·ed /dizə́:tɪd | -zə́:t-/ 形 ❶ 人の住まない[いなくなった], さびれた: a ~ street 人通りのなくなった街路 / a ~ village さびれ果てた村, 廃村 / The road is completely ~ at that time of night. 夜のその時刻には人っ子ひとりその道路を通らない. ❷ 囚 捨てられた: a ~ wife 夫に捨てられた妻.

de·sért·er /-tə | -tə/ 图 ❶ (義務・家族などを)捨てた人, 遺棄者. ❷ 職場放棄者, 逃亡者, 脱走兵, 脱船者, 脱党者.

de·sert·i·fi·ca·tion /dɪzə̀:təfɪkéɪʃən | -zə̀:-/ 图 U 砂漠化.

de·ser·tion /dɪzə́:ʃən | -zə́:-/ 图 U.C ❶ 捨て去ること; 遺棄, 職場放棄, 脱走, 脱艦. ❷〖法〗(配偶者の一方・子の)遺棄.

désert ísland 图 (熱帯の)孤島, 無人島.

désert pávement 图〖地質〗砂漠舗石《乾燥地帯で礫が固まった硬い表面の層から砂塵が風で飛ウ取かれた物》.

désert ròse ❶ デザートローズ《乾燥地域の鉱物結晶の花状集合》. ❷〖植〗a アデニウムオベスム《東アフリカ・アラビア原産のキョウチクトウ科の多肉植物; ピンク色の筒状花をつける》. b スターツデザートローズ《豪州産アオイ科ゾウ属の枝葉の密生した低木; ピンクがかった藤色の花をつける》.

désert várnish 图 U 砂漠漆《(?°)》《鉄・マンガンの酸化物により砂漠の岩石の表面に生じる黒光り》.

de·serve /dizə́:v | -zə́:v/ 動 他〈...の〉価値がある, 〈...を〉受けるに足る, 〈...にふさわしい〉足る[値する]: The question ~s your attention. その問題は注目に値する / He has done nothing to ~ such treatment. 彼はそんな扱いを受けるようなことは何もしていない / You ~ praise. ≒ [+ *to* do] You ~ to be praised. あなたは当然ほめられるべきだ / He ~s to be President. 彼は大統領になるにふさわしい. ── 自 [well, ill などの様態の副詞を伴って]〈...に〉値する, 相当する: He ~s better *of* the company than this. 彼はその会社にはこれ以上の功労がある. **gét what one desérves=desérve áll [éverything] one géts**〖口〗当然の報いを受ける. 〖F<L=熱心に仕える<DE-+*servire* 仕える (cf. serve)〗

de·sérved 形 功罪に応じた, 当然の(報いの): a ~ promotion 当然の昇進.

de·sérv·ed·ly /-vɪdli/ 副 当然, 正当に: He was ~ punished. 彼は当然ながら罰を受けた.

de·sérv·ing 形 ❶ P [...を]当然受けるべきで, [...に]値して (↔ undeserving): His conduct is ~ *of* the highest praise [the severest punishment]. 彼の行ないは最高の称賛[刑罰]に値する. ❷囚 (経済上などの)援助に値する: needy and ~ students 援助するだけの価値のある貧困な学生. ── **-ly** 副 功があって, 当然.

de·sex /dì:séks/ 動 他 ❶ 去勢する. ❷〈人から〉性的魅力を失わせる. ❸〈語句・表現などを〉中性化する, 性差別の表現をなくす.

de·sex·u·al·ize /dì:sékʃuəlàɪz/ 動 他 ❶〈...から〉男性・女性の差別をなくす, 中性化する. ❷ 去勢する.

des·ha·bille /dèzəbí:l/ 图 = dishabille.

des·ic·cant /désɪkənt/ 图 乾燥剤. ── 形 乾燥させる.

des·ic·cate /désɪkèɪt/ 動 他 ❶ 乾燥させる: a ~d skin かさかさの皮膚. ❷〈食品を〉乾燥にする, 脱水して粉状にする. ❸ 無味乾燥にする, 〈...の〉生気を失わせる.

des·ic·ca·tive /désɪkèɪtɪv | -kət-/ 形. **des·ic·ca·tion** /dèsɪkéɪʃən/ 图.

des·ic·ca·tor /-tə | -tə/ 图 乾燥器[装置].

de·sid·er·ate /dɪsídərèɪt, -zíd-/ 動 他 (を)欲しいと思う, 切望する. **de·sid·er·a·tive** /-rèɪtɪv | -rətɪv/ 形.

de·sid·er·a·tum /dɪsìdərɑ́:təm, -zìd-, -réɪ-/ 图 (優 **-ta** /-tə/) 不足を痛感する物事; 切実な要求.

de·sign /dɪzáɪn/ 動 他 ❶〈建物・機械などの〉設計; デザイン: machine ~ 機械設計 / the art of ~ 意匠術. ❷ C 図案, 下絵, 素描; 設計図; 模様, ひな型: a ~ for an advertisement 広告の図案 [模様] / a vase with a ~ of roses (*on* it) バラの模様のある花瓶. ❸ U.C 計画, 目的, 意図 [*for*]. ❹〖複数形で〗陰謀, たくらみ, 下心: have [harbor] ~s *against* a person 人に殺意をいだく / They have ~s *on* our company. (戯言)彼らには我々の会社をものにしようという下心がある. **by desígn** 計画的に, 故意に. ── 動 他 ❶〈絵画などの〉下図[図案]を書く. ❷〈服装・衣服などを〉デザインする, 設計する: ~ clothes 衣服をデザインする / ~ a garden [a stage set] 庭[舞台装置]を設計する. ❷〈...を〉計画する, 立案する; 企てる: The author ~ed a good plot. 作者はよい筋を考案した / [+*to* do] He ~ed to be a lawyer. 彼は法律家になろうと志した. ❸〈...を〉〈...に〉予定する, 〈...の用途に〉充(*)てる(★ 通例受身): The book is ~ed *for* college student. この本は大学生向きだ / [+目+*to* do] This book is ~ed to serve as a textbook. この本は教科書として使えるように作られている / [+目+*as* 補] This book is ~ed as a textbook. この本は教科書として書かれたものである. ── 自 設計する; 〈特定の店・会社などのために〉意匠[図案]を作る, デザインする, デザイナーをする: She ~s *for* a firm of dressmakers. 彼女は服飾店のデザイナーをしている. 〖F *designer* or L *designare* 図を書く, 明示する<DE-+*signare*, *signat*- しるしをつける (cf. sign, designate)〗〖類義語〗(1)⇒plan. (2)⇒intend.

des·ig·nate /dézɪɡnèɪt/ 動 他 〖しばしば受身〗 ❶〈...を〉〈...と〉名づける, 呼ぶ: [+目+(*as*) 補] The ruler of a monarchy is ~d (*as*) king or queen. 君主国の統治者は王または女王と呼ばれる. ❷〈人などを〉〈...に〉指名する, 選定する; 任じる: [+目+(*as*) 補] The President has ~d him (*as*) the next secretary of state. 大統領は彼を次期国務長官に指名している / He has been ~d (*as*) my successor. 彼は私の後継者に指名された / Who was ~d *for* [*to*] the command? だれが指揮官に任命されたか / [+目+*to* do] We ~d to work under [for] him. 我々は彼の部下として仕事をするように指名した. ❸〈...を〉(明確に)示す, 指示する: The red lines on the map ~ main roads. この地図で赤線は主要な道路を示している. ── /dézɪɡnət, -nɪt, -nèɪt/ 形〖名詞の後に用いて〗指名を受けた, 指定された: an ambassador ~ 任命された大使《まだ就任していない》. 〖L *designare* ↑〗 图 **designation**.

dés·ig·nàt·ed dríver /-tɪd-/ 图〖米〗指名ドライバー《パーティーで酒類を飲まずに, 帰りの運転をするように指名された者》.

désignated hítter 图〖野〗指名打者[代打]《通例投手に代わって打席に入る; 略 DH》.

des·ig·na·tion /dèzɪɡnéɪʃən/ 图 ❶ C 名称, 呼称; 称号. ❷ U 指名, 任命, 選任 (*of*, *as*). ❸ U 指示; 指定 (*of*).

dés·ig·nà·tor /-tə | -tə/ 图 指名[指定]者.

de·signed /dɪzáɪnd/ 形 計画的な, 故意の.

de·sign·ed·ly /-nɪdli/ 副 故意に, 計画的に.

de·sign·er /dɪzáɪnə | -nə/ 图 デザイナー, 意匠図案家, 設計者《(比較)日本語の「デザイナー」より範囲が広い》: dress ~ 衣装デザイナー / an urban ~ 都市計画者. ── 形 囚〈衣服などが〉有名デザイナーの名のついた, デザイナーブランドの; 高級な: ~ jeans デザイナーブランドのジーンズ.

désigner drúg 图 デザイナードラッグ《法的規制を逃れるため, 違法薬物の分子構造の一部に手を加えて作られた薬物; 効果は同等かそれ以上のこともある》.

de·sign·ing 图 U ❶ 設計; 意匠, 図案. ❷ 陰謀. ── 形 たくらみのある, 腹黒い.

de·sir·a·bil·i·ty /dɪzàɪə(ə)rəbíləti/ 图 U 望ましさ, 好ましさ.

*de·sir·a·ble /dɪzáɪ(ə)rəbl/ 形 (more ~; most ~) ❶ 望ましい, 好ましい (↔ undesirable): ~ surroundings 望ましい環境 / a ~ residence すてきな住宅 / It is highly ~ that such data (should) be available to all users =It is highly ~ for such data to be available to all users. そうしたデータがすべてのユーザーが利用できるものであることがたいへん望ましい. ❷〈人が〉性的欲望を起こさせるような, 魅力的な. **-a·bly** /-rəbli/ 副 **~·ness** 名 《DE-SIRE+-ABLE》

‡de·sire /dɪzáɪə | -záɪə/ 動 他 ❶ **a**〈…を〉強く望む, 欲求する, 望む; 願う, 希望する (★進行形なし): ~ fame [happiness] 名声[幸福]を望む / It leaves much [nothing] to be ~d. それは遺憾なところが多い[申し分がない] / [+to do] I ~ to live here till I die. 死ぬまでこの地に住みたいと願っている. **b**〈人に〉…してほしいと願う: [+目+to do] What do you ~ me to do? 私に何をしてほしいというのですか. **c**〈…であるように〉要望する: [+that] We ~ only that you (should) do what you can. できるだけのことをしていただければ幸いです[ありがたく思います]. ❷〈…を〉性的に欲求する. ── 名 ❶ C,U〈…を求める〉欲望, 欲求: Her ~ is to travel. 彼女の願いは旅することだ / He has a [no] ~ for fame. 彼は名声を欲している[望んだりしない] / [+to do] His ~ to succeed was strong. 彼は出世欲が強かった / Most people have a ~ to collect things. たいていの人には収集癖がある / [+that] I appreciate his ~ that we (should) come to an early settlement. 早期解決を望む彼の願いはもっとも至極だと思う. ❷ U,C〈異性に対する〉性的な欲望, 情欲 〔for〕: sexual ~ 性欲. ❸ C〔通例修飾語を伴って; 通例単数形で〕望みのもの, 望ましい~希望かなう, 望みどおりになる / at a person's ~ =at the ~ of a person 人の希望により[どおりに]. 《F<L *desiderare* <DE-+*sidus, sider-* 星 (cf. consider); 原義は「星がもたらすものを待ち望む」か》【類義語】⇒ want.

de·sired 形 願望された, 待望の, 望ましい: have the ~ effect 望みの効果をあげる.

de·sir·ous /dɪzáɪ(ə)rəs/ 形 P 望んで, 願って, 欲しがって: I'm not ~ of fame. 名声を望んでいない / [+to do] I'm ~ to know the details. 詳しいことを知りたい.

de·sist /dɪzíst, -síst/ 動 《文》やめる, とどまる: He ~ed *from* going further. 彼はそれ以上深入りするのは断念した.

‡desk /désk/ 名 ❶ **a**〔通例引き出しのついた〕机, 勉強机, 事務机: sit at the ~ 机の前に座る / open the top drawer of one's ~ 机のいちばん上の引き出しを開ける. **b**（教会の）聖書台. **c**〔楽〕譜面台. ❷（ホテルなどの）受付, フロント: ⇒ information desk, reception desk. ❸ [the ~]（新聞の）編集部; 編集主任: the sports ~ スポーツ編集部 ⇒ city desk. ❹ 限定 卓上用の: a ~ dictionary (大型)机上版辞書 / a ~ lamp [telephone] 卓上電気スタンド[電話]. ❺ 限定〈事務系職の, 内勤の; 机上の: a ~ job 事務職. 《L<*discus*=disc》

désk-bòund 形 机にしばられて仕事をする.

désk clèrk 名《米》(ホテルの)フロント係 (clerk).

désk·fast /déskfəst/ 名〔通例単数形で〕《米俗》仕事机でとる朝食.

de·skill /diːskíl/ 動〈作業での〉技能を不要にする, 単純作業化する / 〈労働者の〉技能を不要にする.

désk jòb 名 事務職, デスクワーク.

désk jòckey 名《口・戯言》デスクワーカー, 事務屋[職員].

désk·tòp 形 机上の, 卓上の, デスクトップの: a ~ computer デスクトップコンピューター. ── 名 デスクトップコンピューター.

désktop públishing 名 U デスクトップパブリッシング《入力・編集・レイアウト・印刷など出版に要する作業をコンピューターで行なうこと; 略 DTP》.

désk·wòrk /déskwə̀ːk/ 名 U 机でする仕事, 事務; 文筆業.

des·man /dézmən, dés-/ 名 (徳 ~s) 動 デスマン《水かきをもつモグラ科の食虫類の動物》.

des·mid /dézməd, dés-/ 名〔植〕接合藻目の緑藻, チリモ.

Des Moines /dɪmɔ́ɪn/ 名 デモイン《米国 Iowa 州の州都》.

481　**despicable**

Des·mond /dézmənd/ 名 デズモンド《男性名》.

†des·o·late /désələt, déz-/ 形 (more ~; most ~) ❶〈土地など〉荒れ果てた, 住む人もない, 寂しい. ❷〈建物・家屋など〉顧みられない, 寂しい影もない, みじめな. ❸〈人が友を希望もなく〉孤独な, 寂しい, わびしい. ── /désəlèɪt/ 動 他 ❶〈場所を〉荒廃させる, 住む人もなくする. ❷〈人を〉心細くする, わびしい思いをさせる (⇒ desolated).

~·ly 副 **~·ness** 名《L=一人残された〈DE-+*solus* 一人の, 孤独な (cf. sole)》

des·o·lat·ed /désəlèɪtəd, déz-/ 形 P 人かに心細くして, わびしくして: She is ~ without you. 彼女は君がいなくて寂しくしているよ.

des·o·la·tion /dèsəléɪʃən, dèz-/ 名 U ❶ 荒らすこと, 荒れていること, 荒廃 (devastation). ❷ 寂しさ, わびしさ, 悲しみ, みじめさ.

de·sorb /diːsɔ́ːb, -zɔ́ːb | -sɔ́ːb, -zɔ́ːb/ 動 [化] 他〈吸収[吸着]物質を〉(吸収[吸着]剤から)取り除く, 脱着する. ── 自 脱着される. **de·sorp·tion** /diːsɔ́ːpʃən, -zɔ́ːp- | -sɔ́ːp-, -zɔ́ːp-/ 名

de So·to /dɪsóʊṭoʊ/, **Her·nan·do** /ənáːndoʊ | əˈ-/ 名 デ・ソト《1500?-42; スペインの探検家; Mississippi 川を発見 (1541)》.

*de·spair /dɪspéə | -péə/ 名 U ❶ 絶望 (↔ hope): abandon oneself [give oneself up] to ~ 絶望に陥る / drive a person to ~ =throw a person into ~ 人を絶望に追い込む / They gave up the experiment in ~. 彼らは見込みがないとあきらめてその実験を中止した / In her ~, she tried to kill herself. 絶望のあまり彼女は自殺しようとした. ❷ 〔通例 one's ~, the ~ of ...〕絶望させるもの[もと]: He's my ~. 彼には私もさじを投げた; 彼にはてもなむかわない / The child is the ~ of his parents. その子には両親も手を上げた[さじを投げている]. ── 自 絶望する, あきらめる: Never ~. 決して絶望してはならない / I ~ed of being rescued. 私は救われる望みも失った (★ ~ of 名 は受身可). 《F<L=絶望する〈DE-+*sperare, sperat-* 希望を抱く》 (形 desperate, 名 desperation).

de·spáir·ing /-pé(ə)rɪŋ/ 形 [限定] 絶望している, 絶望を示す, 絶望的な: a ~ sigh 絶望的なため息. **~·ly** 副 絶望して, 絶望的に. 【類義語】⇒ hopeless.

des·patch /dɪspǽtʃ/ 動 《英》=dispatch.

des·per·a·do /dèspərɑ́ːdoʊ, -réɪ-/ 名 (複 ~es, ~s)（特に, 米国開拓時代の）無法者, 命知らず; ならず者, 犯罪者.

*des·per·ate /désp(ə)rət/ 形 (more ~; most ~) ❶ **a**〈人が〉自暴自棄の, 捨てばちの: a ~ criminal やけくそになった犯人 / Hunger makes people ~. 飢えに陥るとだれでも捨てばちになる. **b** 〔通例〕〈行動・手段など〉無謀な, 死に物狂いの; 窮余の: ~ remedies 窮余の策 / They made ~ efforts to reach the shore. 彼らは岸に着こうと必死の努力をした. ❷ 〔通例 P〕〈…がほしくて[…したくて]〉たまらなくて: I was ~ for a glass of water. 水が1杯飲みたくてたまらなかった / [+*to do*] He's ~ to get a job. 彼は必死に職を求めていた. ❸〈事態・病気が〉(よくなる)見込みがない, 絶望的な, 深刻な (dire): The situation is ~. 事態は絶望的だ / D- diseases (must) have ~ remedies.（諺）重病には思い切った療法が必要だ. **~·ness** 名（動 despair） 【類義語】⇒ hopeless.

*des·per·ate·ly /désp(ə)rətli/ 副 ❶ 絶望的に, 危篤状態に: He was ~ ill. 彼の病状は絶望的だった. ❷ やけになって, 自暴自棄になって; 死に物狂いで, 必死に: dash ~ 突進する / They ~ cast about for a solution. 彼らは必死になって解決方法を講じた. ❸ ぜひとも, 不可避的に: He ~ wanted a new car. 彼はどうしても新車がほしかった. ❹ 極端に, 非常に: ~ miserable みじめきわまる.

*des·per·a·tion /dèspəréɪʃən/ 名 U 絶望, 自暴自棄, 捨てばち, やけ, 死に物狂い: in ~ 絶望して, 自暴自棄になって, 考えあぐねて / drive a person to ~ 人を捨てばち[死に物狂い]にする;《口》人にかんしゃくを起こさせる.（動 despair）

des·pic·a·ble /dɪspíkəbl, déspɪk-/ 形 卑しむべき, 見下

despise げ果てた, 卑劣な: a ~ crime 卑劣な犯罪. **des·pic·a·bly** /-kəbli/ 副

***de·spise** /dɪspáɪz/ 動 他 〈…を〉軽蔑する, 見くびる; 嫌う (★進行形なし): I ~ liars. うそつきを軽蔑する. 《＜L *despicere* 見下す＜DE-+*specere* 見る (cf. despite)》【類義語】**despise** しばしば強い不快の念をもって感情的に軽蔑する, または見下す. **scorn** 怒りと強い嫌悪の情をもってひどく軽蔑する. **disdain** 自分より価値の劣るとみなすもの, または下劣なものを誇りをもって, または尊大な態度で軽蔑する.

***de·spite** /dɪspáɪt/ 前 …にもかかわらず《比較 in spite of よりも文語的だが, 新聞などでよく用いられる》: He's very strong ~ his age. 彼は老齢にもかかわらず大変丈夫だ. **despíte onesélf** 思わず, われを忘れて. ── 名 U 悪意, 恨み; 無礼; 無視. **(in) despíte of**…《古》…にもかかわらず《比較 現在では in spite of または in despite of を用いる》.《＜L=見下すこと＜*despicere* ↑》

de·spíte·ful /-f(ə)l/ 形 悪意のある, 意地悪な. ~·ly 副 ~·ness 名

de·spoil /dɪspɔ́ɪl/ 動 他《文》〈場所を〉略奪する; 〈人・場所から〉〈ものを〉奪う, 略奪する〔*of*〕;〈場所を〉〈景観などを損なって〉台無しにする. ~·ment /-mənt/ 名 ~·er 名

de·spo·li·a·tion /dɪspòʊliéɪʃən/ 名 U 略奪, 破壊.

de·spond /dɪspɑ́nd/ -spɔ́nd/ 動 自《古》〈…に〉落胆する, しょげる〔*of*〕. ── 名 U《古》落胆.

de·spón·dence /-dəns/ 名 = despondency.

de·spon·den·cy /dɪspɑ́ndənsi/ -spɔ́n-/ 名 U 落胆, 意気消沈: fall into ~ 意気消沈する.

de·spon·dent /dɪspɑ́ndənt/ -spɔ́n-/ 形 元気のない, 意気消沈した, […に〕気落ちして, 落胆して〔*at, about, over*〕 (depressed). ~·ly 副

des·pot /déspət/ 名 専制君主, 独裁者; 暴君 (tyrant).

des·pot·ic /despɑ́tɪk, dɪs-/ -pɔ́t-/ 形 専制[独裁]的な; 横暴な. **-i·cal·ly** /-ṭɪkəli/ 副

des·pot·ism /déspətɪzm/ 名 ❶ U 専制政治, 独裁制; 圧制, ワンマンぶり (tyranny). ❷ C 専制国家[政府].

dés·pot·ist /-ṭɪst/ 名 U 専制主義者.

des·qua·mate /déskwəmèɪt/ 動 自《生理》〈表皮が落〉屑(おち)する. **des·qua·ma·tion** /dèskwəméɪʃən/ 名

des res /dézrèz/《英》望ましい住宅, 豪華邸宅.《des(*irable*) res(*idence*)》

***des·sert** /dɪzə́ːt/ -zə́ːt/ 名 U.C デザート(コース): What's for ~? デザートは何になさいますか.《＜F〈食卓から〉片づける〈 DE-+*servir* 供する (cf. serve)》

dessért·spòon 名 ❶ デザートスプーン《茶さじ (teaspoon) より大きくテーブルスプーン (tablespoon) より小さい》. ❷ = dessertspoonful.

dessértspoon·fùl /-fùl/ 名 デザートスプーン 1 杯(の量)《ティースプーン 2 杯分》.

dessért wine U.C デザートワイン《主にデザートの時に飲む甘口のワイン》.

de·sta·bi·lize /diːstéɪbəlàɪz/ 動 他 不安定にする, 動揺させる (↔ stabilize): ~ the regime 体制[政権]を揺さぶる. **de·sta·bi·li·za·tion** /diːstèɪbəlɪzéɪʃən/ -laɪz-/ 名

de Stijl /dəstáɪl/ デ・ステイル《1917 年オランダに起こったモンドリアン (Piet Mondrian) たちを中心とした抽象美術運動; 長方形・原色・非対称が特徴》.

***des·ti·na·tion** /dèstɪnéɪʃən/ 名 ❶ 目的地, 行き先, 到着地[港]: arrive at one's ~ 目的地に到着する / Our ~ is New York. 我々の旅行先はニューヨークだ. ❷ 〈手紙や荷物の〉届け先, 宛て先.《＜L〈*destinare* (目的として)定める; cf. destiny》 (動 destine)

des·tine /déstɪn/ 動 他 〈人・ものを〉〈目的・用途に〉予定する, 運命づける〔*for*〕 (destined). (名 destination)

⁺**dés·tined** 形 ❶ P **a** 〈…するように〉〈運命が〉定められて, 運命づけられた: [+to do] He was ~ never *to* meet her again. 彼は二度と彼女には会えない運命だった. **b** […に〕定められて, 運命づけられた: He is a man ~ *for* high office. 彼は間違いなく高い地位につく人だ. ❷ P 〈乗り物が〉〈…に〉向かって (bound): This ship is ~ *for* Southampton. この船はサウサンプトン行きだ. ❸ 予定された, 運命づけられた: one's ~ course in life 宿命的に決められた人生行路.

***des·ti·ny** /déstəni/ 名 ❶ C 運命, 宿命, 必然. ❷ U **a** [D~] 天, 神意. **b** [the Destinies]《ギ・ロ神》運命の三女神.《＜F〈*destiner* を通じる〈L *destinare*; ⇨ destination》【類義語】⇨ fate.

⁺**des·ti·tute** /déstət(j)ùːt/ -tjùːt/ 形 ❶ **a** 衣食にも事を欠く, 貧困な, 貧窮した. **b** [the ~; 名詞的に; 複数扱い] 生活困窮者たち. ❷ P […が〕欠乏して, […が〕なくて: He is ~ *of* common sense. 彼は常識がない.《L=見捨てる, 他から切り離して置く＜DE-+*statuere*, -*stitut*- 置く, 建てる (cf. statute)》

des·ti·tu·tion /dèstət(j)ùːʃən/ -tjùː-/ 名 U 極貧, 貧困, 窮乏; 欠乏(状態): live in ~ 貧困の生活をする.

⁺**de·stroy** /dɪstrɔ́ɪ/ 動 他 ❶ 〈建物・都市などを〉〈たたき壊したり, 燃えあがらせたりして〉破壊する: The invaders ~*ed* the whole town. 侵入軍は町全体を破壊した / The house was ~*ed* by fire. その家は焼失した. ❷ 〈計画・希望などを〉打ち砕く; 〈名声などをだめにする〉: The collapse of the market ~*ed* his hopes. 〔株式〕市場の暴落で彼の希望は打ち砕かれてしまった. ❸ **a** 〈敵などを〉滅ぼす, 全滅させる,《口》徹底的にやっつける[打ち負かす]. **b** 〈人を〉破産させる. **c** 〈病気の動物などを〉殺す; 〈害獣・害虫・雑草などを〉駆除する, 撲滅する《★通例受身》: All BSE suspects had to be ~. 狂牛病の疑いのあるもの[牛]はすべて処分せざるをえなかった.《＜L=壊す, 引き倒す＜DE-+*struere*, *struct*- 積み上げる, 建てる (cf. structure)》 (名 destruction, 形 destructive)【類義語】**destroy** 築き上げたものを破壊してだめにする意の最も一般的な語. **ruin** 修復が不可能なほどに破壊する. **wreck** 乱暴で手荒い手段によって壊す.

de·stróy·er 名 ❶ 破壊[破棄]者; 撲滅者. ❷ 駆逐艦.

de·stróy·ing ángel 名 [菌] タマゴテングタケ (death cap), シロタマゴテングタケ《毒キノコ》.

de·struct /dɪstrʌ́kt/ 動 他 〈ミサイル・ロケットなどを〉自爆させる, 爆破させる. ── 自 爆破する. ── 名 [単数形; 通例形容詞的に] (空中)爆破, 破壊.《DESTRUCTION からの逆成》

de·struc·ti·ble /dɪstrʌ́ktəbl/ 形 破壊[壊滅, 駆除]することができる. **-ti·bil·i·ty** /dɪstrʌ̀ktəbíləṭi/ 名 U (被)破壊性; 破壊力.

***de·struc·tion** /dɪstrʌ́kʃən/ 名 U ❶ 破壊(する[される]こと); (大量)殺人; 絶滅, 駆除: environmental ~ 環境破壊 / inflict [wreak] ~ on…に破壊を加える, 破壊をなす / The typhoon left ~ behind it. 台風は破壊のつめ跡を残した. ❷ 破滅の原因[もと]: Drinking [Gambling] was his ~. 酒[賭博](ばく)が彼の身の破滅のもとであった. (動 destroy)

***de·struc·tive** /dɪstrʌ́ktɪv/ 形 (more ~; most ~) ❶ 破壊的な; 有害な: a ~ typhoon 破壊的な台風 / a habit ~ *to* health 健康を損なう習慣. ❷ (建設的な意図のない)破壊主義的な. ~·ness 名 U 破壊性[力]. ~·ly 副 (動 destroy)

de·struc·tiv·i·ty /dìːstrʌktɪ́vəṭi, dì·strʌk-/ 名 U 破壊性.

de·struc·tor /dɪstrʌ́ktə/ -tə/ 名 ❶《英》廃物[汚物]焼却炉. ❷ 〔ミサイルの〕破壊装置.

des·ue·tude /déswɪtʃùːd/ -tjùːd/ 名 U 廃止(状態), すたれること: fall into ~ すたれる.

de·sul·fur·ize, -phur- /diːsʌ́lfjʊràɪz/ 動 他 〈…から〉硫黄分を除く, 脱硫する. **de·sul·fur·i·za·tion** /diːsʌ̀lfjʊrɪzéɪʃən/ -laɪz-/ 名

des·ul·to·ri·ly /dèsəltɔ́ːrəli/ désəltərəli, -trə-/ 副 とりとめなく, 気まぐれに.

des·ul·to·ry /désəltɔ̀ːri/ -təri, -tri/ 形 とりとめのない, 散漫な, 気まぐれな: a ~ conversation とりとめのない会話 / ~ reading 漫然たる読書. **-ri·ness** 名【類義語】⇨ random.

dè·sýnchronize /diː-/ 動 非同期化する.

Det.《略》Detective.

⁺**de·tach** /dɪtǽtʃ/ 動 他 ❶ **a** 〈…を〉〈…から〉引き離す, 取

りはずす, 切り離す (cf. attach): ~ a ticket *from* its stub チケットを半券から切り離す. **b** [~ one*self* で] […から]離れる: Some of them ~*ed themselves from* the party. 彼らの中には党を離れる者もあった. ❷ 〈軍隊・軍艦〉を分遣する: A platoon was ~*ed* to guard the left flank. 小隊が左翼を守備するため分遣された. ❸ […を]取りはずす. 〖F ← DE-+(at)tacher to ATTACH〗（图 detachment）

de·tach·a·ble /dɪtǽtʃəbl/ 厖 ❶ 取りはずせる (removable): a ~ hood 取りはずしのきくフード. ❷ 分遣できる.

†**de·táched** 厖 ❶ **a** 分離した, 孤立した: a ~ palace 離宮. **b** 一戸建ての (cf. semidetached): a ~ house 一戸建ての家. **c** 分離した: a ~ force 分遣隊, 別働隊. ❷ **a** 〈人・意見など〉とらわれない, 私心のない, 公平な: a ~ view とらわれない[公平な]見解. **b** 〈人・態度など〉無関心な, 超然とした: He's terribly ~. 彼はひどく超然としている. 【類義語】⇨ indifferent.

de·tách·ed·ly /-tʃɪdli/ 剾 ❶ 離れて, 孤立して. ❷ 私心なく, 公平に; 超然として.

†**de·tách·ment** /-mənt/ 图 ❶ Ⓤ 分離, 脱離; 孤立. ❷ Ⓤ (世俗・利害などに)超然としていること, 公平. ❸ Ⓒ Ⓤ 〖軍〗分遣(艦)隊, 特派部隊, 支隊.

¥**de·tail** /díːteɪl, dɪtéɪl/ 图 **a** Ⓒ (個々の)細かい点, 細目: omit some ~*s* 細かな点をいくつか省略する / discuss the ~*s* of a plan 計画の細目を協議する. **b** Ⓤ 細かい点[こと], 細部: I was impressed by the ~ of your report. あなたの報告の細部に感銘を覚えた. **c** [複数形で] 詳細な情報[説明], 詳細: give a person the ~*s* of a plan 人に計画の詳細を説明する / For further [full] ~*s*, apply to this office. さらに詳しい事は当事務所にお問い合わせください. **d** Ⓤ [また a ~] (重要でない)枝葉のこと, つまらないこと, ささいなこと: You needn't go into ~. 細部にわたる必要はない / That's a ~ only. それはどうでもよいことだ. ❷ Ⓒ Ⓤ 〖美・建〗細部の描写[装飾]. ❸ **a** 〖軍〗分遣[特派]隊. **b** (米) (警官などの)特派隊.

in détail 詳しく: He explained his plan *in* (further) ~. 彼は計画を(さらに)詳しく説明した.

── 動 ⑭ ❶ <...を>人に詳しく述べる: ~ a plan (*to* a person)(人に)計画を詳細に話す. ❷ (特定の任務のために)〈兵・小部隊〉を分遣する: ~ three soldiers *for* sentry duty [*on* special service] 3名の兵士を歩哨勤務のため[特別任務で]分遣する / [+目+to do] Three soldiers were ~*ed* to guard the gate. 3名の兵士が門の警備に分遣された. ❸ (米) 〈車〉をすみずみまで掃除する. 〖F ← *détailler* 細かく切る ← *tailler* 切る (cf. tailor)〗

*****de·tailed** /díːteɪld, dɪtéɪld/ 厖 詳細な (↔ general): a ~ report 詳細な報告書 / give a ~ description of... を詳細に記述する. **~·ly** 剾　**~·ness** 图

détail·ing 图 Ⓤ ❶ (建物・衣服・芸術品の)精細な装飾, 細部装飾. ❷ (米) 車の完全清掃.

*****de·tain** /dɪtéɪn/ 動 ⑭ ❶ <人>を勾留[監禁, 留置]する: Police ~*ed* the suspect for further questioning. 警察はさらに尋問するために容疑者を勾留した. **b** 〈患者など〉を病院に引き留める, 〈重病人など〉を入院させておく. ❷ 〈人〉を引き止める, 待たせておく: be ~*ed* 足止めをくう. 〖F ← L = 押さえつけておく ← DE-+*tenere* つかむ, 保つ (cf. contain)〗（图 detention）

†**de·tain·ee** /dìːteɪníː, dìː-/ 图 (政治的理由による)(外国人)抑留者.

de·tain·er /dɪtéɪnə | -nə/ 图 Ⓤ 〖法〗❶ 不法拘留. ❷ 拘禁, 監禁.

de·tan·gle /dìːtǽŋgl/ 動 ⑭ <髪の>もつれをとく[ほどく].

*****de·tect** /dɪtékt/ 動 ⑭ ❶ (器具などを用いて)<隠れているもの・病気など>を見つける, 発見する, 検出する⟨*in*⟩: ~ cancer ガンを発見する / ~ radiation 放射能を検出する / [+目+*doing*] A surveillance camera ~*ed* him entering the building. 監視カメラは彼がビルに入っていくのを捉えた. ❷ <...に>気づく: ~ a note of criticism *in* a person's voice 声に批判的な調子を感じとる. 〖L = おおいを取る ← DE-+*tegere*, *tect*- おおう, 守る (cf. protect)〗（图 detection, detective）

de·téct·a·ble /dɪtéktəbl/ 厖 見つける, 探知できる (↔ undetectable): a barely [hardly] ~ change やっと気づく[ほとんど気づかない]ほどの変化.

†**de·tec·tion** /dɪtékʃən/ 图 Ⓤ ❶ 看破, 探知, 発見, 発覚. ❷ 〖化〗検出.（動 detect）

*****de·tec·tive** /dɪtéktɪv/ 图 刑事(巡査), 探偵: a private ~ 私立探偵 / ⇨ store detective. ── 厖 探偵の: a ~ agency 秘密探偵社.（動 detect）

detéctive stòry [nòvel] 图 推理小説.

detéctive wòrk 图 Ⓤ 詳細な調査.

*****de·téc·tor** /dɪtéktə | -tə/ 图 ❶ 探知器, 発見器, (漏電の)検電器: a lie ~ うそ発見器 / ⇨ smoke detector. ❷ 看破者, 発見者.

detéctor·ist /-tərɪst/ 图 金属探知器で野外に埋もれたコインなどを見つけるのを趣味とする人.

de·tent /díːtent, dɪtént/ 图 〘機械〙戻り止め, (時計の)つめ. 〖F〗

dé·tente /deɪtɑ́ːnt/ 图 Ⓤ Ⓒ (国際関係の)緊張緩和, デタント. 〖F=ゆるめること〗

*****de·ten·tion** /dɪténʃən/ 图 ❶ Ⓤ 勾留, 留置, 拘禁; 抑留. ❷ Ⓤ Ⓒ 引き止め; (学校での)居残り: get ~ (罰として)残される. *in deténtion* 勾留されて; (学校に)残されて.（動 detain）

deténtion càmp 图 (捕虜・難民などの)収容[留置]所.

deténtion cènter 图 ❶ (不法移民などの)収容所. ❷ =detention home.

deténtion hòme 图 《米》 非行少年収容所, 少年鑑別所.

*****de·ter** /dɪtə́ː | -tə́ː/ 動 ⑭ (**de·terred; de·ter·ring**) <人に>(おじけづかせて)<...(するの)をやめさせる, 思いとどまらせる, 阻止する (discourage): The extreme cold *deterred* him *from* going out. あまりに寒いので彼は外出するのを思いとどまった. 〖L=おびえさせる ← DE-+*terrere* 怖がらせる (cf. terror)〗（图 deterrence, 厖 deterrent）

de·ter·gen·cy /dɪtə́ːdʒənsi, -tə́ː-/, **-gence** /-dʒəns/ 图 Ⓤ 洗浄性[力], 浄化力.

†**de·ter·gent** /dɪtə́ːdʒənt | -tə́ː-/ 图 Ⓤ Ⓒ (洗濯用の)(中性)洗剤: a biodegradable (laundry) ~ 生物分解性洗剤. ── 厖 洗浄性の. 〖L=ぬぐい去る〗

*****de·te·ri·o·rate** /dɪtí(ə)riəreɪt | -tə́-/ 動 ⑭ 悪くなる, 悪化[低下]する, 堕落[退廃]する; <悪い事態に>堕落させる (↔ ameliorate): America's balance of trade has been *deteriorating*. 米国の貿易収支は悪化してきている / The meeting ~*d into* a fight. 会合は口論[けんか]になってしまった. ── ⑭ <質>を悪化させる; 堕落させる. 〖L=さらに悪くする〗

de·te·ri·o·ra·tion /dɪtì(ə)riəréɪʃən | -tə̀-/ 图 Ⓤ [また a ~] 悪化, 低下; 退歩 (↔ amelioration): (*a*) ~ in the quality of goods 品物の質の低下.

de·ter·mi·na·ble /dɪtə́ːmɪnəbl | -tə́ː-/ 厖 確定[決定]できる.

de·ter·mi·na·cy /dɪtə́ːmənəsi | -tə́ː-/ 图 Ⓤ 確定性, 決定性, 限定性, 確度.

†**de·ter·mi·nant** /dɪtə́ːmɪnənt | -tə́ː-/ 图 ❶ 決定要因. ❷ 〖数〗行列式. ❸ 〖生〗決定[遺伝]子[素]. ── 厖 決定力のある; 限定的な.

†**de·ter·mi·nate** /dɪtə́ːmɪnət | -tə́ː-/ 厖 ❶ (明確に)定められた, 明確な (↔ indeterminate). ❷ 確定的な. ❸ 決定的な, 決然とした. ❹ 〖数〗既知数の. **~·ly** 剾　**~·ness** 图

¥**de·ter·mi·na·tion** /dɪtə̀ːmɪnéɪʃən | -tə̀ː-/ 图 ❶ Ⓤ 決断力, 決心, 決意; with ~ 断固として / a man of great ~ 決意の固い人 / [+*to do*] show ~ *to* master English 英語を習得しようとする決意を示す. ❷ Ⓤ 決定, 確定; the ~ *of* policy 政策の決定(方法) / make a ~ on... について決定する (★ かなり形式ばった表現). ❸ Ⓤ Ⓒ **a** (範囲・位置・量などの)測定(法), 量定; 〖論〗限定: the ~ of the amount of gold in a sample of rock 岩石の標本における金の含有量の測定 / the ~ of a word's meaning 語の意味の限定. **b** 〖法〗判決, 裁決; 終結.（動 determine）

de·ter·mi·na·tive /dɪtə́ːmɪnèɪtɪv, -nəṭ- | -tə́ːmɪnət-/ [形] ❶ 決定力のある, 確定的な. ❷ 限定的な.
— [名] ❶ 決定[限定]因. ❷ =determiner 2.

‡**de·ter·mine** /dɪtə́ːmɪn | -tə́ː-/ [動] [他] ❶ **a** (調査・計算などで)〈…を〉**決定する**, 明らかにする: ～ the cause of the accident=〔+*wh.*〕～ *why* the accident happened その事故の原因を確定する. **b** 〈範囲・量・方向などを〉測定する: ～ the ship's latitude and longitude 船の(位置の)緯度と経度を測定する. ❷ **a** 〈特に物事が〉(要因となって)〈…を〉**決定する**, 決める: Human behavior tends to be culturally ～*d*. 人間の行動は文化的に決まる傾向がある / 〔+*wh.*〕Hard training will ～ *how* well they perform in the game. 試合での出来はきびしい練習次第である. **b** 〈意味などを〉限定する: The meaning of a word is ～*d* by its actual use in a sentence. 語の意味は文中での実際の用法によって正確に決まる. ❸ **a** 〈日取り・価格などを〉(正式に)**決定する**: ～ the date for the meeting 会合の日取りを決める / 〔+*wh.* / +*wh.*+*to* do〕Have you ～*d what* (you are going) *to* do for a living? これから何をして生計を立てるか決めましたか / ～ *whether to* meet him or not 彼に会うべきかどうかを決める. **b** 《古》《法》〈紛争などを〉終結させる. ❹ 〈人が〉〈…することを〉決心する, 決意する: 〔+*to* do〕He has ～*d to* return home at once. 彼はすぐ故郷へ帰る決意をした《[比較] have ～*d* は「決断する」行為の完了を表わすが, be ～*d* は決心している状態を表わす (cf. determined 1)》/ 〔+*that*〕I ～*d that* nothing (should) be changed. 何も変えまいと決心した. ❺ 〈物事が〉〈人に〉〈…するように〉決心させる: 〔+目+*to* do〕That experience ～*d* her *to* become a teacher. その経験で彼女は教師になる決心をした. — [自] 〔…を〕決心する; 決定する: ～ *on* an early start [*on* start*ing* early]. 早く出発することに決める. 〘F＜L＝限界を定める＜DE-+*terminus* 境界, 限界〙 ([名] determination, [形] determinate, determinative) 【類義語】⇨ decide.

***de·ter·mined** /dɪtə́ːmɪnd | -tə́ː-/ [形] (more ～; most ～) ❶ [P] 〈…することを〉**固く決心して**: 〔+*to* do〕I'm ～ *to* go. 私は絶対に行く / 〔+(*that*)〕She is ～ (*that*) she will succeed again. 彼女はもう一度うまくやろうと心に決めている. ❷ **決然とした, 断固とした**: a ～ effort 断固とした努力 / ～ opposition 強い反対.
～·**ly** [副] 決然と, 断固として. ～·**ness** [名]

de·tér·mi·ner [名] ❶ 《文法》限定詞《常に名詞の前に置かれる機能語で, 冠詞・形容詞的用法の指示および不定代名詞・代名詞および名詞の所有格など》. ❷ 決定する人[もの].

de·tér·mi·nìsm /-nìzm/ [名] [U] 《哲》決定論.

de·tér·mi·nist /-nɪst/ [名] 決定論者. — [形] 決定論(者)の.

de·ter·min·is·tic /dɪtə̀ːmɪnístɪk | -tə̀ː-ˊ/ [形] 決定論的な.

⁺**de·ter·rence** /dɪtə́ːrəns | -tér-/ [名] [U] ❶ 制止, 阻止, 引き止め. ❷ 戦争抑止. ([動] deter)

⁺**de·ter·rent** /dɪtə́ːrənt | -tér-/ [名] ❶ 妨害物, 故障, 抑止するもの: Punishment is a strong ～ *to* crime. 懲罰は強力な犯罪抑止力となっている. ❷ (戦争)抑止力; (特に)核兵器: the nuclear ～ (戦争抑止力としての)核兵器.
— [形] 妨げる, 制止する, 引き止める, おじけづかせる; 戦争抑止の. ([動] deter)

⁺**de·test** /dɪtést/ [動] [他] 〈…を〉ひどく嫌う, 〈…が〉いやでたまらない《★ 進行形なし》: He ～*s* spiders. 彼はクモが大嫌いです / 〔+*doing*〕I ～ *being* interrupted. 途中で口を出されるのは大嫌いだ / 〔+目+*doing*〕I ～ Joan resort*ing* to tears to get her way. 私はジョーンが思うとおりにするために泣くのが大嫌いです. 〘L＝神を証人としてののろう＜DE-+*testari* 証人として呼ぶ (＜*testis* 証人; cf. protest)〙【類義語】⇨ hate.

de·test·a·ble /dɪtéstəbl/ [形] 大嫌いな, いやでたまらない, いまいましい. **de·tést·a·bly** /-təbli/ [副]

de·tes·ta·tion /dìːtestéɪʃən/ [名] ❶ [U] [また a ～] 大嫌い, いやでたまらないこと: hold a person *in* ～ 人をひどく嫌う. ❷ [C] 嫌われる人[もの].

de·throne /dɪθróun/ [動] [他] 〈王などを〉廃する; 〈人を〉権威ある地位(など)から押しのける (depose).

de·thróne·ment /-mənt/ [名] [U,C] 廃位; 強制退位.

det·i·nue /détən(j)ùː | -tɪnjùː/ [名] [U] 《法》(引渡し期限の過ぎた動産の)不法留置; (質屋などに対する)不法留置動産取戻し訴訟[令状].

⁺**det·o·nate** /détənèɪt/ [動] [他] 〈爆薬を〉(猛烈な音と勢いで)爆発させる: ～ a charge of dynamite ダイナマイトを爆発させる. — [自] 〈爆弾・火山などが〉(轟音(ごうおん)とともに)大爆発をする. 〘L＝雷を放つ〙

det·o·na·tion /dèṭənéɪʃən/ [名] ❶ [C,U] 爆発(音). ❷ [U] 爆発させること, 起爆. ❸ [U] 《化》爆轟《爆発のうち音速以上の化学反応; cf. deflagration》.

dét·o·nà·tor /-ṭə | -tə/ [名] (爆弾などの)起爆装置, 雷管; 起爆薬.

⁺**de·tour** /díːtuə | -tuə/ [名] ❶ 遠回り: make a ～ 遠回りする. ❷ 回り道, 迂回路 (《英》diversion): take a ～ 回り道で行く. — [動] [自] 回り道する 〈*round, around*〉. 〘F＜DE-+*tourner* to TURN〙

⁺**de·tox** /díːtɑks | dìːtɔ́ks/ 《口》[名] [U] 解毒 (detoxification); (麻薬[アルコール]依存者を立ち直らせる)更生治療(プログラム). — [形] 解毒(用)の. — /dìːtɑ́ks | -tɔ́ks/ [動] [他] [自] (依存者を)解毒(治療)する; 〈依存者が〉回復[治癒]する (detoxify); 有毒物を除去[無毒化]する.

de·tox·i·cate /dìːtɑ́ksəkèɪt | -tɔ́k-/ [動] [他] ＝detoxify.
de·tòx·i·cá·tion [名]

de·tox·i·fi·ca·tion /dìːtɑ̀ksəfɪkéɪʃən | -tɔ̀k-/ [名] [U] ❶ アルコール[薬物]依存治療. ❷ 解毒(作用).

de·tox·i·fy /dìːtɑ́ksəfàɪ | -tɔ́k-/ [動] [他] ❶ 〈人の〉アルコール[薬物]依存を治す. ❷ 解毒する.

⁺**de·tract** /dɪtrǽkt/ [動] [自] 〔…から〕よさ[価値, 重要性, 効果(など)]を減じる《★ ～ from は受身可; 進行形なし》: Pink curtains will ～ *from* the effect of the room's decoration. ピンクのカーテンはその部屋の装飾効果を損ねるだろう. — [他] ❶ 〔…から〕〈…を〉減じる, 奪う〔*from*〕. ❷ 〔…から〕〈人・注意などを〉そらす. **de·trac·tion** /dɪtrǽkʃən/ [名] **de·trac·tive** /dɪtrǽktɪv/ [形] 〘L＝引き下げる＜DE-+*trahere, tract-* 引く (cf. tract[1])〙

⁺**de·trác·tor** /-tə | -tə/ [名] 批判者; 中傷者.

de·train /dìːtréɪn/ [動] [自] 列車から降りる. — [他] 列車から降ろす.

de·trib·al·ize /dìːtráɪbəlàɪz/ [動] [他] (異文化との接触により)〈…に〉部族意識[習慣, 文化]を失わせる《★ 通例過去分詞で形容詞的に用いる》; 〈…に〉部族社会を捨てさせる, 〈文化を〉脱[非]部族化させる. **dè·trib·al·i·zá·tion** [名]

⁺**det·ri·ment** /détrəmənt/ [名] ❶ [U] 損害, 損傷《★ 通例次の句で》: to the ～ of…に損害を与えて / without ～ *to*…に損害なく. ❷ [C] [通例単数形で] 損害[損傷]のもと, 損失の原因. 〘L＝すりへらすこと〙 ([形] detrimental)

⁺**det·ri·men·tal** /dètrəméntl̩ˊ/ [形] 有害な: the ～ effects of rapid inflation 急速なインフレーションの有害な影響 / Smoking is ～ *to* your health. 喫煙は健康に有害である. ～·**ly** /-ṭəli/ [副] ([名] detriment)

de·tri·tal /dɪtráɪṭl/ [形] 岩屑の[による], 砕岩質の.

de·tri·tion /dɪtríʃən/ [名] [U] 摩滅(作用), 消耗.

de·tri·ti·vore /dɪtráɪṭəvɔ̀ə | -vɔ̀ː/ [名] 《生態》腐泥食性生物, 腐食性生物《有機廃棄物を食糧源とする昆虫など》.

de·tri·tus /dɪtráɪṭəs/ [名] [U] ❶ (風化などによる)岩屑(がんせつ), 砕岩. ❷ 破片(の山).

***De·troit** /dɪtrɔ́ɪt/ [名] デトロイト《米国 Michigan 州の工業都市; 自動車工業で有名》.

de trop /dətróu/ [形] [P] 余計で, 無用で. 〘F＝too much〙

de·tru·sor /dɪtrúːzə | -zə/ [名] 《解》(膀胱の)排尿筋.

de·tu·mes·cence /dìːt(j)uːmés(ə)ns | -tjuː-/ [名] [U] 《医》腫脹減退《はれがひくこと》. **dè·tu·més·cent** /-s(ə)nt/ [形]

de·tune /dìːt(j)úːn | -tjúːn/ [動] [他] 〈ラジオなどの〉同調をはずす, 離調する, 〈ピアノなどの〉調律を狂わせる; 調整して〈車・エンジンの〉性能を落とす.

deuce[1] /d(j)uːs | djuːs/ 图 ❶ [C]《トランプの》2の札，《さいころの》2の目，2点: the ~ of hearts ハート(札)の2. ❷ [U]《競技》ジュース《テニスでは40-40の同点，次に連続2点を取れば勝ち》. 〖F < L *duos* (↓) 2; 語義2はF *à deux*「あと2つ」から〗

deuce[2] /d(j)uːs | djuːs/ 图《口》❶ [the ~; 疑問詞を強めて]一体全体: What[Who] *the* ~ is that? 一体それは何[だれ]だ. ❷ **a** [U] [通例 the ~;間投詞的に]ちくしょう!，いまいましい! **b** [U][*like the* ~; 強い否定を表わして]まったく[ひとつも，ひとりも]ない: *The* ~ it is [you are, *etc*.]! それが[君が]そうとは驚いだ[実にひどい，けしからん，まさか]!
a [**the**] **déuce of a**... どえらい…，ひどい…: *a* ~ *of a* mix-up ひどい混乱 / be in *a* ~ *of a* lot of trouble ひどく困っている，大変ないさかいになっている. **like the déuce** やけに，猛烈に. **pláy the déuce with**...をめちゃめちゃにする. **the déuce to páy** (これから)後の難儀: There will be *the* ~ *to pay*. 後が怖いぞ.
〖L < Gk = 2; 2はさいころの最悪の目〗

deuc·ed /d(j)úːsɪd, -st | djúː-/ 《英古》 [A] 実にいまいましい，すごい: in a ~ hurry ひどく急いで. ― 剾 すごく，べらぼうに: a ~ fine girl ばかにすてきな娘. **~·ly** /-sɪdli/ 剾 《英古》すごく，べらぼうに.

de·us ex ma·chi·na /déɪəsèksmáːkɪnə/ 图《劇·小説などで》不自然で強引な解決をもたらす人物[事件]; 《強引な》急場しのぎ《の解決策》. 〖L=god from the machine < Gk; ギリシャ演劇で神が突然機械仕掛けで舞台に現われて結末をつけたことから〗

Deut. (略)《聖》Deuteronomy.

deu·ter·ag·o·nist /d(j)ùːṭəræɡənɪst | djùː-/ 图《劇》第二役《主役 (protagonist) に次ぐ役，特に敵役》.

deu·ter·an·ope /d(j)úːṭərənòup | djùː-/ 图 第二色盲の人.

deu·ter·an·o·pi·a /d(j)ùːṭərənóupiə | djùː-/ 图《医》第二色盲，緑色盲《赤緑色盲の一種; 緑とその補色の紫紅色が灰色に見える》. **dèu·ter·an·ó·pic** /-nóupɪk-/ 圈.

deu·ter·at·ed /d(j)úːṭərèɪtɪd | djúː-/ 圈《化》《物質·化合物·組織などが》水素原子が重水素で置換された，ジューテロ化した; 重水素を含む.

deu·ter·ic /d(j)úːṭərɪk | djúː-/ 圈《地質》初生の《溶岩の固結作用の後期における火成岩の変質に関する》.

deu·te·ri·um /d(j)uːtí(ə)riəm | djuː-/ 图 [U]《化》重水素 (heavy hydrogen)《記号 D》. 〖L < Gk=第2番目の; 水素の同位元素として第2番目だったことから〗

dèu·ter·o·ca·nón·i·cal /d(j)ùːṭərou- | djùː-/ 圈《カト》第二正典の: the ~ books 第二正典《プロテスタントが外典 (Apocrypha) と呼ぶものの大部分》.

deu·ter·on /d(j)úːṭəràn | djúː-tərɑn/ 图 [U]《理》重陽子.

Deu·ter·on·o·my /d(j)ùːṭərάnəmi | djùːtərón-/ 图《聖》申命記(ｼﾝﾒｲｷ)《旧約聖書中の一書; 略 Deut.》. 〖L < Gk=第2番目の書; 事実は5番目だがヘブライ語からの誤訳による〗

Deut·sche mark /dɔ́ɪtʃəmὰːrk | -mὰːk/ 图 [また D~] ドイツマルク《ドイツの旧通貨単位; =100 pfennigs》.

de·va·da·si /dèɪvədάːsi/ 图《ヒンドゥー教》デーバダーシー《南インドのヒンドゥー教寺院に所属する踊り子》.

de·val·u·ate /diːvǽljuèɪt/ 動 =devalue.

de·val·u·a·tion /diːvæljuéɪʃən/ 图 [C,U] 価値の低下;《経》平価切り下げ (↔ revaluation). (動 devalue)

*__de·val·ue__ /diːvǽljuː/ 動 働 ❶《経》《貨幣の》価値を減じる,〈…の〉平価を切り下げる: ~ the pound ポンドを切り下げる. ❷〈…を〉低く評価する，おとしめる. 〖DE-+VALUE〗 图 devaluation.

†**dev·as·tate** /dévəstèɪt/ 動 働 ❶〈国土を〉荒らす，荒廃させる: Cologne was ~d by the Allied fire bombing. ケルンは連合国側の焼夷弾攻撃でひどく破壊された. ❷〈人を〉途方に暮れさせる，困惑させる (cf. devastated): I *was* ~d by her death. 私は彼女の死にひどく暮れた. **dév·as·tà·tor** /-ṭɚ | -tə/ 图. 〖L=空っぽにするDE-+*vastus* 空(ｶﾗ)の，広大な; cf. vast〗

†**dé·vas·tàt·ed** /-tɪd/ 圈 途方に暮れた，ショックを受けた，気が動顚(ﾄﾞｳﾃﾝ)した.

485　deverbal

*__dev·as·tat·ing__ /dévəstèɪtɪŋ/ 圈 ❶ 壊滅的な，大損害をもたらす，荒廃させる: a ~ earthquake 破壊的な地震. ❷〈知らせなど〉衝撃的な. ❸〈議論など〉圧倒的な，痛烈な. ❹《話》いきいい，印象的な《口》，さんざんな. **~·ly** 剾.

dev·as·ta·tion /dèvəstéɪʃən/ 图 [U] 荒らすこと; 荒廃(状態); 惨害, 惨状.

*__de·vel·op__ /dɪvéləp/ 動 働 ❶〈…から/…に〉発達する，発育する; 発展[進展]する: The story ~s slowly. 物語はゆっくりと展開していく / Banana plants ~ *from* corms. バナナの苗木は球茎から発育する / London ~*ed into* the general mart of Europe. ロンドンはヨーロッパの総合市場へ発展した. ❷ **a**〈問題·困難などが〉生じる;〈症状などが〉現われる: Symptoms of cancer ~ed. がんの症状が現われた. **b**《米》〈事態などが〉明らかになる: It ~ed that he was the murderer in that case. 彼がその事件の殺人犯人であることが明らかになった. ❸ [副詞(句)を伴って]《写》現像される: This film will ~ in twenty minutes. このフィルムは20分で現像できます. ― 働 ❶〈…を〉〈…から/…に〉発達させる，発展[成長]させる《*from*》《*to*, *into*》: Swimming will ~ many different muscles. 水泳は体のいろいろな筋肉を発達させる / ~ a company *from* nothing 会社を無から作り上げる / The computer has been ~ed *from* the simpler calculating machine. コンピューターは単純な計算機から発達した. ❷ **a**〈資源などを〉開発する;〈鉱山などを〉開発する: ~ the natural resources 天然資源を開発する. **b**〈土地を〉〈宅地などに〉造成する: ~ the land *into* a park その土地を造成して公園にする. **c**〈新製品などを〉開発する. ❸ **a**〈知能などを〉伸ばす，啓発する: ~ one's faculties 才能を伸ばす. **b**〈傾向などを〉発現させる;〈趣味·習慣などを〉持つようになる: ~ a taste [liking] for vegetables 野菜が好きになる. ❹〈問題·症状などを〉生じさせる,〈病気に〉かかる: ~ cancer がんになる. ❺ **a**〈計画·議論などを〉展開する，進展させる: ~ a theory of language learning 言語学習理論を展開する / ~ one's argument (further) 議論を(さらに)進展させる. **b**《数》〈面·関数·式などを〉展開する. **c**《音》〈主題を〉展開する. ❻《写》フィルムを現像する (process); ~ a film フィルムを現像する. 〖F=包みを開ける (> *des-* dis- (>*dé-*)+*voloper* 包む; cf. envelop〗 图 development.

*__de·vel·oped__ /dɪvéləpt/ 圈〈国家など〉高度に発達した，先進の (↔ underdeveloped): ~ countries 先進国 / a highly ~ industry 高度に発達した産業.

*__de·vel·op·er__ /dɪvéləpɚ/ 图 ❶ [C]《宅地などの》造成[開発]業者: a land ~ 土地開発業者. ❷ [C]《製品などの》開発者. ❸ [U,C]《写》現像薬[液].

*__de·vel·op·ing__ /dɪvéləpɪŋ/ 圈《国·地域が》発達途上にある: (the) ~ countries 発達途上国.

*__de·vel·op·ment__ /dɪvéləpmənt/ 图 ❶ **a** [U] 発達，発育; 進展，発展: the ~ *of* language 言語の発達 / economic ~ 経済発展. **b** [C] 進化[発展，発達]の結果: recent ~s *in* nuclear physics 核物理学の最近の発達 / Concern about ecology is a recent ~. 生態学に関心が持たれるようになったのは最近のことだ. ❷《製品などの》開発，考案·実用化; [C] 新製品: technology ~ 技術開発 / research and ~ 研究開発 ⇒ research 图 成句. ❸ **a** [U]《資源·土地などの》開発; 造成: bring land under ~ 土地を開発する. **b** [C] 団地: ⇒ housing development. ❹ [C]《事件·情勢などの》進展; 新事実[事情]: Here are the latest news ~s. ここで《ニュースの報道で》最新の情報をお伝えします. ❺ [U]《写》現像. ❻《音》展開(部); 《数》展開;《チェス》《布陣を作るための初期の》展開. 〖類義語〗 ⇒ progress.

†**de·vel·op·men·tal** /dɪvèləpméntl◂/ 圈 ❶ 開発の: ~ aid to Southeast Asia. 東南アジアへの開発援助. ❷《心身の》発達[発育]上の. **~·ly** /-ṭəli/ 剾.

devélopment àrea 图《英》開発促進地域.

Devélopment Assístance Commíttee 图 [the ~] 開発援助委員会《略 DAC; OECD の一機関》.

de·verb·al /diːvɚ́ːb(ə)l | -vɚ́ːb-/ 圈《文法》動詞から派生した(語).

De·vi /déɪvi/ 名《ヒンドゥー教》女神, デービー《特に Siva 神の妃》.

de·vi·ance /díːviəns/, **dé·vi·an·cy** /-viənsi/ 名 U 逸脱, 異常: sexual ~ 性的異常.

+**de·vi·ant** /díːviənt/ 形 常軌を逸した, 逸脱した. ── 名 逸脱した人[もの]; (特に, 性的)異常性格者, 変質者. (動 deviate)

de·vi·ate /díːvièɪt/ 動〔常軌から〕それる, はずれる, 逸脱する: ~ *from* the standard 標準からはずれる. 【L=道からそれる< DE-+*via* 道; cf. devious】(形 deviant, 名 deviation)【類義語】**deviate** 正常のまたは規定のコース・方向・標準・考え方などから少しばかりはずれる. **swerve** 直線や一つのコースなどから急に, または鋭くそれる; 比喩的にも用いる. **veer** 方向を変えるために相当大きく向きを変える; 比喩的には方針・意見・話題などが変わる. **diverge** 本道または今までのコースから2つ以上の別の方向に分かれる. **digress** 特に話や物語が今まで述べてきた本筋から(しばらくの間)はずれる.

+**de·vi·a·tion** /dìːviéɪʃən/ 名 ❶ a U,C 逸脱, 脱線, 偏向《*from*》. b C (政治信条からの)逸脱(行為). ❷ C (磁針の)自差. ❸ C (統計) 偏差: ⇨ standard deviation. (動 deviate)

de·vi·á·tion·ism /-ʃənìzm/ 名 U 偏向, (主流)逸脱.

de·vi·á·tion·ist /-ʃ(ə)nɪst/ 名 (党路線からの)逸脱者.

*****de·vice** /dɪváɪs/ 名 ❶ a 装置, 仕掛け, からくり: a safety ~ 安全装置 / a new ~ *for* catching mice [to catch mice] 新案ネズミ取り器. b 爆破装置; 爆弾. ❷ a 工夫, 方策, 計略. b 比喩表現; 表現技法. ❸ 意匠, 図案, 模様; 商標. ❹ 《電算》(周辺)機器, デバイス《メモリー・ディスプレイ・キーボードなど》. **leave a person to his ówn devíces** (助言や援助を与えないで)人の思うように[勝手に]させておく. (動 devise)

*****dev·il** /dévl/ 名 ❶ C 悪魔, 悪霊; [the D~] 魔王(Satan) 【解説】キリスト教では悪の権化または誘惑者とされる; 通例割れたひづめ, 角, 尾を持つとされている》: The ~ take the hindmost. 《諺》遅れたやつは鬼に食われる, 早いが勝ちだ / Needs must when the ~ drives. 《諺》背に腹は代えられない / Speak [《英》Talk] of the D~ (and he will [is sure to]) appear). 《諺》うわさをすれば影 / The ~ has (all) the best tunes. 《諺》邪悪な楽しみが一番楽しい / Better the ~ you know (than the ~ you don't). 《諺》知らない悪魔より知っている悪魔の方がまし / The ~ finds work for idle hands. 《諺》暇な人には悪魔が仕事を見つける(小人閑居して不善をなす). ❷ C a 極悪人, 悪魔のような人. b (口) 精力家, がむしゃらな人; …の鬼: a veritable ~ *for* punctuality まったくの時間厳守魔. c (ひどい)腕白坊主, いたずら者. d (通例修飾語を伴って)(口) …な人, …なやつ: The poor ~, かわいそうなやつ. ❸ a [the ~; 疑問詞を強めて](古風)一体全体: Who the ~ is he? あいつは一体だれだ. b [the ~; のしり・驚きを表わして] ちくしょう!, まさか! c [the ~] (口)[しばしば the ~; 相手の意見に強い反対を表わして] 《古風》断じて…ない 【用法】《英》では文脈によっては同意の強調に用いることもある》: "He's a liar." "*The ~ he is.*" 「あいつはうそつきだ」「そんなわけない(まさか)」 【用法】《英》では「そうだとも」の意に用いることもある.

a dévil of a... 《古風》どえらい, ひどい: There was *a ~ of* a noise. ものすごい騒がしかった / have *a ~ of a* time ひどく苦労する, ひどい目にあう.

Be a dévil! 《英》思い切ってやってみな!

betwéen the dévil and the déep (blúe) séa 進退きわまって.

Dévil táke it! (口) えいくそ!, ちくしょう!

dévils on hórseback 干しスモモをベーコンで包みトーストなどにのせた料理.

gíve the dévil his dúe どんなに取りえのない[気に食わぬ]者にでも公平にする: to *give the ~ his due* 《挿入句》公平な目で見れば, 正直言って.

gó to the dévil (1) 落ちぶれる. (2) [命令法で]くたばってしまえ!, どこへでも行ってしまえ!

like the dévil 猛烈な勢いで; ものすごく, やけに.

pláy the dévil with... 《口》…をめちゃめちゃにする.

ráise the dévil 大騒ぎを引き起こす.

the dévil of a... = a DEVIL of a (成句).

There will be the dévil to páy. 《口》後でひどい目にあうぞ, 身が怖いぞ.

the (véry) dévil (口) 非常に難しい(こと), 苦しい(こと); やっかいな(こと): That's *the ~* of it. それこそは大変[やっかいしご]く]だ, まったくたまらない.

To the dévil with...! …なんか知ったことか!, …なんかどうでもよい!

── 動 ⦅(dev·iled, 《英》-illed; dev·il·ing, 《英》-illing) ❶ 《口》〈人を〉悩ます, いじめる; 虐待する: He ~*ed* her with trifling complaints. 彼はつまらないことに不平を言って彼女を悩ませた. ❷ 〈肉などを〉辛く味つけする 《★通例過去分詞で形容詞的に用いる》: ~*ed* egg デビルドエッグ《ゆで卵を縦に切り, 黄身をマヨネーズ・香辛料と混ぜ合わせて白身に詰めた料理》. 【L<Gk=悪口を言う者》 (関連 diabolic(al)) 【類義語】⇨ demon.

dev·il·fish 名 ❶ (獲 ~, ~·es) 《魚》イトマキエイ, マンタ. ❷ タコ, イカ《★英米人は通例これらを食べない》.

dev·il·ish /dévlɪʃ/ 形 ❶ a 悪魔のような. b 極悪な, 非道の. c 非常に難しい. ❷ 《口》ひどい, はなはだしい. ── 副 《口》ひどく, はなはだしく. ~·**ly** 副 《口》ひどく, はなはだしく, とても. ~·**ness** 名

dévil-may-cáre 形 向こう見ずの, 恐いもの知らずの.

dév·il·ment /-mənt/ 名 ❶ U,C 悪いいたずら(mischief). ❷ U 元気: full of ~ 元気いっぱいで.

devil ráy 名 《魚》イトマキエイ, マンタ (devilfish).

dev·il·ry /dévlri/ 名 =devilment.

dévil's ádvocate 名 ❶ (議論や提案の妥当性を試すためにわざと反対意見を述べる人: play the ~ わざと反対の立場をとる. ❷ あまのじゃく(的な批判家).

dévil's cláw 名 《植》ツノゴマ.

dévil's clúb 名 アメリカハリブキ《北米西部原産ウコギ科ハリブキ属のとげのある落葉低木》.

dévil's dárning nèedle 名 《昆》トンボ (dragonfly).

dévil's dózen 名 [the ~] 《口》13.

dévil's fòod càke 名 U,C 《米》(濃厚な)チョコレートケーキ.

dévil's-gríp 名 U 《医》流行性胸膜痛.

Dévil's Ísland 名 悪魔島, イルデュディアブル (French Guinea 沖の島; もと流刑地; フランス語名 Île du Diable).

dévil's páintbrush 名 《植》コウリンタンポポ(に似た各種の野草).

dévil's tattóo 名 指太鼓 【解説】いらだちやじれったいときに指先や足で机や床をこつこつたたくこと; ほぼ「貧乏ゆすり」に相当》: beat the ~ 指先[足]でこつこつたたく.

dévil's-wálk·ing-stìck 名 《植》アメリカタラノキ.

dév·il·try /dévltri/ 名 =devilment.

+**de·vi·ous** /díːviəs/ 形 ❶ 率直でない, すなおでない; 《好智にたけて》人を欺くような, よこしまな: There's something ~ *about* him. 彼はどこかすなおでないところがある. ❷ 遠回りの, 曲がりくねった (circuitous): take a ~ route 回り道[迂回]する. ~·**ly** 副 ~·**ness** 名 【L=道からはずれた< DE-+*via* 道; cf. deviate】

*****de·vise** /dɪváɪz/ 動 ❶ 〈方法を〉**工夫する, 考案する**, 案出する; 発明する (think up): We must ~ methods for recycling waste products. 私たちは廃棄物を再利用する方法を考え出さなければならない. ❷ 《法》〈人に〉〈不動産を〉遺贈する《*to*》《★動産については bequeath を用いる》. **de·vís·er** 名 【F<L=細かく分ける; ⇨ divide】 (名 device)

de·vi·see /dèvəzíː, dɪvaɪ-/ 名 《法》(不動産)受遺者.

de·vi·sor /dèvəzɔ́ə, dɪváɪzə | dɪváɪzə, dèvaɪzɔ́ː/ 名 【法】(不動産)遺贈者.

de·vi·tal·i·za·tion /dìːvàɪtəlɪzéɪʃən, -laɪz-/ 名 ⓤ 活力[生命]を奪うこと; 【医・歯】失活(法); 活力喪失.

de·vi·tal·ize /dìːváɪtəlàɪz/ 動 他 〈…から〉生命[活力]を奪う; 【医・歯】失活させる.

de·vit·ri·fy /dìːvítrəfàɪ/ 動 他 〈…の〉光沢と透明性を奪う, 〈ガラスを〉不透明にする, 失透させる. — 自 失透する. **de·vit·ri·fi·ca·tion** /dìːvìtrəfɪkéɪʃən/ 名 失透.

de·vo·cal·ize /dìːvóukəlàɪz/ 動 他 【音声】〈有声音を〉無声音化する.

de·voice /dìːvɔ́ɪs/ 動 他 【音声】〈有声音を〉無声音(化)する.

+**de·void** /dɪvɔ́ɪd/ 形 [...に欠けていて, なくて: He is ~ *of* humor. 彼にはユーモアがない. 【F; ⇨ de-, void】

de·voir /dəvwɑ́ə | -vwɑ́ː/ 名 本分, 義務, 務め; 丁寧な行為, [複数形で] 敬意を表わす行為, 礼儀(挨拶・いとまごいなど): do one's ~ 本分を尽くす / pay one's ~s *to*... に挨拶に伺う[敬意を表す].

+**dev·o·lu·tion** /dèvəlúːʃən, dìːv-/ 名 ⓤ ❶ a (中央政府から地方自治体への)権限委譲, 事務委任. b 【法】(権利・義務・地位などの)相続人への移譲. ❷ 【生】退化. (動 devolve)

+**de·volve** /dɪvɑ́lv | -vɔ́lv/ 動 他 〈権利・義務・職を〉〈人に〉移譲する, ゆだねる, 負わせる 〔*to, on, upon*〕: ~ a duty *upon* another person 任務を他の人に負わせる. — 自 ❶ 〈職責などが〉人に移譲される, 帰する: When the president is unable to do his duties, they ~ *on* the vice president. 会長が職務を果たせない時にはその職務は副会長に移される. ❷ 【法】〈死後〉〈土地・財産などが〉〈人に〉移る 〔*to*〕. 【L=下へ転がす DE-+*volvere, volut-* 回転させる (cf. volume)】 (名 devolution)

Dev·on /dévən/ 名 ❶ デボン州 《イングランド南西部の州; 州都 Exeter》. ❷ ⓒ デボン種の牛.

De·vo·ni·an /dəvóʊniən/ 形 ❶ デボン州 (Devon) の. ❷ 【地質】デボン紀[系] の. — 名 ❶ ⓒ デボン州の人. ❷ [the ~] 【地質】デボン紀[系].

Dev·on·shire /dévənʃə | -ʃə/ 名 =Devon 1.

de·vo·ré /dəvɔ́ːreɪ/ 名 ⓤ デボレ 《パイルを酸で焼いて模様を付けたビロード》.

*****de·vote** /dɪvóʊt/ 動 他 ❶ 〈時間・努力・金などを〉〈…に〉ささげる, 当てる, 向ける: ~ one's life *to* curing the sick 生涯を病人の治療にささげる / Most of his spare time was ~d *to* the translation of those works. 彼の余暇の大部分はそれらの作品の翻訳に向けられた. ❷ [~ oneself *to*] 〈人が〉〈…に〉ささげる, 専念する, 熱中する (cf. devoted 2): She ~d herself *to* her sick father. 彼女はひたすら病身の父の世話をした. 【L=誓って奉献する DE-+*vovere, vot-* 誓う】 (名 devotion) 【類義語】 devote 誓いを立てるようにして真剣に, 忠実にある目的・活動・人のためだけに一身または努力・時間をささげる. dedicate 神聖[重大]な目的のために厳粛に公式にささげる. consecrate 普通宗教上の神聖な目的のためにささげる.

*****de·vot·ed** /dɪvóʊtɪd/ 形 (more ~; most ~) ❶ 献身的な; 誓った, 忠実な; 熱心な: a ~ friend 忠実な友 / his ~ wife 献身的な妻. ❷ ⓟ 〈人が〉…に専念していて, 〈…に〉熱愛して (cf. devote 2): He's ~ *to* golf. 彼はゴルフに熱中している / She's ~ *to* her children. 彼女は子供を熱愛している. ~·**ly** 副 ~·**ness** 名

+**dev·o·tee** /dèvətíː/ 名 ❶ 熱心家, 熱愛者, 凝り性の人 〔*of*〕. ❷ (狂信的)帰依者.

*****de·vo·tion** /dɪvóʊʃən/ 名 ❶ ⓤ a 〈…への〉献身, 一意専心, 傾倒; (深い)愛情, 熱愛: ~ *to* baseball 熱心な野球好き / the ~ *of* a mother *to* her child 子供への母親の献身的な愛情. b 〈時間・努力・金などを〉〈…に〉向けること (dedication): the ~ of too much time *to* unprofitable research 無益な研究に多くの時間をかけすぎること. ❷ a ⓤ (宗教的な)帰依, 信心. b [複数形で] 祈禱(とう), 勤行(ぎょう): be at one's ~s 祈禱をしている. (動 devote)

de·vo·tion·al /dɪvóʊʃənl/ 形 ❶ 祈禱(とう)の. ❷ [しばしば複数形で] 短い祈禱.

+**de·vour** /dɪváʊə | -váʊə/ 動 他 ❶ 〈動物・人が〉〈食物を〉

むさぼり食う, がつがつ食う: ~ a sandwich サンドイッチをむさぼるように食べる. ❷ 〈本などを〉むさぼり読む; 〈…を〉食い入るように[穴のあくほど]見つめる; 〈…に〉熱心に聞き入る: He ~ed all the books on the subject in the library. 彼は図書館にあるその主題に関する本をすべてむさぼるように読みあさった. ❸ **a** 〈疫病・火事などが〉〈…に〉滅ぼす: The fire ~ed two hundred houses. 火は 200 戸をなめ尽くした. **b** 〈海・やみなどが〉〈…を〉のみ込む: The raging sea ~ed the boat. 荒れ狂う海が船をのみ込んでしまった. ❹ [受身で] …に夢中になる, 悩む: I am ~ed by anxiety. 私は心配でじっとしていられない. 【F=L=すっかり飲み込む DE-+*vorare* 飲み込む】 (名 devotion)

de·vour·ing /-váʊ(ə)rɪŋ/ 形 ❶ むさぼり食う(ような): He watched her with ~ eyes. 彼は食い入るようなまなざしで彼女をじっと見た. ❷ 人を悩ます, 夢中にさせる; 猛烈な, 熱烈な, 激しい: a ~ passion 激しい情熱. -·**ly** 副

*****de·vout** /dɪváʊt/ 形 ❶ 信心深い: a ~ Roman Catholic 敬虔(けん)なカトリック教徒. **b** [the ~; 名詞的に; 複数扱い] 信心深い人たち, 信者. ❷ ⓟ 心からの, 熱烈な, 傾倒した (committed): a ~ pacifist 熱心な平和主義者. ~·**ness** 名 【DEVOTE と同語源】 【類義語】⇨ religious.

de·vout·ly 副 ❶ [hope, believe などの動詞を修飾して] 心から, 切に. ❷ 信心深く.

De Vries /dəvríːs/, Hugo (Marie) 名 ド・フリース (1848-1935; オランダの植物学者・遺伝学者).

dew /d(j)úː | djúː/ 名 ⓤ ❶ 露: drops of ~ 露のしずく / morning ~ 朝露 / wet with ~ 露にぬれた. ❷ (涙・汗の)しずく: *D-* glistened in her eyes. 彼女の目に涙が光っていた. 【OE; 原義は流れるもの】

DEW /d(j)úː | djúː/ 【略】Distant Early Warning 遠距離早期警報(戒).

Déw·ar (flàsk [vèssel]) /d(j)úːə- | djúːə-/ 名 デュアー瓶(間を真空にした二重壁の断熱瓶; 液化ガスなどを入れる).

de·wa·ter /dìː-/ 動 他 〈…から〉水を取り除く, 脱水[排水]する.

déw·ber·ry /-bèri | -b(ə)ri/ 名 【植】デューベリー (青黒い実をつけるキイチゴ属の匍匐(ほふく)性植物).

déw·claw /-klɔ̀ː/ 名 (イヌの足の地に届かない)上つめ, 狼(ろう)つめ.

déw·dròp 名 露のしずく, 露滴.

Déw·ey (décimal) classificàtion [sỳstem] /d(j)úːi | djúːi/ 名 【図書】デューイ十進分類法. 【M. Dewey 考案した米国の教育者】

déw·fàll 名 ⓤ 露を結ぶこと, 結露; 露の降りるころ, 夕暮れ.

De·wi /dɛ́ɪwi/ 名 [St. ~] 聖デヴィ《Saint David のウェールズ語名》.

déw·làp 名 ❶ (牛などの)のどぶくろ, 露払い. ❷ (人間の)のどぜい肉(たるみ).

DEW line 名 [the ~] デューライン 《米国・カナダ共同の北緯 70 度線に沿う遠距離早期警報レーダー網; ⇨ DEW》.

de·worm /dìːwə́ːm | -wə́ːm/ 動 他 〈犬などから〉虫を駆除する, 駆虫する. -·**er** 名 駆虫薬.

déw pòint 名 [the ~] 【理】露点.

déw pònd 名 《英》露池 (露や雨水をためる人工池).

déw wòrm 名 大ミミズ.

dew·y /d(j)úːi | djúːi/ 形 (**dew·i·er; dew·i·est**) ❶ 露 (dew) を帯びた, 露の多い; 露の降りる; 露のような. ❷ 〈肌が〉しっとりした. ❸ 〈女性などが〉みずみずしい, ういういしい. **déw·i·ly** 副 **déw·i·ness** 名

déwy-éyed 形 ❶ 目をうるませた; (悪い意味で)感傷的な, 涙もろい (sentimental). ❷ 無垢(く)の, 純情な.

dex /déks/ 名 《俗》デキセドリンの錠 (カプセル).

Dex·e·drine /déksədrìːn/ 名 【商標】デキセドリン 《覚醒剤》.

dex·ter[1] /dékstə | -tə/ 形 ❶ 右(側)の. ❷ 【紋】(盾の紋地の)右側の 《向かって左; ↔ sinister》. 【L *dexter, dextr-* 右の; 器用な】

dex·ter² /dékstə | -tə/ [名] [しばしば D~] デキスター種の牛《アイルランド産の乳肉兼用の小さくて丈夫な牛》.

dex·ter·i·ty /dekstérəṭi/ [名] [U] ❶ (特に手先の)器用さ. ❷ 利口さ; 機敏. 〖F; ⇨ dexter¹〗

dex·ter·ous /dékstərəs, -trəs/ [形] ❶ (手先の)器用な; 上手な: a ~ pianist 器用なピアニスト / with ~ fingers 器用な手つきで / The manager was ~ *in* [*at*] handl*ing* his staff. その支配人は部下の操縦がうまかった. ❷ 機敏な; 抜けめのない. **~·ly** [副] **~·ness** [名] 〖L DEXTER¹+-OUS〗

dex·tral /dékstrəl/ [形] (↔ sinistral) ❶ 右側の; 右ききの. ❷ 〈巻貝など〉右巻きの. **~·ly** /-trəli/ [副] 〖L; ⇨ dexter¹〗

dex·tran /dékstræn, -trən/ [名] 〖生化〗 [U] デキストラン《血漿の代用とする多糖類》.

dex·trin /dékstrɪn/, **dex·trine** /-tri:n/ [名] [U] 〖化〗 デキストリン, 糊精(こせい).

dex·tro- /dékstrou/ [連結形] 「右(側)の」; 〖化〗「右旋性の」.

dèxtro·rótary [形] =dextrorotatory.

dèxtro·rotátion [名] [U] 〖光・化〗 (光の偏光面の)右旋.

dèxtro·rótatory [形] 〖光・化〗 右旋性の.

dex·trose /dékstrous/ [名] [U] 〖化〗 右旋糖, ぶどう糖.

dex·trous /dékstrəs/ [形] =dexterous.

DF 《略》 〖無線〗 direction finder. **DfES** 《略》 〖英〗 Department for Education and Skills. **DfID** 《略》 〖英〗 Department for International Development. **Dfl** 《略》 Dutch florins ギルダー《オランダの旧通貨》. **dg** 《略》 decigram(s); decigramme(s). **DG** 《略》 *Deo gratias*.

DH /dí:éɪtʃ/ 〖野〗 [名] =designated hitter. — [動] [自] [他] (**DH'd**; **DHing**) 指名打者として出場する[させる].

Dha·ka /dǽkə/ [名] ダッカ《バングラデシュの首都》.

dham·ma /dʌ́mə, dɑ́:mə/ [名] [U] 〖仏教〗 仏法 (dharma).

dhar·ma /dɑ́ːmə, dɑ́ə- | dɑ́:-/ [名] [U] 〖ヒンドゥー教・仏教〗 法, 徳; (守るべき)規範. 〖Skt=法, 慣習〗

dhar·ma·sha·la /dɑ̀əməʃɑ́:lə | dɑ̀:-/ [名] 〖ヒンドゥー教〗 ダルマシャーラー《聖地巡礼者などが宿泊する宿》.

DHCP 《略》 〖電算〗 dynamic host configuration protocol 動的ホスト構成(管理)プロトコル《ネットワーク上のクライアントに対して IP アドレスを動的に割り当てるための通信規約》.

DHEA /dí:èɪtʃí:éɪ/ [名] [U] 〖生化〗 デヒドロエピアンドロステロン, DHEA 《雄性ホルモン作用を有するステロイドホルモンの一つ》.

dhikr /dɪ́kə | -kə/ [名] [U,C] (複 **~s, ~**) 〖イスラム〗 唱名, ジクル《神のことばを唱え, 神を念じること, 特にスーフィズムで, 心の奥深く神を念じ, 神との合一の恍惚境に達すること》.

dhó·bi ítch /dóubi-/ [名] [U] ドービー痒疹(ようしん)《鼠蹊部(そけいぶ)など体湿部にできる白癬》.

dhol /dóul/ [名] 〖楽〗 ドール《インドの両面太鼓; 両手で打つ》.

dho·lak /dóulək/ [名] 〖楽〗 ドーラック《インドの両面太鼓; ドール (dhol) より小型》.

dhole /dóul/ [名] 〖動〗 ドール(イヌ), アカオオカミ, シベリアヤマイヌ《インドの獰猛な野犬》.

dho·ti /dóuṭi/ [名] (インドの男子が用いる)腰布.

dhow /dáu/ [名] ダウ《インド洋・アラビア海などの沿海貿易用帆船》.

DHT 《略》 dihydrotestosterone.

DHTML 《略》 〖電算〗 Dynamic HTML.

dhur·rie /də́:ri | dʌ́ri/ [名] ダーリ《インド産の厚織り綿布; 窓掛け・じゅうたん・椅子張り用》.

dhya·na /diɑ́:nə/ [名] [U] 〖ヒンドゥー教・仏教〗 禅(ぜん), 静慮(じょうりょ)《瞑想して心身を統一すること》.

DI 《略》 〖英〗 Defence Intelligence 国防情報局.

di-¹ /daɪ/ [接頭] 「二つの」「2 倍[2 重]の」: *di*chotomy. 〖Gk=twice, double〗

di-² /dɪ/ [接頭] dis- の異形.

di·a- /dáɪə/ [接頭] 「…し通す」「完全な[に]」《★ 通例科学用語を造る》. 〖F＜L＜Gk *dia* through, across〗

di·a·base /dáɪəbèɪs/ [名] [U] 〖岩石〗 輝緑岩《米国では粗粒玄武岩, 英国ではその変質したもの》.

***di·a·be·tes** /dàɪəbí:ti:z/ [名] [U] 〖医〗 **糖尿病.** 〖F＜L＜Gk=《原義》尿が通り抜けること; 症状に多尿を伴うことから か〗

diabétes in·síp·i·dus /-ɪnsípəḍəs/ [名] [U] 〖医〗 尿崩症《下垂体後葉の障害による病気で, 高度の渇きと多量の排尿を特徴とする》.

diabétes mel·lí·tus /-məláɪṭəs/ [名] [U] 〖医〗 真性糖尿病.

⁺**di·a·bet·ic** /dàɪəbéṭɪk⁻/ [形] ❶ 糖尿病の: a ~ dog 糖尿病にかかった犬. ❷ 〈食べ物が〉糖尿病患者用の.
— [名] 糖尿病患者.

di·a·ble·rie /diɑ́:bləri/ [名] [U] ❶ 魔術, 魔法, 妖術. ❷ いたずら.

di·a·bol·ic /dàɪəbɑ́lɪk | -bɔ́l-⁻/ [形] ❶ 悪魔の(ような), 魔性の. ❷ =diabolical 2. 〖F＜L＜Gk=悪口を言う; ⇨ devil〗

di·a·bol·i·cal /dàɪəbɑ́lɪk(ə)l | -bɔ́l-⁻/ [形] ❶ 極悪非道の. ❷ 《英口》 まったく不愉快な, すごくいらいらする, ひどい (appalling). **~·ly** /-kəli/ [副]

di·ab·o·lism /daɪǽbəlɪ̀zm/ [名] [U] ❶ 魔術, 妖術. ❷ 悪魔のようなしわざ, 魔性. ❸ 悪魔主義[崇拝].

di·ab·o·list /daɪǽbəlɪst/ [名] 悪魔主義者.

di·ab·o·lo /daɪǽbəlòu/ [名] (複 **~s**) ❶ [U] ディアボロ《こまを 2 本の棒で回す遊び》. ❷ [C] ディアボロのこま, 空中ごま. 〖It=悪魔〗

dì·a·cè·tyl·mórphine /dàɪəsì:ṭl- | -daɪæ̀sətɪl-/ [名] [U] 〖薬〗 ジアセチルモルフィン《ヘロイン (heroin) の正式名》.

di·a·chron·ic /dàɪəkrɑ́nɪk | -krɔ́n-⁻/ [形] 〖言〗 通時的な《言語事実の変遷過程を動的に研究する方法にいう; ↔ synchronic》.

di·ach·ron·ism /daɪǽkrənɪ̀zm/ [名] [U] 〖言〗 通時的研究法.

dia·chro·nis·tic /dàɪəkrənístɪk⁻/ [形] =diachronic.

di·ach·ro·nous /daɪǽkrənəs/ [形] =diachronic.

di·ach·ro·ny /daɪǽkrəni/ [名] [U] 〖言〗 通時態.

di·ac·o·nal /daɪǽkən(ə)l/ [形] deacon [deaconess] の.

di·a·crit·ic /dàɪəkríṭɪk⁻/ [形] =diacritical. — [名] =DIACRITICAL mark.

di·a·crit·i·cal /dàɪəkríṭɪk(ə)l⁻/ [形] 区別のための, 区別[弁別]できる: a ~ mark [point, sign] 区別的発音符《ā, ă, ä, â の ¯, ˘, ¨, ˆ, または ç の ¸ など》. 〖Gk=区別できる; ⇨ critic〗

di·a·del·phous /dàɪədélfəs/ [形] 〖植〗 〈雄蕊(ずい)が〉二体の.

di·a·dem /dáɪədèm/ [名] ❶ 王冠. ❷ 王権; 王位.

di·aer·e·sis, di·er·e·sis /daɪérəsɪs | -íərə-, -érə-/ [名] (複 **-ses** /-sì:z/) ❶ (音節の)分切. ❷ 分音符《連続する二つの母音の後者の上につけ, 前の母音とは別音節であることを示す ¨ の符号; 例 coöpt》.

diag 《略》 diagonal; diagonally; diagram.

di·a·gen·e·sis /dàɪədʒénəsɪs/ [名] [U] 〖地〗 続成作用《堆積物が固まって岩石になるまでの物理的・化学的変化》.
di·a·ge·net·ic /dàɪədʒɪnéṭɪk⁻/ [形] **-ti·cal·ly** /-kəli/ [副]

***di·ag·nose** /dàɪəgnóus, -nóuz, ⁻⁻⁻/ [動] [他] ❶ 〈…を〉〈…と〉診断する: The doctor ~*d* his illness *as* pneumonia. 医者は彼の病気を肺炎と診断した / He was ~*d as* having AIDS [*with* AIDS]. 彼はエイズ(に感染している)と診断された. ❷ 〈問題・故障などの〉原因[本質]を突きとめる, 分析する, 究明する. — [自] 診断する. 〖↓ からの逆成〗

***di·ag·no·sis** /dàɪəgnóusɪs/ [名] (複 **-no·ses** /-si:z/) [U,C] ❶ 診断(法) (cf. prognosis 1); 診断書: make a ~ 診断する. ❷ 究明, (問題に対する)判断, 分析(結果) 〔*of*〕. ❸ 〖生〗 記相(文). 〖L＜Gk=識別〗 ([形] diagnostic)

⁺**di·ag·nos·tic** /dàɪəgnɑ́stɪk | -nɔ́s-⁻/ [形] ❶ 診断(上)の: a ~ program 〖電算〗 診断プログラム. ❷ [P] 〔病気の〕診断に役立って, 症状を示して 〔*of*〕. **-ti·cal·ly** /-tɪkəli/ [副] 診断によって; 診断上. ([名] diagnosis)

di·ag·no·sti·cian /dàɪəgnɑstíʃən | -nɔs-/ [名] 診断専門の医師, 診断医.

di·ag·nos·tics /dàɪəɡnάstɪks | -nɔ́s-/ 名 Ⓤ 診断学〔法〕.

di·ag·o·nal /daɪǽɡən(ə)l/ 形 ❶ 対角線の. ❷ **a** 斜めの. **b** あやの: a ~ weave あや織り. ― 名 ❶ 対角線, 斜線. ❷ あや織り. **-nal·ly** /-nəli/ 副 対角線的に; 斜めに, 斜行して. 〖DIA-+-GON+-AL〗

†**di·a·gram** /dáɪəɡræm/ 名 ❶ 図形; 図式; 図解, 図表, ダイヤ(グラム), 一覧図〖比較 日本語で一般にいう鉄道の「ダイヤ」は timetable または schedule を用いる〗: in a ~ 図表で[によって] / She drew a simple ~. 彼女は簡単な図を描いた. ― 動 他 (**di·a·gramed**, (英) **-grammed**; **di·a·gram·ing**, (英) **-gram·ming**)〈…を〉図(表)で示す. 〖DIA-+-GRAM〗

di·a·gram·mat·ic /dàɪəɡrəmǽtɪk⁻/ 形 図表[図式]の. **-i·cal·ly** /-kəli/ 副

dìa·kinésis 名 (複 **-kineses**) Ⓤ C 〖生〗 移動期, 貫動期, ディアキネシス期〈減数分裂の第一分裂前期における最終期〉.

*****di·al** /dáɪ(ə)l/ 名 ❶ (時計・羅針盤などの)指針面, 文字盤. ❷ (電話機・ラジオ・テレビなどの)ダイヤル. ❸ 鉱山用コンパス. ❹ 日時計. ❺ (英俗) 顔. ― 動 他 (**~ed**, (英) **-alled**; **dial·ing**, (英) **-al·ling**)〈番号・会社などに〉電話をかける: ~ the wrong number 間違った番号を回す / ~ 911=(米) ~ 999 ⇒ nine 名 (成句). ❷ 〈ダイヤルで〉〈…を〉調整する. ❸ 〈ダイヤルで計量[表示]する. ― 自 ❶ ダイヤルを回す; 電話をかける. ❷ 〈ダイヤルで〉〈…を〉調整する. ❸ 〖電算〗(電話回線でインターネットに)接続する 〈*up*〉. 〖L<*daily* dies day; 1 日を記録することから〗

dial. (略) dialect; dialectal; dialectic; dialectical.

†**di·a·lect** /dáɪəlèkt/ 名 Ⓒ Ⓤ ❶ 方言; 国なまり: the Scottish ~ スコットランド方言 / a poem written in ~ 方言で書かれた詩. ❷ (特定の職業・階層の)通用語. 〖<Gk〈特定の言葉〉で〉話すこと DIA-+-*legein* 話す; cf. dialogue〗

di·a·lec·tal /dáɪəléktl⁻/ 形 方言の. **~·ly** /-təli/ 副

díalect àtlas 名 方言地図.

díalect geógraphy 名 Ⓤ 方言地理学.

di·a·lec·tic /dàɪəléktɪk⁻/ 名 Ⓤ 弁証法〈討論・弁論によって矛盾を越えて新しい真理に到達する方法〉. ― 形 =dialectical. 〖F<L<Gk=話術; cf. dialect〗

di·a·lec·ti·cal /dàɪəléktɪk(ə)l⁻/ 形 弁証(法)的の. **~·ly** /-kəli/ 副

dialéctical matérialism 名 Ⓤ 弁証法的唯物論.

di·a·lec·ti·cian /dàɪəlektíʃən/ 名 弁証家; 論法の巧みな人.

di·a·lec·tics /dàɪəléktɪks/ 名 =dialectic.

di·a·lec·tol·o·gist /‐ɑ̀dʒɪst/-ɔ̀dʒ-/ 名 方言学者[研究家].

di·a·lec·tol·o·gy /dàɪəlektάlədʒi | -tɔ́l-/ 名 Ⓤ 方言学, 方言研究.

díal·ling còde 《英》(電話の)局番 (《米》area code).

díal·ling tóne 《英》(電話の)発信音 (《米》dial tone).

dialog ⇒ dialogue.

díalog bòx 名 〖電算〗ダイアログボックス《プログラムがユーザーの入力を受けつけるときに現れるウインドー》.

di·a·log·ic /dàɪəlάdʒɪk⁻/, **-i·cal** /-k(ə)l/ 形 対話(体)の, 問答(体)の; 対話に加わっている.

di·al·o·gism /daɪǽləgìzm/ 名 Ⓤ 〖論・文学〗対話性, 対話原理《一つのテクストに異なったトーンや視点が存在していること》.

*****di·a·logue**, (米) **di·a·log** /dáɪəlɔ̀ːɡ, -làɡ | -lɔ̀ɡ/ 名 Ⓤ Ⓒ ❶ (小説・劇などの)対話 (cf. monologue). ❷ (頭脳同士の)意見交換, 対談, 会談, (建設的な)話し合い: start a ~ with the US 米国との対話を始める. 〖F<L<Gk=会話<DIA-+-*legein* 話す; cf. dialect〗

díal tòne [the ~] (米) (電話の)発信音 (《英》dialling tone).

díal-ùp 形 ダイヤルアップ式の《電話回線で電算機の端末などと連絡する場合についていう》.

di·al·y·sate /daɪǽləzèɪt, -sèɪt/, **-zate** /-zèɪt/ 名 Ⓤ 〖化〗透析物; 透析物の出ていく濾過器の外側の液体.

Dianetics

di·al·y·sis /daɪǽləsɪs/ 名 (複 **-y·ses** /-sìːz/) Ⓤ Ⓒ 〖医・化〗透析(法). 〖DIA-+-LYSIS〗

di·a·lyze /dáɪəlàɪz/ 動 他 自 (…を)透析(法)する.

diam. (略) diameter.

di·a·mag·net /dàɪəmǽɡnət/ 名 反磁性体.

di·a·mag·net·ic /dàɪəmæɡnétɪk⁻/ 形 反磁性の.

dìa·mágnetism 名 Ⓤ 反磁性.

di·a·man·té /dìːəmɑːnteɪ | ˌ‑‑ˈ‑/ 名 ❶ ディアマンテ《模造ダイヤ・ガラスなど光輝く装飾類》. ❷ ディアマンテで飾った織物. ― 形 ディアマンテで飾った. 〖F<*diamant* DIAMOND〗

di·a·man·tif·er·ous /dàɪəmæntíf(ə)rəs/ 形 =diamondiferous.

di·a·man·tine /dàɪəmǽntaɪn⁻/ 形 ダイヤモンドの(ような).

*****di·am·e·ter** /daɪǽmətə | -tə/ 名 ❶ 直径 (cf. radius 1): 3 inches in ~ 直径が3インチ〈★ in ~ は無冠詞〉. ❷ …倍《レンズの拡大単位》: a microscope magnifying 400 ~s 倍率 400 倍の顕微鏡. 〖DIA-+METER²〗

di·am·e·tral /daɪǽmətrəl/ 形 直径の.

di·a·met·ric /dàɪəmétrɪk⁻/ 形 =diametrical.

di·a·met·ri·cal /dàɪəmétrɪk(ə)l⁻/ 形 ❶ 正反対の, 相いれない, 対立的な. ❷ 直径の.

di·a·met·ri·cal·ly /dàɪəmétrɪkəli/ 副 まさに, 全然《通例次の句で》: ~ opposed まったく反対で / ~ opposite 正反対の.

di·a·mine /dáɪəmìːn/ 名 〖化〗ジアミン《2 個のアミノ基を含む化合物》.

*****di·a·mond** /dáɪ(ə)mənd | dáɪə-/ 名 ❶ **a** Ⓤ Ⓒ ダイヤモンド, ダイヤ, 金剛石 (⇒ birthstone): a ~ of the first water 最高級のダイヤ (⇒ water 9) / D~ is the hardest substance known. ダイヤモンドは知られている物質のうちで最も硬いものである. **b** [複数形で] ダイヤの装身具. ❷ Ⓒ ダイヤモンド形, ひし形. ❸ [トランプ] **a** Ⓒ ダイヤの札: a small ~ 点の低いダイヤの札. **b** [~s として複数扱いまたは Ⓤ] ダイヤの組み札: the queen [ten] of ~s ダイヤのクイーン [10]. ❹ Ⓒ 〖野〗**a** 内野. **b** 野球場. **a diamond in the rough=a rough diamond** (1) 磨いていないダイヤモンド. (2) ぶっきらぼうだが根は親切な人, 荒削りだがすぐれた素質をもった人. **díamond cút díamond** (知恵・悪知恵などの)火花を散らす好勝負. 〖火花を散らす好勝負〗 ― 形 Ⓐ ❶ ダイヤモンド(製)の; ダイヤモンド入りの. ❷ ひし形の. 〖F<L *diamas, diamant*,<Gk *adamas* 征服されないもの, 非常に硬いもの〗

díamond annivérsary 名 (米) =diamond wedding (anniversary).

díamond-bàck 形 背にダイヤモンド形の紋様のある《ガラガラヘビなど》.

díamond bírd 名 〖鳥〗ホウセキドリ (pardalote).

dìamond-cút 形 ダイヤモンドカットの《ダイヤモンドで行なうブリリアントカットのようにカットした》; ひし形に磨いた[切った].

di·a·mon·dif·er·ous /dàɪ(ə)məndíf(ə)rəs | dàɪə-⁻/ 形 ダイヤモンドを含有する[産する].

díamond júbilee 名 (女)王の即位) 60 年[75 年] 祝典.

Díamond Stàte 名 [the ~] ダイヤモンド州《米国 Delaware 州の俗称; 小さいことから》.

díamond wédding (annivérsary) 名 [通例 one's ~] ダイヤモンド婚式《結婚 60 年目または 75 年目の祝い》.

dìa·mórphine 名 Ⓤ 〖薬〗ジアモルフィン (diacetylmorphine 《ヘロイン》の短縮形).

Di·an·a /daɪǽnə/ 名 ❶ [ロ神] ディアナ《月の女神で処女性と狩猟の守護神; ギリシア神話の Artemis に当たる; cf. Luna, Phoebe 1). ❷ ダイアナ《女性名》. 〖L; DIVINE と同語源〗

Díana bùtterfly 名 〖昆〗ダイアナヒョウモン《米国アパラチア地方南部のタテハチョウ科の大型のチョウ》.

Díana mònkey 名 〖動〗ダイアナザル《西アフリカ産》.

Di·a·net·ics /dàɪənétɪks/ 名 Ⓤ 《商標》ダイアネティクス《米国の L. Ron Hubbard (1911-86) が開発した自己開

di·an·thus /daɪǽnθəs/ 图 【植】ナデシコ《ナデシコ属の植物の総称》.

di·a·pa·son /dàɪəpéɪz(ə)n, -s(ə)n/ 图 【楽】 ❶ ダイアペーソン《パイプオルガンの全音域用基本音栓》. ❷ (声・楽器の)全音域. ❸ 旋律. ❹ 音叉(おんさ).

di·a·pause /dáɪəpɔːz/ 图 □ 【生】休眠, 発生休止《昆虫・蛇などの, また種子・芽などの生長・活動の一時的停止》. ── 動 ⊜ 休眠する. **dí·a·pàus·ing** 休眠中の.

di·a·per /dái(ə)pə | -əpə/ 图 ❶ □ 《米》(赤ん坊の)おしめ, おむつ (《英》nappy): change a baby's ~ s 赤ちゃんのおしめを取り替える. ❷ □ ひし形(寄せ木)模様; ひし形地紋のある布《通例麻布》. 【F<L<Gk=純白】

díaper ràsh 图 □,© (赤ちゃんの)おむつ負け, おむつかぶれ.

di·aph·a·nous /daɪǽfənəs/ 形 《布が》透明な.

di·a·pho·re·sis /dàɪəfərí:sɪs/ 图 □ 【医】(特に人為的な)多量の発汗, 発汗療法.

di·a·pho·ret·ic /dàɪəfərétɪk/ 形 【医】発[多]汗性の, 発汗の効能の.

di·a·phragm /dáɪəfræm/ 图 ❶ 【解】隔膜; 横隔膜. ❷ ペッサリー(《英》 cap)《女性用の避妊器具》. ❸ (機械などの)仕切り板, 隔板. ❹ (電話機の)振動板. ❺ 【光・写】レンズの絞り. 【L<Gk=横に走っている振り】

díaphragm pùmp 图 【機】膜ポンプ.

di·aph·y·sis /daɪǽfəsɪs/ 图 (複 **-ses** /-sìːz/) 【解】骨幹.

di·a·pir /dáɪəpɪə | -pɪə/ 图 【地】ダイアピル《注入褶曲作用によるドーム状地質構造》. **dì·a·pir·ic** /dàɪəpírɪk/ 形

dia·pos·itive /dàɪəpɑ́zətɪv | -pɔ́z-/ 图 【写】透明陽画《スライドなど》.

di·ar·chy /dáɪɑːki | -ɑː-/ 图 =dyarchy.

di·a·rist /dáɪərɪst/ 图 日記をつける人, 日誌家; 日記著者.

di·a·ris·tic /dàɪərístɪk/ 形 日記式[体]の.

di·a·rize /dáɪəràɪz/ 動 ⊜ 日記を書く, 日記を[に]つける.

†**di·ar·rhe·a, di·ar·rhoe·a** /dàɪərí:ə | -ríəl-/ 图 □ 下痢 (the runs): have ~ 下痢をする. **di·ar·rh(o)e·al** /dàɪərí:əl | -ríəl-/ 形 【L<Gk=流れ通ること】

*****di·a·ry** /dáɪəri/ 图 日記, 日誌 (⇒ journal 比較): 日記帳: keep a ~ =write in one's ~ every day 日記をつける (keep a ~ は長期の習慣, write in one's ~ は個々の行為を表わす). ❷ (英)(予定を記入する)手帳, スケジュール帳, (卓上)日記《★《米》では appointment book, calendar, datebook などという》. 【L=一日の(記録)く *dies* 日》

Di·as /dí:əs/, **Bart·(h)o·lo·me·u** /bàːtʊluméɪu: | bàː-/ 图 ディアシュ(1450?-1500; ポルトガルの航海者; 喜望峰を発見(1488); Diaz とも つづる).

Di·as·po·ra /daɪǽspərə/ 图 [the ~] ❶ a ディアスポラ《バビロン捕囚後にユダヤ人が離散したこと》. b [集合的に]離散していたユダヤ人(の住んだ土地). ❷ [d~] 国外離散. 【Gk=まき散らすこと》

di·a·spore /dáɪəspɔː | -pɔː/ 图 【植】散布体[器官]《種・胞子・むかごなど》.

di·a·stase /dáɪəstèɪs, -stèɪs/ 图 □ 【化】ジアスターゼ, でんぷん糖化酵素.

di·a·ste·ma /dàɪəstí:mə/ 图 (複 ~**·ta** /-tə/) 【医】正中離開, 【歯】歯隙(しげき).

dia·stereo·isomer 图 【化】偏左右[ジアステレオ]異性体, ジアステレオマー. **-isoméric** 形

di·as·to·le /daɪǽstəli/ 图 【生理】心拡張(期), 心弛緩(期)《心臓の規則的な収縮・弛緩交代である》. **di·a·stol·ic** /dàɪəstɑ́lɪk | -stɔ́l-/ 形

dia·ther·my /dáɪəθə̀ː.mi | -θə̀ː-/ 图 【医】ジアテルミー《電気透熱およびこれによる療法》.

di·ath·e·sis /daɪǽθəsɪs/ 图 (複 -**ses** /-sìːz/) 【医】(ある病気にかかりやすい)素質, 体質, 素因.

di·a·tom /dáɪətəm | -tɔ̀m/ 图 【植】珪藻(類)植物.

di·a·to·ma·ceous /dàɪətəméɪʃəs- | -tɔ́m-/ 形 【植】珪藻類の; 【地】珪藻土の.

díatomaceous éarth 图 □ 【地】珪藻土 (diatomite).

dì·atómic 【化】形 二原子(性)の; 2価の.

di·at·o·mite /daɪǽtəmàɪt/ 图 □ 【地】珪藻土, 珪藻岩《吸着材・濾過材・研磨材・保温材に用いる》.

di·a·ton·ic /dàɪətɑ́nɪk | -tɔ́n-/ 形 【楽】全音階(的)の: the ~ scale 全音階.

di·a·treme /dáɪətrì:m/ 图 【地】ダイアトリーム《火山ガスの爆発的脱出によってできた(円形の)岩道》.

di·a·tribe /dáɪətràɪb/ 图 痛烈な非難の演説[文章, 批評]〔*against*〕 (tirade).

di·az·e·pam /daɪǽzəpæm/ 图 【薬】ジアゼパム《トランキライザーの一種, また骨格筋弛緩剤; 商品名は Valium》.

di·az·o /dáɪəzou/ 图 =diazotype.

diázo còmpound 图 【化】ジアゾ化合物.

di·a·zo·ni·um /dàɪəzóuniəm/ 图 □ 【化】ジアゾニウム《ジアゾニウム塩中の1価の陽イオン原子団》.

di·a·zo·type /dáɪəzətàɪp/ 图 【化】ジアゾタイプ, ジアゾ法《ジアゾ化合物で処理した紙を使う複写方式》.

dib /díb/ 動 ⊜ (**dibbed; dibbing**) 《釣糸を水に入れずに》毛針だけを水面で浮き沈みさせて魚を誘う.

dì·básic /dàɪ-/ 形 【化】二塩基(性)の.

dib·ber /díbə | -bə/ 图 =dibble.

dib·ble /díbl/ 图 (地面に小穴をあけて種や苗を植える)穴あけ用具, ディブル. ── 動 ❶ ディブルで穴を掘って〈種・苗などを〉植え込む[付ける]. ❷ ディブルで地面に穴をあける. ── ⊜ ディブルで穴を掘る.

dibs /díbz/ 图 《口》❶ (ものを取る[する])権利: have first ~ *on* …を最初に取る[する]権利を持つ. ❷ (小額の)金. 【DAB¹ の異形】

†**dice** /dáɪs/, 名 《複 ~, -es; 《古風》**die** /dáɪ/》 ❶ **a** さいころ: a [one of the] ~ さいころひとつ《用語》元来は die の複数形だが, 現在は単数扱いとしても用いる》 ❷ roll (the) ~ (何かを決めたりするために)さいころをころがす. **b** [複]さいころ遊び, ばくち: play ~ さいをふる《遊戯または賭博(にぐ)をする》. ❷ [複数扱い]さいの目形: Cut potatoes into ~. ジャガイモをさいの目に刻みなさい《比較 dice 4 を用いて Dice potatoes. と言うほうが一般的》. **lóad the díce agàinst** …《人・ものを不利になるようにする, 不利な立場に置く (cf. loaded 3 a): *The* ~ *were loaded against him.* 彼はいつも運[付き]が悪かった. **nò díce** 《口》(1) むだで, 無益で. (2) 《依頼を断わる時に用いて》いやだ, だめだ. ── 動 ❶ 《人と》さいころで遊ぶ〔*with*〕. ❷ 〈ものを〉賭けてさいころをふる, ばくちをする: ~ *for* drinks 酒を賭けてさいころをふる. ❸ □ 賭博で金などを失う〔*away*〕. ❹ 〈野菜などを〉さいの目に刻む: ~ potatoes ジャガイモをさいの目に刻む. **díce with déath** (命がけの)大冒険をやる. 《⇒ die²》

di·cen·tric /dàɪséntrɪk/ 《遺》形 2つの動原体をもつ. ── 图 二動原体染色体.

dic·er /dáɪsə | -sə/ 图 ❶ さいころ (dice) をもてあそぶ人, ばくち打ち (gambler). ❷ (果物・野菜などを)さいの目に切る機械.

di·cey /dáɪsi/ 形 (**dic·i·er, -i·est**) 《英口》 運任せの, 危険な; あやふやな, 不確かな.

di·cho- /dáɪkou-/ [連結形] 「2つに(分かれて)」. 【Gk】

di·chog·a·my /daɪkɑ́gəmi | -kɔ́g-/ 图 □ 【生】雌雄異熟《雌雄の生殖細胞の成熟が時期を異にすること》. **di·chóg·a·mous** /-məs/ 形

dich·ot·ic /daɪkɑ́tɪk | -kɔ́t-/ 形 《音の高さ・強さに関して》左右の耳に違って聞こえる.

di·chot·o·mize /daɪkɑ́təmàɪz | -kɔ́t-/ 動 ⊜ 二分する, 二種別[二群]に分ける.

di·chot·o·mous /daɪkɑ́təməs | -kɔ́t-/ 形 二分する; 二分法による; 【植】ふたまたに分かれた. **~·ly** 副

di·chot·o·my /daɪkɑ́təmi, dɪ- | -kɔ́t-/ 图 ❶ □ 【論】二分法《物事を対立的な概念に二分する論法》. ❷ © 二分, 両分〔*between*〕. 【Gk=cutting into two》

di·chro·ic /daɪkróuɪk/ 形 【結晶・鉱物】二色性の.

di·chro·ism /dáɪkrouɪzm/ 图 □ 【化】二色性《結晶が異なる角度から見ると色が違って現われる性質》.

di·chro·mate /daɪkróumeɪt/ 图 □ 【化】重クロム酸塩.

di·chro·mat·ic /dàɪkroumǽtɪk/ 形 二色を有する, 二色性の; 《動》二色性の《性・年齢と無関係に2様の色を示す昆虫・鳥などについていう》; 二色視色覚の.

di·chro·ma·tism /daɪkróʊmətìzm/ 名 ❶ 二色性, 二変色性; 〖医・心〗二色性〖型〗色覚《三原色のうち2色のみ識別する部分色盲, 赤緑色盲や黄青盲などがある》.

dic·ing /dáɪsɪŋ/ 名 Ⅱ さいころ遊び[ばくち].

†**dick** /dík/ 名《俗》探偵 (detective); デカ.

Dick /dík/ 名 ❶ ディック《男性名; Richard の愛称; 男子の一般的名称》. ❷ [また d-] Ⓒ a《英口》男, やつ; ➾ clever Dick. b《卑・俗》= dickhead. ❸ [d~]《卑》ペニス, 男根.

dick·ens /díkɪnz/ 名 [the ~; 強意的意味の婉曲語として] = devil 3: What *the* ~ is it? 一体全体何だ.

Dick·ens /díkɪnz/, **Charles** 名 ディケンズ (1812–70; 英国の小説家).

Dick·en·si·an /dɪkénziən/ 形《ディケンズの小説に登場するような》貧しい, みすぼらしい, うらぶれた.

dick·er /díkɚ | -kə/ 動《米口》❶《人と》(駆け引きによって)(ものを)取引する, 値切る, 交渉する (bargain, haggle): I —ed with him *for* his political support. 私は彼と政治的支持を交渉した. ❷ いじる, もてあそぶ. ── 名 Ⅱ C (値切ったりせり上げたりしてする)取引.

dick·ey /díki/ 名《俗》❶ a 取り外しできるワイシャツのかたい胸当て. b ドレスやジャケットの下に着てブラウスのように見せる婦人用の前飾り. ❷《英》[主にdicky で] a 御者台. b = rumble seat. ❸ = dickybird. ── 形《英口》壊れそうな, 弱い.

dick·head 名《俗》ばか, 能なし, くそったれ.

dick·ie /díki/ 名 = dickey.

Dick·in·son /díkɪns(ə)n/, **Emily (Elizabeth)** 名 ディキンソン (1830–86; 米国の女流詩人).

dick·less /díkləs/ 形《卑》タマ無し[腰抜け]の.

dick·y /díki/ 名 = dickey.

dícky·bírd 名《英小児》小鳥. **nót sày a dícky bird**黙っている, 一言も言わない.

di·cot /dáɪkɑt | -kɔt/ 名 = dicotyledon.

di·cot·y·le·don /dàɪkòtəlíːdn | -kòt-/ 名〖植〗双子葉植物.

di·crot·ic /daɪkrɑ́tɪk | -krɔ́t-/ 形〖医〗重拍の, 重拍性の《1 心拍に2脈拍》.

dict.《略》dictated; dictator; dictionary.

dic·ta /díktə/ dictum の複数形.

Dic·ta·phone /díktəfòʊn/ 名〖商標〗ディクタフォン《口述録音器》.

***dic·tate** /díkteɪt, ─́─́ | ─́─́/ 動 ❶《人に×…を》書き取らせる, 口述する: ~ a letter *to* one's secretary 秘書に手紙を口述する. ❷《権威をもって》〈…を〉命令[命令]する; ~ terms *to...*に対して条件を指定する[あれこれ指図[命令]する]; as —d by the President 大統領に命じられるように / [*+wh.*] You can't ~ *how* they spend their vacations. 休暇の過ごし方についてあれこれこうしろと言うとはできません. ❸《事物が×…を》規定する, 要求する, 〈…に〉影響する [*+that*] Circumstances ~*d that* I must cancel my appointment. 事情があって面会の約束を取り消さなければならない. ── 自 ❶《人に》書き取らせる, 口述する: ~ *to* the class クラス〈の生徒に〉書き取りさせる. ❷ [通例否定文で]《人に》指図する《★しばしば be ~d to の形の受身で用いる》: *No* one shall ~ *to* me. = I won't be ~*d to*. 私はだれの指図も受けない. ── ─́─́ / 名 [通例複数形で] (神・理性・良心などの)命令: the ~*s* of reason [conscience] 理性[良心]の命令. 〖L = 繰り返し言う *dicere*, *dict-* 言う; cf. benediction, contradict, dictionary, predict, verdict; condition; judge〗(動 **dictation**)

dic·ta·tion /dɪktéɪʃən/ 名 ❶ a Ⅱ 書き取り; 口述: write a letter *at* [*from*] a person's ~ 人の口述で手紙を書き取る. b Ⓒ 書き取った[された]もの; 書き取りの試験: take a ~ 口述を書き取る. ❷ Ⅱ 命令, 指図という: do something *at* the ~ *of*...の指図に従ってある事をする. (動 **dictate**)

***dic·ta·tor** /díkteɪtɚ, ─́─́ | ─́─́/ 名 ❶ 独裁者, (一般に)独裁的な人. ❷ (ローマ時代の)ディクタトル《非常時に任命された任期半年の臨時執政官》. 〖L; ⇒ dictate, -or〗

†**dic·ta·to·ri·al** /dìktətɔ́ːriəl←/ 形 ❶ 独裁者の. ❷ 独裁的な; 専断な; 横柄な, 尊大な (domineering). (名 **dictator**)

***dic·ta·tor·ship** /díkteɪtɚʃɪp, ─́─́─── | dɪktéɪtə-/ 名 ❶ Ⅱ 独裁政治[政権]; 絶対権力: live under a ~ 独裁制下に生きる. ❷ Ⓒ 独裁国家.

dic·tion /díkʃən/ 名 ❶ Ⅱ (書く人の)用語の選択, 言葉づかい, 語法, 言い回し: poetic ~ 詩語(法). ❷ 発声法, 話し方. 〖L = 言うこと; ↓〗

***dic·tio·nar·y** /díkʃənèri | -n(ə)ri/ 名 辞書, 辞典; 字典: an English-Japanese ~ 英和辞典 / an electronic ~ 電子辞書 / consult a ~ 辞書を引く / look up a word in a ~ ある語を辞書で引く / a ~ of business terms ビジネス用語辞典 / a living ~ = WALKING dictionary. 〖L〈 *dictio* 言うこと〈 *dicere*, *dict-* 言う; cf. dictate〗(形 **lexical**)

Dic·to·graph /díktəgræf | -grɑ̀ːf/ 名〖商標〗ディクトグラフ《盗聴などに用いられる高性能マイクを用いた拡声送話器》.

dic·tum /díktəm/ 名 (複 -ta /-tə/, ~s) ❶ 格言, 金言 (saying). ❷ a (専門家の)意見, 言明, 断定. b〖法〗= obiter dictum 1. 〖L = 言われたこと; ⇒ dictionary〗

***did** /díd/ 動 do¹ の過去形. ── 助動 (弱形) dɪd; (強形) díd/ do² の過去形.

di·dac·tic /daɪdǽktɪk, dɪ-/, **-ti·cal** /-tɪk(ə)l/ 形 ❶《話などが》教訓的な, 説教的な. ❷《人が人に》教えたがる, 教師ぶった. **-ti·cal·ly** /-kəli/ 副 〖Gk = 教えるのが上手な〗

di·dac·ti·cism /daɪdǽktəsìzm, dɪ-/ 名 Ⅱ 教訓[啓蒙]主義, 教訓癖.

di·dac·tics /daɪdǽktɪks, dɪ-/ 名 Ⅱ 教授法.

di·dan·o·sine /daɪdǽnəsìːn/ 名 = dideoxyinosine.

did·di·coy /dídəkɔ̀ɪ | -dɪ-/ 名 = didicoi.

did·dle¹ /dídl/ 動《口》〈人を〉だます.

did·dle² /dídl/ 動 ❶ 上下に早く動かす. ❷《俗・卑》〈…と〉性交する. ── 自 ❶ 上下に動かす[振る]. ❷《俗》〈…〉もて遊ぶ (*with*). ❸《米》時間をむだに使う.

did·dly /dídli/ 名 Ⅱ《米俗》少量, 役に立たない量: not worth ~ 全然価値がない.

díd·dly-squát /dídli-/ 名《米俗》[通例否定文で] ゼロ, なんでもないこと.

did·dums /dídəmz/ 間 いい子いい子, よちよち《子供などをあやすときに呼びかけたりするときの呼びかけ》.

did·dy /dídi/ 形《英》ちっちゃな, かわいい (little).

di·deoxy·cytidine /dàɪ-/ 名 Ⅱ〖薬〗ジデオキシシチジン《エイズ治療薬》.

di·deoxy·inosine 名 Ⅱ〖薬〗ジデオキシイノシン《エイズ治療薬》.

Di·de·rot /dìːdəróʊ, ─́─ ─́, **De·nis** /dəníː/ 名 ディドロ (1713–84; フランスの啓蒙思想家).

did·ger·i·doo, -jer- /dídʒ(ə)rdúː/ 名 (複 ~s) ディジュリドゥー《オーストラリア北部先住民の竹製の管楽器》.

did·i·coi /dídəkɔ̀ɪ/ 名 (複《俗・方》) ジプシー.

***did·n't** /dídnt/ did not の短縮形 (⇒ do²).

di·do /dáɪdoʊ/ 名 (複 ~es, ~s)《米口》おどけ, ふざけ, 騒ぎ: cut (up) ~(*e*)*s* ふざける.

Di·do /dáɪdoʊ/ 名〖ギ伝説〗ディードー《カルタゴを建設したといわれる女王; Aeneas をもてなして恋するようになったが, 捨てられて自殺した》.

didst /dídst/ 動《古》do¹ の2人称単数 (thou) doest の過去形: thou ~ = you did.

di·dym·i·um /daɪdímiəm/ 名 Ⅱ〖化〗ジジ(ミウム)《分光フィルター着色用の希土類元素混合物》.

***die**¹ /dáɪ/ 動 (**dy·ing** /dáɪɪŋ/) 自 ❶ a《人・動物が》死ぬ;《植物・花が》枯れる; [be dying で] 死に[枯れ]かけている (⇒ 4; dying 形): Mr. Black ~*d of* pneumonia [old age]. ブラックさんは肺炎[老衰]のためなくなりました. / She ~ *from* overwork. 彼女は過労で死んだ《用法 通例 die *of* は病気・飢え・老齢などにより, die *from* は外傷・不注意に起因する死を示すが, 後の場合でも *of* を用いることが多い》/

He ~d **by** his own hand. 彼は自殺した / ~ **for** love [one's country] 愛[国]に殉じる / ~ at one's post 職に殉じる / ~ **in** battle [an accident] 戦死する[事故で死ぬ]《[比較] be killed のほうが一般的》/ ~ in poverty 貧困のうちに死ぬ / ~ through neglect 放っておかれて死ぬ[枯れる] / The old man is *dying*. その老人は死にかけている《[比較] The old man is dead. その老人は死んでいる》/ The flowers have ~*d*. 花は枯れた《[用法] 完了形で用いる時には継続の意はなく (cf. dead [形] 1 a), 完了の意のみ》. **b** 〈…(の状態)で〉死ぬ:〔+補〕~ young 若死にする / ~ a hero 英雄として死ぬ / He was born poor and ~*d* poor [but ~*d* rich]. 彼は貧乏な家に生まれたが死ぬ時も貧しかった[死ぬ時には金持ちだった]. ❷ 〈火・制度・記憶・名声などが〉消える, 滅びる; 〈音・光などが〉かすかになる, 薄らぐ: Her memory will never ~. 彼女の思い出は決して消えることはないであろう / The secret ~*d* with him. その秘密は彼の死とともに葬られた. ❸《口》〈機械・車などが〉動かなくなる, 突然止まる: The computer ~*d* **on** me while I was working. 仕事中にコンピューターが止まった. ❹ [強調表現で]《口》**a** [be dying of で]〔渇き・空腹・退屈などで〕死にそうである, ひどく〔…の〕状態にある: I'*m dying of* boredom. 退屈で死にそうだ. **b** [be dying で]〔…が〕ほしくてたまらない;〈…したくて〉たまらない: I'*m dying for* a drink. 一杯やりたくてたまらない / 〔+**to** do〕She's *dying to* go on the stage. 彼女はしきりに俳優になりたがっている. **c** [しばしば almost, nearly, just (about) を伴って] 死にそうなほどになる, 死ぬかと思うほど(驚く, 笑う, など): I found the price and *nearly* ~*d* [could have ~*d*]. 私は値段を見てたまげた / She *almost* ~*d* laughing [~*d of* laughter] when he cracked the joke. 彼が冗談を飛ばしたら笑いころげた. **d** [would rather ~, would ~ first で] (…するくらいなら)死んだほうがよい, 絶対に…したくない: I'd rather die than live with her. 彼女と同居するぐらいなら死んだほうがましだ.

── [他] [同族目的語の death が修飾語を伴って] 〈…の死に方を〉する: He ~*d* the death of a hero [~*d* a glorious death]. 英雄らしい死を[栄光の死を]遂げた.

díe a [the] déath《英口》〈試みなどが〉失敗する; 〈流行などが〉すたれる, 消滅する.

die awáy《[自]+[副]》〈風・音などが〉次第に静まる.

díe báck《[自]+[副]》〈草木が〉枝先から根元に向かって枯れ込む, 根を残して枯れる.

díe dówn《[自]+[副]》(1) 〈音・光などが〉弱まる; 〈あらし・興奮などが〉静まる; 〈火が〉下火になる: The gabble of voices gradually ~*d down*. しゃべりまくるその話し声は次第に静まった. (2) =DIE[1] back [成句].

díe hárd (1) なかなか死なない, がんばり抜く. (2) 〈習慣・信仰などが〉容易に滅びない, 〈習慣・癖は〉なかなか抜けない[変えられない].

díe in (one's) **béd** ⇨ bed [名] [成句].

díe in one's **bóots**=**díe with** one's **bóots òn** 変死[急死]する, ぽっくり死ぬ.

díe óff《[自]+[副]》〈一家・種族などが〉死に絶える; 次々に死ぬ[枯死する]: Her whole family ~*d off* one by one. 彼女の家族は全部一人ずつ亡くなっていった.

díe on a person《口》死なれる, 先立たれる; 〈ものが〉使えなくなる: He [My printer] ~*d* on me. 彼に先立たれた[プリンターが壊れた].

díe on the víne《文》実を結ばずに終わる.

díe óut《[自]+[副]》(1) 〈種(しゅ)・一家などが〉(一人一人)死に絶えていく. (2) 〈風俗・習慣などが〉すたれる.

Néver sày díe! 弱音を吐くな.

…**to díe fòr** [通例名詞または be に伴って]《口》ほしくてたまらない, すてきな: a hat *to* ~ *for* ぜひほしいような帽子.

〖?ON〗 ([形] dead, [名] death)

【類義語】**die**「死ぬ」という意味の最も一般的な語. **pass away** [**on**]《口》で用いる die の婉曲(えんきょく)語. **expire**「息を引き取る」に相当する婉曲語. **decease** 同様に婉曲語であるが, 法律用語としても用いる. **perish** 外部から暴力を加えられたり, 飢え・寒さ・火事などのような災難にあって死ぬ.

die[2] /dáɪ/ [名]《[語形] [複] 1 では **dies** /dáɪz/, 2, 3 では **dice** /dáɪs/》❶ **a** 打ち型; 打ち抜き型; 鋳型. **b**〖機〗ダイス型; ねじ型《雄ねじを切る道具》. ❷ **a** さいころ, さい《★ 次の句以外は通例 dice を用いる》: The ~ is cast. さいは投げられた (⇨ Rubicon). **b** [複数形で] さいころ賭博(とばく) (⇨ dice 1 b). ❸ さいの目に切ったもの. 〖F < L=(運によって)与えられるもの〗

díe-awày [形] 元気のない, めいりそうな.

díe·bàck [名] [U]〖植〗(病虫害・寒気・水分不足などのため) 枝先から枯れること, 胴[枝]枯れ(病), 立枯れ(病), 寒枯れ.

díe-càst [動] [自] ダイカストで製造する. ── [形] ダイカスト製造の.

díe-càsting [名] ❶ [U] ダイカスト《溶かした金属[プラスチック]などを鋳型に注いで作る方法》. ❷ [C] ダイカスト(の製品), ダイ鋳物.

di·e·ge·sis /dàɪədʒíːsɪs/ [名] ([複] **-ses** /-siːz/) 物語, 筋. **-get·ic** /-dʒétɪk/ [形]

díe·hàrd [名] がんこ[強情]な人, 保守的な人. ── [形] [A] がんこな, しぶとい (cf. DIE[1] hard [成句]).

di·el /dáɪəl, -el/ [形]〖生態〗一昼夜の, 日周(期)的な.

diel·drin /díːldrən/ [名] [U]〖化〗ディルドリン《残留性の高い有機塩素系殺虫薬》.

di·e·lec·tric /dàɪɪléktrɪk⁻/ [名] 絶縁体. ── [形] 絶縁の; 不伝導性の.

díelectric cónstant [名]〖電〗(比)誘電率.

di·en·ceph·a·lon /dàɪɪnséfəlɑ̀n | -kéfəlɔ̀n, -séf-/ [名]〖解〗間脳. **di·en·ce·phal·ic** /dàɪensɪfǽlɪk | -kɪ-, -sɪ-⁻/ [形]

di·ene /dáɪìːn, ─⁻/ [名]〖化〗ジエン《分子内に炭素原子の二重結合を2個もつ化合的の総称》.

di·er·e·sis /daɪérəsɪs | -ɪərə-, érə/ [名] =diaeresis.

***die·sel** /díːs(ə)l, -z(ə)l | -z(ə)l/ [名] ❶ [U] ディーゼル燃料[オイル]. ❷ [C] **a** ディーゼル車[機関車, 船(など)]. **b** ディーゼル機関. 〖R. Diesel ドイツの機械技師・この発明者〗

díesel-eléctric [名] ディーゼル電気機関車.

díesel èngine [名] =diesel 1.

díesel-hydráulic [名] 流体[液体]式ディーゼル機関車. ── [形] 流体[液体]式ディーゼル機関(車)の.

die·sel·ize /díːsəlàɪz, -zə- | -sə-/ [動] [他] 〈…に〉ディーゼルエンジンを取り付ける, ディーゼル化する.

díesel òil [fùel] [名] [U] ディーゼル油[燃料].

díe·sìnker [名]〖機〗ダイス型を彫る人, 型彫り, 型工.

Di·es I·rae /díːeɪsíːreɪ, -íːreɪ | -eɪzíərɑɪ, -reɪ/ [名] ディエスイレ《死者のためのミサで歌われるラテン語「怒りの日」で始まるミサ曲》. 〖L=day of wrath〗

dí·es nón /-nóʊn/ ([複] ~) [名]〖法〗休廷日; 休業日《日数計算から除外する日》.

díe stàmping [名] [U] (ダイによる)浮き出し加工.

díe·stòck [名] (ボルトなどのねじ切り用の)ダイス回し.

di·éstrus /daɪ-/ [名]〖動〗発情間期, 発情休止期.

****di·et**[1] /dáɪət/ [名] ❶ [C,U] 日常の(飲)食物: a meat [vegetable] ~ 肉[菜]食 / have [eat] a balanced ~ バランスのとれた食事をとる. ❷ [C] (体重調節・美容・治療などのための)規定食, 特別食, ダイエット; 食餌(しょくじ)[食事]療法, 食事制限: an invalid ~ 病人用の特別食 / be on a ~ 減量ダイエット[食事療法]をしている / go on a ~ 減量ダイエット[食事療法]を始める / put a person on a ~ 人に規定食をとらせる. ❸ [単数形で] (テレビ番組・娯楽など) お決まりのもの: We are fed (on) a ~ ***of*** soap operas. メロドラマを見せつけられている. ── [形] [A] (飲食物が)低カロリーの, ダイエット…: (a) ~ yogurt ダイエットヨーグルト. ── [動] [自] (減量)ダイエットする, 規定食をとる. ── [他] 〈医師が〉〈人に〉規定食をとらせる. 〖F < L < Gk=生き方, 日々の食事〗 ([形] dietary)

***di·et**[2] /dáɪət/ [名] [通例 the D~] (デンマーク・スウェーデン・ハンガリー・日本などの)国会, 議会 (cf. parliament 1 a, congress 1): *The D~* is in session [sitting]. 国会は開会中です. 〖L=(会議の)指定日〗

⁺**di·et·ar·y** /dáɪətèri | -təri, -tri/ [形] ❶ 食事の. ❷ 規定食の, ダイエットの; 食餌[食事]療法の: a ~ cure 食事療法. ── [名] 規定食. ([名] diet[1])

†**di·et·er** /-tə/ -tə/ 名 ダイエットをする人 (cf. slimmer).
di·e·tet·ic /dàɪətétɪk⁻/ 形 ❶ 栄養(学)の. ❷ ダイエット用の, カロリー控えめの (diet, low-calorie).
di·e·tet·ics /dàɪətétɪks/ 名 U 栄養学. 【L<Gk; ⇒ diet¹】
di·eth·yl·car·bam·a·zine /daɪèθəlkɑəbǽməzìːn/ -kɑː-/ 名 U【化】ジエチルカルバマジン《ピペラジンの誘導体; 駆虫薬》.
di·eth·yl éther /dàɪéθəl-/ 名 U【化】ジエチルエーテル《無色の液体; 試薬・溶剤に用いる》.
di·e·ti·cian /dàɪətíʃən/ 名 =dietitian.
di·e·ti·tian /dàɪətíʃən/ 名 栄養学者; 栄養士.
DIF《略》【電算】data interchange format《表計算ソフトのデータをテキストで表わす形式の一》.
diff.《略》different; difference; differential.

***dif·fer** /dífə/ -fə/ 動 ❶ 違う, 異なる: *In* that respect baseball and cricket ~ greatly [widely]. その点で野球とクリケットは大きく違う / The two regions ~ *in* religion and culture. 両地域は宗教と文化が違っている / His opinion doesn't ~ much *from* mine. 彼の意見は私のとたいして違わない / He ~s *from* his brother in many ways. 彼は兄と多くの点で違っている. ❷〖…と〗…について〗意見を異にする (disagree)〖*with*, *from*〗〖*on*, *about*, *over*〗: I ~ed *with* him *on* [*about*] that point. 私はその点について彼に同意しかねた. **agrée to díffer** ⇒ agree. **I bég to díffer.** 失礼ですが私の意見は違います《★形式ばった表現》.【F<L=別々に運ぶ, ばらばらになる<*dif*- dis-+*ferre* 運ぶ (cf. transfer)》形 different, 名 difference.

‡**dif·fer·ence** /dífərəns, -frəns/ 名 ❶ C,U 違い, 相違, 差異, 相違点 (↔ similarity): a ~ *in* appearance [quality] 外観[質]の相違 / the ~ *between* A and B A と B との相違 / the ~ *between* the two 両者間の違い / a distinction without a ~ いらぬ区別だて / What is the ~ *between* A, B(,) and C? A と B と C はどう違うか《用法 between の場合 among の代わりに among を用いることはできない》/ His was a style of writing with a ~. 彼の文体は独特のものだった. ❷ U〖また a ~〗(数·量の)差, 差額: meet [pay] the ~ 差額を補償する[支払う] / It's a ~ of a few dollars. 数ドルの差[相違]だ. ❸ C 意見の相違, 不和, 争い; 〖しばしば複数形で〗(国際間の)紛争: a ~ of opinion 意見の相違 / iron out ~s 意見の相違を解消する / Let's bury [sink] our ~s. 意見の違いを水に流しましょう / We settled [resolved] our ~s. 不和を解消した.
  máke a dífference (1) 相違を生じる, 重要である: It *makes* all the [a big] ~. それはたいへん大違いだ / It *makes* no [It doesn't *make* any] ~ (*to* me) whether it is large or small. 私が大きいか小さいかは(私には)問題ではない[どうでもよいことだ]. (2) 差別する, 区別する.
  split the dífference (1) 差額の中間をとる. (2)《双方が》歩み寄る, 折り合う, 妥協する.
  What dífference does it máke? それがどうしたというのか, かまわないではないか.
  What's the dífference? (1) どう[どこが]違いますか. (2)《口》かまわないではないか.
  (動 differ)

‡**dif·fer·ent** /dífərənt/ 形 (more ~; most ~)❶〖…と〗異なった, 違った, 別の (↔ similar); 同じでない: ~ people with the same name 同名別人 / The goods delivered were very [much, far] ~ *from* the sample. 届けられた品物は見本と大違いだった / That's little [no, not any] ~ *from* this. それはこれとほとんど[ちっとも]変わらない《用法 no の用い方は ~ to no ⇒ 3 b》/ The market today is very ~ *than* it was ten years ago. 今日の市場は 10 年前とはずいぶん違っている.《用法 from のほかに《英》to,《米》than も用いることがあるが, 後に節にしる場合は特に好まれる》. ❷〖複数名詞を伴って〗いろいろな, さまざまな: He has been to ~ places in Europe. 彼はヨーロッパのさまざまな場所に行ったことがある. ❸《口》並でない, ずれた, 変わった, 独特の. ❹〖副詞的に〗《米口》違うように: Think ~. 考え方を変えよう. **(as) dífferent as chálk and [from] chéese** ⇒ chalk 名 成句. **a dífferent két-**

493   **difficulty**

tle of fish ⇒ kettle 名 成句. (動 differ)【類義語】
different 最も一般的な語; 異なっていて別々である, または対照的である. **diverse** はっきり区別されて違いが目立つ. **distinct** 2 つ(以上)のものがはっきりと区別できるように異なる.

***dif·fer·en·ti·a** /dìfərénʃiə/ -ə/ 名 (複 -ti·ae /-fìːiː/) C (本質的な)差異, 特徴, 【論】種差, 特異性.
dif·fer·en·ti·a·ble /dìfərénʃiəbl/ 形 区別しうる, 弁別可能な;《数》微分可能な, 可微(分)の. **dif·fer·en·ti·a·bil·i·ty** /dìfərènʃiəbíləti/ 名
dif·fer·en·tial /dìfərénʃəl/ 名 ❶ 差異, 相違. ❷ 格差; 賃金格差. ❸《数》微分. ❹ =differential gear. ― 形 ❶ 差異[区別]の; 特異の. ❷ 差別的な, 格差の: ~ wages 格差賃金. ❸《数》微分の. ~·**ly** /-ʃəli/ 副

differéntial cálculus 名 U〖the ~〗《数》微分学.
differéntial equátion 名《数》微分方程式.
differéntial géar 名《機》差動装置[歯車].

***dif·fer·en·ti·ate** /dìfərénʃièɪt/ 動 他 ❶〖…を〗…と〗区別する, 〖…を〗識別する: ~ a rat *from* a mouse ネズミとハツカネズミを区別する / ~ these two plants これら二つの植物を識別する. ❷〈特徴などが〈…の〉差異を生む, 違わせる, 〈…の〉特徴となる: What ~s man *from* the ape? 人間とサルはどんな特徴で区別されるか. ❸〖生·言〗…を分化[変異]させる. ❹《数》…を微分する. ― 自 ❶〖…を〗区別する; 差別する (discriminate): ~ *between* the rich and the poor 金持ちと貧乏人を差別する / I can ~ *between* the genuine and the false. 本物と偽物を区別することができる. ❷《器官·種·言語などが》〖…に〗特殊化[分化]する: This genus of plants ~s *into* many species. この属の植物は多くの種に分化される. 【DIFFERENCE+-ATE²】【類義語】⇒ distinguish.
dif·fer·en·ti·a·tion /dìfərènʃiéɪʃən/ 名 U,C ❶ 区別, 識別; 差別(待遇). ❷ 分化, 特殊化〖*into*〗. ❸《数》微分.
dif·fer·ent·ly /dífərəntli/ 副〖…と〗異なって, 違って《*from*, *to*, *than*》: He feels ~ *from* me [*than* I (do)]. 彼は私と意見を異にしている[違った感じ方をしている]. ❷ それとは違って, 別様に, 別に.
differently ábled 形《米》異質健常(者)の, 身体障害者の《disabled の婉曲語》.

‡**dif·fi·cult** /dífɪkʌlt, -kə̀lt | -kəlt/ 形 (more ~; most ~)❶ 難しい, 困難な, 理解しにくい; 困難な (↔ easy): a ~ book 難解な本 / at a ~ age 難しい年頃ごろに / This software is too ~ *for* me. このソフトウェアは私には難しすぎる.〖*+to do*〗Greek is a ~ language to master. ギリシャ語は習得しにくい言語だ《★ to 不定詞の動詞は他動詞; ここでは Greek が master の目的語》/ a problem ~ *of* explanation [*to* explain] 説明が困難な問題 / The place is ~ *of* access. その場所は近づくのが困難だ. ❷〈人が〉気難しい (awkward): a ~ person to get along with 付き合いにくい人 / Don't be so ~. そんなに気難しくしないでくれ. ❸〈事情·立場など〉苦しい, (経済的に)窮迫した. 【↓からの逆成】(名 difficulty)【類義語】⇒ hard.

‡**dif·fi·cul·ty** /dífɪkəlti, -kʌlt- | -kəl-/ 名 ❶ U 難しさ, 困難 (↔ ease): with (great) ~ 苦労して, やっとのことで, かろうじて / without (any) ~ (何の)苦もなく, 楽々と / I have ~ (in) remembering names. 人の名前がなかなか思い出せない《用法 in を略すことがある》/ He found no ~ in solving the problem. 彼は何の造作もなくその問題を解くことができた / You must not underrate the ~ of climbing this mountain. この山を登ることの難しさを見くびってはいけない. ❷ a C 困難なこと, 難事, 難点, 問題: face many *difficulties* 多くの難事に直面する / Another ~ arises here. もう一つの難点がここに出てくる / I have *difficulties* with names. 人の名前がなかなか覚えられない / mechanical *difficulties* 機械の問題. **b** C〖通例複数形で〗難局, 苦境;(特に)財政困難: be in [get into] *difficulties* (for money) 金に困っている[困る]. ❸ C 苦

diffidence 494

情, 異議; 争い, 争議; 故障: labor *difficulties* 労働争議 / make a ~=make [raise] *difficulties* めんどうなこと[苦情]を言う / get into *difficulties* with the Internal Revenue Service 内国歳入庁ともめごとを起こす. 《F L=容易でないこと<*dif-* dis-+*facilis* 容易な (cf. facility)》【形】difficult)【類義語】difficulty 対処することが困難で, うまくやるには忍耐と技量を要すこと. **hardship** difficulty より意味が強く, きわめて耐えがたい苦しみ・悩みなど.

dif·fi·dence /dífədəns, -dns/ 【名】 U 自信のなさ; 気おくれ, 遠慮がち, 内気: with ~ 遠慮がちに, おずおずと.

dif·fi·dent /dífədənt, -dnt/ 【形】 自信がない; 遠慮がちな, 内気な, おずおずした: speak in a ~ manner 遠慮がちな口調で話す / I was ~ *about* saying so. そう言うことに私は気おくれを感じた. **~·ly** 【副】 《L=信用しない<*dif-* dis- +*fidere* 信頼する (cf. fiancé)》【類義語】⇒ shy[1].

dif·fract /dɪfrǽkt/ 【動】 【他】 【理】 《光波・音波・電波などを》回折する.

dif·frac·tion /dɪfrǽkʃən/ 【名】 U 【理】 回折.

diffráction gràting 【名】 【光】 回折格子.

dif·frac·tom·e·try /dɪfrǽktámətri | -tɔ́m-/ 【名】 U 【理】 回折法.

⁺dif·fuse /dɪfjúːz/ 【動】 【他】 **a** 《知識などを》広める, 普及させる (spread): a widely ~d belief 広く普及している信仰. **b** 《幸福感・感情などを》(あたりに)まき散らす, 満ちわたらせる: ~ a feeling of happiness 幸福感を周囲に漂わせる. **❷ a** 《光・熱・臭気などを》放散させる. ~d light 散光. **b** 《感情などを》やわらげる. **❸** 【理】 《気体・液体を》拡散させる. — 【自】 **❶** 広まる, 普及する. **❷** 【理】 拡散する. — /dɪfjúːs/ 【形】 **❶** 拡散した, 広がった; 広く行きわたった. **❷** 《文体などが》散漫な, 言葉数の多い. **~·ly** 【副】 **~·ness** 【名】 《L=注ぎ出す<*dif-* dis-+*fundere*, *fus-* 注ぐ (cf. fusion)》

dif·fús·er /-zɚ/ -zə/ 【名】 **❶** 散布[普及]する人. **❷** 散光器[装置].

dif·fus·i·ble /dɪfjúːzəbl/ 【形】 **❶** 広がる[拡散]できる. **❷** 【理】 拡散性の.

dif·fu·sion /dɪfjúːʒən/ 【名】 U **❶** 散布, 普及: the ~ *of* knowledge 知識の普及. **❷** 【理】 拡散(作用)[*of*].

dif·fú·sion·ism /-nɪzm/ 【名】 U 【人・社】 伝播論《各地の文化の類似を伝播で説明する立場》. **-ist** 【名】

dif·fu·sive /dɪfjúːsɪv/ 【形】 **❶** 散布[普及]する; 普及しやすい, 普及力のある. **❷** 拡散性の. **❸** 散漫《冗漫》な; お世辞などがくどい. **~·ly** 【副】 **~·ness** 【名】

dif·fu·siv·i·ty /dɪfjuːsívəti/ 【名】 【理】 拡散率.

⁎dig¹ /dɪ́g/ 【動】 (**dug** /dʌ́g/; **dig·ging**) 【他】 **❶** 《地面・穴などを》《道具・手などを使って》掘る; 掘り起こす[返す]: ~ a hole 穴を掘る / ~ *up* the ground 地面を掘り起こす / ~ *over* the garden 庭を十分に[一面に]掘り返す. **❷** 《ジャガイモなどを》掘り出す〈*up, out*〉〈*out of*〉: ~ (*up*) potatoes [clams] ジャガイモ[ハマグリ]を掘る / ~ *up* treasure 宝を掘り出す / He was *dug out* from under the avalanche. 彼は雪崩の下から掘り出された. **❸** 《…を…から》捜し出す, 発見する; 調べ出す〈*up, out*〉: ~ *up* some interesting facts about her. 彼女に関する興味ある事実を探り出す / documents *dug out of* the archives 古文書の中から掘り出された文書. **❹ a** 《ものを…に》突っ込む, 突き立てる: ~ the fork *into* the meat 肉にフォークを突き刺す. **b** 《人の》体の一部を《ひじで》こづく, つつく《★ 体の部分を表わす名詞の前に the を用いる》: The man *dug* me *in* the ribs. その男は私のわき腹を(ひじで)突いた《★ 冗談をわからせる時のしぐさ》.
— 【自】 **❶** 《道具・手などで》土[穴など]を掘る; 掘り抜く[進む]: ~ *through* a wall of clay 粘土の壁を掘り抜く / ~ *under* a mountain 山の下を掘り抜く / ~ *for* gold 金を求めて掘る. **❷** 〔通例副詞(句)を伴って〕〔ものを求めて…〕の中(など)をさがす, 探る, 調べる 《*for*》〈*into, through, around*》(delve): ~ *into* a pocket *for* a coin 小銭をさがしてポケットの中を探る. **❸** 《…を》丹念に調べる; 探求する: ~ *into* the works of an author ある作家の作品を丹念に調べる / ~ *for* information 情報を探る.

dig one's héels [tóes] ìn 自分の立場[意見]を譲らない, がんこである.

díg in 【他+副】 (1) 《土を》掘って《肥料などを》埋め込む; 《貯蔵のために》《ジャガイモなどを》埋める. (2) 《…を》土と混ぜる. (3) ⇒ DIG oneself in【成句】. 【自+副】 (4) 穴[ざんごう]を掘る. (5) 〔しばしば命令形で〕《口》《遠慮なく》食べ始める (tuck in). (6) 【軍】 《立場を固く守る, ふんばる.

díg ìnto… (1) …を研究する (⇒ 【自】 2). (2) 《口》 《食べ物》にかぶりつく, …をがつがつ食べる: ~ *into* a piece of pie パイにかぶりつく. (3) 《資金などを》使いはじめる.

díg…ìnto… 《ものを》…に突き立てる (⇒ 【他】 4).

díg óut 【他+副】 (1) 《…を》掘る (⇒ 【他】 2). (2) 《…を》捜し出す (⇒ 【他】 3).

díg óver 【他+副】 (1) 《…を》十分に掘り返す (⇒ 【他】 1). (2) 《口》 《…を》考え直す.

díg one's ówn gráve ⇒ grave¹ 【成句】.

díg onesélf ìn (1) 穴[ざんごう]を掘って身を隠す. (2) 《口》 《就職して》身を立てる, 腰をすえる.

díg úp 【他+副】 (1) 《…を》掘り起こす (⇒ 【他】 1). (2) 《…を》掘る (⇒ 【他】 2). (3) (⇒ 【他】 3). (4) 《…を》発掘する; 発見する: ~ *up* an old Greek statue 古代ギリシアの彫像を発掘する. (5) 《口》《費用などを》かき集める.
— 【名】 **❶** 《口》 こづくこと: give a person a ~ in the ribs 人のわき腹をこづく. **b** 当てこすり 《*at*》: have [take] a ~ *at* a person 人に当てこすりを言う / That's a ~ *at* me. それは私への当てこすりだ. **❷** C 掘ること; (考古学上の)発掘(作業) (excavation); 発掘(中の)現場; 発掘物. **❸** 【複数形で】 《口》下宿 (lodgings). 《ME; dike¹, ditch と関連か》

dig² /dɪ́g/ 【動】 (**dug** /dʌ́g/; **dig·ging**) 《俗》 【他】 **❶** 理解する, …がわかる: Can you ~ me? おれの言うことがわかるかい. **❷** 《…に》気をくばる, 注意する. **❸** 好む, 楽しむ. — 【自】 理解する, わかる.

di·gam·ma /daɪgǽmə/ 【名】 ディガンマ 《初期ギリシア語文字のF; /w/ と発音した》.

di·gastric /dàɪgǽstrɪk/ 【名】 二腹筋 《下顎の筋肉》.

dig·e·ra·ti /dìdʒərɑ́ːti/ 【名】 コンピューターの達人[通, 玄人](筋), プロのユーザー(層), デジタル派人間.

⁎di·gest /daɪdʒést, dɪ-/ 【動】 【他】 **❶** 《食物を》消化する: Food is ~ed in the stomach. 食物は胃で消化される. **❷** 《…の意味を》よく理解する, かみしめる, 会得する; 熟考する. **❸** 《…を》整理[分類]する. — 【自】 **❶** 〔well などの様態の副詞を伴って〕《食物が》消化される: Hard-boiled eggs don't ~ well. 固ゆでの卵は消化が悪い. **❷** 食物を消化する. — /dáɪdʒest/ 【名】 要約, 摘要; 〔文学作品・時事問題などの〕ダイジェスト. **~·er** 【名】 《L=切り離して運ぶ DI-²+*gerere, gest-* 運ぶ, 動かす (cf. gesture)》 【名】 digestion, 【形】 digestive)

di·ges·ti·bil·i·ty /daɪdʒèstəbíləti, dɪ-/ 【名】 U 消化率[性].

di·gest·i·ble /daɪdʒéstəbl, dɪ-/ 【形】 **❶** 消化できる, こなれやすい (↔ indigestible). **❷** 摘要できる. **❸** わかりやする (accessible).

di·ges·tif /diːʒestíːf/ 【名】 ディジェスチフ 《消化を助けるために食後[食前]に取るもの, 特に ブランデーなどの飲み物》.

⁎di·ges·tion /daɪdʒéstʃən, dɪ-/ 【名】 **❶** U 消化(作用), こなれ: easy [hard] of ~ 《食物が》消化しやすい[しにくい]. **b** C 〔通例単数形で〕消化力: have a strong [weak, poor] ~ 胃がじょうぶ[弱い]. **❷** U 《精神的な》同化吸収(力). **hàve the digéstion of an óstrich** 非常に胃腸が強い. (【動】 digest; 【関形】 peptic)

⁺di·ges·tive /daɪdʒéstɪv, dɪ-/ 【形】 **❶** 消化の; 消化を助ける: ~ organs [juice, fluid] 消化器官[液] / the ~ system 消化器系統《口から腸まで》. — 【名】 **❶** 消化剤. **❷** =digestive biscuit. (【動】 digest)

digéstive bíscuit 【名】 《英》 ダイジェスティブビスケット《全粒粉[全麦]を使った軽く甘いビスケット》.

⁺díg·ger 【名】 **❶ a** 掘る人[道具, 機械]. **b** 鉱員. **❷** 〔時に D~〕《俗》 **a** 豪州[ニュージーランド]人[兵]. **b** 〔呼び掛けとして〕おい, きみ, 相棒.

dígger wásp 【名】 【昆】 ジガバチ.

díg·gings [名] [複] ❶ 採掘地, 鉱山, 金鉱(地); 採掘物. ❷《英古風》下宿.

dight /dáɪt/《古·詩·方》[動] [他] 備える, 準備する. ― [形] 装った, 整えた.

di·gi·cam /díʤɪkæ̀m/ [名] デジタルカメラ, デジカメ.

⁺**dig·it** /díʤɪt/ [名] [C] ❶ 数字, 桁: an eight-*digit* phone number 8 桁の電話番号. ❷ (手·足の)指. ❸ 指幅《約 $^3/_4$ インチ》. ❹〔天〕ディジット《太陽·月の視直径の $^1/_{12}$》.〘L=指; 原義は「指し示すもの」〙([形] digital)

*__dig·i·tal__ /díʤətl/ [形] [A] ❶ デジタルの;〔電子工〕〈録音など〉デジタル方式の: a ~ transmission system (情報の)デジタル伝送方式. ❷ 数字で表示する: a ~ watch [clock] デジタル時計. ❸ 指(状)の; 指のある. ― [名] [U] デジタルテレビ. **~·ly** /-təli/ [副] デジタル(方式)で. ([名] digit)

dígital àge [名] [しばしば the D~ A~] デジタル時代.

dígital áudio tape [名] [U,C] デジタルオーディオテープ《略 DAT》.

dígital cámera [名] デジタルカメラ, デジカメ.

dígital cásh [móney] [名] [U] デジタルキャッシュ[マネー], 電子マネー.

dígital compréssion [名] [U] デジタル圧縮(技術[方式]).

dígital compúter [名]〔電算〕デジタル[計数型]コンピューター (cf. analog computer).

dígital divíde [名] [the ~] デジタルディバイド, 情報格差《インターネットなどの情報技術の活用度の違いによって生じる経済上·社会上などの格差》.

dig·i·tal·in /dìʤətǽlən/ [名] [U]〔薬〕ジギタリン《ジギタリスから得られるグリコシド(の混合物)》.

dig·i·ta·lis /dìʤətǽlɪs/ [名] ❶ [C]〔植〕ジギタリス属の植物の総称 (cf. foxglove). ❷ [U] ジギタリス製剤《ジギタリスの葉を乾燥して作る強心剤など》.〘L=指ぬき; 形状から〙

dig·i·ta·lize^{1} /díʤətəlàɪz/ [動] [他]〔医〕〈…に〉ジギタリス製剤 (digitalis) を投与[適用]する. **dìg·i·ta·li·zá·tion** [名]〔医〕ジギタリス飽和, ジギタリス投与.

dígital·ìze^{2} [動] [他] =digitize.

dígital móck-ùp [名] デジタルモックアップ《実物試作品と同等の製品検証が行なえるように三次元 CAD などで製作された立体模型; 略 DMU》.

dígital recórding [名] [U] デジタル録音.

dígital sígnature [名] デジタル署名.

dígital vídeo [名] [U] デジタルビデオ.

dig·i·tate /díʤətèɪt/ [形]〔動·植〕掌状[指状]の.

dig·i·ta·tion /dìʤətéɪʃən/ [名]〔生〕指状分裂; 指状組織[突起].

dig·i·ti·grade /díʤəṭəgrèɪd/〔動〕[形] (かかとをつけずに)足指で歩く, 趾行(しこう)性の.

dig·i·ti·za·tion /dìʤəṭɪzéɪʃən | -taɪz-/ [名] [U] デジタル化.

dig·i·tize /díʤətàɪz/ [動] [他]〈データを〉デジタル化する.

digi·tox·in /dìʤətɑ́ksən | -tɔ́k-/ [名] [U]〔化〕ジギトキシン《ジギタリスの葉に含まれる強心配糖体》.

di·glos·sia /daɪglɑ́siə | -glɔ́s-/ [名] [U]〔言〕二言語変種使い分け. **-glós·sic** [形]

⁺**díg·ni·fied** [形]〈人·態度など〉威厳のある; 高貴な, 品位のある (↔ undignified): a ~ old gentleman 品位のある老紳士. **~·ly** [副]

dig·ni·fy /dígnəfàɪ/ [動] [他] ❶〈…に〉威厳をつける, いかめしくする, 尊く[高貴に]する. ❷〈…に〉〔…で〕威厳[もったい]をつける〔*by, with*〕: ~ a school ***with*** the name 'academy' 学校を「アカデミー」と偉そうな名で呼ぶ.〘F < L; ⇨ dignity〙

⁺**dig·ni·tar·y** /dígnətèri | -təri, -tri/ [名] 高位[高官]の人.

*__dig·ni·ty__ /dígnəṭi/ [名] ❶ [U] 威厳, (態度などの)重々しさ; 品位, 気品: with ~ 重々しく, 毅然として. ❷ [U] 尊厳, 尊さ: human ~ 人間の尊厳. ❸ [C] 位階, 爵位.
be benèath one's dígnity 体面にかかわる, 品位を下げる.
stánd on [upòn] one's dígnity もったいぶる, いばる.
〘F < L=価値 < *dignis* 価値のある〙

di·gox·in /dɪʤɑ́ksən, -gɑ́k- | -sɪn/ [名] [U]〔化〕ジゴキシン《ジギタリスから得る強心配糖体》.

di·graph /dáɪgræ̀f | -grɑ̀:f/ [名]〔音声〕二字一音, 二重音字《ship /ʃíp/ の *sh*, head /héd/ の *ea* など; cf. trigraph》.

di·gress /daɪgrés/ [動] [自] (話·文章で)〔本題から〕わき道へそれる, 本筋を離れる, 枝葉にわたる: ~ ***from*** the main subject 主題からそれる.〘L=わきへのく〙【類義語】⇨ deviate.

di·gres·sion /daɪgréʃən/ [名] [C,U] 枝葉にわたること, 余談, 脱線: to return ***from*** the ~ 本題に立ち返って / …, if I may make a ~ …余談にわたってよろしければ.

di·gres·sive /daɪgrésɪv/ [形] 本題外の, 枝葉の. **~·ly** [副] **~·ness** [名]

di·he·dral /dàɪhí:drəl | -hédrəl/ [形] 二平面の[からなる]; 二面角の;〔空〕上反(じょうはん)角の(ついた)《翼が正面からみて水平より上に反るように取り付けられた》. ― [名] [C,U]〔数〕二面角, 稜角;〔空〕上反角.

di·hy·brid /dàɪháɪbrɪd/ [名]〔生〕両性雑種, 二因子[二遺伝子]雑種.

di·hy·dric /dàɪháɪdrɪk/ [形]〔化〕分子中に 2 個の水酸基を含む.

di·hỳ·dro·testósterone /dàɪhàɪdroʊ-/ [名] [U]〔生化〕ジヒドロテストステロン《テストステロンから誘導されるアンドロゲンで, 腫瘍抑制効果がある; 略 DHT》.

Di·jon /di:ʒɑ́n | dí:ʒɔ:ŋ/ [名] ディジョン《フランス東部の市; かつてブルゴーニュ (Burgundy) 地方の中心都市》.

di·jo·naise, di·jon·naise /dì:ʒənéɪz | -ʒɔ-/ [名] [U] ディジョネーズ(ソース)《マヨネーズとマスタードの混合ソース; 肉や魚にかける》.

dik-dik /díkdìk/ [名]〔動〕ディクディク《アフリカ東部産の最も小型の数種の羚羊》.

⁺**dike**^{1} /dáɪk/ [名] ❶ **a** 堤防; 土手道. **b** 防壁; 防御手段. ❷《英》溝, 水路. ― [動] [他]〈…に〉堤防を築く. ― [自] 堤防を築く.〘OE; DITCH と二重語〙

dike^{2} /dáɪk/ [名] =dyke^{2}.

dik·tat /dɪktɑ́:t | díktæt/ [名] [U] (敗戦国などに一方的に課する)絶対的命令.〘G〙

DIL《略》〔電子工〕dual in-line (package) (⇨ DIP).

dil.《略》dilute.

di·lap·i·date /dɪlǽpədèɪt/ [動] [他]〈建物などを〉(手入れをしないため)荒廃させる. ― [自] 荒廃する.〘L=石ころだらけになる < DI-^{2}+*lapis, lapid-* 石〙

⁺**di·láp·i·dàt·ed** /-ṭɪd/ [形]〈家·車など〉荒れ果てた, 荒廃した, くずれかかった (cf. run-down).

di·lap·i·da·tion /dɪlæ̀pədéɪʃən/ [名] [U] 荒廃.

di·la·tan·cy /daɪléɪtənsi, -tn-/ [名] [U]〔理〕ダイラタンシー《圧力で懸濁物が固化または粘性率が上昇する現象》.

dil·a·ta·tion /dìlətéɪʃən, daɪ-/ [名] [U] ❶ 膨張, 拡張. ❷〔医〕拡張[肥大](症); 拡張法. **dilatátion and curettáge**〔医〕(子宮頸管)拡張と(内膜)掻爬(そうは)(術)《略 D and C, D & C》.

⁺**di·late** /dáɪleɪt, ―⌐ | ―⌐/ [動] [他]〈体の一部分を〉広げる, ふくらませる: The horse ~*d* its nostrils. 馬は鼻孔をふくらませた / with ~*d* eyes 目を見張って. ― [自] ❶〈体の一部分が〉広がる, ふくらむ: Her eyes ~*d* with horror. 恐怖で彼女は目を大きく見開いた. ❷〔…を〕詳しく話す[書く]: If I had time, I could ~ ***on*** this topic. 時間があればこの話題を詳しく話せるのだが.〘F=広げる < DI-^{2}+*latus* 広い (cf. lateral)〙【類義語】⇨ expand.

di·la·tion /daɪléɪʃən, dɪ-/ [名] =dilatation.

di·látor /-tə | tə/ [名] ❶〔医〕拡張器; 拡張薬. ❷〔解〕拡張筋.

dil·a·to·ry /dílətɔ̀:ri | -təri, -tri/ [形] ❶〈人·態度など〉のろい, ぐずぐずした: You're more ~ than I (am) ***in*** answer*ing* letters. あなたのほうが私よりも手紙の返事を書くのが遅い. ❷ 遅らせる, 引き延ばしの: a ~ measure 引き延ばし策. **dil·a·to·ri·ly** /dìlətɔ́:rəli | dílətərəli, -trə-/ [副] **-to·ri·ness** [名]

dil·do, dil·doe /díldoʊ | -dəʊ/ [名] ([複] ~s) 人工ペニス, 張形(はりかた)《女性の自慰·同性愛用》.〘It *diletto*「喜び」からか〙

*__di·lem·ma__ /dɪlémə, daɪ-/ [名] ❶ (好ましくない二者択一を迫られる)板ばさみ, 窮地, ジレンマ: be (caught) in a ~

dilettante 496

ジレンマに陥る / the ～ of whether to break one's promise or to tell a lie 約束を破るかうそをつくかの板ばさみ. ❷ 【論】ジレンマ, 両刀論法. **be on the horns of a dilémma** ⇒ horn 名 成句.【L<Gk 二重の問題<DI-+*lēmma* 前提, 仮定》

dil·et·tante /dìlətǽːnti, -ǽːn-/ 名 〜**s, -tan·ti** /-tiː, -taɪ/ 文学・芸術の愛好家; 愛好家(気どり)家, ディレッタント. ── 形 しろうと芸の, ディレッタントの.【It＝喜んでいる人》

dil·et·tánt·ism /-tɪzm/, **dìl·et·tán·te·ism** /-tìːɪzm/ 名 Uしろうと芸, 道楽.

Di·li /díːliː/ 名 ディリ(東ティモールの首都).

di·li·gence¹ /dílədʒəns/ 名 U 勤勉, 精励: with ～ 勤勉に.（形 diligent）

di·li·gence² /díləʒəns, -dʒàːns/ 名《フランス・スイスなどの昔の)乗合馬車.

⁺dil·i·gent /dílədʒənt/ 形 (**more** ～; **most** ～) ❶〈人が〉勤勉な, よく勉強する (↔ lazy): a ～ worker 勤勉(勉強)家 / He's ～ *in* his studies. 彼は精を出して勉強する. ❷〈仕事など〉骨を折った, 入念な. 〜·**ly** 副 一生懸命に, 精を出して、《F<L=愛している, 心を傾けている<DI-²+*legere* 選ぶ》（名 diligence¹）
【類義語】**diligent** ある課題, 目標に根気よく楽しく取り組む様子. **industrious** 習慣的に, あるいはその人の性格上勤勉なこと.

⁺dill¹ /díl/ 名 U【植】イノンド, ヒメウイキョウ（セリ科の植物; その実とまたはピクルスなどの香味料)

dill² /díl/ 形《俗》とんまな(やつ), 間抜け[ばか](な).

Dil·lin·ger /dílɪndʒɚ | -dʒə/, **John** 名 ディリンジャー (1902-34; Public Enemy Number One と呼ばれた米国の凶悪犯).

díll pickle 名 U イノンドで味付けしたキュウリのピクルス.

díll·wèed 名 U イノンド (dill) の（乾燥した)葉《香味料として用いる).

dil·ly /díli/ 名《英口》すばらしい人[もの]（★ しばしば反語的に用いられる).

dil·ly·dal·ly /dílidæ̀li/ 動 自《口》(決心がつかずに)...にぐずぐずする〔*over*〕.

di·lo·pho·sau·rus /daɪlòʊfəsɔ́rəs/ 名【古生】ディロフォサウルス（ジュラ紀初期の大型二足歩行恐竜; 頭に2本の長いとさかをもつ).

dil·u·ent /díljuənt/ 形 薄める, 希釈する. ── 名 希釈液[剤], 薄め液.

＊di·lute /daɪlúːt, dɪ-/ 動 他 ❶〈液体を〉(水などで)薄める: ～ whiskey *with* water ウイスキーを水で割る. ❷〈効力を〉弱める. ── 形 希釈した, 薄めた.《L=洗い流す<DI-²+*luere*=*lavare* 洗う (cf. lavatory)》

di·lu·tion /daɪlúːʃən, dɪ-/ 名 ❶ U 薄めること, 希釈; 薄弱化. ❷ C 希釈液[物]; 薄弱化(したもの).

di·lu·vi·al /dəlúːviəl, daɪ-/ 形 ❶〈洪水の; (特に)ノア (Noah) の洪水の. ❷【地質】洪積(世, 期)の: ～ formations 洪積層.《L; DELUGE と同語源》

⁺dim /dím/ 形 (**dim·mer**; **dim·mest**) ❶ a〈光がうす暗い: the ～ light of dusk たそがれの暗い光. **b**〈姿がよく見えない, はっきりしない: the ～ outline of a mountain 山のおぼろげな輪郭. ❷ **a**〈目・視力がよく見えない: His eyesight is getting ～. 彼の視力はぼんやりしてきた. **b**〈記憶などがおぼろげな, あいまいな (hazy): as far as my ～ memory goes 私のかすかな記憶に残っている限りでは. ❸《口》見込み薄の: The prospects for his survival are ～. 彼の生存の可能性は薄い. ❹《口》〈人の〉(頭の)鈍い. **dim and distant** はるか昔の: in the ～ *and distant* past はるか昔に. **tàke a dím víew (of...)** (1) (...に)賛成しない, よく思わない: My father *takes a* ～ *view of* my girlfriend. 父は私のガールフレンドをよく思っていない. (2) (...を)悲観[懐疑]的に見る. ── 動 (**dimmed**; **dim·ming**) 他 ❶〈光を〉薄暗くする, 曇らす. **b**〈記憶などを〉おぼろげにする: Twenty years had not *dimmed* his memory. 20年たっても彼の記憶は曇っていなかった. ❷《米》〈ヘッドライトを〉下に向ける[ロービームにする] (《英》dip). ── 自

薄暗くなる, 弱まる. **dím óut**《他＋副》(1)〈照明を〉弱くする. (2)〈都市などを〉灯火管制する, 薄暗くする (black out).【類義語】⇒ dark.

dim.【略】dimension; 【楽】diminuendo; diminutive.

Di·Mag·gio /dəmǽdʒiòʊ/, **Joe** 名 ディマジオ《1914-99; 米国のプロ野球選手).

＊dime /dáɪm/ 名《米・カナダ》❶ C 10セント硬貨《米では白銅貨; カナダでは銀貨; ⇒ coin 解説). ❷ [a ～; 否定文で]《口》びた一文: We did*n't* earn *a* ～ *from* the transaction. その取引からは一銭ももうからなかった. **a díme a dózen**《米口》ありふれた; 安っぽい. **on a díme**《米》狭い場所で; ただちに, 急に.《F<L *decimus* 10分の1; cf. decimal》

díme bàg 名《俗》10ドル分の麻薬の包み.

díme nóvel 名《米》三文小説《安価で扇情的ペーパーバック小説).《もと10セントだったことから》

＊di·men·sion /dɪménʃən, daɪ-/ 名 ❶ (問題などの)局面, 様相, 特質: a new ～ of American life / a social ～ 社会的の側面. ❷ (長さ・幅・厚さの)寸法: the ～s of a room 部屋の寸法. ❸ [通例複数形で] **a** 面積; 大きさ: a stadium of vast ～s 途方もなく大きなスタジアム. **b** 規模, 範囲, 程度; 重要性: a problem of great ～s 非常に重要な問題. ❹【数・理】次元: of one ～ 一次元の, 線の / of two [three] ～s 二[三]次元の / fourth dimension.《F<L=計測<DI-²+*metiri* 測る (cf. measure)》

di·men·sion·al /-ʃ(ə)nəl/ 形 [しばしば複合語で] 寸法の;（...)次元の: a three-*dimensional* picture 立体映画 / four-*dimensional* space 四次元空間.

diménsion·less 形 ❶ 大きさのない《長さも幅も厚さもない「点」の); 微小な, 取るに足りない. ❷ 無限の, 莫大な.

di·mer /dáɪmə | -mə/ 名【化】二量体. **di·mer·ize** /dáɪməraɪz/ 動 自 二量(体)化する. **di·mer·i·za·tion** /dàɪmərɪzéɪʃən | -raɪz-/ 名.

di·mer·ic /daɪmérɪk/ 形【化】二量体の.

dim·er·ous /dímərəs/ 形 2つの部分に分かれる[からなる];【植】〈花などが〉二数性の器官をもつ;【昆虫】〈昆虫が〉二関節の跗節をもつ, 二節の.

díme stòre 名《米》安雑貨店.

dim·e·ter /dímətə | -tə/ 名【詩学】二歩格.

di·meth·yl sulf·óx·ide /dàɪméθɪlsʌlfɑ́ksaɪd | -fɔ́k-/ 名 U【化】ジメチルスルホキシド《無色の液体; 溶剤, 鎮痛・抗炎症剤).

dimin.【略】【楽】diminuendo; diminutive.

＊di·min·ish /dɪmínɪʃ/ 動 自 ❶〈...を〉減らす, 少なくする (↔ increase): Illness seriously ～*ed* his strength. 病気のため彼の体力はひどく衰えていた. ❷〈名誉などをおとす, 傷つける;〈...を〉軽視する, 軽んずる (belittle). ❸【音】〈...を〉減音程にする. ── 自 ❶ 減る[縮小]する: The heat ～*ed* as the sun went down. 太陽が沈むにつれ暑さが弱まった.《F<L=小さくする<DI-²+*minuere*, *minut-* 小さくする (minute¹)》（形 diminutive, 名 diminution）
【類義語】⇒ decrease.

di·mín·ished 形 ❶ 減少[減退]した; 権威[威信]の落ちた. ❷【楽】半音階の, 減音程の, 減(...)の.

diminished responsibility [capácity] 名 U 限定責任能力《精神障害などで犯罪に対する責任が十分持てない精神状態).

di·mín·ish·ing retúrns 名 複《経》収穫逓減: the láw of ～ 収穫逓減の法則.

di·min·u·en·do /dɪmìn(j)uéndoʊ | -nju-/【楽】形 副 ディミヌエンド, 次第に弱い[弱く]（略 dim(in).; 記号 >; ↔ crescendo). ── 名 (複 ～**s, ~es**) 漸次弱音(楽節).【It; ⇒ diminish》

dim·i·nu·tion /dìməⁿ(j)úːʃən | -njúː-/ 名 ❶ U 減少, 減損, 縮小. ❷ C 減少量[分, 額].（動 diminish）

⁺di·min·u·tive /dɪmínjʊtɪv/ 形 ❶ 小さい, 小型の, 小柄の;（特に)ちっぽけな. ❷【文法】指小の (cf. augmentative 2). ── 名 ❶【文法】**a** (指小辞からできた)指小語 (doggie など). **b** 指小辞. ❷ 愛称《Tom, Dick など).（動 diminish）

di·mín·u·tive·ly 副 ❶ 縮小的に. ❷ 指小辞として.

diminutive súffix 名 指小語尾[接尾辞]《-ie, -kin,

dim·is·so·ry /díməsɔ̀ːri | -sɔri/ 形 《キ教》〈許可状など〉(牧師などの)転任[他教区への受階]を許す.

dim·i·ty /díməti/ 名 ① 浮きじま綿布, ディミティー《カーテン・衣類用など》.

dim·ly /dímli/ 副 薄暗く, ぼんやりと, かすかに.

dim·mer /dímə | -mə/ 名 ❶ a 《照明の》調光器, 制光装置 b 《米》《自動車の》ヘッドライト減光スイッチ (《英》dipswitch). ❷ 《複数形で》a 《自動車の》駐車[表示]灯 (《比較》《米》parking light, 《英》sidelight のほうが一般的). b 近距離用の下向きのヘッドライト. ❸ 薄暗くする人[もの].

dímmer swìtch 名 = dimmer 1.

dím·mish /-mɪʃ/ 形 少々うす暗い, ほの暗い.

dím·ness /-nəs/ 名 Ⓤ ❶ 薄暗さ; かすかなこと. ❷ 不明瞭; あいまいさ.

di·mor·phic /daɪmɔ́ːfɪk | -mɔ́ː-/ 形 《生》二形[二型]性の.

di·mor·phism /-mɔ́ːfɪzm | -mɔ́ː-/ 名 Ⓤ 《生》二形[二型]性《同一種で形・色の異なる2種があること》.

dim·ple /dímpl/ 名 えくぼ: *on [in]* one's cheeks (ほおの)えくぼ. ❷ 小さなくぼみ (雨滴などで水面に生ずる)さざ波. ― 動 ❶ えくぼができる[を見せる]. ❷ a くぼむ. b さざ波が立つ. ― 他 ❶ くぼめる[える]. ❷ a くぼませる. b <…に>さざ波を起こさせる. 【ME; 原義は「深い, へこんだ」; DEEP と同語源】

dim·ply /dímpli/ 形 えくぼのある[を見せる]; くぼみの多い, さざなみの立つ.

dim sum /dímsám/ 名 Ⓤ 《中国料理の》点心.

dím·wit /-wìt/ 名 《口》ばか, うすのろ.

dím-wìt·ted 形 《口》ばかな, うすのろの.

⁺**din** /dín/ 名 Ⓤ [また a ~] 《ジャンジャン・ガンガン》やかましい音, 絶え間ない騒音: make [raise, kick up] a ~ 騒音を立てる. ― 動 (**dinned; din·ning**) 他 ❶ 騒音で〈耳を〉聞こえなくする. ❷ <…を>〈人の耳[頭]に〉やかましく繰り返す: He was always *dinning into* us [our ears] the importance of honesty. 彼はいつもやかましく私たちに正直の大切さを説いていた. ― 自 《耳を聞こえなくするほど》鳴り響く. 【擬音語】≒ noise.

DIN /dín/ 《略》Deutsche Industrie Normen (= German Industry Standard) ドイツ工業規格《米国以外の地域で用いられている; cf. ASA》.

Di·nah /dáɪnə/ 名 ダイナ《女性名》.

di·nar /diːnáː | diːnɑː/ 名 ディナール《イラン・イラク・ヨルダン・チュニジアなどの通貨単位》. 【Arab < Gk < L; ⇒ denarius】

⁺**dine** /dáɪn/ 動 自 食事をする, 正餐(ͤ)[晩餐(ͤ)]をとる 《比較》have dinner のほうが一般的): ~ in 家で食事する. ― 他 〈人〉を食事に招く, 〈人〉に食事を出す ⇒ wine and dine (⇒ wine 動). **díne óff...** (1)...を晩餐に食べる: We ~*d off* a steak with vegetables. ステーキに野菜を添えて晩餐をする. (2) 〈人〉のごちそうになる, の費用で食事をする. (3) = DINE OUT ON... 成句. **díne on** ... = DINE OFF...(1). **díne óut** 他 (+副) 外食する. **díne óut on** ... 《英》《食事中に人々を楽しませるため》〈経験など〉を語る. 【F < L = 断食を破る】

⁺**din·er** /dáɪnə | -nə/ 名 ❶ 食事をする人; ディナーの客. ❷ 《米》a 食堂車. b 《食堂車風の》簡易食堂, ダイナー.

díner-óut 名 (徴 diners-out) 外食する人; 《特に》外で晩餐をとる人.

Din·e·sen /díːnəs(ə)n, dín-/, **Isak** /íːsɑːk/ 名 ディネセン (1885-1962; デンマークの女性作家; 本名 Karen Christence ~, Baroness Blixen-Finecke).

di·nette /daɪnét/ 名 ❶ 《家庭の》小食堂《部屋の隅や台所に隣接したスペース》. ❷ = dinette set.

dinétte sèt 名 小食堂用テーブルといすのセット.

ding¹ /díŋ/ 動 自 〈鐘などが〉ジャンと鳴る. ― 他 ❶ 〈鐘などを〉ジャン[ゴーン]と鳴らす. ❷ 《口》くどくど言い聞かせる. ― 名 ジャン, ゴーン《鐘の音》. 【擬音語】

ding² /díŋ/ 動 他 《口》へこませる, 〈…に〉当たる[ぶつかる], 〈…の〉表面を損傷させる; 《口》〈人の頭)をぶんなぐる, はたきおとす, 強打する. **díng ínto** ... 《スコ》…にぶつかる. ― 名

497　　dint

❶ 《口》《車体などの表面の》損傷部, へこみ. ❷ 《米俗》打撃, ぶちのめすこと.

ding-a-ling /díŋəlìŋ/ 名 ❶ [単数形で] ゴーン, カラン, チリン《鐘・鈴の音》. ❷ 《口》気違い, 変人, 変わり者.

Ding an sich /díŋɑːnzíːk, -zíːx/ 名 (独 **Din·ge an sich** /díŋə-/) 《哲》物自体 (Kant の用語).

ding·bat /díŋbæ̀t/ 名 ❶ 《米口》ばか; 奇人, 変人. ❷ 《れんが・石などの》投げられるもの.

ding-dong /díŋdɔ̀ːŋ | -dɔ̀ŋ/ 名 Ⓤ キンコン, ゴーンゴーン《鐘の音》. ❷ [単数形で] 《英口》激しい応酬, 激論. ❸ = dingbat 1. ― 副 キンコン[ゴーンゴーン]と. ― 形 Ⓐ 激戦の: a ~ race [game] 追いつ追われつの競走[大接戦]. **ding·er** /díŋə | díŋə/ 名 《米俗》すげえやつ, ピカいち; 《野》ホームラン.

⁺**din·ghy** /díŋ(g)i/ 名 ❶ 競走用小型ヨット. ❷ 艦載小艇. ❸ 《救命用》ゴムボート (rubber dinghy). 【Hindi】

din·gi·ly /díndʒɪli/ 副 薄よごれて, すすけて.

din·gle /díŋgl/ 名 《樹木でおおわれた》小渓谷.

din·go /díŋɡoʊ/ 名 (徴 ~es) ディンゴ《オーストラリア産の野生の犬》. 【Austral】

din·gus /díŋgəs/ 名 《米口》(名前を知らない)何とかいうもの[装置]. 【Du *ding* thing】

din·gy /díndʒi/ 形 (**din·gi·er; din·gi·est**) 薄きたない, すすけた; 《よごれたように》くすんだ: a dark, ~ room 暗くて薄汚い部屋. **din·gi·ness** 名

díning càr 名 《米》食堂車 (《英》buffet car, restaurant car).

*__**díning ròom**__ 名 《家の》食堂, ダイニングルーム.

díning tàble 名 食卓.

dink¹, DINK /díŋk/ 名 [通例複数形で] 《口》ディンク《夫婦共稼ぎで子供がいない夫婦の一方》. 【d(ouble) i(ncome), n(o) k(ids)】

dink² /díŋk/ 名 《テニスの》ドロップショット.

dink·ey /díŋki/ 名 小さいもの; 小型機関車[電車].

dink·y /díŋki/ 形 (**dink·i·er; -i·est**) 《口》❶ 《米》小さい, ちっぽけな; 取るに足りない. ❷ 《英》小さくてかわいく, こぎれいな. ― 名 ❶ = dinkey. ❷ = dink¹.

*__**din·ner**__ /dínə | -nə/ 名 ❶ Ⓤ.Ⓒ ディナー, 正餐(ͤ)《解説》一日の主要な食事をいう, 英米ではたいてい夕食が dinner となり, 他人を招待する夕食は supper ではなく dinner である; ただし日曜日は昼を dinner にすれば夜は tea または supper, 夜を dinner とすれば昼は lunch となる》: ask a person to ~ 〈人〉をディナーに招く / at [before, after] ~ 食事中[前, 後] / have [take] ~ 正[晩]餐を食べる, 食事する / a good [poor] ~ 十分な[もの足りない]食事. ❷ Ⓒ 晩餐会: hold a ~ 晩餐会を催す / give a ~ in a person's honor [for a person] 人を主賓に[人のために]晩餐会を催す. ❸ Ⓒ 定食: four ~s at $5 a head 1人5ドルの定食4人分. 【F = 食事をすること; ⇒ dine】(関形 prandial)

dínner bèll 名 正餐[食事]を知らせる鐘[鈴].

dínner dànce 名 ディナーダンス《食後にダンスを行なう公式のパーティー》.

dínner jàcket 名 《英》タキシードの上着.

dínner làdy 名 《英》学校給食係の婦人.

⁺**dínner pàrty** 名 = dinner 2.

dínner sèrvice [sèt] 名 正餐用食器類一式.

dínner sùit 名 タキシード (《米》tuxedo).

⁺**dínner tàble** 名 食卓; 会食の席.

dínner thèater 名 《米》ディナーシアター《ディナーのあと観劇ができるレストラン》.

dínner·tìme 名 Ⓤ ディナーの時間.

dínner·wàre 名 Ⓤ 正餐用食器類.

di·no·flag·el·late /dàɪnoʊ-/ 名 《生》渦[双]鞭毛虫.

*__**di·no·saur**__ /dáɪnəsɔ̀ː | -sɔ̀ː/ 名 ❶ 《古生》恐竜《中生代の巨大な爬虫類の動物》. ❷ 巨大で役に立たない[時代遅れな]もの. **di·no·sau·ri·an** /dàɪnəsɔ́ːriən/ 形 【Gk *deinos* 恐ろしい+*sauros* トカゲ】

dint /dínt/ 名 [★ 次の成句で]. **by dínt of** ...の力で, ...に

di·oc·e·san /daɪásəs(ə)n | -ɔ́s-/ 形 A 監督[司教, 主教]管区の.

†**di·o·cese** /dáɪəsɪs, -siːs/ 名 監督[司教, 主教]管区. 〖F<L<Gk=管理, 地域〗

Di·o·cle·tian /dàɪəklíːʃən←/ 名 ディオクレティアヌス (245?-?316; ローマ皇帝(284-305); キリスト教徒大迫害を行なった).

di·ode /dáɪoud/ 名 〖電子工〗 ❶ ダイオード (二端子の電子素子, 半導体整流素子). ❷ 二極(真空)管. 〖DI-¹+-ODE²〗

di·e·cious /daɪíːʃəs/ 形 〖生〗雌雄異株[異体]の, 二家の. **di·e·cy** /dáɪiːsi/ 名.

di·óestrus /daɪ-/ 名 =diestrus

Di·og·e·nes /daɪádʒəniːz | -ɔ́dʒ-/ 名 ディオゲネス (412?-?323 B.C.; 古代ギリシアの哲学者; 粗衣粗食で, 奇行に富んだ; 特に Alexander 大王との問答で有名).

di·ol /dáɪɔːl | -ɔl/ 名 〖化〗ジオール (2価アルコール; グリコールなど2個の水酸基を有する化合物).

Di·o·nys·i·ac /dàɪənísiæk, -nízi-/ 形 ディオニュソス(祭)の; ディオニュソス的な (Dionysian), 激情[衝動, 熱狂]的な.

Di·o·ny·si·an /dàɪənísiən, -nízi-←/ 形 (酒神)ディオニュソスの.

Di·o·ny·sus, Di·o·ny·sos /dàɪənáɪsəs/ 名 〖ギ神〗ディオニュソス (酒の神; Bacchus ともいう).

Di·o·phan·tine equation /dàɪəfǽntaɪn-/ 名 ディオファントス方程式 (整数を係数とする多項方程式で整数解を求めるもの).

di·op·side /daɪápsaɪd | -ɔ́p-/ 名 U 〖鉱〗透輝石 (準宝石).

di·op·ter, (英) -tre /daɪáptə | -tə/ 名 〖光〗ジオプター (レンズの屈折率の単位; メートル単位で表わした焦点距離の逆数).

di·op·tric /daɪáptrɪk | -ɔ́p-/ 形 屈折光学の; 屈折の, 光屈折応用の; 光屈折による.

di·op·trics 名 U 屈折光学.

Di·or /dióə | díːɔː/, **Christian** 名 ディオール (1905-57; フランスのファッションデザイナー).

di·o·ra·ma /dàɪərǽmə, -ráː- | -ráː-/ 名 ❶ ジオラマ, 透視画 (cf. panorama 1). ❷ (立体小型模型による)実景. ❸ ジオラマ館. 〖DI(A)-+(PAN)ORAMA〗

di·o·rite /dáɪəràɪt/ 名 C 閃(ホ)緑岩. **di·o·rit·ic** /dàɪərítɪk←/ 形.

di·os·gen·in /daɪɑzdʒénɪn | -ɔz-/ 名 U 〖生化〗ジオスゲニン (副腎皮質ホルモン系ステロイドの原料).

di·ox·ane /daɪáksem | -ɔ́k-/, **-ox·an** /-sæn/ 名 U 〖化〗ジオキサン (脂肪の溶剤・化粧品・脱臭剤に用いる).

di·ox·ide /dàɪáksaɪd | -ɔ́k-/ 名 〖化〗二酸化物: ⇒ carbon dioxide. 〖DI-¹+OXIDE〗

di·ox·in /daɪáksɪ(ə)n | -ɔ́k-/ 名 U 〖化〗ダイオキシン (毒性の強い有機塩素化合物; 除草剤などに不純物として含まれる). 〖DI-¹+OX(O)-+-IN(E)²〗

*†**dip¹** /díp/ (**dipped**; **dip·ping**) 他 ❶ 〈…を〉〈液体に〉ちょっと浸す 《*in, into*》: ~ a handkerchief *in* cool water ハンカチを冷水に浸す. ❷ a (手のひら・ひしゃくなどで)〈…を〉…から汲(〆)み上げる 《*up, out*》: ~ water *out of* a bucket バケツから水をくみ上げる. b (何かをすくうために)〈手・スプーンなどを〉〈…に〉入れる: He *dipped* his hand *into* his pocket for change. 彼は小銭を取り出そうとポケットに手を突っこんだ. ❸ a 〈旗を〉少し下げてまた起こす (敬礼のため). b 〈頭などを〉ちょっと下げる; 〈会釈(ホ˘˘)に〉軽くひざを曲げる: The bird *dipped* a wing. 鳥は片方の羽をかしげた. c 〖英〗ヘッドライトを下に向ける (〖米〗dim). ❹ a 〈衣類〉を浸して染める. b 〈羊などを〉殺虫液に浸して洗う.
── 自 ❶ 〈液体の中に〉ちょっと潜る, もぐる 《*in, into*》: The bow of the boat *dipped* low *in* the water. 船のへさきが水中に低くもぐった. ❷ a 下がる; 〈太陽が〉沈む: The bird *dipped* in its flight. 鳥は飛びながらひょいと下がって また上がった / The sun *dipped* below the horizon. 太陽は地平線下に没した. b 〈女性が軽くひざを曲げて会釈する, 〈価格・売り上げなどが〉下がる (一時的に)下がる. ❸ 〈土地・道路などが〉下がる, 下り坂になる: The land ~s sharply 〖gently〗 to the south. その土地は南に向かって鋭く〖なだらかに〗傾斜している. その土地は南に向かって ❹ a 〈…の中に〉〈手などが〉突っこむ, 突っこんで取る: ~ *into* a bag かばんに手を突っこむ. b 〖本などを〗ちょっとのぞく, 軽く目を通す: ~ *into* a newspaper 新聞をちょっと読む. c 〈…を〉探る, 研究する: ~ *into* the future 将来を予測する.

díp ínto one's pócket 〖púrse, móney, sávings, etc.〗 (必要があって)金を出す〖財布(などに)手をつける〗. **díp** one's tóe ínto... おそるおそる…を始める.
── 名 ❶ C a ちょっと浸すこと, ちょっとつかむこと. b ひと泳ぎ: have 〖take〗 a ~ in the sea 海でひと泳ぎする / Let's go for a ~. ひと泳ぎしに行こう. ❷ U,C ディップ 《パン・クラッカー・ポテトチップス・野菜などを食べる時に味付けに浸すドレッシング・ソースなど): a cheese ~ チーズディップ. ❸ C (スープなどの)ひとすくい, ひとくみ. ❹ U 浸液; (特に)洗羊液. ❺ C (糸心)ろうそく. ❻ C a (土地・道路などの)沈下, くぼみ, 傾斜, 下り坂: a ~ in the ground 地面の沈下. b (物価などの, 一時的な)下落: a ~ in price 値段の下落. c (電線の)たるみ. d 〖測〗ディップ, 俯角(ゝ˘). ❼ C (俗)すり.
〖OE; 原義は「深い」; cf. dimple, deep〗

dip² /díp/ 名 (俗) ばか, まぬけ

DIP /díp/ 名 (略)〖電算〗document image processing 文書画像処理 (スキャナーで文書をそのまま読み込ませる); 〖電子〗dual in-line package デュアル・インライン・パッケージ, DIP (本体からムカデ形にリード線の出ている IC 容器).

di·phen·hy·dra·mine /dàɪfenháɪdrəmɪːn/ 名 U 〖化〗ジフェンヒドラミン (白色の結晶状アミン; 塩酸塩を抗ヒスタミン薬としてアレルギー性疾患に用いる).

diph·the·ri·a /dɪfθí(ə)riə/ 名 U 〖医〗ジフテリア. **diph·the·rit·ic** /dìfθərítɪk←/ 形 〖F<Gk=革; のどの粘膜が革のようになることから〗

diph·the·roid /dífθərɔ̀ɪd/ 形 〖菌〗類ジフテリアの. ── 名 類ジフテリア菌.

diph·thong /dífθɔːŋ | -θɔŋ/ 名 ❶ C 〖音声〗二重母音, 複母音 (/aɪ, au, ɔɪ, ou, eɪ/ など; cf. monophthong, triphthong). ❷ =ligature 4. **diph·thong·al** /dɪfθɔ́ːŋ(g)əl | -θɔ́ŋ-/ 形 〖F<L<Gk DI-¹+*phthongos* 音, 声〗

diph·thong·ize /dífθɔːŋ(g)àɪz | -θɔŋ-/ 動 〖音声〗二重母音化する. **diph·thong·i·za·tion** /dìfθɔːŋ(g)ɪzéɪʃən/ 名.

diph·y- /díf-/, **diph·y·o-** /dífiou/ 〖連結形〗「二重の」「二倍の」「二葉的なる」.

diph·y·cer·cal /dífɪsə̀ːk(ə)l | -sə̀ː-←/ 形 〖魚〗尾びれが二叉両形の, 原正形の.

di·ple·gi·a /daɪplíːdʒ(i)ə/ 名 U 〖医〗両(側)麻痺, 対麻痺.

di·plo- /díplou/ 〖連結形〗「二重…」「複…」.

di·plo·coc·cus /dìplukɔ́kəs/ 名 〖菌〗双球菌.

dip·loid /dípˌlɔɪd/ 形 〖生〗(染色体が)倍数の, (核相が)複相の. ── 名 〖生〗二倍体, ディプロイド, 複相体 〖ゲノム 2 をもつ細胞・個体; cf. HAPLOID〗. **dip·loi·dy** /díplɔɪdi/ 名 〖生〗二倍性, 複相性, 全数性.

†**di·plo·ma** /dɪplóumə/ 名 (複 ~**s**) ❶ 免状; 卒業[履習]証書, 学位記: receive [get] one's ~ *in* law 法学士の免状をもらう. ❷ 賞状, 感状. 〖L<Gk=公文書 (二つに折った)紙〗

*†**di·plo·ma·cy** /dɪplóuməsi/ 名 U ❶ 外交. ❷ 外交的手腕, (交渉上の)駆け引き, 人使いの上手さ. 〖F; diplomatic〗 【類義語】⇒ tact.

diplóma mìll 〖口〗卒業証書製作所 《マスプロ大学・専門学校などを揶揄(ﾔﾕ)した表現》.

*†**dip·lo·mat** /dípləmæt/ 名 ❶ 外交官 (diplomatist). ❷ 駆け引きの上手い人, 外交家. 〖DIPLOMATIC〗

dip·lo·mate /dípləmèɪt/ 名 ❶ 免状[特許状]を有する人; (委員会などから認証をうけている)専門医, 技術者.

*†**dip·lo·mat·ic** /dìpləmǽtɪk←/ 形 (**more** ~; **most** ~)

❶ Ⓐ (比較なし) **a** 外交の, 外交上の[的な]: establish [break] ~ relations 国交を樹立する[断つ]. **b** 外交官の: the ~ corps [body] 《集合的に》大[公]使館員. ❷ **a** 外交的手腕のある; 駆け引きの上手な: exercise one's ~ skill 外交的手腕を振るう. **b** (人との応対にに)そつのない, 如才ない. ❸ Ⓐ (比較なし) 版似原典どおりの, 原文の: a ~ copy 原文のままの書き写し. **-mát·i·cal·ly** /-kəli/ 副 ❶ 外交上(は); 外交的に. ❷ 外交的手腕をもって, 駆け引き上手に; 如才なく: refuse an offer ~ly 上手に[角が立たぬように]申し出を断わる. 《F<L=(外交に関する)公文書の; ⇒ diploma》

diplomatic bág 名 外交用郵便袋《(米) diplomatic pouch).

diplomátic immúnity 名 Ⓤ 外交特権《外交官が駐在国でも関税・荷物検査・告発免除など》.

diplomàtic póuch 名 《米》外交用郵便袋《大使[公使]館と本国政府との間の通信文書を入れて運ぶ》.

Díplomatic Sèrvice 名 [the ~] 《英》外交部《外務省の一部門》.

di·plo·ma·tist /dɪplóumətɪst/ 名 ❶ 外交家, 外交上手の人. ❷ 外交官 (diplomat).

díp nèt 名 《小魚をすくう》たも網, たも.

di·po·lar /dáɪpòʊlə- | -lə-/ 形 《磁石・分子など》二[双]極性の, 両性の.

di·pole /dáɪpòʊl/ 名 《理》双極子; 《化》双極分子; 《通信》ダイポール空中線《ダブレットアンテナ》.

díp pèn 名 つけペン.

dip·per /dípə- | -pə/ 名 ❶ Ⓒ (鳥) 水中にもぐる鳥《カワガラスなど》. ❷ Ⓒ **a** 浸す人[もの]. **b** [D~] 《(キ教)》浸礼教徒. ❸ すくうもの, ひしゃく, お玉じゃくし. ❹ 《米》 《天》 [the (Big) D~] 北斗七星《《英》Plough)》《おおぐま座 (the Great Bear) の7星; cf. Charles's Wain 1》; [the (Little) D~] 小北斗七星《こぐま座 (the Little Bear) の7星; 北極星 (the North Star) を含む》. 《DIP¹+-ER¹》

dip·py /dípi/ 形 (俗) 頭のおかしい, 少々狂った.

díp·shìt 名 (卑) あほ, まぬけ, くず, 能なし, 役立たず, そっれ.

dip·so /dípsoʊ/ 名 《米俗》=dipsomaniac.

dip·so·ma·ni·a /dìpsəméɪniə/ 名 Ⓤ アルコール依存症, アルコール中毒. 《L<Gk *dipsa* 渇き+-MANIA》

dip·so·ma·ni·ac /dìpsəméɪniæk/ 名 アルコール依存症患者, アルコール中毒者.

díp·stìck 名 ❶ (特に自動車の)オイルゲージ《エンジンのクランクケース内の潤滑油量を計る目盛りつきの棒》. ❷ (口) ばか, あほ.

díp·swìtch 名 《英》(自動車の)ヘッドライト減光スイッチ《(米) dimmer》.

DÍP switch 名 《電》ディップスイッチ, 二重インラインパッケージスイッチ《DIP 型の IC と同形の容器に小スイッチを2–10 個程度納めたもの; プリント基板実装用; cf. DIP》.

dip·ter·al /díptərəl/ 形 《建》双廊の(ある), 二重列柱堂造りの.

dip·ter·ist /díptərɪst/ 名 双翅類研究[収集]家, ハエ研究[収集]家.

dip·ter·ous /díptərəs, -trəs/ 形 《昆》双翅(し)目の《ハエ, カ, ガなど》. 《L<Gk DI-¹+*pteron* 羽》

dip·tych /díptɪk/ 名 ❶ (古代ローマの)二枚折り書字板. ❷ (祭壇背後に立てる)二枚折りの絵, 二連祭壇画.

†**dire** /dáɪə | dáɪə/ 形 ❶ 恐ろしい, ものすごい; 悲惨な: a ~ calamity 大惨事 / the ~ sisters=Furies. ❷ 《必要・危険など》差し迫った: There's a ~ need for food. 食料は至急必要だ. ❸ 《英口》ひどい, 劣悪な. 《L *dirus* 恐ろしい》

*****di·rect** /dərékt, daɪ-/ 動 ❶ 〖副詞(句)を伴って〗《注意・努力などを…》に向ける, 向かせる: I'd like to ~ your attention *to* this fact. この事実に注意を向けてもらいたい / The priest's words seemed to be ~ed *at* me. 神父の言葉は私に向けて言ったように思えた. ❷ 《…に》指示する, 指揮する, 《会社などを》管理する; 《劇・映画などを》演出する, 監督する: A foreman ~s (the work of) his men. 職長は部下の(仕事)を指揮する / A policeman is ~ing

(the) traffic. 警官が交通整理をしている. ❸ 《…に…するように》指図する, 指示する, 命令する《比較》order より形式ばった語》: 〖+目+*to do*〗 The policeman ~ed the car *to* proceed. 警官は車に前進するように指示した / 〖+*that*〗 He ~ed that barricades (should) be built. 彼はバリケードを築くように命令した. ❹ 《人に》《…への》道を教える: ~ a person wrongly 人に間違った道を教える / Can you ~ me *to* the station? 駅に行く道を教えていただけますか. ❺ 《手紙・小包などに》《…へ》宛て名を書く [*to*] 《比較》 address の方が一般的》.

—— 自 ❶ 《米》《楽》指揮する. ❷ 《劇・映画で》演出[監督]する.

—— /dərékt, dàɪrékt-/ 形 (*more* ~, ~·*er*; *most* ~, ~·*est*) (↔ indirect) ❶ **a** まっすぐな, 直進の: a ~ way to the station 駅へのまっすぐな道[最短路] / take a ~ hit 直撃を受ける. **b** (比較なし) 直行の: a ~ flight from Osaka to New York 大阪からニューヨークまでの直行便. **c** Ⓐ (比較なし) 直系の: a ~ descendant of...の直系の子孫. ❷ (比較なし) 直接の: have a ~ influence 直接の影響を受ける / ~ selling 直接販売 / ~ lighting 直接照明 / as a ~ result of the accident その事故の直接の結果として / ⇒ direct action. ❸ Ⓐ (比較なし) まったくの (exact): the ~ opposite [contrary] 正反対. ❹ 率直な, 単刀直入の: a ~ question [answer] 単刀直入の質問[返答] / make a ~ denial of...をずばり否定する. ❺ Ⓐ (比較なし) 《文法》直接的な: a ~ question 直接疑問 / a ~ object 直接目的語 《She gave him *a watch*. における *a watch*) / ~ narration [discourse, speech] 直接話法 《He said, "I am ill."》.

—— 副 ❶ まっすぐに, 直行で《★ directly と同じに用いる》: The flight goes ~ from Washington to London. その便はワシントンからロンドンへ直行する. ❷ 直接に, じかに. 《L=まっすぐにする< DI-²+*regere, rect-* まっすぐにする, 支配する (cf. region)》 《名 direction》 《類義語》 (1) ~ manage. (2) ~ order.

diréct áction 名 Ⓤ 直接行動《ストライキなど》.

diréct cúrrent 名 Ⓤ,Ⓒ 《電》直流《略 DC, D.C., d.c.; cf. alternating current》.

diréct débit 名 Ⓤ,Ⓒ 口座引き落とし: You can pay by ~. 口座引き落としで支払いできる.

diréct depósit 《米》名 Ⓤ,Ⓒ (給与などの)直接振込み, 口座振込み(制). —— 動 他 口座振込みにする.

diréct díscourse 名 Ⓤ 《米》《文法》直接話法《《英》direct speech》.

diréct-dríve 形 Ⓐ 《機》《モーター・ターンテーブルなど》ダイレクトドライブの.

diréct-gránt schòol 名 《英》直接助成校《政府からの直接助成金で一定数の学生を授業料免除で教育した私立学校; 1976 年廃止》.

*****di·rec·tion** /dərékʃən, daɪ-/ 名 ❶ **a** Ⓒ 方向, 方角; 方位; 方面: in all ~s=in every ~ 四方八方に; 各方面に / in the ~ of...の方(向)に / in the right ~ 正しい方向に / in the opposite [same] ~ 反対の[同じ]方向に / a [the, one's] sense of ~ 方向感覚. **b** Ⓒ (思想などの)傾向, 動向, 動き: new ~s in ~s 芸術の新傾向. ❷ Ⓒ 〖通例複数形で〗指示, 指図, 命令; 説明書, 使用法: obey a person's ~s 人の指図に従う / at the ~ of the boss 上司の指図で / ~s *for* use 使用法 / ~s (*as to*) how to use the software そのソフトウェアの利用法 / Read the ~s before using it. それを使用する前に説明書を読みなさい. ❸ Ⓤ 指揮, 指導, 監督, 管理: The factory is under the ~ of the government. その工場は政府の管理下にある / We feel the need of ~. 我々は指導の必要性を感じている. ❹ Ⓤ **a** 《劇・映》演出, 監督. **b** 《楽》指揮. 《動 direct》

di·rec·tion·al /dərékʃ(ə)nəl, daɪ-/ 形 ❶ 《無線》指向性の: a ~ microphone 指向性マイク. ❷ 方位[方角](上)の. ❸ 方向性をもつ, 指向的な.

diréction fìnder 名 《無線》方向探知器, 方位測定器《略 DF》.

di・réc・tion・less 方針[目標]のない (aimless).

*di・réc・tive /dəréktɪv, daɪ-/ 名 指令, 命令: a ~ from party headquarters 党本部からの指令. —— 形 A ❶ a 指示的な. b 無給 指向(式)の. ❷ 指揮[支配]的な.

‡di・réct・ly /dəréktli, daɪ-/ 副 (more ~; most ~) ❶ まっすぐに, 一直線に, 直行で (⇒ direct 圖 ❶ ★). ❷ (比較なし) a 直接に (↔indirectly): He's ~ responsible for it. 彼がそれの直接の責任者だ. b まさに; まったく (exactly): ~ opposite 正反対で. c 率直に, 単刀直入に. ❸ (比較なし) a 直ちに, すぐ (immediately): I'll be there ~. すぐにそちらに参ります. b 〘英〙やがて, そのうちに. —— 接 /しばしば drékli/〘英口〙…(する)とすぐに: He got married ~ he left the university. 彼は大学を出るとすぐ結婚した.

diréct máil 名 U ダイレクトメール (広告・宣伝などのため個人あてに直接郵送する印刷物).

diréct márketing 名 U 直接販売, ダイレクトマーケティング (通信販売・訪問販売・直営店販売など).

diréct méthod 名 [the ~] 直接(教授)法 《母国語を使わない外国語教授法》.

di・réct・ness 名 U まっすぐ(なこと); 直接, 率直.

Di・rec・toire /dì:rektwɑ́ː/ 形 〈服装・家具など〉フランスの総裁政府時代風の (1795-99 年; 服装はギリシア・ローマにならったもの; ウエストラインが極端に高いことなどが特徴; 家具装飾は新古典主義的なもの).

Diréctoire dráwers [knickers] 名 〘史口〙ディレクトワール・ニッカーズ (ストレートでたっぷりしたひざ丈のニッカー).

‡di・réc・tor /dəréktə, daɪ- | -tə/ 名 ❶ a 管理者; 長官, 局長. b 重役, 取締役, 理事: a managing ~ 専務取締役 / a board of ~s 重役会, 取締役会, 理事会. c 〈高校などの〉校長, 主事. ❷ a 劇 演出家. b 映 監督; 音楽監督. c 〘米〙〘楽〙指揮者. ❸ 指導者, 指揮者.〚F<L; ⇒ direct, -or¹〛

†di・réc・to・rate /dəréktərət, daɪ-, -trət/ 名 ❶ 〈省庁の〉局, 課. ❷ 〘集合的; 単数または複数扱い〙重役会, 理事会. ❸ 管理者(など)の職.〚↑+-ATE〛

*diréctor géneral 名 (慢 directors general, ~s)〘英〙総裁, 長官, (通例非営利的団体の)会長, 事務総長.

di・rec・to・ri・al /dəréktɔ́:riəl, dàɪrek-/ 形 ❶ 映 映画・演劇などの〉監督の; 指揮者[理事, 主事, 重役会]の. ❷ 指揮[指導]上の.

diréctor's cháir 名 〘米〙ディレクターズチェア (綿の帆布製の背と座の軽量折りたたみ式のひじ掛けいす).

diréctor's cút 名 ディレクターズカット版 (の映画) 《オリジナル版ではカットされていた映像を, 監督の意図をより十分に表現する形で含めて編集したバージョン》.

di・réc・tor・ship 名 管理者(director)などの職[任期].

*di・réc・to・ry /dəréktəri, daɪ-, -tri/ 名 ❶ 〈特定地区の〉住所氏名録, 名簿; 商工人名録: a telephone ~ 電話帳. ❷ 〘電算〙ディレクトリ《ディスク上のファイル保管場所》.〚L; ⇒ direct, -ory〛

diréctory assístance 名 〘米〙電話番号案内サービス (information, 〘英〙directory enquiries).

diréctory enquíries 名 [単数または複数扱い]〘英〙= directory assistance.

diréct propórtion 名 U 〘数〙正比例.

di・rec・tress /dəréktrəs, daɪ-/ 名 director の女性形.

di・rec・trix /dəréktrɪks, daɪ-/ 名 (慢 ~・es, -tri・ces /-trəsìːz/)〘数〙指導線, 準線.

diréct spéech 名 = direct discourse.

diréct táx 名 U.C 直接税.

diréct taxátion 名 U (直接税による)直接税.

diréct-to-consúmer 形 〈広告などが〉直接消費者[一般大衆]に向けた (特に医薬品の広告についている).

dire・ful /dáɪəf(ə)l | dáɪə-/ 形 文 恐ろしい; 悲惨な.〜・ly /-fəli/ 副

dirge /dɚːdʒ | dɜːdʒ/ 名 葬送歌, 哀歌, 悲歌.〚L=(主よ)導き給え〛

dir・i・gi・ble /dírədʒəbl, dərídʒə-/ 形 操縦できる: a ~ balloon [airship] 飛行船. —— 名 飛行船.

dirn・dl /dɚ́ːndl | dɜ́ːn-/ 名 =dirndl skirt.

dírndl skìrt 名 ダーンドルスカート《ギャザーなどを入れてゆったりしたスカート》.

*dirt /dɚːt | dɜːt/ 名 U ❶ 泥, ほこり, ごみ, 垢〈ぁか〉; 排泄物 (汚いもの一般に用いられる) (excrement). ❷ a 〘主に米〙(ばらばらの)土. b 〈道路の表面に敷く〉土 (★ 通例複合語で用いる) ⇒ dirt road, dirt track. ❸ a 悪口, 中傷: fling [throw] ~ at...に悪態をつく. b わい談. c 口 ゴシップ, スキャンダル. ❹ 〈人間の〉くず. (as) chéap as dírt (1) ばか安い, 二束三文の. (2) =(as) common as DIRT. (as) cómmon as dírt 〈特に〉大勢から低級な, 下品な. díg úp [for] dírt 〈人の悪いネタを〉探す〚on〛. dísh the dírt (口)〚…について〛うわさ話をする, ゴシップを言い広める〚on, about〛. dó a person dírt 〈人〉に害を与える. éat dírt (口) 屈辱を忍ぶ. hít the dírt (口) (1) 身を伏せる. (2) 〘野〙すべりこむ.《ON=排泄物》(形 dirty)

dírt-bàg 名 〘米俗〙けがらわしい[きたねえ]やつ.

dírt bike 名 ダートバイク (舗装していない道路を走るためのオートバイ).

dírt-chéap 形 副 〘口〙ばか安い[く].

dírt-dìsher 名 〘米口〙うわさ好き, ゴシップ屋.〚dish the DIRT から〛

dírt fàrmer 名 〘米〙(他人を雇わず)自力で耕作する農民, 自作農(人).

dirt・i・ly /dɚ́ːtəli | dɜ́ːtɪ-/ 副 ❶ 汚く, 不潔に. ❷ けがらわしく; わいせつに.

dirt・i・ness 名 U ❶ 汚さ, 不潔. ❷ 下品; わいせつ.

dírt-póor 形 〘米〙すごく貧乏な, 赤貧の.

dírt róad 名 未舗装の道路 (〘米〙dirt track).

dírt tráck 名 ❶ 〘米〙=dirt road. ❷ ダートトラック (泥土[石炭の燃え殻]のトラック; オートバイなどの競走路).

*dirt・y /dɚ́ːti | dɜ́ːtɪ/ 形 (dirt・i・er; -i・est) ❶ a よごれた, 汚い, 不潔な (↔clean) 〈道路なども〉ぬかるみの: a ~ house [face] よごれた家[顔]. b 〈仕事・作業などが〉よごれる, 不潔になりやすい; いやな, つまらない. ❷ 〈言・行・言葉などが〉けがらわしい, わいせつの: ~ talk わい談 / a ~ magazine エロ本 / a ~ word みだらな言葉. b A 〈行為などが〉不正な, 下交な: ~ money 不正な金(↔clean money) / ~ gains 不正なもうけ. c 〈競技の〉選手が薬物を使用している. ❸ 〈天気など〉荒れ模様の: a ~ night 荒れ模様の夜. ❹ 〘口〙〈核兵器等の〉放射能が多い, 汚い (↔clean): a ~ bomb 汚い爆弾. ❺ 〘米俗〙〈人の〉麻薬を所持した. dó a person dírty =〘英〙dó the dírty on a person 〈人〉に卑劣なことをする. dó a person's dírty wórk 〈人〉に代わりにやなことをする. gíve a person a dírty lóok 〘口〙〈人〉にいやな顔をする[非難の目を向ける]. —— 副 ❶ きたなく, 不正に; みだらに: play ~ 不正をする, ずるをする / talk ~ みだらな話をする. ❷ 〘米俗〙すごく, とても: a ~ great box ばかでかい箱. —— 動 他 〈…を〉よごす. —— 自 よごれる: White cloth *dirties* easily. 白い布はよごれやすい. (名 dirt)

〘類義語〙dirty「よごれた, 汚い」の意の最も一般的な語. filthy 不快になるほどひどく不潔な. foul さらに強い意味の語; 特に悪臭のために胸がむかつくような.

dírty blónd 形 くすんだブロンドの(人).

dírty dóg 名 〘英口〙卑劣なやつ.

dírty línen 名 U (外聞の悪い)内輪の恥: wash one's ~ in public 内輪の恥をさらす.

dírty óld mán 名 〘口〙好色爺, 助平おやじ.

*dírty tríck 名 ❶ [複数形で] (選挙運動などの)不正工作. ❷ 〘口〙卑劣な企み: play a ~ on ...を汚い手でだます.

dírty wár 名 ダーティーウォー (内乱で, 政府側の軍隊[秘密警察]が革命[テロ]側に対して誘拐・拷問・殺人などを行なうこと).

dírty wéekend 名 〘英口〙男女が情事で過ごす週末.

dírty wòrk 名 U ❶ いやな仕事; 人のいやがる下働き: He left the ~ for me. 彼はいやな仕事は私にやらせた. ❷ (秘密に行なわれる)卑劣な行為, 不正行為: She made me do her ~. 彼女は私に不正な行為をさせた.

dis /dɪs/ 動 〘米俗〙他 (dissed; diss・ing) 軽蔑する[非難する]. —— 名 U 非難.《DIS(RESPECT)》

Dis /dɪs/ 名 〘神〙ディス (冥界〈ぁい〉の神; ギリシア神話の

dis- /dɪs, dəs/ 接頭 ❶ [動詞につけて]「反対の動作」を示す: *dis*arm. ❷ [名詞につけて]「除く」「はぐ」「奪う」などの意の動詞を造る: *dis*mantle. ❸ [形容詞につけて]「不...にする」の意の動詞を造る: *dis*able. ❹ [名詞・形容詞につけて]「不...」「非...」「無...」: *dis*trust; *dis*agreeable. ❺「分離」: *dis*continue. ❻ 否定を強調する: *di*sannul.

*__dis・a・bil・i・ty__ /dìsəbíləṭi/ 图 ❶ Ⓒ (身体)障害, ハンディキャップ; 障害者手当: ~ insurance 障害保険 / a ~ pension 障害年金. ❷ Ⓤ a 無能, 無力. b (法律上の)行為無能力, 無資格. 〖DIS-+ABILITY〗

†__dis・a・ble__ /dɪséɪbl/ 動 ⓣ ❶〈人の手足をきかなくする,〈人を〉不具にする(★しばしば受身): He *was* ~*d in* the war [*by* polio]. 彼は戦争[小児まひ]で不具になった. ❷ 無能[無力]にする, できなくする: Her illness ~*d* her *from* following her vocation. 病気のため彼女は職務に従事することができなくなった / The injury ~*d* him *for* playing the piano. 負傷のため彼はピアノがひけなくなった. 〖DIS-+ABLE〗

*__dis・a・bled__ /dɪséɪbld/ 形 ❶ (身体・精神に)障害のある: a ~ person 障害者 / mentally ~ 知的障害のある. ❷ [the ~; 名詞的に; 複数扱い] 障害者たち(★ disabled persons [people] の方が好まれる).

__disábled lìst__ [the ~] (プロスポーツチームの)故障者リスト.

__dis・a・ble・ment__ /-mənt/ 图 Ⓤ,Ⓒ 無能力にする[なること]; 無(能)力; 不具(となること).

__dis・a・buse__ /dìsəbjúːz/ 動 ⓣ 〈人の迷いを解く; 〈人に〉誤りを気づかせる. 〈人の迷い・誤解などを解く: ~ a person of his misunderstanding 人の誤解を解く.

__dì・sác・cha・ride__ /dàɪ-/ 图【化】二糖(類)(sucrose, lactose, maltose など).

__dis・ac・cord__ /dìsəkɔ́ːd | -kɔ́ːd/ 图 Ⓤ 不和, 不一致.
—— 動 ⓘ [...と]一致[和合]しない(*with*).

*__dis・ad・van・tage__ /dìsədvǽnṭɪdʒ | -vάːn-/ 图 ❶ Ⓒ 不利な立場: under great ~s 非常に不利な境遇[条件]で / take a person [be taken] at a ~ 人に不意打ちを食わせる[不意打ちを食う] / put a person at a ~ 人を不利な立場に立たせる. ❷ Ⓤ 不利(益), 損失: to a person's ~ 人の不利となるように《文末で》/ sell...to one's ~ 〈品物などを〉不利な条件で[損をしながら]売る. —— 動 ⓣ 〈...を〉不利にする. 〖DIS-+ADVANTAGE〗

*__dis・ad・van・taged__ /dìsədvǽnṭɪdʒd | -vάːn-/ 形 〈人が〉 (社会的に)恵まれない, 不利な (deprived): the ~ 恵まれない人々.

__dis・ad・van・ta・geous__ /dìsædvəntéɪdʒəs | -vɑːn-⁻/ 形 不利益な, 不利で(*to*). -__ly__ 副

*__dis・af・fect・ed__ /dìsəféktɪd/ 形 不平[不満]を抱いている: ~ elements 不平分子 / be ~ *with*...に不満を抱いている. -__ly__ 副

__dis・af・fec・tion__ /dìsəfékʃən/ 图 Ⓤ (政府などへの)不満, 不平, 離反(*with*).

__dis・af・fil・i・ate__ /dìsəfílièɪt/ 動 ⓣ 〈人を〉[...から]脱退させる(*from*). —— ⓘ [...から]脱退する(*from*). __dis・af・fil・i・a・tion__ /dìsəfìliéɪʃən/ 图

__dis・af・firm__ /dìsəfə́ːm | -fə́ːm/ 動 ⓣ 【法】否認する, 〈前判決を〉破棄する, 〈債務・契約などの〉履行を拒む. __dis・af・fir・ma・tion__ /dìsæfəméɪʃən | -fə-/ 图

__dis・af・for・est__ /dìsəfɔ́ːrɪst | -fɔ́r-/ 動 =deforest.

__dìs・ág・gre・gate__ 動 ⓣ 〈集積物などを〉成分[構成要素]に分ける. __dìs-aggregátion__ 图

*__dis・a・gree__ /dìsəgríː/ 動 ⓘ ❶ 〈人と人が〉意見が合わない; 仲が悪い, 仲たがいする: The witnesses ~*d* (*with* each other) *about* the exact time of the accident. 事故発生の正確な時刻について証人たちの意見が食い違った. __b__ 〈陳述・報告などが〉一致しない. ❷ 〈風土・食物が〉〈人に〉合わない: This climate ~*s with* me. この気候は私の体質に合わない. __agrée to disagrée__ ⇨ agree 成句. 〖DIS-+AGREE〗 __dìs・agréeable__ 形 __disagréement__ 图

__dis・a・gree・a・ble__ /dìsəgríːəbl⁻/ 形 (more ~; most ~) ❶ 不愉快な, いやな, 性に合わない (unpleasant): a ~ person 不愉快な人 / have a ~ experience 不愉快な経験をする. ❷〈人・性質など〉無愛想な, つきあいにくい, 怒りっぽい (nasty): Try to be less ~ *to* [*toward*] the customers. お客に対してもう少し愛想よくするようにしなさい. __dìs・a・grée・a・bly__ /-əblɪ/ 副 ~__ness__ 图 (動 disagree)

*__dis・a・gree・ment__ /dìsəgríːmənt/ 图 ❶ Ⓤ,Ⓒ 不一致; 意見の相違; 異議, 反対 (opposition): The two reports are in ~. その二つの報告は食い違っている / I'm in ~ *with* him *as to* [*about*] his estimate of her character. 彼女の性格の評価について私と彼は意見が合わない / express ~ *with*...に異議を唱える. ❷ Ⓤ (食物などが体質に)不適合, 不適合. (動 disagree)

†__dis・al・low__ /dìsəláʊ/ 動 ⓣ 〈...を〉許さない, 禁じる; 却下する: The judge ~*ed* that evidence. 裁判官はその証拠を却下した.

__dis・al・low・ance__ /dìsəláʊəns/ 图 Ⓤ 不認可; 却下.

__dis・am・big・u・ate__ /dìsæmbígjuèɪt/ 動 ⓣ 〈文などの〉あいまいをなくす.

__dis・a・men・i・ty__ /dìsəménəṭi/ 图 Ⓤ,Ⓒ (場所などの)不快さ, 不便, 不都合.

__dis・an・nul__ /dìsənʌ́l/ 動 ⓣ 完全に取り消す.

*__dis・ap・pear__ /dìsəpíə | -píə/ 動 ⓘ ❶ 見えなくなる, 姿を消す (↔ appear): He ~*ed* into the night. 彼は夜のやみの中へ姿を消した. ❷ なくなる, 消滅する; 失踪(しっそう)する: That custom has ~*ed*. その習慣はすたれてしまった. __dò a disappéaring áct__ ⇨ act 图 成句. 〖DIS-+APPEAR〗 (图 disappearance) 【類義語】~ vanish.

†__dis・ap・pear・ance__ /dìsəpíərəns/ 图 Ⓤ,Ⓒ 消失, 消滅; 失踪(しっそう): ~ from home 家出. (動 disappear)

__dis・ap・ply__ /dìsəpláɪ/ 動 ⓣ 適用できないものとして扱う. __dìs・applicátion__ 图

*__dis・ap・point__ /dìsəpɔ́ɪnt/ 動 ⓣ ❶ 〈人を〉失望させる (let down) (cf. disappointed): The book ~*ed* him. その本に彼は失望したよ. ❷ 〈人の期待・目的を〉裏切る; 〈計画などを〉だめにする: The weather ~*ed* our plans. 天候のため私たちの計画はだめになった. 〖DIS-+APPOINT〗 (图 disappointment)

*__dis・ap・point・ed__ /dìsəpɔ́ɪntɪd⁻/ 形 (more ~; most ~) ❶ 失望した, がっかりした (cf. disappoint 1): a ~ man 失意の人 / give a ~ look がっかりした表情をする / He was very [very much, much] ~ *with* [*by, at*] the result. 彼はその結果たいへん失望した / He was ~ *at* not being invited. 彼は招かれなかったのでがっかりした / She was ~ *in* love. 彼女は失恋した / They were ~ *about* the election results. 彼らは選挙の結果に失望した / [*+to do*] I was ~ *to* find that he wasn't at home. 彼が不在だと知って私はがっかりした / [+(*that*)] She was ~ *that* she couldn't go to the party. 彼女はパーティーに行けなくてがっかりした. ❷〈希望など〉期待はずれの: a ~ hope かなえられなかった希望. ~__ly__ 副

*__dis・ap・point・ing__ /dìsəpɔ́ɪnṭɪŋ⁻/ 形 がっかりさせる, 期待はずれの, つまらない: How ~! ほんとにがっかりだね / The weather this summer has been ~. この夏の天候は期待はずれだ.

*__dis・ap・point・ment__ /dìsəpɔ́ɪntmənt/ 图 ❶ Ⓤ 失望, 期待はずれ: Her face showed ~. 彼女の顔に失望の色が浮かんだ / *To* my ~, the book was out of print. 失望したことにはその本は絶版だった. ❷ Ⓒ 失望のもと, 案外つまらない人[事, もの]: The drama was a ~. その劇は案外つまらなかった / I've been a ~ *to* my father; he wanted me to be a professor. 私は父にとって失望の種, 私に教授になってもらいたかったのだから. (動 disappoint)

__dis・ap・pro・ba・tion__ /dìsæprəbéɪʃən/ 图 =disapproval.

*__dis・ap・prov・al__ /dìsəprúːv(ə)l/ 图 Ⓤ 不可とすること; 不承認, 不賛成; 非難: frown in ~ 不賛成だとして顔をしかめる / He showed his ~ by raising an eyebrow. 彼は(片方の)まゆを上げて難色を示した. (動 disapprove)

*__dis・ap・prove__ /dìsəprúːv/ 動 ⓣ 〈...を〉非とする; 〈...に〉

不賛成である，難色を示す：My parents ～ *of* my friends. 私の両親は私の友人たちが気に入らない / Father ～*s of* my *going* to the mountains. 父は私が山に行くことを賛成しない．── [他] 〈…を〉不可とする，〈…に〉不満を示す；〈案などを〉不認可とする．〘DIS-+APPROVE〙

dìs·ap·próv·ing [形] 不賛成を示す，不満の；非難する．～**·ly** [副]

+**dis·arm** /dɪsάəm, dɪz- | -ά:m/ [動] [他] ❶ 〈人などから〉武器を取りあげる，〈…の〉武装を解除する：The gunman was ～*ed*. その殺し屋は凶器を取りあげられた．❷ 〈怒り・疑いなどを〉やわらげる：Her frankness ～*ed* me. 彼女の率直さは私の心をやわらげた．── [自] ❶ 〈国家が〉軍備を縮小[撤廃]する．❷ 武装を解除する．〘DIS-+ARM²〙（[名] disarmament）

+**dis·ar·ma·ment** /dɪsάəməmənt, dɪzάə- | -ά:m-/ [名] [U] ❶ 軍備縮小[撤廃]：a ～ conference 軍縮会議．❷ 武装解除．（[動] disarm）

dis·árm·er [名] 非武装論者，軍縮論者．

dìs·árm·ing [形] 怒り[警戒心(など)]を静める；無邪気な：a ～ smile (怒りも消えるような)人なつこい微笑．～**·ly** [副]

dis·ar·range /dìsəréɪnʤ/ [動] [他] 乱す，混乱させる．

dìs·ar·ránge·ment /-mənt/ [名] [U] かき乱し，混乱；乱脈．

+**dis·ar·ray** /dìsəréɪ/ [名] [U] 混乱，乱雑；だらしのない[乱れた]服装 (disorder)：in ～ 混乱して；だらしのない身なりで．── [動] [他] 〈…を〉混乱させる，乱す．

dis·ar·tic·u·late /dìsaətíkjʊlèɪt | -sɑ:-/ [動] [他] 〈…の〉関節をはずす；解体する．**dis·ar·tic·u·la·tion** /dìsaətìkjʊléɪʃən | -sɑ:-/ [名] [U,C] 関節離断[脱臼]．

dis·as·sem·ble /dìsəsémbl/ [動] [他] 〈機械などを〉取りはずす，分解する (dismantle)．── [自] ばらばらにする，分解する．

dìs·as·sém·bler [名] 〘電算〙ディスアセンブラー，逆アセンブラー．

dis·as·sem·bly /dìsəsémbli/ [名] [U,C] 分解，取りはずし；取りはずした状態．

dis·as·so·ci·ate /dìsəsóʊʃièɪt, -sièɪt/ [動] ＝dissociate. **dis·associátion** [名].

***di·sas·ter** /dɪzǽstə | -zά:stə/ [名] ❶ [C,U] (突然の)**大災害，大惨事**；大きな災難[不幸]：natural ～*s* 自然災害，天災 / ～ strikes 大災害がおこる．❷ [C] 大失敗；失敗作：The party was a ～. パーティーは惨たんたるものだった．〘F＜It＝悪い星回り＜L DIS-+*astrum* 星 (＜Gk *astron*)〙（[形] disastrous）【類義語】**disaster** 突然の，または大きな災害で，生命・財産などを失わせたりするもの．**calamity** 多大の苦しみや悲しみを人々にもたらす災害・不幸．**catastrophe** 取り返しのつかない損失のため悲惨な結末となるような大災害．

disáster àrea [名] ❶ 災害[被災]地域．❷《米》(救助法適用の)非常災害地域 (cf. DISTRESSED area).

disáster relièf [名] [U] 災害救援金[物資]．

***di·sas·trous** /dɪzǽstrəs | -zά:s-/ [形] ❶ **災害の[を引き起こす]，悲惨な，損害の大きい，破滅的な**：a ～ fire [earthquake] 大火災[地震] / The climate was ～ *to* his health. その気候は彼の健康にとても悪かった．❷ ひどい，惨たんたる：a ～ party 惨たんたるパーティー．～**·ly** [副]（[名] disaster）

dis·avow /dìsəváʊ/ [動] [他] 〈…についての〉責任[知識，支持，関与(など)]を否認[否定]する：I ～ you. 私は君など関知しない．

dis·avow·al /dìsəváʊəl/ [名] [C,U] 〔責任などの〕拒否，否認〔*of*〕．

+**dis·band** /dɪsbǽnd/ [動] [他] 〈隊・組織などを〉解散する．── [自] 〈隊・組織などが〉解散する．

dis·bánd·ment /-mənt/ [名] [U] 解散，解除，除隊．

dis·bar /dɪsbάə | -bά:/ [動] [他] (**dis·barred; dis·bar·ring**) ❶ 〈人から〉弁護士 (barrister) の資格[特権]を剝奪(はくだつ)する《★ 通例受身》．❷ 〈人を〉〔…から〕除外する〔*from*〕．

+**dis·be·lief** /dìsbəlí:f, -bɪ-/ [名] [U] ❶ 信じ(ようとし)ないこと，不信(用)，疑惑：He looked at her in ～. 彼は信じられないという顔つきで彼女を見た．❷ 不信仰〔*in*〕(★⇨unbelief [比較])．

dis·be·lieve /dìsbəlí:v, -bɪ-/ [動] [他] 信じない，信用しない，疑う：I ～ him [his story]. 私は彼の言うことを信じない《[比較] I don't believe him [his story]. のほうが一般的》．── [自] 〔神[霊・宗教]を〕信じない〔*in*〕，不信心である．**dis·belíever** [名] 信じない人；不信仰者．

dìs·bénefit [名] 不利益，損失．

dis·bud /dìsbʌ́d/ [動] [他] 〈…の〉芽を摘む；〈動物の〉若角を切る．

dis·bur·den /dìsbə́:dn | -bə́:-/ [動] [他] ❶ 〈…から〉荷を下ろす．❷ 〈心の〉重荷を下ろす．❸ 〈悩み・秘密を〉打ち明ける．

dis·burse /dɪsbə́:s | -bə́:s/ [動] [他] 〈金・費用を〉支払う，支出する．**dis·búrs·er** [名]

dis·búrse·ment /-mənt/ [名] ❶ [U] 支払い，支出．❷ [C] 支払[支出]金，出費．

+**disc** /dísk/ [名] ＝disk.

dis·calced /dɪskǽlst/ [形] 〈修道士・修道女など〉靴を履いていない，裸足の，(はだしで)サンダルを履いた，跣足(せんそく)の．

dis·card /dɪskάəd | -kά:d/ [動] [他] ❶ 〈不要なものを〉捨てる，処分する (cast aside)：～ old beliefs 古い信仰を捨てる / ～ old clothing 古着類を処分する．❷ 〘トランプ〙〈不用の手札を〉捨てる．── [自] 〘トランプ〙不用の手札を捨てる．── /dískaəd | -kɑ:d/ [名] ❶ **a** [U] 放棄，廃棄．**b** [C] 捨てられたもの[人]．❷ [C] 〘トランプ〙捨て札．〘DIS-+CARD¹〙

dis·car·nate /dɪskάənət, -nèɪt | -kά:-/ [形] 肉体のない，肉体を離れた，実体のない．

dísc bràkes [名] [複] (自動車などの)ディスク[円板]ブレーキ．

dísc càmera [名] ディスクカメラ《ディスク状フィルムカートリッジを用いて，本体を薄くした小型カメラ》．

+**dis·cern** /dɪsə́:n, -zə́:n | -sə́:n, -zə́:n/ [動] [他] 《★ 進行形なし》❶ **a** 〈…を〉わかる，理解する，識別する，〈…に〉気づく：～ differences between A and B AとBの相違点に気づく[が分かる] / 〔+*wh.*〕It is difficult to ～ *what* changes should be made in this case. この場合にどのような変更をしなければならないかを見きわめるのは難しい．**b** 〈…と…とを〉見分ける，識別する：～ good *and* evil＝～ good *from* evil 善と悪とを見分ける．❷ 〈…が〉かろうじて見える[聞こえる]，〈…を〉どうにか認める：～ a distant figure 遠くの人影を認める．〘F＜L＝ふるいにかける＜DIS-+*cernere* ふるいにかける (cf. certain)〙

+**dis·cern·i·ble** /dɪsə́:nəbl, -zə́:n- | -sə́:n-, -zə́:n-/ [形] 認められる；認識[識別]できる．**dis·cérn·i·bly** /-nəbli/ [副]

dis·cérn·ing [形] 洞察[識別]力のある (discriminating)：a ～ critic 洞察力のある批評家．

dis·cérn·ment /-mənt/ [名] [U] 識別(力)；眼識，洞察力．

***dis·charge** /dɪstʃάəʤ | -tʃά:ʤ/ [動] [他] **A** ❶ **a** 〈人を〉(束縛・義務などから)**解放する，釈放する**：～ prisoners 囚人を釈放する / ～ a debtor *from* his debts 債務者の債務を免除する．**b** 〈人を〉〔…のために〕**解雇する**：～ the clerk *for* dishonesty [be*ing* dishonest]. 社員を不正のため解雇する．❷ 〈職務などを〉**果たす**，履行する；〈負債を〉弁済する，支払う：～ one's duties 職責を果たす．

── **B** ❶ **a** 〈…を〉〔…に〕**排出する**，吐き出す：～ industrial waste *into* a river 工場廃水を川に放出する / ～ smoke 煙を出す / ～ pus 〈傷が〉うみを出す．**b** [～ one*self* で] 〈川が〉〔…に〕注ぐ：The Sumida river ～*s itself into* Tokyo Bay. 隅田川は東京湾に注ぐ．❷ **a** 〈銃砲を〉**発射する**；〈弓矢を〉射る：～ a gun 発砲する / ～ an arrow *at* a target 的に矢を射る．**b** 〘電〙〈電気を〉放つ：～ electricity 放電する．❸ **a** 〈船から〉**荷を下ろす**，荷揚げする：～ a ship 船から荷揚げする．**b** 〔船から〕〈荷を〉下ろす：～ a cargo (*from* a ship) (船から)荷を下ろす．**c** 〈乗り物が〉〈乗客を〉降ろす：The bus ～*d* its passengers. バスは乗客を吐き出した．

── [自] ❶ 〈船が〉荷下ろしする，荷揚げをする．❷ 〈川が〉〔…に〕注ぐ：The river ～*s into* the sea. その川は海に注ぐ．❸ 〈傷口などが〉うみを出す．❹ 放電する．

── /dístʃaəʤ, ─́ ─̀ | dístʃɑ:ʤ, ─ ─́/ [名] **A** ❶ **a** [U] 解放，釈放，除隊；解職，解雇〔*from*〕．**b** [C] 解任状，除隊

証明書. ❷ ⓤ 〖(義務の)遂行; (債務の)履行, 償還 〖of〗.
── B ❶ Ⓤ.Ⓒ a 放出, 流出; 〖電〗放電. b 排出物; 流出量[率]: (a) ～ *from* the ears [eyes, nose] 耳だれのうみ [目やに, 鼻水]. ❷ Ⓤ.Ⓒ 発射, 発砲. ❸ Ⓤ 荷揚げ, 荷下ろし.
〖DIS-+CHARGE〗【類義語】⇒ free.

dischárged bánkrupt 名 免責破産者.
dis·chárg·er 名 放出者[具]; 〖電〗放電器.
díscharge tùbe 名 〖電〗放電管.
dis·ci /dískaɪ/ 名 discus の複数形.
⁺**dis·ci·ple** /dɪsáɪpl/ 名 門弟, 門人, 弟子; [しばしば D~] キリスト十二使徒 (the Apostles) の一人. **dis·cip·u·lar** /dɪsípjʊlə/ ‐lə‐/ 形 〖F<L=学ぶ者〗.
dis·cí·ple·ship 名 Ⓤ 弟子の身分[期間].
dis·ci·plín·a·ble /dìsəplínəbl/ ‐‐‐‐/ 形 ❶ 訓練することができる. ❷ 〈罪など〉懲戒さるべき.
dis·ci·pli·nar·i·an /dìsəplɪ́n(ə)riən/ 名 (厳重な)規律励行者, 厳格な人. ── 形 = disciplinary.
⁺**dis·ci·pli·nar·y** /dísəplɪnèri | ‐nəri/ 形 ❶ 規律上の; 懲戒の: a ～ committee 懲戒委員会 / take ～ measures 懲戒の処置をとる. ❷ しつけの, 訓練上の. ❸ 学問の; 専門科目の. 〖⇒ discipline〗
＊**dis·ci·pline** /dísəplɪn/ 名 ❶ Ⓤ 規律, 統制; 戒律; 自制(心), 抑制: keep [preserve] ～ 規律を守る / break ～ 規律を破る. ❷ a Ⓤ 訓練, 鍛錬, 修養, しつけ; 教練: military ～ 軍事訓練, 教練. b Ⓒ 訓練法, 修業法: a good ～ for the memory 記憶力のすぐれた訓練法. ❸ Ⓤ 懲戒, 折檻(せっかん): He needs ～. 彼には～が必要だ. ❹ Ⓒ 学問(の分野); (大学の)専門分野, 学科 (subject).
── 他 ❶ 〈人を〉訓練する; しつける: ～ oneself 自己を鍛える. ❷ 〈人を〉…のことでおしおきする: ～ a child *for* bad behavior 行儀が悪いので子供を折檻する. 〖F<L; ⇒ disciple, ‐ine¹〗 (形 disciplinary)
dís·ci·plined 形 規律[統制]のとれた; 訓練された, 鍛えられた; 〈方法など〉厳格な.
dísc jòckey¹ 名 ディスクジョッキー (略 DJ; cf. deejay).
dis·claim /dɪskléɪm/ 動 他 ❶ 〈責任・関係などを〉否認する (deny): He ～ed any responsibility for the accident. 彼は事故にはまったく責任がないと言った. ❷ 〖法〗〈権利などを〉放棄する, 棄権する.
dis·cláim·er 名 ❶ (責任・権利などの)否認; 放棄; 棄権. ❷ 〖法〗否認[放棄]声明書[文].
＊**dis·close** /dɪsklóʊz/ 動 他 ❶ 〈…を〉〈人に〉明らかにする, 発表する, 公開する: He ～d his intentions *to* us. 彼は我々に自分の意図を明らかにした / [+*that*] He ～d *that* he had submitted his resignation. 彼は辞表を提出したことを明らかにした. ❷ a 〈隠れていたものを〉あらわにする, 露出させる (reveal): Opening her palm, she ～d a gold coin. 手のひらを開いて彼女は 1 枚の金貨を見せた. b 〈秘密などを〉暴露する, 摘発する: ～ a secret 秘密をすっぱ抜く / A review of the facts ～d his error. 事実の再調査から彼の誤りが発覚した. 〖DIS-+CLOSE〗 (名 disclosure)
＊**dis·clo·sure** /dɪsklóʊʒə | ‐ʒə/ 名 ❶ Ⓤ 暴露, 発覚; (情報の)公開, 発表, 開示. ❷ Ⓒ 発覚した事柄; 公開情報. (動 disclose)
＊**dis·co** /dískoʊ/ 名 (複 ～s) ❶ Ⓒ 〖口〗ディスコ. ❷ Ⓤ ディスコ音楽; ディスコ調. 〖DISCO(THEQUE)〗
dísco biscuit 名 〖英俗〗ディスコビスケット 〖ドラッグ Ecstasy の俗称〗.
dis·cob·o·lus, ‐los /dɪskɑ́bələs/ 名 (複 ‐li /‐laɪ/) (古代ギリシアなどの)円盤投げ選手.
dis·col·or, (英) **‐our** /dɪskʌ́lə | ‐lə/ 動 他 変色する, 色あせる. ── 自 変色させる, 〈…の〉色をよごす.
dis·col·or·a·tion, (英) **‐our‐** /dɪskʌ̀lərèɪʃən/ 名 ❶ Ⓤ 変色, 退色. ❷ Ⓒ (変色で生じた)しみ.
dis·cól·ored, (英) **‐oured** 形 変色[退色]した.
dis·com·bob·u·late /dìskəmbɑ́bjʊlèɪt | ‐bɔ́b‐/ 動 他 〖米戯言〗〈人を〉まごつかせる, 困惑させる 《★ しばしば過去分詞で形容詞的に用いる》.
dis·com·fit /dɪskʌ́mfɪt/ 動 他 〖文〗〈人を〉まごつかせる, 当惑させる 《★ 通例受身》.

dis·com·fi·ture /dɪskʌ́mfətʃə | ‐tʃə/ 名 Ⓤ ❶ (計画などの)挫折, 失敗. ❷ ろうばい, 当惑.
＊**dis·com·fort** /dɪskʌ́mfət | ‐fət/ 名 ❶ Ⓤ a 不快(感); 軽い痛み: The hot weather caused me much ～. 暑い天候なので私はつらかった. b (軽い)不安, 当惑. ❷ Ⓒ [通例複数形で] いやな事, 不便. ── 他 〈人を〉不快[不安]にする. 〖DIS-+COMFORT〗
discómfort ìndex 名 不快指数 (⇒ temperature‐humidity index).
dis·com·mode /dìskəmóʊd/ 動 他 〈人に〉迷惑[手数, 不便(など)]をかける; 困らせる, 悩ます.
dis·com·pose /dìskəmpóʊz/ 動 他 〈…の〉(心の)落ち着きを失わせる, 〈人を〉不安にする. 〖類義語〗⇒ disturb.
dis·com·po·sure /dìskəmpóʊʒə | ‐ʒə/ 名 Ⓤ 心の動揺, 不安, ろうばい, 当惑.
dis·con·cert /dìskənsə́ːt | ‐sə́ːt/ 動 他 ❶ 〈人を〉ろうばい[どぎまぎ]させる, 面くらわせる, 当惑させる (⇒ disconcerted). ❷ 〈計画などを〉くつがえす, 混乱させる.
dis·con·cért·ed /‐tɪd/ 形 〈…して〉ろうばいした, 当惑した: He was ～ *to* discover that he had lost the papers. 彼はその書類を紛失したことに気づいてろうばいした.
⁺**dis·con·cért·ing** /‐tɪŋ/ 形 ろうばいさせるような, 当惑させる(ような). ~**·ly** 副 面くらわせるように, まごつくほど(に).
dis·con·firm 動 〈…の〉無効[虚偽]を証明する, 反証[否定, 否認]する.
dis·con·form·i·ty 名 ❶ Ⓤ 不一致, 食い違い. ❷ 〖地〗(地層の)平行不整合, 非整合.
⁺**dis·con·nect** /dìskənèkt/ 動 他 ❶ 〈機器などを〉電源[動力源(など)]から切り離す[抜く], 〈…の〉(電源)などを切る: ～ a plug プラグを抜く. ❷ 〈電気・ガス・電気などを〉止める; 〈人・建物などへの〉電気(などの)供給を止める. ❸ 〈人の〉電話[通信(など)]を切る[切断する]: I've been ～ed. (話し中に)電話が切れてしまった. ❹ 〈…を〉〈…から〉切り離す 〖*from*〗. ── 自 (ネットワークなどとの)接続を切る, 〔…から〕切断する 〖*from*〗. ── 名 〖米〗Ⓒ.Ⓤ ❶ 相違; 懸隔; 〖(関連)のなさ〗いうこと. ❷ (集団・組織などに対しての)愛着(など)を感じないこと, 疎隔[隔絶]感. ❸ 切り離す[離される]こと, (ネットワークなどからの)切断. 〖DIS-+CONNECT〗
dis·con·néct·ed 形 ❶ 切り離された, 〔…から〕遊離した 〖*from*〗. ❷ 〈話などが〉まとまりのない, 支離滅裂な. ~**·ly** 副
dis·con·nec·tion /dìskənèkʃən/ 名 Ⓤ.Ⓒ 断絶; 切断; 〖電〗断線.
dis·con·so·late /dɪskɑ́ns(ə)lət | ‐kɔ́n‐/ 形 ❶ ひどく落胆した, 悲嘆に暮れた, 慰め(よう)のない, 不幸な 〖dejected〗. ❷ 〈雰囲気など〉気のめいるような, 陰鬱(いんうつ)な. ~**·ly** 副
⁺**dis·con·tent** /dìskəntént/ 名 ❶ Ⓤ 不平, 不満 (⇔ contentment): D~ *with* his job led him to resign. 仕事の不満で彼は辞職する気になった. ❷ Ⓒ 不平[不満]を抱いている人. 〖DIS-+CONTENT〗
dis·con·tént·ed /‐tɪd/ 形 不平のある, 不満の, 不機嫌な: ～ workers 不満たらたらの労働者たち. ── 名 (状況などに)不満をいだいている人, 不満分子. ~**·ly** 副
dis·con·tént·ment /‐mənt/ 名 Ⓤ 不平, 不満 〖*with*〗.
dis·con·tin·u·ance /dìskəntínjuəns/ 名 Ⓤ 停止, 中止, 断絶, 廃止.
dis·con·tin·u·a·tion /dìskəntìnjuéɪʃən/ 名 = discontinuance.
⁺**dis·con·tin·ue** /dìskəntínju:/ 動 他 〈…を〉(続けることを)やめる; 停止[休止]する, 中止[中断]する; 〈製品の製造[販売]を中止する; 〈薬の服用をやめる: ～ (the publication of) a newspaper 新聞を廃刊する / ～ one's subscription to a newspaper 新聞をとるのをやめる / He had to ～ taking lessons. 彼はレッスンを受けるのを中止しなければならなかった. 〖DIS-+CONTINUE〗
dis·con·ti·nu·i·ty /dìskɑntɪn(j)úːəti | ‐kɔ̀ntɪnjúː‐/ 名 ❶ Ⓤ 不(非)連続(性): a line of ～ 〖気象〗不連続線. ❷ Ⓒ 切れ目, とぎれ, 隔たり (gap); 中断, 断絶 (break).

❸ ©［数］不連続点.

dis·con·tin·u·ous /dìskəntínjuəs⁻/［形］❶ とぎれとぎれの, 断続的な (intermittent). ❷［数］不連続の.
~·ly［副］

dis·co·phile /dískəfàɪl/［名］レコード収集家.

⁺**dis·cord** /dískɔːd | -kɔːd/［名］❶ ⓤ 不一致, 不和, 仲たがい, 内輪もめ (↔ concord; conflict): be in ~ with...と調和していない / ⇒ the APPLE of discord［成句］. ©ⓤ［楽］不協和音 (↔ accord, concord, harmony).
——/—⁻, —⁻—⁻/［動］⊜ (古)［...と］一致しない, 不和である［with, from］.〖F＜L＝心が一致していない〈DIS＋cor, cord- 心 (courage)〉〗

dis·cor·dance /dɪskɔ́ədəns, -dns | -kɔ́ː-/［名］ⓤ 不(調)和, 不一致.

dis·cor·dan·cy /dɪskɔ́ədənsi, -dn- | -kɔ́ː-/［名］= discordance.

dis·cor·dant /dɪskɔ́ədənt, -dnt- | -kɔ́ː-/［形］❶ 調和[一致]しない. ❷〈音声が〉調子はずれの, 耳ざわりな. ~·ly［副］

dis·co·theque /dískətèk, ⸺⸺/［名］= disco.〖F＜disque レコード＋bibliothèque 図書館〗

*__dis·count__ /dískaʊnt/［名］©ⓤ 割引, 減価;［商］割引額[率] (reduction): a banker('s) [cash] ~ 銀行[現金]割引 / get [obtain] a ~ 割引してもらう / make [give, allow] (a) 5% ~ [a ~ of 5%] on cash purchases 現金買いには5%分の割引を見出す / You should make some ~ before accepting that story. その話をいくらか割引して聞いた方がよい. **at a discount** (1) (額面以下に)割引して: buy at a ~ 割引で買う. (2) 軽んじられて, 不人気で: Conservatism is now at a ~. 保守主義は今は人気がない.
——/dískaʊnt, —⸺/［動］⊕ ❶〈...を〉割引する: ~ ten percent for purchases in quantity. 大量購入には10%の割引をする. ❷〈話などを〉割引して聞く[考える]: ~ the possibility of...の可能性を軽く考える / We must ~ half of what he says. 彼の言うことは話半分に聞かねばならない. ❸〈...の〉価値・効果を落とす. ❹［商］〈手形を〉割引して手放す[買い入れる].〖DIS＋COUNT¹〗

dis·count·a·ble /dískaʊntəbl, ⸺⸺/［形］割引できる;〈期間など〉特別割引の.

díscount bròker［名］手形割引仲買人.

discóunted cásh flòw /-tɪd-/［名］ⓤ［経営］割引キャッシュフロー法, 現金収支割引法.

dis·coun·te·nance /dɪskáʊntənəns/［動］⊕ ❶〈人の行為・ふるまいに〉いい顔をしない, 賛成しない, 認めない. ❷〈人を〉当惑させる.

dís·count·er /-tə/ -tə/［名］= discount store.

díscount hòuse［名］❶ = discount store. ❷ (英) (為替手形などの)割引商会.

díscount ràte［名］公定歩合; 手形割引歩合[率].

díscount stòre［名］量販割引店, ディスカウントストア[ショップ].

*__dis·cour·age__ /dɪskə́ːrɪdʒ | -kʌ́r-/［動］⊕ ❶〈人の〉勇気[やる気]を失わせる,〈人を〉落胆させる (↔ encourage)《★しばしば受身で用い, 「人が落胆する, やる気をなくす」の意になる; 前置詞は at, by》: Repeated failures ~d him. 失敗続きで彼はくじけてしまった / Don't be ~d at failure. 失敗に力を落とすな. ❷〈人に〉...することを思いとどまらせる:［＋目＋from＋doing］They tried to ~ their son from marrying the girl. 彼らは息子がその娘と結婚しようとするのを思いとどまらせようとした. ❸〈計画・行動などを〉思いとどまらせ,...に水を差す: ~ office romances 社内恋愛を認めない /［＋doing］We ~ smoking among our employees. 我々は従業員の喫煙をやめるようにしすいる.〖DIS＋COURAGE〗

dis·cóur·age·ment /-mənt/［名］❶ **a** ⓤ 落胆, 失望; がっかりすること (↔ encouragement). **b** © がっかりさせるもの. ❷ ⓤ 思いとどまらせること, 反対. **b** © 思いとどまらせるもの, 抑止力(になるもの) (deterrent).

dis·cóur·ag·ing［形］落胆させる, 元気をくじく(ような), 思わしくない (↔ encouraging): The results were ~. 結果にはがっかりした. ~·ly［副］がっかり[落胆]させるほど.

*__dis·course__ /dískɔəs, —⸺ | dískɔːs, —⸺/［名］❶《文》a ⓤ 談話, 対話; 談話, 対談: be in ~ with...と談話して, と語り合って / hold ~ with...と語る. **b** © 講話, 講演; 論説, 論文 (upon, on). ❷ ⓤ［言］談話, ディスコース (発話の連続体).
——/—⁻—/［動］⊜《文》［...と］話す, 語る; 演説［講演, 説教］する; 論述する (upon, on).〖L＝話しがあちこちに行くこと; ⇒ dis-, course¹〗【類義語】⇒ speak.

díscourse anàlysis［名］談話分析.

díscourse màrker［名］［文法］談話標識 (談話を部分に分ける語句; 例 well, I mean).

dis·cour·te·ous /dɪskə́ːtiəs | -kə́ːt-/［形］❶ 失礼な, しつけな, 不作法な. ~·ly［副］ ~·ness［名］

dis·cour·te·sy /dɪskə́ːtəsi | -kə́ː-/［名］❶ ⓤ 非礼, ぶしつけ, 不作法. ❷ © 無礼な言行.

*__dis·cov·er__ /dɪskʌ́və | -və/［動］⊕ ❶〈人が〉〈未知のものを〉発見する: Henry Hudson ~ed a large bay which now bears his name. ヘンリー・ハドソンは今彼の名のついている大きな湾を発見した. ❷〈...が〉わかる,〈...を〉知る, 悟る,〈...に〉気づく: ~ the truth 真実を知る /［＋(that)］I ~ed that he was unreliable. 彼が当てにならない人間であることが分かった /［＋目＋to be 補］He ~ed the girl to be his real daughter. 彼はその少女が自分の本当の娘であることを知った《変換》He ~ed that the girl was his real daughter のほうが一般的》 /［＋wh.］We never ~ed where he had got it. 彼がどこでそれを入手したかわからなかった. ❸〈受身で〉〈...の〉才能を見出す.〖DIS＋COVER〗
［名］discovery.【類義語】⇒ invent.

dis·cov·er·a·ble /dɪskʌ́v(ə)rəbl/［形］発見できる.

dis·cóv·ered chéck［名］［チェス］ディスカバードチェック (将棋の「空き王手」に相当).

dis·cóv·er·er /-v(ə)rə | -rə/［名］発見者.

*__dis·cov·er·y__ /dɪskʌ́v(ə)ri/［名］❶ ⓤⓒ 発見: make an important ~ 重要な発見をする / the ~ of radium by the Curies キュリー夫妻によるラジウムの発見 /［＋that］He was shocked at the ~ that she had embezzled from his business. 彼は彼女が自分の商売から(金を)横領したのを知って衝撃を受けた. ❷ © 発見したもの, 発見物: a recent ~ 最近発見したもの.（［動］discover）

Discóvery Dày［名］= Columbus Day.

*__dis·cred·it__ /dɪskrédɪt/［動］⊕ ❶〈...を〉疑う, 信用しない: The theory has been ~ed. その学説は信用されなくなった. ❷〔...に対して〕...の中で〈...の〉信用を傷つける, 評判を悪くする［with; among］: Such conduct will ~ you **with** your friends. そんなことをすると君は友人の信用をそこなうことになる.
——［名］❶ ⓤ 不信用, 不信任, 不名誉;［a ~］不名誉なもの[人]: fall into ~ 信用されなくなる / This will bring the store into ~. このため店は信用されなくなるだろう / That brought ~ on his name. そのため彼の名誉が傷ついた. ❷ ⓤ 不信, 疑惑: throw ~ on [upon]...に疑惑を投げかける.〖DIS＋CREDIT〗

dis·cred·it·a·ble /dɪskrédɪtəbl⁻/［形］〈行為が〉信用を傷つけるような,〔...に〕不評判になるような, 不面目な, 恥ずべき (to). **-a·bly** /-təbli/［副］不名誉にも, 恥ずべきことに.

*__dis·creet__ /dɪskríːt/［形］(more ~; most ~) ❶〈人・行動が〉分別のある, 思慮深い, 慎重な［で］(↔ indiscreet): a ~ answer 慎重深い人[回答] / He's ~ in his behavior [in choosing his friends]. 彼は行動が[友人の選び方が]慎重だ /［＋of＋代名(＋to do) / ＋to do］It was ~ of him not to say her name. = He was ~ not to say her name. 彼女の名前を言わなかったとは彼も慎重だった. ❷ 控えめな, 目立たない: a ~ passageway 目立たない通路. ~·ly［副］〖F＜L＜discernere 識別する (⇒ discern)〗（［名］discretion)

⁺**dis·crep·an·cy** /dɪskrép(ə)nsi /［名］ⓤⓒ (陳述・計算などの)矛盾, 不一致, 食い違い (between, in) (inconsistency): There's a ~ **between** the two reports. その二つの報告書には食い違いがある. （［形］discrepant）

dis·crep·ant /dɪskrép(ə)nt/［形］矛盾した, 食い違いでつまが合わない.〖L＝騒音を立てる〗（［名］discrepancy）

dis·crete /dɪskríːt/［形］分離した, 個別的な, 別々の (↔ indiscrete); 不連続の: a ~ quantity［数］離散量.

~・ly 副　~・ness 名　《F<L; DISCREETと二重語》

*dis・cre・tion /dɪskréʃən/ 名 U ❶ 思慮分別, 慎重 (↔ indiscretion): the age [years] of ~ 分別年齢 (英その法律では14歳) / act with ~ 慎重に行動する / Viewer ~ is advised. 視聴者の慎重な判断をお願いします《暴力・性的描写を含む放送の前に流れる警告》/ D- is the better part of valor. 《諺》用心は勇気の大半, 「君子危きに近よらず」《用例》 しばしば卑怯(ひきょう)な行為の口実にも用いる). ❷ 行動[判断, 処理]の自由, (自由)裁量: use one's ~ 適宜に計らう / We leave things to your ~. 私たちはすべてをあなたの裁量[一存]に任せます / It is within your ~ to settle the matter. その事の解決は君の裁量の範囲内だ / [+to do] You have full ~ to act. 君には十分に行動の自由がある. at the discrétion of...(自由)裁量で: This fund is used at the ~ of the mayor. この資金は市長の自由裁量で使用される. be the sóul of discrétion 大変慎重である. (形 discreet, discretionary)

*dis・cré・tion・ar・y /-ʃənèri, -ʃ(ə)nəri/ 形 任意の, 自由裁量の: ~ orders《商》成り行き注文 / ~ powers to act 任意の行動をとることのできる権能. (名 discretion)

discrétionary íncome 名《経》裁量所得 (可処分所得から基本的な生活費を控除した残額).

dis・crim・i・na・bil・i・ty /dɪskrìmənəbíləṭi/ 名 U 区別[識別]できる[する能力].

dis・crim・i・na・ble /dɪskrímənəbl/ 形 区別[識別]できる. -bly /-bli/ 副

dis・crim・i・nant /dɪskrímənənt/ 名 ❶ 弁別手段. ❷《数》判別式.

*dis・crim・i・nate /dɪskrímənèɪt/ 動 自 ❶《...と...とを》区別する, 識別[弁別]する: ~ *between* reality and ideals 現実と理想とを識別する. ❷ a 《...に対して》分け隔てをする, 差別待遇する: ~ *against* women employees 女性従業員を差別待遇する. b 《...をえこひいきする: He always ~*s in favor of* his friends. 彼はいつも友人をえこひいきする. ― 他《...を...と》識別する, 区別する;《物事が》〈...と...との〉区別[違い]を示す: ~ *good books from poor ones* 良書と無価値な書物とを区別する. -ly 副 《L *discrimen* 区別<*discernere*; ⇒ discern》 (名 discrimination, 形 discriminatory)【類義語】⇒ distinguish.

dis・crím・i・nàt・ing /-tɪŋ/ 形 区別できる; 識別力のある (discerning): a ~ palate 味をきき分ける舌. ❷ 差別的な (《比較》 discriminatory のほうが一般的): a ~ tariff 差別税率. -ly 副

*dis・crim・i・na・tion /dɪskrìmənéɪʃən/ 名 U ❶ 差別(待遇): racial [sexual] ~ 人種[性]差別 / ~ against women in promotion 昇進における女性への差別 / without ~ 分け隔てなく, 平等に / ⇒ positive discrimination, reverse discrimination. ❷ 区別, 識別(力), 見識 (discernment). (動 discriminate)

dis・crim・i・na・tive /dɪskrímənèɪṭɪv, -nət-/ 形 =discriminating.

dis・crím・i・nà・tor /-tə-| -tə/ 名 ❶ 識別[差別]する人. ❷《電》弁別装置 (周波数・位相などを弁別する).

*dis・crim・i・na・to・ry /dɪskrímənətɔ̀:ri | -təri, -tri/ 形 ❶ 差別的な: a ~ practice 差別的な慣行. ❷ 識別の (動 discriminate)

dis・cur・sive /dɪskə́ːsɪv | -ká:-/ 形 ❶《文・話など》散漫な, とりとめのない. ❷《哲》推理[推論]的な. ~・ly 副　~・ness 名

dis・cus /dískəs/ 名 (徴 ~・es, dis・ci /dískaɪ, dísaɪ/) ❶ C (競技用の)円盤. ❷ =discus throw. 《L<Gk; ⇒ disc》

*dis・cuss /dɪskʌ́s/ 動 他《...を》論じる, 討論する, 話し合う《用法 discuss about... は非標準的》: ~ the world situation 世界情勢について話し合う / the problem *with* my friends 友人たちとその問題を討論する / [+ *doing*] We ~ed joining the club. 我々はそのクラブに加入することについて話し合った《用法 [+to do] は不可》/ [+ *wh*.] They ~ed how the problem could be solved. = They ~ed how to solve the problem. 彼らはどうしたらその問題が解けるか検討し合った《用法 [+ *that*] または [+

用) は不可). 《L=振ってばらばらにする<DIS-+*quatere*, *quass-* 振る (cf. percussion)》 (名 discussion) 【類義語】 discuss 満足のいく結論に達するためにいろいろ異なった意見を整理的・建設的に出し合っての話し合いに用いる. argue 自分の考えを主張し, 相手の説を反駁(はんばく)するために理由や証拠をあげて議論する, 論証する; 感情的な議論にも用いる. debate 公の問題を賛成・反対に分かれて公開の席上で公式に討議する. dispute 対立する意見をぶつけ合って感情的に激しい議論をする.

dis・cus・sant /dɪskʌ́s(ə)nt/ 名 討議者, 討論参加者.

dis・cúss・er 名 議論する人, 討論者.

*dis・cus・sion /dɪskʌ́ʃən/ 名 U.C 討論, 論議, 討議, 話し合い, 検討 (*about*, *on*, *of*): the issue under ~ 討議[審議]中の問題 / come up for ~〈問題などが〉討議に持ち出される / We had a ~ *about* [*on*] that. 我々はそれについて話し合った. (動 discuss)

díscus thròw 名 [the ~] 円盤投げ.

*dis・dain /dɪsdéɪn/ 名 U 軽蔑感, 侮蔑(の態度)《for》: with ~ 軽蔑(感)をもって, 侮蔑的な態度で. ― 動 他 ❶《...を》軽蔑する (★ 進行形なし): ~ the offer of a bribe わいろの申し出に見向きもしない. ❷《...することを》潔(いさぎよ)しとしない, 恥とする (★ 進行形なし・受身不可): He ~*ed to* reply to the insult. 彼はその侮辱にこたえるのも潔しとしなかった. 《F<L=無価値なものとして拒否する》 (類義語) ⇒ despise.

dis・dain・ful /dɪsdéɪnf(ə)l/ 形 軽蔑的な; 《...を》軽蔑[無視]して: a ~ glance 軽蔑的な一瞥(ぺっ) / He's ~ *of* danger. 彼は危険をものともしない. -ly /-fəli/ 副

*dis・ease /dɪzíːz/ 名 U.C ❶ (人間・動植物の)病気, 疾病: heart ~ 心臓病 / an infectious ~ 伝染病 / catch [suffer from] an incurable ~ 不治の病気にかかる[かかっている] / a hereditary ~ 遺伝病 / a serious ~ 重病. ❷ (社会状態などの)不健全(な状態), 病弊, 弊害: ~*s* of society [the mind] 社会[精神]の病弊. 《F; ⇒ dis-, ease》 (関連 morbid) 【類義語】 ⇒ illness.

*dis・eased 形 ❶ 病気にかかった: the ~ part 患部. ❷ 病的な. ~ a fancy 病的な空想.

dìs・écon・omy 名 不経済; 費用増大(の要因).

dis・em・bark /dìsɪmbáːk, -em- | -báːk/ 動 自 下船する, 上陸する (*from*); 降りる (get off).

dis・em・bar・ka・tion /dìsèmbəkéɪʃən | -ba:-/ 名 U 陸揚げ, 荷下ろし; 下船, 下車.

disembarkátion càrd 名 入国カード.

dis・em・bar・rass /dìsɪmbǽrəs, -em- | -em- | 動 他 ❶《~ oneself で》〈困難・重荷などを〉免れる;(ほっと)安心する《*from*, *of*》. ❷《まれ》〈人を〉困難・責任などから〉解放する《*from*, *of*》. ~・ment /-mənt/ 名

dis・em・bod・ied /dìsɪmbɑ́dɪd, -em- | -bɔ́d-/ 形 A ❶〈声などが〉姿の見えない人からの. ❷ 肉体から分離した.

dis・em・bod・y /dìsɪmbɑ́di, -em- | -bɔ́di/ 動 他 ❶〈霊魂などを〉肉体から離脱[遊離]させる;〈概念・理論などから〉現実性[具体性]を取り去る. -embódiment 名

dis・em・bogue /dìsɪmbóʊg, -em- | 動 自《詩・文》〈川が〉〈海などに〉注ぐ, 流れ出る《*into*》.

dis・em・bow・el /dìsɪmbáʊəl, -em- | 動 他 (-eled, 《英》-elled; -el・ing, 《英》-el・ling)〈動物などの〉内臓を抜き出す (《比較》魚・鶏などの内臓を抜く時には clean, gut を用いる). ~・ment 名

dis・em・broil /dìsɪmbrɔ́ɪl, -em- | 動 他《古》〈混乱・もつれから〉〈...を〉解き放つ《*from*》.

dis・em・pow・er /dìsɪmpáʊə | -páʊə/ 動 他〈...の〉力(強さ)[自信]を奪う,〈...を〉無力にする.

dis・en・chant /dìsɪntʃǽnt, -en- | -tʃɑ́ːnt/ 動 他 ❶《...に対して》〈人の〉迷いをさます,〈人に〉幻滅を感じさせる《*with*》 (cf. disenchanted). ❷《...の》魔法を解く. ~・ment 名

*dis・en・chánt・ed /-tɪd/ 形《...に》幻滅して, 失望して《*with*》 (disillusioned).

dis・en・cum・ber /dìsɪnkʌ́mbə, -em- | -bə/ 動 他〈人を〉〈苦労・じゃま物から〉解放する《*of*, *from*》: He had ~*ed* himself *of* his stammer. 彼はどもりがなおっていた.

dis·en·dow /dìsɪndáʊ, -en-/ 動 他 〈教会などの〉寄進物[基本財産]を没収する. **~·ment** 名

dis·en·fran·chise /dìsɪnfræntʃaɪz, -en-/ 動 他 〈個人から〉公民権[公職権]を奪う: A ~d person cannot vote or hold office. 公民権を剥奪された人は選挙も公職につくこともできない.

dis·en·fran·chise·ment /-mənt/ 名 U 公民[選挙]権剥奪.

dis·en·gage /dìsɪngéɪdʒ, -en-/ 動 他 ❶ 〈機械などの〉連結[接続]を解く: ~ the clutch (自動車の)クラッチを切る / ~ the gears ギヤを切る. ❷ **a** 〔…から〕…を解く, 離す: The mother ~d her hand *from* the sleeping child's. 母親は眠っている子供の手から自分の手を離した. **b** [~ oneself で] 離れる; 体(など)を離す. ❸ (義務・束縛から)〈人を〉解放する (⇒ disengaged). ❹ 〈部隊を〉交戦をやめて撤退させる. — 自 ❶ 〈機械などの〉連結がはずれる. ❷ 交戦をやめる, 撤退する. 【DIS-+ENGAGE】

dìs·en·gáged 形 P ❶ 関心のない, 冷淡な, 〔…から〕気持ち離れている〔from〕(detached). ❷ 〈人が約束[予約]がなくて, 手があいていて, 暇で.

dìs·en·gáge·ment /-mənt/ 名 U ❶ 関与しない[離れている]こと; 〔連結・束縛からの〕解放, 自由. ❷ 〈軍隊などの〉撤退. ❸ 無関心, 冷淡; 客観(性). ❹ 《古》婚約解消. ❺ (行動の)自由, 暇.

dis·en·tail /dìsɪntéɪl, -en-/ 動 他 〔法〕〈財産の〉限嗣相続を解く. **~·ment** 名

dis·en·tan·gle /dìsɪntæŋgl, -en-/ 動 他 ❶ 〈…の〉もつれを解く. ❷ **a** 〈複雑な問題などを〉解きほぐす, わかりやすくする. **b** 〔もつれ・紛争などから〕…を解き放つ〔from〕. **c** [~ oneself で] 〔もつれ・紛争などから〕抜け出る, 解放される〔from〕. **~·ment** 名

dis·en·thrall, 《英》**dis·en·thral** /dìsənθrɔ́ːl/ 動 他 《文》〈…の〉束縛を解く.

dis·en·ti·tle /dìsɪntáɪtl, -en-/ 動 他 〈…から〉〈…の〉権利[資格]を剥奪する〔to〕(★ しばしば受身).

dis·e·qui·lib·ri·um /dìsiːkwɪlíbriəm, -sek-/ 名 U (特に経済の)不均衡, 不安定.

dis·es·tab·lish /dìsɪstǽblɪʃ, -es-/ 動 他 〈組織などの〉公的な位置づけ[地位, 資格]を剥奪する; 〈教会の〉国教制を廃する. **~·ment** 名 U, C

dis·es·teem /dìsɪstíːm, -es-/ 動 他 侮る, 軽んじる. — 名 U 軽蔑, 冷遇: hold a person in ~ 人を侮る[軽んじる].

di·seur /diːzə́ː/ /-zə́/ 語り芸人, 朗詠者.

di·seuse /diːzə́ːz, -zúːz/ (女性の)語り芸人, 朗詠者.

dis·fa·vor, 《英》**dis·fa·vour** /dìsféɪvə/ /-və/ 名 U ❶ 冷淡, 嫌うこと: regard a person with ~ 人をうとんじる. ❷ 不人気, 不興(をこうむること): fall [come] into ~ 人気を失う. — 動 他 うとんじる, 冷遇する.

dìs·féllowship 名 U (プロテスタント教会などの)会員権制限 (聖礼典の拒否, 他の教会員との交際禁止など).

dìs-·shipped; -ship·ping〉 他 〈…の〉会員権を制限する.

dis·fig·ure /dìsfígjə/ /-fígə/ 動 他 〈…の〉外観を損じる, 醜くする; 〈…の〉価値[美点]を傷つける.

dis·fig·ure·ment /-mənt/ 名 U ❶ 外観をそこなうこと; C 外観を傷つけるもの.

dìs·for·est /dìsfɔ́ːrɪst, -fɔ́ɾ-/ = deforest.

dìs·fran·chise /dìsfrǽntʃaɪz/ 動 = disenfranchise.

dìs·frán·chise·ment /-tʃaɪzmənt, -tʃɪz-, -tʃɪz-/ 名 = disenfranchisement.

dis·frock /dìsfrɑ́k/ /-fɾɔ́k/ 動 = unfrock.

dis·gorge /dìsgɔ́ədʒ/ /-gɔ́ː-/ 動 他 ❶ 〈気体・液体を〉大量に噴出する[吐き出す]. ❷ 〈建物・乗物などが〉〈群集を〉吐き出させ, どっと出す. ❸ 〈食べたものを〉吐き出す. ❹ 〈不正蓄財などを〉引き渡す, 返す. — 自 〈川などが〉〈…に〉注ぐ〔at, into〕.

dis·górg·er 〔釣〕針はずし(道具).

⁺**dis·grace** /dɪsgréɪs/ 名 ❶ U 不名誉, 不面目, 恥辱: bring ~ on one's family 家名を汚す. ❷ [a ~] 〔…にとって〕恥辱となるもの: The divorce was a ~ to the royal family. その離婚は王室の恥だった. **fáll into disgráce** 〈人の〉寵愛(ちょうあい)を失う〔with〕. **in disgráce** 面目を失って; 不興をかって, 疎まれて〔with〕. — 動 他 〈…の〉恥となる; 〈名を〉汚す; [~ oneself で] 恥をかく: Do not ~ the [your] family name. 家名を辱しめるようなことはしてはいけない. 【DIS-+GRACE】【類義語】**disgrace** 他人の尊敬や好意を失うこと, または関係者の行為に起因する(時に不当な)屈辱. **dishonor** 自分の行為によってこれまでの名誉・自尊心をなくすこと. **shame** 他人に見下されて感じる恥辱; しばしば当人以外の者の行為などの結果である.

⁺**dis·gráced** 形 名誉[面目, 尊敬]を失った; 罷免[免職]された, 地位を失った.

dis·grace·ful /dɪsgréɪsf(ə)l/ 形 恥ずべき, 不名誉な, 不面目な, けしからん (scandalous). **~·ness** 名

dis·grace·ful·ly /-fəli/ 副 恥ずべき[不面目]に(も): conduct oneself ~ 恥ずべきふるまいをする.

⁺**dis·grun·tled** /dɪsgrʌ́ntld/ 形 不満な; 不機嫌な, むっとした; 〔…に〕不満で, 不機嫌で〔at, with〕.

⁺**dis·guise** /dɪsgáɪz/ 動 他 ❶ **a** 〈…を〉変装させる, 偽装する: ~ one's voice 作り声をする. **b** [~ oneself で] 変装する *また*は受身で「変装している」の意になる: He ~d himself as a salesman. 彼はセールスマンになりすました / She *was* ~d as an old woman. 彼女は老婆に変装していた / He ~d himself *with* a false beard. 彼はつけひげで変装した / He *was* ~d *in* woman's clothes. 彼は女装していた. ❷ 〈事実・感情などを〉隠す, 偽る, ごまかす: ~ one's sorrow 悲しみを隠す / ~ a fact *from* a person 事実を人に隠す. — 名 U.C ❶ 変装, 仮装: in ~ 変装して[した] / a fraud in ~ ほんとのよい詐欺行為. ❷ (人目をごまかす)偽り; 口実: make no ~ of one's feelings 自分の感情をむき出しにする / without ~ 包み隠さず, あからさまに. **bléssing in disguíse** 〉 blessing 成句. **in [únder] the disguíse of** 〈…〉と偽って, …を口実に, …にかこつけて: a threat *in the* ~ *of* a greeting あいさつにかこつけた脅し. **thrów óff** one's **disguíse** 仮面を捨てる; 正体を現わす. 【F; ⇒ dis-, guise】

⁺**dis·gust** /dɪsgʌ́st/ 名 U (むかむかするほどの)いや気, むかつき, 嫌悪感〔at, for〕: to one's ~ うんざりした[愛想がつきた]ことには / in ~ いやになって, うんざりして. — 動 他 〈人を〉うんざりさせる, むかつかせる (cf. disgusted) (★ 進行形なし): His behavior ~ed me. 彼の態度にはうんざりした. 【F; ⇒ dis-, gusto】

⁺**dis·gúst·ed** /dɪsgʌ́stɪd/ 形 うんざりして, いやになって; むかつく思いをして: I'm ~ with life. 人生がまったくいやになった / He *was* ~ *at* your cowardice. 彼は君が臆病なのにむかついていた.

dis·gúst·ed·ly うんざりして; 愛想をつかして.

dis·gúst·ful /dɪsgʌ́stf(ə)l/ 形 胸が悪くなる, むかむかするような; 実にいやな. **~·ly** /-fəli/ 副

⁺**dis·gúst·ing** 形 ❶ 胸が悪くなるような, 実にいやな (revolting): a ~ smell むかっとするようなにおい / ~ weather まったくいやな天気. ❷ けしからん, 恥ずべき (disgraceful). **~·ly** 副

⁺**dish** /díʃ/ 名 ❶ C **a** (全員の料理を盛りつける円形または楕円形の)大皿, 盛り皿. **b** [the ~es] 食器類 (ナイフ・フォークを含むが, 通例銀器・ガラス器は除く): do [wash] the ~es 皿を洗う / clear away the ~es (食卓の)皿類を片づける. ❷ C **a** (皿に盛った)料理, 食物: a nice ~ おいしい料理 / the main ~ 主な料理 / ⇒ MADE dish. **b** ひと皿(の量): a ~ of beans ひと皿の豆. ❸ C 皿状のもの; パラボラアンテナ(の反射板). ❹ C 《口》美女[男], いい女[男]. — 動 他 ❶ 〈料理を〉大皿に盛る〈*up, out*〉: ~ *up* the dinner 晩餐を供する. ❷ 《英口》〈人・計画・希望などを〉くじく, 出し抜く. ❸ 《米口》〈うわさ・醜聞などを〉言いふらす, 広める. **dish it óut** 《米口》罰する, 殴りつける, やっつける, 悪口を浴びせる: He can ~ of it, but he can't take it. 彼は人には厳しいのに自分では厳しくされるのを嫌がる. **dísh óut** 《他+副》(1) 〈料理を〉大皿に盛る (⇒ 他 1). (2) 〈料理を〉めいめい皿に取り分ける. (3) 《口》〈ものを〉(気前よく)配る, 与える, ばらまく: ~ *out* compliments やたらにお世辞を言う. **dish úp** 《他+副》(1) 〈料理を〉大皿に盛る (⇒ 他 1). (2) 〈話などを〉まことしやかに作る: ~ *up* an old

story 古い物語を持ち出す. 【L<Gk *diskos* 円板; 原義は投げられるもの; cf. desk, disk】【類義語】**dish** 全員の料理を盛りつける大皿. **plate** 大皿からめいめいに取り分ける皿. **saucer** コーヒーカップなどの受け皿.

dis・ha・bille /dìsəbíːl/ 名 U 露出の多い服装, 肌のあらわな姿.

dísh anténna 名 椀形アンテナ, パラボラアンテナ (parabolic antenna).

dis・har・mo・ni・ous /dìshɑəmóuniəs | -hɑː-/ 形 不調和な, 不協和な.

dis・har・mo・ny /dìshɑ́əməni | -hɑ́ː-/ 名 U ❶ 不調和. ❷ 不協和(音), 調子はずれ.

dísh・clòth 名 (皿洗い・皿ふき用の)ふきん.

díshcloth góurd 名 〖植〗 ヘチマ.

dish・da・sha /díʃdæʃə/, **-dash** /-dæʃ/ 名 ディッシュダッシャー (アラビアの男性が着る長袖のゆったりした外衣).

dísh dràiner 名 (台所の)水切り器具.

dis・heart・en /dìshɑ́ətn | -hɑ́ːtn/ 動 他 〈人を〉落胆させる, 落胆させる.

dis・héart・ened 形 気落ちした, 落胆した, 自信喪失した.

dis・héart・en・ing 形 がっかりさせる(ような): ~ news がっかりさせるニュース. **~・ly** 副

dis・héart・en・ment /-mənt/ 名 U 気落ち, 落胆.

dished /díʃt/ 形 ❶ くぼんだ, しゃくれた. ❷ 〈車輪の上〉反(ぞ)りの.

dísh・er 名 《米口》 うわさ好きのおしゃべり, ゴシップ屋.

di・shev・el /diʃév(ə)l/ 動 他 (**di・shev・eled**, 《英》 **-elled**; **di・shev・el・ing**, 《英》 **-el・ling**) 〈髪などを〉ほさぼさにする, 〈衣服を〉だらしなく着る. **~・ment** 名

di・shév・eled, 《英》 **di・shév・elled** 形 ❶ 〈髪が乱れた[もじゃもじゃした]; 〈人の髪を振り乱した (unkempt). ❷ 〈服装が〉だらしない; 〈人が〉だらしない[取り乱した]かっこうの.

dish・ful /díʃfʊl/ 名 (大)皿 1 杯の(量) [*of*].

dis・hon・est /dɪsánɪst, dìs- | -ɔ́n-/ 形 (**more ~; most ~**) ❶ 〈人が〉不正直な, 誠意のない: It was ~ *of* you [You were ~] not to say so. そう言わなかったとは君は不正直だった. ❷ 〈行為などが〉不正な, ごまかしの: ~ profits 不正な収益 / by ~ means 不正な手段によって. **~・ly** 副【DIS-＋HONEST】 **dishonesty**

dis・hon・es・ty /dɪsánəsti, dìs- | -ɔ́n-/ 名 U 不正直, 不正; C 不正行為, 詐欺(さ). (形 *dishonest*)

dis・hon・or, 《英》 **dis・hon・our** /dɪsánə, dìs- | -ɔ́nə/ 名 U ❶ 不名誉, 不面目, 屈辱, 恥辱: live in ~ 不面目な[屈辱の]生活をする. —— 動 他 ❶ 〈人の名誉を汚す, 〈人に〉恥辱を与える; 〈古〉 〈女性に〉乱暴する. ❷ **a** 〈約束・原則などを〉破る, 背く. **b** 〈銀行が〉 〈小手形・小切手を〉不渡りにする (⇔ accept, honor): a ~ed check 不渡り小切手. 【DIS-＋HONOR】 【類義語】 ⇒ **disgrace**.

dis・hon・or・a・ble, 《英》 **dis・hon・our・a・ble** /dɪsán(ə)rəbl, dìs- | -ɔ́n-⁻/ 形 〈行為が〉不名誉な, 恥ずべき, つらよごしの; 不徳義な; 卑劣な. **-a・bly** /-rəbli/ 副 不名誉に, 卑劣に.

dishónorable dischárge 名 不名誉除隊.

dísh・pàn 名 皿洗い容器, 洗い桶.

díshpan hánds 名 (米) 炊事洗濯[家事]で荒れた手.

dísh ràck 名 (米) 皿を乾かす(水切り)皿立て.

dísh・ràg 名 (米) =dishcloth.

dísh tòwel 名 《米》 (洗った皿をふく)ふきん (《英》 tea towel; cf. dishcloth).

+**dísh・wàsher** 名 ❶ 食器洗い機. ❷ 皿洗いをする人.

díshwashing líquid [detérgent] 名 U 《米》食器洗い洗剤(液).

dísh・wàter 名 U 洗い水; (食器を洗った後の)よごれ水. **(as) dúll as dishwater** ひどく退屈な. **(as) wéak as dishwater** 〈お茶などが〉とても水っぽい[薄い].

díshwater blónd 名 《米古風》髪がくすんだブロンドの.

dish・y /díʃi/ 形 (**dish・i・er**, **-i・est**) 《英口》 〈人が〉(性的に)魅力的な.

+**dis・il・lu・sion** /dìsɪlúːʒən/ 動 他 ❶ 〈人を〉迷いからさます, 〈人に〉本当のことを教える. 〈人に〉幻滅を感じさせる (⇒ disillusioned). ❷ =disillusionment.

+**dìs・il・lú・sioned** 形 幻滅を感じた [*with, by*] (disenchanted): People tend to become ~ as they grow older. だれでも年をとると幻滅を感じがちになる / She is ~ *with* her job. 彼女は仕事に幻滅している.

+**dìs・il・lú・sion・ment** /-mənt/ 名 U 幻滅(感).

dìs・incárnate =discarnate.

dis・in・cen・tive /dìsɪnséntɪv/ 名 行動[意欲]をくじく[妨げる]もの(風習, 慣行, 制度など) [*to*].

dis・in・cli・na・tion /dìsɪnklɪnéɪʃən/ 名 U [また **a ~**] 気が進まないこと, いや気: He felt *a* ~ to continue his music lessons. 彼は音楽のレッスンを続ける気はなかった.

dis・in・cline /dìsɪnkláɪn/ 動 他 〈人に〉いや気を起こさせる (⇒ disinclined).

dìs・in・clíned 形 ℙ 〈...する〉気がしなくて, 気が進まなくて: He was ~ to go. 彼は行く気がしなかった. 【類義語】 ⇒ **reluctant**.

dis・in・cor・po・rate /dìsɪnkɔ́əpərèɪt | -kɔ́ː-/ 動 他 〈...の法人資格を解く, 〈法人組織を解散する.

dis・in・fect /dìsɪnfékt/ 動 他 (殺菌)消毒する (sterilize): ~ a hospital room 病室を消毒する.

dis・in・fec・tant /dìsɪnfékt(ə)nt/ 名 U.C 消毒液[剤]. —— 形 殺菌性の, 消毒の効力のある.

dis・in・fec・tion /dìsɪnfékʃən/ 名 U 消毒.

dis・in・fest /dìsɪnfést/ 動 他 〈人・建物などから〉害虫[ネズミなど]を駆除する. **dis・in・fes・ta・tion** /dìsɪnfestéɪʃən/ 名

dis・in・fla・tion /dìsɪnfléɪʃən/ 名 U 〖経〗 ディスインフレ(ーション) (インフレ収束の過程で, デフレ (deflation) にはなっていない状態). **dis・in・flá・tion・ar・y** /-ʃənèri | -ʃ(ə)nəri/ 形

dis・in・for・ma・tion /dìsɪnfəméɪʃən | -fə-/ 名 U (敵側への)逆情報, 偽情報.

dis・in・gen・u・ous /dìsɪndʒénjuəs⁻/ 形 腹黒い, 陰険な; 不正直な, 不誠実な: make a ~ remark 意地の悪いことを言う. **~・ly** 副 **~・ness** 名

dis・in・her・it /dìsɪnhérɪt/ 動 他 〈子供を〉廃嫡(はいちゃく)する, 勘当する. **dis・in・her・i・tance** /dìsɪnhérətəns, -tns/ 名 U 廃嫡(はいちゃく).

dìs・inhíbit 動 他 抑制から解放する. **dìs・inhibítion** 名

+**dis・in・te・grate** /dɪsíntəgrèɪt/ 動 他 〈...を〉崩壊[分解, 風化]させる: The rock was ~*d* by frost and rain. その岩は霜や雨によって風化した. —— 自 〈...に〉崩壊[分解]する [*into*].

dis・in・te・gra・tion /dìsɪntəgréɪʃən/ 名 U ❶ 分解, 崩壊. ❷ 〖化〗(放射性元素の)崩壊. ❸ 〖地〗 風化作用.

dis・in・ter /dìsɪntɑ́ː | -tɑ́ː-/ 動 他 (**dis・in・terred**; **dis・in・ter・ring**) ❶ 〈死体などを〉(墓などから)発掘する. ❷ 〈隠れていたものを〉明るみに出す.

dis・in・ter・est /dìsíntərəst, -tərèst, -trɪst/ 名 U ❶ 利害関係のないこと. ❷ 無関心.

dis・in・ter・est・ed /dìsíntərəstɪd, -tərèst-, -trɪst-⁻/ 形 ❶ 利害を離れていて, 私心のない, 公平な (impartial; ↔ interested; cf. uninterested): a ~ decision 公平な決定 / A judge should be ~. 裁判官は公平無私でなければならない. ❷ ℙ 〈...に〉興味がなくて, 無関心で [*in*] (比較 この意味では uninterested のほうが一般的). **~・ly** 副 **~・ness** 名

dìs・intermediátion 名 U 《米》(証券市場に直接投資するための)銀行預金の高額引出し, 金融機関離れ.

dis・in・ter・ment /dìsɪntɑ́ːmənt | -tɑ́ː-/ 名 U.C 発掘.

dis・in・vent /dìsɪnvént/ 動 他 〈...の〉発明をなかったことにする[取り消す].

dis・in・vest /dìsɪnvést/ 動 自 他 〈...の〉投資をやめる[引きあげる, 減らす].

dis・in・vést・ment /-mənt/ 名 U 〖経〗 負の投資 (投資の引きさげ・減額など).

dis・in・vite /dìsɪnváɪt/ 動 他 〈人の〉招待を取り消す[取りやめる].

disjécta mémbra /dɪsdʒéktəmémbrə/ 名 他 (文学作品などの)(散乱した)断片.

dis・join /dɪsdʒɔ́ɪn/ 動 他 分離[分裂]する[させる].

dis・joint /dɪsdʒɔ́ɪnt/ 動 他 ❶ 支離滅裂にする (⇒ disjointed). ❷ 《古風》 ばらばらにほぐす, 解体する. —— 形

【数】《集合が》互いに素である.

dis·joint·ed /-ɪd/ 形 支離滅裂な; まとまりのない, ばらばらの, 一貫性[統一性]のない. **~·ly** 副 **~·ness** 名

dis·junct /dɪsdʒʌ́ŋ(k)t/ 形 分離した. ── 名 /ニー, -ニー/【論】選言肢;【文法】離接詞.

dis·junc·tion /dɪsdʒʌ́ŋ(k)ʃən/ 名 C,U 相違, 不一致, 隔たり; 乖離(ᵏᵃⁱʳⁱ), 分離, 分裂.

dis·junc·tive /dɪsdʒʌ́ŋ(k)tɪv/ 形 ❶ 関連性[連続性, つながり]のない. ❷【文法】離接的な. ── 名【文法】離接的接続詞 (but, yet など). **~·ly** 副

dis·junc·ture /dɪsdʒʌ́ŋktʃɚ | -tʃə/ 名 U =disjunction.

*__disk__ /dɪ́sk/ 名 ❶ **a** 円盤(状のもの). **b**【電算】ディスク《記憶装置》, 磁気ディスク, 光ディスク; コンパクトディスク, DVD;《古風》レコード盤. ❷【解】円盤; (特に)椎(ᵗˢᵘⁱ)間板: ⇨ slipped disk. ❸ 平円形の表面: the sun's ~ 太陽面.〖L<Gk *dískos* 円盤; cf. desk, dish〗

dísk bràkes 名 =disc brakes.

dísk drìve 名【電算】ディスクドライブ《ディスクに情報を記入したり読みとったりする装置》.

dis·kette /dɪskét/ 名【電算】フロッピーディスク (floppy disk).

dísk hàrrow 名《トラクター用の》円板すき機.

dísk jòckey 名 =disc jockey.

dísk·less 形【電算】《コンピューター・ワークステーションが》自己のディスク装置をもたない.

dis·lik·a·ble /dɪslárkəbl/ 形 嫌悪を起させるような, いやな感じの.

*__dis·like__ /dɪslárk, dìs-/ 動 他 …を嫌う, いやがる (★進行形なし): I ~ this kind of food. このような食物は嫌いだ / ~ *doing* I ~ living in a large city. 大都会に住むのはいやです.〖用法〗[~ *to do*] は《まれ》. ── 名 C,U 嫌うこと, 嫌悪(感): one's likes and ~s 好き嫌い《発音》この場合 /dísларкс/と発音) / look at a person with ~ いやそうだと思いながら人を見る / I have a ~ *of* [*for*] alcoholic drinks. 酒類が嫌いです. **tàke a díslike to...**…が嫌いになる.〖DIS-+LIKE²〗《類義語》⇨ hate.

dis·like·a·ble /dɪslárkəbl/ 形 ⇨ dislikable.

†**dis·lo·cate** /díslookèɪt, ーーー́ | ーー́ー/ 動 他 ❶ …を脱臼(ᵈᵃᵏᵏʸⁱᵘ)させる: He fell and ~*d* his shoulder. 彼は ころんで肩の骨をはずした. ❷《…の》調子を狂わせる,《…を》混乱させる (disrupt): a ~*d* economy 混乱した経済 / The country's economy was ~*d* by the war. その国の経済は戦争で混乱した.

†**dis·lo·ca·tion** /dìslookéɪʃən/ 名 C,U ❶ 脱臼(ᵈᵃᵏᵏʸⁱᵘ). ❷ 混乱.

†**dis·lodge** /dɪslɑ́dʒ | -lɔ́dʒ/ 動 他 ❶《…を》《…から》移動させる, 除去する;《…の位置を動かすずらす》: ~ a heavy stone *from* the ground 重い石を地から取り除く. ❷《人を》《地位・職からしりぞける, 引きずりおろす;《敵・相手チームなどを》《陣地・守備位置などから》追い払う, 撃退する [*from*]. **dis·lódg(e)·ment** 名

dis·loy·al /dɪslɔ́ɪəl/ 形 不忠な, 不実の, 背信の: […に]忠実でない [*to*]. **~·ly** /-əli/ 副

dis·loy·al·ty /dɪslɔ́ɪəlti/ 名 ❶ U 不忠実, 不実, 背信 [*to*]. ❷ C 不忠実[不信義]な行為.

*__dis·mal__ /dízm(ə)l/ 形 (*more* ~; *most* ~) ❶ 陰気な, 陰鬱(ⁱⁿⁿᵘᵗˢᵘ)な: a ~ song 陰気な歌. ❷《気が重い, 暗い》: I feel ~. 私は気が重い. ❷《景色などが》わびしい, 荒涼たる: a ~ failure みじめな失敗をした人[もの]. **~·ly** /-məli/ 副 陰気に, 憂鬱に; 荒涼として; みじめに.〖F<L *dies mali* 不吉な日々〗

dísmal scíence 名 [the ~]《戯言》陰気な学問[科学]《Carlyle が経済学 (economics) を呼んだことば》.

Dísmal Swámp 名 [the ~]《ディスマル湿地》《米国 Virginia 州南東部から North Carolina 州北東部にかけての沿岸湿地帯》.

*__dis·man·tle__ /dɪsmǽntl, dìs-/ 動 他 ❶《機械などを》分解する, 取り壊す: ~ a steel mill 鉄工所を解体する. ❷《…から》《…を》取り除く: The house was ~*d of* its roof.

その家は屋根がはぎ取られていた. ❸《制度などを》徐々に廃止する. ❹《…に》圧勝[大勝]する. **~·ment** 名〖F;⇨ dis-, mantle〗

dis·mast /dɪsmǽst | -mɑ́ːst/ 動 他《暴風などが》《船の》帆柱を倒す.

*__dis·may__ /dɪsméɪ, dɪz-/ 名 U 狼狽(ʳᵒʳᵇᵃⁱ), うろたえ, 失望《心配・恐怖などで気力をなくした状態》: be filled with ~ ひどくろうばいする / to one's ~ うろたえたことには / She flopped down in ~. 彼女は度を失ってぺたりと座った / We witnessed his defeat with ~. 我々は呆然(ᵇᵒᵘˢᵉⁿ)として彼の敗北を見ていた. ── 動 他《人を》《心配・恐怖などで》うろたえさせる, 狼狽させる,《人の》度を失わせる (dismayed).〖F<L=気力をなくす -*may* は MAY《廃》「力がある」と関連〗《類義語》(1) 動 **dismay** 突然の恐怖・不安に度を失わせる, または対処の仕方がわからぬ問題を前にして熟慮をなくさせる. **appall** 恐怖を感じさせる, または, 問題・状況のどうしようもない深刻さに大きな当惑を感じさせる. **horrify** 最も意味の強い語; 強いショックを与える恐怖心や嫌悪(ᵏᵉⁿᵒ)感をもたせる. **daunt** 勇気を要する事態で意気をくじきしり込みさせる. (2) ⇨ fear.

dis·mayed 形 うろたえた, 狼狽した, 度を失った [*at, by*]〈*to do*〉: We *were* ~ *at* the news. 私たちはその報道にうろたえた.

†**dis·mem·ber** /dɪsmémbɚ | -bə/ 動 他 ❶《…の》手足を切断する: He [His body] was ~*ed*. 彼[彼の体]はばらばらにされた. ❷《国土などを》分割[解体]する. **~·ment** /-mənt/ 名 U ❶《手足の》切断. ❷《国土などの》分割, 解体.

*__dis·miss__ /dɪsmís/ 動 他 ❶ **a**《考えなどを》《心から》捨てる, 払いのける (banish): ~ one's worries *from* one's mind 頭から心配事を忘れ去る / He ~*ed* the idea *as* utterly incredible. 彼はその考えをまったく信じられないとして去った. **b**《…を》簡単に片づける, おしまいにする: The possibility is not lightly to be ~*ed*. その可能性は無視すべきではない. **c**【法】《訴訟事件を》却下する. ❷《人を》《…に》,《人を》解雇する, 免職する: They ~*ed* the cook. 彼らは料理人をやめさせた / He was ~*ed from* his duties. 彼は任務からはずされた. ❸ **a**《クラス・集団などを》解散させる: The teacher ~*ed* the class at noon. 先生は正午にクラスを解散させた / Class (is) ~*ed*. 授業はこれで終わり〖用法〗教師が言う言葉〗. **b**《人を》退出させる. ❹【クリケ】《打者・チームを》アウトにする.〖L=*dis-+mittere, miss-* 送る (cf. mission)〗 (名 **dismissal**)

*__dis·mis·sal__ /dɪsmís(ə)l/ 名 U,C ❶ 解雇, 免職. ❷【法】《訴訟の》却下, (上訴の)棄却. ❸《考えなどの》放棄, 無視. ❹ 解散, 退去. (動 **dismiss**)

*__dis·mis·sive__ /dɪsmísɪv/ 形《…を》軽視する(ような),《…に》価値[重要性(など)]を認めない; 見下げるような, 軽蔑的な; 拒否するような: be ~ *of* the importance of … …の重要性を軽視する / a ~ gesture 拒否[軽蔑]するようなしぐさ. **~·ly** 副

dis·mount /dɪsmáʊnt, dìs-/ 動 自《馬・自転車などから》下りる [*from*]. ── 動 ❶ **a**《…を》《馬など》から下ろす. **b**《人を》落馬させる. ❷ **a**《…を》台《など》からはずす[下ろす];《大砲を砲車[砲座]から除かす. **c**《宝石などを》取りはずす. ❸【電算】《ディスクなどを機器[システム]から切り離す, ディスマウント[アンマウント]する. ── 名 /ーニー/ 下りること[下ろすこと].

Dis·ney /dízni/, **Walt(er E·li·as**) 名 ディズニー《1901-66; 米国の(漫画)映画製作者》.

Dis·ney·land /díznilænd/ 名 ディズニーランド《W. Disney が開設した米国 Los Angeles 市近郊の遊園地》.

†**dis·o·be·di·ence** /dìsəbíːdiəns/ 名 U 不服従, 反抗; 違反, 反則 [*to*]. (動 **disobey**)

dis·o·be·di·ent /dìsəbíːdiənt←/ 形 従順でない, 服従しない, 従わない [*to*]: a ~ child 言うことをきかない子供. **~·ly** 副 (動 **disobey**)

*__dis·o·bey__ /dìsəbéɪ/ 動 他《人・命令などに》従わない, 違反する, そむく (defy): ~ a superior 上司にそむく. ── 自 服従しない.〖DIS-+OBEY〗(名 **disobedience**, 形 **disobedient**)

dis·o·blige /dìsəbláɪdʒ/ 動 他《人の》希望にそむく,《人に》

不親切にする; 迷惑をかける: I'm sorry to ~ you. ご希望に添えなくて残念です.
dis·o·blíg·ing 形 〈人が〉不親切な. **~·ly** 副
*__dis·or·der__ /dɪsɔ́ədə, dɪzɔ́ə-/ -ɔ́ː-/da/ 图 ❶ Ｕ 混乱; 乱雑: be in ~ 混乱している / fall [throw] into ~ 陥る[陥らせる]. ❷ Ｕ (社会的・政治的な)不穏, 騒乱: (a) civil [public] ~ 治安を乱すこと[行為], 治安素乱(ふ。), 騒擾(しょう), 暴動. ❸ C.U (心身機能の)不調, 障害; (軽い)病気 (complaint): a ~ of the digestive tract 消化器官の病気 / a functional ~ 機能障害 / suffer from (a) mental ~ 精神病にかかっている. ─── 動 他 ❶ 〈秩序など〉を乱し, 乱雑にする. ❷ 〈心身の〉調子を狂わせる: Overwork ~s the stomach. 過労は胃のかげんを悪くする.〖DIS-+ORDER〗【類義語】⇒ confusion.
dìs·ór·dered 形 ❶ 混乱した, 乱れた, 乱雑な: a ~ country 動乱の国. ❷ 調子の狂った, 病気の: ~ digestion 消化不良.
dìs·ór·der·ly 形 ❶ 無秩序な, 乱脈な; 乱雑な, 散らかった. ❷ 無法な, 乱暴な; 騒々しい: drunk and ~ ⇒ drunk 形 1 a. ❸ 〖法〗治安[風紀]を乱す: ~ conduct 治安[風紀]を乱す行為 (軽犯罪). **dis·ór·der·li·ness** 图
disórderly hóuse 图 治安素乱(ふ)所 (売春宿など).
dis·or·ga·ni·za·tion /dɪsɔ̀əgənɪzéɪʃən/ -əˈgənaɪ-/ 图 Ｕ 組織の破壊, 解体. ❷ 混乱, 無秩序.
dis·or·gan·ize /dɪsɔ́əgənàɪz/ -ɔ́ː-/ 動 他 〈…の〉組織[秩序]を乱す, 混乱させる: The train schedule was ~d by heavy snowstorms. 猛吹雪のため列車の運行予定が乱れた.
†**dìs·ór·ga·nìzed** 組織[秩序]の乱れた; でたらめな (unorganized): a ~ worker (筋道を立てないで)でたらめな仕事をする人.
†**dis·o·ri·ent** /dɪsɔ́ːrìent/ 動 他 ❶ 〈人に〉方角をわからなくさせる, 方向感覚を狂わせる (★ 通例受身). ❷ 〈人を〉混乱させる, まごつかせる; 〈人に〉分別を失わせる (★ 通例受身): be [feel] ~ed after a long jet flight 長いジェット飛行の後で頭がぼんやりしている.
dis·o·ri·en·tate /dɪsɔ́ːrìənteɪt/ 動 =disorient.
dis·o·ri·en·ta·tion /dɪsɔ̀ːrìəntéɪʃən/ 图 Ｕ 方向感覚の喪失.
dis·own /dɪsóun/ 動 他 ❶ 〈著作などを〉自分のものでないと言う. ❷ 〈…との〉関係を否認する; 〈子を〉勘当する: He ~ed his spendthrift son. 彼は道楽息子を勘当した.
dis·par·age /dɪspǽrɪdʒ/ 動 他 ❶ 軽蔑する, 見くびる. ❷ けなす, そしる.【類義語】**disparage** あるものを悪く言うことによって, それに対する評価を下げる. **depreciate** あるものに対する一般的な評価を否定する.
dis·pár·age·ment /-mənt/ 图 Ｕ ❶ 軽蔑, 見くびり. ❷ 非難.
dis·pár·ag·ing 軽蔑する(ような), 見下す(ような), 嘲笑する(ような); 非難する(ような)〖of, about〗. **~·ly** 副
†**dis·par·ate** /díspərət, dɪspǽr-/ 形 ❶ 〈二つのものが〉(本質的に)異なる, 共通点のない; (まったく)異種の. ❷ 異なる要素から成り立っている, 多様性のある, 雑多な (diverse). **~·ly** 副
†**dis·par·i·ty** /dɪspǽrəti/ 图 Ｕ.Ｃ (二者間の本質的な)不同, 不等; (極端な)不釣り合い, 不均衡〖between, in, of〗: the ~ between the rich and the poor 貧富のはなはだしい差異 / a ~ in age [position] 年齢[地位]のまったくの不釣り合い.〖DIS-+PARITY〗
dis·pas·sion /dɪspǽʃən/ 图 Ｕ 冷静, 平静.
dis·pas·sion·ate /dɪspǽʃ(ə)nət/ 形 ❶ 感情に動かされない, 冷静な. ❷ 公平な. **~·ly** 副 **~·ness** 图
*__dis·patch__ /dɪspǽtʃ/ 動 他 ❶ 〈軍隊・特使などを〉…へ 急送する, 特派する; 〈通信文を〉…へ急いで送る〖to〗. ❷ 《口》〈食事・仕事などを〉さっさと済ます. ❸ 〈死刑囚などを〉処刑する; 〈…を〉殺す; 〈…を〉打ち伏す. ─── 图 ❶ Ｕ 急送, 発送; 急派, 特派, 派遣. ❷ Ｃ (急送の)文書; 至急報, 特電. ❸ Ｕ (処理などの)手早さ, 手早い処置: with ~ 手早く, 7きぱきと: be mentioned in dispatches (★ 軍人などが)殊勲者公式報告書に名前が載る.【It < Sp = 急がせる】
dispátch bòx 图 (公文書の)送達箱.

dis·pátch·er 图 ❶ 発送係; 急送[信]者. ❷ (列車・バス・トラックなどの)発車係.
dispátch rìder 图 《主に英》バイク便のライダー.
†**dis·pel** /dɪspél/ 動 他 (**dis·pelled; dis·pel·ling**) ❶ 〈心配事などを〉払いのける; 〈疑いなどを〉晴らす (banish): Work ~s boredom. 仕事をすれば退屈さを忘れてしまう / His cheerful laughter *dispelled* her fears. 彼の陽気な笑い(声)が彼女の恐れを吹き飛ばした. ❷ 〈…を〉追い散らす.〖L=追い散らすく DIS-+pellere 駆り立てる (cf. pulse)〗
dis·pen·sa·ble /dɪspénsəbl/ 形 なくても済む, 必ずしも必要でない (↔ indispensable).
dis·pen·sa·ry /dɪspéns(ə)ri/ 图 ❶ (病院の)薬局. ❷ (工場・学校などの)診療所, 医務室.
dis·pen·sa·tion /dɪspənséɪʃən, -pen-/ 图 ❶ U.C. a (特別)許可[免除]. b 〖法〗(法律の)適用免除. c〖カト〗特免(状). ❷ a Ｕ 施すこと, 施与, 分配: the ~ of food and clothing 衣食の分配. b Ｃ 分配品, 施し物. ❸ a 統治, 制度, 体制: under the new ~ 新制度で(は). b 天の配剤, (神の)摂理.
dis·pen·sa·tion·al·ism /-lɪzm/ 图 Ｕ〖神学〗天啓的史観 (神の摂理によって歴史がつくられるという史観). **-ist** 图
†**dis·pense** /dɪspéns/ 動 他 ❶ 〈…を〉〈…に〉分配する (give out): The Red Cross ~d food and clothing *to* the victims. 赤十字社は被害者に食料と衣料を分配した. ❷ 〈自動販売機などが〉〈…を〉供する, 〈自動支払機が〉〈金を〉出す. ❸ 〈薬を〉調合する; 投与する: ~ medicines 薬を調合する. ❹ 〈人を〉〈義務などから〉免じる: ~ a person *from* an obligation 人の義務を免じる. **dispense with** … (1) …をなしで済ます (★ 受身可): ~ *with* ceremony 儀式なしで済ます / His services cannot be ~d *with*. 彼の世話にならないでは済まされない. (2) …を不要にする, 省く (★ 受身可): Robots ~ *with* much labor. ロボットは多くの労力を省く.〖F < L = 計量して分けるく DIS-+pendere つるす, 目方を量る (cf. pending)〗【類義語】⇒ distribute.
†**dis·pens·er** 图 ❶ ディスペンサー《ティッシュ・紙コップなどの取り出し容器》; 自動販売機, 自動支払機: a coffee ~ コーヒー販売機 / a cash ~ (銀行の)自動支払機. ❷ 施す者, 分配者; 調剤師.
dispénsing chémist 图 《英》薬剤師.
dispénsing optícian 图 眼鏡士《眼鏡・コンタクトレンズを作るだけで, それらを処方する資格をもつ》.
dis·per·sal /dɪspə́ːsl/ -pə́ː-/ 图 =dispersion 1 a.
dis·per·sant /dɪsp(ə)ːs(ə)nt/ -pə́ː-/ 图〖理・化〗分散剤.
*__dis·perse__ /dɪspə́ːs/ -pə́ːs/ 動 他 ❶ a 〈人々を〉(あちこちに)散らす, 分散させる: The police ~d the demonstrators with tear gas. 警官隊は催涙ガスでデモ隊を分散させた. b 〈風が〉〈雲・霧などを〉消散させる. c 〈種子・病気・知識などを〉まき散らす, 広める. ❷ 〈軍隊・警官隊などを〉分散配置する. ❸ 〖光〗〈光を〉分散する. ─── 自 ❶ 〈群衆などが〉散る, 分散する: The rebels ~d at the sight of the troops. 反逆者は軍隊の姿を見るとちりぢりに去っていった. ❷ 〈雲・霧などが〉消散する.〖F < L =まき散らすく DIS-+ spargere, spars- ばらまく (cf. sparse)〗
†**dis·pérsed** 形 分散している, 散在している, (あちこちに)散らばっている.
dis·per·sion /dɪspə́ːʒən/ -pə́ːʃən/ 图 ❶ a Ｕ 散布; 分散; 四散, 散乱, 離散. b [the D~]=Diaspora 1. ❷ Ｕ〖統計〗分散. ❸ Ｕ〖光〗ばらつき, 散乱.
dis·per·sive /dɪspə́ːsɪv/ -pə́ː-/ 形 散布的な; 分散的な. **~·ly** 副
di·spir·it /dɪspírɪt/ 動 他 〈人の気力[意気]をくじく, 〈人を〉落胆させる (⇒ dispirited).
di·spir·it·ed /-tɪd/ 形 元気がない, 意気消沈した. **~·ly** 副
dis·pír·it·ing /-tɪŋ/ 形 落胆[がっかり]させる(ほどの).
*__dis·place__ /dɪspléɪs/ 動 他 ❶ 〈…に〉取って代わる: The word processor ~d the typewriter. ワープロがタイプを

イターに取って代わった. ❷ a 〔…から〕〈人を〉立ち退かせる, (強制的に)退去させる〔*from*〕: The villagers were ~d for [by] the construction of a dam. ダム建設のため[によって]村民たちは立ち退かされた / a ~d person. 《DIS-+PLACE》 【displacement】
b 〈官職・位から〉〈人を〉解任する, 解職する〔*from*〕. c 〈本来の位置から〉〈…を〉動かす〔*from*〕; 〈骨を〉ずらす, 脱臼(きゅう)させる. 《DIS-+PLACE》 【displacement】

dis·pláced pérson 图 (戦争などによって故国を失った)難民, 流民 《略 DP》.

⁺dis·pláce·ment /-mənt/ 图 ❶ ⓤ a 転置, 置換; 脱臼. b 立ち退き, 退去. c 解任, 解職. ❷ ⓤ [また a ~] a (船舶の)排水量[トン]. b (エンジンの)排気量. ❸ ⓤ 〖心〗転移; 感情転移. 【displace】

displácement actìvity 图 〖心〗転位行動[活動].

displácement tòn 图 排水トン (⇒ton 3 e).

⁺dis·play /dɪspléɪ/ 動 ⓣ ❶ 〈ものを〉展示する, 陳列する, 飾る: ~ goods for sale 商品を陳列する / Various goods were ~ed in the shopwindows. いろいろな品物がショーウインドーに陳列されていた. ❷ 〈感情などを〉表に出す; 〈能力を〉発揮する; 〈…を〉見せる: ~ surprise 驚きを表に表わす / ~ one's ignorance 自分の無知をさらけ出す. ❸ 〈旗・帆などを〉広げる: ~ a flag 旗を掲揚する. ❹ 〖電算〗〈データを〉画面上に表示する. ― 图 ❶ a ⓤⓒ 陳列, 展示; 陳列[展示]品《全体》: a ~ of Japanese art 日本美術の展示 / on DISPLAY ⓓ 催し, 展示, 公演, 上演: a ~ of fireworks=a fireworks ~ 花火の打ち上げ. ❷ ⓤⓒ (感情などを)表に出すこと, 見せびらかし, 誇示: a ~ of courage [affection] 勇気[愛情]を示す表に出す]こと / make a ~ of... を見せびらかす. ❸ a ⓒ〖電算〗ディスプレー《ブラウン管や液晶で文字・図形を表示する装置》. b ⓒ (ディスプレーに表示される)データ, 情報. c ⓤⓒ (ディスプレーへの)表示. ❹ ⓒ 〖動〗誇示(行動), ディスプレー《鳥などの威嚇・求愛行動的》. **on displáy** 展示[陳列]して: the pictures on ~ 陳列してある絵画 / put [place]...*on* ~ を展示[陳列]する. 《OF<L=(折りたたんだものを)広げる DIS-+*plicare* 折りたたむ (cf. duplicate)》 ⇒ show.

displáy càse [càbinet] 图 陳列ケース[戸棚], 展示ケース.

displáy tỳpe 图 ⓤ ディスプレータイプ《見出し・広告用活字》.

dis·please /dɪsplíːz/ 動 ⓣ 〈人を〉不機嫌にする, 立腹させる (cf. ⇒ displeased): His impudence ~d me. 彼の厚かましさに腹が立った.

dis·pléased 厢 不機嫌な, 腹を立てた: a ~ look 不機嫌な顔つき / She is ~ *with* you. 彼女はあなたに腹を立てている / He was ~ *at* his son's behavior. 彼は息子の行状が気にくわなかった.

dis·pléas·ing 厢 不愉快な, いやな: His voice is ~ *to* me. 彼の声はどうも気にくわない. **~·ly** 副

⁺dis·pleas·ure /dɪspléʒɚ, dɪs- | -ʒə/ 图 ⓤ 不愉快, 不満; 不機嫌, 立腹: feel [show] ~ at... に不快を感じる[示す] / incur the ~ of a person 人の機嫌をそこねる. 《F; ⇒ dis-, pleasure》

dis·port /dɪspɔ́ət | -pɔ́ːt/ 動 ⓤ 《古風·戯言》 [~ oneself で] 遊び興じる, 楽しむ, 遊ぶ. ― 图 ⓤⓒ 《古風》気晴らし, 遊び.

⁺dis·pos·a·ble /dɪspóʊzəbl/ 厢 ❶ 使い捨ての: ~ diapers [towels] 使い捨ての[紙]おむつ[タオル]. ❷ (所得など)(税金を支払った後)自由に使える. ❸ 〈人・考えなどなしで済まされうる, 不要な. ― 图 使い捨て用品. 《DISPOSE+-ABLE》

dispósable íncome 图 ⓤ 可処分所得; 手取り所得.

⁺dis·pos·al /dɪspóʊzəl/ 图 ❶ ⓤ (財産・問題などの)処分, 処置 (譲渡・売却など): ~ by sale 売却処分. b ⓒ (廃棄物などの)処理: garbage ~ 台所のごみ処理 / the ~ of radioactive waste 放射性廃棄物の処理. c ⓒ 《米》 台所用生ごみ処理機 (《英》waste disposal (unit)). ❷ ⓤ 処分の自由, 思いどおりにできる権利: have the full ~ of one's own property 自己の財産の自由処分権を持つ.

❸ ⓤ 配置, 配列. **at a person's dispósal=at the dispósal of a person** 人の自由になって, 勝手に使えて: The money was at my ~. その金は私が自由に使えた / My services are at your ~. 何でもご用を承ります, なんなりとお申しつけください. **pùt [pláce, léave]...at a person's dispósal** 〈…を〉人の自由に任せる. 《動 dispose》

dispósal bàg 图 (乗り物・ホテルなどの)汚物処理袋.

⁺dis·pose /dɪspóʊz/ 動 ⓤ ❶ a 〈不要物・問題などを〉片づける, 処理[処分]する, 始末する 《★ ~ *of* は受身可》: ~ *of* nuclear waste 核廃棄物を処分する / The property can be ~d *of* for a good sum. その財産はかなりの値で処分できる / That ~s *of* the point. それでその点は解決する. b 〔口〕〈人を〉殺す; 〈敵を〉破る, 倒す. c 〔口〕〈…を〉〈またく間に〉たいらげる. ❷ 物事の成り行きを定める, 処置をつける: Man proposes, God ~s. 〔ことわざ〕計画するのは人, 成敗をつけるのは神. ― 图 [副詞(句)を伴って] ❶ 〈人を〉〈…に備えて〉配列する, 〈軍隊・艦隊を〉配置する: ~ battleships *for* [*in*] battle 戦闘に備えて戦艦を配置する. ❷ a 〈人を〉〈…したい〉気持ちに向ける (cf. ⇒ disposed 1); 〔+目+*to do*〕 The chance of promotion ~d him *to* take on the responsibility. 昇進の見込みがあったので彼はその責務を引き受ける気になった. b 〈人に〉〈…の〉傾向を持たせる, 〈…したい〉気持にさせる, 〈人に〉〈…の〉影響を受けやすいようにする〔*to, toward*〕: ~ a person *toward* violence 人を暴力への傾向をもたせる; 人を暴力へと向かわせる. 《F<L=離して置く < DIS-+*ponere, posit-* 置く (cf. position)》 (名 disposal, disposition)

⁺dis·pósed 厢 Ⓟ ❶ 〈…したい〉気がして, 気を起こして (inclined): I'm ~ *to* agree with you. 私は君に賛成したい. ❷ [well, ill などの副詞を伴って] 〈…に対して〉(ある)態度をとって, 見方をして: be favorably ~ *to* [*toward*] に対して好意的である / ⇒ ill-disposed, well-disposed.

dis·pós·er 图 ディスポーザー, 生ごみ処理機.

⁺dis·po·si·tion /dɪspəzíʃən/ 图 ❶ ⓒ [通例単数形で] 性質, 気質, 性癖: He has [is of] a cheerful ~. 彼は快活な性質だ. ❷ ⓒ [通例単数形で] (人の)傾向, 性向: have [show] a ~ *to* do...しがちである, ...する傾向[性質]を示す; ...する気がある [...しようという気持ちを示す] / He had a natural ~ *to* jealousy. 彼はもともとしっとしやすいたちだった. ❸ ⓒ [通例単数形で] 配置, 配列; 配備; 作戦計画. ❹ ⓒⓤ 〖法〗(財産などの)処分, 譲渡, 分配: the ~ of an estate 地所の処分. ❺ ⓒⓤ 《古》天の配剤. **at a person's disposítion** 人の意のまま[自由, 勝手]になって. 《動 dispose》 【類義語】 ⇒ character.

dis·pos·i·tive /dɪspázətɪv | -póz-/ 厢 ❶ (事件・問題などの)方向を決定する, 決着させる. ❷ (国際)紛争処理の; 《米法・スコ法》財産処分の.

dis·pos·sess /dìspəzés/ 動 ⓣ ❶ 〈人から〉〈財産などを〉奪う〔*of*〕; 〈人を〉立ち退かせる. ❷ 〖スポ〗〈人から〉ボールを奪う.

dis·pos·sessed 厢 土地[家財]を奪われた; [the ~; 名詞的に, 複数扱い] 土地[家財]を奪われた人たち: people ~ *of* their lands 土地を奪われた人たち.

dis·pos·ses·sion /dìspəzéʃən/ 图 ⓤ 追い立て; 強奪, 奪取.

dis·praise /dɪspréɪz/ 動 ⓣ 《古》けなす, 悪く言う, 非難する. ― 图 ⓤ 〖まれ〗けなすこと; 非難.

dis·proof /dɪsprúːf/ 图 ⓤⓒ 反証, 反証をあげること, 反駁(ばく) 〔*of*〕.

dis·pro·por·tion /dìsprəpɔ́əʃən | -pɔ́ː-/ 图 ⓤⓒ 不釣り合い, 不均衡 (imbalance): a ~ *between* the price and the value 価格と価値の不均衡.

⁺dis·pro·pór·tion·al /-ʃ(ə)nəl/ 厢 =disproportionate. **~·ly** /-nəli/ 副

dis·pro·por·tion·ate /dìsprəpɔ́əʃ(ə)nət | -pɔ́ː-/ 厢 不釣り合いな, 不相応な, 〈…と〉不釣り合いで〔*to*〕. **~·ly** 副

dis·pro·por·tion·a·tion /dìsprəpɔ̀əʃəneíʃən | -pɔ̀ː-/ 图 ⓤ 〖化〗不均化.

dis·prove /dɪsprúːv/ 動 ⓣ 〈…の〉反証をあげる, 誤っていることを示す, 論駁(ばく)する 《比較 refute の方がより徹底した論駁》.

dis·put·a·ble /dɪspjúːtəbl, díspju-/ 形 議論[疑問]の余地のある; 疑わしい (↔ indisputable): a highly ~ theory そうぞ疑わしい理論.

dis·pu·tant /dɪspjúːtənt, díspju-, -tnt/ 名 論争者; 議論家. —— 形 論争の; 論争中の.

dis·pu·ta·tion /dìskpjutéɪʃən/ 名 C,U 論争, 討論.

dis·pu·ta·tious /dìspjutéɪʃəs/ 形 論争的な, 議論がましい; 論争好きの. ~·ly 副

dis·pu·ta·tive /dɪspjúːtətɪv/ 形 =disputatious.

***dis·pute** /dɪspjúːt/ ⌂ 名 C,U 論争, 論議; 紛争, 争議, 抗争; 口論, けんか 《between, with》《about, over》: a border ~ 境界[国境]紛争 / a labor ~ 労働争議 / be in ~ with a company over labor problems 労働問題について会社と係争中である. **beyónd [pàst, òut of] (áll) dispúte** 論争の余地がなく, 疑問の余地もなく, 明らかに; 確実に, 確かに. **in [ùnder] dispúte** 〈…について〉争っていて, 論争中の[で], 未解決の[で]: a point *in* ~ 論争点. **ópen to dispúte** 争い[議論]の余地があって; 確定的[決定的]でなくて. **withóut dispúte** (1) 疑問の余地なく[のない]; 確かに[な]. (2) 論争せずに[なしに].
—— /dɪspjúːt/ 動 他 〈事実などに〉疑いをさしはさむ, 異議を唱える; 〈…の〉真偽について争う: We ~*d* the election results. 選挙の結果に疑義を提起した / ~ the claim [evidence] その主張[証拠]に異議を唱える. **❷** 〈…について〉論争する, 論じる, 討議する: a hotly ~*d* issue 激しく議論された[されている]問題 / ~ the legitimacy [legality] of…の正当性[適法性]について論議する. **❸**〈優位・勝利などを〉得ようと争う, 競争する: ~ the lead 首位を争う. **❹** 《古》〈…と〉抗争する, 〈…を〉阻止しようとする, 〈…に〉抵抗する: ~ a landing by the enemy 敵の上陸を阻もうとする.
—— 自 〈人と…について〉論争[議論]する, 論じ合う 《with》《about, over》.

dis·pút·er /-tə|-tə/ 名 〖F<L=別々に数える<DIS-+putare 考える, 数える (cf. putative)〗 〖類義語〗(1) ⇒ argument. (2) ⇒ discuss.

dis·qual·i·fi·ca·tion /dɪskwòləfɪkéɪʃən, dìs-|-kwɔ́l-/ 名 **❶** U 資格剥奪(はくだつ); 無資格, 不合格. **❷** C 失格となる理由[事実], 欠格条項 《for》.

⁺**dis·qual·i·fy** /dɪskwáləfàɪ, dɪs-|-kwɔ́l-/ 動 他 〈人から…の〉資格を奪う[剥奪する], 〈…に関して人を〉失格させる, 失格者[不適任]と判定する: He was *disqualified from* (taking part in) the competition. 彼はその競技に参加する資格を失った / His advanced age *disqualified* him *for* the job. 彼は老齢のためその仕事には失格となった. 〖DIS-+QUALIFY〗

⁺**dis·qui·et** /dɪskwáɪət, -dɪs-/ 名 U 不安, 不穏; 胸騒ぎ, 心配. —— 動 他 〈人の〉平静を失わせる, 心を乱す, 〈人を〉不安にする: Rumors of war ~*ed* the people. 戦争のうわさが国民を不安にした.

dis·qui·et·ing /-tɪŋ/ 形 不安にする, 心配させる, 不穏な, 物騒な.

dis·qui·e·tude /dɪskwáɪət(j)ùːd|-tjùːd/ 名 U 不安(状態), 不穏.

dis·qui·si·tion /dìskwəzíʃən/ 名 (長々しい)演説; 論文, 論考 《on, about》.

Dis·rae·li /dɪzréɪli/, **Benjamin** 名 ディズレーリ《1804-81; 英国の保守党政治家・小説家; 首相 (1868, 74-80)》.

dis·rate /dìsréɪt/ 動 《海》〈船員の〉階級を下げる, 格下げする.

⁺**dis·re·gard** /dìsrɪgáːd|-gáːd/ 動 他 〈…を〉無視する, 軽視する: They ~*ed* my objections to the proposal. 彼らはその提案に対する私の異議を無視した. —— 名 U [また a ~] 無視, 軽視 《for, of》: (*a*) ~ *for* human rights 人権無視. 〖DIS-+REGARD〗 〖類義語〗 ⇒ neglect.

dis·rel·ish /dɪsrélɪʃ/ 名 U [また a ~] 嫌悪, いとわしさ: have *a* ~ *for*…が嫌いである. —— 動 他 嫌う.

dis·re·mem·ber /dìsrɪmémbə|-bə/ 動 他 《方言》思い出せない, 忘れる.

dis·re·pair /dìsrɪpéə|-péə/ 名 U (修理・手入れの不足による)破損(状態), 荒廃: in ~ 荒れて / fall into ~ 破損する, 荒れる.

dis·rep·u·ta·ble /dɪsrépjutəbl|-/ 形 **❶** 評判の悪い, いかがわしい, たちの良くない. **❷** みっともない, みすぼらしい.
dis·rép·u·ta·bly /-bli/ 副 ~·**ness** 名

⁺**dis·re·pute** /dìsrɪpjúːt/ 名 U 不評判, 悪評: fall into ~ 評判を落とす / hold…*in* ~ …に好意を示さない, …を良くないと思う. 〖DIS-+REPUTE〗

dis·re·spect /dìsrɪspékt/ 名 U 無礼, 失礼. —— 動 他 〈人に〉無礼な態度をとる; 軽視[軽蔑]する.

dis·re·spect·ful /dìsrɪspéktf(ə)l|-/ 形 〖…に〗失礼な, 無礼な; 敬意を欠いて, 軽視して 《to, of》. ~·**ly** /-fəli/ 副 ~·**ness** 名

dis·robe /dìsróub/ 動 他 衣服を脱ぐ (undress). —— 他 **❶ a** 〈人の〉(官職上・儀式上の)衣服を脱がせる. **b** [~ *oneself* で] 式服を脱ぐ. **❷** 〈…から〉~を奪う 《*of*》.

⁺**dis·rupt** /dɪsrʌ́pt/ 動 他 **❶** 〈…を〉(一時的に)混乱させる; 〈交通・通信などを〉(一時)中断させる, 途絶させる, 不通にする: His antics ~*ed* the meeting. 彼のふざけた行為で集会は一時混乱した. **❷** 〈…の〉構造を壊す[破壊する], (急激に)変化させる: chemicals that ~ endocrine function 内分泌機能を攪乱(かくらん)する化学物質. 〖L=粉々に壊す<DIS-+rumpere, rupt- 壊す (cf. rupture)〗 名 disruption

⁺**dis·rup·tion** /dɪsrʌ́pʃən/ 名 U,C 混乱; 中断, 途絶: in ~ 混乱して / endocrine ~ 内分泌攪乱. 動 disrupt

⁺**dis·rup·tive** /dɪsrʌ́ptɪv/ 形 混乱を引き起こす, 破壊的な: a ~ element of the party 党の破壊的要素.

dis·rúpt·or 名 混乱を引き起こす人[もの] ⇒ endocrine disruptor.

diss /dís/ = dis.

diss. 《略》=dissertation.

⁺**dis·sat·is·fac·tion** /dì(s)sætɪsfǽkʃən/ 名 **❶** U 不満, 不平 《at, with》. **❷** C 不満の種.

dis·sat·is·fac·to·ry /dì(s)sætɪsfǽktəri, -tri|-/ 形 不満(足)な.

dis·sat·is·fied 形 不満な; 不満そうな (discontented): a ~ look 不満げな顔つき / He was ~ *with* his treatment at their hands. 彼は彼らから受けた待遇に不満だった.

dis·sat·is·fy /dì(s)sǽtɪsfàɪ/ 動 他 〈人に〉不満を抱かせる, 〈人を〉不満にする (⇒ dissatisfied).

dis·sav·ing /dì(s)séɪvɪŋ/ 名 《経》マイナス貯蓄, 貯蓄取りくずし (現在の収入以上に消費すること); [複数形で] マイナス貯蓄額.

⁺**dis·sect** /dɪsékt/ 動 他 **❶** 〈…を〉切り裂く; 解剖する. **❷** 〈議論・問題などを〉詳細に吟味[批評]する. 〖L=ばらばらに切る<DIS-+secare, sect- 切る (cf. section)〗

dis·séct·ed 形 U 切開[解剖]した. **❷**《植》数片に深く裂けた: ~ leaves 先が裂けた葉.

dis·sec·tion /dɪsékʃən/ 名 U,C **❶** 切開; 解剖, 解体. **❷** 精密な吟味.

dis·séc·tor /-tə|-tə/ 名 **❶** 解剖(学)者. **❷** 解剖器具.

dis·sem·ble /dɪsémbl/ 動 自 そらをとぼける, しらばくれる. —— 他 〈真意などを〉隠す. **dis·sém·bler** 名

⁺**dis·sem·i·nate** /dɪsémənèɪt/ 動 他 〈情報などを〉広める. 〖L=(種子を)ばらまく<DIS-+semen, semin- 種 (cf. semen)〗

dis·sem·i·nàt·ed /-tɪd/ 形 〈がんなど〉播種(はしゅ)性の.

dis·sem·i·na·tion /dɪsèmənéɪʃən/ 名 U 普及, 宣伝.

dis·sém·i·nà·tor /-tə|-tə/ 名 **❶ a** 種をまく人. **b** 広める人, 宣伝者. **❷** 散布器.

dis·sem·i·nule /dɪsémənjùːl/ 名 《植》散布体 《果実・種子・胞子など》.

dis·sen·sion /dɪsénʃən/ 名 U,C 意見の相違[衝突]: create [cause] ~ 意見の相違を生み出す[引き起こす].

dis·sen·sus /dɪsénsəs/ 名 U 合意の欠如, 意見の不一致.

⁺**dis·sent** /dɪsént/ 動 自 **❶ a** U (特に権威・多数意見に対する)反対, 異議; C,U 《米》(他の判事の判断に対する)反対(意見), 異議 (⇒ dissenting opinion): incite ~ 異議を唱えるようにそそのかす. **b** U 《スポ》(判定に対する)抗議, 不

dis·sent·er 服従《反則》. ❷ Ⓤ〔通例 D-〕《英》国教反対. ── 動 ⓘ ❶〔…に〕異議を唱える,〔…と〕意見を異にする;《米》〈他の判事の判断に〉反対する, 異議を唱える (↔ consent): One of the judges ~ed *from* the decision. 判事の一人がその判決に異議を唱えた. ❷《英》国教に反対する.〖L =離れて感じる <DIS-+*sentire, sens-* 感じる (cf. sense)〗

dis·sént·er /-ṭɚ/ 名 反対者. ❷〔通例 D-〕《英》国教反対者, 非国教徒 (nonconformist).

dis·sen·ti·ent /dɪsénʃ(i)ənt/ 形 多数意見と異なる. ── 名 =dissenter.

dis·sént·ing /-tɪŋ/ 形 ❶ 異議のある, 反対意見の: The resolution passed without a ~ voice. その決議案は一人の異議もなく通過した. ❷《英》国教に反対する.

disséntíng opínion 名〔法〕(判決の多数意見に対する)反対意見, 少数意見.

dis·sep·i·ment /dɪsépəmənt/ 名〔解・動・植〕隔膜, 隔壁 (septum), (特に植物の)子房中隔.

†**dis·ser·ta·tion** /dìsətéɪʃən | -sə-/ 名〔通例長い〕学術論文; (特に)学位論文〈*on*〉: a doctoral ~ 博士論文.〖L=論じること <*dis-*+*serere, sert-* 結びつける (cf. series)〗

dis·ser·vice /dì(s)sə́ːvɪs | -sə́ː-/ 名〔a ~〕〔…への〕害, 迷惑, あだ〔*to*〕: do a person a ~ 人に迷惑をかける.

dis·sev·er /dɪsévə | -və/ 動 他 分離する; 分割する.

dis·sev·er·ance /dɪsév(ə)rəns/ 名 Ⓤ 分離する[される]こと.

dis·si·dence /dísədəns, -dns/ 名 Ⓤ (意見などの)相違, 不一致; 反体制; 不同意, 異議.

*__dis·si·dent__ /dísədənt, -dnt/ 名 意見を異にする人; 反体制者. ── 形 意見を異にする; 反体制の: a ~ voice 反対意見 / a ~ newspaper 反体制の新聞.〖L=離れて座っている <DIS-+*sedere* 座る (cf. session)〗

dis·sim·i·lar /dì(s)símələ | -lə-/ 形〔…と〕似ていない, 不同性〔*to, from*〕(unlike). **~·ly** 副

dis·sim·i·lar·i·ty /dì(s)sɪmælærəṭi/ 名 ❶ Ⓤ 似ていないこと, 不同性〔*between, to*〕. ❷ Ⓒ 相違点.

dis·sim·i·late /dɪsíməlèɪt/ 動 他〔音声〕異化する (↔ assimilate). **dis·sim·i·la·to·ry** /dɪsím(ə)lətɔ̀ːri | -təri, -tri/ 形

dis·sim·i·la·tion /dìsìməléɪʃən/ 名 Ⓤ〔言〕異化(作用)《古フランス語 marbre から英語 marble への変化など》.

dis·si·mil·i·tude /dì(s)sɪmílət(j)ùːd | -tjùːd/ 名 =dissimilarity.

dis·sim·u·late /dɪsímjʊlèɪt/ 動 他 (感情・真意など)を偽り隠す (dissemble). **dis·sím·u·la·tor** /-ṭɚ | -tə/ 名

dis·sim·u·la·tion /dɪsìmjʊléɪʃən/ 名 Ⓤ (感情・真意などを)偽ること, 偽装.

†**dis·si·pate** /dísəpèɪt/ 動 ❶〈感情など〉が(徐々に)消える, 晴れる. ❷〈雲などが〉消散する;〈熱などが〉放散する. ── 他 ❶〈悲しみ・恐怖などを〉消す, 晴らす. ❷〈財産などを〉浪費する: He ~d his father's fortune. 彼は父親の財産を食いつぶした. ❸〔理〕〈エネルギー〉を失う, 散逸させる《*通例受身*》.

dís·si·pàt·ed /-ṭɪd/ 形 放蕩の, 道楽な.

dis·si·pa·tion /dìsəpéɪʃən/ 名 ❶ 消散, 消失. ❷ 浪費; 遊興, 放蕩. ❸〔理〕(エネルギーの)散逸.

dis·si·pa·tive /dísəpèɪṭɪv/ 形 消散的な; 浪費的な;〔理〕エネルギー散逸の.

dis·so·ci·a·ble /dɪsóʊʃ(i)əbl, -sɪə-/ 形 分離[区別]できる.

dis·so·ci·ate /dɪsóʊʃièɪt, -si-/ 動 他 ❶〔~ oneself で〕〔…と〕関係を断つ (disassociate): He ~d himself *from* the movement. 彼はその運動と手を切った. ❷〈…を〉〔…から〕引き離す, 分離する;〈…を〉〔…と〕分離して考える: It is impossible to ~ language *from* culture. 言語を文化と切り離して考えることはできない. ❸〔化〕〈分子を〉解離させる. ── ⓘ 分離する, 別れる (part). 〈分子が〉解離する. **dis·so·ci·a·tion** /dɪsòʊsiéɪʃən, -ʃi-/ 名 Ⓤ 分離;〔化〕解離. **dis·so·ci·a·tive** /dɪsóʊsièɪṭɪv, -ʃət-/ 形 分離的な, 分裂性の.

dis·só·ci·at·ed personálity /-ṭɪd/ 名 Ⓤ〔心〕分裂人格.

dis·sol·u·bil·i·ty /dɪsɑ̀ljʊbíləṭi | -sɔ̀l-/ 名 Ⓤ ❶ 解散[解除, 解消]できること. ❷ 分離[融解]性.

dis·sol·u·ble /dɪsɑ́ljʊbl | -sɔ́l-/ 形 ❶ 解散できる; 解除[解消]できる. ❷ 溶ける, 融解性の.

dis·so·lute /dísəlùːt/ 形 自堕落な, 放蕩(ほうとう)な; 放蕩(ほうとう)な. **~·ly** 副 **~·ness** 名

†**dis·so·lu·tion** /dìsəlúːʃən/ 名 Ⓤ ❶ **a** (議会・組織などの)解散, 解体. **b** (結婚・契約などの)解消, 解除 (termination). ❷ (制度などの)消滅, 死滅. ❸ **a** 分離, 分解. **b**〔医〕溶解, 融解 (☆ dissolve)

*__dis·solve__ /dɪzɑ́lv | -zɔ́lv/ 動 ⓘ ❶ **a**〔…に〕溶ける: Salt ~s *in* water. 塩は水に溶ける. **b**〔…に〕分解する: The chemical ~s *into* its constituent parts when heated. その化学薬品は加熱するとその構成要素に分解する. ❷ **a**〈議会・団体などが〉解散を(宣言)する: Parliament has ~d. 議会は解散した. **b**〈結婚・関係などが〉解消する. ❸〈感情などが〉(徐々に)消える, 晴れる. ❹〈ある状態に陥る, 悪化して〔…〕になる〔*into*〕. ❺ 感情を抑え切れず〔…〕になる: ~ *in* [*into*] tears わっと泣きくずれる. ❻〔映・テレビ〕ディゾルブする (⇨ 名). ── 他 ❶ **a**〈ものを〉〈液体に〉溶かす: ~ sugar *in* hot water 砂糖を湯に溶かす. **b**〈物質・物体などが〉〈…を〉分解する, 分解させる: These chemicals ~ fat. これらの化学薬品は脂肪を分解する. ❷〈議会・団体などを〉解散する: ~ Parliament 議会を解散する. ❸〈感情関係などを〉解消する, 取り消す《*通例受身*》. ❹〈感情などを〉(徐々に)消す, 晴らす. ❺〔映・テレビ〕〈画面を〉ディゾルブにする (⇨ 名). ── 名 Ⓤ〔映・テレビ〕ディゾルブ《画面が暗くなるのにオーバーラップして次の画面が現われる場面転換法》.〖L=DIS-+*solvere* to SOLVE〗(名 dissolution)【類義語】⇨ melt.

dis·sol·vent /dɪzɑ́lvənt | -zɔ́l-/ 名 溶かす[分解する]もの; 溶媒, 溶剤.

dis·so·nance /dísənəns/ 名 ❶ Ⓒ,Ⓤ〔楽〕不協和(音) (discord); ↔ consonance. ❷ Ⓤ 不一致, 不調和.

dis·so·nant /dísənənt/ 形 ❶〔楽〕不協和の. ❷ 不調和な.

†**dis·suade** /dɪswéɪd/ 動 他〈人に〉〔…を〕思いとどまらせる, 思い切らせる (↔ persuade): She tried to ~ her son *from* marrying the girl. 彼女は息子がその娘と結婚するのを思いとどまらせようとした.〖L=反対の説得をする <DIS-+*suadere, suas-* 説得する (cf. persuade)〗

dis·sua·sion /dɪswéɪʒən/ 名 Ⓤ 思いとどまらせること (↔ persuasion).

dis·sua·sive /dɪswéɪsɪv/ 形 思いとどまらせる.

dis·syl·lab·ic /dìsɪlǽbɪk/ 形 =disyllabic.

dis·syl·la·ble /dàɪsɪ́ləbl, dís-/ 名 =disyllable.

dist.〔略〕distant; distinguish(ed); district.

dis·taff /dístæf | -taːf/ 名 糸巻棒《昔, 糸繰りをするときに羊毛などを巻きつけた棒; cf. spindle 2》.

dístaff sìde〔the ~〕(家系の)母方, 母系 (↔ spear side): on *the* ~ 母方の.

dis·tal /dístl/ 形〔解・植〕末梢(まっしょう)(部)の, 末端の (↔ proximal).

*__dis·tance__ /dístəns/ 名 ❶ Ⓒ,Ⓤ 距離, 道のり; 間隔: a long ~ 長距離 / a short ~ 短距離 / the ~ *between* Boston and New York [*from* Boston *to* New York] ボストンとニューヨークの[ボストンからニューヨークまでの]距離 / at a ~ of 5 meters 5メートル離れて / It's some ~ away. それはかなり遠い / It's no great ~ (from here). それは(ここから)さほど遠くない. ❷ **a** Ⓤ (距離の)隔たり, 遠く離れていること: D- can tear love apart. 愛は遠く離れていることが愛情を引き裂いてしまうことがある. **b** Ⓒ〔単数形で〕離れた場所. ❸ Ⓤ,Ⓒ **a** (身分などの)相違, 懸隔, 隔たり; (関連性などの)隔たり, 違い; (心理的の)隔たり. **b** Ⓤ (態度の)隔て, よそよそしさ, 遠慮. ❹ Ⓤ,Ⓒ〔時間の〕隔たり, 経過: at this ~ *of* [*in*] time (これだけの長い時日を経た)今となっては / I look back over a ~ *of* thirty years 30年の昔を回顧する. **b** Ⓒ (問題の解決などに)必要な過程, なすべきこと. ❺〔a ~ また複数形で〕広がり: a country of great ~s 広大な土地のある国, 広大な国. **at [from] a**

dístance 遠くで[から]: I just saw her from a ～. 遠くから彼女を見ただけだった. **gó the (fúll) dístance** (1) 最後までやり抜く. (2)《野》投手が完投する. **in [into] the distance**（見たり聞いたりできる範囲の）遠くに[で, の方を]: see...in the ～ ...が遠くに見える / stare [gaze] into the ～ 遠くを見つめる. **kéep a pèrson at a dístance** 人を(よそよそしくして)遠ざける. **kéep one's dístance** (1) ...から隔てを設ける, 距離をおく〔from〕: Keep your ～! 近よるな. (2) ...となれなれしくしない〔from〕. **within striking distance** 打てば手の届く[呼べば聞こえる, 歩いて行ける]所に: We're within striking ～ of closing the deal. 商談のまとまりが間近だ. — 動 他《人を...から》遠ざける; [～oneself で] 遠ざかる, 離れる: She ～d herself from the radical faction of the party. 彼女は党の急進派から離れた. (形 distant).

dístance educátion [lèarning] 名 [U] 遠隔教育[学習], 通信[放送]教育[学習].

dístance rùnner 名 [C] 長距離競走者.

*__dis·tant__ /dístənt/ 形 (more ～; most ～) **❶ a** (距離的に)遠い, 隔遠の: a ～ country 遠い国 / a ～ view of the sea 海の遠景. **b** [しばしば数詞を伴って]〔...から〕距離が...で, ...離れて(用法 数詞を伴うとき distant の代わりに far は用いられない; ⇒ **far** 形 1 a): The town is (six miles) ～ from London. その町はロンドンから(6マイル)離れている. **c** [A] 遠方から来た, 遠方に行く: a ～ journey 遠い旅 / the rumble of ～ thunder 遠雷のとどろき. **d** 〈目つきなど遠くを見るような, 夢見るような: a ～ look 遠くを見やるような目つき. **❷** (時間的に)遠い: ～ ages 遠い昔 / a ～ memory 遠い昔の記憶 / in the ～ past 遠い昔(に) / in the not too ～ future あまり遠くない将来に / at no ～ date 遠からずして, そのうちに. **❸** [A] 〈人〉の縁戚の (↔close): He's a ～ relative of mine. 彼は私の遠い親戚だ. **❹**《類似・関係など〈程度が〉かすかな, わずかな: a ～ resemblance かすかな類似. **❺**《態度など〉厳のある, 敬遠する, よそよそしい (aloof): a ～ manner よそよそしい態度. **❻** 心にこだわらず. **distant sécond** 首位との大差の二位[二番目, 次点]. 〖L＝離れて立っている ＜DIS- + stare 立つ (cf. stay)〗 (名 distance) 【類義語】 **distant** 非常に遠い, または距離を明示したときに用いる. **far** 距離・時間・関係などが漠然と遠く離れている. **remote** 基準となるものから離れている; 単に物理的なへだたりだけでなく, 比喩的な距離感を示す.

dis·tan·ti·ate /dɪstǽnʃièɪt/ 動 他 (感情的・知的に)遠ざける, 〈...〉と距離をおく. **dis·tan·ti·a·tion** /dɪstǽnʃièɪʃən/ 名.

dís·tant·ly 副 **❶** 遠く, 隔たって. **❷** ひややかに, よそよそしく. **❸** 遠縁で: He is ～ related to me. 彼は私と遠戚だ.

†**dis·taste** /dɪstéɪst, dìs-/ 名 [U] [また a ～] 嫌い, 嫌悪(ぉ): in ～ 嫌で(顔をそむけるなど) / He has a ～ for carrots. 彼はニンジンが嫌いだ.《DIS- + TASTE》

†**dis·taste·ful** /dɪstéɪstf(ə)l, dìs-/ 形 いやな, 不愉快な, (味が)まずい; (人にとって)いやで: Punk rock is ～ to her. 彼女はパンクロックが嫌いだ. **～·ly** /-fəli/ 副. **～·ness** 名 [U].

dis·tem·per[1] /dɪstémpɚ | -pə/ 名 [U] ジステンパー(犬の伝染病). **❷**《古》政治的混乱.

dis·tem·per[2] /dɪstémpɚ | -pə/ 名 **❶** [U] 泥絵の具, にかわ絵の具. **❷** [U] ジステンパー画法: paint in ～ ジステンパー画法で描く. **b** [C] テンペラ画. **❸** [U]《英》(壁・天井用の)水性塗料. — 動 他 **❶** ...に泥絵の具を混ぜる. **❷** ジステンパーで描く. **❸**《英》〈壁・天井など〉に水性塗料を塗る.

dis·tend /dɪsténd/ 動 他 (内部の圧力によって)膨張させる. — 自 膨張する.

disténd·ed 形 膨張した: a ～ stomach 膨張した胃.

dis·ten·si·ble /dɪsténsəbl/ 形 膨張性の.

dis·ten·sion, dis·ten·tion /dɪsténʃən/ 名 [U] 膨張, 膨満.

dis·tich /dístɪk/ 名《詩学》二行連句, 対句.

dis·ti·chous /dístɪkəs/ 形《植》対生の, 二列生の.

*__dis·till__《英》**dis·til** /dɪstíl/ 動 (dis·tilled; dis·till·ing) 他 **❶ a** 〈...〉を蒸留する; 蒸留して〈ウイスキー・ジンなど〉を造る: ～ed water 蒸留水 / Whiskey is ～ed from malt. ウイスキーは麦芽から蒸留される / Wine may be ～ed into brandy. ワインを蒸留してブランデーにすることがある. **b** 蒸留して不純物などを取り除く〈off, out〉: ～ off impurities 蒸留して不純物を取り除く. **❷** ...から〈...〉を抜き[引き, 取り]出す, 抽出[抜粋]する〔from〕; 〈...〉を〈...〉の一部とする, 〈...〉の中に吹き込む, 〈...〉にしみこませる〔into〕: ～ the meaning of a poem 詩の意味をくみとる. — 自《文》したたる; (蒸気として)発散した.《F＜L＝(しずくを)下へ落とす》

dis·til·late /dístəlèɪt, -lèɪt/ 名 [C,U] 蒸留物[液].

dis·til·la·tion /dìstəléɪʃən/ 名 **❶** [U] 蒸留: dry ～ 乾留 / destructive ～ 分解蒸留. **❷** [C] [単数形で] 抜粋, 精粋.

dis·till·er 名 **❶** 蒸留酒製造業者, 蒸留元. **❷** 蒸留器.

†**dis·till·er·y** /dɪstíləri/ 名 蒸留酒製造所.

*__dis·tinct__ /dɪstíŋ(k)t/ 形 (～·er; ～·est) **❶** (種類・性質などの)異なった, 別個の: Mules and donkeys are ～ animals. ラバとロバはまったく別の動物だ / Mules are ～ from donkeys. ラバはロバとは違う. **❷** はっきりした, 明瞭な; 明確な, 明白な, 紛れもない (↔vague): a ～ difference 明瞭な差異 / Her pronunciation is ～. 彼女の発音は明瞭だ / have the ～ impression that... という明確な印象をもつ / a ～ possibility 確実に起こりうること. 〖F＜L〗 (動 distinguish) 【類義語】 ⇒ different.

*__dis·tinc·tion__ /dɪstíŋ(k)ʃən/ 名 **❶** [C,U] 区別, 差異〔between〕: a ～ without a difference 差異のない区別, 無用の区別立て / draw a ～ [make no ～] between ...の間に区別をつける(つけない)(用法 対象が三つ以上のときでも among でなく between を用いる) / in ～ from [to] ...と区別して, と対照的に / without ～ (of rank) (身分の)差別なく, 無差別に. **❷** [C,U] [主な ～] (区別となる)特徴, 特異性, 際立って良い[悪い]ところ[点]. **❸** [U] (精神・態度・性格などの)優秀さ, 卓越; 著名: a writer of ～ 著名作家 / win ～ 名声を得る. **❹** [C] 殊勲, りっぱな成績, 栄誉, 賞, 称号: with ～ 抜群の成績で; 殊勲[功績]を立てて / win ～s 数々の栄誉を受ける. 〖F＜L〗 (動 distinguish, 形 distinct).

*__dis·tinc·tive__ /dɪstíŋ(k)tɪv/ 形 (more ～; most ～) 特色のある, 特有の; 弁別的な, 示差的な: a ～ taste 特有の味 / ～ features 顕著な特徴; 弁別的[示差的]特徴 / His accent is ～ of a New Yorker. 彼の口調はニューヨーク人特有のものだ. 〖L〗 (動 distinguish) **～·ness** 名 [U] 特殊性; 非凡さ, 卓越; 弁別性.

dis·tinc·tive·ly 副 (他と)区別して, はっきりと, 目立つように; 際立って; 特徴的に: a ～ colored bird 目立つ色の鳥.

dis·tinct·ly 副 **❶** 明白に, はっきりと: a ～ American pronunciation 明らかにアメリカ的な発音. **❷** 確かに, 疑いなく, きっと. **❸**《口》まったく, 本当に: It's ～ warm today. きょうは本当に暑い.

dis·tinct·ness 名 [U] **❶** 別個. **❷** 明瞭, 明確さ.

dis·tin·gué /dì:stæŋgéɪ, dɪstæŋgéɪ/ 形《★ 女性形 ·guée 》《態度·容姿·服装などが気品[風格]のある, 高貴な, 上品な.

*__dis·tin·guish__ /dɪstíŋ(g)wɪʃ/ 動 他 **❶** 〈...〉を識別する; はっきり区別する, 見分ける, 聞き分ける《★ 進行形なし》: Can you ～ these two things? これら二つのものを識別できますか / It is hard to ～ him from his twin brother. 彼と彼のふたごの兄[弟]とを見分けるのは難しい. **b** 〈知覚しづらいもの〉をはっきり見る[聞く, 味わう, 嗅ぐ](ことができる)《★ 進行形なし》: It was too dark for me to ～ anything. まっ暗で何ひとつ見分けがつかなかった. **❷** 〈特徴などが〉...の区別となる; 〈...〉の特徴となる《★ 進行形なし》: His Southern accent ～es him. 南部なまりが彼の特徴となっている / Reason ～es man from the other animals. 人間は理性によって他の動物と区別される. **❸** [～oneself で] 目立つ, 著名になる: [+目＋as補] He ～ed

himself as a novelist. 彼は小説家として名をなした.
— [自] 〔…と…とを〕区別する, 識別する, 弁別する: ～ ***between*** right and wrong 正邪を区別する.
〖F＜L〗 ([形] distinct, distinctive, [名] distinction)
【類義語】**distinguish** ある物の特色・特性を見きわめて, それと他の物とを区別する. **discriminate** 類似しているものを比較して微妙な違いを正確に見分ける. **differentiate** それぞれのものの特性・特色を細かく比べて違いを認め指摘する.

dis·tin·guish·a·ble /dɪstíŋ(g)wɪʃəbl/ [形] ❶ **a** 区別できる; 見分け[聞き分け]のできる. **b** かろうじて見える(聞こえる) (discernible). ❷ [P] 〔…と〕区別ができて; 見分け[聞き分け]ができて 〔*from*〕. **-a·bly** /-ʃəbli/ [副]

dis·tin·guished** /dɪstíŋ(g)wɪʃt/ [形] (**more** ～; **most** ～) ❶ **顕著な, 名高い; すぐれた, 抜群の** (illustrious): ～ services 殊勲 / a ～ school 名門校 / a ～ scholar 著名な学者 / He is ～ ***for his knowledge of linguistics. 彼は言語学の造詣(ぞうけい)が深い / He is ～ ***as*** an economist. 彼は経済学者として有名だ. ❷ 〈態度など〉気品のある, 上品な: look ～ 上品に見える.

dis·tín·guish·ing [形] 際立って特徴的な, 顕著な.

***dis·tort** /dɪstɔ́ət | -tɔ́:t/ [動] [他] ❶ 〈事実・真理などを〉歪曲する, ゆがめる; 曲解する: You have ～*ed* what I said. 君は私の言ったことをゆがめて伝えている[曲解している]. ❷ 〈自然の形を〉ゆがめる, ねじる: His face *was* ～*ed* by rage [with pain]. 彼の顔は怒り[苦痛]のためにゆがんだ. ❸ 〈ラジオ・テレビなどが〉〈音・画像を〉ひずませる. 〖L＝ねじ曲げる＜DIS-+*torquere, tort-* ねじる (cf. torture)〗 ([名] distortion)

dis·tórt·ed /-ṭɪd/ [形] ゆがめられた; 曲解された: a ～ view 偏見. **～·ly** [副]

\+**dis·tor·tion** /dɪstɔ́əʃən | -tɔ́:-/ [名] ❶ [U] **a** ゆがめること; ゆがみ, ねじれ. **b** (事実などの)歪曲(わいきょく), 曲解. **c** (ラジオ・テレビなどの音・画像の)ゆがみ. ❷ [C] ゆがんだ形[像]. ([動] distort)

\+**dis·tract** /dɪstrǽkt/ [動] [他] ❶ **a** 〈人・注意を〉〔…から〕散らす, そらす, 転ずる (↔ attract): The noise ～*ed* him [his attention] ***from*** his reading [his book]. その騒音のため彼は読書に注意が向けられなかった / Don't ～ me. 気をそらせないでくれ. **b** [～ one*self* で] 気持ちを紛らす, 気晴らしをする. ❷ 《古》〈心を〉悩ます; 混乱させる. 〖L＝引き離す＜DIS-+*trahere, tract-* 引っぱる (cf. tract[1])〗 ([名] distraction)

\+**dis·tráct·ed** [形] ❶ 〈注意など〉そらされた; 気の散った; うわのそらの, 心ここにあらずの. ❷ 取り乱した, 狂気のような. **～·ly** [副] うわのそらで, 心ここにあらずで.

dis·tráct·ing [形] 気を散らすような; 混乱させる.

\+**dis·trac·tion** /dɪstrǽkʃən/ [名] ❶ [U] 気の散ること, 気を散らすこと, 注意散漫. ❷ [C] 気を紛らすもの; 気晴らし, 娯楽 (diversion). ❸ [U] 心の混乱, 動揺; 乱心: His questions drove me to ～. 彼に(いろいろ)質問されて頭にきた / She loved her child to ～. 彼女は子供を溺愛(できあい)した.

dis·trác·tor [名] ❶ 注意をそらす人[もの]. ❷ (多項選択式テスト中の)誤った選択肢.

dis·train /dɪstréɪn/ [動] 《米》〖法〗 [他] 差し押さえる; 〈人の〉財産を差し押さえる.

dis·traint /dɪstréɪnt/ [名] [U] 〖法〗 差し押さえ.

dis·trait /dɪstréɪ/ [形] (不安・心痛などで)放心した, うわの空の. 〖F＝DISTRACTED〗

\+**dis·traught** /dɪstrɔ́:t/ [形] [P] 〔…で〕ひどく取り乱して (distressed): ～ ***with*** grief 悲しみに打ちひしがれて.

****dis·tress*** /dɪstrés/ [名] ❶ **a** [U] (身心の)**苦悩, 苦痛, 悲痛, 悲嘆**: suffer ～ 悲嘆に暮れる. **b** [a ～] 悩みの種 〔*to*〕. **c** [U] 〖医〗 極度の疲労, 消耗; 呼吸困難. ❷ [U] **経済的困窮, 貧苦**: He's in ～ for money. 彼は金に困っている. ❸ [U] (船舶・航空機の)**遭難; 非常[緊急]事態**: a ship in ～ 遭難[難破]船 / ⇨ distress signal. ❹ 〖法〗 ＝distraint. — [動] [他] ❶ 〈人を〉苦しめる, 悩ます, 悲しませる (upset): His nagging ～*es* me. 彼の小言には弱っている / It ～*es* me to hear that news. その知らせを聞いて心を痛めている. ❷ [～ one*self* で] 苦しむ, 悩む, 悲しむ: Don't ～ *yourself* about it. そんなことでくよくよするな. 〖F＜L＜*distringere* 引き離す; ⇨ district〗
【類義語】**distress** 精神的または肉体的な苦痛・悩み; 普通何らかの方法で和らげられるものを指す. **suffering** 今現実に感じて耐え続けている苦痛・悩み. **agony** 精神的または肉体的に耐えがたい, またはもがき苦しむほどの激しい苦痛. **anguish** 普通主として精神的な極度の苦悩をいう.

dis·tréssed [形] ❶ 苦しんで[悩んで, 心配して]いる. ❷ 痛みに苦しんでいる; 消耗している. ❸ 《文》 困窮した: a ～ area 《英》 (失業にあえぐ)窮乏地域. ❹ 〈家具・革製品が〉(きず・しわをつけて)古びた感じをだした.

dis·tress·ful /dɪstrésf(ə)l/ [形] 苦悩の多い, つらい, 悲惨な. **～·ly** /-fəli/ [副]

dis·tréss·ing [形] 苦悩を与える(ような), 悲惨な; 痛ましい: a ～ lapse of manners あわれなほどの不行儀.

dis·tréss·ing·ly [副] ひどく, 悲惨に, 痛ましく.

distréss sàle [名] 《米》 (換金のための)出血セール.

distréss sìgnal [名] 遭難[非常]信号 《SOSなど》.

distréss wàrrant [名] 差し押さえ令状.

dis·trib·u·tar·y /dɪstríbjuṭèri | -bjutəri/ [名] (本流から分かれて二度と合流にしない)分流.

dis·trib·ute** /dɪstríbjut | -bju:t/ [動] [他] ❶ **a** 〈ものを〉〔…に〕**分配する, 配る; 配布する, 配給する**: ～ the questionnaires ***to the committee members 委員にアンケート用紙を配る / Pamphlets were ～*d* ***among*** the audience. パンフレットが聴衆に配布された. **b** 〈商品を〉流通させる, 供給する. ❷ 〈…を〉〔…一面に〕**散布する, 分布させる**: ～ ash ***over*** a field 畑一面に灰をまく. ❸ 〈…を〉〔…に〕(分類)配置する: He ～*d* the plants ***into*** twenty-two genera. 彼はその植物を 22 の属に分類した. 〖L＝別々に与える＜DIS-+*tribuere, tribut-* 与える (cf. tribute)〗 ([名] distribution, [形] distributive) 【類義語】**distribute** 分配するの意の一般的な語. **dispense** 分配物を注意深く計って分配する. **divide** 計画に従い, 分配に先立って全体をいくつかの(等しい)部分に分割することを強調する.

dis·tríb·ut·ed /-ṭɪd/ [形] ❶ 〖統〗 …の分布をした. ❷ 〖電算〗 分散型データ処理方式の 《処理の一部が個々のワークステーションで行なわれ, 情報が各ワークステーションで共有され蓄積されるコンピューターネットワークの》: a ～ system 分散システム.

dis·tri·bu·tion** /dìstrəbjú:ʃən/ [名] ❶ [U] **a** **配分, 配給, 散布** 〔*of*〕. **b** 〖経〗 〔富の〕分配; 〖商〗 〔商品の〕流通: the ～ ***of wealth 富の分配. ❷ [U,C] **a** (動植物・言語などの)分布(区域, 状態): have *a* wide ～ 広く分布している. **b** 〖統〗 分布. ❸ [U] 区分, 分類 〔*of*〕. **～·al** /-ʃ(ə)nəl/ [形] ([動] distribute)

dis·trib·u·tive /dɪstríbjuṭɪv/ [形] [A] ❶ 分配の[に関する]. ❷ 〖文法〗 配分的な: the ～ singular 配分単数 《複数の観念を個別的に単数形で; たとえば We have *a nose.* における a nose》. — [名] 〖文法〗 配分詞, 個別的[配分]代名詞[形容詞] 《each, every など》. **～·ly** [副]

***dis·tríb·u·tor** /dɪstríbjuṭə | -tə/ [名] ❶ **卸売業者; 販売代理店; 配給会社**; 分配[配布, 配達, 配信]者. ❷ 〖機〗 (エンジンのスパークプラグに点火順に電流を伝える)配電器, ディストリビューター. ❸ 〖電〗 分配器.

‡**dis·trict** /dístrɪkt/ [名] ❶ **a** **地方, 地域**: an agricultural [a coal] ～ 農業[炭坑]地域 / ⇨ Lake District. **b** (都市の)地区: a shopping ～ 商店地区 / the business ～ of a town 町の商業地区. ❷ (行政・司法・教育などの目的で区分した)地区, 管区: a judicial [police] ～ 裁判[警察]管轄区 / a postal ～ 郵便区 / an election [《米》 a Congressional] ～ 選挙区[下院議員選挙区] / a school ～ 学区. 〖F＜L＝法を施行できる地域＜*distringuere, district-* 引き離す, 分ける＜DIS-+*stringere, strict-* 強く引っぱる (cf. strict)〗 【類義語】⇨ area.

\+**dístrict attórney** [名] 《米》 州検察官 《各連邦裁判管轄区の合衆国検察官; 略 DA》.

dístrict áuditor [名] 《英》 地区会計検査官 《地方自治体の収支計算書の監査を行なう役人》.

dístrict cóurt [名] 《米》 地方裁判所.

dístrict héating [名] [U] 地域暖房.

dístrict núrse 名《英》地区看護師[保健師]《特定地域で自宅療養の患者を訪問する》.

***Dístrict of Colúmbia** 名 [the ~] コロンビア特別区《米国の連邦政府所在地で連邦直轄地; 略 D.C., (郵) DC; 一般的には Washington, D.C. /dìː.síː/という》.

dístrict vísitor 名《英》分教区世話人《教区牧師を補佐する人》.

†**dis·trúst** /dìstrʌ́st, dɪs-/ 動 他《…を》信用しない; 疑う, 怪しむ: ~ one's own eyes 自分の目を疑う. ── 名 [また a ~] 不信用; 疑惑: with ~ 疑いの目で, 怪しんで / have a ~ of...…を信用しない. 〖DIS-+TRUST〗【類語】 distrust, mistrust ほぼ同義だが, 前者の方がより一般的で, 特に疑いが確信的なときに使われる傾向がある.

dis·trúst·ful /dɪstrʌ́stf(ə)l, dìs-/ 形 疑い深い, (容易に)信じない;《…に》自信がもてなくて: I'm ~ of such cheap goods. そんな安い品は信用しない. **~·ly** /-fəli/ 副 **~·ness** 名

*__dis·túrb__ /dɪstə́ːb | -tə́ːb/ 動 他 ❶ a《人の(行動または…)》じゃまをする; 休息(など)を妨げる, 妨害する: Don't ~ the baby. 赤ん坊のじゃまをしないで[を起こさないで]ください. **b** [~ oneself で] 仕事に集中を中断する: Don't ~ yourself. どうぞおかまいなく《そのままお仕事を続けてください》. ❷《人を》心配させる, 不安にする,《人の》気持を乱す. ❸《…を》(かき)乱す: A breeze sprang up, ~ing the surface of the lake. 微風が起こって湖面が波立った. ❹《平穏・雰囲気などを》乱す, 台無しにする. ❺《人の睡眠中・休息中などに》じゃまをする: Do not ~! 起こさないでください《ホテルなどのドアにかける掲示》. **distúrb the péace** ⇒ peace 名 2. 〖F<L=かき乱す<DIS+turbare 乱す; cf. trouble〗 (名 disturbance) 【類語】 disturb 精神の正常なはたらきや集中力をじゃましてかき乱す. discompose 落着きや自信を失わせ, 取り乱させる. perturb 深く大きく disturb して不安にする, または驚かす.

*__dis·túr·bance__ /dɪstə́ːb(ə)ns | -tə́ːb-/ 名 ❶ U.C 騒ぎ, 妨害, 騒動; じゃま, 障害: a ~ of the public peace 治安妨害 / a nervous [digestive] ~ 神経[胃腸]障害 / cause [make, raise] a ~ 騒動を引き起こす. ❷ C 乱すもの, 騒動の種. (動 disturb)

*__dis·túrbed__ /dɪstə́ːbd | -tə́ːbd/ 形 ❶ 精神[情緒]障害のある, ノイローゼの兆候のある: a deeply ~ child 重症の精神障害児. ❷〈心など〉不安[心配]な, 動揺した: I'm very ~ about him. 彼のことがとても心配だ. ❸〈事態など〉混乱した, 困難の多い, 不幸な (troubled). ❹ 妨げられた, 乱された.

*__dis·túrb·ing__ /dɪstə́ːbɪŋ | -tə́ːb-/ 形 不安にする(ような); 不穏な: ~ news 不安なニュース / It's very ~ that we haven't heard from him. 彼から連絡がないのはとても不安だ.

di·súb·sti·tút·ed /dàɪ-/ 形《化》1分子内に2個の置換原子[基]を有する.

di·súl·fi·ram /dàɪsʌ́lfərˌæm/ 名 U 《化》ジスルフィラム《嫌酒薬として用いる》.

dis·ún·ion /dìsjúːnjən/ 名 U ❶ 分離, 分裂. ❷ 不統一; 内輪もめ, 不和.

dis·u·níte /dìsjuːnáɪt/ 動 他 離す; 分裂させる. ── 自 離れる; 分裂する.

dis·u·nít·ed /-tɪd/ 形 分裂した.

dis·u·ni·ty /dìsjúːnəti/ 名 U 不統一; 不和.

dis·úse /dìsjúːs/ 名 U 不使用; 廃止: fall into ~ すたれる.

†**dis·úsed** /dìsjúːzd/ 形 (もはや)使用されていない.

di·sýl·lab·ic /dàɪsɪlǽbɪk, dìs-/ 形 二音節の.

di·sýl·la·ble /dàɪsɪ́ləbl, dìs-/ 名 二音節語.

dit /dít/ 名《通信》(トンツーの)トン (cf. dah).

*__ditch__ /dítʃ/ 名 (U または V 字形の)溝(ǎ), どぶ, 排水溝(ȏ): an irrigation ~ 灌漑用水路. **díe in a dítch** のたれ死にする (cf. die in (one's) BED 成句). ── 動 他 ❶《口》〈ものを〉捨てる;〈人と〉関係を断つ,〈人を〉捨てる (dump). **b** 〈学校を〉さぼる. ❷〈飛行機を〉水上に不時着させる. **b** 《米》〈列車を〉脱線させる. ❸《…に》溝を掘る[巡らす]. ── 自 ❶〈飛行機が〉水上に不時着する. ❷ 溝を掘る. 〖OE; DIKE¹ と同語源〗

dítch·wàter 名 U 溝のたまり水[よどみ]. **(as) dúll as dítchwater**〈人・ものが〉とてもつまらない[退屈で].

di·ter·pene /dàɪtə́ːpiːn | -tə́ː-/ 名《化》ジテルペン《炭素数 20 のテルペン》.

di·ter·pen·oid /dàɪtə́ːpənɔ̀ɪd | -tə́ː-/ 名《化》ジテルペノイド《ジテルペンまたはジテルペン誘導体》.

di·the·ism /dáɪθiɪzm/ 名 U 二神教, (善悪)二神論. **-ist** 名

†**dith·er** /díðə | -ðə/ 動 自 [...のことで] 迷う, ためらう, うろたえる, 取り乱す《about, over》. ❷《電算》〈画像を〉ディザ処理する《少ない色数で多くの色数を表現するための処理をする》. ── 名 [a ~] うろたえ, ためらい, おろおろした状態: in a ~ おろおろして. **be áll of a díther** 《口》すごく動揺する, 混乱して決めかねている. **háve the díthers**《英口》すごくうろたえる, ためらう.

di·thi·o·nite /dàɪθáɪənàɪt/ 名《化》亜ジチオン酸塩.

dith·y·ramb /díθɪræm(b)/ 名 (複 ~s /-ræ̀mz/) ❶《古ギ》ディテュラムボス《酒神バッコス (Bacchus) の熱狂的賛歌》. ❷ 熱狂的詩歌《演説, 文章》. **dith·y·ram·bic** /dìθɪrǽmbɪk←/ 形

di·trán·si·tive 形《文法》〈動詞の〉二重目的語をとる.

dit·sy /dítsi/ 形《米口》いかれた, ばかな.

dit·to /dítoʊ/ 名 (複 ~s) ❶ a C 同上, 同断, 同前《同一文句の省略に用いる; 略 do., 一覧表などでは " または = の代用する》❷ 2 felt hats, 1 straw *do*. フェルト帽2個, 同麦わら製1個. **b** C =ditto mark. ❸《口》同じこと, 同一事: do ~ 同様のことをする / say ~ to...…に同意見だと言う, 賛成する. ── 動 他《口》…にも同様に[を]する. ── 副 同様に: "I like her." "*D*~." 「私は彼女が好きだ」「私もだ」. 〖It=言ったこと<L dicere, dict-; ⇒ dictation〗

dítto màrk 名「同じの」の意の符号(").

dit·ty /díti/ 名 小(歌)曲.

dítty bàg 名 (水夫の裁縫具・洗面具用の)小物入れ.

dítty bòx 名 (水夫の裁縫具・洗面具用)小道具箱, 手箱.

ditz /díts/ 名《米俗》軽薄なばか, お調子者.

ditz·y /dítsi/ 形 =ditsy.

di·u·re·sis /dàɪjʊríːsɪs/ 名《医》利尿《尿分泌の増加》.

†**di·u·ret·ic** /dàɪjʊrétɪk←/ 名 利尿薬. ── 形 利尿の, 排尿促進の. 〖F<L<Gk *diourein* 排尿する<DIA-+ *ouron* 尿〗

di·ur·nal /daɪə́ːn(ə)l | -ə́ː-/ 形 ❶ 昼間の, 日中の (↔ nocturnal). ❷《植》昼開く. ❸《動》昼行性の. **~·ly** /-nəli/ 副 〖L<*dies* 日〗

div. (略) divide(d); dividend; division; divorce.

*__di·va__ /díːvə/ 名 (特にオペラの有名な)女性歌手; 有名な[賞賛を受けている]女性. 〖It<L=女神〗

di·va·gate /dáɪvəɡèɪt/ 動 自《文》❶ さまよう. ❷〈話などが〉《…に》それる, 逸脱する《*from*》. **di·va·ga·tion** /dàɪvəɡéɪʃən/ 名

di·va·lent 形 =bivalent.

Di·va·li /dɪváːliː/ 名 =Diwali.

di·van /dɪvǽn, daɪvǽn/ 名 ❶ (通例壁際に置く)背のない低いソファー. ❷ =divan bed. 〖Turk<Pers〗

diván bèd 名 ソファーベッド.

di·var·i·cate /daɪvǽrəkèɪt, dɪ-/ 動 自 二叉に分かれる, 分岐する; 大きく広がる. ── 形 /-kət/〈枝が〉分岐した, 開出の.

di·var·i·ca·tion /daɪvæ̀rəkéɪʃən/ 名 U.C ❶ 分岐(すること), 二又分岐; 分岐点. ❷ 意見の相違.

*__dive__ /dáɪv/ 動 (dived) 〔(語形) 《米》では過去形は **dove** /doʊv/も用いる》❶ (頭を先に水中に)飛び込む: ~ *into* a swimming pool プールに飛び込む. ❷ (水中に)もぐる, 潜水する, ダイビングをする《*down*》: ~ for pearls 水中にもぐって真珠採りをする. ❸〈飛行機が急降下する〉; 墜落する, 〈地上に〉突っ込む. ❹ **a** [副詞(句)を伴って] (ある方向に)勢いよく飛び込む: ~ *into* a crowd 群衆の中に飛び込む / ~ *on* [*for*] a ball ボールに飛びつく / ~ *out of* the way 進路から飛びよける. **b**《サッカー》(反則を受けたかのように)わざと転ぶ, シミュレーションをする. ❺〈価

格などが〉急落[暴落]する. ❻ 〔…に〕手を突っ込む 〔*into*〕. ❼ 〔活動などに〕飛び込む, 熱心に取り組み始める〔*in, into*〕. ── [他] ❶ 〈飛行機を〉急降下させる. ❷ 〈潜水艦を〉潜水させる. **díve ín** 《[自]+[副]》《口》もりもり食べ始める. ── [名] ❶ **a** (水中への)飛び込み. **b** 潜水. **c** 〘空〙 急降下, 突っ込み: a nose [steep] ～ 急降下. **d** (価格などの)急落〔*in*〕: take a big ～ 大幅に下がる. ❷ 〘サッカー〙 (反則を受けたふりをして)わざと転ぶこと, シミュレーション. ❸ 《口》いかがわしいたまり場《安料理店・酒場・賭博場など》. 〘OE; DEEP と関連〙

díve-bòmb [動] [他] 〈…を〉急降下爆撃する; 〈鳥などが〉〈…を〉急降下して襲う.

díve bòmber [名] 急降下爆撃機.

+**div·er** /dáɪvə | -və/ [名] ❶ ダイバー, 水に飛び込む[もぐる]人; 潜水夫. ❷ 〘鳥〙 水に飛び込む鳥《アビ(loon)など》.

+**di·verge** /dɪvə́:ʤ, daɪ- | -və́:ʤ/ [動] [自] ❶ 〈道・線などが〉分岐する, (放射状に)広がる (↔ converge): Our paths ～*d* at the fork in the road. 我々の行く手は道路の分かれ目から二つに分かれていた. ❷ 〔常態から〕それる, 離れる: ～ ***from*** the beaten track 常道をはずれる. ❸ 〈意見などが〉〔…と〕分かれる〔*from*〕. 〘L < DI-²+*vergere* 曲がる, 向かう (cf. converge)〙 【類義語】⇨ deviate.

di·ver·gence /dɪvə́:ʤəns, daɪ- | -və́:-/ [名] [C,U] ❶ 分岐; 逸脱; 分岐点. ❷ (意見などの)相違.

di·vér·gen·cy /-ʤənsi/ [名] ＝divergence.

di·ver·gent /dɪvə́:ʤənt, daɪ- | -və́:-/ [形] ❶ 分岐する; 散開する, 末広がりの (↔ convergent). ❷ 〈意見など〉異なる: ～ opinions 異論. ❸ 〘数〙 発散する. ～**·ly** [副]

di·vers /dáɪvə(:)z | -və(:)z/ [形] [A] いくつかの, 種々の.

***di·verse** /dɪvə́:s, daɪ- | daɪvə́:s/ [形] (**more** ～; **most** ～) ❶ (比較なし) 種々の, 多様な (varied): have ～ interests さまざまな趣味をもつ, 多趣味である. ❷ 別種の, 異なった. ～**·ly** [副] 〘F < L < *divertere, divers-* to DIVERT〙 ([名] diversity) 【類義語】⇨ different.

di·ver·si·fi·ca·tion /dɪvə̀:səfɪkéɪʃən, daɪ- | -və̀:-/ [名] [U,C] 多様化; 〘経〙 (事業などの)多角化; (投資の)分散.

di·vér·si·fied [形] 多様な, 雑多の.

***di·ver·si·fy** /dɪvə́:səfàɪ, daɪ- | -və́:-/ [動] [他] 〈…を〉さまざまに変化させる, 多様化する, 多角化する (branch out): The skyline is highly *diversified*. スカイラインは大いに変化に富んでいる / We must ～ our products. 我々は製品を多様化しなければならない. ── [自] 〔…に〕多様化する, 多角化する〔*into*〕. ([形] diverse)

+**di·ver·sion** /dɪvə́:ʒən, daɪ- | -və́:ʃən/ [名] ❶ [C,U] わきへそらすこと, 転換; (資金の)流用. ❷ **a** [U] 気晴らし(をすること): You need some ～. 君は(働いてばかりいないで)少しは気晴らしが必要だ. **b** [C] 気晴らし, 娯楽. ❸ [C] 《英》迂回路 (《米》 detour): set up a ～ 迂回路を設ける. ❹ [C] 牽制(けんせい), 陽動(作戦). ([動] divert)

di·ver·sion·ar·y /dɪvə́:ʒənèri, daɪ- | -və́:ʃ(ə)nəri/ [形] ❶ 牽制(けんせい)の, 陽動の: a ～ attack 陽動攻撃. ❷ 注意をそらせる.

di·ver·si·ty** /dɪvə́:səṭi, daɪ- | -və́:-/ [名] ❶ [U,C] 多様性 (variety): biological ～ 生物(学的)多様性. ❷ [a ～] 種々, 雑多: *a* ～ ***of languages いろいろな言語 / *a* ～ *of* opinion 種々さまざまな意見. ([形] diverse)

di·vert** /dɪvə́:t, daɪ- | -və́:t/ [動] [他] ❶ 〈…を〉〔…から〕〔…へ〕転換する, わきへ向ける; 〈乗物などを〉迂回させる, 違う道[目的地]へ行かせる 〔*from*〕〔*to, into*〕: A ditch ～*ed* water ***from the stream ***into*** the fields. 溝が流れをそらせて水を畑に流れ込ませていた. ❷ 〈資金・人などを〉元来とは違う目的に当てる, 転用する. ❸ 〈注意を〉〔…から〕そらす, 転ずる (distract): The band ～*ed* our attention ***from*** the game. その楽隊で私たちの注意は試合からそれてしまった. ❹ 〈人の〉気を晴らさせる, 〈人を〉慰める. 〘F < L *divertere* 別の方向へそれる < DI-+*vertere, vers-* 曲がる (cf. verse)〙 ([名] diversion, [形] diverse)

di·ver·ti·cu·lar /dàɪvəṭíkjʊlə | -və(:)tíkjʊlə/ [形] 〘解〙 憩室の.

díverticular diséase [名] [U] 〘医〙 憩室性疾患.

di·ver·tic·u·li·tis /dàɪvəṭìkjʊláɪṭɪs | -və(:)-/ [名] [U] 〘医〙 憩室炎.

di·ver·tic·u·lo·sis /dàɪvəṭìkjʊlóʊsɪs | -və(:)-/ [名] [U] 〘医〙 憩室症.

di·ver·tic·u·lum /dàɪvəṭíkjʊləm | -və(:)-/ [名] (複 **-la** /-lə/) 〘解〙 憩室《消化管の一部にできた袋状の陥入》.

di·ver·ti·men·to /dɪvə̀:ṭəméntoʊ | -və̀:-/ [名] (複 ～**s**, **-ti** /-ti:/) 〘楽〙 喜遊(きゆう)曲, ディベルティメント. 〘It＝diversion〙

+**di·vért·ing** /-ṭɪŋ/ [形] 気晴らしになる, 楽しい, おもしろい. ～**·ly** [副]

di·ver·tisse·ment /dɪvə́:tɪsmənt | -və́:-/ [名] ❶ (劇・オペラなどの)幕間(まくあい)の出し物《短いバレエ・舞曲など》. ❷ 娯楽, 演芸. 〘F＝diversion〙

Di·ves /dáɪvi:z/ [名] 富める人, 金持《聖書の「ルカ伝」から》. 〘L＝金持ち〙

di·vest /daɪvést, dɪ-/ [動] [他] ❶ **a** 〈人から〉〔…を〕奪う: He had been ～***ed of*** every last shred of pride. 彼はぼろぼろになった自尊心を一つ残らず奪われてしまっていた. **b** [～ one*self* で] 〔…を〕放棄する, 除く: He has ～*ed him-self* ***of*** his holdings in the company. 彼は会社の自分の持ち株を投げ出した. ❷ **a** 〈人から〉〔式服を〕脱がせる〔*of*〕. **b** [～ one*self* で] 〔式服などを〕脱ぐ〔*of*〕.

di·ves·ti·ture /daɪvéstəʧʊ̀ə, dɪ- | -ʧə/ [名] [U] 剝奪(はくだつ).

di·vést·ment /-mənt/ [名] ＝divestiture.

‡**di·vide** /dɪváɪd/ [動] [他] ❶ **a** 〈ものを〉〔いくつかの部分に〕分ける, 分割する《[用法] in two [half] の時のみ in が用いられる》: ～ a cake ***into*** four pieces [servings] ケーキを四つ[4人前]に分ける / The basement is ～*d* ***into*** two rooms. 地下室は二つの部屋に分けられている. **b** 〈ものを〉〔…に〕分類する, 類別する: ～ books according to their size 大きさで本を分類する / ～ books ***into*** fiction and nonfiction 本をフィクションとノンフィクションに分類する. ❷ 〈ものを〉(分割して)分ける, 分配する; 割り当てる, 配分する; 〔人と〕分け合う: How shall we ～ *up* the profits? 利益をどのように分配しようか / They ～*d* their profits equally ***between*** [***among***] themselves. 彼は収益を自分たちで等分した《[用法] between は 2 人のとき, among は 3 人以上の時に用いる》/ He ～*d* his time evenly *between* work and play. 彼は仕事と遊びに時間を均等に配分した / They ～*d* the profits ***with*** the employees. 彼らはその利益を従業員たちと分け合った. ❸ 〈道路・川などが〉〈…を〉〔…から〕分けている, 隔てる; 隔離する: This fence ～*s* my land ***from*** his. この垣が私の土地と彼の土地との境になっている. ❹ **a** 〈人の〉仲を裂く: Jealousy ～*d* the girls. しっと心のために少女たちに仲間割れが生じた. **b** 〔意見などで〕〈人の〉仲が割れる; 〔…に関して〕〈意見・関係などを〉分裂させる〔*over, on, in, about*〕: We're ～*d* ***in*** our opinions. 我々は意見が分かれている / Opinion is ～*d* ***on*** the issue of tax reform. 税制改革で意見が分かれている. ❺ 〔…に関して〕賛否の決を採るため〈議会・会合を〉二派に分ける《★通例受身; cf. [自] 3》: The House *is* ～*d* ***on*** the issue. 議会はその問題に関して賛否の採決を問われた. ❻ 〘数〙 〈ある数を〉〔他の数で〕割る; 〈ある数で〉〔他の数を〕割る: *D*～ 6 ***by*** 2 [*D*～ 2 ***into*** 6], and you get 3.＝6 ～*d* ***by*** 2 is [equals] 3. 6 を 2 で割ると 3 がたつ《[読み方] 10÷2＝5 は Ten ～*d by* two is [equals] five と読む》. ── [自] ❶ 〈川・道などが〉分かれる, 割れる: The railroad ～*s* ***into*** two lines at Middletown. 鉄道はミドルタウンで二つの線に分かれる / The road to Antietam ～*s* ***from*** here. アンティータムへの道はここから分かれる. ❷ 〔…に関して〕意見が分かれる〔*on, over*〕: They ～*d* ***over*** the question of salary. 彼らは給与の問題で意見が分かれた. ❸ 《英》 採決する (cf. [他] 5). ❹ 〘数〙 割り算をする; 〈ある数が〉〔他の数で〕割り切れる; 〈ある数が〉〔他の数を〕割り切れる: 36 ～*s* ***by*** 9.＝9 ～*s* ***into*** 36. 36 は 9 で割り切れる. **divíded against itsèlf** 〈家・党派・国家など〉内輪もめしている. ── [名] ❶ [通例単数形で] (人々・グループをわける)大きな相違点, 溝 (gulf). ❷ 《米》 分水嶺(れい), 分水界 (《英》 watershed): ⇨ Great Divide. ❸ 分割. **divíde and rúle** [U] 分割統治(政策), 各個撃破《[由来] 元来 ラテン語の英訳で, divide と rule は命令形の動詞; 原意は「分割して統治せよ」》.

di‧vid‧ed /-dɪd/ 形 ❶ 分けられた, 分かれた; 分離した: ~ ownership (土地の)分割所有 / ~ payment 分割払い. b 《意見など》分かれた, まちまちの. ❷ 【植】葉が深く裂けた, 裂開した.

divided híghway 名《米》中央分離帯のある高速道路 (《英》dual carriageway).

divided skírt 名 キュロット(スカート).

*__div‧i‧dend__ /dívədènd, -dənd/ 名 ❶ (株式・保険の)配当(金): a high [low] ~ 高い[低い]配当 / declare a ~ 配当を発表する / pay a ~ 配当を払う, 配当がつく / pass a ~ 無配当にする[なる] / ~ on [off] 《株》配当付き[落ち] (★ 無冠詞). ❷ 【数】(割り算の)被除数, 実(ち). **páy dividends** 努力・方策などが実る, 効を奏する, 得[ため]になる. 〖F<L=分けられるべき(もの); ⇒ divide〗

dividend còver 名 配当倍率.

di‧vid‧er /-də/ 名 ❶ 分割[分配]する人[もの]; (部屋の)(間)仕切り. ❷ 分裂のもと, 意見の分かれる問題. ❸ [複数形で] 分割コンパス, 両脚規: a pair of ~s 分割コンパス1個.

divíding line /-dɪŋ-/ 名 境界線, 境目〔*between*〕.

di‧vi‧di‧vi /dìːvíːdiːvíː/ 名 (複 ~, ~s) 【植】ジビジビ(熱帯アメリカ原産マメ科の常緑高木; さやはタンニンを含み, 皮なめしや染色に使用される).

div‧i‧na‧tion /dìvənéɪʃən/ 名 U 占い, 易断, 予言.

*__di‧vine__ /dɪváɪn/ 形 (**di‧vin‧er**; **-est**) ❶ (比較なし) 神の; 神性の (↔ human): the ~ Being [Father] 神, 天帝 / ~ grace 神の恵み / ~ nature 神性 / possess ~ powers 神通力がある. b 神にささげた, 神聖な; 宗教的な: the ~ service 礼拝式, 勤行(ちょ). c 神のような; 神々(ゴ)しい; 非凡な: ~ beauty [purity] 神々しい美しさ[純潔]. ❷ 《古風》すばらしい, すてきな 〖用法〗主に女性の用いる強意語. ❷ 神学者; 聖職者, 牧師. — 動 他 ❶ ⟨…を⟩占う, 予知する, 予言する; 見抜く, 言い当てる: He ~d my plans. 彼は私の計画を見抜いた / [+*wh*-]. None of us could have ~d what would happen next. 次にどんなことが起こるか我々のだれ一人として予言することができるはずがなかった. ❷ 占い棒 (divining rod) で⟨水脈・鉱脈⟩を発見する. — 自 占い棒で地下の水脈・鉱脈を捜し求める〔*for*〕(dowse). 〖L; *deus*「神」と関連語〗 (名 divinity) 形 holy.

Divíne Cómedy 名 [The ~]「神曲」(⇒ Dante).

di‧víne‧ly 副 ❶ 神の力で; 神のように, 神々しく. ❷ (口) すばらしく.

divíne óffice 名 [しばしば D- O-] [the ~]〔カト〕聖務日課《日々規定時間に一定形式でささげる祈り》.

di‧vín‧er 名 ❶ 占者, 易者. ❷ (占い棒による)水脈[鉱脈]占い師.

divíne ríght 名 [単数形で] ❶ (また **divine right of kings**) 帝王神権[王権神授](説). ❷ 絶対的な[無制限の]権利.

†__dív‧ing__ 名 U ❶ 潜水, ダイビング. ❷ 【水泳】飛び込み.

díving bèetle 名 〔昆〕ゲンゴロウ.

díving bèll 名 潜水鐘(½)(釣り鐘形の潜水器).

díving bòard 名 (水泳プールなどの)飛び込み板.

díving dùck 名〔鳥〕潜水ガモ (cf. dabbling duck).

díving sùit 名 《取りはずし式のヘルメットつき》潜水服.

divíning ròd 名 占い棒 《ハシバミ (hazel) などの二又枝; 近くに鉱脈があると下に引かれるという》.

*__di‧vin‧i‧ty__ /dɪvínəti/ 名 ❶ U 神性, 神格; 神力, 神威, 神徳. ❷ a [the D-~] 神 (God). b [しばしば D-~] ⓒ (異教の)神. ❸ U 神学 (theology): a Doctor of D~ 神学博士 (略 D.D.). (形 divine)

divínity schòol 名 神学校, 神学部.

div‧i‧nize /dívənàɪz/ 動 他 神格化する; 神に祭る.

di‧vi‧si /dɪvíːziː/ 名 【楽】分奏の, ディビジの (同一の楽器群を2つ以上のグループに分けて, それぞれの声部を演奏させる指示).

di‧vis‧i‧bil‧i‧ty /dɪvìzəbíləti/ 名 U 分かちうること, 可分性; 【数】割り切れること, 被整除性.

di‧vis‧i‧ble /dɪvízəbl/ 形 ❶ 分けることができる, 可分の 〔*into*〕(↔ indivisible). ❷ 【数】割り切れる: 90 is ~ by 3. 90は3で割り切れる. **-bly** /-bli/ 副.

*__di‧vi‧sion__ /dɪvíʒən/ 名 ❶ U 分割; 分配〔*between, among, into*〕(split): the ~ of a year *into* four seasons 一年を四季に分けること. ❷ ⓒ a (分割された)区分, 部分; 区, 部, 段, 節. b 境界(線); 仕切り, 隔壁〔*between*〕. ❸ ⓒ a (官庁・会社などの)部, 局, 課(略 div.). b 〔生〕(目・科・属などの)部門. c 【植】(植物分類上の)門 (cf. classification 1 b). ❹ ⓒ [集合的; 単数または複数扱い] a〔陸軍〕師団;〔海軍〕分隊 (cf. army 2). b〔スポ〕(リーグ内などの)組, ディビジョン. ❺ U [また ⓒ] 不一致, 不和; (意見などの)分裂: There was *a ~ of* opinion on the matter. その件に関して意見が分かれた. ❻ ⓒ 《英》(賛否両派に分かれる)採決: There will be a ~ *on* the motion tomorrow. その動議の採決は明日行なわれるだろう. ❼ U【数】除法, 割り算: long [short] ~ 長[短]除法 (13以上[12以下]で割る). **divísion of lábor** [通例 the ~] 分業. **divísion of pówers** (1)〔政〕(立法・行政・司法の)三権分立. (2)《米政》(中央・地方の)主権分立. (動 divide)

†__di‧vi‧sion‧al__ /-ʒ(ə)nəl/ 形 ❶ 分割(上)の; 区分的な, 部分的な. ❷ 〔軍〕師団の.

di‧vi‧sion‧al‧ize /-làɪz/ 動 他 区分する, 分散させる; ⟨企業を⟩事業部化する. **di‧vi‧sion‧al‧i‧za‧tion** /dɪvìʒ(ə)nəlɪzéɪʃən/ -làɪz-/ 名.

divísion bèll 名《英》(議会の)採決の実施を知らせるベル.

di‧vi‧sion‧ism /-nɪzm/ 名 =pointillism.

divísion lòbby 名《英》(議会の)採決ロビー.

divísion sìgn 名 割り算記号 (÷).

†__di‧vi‧sive__ /dɪváɪsɪv/ 形 不和[分裂]を起こさせる(ような), 分裂的な. **-ly** 副. **~‧ness** 名.

di‧vi‧sor /dɪváɪzə/ 名 〔数〕(割り算の)除数, 法; 約数: ⇒ common divisor.

*__di‧vorce__ /dɪvɔ́ːs/ -vɔ́ː-/ 名 ❶ U.C. 離婚, 結婚解消: get a ~ from one's wife 妻と離婚する / *D~ is becoming commoner*. 離婚は前より珍しくなくなっている. ❷ ⓒ 〔通例単数形で〕分離〔*between, among*〕. — 動 他 ❶ a ⟨妻・夫と⟩離婚する (cf. divorced): Mrs. Cook ~d her husband. クック夫人は夫と離婚した. b 《裁判官が》⟨夫婦を⟩離婚させる: The court ~d the couple. 裁判所はその夫婦を離婚させた. ❷ ⟨密接なものを⟩…から分離する (dissociate) (★ 通例受身): Education should be ~d *from* job hunting. 教育は求職とは切り離されるべきだ. — 自 離婚する. 〖F<L=岐路, 離婚<*divortere*, *divertere* 異なった方向へ曲がる; ⇒ divert〗

di‧vor‧cé /dɪvɔ̀ːséɪ, -síː/ -vɔ̀ː-/ 名 離婚した男. 〖F〗

divórce cóurt 名 離婚裁判所.

†__di‧vorced__ /dɪvɔ́ːst/ -vɔ́ː-/ 形 離婚した: They are ~. 彼らは離婚している / They've got ~. 二人は離婚した.

di‧vor‧cée /dɪvɔ̀ːséɪ, -síː/ -vɔ̀ː-/ 名 離婚した女性.

div‧ot /dívət/ 名〔ゴルフ〕(スウィングした時にクラブで切り取られた)芝生, 土, ディボット: replace one's ~ ディボットを元へ戻す.

†__di‧vulge__ /dɪvʌ́ldʒ, daɪ-/ 動 他 ⟨秘密を⟩⟨…に⟩漏らす (reveal): He refused to ~ the secret *to* me. 彼はその秘密を私に漏らすことを拒んだ. 〖L=公けにする〈 DI-² + *vulgare* 公けにする〈 *vulgus* 大衆 (cf. vulgar)〗

di‧vul‧gence /dɪvʌ́ldʒəns, daɪ-/ 名 U 暴露, すっぱ抜き.

div‧vy¹ /dívi/ 名《英口》ばか, まぬけ.

div‧vy² /dívi/ 《口》名 (複 -vies) 分け前;《英》配当. — 動 他 ⟨…を⟩⟨…の間で⟩分け合う, 山分けする〔*up*〕〔*between*〕.

Di‧wa‧li /dɪwɑ́ːliː/ 名 C.U 〔ヒンドゥー教〕灯明の祭, ディワーリ《10月[11月]に5日間行なう富の女神にささげる祭》.

Dix /díks/, **Dor‧o‧the‧a** /dɔ̀ːrəθíːə/ dɔ̀rəθíːə/ 名 ディックス (1802-87; 米国の慈善家・社会運動家; 精神病患者の扱いの改善に尽くした).

dix‧ie /díksi/ 名 《英》(キャンプ用の)大きな鉄なべ.

Dix‧ie /díksi/ 名 ❶ =Dixieland 1. ❷ U ディキシー《南北戦争ごろ南部で流行した陽気な歌》. **whistle Díxie**

[通例進行形で]《米》(1) [通例否定文で] 非現実的なことを言う. (2) 楽観的である. 〖南北戦争前に Louisiana 州で流通した 10 ドル紙幣の裏に大きく dix (=ten) と書かれてあったことから〗

Dix·ie·land /díksilænd/ [名] [U] ❶ (米国)南部諸州. ❷ =Dixieland jazz.

Díxieland jázz [名] [U] ディキシーランド《米国 New Orleans 市で始まったジャズ》.

DIY 《英》《略》do-it-yourself.

di·zy·got·ic /dàɪzaɪgɑ́ṭɪk | -gɔ́t-ˈ-/, **di·zy·gous** /dàɪzáɪgəsˈ-/ [形] 〈双生児が〉二接合体性の, 二卵性の.

*__diz·zy__ /dízi/ [形] (**diz·zi·er; diz·zi·est**) ❶ [P] 〈人が〉目が回る; めまいがする; ふらふらする: get [feel] ~ めまいがする. ❷ [A] 〈運動・高所・野心・成功など〉めまいがするような; めまぐるしい: a ~ height [speed] 目がくらむような高所[スピード]. ❸ 《口》無分別な, あさはかな; ばかな. ― [動] [他] ❶ 〈人に〉めまいを起こさせる. ❷ 〈人を〉当惑させる. **díz·zi·ly** /-zɪli/ [副] めまいがするように, 目がくらむほど. **-zi·ness** [名] [U] めまい.

díz·zy·ing [形] 目が回る(ような), くらくらするほどの.

*__DJ__ /díːʤèɪ/ [名] ディスクジョッキー, DJ (disc jockey; cf. deejay). ― [動] [自] DJ をやる.

DJ 《略》dinner jacket.

Dja·kar·ta /ʤəkɑ́ːəṭə | -kɑ́ː-/ [名] =Jakarta.

djel·la·ba(h) /ʤəlɑ́ːbə/ [名] ジャラバ《アラブ人のゆったりした長い外衣; 袖が広くフードが付いている》.

djib·ba(h) /ʤíbə/ [名] =jibba.

Dji·bou·ti /ʤɪbúːṭi/ [名] ジブチ《アフリカ東部の共和国; 首都 Djibouti》.

djinn /ʤín/ [名] =jinn.

dl 《略》deciliter(s). **DL** 《略》〔英〕Deputy Lieutenant 副統監; 〔野〕disabled list.

D̍ làyer [名] 〔無線〕D 層《イオン圏の最下層》.

D.Lit(t). /díːlít/ 《略》Doctor Lit(t)erarum (ラテン語 =Doctor of Letters [Literature]). **DLL** 《略》〔電算〕dynamic link library DOS でファイルがライブラリールーチンであることを示す拡張子.

D̍-lòck /díː-/ [名] D ロック《U 字形金属棒と横材からなる自転車[バイク]駐輪用固定器》.

DM 《略》Deutsche mark(s). **dm** 《略》decimeter(s).

DMU 《略》《英》diesel multiple unit ディーゼル重連総括制御(列車); digital mock-up. **DMV** 《略》〔米〕Department of Motor Vehicles (州政府の)自動車局, 陸運局. **DMZ** 《略》demilitarized zone.

d—n /dǽm, díːn/ ⇨ damn [他] 1 b.

*__DNA__ /díːènéɪ/ [名] [U] 〔生化〕 **DNA**, デオキシリボ核酸 (⇨ deoxyribonucleic acid).

D̍NÁ compùter [名] DNA コンピューター《DNA の分子反応を利用して計算処理を行なうコンピューター》.

D̍NÁ fíngerprint [名] DNA 指紋.

D̍NÁ fíngerprinting [名] [U] DNA 指紋検査法《血液・毛髪などから抽出した DNA を分析し, 個人を特定する方法》.

D̍NÁ próbe [名] DNA プローブ《特定の型をもつ DNA と合体するようつくられた一本鎖の DNA, またはそれを用いた検査》.

D̍NÁ prófiling [名] [U] DNA プロファイリング (⇨ DNA fingerprinting).

DN·ase /dìːéneɪs, -eɪz/, **DNA·ase** /dìːènéɪeɪs/ [名] [U] 〔生化〕DN(A) アーゼ《DNA を加水分解してヌクレオチドにする酵素》.

D̍NÁ téstìng [名] [U] *DNA* 鑑定. ***D̍NÁ tèst*** [名]

D̍NÁ vírus [名] DNA ウイルス《DNA を含むウイルス》.

Dnie·per /níːpɚ | -pə/ [名] [the ~] ドニエプル川《東ヨーロッパの川; Moscow の北西に発し, ベラルーシ東部・ウクライナを南流して北海に注ぐ》.

D̍-nòtice /díː-/ [名] 《英》D 通告《政府が機密保持のため特定の報道を差し止めるむね報道機関に発する通告》.

DNS /díːènés/ 《略》〔電算〕domain name server [service, system].

D̍N̍S̍ sèrver [名] 〔電算〕DNS サーバー《インターネット上でドメイン名を IP アドレスに変換するサーバー》.

⁑**do**[1] /dúː/ [動] (**did** /díd/; **done** /dʌ́n/)《[語形] (1) 3 人称・単数・直説法・現在形は **does** /dʌ́z/. (2)《古》3 人称・単数・直説法・現在形は **do·eth** /dúːɪθ/; 2 人称・単数・現在形は (thou) **do·est** /dúːɪst/, 過去形 (thou) **didst** /dídst/》 [他] **A** ❶ **a** 〈…を〉する, 行なう: *do* repairs 修理する / *do* something wrong 何か悪いことをする / *do* research on history 歴史の研究をする / What are you *doing*? 何をしているのですか / I have nothing to *do*. 私には何もすることがない / We must *do* something about it. =Something must be *done* about it. それは何とかし[手を打た]なければならない / What can I *do* for you? (店員が客に向かって)何かご用でしょうか, 何をさしあげましょうか; (医師が患者に向かってなど)どうしましたか. **b** 〈仕事・義務などを〉果たす, **遂行する**; 尽くす: *Do* your duty. 本分[義務]を果たせ / *Do* your best [utmost]. 全力を尽くせ / I've *done* all I can. できる限りのことはした / *do* one's military service 兵役に服する / *do* business with…と取引する / You *did* the right [proper] thing. 君のしたことは当を得ている / You should *do* the honorable thing and resign. 君は(恥を知っているなら)潔く辞任すべきだ. **c** [通例 the, any, some を伴った -ing を目的語に伴って]〈…の行為を〉する: *do the* wash*ing* [shopp*ing*] 洗濯[買い物]をする / She *did* almost all *the* talk*ing*. 彼女ひとりがほとんどずっとしゃべっていた《話を独占した》/ I wanted to *do some* telephon*ing*. ちょっと電話をかけたいと思った. **d** (職業として)〈…を〉する: 〔+***doing***〕"What do you *do* for a living?" "I *do* consult*ing*"「お仕事は何をしているのですか」「コンサルタントをしています」《★ [他] A 1 を用いて I *do* shoe repairs. (靴の修理をしています)のように答える場合もある》. **e** [通例 have *done*, be *done* の形で] してしまう: I've *done* it. 終わった, やったぞ / Now you'*ve done* it. 《口》そらへまをやった / The work *is done*. 仕事が済んだ《[用法] 主に結果としての状態を表わし, The work *has been done*. は完了を強調する》/ *Have* [*Are*] you *done* read*ing*? 読み終えましたか.

❷ **a** (…に)〈利益・損害などを〉**与える**, もたらす: Good intentions sometimes *do* great harm. 善意でなされたことでも時には非常な害を与えることがある / 〔+目+目〕The medicine will *do* you good. その薬を飲めばよくなります / The bad weather has *done* great damage ***to*** the crops. 悪天候は穀物に大きな被害を与えた. **b** (…に)〈名誉・敬意・正しい評価などを〉示す, **施す**, 与える: 〔+目+目〕*do* a person a service 人を世話する / *do* a person a kindness 人に親切にしてあげる / *do* a person a good [bad] turn 人に親切なことをしてやる[ひどい仕打ちをする] / *do* a person homage=*do* homage ***to*** a person 人に敬意を表する / do honor to a person=do a person honor 人に敬意を表する; 人の名誉となる / do a person [thing] justice =do justice to a person [thing] 人[もの]を公平に取り扱う. **c** (人に)〈恩恵・願い事を〉**施す**: 〔+目+目〕Will you *do* me a favor?=Will you *do* a favor ***for*** me? お願いを聞き入れてくださいませんか.

❸ **a** (返事を書いて)〈手紙の〉**処理をする**: *do* one's correspondence 手紙の処理をする. **b** 〈部屋・ベッドなどを〉**片づける**; 〈皿などを〉**洗う**: *do* the beds [bathroom, dishes]. ベッドを片づける[浴室を掃除する, 皿を洗う]. **c** 〈花を〉生ける; 〈髪を〉整える; 〈顔を〉化粧する: *do* the flowers (日課などとして)花を生ける《[比較] 単に「花を生ける」は arrange flowers》/ *do* one's hair [nail] 髪[つめ]を整える / *do* one's face [makeup] 化粧をする. **d** 〈学課を〉**勉強**[専攻, 準備]する: My son is *doing* electronics at Princeton (University). 息子はプリンストン大学で電子工学を専攻している. **e** 〈問題・計算を〉解く: Will you *do* this sum for me? この計算をしてくださいませんか.

❹ **a** 〈本を〉書く; 〈絵を〉描く; 〈映画を〉制作する: *do* a portrait 肖像画を描く / *do* a movie of a popular novel 人気小説を映画化する. **b** (人のために)〈写し・レポートなどを〉作る; 〈翻訳を〉する: How many copies shall I *do*? 写しは何枚取ることにしましょうか / 〔+目+目〕We asked her to *do* us a translation.=We asked her to *do* a translation *for* us. 彼女に翻訳をしてくれるように頼んだ. **c** 〈肉などを〉料理する; 〈料理を〉つくる (cf. well-done 1, overdone, underdone): They *do* fish very well here. この店は魚の料理がうまい / Can you *do* Japanese food? あなたは日本食がつくれますか / This steak has been *done* to a turn. このステーキはほどよく焼けている.

❺ 〈人に〉役に立つ; 〈…に〉十分である, 〈…に〉用が足りる《★ 受身不可》: "Will $50 *do* you?" "That will *do* me very well." 「50 ドルで間にあいますか」「それで私はけっこうです」.

❻ **a** 〈客の〉用を足す《★ 受身不可》: I'll *do* you now, sir. [理髪店などで] さあどうぞ, お待たせしました. **b** 《英口》 [通例 well などを伴って] 〈人を〉(よく)もてなす (cf. DO[1] by [成句]) 《★ 受身不可》: They *do* you very well at that hotel. あのホテルではサービスがなかなかよい. **c** [~ one*self* で; well などを伴って] ぜいたくをする《★ 受身不可》: He *does himself* fairly well. 彼はかなりぜいたくをする.

❼ **a** 〈…の〉役をする[演じる]: He *did* Macbeth well. 彼はマクベスの役を好演した / She always *does* the hostess admirably [very well]. 彼女はいつも主人役を見事にこなす. **b** [do a ~ の形で] 〈…らしく〉ふるまう, 〈…を〉気取る; 〈…を〉まねる: *do a* Chaplin チャップリンのようにふるまう / Can you *do a* frog? 君はカエルのまねができるかね. **c** 《英古》 [the+形容詞を目的語として] 〈…〉らしくふるまう: *do the* agreeable [amiable] 愛想よくふるまう.

❽ 《口》 〈…を〉見物[参観]する: *do* the sights (of…) (…の)名所見物をする / Have you *done* the Tower (of London) yet? ロンドン塔の見物はもう済ませましたか.

❾ **a** 〈ある距離を〉踏破する; 旅する: We [Our car] *did* 70 miles in an hour. 我々[我々の車]は 1 時間に 70 マイル進んだ[走った]. **b** 〈…の速度で〉進む: This car *does* 120 m.p.h. この車は時速 120 マイルで走れる.

❿ 《口》 **a** 〈人を〉だます: I've been *done*. 一杯食わされた. **b** 〈人から〉〈…を〉だまし取る: He once *did* me *out of* a large sum of money. あの男はかつて私から大金をだまし取った.

⓫ 《英俗》 〈人を〉こらしめる, 痛い目にあわせる.

⓬ 《口》 〈刑期を〉勤める: *do* time (in prison) 服役する / He *did* three years for assault. 彼は暴行罪で 3 年の刑に服した.

⓭ 《俗》 〈麻薬を〉常用する.

⓮ 《英俗・卑》 〈人と〉性交する.

— **B** [代動詞として be 以外の動詞の反復を避けるのに用いて; cf. [自] B] ❶: My mother loved my brother better than she *did* me. 母は私を愛するよりも弟のほうを愛していた / If you want to see him, *do* it now. 彼に会いたいのなら今しなさい.

❷ [準動詞で so, that を目的語にして]: He was asked to leave the room, but he refused to *do so*. 彼は部屋から出ていってくれと求められたがそうするのを拒んだ (cf. so[1] A 4 b [用法]) / "Did he ever strike his wife?" "Yes, I saw him *do that* [*so*]." 「彼は一体奥さんを殴ったのですか」「ええ, 殴るのを見ました」.

— [自] **A** ❶ [well, right などの様態の副詞または副詞節を伴って] 行なう, 行動する; ふるまう: *do as* an honorable man should りっぱな人にふさわしいふるまいをする / You *did* well [right] in telling me that. 君はそれを私に言ってくれてよかった / You would *do* well *to* refuse. 君は断わるのがよいだろう / You've only to *do as* you are told. 君は言われたとおりにしさえすればよい / *Do* in Rome *as* the Romans *do*. ⇨ Rome 1.

❷ [well, badly, how などを伴って] (暮らし・健康状態・成績などが)(…な)**具合である**; (うまく, まずく)運ぶ: He's *doing* splendidly [poorly] at school. 彼は学校でりっぱにやっている[思わしくない] / Mother and child are both *doing* well. 母子ともに健康です / He *does* fairly well for himself. 彼はかなりはぶりがいい / How are you *doing* in [at] school? 学校の成績はどうだい / Our company is *doing* very *well*. わが社は順調です / Flax *does* well after wheat. 小麦の後には亜麻がよくできる.

❸ [通例 will, won't を伴って] **a** 〔…に〕**役に立つ, 間に合う, 十分である**《★ 進行形なし》: This box *will do for* a seat. この箱は腰掛け用になる / 〔+*for*+[代名]+*to* do〕 This bench *will do for* three people *to* sit on. このベンチは 3 人が座るのに十分だ. **b** よろしい, けっこうである《★ 進行形なし》: *Will* $10 *do* for the groceries? 食料雑貨は10 ドルで間に合うだろうか / That *will do*. それで十分[けっこう]だ; いいからもうよせ / That *won't do*. それはだめだ[いけない].

❹ [現在分詞形で] 起こっている, 生じている: What's *doing* here [on Wall Street]? これは何ごとだ[ウォール街はどんな様子ですか] / Anything *doing* tonight? 今晩何かあるのですか.

— **B** [代動詞として be 以外の動詞の反復を避けるのに用いて; cf. [他] B] ❶ [同一の動詞(およびそれを含む語群)の反復を避けて]: The moon shines when the sun's light strikes it, just as a mirror *does*. 月は日光が当たるとちょうど鏡が光るように光る / She plays the piano better than I *do*. 彼女は私より上手にピアノをひく / Living as I *do* in the country, I rarely have visitors. こうしていなかに住んでいると訪問客もめったにない.

❷ [付加疑問の中で]: He lives in London, *does*n't he? 彼はロンドンに住んでいますね / So you don't want to be a teacher, *do* you? じゃ君は教師になりたくないんだね / You did it, *did*n't you? 君がそれをしたんだね.

❸ [返事の文で]: "Who saw it?" "I *did*." 「だれがそれを見たのか」「私ですよ」《I を強調する》/ "Does she like apples?" "Yes, she *does* [No, she *does*n't]." 「彼女はリンゴが好きですか」「ええ, 好きです[いいえ, 嫌いです]」.

❹ [相手にあいづちを打つときに]: "He came to see me yesterday." "Oh, *did* he?" 「きのう彼が訪ねてきましたよ」「へえ, そうですか」.

❺ [so や neither などで始まる応答文などで]: "I love the movie." "So *do* I." 「その映画大好き」「私も」 (cf. "I don't like the movie." "Neither [Nor] *do* I." 「その映画好きじゃない」「私も」).

be dóne fòr 《口》 〈人が〉もうだめだ[おしまいだ], 一巻の終わりである; へとへとに疲れている, くたくただ; 〈ものが〉だめになっている, もう使い物にならない: He's *done for*. 彼はもうだめだ[もう助からない; もうへとへとだ] / I'm afraid these gloves *are done for*. どうもこの手袋はもうだめのようだ.

be dóne with…を済ませている, …の用を終えている; …と関係が切れている: Are you *done* with the newspaper? 新聞はもう済みましたか.

dò awáy with… 《★ 受身可》 (1) …を除く, 廃止する (abolish): This practice should be *done away with*. この慣行は廃止すべきだ. (2) 〈人など〉を殺す.

dó one's bít ⇨ bit[1] [成句].

dó by… 《★ 受身可》 …に対してふるまう, …を遇する (cf. [他] A 6 b): He *does* well *by* his friends. 彼は友人によくする / Do as you would be *done by*. おのれの欲するところを人に施せ (⇨ golden rule).

dó dówn 《[他]+[副]》 《英口》 (1) 〈人を〉だます. (2) 〈人を〉恥入らせる; [do one*self* down で] 恥じる. (3) 〈その場にいない人の〉悪口を言う.

dó for… (1) ⇨ be done for (do[1] [動] [成句]). (2) …に役に立つ (⇨ [自] A 3 a). (3) 《英口》 …のため主婦の代わり[家政婦役]をする. (4) ⇨ What will you DO for…? [成句].

dó ín 《[他]+[副]》 (1) 《口》 〈人を〉へとへとに疲れさせる《★ 通例受身》: The work really *did* me *in*. その仕事はまったく私をへばらせた / I'm really *done in*. すっかりへばってしまった. (2) 《俗》 〈人を〉殺す, ばらす.

dó it (1) 《口》 性交する, あれをやる. (2) [形容詞・副詞を主語にして] 効を奏する: Easy [Slowly] *does it*. のんびり[ゆっくり]やるのが肝心だ.

dó òne! 《英口》 あっちへ行け, うせろ.

dó or díe [原形で用いて] (成功するために)死ぬ覚悟でやる, 極力がんばる (cf. do-or-die): We must *do or die*. 我々はあくまでやり通さなければならない.

dó óut 《[他]+[副]》 《口》 〈部屋などを〉きれいに片づける[掃除する].

dó óver 《[他]+[副]》 [~+目+over] (1) 〈部屋・壁などを〉上塗りする; 改装[改造]する: Her room was *done over* in pink. 彼女の部屋はピンク色に上塗りされ[仕上げられ]ていた / The attic was *done over* into a bedroom. 屋根裏は寝室に改造された. (2)《米口》〈…を〉繰り返す; やり直す, 作り直す. (3)《俗》〈人を〉ひどい目にあわす, たたきのめす.

dó a person próud ⇨ proud [副] [成句]. **dó the tríck** ⇨ trick [名] [成句]. **dó…to déath** ⇨ death [成句].

dó úp《[他]+[副]》(1)〈…を〉修理する, 手入れをする; 掃除する: This house must be *done up*. この家は手入れをしなければならない / *do up* a hotel room ホテルの部屋を掃除する. (2)〈髪を〉結い上げる: *do up* one's hair 髪を結い上げる. (3) [~ one*self up* で] おめかしする; 化粧する, 着飾る. (4)〈ものを〉包む; 包みにする (wrap): *do up* a parcel 小包を包む[作る]. (5)〈…の〉ボタン[ホック(など)]をかける (↔ undo): She *did up* the zip on her dress. 彼女は服のジッパーを締めた. (6)《口》〈人を〉すっかり疲れさせる《★ 通例受身で用いる》: I'*m done up*. 疲れてしまった / My horse *was done up* after the long ride. 私の馬は長いこと乗り[走り]続けて疲れ切っていた. ──《[自]+[副]》(7)〈衣類が〉ボタン[ホック]で留まる: My dress *does up* at the back. 私のドレスは背中でボタンをかけるようになっている.

dò wéll ⇨ well[1] [副] [成句]. **dó wéll for onesèlf** ⇨ well[1] [副] [成句]. **dò wéll òut of…** ⇨ well[1] [副] [成句]. **dò wéll to dó** ⇨ well[1] [副] [成句].

dó with…《[他]+[前]》(1) [疑問代名詞 what を目的語として] (どのように)…を処置する: *What* have you *done with* my book? 私の本をどうしましたか / We felt so happy that we did not know *what* to *do with* ourselves. 私たちはあまりのうれしさにどうしてよいやらわからないほどであった / I don't know *what* to *do with* her. 彼女とはどうつき合ったらよいかわからない《つき合いにくい人だ》; 彼女をどう取り扱ったら[処遇したら]よいかわからない. ──《[自]+[前]》(2) [can, could を伴って; 否定・疑問文で] …で我慢する: *Can* you *do with* cold meat for dinner? 夕食は冷たい肉で我慢できますか / I *can't do with* wait*ing* any longer. もうこれ以上待つのはやりきれない. (3) [could または can を伴って]《口》…が得られたらけっこうだ, がほしい: I *could do with* a good night's rest. ひと晩ゆっくり眠れたら悪くないね / I *could do with* a drink. 一杯やっても悪くないね, 一杯ほしいところだ / I'm sure you *can do with* a snack. きっとおやつがほしいんでしょう.

do without… [《[自]+[前]》 〜 withòut…] (1) …なしで済ます: I can't *do without* my computer. コンピューターなしには済まされない. (2) [can, could を伴って]《口》…がなくてもよい. ── [《[自]+[副]》 〜 withóut] (3) なしで済ます: We no longer have any spares, so we will have to *do without*. もう予備がないから, なしで済まさなければなりません.

hàve dóne with…を終えてしまう; …ともう関係がない: *Have* you *done with* the paper? 新聞はもうお済みですか / I'*ve done with* him for the future. あいつとは今後関係がない / Let's *have done with* it. もうその事はよしましょう.

hàve sómething [nóthing, líttle, etc.] to dó with…と少し関係がある[全然, ほとんど(など)関係がない]: He *has something* [*nothing*] *to do with* the firm. 彼はその会社と多少関係がある[全然関係がない] / This kind of specialized knowledge *has* very *little to do with* daily life. この種の専門知識は日常生活とはほとんど関係がない / Smoking *has* a great deal [quite a lot] *to do with* the development of cancer. 喫煙はがんの発病と大いに関係がある.

hàve to dó with… (1) …と関係がある: What do you *have to do with* the matter? あなたはその事とどんな関係があるのですか. (2) …を扱う: A doctor *has to do with* all sorts of people. 医者はあらゆる種類の人を扱う.

Hów are you dóing? [知人へのあいさつとして]《米口》やあ元気かい.

Hów do you dó? [ていねいな初対面のあいさつとして]はじめまして, こんにちは《[用法] それを受ける時も同じく言う; その後のあいさつには How are you? などを用いる》.

màke dó ⇨ make [動] [成句].

nóthing dóing ⇨ nothing [代] [成句].

Thát dóes it!《口》それはひどすぎる, もう我慢がならない.

Thát's dóne it!《口》(1) もうだめだ, 万事休す, しまった. (2) やったぞ!, しめた!

to dó with… [通例 something, nothing, anything などの形容詞句の後に置いて] …に関係する: His job is [has] *something to do with* banks. 彼の仕事は銀行と何か関係がある / I want *nothing to do with* him. 彼とかかわりたくない.

úp and dóing ⇨ up [副] [成句].

Whát can I dó for you?＝《戯言》**Whát can I dó yòu fòr?** 何かご用でしょうか (⇨ [他] A 1 a).

Whát will you dó for…? …の手配はどうしますか: *What will you do for* food while you're climbing the mountain? 登山中食糧の手配はどうしますか.

── [名] ([複] **dos, do's** /~z/) ❶《英俗》だますこと, 詐欺. ❷ **a**《口》宴会, パーティー: They are having a *do* for her on her birthday. 彼らは彼女の誕生日にパーティーを開く予定だ. **b** 騒ぎ: There was a big *do* over her retirement from the screen. 彼女の映画界からの引退は世間の話題をさらった. ❸ [通例複数形で] なすべきこと, 守るべきこと, 命令事項 (cf. don't [名]): *do's* and don'ts すべきこととすべきでないこと, 心得, 注意事項 / the *dos* and don'ts *of* office etiquette 職場でのエチケット心得. ❹《口》髪型, ヘアスタイル.

Fáir dós [dó's]!《英》公平にやろうぜ!

〖OE; 原義は置く〗 ([名] deed)

⁑do[2] /(弱形)(子音の前) dʊ, (母音の前) du; (強形) dúː/ [助動] (**did** /(弱形) dɪd, (強形) díd/; 3 人称・単数・直説法・現在形 **does** /(弱形) dəz; (強形) dʌ́z/)《[語形] (1) 否定短縮形は **don't** /dóʊnt/, **doesn't** /dʌ́z(ə)nt/, **didn't** /dídnt/; (2)《古》2 人称単数現在形は (thou) **dost** /(弱形) dəst; (強形) dʌ́st/, 3 人称単数現在形は **doth** /(弱形) dəθ; (強形) dʌ́θ/; (3) be 動詞の場合は用いない; ただし命令法の be の強調や否定の場合には用いる (cf. 1, 4; have[1] A [用法]); (4) 不定詞・動名詞・分詞には用いないので, don't to go, don't going は間違い; それぞれ not to go, not going とする》 ❶ **a** [be 以外の動詞の否定文を作って; cf. [語形] (3)]: I *do not* [*don't*] see. 私はわからない / I *did not* [*didn't*] know. 私は知らなかった / I *don't* have a brother. 兄弟がない. **b** [否定の命令法を作って]《[用法] 動詞 be は命令法でのみ do 用いる》: *Don't* go! 行かないで(くれ) / *Don't* be afraid. 恐れるな. ❷ [be 以外の動詞の疑問文に用いて; cf. [語形] (3)]: *Do* you hear? 聞こえますか / *Do* you have (any) money? 金を持っているか / *Did* you strike him? 彼を殴ったか / When *does* he leave? 彼はいつたちますか / *Didn't* you bring your textbook!? 教科書をもってこなかったの. ❸ [強調・釣り合いなどのため述語(の一部)を文頭に置く時に]: Never *did* I see such a fool. いまだかつてあのようなばか者を見たことがない (cf. I never saw such a fool.) / Not only *did* he understand it, but he remembered it. 彼はそれを理解したばかりでなく記憶もした / Only after weeks of vain effort *did* the right idea occur to me. 私はむだな努力を何週間もした後になってようやく適切な考えが浮かんだ. ❹ [肯定文を強調して]《[発音] 常に *do* /dúː/, *does* /dʌ́z/, *did* /díd/ と強く発音する》: I *dó* think it's a pity. 本当に残念だと思う / *Dó* tell me. ぜひ聞かせてください / *Dó* be quiet! 静かになさいってば! / I *díd* go, but I didn't see her. 行くには行ったが彼女には会わなかった / He doesn't visit me often, but when he *dóes* visit me, he stays for hours. 彼はあまり訪ねてくることがないが, 来たとなると何時間もいる.

do[3] /dóʊ/ [名] ([複] **~s**)〘楽〙(ドレミファ唱法の)「ド」《全音階的長音階の第一音; cf. sol-fa》.

do. /dítoʊ/《略》ditto.

DOA /díːòʊéɪ/《略》dead on arrival 到着時にすでに死亡, 来院時死亡.

do·a·ble /dúːəbl/ [形] する[行なう]ことのできる.

DOB 《略》date of birth 出生日.
dob·bin /dάbɪn | dɔ́b-/ 图《おとなしくてよく働く》のら仕事(などの)馬, 駄馬《愛称》; 《愛称》.
dob·by /dάbi | dɔ́bi/ 图《紡》ドビー《小さな模様を織る織機の開口装置》.
dobby weave 图 U ドビー織り.
do·be /dóubi/ 图《米口》=adobe.
Do·ber·man (pin·scher) /dóubəmən(pínʃə-| -bəmən(pínʃə/ 图 ドーベルマン(ピンシャー)《犬》《ドイツ原産で警察犬・軍用犬などに用いられる》.
Do·bro /dóubrou/ 图《商》~s) 《商標》ドブロ《金属の反響板の付いたアコースティックギター》.
dób·son·flỳ /dάbs(ə)n- | dɔ́b-/ 图《昆》ヘビトンボ《総称; 雄は大きな牙状の大あごをもつ》.
doc /dάk | dɔ́k/ 图《通例呼び掛けで》《口》=doctor.
doc. 《略》document.
DOC 《略》《米》Department of Commerce 商務省.
do·cent /dóus(ə)nt | -/ 图《米》❶《美術館・博物館などの》案内人, ガイド. ❷ 大学の講師. 〖L<Gk=teacher; ⇨ doctor〗
Do·ce·tism /dousí:tɪzm, dóusətɪzm/ 图 U 《キリスト教》仮現説《地上のキリストは天上の霊的実在者としてのキリストの幻影であるとする2世紀ごろの説》. **-tist** /-tɪst/ 图 仮現説信奉者.
doc·ile /dάs(ə)l | dóusaɪl/ 形 すなおな, 従順な; 〈人が〉御しやすい (amenable): the ~ masses 御しやすい大衆. **~ly** /-səl)li | -saɪlli/ 副 〖F<L=教えやすい; ⇨ doctor〗
《類義語》⇨ obedient.
do·cil·i·ty /dɑsíləti, dou-/ 图 U 従順; 御しやすさ.
*__dock__*¹ /dάk | dɔ́k/ 图 ❶ ドック, 船渠《ʃ》: a dry [graving] ~ 乾ドック《比較》日本で普通にいう「ドック」は a floating ~ 浮きドック / a wet ~ 係船ドック. ❷《米》波止場, 突堤, 桟橋 (jetty). **in dòck** (1) 《船が》ドックに入って. (2) 《英口》《人が》入院して. (3) 《英口》《車など》修理中. **òut of dóck** (1) 《船がドックから出て. (2) 《英》《人が》退院して. (3) 《英口》《車など》修理が終わって.
── 動 ⑪ ❶《修理のために》船をドック(船渠)に入れる; 《荷役・乗下船のために》船を埠頭(ぷぁ)につける. ❷《宇宙船を》操縦して他の宇宙船につなぐ, ドッキングする.
── ⑪ ❶ ドック[船渠]に入る; 埠頭につく. ❷《宇宙船が〉〈…と〉ドッキングする〔with〕.
〖Du<L=導くこと; ⇨ duke〗
dock² /dάk | dɔ́k/ 图 〖the~〗《刑事法廷の》被告席: be in the ~ 被告席に着いている; 非難[審判]を受けている.
dock³ /dάk | dɔ́k/ 動 ⑪ ❶《…の》給料を削る, 〈…を〉減らす: ~ a person's pay five points 人の得点から5点を引く. ❷〈尾・毛などを〉切る.
── 图 ❶《毛の部分と区別して動物の》尾の心部. ❷ 切り尾.
dock⁴ /dάk | dɔ́k/ 图《植》ギシギシ.
dock·age /dάkɪdʒ | dɔ́k-/ 图 U ドック使用料.
dóck·er /英) ドック労働者, 港湾労働者 (《米》longshoreman).
dock·et /dάkɪt | dɔ́k-/ 图 ❶《書類・小包につける》内容摘要, 明細書; 荷札. ❷《米》《事務上の》処理予定表, 《会議などの》協議事項. **b**《法》《未決の》訴訟事件一覧表.
── 動 ⑪ ❶《事件などを》訴訟事件一覧表に記入する. ❷《文書に》内容摘要をつける; 〈小包に〉荷札をつける.
dóck glàss《ワイン試飲用の》大型グラス.
dócking stàtion 图《電算》ドッキングステーション《ノート型コンピューターの底部・後部に装着する拡張キット》.
__dóck·land__ /dάklənd, -lænd | dɔ́k-/ 图《英国の》ドック地域.
Dock·lands /dάklənds, -lænds | dɔ́k-/ 图《英国の》ドックランズ《ロンドン東部, テムズ川沿いの新興都市開発地域》.
dock·o·min·i·um /dὰkəmíniəm | -/ 图《米》分譲のボート係留場; 専用ボート係留場付きの分譲マンション.
dóck·side 图 〖the~〗ドック側の地域.
dóck·wòrker ドック労働者, 港湾労働者.
dóck·yàrd 图 ❶ 造船所. ❷《英》海軍工廠(ʒ:)
__doc·tor__ /dάktə | dɔ́k-/ 图 ❶ 医師, 医者《英》《解説》英国では通例内科医 (physician) をさし, 米国では外科医 (surgeon), 歯科医 (dentist), 獣医 (veterinarian) などにも

521 docusoap

用いる》: see a ~ 医者にみてもらう / send for a [the] ~ 医者を呼ぶ[迎え]に人をやる / go to the *doctor* [*doctor's*] 医者に行く / call a ~ 医者を呼ぶ / be one's own ~ 自分で病気を治療する[治す] / How is she, ~? 先生, 彼女[病人]はいかがでしょうか / D~ Smith スミス先生[医師]. ❷〖称号にも用いて〗博士, 博士号《略 Dr., Dr〗: Dr. Smith スミス博士 / a D~ of Divinity [Laws, Medicine] 神学[法学, 医学]博士 / a D~ of Philosophy ⇨ philosophy 成句. ❸〖通例修飾語を伴って〗《口》《…の》修理屋: a car ~ 自動車修理屋. **be ùnder a dóctor** 〖…の〗治療で医者にかかっている〔*for*〕. **(júst) whàt the dóctor órdered**《口》《まさに》必要なもの, (ちょうど)ほしいと思っていたもの. **the Dóctors of the Chúrch** 教会博士《古代および中世のキリスト教の学徳の高い聖父・教師の称号》. **Yóu're [Yóu are] the dóctor.**《口》あなたしだいです; あなたの言うとおり. ── 動 ⑪ ❶ **a**〈報告書・証拠などに〉手を加える, 〈…を〉勝手に変える (falsify): ~ a report 報告書を不正に変更する. **b**〈飲食物などに〉混ぜ物をする. **c**〈病気などを〉治療する. ❷ **a**〈人・病気を〉治療する. **b** 〖~ oneself で〗自分で病気を治療[治す], 手術治をする. ❸《英》《動物を去勢する (neuter). ❹《英》〈機械などを〉手入れ[修繕]する. ❺《英》《人に》博士号を授与する. ── ⑪ 医者として働く. 〖F<L=教える人*docere, doct-* 教える (cf. document)+-OR¹〗
doc·tor·al /dάktərəl, -trəl | dɔ́k-/ 形 博士の: a ~ dissertation 博士論文.
doc·tor·ate /dάktərət, -trət | dɔ́k-/ 图 博士号《の学位》: hold a ~ 博士の学位を持っている / take a ~ 博士号を取る.
dóctor's (degrèe) 图 =doctorate.
doc·tri·naire /dὰktrɪnéə | dὰktrɪnéə-/ 形 空理空論の; 理論一辺倒の: a ~ Marxist 教条的なマルクス主義者. ── 图 空論家.
doc·tri·nal /dάktrɪnl | dɔktráɪ-, dɔ́ktrɪ-/ 形 Ⓐ ❶ 教義上の: a ~ dispute 教義上の論争. ❷ 学理上の.
__doc·trine__ /dάktrɪn | dɔ́k-/ 图 ❶ ⒸⓊ 教義, 教理; 主義, 方針; 学説, 理論. ❷ Ⓒ《国家政策上の》《基本》原則, 主義; ⇨ Monroe Doctrine. 〖F<L=教え; DOCTOR〗
doc·u·dra·ma /dάkjudrὰ:mə | dɔ́k-/ 图 ドキュメンタリドラマ. 〖DOCU(MENTARY)+DRAMA〗
__doc·u·ment__ /dάkjumənt | dɔ́k-/ 图 文書, 書類, 記録, 証拠書類; 証書: an official [a public] ~ 公文書. ── /-mènt/ 動 ⑪ ❶〈…を〉文書[映像, 写真]に《詳細に》記録する. ❷〈…を〉証拠資料で証明する; 〈…に〉証拠資料を提供[添付]する. 〖F<L=公式書類証明, 教授*docere* 教える; cf. doctor〗(形 documentary)
doc·u·men·tal /dὰkjuméntl | dɔ̀k-/ 形 =documentary 1.
dò·cu·mén·tal·ist /-təlɪst/ 图 ドキュメンタリスト《文書の分類・整理の専門家》.
doc·u·men·tar·i·an /dὰkjumənté(ə)riən, -men- | dὸk-/ 图《特に写真・映画などの》ドキュメンタリーの手法の主唱者; ドキュメンタリーの作家[プロデューサー, 監督].
doc·u·men·ta·rist /dὰkjuméntərɪst | dɔ̀k-/ 图 =documentarian.
__doc·u·men·ta·ry__ /dὰkjuméntəri, -tri | dɔ̀k-/ 形 (比較なし) ❶ 文書の, 書類の: ~ evidence《法》証拠書類, 書証. ❷《映画などの》事実を記録した: a ~ film ドキュメンタリー映画. ── 图 記録もの; 記録映画, ドキュメンタリー〔*on, about*〕.(图 document)
⁺**doc·u·men·ta·tion** /dὰkjumentéɪʃən, -men- | dɔ̀k-/ 图 Ⓤ ❶ 証拠資料. ❷《電算》取扱説明書, 使用の手引き; 仕様書. ❸ 文書[証拠書類]調べ; 証拠書類提出.
doc·u·men·ta·tive /dὰkjuméntətɪv | dɔ̀k-/ 形 証拠類を用いた[提供する].
doc·u·soap /dάkjusòup | dɔ́k-/ 图《英》ドキュソープ《特定の職業[場所]の人々を一定期間にわたって追ったドキュメンタリー番組》.

doc·u·tain·ment /dàkjutéinmənt | dɔ̀k-/ 名 U.C 情報娯楽番組 (infortainment).

DOD /díːòudíː/ (略) 《米》 Department of Defense 国防総省.

dod·der[1] /dɑ́də | dɔ́də/ 動 自 《口》(老齢で)よろよろする.

dod·der[2] /dɑ́də | dɔ́də/ 名 《植》ネナシカズラ.

dód·der·ing /dɑ́dəriŋ, -driŋ | dɔ́dəriŋ, -driŋ/ 形 よろよろする, よぼよぼの (decrepit). **~·ly** 副

dod·der·y /dɑ́dəri, -dri | dɔ́dəri, -dri/ 形 =doddering.

dod·dle /dɑ́dl | dɔ́dl/ 名 [単数形で] 《英口》楽にできること, 朝めし前のこと.

do·deca- /doʊdékə/ /ーー－/ 〖連結形〗「12」〖Gk *dodeka* 12 < *duo* 2 + *deka* 10〗

do·dec·a·gon /doʊdékəgɑ̀n | doʊdékəgən/ 名 十二辺[角]形.

do·dec·a·he·dron /doʊdèkəhíːdrən | dòʊdekəhédrən/ 名 (複 ~s, -dra) 〖数・品〗十二面体. **-hé·dral** /-híː drəl | -hédrəl/ 形.

Do·déc·a·nese Ìslands /doʊdékəniːz-, -niːs- | dóʊdikəniːz-/ 名 (複) [the ~] ドデカネス諸島 《エーゲ海南東部, 南スポラデス諸島 (Sporades) 南部のギリシア領の島々》.

do·dec·a·pho·ny /doʊdékəfəni | dòʊdékæfə-, -kəfóʊ-/ 名 U 十二音音楽. **do·dec·a·phon·ic** /doʊdèkəfɑ́nɪk | dəʊdèkəfɔ́n-ー/ 形.

*__dodge__ /dɑ́dʒ | dɔ́dʒ/ 動 他 ❶ 〈…を〉さっと避ける; 〈…に〉ひらりと身をかわす (sidestep): ~ a blow ひと撃をさっとかわす. ❷ 《口》〈質問・義務などを〉巧みに回避する, ごまかす (evade): ~ one's responsibility 責任を巧みに回避する / ~ an issue 問題をごまかす. ── 自 〖通例副詞(句)を伴って〗ひらりと身をかわす: ~ *behind* a wall 壁の裏へと身をかわして進む. ~ *through* heavy traffic 激しい交通の中を身をかわして進む. ❶ 身をかわすこと: make a ~ de身をかわす. ❷ 巧みなごまかし, 回避策: a tax ~ 税金逃れ.

dódge·bàll 名 U ドッジボール.

Dódge Cíty /dɑ́dʒ- | dɔ́dʒ-/ 名 ドッジシティー (Kansas 州南部の市; かつて Santa Fe Trail 沿いの辺境の町).

dódg·em càr /dɑ́dʒəm- | dɔ́dʒ-/ 名 《英》ダージャム (bumper car) 《遊園地などの小さな電気自動車; 他の車とぶつけ合う》.

⁺**dódg·er** 名 《義務・支払いなどを》逃れる人, ごまかす人 (evader): a tax ~ 税金逃れをする人 / ⇨ draft dodger.

⁺**dodg·y** /dɑ́dʒi | dɔ́dʒi/ 形 (**dodg·i·er; dodg·i·est**) 《英口》❶〈人が〉ずるい, 油断のならない, (やり方が)汚ない. ❷ 〈物事が〉危っかしい, 危険な; 困難な.

do·do /doʊdoʊ/ 名 (複 ~s, ~es) 《鳥》ドードー 《ガチョウほどの大きさの飛べない鳥; Mauritius 島に住んでいたが, 17世紀末に絶滅》. **(as) déad as a dódo** ⇨ dead 形 成句. 〖Port = まねけ〗

Do·do·ma /doʊdəmə/ 名 ドドマ 《タンザニアの首都》.

doe /doʊ/ 名 ❶ 雌ジカ (↔ buck; cf. hind²). ❷ (ウサギ・羊・ヤギ・ネズミなどの)雌 (↔ buck).

Doe /doʊ/ 名 ⇨ John Doe.

DOE /díːòuíː/ 《略》《米》 Department of Energy エネルギー省.

dóe·èyed 形 《雌鹿のように》あどけない眼をした.

do·er /dúːə | -əː/ 名 行為者, 実行家.

‡**does** /dʌ́z/ 動 **do**¹ の 3 人称単数現在形. ── (弱形) dəz; (強形) dʌ́z/ 助動 **do²** の 3 人称単数現在形.

dóe·skìn /dóʊskɪn/ 名 U ❶ 雌ジカのなめし革. ❷ ドスキン 《鹿革まがいのラシャ》.

‡**does·n't** /dʌ́z(ə)nt/ **does not** の短縮形 (⇨ **do²**).

do·est /dúːɪst/ 動 《古・詩》**do¹** の主語が 2 人称単数で thou での直説法・現在形: thou ~ =you do.

do·eth /dúːɪθ/ 動 《古・詩》**do¹** の 3 人称単数形 (cf. doth): he [she] ~ =he [she] does.

doff /dɑ́f, dɔ́f | dɔ́f/ 動 他 《文語》〈帽子・衣服などを〉脱ぐ (↔ don). 〖do off〗

‡**dog** /dɔ́ːg, dɑ́g | dɔ́g/ 名 ❶ C 犬 《★ 関連「子犬」は puppy, whelp;「犬小屋」は kennel; 鳴き声は bark, bay, bowwow; growl, howl, snarl; whine, yap, yelp》: a police ~ 警察犬 / a guard ~ 番犬 / have [own, keep] a ~ 犬を飼う / walk a ~ 犬を散歩させる / Every ~ has his [its] day. 《諺》だれにでも得意な時代がある / Give a ~ a bad [an ill] name (and hang him). 《諺》一度悪名を取ったら最後が 《悪名の力は恐ろしい》 / Love me, love my ~. 《諺》私を慕うなら犬でも慕え 《一族友人まで慕えの意; cf. 「坊主憎けりゃ袈裟(ㅋ)まで憎い」》/ You can't teach an old ~ new tricks. ⇨ trick 4 b. ❷ C (イヌ科の動物の)雄, 雄犬 (↔ bitch): a ~ wolf 雄のオオカミ. ❸ C 《俗》a 〈男性について〉くだらない人間; 魅力のない男; 醜い女, 「ぶす」. b 〖通例修飾語を伴い〗やつ: a sad [jolly] ~ 困った〖愉快な〗やつ. c 《米俗》くだらないもの, 失敗作. ❹ [the ~s] 《口》ドッグレース, 競犬. ❺ [複数形で] 《俗·戯言》足. ❻ [複数形で] =andiron. ❼ [the D~] 《天》大犬座. b 小犬座. ❽ 《俗》=hot dog. **a dóg in the mánger** 《口》(自分に用のないものを他人に[使わせないよう]な)意地の悪い人 《由来 意地悪な犬が牛のかいば桶(ㄴ)に入って食べもしない干し草を牛に食べさせなかったという Aesop 物語から》. **a dóg's chánce** 〖否定文で〗ごくわずかな見込み: There is *not* a ~'s *chance*. 見込みはまったくない. **a [the] háir of the dóg (that bít one)** ⇨ hair 成句. **(as) síck as a dóg** とても気分が悪い. **díe like a dóg** 恥ずべき[悲惨な]死にかたをする. **dréssed úp like a dóg's dínner** 《英口》けばけばしい服装をして, いやにめかしこんで. **gó to the dógs** 《口》落ちぶれる, 破滅する; 堕落する. **lèt sléeping dógs líe** ⇨ sleeping 成句. **pùt ón the dóg** 《米古風口》見えを張る, もったいぶる, 気取る. **tréat a person líke a dóg** 《口》〈人を〉そまつにする: She *treats* her husband *like a dog*. 彼女は夫をそまつにする.

── 動 他 (**dogged; dog·ging**) ❶ 〈…を〉《犬のように》尾行する, 《うるさく》つけ回す: The police *dogged* the suspect [the suspect's footsteps]. 警察は容疑者のあとを追った. ❷ 〈災難・不幸などが〉〈人に〉どこまでも付きまとう (★ しばしば受身): He *was dogged* by debts [misfortune]. 彼は借金[不幸]につきまとわれ(てい)た. / Bad luck *dogged* him all his life. 彼には生涯不運がついてまわった. ❸ 《米俗》〈人を〉しつこく批判[非難]する. ❹ 《米俗》〈…を〉からかう, 困らせる; やっつける. **dog it** 《米口》ぶらぶらする, 放漫する.

〖OE; 英語特有の語で, 他のゲルマン語では HOUND に相当する語を用いる〗 形 doggy; 関名 canine.

dóg-and-póny shòw 名 《米口》手の込んだ[派手な]宣伝[キャンペーン, 説明].

dóg·bàne 名 《植》バシクルモン 《キョウチクトウ科バシクルモン属の多年草の総称》.

dóg bíscuit 名 犬用のビスケット, 犬ビスケット.

dóg·càrt 名 ❶ 犬に引かせた車. ❷ 軽装 2[4]輪馬車 《背中合わせの座席が二つあり, 以前は座席の下に猟犬を乗せた》.

dóg·càtcher 名 野犬捕獲員.

dóg clùtch 名 《機》かみ合いクラッチ.

dóg còllar 名 ❶ 犬の首輪. ❷ 《口》(牧師の)首輪式カラー 《後ろで留める硬い立ちカラー》.

dóg dàys 名 (複) 〖通例 the ~〗 ❶ 暑中, 盛夏の時期 《北半球で 7 月初めから 8 月中ごろまで the Dog Star(天狼星)が太陽とともに出没する時期》. ❷ 停滞[沈滞]期.

dóg·dom /-dəm/ 名 U 犬類; 犬ること, 犬の境遇; 愛犬連.

dóg dòor 名 ドッグドア 《犬・猫が通れるようにドアに作った小さなドア》.

doge /doʊdʒ/ 名 〖史〗ドージェ (Venice (697-1797) および Genoa (1339-1797, 1802-05) 共和国の総督).

dóg·èar 名 本のページの隅の折れ. ── 動 他 〈本の〉ページの隅を折る.

dóg-èared 形 ページの隅の折れた; 使い古した.

dóg-èat-dóg 形 A (骨肉相食(ㅋ)むような)激しい, 食うか食われるかの, 血みどろの, われがちの (cut-throat).

dóg ènd 名 《英口》《口》吸いがら.

dóg·fàce 名 《米俗》米陸軍の兵隊, (特に)歩兵.

dóg·fìght 名 ❶ 犬のけんか; 乱闘, 激戦. ❷ (戦闘機の)

空中戦, 乱戦.

+**dóg·fìsh** [名] ([複] ~, ~es) 〔魚〕ツノザメ(類).

+**dog·ged** /dɔ́:gɪd, dág- | dɔ́g-/ [形] がんこな, 根気強い: with ~ determination あくまでもがんばろうと覚悟して / It's ~ (as [that]) does it. 《諺》事の成否はがんばりひとつ. ~·ly [副] ~·ness [名]

dog·ger[1] /dɔ́:gə, dágə | dɔ́gə/ [名] ドッガー船《2本マストのオランダ漁船》.

dog·ger[2] /dɔ́:gə, dágə | dɔ́gə/ [名] 〔地〕ドッガー《砂·粘土中の鉄岩·二酸化珪素の凝結塊》.

Dóg·ger Bánk /dɔ́:gə- | dɔ́gə-/ [名] [the ~] ドッガーバンク《イングランドの北東で北海中央部の浅瀬; 世界有数の大漁場》.

dog·ger·el /dɔ́:g(ə)rəl, dág- | dɔ́g-/ [名] [U] (内容もふまじめで, 韻律もふぞろいな)へぼ詩.

dog·gie /dɔ́:gi, dági | dɔ́gi/ [名] 《小児》わんわん, わんちゃん.

dóggie bàg [名] (レストランなどで食べ残しを入れる)持ち帰り袋.

dóggie pàddle [名] =dog paddle.

dóg·gish /-gɪʃ/ [形] ❶ 犬の; 犬のような. ❷ 無愛想な, がみがみ言う.

dog·go /dɔ́:goʊ, dág- | dɔ́g-/ [副] 《英口》(じっと)隠れて《★通例次の成句で》. **líe dóggo** 身をひそめて[隠れて]いる.

dog·gone /dɔ́:ggɔ̀:n, dág- | dɔ́gɔ̀n/ 《米口》[形] [A] いまいましい, とんでもない. ── [副] ひどく, まったく. ── [動] [他] のろう: I'll be ~*d* if I'll go. 絶対行くもんか. ── [間] ちくしょう!, えいっ!

dog·gy /dɔ́:gi, dági | dɔ́gi/ [形] (**dog·gi·er**; **-gi·est**) ❶ 犬の(ような). ❷ 犬好きの. ❸ 《米口》派手な, いきな. ── [名] =doggie.

dóggy bàg [名] =doggie bag.

dóggy pàddle [名] =dog paddle.

dóggy stỳle [名] 《卑》(性交体位の)わんわんスタイル, バック.

dóg hàndler [名] ドッグハンドラー《警察犬など特別に訓練された犬と共同して仕事にあたる専門員》.

+**dóg·hòuse** [名] 《米》犬小屋 (《英》kennel). **in the dóghouse** 《口》不興をこうむって, 面目を失って.

do·gie /dóʊgi/ [名] 《米》(牧場の)母なし[迷い]子牛.

dóg Làtin [名] [U] 変則[不正確]なラテン語; ラテン語まがいの隠語[専門語].

dóg·lèg [名] ❶ (犬の後脚のように)くの字に曲がったもの. ❷ **a** 急角度で[くの字形に]曲がった道[コース]. **b** 〔ゴルフ〕ドッグレッグ《フェアウェー (fairway) がくの字形に曲がっているホール》.

dóg·lìke [形] 犬のような; 忠実な.

+**dog·ma** /dɔ́:gmə, dág- | dɔ́g-/ [名] ([複] ~s, ~·ta /~ṭə/) [U,C] 教義, 教理; (政治上などの)教条, 信条; 独断的意見, ドグマ. 〚L<Gk=意見, 判決〛 ([形] dogmatic)

+**dog·mat·ic** /dɔ:gmǽṭɪk, dɑg- | dɔg-/ [形] ❶ 独断的な, おしつけがましい, 教条的な. ❷ 教義上の, 教理に関する. **-i·cal·ly** /-kəli/ [副] ([名] dogma)

dog·mat·ics /dɔ:gmǽṭɪks, dɑg- | dɔg-/ [名] [U] (宗教上の)教義学, 教理論.

dóg·ma·tìsm /-tìzm/ [名] [U] 独断論; 独断主義, 独断的態度.

dóg·ma·tist /-ṭɪst/ [名] 独断家; 独断論者.

dog·ma·tize /dɔ́:gmətàɪz, dág- | dɔ́g-/ [動] [自] 独断的な主張をする. ── [他] 〈主義などを〉教義[教理]として示す; 〈考えなどを〉教条的に奉じる. **dog·ma·ti·za·tion** /dɔ̀:gməṭɪzéɪʃən, dɑ̀g- | dɔ̀gmətaɪz-/ [名]

dóg òfficer [名] 野犬捕獲員.

do-good·er /dú:gʊ̀ḍə | -gʊ́də/ [名] (善意で活動してはいるが)非現実的な考えの慈善家[改革運動家].

do-good·er·y /dú:gʊ̀ḍəri, -dri | -gʊ́d-/ [名] [U] 善行(のふるまい).

dóg pàddle [名] [単数形で] 犬かき《泳ぎ方》.

dóg ròse [名] 〔植〕ヨーロッパノイバラ《生垣に多い》.

dóg's àge [名] 《口》長い間 (cf. donkey's years).

dógs·bòdy [名] 《英口》こき使われる人, 雑用係 (cf. gofer).

dóg's bréakfast [dínner] [名] [a ~] 《英口》めちゃくちゃ, 困った状態 (mess).

dóg's chánce [名] [通例否定文で] 《口》ほんのわずかな見込み. **nót stánd [hàve] a dóg's chànce** とても見込みはない.

dóg·shòre [名] 〔造船〕(進水の間際まで船のすべり出しを食い止める)やり止め支柱, ドッグショア.

dóg shòw [名] 畜犬展覧会, ドッグショー.

dóg slèd, dóg slèdge [名] 犬ぞり.

dóg's lìfe [名] [a ~] みじめな生活: lead *a* ~ みじめな暮らしをする / lead a person *a* ~ 人にみじめな暮らしをさせる.

dóg's mèat [名] [U] 犬に与える肉《馬肉など》; 死肉.

Dóg Stàr [名] [the ~] 〔天〕シリウス, 天狼星(てんろうせい).

dóg's tòoth [名] 〔建〕=dogtooth 2.

dóg tàg [名] ❶ 犬の首輪の金具《所有主の住所·氏名などが書いてある》. ❷ 《米》(兵士が首に下げる)認識票.

dóg-tíred [形] 《口》疲れきった.

dóg·tòoth [名] ([複] -teeth) ❶ 犬歯, 糸切り歯. ❷ 〔建〕(英国ゴシック建築初期の)犬歯飾り.

dóg·tròt [名] [通例単数形で] 小走り: run at a ~ 小走りで走る.

dóg·wàtch [名] 〔海〕ドッグウォッチ《午後4–6時または同6–8時の2時間交代の折半直》.

dóg·wòod [名] 〔植〕ハナミズキ《北米原産》; ミズキ.

doh[1] /dóʊ/ [名] =do[3].

doh[2] /doʊ/ [間] 《口》だめだ, ばかな, チェッ, まずい.

dogwood

DOH /dí:òʊèɪtʃ/ 《略》〔英〕Department of Health 保健省.

Do·ha /dóʊhə/ [名] ドーハ《カタールの首都·海港》.

DOI 《略》〔米〕Department of the Interior 内務省.

doi·ly /dɔ́ɪli/ [名] ドイリー《テーブルの上の皿や花瓶の下に敷くレースなどの敷物》. 〚Doiley 製作者のロンドン商人〛

***do·ing** /dú:ɪŋ/ [動] **do**[1] の現在分詞·動名詞. ── [名] ❶ [複数形で] 《口》行ない, 行動; 行為, ふるまい: our recent ~*s* 我々の最近の行動[活動]. ❷ [U,C] する[なす]こと: Talking is one thing, ~ is another. 言うこととなすことは別のことだ / It's your own ~. それはあなた自身のしたことだ. ❸ [複数形で] 《英口》(名前の思い出せない)ちょっとしたもの, 小さいもの. ❹ [C] 《英口》叱責, 大目玉: give a person a ~ 人をしかる. **táke some [a lót of] dóing** たいへんな[骨の折れる]ことである

doit /dɔ́ɪt/ [名] [通例 a ~; 否定文で] 《古》わずか(な額).

+**dó-it-yoursélf** [形] [A] (修理·組み立てなどを)自分でやる, 日曜大工の《英略 DIY》: a ~ repair kit しろうと用修理工具一式. ── [名] [U] 自分で作る[やる]こと, 日曜大工の趣味. ~·er [名]

DOJ 《略》〔米〕Department of Justice 司法省.

DOL 《略》〔米〕Department of Labor 労働省.

dol. 《略》([複] dols.) dollar(s).

Dol·by /dɔ́:lbi | dɔ́l-/ [名] [U] 〔商標〕ドルビー《録音再生時の高音域のノイズ成分を少なくするシステム》.

dol·ce /dóʊltʃeɪ | dɔ́ltʃi/ [形] [副] 〔楽〕甘美な[に], 優しく, ドルチェ. 〚It〛

dólce fàr nién·te /-fɑənjénṭi | -fɑ:-/ [名] [U] 愉(たの)しき無為, 安逸, 逸楽. 〚It〛

Dol·ce·lat·te /dàltʃeɪlá:ṭi | dɔ̀l-/ [名] [U] ドルチェラッテ《牛乳で造るイタリアのブルーチーズ; Gorgonzola よりクリーミーでマイルド》.

dol·ce vi·ta /dáltʃeɪví:ṭə | dɔ́l-/ [名] [通例 the ~, la /lɑ:/ ~] 怠惰で放縦な生活, 甘い生活. 〚It〛

+**dol·drums** /dóʊldrəmz | dɔ́l-/ [名] [複] [the ~] ❶ 〔海〕(特に, 赤道付近海上の)熱帯無風帯; 無風状態. ❷ 憂鬱(ゆううつ), ふさぎ込み; 停滞状態[期間]. **in the dóldrums** (1) 〈船が〉無風帯に入って. (2) 《口》ふさぎ込んで. (3) 《口》沈滞状態で, 不況で.

+**dole**[1] /dóʊl/ [名] ❶ [the ~] 《英口》失業手当. ❷ [C] 《古風》施し物; 分配物; わずかなもの. **on the dóle** 《英口》失

dole 524

業手当を受けて(★(米)では on welfare という): go on the ~ 失業手当を受ける. ── 動 他 ⟨…を⟩(少量)分けてやる ⟨out⟩. 〖OE=分け前〗

dole² /dóul/ 名 〖古・詩〗悲しみ, 悲嘆; 不幸.

dole·ful /dóulfəl/ 形 悲しげな, 悲しい, 憂いに沈んだ; 陰鬱(ﾁﾂ)な. **~·ly** /-fəli/ 副 **~·ness** 名 〖DOLOR と同語源〗

dóle quèue 名 [通例 the ~] 〖英〗失業手当をうける人の列; 失業者(全体), 失業者数 〖米〗 unemployment line): in the ~ 失業して.

dol·er·ite /dáləràit | dól-/ 名 U 〖鉱〗輝緑岩 (diabase).

do·li ca·pax /dálikǽpæks | dóli-/ 形 〖法〗責任能力のある(特に 10 歳以上で, 刑事上の犯罪能力のある; ↔ doli incapax).

dol·i·cho·ce·phal·ic /dàlikousəfǽlik | dòlikousi-, -ki-/ 形 〖人〗長頭の(人)(頭指数 75 未満; ↔ brachycephalic). **-céph·a·ly** /-séfəli | -séf-, -kéf-/ 名 U 〖人〗長頭.

do·li in·ca·pax /dáliinkǽpæks | dóli-/ 形 〖法〗責任無能力の(特に 10 歳未満で, 刑事上の犯罪能力のない; ↔ doli capax). 〖L〗

do·li·ne, -na /dálí:nə/ 名 〖地〗ドリーネ(石灰岩が分布する地域にみられる穴・くぼみ).

*****doll¹** /dál, dɔ́:l | dɔ́l/ 名 ① 人形. ② (俗・軽蔑) **a** 美しいがばかな女, 白痴美の女. **b** かわいい女[男]の子. ③ (米口) 親切な人, 気前のいい人. ── 動 他 ①〈人を〉着飾らせる; [~ oneself] (up で) 着飾る: She was all ~ed up in furs and jewels. 彼女は毛皮や宝石で飾り立てていた. ②〈ものを〉飾る, デコレーションする. 〖DOLL〗

doll² /dál, dɔ́:l | dɔ́l/ 名 〖英〗〖競馬〗競馬場[調教場]の臨時の柵. ── 動 他 ⟨障害物などの⟩前に柵を置く.

Doll /dál, dɔ́:l | dɔ́l/ 名 ドール (女性名 Dorothy の愛称).

‡**dol·lar** /dálə | dólə/ 名 ① ドル(米国・カナダ・リベリア・ホンコン・マレーシア・シンガポール・オーストラリア・ニュージーランドなどの通貨(単位)=100 cents, 記号 $: $100 100 ドル): How much is the ~ today? きょうはドル(の相場)はいくらですか. ② ① 1ドル紙幣; 1ドル硬貨 (⇒ coin 解説). **bét one's bóttom dóllar** ⇒ bet 成句. **líke a míllion dóllars** ⇒ million 形 成句. 〖G Taler, Joachimstaler 昔のドイツの銀貨の名称; ボヘミアの Joachimstal (ヨアヒムの谷)で鋳造されたことから〗

dóllar àrea 名 [the ~] ドル地域.

dóllar bìrd 名 〖鳥〗ブッポウソウ.

dóllar diplòmacy 名 U ドル[金力]外交(経済力を背景とする米国などの外交政策).

dóllar gàp 名 ドル不足.

dol·lar·i·za·tion /dàlərizéiʃən | dòləraiz-/ 名 U 一国の通貨のドル(建て)化.

dóllar màrk [sìgn] 名 ドル記号 ($).

dollars-and-cents /dàlə(r)zənsénts | dòləz-/ 形 金銭面のだけを考慮した].

dóll·hòuse 名 ① 人形の家. ② おもちゃのような(小さな)家.

dol·lop /dáləp | dɔ́l-/ 名 ① (バター・アイスクリームなどの柔らかいものの)かたまり: a ~ of jelly ゼリーのひとかたまり. ② (液体の)少量: a ~ of whiskey ウイスキー1滴. 《⇒ ON》

dóll's hòuse 名 = dollhouse.

†**dol·ly** /dáli, dɔ́:li | dɔ́li/ 名 ① **a** (小児) お人形ちゃん(愛称). **b** =dolly bird. ② (駅・空港など, 重い物を運ぶキャスターつきの)手押し車. ③ 〖映・テレビ〗ドリー, 移動式撮影機台. 〖DOLL〗

Dol·ly /dáli, dɔ́:li | dɔ́li/ 名 ドーリー (女性名; Dorothy の愛称).

dólly bìrd 名 〖英口〗(格好はいいがあまり頭はよくない)女の子, かわい子ちゃん.

dólly mìxture 名 [しばしば複数形で] 色・形のさまざまな小菓子の取合わせ, ドリーミックス.

dólly tùb 名 (昔の)洗濯桶.

Dólly Vár·den /-váədn | -vá:-/ 名 ① ドリー・ヴァーデン(女性用の花模様のサラサ服と帽子; 19 世紀のスタイル). ② 〖魚〗オショロコマ (イワナ属). 〖Dickens, Barnaby Rudge (1841) 中の人物から〗

dol·ma /dálmə | dɔ́l-/ 名 (復 ~s, **dol·ma·des** /-dez, -di:z/) [しばしば複数形で] ドルマ(ブドウの葉・キャベツなどに肉・米などを詰めて煮込んだギリシア・トルコの料理).

dol·man /dóulmən | dɔ́l-/ 名 (復 ~s) ドルマン(女性用のケープ式そで付きマント).

dólman slèeve 名 ドルマンスリーブ(身ごろから続いて手首で締めるゆったりとした袖).

dol·men /dóulmən | dɔ́lmen/ 名 〖考古〗ドルメン(自然石を立て, 上に大きな平らな石を載せた太古の民族の遺物; cf. cromlech 1). 〖F <Bret taol table + men stone〗

do·lo·mite /dóuləmàit, dál- | dɔ́l-/ 名 U 〖岩石〗苦灰石 (ﾅｳﾚｷ), 白雲石, ドロマイト; 〖岩石〗苦灰岩, 白雲岩, ドロマイト. **do·lo·mit·ic** /dòuləmítik, dàl- | dɔ̀l-/ 形

Do·lo·mi·tes /dóuləmàits, dál- | dɔ́l-/ 名 (復 [the ~]) ドロミティ(アルプス) (Alps 山脈中のイタリア北東部の部分; 最高峰 Marmolada (3342 m)).

do·lor, (英) **do·lour** /dóulə | dóulə/ 名 U 〖詩〗悲しみ, 嘆き. 〖F<L=苦しみ〗

do·lor·ous /dóulərəs | dɔ́l-/ 形 〖詩〗悲しい, 陰気な, 痛ましい, 苦しい. **~·ly** 副

*****dol·phin** /dálfən, dɔ́l-/ 名 ① **a** イルカ; (特に)マイルカ. **b** = porpoise. ② 〔C〕〖魚〗シイラ. ③ [the D-] 〖天〗いるか座. 〖F<L<Gk=子宮; 形状の類似から〗

dol·phi·nar·i·um /dàlfəné(ə)riəm | dɔ̀l-/ 名 イルカ水族館.

dólphin-fìsh 名 〖魚〗シイラ (dolphin).

dólphin-sàfe 形 〈魚から〉イルカを傷つけない方法で捕られた.

dolt /dóult/ 名 〖古風〗うすのろ, まぬけ(人).

dolt·ish /-tiʃ/ 形 まぬけな. **~·ly** 副

Dom /dám | dɔ́m/ 名 ① ドン(ベネディクト会などの修道士の尊号). ② ドン(かつてポルトガルやブラジルの貴人・高位聖職者の洗礼名に冠した敬称; ⇒ don²).

dom. domestic; dominion.

-dom /dəm/ 接尾 [名詞語尾] ① …の地位; …権; …の勢力範囲, …領, …界: Christendom, kingdom. ② …の状態: freedom, martyrdom. ③ …社会, 気質(ｼﾂ)の: officialdom. 〖★しばしば軽蔑のニュアンスを伴う〗

†**do·main** /douméin, də- | dou-/ 名 ① ①(知識・思想・活動などの)領域, 分野, …界: He's a leading figure in the ~ of English literature. 彼は英文学界の大御所である / Chemistry is out of my ~. 化学は私の専門外である / public domain. ② 〔C〕領地, 領土. ③ 〔C〕〖数〗(関数の)定義域. ④ 〔C〕〖電算〗ドメイン(ネットワーク上で一つの単位として管理されるコンピューターのグループ) = domain name. ⑤ U 〖法〗(土地の)完全所有権: ~ of use 地上権. 〖F<L dominium 所有権<dominus 主人, 君主<domus; ⇒ dome〗

do·maine /douméin, də-/ 名 ドメーヌ(フランスにおいてワインを作る個人または団体).

dómain nàme 名 〖電算〗ドメイン名(インターネットのアドレスのうち, 組織名・種別・国名を表わす部分; editors@cc.kenkyusha.co.jp であれば kenkyusha.co.jp; cc の部分は subdomain という; cf. top-level domain).

dómain nàme sèrver 名 〖電算〗ドメインサーバー, DNS サーバー (⇒ DNS server).

dómain nàme sèrvice [sỳstem] 名 U ドメインネームサービス[システム] (ドメイン名を IP アドレスに変換するサービス[システム]; 略 DNS).

do·ma·ni·al /douméiniəl/ 形 領地の; 地所の.

*****dome** /dóum/ 名 ① **a** (半球状の)丸屋根, ドーム; 天丼. **b** (米)ドーム型発技場, …ドーム. ② **a** 丸屋根状のもの: the ~ of the sky 大空. **b** (山・樹木などの)円頂. **c** 鐘形のおおい. **d** (口) 頭のてっぺん. 〖F<It=大聖堂<L domus 家<Gk; cf. domain, domestic, dominate, dominion〗

domed 形 ① [しばしば複合語で] ドーム[丸屋根]のある. ② 半球形の: a ~ forehead 丸く盛りあがった額.

Dómes·day Bòok /dú:mzdèɪ-/ [名] [the ~] (中世イングランドの)土地台帳《国王 William 1 世が 1086 年に作らせたもの; ラテン語で書かれている》.

⁑do·mes·tic /dəméstɪk/ [形] (**more ~; most ~**) ❶ [A] **a** (比較なし) **家庭の**, 家事の: Father left the handling of ~ affairs to mother. 父は家事の取りしきりを母に任せている / a ~ drama 家庭劇, ホームドラマ / a ~ relations court 家庭裁判所 / ~ industry 家内工業. **b 家庭向きの**; 家庭的な, 所帯じみた: ~ pleasures 家庭向きの娯楽 / a ~ person 家庭的な人. ❷ (比較なし) **国内の**, 自国の, 国内産[製]の (↔ foreign): ~ affairs 国内問題 / a ~ airline 国内航空(路) / ~ policy 国内政策 / ~ postage [mail] 国内郵便料[郵便物] / ~ production 国内生産. ❸ 飼い慣らされた (↔ wild): ~ animals 家畜 / a ~ duck アヒル (⇨ duck[1] [関連]). ── [名] ❶ 家事使用人; 召し使い, 奉公人 (＝domestic help, domestic worker). ❷ [複数形で] 国産品. ❸ [複数形で] 家庭用リンネル類《タオル・シーツなど》. 〖L＝家の＜*domus* (⇨ dome)〗 ([動] domesticate)

do·mes·ti·ca·ble /dəméstɪkəbl/ [形] (飼い)ならしやすい; 家庭になじみやすい.

do·més·ti·cal·ly /-kəli/ [副] 国内的に, 国内で: be sold both ~ and internationally 国内的にも国際的にも売られる.

⁺do·mes·ti·cate /dəméstɪkèɪt/ [動] [他] ❶ **a** 〈動物などを〉飼い慣らす. **b** (植物を)(食用などに)栽培する (cultivate). ❷《戯言》〈人を〉家庭になじませる; 家庭的にする (cf. domesticated): Marriage has ~*d* him. 結婚して彼は家庭的になった. **do·mes·ti·ca·tion** /dəmèstɪkéɪʃən/ [名] ([形] domestic) 【類義語】⇨ tame.

do·més·ti·càt·ed /-ṭɪd/ [形] ❶ 家庭的な. ❷ 飼い慣らされた (↔ feral).

doméstic fówl [名] 家禽 (poultry), (特に)にわとり.

doméstic hélp [名] ＝domestic 1.

do·mes·tic·i·ty /dòumestísəṭi/ [名] ❶ [U] 家庭生活; 家庭的なこと, 家庭への愛着. ❷ [C] [通例複数形で] 家事.

doméstic pártner [名] 同棲(どうせい)相手.

doméstic pártnership [名] [C,U] 同棲関係, 内縁関係.

doméstic relátions còurt [名] 《米》家庭裁判所.

doméstic scíence [名] [U]《古風》＝home economics.

doméstic víolence [名] [U] ドメスティックバイオレンス《配偶者や同居する恋人などに対する身体的・精神的暴力(行為); 略 DV》.

doméstic wórker [名] ＝domestic 1.

dom·i·cal /dóumɪk(ə)l/ [形] ＝domed.

dom·i·cil /dáməs(ə)l | dɔ́m-/ [名] ＝domicile.

dom·i·cile /dáməsàɪl, -s(ə)l | dɔ́m-/ [名] ❶ 〘法〙(生活の本拠を置く)住所, 本居, ドミサイル: one's ~ of choice [origin] 寄留[本籍]地. ❷ 住まい, 家. ❸ (企業などの)本拠地, 本社[本部]所在地; (特に税のための)登記住所. 〖F＜L＝住居＜*domus*; ⇨ dome〗

dóm·i·cìled [形] [P] ❶ 〘法〙〔…に〕住所[本居]を有する〔*in*〕. ❷ 〔…に〕住む; 〔…に〕本拠地[本社, 本部]がある〔*in*〕.

dom·i·cil·i·ar·y /dàməsílièri | dɔ̀mɪsíliəri/ [形] [A] 住所の, 家宅の: a ~ register 戸籍 / a ~ visit 家宅捜索; (ソーシャルワーカーなどによる)家庭訪問.

⁺dom·i·nance /dámənəns | dɔ́m-/ [名] [U] ❶ 優勢, 優位, 優越; 支配; 権勢. ❷ 〘生〙優性; 〘生態〙(特定種の)優占; 優占度. ([形] dominant, [動] dominate)

***dom·i·nant** /dámənənt | dɔ́m-/ [形] (**more ~; most ~**) ❶ **支配的な**; 最も有力な, 優勢な: the ~ party 第一[多数]党. ❷ (群を抜いて)高い, そびえる: a ~ cliff そそり立ったがけ. ❸ (比較なし) 〘生〙優性の (cf. recessive 1); 〘生態〙〈種が〉優先(種)の: a ~ character [trait] 優性形質. ❹ (比較なし) 〘楽〙〈音階が〉第 5 度の, 属音の. ── [名] ❶ 〘生〙 優性形質, 優性. ❷ 〘楽〙 (音階の)第 5 音. **~·ly** [副] ([動] dominate, [名] dominance) 【類義語】 **dominant** 最大の権力・影響力・効力を持っていて支配的な, または優位にある. **predominant** 少なくとも問題の時点[場面]で, 最も際立った影響力・重要性を有する. **paramount** 地位・権威・重要性などで第 1 位にある. **preeminent** 特にある領域でずば抜けて優秀なので目立つ.

dom·i·nate** /dámənèɪt | dɔ́m-/ [動] [他] ❶ 〈…を〉**支配する**, 圧する, 威圧する: A man of strong will often ~*s* others. 意志の強固な人はしばしば他人を支配する / His heart was ~*d* by ambition. 彼の心は野心のとりこになっていた / Don't (let yourself) be ~*d* by circumstances. 状況に左右されるな. ❷ 〈…に〉優位を占める, 〈…で〉首位になる; 〈問題・活動などが〉〈…の〉最も大きな部分を占める, 〈…にとって〉最も重要である: ~ a football league フットボールリーグで首位になる. ❸ 〈山などが〉〈…に〉そびえる, 〈…を〉見おろす: The castle ~*s* the whole city. その城は全市を見おろしている. ── [自] ❶ 〔…に〕支配力をふるう, 優位を占める, 〔…を〕威圧する: The strong ~ ***over the weak. 強者は弱者を支配する. ❷ 〈問題・活動などが〉最も大きな部分を占める, 最重要である. 〖F＜L＜(主人として)治める＜*dominus* 主人＜*domus*; ⇨ dome〗 ([名] domination, [形] dominant)

dóm·i·nà·ting /-ṭɪŋ/ [形] ❶ 支配的な, 圧倒的な影響力をもつ. ❷ 最も大きな部分を占める, 最重要な.

dom·i·na·tion /dàmənéɪʃən | dɔ̀m-/ [名] ❶ [U] 統治, 支配, 制圧〔*over*〕. ❷ [U] 優勢. ❸ [複数形で] 主天使《九天使中の第 4 位; cf. hierarchy 4 a》.

dómi·nà·tor /-ṭə | -tə/ [名] 支配者.

dom·i·na·trix /dàmɪnéɪtrɪks | dɔ̀m-/ [名] ([複] ~·es, **-tri·ces** /-néɪtrəsì:z/) (サド・マゾ行為で相手に虐待を加える)女王(様), 女主人, ドミナント; (一般に)支配的な女性.

dom·i·neer /dàmənɪ́ə | dɔ̀mənɪ́ə/ [動] [自] 〔…に〕いばりちらす〔*over*〕.

dòm·i·néer·ing /-nɪ́(ə)rɪŋ/ [形] 横柄な, 傲慢(ごうまん)な (overbearing): a ~ personality 横柄な性格 **~·ly** [副]

Dom·i·nic /dámənɪk | dɔ́m-/ [名] ❶ ドミニック《男性名》. ❷ [St. ~] (聖)ドミニコ《1170–1221; スペインの聖職者, ドミニコ(修道)会 (Dominican Order)の創立者》.

Dom·i·ni·ca /dàməní:kə, dəmínɪkə | dɔ̀mɪní:kə, dəmínɪkə/ [名] ドミニカ《西インド諸島の島からなる独立国; 英連邦に属する; 首都 Roseau》.

do·min·i·cal /dəmínɪk(ə)l/ [形] 主(しゅ)の (Lord's), キリストの; 主の日 (Lord's day) の: the ~ day 主の日, 主日(しゅじつ)《日曜日》.

domínical létter [名] 主の日文字《教会暦の日曜日を示す 7 文字 A より G までの中の一字, たとえばその年の 1 月 3 日が日曜に当たれば C, 5 日が日曜ならば E とする; 主に Easter の日を決定するのに用いる》.

Do·min·i·can /dəmínɪk(ə)n/ [形] ❶ **a** 聖ドミニコの (cf. Dominic 2). **b** (カトリック教)ドミニコ会の: the ~ Order ドミニコ(修道)会. ❷ ドミニカ共和国の. ❸ ドミニカの. ── [名] ❶ ドミニコ会の修道士. ❷ ドミニカ共和国人. ❸ ドミニカの人.

Domínican Repúblic [名] [the ~] ドミニカ共和国《西インド諸島の Hispaniola 島の東半分を占める; 首都 Santo Domingo》.

⁺do·min·ion /dəmínjən/ [名] ❶ [U] 支配[統治]権[力], 主権: exercise ~ ***over***…に支配権をふるう / be under the ~ of…の支配下にある. ❷ [C] 領土. ❸ [通例 D~] [C] (英帝国の)自治領《[解説] もと英国領土内にあって独自の内閣と議会をもつカナダ・ニュージーランドなどの国をいったが, 今は完全独立国となって多くは英連邦 (the Commonwealth of Nations) を構成している》. 〖F＜L＜*dominus* 主人＜*domus*; ⇨ dome〗

Domínion Dày [名] Canada Day の旧称.

dom·i·no /dámənòu | dɔ́m-/ [名] ([複] **~es, ~s**) ❶ **a** (骨・象牙(ぞうげ)・木・プラスチック製の)ドミノのこま. **b** [~s で; 単数扱い] ドミノ遊び《28 のこまで点合わせを行なう》. ❷ ドミノ仮装衣《舞踏会で用いるずきんと小仮面付き外衣》.

dómino effèct [名] [the ~] ドミノ効果, 将棋倒し効果 (《英》knock on effect)《一つのことが起こればそれに続いて他のことが次々に起こるという効果》.

dómino thèory [名] [the ~] ドミノ理論, 将棋倒し理論: **a** 一つの出来事が次々と類似する出来事を引き起こすとする理論. **b** 一国が共産化すると周辺諸国も連鎖的に共産化するという理論.

+**don**[1] /dán | dɔ́n/ [動] [他] (**donned; don·ning**) 〈衣服・帽子などを〉身に着ける, 着る, かぶる (↔ doff). 〘do on から〙

don[2] /dán | dɔ́n/ [名] ❶ [D~; スペインで洗礼名に冠する敬称に用いて] …君, …殿, …様 (cf. doña 1, señor 1 a): ⇨ Don Juan, Don Quixote. ❷ [C] スペイン紳士; スペイン人. ❸ [C] **a** (Oxford, Cambridge 大学で学寮の)学監; 個人指導教師; 特別研究員. **b** 《英》 大学教師. 〘Sp=主人 ‹ L dominus ‹ dome; ⇨ dome〙

Don[1] /dán | dɔ́n/ [名] ドン 《男性名; Donald の愛称》.

Don[2] /dán | dɔ́n/ [名] [the ~] ドン川 《ヨーロッパとロシアを南流し, Azov 海に注ぐ川》.

do·ña /dóunjə/ [名] ❶ [D~; スペインで貴婦人の洗礼名に冠する敬称に用いて] …夫人 (cf. don[2]1). ❷ [C] スペインの貴婦人. 〘Sp=lady ‹ L *domina*; don[2] の女性形〙

Don·ald /dán(ə)ld | dɔ́n-/ [名] ドナルド 《男性名; 愛称 Don》.

do·nate** /dóuneɪt, ─́─ | ─́─/ [動] [他] ❶ 〈…を〉〔人に〕贈与[寄付, 寄贈]する. ❷ 〈血液・臓器・精子などを〉提供する: ~ blood 献血する / He ~*d* his library ***to his university. 彼は大学に蔵書を寄付した. ── [自] 寄付[寄贈]する. ([名] donation)

***do·na·tion** /dounéɪʃən/ [名] ❶ [C] **寄付金, 寄贈品**: ~*s to* the Red Cross 赤十字への寄付金. ❷ [U] **寄付** 《行為》, 寄贈; (血液・臓器・精子などの)提供. 〘F ‹ L=与えること ‹ *donare, donat-* 与える〙 ([動] donate)

Do·na·tism /dóunətìzm/ [名] [U] 〘キ教史〙 ドナトゥス派の教義 《4 世紀に北アフリカに起こった; 厳格な教会生活を主張したが, 異端として迫害された》. **Dó·na·tist** [名]

don·a·tive [名] /dóunəṭɪv/ 寄贈品, 寄付金; (寄進者が直接に授けうる)直授聖職禄. ── [形] 寄付[寄贈]の(ための); 直接授与の.

dó·na·tor /-ṭə | -tə/ [名] 寄付[寄贈]者.

‡**done** /dʌ́n/ [動] **do**[1] の過去分詞; 《米俗》 =did. **Éasier sáid than dóne.** ⇨ say [他] 1. **Nò sóoner sáid than dóne.** ⇨ no SOONer…than… [成句]. ── [形] (比較なし) ❶ [P] 済んで, 終了して: I'll be back before the day is ~. 日が暮れないうちに帰ってきます / be done with ⇨ do[1] [動] [成句]. ❷ 〈食物が〉(よく)煮えた, 焼けた: when the meat is ~ 肉が焼けたら / ⇨ overdone, underdone, well-done 1. ❸ [通例否定文で] 《口》 〈行為など〉礼儀にかなった, 正しい: That isn't ~ [(《英》) the ~ thing]. そんなことをしては不作法です. **Dóne!** [間投詞的に] よし決めた!, よろしい. **óver and dóne with** ⇨ over [形] [成句].

dóne déal [名] [通例 a ~] 《米俗》 完了した取引, 決着のついたこと.

do·nee /douníː/ [名] 受贈者; 施しを受ける者 (↔ donor).

Don·e·gal /dànɪgɔ́ːl | dɔ̀n-/ [名] ドニゴール 《アイルランド北西部の県; 県都 Lif·ford /lífəd | -fəd/》.

dón·er kebáb [kabób] /dánə- | dɔ́nə-/ [名] =gyro[2].

dong[1] /dɔ́ːŋ | dɔ́ŋ/ [名] ❶ ガーン, ドーン, ゴーン 《金属性の共鳴音, また 頭をぶつけたときなどの音・様子》. ❷ 《豪口・ニュロ》 強打. ❸ 《卑》 ペニス, 一物. ── [動] [自] ゴーンと鳴る. ── [他] 《豪口・ニュロ》 強打する, ぶんなぐる.

dong[2] /dɔ́ːŋ | dɔ́ŋ/ [名] ([複] ~) ドン 《ベトナムの通貨単位; =100 xu》.

don·gle /dáŋgl | dɔ́ŋ-/ [名] 〘電算〙 ドングル 《コンピューター周辺機器の一つで, これが入出力ポートに接続されている場合にのみ特定のプログラムを実行することができる; プログラムの不正コピー防止用》.

don·jon /dándʒən | dɔ́n-/ [名] (城の)本丸, 天守閣.

Don Ju·an /dàndʒúːən, -(h)wáːn | dɔ̀n-/ [名] ❶ ドンファン 《遊蕩(ゆうとう)生活を送ったスペインの伝説的貴族》. ❷ [C] 女たらし, プレイボーイ.

+**don·key** /dáŋki, dʌ́ŋ- | dɔ́ŋ-/ [名] ❶ 〘動〙 ロバ 《[解説] (1) 愚鈍の象徴; また強情で忍耐強い動物とされている; (2) ass は「尻」の意と同つづりなので donkey のほうが一般的; (3) 米国ではこれを漫画化して民主党の象徴とする (cf. elephant)》. ❷ ばか者, とんま. 〘DUN[2]; -key は monkey の類推〙

dónkey èngine [名] (船の携帯用)補助機関, 補機.

dónkey jàcket [名] 《英》 (労働者が着る)厚手のジャケット.

dónkey·man /-mən/ [名] ([複] **-men** /-mən/) ドンキーマン 《donkey engine の操作係》.

dónkey's yèars [名] [複] 《英口》 とても長い間. 〘donkey's ears (=long ears) と long years のごろ合わせから〙

dónkey·wòrk [名] [U] 《口》 単調な骨折り仕事 《★ 通例次の句で》: do the ~ 単調なつらい仕事をする.

don·na /dánə | dɔ́nə/ [名] ([複] **~s; don·ne** /-neɪ/) ❶ [D~; イタリア(語地域)で貴婦人の名に冠する敬称に用いて] …夫人. ❷ [C] イタリア(語地域)の貴婦人. 〘It=lady ‹ L *domina* ‹ *domus*; ⇨ dome〙

Donne /dʌ́n/, **John** [名] ダン 《1572–1631; 英国の形而上派の詩人・牧師》.

don·né(e) /dɔːnéɪ | dɔ-/ [名] ([複] **~s** /~(z)/) ❶ (小説・劇などの)主題, テーマ. ❷ 基本前提, 基礎事実.

don·nish /dánɪʃ | dɔ́n-/ [形] (英国大学の)学監 (don) らしい; 学者ぶる, 学問一徹の. 〘DON[1]+-ISH[1]〙

don·ny·brook /dánibrùk | dɔ́ni-/ [名] 乱闘騒ぎ. 〘*Donnybrook* アイルランド Dublin 近くの町で開かれる市; 騒動が多かったことから〙

***do·nor** /dóunə | -nə/ [名] ❶ 〘医〙 (血液・臓器などの)**提供者**, ドナー (cf. recipient): a blood [an organ] ~ 献血者 / a ~ kidney 提供者の腎臓. ❷ 寄贈者, 施主 (↔ donee). 〘F ‹ L ‹ *donare*: ⇨ donate〙

dónor càrd [名] ドナーカード 《臓器提供意思表示カード》.

dó-nòthing 《口》 [形] 怠惰な. ── [名] 怠け者.

Don Quix·o·te /dànkɪ(h)óuṭi, dànkwíksət | dɔ̀n-kwíksət, -kɪhóuti/ [名] ❶ ドンキホーテ 《スペインの作家 Cervantes の風刺小説; その主人公》. ❷ [C] 夢想家.

‡**don't** /dóunt/ **do**[2] not の短縮形 《[用法] does not の短縮形に don't を用いるのは非標準的用法》. ── [名] [通例複数形で] 禁制, 「べからず集」 (cf. do[1] [名] 3).

do·nut /dóunət, -nʌt | -nʌt/ [名] =doughnut.

doo·bie /dúːbi/ [名] 《米俗・古風》 マリファナタバコ.

doo·dad /dúːdæd/ [名] 《米口》 ❶ (あの)何とか(いう物) 《名前を思い出せない時に使う》. ❷ つまらない飾りもの, 安ピカ物.

doo·dah /dúːdaː/ [名] 《英口》 =doodad. **áll of a dóo·dah** うろたえて, 興奮して.

doo·dle /dúːḍl/ [動] [自] (考えごとをしながら)いたずら書きをする. ── [名] (考えごとなどをしている時の)いたずら書き: draw ~*s* いたずら書きをする.

dóodle·bùg [名] 《口》 ❶ 《米》 アリジゴク (ant lion). ❷ 《米》 ドゥードルバッグ 《非科学的な鉱脈[水脈]探知機; 占い棒など》. ❸ 《英》 (ナチスドイツが 特に London 爆撃に用いた)ミサイル[飛行]爆弾 《V-one など》. ❹ 《米》 小型自動車[飛行機 など].

doo·doo /dúːdùː/ [名] 《小児》 《米》 うんち.

doo·fus /dúːfəs/ [名] 《米俗》 ばか, アホ, 変なやつ.

doo·hick·ey /dúːhìki/ [名] 《口》 何とかいうもの, 代物 (doodad). 〘*doodad*+*hickey*〙

doo·lal·ly /dúːlæli/ [形] 《俗》 頭が狂った, いかれた.

+**doom** /dúːm/ [名] ❶ [U] (通例悪い)運命; 破滅, 死: foresee one's ~ 自分の運命を予知する / meet [go to] one's ~ 滅びる, 死ぬ. ❷ [U] 《古》 (神が下す)最後の審判: the day of ~=doomsday. ── [動] [他] 〈…を〉(通例悪く)〔…に〕運命づける 《★ 通例受身; cf. doomed》: The plan *was* ~*ed to* failure. その計画は結局失敗すべきものであった / He *was* ~*ed to* die on the battlefield. 彼は戦場で死ぬように運命づけられていた. 〘OE; 原義は「置かれたもの, 定められたもの」; cf. do[1]〙 【類義語】 ⇨ fate.

***doomed** /dúːmd/ [形] **望みのない, 絶望的な** (hopeless), **運の尽きた, 不運の.**

dóom·sày·er [名] 《米》 不運[災厄]を予言する人.

dooms·day /dúːmzdèɪ/ [名] [しばしば D~] [U] 最後の審判日, 世の終わり. **till dóomsday** 世の終わりまで, 永遠に.

Dóomsday Bòok [名] =Domesday Book.

doom·ster /dúːmstə | -stə/ [名] =doomsayer.

dóom·wàtch [名] [U] 環境破壊防止の監視.

door /dɔɚ | dɔː/ 名 ❶ ドア, 戸, 扉: ⇨ accordion door, REVOLVING door, sliding door. ❷ [通例単数形で] 戸口, 門口, (扉を備えた)出入り口, 玄関 (doorway): at the ~ 戸口で[に] / in the ~ 出入り口で[に] / answer [get] the ~ 玄関(へ取り次ぎ)に出る / He lives only a few ~s away (《米》down). / ⇨ front door. ❸ 一戸, 軒(ᠬᠬ): (from) ~ to ~ 一軒ごとに, 一軒一軒 (★ 無冠詞)/ ⇨ next door. ❹ 〔...に達する〕道[門], 入り口, 門戸], 〔...への〕道 [to]: a ~ to success 成功への道. **at a person's dóor** (1) (家の)すぐ近くに, 近所に, 間近に. (2) 人の責任[せい]に: The fault lies at my ~. この過失は私の責任です / She laid the fault *at* his ~. 彼女はその過失を彼の責任にした. **at the dóor of ...** =at a person's DOOR 成句(2). **be at déath's dóor** 《ばしば戯言》死に瀕[かん]している. **behind clósed dóors** 秘密に, こっそりと (in private). **be on the dóor** (改札など)出入り口の業務をする. **clóse the dóor on [to]...** (1) 戸を閉めて... を入れない. (2) ...に門戸を閉ざす. **dárken a person's dóor** ⇨ darken 動 成句. **léave the dóor ópen for...** の余地[可能性]を残しておく: *leave the ~ open for* further negotiation さらに交渉の(する)余地を残しておく. **ópen the dóor for...** (1) (自分で開けられない)人に代わってドアを開けてやる. (2) = open the DOOR to 成句(2). **ópen the dóor to...** (1) 〈外にいる人を〉入れるためにドアを開ける. (2) ...に門戸を開く; ...に便宜を与える. **óut of dóors** 戸外で, 屋外で (outdoors): play *out of ~s* 外で遊ぶ. **shów a person the dóor** (ドアを指して)〈人を〉(外に)追い返す. **shów a person to the dóor** 〈人を〉戸口まで見送る. **shút [slám] the dóor in a person's fáce [on a person]** (1) 人を中に入れない, 人に門前払いを食わせる. (2) 人に計画を実行させない, 人のじゃまをする. **shút the dóor on [to]...** =close the DOOR on [to] 成句.

+**dóor·bèll** 名 戸口のベル.
dóor·càse 名 =doorframe.
dóor chàin 名 ドアチェーン, チェーン 《ドアの内側につける鎖》.
dó-or-díe 形 Ⓐ 必死の覚悟の; 食うか食われるかの.
doored /dɔɚd | dɔːd/ 形 〔しばしば複合語で〕戸[ドア]のある.
dóor·fràme 名 戸[ドア]の枠, かまち.
dóor fùrniture 名 Ⓤ ドア部品 (錠・引き手など).
dóor·jàmb 名 (戸口の)わき柱.
dóor·kèeper 名 門番, 門衛; 玄関番.
dóor·knòb 名 ドアの取っ手.
dóor knòcker 名 ドアのたたき金, ドアノッカー.
dóor·màn /-mən/ 名 (徴 -men /-mən/) (ホテル・クラブの)玄関の世話係, ドアボーイ (車のドアの開閉・荷物運び・タクシー呼びるなど); ⓒ 「ドアボーイ」は和製英語で; cf. porter.
dóor·màt 名 (玄関先の)くつぬぐい, ドアマット.
dóor·nàil 名 〔昔のドアに装飾などで用いた〕びょうくぎ: (as) déad as a dóornail ⇨ dead 形 成句.
dóor·plàte 名 《ドアに取りつけた金属製の表札》.
dóor·pòst 名 =doorjamb.
dóor prize 名 (パーティー・劇場などで)入場時に手渡されるたくじの当選賞品.
dóor·sìll 名 《米》戸口の敷居.
+**dóor·stèp** 名 戸口の上り段. **on [at] a person's dóorstep** =at a person's DOOR 成句. ── 動 ⓒ 《英》(選挙運動・戸別販売で)戸別訪問する.
dóor·stòp 名 ❶ (ドアを開けたままにしておくための)戸止め (くさびなど). ❷ (ドアの外側の壁・床につける)戸当たり金具.
dóor·stòpper 名 =doorstop.
dóor-to-dóor 形 Ⓐ 各戸ごとの, 戸別の; 家から家への: a ~ salesman 戸別訪問のセールスマン / a ~ delivery service 宅配. ── 副 各戸ごとに, 戸別に; 家から家まで.
*****dóor·wày** /dɔɚwèɪ | dɔː-/ 名 ❶ 戸口, 玄関口, 出入り口: Don't stand in the ~. 戸口に立ちふさがっていてはいけない. ❷ 〔...への〕門戸 [*to*]: the ~ *to* success 成功への道.
dóor·yàrd 名 《米》戸口[玄関]の前庭.
doo-wop /dúːwɒp | -wɒp/ 名 ドゥーワップ 《特に 1950 年代の米国で黄金時代を迎えた, リズムアンドブルースのグループコーラス》.
doo·zy, -zie /dúːzi/ 《米口》名 どえらい[どでかい]もの, すごいもの[やつ].
do·pa /dóʊpə/ 名 Ⓤ 【生化】ドーパ 《アミノ酸の一種; cf. L-dopa》. 《*dihydroxyphenylalanine*》
do·pa·mine /dóʊpəmìːn/ 名 Ⓤ 【生化】ドーパミン 《脳内の神経伝達物質》. 《*dopa*+*amine*》
dop·ant /dóʊpənt/ 名 【電子工】ドープ剤, ドーパント 《必要な電気的特性を得るために半導体に添加する少量の化学的不純物》.
+**dope** /dóʊp/ 名 ❶ Ⓤ 《口》 **a** 麻薬: on [off] ~ 麻薬を常用して[やめて]. **b** ドーピング薬物 《成績を上げるためにスポーツ選手が使用する薬物》. ❷ Ⓒ 《口》まぬけ(な人). ❸ Ⓤ 《口》(秘密の)情報, 内部[非公開]情報; [the ~] 最新の(全)情報; 勝ち馬予想: a ~ sheet 《口》(競馬などの)予想紙; 競馬新聞. ❹ Ⓤ **a** 機械油. **b** ドープ塗料 《航空機翼布などに塗る一種のワニス》. ── 動 ⓗ ❶ **a** 〈人に〉薬[麻薬]を飲ませる; [~ *oneself* で] 麻薬を飲む (食事などに薬物を混ぜる[混入する]. **b** 〈...に〉ドーピング薬を使用する. ❷ 【電子工】〈半導体に〉不純物を添加する. ❸ 〈...に〉ドープ塗料を塗る. ❹ 《古風》麻薬を常用する. ── 形 《米俗》すばらしい, すごい. 《Du=浸すもの, 液体》
dópe·hèad 名 《俗》麻薬常用者[中毒者].
dope·ster /dóʊpstɚ | -stə/ 名 《米口》(選挙・競馬などの)予想屋.
dop·ey /dóʊpi/ 形 (**dop·i·er**, **-i·est**) 《口》 ❶ 麻薬でぼーっとした. ❷ まぬけな, ばかな (dozy).
dop·ing /dóʊpɪŋ/ 名 Ⓤ ドーピング, 薬物使用 《競走馬・運動選手に興奮剤などの薬物を与えること》.
Dop·pel·gäng·er /dóʊp(ə)lɡæŋɚ | dóp(ə)lɡæŋə/ 名 生きている人の精霊, 生霊(いきりょう) 《通例本人にだけ見える》. 《G=分身, 生き写し》
Dop·per /dápɚ | dápə/ 名 厳格なカルヴァン派に属する南アフリカ生まれの白人.
Dóp·pler effèct /dáplɚ- | dɔ́plə-/ 名 Ⓤ 【理】ドップラー効果《観測者からみて波源が動いている時, 観測される波長が変化する現象》. 《J. C. Doppler 19 世紀オーストリアの物理学者》
Dóppler shìft 名 【理】ドップラー偏移 《ドップラー効果による振動数の変化量》.
dop·y /dóʊpi/ 形 =dopey.
Do·ra /dɔ́ːrə/ 名 ドーラ 《女性名; Dorothy, Theodora の愛称》.
do·ra·do /dərɑ́ːdoʊ/ 名 (徴 ~s) ❶ 【魚】 **a** シイラ (dolphin). **b** ドラド 《南米産の大型の淡水魚》. ❷ [D~] 【天】旗魚(かじき)座.
dór·cas gazélle /dɔ́ɚkəs- | dɔ́ː-/ 名 【動】ドルカスガゼル 《北アフリカ・南西アジアの, 特に砂漠地帯にすむ小型のガゼル》.
Dor·ches·ter /dɔ́ɚtʃestɚ, -tʃɪs- | dɔ́ːtʃɪstə/ 名 ドーチェスター 《イングランド南部の都市; Dorset 州の州都》.
Dor·dogne /dɔɚdóʊn | dɔːdɔ́ɪn/ 名 [the ~] ドルドーニュ川 《フランス南西部を南西のち西流し, Garonne 川と合流して Gironde 三角江を形成する》.
Do·ri·an /dɔ́ːriən/ 名 (古代ギリシアの)ドリス人. ── 形 ドリス(人)の.
Dor·ic /dɔ́ːrɪk | dɔ́r-/ 形 ❶ ドリス (Doris) 地方の; ドリス人の. ❷【建】ドリス式の: the ~ order 【建】ドリス様式 《最古のギリシア式建築; ⇨ order A 10》. ── 名 Ⓤ ❶ (古代ギリシア語の)ドリス方言. ❷ 【建】ドリス様式.
Dor·is¹ /dɔ́ːrɪs/ 名 ドーリス 《女性名》.
Dor·is² /dɔ́ːrɪs/ 名 ドリス 《ギリシア中部地方》.
dork /dɔ́ɚk | dɔ́ːk/ 名 《米口》 ❶ ばか, 間ぬけ. ❷ 《卑》 ペニス, 男根.
dork·y /dɔ́ɚki | dɔ́ː-/ 形 《俗》ばかな, 変な, ださい.
dorm /dɔ́ɚm | dɔ́ːm/ 名 《口》 =dormitory 1.
dor·man·cy /dɔ́ɚmənsi | dɔ́ː-/ 名 Ⓤ ❶ 休眠(状態). ❷ 不活動状態, 休止, 静止.
+**dor·mant** /dɔ́ɚmənt | dɔ́ː-/ 形 ❶ ⓐ 〈人など〉眠っている

dormer

(ような); 睡眠状態の. **b** 〖紋〗〈ライオンなど〉休眠姿勢の. ❷ **a** 〈機能・知能・感情などが〉休止状態にある, 眠っている: remain ~ 休止状態のままでいる. **b** 〈火山が〉活動中止中の: a ~ volcano 休火山. ❸ **a** 〈資金などが〉遊んで[寝て]いる. **b** 〈権利など〉未発動の. 〖F＜L＝眠っている〈*dormir* 眠る; cf. dormitory〗【類義語】⇨ latent.

dor·mer /dɔ́ːmɚ | -mə/ 图 ＝dormer window.

dórmer wíndow 图 屋根窓《傾斜した屋根裏から突き出ている屋根裏部屋の明かり取り》.

dormice /dɔ́ːmaɪs | -/ dormouse の複数形.

dor·mi·tion /dɔːmɪ́ʃən/ 图 〖D～〗〖東方正教会〗聖母マリアの永眠(の祝日)《西方教会の the Assumption に相当; 8月15日》.

⁺dor·mi·to·ry /dɔ́ːmətɔːri | dɔ́ːmətəri, -tri/ 图 ❶ **a** (学校などの)寄宿舎, 寮. **b** 共同寝室《小室に分かれていることもある》. **c** ＝dormitory suburb [town]. 〖L＝眠る場所＜*dormir* 眠る; cf. dormant〗. ❷ ＝dormitory suburb [town].

dórmitory sùburb [tòwn] 图 郊外住宅地, ベッドタウン《米》bedroom town, community suburb》.

Dor·mo·bile /dɔ́ːməbiːl | dɔ́ː-/ 图 〖英商標〗ドーモービル《生活設備のあるライトバン》. 〖*dormitory*+automo*bile*〗

dor·mouse /dɔ́ːmaʊs | dɔ́ː-/ 图 (覆 **dor·mice** /-maɪs/) 〖動〗ヤマネ《山鼠》《リスに似たネズミ科の小動物; 冬眠する》.

Dor·o·thy /dɔ́ːrəθi, dár- | dɔ́r-/ 图 ドロシー《女性名; 愛称 Doll, Dolly, Dora》.

Dors. (略) Dorset(shire).

dor·sal /dɔ́ːsəl | -/ 厖 Ⓐ 〖解・動〗背[背部]の: a ~ fin 背びれ / ~ vertebrae 脊椎(_). ❷ 〖音声〗舌背の. ── 图 ❶, 脊椎. ❷ 〖音声〗舌背音. ~·ly 副. 〖L＜*dorsum* 背(面)〗

Dor·set /dɔ́ːsət | dɔ́ː-/ 图 ドーセット州《イングランド南部の州; 州都 Dorchester; 略 Dors.》.

Dórset Hórn 图 ドーセットホーン種の羊《英国産品種》.

Dór·set·shire /-ʃɚ | -ʃə/ 图 ＝Dorset.

dor·si- /dɔ́ːsɪ | dɔ́ː-/ 〖連結形〗dorso- の異形.

dor·si·flex /dɔ́ːsəfleks | dɔ́ː-/ 働(手・足など背面の方向に曲がる[曲げる], 背屈する. **dor·si·flex·ion** /dɔ́ːsəflékʃən | dɔ́ː-/ 图 背屈.

dòrsi·véntral /-/ 厖 〖植〗背部と腹部[表と裏の区別]がはっきりしている, 背腹性の〈葉など〉; 〖動〗＝dorsoventral. ~·ly 副

dor·so- /dɔ́ːsoʊ | dɔ́ː-/ 〖連結形〗「背」. 〖L *dorsum* 背〗

dòrso·láteral 厖 〖解・動〗背面の, 側方の.

dòrso·véntral 厖 〖動〗背から腹へ達する; cf. dorsal; 〖植〗＝dorsiventral. ~·ly 副.

dor·sum /dɔ́ːsəm | dɔ́ː-/ 图 (覆 **-sa** /-sə/) 〖解・動〗背, 背部.

do·ry¹ /dɔ́ːri/ 图 〖魚〗マトウダイ.

do·ry² /dɔ́ːri/ 图 《米》ドーリー(船)《北米東岸地方で用いられる小型の平底船》.

DOS /dɑ́s, dɔ́ːs | dɔ́s/ 图 〖電算〗ドス: ❶ コンピューターのオペレーティングシステム. ❷ オペレーティングシステム中で磁気ディスクの入出力を管理する部分. ❸ ＝MS-DOS. 〖d(isk) o(perating) s(ystem)〗

DOS 《略》《米》Department of State 国務省.

dos-à-dos /dòʊzədóʊ | dɔ́s-/ 副 (覆 ~) 背中合わせの2座席(のある馬車). ── 厖 《冊の本が》背合わせになった.

⁺dos·age /dóʊsɪdʒ/ 图 〖通例単数形で〗 ❶ 1回分の投薬[服用]量, 適量〈*of*〉. ❷ (X線などの)放射線量, 適用量〈*of*〉. 〖↓＋-AGE〗

＊dose /dóʊs/ 图 ❶ 〈薬の〉(1回の)用量, 適量[服用, 投与]量, 一服; (放射線の)線量: in large ~*s* 大量に / take a lethal [fatal] ~ of... を致死量摂取する. ❷ [a ~ of, ~s of で] (ある)量の…; (刑罰・いやなものなどの)1回分: a healthy ~ *of* common sense 健全といえるだけの常識 / a severe ~ *of* flu 《口》重いインフルエンザ / give a person a ~ *of* labor 《口》(刑罰として)人に重労働をさせる. ❸ 《俗》淋病. **in smáll dóses** 少量に[で]; 短時間だけ. ── 動 働 ❶ **a** 〈人に〉投薬する, 〈人に〉薬を)服用させる〈*up*〉: The doctor ~*d* the girl *with* antibiotics. 医者は少女に抗生物質を投与した. **b** 《英》〈薬を〉盛る, 含ませる: He ~*s out* aspirin for every complaint. 彼は(や)ぶ医者なので)どの病気にもアスピリンを与える. ❷ 《ワインなどに》風味・補強などの成分を添加する. 〖L＜Gk＝与えるもの〗

dóse equívalent 图 〖理〗線量当量《被曝の影響をすべての放射線に対し共通の尺度で評価する; sievert または rem で表わす》.

dosh /dɑ́ʃ | dɔ́ʃ/ 图 Ⓤ 《英口》お金, ぜに.

do-si-do, do-se-do /dòʊsidóʊ/ 图 (覆 ~s) 《スクエアダンス》ドシド《背中合わせに回りながら踊る》. ── 動 働 ドシドを踊る.

do·sim·e·ter /doʊsímətɚ | -tə/, **dóse·mèter** 图 〈放射線の全線量を測定する〉線量計; 薬量計. **do·sim·e·try** /-mətri/ 图 Ⓤ 線量測定; 薬量測定. **do·si·met·ric** /dòʊsəmétrɪk/ 厖.

Dos Pas·sos /dòʊspǽsoʊs, das- | dɔspǽsoʊs/, **John** 图 ドスパソス(1896-1970)《米国の小説家》.

doss /dɑ́s | dɔ́s/ 图 《英俗》 **a** ~〗 (短い)眠り, 睡眠. ── 動 ⤵ 《安宿・ソファなどで》寝る〈*down*〉.

dos·sal /dɑ́s(ə)l | dɔ́s-/ 图 〖祭壇の後方・内陣の周囲の〗掛け布, たれ幕.

dos·ser /dɑ́sɚ | -sə/ 图 《英俗》安宿を泊まり歩く者, 放浪者.

dóss-hòuse 图 《英口》安宿, どや《《米》flophouse》.

dos·si·er /dɔ́ːsjeɪ, dɑ́s- | dɔ́siəɪ/ 图 一件書類(file).

dost (弱形) dəst; (強形) dʌ́st/ 助動 《古》do² の主語が2人称単数 thou のときの現在形: thou ~=you do.

Dos·to·ev·ski /dɑ̀stəjéfski | dɔ̀stɔɪéf-/, **Fyo·dor Mi·khai·lo·vich** /fjóʊdɔː mɪkáɪləvɪtʃ | -də-/ 图 ドストエフスキー(1821-81; ロシアの小説家).

＊dot¹ /dɑ́t | dɔ́t/ 图 ❶ **a** 小点, ぽち, ドット《i や j の点; インターネットアドレスの区切りの点; モールス符号の「トン」(cf. dash 图 7)など》. **b** 小数点《読み方は point という; 3.5 is three point five と読む》: Put the ~ between the 3 and the 5. その3と5の間に小数点を入れなさい. **c** 《楽》付点《音符または休止符の後につけて 1/2 だけ音を長くすることを示す》. ❷ 点のように小さいもの(speck); ちび: I watched his car until it was just a ~ on the horizon. 彼の車が地平線上で米粒ほどになるまで見ていた. ❸ 水玉模様: ⇨ polka dot. **in the yéar dót** ⇨ year 成句. **òn the dót** 《口》時間どおりに[きっかりに]: at ten o'clock *on the* ~ 10時ちょうどに / *on the* ~ of eight 8時きっかりに. ── 動 (**dot·ted; dot·ting**) ❶ 〈…に〉点を打つ: ~ an 'i' i に点を打つ. ❷ 〈…を〉点々とおおう, 〈…に〉点在する《★ 通例受身形; cf. dotted》: Wild flowers dotted the field. 野生の花が野に点在していた. **dót the [one's] i's /áɪz/ and cróss the [one's] t's /tíːz/** ⇨ i, t 成句. 〖OE＝おでき(の頭)〗

dot² /dɑ́t | dɔ́t/ 图 〖法〗妻の持参金(dowry).

DOT 《略》《米》Department of Transport 運輸省.

dot·age /dóʊtɪdʒ/ 图 Ⓤ もうろく, 老いぼれ: be in [fall into] one's ~ もうろくしている[する]. ❷ 盲目的な愛情.

do·tard /dóʊtɚd | -tɚd/ 图 老いぼれ《人》.

dot-com, dot·com, dot com /dɑ́tkɑ́m | dɔ́tkɔ́m/ 图 ❶ 〖電算〗 ドットコム《企業のドメイン名に広く使われる .com の発音つづり》. ❷ 〖しばしば形容詞的に〗ドットコム《インターネットを中心に事業を展開する企業》: a ~ company ドットコム企業.

dót-cóm·mer, dót·cóm·mer /-kɑ́mɚ | -mə/ 图 ドットコム企業の経営者.

dote /dóʊt/ 動 ⤵ ❶ もうろくする. ❷ 〈…を〉溺愛する: He ~*s on* his grandson. 彼は孫を溺愛している.

doth (弱形) dəθ; (強形) dʌ́θ/ 助動 《古》do² の直説法3人称単数現在形(cf. doeth): he [she] ~ =he [she] does.

dot·ing /-tɪŋ/ 厖 Ⓐ 愛におぼれた, 溺愛する: a child's ~ parents 親ばか. ~·ly 副.

dót mátrix prínter 图 〖電算〗ドット(マトリックス)プリンター《点を組合わせて文字・図形を表わす印刷装置》.

dót pròduct 名 数 ドット積, 内積 (scalar product).

†dót·ted /-tɪd/ 形 ❶ 〈場所に〉×〈もの〉が点々とある, 点在している: The sea was ~ with little boats. 海上には小舟が点在していた. ❷ 〈ものが〉〈場所に〉散らばってある, 散在している, あちこちにある: A number of Roman sites are ~ around the city. ローマ時代の遺跡がいくつか市に散在している. ❸ 水玉模様の. ❹ 点付きの. ❺ 点線入りの: a ~ note 〖楽〗付点音符.

dótted líne 名 点線 〈…〉. **sígn on the dótted líne** (1) 点線上に署名する. (2) 〖口〗正式に[無条件に]同意する.

dót·ter /-tə/ -tə/ 名 点をつけるもの, (特に)点描画具.

dot·ter·el /dάtərəl, -trəl/ 名 〖鳥〗コバシチドリ〈欧州・アジア産〉; 〖豪〗コチドリ.

dot·tle /dάtl/ dɔ́tl/ 名 (パイプに残った)吸い残し.

dot·ty¹ /dάti/ dɔ́ti/ 形 (**dot·ti·er; -ti·est**) 点のある; 点のような; 点点的な〈★ dotted のほうが一般的〉.

dot·ty² /dάti/ dɔ́ti/ 形 (**dot·ti·er; -ti·est**) 〖英口〗❶ 少しおかしい, やや常軌を逸している. ❷ 〖P〗〈…に〉夢中になって, うつつを抜かして〈about, on〉.

Dóu·ay Bíble [Vérsion] /dúː·eɪ-/ dáuɪ-, dúːi-/ 名 [the ~] ドゥエー聖書. 《その聖書が翻訳・刊行されたフランス北部の町》

*‡**dou·ble** /dʌ́bl/ 形 (比較なし) ❶ 二重の, 二重様の; 対〈の〉; 二つに折った: a ~ blanket 2 枚続きの毛布 / a ~ chin 二重あご / a ~ door 両開きのドア / a ~ edge 両刃 / a ~ lock 二重錠 / a ~ play 〖野〗併殺, ダブルプレー / a ~ steal 〖野〗重殺, ダブルスチール / a ~ window 二重窓 / a ~ suicide 心中 / have a ~ advantage 二重の利益がある / perform a ~ service 二様の働き[二つの役目を] / Please call one, two, three, ~ four, five, six. 123-4456までお電話下さい《★同じ文字・数字が二回続く時に用いる: ~ A=AA》. ❷ a 〈数・量・強さなどが〉2倍の; ダブルの: a ~ portion 2倍[二つ]分 / ~ pay 2倍の給料 / ~ width ダブル幅 / do ~ work 2倍の仕事をする. **b** [the [one's]のつく名詞あるいは代名詞の前に用いて] 〈…の〉倍の (twice) 〈用法〉もと名詞で, 後に of が略された用法に由来する〉: at ~ the speed 2倍の速さで / pay ~ the price 倍額支払う / 8 is ~ 4 8は4の倍だ / He earns ~ my salary. 彼は私の給料の倍稼ぐ / The price is ~ what it was last year. その値段は昨年の2倍だ. ❸ 〈部屋・ベッドなど〉二人用の: a ~ bed 二人用ベッド, ダブルベッド / a ~ room (ホテルなどの)ダブルベッドの二人用の部屋. ❹〈人・性格など〉裏表[二心]のある, 不誠実な, 陰険な: a ~ character 二重人格(者) / wear a ~ face 表表がある, 顔と心とが違う / ⇒ double-dealing. ❺〈意味が〉二様にとれる: a ~ meaning あいまいな意味. ❻〈花が〉八重の, 重弁の (↔ single): a ~ flower (daffodil) 八重咲きの花(スイセン). ❼〖酒など〗ダブルの, 2倍の量[強さ]の: Give me two ~ whiskeys. ダブルのウイスキーを2杯下さい / ~ ale (強さが2倍の)特製エール. ── 副 (比較なし) ❶ 二重に, 二重に: bend a wire ~ ワイヤーを二つに折げる / see ~ 物が二つに見える. ❷ 2倍だけ: Make my drink ~ strong. 私の(飲み物は)2倍に濃くしてください. ❸ 対をなして, 二人で(一緒に): ride ~ (二人)相乗りする / sleep ~ 二人一緒に寝る.

── 名 ❶ a U 倍, 2倍(の数, 量): pay ~ 倍額払う / Ten is the ~ of five. 10は5の倍だ. **b** 2倍のもの; ダブル(の酒): have a ~ ダブル(のウイスキーなど)を飲む. ❷ C ダブルベッドを入れた客室; ダブルベッド. ❸ C **a** 生き写しの人[もの]: She's her mother's ~ [the ~ of her mother]. 彼女は母親の生き写しだ. **b** 〖映〗代役, 替え玉 〈for〉. ❹ [複数形で] ⇨ doubles. ❺ C **a** 〖野〗二塁打: hit a ~. **b** 〖ブリッジ〗(点の)倍加. **c** 〖競馬〗複式. ❻ C (賞・勝利などを)二連続で[二つ同時に]手にすること, 二冠. **at the dóuble** (1) 〖兵隊が駆け足で. (2) =**on the DOUBLE**. **dóuble or nóthing** [〖quits〗] 〖口〗前の損が倍になるか勝って元どおりになるかの勝負; いちかばちかの勝負. (2) [副詞的に] いちかばちかで, のるかそるかで. **on the dóuble** 〖口〗大急ぎで, 大きて.

── 動 他 ❶ 2倍にする: ~ in size [price, number] 大きさ[金額, 数]が倍になる / The city's population has ~d in the past twenty years. その市の人口はこの20年

---

529 **double cream**

で倍になった. ❷〈…として〉二役を務める, 兼用になる: 〖動 (+as 補)〗 ~ as secretary and receptionist 秘書と受付係の二役を務める. 居間が食事の場所を兼ねる. ❸ 〖英〗〖軍〗駆け足で行く, 走る: D-! 〖号令〗駆け足! ❹ 〖野〗二塁打を放つ: ~ to left レフトへ二塁打を放つ. ❺ 〖ブリッジ〗相手のせり高を倍加する. ── 他 ❶ 〈…〉を2倍にする: I will ~ your salary. 給料を倍にしてあげよう. ❷〈…の〉を二重にする, 重ねる, 二つに折りたたむ: ~ one's fist こぶしを固める / I ~ the blankets in winter. 冬には毛布を重ねる[2枚かける]. ❸ 〈…の〉二役を務める: In the play she ~d the parts of a maid and a shopgirl. その劇で彼女は女中と女店員との二役を務めた. ❹ 〈船が〉×岬などを回る, 回航する: The ship ~d the Cape of Good Hope. 船は喜望峰を回った. ❺ 〈走者を〉ダブルプレーの二つ目のアウトとする. ❻ 〖ブリッジ〗〈相手の得点[罰点]数を〉倍にする.

dóuble báck (自+副) (1) 引き返す, 折り返す〈to〉. (2)〈ウサギなどが〉急角度に身をかわす: The rabbit ~d back on its tracks. ウサギは身をかわしてもと来たほうへ逃げ去った. ── (他+副) (3) = **DOUBLE over** 成句 (1). **dóuble in bráss** 二役をやる. **dóuble óver** (自+副) 〈…を〉二つに折る, 折りたたむ: He ~d over the page to mark his place. 彼は(読んでいる)ページに印をつけるためにページを二つに折った. (2)〈苦痛・笑いなどが〉〈人〉の体を折り曲げさせる: I was ~d over with pain. 苦痛で体を折り曲げた. ── (自+副) (3) = **DOUBLE up** 成句 (2). **dóuble úp** (自+副) (1) 1軒にて2家族住む. (他)〖家族〗と同室する: She's doubling up with a friend. 彼女は友人と相部屋にしている. (2) 〖苦痛・笑いなどで〗体を折り曲げる〈with〉: He ~d up with pain [laughter]. 彼は苦痛のため〖おかしくて〗体を折り曲げた.

〖F<L *duplus* 二つに折られた<*duo* 2+-*plus* -PLE〗

dóuble áct 名 共演する2人のコメディアン, (お笑い)コンビ(の芸).

dóuble ágent 名 逆スパイ; 二重スパイ.

dóuble áx 名 両刃の斧.

dóuble-bánk 動 他〖英〗2列に[平行に]並べる.

dóuble bár 名 〖楽〗(楽譜の)複縦線.

dóuble-bár·reled 形 ❶〈銃が〉〈銃身が左右〉二連式の: a ~ shotgun 二連式の散弾銃. **b** 〈双眼鏡が〉双筒式の. ❷〈陳述など〉二重目的の; 両義にとれる. ❸ 〖英口〗(姓の)二つ重なった (例: Forbes-Robertson).

dóuble báss /-béɪs/ 名 〖楽〗ダブルベース, コントラバス (bass).

dóuble bassóon 名 〖楽〗=**contrabassoon**.

dóuble bíll 名 = **double feature**.

dóuble bínd 名 板ばさみ, ジレンマ.

dóuble-blínd 形 〖医〗(薬物や治療法の効果を調べる際の)二重盲式の《実験中は被験者にも実験者にもその仕組みがわからない方式; cf. **single-blind**》.

dóuble blúff 名 〖英〗裏の裏をかく行為[言葉].

dóuble bógey 名 〖ゴルフ〗ダブルボギー(パー (par)より2打多く打ってホールに入れること). **dóuble-bógey** 動 他 〖ゴルフ〗〈あるホールを〉ダブルボギーで上がる.

dóuble bóiler 名 二重なべ.

dóuble bónd 名 〖化〗二重結合.

dóuble-bóok 動 他 (キャンセルに備えて)〈ホテルの部屋・座席などに〉二重に予約を受けつける. **dóuble-bóoking** 名 UC 予約の二重受けつけ.

dóuble-bréast·ed 形〖コート・スーツなど〗〖胸部が〗二列ボタン式の, ダブルの (cf. **single-breasted**): a ~ coat ダブルのコート.

dóuble-chéck 動 他 自 (慎重を期して)二重[再]点検する. ── 名 二重[再]点検.

dóuble-clútch 動 自 〖米〗〖自動車〗(通例シフトダウン時に)ダブルクラッチを踏む, クラッチの二度踏みをする《ギヤシフトを円滑にするため》.

dóuble concérto 名 〖楽〗二重協奏曲.

dóuble créam 名 U 〖英〗濃い(生)クリーム 〖米〗heavy cream).

dóuble-cróp 動 ⓐ ⓘ (土地で)二毛作をする.
dóuble cróss 名 〖口〗仲間を裏切ること; 裏切り.
dóuble-cróss 動 ⓗ 〖口〗仲間を裏切る (betray).
dóuble-crósser 名 〖口〗裏切り者.
dóuble dágger 名 〖印〗二重剣印 (‡).
dóuble dáte 名 《米》ダブルデート《ふた組の男女が一緒にするデート》. **dóuble-dáte** 動 ⓐ ⓘ 《米》〈ふた組の男女が〉一緒にデート[ダブルデート]する.
Dou·ble·day /dʌ́bldèɪ/, **Abner** 名 ダブルデー《1819-93; 米国の軍人; 野球の発案者とされる》.
dóuble-déaler 名 裏表のある人, 二心を抱く者.
dóuble-déaling 名 Ⓤ 形 裏表[二心]のある(言動).
dóuble-déck·er /-dékə | -kə/ 名 ❶ 二階付き乗り物,(特に)ダブルデッカー(バス). ❷ 《米》ダブルデッカー, 二重サンドイッチ《パン3枚重ねのサンドイッチ》.
dóuble-declútch 〖英〗=double-clutch.
dóuble decompositión 名〖化〗複分解.
dóuble-dígit 形〖A〗《米》二桁の数字の, 〈経済指標・失業率など〉2桁(たた)(台)の; 10パーセント以上の: ~ unemployment 2桁の失業率《英》double-figure.
dóuble dígits 名 ⓟ 《米》2桁の数字《英》double-figures》(10から99).
dóuble-díp 《米》名 ダブルディップ《サーバー2すくい分入ったアイスクリームコーン》. ── 動 ⓘ 〈年金と給与などを〉二重取りする.
dóuble-dípping 名 Ⓤ 《米・豪》二重収入を得ること, 金の二重取り《年金と給与[社会保障]など; 特に国から年金と給与を同時に受けること; しばしば不正に近い行為》.
dóuble-díp recéssion 名 [通例単数形で] 〖口〗景気の二番底.
dóuble Dútch [**dútch**] 名 Ⓤ ❶ 《米口》二本の縄を使う縄飛び. ❷ 《英口》ちんぷんかんぷん.
dóuble dúty 名 ★次の成句で. **do dóuble dúty**《米》二重の役目[機能]を果たす.
dóuble-dýed 形 ❶ 二度染めの. ❷ 〈人が〉根っからの悪人の, 札つきの: a ~ villain 極悪人.
dóuble éagle 名 ❶ 〖紋〗双頭の鷲(わし). ❷ 《米》20ドル金貨《1849-1933年鋳造, 今は廃止》. ❸ 〖ゴルフ〗《米》ダブルイーグル (》albatross).
dóuble-édged 形 ❶ 両刃の, 諸刃(もろは)の. ❷ 〈議論などが〉よい意味にも悪い意味にも取れる, あいまいな: a ~ compliment 両意にとれるお世辞. ❸ 相対する二つの面[性質]がある. **a dóuble-èdged swórd [wéapon]** 有利不利[得失]のどちらにもなりうるもの[こと], 諸刃の剣(つるぎ).
dóuble-énder 名〖海〗船首尾同形の船, 両頭船.
dou·ble en·ten·dre /dúːblɑːntɑ́ːndrə/ 名 (ⓟ ~s) (二つのうち一つはしばしば下品な両義を持つ語句・発音の使用)《たとえば "Lovely *mountains*!" で「山」が女性の 'breasts' を暗示するなど》. 〖F=（廃）double sense〗
dóuble éntry 名 Ⓤ 〖簿〗複式記帳法 (cf. single entry): bookkeeping by ~ 複式簿記.
dóuble expósure 名〖写〗二重露出.
dóuble-fáced 形 ❶ **a** 両面のある. **b** 〈織物など〉(表裏)両面仕上げの. ❷ 二心のある, 不誠実な; 偽善的な.
dóuble fáult 名 〖テニス〗ダブルフォールト: serve a ~ ダブルフォールトをする. **dóuble-fáult** 動 ⓐ ⓘ ダブルフォールトをする.
dóuble féature 名〖映〗長編2本立 (double bill).
dóuble fígures 名 ⓟ 2桁(けた)の数字《米》double digits》.
dóuble fírst 名《英》(英国の大学で, 卒業試験で)2科目最優等(生).
dóuble flát 名〖楽〗二重変記号 (♭♭); 重変音.
dóuble-frónt·ed 形〈家が〉正面玄関の両側に主窓の窓がある.
dóuble-gláze 動 ⓗ 〈窓に〉二重ガラスをはめる.
dóuble glázing 名 Ⓤ 二重ガラス.
Dóuble Glóucester 名 Ⓤ ダブルグロスター《Cheddar に似たイングランド産の高脂肪の硬質チーズ》.
dóuble·héad·er /-hédə | -də/ 名《米》❶〖野〗ダブルヘッダー《同一のまたは違った2チームが同日に2回引き続いてする試合》: play a ~ ダブルヘッダーをする. ❷ 機関車2台付きの列車.
dóuble hélix 名〖遺〗(DNAの)二重螺旋(らせん).
dóuble indémnity 名 Ⓤ 《米》〖保〗災害倍額支払い特約《事故による死亡の場合》.
dóuble jéopardy 名 Ⓤ 《米》〖法〗二重の危険《同一の犯罪で被告を再度裁判にかけること; 米国では憲法第五修正 (Fifth Amendment) により禁止》.
dóuble-jóinted 形 〈前後左右に自由に動く〉二重関節をもった.
dóuble knítting 名 Ⓤ ダブルニッティング《通常の2倍の太さの毛糸(で編んだ編物)》.
dóuble napóleon 名 40フランのナポレオン金貨.
dóuble négative 名 Ⓒ Ⓤ 〖文法〗二重否定: **a** [婉曲な肯定に用いて]: *not uncommon* (まれではない). **b** [否定の強調に用いて]: I *don't* know nothing. (何も知らない)《用法 今は非標準的な表現とされる; 通例次のように言う: I know nothing. / I *don't* know anything.》.
dóuble óbelisk [**óbelus**] 名 =double dagger.
dóuble-párk 動 ⓐ ⓘ 〈自動車を〉二重駐車する《すでに道路わきに駐車している車の横に駐車させること; 通例違反》.
dóuble pneumónia 名 Ⓤ 〖医〗両側肺炎.
dóuble-quíck 形 副 ❶〖軍〗駆け足の[で]. ❷〖口〗大急ぎの[で].
dóuble réed 名〖楽〗複簧(ふくこう), ダブルリード《オーボエ・バスーンなどの2枚の舌》.
dóuble refráction 名 Ⓤ 〖光〗複屈折 (birefringence).
dóuble rhýme 名 〖詩学〗二重押韻, 重韻 (inviting, exciting のように末尾の2音節が押韻するもの).
dóu·bles (名 ~) (テニスの)ダブルス (cf. singles): ⇒ mixed doubles.
dóuble sált 名〖化〗複塩.
dóuble sáucepan 名《英》=double boiler.
dóuble shárp 名〖楽〗二重嬰(えい)記号 (×, 𝄪) 《1音だけ調子を高くする記号》; 重嬰音.
dóuble-síded 形 両面使用の(できる), 両面の.
dóuble-spáce 動 ⓗ ⓘ (...を)(タイプライターで)ダブルスペースで打つ, (ワープロで)行をあけて組む.
dóuble-spéak 名 Ⓤ 故意にあいまいで[玉虫色の]話[言葉, 表現] (double talk).
dóuble-spéed 形 (二)倍速の.
dóuble stándard 名 二重基準[標準], ダブルスタンダード《対象により評価などのしかたを変えるもの》.
dóuble stár 名〖天〗二重星《近接する一対の星; 1個の星に見えることもある》.
dóuble stóp 名〖楽〗重音《弦楽器で二本の弦を同時に弾いて出す音》. **dóuble-stóp** 動 ⓗ (弦楽器で)重音を出す.
dóuble-stránded 形〖生化〗〈DNA・RNA など〉二本鎖の.
dou·blet /dʌ́blət/ 名 ❶ ダブレット《15-17世紀ごろの男の腰のくびれた胴着; 'doublet and hose' の語で》. ❷ よく似たものの一対(つい); 対(つい)の片方. ❸〖言〗二重語, 姉妹語《同一語源異形または異義; 例: tradition──treason; hospital──hostel──hotel》. 〖DOUBLE+-ET〗
dóuble táke 名〖口〗(意外な物事を見過ごしたまたは聞き流して)後で気づいてはっと驚く(身ぶりをする)こと, 見直し《(解説)喜劇でよくある手法; 通例次の句で》: do a ~ はっと見直す.
dóuble-tálk 名 =doublespeak.
dóuble-téam 動 ⓗ (フットボール・バスケットボールなどで)同時に2人の選手で防害する[防ぐ].
dóuble·thínk 名 Ⓤ 二重思考《二つの矛盾した思想[考え]を同時に容認する能力[こと]》. 〖G. Orwell, *Nineteen Eighty-Four* から〗
dóuble tíme 名 Ⓤ ❶ (週末休日に働く人のための)倍額支給. ❷《米》〖軍〗駆け足: at ~ 駆け足で. ❸ ダブルタイム《前のセクションの2倍の速さ》; 2拍子. **dóuble-tíme** 動 ⓐ ⓘ.
dou·ble·ton /dʌ́blt(ə)n/ 名〖トランプ〗二枚札, ダブルトン

(配られた札の中にある 2 枚だけの組札; cf. singleton, void).

dóuble-tóngue 動 自 他《楽》(吹奏楽器で)(速いテンポのスタッカート楽節を)複法で演奏する. **-tónguing** /-tʌ́ŋ-ɪŋ/ 名 U 複法, ダブルタンギング.

double tóp 名《ダーツ》ダブルトップ (20 点のダブル (double); 40 点).

dóuble vísion 名 U 複視《物が二重に見えること》.

dóuble whámmy 名《口》二重の不利益[困難], ダブルパンチ, 泣きっ面に蜂.

dóuble whóle nòte 名《米》《楽》2 全音符 (breve).

dóuble-wíde 名《米》2 台連結の移動住宅.

dou·bloon /dʌblúːn/ 名 ドブロン《昔のスペイン・スペイン領アメリカの金貨》.

dou·blure /dʌblʊ́ə | -blúə/ 名《本の》飾り見返し《表紙裏の装飾張り, 通例 革または絹》.

†**dou·bly** /dʌ́bli/ 副 2 倍に; 二重に, 二様に.

※**doubt** /dáʊt/ 名 ❶ U.C 疑い, 疑惑 《as to, about, of》: a fact that throws ~ on a person's sincerity 人の誠実さに疑いを投げかけるような事実 / No one could have ~s as to his success. だれも彼の成功に疑いを抱くような人はあるまい /《+that》There seems to be no ~ that Dick has done his job well. ディックが仕事をよくやったことには疑いはなさそうだ. ❷ U.C 疑念, 不信(感): I have my ~s [have some] ~ about her honesty. 彼女が正直かどうかは疑わしいと思う. ❸ U 疑わしい [疑問の]状態. **beyònd dóubt** (まったく)疑問もなく, もちろん. **beyònd (a) réasonable dóubt**《法》合理的疑いの余地なく. **in dóubt** (1)《人が》...を疑って, 迷って: I'm *in* ~ (*about*) *what* to do. どうしようかと迷っている. (2)《物事か》疑われていて, 疑問で (uncertain): The matter hangs [remains] *in* ~. その事はまだ確かでない / The outcome is still *in* ~. 結果はまだ疑問である. **nò dóubt** (1)《しばしば譲歩の文を伴って》疑いなく, 確かに (undoubtedly): *No* ~ he will succeed. きっと彼は成功するだろう / He's *no* ~ right, but we must check. 多分彼の言うことは正しいが, しかし我々は調べてみなければならない. (2) おそらく, 多分: He will *no* ~ come. 彼は多分来るだろう. **withòut (a) dóubt** 疑いなく, 確実に (undoubtedly).
—— 動《★進行形なし》❶〈...を〉疑う,〈...に〉疑念をもつ,〈...かどうかを〉疑わしいと思う;〈...を〉信用しない[できない]: ~ the truth of a person's words 人の言葉の真実性を疑う / I ~ed my own eyes. 私は自分の目を疑った 《+ *whether* [*if*]》 I ~ *whether* [*if*] she will be present. 彼女が出席するかどうか疑わしい 《+ *that*》 I don't ~ *that* he means well. 彼が善意を抱いていることに疑いはない / In spite of his assurances, I still ~ him. 彼は(しきりに)保証するけれども私はやはり信用できない. 次のようなことがなさそうだと思う:《+ *that*》I ~ *that* they'll want to go. 彼らが行きたがるなんてありそうもないことだ《[比較] I suspect that they'll want to go. 彼らは行きたがるのだろうと思う》.
—— 自 疑う, 疑惑を抱く 《of》. **I dóubt it.** [応答文で] (それは)疑わしいと思う; (それは)ないと思う. **dóubt·er** /-ṭə | -tə/ 名.
《F < L = 二つの物の間で揺れ動く; DUBIOUS と関連語》 〖形 doubtful〗

doubt·a·ble /dáʊṭəbl/ 形 疑う余地の.

※**doubt·ful** /dáʊtf(ə)l/ 形《**more ~; most ~**》❶ **a**〈物事が〉疑わしい, ありそうもない: It is ~ whether the rumor is true or not. そのうわさが本当かどうかは疑わしい / What he meant is ~. 彼が何のことを言ったのかよくわからない. **b**〈成り行きなど〉おぼつかない, はっきりしない, あやふやな: a ~ blessing (果たして本人のためになるかどうか)あやふやな幸い / The outcome is ~. 結果はどうも怪しい. ❷ P〈人が〉...に疑いを抱いて, 確信がなくて: He was ~ *of* the outcome. 彼はその結果に自信がなかった / I'm ~ *about* his keep*ing* his promise. 彼が約束を守れるかどうか私は確信がない. ❸ A〈品質など〉信用できない, 怪しい, 不審な,いかがわしい: a product of ~ quality 品質に問題のありそうな製品 / a ~ character いかがわしい人物. ❹〈スポーツ選手が〉《試合への》出場が危ぶまれて[微妙で] 《*for*》. **~·ness** 名. 名 doubt.《[類義語] doubtful「確かでな

531 Dover

い」の意から, しばしば否定的な含みで「疑惑のある」という意味に用いる. **dubious** doubtful ほど意味が強くなく, 躊躇や疑念を示唆する. **questionable** 疑問の余地のある; 婉曲(はなばに)には強いまたは根拠の不十分な意味のある, いかがわしいの意となる. **suspicious** 疑いをいだかせるような, 怪しい, しばしば悪いことや犯罪を暗示する.

dóubt·ful·ly /-fəli/ 副 疑わしく, 疑わしげに.

dóubting Thómas 名 《確証拠を見るまで》何でも疑う人, 疑い深い人《★聖書「ヨハネ伝」から》.

†**dóubt·less** /dáʊtləs/ 副《比較なし》❶ 多分, おそらく《★文修飾的》: I will ~ see you tomorrow. 多分あすお目にかかるでしょう. ❷ 疑いなく, 確かに《[比較] no doubt より意味が強い》: You're ~ aware of this, but... このことにきっとお気づきでしょうが, しかし... **-ly** 副 **-ness** 名.

dou·ceur /duːsə́ː | -sə́ː/ 名 チップ, 祝儀.

douche /dúːʃ/ 名 ❶《医療の》注水, 灌水. ❷《避妊のための》膣洗浄器.《F < It = シャワー》

dóuche bàg 名 膣洗浄器(の洗浄水を入れる袋の部分);《俗》いけすかない女, いやなやつ [男].

dóuc làngur [mònkey] /dúːk/ 名 動 アカアシドゥクモンキー《ベトナム・ラオスの熱帯多雨林に生息するサル》.

†**dough** /dóʊ/ 名 U ❶ こね粉, パン生地, ドウ. ❷《米口・英古風》金銭, 現なま.《OE; 原義は「こねる」》

dóugh·bòy 名《米口》《古》米歩兵.

†**dough·nut** /dóʊnət, -nʌt | -nʌt/ 名 ❶ ドーナツ《《米》donut》. ❷ ドーナツ形のもの. **dó dòughnuts**《米口》自動車でスピンする.《DOUGH + NUT; 木の実との形状の類似から》

dough·ty /dáʊti/ 形 (**dough·ti·er; -ti·est**) 強い, 勇猛な.

dough·y /dóʊi/ 形 (**dough·i·er; -i·est**) ❶ こね粉(パン生地)(dough)のような: have a ~ consistency こね粉のような堅さ[粘度]をしている. ❷ 生焼けの. ❸〈人の肌が〉青ぶくれの, 青白い.

Doug·las /dʌ́gləs/ 名 ダグラス《男性名》.

Doug·las /dʌ́gləs/, **Frederick** 名 ダグラス 《1817-95; 米国の奴隷解放運動家・著述家》.

Dóuglas sprúce [fír, píne, hémlock] 名《植》アメリカトガサワラ, ベイマツ《マツ科の大木》.

dou·la /dúːlə/ 名 助産婦.

†**dour** /dúə, dáʊə | dúə, dáʊə/ 形 陰気な; むっつりした, 気難しい. **-ly** 副.《L *durus* 固い; cf. endure》

Dou·ro /dɔ́ːruː | dúərəʊ/ 名 [the ~] ドーロ川《スペイン北部・ポルトガル北部を西流して大西洋に注ぐ川》.

dou·rou·cou·li /dùːəruːkúːli/ 名 動 ヨザル《熱帯アメリカ産の目の大きな夜行性のサル》.

†**douse** /dáʊs/ 動 ❶〈...に〉水などをぶっかける;〈火を〉水をかけて消す: ~ a person [a fire] *with* water. 人に水をかける [火に水をかけて消す]. ❷ 〈灯火を〉消す.

†**dove**[1] /dʌ́v/ 名 ❶〈鳥〉ハト《[比較] pigeon と同義であるが, 特に小さい野生の種類をさすことが多い. [解説] オリーブの小枝 (olive branch) とともに平和の象徴とされ; これは, 大洪水の後ノア (Noah) が箱舟から放ったハトがオリーブの若葉をくわえて戻り, 平和の合図をもたらしたことによる《聖書「創世記」から》; またキリスト教では聖霊 (Holy Ghost) を象徴する《聖書「ルカ伝」などから》): the ~ of peace 平和のハト. ❷《政》[穏健]派の, 和平論者 (↔ hawk). ❸ 純潔な[無邪気な, 優しい]人.《OE; 原義は「黒い鳥」》

dove[2] /dóʊv/ 名《米》dive の過去形.

dóve·còt, dóve·còte 名 ハト小屋. **flútter the dóve-còte(s)** 平和な里に動揺を引き起こす, 「寝た子を起こす」《★ Shakespeare「コリオレイナス」から》.

dóve grày 名 紫がかった灰色, 紫味灰色.

dove·kie /dʌ́vki/ 名〈鳥〉ヒメウミスズメ (little auk)《北極圏産》.

dóve·like 形 ハトのような; 優しい, 柔和な.

Do·ver /dóʊvə | -və/ 名 ドーバー: **a** イングランド南東部の Dover 海峡に臨む都市. **b** 米国 Delaware 州の州都.

the Stráit(s) of Dóver ドーバー海峡.

Dóver sóle 名《魚》ドーバーソール《英国海峡産のササウノシタ科(シタビラメ)の食用魚》.

dóve's-fòot cránesbill 名《植》ゲラニウムモーレ《欧州産のフウロソウ科の一年草》.

dóve·tàil 動 自 ぴったり合う[適合する]: Our plans neatly ~ed with theirs. 私たちの計画は彼らの計画にぴったり当てはまった. ── 他 ❶ 〈…を〉〈…と〉ぴったり適合させる 〔with〕. ❷ 〈木材をありつぎにする〔together〕. ── 名 〔木工〕ありつぎ〔二つの木材をつなぐ時, 一方の材のハトの尾状の部分と他の材の穴でつなぐこと〕: a ~ joint ありつぎ / a ~ tenon ありほぞ.

dóve trèe 名《植》ハンカチノキ《中国原産の落葉高木; 白い花がハトのように見える》.

dov·ish /dʌvɪʃ/ 形 ❶ ハトのような. ❷《口》ハト派的な, 穏健派の方の (↔ hawkish). ~·**ness** 名

Dow /dáʊ/ 名 [the ~] =Dow-Jones average.

dow·a·ger /dáʊədʒɚ | -dʒə/ 名 ❶《法》(王侯の)未亡人: a ~ duchess 公爵未亡人 / an empress ~ 皇太后 / a princess ~ 親王未亡人 / a queen ~ (王国の)太后. ❷《口》(威厳のある)裕福な年配の女性, 押し出しのいい老婦人. 〖F=寡婦産 (dower) を受けている女性〗

dówager's húmp 名 U (高齢の女性の)脊椎後湾(病).

dowd /dáʊd/ 名 やぼったい女, だらしのないやつ.

dowd·y /dáʊdi/ 形 (dowd·i·er; -i·est) ❶《服装や容ぼうが》時代遅れの, ださい (frumpy). ❷〈女が〉やぼったい服装をした. ── 名 やぼったい身なりの女. **dówd·i·ly** /-dəli/ 副 -**i·ness** 名

dow·el /dáʊəl/ 名 合わせくぎ, めくぎ, だぼ. ── 動 他 (**dow·eled**,《英》-**elled**; **dow·el·ing**,《英》-**el·ling**) 合わせくぎ

dow·er /dáʊɚ | dáʊə/ 名 ❶ 寡婦産《亡夫の遺産のうち未亡人の受け継ぐ部分》. ❷ 生まれつきの素質. ❸《古》=dowry. ── 動 他 ❶〈人に〉寡婦産を与える; 〈人に〉寡婦産を与える〔with〕. ❷〈人に〉〈才能〉を与える〔with〕.〖F<L=持参金〗

dówer hòuse 名《英》寡婦の住居《寡婦産の一部としてしばしば亡夫の土地にある小家屋》.

dow·itch·er /dáʊɪtʃɚ | -tʃə/ 名《鳥》オオハシシギ《北米・東アジアの寒帯・亜寒帯で繁殖する》.

Dów-Jónes àverage [index] /dáʊdʒóʊnz-/ 名 [the ~]〖株〗ダウ平均(株価)[指数]: The ~ rose [fell] three points today. ダウ平均株価は今日 3 ポイント値上がり[値下がり]した.

*__down__¹ /dáʊn/ 副 (比較なし)(↔ up) [用法 be 動詞と結合した場合は 形 とも考えられる] ❶ a 〈高い位置から〉低いほうへ, 下へ[に]: climb ~ 手足を使って下りる / look ~ 下を見る. b 〈机の上などに〉下ろして: She put [laid] her bag ~ on the table. 彼女はバッグを机の上に下ろした[置いた]. c 床に, 地面に: fall ~ 倒れる, 落ちる / get ~ (バス・木などから)降りる / pull ~ 引き倒す / knock ~ 打ち倒す. d (階上から)階下へ: come ~ 階下へ下りてくる. e (食べた物を)飲み込んで: have trouble getting a pill ~ 丸薬がなかなか飲み込めない. f [be の補語に用いて] 〈旗などが〉下がって; 〈戸などが〉下りて; 〈人が〉(階上から)下りて: The picture is a bit ~ on the left side. 絵が少し左側に下がっている / All the blinds were ~. ブラインドは全部下ろされていた / He's not ~ yet. 彼はまだ(寝室からまだ)下へ下りてきていない. g (クロスワードパズルのかぎ・答えについて)縦に (↔ across).

❷ [しばしば be の補語に用いて] 〈天体が〉没した, 沈んで: The sun has gone ~. 太陽は沈んだ / The sun is ~. 太陽は没している.

❸ a 〈体を横にして; 座って〉: lie ~ 横になる / sit ~ 座る. b [動詞を省略して命令文で] 伏せろ!, (犬に向かって)座れ!, 伏せ!; (ボートで)オールを下ろせ!: D~! (人に前足をかけようとしたり, 人を襲ってくる犬に向かって)よせ![比較]「お座り!」は Sit!) / D~ oars! オール下ろせ!

❹ a (北から)南へ[に]; 南のほうへ[に]: go ~ to London from Edinburgh エジンバラから ロンドンへ下る / ~ South《米》南部諸州へ[で]. b (川の)下流へ.

❺ a (特定の場所・話者のいる所から)離れて: a few doors ~ from...から数軒先で[に] / go ~ to the station 駅まで行く. b《英》(首都・オックスフォード・ケンブリッジ大学などから)離れて, 帰省して, 卒業して, 退学して (cf. GO DOWN 成句 (11)): He has come ~ from ~ (from the University). 彼は(大学から)帰省している / He was sent ~. 彼は学校から家へ帰された《謹慎などのため》.

❻ [しばしば be の補語に用いて] a 〈物価など〉下がって, 〈質が〉低下して: bring ~ the price 値を下げる / The stock market is ~. 株式市場は値下がりしている / Exports have gone ~ this year. 輸出が今年は下がった. b (身分・地位・評判など)下がって; 落ちぶれて: come ~ in the world 落ちぶれる / He was ~ to his last penny. 彼は最後の一文になるまで落ちぶれた.

❼ a 完全に, すっかり: wash ~ a car 車を十分に洗う. b [tie, fix, stick などの動詞に伴って] しっかりと: fix a thing ~ 物をしっかりと固定する.

❽ a 〈量が〉少なくなるまで, 濃くなるまで, 薄くなるまで: boil ~ soup stock スープストックを煮詰める / water ~ the whiskey ウイスキーを(かなり濃くする)水で割る / I've thinned ~ to 60 kilos. 私は 60 キロまでやせた. b 発見するまで: hunt ~ 追い詰める. c やむまで: The wind has gone [died] ~. 風が弱くなった[ないだ].

❾ a (上は…から)下は…に至るまで: from the president ~ to the office boys 上は社長から下は雑用係の少年(に至る)まで. b 〈早い時期から〉後期へ; 〈後代へ〉下って, (初期から)以降: from Chaucer's time ~ to the time of Elizabeth チョーサー時代から下ってエリザベスの時代まで.

❿ [しばしば be の補語に用いて] a 倒れて, 伏して: He was ~ on his hands and knees. 彼ははつくばいになっていた. b 〈人が〉弱りきって, 〈健康が〉衰えて; 〈意気などが〉沈んで: She's ~ with influenza [flu]. 彼女は流感にかかって(床についている) / You seem rather ~. かなりうかない顔してるね / He felt a bit ~ about his failure. 彼は失敗したことで少しめいっていた. c (勢いなどが)落ちて: slow ~ 速度を落とす / The fire is ~. 火が燃えきろうとしている. d (コンピューター・ネットワーク・システムなど)動かなくて, 落ちて, ダウンして.

⓫ 即金で, 頭金として: (no) money ~ 頭金(なし) / ⇒ PAY¹ down 成句.

⓬ (紙の上に)書かれて, 記録されて: The reporter took ~ every word she said. その報道記者は彼女の言うことを一言残らず書き取った / Get her phone number ~. 彼女の電話番号をひかえておきなさい.

⓭ a 完了して, 終了して: Two problems ~, one to go. 問題の 2 つは終了して残りが 1 つ. b〖野〗アウトになって: one [two] ~ 一死[二死]で.

⓮ [be の補語に用いて]〈勝負に〉負けて; 〈賭けに〉すって: The Giants are 2 runs ~. ジャイアンツは 2 点負けている / He's ~ (by) 10 dollars. 彼は 10 ドルすった.

be dówn on...《口》…に恨みを抱いている; …を嫌っている: He's very ~ on me. 彼は私にとても悪感情[恨み]を抱いている.

be dówn with...《口》…と仲がいい, …とつるんでいる.

còme dówn to... 〈責任などが〉…にまわってくる; …の責任になる: With my father's death, it has *come* ~ *to* me to support my family. 父が亡くなったので家族を養う責任が私にまわってきた.

dówn and óut (1) 落ちぶれ果てて, 食いつめて (cf. down-and-out). (2)〖ボク〗ノックダウンされて.

dówn at (the) héel(s) ⇒ heel¹ 名 成句. **dówn in [at] the móuth** ⇒ mouth 成句. **dówn on one's lúck** ⇒ luck 成句.

dówn through...の間ずっと: ~ *through* the years この数年間ずっと.

dówn to the gróund ⇒ ground¹ 名 成句.

dòwn únder《口》オーストラリア[ニュージーランド]に[で]; 《英国から見て》(地球の)正反対側に.

dówn with... (1) [be ~ with...で] 〈人が〉〈病気で〉寝て(いる) (⇒ 10 b). (2) [命令法で] …をぶっつぶせ!: *D*~ *with* the tyrant! 暴君打倒!

úp and dówn ⇨ up 副 成句.
── /dáun/ 前 ❶ [移動を表わして] **a** (高所から)…を下って, …の下方に: come ~ a hill 丘を下ってやってくる / fall ~ the stairs 階段をころげ落ちる. **b** (ある地点から)…に沿って, …を: drive [run, walk] ~ a street 通りを車で[走って, 歩いて]通る. **c** 〈流れ・風〉に沿って, 下って; …を南下して: sail ~ the Sea of Japan 日本海を南下する / the Thames テムズ川の下流に / further ~ the river 川をずっと下った所と. ❷ [時を表わして] …以来(ずっと): ~ the ages 大昔からずっと.

dówn tówn ⇨ downtown 副.
── 形 ❶ (比較なし) **A** a 下(方)への. **b** 下降の, 下り坂の: the ~ escalator 下りのエスカレーター / ⇨ downgrade. ❷ 列車などの下りの, 下り線の: a ~ train 下り列車 / the ~ platform 下り線ホーム. ❸ (購入などの)頭金の: ⇨ down payment.
── 動 他 ❶ 〈人〉を打ち倒す; 負かす: He ~ed his opponent with one punch. 彼は相手を一発のパンチで倒した. ❷ 〈液体など〉を飲み下す, 飲む: He ~ed his drink and ordered another. 彼はその飲み物をぐいっと飲み干しもう一杯注文した. ❸ 《アメフト》〈ボール〉をダウンする: He ~ed the ball on the 20-yard line. 彼は 20 ヤードラインにボールをダウンした.

dówn tóols 《英口》ストライキに入る; 仕事を(一時)やめる.
── 名 ❶ C 下位, 下り. ❷ [複数形で] 衰運, 落ちぶれ: ⇨ UPs and downs. ❸ C 《アメフト》ダウン (1 回の攻撃権を構成する 4 回の攻撃の一つ). **háve a dówn on a pérson**《英口》〈人〉に反感[憎しみ]を抱く; 〈人〉を嫌う. [OE=丘から(下りて); cf. down³]

down² /dáun/ 名 ❶ U (水鳥の)綿毛. ❷ (綿毛に似た)柔毛; うぶ毛. ❸ (種・葉, 桃などの)綿毛, 冠毛. [ON]

down³ /dáun/ 名 ❶ [通例複数形で] (広い)高原地. ❷ [the Downs, ~s] (イングランド南部の白亜質で樹木のない)小高い草原地帯, 草丘, ダウンズ. [OE=丘]

Down /dáun/ 名《北アイルランド南東部の地区; 中心地 Downpatrick /dáunpǽtrik/》.

dówn-and-dírty 形《米口》❶〈やり方など〉汚ない, あくどい. ❷ どろくさい, 世俗的な. ❸ あからさまな, あけすけな.

dówn-and-óut 形 名 落ちぶれ果てた(人) (cf. DOWN¹ and out 副 成句 (1)).

dówn-at-héel 形 ❶〈靴がかかとのすり減った; 〈ものが〉使い古された (shabby). ❷ 〈人がみすぼらしい(なりの); 〈場所がさびれた.

dówn-béat 名《楽》❶ 下拍, 強拍. ❷ (指揮者が強拍を指示する)指揮棒の振り下ろし. ── 形 ❶ 悲観的な, 憂鬱(ﾕﾂ)な (↔ upbeat). ❷ 控えめな, おさえた.

dówn-búrst 名《気》ダウンバースト (激しい雷雨が伴う強い下降気流).

dówn-cást 形 ❶〈目がうつむいた: with ~ eyes 伏し目がちに. ❷ しおれた, 意気消沈した.

dówn-còmer 名 (水管式ボイラーなどの)降水管.

dówn-convérter 名《電子工》ダウンコンバーター (信号をより低い周波数に変える装置). **-convérsion** 名

dówn-dràft, 《英》**dówn-dràught** 名 (煙突から部屋に入ってくる)吹き込み, 下向き通風.

dówn éast [しばしば D- E-]《米口》名 ニューイングランド地方《特に》Maine 州. ── 形 副 ニューイングランドの[へ, で]; 《特に》Maine 州の[へ, で].

dówn éaster [しばしば D- E-] 名 ニューイングランド地方《特に》Maine 州)の人.

down·er /dáunə | -nə/ 名《口》❶ [通例複数形で]鎮静剤 (cf. upper 2). ❷ 気のめいるような経験[事柄]; うんざりさせる人. ❸ (景気・物価などの)下降.

†**dówn·fàll** 名 ❶ (急激な)落下, 転落. ❷ (雨・雪などの)大降り. ❸ **a** 没落, 滅亡, 失脚 (↔ rise). **b** 没落の原因 (undoing): Drink was his ~. 酒が彼の破滅のもとだった.

dówn·fàllen 形 没落した, 滅亡した.

dówn·fìeld 副《アメフト》ダウンフィールドへ《攻撃側が向かっていく方向》.

dówn·fòrce 名 ダウンフォース《レーシングカーの走行時に空気の流れを利用してマシンを下方向に押さえつける力》.

†**dówn·gràde** 動 他 ❶ 〈…の地位[等級](など)を落とす, 格下げする. ❷ 〈人〉を降格する; 〈人の成績を下げる (↔ upgrade). ── 形 副《米》下り坂の[で]; 落ち目の[で].
── 名 下り勾配(ﾎﾞ), 下り坂. **on the dówngrade**《米》下り坂の(にある); 落ち目になって.

dówn·héarted 形 落胆している. **~·ly** 副

†**dówn·hill** 形 ❶ A (↔ uphill) **a** 下り(坂)の: the ~ way 下り道. **b** 《スキー》滑降(競技)の[に適した]: ~ skiing 滑降スキー. ❷ 落ち目の, 悪化した: Things have been ~ all the way. 事態はずっと悪くなってきている. ❸ (口) 楽な, やさしい: It's all ~ from now on. 今から後はずっと楽だ[順調にいくだろう]. ── 副 ❶ 下りに, 下って, ふもとのほうへ. ❷ 落ち目に, 悪化して, 衰える, 左前[落ち目]になる. **gó downhíll** (1) 斜面を下る. (2) だんだん悪くなる, 衰える, 左前[落ち目]になる.
── 名 ❶ 下り坂. ❷《スキー》滑降(競技).

dówn·hìll·er 名《スキー》滑降[ダウンヒル]の選手.

dówn·hòme 形《米》南部風の素朴の, 気取らない.

†**Dów·ning Strèet** /dáuniŋ-/ 名 ダウニング街《解説 London の Whitehall から St. James's Park までの街路; その 10 番地 (No.10 Downing Street) に首相官邸が, 11 番地に蔵相官邸があるので, 「英国政府」の意に用いる; 首相官邸をさす時にしばしば単に No.10 という》.

dówn jàcket 名 ダウンジャケット《水鳥の綿毛を詰めたキルトのジャケット; しばしば袖(ｿﾃﾞ)なし》.

dówn·lìnk 名 (宇宙船・衛星からの)地上へのデータ送信.

dówn·lòad 《電算》動 他〈情報・プログラム〉をダウンロードする《上位のコンピュータから下位のコンピュータに転送する》.
── 名 ❶ C ダウンロードファイル. ❷ U ダウンロード. **~·a·ble** /-əbl/ 形〈プログラムなど〉ダウンロードできる[可能な].

dówn·márket 形《英》〈商品・サービスなど〉大衆向けの[に]; 安っぽい[く]《米》downscale; ↔ up-market: go [move] ~ 大衆化志向になる / take... ~ …を大衆化する.

dówn·mòst 副 形 最も低く[低い].

†**dówn páyment** 名 (分割払いの)頭金: make a ~ 頭金を支払う.

†**dówn·pìpe** 名《英》縦樋(ﾄｲ) (downspout).

†**dówn·plày** 動 他〈…〉を控えめに扱う, 軽視する (play down).

†**dówn·pòur** 名 どしゃ降り, 豪雨 (cloudburst): get caught in a ~ どしゃ降りにあう.

dówn·rànge 形 副《ミサイルなど》予定飛行経路に沿った[て].

†**dówn·ríght** 副 徹底的に, まったく, 完全に; きわめて, ひどく: ~ nasty [impossible] ひどく嫌な[まったく不可能な[手に負えない]] / He refused ~ (to help me). 彼は(私を助けるのを)頭から[にべもなく]断わった. ── 形 ❶ A 〈悪事・うそなど徹底的な, 正真正銘の: ~ nonsense まったくのたわごと / a ~ lie まっかなうそ. ❷ **a** 〈人・性格などまっすぐな, 率直な. **b** 〈話など〉露骨な.

dówn·rìver 形 副 = downstream.

dówn·scàle《米》形 副 低所得層向けの[に], 安っぽい[く], 質の劣る[を落として]《英》down-market): a ~ model (車・コンピュータなどの)廉価型. ── 動 他 ❶ 小型化する; 〈…〉の規模を縮小する. ❷ 金のかからないようにする, 安くする.

dówn·shìft 動 自 他 ❶《米》〈車〉ギヤを低速側に入れ換える(こと), シフトダウン(する). ❷ ライフスタイル[仕事]をストレスの少ないものに切り換える(こと).

†**dówn·sìde** 名 ❶ [単数形で] 欠点, マイナス面 (↔ upside). ❷ [単数形で] (株・価格の)下降. ❸ [the ~] 下側. ── 形 A 下向きの, 下降の, よくない傾向の.

dówn·sìze 動 他 ❶〈企業・事業〉などの規模を縮小する, 人員削減をする. ❷ 〈自動車・機器〉などを小型化する. ── 自 〈企業など〉が規模を縮小する, 人員を削減する.

dówn·sìzed 形 規模を縮小した; 人員削減した; 小型化した.

dówn·slòpe 名 下り坂, 下り勾配. ── 副 形 下り坂で[の].

dówn·spìn 名 (価格などの)急落.

dówn·spòut 名《米》雨どい, とい, 竪樋 (downpipe).

Dówn's sỳndrome /dáʊnz-/ 名 [医] ダウン症候群《染色体異常による精神遅滞の一種》.

dówn·stáge (↔ upstage) 副 舞台前方へ[で]. ── 形 A 舞台前方の. ── 名 U 舞台前方.

dówn·stáir 形 =downstairs.

*__dówn·stáirs__ /dáʊnstéəz | -stéəz‾/ (↔ upstairs) 副 (比較なし) 階下へ[で]: go [run] ~ 階下へ下りる[駆けて下りる]. ── 形 A (比較なし) 階下の: a ~ room 階下の部屋. ── 名 [通例 the ~; 単数扱い] 階下, 下の階.

dówn·státe /ʌpsteɪt/ 名 (米) 州の南部の[に, へ].
── /-ʹ-‾/ 形 A 州の南部の.

*__dówn·stréam__ 形 副 下流に[の], 流れを下って[た] (↔ upstream).

dówn·stróke 名《ピストン・筆跡などの》上から下への動き (↔ upstroke).

dówn·swìng 名 ❶ (ゴルフなどの)ダウンスウィング. ❷ (景気などの)下降 (downturn).

dówn·thrów 名 [地] 下り落差.

dówn·tìme 名 U ❶ (機械を運転していない, または従業員の働いていない)中断時間, 休止時間. ❷ (口) 休暇, 余暇.

+**dówn-to-éarth** 形 現実的な, 実際的な.

*__dówn·tówn__ (↔ uptown) (米) 副 商業地区に[で], 都心部に: go ~ to shop 繁華街[都心部]へ買い物に行く. ── 名 A 商業地区の, 繁華街の, 都心の: ~ Manhattan マンハッタンの商業地区. ── 名 商業地区, 都心部 ((英) city [town] centre) 〖解説〗日本のいわゆる「下町」ではなく商業経済の中心地域をいう).

dówn·trénd 名 [単数形で] (企業収益・景気などの)下降傾向.

dówn·tródden 形 ❶ 踏みにじられた. ❷ しいたげられた: the ~ masses しいたげられた大衆.

+**dówn·túrn** 名 (景気・物価などの)下降, 沈滞 (↔ upturn): The economy has taken a ~. 景気が下降してきた.

*__dówn·ward__ /dáʊnwəd | -wəd/ (↔ upward) 副 (比較なし) ❶ **a** 下方へ, 下向きに: lie face ~ うつぶせでいる). **b** 悪化して. ❷ [名詞語句の後に置いて] 上位の...(から下位まで)ずっと; ...以降: everyone from the president ~ 社長以下全員 / The custom has continued from the 16th century ~. その風習は 16 世紀からずっと続いてきた. ── 形 A (比較なし) ❶ 下方への, 下向きの; 下へ行く: a ~ slope 下り坂. ❷ (相場などが)下押しの; 下り坂の, 下落する, 堕落する: start on the ~ path 堕落[下落]し始める.

dówn·wards /-wədz | -wədz/ 副 =downward.

dówn·wàrp 名 [地] 曲盆(ぉ⤴ん) (地殻のゆるやかな下方へのたわみ).

dówn·wàsh 名 U [C] 吹きおろし, 洗流(翼が下方に押しやる空気).

dówn·wéll·ing /-wèlɪŋ/ 名 U [地] (プレートテクトニクス理論において)剛体プレートの圧力で海洋が落ちこむこと.

dówn·wínd 副 形 風下に[の] (↔ upwind).

dówn·y /dáʊni/ 形 (**down·i·er; -i·est**) ❶ うぶ毛[綿毛]でおおわれた. ❷ うぶ毛[綿毛]のような, 柔らかい; ふわふわした. ❸ 《英俗》如才のない, 抜けめのない. (名 down)

dow·ry /dáʊ(ə)ri/ 名 (新婦の)持参金. 〖L; ⇒ dower〗

+**dowse**[1] /dáʊs/ 動 =douse.

+**dowse**[2] /dáʊz/ 動 自 占い棒 (dowsing rod) で(地下の水脈[鉱脈])を探す[発見する] 〖for〗.

dows·er /dáʊzə | -zə/ 名 =dowsing rod; 占い棒で水脈[鉱脈]を探る人.

dóws·ing ròd /-zɪŋ/ 名 占い棒 (divining rod).

dox·as·tic /dɑksǽstɪk | dɔk-/ 形 [論] 意見の, ドクサの.

dox·ol·o·gy /dɑksɑ́ləʤi | dɔksɔ́l-/ 名 [キ教] 頌栄(ょうぇぃ)歌, (特に)栄光の賛歌. 〖Gk dóxa 名誉+-OLOGY〗

dox·o·ru·bi·cin /dɑ̀ksoʊrúːbəs(ə)n | dɔ̀ksoʊrúːbəsɪn/ 名 U [医] ドキソルビシン《広範な抗腫瘍作用をもつ化学物質; 塩酸塩の形で投与する》.

dox·y /dɑ́ksi | dɔ́k-/ 名 売春婦; 情婦, いろ.

doy·en /dɔ́ɪən, -en/ 〔団体・同業者などの〕最古参者, 長老: the ~ of the diplomatic corps 外交団首席. 〖F; DEAN と同語源〗

doy·enne /dɔ́ɪen, dwɑːjén | dɔɪén/ 名 doyen の女性形.

Doyle /dɔ́ɪl/, **Sir Arthur Co·nan** /kóʊnən/ 名 ドイル (1859-1930; 英国の推理小説家; 名探偵 Sherlock Holmes を創造した).

doy·ley /dɔ́ɪli/ 名《英》=doily.

doze /dóʊz/ 動 自 ちょっと眠る, 居眠り[うたた寝]する, まどろむ (nap): He was *dozing over* a book. 彼は本を読みながらうとうとしていた / I ~ed *off* during his speech. 私は彼が話している間居眠りをした. ── 他《時を》うとうと過ごす: ~ *away* the afternoon 午後をうとうとと過ごす.
── 名 [a ~] 居眠り, うたた寝, 仮眠: have a ~ まどろむ / fall [go off] into a ~ (思わず)うとうとする. 〖?Scand〗

‡**doz·en** /dʌ́z(ə)n/ 名 (複 ~s) [語配] 数詞と many, several (some を除く)などの後では単数形を用いる) ❶ ダース, 12(個): five ~ eggs 5 ダースの卵 《[用法] 現在では a ~ of eggs よりも a ~ eggs のように形容詞的に用いるほうが一般的 (⇒ 形); ただし, 特に [商] では前者が今でも用いられている》 / five ~ of these eggs [the eggs over there] この[向こうにある]卵 5 ダース / She bought two [several] ~ of them[the eggs]. 彼女はそれ[その卵]を 2 [数]ダース買った 《[用法] このように定まった数のものをさす場合には of が必要》 / some ~s of eggs 卵数ダース / pack bottles in ~s 瓶を 1 ダースずつ詰める / How much are those apples a ~? あのリンゴ 1 ダースいくらしますか / a baker's dozen, long dozen, daily dozen. ❷ (口) **a** [a ~] 1 ダース[12, 3]ほど, 十数個[人]の, (かなり)たくさんの 《[用法] half a dozen(半ダース)は「半ダースほど」, 「6 個[人]ほど」, 「5, 6 個[人]」の意に用いる): a few ~ people 数十人. **b** [複数形で] 数十, 多数: ~*s of* people 何十人もの人, とてもたくさんの人 / I went there ~*s* (and ~*s*) *of* times. そこへは何十回となく行った. **by the dózen** (1) ダース単位で: sell *by the* ~ ダースいくらで売る. (2) たくさん(に), 何ダースで[も]. **tálk** [**chát, spéak**] **ninetéen to the dózen** 《英口》 絶え間なく[のべつまくなし]にしゃべる.
── 形 (比較なし) ダースの, 12(個, 人)の: a ~ apples 1 ダースのリンゴ / five ~ eggs 5 ダースの卵 / some ~ people 12 人ほどの人たち / half a ~ bottles = half a ~ bottles 6 本の瓶 (⇒ ❷ 2 a). 〖F<L *duodecim* 12<*duo* 2+*decem* 10〗

doz·enth /dʌ́z(ə)nθ/ 形 第 12 番目の.

doz·er /dóʊzə | -zə/ 名 (口) =bulldozer.

doz·y /dóʊzi/ 形 (**doz·i·er; -i·est**) ❶ 眠そうな; 眠気を催す(ような) (drowsy): a hot, ~ day 暑くて眠気を催すような日 / feel ~ 眠くなる. ❷ (英口) 愚かな; 怠惰な.

DP (略) displaced person(s); [電算] data processing.
dpc (略) dampproof course. **DPh, DPhil** (略) Doctor of Philosophy. **dpi** (略) [電算] dots per inch 1 インチあたりのドット数《ディスプレー・プリンターなどの解像度を表わす》. **dpm** (略) dampproof membrane 防湿膜[シート]. **DPP** (略)《英》Director of Public Prosecutions. **DPT** (略) [医] diphtheria, pertussis, tetanus ジフテリア・百日咳・破傷風(三種混合ワクチン). **Dr** (略) drachma(s), drachmae. **dr.** (略) debit; debit side; [簿] debtor; drachma(s); dram(s).
Dr. (略) Drive.

*__Dr., Dr__ /dɑ́ktə | dɔ́ktə/ (略) Doctor: *Dr.* Johnson ジョンソン博士; (医師の)ジョンソン先生.

+**drab**[1] /dráb/ 形 (**drab·ber; -best**) ❶ (くすんだ)とび色の, (さえない)茶色の (cf. olive drab 1). ❷ 単調な, おもしろみのない. ~**·ly** 副 ~**·ness** 名 〖F=布〗

drab[2] /dráb/ 名 ❶ だらしのない女, 自堕落女. ❷ 売春婦. 〖Celt〗

drab·ble /drǽbl/ 動 他〈衣服などを〉ひきずって泥でよごす. ── 自 泥だらけになる.

Drab·ble /drǽbl/, **Margaret** 名 ドラブル (1939- ; 英国の女性小説家).

drachm /drǽm/ 名 ❶ =drachma. ❷ =dram.

drach・ma /drǽkmə/ 图 (復 ~s, -mae /-miː/) ❶ ドラクマ《ギリシャの旧通貨単位; 記号 d., dr., Dr., Dr》. ❷ (古代ギリシャの)ドラクマ銀貨. 〖L<Gk; cf. dram〗

†**dra・co・ni・an** /drəkóuniən, drei-/ 形 《法律など》(きわめて)厳しい, 苛酷な: ~ measures 厳しい対策. 〖Dracon アテネの執政官; 制定した法律が厳格だったことから〗

dra・con・ic /drəkάnɪk | -kɔ́n-/ 形 =draconian.

Drac・u・la /drǽkjʊlə/ 图 ドラキュラ《Bram Stoker の小説の主人公で吸血鬼》. 〖?Rum *drac* 悪魔《<L *draco*; ⇒ dragon》+-*ul* (定冠詞)〗

draff /drǽf/ 图 Ⓤ おり, モルトのかす.

*__draft__ /drǽft/ 图・動 《綴形》《英》では A と C2 と 動 を除いて draught を用いる》 A Ⓒ ❶ 下書き, 草稿: make a (first) ~ of a letter 手紙の下書きを書く / a plan in ~ 起草中の計画 (★ in ~ では無冠詞). ❷ 設計図面; 図案; 下絵. ── B 《米》 ❶ a [the ~] 徴兵, (兵の)徴募. b [単数形で]《集合的に》徴募兵(たち). ❷ [単数形で]《スポ》ドラフト制. ── C Ⓒ ❶ 《米》すきま風, 通風: catch a cold in a ~ すき間風でかぜをひく / keep out ~s すき間風をふさぐ. ❷ Ⓒ 為替手形, (特に, 銀行の支店から他支店あての)小切手, 支払い命令書: ~ on demand 要求[一覧]払い為替手形 / by ~ 為替手形で (★ by ~ では無冠詞) / draw a ~ on...あてに手形を振り出す. ❸ Ⓤ 《米》(容器から容器へ)注ぎ出すこと: beer on ~ 生ビール. ❹ Ⓒ 《米》ひと息に飲むこと[量], ひと口, 《文》(水薬の)1 回分: take a ~ at [in] a ~ (ひと息に)ぐいと飲む. ❺ Ⓒ 《海》(船の)喫水: a ship of 17 feet ~ 喫水 17 フィートの船. ── 形 《米》 ❶ Ⓐ 下書きの, 起草された; 草案の: a ~ bill (法案の)草案. ❷ Ⓐ 抜きの: ~ beer. ❸ Ⓐ 牽引用の: a ~ animal 牽引用の動物《馬・牛など》. ── 動 他 ❶ 《...の》原稿[草案]を書く, 《...を》起草[立案]する; 《設計図・絵などの》下図[下絵]をかく: ~ a speech 講演の草稿を書く. ❷ [通例 in, into を伴って, しばしば受身で]《選手・人員などを》選抜する, 特派[投入]する; 《米》《人を》《軍隊に》徴集[召集]する: He was ~ed *into* the army. 陸軍に徴兵された. 〖DRAUGHT の変形〗

dráft bèer 图 Ⓤ Ⓒ 《米》生ビール《加熱・殺菌していない》.

dráft bòard 图 《米》徴兵委員会.

dráft càrd 图 《米》徴兵カード.

dráft dòdger 图 《米》徴兵忌避者, 徴兵のがれ《人》.

draft・ee /drǽftíː | drɑ̀ːf-/ 图 《米》被徴兵者.

dráft・er 图 起草[立案]者.

dráft hòrse 图 荷馬, 輓馬(ｰﾊﾞ).

dráft pìck 图 《スポ》ドラフトでの指名権; ドラフトで指名された人.

dráft・pròof 形 隙間風がはいらないように目張りをした.

drǎfts・man /-mən/ 图 (復 -men /-mən/) ❶ 《米》製図者[工]; 図案者. ❷ 《米》デッサンのうまい人[画家]. ❸ 起草[立案]者.

drǎfts・man・shìp /-Ṷ/ Ⓤ ❶ 《米》製図の腕前. ❷ 起草[立案]の技量.

drǎfts・pèrson 图 《米》=draftsman, draftswoman 《性差別を避けた語》.

drǎfts・woman 图 (復 -women) draftsman の女性形.

draft・y /drǽfti | drɑ́ːf-/ 形 (draft・i・er, -i・est) 《米》すき間風の入る.

*__drag__ /drǽg/ 動 (dragged; drag・ging) 他 ❶ [通例副詞(句)を伴って] a 《重いものを》引っぱる, 引いていく: The ship *dragged* its [her] anchor all night. 船はひと晩中走錨(ｿｳ)した / The ~ *on* the ground 男を引きずり倒す. b 《足・尾などを》引きずっていく (cf. DRAG one's feet [heels] 成句). c [~ oneself で] 重い足を引きずっていく: He *dragged* himself *along* behind the others. 彼は皆の後から足を引きずってついて行った.

❷ [副詞(句)を伴って]《重いものを》《...から》引っぱり出す; 《...を》《...から》引きずり出す: She *dragged out* a suitcase *from* under the bed. 彼女はベッドの下からスーツケースを引き出した / A team of horses was *dragging* a big log *out of* the forest. 一組の馬が森林の中から大きな丸太を引きずり出していった.

❸ [副詞(句)を伴って] a 《人を》無理に《...へ》引っぱり出す, 無理に連れていく《to, into》: ~ a shy person *out to a* party 内気な人を無理にパーティーに引っぱり出す / ~ oneself *away from* the TV [a party] テレビの前[パーティー]からようやく[いやいや]離れる[引き上げる]. b 《...を》《活動などに》無理に引っぱり込む, 巻き込む: ~ a country *into* a war 国を戦争に引き入れる. c 《場違いなことを》《話などに》無理に持ち込む: ~ politics *into* a conversation 政治を話題に持ち込む / You mustn't ~ my name *in*. 私の名前を出さないでください.

❹ [副詞(句)を伴って] (コンピューター画面で)《テキスト・アイコンなどを》ドラッグする, マウスで引っぱる.

❺ 《川・海などで》《...を求めて》引き網・錨(など)で探る, さらう: ~ a pond *for* a drowned person's body 溺死者の遺体を求めて池をさらう.

❻ 《野》(バットを引くようにして)《バントを》打つ.

── 自 ❶ a 《足・錨・鎖などが》引きずられる: The door ~s. ドア(の下のほう)がつかえる[開けにくい] / The train of her dress *dragged behind* her. 彼女の衣裳の裾が後ろから引きずっていた. b 足を引きずって歩く. ❷ 《時・仕事・催し物などが》のろのろと進む, だらだら長引く; 調子がだれ(て遅れ)る: The meeting *dragged on*. 会議がだらだら続いた / Afternoon *dragged on into* evening. (退屈な)午後がだらだらと続いて夕方になった. ❸ (引き網などで)水底をさらう《for》.

drag behìnd [(自+副) ~ *behìnd*] (1) 手間どって(他より)遅れる. ── [((自+副) ~ *behìnd*...] (2) ぐずぐずして《他より》遅れる.

drag dówn [(他+副] (1) 《...を》引きずり下ろす. (2) 《病気などが》《人を》弱らせる; 《人を》がっかりさせる: Her constant complaining ~s me *down*. 彼女が絶えず不平を言うのは私は気が重い. (3) 《人を》落ちぶれさせる, 堕落させる.

drag ín [他+副] (1) 《ものを》無理に引きずり込む. (2) 《話題を》無関係に持ち込む (⇒ 他 3 c).

drág one's féet [héels] (1) 足を引きずる. (2) 《口》(わざと)ぐずぐず行動する[仕事をする, のろのろ動く].

drág a person kícking and scréaming (into...) 《戯言》(...に)《人を》無理やり引きずり込む.

drág óut [他+副] (1) 《重いものを》引き出す (⇒ 他 2). (2) 《人を》無理に引っぱり出す (⇒ 他 3 a). (3) 《秘密などを》《人から》聞き出す: ~ a secret *out of* a person 人から秘密を聞き出す. (4) 《議論・時間などを》長引かせる.

drág úp [他+副] (1) 《いやな話題・事実を》無理に持ち出す. (2) 《英口》《子供を》《まともなしつけもせず》手荒に育てる.

── 图 ❶ [a ~] 《口》 (退屈な)面倒くさい[嫌な]人: What a ~! まったく不愉快[うんざり]だ. ❷ Ⓒ じゃま物, 足手まとい: a ~ *on* a person 人の足手まとい / a ~ *on* a person's career [development] 人の出世[発達]を妨げるもの. ❸ Ⓒ 《口》 (たばこを吸うこと: take a ~ *on* a cigarette たばこをぐっと吸う. ❹ 《口》 異性の服: in ~ 女[男]装して / a ~ show 女装のショー. ❺ Ⓤ a 《空》(飛行機に働く空気の)抗力; 抗力による速度減. b 引きずること, 牽引(ｲﾝ). ❻ 《狩猟》(狐などの)長く引いた臭跡; 擬獣, 擬人. ❼ [通例単数形で] 《米口》通り, 道路: the main ~ 本通り. ❽ [the ~] 《米口》人を動かす力, 縁故; ひいき.

【ON; DRAW と同語源】【類義語】⇒ pull.

drág-and-dróp 形 《電算》《アプリケーションなどを》ドラッグアンドドロップ(対応)の《テキスト・画像などをドラッグして別の開いたファイル上に移動するとコピーできたり, アイコンをプログラムの上に移すとファイルが開かれたりする》. ── 图 Ⓤ Ⓒ ドラッグアンドドロップ(機能・動作). ── 動 他 (dragged and dropped, drag-and-dropped) (ファイル・データを)ドラッグアンドドロップで移動する, ドラッグアンドドロップする.

drág búnt 图 《野》ドラッグバント.

dra・gée /drəʒéɪ/ 图 ドラジェ《砂糖で包んだナッツやチョコレートなど》; アラザン《ケーキの飾りに用いる銀色の粒》.

drág・ger 图 《米》引き船, トロール船.

drag・gle /drǽɡl/ 動 他 ❶ (泥の中などで)引きずってよごす[ぬらす]. ── 自 ❶ すそを引きずる. ❷ とぼとぼ進み, あとから遅れていく. 〖DRAG+-LE〗

drág・gled 形 =bedraggled.

drággle-tàiled 形 《女が》よごれた服を着た; だらしない.
drág・gy /drǽgi/ 形 《口》のろのろした, 退屈な, 活気のない.
drág・hound 名 擬臭を使用する遊猟用に訓練された猟犬.
drág・line 名 ❶ (クモの)引き糸, しおり糸. ❷ 【土木】ドラグライン, ドラクラ 《土砂などをかき取るバケット付きの掘削機》.
drág・net 名 ❶ 地引き網, 底引き網. ❷ (警察の)捜索[検挙]網.
drag・o・man /drǽgəmən/ 名 (複 ~s, -men /-mən/) (近東での)専門の通訳; ガイド. 《F<It<Gk<Arab 通訳》
*__drag・on__ /drǽgən/ 名 ❶ 《翼・つめをもち火を吐くという伝説の》竜, ドラゴン. ❷ 《英口》気性の激しい女. **cháse the drágon** 《俗》麻薬を吸う. 《L<Gk=ヘビ; 原義は「(恐ろしい目で)見つめるもの」》

drágon bòat 名 竜船(りゅうせん) 《竜を形どった船; 中国南部・タイなどの祭事用の船など》.
drágon brèath 名 U 《戯言》ひどく臭い息.
drag・on・et /drǽgənət/ 名 【魚】ネズッポ科の総称.

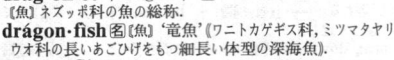

dragon 1

drágon・fish 名 【魚】'竜魚' 《ワニトカゲギス科, ミツマタヤリウオ科の長いあごひげをもつ細長い体型の深海魚》.
drágon・fly 名 【昆】トンボ.
Drágon Lády 名 ❶ ドラゴンレディー 《米国の漫画 Terry and the Pirates に登場する妖婦型の中国人女性》. ❷ [しばしば d- l-] 猛女, おっかない女, 妖婦, 悪女.
drag・on・nade /drægənéid/ 名 [通例複数形で] 【史】竜騎兵の迫害 《フランス王 Louis 14 世が竜騎兵を新教徒の居住地に駐屯させて恐怖を与えた》.
drágon's blòod 名 U 麒麟血(きりんけつ) 《昔はdragon tree から採った樹脂; 今はSumatra 産のキリンケットウの果実から採る; 昔は薬用, 今はワニスなどの着色剤》.
drágon shìp 名 《へさきに衝角の付いた》ヴァイキング船.
drágon trèe 名 【植】リュウケツジュ 《Canary 諸島原産ユリ科の巨樹で非常な樹齢に達する; ⇨ dragon's blood》.
+**dra・goon** /drəgúːn/ 名 ❶ 《英》(近衛)竜騎兵連隊の兵. ❷ (昔の)竜騎兵 《騎銃を持った騎馬歩兵》. ── 動 他 《人に》圧迫を加えて...(さ)せる: He was ~ed into attending the party. 強要されパーティーに出席した. 《F; ⇨ dragon》
drág quèen 名 《俗》女装の男性同性愛者.
drág ràce 名 ドラッグレース 《¼ マイル(約 400 m)の直線路での発進加速を競う自動車レース》. **drág ràcing** 名
drag・ster /drǽgstə |-stə/ 名 ドラッグレース用に改造した)自動車.
drail /dréil/ 名 《釣》ころがし針.
*__drain__ /dréin/ 動 他 ❶ 《水などを》《排水設備などで》徐々に排出する, はかせる 《away, off, out》: dig a trench to ~ water *away* [*off*] 排水のために溝(溝)を掘る / That ditch ~s water *from* the swamp. その溝で沼地の水がはける. ❷ 《土地から》水をはかせる, [補語に dry を用いて] 《土地の》排水をする; 《土地に》排水設備を施す: a well-*drained* playing field 排水設備のよいグラウンド / ~ a swamp *of* water 沼地を干拓する / [+目+補] ~ the land *dry* 土地の排水をする. ❸ a 《水洗いした野菜・物などを》液を切る, 水切りをする. b 《グラスの酒などを》ぐいと飲み干す: ~ one's glass of wine in one draft グラスのワインをひと息に飲み干す. ❹ a [時に補語に *dry* を用いて] ...を弱らせる, ...から 《富・力などを》次第に消耗させる; 《顔などから》血の気などを失わせる: The war ~ed the country *of* its resources. 戦争によってその国は資源を次第に失った / He was ~ed *of* his strength. 彼は体力が尽きた / She looked ~ed (*of* life). 彼女は生気をなくしているように見えた / My boy's education ~ed my bank account *dry*. 息子の教育で私の銀行預金口座はすっからかんになった / He felt ~ed *dry of* energy. 彼は精力を使い果たしたような気がした. b 《体力などを》弱らせる 《*away, off*》; 《血の気・感情などを》奪う 《*out*》 《from》. ❺ 《財宝・人材を》《国外に》流出させる 《*away, off*》: ~ *away* the best brains *to* America アメリカへ最優秀の頭脳の人たちを流出させる.
── 自 ❶ 《水などが》はける, たらたら流れ出る 《*away, off*》: The rainwater soon ~ed *away*. 雨水はすぐに流れた[はけた]. ❷ a 《土地が》排水される; 《沼地が》干上がる. 《皿・布などが》水が切れて乾く: She left the dishes to ~. 彼女は皿をそのままにして乾かした. b 《...に》水が流れる: This plain ~s *into* the lake. この平野の水はその湖に流れ込む. ❸ a 《体力・感情などが》徐々に尽きる 《*away, off*》: His life is slowly ~*ing away*. 彼の生命力は徐々に尽きている. b 《血の気などが》《...から》引く 《*from, out of*》: I saw the color [blood] ~ *from* her face. 彼女の顔から血の気が引くのが見えた. ❹ 《財宝・人材が》《国外へ》流出する 《*away, off*》: Most of our gold reserves have ~ed *away to* foreign countries. わが国の(国際収支の)金準備のほとんどが海外へ流出した.
── 名 ❶ a 《水が》はける溝, 水管, 溝(ぞく); 《英》(路面の)排水口 《《米》sewer》grate). b [複数形で] 下水施設. c 【医】排液管, ドレーン. ❷ [単数形で] 絶えない流出, 枯渇(のもと), 流失, 物入り: a ~ *on* national resources 国家の資源の枯渇. ❸ [単数形で] 《財宝・人材の》国外流出: the ~ of specie from a country 正貨の国外流出 / brain drain.
gó [**be**] **dòwn the dráin** 《口》(1) 失われる[ている]; むだになる[なっている]. (2) 《人の》だめになる[なっている].
láugh like a dráin 《英口》ばか笑いする, 高笑いする.
《OE=(液体を)こす; cf. dry》 (名 drainage)
+**drain・age** /dréinidʒ/ 名 ❶ 排水, 水はけ, 排水法. ❷ 排水設備; 排水[下水]路, 排水区域. ❸ 下水, 汚水. ❹ 《外科》排液[排膿](法), ドレナージ. (動 drain)
dráinage bàsin 名 《河流の》流域, 排水(区)域.
dráin・board 名 《米》(流しの)水切り台[板].
drained /dréind/ 形 疲れきった, ぐったりした.
dráin・er 名 ❶ (台所の)水切り器具. ❷ 下水(配管)工事人.
dráin・ing bòard 名 《英》=drainboard.
dráin・pipe 名 ❶ 排水管, 下水管; 竪樋(たてどい). ❷ [複数形で] ⓐ ごく細いズボン. ❸ ⓐ 《俗》すごく細いの.
dráinpipe tròusers 名 複 《英口》=drainpipe 2.
Dráize tèst /dréiz-/ 名 ドレイズ試験 《皮膚用薬物・化粧品・シャンプーなどの刺激性試験; ウサギの眼や皮膚に投与して調べる》. 《John H. Draize 考案した米国の薬理学者》
drake¹ /dréik/ 名 カモ[アヒル]の雄 (cf. duck¹ 1 b).
drake² /dréik/ 名 カゲロウ (mayfly) 《釣りの餌になる》; カゲロウ型毛針.
Drake /dréik/, **Sir Francis** ドレーク (1540?-96; 英国の提督; 英国最初の世界周航者; スペインの無敵艦隊を撃破した).
Dráke equátion 名 【天】ドレーク方程式 《銀河系における知的文明をもつ惑星の数を見積もる公式》. 《F. Drake 公式化した米国の天文学者》
Dra・lon /drǽlən|-lɒn/ 名 U 《商標》ドラロン 《ドイツ製のアクリル繊維》.
dram /drǽm/ 名 ❶ ドラム 《略 dr.》: a (常衡 (avoirdupois) で) ¹⁄₁₆ ounce; =27.343 grains, 1.771 grams. b 《米》(薬衡 (apothecaries' weight) で) ⅛ ounce; =3 scruples, 60 grains, 3.887 grams. c =fluid dram. ❷ a (主にスコ)(ウイスキーなどの)微量, ひと口: He's fond of a ~. 彼は酒好きだ. b わずか: She has not one ~ of learning. 彼女は学問の「が」の字もない. 《F<L<Gk DRACHMA》
*__dra・ma__ /drάːmə, drǽmə|drάː-/ 名 ❶ Ⓒ 劇, 戯曲, 脚本: an historical [a musical] ~ 史[楽]劇 / a poetic [prose] ~ 詩[散文]劇 / a radio [TV] ~ ラジオ[テレビ]ドラマ. ❷ U [時に the ~] 演劇, 劇文学, 芝居: Elizabethan ~ エリザベス朝の演劇 / a student of (*the*) ~ 演劇の研究家 / a ~ critic (演)劇批評家, 劇評家. ❸ a Ⓒ (一連の)劇的事

件, ドラマ. **b** ⓤ 劇的な性質[効果, 状況] 〔of〕: heighten the ~ 劇的効果を高める, より劇的にする, (事態の)緊張(感)[感動化]を高める[盛り上げる]. **màke a dráma òut of...** …のことで大騒ぎする[騒ぎ立てる] 〖L<Gk=行為〗 (形 dramatic, 動 dramatize)

dráma quèen 名 (大げさに嘆いたりして)注目を集めようとする女[女優], (わざとらしい)悲劇のヒロイン.

*__dra·mat·ic__ /drəmǽtɪk/ 形 (**more** ~; **most** ~) ❶ 変化・出来事などが劇的な; すばまじい, わくわくさせる / a turn of events 事件の劇的な変化. ❷ (比較なし) 演劇の[に関する]; 戯曲の: ~ criticism (演劇)批評, 劇評 / a ~ performance 演芸 / a ~ piece 1 編の戯曲[脚本]. ❸〈人・振舞いなど〉芝居がかった, おおげさな; 表情豊かな. **-i·cal·ly** /-kəli/ 副 劇的に; 劇のように. (名 drama)

dramátic írony 名 ⓤ ドラマチックアイロニー (観客にはわかっているが舞台上の人物には知らないという設定) 〖技法〗.

dram·at·ics /drəmǽtɪks/ 名 ❶ ⓤ 演劇, 演劇法, 演技. ❷ (複数扱い) 大げさな表現, 芝居がかった態度.

dram·a·tis per·so·nae /drǽmətɪs pəsóʊniː, drɑ́ːm-, -naɪ | -pə-/ 名 〔しばしば the ~〕❶ 登場人物; (事件などの)主な関係者. ❷ (単数扱い) 登場人物一覧表, 配役表. 〖L=persons of the drama〗

†**dram·a·tist** /-tɪst/ 名 劇作家, 脚本家 (playwright).

dram·a·ti·za·tion /drǽmətɪzéɪʃən, -taɪz-/ 名 ⓒⓤ 脚色, 劇化 〔of〕.

†**dram·a·tize** /drǽmətaɪz/ 動 他 ❶〈事件・小説などを〉劇にする, 脚色する: a novel was ~d. ❷ a〈...〉を劇的に表現する. **b**〔~ oneself で〕芝居じみた態度をとる, 演技する. ── 圓 ❶ 劇になる, 脚色される: The story would ~ well. その物語はりっぱに芝居になろう. ❷ 演技をする, 芝居じみた態度をする. (名 drama)

dram·a·tur·gy /drǽmətə̀ːdʒi | -tə̀ː-/ 名 ⓤ ❶ 演劇論, 作劇法, ドラマトゥルギー. ❷ (脚本・劇の)上演[演出]法.

Dram·bu·ie /drǽmbúːi | -b(j)úːi/ 名 ⓤ 〖商標〗ドランブイ《ウイスキーをベースにしたリキュール》.

dram·e·dy /drǽmədi, drɑ́ː- | drǽ-/ 名 《米口》(テレビの)喜劇的要素を盛りこんだまじめなドラマ, コメディドラマ.

*__drank__ /drǽŋk/ 動 **drink** の過去形;《古・米口》**drink** の過去分詞.

drape /dreɪp/ 動 他 ❶〈衣類・掛け布などを〉... にゆるやかにかける, 優美にまとう[まとわせる]: She ~d the robe *around* her daughter's shoulders. 彼女はそのローブを娘の肩に優雅にかけた. ❷〈衣類・掛け布などで〉おおう [飾る] 〔*with, in*〕: The hall is ~d *with* rich tapestries. 会堂は豪華なとん帳で飾られていた. ❸〈腕・足などを〉...にもたせかける 〔*over, around, against*〕: He ~d his arm *around* her shoulders. 彼は彼女の肩に腕かけた. ❹ 〖服〗〈スカートなどにひだをとってゆるやかにする, ...〉をゆるやかなひだでおおう. ── 名 ❶ **a**(通例単数形で)掛け布. **b**(通例複数形で)(薄地のカーテンに対し)(厚地の)カーテン. ❷(通例単数形で)〖服〗(スカートなどの)たれ具合, ドレープ. 〖F=布〗

dráp·er 名《英》服地屋, 呉服屋, 反物商, 服地商: a linen [woollen] ~ リンネル[ラシャ]商人 / a ~'s (shop) 生地屋, 呉服店.

drap·er·y /dréɪp(ə)ri/ 名 ❶ **a** ⓤ〔また複数形で〕ひだのある掛け布[カーテン, 服] (など). **b**〔複数形で〕(米) (厚手の)カーテン布地. ❷ ⓤ《英》服地類, 反物類, 呉服業 (cf. dry goods). **b** 反物[呉服]業. ❸ ⓤ (絵画・彫刻の)人物の着衣(の表現法). 〖DRAPE+-ERY〗

*__dras·tic__ /drǽstɪk/ 形 (**more** ~; **most** ~) ❶ 手段などが思い切った, 徹底的な, 抜本的な; 過激な: adopt [take] ~ measures 思い切った手段をとる. ❷ 〈治療・変化など〉激烈な, 猛烈な; 目立った, 深刻な: apply a ~ remedy 荒療治を施す. 〖Gk=積極的な〗

drás·ti·cal·ly /-tɪkəli/ 副 徹底的に, 思い切って.

drat /drǽt/ 間《古風》呪う[いまいましい気持ちを表わして] ちぇっ!, いまいましい! (**drat·ted**; **drat·ting**) 〖俚法〗呪う[いまいましい気持ちを表わす言葉]: *D-* it! いまいましいったら! / *D-* you! くそくらえ! 〖(G)od rot〗

drát·ed /-tɪd/ 形《口》いまいましい, いやな.

537 draw

*__draught__ /drǽft | drɑ́ːft/ 名《英》❶ = draft A, C 2 を除く). ❷〔複数形で〕⇒ draughts. ❸《英》ⓒ チェッカーのこま (《米》 checker). ── 形 =draft.

dráught bèer 名《英》=draft beer.

dráught·bòard 名《英》チェッカー盤《米》 checkerboard).

dráught exclùder 名 ⓒⓤ《英》すきま風ふさぎ, 目詰め (weather strip).

dráught hòrse 名《英》=draft horse.

draughts /drǽfts | drɑ́ːfts/ 名〔単数扱い〕《英》= checkers.

dráughts·man /-mən/ 名 (⊛-**men**/-mən/)《英》❶ =draftsman. ❷ チェッカーのこま.

dráughtsman·shìp 名《英》=draftsmanship.

dráughts·pèrson 名《英》=draftsperson.

draught·y /drǽfti/ 形《英》=drafty.

Dra·vid·i·an /drəvídiən/ 形 ドラビダ人[語(族)]の. ── 名 ❶ ⓒ ドラビダ人《インド南部に住む非アーリア系の種族》. ❷ ⓤ ドラビダ語族の言語.

*__draw__ /drɔ́ː/ 動 (**drew** /drúː/; **drawn** /drɔ́ːn/) ⊛ **A** ❶ **a**〈絵・図などを〉描く;〈線を〉引く (⇒ describe 比較);〈...の絵を〉描く;〈...を〉描いた ~ 〜 を描く ~ a diagram [house] 図形[家]を描く / ~ a straight line 直線を引く / He *drew* a picture of her. 彼は彼女の絵を描いた / 〔+目+目〕I'll ~ you a rough map=I'll ~ a rough map *for* you. あなたに略図を描いてあげよう. **b**〈...を〉(言葉で)描写する: The characters in this novel are well *drawn*. この小説の人物はよく描かれている.

❷ **a**〈文書を〉作成する: ~ (*up*) a deed [bill] 証書[手形]を作成する. **b**〈小切手を〉人に向けて振り出す: ~ a check *on* a person *for* 10,000 yen 人に対して 1 万円の小切手を振り出す.

❸〔...の間の〕比較・区別を〉設ける,〈類似点を〉指摘する: ~ a comparison *between*... とを比較する / ~ a distinction (*between*...) (...の間の)相違点を指摘する / ~ an analogy (*between*...) (...の間の)類似点を示す.

── **B** ❶ (軽くならむように)引く: **a**〔副詞(句)を伴って〕〈ものを〉(ある方向に)引き寄せる: He *drew* the blanket *over* his head. 彼は頭まで毛布をひっかぶった / He *drew* me *aside*. (こっそり話をするために)彼は私をかたわらに引き寄せた / He *drew* out a chair and seated himself. 彼はいすを引き出して腰を下ろした / *D-* your chair a little *forward* [*up* to the fire]. 少し前へ[ずっと火のほうへ]いすを引き寄せなさい / He *drew* the boat (*up*) *onto* the beach. 彼はボートを浜辺に引き上げた. **b**〈ものを〉引っぱる, 牽引(ケン)する: ~ a cart 荷車を引っぱる / ~ a net 網をたぐる. **c**〈弓を〉引きしばる;〈帯などを〉引き締める: ~ a bow 弓を引く / ~ a belt tighter ベルトをしっかりと引き締める **d**〈カーテンなどを〉(続けて)引く (通例「閉める」の意; cf. draw back (1));〈カーテンを〉 (*across* a window)(窓に)カーテンを引く (cf. draw the CURTAIN over [on]) (成句) / ~ *down* the blinds 日よけを下ろす. **e**〈(いやがる)人を〉〈無理に〉...に引き入れる 〔*in, into*〕: ~ a person *into* a room 人を部屋に引き入れる / ~ a person *into* a conversation 人を(話し中の)話に引き入れる. **f**〈手綱を〉引いて馬を止める: ⇒ draw BIT³, draw REIN (成句).

❷ 引き抜く: **a**〈ものを〉...から引き抜く, 抜き取る〔*from, out of*〕;〈歯を〉抜く: He *drew* the nails *from* the board. 彼はその板からくぎを引き抜いた / She *drew* a handkerchief *from* her trouser pocket. 彼女はズボンのポケットからハンカチを引き出した / Go to the dentist's to have your tooth *drawn*. 歯医者に行ってもらいに歯医者さんへ行ってなさい. **b**〈...に向かって〉〈刀剣・ピストルなどを〉抜く (cf. ⊛ B 2): He *drew* his gun *on* me. 彼はいきなり銃を抜いて[出して]私に突きつけた. **c**〈鳥のはらわたを抜く: ~ a chicken (料理前に)ひな鳥のはらわたを抜く. **d**〈トランプの札を〉〔...から〕引く, 取る: ~ a card *from* a pack ひと組のトランプから 1 枚引く[取る]. **e** 引き当てる;〈...を〉引き当てる;〈人・物を〉選ぶ: ~ lots くじを引く / ~ the winning number 当たりくじ番号を引き

draw

当てる / Japan has been *drawn to* play France. 日本は抽選でフランスと試合をすることになっている。
❸ 引き出す: **a** 〈水・酒などを〉〈…から〉取り出す, くみ上げる; 〈人に〉〈容器から〉〈液体を〉出す: ~ water *from* a well 井戸から水をくみ上げる / 〈+目+目〉He *drew* me a glass of beer (*from* the keg). 彼は私に(たるから)ビールを1杯つい でくれた。**b** 〔銀行・口座などから〉〈金を〉おろす 〔*from, out of*〕: ~ money *from* a bank 金を銀行からおろす。**c** 〔結論・情報などを〉〈…から〉引き出す; 〈物語から〉〈教訓を〉得る; 〔しばしば受身で〕〈…について〉〈人に〉話させる 〔*about, on*〕: How did you ~ the information *out of* him? どうやってその情報を彼から引き出しましたか / He *drew* his conclusions *from* this data. 彼はこの資料から結論を引き出した / You can ~ a moral *from* this story. この話から教訓をくみ取ることができる / She refused to be *drawn on* the subject of her son. 彼女は息子のことに触れるのを拒んだ。**d** 〈給料などを〉もらう, 受け取る; 〈…から〉〈慰め・支持などを〉得る 〔*from*〕: ~ a pension 年金をもらう / ~ a high salary 高給取りである / I'm going to ~ my salary today. 今日はこれから給料をもらいに行く。**e** 〈金銭・株などが〉〈利子が〉つく: The money *drew* a lot of interest in the bank. その金は銀行に預けていてずいぶん利子がついた。
❹ 引きつける: **a** 〈注意・耳目などを〉〈…に〉引く, 引きつける: His clothes *drew* everyone's eyes. 彼の服装は皆の目を引いた / He *drew* my attention *to* this point. 彼はこの点で私の注意を引いた。**b** 〈人々を〉引きつける, 〈…の〉人気を呼ぶ; 〈人に〉〈…の〉魅力を感じさせる: The show *drew* large audiences. その催し物は大入りであった / He had certain qualities which *drew* her *to* him. 彼には彼女を引きつける何らかの特性があった / I don't feel *drawn toward* her. 彼女に魅力を感じない。
❺ 引き起こす: **a** 〈涙・笑い・攻撃・非難などを〉〈…から〉引き出す, 誘う 〔*from, out of*〕: Her fine performance *drew* enthusiastic applause. 彼女の見事な演技はかっさいを博した / Her sad news *drew* tears *from* us. 彼女の悲しい知らせは我々の涙を誘った。**b** 〈破滅などを〉身に〔頭に〕招く: He *drew* (*down*) his failure *on* himself. 彼は失敗を招いた。
❻ 〈息を〉吸う: ~ *in* a (deep) breath =~ a (deep) breath *in* (深く)息を吸い込む / ~ breath ⇒ breath 图 成句。**b** 〈ため息を〉つく: ~ a long sigh 長いため息をつく。
❼ 〈主に英〉〈勝負・試合を〉引き分けにする(tie): England and Belgium *drew* the game (at) 3-3. イングランドとベルギーは3対3で引き分けた / a *drawn* game ⇒ drawn 2.
❽ 〈血を〉流させる (⇒ draw BLOOD 成句): No blood has been *drawn* yet. まだ一滴の血も流されていない。
❾ 〈苦痛か〉顔を〉ゆがませる(★ 通例過去分詞で形容詞的に用いる; ⇒ drawn 3).
❿ 〈船が〉喫水〈…フィート〉である: The ship ~s 20 feet of water. その船は喫水 20 フィートだ。
── 圓 **A** 〈…で〉絵を描く, 製図する: ~ *with* colored pencils 色鉛筆で絵を描く / She ~s very well for a six-year-old girl. 彼女は6歳にしては絵がうまい。
── **B** ❶ 〔副詞(句)を伴って〕**a** 〔引き寄せられるように〉近づく, やってくる〔いく〕; 寄り集まる: ~ *together* for warmth 暖を求めて寄り集まる / The train *drew* slowly *into* the platform 〔*out of* the station〕. 列車はゆっくりとホームに入ってきた〔駅から出ていった〕/ The bus *drew to a halt*. バスは停車した / D- *near*, please. 近くにお寄りなさい / They *drew around* 〔*round*〕 the fire. 彼らは火の周りに集まった。**b** 〈時が〉近づく: ~ *to* an end 〔a close, a finish〕 終わりに近づく / Christmas is ~*ing near*. クリスマスが近づいてきた / The day *drew* to its close. その日も終わりに近づいた。
❷ 〈人に向かって〔をねらって〕〉刀剣〔ピストル〕を抜く(cf. 働 B 2 b): He *drew on* me. 彼はいきなり銃を抜いて〔出して〕私に突きつけた。
❸ 〔…を決めるために〕くじを引く: ~ *for* partners くじを引

いてパートナーを決める / Let's ~ *for who* will go first. だれが最初に行くかくじで決めよう。
❹ 〔主に英〉〈勝負・試合で〉〈相手と〉引き分け(に)なる(tie) 〔*with, against*〕: The teams *drew* 4-4 〔4 all〕. 両チームは4対4で引き分けとなった。
❺ **a** 〔パイプなどを〉吸う 〔*at, on*〕。**b** 〔well, badly などの様態の副詞を伴って〕〈煙突・パイプなどが〉通りが〔…〕だ: This pipe ~s well 〔badly〕. このパイプは通りが良い〔悪い〕。
❻ 〔well, badly などの様態の副詞を伴って〕〈劇などが〉人目〔注意〕を引く, 人気を呼ぶ: *Hamlet* at the Old Vic is ~*ing well*. オールドビック座にかかっている「ハムレット」は人気である。
❼ 〈茶などが〉出る: The tea has not *drawn* well. お茶はうまく出ていない。

dráw a béad on ⇒ bead 图 成句。　**dráw a blánk** ⇒ blank 图 成句。　**dráw a líne** ⇒ line¹ 图 成句。
dráw apárt (働+副) 離れる; 疎遠になる。
dráw a véil òver... ⇒ veil 图 成句。
dráw awáy (働+副) (1) 〈差し伸べた手などを〉(さっと)引っ込める。(2) 〔…から離れる; 〕体を引き離す: She tried to ~ *away from* him. 彼女は彼から身を引き離そうとした。(3) 〈口〉(競走などで)〈…よりも〉先に出る, 〈…を〉引き離す: He quickly *drew away from* his competitors. 彼は見る見るうちに競走者たちを引き離した。
dráw báck (働+副) (1) 〈…を〉引き戻す; 〈カーテンなどを〉引いて開ける: ~ *back* the curtain カーテンを開け放つ。── (働+副) (2) 退く, たじろぐ: He *drew back* in alarm. 彼はあわてて後ずさりした。(3) 〔企画などから〉手を引く: It's too late to ~ *back from* the plan. 今となっては計画から手を引くことはできない。
dráw blóod ⇒ blood 图 成句。
dráw a person's fíre ⇒ fire 图 成句。
dráw ín (働+副) (1) 〈角・つめなどを〉引っ込める。(2) 〈人などを〉引き入れる, 誘い込む (⇒ 働 B 1 e)。(3) 〈息を〉吸う (⇒ 働 B 6 a)。── (働+副) (4) 〈英〉〈日が〉短くなる; 〈夜が〉早くなる (cf. DRAW out 働 成句 (5))。(5) 〈日が〉暮れかかる: The days 〔nights〕 were ~*ing in*. 日がだんだん短くなっていた / It's still long before the day ~s *in*. 日が暮れるまでにまだかなり時間がある。(6) 〈列車がホームに〉入って来る, 到着する; 〈車・バスが〉道端に寄って(止まる): The train *drew in* and stopped. 列車は入ってきて止まった。
dráw in one's hórns ⇒ horn 图 成句。
dráw lével 〈*with*...〉 (1) 〈…と〉対等になる。(2) 〈競走で〉〈…に〉追いつく: The two boats *drew level*. 二隻のボートは一線に並んだ。
dráw óff (働+副) (1) 〔…から〕〈管などで〉〈水などを〉抜く, 流し出す 〔*from*〕。(2) 〈手袋・靴下などを〉脱ぐ: ~ one's gloves *off* 手袋を脱ぐ。── (働+副) (3) 〔軍〕〈軍隊が〉撤退する: The enemy *drew off*. 敵は退却した。
draw on 〔(働+副) ~ *on*...〕 (1) 〈資金などを〉利用する; 〔経験・人などに〉頼る・受ける: I'll have to ~ *on* my bank account. 銀行の(口座)から金をおろす〔引き出す〕ねばなるまい (cf. 働 B 3 b) / ~ *on* one's experience 経験を利用する〔生かす〕。(2) 〈たばこなどを〉吸う (⇒ 働 B 5 a)。[(働+副) ~ *ón*] (3) 〈冬・夜などが〉過ぎ去る; 〔終わりに〕近づく: The long awaited day *drew on*. 待ちわびた日が近づいた。── (働+副) ~ *ón*] (4) 〈手袋・靴下などを〉はめる, はく: She *drew on* her gloves. 彼女は手袋をはめた。(5) 〔~+目+on〕〈人を〉〈話などをするように〉促す, しむける; そそのかす: His good humor *drew* me *on* to speak frankly. 彼の上機嫌につられて素直に話すようになった。
dráw óut (働+副) (1) 〈…を〉引き抜く (⇒ 働 B 2 a)。(2) 〈音・会合などを〉長引かせる, 引き伸ばす; 〈金属を〉打ち延ばす: The author has *drawn* the story *out* so much that it's boring in many parts. 著者が物語をあまりにも引き延ばしているので, 退屈な所が多い。(3) 〈人に〉誘いをかけて話させる, 〈…の〉気持ちを引き出す; 〈人から〉〈話などを〉聞き出す (⇒ 働 B 3 c)。(4) 〈口座から〉〈金を〉おろす (⇒ 働 B 3 b)。── (働+副) (5) 〈日が〉長くなる, 〈夜が〉遅くなる (cf. DRAW in 働 成句 (4)): The days have begun to ~ *out*. 日が長くなり始めた。(6) 〈列車などが〉〈駅などから〉出て行く。
dráw the líne ⇒ line¹ 图 成句。

dráw úp(他+副)(1)〈文書を〉作成する (⇒ 他 A 2 a). (2)〈…を〉引き上げる[寄せる] (⇒ 他 B 1 a). (3) [~ oneself up で]まっすぐに立つ; きちんと座りなおす; (得意そうに)胸を張る: ~ oneself up to one's full height 居丈高(いたけだか)になる. (4)《米》〈境界を〉確定する. (5)〈軍隊を〉整列させる《★しばしば受身》: The troops *were drawn up* for inspection. 軍隊は検閲を受けるために整列していた. ―(自+副)(6)〈車などが〉止まる: The taxi *drew up* at the station. タクシーは駅で止まった.

dráw upòn =draw on (1).

― 名 ❶ a くじ引き, 抽選 [*for*]; 富くじ, 福引き. b 《主に英》(勝負などの)引き分けで決める試合 [*against*].
❷《主に英》(勝負などの)引き分け: hold a person to a ~ 相手を引き分けにとどめる / The game ended in [was] a ~. ゲームは引き分けに終わった. (2) ⇒ pull.
❸ 人々を引き付けるもの[人], 呼び物: Her new film is a big ~. 彼女の新作の映画は大当たりだった.
❹ (たばこ・パイプの)ひと吸い: take a ~ ひと吸いする.
❺《米》(はね橋の)開閉部 (cf. drawbridge 1).
❻ (ピストルなどを)抜き出すこと: quick [slow] on the ~ ピストル(など)を抜くのがすばやい[遅い].
〖OE; DRAG と同語源〗
【類語語】(1) **draw** 鉛筆・ペン・クレヨン・チョークなどを用いて線で描く. **paint** 絵の具で絵を描く. (2) ⇒ **pull**.

dráw・bàck 名 ❶ C 欠点, 問題(点), 障害 [*of, to*] (disadvantage): The only ~ *to* the plan is its expense. その計画の唯一の欠点はその費用だ. ❷ U.C a 控除 [*from*]. b (輸入品再輸出の時の)払い戻し税.

dráw・bàr 名 引っ張り棒, 牽引(けんいん)棒《機関車や車両連結用, または2つの車両の連結棒》.

dráw・bridge 名 ❶ 可動橋, はね橋. ❷ (昔の城の堀の)つり上げ橋.

dráw・càrd 名 =drawing card.

dráw・còrd 名 =drawstring.

dráw・dòwn 名 U ❶ (井戸・貯水池の)水位低下. ❷ 削減, 縮小.

draw・ee /drɔ́ːí/ 名〔商〕(為替)手形名あて人 (↔ drawer).

***draw・er**[1] /drɔ́ː/ 名 ❶ 引き出し. ❷ [複数形で]たんす: a chest of ~s ⇒ chest 2.

draw・er[2] /drɔ́ːə|drɔ́ːə/ 名 ❶ 製図家. ❷〔商〕手形振出人 (↔ drawee). **refer to dráwer**〔商〕振出人回しで《銀行で不渡り手形などに付ける R/D または R.D. と略記する》.

drawers /drɔ́ːz|drɔ́ːz/ 名 ズボン下, ズロース: a pair of ~ ズボン下 1 着.

***draw・ing** /drɔ́ːɪŋ/ 名 ❶ C (鉛筆・ペン・木炭などで描いた)図画, デッサン, 素描: a line ~ 線画 / do [make] a ~ of one's mother 母の絵を描く. ❷ U (図案・絵画の)線描, 製図; ⇒ drawing paper. ❸ C くじ引き; 富くじ, 抽選会; hold a ~ 抽選会を催す. (関連 graphic)

***dráwing bòard** 名 画板, (製)図板. **go bàck to the dráwing bòard**《口》(一度失敗した後)計画の振り出しに戻る, 最初から練り直す. **on the dráwing bòard** 計画の段階で.

dráwing càrd 名《米》❶ (芝居などの)大入り確実な出し物[役者], 人気番組[役者]. ❷ (野球の)好カード.

dráwing pàper 名 図画用紙, 製図用紙.

dráwing pìn《英》画びょう, 製図ピン(《米》thumbtack).

dráwing pòwer 名 U 《米》(人を引きつける)魅力, 強み(《英》pulling power).

***dráwing ròom** 名 ❶〔古風〕客間, 応接間. ❷《米》(列車の)特別客室. ❸ 寝台三つとトイレ付き.

dráwing-ròom 形《英》客間の, 洗練された.

dráw・knife 名 (he -knives) (両端に取っ手が付いていて, 手もとに引いて削る)引き削りかんな.

***drawl** /drɔ́ːl/ 動 ものうげに言う, いやに母音を引き延ばして言う; 〈気取って/わざと〉ものうげに言う[話す] 〈*on*〉. ― 他〈…と〉ものうげに言う: "It's so hot," she ~ed.「とても暑いわね」と彼女はものうげに言った. ― 名 ものうげな話しぶり.

dráwl・ing 副 ゆっくりと, ものうげに.

***drawn** /drɔ́ːn/ 動 draw の過去分詞.

― 形 (more ~; most ~) ❶ (比較なし)抜き身の: a sword 抜き身の刀. ❷ (比較なし)《主に英》勝負なしの, 引き分けの: a ~ game 引き分け, ドローゲーム. ❸ やつれて, 悩んで; 〈顔が〉ゆがめられた (cf. draw 他 B9): a ~ face 引きつった顔 / His face was ~ with pain. 彼の顔は苦痛で引きつっていた.

drawn bútter 名 U 《米》(ソース用の)溶かしバター《しばしば刻んだ香草・レモン・調味料を加える》.

† **drawn-óut** 形 長く続く, 長引いた (protracted).

drawn-thrèad wòrk 名 =drawnwork.

drawn・wòrk 名 ドローンワーク《抜きかがり刺しゅう》.

dráw・shàve 名 =drawknife.

dráw・shèet 名 引き抜きシーツ《患者が寝ていてもベッドを整え直すことなく引き出せるシーツ》.

dráw・string 名 (袋の口などを締める)引きひも.

dráw wèll 名 くみ井戸, つるべ井戸.

dray[1] /dréɪ/ 名 (昔の横枠のない低い)大荷馬車.

dray[2] /dréɪ/ 名 =drey.

dráy・hòrse 名 荷馬車馬.

***dread** /dréd/ 動 他〈これからの事を〉ひどく怖がる, 恐れる: Most people ~ death. たいていの人は死を恐れる / [+ *doing*] People ~ *falling* ill. 人は病気になるのを怖がる / [+目+*doing*] She ~ed *that* her child might be taken from her. 彼女は子供が奪い去られはすまいかと恐れた. **dréad to thìnk…**《口》…を考えると怖くなる: I ~ *to think* what might happen if there were an earthquake. 地震が起きたらどうなるかと思うと恐ろしい.
― 名 ❶ U [また a ~] (これからの事に対する)強い不安, 心配, 恐怖: an object of ~ 恐ろしがられるもの / have a ~ *of*… を恐れる, …が嫌いだ / They are [live] in daily ~ *of* earthquakes. 彼らは毎日地震を怖がりながら生活している. ❷ C 恐ろしいもの, 恐れられる人[もの]. ❸ [複数形で]《口》=dreadlocks. ― 形 ❶《口》不快な, ひどい. ❷《文》非常に恐ろしい. 【類語語】⇒ fear.

† **dréad・ed** /-dɪd/ 形 恐ろしい, こわい;《戯言》恐るべき, 恐怖の.

***dréad・ful** /drédf(ə)l/ 形 (more ~; most ~) ❶ ひどくいやな, ひどい, もの悲しい; 〔口〕ひどく具合悪い: ~ weather ひどい天気 / ~ noises ものすごい雑音 / look [feel] ~ ひどく具合悪く見える[落ち込んでいる]. ❷ A [強調して] 全くひどい: ~ a mistake ひどい誤り. ❸ 恐ろしい, 怖い: a ~ accident 恐ろしい事故. ~**・ness** 名〖DREAD+-FUL[1]〗

dréad・ful・ly /-fəli/ 副 ❶ 非常に, とても: a ~ long speech やけに長い演説 / I'm ~ sorry to be late. 遅れてほんとにすみません. ❷ 恐ろしく, ものすごく; こわごわ.

dréad・lòcks 名 ⑨ ドレッドヘア《髪の毛を細く束ね縮らせたヘアスタイル》.

dread・nought /drédnɔ̀ːt/ 名 ドレッドノート型(軍艦), 弩級(どきゅう)戦艦.

***dream** /dríːm/ 名 ❶ C (睡眠中に見る)夢: a bad ~ 悪夢, 悪夢 (cf. nightmare) / ⇒ wet dream / in a ~ 夢の中で / have a ~ of home 故郷の夢を見る / dream a ~… ⇒ 他 1 c / read a ~ 夢判断をする / (I wish you) sweet ~s! おやすみなさい! ❷ C (心に描く)夢, (実現させたい)理想: the woman [job] of my ~s 私の理想の女性 [仕事] / It was his ~ to have a house of his own by the sea. 海のそばに自分の家を持つのが彼の夢だった / She realized her ~ *of* becoming a singer. 彼女は歌手になりたいという夢を実現した / *Dreams* sometimes come true. 夢は実現することもある. ❸ C [通例単数形で] 夢うつつ(の状態): be [live, go about] in a ~ 夢うつつにいる[暮らす, うろつく]. ❹ U 白昼夢: a waking ~ 白昼夢, 夢想, 空想 / ⇒ daydream. ❺ [a ~] 〔口〕夢かと思うばかりの[すばらしい, 美しい, 魅力的な]もの[人]: It's a ~ of a house! これは理想的な家だ / She's a perfect ~. 彼女はまさに理想の女性だ.
beyónd a person's (wíldest) dréams 人の夢想もしないほどに(よく)[よい].

in one's (wíldest) dréams [通例否定文で] 途方もない夢の中でも, とても(無理で).

In your dréams. 《口》そうなりそうもないよ, 夢ならね: "I'll write a book before I'm 30." *"In your dreams."*「30歳までに本を書くんだ」「無理無理」.

líke a dréam (1) うまく, 順調に; 容易に, 楽々と: This car goes *like a* ~. この車は運転が実に楽だ. (2) まるで夢みたいで.

── 形 Ⓐ 夢の(ようにすばらしい); 理想的な; 幻想の, 非現実的な: a display of ~ cars 夢のようなすばらしい自動車の展示 / a job 理想的な仕事 / He lives in a ~ world. 彼は夢[幻想]の世界に住んでいる.

── 動 (~ed /-dremt, -d/, dreamt /drémt/, dreamed /drémt/)《睡眠》《米》では dreamed のほうが一般的) 自 ❶ 夢を見る; 〔…のことを夢に見る〕: I *dreamt of [about]* you last night. 昨夜あなたの夢を見ました. ❷ a〔…の〕夢を描く; 夢想する〔*of, about*〕: She ~*ed of* glory. 栄光を夢見ていた / He ~*ed of* having a new car. 彼は新車を持つことを夢見た. b 夢中になる, 幻想にふける: You must have been ~*ing*. 君は夢でも見ていたのだろう《とんでもない思い違いをしているよ》. ❸ [~ *of* として; 否定文で] 〔…を〕夢にも思わない〔通例その後には通例 doing がくることが多い〕: I shouldn't [wouldn't] ~ *of* (*do*ing) that. そんな事を(しようとは)夢にも思わない / Little [Never] did I ~ [I little ~ *ed*] of meeting her. 彼女に会おうとは夢にも思わなかった.

── 他 ❶ a〔…ということを〕夢見る:〔+(*that*)〕I dreamt (*that*) he was home. 彼が帰ってきた夢を見た. b [時に前文を受ける it を目的語にして]〔…を夢見る; 夢想する〕: You must have ~*ed* it. 夢でも見ていたに違いない《そんなことがあったはずがない》/〔+(*that*)〕She ~*s that* she will be a great novelist. 大作家になることを夢見ている. c [通例 ~ a…dream として]〔…の夢を見る〕: That night he ~*ed* a terrifying dream. その夜彼は恐ろしい夢を見た〔用法 形容詞を伴わない時は通例 have a dream となる, ただし詩や聖書には名詞の dream を同族目的語とする dream a dream, dream dreams のような形も見受けられる〕. ❷ [否定文, 過去形で]〔…ということを〕夢にも思わない:〔+(*that*)〕I never ~*ed that* I should have offended her. 彼女の感情を傷つけたとは夢にも思わなかった.

dréam awáy《他+副》〈時を〉夢のように過ごす: ~ *away* one's life 一生をうつろに過ごす.

Dréam ón!《口》(そうやって)夢見るのは勝手だけどね, (そんなこと)ありえないね.

dream úp《他+副》《口》〈奇想天外なことを〉思いつく, 考え出す, 創作する.

《ME; 原義は「あざむくもの」》 (形 **dreamy**; 関連 **oneiric**)

dréam·bòat 名《口》❶ 魅力的な異性. ❷ 理想的なもの.

⁺**dréam·er** 名 ❶ 夢見る人. ❷ 空想家.

dréam·il·y /-mali/ 副 夢うつつに, うっとりと; ぼんやりと.

dréam·lànd 名 ❶ U.C 夢の国, ユートピア. ❷ Ⓤ 眠り.

dréam·less 形 夢のない, 夢を見ない.

dréam·like 形 夢のような, おぼろげな.

dréam·scàpe 名 夢のような[超現実的な]情景(の絵).

⁎**dreamt** /drémt/ 動 dream の過去形・過去分詞.

dréam·time 名 [しばしば D-] =alcheringa.

dréam·wòrld, dréam wòrld 名 幻想の世界, 空想の世界; 夢の国.

⁺**dream·y** /drí:mi/ 形 (**dream·i·er; -i·est**) ❶ a〈人が〉空想[幻想]にふける. b〈考えなど〉夢うつつの, 非現実的な. c〔限定〕夢の多い, よく夢を見る.〈目つきなど〉夢見るような: ~ eyes 夢見るような(美しい)目 / a ~ atmosphere 夢幻的な雰囲気. ❸〈記憶など〉夢のような, ぼんやりとした, おぼろげな. ❹《口》すてきな, すばらしい〔用法 若い女性がよく使う表現〕: a ~ car すてきな車. **dréam·i·ness** 名 (图 dream)

drear /dríə/ | dríə/ 形《詩》= dreary.

⁺**drear·y** /drí(ə)ri/ 形 (**drear·i·er; -i·est**) ❶〈風景・天候など〉わびしい, もの寂しい, 陰気な; 荒涼とした. ❷《口》〈話など〉退屈な, おもしろくない. **drear·i·ly** /-rəli/ 副 **-i·ness** 名 《OE= 血が凍る》

dreck /drék/ 名 Ⓤ《俗》ごみ, くず, がらくた, カス; ぼろ(服).

dredge[1] /drédʒ/ 名 (川底の泥やものをさらい上げる)浚渫(しゅんせつ)機[船]. ── 動 他 ❶〈港湾・河川を〉〔…を求めて〕浚渫する, さらう〔*for*〕: ~ a channel [harbor] 川底[港]をさらう. ❷ a〈泥などを〉さらい上げる: ~ *up* mud 泥をさらい上げる. b《口》〈不愉快なこと・記憶などを〉掘り起こす, 蒸し返す: ~ *up* a person's past 人の過去の(醜聞)を掘り起こす. ── 自〔…を求めて〕水底をさらう〔*for*〕. 《DRAG, DRAW と関連か》

dredge[2] /drédʒ/ 動 他 ❶〈粉などを〈…に〉まぶす;〈粉などを〉〔…に〕振りかける: ~ a cake *with* sugar — ~ sugar *over* a cake ケーキに砂糖を振りかける. 《F く L く Gk = 乾燥果物》

drédg·er[1] 名 ❶ 浚渫(しゅんせつ)船[機]. ❷ 浚渫作業員.

drédg·er[2] 名 (砂糖などの)振りかけ器.

dreg·gy /drégi/ 形 かすを含んだ; かす[おり]の多い, 濁った, きたない.

dregs /drégz/ 名 ❶ かす. ❷ つまらないもの; くず: the ~ of society 社会のくず. **drínk…to the drégs** (1)〈…を〉一滴も残さず飲む. (2)〈苦労・幸福などを〉余すところなく味わう: *drink* the cup of bitterness *to the* ~ 苦杯をつぶさになめる. 《ON》

drei·del, drei·dl /dréidl/ 名 ❶ Ⓒ 各面にヘブライ文字の書かれた四角いこま. ❷ Ⓤ ユダヤの祭日に dreidel を用いてするゲーム.

Drei·ser /dráizə, -sə/ | -zə, -sə/, **Theodore** 名 ドライサー (1871-1945;米国の小説家).

⁺**drek** /drék/ 名 = dreck.

⁺**drench** /dréntʃ/ 動 他〔…を〕びしょぬれにする; ざぶりと水に浸す〔★通例受身〕: We *were* ~*ed* to the skin. 我々はずぶぬれになった / They *were* ~*ed* (*by* the rain). 彼らは(雨で)びしょぬれになった / flowers ~*ed* with dew 露にぬれた花. 《OE= 飲ませる; cf. drink》【類義語】⇒ wet.

drénch·ing 名 Ⓤ〔また a ~〕びしょぬれ: get a (good) ~ びしょぬれになる.

Dres·den /drézd(ə)n/ 名 ドレスデン(ドイツ南東部の都市).

Drésden chìna [**pòrcelain**] 名 Ⓤ ドレスデン磁器.

⁎**dress** /drés/ 名 ❶ Ⓒ (ワンピースの)婦人服, ドレス; 子供服: put on [take off] a ~ ドレスを着る[脱ぐ] / She wore a long ~ to the party. パーティーにロングドレスを着ていった / She has a lot of ~*es*. 彼女は衣装持ちだ. ❷ Ⓤ 服装, 衣服: 19th century ~ 19 世紀風の衣装 / Oriental ~ 東洋人の服装 / a Tibetan girl in (her) native ~ 民族衣装を着たチベットの少女. ❸ Ⓤ [通例修飾語を伴って] 正装, 礼服 ⇒ evening dress, full dress, morning dress.

── 形 Ⓐ ❶ ドレス(用)の; 衣服の: ~ sense 着こなしのセンス. ❷ a〈衣服が〉礼装用の. b 礼装を必要とする: It's a ~ affair. 礼装を必要とする行事だ.

── 動 (~ed) 他 ❶ a〈人に〉〈…の〉服を着せる: She was ~*ing* her child. 彼女は子供に服を着せていた / She ~*ed* her child in a T-shirt. 彼女は子供に T シャツをきせた / He had to be ~*ed* by a nurse. 彼は看護婦に服を着せてもらわなければならなかった. b [~ oneself で]〈…の〉服を着る (⇒ dressed): He can't ~ *himself*. 彼は自分で服が着られない / He ~*ed himself* carefully *in* his Sunday best. 彼は晴れ着を注意深く身にまとった. ❷〈人に〉衣服を作ってやる;〈人に〉衣服のデザインをしてやる: She's ~*ed* by Pierre Cardin. 彼女はピエールカルダンのデザインの服を着ている. ❸ a〈…を〉美しく飾る;〈店(の窓)に〉装飾を施す: They're ~*ing* the shopwindows for Christmas. ショーウインドーにクリスマス用の飾り付けをしているところです. b〈…を〉〔…で〕飾る: The streets were ~*ed with* flags. 通りは旗で飾られていた. c〈髪を〉手入れする, 結う. b〈馬を〉(くしけずりなどして)すく (cf. DRESS down 成句 (1)). ❺〈傷・負傷者に〉(包帯・膏薬(こうやく)などで)手当てをする: The doctor cleaned and ~*ed* the

wound. 医者は傷口を消毒し包帯をした. ❻ a ⟨サラダなどに⟩ドレッシング (dressing)をかける: ~ a salad (ドレッシングをかけて)サラダを和える. b ⟨料理する前に⟩⟨魚・肉などを⟩下ごしらえする. c ⟨鳥・肉などを⟩食肉として市場向けに整える: ~ a chicken (毛をむしり, 血・内臓を抜くなどして)鶏を市場向けに整える. ❼ ⟨皮・織物・石材などを⟩仕上げる: ~ leather 皮をなめして仕上げる. ❽ ⟨軍隊を⟩整列させる: ~ troops *in* line 軍隊を整列させる.
──自 ❶ a ⟨人が⟩服を着る[着ている], 身じたくをする: I got up quickly and ~*ed*. 私は急いで起きて身じたくをした / ~ well [badly] 服装がりっぱだ[悪い]. b ⟨…の⟩衣服を着る[着ている]: She always ~*es in* black. 彼女はいつも黒い服を着ている (cf. dressed 2). ❷ 正装する, 夜会服を着る⟨up⟩ (↔ dress down). ❸ [副詞(句)を伴って]⟨軍⟩整列する: ~ *by* [*to*] the right 右へならう / ~ *back* [*up*] 整頓(%)するため後ろへさがる[前に出る].

dréss dówn (他+副) (1) ⟨馬を⟩⟨むしばねなどで⟩すいてやる. (2) ⟨口⟩⟨人を⟩しかりつける. ──(自+副) (3) (場に合わせて)地味な服装をする, ふだん着を着る (↔ dress up).

dréss úp (自+副) (1) 正装する (⇒ 2). (2) ⟨劇・催しなどで⟩特別な服装をする: My uncle ~*ed up as* Santa Claus [⟨英⟩ Father Christmas]. おじさんはサンタクロースに扮装した. ──(他+副) (3) ⟨人に⟩盛装させる; ⟨人を⟩扮装させる. (4) [~ oneself で] 盛装する. (5) ⟨…を⟩飾り立てる, 潤色する; 実際より美しく見せる.

〖F=まっすぐにする,(身なりを)整える⟨L *directus* まっすぐな; cf. direct〗
〖類義語〗**dress** 服を全て着て身じたくを整える. **put on** ある特定の服や装身具を身につける. **wear** 服を着ている状態を表わす.

†**dres·sage** /drəsáːʒ | drésaːʒ/ 名 Ⓤ 馬場馬術, ドレサージュ. 〖F=訓練, 整えること; (↑)〗

dréss círcle 名 [通例 the ~] ⟨劇場⟩特等席(通例二階の正面席; cf. circle 5).

dréss cóat 名 えんび服 ⟨男子の正式の夜会服⟩.
dréss códe 名 (学校・軍隊などにおける)服装規定.
dréss-dówn Fríday 名 =casual Friday.

*dressed /drést/ 形 ❶ 服[着物]を着た: be barely ~ はだか同然で; 服を着終えたばかりで / get ~ 服を着る. ❷ Ⓟ ⟨…の⟩服装をして[身じたくをして]: Most of the people were simply [smartly] ~. その人々は質素な[きちんとした]服装をしていた / She was ~ *in* black [furs]. 彼女は黒い衣装[毛皮]を身につけていた.

†**dréss·er**¹ 名 ❶ ⟨米⟩ (着付け用)鏡付きたんす (chest of drawers); 鏡台. ❷ ⟨英⟩ (引き出し付き)食器棚, 食器戸棚.

dréss·er² 名 ❶ [通例修飾語を伴って](ある特別の)服装の人: a smart ~ めかし屋, おしゃれ / a careless ~ 服装むとんちゃくな人. ❷ 着付けをする人; ⟨劇場の⟩衣装方. ❸ (ショーウィンドーの)飾り付けをする人. ❹ ⟨英⟩ (外科手術の)助手 ⟨患者に包帯をしたりする⟩.

†**dréss·ing** 名 ❶ Ⓒ,Ⓤ (サラダなどにかける)ドレッシング (salad dressing). ❷ Ⓤ (鳥料理の)詰め物 (stuffing). ❸ Ⓒ 包帯, (その他の)手当て用品 ⟨ガーゼ・脱脂綿・軟膏(%)など⟩: put a ~ *on* a wound 傷口に包帯を巻く. ❹ Ⓤ ⓐ 服を着ること; 着付け, 身じたく. ⓑ 仕上げ, 化粧仕上げ.

dréssing cáse 名 化粧道具入れ.

†**dréssing-dówn** 名 ⟨口⟩ しかりつけること: I got [gave him] a good ~. 私はうんとしかられた[彼をうんととっちめてやった].

†**dréssing gòwn** 名 化粧着, 部屋着, ガウン ⟨起床後やパジャマの上に着たり, 日中くつろぐ時に着る丈の長いガウン; cf. bathrobe⟩.

†**dréssing ròom** 名 ❶ ⟨劇場などの⟩楽屋; 更衣室. ❷ ⟨米⟩試着室 (fitting room). ❸ 化粧室 ⟨寝室の隣にある小さな部屋⟩.

dréssing stàtion 名 ⟨軍⟩ 前線応急手当所.

†**dréssing tàble** 名 ⟨寝室用鏡付き⟩化粧テーブル, 鏡台.

dréss·màker 名 ⟨婦人用の⟩裁縫師, ドレスメーカー (cf. tailor). ── 形 A ⟨婦人服の⟩凝った仕立ての.

dréss·màking 名 ❶ Ⓤ 婦人服仕立て(職), 洋裁, ドレスメーキング. ❷ [形容詞的に] 洋裁(用)の: a ~ school 洋裁学校.

dréss paràde 名 ⟨軍⟩ 正装閲兵式.
dréss presèrver 名 = dress shield.
dréss rehéarsal 名 ⟨演劇⟩ (舞台衣装を着けて行なう仕上げの)舞台げいこ, 総ざらい, ドレスリハーサル: have a ~ 舞台げいこをする.
dréss sènse 名 Ⓤ,Ⓒ 服装のセンス.
dréss shièld 名 汗よけ ⟨ドレスのわきのしたに付ける⟩.
dréss shírt 名 ❶ (男性用)礼装用のシャツ. ❷ (ビジネス用の)ワイシャツ.
dréss sùit 名 (男子用)礼服, 夜会服.
dréss úniform 名 ⟨軍⟩ 礼装, 礼服.
dréss-úp 名 Ⓤ (子供の)変装ごっこ.
dress·y /drési/ 形 (**dress·i·er**; **-i·est**) ❶ ⟨人が⟩服装の凝った, めかし屋の. ❷ ⟨服装が⟩凝った, 派手な, ドレッシーな. **dréss·i·ly** -s1li/ 副 **-i·ness** 名 ⟨dress⟩

‡**drew** /drúː/ 動 draw の過去形.
drey /dréi/ 名 リスの巣.
Drey·fus /dréifəs, drái-/, **Al·fred** /ælfréd/ 名 ドレフュス (1859–1935; フランスのユダヤ系軍人, スパイ容疑で終身禁固刑になったが, 国論を二分するほどの社会問題となり, 結局無罪となった).

†**drib·ble** /drɪ́bl/ 動 自 ❶ ⟨液体などが⟩したたる: Gasoline ~*d from* the leak in the tank. ガソリンがタンクの漏れ口からしたたった. ❷ ⟨人が⟩よだれをたらす (drool). ❸ ⟨球技⟩ 球をドリブルする. ❹ ⟨人・ものが⟩少しずつ[ゆっくり, 徐々に]移動する (trickle). ── 他 ❶ ⟨液体などを⟩したたらせる; ⟨よだれを⟩たらす. ❷ ⟨球技⟩ ⟨球を⟩ドリブルする.
──名 [通例単数形で] ❶ したたり, 滴下. ❷ 少量, 小刻み. ❸ ⟨球技⟩ ドリブル. 〖DRIP+-LE〗

drib·let /drɪ́blət/ 名 ❶ 小滴. ❷ 少量, 少額: by [in] ~s 少しずつ.

dribs and drábs 名 ⟨口⟩ 少量, 少額: in ~ 少しずつ.

‡**dried** /dráid/ 動 dry の過去形・過去分詞. ── 形 ⟨食物など⟩乾燥した[させた]: ~ beef (塩漬けの燻製)乾燥ビーフ / ~ milk = dry milk / ~ fish (魚の)干物 / ~ meat 乾燥肉 / ~ goods 乾物 / ~ fruit ドライフルーツ ⟨レーズンなど⟩.

dried-úp 形 干からびた; (老齢で)しなびた.

†**dri·er** /dráiə | dráiə/ 名 ⓐ (洗濯物などの)乾燥器[機], ドライヤー; ヘアドライヤー. ⓑ =spin drier.

*drift /drɪ́ft/ 動 自 ❶ [通例副詞(句)を伴って] ⓐ 漂流する, 吹き流される: A small boat ~*ed past* [*down* the stream]. 小舟が漂流して[下流へ流されて]いった / Clouds ~*ed across* the sky. 小さな雲が空を流れていった. ⓑ ⟨群衆などが⟩次第に散っていく: The spectators ~*ed away* [*off*]. 見物人は次第に去って[帰って]いった. ❷ a [通例副詞(句)を伴って] あてもなく放浪する[さまよう], 転々とする: ~ *from* job *to* job 転々と職を変える / ~ *through* life 人生を漫然と過ごす / Let things ~. 物事は成り行きに任せておく. ⓑ 知らぬ間に⟨…に⟩陥る: ~ *into* war 次第に(いつのまにか)戦争に巻き込まれる / The company was ~*ing toward* bankruptcy. その会社は倒産への道をたどっていた. ❸ ⟨雪・落ち葉などが⟩吹き積もる: The snow ~*ed against* the fence. 雪は垣根に吹き積もった.
── 他 ❶ [通例副詞(句)を伴って] ⟨…を⟩漂流させる: The current ~*ed* the boat *downstream* [*down* the river]. 水流で小舟が下流へ流された. ❷ ⟨風が⟩⟨雪・落ち葉などを⟩吹き寄せる: The wind is ~*ing* the snow. 風が雪を吹き積もらせている.

drift apárt (自+副) (1) ⟨小舟などが⟩(漂流して)離れ離れになる. (2) 疎遠になる; (特に)男女の気が合わなくなる, 愛情が薄れていく.

drift óff (to sléep) (自+副) 眠りにつく, 寝入る.

──名 ❶ Ⓤ,Ⓒ 漂流, 押し流されていること; 流れ, 潮流, 気流: the ~ *of* the tide 潮の流れ. ❷ Ⓒ ⟨雪・土砂などの⟩吹き寄せ, 吹きだまり; 漂流物 ⟨*of*⟩. ❸ a Ⓤ,Ⓒ (一般的な)流れ, 傾向, 大勢; 動向, 傾向: the ~ of people from the country to the cities いなかから都会への人の流れ / a ~ *toward* centralization 中央集権化の傾向. b Ⓤ 成

り行き任せ: a policy of ~ 成り行き任せの策, おざなり主義. ❹ [単数形で] (発言・行為などの)主意, 趣旨: I couldn't follow the ~ of the argument. 議論の趣旨がつかめなかった.
【OE; DRIVE と同語源】

drift・age /drífṭɪdʒ/ 名 ⓤ ❶ 漂流(作用). ❷ 押し流される距離, 漂程. ❸ 漂流物.

drift・er 名 ❶ 漂流者[物]. ❷ 放浪者, 浮浪者. ❸ 流し網漁船.

drift íce 名 ⓤ 流氷 (cf. pack ice).

drift nèt 名 流し網 (cf. dragnet).

drift・pin 名《機》ドリフトピン《金属の穴を拡大するために打ち込む工具》.

drift・wòod 名 ⓤ 流木.

drift・y /drífti/ 形 漂流性の, 押し流される; 漂積物の;《雪・雨などが》吹き寄せている, 吹きだまりの.

*__drill__¹ /dríl/ 名 ❶ ⓒ 錐, 穴あけ[削岩]機, ドリル. ❷ ⓤⓒ 反復練習, ドリル: a sentence pattern ~ = a ~ in sentence patterns 文型の反復練習 / ❸《軍》教練, 訓練. b (実地の)訓練, 演習: ⇨ fire drill. ❹ [the ~]《英古風》正規の手順, 認められたやり方: What's the ~ for getting tickets? 切符はどうやって手に入れるのですか. ─ 動 ❶ a 〈…に〉穴をあける: a board に穴をあける / ~ a tooth ドリルで歯に穴をあける / ~ up a road ドリルで道路に穴をあけて表面部分をはがす. b 〈…に〉〈穴を〉あける: ~ a hole (in a board) (板に)穴をあける. ❷ 〈人に〉〈…を〉反復練習させて教え込む: He's ~ing his students in grammar. 彼は生徒たちに厳しく文法を教え込んでいる. b 〈規則・事実などを〉〈人に〉反復して教え込む: We must ~ the traffic rules into license applicants. 私たちは(運転)免許志願者に交通規則を教え込ませなければならない. c 〈…を〉たたき込む: We must ~ in the traffic rules. 交通規則をたたき込まなければならない. ❸《軍》〈兵士を〉教練する, 訓練する. ─ 自 ❶ a 穴をあける. b 〈石油を求めて〉ボーリングをする: ~ for oil (採油のための)ボーリング[試掘]をする. ❷ 反復練習をする. ❸《軍》教練を受ける.【Du; 原義は「回しながらこする」】【類義語】⇨ exercise.

drill² /dríl/ 名 ❶ すじまき機. ❷〈種子をまく〉小畦(みぞ), 畝(うね)(に植えた作物の列). ─ 動 他〈種子を〉畝まき[植え]する.

drill³ /dríl/ 名 ⓤ《織物》雲斉(うんさい), あや織りの金巾(かなきん), ドリル.

drill⁴ /dríl/ 名 動 ドリル《西アフリカ産の顔面が真っ黒のヒヒ》.

dríll bòok 名 練習帳.

drill・ing¹ 名 ⓤ 教練, 訓練.

drill・ing² = drill³.

drílling plàtform 名 (drilling rig などの基台となる)掘削[ドリリング]プラットフォーム.

drílling rìg 名 (油田などの)掘削装置, ドリリングリグ.

dríll・màster 名 ❶《軍隊の》教練係教官. ❷ 厳しく教え込む人, 規律をやかましく言う人.

dríll sèrgeant 名 練兵係軍曹.

dríll stèm 名 ドリルステム《ロータリー式掘削で地上のロータリーテーブルの回転をビットに伝える軸部分, 特にその上端のロッドパイプ》.

dríll strìng 名 ドリルストリング《ロータリー掘削装置の回転部分の総称》.

dríll tèam 名 (特別訓練をうけた)閲兵行進部隊.

dri・ly /dráɪli/ 副 = dryly.

*__drink__ /dríŋk/ 動 (drank /drǽŋk/; drunk /dráŋk/, 《古・米口》drank) 他 ❶ a 〈液体を〉飲む, 飲み干す 《up, down, off》【比較】 drink は通例液体を容器から飲む; eat はスプーンを用いてスープなどを飲む; take は薬として飲む): She drank four glasses of water. 彼女は水をコップ4杯飲んだ / ~ the cup of joy [sorrow, pain] 喜び[悲しみ, 苦しみ]の杯を飲む / He drank it off in one draught. 彼はそれをひと息にぐいと飲み干した / D~ up your milk. 牛乳を飲んでしまいなさい /［+目+補］~ a cup dry カップを飲み干す. b〈飲み物を〉〈…の状態に〉飲む:［+目+補］~ milk hot 牛乳を熱くして飲む. ❷〈給料などを〉飲んでしまう, 酒に消費する: He drank up his paycheck. 彼は給料を全部飲んでしまった. ❸ a [~ oneself で] 飲んで〈…の状態に〉至る: He drank himself to death [into a stupor]. 彼は酒を飲みすぎて死んだ[前後不覚になった]. b [~ oneself で] 飲んで〈…を〉失う: You will ~ yourself out of your job. 君は酒のために職を失うぞ. c [~ oneself で] 飲んで〈…の状態に〉なる:［+目+補］~ drank himself asleep. 彼は酒を飲んで寝てしまった. ❹〈…のために〉乾杯する;〈…の〉〈…を〉祈って〉祝杯を上げる: ~ a person's health 人の健康を祝して乾杯する /~ success to a person [an enterprise] 人[事業]の成功を祈って乾杯する.

─ 自 ❶〈飲み物を〉飲む: eat and ~ 飲み食いする《★語順に注意》/ ~ from a fountain 泉から水を(すくって)飲む. ❷ (常習的に)(大)酒を飲む: ~ hard [deep, heavily] 大酒を飲む / Don't ~ and drive. 飲んだら乗るな / He doesn't smoke or ~. 彼はたばこも飲みもやらない. ❸〈…のために〉乾杯する, 祝杯をあげる: ~ to a person's health [success] 人の健康[成功]を祝して[祈って]乾杯する / I'll ~ to that! (口) 同感です, 賛成.

drink awáy 《他+副》(1) 酒を飲んで〈時を〉過ごす: They drank the night away. 彼らはひと晩飲み明かした. (2) 酒を飲んで〈悲しみなどを〉紛らす[晴らす]: ~ one's troubles away 酒で心のうさを晴らす. (3) 飲酒から〈理性・財産などを〉失う.

drink dówn《他+副》〈水などを〉一気に飲み干す.

drink ín《他+副》〈…に〉聞きほれる; 見とれる: The traveler drank in the beauty of the scene. 旅人はその景色に見とれた.

drink like a fish ⇨ fish 名 成句.

drink a person ùnder the táble《口》(飲み比べなどして)〈相手を〉酔わせる.

─ 名 ❶ ⓤⓒ 飲み物, 飲料: food and ~ 食べ物と飲み物, 飲食物 / bottled ~s (ビール・サイダーなどの)瓶詰飲料 / make a ~ (カクテルなどを)飲み物を作る / ⇨ soft drink. ❷ ⓒ〈飲み物, 特に酒の〉1杯, ひと口[飲み]: a ~ of water [milk] 1杯の水[ミルク] / have a ~ 一杯やる / Let's go for a ~. 飲みに行こうよ / He took a ~ of his beer. 彼はビールを少し飲んだ. ❸ ⓤ a 酒類: strong ~ アルコール, 火酒. b 飲酒, 大酒, 深酒: be fond of ~ 酒が好きである / be in ~《英》be (the) worse for ~ 酒に酔っている / take to ~ 酒を始める, 酒癖がつく /《英》He's got a ~ problem. (=《米》He has a drinking problem.)彼は酒癖が悪い. ❹ [複数形で]《英》飲み会. ❺ [the ~]《口》一帯の水, 海: fall into the ~ 海に墜落する.

be meát and drínk to a person ⇨ meat 成句.
【OE; 原義は「口に引き込む」; DRENCH と同語源】

drink・a・ble /dríŋkəbl/ 形 飲める, 飲用に適する.
─ 名 [複数形で] 飲料: eatables and ~s 飲食物.

drínk-drí・ver 名《英》飲酒運転者.

drínk-drí・ving 名 ⓤ《英》飲酒運転.

*__drínk・er__ 名 ❶ 飲む人. ❷ 酒飲み: a heavy [hard] ~ 大酒飲み / a light ~ 酒をほどほどに飲む人.

drínk・ing 名 ❶ a ⓤ 飲むこと. b [形容詞的に] 飲用の. ❷ ⓤ 飲酒: give up ~ 酒をやめる. b [形容詞的に] 飲酒(用)の: a ~ party 酒宴.

drínking chócolate 名 ⓤ (ココア・粉乳・砂糖を混ぜてある)調合ココア粉末, インスタントココア.

drínking fòuntain 名《噴水式》水飲み器[口, 場]《米》water fountain》.

drínking sòng 名 酒宴の歌.

*__drínking wáter__ 名 飲料水.

*__drip__ /dríp/ 動 (dripped) 自 ❶ a〈液が〉〈…から〉したたる, ポタポタと落ちる: Dew dripped from the trees. 露が木からしたたった / The rain was dripping from the eaves. 雨のしずくが軒(のき)からポタポタと落ちていた /〈人・ものが〉しずくをたらす: The tap is dripping. 蛇口から水がたれている. ❷ a〈…が〉...まみれである: He was dripping with sweat. 彼は汗びっしょりだった. b〈…で〉...いている: a dress dripping with spangles スパンコールで

飾り立てたドレス / a remark *dripping with* sarcasm いやみたらたらの評言. — [他] 〈…の〉しずくをたらす, 〈…を〉ポタポタ落とす: His finger was *dripping* blood. 彼の指からは血がしたたり落ちていた. — [名] ❶ **a** [単数形で] したたり, 滴下; しずくの音, ポタリポタリ: The faucet has developed a ～. (ゆるんだりした)蛇口から水がしたたり始めた. **b** [C] [しばしば複数形で] しずく, 水滴: ～*s* of sweat 汗のしずく. ❷ [C] 〖医〗点滴(剤); 点滴装置: give a person a ～ 人に点滴を施す / be on a ～ 点滴を受けている. ❸ [C] 《俗》つまらない人, 退屈な人. 〖OE; DROP と同語源〗

dríp àdvertising [名] [U] ドリップ式広告《長期にわたって繰り返しなされる広告》.

dríp còffee [名] [U] ドリップコーヒー《ひいたコーヒー豆の上から熱湯を注いでろ過するドリップ式でいれたコーヒー》.

dríp-drỳ [動] [他] 〈ナイロンなどを〉ぬれたままつるして乾かす《★ 絞って干すのよりしわになりにくい》. — [自] ぬれたままつるしておいて乾く. — [形] ぬれたままつるしておくとしわができずに乾く: a ～ shirt ドリップドライのシャツ.

dríp·fèed [名] ❶ 《英》点滴注入. ❷ (潤滑油などの)滴注.

dríp-fèed [動] [他] ❶ 〈患者に〉点滴注入をする. ❷ 〈潤滑油などを〉滴注する.

dríp·màt [名] (コップなどの)下敷き, コースター.

dríp·ping [名] ❶ [U] [《米》では複数形で] (焼いたりする時に肉類から出る)たれ汁, たれ. ❷ **a** [U] 滴下, したたり. **b** [C] [しばしば複数形で] しずく. — [形] ❶ [通例副詞的に] ずぶぬれの: She's ～ wet. 彼女はずぶぬれだ. ❷ 雨だれの落ちる; ポタポタたれる.

drip·py /drípi/ [形] ❶ ポタポタしたたる; しとしと降る. ❷ 《俗》〈人が〉めそめそする, お涙頂戴(ちょうだい)式の.

dríp·stòne [名] ❶ 〖建〗(ひさしなどに付けた)石製の水切り, 雨押え石[繰形(くりかた)]. ❷ [U] 点滴石《鍾乳石や石筍(せきじゅん)の形の炭酸カルシウム》.

drivable, drivability ⇨ driveable, driveability.

⁑drive /dráɪv/ [動] (**drove** /dróuv/; **driv·en** /drívən/) [他] **A** ❶ **運転する**《[比較] drive は乗り物に座って運転する; ride は自転車・馬などまたがって乗る》: **a** 〈自動車などを〉**運転する, 走らせる**: ～ a taxi [a truck] タクシー[トラック]を運転する /He ～*s* his car to work. 彼は自分の車で通勤する. **b** 〈馬車・馬車馬・荷馬[牛]などを〉**駆る, 御する**. **c** [副詞(句)を伴って] 〈人を〉**車で運ぶ[送る]**: I will ～ you *home* [*to* the station]. お宅まで[駅まで]車でお送りしましょう. ❷ 〈蒸気・電気などが〉〈機械を〉**動かす**, 駆動する: Water ～*s* the mill. 水が水車を回転させる / The machine is *driven* by electricity [compressed air]. その機械は電気[圧搾空気]で動く.

— **B** ❶ **a** [副詞(句)を伴って] 〈人が〉〈鳥獣・人などを〉(…に)**駆り立てる, 追う**; 狩り立てる; 追い出す: *D*～ the dog *away*. その犬を追い払え / He *drove* the cattle *to* the fields. 彼は牛を野原へ追っていった / They *drove* the sheep *in*. 彼らは羊を中に追い込んだ / She *drove* him *back*. 彼女は彼を追い返した / They *drove* the enemy *from* the country. 彼らは敵を国外へ追い払った / ～ a person *into* a corner ⇨ corner [名] 3. **b** 〈人を〉**駆って**(…の状態に)**至らせる**[陥らせる, 追いやる]〔*to, into, out of*〕; 〈人を〉**駆り立てて**〈…〉**させる**[せざるをえないようにする]: His wife's death *drove* him ***to*** despair. 妻の死で彼は絶望に陥った / Her son's death *drove* her ***out of*** her senses. 息子の死で彼女は狂乱状態に陥った / 〔+目+補〕His whistling nearly *drove* me crazy. 彼の口笛でまったくいらいらしてしまった / 〔+目+*to* do〕Hunger *drove* him *to* steal. 空腹に迫られて彼は盗みをした / I was *driven to* resign. 辞職するはめに追い込まれた. ❷ [副詞(句)を伴って] 〈風が〉〈…を〉(…に)吹きやる, 〈水が〉〈…を〉(…に)押し流す: The gale *drove* the ship *on to* the rocks. 疾風に吹きつけられて船は岩礁に乗り上げた / The wind *drove* the rain *against* the windowpanes. 風が雨を窓ガラスに吹きつけた. ❸ [副詞(句)を伴って] **a** 〈くぎ・くいなどを〉(…に)打ち込む; たたき込む: *D*～ the nails *home* [*into* the plank]. くぎを十分に[その板に]打ちつけなさい / ～ a lesson *into* a person's head 教訓を人の頭にたたき込む. **b** 〈トンネル・井戸などを〉掘る, 〈鉄道を〉貫通させる: ～ a tunnel *through* a hill 山にトンネル[坑道]を掘る / ～ a tunnel *under* a river [strait] 川[海峡]の底にトンネルを掘る / ～ a railway *across* [*through*] a desert 砂漠に鉄道を通す. ❹ [通例 hard を伴って] 〈人を〉こき使う, 酷使する; 厳しく訓練する: ～ one's employees *hard* 従業員を酷使する. ❺ **a** 〈商売などを〉やっていく, 営む: ～ a roaring trade 盛んに商売を営む, 商売繁盛である. **b** 〈取引などを〉決める: ～ a good bargain 割りのよい取引を行なう. ❻ **a** 〖ゴルフ〗〈ボールを〉強打する, 飛ばす (cf. driver 3). **b** 〖テニス〗〈ボールに〉ドライブをかける. **c** 〖野〗(安打・犠打で)〈ランナーを〉進める 〈*in*〉.

— [自] ❶ [通例副詞(句)を伴って] **車を運転する**; **車に乗っていく, ドライブする**: She ～*s* very cautiously. 彼女は実に慎重に運転する / Shall we walk or ～? 歩こうか, それとも車で行こうか / He ～*s* to work. 彼は自分の車で通勤する / We are just *driving through*. 私たちは(止まらずに)ただ素通りするだけだ / She got into her car and *drove off*. 彼女は車に乗り込み走り去った / He *drove* right *up to* the front door. 彼はすぐ玄関先まで車を乗りつけた. ❷ [副詞(句)を伴って] 〈車・船などが〉疾走する, 突進する; 〈雲が〉(風に吹かれて)走る, 飛ぶ: The car was *driving* on the wrong side of the road. その自動車は道路の反対側を走っていた / The clouds *drove before* the wind. 風に追われて雲あしがひどく速かった. ❸ 〈雨が〉〔…に〕激しく降りつける: The rain *drove* ***in*** his face [***against*** the window]. 雨は彼の顔に[窓に]激しく降りつけていた. ❹ 〖ゴルフ〗ボールをティーから強く打ち出す.

dríve a (hárd) bárgain ⇨ bargain [名] [成句].

dríve… hóme (to a person) ⇨ home [副] [成句].

dríve óff 《[他]+[副]》(1) 〈…を〉追い払う, 退却させる, 撃退する. — 《[自]+[副]》(2) 車で走り去る (⇨ [自] 1). (3) 〖ゴルフ〗ティーからボールを打ち出す.

dríve úp 《[他]+[副]》〈物価などを〉吊り上げる.

lèt dríve at… をねらって投げる[打つ, ぶっ放す]: He *let* ～ *at* me with his fist. 彼は私にげんこつをくらわせた.

whát a person is dríving àt 人の意図すること, 人の言おうとしていること: I wonder *what* he *is driving at*. 彼は一体何をしよう[言おう]としているのだろう.

— [名] ❶ [C] (自動車などでの)**ドライブ, 車の旅行**: take [go for] a ～ ドライブに出かける / take a person for a ～ 人をドライブに連れていく. ❷ [C] **a** (家に通じる)私道, 車道 (driveway). **b** (公園内[森林中]の)車道; ドライブ道. **c** [しばしば D～ で地名に用いて] 街道. ❸ [C] (自動車・馬車で行く)道のり: It's a long ～ from New York to Boston. ニューヨークからボストンまで車で長時間かかる / The village is an hour's ～ outside the city. その村は市から車で1時間ほどの郊外にある. ❹ [C] (獲物の)狩り立て; (牛・羊などの群れの)追い立て: a cattle ～ 牛の群れの追い立て. ❺ **a** [U] (仕事を進めていく)追力, 精力, 気力: a man with great ～ 迫力にあふれる人 / He has a lot of ～ in him. 彼はすごい馬力がある[がんばり屋だ]. **b** [U,C] 〖心〗(自然のままの人間の)衝動(力), 本能的要求; 動因: the sex ～ 性の動因[衝動] / Hunger is a strong ～ to action. 空腹は人間を行動に駆り立てる強力な動因である. ❻ [C] **a** 〔寄付募集などの〕猛運動, 大宣伝 〔*for*〕 (campaign): a Red Cross ～ *for* contributions 赤十字募金運動 / a fundraising ～ 資金獲得運動. **b** 〔+*to* do〕〈…する〉運動: a ～ *to* raise funds 基金運動. ❼ [C] (敵地への)進撃, 攻勢, 攻撃. ❽ [U,C] (ゴルフ・テニスなどの)長打, 大振り, ドライブ. ❾ [U,C] **a** (自動車の)駆動装置: This car has front-wheel ～. この車は前輪駆動である. **b** 〖電算〗駆動装置, ドライブ: ⇨ disk drive. ❿ [C] [修飾語を伴って] 《英》(…の) トーナメント式競技, …ドライブ: a whist ～ ホイストドライブ.

〖OE＝駆り立てる〗

drive·a·bil·i·ty, driv·a·bil·i·ty /dràɪvəbíləṭi/ [名] [U] (自動車の)運転しやすさ, 走行性.

dríve·a·ble, driv·a·ble /dráɪvəbl/ [形] 〈車が〉運転しやすい, よく走る.

dríve·bỳ 《米》[形] 走行する車からの: ～ shooting 走行中

D

の車からの発砲. ――名 走行中の車からの発砲.

†drive-in /dráɪvìn/ 形 Ⓐ (自動車に乗ったまま買い物・食事・映画見物などのできる)乗り入れ式の, ドライブイン式の: a ~ bank ドライブイン銀行 / a ~ theater (野外にある)ドライブイン(映画)劇場. ―― 名 ドライブイン《自動車に乗ったままで用のたせる簡易食堂・映画劇場・商店・銀行など》.

driv·el /drív(ə)l/ 動 (driveled, (英) -elled; -eling, (英) -el·ling) ❶ たわいないことを言う〈on, away〉. ❷ よだれ[鼻水]をたらす. ―― 名 Ⓤ たわごと: talk ~ たわごとを言う.

drív·el·er, (英) **drív·el·ler** /-v(ə)lə | -lə/ 名 ❶ たわいないことを言う人. ❷ よだれたらし(人).

drive-line 名 (自動車の)動力伝達経路《変速機と車軸を結ぶ部分; 推進軸と自在継手》.

‡driv·en /drív(ə)n/ 動 drive の過去分詞. ―― 形 ❶〈人が〉駆り立てられた. ❷〈雪など〉吹き積もった, 吹きだまりの: ~ snow 吹きだまりの雪.

‡driv·er /dráɪvə | -və/ 名 ❶ a (自動車・列車などの)運転者[手], 操縦者, ドライバー: a truck ~ トラック運転手 / He's a good [poor] ~. 彼は車の運転がうまい[下手だ]. b (馬車の)御者. ❷ 牛追い, 馬方. ❸ [ゴルフ] ドライバー《1番ウッド》. ❹ a [機] 動力伝導器; 駆動輪. b 《くいなどの》打ち込み機《比較 日本語のねじ回しの「ドライバー」は screwdriver》. ❺ [電算] ドライバー《周辺機器などの入出力作業を制御するためのプログラム》.

dríver ánt 名 軍隊蟻《特にアフリカ・アジア熱帯産の》.

dríver's educátion 名 Ⓤ ドライバー教育《高校などの自動車運転講習》.

†dríver's lìcense 名 《米》運転免許証《《英》driving licence》.

dríver's pèrmit 名 《米》仮免許証.

dríver's sèat 名 運転席. **in the dríver's sèat** (1) 運転席について. (2) 支配的地位にあって; 責任ある立場にあって.

drive-shàft 名 [機] 駆動[原動]軸.

drive-through 《米》名 ドライブスルー《車に乗ったままサービスが受けられる店や銀行》の(窓口). ―― 形 ドライブスルー(方式)の;〈動物園など〉車に乗ったまま見るようになっている.

drive-through delívery 名 《米》(産後すぐに退院できる)駆け足出産(方式).

drive-tràin 名 =driveline.

drive-úp 形 車に乗ったままサービスが受けられる: a ~ window at a bank 銀行のドライブアップ窓口.

†drive·wày 名 (建物・車庫などから道路までの)私設車道, 車道 (drive)《比較 日本語でいう「自動車用の(高速)道路」の意味では用いない》.

†driv·ing /dráɪvɪŋ/ 形 Ⓐ ❶ 推進の, 動力伝導の: ~ force 推進力 / His wife is the ~ force behind his accomplishments. 彼の妻は彼が業績を上げるに際して縁の下の力持ちの存在である. ❷ 吹きまくる;〈あらしなど〉猛烈な, 激しい: a ~ rain 吹き降りの雨 / in ~ snow 吹雪の中で. ❸ 精力的な: a ~ personality 精力的な性格. ❹ a 人を駆使する, 酷使する: a ~ manager 部下をこき使う支配人. b 人を駆り立てる力のある, 迫力のある; 人をぐいぐい引きつける: a ~ ambition 人を駆り立てる野心. ―― 名 ❶ a Ⓤ 運転, 操縦. b [形容詞的に] 運転(用)の: take ~ lessons 車の運転を習う / a ~ school 自動車教習所. ❷ Ⓤ [ゴルフ] ボールを長打すること, ドライブをかけること.

dríving ìron 名 [ゴルフ] ドライブアイアン《1番アイアン》.

†dríving lìcence 名 《英》運転免許証《《米》driver's license》.

dríving ràngé 名 ゴルフ練習場.

dríving sèat 名 運転席 (driver's seat). **in the dríving sèat** 管理して, 取り仕切って.

dríving tèst 名 運転免許試験.

dríving whèel 名 (機関車の)動輪;《機械の》駆動輪.

†driz·zle /drízl/ 名 Ⓤ [また a ~] 細雨, 霧雨, こぬか雨. ―― 動 ⓘ [しばしば it を主語として] 細雨が降る: drizzling rain 霧雨 / It ~d on and off. 霧雨が降ったりやんだりした. ―― ⓣ [《食べ物に》〈油・ドレッシングなどを〉ふりかける〈over〉;〈食べ物に〉ふりかける〈with〉. 《OE=落ちる, したたる》

dríz·zly /drízli/ 形 こぬか雨[霧雨]の降る, しぐれもようの.

drogue /dróʊɡ/ 名 ❶ (船首を風の方向に保つ)吹き抜け袋形の海錨. ❷ a 吹き流しの空中曳航(えいこう)標的. b 空中給油機のホースの先端の給油口. ❸ a (小型の)補助パラシュート. b (戦闘機・宇宙船などの)減速用パラシュート.

drógue párachute =drogue 3.

droid /drɔ́ɪd/ 名 =android.

droit /drɔ́ɪt, drwɑ́ː/ 名 [法] 権利; 税.

droit de sei·gneur /-dəsenjɚː | -njɚː/ 名 Ⓤ (家臣の新婦に対する)領主の初夜権.

droll /dróʊl/ 形 ひょうきんな, おどけた. **dról·ly** /dróʊ(l)li/ 副 《F》

dróll·er·y /dróʊləri/ 名 Ⓤ Ⓒ おどけた挙動; 冗談.

dro·mae·o·saur /dróʊmiəʊsɔːʳ | -sɔː/, **drò·mae·o·sáu·rid** /-sɔ́ːrɪd/ 名 《古生》ドロメオサウルス《石炭紀に生息したドロメオサウルス科の二足歩行の肉食恐竜》.

-drome /dròʊm/ 《名詞連結形》「広い特別な施設」: airdrome, motordrome. 《F<L<Gk=走ること, 走路》

drom·e·dar·y /drɑ́mədèri | drɔ́mədəri, -dri/ 名 [動] ヒトコブラクダ(アラビア産; cf. Bactrian camel). 《F<L<Gk=走るもの》

drom·os /drɑ́məs | drɔ́məs/ 名 (徴 **drom·oi** /-mɔɪ/) ドロメス《古代エジプト・ギリシャなどの地下の墓への通路》.

drone¹ /dróʊn/ 名 ❶ (ミツバチの)雄バチ《いつも巣にいて働かない; cf. worker 3 a》. ❷ のらくらもの; いそうろう. ❸ (無線操縦の)無人機[車]. ―― 動 ⓘ のらくら暮らす[過ごす]〈away〉.

drone² /dróʊn/ 名 [単数形で] ❶ (低い)ブーンという音. ❷ 単調[退屈]な話. ❸ [楽] 持続低音(管). ❹〈…を〉ものうげに話す[言う]. ―― 動 ⓘ ❶ ブーンという音を立てる. ❷ […について] 低い単調な声で[ものうげに]語る〈on〉〈about〉.

dron·go /drɑ́ŋɡoʊ | drɔ́ŋ-/ 名 (徴 ~(e)s) ❶ [鳥] オウチュウ(烏秋)《アジア・アフリカ・豪州産》. ❷《豪俗·俗》うすのろ, まぬけ.

drool /drúːl/ 動 ⓘ ❶ よだれをたらす. ❷ […に] よだれをたらして喜ぶ; […を] やたらにほしがる〈over〉. ❸ たわいない話をする. ―― 名 Ⓤ よだれ. 《DRIVEL の変形》

†droop /drúːp/ 動 ⓘ ❶〈頭・肩などが〉うなだれる, たれる;〈目が〉伏し目になる: Her head ~ed sadly. 彼女は悲しそうにうなだれた. ❷ a〈人が〉元気が衰える, 弱る;〈意気が〉消沈する: His spirits seem to be ~ing these days. このところ彼の体が弱っているみたいだ. b〈草木がしおれる;〈花がしおれる. c〈首・顔・目などを〉たらす, 伏せる, うつむける. ―― 名 [単数形で] ❶ たれていること; うなだれ.❷ (調子の)だれ; 意気消沈. 《ON; cf. drop》

dróop·ing·ly 副 うなだれて, 力なく.

droop·y /drúːpi/ 形 (**droop·i·er; -i·est**) ❶ たれた, しなだれた. ❷ 打ちしおれた, 疲れ果てた.

‡drop /drɑ́p | drɔ́p/ 名 Ⓐ Ⓒ ❶ しずく〈of〉: a ~ of dew 露のしずく / fall in ~s しずくとなって落ちる / ⇒ raindrop, teardrop. ❷ [a ~; 否定文で] 一滴; 少量, 少し: There was not a ~ of water. 水は一滴もなかった / He didn't show us a ~ of kindness. 彼は我々に一片の親切心も示さなかった. b Ⓒ 少量[1杯]の酒: I take a ~ now and then. 私は時々酒を1杯飲む / He has had a ~ too much. 彼は酔っぱらった / I haven't touched a ~ for months. 私は何か月も全然飲んでいない. c [複数形で](目薬などの)点滴薬: eye ~s 点滴目薬. ❸ Ⓒ しずく状のもの: a [通例単数形を伴って] あめ玉, ドロップ: a cough ~ せき止めドロップ. b ペンダントにはめた宝石《真珠など》;《耳》飾り玉. c (シャンデリアなどの)飾り玉.

―― 名 Ⓑ ❶ Ⓒ [通例単数形で] 落下; 急降下. b (落下傘による)空中投下. c (価格・株などの)下落;《温度などの》降下: a ~ *in* temperature 温度の降下 / a ~ *in* prices [stocks] 物価[株]の下落. d [通例単数形で] 落下距離, 落差: There's a ~ of 150 feet from the top of the building to the ground. その建物の頂上から地面まで

150 フィートの落差がある. ❷ ⓒ **a** (米) 〈郵便箱などの〉差し入れ口. **b** (ホテルなどでキーなどの)投げ入れ口. **c** (図書館などの本の)返却口. ❸ **a** (劇場などの)落ちる仕掛け, 落とし. **b** (絞首台の)踏台; 絞首刑. ❹ (俗) **a** (盗品などの)隠れ売買所. **b** (スパイ文書などの)隠し場所. ❺ ⓒ (俗)わけ.

a dróp in the búcket [ócean] 少量, 大海の一滴.
at the drόp of a hát 合図ひとつで, 早速, すぐ; 喜んで: give an after-dinner speech *at the ~ of a hat* (言われて)即座にテーブルスピーチをする.
drόp by drόp 一滴ずつ, 少しずつ.
gèt [hàve] the drόp on…(俗) (1) (相手より早く)…にピストルを突きつける. (2) 〈人の〉機先を制する.

—— 動 (drop·ped; drop·ping) ⓐ ❶ 〔…から〕ポタポタ落ちる, しずくがたれる 〈*down*〉: Sweat *dropped from* his chin. 彼のあごから汗がしたたり落ちた.
❷ **a** 〈ものが〉落ちる; 〈幕などが〉下りる: It was so quiet (that) you might have heard a pin ~. 針の落ちる音が聞こえるような静けさだった / The curtain *dropped* (at the end of the play). (劇が終わって)幕が下りた / Her earring *dropped down* into the drain. 彼女のイヤリングが溝に落ちた. **b** 〈ものが〉〔…から〕〔思わぬ時に〕落ちる, 〈花が〉〈木などから〉散る 〈*down*〉: An apple *dropped from* the tree. リンゴが1個木から落ちた / My wallet has *dropped out of* my pocket. 財布がポケットから落ちた. **c** 〔通例副詞(句)を伴って〕〈日が〉沈む: The sun was *dropping* toward the west. 太陽が西に傾きかけていた.
❸ 〔通例副詞(句)を伴って〕〈人が〉(ばったり)倒れる, 疲れて倒れる: He *dropped* to [*down on*] his knees in exhaustion. 彼は疲れ果ててぺったりひざまずいた / I *dropped into* the chair. 私はくずれるようにいすに腰を下ろした / I'm ready [fit] to ~ (with fatigue). 私は(疲れて)いまにも倒れそうだ.
❹ **a** 〈強さ・程度・価値・音調などが〉下がる: Her voice *dropped* to a whisper. 彼女の声は低くなってささやきとなった. **b** 〈温度などが〉下がる: The temperature ~*s* in September. 9月には温度は下がる. **c** 〈活動・生産などが〉落ち込む: Steel production *dropped* by more than 50%. 鉄鋼生産が 50 パーセント以上落ち込んだ. **d** 〈風かなぐ: The wind will soon ~. 風はまもなくやむだろう.
❺ 自然に〈…の状態〉になる, 陥る: ~ *into* a reverie [deep sleep] 空想[深い眠り]に陥る / ~ *into* unconsciousness 意識を失う / [+補] He soon *dropped* asleep. 彼はじき寝入った.
❻ 〈事が〉やめになる: The matter is not important; let it ~. その事は重要ではない, やめておくことにしよう.
❼ **a** 〔…から…へ〕〈人が〉ひょいと下りる, 飛び降りる 〔*to, into*〕(⊏比較 fall は誤りして「落ちる」の意): He *dropped from* the window *to* the ground. 彼は窓から地上へ飛び降りた. **b** 〔通例副詞(句)を伴って〕〈丘・流れなどを〉下る: The boat *dropped down* the river [*dropped downstream*]. ボートは川を下っていった.
❽ 〈言葉が〉〈…から〉ふと漏れ出る: The strangest remarks ~ *from* his mouth. 何とも不思議な言葉が彼の口から漏れる.
❾ **a** 〈…から〉落伍(らくご)する, やめる, 脱落する 〔*out of, from*〕: One student after another *dropped out of* the class. 学生がクラスから一人また一人とやめていった / He *dropped out of* Harvard. 彼はハーバード大学を中退した. **b** 〔下位に〕落ちる: He *dropped to* the bottom of the class. 彼はクラスでびりになった.

—— 他 ❶ 〈液体を〉たらす, したたらせる, こぼす: ~ tears 涙をこぼす.
❷ **a** 〈ものを〉落とす, 手から(取り)落とす: ~ one's wallet [handkerchief] 財布[ハンカチ]を落とす. **b** 〈ものを〉〈…に〉落とす, 〈ものを〉〈…に〉(落とし)入れる: ~ bombs *on* an enemy position 敵の陣地に爆弾を投下する / a quarter *in* a vending machine 自動販売機に 25 セント貨を入れる / I *dropped* the envelope *into* the mailbox. 私はその封書をポストに入れた.
❸ **a** 〔通例副詞(句)を伴って〕〈客・荷物を〉(途中で)降ろす (↔ pick up): "*Where* shall I ~ you?" "*D*- me (*off*) at the next corner, please." 「どこで降ろしてあげましょうか」「次の曲がりかどで降ろしてください」. **b** (パラシュートで)〈物資・兵士などを〉(地上に)空中投下する.
❹ **a** 〈価値・程度・数量などを〉下げる, 下落させる: ~ (one's) speed スピードを落とす. **b** 〈声を〉落とす, 小さくする: ~ one's voice 声を落とす.
❺ 〈人に〉〈簡単な手紙を〉書き送る, 〔人に〕簡単な手紙を書き送る: [+目+目] *D*- me a line. = *D*- a line *to* me. 一筆お便りください.
❻ **a** 〈綱・釣り糸・幕などを〉下ろす: ~ a line 釣り糸をたれる. **b** 〈目を〉落とす, 伏し目にする: ~ one's gaze 伏し目になる.
❼ 〈習慣・仕事などを〉やめる; 〈議論などを〉中断する; 〈登録した科目を〉やめる: ~ a bad habit 悪い習慣をやめる / ~ the idea of going abroad 海外行きの考えを捨てる / ~ math(s) 履修中の数学をやめる.
❽ 〈友人と〉絶交する, 〈恋人を〉ふる, 〈人を〉〈…から〉解雇する, 退学させる, 脱会させる, 除名する: He has *dropped* some of his friends. 彼は交際しなくなった友だちもいる / Several members who had not paid their dues were *dropped from* the club. 会費未納の会員が数名脱会させられた.
❾ **a** 〈音声・字・語尾などを〉落とす, 〈語を〉省略する: *D*- the "e" in "take" before adding "ing." take の e を落としてから ing を加えよ. **b** 〈行・節などを〉飛ばして書く[読む]: He *dropped* a line when he copied the poem. 彼はその詩を写しとる時 1 行抜かした.
❿ **a** 〈…を〉ふと口に出す, それとなく言う: He *dropped* a hint. 彼はあることをほのめかした[なぞをかけた]. **b** 〈ため息・微笑などを〉もらす: She *dropped* a smile. 彼女は思わず微笑をもらした.
⓫ (賭博(とばく)・株で)〈金を〉失う, する.
⓬ **a** (口)〈人を〉打ち[殴り]倒す: ~ a person with a blow 一撃で人を殴り倒す. **b** 〈鳥を〉射落とす.

drόp a bríck [clánger] 《英口》(人の感情を傷つけるような)へまなことを言う[する].
drόp acrόss…《英口》〈人に〉ひょっこり出会う; 〈ものを〉偶然に見つける.
drόp ánchor ⇨ anchor 名 成句. **drόp aróund** = DROP by 成句.
drόp awáy ⓐ+副 (1) 〈家族・会員などが〉一人ずつ去る, 減る; (いつのまにか)立ち去る: Many members *dropped away* when the dues were raised. 会費が値上げされると多数の会員がやめていった. (2) 急に低くなる: The cliff ~*s away* 300 feet to a river. そのがけは 300 フィートの急斜面でその下は川になっている. (3) 〈質などが〉悪化[低下]する.
drόp báck ⓐ+副 (1) 後退する; 落伍(らくご)する, 遅れる. (2) (途中まで)引き返す.
drop behínd [(ⓐ+副) ~ *behind*…] (1) …から落伍する, 遅れる: The youngest boy *dropped behind* the other hikers. いちばん年下の少年がハイカーの一行に遅れた. —— [(ⓐ+副) ~ *behind*] (2) 落伍する, 遅れる.
drόp bý (ⓐ+副) (口) (予告なしに)ひょっこり立ち寄る.
drόp déad (ⓐ+副) (1) ぱったり倒れて死ぬ; 急に(ぼっくり)死ぬ: He *dropped dead from* a heart attack. 彼は心臓麻痺で急死した. (2) [命令法で] (俗) (うるさいから)あっちへ行け; 死んで[くたばって]しまえ.
drόp one's h's ⇨ h, H¹ 成句.
drόp ín (ⓐ+副) (1) (口) (予告なしに)ひょっこり訪ねる, ちょっと立ち寄る 〔⊏比較 「列車が駅に立ち寄る」の意の時には stop at を用いる〕: He often ~*s in on* me [*at* my house]. 彼はよくひょっこり私を[私の家を]訪ねて来る 〔用法 「人」の時には *on*, 「家」の時には *at* を用いる〕/ Yesterday some friends *dropped in* to tea. きのう数人の友だちがお茶の時刻にひょっこりやってきた. —— (ⓐ+副) (2) 〈ものを〉中に入れる, 落とす: He *dropped* a coin *in* and dialed. 彼は(電話機に)硬貨を 1 個入れてダイヤルを回した.
drόp ínto… (1) 自然に…になる (⇨ ⓐ 5). (2) …に立ち寄る.

Dróp it!《俗》よせ! やめろ!

dróp óff《自+副》(1)《ボタンなどが》とれる, はずれる. (2)《車などから》降りる, 下車する. (3)《次第に》少なくなる, 落ちる: Business *dropped off* drastically in the third quarter. 第3四半期には取引が激減した / Sales have *dropped off*. 売り上げが落ちてきた. (4)《口》うとうとする, まどろむ. ——《他》(5)《人などを》《車などから》降ろす, 下車させる: *D*- me off at the store. 店の所で降ろしてください.

dróp óut《自+副》(1) 中退する, 引退する, 落伍する. (2) 脱落する, 省かれる: A letter has *dropped out*. (印刷で) 1字脱落している. (3)《語・表現が》使われなくなる.

dróp óver《自+副》《口》(予告なしに》ひょっこり訪ねる, ちょっと立ち寄る: *D*- over (to our house) for a visit sometime. 近いうちに(家に)訪ねてきなさい.

dróp the cúrtain ⇨ curtain 成句.

dróp thróugh《英口》《自+副》《企画などが》完全にだめになる, 失敗する.

The pénny (has) drópped. ⇨ penny 成句.

《OE=落ちる, したたる; DRIP と同語源》

dróp cáp [càptial] 图《印》ドロップキャップ(章などの初めの文字を大きくしたもので, 文字の下部が後続行に食い込んでいるもの).

dróp clòth 图 (ペンキ塗りの際に床・家具などに掛ける)たれよけ布〔シート, 紙など〕.

dróp cùrtain 图《劇場》下げ幕, どんちょう.

dróp-déad 肥 はっとさせる: a ~ beauty 目を奪うような美人. —— 副 衝撃的な, 度肝を抜くほどの: ~ gorgeous 目を奪う美しさ[あでやかさの].

dróp déad dàte 图《通例単数形で》《絶対厳守の》最終締切(日).

dróp fòrger 图 落とし鍛造工. **dróp fòrging** 图 落とし鍛造.

dróp góal 图《ラグビー》ドロップゴール (dropkick によるゴール).

dróp hàmmer 图《機》落としハンマー.

dróp hàndlebars 图《亩》(競走用自転車などの)ドロップハンドル.

dróp-hèad 图《英》(自動車の)折りたたみ式の屋根.

dróp-ín 图 ① ぶらりと立ち寄る人, ちょっと立ち寄る社交の会. —— 肥 Ⓐ ❶ 一時的保護を与える, 気軽に立ち寄れる: a ~ center 福祉センター. ❷ 差し込み式の.

dróp inítial 图《印》ドロップイニシャル (drop cap).

dróp-kíck 图 ❶《ラグビー・アメフト》ドロップキック(ボールを地上に落としてはね上がりぎわにける方法). ❷《プロレス》飛びげり, ドロップキック. —— 動 ❶《他》《ラグビー・アメフト》〈ボール〉をドロップキックする. ❷ ドロップキックでくゴールに〉ボールを入れる. ——《自》ドロップキックする.

dróp lèaf 图 (テーブルの端に蝶番(ちょうばん)でつけてある)垂れ板. **dróp-lèaf** 肥

dróp·let /dráplət | dróp-/ 图 小滴.

dróp·lìght 图 つるしランプ, 吊り電灯.

dróp-óff 图 急傾斜面, 断崖; 減少, 下落;《口》引渡し. —— 肥 Ⓐ 一時預かり[保管]の.

dróp-óut 图 ❶ 脱獄(者); 脱落(者); 中退(者); 落伍(者): a college ~ 大学中退者. ❷《ラグビー》ドロップアウト(ゲーム再開のために守備側が自軍 25 ヤード線内から行なうドロップキック).

dropped 肥 落ちた, 落とした;《服》(ウエスト・袖付けなどが通常の位置より)落とした, 下がった: ~ shoulder [waist] =drop shoulder [waist].

dróp·per 图 ❶ 落とす人[もの]. ❷ 点滴器; 滴瓶; スポイト, ピペット.

dróp·ping 图《複数形で》(鳥獣の)ふん.

dróp scène 图《劇場》情景を描いた下げ幕.

dróp scòne 图《英》ドロップスコーン(生地をひとさじずつフライパンに落として焼くパンケーキ).

dróp-sèed 图 Ⓤ《植》ネズミノオ〈すぐに種子を落とすイネ科ネズミノオ属の数種〉.

dróp shòt 图《テニス》ドロップショット《ボールがネットを越すと急に落下する打ち方》.

dróp shòulder 图《服》ドロップショルダー《袖付けが肩の部分ではなく上腕にあるスタイル》.

drópsi·cal /drápsɪk(ə)l | drɔ́p-/ 肥 水腫の(ような).

drópsy /drápsi | drɔ́p-/ 图 ❶ Ⓤ《医》水腫(症), 浮腫(症). ❷ Ⓒ《英俗》チップ; わいろ.《F＜L＜Gk *hydrōps* ＜ *hydōr* 水; 語頭 hy が落ちたもの》

dróp tánk 图《空》落下タンク, 増槽.

dróp tèst 图 落下試験[テスト].

dróp-tòp 图 =drophead.

dróp wàist 图《服》ドロップウエスト《縫い目がウエストではなくヒップにあるスタイル》.

dróp·wòrt 图《植》ロクベンシモツケ《欧州・アジア産》.

dróp zòne 图 (落下傘による)投下[降下]地帯.

drosh·ky /drɑ́ʃki | drɔ́ʃ-/ 图 ドローシキ《ロシアの屋根なし軽四輪馬車》.

dross /drɑ́s, drɔ́:s | drɔ́s/ 图 Ⓤ ❶ (溶けた金属の)浮きかす, 不純物, ドロス. ❷ くだらないもの, くず, かす.《OE; DREGS と関連》

dross·y /drɑ́si, drɔ́:si | drɔ́si/ 肥 (**dross·i·er; -i·est**)(drossの多いの); 無価値な.

*__drought__ /dráʊt/ 图 旱魃(かんばつ), 日照り, 水がれ.《OE; 原義は「乾いた(dry)」》

drought·y /dráʊṭi/ 肥 (**drought·i·er; -i·est**) 旱魃の, 水不足の.

drouth /dráʊθ/ 图《英方・詩・米》=drought. **~y** 肥

*__drove__[1]__ /dróʊv/ 图 drive の過去形.

+__drove__[2] /dróʊv/ 图 (家畜の)ぞろぞろ動く群れ; ぞろぞろ動く人の群れ: in ~s 群れをなして, ぞろぞろと.《OE=駆り立てられるもの; cf. drive》《類義語》group.

dro·ver /dróʊvə | -və/ 图 家畜群を市場に追って行く人; 家畜商人.

*__drown__ /dráʊn/ 動 ❶ おぼれ死にする, 溺死(できし)する: He was ~*ing*. 彼はおぼれかけていた《比較 He nearly [almost] ~*ed*. 彼はあわやおぼれ死ぬところだった / He ~*ed*. 彼はおぼれ死んだ; 日本語の「おぼれる」と異なり drown は死ぬことを意味する》/ A ~*ing* man will catch at a straw.《諺》おぼれる者はわらをもつかむ. ❷〈人・物が〉大量の…に浸る, …に埋もれる〈*in*〉. —— 他 ❶〈人・家畜・人・動物を〉おぼれ死にさせる, 溺死させる (cf. drowned 1); [~ oneself で] (川・海などに)投身自殺する: She tried to ~ *herself* in the river. 彼女は川で入水自殺を図った. ❷ a〈土地などを〉水浸しにする: All the fields *were* ~*ed by* the floods. 畑はすべて洪水で水浸しになった / Her eyes *were* ~*ed in* tears. 彼女の目は涙にあふれていた. b〈食品に〉…をたっぷりかける〈*in*, *with*〉; 〈…を〉〈…に〉浸す〈*in*〉: ~ French fries *with* ketchup フレンチフライにケチャップをたっぷりかける. ❸〈騒がしい音が〉〈小さい音を〉消す: The roar of the wind ~*ed* (*out*) his voice. 風のうなる音で彼の声はかき消された. ❹ (悲しみなどを)〈…で〉紛らす: He ~*ed* his sorrows *in* drink. 彼は酒を飲んで悲しみを紛らした《★ しばしば戯言的に用いる》. ❺ [~ oneself で]〈…に〉ふける, 没頭する (cf. drowned 2): He ~*ed himself in* work. 彼は仕事に没頭した. **drówn óut** (1)〈洪水が〉〈人を〉立ち退かせる《★ 通例受身》: The villagers *were* ~*ed out*. 村人は出水のため立ち退いた. (2)〈小さい音を〉消す (⇒ ❸).《ON; DRINK と同語源》

drowned 肥 ❶ おぼれ死んだ, 溺死した: a ~ body 溺死体 / He was ~ in the river. 彼は川でおぼれ死んだ《比較 drown の場合(「事故死」)と異なり「他殺」が暗示されることもある》. ❷ 🄿〈…に〉ふけった, 没頭して: He was ~ *in* desire for her. 彼は彼女に恋いこがれていた.

drówned válley 图 おぼれ谷《海水が侵入した谷, フィヨルドなど》.

drowse /dráʊz/ 動 ❶ 居眠りする, うとうとする〈*off*〉《比較 doze のほうが一般的》. ❷《古》ぼんやりする. —— 图 [a ~] 居眠り, うたた寝, 眠け: in a ~ うたた寝をして, 半分眠って.

drós·i·ly /-zɪli/ 副 眠そうに, うとうとと.

drós·i·ness 图 Ⓤ 眠気.

+__drows·y__ /dráʊzi/ 肥 (**drows·i·er; -iest**) ❶ 眠い; 眠そう

な (sleepy): feel ~ 眠気を催す. ❷ 眠けを誘う: a hot, ~ afternoon 暑くて眠けを誘う午後. ❸ 眠ったような: a ~ village 眠ったような静かな村. 〖DROWSE+-Y³〗

drub /drʌ́b/ 動 (drubbed; drub·bing) ❶ 〈…を〉繰り返し打つ[殴る]. ❷ 〈…を〉大差で敗る, 〈…に〉圧勝[大勝]する.

drúb·bing 名 U [また a ~] ❶ (口) 完敗, 大敗: They gave the other team a ~. 彼らは相手のチームを大差で敗った. ❷ 棒で打つこと, 痛打: give a person a good ~ 人をうんとぶったたく.

drudge /drʌ́dʒ/ 名 (単調で骨の折れる仕事に)こつこつ[あくせく]働く人, 奴隷のように働かされる人. — 動 ⾃ 〈古〉いやな[苦しい]仕事をこつこつする〈at〉.

drudg·er·y /drʌ́dʒ(ə)ri/ 名 U (単調な)骨折り仕事.

≠drug /drʌ́g/ 名 ❶ a 麻薬, (その他の)有害な薬物: have a ~ habit 麻薬の常用癖がある / be a ~ addict 麻薬常用者である. b 常用癖を作るもの《酒・たばこなど》. ❷ a 薬, 薬品, 薬剤《★日常語としては 1 a の意に用いられることが多い》. b 薬種(薬の材料). a drúg on the márket (口) 買い手のつかない品物, たなざらしのもの. — 動 (drugged; drug·ging) ❶ 〈…に〉麻酔[麻酔剤]を飲ませる. ❷ 〈…に〉薬物を混ぜる;《飲食物に》薬物[麻酔剤]を加える: drugged coffee 麻酔剤入りのコーヒー. 〖F〗

drúg a·búse /-əbjùːs/ 名 麻薬乱用.

drúg àddict 名 麻薬常用者. **drúg addíction** 名.

drúg bàron 名 麻薬王 (drug lord).

drúg czàr 名 麻薬撲滅大帝《米国政府の任命する麻薬撲滅キャンペーン指導者の俗称》.

drúg dèaler 名 麻薬密売人.

drugged-out /drʌ́gdaʊt/ 形 (口) 麻薬にふけった, ヤク中の.

drug·get /drʌ́gɪt/ 名 ❶ U ドラッゲット《粗毛ジュートなどを交ぜて織ったインド産の織物》. ❷ C ドラッゲットで織ったじゅうたん.

drug·gie /drʌ́gi/ 名 《俗》麻薬常用者.

drug·gist /-gɪst/ 名 ❶ 《米》《古風》薬屋(人), 薬種商, 売薬業者(《英》chemist). ❷ 薬剤師 (pharmacist, 《英》chemist). ❸ ドラッグストア経営者.

drug·gy /drʌ́gi/ 形 =druggie. — 名 麻薬に冒された.

drúg lòrd C 麻薬組織のボス, 麻薬王.

drúg rehabilitàtion [rèhab] 名 U (麻薬中毒者の)更生治療.

drúg rùnner 名 麻薬密輸業者, 運び屋.

≠drug·store /drʌ́gstɔ̀ː | -stɔ̀ː/ 名 《米》ドラッグストア《解説》薬品類のほか日用雑貨や化粧品・食品・本・文房具なども売り, また軽食喫茶コーナー (soda fountain) を兼ねていることもある》.

dru·id /drúːɪd/ 名 [しばしば D~] ドルイド《古代 Gaul, Celt 族で信仰されていたドルイド教の僧; 予言者・僧侶・妖術者でもあった》. 〖F<Celt=占い師〗

dru·id·ic /druːídɪk/ 形 ドルイドの.

dru·id·i·cal /-dɪk(ə)l/ 形 =druidic.

drú·id·ism /-dɪ̀zm/ 名 U ドルイド教.

≠drum /drʌ́m/ 名 ❶ 太鼓, ドラム: a bass [side] ~ (オーケストラ用)大[小]太鼓 / beat [play] a ~ 太鼓を打つ / with ~s beating and colors flying 太鼓を鳴らし旗をなびかせて. ❷ [通例単数形で] 太鼓の音; 太鼓に似た音: I heard a distant ~. 遠くの太鼓の音が聞こえた. ❸ 〖機〗 巻胴, 鼓(筒)形部. b ドラム缶 (⇒ barrel 比較). **béat [báng] the drúm** (口) 鳴り物入りで〈…〉を宣伝する[支持する] 〈for〉. **drúm and báss** ⇨ drum'n'bass. — 動 (drummed; drum·ming) ⾃ ❶ 太鼓を打つ, ドラムを演奏する. ❷ (テーブル・床などを)ドンドン打つ[踏み鳴らす], トントン[コツコツ]たたく: He was drumming on the table with his fingers. 彼は指でテーブルをコツコツたたいた / The rain was drumming on the roof. 雨が屋根を打っていた. — 他 (テーブル・床などを…で)ドンドン[トントン, コツコツ]たたく; (テーブルなどを×指などで)コツコツたたく: He drummed his fingers on the table [the table with his fingers]. 彼は指でテーブルをコツコツたたいた《★不安・いらだちを表わすときの動作でもある》. **drúm…ìnto a pérson** 人にやかましく言って…を教え込む: My father drummed it into me that food shouldn't be wasted. 父は私に食物をむだにしてはいけないとうるさく教え込んだ. **drúm a pérson óut of…** [通例受け身で] 〈団体などから〉〈人を〉追放[除名]する: Bob was drummed out of the army. ボブは軍隊から追放された. **drúm úp** (口) 大いに宣伝して[鳴り物入りで]〈人を〉呼び集める; (大いに努力して)〈…を〉獲得する《由来》もと太鼓を鳴らして人を集めたことから》: ~ up support for a plan 大いに奔走して計画に対する支持を得る.
〖Du; 擬音語〗

drúm·bèat 名 太鼓の音.

drúm bràke 名 (自転車などの)ドラムブレーキ《回転するドラムを車輪に押しつけるブレーキ》.

drúm·fìre 名 [単数形で] ❶ (太鼓の連打のような)猛烈な集中砲火. ❷ (質問・批判・宣伝などの)集中攻撃.

drúm·hèad 名 太鼓の皮.

drúmhead cóurt-martial 名 〖軍〗戦地臨時軍法会議.

drúm kìt 名 〖楽〗ドラムセット《ドラム・シンバル・その他の打楽器を組み合わせた一式》.

drum·lin /drʌ́mlɪn/ 名 〖地〗ドラムリン《氷河の漂積物の水準石からなる細長い(長円形の)丘陵》.

drúm májor 名 〖軍〗鼓手長《行列の先頭でバトンを振る》; 軍楽隊長.

drúm majoréttè 名 《米》バトンガール《比較「バトンガール」は和製英語》.

≠drúm·mer 名 ドラム奏者, ドラマー.

drúm·ming 名 U ドラム演奏; ドラムの音.

drúm 'n' báss /-ənbéɪs/ 名 U 〖楽〗ドラムンベース《電子楽器のドラムとベースのビートを基調とするダンス音楽》.

drúm·ròll 名 太鼓のドラム連打.

drúm·stìck 名 ❶ 太鼓のばち. ❷ ドラムスティック《料理した鶏や七面鳥の足; ばちに似ている》.

≠drunk /drʌ́ŋk/ 動 drink の過去分詞. — 形 (drunk·er; drunk·est) ❶ a ⑴ 酔って, 酔っぱらって: get ~ (on whiskey) (ウイスキーで)酔っぱらう / be very ~ ひどく酔っている / dead [blind, 《英》beastly] ~ ぐでんぐでんに酔って / He came home ~. 彼は酔っぱらって帰宅した / ~ and disorderly 〖法〗泥酔した / You're too ~ to drive. 運転するには酔い過ぎている. b ⑴ 酔った; 酔っぱらってる《★法律関係以外では drunken を用いるほうが一般的》: a ~ driver 酒酔い運転者. ❷ ⑴ 〈…に〉酔いしれて, 夢中になって: She's ~ with success [on her own words]. 彼女は成功[自分の言葉]に酔いしれている. **(as) drúnk as a lórd** 《英》=**(as) drúnk as a skúnk** 《米》泥酔して. ❸ ⑴ 酔っぱらいで, 飲んだくれ.
【類義語】**drunk** 酒に酔っているという意味の一般的で直接的な語; 主に叙述用法で使われる. **drunken** drunk とほぼ同意であるが, 主に限定用法で使われ, 習慣的に大酒飲みであることを暗示することがある. **inebriated, intoxicated** 婉曲的な語.

drunk·ard /drʌ́ŋkəd | -kəd/ 名 大酒飲み, 飲んだくれ. 〖DRUNK+-ARD〗

drúnk-dríving 名 U 酔っぱらい運転.

†drunk·en /drʌ́ŋkən/ 形 ⒜ (más ~; most ~) ❶ 酔った, 酔っぱらった (↔ sober): a ~ man 酔っぱらい / a ~ driver 酔っぱらい運転者. ❷ 大酒飲みの, 飲んだくれの: her ~ husband 彼女の飲んだくれの亭主. ❸ 〈行為などが〉酔ってする, 酒の上の: a ~ brawl [quarrel] 酒の上のけんか / ~ driving 酔っぱらい運転. **~·ly** 副. **~·ness** 名.
【類義語】⇒ drunk.

drunk·om·e·ter /drʌ̀ŋkámətər | -kɔ́mətə/ 名 《米》酒気検知器《呼気中のアルコール量を検査する; ★ breath analyzer, Breathalyzer のほうが一般的》.

drúnk tánk 名 《米口》酔っぱらい収容所[留置場], トラ箱.

dru·pa·ceous /druːpéɪʃəs/ 形 〖植〗 石果性の; 石果を生ずる.

drupe /drúːp/ 名 〖植〗 石果(※), 核果《モモ・ウメ・ハタンキョウなど》. 〖L<Gk=olive〗

drupe·let /drúːplət/, **dru·pel** /drúːp(ə)l/ 图《植》小石果, 小核果《キイチゴなどの果実は小石果が集合したもの》.

druse /drúːz/ 图 ❶ 晶洞, がま《岩石・鉱脈などの中の空洞》. ❷《細胞内の》蓚酸カルシウム結晶群.

Druse, Druze /drúːz/ 图 ドルーズ派の人《イスラム教シーア派の過激派イスマイル派から派生した一宗派; シリアやレバノンの山岳部に本拠をもつ》.

druth·er /drʌ́ðɚ/ -ðə/ 图《米》《通例 one's ~s》《方・口》好み, 自由選択, 望み. ── 副《口》= rather.

***dry** /drái/ 形 (**dri·er; dri·est**) **A** ❶ **a** 乾いた, 湿っていない, 乾燥した (↔ wet): a ~ towel 乾いたタオル / ⇒ Dry land / The clothes are ~ now. 服はもう乾いた / get ~ 乾く / keep ~ ぬらさないでおく. **b** 木材など十分乾燥させた: ~ wood 乾いた[かれた]木材. **2 a**《天候など》雨の降らない, 日照り続きの (↔ wet): a long ~ spell 長期の日照り続き / ~ weather 日照り続きの天気 / a ~ season 乾期, 渇水期. **b**《井戸など》水のかれた, 干上がった, 水のない: a ~ riverbed 水がかれた川床. **c**《牛など》乳の出ない: a ~ cow 乳の出ない牛. ❸《商品が固体の; 乾質[性]の》: a ~ plate《写》乾板 / ~ provisions 乾物類《小麦粉・砂糖・塩・コーヒーなど》/ ⇒ dry battery [cell], dry goods, dry ice, dry measure. **b** 水を使わない, 乾式の: ⇒ dry cleaning / He swallowed the tablets ~. 彼はその錠剤を水なしで飲み込んだ. ❹《せきたんの伴わない》乾性の: a ~ cough からせき. ❺《口》のどの渇いた〔渇く〕(thirsty): I'm a bit ~. 少しのど乾いた. ❻ 禁酒の, 禁酒法実施[賛成]の, 禁酒派の (↔ wet): ~ law 禁酒法 / a ~ town 禁酒の町. ❼ バター[マーガリン]を塗らない: ~ toast 何も塗ってないトースト. ❽《酒・ぶどう酒など》辛口の (↔ sweet): a ~ wine 辛口のワイン / a ~ martini ドライマティーニ.

── **B** ❶ **a** 情味に乏しい; 無味乾燥な, つまらない: a ~ lecture 内容のない[つまらない]講義. **b** 涙の出ない: ~ sobs 涙の出ないむせび泣き / with ~ eyes 目に涙を浮かべないで, 泣かないで. ❷ **a**《事実など》赤裸々な, 飾らない;《言葉など》そっけない《比較》日本語の「ドライ」のような「割り切った, 情に流されない」の意はない; 英語ではbusinesslike》: a ~ answer そっけない返事 / ~ thanks 通りいっぺんのお礼の(言葉). **b**《ユーモアなど》まじめな顔で何気なく言う: ~ humor とぼけた[知らん]顔で言うユーモア. ❸《米》枯淡(こたん)の.

(**as**) **drý as a bóne** かわき切って, からからで (cf. bone-dry).
(**as**) **drý as dúst** (1) 無味乾燥な. (2) とてものどが渇いて.
rún drý (1)《川・井戸など》水がなくなる, 水がなくなる. (2)《乳・インクなど》出なくなる. (2)《備蓄などが》不足[欠乏, 枯渇]する.

── 動 他 ❶《...を》乾かす, 干す: ~ wet clothes in the sun ぬれた衣類を日に当てて乾かす / hang clothes (out) to ~ 衣類を(外に)干して乾かす. ❷ **a**《...を》ふきとる, 拭く: ~ one's tears 涙をふきとる; 嘆くのをやめる. **b** [~ oneself で] 体をふく: He dried himself with a towel. 彼はタオルで体をふいた. ❸《食品を》(保存のために)乾燥させる (cf. dried).

── 自 乾く: Your clothes will soon ~ (*out*). 服はじきにひからびて)乾きますよ.

drý óff《他+副》(1)《...を》すっかり乾かす. (2) すっかり乾く.

drý óut《自+副》(1) 乾く (⇒ ❸). (2)《麻薬・アル中患者が》禁断療法を受ける. ── 《他+副》(3)《日光・風などが》《...を》すっかり乾かす. (4)《麻薬・アル中患者に》禁断療法を施す.

drý úp《自+副》(1) すっかり乾く,《井戸がかれる, 干上がる: All the streams may soon ~ *up* in this hot weather. この炎天下ではじきに小川がみんな干上がってしまうかもしれない. (2)《思想が》枯渇する;《資金が》底をつく: His imagination has *dried up*. 彼の想像力は枯渇した. (3)《口》話をやめる, 黙る: D- *up*! 黙れ, やめろ! (4)《米》洗った皿をふく. ── 《他+副》(5)《...を》干上がらせる;《...を》すっかり乾かす. (6)《人に》口をきけなくする. (7)《英》洗った皿をふく: ~ *up* the dishes 皿ふきをする.

── 图《健 1 c は **dries**, 2 は ~**s**》❶ **a** Ū 旱魃(かんばつ). **b** Ū 乾燥状態. **c** [複数形で]《気》乾燥期. **d** [the ~] 乾燥地帯[地域]. ❷ C 《米口》 禁酒(法賛成)論者 (↔ wet).
〖OE; DRAIN, DRAUGHT と同語源〗

dry·ad /dráiəd, -æd/ 图《ギ・口神》ドリュアス《木の精; cf. nymph 1 関連》.

dry·as /dráiəs/ 图《植》チョウノスケソウ《バラ科チョウノスケソウ属の常緑の矮性木本の総称; 茎は匍匐し, 花は白または黄で, 極地・高山にみられる》.

drý-as-dùst 形 A 無味乾燥な.
drý bàttery [**cèll**] 图 乾電池.
drý búlb 图(乾湿球温度計の)乾球.
drý-cléan 動 他《衣類を》ドライクリーニング(法)で洗濯する.
drý cléaner 图 (ドライ)クリーニング屋《人》: a ~'s (ドライ)クリーニング店.
drý cléaning 图 ❶ Ū [また a ~] ドライクリーニング: Give them a ~. それをドライ(クリーニング)にして[でやって]ください. ❷ Ū ドライクリーニング用の[をした]衣類.
drý-cúre 動 他《肉・魚などを塩をして干す》(dry-salt).
Dry·den /dráidn/, **John** 图 ドライデン《1631-1700; 英国の詩人・劇作家・批評家》.
drý dòck 图 乾ドック《日本でいわゆる「ドック」; cf. wet dock》: in ~ 乾ドックに入って (★ in ~ は無冠詞).
drý-dòck 動 他《船を乾ドックに入れる. ── 自 《船が》乾ドックに入る.

†**drý·er** /dráiɚ | dráiə/ 图 = drier.

drý-èyed 形《人が泣かない, 泣いていない, 悲しみを表わさない, 薄情な.
drý fárming 图 Ū《米》乾地農法《水利のきかないまたは雨の少ない土地の耕作法》.
drý flý 图 《魚釣りの》浮き毛鉤(ばり).
drý-flý 形 浮き毛鉤で釣る.
drý gòods 图《米》生地, 呉服, 小間物類《英 drapery》.
drý-húmp 動 自《卑》(着衣のまま)《...に》股間[性器]をこすりつける. **drý-húmp·ing** 图
drý íce 图 Ū ドライアイス: a cake of ~ ドライアイス 1 個.
dry·ish /dráiʃ/ 形 乾きぎみの, 生乾きの.
drý lànd 图 ❶ C 乾燥地. ❷ Ū (海などに対して)陸地: get back on ~ 陸地に戻る.
drý léase 图 乗務員を含まない航空機のリース.
drý·ly 副 ❶ 乾燥して. ❷ 無味乾燥に. ❸ 冷淡に.
drý méasure 图 乾量《穀粒・果物の体積の計量単位系; cf. liquid measure 1》.
drý mílk 图 Ū ドライミルク, 粉乳, 粉ミルク (⇒ milk 関連).
drý móunting 图 Ū《写》乾燥貼りつけ, ドライマウント, ドライマウンティング《印刷物・写真などを板[台紙]にあて, 熱可塑性物質でおおったものに熱を加えて貼りつける方法》.
drý·ness 图 ❶ Ū 乾燥(状態). ❷ 無味乾燥. ❸ (酒の)辛口.
drý núrse 图《古》(授乳しない)乳母(うば), 子守, 育児婦 (cf. wet nurse). **drý-núrse** 動 他
drý·pòint 图 CŪ《美》ドライポイント《腐食液を用いない銅版画用の彫針》; ドライポイント銅版(画); ドライポイント銅版技法.
drý rót 图 Ū ❶《木材の》むれ腐れ, 乾燥腐敗. ❷ (外からわからない)道徳的・社会的な退廃, 腐敗.
drý rùn 图《口》❶ (空砲による)射撃演習. ❷《劇などの》けいこ, リハーサル; 予行演習.
drý-sàlt 動 他 = dry-cure.
drý-sàlt·er 图《英》(塩物・かんづめ・薬品・ゴム・染料・油などの)乾物商人.
drý-shòd 形 P 靴[足]をぬらさないで: go ~ 靴をぬらさないで行く.
drý sìnk 图 乾洗面台, ドライシンク《19 世紀の台所[洗面]用流し; 洗面器などを置くように金属の受皿が付いた木製キャビネット; 下は食器棚》.
drý slópe 图 《また **drý-skì slópe**》屋内スキー場, 人工雪面スキー場.

drý·stòne 形 〈英〉壁などが空(䒾)積みの《石などをモルタルを使用しないで積んだ》.

drý súit 名 ドライスーツ《スキューバダイバーが低温の冷水中で着る体が濡れないような構造になった潜水服》.

drý válley 名 涸(ᴋ)れ谷.

drý·wàll 名 〈米〉❶ ⓤ《壁板・プラスターボードで作られた》乾式工法の壁 (plasterboard). ❷ ⓒ《モルタル・セメントを用いない》石積み壁 〈英〉drystone wall).

DS (略) Doctor of Science.　**DSc** (略) Doctor of Science.　**DSC** (略) Distinguished Service Cross《米海軍・米陸軍》殊勲十字章.　**DSL** /díːèsél/ (略) 〔電算〕digital subscriber line《普通の電話線の可聴音域にない高周波領域を利用してインターネットのデータ通信を行なう方式》.　**DSM** (略) Distinguished Service Medal《米海軍・米軍》《英》では下士官以下に与えられる》.　**DSO** (略) Distinguished Service Order《英軍》殊勲章《将校に与えられる》.　**DSP** (略) 〔電子工〕digital signal processor [processing] デジタルシグナルプロセッサー《デジタルビデオ信号高速処理用チップ》.　**DSS** (略) 〔電算〕decision support system 意志決定支援システム《経営の意志決定のためコンピューターで情報を提供する》.　**DST** (略) Daylight Saving Time.　**DTI** (略) 〈英〉Department of Trade and Industry 通商産業省.　**DTLR** (略) 〈英〉Department of Transport, Local Government and the Regions.　**DTP** /díːtíːpíː/ (略) desktop publishing.

d.t.'s, D.T.'s, 〈英〉**DT's** /díːtíːz/ 名 〔通例 the ~〕〔医〕(=delirium tremens.

DU /díːjúː/ (略) 〔化〕depleted uranium.

Du. (略) Dutch; Dutch.

*__du·al__ /d(j)úːəl | djúːəl/ 形 ❶ 二重の; 二つの部分から成る, 二元的な《比較 dual が異なる性質の部分2つから成るのに対し, double は同じような性質の部分からなる》: a ~ character [personality] 二重人格 / ~ nationality 二重国籍 / ~ ownership 二重[共同]所有. ❷ 〔文法〕両数の, 双数の; 名 ⓤ ~ number 両数, 双数《二者または一対を表わす》; cf. singular 1, plural). 〖L<_duo_ 2+-AL〗

dúal-bánd 形《携帯電話の2つの周波数帯に対応した, 2か国以上で使える.

dúal cárriageway 名 〈英〉中央分離帯のある高速道路《〈米〉divided highway).

dúal cítizenship 名 ⓤ 二重国籍.

dúal contról 名 ❶ 二重管轄, 二国共同統治. ❷ ⓒ《空・自動車》〔通例複数形で〕副[二重]操縦装置.

dúal ín-line páckage 名 〔電子工〕=DIP.

du·al·ism /d(j)úːəlìzm | djúː-/ 名 ❶ ⓤ 二重性, 二元性. ❷ 〔哲〕二元説[論] (cf. monism, pluralism 3). ❸ 〔宗〕二元教.

du·al·is·tic /d(j)ùːəlístɪk | djùː-ˌ-ˈ-/ 形 二重(論)的な, 二元説の.

du·al·i·ty /d(j)uːǽləti | djuː-/ 名 ⓤ 二重[二元]性.

du·al·ize /d(j)úːəlàɪz | djúː-/ 動 二重にする.

dúal-púrpose 形 ❶ 2つの目的に用いられる;《車か旅客・荷物兼用の. ❷ 《牛の肉牛乳牛兼用の;《鶏の肉用卵用兼用の.

*__dub__¹ /dʌ́b/ 動 ⓣ (**dubbed; dub·bing**) ❶〈人に〉…とあだ名をつける,〈人を×…と〉呼ぶ, 称する: 〔+目+補〕Bill is _dubbed_ 'Tinny' because he is so big. ビルはとても小さいので『チビ』とあだ名をつけられている. ❷《国王が抜いた剣で肩を軽くたたいて》〈人に〉ナイト爵を授ける,〈人を×ナイト爵に〉する:〔+目+補〕The king _dubbed_ him (a) knight. 王は彼にナイト爵を授けた[彼をナイトにした].

*__dub__² /dʌ́b/ 動 ⓣ (**dubbed; dub·bing**) ❶ **a** 〔映〕〈映画などを〉〈他国語に〉吹き替える,〈に〉追加録音[アフレコ]をする: a French movie _dubbed_ _into_ English 英語に吹き替えられたフランス映画. **b** 〔映・テレビ・録音〕〈フィルム・テープに〉音響効果をつける〈in〉. ❷〈録音したものを〉再録音する, ダビングする.〖DOUBLE の短縮形〗

Dub. (略) Dublin.

Du·bai /dùːbáɪ/ 名 ドバイ《ペルシャ湾岸のアラブ首長国連邦をなす首長国の一つ; 首都 Dubai》.

dub·bin /dʌ́bɪn/ 名 ⓤ 保革油, ダビン《革の仕上げに用いる皮革用加脂剤》. —— 動 ⓣ《靴などに》ダビンを塗る.

dúb·bing¹ /dʌ́bɪŋ/ 名 ⓤ ダビング, 再吹き替; アフレコ, 追加録音.

dúb·bing² /dʌ́bɪŋ/ 名 ⓤ 毛針にかける材料《毛皮・羊毛など》.

du·bi·e·ty /d(j)uːbáɪəti | djuː-/ 名 〈文〉❶ ⓤ 疑惑, 疑念, あやふや. ❷ ⓒ 疑わしいもの[事].

*__du·bi·ous__ /d(j)úːbiəs | djúː-/ 形 ❶ 疑っている, 不審に思っている, 疑ぐるような: with a ~ expression 疑ぐるような表情で / He has never been ~ _about_ his success. 彼は成功を疑ったことがない / He was a little ~ _about_ _trusting_ the man. 彼はその男を信頼することをちょっとためらっていた / I feel ~ _of_ its accuracy. それが正確かどうか疑問に思っている. ❷〈人・行為などが〉いかがわしい, うさんくさい: a ~ character いかがわしい人物. ❸《言葉など》真意のはっきりしない, あいまいな;《結果など》不明な, 疑わしい, 心もとない: a ~ answer はっきりしない返事 / a ~ compliment《皮肉とも取れる》あいまいなほめ言葉 / The outcome remains ~. その結果は依然としてはっきりしない. ~·ly 副 ~·ness 名 〖L=二面性をもった, DOUBT と関連語〗〔類義語〕⇒ doubtful.

du·bi·ta·ble /d(j)úːbətəbl | djúː-/ 形 疑わしい.

du·bi·ta·tion /d(j)ùːbətéɪʃən | djùː-/ 名 ⓤ〈文〉疑い, 半信半疑.

du·bi·ta·tive /d(j)úːbətèɪtɪv | djúːbɪtə-/ 形〈文〉疑っている; 疑いを表わす. ~·ly 副

Dub·lin /dʌ́blɪn/ 名 ダブリン《アイルランド共和国 (the Republic of Ireland) の首都; 略 Dub.》.

Dúblin Bày práwn 名 ヨーロッパアカザエビ《食用エビ》.

dub·ni·um /dʌ́bniəm/ 名 〔化〕ドブニウム.

Du Bois /duː bɔ́ɪs/, **W(illiam) E(dward) B(urghardt)** 名 デュ・ボイス (1868–1963; 米国の教育者・著述家・黒人運動指導者).

Du·bon·net /d(j)ùːbəneɪ/ 名 ⓤ〔商標〕デュボネ《アペリチフ・カクテル用のベルモット》.

Du·brov·nik /dùːbróːvnɪk, dubróːv- | dùbróːv-/ 名 ドゥブロブニク《クロアチア南部の市・港町; アドリア海に臨むリゾート地》.

du·cal /d(j)úːk(ə)l | djúː-/ 形 ❶ 公爵 (duke) の; 公爵らしい. ❷ 公爵領の.

duc·at /dʌ́kət/ 名《昔, ヨーロッパ大陸で使用された》ダカット金[銀]貨. 〖F<It<L=DUCHY〗

Du·champ /d(j)uːʃɑ́ːŋ/, **Marcel** デュシャン (1887–1968; フランス生まれの米国の画家; ダダイズムの代表者).

+**duch·ess** /dʌ́tʃəs/ 名 ❶ 公爵夫人[未亡人] (cf. princess 3; ⇒ nobility). ❷ 女公爵;《公国の》女公 (cf. duchy 1, dukedom). 〖F<L; ⇒ duke, -ess〗

du·chesse láce /duːʃés-/ 名 ⓤ ダッチェスレース《ベルギー・フランドル地方原産の高級な手編みのボビンレース》.

duchésse potátoes 名 ⓟ 卵と混ぜ合わせたマッシュポテト《焼くか揚げたかしたもの》.

+**duch·y** /dʌ́tʃi/ 名 〔しばしば D-〕❶ 公国, 公爵領 (dukedom) 《duke または duchess の領地》. ❷ 英国の王族公領《Cornwall および Lancaster》.

*__duck__¹ /dʌ́k/ 名《複 ~**s**, ❶ ⓒ》❶〔鳥〕**a** ⓒ カモ, アヒル. **b** ⓒ カモ[アヒル]の雌 (cf. drake). **c** ⓤ カモ[アヒル]の肉. ❷ ⓒ a [~(s); 呼び掛けにも用い]〈英口〉かわいい人 (ducky). **b**〔通例修飾語を伴って〕欠陥のある人[もの]: ⇒ lame duck, sitting duck. ❸ ⓒ〔クリケ〕(打者の) 0 点: break one's ~ 最初の 1 点をあげる / make a ~ 無得点でアウトになる. _líke wáter òff a dúck's bàck_〈口〉〈苦言など〉何の効果もなく, カエルの面(ᴦ)に水で《由来 カモの背の羽毛は油性で水をはじくことによる》. _pláy dúcks and drákes with..._〈口〉…を湯水のように使う〈浪費する〉. _tàke to...líke a dúck to wáter_〈口〉ごく自然に…になつく[が好きになる]《由来「カモが水を好むと同じように好きになる」の意から》.〖OE; 原義は「水にもぐる (duck²) もの」〗

duck² /dʌ́k/ 動 ❶ 頭をひょいと下げる[ひっこめる], ひょいとかがむ. ❷〈頭を〉水にもぐる, 頭をひょいと水にもぐらせる; ひょこっともぐって浮かぶ. ❸〈口〉〔副詞(句)を伴って〕(ひょいとかがんで) 逃げる, 身をかわす; さっと身を隠す: ~

duck

into a hole [behind a wall] 穴の中[壁のうしろに]にさっと身を隠す / ~ *under* an umbrella (ひょいと)傘に入る / ~ *away from* a ball さっとボールを避ける. — 他 ❶ 〈人の頭を水中に押し込め、〈頭を〉ひょいと突き入れる、ひょいと〔水に〕つける〔*in, into, under*〕《米》dunk): Bob ~ed his little brother *in* the swimming pool. ボブは弟の頭をプールの(水の)中に突っ込んだ. ❷ 〈頭を〉ひょいと下げる; 〈体を〉ちょっとかがめる: He ~ed his head to avoid being hit. 彼は打たれないように頭をひょいと下げた. ❸ a 身をかわして…をよける (dodge). b 〈仕事・質問などを〉避ける: ~ the draft [a question] 徴兵を逃れる[質問を避ける].

dúck óut (1) (気づかれないよう)こっそり[すばやく]逃げる. (2) 《責任・義務などを》逃れる, 回避する: He tried to ~ *out of* doing his chores. 彼は雑用をするのを避けようとした. — 自 ❶ 頭[体]を下げる[かがめる]こと. ❷ ひょいと水にもぐること: Let's take a quick ~ in the pool. ちょっとプールに入ろう. **~·er** 名 《OE=水にもぐる》

duck³ /dʌ́k/ 名 ❶ Ｕ ズック, 帆布. ❷ 〔複数形で〕〔口〕ズック製のズボン.〔Du=linen cloth〕

duck⁴ /dʌ́k/ 名 水陸両用トラック.

dúck·bìll 名 =duckbilled platypus.

dúck-bìlled dínosaur 名〔古生〕カモノハシ竜, ハドロサウルス.

dúck-bìlled plátypus 名〔動〕カモノハシ (platypus).

dúck·bòards 名 《泥んこ道などに敷く》踏み板, 敷き板.

dúck·ing 名 ❶ **a** (ひょいと)水につかる[つける]こと. [**a** ~] ずぶぬれ: get *a* ~ ずぶぬれになる / give a person *a* ~ 人をずぶぬれにすること. **b** Ｕ **a** (ひょいと)頭[体]をかがめること. **b**《ボクシング》ダッキング.

dúcking stòol 名《棒の先につるした》水責めいす《昔, うわさを広める女などを罰するのに用いる》.

duck·ling /dʌ́klɪŋ/ 名 Ｃ 子ガモ, アヒルの子; Ｕ 子ガモの肉: ⇒ ugly duckling.《DUCK¹+-LING》

dúck·pìn 名 ダックピンのピン; [~s で単数扱い] ダックピンズ《ずんぐりしたピンと小さなボールを用いるボウリング》.

dúcks and drákes 名 Ｕ 水切り遊び.

dúck's égg 名 =duck¹ 3.

dúck sóup 名 Ｕ 《米口》楽なこと, 簡単なこと.

dúck·wàlk 動 自《蟹股(ﾃﾞｲ)・外股で》アヒルのように歩く.

dúck·wèed 名〔植〕アオウキクサ《アヒルの食用》.

duck·y /dʌ́ki/ 形 (**duck·i·er**, **-i·est**) 《米口》❶ かわいい. ❷ すばらしい, すてきな. — 名 《呼び掛けで》(英) かわいい人《用法 主に女性が用いる》.《名 duck¹ 2》

†**duct** /dʌ́kt/ 名 ❶ 送水管. ❷ 導管, 輸送管. ❸ 〔解〕導管, 脈管. ❹ 〔建〕暗渠(ﾀﾞﾝｷｮ). ❺ 〔電〕線巣.〔L= 導くもの < *ducere*, *duct*- 導く; cf. deduce, induce, introduce, produce, reduce; abduct, aqueduct, conduct, deduct, product, reduction; duke〕

duc·tile /dʌ́ktl | -taɪl/ 形 ❶ 〈金属が〉引き伸ばせる, 延性[展性]のある. ❷ 〈粘土など〉柔軟な, しなやかな. ❸ 〈人・性質などが〉すなおな, 柔順な.〔L=導きやすい(↑)〕

duc·til·i·ty /dʌktɪ́ləti/ 名 Ｕ 延性, 展性; (アスファルトの)伸度. ❷ 柔軟性, しなやかさ. ❸ すなおさ.

dúct·ing 名 導管[配管]組織, ダクト構造; 導管[配管]の材料, 管材.

dúct·less 形 導管のない.

dúctless glánd 名〔解〕内分泌腺.

dúct tàpe 名 Ｕ ダクトテープ《強力な粘着性をもつシルバーグレーのテープ》; 配管工事・家屋修繕に用いる》.

duct·ule /dʌ́kt(j)uːl | -tjuːl/ 名〔解〕小導管.

duc·tus /dʌ́ktəs/ 名〔解〕=duct.

†**dud** /dʌ́d/ 名 ❶ 〔通例複数形で〕衣類. ❷ **a** だめなもの[人]. **b** 不発弾, 不発の花火(など). — 形 ❶ だめな, 役に立たない. ❷ にせの.

†**dude** /d(j)úːd/ 名 ❶ 気取り屋, しゃれ者; 都会育ちの人. ❷ 《俗》人, やつ. ❸ 《米西部》《西部の牧場に遊山に来る》東部の観光客.

dúde rànch 名《米》《西部の》観光牧場[農場].

dud·geon /dʌ́dʒən/ 名 Ｕ 〔また a ~〕立腹《★ 現在通例次の句で》: in high ~ ひどく立腹して.

dud·ish /d(j)úːdɪʃ | djúː-/ 形 気取り屋の, おしゃれの.

*****due** /d(j)úː | djúː/ 形 (比較なし) ❶ **a** 〈手形など〉支払い期限の来た, 満期の: the ~ date (手形の)支払期日 / fall [come] ~ 〈手形などが〉満期となる / The bill is ~ on the 1st of next month. 手形は来月1日が支払期日になっている. **b** Ｐ 〔…に〕当然支払われるべきで: the amount ~ *to* him 彼に支払うべき金額 / The balance ~ (*to*) me is $100. 私に支払われるべき[支払っていただく]差額は100ドルです《用法 (1) due の後に前置詞 to を略すのは《米》; (2) 人が主語になることもある: I'm still due $100. 私はまだ100ドルもらえるはずだ).

❷ Ａ 正当な, 当然の, 相応の: receive the ~ reward of one's labor 労働の当然の報酬を受ける / after [upon] ~ consideration 十分考慮したうえで / in ~ course 順を追って / in ~ form 正式に / in ~ (course of) time (そのうち)時が来て[来れば], やがて / by ~ process of law 正当な法の手続きによって. **b** Ｐ 《功績・感謝・権利など》当然〔…に〕与えられるべき: The discovery is ~ *to* Newton. その発見はニュートンによる / Our heartfelt thanks are ~ (*to*) you. 衷心より感謝申し上げます《用法 due の後に前置詞 to を略すのは《米》》.

❸ Ｐ 〔原因など〕〔…に〕帰すべきで: The delay is ~ *to* shortage of hands [funds]. 遅れは人手[資金]不足のためである / His illness was ~ *to* overwork. 彼の病気は過労のせいだ.

❹ Ｐ 〈乗り物・人など〉**到着する予定で**; 《主に米》《宿泊などが》指定の締め切りで: The train's ~. もう列車がやってくる時間だ / The train is ~ in London at 5 p.m. [in ten minutes.] 列車は午後5時[あと10分で]ロンドン着のはずである / He's ~ back in a few days. 彼は数日中に戻るはずだ / When's the baby ~? 赤ちゃんはいつ生まれる予定ですか / Your term paper is ~ at the end of this month. レポートは今月末締め切りだ.

❺ **a** 〈…する〉ことになっていて: [+*to do*] He's ~ *to* speak tonight. 彼は今晩演説する予定である. **b** 〔…を受けることになっていて, 〔…の〕予定で; 〔…を〕受けるべきで: He's ~ *for* a doctorate. 彼は博士号を受けることになっている / The car's about ~ *for* an oil change. その車はそろそろオイル交換をすべきだ / He's ~ *for* retirement. (ぼけているから)彼はとっくに退職していてよいはずだ.

dùe to...〔前置詞的に〕…のため, …の結果 《用法 due to よりも owing to, because of のほうが一般的とされているが, 《米口》ではよく用いられる): D~ *to* the heavy snow train service was halted. 豪雪のため鉄道は不通になった.

— 名 ❶ 〔通例単数形で〕当然払われる[与えられる]べきもの: give a person his ~ 〔たとえ欠点はあってもその〕人の認めるべき点は認める, 人を公平に扱う.

❷ 〔通例複数形で〕賦課金, 税, 料金; 会費, 使用料.

gíve the dévil his dúe ⇒ devil 名 成句

páy one's dúes (1) 会費[料金など]を支払う. (2) 《米》〈一人前になるために〉一生懸命働き経験を積む.

— 副 (比較なし)〔東西南北の方位名の前につけて〕正[真]…に: go ~ south 真南に行く.
〔F < L *debitus* …に負債[義務]のある < *debere*, *debit*- 借りる; cf. debit, debt〕

†**du·el** /d(j)úːəl | djúː-/ 名 ❶ 決闘: fight [have] a ~ *with*…と決闘する. ❷ (二者間の)争い, 闘争, 勝負: a ~ of wits とんちの勝負. — 動 (**-eled**, **-elled**; **-el·ing, -el·ling**) 自〈人と〉決闘する (*with*). — 他 〈人と〉決闘する.〔L=戦い; duo「2」との関連が想定されることがある〕

du·el(l)er /d(j)úːələ | djúː:ələ/ 名 決闘者, 闘争者.

dúel·(l)ist /-lɪst/ 名 決闘者.

du·en·de /duéndeɪ/ 名 Ｕ,Ｃ 情熱; 魔力; 悪霊.

du·en·na /d(j)uénə/ 名《スペイン・ポルトガルなどで住み込みで良家の子女の指導や話し相手をつとめる中年の》付添い婦人; 《古》女性家庭教師 (chaperon).

†**du·et** /d(j)uːét | djuː-/ 名〔楽〕デュエット (duo)《二重唱[奏]または二重唱[奏]曲; ⇒ solo 関連》.〔It *duetto* < DUO 2 (<L) +-*etto* (指小辞)〕

duff¹ /dʌ́f/ 形《英口》価値のない, くだらない; にせものの.

duff² /dʌ́f/ 名 ダフ《小麦粉にしばしば干しぶどう・黒スグリなど

どを入れて,布袋で蒸したかたいプディング).

duff³ /dʌ́f/ 動 他 《ゴルフ》《英》〈ボール〉を打ち損ねる. **dúff úp**〈人を〉打ちのめす,めった打ちする (beat up).

duff⁴ /dʌ́f/ 名《人の》尻.

duf·fel /dʌ́f(ə)l/, **duf·fle** /dʌ́fl/ 名 ⓤ ❶ ダッフル(けば立てた粗厚な毛織物). ❷ 《米》キャンパーの身回り品.

dúffel [dúffle] bàg 名 ❶《英》《軍隊・キャンプ用の》円筒形の雑のう,ズックの袋. ❷《米》ファスナーで開閉する円筒形の大型バッグ (⇒ holdall).

dúffel [dúffle] còat 名 ダッフルコート(通例フードがつき,前を toggles で留める,膝までの長さのコート).

duf·fer /dʌ́fə | -fə/ 名 ❶ ばか者 ❷ 《口》…の下手な人: He's a ~ *at* golf. 彼はゴルフが下手だ. 《DEAF と同語源》

du·fus /d(j)úːfəs/ 名 = doofus.

***dug**¹ /dʌ́ɡ/ 動 dig¹, dig² の過去形・過去分詞.

dug² /dʌ́ɡ/ 名《母獣の》乳房; 乳首.

du·gong /d(j)úːɡɑŋ, -ɡɔːŋ | -ɡɔŋ/ 名 動 ジュゴン(インド洋・南西太平洋の浅海にすむ草食哺乳(ほにゅう)動物). 《?Malay》

dúg·òut 名 ❶ 丸木舟. ❷ 防空[待避]壕(ごう). ❸《野》ダッグアウト,ベンチ.

duh /dʌ́ː/ 間《米口》(愚問などに対して)言うまでもない,わかりきったことだ.

DUI /díːjùːái/ 《略》driving under the influence (of alcohol [drugs]) 酒気帯び運転,薬物影響下の運転.

dui·ker /dáɪkə | -kə/ 名 ❶ ダイカー(南アフリカ産の小型の羚羊). ❷《南ア》《鳥》ウ (cormorant).

du jour /d(j)uː ʒúɚ | djuː ʒúə/ 形 《名詞の後で》今日(きょう)の,今時(流行)の.

⁺duke /d(j)úːk | djúːk/ 名 ❶ 《しばしば D-; 称号にも用いて》公爵 (cf. prince 3; ⇒ nobility): a royal ~ 王族の公爵. ❷ 《欧州の公国または小国の》君主,公; 大公. ❸ 《複数形で》《口》こぶし,げんこつ. ❹ 次の成句で. **dúke it óut** 《口》争う,はりあう,(とことん)やりあう. 《F<L dux, duc- 指導者 < ducere 導く; ⇒ duct》

dúke·dom /-dəm/ 名 ❶ 公爵領,公国 (duchy). ❷ ⓤ 公爵の位[身分].

Dúke of Ár·gyll's téa trèe /-ɑ́əɡaɪlz- | -áː-/ 名 《植》ナガバクコ《地中海原産の観賞用クコ》.

DUKW, Dukw /dʌ́k/ 名《米軍》= duck⁴.

dul·ca·ma·ra /dʌ̀lkəmɛ́(ə)rə | -ˈmáː-/ 名 ズルカマラエキス(ナス属のつる性の多年草 bittersweet のエキス; ホメオパシーで,特に皮膚病と胸の病気の治療に用いられる).

dul·cet /dʌ́lsɪt/ 形 《文》《音が》耳に快い,甘美な,美妙な: speak in ~ tones 甘い口調で話す. 《F<L=甘い》

dul·ci·an·a /dʌ̀lsiǽnə, -áː-/ 名 《楽》ダルシアーナ(パイプオルガンのフルートストップの一種; 柔和[甘美な音が出る).

dul·ci·fy /dʌ́lsəfàɪ/ 動 他 《文》甘くする; 《気分など》をやわらぐ[なごやかに]する. **dul·ci·fi·ca·tion** /dʌ̀lsəfəkéɪʃən/ 名.

dul·ci·mer /dʌ́lsəmə | -mə/ 名《楽》ダルシマー(小さい2本のつちで打ち鳴らす梯形の金属弦の楽器; ピアノの前身). 《F<L=甘い歌》

Dul·cin·e·a /dʌ̀lsəníːə, -áː-/ 名 ❶ ドルシネア (Don Quixote があこがれたいなか娘の名). ❷ 《しばしば d-》理想の恋人.

dul·ci·tone /dʌ́lsətòʊn/ 名《楽》ダルシトーン(チェレスタに似た鍵盤楽器).

***dull** /dʌ́l/ 形 (~·er; ~·est) ❶ おもしろくない,単調な,退屈な (boring): a ~ book [talk] おもしろくない本[話]. ❷ a 〈色・光・音色など〉鈍い,ぼんやりした,さえない (↔ vivid, bright, sharp). b 〈天気が〉どんよりした,曇っている; うっとうしい. ❸ 〈感覚が〉鈍い; 〈苦痛など〉鈍い,鈍く感じる (↔ sharp): ~ sight 鈍い視力 / a ~ pain [ache] 鈍痛. ❹ 〈刃など〉鈍く,なまくらの (↔ keen, sharp): a ~ knife よく切れないナイフ. ❺ 《古風》〈人が〉鈍感な,愚鈍な; わかりの遅い: a ~ pupil 鈍感な生徒 / All work and no play (makes Jack a ~ boy). ⇒ work A 1. ❻ 《商売など》活気がない,沈滞した,不振の (↔ brisk); 《商品・在庫品など》さばけない: Trade is ~. 商売は振るわない. **néver a dúll móment** (通例戯言) 退屈な時間がまったくない[なくて]; 絶えず大忙しで. 《用法》しばしば反語的に用いる): There's

never a ~ *moment* around here. ここはいつもにぎやかだ,いつも何かの騒ぎが起こっている.

─ 動 他 ❶ 〈苦痛など〉やわらげる. ❷ 〈知能・感覚など〉を鈍くする. ❸ 〈刃など〉を鈍くする,なまくらにする. ─ 自 ❶ 鈍る. **dúll the édge of...** (1) …の刃を鈍らせる. (2) …の感じ[快味]をそぐ: ~ *the edge of* one's appetite せっかくの食欲をそぐ.

《OE=愚かな》 【類語】dull 物または人が以前の鋭さを失っている,または本来あるべき鋭さを欠いている. **blunt** 普通 dull より強意であるが,もともと鋭くすることを意図していない場合にいうこともある.

dull·ard /dʌ́ləd | -ləd/ 名 のろま,とんま,あほう.

dull·ish /dʌ́lɪʃ/ 形 やや鈍い; うすぼんやりの,うすのろの; だれ気味の.

dúll·ness ⓤ ❶ 単調,退屈. ❷ 鈍さ; 鈍感.

dúll-wítted 形 鈍中の.

dul·ly /dʌ́(l)li/ 副 ぼんやり,生気なく,鈍く.

dulse /dʌ́ls/ 名 ⓤ《植》ダルス(アイルランドおよびスコットランド沿岸に産する紅藻類の食用海藻).

⁺du·ly /d(j)úːli | djúː-/ 副 (比較なし) ❶ 正しく,正当に,順当に,当然に; 型どおりに,正式に,きちんと: The proposal was ~ recorded in the minutes. その提案は正式に議事録に記録された. ❷ 十分に: The program was ~ considered. その計画は十分に考慮された. ❸ 時間どおりに,滞りなく,きちんと: He ~ arrived. 彼は時間どおりに着いた. **dúly to hánd**《商》正に入手. 《DUE+-LY¹》

du·ma /dúːmə | d(j)úː-/ 名《ロシア》❶ 《しばしば D-》ロシア帝国議会,ドゥーマ (1905年 Nicholas 2世が開設, 17年廃止). ❷《1917年以前の》代議員会,議会. ❸《しばしば D-》国家会議《ロシア連邦議会下院》.

Du·mas /d(j)úːmɑː | djúː-, Al·ex·an·dre /ǽlɪɡzændrə/ 名 デュマ. ❶《1802-70; フランスの小説家; Dumas père /péə | péə/ 大デュマ》. ❷《1824-95; フランスの小説家; Dumas fils /fiːs/ 小デュマ》.

⁺dumb /dʌ́m/ 形 (~·er; ~·est) ❶ (比較なし) **a** 物の言えない,口のきけない 《★人の障害について用いるのは古風; 差別的意味合いもある人もいる. 代用表現は unable to speak, speech impaired (b の意では speech-impaired persons [people]》): ~ animals 物の言えない[哀れな]動物 / the ~ millions 《政治的発言権をもたない》無言の大衆,民衆. **b** 《the ~; 名詞的に; 複数扱い》口のきけない人たち: the deaf and ~ 聾啞(ろうあ)者. ❷《文》《感情・考えなど》口では言い表せない,言葉では伝えられない《驚きなどで》: She was struck ~ at the news. 彼女はその知らせに唖然(あぜん)とした. ❸《主米口》ばかな,のろまな: a ~ boss [question] ぬけさく上司[質問]. ❹ 口をきかない; 無言の (mute) (⇒ dumb show. ❺ 音の出ない,音の聞こえない. ❻《電算》情報処理能力をもたない ⇒ dumb terminal. ─ 動 他 《口・軽蔑》《わかりやすく》〈質などを〉低下させる,レベルを下げる,誰にもわかるように《単純化》する 《down》. **~·ness** 名 《OE=原義は「愚かな」; cf. dull》 【類語】**dumb** 話す能力のない; 主に動物や無生物に用いる. **mute** 音声器官に障害はないが,生まれつき耳が聞こえないので話すことのできない人に用いる. **speechless** ショックや興奮のために物が言えなくなった状態にいう. **voiceless** 生まれつき,または病気などによって全然声の出せない.

dúmb áss 名《俗》ばか,まぬけ,どアホ.

dúmb·bèll 名 ❶ 亜鈴(あれい),ダンベル. ❷《米口》ばか,あほ. 《形は教会の鐘に似ているが鳴らないことから》

dumb·found /dʌ̀mfáʊnd/ 動 他 〈人〉を《…でものも言えないほどびっくりさせる》《by》(⇒ dumbfounded).

dùmb·fóund·ed /-dɪd/ 形 《人が…に》ものが言えないほどびっくりした: He was ~ *at* [*by*] his discovery. 彼はその発見に唖然(あぜん)とした.

dumb·ly /dʌ́mli/ 副 だまって,黙々と.

dum·bo /dʌ́mboʊ/ 名 ばか,まぬけ.

dúmb piáno 名 無音ピアノ《運指練習用》.

dúmb shòw 名 ⓤⓒ 黙劇,だんまり《芝居》; 無言の手まね[身ぶり].

dúmb・sìze 動 自《米口》〈会社〉の効率が悪くなるほど人員を削減する,(リストラしすぎて)人手不足になる. 〖*downsize* のもじり〗

dúmb・strùck, -strìcken 形 口もきけないほど驚いた,驚いて口のきけない.

dúmb tèrminal 名《電算》ダム[単能]端末《情報処理能力がなく入力出力しかできない》.

dúmb・wàiter 名 ❶ 食品・食器用エレベーター,荷物用小型エレベーター. ❷《英》回転盆[台]《米 lazy Susan》.

dum-dum /dʌ́mdʌ̀m/ 名《俗》ばか,まぬけ.

dúm-dum (búllet) /dʌ́mdʌm(-)/ 名 ダムダム弾.

dum・found /dʌmfáund/ 動 = dumbfound.

Dum・fries and Gal・lo・way /dʌmfríːsən(d)gǽləwèɪ/ 名 ダムフリースアンドギャロウェイ州《スコットランド南西部の旧州; 州都 Dumfries》.

+**dum・my** /dʌ́mi/ 名 ❶ a (洋服屋などの)人台(比), 人形, ダミー; (射撃練習用)標的の人形. b 替え玉, 身代り; 〖映〗替え玉人形. c かかしの人物, 飾り〔人〕, (他人の)手先. ❷ 擬製品, 模造品, ダミー. ❸ 〖口〗ばか者, とんま. ❹《英》(赤ん坊の)ゴム乳首, おしゃぶり《米 pacifier》. 〖トランプ〗ダミー, 空席《札をさらしむてプレーする》. ❺ 〖印〗束(な)見本; レイアウト見本. ❻《俗》唖(ぢ)の, まねけの; 名義[看板]だけの, 飾りの: a ~ director 表向きだけの重役 / a ~ company 架空の[トンネル]会社, ダミー. ── 他《本・ページの》見本[ダミー]を作る. **dúmmy úp**《自+》《米口》口をとざす[つぐむ]. 〖DUMB+-Y¹〗

dúmmy rún 名《英口》❶ 攻撃演習, 予行練習. ❷ 試演, リハーサル (test run).

*dump¹ /dʌ́mp/ 動 他 ❶《口》〈ごみ・重い荷物などを…に〉投げ捨てる, どさりと下ろす[捨てる], 投棄する〔*on, in*〕: The truck ~ed the gravel *on* the road. トラックは砂利を道路にどさりと下ろした / ~ radioactive waste at sea 放射性廃棄物を海洋投棄する. ❷《口》〈…を〉(無責任に)放り出して, やっかい払いする; 〈責任・任務を〉〈人に〉転嫁する〔*on*〕; 〈方針などを〉破棄[放棄]する: He ~ed his wife a year after marrying her. 彼は結婚1年後に妻を見捨てた. ❸〈商品を〉(外国市場に)投げ売りする, ダンピングする. ❹《電算》〈…を〉ダンプする《記憶してあるデータを処理・変換せずにディスプレイ・プリンターなどに出力する》. **dúmp on** …《米口》…を批判する, けなす; 困らせる; 侮辱する. ── 名 ❶ ごみ捨て場《英》tip); ごみの山. ❷《口・軽蔑》汚ない[不潔な]場所. ❸《軍》(食糧・弾薬などの)臨時集積場. ❹《電算》ダンプ. ❺〖*for*〗排便. 〖*ON*〗

dump² /dʌ́mp/ 名〘複数形で〙意気消沈《★通例次の成句で》. **(dówn) in the dúmps** ふさぎ込んで (depressed).

dúmp・er (trúck) 名《英》= dump truck.

dúmp・ing 名 U ❶ a (ごみなどの)投げ捨て. b (放射性[有毒]廃棄物の)投棄. ❷ 投げ売り, ダンピング.

dúmping gròund 名 ごみ捨て場, 投棄場所.

dúmping sỳndrome 名 U 〖医〗ダンピング症候群《胃の切除手術をした人などに見られる, 食後のめまい, 脱力感, 動悸(ぎ)などの症状》.

dump・ish /dʌ́mpɪʃ/ 形 ふさぎこんだ, 悲しい.

dump・ling /dʌ́mplɪŋ/ 名 ❶ 〖UC〗ダンプリング: a 肉入り蒸しだんご《スープなどで煮る》. b 果物を丸ごと練り込み, パイの生地で包んで焼いたデザート. ❷ C〘戯言〙背が低くて太った人.

Dump・ster /dʌ́m(p)stə | -tə/ 名《米》《商標》ダンプスター《大きな金属製のごみ箱《英》skip》.

Dúmpster dìving 名 U《口》ごみ箱あさり.

dúmp trùck 名《既略 dump car は「傾斜台付き貨車」の意; 日本語でいう「ダンプカー」は和製英語》.

dump・y /dʌ́mpi/ 形 (**dump・i・er; -i・est**)〈人が〉ずんぐりした. **dúmp・i・ness** 名

dun¹ /dʌ́n/ 名 焦げ茶色の. ── 名 ❶ U 焦げ茶色. ❷ C 焦げ茶色の馬.

dun² /dʌ́n/ 動 他 (**dunned; dun・ning**)〈人に〉やかましく借金の催促をする. ── 名〖古〗❶ 借金の催促. ❷ 催促の厳しい債権者.

dun³ /dʌ́n/ 名 (スコットランドやアイルランドの)丘陵に囲まれた要害堅固な城, とりで.

Dun・bar /dʌ́nbəɚ | -bɑː/, **Paul** 名 ダンバー《1872–1906; 米国の黒人詩人》.

Dun・can /dʌ́ŋkən/ 名 ダンカン《男性名》.

Dun・can /dʌ́ŋkən/, **Isadora** 名 ダンカン《1877–1927; 米国の舞踊家》.

dunce /dʌ́ns/ 名 のろま, 覚えの悪い生徒, 劣等生. 〖John *Duns* Scotus 中世の神学者; ルネサンス期にこの派の学者をあざけって呼んだ〗

dúnce('s) cáp 名 ばか帽子《昔, 覚えの悪い生徒に罰としてかぶらせた円錐形の紙帽子》.

Dun・dee /dʌndíː-/ 名 ダンディー《スコットランド東部テイ (Tay) 湾北岸の市・港町》.

Dundée cáke /dʌndíː-/ 名 UC《英》ダンディーケーキ《アーモンドを使ったフルーツケーキ》.

dun・der・head /dʌ́ndəhèd | -də-/ 名《口》のろま, ばか.

dùn・der・hèaded 形《口》ばかな, のろまの.

+**dune** /d(j)úːn | djúː-/ 名 砂丘. 〖F < *Du*〗

dúne bùggy 名 = beach buggy.

+**dung** /dʌ́ŋ/ 名 U (牛馬などの)ふん, こやし. 〖OE; 原義は「覆う」; 貯蔵所を保温のためふんで覆ったことから〗

dun・ga・ree /dʌ̀ŋɡərí/ 名 ❶ U ダンガリー《インド産粗製綿布》. ❷〘複数形で〙《英》つなぎ, オーバーオール《《米》overalls); 《米俗風》ジーパン. 〖Hindi〗

dun・geon /dʌ́ndʒən/ 名 (城内の)地下ろう, 土ろう.

dúng flỳ 名〖昆〗フンバエ《同科のハエの総称》.

dúng・hill 名 ふん[こやし]の山.

dúng wòrm 名 動 シマミミズ《釣りの餌》.

dun・ite /dúːnaɪt, dʌ́n-/ 名 U〖鉱〗ダナイト《ほとんど橄欖(%)石からなる火成岩の一種; クロム原料》.

dunk /dʌ́ŋk/ 動 他 ❶ 〈パンなどを〉〈飲み物〉につける (dip): ~ a doughnut *in* [*into*] coffee ドーナツをコーヒーに浸す. ❷ a 〈もの・人を〉水などの中につける, 浸す; 《米》《冗談で》〈人を〉水中に押し込む〔*in, into*〕. b 〈人を〉洗礼する, 洗礼して教会に入れる〔*into*〕. ❸ 〖バスケ〗〈ボールを〉ダンクシュートする, 決める. ── 名 = dunk shot. 〖G = 水につける〗

Dun・kirk /dʌ́nkəːk, --- | dʌnkə́ːk/ 名 ダンケルク《フランス北部の海港, Dover 海峡に臨む; 第二次世界大戦中の 1940 年に英仏連合軍が独軍の攻撃下を海路英国に撤退した》.

dúnk shòt 名〖バスケ〗ダンクシュート《ジャンプしてリングの上からボールをたたきこむシュート》.

dun・lin /dʌ́nlɪn/ 名 (複 ~, ~**s**)〖鳥〗ハマシギ.

dun・nage /dʌ́nɪdʒ/ 名 U ❶ 手荷物, 手回り品. ❷〖海〗(積み荷の損傷・水ぬれなどを防ぐ)荷敷き.

dun・nart /dʌ́nəət | -naːt/ 名 動 スミントプシス《マウスに似たフクロネコ科の食虫性有袋動物; 豪州・ニューギニア産》.

+**dun・no** /dənúː/ 動《口》= (I) don't know.

dun・nock /dʌ́nək/ 名《英》= hedge sparrow.

+**du・o** /d(j)úːou | djúː-/ 名 ❶〖楽〗二重奏[唱]曲 (duet). ❷ (芸人の)二人組. 〖It < *L*=2〗

du・o- /d(j)úːou- | djúː-/〘連結形〙"2". 〖L↑〗

du・o・dec・i・mal /d(j)ùːədésəm(ə)l | djùː-" */ 形 ❶ 12 分の. ❷《数》12 進の: the ~ scale [system] (of notation) 12 進法. ── 名 ❶ U 12 進法. ❷ C 12 分の1. 〖L<*duo*2+*decim* 10〗

du・o・dec・i・mo /d(j)ùːədésəmòu | djùː-/ 名 (複 ~**s**) ❶ U 12 折り紙[判]《全紙の 1/12 の大きさ; 略 12 mo, 12°, 俗に四六判; cf. format 1 b》. ❷ C 12 折り判の本, 四六判本. 〖L=in twelve (↑)〗

du・o・de・nal /d(j)ùːədíːn(ə)l | djùː-ˊ-/ 形 十二指腸 (duodenum) の: a ~ ulcer 十二指腸潰瘍(ぎ).

du・o・de・ni・tis /d(j)ùːoudìnáɪtɪs | djùː-/ 名 U〖医〗十二指腸炎.

du・o・de・num /d(j)ùːoudíːnəm | djùː-/ 名 (複 ~**s, -na** /-nə/)〖解〗十二指腸. 〖L=twelve each; ⇒ duodecimal〗

du・o・logue /d(j)úːəlɔ̀ːɡ, -làɡ | djúː-əlɔ̀ɡ/ 名 (二人)対話; 対話劇 (cf. monologue). 〖DUO-+-LOGUE〗

du・o・mo /dwóumou/ 名 (複 ~**s**) 大教会堂, 大聖堂, ドゥオモ.

du·op·o·ly /d(j)uːápəli, -óp-/ 图《経》複占《二社による市場占有》. **du·òp·o·lís·tic** 形 【DUO-+(MONO)POLY】

du·o·tone /d(j)úːətòʊn | djúː-/ 图 ⓒⓊ 二色画；二色網版, デュオトーン, ダブルトーン《同一原図から2枚の網ネガを撮影して2枚の網点版を作り, 二色[単色の濃淡の]グラビアをつくる印刷法》; ダブルトーン印刷版.

dup.《略》duplicate.

du·pat·ta /dʊpʌ́tə/ 图 ドゥパッタ《インド人のスカーフ》

†**dupe** /d(j)úːp | djúːp/ 图《人をだます；人をだまして[…]させる: I was ~d into signing the contract. 私はだまされてその契約書に署名してしまった. —— 图 だまされやすい人, まぬけ, かも: make a ~ of a person 人をだます[かもにする]. 【F=stupid bird】

du·ple /d(j)úːpl | djúː-/ 形《楽》2倍の, 二重の: ~ time 2拍子. 【L=double】

du·plet /d(j)úːplət/ 图《楽》二連符; 2つ1組, 対(ぺ), ペア.

du·plex /d(j)úːpleks | djúː-/ 图 ❶ =duplex house. ❷《米》複式マンション (cf. duplex 2). ❸《生化》二本鎖 DNA[RNA]. —— 形 A ❶ 重複の, 二連の, 二重の: a ~ hammer 両面槌(つち). ❷《米》マンションの部屋の中で上下2階になっている, 複式の: a ~ apartment 複式マンション. ❸《生化》二本鎖の. ❹《プリンターなどが》両面印刷可能な. 【L<duo 2+-plex -ple】—— 图 (duplicate)

dúplex hóuse 图《米》《二つの玄関があり, 2家族が住むことのできる》2世帯家屋《《英》semidetached》.

du·pli·ca·ble /d(j)úːplɪkəbl | djúː-/ 形 二重にできる; 複製できる.

†**du·pli·cate** /d(j)úːplɪkèɪt | djúː-/ 動 ❶《…を》複写[複製]する, 正副2通に作る. ❷《過去の成功などを》再び繰り返す, 再現する.《一度終えた仕事などを》《むだに》もう一度する. ❸《…を》二重[2倍]にする. —— 形 A /-kət/ ❶ 複製の; 控えの, 写しの: a ~ copy 副本 / a ~ copy of a contract 契約書の控え. ❷ まったく同じ, うりふたつの: a ~ key 合いかぎ (cf. passkey). ❸ a 複写の, 二重の. b 一双の. —— 图 /-kət/ (同一物の) 2通の一つ[控え], 副本; 写し, 複製, 複写 (copy). in dúplicate (copy). 2通に. 【L=二重にする<duo 2+plicare, plicat- 折りたむ (cf. complicate, replicate)】 图 duplex

dúplicate brídge 图 《トランプ》デュプリケートブリッジ《コントラクトブリッジなどで両チームに同じ手札を配ってプレーし, 別々に得点して競う》.

dú·pli·cat·ing machíne /-kèɪtɪŋ-/ 图 複写機.

du·pli·ca·tion /d(j)úːplɪkéɪʃən | djúː-/ 图 ❶ a 複製, 複写. b ⓒ 複製[複写]物. ❷ Ⓤ 2倍, 二重, 重複.

du·pli·ca·tor /-kèɪtər | -tə/ 图 複写機.

du·plic·i·tous /d(j)uːplísətəs | djuː-/ 形 二枚舌の, 二心ある.

du·plic·i·ty /d(j)uːplísəti | djuː-/ 图 Ⓤ 二枚舌 (を使うこと), 二心 (あること), 欺瞞(ぎまん), 偽り.

Du Pont /d(j)úː pánt | djuːpónt/, **Pierre** /pjéə | pjéə/ **Samuel** /-/ 图 デュポン《1870-1954;米国の実業家;総合化学会社 Du Pont 社の経営者》.

Du·puy·tren's contráceture /dʊpwíː trænz-/ 图 Ⓤ《医》デュピュイトラン拘縮《繊維組織の増殖によって指が固定的に前に湾曲してしまう状態》.

Dur.《略》Durham.

du·ra /d(j)úərə/ 图 =durra.

du·ra·bil·i·ty /d(j)ù(ə)rəbíləti | djùər-, djòː-/ 图 Ⓤ 耐久性[力].

*__du·ra·ble__ /d(j)ú(ə)rəbl | djúər-, djɔ́ː-/ 形 (more ~; most ~) ❶ もちのよい, 丈夫な, 耐久性のある: ⇒ durable goods. ❷ 永続性のある, 恒久性の: (a) ~ peace 恒久的平和. —— 图《形容詞で》=durable goods. ~·ness 图【F<L<durare; ⇒ duration】

dúrable góods 图《米》耐久（消費）財《車・家具・家電など》.

dú·ra·bly /-rəbli/ 副 ❶ 永続[恒久]的に. ❷ 耐久的に, 丈夫に.

du·ral /d(j)ú(ə)rəl, djʊər-, djɔ́ːr-/ 形《解》硬膜 (dura mater) の.

du·ral·u·min /d(j)ʊrǽljʊmɪn | djʊ(ə)r-/ 图 Ⓤ ジュラルミン《アルミニウム合金》.

du·ra ma·ter /d(j)ú(ə)rəméɪtə, -máː- | djúər-, djɔ́ːr-/ 图《解》《脳・脊髄の》硬膜.

du·ra·men /d(j)úréɪmən | djúːr-, djɔː-/ 图 Ⓤ《木材の》赤味[材], 心材.

du·rance /d(j)ú(ə)rəns, djʊər-, djɔ́ːr-/ 图 Ⓤ《古・文》監禁, 拘禁, 収監.

Du·rant /durǽnt/, **William** 图 デュラント《1861-1947;米国の実業家;ゼネラルモーターズなどの自動車会社を設立》.

*__du·ra·tion__ /d(j)ʊréɪʃən | djʊər-, djɔː-/ 图 Ⓤ 持続(期), 存続(期間):《期間》長期[短期]の / for the ~ of …の期間中(に) / ~ of flight《空》航続[滞空]時間. **for the durátion** (1)《口》あること[事態]が続くかぎり, 「当分の間」. (2) 戦争期間中. 【F<L durare 長く続く; cf. durable】

du·ra·tive /d(j)ú(ə)rətɪv | djʊər-, djɔ́ːr-/ 形《文法》継続相の《keep, love, remain などのようにある動作・状態が多少とも継続することを示す動詞の相》.

Dur·ban /dɚːbən | dɚː-/ 图 ダーバン《南アフリカ共和国東部クワズールーナタール (KwaZulu-Natal) 州の市・港, リゾート地》.

dur·bar /dɚːbɑːr | -bɑː/ 图《インド土侯の》宮延;《インド土侯・インド総督などの》公式接見(室), 謁見(の間).

Dü·rer /d(j)ú(ə)rə | djúərə/, **Al·brecht** /ɑ́ːlbrekt | ǽl-/ 图 デューラー《1471-1528;ドイツルネサンス最大の画家・版画家》.

du·ress /d(j)ʊrés | djʊr-/ 图 Ⓤ ❶《法》強迫, 強要: under ~ 強迫[強制]されて. ❷《古》監禁, 拘束. 【F<L<durus 固い】

Du·rex /d(j)ú(ə)reks | djúər-, djɔː-/ 图《商標》デュレックス《コンドームの製品名》.

Dur·ham /dɚːrəm | dʌ́r-/ 图 ❶ a ダラム州《イングランド北東部の州; 略 Dur.》. b ダラム《同州の州都》. ❷ ⓒ ダラム種 (の食用牛).

du·ri·an /d(j)ú(ə)riən/ 图 ❶ ドリアン《マレー半島・東南アジアで栽培される果実; 異臭があるが美味》. ❷《植》ドリアン《常緑高木》. 【Malay】

du·ri·crust /d(j)ú(ə)rəkrʌst | djʊər-, djɔː-/ 图《地》表層固結物, デュリクラスト《乾燥地帯で土壌が硬い皮殻状になった層》.

*__dur·ing__ /d(j)ú(ə)rɪŋ | djúər-, djɔː-/ 前 ❶《特定の期間の》…の間ずっと, …の間中《比較 during は動作や状態があった「時期」を示すのに重点が置かれ, for は動作や状態が続いた「長さ」を示す》: ~ my stay in London ロンドン滞在中に《変換 while I was [am] staying in London と書き換え可能; 比較 throughout を用いると「ずっと」の意味が強くなる》/ Don't talk ~ class. 授業中は話をするな. ❷《特定期間の》…の間のいつか, の間に[ⓒ]: He came ~ my absence. 彼は私の留守中にやってきた / I'll take my vacation for two weeks ~ August. 8月中の2週間休暇をとるつもりだ. 【ME; 元来分詞構文で「…が続いている間」の意】

Dur·kheim /dɚː khaɪm | dɚː k-/, **É·mile** /eɪmíːl/ 图 デュルケーム《1858-1917;フランスの社会学者》.

durn /dɚːn | dɚːn/ 動 图 副《米口》=darn[2].

durned /dɚːnd | dɚːnd/ 形 副《米口》=darned.

dur·ra /dúːrə/ 图《植》アズキモロコシ《アジア・アフリカ主産》.

Dur·rell /dɚːrəl | dʌ́r-/, **Lawrence** 图 ダレル《1912-90;英国の小説家》.

du·rum /d(j)ú(ə)rəm | djʊər-, djɔː-/ 图 =durum wheat.

dúrum whèat 图 Ⓤ デュラム小麦《マカロニ・スパゲッティなどの原料》.

Du·shan·be /duːʃǽmbə, -ʃɑ́ːm- | djuː-/ 图 ドゥシャンベ《タジキスタンの首都》.

†**dusk** /dʌ́sk/ 图 Ⓤ (たそがれの) 薄暗がり, 夕やみ《★ twilight がさらに暗くなり始めた状態》: at ~ 日暮れに. 【OE dox dark-colored; cf. dun[2]】

dusk·y /dʌ́ski/ 形 (dusk·i·er, -i·est) ❶《文》薄暗い; 陰鬱(いんうつ)な. ❷《古風》《皮膚が》浅黒い, 黒ずんだ. **dúsk·**

Düsseldorf 554

i·ly /-kɪli/ 副 **-i·ness** 名 【類義語】⇒ **dark**.

Düs·sel·dorf /dúːs(ə)ldɔ̀ːrf | dúːs(ə)ldɔ̀ːf/ デュッセルドルフ《ドイツ西部ノルトライン・ウェストファーレン (North Rhine-Westphalia) 州の州都; Rhine 川に臨み, Ruhr 地帯の中心地》.

*__dust__ /dʌ́st/ 名 ❶ Ⓤ ちり, ほこり; (細かい舞い上がった)ごみ: D~ lay thick on the shelf. 棚にほこりが厚く積もっていた. ❷ Ⓤ 土ぼこり, 砂ぼこり: The rain has laid the ~. 雨でほこりが静まった / a cloud of ~ もうもうたる土[砂]煙 / kick up [raise] a DUST 成句. ❸ Ⓤ 粉末: gold ~ 金粉 / tea ~ 茶粉 / ⇒ sawdust. ❹ [a ~] ほこり[ちり]を払うこと: give a book *a* quick ~ 本のほこりをさっと払う. ❺ Ⓤ《文》(人間の)遺骸, 死体;(ちりに帰るべき)肉体, 人間: D~ thou art, and unto ~ shalt thou return. なんじはちりなればちりに帰るべきなり《★聖書「創世記」から》. ❻ Ⓤ(乾燥してほこりっぽい)地面; [the ~] (埋葬の場としての)土. ❼ Ⓤ (ちりのように)つまらないもの. **(as) drý as dúst** ⇒ **dry** 形 成句. **bíte the dúst** (1) 地上に打ち倒される《★聖書「詩編」などから》. (2) [戯言] 屈辱を受ける; 敗北する. (3)(特に戦争で)死ぬ. (4)《口》《機械などが》故障する. **dúst and áshes** ちりと灰《失望させるもの・つまらないもの; 聖書「旧約」から》: turn to ~ *and ashes* 〈希望が〉消えうせる, 台なしになる. **gáther [cóllect] dúst** ほこりがたまる; 使用されずにいる; 忘れられている. **in the dúst** (1) 屈辱を受けて. (2) 劣って. (3) 見捨てられて. **kíck up [ráise] (a) dúst** (1) ほこりを立てる. (2)《口》騒動をまき起こす; 文句を言う〔*about*〕. **léave…in the dúst**《米》…よりすぐれている, …をしのぐ. **lèt the dúst séttle**《口》事態を収拾する, 騒ぎを収める. **nót sèe…for the dúst** あっという間に…を失う. **sháke the dúst òff [from] one's féet**《口》席をけって[憤然と]去る《★聖書「マタイ伝」などから》. **thrów dúst in a person's éyes=thrów dúst in the éyes of a person**(真実を見る)人の目をくらます, 人をだます. **wáit for the dúst to séttle**《口》事態の収拾を待つ, 混乱が収まるのを待つ. **when the dúst séttles**《口》ほとぼりがさめた時に[後で]; 混乱が静まった時に[後で].
― 動 ⓥ ❶ 〈…のちり[ほこり]〉を払う, 〈ほこりなど〉を払う〔*from*〕: She was ~ing the chairs. 彼女はいすのほこりを払っていた. ❷〈粉末を〉〈…の上に〉振りかける; 〈…に〉〈粉末を〉振りかけるように〉: ~ a cake *with* sugar=~ sugar *over* [*onto*] a cake ケーキに砂糖を振りかける. ― ⓥ ちりを払う. **dúst óff** [《英》**dówn**] (他+副)(1)〈…のちり[ほこり]〉を払う; 〈ほこりなど〉を払う. (2)〈長くしまってあったもの〉を再び使い出す. **dúst onesèlf óff** (1) ちりなどを払う. (2) 立ち直る. **dúst úp** (他+副)たたきのめす; 殺す.
《OE; 原義は「雲状のもの」》(形 dusty)

dúst báth 名(鳥の)砂浴び.

+**dúst·bin** 名《英》(屋外用)ごみ入れ[捨て] (《米》trash can, garbage can) (⇒ bin 1).

dúst bòwl 名 ❶ Ⓒ 黄塵(こうじん)地帯《砂塵あらしに見舞われる乾燥地域》. ❷ [the D~ B~] 米国 Rocky 山脈東麓(とうろく)の大草原地帯《1930 年代に砂あらしが襲った地域》.

dúst bùnny 名 (球状の)綿ぼこり.

dúst·càrt 名《英》ごみ収集車 (《米》garbage truck).

dúst·còat 名《英》ちりよけコート, duster.

dúst còver 名 ❶ (使用しない家具などにかけておく)ほこりよけ, カバー. ❷ =dust jacket.

dúst dèvil 名 (熱帯の砂漠などの)塵(ちり)旋風.

dúst·er 名 ❶ ちりを払う人, 掃除人. ❷ **a** ちり払い, はたき. **b** (からぶき専用の, ぞうきん, 雑巾)《米》ダスター(コート)《ほこりよけ》. ❹(虫取り粉などの)散布器, ダスター.

dúst·ing pòwder 名 Ⓤ(汗取りなどに用いる)打ち粉, 粉剤, (タルカ)パウダー.

dúst jàcket 名 (本の)カバー (dust cover).

dúst·less 形 ほこりの(立)たない.

dúst·man 名 (複 -men /-mən/)《英》ごみ収集人 (《米》garbage collector).

dúst mòuse 名 =dust bunny.

dúst·pàn 名 ちりとり, ごみ取り.

dúst shèet 名《英》=dust cover 1.

dúst shòt 名 Ⓤ 最小散弾.

dúst stòrm 名 砂塵(じん)あらし (cf. dust bowl).

dúst·ùp 名《口》殴り合い, 争い.

+**dust·y** /dʌ́sti/ 形 **(dust·i·er; -i·est)** ❶ ほこりっぽい, ちり[ほこり]まみれの: a ~ road ちりほこりっぽい道. ❷ 無味乾燥な, つまらない. ❸ 〈色が〉くすんだ, 灰色の. ❹ ほこりのような, 粉末状の. **nót** [**nóne**] **so dústy**《英古風》まんざら悪くない, かなり良い. **dúst·i·ly** /-təli/ 副 **-i·ness** 名 (形 dust)

dústy ánswer 名 そっけない拒絶.

*__Dutch__ /dʌ́tʃ/ 形 ❶ オランダ(人, 語)の《関連》(1) オランダは Holland, 公式には (the Kingdom of) the Netherlands; (2) オランダは昔, イギリスと海外発展を競う強国だったので, Dutch には軽蔑的な意味が含まれている. ❷ オランダ製[産]の. **gò Dútch**《口》〈人と〉割り勘にする 〔*with*〕 (cf. Dutch treat): Let's *go* ~. 割り勘で行こう.
― 名 ❶ Ⓤ オランダ語《略 Du.》⇒ Pennsylvania Dutch, double Dutch. ❷ [the ~; 複数扱い] オランダ人, オランダ国民; オランダ軍《関連》オランダ人一人の場合は Dutchman, Dutchwoman. **in Dútch**《米古風》困って, 問題を起こして《…に不興を買って〔*with*〕》.
《Du; 原義は「人々」で, 「ドイツの」のから 17 世紀に「オランダの」の意になった》

dutch /dʌ́tʃ/ 名 [通例 one's old ~]《英口》女房, かみさん, 山の神.

Dútch áuction 名 逆せり《★競売人が値をだんだん下げていく方式》: by ~ せり下げ競売で《★ by ~ は無冠詞》.

Dútch bárn 名《英》(干し草の上などに作った, 壁なしの)屋根だけの納屋.

Dútch cáp 名 ❶ オランダ帽《レースなどの三角形の婦人帽》. ❷《英》(避妊用)ペッサリー.

Dútch cóurage 名 Ⓤ《口》酒の上のから元気, 酔った勢い.

Dútch dóor 名 上下二段式ドア《別々に開閉できる》.

Dútch Èast Índies 名 ⓟ オランダ領東インド諸島 (Indonesia の旧称).

Dútch élm disèase 名 Ⓤ【植】ニレ立枯れ病, オランダエルム病《子嚢菌によるニレの病気で, 落葉して枯れる》.

Dútch hóe 名 (両刃の)草かき鍬(くわ), 押し鍬.

Dútch·man /dʌ́tʃmən/ 名 (複 -men /-mən/) ❶ **a** オランダ人の男性. **b** オランダ人《圧縮》《米》では Hollander のほうが一般的的; ❷ Dutch 《関連》. ❸ オランダ船の⇒ Flying Dutchman. ❹《米俗》ドイツ人. **I'm a Dútchman**《英古風》[断言を強める決まり文句に用いて]首をやる: It's true, *or I'm a* ~. そうに違いないさ, でなかったら首をやる / *I'm a* ~ if it's true. それが本当なら首をやる.

Dútch mètal 名 Ⓤ オランダ金箔, ダッチメタル《銅と亜鉛の合金の模造金箔》.

Dútch óven 名 ❶ 重いふた付きの鉄製のなべ. ❷ 炉の前に置いてパンや肉を焼く, 棚つきの器具. ❸ (あらかじめ壁面を熱してから使う)れんが造りのオーブン.

Dútch róll 名 ダッチロール《飛行機が横揺れと横すべりを繰り返して左右に蛇行すること》.

Dútch tíle 名 オランダタイル《青か茶色でオランダの伝統的な模様が描かれた上にうわぐすりをかけた白いタイル》.

Dútch tréat 名 Ⓤ 費用自分持, 割り勘の会.

Dútch úncle 名 率直に[厳しく]批判[忠告]する人《★通例次の句で》: talk to a person like a ~ 人を厳しくしかる.

Dútch·wòman 名 (複 -women) オランダ人の女性.

du·te·ous /d(j)úːtiəs | djúː-/ 形《文》=dutiful.

du·ti·a·ble /d(j)úːtiəbl | djúː-/ 形〈品物が〉課税されるべき, 有税の (cf. duty-free): ~ goods 課税品, 有税品.
《DUTY 3+-ABLE》

du·ti·ful /d(j)úːtɪf(ə)l | djúː-/ 形 ❶ 本分を守る, 忠順な, 従順な; 〈態度などが〉(目上に対して)礼儀正しい, うやうやしい. ❷ 義務的な, 形だけの. **~·ly** /-fəli/ 副 **~·ness** 名
《DUTY+-FUL¹》

*__du·ty__ /d(j)úːti | djúː-/ 名 ❶ Ⓤ,Ⓒ 義務, 本分: a sense of ~ to [*toward*] …に対する義務感 / one's post of ~ 部署, 持ち場 / do [perform] one's ~ 義務を果たす, 本

分を尽くす / fail in one's ~ 本分[義務, 職務]を怠る / act out of (a sense of) ~ 義務感で行動する / It's your ~ [the ~ of every citizen] to obey the laws. 法律に従うことはあなた[すべての市民]の義務だ. ❷ C [通例複数形で; 時に U] (特定の)任務, 職務, 勤め: the duties of a teacher 教師の職務 / official duties 公務 / military ~ 軍務 / hours of ~ 勤務時間 / take on a person's ~ 人の任務を代わってする / The ~ of caring for the dog fell upon me. 犬の世話をする仕事が私の受け持ちとなった. ❸ C [しばしば複数形で; また U] 税, 関税 [on]: customs duties 関税 / excise duties 国内消費税 / export [import] duties 輸出[輸入]税 / legacy ~ 遺産相続税. as in dúty bóund 義務[本分]の命じるとおりに, 義務上. be (in) dúty bóund to dó... すべき義務がある. dò dúty for [as]... 〈ものが〉…の代わりになる. òff dúty 〈兵士・警官など〉非番の[で], 勤務時間外の[で]. on dúty 〈兵士・警官など〉当直の[で], 当番の[で], 勤務時間中の[で]. 《F; < due, -ty²》 (関形 deontic) 〖類義語〗 (1) duty 道徳的・論理的理由または法律的理由によって一般的にさねばならぬと考えられる義務. obligation 特定の立場・約束・契約・法律などのような直接的な事情から生じる個々の義務. responsibility 自分が引き受けており, その任に当っていて責任を負うべきこと. ⇒ function.

dúty-bóund 形 P 〈…する〉義務がある(と感じる) 〈to do〉.
dúty càll 名 義理の訪問.
dúty dráwback 名 関税の払い戻し.
+**dúty-frée** 形 名 免税の[で], 無税の[で]: ~ goods 免税品 / a ~ shop (空港などの)免税品売店 / I bought it ~. それは免税で買った. ── 名 U 免税品; C 免税品売店.
dúty-páid 形 納税済みの.
du・um・vir /d(j)uːˈʌmvə | djuːˈʌmvə/ 名 (古代ローマの)二頭政治者[二官]の一人; 二人連帯職にある官吏の一人.
du・um・vi・rate /d(j)uːˈʌmvərət, djuːˈʌmvɪrət/ 名 (古代ローマの)二人連帯職(の任期); 二頭政治, 二人統治, 二頭制.
+**du・vet** /d(j)uːˈveɪ, ˌ— | d(j)úːveɪ/ 名 《英》キルトの羽ぶとん (《米》comforter).
dúvet dày 名 《英》仮病欠勤(日), ずる休み.
dux・elles /d(j)uːˈksɛl | djuː-/ 名 U 《料理》デュセル (マッシュルーム・エシャロット・タマネギなどをみじんにして炒め, それに刻んだパセリを振り込んだもの; 付け合わせ・詰め物に用いる).
DV 《略》Deo volente; domestic violence.
DVD /díːviːdíː/ 名 DVD. 《d(igital) v(ideo) [v(ersatile)] d(isk)》
DVLA 《略》Driver and Vehicle Licensing Agency (英国の)運転免許証交付局.
Dvo・rák /dvɔ́ːrʒæk | (dvɔ́ː)-/, **An・to・nín** /áːntouniːn/ 名 ドボルザーク (1841-1904; ボヘミアの作曲家).
DVT /díːviːtíː/ (略) deep vein thrombosis.
dwale /dwéɪl/ 名 U 《植》ベラドンナ.

*__dwarf__ /dwɔ́ːf | dwɔ́ːf/ 名 (複 ~s, **dwarves** /-vz/) ❶ 〈おとぎ話に出てくる, 頭が大きく手足が短い〉小びと. ❷ 〈古風・差別〉背の低い人, 小びと. ❸ 特別に小さい動[植]物, 矮性[小]植物. ❹ =dwarf star. ── 形 A ちっぽけな, 小型の (↔ giant); 〈植物が〉矮性の: a ~ birch 矮性のカバ(の木). ── 動 ❶ 〈ものを〉小さく見せる (★ しばしば受身): The new building ~s its neighbors. あの新しい建物ができて周囲の建物みな小さく見える. ❷ 〈植物の〉成長を妨げる. 〖OE; 原義は「だます者, 傷つける者」〗 〖類義語〗 **dwarf** 成熟しているがその種の正常な大きさよりずっと小さい, 時に頭か異常に大きいなどの体の不均合いをもつ奇形を暗示する. **midget** 体の各部分は一般の人と同じように釣り合いがとれているが, 非常に小形の人. **pygmy** 本来はアフリカ・アジアの小人男子の平均身長が150センチ未満の民族の人を指す語であるが, dwarf または midget と同義に用いられることもある. いずれも差別的な語であるが適切な表現はない.

dwárf・ish /-fɪʃ/ 形 ❶ 小びとのような; 並はずれて小さい, いじけた. ❷ おとぎ話の小びとのような.
dwárf・ism /-fɪzm/ 名 U 矮縮; (動植物の)矮性; 《医》矮小発育症, こびと症.
dwárf stár 名 《天》矮星 (ウマ) (光度も質量も比較的小さい恒星).

*__dwarves__ /dwɔ́ːvz | dwɔ́ːvz/ 名 **dwarf** の複数形.
dweeb /dwíːb/ 名 《米俗》ばか, ぐず, 弱虫.
+__dwell__ /dwél/ 動 (dwells /~z/; dwelt /-d, -t/) [副詞(句)を伴って] 《文》 (…に)住む, 居住する (比較 live のほうが一般的な): ~ in the country いなかに住む. **dwéll on [upòn]** …をじっくり考える, 熟考する; …を詳しく書く[述べる], くどくど話す[書く] (★ 受身可): He dwelt upon his memories of his mother. 彼は母の思い出にふけった / The lecturer dwelt on the complexities of modern life. 講師は近代生活の複雑性について長々と述べた. 〖OE=迷わせる; 「遅らせる」→「遅れる, とどまる」→「住む」の意味変化があった〗

+**dwéll・er** 名 住人, 居住者: city ~s 都会生活者 / ⇒ cave dweller.
dwéll・ing /dwélɪŋ/ 名 住居, 居所, すみか.
dwélling hóuse 名 (店・事務所に対し)住宅.
dwélling plàce 名 =dwelling.
dwelt /dwélt/ 動 **dwell** の過去形・過去分詞.
DWI /díːdʌbljuːˈaɪ/ 《略》《米》driving while impaired [intoxicated] 酒酔い運転, (薬物などによる)酩酊状態の運転.

+**dwin・dle** /dwíndl/ 動 ❶ だんだん小さくなる; 次第に減少する 〈away〉: The population is *dwindling*. 人口はどんどん減少している. ❷ 〈人の〉やせ細る; 〈名声などが〉減る; 〈品質が〉低下[下落]する 〈away, down〉. 《元は「衰弱する」の意》〖類義語〗⇒ **decrease**.

DWP 《略》 《英》Department for Work and Pensions.
dwt. 《略》 denarius weight (=pennyweight; cf. pwt.).
DX 《略》《通信》distance; distant. **Dy** (記号) 《化》 dysprosium.
d'ya /djə/ do you の短縮形.
dy・ad /dáɪæd, -əd/ 名 (一単位としての)2(者), 二つ[二人]一組, 二個群; 《数》ダイアド (2つのベクトル a と b を並べて書いた ab).
dy・ad・ic /daɪˈædɪk/ 形 dyad の; 2部分からなる, 二の.
dy・ar・chy, di- /dáɪɑːki | -ɑː-/ 名 U 両頭政治 (特にインドで統治機構を中央と州に分けて管轄した制度 (1921-37)).
dyb・buk /díbək/ 名 (複 **dyb・bu・kim** /dɪbukíːm/, ~s) 〖ユダヤ伝説〗 (人に取りつく)死人の霊.
Dyck ⇒ Van Dyck.

*__dye__ /dáɪ/ 名 U.C 染料: acid [alkaline] ~(s) 酸性[アルカリ性]染料 / synthetic [natural] ~(s) 合成[天然]染料 / a ~ job 〈口〉染髪. **of the déepest [bláckest] dýe** 極悪の: a crime [scoundrel] *of the blackest [deepest]* ~ 極悪の犯罪[悪党]. ── 動 (**dyed**; **dye・ing**) ⦅他⦆ die¹ の過去形・現在分詞形の died, dying と間違えないように注意) ⦅他⦆ 〈…を〉染める, 着色する: ~ one's hair 髪(の毛)を染める / have a dress ~d ドレスを染めてもらう / She has ~d her hair brown. 彼女は髪を茶色に染めている. ── ⦅自⦆ [様態の副詞を伴って] (…に)染まる: This cloth ~s well [poorly]. この布はよく染まる[染まらない]. 〖OE; 原義は「黒くする」〗

dýed-in-the-wóol 形 ❶ A 〈政党人など〉生え抜きの, 徹底した, 根っからの. ❷ 〈毛織物が〉織る前に染められた, 生(ヌ)染めの.
dye・ing /dáɪɪŋ/ 名 U 染色(法); 染め物業.
dýe làser 名 色素レーザー.
dýe・line 名 =diazotype.
dy・er /dáɪə | dáɪə/ 名 染め物師[屋].
dýer's gréen・wèed 名 《植》ヒトツバエニシダ (ユーラシア産のマメ科の低木; 黄色染料の原料).
dýer's óak 名 《植》アレッポガシ (小アジア産; 虫瘻 (gall) からインキの原料没食子 (ガラーツ) を採る).
dýer's rócket 名 《植》ホザキモクセイソウ (欧州原産).
dýe・stùff 名 U.C 染料.
Dyfed /dʌ́vɪd, -ved/ 名 ダベッド (ウェールズ南西部の州).

*__dy・ing__ /dáɪɪŋ/ 動 dye の現在分詞形の dyeing と間違えないように注意) 動 die¹ の現在分詞. **be dýing for** … **[to dó]** ⇒ die¹ 4. ── 形 ❶ 死にかかっている, 瀕死

(〇ぐ)の): a ～ soldier 瀕死の兵士 / the ～ 死期の近い人々. ❷ Ⓐ a 最終の, 末期の: one's ～ wish [words] 臨終の願い[遺言]. b (ものごとの)最後の, 終わりの, 終末の: the ～ days of the 20th century 20世紀最後の日々. ❸ a (産業・活動・伝統など)絶えようとしている, 滅びつつある. b (今にも)消え[暮れ]ようとする: the ～ year 暮れてゆく年. **to one's dýing dáy** 死ぬ日まで, 終生.

dyke[1] /dáik/ 名 = dike[1].

dyke[2] /dáik/ 名《口》同性愛の女, レズ (lesbian).

Dyl·an /dílən/, **Bob** 名 ディラン (1941- ; 米国のシンガーソングライター).

***dy·nam·ic** /dainǽmik/ 形 ❶ 〈人など〉(活)動的な, 精力的な, ダイナミックな: a ～ performance of Beethoven's 5th ベートーベン「第5」のダイナミックな演奏. ❷ 動力の, 動的な (↔ static): ～ economics 動態経済学. ❸ 《理》(動)力学(上)の; 動態の; エネルギー[原動力, 活動力]を生ずる. —— 名 [単数形で] (原)動力 《of》. 《F<Gk=強力なくdynamis 力; cf. dynamite》

dy·nam·i·cal /-mik(ə)l/ 形 = dynamic.
～·ly /-kəli/ 副

dynámic dáta exchánge 名 Ⓤ 《電算》ダイナミック[動的]データ交換 (複数の同時に起動しているプログラムがデータを動的に共有するための規約; あるプログラムでの変更結果をそのまま他にも反映することを可能にする; 略 DDE).

dy·nam·i·cist /dainǽməsist/ 名 動力学者.

dynámic ránge 名《音響》ダイナミックレンジ (録音・再生が可能な信号の最強音と最弱音との幅; デシベルで表わす).

dy·nam·ics /dainǽmiks/ 名 ❶ [単] 力学; 動力学: rigid-body ～ 剛体力学. ❷ [複数扱い] a (物理的・精神的な)原動力, 活動力, エネルギー, 迫力. b (社会・文化的な変遷[変動]の型[過程], 動向: the ～ of a power struggle 権力闘争の力学 (力関係).

dynámic viscósity 名《理》粘性係数, 粘性率.

†**dy·na·mism** /dáinəmìzm/ 名 ❶ 力強さ, 活力, エネルギー, 熱意, 積極性. ❷ (状況などの)変動(性), 活発な動き[変化, 進展]. ❸ 《哲》力本説, 力動説. 《F<Gk *dynamis*; ⇒ dynamic》

***dy·na·mite** /dáinəmàit/ 名 Ⓤ ❶ ダイナマイト. ❷《口》**a** (あっと驚くほど)すばらしいもの[人]: That singer is real ～. あの歌手はまったくすごい. **b** 大きな反響を呼び衝撃的[劇的]なもの, 危険[危機]をはらむもの. —— 形 《米口》すばらしい; 刺激的な; a ～ singer すばらしい歌手. —— 他 〈…を〉ダイナマイトで爆破する. **dý·na·mìt·er** /-tə/ ｜ -tə/ 名 《Gk *dynamis* 力, 発明者名 A. Nobel の命名; cf. dynamic》

dy·na·mize /dáinəmàiz/ 動 他 活性化する, 力[エネルギー, 活力]を与える: ～ the economy 経済を活性化する.

†**dy·na·mo** /dáinəmòu/ 名 (徳 ～s) ❶ ダイナモ, 発電機: an alternating [a direct] current ～ 交流[直流]発電機. ❷ 《口》(疲れを知らぬ)精力家. 《Gk *dynamis*; ⇒ dynamic》

dy·na·mo·elec·tric /dàinəmouiléktrik←/ 形 発電の, 電動の.

dy·na·mom·e·ter /dàinəmámətə ｜ -mómətə/ 名 動力計. **dy·na·mom·e·try** /dàinəmámətri ｜ -móm-/ 名 Ⓤ 動力測定法.

dy·na·mo·tor /dáinəmòutə ｜ -mòutə/ 名 発電動機.

dy·nast /dáinæst, -nəst ｜ dín-/ 名 ❶ (王朝・世襲の)君主, 帝王. ❷ 王者, 第一人者. 《L<Gk=支配者くdynamis 力; ⇒ dynamic》

dy·nas·tic /dainǽstik ｜ din-/ 形 王朝の, 王家の.

†**dy·nas·ty** /dáinəsti ｜ dín-/ 名 ❶ 王朝, 王家: the Tudor ～ チューダー王朝. ❷ (ある分野の)支配的グループ; 権門, 名家. 《L<Gk; ⇒ dynast》

dyne /dáin/ 名《理》ダイン (1グラムの物体に作用して毎秒1cm の加速度を生ずる力). 《F<Gk *dynamis* 力; ⇒ dynamic》

dy·no /dáinou/ 名 (徳 ～s) ❶《口》動力計 (dynamometer). ❷《登山》ダイノ, ランジ (岩のフェース上にしばやく飛びつき, 手を伸ばしてホールドをつかむこと).

dy·node /dáinoud/ 名《電子工》ダイノード (二次電子放射効果を利用した電子流増倍のための電極).

***d'you** /dju:/ **do** [did] **you** の短縮形: How ～ do? (= How do you do?).

dys- /dis/ 腰頭「悪化」「不良」「困難」などの意 (↔ eu-). 《Gk=bad, hard》

dys·ar·thria /disáəθriə ｜ -áː-/ 名 Ⓤ《医》(脳の損傷による)構語障害, どもり.

dys·cal·cu·lia /dìskælkjúːliə/ 名 Ⓤ《医》(脳の損傷による)計算力障害.

dys·cra·sia /diskréiʒ(i)ə ｜ -ziə/ 名 Ⓤ《医》障害, 疾患.

dys·en·ter·y /dís(ə)ntèri ｜ təri, -tri/ 名 Ⓤ《医》赤痢. **dys·en·ter·ic** /dìsntérik←/ 形

dys·func·tion /disfʌ́ŋkʃən/ 名 Ⓤ ❶ (身体器官の)機能不全[障害]. ❷《社》逆機能.

dys·func·tion·al /disfʌ́ŋk(ə)nəl/ 形 機能不全[障害]の: a ～ family 機能不全家庭.

dys·gen·ic /disdʒénik/ 形 Ⓐ《生》劣性の, 非優生学的な (↔ eugenic); 逆選択の.

dys·graph·i·a /disgrǽfiə/ 名 Ⓤ《医》書字障害[錯誤].

dys·ki·ne·si·a /dìskəníːʒ(i)ə ｜ -kainíːziə/ 名 Ⓤ《医》運動異常(症), ジスキネジー. **dys·ki·net·ic** /dìskinétik, -kai-←/ 形

dys·lex·ia /disléksiə/ 名 Ⓤ《医》読書[読字]障害; 失読症.

dys·lex·ic /disléksik/ 名 形 読書障害[失読症]の(人).

dys·men·or·rhe·a /dìsmenəríːə/ 名 Ⓤ《医》月経困難(症).

dys·pep·sia /dispépʃə, -siə ｜ -siə/ 名 Ⓤ《医》消化不良, 胃弱 (indigestion).

dys·pep·tic /dispéptik/ 形 ❶ 消化不良(性)の. ❷ 気難しかり怒りっぽい, 陰気陰気しい. —— 名 消化不良の人.

dys·pha·gi·a /disféidʒ(i)ə/ 名 Ⓤ《医》嚥下(ぅ)困難[障害].

dys·pha·si·a /disféiʒ(i)ə ｜ -ziə/ 名 Ⓤ《医》不全失語(症). **dys·phá·sic** /-féiʒik/ 形 不全失語症の.

dys·phe·mism /dísfəmìzm/ 名《修》偽悪語 (ことさら不快な[軽蔑的な]表現を用いること; axle grease を butter に代えて用いる類).

dys·pho·ni·a /disfóuniə/ 名 Ⓤ《医》発音障害, 発声困難.

dys·pho·ri·a /disfɔ́ːriə/ 名 Ⓤ《医・心》不快(気分), ディスフォーリア. **dys·phor·ic** /disfɔ́ːrik ｜ -fɔ́r-/ 形

dys·pla·si·a /displéiʒ(i)ə ｜ -ziə/ 名 Ⓤ《医》形成異常(症), 異形成. **dys·plas·tic** /displǽstik/ 形

dys·p·ne·a, dys·p·noe·a /dispníːə/ 名 Ⓤ《医》呼吸困難.

dys·prax·i·a /disprǽksiə/ 名 Ⓤ《医》統合運動障害.

dys·pro·si·um /dispróuziəm/ 名 Ⓤ《化》ジスプロシウム (最も磁性の強い希元素の一つ; 記号 Dy).

dys·rhyth·mia /disríðmiə/ 名 Ⓤ《医》リズム障害, 律動不整[異常]. **dys·rhýth·mic** /-mik/ 形

dys·thy·mi·a /disθáimiə/ 名 Ⓤ《精神医》気分変調. **dys·thý·mic** /-mik/ 形

dys·to·ci·a /distóuʃ(i)ə/ 名 Ⓤ《医》難産, 異常分娩.

dys·to·ni·a /distóuniə/ 名 Ⓤ《医》(筋の)失調(症), ジストニー. **dys·ton·ic** /distánik ｜ -tón-/ 形

dys·to·pi·a /distóupiə/ 名 Ⓤ (ユートピアに対して)ディストピア, 暗黒郷, 地獄郷, 幻滅郷 (↔ utopia).

dys·tro·phi·a /distróufiə/ 名 = dystrophy.

dys·tro·phic /distráfik ｜ -tráf-/ 形 ❶《医》dystrophy に関する[によって起こる]. ❷《生態》〈湖沼が〉腐食栄養の.

dys·tro·phin /distróufin/ 名 Ⓤ《生化》ジストロフィン (筋ジストロフィー遺伝子の産物; その欠乏によって筋ジストロフィーが発病すると考えられている).

dys·tro·phy /dístrəfi/ 名 Ⓤ《医》異栄養(症), ジストロフィー; 栄養失調, 栄養障害: ⇒ muscular dystrophy. 《L<Gk<dys-+*trophē* 栄養》

dys·u·ri·a /disjú(ə)riə, -sjú(ə)r- ｜ -sjú(ə)r-, -ʃúː r-/ 名 Ⓤ《医》排尿困難[障害].

dz.《略》dozen(s).

E e

e, E^1 /íː/ 图 (阅 es, e's, Es, E's /~z/) ❶ $\boxed{\text{C}|\text{U}}$ イー (英語アルファベットの第5字; cf. epsilon, eta). ❷ $\boxed{\text{U}}$ (連続したものの)第5番目(のもの).

E^2 /íː/ 图 ❶ $\boxed{\text{C}}$ E字形(のもの). ❷ $\boxed{\text{U}}$ 《楽》ホ音 (ドレミ唱法のミ音); ホ調: *E flat* [*sharp*] 変[嬰] (ホ)音 / *E major* [*minor*] ホ長調[短調]. ❸ $\boxed{\text{C}}$ (成績の) E.

e., E., E. (略) east; eastern. **E** (略) (俗) Ecstasy.
E., E. (略) Easter; English.
e-^{1} /iː/ (接頭) 「電子 (electronic)」「インターネット(関連, 利用など)」の意.
e-^{2} /i, e/ (接頭) (いくつかの子音の前にくる時の) ex-^{2} の異形: emit.
ea. (略) each.

※**each** /íːtʃ/ 形 $\boxed{\text{A}}$ (比較なし) [単数名詞を修飾して] おのおのの, めいめいの, 各…: on ~ occasion そのたびごとに / at [on] ~ side of the gate 門のどちらの側にも [★ at [on] both sides of the gate と書き換え可能] / *E*~ student has his own desk. 学生には各自の机がある / *E*~ one of us has his [her] duty. 我々にはそれぞれ義務がある.

用法 (1) each の前に the, one's など, また修飾語を用いない.
(2) 単数扱いを原則とするが,《口》では複数形の代名詞で受けることもある.
(3) 主語の立場に立つ each とは not と共に用いない.
比較 every が全体をまとめて考えるのに対して, each は個々のものを一つ一つ取り上げて言う場合に用いられる.

each and évery [each または every の強調形で] 各…いずれも皆: *E*~ *and every* member has his duty. 会員はいずれも皆各自の義務がある. **each tíme** (1) 毎度, いつも: He tried many times and ~ *time* (he) failed. 彼は何度も試みたがそのたびに失敗した. (2) [接続詞的に] …するたび(ごと)に: She smiled ~ *time* she met me. 彼女は私と会うたびににっこり笑った. **to éach one's ówn**=《英》*éach to one's ówn* 人それぞれ考え方[好み]は人それぞれ.

—代 ❶ 各自, おのおの: one of ~ それぞれ一つずつ / *E*~ of us *has* his [her] opinion. 我々はめいめいそれぞれの意見を持っている.

用法 (1) ⇒ 形 用法 (2).
(2) 否定文では each を用いない; no one か neither を用いる.

❷ [複数(代)名詞の同格に用いて] それぞれ: We ~ have our opinions. 我々はめいめいそれぞれの意見を持っている (用法) この場合は主語に合わせて複数扱い; cf. 1).
èach áll 各自皆, それぞれ, それぞれ皆.
èach óther [目的語・所有格でのみ用いて] お互い(に, を): They love ~ *other*. 彼らは愛し合っている / He and I are studying ~ *other's* native language. 彼と私はお互いの母国語を学んでいる.

用法 (1) each other を主語にできないので each と the other とに分け配置される: We *each* know what *the other* wants [*the others* want].=*Each* of us knows what *the other* wants [*the others* want]. お互いに相手の[各自が他の人々の]要求を知っている.
(2) 2人[2つの物]のときは each other, 3人以上(3つ以上のもの)のときは one another が原則だが, 必ずしも守られていない.

—副 (比較なし) 一人[1個]につき, めいめいに: They sell oranges, 5p ~. オレンジは1個5ペンスで売っている.
èach wáy 形 副 《英》〈賭けが〉優勝と入賞の両方の[に], 複勝式の[で].

*__ea·ger__ /íːgɚ |-gə/ 形 (~·er, ~·est; more ~, most ~) ❶ $\boxed{\text{P}}$ 〈…を〉しきりに求めて, 熱望[切望]して: He's ~ *for* the prize. 彼はしきりにその賞をもらいたがっている / [+*to do*] He's ~ *to* climb Mt. Fuji. 彼はしきりに富士登山をしたがっている. ❷ 〈人・目つきなど〉熱心な: her ~ look 彼女の熱心な顔つき[様子] / with ~ eyes 熱心な目つきで. 〖F= 酸っぱい, 鋭い〗 【類義語】**eager** あることをしようとする強い興味または欲望によって精力的に動いている, eager より意味が強い. **anxious** 強く切望しながら欲するものがもしかすると得られないのではないかと不安な気持を表わす. **keen** あることをしようとする強い興味または欲望によって精力的に動いている, eager より意味が強い.

éager béaver 图《口》がんばり屋, 仕事の虫.
éa·ger·ly 副 熱心に, しきりに, 切に.
éa·ger·ness 图 $\boxed{\text{U}}$ ❶ 熱望, 切望: one's ~ *for* fame 名誉欲 / She agreed immediately in her ~ *to* meet him. 彼女は彼に会いたさのあまりすぐ承諾した. ❷ 熱心: with ~ 熱心に.

*__ea·gle__ /íːgl/ 图 ❶ $\boxed{\text{C}}$ 《鳥》ワシ. ❷ わし印 (米国の国章). ❸ $\boxed{\text{C}}$ 《ゴルフ》イーグル (パー (par) より2打少なく打ってホールに入れること). ❹ [the *E*~]《天》わし座(星座). —動 (他)《ゴルフ》〈あるホールを〉イーグルで上がる. 〖F〗【関形】aq-uiline)

éagle èye 图 ❶ 鋭い目; 炯眼(炎). ❷ 鋭い眼力の人.
éagle-èyed 形 ❶ 目〈つき〉の鋭い, 2目もよいことよく気がつく, 細かいことも見逃さない: an ~ accountant 細かいところまで気づく会計係. ❸ $\boxed{\text{P}}$ (あるものを)じっと見つめて: watch ~ じっと見つめる.
éagle òwl 图 《鳥》ワシミミズク属の各種の鳥,(特に)ワシミミズク(欧州最大のもの).
éagle rày 图 《魚》トビエイ(同科の魚の総称).
ea·glet /íːglət/ 图 ワシの子, 子ワシ.
ea·gre /íːgɚ, éɪ- |-gə/ 图 (特にイングランドの)暴漲潮(ほうちょう), 海嘯(かいしょう) (= bore).
Ea·kins /éɪkɪnz/, **Thomas** 图 エーキンズ (1844–1916; 米国の画家・彫刻家).

-ear /iən/ 接尾 ⇒ **-an**.

*__ear__^{1} /íɚ | íə/ 图 ❶ $\boxed{\text{C}}$ 耳; 外耳, 耳殻(は): the outer [middle, inner] ~ 外[中, 内]耳 / whisper in a person's ~ 人にささやく / have one's ~s pierced 耳にピアスの穴をあけてもらう[ピアスする] / reach [come to] one's ~s 耳に入る, 聞こえてくる / keep one's ~s open (ずっと)注意して聞く / A word in your ~. ちょっとお耳を拝借 / pull a person by the ~ 人の耳をひっぱる. ❷ $\boxed{\text{C}}$ 聴覚, 聴力; [単数形で] 音を聞き分ける力: have good ~s 耳がよい / have no [a good] ~ *for* music 音楽がわからない[よくわかる]. ❸ [単数形で] 謹聴, 注意: bend an ~ (*to*...) (…の)耳を傾ける / catch a person's ~ 人の注意を引く, 人にじっと聞いてもらう / get [gain] a person's ~ 人に(好意をもって)意見を聞いてもらえるようになる / ⇒ have a person's EAR 成句. ❹ $\boxed{\text{C}}$ 耳の形をしたもの; (水差しなどの)取っ手; (鐘などの)耳.
be áll éars 一心に耳を傾ける (⇒ all EAR 4b).
bénd a person's éar 《口》 (心配事などで)人をおしゃべりの相手にする, (相手が)うんざりするほどしゃべりまくる 〖*about*〗.
by éar 楽譜を見ずに, 暗譜で: play [sing] *by* ~ 暗譜で演奏する[歌う] / ⇒ play it by EAR^1 成句.
cánnot believe one's éars 自分の耳を信じられない, 本当とは思えない.
clóse one's éars to... =shut one's EARS *to*....
A person's éars are bùrning. 耳がほてる(だれかがうわさをしているらしい).

ear 558

A person's éars are flápping. 《英口》(人が)聞き耳を立てている.

éasy on the éar 《口》聞いてすてきな, 響きのいい.

fáll on déaf éars 耳を傾けてもらえない, 顧みられない: His warning *fell on deaf ~s*. 彼の警告は無視された.

from éar to éar 満面の笑みを浮かべて, (うれしそうに)顔中をほころばせて: grin *from ~ to ~* (歯を見せて)にこにこ[にたにた]笑う.

gèt [gíve a person] a thíck éar ⇒ thick 形 成句

gò ín óne éar and óut the óther 《口》〈忠告・うわさなどが〉右の耳から入って左の耳から抜ける, 何も頭の中[印象]に残らない, いっこうに効き目がない.

háve a person's éar 自分の言い分を聞いてもらえる, …に顔がきく.

háve a wórd in a person's éar ⇒ word 成句

háve [kéep] an [one's] éar to the gróund 世の中の動き[うわさ]に注意する.

lénd an [one's] éar to…に耳を傾ける, …に耳を貸す.

óut on one's éar 《口》〈人が〉突然に職[学校, 組織]から放り出されて: He was kicked *out on* his *~*. 彼は突然くびになった.

Pín your éars báck! ⇒ pin 動 成句

pláy it by éar 《口》臨機応変にやる.

príck one's éars ⇒ prick 動 成句

sét…by the éars 〈人々を〉不和にする, 仲たがいさせる.

sét a person on his éar 《口》〈人を〉興奮させる.

shút [clóse] one's éars to…を聞こうとしない, …に耳を貸さない.

túrn a déaf éar to…に少しも耳を貸さない, …を全然聞こうとしない: She turned *a deaf ~ to* my proposal. 彼女は私の(結婚の)申し込みにまったく耳を貸さなかった.

úp to the [one's] éars 《口》〈仕事・借金などで〉身動きできないで, 手いっぱいで: I'm *up to the ~s in* work. 仕事で身動きできない.

(still) wét behìnd the éars 《口・軽蔑》若くて未経験な, うぶな《由来》子供は顔を洗ったあと耳の後ろをふき忘れることから).

with (ónly) hálf an éar あまり注意しないで, 聞き流して. 《OE》(関形 aural, auricular).

ear² /íə | íə/ 名 (麦などの)穂; トウモロコシの実: an ~ of corn トウモロコシ1本 / be in (the) ~ 穂が出ている《★ in …ははじくは無冠詞》/ come into ~ 穂を出す《★ into ~ は無冠詞》.

éar·àche 名 U.C 耳痛: have (an) ~ 耳が痛い.

éar·bàsh 動 《豪》(人に)ペラペラしゃべりまくる, くどくど小言を言う. ~·er 名 ~·ing 名

éar·dròp 名 (ペンダント付きの)耳飾り.

éar·drùm 名 鼓膜.

eared¹ [しばしば複合語で] 耳(状物)のある, 耳付きの; (…の)耳をした: long-*eared* 耳の長い.

eared² [しばしば複合語で] 穂の出た; (…の)穂のある: golden-*eared* 黄金色の穂の出た.

éared séal 名 発達した外耳をもつアシカ科の海獣《オットセイ・アシカなど》.

éar·flàp 名 《通例複数形で》《米》(帽子の防寒用)耳おおい.

ear·ful /íəfùl | íə-/ 名 [an ~] 《口》 ❶ たくさん(の話, ゴシップ); うんざりするほどの話: I've had *an ~* of his griping. 彼のぐちをいやと言うほど聞かされた. ❷ お小言, お目玉: give a person *an ~* 人をしかる. 《EAR¹+-FUL²》

Ear·hart /íəhɑət, íə- | íəhɑːt, íə-/, **Amelia** 名 エアハート (1897-1937; 米国の飛行家; 女性として最初の大西洋横断飛行に成功 (1928); 世界一周飛行中南太平洋上で消息を絶った》.

éar·hòle 名 耳の穴, 耳道.

earl /ə́ːl | ə́ːl/ 名 《英》伯爵《★ 英国以外では count という》.

éarl·dom /-dəm/ 名 ❶ C 伯爵領. ❷ U 伯爵の位[身分].

éar·less 形 耳のない.

éarless séal 名 アザラシ《外耳を欠く》.

Éarl Gréy 名 U アールグレイ《ベルガモットで風味をつけた高級紅茶》.

Éarl Márshal 名 (⊛ ~s, Earls Marshals, Earls Marshal) 《英》紋章院 (College of Arms) 総裁《世襲職》.

éar·lòbe 名 耳たぶ.

éarl pálatine 名 《史》宮中[王権]伯《王権に近い権限を許された中世ヨーロッパの領主・代官》.

‡**ear·ly** /ə́ːli | ə́ːl-/ 形 (**ear·li·er; -li·est**) ❶ (時間・時期的に)早い; 早寝早起きの (↔ late): in the ~ morning 早朝に / at an ~ hour 早朝に / an ~ riser 早起きの人 / an ~ visit(or) 早朝の訪問(者) / make it an ~ night tonight 今夜は早寝する / keep ~ hours 早寝早起きする. ② (普通より)早めの; [A] 〈果物などが〉 早場の: an ~ breakfast 早めの朝食 / an ~ death [grave] 若死に / She was five minutes ~. 彼女は5分早く着いた / ~ fruits はしりの果物 / ⇒ early retirement. ❸ [A] 〈時期・季節・年代など〉初期の, 始まりの: ⇒ Early Modern English / in ~ spring 早春に / from the *earliest* times 大昔以来 / at an ~ age 若いころ[時, うちに] / in the ~ days of the republic その共和国の初期に / He was in his ~ fifties. 彼は50歳代の初めだった. ❹ [A] (比較なし) 近い将来の: at the *earliest* opportunity 機会があり次第 / at your *earliest* convenience 《商》なるべく早くご都合つき次第.

at the éarliest 早くとも.

éarly dáys 《英口》(結論を下すには)早すぎる, 時期尚早だ: The new product seems to sell well, but it's still ~ *days*. 新製品は売れているようだが, まだ楽観はできない.

gèt (óff to) an éarly stárt (1) 早く始まる, 開始が早まる, 早くから…し始める [*on*]. (2) =make an early start.

màke an éarly stárt (朝)早く出発する, 早目に始める.

— 副 (**ear·li·er; -li·est**) (↔ late) ❶ (時間・時期的に)早く; 初めに, 初めごろに: get up ~ 朝早く起きる / ~ in the morning 朝早く / ~ in November 11月上旬に / ~ in life まだ若い時に / as ~ as May [1800] 早くも5月 [1800年]に. ❷ (予定[予想]より)早めに: *earlier* than usual いつもより早く / He arrived ~. 彼は早めに到着した / We left home an hour ~. 我々は(いつもより)1時間早く家を出た.

éarlier ón 前もって, 早くから (↔ later on).

éarly ón 早い時期に, 初期のころに; 始まったばかりに.

éarly to béd, éarly to ríse 早寝早起き: *E- to bed and ~ to rise*, makes a man healthy, wealthy, and wise. 《諺》 早寝早起きは人を健康で金持ちにそして賢くする《★ B. Franklin の金言集から》.

éar·li·ness 名

【類義語】 **early** ある定まった時より早く・ある期間の初めのころ. **soon** 現在または ある時点からまもなく・すぐに.

éarly bírd 名 《口》 ❶ 早起きの人: The ~ catches the worm. 《諺》早起きは三文の得[徳]. ❷ (会などに)定刻より前に来る人.

éarly clósing (dày) 名 [an ~] 《英》(一定の曜日の午後早い時刻に行なう商店の)早じまい(日).

Éarly Énglish 形 《建》初期英国式の《13世紀の英国ゴシック初期の様式》.

Éarly Módern Énglish 名 U 初期近代英語 (1500-1700年ごろの英語).

éarly músic 名 U 古楽《中世・ルネサンス音楽, バロック・初期古典派の音楽を含めることもあるが; 特に 古楽器で演奏されるもの》.

éarly retírement 名 U.C 早期退職.

éarly-wárning 形 [A] 早期警戒(用)の: an ~ radar 早期警戒レーダー / an ~ system (レーダーによる)早期警戒方式.

+**éar·màrk** 動 ❶ 耳印, 耳標(じょう)《羊などの耳を切ったり, つけたりして示す所有主のしるし》. ❷ [しばしば複数形で] 特徴; The has all the ~*s* of a superstar. 彼女はスーパースターの特徴をことごとく備えている. —— 動 ❶ 〈羊などに〉耳印をつける. ❷ 〈資金などを〉(特定の用途に)とっておく, 向ける (set aside): Half of the grant is *~ed for* research. 補助金の半分が研究費に充てられている.

éar·mùff [名] [通例複数形で] (防寒用)耳おおい, イヤーマフ: a pair of ~*s* イヤーマフひとつ.

‡**earn** /ə́ːn | ə́ːn/ [動] [他] ❶ 〈金·生計を〉(働いて)稼ぐ, もうける; 〈利益·利子などを〉生む: ~ fifty dollars a day 1 日に 50 ドル稼ぐ / He ~*s* his living by doing odd jobs. 彼は臨時の仕事をして生計を立てている. ❷ 〈名声·評判などを〉博する, 取る; 〈報酬などを〉受けるに値する: ~ a reputation for honesty 正直の評判を取る. ❸ 〈行為などが〉〈人に〉〈名声·信用などを〉もたらす: 〔+目+目〕 His writing has ~*ed* him a reputation. 彼の著作は彼によい評判をもたらした. ── [自] 金を稼ぐ(ために働く).

éarned íncome [名] [U] 勤労所得 (↔ UNEARNED income).

éarned rún [名] 〘野〙 アーンドラン, 自責点 《エラーによらずに投手が奪われた得点; 略 ER》.

éarned rún àverage [名] 〘野〙 (投手の)防御率 《略 ERA》.

⁺**éarn·er** [名] ❶ [修飾語を伴って] (金などを)稼ぐ人, 取る人; 稼ぎ手: a high [low] ~ 高[低]所得者 / a wage-*earner* 賃金労働者. ❷ 《英俗》 もうかる仕事[企業].

ear·nest**[1] /ə́ːnəst | ə́ː-/ [形] (**more** ~; **most** ~) ❶ まじめな, **真剣な**; **熱心な**: an ~ student まじめな学生 / an ~ look まじめな顔つき / one's ~ wish 切なる願い / He was quite ~ ***about quit*ting* smoking. 彼は禁煙することに非常に熱心だった. ❷ まじめに考慮すべき, 重大な.
── [名] [U] まじめ, 本気 《★ 次の成句で》. **in (réal) éarnest** (1) 本式に, 本格的に: It began to rain *in* ~. 本降りになってきた. (2) まじめに, 本気で: *in* good [*real*] ~ 真剣に / Are you *in* ~? 本気で言ってるのか.

ear·nest[2] /ə́ːnəst | ə́ː-/ [名] [an ~] ❶ 手付金, 証拠金. ❷ 兆し, 前兆: *an* ~ *of* success 成功の兆し.

Ear·nest /ə́ːnəst | ə́ː-/ [名] アーネスト 《男性名》.

⁺**éar·nest·ly** [副] まじめに, 真剣に, 熱心に.

éarnest mòney [名] [U] 手付金.

éar·nest·ness [名] [U] まじめさ, 真剣, 熱心.

***earn·ings** /ə́ːnɪŋz | ə́ː-/ [名] [複] **稼ぎ高**, 所得, 稼いだもの (income), 利益, もうけ: average [gross] ~ 平均[総]収入. **éarnings per sháre** 1 株当たり利益.

éarnings-related [形] 所得に応じた: an ~ pension 所得額比例支給年金.

Earp /ə́ːp | ə́ːp/, **Wyatt** [名] アープ 《1848–1929; 米国の保安官; 拳銃の名手として知られる》.

éar·phòne [名] ❶ [通例複数形で] イヤホーン : put on (a pair of) ~*s* イヤホーンを(両耳に)つける[さし込む]. ❷ = headphone.

éar·pìece [名] ❶ [通例複数形で] **a** 《英》 (帽子の防寒用)耳おおい. **b** 《米》 (眼鏡の)つる. ❷ =earphone 1.

éar-pìercing [形] 耳をつんざくような, かん高い, 鋭い.

éar·plùg [名] [通例複数形で] (防水·防音用の)耳栓.

⁺**ear·ring** /ɪ́ərɪ̀ŋ | íə-/ [名] [通例複数形で] イヤリング, 耳飾り.

éar·shòt [名] [U] 声の届く距離 《★ 通例次の句で用いる》: within [out of] ~ 呼んで聞こえる[聞こえない]所に.

éar·splìtting [形] 耳をつんざくような, かん高い, 鋭い.

‡**earth** /ə́ːθ | ə́ːθ/ [名] ([複] ~**s** /~s/) ❶ [U] [しばしば the ~] **地球** 《[用法] 他の惑星と対比して固有名詞的に扱う時には (the) Earth: *The* ~ goes (a)round the sun. 地球は太陽の周りを回る. ❷ [U] [通例 the ~] (天空に対して)**地**, **地表**, **地上**; (海に対して)陸地 (ground): bring a bird to *the* ~ 鳥を地上に射落とす / Snow covered *the* ~. 雪が大地をおおっていた / The arrow fell to (*the*) ~. その矢は地上に落ちた. ❸ [U,C] (岩石に対して)土, 土壌 (soil): fill a hole with ~ 穴を土でふさぐ / a clayish ~ 粘土質の土壌. ❹ [C] [通例単数形で] (キツネ·ウサギなどの)穴: stop an ~ 穴をふさぐ / go [run] to ~ 《英》 〈キツネなどが〉穴に逃げ込む; 〈人が〉姿を消す, 隠れる 《★ to ~ は無冠詞》. ❺ [the ~] 《英口》 莫大な量; 大金: cost *the* ~ 大金がかかる / pay *the* ~ for a small house 小さな家に大金を払う. ❻ [C] [通例 the ~] 《英》 〘電〙 アース[接地]線 (《米》 ground). ❼ [C] 〘化〙 土類 《alumina, magnesia など》: the rare ~*s* 希土酸化物.

bríng a person (báck) dówn to éarth 《口》 〈人を〉(夢想から)現実(の世界)に引き戻す. **còme [gèt] báck [dówn] to éarth** 《口》 (夢想から)現実の世界に戻る. **Éarth to…** 《米戯言》 もしもし…さん聞いてる? 《上の空の相手に注意を促す; 宇宙船との交信をまねた表現》. **òff the fáce of éarth** (地球上から)完全に消えて, まったくいなくなって[なくなって]. **on éarth** (1) 地上に(生きている): while he was *on* ~ 彼の生存中は. (2) [最上級を強めて] およそ世にある (in the world): one of the rich*est* men *on* ~ この世で最も裕福な人の一人. (3) [疑問詞を強めて] 《口》 (君は)一体(全体)…?: *What on* ~ is the matter (with you)? 一体どうしたんだ / *Why on* ~ are you sitting there? 一体何でそんな所に座っているんだ. (4) [否定を強めて] 全然, ちっとも: There's *no* reason *on* ~ why you should do that. あなたがそんなことをすべき理由はまったくない. **rún… to éarth** 《英》 (1) 〈キツネなどを〉穴に追い込む. (2) 〈…を〉追い詰める, 捕らえる. **the énd(s) of the éarth** ⇨ end [名] [成句].
── [動] [他] ❶ [通例受身で] 《英》 〘電〙 〈…を〉接地[アース]する (《米》 ground). ❷ 〈キツネなどを〉穴に追い込む. ❸ 〈木の根·野菜などに〉土をかぶせる 〔*up*〕. ── [自] 〈キツネなどが〉穴に逃げ込む.
〚OE =(天と区別しての)世界, 大地〛 ([形] earthly, earthy; [関形] terrestrial) 【類義語】 **earth** 太陽·月·星に対する「地球」; 時として「現世」,「この世」の意味をもつ. **world** 特に人間の社会生活が行なわれる場所としての地球, 世界. **globe** 大きさや丸いことを強調する.

éarth·bòrn [形] ❶ 地から生まれた. ❷ この世に生まれた, 人間的な.

éarth·bòund[1] [形] ❶ 〈根など〉地に固着している. ❷ 〈動物·鳥など〉地表から離れられない: an ~ bird 飛べない鳥. ❸ 世俗にとらわれた, 現世的な; 想像力のない, 散文的な.

éarth·bòund[2] [形] 〈宇宙船など〉地球に向かっている.

éarth clòset [名] 《英》 土砂散布式便所 (cf. water closet 1).

earth·en /ə́ːθ(ə)n | ə́ː-/ [形] ❶ 土で作った, 土製の. ❷ 陶製の. 〚EARTH+-EN[2]〛

éarthen·wàre [名] [U] 土器[陶器](類). ── [形] [A] 土器[陶器]の, 土[陶]製の: an ~ pot 土器のつぼ.

éarth-fríendly [形] 地球に優しい, 地球に害を与えない: ~ detergents 地球に優しい洗剤.

éarth·li·ness [名] [U] 地上的なこと, 世俗性.

earth·ling /ə́ːθlɪŋ | ə́ːθ-/ [名] [呼び掛けにも用いて] (SF で宇宙人に対して)地球人, 人間 《★ 地球人に対して宇宙人は alien》. 〚EARTH+-LING〛

⁺**earth·ly** /ə́ːθli | ə́ːθ-/ [形] [A] (比較なし) ❶ **地球の**, **地上の**. ❷ **この世の**, **浮世の**, **俗界の**: ~ pleasures 世俗的な快楽. ❸ [否定·疑問文の強意語に用いて] 《口》 **a** [否定文で用いて] 全然, ちっとも: There's *no* ~ use for it. それは全然用途がない. **b** [疑問文で用いて] 一体全体: *What* ~ purpose can it serve? 一体どんな役に立つのか. **hàve nót an éarthly** 《英口》 てんで見込み[希望]がない 《★ earthly の次に chance, hope, idea などを補って解する》: He *hasn't an* ~ *of* win*ning*. 彼は勝つ見込みがまるでない / "Will he survive?" "*Not an* ~!" 「彼は助かるでしょうか」「絶望的だ」. ([名] earth) 【類義語】 **earthly** heavenly に対してこの世の, 現実の世界と関係した. **worldly** spiritual に対して, 快楽·立身出世·虚栄など人生の物質的な面に関係した; やや軽蔑的な意味を暗示する.

éarth·màn [名] ([複] **-men**)=earthling.

éarth mòther [名] ❶ [E~ M~] (大地の象徴としての) 地母神. ❷ 官能的で母性的な女.

éarth·mòver [名] 地ならし機, ブルドーザー.

éarth·nùt [名] 地中に生じる根·塊茎で食用となるもの 《ピーナッツ·トリュフなど》.

***earth·quake** /ə́ːθkwèɪk | ə́ːθ-/ [名] **地震** 《[比較] 小さいものは tremor; ⇨ magnitude 4》: a weak [strong, disastrous] ~ 軽[中, 烈]震 / A severe ~ struck [occurred in] Italy. イタリアで激しい地震があった / We had [There was] a rather big ~ yesterday. きのうかなり大きな地震

E

éarthquake séa wàve 名 地震津波.
éarth science 名 地球科学
éarth-shàking 形 大地を揺るがすような, 大変重要な: an ～ event 驚天動地の大事件.
éarth-shàking·ly 副 驚くほど, ひどく.
éarth-shàttering 形 =earth-shaking. **～·ly** 副
éarth·shìne 名 U 【天】地球照《新月のころ月の暗部をうす明るく照らす地球からの太陽の反射光》.
éarth stàtion 名《宇宙通信の》地上局.
Éarth Súmmit 名〔the ～〕地球サミット《1992年 Rio de Janeiro で開催された国連環境開発会議》.
éarth tòne 名〔通例複数形で〕アーストーン《褐色を含んだ豊かな黒っぽい色》.
éarth trèmor 名 弱い地震, 微震.
éarth·ward /ə́ːθwəd | ə́ːθwəd/ 副 形 地[地球]のほうに(向いた) (cf. heavenward).
éarth·wards /-wədz | -wədz/ 副 =earthward.
éarth·wòrk 名 ❶ C 土工(作業). ❷ C〔通例複数形で〕(特に, 昔敵を防ぐために築いた)土塁(ど).
éarth·wòrm 名 動 ミミズ.
⁺**earth·y** /ə́ːθi | ə́ː-/ 形 (earth·i·er; -i·est) ❶ 土の, 土質性の; 土のような: an ～ smell 土臭いにおい. ❷ a たくましい. b 洗練されていない, 粗野な. **éarth·i·ness** 名(名 earth)
éar trùmpet 名《昔の》らっぱ形補聴器.
éar tùft 名〔鳥〕耳羽(**は**)《ある種のフクロウの頭の上にある一対の他より長い羽の房》.
éar·wàx 名 U 耳あか, 耳くそ.
ear·wig /íəwɪɡ | íə-/ 名〔昆〕ハサミムシ《★ この虫は眠っている人の耳の中に入って害をすると考えられた》.
*__ease__ /iːz/ 名 U ❶ 困難のないこと, 容易さ, 平易さ (↔ difficulty): with ～ 容易に, 楽々と / for ～ of use 使いやすくするために. ❷ (心配事·悩みのない)気楽, 安心, (生活の)安楽 (comfort); (態度·様子などの)気軽さ: lead [live] a life of ～ 安楽な暮らしをする / live in ～ 生活が楽である. ❸ (身体の)楽, 安楽: take one's ～ 休む, くつろぐ. **at (one's) éase** (1) 気楽に; くつろいで: be [feel] *at* ～ 安心している, 気持ちが楽になる / put [set] a person *at* (his) ～ 人をくつろがせる / sit *at* ～ 楽に座る. (2)〔間投詞的に〕〔軍〕〔号令〕休め!(cf. attention 4). **ill at éase**(不安で)落ち着かない: She makes me feel *ill at* ～. 彼女がいると私は気が落ち着かない. **Stánd at éase**〔軍〕〔号令〕休め.
—— 動 ❶〈苦痛·心痛·緊張などを〉やわらげる, 軽くする, 緩和する: ～ financial strain 財政緊縮を緩和する / The medicine ～d her pain. その薬のおかげで彼女の苦痛はやわらいだ. ❷〈人·心を〉楽にする; 容易にする: ～ a person's mind 人の心を楽にしてやる, 人を安心させる / It ～d her to tell him what had happened. 彼女はこれまで起こったことを彼に話すと気が楽になった. ❸〔副詞(句)を伴って〕〈ものなどを〉そっと動かす: ～ the car *to* a stop 車をそっと停止させる / He ～d the table *through* the narrow door. 彼はテーブルを動かして狭いドアを通り抜けた / He ～d himself *out of* the conversation. 彼は会話からそっと抜け出た / He ～d himself *into* a chair. 彼はゆっくりといすに座った /〔C+目+補〕He ～d the door open. 彼はドアをそっと動かして開けた. ❹〈握り方·ベルトなどを〉ゆるめる: I ～d my belt a little. ベルトを少しゆるめた. ❺〈価格·価値などを〉下げる. ❻〔副詞(句)を伴って〕ゆるやかに動く: He ～d *into* the car [a seat]. 彼はゆっくりと車に乗った[いすに座った]. ❼〈価格·価値などが〉下がる. **éase a person's cónscience** ⇨ conscience 成句. **éase óut** 動〈人を〉辞職させる《*of*》. **éase úp** [**óff**](動+副)(口)(1)〈痛み·緊張などが〉ゆるむ, 〈雨などが〉収まる. (2)〔人に対して〕厳しい態度をゆるげる: *E*～ *up on* her. 彼女に対する態度を(もっと)やわらげなさい. (4)〈…を〉ゆるくする, 少なくする: ～ *off on* the accelerator アクセルをゆるめる.

〖F=ゆとり, 快適(さ)〗 形 easy)
ease·ful /íːzf(ə)l/ 形 ❶ 気楽な, 安楽な, 安らかな. ❷ のんきな, 安逸な.
ea·sel /íːz(ə)l/ 名 ❶ 画架, イーゼル. ❷ 《黒板などの》支え台, 掛け台.
éase·ment /-mənt/ 名 U 【法】地役権《他人の土地の通行権など》.
*__eas·i·ly__ /íːzəli/ 副 (more ～; most ～) ❶ 容易に, たやすく, 苦もなく; 手軽に: win ～ 楽々と勝つ / He loses his temper very ～. 彼はすぐにかっとなるたちだ. ❷〔最上級を強めて〕確かに, もちろん: It's ～ the *best* (hotel). 確かにいちばんよい(ホテル)と言える. ❸ [can, may などと伴って] 多分: That [A thing like that] *could* ～ happen. そんな事おも起こりかねない. ❹ 気軽に, 楽に: You can ～ borrow it from her. 彼女からなら気がねなしに借りられますよ.
éas·i·ness 名 U ❶ たやすいこと, 容易(さ). ❷ 気楽さ, 気軽.
*__east__ /iːst/ 名 ❶ U 〔通例 the ～〕東, 東方; 東部《略 e., E, E.; ↔ west; ⇨ north〔用法〕: in *the* ～ *of*...の東部に / on *the* ～ *of*...の東側に[東に接して] / lie *to the* ～ *of*...の東方にある. ❷〔the ～〕東部地方; 〔the E～〕《米》東部《諸州》(Mississippi 川から大西洋岸までの諸州): ⇨ down east. ❸〔the E～〕東, アジア (the Orient): ⇨ Far East, Middle East, Near East. ❹〔the E～〕東欧諸国, 東側. **báck Éast**《米》(米国)東部で[へ, の]. **éast by nórth** 東微北《略 EbN》. **éast by sóuth** 東微南《略 EbS》.
—— 形 A ❶ 東の[にある]; 東向きの: an ～ window 東の窓. ❷〔しばしば E～〕東の, 東国の; 東部の住民の: the ～ coast 東海岸《米国では特にワシントン以北》. ❸〔風が〕東からの[吹く]: an ～ wind 東風《★ 英国では寒風で特にいやがられる; cf. WEST wind).
—— 副 東に[へ]; 東方に[へ], 東部に[へ]: face ～ 東向きである; 東を向く / go ～ 東に行く / lie ～ and west 東西にわたって横たわる / The village is [lies] 15 miles ～ of the town. 村はその町の東方15マイルの所にある. **éast by nórth** [**sóuth**] 東微北[南]へ.
〖OE〗 eastern, easterly; 関形〔詩·文〕orient)
Éast Ánglia 名 イーストアングリア《Norfolk, Suffolk 両州と Cambridgeshire, Essex 両州の一部からなるイングランド東部地方》.
Éast blóc [**Blóc**] 名〔単数形で〕東側ブロック《旧ソ連·東欧の社会主義諸国》.
éast·bòund 名 東行き《向け, 回り》の《略 e.b.》: an ～ train 東行きの列車.
Éast Chína Séa 名〔the ～〕東シナ海.
éast cóast féver 名 U〔獣医〕東海岸熱《東部·南部アフリカにみられるウシの疾病; ダニによって伝播される原虫が病原で, きわめて死亡率が高い》.
Éast Énd 名〔the ～〕イーストエンド《London の東部にある地区; かつては比較的下層の労働者が多く住んだが, 1980年代から再開発が進んでいる; cf. West End).
Éast Énd·er 名《London の》イーストエンドの住人.
*__Eas·ter__ /íːstə | -tə/ 名 ❶ U 復活祭, イースター《キリストの復活 (the Resurrection) を祝う祭; 春分3月21日以降の満月の後の最初の日曜日《満月が日曜日ならその次の日曜日》; 日付は不定だが, 早くて3月22日, 遅くて4月25日でこの日を Easter Day [Sunday] という; それまでの40日間は四旬節 (Lent) といわれ; キリスト教徒にとってクリスマスとともに重要な祝祭日; パレードをしたり彩色をほどこした卵が付き物). —— 形 A 復活祭[イースター]の[に起こる]: the ～ holidays《大学などで》の復活祭の休暇, 春季休暇.〖OE=曙(ほのぼの)の女神〗関形 paschal)
Éaster bùnny 名 復活祭のウサギ, イースターバニー《復活祭に贈り物を持ってくるといわれるウサギ》.
Éaster càrd 名 イースターカード《★ 復活祭のあいさつ状; Christmas card ほどには行なわれない》.
Éaster Dáy 名 復活祭日.
Éaster égg 名 ❶ イースターエッグ《彩色した飾り卵《型のチョコ》で復活祭の贈り物にする》. ❷〔電算〕〔しばしば e- e-〕 イースターエッグ《プログラム中に隠された, 冗談や作者名などが書かれているメッセージ》.

Éaster Ísland 图 イースター島《南太平洋上のチリ領の火山島；多くの石像があることで有名》.

east・er・ly /íːstəli /-təli/ 形 ❶ 東寄りの. ❷〈風が〉東からの[吹く]. — 副 ❶ 東の方へ[に]. ❷〈風が〉東から. — 图 東風. (图 east)

Éaster Mónday 图 復活祭 (Easter Sunday) の翌日《イングランド・ウェールズなどでは公休日》.

‡**east・ern** /íːstən /-tən/ 形《比較なし; cf. easternmost》 Ⓐ ❶ 東の[にある]; 東向きの;〈風が〉東からの[吹く]: the ~ side of an island 島の東側. ❷ [E~]《米》東部(諸州)の: the E~ states 東部諸州. ❸ [E~] 東(洋)の; 東洋風の: E~ customs 東洋の風俗. ❹ [E~]《西欧に対して》東欧(側)の, 東側の. (图 east)

Éastern Chúrch 图 ＝Eastern Orthodox Church.

Éastern Dáylight Tìme 图 Ⓤ《米》東部夏時間《Eastern Standard Time の夏時間(1 時間早い); 略 EDT》.

Éast・ern・er 图 ❶ 東国人, 東部の人. ❷《米》東部(諸州)の人.

Éastern Éurope 图 東ヨーロッパ, 東欧.

Éastern Gháts 图 [the ~] 東ガーツ山脈《インド Deccan 高原東縁を Bengal 湾沿いに走る; cf. Western Ghats》.

Éastern Hémisphere 图 [the ~] 東半球《アジア・ヨーロッパ・アフリカなどがある》.

éastern-móst 形 最東(端)の.

Éastern Órthodox Chúrch 图 [the ~] 東方正教会 (⇨ Orthodox Church).

Éastern Róman Émpire 图 [the ~] 東ローマ帝国 (395-1453)《首都 Constantinople》.

Éastern (Stándard) Tìme 图 Ⓤ《米》東部(標準)時《日本標準時より 14 時間遅い; 略 E(S)T.; ⇨ standard time [解説]》.

Éastern Stár 图 [the Order of the ~] 東方の星《結社》《フリーメーソンを模した米国の慈善団体》.

Éaster sépulcher 图 [the ~] 聖物置棚《聖木曜日から復活日までの聖物安置所》.

Éaster Súnday 图 ＝Easter Day.

Éaster・tìde 图 ❶ 復活(祭)季節《復活祭より 40-57 日》. ❷ ＝Easter week.

Éaster wéek 图 Ⓤ 復活祭週間《Easter Sunday に始まる 1 週間》.

Éast Gérmany 图 東ドイツ (⇨ Germany).

Éast Índia Còmpany 图 [the ~] 東インド会社《インド貿易のために英国・オランダなどが創立した 17-19 世紀の商事会社》.

Éast Índiaman 图《史》東インド貿易船《大型帆船》.

Éast Índies 图 働 [the ~] ❶ 東インド諸島《マライ諸島の別名》. ❷ 東インド《インド・インドシナ・マライ諸島などを含む地域の旧称》.

éast・ing 图 Ⓤ.Ⓒ《海》偏東[東航]航程《東への航行距離》;《地図》偏東距離《南北の基準線から東方に測った距離》, 経度線.

Éast・man /íːstmən, -tmən/, **George** 图 イーストマン (1854-1932); 米国の発明家・実業家; Kodak カメラを発明した.

éast-northéast 图 [the ~] 東北東《略 ENE》. — 形 東北東の[に].

Éast Ríver 图 [the ~] イーストリバー《米国 New York 市の Manhattan 島と Long Island の間の海峡》.

Éast Síde 图 [the ~] イーストサイド《米国 New York 市の Manhattan 島の Fifth Avenue より東部の地区; 今は国連本部などがあるが; その南東部はもと下層民地区》.

éast-southéast 图 [the ~] 東南東《略 ESE》. — 形 東南東の[に].

Éast Sússex 图 イーストサセックス州《イングランド南東部の州 (⇨ Sussex); 州都 Lewes /lúːɪs/》.

Éast Tímor 图 東チモール《Timor 島の東半分を占める国; ポルトガルから独立直後の 1976 年, インドネシアが武力的に併合したが 2002 年に独立; 正式名 the Democratic Republic of East Timor; 首都 Dili》.

†**east・ward** /íːstwəd /-wəd/ 副 東に向かって, 東方へ: We sailed ~ from New York to Southampton. 私たちはニューヨークからサウサンプトンへと東に向かって航海した. — 形 東に向いた, 東方への. — 图 [the ~] 東方: to [from] *the* ~ 東方へ[から].

éast・ward・ly 形 ❶ 東向きの. ❷〈風が〉東からの[吹く]. — 副 ＝eastward.

†**east・wards** /íːstwədz /-wədz/ 副 ＝eastward.

‡**eas・y** /íːzi/ 形 (**eas・i・er**; **-i・est**) ❶ 容易な, 平易な, やさしい (↔ difficult, hard): an ~ task 容易な仕事 / an ~ problem 平易な問題 / It's ~ *to* get there. そこへは容易に行ける / The exam should be ~ *for* you. この試験は君にはやさしいはずだ / It will be ~ *for* him *to* solve this problem. 彼にはこの問題を解くのは容易であろう /〔+*to do*〕The poem is ~ *to* understand. その詩は分かりやすい《[変換] 主語の The poem が understand の目的語の関係に立つ場合の表現で, It's ~ *to* understand the poem. と書き換え可能》/ He's ~ *to* get along with. 彼はつき合いやすい人 / ~ *of* access ⇨ access 1 a. ❷ 安楽な, 気楽な, 楽な (↔ uneasy): have an ~ time (of it) 何の苦労もない / I feel *easier* about it now. その件については今は(以前より)気が楽になっている / He lives [leads] an ~ life. 彼は楽な生活をしている. ❸ Ⓐ《相手にするのに》そうさない, 御しやすい: ~ prey [game, meat] ＝an ~ mark [target]《口》お人よし, いいかも / She fell an ~ victim to his lies. 彼女はやすやすと彼のぺてんの犠牲者となった. ❹ 厳しくない, 寛大な, 甘い: an ~ teacher 甘い先生 / Our teacher is ~ *on* the girls and hard on the boys. 私たちの先生は女の子には甘いが男の子には厳しい. ❺ Ⓐ〈気分・態度など〉くつろげた, ゆったりした;〈談話・文体などが〉だらかな, すらすらした; 衣服などゆるやかな (↔ tight): an ~ manner くつろげた態度 / display an ~ grace くつろげた上品さを示す / He has an ~ way of speaking. 彼はだらかな話し方をする / an ~ fit 楽な着心地の衣服. ❻《口》〈女が〉だらしない: a woman of ~ virtue ふしだらな女. ❼〈速度・動作など〉ゆるやかな: walk at an ~ pace ゆるやかな歩調で歩く. ❽《商》〈市場が〉緩慢な.

(as) éasy as píe ⇨ pie [成句].

by éasy stáges《旅行など》楽な旅程で, ゆっくりと.

I'm éasy.《口》君の決定に従うよ, いかようにされてもけっこうです.

in éasy stáges ＝by EASY stages.

on éasy térms 分割払いで, 月賦で.

tàke the éasy wày óut 楽[安易]な道[解決策]をとる, 手っとり早く解決する.

Thàt's éasy for yóu to sáy. 言うだけなら簡単だ.

— 副 (**eas・i・er**, **-i・est**)《口》❶ 楽に, 気楽に, 容易に; ゆっくりと《★ 通例口語体の慣用的表現に用い, 他は easily を用いる》: rest [sleep] ~ 安心する[安心してねる] / *Easier* [It's *easier*] said than done.《諺》言うのはやさしいが行うのはむずかしい / E~ come, ~ go. 《諺》得やすいものは失いやすい / English came ~ to me. 英語は楽に覚えられた. ❷《間投詞的に》気をつけて!; 心配無用!

Éasy dóes it.《口》《あわてず》ゆっくり[慎重に]やれ《★ 副詞の easy が主語に代用されたもの》.

gèt óff éasy ⇨ GET off [成句] (4).

gò éasy《口》(1) 気楽に, のんきにやっていく. (2)〔人に〕厳しく当たらない, 寛大である: Go ~ *on* her. She's not feeling well. 彼女には優しくしてあげなさい, 体の調子がよくないのだから. (3)《ものを控えめに使う[飲む, 食べる]》《*with*》: Go ~ *on* the salt [booze]. 塩[酒]は控えめにしなさい.

Stánd éasy!《英》《軍》《号令》休め!《★《米》では At ease! を用る》.

tàke it éasy《口》(1) 気楽にやる, のんきに構える; あせらない, 無理をしない. (2)《命令法で》《米》さよなら!, じゃあね! 〔F= ease〕(图 ease) [類義語] ⇨ simple.

éasy-cáre 形 手入れの楽な,《特に》〈服が〉《洗濯後》アイロン不要の.

éasy chàir 图 安楽いす.

éasy-góing 形 ❶ こせこせしない, あくせくしない, のんきな; 寛大な《[匹敵] 日本語でいう「安易な生き方」の意はない》: an ~ person のんびり屋. ❷〈馬が〉ゆるやかな歩調の.

éasy lístening 名 U イージーリスニング, 軽音楽.
éasy méat 名 U (口) たやすいこと, 簡単に手に入るもの; (口) だまされやすい人, カモ.
éasy móney 名 U 楽にもうかる金; 悪銭.
eas·y-pea·sy /íːzipíːzi/ 形 (英俗) 非常に単純な, とても簡単な.
Éasy Strèet 名 [また e~ s~] U 裕福: on [in] ~ 裕福に.
éasy tóuch 名 =soft touch.
éasy vírtue 名 U ⇒ easy 形 6.

*eat /íːt/ 動 (ate /éit | ét, éit/; eat·en /íːtn/) 他 ❶ 〈ものを〉食べる; 〈スープなどを〉〈スプーンを用いて〉飲む (匹較 スプーンを用いず直接口にして飲む時には drink を用いる): ~ lunch 昼食をとる / I want something to ~. 食べるものがほしい / These berries are not good to ~. このベリーはおいしくない[食用に適さない] / ~ soup スープを飲む / [+補] ~ fish raw 魚を生で食べる. ❷ 〈...を〉常食としている (★ 進行形なし): Cows ~ grass and grain. 牛は草と穀物を常食としている. ❸ [進行形で] (口) 〈人を〉いらいらさせる, 悩ます: What's ~*ing* you? 何でいらいらしているのだ, 何を悩んでいるのだい. ❹ 〈...を〉消耗する, 使い尽くす.
―― 自 ものを食べる; 食事をする: ~ and drink 飲食する / ~ regularly 規則正しい食事をする / a right (米) 健康な食生活をする / He ~*s* well. 彼は美食家だ / Where [What time] shall we ~? どこで[何時に]食事しましょうか.
éat...alíve (1) ...をこっぴどくしかる, ...にひどい仕打ちをする. (2) 〈競走・議論などで〉〈人〉を打ち負かす, 徹底的にやっつける. (3) 〈虫などが〉〈人〉をかむ, さす (★ 通例受身).
éat awáy 〈害虫などが〉〈木材・衣類などを〉食い荒らす; 〈酸などが〉〈金属などを〉腐食する; 〈波などが〉〈土地・岩などを〉侵食する.
éat awáy at... (1) 徐々に破壊[浸食]する, 食い荒らす; 食い込む: The waves are ~*ing away* at the cliff. 波がけを徐々に浸食している. (2) 悩ませる, 悩ます: The defeat *ate away at* his confidence. その敗北が彼の自信を少しずつくずしていった.
éat...for bréakfast =EAT...alive 成句 (1) (2).
éat ín (自+副) 家で食事する.
éat ínto... (1) ...に食い込む; ...を腐食する. (2) 〈財産などを〉消耗する: ~ *into* one's savings 貯金に食い込む.
éat like a bírd ⇒ bird 名 成句. **éat like a hórse** ⇒ horse 成句.
éat óut (自+副) レストラン(など)で食事する, 外食する.
éat úp (他+副) (1) 〈食物を〉食い尽くす; 〈金・時間などを〉使い尽くす. (2) 浸食する. (3) [be eaten up で] (口) 〔悲しみなどで〕いっぱいになる: She *was eaten up with* hatred and jealousy. 彼女は憎しみとしっとにとりつかれていた. (4) (米) 楽しむ. (5) (口) 〈...を〉進んで受け入れる, そのまま信じる: She ~*s up* everything he says. 彼女は彼の言うことなら何でもそのままうのみにする. ―― (自+副) (6) 全部食べてしまう.
I could éat a hórse. 腹ペコだ.
―― 名 [複数形で] (口) (パーティーでの)食物; 食事: How about some ~*s*? 何か食べようか.

eat·a·ble /íːtəbl/ 形 〈食物が〉(おいしく)食べられる (↔ uneatable) (cf. edible): This meat is hardly ~. この肉は(古くて[硬くて])とても食べられない. ―― 名 [複数形で] (口) 食用となる物, 食料品: ~*s* and drinkables 飲食物.

***eat·en** /íːtn/ 動 eat の過去分詞.

⁺**éat·er** /-tə | -tə/ 名 ❶ 食べる人: a heavy ~ 大食家 / a light ~ 小食家. ❷ (英) =eating apple.

eat·er·y /íːtəri/ 名 (口) 簡易食堂, 軽食店.

eat·ing /-tɪŋ/ 名 U ❶ a 食べること. b [形容詞的に] 食用の; ~ utensils 食器. ❷ 食べられるもの, 食物: be good [bad] ~ 食べておいしい[まずい].

éating àpple 名 生で食べられる[生食用]リンゴ.
éating disòrder 名 摂食障害 (過食症など).
éating hòuse [plàce] 名 飲食店, 安料理店.

⁺**eau de Co·logne** /óʊdəkəlóʊn/ 名 U オーデコロン. 〖F=water of Cologne (Köln)〗

eau de Níl(e) /-níːl/ 名 にぶい緑色. 〖F=water of (the) Nile〗
eau de toi·lètte /-twaːlét/ 名 U.C (複 **èaux de toilètte**) オードトワレ (オーデコロンと香水の中間のもの). 〖F=water of toilet〗
èau-de-vie /-víː/ 名 U.C (複 **eaux-de-vie**) 蒸留酒, ブランデー, オードヴィー. 〖F=water of life〗

eaves /íːvz/ 名 (家の)軒, ひさし: under the ~ 軒下に.
⁺**eaves·dròp** 動 (-drópped; -dróp·ping) 自 立ち聞き[盗み聞き]する 〔*on*〕. 〖類義語〗⇒ overhear.
eaves·dròp·per 名 立ち聞き[盗み聞き]する人.
éaves spòut [tròugh] 名 (建) 軒樋.
e.b. (略) eastbound.

⁺**ebb** /éb/ 名 ❶ [the ~] 引き潮 (↔ flood, flow): on the ~ 引き潮に乗って / The tide was *on* [*at*] *the* ~. 潮が引いていた (★ 前置詞が on の場合は潮が引く「過程」を表わし, at の場合は干潮の「状態」を表わす). ❷ [単数形で] 減退, 衰退(期): His influence is on the ~. 彼の影響力は次第に衰えつつある / Public confidence in the President is at a low ~. 大統領に対する国民の信頼は弱まっている. **the ébb and flów** 〔潮の干満〕; (人の)盛衰: *the* ~ *and flow of* the tide 潮の満ち引き / *the* ~ *and flow of* life 人生の浮き沈み. ―― 動 ❶ 〈潮が〉引く (↔ flow) 〔*away*〕. ❷ 〈...が〉減る, 弱くなる; 〈身代などが〉傾く: His life was ~*ing away*. 彼は次第に衰えつつあった. **ébb báck** 〈...が〉戻ってくる: His courage ~*ed back* again. 彼の勇気はまた盛り返した. 〖OE〗

ébb tìde 名 [通例 the ~] (↔ flood tide) ❶ 引き潮: on the ~ 引き潮に乗って. ❷ 衰退(期).
EbN, E.bN. (略) east by north.
É-bòat /íː-/ 名 (英) E ボート (第2次大戦におけるドイツの快速魚雷艇の呼称). 〜(enemy)
E·bo·la (hémorrhagic) féver /iːbóʊlə-/ 名 U (医) エボラ出血熱 (高熱・内出血・肝障害などを伴うウイルス性伝染病; 通常 致命的となる). 〖*Ebola* コンゴ民主共和国北部の川〗
Ebóla vìrus 名 U エボラウイルス (エボラ出血熱の病原体).
eb·on /éb(ə)n/ 形 (古・詩) =ebony.
E·bon·ics /iːbánɪks | -bɔ́n-/ 名 U エボニックス (米国の黒人英語を英語の一変種ではなく独立した言語とみなした名称).
eb·on·ite /ébənàɪt/ 名 U エボナイト, 硬質[硬化]ゴム.
eb·on·ize /ébənàɪz/ 動 他 黒檀まがいに黒くする.
eb·o·ny /ébəni/ 名 ❶ U (植) コクタン (インド産). ❷ U コクタン材 (高級な家具の材料になる). ―― 形 ❶ U コクタン製の. ❷ 真っ黒な, 漆黒の.
e·bòok 名 U 電子本, 電子書籍.
E·bro /éɪbroʊ | íː-/ 名 [the ~] エブロ川 (スペイン北東部から東南東に流れて地中海に注ぐ).
EbS, E.bS. (略) east by south.
e·bul·lience /ɪbúljəns, ɪbʌ́l-/ 名 U (喜び・熱意などの) 沸騰, ほとばしり: youthful ~ 青春の元気横溢(おういつ).
⁺**e·bul·lient** /ɪbúljənt, ɪbʌ́l-/ 形 ❶ 〈湯など〉沸き立つ. ❷ 〈元気・喜びなどがあふれるばかりに, ほとばしり出る; 〈人が〉〈喜びなどで〉沸き立って, あふれて, [...のことで]大喜びで: He's ~ *with* enthusiasm. 彼は熱狂しきっている / He was ~ *over* the reception of his novel. 彼は小説が好評なので大満悦だった. 〜**·ly** 副 〜**·ness** 名 〖L=沸いている〗(⇒ ebullition); 〖*bullire* 沸く (《*bulla* 泡; cf. boil)〗

eb·ul·li·tion /èbəlíʃən/ 名 U ❶ 沸騰. ❷ 激発, ほとばしり; 勃発.

é·bùsiness 名 U 電子[インターネット]商取り引き[ビジネス]; C 電子[インターネット]ビジネス企業.
EBV /íː bìː víː/ (略) Epstein-Barr Virus.
EC /íː síː/ (略) East Central (ロンドン郵便区の一つ); Established Church; European Community.
ec- /ɪk, ek/ 接頭 「外」「外側」. 〖Gk〗
ecad /íː kæd, ék-/ 名 (生態) エケード, 適応型 (環境に応じて変化した生物).
é·car·té¹ /èɪkáːteɪ | eɪkɑ́ːteɪ/ 名 U (トランプ) エカルテ (32枚の札を用い2人でするゲーム).

é·car·té² /èikɑətéi | eiká:tei/ 名 U 〖バレエ〗エカルテ《客席に対して体を斜めにし, 同じ側の手足を伸ばした姿勢》.

e·cash /í:-/ 名 U = electronic cash.

ec·bol·ic /ekbɑ́lik | -ból-/ 形 (子宮収縮を促す)分娩[陣痛]促進薬, 堕胎薬. ── 名 分娩[流産]を促進する.

ec·ce ho·mo /ékihóumou/ 名 エッケホモ《イバラの冠をいただいたキリストの肖像画》.《L=見よ, この人を》

*****ec·cen·tric** /ikséntrik, ek-/ 形 (more ~; most ~) ❶〈人・行動など〉常軌を逸した, 風変わりな (odd): an ~ person 変人, 変わり者 / ~ behavior 奇行. ❷ (比較なし)〖数〗〈二つ(以上)の円が〉中心を異にする, 離心の (↔ concentric); 〖天〗軌道が偏心的の. ── 名 ❶ 変人, 奇人. ❷〖機〗偏心器[輪]. **ec·cén·tri·cal·ly** /-kəli/ 副.《L〈Gk=中心からはずれた; ⇒ ec-, center, -ic》

⁺**ec·cen·tric·i·ty** /èksentrísəti/ 名 ❶ U (服装・行動などの)風変わり, 奇抜. ❷ C 風変わり[奇抜]な点; 奇行, 奇癖: *eccentricities in* design [dress] デザイン[服装]のいろいろな奇抜さ.

ec·chy·mo·sis /èkimóusis/ 名 (複 -ses /-si:z/) 〖医〗斑状出血.

Eccl(es). (略)〖聖〗Ecclesiastes.

Éc·cles càke /éklz-/ 名 U.C エクルズケーキ《干しブドウを入れた丸い平たいケーキ》.

ec·clé·si·al /-əl/ 形 教会の (ecclesiastical).

ec·clé·si·arch /iklí:ziɑ̀ək | -ɑ̀:k/ 名 高位聖職者, 教会の指導者.

Ec·cle·si·as·tes /iklì:ziǽsti:z/ 名 〖聖〗伝道の書《旧約聖書中の一書; 略 Eccl(es).》.

ec·cle·si·as·tic /iklì:ziǽstik⁻/ 名 (キリスト教の)聖職者. ── 形 = ecclesiastical.《Gk=集会[教会]の一員》

⁺**ec·cle·si·as·ti·cal** /iklì:ziǽstik(ə)l⁻/ 形 (キリスト)教会の[に関する]; 聖職の: an ~ court 教会裁判所 / history [architecture] 教会史[建築]. **~·ly** /-kəli/ 副.

ec·clé·si·ás·ti·cism /-sìzm/ 名 U 教会(中心)主義.

Ec·cle·si·as·ti·cus /iklì:ziǽstikəs/ 名 集会の書, シラの書, ベンシラの知恵《外典 (Apocrypha) 中の一書》.

ec·cle·si·ol·o·gy /iklì:ziɑ́lədʒi | -ziɔ́l-/ 名 U ❶〖神学〗教会論. ❷ (装飾・絵画なども含めた)教会建築学. **-gist** /-dʒist/ 名. **ec·cle·si·o·lóg·i·cal** /iklì:ziəlɑ́dʒik(ə)l | -lɔ́dʒ-/ 形.

ec·crine /ékrən, -ri:n/ 〖生理〗形 漏出分泌の; エクリン腺の分泌する.

ec·dys·i·ast /ekdíziæ̀st/ 名 (戯言) = stripteaser.

ec·dy·sis /ékdəsis/ 名 U 〖動〗脱皮.

ec·dy·sone /ékdəsòun/ 名 U 〖生化〗エクジソン《昆虫の蛹化(ようか)・脱皮を促進する前胸腺ホルモン》.

ECG /í:sì:dʒí:/《略》electrocardiogram; electrocardiograph.

⁺**ech·e·lon** /éʃəlɑ̀n | -lɔ̀n/ 名 ❶ CU (軍隊・飛行機の)梯(てい)形編成, 梯陣, 梯団; (部隊・陣地などの)梯状配置: in ~ 梯陣をなして. ❷ C (通例複数形で) (命令系統などの)段階, 階層: the upper ~s of the administration 行政府の上層部. ❸ 〖E~〗エシェロン《米国を中心に, 英国・カナダ・オーストラリア・ニュージーランドが関与しているとされる全世界的な通信傍受システム》.《F〈 *échelle* はしご》

e·chid·na /ikídnə/ 名 〖動〗ハリモグラ.

ech·i·na·ce·a /èkənéisiə/ 名 〖植〗ムラサキバレンギク《北米産キク科ムラサキバレンギク属の多年草; 根茎・根などの成分に免疫機能を高めるはたらきがあるという》.

e·chi·no·derm /ikáinədə̀:m | -də̀:m/ 名 刺皮(しひ)動物《ヒトデ・ウニなど》.

e·chi·noid /ikáinɔid/ 形〖動〗ウニの(ような). ── 名 ウニ.

e·chi·nus /ikáinəs/ 名 (複 **e·chi·ni** /-nai/) ❶〖動〗ウニ. ❷ エキノス, まんじゅう形《ドリス式柱頭の abacus を支える繰形》.

*****ech·o** /ékou/ 名 (複 ~es) ❶ こだま, 反響: the ~ *of* a person's footsteps 足音の反響. ❷ 名(な)ごり; (他人の意見などの)繰り返し[まね, 模倣] (*of*). ❸ (世論などの)影響; 共鳴. ❹〖電〗(レーダーなどに用いる)電磁波の反射, エコー. ❺〖楽〗エコー. ── 動 ⓐ ❶〈音などが〉…に反響する, こ

563

eclipse

だます: The shot ~ed *through* the cave. 銃声はほら穴にこだましました / The painful experience ~ed *in* his mind. 痛ましい経験が彼の頭に反響した. ❷ 〈場所が〉反響[こだま]を生む (reverberate): The wood ~ed *with* their laughter. 森に彼らの笑い声が響き渡った / The room ~ed *to* their laughter. 部屋は彼らの笑い声にこだまを返した. ── ⓞ ❶〈音響を〉反響する: The canyon walls ~ed *back* the shot. 峡谷の岩壁は銃声のこだまを響かせた. ❷〈人の言葉を〉繰り返す; 模倣する (imitate): Language is betrayed by ~*ing* the words of others. 言語は他人が言った言葉を繰り返すことによって習得される / 〖+目+名〗"It's impossible," said Jack. "Impossible," ~ed Henry. 「不可能だ」とジャックが言った. 「不可能だ」とヘンリーがおうむ返しに言った. ❸〈感情を〉反映する: A Congressman should ~ the opinions of his constituency. 下院[連邦議会]議員は選挙区民の意見を(議会に)反映すべきだ.《F〈L〈Gk=音, こだま (↓)》

Ech·o /ékou/ 名 〖ギ神話〗エコー《空気と土との間に生まれたnymph; Narcissus に恋をしてこがれ死に, 最後に声のみが残ったといわれる》.

èch·o·cárdiogram 名〖医〗超音波心臓検査図, 心(臓)エコー図.

èch·o·cárdiograph 名〖医〗超音波心臓検査計.

èch·o·cárdiography 名 U〖医〗超音波心臓検査(法), 心臓エコー検査(法), 心エコー法. **-cardiográphic** 形.

écho chàmber 名 エコーチェンバー《エコー効果をつくり出す部屋》.

écho·gràm 名〖海〗音響測深図.

écho·gràph 名 自記音響測深器.

e·cho·ic /ekóuik, ik-/ 形 ❶ こだまのような, 反響性の. ❷〖言〗擬音的な.

ech·o·la·li·a /èkoulélíə/ 名 U〖精神医〗反響言語《人のことばをおうむ返しにまねる行動》; 幼児期にみられる他人のことばの繰り返し.

èchoc·locátion 名 U〖動〗エコーロケーション, 反響定位《コウモリ・イルカなどが超音波によって物体の存在を測定する能力》.

ècho·práx·i·a /-præksiə/ 名 U〖精神医〗反響動作(症)《人の動作を反射的に模倣する行動》.

écho sòunder 名 音響測深機.

écho vìrus, ÉCHO vìrus /ékou-/ 名〖医〗エコーウイルス《軽度の呼吸器疾患や髄膜炎などの原因となるヒトのエンテロウイルス (enterovirus) の一群》.《*e*(nteric)*-c*(yto-pathogenic) *h*(uman) *o*(rphan) *virus*》

echt /ékt/ 形 純正な, 真正の, 真の, 本物の.

é·clair /eikléə | -kléə/ 名 U.C エクレア《細長いシュークリームにチョコレートをかけたもの》.《F = 稲妻》

é·clair·cisse·ment /èkleəsì:s(ə)má:ŋ/ 名 解明, 説明.

e·lamp·si·a /iklæmpsiə/ 名 U〖医〗痙攣(けいれん), (特に)子癇(しかん). **ec·lámp·tic** /iklæm(p)tik/ 形 子癇(性)の.

é·clat /eiklá:| ⎯'⎯/ 名 U 大成功; かっさい; 名声: with (great) ~ はなばなしく, 盛大に; (大)かっさいのうちに.

ec·lec·tic /ekléktik, ik-/ 形 ❶ 取捨選択する. ❷ 折衷(せっちゅう)主義の, 折衷的な《あれこれ取捨していい所を取ることにいう》. ── 名 ❶ 折衷学派の哲学者, 折衷主義者. **·ti·cal·ly** /-kəli/ 副 折衷的に.《Gk = selective》

ec·léc·ti·cism /-təsìzm/ 名 U 折衷(せっちゅう)主義.

⁺**e·clipse** /iklíps/ 名 ❶〖天〗(太陽・月の)食: ⇒ partial eclipse, total eclipse / ⇒ solar eclipse, lunar eclipse. ❷ U (栄誉・名声などの)薄らぎ, 失墜. **in eclipse** (1)〈太陽・月が〉欠けて. (2) 光彩[影響力]などを失って. ── 動 〖しばしば受身で〗❶〈天体が〉〈他の天体を〉食する, おおい隠す: The sun *is* totally ~*d*. 太陽が完全に日食になっている. ❷ 〈名声などを〉かげらせる; 〈…をしのぐ, 顔色なからしめる (overshadow): He has *been* ~*d by* several younger actors. 彼の(存在)は何人かの若い俳優の(力量)によって影が薄れたる. ❸〈幸福などに暗い影を落とす; 〈…の〉光を奪う: His joy in life *was* ~*d by* the untimely death of his wife. 妻の早死により彼の生きる喜びにかげりがさした.《F〈L〈Gk》

eclípsing bínary 名〖天〗食連星.

e・clíp・tic /ɪklíptɪk/〖天〗名 [the ~] 黄道. ── 形 ❶ 黄道の. ❷ 食の.

e・clíp・ti・cal /-tɪk(ə)l/ 形 =ecliptic.

ec・lo・gite /éklədʒàɪt/ 名 Ｕ〖岩石〗榴輝(りゅうき)岩, エクロジャイト《緑輝石とざくろ石の粒状集合からなる》.

ec・logue /éklɔːg | -lɔg/ 名〖しばしば対話体の〗牧歌, 田園詩, 牧歌詩. 《F＜L＜Gk＝selection (of poems)》

e・close /ɪklóʊz/ 動〈昆虫が〉孵化[脱皮]する.

eclo・sion /ɪklóʊʒən/〖昆〗名 Ｕ 脱蛹(だつよう), 羽化; 脱卵殻, 孵化(ふか).

ECM《略》electronic countermeasures (敵のミサイル誘導を狂わせるなどする)電子(兵器)対策; European Common Market ヨーロッパ共同市場 (cf. EEC).

ec・o- /ékoʊ, íːk-/ [連結形] ❶「家政・経済」の意: economy. ❷「環境・生態(学)」の意: ecology. 《F＜L＜Gk＝住居》

èco・catástrophe 名 (環境変化による)生態系大災害[破壊].

ec・o・cide /éko︎ʊsàɪd, íːk-/ 名 Ｕ 環境破壊, 生態系破壊.

èco-fríendly 形 生態系[環境]に優しい.

ecol.《略》ecological; ecology.

éco-làbeling 名 Ｕ エコ表示《環境にやさしく製造・生産されたことを商品に表示すること》. **éco-làbel** 名

E coli /íːkóʊlaɪ/ 名 Ｕ 大腸菌.

⁺ec・o・log・i・cal /èkəládʒɪk(ə)l, ìːk- | -lɔ́dʒ-/ 形 ❶ 生態学の[に関する]: ~ balance 生態学的均衡 / ~ destruction 生態破壊. ❷ 環境上(保全)の; 環境にやさしい.
~・ly 副

⁺e・cól・o・gist /-dʒɪst/ 名 ❶ 生態学者. ❷ 環境保全運動家.

e・col・o・gy /ɪkɑ́lədʒi | ɪkɔ́l-/ 名 Ｕ ❶ 生態学《人間を含めた生物 (organisms) とその環境 (environment) との相互関係を研究する学問》. ❷ a 生態《of》. b (生態学的にみた)自然[生態]環境《of》. 〖ECO-+-LOGY〗

e・cómmerce /iː-, -/, ⧸-/ 名 Ｕ 電子[インターネット]商取り引き, Eコマース.

e・con /íːkɑn | -kɔn/ 名 Ｕ《口》経済学 (economics)《特に大学での学ぶもの》.

econ.《略》economic(s); economy.

e・con・o・box /ɪkɑ́nəbɑ̀ks | ɪkɔ́nəbɔ̀ks/ 名《米口》小型の経済車.

e・con・o・met・ric /ɪkɑ̀nəmétrɪk | ɪkɔ̀n-/ 形 計量経済学の.

e・con・o・met・rics /ɪkɑ̀nəmétrɪks | ɪkɔ̀n-/ 名 計量経済学.

‡ec・o・nom・ic /èkənɑ́mɪk, ìːk- | -nɔ́m-/ 形 (比較なし) ❶ Ⓐ 経済(上)の: an ~ policy 経済政策 / ~ growth 経済成長 / an ~ blockade 経済封鎖 / ~ sanctions (武力ではなく経済的に圧力をかける)経済制裁 / the E- Report (米国大統領の)経済報告《年2回上下両院に送る》. ❷ Ⓐ 経済学の: ~ theory 経済学説. ❸ 実利的な, 実用上の; 利益の上がる, もうかる (profitable).
(名 economy)

⁺ec・o・nom・i・cal /èkənɑ́mɪk(ə)l, ìːk- | -nɔ́m-/ (more ~; most ~) ❶ (むだづかいをしないで)経済的な, 節約的な, 倹約の: an ~ car 経済的な車 / He's ~ with [of] his money [time]. 彼は金[時間]をむだにしない. ❷ =economic 1, 2. (名 economy)【類義語】economical 浪費をせず倹約を重んじる. thrifty 金や物のつかい方が巧みである. frugal 衣食住に金をかけず節約をする.

èc・o・nóm・i・cal・ly /-kəli/ 副 ❶ 節約して, むだなく: use money [time] ~ 金[時間]を節約して[経済的に]使う. ❷ 経済(学)上, 経済(学)的に(言えば)(★ 時に文修飾): an ~ sound proposal 経済的に健全な提案 / E-, it's a dangerous policy. 経済的な観点から言えばそれは危険な政策だ.

económic geógraphy 名 Ｕ 経済地理学.

económic góod 名 (通例複数形で) 経済財《需要に対して供給が少なく, 市場価格で取引されるような商品またはサービス》.

económic mígrant 名 経済移民 (refugee と区別して).

económic rént 名〖経〗経済地代[レント]《ある生産要素の稼得収入額から, その要素を現行の用途にとどめておくのに必要な最低額を引いた部分》.

‡ec・o・nom・ics /èkənɑ́mɪks, ìːk- | -nɔ́m-/ 名 ❶ Ｕ 経済学. ❷ 〖複数扱い〗（国・家庭・企業などの)経済(状態), 経済面《of》.

econ・o・mism /ɪkɑ́nəmìzm | ɪkɔ́n-/ 名 Ｕ 経済(偏し)主義.

‡e・con・o・mist /ɪkɑ́nəmɪst | ɪkɔ́n-/ 名 ❶ 経済学者. ❷ 経済専門家, エコノミスト.

e・con・o・mize /ɪkɑ́nəmàɪz | ɪkɔ́n-/ 自〈...を〉倹約する, 〈...の〉浪費を避ける: ~ on fuel 燃料を節約する. ── 他 〈...を〉経済的に使用する; 節約する (★ 自 を用いるほうが一般的).

e・cón・o・mìz・er 名 ❶ 節約者, 経済家. ❷ (火力・燃料などの)節約装置.

‡e・con・o・my /ɪkɑ́nəmi | ɪkɔ́n-/ 名 ❶ Ｕ [しばしば the ~] (一地方・一国などの)経済; Ⓒ 経済: the world ~ 世界経済 / a free-market ~ 自由市場経済 / an ~ dependent on exports 輸出に依存する経済 / The ~ has taken a downturn. 経済が下向きになってきた / ⇔ political economy. ❷ Ｕ,Ｃ 節約, 倹約(の); 不要・労力などのむだを省くこと, 効率的な使用: make economies 倹約する / a false ~ (かえって不経済になる)誤った節約 / with an ~ of words 控えめな言葉を使う. ❸ Ｕ =economy class. **económy of scále**〖経〗規模の経済《生産規模の増大によって得られる費用の節約》. **económy of scópe** 範囲の経済, 多様化の経済《2種以上の製品の製造によって得られる費用の節約》. ❹ Ⓐ 安い, 経済的な; 徳用の, 徳用サイズの: an ~ car (低燃費の)経済車 / an ~ pack 徳用パック. ❺ (旅客機で)エコノミークラスの: ~ passengers エコノミークラスの乗客 / ⇒ economy class. 〖F＜L＜Gk＝家政, 家計; eco-, -nomy〗 (形 economic, economical)

económy clàss 名 (旅客機の)エコノミークラス, 普通席, 一般席. ── 副 エコノミークラスで: travel ~ エコノミー(クラス)で旅行する.

económy-clàss sýndrome 名 Ｕ エコノミークラス症候群 (⇒ deep vein thrombosis).

económy drìve 節約の努力[試み]; 節約を試みている期間.

económy-sìze 形 Ⓐ 徳用サイズの.

èco-pólitics 名 Ｕ 環境保護政策(推進運動).

écor・ché /èɪkɔːrʃéɪ | -kɔː-/ 名 皮膚をはいだ人体模型《筋肉・骨格研究用》.

ECOSOC /éko︎ʊsɑ̀k | íːkəsɔ̀k/《略》Economic and Social Council (国連)経済社会理事会.

éco・sphère 名 生態圏.

éco・ssaise /èɪkoʊséɪz/ 名 エコセーズ《4分の2拍子の速いダンス; それのための舞曲》.

⁺éco・sỳstem 名 [しばしば the ~] 生態系.

èco・térrorist 名 環境エコテロリスト《目的のために破壊活動をも辞さない急進的環境保護主義; また環境保護を旗印に破壊活動を行なう者》. **-térrorism** 名

éco・tòne 名〖生態〗移行帯, 推移帯, エコトーン《隣接する生物群集の移行部》.

éco・tòurism 名 Ｕ 自然[環境]保護観察旅行.

éco・tỳpe 名〖生態〗生態型(けい).

é・cru /ékruː, éɪ-/ 名 Ｕ 淡褐色(の), ベージュ色(の). 〖F〗

‡ec・sta・sy /ékstəsi/ 名 Ｕ,Ｃ ❶ 無我夢中, 有頂天; 狂喜, 歓喜: in (an) ~ =in ecstasies 有頂天[夢中]になって / get [go, be thrown] into ecstasies 無我夢中になる / He skipped about the room in (an) ~. 彼はうれしさのあまりわれを忘れて部屋を踊り回った / He was in ecstasies over the victory. 彼は勝利に有頂天になっていた. ❷ a (宗教的な)法悦. b (詩人・予言者などの)忘我, 恍惚(こうこつ).

❸《心》恍惚状態, エクスタシー. ❹ ⓤ [E-]《俗》エクスタシー《強力なアンフェタミン系の麻薬; 略 E》.《F<L<Gk (=人が)普通でない状態におかれていること》[⇨ecstatic]

ec·stat·ic /ɛkstǽtɪk/ 形 ❶ 有頂天の, 夢中の; 〔…に〕夢中で,〔…で〕有頂天になって《over, at, about》: She's ~ *about* her new job. 彼女は新しい仕事に夢中になっている. ❷ 恍惚(ﾂﾞｳ)(うっとり)とした, 法悦の. ❸ 恍惚状態になりやすい. **-i·cal·ly** /-kəli/ 副　名 ecstasy)

ECT /íːsìːtíː/《略》electroconvulsive therapy.

ec·to- /ɛ́ktoʊ/《連結形》「外部」….

ec·to·derm /ɛ́ktədə̀ːm | -də̀ːm/ 名《生》外胚葉 (cf. endoderm, mesoderm).

ècto·génesis 名 ⓤ《生》体外発生. **-genétic** 形

écto·mòrph 名《心》外胚葉型の人.

ècto·mórphic 形《心》《やせて弱々しい; cf. endomorphic, mesomorphic》. **écto·mòrphy** 名 外胚葉型.

-ec·to·my /ɛ́ktəmi/ [名詞連結形]「切除(術)」.

ècto·párasite 名《生》外部寄生者. **-parasític** 形

ec·top·ic /ɛktɑ́pɪk | -tɔ́p-/ 形《医》正常でない位置に起こる(ある).

ectópic prégnancy 名《医》子宮外妊娠.

ec·to·plasm /ɛ́ktəplæ̀zm/ 名 ⓤ ❶《生》外部原質. ❷《心霊》(霊媒の体から出るという)心霊体, エクトプラズム.

ec·to·proct /ɛ́ktəprɑ̀kt | -prɔ̀kt/ 名《動》外肛動物《コケムシ類》.

ècto·thèrm 名《動》外温[変温]動物.

ècto·thérmic 形《動》外温[変温]性の. **ècto·thérmy** 名

ec·tro·pi·on /ɛktróʊpiɑ̀n | -pìɔ̀n/ 名 ⓤ《医》外反(症)《眼瞼が外側へ反ること》.

***e·cu, E·cu, ECU** /ékjuː/ 名 (複 ~s) エキュー《欧州通貨単位; ユーロ (euro) の旧称》.《E(uropean) C(urrency) U(nit)》

Ec·ua·dor /ɛ́kwədɔ̀ː | -dɔ̀ː/ 名 エクアドル《南米北西部の共和国; 首都 Quito》.

Ec·ua·do·ri·an /ɛ̀kwədɔ́ːriən/ 形 エクアドル(人)の; エクアドル人.

ec·u·men·i·cal /ɛ̀kjuːménɪk(ə)l | ìːk-/ 形 ❶《キ教》全キリスト教会の: an ~ council《カト》(ローマ教皇の召集する)公会議. **b** 世界キリスト教(会)統一の: the ~ movement エキュメニカル[オイクメネ]運動, 世界教会運動《分離している全キリスト教会を統一しようとする運動》. ❷ 全般的な, 普遍的な, 世界的な. **~·ly** /-kəli/ 副《L<Gk=全世界の》

èc·u·mén·i·cal·ism /-kəlìzm/ 名 =ecumenism.

ecuménical pátriarch 名《東方正教会の》総主教.

èc·u·mén·i·cism /-sìzm/ 名 =ecumenism.

ec·u·men·ism /ɛkjúːmənìzm/ 名 ⓤ《キ教》世界教会主義[運動], 全キリスト教会主義.

é·cur·ren·cy /íː-/ 名 電子通貨 (electronic currency).

+ec·ze·ma /ɛ́ksəmə/ 名 ⓤ《病》湿疹(ｼ̀ﾂﾞ).

ed /ɛd/ 名 ⓤ《口》(科目名)教育(学) (education).

Ed /ɛd/ 名 エド《男性名; Edgar, Edmond, Edmund, Edward, Edwin の愛称》.

ED《略》erectile dysfunction.

ed.《略》edited; edition; editor; educated.

‐ed /(d 以外の有声音の後では) d; (t 以外の無声音の後では) t; (d, t の後では) ɪd, əd/ 接尾 ❶ 規則動詞の過去形・過去分詞を造る: call>cálled, called; talk>tálked, talked; mend>ménded, mended. ❷「…を有する, …を備えた, …にかかっている」の意の名詞から形容詞を造る《★ 形容詞の場合, た, d/ 以外の音の後でも, ɪd, əd/ と発音されるものがある: aged, blessed, (two-)legged》: armored よろいを着た, 装甲の / talented 才能のある.

e·da·cious /ɪdéɪʃəs/ 形 食いしん坊の, 大食の;《古》食に関する.

e·dac·i·ty /ɪdǽsəti/ 名 ⓤ 盛んな食欲; 大食.

E·dam /íːdəm, -dæm/ 名 ⓤ =Edam cheese.

Édam chéese 名 ⓤ エダムチーズ《球状で外皮を赤く着色してあるので俗に「赤玉」と呼ばれるオランダ産のチーズ》.《Edam アムステルダム付近の原産地名》

---

e·daph·ic /ɪdǽfɪk/ 形 土壌の;《生態》(気候よりも)による.

EDB《略》《化》ethylene dibromide 二臭化エチレン《殺虫剤・燻蒸剤; 発癌性剤・遺伝毒性あり》.

Ed·da /édə/ 名 [the ~] エッダ《北欧の神話・詩歌集》.

Ed·die /édi/ 名 エディー《男性名; Edgar, Edmond などの愛称; cf. Ed》.

ed·do /édoʊ/ 名 (複 ~es)《植》サトイモ《特に西インド諸島の》.

+ed·dy /édi/ 名 (風・ほこり・霧・煙などの)渦巻き《比較 水の渦巻きは whirlpool》. ── 動 ⓘ 渦巻く.

Ed·dy /édi/, **Mary Baker** 名 エディー (1821-1910; 米国の宗教家; Christian Science の創始者).

éddy cùrrent 名《電》渦(ﾂ̀)電流.

e·del·weiss /éɪdlvàɪs/ 名《植》エーデルワイス, セイヨウウスユキソウ《ヨーロッパアルプスの代表的な高山植物》.《G=noble white》

e·de·ma /ɪdíːmə/ 名 (複 ~s, ~·ta /-tə/) ⓤⓒ《医》浮腫(ﾌ̀ﾑ), 水腫. **e·dem·a·tous** /ɪdémətəs/ 形

E·den /íːdn/ 名 ❶《聖》エデンの園《解説　人類の始祖 Adam と Eve が住んだ楽園; ヘビに誘惑された二人は神から禁じられていた「善悪を知る木」(tree of knowledge of good and evil) の実を食べ追放された;キリスト教の原罪 (original sin) はこの神への不服従に基づく》. ❷ ⓒ 楽園, 楽土.《L<Gk<Heb; 原義は「喜び, 楽しみ」か》

e·den·tate /ìːdɛ́nteɪt/ 形《動》(門歯と犬歯のない)貧歯目の. ── 名 貧歯目の動物《アリクイ・ナマケモノなど》.《L=歯のない》

e·den·tu·lous /ìdɛ́ntʃʊləs | -tjʊ-/ 形 歯のない, 歯を失った.

Ed·gar /édgə | -gə/ 名 エドガー《男性名; 愛称 Ed》.

‡edge /ɛdʒ/ 名 **A** ❶ ⓒ (刃物の)刃 (⇨ blade 比較): put an ~ on a knife ナイフに刃をつける / put the ~ of a sword to a person's neck 人の首にやいばを突きつける. ❷ [単数形で] (刃の)鋭利さ, 鋭さ;(欲望・言葉などの)激しさ, 鋭さ, 痛烈: feel the keen ~ *of* desire [a person's sarcasm] 欲望[人の痛烈な皮肉]の激しさを覚える / Exercise gives any ~ *to* the appetite. 運動は食欲をそそる. ❸ [単数形で] 強み, 優勢: have the ~ *over* [*on*] a person 人に対して強みをもっている[優勢である] / gain a competitive ~ (*over*…)(…に対して)競争力を得る[つける] / The Government party has a 38-seat ~ *over* the Opposition. 与党は野党を 38 議席上回っている.

── **B** ❶ ⓒ (二つの線の接する)縁, ヘリ, かど, 端: the ~ of a plate 皿の縁 / at the water's ~ 水際で / She was sitting *on the* ~ of her bed. 彼女はベッドのへりに腰かけていた / *on* [*at*] *the* ~ *of* town 町の端に; 町はずれに / The cup fell off the ~ of the table. カップがテーブルの端から落ちた. ❷ ⓒ 危機, あぶないいめ (brink, verge): on the ~ *of* bankruptcy 破産寸前で.

be on the édge おかしな行動をする.

gìve a person the róugh édge of one's **tóngue**《英》〈人〉を言葉鋭くしかる.

gò òver the édge おかしくなる, 狂う.

hàve róugh édges = **be róugh aròund èdges** 細部に若干問題がある[未完の部分がある].

on édge (1) とがった所[細い縁]を下にして: stand [set] a coin *on* ~ 硬貨を立てる. (2) いらいらして: His nerves were] *on* ~. 彼はいらいらしていた / The noise set him [his nerves] *on* ~. その騒音は彼[彼の神経]をいらだたせた.

on the édge of one's **séat** [**cháir**] 興奮して, 夢中で.

sét a person's téeth on édge ⇨ tooth 成句.

tàke the édge òff… (1) 〈刃物の刃〉を鈍くする. (2) 〈力・食欲など〉をそぐ, 鈍らせる: This medicine will *take the* ~ *off* the pain. この薬を飲めば痛みは軽くなるでしょう.

── 動 ❶ **a** [副詞(句)を伴って] じりじり進める[動かす]; 斜めに進める: He ~*d* his chair *nearer to* the fire. 彼はいすを少しずつ火のそばにじり寄せた. **b** [~ oneself または one's way で] 斜めに進む; じりじり進む[動く]: ~ one-

edge city

self [*one's way*] *through* a crowd 人込みの中へ(体を横にして)割り込んでいく / ~ inflation *up* [*down*] インフレをじりじり押し上げる[下げる]. ❷ 〔通例受身で〕〈...を〉〈...で〉縁取る: The pillowcase is ~*d with* lace. まくらカバーはレースの縁取りがされている / The letter *was* ~*d in* black. 手紙は黒く縁取られていた(死亡を知らせる手紙). ❸〈...を〉鋭くする. ❹〈相手に〉辛勝する，僅差で破る: The Tigers ~*d* the Giants. タイガースはジャイアンツに辛勝した. ❺〈草〉を刈り込む.
── 動 〔副詞(句)を伴って〕じりじりと進む: ~ *out of* the *room* 部屋からそうっと出る / ~ *away from* a person 人から徐々に離れる / He ~*d through* the crowd 彼は人込みの中を斜め歩きに進んだ / He ~*d toward* the pond. 彼は池にじりじり近寄った / Prices ~*d up* [*down*]. 物価がじりじり上がった[下がった].

édge óut (動+副) ❶ (1)〈人を〉(地位などから)徐々に押しのける: They ~*d* him *out* (*of* the company). 彼らは彼を(会社から)追い出した. (2)〈相手に〉辛勝する.
〖OE=刃〗 〖類形〗 peripheral 〖類義語〗 ⇒ border.

édge cìty 名 エッジシティ(大都市外縁部に発達した衛星都市や商業地区).

edged 形 〔複合語で〕...な刃〔縁, へり〕のある.

édge·less 形 刃のない, なまくら; へりのない, 縁〔輪郭〕の不鮮明な.

edg·er /édʒɚ|-dʒə/ 名 〈衣服の〉縁かがり工, (レンズの)縁磨き工; 縁かがり機; (芝生の)縁刈り機; 縁取り鋸.

édge tòol 名 刃物(のみ・かんな・ナイフなど).

édge·wàys 副 =edgewise.

édge·wìse 副 端の方に, 斜めに. **nót gèt a wórd in édgewise** (すきを見て)言葉をさしはさむ間もない, (横から)口出しもできない.

édg·ing 名 ❶ C 縁〔へり〕をつけること, 縁取り. ❷ C 縁〔へり〕飾り, (花壇などの)へり.

édging shèars 名 (複) (芝の縁を刈りそろえる)芝刈りばさみ.

⁺**edg·y** /édʒi/ 形 (**edg·i·er**; **-i·est**) ❶ 刃〔縁, へり〕の鋭い; 輪郭がはっきりしている. ❷〔口〕いらいらした; すぐ腹を立てる(uptight): get [become] ~ *about*...にいらいらしてくる.
édg·i·ly /-dʒɪli/ 副 **-i·ness** 名

edh, eth /éð/ 名 ð 〔D〕の字; 古英語・中英語やアイスランド語などのアルファベットの一つ; 現在は音声記号の ð に用いる).

EDI /í:dì:áɪ/ (略) electronic data interchange 電子的データ交換システム(ネットワーク上の文書のやりとりや取引を可能にするシステム).

ed·i·bil·i·ty /èdəbíləti/ 名 U 食用に適すること.

⁺**ed·i·ble** /édəbl/ 形 (毒性などがないので)食べられる, 食用に適する (↔ inedible) (cf. eatable): ~ fat [oil] 食用脂[油]. ── 名 〔複数形で〕食用品. 〖L=*edere* 食べる+-IBLE〗

édible dórmouse 名 〔動〕 オオヤマネ.

édible snáil 名 〔動〕 食用カタツムリ, エスカルゴ(主に南ヨーロッパ産).

⁺**e·dict** /í:dɪkt/ 名 ❶ 布告; 勅令 (order). ❷ 命令. 〖L=*edicere*, *edict*- 布告〔宣言〕する‹E-²+*dicere* 言う› (cf. dictation).

ed·i·fi·ca·tion /èdɪfɪkéɪʃən/ 名 U (徳性・知性などの)啓発, 教化.

⁺**ed·i·fice** /édəfɪs/ 名 ❶ (宮殿・教会など堂々とした)建物. ❷ 体系: add to the ~ of knowledge 知識の体系を拡充する. 〖F‹L=建物〗

ed·i·fy /édəfàɪ/ 動〈人〉を教化する, 啓発する: TV should attempt to ~ the masses. テレビ(放送)は大衆の啓発を試みるべきだ.
éd·i·fỳ·ing 啓発する, 教化的な: a highly ~ book 非常にためになる書物. **~·ly** 副

Ed·in·burgh /édnbə̀ːrə, -roʊ | édnb(ə)rə/ 名 エジンバラ(スコットランドの首都).

Ed·in·burgh, the Duke of 名 エジンバラ公 (1921- ; 現英国女王 Elizabeth 2 世の夫君).

Ed·i·son /édɪs(ə)n/, **Thomas Al·va** /ǽlvə/ 名 エジソン (1847-1931; 米国の発明家).

⁺**ed·it** /édɪt/ 動 ❶〈本〉などを編集する; 〈原稿〉を校訂する; 〈...の〉編集責任者になる: He ~*s* textbooks. 彼は教科書を編集している. ❷〈新聞・雑誌・映画・番組〉などを編集(発行)する. ❸〔電算〕〈データ〉を編集する. ❹〈映像・フィルム〉の 1 回分 (episode). ── 動+副〈語句〉などを削除する (cut). ── 名 編集(作業). 〖F‹L=外に出す, 作り出す‹E-²+*dare*, *dat*- 与える〗 (名 edition)

edit. (略) edited; edition; editor.

E·dith /í:dɪθ/ 名 イーディス〔女性名〕.

⁺**e·di·tion** /ɪdíʃən/ 名 ❶ (本・雑誌・新聞などの)版: the first [second, third] ~ 初〔再, 第 3〕版 / go through ten ~*s* 〈本が〉10 版を重ねる. ❷ (本の体裁による)版: a hardback [library, pocket] ~ ハードカバー〔図書館, ポケット〕版 / a limited ~ 限定版 / a deluxe ~=an ~ deluxe 豪華版 / a revised [an enlarged] ~ 改訂〔増補〕版. ❸〈シリーズ番組・記事の〉1 回分 (episode). **édit óut** (類義語) **edition** 改訂・増補または判型・定価などを変更して新しく印刷・発行したもの. **impression** 元の版のまま変更を加えずに増刷したもの.

e·di·tio prin·ceps /ɪdíʃioʊprínkɛps/ 名 (複 **e·di·ti·o·nes prin·ci·pes** /ɪdɪʃióʊneɪsprínkəpèrs/) 〈特に 印刷の普及前に読まれていた本を印刷した〉初版. 〖L〗

⁺**ed·i·tor** /édɪtɚ | -tə/ 名 ❶ 編集者; 校訂者; (全集などの)編集委員, 編者. ❷ (新聞・雑誌の)編集長(主幹), (部門の)編集部長; (映画・番組などの)編集(担当) 者: a managing ~ 編集局長 / ⇒ city editor. ❸〔電算〕エディター(編集プログラム). **editor in chíef** (⑳ **editors in chíef**) 編集主任(長), 主筆. 〖EDIT+-OR²〗 (形 editorial)

⁺**ed·i·to·ri·al** /èdətɔ́ːriəl/ 形 (比較なし) 〔通例 A〕 ❶ 編集者の, 編集(上)の: an ~ office 編集所〔室〕 / an ~ staff 編集部員. ❷ (新聞などの)社説の: an ~ article 社説 / an ~ column [writer] 論説欄〔委員〕 / an ~ note 社説欄の短評 / the ~ "we" ⇒ we 2 b. ── 名 ❶ (新聞などの)社説, 論説 (〔英〕 leader, leading article). ❷〔米〕(テレビ・ラジオの)解説. (名 editor)

ed·i·to·ri·al·ist /-lɪst/ 名 社説執筆者, 論説委員.

ed·i·to·ri·al·ize /èdətɔ́ːriəlàɪz/ 動 ❶ (...について)社説に書く, 〈...を〉社説で論評する〔取り上げる〕 〔*on, about*〕. ❷〔論争などについて〕意見を述べる 〔*on, about*〕.

ed·i·to·ri·al·ly /-ri(ə)li/ 副 ❶ 編集者として, 主筆〔編集長〕の資格で. ❷ 社説として〔において〕.

éditor·shìp 名 U ❶ 編集者〔長〕の地位〔職〕. ❷ 編集(の手腕); 校訂.

ed·i·tress /édətrəs/ 名 女性 editor.

édit sùite 名 ビデオ編集室.

-ed·ly, -ed·ness 接尾 -ed で終わる語の副詞〔名詞〕語尾 (★ -ed を /d/, /t/ と発音する語に -ly, -ness を加える場合, その前の音節に強勢がある時は多く /ɪd/-, əd-/ と発音する: de·serv·edly /dɪzɚ́ːvɪdli, -vəd- | -zɚ́ː-/).

Ed·mon·ton /édməntən/ 名 エドモントン(カナダ南西部 Alberta 州の州都).

Ed·mund /édmənd/ 名 エドマンド, エドモンド〔男性名; 愛称 Ed, Eddie, Ned〕.

Édom·ite 名〔聖〕 エドム人(⁇) (死海の南方に住んでいた).

EDP (略) electronic data processing.

EDT /í:dì:tí:/ (略) 〔米〕 Eastern Daylight Time.

edu /í:dʒú:/ (略) educational (institution) (米国のインターネットのドメイン名で大学などの教育機関を示す).

ed·u·ca·ble /édʒʊkəbl | édʒu-, édju-/ 形 教育できる.

⁺**ed·u·cate** /édʒʊkèɪt | édʒu-, édju-/ 動 ❶〔しばしば受身で〕〈人〉を教育する; 〈人〉に学校教育を施す, 〈人〉を学校にやる: ~ the young *about* [*on*] the dangers of drugs 若者に麻薬の恐ろしさを教える / He *was* ~*d at* Oxford. 彼はオックスフォード大学で教育を受けた / I *was* ~*d in* Paris. 私はパリで教育を受けた. ❷ 養う; 訓練する; 〈動物〉を仕込む, 慣らす: ~ one's taste in painting 絵画の趣味を養う / ~ the ear to music 耳を音楽に対する感を肥やす / [+目+*to do*] ~ a dog *to* beg 犬にちんちんするよう仕込む / Experience has ~*d* me *to* look before I leap. 経験で私は「転ばぬ先の杖」を学んだ.

【L=(能力を)引き出す】(名 education) 【類義語】⇒ teach.

ed·u·cat·ed /édʒukèɪtɪd | édʒu-, édju-/ 形 A (**more ~**; **most ~**) ❶ [しばしば複合語で] 教育を受けた、教養のある: a well-*educated* person 教養のある人 / a self-*educated* person 独学の人 / a Harvard-*educated* lawyer ハーバード大出身の弁護士. ❷ 〈推測の〉経験[資料]に基づく、根拠のある: an ~ guess 経験から割り出した推測.

ed·u·ca·tion /èdʒukéɪʃən | èdʒu-, èdju-/ 名 ❶ U [また an ~] (学校)教育: compulsory [higher] ~ 義務[高等]教育 / adult ~ 成人教育 / a bilingual ~ 二か国語教育 / receive [get] a college [vocational] ~ 大学[職業]教育を受ける / get [give a person] an [a good] ~ (良い)教育を受ける[人に受けさせる]. ❷ U [また an ~] (品性・能力などの)育成、養成: moral [physical] ~ 徳育[体育]. ❸ U (通例 E-) 教育学: a college of ~ (英)教育大学. (動 éducate, 形 educátional)

【類義語】 education 教えられたり、学んだりして得た全般的な能力・知識、およびそれにいたる過程を意味する一般的な語. training 一定期間にある目的をもって行なわれる特定の分野での実際に役立つ教育. instruction 学校などで得られ[行なわれる]組織的な教育.

ed·u·ca·tion·al /èdʒukéɪʃ(ə)nəl | èdʒu-, èdju-/ 形 (**more ~**; **most ~**) ❶ (比較なし)教育(上)の: ~ expenses [reform] 教育費[改革] / ~ psychology 教育心理学 / an ~ film 教育映画. ❷ 教育的な. (名 educátion)

èd·u·cá·tion·al·ist /-lɪst/ 名 =educationist.

èd·u·cá·tion·al·ly /-nəli/ 副 教育的に; 教育上.

éducational párk 名 (米) 教育パーク《複数の小・中・高の学校を集中させた教育施設》

èd·u·cá·tion·ist /-(ə)nɪst/ 名 教育者.

ed·u·ca·tive /édʒukèɪtɪv | édʒuka-, édju-, -kèɪ-/ 形 ❶ 教育的な, 教育に役に立つ. ❷ 教育の.

éd·u·cà·tor /-tə | -tə/ 名 教育者; 教育家].

e·duce /ɪdʒúːs | ɪdjúːs/ 動 〈データなどから〉〈情報などを〉引き出す, 推論する; 演繹(��)する. 〈隠れた才能・能力などを〉引き出す.

e·duc·tion /ɪdʌkʃən/ 名 U.C ❶ 引き出すこと, 抽出; 排出. ❷ 推断; [論] 推理.

e·dul·co·rate /ɪdʌlkəreɪt/ 動 洗浄[浄化]する, (不快な所を直して)ましにする, 和らげる. **edùl·co·rá·tion**

ed·u·tain·ment /èdʒutéɪnmənt/ 名 U 教育娯楽番組[映画, 図書など], 教育的エンターテイメント.

Ed·ward /édwəd | -wəd/ 名 エドワード《男性名; 愛称 Ed, Eddie, Ned, Ted, Teddy》.

Edward I 名 エドワード 1 世 (1239-1307; イングランド王 (1272-1307)).

Edward II 名 エドワード 2 世 (1284-1327; イングランド王 (1307-27)).

Edward III 名 エドワード 3 世 (1312-77; イングランド王 (1327-77)).

Edward IV 名 エドワード 4 世 (1442-83; イングランド王 (1461-70, 71-83)).

Edward V 名 エドワード 5 世 (1470-?83; イングランド王 (1483); ロンドン塔に幽閉され殺されたとされる).

Edward VI 名 エドワード 6 世 (1537-53; イングランド・アイルランド王 (1547-53)).

Edward VII 名 エドワード 7 世 (1841-1910; 英国王・インド皇帝 (1901-10)).

Edward VIII 名 エドワード 8 世 (1894-1972; 英国王・インド皇帝 (1936); 米国婦人 Wallis Warfield Simpson との結婚のため退位、その後は Duke of Windsor を名乗った).

Ed·war·di·an /edwɔ́ədiən | -wɔ́ː-/ 形 (英国の) Edward 7 世時代 (1901-10) の. ― 名 Edward 7 世時代の人.

Ed·war·di·an·a /edwɔ̀ədiǽnə, -áːnə | -wɔ̀ːdiáːnə/ 名 エドワード 7 世時代の物品.

Ed·wards /édwədz | -wədz/, **Jonathan** 名 エドワーズ 《1703-58; 米国の神学者・宗教家》.

Édward the Conféssor 名 証聖(しょうせい)王エドワード (1003?-66; 信仰のあつかったイングランド王).

Ed·win /édwɪn/ 名 エドウィン (男性名; 愛称 Ed, Ned).

-ee /iː/ 接尾 ❶ 行為者 (agent) を示す名詞語尾の -or に対して、通例その働きを「受ける者」の意の名詞を造る: addressee, employee. ❷ 「ある行為をする人」の意の名詞を造る: absentee, escapee.

EEC /íːiːsíː/ (略) European Economic Community (cf. ECM). **EEG** /íːiːdʒíː/ (略) electroencephalogram; electroencephalograph.

eek /iːk/ 間 キャーッ, ヒャッ, ワッ!

eel /iːl/ 名 C.U (魚) ウナギ 【解説】 ヨーロッパでは主に燻製 (くんせい)にしたもの (smoked eel) を食べる; 英国では煮たりゼリーで固めたり (jellied eel), フライにしたりするが, かば焼きのようなものはない; 米国人はあまり食べない). (**as**) **slíppery as an éel** (1) (ウナギのように)ぬるぬるとすべっこい. (2) 捕まえ所がない; 人から信頼できない.

éel·gràss 名 U (植) アマモ (海草).

éel·wòrm 名 (動) 線虫, ネマトーダ, (特に)酢(す)線虫.

e'en¹ /iːn/ 名 (詩) =even¹.

e'en² /iːn/ 名 (詩) =even².

een·sy(-ween·sy) /íːnsiwíːnsi/ 形 (小児) ちっちゃな, ちっちゃい, ちっぽけの.

ee·ny mee·ny mi·ney mo /íːniːmíːniːmáɪniːmóu/ 間 イーニーミーニーマイニーモー 【解説】 鬼ごっこの鬼を決めるときに使う言葉; 日本語の「だれにしようかな, 神様の言うとおり」などに近い.

EEO (略) equal employment opportunity 平等雇用機会.

EEOC /íːiːòusíː/ (略) Equal Employment Opportunity Commission 雇用機会均等委員会 (雇用時の差別防止に携わる米国の政府機関).

EEPROM /íːpram | -prɔm/ 名 【電算】 電気的消去可能 PROM, EEPROM (EPROM の一種で, 電気的にデータの書込み・消去を行なうことができる PROM).
〔e(lectrically) e(rasable), p(rogrammable) r(ead-)o(nly) m(emory)〕

e'er /eə | eə/ 名 (詩) =ever.

-eer /ɪə | ɪə/ 接尾 ❶「...関係者」「...取扱者」の意の名詞語尾 (★ しばしば軽蔑的な意味をもつ): auctioneer; profiteer. ❷「...に従事する」の意の動詞語尾を造る: electioneer.

ee·rie, ee·ry /í(ə)ri/ 形 (**ee·ri·er**; **-ri·est**) 不気味な, ぞっとするような: an ~ silence 不気味な静けさ. **ee·ri·ly** /í(ə)rəli/ 副 **ée·ri·ness** 名

ef- /ef, ɪf/ 接頭 (f の前にくる時の) ex-² の異形: efface.

EFA (略) 【生化】 essential fatty acid 必須[不可欠]脂肪酸.

eff /éf/ 動 (英俗) (婉) 〈...と〉性交する 〈off〉. ― 名 ❶ 性交する 〈off〉. ❷ ののしる. **éffing and blínding** (ののしる時に)粗野な俗[卑]語を用いて. 〔fuck の 'f' から〕

ef·fa·ble /éfəbl/ 形 言いうる, 表現[説明]できる.

ef·face /ɪféɪs/ 動 ❶ 〈文字・痕跡などを〉消す, 削除する. ❷ **a** 〈...の記憶を〉消してしまう: Her marriage ~*d* the memory of her earlier misfortunes. その結婚で彼女の以前の数々の不幸の記憶は消え去った. **b** 〈...を〉〈人の心から〉消してしまう: He could not ~ the impression *from* his mind. 彼はその印象を心から消しさることができなかった. ❸ [~ oneself で] 目立たないようにふるまう. **~·ment** /-mənt/ 名 U 抹消, 消滅. 〔F=消す〕

ef·fect /ɪfékt/ 名 ❶ C.U (結果を引き起こす)効果; 影響 (法律などの)効力; (薬などの)効き目; U [発見者の名をつけて](理) 物理現象, 効果: without [with no] ~ 効果がなくて / with ~ 効果的に (成句) / The experience had [produced] a good [bad] ~ *on* me. その経験は私に良い[悪い]影響を与えた[及ぼした] / Our warning did not have much ~ *on* him. 我々の警告は彼には大して効果がなかった / side ~*s* 副作用 / The medicine had a miraculous ~. その薬は魔法のように効いた / the Doppler ~ ドップラー効果. ❷ C.U (原因から直接引き起こさ

れる)結果 (↔ cause): cause and ~ ⇨ cause 1 / The ~s of the accident were not serious. その事故の結果は大したことはなかった. ❸ [単数形で] (色彩・形の配合による)効果, 効き for: ~ (見る人・聞く人への)効果 / Show window displays are calculated for ~. ショーウインドーの陳列は人目につきやすいように工夫されている / ~ stage effect. ❹ Ⓒ [通例複数形で] 【劇】(擬音・照明などの)効果: ⇨ sound effects. ❺ [単数形で; to the [that, etc.] ~ の形で] 趣旨, 意味 ⟨that⟩: to that [this] ~ その[この]趣旨で / I sent a letter to the ~ that he should reconsider. 私は彼に考え直すようにという趣旨の手紙を送った. ❻ [複数形で] 動産物件 (belonging): personal ~s 手回り品, 所持品; 私財. **bríng [cárry, pút]...into efféct** ⟨...を⟩実行[遂行]する (implement): These regulations will not be *brought into* ~ until the new year. これらの規則は年が明けるまでは実施されないだろう. **cóme [gó] into efféct** ⟨法律などが⟩有効になる, 実施される, 発効する. **gíve efféct to...** ⟨法律・規則などを⟩実行[実施]する. **in efféct** (1) 事実上, 実際において, 要するに (effectively): The reply was, *in* ~, a refusal. その回答は要するに拒絶を意味した. (2) ⟨法律など⟩実施されて. (1) ⟨薬などが⟩効く, 効力を生じる (work). (2) ⟨法律が⟩効力を発する. **to góod [gréat] efféct** 効果的に, 有効に. **to nó [líttle] efféct** 何の[ほとんど]効果もなく: I spoke with him, *but* to *no* ~. 彼と話したがだめだった. **with (immédiate) efféct** ⟨政策などが⟩(即刻)開始[実行]されて, ⟨ある時期より⟩有効で, 発効して (*from*) (⇨ 图 1). ── 動 効果などをもたらす; ⟨目的・計画などを⟩果たす, 遂げる: ~ a reform 改革を成し遂げる. 《L=実行, 操作⟨*efficere* 実行する《EF-+*facere*, *fact-* 行なう (cf. fact)》】【類義語】⇨ result. (形 effectual)

*ef‧fec‧tive /ɪfékɪv/ 形 (more ~; most ~) ❶ 効力のある, 有効な (↔ ineffective); 印象的な, 目立つ: ~ demand 有効需要 / ~ measures against terrorism テロに対する有効な手段, 有効なテロ対策 / the ~ use of color 色彩の効果的な使い方 / The drug is ~ *in the* treatment of cancer. その薬はがんの治療に効く. ❷ Ⓟ (比較なし)⟨法律など⟩実施されて, 効力をもって: become ~ ⟨法律が⟩効力を生じる, 実施される / The law will be ~ *from* [*as of*] *the 1st of April.* その法律は4月1日から実施される. ❸ Ⓐ (比較なし) 実際の, 事実上の (actual): the ~ leader of the country 国の実質上の指導者. ❹ Ⓐ (比較なし)【軍】実具用の, 実戦に使える: the ~ strength of an army 一軍の戦闘実力. ── 图 実兵員, 実兵力. (图 effect) 【類義語】期待された効果[結果]がある. efficacious 薬・治療・方法・手段などが希望した効果[結果]を生ずる; effective より意味が強く, 人には用いない. effectual 手段・計画などが目的とする効果を生じた, または決め手となるほど効果のある; ものに関してのみ使う. efficient 人にもものにも用いて, 時間と労力を無駄にせず仕事の目的のある方式.

*ef‧fec‧tive‧ly /ɪféktɪvli/ 副 ❶ 有効に; 効果的に. ❷ [文修飾] 実際上, 事実上 (in effect), 効力.

+ef‧féc‧tive‧ness 图 Ⓤ 有効性, 効力.

efféctive témperature 图 【理】 有効温度 ⟨ある恒星と等しい表面積をもち, 毎秒その全放射エネルギーと等しい量のエネルギーを放射する黒体の温度⟩.

ef‧féc‧tor 图 【生理】 効果器, 作動体, エフェクター ⟨神経インパルスをうけて活動する器官や組織⟩.

ef‧féc‧tu‧al /ɪféktʃuəl/ 形 有効な, 効果のある: an ~ cure 効果のある治療. ~-ly /-tʃuəli/ 副 ❶ 有効に, 効果的に. ❷ 実際は, 事実上. (图 effect) 【類義語】⇨ effective.

ef‧féc‧tu‧ate /ɪféktʃuèɪt/ 動 他 ❶ ⟨法律を⟩実施する, 発効させる. ❷ ⟨目的などを⟩果たす. **ef‧fec‧tu‧a‧tion** /ɪfèktʃuéɪʃən/ 图 Ⓤ (法律などの)実施, 発効. ❷ 達成, 遂行.

ef‧fem‧i‧na‧cy /ɪfémənəsi/ 图 Ⓤ めめしさ, 柔弱, 優柔不断.

ef‧fem‧i‧nate /ɪfémənət/ 形 ⟨男・男の態度が⟩男らしくない, めめしい; 柔弱な: ~ gestures 男らしくないしぐさ. ~-ly 副 ~-ness 图 Ⓤ めめしさ

ef‧fen‧di /eféndi, ɪ-/ 图 ❶ エフェンディ ⟨(昔の)トルコで資産家・役人・知識階級の人に対する敬称, Sir, Master などに相当⟩. ❷ (東地中海沿岸⟨アラブ⟩諸国の)教育[地位, 資産]のある人. 《Turk》

ef‧fer‧ent /éfərənt/ 形 ⟨神経が⟩遠心性の⟨中枢から抹梢の方へ向かう⟩; ↔ afferent).

ef‧fer‧vesce /èfəvés/ 動 ⟨-fa-⟩ 圏 ❶ a ⟨炭酸水などが⟩泡立つ, 沸騰する. b ⟨ガスなどが⟩泡となって出る. ❷ ⟨人が⟩熱狂している様子で, 興奮する: The crowd ~d with enthusiasm. 群衆は興奮に沸き立っていた. 《L=沸騰する; ⇨ ef-, fervor》

ef‧fer‧ves‧cence /èfəvés(ə)ns | -fə-/ 图 Ⓤ ❶ 泡立ち, 発泡, 沸騰. ❷ (喜びなどの抑えきれない)興奮; はつらつさ.

ef‧fer‧ves‧cent /èfəvés(ə)nt | -fə-/ 形 ❶ 発泡[沸騰]性の: ~ drinks 発泡性飲料. ❷ 興奮した, はしゃいでいる; 生き生きした[はつらつ]とした (bubbly): be in ~ spirits 元気はつらつとしている. ~-ly 副

ef‧fete /ɪfíːt/ 形 ❶ 精力の尽きた, 衰えた. ❷ ⟨動植物・土地などが⟩生産[生殖]力のない.

ef‧fi‧ca‧cious /èfəkéɪʃəs⁻/ 形 ⟨薬・治療など⟩効き目のある; ⟨措置・手段などが⟩有効な: This medicine is ~ *against* heart disease. この薬は心臓病に効く. ~-ly 副 有効に, 効果的に. 【類義語】⇨ effective.

*ef‧fi‧ca‧cy /éfəkəsi/ 图 Ⓤ 効力(のあること), 効き目.

*ef‧fi‧cien‧cy /ɪfíʃənsi/ 图 ❶ Ⓤ 能率(的なこと), 有能さ: fuel ~ 燃費. ❷ [複数形で] 省力[効率]化(の方法). ❸ 【理・機】 効率. ❹ ☞ = efficiency apartment. (形 efficient)

efficiency apàrtment 图 (米) 能率アパート ⟨リビングと寝室兼用の部屋と台所・バスルームの簡易アパート⟩.

efficiency bàr 图 (英) 能率バー ⟨一定の能率達成まで, それ以上の昇給[昇進]が認められないような水準⟩.

efficiency engineer 图 (米) = efficiency expert.

efficiency èxpert 图 能率[生産性]向上技師.

*ef‧fi‧cient /ɪfíʃənt/ 形 (more ~; most ~) ❶ ⟨人が⟩有能な, 手腕のよい, 敏腕の: an ~ secretary 有能な秘書. ❷ ⟨ものが⟩能率的な, 効率のよい (↔ inefficient): an ~ factory 効率的な工場 / energy-*efficient* machines エネルギー効率のよい機械. 《F⟨L=生産的な⟨*efficere*; ⇨ effect》(图 efficiency) 【類義語】⇨ effective.

efficient cáuse 图 【哲】動力因, 作用因 ⟨アリストテレスの運動の四原因の一つ⟩.

ef‧fi‧cient‧ly 副 能率的に, 効率よく.

ef‧fi‧gy /éfədʒi/ 图 ❶ 肖像, 彫像. ❷ (憎い相手の姿に模した)似像, 人形(⟨⟩). **búrn [háng] a pèrson in éffigy** ⟨デモなどで⟩⟨悪人・憎まれ者などの⟩人形を作って焼く[縛り首にする].

eff‧ing /éfɪŋ/ 形 副 ⟨英俗⟩ ⟨婉曲⟩ = fucking.

ef‧fleu‧rage /èflərɑ́ːʒ, -luː-/ 【医】图 Ⓤ (マッサージの)軽擦法 ⟨手のひらで円を描くようにする⟩. ── 動 他 軽擦する.

ef‧flo‧resce /èflərés/ 動 圏 ❶ 花が咲く. ❷ ⟨文明などが⟩花と咲く, 栄える.

ef‧flo‧res‧cence /èflərés(ə)ns/ 图 Ⓤ ❶ 開花(期). ❷ ⟨文語⟩ (文明などの)開花(期). ❸ 【化】 風解, 風化 ⟨塩分を含んだ結晶が空気中で水分を失って塩分が吹き出ること⟩.

ef‧flo‧res‧cent /èflərés(ə)nt⁻/ 形 ❶ 開花している. ❷ 【化】 風化性の.

ef‧flu‧ence /éfluəns | éfluəns/ 图 ❶ Ⓤ (光線・電気・液体などの)発散, 放出, 流出. ❷ 発散[流出, 放出]物.

ef‧flu‧ent /éfluənt | éfluənt/ 形 流出[放出]する. ── 图 ❶ Ⓒ (川・湖などからの)流水. ❷ Ⓤ⟨Ⓒ (工場などからの)廃水, 廃物: industrial ~s 工業廃水. ❸ Ⓒ 下水, 汚水.

ef‧flu‧vi‧um /ɪflúːviəm, ɪ-/ 图 (® -via /-viə/) 臭気, 悪臭; (有害)廃棄[排出]物. **-vi‧al** /-viəl/ 形

ef‧flux /éflʌks/ 图 ❶ Ⓤ 流出作用 (↔ influx). ❷ 流出物, 流出するガス[液体].

*ef‧fort /éfət | -fət/ 图 ❶ Ⓤ⟨Ⓒ 努力, 奮闘, 骨折り: with

(an) ~ 努力して, 骨折って, やっとのことで / without ~ 楽に, 難なく / an ~ of will 意志の力, 根性 / be worth the ~ 努力のしがいがある / for all my ~s 努力のかいなく, がんばってはみたけれど / put more ~ into the work その仕事にもっと力を入れる / He made ~s [an ~] toward(s) [at] achieving his goals. 彼は目標を達成するための努力した (★ make ~ は間違い) / It didn't need [require] much ~ [much of an ~]. それはあまり努力を要しなかった / The work is (quite) an ~. その仕事は(かなり)骨が折れる[きつい, たいへんだ] / [+to do] in an ~ to save time 時間を節約しようとして / He made an [no] ~ to master the software. 彼はそのソフトウェアを使いこなそうと努力した[しなかった] / We'll make every ~ to hasten delivery of the goods. 品物のお届けを早めるようできるだけの努力をいたします. ❷ Ⓒ 努力の成果; (文芸上の)労作, 力作: his latest ~ 彼の最近の力作 / That's quite a good ~. それはなかなか上出来だ. ❸ Ⓒ (ある目的達成のためのグループによる)活動, 行動. táke all the éffort òut of... …をうんと楽に[易しく]する. 【F=力を出す, 努力する⇐EF+L fortis 強い (cf. force)】【類義語】 effort ある仕事や目的を達するための努力. endeavor effort よりかなり長期にわたり, 高い目標にむかって真剣に努力するが, より意味が強く, 形式ばった語.

ef·fort·ful /éfətf(ə)l | éfət-/ 形 努力している, 無理をした; 骨の折れる. **~·ly** 副 **~·ness** 名

⁺éffort·less 形 ❶ 努力を要しない, 骨の折れない, 楽をした: a ~ victory 楽勝. ❷ 努力したように見えない, 巧まない: an ~ golf swing さりげないゴルフのスイング. **~·ly** 副 骨を折らずに, 楽々と. **~·ness** 名 【類義語】⇒ simple.

ef·fron·ter·y /ɪfrʌ́ntəri/ 名 Ⓤ 厚かましさ, ずうずうしさ (nerve); [the ~ to do で] 厚かましくも[ずうずうしくも](…する)こと (nerve). 《F=恥知らずの》

ef·ful·gence /ɪfʊ́ldʒəns | ɪfʌ́l-| ɪfʌ́l-/ 名 Ⓤ [また an ~]《文》(まばゆいばかりの)光輝, 光彩.

ef·ful·gent /ɪfʊ́ldʒənt, -fʌ́l-| ɪfʌ́l-/ 形《文》光り輝く, まばゆいばかりの. **~·ly** 副

ef·fuse /ɪfjúːz/ 動 他〈液・光・香気などを〉発散させる; 流れ出させる.

ef·fu·sion /ɪfjúːʒən/ 名 ❶ a Ⓤ〈液体などの〉流出, 浸出. **b** Ⓒ 流出物. ❷ a Ⓤ〈感情・言葉などの〉吐露, 発露《of》. **b** Ⓒ 感情むき出しの表現[まずい詩文].

ef·fu·sive /ɪfjúːsɪv/ 形〈人・言葉・態度など〉(感情)あふれる; 感情むき出しの. **~·ly** 副 **~·ness** 名

é-fit /íː-/ 名(コンピューターで作った)犯罪者などのモンタージュ写真[画像].

EFL /íːèfél/ 《略》English as a foreign language 外国語としての英語.

EFM 《電子工》 eight-to-fourteen-modulation 8 (ビット)-14(ビット)変調; electronic fetal monitor 電子胎児監視装置.

É-frée /íː-/ 形《英》(食品)添加物のない, 無添加の (cf. E number).

eft /éft/ 名 =newt.

EFT 《略》 electronic funds transfer.

EFTA /éftə/ 《略》 European Free Trade Association 欧州自由貿易連合, エフタ.

EFTPOS /éftpɑz | -pɔz/ 《略》 electronic funds transfer at point of sale 販売時電子資金振替[移動]《商品販売時に購入者の口座から販売者の口座に自動的に代金を振り替えるシステム》.

EFTS 《略》electronic funds transfer system 電子資金振替システム.

⁺e.g. /íːdʒíː | -záːm/ たとえば: Air contains many substances, *e.g.* oxygen, nitrogen and carbon dioxide. 空気には, たとえば酸素, 窒素, 二酸化炭素など多くの物質が含まれている. ▶ for example とも読む.《L *exempli gratia* for example の略》

Eg. 《略》 Egypt; Egyptian.

e·gad /ɪɡǽd/ 間《古》おや, まあ, なんだと, いやはや, ヒェーッ!《軽いのしり・驚き・感激などを表わす》.

⁺e·gal·i·tar·i·an /ɪɡæ̀lətéərɪən⁻/ 形 平等主義の.
— 名 平等主義者.《F *égalité* 平等く L *aequus* EQUAL》

e·gal·i·tar·i·an·ism /-nìzm/ 名 Ⓤ 平等主義.

⁺egg¹ /éɡ/ 名 ❶ Ⓒ 卵; Ⓒ;Ⓤ 鶏卵《解説 英米では卵を生で食べることはまれ, 調理方法には fried, scrambled, boiled, poached などがある; 卵は豊穣・復活のシンボルであり, 復活祭には彩色をほどこした卵 (Easter egg) が用いられる》: sit on ~s〈鳥が卵を抱く〉/ a boiled ~ ゆで卵 / a fried ~ 目玉焼き / a new-laid ~ 産みたての卵 / a poached ~ 落とし卵 / scrambled ~s いり卵 / a soft-boiled [hard-boiled] ~ 半熟[固ゆで]卵 / break an ~ 卵を割る / He had (some [a bit of]) ~ on his face. 彼の顔に(少し)卵がついていた. ❷ =egg cell. ❸ Ⓒ [修飾語を伴って]《古風》《冗談・興業などを伴って》, 男:⇒ good egg. **(as) súre as éggs are [is] éggs** 《英古風》確かに: He'll rise in the company *as sure as* ~*s are* ~*s*. 彼はきっと会社で昇進していくだろう. **hàve áll one's éggs in óne básket**《口》ひとつの事業にすべてをかける. **hàve [léave a person with] égg on [all òver] one's [a person's] fáce**《口》ばかみたいに見える[面目を失わせる]: Do I *have* ~ *on my face*? 何かでもしましたでしょうか(★ 人に見つめられた時などに当惑して言う表現). **láy an égg** (1) 卵を産む. (2)《米口》《冗談・興業などを伴って》ゆで卵を抱く, 完全に失敗する. **pùt áll one's éggs in óne básket** =have all one's EGGS in one basket 同上. **téach one's grándmother to súck éggs**《口》経験を積んだ人に忠告する, 「釈迦に説法する」. **wálk on éggs** 慎重にふるまう.【OE】

egg² /éɡ/ 動 他 ★ 次の成句で. **égg ón**《他+副》〈人を〉扇動する, そそのかす, 〈人を〉おだてて〈…させる〉: They ~*ed* him *on* to fight. 彼らが彼をけしかけてけんかさせた.【ME=たきつける】

egg·ar /éɡə | éɡə/ 名《昆》カレハガ《幼虫は樹葉を食害》.

égg-bèater 名 ❶ 卵泡立て器. ❷《米俗》ヘリコプター.

égg-bòund 形〈家禽・魚が〉普通に卵を産み落とせない.

égg cèll 《生》 卵細胞.

égg créam 名 Ⓒ;Ⓤ エッグクリーム《ミルク・チョコレートシロップ・ソーダ水で作る飲み物; 卵は入らない》.

égg cùp 名(食卓用)ゆで卵立て, エッグカップ.

égg cústard 名 Ⓤ カスタード.

égg flíp 名 Ⓤ =eggnog.

égg fòo yóng /-fúː-jɔ́ŋ/ 名 Ⓤ《料理》エッグフーヤン《フーヨーハイに似た中国風の米国料理》.

égg·hèad 名《口》知識人, インテリ.

égg·hèad·ed 形《口》知識人(インテリ)(のような).

égg·nòg /-nàɡ | -nɔ̀ɡ/ 名 Ⓤ エッグノッグ《解説 クリスマスシーズンに欠かせない飲み物; 卵の黄身をほぐし, これに砂糖・クリーム・ラム (rum) またはブランデー (brandy) を加えてかき混ぜ, 別に泡立てた卵の白身を混ぜる》.

⁺égg·plànt 名《米》Ⓒ《植》ナス; Ⓒ;Ⓤ ナス(の実) (《英》 aubergine).

égg ròll 名《米》(中国料理の)春巻き (《英》 spring roll).

éggs Bénedict 名《料理》エッグズベネディクト《半分に切った英国風マフィンのトーストに焼いたハムと半熟卵を載せてオランデーズをかけたもの》.

égg-shàped 形 卵形の.

égg·shèll 名 卵の殻. — 形 Ⓐ ❶ 薄くて砕けやすい: ~ china [porcelain] きわめて薄手の磁器. ❷ 黄色がかった白の. ❸ つや消しの: ~ paint つや消しペンキ.

égg spòon 名(ゆで卵用の)エッグスプーン.

égg tìmer 名 エッグタイマー《ゆで卵に用いる約3分間ほどの(砂)時計》.

égg tòoth 名 卵歯(shì)《鳥・爬虫類など卵生動物がかえるとき卵の殻を破って出るのに用いるくちばし[鼻]の先の小突起》.

égg whìsk 名《英》=eggbeater 1.

égg whìte 名 Ⓒ;Ⓤ 卵の白身, 卵白.

e·gis /íːdʒɪs/ 名 =aegis.

eg·lan·tine /éɡləntàɪn, -tìːn/ 名 =sweetbrier.

⁺e·go /íːɡoʊ/ 名 ❶ Ⓒ うぬぼれ, 自尊心. ❷ Ⓒ;Ⓤ [通例単数形で]《哲・心》自我: absolute [pure] ~ 《哲》絶対[純粋]我.《L=私》

e·go·cen·tric /íːɡoʊséntrɪk, èɡ-⁻/ 形 ❶ 自己中心

egocentricity 570

[本位]の (selfish). ❷ 利己的な. -tri・cal・ly 副 【EGO+CENTRIC】

e・go・cen・tric・i・ty /ìːgousentrísəti, èg-/ 名 U 自己中心.

e・go・cen・trism /ìːgouséntrɪzm/ 名 U 自己中心性.

égo ideál 名 〖精神分析〗自我理想, 理想我《個人が念願する理想的自我像》; (俗に)自己の理想化.

e・go・ism /íːgouɪzm, égou-/ 名 U ❶ 利己主義; 自己中心主義 (↔ altruism). ❷ 利己心, 我欲. 【EGO+-ISM】

e・go・ist /íːgouɪst, ég-/ 名 ❶ 利己主義者 (↔ altruist). ❷ 我意の強い[自分勝手な]人.

e・go・is・tic /ìːgouístɪk, èg-⎻/, **-ti・cal** /-tɪk(ə)l⎻/ 形 ❶ 利己主義の (↔ altruistic). ❷ 自己本位の, わがままな, 我欲の強い. -ti・cal・ly /-kəli/ 副

e・go・ma・ni・a /ìːgouméɪniə/ 名 U 極端[病的]な自己中心欲.

e・go・ma・ni・ac /ìːgouméɪniæk/ 名 U 極端[病的]な自己中心的な人.

égo-sùrfing 名 U 〖戯言〗自名検索《インターネットで自分の名前を検索すること》.

e・go・tism /íːgətɪzm, ég-/ 名 U ❶ 自己中心癖 (I, me などを使いすぎること). ❷ うぬぼれ. ❸ 利己主義.

e・go・tist /-tɪst/ 名 ❶ 自己中心癖の人. ❷ 自慢家. ❸ 利己主義者.

e・go・tis・tic /ìːgətístɪk, èg-⎻/, **-ti・cal** /-k(ə)l⎻/ 形 ❶ 自己中心[本位]の, ひとりよがりの. ❷ 利己的な. -ti・cal・ly /-kəli/ 副 利己的に; 自己中心的に.

ego・tize /íːgətàɪz, éga-/ 動 自 自分のことばかり言う.

égo tríp 名 〔口〕利己的な行為, 自己本位のふるまい: He's on an ~. 彼は自分勝手にふるまっている.

e・gre・gious /ɪgríːdʒəs/ 形 実にひどい, 言語道断な, とてもない: an ~ liar 名うての大うそつき / an ~ mistake 大間違い. -ly 副 【L=抜群の】

e・gress /íːgres/ 名 〘文〙 (↔ ingress) ❶ U (特に囲いの中から)出て行くこと. ❷ C 出口, (煙の)はけ口. ❸ U 外に出る権利. 【L=外に出る】

e・gres・sion /iːgréʃən/ 名 U.C 外に出る[現われる]こと.

e・gret /íːgrət, égrət/ 名 ❶ 〘鳥〙シラサギ(類の鳥). ❷ シラサギの羽毛; 羽毛飾り.

E・gypt /íːdʒɪpt/ 名 エジプト《アフリカ北東部の共和国; 首都 Cairo》.

E・gyp・tian /ɪdʒípʃən/ 形 エジプト(人, 語)の. — 名 ❶ C エジプト人. ❷ U (古代)エジプト語.

Egýptian cóbra 名 〘動〙エジプトコブラ《アフリカ北部・中央部, アジア南西部産の猛毒コブラ》.

E・gýp・tian・ize /-nàɪz/ 動 他 エジプト化する; エジプト国有にする.

E・gyp・tól・o・gist /-dʒɪst/ 名 エジプト学者.

E・gyp・tol・o・gy /ìːdʒɪptáləʤi, -tól-/ 名 U エジプト学.

***eh** /éɪ/ 〚上昇調で〛 éɪ, é | éɪ/ 間〚同意を求めて; また軽い驚き・疑い・喚問を表わして〛え[はい]そうでしょう, …だよね, …しゃないか)?; えっ!, 何だって?, 何とおっしゃいましたか?

EIA 〚略〛 environmental impact assessment.

ei・co・sa・pen・ta・e・no・ic ácid /áɪkousəpèntəɪnòʊɪk/ 名 U 〖生化〗エイコサペンタエン酸《水産生物に含まれる, 炭素数 20 の長鎖の高度不飽和脂肪酸; 循環器系疾患の予防と治療に有効; 略 EPA》.

Eid /íːd/ ⇒ Id.

ei・der /áɪdə | -də/ 名 ❶ = eider duck. ❷ = eider-down 1.

éider・dòwn 名 ❶ U ケワタガモの綿毛. ❷ C (ケワタガモの綿毛を詰めた)羽ぶとん.

éider dùck 名 〘鳥〙ケワタガモ《北欧沿岸産》.

ei・det・ic /aɪdétɪk/ 〖心〗形 〈像が実在のものを見るように鮮明な, 直観の〉; 直観像の. — 名 直観像を見る人. -i・cal・ly 副

ei・do・lon /aɪdóʊlən | -on/ 名 (徴 ~s, **ei・do・la** /-lə/) ❶ 幻, 幻影. ❷ 理想像. 【Gk; cf. idol】

ei・dos /áɪdɑs | -dɒs/ 名 U 〖人類学〗(文化・集団の共有する)理知[認識]的側面, 知識[思考]体系. 【Gk】

Eif・fel /áɪf(ə)l/, **(A・lex・an・dre-)Gus・tave** /à:legzá:ndr(ə)gustá:v/ 名 エッフェル 〚1832-1923〛; フランスの土木技術者; Eiffel 塔を建設した (1887-89)〛.

Eiffel Tówer 名〚the ~〛エッフェル塔《1889 年万国博覧会のためにパリに建造; 高さ約 300 メートル》.

ei・gen- /áɪgən/ 〖連結形〗「固有の」

éigen-frèquency 名 〖理〗固有振動数.

éigen・fùnction 名 〖数〗固有関数.

éigen・vàlue 名 〖数〗固有値.

éigen・vèctor 名 〖数〗固有ベクトル.

Ei・ger /áɪgə | -gə/ 名 〚the ~〛アイガー《スイス中西部 Jungfrau の北東にある山 (3970 m)》.

***eight** /éɪt/ 《基数の 8; 序数は eighth; 用法は ⇒ five》 形 ❶ A 8 の; 8 個の, 8 人の. ❷ 〖名詞の後に用いて〛(一連のものの中の)8 番目の: Lesson E~ (=The Eighth Lesson) 第 8 課. ❸ P 8 歳で. — 代〚複数扱い〛8 つ, 8 個(人). — 名 ❶ U 〚時に C; 通例無冠詞〛 a 8. b C 8 の数字[記号] (8, viii, VIII): a figure of ~ ⇒ figure B 4, 7 b. ❷ U 〚米〙8 時; 8 ドル[ポンド, セント, ペンス(など)]. ❸ C 8 個[人]からなる一組; 8 本オールのボート(の乗組員), エイト; 〚the Eights〛(Oxford 大学や Cambridge 大学で)エイトの学寮対抗ボートレース. ❹ C (衣服などの)8 号(のもの). ❺ C (トランプなどの)8.
háve óne òver the éight 〚英古風〛少し酔っぱらう, 飲みすぎる《由来「8 杯以上飲んだ」の意から》.

éight báll 名 ❶ 〚米〙〚玉突〛エイトボール《ポケットビリヤードの 8 と書いてある黒いボールを早く入れた方が勝ちになるゲーム》. ❷ 〔口〕麻雀 8 分の 1 オンス分. **be behínd the éight báll** 〚米〙危ない[苦しい]立場にいる, 追いつめられて[せっぱつまって]いる.

***eigh・teen** /èɪtíːn⎻/ 名 《基数の 18; 序数は eighteenth; 用法は ⇒ five》形 ❶ A 18 の; 18 個の, 18 人の. ❷ 〖名詞の後に用いて〛18 番目の. ❸ P 18 歳で. ❹ 〚18 と書いて〛〚英〛(映画の中) 18 歳以上の人向きの. — 代〚複数扱い〛18 個, 18 人. — 名 ❶ U 〚時に C; 通例無冠詞〛a 18. b C 18 の数字[記号] (18, xviii, XVIII). ❷ U (24 時間制で)18 時; 18 歳; 18 ドル[ポンド, セント, ペンス(など)]. ❸ C 18 個[人]からなる一組. ❹ C (衣服などの)18 号サイズ(のもの).

18 〚記号〛〚英〛〚映〛18 歳未満お断わりの成人映画(⇒ movie 解説).

eighteen・mo /-moʊ/ 名 (徴 ~s) 十八折判(の本[紙, ページ]).

***eigh・teenth** /èɪtíːnθ⎻/ 〖序数の第 18 番》★ 18th と略記; 基数は eighteen; 用法は ⇒ fifth》形 ❶ 〚通例 the ~〛第 18(番目)の. ❷ 18 分の 1 の. — 代〚通例 the ~〛第 18(番目). — 名 ❶ U 〚通例 the ~〛a 第 18(番目). b (月の)18 日. c 18 歳の誕生日. ❷ C 18 分の 1. 【EIGHTEEN+-TH¹】

18 [éighteen] whéel・er /èɪtíːn-/ 名〚米俗〛トレーラートラック《典型的な車輪数から》.

éight・fòld 形 ❶ 8 倍[重]の. ❷ 8 部分[要素]のある. — 副 8 倍[重]に.

***eighth** /éɪtθ, éɪθ | éɪtθ/ 《序数の第 8 番》★ しばしば 8th と略記; 基数は eight; 用法は ⇒ fifth》形 ❶ 〚通例 the ~〛または one's ~〛第 8(番目)の. ❷ 8 分の 1 の. — 代 〚通例 the ~〛第 8 番目の人[もの]. — 副 第 8(番目)に. — 名 ❶ U 〚通例 the ~〛a 第 8(番目). b (月の)8 日. ❷ C 8 分の 1. ❸ 〖米〗〚楽〛8 度: an ~ note 〚米〛8 分音符. ❹ 〚the ~〛〚野〛第 8 回. 【EIGHT+-TH¹】

éighth nòte 名 〚米〛〚楽〛八分音符 (quaver 〚英〛) (⇒ note).

éight-hóur 形 A 8 時間制の: the ~ law 8 時間労働法 / the ~ day 1 日 8 時間労働制.

800 nùmber 名 〚米〛800 番サービス《局番の前に 800 番のつく電話番号は料金受信人払いとなる》.

***eight・i・eth** /éɪtiəθ/ 《序数の第 80 番》★ 80th と略記; 用法は ⇒ fifth》形 ❶ 〚通例 the ~〛第 80(番目)の. ❷ 80 分の 1 の. — 代〚the ~〛第 80 番目の人[もの]. — 名 ❶ U 〚通例 the ~〛第 80. ❷ C 80 分の 1. 【EIGHTY+-TH¹】

éight·some (rèel) /-səm-/ [名] エイトサム《8 人で踊るスコットランドの活発な舞踏》.

8vo /-vòu/《略》〘製本〙octavo.

***eight·y** /éɪṭi/《基数の 80; 用法は ⇨ five》[形] ❶ [A] **80** の; **80** 個の, **80** 人の. ❷ [名詞の後に用いて] **80** 番目の. ❸ [P] **80** 歳で: He's ～. 彼は 80 歳だ. ── [代] [複数扱い] **80** 個[人]: There're ～. 80 個[人]ある[いる]. ── [名] ❶ [U] [時に [C]; 通例無冠詞] **a 80. b** [C] 80 の数字[記号]《80, lxxx, LXXX》. ❷ **a** [U] 80 歳; 80 ドル[ポンド, セント, ペンスなど]; 時速 80 マイル. **b** [the eighties] (世紀の) 80 年代; (温度が華氏で)80 度台: in the high [low] *eighties* 華氏 80 台後半[前半]で. **c** [one's eighties] (年齢の) 80 代: He's in his early [mid, late] eighties. 80 代の初め[半ば, 終わり]だ.

éighty-síx [動] [他]《米俗》(バー・レストランで)〈人に〉サービスをしない; 〈人を〉追い出す.

Ei·lat /eɪlɑ́ːt/ [名] エイラト《Elat の別称》.

ein·korn /áɪnkɔən | -kɔːn/ [名] [U]〘植〙アインコルン《栽培型の一粒系コムギ》.

Ein·stein /áɪnstaɪn/, **Albert** [名] ❶ アインシュタイン《1879–1955; ドイツ生まれの米国の物理学者; 相対性理論の創始者》. ❷ [C] [通例単数形で] (アインシュタインのような)天才, 頭のいい人.

ein·stein·i·um /aɪnstáɪniəm/ [名] [U]〘化〙アインスタイニウム《放射性元素; 記号 Es》.

Ei·re /é(ə)rə/ [名] エール《the Republic of Ireland のアイルランド語名》.

ei·ren·ic /aɪrénɪk, -ríːn-/ [形] ＝irenic.

EIS《略》environmental impact statement.

Ei·sen·how·er /áɪz(ə)nhàʊə | -hàʊə/, **Dwight David** /dwáɪt-/ [名] アイゼンハワー《1890–1969; 米国の陸軍元帥, 第 34 代大統領 (1953–61)》.

Ei·sen·stein /áɪz(ə)nstàɪn/, **Ser·gey (Mi·khay·lo·vich)** /séəgeɪ mɪháɪləvìtʃ | sérə-/ [名] エイゼンシテイン《1898–1948; ソ連の映画監督・理論家》.

ei·stedd·fod /aɪstéðvɔːd | -vɔd/ [名] アイステズボド《ウェールズで毎年 8 月に行なわれる芸術祭》. 〘Welsh＝会議〙

Eis·wein /áɪswaɪn, -vaɪn/ [名] [U,C] アイスヴァイン《自然の状態で氷結したブドウ果実を収穫して造る甘味の多いドイツワイン》. 〘G＝ice wine〙

***ei·ther** /íːðə, áɪðə | áɪðə, íːðə/ [形] (比較なし) [単数名詞を修飾して] ❶ [肯定文で] (二者のうちの)**どちらかの一方の, どちらの…でも**: Sit on ～ side. どちら側にでも着席なさい. ❷ [否定文で] (二者のうちの)**どちらの…も**: I do*n't* know ～ boy. どちらの少年も知らない《[変換] I know neither boy. と書き換え可能》. ❸ [疑問・条件文で] (二者のうちの)どちらかの…: Did you see ～ boy? どちらかの少年に会ったか. ❹ [通例 ～ side [end] で] **両方の,** おのおのの《★ 通例 both sides [ends] または each side [end] を用いる》: curtains hanging on ～ side of the window 窓の両側にたれているカーテン. **èither wáy** (1) (二通りの)どちらでも; どちらにしても, どのみち: within 10 minutes ～ *way* プラスマイナス 10 分以内で / could go ～ *way* (可能性は)五分五分だ. (2) どちら側にも. **in éither càse** どちらの場合にも, いずれにしても.

── [代] ❶ [肯定文で] (二者の)**どちらか一方, どちらでも**: *E*～ will do. どちらでもよろしい / *E*～ of them is [are] good enough. それらのどちらもけっこうです《[用法] either は単数扱いを原則とするが,《口》では, 特に of の後に複数(代)名詞が続く時には, 複数扱いになることがある》. ❷ [否定文で] (二者の)どちらも: I do*n't* know ～. どちらも知らない《[変換] I know neither. と書き換え可能》/ I wo*n't* buy ～ of them. それらのどちらも買わない. ❸ [疑問・条件文で] (二者の)どちらか: Did you see ～ of the boys? (二人のうち)どちらかの少年に会ったのですか.

── [副] (比較なし) ❶ [either…or… で相関接続詞的に] …かまたは…か(どちらでも, いずれかを): *E*～ he *or* I am to blame. 彼か私のどちらかが悪いのだ《[用法] 動詞は通例後の主語と呼応する; しかし口調がよくないので *E*～ he is to blame *or* I am. とすることが多い》/ *E*～ you *or* I must go. 君か私かどちらかが行かなければならない / You may take ～ [～ take] the apple *or* the pear. そのリンゴとナシのどちらを取ってもよいですよ《[用法] either…or… の後に文法的に異なった品詞または異なった構造の語・語群をもってくるのは間違いとされているが,《口》ではしばしば用いられる》. ❷ [否定文で] …もまた(…ない) (cf. also, too 1 a)《[用法] not…either で neither と同じ意味になるが, 前者のほうが一般的; なお, この構文では either の前のコンマはあってもなくてもよい》: If you do not go, I shall *not* ～. 君が行かないなら私も行かない / "I won't go." "*Nor* I ～."「私は行きません」「私も行かない」《★《米口》では Me ～. とも言うが非標準的用法》/ "I won't do it." "I wo*n't* (do it)(,) ～."「私はそんなことはしない」「私もしない」. ❸ [前の陳述を追加的に否定で修正して]《口》…と言っても(…ではない): There was once a time, and *not* so long ago ～, when …ある時のこと, それもそう昔のことではないが….
〘OE＝each of two〙

éither-ór [形] [A] 二者のうちどちらかを選ぶべき, 二者択一の: an ～ situation 二者択一の状態.

⁺e·jac·u·late /ɪdʒǽkjʊlèɪt/ [動] [他] ❶ 〈精液を〉射出する, 射精する. ❷ 〈言葉を〉不意に叫びだす, 突然叫ぶ (exclaim). 〘L＝投げつける〙

e·jac·u·la·tion /ɪdʒæ̀kjʊléɪʃən/ [名] ❶ [C,U]〘生理〙射出, 射精. ❷ [C,U] 絶叫, 突然の叫び(声).

⁺e·ject /ɪdʒékt/ [動] [他] ❶ 〈人を〉〔場所・地位などから〕追い出す, 放逐[追放]する; 立ち退かせる (expel): He was ～*ed* ***from*** the theater for rowdiness. 彼は騒がしくしたので劇場から追い出された. ❷ 〈液体・煙などを〉噴出する, 排出する; 〈精液を〉射出する. ── [自] (飛行機などから)緊急脱出する. 〘L＝外へ投げる＜E-[2]＋*jacere, jact-* 投げる (cf. jet[1])〙

e·jec·ta /ɪdʒéktə/ [名] [複] [しばしば単数扱い] 噴出物, 排出物.

e·jec·tion /ɪdʒékʃən/ [名] ❶ [U] 〔土地・家屋からの〕追い立て, 放逐〔*from*〕. ❷ **a** [U] 放出, 噴出, 排出. **b** [C] 放出物, 噴出物.

ejéction sèat [名]〘空〙射出座席《操縦士の緊急脱出用の機体外放出装置》.

e·jec·tive /ɪdʒéktɪv/〘音声〙[形] 放出を伴う, 放出音の. ── [名] 放出音《口腔中に完全閉鎖を作り喉頭を押しあげて作る音》.

e·jéc·tor /-tə | -tə/ [名] ❶ 放逐者, 放出者. ❷ 排出[放射]器[管, 装置].

ejéctor sèat [名] ＝ejection seat.

e·ji·do /ehíːdoʊ/ [名] ([複] ～s)〘メキシコ〙エヒード《村民共有の大農地; これのある村》. 〘(Mex-)Sp〙

ejus·dem ge·ne·ris /eɪjʊ́sdemgénərɪs/ [形] [副] 同種の[として], 同類の[として]《法律関係で文言を同種の特定事項に限定するのに用いる》. 〘L〙

eke /íːk/ [動] ★ 次の成句で. **éke óut** 《[他]＋[副]》 (1) かろうじて〈生計を〉営む: ～ *out* a living 細々と生計を立てていく / barely ～ *out* an existence ぎりぎりで生計を立てる. (2) 〈金・食糧などを〉もたせる, 続かせる. (3) 〈…を〉かろうじて得る[手に入れる]. (4) 〈不足分を〉〔…で〕補う〔*by, with*〕.

EKG /íːkèɪdʒíː/《略》《米》＝ECG.

e·kis·tics /ɪkístɪks/ [名] [U] 人間居住学, エキスティックス.

el /él/ [名] [通例 the ～]《米口》高架鉄道: take *the* ～ 高架鉄道に乗る. 〘el(evated railroad)〙

e·lab·o·rate** /ɪlǽb(ə)rət, əl-/ [形] (**more ～; most ～**) [通例 [A]] **苦心して作り上げた, 入念な, 手の込んだ; 精巧な**: an ～ scheme 入念に練ったたくらみ / an ～ hat 凝った帽子. ── /-bərèɪt/ [動] [自] 〔論旨などを〕詳しく述べる: He ～*d* ***on the subject. 彼はさらにその問題を詳しく述べた. ── [他] ❶ 〈ものを〉念入りに作る, 苦心して仕上げる; 精巧に作り上げる: He ～*d* a new theory. 彼は新しい理論を念入りに組み立てた. ❷ 〈文章・考案などを〉練る, 推敲(すいこう)する: I ～*d* my plans. 計画を練った. **～·ly** [副] 入念に, 精巧に, 苦心して. **～·ness** [名] 〘L＝完成した＜E-[2]＋*laborare* 作り出す (＜LABOR)〙

e·lab·o·ra·tion /ɪlæ̀bəréɪʃən, əl-/ [名] ❶ [U] 骨折って作る[仕上げる]こと, 入念; 綿密な仕上げ, 推敲(すいこう)〔*of*〕. ❷

⑪ 手の込んでいること, 精巧さ, 綿密さ. ❸ ⓒ a 苦心の作, 労作. b (追加した)詳細.

El A·la·mein /ǽləmèɪn/ 图 エルアラメイン《エジプト北西部, 地中海に臨む港町; 単に Alamein ともいう; 連合国軍がドイツ軍に勝利をおさめた激戦地 (1942)》.

é·lan /eɪlɑ́ːn/ 图 Ⓤ 勢い, 鋭気, 威勢: with ~ 意気込んで. 〖F=élan〗

e·land /íːlənd/ 图 (⑳ ~s, ~) 動 エランド《南アフリカ産の大型のレイヨウ》.

élan vi·tal /-viːtɑ́ːl/ 图 Ⓤ 〔哲〕生命の飛躍, 生の躍動 (Bergson の用語). 〖F〗

⁺**e·lapse** /ɪlǽps, əl-/ 圓 〈時が〉経過する, たつ. 〖比較〗 pass のほうが一般的〗: Days ~d while I remained undecided. 私の迷っている間に数日が過ぎ去った. —— 图 Ⓤ 《米》〈時の〉経過: after the ~ of ten years 10年たって. 〖L=滑り去ること; ⇒ e-², lapse〗

eland

e·las·mo·saur /ɪlǽzmoʊsɔ̀ə/ 图 〔古生〕エラスモサウルス《首の長い海生恐竜》. 〖Gk elasmos 延べ板 + -SAUR〗

e·las·tane /ɪlǽsteɪn/ 图 Ⓤ エラステーン《伸縮性ポリウレタン素材(繊維); 下着などぴったりした衣類に用いられる》.

e·las·tase /ɪlǽsteɪs/ 图 〔生化〕エラスターゼ《エラスチンを消化する 特に 膵(ｚい)液の酵素》.

⁺**e·las·tic** /ɪlǽstɪk, əl-/ 形 (more ~; most ~) ❶ a 弾力のある, 伸縮自在の: ~ string ゴムひも / an ~ band 《英》輪ゴム. b しなやかな, 伸縮しなやかな動き. ❷ 〈人・感情など〉不幸があってもすぐ立ち直る, 容易に屈しない; 屈託のない: an ~ nature ものにこだわらない性質. ❸ 〈規則・考え方など〉融通のきく. —— 图 ❶ Ⓤ ゴムひも, ゴム入り生地. ❷ Ⓒ 《米》輪ゴム. **-ti·cal·ly** /-kəli/ 副 伸縮自在に, 弾力的に. 图 elasticity. 〖類義語〗 ⇒ flexible.

e·las·ti·cat·ed /ɪlǽstəkèɪtɪd, əl-/ 形 〈織物が〉(ゴム入りで)織って)伸縮性のある.

⁺**e·las·tic·i·ty** /ɪlæstísətɪ, iːlæs-/ 图 ❶ 弾力, 弾性; 伸縮性. ❷ 不幸から立ち直る力. ❸ 融通のきくこと, 順応性. 形 elastic.

elástic límit 图 〔理〕弾性限界《固体に力を加えて変形させる場合, これ以上加えると変形が消えなくなる応力の限界》.

elástic módulus 图 〔理〕弾性率.

e·las·tin /ɪlǽstɪn/ 图 〔生化〕エラスチン, 弾力素.

e·las·to·mer /ɪlǽstəmə | -mə/ 图 Ⓒ エラストマー《常温でゴム状弾性を有する物質》. **-mer·ic** /-ɪlæstəmérɪk/ 形

Elas·to·plast /ɪlǽstoʊplæst | -plɑ̀ːst/ 图 Ⓤ〔商標〕エラストプラスト《伸縮性のあるばんそうこう》.

E·lat /eɪlɑ́ːt/ 图 エーラート《イスラエル南部 Aqaba 湾の最奥部にある海港; 同国の紅海への唯一の出口》.

e·late /ɪléɪt, əl-/ 動 〈人に〉意気を上げさせる, 〈人を〉元気づける; 得意がらせる.

e·lat·ed /-tɪd/ 形 Ⓟ 大得意で (exhilarated): He was ~ at the news. 彼はその知らせに鼻高々だった. ~**·ly** 副 ~**·ness** 图

e·la·tion /ɪléɪʃən, əl-/ 图 Ⓤ 意気揚々, 大得意.

É layer /íː-/ 图 E層《地上 95 km 付近の電離層で中長波の電波を反射する》.

El·be /élb | the ~/ 图 エルベ川《チェコ北部に発し, ドイツ北東部を北西に流れて北海に注ぐ》.

El·bert /élbət | -bət/, **Mount** 图 エルバート山《Colorado 州中部にある Rocky 山脈の最高峰 (4399 m)》.

*⁺**el·bow** /élboʊ/ 图 ❶ ひじ《腕の関節で折れ曲がる外側の部分》; 〈衣服の〉ひじの部分: lie propped on one's ~s ひじを立てて腹ばいになる. ❷ ひじ形のもの; (河川・道路などの)急な曲がり, (土管の)がん首. at a person's [one's] élbow ひじ先に, 手近に. bénd [cróok, lift, ráise, típ] an élbow 《口》酒を飲む《由来 酒飲みのし

ぐさから》. gét the élbow 《英口》(人に)縁を切られる, そでにされる. gíve a person the élbow 《英口》〈人と〉縁を切る, 〈人を〉そでにする. **Móre pówer to your élbow!** ⇒ power 成句. **òut at (the) élbows** (1) 〈服の〉ひじの所が破れて, ぼろになって. (2) 〈人が〉みすぼらしい(なりをして); 貧乏で. **rúb [tóuch] élbows with...** 《米口》〈著名人など〉と交わる. **úp to the [one's] élbows** 〔仕事などに〕没頭して (in). —— 動 ❶ 〔通例副詞(句)を伴って〕〈...を〉ひじで突く[押す]: ~ a person out of the way じゃまにならないように人を押しのける / ~ people aside [off] 人々を押しのける. ❷ [~ one's way で] (ひじで)押し分けて進む (jostle): He ~ed his way through the crowd to her. 彼は人込みの中を押し分けて彼女の所へ進んだ. 〖OE〗

élbow grèase 图 Ⓤ《口》(こすったり, 磨いたりの)腕[力]仕事: Put a little ~ into it. もっと力を込めてやれ[磨け].

élbow-ròom 图 Ⓤ ❶ 余地, 余裕, ゆとり; 自由行動範囲: give a person ~ 余裕[ゆとり]を与える. ❷ 間隔, スペース.

El·brus /elbrúːz, -s/, **Mount** 图 エリブルス山《ヨーロッパロシア南部, グルジアとの国境にある Caucasus 山脈の最高峰 (5642 m)》.

El·búrz Móuntains /elbúəz- | -búəz-/ 图 [the ~] エルブルズ山脈《イラン北部のカスピ海南岸沿いの褶曲山脈; 最高峰は Damavand (5671 m)》.

EL Cid /elsíd/ 图 (エル)シッド《1043?-99; スペインの伝説的勇者》.

eld /éld/ 图 〈古・詩〉老齢; 古代, 昔.

⁺**el·der**¹ /éldə | -də/ 形 Ⓐ (比較なし) ❶ 〈古風〉(兄弟などの血縁関係で)年上の, 年長の《用法 Ⓟ の用法がなく, He's elder than I. は間違って, older を用いる》: one's ~ brother [sister] 兄[姉] / Which is the ~ of the two? 二人のうちどちらが兄[姉]ですか. ❷ [the E-; 人名の前または後に添えて] (同名または同姓の大人・父子・兄弟などの)年上[年長]のほうの (↔ the Younger): Pitt the E-=the E- Pitt 大ピット《父親のピット》. ❸ 古参の, 先輩の: an ~ statesman (政界の)元老. —— 图 ❶ [しばしば one's [the] ~で] 年長者, 先輩, 目上. ❷ (教会の)長老, 元老(議員).

〖older に代わられるまでは old の比較級〗

el·der² /éldə | -də/ 图 〔植〕ニワトコ.

élder abùse /-əbjùːs/ 图 Ⓤ 老人虐待, 老人いじめ.

élder·bèr·ry /-bèri | -bèri, -b(ə)ri/ 图 ニワトコの実(黒紫色).

élderberry wíne 图 Ⓤ エルダーベリーワイン《各種のニワトコの実で造る果実酒》.

élder bróther 图 (⑳ **élder bréthren**) 英国水先案内協会の幹部会員.

élder càre 图 Ⓤ 老人介護, 高齢者ケア.

élder flòwer 图 ニワトコの花.

élder hánd 图 (2人でやるトランプの)ディーラーでない方のプレーヤー.

⁺**el·der·ly** 形 ❶ 〈婉曲〉〈人が〉年配の, 初老の: an ~ parent 年配の親. ❷ [the ~; 名詞的に; 複数扱い] 年配者(年寄り)たち. ❸ 〔しばしば戯言〕〈物が〉古くさい, 旧式の. 〖ELDER¹+-LY²〗 〖類義語〗⇒ old.

el·der·ship 图 elder¹ であること; 〔教会〕長老の地位[集団], 長老職.

élder státesman 图 ❶ 長老議員, ベテラン政治家. ❷ (一般に)ベテラン, 長老.

élder trèe 图 =elder².

⁺**el·dest** /éldɪst/ 形 Ⓐ (比較なし) (兄弟などの血縁関係で)いちばん年上の《★《米》では oldest を用いることが多い; cf. elder¹ 1》: one's ~ brother [sister, child] 長兄[姉, 子]. 〖oldest に代わられるまでは old の最上級〗

éldest hánd 图 〔トランプ〕エルデストハンド《カードが最初に配られる, ディーラーの左隣の人》.

El Do·ra·do /èldərɑ́ːdoʊ/ 图 (⑳ ~s) ❶ エルドラド《南米アマゾン川のあたりにあると想像された黄金郷》. ❷ Ⓒ 黄金郷, 宝の山. 〖Sp=the gilded (country)〗

el·dritch /éldrɪtʃ/ 形 〈古〉気味の悪い, 不吉な.

El·ea·nor /élənə | -nə/ 图 エリナー, エレノア, エレノーラ《女性名; 愛称 Ellie /éli/, Nell, Nellie, Nelly, Nora》.

〔Helen の愛称の一つ〕

El・e・at・ic /èliétɪk/ 形 名 〖哲〗エレア学派の(人).

el・e・cam・pane /èlɪkæmpéɪn/ 名 〖植〗オオグルマ(キク科).

＊e・lect /ɪlékt, əl-/ 動 他 ❶ 〈議員・議長などを〉**選挙する**, 〈人を〉…に〈選ぶ〉(★ 後は受身): an ~ed chairman 選挙で選ばれた議長 /〔+目+(as) 補〕Woodrow Wilson was ~ed president of the United States in 1912. ウッドロー・ウィルソンは1912年に合衆国の大統領に選ばれた / I wonder who(m) they will ~ (as) mayor. だれが市長に選ばれるのだろう(★ 補語が役職を表わす時には無冠詞) / ~ a person to the presidency 人を大統領[学長など]に選ぶ /〔+目+to do〕We ~ed him to represent us. 我々は自分たちの代表者[代議員]として彼を選んだ. ❷ 〈…することを〉〔+to do〕**取り決める**: He ~ed to remain at home. 彼は家にいることにした. ❸ 《米》〈履修科目などを〉…として選ぶ, 選択する: 〔+目(+as 補)〕I chose Japanese history (as a minor). 私は日本史を(副専攻に)選んだ. ❹ 〖神学〗〈神が〉〈人を〉選ぶ. ―― 形 ❶ 〖通例名詞の後に置いて〗(まだ就任していないが)**選任**[選出]された: the president-*elect* 大統領当選者. ❷ 選定[選抜]された. ❸ 〖神学〗(神に)選ばれた. ―― 名 〖the ~; 複数扱い〗❶ 〖神学〗神の選民たち. ❷ 〖しばしば戯言〗特権階級, エリート. 〔L *eligere*, *elect-* 選ぶ<E-²+*legere, lect-* 集める, 選ぶ (cf. lecture) 〕 (名 election, elective)

e・lect・a・ble /ɪléktəbl, ə-/ 形 選ばれうる, 選出されるにふさわしい.

＊e・lec・tion /ɪlékʃən, əl-/ 名 ❶ Ⓤ C (投票による)**選挙**; 選出, 当選: a general ~ 総選挙 / hold an ~ 選挙を行なう / lose [win] an ~ 選挙に勝つ[負ける], 当[落]選する / run 〈英〉stand for〕~ 立候補する. ❷ Ⓤ 〖神学〗(ある使命・永遠の救いを与えるための)神の選び. (動 elect)

eléction dày 名 ❶ C 選挙の日. ❷ 〖しばしば E~ D~〗Ⓤ 〈米〉大統領選挙日.

――――
|解説| 米国の大統領選は間接選挙制で, まず4で割り切れる数の年(4年に1度)の11月の第1月曜日の次の日 (election day) に各州に割り与えられた大統領選挙人 (⇨ elector 2) を一般有権者が選出する (popular vote). この際各州単位で最多得票を集めた候補者の党が1つの州の選挙人を独占する. この選挙人が12月に各党の大統領候補に投票し大統領を決定する. ただし通例全選挙人が自党の候補に投票するので, election day に実質的当落が決定するのが普通. なお, 大統領の就任は翌年の1月20日の正午.
――――

e・lec・tion・eer /ɪlèkʃəníə, əl- | -níə/ 動 自 選挙運動をする.

e・lèc・tion・éer・ing /-ní(ə)rɪŋ/ 名 Ⓤ 選挙運動.

e・lec・tive /ɪléktɪv, əl-/ 形 ❶ 選挙の[に関する]; 選挙する, 選挙権を有する; 選挙・権[能]による (cf. appointive): an ~ office 公選による(公)職. ❷ a 選択的な, 選択的な: ~ surgery 待期的手術(緊急のものでない). b 〈米〉〈科目など〉選択の(《英》optional): an ~ course 選択課程 / an ~ subject 選択科目 / an ~ system 選択科目制度. ―― 名 〈米〉選択科目[課程] (〈英〉optional): take an ~ in... を選択科目として選ぶ. ~・ly 副 (名 election)

⁺e・lec・tor /ɪléktə, əl- | -tə/ 名 ❶ 選挙人, 有権者 (voter). ❷ 〈米〉大統領選・副大統領選挙人. |解説| 各州から一般有権者の popular vote (⇨ election day |解説|) で多数票を得た党によって選出され, 通例は各党の支部指導者などが務める; その数は上院議員(100名)と下院議員(435名)と同数で, これに Washington, D.C. からの3名が加わり, 計538名; この選挙人で構成される委員会が electoral college で, 12月に各州で投票を行ない, 過半数(270)を得た候補者が当選する. 〖ELECT+-OR²〗

＊e・lec・tor・al /ɪléktərəl, əl-, -trəl/ 形 選挙の; 選挙人 (elector) の: an ~ district 選挙区 / an ~ system 選挙制度.

eléctoral cóllege 名 ❶ Ⓤ 〖the ~; しばしば E- C-; 集合的; 単数または複数扱い〗《米》(大統領・副大統領)選挙人団 (⇨ elector 2). ❷ C 選挙人団.

eléctoral róll [régister] 名 C 〖通例単数形で; 通例 the ~〗選挙人名簿.

＊e・lec・tor・ate /ɪléktərət, əl-, -trət/ 名 〖the ~; 集合的; 単数または複数扱い〗選挙民(全体), 選挙母体, (全)有権者: *the* registered ~ 登録選挙民〈米国では通例自分で登録しないと選挙権が与えられない〉. 〖ELECTOR+-ATE¹〗

eléctor・shìp /-ʃɪ̀p/ 名 ⓊC elector の資格[地位], 選挙人資格.

E・lec・tra /ɪléktrə, əl-/ 名 〖ギ神〗エレクトラ (Agamemnon と Clytemnestra の娘; 弟 Orestes を助けて母とその情夫を殺し, 父のかたきを討った).

Eléctra còmplex 名 〖精神分析〗エレクトラコンプレックス (娘が父親に対して無意識にいだく性的な思慕; cf. Oedipus complex).

e・lec・tress /ɪléktrəs/ 名 〖通例称号で E~〗〖ドイツ史〗選侯夫人[未亡人].

e・lec・tret /ɪléktrət, -tret/ 名 〖理〗エレクトレット (残留分極を有する誘電体).

＊e・lec・tric /ɪléktrɪk, əl-/ 形 (*more* ~; *most* ~) ❶ (比較なし) 〖通例 A〗**電気の**; **電気で動く**; 電気を帯びた[起こす], 発電の: an ~ current 電流 / an ~ discharge 放電 / an ~ power 電力 / an ~ blanket 電気毛布 / an ~ car 電気自動車 / an ~ cell=an ~ battery 電池 / an ~ clock 電気時計 / an ~ guitar エレキギター. ❷ 電撃的な, 衝撃的な: an ~ atmosphere 熱狂的な雰囲気. ❸ 〖英〗〖the ~〗(英)(供給). ❹ 電気で動くもの(電車・電気自動車など). ❺ 〖複数形で〗〈英〉電気設備. 〖L<Gk=こはく; こはくをこすると静電気が起こることから〗 (名 electricity) electric 「電動の; 電気を生ずる」の意. electrical「電気に関する」の意; ただし最近は区別せずに用いられることもある.

＊e・lec・tri・cal /ɪléktrɪkəl, əl-/ 形 (比較なし) 〖通例 A〗❶ 電気に関する; 電気を扱う: an ~ engineer 電気技師 / (an) ~ wire 電線 / ~ engineering 電気工学. ❷ 電気を用いた: ~ goods [appliances] 電気製品[器具]. ~・ly /-kəli/ 副 (類義語) ⇨ electric.

eléctrical stórm 名 = electric storm.

eléctric-árc fùrnace 名 〖冶〗電気アーク炉 (特に製鋼用).

eléctric blúe 名 Ⓤ 明るい金属的な[冷たい]感じの青.

eléctric cháir 名 電気いす(死刑用): be sent to the ~ 電気いすで処刑される.

eléctric éel 名 〖魚〗デンキウナギ (南米産のウナギで強い放電力をもつ).

eléctric éye 名 《口》光電池.

eléctric fénce 名 通電柵 (動物を近寄らせない).

eléctric fíre 名 〈英〉電気白熱ヒーター.

＊e・lec・tri・cian /ɪlèktríʃən, əl-, ì:lek-/ 名 電気技師; 電気工, 電気係.

＊e・lec・tric・i・ty /ɪlèktrísəti, əl-, ì:lek-/ 名 Ⓤ ❶ 電気; 電流; (供給)電力: atmospheric ~ 空中電気 / frictional ~ 摩擦電気 / supply ~ 電力を供給する / generate ~ 発電する / It runs on ~. それは電気で動く / The ~ went out [is off]. 電気が消えた[電気が止まった, 停電している]. ❷ (他人にも感染するような)強い興奮, 熱情. (形 electric)

eléctric ráy 名 〖魚〗シビレエイ (放電する).

eléctric shóck 名 電気ショック, 電撃, 感電: He got a bad ~. 彼はひどく感電した.

eléctric shòck thérapy 名 Ⓤ 〖医〗(精神病の)電気ショック療法.

eléctric stórm 名 雷を伴ったあらし, 激しい雷雨.

e・lec・tri・fi・ca・tion /ɪlèktrəfɪkéɪʃən, əl-/ 名 Ⓤ ❶ 帯電. ❷ (鉄道・家庭などの)電化. ❸ 強く感動させること.

⁺e・lec・tri・fy /ɪléktrəfàɪ, əl-/ 動 他 ❶ 〈物体に〉電気をかける[通じる], 帯電させる. ❷ 〈鉄道・家庭などを〉電化する: ~ a railroad 鉄道を電化する. ❸ 〈人を〉びっくりさせる, 〈人に〉衝撃を与える (thrill): The performance *electri-*

fied the audience. その公演は観客をしびれさせた.
e・lec・tro /ıléktrou/ 图 © (֎ ~s) ❶ =electrotype. ❷ ⓤ 電気めっきの銀器類.
e・lec・tro- /ıléktrou, əl-/ [連結形]「電気の, 電気による」: *electromagnet, electrotype*.
elèctro・acóustics 形 ❶ 電気音響学の. ❷《ギターがエレクトリック・アコースティック[エレアコ]の》《アコースティックギターにピックアップのついたタイプの》.
elèctro・cárdiogram 图《医》心電図 (略 ECG, EKG).
elèctro・cárdiograph 图《医》心電計 (略 ECG, EKG).
elèctro・cáutery《医》ⓤ 電気焼灼(しゃく).
elèctro・chémical 形 電気化学の. **~・ly** 副
elèctro・chémistry 图 ⓤ 電気化学.
elèctro・chróm・ism /-króumızm/ 图 ⓤ 通電変色(性), エレクトロクロミズム《特に金属にみられる, 電気的衝撃に応じて色を変える性質》. **-chróm・ic** /-mɪk/ 形
elèctro・convúlsive 形《医》電気痙攣(ケイ)の[に関する, を伴う].
elèctro・convùlsive thérapy 图 =electric shock therapy.
elèctro・cór・ti・co・gram /-kóɚtəkəgræm, -kɔ́ː-/ 图《医》皮質脳波図, 皮質電図《電極を直接脳に接触させてつくる脳電図》.
e・lec・tro・cute /ıléktrəkjùːt, əl-/ 他 [通例受身で] ❶ 《人・動物》を電気で殺す, 感電死させる: He got ~d. 彼は感電死した. 《人》を電気死刑に処す. 《↓からの逆成》
e・lec・tro・cu・tion /ıléktrəkjúːʃən, əl-/ 图 ⓤ ❶ 感電死. ❷ 電気死刑. 《ELECTRO-+(EXE)CUTION》
+e・lec・trode /ıléktroud, əl-/ 图《電》電極(棒). 《ELECTRO-+-*ode* (anode, cathode から)》
elèctro・dérmal 形 皮膚の電気的性質に関する, 皮膚電気の.
elèctro・dynámic 形 電気力学の; 電気力学の.
elèctro・dynámics 图 ⓤ 電気力学.
elèctro・encéphalogram 图《医》脳波図 (略 EEG).
elèctro・encéphalograph 图《医》脳波計 (略 EEG).
elèctro・encephalógraphy 图 ⓤ《医》脳波記録[検査](法).
eléctro・jèt 图 エレクトロジェット《電離層中に生ずる集中電流; 磁気あらし・オーロラ現象などを伴う》.
elèctro・less 形《化》非電着性金属析出の[を伴う].
elèctro・luminéscence 图 ⓤ《電》エレクトロルミネセンス《蛍光体の電圧[電場]発光》. **-néscent** 形
e・lec・trol・y・sis /ıléktrɑ́lɪsəs, əl-| -trɔ́l-/ 图 ⓤ ❶《化》電気分解, 電解. ❷《医》電気分解療法《毛根・腫瘍などを電流で破壊すること》. 《ELECTRO-+-LYSIS》
e・lec・tro・lyte /ıléktrəlàɪt, əl-/ 图《電・化》電解物[質, 液].
e・lec・tro・lyt・ic /ıléktrəlítɪk, əl-ˊ-/ 形 電解(質)の: an ~ bath [cell] 電解槽.
e・lec・tro・lyze /ıléktrəlàɪz, əl-/ 動 ❶ 《…を》電解する. ❷ 《…に》電気分解療法を施す.
elèctro・mágnet 图 電磁石.
+elèctro・magnétic 形 電磁石の; 電磁気の: ~ induction 電磁誘導 / ~ radiation 電磁放射 / ~ spectrum 電磁スペクトル / ~ waves 電磁波.
elèctro・mágnetism 图 ⓤ 電磁気(学).
elèctro・mechánical 形 電気(と)機械の. **~・ly** 副
e・lec・trom・e・ter /ıléktrámətɚ, əl- | -trɔ́mətə/ 图 電位計.
elèctro・mótive 形 電動の, 起電の: ~ force 起電力, 電動力 (略 EMF, emf).
elèctro・myogram 图《医》筋電図 (略 EMG).
elèctro・myograph 图《医》筋電図記録[検査](法). **-myo・gráph・ic** 形
***e・lec・tron** /ıléktrɑn, əl- | -trɔn/ 图《理・化》電子, エレクトロン. 《ELECTRO-+ION》

elèctro・négative 形《電》負の電荷をもった, 負性の;《化》陰性の (cf. electropositive).
eléctro gùn 图《テレビなどの》電子銃《電子流集注管》.
***e・lec・tron・ic** /ıléktrɑ́nɪk, əl-| -trɔ́n-ˊ-/ 形 (比較なし) [通例 A] 電子工学の; 電子装置の; 電子の.
eléctronic bánking 图 ⓤ エレクトロニックバンキング《インターネットによる銀行業務システム》.
eléctronic bóok 图 =e-book.
eléctronic cásh 图 ⓤ 電子通貨, e マネー《電子ネットワーク上で流通する通貨》.
eléctronic cúrrency 图 =electronic cash.
eléctronic dáta ìnterchange 图 ⓤ 電子データ交換システム (⇒ EDI).
eléctronic dáta pròcessing 图 ⓤ 電子データ処理 (略 EDP).
eléctronic engíneering 图 ⓤ 電子工学.
eléctronic flásh 图 ⓤⓒ《写》ストロボ《発光装置》: This camera has (an) ~. このカメラはストロボ付きだ.
eléctronic fúnds trànsfer 图 ⓒⓤ 電子資金振替[移動]《コンピューターによる資金移行決済; 略 EFT》.
eléctronic magazíne 图《電算》電子雑誌《ウェブ上で公開されるものや電子メールで配信されるメールマガジンがある》.
eléctronic máil 图 =e-mail.
eléctronic móney 图 ⓤ =electronic cash.
eléctronic músic 图 ⓤ《楽》電子音楽.
eléctronic órganizer 图 電子手帳.
eléctronic páyment sỳstem 图 ⓒ《電子マネーによる》電子決済.
eléctronic públishing 图 ⓤ 電子出版《情報の記録媒体としてフロッピーディスク, CD-ROM, IC カードなどを用いた出版》.
***e・lec・tron・ics** /ıléktrɑ́nɪks, əl-| -trɔ́n-/ 图 ❶ ⓤ 電子工学, エレクトロニクス. ❷ [複数扱い] 電子装置.
eléctronic séttlement 图 =electronic payment system.
eléctronic sígnature 图 電子署名 (digital signature).
eléctronic survéillance 图 ⓤ《防犯・スパイ活動のための》電子機器を用いた情報収集.
eléctronic tícketing 图 ⓤ 電子発券《紙の券を発行せず, 電子データ上で行なわれる航空券などの発券》.
eléctron mìcroscope 图 電子顕微鏡.
eléctron óptics 图 ⓤ 電子光学.
eléctron spìn rèsonance 图 ⓤ《理》電子スピン共鳴.
eléctron tùbe 图 電子管.
eléctron vòlt 图 電子ボルト.
elèctro・óptical, -óptic 图 ⓤ 電気光学の.
elèctro・óptics 图 ⓤ 電気光学《電場の光学現象に対する影響の研究》.
e・lec・tro・phile /ıléktrəfàɪl, əl-/ 图《理・化》求電子剤[体]《分子・イオン・族・基など》.
e・lec・tro・phil・ic /ıléktrəfílɪk, əl-ˊ-/ 形《理・化》求電子性の.
e・lec・tro・pho・rese /ıléktrəfərí:s, əl-/ 他《理・化》電気泳動にかける.
e・lec・tro・pho・ré・sis /-fərí:sɪs/ 图 ⓤ《理・化》《ゾル内のコロイド粒子などの》電気泳動. **-pho・rét・ic** /-fərétɪk/ 形 **-i・cal・ly** 副
e・lec・troph・o・rus /ıléktrɑ́fərəs, əl-| -trɔ́f-/ 图 (֎ **-ri** /-ràɪ/) 起電盆, 起電盤.
elèctro・photógraphy 图 ⓤ 電子写真.
e・lec・tro・physiólogy 图 ⓤ 電気生理学; 電気生理現象. **-gist** 图 **-physiológic, -ical** 形 **-ical・ly** 副
e・lec・tro・plate /ıléktrəplèɪt, əl-/ 動 他 《…を》《銀などで》電気めっきする 《*with*》.
elèctro・po・rá・tion /-pəréɪʃən/ 图 ⓤ《生》電気穿孔法, エレクトロポレーション《電気パルスによって細胞膜に一時的に穴をあけ, そこから DNA を細胞内に導入することを利用した遺伝子導入法》. **elec・tro・po・rate** /ıléktrəpɚèɪt/ 動 他
elèctro・pósitive 形 ❶《電》正の電荷をもった. ❷《化》

陽性の (cf. electronegative).

eléctro·recéptor 名《動》電気受容器《サメ・デンキウナギ・ナマズなどの体表にある弱い電気を感知する器官》.
　eléctro-recéption 名 電気受容.

e·lec·tro·scope /ɪléktrəskòʊp, əl-/ 名 検電器.

eléctro·shóck 形《医》電気ショック《療法》.

eléctro-shóck thérapy ＝electric shock therapy.

eléctro·státic 形 静電(気)の.

eléctro·státics 名 Ｕ 静電気学.

eléctro·súrgery 名 Ｕ 電気外科(学). **-súrgical** 形

eléctro·technólogy 名 Ｕ 電子工学.

eléctro·thérapy 名 Ｕ 電気療法.

eléctro·thérmal 形 電熱の, 電気と熱との; 熱電学的な, 熱電学上の.

e·léc·tro·type /ɪléktroʊtàɪp, əl-/ 名 Ｕ 電気版, 電気製版術. ── 動 他《…の》電気版を作る.
　e·léc·tro·typ·er 名 電気版を作る人.

eléctro·válence, -válency 名 Ｕ Ｃ《理·化》イオン原子価. **-válent** 形

eléctro·wéak 形《理》電弱の《弱い力と電磁気力を統一して説明する理論についていう》.

e·lec·trum /ɪléktrəm/ 名 Ｕ 琥珀(こはく)金, エレクトラム《金と銀との合金; 古代では貨幣に用いた》.

e·lec·tu·ar·y /ɪléktʃuèri | -tjuəri/ 名《医》舐剤(しざい).

el·ee·mos·y·nar·y /èlɪmɑ́sənèri | èliːmɔ́zɪnəri/ 形《文》慈善的な, 慈善の.《L<Gk＝慈悲》

el·e·gance /élɪɡəns/ 名 ❶ Ｕ 優雅, 上品: with ~ 優雅に. ❷ Ｃ 優雅[高雅]なもの, 上品な言葉[作法]. ❸ Ｕ (思考·証明などの)うまさ, 簡潔さ.《形 elegant》

el·e·gan·cy /élɪɡənsi/ 名 ＝elegance.

***el·e·gant** /élɪɡənt/ 形 (*more* ~; *most* ~) ❶《人·行動·服装·場所など》品のよい, 優雅な, しとやかな: ~ dress [furniture] 上品な服装[家具] / a life of ~ ease 上品で安楽な生活. ❷《思考·証明など》手際のよい, 簡潔な, すっきりしている. ❸《芸術·文学·文体など》気品の高い, 高雅な. **~·ly** 副 上品に, 優雅に.《F<L＝選り抜く《*eligere* 選ぶ》; ⇒ **elect**》名 **elegance**

el·e·gi·ac /èlɪdʒáɪək—/ 形 ❶ エレジー風の, 哀調の. ❷ 哀調の, 哀歌[挽歌(ばんか)]形式の, 哀愁的な. ❸《詩人が》哀歌を作る: an ~ poet 哀歌詩人. ── 名 [しばしば複数形で] 哀歌[挽歌]形式の詩歌.

el·e·gí·a·cal·ly /-kəli/ 副 エレジー風に, 哀歌調に.

elégiac cóuplet《古典韻学》哀歌二行連句《dactyl (-∪-) の6歩句と5歩句とが交互の一連》.

el·e·gist /élədʒɪst/ 名 elegy の詩人[作詩家, 作曲家].

el·e·gize /élədʒàɪz/ 動 ⦿ ❶ 哀歌を作る; 《…の》哀歌を作る〈*on, upon*〉 ❷ 悲しい調子に書く〈*on, upon*〉. ── 他《…の》哀歌を作る[歌う].

el·e·gy /élədʒi/ 名 ❶ 悲歌, 哀歌, 挽歌(ばんか), エレジー. ❷ 哀歌[挽歌]調の詩.《F<L<Gk》

elem.（略）element(s); elementary.

***el·e·ment** /élɪmənt/ 名 ❶ Ｃ [しばしば複数形で] 要素, 成分, 構成部分: the ~*s* of a sentence 文の要素《主語·述語動詞など》/ Vigilance is a key ~ *in* the war against terrorism. テロリズムとの戦いにおいて警戒は非常に重要な要素だ. [通例 an ~ で]《…の》多少: There's an ~ of truth in what you say. 君の言うことには一理ある《★ of 以下は抽象名詞》. ❸ Ｃ [しばしば複数形で]《社会の》集団, 分子: criminal ~*s* in [of] society 社会の犯罪分子. ❹ Ｃ《化》元素: Water is composed of the ~*s* hydrogen and oxygen. 水は水素と酸素元素から composed of the ~*s* hydrogen and oxygen. 水は水素と酸素元素から成っている. ❺ [the ~s] 自然力, 雨, 風, (特に)暴風雨: the fury of the ~*s* 自然力の猛威. ❻ Ｃ《古代の自然界を構成しているとされた》四大(元素) (four elements)《earth, water, air, fire》; [通例単数形で]《生物のすみかとして見た》四大(元素)《たとえば魚は水, 鳥は空》; 《人の》適所. ❼ [the ~s]《学問の》原理; 初歩, 入門: the ~*s* of grammar 文法原理[入門] / the ~*s* of mathematics 数学の初歩. ❽ [通例単数形で]《ストーブ, 電気器具の》電熱線. ❾ [the Elements]《神学》聖餐(せいさん)式のパンとぶどう酒. **be in one's élement**《魚が

575　**elevation**

水中にいるように》本来の活動範囲内[得意の境地]にある, 本領を発揮する. **be óut of one's élement**《水を離れた魚のように》不得意である.《F<L＝第一原理, 要素》《形 **elemental, elementary**》《類義語》**element** は成分·要素を示す最も一般的で意味の広い語; 基本的で, それ以上分けられない要素をさす. **component, constituent** 共に混合物や複雑な組織を持つものの構成要素を意味するが, *component* はいくつかの構成要素の1つであることを示し, *constituent* は単に全体の一部でなくその性質にとって不可欠で, 他のものでは替え難い要素であることをさす. **factor** 現象やことがらの全体の性質を決定づけるような要因.

el·e·men·tal /èləméntl—/ 形 ❶ **a**《古代自然科学の》四大(元素)の (cf. element 6): the ~ spirits 四大を呼び起こす精霊 / ~ strife 四大の闘争, 大暴風雨. **b** 自然力の; 自然力に似た: ~ forces 自然力 / ~ worship 自然力崇拝. ❷《人の性格·感情など》自然のままの, むき出しの, 単純素朴な: ~ human nature 自然のままの人間性. ❸《化》元素の.《名 **element**》

+**el·e·men·ta·ry** /èləméntəri, -tri—/ 形 (*more* ~; *most* ~) ❶ (比較なし) 基本の, 初歩の, 初等の: ~ education《米》初等教育《英》primary education》. ❷ 問題などが初歩的な, 簡単な. **el·e·men·ta·ri·ly** /èləmèntérəli, -méntrəli | -méntərə-, -trə-/ 副 **-ri·ness** 名 《名 element》《類義語》⇒ **primary**.

eleméntary párticle 名《理》素粒子.

+**eleméntary schóol** 名 Ｃ Ｕ 小学校《解説 米国では州によって異なり6-3-3制では6年間, 8-4制では8年間が小学校に当たる; 小学校に入学するのは普通6-7歳; cf. primary school 1》.

el·e·mi /éləmi/ 名 Ｕ エレミ《熱帯産カンラン科植物から採る芳香性樹脂; 軟膏·ワニス·ラッカー·印刷インクなどに用いる》.

e·len·chus /ɪlénkəs/ 名 Ｕ Ｃ《論》❶ (-chi /-kaɪ/)《論》反対論証》エレンコス《ある命題の結論の逆を証明することによってその命題を論駁する三段論法》. ❷ (一般に) 論駁.

***el·e·phant** /éləfənt/ 名 (優 ~**s**, ~) 《動》ゾウ(象)《解説 米国ではこれを漫画化して共和党の象徴とする; cf. donkey 解説》⇒ pink elephants, white elephant.《F<L<Gk》

éléphant bird 名《古生》隆鳥(りゅうちょう).

el·e·phan·ti·a·sis /èləfəntáɪəsɪs, -fæn-/ 名 Ｕ《医》象皮病.

el·e·phan·tine /èləfəntaɪn—/ 形 ❶ ゾウの. ❷ ゾウのような; 巨大な; ぶざまな, ぎこちない; のろのろした, 重々しい: ~ steps 重々しい足どり.

éléphant séal 名《動》ゾウアザラシ.

éléphant shréw 名《動》ハネジネズミ《アフリカ産》.

É·leu·sin·i·an mýsteries /èljusɪ́niən-/ 名《名》エレウシスの密儀《古代ギリシアで毎年行なった Demeter および Persephone を祭る神秘的儀式》.

***el·e·vate** /éləvèɪt/ 動 他 ❶ [しばしば受身で]《人を》昇進させる (promote);《レベル·ランクを高める, 上げる《*to*, *into*》: He was ~d *to* the peerage. 彼は貴族に列せられた. ❷《ものを》上げる, 持ち上げる; 《量などを》上昇させる: ~ a gun 砲口を上げる / ~ blood pressure 血圧を上げる. ❸《精神·性格などを》高める, 高尚にする, 向上させる.《L ＝ 軽くする, 上げる《E-[2] + *levis* 軽い (cf. lever) + -ATE[2]》《類義語》⇒ **raise**.

el·e·vát·ed /-tɪd/ 形 ❶ 高尚[高潔]な, 気高い. ❷ 高められた, 高い: an ~ highway《米》高架幹線道路. ❸ 意気盛んな. ❹《口》一杯機嫌の.

elevated ráilroad [ráilway] 名《米》高架鉄道.

el·e·va·tion /èləvéɪʃən/ 名 ❶ Ｕ 高める[上げる, 持ち上げる]こと; 登用, 昇進. ❷ [an ~] 高貴·文体などの向上[高尚]にすること, 向上; 気高さ, 高尚. ❸ **a** [an ~] 高さ, 海抜: at an ~ of 1000 feet 1千フィートの高さで. **b** Ｃ《水準点·測量》海抜. ❹ Ｕ《建》立面図, 正面図 (cf. plan 2 a). **the Elevation of the Hóst**《カト》《参列者の礼拝のための》聖体奉挙, 聖挙.《類義語》⇒ **height**.

el·e·va·tor /éləvèɪṭɚ | -tə-/ 图 ❶ (米) エレベーター, 昇降機 ((英) lift): go up [down] in an ~ エレベーターで上がる [下がる] / I took the ~ to the 51st floor. 51階までエレベーターで上がった. ❷ 物を揚げるもの [装置]; 揚穀機, 揚土機. ❸ 大穀物倉庫. ❹ (空) 昇降舵(ピ).

élevator mùsic 图 U (米口) エレベーターミュージック《有線放送でエレベーター・レストラン・待合所などに流すような平凡・単調な音楽》, ありきたりの BGM.

el·e·va·to·ry /éləvətɔ̀ːri | èlivéɪtəri | -tri/ 形 上げる, 高める.

*__el·ev·en__ /ɪlév(ə)n, əl-/《基数の 11; 序数は eleventh; 用法は ⇒ five》形 ❶ A 11 の, 11 個の, 11 人の. ❷ [名詞の後に用いて] 11 番目の. ❸ P 11 歳で. ── 代《複数扱い》11 個, 11 人. ── 图 ❶ U 《時に C; 通例無冠詞》 a 11. b C 11 の数字 [記号] (11, xi, XI). ❷ U 11 時; 11 歳; 11 ドル [ポンド, セント, ペンスなど]. ❸ C 《単数または複数扱い》11 個 [人] からなる組, (特に) サッカーのイレブン, アメフト [クリケット, ホッケー] のチーム: be in an ~ (11 人組)選手の一人である. ❹ [the E-] キリストの十一使徒《十二使徒中ユダ (Judas) を除く》. ❺ C (衣服などの) 5 号サイズのもの. 【OE=(10 と) 1 余り; cf. twelve】

eléven-plús 图 [the ~] (英) イレブンプラス (試験)《以前イングランドとウェールズで 11 歳児が grammar school か secondary modern school かのどちらに進学するかを決める選抜試験》.

e·lev·ens·es /ɪlév(ə)nzɪz, əl-/ 图 U (英口) 朝 11 時ごろに食べる軽食.

*__e·lev·enth__ /ɪlév(ə)nθ, əl-/《序数の第 11 番目; ★ 11th と略記; 基数は eleven; 用法は ⇒ fifth》形 ❶ [通例 the ~] 第 11 (番目) の. ❷ 11 分の 1 の. **at the elèventh hóur** どたん場で, ぎりぎりで (間に合って)《★聖書「マタイ伝」から》. ── 代 [通例 the ~] 第 11 番目の人 [もの]. ── 图 ❶ U [通例 the ~] **a** 第 11 (番目). **b** (月の) 11 日. ❷ C 11 分の 1. 【ELEVEN+-TH[1]】

elf /élf/ 图 ❶ (複 **elves** /élvz/) 小妖精《森・ほら穴などに住み人にいたずらをするといわれる, 民話に出てくる妖精》.

ELF (略) extremely low frequency.

élf cùp 图 [菌] チャワンタケ《チャワンタケ目のキノコ; あざやかな色彩のものが多い》.

elf·in /élfɪn/ 形 ❶ 小妖精 (のような). ❷ いたずらな, ちゃめな.

elf·ish /élfɪʃ/ 形 小妖精らしい [に似た, のような].
~·**ly** 副 ~·**ness** 图

élf·lòck 图 もつれ髪, 乱れ髪.

élf òwl 图 (鳥) ヒメスズメフクロウ《米国南西部・メキシコの砂漠地帯産》.

El·gar /élgɑː, -gə | -gɑː, -gə/, **Sir Edward (William)** 图 エルガー (1857–1934; 英国の作曲家).

El Gre·co /elgrékoʊ/ 图 エルグレコ (1541–1614; クレタ島生まれのスペインの画家).

el·hi /élhaɪ/ 形 小・中高校の, 小学校から高校までの.

E·li·as /ɪláɪəs, əl-/ 图 ❶ イライアス《男性名》. ❷ = Elijah 2.

+__e·lic·it__ /ɪlísɪt, əl-/ 動 (事実・情報などを〈…から〉引き [聞き] 出す; 〈事実・返事・笑い声などを〈…から〉誘い出す 〔from〕. **e·lic·i·ta·tion** /ɪlìsətéɪʃən, əl-/ 图 U 【L<E-[2]+ lacere 誘う (cf. delicious)】

e·lide /ɪláɪd, əl-/ 動 (文法) 〈母音・音節を〉省く《例: th' (=the)》.

el·i·gi·bil·i·ty /èlɪdʒəbíləti/ 图 U 適任, 適格.

*__el·i·gi·ble__ /élɪdʒəbl/ 形 ❶ 〈…の〉資格がある (⇔ ineligible) 〔+to do〕: He's not ~ to vote. 彼は投票する資格がない / be ~ for a pension 年金をもらう資格がある. ❷ A 結婚の相手に望ましい: an ~ bachelor (結婚相手として) かっこうな独身男. **el·i·gi·bly** /-bli/ 副 【F<L=望ましい eligere 選ぶ; ⇒ elect】

E·li·jah /ɪláɪdʒə, əl-/ 图 ❶ イライジャ《男性名》. ❷ (聖) エリヤ《ヘブライの預言者》.

e·lim·i·na·ble /ɪlímənəbl, əl-/ 形 除去できる.

*__e·lim·i·nate__ /ɪlímənèɪt, əl-/ 動 ❶ 〈…を〉除く, 除去する: ~ sex barriers 男女差別をなくす / ~ unnecessary words *from* an essay 論文から不必要な語を削除する. ❷ [通例受身で] 〈人・チームを〉予選で〉ふるい落とす (knock out) 〔*from*〕: She was ~*d* in the preliminaries. 彼女は予選で落とされた. ❸ (口・婉曲) 〈人を〉殺す. ❹ (数) 〈変数を〉消去する. ❺ (化) 〈…を〉脱離させる. ❻ (生理) 〈…を〉排出 [排泄] する. **e·lim·i·nà·tor** /-ṭɚ | -tə/ 图 【L=敷居から追い出す〈E-[2]+limen, limin- 敷居 (cf. preliminary)】 (图 elimination) 【類義語】 ⇒ exclude.

e·lim·i·na·tion /ɪlìmənéɪʃən, əl-/ 图 ❶ U·C 除去, 削除, 排除, 解消 〔of〕. ❷ U·C (競技) 敗退; 予選. ❸ (数) 消去 (法). ❹ U·C (化) 脱離. ❺ U (生理) 排出, 排泄.

el·int /élɪnt/ 图 ❶ U 電子偵察, 電子情報収集. ❷ C 電子偵察機 [船]. 〔*el*(ectronic) *int*(elligence)〕

El·i·ot /éliət/ 图 エリオット《男性名》.

Eliot, George 图 エリオット (1819–80; 英国の女流小説家; Mary Ann Evans のペンネーム).

Eliot, T(homas) S(tearns) /stɚːnz | stɜːnz/ 图 エリオット (1888–1965; 米国生まれの英国の詩人・評論家).

ELISA /ɪláɪzə/ 图 U 〔医〕 酵素結合免疫吸着 (剤) 検定 (法), エライザ《特定の感染症 (エイズなど) の血清学的検査法》. 〔*e*(*nzyme*)-*l*(*inked*) *i*(*mmunosorbent*) *a*(*ssay*)〕

e·li·sion /ɪlíʒən, əl-/ 图 (母音・音節などの) 省略.

*__e·lite, é·lite__ /eɪlíːt, ɪl-, əl-/ 图 ❶ [しばしば the ~; 集合的; 単数または複数扱い] 選ばれた者, 精鋭, エリート(層): *the* ~ of society 上流人士, 名士 / a new ~ 新エリート集団. ❷ U (タイプライターの) エリート活字 (10 ポイント; cf. pica). ── 形 ❶ A エリートの [に適した]. 【F=選び抜かれた〈*élire* 選ぶ〈L *exigere*; ⇒ elect】

e·lít·ism /-tɪzm/ 图 ❶ U エリート主義. ❷ エリート支配. ❸ エリート意識.

+__e·lít·ist__ /-tɪst/ 形 エリート主義の, エリートに限られた, エリート的な. ── 图 エリート主義者; エリート自認者.

e·lix·ir /ɪlíksɚ, -ɚ | -sə/ 图 ❶ (文) ❶ C 錬金薬 (液)《卑金属を黄金に変えると信じられた霊液; cf. philosophers' stone》. ❷ [the ~] =the ELIXIR of life (成句). ❸ C 万能薬 〔*for*〕. **the elíxir of lífe** 不老不死の霊薬. 【L<Arab】

Eliz. (略) Elizabeth; Elizabethan.

E·li·za /ɪláɪzə, əl-/ 图 イライザ《女性名; Elizabeth の愛称》.

E·liz·a·beth /ɪlízəbəθ, əl-/ 图 エリザベス《女性名; 愛称 Bess, Bessie, Bessy, Beth, Betty, Eliza, Elsie, Lily, Lisa, Liz, Liza, Lizzie, Lizzy》.

Elizabeth I 图 エリザベス 1 世 (1533–1603; イングランド女王 (1558–1603)).

Elizabeth II 图 エリザベス 2 世 (1926–   ; 英国女王 (1952–   )).

+__E·liz·a·be·than__ /ɪlìzəbíːθən, əl-/ 形 エリザベス女王時代の, エリザベス朝の: the ~ age エリザベス女王時代 (1558–1603). ── 图 エリザベス女王時代の人, エリザベス朝の文人 [政治家].

elk /élk/ 图 ❶ (複 ~**s**, ~) (動)(ヨーロッパ・アジア産の) ヘラジカ (cf. moose). ❷ [the Elks] エルクス慈善保護会 (員)《米国の慈善団体》.

élk·hòund 图 エルクハウンド (犬)《ノルウェー産の大型の猟犬》.

ell[1] /él/ 图 エル《昔の長さの単位; 英国では 45 インチ》. 【OE=前腕 (の長さ)】

ell[2] /él/ 图 ❶ L の字. ❷ L 形のもの [継手]. ❸ (建物の) そで.

-el·la /élə/ 接尾 **-el·lae** /élɪː, élaɪ/, ~**s**]「小さなもの」《分類上の名, 特にバクテリアの属名に用いる名詞語尾》.

El·len /élən/ 图 エレン《女性名; Helen の異形》.

Él·lice Íslands /éləs-/ 图 [the ~] エリス諸島 (Tuvalu の旧称).

El·ling·ton /élɪŋtən/, **Duke** 图 (デューク) エリントン (1899–1974; 米国のジャズピアニスト・バンドリーダー・作曲家).

el·lipse /ɪlíps, əl-/ 图 長円, 楕(ダ)円 (周).

el·lip·sis /ɪlípsɪs, əl-/ 名 (複 **-ses** /-siːz/) ❶ CU《文法》省略 (*of*). ❷ C《印》省略符号 (——, …, ***, など).

el·lip·soid /ɪlípsɔɪd, əl-/ 名 長円[楕円]体.

el·lip·soi·dal /ɪlɪpsɔ́ɪdl, èlɪp-/ 形 長円[楕円]体(様)の.

el·lip·tic /ɪlíptɪk, əl-/, **-ti·cal** /-tɪk(ə)l/ 形 ❶ 長楕(*だ*)円(形)の. ❷ 省略法の, 省略形の. **-cal·ly** /-kəli/ 副

el·lip·tic·i·ty /ɪlɪptísəti, è-/ 名《数》楕円率.

Él·lis Ísland /élɪs-/ 名 エリス島《New York 湾の小島; もと移民検疫所があった》.

†**elm** /élm/ 名 ❶ C《植》ニレ. ❷ U ニレ材.

Él·mo /élmoʊ/ 名 ⇨ St. Elmo's fire [light].

élm·y /élmi/ 形 ニレの多い, ニレで成り立っている; ニレを特徴とする.

El Ni·ño /el níːnjoʊ/ 名 U エルニーニョ(現象)《南米ペルー沿岸を南下する暖海流によって海面温度が急上昇する現象; 異常気象の原因とされる》《Sp=神の子(キリスト); クリスマスのころにやってくることから》.

el·o·cu·tion /èləkjúːʃən/ 名 U 発声法, 演説法, 雄弁術, 朗読法.

el·o·cu·tion·ar·y /èləkjúːʃənèri | -ʃ(ə)nəri/ 形 発声法上の, 演説法[雄弁術]上の.

èl·o·cú·tion·ist /-ʃ(ə)nɪst/ 名 ❶ 演説法の専門家. ❷ 雄弁家.

E·lo·him /eloʊhíːm, èloʊhíːm/ 名 エロヒム《ヘブライ人の神; 旧約聖書中の神の呼称の一つ; cf. Yahveh》. 《Heb=神》

e·lon·gate /ɪlɔ́ːŋɡeɪt, əl- | íːlɔŋɡeɪt/ 動 他 〈ものを・時間などを〉延長する, 引き延ばす. ── 自《生》伸長した, 細長い.

e·lón·ga·ted /-tɪd/ 形 細長い; 引き伸ばされた.

e·lon·ga·tion /ìːlɔːŋɡéɪʃən | ìːlɔŋ-/ 名 ❶ U 延長, 伸長, 伸び. ❷ C 延長線[部].

†**e·lope** /ɪlóʊp, əl-/ 動 自 ❶《…と》駆け落ちする (*with*). ❷ 逃げる, 逃亡する. **~·ment** /-mənt/ 名 CU 駆け落ち.

el·o·quence /éləkwəns/ 名 U 雄弁, 能弁.《形 eloquent》

†**el·o·quent** /éləkwənt/ 形 (**more ~**; **most ~**) ❶ a 〈人が〉雄弁な, 能弁な: an ~ speaker 雄弁家. b 〈弁舌・文体などが〉人を動かす力のある, 感動的な: an ~ speech 説得力のある[感銘的な]演説. ❷ a 表情豊かな: an ~ gesture 表情たっぷりのジェスチャー. b P 《…をよく表わして》(expressive): Her face was ~ of her pleasure. 彼女の顔は喜びをよく表わしていた. **~·ly** 副《F く L く E-2+ *loqui* 話す (cf. colloquy)》(名 eloquence)

El Sal·va·dor /el sǽlvədɔ̀ː | -dɔ̀ː-/ 名 エルサルバドル《中米の共和国; 首都 San Salvador》.

Él·san /élsæn/ 名《英商標》エルサン《化学薬品で汚物の殺菌・脱臭処理をする移動式便所》.

‡**else** /éls/ 形《比較なし》《不定代名詞・疑問代名詞の後に置いて》そのほかの, 他の, 別の《語法》《不定[疑問]代名詞+else'の所有格は's をつけて造る; ただし who else's のほかに whose else も用いられる》: There's someone ~ coming. ほかに(一人)来る人がいる / Who ~ can I trust? ほかに[あなた以外に]だれを信用できますか / What ~ can you do? ほかに何かできますか《これしかやりようがない》 / somebody ~'s hat だれかほかの人の帽子 / If you can't find my umbrella, anyone ~'s will do. 私の傘が見つからなければ, ほかのだれのでもけっこうです.

Ánything élse? 何か他に御用のものは[おっしゃりたいことは]ありますか? **if nóthing élse** ともかく, 少なくとも.

── 副《比較なし》❶ [anywhere, nowhere, somewhere また疑問副詞の後に置いて] そのほかに, 他に: You had better go *somewhere* ~. どこかほかの所に行きなさい / *How* ~ can you get it? それ以外にどのようにしてそれを手に入れられようか. ❷ [通例 or ~ で] でなければ《用法》 else だけの時もあるが, 好ましい形とはされていない》: He must be joking, *or* ~ he's mad. 彼はふざけているのに違いない, でなければ頭がおかしい. ❸ [通例 or ~ で] 命令形の後に用い, 警告・脅しをこめて] (口) さもないと: Hand it over, *or* ~! それをこっちに渡せ, さもないと(痛い目にあうぞ). 《OE=other, otherwise》

‡**else·where** /éls(h)wèə | èlswéə, ˌ-́-/ 副《比較なし》ど

---

577   emaciation

こかよそに[へ, で]; そのほかの場所では: both in Japan and ~ 日本でもその他の国々でも / His mind was [His thoughts were] ~. 彼は心ここにあらずだった.

El·sie /élsi/ 名 エルシー《女性名; Alice, Alicia, Elizabeth, Eliza などの愛称》.

ELT /íːèltíː/《略》《英》English Language Teaching 英語教育(法).

el·u·ate /éljuət, -eɪt/ 名《化》溶出液, 溶離液.

e·lu·ci·date /ɪlúːsədeɪt, əl-/ 動 他〈…を〉明瞭にする; はっきりさせる, 説明する.《L=明るくする》【類義語】⇨ explain.

e·lu·ci·da·tion /ɪlùːsədéɪʃən, əl-/ 名 UC 説明, 解明.

e·lú·ci·dà·tor /-tə | -tə/ 名 説明[解明]者.

e·lude /ɪlúːd, əl-/ 動 他 ❶ a 〈人から〉逃れる, 〈人を〉避ける;〈捕縛・危険などを〉〈巧みに〉身をかわして避ける, 逃れる: ~ pursuers [pursuit] 追っ手から[追跡から]逃れる. b 〈法律・義務・支払いなどを〉回避する. ❷〈人に〉理解できない, 思い浮かばない;〈物事が〉〈理解・記憶・名前などを〉突き抜ける: Her name ~s me. 彼女の名はどうも思い出せない / The meaning ~s me. 私にはその意味がわからない / ~ a person's understanding 〈問題などが〉どうしてもわからない, 理解できない. ❸〈…が人に〉得られない, 人のものとならない: Peace ~s us. 平和[平安]を得ることができない / Sleep ~s me tonight. 今夜は眠れない.《L=(巧みに)逃れる, 欺く《E-2+ *ludere, lus-* 遊ぶ, 戯れる (cf. ludicrous)》【類義語】⇨ escape.

E·lul /élúːl/ 名《ユダヤ暦》エルル《政暦の第 12 月, 教暦の第 6 月; 現行太陽暦で 8-9 月》.

e·lu·sion /ɪlúːʒən, əl-/ 名 U 逃避, 回避.

†**e·lu·sive** /ɪlúːsɪv, əl-/ 形 ❶ (なかなか)わかりにくい, 記憶しにくい, つかまえどころのない; 得られない, 達成しがたい: an ~ problem つかみどころのない問題 / track down an ~ fact わかりにくい事実を突き止める. ❷ (巧みに)逃げを打つ, うまく逃げる. **~·ly** 副 **~·ness** 名《動 elude》

e·lu·so·ry /ɪlúːsəri, əl-/ 形 = elusive.

e·lute /ɪlúːt/ 動 他 ❶ 抜き取る, 抽出する. ❷《化》溶離する, 溶出する.

e·lu·tion /ɪlúːʃən/ 名《化》溶離, 溶出《吸着された物質を溶剤を用いて分離すること》.

e·lu·tri·ate /ɪlúːtrièɪt/ 動 他 洗い清める;《化・医・鉱》水簸(*すい ひ*)する. **-à·tor** /-təl-tə/ 名 **e·lu·tri·a·tion** /ɪlùːtrièɪʃən/ 名

el·ver /élvə | -və/ 名《魚》シラスウナギ《海から川をさかのぼってきたウナギの稚魚》.

elves /élvz/ 名 elf の複数形.

El·vis /élvɪs/ 名 エルビス《男性名》.

el·vish /élvɪʃ/ 形 = elfish.

Ély·sée /èːliːzéɪ | èːlìːzéɪ/ 名 《the ~》エリゼ宮《Paris にあるフランス大統領官邸》; 《the ~》フランス政府.

E·ly·sian /ɪlíʒən, əl- | -ziən/ 形 ❶ エリュシオンの: the ~ Fields =Elysium 1 a. ❷ この上なく幸福な: ~ joy 楽土の喜び.

E·lys·i·um /ɪlíʒiəm, əl- | -ziəm/ 名 ❶ a 《ギ神》エリュシオン《善人が死後に住む所》. b U 極楽, 浄土, 理想郷. ❷ U 無上の幸福.

el·y·tron /élətràn | -trɔ̀n/, **-trum** /-trəm/ 名 (複 **el·y·tra** /-trə/) 《昆》翅鞘(*しょう*), さやばね.

em /ém/ 名 (複 **~s**) ❶ M の字. ❷《印》全角 (cf. en 2).

EM《略》《米》enlisted man.

***'em** /ém/《弱形》(ə)m/ 代《口》=them: I know *'em*. =I know them.

em- /ɪm, em/ 接頭 (b, p, m の前にくるときの) en- の異形: *em*ploy.

EMA《略》European Monetary Agreement.

e·ma·ci·ate /ɪméɪʃièɪt/ 動 他〈人・顔などを〉異常なほどやせ衰えさせる, やつれさせる (⇨ emaciated).《L=やせさせる》

emá·ci·àt·ed /-tɪd/ 形 異常なほどやせ衰えた, やつれた.

e·ma·ci·a·tion /ɪmèɪʃièɪʃən/ 名 U やつれ, 憔悴(*しょうすい*).

e-mail, e-mail /íːmèɪl/ 名 U.C 電子メール, E メール. ── 動 他 ⟨…を⟩電子メール[E メール]で送る; ⟨人に⟩電子メールを送る: ~ (a person) an order (人に)電子メールで注文を送る.

⁺**em·a·nate** /émənèɪt/ 動 自 ⟨光・熱・音・蒸気・香気などが…から⟩発出[発散, 放射]する; ⟨考え・提案などが⟩人から⟩出る, 発する: A sweet smell ~s from the earth after (a) rain. 雨が降った後には地面から芳香が発する / The idea ~d from him. その考えは彼から出たものだった. 【L=流れ出る】

em·a·na·tion /èmənéɪʃən/ 名 ❶ U 発出, 発散, 放射. ❷ C 放射物, 放射物.

⁺**e·man·ci·pate** /ɪmǽnsəpèɪt/ 動 他 ❶ **a** ⟨人・国などを⟩⟨束縛・制約などから⟩解放する: ~ the people *from* tyranny 国民を圧制から解放する / Labor-saving devices have ~d us *from* kitchen drudgery. 労力節約型の機器ができて我々は台所の骨の折れる雑用から解放された. **b** [~ oneself で] ⟨…から⟩自由になる; ⟨…を⟩断つ ⟨*from*⟩. ❷ 〖法〗 ⟨未成年の子⟩を親権から解放する, ⟨…に⟩能力を付与する. ❸ ⟨奴隷などを⟩解放[釈放]する. 【L=(財産・権利などを)他に移す】【類義語】⇒ free.

e·man·ci·pat·ed /-tɪd/ 形 ❶ (政治的・社会的に)解放された, 自由な. ❷ ⟨女性が⟩解放された (既成の価値観・モラルにとらわれない).

e·man·ci·pa·tion /ɪmænsəpéɪʃən/ 名 U 解放 ⟨*of*⟩; (迷信などからの)離脱, 脱却 ⟨*from*⟩.

e·man·ci·pa·tor /-tə | -tə/ 名 解放者: the Gréat Emáncipator 偉大なる解放者 (Abraham Lincoln).

e·man·ci·pa·to·ry /ɪmǽnsəpətɔ̀ːri | -pətəri, -tri/ 形 解放のための[に役立つ].

E·man·u·el /ɪmǽnjuəl/ 名 エマニュエル (男性名).

e·mas·cu·late /ɪmǽskjulèɪt/ 動 他 ❶ ⟨…を⟩無気力にする, 弱くする; ⟨文章・法律などを⟩骨抜きにする. ❷ ⟨男を⟩去勢する (★しばしば受身). 【L=去勢する】

e·mas·cu·la·tion /ɪmæ̀skjuléɪʃən/ 名 U ❶ 去勢. ❷ 無力化; 骨抜き.

em·balm /ɪmbɑ́ːm, em-/ 動 他 ❶ ⟨死体に⟩防腐保蔵処置を施す (古くはスパイス・香料などを詰めて, 現在では血管に防腐剤を注入するなどして). ❷ ⟨…を⟩長く記憶に留める. ~**·er** ⟨死体の⟩防腐保蔵処置者. ~**·ing** U.C 防腐保蔵処置. 【EM-+BALM】

em·bálm·ment /-mənt/ 名 U ⟨死体の⟩防腐保蔵処置.

em·bank /ɪmbǽŋk, em-/ 動 他 ⟨河川などを⟩築堤で囲む, ⟨…に⟩堤防をめぐらす. 【EM-+BANK】

⁺**em·bánk·ment** /-mənt/ 名 築堤, 堤防, 盛り土; [the E~] =Thames Embankment.

*****em·bar·go** /ɪmbɑ́ːgoʊ, em- | -báː-/ 名 (複 ~es) ❶ 通商停止, 禁輸; 禁止, 禁制: an arms ~ *against* the country その国への武器輸出禁止 / impose [put] an ~ *on* rice 米の輸入[入]を禁止する / lift [enforce] the oil ~ 石油の禁輸を解く[実施する]. ❷ (船舶の)抑留, 出入港禁止. ── 動 他 ⟨通商⟩を停止する. 【Sp ⟨ *embargar* 差し押さえる, 妨げる 》

*****em·bark** /ɪmbɑ́ːk, em- | -báːk/ 動 自 ❶ 船[飛行機]に乗り込む, 出船する: Many people ~ at Dover *for* the Continent [France]. ヨーロッパ大陸[フランス]に向かう人は多くドーバーで乗船する. ❷ (新しいこと・難事業などに)乗り出す, 従事する (★~ は受身可): He ~ed *on* a new enterprise. 彼は新しい事業に乗り出した. ── 他 ⟨乗客・荷物など⟩を⟨船・飛行機に⟩積み込む, 乗船させる. 【F ⟨L 】

⁺**em·bar·ka·tion** /èmbɑːkéɪʃən | -baː-/ 名 U.C ❶ 乗船, 搭乗, 積み込み. ❷ U (新事業などに)乗り出すこと ⟨*on, upon*⟩.

embarkátion cárd 名 (旅行者などの)出国カード.

em·bar·ras de [du] choix /ɑ̀ːmbɑrɑːdəʃwɑ́ː-/ 名 多すぎて選択に迷うこと; あれこれ迷うほどたくさんある選択. 【F】

em·bar·rás de ri·chesse(s) /-dərɪ́ːʃ-/ 名 困るほど物があること; あり余る豊かさ. 【F】

⁺**em·bar·rass** /ɪmbǽrəs, em-/ 動 他 ❶ ⟨人を⟩(人前で)恥ずかしい思いをさせる, きまり悪がらせる, まごつかせる: Meeting new people ~es Tom. 初めての人たちに会うとトムはどぎまぎしてしまう / The revelation ~ed the administration. その暴露が政府を当惑させた. ❷ ⟨人を⟩金銭上困らせる, ⟨人に⟩借金を負わせる. 【F ⟨ Sp 》【It=妨げる】【名 embarrassment】

*****em·bár·rassed** /ɪmbǽrəst, em-/ 形 ❶ ⟨人が⟩恥ずかしがって, 気まずい思いで, きまり悪がる, 当惑した, 困った (⇒ bewilder 比較)): an ~ smile 当惑した笑い / I was [felt] very ~ about it. 私はそれがとても恥ずかしかった / She looked terribly ~. 彼女はいかにもばつの悪そうな顔をした / I was ~ *at* his unexpected question. 私は彼の意外な質問にどぎまぎした / [+*to do*] I was (too) ~ *to* tell the truth. 恥ずかしくて[気まずくて]どうも本当の事が言いにくかった. ❷ 〖口〗 (金銭的に)困って, 借金を負って: He's financially ~. 彼は財政上困難に陥っている.

em·bár·rass·ed·ly /-stli, -ɪsdli/ 副 困ったように; きまり悪そうに, 気恥ずかしそうに.

*****em·bar·rass·ing** /ɪmbǽrəsɪŋ, em-/ 形 ⟨事態・行為など⟩恥ずかしい, 面目ない, 気まずい, きまり悪がらせるような, ばつの悪い, 当惑させるような; やっかいな, 困った: an ~ slip ばつの悪い[情けない]しくじり / an ~ situation やっかいな情勢. ~**·ly** 副

*****em·bar·rass·ment** /ɪmbǽrəsmənt, em-/ 名 ❶ U 当惑, 困惑; (人前での)気おくれ, きまり悪さ, 恥ずかしさ ⟨*at*⟩. ❷ C 当惑させる[恥ずかしい, 困った]事態[こと] ⟨*for*⟩, やっかいな者: He's an ~ to his family. 彼は家族のやっかい者だ. ❸ C 財政困難, 窮迫. **an embárrassment of ríches** あり余るほどの財産[豊かさ]. 【動 embarrass】

em·bas·sage /émbəsɪdʒ/ 名 外交使節; 《古》大使の任務[使命]; 《古》=embassy.

*****em·bas·sy** /émbəsi/ 名 ❶ [しばしば E~] 大使館 (cf. legation 1): the British *E*~ in Tokyo 東京の英国大使館. ❷ 大使館員 (全体). 【F ⟨L; ambassador と同語源 》

em·bat·tle /ɪmbǽtl, em-/ 動 他 《古》 ❶ ⟨軍隊に⟩戦陣を張らせる. ❷ ⟨建物・城壁に⟩狭間(はざま)[胸壁を設ける.

⁺**em·bát·tled** 形 困難な状態にある, 苦境にある, (絶えず)悩まされている; 敵(軍)に包囲された: the ~ supporters of euthanasia 周囲に反対者だらけの[四面楚歌の]安楽死支持者たち.

em·bay /ɪmbéɪ, em-/ 動 他 ⟨船を⟩湾の中に入れる[閉じ込める].

em·báyed 形 ⟨海岸などが⟩湾状になった.

em·báy·ment /-mənt/ 名 湾形成; 湾, 湾状のもの.

⁺**em·bed** /ɪmbéd, em-/ 動 他 (**em·bed·ded; em·bed·ding**) [通例受身で] ❶ ⟨ものを⟩⟨…の中に⟩はめ込む, 埋める: The bullets *were* still *embedded in* his body. 弾丸はまだ彼の体の中に入りこんだままになっていた. ❷ ⟨考え・感情などを⟩⟨…に⟩植え付ける, ⟨…を⟩心などに深く留める: The experience *was embedded in* his memory. その経験は彼の記憶の底に留まっていた. ❸ **a** 〖電算〗⟨…を⟩他のシステム[アプリケーション(など)]に埋め込む: an *embedded* system 埋め込みシステム 《より大きなシステムの一部として動作するシステム》. **b** 〖文法・数〗⟨…を⟩埋め込む. 【EM-+BED】

⁺**em·bel·lish** /ɪmbélɪʃ, em-/ 動 他 ❶ ⟨…を⟩⟨…で⟩飾って美しくする, 装飾する: ~ a room *with* flowers 花を飾って部屋を美しくする. ❷ ⟨文章を⟩⟨…で⟩飾る, ⟨物語などを⟩⟨…に⟩潤色する (embroider): He ~ed his account *with* fictional details. 彼は話にこまごまとした作り事を付け加えて潤色した. 【F=美しくする】

em·bél·lish·ment /-mənt/ 名 ❶ U 潤色[補飾]すること. ❷ C 補飾物, 装飾物.

em·ber /émbə | -bə/ 名 [通例複数形で] 燃えさし[残り], 残り火; (不満などの)名残.

Émber dàys, émber dàys 名 〖カト〗 四季の斎日 (断食と祈祷(きとう)を行なう; 毎年3日間).

em·bez·zle /ɪmbézl, em-/ 動 他 ⟨委託金などを⟩使い込む. ── 他 横領[着服]する.

⁺**em·béz·zle·ment** /-mənt/ 名 U 使い込み, 横領, 着服.

em·béz·zler [名] 横領[着服]者.

em·bit·ter /ɪmbíṭə, em- | -tə/ [動] [他] 〈人を〉みじめにする, 〈人の〉感情を害する, 〈人に〉苦い思いをさせる; 〈人を〉憤慨させる, 気むずかしくする; 〈遺恨・災いなどを〉いっそうひどくする《★通例受身》: an *~ed* man 世を憎む[嫌う]男; 気むずかしい男 / The artist *was ~ed* by public neglect. その芸術家は社会に認めてもらえずにがい思いをした / We *were ~ed* by his callousness. 私たちは彼の冷淡さに憤慨した.

em·bít·ter·ment /-mənt/ [名] [U] ❶ (苦しみなどの)深刻化. ❷ 憤慨, 激憤.

em·bla·zon /ɪmbléɪz(ə)n, em-/ [動] [他] ❶ 〈…を〉〔…で〕派手に描く〔*with*〕; 〔…に〕〈…を〉派手に描く〔*on*〕《★ 通例受身》. ❷ 〈楯・旗を〉〔紋章で〕飾る〔*with*〕; 〔楯・旗に〕〈紋章を〉飾る〔*on*〕《★ 通例受身》. ❸ 《古》〈…を〉ほめあげる.

^+^**em·blem** /éмbləm/ [名] ❶ 象徴, 表象 (symbol): The dove is the ~ *of* peace. ハトは平和の象徴である. ❷ 象徴的な模様[紋章], 記章: a national ~ 国章. 〖L＜Gk＝象眼細工＜*emballein* 挿入する, 投げ込む＜EM-+*ballein* 投げる (cf. symbol)〗

em·blem·at·ic /èmbləmǽṭɪk←/, **-i·cal** /-k(ə)l←/ [形] 象徴的な; 〔…を〕象徴して: Rosemary is ~ *of* constancy. ローズマリーは貞節を象徴する. **-i·cal·ly** /-kəli/ [副]

em·blem·a·tize /emblémətàɪz/, **em·blem·ize** /émbləmàɪz/ [動] [他] 象徴する; 〈…の〉象徴[標章]である.

^+^**em·bod·i·ment** /ɪmbɑ́ḍɪmənt, em- | -bɔ́d-/ [名] ❶ [U] 具体化, 体現. ❷ [単数形で; しばしば the ~]〔性質・感情・思想などの〕具体化されたもの, 化身, 権化: She's *the ~ of* beauty. 彼女は美の化身だ. ([動] embody)

^+^**em·bod·y** /ɪmbɑ́ḍi, em- | -bɔ́di/ [動] [他] ❶ 〈思想・感情などを〉具体的に表現する, 具体化[具現化]する; 体現する (represent): The statue *embodies* the sentiment of the sculptor. その彫像は彫刻家の感情を具現している / He *embodied* the idea ***in*** his painting. 彼はその理念を絵の中で具体的に表わした. ❷ 〈…を〉〔…の中に〕取り入れる, 盛り込む, 収録する《★ しばしば受身》: Many improvements *are embodied* ***in*** the new edition. 新版には多くの改善が取り入れられている. ❸ 〈精神に〉形態を与える. ❹ 〈…を〉合体させる, まとめる, 統合する. 〖EM-+BODY〗 ([名] embodiment)

em·bold·en /ɪmbóʊld(ə)n, em- | -bə́ʊl-/ [動] [他] 〈人を〉大胆にする; 〈人を〉勇気づけて〈…〉させる: This *~ed* me *to* ask for more help. 私はこれに励まされて, さらなる援助を頼んだ.

em·bo·lec·to·my /èmbəléktəmi/ [名] [U] 〘医〙 塞栓摘出(術).

em·bol·ic /embɑ́lɪk, ɪm- | -bɔ́l-/ [形] 〘医〙 塞栓(症)の[による].

em·bol·ism /émbəlìzm/ [名] 〘医〙 (血管の)塞栓(そくせん); 塞栓症. 〖L＜Gk＜*emballein*; ⇨ emblem〗

em·bo·li·za·tion /èmbəlɪzéɪʃən | -làɪ-/ [名] [U] 〘医〙 (血管などの)塞栓《形成過程もしくは状態》.

em·bo·lus /émbələs/ [名] ([複] **-li** /-làɪ/) 〘医〙 塞栓, 栓子.

em·bon·point /ɑ̀:mbɔ:mpwǽŋ/ [名] [U] 肉づきのよさ, 肥満. 〖F＝in good condition〗

em·bos·omed /ɪmbʊ́zəmd, em-/ [形] [P] 《詩》〈家など〉〔樹木・丘などで〕囲まれて〔*in, among, with*〕.

em·boss /ɪmbɑ́s, em-, -bɔ́:s | -bɔ́s/ [動] [他] 〈…に〉〔模様・図案を〕浮き出しにする〔*with*〕.

em·bóssed [形] 浮き彫りを施した, 浮き出し模様の; 浮き出しの, 打ち出した.

em·bóss·ment /-mənt/ [名] ❶ [U] 浮き彫りにすること, 浮き出し. ❷ [C] 浮き彫り; 浮き出し(模様).

em·bou·chure /ɑ̀:mbu:ʃʊ́ə, ⏤⏤⏤/ [名] ❶ 〘楽〙 アンブシュール: **a** 管楽器での口の当て方・唇のかまえ方. **b** 管楽器の歌口 (mouthpiece). ❷ 《古》 河口; 谷口.

em·bour·geoise·ment /ɑ:mbʊ̀əʒwa:zmɑ́:ŋ/ [名] [U,C] 中産階級化, ブルジョア化.

em·bow·er /ɪmbáʊə, em- | -báʊə/ [動] [他] 樹陰でおおう[囲む]; (一般に)こんもりおおう.

em·bów·ered [形] [P] 《文》〈家など〉〔緑葉・樹木などで〕こんもりとおおわれて, 樹陰に隠されて〔*in, among, with*〕.

^*^**em·brace** /ɪmbréɪs, em-/ [動] [他] ❶ 〈人を〉抱擁する; 抱き締める (hug): She *~d* her baby. 彼女は赤ん坊を抱き締めた / They *~d* each other. 二人は抱き合った. ❷ 〈考え・提案・変化などを〉喜んで受け入れる: ~ an offer 申し出に応じる. ❸ 〈主義などを〉取り入れる, 奉ずる: ~ the Christian religion キリスト教を信奉する. ❹ 〈多くのものを〉含む, 包含する. ❺ 〈森・山などが〉〈…を〉取り囲む, 取り巻く. ── [自] 抱き合う: They shook hands and *~d*. 二人は握手を交わし抱き合った. ── [名] ❶ 抱擁: He held her in an ~. 彼は彼女を抱き締めた. ❷ [単数形で] (提案などの)受け入れ; (主義などの)信奉. 〖F＝抱き締める; ⇨ em-, brace[1]〗 【類義語】⇨ include.

em·bra·sure /ɪmbréɪʒə, em- | -ʒə/ [名] ❶ 〘建〙 (戸口や窓の周囲の)朝顔形. ❷ 〘築城〙 (朝顔形の)狭間(はざま)銃眼.

em·brit·tle /ɪmbríṭl, em-/ [動] [他] [自] もろくする[なる], 脆化(ぜいか)させる[する]. **~·ment** [名]

em·bro·ca·tion /èmbroʊkéɪʃən/ [名] [U] ❶ 塗布. ❷ (薬用)塗布液.

^+^**em·broi·der** /ɪmbrɔ́ɪḍə, em- | -də/ [動] [他] ❶ 〈布などに〉刺繍(ししゅう)する; (模様などを)(…に)縫い込む: She *~ed* her initials ***on*** the handkerchief.＝She *~ed* the handkerchief ***with*** her initials. 彼女はハンカチに自分の頭文字を縫い込んだ. ❷ 〈逸話などを〉〔…で〕潤色する〔*with*〕(embellish). ── [自] 刺繍する. ([名] embroidery)

^+^**em·broi·der·y** /ɪmbrɔ́ɪḍəri, em-, -dri/ [名] [U] ❶ 刺繍(ししゅう), 縫い取り. ❷ (物語などの)潤色. ([動] embroider)

embróidery flòss [名] [U] 刺繍糸.

embróidery hòop [名] (丸い)刺繍枠.

^+^**em·broil** /ɪmbrɔ́ɪl, em-/ [動] [他] ❶ **a** 〈…を〉〔紛争・戦争などに〕巻き込む〔*in*〕; 〈人などを〉〔…と〕反目させる〔*with*〕《★しばしば受身》: They did not wish to become *~ed* ***in*** the dispute. 彼らはその紛争に巻き込まれたくないと思った. **b** [~ one*self* で]〔紛争・戦争などに〕巻き込まれる〔*in*〕; 〔…と〕反目する〔*with*〕. ❷ 〈事件・事態などを〉混乱[紛糾]させる. 〖F＝もつれさせる〗

em·brown /ɪmbráʊn, em-/ [動] [他] 〈…を〉茶色にする.

^*^**em·bry·o** /émbriòʊ/ [名] ([複] ~s) ❶ 〘生〙 胎児, 胎芽《人間の受胎後 8 週(約 2 か月)以内の個体; cf. fetus); 〘動・植〙 胚(はい), 胚子. ❷ (発達の)初期のもの, 萌芽(ほうが): an ~ lawyer 未熟な[駆け出しの]法律家, 弁護士の卵. **in émbryo** 未完成で; 〈計画など〉熟さないで: Her plans for the future are still *in* ~. 先の計画はまだ煮詰まっていない. 〖L＜Gk〗

èmbryo·génesis [名] [U] 〘生〙 胚発生, 胚形成. **èmbryo·genétic** [形]

em·bry·og·e·ny /èmbriɑ́ʤəni/ [名] [U] 〘生〙 ❶ ＝embryogenesis. ❷ 発生[胎生]学. **em·bry·o·gen·ic** /èmbriəʤénɪk←/ [形]

em·bry·ol·o·gist /èmbriɑ́ləʤɪst | -ɔ́l-/ [名] 発生学者.

em·bry·ol·o·gy /èmbriɑ́ləʤi | -ɔ́l-/ [名] [U] 発生学; 胎生学.

em·bry·o·nal /embráɪən(ə)l/ [形] 胚の; 胎児[胎芽]の. **~·ly** [副]

em·bry·on·ic /èmbriɑ́nɪk | -ɔ́n-←/ [形] ❶ 胚に関する; 胎芽の, 胎生の; 胚[胎芽]のような. ❷ 未発達の, 萌芽(ほうが)的な.

émbryonic stém cèll [名] 〘生〙 胚(性)幹細胞, ES 細胞《初期の胚から培養される, あらゆる組織や器官に分化しうる細胞》.

émbryo trànsfer [名] [U,C] 胚移植《分裂初期の受精卵を子宮に移し入れること》.

em·cee /émsí:/ 《米口》 [名] 司会者 (《英》 compere). ── [動] [他] [自] 司会する: ~ a show ショーを司会する. 〖MC (＝Master of Ceremonies)の発音つづり〗

e·mend /ɪménd, i:m-/ [動] [他] 〈文書・書籍の本文などを〉校訂[修正]する (correct). 〖L＝正す; ⇨ amend〗

e·men·date /í:mendèɪt/ [動] ＝emend.

e·men·da·tion /ì:mendéɪʃən, èm-/ [名] ❶ [U] 校訂,

修正. ❷ C [しばしば複数形で] 校訂個所.

em·er·ald /émərəld/ ❶ C エメラルド, 翠玉(ﾐｽｲ) (birthstone). ❷ =emerald green. ❸ U (英)【印】エメラルド(約6ポイント半の活字). ━ 形 ❶ エメラルド(製)の; エメラルドをちりばめた: an ~ ring エメラルドの指輪. ❷ エメラルド色の, 鮮緑色の. 〖F<L<Gk〗

émerald gréen 名 U エメラルド色, 鮮緑色.

Émerald Ísle 名 [the ~] エメラルド島《アイルランドの俗称》.

émerald móth 名 【昆】アオシャク《シャクガ科の緑色をしたガの総称》.

***e·merge** /ɪmə́ːdʒ | ɪmə́ːdʒ/ 動 自 ❶ 〈水中・暗やみなどから〉出てくる, 現われる: The sun soon ~d from behind the clouds. 太陽がまもなく雲のかげから現われてきた. ❷ 〈問題・事実などが〉現われる, 明らかになる: From our investigations a new fact has ~d. 我々の調査から新しい事実が浮かび上がった / It later ~d that he had been mistaken. 彼が間違っていたことがあとで判明した. ❸ 〈…となって〉出現する, 頭角を現わす [★新聞用語] [+(as) 補] ~ as the leading candidate 有力候補者となる[目される]. ❹ 〈困難などを〉脱する, 切り抜ける [from]. 〖L=(水中から)出てくる E-²+mergere 沈む (cf. merge)〗 (名 emergence)

***e·mer·gence** /ɪmə́ːdʒəns | ɪmə́ːdʒ-/ 名 U ❶ 出現; 発生 [of]. ❷ 脱出, 脱却, 回避 [from]. (動 emerge)

‡**e·mer·gen·cy** /ɪmə́ːdʒənsi | ɪmə́ːdʒ-/ 名 U.C 非常時, 緊急, 有事: in an [in case of] ~ 非常の場合には, まさかのときには / declare a state of ~ 緊急[非常]事態を宣言する / for emergencies 非常時用に, 万一に備えて. ━ 形 非常用の, 緊急の: take ~ action 緊急処置を講ずる / an ~ exit 非常口 / an ~ staircase 非常階段 / an ~ brake (自動車の)サイドブレーキ《駐車・非常時用》/ an ~ hospital 救急病院 / make an ~ landing 緊急[不時]着陸する / grant ~ powers 非常時の権限を与える. 〖↑+-ency〗[類義語] **emergency** 置放しておけない突発・緊急の事件および状況. **exigency** 緊急事態で, それへの対処の必要性の両方を指す. **crisis** 予期しない突発的なものではないが, 決定的な瞬間・時期での対処の仕方によっては運命を左右するという深刻な感じをもつ語.

emérgency médical sèrvice 名 U 救急医療《略 EMS》.

emérgency médical technícian 名 U 救急医療技士《略 EMT》.

emérgency ròom 名 (米)緊急治療室, 救急室《略 ER; (英) accident and emergency》.

emérgency sèrvices 名 複 《警察・消防・救急医療などの》緊急時公共サービス.

e·mer·gent /ɪmə́ːdʒənt | ɪmə́ːdʒ-/ 形 A ❶ 現われる, 出現する. ❷ 新興の: an ~ economic power 新興経済大国.

e·mérg·ing 形 新生の, 新興の: ~ countries.

e·mer·i·ta /ɪmérətə/ 形 =emeritus (女性に用いる).

e·mer·i·tus /ɪmérətəs/ 形 [時に名詞の後に置いて] 名誉退職の: an ~ professor = a professor ~ 名誉教授. 〖L=退職した〗

e·mer·sion /ɪmə́ːʒən | émə-, ɪmə́ːʃən/ 名 U.C 出現; 【天】(食 eclipse) の後の, 天体の出現.

Em·er·son /émə(r)sn/ 名, **Ralph Waldo** エマソン (1803-82; 米国の評論家・詩人・哲学者》.

em·er·y /émərɪ/ 名 U 金剛砂, エメリー《研磨材》.

émery bòard 名 (マニキュア用の)爪やすり.

émery pàper 名 U (金剛砂を用いた)紙やすり, エメリー研磨紙 (cf. sandpaper).

em·e·sis /émǝsɪs/ 名 (複 ~·ses /-ˌsìːz/) 【医】嘔吐 (vomiting).

e·met·ic /ɪmétɪk/ 形 嘔吐(ｵｳﾄ)を催させる. ━ 名 催吐剤.

EMF, emf (略) electromotive force.

-e·mi·a /íːmiə/ [名詞連結形] 「…な血液を有する状態の」「血液中に…を有する状態」: septicemia, uremia. 〖Gk haima 血〗

⁺**em·i·grant** /émǝgrǝnt/ 名 《自国から他国への》移住者, 出稼ぎ人 (cf. immigrant 1): Japanese ~s to Brazil 日本からのブラジル移民 / ~s from Ireland アイルランドからの移民. ━ 形 A 《他国へ》移住する; 移民の: an ~ ship 移民船. 〖↓〗

⁺**em·i·grate** /émǝgrèɪt/ 動 自 《他国へ》移住する: They ~d from Japan to Brazil. 彼らは日本からブラジルへ移住した. 〖L=外へ移動する; 〜 e-², migrate〗 (名 emigration) [類義語] ⇒ migrate.

⁺**em·i·gra·tion** /èmǝgréɪʃən/ 名 ❶ U.C 《自国から他国への》移住 (cf. immigration 1). ❷ U 移民. (動 emigrate)

⁺**ém·i·gré** /émɪgrèɪ/ 名 (複 ~s /-z/) 移住者; 《特に 1789年のフランス革命や 1917 年のロシア革命の時の》亡命者. 〖F=emigrated〗

Em·i·ly /éməli/ 名 エミリー《女性名; 愛称 Emmy》.

⁺**em·i·nence** /émǝnǝns/ 名 ❶ U 《地位・身分などの》高いこと, 高位: a man of social ~ 社会的地位の高い人. ❷ U 《学識などの》卓越; 高名, 著名: attain ~ in science 科学で名をなす / win [reach] ~ as a scientist 科学者として名をなす. ❸ C 高所, 高台. ❹ [His [Your] E-で枢機卿(ｷｮｳ)の尊称または呼び掛けに用いて] 《カト》猊下(ｹﾞｲ). 〖L<高くなっていること〗 (形 eminent)

émi·nence grise /émɪnàːnsgríːz/ 名 (複 éminences grises /~/) 黒幕, 腹心の手先. 〖F=陰の枢機卿(ｷｮｳ)〗

⁺**em·i·nent** /émǝnǝnt/ 形 (more ~; most ~) ❶ 地位[身分]の高い; 高名な, 著名な《特に学問・科学・芸術などの専門的分野で有名なことを示す》: an ~ writer 著名な作家 / She was ~ for her paintings. 彼女は絵画で有名だった / He's ~ as a painter. 彼は画家として名声がある. ❷ 《性質・行為などすぐれた, 卓越した; 著しい, 抜きんでた: a man of ~ honor きわめて道義心の強い人. (名 eminence)

éminent domáin 名 U 【法】土地収用権.

ém·i·nent·ly 副 抜きんでて, 著しく, 大いに.

⁺**e·mir** /ɪmíǝr, eɪ- | -míǝ/ 名 《イスラム教国の》王族, 首長. 〖F<Arab=命令者, 王子〗

⁺**e·mir·ate** /ɪmǝrǝt, -rèɪt/ 名 《イスラム教国の》首長の地位[身分, 称号]; 首長国. 〖↑+-ate¹〗

em·is·sar·y /émǝsèri | émɪs(ǝ)ri/ 名 ❶ 使者; (特に)密使. ❷ 密偵.

⁺**e·mis·sion** /ɪmíʃən, iː m-/ 名 ❶ U 《光・熱・香気などの》放射, 発射, 発散 [of]; C [通例複数形で] 放射物. ❷ U 《煙突・車のエンジンなどからの》排気, 排出; C [通例複数形で] 排出物《質》: ~ control 排気規制 / automobile ~s 自動車の排気ガス. ❸ U.C 【生理】射精, 夢精. (動 emit)

emíssion(s) tràding 名 U 排出権[量]取引《国家や企業が割り当てられた温室効果ガスの排出許容量を金銭で売買すること》.

e·mis·sive /ɪmísɪv, iː m-/ 形 放射性の.

em·is·siv·i·ty /èmǝsívǝti, iː m-/ 名 U 【理】放射率.

⁺**e·mit** /ɪmít, iː m-/ 動 (e·mit·ted; e·mit·ting) ❶ a 〈光・熱・香気などを〉放射する: ~ exhaust fumes 排気ガスを出す. b 〈音・声を〉発する: ~ a moan うめき声を発する. ❷ a 〈意見・のろいなどを〉吐く. b 〈紙幣・手形などを〉発行する. c 〈信号を〉《電波で》送る. **e·mít·ter** /-tǝr | -tǝ/ 名 〖L=送り出す E-²+mittere, miss- 送 (cf. mission)〗 (名 emission)

Em·ma /émǝ/ 名 エマ《女性名; 愛称 Emmie》.

Em·man·u·el /ɪmǽnjuǝl/ 名 エマニュエル《男性名》.

Em·men·t(h)a·ler /émǝntàː lǝr | -lǝ/ 名 U エメンタール《チーズ》《スイス産》.

em·mer /émǝr | émǝ/ 名 《また **émmer whèat**》【植】エンマーコムギ: **a** 小穂に2粒ずつの果実をつけるコムギ. **b** 一般に四倍体のコムギ.

Em·my¹, Em·mie /émi/ 名 エミー《女性名; Emily, Emma の愛称》.

Em·my² /émi/ 名 (複 ~s, **Em·mies**) エミー(賞)《米国でテレビ界のすぐれた業績に対して毎年与えられる小像》.

e·mol·lient /ɪmáljǝnt | ɪmɔ́l-/ 形 《皮膚などを》柔らかに

する. ── 名 ⓒ|U 【薬】(皮膚の)柔軟剤, エモリエント.

e·mol·u·ment /imάljumənt | imɔ́l-/ 名 《通例複数形で》報酬, 手当, 俸給.

é-mòney /í:-/ 名 U 電子マネー《インターネットなどで利用される, 電子的にのみ存在する貨幣》.

e·mote /imóut/ 動 (口) ❶ 感情を表に出す. ❷ 大げさに[芝居気たっぷりに]ふるまう. 【EMOTION から】

e·mo·ti·con /imóutikɑn | -kɔn/ 名 【電算】顔文字, エモーティコン《ASCII 文字を組み合わせて作った, 人の表情に似せた図; 電子メールなどで感情を表現するのに用いる; 例(英米では右側を下にして見る) :-) (笑顔), :-((渋面)). 【《+ICON》

*__e·mo·tion__ /imóuʃən/ 名 ❶ U (心身の動揺を伴うような)強い感情, 感激, 感動; (理性・意志に対して)感情, 情緒: She wept with ~. 彼女は感極まって泣いた. ❷ ⓒ 《しばしば複数形で》(喜怒哀楽の)感情: a person of strong ~s 感情の激しい人 / express [hide] one's ~s 感情を表わす[抑える] / *Emotions* are running high. (人々の)感情が高ぶっている. 《F=感情; ⇒ E-², motion》 形 emotional, emotive. 【類義語】⇒ feeling.

*__e·mo·tion·al__ /imóuʃ(ə)nəl/ 形 (*more* ~; *most* ~) ❶ (比較なし) 《通例 A》感情の, 情緒の: students with ~ problems 情緒面の問題を抱えた学生 / ~ support 心理的な支援, 心の支え. ❷ 《音楽・文学など》感情に訴える, 感動的な (emotive): an ~ game 感動的な試合 / an ~ issue 感情的な問題. ❸ 《時に軽蔑》感情的の, 情にもろい, 感激しやすい: He tends to be [get] ~. 彼はすぐに感情に流される傾向がある. (名 emotion)

emótional intélligence 名 情動知能《人の感情についての理解力》.

e·mó·tion·al·ism /-lìzm/ 名 U ❶ 感情に走ること, 情緒本位, 感激性. ❷ 感情表出; 感情表出癖. ❸ 【芸術】主情主義.

e·mó·tion·al·ist /-lɪst/ 名 ❶ 感情に走りやすい人, 感情家. ❷ 感情にもろい人, 感激性の人. ❸ 主情主義者.

e·mó·tion·al·ize /-làɪz/ 動 ⓔ ❶ 感情に訴えるように処理[表現, 解釈]する; 〈...〉に感情に訴えるような性質を付与する. ❷ 〈人〉の感情に強く訴える, 〈人〉を強く感動させる. ── 感情的な[非理性的な]言動をする. **emòtion·al·izátion** 名.

e·mó·tion·al·ly /-ʃ(ə)nəli/ 副 感情的に, 感情に動かされて; 感動的に.

emótion·less 形 感動しない; 無表情な; 感情のこもらない. **~·ly** 副 **~·ness** 名.

+**e·mo·tive** /imóutɪv/ 形 ❶ 〈語句が〉感情を表わす, 感情表出の. ❷ 感情に訴える, 感動的な (emotional): ~ power (俳優・語句などの)感情に訴える力. ❸ 激しい感情を起こす. (名 emotion)

em·pa·na·da /èmpɑnάːdɑ/ 名 【料理】エンパナダ《味付けした肉や野菜を入れて揚げたり焼いたりしたパイ; スペイン・中南米料理》.

em·pan·el /impǽn(ə)l, em-/ 動 (**em·pan·eled**, (英) **-elled**; **em·pan·el·ing**, (英) **-el·ling**) =impanel.

em·pa·thet·ic /èmpəθétɪk⁻/ 形 =empathic. **-i·cal·ly** 副.

em·path·ic /empǽθɪk, ɪm-/ 形 感情移入の[に基づく]. **-i·cal·ly** 副.

em·pa·thize /émpəθàɪz/ 動 〔(...に)感情移入する, 共感する 《*with*》.

+**em·pa·thy** /émpəθi/ 名 U 《また an ~》【心】共感, 感情移入 《*with*, *for*》《他人または他の対象の中に自分の感情を移し入れること》. 【EM-¹+-PATHY】

*__em·per·or__ /émp(ə)rə | -rə/ 名 皇帝, 天皇. 《F<L=最高司令官<*imperāre* 統治する; ⇒ empire》

émperor mòth 名 【昆】ヤママユガ, (特に)クジャクサン.

émperor pènguin 名 【鳥】コウテイペンギン, エンペラーペンギン.

*__em·pha·sis__ /émfəsɪs/ 名 (*ses* /-sìːz/) U|C ❶ 強調, 重要視; 重点 (stress): place [put, lay] (great, much) ~ *on*... に(非常に)重きを置く, ...を(大いに)強調[力説]する. ❷ 【言】(語・句・音節などに置く)強勢, 語勢. 《L<Gk=見えてくること EM-¹+*phainein* 見せる》 動

---

emphasize, 形 emphatic)

*__em·pha·size__, (英) **em·pha·sise** /émfəsàɪz/ 動 ⓔ ❶ 強調する, 力説する; 目立たせる: He ~*d* the need for strong measures. 彼は強硬手段の必要性を強調した 〔+*that*〕 The author ~*s that* many of the figures quoted are merely [just] estimates. 著者は引用してある数値の多くは概算にすぎないと強調している 〔+*wh*.〕 how difficult the work is その仕事がどれほど難しいかを強調する. ❷ 〈語句〉を強調する; 強調して歌う. (名 emphasis)

+**em·phat·ic** /imfǽtɪk, em-/ 形 ❶ 〈言語・身ぶりなど〉(表現上の)勢いのある, 語気の強い; 〈思想・信念など〉強固な, 固い: an ~ denial 断固とした拒否 / an ~ opinion 強固な意見. ❷ P 〈人が〉...を強調[力説]して: He was ~ *about* the importance of being punctual. 彼は時間厳守の重要性を強調した. 〔+*that*〕 nuclear arms should be banned. 彼は核兵器は禁止すべきだと力説した. ❸ 〈単語・音節などが〉強調された, 強勢をもった. ❹ 〈出来事など〉著しく目立つ, 際立った: an ~ success 大成功. (名 emphasis)

+**em·phát·i·cal·ly** /-kəli/ 副 ❶ 強調して; 力強く; 断固として. ❷ まったく, 断然: It's ~ not true. それは絶対に違う.

em·phy·se·ma /èmfəzíːmə, -síː-/ 名 U 【医】気腫 (,,); (特に)肺気腫.

*__em·pire__ /émpaɪə | -paɪə/ 名 ❶ ⓒ 帝国: the British E~ 大英帝国 / the E~ of the East [West] =the Eastern [Western] E~ 東[西]ローマ帝国. ❷ ⓒ (巨大な企業などの)「王国」: an industrial [a financial] ~ 産業[金融]王国. ❸ U 皇帝の統治; 帝政. ❹ 《the E~》(ナポレオン時代のフランスの)帝政時代: *the* (First) E~ フランス第一帝政 (1804-15) / *the Second E~* フランス第二帝政 (1851-70). ── 形 《E~》〈家具・服装など〉第一次フランス帝国時代風の. 《F<L *imperium*<*imperāre* 統治する; cf. emperor, imperial》

émpire-building 名 U 《組織内などでの》勢力[版図]拡大[拡張]. **émpire-builder** 名.

émpire lìne 名 【服】エンパイアライン《大きく開いた襟ぐりとハイウエストを特徴とする細身で直線的な婦人服のスタイル; 最初フランス第一帝政時代 (1804-15) に流行した》.

Émpire Státe 名 《the ~》帝国州《New York 州の俗称》.

Émpire Státe Búilding 名 《the ~》エンパイアステートビル《米国 New York 市にあり, テレビ塔を含めた高さは約 449 メートル, 地上 102 階》.

Émpire Státe of the Sóuth 名 《the ~》南部の帝国州《Georgia 州の俗称》.

em·pir·ic /impírɪk, em-/ 形 =empirical.

+**em·pir·i·cal** /impírɪk(ə)l, em-/ 形 ❶ 経験的な, 経験[実験]上の: an ~ formula 【化】実験式 / (an) ~ science 経験科学. ❷ 〈医者など〉経験主義の. **~·ly** /-kəli/ 副 《L<Gk=熟練した》.

em·pír·i·cism /-sìzm/ 名 U ❶ 経験主義[論] (cf. rationalism 1). ❷ 経験的[非科学的]療法.

em·pír·i·cist /-sɪst/ 名 U 経験主義[論]者.

em·place·ment /ɪmpléɪsmənt, em-/ 名 ❶ U (砲架などの)据え付け, 定置. ❷ ⓒ 砲床.

em·plane /emplém/ 動 =enplane.

*__em·ploy__ /implɔ́ɪ, em-/ 動 ⓔ ❶ 〈人〉を雇用する, 雇う, 使う: The company ~*s* 500 workers. その会社は 500 人の労働者を雇っている 〔+前+名〕 He's ~*ed* in a bank [at a gasworks]. 彼は銀行[ガス工場]に雇われている 〔+目+補〕 He's ~*ed as* a consultant. 彼はコンサルタントとして雇われている 〔+目+*to do*〕 be temporarily ~*ed* to carry out a survey ある調査をするのに一時的に雇用される. ❷ 〈もの・手段など〉を用いる, 使用する 《比較 use のほうが一般的》: ~ a new method 新しい方法を用いる / He ~*ed* a new theory to solve the problem. 彼はその問題を解くのに新理論を用いた. ❸ 《しばしば受身で》〈時間などを〉費やす: Her spare time is ~*ed in* knitting. 彼女は暇な時

employable 582

間を編み物をして過ごす. ❹ [通例受身で] 〔…に〕従事する: He *was* ~*ed in* copying letters. 彼は手紙の写しを取っているところだった. ── 名 U 雇用 (★ 通例次の句で): be in a person's ~ = be in the ~ of a person 人に使われている. 〖F=用いる〈L *implicare* 関係させる, 巻き込む; ⇒imply〗 (名 employment) 【類義語】**employ** 専任の職員として正式に, かつ継続的に人を雇う. **hire** 金を支払って一時的に人を雇うことで, 普通は個人的に人を雇う場合に用いる.

em·ploy·a·ble /ɪmplɔ́ɪəbl, em-/ 形 P〈人が〉雇用に適する. ── 名 雇用対象者.

‡**em·ploy·ee** /ɪmplɔ́ɪíː, em-, -plɔ́ɪiː/ 名 被雇用者, 従業員 (↔ employer): For *Employees* Only 〖掲示〗 従業員専用.

‡**em·ploy·er** /ɪmplɔ́ɪɚ, em- | -plɔ́ɪə/ 名 雇用者, 雇い主, 使用者 (↔ employee).

‡**em·ploy·ment** /ɪmplɔ́ɪmənt, em-/ 名 ❶ U (労働者の)雇用 (↔ unemployment); U,C (雇われて働く)職, 仕事: full ~ 完全雇用 / the ~ of teenagers under 18 18 歳未満の青少年の雇用 / full-time [part-time] ~ 正社員の職[パートの仕事] / find [get] ~ 就職する / lose one's ~ 失業する / seek ~ 職を求める / find ~ in a firm 会社に職を見つける. ❷ U 使用(すること), 利用: the ~ *of* computers コンピューターの使用. (動 employ) 【類義語】⇒ occupation.

employment àgency 名 (民間の)職業紹介所.

employment òffice 名 (英) 職業紹介所 (もと employment exchange といっていた).

em·po·ri·um /ɪmpɔ́ːriəm, em-/ 名 (優 ~**s**, **-ri·a** /-riə/) ❶ 商業[貿易]の中心地. ❷ 大商店, 百貨店.

⁺**em·pow·er** /ɪmpáʊɚ, em- | -páʊə/ 動 他〈人に…する〉権限[権能]を与える (authorize) (★ しばしば受身): Congress *is* ~*ed by* the Constitution *to* make laws. 国会は憲法によって法律を制定する権限を与えられている.

⁺**em·pów·er·ment** /-mənt/ 名 U 権限[地位]の付与.

⁺**em·press** /ɛ́mprəs/ 名 C ❶ 皇后: Her Majesty the *E*- 皇后陛下. ❷ 女帝, 女皇. 〖EMPEROR+-ESS〗

emp·ti·ly /ɛ́m(p)təli/ 副 空虚に, 空しく; 無意味に.

⁺**émp·ti·ness** 名 U ❶ 空(ヵ), 空虚. ❷ 無意味, 空しさ. ❸ 空腹.

‡**emp·ty** /ɛ́m(p)ti/ 形 (**emp·ti·er; emp·ti·est**) ❶ (比較なし)〈容器など〉中身のない, 空(ヵ)の; 〈家・建物など〉人の住んでいない: an ~ purse 空の財布, 無一文 / get ~ 空になる / an ~ seat 空席 / an ~ house 空き家 / a room ~ *of* furniture 家具類のない部屋. ❷ 〈道の〉人通りのない, 交通のない: an ~ street 人通りのない街路 / a street ~ *of* traffic 車の往来のない街路. ❸ (比較なし)〈言葉・約束など〉無意味な, 当てにならない; 空虚な, くだらない: an ~ promise 空約束 / feel ~ 空しく感じる / Life is but an ~ dream. 人生はただ空しい夢にすぎない / words ~ *of* meaning 無意味な語. ❹ (比較なし) (口) 空腹の: I feel ~. 腹ぺこだ. **on an empty stómach** ⇒ stomach 名 1. ── 名 [通例複数形で] (口) 空き箱, 空き瓶, 空(ヵ)車(など).

── 動 他 ❶ 〈容器など〉空(ヵ)にする, あける, 〈人を立ちかぜて〉〈場所〉を無人にする, 〈…から〉人を追い払う: ~ an ashtray 灰皿の灰を捨てる / He *emptied* his glass. 彼はグラスを空にした〈飲み干した〉 / *emptied* the closet *of* everything. 押し入れの中のものを全部取り出した. ❷ a 〈容器の〉中身をあける, 〈容器〉を空にする: I had to ~ *out* the drawer to find the papers. 私はその書類を見つけるのに引き出しを空にして探さねばならなかった / He *emptied* (*out*) his bag *on* the tray. 彼はかばんの中身をお盆の上にあけた. **b** [副詞(句)を伴って]〈中身〉をあける, 移す: She *emptied* the bottle of milk *into* a saucepan. 彼女は瓶の牛乳をシチュー鍋にあけた / ~ the water in a glass *into* another コップの水を別のコップへ移す / You'd better ~ the water *out of* your boots. 長靴から水を出したほうがいいよ. ── 自 ❶ 空(ヵ)になる (*out*): The hall *emptied* quickly. ホールはたちまち空になった. ❷ 〈川が〉〔…に注ぐ〕(*out*): The Ohio (River) *empties into* [*onto*] the Mississippi. オハイオ川はミシシッピー川に注いでいる. 【類義語】**empty** 中味がない. **vacant** 本来中にあるべきものが, 一時的に欠けて空いている. **blank** 物の表面に何もない(書かれていない).

émpty cálorie 名 (栄養価のない食物の)空カロリー.

⁺**émpty-hánded** 形 素手で[の], (何の成果・収穫もなく)手ぶらで[の]: He returned ~. 彼は手ぶらで戻ってきた.

émpty-héaded 形 〈人が〉何も考えのない, 無知な.

émpty néster 名 (米) 子供が巣立って家に残された親.

émpty nést sỳndrome 名 U 空(ヵ)の巣症候群 (empty nester に見られる鬱状態).

em·pur·pled /ɪmpə́ːpld, em- | -pə́ː-/ 形 紫色になった.

em·py·e·ma /ɛ̀mpaɪíːmə/ 名 [医] 蓄膿(ヒ)(症).

em·py·re·al /ɛ̀mpaɪríːəl⁻, empírɪəl/ 形 A ❶ 最高天の. ❷ 天空の.

em·py·re·an /ɛ̀mpaɪríːən⁻, empírɪən/ 名 [the ~; しばしば E~] ❶ (古代宇宙論でいう五天中の)最高天 (火と光の世界で, 後に神と天使の住居と信じられた). ❷ 天空, 大空. 〖L<Gk=火の〗

EMS /íːèmés/ (略) European Monetary System 欧州通貨制度; emergency medical service.

EMT /íːèmtíː/ (略) emergency medical technician.

e·mu /íːmjuː/ 名 (優 ~**s**, ~) 〔鳥〕 エミュー (ダチョウに似たオーストラリア産の無翼の大鳥).

EMU /íːèmjúː, íːmjuː/ (略) economic and monetary union (EU の)経済通貨統合 (1999 年 1 月に始まり, 2002 年 1 月から新通貨 Euro の受け払いの開始となった).

⁺**em·u·late** /ɛ́mjulèɪt/ 動 ❶ **a** 〈…を〉(負けないように)熱心に見習う, まねる: It's customary for boys to ~ their fathers. 男の子は父親を見習うものである. **b** 〈…と〉競う, 張り合う. ❷ [電算] 〈他のプログラムなどを〉エミュレーション (emulation) する. 〖L=競争する〗

em·u·la·tion /ɛ̀mjulèɪʃən/ 名 U ❶ **a** 模倣, まね. **b** 競争(すること), 張り合い, 対抗 (*of*). ❷ [電算] エミュレーション (ソフトウェアやデバイスが他のソフトウェアやデバイスなどを模倣してその機能を実行すること).

ém·u·là·tive /-lèɪtɪv/ 形 張り合おう[まねよう]とする, 負けず嫌いの. **-ly** 副

ém·u·là·tor /-tə⁻ | -tə/ 名 ❶ [電算] エミュレーター (エミュレーションを実行するためのソフトウェア(など)). ❷ 競争者; 張り合って見習う[まねをする]人.

em·u·lous /ɛ́mjuləs/ 形 競争する, 競争心の強い; 競争心からの, 〜しようとする (of).

e·mul·si·fi·ca·tion /ɪmʌ̀lsəfɪkéɪʃən/ 名 U 〔化〕乳剤化, 乳化(作用).

e·múl·si·fì·er /ɪmʌ́lsəfàɪɚ/ 名 〔化〕乳化剤.

e·mul·si·fy /ɪmʌ́lsəfàɪ/ 動 他〈…を〉乳状[乳剤]にする: *emulsified* oil 乳化油.

⁺**e·mul·sion** /ɪmʌ́lʃən/ 名 C,U ❶ 〔化〕乳濁液, 乳状液. ❷ 〔写〕 感光乳剤. ❸ =emulsion paint.

emúlsion pàint 名 U エマルジョンペンキ (乾くとつやがなくなるペンキ).

en /èn/ 名 ❶ N字. ❷ 〔印〕半角 (全角 (em)の半分).

en- /ɪn, en/ 接頭 ❶ 名詞につけて「…の中に入れる」の意の動詞を造る: encase, enshrine. ❷ 「…にする, …ならしめる」の意の動詞・形容詞を造る(★ この場合さらに接尾辞 -en が付加されることがある: embolden, enlighten): endear, enslave, ennoble. ❸ 動詞につけて「…の中に, 内に」の意の動詞を造る: enfold, enshroud.

-en¹, -en¹ /(ə)n/ 接尾 [不規則動詞の過去分詞語尾]: spoken, sworn.

-en², -en² /(ə)n/ 接尾 物質名詞につけて「…質[性]の, …から成る, …製の」の意の形容詞を造る: ashen, golden, wheaten.

-en³ /(ə)n/ 接尾 ❶ 形容詞につけて「…にする[なる]」の意の動詞を造る: darken, sharpen. ❷ 名詞につけて「…する[なる]」の意の動詞を造る: heighten, lengthen.

-en⁴ /(ə)n/ 接尾「小・親愛」の気持ちなどを表わす名詞語尾: chicken, kitten.

‡**en·a·ble** /ɪnéɪbl, en-/ 動 ❶ 〈物事を〉〈人を〉〈…することを〉

とかできるようにする: [+目+*to do*] His large income ~d him *to* live in comfort. 彼は収入が多いので楽な生活をすることができた。 ❷ 〈…を〉可能にする，容易にする: Rockets have ~d space travel. ロケットのおかげで宇宙旅行ができるようになった。 ❸ 〈人に…する〉資格[権利]を与える: [目+*to do*] The law ~s us *to* receive an annuity. その法律は我々に年金を受け取る権利を与えている（その法律で年金を受け取ることができる）. ❹ 【電算】〈装置を作動可能に〉. 《EN-+ABLE》

-enabled /ínèɪbld/ [形容詞連結形] 【電算】「(プログラムが)…対応の」: Java-*enabled* browser Java 対応のブラウザー.

en·á·bler 名 イネーブラー, 助長者《アルコール依存症・薬物中毒の患者などに対し，その悪習の根本的な解消に努めず，かえって助長するような行動をとる家族などを指す》.

en·á·bling 形 Ⓐ〈法律が特別の権能を与える〉: ~ legislation 授権法.

enábling áct [státute] 名 【法】権能付与的制定法, 授権法.

*__en·act__ /ɪnǽkt, en-/ 動 他 ❶ 〈法律を〉制定する, 規定する《★しばしば受身》；〈法律が〉…と規定する《★しばしば受身》: ~ing clauses 制定条項《法律案または制定法の頭書文句をさす》/ as by law ~*ed* 法律の規定するとおり / Be it further ~*ed that*... 下記のとおり本法で定める《★制定法の文頭の言葉》. ❷ 〈劇・ある場面を〉上演する (perform)；〈…の役を〉演ずる: ~ a play [a scene, *Macbeth*] 劇[場面, マクベス]を演ずる. ❸ 〈事態・状況などを〉引き起こす《★通例受身》. 《EN-+ACT》 enactment.

en·ac·tion /ɪnǽkʃən, en-/ 名 =enactment.

†**en·áct·ment** /-mənt/ 名 ❶ Ⓤ 法の制定. ❷ Ⓒ 法令, 法規. ❸ Ⓤ.Ⓒ 〈文〉《劇などの》上演 (performance). (動 enact)

†**e·nam·el** /ɪnǽm(ə)l/ 名 ❶ Ⓤ エナメル, ほうろう；《陶器の》釉 (うわぐすり). ❷ エナメル塗料, 光沢剤. ❸ 《歯などの》ほうろう質 (ミュ). ── 動 (**en·am·eled**, 《英》**-elled**; **en·am·el·ing**, 《英》**-el·ling**) 他 エナメルを引く[かぶせる], 釉をかける: ~*ed* leather エナメル革.

enámel·wàre 名 Ⓤ エナメル引きの金属製品, ほうろう容器《全体》.

enámel·wòrk 名 Ⓤ エナメル加工品.

en·am·ored, 《英》**en·am·oured** /ɪnǽməd│-məd/ 形 Ⓟ 〈…に〉ほれて, 夢中になって；魅了されて, 大好きで《*of, with*》.

en·an·them /ɪnǽnθəm/, **en·an·the·ma** /ènænθíːmə/ 名 《-thems, -ma·ta /-mətə/》 【医】粘膜疹.

e·nan·ti·o·mer /ɪnǽntiəmə│-mə/ 名 【化】鏡像《異性》体, 対掌体. **e·nan·ti·o·mer·ic** /ɪnæntiəmérɪk⁺/ 形 鏡像《異性》の.

enántio·mòrph 名 ❶ 【化】=enantiomer. ❷ 【晶】左右像[晶]. **enàntio·mórphic, -mórphous** 形 鏡像《異性》の. **enàntio·mórphism** 名 鏡像異性.

e·na·tion /ɪnéɪʃən/ 名 【植】《葉の組織の》隆起生長.

en bloc /ɑːmblɑ́k│-blɔ́k/ 副 ひとまとめにして, 総括的に: resign ~ 総辞職する. 《F》

en·cage /ɪnkéɪdʒ, en-/ 動 他 〈…を〉かご[おり]に入れる；閉じ込める.

en·camp /ɪnkǽmp, en-/ 動 自 【軍】〈…に〉野営する《*at, in, on*》. 《EN-+CAMP¹》

en·cámp·ment /-mənt/ 名 ❶ Ⓒ 野営地, 陣地；Ⓤ 野営《すること》.

†**en·cap·su·late** /ɪnkǽpsəlèɪt, en-│-sjʊ-/ 動 他 ❶ 〈…を〉カプセルに包む, さや入れる. ❷ 〈事実・情報などを〉要約する. **en·cap·su·la·tion** /ɪnkæpsəléɪʃən, en-│-sjʊ-/ 名.

en·case /ɪnkéɪs, en-/ 動 他 〈…を〉箱（など）に入れる；包む《*in*》《★しばしば受身》. 《EN-+CASE²》

en·cash /ɪnkǽʃ, en-/ 動 他 《英文》〈証券・手形などを〉現金化する (cash). **~·able** 形 **~·ment** 名.

en·caus·tic /ɪnkɔ́ːstɪk, en-/ 形 蠟画 (ミッウ) 法の, ~ tiles 化粧色がわら, 色[模様]タイル. ── 名 ❶ Ⓤ 焼き付け画法, 蠟画法. ❷ Ⓒ 焼き付け画.

-ence /(ə)ns/ 接尾 -ent を語尾とする形容詞に対する名詞

語尾: *silence, prudence*.

en·ceph·al- /ɪnséfəl/ en-│ [連結形]《母音の前にくる時の》encephalo- の異形.

en·ce·phal·ic /ènsɪfǽlɪk│-kɪf-, -sɪf-⁻/ 形 脳の；脳に近い；頭蓋腔内にある.

en·ceph·a·li·tis /ɪnsèfəláɪtɪs, en-│ènkèf-, sèf-/ 名 Ⓤ【医】脳炎: Japanese ~ 日本脳炎.

encephalitis le·thár·gi·ca /-lɪθɑ́ːdʒɪkə│-θɑ́ː-/ 名 Ⓤ 【医】嗜眠 (ジミン) 性脳炎.

en·ceph·a·li·za·tion /ɪnsèfəlɪzéɪʃən, en-│-kèfəlaɪz-, sèf-/ 名 Ⓤ 【生】大脳化《系統発生における皮質中枢から皮質への機能の移動》.

en·ceph·a·lo- /ɪnséfəloʊ, en/ [連結形]「脳」. 《Gk < EN-+*cephalē* 頭》

en·ceph·a·lo·gram /ɪnsèfələgrǽm, en-│-kéf-, -séf-/ 名 脳造影[撮影]図.

en·ceph·a·lo·graph /-græf, -grɑːf/ 名 =encephalogram, electroencephalograph.

en·ceph·a·log·ra·phy /ɪnsèfəlɑ́grəfi, en-│-lɔ́g-, -sèf-/ 名 Ⓤ 脳造影[撮影]《法》. **en·ceph·a·lo·graph·ic** /ɪnsèfələgrǽfɪk, en-│-kèf-, -sèf-⁻/ 形.

en·ceph·a·lo·my·e·li·tis /ɪnsèfəloʊ-, en-│-kèf-, -sèf-/ 名 Ⓤ 【医・獣医】脳脊髄炎.

en·ceph·a·lon /ɪnsèfəlɑ̀n, en-│enkéfəlɔ̀n, -séf-/ 名 《-a·la /-lə/》【解】脳髄.

en·ceph·a·lop·a·thy /ɪnsèfəlɑ́pəθi, en-│-kèfəlɔ́p-, -sèf-/ 名 【医】脳障害, 脳症, エンセファロパシー. **en·ceph·a·lo·path·ic** /ɪnsèfələpǽθɪk, en-│-kèf-, -sèf-⁻/ 形.

en·chain /ɪntʃéɪn, en-/ 動 他 ❶ 〈…を〉鎖でつなぐ. ❷ 〈注意・興味を〉引きつけておく. **~·ment** 名.

†**en·chant** /ɪntʃǽnt, en-│-tʃɑ́ːnt/ 動 他 ❶ 〈…に〉魔法をかける. ❷ 〈人を〉《魔法にかけたかのように》うっとりさせる, 〈人の〉心を奪う, 魅了する《★しばしば受身》: I was ~*ed by* [*with*] the performance. 私はその演技ですっかり気に入った. 《F=魅惑する < L; ⇨ en-, chant》 [類義語] fascinate.

en·chant·er /-tə│-tə/ 名 ❶ 魔法使い, 妖術師. ❷ 魅惑する者, うっとりさせる人.

enchánter's níghtshade 名 【植】ミズタマソウ《アカバナ科》.

†**en·chánt·ing** /-tɪŋ/ 形 魅惑的な, うっとりさせる《ような》: an ~ smile うっとりさせるほほえみ. **~·ly** 副.

en·chánt·ment /-mənt/ 名 ❶ Ⓤ **a** 魔法を使う[かける]こと；魔法にかかっていること. **b** 大喜び, 喜悦. ❷ Ⓒ うっとりさせるもの.

en·chant·ress /ɪntʃǽntrəs, en-│-tʃɑ́ːn-/ 名 ❶ 魔法使いの女, 魔女. ❷ 魅惑的な女.

en·chase /ɪntʃéɪs, en-/ 動 他 ❶ 〈…に〉〈…の〉浮き彫り[象眼, 彫刻]を施す《*with*》；〈模様などに〉…に彫り込む《*on, in*》: The crown was ~*d with* gold and silver. 王冠には金と銀がちりばめられていた. ❷ 《宝石などを》〈…に〉ちりばめる, はめる: ~ diamonds in a ring = ~ a ring *with* diamonds 指輪にダイヤをちりばめる. 《F=安置する》

en·chi·la·da /èntʃɪlɑ́ːdə/ 名 エンチラーダ《ひき肉を入れたトルティーヤにチリソースをかけたメキシコ料理》.

en·chi·rid·i·on /ènkaɪrɪ́diən/ 名 《-**rid·ia** /-rɪ́diə/, ~s》手引, 便覧.

en·ci·pher /ɪnsáɪfə, en-│-fə/ 動 他 〈通信文などを〉暗号に変える (↔ decipher). **~·ment** /-mənt/ 名.

†**en·cir·cle** /ɪnsə́ːkl, en-│-sə́ː-/ 動 他 ❶ 〈…を〉《取り》囲む (surround): Mist ~*d* the island. 霧が島をすっぽり包んだ / The pond is ~*d* by trees. 池は木で囲まれている. ❷ 〈…を〉一周する. **~·ment** /-mənt/ 名 Ⓤ 囲むこと, 包囲. 《EN-+CIRCLE》

encl. 《略》enclosed; enclosure.

en clair /ɑːnkléə│-kléə/ 副 《外交用電報が》《暗号でなく》平文で[の].

†**en·clave** /énkleɪv/ 名 ❶ 飛び領土, 包領《自国内に入り込んでいる他国の領土；⇨ exclave》. ❷ **a** 《他民族の中に孤立する》少数民族集団. **b** 《特定の文化圏に孤立する》

異種文化圏. 〖F=閉じ込められた土地〗

en·clit·ic /enklítɪk/ 〖文法〗形 〈単語など〉前接(的)の (cf. proclitic). ── 名 前接語（みずからにアクセントがなく直前の語の一部のように発音される）: I'll, 'll, cannot の not など. **-i·cal·ly** /-kəli/ 副

*__en·close__ /ɪnklóʊz, en-/ 動 ❶ 〈場所を〉取り囲む，囲む（★ しばしば受身）: A fence ~s the land. 垣がその土地を取り囲んでいる / The garden is ~d with [by] a high brick wall. 庭園は高いれんが塀で囲まれている / He ~d his garden with a hedge. 彼は庭園を生け垣で取り囲んだ. ❷ 〈小切手・写真などを〉同封する: I'm enclosing my photo. 私の写真を同封します / Enclosed please find a check for ten dollars. 10 ドルの小切手を入れていますからお受け取りください / ~ a check with a letter 手紙に小切手を封入する（用法 letter の意味を広義 (message and envelope)に解して ~ a check in a letter ということもある）. ❸ 〈小農地・公有地などを〉（私有の大農地にするために）囲い込む（⇒ enclosure 1b）: ~ common land 共有地を囲い込んで私有化する. 〖F=閉じ込める＜L includere to INCLUDE; ⇒ en-, close¹〗（名 enclosure）

+**en·clo·sure** /ɪnklóʊʒɚ, en-│-ʒə-/ 名 ❶ ⓒ 囲い地，構内（同 (さく・塀など). ❷ ⓒ 〈公有地などを共有地とするための）囲い込み (cf. common 名 2)（小作地や村の共有地を回収または買収して囲い，牧羊地としたこと; 英国では 15 世紀から 19 世紀まで続いた）. ❸ ⓒ 同封のもの, 封入物.

+**en·code** /ɪnkóʊd, en-/ 動 ❶ 〈伝達文を〉暗号に書き直す，〈電子メールなどを〉暗号化する (cf. decode); 〖電算〗〈データを〉バイナリーデータに変換する; 〖遺〗〈遺伝子が〉たん白質などをコードする. 〖EN-+CODE〗

en·cód·er /-də│-də-/ 名 暗号器，〖電算〗符号器，エンコーダー.

en·co·mi·ast /enkóʊmiæst, -əst/ 名 賛辞を述べる[書く]人，賛美者. **en·co·mi·as·tic** /enkòʊmiǽstɪk⁻/ 形

en·co·mi·um /enkóʊmiəm/ 名 (複 ~s, -mi·a /-miə/)〘文〙ほめ言葉，賛辞〈of, on〉.

+**en·com·pass** /ɪnkʌ́mpəs, en-/ 動 ❶ …を取り囲む，取り巻く，包囲する: The city was ~ed with [by] a thick fog. その都市は濃霧に包まれていた. ❷ …を包含する，含む (include). ❸ 〘古〙〈悪い結果などを〉もたらす. **-ment** 名 〖EN-+COMPASS〗

en·co·pre·sis /ènkəprí:sɪs│-koʊ-/ 名 Ⓤ 〖精神医〗糞便[大便]失禁，遺糞，屎/⁻失禁.

*__en·core__ /á:nkɔə│ɔ́ŋkɔ:/ 名 アンコール(に応ずる演奏[歌唱]): call for [give] an ~ アンコールを求める[する]. ── 動 他 アンコールに応えて演奏する. ── 他 〈歌の・演奏者にアンコール演奏を求める: ~ a singer [song] 歌手に[歌の]アンコールを求める. ── 間 もう一度!, アンコール!(★ フランス語ではこの語を用いず Bis! という). 〖F=again, once more〗

*__en·coun·ter__ /ɪnkáʊntə, en-│-tə/ 動 ❶ 〈人に〉偶然に出会う，出くわす (come across): ~ an old friend on the street 通りで旧友にばったり出会う. ❷ 〈危険などに〉あう，〈敵に〉遭遇する，〈…と〉会戦[対戦]する: ~ an enemy force 敵軍と対戦する / The explorers ~ed many hardships. 探検家たちは多くの困難に遭遇した. ── 名 ❶ (偶然の)出会い〈with〉. ❷ 〈危険・困難・敵などとの〉遭遇，遭遇戦，対戦〈with〉. 〖F=対立して，ぶつかって; ⇒ en-, counter²〗

encóunter gròup 名 〘心〙エンカウンターグループ（少人数からなる集団療法のためのグループ; 安全な雰囲気のなかでメンバーが本音を出し合うことによって心理的成長や対人関係の改善・発展をはかろうとするもの）.

‡**en·cour·age** /ɪnkə́:rɪʤ, en-│-kʌ́r-/ 動 ❶ 〈人を〉元気[勇気]づける，励ます (↔ discourage): Your letter ~d me greatly. あなたの手紙は私を大いに元気づけた / He was ~d at [by] his success. 彼はその成功で勇気をつけた / She has always ~d me in my studies. 彼女はいつも私の研究を励ましてくれる / [＋目+to do] He ~d me to write novels. 彼は私に小説を書くように励ましてくれた. ❷ 〈…を〉促進する，助長する; 奨励する: That will merely ~ his laziness.=That will merely ~ him in his laziness. それでは彼の怠惰を助長するだけになるだろう / ~ agriculture 農業を奨励する. 〖F=支持する; ⇒ en-, courage〗（名 encouragement）

+**en·cour·age·ment** /ɪnkə́:rɪʤmənt, en-│-kʌ́r-/ 名 ❶ Ⓤ 激励，奨励 (↔ discouragement): shouts of ~ 激励の叫び [＋to do] He gave us ~ to carry out the plan. 彼は我々がその計画を遂行するように激励してくれた. ❷ Ⓒ 励みとなるもの，刺激: His interest in my work was a great ~. 彼が私の作品に興味を示したことが大きな励みとなった.（動 encourage）

*__en·cour·ag·ing__ /ɪnkə́:rɪʤɪŋ, en-│-kʌ́r-/ 形 元気づける，励みになる，激励[奨励]の (↔ discouraging). **~·ly** 副

+**en·croach** /ɪnkróʊʧ, en-/ 動 ❶ 〔他人の権利などを〕侵害する; 〈他国・他人の土地などを〉侵略[侵入]する: A good salesman will not ~ on his customer's time. 熟練したセールスマンとは客の時間をとらせないものだ. ❷ 〈ものが〉〈広がって〉〈場所を〉占めるようになる，〈場所に[まで]〉侵入する; 〈海が〉〈陸などを〉浸食する〈on, upon〉. 〖F=鉤(⁻)でつかまえる〗

en·cróach·ment /-mənt/ 名 Ⓤ.Ⓒ 侵害; 侵略; 浸食.

en croûte /à:ŋkrú:t/ 形 〘名詞に後置〙副 〘料理〙パイ皮に包んだ[包んで]: salmon ~ サーモンのパイ皮包み. 〖F〗

en·crust /ɪnkrʌ́st, en-/ 動 ❶ 〈…を〉皮殻でおおう（★ 通例受身）: The inside of the kettle is ~ed with lime. やかんの内側には石灰分が付着している. ❷ 〈…にちりばめる（★ 通例受身）: The silver box was ~ed with jewels. その銀製の箱には宝石が一面にちりばめてあった. 〖EN-+CRUST〗

en·crus·ta·tion /ènkrʌstéɪʃən/ 名 =incrustation.

en·crypt /ɪnkrípt, en-/ 動 〈情報などを〉暗号化[符号化]する（★ しばしば受身）. **en·cryp·tion** /ɪnkrípʃən, en-/ 名 Ⓤ.Ⓒ 暗号化. **-cryp·tor** 名 〖EN-+CRYPT(OGRAM)〗

en·cul·tu·ra·tion /ɪnkʌ̀lʧəréɪʃən/ 名 Ⓤ 〘社〙文化化，(異)文化適応.

en·cum·ber /ɪnkʌ́mbə, en-│-bə-/ 動 〘通例受身で〙 ❶ 〈人の〉動きをじゃまする，〈動きを〉妨げる: She was ~ed with large parcels. 彼女は大きな荷物で動きが不自由だった. ❷ 〈家具などが〉〈場所を〉ふさぐ: The room was ~ed with old furniture. その部屋には古い家具がどこかに置かれていた. ❸ 〈心配事・疑惑が〉〈人を〉煩わせる: He was ~ed with cares. 彼は心配事に思い煩った. ❹ 〈負債・債務が〉〈人・土地に〉負わせる: His estate is ~ed with a heavy mortgage. 彼の宅地は多額の抵当に入っている.

en·cum·brance /ɪnkʌ́mbrəns, en-/ 名 ❶ **a** じゃまな物，しばしば **b** (子供などの)足手まとい，係累: without ~ 係累[子供]がなく（★ 無冠詞）. ❷ 〘法〙(財産上の)負担（抵当権・債務など）.

-en·cy /-ənsi/ 腰尾 -ent を語尾とする形容詞に対する名詞語尾: consistency, dependency.

en·cyc·li·cal /ɪnsíklɪk(ə)l, en-/ 名 (ローマ教皇が全司教へ送る)回勅. ── 形 〈書状などが〉一般に送る，回覧の.

+**en·cy·clo·pe·di·a, -pae-** /ɪnsàɪkləpí:diə, en-/ 名 百科事典. 〖L＜Gk=教育全般，一般教育〗

en·cy·clo·pe·dic, -pae- /ɪnsàɪkləpí:dɪk, en-⁻/ 形 ❶ 百科事典的な. ❷ 〈人・知識など〉知識の広い，博学の: ~ knowledge 広範に及ぶ[百科事典的な]知識.

en·cy·clo·pe·dism, -pae- /ɪnsàɪkləpí:dɪzm, en-/ 名 Ⓤ 百科事典的な知識，博識.

en·cy·clo·pe·dist, -pae- /-dɪst/ 名 百科事典編集者.

en·cyst /ɪnsíst, en-/ 〖生〗動 他 包囊 (cyst) に包む[包まれる]. **en·cys·ta·tion** /ènsɪstéɪʃən/, **~·ment** /-mənt/ 名 Ⓤ 包囊形成，被囊.

‡**end** /énd/ 名/形 **A** ❶ (時間・物事の)終わりの，最後，末期; 結末，結び: the ~ of a day [a month, a year] 1日[1か月, 1年]の終わり / at the ~ 最後に(は) / from the beginning to ~ 始めから終わりまで（★ 対語で無冠詞）/ to the ~ of time いつまでも / to the (very) ~ 最後まで，あくまで / There's an ~ of it. それでおしまいです, それで話は終わ

りです / at the ~ of a letter 手紙の末尾に / The E-~《映画などの》終わり. ❷ a (存在・行為などの)終止; 廃止: come to an ~ 終わる / bring…to an ~ …を終わらせる / make an ~ of...を終わらせる / put an ~ to...を終わらせる; やめる / put an ~ to one's life [oneself] 自殺する. b 《通例 one's ~, the ~》死: come to an untimely ~ 早死にする / meet one's ~ 死ぬ / He's near [nearing] his ~. 死期が迫っている, 死にかけている / Another attack will be the ~ of him. もう一度発作が来たら彼はだめだろう. ❸ a (細長いものの)端, 末端, 先端; (街路などの)はずれ; 突き当たり: both ~s of a table テーブルの両端 / the deep ~ of a swimming pool プールの深いほう / at the ~ of the street 街路の突き当たりに / from ~ to ~ 端から端まで《★対語で無冠詞》 / the person at [on] the other ~ of the line 電話の相手 / ⇨ business end, dead end. b 《しばしば複数形で》端(^は)きれ, くず: cigaret(te)~s たばこの吸い殻. ❹ 限り, 際限, 果て: at the ~ of one's supplies [endurance] 蓄え[忍耐力]が尽きて / There's no ~ to it. 際限がない / ⇨ the (absolute) END 成句. ❺ 《アメフト》エンド《ラインの両端に位置する選手)》.

— B ❶ 《しばしば複数形で》目的: the ~(s) of human life 人生の目的 / for political ~s 政治的のために / to this [that] ~ こういう[そういう]目的で / to what ~ 何の(目的の)ため / a means to an ~ 目的達成の一手段 / gain [attain] one's ~(s) 目的を達する / have an ~ in view もくろみがある / The ~ justifies the means.《諺》目的は手段を正当化する, 「うそも方便」 / For me, art is an ~ in itself. 私にとって芸術の目的は芸術そのものだ. ❷ (事業などの)部門, 面: the sales [advertising] ~ of the manufacturing industry 製造工業の販売[宣伝]面.

áll ends úp 完全に, 徹底的に.
at a loose énd (1) ぶらぶらして. (2) 何もすることがなくて.
at an énd 尽きて, 終わって: Our vacation is *at an ~*. 我々の休暇は終わった.
at an ídle énd =at a loose END 成句.
at lóose énds《米》=at a loose END 成句.
at the déep énd (仕事などの)いちばん難しい所.
at the énd of one's rópe [téther] 進退窮まって, 万事休して.
at the énd of the dáy いろいろ考慮してみて, 要するに.
at one's wít's énd ⇨ wit¹ 成句.
begín at the wróng end 初め[第一歩]を誤る.
búrn the cándle at bóth ends ⇨ candle 成句.
cóme to a bád [《英》sticky] énd 不幸[不名誉]なことになる; みじめな死に方をする.
énd for énd 両端を逆に, 逆さに: Turn the photo ~ *for ~* and look at it upside down. 写真を回して逆さにして見てごらんなさい.
énd ón 端を前向きに, 端と端を合わせて《匹敬 head on のほうが一般的》.
énd òver énd くるくると(回転して): The car went over the cliff spinning ~ *over ~*. その車はぐるぐる回転しながらがけから落ちた.
énd to énd 端と端を(縦に)つないで: We lined up the benches ~ *to ~*. ベンチの端と端をつけて一列に並べた.
énd úp 一端を上にして.
gèt one's énd awáy《英俗》〈男が〉性交する.
gèt (hóld of) the wróng ènd of the stíck 取り違える, すっかり誤解する.
gèt the dírty énd of the stíck《口》(1) 不当に扱われる. (2) いやな仕事を与えられる.
gó óff (at) the déep énd 自制を失う, かっとなる; 無鉄砲な行動をする, むちゃなことをする《曲来「プールの深いほうに入る」の意から; cf. 3 a》.
hóld one's énd ùp =keep one's END up 成句.
in the énd (1) ついに, とうとう. (2) いろいろ考慮してみて, 結局は.
one's jóurney's end =journey 成句.
júmp ín at the déep énd =plunge in at the deep END 成句.
kéep one's énd ùp (1) 自分の責任を十分に果たす. (2) がんばり通す.
màke (bóth) énds méet 収支を合わせる, 収入の範囲内でやっていく: They're having trouble *making (both) ~s meet*. 収支を合わせるのに苦労している.
néver [nót] hèar the énd of…についていつまでも聞かされる.
nó énd《口》非常に, とても: I'm *no ~* glad. とてもうれしい.
nó énd of…《口》(1) たくさんの…: *no ~ of* people [money] たくさんの人[金]. (2) [no ~ of a… で] 非常な…, すばらしい…, ひどい…: *no ~ of a fool* [*a* (good) fellow] 大ばか[とてもいいやつ].
ódds and ènds ⇨ odds 成句.
on énd (1) (日時が)引き続いて: It rained for three days *on ~*. 3日続いて雨が降った. (2) 縦に立って, 直立して: put a thing *on ~* ものを立てる / make one's hair stand *on ~* (恐怖などのため)髪を逆立てる.
pláy bóth énds agàinst the míddle 自分が有利になるように対立する両者を争わせておく, 「漁夫の利を占める」.
plúnge ín at the déep ènd《口》(仕事などを)いきなり難しい所から始める.
(réach) the énd of the líne [róad] 破局(に至る).
stárt at the wróng énd =begin at the wrong END 成句.
the (ábsolute) énd《口》ひどいもの[こと], 忍耐の限界: His insulting my mother is *the absolute ~*. 彼が私の母を侮辱したことはもう我慢できない.
the énd of the wórld (1) 世界の終わり《破滅》: It's not *the ~ of the world*. 世の終わりじゃないよ《不幸を慰めるときに用いる》. (2) =the END(s) of the earth 成句.
the énd(s) of the éarth 世界[地]の果て, 最果ての地, 遠隔の地.
the thín énd of the wédge ⇨ wedge 成句.
thrówn in at the déep énd《口》難しい[慣れない]仕事(など)を急にやらされる.
to nó énd 無益に: I labored *to no ~*. むだに働いた, むだ働きをした.
to the bítter énd ⇨ bitter 形 成句.
withòut énd 果てしなく[い].

—— 形 A 最終の, 最後の: the ~ result 最終結果.
—— 動 ❶ 〈…を〉終える: ~ a quarrel [war] 争い[戦争]をよす[やめる]. ❷ 〈…の〉終わりとなる: The song ~ed the concert. その歌でコンサートは終わりとなった.
—— 自 ❶ 終わる, 終わりになる; 〈物事が〉(結果として)〈…に〉終わる, 帰する: World War Ⅰ ~ed in 1918. 第一次世界大戦は1918年におわった / The footprints ~ed there. 足跡はそこで途絶えていた / I ~, as I began, *by* thanking you. 終わりにあたって再びお礼を申しあげます / The concert ~ed *with* a Bach piece. コンサートはバッハの作品で終わった / Their marriage ~ed *in* divorce. 二人の結婚は離婚に終わった / The game ~ed *in* a draw. 勝負は引き分けとなった. ❷ 最後を遂げる, (ついに)死ぬ.
énd it (áll)《口》自殺する.
énd óff《他+副》〈演説・本などを〉…で結ぶ, 終える〔*by*, *with*〕: He ~ed *off* his story *with* a moral. 彼は最後に教訓を与えて話を結んだ.
énd úp《自+副》(経過の最終段階として)最後には〈…に〉なる; 終わる: He ~ed *up in* prison. 彼は最後には刑務所に入れられた / Who knows where he'll ~ *up*? 彼が末はどうなるかわかろうか《どこまで出世するか落ちぶれるかわからない; ★修辞疑問》/ The dinner ~ed *up with* ice cream and coffee. ディナーはアイスクリームとコーヒーで終わった / He started as an office boy and ~ed *up* (*as*) a director of the firm. 彼は給仕を振り出しにして最後にはその会社の取締役にまでなった / He ~ed *up* (*by*) *winning*. 彼は勝利を得て終わった.
【類義語】(1) ⇨ intention. (2) ⇨ finish.
end- /end/ (母音の前にくるときの) endo- の異形.
*en·dan·ger /ɪndéɪndʒɚ, en-|-dʒə/ 動 《…を》危険にさらす[陥らせる], 危うくする: ~ one's life 命[身]を危険にさ

endangered

らす / A military response would further ~ the shaky Middle East peace process. 軍事的な対応になれば不安定な中東和平プロセスが一段と危ういことになるだろう. 【EN-+DANGER】

en·dán·gered 形《動植物が》絶滅の危機にさらされた, 絶滅寸前の, 絶滅危惧の: an ~ species 絶滅危惧種.

Endángered Spécies Àct 名 [the ~] 《米》絶滅危惧種(保護)法《略 ESA》.

end·ar·ter·ec·to·my /èndɑ̀ətəréktəmi | -dɑ̀:-/ 名 ⓤ 《医》動脈内膜切除(術).

end·ar·ter·i·tis /èndɑ̀ətəráɪtɪs | -dɑ̀:-/ 名 ⓤ 《医》動脈内膜炎.

énd-consùmer 名 =end user.

+**en·dear** /ɪndíə, en- | -díə/ 動 他 ❶ 《人を》《...に》いとしく思わせる, 慕わせる (★受身なし): His kindness of heart ~ed him to all. 彼は優しいので皆に慕われた. ❷ [~ oneself to] 〔...に〕慕われる: She ~ed herself to everyone. 彼女はだれからも慕われた. 【EN-+DEAR】

+**en·déar·ing** /-dí(ə)rɪŋ/ 形 人の心を引きつける, かわいらしい; 親愛の情を表わす: an ~ smile 愛くるしいほほえみ / frankness in people ~ed 人に愛される率直さ. **~·ly** 副

en·déar·ment /-mənt/ 名 ⓤ 親愛: a term of ~ 愛称, 親愛語 (darling, dear, sweetie, honey などの呼び掛けの類). ❷ ⓒ (行為・言葉での)愛情の表示, 愛撫〔~〕.

*en·deav·or, 《英》en·deav·our /ɪndévə, en- | -və/ 動 自 〔...しようと〕努力する(比較 try のほうが一般的)〔+ to do〕They ~ed without success to right the sailboat. (傾いた)帆船をまっすぐにしようと努めたがうまくいかなかった. — 名 ⓊⒸ 努力, 試み: make one's (best) ~(s) 全力を尽くす〔+ to do〕We make every ~ to satisfy our customers. 私たちはお客に満足を与えるよう懸命の努力をしている / My ~ to bring about a settlement ended in vain. 和解させようとしたせっかくの努力も失敗に終わった. 【ME<EN-+dever duty, work】【類義語】⇒ effort.

+**en·dem·ic** /endémɪk/ 形 ❶ 《病気など》一地方特有の, 風土性の; 《ある地方・住民に》特有で〔in, to〕: an ~ disease 風土病 / diseases ~ to the tropics 熱帯地方特有の病気. ❷ 《動植物など》その土地特有の (↔ exotic); 〔...に〕特有な: a species ~ to Siberia シベリアに特有の種. — 名 地方病, 風土病. **en·dém·i·cal·ly** /-kəli/ 副 【F<Gk<土地固有の<EN-+dēmos 民衆】

en·de·mic·i·ty /èndəmísəṭi/ 名 =endemism.

en·de·mism /éndəmɪzm/ 名 一地方の特有性, 固有.

énd gàme 名 終盤戦; 大詰め.

énd gràin 名 木口(ぐち)《木材を軸に対して直角に切った端・断面》.

*en·ding** /éndɪŋ/ 名 ❶ (物語・映画などの)終局, 末尾, 大詰め (↔ opening): the ~ of a movie [novel] 映画[小説]の結末 / a film with a happy [an upbeat] ~ ハッピーエンドの映画 (比較 《英》"happy-end" は和製英語). ❷ 〔文法〕 a 屈折語尾 (books の -s, reading の -ing, longer の -er など). b 語尾 (rainy の -y, kindness の -ness など).

en·dite /éndaɪt/ 名 [動] (節足動物の二枝型付属肢の)内突起; (クモ類の脚鬚(きゃくしゅ)・小顎)の内葉.

en·dive /éndaɪv | -dɪv/ 名 ❶ 《植》エンダイブ, キクヂシャ (サラダ用). ❷ 《米》フレンチエンダイブ (チコリー (chicory)の一種).

*end·less** /éndləs/ 形 (more ~; most ~) ❶ a 終わりのない, 永久に続く, 無限の: an ~ desert 広漠たる砂漠 / an ~ stream of cars 絶え間なく続く車の流れ. b 果てしない, 長々とした: an ~ sermon 長々とした説教. ❷ 無数の: make ~ repairs 何回も修理をする. ❷ (比較なし) 《機》 循環の, 継ぎ目なしの: an ~ belt 継ぎ目なしベルト / an ~ chain 循環連鎖 / an ~ saw 帯のこ. **·ness** 名

énd·less·ly 副 無限に, 果てしなく.

énd-mèmber 名 《鉱》端(たん)成分 《固溶体成分の一つ》.

énd·mòst 形 いちばん端の, 最後の.

en·do- /éndoʊ/ [連結形] 「内(部)...」. 【Gk=within, inner】

èndo·cár·di·al /-káədiəl | -káː-/ 形 《医》 心臓内の; 《解》 心内膜 (endocardium) の.

èndo·car·di·tis /-kɑːdáɪṭɪs | -kɑː-/ 名 ⓤ 《医》 心内膜炎. **-car·dít·ic** /-kɑədíṭɪk | -kɑː-/ 形

èndo·cár·di·um /-káədiəm | -káː-/ 名 (@ -dia) 《解》心内膜.

en·do·carp /éndəkɑəp | -kɑːp/ 名 《植》 内果皮 (⇒ pericarp).

en·do·crine /éndəkrɪn | -kraɪn/ 《生理》 形 Ⓐ 内分泌の: an ~ gland 内分泌腺 《甲状腺・副腎・性腺など》. — 名 ❶ 内分泌腺. ❷ 内分泌物, ホルモン. 【ENDO-+Gk krinein 分ける, 分泌する】

éndocrine disrúptor 名 内分泌攪乱(かくらん)物質, 環境ホルモン.

en·do·cri·nol·o·gy /èndəkrɪnάlədʒi | -nɔ́l-/ 名 ⓤ 内分泌学. **èndo·crínologist** /-dʒɪst/ 名

en·do·cy·to·sis /èndəsaɪtóʊsɪs/ 名 (@ -ses /-siːz/) 《生》飲食作用, エンドサイトーシス 《細胞膜の小胞化によって外界から物質を取り込む作用》. **èn·do·cy·tót·ic** /-saɪtάṭɪk | -tɔ́t-/ 形

en·do·derm /éndədəːm | -dəːm/ 名 ⓤ 《生》内胚葉 (cf. ectoderm, mesoderm). 【ENDO-+Gk derma 皮膚】

en·dog·a·my /endάgəmi | -dɔ́g-/ 名 ⓤ 同族結婚 (↔ exogamy). 【ENDO-+-GAMY】

èndo·gén·ic /-dʒénɪk/ 形 《地》 内成の.

en·dog·e·nous /endάdʒənəs | -dɔ́dʒ-/ 形 内から発する, 内発的な; 《植》 内生の; 《医・生化》 内因(性)の; 《地》 =endogenic. **~·ly** 副

èndo·lýmph /éndəlɪmf/ 名 ⓤ 《解》 内リンパ 《内耳の膜迷路を満たす液体》. **èn·do·lym·phát·ic** /èndəlɪmfǽṭɪk/ 形

èndo·me·tri·ó·sis /-miːtrióʊsɪs/ 名 《医》 子宮内膜症, エンドメトリオーシス.

èndo·mé·tri·um /-míːtriəm/ 名 (@ -tria /-triə/) 《解》 子宮内膜. **-mé·tri·al** 形

èndo·mòrph 形 《心》 内胚葉型の人.

èndo·mòrphic 形 《心》 内胚葉型の(肥満型; cf. ectomorphic, mesomorphic). **èndo·mòrphy** 名 内胚葉型.

èndo·párasite 名 《生》 内部寄生体. **-párasitism** 名 内部寄生. **-parasític** 形

en·do·phyte /éndəfaɪt/ 名 《植》 (他の植物生体内で生活する)内生植物. **èn·do·phýt·ic** /èndəfíṭɪk/ 形

en·do·plasm /éndəplæzm/ 名 ⓤ 《生》 (細胞質の)内質. **en·do·plas·mic** /èndəplǽzmɪk/ 形

endoplásmic retículum 名 ⓤ 《生》 小胞体 《細胞内に存在する細胞内膜系》.

en·dor·phin /endɔ́əfɪn | -dɔ́ː-/ 名 ⓤ [または複数形で] 《生化》 エンドルフィン 《モルヒネ様作用を示す内因性ペプチドの一種; 鎮痛作用がある》.

en·dors·a·ble /ɪndɔ́əsəbl, en- | -dɔ́ː-/ 形 裏書きできる.

*en·dorse** /ɪndɔ́əs, en- | -dɔ́ːs/ 動 他 ❶ a 《人の意見・行動などを》是認[賛成]する, 支持する. b 《広告》 《商品などを》推奨する. ❷ 《書状・手形などに》裏書きする: ~ a check 小切手に裏書きする. ❸ 《英》 《免許証の裏に違反事項を書き込む》《通例受身》: His driving licence had been ~d. 彼の運転免許証には違反事項が書き込まれていた. 【F<L=裏書きする】

en·dor·see /ɪndɔ̀əsíː, en-, èndɔə- | èndɔː-/ 名 被裏書き人, 譲り受け人.

en·dórse·ment /-mənt/ 名 ⓒⓤ ❶ 裏書き. ❷ 保証, 是認: give one's ~ to ... を保証[是認]する. b (商品などの)推奨: commercial ~s by celebrities 有名人によるおすすめコマーシャル ❸ 《英》 (運転免許証に書かれた)交通違反記録.

en·dórs·er 名 裏書き人, 譲渡人.

en·do·scope /éndəskòʊp/ 名 《医》 (胃腸・直腸などの)内視鏡《胃カメラなど》.

en·do·scop·ic /èndəskápɪk | -skɔ́p-⁻/ 形 内視鏡の[による]: an ~ operation 内視鏡手術.

en·dos·co·py /endáskəpi | -dɔ́s-/ 名 [医] 内視鏡検査(法), 内視鏡法. **en·dós·co·pist** /-pɪst/ 名

èndo·skéleton 名 [解・動] 内骨格 (cf. exoskeleton). **-skéletal** 形

éndo·spèrm 名 U [植] 内乳, 内胚乳.

en·do·the·li·al /èndəθíːliəl/ 形 [解] 内皮の.

èndo·thé·li·um /-θíːliəm/ 名 (複 -lia /-liə/) ❶ [解] 内皮(細胞). ❷ [植] 内種皮.

éndo·thèrm 名 [動] 内温動物.

èndo·thérmic 形 [理・化] 吸熱の, 吸熱を伴う[による] (↔ exothermic); [動] 内温性の (↔ ectothermic). **-mi·cal·ly** 副

éndo·thèrmy 名 U [動] 内温性(体温が代謝熱の影響をうけること).

èndo·tóxin 名 [生化] (菌体)内毒素, エンドトキシン. **èndo·tóxic** 形

+**en·dow** /ɪndáʊ, en-/ 動 他 ❶ 〈学校・病院などに〉財産を贈る; 〈学校・病院などの〉基金に寄付する; 〈学校・病院などに〉〈金を〉寄付する, 寄贈する: He ~ed the new hospital *with* a large sum of money. 彼は新しい病院に多額の金を寄付した. ❷ 〈人に〉〈才能・特権などを〉賦与する, 授ける (★ 通例受身): He *was* ~ed *by* nature *with* genius. 彼は生まれながら天分に恵まれていた. 〖AF=持参金を与える; 5~ en-, dower〗 (名 endowment)

+**en·dów·ment** /ɪndáʊmənt, en-/ 名 ❶ a C 寄付金, 寄金, (寄付された)基本財産; 寄金. b U 寄贈, 寄付. C [通例複数形で] 資性, 才能: natural ~s 天賦の才. (動 endow)

endówment insùrance 名 U 養老保険.

endówment mòrtgage 名 [英] 養老保険抵当融資 (住宅ローンを組む時に同額同期の養老保険に加入し, 満期または死亡時に保険金でローンを返済する契約).

endówment pólicy 名 養老保険証券.

énd pàper 名 [通例複数形で] [製本] 見返し.

énd plày [トランプ] エンドプレー(コントラクトブリッジの終わり近くで使う手). —— 動 〈相手を〉エンドプレーに陥れる.

énd pòint 名 終了点, 終点.

énd pròduct 名 CU (一連の過程などの)最終結果; 最終製品.

énd resúlt 名 最終結果.

énd rùn 名 [米] ❶ [アメフト] エンドラン (ボールを持った選手がディフェンスエンドの側面に回り込むプレー). ❷ (戦争・政治などで)迂回的な戦術.

énd-rún 動 他 自 [米口] うまく避けて通る, 巧みにはずす.

énd stándard 名 端度器 (両端面の面間距離が規定の寸法標示されている金属棒[ブロック]で表される長さ基準).

énd-stópped 形 [詩学] 〈詩が〉行末止め[終止]の (↔ run-on) (行末に統語上・意味上の切れ目がある).

énd tàble 名 [米] エンドテーブル (ソファーなどのそばに置く小卓).

en·due /ɪndjúː, en- | -djúː/ 動 他 〈人に〉〈能力・才能などを〉賦与する 〔*with*〕 (★ しばしば受身).

en·dur·a·ble /ɪnd(j)ʊ(ə)rəbl, en- | -djʊ́ər-, -djɔ́ːr-/ 形 耐えられる, 我慢できる (↔ unendurable): His insults were not ~. 彼の侮辱には耐えられなかった. **en·dúr·a·bly** 副

+**en·dur·ance** /ɪnd(j)ʊ́(ə)rəns, en- | -djʊ́ər-, -djɔ́ːr-/ 名 U ❶ 忍耐, 我慢, 辛抱; 忍耐力: beyond [past] ~ 我慢しきれないほど. ❷ 持久力, 耐久性: develop physical ~ 耐久力[スタミナ]をつける. (動 endure) 【類義語】⇒ patience.

endúrance tèst 名 耐久試験.

*en·dure /ɪnd(j)ʊ́ə, en- | -djʊ́ə, -djɔ́ː/ 動 他 (辛抱強くじっと)我慢する, 〈…に〉耐え忍ぶ; 〈…に〉耐えることを我慢する: ~ pain 苦痛に耐える / I cannot ~ the sight of blood. 血は見るに耐えない / [+ *to do*] He could not ~ *to* see her hurt. 彼は彼女が痛めつけられるのを見ていられなかった / [+ *doing*] I can't ~ be*ing* disturbed while working. 仕事のじゃまをされては黙っていられない. —— 自 ❶ 持ちこたえる; 持続する, もつ (last): His fame will ~ forever. 彼の名声は永久に消えないだろう. ❷ 我慢する, 辛抱する: They ~*d* to the end. 彼らは最後までがんばった. 〖F<L=固くする IN-²+dūrus 固い〗 (名 endurance) 【類義語】(1) **endure** 長く続く苦痛・不幸・困難などにじっと耐えること. **bear** 苦痛・困難・悩み・不愉快・不便などを「我慢する, 辛抱する」意味の一般的な語. **suffer** 苦痛・不愉快なものに, 消極的に, 辛抱強く耐える. **stand** 不愉快なものやいやなものに, 自分を抑えて決然と耐える. **tolerate** stand とほぼ同義であるが, もっと形式ばった語. (2) ⇒ continue.

en·dúr·ing /-d(j)ʊ(ə)rɪŋ, -djʊ́ər-, -djɔ́ːr-/ 形 永続する, 永久的な: an ~ peace 恒久的平和 / win ~ fame 不朽の名声を得る. **~·ly** 副

en·dur·o /ɪnd(j)ʊ́əroʊ, en- | -djʊ́ər-, -djɔ́ːr-/ 名 (自動車・オートバイなどの)長距離耐久レース.

énd ùser 名 (製品の)末端使用者, 最終消費者.

énd·wàys 副 = endwise.

énd·wìse 副 ❶ 端を上に[前に]向けて, 縦に: slide it in ~ 端を上にしてそっと入れる. ❷ 端と端を接して: Line them up ~. 端と端をつなげてそれらを並べよ.

En·dym·i·on /endímiən/ 名 [ギ神] エンデュミオン (月の女神 Selene に愛された羊飼いの美少年).

énd zòne [フット] エンドゾーン (ゴールラインとエンドラインの間のエリア; ここにボールを持ち込むとタッチダウンになる).

ENE (略) east-northeast.

en·e·ma /énəmə/ 名 (複 ~s, -ta /-tə/) [医] ❶ 浣腸(かんちょう); 浣腸剤[液]: give an ~ 浣腸を行なう. ❷ 浣腸器.

*en·e·my /énəmi/ 名 ❶ C 敵: a lifelong [sworn] ~ 一生の[許しておけない]敵 / one's worst ~ 最も憎らしい敵 / make an ~ of…敵を回すて, …の反感を買う. ❷ a [通例 the ~; 集合的; 単数または複数扱い] 敵軍, 敵艦隊, 敵国: The ~ was [were] driven back. 敵(軍)は撃退された. b C 敵兵, 敵艦, 敵機(など); 敵国人. ❸ C […に]害を与えるもの, 反対者 〔*of, to*〕: an ~ *of* democracy 民主主義の敵 / one's political ~ 政敵. —— 形 敵(国)の: an ~ plane [ship] 敵機[艦船]. 〖F<L *inimīcum* 敵 < IN-¹+*amīcus* 友人〗

*en·er·get·ic /ènəʤétɪk | ènə-⁻/ 形 (*more* ~; *most* ~) 精力的な, 活気に満ちた, エネルギッシュな (↔ lethargic): an ~ person 精力家 / an ~ performance 活気に満ちた公演. **-i·cal·ly** /-kəli/ 副 精力的に, 力強く, エネルギッシュに. (名 energy) 【類義語】⇒ active.

en·er·get·ics /ènəʤétɪks, ènə-/ 名 U エネルギー論[学].

+**en·er·gize** /énəʤàɪz | -nə-/ 動 他 ❶ 〈…に〉精力を与える, 〈…に〉激励する.

*en·er·gy /énəʤi | énə-/ 名 U ❶ a 精力, 気力, 元気, 力, 勢い; mental [physical] ~ 精神能力[肉体的能力] / full of ~ 精力盛んで / work with ~ 精力的に働く. b [しばしば複数形で] (人の)活動力, 行動力, 能力: brace one's *energies* 力[元気]を奮い起こす / devote one's *energies* to…に精根を傾ける. ❷ [理] エネルギー, 勢力: atomic ~ 原子力 / kinetic ~ 運動エネルギー / potential ~ 位置エネルギー. 〖L<Gk=(現実)活動力 < EN-²+*ergon* 仕事〗 (形 energetic) 【類義語】⇒ power.

énergy àudit 名 (施設のエネルギー消費節減のための)エネルギー監査[診断]. **énergy àuditor** 名

en·er·vate /énəvèɪt | énə-/ 動 他 〈…の〉気力を弱める, 力[元気]を奪う (★ しばしば受身).

en·er·vàt·ing /-tɪŋ/ 形 気力[元気]をそぐ(ような).

en·er·va·tion /ènəvéɪʃən | ènə-/ 名 U 元気[気力]を失うこと, 衰弱.

en fa·mille /ɑːnfɑːmíːjə, -míːl | -míː/ 形 ❶ 一家の中の[で]: dine ~ 一家水入らずで食事をする. ❷ 家族的な[に]; くつろいだ[で]. 〖F=in the family〗

en·fant ter·ri·ble /ɑːnfɑːntéríːbl | ɑ̃ːnfɑ̃ːntéríːbl/ 名 (複 **en·fants ter·ri·bles** /~/) ❶ 恐るべき子供 (慣習などにとらわれずにふるまい, 周囲を困惑させる人). ❷ (はた迷惑を顧みない)無思慮[無責任]な人. 〖F=terrible infant〗

en·fee·ble /ɪnfíːbl, en-/ 動 他 〈人を〉弱める (★ しばしば受身).

en·fee·ble·ment /-mənt/ 名 U 衰弱.

en fête /ɑːnféɪt/ 副 晴れ着を着て; お祭り気分で.

en·fi·lade /énfəlèɪd/ 名 U [また an ~] (銃の)縦射.
— 動 他 〈...に〉縦射を浴びせる.

en·fold /ɪnfóʊld/ 動 他 ❶ 〈人を〉抱く;〈ものを〉抱える: ~ a baby *in* one's arms 両腕で赤ん坊を抱く. ❷ 〈人・ものを〉...にくるむ 〔*in*〕;〈人・ものを〉...で包む 〔*with*〕(★ しばしば受身): She *was* ~*ed in* a shawl. 彼女はショールに身を包んでいた. 〖EN-+FOLD¹〗

***en·force** /ɪnfɔ́ərs, en- | -fɔ́ːs/ 動 他 ❶ 〈法律などを〉実施する, 施行する: ~ a law 法を(実際に)守らせる. ❷ 〈服従・行動などを〉強いる, 強要する: ~ obedience 服従を強いる / ~ a course of action *on* [*upon*] a person 人にある行動を強制する. ❸ 〈要求・意見などを〉強める, 強調する, 強く主張する. 〖F=強化する; ⇒ en-, force〗(名 enforcement)

en·force·a·ble /ɪnfɔ́ərsəbl, en- | -fɔ́ːs-/ 形 実施[強制]できる.

en·forced 形 強制的な, 無理強いの: ~ insurance 強制保険.

***en·force·ment** /ɪnfɔ́ərsmənt, en- | fɔ́ːs-/ 名 U ❶ (法律などの)施行, 執行: strict ~ of the law 法の厳格な施行. ❷ (服従などの)強制. ❸ (意見などの)強調. (動 enforce)

enforcement notice 名 《英法》(開発・建築などの違反に対する)是正通知.

en·forc·er /ɪnfɔ́ərsər/ 名 ❶ 実施者, 施行者, 執行者; 強制する人. ❷ 《アイスホッケー》(相手チームにすごみをきかすラフプレーヤー). ❸ 《俗》用心棒, 殺し屋.

en·fran·chise /ɪnfrǽntʃaɪz, en-/ 動 他 ❶ a 〈人に〉参政[選挙]権を与える (↔ disenfranchise). b 〈都市に〉自治権を与える;〈都市を〉選挙区にする. ❷ 〈奴隷などを〉解放する, 自由民にする. 〖F=(都市などに)自由権を与える; ⇒ en-, franchise〗

en·fran·chise·ment /ɪnfrǽntʃaɪzmənt, en- | -tʃɪz-/ 名 U ❶ 参政[選挙]権賦与. ❷ (奴隷の)解放, 釈放.

eng. (略) engine; engineer(ing); engraved; engraving.

Eng. (略) England; English.

***en·gage** /ɪnɡéɪdʒ, en-/ 動 A ❶ a 〈注意・興味などを〉引く: The child's attention was completely ~*d* by the new toy. その子は新しいおもちゃにすっかり気をとられていた. b 〈時間を〉とる, ふさぐ: My time was then fully ~*d* with my work. その時私の時間は仕事ですっかりふさがっていた. ❷ 〈人を〉話などに〉引き込む: He ~*d* her *in* conversation. 彼は彼女を会話に引き入れた. ❸ [~ oneself で] 〔...に〕従事する, 携わる, 忙しくする (cf. engaged 1 a): She ~*d* herself *in* knitting. 彼女はせっせと編み物をした. ❹ 〈敵軍と〉交戦する;〈軍隊を〉交戦させる. ❺ 《機》〈歯車などと〉かみ合わせる.

— B ❶ 〈文〉〈人を〉雇う (比較 《米》では hire, employ を用いるほうが一般的): We ~*d* a caterer for the party. 私たちはパーティーの料理仕出し人を雇った / I ~*d* a young woman *as* a temporary secretary. 私は若い女性を臨時秘書として雇った / 〖+目+*to* do〗 The company ~*d* a few men to make a survey. 会社は男の人を数人雇って調査をさせた. ❷ 〈古風〉〈部屋・席などを〉予約する (cf. engaged 4; 比較 reserve のほうが一般的): ~ seats 座席を予約する. b 〈タクシーなどを〉頼む, 雇う (比較 hire のほうが一般的). ❸ 〈...することを〉約束する, 保証する: 〖+*to* do〗 She has ~*d* to visit you tomorrow. 彼女はあすあなたを訪問すると約束した. ❹ 〈人を〉婚約させる (⇒ engaged 2 a).

— 自 ❶ 従事する, 携わる: After graduating from college, he ~*d* in business. 大学を卒業すると彼は実務についた. ❷ 〈人・ものに〉関わる, 関わり合う, かかわって理解(しようと)する. ❸ 請け合う, 保証する: That's more than I can ~ for. そこまでは保証できない. ❹ 〔...と〕交戦する 〔*with*〕. ❺ 《機》〈歯車などが〕...と〕掛かる, かみ合う, 連動する 〔*with*〕.

〖F=約束する EN-+*gage* 契約〗 (名 engagement)

en·ga·gé /à:ŋɡɑ:ʒéɪ/ 形 〈作家・芸術家・作品が〉社会[政治]問題に関与している, 社会参加の.

***en·gaged** /ɪnɡéɪdʒd, en-/ 形 (比較なし) ❶ P a 従事して, 携わって, 忙しくして: The company is ~ *in* foreign trade. その会社は外国貿易に携わっている / He was ~ *in* medical research. 彼は医学の研究に従事していた / He was busily ~ (*in*) writing letters. 彼は忙しそうに手紙を書いているところだった (《用法》 do*ing* の前の in は省略可). b 〈...に〉着手し; He's ~ *on* a study of population. 彼は人口の研究に着手している. c 〈人との時間がふさがって, 予定があって: Are you ~ on Monday? 月曜日は予定がありますか / I'm otherwise ~. 先約があります. ❷ a 婚約中の, 婚約して: an ~ couple 婚約中の男女 / They're ~. 彼らは婚約している / I'm ~ *to* him. 彼と婚約中です / He got [became] ~ *to* Mary. 彼はメアリーと婚約した. b 〈結婚する〉約束をして: 〔+*to* do〕 They were ~ *to* be married. 彼らは婚約していた. ❸ P 《英》〈電話の話し中で (《米》 busy): The number [line] is ~. お話し中です. b 〈公衆トイレが〉使用中で. ❹ P 《古風》〈座席・テーブルなど〉予約されて (cf. engage B 2 a): Your seat is ~. お席はとってあります.

***en·gage·ment** /ɪnɡéɪdʒmənt, en-/ 名 ❶ a C (会合などの)約束, 契約: I have a previous ~. 先約があります / break off an ~ 解約する, 破談にする / make an ~ 約束[契約]をする. b [複数形で] 債務: meet one's ~*s* 債務を果たす. ❷ C 婚約; 婚約期間: break off one's ~ 婚約を取り消する. ❸ C a 雇用. b 雇用[出演]契約[期間]. ❹ C 交戦 (比較 battle のほうが一般的): a military ~ 武力衝突. ❺ U 《機》〈歯車などの〉かみ合い. (動 engage)

engágement rìng 名 婚約指輪, エンゲージリング (《比較》 「エンゲージリング」は和製英語).

***en·gág·ing** 形 人を引きつける, 魅力のある: an ~ smile 魅力的な微笑 / an ~ young man 魅力的な青年.
~·ness 名

en·gág·ing·ly 副 人を引きつけるように, 魅力的に.

En·gels /éŋ(ɡ)əlz/, **Frie·drich** /fríːdrɪk/ 名 エンゲルス (1820-95; ドイツの社会主義者・経済学者).

⁺en·gen·der /ɪndʒéndər, en- | -də-/ 動 他 〈事態・感情などを〉生ずる, 発生させる: Compassion often ~*s* love. 同情からよく恋愛が生まれる.

‡**en·gine** /éndʒɪn/ 名 ❶ エンジン, 機関: an internal-combustion ~ 内燃機関 / an ~ of economic growth 経済成長の牽引車. ❷ a 機関車, 機関工. b 《米》機関車 (《英》 engine driver). c (商船の)機関士: a chief ~ 機関長 / a first ~ 一等機関士. ❸ a 《陸軍》工兵: the Corps of *Engineers* 工兵隊. b 《海軍》機関科将校.
— 動 他 ❶ 〈...の工事を監督[設計]する (★ しばしば受身). ❷ 〈計画などを〉巧みに工作する, たくらむ: ~ a plot 計略をたくらむ. 〖F〈L=装置の考案者; ⇒ engine, -eer〗

éngine blòck 名 =cylinder block.

en·gined 形 〔連結形で〕...のエンジンを備えた: a four-*engined* plane 4 つのエンジンを備えた飛行機.

éngine drìver 名 《英》(機関車の)機関手 (《米》 engineer).

***en·gi·neer** /èndʒəníər | -níə-/ 名 ❶ 技術者, 技師; 工学者: a civil ~ 土木技師 / a naval [marine] ~ 造船技師, 船舶機関士. ❷ a 機械工, 機関工. b 《米》機関手 (《英》 engine driver). c (商船の)機関士: a chief ~ 機関長 / a first ~ 一等機関士. ❸ a 《陸軍》工兵: the Corps of *Engineers* 工兵隊. b 《海軍》機関科将校.
— 動 他 ❶ 〈...の工事を監督[設計]する (★ しばしば受身). ❷ 〈計画などを〉巧みに工作する, たくらむ: ~ a plot 計略をたくらむ. 〖F〈L=装置の考案者; ⇒ engine, -eer〗

***en·gi·neer·ing** /èndʒəní(ə)rɪŋ/ 名 U ❶ 工学; 機関学: civil [electrical, mechanical] ~ 土木[電気, 機械]工学 / military ~ 工兵学 / mining ~ 鉱山[採鉱]工学 / an ~ college 工科大学. ❷ 工学技術; 土木工事. ❸ 巧みな工作[処理].

enginéering brìck 名 エンジニアリング・ブリック (半浸透性で高強度の緻密な煉瓦).

enginéering science 名 U 基礎工学 (物理的・数学

éngine ròom 名 (船などの)機関室.
en・gine・ry /éndʒənrɪ/ 名 ⓤ 機関類; エンジン類.
en・girdle 動 = girdle.
*__En・gland__ /ɪ́ŋglənd, íŋlɪʃ/ 名 ❶ イングランド (Great Britain 島の Scotland と Wales を除いた部分). ❷ (俗に) イギリス(本国), 英国 (解説) この語義では (Great) Britain または United Kingdom を用いるのが望ましい; なおイギリス全体は公式には the United Kingdom of Great Britain and Northern Ireland とよばれる). 〖OE *Engla land* (Angles' land)〗

*__En・glish__ /íŋglɪʃ, íŋlɪʃ/ 形 ❶ イングランドの; (俗に) イギリスの, 英国の. ❷ イングランド人の; (俗に) イギリス人の, 英国人の. ❸ 英語の: the ~ language 英語. ── 名 ❶ ⓤ 英語: American [British] ~ アメリカ[イギリス]英語 / ⇒ King's English, Old English, Middle English, Modern English / speak in broken ~ ブロークンの英語でしゃべる / in plain [simple] ~ わかりやすい英語で; 平たく[遠慮なく]言えば / How do you say 'hana' in ~?= What is the ~ for 'hana'? 「花」に対する英語は何ですか (★「…に対する英語」と特定するときには the をつける). ❷ [the ~; 複数扱い] **a** イングランド人; (俗に) イギリス人, 英国人 (cf. the Scots, the Welsh, the Irish). **b** 英軍. 〖OE = of the Angles〗

Énglish bónd 名 ⓤ イギリス積み (煉瓦の小口積みと長手積みを重ねた積み方).
Énglish bréakfast 名 ⓒⓤ 英国式朝食 (通例ベーコンエッグとマーマレード付きトーストと紅茶などから成る; cf. continental breakfast).
Énglish Chánnel 名 [the ~] イギリス海峡, 英仏海峡 (英国とフランスを分かつ; 長さ 560 km, 幅 34–180 km; the Channel ともいう).
Énglish dáisy 名 ヒナギク.
Énglish hórn 名 (米) 【楽】 イングリッシュホルン ((英) cor anglais) (oboe 族の木管楽器).
*__En・glish・man__ /íŋglɪʃmən, íŋlɪʃ-/ 名 (複 -men /-mən/) イングランド人, (俗に) イギリス(本国)人, 英国人 (cf. Scot(sman), Welsh(man), Irish(man)).
Énglish múffin 名 (米) イングリッシュマフィン (⇒ muffin b).
Énglish mústard 名 ⓤ イングリッシュマスタード (からしの種子を粉にして製した辛味の強いからし).
Énglish・ness 名 ⓤ 英国(人)の特質, イギリス(人)らしさ.
Énglish Revolútion 名 [the ~] イギリス革命, 名誉[無血]革命 (カトリックの勢力復活を図った Stuart 朝の James 2 世を放逐し, William と Mary とを迎え, 王・女王とした (1688–89); the Bloodless [Glorious] Revolution ともいう).
Énglish róse 名 イングリッシュローズ, イギリスのばら (色白で肌の美しい典型的なイギリス人美少女)).
Énglish sétter 名 イングリッシュセッター(犬) (英国原産の狩猟犬).
Énglish spárrow 名 = house sparrow.
Énglish-spéaking 形 英語を話す: ~ peoples 英語国民 (英・米・カナダ・オーストラリア人など).
*__En・glish・woman__ /íŋglɪʃwùmən, íŋlɪʃ-/ 名 (複 -women /-wìmən/) イングランドの女性, (俗に) 英国女性, イギリス女性.
en・gorge /ɪngɔ́ɚdʒ, en-│-gɔ́ːdʒ/ 動 ⓣ ❶ <…を>むさぼり食う. ❷ 【医】 <…を>充血させる (★ 通例受身). ~・ment 名
en・graft /ɪngrǽft, en-│-gráːft/ 動 ⓣ ❶ <接ぎ穂を>接ぎ木にする; <接ぎ穂を>…にさしこむ; 接ぐ (*into, on, upon*). ❷ **a** <思想・徳などを>人・性格などに>植え付ける: Thrift is ~ed *in* his character. 倹約が彼の性格の中にしみ込んでいる. **b** <…を>合体させる (*into*). 〖EN-+GRAFT¹〗
en・grain /ɪngréɪn, en-/ 動 = ingrain.
en・gráined 形 = ingrained.
en・gram, (英) **-gramme** /éngræm/ 名 【心】 エングラム, 記憶痕跡 (memory trace). **en・gram・mat・ic** /èngrəmǽtɪk⁻/ 形

⁺**en・grave** /ɪngréɪv, en-/ 動 ⓣ ❶ <金属・石などに>(文字・図案などを)彫る: have one's initials ~d *on* the back of a watch = have the back of a watch ~d *with* one's initials 自分の頭文字を時計の裏に彫ってもらう. ❷ <…を>心に刻み込む, 感銘させる (★ 通例受身): The scene *is* ~d *on* my memory. その光景は私の記憶に刻み込まれている. ❸ <…を>彫版で印刷する. 〖EN-+GRAVE³〗
en・gráv・er 名 彫刻師, (特に木版・銅版などの)彫版工.
en・gráv・ing 名 ❶ ⓤ 彫刻(術), 彫版術. ❷ ⓒ (銅版・木版などの)彫版; 彫版印刷(物).
en・gross /ɪngróʊs, en-/ 動 ⓣ ❶ <人の注意・時間を>集中させる, <人を>熱中させる, 夢中にさせる (⇒ engrossed). ❷ <文書を>大きな字で書く[写す].
en・gróssed 形 熱中した, 夢中になった: an ~ look 夢中になった顔つき / He was ~ *in* thought. 彼はもの思いにふけっていた.
en・gróss・ing 形 心を奪う, わき目もふらせない: an ~ novel おもしろくてたまらない小説. ~・ly 副
en・gróss・ment /-mənt/ 名 ❶ ⓤ 専心, 没頭. ❷ **a** ⓤ 正式の字体で大書すること, 浄書. **b** ⓒ 浄書物.

⁺**en・gulf** /ɪngʌ́lf, en-/ 動 ⓣ ❶ <波・淵などが>…を>吸い込む, 飲み[巻き]込む (★ しばしば受身): The high waves ~ed the ship. 逆巻く荒波は船を飲み込んだ / The country was ~ed *in* civil war. その国は内乱に巻き込まれて(い)た. ❷ <悲しみなどが>人を>圧倒する: He was ~ed *by* grief. 彼は悲しみに包まれた. ❸ <…を>まるごとのむ[食べる]. 〖EN-+GULF〗
⁺**en・hance** /ɪnhǽns, en-│-háːns/ 動 ⓣ <(すでにすぐれた)質・能力などを>(さらに)高める, 増す: ~ the quality *of*…の質を高める[向上させる].
⁺**en・hánce・ment** /-mənt/ 名 ⓤⓒ 高揚, 増大, 増進, 向上.
en・hánc・er 名 ❶ 高めるもの, 向上[増加]させるもの. ❷ (遺) エンハンサー (DNA 鎖上にある, 特定の mRNA 合成だけを促進するシグナル (一定の塩基配列)).
èn・harmónic /-ɑːnɪk/ 形 【楽】 エンハーモニックの; 形 <音・音程が>(十二平均律上)異名同音的の (嬰ハ音と変ニ音など). **b** (古代ギリシア音階で)微小音程(四分音など)を含む.
-**harmonically** 副
⁺**e・nig・ma** /ɪnígmə/ 名 (理解しがたい)なぞ; なぞの人, 不可解なもの (mystery): He's an ~ *to* all of us. 彼は我々全員にとってなぞの人である. 〖L < Gk〗
⁺**e・nig・mat・ic** /ènɪgmǽtɪk⁻/ 形 ❶ なぞの(ような), 解きがたい: an ~ smile なぞめいた微笑. ❷ <人物などの>えたいの知れない, 不思議な.
è・nig・mát・i・cal /-tɪk(ə)l⁻/ 形 = enigmatic. ~・ly /-kəli/ 副
en・jamb・ment /ɪndʒǽmmənt, en-/ 名 ⓤⓒ 【詩】 句またがり (詩の一行の意味・構文が次行にまたがって続くこと).
en・join /ɪndʒɔ́ɪn, en-/ 動 ⓣ ❶ <…を>申しつける, 押しつける, 強いる: ~ obedience [silence] 従順[沈黙]を申しつける / He ~ed his son *to* be obedient. 彼は息子に従順になるように申しつけた. ❷ 【法】 <…を>禁ずる; <人に>…することを禁止する: ~ a demonstration デモを禁ずる / ~ a person *from infringing* (on) the rights of another person 人が他の人の権利を侵すのを禁ずる.

*__en・joy__ /ɪndʒɔ́ɪ, en-/ 動 ⓣ ❶ **a** <…を>楽しむ, 喜ぶ, おもしろく[楽しく]経験する[味わう]: ~ life 人生を楽しむ, 楽しい生活を送る / ~ one's dinner おいしく食事をする / I ~ed the party a great deal. パーティーは大変愉快でした / I hope you'll ~ your visit to our country. わが国へのご訪問を楽しく過ごされますように / [+*doing*] We ~ed *driving* along the new expressway. 新しい高速道路でのドライブを楽しみました (★ [+*to do*] としない; 間違い). **b** [~ oneself で] <…を>楽しむ, 楽しく過ごす (*at, in*): E~ yourself. 楽しんでください, 楽しんでいらっしゃい / We ~ed ourselves *at* the party. 我々はパーティーで楽しく過ごした. ❷ <よいものを持っている, <…に>恵まれている (★ have [possess] の意の上品な表現): ~ a good income よい[相当な]収入がある / ~ the confidence of one's friends 友人の信頼を受ける / I hope you are ~ing good health. ご健在[お元気]のことと存じます. **b**〔戯言・皮肉〕〈悪いものを〉持っている《★陳腐な表現であまり好まれない》: ~ poor health 体が弱い / ~ a bad reputation 悪い評判を取っている. 《F=喜ばす; ⇒ en-, joy》 (名) enjoyment.

*en·joy·a·ble /ɪndʒɔ́ɪəbl, en-/ (形)〈もの・経験などが〉楽しい, 愉快な: have an ~ time 楽しい時を過ごす, 楽しい思いをする. **-a·bly** /-əbli/ (副) 楽しく, 愉快に.

⁺en·joy·ment /ɪndʒɔ́ɪmənt, en-/ (名) ❶ U,C 楽しみ, 愉快, 喜び: with ~ 楽しんで / He took great ~ in teasing his little sister. 彼は小さな妹をいじめてひどくおもしろがっていた / Music was a great ~ to him. 音楽は彼にとって非常な楽しみだった. ❷ U〔通例 the ~〕持っていること, 恵まれていること: He has [He's in] the ~ of good health. 彼は壮健である. (動) enjoy 【類義語】⇨ pleasure.

en·keph·a·lin /ɪnkéfəlɪn, en-/ 〔生化〕エンケファリン《モルヒネ様作用を示す内因性ペプチドの一種》.

en·kin·dle /ɪnkíndl, en-/ (動) (他) ❶〈火を〉燃え立たせる. ❷〈情熱・情念・情欲などを〉かき立てる.

en·lace /ɪnléɪs/ (動) (他) ❶〈…に〉固く巻きつける; 〈…を〉囲む. ❷〈…を〉からませる. **~·ment** /-mənt/ (名)

*en·large /ɪnlɑ́ːdʒ, en- | -lɑ́ː-/ (動) (他) ❶ **a**〈…を〉大きくする.**b**〈本を〉増補する: a revised and ~d edition 改訂増補版. **c**〈写真を〉引き伸ばす: ~ a photograph 写真を引き伸ばす. ❷〈事業などを〉拡張する; 〈心・見解などを〉広くする: Reading ~s the mind. 読書は心を広くする. ― (自) ❶ **a** 大きくなる.**b**〈写真が〉引き伸ばせる. ❷〈…を〉詳しく述べる《★ ~ on [upon] は受身可》(elaborate): The writer ~s on the point. 著者はその点を敷衍(えん)している. 《F=大きくする; ⇒ en-, large》【類義語】⇨ increase.

en·lárge·ment /-mənt/ (名) ❶ U 拡大, 増大, 拡張. ❷ C 増補; 増築.**b** 引き伸ばし写真 (↔ reduction).

en·lárg·er (名) ❶ 大きくする人[もの]. ❷〈写真の〉引き伸ばし機.

⁺en·light·en /ɪnláɪtn, en-/ (動) (他) ❶〈人を〉啓発する, 教化する;〈人の〉疑いを解く, 〈…に〉教える: ~ the ignorant 無知な人たちを啓蒙する. ❷〈人に〉〈…について〉教える, 明らかにする〔on, about, as to〕: He ~ed me on the question. 彼はその問題について私を啓蒙してくれた. 《EN-+LIGHTEN¹》 (名) enlightenment.

⁺en·light·ened (形) 啓発された; 開化した.

en·light·en·ing (形) 啓発的な; はっきりさせる: an ~ lecture 啓発的な講義.

⁺en·light·en·ment /-mənt/ (名) ❶ U **a** 教化(すること), 啓発.**b**〔仏教〕悟り. ❷〔the E-~〕〔哲〕(18世紀のヨーロッパ, 特にフランスでの合理主義的)啓蒙運動. (動) enlighten.

⁺en·list /ɪnlíst, en-/ (動) (他) ❶〈人を〉兵籍に入れる;〈兵を〉徴募する. ❷〔主義・事業のために〕〈人の〉賛助・協力・支持を得る〔in, for〕: He tried to ~ people's sympathy in the cause of the charity. 彼は慈善事業のために人々の同情を得ようと努めた. ― (自) ❶ **a** 徴兵に応ずる, 軍隊に入る.**b**〔通例受身で〕志願して入る: He ~ed as a volunteer in the army. 彼は志願兵として入隊した. ❷〈主義・事業などに〉(積極的に)協力する, 参加する〔in〕: ~ in a cause 主義に加わる. 《EN-+LIST¹》

en·líst·ed màn (名) (米) 兵, 下士官《commissioned officer または warrant officer より下の階級の兵員; 略 EM》.

enlísted wòman (名) (米) 女性兵[下士官]《略 EW》.

en·list·ee /ɪnlɪstíː, -/ (名) 入隊者, 志願兵.

en·líst·ment /-mənt/ (名) ❶ U 兵籍編入, 募兵; 入隊〔in〕. ❷ U 兵籍期間.

⁺en·liv·en /ɪnláɪv(ə)n, en-/ (動) (他) ❶〈人を〉元気づける. ❷ **a**〈光景・談話などを〉〈…に〉活気づける, 陽気にする〔with〕.**b**〈商売を〉景気づかせる. 《EN-+LIFE-EN³》

⁺en masse /ɑːmǽs/ (副) ひとまとめに, 一緒に. 《F=in a mass》

en·mesh /ɪnméʃ, en-/ (動) (他)〔通例受身で〕❶〈…を〉網の目にからませる. ❷〈人を〉困難などに〉陥らせる: He was ~ed in difficulties. 彼は困難に陥っていた.

en·mi·ty /énməti/ (名) U,C 敵意, 恨み; 対立: have [harbor] ~ against... に対して恨みを抱く.《ENEMY と同語源》

en·no·ble /ɪnóʊbl, en-/ (動) (他) ❶〈…を〉気高くする, 高尚にする. ❷〈人を〉貴族に列する. **~·ment** /-mənt/ (名)

en·nui /ɑːnwíː/ |-/ (名) U 倦怠(けんたい), 退屈, 手もちぶさた. 《F=退屈(させるもの)》

e·nol·o·gy /iːnɑ́lədʒi | -nɔ́l-/ (名) U ぶどう酒(醸造)学, ワイン研究. **-gist** (名) **eno·log·i·cal** /iːnəlɑ́dʒɪk(ə)l | -lɔ́dʒ-/ (形)

e·nor·mi·ty /ɪnɔ́əməti | ɪnɔ́ː-/ (名) ❶ **a** U 極悪《of》.**b** C〔通例複数形で〕大罪, 大悪: These enormities cannot be forgiven. こういった(極悪)非道の行為は許されない. ❷ U〔仕事・問題などの〕巨大さ, 途方もなく大きいこと《of》.

*e·nor·mous /ɪnɔ́əməs | ɪnɔ́ː-/ (形) (more ~; most ~) 巨大な, 莫大な, ずば抜けた: an ~ appetite ものすごい食欲 / ~ wealth 巨万の富. **~·ly** (副) 莫大に; 非常に. **~·ness** (名) 《L=特大の〈E-²+norma 規定〉; 物差し (cf. norm)》【類義語】⇨ huge.

e·no·sis /ɪnóʊsɪs/ (名) エノシス《キプロスにおけるギリシアへの復帰運動》. **enó·sist** /-sɪst/ (名)

*e·nough /ɪnʌ́f, ə-/ (形) (比較なし) ❶〔通例数量が〕十分な, 必要なだけの,《用法》名詞の前にも後にも置くが, 前に置いた時のほうが強調的》: ~ eggs [butter] 十分な量の卵[バター] / Thank you, that's ~. ありがとう, それで十分です / Ten chairs are ~. いす10脚もあれば十分です / It's not ~ just to spread the news. そのニュースを広めるだけでは十分でない / It's ~ that you brought yourself. あなたが来てくれただけで十分です. ❷ 十分な, 不足のない(⇨①用法): Do you have ~ time for lunch? 昼食をとる(ほどの)時間がありますか / 〔+to do〕He doesn't have ~ sense [sense ~] to realize his mistakes. 彼には自分の間違いを悟るだけの分別がない / He was fool ~ to believe it. 彼は愚かにもそれを信じた.《用法》この例文のような構文では名詞は無冠詞になるが an enough fool とは間違い》/〔+for+(代)+to do〕There's ~ room for eight people to sit at the table. テーブルには8人が座る余地がある.

― (代)〔単数または複数扱い〕❶ 十分な(な量, 数), 足りる量〔数〕《★ 量を表わすときは単数扱い》: He has eaten quite ~. 彼はもう十分食べた / There is [are] ~ for everybody. みんなに行き渡るだけの量[数]はある / E~ has been said on [about] the subject. その問題については十分言うだけのことは言った / E~ is as good as a feast. 《諺》満腹びけは御馳走も同様 /〔+to do〕He earns just ~ to live on. 彼は食べていけるだけは稼いでいる / There're ~ of the candies to have one each. 各自に1個ずつ行き渡るだけのキャンディーがある /〔+for+(代)+to do〕He earns just ~ for us to live on. 彼は私たちが食べていけるだけは稼いでいる. ❷ もうたくさん: I have had quite ~ of your impudence. ずうずうしいのもいいかげんにしてくれもう我慢できない / E~ about my affairs. 私のことはもういいじゃないか / E~ (of that)! もうたくさん[もうよせ]!

enóugh and to spáre あり余るほど(のもの)《★聖書「ルカ伝」から》: "Do you have ~ money?" "Yes, ~ and to spare."「金は足りるかい」「うん, あり余るほどあるよ」.

Enóugh is enóugh. もういいかげんにしよう, もうたくさんだ.

Enóugh sáid. よくわかった, もう言わなくてもいいよ.

hàve enóugh to dó〈…するのが〉やっとである: I had ~ to do to get here, without thinking about presents. ここまで来るのがやっとので私はおみやげのことを考える暇もありませんでした.

móre than enóugh (1) 十二分に[必要以上に](で, に): You have done more than ~. 君は十二分にやった《★反語としても用いる》. (2) うんざりするほど(で, に): He has more than ~ money. 彼はうんざりするほど金を持っている.

Thàt's enóugh! もう十分!, もうよせ!

― /-ˋ-/ (副)〔形容詞・副詞の後に置いて〕❶ 十分に; 必要なだけ;〈…するに〉足りるだけ, 十分: Is it large ~? その大

きさで足りますか / It isn't good ~. これではだめだ / A used car is good ~ for me. 私には中古車でけっこうです / [+to do] She was kind [good] ~ to lend me the book. 彼女は親切にも私にその本を貸してくれた / [+for+代名+to do] It was warm ~ for me to go out in a T-shirt. Tシャツで外出できるほど暖かかった / [+that] It was bad ~ that she was late. She didn't have to make a lot of noise, as well. いただけでたってみんな辞職した, 大きな声までたてるなんてひどい〔用法 好ましい構文ではないとされる〕. ❷ a [軽く強意に用いて] まったく, すっかり: a common ~ case 実に〔非常に〕よくある〔べつに珍しくない〕ケース / We're ready ~. ちゃんと準備ができている / I know well ~ what he's up to. 彼が何をたくらんでいるか私はよく知っている. b [しばしば皮肉の意をこめて] まずまず, まずもって: She paints well ~. 彼女の絵はまずまずだ / It's bad ~. かなり悪い, 相当ひどい. ❸ [文修飾語を強調して] いかにも: oddly [curiously, strangely] ~ いかにも不思議なことに. ● sure 副 成句.

cánnot [can néver]…enóugh いくら…しても足りない: I can never thank you ~. お礼の申しようもありません〔変換〕How can I thank you ~? と修辞疑問に書き換え可能〕. **Fáir enóugh!** ⇒ fair¹ 形 成句. **súre enóugh** ⇒ sure 副 成句.

【類義語】enough, sufficient ともに「ある特定の必要や目的を満たすに十分な」ことを表わすが, sufficient のほうが形式ばった語で, 程度・度合いを表わすのに用いられる. **adequate** 最低の必要を満たすのに足りるの意で, 数・量のほかに性質・資格などについても用いられる.

en·pa·pi·llote /ɑ̀:mpæpijóːt | -jót/ 形 [後置] 副 [肉・魚など紙包み焼きの]で]. 〖F〗

en pas·sant /ɑ̀:mpɑːsɑ́ːn | ɑ̀:mpǽsɑːn/ 副 ついでに, ちなみに. 〖F=in passing〗

en·pen·sion /ɑ̀:mpɑːnsjóːŋ | ー, ー ː/ 副 形 全食事付きで宿泊して(いる), 賄い付きの下宿をして(いる); 室代・食費込みで[の]. 〖F〗

en·plane /inpléin, en-/ 自 飛行機に乗る.

en pointe /ɑ̀:mpwǽnt/ 副 形 〖バレエ〗つまさきで立って[立った]. 〖F〗

en poste /ɑ̀:mpóust | -póst/ 形 〈外交官が〉赴任[駐在]して. 〖F〗

en pri·meur /ɑ̀:mpriːmə́ːr | -mə́ː/ 形 〈ワインが〉新酒の[で]. 〖F〗

en·print /énprint/ 名 〖写〗標準サイズ(のプリント).

en prise /ɑ̀:mpriːz/ 形 〖P〗〖チェス〗敵にとられそうになってる]. 〖F〗

en·quire /inkwáiər, en-│-kwáiə/ 動=inquire.

en·qui·ry /inkwáiəri, en-, énkwəri | inkwáiəri, en-/ 名=inquiry.

⁺**en·rage** /inréidʒ, en-/ 動 他〈人を〉ひどく怒らせ, 激怒させる (cf. enraged): Her remarks ~d me. 彼女の言った言葉で私はかっとなった. 〖F=in rage; ⇒ en-, rage〗

en·ráged 形 ひどく怒った, 立腹した: glare at a person with ~ eyes 怒った目で人をにらむ / He was ~ at [by] the insult. 彼はその侮辱にひどく腹を立てた / He was ~ with me. 彼は私にひどく腹を立てた / He was ~ to hear the news. 彼はその知らせを聞いてかっとなった / He was ~ that he was asked to leave. 彼は去るよう求められてかっとなった.

en·rapt /inrépt, en-/ 形 うっとりした, 有頂天の.

en·rap·ture /inrǽptʃər, en- | -tʃə/ 動 他〈人を〉うっとりさせる, 狂喜させる (⇒ enraptured).

en·rap·tured 形 うっとりした, 有頂天になった (at, by): an ~ look うっとりした顔つき / They were ~ at the beauty of it. 彼らはその美しさに見とれた.

⁺**en·rich** /inrítʃ, en-/ 動 他 ❶ 〈…を〉富ませる, 豊かにする: ~ a country 国を富ませる. ❷ 〈味・香気・色彩などを〉濃厚にする; [ビタミン・ミネラルなどを加えて]〈食物を〉強化する, 〈…の〉栄養価を高める; 〈…の〉価値などを高める; 〈…で〉土地の地味を豊かにする 〈by, with, through〉: ~ soil **with** manure 肥料で土地を肥やす. ❸ 〈ウラニウムなどを〉濃縮する. ~·ment /-mənt/ 名 〖F=豊かにする; ⇒ en-, rich〗

591 ensorcell

en·ríched uránium 名 〖U〗〖化〗濃縮ウラン.

en·robe /inróub, en-/ 動 他〈…に〉ローブなどを着せる, まとわせる.

⁺**en·roll**, 〈英〉-rol /inróul, en-/ 動 (**en·rolled; en·roll·ing**) 他 ❶ 〈人を〉登録する, 会員にする, 〈古〉人の氏名を名簿に載せる: ~ a person **as** a member of a club クラブの会員として人を登録する / ~ a person **in** a club クラブの会員にする. ❷ 〈学生を〉学籍に登録する, 入学させる: ~ new students 新入生を入学させる / About 500 students were newly ~*ed in* the school. 約 500 名の学生が新たに学籍に登録された[入学が許された]. ❸ a 〈人を〉兵籍に入れる; 〈人を〉〈学生・兵士などとして〉学籍に登録する: ~ a person *as* a student 人を学生として学籍に登録する. b [~ oneself で] 兵士になる; 入学[入会]する. —自 ❶ 登録される, 入会する 〈*in, on*〉. 入学する: He ~*ed in* college [at Harvard]. 彼は(手続きをすませて)大学(ハーバード)に入学した. ❷ 兵籍に入る, 入隊する. 〖F=兵籍に入る; ⇒ en-, roll〗

en·roll·ee /ìnróulíː, en- | ènrou-/ 名 入学者, 入会者, 入隊者.

en·róll·ment, 〈英〉-ról- /-mənt/ 名 ❶ 〖U.C〗 a 記載; 登録. b 入学, 入隊. ❷ 〖C〗〈米〉登録[在籍]者数: Our school has an ~ of 3000 students. わが校の登録学生数は 3 千人である.

en route /ɑ̀:nrúːt | ɔn-/ 副 途中, 途上で 〔*to*, *for*, *from*〕: stop in Chicago ~ **to** [*from*] New York ニューヨークへの[からの]途中シカゴに立ち寄る. 〖F=on the [one's] way〗

ENS, Ens. 〈略〉 ensign.

en·sconce /inskɑ́ns, en- | -skɔ́ns/ 動 他 [~ oneself で]〈…に〉(快適に, 落ち着いて)座る, おさまる 〔*on*, *in*, *among*〕(★ また受身で, 「座っている, おさまっている」の意になる).

⁺**en·sem·ble** /ɑ̀:nsɑ́:mbl | ɔnsɔ́:m-/ 名 ❶ [集合的; 単数は複数扱い]〖楽〗アンサンブル ❶ 少人数の合唱[合奏, 舞踊, 演技]団: a brass ~ 金管楽器の合奏団. b 少人数のための合唱[合奏]曲. ❷ 〖C〗(各部分が総合され調和のとれた)全体; 全体の趣, 全体的効果. ❸ 〖C〗アンサンブル (outfit)〈色彩・生地などで調和のとれたそろいの婦人服〉. ❹ 〖U〗 調和, アンサンブル. 〖F=一緒に, 同時に〗

⁺**en·shrine** /inʃráin, en-/ 動 他 [通例受身で] ❶ 〈…を〉〔神聖な場所に〕安置する: Relics of St. Patrick *are* ~*d* in this cathedral. 聖パトリックの聖遺物はこのカテドラルに安置されている. ❷ 〈記憶などを〉心に秘める, 大事にする: Her memory *is* ~*d in* his heart. 彼女の思い出は彼の胸に秘められている. 〖EN-+SHRINE〗

en·shroud /inʃráud, en-/ 動 他 ❶ 〈文〉〈…を〉包み隠す, おおい隠す: The hills *were* ~*ed* in mist. 山々はかすみに包まれていた. ❷ 〈死者に〉経帷子(ホォガッ)を着せる.

en·si·form /énsəfɔ̀rm | -fɔ̀:m/ 形 〖生〗剣状の; 剣状突起の.

énsiform cártilage 名=xiphoid process.

en·sign /éns(ə)n, -sain | -sain/ 名 ❶ 〔英海軍〕-s(ə)n/ (船舶などが国籍を示すために掲げる)旗: the national ~ 国旗 / 〗 red ensign, white ensign. ❷ 〈米海軍〉-sain/ 〈米海軍〉少尉. 【類義語】⇒ flag¹.

en·si·lage /éns(ə)lidʒ/ 名 〖U〗 ❶ エンシレージ《牧草・青刈り作物などの多汁質の飼料をサイロに詰め込んで乳酸発酵させて貯蔵すること》. ❷ (貯蔵された)多汁質飼料, 貯蔵牧草 (cf. silo 1). —動=ensile.

en·sile /ensáil/ 動 他〈牧草などを〉サイロ (silo) に入れて貯蔵する.

en·slave /insléiv, en-/ 動 他 [通例受身で] ❶ 〈人を〉奴隷にする. ❷ 〈人を〉とりこにする: He was ~*d* by superstition. 彼は迷信のとりこになって(いた). ~·**ment** /-mənt/ 名

en·snare /insnéər, en- | -snéə/ 動 他 ❶ 〈人・動物を〉わなにかける; 〈人・動物を〉わなにかける 〈*in*, *into*〉. ❷ 〈人を〉誘惑する; 〈人を〉誘惑して〔…〕させる 〈*in*, *into*〉.

en·sor·cell, -cel /insɔ́rs(ə)l, en- | -sɔ́:-/ 動 他 (-ll-,

en·sta·tite /énstətàɪt/ 名 ① 頑火(がん)輝石《斜方輝石》.

en·sue /ɪnsúː, en-/ -s(j)úː/ 動 (自) ❶ 後から続いて起こる, 続く. ❷ 〔…の〕結果として起こる〔*from*〕: What will ~ *from* this? これからどういうことになるだろうか. 〖F=結果として起こる〗⇒ follow.

en·su·ing 形 (A) ❶ 次の, 続く: during the ~ months その後数か月間 / in the ~ year その翌年. ❷ 続いて起こる, 結果として続く: the war and the ~ disorder 戦争とそれに続く混乱.

en suite /ɑːnswíːt/ 副形 ❶ 続いて[た], ひと続きに[の], ひとそろいに[の]; 〈寝室などが〉(専用で)付属の; 〈寝室などが(専用)〉バスルーム付きの. 〖F〗

en·sure /ɪnʃʊ́ər, en-/ -ʃɔ́ː, -ʃʊ́ə/ 動 (他) ❶ 〈成功などを〉確実にする, 保証する; 〈地位などを〉確実にする: The agreement ~d a steady supply of oil. その協定によって石油の安定供給が保証された / 〔+*that*〕His recommendation will ~ *that* you get the job. 彼の推薦があるならなたがその職に就くのは確実だ. / 〖目+目〗His connections ~d him success. 彼のコネで彼の成功は確保されていた. / A fixed income has been ~d (*to*) her. 彼女には定額の収入が保証されている. ❷ 〈人を〉守る, 安全にする: ~ oneself *against* risk(s) 危険から身を守る. 〖AF=確保する〗⇒ en-, sure〗

ENT /íːèntíː/ (略) ear, nose, and throat 耳鼻咽喉科.

-ent /(ə)nt/ 接尾 ❶ 〈行為者 (agent)〉を表わす名詞語尾: president. ❷ 性質・状態を表わす形容詞語尾: prevalent. 〖ラテン語の現在分詞語尾から〗

en·tab·la·ture /ɪntǽbləʧə, en-, -ʧʊə-/ 名 【建】エンタブラチュア《柱 (columns) の上部に渡した水平部で, 上から順に cornice, frieze, architrave の部分から成る》.

en·ta·ble·ment /ɪntéɪblmənt, en-/ 名 【建】像台 (base と dado の上の台座).

en·tail /ɪntéɪl, en-/ 動 (他) ❶ 〈…を〉必然的に伴う, 必要とする: The position ~s grave responsibility. その地位は重大な責任を伴う. ❷ 【法】〈不動産の相続権を…に〉限定する〔*on*〕. ―名 【法】 ❶ **a** 限嗣相続, 継嗣相続. **b** 🄒 限嗣相続財産. ❷ ⓤ (官職などの)継承予定順位. ~·ment 名 〖ME〈EN-+*taille* limitation, tail〗

en·tan·gle /ɪntǽŋgl, en-/ 動 (他) ❶ 〈糸などを〉もつれさせる: get [become] ~d もつれる. ❷ 〈…を〉からませる: My fishline got ~d *in* the bushes. 釣り糸がやぶにひっかかった / He ~d himself *in* the rope as he payed it out. 彼は自分が繰り出していた縄にからまった. ❸ 〈人を〉(おとし穴・困難などに)陥れる, 巻き込む: ~ a person *in* a scheme 人を陰謀に巻き込む / He was ~d *with* the mob. 彼は暴徒と掛かり合いになっていた / He ~d himself *in* debt. 彼は負債で動きがとれなくなった. 〖EN-+TANGLE〗

en·tan·gle·ment /-mənt/ 名 ❶ **a** 🅄🄲 もつれさせる[からませる]こと, もつれ. **b** 🄒 〔しばしば複数形で〕(事態の)紛糾; 掛かり合い. ❷ 🄒 〔しばしば複数形で〕鉄条網.

en·ta·sis /éntəsɪs/ 名 (複 **-ses** /-sìːz/) 【建】エンタシス《円柱中央部のふくらみ》.

en·tel·e·chy /ɪntéləki/ 名 ⓤ ❶ 【哲】〈アリストテレスの用語で〉エンテレケイア, 完成態《可能態が現実化すること》. ❷ 〈生気論で〉エンテレヒー《生命現象に作用して秩序をもたらす自然因子》.

en·tente /ɑːntɑ́ːnt/ 名 ❶ **a** 〈政府間の〉協約, 協商 (圧較 treaty, pact (条約)ほど正式ではない). **b** 相関商. ❷ 〖集合的に; 単数または複数扱い〗協商国. 〖F=意味, 理解〗

entente cor·diale /-kɔ̀ːdiɑ́ːl/ /-kɔː-/ 名 友好[和親]協定.

en·ter /éntə/ -tə-/ 動 (他) (★ 受身なし) ❶ **a** 〈場所に〉入る: He ~ed the room. 彼は部屋に入った (區較 went into the room のほうが口語的). **b** 〈とげ・弾丸などが〉〈体内などに〉入り込む: The bullet had ~ed his shoulder. 弾丸は彼の肩に食い込んでいた. **c** 〈考えなどが〉〈頭に〉浮ぶ: The idea never ~ed his head. その考えは彼の頭にまったく浮かんでこなかった / It never ~ed my head that he was dead. 彼が死んだなどとは考えもしなかった. **d** 〈新時代・新生活などに〉入る: ~ a new era 新しい時代に入る / ~ politics [the legal profession] 政界[法曹界]に入る. ❷ 〈学校に〉入学する; 〈団体・クラブ・会などに〉加入する, 入会する, 入る; 〈競技などに〉参加する: ~ high school [college, university] 高等学校[大学]に入学する / ~ a club クラブに加入する / ~ the Army [the Church] 軍人 [牧師]になる / ~ ((米) the) hospital 病院に入院する. ❸ **a** 〈人を〉入学[加入, 入会]させる: ~ one's children *in* school [*at* Eton] 子供を学校に[イートン校に]入れる. **b** 〈人・動物を〉参加[出場]させる: ~ chrysanthemums *in* a flower show 菊をフラワーショーに出品する / He ~ed his horse *for* the race. 彼は馬を競馬に出した / He decided to ~ himself *for* the examination. 彼はその試験を受けようと決心した. ❹ **a** 〈名前・日付などを〉記入する; 載せる, 載録する: He ~ed (*up*) the sum *in* his account book. 彼はその金額を会計簿に記入した. **b** 〈データを〉コンピューターに入れる, 入力する. ❺ 【法】〈訴訟を〉提起する.

― (自) ❶ 〔…から〕入る〔*at, by, through*〕(★ この意味で ~ *into* a room, house, train, *etc*. を用いるのは古い用法で, 現在は他動詞の enter を用いる): ~ *at* the door [*through* the window] ドア[窓]から入る. ❷ 〔*Enter* で〕〈演劇〉登場する(★ 脚本の書きではしばしば 3 人称命令法で用いる; ↔ exit): *E*~ Hamlet. ハムレット登場. ❸ 〔競技などに〕参加の申し込みをする, 〔~ *for* a contest [an examination〕競技に参加を[受験を]申し込む.

énter ìnto... (1) 〈仕事・研究・交渉などを〉始める, …に従事する, 携わる; 〈関係・協約などを〉結ぶ (受身可): ~ *into* business 実業界に入る / ~ *into* an agreement [a contract] with a person 人と契約を結ぶ. (2) …の構成要素[一部]となる; 〈勘定・計画などの〉中に入る: That didn't ~ *into* their calculations. そのことは彼らも考えてみなかった[彼らの計画に入っていなかった]. (3) 〈感情・考えなどに〉立ち入る, 共鳴する; 〈雰囲気・風土などに〉溶け込む(★ 受身可): I tried to ~ *into* the spirit of the occasion. 私はその時の気分に浸ろうと努めた. (4) …を考慮する.

énter on [**upòn**]... (★ 受身可) (1) 〈新しい仕事・問題などに〉着手する: ~ *upon* a career 生涯の仕事に取りかかる. (2) 〈…に〉入る, 踏み入る: ~ *on* the last phase 最終局面に入る.

〖F 〈 L *intrare* 中に行く 〈 *intra* 中へ〉 名 entry〗

en·ter·al /éntərəl/ 形 腸内の, 経腸の. ~·ly 副

en·ter·ic /entérɪk/ 形 腸の. ― 名 ⓤ fever 腸チフス.

en·ter·i·tis /èntəráɪtɪs/ 名 ⓤ 【医】腸炎.

èn·ter·o- /éntərou/ 〔連結形〕「腸」の. 〖Gk *enteron* 腸〗

èntero·cóccus 【医】腸球菌, エンテロコッカス. **èntero·cóccal** 形

èntero·tóxin 【生化】腸毒素, エンテロトキシン《ブドウ球菌などによる毒素; 食中毒の原因となる》.

èntero·vírus 【医】腸内ウイルス, エンテロウイルス《一般に腸管に存在するが, 時に神経症状などをも呈する》. **-víral** 形

en·ter·prise /éntəpràɪz/ -tə-/ 名 ❶ **a** ⓤ 〔通例修飾語を伴って〕企業, 企業体系: government ~ 官営企業 / private ~ 私[民間]企業. **b** 🄒 企業体, 会社: small-to-medium-sized ~s 中小企業. ❷ 🄒 (重要・困難な)企て, 〔冒険的な〕事業 (venture). ❸ ⓤ 企業心, 冒険心, 積極性: have (a spirit of) ~ 企業心[進取の気性]がある. 〖F 〈 *entreprendre* 手に取る 〈 *enter*- INTER-+*prendre, pris* 取る, つかむ 〈 L *prehendere*; ⇒ prison〗

én·ter·pris·er /-ə/ 名 企業家, 事業家.

énterprise zòne 名 〈大都市中心部の〉産業振興地域, 都市再活性化区域, 企業(誘致)地区《減税などの特典によって私企業を誘致し雇用機会の増加をはかることを目的に, 失業者の多い老朽化地域〉.

en·ter·pris·ing /-ɪŋ/ 形 ❶ 企業心[進取の気性]に富んだ, 積極的な, 意欲的な; 冒険好きな: an ~ businessman 企業心の旺盛な実業家. ❷ 〈行動などが〉進取的な, 自主的な; 冒険的な. ~·ly 副

en・ter・tain /èntɚtéɪn | -tə-/ 動 ❶ 〈人を〉楽しませる，慰める: The show ~ed us. そのショーは我々を楽しませてくれた / He ~ed us *with* a song. 彼は我々に歌を聞かせてくれた． ❷ 〈人を〉もてなす: ~ friends 友人をもてなす / She ~ed six people *at* [英] to tea. 彼女は 6 人のお客さんをお茶に招待した． ❸ a 〈考え・疑い・提案などを〉受け入れる，考慮する． b 〈感情・意見・希望などを〉抱く: ~ (a) bitter hatred [deep affection] for a person 人にひどい憎しみ[深い愛情]を抱く． —— 自 ❶ もてなす, 歓待する． ❷ 人を楽しませる. 《F＝維持する, 話しかける〈*enter-* inter-＋L *tenere* 持つ (cf. contain)》 (名 entertainment) 【類義語】⇨ amuse.

en・ter・táin・er 名 ❶ 歓待する人, もてなす人． ❷ (職業的)芸能人, エンターテイナー, (歌手・ダンサー・コメディアンなど): a professional ~ 芸能人, エンターテイナー．

èn・ter・táin・ing 形 愉快な, おもしろい: an ~ play おもしろい劇. ~**・ly** 副

en・ter・tain・ment /èntɚtéɪnmənt | -tə-/ 名 ❶ U 歓待, もてなし: make preparations for the ~ of guests 客をもてなすための用意をする． b C 〈歓迎などを兼ねた〉宴会, パーティー: give an ~ パーティーを開く[催す]． ❷ a U,C 娯楽: relate an anecdote for the ~ of one's guests 客を退屈させないために尊敬された逸話を語る． b U 楽しみ, 慰み: much to one's ~ とてもおもしろい[こっけい]なことには． ❸ C 催し物, 余興, 演芸: a dramatic [theatrical] ~ 演劇, 芝居 / a musical ~ 音楽会, 音楽の余興. (動 entertain)

en・ti・sol /éntɪsɔ̀ːl | -sɔ̀l/ 名 【土壌】エンチゾル（層位がほとんどあまりはっきりと分かられない土壌）．

en・ti・tle /ɪntáɪtl, en-/ 動 他 ❶〈本などに×...という〉表題をつける, 本を×...と題する（★ しばしば受身）: [＋目＋補] The book is ~d "*Jaws*". その本は「ジョーズ」と題されている． ❷〈人に〉権利[資格]を与える（★ しばしば受身）: Your achievements ~ you *to* the respect of all of us. あなたは業績ゆえに我々すべに尊敬される資格がある / He's ~d *to* a pension. 彼は年金を受ける資格がある / [＋目＋*to do*] This ticket does not ~ you *to* enter the special exhibition. この切符では特別展示室に入ることはできない． ~**・ment** 名 ＝entitlement. 《L＜en-, title》

en・ti・tle・ment /ɪntáɪtlmənt, en-/ 名 ❶ U,C 権利, 資格． ❷ ＝entitlement program.

entítlement prògram 名 エンタイトルメント（受給者に一定の資格を必要とする，政府の給付プログラム；老齢年金，社会保障など）．

en・ti・ty /éntəṭi/ 名 ❶ C 実在, 存在． ❷ C a 実在物, 実体, 本体． b 自主独立体: a political [legal] ~ 国家[法人]．《F＜L＝実在(物)＜*esse*（ラテン語の be 動詞）; cf. absent, essential, present, represent》

en・tomb /ɪntúːm, en-/ 動 他 ❶〈人を〉墓に入れる; 葬る（★ しばしば受身）． ❷〈場所が〉×...の〉墓となる． **en・tómb・ment** /-mənt/ 名 U,C 埋葬．

en・to・mo- /éntəmoʊ/ [連結形]「昆虫」．《Gk *entomon* 昆虫》

en・to・mo・log・i・cal /èntəməlάdʒɪk(ə)l | -lɔ́dʒ-/ 形 昆虫学的[上の]． ~**・ly** /-kəli/ 副

èn・to・mól・o・gist /-dʒɪst/ 名 昆虫学者．

en・to・mol・o・gy /èntəmάlədʒi | -mɔ́l-/ 名 U 昆虫学．

en・to・moph・i・lous /èntəmάfələs | -mɔ́f-/ 形 【植】虫媒の（昆虫による受粉媒介; cf. anemophilous）: an ~ flower 虫媒花. **èn・to・móph・i・ly** /-fəli/ 名

en・to・proct /éntəprὰkt | -prɔ̀kt/ 名 【動】内肛動物（スズコケムシなど）． —— 形 内肛動物門の． **èn・to・próc・tous** /-təs/ 形

ent・óp・tic /entάptɪk | -tɔ́p-/ 形 視覚現象が眼球内にある[原因がある], 内視性の．

en・tou・rage /ά:ntʊrὰ:ʒ, ɔ́ntʊ(ə)rὰ:ʒ, ά:ntʊrɑ:ʒ/ 名 [集合的; 単数または複数扱い] 側近, 随員たち．《F＝取り巻き》

en・tr'acte /ά:ntrækt, —'—, ɔ́ntrækt, ά:n-/ 名 幕間; 幕間の演芸; 間奏曲, アントラクト．

en・trails /éntreɪlz, -trəlz | -treɪlz/ 名 複 内臓, はらわた．

en・train[1] /ɪntréɪn, en-/ 動 他〈軍隊などを〉列車に乗せる． —— 自 列車に乗る．

en・train[2] /ɪntréɪn, en-/ 動 他〈出来事などを〉伴う, 引き起こす;〈化〉〈流体が小滴・粒子などを〉浮遊させて運ぶ,

---

593 **entrain**

A 〈ひと組のものが〉そっくりそろっている: an ~ set of an encyclopedia 百科事典の 1 セット全部． ❸〈品物が〉無傷の, 壊れていない: The urn was unearthed ~. その壺(は)は完全な形で地中から発掘された． A（程度が）完全な, まったくの: He was in ~ ignorance of the news. 彼はその知らせをまったく知らなかった． —— 名 去勢していない馬． ~**・ness** 名 U＝完全なく L INTEGER〉 (形 entirety)

en・tire・ly /ɪntάɪɚli, en-, entὰɪɚ- | -tάɪə-, en-/ 副（比較なし） ❶ a まったく, 完全に (completely): It's ~ different from what I expected. 私の思ったこととはまったく異なる． b [否定語句を伴い, 部分否定で]完全に（...ではない）: His account is *not* ~ convincing. 彼の説明は完全に納得のいくものではない． ❷ もっぱら, ひたすら: His time was devoted ~ to his work. 彼の時間はもっぱら仕事に向けられた．

en・tire・ty /ɪntάɪ(ə)rəṭi, en-, -tάɪɚṭi | -tάɪərəṭi, -tάɪɚṭi/ 名 ❶ U 完全な状態． ❷ [the ~] 全体, 全額 [*of*]. **in its [their] entirety** そっくりそのまま, ことごとく: His plan was accepted *in its* ~. 彼の計画はそっくりそのまま受け入れられた / He translated both books *in their* ~. 彼は 2 冊とも全訳した． (形 entire)

飛沫同伴する: ~*ed* air 連行空気. ❷ 〖生〗〈生体のリズムを〉別に同調させる. — [自] 〖生〗〔…の〕リズムに同調する〔*to*〕. **~·ment** /-mənt/ [名] ❶ 〖化〗 飛沫同伴. ❷ 〖生〗 同調, エントレインメント. **~·er** [名]

en·train[3] /ɑːntrǽŋ/ [名] 活気, 熱心.

en·tram·mel /ɪntrǽm(ə)l, en-/ [動] [他] 《文》〈…に〉網をかける; 束縛する, 妨げる.

*__en·trance__[1] /éntrəns/ [名] ❶ [C] **入り口**; 戸口, 玄関, 昇降口: the main [back] ~ 正面[裏の]入り口 / at the ~ 入り口で / the ~ ***to*** the town 町への入り口. ❷ [U,C] **a** **入ること**; 入場, 入港: ~ into a port 入港 / *E*~ Free 〖掲示〗 入場無料, 入場随意 / No *E*~ 〖掲示〗 入場お断わり. **b** 〖演劇〗 (俳優の)登場 (↔ exit): make one's ~ 登場する. ❸ [U,C] **a** **入学**: ~ ***into*** college 大学入学 / apply for ~ ***to*** (a) university 大学への入学を志願する. **b** 入社, 入会; 〔新生活・職業などに〕入ること, 門出, 就任, 就業: one's ~ ***into*** office 就任 / one's ~ ***into*** [***upon***] a new life 新生活へのスタート. ❹ [U] 入る機会[権利], 入場権: have free ~ to…に自由に入ることを許されている. 〖F < *entrer* to ENTER+-ANCE〗

+**en·trance**[2] /ɪntrǽns, en- | -tráːns/ [動] [他] 〈人を〉うっとりさせる, 恍惚(こうこつ)とさせる (enchant): Her beauty ~*d* him. 彼は彼女の美しさにうっとりした. **~·ment** /-mənt/ [名] [U] 失神状態, 忘我[恍惚(こうこつ)]の境地; 有頂天, 狂喜. 〖EN-+TRANCE〗

en·tránced [形] [P] 〔…に〕うっとりして, 恍惚(こうこつ)として〔*at, by, with*〕: I was ~ ***with*** the music [***with*** joy]. その音楽を聞いてうっとりとなった[喜びに我を忘れた] / He stood ~ ***at*** the wonderful sight. 彼はそのすばらしい光景に我を忘れて立ちつくした.

éntrance examinàtion [名] 入学[入社]試験.

éntrance fèe [名] 入場料; 入会金.

éntrance·wày [名] 《米》 入り口.

en·tránc·ing [形] うっとりさせる, 魅惑的な: an ~ talker うっとりさせるような座談家. **~·ly** [副]

+**en·trant** /éntrənt/ [名] ❶ 入る人; 新入者, 新規加入者〔*to*〕. ❷ 〔競技などの〕参加者[動物]〔*for*〕.

en·trap /ɪntrǽp, en-/ [動] [他] (**en·trapped; en·trap·ping**) [しばしば受身で] ❶ 〈…を〉わなにかける, 落とし穴に陥れる. ❷ 〈人を〉〔…に〕陥れる, だまして〔…〕させる: He *was entrapped* ***into*** undertak*ing* the work. 彼はだまされてその仕事を引き受けた.

en·tráp·ment /-mənt/ [名] [U] ❶ わなにかける[かかる]こと. ❷ 〖法〗 おとり捜査.

en tra·ves·ti /ɑːntrævestíː/ [副] [形] (特に 劇で)〈男優[男性]が〉女装して[した], 〈女優[女性]が〉男装して[した].

en·treat /ɪntríːt, en-/ [動] [他] 〈人に〉懇願する, 嘆願する; 〈慈悲・好意などを〉懇願する 《[比較] beg のほうが一般的》: He ~*ed* me ***for*** assistance. 彼は私に援助を嘆願した / She ~*ed* me *to* let her go. 彼女は放してくれるようにと私に嘆願した / "Let me go," she ~*ed*. 「放してください」と彼女は懇願した / I ~ your forgiveness. どうぞお許しください / I ~ this favor ***of*** you. どうぞこの願いを聞き入れてください. 〖F=交渉する; ⇨ en-, treat〗 【類義語】 ⇨ beg.

en·tréat·ing·ly /-ṭɪŋ-/ [副] 懇願するように.

en·treat·y /ɪntríːṭi, en-/ [名] [U,C] 懇願, 嘆願, 哀願: a look of ~ 哀願のまなざし / He was deaf to our *entreaties*. 彼は我々の嘆願に耳を貸さなかった.

en·tre·chat /ɑ̀ːntrəʃáː, ⸗⸗⸗/ [名] 〖バレエ〗 アントルシャ 《跳び上がっている間に脚を交差させ, 時にはかかとを打ち合わせる動作》. 〖F < It〗

en·tre·côte /ɑ́ːntrəkòʊt/ [名] 〖料理〗 アントルコート 《あばら骨間のステーキ肉, 時にサーロイン》. 〖F=between rib〗

en·trée /ɑ́ːntreɪ | ⸗⸗/ [名] ❶ [C] アントレー: **a** 魚料理と焼いた肉料理との間に出す肉料理. **b** 《米》 (肉の)メインコース. ❷ **a** [U,C] 出場, 入場(許可), 入場権: make one's ~ *into* society 社交界に初めて顔出しをする. **b** [C] 参加[加入]のきっかけ(となるもの): The product was our ~ *into* the US market. その製品が我々の米国市場乗り入れのきっかけとなった. 〖F=entry〗

en·tre·mets /ɑ́ːntrəmèɪ, ⸗⸗⸗/ [名] ([複] ~) アントルメ (side dish) 《主要な料理の間に出る添え料理; 特にデザートなど》.

en·trench /ɪntréntʃ, en-/ [動] [他] [通例受身で] ❶ **a** 〈制度・慣習・権力などを〉動かし[変え]がたいものにする, 確立する 《★ しばしば悪い意味》. **b** [~ oneself で] 地位[立場(など)]を確立する, 地歩を固める. **c** 〈…に〉特別な法的保護を与える. ❷ 〈都市・陣地などを〉ざんごうで囲む. — [自] 《古》〔…を〕侵害する〔*on, upon*〕.

en·trénched [形] ❶ 〈権利・伝統など〉確立した; 堅固に身を固めた: an ~ habit 確立した習慣 / ~ bureaucrats 堅固に身を固めた官僚たち. ❷ ざんごうで防備された.

en·trénch·ment /-mənt/ [名] ❶ [U] ざんごう構築作業. ❷ [C] ざんごうで固めた陣地.

en·tre nous /ɑ̀ːntrənúː/ [副] ❶ あなたと私の間で. ❷ 内密に, ここだけの話だが. 〖F=between ourselves〗

en·tre·pôt /ɑ́ːntrəpòʊ, ⸗⸗⸗/ [名] 貨物集散地: an ~ trade 中継(ちゅうけい)貿易, 仲継(なかつぎ)貿易. 〖F〗

+**en·tre·pre·neur** /ɑ̀ːntrəprənə́ː, -n(j)ʊ́ə | ɔ̀ntrəprənə́ː, ɑ̀ːn-/ [名] ❶ (通例独創力とリスクを伴った)起業家; 企業家, 事業家. ❷ 仲介(業)者. 〖F=請負人 < *entreprendre*; ⇨ enterprise〗

+**en·tre·pre·neur·i·al** /ɑ̀ːntrəprənə́ːriəl, -n(j)ʊ́(ə)r- | ɔ̀ntrəprənə́ːr-, ɑ̀ːn-⸗/ [形] [通例 [A]] 起業家[企業家]の, 事業家らしい: ~ skills 企業家としての能力, 経営技術.

en·tre·sol /ɑ́ːntrəsɑ̀l | -sɔ̀l/ [名] 〖建〗 中二階 (mezzanine). 〖F < Sp〗

en·tro·pi·on /entróʊpiɑ̀n | ɪntróʊpiən/ [名] [U] 〖医〗 (眼瞼(がんけん))内反.

en·tro·py /éntrəpi/ [名] [U] ❶ 〖理〗 エントロピー 《物体の熱力学的な状態を示す物理量の一つ; 無秩序の度合いを表わす》. ❷ (漸進的な)一様化, 均質化; (質の)低下, 崩壊. 〖G < Gk *en-* (in, on, to などの意)+*tropē* 変化, 回転〗

+**en·trust** /ɪntrʌ́st, en-/ [動] [他] ❶ (人に)(責任・任務などを)任せる, 委託する: I ~*ed* the duty ***to*** him.=I ~*ed* him ***with*** the duty. 私は彼にその任務を任せた. ❷ **a** 〈金銭などを〉〈人に〉預ける, 信託する: ~ a large sum of money *to* a person 大金を人に預ける. **b** 〈子供を〉〈人(の世話)に〉預ける: I ~*ed* my son ***to*** her care. 息子を彼女の世話にゆだねた. 〖EN-+TRUST〗 【類義語】 ⇨ commit.

__en·try__ /éntri/ [名] ❶ **a [U,C] **入ること, 入場, 加入**, 入会; 出場: We tried in vain to gain ~ ***to*** the area その区域に入ろうとしたが果たせなかった / The army made a triumphant ~ ***into*** the city. 軍隊はその町に意気揚々と入場した. **b** [U] 入場権: have free ~ ***to***…に自由に入れる / No ~. 立入り[進入]禁止. ❷ [C] **入り口**; (特に)玄関. ❸ **a** [U,C] **記入, 記載; 登録**, 入力; 記載事項: make an ~ of an item 事項を記入[登録]する / ⇨ double entry, single entry. **b** [C] (辞書などの)収録語: This dictionary has sixty thousand *entries*. この辞書は収録語が 6 万ある. ❹ [C] 〔議論・競技などの〕**参加者**, 参加[応募]作品; [単数形で] 参加者数〔*for, of*〕: There were a thousand *entries* ***for*** the marathon. そのマラソンに千人の参加者があった / There was a large ~ ***for*** the contest. コンテストに多数の参加者があった. ❺ 〖法〗 (土地・家屋への)立ち入り, 占有行為. 〖F=入場, 門出〗 ([動] enter)

éntry fòrm [《米》 **blànk**] [名] 参加応募用紙.

én·try·ìsm /-triìzm/ [名] [U] (政策・目的の変更をねらって政治組織に)加入すること, 潜入(活動). **-ist** /-ɪst/ [名]

éntry-lèvel [形] ❶ 未熟練[経験]労働者向きの. ❷ 〈コンピューターなど〉初歩的で値段の安い.

éntry pèrmit [名] 入国許可.

éntry·phòne [名] 〖英商標〗 (事務所・マンションの)(入口の)インターホン.

éntry vìsa [名] 入国査証, 入国ビザ (↔ exit visa).

éntry·wày [名] =entranceway.

éntry wòrd [名] =entry 3 b.

en·twine /ɪntwáɪn, en-/ [動] [他] ❶ **a** 〈…に〉からみつく, 巻きつく; 〈…に〉〈…を〉からませる, まつわらせる: A vine ~*d* the post. つるがくいに巻きついた / The oak *was* ~*d* ***with*** ivy. そのナラの木にはツタがからみついていた. **b** 〈…を〉からま

せる，まつわらせる《★しばしば受身》: A creeper *was* ~*d* (*a*)*round* [*about*] the pillar. 柱にはつる草が巻きついていた / She ~*d* her hand *in* his. 彼女は自分の手を彼の手にからませた / His philosophy is ~*d in* the plot of his novel. 小説の筋の中に彼の哲学が織り込まれている. ❷ 〈花輪などを〉編む，織り込む.

enu·cle·ate /iːn(j)úːklìeɪt | -njúː-/ 動 他 〔医〕摘出する; 〔生〕〈細胞から〉核を取り除く, 除核する, 脱核する. ── 形 -kliːɪt, -èɪt/ 〔生〕〈細胞から〉核が除核[脱核]された. **-à·tor** /-èɪtə | -tə/ 名

enu·cle·a·tion /iːn(j)ùːkliːéɪʃən | -njúː-/ 名 ❶ 〔医〕摘出(術). ❷ 〔生〕除核, 脱核.

e·nuff /ɪnʌ́f, ən-/ 形 副 《俗・非標準》=enough.

E number /íː-/ 名 《英》E ナンバー《EU で認可された食品添加物を示すコードナンバー; cf. E-free》. 〖E(uropean) number〗

enu·mer·a·ble /ɪn(j)úːm(ə)rəbl | ɪnjúː-/ 形 =denumerable.

e·nu·mer·ate /ɪn(j)úːməreɪt | ɪnjúː-/ 動 他 ❶ 〈…を〉挙げる, 列挙する: He ~*d* the advantages of air travel. 彼は飛行機旅行の長所を一つ一つ挙げた / The errors are too many to ~. 間違いが多すぎて列挙することができない. ❷ 〈…を〉数えあげる. 〖L=数える〗

e·nu·mer·a·tion /ɪn(j)ùːməréɪʃən | ɪnjúː-/ 名 ❶ Ⓤ 列挙, 数えあげること. ❷ Ⓒ 目録, 一覧表.

e·nu·mer·a·tive /ɪn(j)úːmərətɪv, -rèɪt- | ɪnjúː-/ 形 列挙の[する].

enú·mer·à·tor /-tə- | -tə/ 名 数を数える人, (特に)国勢調査員.

e·nun·ci·ate /ɪnʌ́nsièɪt/ 動 他 ❶ 〈語を〉(はっきり)発音する: ~ one's words clearly 言葉をはっきり発音する. ❷ 〈理論・主義などを〉宣言する, 発表する. ── 自 はっきり発音する. 〖L=はっきり言う〗

e·nun·ci·a·tion /ɪnʌ̀nsièɪʃən/ 名 ❶ Ⓤ 発音(ぶり). ❷ Ⓤ,Ⓒ 〔理論・主義などの〕言明, 宣言, 発表 〔*of*〕.

en·ured /ɪn(j)úəd | ɪnjúəd/ 形 =inured.

en·u·re·sis /ènjʊríːsɪs/ 名 Ⓤ 遺尿(症), 夜尿症.

en·urn /ɪnə́ːn | ɪnə́ːn/ 動 他 =inurn.

env. 《略》envelope.

†**en·vel·op** /ɪnvéləp, en-/ 動 他 ❶ 〈…を〉包む, おおう: Fog ~*ed* the village. 霧がその村をすっぽり包んでいた / She ~*ed* the sick baby *in* a blanket. 彼女は病気の赤ん坊を毛布にすっぽりくるんだ 〖比較 wrap のほうが一般的〗. ❷ 〈…を〉〈…の中に〉おおい隠す: The murder case is still ~*ed in* mystery. その殺人事件は今なおなぞに包まれている. **~·ment** /-mənt/ 名 Ⓤ 包むこと; 包囲. 〖F=中に包む EN-+*voloper* 包む〗

*****en·ve·lope** /énvəloʊp/ 名 ❶ 封筒: seal [open] an ~ 封筒に封じる[封筒を開ける]. ❷ a 包み, おおい, 外被〔*of*〕. b (気球の)気嚢(ᵑᵒᵘ). 〖↑〗

en·ven·om·ate /ɪnvénəmèɪt, en-/ 動 他 (かむことなどにより)毒物[液]を注入する. **en·ven·om·a·tion** /ɪnvènəméɪʃən/ 名

en·ven·omed /ɪnvénəmd, en-/ 形 ❶ 毒を入れた[塗った]. ❷ 毒気[敵意]を含んだ: an ~ tongue 毒舌.

†**en·vi·a·ble** /énviəbl/ 形 ねたみを抱かせる(ような), ねたましい, うらやましい (↔ unenviable); うらやましいほどの: have an ~ record うらやましいほどの記録を持つ. **~·ness** 名 〖ENVY+-ABLE〗

én·vi·a·bly /-əbli/ 副 うらやましい[ねたましい]ほどに.

†**en·vi·ous** /énviəs/ 形 (more ~; most ~) ねたみを抱いている, しっと深い; うらやましそうな; ねたんで, うらやましく思って: with an ~ look ねたましそうな目つきで / I am ~ *of* his good fortune. 私は彼の幸運をうらやましく思う. **~·ly** 副 〖ENVY+-OUS〗

en·vi·ron /ɪnváɪrən, en-, -váɪən | -váɪ(ə)rən/ 動 他 取り巻く, 包囲する; 囲む《★しばしば受身》: a town ~*ed by* [*with*] forests 森林に囲まれた町. 〖F〗

‡**en·vi·ron·ment** /ɪnváɪ(ə)rənmənt, en-, -váɪən-, -váɪ(ə)rən-/ 名 ❶ **a** Ⓤ,Ⓒ 環境, 周囲, 四囲の状況: one's home ~ 家庭環境 / a culturally deprived ~ 文化的に剥奪された環境《スラムのこと》. **b** 〔電算〕システム

595　　　　envy

環境, 動作環境. ❷ [the ~] 自然環境: protect the ~ 自然環境を保護する. (動 environ, 形 environmental) 【類義語】environment　社会的・文化的・精神的に影響力を持つような環境. surroundings 人を取り巻く場所.

‡**en·vi·ron·men·tal** /ɪnvàɪ(ə)rən(n)méntl, en-, -vàɪən- | -vàɪ(ə)rən-/ 形 環境の: ~ destruction [pollution] 環境破壊[汚染] / ~ assessment 環境アセスメント, 環境事前調査 / an ~ volunteer project 環境保護ボランティア計画. (名 environment)

environmental árt 名 Ⓤ 環境芸術《観客を芸術の中に巻き込んで独特の環境を作り出そうとする新しい芸術様式》.

environmental áudit 名 環境監査《ある企業の環境保全への取り組み方を第三者が調査・査定すること》.

environmental health hazard 名 環境健康被害.

environmental ímpact assèssment 名 環境影響評価, 環境アセスメント《略 EIA》.

environmental ímpact stàtement 名 環境影響評価[アセスメント]報告《略 EIS》.

en·vi·ron·mén·tal·ism /-təlìzm/ 名 環境決定論[主義]《個人・社会の発達においては遺伝よりも環境が有力な要因だとする説》; 環境保護(主義).

*****en·vi·ron·mén·tal·ist** /-təlɪst/ 名 ❶ 環境問題研究家. ❷ 環境保護主義者.

en·vi·ron·mén·tal·ly /-təli/ 副 環境的に, 環境上: ~ benign 環境的に無害な.

environméntally-fríendly 形 =environment-friendly.

environméntally sénsitive área 名 《英》環境特別保護地区, 環境保全特別地区《略 ESA》.

environmental médicine 名 Ⓤ 環境医学.

environmental science 名 Ⓤ 環境科学.

environment-friendly 形 環境に優しい, 環境に害を与えない.

en·vi·rons /ɪnváɪ(ə)rənz, en-, -váɪənz | -váɪ(ə)rənz/ 名 ® (都市の)周囲, 近郊, 郊外: London and its ~ ロンドンとおよびその近郊.

*****en·vis·age** /ɪnvízɪdʒ, en-/ 動 他 ❶ 〈未来のことなどを〉心に描く (imagine): She ~*d* her married life as a bed of roses. 彼女は結婚生活を安楽な生活だと心に描いた / He ~*d* living in London. 彼はロンドンでの生活を心に描いた / 〖+目[所有格]+*doing*〗 I don't ~ them arriv*ing* before Monday. 彼らが月曜より前に着くとは思わない / He ~*d that* she would eventually marry him. 彼は彼女が結局は自分と結婚してくれるだろうと想像した. ❷ 〈…を〉想像する, 把握する: He was able to ~ the phenomena theoretically. 彼はそれらの現象を理論的に把握することができた. 〖F=直視する; ⇒ en-, visage〗

en·vi·sion /ɪnvíʒən, en-/ 動 他 =envisage.

en·voi /énvɔɪ/ 名 (ballade のような古い詩形にある)結びの句, 反歌, エンボイ.

*****en·voy**[1] /énvɔɪ/ 名 ❶ 使節: a peace ~ 平和使節. ❷ (全権)公使: an ~ extraordinary (and minister plenipotentiary) 特命全権公使. 〖F<*envoyer* 派遣する< EN-+L via 道 (cf. via)〗

en·voy[2] /énvɔɪ/ 名 =envoi.

*****en·vy** /énvi/ 名 ❶ Ⓤ ねたみ, うらやみ 〔*at*, *of*, *toward*〕: out of ~ ねたんで, うらやましさのあまり / in ~ of …をうらやんで / be filled with ~ *at* [*of*] a person's success 人の成功をねたむ心でいっぱいである / She was green with ~. 彼女はひどくねたんでいた. ❷ [the ~] うらやましいもの[人], 羨望(ᵉⁿᵇᵒᵘ)の的: Her new sports car was *the* ~ *of* all. 彼女の新しいスポーツカーは皆の羨望の的だった. ── 動 他 ❶ 〈…を〉うらやむ, うらやましく思う: He envied my success. 彼は私の成功をうらやんだ / How I ~ you! あなたが本当にうらやましい / 〖+目+目〗 I ~ you your beauty [your beautiful wife]. 私はあなたの美しさ[美しい奥さん]をうらやましく思う / He envies you *for* [*on account of*] your good luck. 君が幸運なので彼はうらやんでいる / 〖+目[所有格]+*doing*〗 I ~ him [his] going abroad. 彼の外国行きをうらやましく

思う. 〚F＜L＜*invidere* 横目で見る＜IN-²+*videre* 見る (cf. vision)〛 【類義語】⇨ jealousy.

en·wrap /ɪnrǽp, en-/ [動] [他] ❶ 《文》〈…を〉〔…に〕包み込む〔*in*〕. ❷ 〈人を〉〔…に〕夢中にさせる〔*in*〕.

en·wreathe /ɪnríːð, en-/ [動] [他] 《文》花輪で囲む.

en·zo·ot·ic /ènzouɑ́ṭɪk | -ɔ́t-/ [形] 〈動物の病気が〉地方病[風土病](性)の (cf. epizootic).

*__en·zyme__ /énzaɪm/ [名] 〔化〕酵素 (cf. yeast). 〚G＜Gk＝酵母の入った, 発酵したく＜EN-+*zumē* 酵母〛

en·zy·mol·o·gy /ènzəmɑ́lədʒi, -zaɪ- | -mɔ́l-/ [名] [U] 酵素学. **-gist** [名] 酵素学者.

EOC 《略》Equal Opportunities Commission.

E·o·cene /íːousìːn/ 〔地〕 [形] (第三紀)始新世の: the ~ epoch 始新世. ── [名] [the ~] 始新世《約 5500 万年から 3500 万年まで》.

E

EOE 《略》equal opportunity employment.

e·o·hip·pus /ìːouhípəs/ [名] 〔古生〕エオヒップス, 始新馬, アケボノウマ《米国西部の始新世前期の地層から発見された最も原始的な 4 本指の小型の馬》.

eo ip·so /ìːouípsou, èɪ-/ [副] それ自体に; その事実によって.

E·o·li·an /iːóuliən/ [形] ＝Aeolian.

e·o·lith /íːəlìθ/ [名] 〔考古〕原石器《人類最古の石器》.

EOM 《略》end of month.

e·on /íːən/ [名] 無限に長い期間; 永遠: ~*s* ago 大昔(に); ずっと前に.

E·os /íːɑs | -ɔs/ [名] 〔ギ神〕エオス《暁(あかつき)の女神で Hyperion の子; ローマ神話 の Aurora に当たる》.

e·o·sin /íːəsɪn/ [名] [U] 〔化〕エオシン《鮮紅色の酸性色素; 細胞質の染色などに用いる》.

e·o·sin·o·phil /ìːəsínəfìl/ [名] 〔生〕好酸球, 好酸性白血球.

e·o·sin·o·phil·i·a /ìːəsìnəfíliə/ [名] [U] 〔医〕好酸球増加(症).

e·o·sin·o·phil·ic /ìːəsìnəfílɪk/ [形] ❶ 〔生理〕エオシン好性の, 好酸性の. ❷ 〔医〕好酸球増加症(性)の.

-e·ous /‐iəs/ [接尾] ＝-ous.

EP /ìːpíː/ [名] イーピー盤《毎分 45 回転または $33^1/_3$ 回転のレコード; cf. LP》. 〚e(xtended) p(lay)〛

Ep. 《略》Epistle. **EPA** 《略》Environmental Protection Agency 《米》環境保護局; eicosapentaenoic acid エイコサペンタエン酸《魚油に含まれている》.

e·pact /íːpækt/ [名] 太陽年と太陰年の日数差《前者の日数が約 11 日多い》; 歳首月齢《1 月 1 日の月齢》.

ep·arch /épɑɚk | épɑːk/ [名] 〔東方正教会〕首都大司教, 主教.

é·pa·ter /èɪpɑːtéɪ/ [動] [他] びっくりさせる, 〈…に〉ショックを与える: ~ le [les] bourgeois 保守的ブルジョワのどぎもを抜く《19 世紀前半のロマン派の標語》. 〚F〛

ep·au·let(te) /èpəlét, ‐‐‐/ [名] (将校制服の)肩章.

ep·áx·i·al /epǽksiəl/ [形] 〔解〕軸上(部)の, 上軸椎の.

é·pée /éɪpeɪ, ép-/ [名] 〔フェン〕エペ《突き用の剛直な剣; cf. foil³ 1, saber 2 a》.

ep·en·the·sis /epénθəsɪs, ɪ-/ [名] [C,U] ([複] **-ses** /-sìːz/) 〔言・音声〕挿入字《thunder は OE thunor であって d は挿入字》, 挿入音《athlete /ǽθəlìːt/ の発音で /ə/ は挿入音》. **ep·en·thet·ic** /èpənθéṭɪk/ [形]

e·pergne /ɪpɚ́ːn | ɪpɚ́ːn/ [名] 食卓中央に置く銀[金, ガラス]製スタンド《先端に花・果物・キャンディー・ろうそくなどを入れる大小の容器のついた数本の枝がある》.

ep·ex·e·gesis /epèksədʒíːsɪs/ [名] [C,U] ([複] **-gé·ses** /-siːz/) 〔修〕補足的解説, 補説. **ep·ex·e·get·ic** /epèksədʒéṭɪk‐/, **-ical** /-k(ə)l/ [形] **-ical·ly** /-kəli/ [副]

Eph. 《略》Ephesians.

eph·ebe /éfiːb, ‐‐/ [名] ＝ephebus.

e·phe·bus /ɪfíːbəs, e-/ [名] ([複] **-bi** /-baɪ/) 〔古ギ〕青年市民《特に 正市民になるための軍事訓練・体操訓練に参加中の 18–20 歳のアテナイの青年》. **ephé·bic** /-bɪk/ [形]

e·phe·dra /ɪfédrə, éfə-/ [名] 〔植〕マオウ(麻黄)《マオウ属の小低木の総称; ephedrine を含む》.

e·phed·rine /ɪfédrən | éfɪdrìːn/ [名] [U] 〔化〕エフェドリン《ぜんそく・かぜなどの薬》.

ephemera [名] ephemeron の複数形.

e·phem·er·al /ɪfém(ə)rəl, ef-/ [形] ❶ つかの間の, はかない. ❷ 一日の命の, 一日限りの, 数日限りの; 短命な. **~·ly** /-rəli/ [副] 〚Gk＝一日限りの〛

e·phem·er·al·i·ty /ɪfèmərǽləṭi, ef-/ [名] [U,C] 短命; はかなさ; [複数形で] 短命な[はかない]もの.

e·phem·er·is /ɪfémərəs/ [名] ([複] **eph·e·mer·i·des** /èfəmérədìːz/) 〔天・海〕天体暦《各月各日の天体位置の早見表; これを含む天文暦》.

e·phem·er·ist /ɪfémərɪst/ [名] ephemeron の収集家.

ephémeris tìme [名] 〔天〕暦表時《天体力学の理論に基づいた一様均斉な時系》.

e·phem·er·on /ɪfémərɑ̀n, ef- | -rɔ̀n/ [名] ([複] **~s, -era** /-rə/) [通例 -era] 一時的に興味をひく[使用される, はやる]だけの(商業)印刷物《ビラ・ポスター・チケットなどの端物(はもの), ペラ物の類でマニアの収集の対象となる》.

E·phe·sian /ɪfíːʒ(i)ən/ [名] [the ~s; 単数扱い] 〔聖〕エペソ人(びと)への手紙, エペソ書 (The Epistle of Paul the Apostle to the Ephesians) 《新約聖書中の手紙の一つ; 略 Eph.》.

Eph·e·sus /éfəsəs/ [名] エフェソス, エペソ《小アジア西部のイオニアの古都; Artemis 神殿の所在地》.

eph·od /eːfɑd, íː-/ [名] エポデ, エフォド《古代のユダヤ教大祭司が肩からつるして着た刺繡飾りのあるエプロン状祭服》.

eph·or /éfɔɚ | éfɔː/ [名] ([複] **~s, -o·ri** /éfəràɪ/) 〔古ギ〕民選長官《国王に対する監督権のあった Sparta の民選五長官の一人》.

ep·i- /épɪ/ [接頭]「上」「その上」「外」など: *epistle, epithet.*

épi·blàst /-blæ̀st/ [名] 〔発生〕原外胚葉, (主に鳥類の)胚盤葉上層; エピブラスト《イネ科植物の胚的器官の一つ》.

⁺**ep·ic** /épɪk/ [名] ❶ 叙事詩, 史詩《英雄の業績や民族の歴史などを歌った長詩; cf. lyric 1》. ❷ 叙事詩的な長編作品《小説・劇・映画など》. ── [形] ❶ 叙事詩の. ❷ 叙事詩的な. ❸ 英雄的な, 雄大な, 偉大な. ❹ 異常に大きい, 大規模な: on an ~ scale けたはずれの規模で. 〚L＜Gk＜*epos* word, song〛

ép·i·cal /-k(ə)l/ [形] ＝EPIC. **~·ly** /-kəli/ [副] 叙事詩的に; 叙事体に.

épi·can·thic fóld /èpəkǽnθɪk-/ [名] 〔解〕内眼角贅皮(ぜいひ).

èpi·cárdium [名] [U] 〔解〕心外膜. **-cárdial** [形]

ep·i·carp /épɪkɑ̀ɚp | -kɑ̀ːp/ [名] 〔植〕外果皮 (⇨ pericarp).

ep·i·ce·di·um /èpəsíːḍiəm/ [名] ([複] **ep·i·ce·dia** /èpəsíːdiə/) 弔いの歌, 挽歌, 哀歌. **èp·i·cé·di·an** /-ḍiən/ [形]

ep·i·cene /épəsìːn/ [形] 男女両性具有の, (特に)めめしい, 柔弱な; 男とも女ともつかない. ── [名] 両性具有者. **èp·i·cén·ìsm** [名]

ep·i·cen·ter, 《英》**ep·i·cen·tre** /épɪsèntɚ | -tə/ [名] (地震の)震央《震源の真上の地表点》.

ep·i·con·dyle /èpɪkɑ́ndəl, -daɪl | -kɔ́n-/ [名] 〔解〕(上腕骨・大腿骨の)上顆(じょうか).

epi·con·dy·li·tis /èpɪkɑ̀ndɪláɪṭɪs | -kɔ̀n-/ [名] [U] 〔医〕上顆炎.

èpi·continéntal [形] 大陸塊[大陸棚]上にある[広がる].

ep·i·cot·yl /épɪkɑ̀ṭl | -kɔ̀təl/ [名] 〔植〕上胚軸.

epi·crit·ic /èpɪkríṭɪk‐/ [形] 〔生理〕〈皮膚感覚など〉(精密)識別[判別]性の (↔ protopathic).

ep·i·cure /épɪkjʊ̀ɚ | -kjʊ̀ə/ [名] 食い道楽の人, 美食家. 〚EPICURUS〛

ep·i·cu·re·an /èpɪkjuríːən‐/ [形] ❶ 快楽趣味の, 食い道楽の, 美食家的な: ~ tastes 食い道楽. ❷ [E~] エピクロス(派)の. ── [名] ❶ 美食家. ❷ [E~] エピクロス(派)の学徒.

Èp·i·cu·ré·an·ìsm /-nìzm/ [名] [U] ❶ 快楽主義. ❷ [e~] 食い道楽, 美食主義.

Ep·i·cur·ism /épɪk(j)ʊ̀(ə)rɪzm | -kjʊ̀ər-, -kjɔːr-/ [名] ＝Epicureanism.

Ep·i·cu·rus /èpɪkjú(ə)rəs | -kjúər-, -kjɔ́ː-/ [名] エピクロス《342?–270 B.C.; ギリシアの哲学者; エピクロス派の祖》.

ep·i·cy·cle /épɪsàɪkl/ 名 〖天〗(プトレマイオス系の)周転円《中心が他の大円の円周上を回転する小円》; 〖数〗 周転円《一つの円の外側または内側をころがる円》. **ep·i·cy·clic** /èpɪsáɪklɪk, -sík-˺/

ep·i·cy·cloid /èpɪsáɪklɔɪd/ 名 〖数〗外(ᡤᡤ)[外転]サイクロイド, 外擺線. **-cloi·dal** /ɪsaɪklɔ́ɪdl-˺/ 形

ep·i·deic·tic /èpədáɪktɪk/ 形 〖修〗 誇示的な.

__ep·i·dem·ic__ /èpɪdémɪk-˺/ 形 (比較なし) ❶《病気が流行性の, 伝染性の. ❷《風俗などが流行している, はやりの. ── 名 ❶ 流行[伝染]病の発生: an ～ of influenza [cholera] インフルエンザ[コレラ]の流行. ❷〔突然のよくないものの〕流行, はやり: an ～ of terrorism 多発するテロ行為. 〖F < L < Gk=流行している EPI-+*dēmos* 民衆 (cf. democracy)〗

ep·i·de·mi·ol·o·gy /èpɪdiːmiáləʤi, -dèm-, -ɔ́l-/ 名 疫学, 流行病学; 病気[病原菌]の有無を統御する要因の総体. **-gist** 名 疫学者. **èp·i·de·mi·o·log·i·cal** /-k(ə)l/ 形

ep·i·der·mis /èpɪdə́ːmɪs | -də́ː-/ 名 ⓊⒸ 〖解·動·植〗 表皮, 外皮; 細胞性表皮. **ep·i·der·mal** /èpɪdə́ːm(ə)l | -də́ː-˺/, **ep·i·der·mic** /èpɪdə́ːmɪk | -də́ː-˺/ 形 〖L<Gk=外皮; ⇒ epi-, dermis〗

ep·i·der·moid /èpɪdə́ːmɔɪd/ 形·動·植 類表皮の.

ep·i·dia·scope /èpɪdáɪəskòʊp/ 名 エピディアスコープ《透射式と反射式投映機の機能をもち透明体·不透明体いずれの画像をも幕面に映写できる》.

ep·i·did·y·mis /èpɪdíɪɪdəməs/ 名 (複 **-di·dym·i·des** /-dɪdíməˌdìːz/) 〖解〗 精巣上体, 副睾丸. **ep·i·did·y·mal** /-dídəm(ə)l-˺/ 形

ep·i·dote /épɪdòʊt/ 名 Ⓤ 緑簾(ᵍᵒᵒᵏ)石.

ep·i·du·ral /èpɪd(j)ú(ə)rəl | -djúər-˺/ 形 硬膜外の.

ep·i·gas·tri·um /èpɪgǽstriəm/ 名 (複 **-tria** /-triə/) 〖解〗 上腹部, 心窩部. **-gas·tric** 形

ep·i·ge·al /èpɪʤíːəl-˺/ 形 〖植〗〈子葉などが〉地上の; 〖植〗地上子葉を出す: ～ germination 地上発芽.

ep·i·gene /épɪʤìːn/ 形 〖地〗〈岩石が表面[地表近く]で生成される, 外力的な, 表成の (cf. hypogene).

èpi·génesis 名 Ⓤ ❶ 〖生〗 後成; 後生説《生物の発生は漸次分化によるとする; ↔preformation》. ❷ 〖地〗 後生《母岩の生成後に鉱床ができること》. **-sist** /-sɪst/ 名 〖生〗後成論者.

èpi·genétic 形 〖生〗 後成の, 後成的な; 〖地〗〈鉱床·構造が〉後生の: ～ deposits 後生鉱床. **-i·cal·ly** 副

ep·i·glot·tis /èpɪglɑ́tɪs | -glɔ́t-/ 名 〖解〗 喉頭蓋(᠈᠎ᠯᠠᠨ᠋᠌᠌᠋), 会厭(٣٢)《軟骨》.

ep·i·gon /épəgòʊn/ 名 〖文芸〗(一流の芸術家の劣った)模倣者, 亜流, エピゴーネン. 〖G<Gk=後に生まれた人〗

ep·i·gram /épɪgræm/ 名 ❶ 警句, エピグラム. ❷〈警句的な〉風刺詩. 〖F<L<Gk=碑文; ⇒ epi-, -gram〗

ep·i·gram·mat·ic /èpɪgrəmǽtɪk-˺/ 形 ❶ 警句(風)の, 風刺詩(的)の. ❷ 警句好きな. **-mát·i·cal·ly** 副 警句的に, 風刺詩的に.

ep·i·gram·ma·tist /èpɪgrǽmətɪst/ 名 警句家; 風刺詩人.

ep·i·gram·ma·tize /èpɪgrǽmətàɪz/ 動 ⦗自⦘ エピグラム化する, 〈...について〉エピグラムを作る.

ep·i·graph /épɪgrǽf | -grɑ́ːf/ 名 ❶ (記念碑·像などの)碑銘, 碑文 (cf. epitaph 1). ❷〈書物の巻頭·章などの〉題辞, 標語. 〖Gk; ⇒ epi-, -graph〗

ep·i·graph·er /ɪpígrəfə, ep-│-fə/ 名 =epigraphist.

ep·i·graph·ic /èpɪgrǽfɪk-˺/, **-i·cal** 形 epigraph の; epigraphy の. **-i·cal·ly** 副

ep·i·graph·ist /ɪpígrəfɪst, ep-/ 名 碑銘学の専門家.

ep·i·gra·phy /ɪpígrəfi/ 名 Ⓤ ❶ 碑文研究. ❷ 碑文, 碑銘.

ep·i·gy·nous /ɪpíʤənəs, ep-/ 形 〖植〗〈雄蕊(ᴂᴇ)·花弁·萼片などが〉子房上の, 〈花や子房下位の〉. **e·píg·y·ny** /-ni/ 名

ep·i·late /épəlèɪt/ 動 ⦗他⦘〈...の〉毛を抜く, 脱毛する.

ep·i·la·tion /èpəléɪʃən/ 名 Ⓤ (特に毛根の破壊による)脱毛.

ep·i·la·tor /-ṭə│-ṭə/ 名 脱毛薬 (depilatory); 脱毛器.

⁺**ep·i·lep·sy** /épəlèpsi/ 名 Ⓤ 〖医〗てんかん. 〖F<L<Gk=発作〗

ep·i·lep·tic /èpəléptɪk-˺/ 形 てんかん(性)の: an ～ fit [attack] てんかん発作. ── 名 てんかん患者.

ep·i·lim·ni·on /èpɪlímniən | -niðn/ 名 (複 **-nia** /-niə/) (湖沼の)表水層.

ep·i·logue, ⦗米⦘ **ep·i·log** /épəlɔ̀ːg, -làg | -lɔ̀g/ 名 ❶〔文芸作品の〕結び(の言葉) 〘to〙. ❷〖劇〗 エピローグ《通例韻文の納め口上; cf. prologue》. 〖F<L<Gk=結びの言葉; ⇒ epi-, -logue〗

ep·i·mer /épɪmə│-mə/ 名 〖化〗 エピマー, エピ異性体. **èp·i·mér·ic** /èpɪmérɪk-˺/ 形 〖EPI-+(ISO)MER〗

ep·i·mer·ism /ɪpímərɪzm, ep-/ 名 〖化〗 エピ異性.

ep·i·mer·ize /ɪpíməràɪz/ 動 ⦗他⦘〖化〗 エピマー化する.

ep·i·neph·rine /èpɪnéfrɪn, -riː/ 名 Ⓤ ⦗米⦘〖生化〗 エピネフリン《副腎髄質ホルモン; 止血·強心剤》.

ep·i·ni·cian /èpəníʃiən/ 形 (古代ギリシアの)〈競技〉祝勝歌の.

ep·i·phan·ic /èpɪfǽnɪk-˺/, **e·piph·a·nous** /ɪpífənəs/ 形 エピファニー的な.

E·piph·a·ny /ɪpífəni/ 名 ❶ [the ～] 〖キ教〗 公現祭[日], 顕現日(ᴸᴸ)《東方の三博士(Magi)のベツレヘム来訪を祝う日; 1 月 6 日, クリスマス後の 12 日目に当たり, Twelfth Day ともいう; クリスマスの飾りはふつう, この日までに片づける》. ❷ [e-] Ⓒ (ある事柄の本質·意味などについての突然の)直観的理解, エピファニー, ひらめき. 〖Gk=明白にすること〗

èpi·phenómenon 名 (**-na**, ～s) 付帯現象; 〖医〗付帯徴候; 〖哲·心〗随伴[付随]現象. **èpi·phenómenal** 形

e·piph·o·ra /ɪpífərə/ 名 ❶ 〖医〗流涙(症), 涙漏. ❷ 〖修〗結句反復《同じ語句を相次いで文尾に反復すること》.

e·piph·y·sis /ɪpífəsɪs/ 名 (複 **-ses** /-sìːz/) 骨端; 松果体 (pineal body).

ep·i·phyte /épəfàɪt/ 名 〖植〗着生植物《コケ, 地衣など》.

EPIRB ⦗略⦘ emergency position-indicating radio beacon 緊急位置指示無線標識.

e·pis·co·pa·cy /ɪpískəpəsi/ 名 ❶ Ⓤ 〖キ教〗 監督[主教, 司教]制度《bishops による教会政治形式》. ❷ Ⓤ [the ～; 集合的; 単数または複数扱い] 監督[主教, 司教]団.

e·pis·co·pal /ɪpískəp(ə)l/ 形 ❶ 監督[主教, 司教]の. ❷ [E-] 監督派の, 英国国教会派の (cf. Presbyterian): the *E-* Church 監督教会《米国聖公会およびスコットランド聖公会》/ the Protestant *E-* Church プロテスタント監督教会, 米国聖公会. 〖L<*episcopus* BISHOP〗

E·pis·co·pa·li·an /ɪpìskəpéɪliən-˺/ 形 =episcopal 2. ── 名 監督教会員.

e·pis·co·pa·lism /-pəlɪzm/ 名 〖教会〗 監督[主教, 司教]制主義.

e·pis·co·pate /ɪpískəpət, -pèɪt/ 名 ❶ 監督[主教, 司教]の職[地位, 任期]. ❷ 監督(管)区, 主教区, 司教区. ❸ [the ～] 監督[主教, 司教]団.

ep·i·scope /épɪskòʊp/ 名 反射投映機, エピスコープ《不透明体の画像を幕面に映写する装置; cf. epidiascope》.

ep·i·se·mat·ic /èpəsɪmǽtɪk-˺/ 形 〖動〗〈色彩が〉同一種間での認識に役立つ.

e·pis·i·ot·o·my /ɪpìziátəmi, -ɔ́t-/ 名 Ⓤ 〖医〗会陰(ᴀᴇᴜ)切開(術).

⁺**ep·i·sode** /épəsòʊd/ 名 ❶ **a** (小説·劇などの中の)挿話(ᴀᴜᴬ). **b** (連続物の放送番組·小説などの)一編, 一回分(の話)(installment): the last week's ～ 先週の分[放送]. ❷ 挿話的な出来事, エピソード. ❸ 〖医〗(再発性疾患の)症状の発現. 〖Gk=間に入るもの EPI-+*eis* into+*hodos* 道 (cf. method, period)〗

ep·i·sod·ic /èpəsɑ́dɪk | -sɔ́d-˺/ 形 ❶ エピソード風の, 挿話的な; 挿話から成る. ❷ 時おり起こる. **èp·i·sód·i·cal·ly** /-kəli/ 副

ep·i·some /épɪsòʊm/ 名 〖遺〗 エピソーム《細菌の細胞質内にあって独立にあるいは染色体に組み込まれて増殖できる》

epistasis

因子; バクテリオファージの DNA など).

e·pis·ta·sis /ɪpístəsɪs/ 图 Ⓤ 〘遺〙上位(性), エピスタシス《ある遺伝子による異なった座にある遺伝子の発現の抑止》. **epi·státic** /èpəstǽtɪk/-/ 形

ep·i·stax·is /èpɪstǽksɪs/ 图 Ⓤ 〘医〙鼻(ʰ)出血, 鼻血 (nosebleed).

ep·i·ste·mic /èpəstíːmɪk, -stém-/ 形 知識の[に関する]. **-mi·cal·ly** /-kəli/ 副

e·pis·te·mo·log·i·cal /ɪpìstəməládʒɪk(ə)l, ep-│-lɔ́dʒ-/ 形 認識論的. **-ly** /-kəli/ 副

e·pis·te·mol·o·gy /ɪpìstəmάlədʒi, ep-│-mɔ́l-/ 图 Ⓤ 〘哲〙認識論.

e·pis·tle /ɪpísl/ 图 ❶ 〘文·戯言〙(特に, 形式ばった)書簡, 手紙. ❷ [E-] **a** 〘聖〙(新約聖書中の)使徒書簡, 使徒書: the *E-* to the Romans ローマ人(ʲ)への手紙. **b** 書簡《礼拝式に朗読する使徒書簡の一節》. 〖L<Gk〗

e·pis·to·lar·y /ɪpístəlèri, ep-│-ləri/ 形 Ⓐ ❶ 手紙の, 書簡(形式)の. ❷ 書簡体の: an ~ style 書簡文体 / an ~ novel 書簡体小説.

e·pis·tro·phe /ɪpístrəfi/ 图 〘修〙=epiphora 2.

ep·i·style /épɪstàɪl/ 图 〘建〙=architrave 1.

ep·i·taph /épətæf│-tɑːf/ 图 ❶ (墓)碑銘, 碑文. ❷ (故人をしのぶ)碑文体の詩[文]. 〖F<L<Gk=墓の上に(書かれるもの)<EPI-+*taphos* 墓〗

ep·i·tax·y /épɪtæksi/ 图 Ⓤ 〘結晶〙エピタクシー《ある結晶が他の結晶の表面で, 特定の方位関係をとって成長すること》. **èp·i·táx·i·al** /èpɪtǽksɪəl/-/ 形

ep·i·tha·la·mi·um /èpəθəléɪmɪəm/ 图 (*~s*, -mi·a /-mɪə/) 祝婚歌.

ep·i·the·li·al /èpɪθíːlɪəl/ 形 上皮の[に関する].

ep·i·the·li·um /èpɪθíːlɪəm/ 图 (-li·a /-lɪə/, *~s*) 〘解〙上皮;〘植〙エピセリウム《空洞·管の内側をおおう柔組織の細胞層》.

ep·i·thet /épəθèt/ 图 ❶ (性質·属性を表わす)形容辞. ❷ あだ名, 通り名 (Edward *the* Confessor など). ❸ 軽蔑の言葉, 悪口. 〖Gk=付加された(語句)〗

†e·pit·o·me /ɪpítəmi, ep-/ 图 [the ~] (...の)典型, 縮図: He's the ~ *of* diligence. 彼は勤勉の典型だ. **in epitome** 縮図として. **e·pít·o·mist** 图 摘要[梗概]作者. 〖Gk=縮約されたもの〗 (動 **epitomize**).

†e·pit·o·mize /ɪpítəmàɪz, ep-/ 動 ⦿ (...の)典型[縮図]である: Shylock *~s* greed. シャイロックは欲深の典型である. (图 **epitome**).

ep·i·tope /épɪtòʊp/ 图 〘免疫〙エピトープ (antigenic determinant の別名).

ep·i·zo·ic /èpɪzóʊɪk/-/ 形 〘動·植〙動物体表生の. **-zó·ite** /-aɪt/ 图 動物体表生物.

ep·i·zo·ot·ic /èpɪzoʊάtɪk, -ɔ́t-/-/ 形 《病気が》同時に多種の動物間に一斉に発生する, 動物(間)流行(病)性の (cf. enzootic). ── 图 動物(間)流行病.

e plu·ri·bus u·num /iːplú(ə)rɪbəsjúːnəm, éɪplú(ə)rɪbəsùːnəm/ 多数でできた一つ 〖解説〗米国の多数の独立した州によってできていることを表現した公的印章に刻まれている標語; 1956 年以降の米国の公式標語は 'In God We Trust.' で, この 2 種の標語が貨幣の裏表に刻印されている). 〖L=one out of many〗

EPO (略) 〘生化〙 erythropoietin; European Patent Office 欧州特許庁.

†e·poch /épək, épak│íːpɔk, ép-/ 图 ❶ 新時代, 新紀元: mark [make, form] an ~ 一新紀元を画する. ❷ (画期的な)時代: a great ~ in history 歴史上の画期的な時代. ❸ 画期的な出来事, 重要な事件: the *~s* of one's life 人生の画期的な出来事. ❹ 〘地質〙世《紀 (period)の下位区分; cf. era 3). 〖F<L<Gk=時点〗【類義語】⇨ period.

ep·och·al /épək(ə)l, épɔk-│épɔk-, íːp-/ 形 ❶ 新紀元の, ❷ 画期的な: an ~ event 画期的な出来事.

époch-màking 形 新時代を画する, 画期的な: an ~ discovery 画期的な発見.

ep·ode /époʊd/ 图 〘詩学〙エポード: **a** 長短の行が交互する古代抒情詩形. **b** 古代ギリシア抒情詩の第 3 段[終結部]).

ep·o·nym /épənɪm/ 图 ❶ 名祖(ⁿ)《国民·土地·建物などの名の起こりとなった人名; たとえば Rome のもとである Romulus など》. ❷ 人名由来の語, 名祖の名を元にした名前. 〖Gk=名を与えられた[与えた]で〗; ⇨ epi-, -onym]

†e·pon·y·mous /ɪpάnəməs, ɪpɔ́n-/ 形 名祖となった: Romulus was the ~ founder of Rome. ロムルスは名祖となったローマの建設者であった.

EPOS /íːpɑs│-pɔs/ 图 イーポス《POS の一種で bar code による商品管理システム》. 〖e(lectronic) p(oint of) s(ale)〗

ep·ox·ide /epάksaɪd│epɔ́k-/ 图 〘化〙エポキシド《(epoxy) 化合物》.

ep·ox·y /ɪpάksi, ep-│ɪpɔ́k-/ 图 Ⓤ Ⓒ (また **epóxy rèsin**) エポキシ樹脂《塗料·接着剤などに用いる》. ── 形 エポキシの.

EPROM /íːprɑm│-prɔm/ 图 〘電算〙消去プログラム可能 ROM. 〖e(rasable) p(rogrammable) ROM〗

ep·si·lon /épsəlɑn, -lən│epsáɪlɔn/ 图 Ⓤ Ⓒ エプシロン《ギリシア語アルファベットの第 5 字 E, ε; 英字の短音の E, e に当たる》; ⇨ Greek alphabet.

Ep·som /épsəm/ 图 エプソム《イングランド Surrey 州の町, London の南方にある. ここにエプソム競馬場があり, Derby や Oaks の競馬が行なわれる》.

Épsom sàlts 图 [単数または複数扱い] エプソム塩, 瀉利塩(ʃʲ)《下剤などに用いる》.

Épstein-Bárr vìrus /épstaɪnbάə-│-bάː-/ Ⓒ Ⓤ エプスタイン-バーウイルス《伝染性単核症をひき起こすヘルペスウイルス; バーキットリンパ腫·上咽頭癌に関係する; 略 EBV. 〖M. A. **Epstein** and Y. M. **Barr** 英国のウイルス学者〗

e-pùblishing /íː-/ 图 =electronic publishing. **e-publisher** 图 電子出版者[社].

e·pyl·li·on /epílɪən/ 图 (徴 -li·a /-lɪə/) 短い叙事詩, 叙事詩の小品.

EQ /íːkjúː/ 感情指数, 心の知能指数《感情の把握·制御力を表わす》. 〖e(motional) q(uotient)〗

eq. (略) equal; equation; equivalent.

eq·ua·bil·i·ty /èkwəbíləṭi, ìːk-/ 图 Ⓤ ❶ (温度·気候などの)一様なこと, 均等. ❷ (心の)平静, 落ち着き.

eq·ua·ble /ékwəbl, íːk-/ 形 ❶ 《人·気性など》(心の)平静な, 落ち着いた. ❷ 《温度·気候など》一様な, 均等な, むらのない. **-bly** /-bli/ 副 ❶ 一様に, むらなく. ❷ 平静に, 落ち着いて.

✱e·qual /íːkwəl/ 形 (**more ~**; **most ~**) ❶ (比較なし)(数量·程度など)等しい, 相等しい〔*to, with*〕: divide in [into] two ~ parts 二つの等しい部分[二等分]に分ける / receive ~ shares 均等の分け前をもらう / Twice 3 is *to* 6. 3 の 2 倍は 6. ❷ (比較なし)平等な, 対等の, 均等な, 互角の: ~ opportunity 機会均等 / ~ rights 平等の権利 / an ~ fight 互角の戦い / All men are created ~. 人間はみな平等に造られている / on ~ terms *with*...と同等の条件で, 対等で. ❸ Ⓒ [...に]耐えられて, 対処できて, [...の]十分な力量[資格]があって: He was ~ *to* the occasion [situation]. 彼はその場にうまく対処した《臨機応変に対処した》/ She's very weak and not ~ *to* (mak*ing*) a long journey. 彼女は体が弱くて長旅には耐えられない.

óther things bèing équal ほかの事[条件]は同じとして[同じとすると]: *Other things being* ~, his quick start should bring him the victory. ほかの条件が同じなら彼のすばやい出足はきっと彼に勝利をもたらすだろう.

── 图 ❶ 〘地位·能力·年齢など〙同等[対等]の人; 同輩; 同等のもの: one's social [intellectual] *~s* 自分と社会的に[知的に]同等の人たち / one's *~s* in age 年齢の同じ人たち. ❷ 〘力量などで〙匹敵する人[もの], 互角の人[もの]: She has no ~ *in* cooking. 料理にかけては彼女にかなう者がない. **withòut (an) équal** 匹敵するものなくて.

── 動 (**e·qualed**, 《英》 **e·qualled**; **e·qual·ing**, 《英》 **e·qual·ling**) ❶ 〘...に〙等しい: Two and [times] two *~s* four. 2 足す[かける]2 は 4. ❷ 〘...に〙匹敵する, 劣らない: Few can ~ him *in* intelligence. 聡明(ⁿ)さの点では

彼に匹敵する者は少ない / Nobody can ~ him *as a marathon runner*. マラソン走者としては彼に匹敵する者はない. 〖L<*aequus* 同等の (cf. adequate, equate, equi-, equity, equivalent; egalitarian)〗 图 equality, 動 equalze 〖類義語〗⇒same.

Équal Emplóyment Opportúnities Commìssion 图 [the ~]《米》雇用機会均等委員会《人種・皮膚の色・宗教・性別・出身国に基づく雇用差別をなくすことを目的に1964年に設立された政府機関; 略 EEOC》.

e·qual·i·tar·i·an /ɪkwὰləté(ə)riən | -kwɔ́l-⁻/ 形 图 =egalitarian.

*e·qual·i·ty /ɪkwáləṭi, -kwɔ́l-/ 图 ⓤ ❶ 等しいこと, 同等 (↔ inequality): ~ in shape 形が同一なこと. ❷ 平等, 対等: call for ~ in employment 雇用における平等を要求する / ~ between the sexes 男女同権 / ~ of opportunity 機会均等. **on an equálity** (with...)《人が》(...と)対等で; 《事物が》(...と)同等[同格]で. (形 equal)

Equálity Státe 图 [the ~] 平等州 (Wyoming 州の俗称; 女性の参政権が初めて認められたことから).

e·qual·i·za·tion /ìːkwəlɪzéɪʃən | -laɪz-/ 图 ⓤ 等化, 平等化, 均等化.

*e·qual·ize /íːkwəlàɪz/ 動 ⓣ ❶ 〈...を〉(...と)等しくする (*to, with*). ❷ 〈...を〉平等にする, 均等にする, 一様にする. —— ⓘ 均等[一様]になる; 《英》《相手と》同点になる: Our team ~*d* with theirs. 我々のチームは彼らのチームに同点に追いついた. (形 equal)

+**e·qual·iz·er** 图 ❶ 等しくするもの[人]; 同点打[ゴール]など. ❷《電子工》イコライザー, 等化器. ❸ 《俗》銃.

*e·qual·ly /íːkwəli/ 副 (*more* ~; *most* ~) ❶ 《比較なし》等しく; 同様に: These shoes are ~ suited for country and city wear. この靴はいなかを歩くにも町をゆくにもどちらにも使える. ❷ 均等に, 均一に: distribute unemployment benefits ~ among those eligible 失業給付金を《受給》資格のある人の間で均一に分配する. ❸ [接続詞的に]《比較なし》それと同時に, それにもかかわらず: Some people were fortunate, but ~ we must not forget that there were many who were not. 幸運な人もいたが, 同時に不運な人も大勢いたことを忘れてはならない.

Équal Opportúnities Commìssion 图 [the ~]《英》機会均等委員会《男女同一賃金に関する法律などが破られていないかを監視する機関; 略 EOC》.

Equal Ríghts Améndment 图 [the ~]《米》男女平等憲法修正案《略 ERA》.

équal(s) sìgn 图 等号 (=).

équal témperament 图 ⓤ《楽》等分平均律《オクターブを12の等しい半音に分割した音階》.

e·qua·nim·i·ty /ìːkwənɪ́məṭi, èk-/ 图 ⓤ《心の》平静, 沈着, 落ち着き: with ~ 平静に.

e·quan·i·mous /ɪkwǽnəməs, iː-/ 形 平静な, 落ちついた.

e·quant /íːkwənt/ 图《プトレマイオスの天文学において》エカント《惑星の運動速度は一様であるという仮説に従って考え出した円》. —— 形 ❶ エカントの. ❷《結晶が》立方[等軸]晶系の.

+**e·quate** /ɪkwéɪt/ 動 ⓣ ❶ 〈二つのものを〉同等とする, 〈...を...と〉同等視する (*with, to*): They seem *to* ~ intelligent belief *with* credulity. 彼らは理知に基づく信念を軽信と同一視しているようだ. ❷《数》〈二つ(以上)の数を〉等しくする. 〖L=等しくする<*aequus* EQUAL〗 (图 equation)

+**e·qua·tion** /ɪkwéɪʒən, -ʃən/ 图 ❶ ⓒ《数・化》方程式, 等式: an ~ of the first [second] degree 一[二]次方程式 / a chemical ~ 化学方程式 / solve an ~ 方程式を解く. ❷ ⓤ [通例単数形で] もろもろの要素がからんだ状況, 複雑な問題: enter into the ~ 《複雑な》問題になってくる, 《関連して》考慮すべき問題となる. ❸ ⓤ [また an ~] **a** 等しくすること, 均等化. **b** 同等とみなすこと, 同一視: the ~ of poverty *with* ignorance 貧困と無知の同一視. **c** 均衡[平衡]《状態》. ❹ ⓒ 要因, 因子 (factor). (動 equate)

599 equip

e·qua·tion·al /ɪkwéɪʒ(ə)nəl, -ʃ(ə)nəl/ 形 ❶ 均等[同等]の. ❷ 方程式の.

equátion of státe 图《化》状態(方程)式《圧力・温度と気体[液体]の比体積の関係を与える方程式》.

equátion of tíme 图《天》《平均太陽時と真太陽時との》《均》時差.

+**e·qua·tor** /ɪkwéɪṭə | -tə/ 图 [the ~] 赤道: cross the ~ 赤道を横切る. 〖L=昼夜を等分に分ける帯; ⇒equate, -or〗

e·qua·to·ri·al /ìːkwətɔ́ːriəl, èk-⁻/ 形 ❶ 赤道の; 赤道付近の. ❷ 非常に暑い.

Equatórial Guínea 图 赤道ギニア《アフリカ中西部にある共和国; 首都 Malabo》.

equatórial móunt(ing) 图《天》赤道儀《架台》.

eq·uer·ry /ékwəri, ɪkwéri/ 图《英国王室の》侍従.

eq·ues·tri·an /ɪkwéstriən, ek-/ 形 ⓐ 馬術の, 乗馬の: ~ skill 馬術 / an ~ statue 乗馬像. —— 图 乗馬者; 騎手; 曲馬師. 〖L=騎手の〗

e·ques·tri·an·ism /-nɪzm/ 图 ⓤ 馬術.

e·qui- /íːkwɪ, ékwɪ, -kwə/ [連結形] 「等しい (equal)」: *equi*valent. 〖L *aequus* EQUAL〗

èqui·ángular 形 等角の: an ~ triangle 等角三角形.

èquiángular spíral 图《幾何》等角らせん《接線と動径との角がどの点でも等しいらせん》.

e·qui·dis·tant /ìːkwədɪ́st(ə)nt⁻/ 形 ⓟ (...から)等距離で; 等間隔の: The two parks are about ~ *from* the (railroad) station. その二つの公園は駅からほぼ等距離の所にある. ~·ly 副.

èqui·fínal 形《異なるできごとが》同じ結果になる.

èqui·fináity 图.

e·qui·lat·er·al /ìːkwəlǽṭərəl, -trəl/ 形 等辺の: an ~ triangle 等辺三角形, 正三角形. —— 图 等辺形.

e·qui·li·brate /ìːkwɪ́ləbrèɪt, ìːkwɪ́láɪbreɪt/ 動 ⓣ 《二つのものを》平衡させる, 釣り合わせる. —— ⓘ 平衡する, 釣り合う.

e·qui·li·bra·tion /ìːkwɪ̀ləbréɪʃən, -laɪb-/ 图 ⓤ ❶ 平衡(させること), 釣り合い. ❷ 平衡《状態》.

e·quil·i·brist /ɪkwɪ́ləbrɪst, ìː-/ 图 ❶ 綱渡り芸人 (ropewalker), 軽業師 (acrobat).

+**e·qui·lib·ri·um** /ìːkwəlɪ́briəm, èk-/ 图 ⓤ ❶ 《力の》釣り合い, 平衡; 均衡, 均勢: political ~ 政治的均衡 / in ~ 釣り合って / reach (a state of) ~ 均衡(状態)になる. ❷《心の》平静: maintain [lose] one's 《emotional》 ~ 《心の》平静を保つ[失う]. 〖L<EQUI-+*libra* 天秤(ᡫᡃᡴ)〗

+**e·quine** /íːkwaɪn, ék-/ 形 馬の《ような》. 〖L<*equus* 馬〗

e·qui·noc·tial /ìːkwənɑ́kʃəl, èk- | -nɔ́k-⁻/ 形 ❶ 昼夜平分時《春分または秋分》の; 昼夜平分の: the autumnal [vernal] ~ point 秋[春]分点 / the ~ line 昼夜平分線.

equinóctial círcle [líne] 图《天》天の赤道 (celestial equator).

equinóctial yéar 图《天》分点年 (tropical year).

*e·qui·nox /íːkwənɑ̀ks, ék- | -nɔ̀ks/ 图 昼夜平分時, 春[秋]分: the autumnal [vernal, spring] ~ 秋[春]分. 〖F<L<EQUI-+*nox* 夜; cf. nocturne〗

+**e·quip** /ɪkwɪ́p/ 動 (*e·quips*; *e·quipped*; *e·quip·ping*) ⓣ ❶ 〈人に〉必要物を持たせる; 〈船・軍隊に〉必要な道具・装置を装備する, 〈...に〉備え付ける《★ しばしば受身》: ~ an office *with* computers オフィスにコンピュータを備え付ける / The car is *equipped with* air conditioning. その車はエアコンがついている / The ship is *equipped for* its next voyage. その船は次の航海のために艤装(ɢ̠ɪ)されている / [+ 目+*to do*] This ambulance is *equipped to* deal with any emergency. この救急車はどんな緊急事態にも対処できるように装備されている.

❷ 〈人に〉必要な学問・教育などを授ける; 〈人に〉素養をつける, 能力を養う: He *equipped* all his children *with* a good education. 彼は子供にはみな立派な教育を受けさせ

た [+目+to do] He wanted to ~ his son to have a broad outlook on world affairs. 彼は息子に世界情勢に広い視野を持つように教育してやりたいと思った / He is equipped to do the job. 彼はその仕事をする素養が身についている / She is well equipped for the job. 彼女はその仕事をやっていく能力が十分にある (★3の意味にも解釈可能).
❸ [~ oneself で] (…のための)身じたくをする; 装う, 着る. 《F く? ON (船の)装備をする》 (名) equipment)
《類義語》 ⇒ provide.

eq·ui·page /ékwəpɪdʒ/ (名) (昔の)馬車と供まわり.

èqui·partítion (of énergy) (名) U [理] エネルギー等分配.

*eq**uip·ment** /ıkwípmənt/ (名) U ❶ 準備, したく: the cost of ~ 設備費. ❷ (ある目的のための)備品, 設備, 装具, 用品; 機器, 器材: laboratory ~ 実験室備品 / sports ~ スポーツ用品. ❸ (仕事に必要な)知識, 素養: one's intellectual [linguistic] ~ 知的[語学]能力. (動 equip)

eq·ui·poise /ékwəpɔɪz, í:k-/ (名) U ❶ 均衡, 平衡. ❷ C 均衡するもの, 平衡おもり.

e·qui·pol·lence /ì:kwəpáləns, èk-|-pól-/, **-cy** (名) U.C [勢力, 効力, 重量]の均等; (効果・結果・意味の)等価.

è·qui·pól·lent /-lənt/ (形) 力[勢力, 効力, 重量]の等しい(もの); (効果[結果, 意味]の同じ(もの).

è·qui·pótent (形) 等しい効力[能力]をもった, 等力の.

èqui·poténtial (形) [電] 等位の, 等電位の.
— (名) [理] ポテンシャル線[面].

èqui·próbable (形) [論][数] 同程度の蓋然性[確率]のある.

eq·ui·se·tum /èkwəsí:təm/ (名) (複 ~s, -ta /-tə/) [植] トクサ《トクサ属の多年草の総称; トクサ, スギナなど》.

+**eq·ui·ta·ble** /ékwətəbl/ (形) ❶ 公正な, 公平な (↔ inequitable): an ~ price [arrangement] 公正な価格[協定]. ❷ [法] a 衡平法上の (⇒ equity 3). b 衡平法上有効な.《F く équité EQUITY》

éq·ui·ta·bly /-təblı/ (副) 公平に, 公正に.

éq·ui·tant /ékwətənt/ (形) 〈葉が〉またぎ重ねの, 跨(ˊ)状の.

eq·ui·ta·tion /èkwətéɪʃən/ (名) U 乗馬; 馬術.

equites (古代ローマの)騎士団, (のちに)元老院員に次ぐ富裕市民階級. 《L く equus 馬》.

*eq**·ui·ty** /ékwətı/ (名) ❶ U 総資産額(担保・課税などを差し引いた価額), (株式会社の)持分; [通例複数形で] 普通株. ❷ U 公平, 公正 (fairness). ❸ U [法] 衡平法, エクイティ《公平と正義の点で common law の不備を補う法律; cf. chancery 2》. 《F く L = 平等な aequus EQUAL》

équity càpital (名) U (株主による)出資資本, 自己資本.

équity of redémption (名) U [法] 衡平法上の受戻権《債務不履行による受戻権喪失の手続きがとられる前に, 債務・利息・費用を支払って譲渡抵当を受け戻す権利》.

*e**·quiv·a·lence** /ıkwívələns/ (名) U.C ❶ 同等, 同価値; 同意義. ❷ [化] (原子の)等価, 当量. (形) equivalent)

equívalence clàss (名) [数] 同値類.

equívalence relàtion (名) [数] 同値関係.

e·quiv·a·len·cy /-lənsı/ (名) = equivalence.

*e**·quiv·a·lent** /ıkwívələnt/ (形) (比較なし) ❶ (価値・数量などが)同等の, 同価値の, 同量の (equal); 同意義の; P 等価値で, 同等で, 相当して: an ~ amount of money 同額の金 / These two words are ~ in meaning. この2語は意味が等しい / What is $3 ~ to in Japanese yen? 3ドルは日本の円でいくらに相当しますか. ❷ (化) [同価[等価]の. — (名) ❶ a 同等物, 等価物, 等量物; 対応する人[もの] (counterpart): ten dollars or its ~ in books 10ドルまたはその金額に相当する本. b (他国語での)同義語: There's no exact English ~ of this Japanese expression.=This Japanese expression has no exact English ~. この日本語の表現にはぴったり当てはまる英語の訳語がない. ❷ [文法] 相当語句: noun ~s 名詞相当語句《たとえば The rich are not always happier than the poor. における The rich, the poor など》. **-ly** (副) 《F く L=同じ価値がある くequi-+valere 価値[力]がある (cf. value)》 (名) equivalence)

equívalent wéight (名) [化] 当量 (equivalent).

e·quiv·o·cal /ıkwívək(ə)l/ (形) ❶ (語句など)両意に取れる, あいまいな: an ~ expression あいまいな表現. ❷ 〈人物・行動など〉いかがわしい: a company of ~ reputation いかがわしい評判の会社. **-ly** /-kəli/ (副) 《L=同じ声のくequi-+vocare 呼ぶ; cf. vocation》《類義語》 ⇒ obscure.

e·quiv·o·cal·i·ty /ıkwìvəkǽləti/ (名) U.C 多義性, あいまいさ; 疑わしさ, いかがわしさ.

e·quiv·o·cate /ıkwívəkèıt/ (動) @ ❶ (人を惑わすために)あいまいな言葉を使う. ❷ 言葉を濁す, ごまかす. **e·quiv·o·cà·tor** /-tɚ|-tə/ (名).

e·quiv·o·ca·tion /ıkwìvəkéıʃən/ (名) あいまいな言葉(を使うこと); (言葉の)ごまかし.

eq·ui·voque, -voke /ékwəvòuk, í:k-/ (名) ❶ C あいまいな言い方[語句]. ❷ U (ことばの)多義性. ❸ C しゃれ, 掛けことば.

*er /ə:, ʌ:/ (間) えー, あー, あのー 《ちゅうちょを表わし, 話し始める時に言葉を引く時などに用いる》.

Er (記号) 《化》 erbium.   **ER** /í:á | -á:/ (略) [野] earned run(s); emergency room; Queen Elizabeth (⇒ Regina 2 用法).

+**-er¹** /ə | ə/ [接尾 [名詞語尾] ❶ 動詞と名詞から動作者名詞を造る: **a** 「…するもの」: hunter; creeper. **b** 「(ある土地)の人, …居住者」: Londoner, villager. **c** 「…に従事する人; …製作者; …商; …研究者, …学者」: farmer; geographer. ❷ 原語に関係のある動作または物を示す: breather; diner. ❸ -le の語尾を持つ名詞の口語化: footer (=football), rugger (=rugby).

*-**er²** /ə | ə/ [接尾] 形容詞・副詞の比較級の語尾: richer, lazier.

-**er³** /ə | ə/ [接尾 [動詞語尾] ❶ 反復を示す: wander<wend, waver<wave. ❷ 擬音から: chatter, twitter, glitter.

*e**·ra** /í(ə)rə, érə | íərə/ (名) ❶ 時代, 年代, 時期: the cold war ~ 冷戦時代 / in the Heisei ~ 平成時代に. ❷ 紀元: the Christian ~ キリスト[西暦]紀元. ❸ [地] 代《era (period) の上位区分; cf. epoch 4》. 《L=計算の基になる数 ←(計算用の)銅貨》《類義語》 ⇒ period.

ERA /í:èıéı | -á:réı/ (略) [野] earned run average; Equal Rights Amendment.

e·rad·i·ca·ble /ırǽdıkəbl/ (形) 根絶できる.

e·rad·i·cant /ırǽdıkənt/ (名) (害虫, 寄生菌などの)根絶剤.

e·rad·i·cate /ırǽdıkèıt/ (動) @ ❶ 〈雑草などを〉根こそぎにする. ❷ 〈望ましくないものを〉撲滅する, 根絶する: ~ crime 犯罪を撲滅する. 《L くE-²+radix, radic- 根》

e·rad·i·ca·tion /ırædəkéıʃən/ (名) U 根絶, 撲滅.

e·rad·i·ca·tor /-tɚ | -tə/ (名) ❶ C 撲滅する人[もの]. ❷ U インク消し, しみ抜き.

*e**·rase** /ıréıs | ıréız/ (動) @ ❶ 〈文字などを〉(こすって)消す; 〈…を〉削除する: a pencilled remark 鉛筆書きの所見を消す / ~ a person's name from the list 人の名前をそのリストから削除する. ❷ 〈黒板の〉字を消す, 〈黒板を〉ふく. **b** 〈テープの〉録音を消す, 〈電脳〉〈ファイルなどを〉削除する. ❸ 〈出来事などを〉(ぬぐったように)記憶から消し去る 〈from〉. ❹ (俗) 〈人を〉殺す, 消す. 《L=消しとる, ⇒ E-², raze》

*e**·ras·er** /-zɚ | -zə/ (名) ❶ (米) 消しゴム(〈英〉 rubber). ❷ 黒板ふき, 石板ふき.

E·ras·mus /ırǽzməs, er-/, **De·si·de·ri·us** /dèzıdí(ə)riəs/ (名) エラスムス《1466?-1536; オランダ出身, ルネサンスを代表する人文学者》.

E·ras·tian /ırǽstıən, -ʃən | -tıən/ (形) エラストゥス主義の《教会にかかわる事柄における国家の支配権を主張する》. — (名) エラストゥス主義者. ~**·ism** (名) U エラストゥス主義.《T. Erastus 16 世紀スイスの神学者・医師; 誤ってこ

の説の唱導者とされた》

e･ra･sure /ɪréɪʃə | -ʒə/ 图 ❶ Ü ぬぐい消すこと，抹消 ⟨of⟩. ❷ Ⓒ 削除個所[語句]，消した跡 ⟨in⟩.

Er･a･to /érətòʊ/ 图 《ギ神》 エラト 〈叙情詩・恋愛詩をつかさどる女神; the Muses の一人〉.

er･bi･um /ə́ːbɪəm | ə́ː-/ 图 Ü 《化》 エルビウム 〈希土類元素; 記号 Er〉.

ere /éə | éə/ 《詩・古》 前 …の前に: ~ long まもなく, やがて. ――接 …の前に.

Er･e･bus /érəbəs/ 图 《ギ神》 エレボス 〈死者がよみの国 (Hades) に入る前に通る暗黒界〉: (as) dark as ~ 真っ暗な.

Er･e･bus /érəbəs/, Mount 图 エレバス山 〈南極ロス島にある活火山〉.

*e･rect /ɪrékt, ər-/ 形 (more ~; most ~) ❶ 直立の (straight): an ~ posture 直立の姿勢 / stand ~ 直立する. ❷〈頭・手などが〉もたげられた; 〈毛髪が〉逆立って: with ears ~〈動物が〉耳をぴんと立てて. ❸《生理》〈ペニスなどが〉勃起(ぼっき)した. ❹〈…を〉直立させる, 立てる: ~ a flagstaff 旗ざおを立てる. ❷ a〈家などを〉建てる, 建設する (build). b 組み立てる. ❸〈機械などを〉組み立てる. -ly 副 -ness 图 〖L=立てる〈E-²+regere, rect- 指示[支配]する (cf. region)〉〗 ❷ erection).

e･rec･tile /ɪréktl | -taɪl/ 形 《生理》 勃起(性)の.

e･rec･tile dysfúnction 图 《医》 勃起障害[不全] (略 ED).

+e･rec･tion /ɪrékʃən, ər-/ 图 ❶ Ü 直立, 起立. ❷ a Ü 建設; 組み立て. b Ⓒ 建築物, 建物. ❸ Ü,Ⓒ 《生理》 勃起. (動 erect).

e･réc･tor 图 ❶ 建設者, 設立者, 建立者. ❷《解》起立筋.

É règion /i-/ 图 =E layer.

-er･el /əl/ 接尾 =-rel.

er･e･mite /érəmàɪt/ 图 〈特にキリスト教の〉隠者, 隠遁士 (hermit). er･e･mit･ic /èrəmítɪk/, -i･cal /-k(ə)l/ 形 隠者的な.

e･rés･u･mé /ìːrèzjʊmeɪ | -zjuː-/ 图 〈電子メールなどで送る〉電子履歴書.

e･re･thism /érəθɪzm/ 图 Ü 《医》 過敏(症).

erg¹ /ə́ːg | ə́ːg/ 图 《理》 エルグ 〈エネルギーの単位; cf. joule, work 图 A7〉. 〖Gk ergon 仕事; cf. energy〗

erg² /ə́ːg | ə́ːg/ 图 (複 ~s, a･reg /áːreg/) 《地》 エルグ〈砂丘が波状に続く広大な砂漠; 岩石砂漠と区別していう〉. 〖F<Arab〗

er･ga･tive /ə́ːgətɪv, ə́ː-/ 《言》 形 能格の: a 能格言語の〈グルジア語・バスク語・エスキモー語などにおける他動詞文の主語の格についていう〉. b 他動詞にも自動詞にも用いられる動詞〈を他動詞および自動詞の文の主語の格に〉についていう; 例: He opened the door. の He や open (開ける, 開く) などの動詞. ――图 能格; 能格の語.

er･go /ə́ːgoʊ | ə́ː-/ 副 それ[この]ゆえに, 故に. 〖L〗

er･go- /ə́ːgoʊ | ə́ː-/ 〔連結形〕 「仕事」 「行為」 〖Gk ergon 仕事〗

èrgo･cálci･ferol 图 《生化》 エルゴカルシフェロール (calciferol).

er･god･ic /ə́ːgádɪk | ə́ː-/ 形 《統》 測度可遷的な, エルゴード的な: the ~ hypothesis エルゴード仮説. er･go･dic･i･ty /ə̀ːgədɪsəti, ə́ː-/ 图 Ü エルゴード性.

er･gom･e･ter /ə́ːgámə | ə̀ːgɑ́mətə/ 图 エルゴメーター 〈運動器具についた運動量測定装置〉.

er･go･nom･ics /ə̀ːgənámɪks | ə̀ːgənɔ́m-/ 图 Ü 生物工学; 人間工学. 〖ERGO-+(ECO)NOMICS〗

érgo･sphère /ə́ː-/ 图 《物》 作用圏 〈ブラックホールを取り巻いていると仮定される領域〉.

er･gos･ter･ol /ə́ːgástərɔ̀ːl | ə̀ːgɔ́stərɔl/ 图 Ü 《生化》 エルゴステロール 〈麦角・酵母・青カビなどに含まれ, 紫外線照射によってビタミン D₂ になる〉.

er･got /ə́ːgət | ə́ː-/ 图 ❶ 《植》 麦角(ばっかく)病. ❷ 《薬》 麦角 〈子宮収縮剤・産後子宮止血剤用〉. 〖F〗

ér･got･a･mìne /ə̀ːgətəmìːn | -gɔt-/ 图 《薬》 エルゴタミン 〈麦角アルカロイドの一つ; 片頭痛の治療用〉.

ér･got･ìsm /-tɪzm/ 图 Ü 《医》 麦角中毒, エルゴチン中毒.

601　eroticism

er･hu, erh-hu /ə́ːhúː | ə̀ː-/ 图 《楽》 二胡(ニコ) 〈ひざの上に立てて弓で弾く中国の弦楽器〉.

Er･ic /érɪk/ 图 エリック (男性名).

Er･i･ca /érɪkə/ 图 エリカ (ヒースの一種).

Er･ic(s)･son /érɪks(ə)n/, Leif =Leif Eriksson.

E･rie /ɪ́(ə)ri/, Lake 图 エリー湖 〈米国とカナダにまたがる湖; 五大湖 (the Great Lakes) の一つ〉.

Érie Canál 图 [the ~] エリー運河 〈New York 州を東西に走り, Hudson 川と Erie 湖を結ぶ運河; Albany から Buffalo に至る; 1817-25 年建設, その後 New York State Barge Canal の主水路となった〉.

Er･ik /érɪk/, the Red 图 〈赤毛の〉エーリーク 〈10 世紀ノルウェーの航海者; アイスランドから西に向かい発見した国を Greenland と命名, 植民; Leif Eriksson の父〉.

Eriksson ⇒ Leif Eriksson.

E･rin /érɪn, ɪ́(ə)rɪn/ 图 《詩》 エリン 〈Ireland の古名; cf. Albion〉: sons of ~ アイルランド人.

E･ris /ɪ́(ə)rɪs, ér-/ 图 《ギ神》 エリス 〈不和の女神; cf. the APPLE of discord 成句〉.

e･ris･tic /erɪ́stɪk/ 形 ❶ 争論の, 論争的の. ❷ 議論好きな. ――图 ❶ 議論好き, 論争者. ❷ 争論術. -ti･cal･ly 副

Er･i･tre･a /èrətríːə | -trèə, -tríːə/ 图 エリトリア 〈アフリカ東北部紅海に臨む共和国; 首都 Asmara /əzmáːrə/〉.

Ér･len･mey･er flàsk /ə́ːlənmàɪə- | -màɪə-/ 图 エルレンマイヤーフラスコ, 三角フラスコ. 〖E. Erlenmeyer ドイツの化学者〗

erl･king /ə́ːlkɪŋ | ə́ːl-/ 图 《ゲルマン伝説》 エールキング, 妖精の王 〈あごひげを生やし黄金の冠をかぶった巨人で, 子供を死の国に誘うという〉.

er･mine /ə́ːmɪn | ə́ː-/ 图 (複 ~s, ~) オコジョ, エゾイタチ, (俗に) 白テン 〈イタチ科の動物; 冬毛は黒い尾の先を除いて白くなる; 毛色が赤褐色の夏期には stoat と呼ばれる〉. ❷ Ü オコジョの毛皮 〈昔, 判事や貴族の人が着用〉.

ér･mined 形 オコジョの毛皮の服をつけた; オコジョの毛皮で飾った.

-ern /ən | ən/ 接尾 [形容詞語尾] 「…の方へ[の, からの]」: western.

erne /ə́ːn, érn | ə́ːn/ 图 《鳥》 ワシ (eagle), (特に) オジロワシ (white-tailed sea eagle).

Er･nest /ə́ːnəst | ə́ː-/ 图 アーネスト (男性名).

Er･nie /ə́ːni | ə́ː-/ 图 アーニー 〈Premium Bonds の当選番号を決めるコンピューター〉. 〖electronic random number indicator equipment〗

Ernst /éənst, ə́ːnst | éənst, ə́ːnst/, Max 图 エルンスト (1891-1976, ドイツ生まれのシュールレアリスムの画家).

*e･rode /ɪróʊd, ər-/ 動 ❶ a〈風雨などが〉〈土地・岩石などを〉浸食する 〈away〉 (wear). b〈酸などが〉〈金属を〉腐食する 〈away〉. c〈病気が〉〈体をむしばむ 〈away〉. ❷〈…を〉〈徐々に〉そこなう, 失わせる. ――自 ❶ 浸食を受ける, 腐食する, むしばまれる 〈away〉. ❷〈徐々に〉減る, 減少 [減衰] する (cf. rodent). 〖F<L=かじり取る <E-²+rodere, ros- かじる⇒ erosion〗

e･rog･e･nous /ɪrɑ́ʤənəs, ər- | -rɔ́ʤ-/ 形 ❶ 性的に敏感な: an ~ zone 性感帯. ❷ 性欲を刺激する. 〖↓+-GENOUS〗

E･ros /érɑs, ɪ́(ə)r- | ɪ́ərɔs, érɔs/ 图 ❶ 《ギ神》 エロス (Aphrodite の子で恋愛の神; ローマ神話の Cupid に当たる). ❷ Ü [しばしば e-] 性愛. ❸ 《精神分析》 生の本能, エロス (cf. Thanatos). 〖Gk erōs, erōt- 愛〗

*e･ro･sion /ɪróʊʒən, ər-/ 图 Ü 《地》 浸食 〈地表土が自然現象によって削り取られること〉: wind ~ 風食作用 / soil ~ 土壌浸食. (動 erode)

e･ro･sive /ɪróʊsɪv, -zɪv/ 形 腐食性の, 浸食的な.

*e･rot･ic /ɪrɑ́tɪk, ər- | -rɔ́t-/ 形 ❶ 性愛の[を扱った]: ~ poetry 恋愛詩. ❷ 性欲を刺激する: ~ films 性欲をかきたてる映画. ❸ 好色な, 色情的な. (图 eros)

e･rot･i･ca /ɪrɑ́tɪkə, ər- | -rɔ́t-/ 图 Ü 性愛文学[芸術].

e･rot･i･cism /ɪrɑ́təsɪ̀zm, ər- | -rɔ́t-/ 图 Ü エロチシズム,

好色性; 性欲.
erot·i·cize /ɪrɑ́təsàɪz/ 動 他 エロティックにする. **eròt·i·ci·zá·tion** 名
er·o·tism /érətɪzm/ 名 =eroticism.
e·ro·to- /ɪrɑ́tou, ər-; róʊt-|-rɔ́t-, -róʊt-/ 〔連結形〕「性欲」.《⇨ Eros》
eròto·génic 形 =erogenous.
er·o·tog·e·nous /èrətɑ́dʒənəs|-tɔ́dʒ-/ 形 =erogenous.
er·o·tol·o·gy /èrətɑ́lədʒi|-tɔ́l-/ 名 U 性愛学.
eròto·mánia 名 U 色情症.
eròto·mániac 名 色情症の人.

+**err** /ə́ːr, ə́ː|ə́ː/ 動 自 ❶ ⦅...を⦆誤る, ⦅...で⦆間違いをする: ~ *in* one's judgment 判断を誤る / He ~ed *in* believ*ing* that I had said that. 彼は私がそれを言ったのだと間違って信じ込んだ. ❷ ⦅...に⦆[on the side of ~] ⦅...に⦆過ぎる: ~ *on the side of* severity 厳格に失する / It's best to ~ *on the side of* prudence. 誤っても慎重に越したことはない. ❸ **a** 過ちをする, 罪を犯す: To ~ is human, to forgive divine. 過つは人の常, 許すは神の性《★ Pope の句》. **b** 〔正道・真理などから〕それる, 踏み間違える: ~ *from* the right path 正しい道からそれる. 《F<L errare 道に迷う》 名 error》
er·ran·cy /érənsi/ 名 U C ❶ 誤った状態; あやまちを犯しやすい傾向. ❷ 〔キ教〕教義に反する見解をもつこと, 誤謬.
+**er·rand** /érənd/ 名 ❶ 使い, 走り使い, 使い走り: send a person on an ~ 人を使いにやる / go on [run] ~s for a person 人の走り使いをする / ⇨ fool's errand. ❷ ⦅使いの⦆用向き, 用事: I have an ~ (to do) in town. 町に用事があります. **an érrand of mércy** 救難の旅. 《OE=伝言》
er·rant /érənt/ 形 Ⓐ ❶ 〈考え・行動など〉常軌を逸した, 逸脱した; 誤った. ❷ 〈武者修行など〉冒険的遍歴の; 家出の. ❸ ⦅古⦆〈風など〉気まぐれな, 不規則な.
er·rant·ry /érəntri/ 名 U C 放浪, 遊歴; 放浪生活, (特に)武者修行のための諸国遍歴 (knight errantry).
er·ra·ta /erɑ́ːtə, ɪr-, ər-, -réɪ-/ 名 ❶ erratum の複数形. ❷ 正誤表.
-**er·rat·ic** /ɪrǽtɪk, er-/ 形 ❶ **a** 〈行動・意見など〉とっぴな, 常軌を逸した (unpredictable): ~ behavior 奇行. **b** 一貫性のない, 不規則な. ❷ 〔地〕漂移性の. ── 名 奇人.
er·rát·i·cal·ly /-kəli/ 副
er·ra·tum /erɑ́ːtəm, ɪr-, ər-, -réɪ-/ 名 ⦅-ta /-tə/⦆ (訂正を要する)誤り, 誤字, 誤写, 誤植. 《L errare, errat- 道に迷う; cf. err》
erron. ⦅略⦆ erroneous(ly).
+**er·ro·ne·ous** /ɪróʊniəs, ər-/ 形 誤った, 間違った: an ~ assumption 間違っている前提[仮定]. **~·ness** 名 **~·ly** 副. 《名 error》

‡**er·ror** /érə|érə/ 名 ❶ C 誤り, 間違い: an ~ in spelling つづりの誤り / an ~ of judgment 判断の誤り / a printer's ~ 誤植 / make [commit] an ~ 間違いをする《★ do an ~ は間違い》/ Correct [Point out] ~s, if any. もし誤りがあれば正せ[指摘せよ]. ❷ U 考え違い, 思い違い, 過ち: lead a person into ~ 人を誤らせる / fall into ~ 誤る, 間違える. ❸ Ⓒ (道義的な)過失, 罪: an ~ of commission [omission] 過失[怠慢]の罪 / see [realize] the ~ of one's ways 前非を悔いる. ❹ Ⓒ 〔野〕エラー, 失策. ❺ Ⓒ 〔法〕錯誤, 誤審. ❻ Ⓒ 〔数〕誤差. **in érror** (1) 考え違いをした, 誤った: He was *in* ~. 彼は考え違いをしていた / His figures were *in* ~. 彼の計算は間違っていた. (2) 誤って, 間違って: I put on his shoes *in* ~. 誤って彼の靴をはいた. **tríal and érror** ⇨ trial 成句. 《F<L》 動 **err**, 形 **erroneous**) 〔類義語〕 **error** 「誤り, 間違い」を表わす一般的な語. **mistake** error と同じ意味に用いられることもあるが, 「手違い」, 「見落し」, 「勘違い」などによる比較的軽い誤りを指す. **blunder** はぶざまな失敗, 強い非難を込めて用いられる. **slip** 書き[言い]違えなどのちょっとした間違い.

érror bàr 名 〔理〕エラーバー《グラフで, 測定点などのまわりの誤差の範囲を示す棒》.
er·satz /éərsɑːts, -zɑːts|éəzæts/ 形 (本物より粗悪な)代用の; 模造の, にせの. ── 名 代用品. 《G=代用》
Erse /ə́ːs|ə́ːs/ 名 U エルス語《スコットランド高地のゲール語》. ── 形 ❶ (スコットランド高地などの)ケルト族の. ❷ エルス語の.
+**erst·while** /ə́ːst(h)wàɪl|ə́ːstwàɪl/ 形 かつての, 昔の (former). ── 副 ⦅古⦆かつて, 以前に.
Er·te·bøl·le /èərtəbɑ́lə, -bɑ́lə|əːtəbɔ́ːlə, ˌ-ˌ-ˌ-/ 〔考古〕(北欧の中石器時代後期・新石器時代初期の)エルテベレ文化(期).
er·u·bes·cent /èrʊbés(ə)nt/ 形 赤くなる, 赤らむ, 紅潮する (reddening).
e·rú·cic ácid /ɪrúːsɪk-/ 名 〔化〕エルカ酸.
e·ruct /ɪrʌ́kt, ər-/ 動 ❶ げっぷをする. ❷ 〈火山などが〉噴出する.
e·ruc·ta·tion /ìːrʌktéɪʃən, èr-/ 名 U C げっぷ; 噴出.
er·u·dite /érʊdàɪt/ 形 ❶ 〈人が〉学識のある, 博学な. ❷ 〈書物が〉学識の深さを示す, うんちくを傾けた. **~·ly** 副
er·u·di·tion /èrʊdíʃən/ 名 U 博学, 博識; 学識.
*****e·rupt** /ɪrʌ́pt, ər-/ 動 自 ❶ **a** 〈火山が〉爆発する, 噴火する. **b** 〈火山灰・間欠泉などが〉噴出する. ❷ **a** 〈感情・暴動などが〉どっと出る, 突発する (break out). **b** 〈人が〉怒りなどを爆発させる: ~ *with* [*in*] anger 怒りを爆発させる. **c** 急に⦅...に⦆なる: The audience ~ed *into* wild cheers. 聴衆はどっと熱狂的に喝采⦅する⦆. ❸ 〈吹き出物が〉吹き出る, 発疹する. ❹ 〈歯が〉生え出る. (名 eruption)
e·rup·tion /ɪrʌ́pʃən, ər-/ 名 U C ❶ **a** (火山の)爆発, 噴火. **b** (溶岩・間欠泉などの)噴出. ❷ (怒り・笑いなどの)爆発. ❸ 発疹, 噴出, (歯の生え出ること, 萌出(ぼうしゅつ)). 《L<E-[2]+rumpere, rupt- 壊す (cf. rupture)》(動 erupt)
e·rup·tive /ɪrʌ́ptɪv, ər-/ 形 ❶ 噴火による, 噴出性の: ~ rocks 噴出岩, 火山岩. ❷ 爆発的な, 爆発性の. ❸ 〔医〕発疹(はっしん)性の: ~ fever 発疹性の熱病 (発疹チフスなど).
e·ruv /érʊv/ 名 ⦅複 **e·ru·vim** /érʊvɪm/⦆ 〔ユダヤ律法〕エルブ《安息日には禁じられている移動などの行為も, その範囲に限っては許されるとされる仮想の境界》.
Er·ving /ə́ːvɪŋ|ə́ː-/**, Julius** 名 アービング (1950- ; 米国のバスケットボール選手).
-**er·y** /(ə)ri/ 腰尾 次の意を表わす名詞語尾を造る: ❶ 性質・行状・習慣を示す: bravery, foolery. ❷ ...商, ...業, ...術: pottery, fishery, archery. ❸ ...製造所, ...店: bakery, brewery, archery. ❹ ...類: drapery, jewellery, machinery.
er·y·sip·e·las /èrəsípələs/ 名 U 〔医〕丹毒.
er·y·sip·e·loid /èrəsípəlɔɪd/ 名 〔医〕類丹毒.
er·y·the·ma /èrəθíːmə/ 名 〔医〕紅斑. **èr·y·thé·mal** 形 **èr·y·thém·a·tous** /-θémətəs ˌ-/, **-thé·mic** /-θíː-mɪk ˌ-/ 形 紅斑(性)の.
e·rythr- /ɪríθr, ər-/ 〔連結形〕(母音の前にくるときの) erythro- の異形.
er·y·thrism /èrəθrɪzm/ 名 U (哺乳動物の)赤髪症, (鳥類の)赤羽症《毛髪・羽翼などが異常に赤味をおびる》.
-thris·mal /-θrízm(ə)l ˌ-/ 形
e·ryth·ro- /ɪríθroʊ, ər-/ 〔連結形〕「赤」「赤血球」. 《Gk erythros 赤い》
erýthro·blàst 名 〔解〕赤血球, 赤芽細胞. **erýthro·blástic** 形
e·ryth·ro·blas·to·sis /-blæstóʊsɪs/ 名 U 〔医〕赤芽球症, (特に)胎児赤芽球症.
e·ryth·ro·cyte /ɪríθrəsàɪt, ər-/ 名 〔解〕赤血球 (red blood cell). **eryth·ro·cyt·ic** /ɪrìθrəsítɪk, ər-ˌ/ 形
ery·throid /íríθroɪd, ər-/ 形 赤血球[赤芽球]の.
erýthro·mýcin 名 〔薬〕エリスロマイシン《広域スペクトルの抗生物質》.
erýthro·poi·é·sis /-pɔɪíːsəs/ 名 U 〔生理〕赤血球生成 〔産生, 新生〕. **-poiétic** 形
erýthro·pói·e·tin /-pɔ́ɪətɪn, -tn|-tɪn/ 名 〔生理〕赤血球生成促進因子, エリトロポ(イ)エチン《体液性造血因子》.

Es《記号》【化】einsteinium.

-es¹ /ɪz, z, s, ʃ, ʒ, tʃ, dʒ の後で/ ɪz, əz;（その他の有声音の後で）z;（その他の無声音の後で）s/ 腰尾 名詞の複数形語尾 (cf. -s¹): boxes; matches.

-es² /ɪz, z, s, ʃ, ʒ, tʃ, dʒ の後で/ ɪz, əz;（その他の有声音の後で）z;（その他の無声音の後で）s/ 腰尾 動詞の 3 人称単数現在形の語尾 (cf. -s²).

ESA /íːesèɪ/《略》Endangered Species Act; environmentally sensitive area; European Space Agency 欧州宇宙機関.

E·sau /íːsɔː/ 名【聖】エサウ《Isaac の長子; ひとわんのあつもの (a mess of pottage) のために弟 Jacob に相続権を売った》.

es·ca·drille /éskədríl, ‐ーー/ 名《欧州 特にフランスの、通例 6 機編成の》飛行機中隊; 小艦隊.

es·ca·lade /èskəléɪd, ‐ーー/ 名 U【軍】（はしごで）城壁をよじのぼること.

＊es·ca·late /éskəlèɪt/ 動 ⓐ ❶〈戦争・意見の相違などが〉段階的に拡大する、エスカレートする；段階的に拡大する: Even a limited confrontation can ~ *into* a major war. 局地的な対決でも全面戦争に拡大[エスカレート]することがある. ❷〈賃金・物価などが〉次第に上昇する: Prices are *escalating*. 物価が次第に上昇している. ─ 他 ❶〈戦争などを〉段階的に拡大させる、エスカレートさせる; 〈意見の相違などを〉段階的に拡大させる: ~ a conventional war *into* an annihilating atomic war 通常戦を(漸)減的な原子力戦に拡大する. ❷〈賃金・物価などを〉次第に上げる.《ESCALATOR からの逆成》

es·ca·la·tion /èskəléɪʃən/ 名 U,C〈賃金・物価・戦争などの〉段階的拡大、エスカレーション《*of*》.

⁺es·ca·la·tor /éskəlèɪtər | -tə-/ 名 ❶ エスカレーター: take an ~ エスカレーターに乗る. ❷（エスカレーターのような）出世コース: She's on the ~ to stardom. 彼女はスターダムへの出世街道をまっしぐらに.《元は商標; ESCAL(ADE) +(ELEV)ATOR》

éscalator cláuse 名（また **escalátion cláuse**）伸縮条項、エスカレーション条項《特定の情況に応じた売買価格・賃金・印紙税などの伸縮を規定した契約の一項目》.

es·ca·lo·ni·a /èskəlóʊniə/ 名【植】エスカロニア《ユキノシタ科エスカロニア属の各種低木; 南米原産》.

es·cal·lop /ɪskɑ́ləp, es-, -kǽl- | -kǽl-, -kɔ́l-/ 名 ❶ = scallop. ❷《紋》帆立貝. ─ 動 = scallop.

es·ca·lope /éskəlòʊp | -lɔ̀p/ 名 C,U エスカロップ《薄切りの子牛肉をフライにした料理》.

ESCAP Economic and Social Commission for Asia and the Pacific（国連）アジア太平洋経済社会委員会、エスカップ.

es·ca·pade /éskəpèɪd, ‐ーー/ 名（常軌を逸した）脱線（行為）、とっぴな行為.

＊es·cape /ɪskéɪp, es-/ 動 ⓐ ❶ 逃げる、逃亡する、脱出する: barely ~ with one's life 命からがら逃げる / ~ *from* prison 脱獄する (cf. ⓐ 1 比較). ❷（危険・災難などを）逃れる、免れる: The suspect has ~d. 容疑者はつかまるのを免れた / He ~d *from* danger. 彼は危険から逃れた（ⓐ 1 比較）. ❸ a〈液体・ガスなどが〉漏れ(出)る: Gas is *escaping from* the range. ガスがレンジから漏れている. b〈髪の毛などが〉…からはみ出る: Her hair had ~d *from* her hat. 彼女の髪の毛が帽子からはみ出ていた.

─ 他 (★ 受身不可) ❶ a〈追跡・危険・災難などを〉（未然に）逃れる、免れる、うまく避ける《比較 escape *from*…はⓐ 1, 2) は「自分を現実に捕らえて[追って]いるものから逃れる」の意に対して、他動詞のこの用法は、そういうものから未然にのがれることの意が主である》: ~ prison 刑務所入りを免れる (★ もちろん「刑務所から脱走する」とも解釈できる) / He ~d death [punishment]. 彼は死[罰]を免れた / She ~d infection. 彼女は感染しないですんだ / **be** +*being*+~ed He narrowly ~d *being* hurt in the accident. 彼はその事故で辛うじてけがをせずにすんだ. b〈…の〉追っ手を逃れる、脱出する: ~ one's pursuers [the punishers] 追っ手を逃れる. / ~〈人の注意などを〉はずれる、逃する: The prisoner ~d detection by hiding in a laundry truck. その囚人は洗濯屋のトラックの中に隠れていたので気づかれずにすんだ. b〈人の注意を〉逃れる、目にとまらない: Nothing ~s you! 君はどんなことでもよく気がつく. ❸ a〈人の記憶を〉逸する、はずれる: His name ~s my memory. 彼の名が思い出せない.〈人の記憶を〉逸する[脳をはずれる];〈人に〉わからない: His name ~s me. 彼の名が思い出せない. ❹〈言葉・微笑などが〉〈人・唇から〉（思わず）漏れ出る: A cry ~d his lips. 彼の口から思わず叫び声が漏れた / A smile ~d him. ほほえみが彼から漏れた.

─ 名 ❶ U,C 脱出、逃亡、逃避;〈危険などを〉免れること: make [effect] an ~ 逃げる、逃れる / have a narrow [hairbreadth] ~ 九死に一生を得る、間一髪で助かる / make (good) one's ~（首尾よく）逃げる / We had three ~*s from* the prison this year. 今年は刑務所からの脱走が 3 件あった. ❷ C 逃れる手段; 避難装置; 逃げ道、排出路: ⇒ fire escape. ❸ C（ガス・水などの）漏れ《*from*》: There is an ~ of gas *from* the main. 本管からガスが漏れている. ❹ [an ~] 現実逃避: read fiction as *an* ~ 現実逃避に小説を読む. ❺ C = escape key.

《F= "マントを脱ぐ" → "束縛から逃れる"》【類義語】**escape** 危険、あるいは予想される不快な目にあうことからのがれる. **avoid** escape と同義にも用いられるが、意識的・積極的に危険・不快なものから逃げかる. **evade** 何らかの工夫・知恵を使って回避する. **elude** きわどい場面でうまくのがれるという感じの語.

escápe àrtist 名 縄抜け曲芸師.

escápe cláuse 名（通商協定の）免責条項《国内産業に損害があった場合に相手国への権利の停止を可能にする条項》.

es·ca·pee /ɪskèɪpíː, es-, èskeɪ-/ 名 脱獄者; 脱走[逃亡]者; 亡命者.

escápe hàtch 名（船・飛行機・エレベーターなどの）緊急避難口.

escápe kèy 名【電算】エスケープキー《コンピューターキーボード上のキーの一つで、しばしばプログラムを中断させたり、強制終了させるキーとして用いる》.

escápe mèchanism 名【心】逃避機制 (cf. defense mechanism).

es·cape·ment /-mənt/ 名 ❶（時計の）脱進機（調速機構）. ❷（タイプライターの）文字送り装置. ❸ エスケープメント《ピアノのハンマーをはねる装置》.

es·cáp·er /ɪskéɪpər/ 名 のがれる人; 脱出者、逃亡者.

escápe ròad 名（レースコースで自動車の）緊急避難道路.

escápe velócity 名 U 脱出速度《ロケットなどが重力圏からの脱出に必要な最低速度》.

escápe whèel 名【時計】がんぎ車.

es·cáp·ism /-pɪzm/ 名 U 現実逃避.

es·cáp·ist /-pɪst/ 名 逃避主義の人. ─ 形 現実逃避（主義）の.

es·ca·pól·o·gist /-dʒɪst/ 名 縄[かご]抜けの曲芸師.

es·ca·pol·o·gy /èskəpɑ́lədʒi | -pɔ́l-/ 名 U 縄[かご]抜けの曲芸[技術]. 《ESCAPE+-OLOGY》

es·car·got /èskɑːɹɡóʊ | ɪskɑ́ː-, es-/ 名 エスカルゴ《食用カタツムリ》. 《F》

es·ca·role /éskəròʊl/ 名 U キクヂシャ (endive).

es·carp·ment /ɪskɑ́əpmənt, es- | -kɑ́ːp-/ 名 絶壁、急斜面.

-esce /és/ 腰尾【動詞語尾】「…し始める; …になる、…化する」: coalesce, effervesce.

ÉS cèll /íːés-/ 名 = embryonic stem cell.

-escence /és(ə)ns/ 腰尾【名詞語尾】「…する作用[経過、過程、変化]; …状態」: effervescence.

-escent /és(ə)nt/ 腰尾【形容詞語尾】「…期の、…性の、…し始める」: adolescent, convalescent.

es·char /éskɑːr | -kɑː-/ 名【医】焼痂(か)《特にやけどのあとにできるかさぶた》.

es·cha·tol·o·gy /èskətɑ́lədʒi | -tɔ́l-/ 名 U【神学】終末論《世界の終わり・神の審判・天国・地獄などを論じる神学の分野》. **es·cha·to·log·i·cal** /eskætəlɑ́dʒɪk(ə)l | èskətəlɔ́dʒ-ーー/ 形

es·cha·ton /éskətɑ̀n | -tɔ̀n/ 名【神学】[the ~] 終末、神

の計画の最後のできごと, 世界の終わり.

es・cheat /ɪstʃíːt, es-/ 《法》 名 ❶ Ⓤ (不動産)復帰《相続人のない財産が封建領主[英国王, 米州政府]に帰属すること》. ❷ Ⓒ 復帰財産. ── 動 他 〈財産を〉復帰させる《*to, into*》, 復帰によって没収する《*to*》. ── 自 〈財産が〉復帰する《*to*》. **~・able** 形

⁺**es・chew** /ɪstʃúː, es-/ 動 〈…を〉(意図的に)避ける, 慎む: ~ a life of ease 安易な生活を避ける.

esch・schol(t)・zi・a /eʃóultsɪə | ɪskɔ́lʃə/ 名 《植》 ハナビシソウ《ケシ科ハナビシソウ属の草本の総称》.

es・co・lar /èskəláə | -láː/ 名 《魚》(~, ~s)《魚》 バラムツ《クロタチカマス科の深海産食用魚》.

*⁺**es・cort** /éskɔət | -kɔːt/ 名 ❶ Ⓒ a (女性)に付き添う男性, 雇われてパーティーなどに付き添う女性, 社交嬢. b [集合的にも用いて; 単数または複数扱い] 護衛者[隊], 護送者[隊], 船舶; 護衛艦[機]. Ⓒ Ⓤ 護衛, 護送: under the ~ of...の護衛下に. ── /ɪskɔ́ːt, es- | -kɔ́ːt/ 動 ❶ 〈軍艦などを〉護衛する, 警護する; 護送する. ❷ [副詞(句)を伴って] 〈…に〉付き添う, 同伴する: George offered to ~ Mrs. Green *home* [*to* the party]. ジョージはグリーン夫人を家まで[パーティーへ]送り届けようと申し出た. 《F<It<L =(正しく)導く<EX-+*corrigere* 正す (⇒ correct)》 [類義語] ⇒ accompany.

éscort àgency [sèrvice] 名 (社交用)付き添い斡旋所; 売春斡旋所.

es・cri・toire /èskrətwáə | -twáː/ 名 ライティングデスク[ビューロー]《書類分類箱とひきだしの付いた折り込みぶた式の机》.

es・crow /éskroʊ/ 名 《法》 条件付捺印証書《第三者に預け一定条件が満たされた時に効力が生じるもの》.

es・cu・do /ɪskúːdoʊ, es-/ 名 (複 ~s) エスクード《ポルトガルの旧通貨単位; =100 centavos; 略 Esc.》.

es・cu・lent /éskjʊlənt/ 形 食用になる[適した]. ── 名 食用になるもの.

es・cutch・eon /ɪskʌ́tʃən, es-/ 名 《紋》 ❶ 紋地の入った盾. ❷ 盾形の紋章. **a blót on the [one's] escútcheon** 不名誉, 名折れ(となるもの). 《L=盾》

ESE 《略》 east-southeast.

*-**ese** /ìːz, ìːs | íːz/ 接尾 ❶ [地名につけて] …の; …語の, …人(の): Chinese<China; Portuguese<Portugal; Japanese<Japan. ❷ [作家や団体名につけて] …風の, …に特有の(文体)《★ しばしば軽蔑の意を含むことがある》: Johnsonese; journalese.

es・er・ine /ésərìːn/ 名 Ⓤ 《生化》 エゼリン (=physostigmine).

é-sìgnature /íː-/ 電子署名 (electronic signature).

es・ker /éskə | -kə/ 名 《地》 エスカー《氷河底の流水によってできた砂や小石の細長い曲がりくねった堤防状の丘》.

⁺**Es・ki・mo** /éskəmòʊ/ 名 (複 ~, ~s) ❶ 《古風・時に差別》 Ⓒ エスキモー族の人, エスキモー人; [the ~(s)] エスキモー族《用法 グリーンランド・カナダに住む人は Inuit, Inuuit といて, また正確な用法ではないが, 差別表現を避けるため, Inuit を Eskimo と同義に用いることが多い; cf. Alaska Native》. ❷ Ⓤ エスキモー語. ── 形 エスキモー(人, 語)の. 《Dan <F<N-Am-Ind=生の肉を食べる人》

Éskimo cúrlew 名 《鳥》 エスキモーコシャクシギ《北米の北極圏に棲息するがほぼ絶滅; 国際保護鳥》.

Éskimo dòg 名 エスキモー犬 (cf. husky³).

Éskimo ròll 名 《カヌー》 エスキモー・ロール《転覆して再び起き上がる完全な一回転》.

Es・ky /éski/ 名 《商標》 エスキー《飲食物の携帯用保冷容器》.

ESL /íː-èsél/ 名 Ⓤ 第二言語としての英語. 《E(nglish as a) s(econd) l(anguage)》

ESOL /íːsɑl | -sɔl/ 名 《略》 English for Speakers of Other Languages 外国語としての英語 (⇒ TESOL).

e・soph・a・go・scope /ɪsɑ́fəgəskòʊp, iː- | -sɔ́f-/ 名 《医》 食道鏡.

e・soph・a・gus /ɪsɑ́fəgəs, iː- | -sɔ́f-/ 名 (複 -gi /-gàɪ/) 《解・動》 食道.

⁺**es・o・ter・ic** /èsətérɪk⁻/ 形 ❶ 《選ばれた少数者だけに伝えられる》秘儀の; 奥義に達した (↔ exoteric): ~ Buddhism 密教. ❷ 秘儀的な, 秘密の; 深遠な, 難解な. **ès・o・tér・i・cal・ly** /-kəli/ 副 《Gk=inner》

es・o・ter・i・ca /èsətérɪkə/ 名 《複》 秘事; 秘義, 奥義.

es・o・ter・i・cism /èsətérəsɪzm/ 名 Ⓤ 秘教, 密教; 秘伝; 難解なこと. **-cist** 名

ESP /íː-èspíː/ 《略》 English for Specific [Special] Purposes 特定の目的のための英語《実務・旅行など》; extrasensory perception.

esp. 《略》 especially.

es・pa・da /espáːdə/ 名 (複 ~) 《魚》 タチウオ (scabbard fish)《特に Madeira 島などで捕獲されるもの》.

es・pa・drille /éspədrɪl/ 名 エスパドリーユ《縄底の軽いズック靴》.

es・pal・ier /ɪspǽljə, es-, -ljeə | -lièɪ, -ljə/ 名 エスパリエ《垣根状に仕立てた果樹などの樹木; またはそのための枠または支柱》.

es・par・to /espáətoʊ | -páː-/ 名 (複 ~s)《また **espárto gràss**》《植》アフリカハネガヤ《スペイン・北アフリカ産のイネ科の草; 縄・かご・靴・紙などの原料》.

espec. 《略》 especially.

es・pe・cial /ɪspéʃəl, es-/ 形 特別な, 格別の: a matter of ~ importance 特別重大な事 / for your ~ benefit 特にあなたのために. 《F<L *specialis*; SPECIAL》 [類義語] ⇒ special.

*⁺**es・pe・cial・ly** /ɪspéʃəli, es-/ 副 (more ~; most ~) 特に, とりわけ, 特別に《主に 《文語》 文語では用いない》: It's ~ cold today. きょうは特に寒い / I prepared lunch ~ *for* you. 特にあなたのために昼食を用意しました. [類義語] **especially** 他のものの中で比べて特に程度が高いことを指摘する, あるいは同種のものの中から特定するときに用いる. **specially** ある用途・目的のために特に, という意味. 《英》ではしばしば especially と同義. **particularly** 同種のものの中で際立っている特徴・事例を指摘したり, 同種のものの中から特定したりするときに用いる. **specifically** 種類・目的などを特に限定して明確にすることを意味する.

Es・pe・rán・tist /-tɪst/ 名 エスペランティスト, エスペラント語学者[使用者]. **Èsperántism** /-tɪzm/ 名 Ⓤ エスペラント語使用.

Es・pe・ran・to /èspərǽntoʊ, -ráː-/ 名 Ⓤ エスペラント語《ポーランド人 Zamenhof が創始した国際補助語》.《創案者のペンネームから; エスペラント語で「希望する人」の意》

es・pi・al /ɪspáɪəl, es-/ 名 《古》 ❶ 偵察, 監視, 観察. ❷ 発見. ❸ スパイ活動.

*⁺**es・pi・o・nage** /éspiənɑːʒ, -nɑːdʒ, ー ー ー ᷎/ 名 Ⓤ (特に他国の政治, 他企業などに対する)スパイ活動: industrial ~ 産業スパイ活動.《F》

es・pla・nade /èsplənɑ́ːd | èsplənéɪd/ 名 《特に海岸や湖畔の》遊歩道.

ESPN 名 《米》 イーエスピーエヌ (Entertainment and Sports Programming Network)《米国のスポーツ専門のケーブルテレビ》.

es・pous・al /ɪspáʊz(ə)l/ 名 Ⓤ Ⓒ 〔主義・説などの〕支持, 擁護《*of*》.

⁺**es・pouse** /ɪspáʊz, es-/ 動 〈主義・説を〉信奉する, 支持する. 《F<L=婚約する<*spondere*, *spons-* 約束する; cf. sponsor》

es・pres・si・vo /èsprɪsíːvoʊ/ 形 副 《楽》 表情豊かな[に], 感情をこめて[た], エスプレッシーヴォ[で].

es・pres・so /esprésoʊ/ 名 (複 ~s) ❶ a Ⓤ エスプレッソコーヒー《粉末にスチームを通して作る濃いコーヒー》. b Ⓒ エスプレッソコーヒー一杯. ❷ Ⓒ エスプレッソコーヒー沸かし器. 《It=pressed-out (coffee)》

es・prit /esprí-, ɪs-/ 名 Ⓤ 精神; 機知, エスプリ.《F》

esprit de córps /-dəkɔ́ə- | -kɔ́ː-/ 名 Ⓤ 団体精神, 団結心《軍隊精神・愛校心・愛党心など》.《F》

es・py /ɪspáɪ, es-/ 動 《文》 (通例遠くから偶然に)〈ものを〉見つける.

Esq. /éskwaɪə, ɪskwáɪə, es- | ɪskwáɪə, es-/ 名 [氏名の後につけて] …殿, …様《用法 手紙などの相手の姓名の後に用いる; 《米》では弁護士以外は通例 Mr. を用いる》: Thomas Jones, ～ トマスジョーンズ殿. 〖ESQ(UIRE)〗

-esque /ésk/ 接尾 [形容詞語尾]「…の様式の, …風の」: arabesque, picturesque.

es·quire /éskwaɪɚ, ɪskwáɪɚ, es-| ɪskwáɪə, es-/ 名 [通例 Esq. で用いて] …殿, …様 (⇨ Esq.). 〖F<L=盾持ち〗

ess /és/ 名 (複 ess·es) ❶ S [s]の字. ❷ S 字形(のもの).

Ess. (略) Essex.

-ess /əs, ɪs, es/ 接尾 [名詞語尾] 女性を示す(★ 時に女性差別語とされ, 用いられないことがある): actress, princess.

*es·say /ései/ 名 ❶ 随筆, エッセー; 評論, 小論, (学生の)作文 ⟨on, upon⟩: a collection of ～s 随筆集 / a critical ～ 評論. ❷ (文) 試み ⟨at, in⟩. —/eséi, ー/ 動 (文) ⟨…を⟩試みる, 企てる: He ～ed an apology. 彼は謝罪を試みた. 〖F essai 試み<L=計量; cf. assay〗

es·say·ist /éseɪɪst/ 名 随筆家, エッセイスト.

éssay quèstion 名 論文式試験.

es·se /ési/ 名 [次の句で] 存在: in ～ 存在して.

Es·sen /ésn/ 名 エッセン(ドイツ西部 Ruhr 地方の市).

*es·sence /és(ə)ns/ 名 ❶ Ⓤ [通例 the ～] 〔ものの〕本質, 真髄(の要素), 根本的要素: Health is the ～ of happiness. 健康は幸福の本質である. ❷ Ⓤ.Ⓒ a 精, エキス: ～ of beef 牛肉エキス. b エッセンス 〔植物性精油のアルコール溶液〕: vanilla ～ バニラエッセンス. c 香水. ❸ Ⓤ 実在, 実体. b Ⓒ 霊的実体: God is an ～. 神は実在である. **in éssence** 本質において, 本質的に. **of the éssence** 非常に重要な, (crucial) 〖L=存在すること *esse* (ラテン語の be 動詞); cf. entity〗 (形 essential)

Es·sene /ísi:n, es-| ésiːn/ 名 エッセネ派の信徒 〔前2世紀から後1世紀末までパレスティナにあったユダヤ教の一派; 禁欲・財産共有が特色〕.

*es·sen·tial /ɪsénʃəl, es-/ 形 (more ～; most ～) ❶ 欠くことのできない, 必須の, 非常に重要な: an ～ part of the plan その計画のなくてはならぬ大事な部分 / It's ～ that we (should) act quickly.=It's ～ *for us to* act quickly. 我々が直ちに行動を起こすことが肝要だ / Sleep and nourishing food are ～ *to [for]* health. 睡眠と栄養は健康にぜひとも必要だ. ❷ Ⓐ 本質の, 本質的な (fundamental): ～ qualities 本質, 特質. ❸ Ⓐ (比較なし) 精〔エキス〕の, 精を集めた: an ～ odor エキスの芳香 / essential oil. — 名 ❶ [しばしば複数形で] 本質的要素; 主要点: *The Essentials of English Grammar* 英文法要説〔書名〕/ be the same *in* ～s 要点は同じである. ❷ なくてはならぬもの, 必要不可欠なもの. (名 essence) 〖類義語〗 ■ necessary.

es·sén·tial·ism /-ɪz(ə)m/ 名 Ⓤ ❶ 〔哲〕 a 実在論. b 〔哲〕本質主義 (cf. existentialism). ❷ 《米教育》本質主義, エッセンシャリズム 〔ある文化の根幹をなす思想・技能を体系的にすべての児童に与えることを主張する〕. -ist 名

es·sen·ti·al·i·ty /ɪsènʃiǽləti, es-/ 名 Ⓤ.Ⓒ ❶ 本性, 本質, 根本的重要性, 不可欠性. ❷ [複数形で] 要件, 骨子.

*es·sen·tial·ly /ɪsénʃ(ə)li, es-/ 副 ❶ 本質的に, 本質上 (fundamentally): He is ～ a good man. 彼は根にいい男だ. ❷ [文修飾] 本質的には. ❸ どうしても.

esséntial óil 名 Ⓤ.Ⓒ (植物性)精油, 芳香油, エッセンシャルオイル (揮発性で香水などの原料).

Es·sex /ésɪks/ 名 エセックス州 〔イングランド南東部の州; 州都 Chelmsford /tʃélmsfəd/ -fəd/; 略 Ess.〕.

est. (略) established; estimated.

EST /íːèstíː/ (略) Eastern Standard Time.

est /ést/ 名 Ⓤ エアハルト式セミナートレーニング, エスト 〔自己発見と自己実現のための体系的方法〕. 〖E(rhard) S(eminars) T(raining); 米国の企業家 W. Erhard が1971年に始めた〗

*-**est**[1] /ɪst, əst/ 接尾 形容詞・副詞の最上級の語尾: hard*est*, clever*est*.

-(e)st[2] /ɪst, əst/ 接尾 (古) thou に伴う動詞(2人称単数現在形および過去形)の語尾: Thou sing*est*, did*st*, can*st*.

estab. (略) established.

*es·tab·lish /ɪstǽblɪʃ, es-/ 動 ❶ a 〈国家・学校・企業など〉設立する, 創立する (set up): ～ a school 学校を設立する / ～ a republic 共和国を打ち立てる. b 〈関係などを〉成立させる, 打ち立てる: ～ diplomatic relations *with*…と外交関係を確立する. ❷ a 〈制度・法律などを〉制定する, 確立する: Institutions of government are ～ed by law or precedent. 行政制度は法律と慣例によって確立される. b 〈教会を〉国教にする. ❸ 〈先例・習慣・学説・記録・名声などを〉樹立する, 確立する: ～ (one's) credit 信用(の基礎)を固める / He ～ed his fame *as* an artist. 芸術家としての名声を確立した. ❹ 〈事実を〉確認する, 立証する (ascertain): ～ a person's identity 人の身元を確認する / ～ one's innocence 人の無実を証明する / [+*that*] ～ *that* one is innocent 人が無実であることを証明する / It has been ～ed *that* he was not there when the murder was committed. 殺人の行なわれた時に彼がその場にいなかったことが確認された / [+*wh.*] We have ～ed *where* the boundary lies. 境界(線)がどこにあるかを立証した. ❺ a 〈人を〉(場所・職業・地位などに)落ち着かせる: He ～ed his son in business. 彼は息子を実業につかせた / [+目+*as*補] That series of paintings ～ed him *as* a great artist. その一連の絵画で彼は偉大な芸術家としての地位を確立した. b [～ *oneself* で] 〈場所・職業・地位などに〉落ち着く, 納まる; 身を立てる, 開業する: They ～ed *themselves in* their new house. 彼らは新居に落ち着いた / [+目+*as*補] He ～ed *himself as* a lawyer. 彼は弁護士を開業した. 〖F<L=強固にする *stabilis* 安定した (cf. stable[1])〗 (名 establishment)

*es·tab·lished /ɪstǽblɪʃt, es-/ 形 ❶ 確立した, 確定した: an ～ fact 既定の事実 / an old and ～ shop 老舗(しにせ) / an ～ invalid 慢性病者, 不治の病人 / a person of ～ reputation 定評のある人物 / ～ usage 確立された慣用法. ❷ 国定の, 国教の: the ～ church [religion] 国教 / the E~ Church (特に)英国国教. ❸ Ⓟ a 〈場所・職業・地位などに〉定着した: Our firm is now fully ～ *in* Japan. 我々の会社は今ではすっかり日本に定着している. b 落ち着いて, 納まって: Mr. White was ～ *as* mayor of our city. ホワイト氏は当市の市長のいすに納まっていた.

*es·tab·lish·ment /ɪstǽblɪʃmənt, es-/ 名 ❶ Ⓤ a 〈国家・学校・企業などの〉設立, 創立: the ～ of a school 学校の創立. b 〈関係などの〉成立, 樹立: the ～ of diplomatic relations 外交関係の樹立. c 〈制度の確立, 〔法律の〕制定〉: the ～ of a constitution 憲法の制定. ❷ Ⓤ 〈学説・記録などの〉確立, 確定: the ～ *in* scholarly circles *of* a new theory 学者仲間での新理論の確立. ❸ Ⓤ 〈事実などの〉確認, 証明: the ～ *of* one's innocence 無実の立証. ❹ a Ⓤ (結婚などで)身を固めること. b Ⓒ 世帯, 家庭: keep a large ～ 大所帯を張っている. ❺ Ⓒ a (公共または私設の)設立物〔学校・病院・会社・営業所・ホテル・店など〕: a private ～ 個人企業 / a manufacturing ～ 製造会社 / an educational ～ 学校. b [集合的; 単数または複数扱い] 当該の職員(全員). ❻ a [the E~] (行政制度としての)官庁, 陸軍, 海軍(など). b Ⓤ (官庁・陸海軍などの)常設〔常備〕編制, 常置人員: peace [war] ～ 平時〔戦時〕編制. ❼ Ⓒ [単独または複数扱い] a (既成の)体制(側), 支配層〔階級〕〔解説〕国の政治・経済などを支配している政治家・官僚・財界人などの権力階級を特にさす; 現状を批判している若者たちによって用いられる. b 既成組織〔集団〕; 主流派: the academic [literary] E~ 既成学会〔文壇〕. c 英国国教. (動 establish)

es·tab·lish·men·tar·i·an /ɪstæblɪʃməntɛ́(ə)riən, es-/ 形 ❶ 体制派の. ❷ 国教主義の. — 名 ❶ 体制派の人. ❷ 国教主義の人.

es·ta·mi·net /èstà:mineí-|-tæmɪnèɪ/ 名 (複 ～s)(ビール・ワイン・コーヒーなどを飲ませる)小酒場 (bar), 小さなカフェ. 〖F〗

es·tan·ci·a /está:nsiə| -tǽn-/ 名 (スペイン語系中南米諸国の)広大な私有地, (特に)牛の大放牧場.

‡**es·tate** /ɪstéɪt, es-/ 名 ❶ Ⓒ (広大な)地所, 私有地:

buy an ~ 地所を買う / He has a large ~ in the country. 地方に広大な地所を持っている. ❷ ⓒ 《英》(一定の規格で建てた)団地: a housing ~ 住宅団地 (《米》housing development) / ⇨ industrial estate. ❸ Ⓤ 《法》財産, 遺産: personal ~ 動産 / real ~ 不動産. ❹ ⓒ (社会上の)階級 (★ 特にフランス革命以前の聖職者・貴族・平民の 3 身分にいう): ⇨ fourth estate. **estáte of the réalm** (政治・社会上の)階級 (estate).
〖F<L STATUS〗

estáte àgency 图 《英》 不動産業; 不動産屋.
+**estáte àgent** 图 《英》不動産管理人; 不動産仲買業者 (《米》real estate agent).
estáte càr 图 《英》=station wagon.
estáte sàle 图 (通例持ち主の死後に行なわれる)家具や衣類の競売[安売り].
Estáte Géneral 图 [the ~] 《史》=States General 2.
estáte tàx 图 《米》遺産税.

***es·teem** /ɪstíːm, es-/ 動 ⓣ ❶ 《人・人格・物事などを》尊重し, 尊敬する, 重んずる (★ しばしば受身): He's highly ~ed in business circles. 彼は実業界で大いに尊敬されている / This computer is ~ed for its ease of use. このコンピューターは使いやすいことで重宝されている. ❷ 《文》《...を×...と》考える, 思う: [+目+(as)補] I ~ it (as) an honor to address this audience. 皆様にお話できることを光栄に存じます / [+目+(to be)補] He was ~ed (to be) trustworthy. 彼は信頼のおける人と考えられていた. —— 图 Ⓤ [また an ~] 尊重, 尊敬: hold a person in (high) ~ 人を(大いに)尊重[尊敬]する / They all had a great ~ for his learning. 彼らはみな彼の学識には非常な敬意を抱いていた. 〖F<L<aestimare to ESTIMATE〗【類義語】⇨ respect.

es·ter /éstɚ | -tə/ 图 Ⓤ 《化》エステル.
es·ter·i·fy /estérəfài/ 動 ⓗ ⓘ 《化》エステル化する.
Esth. 《略》《聖》Esther.
Es·ther /éstɚ | -tə/ 图 ❶ エスター(女性名; 愛称 Essie /ési/). ❷ 《聖》 a エステル 《ペルシア王アハシュエロスの妃となったユダヤ人の娘; ユダヤ民族を虐殺から救った》. b エステル記 (The Book of Esther) 《旧約聖書中の一書; 略 Esth.》.
es·thete, es·thet·ic, etc. ⇨ aesthete, aesthetic, etc.
es·ti·ma·ble /éstəməbl/ 形 ❶ 《人・行動が》尊重[尊敬]すべき, 敬意を表わすべき: an ~ achievement りっぱな業績. ❷ 見積もり[評価]できる.

***es·ti·mate** /éstəmət/ 图 ❶ 見積もり, 概算, 推定: give a person a rough ~ 大ざっぱに見積もる / make an ~ of... ...の見積もりを作る. b [しばしば複数形で] 概算書, 見積書: a written ~ 見積書. ❷ (人物などの)評価, 価値判断: make an ~ of a person's reliability 人の信頼性を評価する. —— /-mèɪt/ 動 ⓣ ❶ 《...を》見積もる, 評価する: ~ the value of a person's property 財産価値を見積もる / He ~s his losses at ¥200,000,000. 損失を 2 億円と見積もっている / [+that] They ~ that the repairs will take two years. 修理には 2 年間かかると彼らは見積もっている / I ~ the room to be about 20 feet long. その部屋は奥行き約 20 フィートあると私は見る. ❷ [副詞を伴って] 《人物などを×...に》評価する: You ~ his abilities too highly. 君は彼の能力を買いかぶっている. —— ⓘ 見積もりをする, 見積書を作る: ~ for a building の修理の見積もりをする. 〖L aestimare, aestimāt- 評価する; cf. aim, esteem〗 图 estimation. 【類義語】 **estimate** 個人的な判断に基づき価格・数量などを見積もる; 客観性を欠く場合があることを暗示する. **appraise** 専門的かつ客観的で正確な判断に基づく, 特に金銭の算定などを評価する. **evaluate** 物または人の価値を厳密に評価する; 金銭上の評価には用いない; 〖数〗 (代数式を)評価する.

és·ti·màt·ed /-tɪd/ 形 Ⓐ 見積もりの, 推測の: an ~ sum 見積高[額] / ~ time of arrival 到着予定時刻 《略 ETA》 / ~ time of departure 出発予定時刻 《略 ETD》.

es·ti·ma·tion /èstəméɪʃən/ 图 Ⓤ ❶ (価値などの)判断, 評価, 意見: in my ~ 私の見るところでは. ❷ 尊重, 尊敬: hold a person in (high) ~ 人を(大いに)尊重する / stand high in a person's ~ [in the ~ of a person] (人に)大いに尊敬される, (人に)高く買われる. 〖F estimate〗
és·ti·mà·tor /-tɚ| -tə/ 图 評価者, 見積もる人.
es·ti·val, aes- /éstəv(ə)l, estáɪ- | iːstáɪ-/ 形 夏期(用)の.
es·ti·vate, aes- /éstəvèɪt | íːs-, ést-/ 動 ⓘ ❶ 《動物が》夏眠する (cf. hibernate 1). ❷ 《人が》避暑する. **es·ti·va·tion** /èstəvéɪʃən | iːs-, èst-/ 图
Es·to·ni·a /estóʊniə/ 图 エストニア 《バルト海沿岸の共和国; 首都 Tallinn /táːlɪn/》.
Es·to·ni·an /estóʊniən/ 形 エストニア(人)の. —— 图 ❶ ⓒ エストニア人. ❷ Ⓤ エストニア語.
es·top /estáp, ɪs- | -tɔ́p/ 動 ⓣ (**es·topped; es·top·ping**) 《法》禁反言 (estoppel) で禁ずる (*from*). **es·tóp·page** 图
es·top·pel /estáp(ə)l, ɪs- | -tɔ́p-/ 图 Ⓤ 《法》禁反言 (はんげん) 《あとになって前と反対の申し立てをすることを禁止する》.
es·to·vers /estóʊvɚz | -vəz/ 图 Ⓤ 《法》必要物 《借地人が借地から採る薪や家屋修繕用の材木など》.
estr- /estr- | iːs-, es-/ [連結形] (母音の前にくるときの) estro- の異形.
es·tra·di·ol, oes- /èstrədáɪɔːl | -ɔ̀l/ 图 《生化》エストラジオール 《estrogen の一種》.
es·trange /ɪstréɪn(d)ʒ/ 動 ⓣ ❶ 《人を》《親しい友人・家族などから》引き離す, 疎遠にする, よそよそしくさせる 《*from*》 (cf. estranged). ❷ 《人を》《いつもの環境から》遠ざける 《*from*》.
es·tránged 形 疎遠になった, 仲たがいをした: one's wife 仲たがいして別居している妻 / They have become ~ from each other. 彼らは互いに疎遠になっている.
es·tránge·ment /-mənt/ 图 Ⓤ.Ⓒ 疎遠, 離間, 仲たがい 《*from, between, with*》.
es·treat /ɪstríːt/ 图 《法》(罰金・科料・誓約保証金についての部分を写した)裁判記録抄本. —— 動 ⓣ 《罰金・科料などの取立て[没収]を執行させる.
es·tri·ol, oes- /éstriɔːl | iːstriɔ̀l/ 图 Ⓤ 《生化》エストリオール 《estrogen の一種》.
es·tro- /éstroʊ/ [連結形] 「発情 (estrus)」.
+**es·tro·gen, oes-** /éstrədʒən | íːs-, es-/ 图 Ⓤ 《生化》エストロゲン 《女性ホルモンの一種》. 〖ESTR(US)+-GEN〗
es·tro·gen·ic, oes- /èstrədʒénɪk | iːs-, ès-/ 形 発情を促す, 発情性の; エストロゲンの[による], エストロゲン様の.
es·trone, oes- /éstroʊn | íːs-, es-/ 图 Ⓤ 《生化》エストロン 《estrogen の一種》.
es·trous, oes- /éstrəs | íːs-, és-/ 形 発情(期)の(ような).
éstrous cỳcle 图 《動》発情周期.
es·trus, oes- /éstrəs | íːs-, és-/ 图 Ⓤ 《動》発情; 発情期: be in ~ 発情期にある.
es·tu·ar·i·al /èstʃuériəl | -tju-/ 形 河口 (estuary) の, 河口域の.
+**es·tu·ar·y** /éstʃuèri | -tjuəri/ 图 (潮の入ってくる川の)河口: the Thames ~ テムズ川の河口.
Éstuary Énglish 图 Ⓤ 河口域英語 《イングランド南東部, Thames 川河口域から広まった階級性の薄い英語》.
es·tu·fa /estúːfə/ 图 エストゥファ: a マデイラワイン (Madeira) を熟成させる加熱室. b Pueblo インディアンの(半)地下の広間; 中では火を絶やさず燃やし続け, 集会所として用いられる.
ET /íːtíː/ (略) Eastern Time; extraterrestrial.
-et /ɪt, ət/ 接尾 主にフランス語系の指小辞: bull*et*, fill*et*, sonn*et*.
e·ta /éɪtə, íːtə | íːtə/ 图 Ⓤ.Ⓒ エータ 《ギリシア語アルファベットの第 7 字 H, η; 英字の長音の E, e に当たる; ⇨ Greek alphabet 表》.
ETA /éɪtə/ 图 エタ 《スペイン Basque 地方の独立を要求し

ETA /í:tì:éɪ/《略》estimated time of arrival.
é·ta·gère, eta-gere /èɪtɑːʒéə, -tə-|-ʒéə/《複 ~, ~s》(背部に鏡をはめたり基部にキャビネットを付けたりした)飾り棚スタンド.
e-táiler /í:teɪlə|-lə/ 名 (インターネット上で商品サービスを売る)ネット小売業者[販売会社], e-テイラー. **e-tail** 名 U ネット小売(販売). 【E-+(RE)TAILER】
†**et ál.** /eɾǽl, eṭæ̀l | eṭǽl/ ❶ およびその他の者. ❷ およびその他の個所に. 《1 は L *et alii* (=and others) の短縮形; 2 は L *et alibi* (=and elsewhere) の短縮形》
é·ta·lon /éɪṭəlàn | éɪtələn/ 名《理》エタロン《2 枚の反射鏡を向かい合わせた高分解能干渉計》.
ETC《略》electronic toll-collection (system) 電子料金収受システム.
*etc. /etsétərə, -trə-/ …など, その他《用法》主に参考書や商業文などに用い, この前にコンマを置き(名詞などが一つの時は不要), and は用いない: Please inform us of your travel plans, i.e. arrival time, carrier, *etc*. あなたの旅行計画, つまり到着時刻, 航空会社などを知らせてください.《↓ の短縮形》
et cét·er·a /etsétərə, -trə-/ 副《通例略語》etc., &c. …など, …その他. 【L=and the rest】
et·cét·er·as /etsétərəz, -trəz/ 名 ❶ その他種々なもの[人]. ❷ 余分な物, 雑品.
†**etch** /éʧ/ 動 他 ❶ 〈銅版などに〉エッチングを施す, 〈固い表面に〉文字(など)を彫る, 刻む; 〈銅板などに〉絵などをエッチングで描く, [...に] 〈文字など〉を彫る, 刻む 《on》. ❷ 〈...を〉〈心・記憶などに〉深く刻みつける 《*in, into, on*》 (engrave): The scene was ~*ed on* [*in*] my mind. その情景は私の心に焼き付いていた. ― 自 エッチング[銅版画など]を作る. 【Du<を浸食する】
étch·ant /éʧənt/ 名 (エッチング用の)腐食液.
étch·er 名 (エッチングによる)銅版画工; エッチング[銅版]画家.
étch·ing /éʧɪŋ/ ❶ U エッチング, 腐食銅版術《薬品によって銅版などの表面を腐食させ凹版を作る版画法》. ❷ C (エッチングによる)銅版画[図, 印刷物].
ETD /í:tì:dí:/《略》estimated time of departure.
*e·tér·nal /ɪtə́:n(ə)l | ɪtə́:-/ 形 (比較なし) ❶ 永遠の, 永久の; 不朽の, 不滅の (everlasting): ~ life 永遠の生命 / an ~ truth 永遠の真理. ❷《口》果てしのない, 絶え間ない: ~ chatter とめどもないおしゃべり. ― 名 ❶ [the ~] 永遠なもの. ❷ [the E~] 神. 【F<L<*eternity*】
Etérnal Cíty 名 [the ~] 永遠の都 (Rome のこと).
e·tér·nal·ize [an ~] (男女の)三角関係.
e·tér·nal·ly /-nəli/ 副 ❶ 永遠[永久]に; いつまでも. ❷《口》絶え間なく, しょっちゅう.
etérnal tríangle 名 [an ~] (男女の)三角関係.
†**e·ter·ni·ty** /ɪtə́:nəṭi | ɪtə́:-/ 名 ❶ U a 永遠, 永久. b 無限の過去[未来]. ❷ U (死後に始まる)永遠の世界, 来世: through all ~ 未来永劫[に] / the ~ between this life and ~ この世とあの世の間を, 生死の境を. ❸ [an ~]《口》(際限なく思われる)長い時間: It seemed *an* ~ before she came back. 彼女が戻ってくるまで一日千秋の思いがした. (形 eternal)
etérnity ríng 名 エタニティーリング《宝石を切れ目なくはめこんだ指輪; 永遠の愛を象徴するといわれる》.
e·ter·nize /ɪtə́:naɪz | -tə́:-/ 動 他 =eternalize.
eth /éθ/ 名 =edh.
-(e)th /(ə)θ, (ə)θ/ 腰尾《古》動詞の 3 人称単数現在形の語尾 (-(e)s): go*eth*, think*eth*, hath, saith.
eth·a·nal /éθənæ̀l/ 名 U《化》エタナール (acetaldehyde).
e·than·am·ide /ɪθǽnəmàɪd/ 名 U《化》酢酸アミド (acetamide).
eth·ane /éθeɪn | í:θ-, éθ-/ 名 U《化》エタン《無色・無臭ガス; 燃料用》.
eth·ane·di·ol /éθeɪndàɪɔl, í:θeɪndàɪɔl, éθ-/ 名 U

607　　　　　　　　　　　　　　　　　　　　　ethnocentric

《化》エタンジオール (ethylene glycol).
eth·an·o·ate /éθənoùeɪt/ 名 U《化》酢酸塩 (acetate).
éth·a·nó·ic ácid /éθənòʊɪk-/ 名《化》エタン酸 (acetic acid).
eth·a·nol /éθənɔ:l | -nɔ̀l/ 名 U エタノール, エチルアルコール.
Éth·el /éθəl/ 名 エセル (女性名).
eth·ene /éθi:n/ 名《化》エテン (ethylene).
e·ther /í:θə | -θə/ 名 ❶ U《化》エーテル《有機化合物; 麻酔剤》.《古》エーテル《空間を満たす媒質として仮定されていた物質》. ❸ [the ~]《詩・文》天空, 青空. 【F<L<Gk=天空上層の空気】
*e·the·re·al /ɪθí(ə)riəl/ 形 ❶ a 空気のような; ごく軽い, 希薄な. **b** 微妙な, 霊妙な: (an) ~ beauty この世のものとも思えない美しさ. ❷ 《詩》天の, 天上の. ❸ 《理・化》エーテルの; エーテル性の. ~·ly 副
e·the·re·al·ize /ɪθí(ə)rɪəlàɪz, -rɪəlɪz-/ 動 他 霊妙にする[とみなす]; …にエーテルを加える; エーテル(様)にする.
e·ther·ic /ɪθérɪk/ 形 =ethereal.
e·ther·ize /í:θəràɪz/ 動 他《医》〈...に〉エーテル麻酔をかける.
É·ther·net /í:θənèt | -θə-/ 名 U《商標》イーサーネット《LAN 規格の一つ》; C それを利用したネットワーク.
eth·ic /éθɪk/ 名 倫理, 道徳律 (cf. ethics).
*eth·i·cal /éθɪk(ə)l/ 形 (more ~; most ~) ❶ **a** 倫理的な, 道徳上の. **b** (比較なし) 倫理学的な, 倫理学上の. ❷ 道徳基準にかなった, 道徳的に正しい. ❸ (比較なし) 〈薬品が〉医師の処方によって(のみ)販売される: an ~ drug 処方薬. 【F<L<Gk *éthicos* 道徳に関する】《類義語》⇒ moral.
éthical áudit 名 (企業活動などの)倫理監査 (=social audit).
éthical hácking 名 U《電算》倫理的ハッキング《システムの安全性点検などのために, 契約に基づいて行なわれるシステム破りなどのハッカー行為》. éthical hácker 名
éth·i·cal·ly /-kəli/ 副 倫理的に (★時に文修飾): E~, it's a prickly issue. 倫理的にはそれは難しい問題だ.
eth·i·cist /éθəsɪst/ 名 道徳家.
*eth·ics /éθɪks/ 名 ❶ [複数扱い] (個人・ある社会・職業の)道徳原理, 倫理, 道義, 徳義: political ~ 政治倫理. ❷ U 倫理学: practical ~ 実践倫理学. 【F<L<Gk <*ēthicos* ETHIC】
E·thi·o·pi·a /ì:θióʊpiə/ 名 エチオピア《アフリカ大陸北東部の連邦民主共和国; 略 Eth.; 首都 Addis Ababa》.
E·thi·o·pi·an /ì:θióʊpiən/ 形 エチオピア(人)の.
― 名 エチオピア人. ❷ U (古) (アフリカの)黒人.
E·thi·op·ic /ì:θiάpɪk | -ɔ́p-/ 名 古代エチオピア語[語族]. ― 形 ❶ 古代エチオピア語[語族]の. ❷ = Ethiopian.
eth·moid /éθmɔɪd/ 名 (また éthmoid bòne)《解》篩骨.
eth·mói·dal 形
*eth·nic /éθnɪk/ 形 ❶ 民族[人種](的)の: ~ minorities 少数民族 / ~ Albanians in Macedonia マケドニアのアルバニア系の人々 / the country's ~ makeup その国の人種構成. ❷ 民族特有の, エスニック(風)の: ~ music 民族特有の音楽 / ~ food エスニックフード. ― 名 少数民族の人《解説》人種のるつぼといわれる米国では母国の文化を背景に各界で活躍している多くの移住民がおり, この…系アメリカ人というのが ethnic. 【Gk=民族の】
éth·ni·cal /-nɪk(ə)l/ 民族学の[に関する].
éth·ni·cal·ly /-kəli/ 副 ❶ 民族(学)的に. ❷ [文全体を修飾して] 民族(学)的には[言えば].
éthnic cléansing 名 U 民族浄化《(少数)異民族を組織的に迫害して自分たちの国・支配地域から追い出すなどすること》.
eth·nic·i·ty /eθnísəṭi/ 名 民族性, 民族的帰属(状態).
éthnic minórity 名 少数民族, エスニックマイノリティー.
eth·no- /éθnoʊ/ [連結形] 「民族, 人種」. 【Gk=民族】
eth·no·cen·tric /èθnoʊséntrɪk/ 形 自民族中心主義

eth·no·cen·trism /èθnouséntrɪzm | -nəu-/ 图 ⓤ 自民族中心主義《自民族が他民族より優れているという考え方・信念》.

èthno·cúltural 形 民族文化の; (ある社会内の)特定の民族集団の[に関する].

eth·nog·ra·pher /eθnágrəfə | -nɔ́grəfə/ 图 民族誌学者.

eth·no·graph·ic /èθnəgrǽfɪk⁻/ 形 民族誌の.
èth·no·gráph·i·cal·ly 副

eth·nog·ra·phy /eθnágrəfi | -nɔ́g-/ 图 ⓤ 民族誌(学), 記述人種学.

eth·no·log·i·cal /èθnəládʒɪk(ə)l | -lɔ́dʒ-⁻/, **-log·ic** /-ɪk/ 形 民族学的な. **~·ly** /-kəli/ 副

eth·nol·o·gist /-dʒɪst/ 图 民族学者.

eth·nol·o·gy /eθnálədʒi | -nɔ́l-/ 图 ⓤ 民族学; 文化人類学. 〖ETHNO-+-LOGY〗

èthno·musicólogy 图 ⓤ 民族音楽学, 音楽人類学. **-musicólogist** 图 **-musicológical** 形

éthno·science 图 ⓤ 民族科学.

e·thol·o·gy /iːθálədʒi | -θɔ́l-/ 图 ⓤ ❶ 動物行動学. ❷ (人間の)品性論.

*e·thos /íːθɑs | -θɔs/ 图 ⓤ (特定の社会・時代・文化などの)気風, 精神, 思潮, エトス. 〖Gk=慣習, 特質〗

eth·yl /éθəl/ 图 ⓤ ❶ 〖化〗エチル. ❷ アンチノック剤の四エチル鉛.

éthyl ácetate 图 ⓤ 〖化〗酢酸エチル.

éthyl álcohol 图 ⓤ 〖化〗エチルアルコール, エタノール, 酒精.

eth·yl·ene /éθəliːn/ 图 ⓤ 〖化〗エチレン.

éthylene glýcol 图 ⓤ 〖化〗エチレングリコール《不凍液に用いる; 単に glycol ともいう》.

e-ticket /íː-/ 图 電子チケット《electronic ticketing において, 電子データとしてのみ存在する航空券などの》.

e·ti·o·late /íːtiəlèɪt/ 他 ❶ 〈植物などを〉(日光をさえぎって)長く白くする, 軟白化する, 黄化する. ❷ 〈人を〉青ざめさせる, 病弱にする. **è·ti·o·lá·tion** /íːtiəléɪʃən/ 图. 〖F; 原義は「わらのようにする」〗

e·ti·ol·o·gy /ìːtiálədʒi | -ɔ́l-/ 图 ❶ 〖医〗ⓒⓤ 病因論; 病因論. ❷ ⓤ 原因の追究; 因果関係学, 原因論. **è·ti·o·lóg·i·cal** /-lɑ́dʒɪk(ə)l | -lɔ́dʒ-⁻/, **-i·cal·ly** /-kəli/ 〖L<Gk aitia 原因〗

⁺**et·i·quette** /étɪkət, -kèt/ 图 ⓤ 礼儀作法, エチケット: proper ～ きちんとした礼儀作法 / a breach of ～ 非礼, 違礼. 〖F; 元来は「札」の意; 昔その日の日課を書いた札をはったことから〗

Et·na /étnə/ 图 エトナ(山) 《イタリア Sicily 島にある欧州最高の活火山 (3323 m)》.

Éton cóllar /íː-tn-/ 图 イートンカラー《上着の襟の上にかける幅広のカラー》.

Éton Cóllege 图 イートン校《解説 英国で最も有名な public school の一つ; 1440 年創立; college は「大学」の意ではない; cf. college 3》.

E·ton·i·an /iːtóʊniən/ 形 Eton(校)の. ── 图 イートン校生徒[卒業生]: an old ～ イートン校の校友.

Éton jácket 图 イートンジャケット《襟が広く, 丈が短い》.

é·touf·fée /èɪtuːféɪ/ 图 (穀 ～s /-(z)/) 〖料理〗エトフェ《ザリガニ・野菜・香辛料で作る Cajun 風のシチュー; ライスにかける》.

é·tri·er /èɪtriéɪ/ 图 〖登山〗(登山用の)縄ばしご, エトリエ.

E·tru·ri·a /ɪtrúːəriə/ 图 エトルリア《イタリア中西部の地方の古名》.

E·trus·can /ɪtrʌ́sk(ə)n/ 形 ❶ エトルリアの. ❷ エトルリア人[語]の. ── 图 ❶ ⓒ エトルリア人. ❷ ⓤ エトルリア語.

et seqq., et sqq. (略) et sequentes [sequentia] およびその次の(数語・数行・数ページなど)参照, 以下参照. 〖L=and the following〗

-ette /ét/ 接尾 ❶ [名詞の指小語尾]: cigare*tte*, statue*tte*. ❷ [女性形を造る名詞語尾]《用法 時に女性差別語

とされ, 用いられないことがある》: suffrage*tte*. ❸ [名詞語尾]「…まがい, …代用品」: leathe*rette*.

et tu /ettú:/ 間 〖戯言〗お前もか. **et tu Brute!** ブルータスお前もか! 《Julius Caesar の最期のことば》〖L=and you (too)〗

é·tude /éɪt(j)uːd | -tjuːd/ 图 〖楽〗練習曲, エチュード. 〖<L *studim* STUDY〗

e·tui /eɪtwíː, ⌒⌒/ 图 (針・はさみ・眼鏡・つまようじ・化粧品などを入れる)手箱, 小箱. 〖F〗

ety., etym., etymol. (略) etymological; etymology.

et·y·mo·log·i·cal /ètəməládʒɪk(ə)l | -lɔ́dʒ-⁻/ 形 語源的な, 語源(学)上の: an ～ dictionary 語源辞典. **~·ly** /-kali/ 副

èt·y·mól·o·gist /-dʒɪst/ 图 語源学者, 語源研究家.

et·y·mol·o·gize /ètəmálədʒàɪz | -mɔ́l-/ 他 〈…の〉語源を調べる[示す].

et·y·mol·o·gy /ètəmálədʒi | -mɔ́l-/ 图 ❶ ⓤ 語源研究; 語源学. ❷ ⓒ (ある語の)語源, 語源の説明. 〖Gk<*etumos* (言葉の)真実の意義, 本来の意義+-OLOGY〗

et·y·mon /étəmàn | -mɔ̀n/ 图 (穀 ～s, -ma /-mə/) (語の)原形, 本義, エティモン.

Eu 〖記号〗〖化〗europium.

*EU /íː.júː/ 图 (略) European Union.

eu- /juː/ 接頭 「良…」「好…」「善…」「真正」など (↔ dys-): *eu*genics, *eu*logy, *eu*phony.

èu·bactéria /juː-/ 图 穀 (単 -rium) 〖菌〗ユーバクテリア《真正細菌目の細菌》.

eu·ca·lypt /júːkəlɪpt/ 图 =eucalyptus.

⁺**eu·ca·lyp·tus** /jùːkəlɪ́ptəs/ 图 (穀 ～·es, -ti /-taɪ/) 〖植〗ユーカリ《オーストラリア原産の常緑高木》. 〖EU-+Gk *kalyptos* (葉で)おおわれた〗

eucalýptus òil 图 ⓤ ユーカリ油《医薬・香水・防腐剤などに用いる》.

eu·car·y·ote /juːkǽriòut/ 图 =eukaryote.

Eu·cha·rist /júː.kərɪst/ 图 [the ～] ❶ 〖キリ教〗聖餐(芸); 〖カト〗聖体拝領; 聖体: give [receive] the ～ 聖餐を授ける[受ける], 聖体を授ける[拝領する]. ❷ 聖餐[聖体]用のパンとぶどう酒. **Eu·cha·ris·tic** /jùː.kərɪ́stɪk-⁻/, **Èu·cha·rís·ti·cal** /-tɪk(ə)l⁻/ 形 〖F<L<Gk=感謝〗

eu·chre /júː.kə | -kə/ 图 ⓤ 〖トランプ〗ユーカー《各プレーヤーが 5 枚を手札にし, 切り札を宣言したプレーヤーは 3 トリックを取らないと勝てないゲーム》. ── 他 ❶ (ユーカーで)〈切り札宣言をした相手の〉上がりを阻止する; 《口》出し抜く〈out〉(outwit). ❷ 《口》〈人から巻き上げる, だまし取る 〈out of〉(cheat). ❸ [通例受身で] 《豪口》疲れさせる, 消耗させる.

Eu·clid /júːklɪd/ 图 ユークリッド《紀元前 300 年ごろの Alexandria の幾何学者》: ～'s Elements ユークリッドの『(幾何)原論』.

Eu·clid·e·an, Eu·clid·i·an /juːklɪ́diən/ 形 ユークリッドの: ～ geometry ユークリッド幾何学.

eu·cryph·i·a /juːkríːfiə/ 图 〖植〗エウクリフィア《光沢のある深緑色の小葉をもち, 夏に白い花をつけるエウクリフィア科の常緑低木[小木]; オーストラリア・南米原産》.

eu·dae·mon·ic, -de- /jùː.dɪmánɪk | -mɔ́n-⁻/ 形 幸福をもたらす; 幸福(追求)主義の.

eu·dae·mo·nism, -de- /juːdíːmənɪ̀zm, -daɪ-/ 图 ⓤ 〖哲・倫〗幸福主義, 幸福説《倫理の究極目的・行為の基準を幸福にと考え[説]》. **-nist** /-nɪst/ 图 **eu·dae·mo·nis·tic** /jùː.dìːmənɪ́stɪk⁻/ 形

eu·di·om·e·ter /jùː.diámətə | -ɔ́mətə/ 图 〖化〗水量計, ユジオメーター.

Eu·gene /júː.dʒiːn, ⌒⌒/ 图 ユージーン《男性名; 愛称 Gene》.

eu·gen·ic /juːdʒénɪk/ 形 ❶ 〖生〗優生(学)の. ❷ すぐれた子孫を作る, 人種改良上の, 優生学的な (↔ dysgenic): a ～ marriage 優生結婚. **eu·gén·i·cal·ly** /-kəli/ 副 〖Gk=生まれのいい; ⇨ pure, -gen, -ic〗

eu·gen·ics /juːdʒénɪks/ 图 ⓤ 優生学.

eu·gen·ist /júː.dʒénɪst | júː.dʒə-/ 图 優生学者.

eu·ge·nol /júː.dʒənɔ̀ːl | -nɔ̀l/ 图 ⓤ 〖化〗オイゲノール《黄

色の油状液体; 香料原料》.

eu·kar·y·ote /juːkǽriòut/ [名]〘生〙真核生物《はっきりとした核をもつ細胞からなる生物; cf. prokaryote》.
eu·kar·y·ot·ic /juːkæ̀riɑ́tɪk | -ɔ́t-/ [形]

eu·la·chon /júːləkɑ̀n | -kɔ̀n/ [名] (複 ～, ～s)〘魚〙ユーラカン《北太平洋のキュウリウオの一種; 食用》.

eu·lo·gist /júːləʤɪst/ [名] 賛美者, 称賛者.

eu·lo·gis·tic /jùːləʤístɪk←/ [形] 賛美の, ほめたたえる. **-ti·cal·ly** /-kəli/ [副]

eu·lo·gi·um /juːlóuʤiəm/ [名] (複 ～s, -gia /-ʤiə/) ＝eulogy.

eu·lo·gize /júːləʤàɪz/ [動] [他] ほめたたえる, 賛美する.

eu·lo·gy /júːləʤi/ [名] ❶ [C] 賛辞〔*of, on, to*〕. ❷ [U] 称賛. 〘Gk＝ほめ言葉; ⇨ eu-, -logy〙

eu·nuch /júːnək/ [名] ❶ 去勢された男; (特に, 昔の東洋の)宦官(かんがん). ❷ 柔弱な男, 無能な男. 〘L〈Gk〙

eu·nuch·oid /júːnəkɔ̀ɪd/ [形]〘医〙類宦官症の. **～·ism** [名]

eu·on·y·mus /juːɑ́nəməs | -ɔ́n-/ [名]〘植〙ニシキギ《ニシキギ属の低木・小高木の総称》.

eu·pep·tic /juːpéptɪk/ [形] ❶〘医〙正常消化の. ❷ 快活な, 楽天的な.

eu·phau·si·id /juːfɔ́ːziɪd/ [名]〘動〙オキアミ《総称》.

+**eu·phe·mism** /júːfəmìzm/ [名] 婉曲語句[表現, 語法]: 'Be no more' is a ～ *for* 'be dead.'「もはやいない」は「死んでいる」の婉曲表現だ. 〘Gk〈*euphēmos* 縁起のいい言葉を使うこと〈EU-＋*phēmē* 話すこと〙

eu·phe·mis·tic /jùːfəmístɪk←/ [形] 婉曲語法の; 婉曲な. **-mís·ti·cal·ly** /-kəli/ [副] 婉曲に, 遠回しに.

eu·phe·mize /júːfəmàɪz/ [動] [他] 婉曲語法で表現する[書く, 話す].

eu·phen·ics /juːféniks/ [名] [U] 人間改造学.

eu·phon·ic /juːfɑ́nɪk | -fɔ́n-/ [形] 口調による, 音便上の: ～ changes 音便. **-i·cal·ly** /-kəli/ [副]

eu·pho·ni·ous /juːfóuniəs | -fə́u-/ [形] 口調[響き]のよい. **～·ly** [副]

eu·pho·ni·um /juːfóuniəm | -fə́u-/ [名]〘楽〙ユーフォニアム《チューバ属の金管楽器》.

eu·pho·nize /júːfənàɪz/ [動] [他] 〈…の〉音調[口調]をよくする.

eu·pho·ny /júːfəni/ [名] [U,C] 快い音調; 音便 (↔ cacophony). 〘EU-＋-PHONY〙

+**eu·pho·ri·a** /juːfɔ́ːriə/ [名] [U] 多幸感, 幸福感〔*about, over*〕. 〘Gk〙

eu·pho·ri·ant /juːfɔ́ːriənt/ [形] 〈薬剤などが〉多幸感をもたらす. ── [名]〘医〙陶酔薬.

+**eu·phor·ic** /juːfɔ́ːrɪk | -fɔ́r-/ [形] 幸福感にあふれた, 高揚した. **eu·phor·i·cal·ly** [副]

Eu·phra·tes /juːfréɪtiːz/ [名] [the ～] ユーフラテス川《アジア西部の川; 流域の Mesopotamia は古代文明の発祥地》.

eu·phu·ism /júːfjuìzm/ [名] ❶ [U] (16–17 世紀に英国に流行した)気取った華麗な文体. ❷ [C] 美辞麗句.

Eur. 《略》Europe; European.

EUR 《略》euro(s).

Eur·a·sia /jʊ(ə)réɪʒə, -ʃə/ [名] ユーラシア, 欧亜. 〘EUROPE＋ASIA〙

Eur·a·sian /jʊ(ə)réɪʒən, -ʃən/ [形] ❶ ユーラシアの, 欧亜の: the ～ Continent ユーラシア大陸. ❷ 欧亜混血(種)の. ── [名] 欧亜混血の人.

Eur·at·om /jʊ(ə)rǽtəm/ [名] ユーラトム, ヨーロッパ原子力共同体. 〘Eur(opean) Atom(ic Energy Community)〙

eu·re·ka /jʊríːkə/ [間] 見つけた!, わかった!, しめた!《★ 米国 California 州の標語》. 〘Gk＝見つけた; アルキメデスが王冠の金の純度を量る方法を発見した時の叫び声から〙

eu·rhyth·mic /jʊ(ə)ríðmɪk/ [形] ＝eurythmic.

eu·rhyth·mics /jʊ(ə)ríðmɪks/ [名] ＝eurythmics.

eu·rhyth·my /jʊ(ə)ríðmi/ [名] ＝eurythmy.

Eu·rip·i·des /jʊ(ə)rípədìːz/ [名] エウリピデス《484?–?406 B.C.; ギリシアの悲劇詩人》.

eu·ro /jʊ́(ə)rou/ [名] (複 ～s) ユーロ《1999 年 ecu に代わって導入された EU の単一通貨; ＝100 (euro) cents; 記号 €》.

Eu·ro /jʊ́(ə)rou/ [形] ヨーロッパの, ユーロ… (European). ── [名] (複 ～s) ＝euro.

Eu·ro- /jʊ́(ə)rou | -rəu/ [連結形] ❶「ヨーロッパの; ヨーロッパと…の」: *Euro*-Russian. ❷「欧州金融市場の」: *Euro*dollar. ❸「欧州連合の」: *Euro*crat.

Éuro·bònd [名] ユーロ債《欧州金融市場で発行される, 欧州以外の企業・国の債券》.

éuro cènt [名] (ユーロ)セント《euro の補助単位; ＝1/100 euro》.

Eu·ro·cen·tric /jʊ̀(ə)rouséntrɪk←/ [形] ❶ ヨーロッパ人中心の. ❷ ヨーロッパ中心主義の.

Èuro·cómmunism [名] [U] ユーロコミュニズム《西欧諸国の共産党の自主・自由・民主路線》. **-nist** [名][形]

Eu·ro·crat /jʊ́(ə)rəkræ̀t/ [名] ユーロクラート《EU の国際官僚》.

Eu·ro·cur·ren·cy /jʊ̀(ə)roukə́ːrənsi | -kʌ́r-/ [名] [U] ユーロカレンシー[マネー]《ヨーロッパの銀行に預けられ運用される各国の通貨》.

Eu·ro·dol·lar /jʊ́(ə)roudɑ̀lə | -dɔ̀lə/ [名] ユーロダラー, ヨーロッパドル《ヨーロッパの銀行に集まっているドル預金》.

Eu·ro·land /jʊ́(ə)roulæ̀nd/ [名] ユーロランド《ユーロが使われているヨーロッパ諸国》.

Eu·ro·mar·ket /jʊ́(ə)roumɑ̀ːkɪt | -mɑ̀ːkɪt/ [名] 欧州共同市場 (⇨ European Community).

Eu·ro·mart /jʊ́(ə)roumɑ̀ət | -mɑ̀ːt/ [名] ＝Euromarket.

Éuro-MP /-èmpíː/ [名] 欧州議会 (European Parliament) 議員.

Eu·ro·pa /jʊ(ə)róupə/ [名]〘ギ神〙エウロペ《Zeus に愛された Phoenicia の王女》.

‡**Eu·rope** /jʊ́(ə)rəp/ [名] **ヨーロッパ, 欧州**《★ ウラル山脈がヨーロッパの東の境と考えられている; また英国では England または British Isles と対照してヨーロッパ大陸 (the Continent) の意に用いる》. 〘↑〙

‡**Eu·ro·pe·an** /jʊ̀(ə)rəpíːən←/ [形] (比較なし) ❶ **ヨーロッパの, 欧州の.** ❷ 全ヨーロッパ的な. ❸ 白人の. ── [名] ❶ **ヨーロッパ人, 欧州人.** ❷ 白人.

Européan Céntral Bánk [名] [the ～] 欧州中央銀行《ユーロ圏の中央銀行; 1998 年欧州通貨機構 (EMI) を前身として発足; 本部 Frankfurt; 略 ECB》.

Européan Commíssion [名] [the ～] 欧州委員会《EU の執行機関の一つ》.

Européan Commúnity [名] [the ～] 欧州共同体《EEC, Euratom などが 1967 年統合したもの; 93 年 European Union に発展; the Common Market, Euromarket, Euromart とも呼ばれた; 略 EC》.

Européan Económic Commúnity [名] [the ～] 欧州経済共同体《1958 年発足した共同市場; のち European Community に発展; 略 EEC》.

Eu·ro·pe·an·ism /jʊ̀(ə)rəpíːənìzm/ [名] [U] ヨーロッパ精神, (風習などの)ヨーロッパ風; (政治的・経済的統合を主張する)ヨーロッパ主義. **-ist** /-nɪst/ [形][名] ヨーロッパ主義の; ヨーロッパ主義者.

Eu·ro·pe·an·ize /jʊ̀(ə)rəpíːənàɪz/ [動] [他] ヨーロッパ風にする.

Éuropean Mónetary Sỳstem [名] [the ～] 欧州通貨制度《EC (現 EU) 域内の経済通貨統合を目的として 1979 年に創設; ユーロ (euro) を柱とする; 略 EMS》.

Éuropean Párliament [名] [the ～] 欧州議会《EU の議会; 定数 626, 任期 5 年; 国別に議員数が割り当てられ, 各国民の直接選挙で選ばれる》.

Européan plàn [名] [the ～]《米》ヨーロッパ式《ホテルで室代・サービス料だけの料金で食事代は別勘定; cf. American plan》.

*__Éuropean Únion__ [名] [the ～] **欧州連合, EU**《1993 年欧州連合条約の発効により EC から発展した国家共同体; 加盟はフランス・ドイツ・イタリア・ベルギー・オランダ・ルクセンブルク・英国・デンマーク・アイルランド・ギリシア・スペイン・ポ

eu·ro·pi·um /ju(ə)róupiəm/ 名 U 【化】ユーロピウム《金属元素; 記号 Eu》.

Éuro-skèptic 名 欧州連合強化に消極的な人.

Eu·ro·star /jú(ə)roustɑ̀ː | -stàː/ 名 【商標】ユーロスター《London とヨーロッパ大陸の都市を英仏海峡トンネル (Channel Tunnel) 経由で結ぶ高速旅客列車サービス》.

Éuro-tràsh 名 《俗》ユーロトラッシュ《特に米国で遊び暮らすヨーロッパの若い有閑族》.

Eu·ro·tun·nel /jú(ə)routʌ̀n(ə)l/ 名 ユーロトンネル: **a** Channel Tunnel の建設, 運営を行なう仏英企業連合. **b** Channel Tunnel の別名.

Eu·ro·vi·sion /jú(ə)ouvìʒən/ 名 U ユーロビジョン《西ヨーロッパ諸国で作るテレビ番組の国際中継・交換組織》. 《EURO-+(TELE)VISION》

eu·ro·zone /jú(ə)rouzòun/ 名《しばしば E-》ユーロ圏, ユーロゾーン《EU のうち単一通貨ユーロ (euro) を導入している国家からなる地域》(=Euroland).

eury- /jú(ə)ri/《連結形》「広い (broad, wide)」. 《Gk》

Eu·ry·di·ce /juridəsì-/ 名《ギ神》エウリュディケ (Orpheus の妻).

eu·ry·ha·line /jù(ə)rɪhéɪlən/ 形 【生態】広塩性の《さまざまな塩度の水に生息できる》(↔ stenohaline).

eu·ry·therm /jú(ə)riθɚːm | -θɜː-m/ 名 【生態】広温性生物《さまざまな温度に耐えられる》(↔ stenotherm. **eu·ry·ther·mal** /jú(ə)riθɚːm(ə)l | -θɜː-/, **-mic** /-mɪk/, **-mous** /-θɚːməs | -θɜː-/ 形 広温性の.

eu·ryth·mic /juríðmɪk/ 形 ❶ A リトミックの. ❷ 快いリズムをもった, 律動的な.

eu·ryth·mics /juríðmɪks/ 名 U リトミック, ユーリズミックス《音楽に合わせて運動するリズム教育》

eu·ryth·my /juríðmi/ 名 U オイリュトミー《ドイツの哲学者 Rudolf Steiner が提唱した教育法で, 音楽・ことばのリズムに合わせた身体表現を行なう》.

eu·stá·chi·an tùbe /ju·stéɪʃ(i)ən-/ 名《しばしば E~》【解】耳管, エウスタキー[オイスタキー]管.

eu·sta·cy /júːstəsi/ 名 U 【地】ユースタシー《世界的規模の海面の昇降》. **eu·stat·ic** /ju·stǽtɪk/ 形.

eu·tec·tic /ju·téktɪk/ 形 【化】〈合金・混合物の〉極小融点を有する, 共融の, 共晶の: the ~ temperature [point] 共融[共晶]温度[点]. ── 名 共融混合物, 共晶; 共晶点.

Eu·ter·pe /ju·tɚ́ːpi | -tɜ́ː-/ 名《ギ神》エウテルペ《音楽・叙情詩の女神; the Muses の一人》.

eu·tha·nase /jú·θənèɪz/ 動 他《英》=euthanize.

eu·tha·na·si·a /jù·θənéɪz(i)ə | -ziə/ 名 U 【医】安楽死, 安楽死術. 《Gk=幸福な死く EU-+thanatos 死》

eu·tha·nize /jú·θənàɪz/ 動〈人を〉安楽死させる.

eu·then·ics /ju·θénɪks/ 名 U 環境改善学, 生活改善学.

eu·thy·roid /ju·θáɪrɔɪd/ 形 【医】甲状腺機能正常の.

eu·tro·phic /ju·tráfɪk | -trɔ́f-/ 形〈湖など〉富栄養化の.

eu·troph·i·cate /ju·tráfəkèɪt | -trɔ́f-/ 動 他 【生態】〈湖など〉富栄養化する.

eu·tro·phi·ca·tion /juːtrɑ̀fɪkéɪʃən | -trɔ̀f-/ 名 U 富栄養化.

E·va /íːvə/ 名 イーヴァ《女性名》.

e·vac·u·ant /ɪvǽkjuənt/ 形 【医】排便[下痢(げ)]促進の. ── 名 排泄薬, 下痢薬.

*__e·vac·u·ate__ /ɪvǽkjuèɪt/ 動 ❶〈場所・家などから〉避難[退避]する, 立ち退く; 〈人などを〉〈危険な地域などから〉(…へ)避難[退避]させる, 立ち退かせる《from》(cf): We were ~d from the war zone. 私たちは戦闘地帯から疎開させられた. ❷〈軍隊を〉撤退させる. ❸〈胃・腸などを〉空にする; 〈糞便(ふん)を〉排泄(せつ)する. 《L=空(から)にする E-²+vacuus 空(から)》(cf. vacuum) 【evacuation】

⁺**e·vac·u·a·tion** /ɪvæ̀kjuéɪʃən/ 名 U.C **a** 退避, 避難; 明け渡し, 引き払い. **b** 撤退, 撤兵: an emergency ~ plan 緊急撤退計画. ❷ a U.C 排泄(せつ), 排出. **b** C 排泄物. 《動 evacuate》

⁺**e·vac·u·ee** /ɪvæ̀kjuíː/ 名《空襲などの》避難者, 疎開者; 〈戦地からの〉引き揚げ者 (cf. repatriate).

⁺**e·vade** /ɪvéɪd/ 動 他 ❶ **a**〈敵・攻撃・障害などを〉《巧みに》避ける, よける, 逃れる: ~ a blow 打撃から身をかわす / ~ one's pursuers 追っ手の目をくらます. **b**〈質問などを〉言い抜ける; 〈法律・規則を〉くぐる: The question could not be ~d. その質問から逃げることができた. **c**〈人などが〉〈人を〉避ける: The answer ~d her. 彼女には答えが出せなかった. ❷〈義務・支払いなどを〉回避[忌避]する: ~ military service 兵役を忌避する / ~ paying one's debts うまく支払いを避ける, 借金を踏み倒す.
《L<E-²+vadere go, walk (cf. invade)》 名 evasion, 形 evasive 》 escape.

e·vag·i·nate /ɪvǽdʒənèɪt/ 動 他 【医】《管状器官などを》外転[翻転]する. ── 自 膨出する; めくれ出る. **evag·i·na·tion** /ɪvæ̀dʒənéɪʃən/ 名.

*__e·val·u·ate__ /ɪvǽljuèɪt/ 動 他〈…を〉査定する, 評価する, 値踏みする: ~ the cost of the damage その損害額を査定する. 《↓ からの語列》【類義語】⇒estimate.

e·val·u·a·tion /ɪvæ̀ljuéɪʃən/ 名 U.C 査定, 評価. 《F=評価; ⇒ e-¹, value, -ation》

ev·a·nesce /èvənés/ 動 他《次第に》消えてゆく, 消失する.

ev·a·nes·cence /èvənés(ə)ns/ 名 U 消失; はかなさ.

ev·a·nes·cent /èvənés(ə)nt—/ 形《次第に》消えてゆく; つかの間の, はかない. **~·ly** 副

e·van·gel /ɪvǽndʒəl/ 名 ❶ C 福音. ❷ 【聖】**a** [E~] C 《新約聖書中の》福音書. **b** [the Evangels] 四福音書 (Matthew, Mark, Luke, John の四書). 《F<L<Gk<euangelos 良い知らせを伝える< EU-+angelos 使者 (cf. angel)》

e·van·gel·ic /ìːvændʒélɪk, èv-/ 形 =evangelical 1.

⁺**e·van·gel·i·cal** /ìːvændʒélɪk(ə)l, èv-/ 形 ❶ 福音《書》の, 福音伝道の. ❷ **a** 福音主義的な《英国では Low Church『低教会派』に, 米国では『新教正統派』という》. **b** =evangelistic 2. ── 名 福音主義者, 福音派の人. **~·ly** /-kəli/ 副 《名 evangel》

E·van·gél·i·cal·ism /-kəlìzm/ 名 U 福音主義.

e·van·gel·ism /ɪvǽndʒəlìzm/ 名 U ❶ 福音伝道. ❷ 福音主義《プロテスタントの一派で形式よりも信仰を重んじる》.

⁺**e·ván·ge·list** /-lɪst/ 名 ❶ [E~] 福音書記者 (Matthew, Mark, Luke, John; この 4 人をさして the [Four] Evangelists という). ❷ **a** 福音伝道者. **b** 巡回説教者. **c**《俗》福音宣伝者. 《EVANGEL+-IST》

e·van·ge·lis·tic /ɪvæ̀ndʒəlístɪk/ 形 ❶ [E~] 福音書記者の. ❷ 福音伝道《者》の, 伝道的な.

e·van·gel·ize /ɪvǽndʒəlàɪz/ 動 他〈…に〉福音を説く; 〈…に〉伝道する. ── 自 福音を伝える; 伝道する.

Ev·ans /év(ə)nz/, **Mary Ann** 名 エバンズ《英国の女流小説家 George Eliot の本名》.

⁺**e·vap·o·rate** /ɪvǽpərèɪt/ 動 自 ❶ 蒸発する: Water ~s when it is boiled. 湯は沸騰すると蒸発する. ❷〈希望・熱意などが〉消える, なくなる: Our last hope has ~d. 最後の望みは消えてしまった. ── 他 ❶〈水などを〉蒸発させる. ❷《熱などで》〈牛乳・野菜・果物などの〉水分を抜く: ⇒ evaporated milk. ❸〈希望などを〉消失させる. **e·váp·o·rà·tor** 名. 《L=蒸気を出す; ⇒ e-², vapor, -ate²》

e·váp·o·ràt·ed mílk /-tɪd-/ 名 U 無糖練乳, エバミルク (⇒ milk 関連).

e·vap·o·rat·ing dish [**basin**] /-tɪŋ-/ 名 【化】蒸発皿.

e·vap·o·ra·tion /ɪvæ̀pəréɪʃən/ 名 U ❶ 蒸発《作用》; 発散. ❷ 蒸発脱水法, 蒸発乾燥. ❸ 消失.

e·vap·o·ra·tive /ɪvǽpərèɪtɪv, -rət-/ 形 蒸発の[を起こす]による].

e·vap·o·rite /ɪvǽpəràɪt/ 名 【地】蒸発《残留》岩.

e·vap·o·tran·spi·ra·tion /ɪvæ̀poutræ̀nspəréɪʃən/ 《気》 名 U 蒸発散量; 蒸発散量《地球から大気に還元される水分の総量》.

⁺**e·va·sion** /ɪvéɪʒən/ 名 U.C ❶〈責任などの〉回避, 忌避

(of): tax ~ 脱税. ❷ 言い抜け, ごまかし: take shelter in ~(s) 逃げ口上を使って逃げる. (動 evade)

*e·va·sive /ɪvéɪsɪv/ 形 ❶ 回避的な, 逃避的な: take ~ action 回避行動をとる. ❷ a 〈返事など〉言い抜けの, ごまかしの, (わざと)あいまいな: an ~ answer 逃げ口上の返事. b 〈目つきなど〉〈相手を〉まともに見ようとしない; ずるそうな. ~·ly 副   ~·ness 名 (動 evade)

*eve /iːv/ 名 ❶ [E~] 祭日の前夜[前日] ⇒ Christmas Eve, New Year's Eve. ❷ C [時に the ~] 重要事件などの直前: on the ~ of victory 勝利の直前に. ❸ U《詩》晩, 夕. 〖EVEN² の変形〗

Eve /iːv/ 名 【聖】イブ, エバ《Adam の妻; 神が Adam のあばら骨の一つから造った最初の女; cf. Eden 解説》.

e·vec·tion /ɪvékʃən/ 名 【天】出差《太陽の引力による月の運行の周期的不等》. ~·al 形

Ev·e·lyn /évlɪn, iːv-/ 名 イーブリン, エブリン《男性・女性名》.

*e·ven¹ /íːv(ə)n/ 形 副 (比較なし) ❶ [通例修飾する語句の前に置いて] [事実・極端な事例などを強調して] …でさえ(も), …すら[用法 名詞・代名詞も修飾する; 修飾する語(句)に強勢が置かれる]: E~ now it's not too late. 今でも遅くはない / He disputes ~ the facts. 彼は(推論だけでなく)事実までもとやかく言う / E~ a child knows that. 子供だってそれはわかる / I had never ~ heard of it. それは聞いたこともなかった / E~ the cleverest person makes errors. 最も賢い人でも過ちを犯す. ❷ (それどころか)いやまったく[実は] ~, (nevertheless): He has some faults; ~ so, he is a good man. 彼は欠点はあるが, たとえそうでもいい人だ.

éven thén (1) その時でさえ. (2) それでさえ, それでも: I could withdraw my savings, but ~ then we'd not have enough. 私の貯金をおろすこともできるが, それでも私たちは足りないだろう.

éven thóugh... (1) …であるのに, …だが: I went ~ though she didn't. 彼女は行かなかったが私は行った. (2) =EVEN¹ if 成句.

── 形 (~·er; ~·est) ❶ a 〈面が〉平らな, 平坦(ﾍﾟｲﾀﾝ)な(↔ uneven): an ~ surface 平らな表面 / She has ~ teeth. 彼女は歯並びがよい. b 〈線などが〉凹凸のない, 切れ目のない, なめらかな: an ~ coastline なだらかな海岸線. ❷ P[…と同じ高さで, 平行して]: The plane flew ~ with the treetops. その飛行機は樹木のこずえと同じ高さで飛んだ. ❸ a 〈動作が〉規則正しい, 一様な, 整然とした: an ~ tempo 一様なテンポ. b 〈色などが〉一様な: an ~ color むらのない色. c 〈心・気質などが〉むらがない, 平静な. d 単調[平凡]な. ❹ a 〈数量・得点などが〉同じの, 同一の (equal): The score is ~. 同点だ / ~ shares 均等な分け前 / 一日分の, 百分間の一日行の. b 〈数(書面的)から一日行の. b 数が)対等の,対等の, 互角の: an ~ bargain (どちらも対等な利益を受ける)公平な取引 / on ~ ground 対等(の立場)で[に] / This will make us all ~. これで我々は同等になる / We're ~ now. これで互角だ; (仕返しなどをした後で)これでおあいこだ / give a person an ~ chance 人に五分五分の勝ちみを与える / He has an ~ chance [英口]ない chances] of succeeding. 彼が成功する見込みは五分五分だ; ⇒ even money. c 《裁きなど》公平な: an ~ decision 公平な決定. ❺ (比較なし) a 偶数の (↔ odd), ちょうど: an ~ number 偶数. b 〈数・金額など〉端数なしの, ちょうどの: an ~ hundred ちょうど 100.

bréak éven =break 動 成句.

gèt éven with... (1) 〈人〉に仕返しをする: I'll get ~ with you. 仕返しをしてやるぞ. (2) 《米》〈人〉に借りがなくなる.

on an éven kéel ⇒ keel 名 成句.

── 動 他 [通例副詞を伴って] ❶ 〈…を〉平らにする, ならす 〈out, off〉: ~ (out) irregularities (in the surface) (表面の)でこぼこをならす. ❷ 〈…を〉平等[同等]にする, 平衡させる〈up, out〉: ~ (up) wages 賃金の釣り合いを合わせる / That will ~ things up. それで事が釣り合う. ── 自 [通例副詞を伴って] ❶ 平らになる〈out, off〉. ❷ 互角になる, 平均する〈up, out〉: Things will ~ out in the end. 結局は万事釣り合いがとれるだろう.

éven úp with... 《米口》〈人の親切・お金〉に報いる, お返しをする: I'll ~ up with you later. 後でお返しをします.

── 名 [複数形で] 《英》=even money.

〖OE=平らな〗【類義語】(1) ⇒ level. (2) ⇒ steady.

e·ven² /íːv(ə)n/ 名 《詩》晩, 夕.

éven-áged 形〈森林など〉樹齢が(ほぼ)同一の立木からなる, 〈樹木が〉同齢の: an ~ forest 同齢林.

éven-hánded 形 公平な, 公明正大な. ~·ly 副

*eve·ning /íːvnɪŋ/ 名 U.C 夕方, 夕暮れ, 宵(ﾖｲ), 晩《★ 日没から就寝時まで; cf. night 1a》: E~ came [fell]. 夕方になった / It was a cool ~. 涼しい夕方だった / The next [following] ~ was warm. 翌晩は暖かかった / in the ~ 夕方に / early [late] in the ~ 夕方早く[遅く] [用法 この ほうが in the early [late] ~ よりも普通の表現] / at ten o'clock in the ~ 夜 10 時に / on Sunday ~ 日曜の晩に 《用法 曜日などがつくと無冠詞》/ on the ~ of the 15th of April [April 15] 4 月 15 日の夕方に 《用法 特定の日の朝, 前置詞は on》/ The wind will die by ~. 風は夕方までにやむだろう. b [副詞的に] 晩に, 夕方に (⇒ evenings): Will you come this [tomorrow] ~? 今晩[明晩]来ませんか. ❷ C [通例修飾語を伴って] (…の)夕べ; 夜会: one's weekly bridge ~ 週一回のブリッジを楽しむ夕べ. ❸ [the ~] 晩年, 末路, 衰退期: the (sad) ~ of life (悲しい)晩年 / in the ~ of life 晩年に. éveningàfter évening 夜な夜な, 夕ごとに.   gòod évening ⇒ good evening. òf an évening しばしば[よく]夕方に《cf. of A 6》. towárd(s) évening 夕方近く, 夕方ごろに. ── 形 夕方の[に行なわれる, に見られる], 晩の; 夕方用の: an ~ bell 夕べの鐘, 晩鐘 / the ~ glow 夕焼け / an ~ party 夜会. 〖OE=晩 (even²) になりつつある〗

évening cláss 名 《社会人向けの》夜間学級[授業]; 夜学: attend ~es 夜学に通う.

évening dréss 名 ❶ C イブニングドレス《スカートが床まで届く婦人用夜会服》. ❷ U 夜会用礼装, 夜会服.

évening gówn 名 ❶ =evening dress 1.

évening páper 名 [the ~] 夕刊(紙)《解説 英米では朝刊と別の新聞社が発行している場合が多い》.

Évening Práyer 名 [時に e- p-] =evensong 1.

évening prímrose 名 【植】マツヨイグサ, 《俗に》待宵草.

eve·nings /íːvnɪŋz/ 副《米口》夕方に(いつも), 毎夕: She works ~. 彼女は夕方に仕事をしている.

évening schóol 名 =night school.

évening stár 名 [the ~] 宵の明星《日没後西に見える惑星; 通例 Venus; cf. morning star》.

évening wéar 名 U =evening dress 2.

e·ven·ly 副 ❶ 平らに: spread the cement ~ セメントを平らに塗り広げる. ❷ 平等に, 公平に (equally).

éven móney 名 U 対等の賭け金.

éven·ness 名 U ❶ 均一, 均等. ❷ 平坦, 水平. ❸ 平静.

éven·sòng 名 [しばしば E~] ❶ U 《英国教》夕べの祈り. ❷ [カ] =vesper 2 a.

éven-stéven, éven-Stéven 形 《口》五分五分の, 対等な.

*e·vent /ɪvént, əv-/ 名 ❶ a C (重要な)出来事, 事件, 行事, 催し《cf. incident 比較》: chief ~s of the year その年の主な出来事 / in the natural course of ~s 事の自然の成り行きで / Coming ~s cast their shadows before (them). 《諺》事故起こうとする時は前兆あるもの / a charity ~ チャリティーの催し / a happy ~ happy 4 / (It's easy to be) wise after the ~. ⇒ wise¹ 形 1 a. b [(quite) an ~ で]《口》大事件, 意外な[うれし

even-tempered

い)出来事: His visit was *quite an* ~. 彼の訪問はほんとにうれしいこと[出来事]でした. **c** C《文》事象. ❷ C《競技》種目;(番組の中の)一番: an athletic ~ 競技種目 / the main ~. At áll evènts いずれにしても, とにかく: At all ~s(,) we should listen to his opinion. とにかく, 我々は彼の意見に耳を傾けるべきだ. in ány evènt とにかく, いずれにしても《用法 将来のことについて用いる》. in éither evènt いずれにしても, どのみち. in thát evènt その場合には, もしそうなれば. in the evént 結果的には, 結局, ついに. in the evént of [(that)]...〔(万一)...の[という]場合には〕: *in the* ~ *of* his not coming 彼の来ない場合には.【くevenir 起きる, 生じる<E-²+venir 来る, 行く(cf. venue)】《匪eventual》

éven-témpered 形 心の平静な, 落ち着いた.

e·vent·ful /ɪvéntf(ə)l, əv-/ 形 ❶ 出来事[波乱]の多い, 多事な: an ~ day [year, life] 多事な1日[1年, 一生]. /〈事柄など〉重大な. ~·ly /-fəli/ 副 ~·ness 名

evént horìzon 名《天》事象の地平線《ブラックホールの外縁》.

éven·tìde 名 U《詩》夕暮れに: at ~ 夕暮れに.

e·vent·ing /ɪvéntɪŋ, əv-/ 名 U《英》《ドレサージュ・クロスカントリー・ジャンプなどを含む3日間にわたる》馬術競技会. **evént·er** /-ţə | -tə/ 名 競技会に出場する馬・人.

evént·less 形 事件のない, 平穏な.

*****e·ven·tu·al** /ɪvéntʃuəl, əv-/ 形 A 結果として起こる; 最後の, 結局の: the ~ outcome [result] (of...) (...の)最終的な結果, 結末, 行きつくところ / the ~ winner 最終的な勝者.

†e·ven·tu·al·i·ty /ɪvèntʃuǽləţi, əv-/ 名 起こりうる(よくない)事柄, 万一の場合: in such an ~ 万一そのような場合には / provide for every ~ あらゆる不測の事態に備える.

‡**e·ven·tu·al·ly** /ɪvéntʃuəli, əv-/ 副 《比較なし》結局は, ついに(は)(finally); やがて(は).

e·ven·tu·ate /ɪvéntʃuèɪt, əv-/ 自《文》❶ 結果として生じる[起こる], 〔...の結果になる, 結局〔...〕に終わる〔in〕. ❷ 〔...から〕生じる, 起こる〔from〕.

‡**ev·er** /évə | évə/ 副《比較なし》❶ [疑問文で] かつて, いつか, これまでに: Have you ~ seen a tiger? トラを見たことがありますか《★ この文の答えは Yes, I have (once). または No, I have not. または No, I never have.》/ Did you ~ see him while you were in Tokyo? 東京にいる間に彼に会いましたか / How can I ~ thank you (enough)? ほんとにお礼の申しようもありません. ❷ [否定文で] かつて(...することがない), 決して(...ない)《用法 not ever で never の意になる》: Few tourists ~ come to this part of the country. この地方にまで来る観光旅行者はほとんどない / I won't ~ forget you. 決して君のことは忘れない. ❸ [条件文に用いて] いつか, いずれ: If you (should) ~ come this way, be sure to call on us. もしこちらへおいでになることがおありでしたら, 必ず私たちの所に寄ってください / If I ~ catch him! 彼を捕えようものなら(ただではおかないぞ)! / He is [was] a great musician if ~ there was one. 彼こそ正に大音楽家だ[だった]. ❹ [比較級の前後・最上級の後でそれらを強めて] これまで, 今まで, ますます: become ~ more dangerous より一層危険になる / It's raining harder than ~. 雨がさらにいっそう激しく降っている / He's the *greatest* poet that England ~ produced. 彼は英国が生んだ最も偉大な詩人だ. ❺ いつも, 常に, 始終: **a** [all を強調して]: All he ~ does [wants, needs, gets] is.... 彼が常にする[欲しがる, 必要とする, 得る]のは... だけだ / しばしば繰り返すを表わす. **b** [肯定文で]《★ as ever, ever since, ever after などの成句で《[成句]》と **a** 以外は《古》; 現在は always が一般的; 平叙文の現在完了形には用いない》*have* ~'s quick to respond. 彼はいつも応答が早い. **c** [複合語で] 常に: *ever*-active 常に活動的な / *ever*-present 常に存在する. ❻ [強意語に用いて] **a** [疑問文を強めて] 一体《疑問詞につけて一体どうなることかという意を表わす》: *What* ~ is she doing? 彼女は一体何をしているのか / *Who* ~ can it be? 一体だれだろう / *Why* ~ did you not say so? 一体なぜそう言わなかったのだ. **b** [疑問文の形

で感嘆文で]《米口語》とても: Is this ~ beautiful! これは実に美しいではないか.

(as)...as éver 相変わらず..., いつものように...: His hatred of Communism was *as* strong *as* ~. 彼の共産主義への憎しみは相変わらず強かった.

as...as éver...càn できるだけ...: *as* much [little] *as* ~ I *can* できるだけ多く[少なく] / Be *as* quick *as* ~ *you can*! できるだけ急げ.

as...as éver lìved [wás] 今までにないほど...で, 非常に...で: He's *as* great a scientist *as* ~ *lived*. 彼は今までにない偉大な科学者である.

as éver いつものように: *As* ~, he was late in arriving. いつものように彼は到着が遅れた.

Díd you éver(...)!《口》それは初耳だ, これは実に驚いた《★ Did you ever see [hear] the like? の略》.

èver áfter [áfterward] その後ずっと《用法 過去時制で用いられる》: They lived happily ~ *after*. 彼らはその後ずっと幸せに暮らしました《★「めでたしめでたし」に当たる童話の結び言葉; ⇒ ONCE upon a time [成句]》.

éver and agáin =《時》éver and anón 折々, 時時.

ever sìnce ⇒ since 前 1 **a**, 腰 1 **a**, 副 1.

éver so (1) 非常に: I like it ~ *so* much. それがとても気に入った / Thank you ~ *so* much. ほんとにありがとう / That's ~ *so* much better. そのほうがずっといい. (2) [譲歩節で]《文》いかに(...であろうとも): were I [if I were] ~ *so* rich 私がどれほど金持ちでも / Home is home, be it ~ *so* humble. どんなに貧しくともわが家にまさる所はない.

éver sùch 非常に..., とても...: He's ~ *such* a nice man. 彼は実にいい人だ.

Éver yóurs =Yours EVER [成句].

for éver (1) 永久に《綴り》《米》では通例 forever と 1 語につづる》: I wish I could live here *for* ~. いつまでもここに住めるといいんだがなあ / I'm *for* ~ indebted to you. ご恩は一生忘れません. (2) いつも, 絶えず《綴り》《米》《英》とも forever と 1 語にもつづる》: He's *for* ~ losing his umbrella. 彼はいつも傘をなくしている.

for éver and éver=for éver and a dáy 永遠に, いつまでも.

hárdly [scárcely] éver めったに[ほとんど]...(し)ない: He *hardly* ~ smiles. 彼はめったに笑わない.

if éver [rarely, scarcely と用いて] (たとえ...にしても)きわめてまれに: My father *rarely*, *if* ~, smokes. 父はたばこを吸うことがあるにしてもごくまれだ, 父はたばこを吸うことはほとんどない.

if éver there wás òne 確かに: He was a great scientist *if* ~ *there was one*. 彼は確かに偉大な科学者だった.

néver éver《口》決して...ない: I'll *never* ~ trust him again. 彼を二度と彼を信頼しない(つもりだ).

Yóurs éver いつもあなたの親友である(だれそれ), 草々《親しい間で用いる手紙の結び文句; cf. yours 3》.

《OE》

èver-blóoming 形 絶えず花を咲かせる, 四季咲きの.

Ev·er·est /évərɪst, -rèst/, **Mount** 名 エベレスト山《ヒマラヤ山脈 (Himalayas) の世界最高峰; 8848 m》.

ev·er·glade /évəɡlèɪd | évə-/ 名 ❶ C《米》湿地, 沼沢地. ❷ [the Everglades] エバーグレーズ《米国 Florida 州南部の大沼沢地; 国立公園》.

Éverglade Stàte 名 [the ~] エバーグレード州 (Florida 州の俗称).

†**ev·er·green** /évəɡrì:n | évə-/ 形 常緑の. — 名 ❶ 常緑樹, ときわ木. ❷ [複数形で]《装飾用の》常緑樹の枝 [小枝].《EVER+GREEN》

évergreen óak 名《植》常緑オーク《葉が2年間落ちないので常緑にみえるトキワガシなど》.

Évergreen Stàte 名 [the ~] 常緑州 (Washington 州の俗称).

ev·er·last·ing /èvəlǽstɪŋ | èvəlɑ́:st-‑‑/ 形 ❶ 永久に続く, 不朽の, 永遠の (eternal): achieve ~ fame 不朽の名声を獲得する. ❷ 耐久性のある, 長もちする. ❸ A 果てしのない, 退屈する count 長い. — 名 ❶ U 永久, 永遠: from ~ to ~ 永遠無窮に, とこしえに. ❷ [the E-] 永遠なるもの, 神. ❸

[C][U]【植】永久花《乾燥してももとの形や色が長く変わらない花をつけるムギワラギクなど》.《EVER+LASTING》
éver·lásting·ly 副 いつまでも, 果てしなく; いつも.
éver·móre 副 常に, いつも; 永久に.
Ev·ers /évərz│évəz/, **Méd·gar** /médgə│-gə/ 名 エバーズ《1925–63; 米国の黒人運動指導者; KKK メンバーにより暗殺された》.
e·ver·sion /ɪvə́ːʒən│ɪvə́ːʃən/ 名【医】《まぶたなどの》外転,《器官の》外翻, 《足の》回外. **ever·si·ble** /ɪvə́ːsəbl│ɪvə́ː-/ 形.
e·vert /ɪvə́ːt│ɪvə́ːt/ 動 他《まぶたなどを》外側にめくり返す, 裏返す;《器官を》外翻させる.
Ev·ert /évət│évət/, **Chris(tine Marie)** 名 エバート《1954– ; 米国のテニス選手》.

*__**ev·er·y**__ /évri/ 形 (比較なし) ❶ [C] の単数名詞を伴って無冠詞で] **a** どの…もみな, ことごとくの, すべての: I looked in ~ room. どの部屋もことごとくのぞき込んだ / E- word of it is false. その一語一語ことごとくが偽りだ / I enjoyed ~ minute of the concert. 私は演奏会を初めから終わりまで本当に楽しく聞いた / They listened to his ~ word. 彼らは彼の言葉一つ一つに耳を傾けた. **b** [not を伴って部分否定を表わして] どれも…とは限らない: Not ~ man can be an artist. だれでも芸術家になれるものとは限らない.

用法 (1) all は全体をまとめて示し, every は個々のものをそれぞれ上で全体について述べるという意味にかなう.
(2) every... は通例単数構文をとるが all... は通例複数構文をとる; 一番目の用例と I looked in all the rooms. を比較(4).
(3) every の前に冠詞は用いないが所有格代名詞は用いられる.
(4) every が人を修飾する時, それを受ける代名詞は通例単数形だが, 複数形が用いられることもある; 代名詞による性別の明示を避けたい時には, 複数代名詞を用いる: *Every* student is required to write a thesis in their senior year. 4 年次に論文を書くことは全学生に必修です.

❷ [抽象名詞を伴って] 可能な限りの, あらゆる, 十分な: He showed me ~ kindness. 彼は私にほんとうにいろいろ親切にしてくれた / I have ~ confidence in him. 私は彼に全幅の信頼を寄せている / I have ~ reason to believe (that) he's innocent. 彼が無実であると信じる理由が私には十分ある.
❸ **a** [C] の単数名詞を伴って無冠詞で] 毎…, …ごと《用法》しばしば副詞句として用いる): ~ day [week, year] 毎日[週, 年] / ~ day [week, year] or two 1, 2 日[週, 年]ごとに / ~ morning [afternoon, night] 毎朝[午後, 晩] / at ~ step 一歩ごとに. **b** [後に"序数+単数名詞"または"基数(またはa few など)+複数名詞"を伴って] …ごとに《用法》しばしば副詞句として用いる): ~ second week 1 週間おきに / ~ fifth day = ~ five days 5 日ごとに, 4 日おきに / ~ few days [years] 数日[数年]ごとに / E- third person has a car. 3 人にひとりは車を持っている / In the United States there is a census ~ ten years. 米国では 10 年ごとに人口調査がある.
évery lást …: 《最後の一つまで》どれもこれも(残らず): He picked up ~ *last* bean on the floor. 彼は床にあった豆を一つ残さず拾った.
évery màn Jáck (of them [us, you])《彼ら[我々, 君たち]》男たちの)だれもかれも皆.
évery móther's són of them ひとり残らず, だれもかれも.
évery nów and thén [agáin] = **évery ónce in a whíle [wáy]** 時々, 時折.
évery óne [特に one の意味を強調して]どれもこれもどれ: He gave away ~ *one* he owned. 彼は持っているどれもこれもを人にくれてやった.
évery óther (1) ひとつおきの (cf. 3b): in ~ *other* line 1 行おきに / ~ *other* day 隔日(に), 1 日おきに. (2) その他すべての: I've lost ~ *other* umbrella but this one この傘以外すべての傘をなくしてしまった.

évery sò óften 時々, 時折.
évery tíme (1) [接続詞的に]《…する》たびごとに: *E- time* I looked at him, he was yawning. 彼を見るたびに彼はあくびをしていた. (2) 《口》いつでも, 例外なく.
évery Tóm, Díck and Hárry ⇒ Tom 成句.
évery whích wáy《米口》(1) 四方八方に: The looters ran off ~ *which way* when the police arrived. 警察が到着すると略奪者たちは四方八方に逃げ出した. (2) ばらばらに, 散乱して: Books were scattered ~ *which way*. 本は乱雑にちらばっていた. (3) ありとあらゆる方法で.
《OE=ことごとくの》

*__**ev·er·y·bod·y**__ /évribàdi, -bə̀di│-bɔ̀di/ 代 [単数扱い] ❶ だれも(みな) 《用法》原則として単数の代名詞で受けるが, 複数代名詞を用いることもある; cf. every 用法 (4)): ~ else ほかのみんな / E- has their [his or her] own job to do. だれでもみな自分の仕事を持っている / E- is coming, aren't they? みんな来るんでしょうね / Good morning, ~! 皆さんお早よう / *Everybody's* business is nobody's business. ⇒ business 7 a. ❷ [not を伴って部分否定を表わして] だれでも…とは限らない: You can't please ~. だれもかれもを喜ばすことはできない / Not ~ can be a hero. だれでもがみんな英雄になれるものではない《なれる人もあればなれない人もいる》.

*__**ev·er·y·day**__ /évridèɪ/ 形 A (比較なし) ❶ 毎日の, 日々の. ❷ 日々の, 日常の, 平凡な: ~ affairs 日々の[ささいな]事柄 / ~ clothes [wear] ふだん着 / ~ English 日常英語 / ~ life 日常生活 / an ~ occurrence ありふれた出来事 / an ~ word 常用語 / the ~ world 実社会[世間].
ev·er·y·man /évrimæn/ 名 [しばしば E-] [単数形で] ごく普通の人, 凡人.
*__**ev·er·y·one**__ /évriwʌ̀n/ 代 = everybody (cf. EVERY one 成句).
évery·pláce 副《米口》= everywhere.
*__**ev·er·y·thing**__ /évriθɪŋ/ 代 ❶ [単数扱い] 何でもみな, 何もかもことごとく, 万事: *E-* has its beginning and end. 物事にはみな始めと終わりがある / I will do ~ in my power to help you. 私の力の及ぶかぎりご援助いたします / How is ~? 元気でやってますか / Is ~ all right? 大丈夫ですか;《レストランなどで》(何かをお持ちしましょうか》/ We had ~ necessary. 我々には必要なものはすべてあった《用法》形容詞は後置される). ❷ [not を伴い部分否定を表わして] 何でも…とは限らない: You can*not* have ~. 何でもみな手に入るわけではない. ❸ [be の補語または mean の目的語で] 最も大切なもの[こと] (cf. be NOTHING to... 成句): My wife is [means] ~ to me. 私には妻がすべてだ / Money is ~. 万事は金だ. **and éverything** 《口》その他何やかや: His constant absences *and* ~ led to his dismissal. 彼は絶えずの欠勤やその他何やかやが原因で解雇された. **befòre éverything** 何はさておき, 何よりも: His work comes *before* ~. 彼は何よりも仕事優先だ. **líke éverything** (他の)すべての事と同様に, 何事についても言えるように: Scholarship, *like* ~ (else), requires hard work. 学問は, 何事についても言えるように, 勤勉を必要とする.
*__**ev·er·y·where**__ /évri(h)wèə│-wèə/ 副 (比較なし) ❶ どこでも, 至る所に: I see him ~. 至る所で彼を見かける. ❷ [接続詞的に] どこで[に]…しても: *E-* I go, people are much the same. どこへ行っても人間にそう変わりはない.
be éverywhere どこにでもある; 普通, 一般的. ── 名 [U]《口》あらゆる所: People gathered from ~. あらゆる所から人々が集まった.
e·vict /ɪvíkt, əv-/ 動 他《借地人などを》《法律の力で》…から立ちのかせる (*from*).
e·vic·tion /ɪvíkʃən, əv-/ 名 [U.C] 追い立て: a notice of ~ 立ち退きの通告.
*__**ev·i·dence**__ /évədəns, -dns, -dèns│-d(ə)ns/ 名 ❶ [U] 証拠(物件), 物証; 証言: circumstantial ~ 情況証拠 / verbal ~ 口頭証拠, 証言 / a piece of ~ ひとつの証拠 / give [offer] ~ 証拠事実を述べる, 証言する / sufficient

~ *for* conviction 有罪判決を獲得するための十分な証拠 / ~ *of* child abuse 児童虐待の証拠〔+*that*〕There's no ~ *that* he is guilty. 彼が有罪だという証拠は何もない〔+*to do*〕look for ...〔...の〕形跡, 跡: The land showed ~ *of* cultivation. その土地は耕された形跡があった / There were ~*s* of foul play. 犯罪が行なわれた形跡があった. **in évidence** (1) 見られて; 目立って: Very few Americans were *in* ~ at the hotel. そのホテルにアメリカ人はごく少ししか見られなかった. (2) 証拠として: call a person *in* ~ 人を証人として召喚する / The suspected murder weapon was introduced [received] *in* ~. 殺人に使われたと思われる凶器が証拠として提出[受理]された. **on évidence** 証拠があって: The prisoner was convicted *on* sufficient ~ [released *on* insufficient ~]. 被告人は十分な証拠によって有罪の宣告を下された[証拠不十分で釈放された]. **on the évidence of** …の証拠に基づいて, …を証拠にすると. ── 動 他 〈…の〉証拠となる, 〈ものが〉…を証明する. 《F<L ↓》【類義語】⇒ **proof**.

*ev·i·dent /évədənt, -dnt, -dènt | -d(ə)nt/ 形 (**more ~; most ~**) ❶ 明らかな, 明白な: an ~ mistake 明らかな間違い / with ~ satisfaction さも[いかにも]満足そうに / It was ~ (to everybody) that he liked her. 彼が彼女に好意を抱いていることは(だれの目にも)明らかだった. ❷ Ⓟ はっきり表われた: His age was ~ in his wrinkled hands. 彼の老齢はそのしわだらけの手にはっきりと表われた. 《F<L=明白な, はっきり見えるくE-²+*videre* 見る (cf. **vision**)》【類義語】⇒ **obvious**.

ev·i·den·tial /èvədénʃ(ə)l/ 形 証拠の; 証拠となる.

ev·i·den·tia·ry /èvədénʃəri, -ʃièri | -ʃəri/ 形 = evidential.

*ev·i·dent·ly /évədntli, -dnt, -dènt-, ⸺⸺⸻ | évəd(ə)nt-/ 副 (比較なし)〔文修飾〕❶ 明らかに: He had ~ returned to the scene of the crime. *E-* he had returned to the scene of the crime. 明らかに彼は犯行現場に戻っていた. ❷ 見たところでは, どうやら: *E-*, he has mistaken me for you. どうやら彼は私をあなただと誤解しているようだ.

*e·vil /íːv(ə)l/ 形 (**more ~, most ~**; 時に ~·(l)er, ~·(l)est) ❶ **a** 〈道徳的に〉悪い, よこしまな, 邪悪な: ~ devices 悪だくみ / an ~ criminal [crime] 邪悪な犯罪者[犯罪] / an ~ tongue 毒舌; 中傷者 / an ~ spirit 悪霊, 悪魔 / ~ ways 非行 / ~ of repute 評判のよくない / one's ~ genius ⇒ **genius** 5. **b** 〈効果などが〉有害な, 害を及ぼす(ような). ❷ 縁起の悪い, 不吉な, 凶の: ~ news 凶報. ❸〈臭いなど〉不快な, いやな. **fáll on évil dáys** 不運にあう. **in an évil hóur** ⇒ **hour** 2 **a**. ── 名 ❶ Ⓤ 悪, 悪事, 不善, 邪悪; 罪悪 (↔ **good**): good and ~ 善悪 / the root of all ~ 諸悪の根元 / do ~ 悪事を働く / return good for ~ 善をもって悪に報いる. ❷ Ⓒ 害悪, 弊害: a necessary ~ やむをえない[避け難い]弊害, 必要悪. ── 副 悪く: speak ~ of ...の悪口を言う. 《OE; 原義は「度を越えた」》【類義語】⇒ **bad**.

évil·do·er 名 悪事を行なう者, 悪人.

évil·do·ing 名 Ⓤ 悪事, 悪行.

évil éye 名〔the ~〕凶眼, 邪眼《★ にらまれると災禍がくるという》.

évil-lóok·ing 形 人相[様相]の悪い.

evil·ly /íːv(ə)lli | -vəli/ 副 邪悪に; 意地悪く: be ~ disposed 悪意を持っている.

évil-mínd·ed 形 ❶ 腹黒い, 意地悪い, 悪意のある. ❷〔語句などを〕わいせつな意味に取る. **~·ly** 副 **~·ness** 名

Évil Óne 名〔the ~〕魔王.

évil-témpered 形 ひどく不機嫌な.

e·vince /ivíns, əv-/ 動 他 ❶〈人・態度などが〉〈感情を〉表わす, 表示する: He ~*d* his displeasure by scowling. 彼は顔をしかめて不快を示した. ❷〈ものが〉…を示す, 〈…の〉証拠となる.

e·vis·cer·ate /ivísərèit, əv-/ 動 他 ❶〈動物の〉腸[内臓]を抜く. ❷〈議論などを〉骨抜きにする.

ev·o·ca·tion /èvoukéiʃən, ìːvə-/ 名 Ⓤ Ⓒ ❶〔感情・記憶などの〕喚起〔*of*〕. ❷〔口寄せ・神降ろしの〕呼び出し. (動 **evoke**)

*e·voc·a·tive /ivákətiv/ ivɔ́k-, əv-/ 形 喚起する, 呼びこす: an ~ smell 喚情的なにおい / a scene ~ *of* Edwardian days エドワード時代を思い浮かばせる情景. (動 **evoke**)

*e·voke /ivóuk, əv-/ 動 他 ❶〈感情・記憶などを〉呼び起こす, 喚起する, 〈笑い・かっさいなどを〉...から引き出す〔*from*〕. ❷〈死者の霊魂などを〉〈霊界から〉呼び出す〔*from*〕. 《F<L=呼び出す E-²+*vocare* 呼ぶ (cf. **vocation**)》 (名 **evocation**, 形 **evocative**)

ev·o·lute /íːvəlùːt, év-/ 名 〔数〕縮閉線.

*ev·o·lu·tion /èvəlúːʃən, ìːv-/ 名 Ⓤ ❶〔生〕進化; 進化論: the theory [doctrine] of ~ 進化論. ❷〔漸進的〕展開, 発展, 進展: the ~ of an argument 議論の展開. 《L=(巻物などを)開くこと<E-²+*volvere*, *volut-* 巻く (cf. **volume**)》 (動 **evolve**)

ev·o·lu·tion·al /èvəlúːʃ(ə)nəl, ìːv-⸺/ 形 =evolutionary. **~·ly** 副

*ev·o·lu·tion·ar·y /èvəlúːʃənèri, ìːv- | -ʃ(ə)nəri⸺/ 形 ❶ 進化(論)的な, 進化の. ❷ 展開[進展](的)の.

ev·o·lu·tion·ism /-ʃənìzm/ 名 Ⓤ〔生〕進化論.

ev·o·lu·tion·ist /-ʃ(ə)nɪst/ 名 進化論者. ── 形 進化論(者)の.

ev·o·lu·tive /èvəlúːtiv, ìːv-/ 形 進化[発展]の, を促進させる.

*e·volve /iválv, iː- | ivɔ́lv/ 動 自 〈生物が〉進化する: ~ *from* a lower form [*into* a higher form] of animal life 下等動物から[高等動物へ]進化する. ❷ 徐々に発展する, 展開する; 〈物語などの筋が〉進展する. ── 他 ❶〈...を〉進化させる, 発達させる; 〈理論などを〉徐々に発展させる, 展開させる: ~ a new theory 新らしい学説を発展させる. ❷〈熱・光・ガスなどを〉放出する. (名 **evolution**)

EVP /íːvìːpíː/《略》executive vice president《業務》執行副社長《日本でいう専務取締役や副社長に相当する重役》.

ev·zone /évzoun/ 名《ギリシャ軍の》精鋭歩兵部隊員《制服としてスカートを着用》.

EW《略》《米》enlisted woman.

ewe /júː/ 名 雌羊 《⇒ **sheep** 関連》.

éwe-néck 名《馬・犬の》細く貧弱な発育不全の首; 首が細く貧弱な馬[犬]. **-necked** 形

ew·er /júːə | júːə/ 名《寝室での洗面用の広口の》水差し: a ~ and basin《寝室用の》水差しと洗面器.

ex[1] /éks/ 名 《他 ~s, ~s》《口》先夫[妻], 前[元]の恋人.

ex[2] /éks/ 前 ❶ ...から. ❷《商》...から売り渡しに: ~ bond 保税倉庫渡し / ~ pier 桟橋渡し / ~ rail 線路[鉄道]渡し / ~ ship 本船[船側]渡し / ~ store 倉庫渡し. **b**《株式》...落ち, なし: ~ coupon 利札落ち / ⇒ ex dividend. 《L=from, out of》

ex.《略》examined; example; exception; exchange; executive; exit; export. **Ex.**《略》《聖》Exodus.

ex-[1] /éks/ 接頭「前の, 前...」: *ex-*husband 先夫 / *ex-*wife 先妻 / *ex-*premier 前首相 / *ex-*convict 前科者. 《「(ある時点)から」→「最近まで...」→「前...」と意味が変化したもの》

ex-[2] /iks, eks/ 接頭「...から」「外へ」「まったく」: exit; exodus.

ewer

ex-a- /éksə/ 《連結形》「10^{18}」.

ex·ac·er·bate /ɪgzǽsəʻbèɪt, eg-/ |-sə-/ 動 他 ❶ 《病気・問題などを》悪化させる, 激化させる (worsen). ❷ 《人を》憤激させる. 《L》

ex·ac·er·ba·tion /ɪgzæsəbéɪʃən, eg-/ |-sə-/ 名 U ❶ (悪感情などの)増悪; (病気などの)悪化. ❷ 憤激.

*__ex·act__ /ɪgzǽkt, eg-/ 形 (more ~, most ~; ~·er, ~·est) ❶ 《時間・数量など》正確な, 的確な, 精密な; きちょうどの, ちょうどの: an ~ copy そっくりそのまま複製したもの, 完全な複製 / (an) ~ description 正確な描写 / an ~ memory 正確な記憶力 / the ~ meaning of a word 言葉の厳密な意味 / the ~ opposite of...の正反対 / the ~ sciences 精密科学(数学・物理学など) / the ~ time 正確な時間 / I gave the shopkeeper the ~ change. 店主にちょうどの代金を渡した / "It's 3:10." "Is that ~?" 「3時10分です」「きっかりですか」. ❷ まさにその, そのものずばりの: on the ~ day (that) he passed on 彼が亡くなったまさにその日に / (★ on exactly the day that... のような使われ方は一般的) / the ~ information I wanted まさに私の欲しかった情報 / (★ exactly the information I wanted のほうが一般的). ❸ 《法律・命令など》厳重な, 厳格な: ~ discipline 厳格な規律. ❹ 《人が》厳正な, きちょうめんな (meticulous): an ~ scholar 厳正な学者. **to be exáct** 厳密に言えば: It's a 4-cylinder engine, or *to be* ~, a 4-cylinder, internal-combustion engine. それは四気筒エンジン, 正確には四気筒内燃機関です. ── 動 他 ○ 《服従などを》《...に》強要する; 《税などを》《...から》厳しく取り立てる: ~ taxes *from* people 人々から厳しく税を取り立てる / ~ obedience *from* one's students 学生を無理にも服従させる. ❷ 《事情から》...を必要とする: This work will ~ very careful attention. この仕事には非常に慎重な注意がいる. **~·ness** 名 **ex·ác·tor** 名 《L＝厳正なく *exigere* 追究する; 厳密に測る〈EX-^{2}+*agere*, *act*- 導く, 駆る (cf. act)》【類義語】⇒ **correct**.

ex·ac·ta /ɪgzǽktə, eg-/ 名 《米》=**perfecta**.

ex·áct·ing /ɪgzǽktɪŋ, eg-/ 形 ❶ 《人が無理な要求をする, 苛酷(か<こく)な, 厳しい: His father is very ~. 彼の父はとても厳格だ. ❷ 《仕事など》骨の折れる, つらい. **~·ly** 副

ex·ac·tion /ɪgzǽkʃən, eg-/ 名 ❶ U 強要, 強制取り立て; 厳しい要求 《*of, from*》. ❷ C 強制取り立て金; 重税.

ex·ac·ti·tude /ɪgzǽktətjù:d, eg-/ |-tjù:d/ 名 U ❶ 正確さ, 精密度. ❷ 厳正, 厳格.

*__ex·act·ly__ /ɪgzǽk(t)li, eg-/ 副 (more ~; most ~) ❶ (比較なし) きっちり, ぴったり; まさに, ちょうど (just): at ~ six (o'clock) 6 時きっかりに / at ~ the same time ~ に同じころ / That was ~ what she intended. それはちょうど彼女が意図したとおりのことだった. ❷ 正確に, 厳密に: Repeat ~ what he said. 彼の言ったことをそのまま繰り返してごらん. ❸ (比較なし) [同意・賛成を表わす返答に用いて] まったく(そうです), そのとおり. **nòt exáctly** (1) 必ずしも...でなく: The two were *not* ~ friends. 二人は必ずしも友人とは言えなかった. (2) [返答に用いて] 正確には(少し)違います, まったくそのとおりというわけではない.

*__ex·ag·ger·ate__ /ɪgzǽdʒərèɪt, eg-/ 動 他 ❶ 《...を》大げさに言う, 誇張する; 強調しすぎる: ~ one's troubles 自分の悩みを大げさに言う / It's impossible to ~ the seriousness of our situation. 我々の立場の深刻さはいくら強調してもしすぎることはない. ❷ 《...を》過大視する: ~ one's own importance 慢心する, うぬぼれる. ── 誇張する, 大げさに言う. **ex·ág·ger·à·tor** /-ṭɚ/ |-tə-/ 名 《L＝誇張する, 増す, 積み上げる》**exaggeration**》

*__ex·ag·ger·at·ed__ /ɪgzǽdʒərèɪṭɪd, eg-/ 形 ❶ 誇張された, 大げさな; 過度の: an ~ claim [response] 誇張された主張[大げさな反応]. ❷ 不自然な, 無理な. **~·ly** 副

+**ex·ag·ger·a·tion** /ɪgzædʒəréɪʃən, eg-/ 名 ❶ C 誇張された[オーバーな]表現: a slight [gross] ~ 少々の[ひどい]誇張話 / It's no ~ to say that...と言っても決して過言ではない. ❷ U 誇張; 過大視: without ~ 誇張なしに(言えば). (動 **exaggerate**)

+**ex·alt** /ɪgzɔ́:lt, eg-/ 動 他 ❶ 《人などを》ほめやす, 賞揚

615　example

する. ❷ 《想像力などを》強める, 高める. ❸ 《人の身分・位などを》《...にまで》上げる, 高める 《*to*》. 〖F＜L＝持ち上げる〈EX-^{2}+*altus* 高い (cf. alto)》

ex·al·ta·tion /ègzɔ:ltéɪʃən, èksɔ:-/ |-/ 名 U ❶ 昇進. ❷ 賞揚, 賛美. ❸ 大得意, 意気軒昂(き<こう>).

ex·al·té /egzɔ:lteɪ/ 形 名 有頂天の(人).

+**ex·alt·ed** /ɪgzɔ́:lṭɪd, eg-/ 形 ❶ 位[身分]の高い; 高貴の: a person of ~ rank 高位の人, 貴人. ❷ 有頂天の, 意気揚々とした. **~·ly** 副

*__ex·am__ /ɪgzǽm, eg-/ 名 《口》試験. 〖**EXAM(INATION)**〗

ex·a·men /ɪgzéɪmən, eg-/ 名 《カト》糾明; 検討, 審査, 調査, 検査, 審判; 批評[分析]的研究.

*__ex·am·i·na·tion__ /ɪgzæmənéɪʃən, eg-/ 名 ❶ C 試験 《*in, on*》《関連》中間試験は midterm examination または midyears, 期末試験は finals》: an entrance ~ 入学試験 / an ~ *in* English=an English ~ 英語の試験 / pass [fail] an ~ 試験に合格する[落ちる] / take [go in for, 《英》sit for] an ~ 試験を受ける. ❷ U.C **a** 調査(すること), 検査, 審査 《*of, into*》: an ~ *into* the matter 事件の調査 / on ~ 調査[検査]のうえで, 調べてみると / under ~ 調査中の[で] / make an ~ *of*...を検査[審査]する. **b** 《問題などの》考察, 吟味. **c** 《医師の行なう》検査, 診察: a medical ~ 診察 / a physical ~ 健康診断. ❸ U.C 《法》(証人)尋問; 審理: a preliminary ~ 予備尋問 / the ~ of a witness 証人の尋問. 〖⇒ examine〗【類義語】**examination** 資格を得たり, 適性を見るための本格的な試験; 口語では exam という. **test** 定期的に行なわれる examination とは別に習熟の程度を見るための試験. **quiz test** が簡略化された形で行なわれるもの.

examinátion in chíef 名 U 《法》主尋問.

examinátion pàper 名 試験問題; 試験答案.

*__ex·am·ine__ /ɪgzǽmən, eg-/ 動 他 ❶ **a** 《...を》調査する, 検査する, 審査する: ~ old records 昔の記録を調べる. / [~+*wh.*] ~ *how* the accident happened どうしてその事故が起こったかを調査する. **b** 《...を》検討する, 考案[吟味]する: ~ a proposal 提案(の内容)を検討する / ~ possible solutions 可能な解決策を吟味する. ❷ 《...を》診察する: have one's eyes ~*d* 目を診察してもらう. ❸ 《人を》《...について》試験[試問]する: ~ students *in* history 生徒に歴史の試験をする (《用法》学科目には *in*) / ~ a person *on* his knowledge of the law 人に法(律)学の試験を課する. ❹ 《法》《証人を》尋問[審問]する; 審理する. 〖F＜L＝(重さを)測定する〈*exigere*; ⇒ exact〗 名 **examination**》【類義語】**examine** 厳密に観察し試験したり調査・吟味する. **research** 新しい事実や科学的法則などを発見する目的で特に高度な知識をもって綿密周到な調査を行なう. **investigate** 新しい事実を見出したり事実の誤りがないことを確かめるために(組織的に)調査研究する. **inspect** 誤りや欠点の有無を専門的立場から綿密に検討しつつ調べる. **scrutinize** 細部にわたって綿密に観察し調べる.

ex·am·i·nee /ɪgzæməní:, eg-/ 名 ❶ 受験者. ❷ 審理を受ける人. 〖**EXAMINE**+**-EE**〗

+**ex·am·in·er** /ɪgzǽmənɚ, eg-/ |-mənə/ 名 ❶ 試験委員. ❷ 審査員, 検査官. ⇒ **medical examiner**. ❸ 《法》証人尋問官.

*__ex·am·ple__ /ɪgzǽmpl, eg-/ |-zá:m-/ 名 ❶ 例, 実例; (辞書などの)用例: give an ~ 例を挙げる / to give [《英》take] an ~ 一例を挙げれば / as an ~=by way of ~ 例として, 一例に: ~ *of* his poetry. これは彼の詩の好[悪]例だ. ❷ 手本, 模範 《*for, to*》: follow the ~ of a person=follow a person's ~ 人を見習う, 人を模範にする / set [give] a good [bad] ~ *for* a person=set [give] a person a good [bad] ~ 人によい[悪い]手本を示す. ❸ 前例, 先例; without ~ 前例のない, 空前の (★ 無冠詞). ❹ 見せしめ, 戒め: make an ~ of a person 人を見せしめに懲らす. **for exámple** 〖語句・文を例示して〗たとえば (略 **e.g.**): He visited several cities in Italy, *for* ~ Rome and Milan. 彼はイタリアのいくつかの都市, たとえばローマ, ミラノを訪ねた. **tàke exámple by** ...の例にならう, ...を手本にす

ex ante

る, 見習う。《F＜L *exemplum* 例, 取り出したもの＜*eximere* 取り出す; ⇒ exempt; cf. sample》【類義語】(1) ⇒ instance. (2) ⇒ model.

ex an・te /èksǽnti/ 形《経》事前の, 事前的な (↔ ex post).

ex・an・the・ma /ègzænθíːmə, èksæn-|èksæn-/ 名《医》-the-ma-ta /-tə/ 発疹, 皮疹; 発疹性熱病.

ex・an・the・mat・ic /ègzæ̀nθəmǽtɪk, èksæn-/, -thém・a・tous /-θémətəs/ 形

ex・arch /éksɑːrk/ 名《史》❶ (ビザンティン帝国の)(地方)大守, 総督. ❷《東方正教会》総主教代理, エクサルク. **éx・arch・àte** /-kèrt/ 名 exarch の職［権限, 地位, 管区］. **ex・ár・chal** 形

*__ex・as・per・ate__ /ɪgzǽspərèrt, eg-/ 動《人を》ひどくいらいらさせる, 怒らせる, 憤慨させる (cf. exasperated): His laughter ~s me. 彼の笑い声にはいらいらされる.《L＝怒らせる》【類義語】⇒ irritate.

*__ex・ás・per・àt・ed__ /ɪgzǽspərèɪṭɪd, eg-/ 形 ひどくいらいらした, 憤慨した: give an ~ sigh いらだちまぎれのため息をつく / He *was* ~ *by* [*at*] the negligence of the officials [~ *with* the officials]. 彼は役人の怠慢に[その役人たちに]腹を立てた. **~・ly** 副

ex・ás・per・àt・ing /-tɪŋ/ 形 ひどくいらいらさせる, 腹立たしい. **~・ly**

ex・as・per・a・tion /ɪgzæ̀spərérʃən, eg-/ 名 U 激高, 憤激: in ~ 怒って / drive a person to ~ 人を憤激させる.

Ex・cal・i・bur /ekskǽləbər|-bə/ 名《アーサー王伝説》エクスキャリバー《Arthur 王の名剣》.

ex ca・the・dra /èkskəθíːdrə/ 副 命令的に, 権威をもって. 形 権威による, 権威のある.《L＝議長の座から; cf. cathedral》

*__ex・ca・vate__ /ékskəvèɪt/ 動 ❶ **a**《穴・トンネルなどを》掘る. **b**《地面を掘り抜く.》 ❷《うずもれたものを》発掘する, 掘り出す: ~ a stone-age midden 石器時代の貝塚を発掘する.《L＝掘り抜く＜ EX-² +*cavus* 穴 (cf. cave¹)》

ex・ca・va・tion /èkskəvéɪʃən/ 名 ❶ U 穴掘り, 開削. **b** C ほら穴; 切り通し, 掘り割り道. ❷ **a** U 発掘. **b** C 発掘物, 遺跡.

éx・ca・và・tor /-tə/ 名 ❶ 掘削[開削]者. ❷ 掘削機; (歯科用)エキスカベータ《穴くり器》.

*__ex・ceed__ /ɪksíːd, ek-/ 動《…を》超える, 超過する;《…より》勝る: ~ the speed limit 制限速度を超える / The demand [Demand] now ~s the supply. 今や需要が供給を上回っている / You have ~ed your authority. 君のは越権行為だ / U.S. imports ~ed exports *by* $2 billion in October. 10月に米国の輸入高は輸出高を20億ドル上回った / London ~s New York *in* size. ロンドンはニューヨークよりも大きさでは上回っている.《F＜L＝通り過ぎる＜EX-²+*cedere* 行く (cf. cease)》（名 excess, 形 excessive）

ex・ceed・ing /-dɪŋ/ 形 過度の; 非常な, すばらしい: a scene of ~ beauty 非常に美しい景色.

*__ex・céed・ing・ly__ 副 非常に, きわめて (extremely): an ~ difficult book きわめて難しい本.

+**ex・cel** /ɪksél, ek-/ 動 (excelled; ex・cel・ling) 自《…で》ぬきんでる, 卓越する: He ~s *in* playing the violin [*at* sports]. 彼はバイオリンで[スポーツで]秀でている. 他 [~ oneself で] これまで以上によく[うまく]やる.《戯言》いつになくひどくやる.《L＝そびえ立つ》（名 excellence, 形 excellent）

*__ex・cel・lence__ /éks(ə)ləns/ 名 U 卓越(していること), 優秀: receive a prize for ~ *in* the arts 人文科学の成績が優秀で賞を受ける / academic [professional] ~ 学術的研究・教育[専門分野]で秀でていること. （形 excellent）

+**Ex・cel・len・cy** /éks(ə)lənsi/ 名 閣下《★ 大臣・大使などに対する敬称》. (pl. **-cies**). **His** [**Her**] **Éxcellency** [間接に] 閣下 [閣下夫人]《★ 複数形は Their *Excellencies*》. **Your Éxcellency** [直接呼び掛けて] 閣下(夫人)《★ 受ける動詞

は3人称単数形を用いる; 複数形は Your *Excellencies*》.

*__ex・cel・lent__ /éks(ə)lənt/ 形 (比較なし) ❶ 優れた, 一流の, すばらしい; 優秀な: an ~ secretary 優秀な秘書 / an ~ cook [dancer] 料理[ダンス]がとてもうまい / have an ~ memory 優れた記憶力をもつ[もっている] / He's ~ *at* German. 彼はドイツ語が非常にうまい / She's ~ *at* her job. 彼女は仕事を巧みにこなす. ❷ (成績が)秀でた (grade 名 3). — 間 [E-!で賛成・満足などを表わして] よろしい!, けっこう!, すばらしい! **~・ly** 副 （動 excel, 名 excellence）

ex・cel・si・or /ɪksélsiɔːr, ek-, -siə|-siɔː, -siə/ 間形 さらに高く!, 向上!《L＝米国 New York 州の標語》. — 名 U 木毛(もく)《割れ物などを荷造りするための詰め物用かんなくず》.《L=より高い》

ex・cen・tric /ɪkséntrɪk, ek-/ 形《生》偏心の.

*__ex・cept__ /ɪksépt, ek-, ək-/ 前 ❶ …を除いては, …のほかは《用法》通例欧文頭には用いない;《略》but より「除外」の観念が強い》: Everyone ~ John [him] came.＝Everyone came ~ John [him]. ジョン[彼]以外は皆来た (⇒ EXCEPT for 成句 (1)). ❷ [原形または *to do* を伴って] …する以外は: He doesn't do anything ~ watch TV. 彼はテレビばかり見ている《用法》先行する主節の述部に助動詞または do がある時には, 通例原形》 / He never came to visit ~ to borrow something. 彼がやってくる時はいつも何かを借りるためだった. ❸ [副詞(句・節)を伴って] …(の場合)以外では; …でなければ: The weather is good everywhere today, ~ here. ここ以外はどこもきょうは天気がよい / He's everywhere ~ where he ought to be. 彼はどこへでも顔を出すが, いなければならない所にはいない. **excépt for...** (1) …(の点)を除いては (apart from): This book is good ~ *for* a few mistakes. この本は間違いが少しはあるがよくできている. (2) …を別にすれば: E~ *for* jealousy, he was free from faults. しっと深い点を別にすれば彼は欠点のない男だった. (3) …がなければ, …がなかったら: E~ *for* your help, we would have been late. あなたに助けていただかなければ遅れていただろう.

— /-/, -/ 接 [しばしば ~ that で] ❶ …であること以外(に)は…, ということ[事実]を別にすれば: I know nothing, ~ *that* he was there. 彼がそこにいたという以外何も知らない / That will do, ~ *that* it's too long. 長すぎるがまあそれでよかろう. ❷ …ということがなければ, ただ(しかし)…: I would go with you, ~ (*that*) I have a cold. 一緒に行きたいが, かぜを引いている.

— /ɪksépt, ek-/ 動 他《…を》《…から》除く, 除外する (⇒ excepted): ~ a person's name *from* a list リストから人の名をはずす.
《L＝取り出す EX-²+*capere*, capt-, -cept- 取る, つかむ (cf. capture)》（形 exceptional）

ex・cépt・ed 形 P [(代)名詞の後に用いて] 除かれて, 例外で: Everybody was present, John ~ [not ~]. ジョンを除いて[ジョンも例外でなく]全員出席した / nobody ~ ひとりの例外もなく / present company ~ ⇒ present¹ 形 成句.

ex・cept・ing /ɪkséptɪŋ, ek-, ək-/ 前 [しばしば文頭, または not, without の後に用いて] …を除いて, …のほかは: E~ Sundays the stores are open daily. 日曜日以外は店は毎日開いている / We must all obey the law, *not* ~ you. みな法律を守らねばならない, あなたとても例外である. **álways excèpting...**《法》ただし, これは例外にあらず. (2)《英》…を除いては: Everyone was drunk, *always* ~ George. ジョージ以外はみな酔っていた.

*__ex・cep・tion__ /ɪksépʃən, ek-, ək-/ 名 ❶ U 例外(にすること), 除外. ❷ C 例外, 異例: There're ~s to every rule. どんな規則にも例外はある / I thought your family were all hard workers, but you're an ~. 君の家族はみな勤勉な人だと思っていたが君は例外だ / The ~ proves the rule. (諺) 例外があるということはまさにその証拠. ❸ U 異議;《法》異議申し立て. **màke an excéption**《…を》例外とする, 別扱いにする《*of*》: In your case we will *make an* ~. 君の場合は特別扱いにしよう. **màke nó excéption(s)**《…に》別扱いしない《*of*》. **tàke excéption** (1)《…に》異議[不服]を唱える《*to*》(object). (2)《…

に)腹を立てる〔to〕. **without exception** 例外なく[(ない)]: You're all, *without* ~, required to do it. みなさんは例外なくそれをしなければなりません. **with the exception of [that]** …を除いては、…のほかは: *With the* ~ *of* milk and eggs, we eat no animal foods. 牛乳と卵のほかは我々は動物製の食物を食べない. (動 except, 形 exceptional)

ex·cep·tion·a·ble /ɪksépʃ(ə)nəbl, ek-, -ək-/ 形 《通例否定文で》《文》異議を唱えうる[招きうる]、非難[議論]の余地がある: There's *nothing* ~ *in* it. それには非難すべきところは何もない.

*ex·cep·tion·al /ɪksépʃənəl, ek-, -ək-/ 形 (more ~; most ~) 例外的な、異例な、まれな (unusual; ↔ unexceptional): This cold weather is ~ for July. こんな寒い天候は7月にしてははずれなことだ. ❷ 並はずれた、非凡な、すぐれた (extraordinary): Her beauty is ~. 彼女の美しさは並はずれている. (名 exception)

ex·cep·tion·al·ly /-nəli/ 副 並はずれて、非常に: an ~ hot day 非常に暑い日.

*ex·cerpt /éksɚːpt, égzɚː- | -sə-/ 名 (動 ~s, -ta /-tə/) (映画・音楽・本などの)抄録、抜粋、引用句〔from〕.

— 動 /ɪksɚ́ːpt, egzɚː-, -́ーー | -sə-/ 抄録する、引用する (extract): ~ *a passage from a book* 本から一節を抜粋する. 《L=抜き取ったもの《EX-²+*carpere, carpt-, -cerpt-* 引き抜くこと、むしる; cf. carpet》

ex·cerp·tion /ɪksɚ́ːpʃən, egzɚː- | -əksɚ́ː-/ 名 抜粋、抄録.

*ex·cess /ɪksés, ek-, -ək-, ékses/ 名 ❶ U 〔また an ~〕過多、過剰; 超過: *an* ~ *of* exports (*over* imports) 輸出超過額]. ❷ U 〔また複数形で〕行きすぎ(た行為), 不行跡、乱暴; 暴飲暴食. ❸ C 〔単数形で〕《英》超過額、エクセス (被保険者の自己負担による損害額). **in excess of** …を超過した[して], …より多く(い): an annual income *in* ~ *of* $500,000 50万ドル以上の年収. **to excess** 過度に、度を超えて (↔ in moderation): go [run] *to* ~ 極端に走る、やりすぎる / carry something *to* ~ 事をやりすぎる / drink [smoke] *to* ~ 飲みたばこを吸いすぎる.

— /ékses, ɪksés, ek-/ 形 (比較なし)超過の、余分な (surplus): ~ baggage [luggage] (航空機などに乗る時の)(重量)超過手荷物 / an ~ fare 乗り越し料金、《上級車への》直り料金、差額. (動 exceed, 形 excessive)

éxcess bággage 名 U ❶ ⇒ excess 形 用例. ❷ 不要[余計]なもの.

*ex·ces·sive /ɪksésɪv, ek-, -ək-/ 形 (more ~; most ~) 過度の、過大な、極端な: ~ charges 法外な代金[料金].

ex·ces·sive·ly 副 ❶ 過度に: She is ~ sensitive. 彼女は過度に敏感な人だ. ❷ 《口》非常に、とても: She's ~ fond of music. 彼女は音楽がとても好きだ.

ex·ces·sive·ness 名 U 過度、極端.

exch. (略) exchange; exchequer.

*ex·change /ɪkstʃéɪndʒ, eks-/ 動 他 ❶ a 《複数のものを》交換する、《他のものと》交換する (swap): ~ gifts at Christmas クリスマスに贈り物を交換する / The two boys ~*d* comic books. 二人の男の子は漫画本を交換した / I'd like to ~ this shirt *for* one a size larger. 私はこのシャツをひとつ上のサイズのものに換えたい. **b** 《人・店が》《ものを》取り替える: If this doesn't fit, may I ~ it? もしこれが合わなかったら取り替えてもらえますか. ❷ 《言葉・あいさつなどを》交わす、取り交わす《★ 目的語は通例複数名詞を用いる》: ~ blows 殴り合う / ~ glances 視線を交わす、互いに見を交わす / ~ greetings あいさつを交わす / ~ views 意見を交わす / I haven't ~*d* another *few words with* him. 私は彼とはほとんど言葉を交わしたことがない. ❸ 《ある通貨》を《他の通貨》と両替する: ~ dollars *for* pounds ドルをポンドに両替する. **exchánge (ángry) wórds** ⇒ word 成句.

— 名 ❶ **a** CU 交換; やり取り、応酬〔of, for, with〕: the ~ *of* gold *for* silver 金と銀との交換 / an ~ *of* ambassadors (二国間の)大使の交換 / an ~ *of* fire (火器による)交戦 / an ~ *of* words 言葉のやり取り、応酬 / a heated ~ 激しい言葉の応酬 / make an ~ 交換をする. **b** C (国同士の)交流、(人材の)交換: cultural ~(s) 文化交流 / ⇒ exchange student. **c** C 取り替え

617　excite

品、交換物. ❷ U 両替; 為替; 為替相場: a bill of ~ 為替手形 / par of ~ (為替の)法定平価 / a [the] ~ rate = a [the] rate of ~ (外国)為替相場[レート]. ❸ 〔しばしば E-〕C 《通例修飾語を伴って》取引所 (cf. change 6): the grain 《米》 = 《英》the corn ~ 穀物取引所 / the stock ~ 株式取引所 / ⇒ Labour Exchange. ❹ C 《電話の》交換局: a telephone ~ 電話交換局. **in exchange (for…)** (…と)引き換えに、交換に: The kidnap(p)ers demanded a ransom *in* ~ *for* her safe return. 誘拐犯たちは彼女を無事に引き渡すのと引き換えに身代金を要求した / She painted me a picture. *In* ~, I wrote her a poem. 彼女は私に絵をかいてくれたので私はかわりに詩を書いてやった. (F; ⇒ ex-², change)

ex·change·a·ble /ɪkstʃéɪndʒəbl, eks-/ 形 交換[交易]できる: A check is ~ *for* cash. 小切手は現金と交換できる.

exchánge prògram 名 交換(留学)プログラム.

ex·cháng·er /-dʒɚ/ 名 交換をつかさどる[人、装置]; 両替商; 《理》交換器、イオン交換体、熱交換器.

*exchánge ràte 名 〔the ~〕(外国)為替相場[レート].

Exchánge Ràte Méchanism 名 〔the ~〕為替相場メカニズム (EU 各国の為替相場に一定の変動幅を定めたもの; Euro 切り換えまでの欧州通貨制度 (EMS) の中心; 略 ERM).

exchánge stùdent 名 交換学生.

ex·cheq·uer /ékstʃekɚ, ɪkstʃékɚ, eks- | ɪkstʃékə, eks-/ 名 ❶ 〔the E-〕《英》大蔵省 (treasury): the Chancellor of the *E*- 大蔵大臣. ❷ 〔単数形で〕国庫. ❸ 〔通例 the ~〕《口》(個人・会社などの)財源、財力、資力. 〔F=チェス盤; チェック柄のテーブルクロス上で勘定をしたことから〕

ex·ci·mer /éksəmɚ | -mə/ 名 《化》エキシマー [励起状態において存在する二量体].

ex·cip·i·ent /ɪksípɪənt, ek-/ 名 《薬》賦形剤、補形薬.

⁺**ex·cise**¹ /éksaɪz/ 名 〔しばしば the ~〕内国消費税、物品税 (cf. customs 2): the ~ *on* spirits 酒類消費税. 〔Du=税金〕

ex·cise² /ɪksáɪz, ek-/ 動 他 ❶ 《語句などを》《…から》削除する〔from〕. ❷ 《はれもの・臓器を》《体から》切除[摘除、摘出]する〔from〕.

éxcise·man /-mən/ 名 (複 -**men** /-mən/) 《英史》消費税収税吏 (消費税の課税・徴税・税法違反防止を担当).

ex·ci·sion /ɪksíʒən, ek-/ 名 ❶ U 削除; 切除. ❷ C 削除部分、切除物.

ex·cit·a·bil·i·ty /ɪksàɪtəbíləti, ek-/ 名 U 激しやすい[興奮しやすい]性質.

ex·cit·a·ble /ɪksáɪtəbl, ek-/ 形 《人・動物など》激しやすい、興奮しやすい. **ex·cit·a·bly** /-bli/ 副 ~**·ness** 名

ex·cit·ant /ɪksáɪtənt, -tnt, éksə-/ 名 刺激するもの; 興奮薬, 《特に》覚醒薬.

ex·ci·ta·tion /èksəɪtéɪʃən, -sə-/ 名 U ❶ 刺激、興奮. ❷ 《理》(分子・原子などの)励起; 《電》励磁; 《電》励弧; 《電子工》励振.

ex·cit·a·tive /ɪksáɪtətɪv, ek-/, **ex·cít·a·tò·ry** /-tɔ̀ːri | -təri, -tri/ 形 興奮性の、刺激的な.

*ex·cite /ɪksáɪt, ek-/ 動 他 ❶ **a** 《人・動物》を興奮させる、《人》をわくわくさせる、喜ばせる (cf. excited): The prospect ~*d* us. その期待は我々を興奮させた. **b** 〔~ oneself で〕《人》を性的に刺激する[興奮させる]. ❷ 《興味・感情・想像力など》をそそる、起こさせる、かき立てる; 《人に》《感情などを》起こさせる (arose): ~ *a person's* pity [suspicion] 人の同情[疑惑]をかき立てる / The announcement ~*d* considerable interest. その発表が関心を大いに高めた / His brother's success ~*d* envy in him [~*d* him *to* envy]. 兄の成功を見て彼はたまらなくうらやましく思った / He's easily ~*d to* anger. 彼はすぐに腹を立てる. ❸ 《反乱・暴動など》を引き起こす; 《人に》《暴動などを》起こさせる: ~ rebellion 反乱を起こさせる / ~ the people *to* rebellion 民衆に反乱を扇動する. ❹ 《生理》《器官などを》刺激す

excited 618

る (stimulate). 【F＜L＝駆りたてる EX-²+ciere, cit- 動かす (cf. cite)】(名 excitement)

*__ex·cit·ed__ /ɪksáɪtɪd, ek-/ 形 (**more** ~; **most** ~) 興奮した, わくわくした; 性的に興奮した (*at, about, by*): an ~ mob 興奮した群衆 / feel ~ 興奮する / Now, now, don't get ~. まあ, まあ, 興奮しないで / I was (very) ~ *by* the news [*about* the baby]. その報道に[赤ん坊のことで]非常に興奮した / [+*to do*] He was ~ *to* hear the news. 彼はその知らせを聞いて興奮した. **~·ly** 副 興奮して, わくわくして.

*__ex·cite·ment__ /ɪksáɪtmənt, ek-/ 名 ❶ Ⓤ 興奮; (心の)動揺: in ~ 興奮して / In her ~, she tripped and fell. 興奮のあまり彼女はつまずいて倒れた / The news caused great ~ in the family. その知らせで家中がとても興奮した. ❷ Ⓒ 興奮させるもの, 刺激するもの: the ~s of city life 都会生活の刺激. (動 excite)

ex·cít·er /-tə | -tə/ 名 ❶ 刺激する人[もの]. ❷ 【医】刺激[興奮]剤.

*__ex·cit·ing__ /ɪksáɪtɪŋ, ek-/ 形 (**more** ~; **most** ~) 興奮させる, はらはらするような, わくわくする (thrilling): an ~ story おもしろくてたまらない物語 / How ~! わあーすごい. **~·ly** 副

ex·ci·ton /éksaɪtàn, -saɪ- | -tɒ̀n/ 名【理】励起子, エキシトン.

+__ex·claim__ /ɪkskléɪm, eks-/ 動 他 〈…と〉声高に言う: "Well done, Tom!" his boss ~*ed*.「トム, よくできた」と彼の上司は大きな声で言った / He ~*ed that* I should not touch the gun. 彼はその銃に手を触れてはいけないと声高に言った. — 自〈喜び・怒り・驚きなどで突然〉強い語調で言う, 声をあげる: ~ in excitement 興奮して声を出す / ~ *against* oppression 声を高くして圧迫に反対する. 迫の非を鳴らす. 【F＜L＝大声で叫ぶ; ⇒ ex-², claim】(名 exclamation)【類義語】⇒ cry.

ex·cla·ma·tion /èkskləméɪʃən/ 名 ❶ 絶叫, 感嘆, 突然の声; 激しい抗議[不満]の声: an ~ of surprise 驚きの叫び声. ❷ 【文法】間投詞, 感嘆詞; 感嘆文; 感嘆符.

exclamátion màrk [(米) **pòint**] 名 エクスクラメーションマーク, 感嘆符(!).

ex·clam·a·to·ry /ɪksklémətɔ̀:ri, eks- | -təri, -tri/ 形 詠嘆的な, 感嘆口調の: an ~ remark 感嘆の言葉 / an ~ sentence【文法】感嘆文.

ex·clave /ékskleɪv/ 名 飛び領土(本国から離れて他国内に入り込んでいる領土; ★ 飛び領土の主権国から言う語で, その領土のある国から入り込んでいる enclave とよばれる).

ex·clo·sure /ɪkslóʊʒɚ, eks- | -ʒə/ 名 囲い地, 禁牧区(動物などの侵入を防ぐため柵などめぐらした地域).

*__ex·clude__ /ɪkslú:d, eks-/ 動 他 (→ include) ❶ **a** 〈外部のものを〉締め出す, 遮断する (keep out); 〈…の〉入ることを拒む: Thick curtains help to ~ street noises. 厚手のカーテンは通りの騒音を遮断するのに役立つ / The refugees were ~*d from* (entry to) the country. 難民たちはその国から締め出された. **b** 〈人を〉仲間外れにする. **c** (英) 〈生徒を〉退学[停学]にする. ❷ 〈…を〉〈考慮などから〉除く, 除外する: ~ the problem *from* consideration その問題を考慮しないことにする. ❸ 〈可能性・見込み・疑いを〉まったく許さない, 余地を与えない. 【L＝締め出す EX-²+claudere, claus- 閉じる (cf. close¹), 形 exclusive) 【類義語】**exclude** 外部のものが内部に入らないようにする. **eliminate** 内部の不要と考えられるものを外へ出す.

ex·clúd·er /-də | -də/ 名 締め出す人[もの, 装置]; (英) 厚いゴムのオーバーシューズ.

+__ex·clud·ing__ /ɪkslú:dɪŋ, eks-/ 前 …を除いて[た] (↔ including): There were ten persons present, ~ myself. 私を除いて 10 人が出席した.

*__ex·clu·sion__ /ɪkslú:ʒən, eks-/ 名 Ⓤ 除外, 排除 (↔ inclusion): the ~ *of* women *from* positions of responsibility 責任ある地位からの女性の排除 / demand the ~ *of* a country *from* the UN ある国の国連からの除名を要求する. **to the exclúsion of** …を除外して, …を除外するように: His work occupies his mind *to the* ~ *of* all else. 彼は仕事のことで頭がいっぱいで他は何も頭に入らない. (動 exclude)

ex·clú·sion·ism /-ʒəɪzm/ 名 Ⓤ 排他主義.

ex·clú·sion·ist /-ʒənɪst/ 名 形 排他主義の(人).

exclúsion òrder 名【英法】(テロ活動をする者の)入国を禁ずる)入国拒否命令.

*__ex·clu·sive__ /ɪksklú:sɪv, eks-/ 形 (**more** ~; **most** ~) (↔ inclusive) ❶ **a** 〈組織・クラブなど〉(特定の仲間だけで)他人を入れない, 排他的な, 閉鎖的な; 高級な, 上流の: a very ~ club 高級なクラブ. **b** 〈人が〉特定の人とだけ交際する, 人付き合いの悪い, お高くとまった: an ~ attitude お高くとまった態度. **c** 〈商店など〉上品で入りにくい; 〈商店・ホテルなど〉高級品を扱う, 高級な: an ~ restaurant [hotel] 高級レストラン[ホテル]. **d** 相容れない, 両立しない: mutually ~ 互いに[同時に]成立しえない. ❷ (比較なし) **a** 〈権利・所有物など〉独占的な, 占有的な: ~ privileges [rights] 独占権 / an ~ interview 単独会見 / for the ~ use of members 会員専用で ❂ / a story ~ *to* this magazine 本誌独占[特種]記事. **b** (ある事だけに)限られた, 唯一の; 専門的な: ~ studies 専門的な研究. **ex·clúsive** *of* ...（前置詞的に) …を除いて, …を入れないで: The book costs 10 dollars, ~ *of* postage. その本は送料を別にして 10 ドルです. — 名 ❶ (新聞などの)独占記事. ❷ [商店の名をつけて] 専売商品: a Harrods' ~ ハロッズ専売商品 (★ Harrods /hérədz/ はロンドンの高級デパート). **~·ness** 名 (動 exclude)

Exclúsive Bréthren 名 [the ~] エクスクルーシブブレズレン(英国カルヴァン派教会の非開放的一分派).

*__ex·clu·sive·ly__ /ɪksklú:sɪvli, eks-/ 副 ❶ もっぱら, まったく…のみ: We shop ~ at Macy's. もっぱらメーシー百貨店で買い物をする. ❷ 排他的に; 独占的に.

ex·clú·siv·ism /-vɪzm/ 名 Ⓤ 排他[排外, 党派, 孤立]主義. **-ist** 名

ex·clu·siv·i·ty /èksklu:sívəti/ 名 Ⓤ exclusive なこと [性質, 状態]; 排他性, 党派性, 孤立主義; 独占的な諸権利.

ex·cog·i·tate /ekskάdʒətèɪt | -kɔ́dʒ-/ 動 他 〈計画・案などを〉考え出す, 案出する. **ex·cog·i·ta·tion** /ekskάdʒətéɪʃən | -kɔ̀dʒ-/ 名

ex·com·mu·ni·cant /èkskəmjú:nəkənt/ 名 破門された人.

ex·com·mu·ni·cate /èkskəmjú:nəkèɪt/ 動 他【教】〈人を〉破門する. — 形 破門された. **ex·com·mu·ni·ca·tion** /èkskəmjù:nəkéɪʃən/ 名 ⓊⒸ【教】破門.

ex·con /èkskάn | -kɔ́n/ 名 前科者. 【EX-CON(VICT)】

éx·cón·vict 名 前科者.

ex·co·ri·ate /ekskɔ́:rièɪt, ɪks-/ 動 他 ❶ 〈…を〉激しく非難する. ❷ 〈…の〉皮をはぐ[すりむく, 傷つける]; 〈皮をすりむく, 傷める. **ex·co·ri·a·tion** /ekskɔ̀:riéɪʃən, ɪks-/ 名 ⓊⒸ ❶ 激しい非難. ❷ すりむき; すりむいた個所.

ex·cre·ment /ékskrəmənt/ 名 Ⓤ 糞便(ふんべん) (feces). 【L＜excernere; ⇒ excrete】

ex·cres·cence /ɪkskrés(ə)ns, eks-/ 名 ❶ 異常な発達物; こぶ, いぼ. ❷ 余計なもの, (醜い)突出物.

ex·cres·cent /ɪkskrés(ə)nt, eks-/ 形 (病的に)隆起した; こぶ[いぼ]の.

ex·cre·ta /ɪkskrí:tə, eks-/ 名【生理】排泄物(糞便・尿・汗など).

+__ex·crete__ /ɪkskrí:t, eks-/ 動【生理】他 〈…を〉排泄する. — 自 排泄する. 【L excernere, excret- 排泄する, ふるい分ける＜EX-²+cernere ふるいにかける (cf. certain)】

ex·cre·tion /ɪkskrí:ʃən, eks-/ 名 ⓊⒸ【生理】排泄(作用); 排泄物.

ex·cre·to·ry /ékskrətɔ̀:ri | ɪkskrí:təri, eks-, -tri/ 形 排泄の: an ~ organ 排泄器官.

ex·cru·ci·ate /ɪkskrú:ʃièɪt, eks-/ 動 他 〈人・心を〉(肉体的・精神的に)苦しめる; 責めさいなむ. 【L＝拷問(ごうもん)にかける】

+__ex·cru·ci·at·ing__ /-tɪŋ/ 形 ❶〈苦痛など〉激しい, 耐えがたい: an ~ headache 耐えがたいほどの頭痛. ❷ 猛烈な, 非常な, 極度の: with ~ politeness 非常に丁重に; こちこちに改まって. **~·ly** 副

ex·cru·ci·a·tion /ɪkskruːʃiʃən, eks-, -si-/ 图 ⓊⒸ (肉体的・精神的に)苦しめること; 責め苦, 激しい苦痛[苦悩].

ex·cul·pate /ékskʌlpèɪt/ 動 他 《文》 ❶ 〈人の〉無実を証明する, 〈人に〉誤りがないことを示す; 〈人を〉〈罪から〉免れさせる 《from》. **ex·cul·pa·tion** /èkskʌlpéɪʃən/ 图 〖L く EX-²+culpa 過失, 罪〗

ex·cul·pa·to·ry /ɪkskʌ́lpətɔ̀ːri, eks- | -təri, -tri/ 形 無罪を証明する, 無罪弁明の; 言いわけの, 弁解的な.

ex·cur·rent /ékskə:rənt | -kʌr-/ 形 ❶ 流出する, 流出性の; 〈動脈血が〉心臓から流れ出る. ❷ 【植】〈微凸形葉の中助が〉突出形の.

†**ex·cur·sion** /ɪkskə́ːʒən, eks- | -kə́ːʃən/ 图 ❶ (ある目的で団体で行なう)小旅行, 遠足: go on [for] an ~ 遠足に行く / make an ~ to the seaside 海岸へ遠足に行く. ❷ (短い)ツアー, (特別割引料金の)周遊旅行. ❸ 〖未知のものへの〗試み, 取り組み 《into》. ❹ 〖理〗 a 〈原子炉の〉暴走《事故で出力が急激に増大する事》 b 偏位, 偏位運動. 〖L=外に走り出ること く EX-²+currere, curs- 走る (cf. current)〗【類義語】⇒ travel.

ex·cúr·sion·ist /-ʒ(ə)nɪst | -ʃ(ə)nɪst/ 图 ❶ 遠足をする人. ❷ 周遊旅行者.

ex·cur·sive /ɪkskə́ːsɪv, eks- | -kə́ː-/ 形 散漫な, とりとめのない: ~ reading 乱読. ~·**ly** 副

ex·cur·sus /ɪkskə́ːsəs, eks- | -kə́ː-/ 图 (奥 ~·es, ~) (通例巻末の補遺で示す)本文中の論点についての詳説, 余論; (一般に)余談.

ex·cus·a·ble /ɪkskjúːzəbl, eks-/ 形 許される, 許してもよい, 申し訳の立つ (↔ inexcusable): an ~ error 許される誤り. **ex·cús·a·bly** /-zəbli/ 副

ex·cus·a·to·ry /ɪkskjúːzətɔ̀ːri | -təri, -tri/ 形 申しわけの.

‡**ex·cuse** /ɪkskjúːz, eks-/ 動 ❶ 〈人・人の行為・態度などを〉許す, 勘弁する: He ~d my carelessness. 彼は私の不注意を大目に見てくれた: E~ me *for* what I said to you yesterday. きのうあなたに言ったことをお許しください / Please ~ me *for being* late.＝〖+目[所有格]+*doing*〗 Please ~ me [*my*] *being* late. 遅くなってすみません. ❷ a 〈人が…の〉言い訳をする, 弁明をする 《justify》: ~ one's mistake 自分の間違いを弁明する. b 〖通例否定文で〗〈事情が…の〉弁解[言い訳]になる: *Nothing* will ~ such rude behavior. どんな事情があってもそのような無礼な行為をしていいという言い訳にはならない. ❸ 〈義務・出席・負債などを〉免除する 《★通例受身》: We will ~ your attendance. 君の出席は免除する / My presence has been ~d. 私は出席しなくてもよいことになった / We must ~ him *from* his duties. 彼の仕事を免除してやらねばならない / May I be ~d *from* the meeting? その会は失礼してもよろしいでしょうか / 〖+目+目〗《英》Can I be ~d today's lesson? きょうのレッスンを休んでいいですか / I *am* ~d night duty. 夜勤を免除されている.

Excúse me. 〖しばしば skjúːz mi/〗(1) 〖席を立ったり, 他人の前を通ったり, 自分の発言を訂正する時などに用いて〗ごめんなさい; 失礼します: "*E~ me*, I'll be back in a minute." "Certainly [That's all right]." 「ちょっと失礼します. すぐに戻りますから」「どうぞおかまいなく」〖用法〗二人以上の者が人前を通る時などには Excuse us. となる). (2) 〖相手の体に触れたり, くしゃみ・げっぷをした時などに用いて〗すみません. (3) 〖見知らぬ人に話しかけたり, 他人に異議を唱える時などに用いて〗失礼ですが: *E~ me*, but isn't that your purse?" "Oh, thanks very much." 「もしもし[失礼ですが], あなたの財布ではありませんか」「どうもありがとうございます」(4) 〖相手の言葉を聞き取れない時に上昇調の疑問文で用いて〗《米》何とおっしゃったのですか. **excúse onesèlf** (1) 〖…の〗言い訳をする: He ~d himself *for* being late. 彼は遅れたことの言い訳をした. (2) 〖…から〗辞退する: I should like to ~ myself *from* attending the meeting. すみませんが[申し訳ありませんが]会には欠席させていただきます. (3) 〖…から〗断わって中座[辞去]する: I ~d *myself from* the table. ちょっと失礼と言ってテーブルを離れた. **May [Can] I be excúsed?** (学校で生徒が)トイレに行っていいですか.

— /ɪkskjúːs, eks-/ 图 ❶ a 弁解, 言い訳; 口実 《for》 《justification》: in ~ of …の言い訳に, …の弁解として / make an ~ (*for*…) (…の)言い訳をする / You have no ~ for not doing it. 君はそれをしなくては申し訳けがある. b 〖複数形で〗(欠席などの)遺憾(ぃゝ)の意の表明, おわび: Please make my ~s to them.＝Please give them my ~s. 欠席によろしくお伝えください. ❷ (過失などの)理由: What is your ~ *for* being late? 遅刻した理由は何だったのか / without ~ 理由なく / You should not be absent without a good ~. ちゃんとした理由もなく欠席してはいけません.

a póor [bád, pathétic, sád] excúse for… 《口》…のできの悪い例, 申し訳程度のもの: *a poor ~ for* a house 家とは名ばかりのもの. **Excúses, excúses!** (君はいつも言い訳ばっかり言っているね. **in excúses of…** のいいわけに, …の弁解として. **there is nó excuse for…** について弁解の余地はない, …は許しがたい; …について(正当な)理由がない[見つからない].

〖F く L=罪から解き放つ く EX-²+causa 申し立て, 訴訟; 原因 (cf. cause)〗【類義語】⇒ forgive.

excuse-me 图 人のパートナーと踊ってもよいダンス.

èx·diréctory 形 《英》〈電話番号が〉電話帳に載っていない 《米》unlisted): go ~ (自分の)電話番号を電話帳からはずす.

ex div. 《略》〖株〗 ex dividend.

èx dívidend 副 形 〖株〗 配当落ちで[の] (↔ cum dividend) (略 ex div., x.d.).

exe 《略》〖電算〗 executable (特に Windows・MS-DOS の実行可能ファイルの拡張子).

ex·e·at /éksiæt/ 图 《英》(学校・修道院が与える)短期休暇の許可, 外出許可.

ex·ec /ɪgzék, eg-/ 图 《口》 ＝executive.

exec. 《略》 executive; executor.

ex·e·cra·ble /éksəkrəbl/ 形 ❶ のろうべき, 忌まわしい. ❷ 実にひどい, いやな (terrible): ~ behavior あきれたふるまい / an ~ performance 実にひどい公演[演奏]. **éx·e·cra·bly** /-krəbli/ 副

ex·e·crate /éksəkrèɪt/ 動 他 ❶ 〈…を〉忌み嫌う, ぞっとするほど嫌う. ❷ 〈…を〉のろう; 非難する.

ex·e·cra·tion /èksəkréɪʃən/ 图 ❶ Ⓤ のろい, ひどく嫌うこと; ❷ Ⓒ a 呪文(じゅぇん), のろいの言葉. b のろわれた人[もの], 非常にいやなもの.

ex·ec·u·tant /ɪgzékjʊtənt, eg-/ 图 ❶ 実行[遂行]者. ❷ 演奏者, 演奏家.

ex·ec·u·tar·y /ɪgzékjùteri, eg- | -təri, -tri/ 图 役員付き秘書, 重役秘書. 〖EXECU(TIVE)＋(SECRE)TARY〗

ex·e·cute /éksɪkjùːt/ 動 他 ❶ 〈人に〉死刑を執行する, 〈人を〉処刑する: ~ a person *for* murder 人を殺人のかどで処刑する. ❷ a 〈職務・計画・命令などを〉実行する, 遂行する, 達成する: ~ a command [scheme] 命令[計画]を実行する. b 〖電算〗〈プログラム・コマンドを〉実行する, 走らせる. ❸ 〈法律・判決・遺言などを〉実施する, 施行する: Congress makes the laws; the President ~s them. 国会は法を制定し大統領はそれを執行する. ❹ 〈配役を〉演じる, 〈楽曲を〉演奏する; 〈芸術作品などを〉制作する. ❺ 〖法〗 a 〈証書などの〉形式を完成する. b 〈財産を〉譲渡する. 〖F く L=追求する く EX-²+sequi, secut- 後に続く (cf. sequence)〗 图 execution, 形 executive 〖類義語〗⇒ perform.

†**ex·e·cu·tion** /èksɪkjúːʃən/ 图 ❶ Ⓤ Ⓒ 死刑執行, 処刑: carry out an ~ 死刑を執行する. ❷ Ⓤ 〈職務・計画・命令などの〉実行, 遂行, 達成: in ~ *of* one's duty 職務を遂行中に / be in ~ 実行されている / carry…into ~＝put…in [into] ~ 〈計画などを〉実行する. ❸ Ⓤ 〖電算〗〈プログラム・コマンドの〉実行. ❹ Ⓤ 法律・判決・遺言などの〉執行; (特に)強制執行[処分] 《*of*》: forcible ~ 強制執行. ❹ Ⓤ a (俳優の)演技; (音楽の)演奏ぶり. b (芸術作品などの)制作. ❺ Ⓤ 〖法〗(証書の)作成完了. (動 execute)

èx·e·cú·tion·er /-ʃ(ə)nɚ | -nə/ 图 死刑執行人.

ex·ec·u·tive /ɪgzékjutɪv, eg-/ 名 ❶ C (企業の)管理職員, 重役, 取締役, 役員, 経営者. ❷ a C (官庁の)行政官. b [the E~; 集合的; 単数または複数扱い]《米》行政長官《大統領・州知事・市長など》: the Chief E- 《米》大統領. ❸ [the ~] (政府の)行政部; (団体の)実行委員会, 執行部. ── 形 A (比較なし) ❶ 管理職の, 重役[取締役, 役員]の, 業務執行権のある; 行政上の, 行政的な; 執行する, 執行部の: an ~ committee 執行委員会 / the ~ branch of the legislature 立法議会の行政部. ❷ 重役用の[向けの]; 豪華な, 高級な, VIP向けの. (動 execute)

Exécutive Mánsion 名[the ~] ❶ 《米国》の大統領官邸 (俗に the White House). ❷ 《米国の》州知事公邸.

exécutive òfficer 名 行政官;《軍》(師団より下位の部隊の)副隊長,（中隊などの)先任将校,（軍艦などの)副長;（団体の)役員.

exécutive prívilege 名 U 《米》(機密保持に関する)行政特権, 大統領特権.

exécutive séssion 名 《米》(合衆国上院などの, 通例非公開の)幹部会議.

⁺**ex·ec·u·tor** /ɪgzékjutə, eg-|-tə/ 名 ❶ 《法》(遺言で指定された)遺言執行者. ❷ 遂行者, 実行者, 執行者.

ex·ec·u·to·ry /ɪgzékju(t)əri|-təri, -tri/ 形 ❶ 行政(上)の. ❷ 《法》未済の, 未履行[完成]の, 将来の.

ex·ec·u·trix /ɪgzékjutrɪks, eg-/, 名 (複 **-tri·ces** /ɪgzèkjutráɪsiːz, eg-/, **~·es**) 《法》executor の女性形.

ex·e·dra /éksədrə/ 名 (複 **-drae** -driː/) エクセドラ: **a** 古代ギリシア・ローマの建築の, 表に面した半円形の室;ここに腰掛けが付いて応接・談話室とした. **b** 半円形をした屋外用の大型の背付きベンチ.

ex·e·ge·sis /èksədʒíːsɪs/ 名 (複 **-ge·ses** -siːz/) U.C (特に, 聖書の)注釈, 釈義.

ex·e·gete /éksədʒìːt/, **ex·e·get·ist** /éksədʒètɪst|-dʒìːt-/ 名 釈義学者.

ex·em·plar /ɪgzémplə, eg-, -plɑə|-plə, -plɑː/ 名 ❶ 手本, 模範 (model). ❷ 典型, 見本, 標本. 《F<L<exemplum EXAMPLE》

⁺**ex·em·pla·ry** /ɪgzémpləri, eg-/ 形 ❶ 模範的な; 模範となる: ~ conduct 模範的な行為. ❷ A 《罰などが》見しめの, 戒めの(ための): an ~ punishment みせしめの罰. ❸ 典型的な, 代表的な. **ex·em·plar·i·ly** /èɡzempláreli/ 副 《L ↑; ⇒ -ary》

ex·em·pli·fi·ca·tion /ɪgzèmpləfɪkéɪʃən, eg-/ 名 ❶ U 例証, 模範. ❷ C 標本, 適例.

⁺**ex·em·pli·fy** /ɪgzémpləfàɪ/ 動 他 〈…を〉例証する, 例示する. ❷ 《事が》〈…の〉よい実例となる. 《F<L<exemple EXAMPLE》

ex·em·pli gra·ti·a /ɪgzémpli:grá:tiàː/ 副 たとえば (★ e.g. と略し, 普通 for example または /iːdʒíː/ と読む).《⇒ e.g.》

ex·em·plum /ɪgzémpləm, eg-/ 名 (複 **-pla** -plə/) 例, 模範, 見本, 具体例, 事例; (説教などでの)教訓話, 道徳的物語, 訓話, 道話. 《L=example》

*ex·empt /ɪgzém(p)t, eg-/ 形 P 〈税金・義務などを〉免除されて: Religious organizations are ~ from taxation. 宗教団体は課税を免除されている. ── 動 〈人を〉〔義務・責任などから〕免除する: He was ~ed from military service [the examination]. 彼は兵役[試験]を免除された. ── C (義務を)免除された人; (特に)被免税者. 《L=取り出す<EX-¹+emere, empt- 取る; cf. example》（ exemption）

ex·emp·tion /ɪgzém(p)ʃən, eg-/ 名 ❶ U.C 〔課税・義務などの〕免除〔from〕. ❷ C 所得税の課税控除額[品目].

ex·en·ter·a·tion /ɪgzèntəréɪʃən/ 名 U 《医》(悪性腫瘍などのできた眼窩の)内容除去(手術).

ex·e·qua·tur /èksəkwéɪtə|-tə/ 名 (一国の政府が自国に駐在する外国の領事・商務官などに与える)認可状.

ex·e·quy /éksəkwi/ 名 [通例複数形で] 葬儀, 葬式, (時に)葬列.

*ex·er·cise /éksəsàɪz|-sə-/ 名 ❶ U.C (体の)運動: outdoor ~ 野外運動 / lack of ~ 運動不足 / do (one's) ~s 体操をする / I don't get much ~. あまり運動をしない / Jogging is a good ~ for losing weight. ジョギングは体重を減らすのにいい運動だ. ❷ U.C 練習, けいこ, 実習; 習作, 試作: ~s in debate 討論の練習 / an ~ in articulation 発音練習. **b** [しばしば複数形で] (軍隊・艦隊などの)演習, 軍事演習 (maneuver): military ~s 軍事演習. ❸ 練習問題, 課題: ~s in composition [grammar] 作文[文法]の練習問題 / a Latin ~ ラテン語の練習問題 / do one's ~s 課題をする. ❹ U [しばしば the ~] a 《精神力などを》働かすこと, 使用: by the ~ of will [imagination] 意志[想像力]を働かすことによって. **b** (権限などの)行使, 執行〔of〕. ❺ [複数形で]《米》式(の次第), 儀式: commencement [opening] ~s 卒業[開会]式.

── 動 他 ❶ a 〈体(の一部)の〉運動をする, 〈手・足などを〉動かす, 鍛える: ~ one's arms and legs 手足を動かす. **b** [~ oneself で] 手足を動かす. **c** 〈動物を〉運動させる: ~ one's dog 犬を運動させる. **d** 《文》〈兵などを〉訓練する. ❷ a 〈権利・権力などを〉行使する; 〈影響・力などを〉及ぼす; 〈管理・義務などを〉遂行する: ~ the [one's] right to vote 投票権を行使する / ~ authority over people 人々に権威をふるう. **b** 〈器官・機能・想像力などを〉働かせる, 用いる: ~ one's sight [intelligence] 視力[知力]を働かせる / ~ patience 我慢する. ❸ 〈人・頭を〉悩ませる, 〈人・心を〉煩わせる (★通例受身): He was greatly [much] ~d about her decision. 彼は彼女の決断のことでかなりやきもきしていた. ── 自 運動する, 体を動かす. 《L=実行する, 〈家畜を囲うから〉駆りたてる<EX-²+arcere 囲う (cf. coerce)》【類義語】 **exercise** は習得した技能・技術についての組織的な練習. **practice** は技能・技術を習得するために規則的に繰り返す練習. **drill** は指導者の下で規則的に行なわれる集団の訓練.

exercise bìcycle [bìke] 名 (トレーニング用の)室内固定自転車, ルームサイクル.

éxercise bòok 名 練習帳.

éxercise prìce 名《商》(オプションを行使できる)権利行使価格, 買取価格《株式・株価指数・通貨・商品などのオプション取引の裏付け資産を売買するあらかじめ約定された価格》.

éx·er·cìs·er 名 exercise をさせる[する]人[もの]; 運動[トレーニング]用器具; 馬を運動させる馬丁.

exercise yàrd 名 (刑務所内の)運動場.

ex·ergue /éksəːg, égzə-/ 名 (貨幣・メダルなどの)刻銘部《通例 裏面の意匠の下部[周囲]の》;（そこに打ち出した年月日・地名などの)刻紋.

*ex·ert /ɪgzə́ːt, eg- |-zə́ː-/ 動 他 ❶ 〈影響力などを〉行使する, ふるう, 及ぼす; 〈力などを〉用いる, 働かせる: ~ pressure on a person 人に圧力[プレッシャー]を加える / ~ control over ~ one's emotions 自分の感情を抑制する / ~ all one's powers 全力を尽くす. **exért onesélf** 精一杯努力する, 力を尽くす. ❷ 尽力する, 努力する〔+to do〕: He ~ed himself to win the contract. 彼は契約を得ようと奮闘した. 《L=(精いっぱい)伸ばす<EX-²+serere, sert- 結びつける (cf. series)》

ex·er·tion /ɪgzə́ːʃən, eg-|-zə́ː-/ 名 ❶ U [また複数形で] 努力, 尽力: require ~ 努力を要する / make ~s 努力する. ❷ U (権力などの)行使〔of〕.

Ex·e·ter /éksətə|-tə/ 名 エクセター《イングランド南西部 Devon 州の州都》.

ex·e·unt /éksiànt, -siənt/ 動 自 《演劇》退場する《昔の脚本のト書きで複数の主語の前に用いた; cf. exit²》.《L= they exit》

ex·fil·trate /eksfíltreɪt/ 動 他 敵中からこっそり脱出させる. **ex·fil·tra·tion** /èksfɪltréɪʃən/ 名.

ex·fo·li·ate /eksfóulièɪt/ 動 他 〈岩石・歯などの表皮や樹皮・皮膚などを〉剥離[剥脱, 剥落]する[させる]. **ex·fo·li·a·tion** /eksfòuliéɪʃən/ 名 剥離[剥落, 剥脱](物). **ex·fó·li·a·tive** /-èɪtɪv, -ət-/ 形 剥離[剥脱]させる; 剥離[剥落, 剥脱]性の.

ex·gra·ti·a /èksgréɪʃ(i)ə/ 形 【法】〈支払いなど〉恩恵から(の), 任意で[の]. 【L=out of grace】

ex·ha·la·tion /èks(h)əléɪʃən/ 名 ❶ 〇 息を吐き出すこと, 呼気 (↔ inhalation); 発散, 蒸発. ❷ 〇 蒸発気(水蒸気・もや・香気など); 発散物.

*__ex·hale__ /eksˈhéɪl | -héɪl/ 動 ❶ 〈息を吐く〉: ~ deeply 深く息を吐く. ─ 他 ❶ 〈息などを〉吐き出す (↔ inhale): He ~d cigarette smoke from his nostrils. 彼は鼻からたばこの煙を吐き出した. ❷ 〈蒸気・香気などを〉発散[放出]する. 【L=(息を)吐き出す EX-²+halare 息をする】

‡**ex·haust** /ɪgzɔ́ːst, eg-/ 動 他 ❶ 〈人を〉へとへとに疲れさせる; 〈国を〉疲弊させる: ~ oneself 疲れ切る (cf. exhausted 1): The hard work ~ed me. 重労働でへとへとになった / The long war ~ed the country. 長年の戦争でその国は疲弊してしまった / He ~ed himself (by) working long hours. 彼は長時間勤務でくたくたになった. ❷ a 〈資源・体力などを〉使い尽くす《★しばしば受身》: ~ one's money 金を使い尽くす / My energy is ~ed. 力が尽きた. b 〈人が〉〈話題などに〉尽きる, つまり, 〈研究題目などを〉余す所なく研究する[述べる]: ~ all topics of conversation 〈人が〉話題に尽きる. c 〈気体・蒸気などを〉排出する. ─ 名 ❶ 〇 排気ガス: automobile ~ 自動車の排気ガス. ❷ a =exhaust pipe. b =exhaust system. 【L=(水を)くみ出す】(名 exhaustion, 形 exhaustive).

ex·háust·ed /-ɪd/ 形 ❶ 疲れ切った, へとへとになった, 疲弊した〔by, from, with〕: ~ players 疲れ切った選手たち. ❷ 使い尽くされた, 尽きた, 消費した, 枯渇した. 【類義語】⇒ tired.

exháust·er 名 排気装置[器械](を操作する人); (かんづめ食品の)脱気係.

exháust fùmes 名 他 排気ガス.

exháust gàs 名 他 ❶ =exhaust fumes (比較 エンジンの排気ガスは exhaust gas, automobile exhaust が一般的で, それ以外は exhaust fumes が一般的).

ex·haust·i·ble /ɪgzɔ́ːstəbl, eg-/ 形 枯渇しうる, 尽くしうる.

ex·háust·ing 形 〈心身を〉疲れさせる, 消耗[疲弊]させる.

⁺**ex·haus·tion** /ɪgzɔ́ːstʃən, eg-/ 名 ❶ 〇 (極度の)疲労, 疲労困憊(ﾊﾟｲ): mental ~ 頭の疲れ / He's in a state of ~. 彼は疲れ切っている. ❷ 〇 〈富・資源などを〉使い尽くすこと, 消費, 枯渇. (動 exhaust).

⁺**ex·haus·tive** /ɪgzɔ́ːstɪv, eg-/ 形 徹底的な, 余す所のない: make an ~ inquiry into...について徹底的な調査をする. ~·ly 副 徹底的に, 余す所なく. ~·ness 名. (動 exhaust).

exháust pìpe 名 (エンジンの)排気管.

exháust sỳstem 名 排気装置.

*__ex·hib·it__ /ɪgzíbɪt, eg-/ 動 他 ❶ 〈...を〉〈...に〉展示する, 陳列する: ~ goods in a show window 品物をショーウィンドーに展示する / ~ new automobiles at an auto show 自動車展示会に新車を陳列する. ❷ 〈感情・性質・徴候などを〉示す, 表わす: The tree ~ed signs of decay. その木は腐朽の兆候を見せていた / She ~ed no interest. 彼女は何の興味も示さなかった. ─ 自 展示会を催す, 出品する. ─ 名 /(英) éksɪ-/ 名 ❶ (博物館などの)出品物, 陳列品. ❷ 〈米〉展覧[展示]会. ❸ 【法】証拠物件[書類]. 【L=差し出す EX-²+habere, habit-, -hibit- 持つ, 抑える (cf. habit)】(名 exhibition). 【類義語】⇒ show.

*__ex·hi·bi·tion__ /èksəbíʃən/ 名 ❶ 〇 展覧会, 展示会, ショー, 共進会, 博覧会: a competitive ~ 共進会 / an ~ of photographs [antique cars] 写真展[時代物の自動車の展示会]. ❷ [an ~] 展示(すること), 公開, 展覧, 表示: a good opportunity for the ~ of one's talents 才能を示す[発揮する]にはよい機会. ❸ 〇 〈英〉奨学金 (cf. scholarship 1). **màke an exhibítion of onesélf** (ばかなことをして)恥さらしをする. **on exhibítion** 陳列[展示]して.

èx·hi·bí·tion·er /-ʃ(ə)nə | -nə/ 名 〈英〉奨学生.

èx·hi·bí·tion·ism /-ʃənìzm/ 名 〇 ❶ 他人の目につくことをしたがること; 自己顕示癖. ❷ 露出症.

èx·hi·bí·tion·ist /-ʃ(ə)nɪst/ 名 ❶ 自己顕示家. ❷ 露出症患者. **ex·hi·bi·tion·is·tic** /èksəbɪʃənístɪk/ 形.

⁺**ex·híb·i·tor, ex·híb·it·er** /-ṭə | -tə/ 名 出品者, 出展者.

ex·hil·a·rate /ɪgzíləreɪt, eg-/ 動 他 〈人を〉浮き浮きさせる, 陽気にする. 【L<EX-²+hilaris HILARIOUS】

ex·híl·a·ràt·ed /-ṭɪd/ 形 うきうきした気分の, 陽気な (elated).

⁺**ex·híl·a·ràt·ing** /-ṭɪŋ/ 形 気分を浮き立たせる, 陽気にする; 爽快(ｿｳ)な: ~ news 明るい気分にさせるニュース / with ~ speed 爽快な速さで. ~·ly 副.

ex·hil·a·ra·tion /ɪgzìləréɪʃən, eg-/ 名 〇 気分を浮き立たせること; 陽気.

⁺**ex·hort** /ɪgzɔ́ːt, eg- | -zɔ́ːt/ 動 他 〈人に〉〈...するように〉熱心に[強く]勧める, せき立てる: He ~ed his workers to increase production. 彼は労働者たちにぜひ生産を増やすように説き勧めた. 【F<L=元気づける】【類義語】⇒ urge.

ex·hor·ta·tion /èksɔːtéɪʃən, ègzɔː- | èɡzɔː-, èksɔː-/ 名 〇 〇 熱心な勧め[勧告], 奨励.

ex·hor·ta·tive /ɪgzɔ́ːtətɪv, eg- | -zɔ́ː-/ 形 勧告的な, 奨励の.

ex·hor·ta·to·ry /ɪgzɔ́ːtətɔ̀ːri, eg- | -zɔ́ːtətəri, -tri/ 形 =exhortative.

ex·hu·ma·tion /èks(h)juːméɪʃən/ 名 〇 〇 (死体などの)掘り出し.

ex·hume /ɪgzúːm, eg-, ɪksˈhjúːm, ek- | eksˈhjúːm, ɪgzúːm/ 動 他 ❶ 〈死体などを〉掘り出す. ❷ 〈世に忘れられたものなどを〉明るみに出す, 発見する, 掘り出す. 【L<EX-²+humus 地面】

ex hy·poth·e·si /èkshaɪpɑ́θəsàɪ | -pɔ́θ-/ 副 仮説によって[従って]. 【L】

éx·i·gence /-dʒəns/ 名 =exigency.

ex·i·gen·cy /éksədʒənsi/ 名 〇 〇 [通例複数形で] 急迫[切迫]した事情[事態], 急務; 急迫, 危急, 急場. 【類義語】(1) ⇒ emergency. (2) ⇒ need.

ex·i·gent /éksədʒənt/ 形 ❶ 〈事態など〉危急の, 急迫した. ❷ しきりに要求する, しつこい, [...を]しきりに要求する [of].

ex·i·gi·ble /éksədʒəbl, égzə-/ 形 強要[要求]できる.

ex·ig·u·ous /ɪgzígjuəs, eg-/ 形 わずかな, 乏しい. ~·ly 副. ~·ness 名.

*__ex·ile__ /égzaɪl, éks-/ 名 ❶ 〇 [また an ~] 国外追放; 亡命, 国外放浪: go into ~ 追放[流浪]の身となる / in ~ 追放されて, 流浪の身で / after an ~ of ten years 10 年の追放[流浪]生活の後に. ❷ 〇 追放された人; 亡命者, 流浪者. ─ 動 他 〈人を〉国外に追放する; 〈人を〉追い出す, 締め出す [from] [to] (★通例受身): He was ~d from his native country. 彼は故国を追放された. ❷ [~ oneself で] 亡命する; 退く. 【L】【類義語】⇒ banish.

ex·il·ic /egzílɪk, eks-/ 形 追放(の民)の, (特にユダヤ人の)バビロニア捕囚の[に関する].

ex·ine /éksiːn, -saɪn/ 名 【植】外膜, 外壁(胞子や花粉の主な 2 層の膜のうち外側のもの).

‡**ex·ist** /ɪgzíst, eg-/ 動 自 ❶ 存在する, 現存する, ある: Some people believe that ghosts ~. 幽霊が存在すると信じる人がいる / Such things ~ only in fancy. そんなものはただ空想の中にだけ存在する. ❷ 〇 生存する, 生きている; どうにか暮らしてゆく: We cannot ~ without air. 空気がなくては生きていけない / I can barely ~ on my pension 年金でやっと暮らせる. 【L=出て来る, 生じる EX-²+sistere 立たせる (cf. consist)】(名 existence, 形 existent).

*__ex·is·tence__ /ɪgzístəns, eg-/ 名 ❶ 〇 存在, 実在, 現存: believe in the ~ of ghosts [God] 幽霊[神]の存在を信ずる / bring [call]...into ~ ...を生じる, 生み出す /〈事を〉成立させる / come into ~ 生まれる; 成立する / in ~ 現存の, 存在して / go [pass] out of ~ 滅びる, なくなる. ❷ 〇 生存: the struggle for ~ 生存競争. ❸ [an ~] 生活, 生活ぶり, 暮らし: a bachelor ~ 独身生活 / lead a happy [miserable] ~ 楽しい[みじめな]生活をする. (動 exist)

ex·is·tent /ɪgzístənt, eg-/ 形 ❶ 現存する (↔ nonexistent); 既成の. ❷ 現行の, 目下の: under the ~ circumstances 現下の情勢では. (動 exist)

ex·is·ten·tial /ègzɪsténʃəl⁺/ 形 ❶ 存在に関する. ❷ 実存(主義)の.

ex·is·tén·tial·ìsm /-ʃəlìzəm/ 名 Ⓤ 哲 実存主義.

ex·is·tén·tial·ist /-ʃ(ə)lɪst/ 名 哲 実存主義者. ― 形 実存主義(者)の.

ex·ist·ing /ɪgzístɪŋ, eg-/ 形 Ⓐ 存在する, 現存する, 現在の: ~ problems 現在ある問題.

exit /égzɪt, éksɪt/ 名 ❶ 出口《比較》(英)では way out を多く用いる): an emergency ~ 非常口. ❷ a 出て行くこと, 退出; 死ぬこと: make an [one's] ~ 退出する, 死ぬ. b [演劇] 退場 (↔ entrance). ❸ 出国: illegal ~ 不法出国. ❹ (競争などからの)脱落, 落伍. ― 動 ❶ 〈人が〉退去する, 立ち去る. ❷ 死ぬ. 〖L=出て行くこと EX-²+ire, it- 行く (cf. issue)〗

ex·it² /égzɪt, éksɪt/ 動 [Exit で] [演劇] 退場する《★ 脚本のト書きで単数の主語の前に用いる; ↔ enter; cf. exeunt]: E~ Hamlet. ハムレット退場. 〖L=he [she] goes out〗

éxit pèrmit 名 出国許可(証).

éxit pòll 名 投票場出口調査.

éxit vìsa 名 出国ビザ (↔ entry visa).

ex li·bris /èkslíːbrɪs | -líb-, -láɪb-/ 前 …の蔵書より《蔵書票にたとえば ex libris Thomas Hill (トマスヒル蔵書)のように記す). ― 名 (~) エクスリブリス, 蔵書票 (bookplate). 〖L=from the books〗

ex ni·hi·lo /èks níːhɪlòʊ, -ní(h)ə-, -náɪ-/ 形 無から(の). 〖L=from nothing〗

ex·o- /éksoʊ/ [連結形] 「外(部)」. 〖Gk exō 外に[の]〗

èxo·bi·ól·o·gy /-/ 名 Ⓤ 宇宙生物学.

ex·o·càrp /-/ 名 植 外果皮.

Ex·o·cet /éksoʊsèt/ 名 ❶ 商標 エグゾセ《対艦ミサイル》. ❷ (e-) 破壊力のあるもの. 〖F=トビウオ〗

exo·crine /éksəkrɪn, -krìːn/ 形 生理 外分泌を行なう; 外分泌腺の.

éxocrine glànd 名 生理 外分泌腺.

èxo·cy·tó·sis /-saɪtóʊsɪs/ 名 Ⓤ 生 開口分泌, エキソサイトーシス《細胞の小胞体内の物質を小胞体膜と形質膜の融合により分泌する作用》. **èxo·cy·tót·ic** /-tát-|-tɔ́t-/ 形

Exod. 〖略〗 聖 Exodus.

ex·o·dus /éksədəs/ 名 ❶ Ⓒ [単数形で] (大勢の人の)外出; (移民などの)出国《of, from》. ❷ a [the E-] (イスラエル人の)エジプト出国[退去]. b [E~] 聖 出エジプト記《旧約聖書中の一書; 略 Exod.〗. 〖L=Gk=出て行くことと EXO-+hodos 道; cf. episode, method〗

èxo·én·zyme /-/ 名 生化 (細胞)外酵素.

ex of·fi·ci·o /èksəfíʃiòʊ/ 副 形 職権上. ― 形 職権上[の による], 職権上他の職[地位]を兼ねる: an ~ member 職務上なっている委員(など). 〖L=from one's office〗

ex·og·a·mous /eksáɡəməs | -sɔ́g-/ 形 族外結婚の.

ex·og·a·my /eksáɡəmi | -sɔ́g-/ 名 Ⓤ 族外結婚 (↔ endogamy). 〖EXO-+-GAMY〗

ex·o·gen·ic /èksoʊdʒénɪk⁺/ 形 地 表成の, 外成の《地表で生成された》.

ex·og·e·nous /eksádʒənəs | -sɔ́dʒ-/ 形 外因性の.

ex·on¹ /éksɑn | -sɔn/ 名 《英国王室の 4 人の親衛兵長, 近衛伍長《上官不在の時には交代で指揮を執る》.

ex·on² /éksɑn | -sɔn/ 名 生化 エクソン《最終的にたんぱく質または RNA として発現する遺伝子中のポリヌクレオチド配列》.

ex·on·er·ate /ɪgzánərèɪt, eg- | -zɔ́n-/ 動 ⦿ 〈人を〉非難・罪・責任などから免れさせる, 解放する: ~ a person from blame 人を非難から免れさせる. **ex·on·er·a·tion** /ɪgzànəréɪʃən, eg-|-zɔ̀n-/ 名. 〖L=荷物を降ろす〗

èxo·núclease 名 生化 エキソヌクレアーゼ《分子鎖の末端から順次ヌクレオチドを除去して核酸を分解する酵素》.

ex·oph·thal·mic /èksɑfθǽlmɪk | -sɔf-⁺/ 形 医 眼球突出(の); 眼疾性の.

éxophthálmic góiter 医 眼球突出性甲状腺腫《甲状腺機能亢進症》.

ex·oph·thal·mos /èksɑfθǽlməs | -sɔf-/, **-mus** /-məs/, **-mi·a** /-mɪə/ 名 Ⓤ 医 眼球突出(症).

ex·or·bi·tance /ɪgzɔ́ːrbətəns, eg-, -tns | -zɔ́ː-/ 名 Ⓤ (要求・値段などの)法外さ, 過大, 不当.

ex·or·bi·tant /ɪgzɔ́ːrbətənt, eg-, -tnt | -zɔ́ː-/ 形 〈欲望・要求・値段など〉法外な, 途方もない. **~·ly** 副 〖F<L=軌道からはずれて (⇒ ex-², orbit)〗

ex·or·cise /éksɔːrsàɪz, -sə-|-sɔː-, -sə-/ 動 ⦿ ❶ (祈祷(とう)・魔術によって)〈悪霊・悪魔〉を追い払う; 〈人・場所から〉悪霊[悪魔]を追い出す, 〈人・場所の〉厄払い[魔よけ]をする. ❷ 〈辛い体験・記憶を〉払いのける, ぬぐい去る.

ex·or·cism /éksɔːrsìzəm, -sə- | -sɔː-, -sə-/ 名 Ⓤ,Ⓒ 悪魔払い, 魔はらい, 厄払い; (苦い記憶・経験の)拭却, 払拭.

ex·or·cist /-sɪst/ 名 悪魔払いの祈祷(とう)師, エクソシスト.

ex·or·di·um /eɡzɔ́ːrdiəm, eks-|-ɔ́ːdi-/ 名 (複 ~s, -di·a /-diə/) 初め, 冒頭(の);(講演・説教・論文などの)前置き, 序論. **ex·or·di·al** /-diəl/ 形

èxo·skél·e·ton 名 動 外骨格《カキの殻・エビの角皮や爪・ひづめなど》. **-skéletal** 形

ex·o·sphere /éksoʊsfìər | -sfìə/ 名 [the ~] 気象 外気圏, 逸出圏《大気圏中高度約 1000 km 以上》.

ex·os·to·sis /èksɑstóʊsɪs | -ɔs-/ 名 (複 -ses /-siːz/) 医・獣医 外骨腫, 外骨(腫)症.

ex·o·ter·ic /èksətérɪk⁺/ 形 ❶ 〈教義・話し方など〉門外漢にも理解できる, 公開的 (↔ esoteric). ❷ 開放的な; 通俗的な. ❸ 外部の, 外的な. **-i·cal·ly** /-kəli/ 副 〖Gk=より外側の〗

èxo·thér·mic 形 理・化 発熱を伴う[による], 発熱の.

ex·ot·ic /ɪgzátɪk, eg- | -zɔ́t-/ 形 (more ~; most ~) ❶ (比較的に)異国情緒の, 異国風の, エキゾチックな. ❷ 〈動植物など〉外国産の, 外来の《★ しばしば熱帯産をいう; ↔ endemic》. **-i·cal·ly** /-kəli/ 副 〖L<Gk=外部からの; ⇒ exo-〗

ex·ot·i·ca /ɪgzátɪkə, eg- | -zɔ́t-/ 名 複 異国風[風変わり]なものの[芸術作品・文学作品].

exótic dáncer 名 ストリッパー《ダンサー》.

ex·ot·i·cism /ɪgzátəsɪzəm, eg- | -zɔ́t-/ 名 Ⓤ 異国趣味; 異国情緒.

èxo·tóxin 名 生化 (菌体)外毒素.

exp. 〖略〗 expense(s); export(ed); exportation; express.

ex·pand /ɪkspǽnd, eks-/ 動 ⦿ ❶ a 広がる, 拡大する; 〈つぼみ〉開く (↔ contract): The city is ~ing. その都市は拡大し続けている. b ふくらむ, 膨張する; 理 〈宇宙が〉膨張する: Mercury ~s with heat. 水銀は熱すると膨張する. ❷ 〔…に〕発展する: The college has ~ed into a major university. その単科大学は発展して今は大きな総合大学となっている. ❸ 〔…について〕さらに詳しく述べる, 敷衍(ふえん)する: ~ on one's remark 自分の意見をさらに詳しく述べる. ― 動 ❶ a 〈…の範囲・大きさなど〉を拡大する, 拡張する, 拡充する: ~ one's vocabulary 自分の語彙(い)を増やす / He's trying to ~ his business. 彼は事業を拡張しようとしている. b 〈翼・帆・葉など〉を広げる: The eagle ~ed its wings before taking flight. ワシは飛び立つ前に翼を広げた. c 〈容積などを〉膨張させる; 〈胸を〉ふくらませる. ❷ 〔数〕〈式を〉展開する. **~·er** 名 〖L=外に広がる EX-²+pandere, pans- 広がる, 伸ばす (cf. pace¹)〗

〘名〙expanse, expansion, 〘形〙expansive; 〘類義語〙 **expand** 大きさ・量などが内部の力で大きくなることを示す一般的な語. **dilate** 円形のもの(目・穴など)が expand する. **inflate** 食物などにより容積が不自然に大きくなる. **swell** 嵩(かさ)・量が異常に大きくなる.

ex·pánd·a·ble /-əbl/ 形 ❶ 伸張できる. ❷ 膨張しうる. ❸ 発展性のある.

ex·pánd·ed 形 拡大された, 膨張した; 建 〈金属が〉網目状に伸展した; 〈翼が〉広げられた; 発泡させた〈プラスチック〉.

ex·pánd·er 名 ❶ expand する人[もの, 装置]; 機 管ひ

ろげ, エキスパンダー. ❷ 〖医〗増量剤. ❸ エキスパンダー(筋肉を鍛えるための器具). ❹ 〖電子工〗伸長器.

*ex・panse /ɪkspǽns, eks-/ 名 ❶ (陸地・空・海などの)広がり; 広々とした場所: an ~(s) of water [snow] 広々とした水面[一面の雪原] / the boundless ~(s) of the Pacific 限りなく広がる太平洋. (動 expand)

ex・pan・si・ble /ɪkspǽnsəbl, eks-/ 形 =expandable.

ex・pan・sile /ɪkspǽns(ə)l | -saɪl/ 形 拡張[拡大]の, 拡張性のある. ❷ 膨張性の.

*ex・pan・sion /ɪkspǽnʃən, eks-/ 名 ❶ Ⓤ a 拡大, 拡張; 発展: the ~ of a city 都市の拡張. b 膨張(of): the ~ of a gas 気体の膨張. c 伸張, 展開: the ~ of a bird's wings 鳥が翼を広げること. ❷ Ⓒ 拡大[拡張]されたもの: His book is an ~ of his earlier article. 彼の本は以前の論文を発展させたものだ. ❸ 〖数〗展開; Ⓒ 展開式. (動 expand)

ex・pan・sion・ar・y /ɪkspǽnʃənèri, eks- | -ʃ(ə)nəri/ 形 拡大性の, 膨張性の.

expánsion bòlt 名 〖機〗開きボルト.

expánsion càrd [bòard] 名 〖電算〗拡張カード[ボード] (コンピューターの機能を拡張するために増設する回路基板).

ex・pán・sion・ism /-ʃənìzm/ 名 Ⓤ 拡張論[政策]: economic ~ 経済拡張論[政策].

ex・pán・sion・ist /-ʃ(ə)nɪst/ 名 Ⓒ 拡張論者; 領土拡張論者. — 形 拡張論(者)の.

expánsion jòint 名 (鉄道・機) 伸縮継手, 伸縮[収縮]継目, (コンクリートの膨張などを吸収する)伸縮(収縮, 膨張)目地, (骨組などの)エキスパンションジョイント.

expánsion slòt 名 拡張スロット(コンピューター本体にある拡張カードを差し込む場所).

expánsion tèam 名 (スポーツリーグ拡大時の)新加盟チーム.

*ex・pan・sive /ɪkspǽnsɪv, eks-/ 形 ❶ 広々とした, 広大な. ❷ (人が)心の広い, 包容力の大きい; 開放的な, 屈託のない. ❸ (事業・経済など)拡張[拡大]する[しつつある]. ~・ly 副 ~・ness 名 (動 expand)

ex・pan・siv・i・ty /ɪkspænsívəṭi, eks-, èkspæn-/ 名 〖理〗膨張係数.

ex párte /ekspáɚṭi | -pá:-/ 形 副 〖法〗一方的な[に]. 〖L〗

ex・pat /èkspǽt/ 名 (口)=expatriate.

ex・pa・ti・ate /ekspéɪʃièɪt, ɪks-, -tièɪt | -pǽtʃièɪt, -péɪ-/ 動 自 (...のことを)詳細に説く[話す] (on, upon). ex・pa・ti・a・tion /ekspèɪʃiéɪʃən, ɪks-/ 名 Ⓤ.Ⓒ 詳細な説明, 敷衍(ふえん).

*ex・pa・tri・ate /ekspéɪtrièɪt, ɪks-, -triət | -pǽtriət, -péɪ- | -/-triət, -trièɪt/ 形 ❶ 国外居住[在住]者. ❷ (古)国外追放者. —/-trièɪt, -trièɪt/ 形 ❶ 国外に居住[在住]する. ❷ (古)国外に追放される. — 他 ❶ (人を)国外に追放する, (...から)国籍を取りあげる. ❷ [~ oneself で] 自国を離れる, 国籍を捨てる. 〖L=祖国を去る < ex-²+patria 祖国 (cf. repatriate).〗【類義語】 ➡ banish.

ex・pa・tri・a・tion /ekspèɪtriéɪʃən | -pǽtri-, -pèɪtri-/ 名 Ⓤ 国外居住. ❷ 国籍離脱. (動 expatriate)

‡ex・pect /ɪkspékt, eks-/ 動 他 ❶ a (...を(当然のこととして)期待する, 予期する, 待つ; (きっと)(...(する)だろうと)思う: Don't ~ immediate results. 即座の結果は期待しないでください / I ~ed the worst. 最悪の場合を予想していた / We're all ~ing you. 我々は皆あなたをお待ちしています / The scenery was not so fine as we ~ed. その景色は期待していたほど美しくなかった / [+to do] (★ [+doing] は不可) I ~ to be there this evening. 今晩そこに行くつもりです / We're to arrive at Heathrow (Airport) at eight. 8時にヒースロー空港に到着予定です / I'm ~ing him to come any moment. 彼が今にも来るかと待っているところです / England ~s every man to do his duty. 英国は各人がその義務を果たされんことを望む (★ Nelson の言葉から) / [+that] I ~ that you will forgive her. 君が彼女を許してくれるものと思う. 〖用法〗 I hope that...の場合より節の内容を(相手に)強いる気持ちが強い). b (人が...に(...に)来るものと予想する (★ 場所または時間を表わす副詞(句)を伴う): What time do you ~ your father home? お父さまは何時に帰宅されますか / I ~ him back at six. 彼は6時に帰ってくるでしょう / We're ~ing you in London on Tuesday. 火曜日にロンドンでお待ちします. c (人などから)(...を(当然のこととして)期待する; (人に(...の期待を寄せる: You're ~ing too much of him. 君は彼に期待をかけすぎている / What more can you ~ of [from] him? それ以上に何を彼に期待できようか 《それ以上を期待するのは無理だ》.

❷ (口)(...と)思う: [+(that)] I ~ (that) you have been to Europe. あなたはヨーロッパにおいでになったことがあるでしょう / "Will he come?" "I ~ sò [I dòn't ~ sò]." 「彼は来るかね」「多分そうだろう[そうではないだろう]」.

be expécted to dó ...すると思われている, ...するはずである: He's ~ed to arrive at six. 彼は6時に到着するはずです.
be expécting (a báby) 妊娠している.
be (ónly) to be expécted 予想されることである, 当然のことである: Drowsiness after a heavy meal is to be ~ed. たくさん食べたあと眠くなるのは当然のことである.
Expéct me when you sée me. いつ戻るかわからないよ.
〖L=待ち望む < ex-²+spectare 見守る 《< specere 見る; cf. spectrum》.〗【類義語】 expect かなりの確信と理由をもって事が起こるであろうと予測する; 特に, よいことの場合には当然のように期待するという意味にもなる. anticipate 喜びまたは不安の気持ちで, あるいはしかるべき心構えをして, 待ち受ける.

ex・péc・tance /-t(ə)ns/ 名 =expectancy.

*ex・pec・tan・cy /ɪkspékt(ə)nsi/ 名 Ⓤ ❶ 期待; 待望: with a look of ~ 期待している顔つきで. ❷ (将来所有の)見込み, 予期: ⇒ life expectancy. (形 expectant)

*ex・pec・tant /ɪkspékt(ə)nt, eks-/ 形 ❶ 期待している, 待設けている: with an ~ look 期待した表情で / He seemed ~ of getting his way. 彼は思いどおりにできると期待しているようだった. ❷ Ⓐ (もうすぐ)親になろうとしている; 妊娠している; 妻が妊娠中の: ~ parents もうすぐ親になる夫婦 / an ~ mother 妊婦. ❷ 〖古〗(官職などの)採用予定者. ~・ly 副 期待して, 心待ちに. (動 expect, 名 expectancy)

*ex・pec・ta・tion /èkspektéɪʃən/ 名 Ⓤ.Ⓒ [時に複数形で] 予期, 予想, 期待: according to ~ 予想されたとおりに / against [contrary to] (all) ~(s) 予想に反して / beyond (all) ~(s) 予想外に / in ~ of ...を(期待[予期]して) / There's no [little, every] ~ of a good harvest. 豊作の見込みは全然ない[ほとんどない, 大いにある] / [+that] in the ~ that he will help us 彼が我々を助けてくれるだろうと期待して / There's some ~ that the prime rate will soon be lowered. プライムレートがまもなく下がるだろうという予想がある (用法 ➡ expect ❶). ❷ [複数形で] a 期待[予想]されていること, 期待の的: meet [come up to] a person's ~s 期待に添う[かなう], 人の予想どおりになる / fall short of a person's ~s 人の期待にはずれる, 思ったほどでない. b (古)(相続の見込みのある)遺産. expectátion of lífe =life expectancy. (動 expect)

ex・pec・ted /ɪkspéktɪd/ 形 期待[見込み]通りの, 予定[予想]された (⇒ expect 成句).

expécted utílity 名 〖統〗期待効用.

expécted válue 名 期待値.

ex・pec・to・rant /ɪkspéktərənt, eks-, -trənt/ 名 去痰(たん)薬.

ex・pec・to・rate /ɪkspéktərèɪt, eks-/ 動 他 自 (たん・血などを)吐く. 〖L=胸から出す < ex-²+pectus, pector- 胸〗

ex・pec・to・ra・tion /ɪkspèktəréɪʃən, eks-/ 名 Ⓤ ❶ たん[血]を吐くこと. ❷ Ⓒ 吐いたもの(たん・血など).

ex・pe・di・ence /ɪkspí:diəns, eks-/ 名 =expediency.

ex・pe・di・en・cy /ɪkspí:diənsi, eks-/ 名 Ⓤ ❶ 便宜, 好都合. ❷ Ⓤ 私利のみ考えること, 便宜主義. ❸ =expedient.

*ex・pe・di・ent /ɪkspí:diənt, eks-/ 形 [通例 Ⓟ] (道徳的ではないが)好都合で, 得策で; 便宜主義の, 功利的な: politically ～ 政治的に(は)得策で / by any ～ means いかなる功利的手段によっても. ── [名] (とりあえずある目的のためにとる)手段, 便法, (臨機の)処置: a temporary ～ 間に合わせ策, 一時しのぎの便法 / resort to an ～ 便法を講ずる. ～·ly [副] 都合よく, 好都合に; 便利になるように, 有効に. 〖F＜L＜*expedire* 好都合になる, 自由にする＜EX-²+*pes, ped-* 足 (cf. pedal)〗

ex·pe·dite /ékspədàɪt/ [動] [他] ❶ 〈交渉・計画を〉はかどらせる, 促進する. ❷ 〈仕事を〉手早く片づける.

éx·pe·dìt·er, -dì·tor /-ṭə | -tə/ [名] 促進する人[もの]; 原料供給係; (特に 生産・製品積み出しの)督促係, 促進係.

*__ex·pe·di·tion__ /èkspədíʃən/ [名] ❶ [C] **a** 遠征; (探検・学術研究など一定の目的をもつ)旅行, 探検旅行: an ～ up the Amazon アマゾン川をさかのぼる探検旅行 / go on an ～ 探検[遠征]に出かける / make an ～ 遠征する, 探検に行く. **b** 遠征隊, 探検隊: a member of an Antarctic ～ 南極探検隊員. ❷ [C] (娯楽目的などの)外出, お出かけ, 小旅行: a shopping ～ 買物に出かけること. ❸ [U] 急速, 迅速: use ～ 急ぐ / with ～ 迅速に, 手早く. 〖F＜L＜*expedire*; ⇨ expedient〗

ex·pe·di·tion·ar·y /èkspədíʃənèri | -ʃ(ə)nəri/ [形] [A] 遠征の; 〈軍隊が〉海外に派遣された: an ～ force 派遣軍.

ex·pe·di·tious /èkspədíʃəs⁻/ [形] 〈人・行動が〉急速な, 迅速な (efficient): seek an ～ resolution 迅速な決断を求める. ～·ly [副] ～·ness [名]

*__ex·pel__ /ɪkspél, eks-/ [動] [他] (**ex·pelled; ex·pel·ling**) ❶ 〈…を〉〔…から〕追い出す, 追い払う; 〈人を〉〔学校・団体などから〕追放する, 退学させる, 免職する; 〈外国人を〉国外に追放する, (強制)国外退去させる; 〈ものを〉排除[排斥]する: The boy was *expelled **from*** school. 少年は退学させられた / The hooligans were *expelled **from*** the country. そのフーリガンたちは強制国外退去になった. ❷ 〈気体・息・弾丸などを〉〔…から〕吐き出す; 排出する: ～ a heavy sigh 大きくため息をつく / ～ air *from* the lungs 肺から空気を吐き出す. 〖L＝追い出す＜EX-²+*pellere, puls-* 駆る (cf. pulse¹)〗 ([名] expulsion, [形] expulsive)

ex·pel·lee /èkspelíː, ɪkspe-, eks-/ [名] 追放された人; 国外に追放された人《特に 人種的につながりのある他国に移された人》.

⁺**ex·pend** /ɪkspénd, eks-/ [動] [他] ❶ 〈時間・労力などを〉〔…に〕費やす, 消費する《[比較] spend より形式ばった語で, 特に時間・金銭の時には spend を用いる》: ～ energy ***on*** (do*ing*)…(すること)に精力を費やす[かける] / We ～*ed* a great deal of time and care ***in*** *doing* the work. その仕事をするのに多大な時間と心労を費やした. ❷ 〈…を〉使い切る, 使い尽くす: He ～*ed* all his fuel. 彼はすべての燃料を使い切った. 〖L＝貨幣をはかる＜EX-²+*pendere, pens-* つるす, 目方を量る (cf. pension)〗 ([名] expense, expenditure, [形] expensive)

ex·pend·a·ble /ɪkspéndəbl, eks-/ [形] ❶ 消費される: ～ office supplies 事務用消耗品. ❷ [軍] 〈戦略のため兵力・資材など〉犠牲に供せられる(べき), 消耗用の. ── [名] [通例複数形で] 消耗品.

*__ex·pen·di·ture__ /ɪkspéndɪtʃə, eks- | -tʃə/ [名] ❶ [U,C] (金銭的)支出; 経費, 費用, 出費; 支出額: annual ～ 歳出 / current [extraordinary, contingent] ～ 経常[臨時]費 / revenue and ～ 収支 / a large ～ ***of*** money ***on*** armaments 多額の軍事費 / an annual ～ ***of*** ten billion pounds 100 億ポンドの歳出. ❷ (資源・時間・労力などの)消費; 消費量〔*of, on*〕: the ～ ***of*** time 時間の消費. ([動] expend)

*__ex·pense__ /ɪkspéns, eks-/ [名] ❶ [U,C] (金・時間・労力を)費やすこと, 費用: at great [little] ～ 多大の金を使って[ほとんど金を使わないで] / at an ～ of 100 dollars 100 ドルの費用で / spare no ～ ＝go to a lot of ～ 費用を惜しまない / no ～ spared 費用を惜しまないで / put a person to ～ 人に金を使わせる, 散財させる. ❷ [複数形で; 通例修飾語を伴って] …用の経費, …費: school ～*s* 学費 / traveling ～*s* 旅費 / on ～*s* 〈人・ものが〉費用を経費でまかなわれて[落として]. ❸ [C] 費用のかかるもの: Keeping up a house is a considerable ～. 家の管理はかなり金がかかるものだ. **at ány expènse** (1) どんなに費用がかかっても. (2) どんな犠牲を払っても. **at a pérson's expénse** (1) 人の費用で. (2) 人をからかって, 人をねたにして. **at one's (ówn) expénse** (1) 自費で: He published the book *at* his *own* ～. 彼はその本を自費で出版した. (2) 自分を犠牲にして. **at the expénse of**… (1) …の費用で, …が費用を負担して: They traveled *at the* ～ *of* the company. 彼らは会社の費用で旅行した. (2) …を犠牲にして: *at the* ～ *of* one's health 健康を犠牲にして. 〖F＜L＝支払われた(金)〗 ([動] expend, [形] expensive)

expénse accòunt [名] 所要経費, 費用勘定; 接待費: charge a dinner to an ～ 食事の費用を必要経費で落とす.

expénse-accòunt [形] [A] (会社などの)交際費の[による], 経費勘定の: an ～ dinner (社用)交際費による食事.

‡**ex·pen·sive** /ɪkspénsɪv, eks-/ [形] (**more** ～; **most** ～) 高価な, 費用のかかる (↔ inexpensive): an ～ dress [restaurant] 高価なドレス[レストラン] / The battle proved ～. その戦いは(いろいろな意味で)高くついた. ～·**ness** [名] ([動] expend, [名] expense) 【類義語】⇨ costly.

ex·pén·sive·ly [副] (多額の)費用をかけて: be ～ priced 高い値段がついている / travel less ～ 費用をかけずに旅行をする / more efficiently and less ～ より効率よくかつより経済的に.

‡**ex·pe·ri·ence** /ɪkspí(ə)riəns, eks-/ [名] ❶ [U] **経験, 体験**〔*in, of*〕: know by [from] ～ that… 経験によって…ということを知る / gain ～ 経験を積む / a man of great [long, ripe] ～ 非常な[長年の, 豊富な]経験のある人. ❷ [C] (具体的な)**経験, 体験**: have [be] a pleasant [trying] ～ 楽しい[苦しい]体験をする[体験である]. ── [動] [他] 〈…を〉**経験する, 体験する**: ～ great hardships 非常な難儀にあう. 〖F＜L＝経験, 試すこと＜*experiri* 試す; cf. experiment, expert〗

*__ex·pe·ri·enced__ /ɪkspí(ə)riənst, eks-/ [形] (**more** ～; **most** ～) **経験を持った[積んだ]**; 老練な: an ～ teacher ベテラン教師 / have an ～ eye 目が肥えている, 眼識が高い / I'm not yet ～ ***in*** [***at***] teaching. 私はまだ教師の経験がない.

ex·pe·ri·en·tial /ɪkspì(ə)riénʃəl, eks-⁻/ [形] 経験(上)の, 経験的な: ～ philosophy 経験哲学.

*__ex·per·i·ment__ /ɪkspérəmənt, eks-/ [名] ❶ **a** [C] (科学上の)**実験**〔*in, on*〕: in a medical ～ 医学上の実験において / conduct [do, carry out, make] an ～ *in* chemistry 化学の実験をする / He did [performed] ～*s* *on* animals. 彼は動物実験を行なった. **b** [U] 実験(をすること): test…by [through] ～ 実験によって…を確かめる / *E*～ has shown that… 実験は…ということを明らかにしている. ❷ [C] (実地の)試み〔*of*〕: We tried eating *sushi* as an ～. 試み[試し]にすしを食べてみた. ── /-mènt/ [動] [自] 〔…の〕**実験をする**: ～ ***with*** electricity 電気で実験をする / ～ ***on*** animals ***with*** a new medicine 新薬で動物実験を行なう《[用法] on [upon] は主に生物を直接対象とする場合, with はそれを使っての場合》. 〖F＜L＝試み＜*experiri* 試す+-MENT; cf. experience〗 ([形] experimental) 【類義語】**experiment** 物が有効かどうか, または新しいこと[物]を発見するか, あるいはあることを証明するために実際に行なってみる実験. **trial** 人または物を実地に使う前にその価値・能力・性能などをためしてみること. **test** ある条件の下で, 一定の標準を決めて人または物の能力や性能などをはっきりとためしてみること.

*__ex·per·i·men·tal__ /ɪkspèrəménṭl, eks-⁻/ [形] (**more** ～; **most** ～) ❶ **実験の, 実験に基づく**: ～ psychology 実験心理学. ❷ (比較なし) 実験用の: ～ animals 実験用動物. ❸ 実験的な, 試験的な, 試みの. ([名] experiment)

ex·pèr·i·mén·tal·ìsm /-ṭəlìzm/ [名] [U] 実験主義; 経験主義.

ex·pèr·i·mén·tal·ist /-ṭəlɪst/ [名] 実験[経験]主義者.

ex·pèr·i·mén·tal·ly /-ṭəli/ [副] ❶ 実験的に, 試験的

ex·per·i·men·ta·tion /ɪkspèrəmentéɪʃən, eks-, -mən-/ 名 Ⓤ 実験; 実験法.

ex·pér·i·mènt·er /-tə/ -tə/ 名 実験者.

‡ex·pert /ékspɚːt | -pəːt/: a mining ~ 鉱山技師 / an ~ *in* economics 経済学の専門家 / an ~ *at* skiing スキーの名手 / an ~ *on* the population problem 人口問題の専門家. ── /ékspɚːt, eks-, ékspəːt | ékspəːt, eks-, ɪks/ 形 ❶ 熟練した, 老練な: an ~ engineer [typist] 熟練技師[タイピスト] / an ~ marksman 射撃の名手 / He has become ~ *at* figures [*in* driving a car, *with* a rifle]. 彼は計算に[自動車の運転に, ライフルの扱いに]熟達した. ❷ 熟練者[専門家]の: ~ advice 専門家の助言 / ~ evidence 鑑定家の証言. 《F<L=試みられた<*experire* 試す; cf. experience》

‡ex·per·tise /èkspəːtíːz | -pə(ː)-/ 名 Ⓤ 専門的な技術[知識], ノウハウ: develop (an) ~ (通例自分のもっている)専門技術[知識]を発展させる[伸ばす, 高める, 築く].

ex·pert·ly 副 ❶ 上手に, 巧妙に. ❷ 専門的に.

ex·pert·ness 名 Ⓤ 熟練, 老練.

éxpert sýstem 名 [電算] エキスパートシステム, 専門家システム 《専門家の知識や技法をコンピューターに行なわせるシステム》.

éxpert wítness 名 [法] (専門分野について証言する)鑑定人, 専門家証人.

ex·pi·a·ble /ékspiəbl/ 形 罪を償うことのできる.

ex·pi·ate /ékspièɪt/ 動 ⟨罪・悪行を⟩償う.

ex·pi·a·tion /èkspiéɪʃən/ 名 Ⓤ 罪滅ぼし, 罪のあがない, 償い: in ~ of one's sin [crime] 罪滅ぼしに.

éx·pi·à·tor /-tə/ -tə/ 名 罪滅ぼしをする人.

ex·pi·a·to·ry /ékspiətɔ̀ri | -təri, -tri/ 形 罪滅ぼしの, 補償の.

ex·pi·ra·tion /èkspəréɪʃən/ 名 Ⓤ ❶ (期限・任期などの)満了: at [on] the ~ *of* one's term of office [service] 任期満了の時に. ❷ 息を吐き出すこと, 呼気(作用) (↔ inspiration). (動 expire)

èxpirátion dàte 名 ⟨米⟩ 有効期限, 有効期間満了日 (⟨英⟩ expiry date).

ex·pir·a·to·ry /ɪkspáɪ(ə)rətɔ̀ːri, eks-, èksp(ə)rə- | -təri, -tri/ 形 呼気の, 息を吐き出す.

‡ex·pire /ɪkspáɪə, eks-/ 動 ❶ ⟨期間などが⟩満了する, 終了する; ⟨…の⟩有効期限が切れる; ⟨権利などがなくなる (run out): My driver's license ~s next month. 私の運転免許証は来月切れる. ❷ 息を吐く (↔ inspire). ❸ 死ぬ. ── 他 息を吐き出す.《F<L=(息を)吐き出す, 死ぬ, 消滅する<EX-² + *spirare* 息をする (cf. spirit)》(名 expiration) 【類義語】⇒ die¹.

ex·pi·ry /ɪkspáɪ(ə)ri, eks-/ 名 (期間の)終了, 満了, 満期: at the ~ *of* the term 満期の際に.

expíry dàte 名 ⟨英⟩ 有効期限, 有効期間満了日 (⟨米⟩ expiration date).

‡ex·plain /ɪkspléɪn, eks-/ 動 ❶ ⟨…を⟩説明する, 明白にする: The teacher ~*ed* the meaning of the word. 先生はその単語の意味を説明した / Will you ~ the rule *to* me? その規則を私に説明してくれませんか ⟨比較⟩ Will you explain me the rule? は不可⟩ / [+*to*+(代名)+*that*] I ~*ed* (to them) *that* we could stay no longer. 彼らにこれ以上滞在できないことを説明した / [+*to*+(代名)+*wh.*] He ~*ed* (to us) *what* we were expected to do. 彼は我々にどんな期待がかけられているかを(我々に)説明した / [+(副詞)] "You have only to push the button," he ~*ed*. 「ボタンを押しさえすればいいのです」と彼は言った. ❷ ⟨…を⟩釈明する: E- your conduct. 君の行為の理由を言ってみたまえ / [+*wh.*] I can't ~ *why* this happened. どうしてこれが起こったかはわからない; 弁明する: Wait! Let me ~. ちょっと(待って), 私の話を聞いてくれ.

expláin awáy ⟨困難な立場などを⟩うまく釈明する, (うまい言葉を言って)言い抜ける: Alcoholism cannot be ~*ed away* as a minor problem. アルコール依存症はささいな問題として簡単に片づけるわけにはいかない. **expláin onesélf** (1) 自分の言おうとしていることをはっきり言う, 意図を

明らかにする: Let me ~ myself. 私の考え[立場]を説明させてください 《用法》 自分の考えなどをさらに明らかにする前に用いる). (2) 自分の行為の理由を説明する, 立場を弁明する. 《L=平らにする, はっきりにする<EX-² + *planus* 平らな (cf. plain¹)》(名 explanation, 形 explanatory) 【類義語】 **explain** 説明するという最も一般的な語. **expound** 専門家が系統立てて解説する. **explicate** expound より格式ばった語; 学問的に詳細に説明する. **elucidate** 明確な説明によって, 複雑な問題を解く手がかりを与える.

ex·plain·a·ble /ɪkspléɪnəbl, eks-/ 形 説明[解釈, 弁明]できる.

ex·pla·nan·dum /èksplənǽndəm/ 名 (複 -da /-də/) 【哲・論】 =explanandum.

ex·pla·nans /eksplémænz/ 名 (複 -nan·tia /èksplə-nǽnʃiə/) 【哲・論】 =explicans.

‡ex·pla·na·tion /èksplənéɪʃən/ 名 Ⓤ.Ⓒ 説明; 解釈; 釈明, 弁解: by way of ~ 説明として / in ~ *of* one's conduct 自分の行為の釈明に / give an ~ *for* [*of*] one's resignation 辞任の理由を説明する / [+*that*] His ~ *that* he was late because of a traffic jam was plausible. 交通渋滞で遅刻したという彼の説明はもっともらしかった. (動 explain)

‡ex·plan·a·to·ry /ɪksplǽnətɔ̀ːri, eks- | -təri, -tri/ 形 Ⓐ 説明の, 解釈上の: ~ notes 注釈. **ex·plán·a·to·ri·ly** /ɪksplænətɔ́ːrəli, eks- | -plǽnətəràli, -trə-/ 副 (動 explain)

ex·plant /ekspléent | -pláːnt/ 動 ⟨生⟩ ⟨動植物の生きた細胞群・組織片を⟩外植する. ── 名 /⌒⌒/ 外植片, 外植体, エクスプラント. **èx·plàn·tá·tion** 名 外植, 外移植.

ex·ple·tive /éksplətɪv, ɪks-, eks-/ 名 ❶ (強意だけで無意味な)ののしりの言葉 (damned, fuck, shit など) (swearword). ❷ a 助辞, 虚辞 (*It is* raining. / *There* is no doubt… の it, there など). b 感嘆な間投詞 (Oh dear! など). ── 形 単に補足的な; 付けたりの.

ex·pli·ca·ble /ɪksplíkəbl, eks-, éksplɪkə-/ 形 [通例 Ⓟ; しばしば否定文で] 説明のできる (↔ inexplicable): His conduct is *not* ~. 彼の行為は説明がつかない.

ex·pli·can·dum /èksplɪkǽndəm/ 名 (複 -da /-də/) 【哲・論】(ことば・事象の解明において, 解明されるほうの)被解明項 (→ explicans).

ex·pli·cans /éksplɪkæ̀nz/ 名 (複 -can·tia /èksplə-kǽnʃiə/) 【哲・論】(解明における)解明項 (↔ explicandum).

ex·pli·cate /éksplɪkèɪt/ 動 他 ⟨文学作品などを⟩詳細に説明する. 【類義語】 ⇒ explain.

ex·pli·ca·tion /èksplɪkéɪʃən/ 名 Ⓤ.Ⓒ (文学作品などの)詳細な説明.

ex·pli·ca·tive /eksplíkətɪv, ɪks-, éksplɪkèɪt-/ 形 解説的な.

ex·plic·a·to·ry /éksplɪkətɔ̀ːri, eksplíkət-, eks- | éksplɪkətəri, -tri, eksplíkəɪ-, eks-/ 形 =explicative.

‡ex·plic·it /ɪksplísɪt, eks-/ 形 ❶ ⟨陳述などが⟩明白な, はっきりした, 明示的な (↔ implicit): (an) ~ reference to… …に対するはっきりとした言及 / ~ instructions 明解な指示 / make… ~ …を明示する. ❷ a ⟨人が⟩…について腹蔵のない: be ~ *about* one's plans 計画を明らかにする. b ⟨本・映画など⟩露骨な. ~·ness 名 《F<L=(もつれなどを)解かれた, 平易な<*explicare* 広げる, 開く<EX-² + *pli-care* 折りたたむ (cf. duplicate)》

ex·plíc·it·ly 副 明示的に, 明白に, 公然と; (言葉に出して)明確に; 露骨に.

‡ex·plode /ɪksplóʊd, eks-/ 動 ❶ 爆発する, 破裂する. ❷ ⟨人が⟩感情などを⟩爆発させる [*with*]; 感情を爆発させて⟨…に⟩なる [*into*]: He ~*d with* rage [laughter]. 彼はかっとなって怒った[どっと笑いだした]. ❸ ⟨人口などが⟩急増する, 爆発的に増加する. ❹ 突然⟨…に⟩なる, 急に⟨…に⟩する: ~ *into* laughter どっと笑いだす ❺ 突然大きな音を響かせる. ── 他 ❶ ⟨爆弾などを⟩爆発させる, 破裂させる (blow up): ~ a bomb 爆弾を爆発させる. ❷ ⟨迷信を⟩打破する, ⟨学説などを⟩論破する: Several scientific myths *were*

~d by Galileo's observations. いくつかの自然科学上の神話がガリレオの観測によってくつがえされた. 【L=拍手して追い出す《EX-²+plodere, plos- 拍手する (cf. plausible)》】(名) explosion, (形) explosive).

ex·plód·ed /-dɪd/ 形 〈模型・図など〉機械を分解して部品の相互関係を示す: an ~ view of an engine エンジンの分解組み立て図.

ex·plód·er /-də/ -də/ 名 爆発させる人[もの]; 起爆装置, 点火器《雷管・起爆用発電機など》.

*__ex·ploit¹__ /ɪkspló ɪt, eks-/ 動 (他) ❶ 〈使用人・労働者など〉を(私的目的に)利用する, 食い物にする, 搾取する; 〈事態などを〉巧みに利用する, 悪用する, 〈…に〉つけ込む: He ~ed his employees (for his own ends). 彼は従業員たちを(自分の目的のために)食い物にした. / ~ security holes (システムの)セキュリティホールを悪用する ❷ 〈資源などを〉最大限[十分]に利用[活用]する; 開発(利用)する. 【F=利用する《L explicare, ⇒ explicit》】 (名) exploitation.

ex·ploit² /ékspləɪt/ 名 偉業, 手柄, 功績.

ex·ploit·a·ble /ɪkspló ɪtəbl, eks-/ 形 開発できる; 利用できる, 搾取できる.

ex·ploi·ta·tion /èksplɔɪtéɪʃən/ 名 利己的利用, 搾取; (利益目的の)利用, 活用; 商業的搾取: commercial ~ 商業目的の利用. (動) exploit.

ex·ploit·a·tive /ɪkspló ɪtətɪv, eks-/ 形 搾取的な.

ex·ploit·er /-tə/ -tə/ 名 人を食い物にする人, 搾取する人.

*__ex·plo·ra·tion__ /èkspləré ɪʃən, -plɔː-r/ 名 C,U ❶ 探検, (実地)踏査: a voyage of ~ 探検航海 / the ~ of the New World 新世界[アメリカ大陸]の探検. ❷ 〈問題などの〉探究 《of, into》: They're making ~s into the social problems of South Africa. 彼らは南アフリカの社会問題を探究している. ❸ 【医】 診査, 触診; (傷などの)探り. (動) explore.

ex·plor·a·tive /ɪkspló :rətɪv, eks-/ 形 =exploratory.

ex·plor·a·to·ry /ɪkspló :rətɔ ri, eks- | -təri, -tri/ 形 探検(上)の, (実地)踏査の; 探究の; 【医】 診査の.

*__ex·plore__ /ɪkspló ər, eks- | -pló :/ 動 (他) ❶ 〈未知の土地など〉を探検する, 実地踏査する: to explore the Antarctic Continent 南極大陸を探検する. ❷ 〈問題など〉を探究する, 調査する (investigate): Medical researchers are exploring every possibility for the treatment of cancer. 医学の研究者はがん治療法のあらゆる可能性を探究している / ~ every avenue ⇒ avenue 3. ❸ 【医】 〈…〉を細かく診察する, 診査する; 〈傷〉を探る. — (自) 〈資源などを〉探索する, 探し求める 《for》. 【F 〈 L=(大声を上げて)獲物を探し出す《EX-²+plorare (泣き)叫ぶ (cf. deplore)》】 (名) exploration.

+__ex·plor·er__ /ɪkspló :rə, eks- | -rə/ 名 探検家; [E~] 【電算】 エクスプローラー (Windows のファイル管理プログラム).

*__ex·plo·sion__ /ɪksplóʊʒən, eks-/ 名 ❶ a C,U 爆発, 破裂 (blast): a gas ~ ガス爆発 / the ~ of a bomb 爆弾の爆発. b C 爆音, 轟(どう)音. ❷ C 爆発的[急激な]増加: a population ~ 人口の急増. ❸ C 〈怒り・笑いなどの〉発露 (outburst): an ~ of rage 怒りの爆発 / an ~ of laughter 爆笑. ❹ U,C 【音声】 (閉鎖音の)破裂 (↔ implosion). (動) explode.

*__ex·plo·sive__ /ɪksplóʊ sɪv, eks-/ 形 (more ~; most ~) ❶ a 爆発の: an ~ substance 爆発物. b 轟音の, 大音量の. ❷ 爆発的な, 急激な: an ~ increase 爆発的[急激]な増加. ❸ 〈人が〉かんしゃくを起こしやすい (fiery): an ~ personality 激情家. ❹ 〈問題など議論の紛糾する, 論争を起こす, 一触即発の. ❺ 【音声】破裂音の. — 名 ❶ 爆発物: high ~s 高性能爆薬. ❷ 【音声】破裂音 (implosive). -**ly** 副. -**ness** 名. (動) explode.

ex·po /ékspoʊ/ 名 (複 ~s) 博覧会.《EXPO(SITION)》

+__ex·po·nent__ /ɪkspóʊ nənt, eks-/ 名 ❶ 唱道者, 主張者, 擁護者 (advocate). ❷ (典型的な)代表者: That scientist is a well-known ~ of space research. その科学者は宇宙研究で有名な代表的人物である. ❸ 【数】 べキ指数 《a³ の ³ のこと》. 【L=説明する(人)《exponere; ⇒ expose》】

ex·po·nen·tial /èkspənénʃəl⁻/ 形 ❶ 〈変化など〉急激な, 指数的な: an ~ increase 急激な増加. ❷ 【数】(べキ)指数の.

ex·po·nen·ti·a·tion /èkspənènʃiéɪʃən/ 名 U 【数】累乗(法), 冪法.

*__ex·port__ /ɪkspóət, eks-, ékspɔət | ɪkspóːt, eks-, ékspɔːt/ 動 (他) ❶ 〈商品を〉〈…へ〉輸出する (↔ import): ~ automobiles to Europe 自動車をヨーロッパへ輸出する. ❷ 〈思想・制度など〉を〈他へ〉伝える. ❸ 【電算】 〈データ〉を他のアプリケーションで利用できるようフォーマットしてエクスポートする. — (自) 輸出する. — /ékspɔət | -pɔːt/ 名 ❶ U 輸出 (↔ import). ❷ C a [通例複数形で] 輸出品. b [複数形で] 輸出額. c U,C 【電算】 (データの)エクスポート. — /́-⁻/ 形 A 輸出の[に関する]: an ~ duty [tax] 輸出税 / ~ trade [business] 輸出貿易[業] / ~ credit 輸出信用. 【L=運び出す《EX-²+portare, port- 運ぶ (cf. portable)》】 (名) exportation.

ex·pórt·a·ble /-təbl/ 形 輸出できる, 輸出向きの.

ex·por·ta·tion /èkspɔətéɪʃən, -pɔː-/ 名 (↔ importation) U 輸出.

+__ex·pórt·er__ /-tə/ -tə/ 名 輸出者[商, 業者], 輸出国 (↔ importer).

éxport rèject 名 輸出基準不合格品.

*__ex·pose__ /ɪkspóʊ z, eks-/ 動 (他) ❶ a 〈…〉を〈危険・不快なものなど〉にさらす; [~ oneself で] 〈…に〉身をさらす: be exposed to radiation 放射線に被曝する / Don't ~ the baby to drafts. 赤ん坊をすきま風に当てるな / ~ oneself to criticism 批判に身をさらす. b 〈…〉を〈作用・影響など〉に触れさせる, 受けさせる: ~ children to good books 子供たちを良書に触れさせる. ❷ a 〈秘密・悪事などを〉暴露する, あばく, 〈実態などを〉明らかにする; 〈人の秘密[実態]など〉を明らかにする: ~ a plot 陰謀をあばく / ~ a crime 犯罪を摘発する / ~ an impostor 詐欺師の正体をあばく. b [~ oneself で] 〈人に〉内面[私生活(など)]をさらす[知られる]. ❸ a 〈…〉を人目にさらす, 見せる; 露出する. b [~ oneself で] 〈裸または身体の一部の人が〉陰部を見せる. ❹ 〈幼児など〉を戸外に捨てて死なせる. ❺ 【写】 〈フィルムなどを〉露出[露光]する. 【F 〈 L=外に置く, 説明する《EX-²+ponere, posit- 置く (cf. position)》】 (類義語) show. (名) exposition, exposure.

ex·po·sé /èkspoʊ zéɪ | -́-⁻/ 名 〈スキャンダルなどの〉暴露, すっぱ抜き 《of》.

ex·pósed /-d/ 形 ❶ 風雨[攻撃, 危険(など)]にさらされた, 吹きさらしの. ❷ まる見えの; むきだしの. ❸ 〈フィルムなど〉露光[露出]した.

+__ex·po·si·tion__ /èkspəzíʃən, eks-/ 名 ❶ U,C (理論・理想などについての)詳細で明確な説明(文), 解説. ❷ C 博覧会: a world ~ 万国[世界]博覧会. ❸ U (古) 公開; 暴露. (動) expose.

ex·pos·i·tor /ɪkspázətə, eks- | -pózətə/ 名 説明者, 解説者.

ex·pos·i·to·ry /ɪkspázətɔ ri, eks- | -pózətəri, -tri/ 形 説明的[解説]的な: ~ writing 説明文.

ex post /ékspoʊst/ 形 事後の, 事後的な (↔ ex ante).

ex post fac·to /ékspòʊstfǽktoʊ | -́--́-⁻/ 形 事後の[において]; 過去にさかのぼった[て]: an ~ law 遡及(そきゅう)法. 【L =from what is done afterward】

ex·pos·tu·late /ɪkspástʃʊ lè ɪt, eks- | -pɔ́s-/ 動 〈人に〉〈…のこと〉をいさめる, 忠告する 《with》 《on, about》: He ~d with me on my rashness. 彼は私の無謀をいさめた. -**la·tor** /-tə/ -tə/ 名. 【L=しつこく要求する; ⇒ ex-², postulate】

ex·pos·tu·la·tion /ɪkspàstʃʊ léɪʃən, eks- | -pɔ̀s-/ 名 U,C 忠言, 忠告, いさめの言葉.

ex·pos·tu·la·to·ry /ɪkspástʃʊ lətɔ ri, -pɔ́stʃʊ lətəri, -tri/ 形 いさめの, 忠告の.

*__ex·po·sure__ /ɪkspóʊ ʒə, eks- | -ʒə/ 名 ❶ U,C a 〈危険・不快なものなどに〉さらす[さらされる]こと; 野ざらし: ~ to radiation 放射能に被曝すること. b 〈作用・影響などに〉触れさせること, 触れること 《to》. ❷ U,C 〈秘密・悪事などの〉

露見, 暴露, 摘発: the ～ of a fraud 詐欺の暴露[摘発]. ❸ ⓤ a 人前に出ること, 出演[出場]すること: ～ on national TV 全国放送のテレビでの出演. b (陰部)露出. c (商品の)陳列. ❹ 〖写〗 a ⓤ 露出: double ～ 二重露出. b ⓒ 露出時間: an ～ of 1/125 of a second 1/125 秒の露出時間. c ⓒ (フィルムの)ひとこま: a roll of film with 36 ～s 36 枚どりの巻きフィルム. ❺ [an ～; 修飾語を伴って] (家・部屋の)向き: a house with a southern ～ 南向きの家. (動 expose)

expósure mèter 名〖写〗露光計.

+ex·pound /ɪkspáʊnd, eks-/ 動 ⊕ ❶ 〈学説・理念などを〉(人に)詳しく説明する; 〈聖典などを〉解釈する, 解説する (to).
── 圓 〔...を〕詳しく説明する, 詳説する (on). 【類義語】
⇒ explain.

‡ex·press¹ /ɪksprés, eks-/ 動 ⊕ ❶ a 〈思想などを〉(言葉で)表現する, 言い表わす: The beauty of the scene cannot be ～ed in [by] words. その景色の美しさは言葉では言い表わせない / I don't know how to ～ my gratitude. 私の感謝の気持ちをどう言い表わしていいかわからない / She ～ed her wish to me. 彼女は彼女の願いごとを私に表明した / [＋wh.] I cannot ～ how glad I am to hear from him. 彼らから便りをもらって私がどんなにうれしいか言葉では表わすことはできない (★ 通例否定文で; [＋that]また[＋圓圓]は不可). b ～ oneself で自分の思うことを述べる: I wasn't able to ～ myself in good English then. 私はりっぱな英語を使って自分の意見を述べることはできなかった. ❷ a 〈表情・記号・身ぶりなどが〉〈感情・印象・思想などを〉表わしている, 表わす: His face ～ed his despair [pain]. 彼の顔には絶望[苦痛]が表われていた. b [～ itself で] 〈感情が〉表われる, 外に出る: His grief ～ed itself in tears. 彼の悲しみは涙になって表われていた. ❸ a 〈数・量などを〉表現する (by, in terms of); [...として] 表わす (as). b 〖遺〗〈形質・遺伝子を〉表現型に発現させる (★ 通例受身). ❹ 〔...から〕〈果汁などを〉搾り出す (from, out of).
── 形 Ⓐ (比較なし) ❶ 明示された; 明白な (↔ implied): an ～ command 明示された命令 / give ～ consent はっきりした承諾を与える. ❷ 特に明示された, 特殊の (specific): for the ～ purpose of...のために特に[わざわざ]. ❸ 〈古〉 そっくりの(そのとおり).
(〖F＜L＝(外へ)押し出す〗 ex.²＋premere, press=押す (cf. press¹)) (名 expression, 形 expressive)

‡ex·press² /ɪksprés, èksprés̀/ 形 Ⓐ (比較なし) ❶《米》(至急)運送便の;《英》速達便の: an ～ company 通運[運送]会社 / ～ charges 至急運送料 / an ～ letter 速達の手紙 / ～ mail [post] 速達郵便. ❷ 急行の: an ～ train 急行列車. ── 副 (比較なし) ❶《米》(至急)運送便で;《英》速達で. ❷ 急行で: travel ～ 急行で行く. ── 名 ❶ Ⓤ《米》(至急)運送[速達]便で;《英》速達便: by ～ 至急運送[速達]便で (⇒ air express). ❷ Ⓒ 急行列車[バス]: travel by ～ 急行で行く (★ by ～ は無冠詞). ── 動 ⊕ ❶ 〈ものを〉(至急)運送便で送る;《英》〈手紙などを〉速達で出す. 〖↑〗

ex·press·age /ɪksprésɪdʒ, eks-/ 名 Ⓤ《米》 ❶ (至急)運送業. ❷ (至急)運送料.

expréss delívery 名 Ⓤ《米》通運会社の配達便;《英》速達 (special delivery).

ex·press·i·ble /ɪksprésəbl, eks-/ 形 ❶ 表現できる. ❷ 〈果汁など〉搾り出せる.

‡ex·pres·sion /ɪkspréʃən, eks-/ 名 ❶ a Ⓤ.Ⓒ 表現(すること): poetic [verbal] ～ 詩的[言語]表現 / give ～ to one's feelings 感情を表現する[表わす] / find ～ in...に表われる / His ideas found ～ in art. 彼の考えは芸術に表われた. b Ⓒ 〈気持ち・性格などの〉表われ: a person's warm ～s of gratitude 人の感謝の心からの表われ[しるし]. c Ⓒ (言葉の)言い回し, 語法; 語句, 辞句: a happy ～ 巧みな表現, うまい言い回し / a common ～ 普通の言い回し. ❷ Ⓒ (顔・目などの)表情, 顔つき: facial ～(s) 顔の表情 / have a bored ～ 退屈そうな表情をしている. ❸ Ⓤ 〈音楽〉[表現法]表現力, 表現力: read a poem aloud with ～ 表現豊かに詩を朗読する / 〖楽〗 表出, 発想, 表現. ❺ Ⓒ〖数〗式: a numerical ～ 数式. ❻ Ⓤ 〖遺〗 a 形質発現. b 遺伝子発現.

beyónd [pást] expréssion 言いようもないほど, 表現できないほど: The scene is beautiful beyond [past] ～. その景色は表現できないほど美しい.
(動 express¹)

ex·prés·sion·ism /-ʃənɪ̀zm/ 名 [しばしば E-] Ⓤ 表現主義.

ex·prés·sion·ist /-ʃ(ə)nɪst/ 名 形 表現派(の人).

expréssion·less 形 〈顔が〉無表情の, 表情に乏しい; 〈声が〉抑揚をこめない. ～·ly 副

ex·pres·sive /ɪksprésɪv, eks-/ 形 (more ～; most ～) ❶ よく表現する, 表現力のある, 表現[表情]に富む; 意味深長な: an ～ look 表情に富む顔つき. ❷ Ⓟ 〈感情などを〉表わして, 表現する: words ～ of deep feeling 感情を表わす言葉. ❸ 表現的な, 表現する: the ～ function of language 言語の表現機能. ～·ness 名 (動 express¹)

ex·prés·sive·ly 副 表情豊かに: She played the piano ～. 彼女は表情たっぷりにピアノをひいた.

ex·pres·siv·i·ty /èkspresívəṭi/ 名 Ⓤ 〖発生〗 (遺伝子の)表現度; 〖言語〗表現, 感情表出, 意味)の豊かさ, 表現力.

expréss làne 名《米》 ❶ 高速[追いこし]車線. ❷ (食料品店などの)少数購入者向けレジ.

ex·préss·ly 副 ❶ 明白に, 明確に. ❷ 特別に, わざわざ.

Expréss Máil 名 Ⓤ 〖商標〗《米》エクスプレスメール (米国郵政公社による速達便).

ex·pres·so /ɪksprésoʊ, eks-/ 名 (徴 ～s) =espresso.

expréss rìfle エクスプレスライフル(初速が大で弾道の湾曲が少ない猟銃).

expréss·wày 名《米》高速道路 (《英》motorway).

ex·pro·pri·ate /eksproʊprièɪt/ 動 ⊕ 〈国などが〉(公共の目的のために)〈土地などを〉収用する.

ex·pro·pri·a·tion /eksproʊprièɪʃən/ 名 Ⓤ.Ⓒ (土地の)収用.

expt. (略) experiment.

+ex·pul·sion /ɪkspʌ́lʃən, eks-/ 名 Ⓤ.Ⓒ ❶ 排除(すること, されること), 追放, 駆逐; 除名; 放校; 強制国外退去: the ～ of a corrupt politician from his party 悪徳政治家の政党からの除名. ❷ 〈息などを〉吐き出すこと. ❸ 〖医〗 駆出; 娩出. (動 expel)

expúlsion òrder 名 国外退去命令.

ex·pul·sive /ɪkspʌ́lsɪv, eks-/ 形 駆逐力のある; 排除性の.

ex·punc·tion /ɪkspʌ́ŋ(k)ʃən, eks-/ 名 Ⓤ 抹消, 抹殺.

ex·punge /ɪkspʌ́ndʒ, eks-/ 動 ⊕ 〈...を〉[...から]消し去る; 抹消する; 抹殺する (from).

ex·pur·gate /ékspəgèɪt | -pə-/ 動 ⊕ 〈書物などの〉不穏当な個所を削る: an ～d edition 削除版.

ex·pur·ga·tion /èkspəgéɪʃən | -pə-/ 名 Ⓤ.Ⓒ (不穏当な個所の)削除.

*ex·quis·ite /ɪkskwɪ́zɪt, eks-, ékskwɪz-/ 形 (more ～; most ～) ❶ 非常に美しい; この上なくけっこうな[優れた], 絶妙な: an ～ piece of music 絶妙な音楽 / a poem of ～ beauty 絶妙な詩. ❷ a 〈趣味・品・細工などが〉精巧な. b 〈趣味などが〉優雅な, 凝った: a man of ～ taste 凝った趣味の人. ❸ a 〈感覚など〉鋭敏な: a man of ～ sensitivity きわめて敏感な人. b 〈苦痛など〉強烈な (acute): ～ pain [pleasure] 強烈な痛み[快感]. ～·ly 副 ❶ 非常に美しく, 絶妙に. ❷ 精巧に; 優雅に. ～·ness 名 (〖L＝(注意深く)捜し出された〗ex.²＋quaerere 捜す (cf. question)) 【類義語】⇒ delicate.

ex·san·gui·nate /ek(s)sǽŋɡwənèɪt/ 動 ⊕ ...から全血を採る, 放血する. ex·san·gui·na·tion /ek(s)sæ̀ŋɡwənéɪʃən/ 名 放血, 全採血.

ex·sert /eksə́ːt | -sə́ːt/ 〖生〗 動 ⊕ 突き出す, 突き出させる.

éx·sérvice 形 Ⓐ《英》 ❶ 軍人が)退役の. ❷ 〈物資が〉軍払い下げの.

éx·sérvice·man /-mən/ 名 (徴 -men /-mən/) 退役軍人 (《米》 veteran); 女性は éx-sérvice·wòman).

ex si·lén·tio /èk(s)səlén(t)ʃioʊ/ 副 反証がないので[ないことによる].

ex·so·lu·tion /èk(s)səlúːʃən/ 名 Ⓤ.Ⓒ 〖鉱〗溶離, 離溶.

ex·solve /ek(s)sálv | -sólv/ 動 自 《鉱》溶離[離溶]する《高温で一相の固溶体鉱物が低温で2種の固相に分離する》.

ext. 《略》extension; exterior; external(ly).

ex·tant /ékstənt, ekstǽnt/ 形 《古文書・記録など》今なお残っている, 現存の.

ex·tem·po·ra·ne·ous /ìkstèmpəréɪniəs, ìks-⊢/ 形 ❶ 即座の, 即席の. ❷ 〈演説など〉準備[メモ]なしで行なう. ❸ 一時しのぎの, 間に合わせの. **~·ly** 副 **~·ness** 名

ex·tem·po·rar·y /ìkstémpərèri, eks- | -p(ə)rəri/ 形 即席の, 即興の. **-rar·i·ly** /ìkstèmpərérəli, -témp(ə)rərəli/ 副

ex·tem·po·re /ìkstémpəri, eks-/ 副 《原稿・腹案の》準備なしで, 即席に. ── 形 ❶ 準備なしで行なう, 即席の, 即興的な. ❷ 間に合わせの.

ex·tem·po·ri·za·tion /ìkstèmpərɪzéɪʃən, eks-, -raɪz-/ 名 U 即興; 即興演奏[演説].

ex·tem·po·rize /ìkstémpəràɪz, eks-/ 動 自 即席に作る; 即席に演説[作曲, 演奏]する (improvise).

*****ex·tend** /ìksténd, eks-/ 動 自 〔副詞句を使って〕 ❶ 〈...に〉広がる, 伸びる, わたる; 達する, 届く: The Sahara ~s from the Mediterranean southward to the Sudan. サハラ砂漠は地中海沿岸から南はスーダン地方にまで広がっている / The plains ~ as far as the eye can see. 平原は見渡す限り続いている. ❷ 〈時間が〉継続する, わたる: The committee meetings ~ for three days [from Thursday to Saturday]. 委員会は3日間[木曜から土曜]にわたって開かれる. ❸〈...を〉対象とする, 適用される: U.S. copyright law ~s to information databases. 米国の著作権法は情報データベースにも適用される. ❹〈道具などが〉伸びる, 長くなる.

── 他 ❶〈土地・建物・領土などを〉広げる, 拡張する;〈事業・活動範囲などを〉拡大する;〈鉄道・道路などを〉(...に)延長する: ~ a building 増築する / the railway line as far as [to] the next town その鉄道を隣の町まで延長する. ❷ **a**〈期間などを〉延長する: ~ a deadline 締切りを延ばす / Life expectancy has been greatly ~ed. 平均寿命が大いに延びた. **b**〈意味を〉拡大する, 拡大解釈する. ❸ **a**〈...を〉〈...まで〉対象とする, 〈...に〉(も)適用する: We plan to ~ the service to ordinary travelers. そのサービスは通常の旅行者も対象とする予定です. **b** 〔人に〕〈恩恵・親切などを〉及ぼす, 施す: ~ a warm welcome to a person 人を温かく歓迎する. **c**〔人に〕〈招待状〉を出す;〔人に〕〈祝辞・謝意を述べる〔to〕. ❹〈手・足を伸ばす, 差し出す: ~ one's hand to a person 〈握手しようと〉人に手を差し出す. ❺〈綱・針金などを〉〈...に〉張る: ~ wire from post to post 柱から柱に針金を張る. ❻〔~ oneself で〕大いに努力する, 全力を出す[挙げる], 精一杯やる《★また受身で用い, 「精いっぱい力を出す」》: He did not ~ himself sufficiently. 彼は十分に力を出さなかった.

《L=外に広がる<EX-²+tendere, tens- 広がる (cf. tend¹)》(名 extension, extent, 形 extensive)《類義語》⇒ lengthen.

ex·ténd·a·ble /-əbl/ 形 延長[拡大]できる, 延長できる.

*****ex·ténd·ed** 形 ❶ **a** 伸ばした, 広げた, 広がった, 広範囲の; 拡張した;〈期間を〉延長した, 拡大した. **b**〈語義など〉派生的な: an ~ usage 派生的な用法. ❷ 長期にわたる, 長い: an ~ discussion 長い討論 / make an ~ stay 長く滞在する.

*****ex·ténded fámily** 名 《社》拡大家族《近親一般を含む》(⇔ **nuclear family**).

ex·ténded-pláy 形 〈レコードが〉イーピー盤の (cf. EP).

ex·ténd·er 名 extend する人[もの]; 《化・製》増量剤[材], エキステンダー《増量・希釈・特性強化などのために添加する物質》.

ex·ten·si·ble /ìksténsəbl, eks-/ 形 広げることができる, 伸ばせる, 伸展性のある: an ~ antenna 伸縮アンテナ.

*****ex·ten·sion** /ìksténʃən, eks-/ 名 ❶ U **a** 広げる[伸ばす]こと, 伸長; 拡張; 延長: the ~ of one's house 家の増築 / by ~ 拡大すると, 拡大解釈すれば / the ~ of educational opportunities to the disadvantaged 恵まれない人たちの教育機会の拡張. **b** 《医》牽引(法), (屈曲肢の)伸展. **c** 《バレエ》足を腰よりも高く上げられること; 内脚. ❷ C 伸張[延長, 拡張](部分); 増築部分, 建て増し: build an ~ to a hospital 病院の建て増しをする. **b** 《鉄道などの》延長線. ❸ C (電話の)内線, 切り替え電話: May I have E-~ 363, please? 内線363番をお願いします. ❹ C 期間延長, 延長期間: grant an ~ of ten days 10日間の延長を与える. ❺ C 《電算》《ファイルの》拡張子. ❻ U 《論》外延 (↔ intension). ❼《英大学》公開教育部. ── 形 ❶ 継ぎ足しの: an ~ ladder 繰り出し式はしご / an ~ table 伸縮テーブル. ❷ 内線の: an ~ number [telephone] 内線番号[電話]. ❸ 大学公開の: an ~ course 大学公開講座. (動 extend)

exténsion àgent 名 《米》《連邦・州政府合同派遣の》郡農事顧問.

ex·ten·sion·al /ìksténʃ(ə)nəl, eks-/ 形 《論》外延[外在]的な: an ~ meaning 外延的意味.

exténsion còrd 名 《米》延長[継ぎ足し]コード.

exténsion lèad /-li:d/ 名 《英》= extension cord.

*****ex·ten·sive** /ìksténsɪv, eks-/ 形 (**more** ~; **most** ~) ❶ 広い, 広大な; 〈...〉広大な地域: ~ fields 広大な畑. ❷ 広範囲にわたる, 広範な: ~ reading 多読. ❸《農》粗放の (↔ intensive): ~ agriculture [farming] 粗放農業[農法]. **~·ly** 副 広く, 広範囲にわたって. **~·ness** 名 U ❶ 広いこと, 広大. ❷ 広範囲にわたること, 広範. (動 extend)

ex·ten·som·e·ter /èkstensɑ́mətə | -sɔ́mətə/ 名 《機》伸び計《材料試験で試験片の変形量を測定する》.

ex·ten·sor /ìksténsə, eks- | -sə/ 名 《解》伸筋 (↔ flexor).

*****ex·tent** /ìksténtent, eks-/ 名 ❶ U 広さ, 大きさ: The property was several acres in ~. その地所は数エーカーの広さがあった. **b** C 〔通例単数形で〕 広がり, (広い)地域: a vast ~ of land 広大な土地 / across the whole ~ of Japan 日本全土にわたって. ❷〔単数形で〕**a** 程度, 限度: to a considerable ~ かなりの程度まで / to a great [large] ~ 大部分は, 大いに / to some [a certain] ~ ある程度までは, やや / to this [that] ~ この[その]程度まで, この[その]点で / to the (full) ~ of one's powers 力の限り / What's the ~ of the damage? 被害の程度はどのくらいか. **b** 〔the ~〕範囲: reach the ~ of one's patience 我慢の限度に達する. **to the [súch an] exténet that ...** (1) ...という程度まで, ...という点で. (2) ...である限り, ...であるからには. (動 extend)

ex·ten·u·ate /ìksténjuèɪt, eks-/ 動 〈罪などを〉(口実などで)軽減する, 酌量する: We cannot ~ your crime. お前の罪を軽くすることはできない. 《L=薄く[小さく]する》

ex·tén·u·at·ing /-tɪŋ/ 形 〈事情など〉酌量できる: ~ circumstances 酌量すべき事情.

ex·ten·u·a·tion /ìksténjuéɪʃən, eks-/ 名 ❶ U 情状酌量, (罪の)軽減: in ~ of ...の情状を酌量して. ❷ C 酌量すべき点[事情].

ex·ten·u·a·to·ry /ìksténjuətɔ̀ːri, eks- | -ètəri, -tri/ 形 酌量に役立つ, 軽減事由となる〈事情など〉; 弱める, 薄める.

*****ex·te·ri·or** /ìkstí(ə)riə, eks- | -riə/ 形 〔比較なし〕外の, 外部の;〔...より〕外側の (↔ interior): the ~ covering 外被 / an ~ wall 外壁 / ~ influences 外部からの影響 / an ~ angle 《幾》外角 / a point ~ to a circle 円の外にある点. ── 名 ❶〔the ~〕外部, 外面, 外側《of (outside)》. ❷ C 外観〔of〕, 外観: a good man with a rough ~ 見かけは粗野だが心はよい人. ❸ C 《映画・演劇などの》屋外風景, 外景. **~·ly** 副 外に, 外部に. 外面的(には). 《L=より外側の<exter 外の; cf. external》

ex·te·ri·or·i·ty /ìkstì(ə)rɪɔ́ːrəti, eks- | -ríɔr-/ 名 U 外面性, 外形性; 外見, 外観.

ex·te·ri·or·ize /ìkstí(ə)riəràɪz, eks-/ 動 他 具象化する, 外面化する (externalize); 《医》(手術などのために)〈内臓・内部の組織を〉体外に出す.

ex·ter·mi·nate /ɪkstə́ːmənèɪt, eks- | -tə́ː-/ 動 他 《...を》根絶[絶滅]する, 皆殺しにする (annihilate). 〖L=追放する〗; ⇒ ex-², terminate〗

ex·ter·mi·na·tion /ɪkstə̀ːmənéɪʃən, eks- | -tə̀ː-/ 名 U,C 根絶, 絶滅, 皆殺し; 駆除〔of〕.

ex·ter·mi·na·tor /-tə- | -tə/ 名 ❶ 絶滅者, 皆殺し人. ❷ 害虫駆除業者.

ex·ter·mi·na·to·ry /ɪkstə́ːmənətɔ̀ːri, eks- | -tə́ːmənətəri, -tri/ 形 絶滅の, 絶滅的な.

ex·tern /ékstəːn | -təːn/ 名 《米》(病院の)通勤医師[医学生] (cf. intern²).

*__ex·ter·nal__ /ɪkstə́ːn(ə)l, eks- | -tə́ː-/ 形 (比較なし) ❶ **a** 外部の, 外の, 外面(的)の; 〖...の〗外側にあって; 外面にあって (↔ internal): the ~ ear 外耳 / ~ evidence 外的証拠, 外証 / The engine is ~ to the boat. エンジンが船の外側にある. **b** 《英》学外の: an ~ examination 学外試験〖学外者が出題・採点を行なう; ★ an ~ examination は「医」(体の外部の)視診, 外診」の意にもなる〗. ❷ 外国の, 対外的の: ~ trade 対外貿易 / an ~ loan [debt] 外債[対外債務]. ❸〖薬〗(内服薬でなく)外用の: for ~ application [use] 外用の[に]. ❹〖哲〗外界の, 現象[客観]界の: ~ objects 外物〖外界に存在する事物〗 / the ~ world 外界. ── 名〖複数形で〗外形, 外観; 外界の事情: the ~s of religion 宗教の外面的形式〖儀式など〗/ judge by ~s 外観で判断する. 〖L=外部のくexter 外の; cf. exterior〗

ex·tér·nal·ism 名〖哲〗外形主義, 形式尊重主義.

ex·ter·nál·i·ty /ɪ̀kstəːnǽləti | -təː-/ 名 ❶ U 外部性. ❷ C 外面, 外形. ❸ =externalism.

ex·ter·nal·i·za·tion /ɪkstə̀ːnəlɪzéɪʃən, eks- | -nəlaɪz-/ 名 U 外面化; 体現, 具現, 具体化; 外注.

ex·ter·nal·ize /ɪkstə́ːnəlàɪz, eks- | -tə́ː-/ 動 他 ❶ 〈内的なものを〉外面化する, 客観化する. ❷〖心〗〈自己の感情を〉外在化する.

ex·ter·nal·ly /-nəli/ 副 ❶ 外部的に, 外部から; 《英》学外でに, から. ❷ 外面的に[の].

ex·ter·o·cep·tive /èkstərouséptɪv⁼/ 形〖生理〗外受容(性)の, 外部感受性の.

ex·ter·o·cep·tor /èkstərouséptə- | -tə/ 名〖生理〗外受容器(目・耳・鼻・皮膚など).

ex·ter·ri·to·ri·al /èkstèrətɔ́ːriəl⁼/ 形 =extraterritorial.

†**ex·tinct** /ɪkstíŋ(k)t, eks-/ 形 (比較なし) ❶ 〈火・希望など〉消えた; 〈火山が〉活動を停止した: an ~ volcano 死火山. ❷ 〈人・動物など〉死に絶えた, 絶滅した: an ~ animal [species] 絶滅した動物[種(%)]. ❸ 〈家系・爵位など〉断絶した, 消滅した. ❹ 官職のすたれた. (動 extinguish, & extinction)

†**ex·tinc·tion** /ɪkstíŋ(k)ʃən, eks-/ 名 U ❶ 消火, 鎮火. ❷ 終息; 死滅, 絶滅. ❸〈家系などの〉断絶, 廃絶. (形 extinct, & extinguish)

†**ex·tin·guish** /ɪkstíŋgwɪʃ, eks-/ 動 他 ❶ 〈火・光など〉を消す (put out). ❷ 〈情熱・希望などを〉失わせる: Our hopes have been ~ed by this setback. 我々の希望はこの失敗で消えうせた. 〖L〗⇒ extinct, & extinction)

ex·tín·guish·a·ble /-ʃəbl/ 形 消火できる.

ex·tín·guish·er 名 ❶ 消すもの[人]. ❷ **a** (帽子形の)ろうそく消し, 消炎器. **b** 消火器; ⇒ fire extinguisher.

ex·tir·pate /ékstə-pèɪt | -tə-/ 動 他 ⟨...を⟩根絶[絶滅]させる: ~ organized crime 組織犯罪を絶滅させる. **éx·tir·pà·tor** /-tə- | -tə/ 名

ex·tir·pa·tion /èkstə-péɪʃən | -tə(ː)-/ 名 U 根絶, 絶滅.

†**ex·tol, ex·toll** /ɪkstóʊl, eks-/ 動 他 (ex·tolled; ex·tol·ling) 〈...を〉賞揚[激賞]する. ~·ment /-mənt/ 名

ex·tort /ɪkstɔ́ə-t, eks- | -tɔ́ːt/ 動 他 (力ずく・脅迫などで)〈金などを〉〈人〉から奪い取る, ゆすり取る: The blackmailer tried to ~ a large sum of money *from* him. その脅迫者は彼から莫大な金を巻き上げようとした. 〈約束・自白などを〉人に無理強いする, 強要する: ~ a confession *from* a person by threats 脅して人に白状させる. 〖L=ねじり出す〗

†**ex·tor·tion** /ɪkstɔ́ə-ʃən, eks- | -tɔ́ː-/ 名 ❶ U 強要, 強奪, 無理取り, ゆすり. ❷ C 強要[強奪]行為.

ex·tór·tion·ate /-ʃ(ə)nət, -nət/ 形 ❶ 〈要求・価格など〉法外な, 暴利の (outrageous). ❷ 〈人・行為など〉強要的な, 強奪的な. ~·ly 副

ex·tór·tion·er /-ʃ(ə)nə- | -nə/ 名 C 強奪[強請]者; 搾取者.

ex·tór·tion·ist /-ʃ(ə)nɪst/ 名 =extortioner.

*__ex·tra__ /ékstrə/ 形 (比較なし) ❶ A 余分な (additional), 臨時の: ~ pay 臨時手当[給与] / an ~ train 増発[臨時]列車 / an ~ edition 臨時増刊, 特別号 / an ~ job (本業のほかの)アルバイト. **b** 特別な, 余計の, 特別上等の: of ~ quality 極上の. ❷ P 〖また名詞の後に置いて〗別勘定で: Dinner (is) $5, and wine ~. 晩餐(%)5ドルでワイン代は別[勘定で]だ. ── 副 (比較なし) ❶ 余分に: You have to pay ~ for an express train. 急行列車には別に料金を払わなければなりません. ❷ 特別に, 格別に: try ~ hard 特別特に努力してやってみる. ── 名 ❶ 余分[特別]のもの: **a** 割増料金. **b** 課外講義. **c** 号外, 臨時増刊. ❷ 臨時雇い; エキストラ(俳優).
〖EXTRA(ORDINARY)〗

ex·tra- /ékstrə/ 接頭 「...の外の」「...の範囲外の」の意: *extra*mural; *extra*curricular. 〖L〗

éxtra-báse hít 名〖野〗長打.

èxtra-céllular 形〖生〗細胞外の[での]. ~·ly 副

èxtra-chromosómal 形 染色体外の.

èxtra-constitútional 形 憲法外の.

èxtra-corpóreal 形〖生理・医〗生体の外の, 体外の.

*__ex·tract__ /ɪkstrǽkt, eks-/ 動 他 ❶ 〈...を〉抜く, 抜き取る, 抜き出す, 取り出す: ~ a tooth 歯を抜く, 抜歯する / have a tooth ~ed 歯を抜いてもらう / ~ a compact *from* one's handbag ハンドバッグからコンパクトを取り出す. ❷ 〈エキスなどを〉〈...から〉抽出する, 蒸留して取る: ~ poisons [essences] *from* plants 植物から毒物[エキス]を取り出す. ❸ **a** 〈人から〉〈知識・情報・金などを〉引き[聞き]出す (elicit): ~ a secret *from* a person 人から秘密を聞き出す. **b** 〈データ・情報などを〉〈...から〉取り出し, 抽出する: ~ data *from* HTML files HTML 形式のファイルからデータを抽出する. ❹ 〈楽しみなどを〉〈...から〉得る: ~ pleasure *from* rural life 田園生活から楽しみを得る. ❺ 〈...から〉〈章句を〉抜粋する; 引用する: He has ~ed a great many examples *from* the grammar book. 彼はその文法書から多くの用例を引用している. **b** /+ékstrækt/〈文書の〉抄本を作る. **extráct** onesèlf *from* ... 〈場所・状態などから抜け出す, 脱する. ── /ékstrækt/ 名 ❶ U,C 抽出物; せんじ出し[汁], エキス, エッセンス, エキス剤: vanilla ~ バニラエッセンス / ~ *of* beef 牛肉エキス. ❷ C 抜粋, 引用章句: read an ~ *from* the Old Testament 旧約聖書の一節を読む. 〖L=引き出す<EX-²+*trahere*, *tract*- ひっぱる (cf. tract¹)〗

ex·trac·tion /ɪkstrǽkʃən, eks-/ 名 ❶ U,C 抜き取り, 引き抜き, 摘出(法); 抜歯; (データなどの)抽出. ❷〖化〗抽出物, (薬物などの)抽出, せんじ出し; (汁・油などの)搾り出し. ❸ U 〖修飾語を伴って〗血統, 系統: a family of ancient ~ 古い家柄の家系, 旧家 / an American of Japanese ~ 日系米人.

ex·trác·tive /ɪkstrǽktɪv, eks-/ 形 抽出的な, 抽出できる; 〈産業など〉〈自然から〉資源を取り出す[の].

ex·trác·tor /-tə- | -tə/ 名 ❶ 抽出者; 抜粋者. ❷ 抽出装置[器]; 抜き取り具.

extráctor fàn 名 換気扇.

èxtra-currícular 形 正課以外の, 課外の: ~ activities 課外活動.

ex·tra·di·ta·ble /ékstrədàɪtəbl/ 形 ❶ 〈逃亡犯人が〉引き渡される. ❷ 〈犯罪が〉引き渡し処分に該当する.

†**ex·tra·dite** /ékstrədàɪt/ 動 他 ❶ 〈外国からの逃亡犯人などを〉本国官憲に引き渡す, 送還する 〖*from*〗〖*to*〗: They refused to ~ the hijackers *to* the U.S. 彼らはハイジャック犯人の米国への引き渡しを拒んだ. ❷ 〈逃亡犯人

ex·tra·di·tion /ˌɛkstrədíʃən/ 图 U.C 〖ある国に逃げ込んだ〗外国犯人の引き渡し, 本国送還. 〖F＜EX-²＋L *tradition* 引き渡し (cf. tradition)〗

ex·tra·dos /ékstrədɑ̀s | ɛkstréɪdɔ̀s/ 图〖建〗(アーチの)外輪(✧̃), (アーチの)背面.

èxtra·galáctic 形〖天〗銀河系外の.

èxtra·judícial 形 ❶ 法廷[裁判]外の. ❷ 法的に認められていない, 違法の.

èxtra·légal 形 法律外の, 超法規的な, 法の支配を受けない.

èxtra·límit·al /-límɪt̬l/ 形〈ある種の動物が〉当該地域にはいない.

èxtra·linguístic 形 言語外の; 言語学外の.

èxtra·márital 形〈男女関係が〉夫婦外の: ~ intercourse 婚外交渉.

ex·tra·mu·ral /ˌɛkstrəmjʊ́(ə)rəl⁻/ 形 A (↔ intramural) ❶ **a** 施設[病院, 大学]構外の. **b**〈講師・講演など〉学外の. ❷ 城外の, (都市の)郊外の.

ex·tra·ne·ous /ɪkstríːniəs, ɛks-/ 形 ❶ (主題と)無関係の; 〖…と〗無関係で, 本質的でなくて (irrelevant): an ~ issue (主題と)無関係の問題 / a topic ~ *to* a lecture 講義と無関係の話題. ❷ (固有物でなく)外来の; (外に)付着した, 外生の; 異質の. ~·**ly** 副 ~·**ness** 图〖L＝外部からの〗

éxtra·net 图 エクストラネット《インターネットとイントラネットを組み合わせて, 会社と顧客の連絡を良くするシステム; 通常のインターネットでは見られない会社の内部情報も見られる》.《EXTRA-＋(INTRA)NET》

ex·traor·di·naire /ekstrɔ̀ədənéə, eks- | -trɔ̀ːdɪnéə/ 形〖後置〗並はずれた; 特別な, 特命の.

ex·traor·di·nar·i·ly /ɪkstrɔ̀ədənérəli, eks- | -trɔ́ːd(ə)nərəli/ 副 ❶ 異常に, ❷ 並はずれて, 非常に: an ~ beautiful woman とびっきりの美人.

ex·traor·di·nar·y /ɪkstrɔ́ədənèri, eks- | -trɔ́ːd(ə)nəri/ 形 (more ~; most ~) ❶ 異常な, 風変わりな, とっぴな: an ~ event 異常な出来事. ❷ 並はずれた, 驚くほどの (exceptional): a woman of ~ beauty まれに見る美人. ❸ 图 A (比較なし) 臨時の: ~ expenditure [revenue] 臨時歳出[歳入] / an ~ general meeting 臨時総会. ❹ A (比較なし) 〖通例名詞の後に置いて〗特派の, 特命の: an ambassador ~ 特命(大使). **ex·tráor·di·nàr·i·ness** 图〖EXTRA-＋ORDINARY〗

extraórdinary rày 图〖理〗異常光線《複屈折で分かれた2種の光のうち, 屈折率が方向によって異なるもの》.

ex·trap·o·late /ɪkstrǽpəlèɪt, eks-/ 動 他 ❶ 既知の事柄から未知の事柄を推定する: ~ *from* the known facts 既知の事実から未知の事柄を推定する. ❷〖統〗外挿[補外]法を行なう (↔ interpolate). — 自 ❶〈未知の事柄を既知の事柄から推定する〖*from*〗. ❷〖統〗〈変数の未知の値を〉外挿[補外]法によって推定する.〖EXTRA-＋(INTER)POLATE〗

ex·trap·o·la·tion /ɪkstrǽpəléɪʃən, eks-/ 图 U ❶ 推定. ❷〖統〗外挿法, 補外法.

èxtra·posítion 图〖文法〗外置変形.

èxtra·pyrámidal 形〖解〗錐体外路の; 錐体外路系の.

èxtra·sénsory 形 正常感覚外の; 超感覚的な.

èxtra·sènsory percéption 图 U 超感覚的知覚《略 ESP》.

èxtra·sólar 形 太陽系外の.

èxtra·terréstrial 形 地球圏外の. — 图 地球外の生物, 異星人, 宇宙人《略 ET》.

èxtra·territórial 形 A 治外法権(上)の: ~ rights 治外法権. -·**ly** 副

èxtra·territoriálity 图 U 治外法権.

éxtra tìme 图 U〖試合の〗延長時間.

èxtra·úterine 形 子宮外の: (an) ~ pregnancy 子宮外妊娠.

⁺**ex·trav·a·gance** /ɪkstrǽvəgəns, eks-/ 图 ❶ U.C 浪費; ぜいたく(品). ❷ U (様式・行為などの)驚くほど手が込んでいること.

⁺**ex·trav·a·gant** /ɪkstrǽvəgənt, eks-/ 形 (more ~; most ~) ❶ 浪費する, ぜいたくな: an ~ meal ぜいたくな食事 / She's ~ *with* her money. 彼女は金づかいが荒い. ❷ **a** 〈人・行動などが〉とっぴな: His reasoning was totally ~. 彼の考え方はまったくとっぴだった. **b**〈要求・代価など〉途方もない, 法外な: ~ praise べたほめ / make ~ demands 法外な要求をする. ❸〈様式・行為などが〉驚くほど手の込んだ, 贅を尽くした.〖F＜L＝…を越えてでてさまようようく EXTRA-＋*vagari* さまよう (*vagus*; ⇒ vague)〗〖類義語〗⇒ lavish.

ex·tráv·a·gant·ly 副 ❶ ぜいたくに. ❷ とっぴに; 法外に, 途方もなく.

⁺**ex·trav·a·gan·za** /ɪkstrǽvəgǽnzə, eks-/ 图 ❶ エクストラヴァガンザ《19世紀米国で流行した奇抜なコミックオペラの類》. ❷ 奇抜なもの; 豪華なショー (spectacular).〖It＝extravagance〗

ex·trav·a·sate /ɪkstrǽvəsèɪt, eks-/ 動〈血液・リンパ液などを〉管外に遊出させる.

ex·trav·a·sa·tion /ɪkstrǽvəséɪʃən, eks-/ 图 U.C〖医〗(血液・リンパ液などの)管外遊出[溢出].

èxtra·váscular 形 血管外の.

èxtra·vehícular 形 (宇宙船の)船外(用)の: ~ activity 船外活動 / an ~ suit 船外活動用の宇宙服.

ex·tra·vert /ékstrəvɛ̀ːt | -vɜ̀ːt/ 图 形 ＝extrovert.

èxtra·vírgin 形〈オリーブ油が〉最上等処女油の, エクストラヴァージンの.

extrema 图 extremum の複数形.

*****ex·treme** /ɪkstríːm, eks-/ 形 ❶ (比較なし) A 極度の, 非常な: ~ old age 非常な老齢, 高齢 / the ~ penalty (of the law) 極刑 / live in ~ poverty ひどい貧乏暮らしをする. **b**〈寒暑などが〉ものすごく厳しい, 極度の: (the) ~ cold 極寒, 酷寒. ❷ **a**〈行為・手段など〉極端な, 過激な (↔ moderate): an ~ case 極端な場合[例] / take ~ action [measures] 極端な手段をとる / the ~ Left [Right] 極左[右]派. **b**〈スポーツが〉過激な, 極限の, 冒険的な; 過激なスポーツをやる(人): ~ skiing エキストリーム[冒険]スキー《氷雪の高山などから滑降する》/ an ~ skier エキストリーム[冒険]スキーヤー. ❸ (比較なし) A いちばん端の, 先端[末端]の: at the ~ end of the village 村のいちばんはずれに / She's at the ~ right of the picture 彼女は写真の右端に写っている. — 图 ❶ C〖しばしば複数形で〗極端; 極度: the opposite [other] ~ まったく正反対 / go [be driven] to ~s 極端に走る / go to the ~ of... (…)の極端な手段に訴える / go from one ~ to the other 極端から極端に走る. ❷〖複数形で〗両極端: ~s of climate [heat and cold] 気候[寒暑]の両極端 / *Extremes* meet.《諺》両極端は一致する. **in the extréme** 極度に, 極めて: It was foolish *in the* ~. まったくばかげたことだった. ~·**ness** 图〖F＜L＝最も外部の〗 A (extremity)

extréme fíghting 图 U バーリトゥード, アルティメット《パンチ, キック, 投げ技, 締め技など何でもありの過激な格闘技; 日本の PRIDE などがこれに相当し, 国によっては違法》.

*****ex·treme·ly** /ɪkstríːmli, eks-/ 副 (比較なし) ❶ 極端に, きわめて: It pains me ~ to have to tell you this. あなたにこれを告げなければならないとは実につらいことです. ❷〖強意的に用いて〗《口》とても, すこぶる (exceedingly): It was an ~ fine day in May. その日は5月の実によく晴れた日だった / He was ~ angry. 彼はものすごく怒っていた.

extrémely lów fréquency 图〖通信〗極低周波《30-300 hertz; 略 ELF》.

extréme únction 图 U〖カト〗終油の秘跡(%ё)《重病人に行なう塗油式》; ⇒ sacrament 1).

⁺**ex·trém·ism** /-mɪzm/ 图 U ❶ 極端さ; 過激に走る傾向. ❷ 極端論[過激論]; 過激主義, 急進主義.

ex·trém·ist /-mɪst/ 图 極端論者, 過激[急進]論者, 極端な人. — 形 極端[過激, 急進]論(者)の.

ex·trem·i·ty /ɪkstrémət̬i, eks-/ 图 ❶ C **a** 先端, 末端: at the eastern ~ of the island 島の東端に. **b**〖通例複数形で〗四肢, 手足; 〖解〗端(✻): the lower [upper] *extremities* 足[腕]. ❷ U〖また an ~〗(苦痛・悲しみなど

の〕きわみ, 極度, 極限(状態); 窮境, 窮地: *an* ~ *of* joy 歓喜のきわみ / suffer *an* ~ *of* pain 極度の苦痛を味わう / in one's ~ 窮地に陥って, いよいよ困って / to the last ~ いよいよ最後まで; 死ぬまで / be driven to the ~ of stealing food 食物を盗むところまで追い込まれる. ❸ [C] [通例複数形で] 非常手段: proceed [go, resort] to *extremities* 最後の手段に訴える.

ex·tre·mum /ɪkstríːməm/ [名] (複 **-ma** /-mə/, **~s**) 〘数〙 極値 《関数の極大値または極小値》.

ex·tric·a·ble /ɪkstríkəbl, eks-/ [形] 救出できる, 解放できる.

ex·tri·cate /ékstrəkèɪt/ [動] [他] ❶ 〈…を〉〔危険・困難から〕救い出す, 救出する, 脱出させる: The boy ~*d* the bird ***from*** the net. 少年は網から小鳥を助け出してやった. ❷ [~ *oneself* で] 〔…から〕脱出する: ~ *oneself* ***from*** a difficult situation 窮境を脱する.

ex·tri·ca·tion /èkstrəkéɪʃən/ [名] [U] 救出, 解放, 脱出.

ex·trin·sic /ekstrínzɪk, ɪks-, -sɪk/ [形] 〈刺激・影響など〉外部(から)の; 外来的な, 付帯的な, 非本質的な (↔ intrinsic): ~ stimuli 外部からの刺激 / an ~ factor 外(来)的要因 / ~ value 付帯的価値 / The question is ~ ***to*** our discussion. その質問は我々の討議には無関係である. **-si·cal·ly** /-kəli/ [副]

ex·trorse /ekstrɔ́ əs, ←― | ekstrɔ́ːs, ←―/ [形] 〘植〙〈葯(やく)が〉外向きの, 外旋[外向, 外開]の.

ex·tro·ver·sion /èkstrəvə́ːʒən | -vɔ́ːʃən/ [名] (↔ introversion) [U] ❶ 外転. ❷ 〘医〙 外反. ❸ 〘心〙 外向性.

⁺**ex·tro·vert** /ékstrəvə̀ːt | -vɔ̀ːt/ (↔ introvert) [名] ❶ 明るく活動的な人, 外向的な人. ❷ 〘心〙 外向性の人. ― [形] 外向的な (outgoing).

éx·tro·vèrt·ed /-ṭɪd/ [形] ＝extrovert.

ex·trude /ɪkstrúːd, eks-/ [動] [他] ❶ 〈ものを〉押し出す, 突き出す: The snail ~*d* its horns. カタツムリは角を出した. ❷ 〈プラスチックなどを〉型から押し出して成形する. **ex·trúd·er** [名] 〘L＝押し出す < EX-[2]+*trudere, trus-* 押す (cf. intrude)〙

ex·tru·sile /ɪkstrúːs(ə)l, -saɪl/ [形] ＝extrusive.

ex·tru·sion /ɪkstrúːʒən, eks-/ [名] ❶ [U,C] 押し出し, 突き出し; 突出; 追放, 駆逐; 〘歯〙 挺(てい)出. ❷ **a** [U] (プラスチックなどの)押し出し加工. **b** [C] 押し出して作ったもの, 押し出し品.

ex·tru·sive /ɪkstrúːsɪv, eks-/ [形] ❶ 押し出された, 突き出た. ❷ 〘地〙 噴出性の: ~ rocks 噴出岩.

⁺**ex·u·ber·ance** /ɪgzúːb(ə)rəns, eg- | -z(j)úː-/ [名] [U] ❶ 快活(さ), 溌溂(はつらつ), 元気; 活力, 生命力. ❷ [また an ~] 豊富, 横溢(おういつ); 繁茂: *an* ~ *of* foliage 繁茂した枝葉.

⁺**ex·u·ber·ant** /ɪgzúːb(ə)rənt, eg- | -z(j)úː-/ [形] ❶ **a** 〈人・行為が〉元気に満ちた. **b** 〈気力・健康など〉あふれるばかりの, はち切れるような. ❷ 〈想像力・天分など〉豊かな. ❸ 〈言語・文体など〉華麗な. ❹ 〈植物・枝葉など〉生い茂る, 繁茂した. **~·ly** [副] 〘F < L〙

ex·u·date /éks(j)ʊdèɪt, -ʃʊ- | -sjuː-/ [名] 滲出(しんしゅつ)物, 滲出液水.

ex·u·da·tion /èks(j)ʊdéɪʃən, -ʃʊ- | -sjuː-/ [名] ❶ [U] 滲出(しんしゅつ). ❷ [C] 滲出物[液].

⁺**ex·ude** /ɪgzúːd, eg- | -z(j)úːd/ [動] [他] ❶ 〈香気・魅力などを〉発散する, にじみ出す; 表わす: ~ confidence 自信にあふれている. ❷ 〈汗などを〉にじみ出させる. ― [自] 〈汗などが〉〔…から〕しみ[にじみ]出る 〔*from, through*〕. 〘F < L < EX-[2]+*sudare* 汗をかく〙

ex·ult /ɪgzʌ́lt, eg-/ [動] [自] 〔…に〕大喜びをする; 勝ち誇る 〔*at, in, over*〕: He ~*ed* ***in*** his victory. 彼は勝利に狂喜した. ― [他] 〈…と〉言って大喜びする 〘引用〙.

ex·ul·tant /ɪgzʌ́ltənt, eg-/ [形] 大喜びの; 大得意の, 勝ち誇った (triumphant). **~·ly** [副] 大喜びで; 大得意で; 勝ち誇って.

ex·ul·ta·tion /èksʌltéɪʃən, ègz-/ [名] [U] 歓喜, 狂喜, 大はしゃぎ; 勝ち誇ること.

ex·últ·ing·ly [副] 狂喜して; 勝ち誇って.

ex·urb /éksəːb, égzəːb | éksəːb, égzəːb/ [名] 《米》 準郊外 《郊外周辺の(高級)住宅地》. 〘EX-[2]+(SUB)URB〙

éx·ur·ban·ìte /-bənàɪt/ [名] 準郊外居住者.

ex·ur·bi·a /eksə́ːbiə, egzə́ː- | -sə́ː-/ [名] [U] 《米》 準郊外地域.

ex·u·vi·ae /ɪgzúːviìː, eg- | -z(j)úː-/ [名] [単数または複数扱い] (セミ・ヘビなどの)脱け殻, 脱殻, 脱皮殻. **ex·ú·vi·al** /-viəl/ [形]

ex·u·vi·ate /ɪgzúːvièɪt, eg- | -z(j)úː-/ [動] [他] 〘動〙 〈殻を〉脱ぐ, 脱皮する. **ex·ù·vi·á·tion** [名] 脱皮.

ex-vo·to /eksvóuṭou/ [名] (複 **~s**) 奉納物.

éx-wòrks 《英》 [副] [形] 工場渡し(で[の]).

-ey /i/ [接尾] ＝-y.

ey·as /áɪəs/ [名] 巣びな; (特に 鷹狩り用に慣らすために巣から取り出した)タカの子, ひなたか.

Eyck /áɪk/, **Jan van** [名] (ファン・)アイク 《?–1441; フランドルの画家》.

‡**eye** /áɪ/ [名] ❶ [C] **目** 《★ ひとみ・虹彩(こうさい)・目の周りなどにもいう》: a girl with blue ~*s* 青い目の少女 / an artificial ~ 義眼 / ⇨ black eye, COMPOUND[1] eye / with dry ~*s* 少しも涙を流さずに; 平然と, けろりとして / feast one's ~*s* 目を楽しませる / open [close] one's ~*s* 目をあける[閉じる] / look a person in the ~(*s*) 人の顔をじっと[まともに]見る / meet the ~*s* of a person [a person's ~*s*] 〈ものが〉目にふれる; 人の目と見合わせる / *Eyes* front! 〘号令〙 かしらなか(頭中)!; 直れ! / *Eyes* right [left]! 〘号令〙 かしら右[左]! / Where are your ~*s*? 目はどこについているんだ 《よく見ろ》 / His ~*s* are bigger than his stomach. 彼は食べきれないくせに欲ばる 《[由来]「彼の目は腹より大きい」の意から》. ❷ [C] **視力**, **視覚**: as far as the ~ can see [reach] 目の届く限り, 見渡す限り / have good ~*s* 目がよく見える[きく] / have sharp [weak] ~*s* 視力[眼力]が鋭い[弱い] / by [with] the naked ~ 肉眼で. ❸ [通例単数形で] **物を見る目**, **観察力**, **眼識**: have a good ~ ***for*** pictures 絵を見(分け)る目[よい目]がある (cf. have an EYE for [名] [成句] (1)) / have the ~ ***of*** a painter 画家並みの眼識を持っている. ❹ [C] [しばしば複数形で] **目の表情**, 目つき, まなざし: the green ~ しっとの目 / He looked at the man with a tranquil [jealous] ~. 彼はその男を落ち着いた[しっとの]まなざしで見た / ⇨ evil eye, glad eye. ❺ [C] [しばしば複数形で] **注目**, **注視**: fix one's ~*s* on…に目を注ぐ, …をじっと見つめる / All ~*s* were on [upon] her. 皆の目が彼女に注がれていた / She drew [attracted] the ~*s* of all the men in the room. 彼女は部屋中の男たちの目を引きつけた / This document is for your ~*s* only. この文書はあなたのお目にだけ留めていただきたい 《他人に見せないでください》. ❻ [C] 監視の目, 警戒の目: keep one's [both] ~*s* (wide) open [peeled, 《英》 skinned] (*for*…) (…に)十分に気を配っている. ❼ **a** [C] 物の見方, 見地, 見解: in my ~*s* 自分の見るところでは. **b** [an ~, one's ~] 目的, 意図: with *an* ~ to a takeover 乗っ取りをもくろんで[目的として]. ❽ [C] 目のようなもの: **a** (ジャガイモなどの)芽. **b** (クジャクの尾やチョウの翅の)目玉模様, 眼状斑紋(はんもん). **c** (針の)めど; (ホック止めの)小穴. **d** (縄・綱などの端の)小環. **e** (的の)星. ❾ [C] 〘気象〙 台風[ハリケーンなど]の目: the ~ of a storm 台風の目.

áll éyes are on…にあらゆる人の視線が集まって, すべての人が注目して.

Áll my éye! 《英俗》 とんでもない!, ばかばかしい!, まさか!

an éye for an éye 目には目を, 同じ手段による報復 《★ 聖書「出エジプト記」から》.

a síght for sóre éyes ⇨ sight [名] [成句].

be áll éyes (全身を目のようにして)一心に注視する, 目を皿にして見る.

befóre a one's (véry) éyes (すぐ)目の前で: The accident occurred right *before* my *very* ~*s*. その事故は私のすぐ目の前で起こった.

cánnot belíeve one's **éyes** 自分の目を信じられない: At first I *couldn't believe* my ~*s*. 私はそれを見た時初めは本当と思えなかった.

cást one's **éyes over**… ＝run one's EYES over [成句].

cást (shéep's) éyes at… ＝make (sheep's) EYES at… [成句].

cátch a person's éye (1) 〈ものが〉人の目に留まる, 人目を引く. (2) 〈人が〉人の注意[注目]を引く.
cláp éyes on... =set EYES on... 成句.
clóse one's éyes (1) 目を閉じる (⇨ 图 1). (2) 〔…を〕無視する, 不問に付す,〔…に〕目をつぶる〔to〕.
crý one's éyes óut 目を泣きはらす, さめざめと泣く.
dó a person in the éye 《英口》〈人を〉だます.
dróp one's éyes =lower one's EYES 成句.
éasy on the éye 〈人・ものが〉見た目がよい, 魅力的な.
féast one's éyes on... …を楽しげに[感心して]眺める.
for a person's éyes ónly …の目にだけ(触れさせて),…にだけ(見せて).
find fávor in a person's éye ⇨ favor 图 3 a.
gèt one's éye ín 《英》(テニス・クリケットなどで)(ボールを見る)目を養う, ボールに目を慣らす.
gíve an éye to... (1) …に注目する. (2) …の世話をする.
gíve a person the (glád) éye 〈人に〉色目を使う.
hàve an éye for... (1) …を見分ける目[鑑識眼]がある. (2) 〔あるタイプの〕異性に魅力を感じる[引かれる].
hàve an éye to... …をねらっている;…を目当にする.
hàve éyes in the báck of one's héad 《口》なんでもお見通しである.
hàve one's éye on... 〔人・物〕を手に入れようと構えて[狙って]いる,…に目をつけている.
hàve éyes ónly for... =only have EYES for....
hàve óne eye on... 一方で…を見て[注意して, 気にして]いる.
hít a person in the éye [betwèen the éyes] 《口》〈人に〉強い印象を与える.
if you had hálf an éye もしそれほど不注意でなければ, もう少し注意すれば.
in frónt of a person's (véry) éyes =before a person's (very) EYES 成句.
in the éye of... 〔世界などの〕目に(は);〔法律などの〕見地[見解, 見方]で.
in the éye of the stórm 困難のまっただ中に[で].
in the éye of the wínd =in the wind's éye 《海》まともに風に向かって.
in the públic éye 社会の注目を浴びて, 新聞・テレビなどに頻繁に登場して.
in the twínkling of an éye ⇨ twinkling 成句.
kéep an [one's] éye on... …から目を離さないでいる, 監視して[見張って]いる.
kéep an éye óut for... …に(ついては)気をつけている, 注意している, 探している;…を見張っている.
kèep one's éye ín 《英》(テニス・クリケットなどで)(ボール・相手の動きを見る)目を養っておく.
kéep one's éyes óff... (1) …から目を離しておく. (2) [通例 can't の否定文で] …に魅了されている: The boy *couldn't keep his ~s off* the shiny, red bike. 少年はぴかぴかの赤い自転車にうっとりしていた.
láy éyes on... =set EYES on... 成句.
léap [júmp] to the éye(s) すぐ目につく;まったく明白だ《フランス語法》.
lówer one's éyes 目を伏せる, 視線を落とす.
màke a person ópen his éyes 〈人の〉目を見張らせる,〈人〉を驚かせる.
màke (shéep's) éyes at... 〈人〉に色目を使う.
méet the éye 見えてくる, 目に映る.
móre than méets the éye 見た目以上のもの《隠れた資質・困難・事情など》: There's *more* in [to] it *than meets the ~*. (それには)表面上はわからない事情[難点]がある.
My éye! =All my EYE! 成句.
óne in the éye for... 《口》〈人〉にとっての失望, 敗北, 一撃, ショック (★ one は「一撃」の意): That was *one in the ~ for* him. それは彼にとってショックだった[彼にひとあわふかせることになった].
ónly hàve éyes for... 《口》…にしか関心[興味]がない.
ópen a person's éyes (事実などに)人の目を開いてやる, 人の迷いをさまさせる〔*to*〕.
púll the wóol òver a person's éyes ⇨ wool 成句.
ráise one's éyes 見上げる.
rún one's éyes òver... …にさっと目を通す.
sèe éye to éye (with...) [しばしば否定文で] (人と)(…で)見解がまったく一致する〔*on, about*〕(★ 聖書「イザヤ書」から): I don't *see ~ to ~ with* her on this subject. 私はこの問題に関して(は)彼女と見解が一致しない.
sèt éyes on... [しばしば否定文で]《口》〈人・ものを〉見る (see): I've *never set ~s on* her for ages. もう長いこと彼女を見かけない.
shút one's éyes to... =close one's EYES 成句 (2).
stríke fire to one's éye 目立つ, ひときわ目立つ.
tàke one's éyes óff... [通例否定文で] …から目を離す: I couldn't [was *unable to*] *take* my *~s off* the picture. (魅了されて)その絵から目を離すことができなかった.
That's áll my éye. =All my EYE! 成句.
the ápple of a person's éye ⇨ apple 成句.
the móte in a person's éye ⇨ mote 成句.
The scáles fáll from one's éyes. ⇨ scale³ 图 成句.
thróugh a person's éyes =through the eyes of a person 〈人〉の目を通して,〈人〉の視点で[考え方で].
thrów dúst in the éyes of a person ⇨ dust 图 成句.
to the éye of... …の目には[からすると]: *To the ~ of* the average consumer the economy seems stable enough. 一般消費者の目には経済は十分安定しているように見える.
tùrn a blínd éye to... …を無視する, 見て見ぬふりをする.
ùnder the éye of... …の監視の下で.
ùnder one's (véry) éyes =before one's (very) EYES 成句.
úp to one's [the] éyes (1) 〔仕事に〕没頭して, ひどく忙しく;〔…に〕うずもれそうで,〔…が〕山ほどあって〔*in*〕. (2) 〔借金などに〕深くはまり込んで〔*in*〕.
with one's éyes ópen (1) 目を開いて. (2) (事情を)承知のうえで, 故意に.
with one's éyes shút [clósed] (1) 目を閉じて. (2) 楽々と. (3) 気づかないで, 事情を知らずに.
with hálf an éye ちらりと見ただけで;たやすく: Anyone could see *with half an ~* that…ということはだれだってすぐにわかる.

── 動 他 (éy(e)·ing) 〈…を〉じろじろ[注意深く]見る: He *~d* her suspiciously. 彼は彼女をうさんくさそうに見た.
éye...úp 《英口》〈…に〉色目を使う (ogle).
〖OE〗 (関形 ocular, ophthalmic, optic)

+**éye·bàll** 图 眼球. **eyeball to eyeball**〔…と〕(険悪な状態で)顔と顔を突き合わせて〔*with*〕. **(úp) to the éyeballs**《口》すっかり, 完全に. ── 動 《米口》〈…を〉じろじろ[じっと]見つめる.
éye bànk 图 アイバンク, 目の銀行, 角膜銀行.
éye·bàth 图 《英》洗眼コップ (eyecup).

*éye·bròw /áibràu/ 图 まゆ, まゆ毛: knit one's *~s* まゆをしかめる / raise an *~* [one's *~s*] (*at*...) (…に)まゆをあげる《驚き・疑いなどの表情》/ raise (a lot of) *~s* 人々を(大いに)驚かせ. **úp to the [one's] éyebrows** (1) 〔…に〕没頭して, 夢中で〔*in*〕. (2) 〔借金などに〕深くはまりこんで〔*in*〕.
éyebrow pèncil 图 ⓊⒸ まゆ墨.
éye cándy 图 Ⓤ 見た目が魅力的なもの[人], (頭は使わず)ただ楽しむだけの[子供だましの]映像.
éye-càtcher 图 ❶ 人目を引くもの;目玉商品. ❷ 若い魅力のある女.
+**éye-càtching** 形 人目を引く. **~·ly** 副
éye chàrt 图 視力検査表.
éye còntact 图 視線を合わせること.
éye cùp 图 洗眼用コップ.
eyed /áid/ 形 ❶ [複合語で] (…の)目をした;目が(…の)ような: blue-*eyed* 青い目をした / green-eyed / eagle-*eyed* ワシのような[鋭い]目をした. ❷〈針など〉めどのある. ❸〈クジャクの尾など〉目玉模様のある.
éye dòctor 图《口》眼科医.
éye·dròpper 图 点眼器, スポイト.
éye·dròps 图 覆 目薬.
éye·ful /áifùl/ 图 ❶ [an *~*] 一目で見渡されるもの;十

分見ること: get [have] an ~ たっぷり見る. ❷ 《口》人目を引くもの[人], 美人. 【EYE+-FUL²】
éye・glàss 图 ❶ ⓒ 眼鏡のレンズ. ❷ a ⓒ 単眼鏡, 片眼鏡. b [複数形で] 眼鏡.
éye・hòle 图 ❶ のぞき穴. ❷ (糸・ひもを通すための)めど, 通し穴.
+éye・làsh 图 まつ毛; [通例複数形で] まつ毛《全部》: flutter one's ~es (at a person) (人に)色目を使う. by an éyelash わずかの差で. (関形 ciliary)
éye・less 形 目のない, 盲目の; 盲目的な.
eye・let /áɪlət/ 图 ❶ a (布の)小穴. b (靴などの)ひも穴. ❷ のぞき穴; 銃眼.
éye lèvel 图 ⓤ 目の高さ.
+eye・lid /áɪlɪd/ 图 まぶた: the upper [lower] ~ 上[下]まぶた. nót [néver] bát an éyelid 《口》顔色ひとつ変えない, 平然としている《由来「まばたきひとつしない」の意から》.
éye・liner 图 アイライナー《まぶたの際に塗って目の輪郭を目立たせる化粧品》.
éyeliner pèncil 图 ⓒⓤ アイ(ライナー)ペンシル.
éye lòtion 图 ⓤⓒ 目薬, 洗眼液.
éye màsk 图 アイマスク《眠りやすくするために目の上におおうカバー》.
éye・òpener 图 ❶ 目を見張らせるようなもの; 真相を示す新事実. ❷ 《米口》寝起きの一杯, 朝酒 (cf. nightcap 1).
éye・òpening 形 目を見張らせる[開かせる](ような); 真相を示す.
éye pàtch 图 眼帯.
éye・pìece 图 接眼レンズ, 接眼鏡 (cf. object glass).
éye・pòpper 图 《口》❶ (目の玉のとび出るような)どえらいもの[こと]. ❷ 手に汗握るようなもの, わくわくさせるもの.
éye・pòpping 形 《口》❶ 目の玉がとび出すほどの; びっくりさせる. ❷ 手に汗握るような, わくわくさせる.
éye・shàde 图 (テニス選手などの日よけ用の)まびさし.
éye shàdow 图 ⓤⓒ アイシャドー: wear ~ アイシャドーをつけている.
éye・shòt 图 ⓤ 目の届く所, 視界: beyond [out of] ~ (of...) (...から)目の届かない所に / in [within] ~ (of...) (...から)目の届く所に.
+eye・sight /áɪsaɪt/ 图 ⓤ ❶ 視力; 見ること: a person with good [poor] ~ 視力のよい[弱い]人 / lose one's ~ 失明する. ❷ 視野, 視界: within ~ 視界内に.
éye sòcket 图 眼窩(がんか).
éyes-ónly 形 《情報など受信人にのみ理解される, 極秘の.
éye・sòre 图 目障り(なもの)《環境にそぐわない建物など》.
éye splìce 图 《海》索眼《綱の端をまるく曲げて組み継ぎした部分》.
éye・spòt 图 ❶ ⓒ 《動・植》眼点《鞭毛虫類・下等藻類などの感光器官》; (クジャクの上尾筒・チョウの羽などの)眼状斑点[紋], 目玉模様, 眼点. ❷ ⓤ 《植》(サトウキビなどの)眼状斑点病, 眼点病.
éye・stràin 图 ⓤ 目の疲れ, 眼精疲労.
éye・strìpe 图 《鳥》過眼線《眼を通り後部にいたる頭部の線》.
Eye-tie /áɪtaɪ, -ti/ 图 《俗・軽蔑》イタリア人, イタ公.
éye・tòoth 图 《複 eye-teeth》(特に上の)犬歯, 糸切り歯. cút one's éyeteeth 世間に明るくなる, 大人になる. 《由来「犬歯が生える」の意で, そのころに大人になることから》. would gíve one's éyeteeth (...のためなら)どんな代償でも払うだろう《for》《to do》(cf. right arm 1).
éye・wàre 图 ⓤ 眼鏡.
éye・wàsh 图 ❶ ⓤⓒ 目薬, 洗眼薬. ❷ ⓤ 《古風》でたらめ, たわごと.
+éye・wítness 图 目撃者; 実地証人《to, of》.
éye wòrm 图 《動》眼虫《眼に寄生する線虫; ガンチュウ科テラジア属またはロア糸状虫》.
ey・ot /éɪt, éɪət/ 图 《英》(川・湖の中の)小島.
ey・ra /éɪrə/ 图 《動》アイラ《赤色に体色変化した jaguarundi》.
ey・rie /áɪ(ə)ri, é(ə)ri, í(ə)ri/ 图 =aerie.
Ez., Ezr. 《略》《聖》Ezra. Ezek. 《略》《聖》Ezekiel.
Eze・ki・el /ɪzíːkiəl/ 图 ❶ エゼキエル《紀元前6世紀ごろのユダヤの大預言者》. ❷ 《聖》エゼキエル書 (The Book of Ezekiel)《旧約聖書中の一書; 略 Ezek.》.
é-zìne /íːziːn/ 图 電子雑誌 (electronic magazine).
Ez・ra /ézrə/ 图 ❶ エズラ《男性名》. ❷ 《聖》エズラ記 (The Book of Ezra)《旧約聖書中の一書; 略 Ez., Ezr.》.

F f

f, F[1] /éf/ 名 (複 **fs, Fs, F's** /~s/) ❶ C|U エフ《英語アルファベットの第6字》. ❷ U （連続したものの）第6番目（のもの）.

F[2] /éf/ 名 (複 **F's, Fs** /~s/) ❶ C F字形（のもの）. ❷ C|U （5段階評価中）不可, エフ (cf. grade 3): He got an *F* in history. 彼は歴史で不可をとった. ❸ 〖楽〗 **a** 《ドミリファ唱法の「ファ」音》: *F* clef ヘ音記号 / *F* flat [sharp] 変[嬰(ホ)]ヘ音 / *F* major [minor] ヘ長調[短調]. **b** ヘ調: *F* major [minor] ヘ長調[短調].

F《略》Fahrenheit; 〖遺〗filial; fine（鉛筆・万年筆の）細字用; 〖化〗fluorine; French; 〖数〗function; 〖記号〗 **F***.* **farad(s).** **f., f** 《略》feet; female; feminine; filly; 〖光〗focal length; folio; following; foot; 〖楽〗forte; 〖野〗foul(s); franc(s); from; 〖記号〗《記号》 **f***.* number. **F.** 《略》Fahrenheit; February; Fellow; France; franc(s); French; Friday.

fa /fά/ 名 (複 ~s) 〖楽〗《ドレミファ唱法の》「ファ」《全音階的長音階の第4音; cf. sol-fa》.

FA 《略》〖英〗Football Association サッカー協会.

FAA 《略》〖米〗Federal Aviation Administration.

fab[1] /fǽb/ 形 〖口〗 すばらしい. 〖FAB(ULOUS)〗

fab[2] /fǽb/ 名 《特に半導体産業の》製造（工場） (cf. fab-less). 〖FAB(RICATION)〗

fá·ba bèan /fά:bə-/ 名 《米》=fava bean.

fab·bo /fǽbou/, **fab·by** /fǽbi/ 形 〖英口〗 すばらしい, すごい (fabulous).

Fa·ber·gé /fæ̀bəɹʒéi | fǽbəʒèi/, **Peter** 名 ファベルジェ (1846–1920; ロシアの金細工師・宝石職人).

Fa·bi·an /féibiən/ 形 ❶ （戦わないで敵を疲れさせてしまうような）持久策の. ❷ フェビアン協会の. ── 名 フェビアン協会会員. 〖持久戦を採った古代ローマの将軍 Fabius /féibiəs/ の名から〗

Fá·bi·an·ism /-nìzm/ 名 U フェビアン主義.

Fábian Socìety 名 [the ~] フェビアン協会《1884年 Sidney Webb /wéb/ らが London に創立した改良主義的社会主義団体》.

+**fa·ble** /féibl/ 名 ❶ C（動物などを擬人化して教訓を含んだ）寓話(詞); 〖総称〗fairy tale [story] は子供のための妖精・魔法などの話》: Aesop's *Fables* イソップ物語. ❷ C 伝説, 説話, 神話. ❸ U|C 作り話, 作り事. 〖F<L *fabula* 物語, 話<*fari* 語る; cf. affable, fabulous, fate, infant, preface〗 **fabulous**.

fá·bled 形 ❶ 物語[伝説]に名高い, 伝説的な (legendary): Babe Ruth, the ~ home-run king 伝説的なホームラン王ベーブルース. ❷ 作り話の, 虚構の, 架空の.

fáb·less 形 工場をもたない《メーカーが, 大規模な製造施設をもたない》.

fab·li·au /fǽblìòu/ 名 (複 **-aux** /-òuz/) ファブリオ《主に 13 世紀フランスで散文で書かれた諷刺的な滑稽話》.

Fab·lon /fǽblɑn | -lɔn/ 名 U ファブロン《英国製の, 裏面に糊の付いたビニールシート; 棚・カウンターの装飾, 手工芸などに使う》.

Fa·bre /fά:br(ə)/, **Jean Hen·ri** /ʒά:ŋ ɑ:nrí: | ʒɔ́ŋ ɔ́nri/ 名 ファーブル (1823–1915; フランスの昆虫学者).

*****fab·ric** /fǽbrɪk/ 名 ❶ **a** U|C 織物, 布《比較 cloth のほうが一般的; cloth は衣服などを作るのに十分な布 / a synthetic ~ 合成織物. **b** U 織り方, 生地. ❷ ［単数形で］**a** （教会などの）建物の外部《屋根・壁など）. **b** 構造, 組織: the ~ of society 社会組織[機構]. 〖F<L=作業場〗

fab·ri·cate /fǽbrɪkèit/ 動 他 ❶ 組み立てて製造する; いろいろな規格部品で作る. ❷ **a**〔話・うそなど〕を（でっち上げる, でっちあげる (manufacture). **b** 〔文書など〕を偽造する. 〖FABRIC+-ATE[2]〗 〖類義語〗⇒ make.

fab·ri·ca·tion /fæ̀brɪkéiʃən/ 名 ❶ U 製作; 作り上げ, でっちあげ; 偽造. ❷ C 作りごと, うそ (invention).

fáb·ri·cà·tor /-tə | -tə-/ 名 C 製作者; 作り上げる人. ❷ うそつき.

fábric sòftener [〖英〗 **condìtioner**] 名 U|C 柔軟仕上げ剤, 柔軟風合剤《洗濯した生地・衣服を柔らかくふんわり仕上げる》.

fab·u·list /fǽbjulɪst/ 名 ❶ 寓話(詞)作者[の語り手]. ❷ うそつき.

fab·u·los·i·ty /fæ̀bjulɑ́səti, -lɔ́s-/ 名 ❶ U 寓話[伝説]的性質. ❷ C 〖古〗 作り話, 作り事 (fable).

+**fab·u·lous** /fǽbjuləs/ 形 ❶ すばらしい, すてきな: a ~ party すてきなパーティー. ❷ 信じられないほどの, うそのような, 途方もない, ものすごい: a ~ sum of money 莫大な金額. ❸ 伝説の, 伝説的な; 物語に出てくる［よく出る］: a ~ hero 伝説上の英雄 / a ~ animal（物語に出てくる）架空の動物. ~·**ness** 名 (fable).

fáb·u·lous·ly 副 途方もなく, 驚くほど, 非常に: a ~ rich person 大金持ち.

+**fa·cade, fa·çade** /fəsά:d/ 名 ❶ C （建物の）正面. ❷ （しばしば実体よりりっぱな事物の）見かけ, 外見: His fine clothes are a mere ~. 彼のりっぱな身なりは見せかけにすぎない. 〖F<It<L=face〗

*****face** /féis/ 名 ❶ C 顔, 顔面《あご (chin) から額 (forehead) までの head の前面部分をさす; eyes (目), nose （鼻）, mouth (口), cheeks (ほお) などを含むが, ears (耳) や neck (首) は含まない): a broad [pinched] ~ 面構えの広い[やつれた]顔 / stare a person in the ~=stare in a person's ~ 人の顔をじろじろ見る / She got red in the ~. 彼女は顔を赤らめた. ❷ C 顔色, 顔つき: a happy ~ 満足そうな[幸せそうな]顔つき / pull [make, have] a long ~ 浮かぬ[渋い]顔をする / His ~ fell when he heard the news. その知らせを聞くと彼の顔はくもった / Her ~ lit up when she found the ring. 指輪をみつけると彼女の顔はパッと輝いた. ❸ しかめつら, 渋面: make [pull] a ~ [~s]: ...に顔をしかめる, いやな顔をする. ❹ C [~...の]人: a new ~ 新顔 / a familiar ~ 親しくよく見かける)人. ❹ **a** （ものの）表側; 表面. **b** （貨幣・メダルなどの）面, 表側. **c** （時計などの）文字面. **d** （建物などの）正面. ❺ C **a** （書類の）文面: on [upon] the ~ of a document 書類の文面上では. **b** （株券などの）券面, 額面 (cf. face value). **c** （トランプの）表《マークや番号の書いてある面》. **d** （活字・版の）面, 字面(詞). ❻ C （器具などの）使用面. **b** （槌(バ)・ゴルフクラブの）打つ面. ❼ C 上っつら; 外観, うわべ: That puts a new ~ on things. それは事態の局面を一変する. ❽ C メンツ, 面目: lose ~ メンツ[面目]を失う, 顔がつぶれる / save (a person's) ~ （人の）メンツ[面目]を保つ, （人の）面目を施す, 顔が立つ. ❾ C 〖鉱〗 切羽(ば)《鉱石・石炭の採掘場》.

blów úp in one's **fáce** ⇒ blow[1] 成句

fáce dówn [dównwards] (1) 顔を下にして: lie ~ *down* うつ伏せになる. (2) 表を下にして: She laid her cards ~ *down* on the table. 彼女はトランプをテーブルの上に伏せて置いた.

fáce ón 顔をそのほうに向けて.

fáce to fáce (1) 面と向かって, (人と)差し向かいで. (2) 《危険・死などと》直面して, 瀕(氷)する: I came ~ *to* ~ *with* death. 私は死と直面した[間一髪で死ぬところだった].

fáce úp (1) 顔を上げて. (2) 表を上にして.

fáll (flát) on one's **fáce** (1) 《人がばったり倒れる. (2) 《計画などが》(ぶざまに)失敗する, うまくいかない.

flý in the fáce of... ⇒ fly[1] 成句

gèt ìn [òut of] a person's fáce 《米口》人に〈あほしろうしろと〉文句を言う[言うのをやめる], 口出しをする[やめる].

grind the fáces of the póor ⇒ grind 成句

hàve the fáce to dó 厚かましくも[ずうずうしくも]…する:

How can you have the ~ to say that? どうして君は厚かましくもそんなことが言えるのか.

hàve twó fáces 裏表がある, 二心を抱く (cf. two-faced); 〈言葉に〉どちらにもとれる.

in a person's fáce 面前で, 公然と: He will laugh *in* your ~. 彼は君の面前で笑うだろう.

in one's fáce まともに受けて: have the wind *in* one's ~ 風をまともに受ける.

in the fáce of (1) …に直面して: He showed bravery *in the* ~ *of* danger. 彼は危険にあって勇敢だった. (2) …を物ともせずに, …にもかかわらず: He carried on *in the* ~ *of* general opposition. 彼は世間一般の反対にもかかわらず実行した.

in your fáce ⇨ in-your-face.

kéep a stráight fáce まじめな顔をしている, 笑いをこらえる.

lóok a person in the fáce 〈人の〉顔をまともに見る.

nót jùst a [anòther] prétty fáce 思ったより優秀[有能]で, 見た目だけでなく中身もすぐれている.

on the fáce of it [thìngs] 一見したところでは, 表面上は (★普通は結果的にはそうでない場合に用いる).

pùt a bóld [bráve, góod] fáce on…を何くわぬ顔で[大胆に]押し切る, …に対して平然としている.

pùt ón one's fáce 《口》〈女性が〉化粧する.

sét one's fáce agàinst…に断固として反抗する.

shów one's fáce 顔を出す, 現われる: He hasn't shown his ~ yet this morning. 彼はけさはまだ顔を見せない[来ていない].

Shút your fáce! 《俗》黙れ!

to a person's fáce 人に面と向かって, 公然と: accuse a person *to his* ~ 人を面と向かって非難する.

túrn fáce abóut (1) くるりと振り向く. (2) 〔態度・政策・方針などについて〕今までと反対の立場をとる: He's *turned* ~ *about on* the issue. 彼はその問題についてがらりと態度を変えてしまった.

Wás my fáce réd! 困ってしまった, 恥ずかしかった.

whát's his [her] fáce 〈名前を忘れた〉あの何とかいう人, あのだれとかさん.

—— 動 ❶〈ものが×…に〉面する, 向く: The building ~s the square. その建物は広場に面している / They ~d each other. 彼らは互いに向き合った.

❷ a 〈事実などに〉直面する, 〈…に〉向かっこう向う, 対抗する, 敢然と立ち向かう: ~ death bravely 敢然と死に立ち向かう / ~ the stark reality of…の赤裸々な現実を直視する / We have to ~ the fact that we have failed. 我々は失敗したこという事実を認めねばならない. b 〈困難・問題などが〉人に迫る (★しばしば受身): A crisis was facing him. 危機が彼に迫っていた / be ~d with [by] a problem 問題に直面する / We're ~d with imminent bankruptcy. 我々は差し迫った倒産に直面している.

❸〈壁などを〉上塗り[上張り]する (★しばしば過去分詞で形容詞的に用いる): a wooden house ~d with brick 外側をれんがで固めた木造の家.

❹〈服の縁を取る, 〈…に〉飾りをつける (★しばしば過去分詞で形容詞的に用いる): a coat ~d with silk 絹で縁取った上着.

—— ❶ [副詞(句)を伴って] 〈建物が〉(ある方向に)向く, 面する: "Which way does his house ~?" "It ~s north [*to* [*toward*] the north]." 「彼の家はどちら向きですか」「北向きです」/ The shrine ~s on [*onto*] the street. 社は通りに面している.

❷ [通例号令に用いて] 【軍】転回する: About ~! 回れ右! / Left [Right] ~! 左向け左[右向け右]!

fáce a person dówn〈人を〉恐ろしいけんまくでおどす, 〈人を〉威圧する.

fáce it óut 事を大胆に対処する: He ~d it out against the strikers. 彼はスト参加者と対立して事を大胆に処理した.

fáce óff (自+副) 【アイスホッケー】試合を開始する. (2) 対決する.

fáce óut (他+副)〈事〉を大胆に処する;〈事〉にまっこうから立ち向かう (★受身不可).

635　face-to-face

fáce (the) fácts ⇨ fact 成句.

fáce the músic ⇨ music 成句.

fáce úp to…に真っ正面から迫る;〈事実・事情などに〉直面する, …を直視する (★受身可): You've got to ~ *up to* your responsibilities. あなたは自分の責任ある仕事に真っ正面から取り組まなければならない.

lèt's fáce it 《口》問題をあるがままに見ようではないか, 事実を正直に受け入れよう.

〖F＜L＝外形, 様相, 顔〗 （形）facial

【類義語】face「顔」を表わす一般的な語, 主として外観の記述に用いる. countenance やや改まった感じの語で, 感情が表われた顔つき, 顔に現われた表情を意味する. visage 〈文〉「容貌」を意味し, その人の気質を表わすような顔のつくりを指すことがある.

fáce-àche 名 ❶ Ⓤ 顔面神経痛. ❷ Ⓒ 《英俗》悲しそうな顔つきの人.

fáce càrd 名 《米》(トランプの)絵札 (《英》 court card) (king, queen, jack [knave] の3種).

fáce-clòth 名 ❶ 洗面用タオル, フェイスタオル (face flannel).

fáce crèam 名 Ⓤ 美顔用クリーム.

faced 形 [複合語で] ❶ …の顔をした: sad-*faced* 悲しそうな顔をした. ❷ 〈ものの〉表面が…だ: rough-*faced* 粗い表面をした.

fáce-dówn 副 顔を下げて. —— /ˊ-ˋ/ 名 [a ~] 対決.

fáce flànnel 名 《英》= facecloth.

fáce·less 形 ❶ 顔のない. ❷ 個性を欠いた, 特徴のない. ~·**ness** 名

fáce-lìft 名 ❶ 顔のしわ取り, 整形美顔術. ❷ a 〈建物などの〉外装直し, 模様替え: give a house a ~ (ペンキの塗り替えなどで)家を模様替えする. b 〈自動車などの〉マイナーモデルチェンジ, マイナーチェンジ. —— 動 ❶ 〈人に〉整形美顔術を施す. ❷ a 〈建物などを〉改装する. b 〈自動車などを〉モデルチェンジする.

fáce màsk 名 ❶ (野球の捕手・アイスホッケーのゴールキーパーなどの)マスク. ❷ 《米》美顔用パック (《英》 face pack).

fáce-òff 名 ❶ 【アイスホッケー】フェイスオフ (向かい合った二人の間にパックを落とすこと; これで試合が開始される). ❷ 直接対決, にらみ合い.

fáce pàck 名 《英》美顔用パック (face mask).

fáce pàint 名 Ⓤ,Ⓒ (顔を飾るための)派手な色の化粧品, フェイスペイント. **fáce-pàint·er fáce-pàint·ing** 名

fáce-plàte 名 ❶ a 【機】(旋盤の)面板(めん). b (機械・装置の)保護板. c フェースプレート (ブラウン管の前面のガラス). ❷ (ダイバーなどの)顔を保護する金属[ガラスなど]のプレート.

fáce pòwder 名 Ⓤ おしろい (powder).

fác·er 名 ❶ 化粧仕上げをする人[もの]. ❷ 《英口》a 顔面パンチ. b 人を面くらわすような出来事, 思いがけない困難[敗北].

fáce-sàver 名 メンツ[顔]を立てるもの.

fáce-sàving 形 ❶ 顔を立てる, メンツを保つ.

fac·et /fǽsɪt/ 名 ❶ (結晶体・宝石の)小面, (カットグラスの)切り子面. ❷ (物事の)面, 相. —— 動 (fac·et·ed, 《英》-et·ted; fac·et·ing, 《英》-et·ting) 〈宝石などに〉小面を刻む. 〖F; ⇨ face, -et〗【類義語】 phase.

fác·et·ed /-tɪd/ 形 ❶ 小面[切子面]のある. ❷ [複合語で] …面体の.

fa·ce·ti·ae /fəsíːʃìiː/ 名 働 ❶ しゃれ, 諧謔. ❷ 猥本, ポルノ.

fáce tìme 名 Ⓤ 《米》 ❶ (電話やＥメールでなく)じかに顔を合わせる時間. ❷ 職場にいる時間, (特に)時間外勤務時間. ❸ テレビに出ること, 画面に映っている時間.

fa·ce·tious /fəsíːʃəs/ ふざけた, 冗談めかす; 冗談の (★言うべき時でないような場に言う冗談として): Stop being ~. This is a serious matter. ふざけるのはよしてくれ. これはまじめな話なんだ. ~·**ly** 副 ~·**ness** 名 〖F＜L＝冗談〗

fáce-to-fáce 形 Ⓐ 面と向かっての, 直接の; 正面切っての: ~ negotiations 直接交渉.

fáce válue ❶ ⓊⒸ 額面(価格), 券面額《公債などの表面に記載してある額》. ❷ Ⓤ 額面[表面上[どおり]]の価値: take a person's promise at (its) ~ 人の約束を額面どおりに受け取る[信用する].

fáce-wòrker 图 《鉱山》の採掘作業員.

fa·ci·a /féɪʃ(i)ə/ 图 =fascia.

*__fa·cial__ /féɪʃəl/ 形 顔の; 顔に用いる; 美容用の: ~ neuralgia 顔面神経痛 / one's ~ expression 顔の表情 / a ~ massage 顔面マッサージ / a ~ tissue ティッシュ(ペーパー)《[比較] 英語の tissue paper は薄葉紙のこと》. —— 图 顔面マッサージ, 美顔術. (图 face)

fácial nèrve 图《解》顔面神経.

-fa·cient /féɪʃənt/ [形容詞・名詞連結形]「...化する(もの)」「...作用を起こす(もの)」「...性の(もの)」: stupefacient.

fa·ci·es /féɪʃiːz/ 图《単》❶《医》(病状を示す)顔, 貌; 面. ❷《地》相. 〚L〛

fac·ile /fǽsl | -saɪl/ 形 ❶ ⒶⒶ たやすく得られる: a ~ victory 楽勝. ⒷⒷ 安易すぎる, 深み[誠実さ]のない: a ~ solution 安易すぎる解決策 / ~ tears 安っぽい涙. ❷ Ⓐ (よくない意味でよく動く; 舌の)よく回る: a ~ pen (悪)達者な筆 / have a ~ tongue 舌が軽い. ~·ly /-li | -saɪlli/ 副 ~·ness 图 〚F <L facilis やさしい, 実行できる; cf. faculty〛 图 facility 【類義語】⇒ simple.

†__fa·cil·i·tate__ /fəsíləteɪt/ 動 他 (事を)容易にする, 楽にする, 促進[助長]する 〚用法 この語は人を主語として用いない〛: His father's connections ~d his employment. 彼は父親のコネのおかげで就職が容易だった / It would ~ matters [things] greatly if you could tell them in advance. もしあなたから彼らに前もって言っておくことができれば事はとても楽に運ぶでしょう. (图 facility)

fa·cil·i·ta·tion /fəsìlətéɪʃən/ 图 Ⓤ 容易[軽便]にすること, 便利化.

fa·cil·i·ta·to·ry /fəsíləteɪtɔːri | -təri, -tri/ 形《生理》促通を誘発する, 促通性の.

*__fa·cil·i·ty__ /fəsíləti/ 图 ❶ [複数形で] ⒶⒶ 設備; 施設《図書館・病院など》: bathing facilities 海水浴設備 / educational [public] facilities 教育[公共]施設. ⒷⒷ (婉曲) トイレ, 手洗い. ❷ Ⓒ [しばしば複数形で] 便, 便宜: facilities for communication [research] 交通[研究]の便宜 / give (a person) full facilities [every ~] for... (人に)...のためのあらゆる便宜を与える. ❸ ⓊⒸ (容易に学びまたは行なう)才, 器用さ, 腕前: have ~ in speaking [writing] 弁舌の[ものを書く]才能がある / have a[no] ~ for language 語学の才がある[ない]. ❹ Ⓤ 容易さ; たやすさ, 手早さ (↔ difficulty): with ~ すらすらと, 容易に. (形 facile)

fác·ing 图 ❶ ⒶⒶ Ⓤ (壁などの)化粧(仕上げ). ⒷⒷ Ⓒ 化粧[仕上げ]面. ❷ ⒶⒶ Ⓤ (衣服の)へり取り. ⒷⒷ [複数形で] (軍服などの)襟章, 袖章.

fac·sim·i·le /fæksíməli/ 图 ❶ Ⓒ (筆跡・絵画など原物どおりの)複写, 模写: in ~ 複写で; そっくり, 原物どおりに (★無冠詞). ❷ ⓊⒸ《通信》模写電送, ファクシミリ, ファックス(fax). —— 他 複写する, 模写する. 《通信》=fax. 〚L=同じ物を作れく facere ↓ + similis SIMILAR〛

*__fact__ /fǽkt/ 图 ❶ ⒶⒶ Ⓒ (実際に起こった[起こりつつある])事実《[比較] truth は真実である(と信じられている)こと》: an established ~ 動かしがたい事実 / hard ~s 動かぬ事実 / I know this for a ~. このことを事実として知っている / It's a ~ that every language changes. あらゆる言語が変化するということは事実である / The ~ [of the ~ of the book] being a translation is not mentioned anywhere. それ[その本]が翻訳だということはどこにも断わっていない /〚+that〛 No one can deny the ~ that smoking leads to cancer. 喫煙はがんを誘発するという事実をだれも否定することはできない / Due to the ~ that they did not have a passport, they were sent back to their own country. パスポートをもっていないという事実のために彼らは自国へ送還された. ⒷⒷ Ⓤ (理論・意見・想像などに対して)事実 (cf. fiction): a novel based on ~ 事実に基づく小説 / F~ is stranger than fiction. ⇒ fiction 1. ❷ 《法》ⒶⒶ [the ~] (犯罪などの)事実, 犯行: an accessory before [after] the ~ 事前[事後]従犯者. ⒷⒷ Ⓒ [しばしば複数形で] 申し立ての事実: We doubt his ~s. 彼の申し立ては怪しい.

after the fáct 事後に, あとになって.

as a màtter of fáct ⇒ matter 成句.

fáce (the) fácts 事実を認める.

fáct of lífe (1) (動かし難い)人生の現実. (2) 現実, 実状. (3) [the ~s of life で]《婉曲》性の実態[知識]: teach children the ~s of life 子供に性教育をする.

fácts and fígures 正確な詳細.

for a fáct 確かに, 確実に.

in áctual fáct =in FACT 成句.

in fáct (1) 事実上, 実際は. (2) [前文を補足・強調して言い直す時に用いて] もっとはっきり言えば, それどころか: They're very close. In ~, they plan to marry. 彼らはとても親密だ. というより実は結婚するつもりでいる.

in póint of fáct =in FACT 成句.

The fáct is (that) ... =**The fáct of the mátter is (that)** ... 実は[真相は]...だ《(また《口》では Fact is...ともなる》: The ~ is, I don't like it. 実はそれが好きではないのです.

The fáct remáins (that) ... 依然として...という事実は残っている: The ~ remains that the economy is still in deep recession. (そうは言っても)経済がまだひどい状況にある事実は依然としてなくなってはいない.

〚L=なされたこと, 行為 < facere, fact- なす, 作る; cf. faction, factor, factory; defeat, feat, feature; affect, defect, effect, infect, perfect; artificial, deficient, efficient, -fic, office, sacrifice, sufficient; benefit, profit; -fy, satisfy〛形 factual

fáct-finder 图 Ⓒ 実情調査委員.

†**fáct-finding** 形 Ⓒ 実情[現地]調査の: a ~ committee 実情調査委員会.

fac·tic·i·ty /fæktísəti/ 图 Ⓤ 事実であること, 事実性.

*__fac·tion__[1] /fǽkʃən/ 图 ❶ Ⓒ (政党内の)党派, 派閥《[比較] clique は密接な連帯意識をもった排他的な小人数のグループ》. ❷ Ⓤ 党内の争い, 派閥争い, 内紛; 党派心[根性]. 〚L=一緒に行動する(人たち) < facere, fact-; ⇒ fact〛 形 factional

fac·tion[2] /fǽkʃən/ 图 Ⓤ 実話小説, 実録小説. 〚FACT+(FIC)TION〛

-fac·tion /fǽkʃən/ 膤尾 [-fy の動詞の名詞形を造る]「作用」(cf. -fication): satisfy→satisfaction.

†**fac·tion·al** /-ʃ(ə)nəl/ 形 ❶ 徒党の, 党派の: a ~ dispute 党派の争い. ❷ 党派的な, 党派心の強い. (图 faction[1])

fác·tion·al·ism /-lìzm/ 图 Ⓤ 派閥主義, 党派心.

fac·tious /fǽkʃəs/ 形 党派的な; 党派心の強い; 派閥争いを好む. ~·ly 副 ~·ness 图

fac·ti·tious /fæktíʃəs/ 形 ❶ 人為的な, 人工的な. ❷ わざとらしい, 不自然な. ~·ly 副 ~·ness 图

fac·ti·tive /fǽktətɪv/ 形《文法》作為の: a ~ verb 作為動詞 (《+目+補》型に用いられる動詞で make, elect, call など). ~·ly 副

fac·tive /fǽktɪv/ 形《言・論》叙実的な《動詞・形容詞・名詞について, その従属節の意味内容が事実であると認定されているものをいう; Mary doesn't regret that she refused the offer. の regret など》.

fac·toid /fǽktɔɪd/ 图 Ⓒ (マスメディアなどで報道されて)事実とされている(まだ立証されていない)こと[話], 擬似事実. —— 形 擬似事実の.

*__fac·tor__ /fǽktə | -tə/ 图 ❶ (ある現象・結果を生ずる)要因, 要素, 原因: a ~ of happiness 幸福の(一つの)要因 / Luck was a ~ in his success. 幸運が彼の成功の一要因だった《成功したのは一つには運がよかったため》. ❷《数》因数, 因子: a common ~ 共通因子, 公因数 / a prime ~ 素因数 / resolution into ~s 因数分解. ❸ (増減の)倍率, 係数: increase [reduce] the cost by a ~ of ... 費用を...倍増やす[減らす] / within a ~ of 10 10倍以内で. ❹ 代理商, 問屋, 仲買人. —— 動 他 ❶《数》(...を)

因数に分解する. ❷ 要因として計算に入れる ⟨in, into⟩; 要因として計算から除く ⟨out⟩. 《L=つくる人, 行為者← fecere, fact- なす, 作る; ⇒ fact, -or¹》《類義語》⇒ element.

fac·tor·age /fǽktərɪdʒ, -trɪdʒ/ 名 Ⓤ ❶ 代理業, 仲買業. ❷ 仲買手数料, 問屋口銭.

fáctor anàlysis 名 Ⓤ 《数・統計》因子分析(法).

fáctor VIII /-éɪt/ 名 《生化》抗血友病因子, (血液凝固)第VIII因子《血液凝固因子で, 血友病患者の血液にはない》.

fac·to·ri·al /fæktɔ́ːriəl/ 名 《数》連乗積, (特に)階乗《n 以下の自然数全部の積; 記号 n!》. ― 形 《数》階乗の. 《数》因数の. **~·ly** 副

fác·tor·ing /-tərɪŋ, -trɪŋ/ 名 (取立て)代理業, 債権買取り業.

fac·tor·i·za·tion /fæktərɪzéɪʃən ∣ -raɪz-/ 名 Ⓤ 《数》因数分解.

fac·tor·ize /fǽktəràɪz/ 動 =factor.

*️**fac·to·ry** /fǽktəri, -tri/ 名 工場, 製造所: a shoe ~ 製靴工場. ― 形 Ⓐ 工場の: a ~ worker 工員. 《L く FACTOR》《類義語》**factory** 製品が, 特に機械で大量に生産される工場. **plant** 大きな製造工場. **shop** 物を作ったり修理する場所. **mill** 主として製粉・製材・製紙・紡績などの工場. **works** 製作所.

fáctory fàrm 名 工場式農場《工場のような機械技術を導入して効率を高めた家畜飼育場》.

fáctory fàrming 名 Ⓤ =工場式農場経営.

fáctory flóor 名 《英》 =shop floor.

fáctory òutlet [shòp] 名 工場直販店.

fáctory shìp 名 工船《かに工船のように加工設備を持つ漁船》.

fac·to·tum /fæktóʊtəm/ 名 雑役係.

fáct shèet 名 《ある問題についての》主要事実記載書, 概要報告書.

†**fac·tu·al** /fǽktʃuəl/ 形 事実の, 事実に関する[に基づく]. **~·ly** /-əli/ 副 《fact》

fac·tum /fǽktəm/ 名 (複 ~s, -ta /-tə/)《法》事実, 行為; 事実の陳述書.

fac·ture /fǽktʃə ∣ -tʃə/ 名 Ⓤ 制作法, 手法; (作品の)質, できばえ.

fac·u·la /fǽkjʊlə/ 名 (複 -lae /-lìː/) 《天》(太陽の)白斑.

fac·ul·ta·tive /fǽkəltèɪtɪv ∣ -tə-/ 形 ❶ 任意の; 偶発的の. ❷ 《生》条件的な, 任意の (↔ obligate): a ~ parasite 条件的寄生菌. **~·ly** 副

*️**fac·ul·ty** /fǽkəlti/ 名 ❶ 《ある特定のことをする》能力, 才能: He has a ~ for mental arithmetic. 彼には暗算の才がある / one's ~ of observation 観察力 / He has the ~ of [a ~ for] doing two things at once. 彼には一度に2つの事をする能力がある. 《[+to do]》He has the ~ to understand difficult concepts. 彼には難解な概念を理解する力がある. ❷ 《身体・精神の》機能: the ~ of hearing [speech] 聴覚[言語]能力. ❸ 《大学の》学部: the ~ of law 法学部 / the science ~ 理学部 / the four faculties (中世の)四学部《神学・法学・医学・文学》. ❹ 《集合的》単数または複数扱い **a** (学部の)教員, 教授陣: The ~ are meeting today. きょうは教授会がある. **b** 《米》(大学の)全教職員《as a member of the ~ 教職員の一人. 《L=実行する力 < facilis やさしい, 実行できる; cf. facile》《類義語》⇒ ability.

†**fad** /fǽd/ 名 ❶ 一時的な熱中, 気まぐれな熱狂 (craze). ❷ 《英》(個人的)好き嫌い, 好みのうるささ: She has ~s about food. 彼女には食べ物の好き嫌いがある.

fád·dish /-dɪʃ/ 形 ❶ 一時的に熱中する, 気まぐれな. ❷ 《英》好き嫌いの激しい. **~·ly** 副

fád·dism /-dɪzm/ 名 Ⓤ 流行かぶれ, 物好き. **fád·dist** 気まぐれな人, 物好きな人, 一時的流行を追う人.

fad·dy /fǽdi/ 形 《英》食べ物の好き嫌いの激しい (faddish). **fád·di·ly** 副 **-di·ness** 名

*️**fade** /féɪd/ 動 ❶ **a** 《若さ・新鮮さ・美しさ・強さなどが》衰える: Her beauty has not yet ~d. 彼女の容色はまだ衰えていない / She became ill and slowly ~d away. 彼女は病気になって次第に衰えていった. **b** 《花などが》しぼ

637 Fah.

おれる. ❷ **a** 《色・光・音などが》次第に消えて[薄れて]いく ⟨out, away, off⟩: The colors soon ~d out of the fabric. 生地の色がまもなくあせた: The voice of the last cuckoo ~d into a universal stillness. 最後のカッコウの鳴き声が消えてあたり一帯は静まり返った / His shout ~d into the stillness of the night. 彼の叫び声は夜の静けさの中に消えていった. **b** 《記憶・印象・感情などが...心から》薄れる, あせていく ⟨out, away⟩: His first intense impression ~d away (from his mind). 彼の最初の強烈な印象も(彼の記憶から)あせてしまった. ❸ (次第に)消え去る, 姿を消す: All hope of success soon ~d away. やがて成功の望みはすべて消え去ってしまった. ― 他 ❶ ⟨...を⟩しぼます, しおれさす, ふけさせる. ❷ ⟨...の⟩色をあせさせる: The sun has ~d the curtains. 日光にさらされてカーテンの色はあせた. **fáde ín** 《自+副》(1) 《映・テレビ》次第に明るくなる, 次第に画面に現われる, 〈音量・映像などが〉次第にはっきりする. ― 《他》(2) 《映・テレビ》〈画面を〉次第に明るくする, 〈音量・映像などを〉次第にはっきりさせる. **fáde óut** 《自+副》(1) 〈色・光・音などが〉次第に消えて[薄れて]いく (⇒ ❷). (2) 《映・テレビ》次第に暗くなる, 〈音量・映像などが〉次第にぼんやりする. ― 《他+副》(3) 《映・テレビ》〈画面を〉次第に暗くする, 〈音量・映像などを〉次第にぼんやりさせる. **fáde úp** = FADE in 成句.
《F=風味のない》《類義語》⇒ vanish.

fáde-ín 名 Ⓤ Ⓒ 《映・テレビ》(映像が)次第にはっきりすること, 溶明, フェードイン (cf. fade-out).

fáde·less 形 しぼむことのない, 色あせない.

fáde-òut 名 Ⓤ Ⓒ 《映・テレビ》(映像が)次第にぼんやりすること, 溶暗, フェードアウト (cf. fade-in).

fad·er /féɪdə ∣ -də/ 名 《映》《トーキーの》音量調節器; 《電子工》フェーダー《音声[映像]信号などの出力レベル調節器》; 《フィルム現像の》光量調節器.

fa·do /fɑ́ːdoʊ/ 名 (複 ~s) ファド《ポルトガルの民謡・舞踊; 通例ギターで伴奏する》.《Port》

fae·cal /fíːk(ə)l/ 形 《英》 =fecal.

fae·ces /fíːsiːz/ 名 《英》 =feces.

fa·er·ie, fa·er·y /féɪri, féɪ(ə)ri/ 《古・詩》名 ❶ Ⓤ 妖精の国 (fairyland). ❷ Ⓒ =fairy. ― 形 妖精の(ような); 夢幻郷の(ような).

Fae·roe Íslands /féə(ə)roʊ-/ 名 《the ~》フェロー諸島《英国とアイスランドの中間にあるデンマーク領の諸島》.

Fae·rose /féəroʊz/ 形 フェロー諸島(民)の, フェロー語の. ― 名 ❶ Ⓒ フェロー諸島民. ❷ Ⓤ フェロー語.

faff /fǽf/ 《英口》自動 ❶ おちおどする, もたつく ⟨about, around⟩. ― 名 Ⓤ 《また a ~》空騒ぎ, もたつき.

fag¹ /fǽg/ 《英》名 ❶ 《単数形で》《口》苦しい[骨折り]仕事; 疲労: What a ~! 何と骨の折れる仕事だろう! / It's too much (of a) ~. あまり骨が折れていやだ. ❷ 《パブリックスクールで》上級生に使われる下級生, 学僕. ― 動 (**fagged; fág·ging**) 自動 ❶ ⟨...に⟩一心にやる[働く] ⟨away⟩ ⟨at⟩. ❷ 《パブリックスクールで》〈下級生が〉上級生の雑用をする ⟨for⟩.

fag² /fǽg/ 名 《英口》紙巻きたばこ, もく (cigarette). 《FAG(END)》

fag³ /fǽg/ 名 《米軽蔑》 =faggot².

fág énd 名 **a** 切れ端; 末端, 端くれ ⟨of⟩. **b** 《織り物の》織りのほぐれた端; 綱のほぐれた端. **c** 《英口》紙巻きたばこの吸いさし. ❷ 《the ~》最後, 終わり ⟨of⟩.

fagged /fǽgd/ 形 ℙ 《また **fágged óut**》《英口》くたくたになった, 疲れ切った.

fag·got¹ /fǽgət/ 名 《英》 =fagot.

fag·got² /fǽgət/ 名 《米俗》(男性の)同性愛者, ホモ.

fág hàg 名 《米俗》ホモとつきあう女.

fag·ot /fǽgət/ 名 《米》 ❶ **a** まき束, そだ束. **b** 鉄棒の束, 積み地金. ❷ ファゴット《肝臓・肉を刻んでボール状にしたもの》. ― 動 束にする, 束ねる. 《F=束》

fág·ot·ing, 《英》 **fág·got-** /-tɪŋ/ 名 Ⓤ ファゴッティング《布レースの横糸を抜いて縦糸を束ねた飾りつなぎ, また 布を千鳥がけでつなぎ合わせること》.

fah /fɑ́ː/ 名 =fa.

Fah., Fahr. 《略》Fahrenheit.

Fahr·en·heit /fǽərənhàɪt/ 形 カ氏の《略 F, F., Fah., Fahr.; 解説 英米で特にことわってない時の温度はカ氏を示すが, セ氏の使用も増えている; 氷点は32°で沸点は212°; F =⁹/₅ C+32 または C=⁵/₉ (F−32); cf. Celsius, centigrade》形; 数値のあとに Fahrenheit をつける: a ~ thermometer カ氏温度計 / 32° ~ カ氏32度 (thirty-two degrees Fahrenheit と読む). ~ カ氏温度: measure in ~ カ氏で計る.《G. D. Fahrenheit ドイツの物理学者》

fa·ience, fa·ïence /faɪéns, feɪ-/ 名 ⓊⅭ ファイアンス焼き《彩色を施した陶器》.《最大の製造地であったイタリアの Faenza /fɑːɛ́nzə/ から》

‡**fail** /féɪl/ 動 ⓘ ❶ a〈人・ものが〉**失敗する**, しくじる (↔ succeed): We tried but ~ed. やってみたが失敗に終わった / You can't ~. 君なら必ずできる / ~ in business 商売に失敗する / I ~ed in persuading him. 彼を説得しようとしたがだめだった.〔+to do〕We tried but ~ed to reassure him. 私たちは試みたが彼を安心させることはできなかった. b〈生徒が〉**落第する**, 落第点を取る (↔ pass): Mary ~ed in her exams. メアリーは試験に落ちた《比較 ❸ を用いるほうが一般的》. ❷〈…するのを〉怠る,〈…しない〉に〔+to do〕He often ~s to keep his word. 彼はよく約束を守らないことがよくある / Don't ~ to let me know. きっと知らせてくれ. ❸ a〈供給などが〉**不足する**, 切れる: The electricity ~ed. 停電した. b〈作物が〉不作になる: The crops ~ed last year. 去年は不作だった. ❹〈健康・視力・力などが〉**弱る**, 衰える: His health [sight] has ~ed badly. 彼[彼の視力]はすっかり衰えた / His voice suddenly ~ed. 彼は急に声が出なくなった / The wind ~ed. 風が弱まった. ❺ a〈徳性・義務感などの素質に〉欠けている: He has plenty of ability, but ~s in patience. 彼は能力は相当あるが忍耐力がない. b〈人・ものが期待の成績に〉至っていない, 果たさないでいる: The policy is likely to ~ of its object. その政策は目標を達成しそうもない. ❻〈機械・器官などが〉働かなくなる: The engine suddenly ~ed. 急にエンジンが止まった. ❼〈銀行・会社などが〉破産する.

━━ 他 ❶ (いざという時に)〈人の〉役に立たない, 〈人を〉見捨てる: My legs ~ed me and I fell. 足がきかなくなって倒れた / She was so frightened that words ~ed her. 彼女はぎょっとして言葉も出なかった / My memory ~s me. 思い出せない / He ~ed me. 彼に見捨てられた. ❷〈教師が〉〈生徒を〉**落とす**,〈生徒に〉落第点を与える (↔ pass): ~ some examinees 受験者を幾人か落第させる. ❸〈試験・学科の〉**落第点を取る**,〈…に〉落第する: He ~ed history [his examination]. 彼は歴史で[試験に]落第した《比較 He ~ed in history. (cf. 自 1 b) より一般的》.

━━ 名 ★ 次の成句で. **without fáil** 間違いなく, きっと《★ 形式ばった言い方》: I'll come tomorrow evening *without* ~. 明晩必ず伺います.

〔F<L=*fallere* だます; cf. fallacy, false, fault〕 (名 failure)

failed 形〈人・物事が〉失敗した; 不成功の: a ~ candidate 落選した候補者 / a ~ examination 失敗した試験, 不合格.

⁺**fáil·ing** 名 ❶ Ⓒ〔通例複数形で〕欠点, 欠陥, 弱点. ❷ Ⓒ.Ⓤ 失敗. ━━ 前 …がない場合は: F- an answer by tomorrow our offer is void. 明日までに返事がない場合には申し込みは無効です.《類義語》⇨ fault.

faille /fáɪl/ féɪl/ 名 Ⓤ ファイユ《衣服または室内装飾用の軽いつやのある織り生地》.

fáil-sàfe 形 ❶ (万一の失策・故障に対する)安全装置の, フェイルセイフの: a ~ system フェイルセイフ機構. ❷ 〔時に F~〕〔軍〕(核装備の爆撃機が何かの誤りで攻撃目標を爆撃することを防ぐ)制御組織の. ━━ 名〔時に F~〕〔軍〕(爆撃機の)進行制限地点《それ以上には特別の指令がなければ進めない》.

‡**fail·ure** /féɪljə| -ljə/ 名 ❶ Ⓤ **失敗**, 不成功 (↔ success): end in [meet with] ~ 失敗に終わる / His ~ *in* business was due to his own laziness. 彼の商売の失敗は彼自身の怠慢のせいだった. b Ⓒ **失敗者**; 失敗したもの, 失敗した企て: He was a ~ as a businessman [*in* business]. 彼は実業家としては失敗だった / The experiment was a ~. 実験は失敗だった. ❷ Ⓤ **落第**. b Ⓒ 落第点, (成績の)不可 (⇨ grade 名 3). c Ⓒ 落第者; 落伍者. ❸ Ⓤ.Ⓒ 怠慢, 不履行:〔+to do〕Her ~ to keep her promise disappointed me. 彼女が約束を守らなかったので私は失望した. ❹ Ⓤ.Ⓒ 不十分, 不足: Poor weather led to a crop ~ [a ~ *of* crops]. 悪天候で不作になった《比較 a crop ~ のほうが一般的》. ❺ Ⓤ.Ⓒ〔健康・視力・力などの〕減退, 衰退 (*in*, *of*): a ~ *in* health 健康の衰え. ❻ Ⓤ.Ⓒ 停止, 機能不全, 故障: engine ~ エンジン故障 / heart failure. ❼ Ⓤ.Ⓒ 支払い不能; 破産. (動 fail)

fain /féɪn/ 副〔古〕〔would ~ で〕喜んで, 快く: I *would* ~ help you. できることなら喜んでお助けしたいのですが. ━━ 形 Ｐ 喜んで〈…して〉する〈to do〉.

fai·né·ant /féɪniənt/ 名 なまけ者, 無精者.

*fáint /féɪnt/ 形 (~·er; ~·est) ❶ a〈音・色・光などが〉**かすか**な, ほのかな: ~ moonlight ほのかな月明かり / ~ lines 薄紫(の)線 / The sound grew ~. その音はかすかになった. b〈考え・希望などが〉**わずかな**, ぼんやりした: There's not the ~est hope. わずかな望みもない / We don't have the ~est (idea) what the murderer looks like. 殺人犯がどんな人相なのか全然分からない. ❷ Ｐ〔疲労・空腹・病気などで〕**気が遠くなる**; めまいがする: feel ~ めまいがする / be ~ with hunger 空腹のためふらふらする. ❸ a〈努力・行動が〉弱々しい, 気のない, 弱い: a ~ effort 気のない努力 / ~ praise 気のない褒め言葉. b 活気[勇気]のない, 気の弱い: F~ heart never won fair lady.〔諺〕弱気では美人を得たためしがない. c〈呼吸・鼓動などが〉弱った, 微弱な: ~ breathing 虫の息. ━━ 動 ⓘ **卒倒する**, 気が遠くなる, 気絶する (pass out): She ~ed *away from* the heat [*with* horror]. 彼女は暑さのため[恐怖のあまり]卒倒した. ━━ 名 気絶, 卒倒, 失神: in a (dead) ~ まったく意識を失って, 気絶して. ~·**ness** 名〔元は「偽りの, 見せかけの」の意《F<feindre 偽る, 装う; ⇨ feign》〕

fáint·heàrt 名 臆病者.

fáint·héarted 形 いくじのない, 臆病な, 気の弱い. ~·**ly** 副 ~·**ness** 名

fáint·ly 副 ❶ かすかに, ほのかに, うすうす. ❷ 力なく, 弱々しく.

fair¹ /féə/ féə/ 形 (~·er; ~·est) A ❶ a **公正な**, 公平な; 正当な (↔ unfair): a ~ judgment 公正な判断 / a ~ deal 公平な扱い / by ~ means or foul 正当な手段によるにせよ不正な手段によるにせよ, 手段を選ばず / All's ~ in love and war.〔諺〕恋愛と戦争では手段を選ばない / He's ~ even *to* people he dislikes. 彼は嫌いな人に対しても公平です / We should be ~ *with* one another. 互いに公明正大であるべきだ / It is ~ to say that we team did our best in the game. 我々はその試合でベストを尽くしたと言ってもさしつかえない. b〈賃金・価格などが〉適正な, 穏当な: a ~ price 適正価格 / pay ~ wages 適正な賃金を払う. ❷〔規則(なし)〕〔競技で〕規則にかなった, 公明正大な (↔ foul): a ~ punch [tackle] 正しいパンチ[タックル]; ⇨ fair play 1. b〔野〕(打球が)フェアの: ⇨ fair ball. ❸ (比較なし) a かなり良い, かなりたくさんの, 相当な: He has a ~ understanding of it. 彼はそれをかなり理解している / a ~ income 相当な収入 / be of a ~ size かなりの大きさである / a ~ number of people かなりの数の人. b〈成績などが〉まずまずの, 平均的な (⇨ grade 名 3): be in ~ health まずまず健康である / His grades are just ~. 彼の成績はまあまあだ.

━━ B ❶ a〈人が〉肌が白く金髪の;〈肌の〉色白の;〈髪が〉金髪の, ブロンドの《比較 fair は肌が白く金髪で目の青い; dark は肌が黒く髪も目も黒っぽい; cf. blond(e)》: ~ hair 金髪 / a ~ complexion 色白 / a ~ man 色白の男. b〔古〕〈女性が〉美しい: a ~ woman 美人. ❷〈空が〉晴れた, 好天の, 〈天気予報で〉晴れ(の) (fine): ~ weather 晴天. ❸ 汚れのない, 清らかな, 明瞭な:make a ~ copy 清書をする / write a ~ hand きれいな筆跡である. ❹ もっともらしい, 言葉上手だが誠実みのない: Enough of

your ~ words and false promises! 君のもっともらしい言葉と口先だけの約束はもう十分だ(よしてくれ). ❺ 有望な,見込みのある. ❻《海》《風が》順調な,好都合な: a ~ wind 順風,追い風 (↔ a foul wind).
a fáir cráck of the whíp ⇨ crack 名 成句.
Be fáir! あまり厳しく言うな.
be in a fáir wáy to dó... しそうだ, ...する見込みがある: He is in a ~ way to make some money. 彼は金もうけをしそうだ[金持ちになりそうだ].
fáir and squáre《口》公明正大な,正しい.
Fáir dós [dó's]! ⇨ do¹ 名 成句.
Fáir enóugh!《口》《提案などに対して》それはいいね,けっこうだ,オーケーだ.
Fáir's fáir.《口》(お互いに)公平にやろう,フェアでいこう.
fáir to míddling《米口》かなりの,まあまあの: The dinner was ~ to middling. 食事はまあまあだった.
to be fáir = lét's be fáir 公平を期して言えば.

── 形 (~·er; ~·est) ❶ 公明正大に: fight ~ 正々堂々と戦う / play ~ 公正に[堂々と]勝負する[ふるまう]. ❷ まともに, まっすぐに: The ball hit him ~ in the head. ボールは彼の頭にまともに当たった. ❸ きれいに, りっぱに: write ~ きれいに書く. ❹ ていねいに《通例次の句で》: speak a person ~ 人にていねいにものを言う.
fáir and squáre《口》(1) 公明正大に, 正しく, 堂々と. (2) まともに, まっすぐに.

── 動《航空機・船などを》(流線形などに)整形する.
〖OE ≈ 美しい〗〖関形 equitable〗〖類義〗**fair** 自己の利益や感情に左右されず公平な. **just** 自己または個人の利害に影響されることなく, 倫理的または法的基準に従って. **impartial, unbiased** 偏見やえこひいきのない.

*fair² /féə | féə/ 名 ❶《米》(農・畜産物などの)共進会, 品評会《優秀なものには賞が与えられ, 会場は見せ物や飲食店が並んでにぎわう》: ⇨ county fair / state fair ⇨ state 成句 2. ❷ 博覧会; 見本市, 展示会: a world('s) ~ 世界博覧会 / an international trade ~ 国際貿易見本市. ❸ **a**《中世》定期市, 縁日《解説 特定の場所で聖人祭日の前後などに定期的に開かれた; 次第に娯楽本位のものになってきており見せ物や飲食小屋が並んでにぎわう》. **b**《英》(学校・教会などの)チャリティーバザー[フェア] (fête). ❹《英》移動遊園地 (funfair,《米》carnival).〖F〖L=休日〗

fáir báll 名 《野》 フェア(ボール)《ファウルライン内への打球; ↔ foul ball》.
Fair·banks /féəbæŋks | féə-/, **Douglas (Elton)** フェアバンクス (1883–1939; 米国の映画俳優).
fáir·er séx 名 [the ~] = fair sex.
fáir gáme 名 U《攻撃・嘲笑などの》かっこうな, いいもの: A fool is ~ for a cruel wit. 愚か者は意地悪な知恵者のいいものになる.
fáir·gròund 名 ❶ [しばしば複数形で]《米》 共進会場. ❷《英》 移動遊園地 が開かれる場所.
fáir·háired 形 金髪の, ブロンドの.
fáir-háired bóy 名 秘蔵っ子, 人気者.
fáir·ing¹ /féə(ə)rɪŋ/ 名 U 整形《空気または水の抵抗を少なくするために航空機・船の表面を流線形にすること》. ❷ C 流線形のおおい, フェアリング.
fáir·ing² /féə(ə)rɪŋ/ 名《英》(市(いち)で買ったみやげ, 贈り物.
fáir·ish /féərɪʃ/ 形《英》(市(いち)で, 相当の; ブロンドに近い.
fáir·lèad /-lì:d/ 名《海》フェアリード, 索導器, つな導《索が切れないように所要の方向に導く金具》.

*fáir·ly /féəli | féə-/ 副 (more ~; most ~)《/~/〖程度を示して〗❶ まあまあ, まずまず, いちおう《比較 修飾される語句の意味内容が好ましい時には fairly を用い, そうでない時には rather を通例用いる; cf. rather 2; また rather と異なり, 比較級や too と共には用いない》: She's making ~ good progress. 彼女はまずまず進歩している / It's a ~ difficult book. かなり難しい本だ. ❷ 全く, 公平に, 正当に: treat a man ~ 人を公平に取り扱う. **b** 公明正大に: fight ~ 公明正大に戦う. ❸ まったく, まともに: He was ~ exhausted. 彼は疲れきっていた《★文脈によっては fairly は 2 の意味にもなる》/ I was ~ caught in the trap. まんまとわなにかかった. **fáirly and squárely** = FAIR¹ and square 成句.

---

fáir-mínded 形 公正な, 公平な. ~·ly 副 ~·ness 名
†fáir·ness 名 U ❶ 公正, 公平: in ~ to ... に公平を期して. ❷ 金髪(であること); 色白. **in áll fáirness** 公平に言って (to be fair).
†fáir pláy 名 U ❶《競技で》正々堂々の試合ぶり, フェアプレー (cf. foul play 2). ❷ 公正な扱い[裁き, 行動].
fáir séx 名 [the ~; 集合的; 単数または複数扱い]《古風》女性.
fáir sháke 名 [a ~] 公平な扱い; 公平な機会: get [give a person] a ~ 公平な扱いを受ける[人を公平に扱う].
fáir-spóken 形 ❶《言葉づかいの》ていねいな, 愛想のよい. ❷ 口の上手な.
fáir·tráde 名 U《経》公正取引.
fáir·tráde 形 公正取引の: a ~ agreement 公正取引協定.
fáir tréat 名《英口》おもしろいもの; 魅力的な人[もの].
fáir·wàter 名《海》フェアウォーター《渦流防止のために船尾骨材に付いている薄い鋼板》.
†fáir·wày 名 ❶《川・湾などの航行可能な》航路, 水路. ❷《ゴルフ》フェアウェー《tee と green の間のラフを除く芝生区域》.
fáir-wèather friénd 名 まさかの時に頼りにならない友.
*fair·y /féə(ə)ri/ 名 ❶ 妖精(たち)《民間伝承などに出てくる架空の小人; チョウのような翼があり超自然力をもつ》. ❷《口》同性愛の男, ホモ. ── 形 ❶ 妖精(の); 妖精(たち)の. ❷ 妖精のような); 小さくてかわいい; 優美な.〖F=うっとりさせるもの〗
fáiry armadíllo 名《動》ヒメアルマジロ《南米南部産》.
fáiry cáke 名《英》カップケーキ (cupcake).
fáiry gódmother 名《困った時に助けてくれる》親切なおばさん《画束 Cinderella 物語の魔法使いから》.
fáiry·lànd 名 ❶ 妖精[おとぎ]の国. ❷ [単数形で] この上なく美しい所; 夢幻郷, 桃源郷.
fáiry líghts 名 複《英》(特にクリスマスの装飾用の)色付き豆電球.
fáiry ríng 名 妖精の輪《草地の中にキノコのために環状に生じた暗緑色の輪》.《妖精たちの舞踏の跡と信じられたこと》.
†fáiry tàle [stòry] 名 ❶ おとぎ話, 童話 (⇨ fable 比較). ❷ 信じられない話; 作り話.
fáiry-tàle 形 A おとぎ話のような; 信じられないほど美しい: a ~ landscape 信じられないほど美しい景色.
Fai·sa·la·bad /fáɪsələbɑ́:d | fáɪsələbǽd/ 名 ファイサラバード《パキスタン北東部 Lahore の西にある市; 旧称 Lyallpur》.
fait ac·com·pli /féɪtækɑ́mplí:, fét- | -kɔ́mpli:/ 名 複 **faits ac·com·plis** /féɪtækɑ́mplí:(z), fét- | -kɔ́mpli:, féɪz-/) 既成事実.〖F=accomplished fact〗
*faith /féɪθ/ 名 ❶ U 信頼, 信用: put one's ~ in ... = pin one's ~ on ... を信じる / lose ~ in ... への信頼の念を失う, ... を信用できなくなる / I have ~ in you. 私はあなたを信頼しています. ❷ U《理性・理屈を越えた》信念, 確信: He has ~ in his (own) future. 彼は自分(自身)の将来を確信している /〖+that〗He had ~ that I was in the right. 彼は私が正しいのだと確信してくれた. ❸ **a** U 信仰: ~, hope, and charity 信望愛《キリスト教の三大徳》/ I have ~ in Christ. キリストを信仰している. **b** [the ~] 真正の信仰; キリスト教(の信仰). **c** C 信条, 教旨, 教義: the Christian [Catholic] ~ キリスト[カトリック]教. ❹ U 信義, 誠実; 誓約, 約束: good ~ 信実, 誠意 / bad ~ 不信, 背信 / in good ~ 誠実に, 誠意をもって / keep [break] ~ with ... との誓いを守る[破る] / give one's ~ to a person ... 人に誓約[断言]する. **in fáith** 本当に, 疑いもなく, まったく.〖F〖L=fides 信頼; cf. defy, fidelity〗
(形) faithful)【類義語】⇨ belief.
fáith cùre 名 信仰療法《医薬によらず祈りと信仰による治療》.
*faith·ful /féɪθf(ə)l/ 形 (more ~; most ~) ❶ 忠実な, 信義に厚い, 誠実な;《夫・妻などの》貞節な: a ~ friend 誠実な友人 / a ~ wife [husband] 貞節な妻[夫] / He was ~ to his promise [friends, wife]. 彼は約束に忠実[友人に

誠実,妻に貞節]であった. ❷ 事実どおりの,原本に忠実な,正確な: a ~ copy 正確な写し. ❸ [the ~;名詞的に;複数扱い] 忠実な信者たち,忠実な支持者たち,忠実な会員. 《图 faith》《類義語》faithful 約束・誓い・愛で結ばれている人・物に忠実である. loyal 道義的に守るべき関係(特に政治的関係)に関して忠実な. true 誠実で信頼できる;素朴で,強い感情をこめた語. constant 愛や忠誠が揺るぎなく変らない.

*faith・ful・ly /féɪθfəli/ 副 (more ~; most ~) ❶ 忠実に,忠実な;貞節に. ❷ 正確に. ❸ 固く,はっきり: promise ~ 固く約束する. deal fáithfully with... (1) …を誠実に扱う. (2) …をきつく扱う, …を厳しくしかる. Yóurs fáithfully=《米》Fáithfully (yóurs) 敬具(あまり親しくない人に出す手紙の結び; cf. yours 3).

fáith・ful・ness 图 U ❶ 忠実,誠実;貞節. ❷ 正確.
fáith hèaler 图 信仰療法を行なう人.
fáith hèaling 图 =faith cure.
fáith・less 形 ❶ 信義のない,不実な,不貞な: a ~ wife [husband] 不貞な妻[夫]. ❷ 当てに[頼りに]ならない: a ~ friend 信頼できない友人. ❸ 信仰のない. ~・ly 副 . ~・ness 图

fa・ji・ta /fəhíːtə/ 图 [通例複数形で] ファヒータ(細長く切った牛肉または鶏肉を焼いてマリネにしたもの,トルティヤといっしょに食べる).《Mex-Sp》

*fake¹ /féɪk/ 形 A 偽の,偽造の;人工の,模造の(↔ genuine): ~ money 偽金 / a ~ Rembrandt 偽物のレンブラント《作品》/ (a) ~ diamond 人工[模造]ダイヤ. ── 图 ❶ (いんちきの)模造品,まやかし物;いんちき;虚報. ❷ いかさま[詐欺]師. ── 動 ❶ 〖口〗❶ 〈だます目的で〉美術品などを偽造する. ❷ 〈…の〉ふりをする: ~ illness 仮病を使う. ❸〖スポ〗〈相手に〉フェイントをかける. ── 動 ❶〖口〗見せかける,ふりをする. ❷〖スポ〗フェイントを使う. fáke person óut 《俗》〈人を〉だます.

fake² /féɪk/ 图 〖海〗〈綱を〉(するするすると出せるように)円形にまく 〈down〉. ── 图 わがねた一折れ.
fák・er 图 〖口〗❶ 偽造者;いかさま師. ❷ 露天商人,行商人,てき屋.
fak・er・y /féɪk(ə)ri/ 图 U,C ごまかし,いんちき.
fa・kir /fəkíər | féɪkɪə/ 图 (イスラム教・バラモン教などの)行者,托鉢(ݖ)僧.
fa・la・fel /fəláːfəl/ 图 U フェラフェル: a ソラマメ・ヒヨコマメなどをつぶして香味をつけ,これを丸めて揚げたもの. b これをピータ(pita)に詰めたイスラエル・アラブ諸国のスナック.
fal・cate /fælkeɪt/ 形〖植・動〗鎌形の,鉤状の.
fal・chion /fɔ́ːltʃən/ 图 (中世の)広幅湾曲刀;青竜刀.
fal・ci・form /fælsəfɔ̀əm, -fɔ̀ːm/ 形〖解・動〗鎌形の,鉤状の.
fal・con /fǽlkən, fɔ́ːl- | fɔ́ːl-, fǽl-/ 图〖鳥〗ハヤブサ(タカ狩りに用いる). 《FALCN+》
fál・con・er 图 タカ匠,タカ使い.
fal・con・et /fǽlkənet | fɔ́ːl-/ 图 ❶〖鳥〗スズメハヤブサ(小鳥大,南アジア産). ❷ 《史》(16-17世紀の)小型の軽砲.
fal・con・ry /fǽlkənri, fɔ́ːl- | fɔ́ːl-, fǽl-/ 图 U ❶ タカの訓練法. ❷ タカ狩り. 《FALCON+-RY》
fal・de・ral /fǽldərə̀l | fældəræ̀l/ 图 ❶ くだらないこと;ばかげた話[考え]. ❷ 見かけ倒しのもの,つまらないもの.
fa・le /fáːleɪ/ 图 (サモア諸島の)家(特に,壁の代わりにヤシの葉で作られたある草ぶき屋根の家).
Fálk・land Íslands /fɔ́ːklənd- | fɔ́ːlk-/ 連 [the ~] フォークランド諸島(南アメリカ大陸南端の北東方にある英国の直轄植民地).

*fall /fɔ́ːl/ 動 (fell /fél/; fall・en /fɔ́ːlən/) A ❶ (重力によって無意図的に)落ちる [用法] この形の他動詞は通例いので,他動詞的に用いるには使役動詞とともに用いて表現する): [通例副詞(句)を伴って] 〈もの・人が〉落ちる,落下する: ~ to the ground (with a thud) (どさっと)地面に落ちる / ~ off [down from] a ladder はしごから落ちる / ~ out of a car 車から落ちる / ~ over a cliff がけから落ちる / He fell down the stairs. 彼は階段から落ちた / He fell into [in] the river. 彼は川に落ちた / There was a big hole and he fell in. 大きな穴があいていて彼は落ち込んだ. b [雨・雪などが]降る;〈霜の〉降りる: The snow was ~ing fast. 雪が激しく降っていた. c 〈ものが…から〉落ちる, 〈葉・花などが〉散る;〈髪などが〉抜け落ちる: The poster fell down. ポスターが落ちた.

❷ a [通例副詞(句)を伴って](特に,突然不意に)倒れる,転ぶ; 〈建物などが〉倒壊する;(自分から)倒れる,平伏する: ~ flat [full length] on the grass 草地にばったり倒れる / (The tree fell (over) in the storm. 木はあらしで倒れた / ~ on one's knees ひざまずく / She fell down senseless on the ground. 彼女は気を失って地べたに倒れた. b [通例副詞(句)を伴って](傷ついて[撃たれて])倒れる;〈戦闘などで〉死ぬ: ~ in battle 戦死する / Many soldiers fell under the enemy's bombardment. 敵の爆撃で多くの兵士が倒れた / Two lions fell to my gun. 彼の銃で2頭のライオンが倒された / The deer fell (down) dead. シカは倒れて死んだ. c 〈要塞(ㅅ)・都市などが〉(敵などの手に)落ちる,陥落する: The city fell to the enemy [under the assault]. 都市は敵の手に[攻撃で]落ちた. d 〈国家・政府などが〉倒れる,滅びる. e 〈高い地位から〉落ちる,失脚[転落]する,寵を失う: ~ from power 権力の座から落ちる / The Prime Minister fell from favor with the people. 首相は国民の支持を失った.

❸ a 〈髪・衣服などが〉垂れ下がる: Her veil fell over her shoulders. 彼女のベールは肩の上に垂れていた / with her hair ~ing down her back 髪を背中に垂らして / The curtain ~s to the floor. そのカーテンは床まで垂れている / The dress fell in pleats from the waist. そのドレスはウエストからプリーツになって垂れていた. b 〈土地などが〉〔…に〕傾斜する: The land is gently to [toward] the shore. 土地はゆるやかに海岸まで傾斜している.

❹ a 〈計器(の水銀)・温度・圧力・水位などが〉〔…に〕下がる (drop): The temperature [It] fell 5° [to zero, below freezing]. 温度が5度[零度まで,氷点下に]下がった. b 〈洪水などが〉退く,〈潮が〉ひく,〈風が〉衰える,静まる;〈火が〉下火になる: The wind fell during the night. 夜の間に風が静まった. c 〈声などが〉低くなる: Their voices fell (to a whisper). 彼らは声をひそめた. d 〈価格・需要などが〉下がる,減る (drop; ↔ rise): The price fell sharply [by ten cents]. 値が急激に[10セント]下がった / The yen fell against the dollar yesterday. きのう円はドルに対して値下がりした. e 〈人気などが〉落ちる,〈人・ものなどの評価[値]が〉下がる: His popularity has fallen. 彼の人気は落ちた.

❺ a 〈眼・視線が〉下を向く: Her eyes fell. 彼女は(目をそらして)伏し目になった. b 〈顔が〉気落ちした[がっかりした]表情になる,曇る; 〈気分が〉落ちる〈気分が〉沈む: His face [spirits] fell at the news of his mother's illness. 母が病気だとの知らせで彼の顔色[気分]は沈んだ.

❻〖文〗〈音声・言葉が〉〈口から〉漏れ出る: The news fell from his lips. その知らせは彼の口から出た.

❼ a 〖文〗(上から降りてくるように)〈夜やみ・静けさなどが〉〔…に〕訪れる,来る (descend): Dusk fell on the harbor. 港にたそがれが迫っていた / A silence fell over [upon] us. 我々は皆黙り込んでしまった. b 〈気味・復讐などが〉〔…に〕降りかかる〈on, upon, over〉: His wrath fell on her. 彼の怒りは彼女に向けられた / Tragedy fell upon him. 悲劇が彼を襲った.

❽ a 〈矢・光などが〉〔…に〕当たる: The arrow fell on its target. 矢は的に当たった. b 〈目・視線などが〉〔…に〕(ふと)向けられる: The teacher's eyes fell on me. 先生の目が私に注がれた.

❾ a 〈負担・義務・仕事などが〉〔…に〕ふりかかる,〔…の〕肩にかかってくる: All the expenses [responsibility] will ~ on you. 費用[責任]は全部君にかかるだろう / It fell on [upon] me [to me, to my lot] to do the job. その仕事は私がすることになった. b 〈くじなどが〉〈人〉に当たる: The lot [choice] fell (up)on him. くじは彼に当たった[彼が選ばれた].

❿ a 〈時節が〉来る: Easter ~s late in March this year. 今年はイースターは3月下旬になる. b 〈ある日に〉当たる: On what day of the week does Christmas ~ this year? 今年のクリスマスは何曜日に当たりますか /

Thanksgiving Day ~s on the fourth Thursday in November. 感謝祭は11月の第4木曜日に当たる. **c** 〔不運などに〕出くわす: ~ *on* hard times [evil days] 不運にあう, 落ちぶれる. **d** (偶然に)到来する: if riches ~ in my way ひょっとして私が金持ちになったら. **e** 〈遺産などが〉たまたま[...]のものとなる: The property has *fallen to* his daughter. その財産はたまたま娘の手に移ることになった. **f** 〈アクセントが...〉にある: The accent of "familiar" ~s *on* the second syllable. "familiar" の強勢は第2音節にある.

❶ **a** 〔ある立場・状態に〕置かれる;〔ある範囲に〕入る〔*into, under, within*〕: ~ *under* foreign domination 外国の支配下に入る / The story ~s naturally *into* four parts. その物語は自然と4部に分かれている / The issue ~s *under* another category. その問題は別の範疇(はんちゅう)に属する. **b** 偶然(ある集団)の中に入る,〔盗賊などに〕出会う, 取り囲まれる〔*among*〕.

❷ 〈女〉純潔を失う, 堕落する;〈女が純潔を失う: ⇨ FALLEN woman.

— **B** ❶ 〈...の状態・関係に〉なる, 陥る: ~ sick [ill] 病気になる / ~ silent 黙り込む / ~ asleep 寝てしまう / ~ a prey [(a) victim] *to*...のえじき[犠牲]になる / ~ *in* love *with*...に恋をする. ❷ **a** 〔好ましくない状態に〕落ち込む, 陥る: ~ *into* a doze うとうとする / ~ *into* a rage かっとなる / ~ *into* poverty 貧困に陥る / ~ *into* bad company 悪い仲間に入る. **b** 〈...から離れた状態になる;〈習慣などから〉脱却する: ~ *out of* a bad habit 悪習をやめる. ❸ 〈...を〉始める: ~ *to* work [working] 仕事を始める / ~ *into* conversation *with*...と会話を始める, 話し始める.

fáll abóut (láughing [with láughter])大いにころげる.

fáll àll óver a person 《口》〈人〉にちやほやご機嫌を取る, ぺこぺこ仕える.

fáll apárt (自+副) (1) 〈ものが〉ばらばらに壊れる. (2) 〈計画・同盟・結婚などが〉崩壊する, だめになる; (精神的に)破綻する: Their marriage *fell apart*. 彼らの結婚はだめになった / She *fell apart* when he divorced her. 彼に離婚されて彼女は参ってしまった.

fáll awáy 《自+副》(1) 〔...から〕はずれて落ちる〔*from*〕. (2) 〔...から〕離れる, 見捨てる;〔...から〕引く, 脱落する〔*from*〕: His supporters *fell away* one by one. 彼の支持者たちは一人一人彼を見捨てた. (3) 〈数量などが〉〈...まで〉減少する, 落ち込む: ~ *away to* nothing 減少してなくなってしまう. (4) 〈事が〉衰える;〈人が〉やせ衰える;消えうせる: ~ *away to* a shadow やせ衰える / ~ *away into* disuse 廃れる. (5) 〈土地が〉(急に)傾斜していく.

fáll báck (自+副) (1) 〈群衆など〉後ろへ下がる;《軍隊が》退却する (retreat). (2) たじろぐ. (3) 〔もとの悪い状態に〕戻る, 逆戻りする: He has *fallen back into* drinking. 彼はまた飲酒に戻った.

fáll báck on [upòn]... (1) (最後の手段として)...をよりどころとする, ...に頼る: All he had to ~ *back on* was his own experience. 彼が頼りとするものはこれまでの経験だけだった. (2) 〖軍〗退いて...を拠点とする.

fall behínd ((自+前) [~ behind...]) ...より遅れる, ...に追い越される: She *fell* slightly *behind* the others. 彼女は他の人たちより少し遅れた. —— (自+副) ~ behind] (2) (他より)遅れる. (3) 支払い・配達などが遅れる;〔勘定書などの〕支払いが滞る: ~ *behind in* [*with*] one's bills [payments] 勘定の払いが遅れる.

fáll betwèen twó stóols ⇨ stool 〖成句〗.

fáll by the wáyside ⇨ wayside 〖成句〗.

fáll dówn (自+副) (1) 落ちる, 落下する (⇨ A 1 a). (2) とれて散らばる, 散る (⇨ A 2). (3) 倒れる (⇨ A 2). (4) 〔敬意を表わして, または神を崇めて〕平伏する〔*before*〕. (6) 〈建物などが〉くずれ落ちる. (7) 〈計画・主張などが〉くずれる, 失敗に終わる: That's where the whole theory ~s *down*. その理論全体がくずれてしまうのは(まさに)その点だ.

fáll dówn on... (口)...に失敗する, つまずく: ~ *down on* the job 仕事に失敗する / ~ *down on* one's promises 約束をすっぽかす.

fáll (flát) on one's fáce ⇨ face 〖名〗〖成句〗.

fáll for... (口) (1) 〈人・もの〉にほれ込む;〈人・もの〉が好きになる: He *fell for* Ann in a big way. 彼はアンにひどくほれ込んだ. (2) 〔計略・宣伝などに〕ひっかかる, だまされる: He *fell for* the trick. 彼はその策略にひっかかった.

fáll fóul of... ⇨ foul 〖成句〗.

fáll ín (自+副) (1) 落ち込む (⇨ A 1 a). (2) 〈屋根などが〉落ち込む;〈地盤が〉めり込む. (3) 〈ほお・目などが〉落ち込む. (4) 〈借用期限などが〉切れる. (5) 〈借金が〉支払期日になる. (6) 〖軍〗整列する. —— (他+副) (7) 〖軍〗整列させる.

fáll ín alongsìde [besìde]... 〈歩いている人〉の隣を歩き始める.

fáll into pláce ⇨ place 〖成句〗.

fáll ín with... (1) 〈人〉に偶然出会う,〈人〉と(会って)一緒になる (★ 受身可): I *fell in with* her on the plane to Paris. 私はパリへ向かう飛行機の中で彼女と一緒になった. (2) 〈考え・提案など〉に同意[同意]する;〈人〉に賛成する (★ 受身可). (3) ...と調和する.

fáll óff (自+前) (1) ...から落ちる (⇨ A 1 a). —— (自+副) (2) (離れて)落ちる. (3) 〔...から〕離れる;離反する〔*from*〕. (4) 〈数量などが〉減る: Attendance [Production] *fell off*. 出席者[生産量]が減った. (5) 〈熱意・健康などが〉衰える;〈質が〉低下する;〈人が〉やせる: Their enthusiasm is beginning to ~ *off*. 彼らの熱意はさめ始めてきている.

fáll óff one's cháir ひどくびっくりする.

fáll óff the báck of a lórry 〖(米) trúck〗《英口・米俗》物が盗まれる, 不正に手に入れられる.

fáll on déaf éars ⇨ ear¹ 〖成句〗.

fall on one's féet ⇨ foot 〖名〗.

fáll óut 外へ落ちる;〈歯・毛などが〉抜ける. (2) 〔...と〕仲たがいする, けんかする: She often ~s *out with* her neighbors. 彼女はよく近所の人たちと仲たがいをする. (3) 起こる;〔well などの様態の副詞を伴って〕結局...となる: It (so) *fell out* that I could not be present. 私は出席できないことになった / Everything *fell out well*. 万事好都合に運んだ. (4) 〖軍〗隊列を去る[解く]. —— (5) 〖軍〗〈隊〉を解散させる.

fáll óver báckward ⇨ backward 副〖成句〗.

fáll óver èach óther [òne anóther] 〔...を求めて〕先を争う〔*for*〕.

fáll óver onesèlf (1) 〈...しようと〉ひどく熱心になる〈*to* do〉. (2) (急いだりして)つまずいて転ぶ.

fàll shórt (of...**)** ⇨ short 副〖成句〗.

fall through ((自+副) [~ *through*...]) (1) (開いた穴などを)通り抜けて落ちる. (2) 〈計画などが〉失敗に終わる, だめになる: The plan *fell through* at the last moment. その計画は最後の最後でだめになった. [(自+前) ~ *through*...] ...を通り抜けて落ちる.

fáll tó (自+副) (1) (食事・仕事などに)取りかかる, 食べ始める;けんか[攻撃]を始める: The boy *fell to* with a hearty appetite. その少年はさもおいしそうに食べ始めた. (2) 〈門などが〉自然に閉まる.

fáll wide of... ⇨ WIDE of 副〖成句〗.

lèt fáll ⇨ let¹ 〖成句〗.

—— 名 **A** ❶ © **a** 落下, 降下, 墜落; 落下物: have a ~ from a horse 馬から落ちる / The grass broke his ~. 芝生が彼の墜落の衝撃を和らげてくれた. **b** 〔通例単数形で〕落下距離, 落差: a waterfall with a ~ *of* 100 feet 落差100フィートの滝. ❷ © 降雨[雪]量, 降雨[雪]量: a heavy ~ *of* snow 大雪 / a two-inch ~ *of* rain 2インチの降雨量. ❸ **a** © 転ぶこと, 転倒: He had [took] a bad ~. 彼はひどく転んだ. **b** [the ~, a ~] 没落, 衰亡, 瓦解; 陥落; 転落, 堕落: *the ~ of* the Roman Empire ローマ帝国の滅亡 / *the ~ of* Paris パリの陥落 / a ~ *from* favor 寵愛[信愛(などの)]を失うこと / **the Fall** (of Man) 人間の堕落 (Adam & Eve の原罪; cf. original sin). ❹ ©U 〈物価・温度などの〉低下, 下落, 減少: a ~ *in* prices [temperature] 物価[温度]の下落. ❻ [複数形で] 滝 (waterfall) 《固有名詞の場合は通例単数扱い》: These ~s are 30 ft. high. 滝は30フィートの高さだ / Niagara *Falls* is receding. ナイアガラの滝は後

退しつつある. ❼ Ⓒ 傾斜, 下り坂, 勾配. ❽ a Ⓤ 垂れ下がること, 垂れ具合. b Ⓒ ひだ飾りの垂れ. c Ⓒ (女性用の長く垂れる付け毛[ヘアピース]. ❾ Ⓒ《レス》フォール; ひと勝負.
── B Ⓤ,Ⓒ (通例《米》, または特定の時には the ~)《米》秋 (《英》autumn)(《由来》「葉の落ちる (fall) 季節」から): in (the) ~ 秋に[は] / in the ~ of 1990 1990 年の秋に / They got married last ~. ふたりは昨秋結婚した(★前置詞を伴わずに副詞的に用いる).
ríde for a fáll ⇒ ride 成句.
── 形 Ⓐ《米》秋の, 秋季の; 秋向きの: the ~ term 秋学期 / ~ goods 秋向きの品.
〖OE; 图 B は fall of the leaf (落葉) から〗

fal・la・cious /fəléɪʃəs/ 形 ❶ 誤った推論に基づく, 誤った: ~ reasoning 誤った推論. ❷ 人を惑わす, 当てにならぬ: ~ hopes 希望薄. ❸ ごまかしの: a ~ peace ごまかしの和平. **~・ly** 副 **~・ness** 图

†**fal・la・cy** /fǽləsi/ 图 ❶ Ⓒ 誤った考え[信仰], 誤信. ❷ a Ⓤ 誤った推論; Ⓒ 虚偽, 誤謬(ごびゅう). b Ⓤ 論理[推論]上の誤り. 〖L=詐欺《fallere だます; cf. fail》〗

fáll・bàck 图 ❶ 後退, 退却, 撤退. ❷ (いざという時の)頼みの綱, 予備品, 代替物. ── 形 Ⓐ 代替の, 予備の: a ~ plan 予備プラン.

*fall・en /fɔ́ːlən/ 動 fall の過去分詞. ── 形 ❶ 落ちた, 地面に落下した, 倒れた: ~ leaves 落ち葉 / a ~ tree 倒れた木. ❷ a (戦場で)倒れた, 死んだ. b [the ~; 集合的に; 複数扱い] 戦死者. ❸ 〈国・都市など〉破壊された, 壊滅した; 陥落した: ⇒ fallen angel / a ~ woman (風俗)堕落した女, 売春婦.

fállen ángel 图 ❶ 堕天使, 堕落天使《神に逆らい天国から落とされた天使》. ❷《証券俗》人気急落株《業績低下などの理由で価格が急落した有名企業の株式》.

fáll・er 图 ❶《米・豪》伐採人, きこり. ❷《競馬》《障害競走で》転倒する馬.

fáll gùy 图《俗》❶ (他人の罪をかぶる人, 身代わり(scapegoat). ❷ だまされやすい人, かも.

fal・li・bil・i・ty /fælǝbíləti/ 图 Ⓤ ❶ 誤りやすいこと. ❷ 誤りを免れられない性質 (↔ infallibility).

fal・li・ble /fǽləbl/ 形 ❶ 〈人・性質など〉誤りやすい (↔ infallible). ❷ 〈法則など〉誤りを免れない. **-bly** /-bli/ 副

fáll・ing-óut 图《複 fall-ings-out, ~s》言い争い, 仲たがい, 不和, けんか: have a ~ (2人以上が)仲たがいする / I had a ~ with him. 私は彼とやりあった.

fálling stár 图 流星 (shooting star).

fáll lìne 图 ❶ 瀑布(ばく)線, 瀑線《台地の始まりを示す線で, 滝・急流が多い》; [F-~] 瀑布線《米国大西洋海岸平野の軟層と Piedmont 高原の硬層との境界線》. ❷ [the ~]《スキー》最大傾斜線《傾斜面を自然の状態で滑降する時に描く(コース)》.

fáll-óff 图 Ⓤ,Ⓒ (量・元気などの)減退, 衰え: a ~ in production. 生産量の減少.

fal・ló・pi・an túbe /fəlóupiən-/ 图《解》(輸)卵管. 《G. Fallopius /fəlóupiəs/ 16世紀イタリアの解剖学者》

†**fáll・òut** 图 Ⓤ ❶ (核爆発後の)原子灰の降下. ❷ 放射性降下物, 降灰, 「死の灰」.

fállout shélter 图 放射性降下物避難地下壕, 核シェルター.

fal・low¹ /fǽlou/ 形 ❶〈畑が作付けしてない, 休閑中の《1年または1期間》): leave land ~ 土地を休ませる / lie ~ 畑などが休めてある. ❷《精神・才能など》眠っている; 休んでいる. ── 图 [または ~] 休閑地. ❷ 休閑, 休作: land in ~ 休閑地. ── 動 〈土地を〉すき返して休ませておく.

fal・low² /fǽlou/ 形 Ⓤ 淡黄褐色(の), 朽葉(くちば)色(の).

fállow déer 图《複 ~》動 ダマジカ《ヨーロッパ・小アジア産の淡黄褐色のシカ; 夏は白い斑点(はんてん)を生ずる》.

fáll-pipe 图 縦樋(たてどい).

*false /fɔːls/ 形《fals・er, -est》❶ 間違った, 誤った: a ~ account 間違った計算[報告] / a ~ impression 誤った印象 / ~ pride 誤った誇り[自尊心] / a ~ hope 誤った希望, そら頼み / ⇒ false economy. ❷ 偽の, 人造の (artificial), 模造の: ~ tears そら涙 / a ~ window《建》めくら窓 / a ~ diamond 偽[模造]ダイヤ / a ~ eye 義眼 / ~ eyelashes 付けまつ毛. ❸ うそを言う; 偽りの, 虚偽の; いんちきの, 不正の (↔ true): a ~ alarm 虚偽の警報; 誤警報 / a ~ charge《法》誣告(ぶこく) / ~ pretenses《法》詐欺罪, 詐欺取財 / a ~ witness 虚偽の申し立てをする証人 / a ~ balance 不正ばかり / ~ dice 不正のさいころ / ~ weights 不正のはかり. ❹ 人が不誠実な, 不実の, 不貞の: a ~ friend 不実な友 / He was ~ to his word. 彼は約束を守らなかった. ❺ 仮の, 一時的な; 補助の: ⇒ false rib. ❻〈植物など〉類似の, 疑似の: ⇒ false acacia.
── 副 ★ 次の成句でのみ用いて. **pláy a person fálse** 〈人を〉だます, 裏切る. 〖L=偽りの《fallere, fals- だます》〗
(图 falsehood, 動 falsify)

fálse acácia 图《植》ハリエンジュ, ニセアカシア.
fálse bóttom 图 (箱などの)上げ底; 二重底.
fálse cárd 图《トランプ》フォールスカード《ブリッジで手をごまかすために出す》. **fálse-cárd** 動 フォールスカードを出す.
fálse cólor 图 Ⓤ 偽(ぎ)色彩(法)《可視光以外の電磁放射エネルギーを計測して色合成により彩色映像として表現する技術》. **fálse-cólor** 形
fálse dáwn 图 Ⓤ 夜明け前の微光.
fálse ecónomy 图 (実際にはより大きな出費につながる)誤った節約[経済性].
fálse fáce 图 仮面.
fálse frúit 图《植》偽果 (pseudocarp).
fálse-héarted 形 不誠実な, 裏切りの.
fálse・hòod 图 ❶ Ⓤ うそをつくこと, 虚偽, 欺瞞(ぎまん). ❷ Ⓒ 偽り (↔ truth): tell a ~ うそをつく.(形 false)《類義語》⇒ lie².
fálse imprísonment 图 Ⓤ《法》不法監禁.
fálse・ly 副 ❶ 誤って. ❷ 偽って, だまして; 不正に. ❸ 不誠実に.
fálse-mémory sýndrome 图 Ⓤ《精神医》虚偽記憶症候群《実際にはなかった事柄を記憶があるように信じ込む状態》.
fálse móve 图 人に警戒心を起こさせる動き; (事故や失敗につながる)誤った行為[動作].
fálse・ness 图 ❶ 誤り. ❷ 虚偽, 不正. ❸ 不誠実.
fálse rib 图《解》仮肋(かろく), 偽肋《胸椎とは接合していない肋骨; ヒトでは下方 5 対; cf. floating rib》.
fálse scórpion 图 動 擬蠍(ぎけつ)類, カニムシ, アトビサリ《古書などを害する》.

†**fálse stárt** 图 ❶ (競技で)不正スタート, フライング《比較 フライングは和製英語》: make a ~ フライングを犯す. ❷ 出だしの失敗.

fálse stép 图 つまずき; 失敗: make [take] a ~ 足を踏みはずす; へまをやる.
fálse téeth 图 複 義歯, 入れ歯 (dentures).
fálse tópaz 图 Ⓤ《鉱》擬黄玉(ぎこうぎょく)《黄水晶または黄色の蛍石》.
fal・sét・to /fɔːlsétou/ 图 ❶ Ⓤ,Ⓒ (男性歌手の)裏声, ファルセット: in a ~ 裏声で. ❷ Ⓒ 裏声歌手. ── 形 裏声の. ── 副 裏声で.《It<falso 偽りの<L; ⇒ false》
fálse・wòrk 图 (建築の)足場, 仮構.

fals・ie /fɔ́ːlsi/ 图 [通例複数形で]《口》フォールシー《胸をふくよかに見せるためのパッド》: wear ~s フォールシーを着用する.
fal・si・fi・ca・tion /fɔ̀ːlsəfɪkéɪʃən/ 图 Ⓤ,Ⓒ 偽造, 変造. ❷ (事実の)歪曲. ❸ 虚偽の立証, 反証, 論破.

†**fal・si・fy** /fɔ́ːlsəfàɪ/ 動 ❶〈書類などを〉変造する, 偽造する. ❷〈事実・記録などを〉偽る, 曲げる, 偽り伝える: ~ records 記録を偽る / ~ a report 報告を偽って伝える. ❸〈...の(偽り[誤り])を立証する, 論破する. ❹〈結果が〉期待などを裏切る, ...には根拠がないことを示す. ── 動 うそをつく, 偽る.(图 false)

fal・si・ty /fɔ́ːlsəti/ 图 ❶ Ⓤ 事実に反すること; 虚偽 (↔ truth). ❷ Ⓒ 偽りの言葉, 不信行為, 裏切り.(形 false)

Fal・staff /fɔ́ːlstæf | -stɑːf/, **Sir John** 图 フォルスタフ《Shakespeare の「ヘンリー4世」と「ウィンザーの陽気な女

房たち」の登場人物; 陽気で機知に富むほら吹きの太った騎士).

fált·bòat /fɔ́ːlt-/ 名 フォールトボート《防水布またはプラスチックを張った折りたたみ式の小型ボート》.

†**fal·ter** /fɔ́ːltə | -tə/ 動 ❶ つまずく, よろめく. ❷ どもる, 口ごもる, ためらう: She *—ed* in her speech. 彼女は口ごもりながら言った. ❸ たじろぐ, ひるむ. ❹〈気力·効力などが〉弱まる, にぶる, 衰える; 弱体化する. —— 他〈…を〉口ごもりながら言う(*out*). —— 名 ❶ よろめき. ❷ どもり, 口ごもり. [類義語] ⇒ hesitate.

fal·ter·ing /-tərɪŋ, -trɪŋ/ 形 不安定な, たどたどしい.
~·ly 副 ❶ よろめきながら. ❷ ためらって. ❸ どもりながら, 口ごもりながら.

Fal·well /fɔ́ːlwel/, **Jerry** 名 ファルウェル, フォールウェル(1933–) 米国のラジオ·テレビ福音伝道師; 右派の団体 Moral Majority を組織して活動).

***fame** /féɪm/ 名 U ❶ 名声, 高名, 声望 (cf. notoriety 1): win [achieve, rise to, gain] ~ 有名になる / His discovery brought him ~. 彼の発見により彼は有名になった / ~ and fortune 名声と富. ❷ 評判: good ~ 好評判 / ill ~ 汚名, 悪評. [F<L=消息, うわさ] (形 famous)

†**famed** 形 名高い, 有名な (famous, renowned): a ~ tourist spot 著名な観光地 / He's ~ *for* his novels. 彼は彼の小説で有名だ.

fa·mil·ial /fəmíljəl, -liəl/ 形 ⒶⒷ ❶ 家族の. 〈病気など〉家族特有の, 一家に遺伝的な. ~·ly 副 ⒷⒶ (family)

‡**fa·mil·iar** /fəmíljə | -liə/ 形 (more ~; most ~) ❶ よく知っている, 見[聞き]慣れている; ありふれた (↔ unfamiliar): a ~ voice 聞き慣れている声 = a ~ sight 見慣れた光景. ❷〈人·ものに〉熟知して, 精通して〈くもの·人に〉人に〉知られて: He's ~ *with* the subject.＝The subject is ~ *to* him. 彼はこの問題に通じている / The name is ~ *to* me, but I've never met him. 名前はよく知っているけれど, 彼には会ったことがない. ❸〈人が〉親しい, 心安い: a ~ friend 親友 / be on ~ terms *with*…と懇意にしている. ❹ 遠慮気がねのない, 打ち解けた; なれなれしい, 厚かましい: He's too ~ *with* me. 彼はいやに私に気安くする. ❺〈動物などが〉飼いならされた. **màke onesèlf famíliar with**…に精通する. —— 名 ❶ 親友. ❷〈魔女などに仕えると信じられている動物の形をした〉使いの精. [F<L=親密な; 家の; → family, -ar] (名 familiarity, 動 familiarize)
[類義語] いずれも人間関係の親しさを示す語. familiar 長い間の知り合いのように, 気心の知れた. intimate 関係·つきあいが特に親密で, 心情をよほど同じ意味代に, 親しさの意になる. closeほぼ同じ意味だが, 親しさといるうより, 親しみの感情をこめる場合に用いる. confidential 内密事など相談できるような相互信頼のうえになりたっている親しい関係である.

†**fa·mil·i·ar·i·ty** /fəmìliǽrəti/ 名 U ❶ よく知っていること; 精通, 熟知: We admire his ~ *with* so many languages. 彼があんなにも多くの外国語に精通していることに感心する. ❷ U 親しみ, 親交; なれなれしさ, 無遠慮: with ~ なれなれしく / F~ breeds contempt. (諺) 慣れすぎは侮りのもと. b U [通例複数形で] なれなれしい行為[ふるまい]. (形 familiar)

fa·mil·iar·i·za·tion /fəmìljərəzéɪʃən, -liə- | -raɪz-/ 名 慣れ親しませること, 熟知させること (*with*).

fa·mil·iar·ize /fəmíljəràɪz, -liə-/ 動 他 ❶ a 〈人を〉〈…に〉親しませる, 慣れさせる, 習熟させる: He ~*d* me *with* the new computer. 彼は私に新しいコンピューターに親しませてくれた / You must ~ yourself *with* the rules before playing the game. そのゲームをする前にまずルールをよく覚えなければならない [変換] You must make yourself *familiar* with the rules before playing the game. と書き換え可能. **b**〈…を〉人に〉親しませる, なじませる: Only reading can ~ literature *to* us. 読書のみが我々に文学を親しませる. ❷〈ものを〉普及させる, 世間に広める: Advertisements ~ a product. 宣伝が製品を普及させる. (形 familiar)

fa·míl·iar·ly 副 ❶ 親しく, 心安く. ❷ なれなれしく; 打ち解けて. ❸ 通例, 俗に.

famíliar spírit 名 ＝familiar 名 2.

fám·i·list 名 [しばしば F~] ファミリスト(16–17世紀ヨーロッパで行なわれた神秘主義的キリスト教の一派 Family of Love (愛の朋(とも), 愛の家族)の教徒). **fam·i·lís·tic** 形

fa·mílle jáune /fəmìːliʒóʊn/ 名 U ファミーユジョーヌ(黄を地色とした中国の軟彩磁器).

famílle nóire /-nwáːr | -nwáː/ 名 U ファミーユノアール(黒を地色とした中国の軟彩磁器).

famílle róse /-róʊz/ 名 U ファミーユローズ(ピンクを地色とした中国の軟彩磁器).

famílle vérte /-véət | -véət/ 名 U ファミーユベルト(緑を地色とした中国の軟彩磁器).

‡**fam·i·ly** /fǽm(ə)li/ 名 ❶ C [集合的; 単数または複数扱い] **家族, 一家**: the ~ that has just moved in 引っ越してきたばかりの一家 / How is your ~? ご家族の皆さんはご機嫌いかがですか ([用法] (英)では is を are とすることもある) / My ~ *are* all very well. 家族一同元気です / There're four (people) in my ~. 私の家族は4人です. ❷ U [また a ~] (一家の)**子供たち**: He has *a* large ~. 彼は子だくさんだ / raise [bring up] a ~ 子供を育てる. ❸ **a** C (血縁関係のある)一家, **一族**, 一門: the royal ~ 王族 / one's immediate ~ 近親. **b** (英) 家柄, 名門: Is she of good ~? 彼女は名門の出身か / a person of no ~ 家柄の低い人. ❹ C **a** (共通の特質によって関係づけられた民族などの)一群: the ~ of free nations 自由国家群. **b** (米)(マフィアなどの)組織, 組. ❺ C (言) 語族. ❻ C (生) (動植物分類上の)科 (cf. classification 1b): the dog ~ イヌ科. **rún in the [one's] fámily** 〈ある病気·傾向などが〉家族に遺伝している: Hemophilia *runs* in his ~. 血友病が彼の家族には遺伝している. **stárt a fámily** 長子をもうける.

—— 形 Ⓐ 家族の, 家族向きの: a ~ car (家族で使用する)自家用車, ファミリーカー / a ~ council 親族会議 / a ~ film [hotel] 家族向き映画[ホテル] / ~ life 家庭生活 / a ~ likeness [resemblance] 骨肉の似寄り, 肉親の類似点 / a ~ room (米) (家族で使用する)家族部屋. **in a fámily wày** (1) くつろいで, 打ち解けて. (2) ＝in the FAMILY way 成句. **in the fámily wày** (古風·口) 妊娠して (pregnant).
[L=(一家の)召し使い, 家族] (形 familial)

fámily allówance 名 (英)家族手当 (現在 child benefit という).

fámily Bíble 名 家庭用聖書(誕生·死亡·結婚などを記録する付録ページのある大型聖書).

fámily círcle 名 ❶ [通例 the ~] 家の内々の者ども, 内輪(の人たち). ❷ (米)(劇場などの)家族席.

fámily cóurt 名 家庭裁判所.

fámily crédit 名 U [しばしば F- C~] (英)児童家族手当(児童を養育する勤労者世帯で所得が一定水準に達しないものに対する公的扶助).

Fámily Divísion 名 (英)(高等法院の)家事部(離婚·養子縁組などの民事を扱う).

†**fámily dóctor** 名 家庭医, ホームドクター (解説) あらかじめ一般開業医 (general practitioner) ないしは内科医 (internist) を family doctor として決めておいて, 比較的軽い病気の治療をしてもらう; 専門的治療は専門医 (specialist) が行ない, 必要ならば family doctor がメンバーとなっている病院へ患者を入院させる).

fámily íncome sùpplement 名 (英)世帯所得補足手当(一定水準の収入のない家族に国家が支給する; 1988年から Family Credit となった).

fámily jéwels 名 (俗) [the ~] 家の宝(睾丸·男性性器).

fámily màn 名 ❶ 所帯持ちの男, 家族のある男. ❷ マイホーム型の男, 外出嫌いの男.

fámily médicine 名 ＝family practice.

fámily nàme 名 姓 (⇒ name 解説).

†**fámily plánning** 名 (産児制限による)家族計画.

fámily práctice 名 U (米)家族医療(家庭医としての活動による一般診療).

fámily practítioner 名 (米) ＝family doctor.

fámily skéleton 名 (外聞をはばかる)家庭内の秘密 (cf. SKELETON in the closet 成句).

fámily stỳle 名 U 家庭風 《大皿に盛って銘々が自由に取って食べる方式》. ─ 形 副 家庭風流に.

fámily thérapy 名 U 家族療法《患者の治療に家族も参加して行なう集団心理療法》.

fámily trée 名 家系, 系図.

fámily válues 名 (伝統的な)一家[一族]の価値観.

***fam·ine** /fǽmɪn/ 名 ❶ U.C 食糧不足, 飢饉(きん): Thousands died during the ~. その飢饉で何千もの人が死んだ. ❷ C (物資の)大払底, 欠乏, 品不足: a fuel [coal] ~ = a ~ of fuel [coal] 燃料[石炭]飢饉. 《F＜L＝飢え》

fám·ished /fǽmɪʃt/ 形 《口》空腹で (starving): I'm ~. 腹ぺこだ.

‡**fa·mous** /féɪməs/ 形 (more ~; most ~) ❶ 有名な, 名高い: a ~ golfer 有名なゴルファー / London was once ~ for its fogs. ロンドンはかつて霧で有名だった / Brighton is ~ as a bathing place. ブライトンは海水浴場として有名だ. ❷《古風・口》すばらしい, すてきな: a ~ performance たいした演技[演奏] / That's ~! すばらしい! **fámous lást wòrds** 《滑稽・皮肉な意味で》そうでしょうとも. (名 fame) 【類義語】famous よい意味で多くの人に知られている; 最も一般的な語. well-known famous とほぼ同義だが, 悪い意味でも用いられる. celebrated 広く世間の賞賛をあつめ有名な. renowned 語り伝えになっているような有名なをいう; 主に歴史上の人物や名所・旧跡などに用いる. noted 特定の分野で有名であることを意味し, famous ほど一般的な知名度を意味しないことが多い. notorious 悪い意味で有名な.

†**fá·mous·ly** 副 すてきに, りっぱに: They're getting on [along] ~ together. 彼らはとても仲良くやっている.

fam·u·lus /fǽmjʊləs/ 名 (-li /-làɪ/) 《魔術師・錬金術師・学者の》手下, 助手.

‡**fan**¹ /fǽn/ 名 ❶ **a** うちわ, 扇; 扇子. **b** 扇風機; 送風機, ファン: an electric ~ (電気)扇風機 / an extractor ~ 換気扇. ❷ 扇形のもの: a 推進器の翼, 風車の翼. c 鳥の尾. d 扇状地. ❸ 《穀物を吹き分ける》唐箕(とうみ). ─ 動 (fanned; fan·ning) 他 ❶ 《...を》扇などであおぐ, 《...に》風を送る: He *fanned* himself with his hat. 彼は帽子であおいだ / ~ the flies *away* (*from* a baby) おおいでハエを(赤ん坊のそばから)払いのける. ❷ 《火をあおる》《感情などをかきたてる》, あおる: ~ the flame ⇒ flame 成句 / ~ coals *into* flame おきをあおって燃え立たせる / Their discontent was *fanned into* hatred. あおられた彼らの不満は憎しみに変わった. ❸ 《風が》《...に》そよそよと吹きつける, なでる: The breeze *fanned* her hair. そよ風が彼女の髪をなでた. ❹ 《...を》扇形に広げる 《*out*》. ❺ 《穀物を》箕で吹き分ける. ❻ 《野》《打者を》三振させる. ─ 自 ❶ 扇形に広がる 《*out*》. ❷ 《野》三振する. 《OE＜L＝*vannus* うちわ》

‡**fan**² /fǽn/ 名 《口》《映画・スポーツ・スターなどの》ファン, 熱心な愛好者: a baseball [film] ~ 野球[映画]ファン / a big ~ *of* Michael Jackson マイケルジャクソンの大ファン. ─ 形 A ファンの: a ~ club ファンクラブ. 《FAN(ATIC) 名》

fa·nat·ic /fənǽtɪk/ 名 熱狂的愛好者 (enthusiast), 狂信者. ─ 形 = fanatical. 《F＜L＝霊感を与えられた》

†**fa·nat·i·cal** /fənǽtɪk(ə)l/ 形 熱狂[狂信]的な, 《...に》狂的な(*about*). ~·**ly** /-kəli/ 副

fa·nát·i·cìsm /-təsìzm/ 名 熱狂, 狂信.

fa·nát·i·cìze /fənǽtəsàɪz/ 動 他 狂信的にさせる; 狂信的にふるまう.

fán bèlt 名 《機》(自動車の)ファンベルト《ラジエーター冷却ファンを駆動する》.

fán·cied 形 想像上の, 架空の.

†**fan·ci·er** /fǽnsɪə/ -si*ə*/ 名 《通例複合語で》(花・鳥・犬などの)愛好家; 《商業的》飼育者: a bird ~ 愛鳥家.

†**fan·ci·ful** /fǽnsɪf(ə)l/ 形 ❶ 想像力に富む, 気まぐれな. ❷ 空想的な, 非現実的な. ❸ 《デザインなど》奇をこらした; 風変わりな, 奇抜な. ~·**ly** /-fəli/ 副 ~·**ness** 名 (名 fancy)

fán·ci·ly /-səli/ 副 空想[想像]を刺激するように; 念入りに, 飾りたてて.

‡**fan·cy** /fǽnsi/ 名 ❶ U 《気まぐれで自由な》空想: flights of ~ 空想の飛躍. **b** 《詩人・画家などの》創造的空想力. ❷ C 《事実に基づかないで想像された》思いつき, 気まぐれな思い: a passing ~ 一時かぎりの気まぐれ /［+ *that*］ I have a ~ *that* she'll one day come back to him. 何だか彼女が彼のところにある日戻ってくるような気がする. ❸ C 《...に対する》好み, 嗜好, 愛好: He has a ~ *for* wine. 彼はワインが好きです / They took a great ~ *to* each other. 二人は互いに大好きになった / The dress took [caught] her ~. そのドレスは彼女の気に入った / He just moves on as the ~ takes [catches] him. 彼はただ気の向くままに去って行く.

─ 形 (fan·ci·er; -ci·est) ❶ 装飾的な, 派手な, 意匠を凝らした (↔ plain, simple): a ~ cake デコレーションケーキ《比較「デコレーションケーキ」は和製英語》 / ⇒ fancy dress / This dress is too ~ for the party. このドレスはパーティーには派手すぎる. ❷ 《米》上等の, 特製[特選]の: ~ fruits 極上の果物. ❸ A **a** 《動・植物など染め分けの》: ~ pansies 染め分けパンジー. **b** 《ペットなど》染め色の, 珍種の: ~ pigeons 珍種のハト. ❹ 《価格など》法外な: ~ prices 法外な値段. ❺ 想像の, 空想的な: a ~ picture 想像画.

─ 動 (★進行形なし) ❶ ［しばしば否定・疑問文で］〈...を〉空想する, 心に描く, 想像する: I cannot ~ a life without books. 書物のない生活など想像もできない /［+目［所有格］+*doing*］I cannot ~ him [his] *doing* such a thing. 彼がそんなことをするとは想像できない /［+目+(*to be*) 補］/ F~ *yourself* (*to be*) Gulliver. 君がガリバーだとみてごらん /［+目+*as* 補］He always *fancied* himself *as* a moralist. 彼はいつも自分が道徳家だというふうに思い込んでいた. ［用法 [+*oneself*+補]は《米》で, 《英》では[+*oneself as* 補]が一般的］. ❷ ［命令法; 軽い驚きなどの感情を表わして］〈...を〉考えてごらん. F~ that! (= Just ~! ⇒ 間) あそこでことを考えてちょうだい! /［+*doing*］F~ reading all day long. 一日中本ばかり読むなんて /［+目［所有格］+*doing*］F~ him [his] telling a lie! まさか, 彼がうそをつくなんて! ❸ 《何となく》〈...だと〉思う:［+(*that*)］I ~ he's about fifty. 彼は 50 くらいだと思う / He's Canadian, I ~. 彼はカナダ人じゃないかな. ❹ ［~ *oneself* で］うぬぼれる: He's clever, but he *fancies* himself. 彼は頭はよいけれどうぬぼれる /［+*oneself*+*as* 補］She *fancies* herself *as* an artist. 彼女はいっぱしの芸術家のつもりでいる (cf. 用法). ❺ 《英》〈...を〉好む, 〈...が〉気に入る; 〈...を〉愛する: I ~ the idea of walking in the fields on an autumn day. 秋の日に野原を散歩するのが好きだ / Tom *fancied* Mary a lot. トムはメリーが好きでたまらなかった /［+*doing*］I don't ~ acting as chairman. 議長など勤めたくない. ❻ 《英》〈...がうまくいくと思う〉: I don't ~ our chances of winning the game. 我々が試合に勝つ見込みはないと思う. ─ 間 ［命令法で; 軽い驚きなどの感情を表わして］考えてごらん, まさか《比較 think, imagine のほうが一般的》: Just ~! まあ考えてごらん, 驚いたね. 《FANTASY の短縮形》【類義語】fancy 現実から離れた自由で気まぐれな空想. imagination 想像(力)を表わす広い意味の語; 高尚で創造的な精神活動を暗示する. fantasy 幻想的・空想的な芸術作品などにみられる現実から全く離れ奔放で気まぐれな空想.

fáncy dréss 名 ❶ U 仮装服. ❷ C 凝った［風変わり の］衣装.

fáncy dréss báll [pàrty] 名 仮装舞踏会.

fáncy-frée 形 ❶ 恋を知らない; 恋にとらわれない. ❷ 自由奔放な, 勝手気ままな. ❸ 悩みのない, 気楽な.

fáncy gòods 名 複 小間物, 装身具, アクセサリー.

fáncy màn 名《俗・軽蔑》❶ 《女性から見た》愛人. ❷ 情夫, ひも. ❸ ぽん引き.

fáncy wòman 名《俗・軽蔑》情婦; 売春婦.

fáncy·wòrk 名 U 手芸(品), 編み物, 刺繍(しゅう).

fán dànce [名] 大きな扇を使って踊るソロのヌードダンス, ファンダンス. **fán dàncer** [名]

fan·dan·gle /fændǽŋgl/ [名] 奇異[奇抜]な装飾; ばかげたこと[行為].

fan·dan·go /fændǽŋgoʊ/ [名] (複 ~s) ❶ [C] ファンダンゴ: **a** スペインの陽気な民俗舞踊. **b** ファンダンゴの曲. ❷ [U,C] ばかげたこと; むだな[みてくれだけの]もの.

fán·dom /-dəm/ [名] [U] (特定の趣味領域などの)すべてのファン.

fane /féɪn/ [名] 《古·詩》 神殿, 聖堂; 教会堂.

⁺**fan·fare** /fǽnfeə | -feə/ [名] ❶ [C] 〘楽〙 はなやかなトランペット(など)の合奏, ファンファーレ. ❷ [U] (派手な)誇示[歓迎]. 〖F〗

fan·fa·ro·nade /fæ̀nfærənéɪd/ [名] ❶ [U] からいばり, こけおどし, 大ぼら. ❷ [C] 〘楽〙 =fanfare.

⁺**fang** /fǽŋ/ [名] ❶ **a** (オオカミ·犬などの)きば, 犬歯 《[比較] tusk はゾウ·イノシシなどのきば》. **b** [通例複数形で] (ヘビの)毒歯. ❷ (道具類の)細長くとがった先.

fan·go /fǽŋgoʊ/ [名] [U] (イタリア産の)温泉泥, ファンゴ《リウマチなどの治療用》.

fán hèater [名] 送風式ヒーター, ファンヒーター.

fán·jèt [名] ❶ 〘空〙 ファンジェット《推進効率をよくするための送風機付きのジェットエンジン》. ❷ ファンジェット機.

fán lètter [名] ファンレター.

fán·lìght [名] ❶ (窓·ドアの上の)扇形明かり取り. ❷ = transom window.

fán màil [名] [U] ファンレター《全体》.

fán·ner [名] あおぐ人; 唐箕(とうみ); 通風機, 送風機.

Fan·nie /fǽni/ [名] ファニー《女性名; Frances の愛称》.

fan·ny /fǽni/ [名] ❶ 《米口》 尻. ❷ 《英俗》 女性の性器.

Fan·ny /fǽni/ [名] =Fannie.

Fánny Ádams [名] [U] 《英俗》 ❶ [(sweet) ~ で] まったくないこと. ❷ 〘海〙 肉の缶詰; シチュー.

fánny pàck [名] 《米》 ウエストポーチ (《英》 bumbag).

fan·tab·u·lous /fæntǽbjʊləs/ [形] 《俗》 すごくすばらしい.

fán·tàil [名] ❶ 扇形の尾[端]. ❷ **a** 扇形の尾をした鳥. **b** =fantail goldfish.

fántail góldfish [名] 〘魚〙 リュウキン《金魚》.

fan-tan /fǽntæ̀n/ [名] [U] ❶ ファンタン《中国の賭博の一種》. ❷ 〘トランプ〙 ファンタン《七並べに似る》.

fan·ta·si·a /fæntéɪʒ(i)ə | -ziə/ [名] 〘楽〙 ❶ 幻想曲. ❷ 接続曲《よく知られたメロディーを集めた曲》. 〖It=fantasy〗

fan·ta·sist /fǽnṭəsɪst/ [名] 幻想曲[幻想的作品]作曲家[作家]; 夢想家.

⁺**fan·ta·size** /fǽnṭəsàɪz/ [動] [自] 〔…について〕夢想する 〔*about*〕. ── [他] 〈…を〉夢想する; 〈…ということを〉夢想する 〈*that*〉.

fan·tast /fǽntæst/ [名] 夢想家, 幻想家.

*__fan·tas·tic__ /fæntǽstɪk/ [形] (more ~; most ~) ❶ 《口》 すばらしい, すてきな: a ~ dress すてきなドレス. ❷ **a** 途方もない, 法外な. **b** 風変わりな, 異様な (weird). ❸ **a** 空想的な. **b** 気まぐれな. 〖F<L<Gk=想像力に富む〗 ([名] fantasy)

fan·tás·ti·cal /-tɪk(ə)l/ [形] =fantastic 2b.

fan·tas·ti·cal·i·ty /fæntæ̀stɪkǽləṭi/ [名] [U,C] 空想的であること, 気まぐれ, 狂想; 奇異[怪奇]な事物.

fan·tás·ti·cal·ly /-kəli/ [副] ❶ 空想的に. ❷ 異様に. ❸ すばらしく. ❹ 法外に.

*__fan·ta·sy__ /fǽnṭəsi/ [名] ❶ [U] **a** (自由奔放な)想像, 空想; 幻想. **b** 気まぐれ, 酔狂. ❷ [C] **a** 空想の産物, 奇抜な考え. **b** 空想文学作品, ファンタジー. ❸ [C] 〘心〙 白日夢. ❹ [C] 〘楽〙 幻想曲. 〖F<L<Gk=想像(力)〗 ([形] fantastic) 【類義語】⇨ fancy.

fan·tod /fǽntɑd/ [名] [時に ~s] いらいら[そわそわ, やきもき]すること, 心配, 苦悩, 心痛.

fán wòrm [名] 〘動〙 ケヤリムシ《花のような鰓冠(さいかん)を広げて呼吸·捕食をする; 多毛類》.

⁺**fan·zine** /fǽnziːn/ [名] (特にポップ歌手の)ファン雑誌.

FAO 《略》 Food and Agriculture Organization (of the United Nations) 国連食糧農業機関.

FAQ /éfèɪkjúː, fǽk/ 《略》 〘電算〙 frequently asked question(s) よく尋ねられる質問《ホームページでこのボタンをクリックするとよくある質問と答えのページにアクセスできる》.

‡**far** /fάə | fάː/ [副] (**far·ther, fur·ther; far·thest, fur·thest**; ⇨ 各見出し語を参照) ❶ [距離·空間に関して] [副詞または前置詞句を伴って] 遠くに, はるかに, 遠くへ: ~ *ahead* はるか前方に / ~ *back* はるか後ろに / ~ *away* [*off*] ずっと離れた所に / ~ *out* at sea はるか沖合いに / wander ~ *from* home 家から遠くにさすらう / *How* ~ *did* he go? 彼はどのくらい遠くに行ったでしょうか / He has*n't* gone ~. 彼は遠くには行っていない《★ 肯定文では He's gone *a long way*. となる》.

❷ [時間に関して] [通例副詞または前置詞(特に *into*)句を伴って] 遠く: ~ *back* in the past ずっと以前に / ~ *into* the future 遠く将来に / ~ *into* the night 夜ふけまで. ❸ (比較なし) [程度に関して] はるかに, 大いに, ずっと: It's ~ different now. それは今では大違いだ / ~ distant はるか[非常]に遠い / a success ~ beyond our expectations 我々の期待をはるかに超えた成功 / It's ~ too cold to play tennis. テニスをするにはあまりにも寒すぎる / This is ~ better (than it was). このほうが(以前より)ずっといい / My sister has ~ more friends than I have. 妹は私よりずっと友人が多い.

❹ [名詞的に用いて] 遠方: come from ~ 遠方から来る / from ~ and near 至る所から (cf. FAR and near [成句]).

as fàr as… (1) [前置詞的に] …まで《★ 否定文では通例 so far as を用いる》: I went *as* ~ *as* Boston. ボストンまで行った. (2) [接続詞的に] …する限り遠くまで; …する限り(では): Let's swim *as* ~ *as* we can. できるだけ遠くまで泳ごう / *as* ~ *as* I know 私の知る限り(では) / *as* ~ *as* the eye can see 目の届く[見渡す]限り.

as fàr as it góes それなりに(は), その限りでは.

by fár (1) [最上級, 時として比較級を強調して] はるかに, 断然: better *by* ~ はるかによい / *by* ~ the best ずばぬけてよい, 抜群 / Skating and skiing are *by* ~ the most popular winter sports. スケートとスキーはずばぬけて人気のある冬のスポーツだ. (2) 非常に, とても: too easy *by* ~ とても楽な.

cárry…tòo fár=take…too FAR [成句].

fár and awáy ⇨ away [副] [成句].

fár and néar 至る所に (cf. [副] 4).

fár and wíde 遠く広く, あまねく.

Fàr bè it from mé to dó…しようなどという気は私にはまったくない《★ be は願望を示す仮定法》: *F~ be it from me to* call him a liar. 彼をうそつき呼ばわりするつもりはこれっぽっちもない.

fár betwéen=FEW and far between [形] [成句].

fár from… (1) …から遠くに (⇨ 1 a). (2) 少しも…でない: He's ~ *from* happy. 彼はちっとも幸福ではない. (3) …どころか(まったく反対): *F~ from* reading the letter, he didn't even open it. 彼はその手紙を読むどころか封も切らなかった.

Fár fróm it! そんなことは断じてない, とんでもない.

fár óut =far-out 2.

ìn so fár as… ⇨ insofar as.

nòt fár óff [**out, wróng**] ほとんど正しい: His guess was *not* ~ *wrong*. 彼の推測はほぼ正しかった.

só fàr ここ[これ]まで: *So* ~ he has done nothing to speak of. 今までのところ彼はこれといった働きはしていない / *So* ~ (,) so good. ここまではそれでけっこう.

sò fár from=FAR from… [成句] (3).

táke…tòo fár 〈…の〉度を超す, いきすぎる: You are *taking* your joke *too* ~. 君の冗談はいきすぎだよ.

thús fàr =SO FAR [成句].

── [形] (比較変化は [副] と同じ) ❶ **a** (距離的に)遠い, 遠くへの, はるかな (↔ near) 《[用法] [A] に用いるときは文語》: a ~ country 遠い国 / My house is rather ~ from school. 私の家は学校からちょっと遠いところにある. 《[比較] It's two miles *far* (from here). は誤りで, 数詞を明示する場合には distant を用いる》. **b** (時間的に)遠い: the ~ future 遠い将来. **c** 長距離[時間]の: a ~ journey 長い旅行.

farad 646

❷ Ⓐ (二者のうちで)遠いほうの, 向こう側の: on the ~ side of the room 部屋の遠いほうの側に. ❸ Ⓐ (政治的に)極端な (extreme): the ~ right 極右.
a fár crý ⇨ cry 名 句.
〖OE〗【類義語】⇨ distant.

far·ad /fǽrəd/ 名【電】ファラド(静電容量のSI組立単位; 記号 F). 〖M. Faraday〗

far·a·da·ic /fǽrədéɪɪk/ 形 =faradic.

Far·a·day /fǽrədeɪ/, **Michael** 名 ファラデー 《1791-1867; 英国の物理学者》.

Fáraday càge 名【理】ファラデー箱 《接地された導体網の箱; 外部静電界の影響を遮蔽する》.

Fáraday efféct 名 Ⓤ【理】ファラデー効果(磁気旋光).

fa·rad·ic /fərǽdɪk/ 形【電】誘導[ファラデー]電流の.

far·an·dole /fǽrəndòʊl/ 名 ファランドール (手をつないで踊る Provence 起源の ⁶⁄₈ 拍子の舞踏; その由).

†**far·a·way** /fáːrəwèɪ⁻/ 形 ❶ a (距離的に)遠くの, 遠方の (distant): a ~ place 遠く離れた所. b (時間的に)遠い. c (音・声などが)遠くから聞こえてくる: a ~ thunder 遠雷. ❷ (顔つき・目つきがぼかんとした, 夢見るような; うっとりした): a ~ look うっとりしたまなざし.

†**farce** /fáːrs/ 名 ❶ Ⓒ Ⓤ 笑劇, 茶番狂言, 道化芝居. ❷ a Ⓤ こっけい, 人笑わせ, 道化. b Ⓒ ばからしいきごと, 「芝居」. 〖F<L=詰めこむ; 宗教劇の幕間に笑劇が上演されたことから〗

far·ceur /faːrsə́ːr/ | faːsə́ː/ 名 道化師; 笑劇作者, おどけ者, ひょうきん者 (★女性形 **far·ceuse** /-sə́ːz/).

far·ci·cal /fáːrsɪk(ə)l | fáː-/ 形 ❶ 笑劇の. ❷ 茶番めいた, こっけいな, ばかげた. ~·**ly** /-kəli/ 副

far·cy /fáːrsi | fáː-/ 名 Ⓤ【獣医】(馬)鼻疽(ひ) (glanders).

***fare** /féər/ 名 ❶ Ⓒ (列車・電車・バス・船などの)運賃, 料金: the train [taxi] ~ 鉄道運賃[タクシー料金] / air ~s 航空運賃 / a single [round-trip] ~ 片道[往復]運賃 / ⇨ / What [How much] is the ~ to Dover? ドーバーまでの運賃はいくらですか. ❷ Ⓒ (特に, タクシーなどの料金を払って乗る)乗客. ❸ Ⓤ(娯楽などの)出し物. ❹ Ⓤ《文》 (食事に出される)食物: good ~ ごちそう / coarse ~ 粗食.
— 動 自 ❶ [well, badly などの様態の副詞を伴って]〈人がうまく, まずく〉やっていく, 暮らす (get on): You may go farther and ~ worse. (該) 高望みをするとかえって損をする, いいかげんのところで我慢をするのがよい / F~ you [thee] well! 《古》 [非人称主語 it を主語にして; 様態の副詞を伴って]〈事が(…にとって)(うまく, まずく)いく, 成り行く: It has ~d ill [well] with them. 彼らはうまくいっていない[いている] / How did it ~ with him? 彼はどうだった? 〖OE=行く, 旅をする〗【類義語】⇨ price.

*__Far East__ /fáːríːst | fáː(r)íːst⁻/ 名 [the ~] 極東(元来 英国からみた日本・中国・韓国など).

Fár Eastern 形 極東の.

fáre stàge 名《英》❶ (バスの)一定料金区間. ❷ 一定料金区間を示す停留所.

fáre-thee-wéll, fáre-you-wéll (口) 通例 次の成句で. **to a fáre-thee [you]-wéll** 完璧に; 徹底的に.

*__fare·well__ /féərwél | féə-⁻/ 間 ごきげんよう!, さらば! (比較) good-by(e) のほうが一般的の. — 名 ❶ いとまごい, 告別, 別れ: bid ~ to…=take one's ~ of…に別れを告げる / We bid [bade] them ~. 我々は彼らに別れを告げた. ❷ 別れのあいさつ[言葉]: I made my ~s to them. 彼らに別れのあいさつをした / A F~ to Arms 武器よさらば(★ Ernest Hemingway の小説の題名). — 形 Ⓐ 告別の, 送別の: a ~ address 告別の辞 / a ~ performance さよなら興行 / a ~ dinner [party] 送別の宴[会] / a ~ kiss お別れのキス.〖 fare well の命令法から;⇨ FARE 名 ❶〗

far·fal·le /faːrfǽleɪ | faː-/ 名 (複) ファルファッレ (蝶形パスタ).

fár-fétched 形〈言い訳・説明など〉持って回った, こじつけの, 無理な, 不自然な.

fár-flúng 形 ❶ 遠く離れた, 遠方の (remote). ❷ 広範囲にわたる[分布する], 分散した, 広がった.

Far·go /fáːrɡoʊ | fáː-/ 名 ファーゴ《米国 North Dakota 州最大の都市》.

fár-góne 形 Ⓟ Ⓐ **a** (病状など)よほど進んで; 〈時間がかなりたって, 終わりに近づいて. **b** ひどく酔って. ❷ 〔借金が〕かさんで: be ~ **in debt** 借金がかさんでいる.

fa·ri·na /fərí:nə/ 名 Ⓤ ❶ 穀粉. ❷ (英) (ジャガイモで作る)でんぷん.

fa·ri·na·ceous /fǽrənéɪʃəs⁻/ 形 ❶ でんぷん質の. ❷ 粉のような.

fár-infraréd radiátion 名 Ⓤ【理】遠赤外線《波長 $50\,\mu m{-}100\,\mu m$》.

*__farm__ /fáːrm | fáːm/ 名 ❶ 農場, 農園(★通例住宅・納屋を含み, 家畜も飼育される比較的広い農場をいう): run [keep] a ~ 農場を経営する / work on a ~ 農場で働く / a dairy ~ 酪農場. ❷ 飼育場, 養殖場: a chicken [pig] ~ 養鶏[豚]場 / an oyster ~ カキ養殖場 / a fish ~ 養魚場. ❸ 農家, 農場の家屋. ❹ =farm team.
—— 動 他 〈土地を〉耕作する; 農場[飼育場]として使う; 飼育[養殖]する: He ~s 300 acres. 彼は300エーカーの土地を耕している. — 自 耕作する, 農業をする, 農場を経営する: My uncle ~s in Canada. おじはカナダで農場を経営している. **fárm óut** 《他+副》 (1)〈土地・施設などを〉貸す. (2) 〈仕事を外部へ〉 [下請けに]出す. (3) (連作などして) 〈土地を〉疲れさせる. (4) (通例一定の料金を払って)〈子供などを〉〈…に〉預ける [to]. (5) 《米》【野】〈選手を〉二軍チームに預ける.
〖 F=小作契約, 小作地〈 fermer 条件などを定める〈 L 〈 firmus 堅固な; cf. firm²〗

fárm bèlt 名 農場地帯.

*__farm·er__ /fáːrmər | fáːmə/ 名 農場主, 農園主, 農場経営者《解説》farm を所有している人; farmhand を雇い, 巨大な農場を機械を使って大規模に経営する人など: a peanut ~ ピーナツ農園主 / a landed ~ 自作農 / a tenant farmer. 〖FARM+-ER¹〗

fármer's lúng 名 Ⓤ【医】農夫肺(かびた乾草の塵を吸入して起こる急性肺疾患).

fármers' màrket 名 農民市場(農民が生産物を直接消費者に売る市場).

fárm hànd 名 農場労働者.

farm·house /fáːrmhàʊs | fáːm-/ 名 農家, 農場内の家屋《★通例母屋をいうが, 農舎を含めることもある; cf. farmstead》.

*__fárm·ing__ 名 ❶ Ⓤ 農業 (比較) agriculture より口語的; 農場経営. ❷ 〖形容詞的に〗 農業の; 農業用の: ~ implements 農具.

†**fárm·lànd** 名 Ⓤ 農地.

fárm·stèad 名 (付属建物を含めた)農場.

fárm tèam 名《米》【野】ファーム(チーム) (大リーグ球団所属のマイナーリーグのチーム).

*__fárm·yàrd__ 名 (住宅・納屋・牛舎などに囲まれた)農場構内, 農家の庭.

fa·ro /fé(ə)roʊ/ 名 Ⓤ ファロ《一種の賭(か)けトランプ》.

Fár·oe Íslands /fé(ə)roʊ-/ 名 =Faeroe Islands.

†**fár-óff** 形 はるかかなたの: a ~ land はるかな土地 / in the ~ days when there was no television かなり以前のテレビがなかったころ.

fa·rouche /fərúːʃ/ 形 あまり人前に出たことのない, 内気な, 洗練されない. 〖F〗

†**fár-óut** 形 ❶ a (口)〈音楽など〉斬新(ざん)な, 風変わりな, 前衛的な. b (古風) すばらしい, かっこいい. ❷《英》遠く離れた.

far·rag·i·nous /fərǽdʒənəs/ 形 寄せ集めの.

far·ra·go /fərá:goʊ/ 名 (複 ~**es**) 寄せ集め, ごたまぜ [of] (hodgepodge).

Far·ra·khan /fǽrəkà:n/, **Louis** 名 ファラカーン《1933-; 米国の黒人イスラム教団体, ネーション オブ イスラムの指導者》.

†**fár-réaching** 形 ❶ 〈効果・影響など〉遠くまで及ぶ. ❷ 〈計画など〉遠大な.

Far·rell /fǽrəl/, **James (Thomas)** 名 ファレル《1904-79; 米国の小説家》.

far·ri·er /fǽriɚ | -riə/ 名 《英》❶ 蹄鉄(ていてつ)工. ❷ 馬医者.

far·row /fǽrou/ 名 ひと腹の豚の子. —— 動 他《子豚を》産む. —— 自《豚が》子を産む.

far·ru·ca /fɑrúːkə/ 名 ファルーカ《フラメンコの一種》.

fár·séeing 形 =farsighted.

Far·si /fάːsi | fάː-/ 名 U《イラン・西部アフガニスタンで使用される》現代ペルシア語 (Persian).

fár·sígh·ted 形 ❶ a 遠目のきく. b 〖医〗遠視の(《英》longsighted; ↔《英》shortsighted, 《米》nearsighted). ❷ 先見の明のある, 卓見のある, 賢明な (↔ shortsighted). ~·ly 副. ~·ness 名.

†**fart** /fɑːt | fάːt/《卑》名 ❶ 屁(へ); 放屁(ほうひ). ❷ いやなやつ; 愚かな人. —— 動 自 放屁する (《比喩的》には break [make] wind を用いる). **fárt aróund [abóut]**《俗》ぶらぶら時を過ごす.

‡**far·ther** /fάːðɚ | fάː·ðə/ (★ further との相違については further 用法を参照) 形 [far の比較級] ❶ (距離・空間・時間が)さらに遠く, もっと先に: I can go no ~. もうこれ以上(先へ)は行けない / No ~! もうよい, もうたくさん! / I walked ~ away. 歩いてさらに遠くへと離れた. ❷ (程度が)さらに進んで; なおその上に, さらにまた (比喩 この意味では further が一般的). **fárther ón** もっと先に[では]: F~ on, the road narrows. この先で道幅が狭くなる. —— 形 [far の比較級](距離的に)もっと遠い, もっと先の: the ~ shore 向こう岸.

fárther·mòst 形 =furthermost.

*__far·thest__ /fάːðɪst | fάː-/ 副 [far の最上級] ❶ (距離・空間・時間が)最も遠く. ❷ (程度が)極端に (比喩 この意味では furthest が一般的). —— 形 [far の最上級](距離的に)最も遠い.

far·thing /fάːðɪŋ | fάː-/ 名 《英》❶ ファージング《英国の小貨幣単位; 1/4 penny; 1961年廃止》. ❷ [a ~; 否定文に用いて]わずか, 少し: be *not* worth *a* ~ びた一文の値打ちもない / I don't care *a* ~. ちっともかまわない.【OE=4分の1】

far·thin·gale /fάːðəŋgèɪl | fάː-/ 名 ❶ (16–17世紀ごろ婦人がスカートを広げるのに用いた, 通例鯨骨製の)たが骨. ❷ たが骨で広げたスカート.【Sp=若木(で作られた)】

fart·lek /fάːtlek | fάːt-/ 名 ファルトレク《自然環境の中で急走と緩走を繰り返すトレーニング法》.

Fár Wést [the ~] 《米》(米国の)極西部地方《通例 Great Plains 以西の地方》.

FAS《略》〖医〗fetal alcohol syndrome.

fas·ces /fǽsiːz | fǽsiːz/ 名 /fǽsiːz/ [しばしば単数扱い](古代ローマの)束桿(そっかん)《たばねた棒の中央におのを入れて縛った権威標章; 執政官など高官の先駆である役人が捧持した》.【L=束】

fas·ci·a /féɪʃ(i)ə/ 名 ❶ 《店頭上部に飾られ, 通例店の名の書かれた横長の》看板. ❷ (また **fáscia bòard**)〖建〗鼻隠し(板). ❸ =dashboard 1.【L=帯, バンド】

fas·ci·at·ed /fǽʃieɪtɪd/ 形 《茎・枝・根など異常発育で平たくなった, 帯化した.

fas·ci·cle /fǽsɪkl/ 名 ❶ 小束. ❷ (本の)分冊. ❸ 〖解〗繊維束.

fás·ci·cled 形 〖植〗《葉や花が》束生の.

fas·cic·u·lar /fəsíkjʊlɚ | -lə/ 形 ❶ 〖植〗束生の. ❷ 〖解〗繊維束からなる.

fas·cic·u·late /fəsíkjʊlət/ 形 ❶ 〖植〗束生の. ❷ 〖解〗繊維束の.

fas·cic·u·la·tion /fəsɪ̀kjʊléɪʃən/ 名 ❶ U〖植・解〗繊維形成, 束状配列. ❷ C〖医〗繊維束(性)攣縮(れんしゅく).

fas·ci·cule /fǽsɪkjùːl/ 名 =fascicle 2.

fas·cic·u·lus /fəsíkjʊləs/ 名 (複 -li /-làɪ/) ❶ 〖解〗(筋または神経の)束(たば). ❷ =fascicle 2.

fas·ci·i·tis /fæʃiáɪtɪs, fæ̀s-/ 名 U〖医〗筋膜炎.

†**fas·ci·nate** /fǽsəneɪt/ 動 他 ❶《人を》魅惑[魅了]する, 悩殺する, 《...の》魂を奪う (cf. fascinated): Her insight ~d them. 彼女の洞察は彼らを魅了した. ❷《ヘビが》《カエルなどを》にらんですくませる.【L=魔法にかける】(名 fascination) 類義語 **fascinate** 魔法に似た力をもつものが相手を魅了して, またはひるませて, 抵抗しがたく[逃れがたく]する. **charm** 魔法の(ような)力または魅力で相手をうっとりさせてある状態にする. **enchant** 魔法を使ったかのように相手をすっかり喜ばせ, 魅了する.

†**fas·ci·nat·ed** /-tɪd/ 形 魅せられた, 心を奪われた [by, with]: He *was* absolutely [utterly] ~ *by* her beauty. 彼は彼女の美しさにすっかり心を奪われていた《★強意の副詞 very は用いない》.

*__fas·ci·nat·ing__ /fǽsəneɪtɪŋ/ 形 (more ~; most ~) 魅惑的な, うっとりさせる(ような), すごくおもしろい[美しい]: The museum has a ~ collection of Celtic artifacts. その博物館にはケルト文化遺物のすばらしいコレクションがある. ~·ly 副.

*__fas·ci·na·tion__ /fæ̀sənéɪʃən/ 名 ❶ U 魅惑, うっとりした状態; 魅力: rapt in ~ 魅力に心奪われうっとりとして. ❷ [a ~] 魅力のあるもの, 魅惑する力. ❸ U (ヘビがカエルなどを)すくませること. (動 fascinate)

fás·ci·nà·tor /-tɚ | -tə/ 名 魅了するもの; 魅惑的な人.

fas·cine /fæsíːn, fæ-/ 名 〖建〗粗朶束(そだたば)《塹壕の側壁補強などに用いる》.

*__fas·cism__ /fǽʃɪzm/ 名 [しばしば F~] U ファシズム, 独裁的国家社会主義.《fascio 集団, 束 < L=束》

*__fas·cist__ /fǽʃɪst/ 名 [しばしば F~] ファシズム信奉者, 国粋主義者, ファシスト.

‡**fash·ion** /fǽʃən/ 名 ❶ a U.C (服装・風習などの)流行, はやり(の型), 時の好み; 流行の様式: follow the current ~ 当世の流行を追う / come into ~ 流行してくる / lead the ~ 流行の先駆けをする[先端をいく] / set the ~ 流行を作り出す / It's now the ~ to drive a fuel-efficient car. ガソリンを食わない車を運転するのが今はやりです. **b** U (服などの)ファッション: a ~ designer (流行の)服のデザイナー. ❷ U [the ~; しばしば形容詞を伴って] はやりの人[もの]: He's *the* ~. 彼は売れっ子だ / Tennis is all *the* ~. テニスが大流行だ. ❸ **a** [単数形で; 通例限定詞を伴って] 仕方, 流儀, …風: in (a) similar ~ 同じ流儀で, 同様に / do a thing in one's own ~ 自己流にやる. **b** [複合語で副詞的に] …流に, …のように: cook Italian-*fashion* イタリア風に料理する.

áfter a fáshion 下手に, 下手ながらにも, どうにか: He speaks English *after a* ~. 彼は下手ながらもどうにか英語を話す.

áfter the fáshion of... にならって, …風[流]に.

in fáshion 流行して, はやって (in vogue).

òut of fáshion すたれて, 人気を失って, はやらないで.

—— 動 他 ❶ 作り上げる, 形づくる: ~ clay *into* a vase 粘土を花瓶に作る / He ~ed a boat *out of* a tree trunk. 彼は木の幹でボートを作った.

【F<L=作ること, 直すこと *facere* 作る, なす; cf. **fact**】(形 fashionable) 類義語 (1) 名 **fashion** いわゆる「流行」の意味で, ある文化・社会において服装・習慣・言葉などの広く一般的に行なわれる様式. **style fashion** と同じ意味に用いられるが, 特に, 上品な, 洗練された流行を指すことがある. **mode** やや気取った語で, ある特定の時期の最先端の高級な fashion を示す. **vogue** 非常に広く受け入れられているかしばしは一時的な流行を示す. (2) ⇒ **make**.

*__fash·ion·a·ble__ /fǽʃ(ə)nəbl/ 形 (more ~; most ~) ❶ 流行の, 当世風の; 〈人が〉流行を追う (↔ unfashionable): ~ clothes 流行の服 / a ~ dresser いつも流行[当世風の]服装をしている人 / It's ~ to keep an exotic pet. (外国種の風変わりなペットを飼うのが当世風だ. ❷ 流行に関心のある人が集まる[利用する]: a ~ couturier 流行婦人服デザイナー. —— 名 ❶ 流行を追う人. ❷ 上流社会の人. (名 fashion)

fásh·ion·a·bly /-nəbli/ 副 流行を追って, 粋に, 当世風に: She was ~ dressed. 彼女は当世風の服装をしていた.

fásh·ion·er 名 ❶ 形を与える[作る]人. ❷ 裁縫師, 洋裁師.

fáshion hòuse 名 ファッションハウス《高級な流行服を製作する会社》.

fash·ion·ist·a /fæ̀ʃəníːstə/ 名 《口》流行に多大な関心を示す人, ファッション通の人, 最新ファッション愛好家[創出者].

fáshion mòdel 名 ファッションモデル.
fáshion plàte 名 ❶ 新型服装図, スタイル画. ❷ 最新流行の服を着ている人.
fáshion sènse 名 ⓤ ファッション感覚.
fáshion shòw 名 ファッションショー.
fáshion stàtement 名 ファッションを主張するもの, 自分の流儀[ライフスタイル]を感じさせる服装[持ち物]: make a ～ ファッション[流儀]を主張する服装をする.
fáshion vìctim 《口》似合わないのに流行ものを身に着けている者, ファッションの犠牲[奴隷].

*‡**fast**¹ /fǽst | fáːst/ 形 (～・er; ～・est) A ❶ 速い: a 急速な (↔ slow): a ～ train 急行列車. b すばやい, すばしこい: a ～ worker [reader, pitcher, typist] 仕事の速い人 [読書の速い人, 速球投手, タイプを速く打てる人]. c すばやくできる, 速成の: do ～ work 速成の仕事をする / ⇒ fast food. d 〈道路など〉高速に適した: a ～ lane. ❷ 🅿 [… minute(s) を用いて] 〈時計が〉(…分)進んで, 早くて: My watch is three minutes ～. 私の時計は3分進んでいる. ❸ 🅐 (比較なし) 〈写〉〈フィルムが〉高感度の〈レンズが〉高速撮影(用)の. ❹ 〈人が〉次から次へと歓楽を追う: a ～ liver 放蕩(ほうとう)児 / lead a ～ life すさんだ[放蕩]生活をする. b 〈女が〉身持ちの悪い. ━ B ❶ a 固定した, しっかりした, ぐらつかない (↔ loose): a stake ～ in the ground しっかり地中に打ち込んだくい. b 固く締まった, しっかりついた: The door is ～. ドアが締まっている / make a door ～ 戸締まりをする / make a boat ～ (to a dock) (船着き場に)舟をつなぐ. c 〈結び目・握り方など〉固い, しっかりした: take (a) ～ hold on a rope ロープをしっかりつかむ. ❷ 心の変わらぬ, 忠実な: a ～ friend 親友 / ～ friendship 変わらぬ友情. ❸ 〈色が〉あせない: a ～ color 不変色. ❹ 〈競馬〉走路が乾いた, 硬い. **fást and fúrious** 〈ゲームなど〉白熱化して; 〈遊びが〉たけなわとなって. **Nót sò fást!** ちょっと待て! **púll a fást one** (目的達成のために) 〈人を〉だます(on).

━ 副 (～・er; ～・est) A ❶ 速く, 急速に, 急いで[用法 感嘆文以外では動詞の(後に置かれる)]: I ran to school as ～ as I could. 学校へできるだけ速く[一生懸命に]走っていた / Children grow up ～. 子供は成長が速い. ❷ どしどし, しきりに: Her tears fell ～. 涙がとめどなく落ちた / It was snowing ～. 雪がしきりに降っていた. ━ B ❶ しっかりと, 固く (firmly): a door ～ shut=a door shut ～ 固く締まっているドア / be tied [bound] ～ by the feet 両足をしっかり縛られている / hold ～ to a rail 手すりにしっかりとつかまる / stand ～ しっかり立つ; 屈せず, 断固として譲らない / stick ～ ぴったりくっついている, 粘着する. ❷ 〈眠りが〉ぐっすりと: ～ asleep 熟睡して. **pláy fást and lóose** (1) (行動に)定見がない, 態度がくるくる変わる. (2) 〈人の愛情などを〉もてあそぶ [with].
〖OE=しっかりした, 真剣な〗 (動 fasten, 名 fastness)
〖類義語〗⇒ quick.

fast² /fǽst | fáːst/ 動 ⓘ ❶ 絶食する, 断食する: I have been ～ing all day. きょうは一日中何も食べていない. ❷ (主に宗教上の行事として) (…で)精進する. ━ on bread and water パンと水だけで精進生活をする. ━ 名 (主に宗教上の)断食, 断食日; 断食期間: go on a ten-day ～ 10日間の断食を始める. **bréak one's fást** 断食をやめる, 朝食をとる. 〖原義は「しっかり耐える」; ↑〗

fást-ácting 形 〈薬物など〉効き目の速い, 速効性の.
fást-báck 名 〈車〉 ❶ ファーストバック《ルーフから後部にかけて流線形を描いた車体のスタイル; cf. notchback》. ❷ ファーストバック車.
fást-báll 名 〈野〉速球.
fást bréak 名 〈バスケ〉速攻.
fást bréeder 名 =fast breeder reactor.
fást bréeder reàctor 名 高速増殖炉.
fást dày 名 断食日, 精進日.

*‡**fas・ten** /fǽs(ə)n | fáːs(ə)n/ 動 ⓣ ❶ 〈ものを〉しっかり留める, くくりつける: ～ a rope ロープを留める / ～ a ship to a quay 船を波止場につなぐ / ～ a label on [onto] a bottle 瓶にレッテルをつける. b 〈ベルトなどを〉締める; 〈…を〉

(くぎなどで)打ちつける; 〈ボタンなどで〉留める: ～ (up) the buttons on one's coat コートのボタンを留める / ～ down a carpet with tacks じゅうたんをびょうで留める / Pins are used to ～ things *together*. ものを留めるのにピンを使う / Please ～ your seatbelt. どうぞ座席のベルトをお締めください. c 〈窓などを〉しっかり閉める: Please ～ all the windows before you leave. 出ていく前にすべての窓をしっかり閉めてください. ❷ 〈視線などを〉〔…に〕じっと向ける: The child ～*ed* his eyes *on* the old man's beard. 子供はその老人のひげをじっと見すえた. ❸ a 〈腕・脚などを〉きつける; 〈歯を〉食いこませる: The baby ～*ed* her arms around her mother. 赤ん坊は母親にしがみついた. b [～ oneself で] 〈…に〉しっかりとつかまえる, 〔…に〕しがみつく《比較》この意味ではこの用法のほうが ⓣ 2a よりも普通》: He ～*ed himself* to [on] my arm. 彼は私の腕にしっかりとつかまえた. ❹ 〈人に〉〈罪・非難などを〉着せる: He tried to ～ the blame *on* me. 彼は私にその罪をなすりつけようとした. ━ ⓘ ❶ 〈ドアなどが〉閉まる; 〈かぎなどが〉かかる; 留まる: The latch won't ～. その掛け金はどうしても留まらない. ❷ a 〔…に〕しっかりとつかまる; 〔…に〕しみつく, とりつく (⇒ ⓣ 3b); 〔…に〕からみつく, つきまとう: ～ *on* a person's arm 人の腕にしがみつく. b 〈視線が〉〔…に〕注がれる: Her gaze ～*ed on* the jewels. 彼女の視線はその宝石類に留まった. c 〔考えに〕とびつく: ～ *on* the idea その考えにとびつく. **fásten dówn** (他+副) (1) 〈…を〉くぎづけにする, 結びつける, 固定する (⇒ ⓣ 1b). (2) 〈意味などを〉確定する: We haven't yet ～*ed down* the meaning of his statement. 我々はまだ彼の言ったことの意味を明確につかみかねている. (3) 〈人に〉〔…に対して〕決心させる: He's finally ～*ed down to* his work. 彼はついに仕事をする決心をした.
(形 fast¹) 〖類義語〗**fasten** 色々な手段で離れないよう[動かないよう]にくっつけることで最も意味が広い. **fix** 落ちないよう[外れないよう]に注意深くくっつける. **tie** 縄・ひもなどを結ぶことによってくっつける[縛る]. **bind** バンドなどでばらばらの物を1つに縛りあげる. **attach** 小さい物を大きな物から離れないようにつける.

fás・ten・er /-snə | -nə/ 名 ❶ 締めるもの (fastening): a 留める[締め]金具. b ファスナー. c クリップ; スナップ. d とじ込み機. ❷ 締める人.
fás・ten・ing /-snɪŋ/ 名 ❶ ⓤ 締めること, 留めること. ❷ ⓒ 締め具, 留め金具 (fastener) 《ひも・ボルト・錠・ボタン・ホック・ピンなど》: She did up [undid] the ～s. 彼女は締め具を締めた[ゆるめた].

†**fást fóod** 名 ⓤ ファーストフード.
fást-fóod 形 A ファーストフード専門の; 即席料理の: a ～ restaurant ファーストフードレストラン.
fást-fórward 名 (オーディオ[ビデオ]テープの)早送り(機能, またはそのボタン・スイッチ; cf. rewind). ━ 動 ⓣ 〈テープを〉早送りする; 〈コマーシャルを〉早送りで飛ばす. ━ ⓘ (時間に関して)急速に前進する, どんどん先に行く.
†**fas・tid・i・ous** /fæstídiəs/ 形 気難しい, 好みの難しい, 細かい; 潔癖な: He has ～ tastes. 彼は好みが難しい / She's ～ *in* [*about*] her dress. 彼女は着る物にやかましい. **～・ly** 副. **～・ness** 名.
fas・tig・i・ate /fæstídʒiət/ 形 〈植〉円錐束状の.
fást láne 名 [通例 the ～] 追い越し車線, 高速車線. **in the fást láne** 抜きぬかれないで, 緊張し満ちて.
fást・ness 名 ❶ ⓤ 固着; 〈色の〉定着. ❷ ⓤ 迅速, 速さ. ❸ ⓒ 要塞(ようさい), とりで [★ 通例次の句で]: a mountain ～ (盗賊などの住む)山塞. (形 fast¹)
fást-tálk 動 ⓣ 《米口》(相手をだまそうとして)まくしたてて〈人を〉〔…するように〕説得する, 言葉巧みに〈人を〉言いくるめる 〔*into*〕.
fást tràck 名 ❶ 急行車線. ❷ 出世街道; 迅速な審議 [承認]手続き: an office worker on the ～ 出世街道にいる会社員.
fást-tràck 形 A 出世コースに乗った. ━ 動 ⓣ 速やかに昇進させる, 急速に発展させる.

*‡**fat** /fǽt/ 形 (**fát・ter**; **fát・test**) ❶ a (まるまると)太った, 肥満した (↔ thin): a ～ man 太った男の人 / get ～ 太る / Laugh and grow ～. 《諺》 笑って太れ《心配は身の毒, 笑う門には福来たる》. b 〈食肉用動物が〉(市場用に)特に

太らせた: a ~ cow [hog] 肥育牛[豚]. ❷ 〈肉や脂肪の多い(↔ lean): ~ meat あぶら肉. ❸ a 〈指など〉太い, ずんぐりした. b 〈活字など〉太い. ❹ a ふくらんだ; 厚い (thick): a ~ folder of documents ふくらんだ書類ばさみ. b 〈土地が〉肥沃(ひよく)な. ❺ 〔仕事など〕実入りのよい, もうかる: a ~ contract もうかる契約 / a ~ salary 高給 / grow ~ on... で金持ちになる. ❻ 鈍い, 遅鈍な. ❼ 《米俗》よい, すばらしい, かっこいい, 魅力的な (《綴り》 phat ともつづる). (a) fát chánce 《俗・反語》心細い見込み, 見込み薄; F~ chance! 見込みなどあるものか. a fát lót 《俗・反語》少しも... でない: A ~ lot you know about it! 何にも知らないくせに / A ~ lot I care! まったくかまわない, まったく平気だ / A ~ lot of use [good] that will be [do]! そんなもの役に立つのか.
─ 名 ❶ Ⓤ [しばしば the ~] あぶら身, あぶら肉(↔ lean). ❷ Ⓤ Ⓒ a 脂肪, 贅肉: put on ~ 脂肪がつく, 太る / She doesn't have a ~ on her. 彼女は脂肪のかけらもない《健康的な体形だ》. b 〔料理用の〕あぶら, ヘット《牛脂などから作る》: fry in deep ~ あぶらをたっぷり使って揚げ物をする / We consume too many animal ~s. (いろいろな)動物性脂肪をとりすぎる. ❸ [the ~] 最も良い[滋養に富んだ]部分 (★ 通例次の句で): live on [off] the ~ of the land ぜいたくに暮らす《★ 聖書「創世記」から》. ❹ 余分なもの: cut ~ off the budget 予算から余分なものを省く. chéw the fát 《口》(1) おしゃべりする. (2) 《英》ぐちをこぼす. rùn [gò] to fát 太り始める. The fát is in the fire. (とんだへまをやったため)大変なことになりそうだ, ただでは済みそうだ.
~·ness 名 《OE》 fatten, 形 fatty, fattish)
《類義語》fat「太った」という意味を表わす最も一般的な語だが, 脂肪が多く異常な太り方を意味するのに用いないほうが良い場合もある. stout どっしりとした意味があり fat を表わす婉曲語として, 年配の人について用いることが多い. plump よい意味で丸々と太っていて肉づきがいいことを表わし, 主として赤ん坊や若い人について用いる.

Fatah 名 ⇒ Al Fatah.

*fatal /féɪtl/ 形 (more ~; most ~) ❶ 致命的な: a ~ disease 不治の病, 死病 / a ~ injury [wound] 致命傷 / The investment proved ~ to his fortune. その投資が彼の運命にとって致命傷となった. ❷ 破滅的な, きわめて重大な: make a ~ mistake 取り返しのつかぬ失策をする. ❸ a 運命の, 運命を決する, 免れがたい: The ~ hour has come. きたるべき[宿命の]時がきた. the Fátal Sisters ⇒ sister 成句. (名 fate, fatality)
《類義語》⇒ mortal.

fá·tal·ism /-təlɪzm/ 名 Ⓤ 運命論, 宿命論; 運命論的忍従, あきらめ.

fá·tal·ist /-təlɪst/ 名 運命[宿命]論者.

fa·tal·is·tic /feɪtəlístɪk⁻/ 形 運命[宿命]論的な, 運命[宿命]論者の. fa·tal·is·ti·cal·ly /-kəli/ 副

†fa·tal·i·ty /feɪtǽləti, fə-/ 名 (-ties) ❶ Ⓤ 不運, 不幸. ❷ Ⓒ [通例複数形で]〔事故・戦争などによる〕死, 死者: Traffic accidents cause many *fatalities*. 交通事故で死ぬ者が多い. ❸ Ⓤ〔病気などの〕致死性, 不治〔of〕. ❹ [a ~]〔運命によって決まる〕必然性; 宿命, 運命, 因縁. (形 fatal)

fatálity ràte 名 死亡率.

fá·tal·ly /-təli/ 副 ❶ 致命的に: be ~ wounded 致命傷を負う. ❷ 運命[宿命]的に.

fa·ta mor·ga·na /fáːtəmɔərɡáːnə/ | -mɔː-/ 名 [時に F~ M~] 蜃気楼 (mirage) 《特に Sicily 島の沖, メッシーナ (Messina) 海峡付近に見られるものをいう》. 【It】

fát·bàck 名 Ⓤ (通例塩付けした)ブタの背肉.

fát càmp 名 (肥満児の)減量キャンプ.

fát càt 名 《米口》❶ (多額の政治献金をする)金持ち. ❷ 有力な人, 大物. ❸ 無力感に自己満足している人.

fát cíty 名 Ⓤ 《米俗》すばらしい状態, 楽な境遇: He's in ~. 彼はごきげんだ.

fát dórmouse 名 〔動〕 ヨーロッパオオヤマネ《ヨーロッパ・小アジア産; 時に食用》.

*fate /féɪt/ 名 ❶ [時に F~] Ⓤ 運命, 宿命: He intended to retire from active life, but ~ had decided otherwise. 彼は実社会から引退するつもりだったが運命がそれを許

649 father

さなかった《そうできない成り行きになった》. ❷ Ⓒ a〔個人・国家などの, しばしば不運な〕運命, 運: decide [fix, seal] a person's ~ 人の運命を決する / by a strange twist of ~ 不思議な運命のめぐりわせで, 意外にも / It was his ~ [His ~ was] to live a lonely life. 彼は孤独な人生を送る運命にあった. b 非運, 破滅, 死: go to one's ~ 最期を遂げる, 破滅する. Ⓒ〈物事の〉成り行き, 結末, 最後. ❸ [the Fates] 《ギ神》運命の三女神《人間の生命の糸を紡ぐ Clotho, その糸の長さを決める Lachesis, その糸を断ち切る Atropos の三人》. a fáte wòrse than déath (1) 〔しばしば滑稽な意味で〕全くひどい災難. (2) 《戯言》(女が)処女を失うこと. (as) súre as fáte 確かに; 確かに. méet (with) one's fáte (1) 最期を遂げる, 死ぬ. (2)《戯言》自分の未来の妻に出会う. témpt fáte ⇒ tempt 成句.
─ 動 [...を]あらかじめ運命づける (⇒ fated). 《L=《原義》神によって》語られた(もの)〈fari, fat-話す; cf. fable》(形 fatal)《類義語》fate 神などによって定められたかのような人間の力ではどうしようもない不可避な運命. 特に不運な宿命を指すことが多い. destiny fate と同様に避けられない運命の意であるが, 必ずしも悪い運命とは限らない. doom 不幸な, または悲惨な終局的運命の意.

†fát·ed /-t̬ɪd/ 形 ❶ 運命の決まった, 運命づけられた: It is ~ that we (should) remain here. どのみち私たちがここに残らなければならないようになっている / He was ~ to die young. 彼は若死にする運命を負っていた. ❷ 運の尽きた, 不運の.

†fate·ful /féɪtf(ə)l/ 形 ❶ a〈日時・決定など〉運命を決する; 決定的な. b 重大な; 致命的な. ❷ 宿命的な. ❸ 不吉な; (不幸な)運命をはらんでいる. ❹ 予言的な. ~·ly /-fəli/ 副

fát fàrm 名 《米口》減量道場[リゾート] (cf. health spa).

fát-frée 形〈食品が〉脂肪のない, 無脂肪の.

fát gràm 名〔通例複数形で〕(食物中の)脂肪量, 脂肪のグラム数.

fát·hèad 名 うすのろ, まぬけ.

fát-héaded 形 ばかな, まぬけた. ~·ness 名

fát hén 名 Ⓤ《植》多汁[多肉]の植物, (特に)アカザ.

✱fa·ther /fáːðə | -ðə/ 名 ❶ Ⓒ a 父, 父親 (cf. mother 1 a): He's the ~ of two sons. 彼は二人の息子の父親だ / Like ~, like son. 《諺》この父にしてこの子あり ❷ 対句なので無冠詞》. b [F~; 呼び掛けにも用いて] おとうさん 《用法 家族間では無冠詞で固有名詞的に用いる》: F~ is out. おとうさんは留守です. Ⓒ 父と仰がれる人, 保護する人. ❷ He has been ~ to us. 彼は私たちにとってまるで父のような存在である. ❸ [the ~] 父の情, 父性愛: The ~ in him was aroused. 彼の父性愛が沸き立てられた. ❹ a Ⓒ 創始者, 始祖 (cf. founding father): the ~ of the atomic bomb 原子爆弾の生みの親 / the ~ of his country 建国の父 (G. Washington のこと) / the ~ of history 史学の父 (Herodotus のこと) / the ~ of medicine 医学の父 (Hippocrates のこと). b [しばしば無冠詞で] 本源, 源: The child is ~ to [of] the man.《諺》子供は成人の父, 「三つ児の魂百まで」《★ William Wordsworth の詩から》/ The wish is ~ to the thought.《諺》 願っていると本当のように思えてくるものだ. c [the Fathers]《米》= Pilgrim Fathers; Founding Fathers. ❺ Ⓒ [通例複数形で] 祖先, 父祖 (forefather): be gathered to one's ~s 先祖の仲間入りをする, 祖先の墓に葬られる, 死ぬ《★ 聖書「士師記」などから》. ❻ a 〔聖職者に対する尊称に用いて〕神父, 修道院長, ...師: F~ Brown ブラウン神父 / the Holy F~ ローマ教皇 / Most Reverend F~ in God (英国国教会の)大主教 (archbishop) の尊称 / Right Reverend F~ in God (英国国教会の)主教 (bishop) の尊称 F~ [initial Fathers] (初期キリスト教会の)教父. c [F~] 父なる神, 天帝. ❼ a 〔老人の尊称に用いて〕...老: ⇒ Father Christmas, Father Time. b 〔畏敬すべきものを擬人化して〕父: F~ Thames 父なるテムズ川. ❽ (市町村議会などの)最年長者; 長老, 古老者: the ~s of the House (英国国会の)最古参の議員 / a ~ of a city 市の長老 / ⇒ city father.

fáther of the chápel 〖英〗出版[印刷]労働組合の代表 (略 FoC).

from fáther to són 代々.
― 動 他 ❶ 〈…の〉父となる; 〈…を〉父親として世話する, 〈…に〉対して父親らしくふるまう: He ~ed three children. 彼は3人の子の父となった. ❷ 〈…を〉創始する; 〖計画など〗を始める. ❸ 〈…の〉父〖作者〗と名のる. ❹ **a** 〈…の〉子だと言う, 〈…の〉父親の責任を〖…に〗負わせる〖*on, upon*〗. **b** 〈…の責任を〉〈…に〉負わせる: The responsibility for it was ~ed *on* me. その責任は私に負わされた.
〖OE〗 ~ed fatherly; 関形 paternal〗

Fáther Chrístmas 图 〖英〗=Santa Claus.
fáther fìgure 图 父親代わりとして心の中で理想化される年配の人.
fáther·hòod 图 ⓤ 父であること, 父の資格, 父権.
fáther ìmage 图 =father figure.
fáther-in-làw 图 (⇔ fathers-in-law) 夫[妻]の父, しゅうと.
fáther·lànd 图 祖国; 父祖の地 (cf. motherland).
fáther·lèss 形 父のない; 父親のわからぬ: a ~ child 父を失った子; 父親のわからぬ私生児.
fáther·lìke 形 父のような, 父らしい.
fá·ther·ly /fɑ́ːðərli/ 形 父親の, 父としての; 父らしい; 慈父のような (paternal). **-li·ness** 图
Fáther's Dày 图 父の日 (6月の第3日曜日; cf. Mother's Day).
Fáther Tìme 图 時の翁(*ホッキ*ɑ) (死の訪れを象徴する大鎌 (scythe) と時の経過を象徴する砂時計 (hourglass) を持つ前髪 (forelock) だけの頭のはげた長いひげの老人;「時」の擬人化; ⇨ take time [occasion] by the FORELOCK 成句).
*__fath·om__ /fǽðəm/ 图 尋 (主に水深を測るのに用いる単位; =6フィート, 183 cm; 略 fm.). ― 動 他 ❶ 〈水の〉深さを測る. ❷ [通例否定文で]〈心中を〉推測する, 見抜く: I can*not* ~ what you mean. あなたのおっしゃっていることがわからない. 〖OE=(二つの腕で)広げた(長さ)〗
fath·om·a·ble /fǽðəməbl/ 形 測られる, 推測できる.
fáthom·lèss 形 ❶ 〖深海など〗測り知れない, 底の知れない. ❷ 〈なぞなど〉不可解な.
fat·i·ga·ble /fǽtɪgəbl/, **fa·tigu·a·ble** /fətíːgəbl/ 形 疲れやすい. **fat·i·ga·bil·i·ty** /fæ̀tɪgəbíləti/, **fa·tigu·a·bil·i·ty** /fətìːgəbíləti/ 图 ⓤ 疲労性.

*__fa·tigue__ /fətíːg/ 图 ❶ ⓤ **a** 疲労, 疲れ. **b** 〖機〗 (材料の)疲れ, 疲労: metal ~ 金属疲労. ❷ ⓒ 〖軍〗 (兵士の罰に課される)雑役: on ~ 雑役に服して (★ 無冠詞). ❸ ⓒ [複数形で] 作業服: dressed in ~s 作業服を着て. ― 形 Ⓐ 〖軍〗 雑役[作業]の: a ~ cap 作業帽 / ~ duty (本務以外の)雑役. ― 動 他 〈人を〉疲れさせる (cf. fatigued). 〖F〖L=疲労させる〗
fa·tígued /-tíːgd/ 形 疲れ(果て)て: I was ~ *with* my work [*with* sit*ting* up all night]. 仕事で[徹夜して]疲れていた.
〘類義語〙 ⇒ tired.
fa·tígu·ing 形 疲労させる; つらい: ~ work 疲れる仕事 / a ~ day (仕事で)くたびれる日.
fa·ti·ha(h) /fɑ́ːtiːhɑ̀ː/ 图 [しばしば F-] 〖イスラム〗ファティハ (コーランの第1章; 祈祷文として用いられる). 〖Arab=(the) opening〗
Fat·i·mid /fǽtəmɪd/ 图 (北アフリカに興ったイスラム王朝)ファーティマ朝 (909-1171) の(カリフ).
Fat·i·mite /fǽtəmàɪt/ 图 形 =Fatimid.
fát·lèss 形 〖料理が〗脂肪のない; 〈肉が〉赤身の.
fát·ling /fǽtlɪŋ/ 图 肥畜 (食肉用として太らせた子牛・子羊・子豚など).
fát líp 图 (殴られて)はれ上がった唇.
fat·so /fǽtsoʊ/ 图 (⇨ fat·soes)=fatty.
fát·stòck 图 ⓤ 〖英〗肥畜 (すぐに出荷できる食肉用家畜).
fát·tèd /-tɪd/ 形 肥育された, 太った.
fat·ten /fǽtn/ 動 他 ❶ 〈畜殺のために〉〈家畜を〉太らせる, 肥満させる 〖*up*〗. ❷ 〈土地を〉肥やす; 富ます, 大きくする. ― 自 太る, 肥える, 肥満する. 〖形 fat〗
fát·ten·ìng /fǽtnɪŋ/ 形 〖食物が〗人を太らせる.
fát·ti·nèss 图 ⓤ ❶ 脂肪質; 油っこさ. ❷ 〖医〗脂肪過多(性).
fát·tish /-tɪʃ/ 形 やや太った, 太りぎみの.
*__fat·ty__ /fǽti/ 形 (**fat·ti·er**; **-ti·est**) ❶ 油っこい, しつこい. ❷ 脂肪質の; 脂肪過多(症)の. ― 图 〖口〗でぶ(ちゃん) (fatso). 〖图 fat〗
fátty ácid 图 〖化〗脂肪酸.
fa·tu·i·ty /fət(j)úːəti | -tjúː-/ 图 ❶ ⓤ 愚かさ, 鈍重. ❷ ⓒ 愚かな言葉[行為]. 〖形 fatuous〗
fat·u·ous /fǽtʃuəs/ 形 ❶ 愚かな, 鈍重な. ❷ 実体のない, 空な. **~·ly** 副 〖L=愚かな〗
fat·wa /fǽtwə, -twɑː/ 图 〖イスラム〗ファトワー (宗教上の問題について, 有資格者である法官またはイスラム教指導者が下すイスラム法にのっとった裁断). 〖Arab〗
fau·ces /fɔ́ːsiːz/ 图 [単数または複数扱い] 〖解〗口峡.
fau·cial /fɔ́ːʃəl/ 形 〖L=のどの〗
fau·cet /fɔ́ːsɪt/ 图 〖米〗(水道・たるの)飲み口, 蛇口, 栓, コック (〖英〗tap): turn on [off] a ~ 蛇口をひねって(水などを)出す[止める]. 〖F=栓〗
faugh /fɔː, pɸː/ 間 へっ, ふん (軽蔑・不快を表わす).
Faulk·ner /fɔ́ːknə | -nə-/, **William** 图 フォークナー (1897-1962; 米国の小説家; Nobel 文学賞 (1949)).
*__fault__ /fɔ́ːlt/ 图 ❶ ⓤ [通例 one's ~, the ~] (過失の)責任, 罪: It's your ~. 君の責任だ / *The* ~ is mine. = *The* ~ lies with me. 罪は私にある / It was his ~ that they were late. 彼らが遅れたのは彼のせいだ. ❷ ⓒ 誤り, 過失, 失策, 落ち度: ~s *of* [*in*] grammar 文法上の誤り / commit a ~ 誤りを犯す / though no ~ of one's own 自分が悪いわけではないのに, 自分の責任ではないのに. ❸ ⓒ **a** (性格上の)欠点, 短所: People like her in spite of her ~s. 彼女は欠点はあるけれども人は彼女を好む. **b** 欠陥, きず: There's a ~ *in* the casting. その鋳物にはきずがある [ひびが入っている]. ❹ ⓒ 〖テニス〗フォールト (サーブの失敗): ⇨ foot fault. ❺ ⓒ 〖地〗断層. ❻ ⓒ 〖電〗障害, 故障, 漏電. **at fáult** (1) 罪[責任]がある; (作法などで)落ち度のある; 間違って(いる): I admit I was *at* ~. 私に落ち度があったことを認めます. (2) 〈猟犬が〉臭跡を失って, 途方に暮れて, 当惑して. **find fáult (with...)** 〈…の〉あらを探す, 〈…〉を非難する, 〈…〉について文句をつける (criticize) (cf. faultfinding): I have no ~ to *find with* him. 彼には何の非難すべき点もない. **to a fáult** 欠点というほど, 過度に, 極端に (〖用法〗よい性質などについて用いる): He's kind *to a* ~. 彼はあまりにも親切だ. ― 動 他 ❶ [通例 否定文・疑問文で] 〈…の〉あらを探す, 〈…〉を非難する. ❷ 〖地〗〈…に〉断層を起こさせる (★ 通例受身). ― 自 〖地〗断層を生じる. 〖F〖L=だまされること〈*fallere* だます; cf. fail〗 〖形 faulty〗

〘類義語〙 **fault** 人の性質上の欠点で merit に対するもの; 非難の対象となるほど大きなものではない. **failing** だれにもあるような軽い欠点. **weakness** 欲望を抑えきれないことから起こるささいで同情できるような弱点.

fáult·fìnd·er 图 ❶ とがめ立てて[あら探し]をする人, やかまし屋, うるさ型. ❷ 〖電〗障害故障発見装置.
fáult·fìnd·ing 图 ⓤ とがめ立て, あら探し. ― 形 あら探しをする, 難くせをつける.
*__fáult·less__ 形 ❶ 過失[欠点]のない, 申し分のない, 完全(無欠)な. ❷ (テニスなどで)フォールトなしの. **~·ly** 副 **~·ness** 图
fáult lìne 图 ❶ 〖地〗断層線. ❷ (組織・過程などにおける)分裂, 亀裂, 断絶.
fáult-tòlerance 图 〖電算〗フォールトトレランス, 耐障害性 (コンピューターに故障が起きてもバックアップシステムを使うなどして動作に支障がないこと). **fáult-tòlerant** 形
*__faulty__ /fɔ́ːlti/ 形 (**fault·i·er**; **-i·est**) ❶ 欠点[欠陥]のある, 不完全な (imperfect). ❷ 過失のある, 非難すべき. **b** (議論などが)誤った. **fáult·i·ly** /-təli/ 副 〖图 fault〗
faun /fɔ́ːn/ 图 〖ロ神〗ファウヌス (半人半羊の林野牧畜の神; ギリシア神話の satyr に当たる). 〖L〗
*__fau·na__ /fɔ́ːnə/ 图 (⇨ **~s, -nae** /-niː/) ❶ ⓤⓒ [一地方または一時代の]動物相[群], フアナ, (分布上の)動物区系

(cf. flora): the ~ of North America 北アメリカの動物相. ❷ ⓒ [一地方または一時代の動物誌 (of)]. 《L=Fauna (FAUN の姉妹・妻)》

fau·nis·tic /fɔːnístɪk/ 形 動物相[誌]の.

Faun·tle·roy /fɔ́ːntlərɔ̀ɪ/ 图 [Lord ~] フォーントルロイ卿 (F. E. Burnett, *Little Lord Fauntleroy* (小公子)の主人公 Cedric Errol; 純真で心優しい少年).

Faust /fáʊst/ 图 ファウスト(16世紀のドイツの伝説的人物; 全知全能を望み Mephistopheles に魂を売ったとされる男; Marlowe や Goethe の作品の主人公となる).

Fáust·ian /-tiən/ 形 ❶ ファウストの[に関する]. ❷ ファウスト的な, あくなき魂をもった, (権力・知識・富などを得るために)魂を売り渡す, 常に精神的に苦悩する.

faute de mieux /fóʊtdəmjəː/ 副 形 他によいものがないので[取り上げた]. 《F=(for) lack of (something) better》

fau·teuil /fóʊtɪl, foʊtə́ːjə/ | /fóʊtəːi/ 图 肘掛け椅子 (armchair).

Fauve /fóʊv/ 图 〖美〗野獣派画家, フォーブ. 《F》

Fau·vism /fóʊvɪzm/ 图 ⓤ 〖美〗野獣派[主義], フォービズム.

Fáu·vist /-vɪst/ 《〖美〗野獣派画家. —形 野獣派(画家)の.

faux /fóʊ/ 形 ⚐ 虚偽の, にせの, 人造の.

faux-na·ïf /fóʊnɑːíːf | -naɪíf/ 形 图 うぶ(純真, 素朴)に見せかける(人), ねこかぶり, 'かまとと'.

faux pas /fóʊpɑː | fóʊpǽ/ 图 (複 ~ /-z/)(社交上の言動の)過ち, 過失, 失策 (gaffe): commit a ~ 過失を犯す. 《F=false step》

fá·va bèan /fɑ́ːvə-/ 图 〖米〗ソラマメ (〖英〗 broad beans).

fave /féɪv/ 图 形 〖俗〗お気に入りの(もの), 人気者(の).

fa·ve·la /favéla/ 图 (ブラジルの都市周辺部の)スラム, 貧民街.

***fa·vor** /féɪvə/ 图 ❶ ⓤ 好意, 親切に: treat a person with ~ 人を好意的に扱う. ❷ ⓒ 親切な行為; 願い: ask a ~ of a person 人に事を頼む, お願いをする / I have a ~ to ask (of) you. ひとつお願いがあります / Will you do me a ~? お願いがあるのですが. ❸ ⓤ ⓒ 引き立て, 愛顧; 寵愛(ちょうあい); 支持, 賛成: win a person's ~ 人の引き立てを受ける, 人に気に入られる / be [stand] high in a person's ~ 大層人に気に入られている / *in ~ with* a person 人に気に入られて / *out of ~ with* a person 人に嫌われて / *lose ~ with* a person [in a person's eyes] 人の愛顧を失う, 人にあいそをつかされる / *find ~ with* a person [in a person's eyes] 人に引き立てられる, 人に目をかけられる, 人の気に入る. b 偏愛, えこひいき; 情実: through ~ えこひいきで. ❹ ⓒ 〖古〗 贈り物, 記念品. b (パーティーの)小道具(クラッカー, 紙帽子など). ❺ ⓒ 〖英〗会員章(バッジ・リボンなど). ❻ ⓒ 〖古風〗 (通例 one's ~s)(女性が)身を任すこと, 交情の同意.

cúrry fávor with a person=**cúrry a pérson's fávor** 人の機嫌を取る, 人にへつらう.

Dó me [us] a fávor! (1) お願いです. (2) そんなばかな, 冗談じゃないよ.

in a person's fávor (1) 人に気に入られて (cf. 3 a). (2) 人のために, 人に有利に: He spoke *in my ~*. 彼は私のために弁じてくれた / We estimate the odds at three to one *in our ~*. 勝算は 3 対 1 でわが方に有利と踏んでいます.

in fávor of... (1) ...に賛成して, ...に味方して(↔ against): Public opinion was strongly *in ~ of* the project. 世論はその計画を強く支持した. (2) (あるものよりも[を捨てて])...の方を選んだ: She gave up studying history *in ~ of* economics. 彼女は歴史の勉強を捨てて経済学の勉強を選んだ. (3) ...の利益となるように: The court found *in ~ of* the accused. 法廷は被告に有利な判決を下した. (4) 〖商〗〈小切手など〉...に払い渡すように: write a check *in ~ of* Mr. Brown ブラウン氏受け取りの小切手を書く.

—動 他 ❶ 〈計画・提案などに〉好意を示す, 賛成する: ~ a proposal 提案に賛成する. b 〈...に〉味方する; 〈...を〉奨励する, 〈...に〉助力する: Fortune ~*s* the brave. 〖諺〗勇者は幸運に恵まれる. ❷ 〈人・ものなどを〉偏愛する, えこ

651　fazenda

いきする, 〈人に〉特に目をかける: Our teacher ~*s* Mary. 私たちの先生はメリーをえこひいきしている / Which color do you ~? どっちの色がお気に召しますか. ❸ 〈天候・事情などが〉...に有利[好都合]である: The situation ~*ed* our plan. 情勢は我々の計画に好都合であった. ❹ 〈人に〉[...の]栄を与える, 〈人に〉[...を]施す: Will you ~ us *with* a song? ひとつ歌を聞かせてくださいませんか / Will you ~ me *with* an interview? 私との会見に応じてくれませんか. ❺ 〈体の一部などを〉大事に扱う, かばう: He ~*ed* his sore foot. 彼は痛い足をいたわるようにして歩いた. ❻ 〖古風〗〈子供が〉親に顔が似る.

《F＜L=好意, 賛同》 图 favorable, favorite

***fa·vor·a·ble** /féɪv(ə)rəbl/ 形 (*more ~*; *most ~*) ❶ 〈返答・意見など〉好意ある, 賛成する, 承認の (positive; ↔ unfavorable): a ~ answer 好意的な返事 / a ~ comment 好評 / He's ~ *to* the scheme. 彼はその計画に賛成である. ❷ 〈事情・形勢など〉有利な, 好都合の, 順調な: a ~ opportunity [wind] 好機[順風] / Events took a ~ turn. 事態が好転した / The weather seemed ~ *for* a picnic. 天候は(順調で)ピクニックにちょうどよいようだった / His new premises have proved to be ~ *to* business. 彼の新しい店舗は商売に有利であった. (图 favor)

***fa·vor·a·bly** /féɪv(ə)rəbli/ 副 ❶ 有利に; 都合よく, 順調に. ❷ 好意的に: be ~ impressed by a person 人から良い印象を受ける.

fá·vored 形 ❶ 好意[好感]をもたれている: a ~ star 人気スター. ❷ 恵まれた, 特別優遇の, 特恵の: I'm ~ *with* excellent sight. 私はすばらしい視力に恵まれている / ⇒ most favored nation. ❸ [複合語で] 顔が...の: ill-[well-]*favored* 醜い[器量のよい].

fá·vor·er /-v(ə)rə/ -rə/ 图 愛顧者; 保護者; 賛成者.

***fa·vor·ite** /féɪv(ə)rət/ 形 图 (比較なし)大のお気に入りの, 特にお好きな, 特に好きな: one's ~ color [dish, flower] 特に好きな色[料理, 花] / his ~ son 彼の気に入りの息子 / Who is your ~ English novelist? 特に好きな[愛読する]イギリスの小説家はだれですか / one's ~ subject 好きな[得意の]学科[話題]. —图 ❶ 大のお気に入り《人・もの》; 特に好きなもの: fortune's ~ 幸運児 / My mother's apple pie is a particular ~ *of* mine. 母のアップルパイは私の特別の好物だ / Helen is a ~ *with* the teacher.＝Helen is one of the teacher's ~*s*. ヘレンは先生の大のお気に入りです / He was a ~ *with* the ladies. 彼は女の人たちに人気があった. ❷ [the ~] (競馬の)人気馬, 本命; (競技の)優勝候補. (图 favor)

fávorite són 图 〖米〗 ❶ (大統領選挙で)自州の代議員を支持者に持つ候補. ❷ 地方[州]の名士.

fá·vor·it·ism /-tɪzm/ 图 ⓤ 偏愛, えこひいき, 情実.

***fa·vour** /féɪvə/ -və/ 图 動 〖英〗=favor.

***fa·vour·a·ble** /féɪv(ə)rəbl/ 形 〖英〗=favorable.

***fa·vour·ite** /féɪv(ə)rət/ 形 图 〖英〗=favorite.

fá·vour·it·ism /-tɪzm/ 图 〖英〗=favoritism.

Fawkes /fɔːks/, **Guy** /gáɪ/ フォークス (1570-1606; 火薬陰謀事件 (Gunpowder Plot) の首謀者; ⇒ Guy Fawkes Day).

fawn[1] /fɔːn/ 图 ❶ ⓒ (1歳未満の)子鹿. ❷ ⓤ 淡黄褐色. —形 淡黄褐色の.

fawn[2] /fɔːn/ 動 ❶ 〈人が〉[...に]ご機嫌を伺う, へつらう (*over, on*) (★受身可): ~ *on* one's superiors 目上の人にごまをする. ❷ 〈犬が〉(尾を振ったりして) [...に]じゃれつく (*on*). ~·**ing** 形 へいへいする, へつらう. ~·**ing·ly** 副

***fax** /fæks/ 图 ❶ ⓤⓒ ファックス, 電送写真. ❷ ⓒ ファックス機 (fax machine). —動 他 〈書類などを〉ファックスで送る. 《FACSIMILE の省略形》

fáx machìne 图 =fax 2.

fay /féɪ/ 图 〖文〗妖精.

fayre /féə/ | /féə/ 图 〖擬古〗 =fair[2].

faze /féɪz/ 動 他 [通例否定文で] 〖口〗口もきけないほどびっくりさせる, 〈...の〉心を騒がせる, あわてさせる: *Nothing* they said ~*d* him. 彼らが何を言おうと彼は平気だった.

fa·zen·da /fəzéndə/ 图 (特にコーヒー豆を栽培する)ブラ

ジルのプランテーション. 〖Port〗

FBA〖略〗Fellow of the British Academy.

FBI /éfbì:ái/〖名〗〖米〗連邦捜査局, FBI《司法省に属し, 特に複数の州にかかわる犯罪を取り扱う》. ── 〖形〗Ⓐ FBI の: ~ agents FBI の捜査官[員]. 《*Federal Bureau of Investigation*》

FCC〖略〗〖米〗Federal Communications Commission.

F clef〖名〗〖楽〗ヘ音記号, 低音部記号.

FCO〖略〗Foreign and Commonwealth Office 外務連邦省 (⇨ Foreign Office).

FDA /éfdì:éi/〖略〗〖米〗Food and Drug Administration 食品医薬品局.

FDIC /éfdí:àisí:/〖略〗〖米〗Federal Deposit Insurance Corporation.

Fe〖記号〗〖化〗iron. 〖L=*ferrum* 鉄〗

FE /éfí:/〖略〗〖英〗further education.

fe·al·ty /fí:əlti/〖名〗Ⓤ ❶ (昔の)〖臣下の領主に対する〗忠誠の義務; 忠義, 忠節 *to* (allegiance). ❷ 忠実, 信義, 誠実. 〖L=信義〗

***fear** /fíə | fíə/〖名〗❶ Ⓤ 〖また a ~〗(差し迫る危険・苦痛などに対する)恐れ, 恐怖: feel no ~ 怖さを知らない, びくともしない / with ~ こわごわ / arouse ~ 恐れを抱かせる / He has a ~ of dogs. 彼は犬を怖がる. ❷ Ⓤ 〖また a ~; 時に複数形で〗**a** 不安, 心配, 気づかい ~ *for* a person's safety 人の安否を気づかう / be full of ~s and hopes 不安と希望でいっぱいである. **b** 〖+*that*〗 The ~ *that* he might let us down was in the back of my mind. 彼が我々を失望させるかもしれないという不安が私の心の背後にあった. **c** Ⓤ (よくないことが起こる)可能性, 恐れ: There's not the slightest ~ *of* rain today. きょうは雨の気づかいは少しもない / There's no ~ *of* his betraying us. 彼が我々を裏切るような恐れはない. ❸ Ⓤ 神に対するおそれ: the ~ of God 敬虔(ウュ)の念.

for féar of... (1) ...を恐れて: He couldn't come in *for* ~ *of* the dog. 彼はその犬が怖くて中にどうしても入れなかった. (2)...をしないように, ...のないように: I didn't reply *for* ~ *of* further angering her. 彼女をさらに怒らせないように私は返事をしなかった.

for féar (that 〖《文》**lest]**)...することのないように; ...するといけないから: I consented to the adjustment *for* ~ *that* the contract might be lost. その契約を失うといけないから私はその修正に同意した.

Hàve nó féar! 大丈夫だ!, 心配無用.

in féar and trémbling 恐れおののきながら, びくびくして《★聖書「エペソ書」などから》.

in féar of... (1) ...の安全を心配して: be [stand] *in* ~ *of* one's life 生命の危険を感じている. (2) ...を気づかって: We lived every day *in* ~ *of* war. 毎日戦争になりはしないかとびくびくして暮らしていた.

Nó féar!〖口〗(提案の答えに)だめだ!, とんでもない!

pùt the féar of Gód into a person 人をひどく恐れさせる.

withòut féar or fávor 公平に, えこひいきなく.

── 〖動〗〖他〗(★進行形なし)❶ **a** 〈...を〉恐れる, 怖がる《匿蓋 be afraid of... が一般的》: He didn't ~ the danger. 彼はその危険を恐れなかった / 〖+*doing*〗 She ~ed staying alone in the farmhouse. 彼女はその農家にひとりでいるのを怖がった / 〖+*to do*〗 Young children seldom ~ to touch things. 幼い子供は物にふれることをあまり怖がらない. **b** 〈...することを〉ためらう, 気づかって〈...しない《匿蓋 be afraid of... が一般的》: 〖+*to do*〗 He ~ed to contradict her. 彼は彼女に言葉を返すのをためらった / Fools rush in where angels ~ *to* tread. ⇨ angel 1. ❷ (よくない事態を)〈...ではないかと〉思う, 気づかう, 恐れる《匿蓋〖口〗では be afraid が一般的》: 〖+*(that)*〗 I ~ [It's to be ~ed] *(that)* the funds will be insufficient. 資金が不足するのではないかと思う / "Is she going to die?" "I ~ sò." 「彼女は助からないのだろうか」「助からないようだ」/ "Will he get well?" "I ~ nòt." 「彼はよくなるだろうか」「どうも怪しいようだ」《用法〗 上記 2 例の so, not は前文を受けたもので, *that* 節 の代用》/ You're ill, I ~. 君はどうも病気だよ / 〖+目+*(to be)*補〗They are ~ed dead. 彼らは死んだと思われている / 〖+目+*to do*〗 The explosion is ~ed to have killed all the men. その爆発で全員が死んだと思われている. ❸ 〖神などを〗おそれる: ~ God 神をおそれる. ── 〖自〗 心配する, 気づかう: ~ *for* a person's health 人の健康を気づかう / F~ not.= Never ~. 〖古風〗案ずるな.

〖OE=突然の災難, 危険〗〖形〗fearful, fearless)

〖類義語〗**fear** 危険などに対する恐れ, 恐怖を表わす最も一般的な語. **dread** 危険またはいやなことを予想するときの懸念[心配]. **fright** 突然きょっとするようなしばしば一時的な恐怖. **terror** 身がすくむような身に迫る危険などに対する強い恐怖. **horror** 恐れだけでなく嫌悪感や反感を伴った恐怖. **alarm** 急な予期しなかった危険に急に気づいたときの恐れ. **dismay** 手にあまるような困難・苦境を前にしての恐れや意気阻喪. **panic** しばしば根拠のない恐怖心で, 急に人々の間に広がってゆき, 人々かうろたえて理性を失うような恐れ.

***fear·ful** /fíəfl | fíə-/〖形〗(more ~; most ~) ❶ 〖文〗Ⓟ 〖...を〗恐れて, 気づかって: He was ~ *of* the consequences [making a mistake]. 彼は成り行き[間違いをすること]を心配していた / 〖+*that*〗 She was ~ *that* in the end the prize should escape her. 彼女はその賞を最後に取りそこないはしまいかと心配していた. ❷ 恐ろしい, ぞっとするような, ものすごい: a ~ railroad accident 恐ろしい鉄道事故. ❸ 〖古風〗(悪い意味で)ひどい, すごい, 大変な: a ~ liar ひどいうそつき / What a ~ noise! なんというすごい物音だろう! ~·**ness**〖名〗fear)〖類義語〗⇨ afraid.

féar·ful·ly /-fəli/〖副〗❶ おそるおそる, 気づかって. ❷ 恐ろしく, ひどく: a ~ hot day 恐ろしく暑い日.

***fear·less** /fíələs | fíə-/〖形〗(more ~; most ~) 恐れを知らない, 大胆不敵な: a ~ trapeze artist 恐れを知らないからん曲芸師 / He's ~ *of* danger. 彼は危険を恐れない. ~·**ly**〖副〗~·**ness**〖名〗

féar·some /fíəsəm | fíə-/〖形〗(顔など)恐ろしい.

fea·si·bil·i·ty /fì:zəbíləti/〖名〗Ⓤ 実行できること, 可能性. 〖形〗feasible)

feasíbility stùdy〖名〗(計画などの)実行可能性の研究.

***fea·si·ble** /fí:zəbl/〖形〗❶ 実行できる[可能な], うまくいきそうな: a ~ plan 実行可能な計画 / Is it ~ to finish the project by April? 4月までにその計画を仕上げることは可能だろうか. ❷ **a** 〖説明・口実などもっともらしい〗: a ~ explanation もっともらしい説明. **b** ありそうな: It's ~ *that* it will snow. 雪が降りそうだ《★この意味・用法を非標準的とみなす人もいる》. ❸ Ⓟ 〖...に〗適して, 便利で: a bay ~ *for* yachting ヨットに適した湾. -**bly** /-zəbli/〖副〗

〖F=作り易い faire をする, なす〈L *facere* 作る, なす; cf. fact〗〖類義語〗⇨ practicable.

***feast** /fí:st/〖名〗❶ **a** (豪華な)宴会, 饗宴(*ウェス) (banquet); (手の込んだ)ごちそう: a wedding ~ 結婚披露宴 / give a ~ 宴を張る, (客を招いて)ごちそうします / She made quite a ~ from odds and ends from the fridge. 彼女は冷蔵庫の中のものを寄せ集めて大変なごちそうを作った. **b** 〖耳目を喜ばせるもの, 〈...の〉喜び, 楽しみ: a ~ *for* the eyes 目を楽しませてくれるもの, 目のごちそう. ❷ (宗教上の)祝祭, 祭日, 祝日, 祭礼: ⇨ MOVABLE feast, IMMOVABLE feast. **Féast of Dédication** [the ~]〖ユダヤ教〗=Hanukkah. **Féast of Tábernacles** [the ~]〖ユダヤ教〗=Sukkoth. **Féast of Wéeks** [the ~]〖ユダヤ教〗=Pentecost. ── 〖動〗〖他〗❶ 〈人に〉ごちそうする, 〈人を〉もてなす: ~ one's guests 客をもてなす / ~ a person *on* steak 人にステーキをごちそうする. ❷ 〈目を〉楽しませる: ~ one's eyes *on* the Grand Canyon グランドキャニオンを見物して楽しむ. ── 〖自〗❶ 〖...というごちそうを〗大いに食べる: We ~ed *on* the weeks *on* the deer that I shot. 我々は私がしとめた鹿を何週間も大いに食べた. ❷ 〖...を〗大いに楽しむ: I ~ed *on* the view. 私はその景色を大いに楽しんだ.〖F<L *festum* 祭日; cf. festive〗

féast dày〖名〗(宗教的な)祭日, 祝祭日.

***feat** /fí:t/〖名〗❶ 手柄, 偉業: a ~ of engineering エンジニアリングの成果 / a ~ of arms 武勲. ❷ 妙技, 早わざ,

芸当: ~s of agility 早わざ / ~s of horsemanship 曲馬 / no mean [small, easy] ~ 至難のわざ. 【F<L=なされたこと《facere, fact- なす, cf. fact》

feath・er /féðɚ | -ðə/ 名 ❶ [C] (一本の)羽, 羽毛. ❷ a [C] (帽子などの)羽飾り. b [複数形で] 衣装, 装い: Fine ~s make fine bírds. 『諺』「馬子にも衣装」. c [C] 矢羽根, 矢はず. ❸ [C] (宝石・ガラスの)羽根状のきず. ❹ [C] (同)種類: I'm not of that ~. 私はそんなたぐいの人間ではない / Birds of a ~ flóck together. 『諺』同じ羽毛の鳥は相寄る,「類は友を呼ぶ」. ❺ [U] 調子, 状態; 気分: in fine [good, high] ~ 上機嫌で, 意気揚々として; 健康で, 元気いっぱいで. **a féather in one's cáp** [名誉, 手柄]となるもの, 名誉, 自慢の種《曲英》武功をたたえて羽根飾りをつけたアメリカインディアンなどの慣習から》. **(as) líght as a féather** ⇨ light¹ 成句. **máke the féathers flý** 大騒ぎを引き起こす. **rúffle a person's féathers** 人を怒らせる, いらだたせる. **You cóuld [míght] have knócked me dówn with a féather.** びっくり仰天した, 驚いて卒倒しそうだった. ── 動 ❶ (帽子などに)羽根飾りをつける; 〈矢に〉矢羽根をつける. ❷ 『ボート』〈オールの〉水かきを水平に抜く. ── 自 ❶ 羽毛を生ずる, 羽が伸びる. ❷ 『ボート』オールを水平に返す. 《形 feathery》

féather béd 名 羽根入り敷きぶとん.
féather-béd 動 (-bed・ded; -bed・ding) ❶ 〈人・事業などを〉寛大な政府補助金で援助する. ❷ 《米》 a (労働組合の失業防止策として)〈仕事を〉水増し雇用で行なう. b 〈人を〉水増し雇用する.
féather bédding 名 [U] (労働組合の)水増し雇用の要求, フェザーベッディング.
féather bóa 名 羽毛の襟巻き(boa).
féather bráin 名 低能者, ばか者.
féather-bráined 形 低能な, ばかな.
féather cút 名 フェザーカット《髪を短くふぞろいに切りカールを羽のように見せる女性の髪型》. **féather-cút** 動
féather dúster 名 羽ぼうき, 羽のはたき.

⁺**féath・ered** 形 ❶ 羽の生えた[ある]; 羽根をつけた; 羽根飾りのある. ❷ [通例複合語で] …の羽のある: white-*feathered* 白い羽の.

féather édge 名 『建』薄刃べり, そぎ端. ── 動 〈板の〉片端をそぐ, 〈…を〉薄刃べりに切る.
feath・er・ing /-ð(ə)rɪŋ/ 名 [U] ❶ 羽衣(いぬ), 羽毛, 羽《plumage》. ❷ 矢羽根. ❸ (犬などの)ふさ毛. ❹ 『建』茨飾り. ❺ 『ボート』フェザリング(オールを抜いた時に水かきを水平にすること).
féather・less 形 羽のない.
féather stár 『動』ウミシダ.
féather stitch 名 [U] フェザーステッチ《ジグザグ装飾ししゅうの一種》.
⁺**féather・wèight** 名 ❶ [a ~] 非常に軽いもの[人]. b 取るに足らぬ[人]. ❷ 『ボク』フェザー級の選手. ── 形 ❶ 非常に軽い; つまらない. ❷ 『ボク』フェザー級の.
feath・er・y /féð(ə)ri/ 形 ❶ 羽の生えた, 羽毛をつけた. ❷ 〈雲・パイの皮など〉羽毛のような; 軽い, ふわっとした. 《名 feather》

⁑**fea・ture** /fíːtʃɚ | -tʃə/ 名 ❶ (著しい)特徴, 特色; 主要点: a significant ~ *of* our time 現代の著しい特徴 / the geographical ~s *of* a district ある地方の地理的特徴. ❷ a (映画・ショーなどの番組中の)呼び物, 見もの: Her acrobatic dance was the main ~ of the show. 彼女のアクロバットのようなダンスがその主な呼び物だった. b (新聞・雑誌などの)特別[特集]記事 〔ニュース以外の記事・小論文・随筆・連載漫画など〕: a special ~ *on* air pollution 大気汚染についての特別記事[番組] / The weekly makes a ~ of economic issues. その週刊紙は経済問題を特集している. c =feature film [picture]. ❸ [通例修飾語を伴って] (目・鼻・口・耳・額・あごなどの一つ): Her eyes are her best ~. 彼女は目がいちばん美しい. b [複数形で] 容貌(なぼう), 顔だち, 目鼻だち: a man of fine ~s 容貌の美しい男, 美男子. ── 動 ❶ 〈…を〉呼び物にする, 〈俳優を〉主演させる; 〈新聞・雑誌などが〉〈事件などを〉特集する: a film *featuring* a new actress 新人女優を主演とする映画. ❷ 〈…の〉特色をなす. ──

《自》 〔…で〕主役[大役]を演じる: He didn't ~ *in* that movie. 彼はその映画では主役は演じなかった / Fish proteins prominently *in* the Japanese diet. 日本の食事では魚のたんぱく質が大きな役割を果たしている. 【F<L=つくること, 形づくられたもの《facere, fact- なす, 作る, cf. fact》

féa・tured 形 ❶ 特色とした, 呼び物の. ❷ [通例複合語で] (…の)顔つきの: sharp-*featured* 鋭い顔つきの.
⁺**féature fílm [pícture]** 名 長編特作映画.
féature・less 形 特色のない; おもしろくない.
féature prògram 名 =feature 2 a.
féature stóry 名 (ニュース以外の)呼び物[特集]記事.
⁑**Feb.** (略) February.
feb・ri・fuge /fébrɪfjùːdʒ/ 名 解熱剤. ── 形 熱をさます, 解熱(性)の.
feb・rile /fíːbrəl, féb- | -braɪl/ 形 ❶ 熱病の; 熱から起こる. ❷ 熱に浮かされたような, 熱狂的な. 《名 fever》
⁑**Feb・ru・a・ry** /fébruèri, fébju- | fébruəri, -bju(ə)ri/ 名 2月 《略 Feb; 用法は ⇨ January》. 【F<L=厄払いの儀式(の月)】

fe・cal /fíːk(ə)l/ 形 糞便の.
fe・ces /fíːsiːz/ 名 糞便, 排泄(せつ)物《excrement》.
feck・less /féklɪs/ 形 ❶〈人が〉無能な; 怠惰な. ❷ 無思慮な; 無責任な. ~・ly 副 ~・ness 名
fec・u・lence /fékjʊləns/ 名 [U] 不潔; 汚物, 汚泥; おり, かす.
fec・u・lent /fékjʊlənt/ 形 汚れた, 不潔な, 糞便の(ような).
fec・und /fékənd, fíː-/ 形 ❶ a 多産の; よく実る. b〈土地がよく肥えた《fertile》. ❷ 創造性豊かな.
fec・un・date /fékəndèɪt/ 動 ❶〈土地を〉肥沃(さひよく)にする. ❷ 受胎[受精]させる.
fe・cun・di・ty /fɪkʌ́ndəti/ 名 [U] ❶ 生産力. ❷ 多産, 肥沃. ❸ (創造力・想像力などの)豊かさ.

fed¹ /féd/ 動 feed の過去形・過去分詞. ── 形 ❶〈家畜が〉(市場などに)肥育された: ~ pigs 肥育された豚. ❷ 〔…に〕あきあきして, うんざりして: be ~ to death [the gills] *with*… にあきあきしている, うんざりしている. **be féd úp** [〔…にあきあきしている, うんざりしている: We are ~ up with your complaining. 君のぐちにはもううんざりしている.
fed² /féd/ 名 [しばしば F~] 《米》連邦政府の役人; (特に)連邦捜査官.
Fed /féd/ [the ~] 《口》 ❶ =the Federal Reserve System. ❷ =the Federal Reserve Board.
fe・da・yeen /fèdɑːjíːn | fɪdɑ́ːjiːn/ 名 (イスラエルに対するアラブゲリラ[戦士], フェダイー. 《Arab=(特に国のために)自分を犠牲にする人》
⁑**fed・er・al** /fédərəl, -drəl/ 形 (比較なし) ❶ 連邦の, 連邦制[政府]の: a ~ state 連邦 / a ~ government 連邦政府. ❷ [通例 F~] 《米》連邦政府の, 米国家の合衆国の《英国の Royal, 他国の national に当たる): the F~ Constitution 米国憲法 / the *F~* Government (of the U.S.) (各州の state government に対して)米国連邦政府[中央政府] / a *F~* Reserve note (米国の)連邦準備券《現在使用している紙幣》/ the F~ Savings and Loan Insurance Corporation (米国の)連邦貯蓄貸付保険公社《1989年閉鎖; 略 FSLIC》. ❸ [F~] a (米国の南北戦争時代の)北部連邦の, 北軍の《cf. confederate 2》: the *F~* army 米国北部連邦軍, 北軍 / the *F~* states 北部連邦諸州《cf. Confederate States (of America)》. b (米国の)連邦党の: ⇨ Federal Party. ── 名 ❶ 連邦主義者. ❷ [F~] (米国の南北戦争時代の)北部連邦支持者, 北軍兵士. 《L=同盟》
Féderal Aviátion Administràtion 名 [the ~] 《米》連邦航空局《略 FAA》.
Féderal Buréau of Investigátion 名 [the ~] 《米》連邦捜査局《⇨ FBI》.
Féderal Communicátions Commìssion 名 [the ~] 《米》連邦通信委員会《略 FCC》.
Féderal Depósit Insúrance Corporàtion 名 [the ~] 《米》連邦預金保険公社《略 FDIC》.

Féderal Insúrance Contribútions Àct 名[the ~] 《米》連邦年金拠出法 (略 FICA).

+**féd·er·al·ìsm** /-lìzm/ 名 ① 連邦主義[制度]. ② [F~] (米国の)連邦党史 (the Federal Party) の主義[主張].

+**féd·er·al·ist** /-lɪst/ 名 ① 連邦主義者. ② [F~] (米国の)南北戦争時代の)北部連邦支持者. ── 形 連邦主義(者)の.

Féderalist Pàrty 名[the ~]=Federal Party.

féd·er·al·ìze /-àɪz/ 動 ⓣ 連邦化する.

féd·er·al·ly 副 連邦政府で[によって]; 連邦政府によって.

Féderal Pàrty 名[the ~] (米国の)連邦党《独立戦争後憲法制定を主張し, 強力な中央政府を唱道した初めての全国的政党(1789–1816)》.

Féderal Repúblic of Gérmany 名[the ~] ドイツ連邦共和国《ドイツ・旧西ドイツの公式名》.

Féderal Resérve Bànk 名[the ~] 《米》連邦準備銀行 (略 FRB).

Féderal Resérve Bòard 名[the ~] 《米》連邦準備制度理事会 (略 FRB).

Féderal Resérve Sỳstem 名[the ~] 《米》連邦準備制度 (略 FRS).

féderal táx 名 C|U 《米》国税.

Féderal Tráde Commìssion 名[the ~] 《米》連邦取引委員会 (略 FTC).

fed·er·ate /fédərət, -drət/ 形 ① 連合の. ② 連邦制度の. ── /fédəreɪt/ 動 ⓣ 《州・団体などを》連合させる;《国を》連邦制にする.《L=同盟した; cf. federal》名 federation)

+**fed·er·at·ed** /fédərèɪtɪd/ 形 連邦[連合]制の.

*__fed·er·a·tion__ /fèdəreɪʃən/ 名 ① C 連邦政府. ② C 連合組合員会: a ~ of labor unions 労働組合総同盟. ③ U 連合, 同盟.《federate》

fed·er·a·tive /fédərèɪtɪv, -dərə-, -drə-/ 形 連合[連盟]の; 連邦の.

Fed·Ex /fédèks/ 名 ① 〖商標〗フェデックス《米国の宅配便会社; またそのサービス》. ② [しばしば fedex で] フェデックス[宅配便]の荷物. ── 動 [しばしば fedex で] フェデックス[宅配便]で送る.

fe·do·ra /fɪdɔ́ːrə/ 名 フェドーラ《フェルトの中折れ帽》.

*__fee__ /fiː/ 名 ① a [しばしば複数形で] a 《弁護士・医師などの専門職へ払う》謝礼(金), 報酬: legal ~s 弁護士への謝礼. b 授業料, 会費: school [tuition] ~s 授業料 / a membership ~ 会費, 入会料; 特別料金: an admission ~ 入場料. ② U 〖法〗世襲地, 相続財産《特に不動産》. **hóld in fée (símple)** 〈土地を〉無条件相続[世襲]権として保有する.《OE=家畜, 財産》《類義語》⇨ pay[1].

feeb /fiːb/ 名 《米俗》低能, あほう.

+**fee·ble** /fiːbl/ 形 (**fee·bler; -blest**) ① a 《病気・老齢などで》弱った, 弱々しい. b 《声・光などかすかな》: the ~ light of the stars 星のかすかな光. ② 意志の弱い; 低能な. ③ 内容の乏しい, くだらない. ~**·ness** 名《F くし=嘆かわしい》《類義語》⇨ weak.

fée·ble-mínded 形 ① 精神薄弱の; 老人ぼけの. ② 低能な, 頭の弱い. ~**·ness** 名

fée·bly 副 弱々しく; 力なく; かすかに.

‡**feed** /fiːd/ 動 (**fed** /féd/) ⓣ ❶ a 《動物などに》食物[えさ]を与える;《子供・病人などに》食物を食べさせる;《赤ん坊に》授乳する: I must ~ the children tonight because my wife is out. 今夜は妻が留守なので子供たちに夕食を食べさせなくてはならない / Well *fed*, well bred.《諺》食足りて礼節を知る / F~ a cold and starve a fever.《諺》かぜには大食, 熱には小食(がよい) / The baby can't ~ himself [herself] yet. その赤ん坊はまだ人が物を食べさせないと(食べられ)ない. b 《食物・えさ・肥料を》《人・動植物に》与える: Farmers ~ oats *to* their horses.=Farmers ~ their horses *on* [*with*] oats. 農夫たちは馬にオート麦を食べさせる /[+目+目] What do you ~ the chickens? 鶏には何のえさをやりますか. c 《…の》えさとなる: Plankton ~ a wide range of marine animals. プランクトンはいろいろな海中動物のえさとなる. ❷ a 《家族などを》養う;《家畜を》飼う: I have a large family to ~. 私には食べさせてゆかなければならない大家族がある / a meager salary 大家族を薄給で養う / a kitten *on* [*with*] milk 子猫を牛乳で育てる. b 《…を》《精神的に》養う: ~ the mind 精神を豊かにする. ❸ a 《機械・装置に》燃料を供給する[送る]: The carburetor ~s the engine. キャブレターがエンジンにガソリンを送る. b 《原料・データなどを》《機械などに》送り込む, 供給する, 入れる: ~ a stove *with* coal =~ coal *into* [*to*] a stove ストーブに石炭をくべる / ~ a computer *with* data=~ data *into* a computer コンピューターにデータを入力[インプット]する. ④ 《川が》《大きな川・湖などに》注ぎ込む: The river is *fed* by two tributaries. その川には 2 本の支流が注いでいる. ❺ 《耳・目などを》楽しませる;《欲望などを》満足させる;《怒りなどをあおる: Praise will only ~ his vanity. ほめても彼の虚栄心が満たされるだけだ / He *fed* his anger *with* thoughts of revenge. 彼の怒りは復讐(ふくしゅう)の念で一層燃え立った. ❻ 《味方の選手に》パスを送る. ❼ 〖劇〗《役者に》せりふのきっかけを与える.

── 自 ❶ 《動物・赤ん坊が》ものを食う;《口》《人が》食事をする: The cows are ~*ing* in the barn. 牛が牧舎で草をはんでいる. ❷ 《動物が》《…を》えさとする: Cows ~ *on* hay. 牛は干し草を食う. ❸ 《原料・燃料などが》《機械に》送られ, 流れ込む: Fuel ~s *into* the engine through this tubing. 燃料はこの管からエンジンに入る. ④ 《流れが》《川・湖などに》注ぐ.

be féd úp ⇨ fed[1] 成句. **bíte the hánd that féeds one** ⇨ hand 名 成句. **féed báck** 《他+副》(1) 《情報・思想などを》《…に》戻す: Advice from the production line is *fed back to* the planning division for analysis. 生産ラインからのアドバイスが分析のため企画部へ戻ってくる. (2) 〖電算〗《出力の一部を》入力として前段階に戻す, フィードバックさせる. ── 《自+副》(3) 《教室などで》《返事・反応が》戻ってくる. (4) 《思想・技術などが》変化[発展]して《…へ》戻ってくる《*to*, *into*》. **féed óff** [*ón*] ... 《…を》えさとする (= 自 2)《しばしば軽蔑》《…をうまく利用[食い物に]する, 取り込んで太る: Fascism ~s *off* [*on*] poverty. ファシズムは貧困により増長する. **féed úp** 《他+副》(1)《英》《人にうまい物をうんと食べさせる; 太らせる, 飽きるほど食べさせる《《米》fatten up). (2) ⇨ be FED[1] up 成句.

── 名 ❶ C 《家畜などの 1 回分の》えさ, 食料供給: at one ~ 一食に, 一食分として. ❷ U,C 飼料, かいば; 肥料. ❸ 《機》a C 給送(装置), 送り. b U 供給材料. ❹ a ~ [a ~] 《口》食事;《口》: have a good ~ ごちそうを腹いっぱい食べる. ❺《英》=feeder 6. **òff one's féed** 《俗》食欲がなくて; 病気ぎみの.
《OE》《feed》

*__feed·back__ /fiːdbæk/ 名 U ❶ 《情報・質問を受ける側からの》反応, 意見: consumer ~ *on* our product 当社製品に対する消費者からの反応[意見]. ❷ 〖生・電・経〗フィードバック, 帰還. ❸ 〖電算〗フィードバック, 帰還《出力側の信号を制御・修正などの目的で入力側に戻すこと》;(マイクなどの)ハウリング.

féed·bàg 名《米》《馬の頭からつるす》かいば袋《《英》nose bag》.

*__feed·er__ /fiːdə | -də/ 名 ❶ [通例修飾語を伴って] 食う人[動物]《★ 人に用いる時には《戯言》: a large [gross] ~ 大食漢. ❷ 《機》供給機[装置], 送り装置. ❸ a かいばおけ, えさ箱;《鳥などの》えさ入れ. b 哺乳(ほにゅう)瓶. c 飼養者; 肥育飼育者. ④ a [しばしば複合語をなして]《航空・鉄道の》支線; 支線航空路; 支線道路. b 支流. ❺《英》《食事の時に子供がかける》よだれ掛け. ❻《米》〖劇〗せりふのきっかけを与える役, 引き立て役, わき役.

féeder schòol 名《高校などから見て》生徒が大勢進学して来る《近くの》下級学校,《新入生の》主要出身校.

féed·fòrward 名 U フィードフォワード《実行に移す前に欠陥を予期して行なうフィードバック過程の制御》.

féed·ing /-dɪŋ/ 名 C|U (赤ん坊の)授乳.

féeding bòttle 名《英》哺乳(ほにゅう)瓶《《米》nursing bottle》.

féeding frénzy 名 U [また a ~] ❶ 《サメが》むさぼって食

べる様[こと]. ❷ (マスコミによる)過熱報道.

féeding gròund 名 (動物の)餌場.

féed・stòck 名 ⓤ (機械・工場に送る)供給原料[材料], 原料油.

féed・stùff 名 (家畜の)飼料.

***feel** /fíːl/ 動 (felt /félt/) 他 ❶ **a** 〈人が〉〈…であると〉感じる, 〈…の〉感じ[心地]がする: [+補] I ~ cold. 寒けがする / ~ hungry 空腹を感じる / ~ good 気分がいい, 元気よい; よかったと思う / ~ bad 気分が悪い; 残念に思う / ~ small しょげる, 恥ずかしく思う / He felt sorry for her. 彼は彼女が気の毒だと思った / He felt bad [badly] about the remark. 彼はその言葉を気にした / I ~ down [up] today. 《米》きょうは気がめいっている[気分がいい] / I felt disgusted. 胸が悪くなった, 愛想が尽きた / He felt a new man. 彼は生まれ変わった[さわやかになった]気がした / She felt in charge of the situation. 彼女はその場を取り仕切っているように感じた / How are you ~*ing* [How do you ~] this morning? けさはご気分はいかがですか. 〈人が〉[(まるで)…のような]気がする: He felt *like* a fool. 彼は我ながら馬鹿みたいだと思った (cf. FEEL like... 成句 (1)) / He felt *as if* he were [was] stepping back into the past. 彼はまるで過去の世界に踏み戻っているような感じだった (《用法》(1) as if の代わりに as though, また 《口, 主に米》では like も用いる; cf. FEEL like... 成句 (5). (2) *as if* 節中で《口》では直説法が用いられることが多い).

❷ 〈ものが〉触ると〈…の〉感じがする; 〈物事が〉[…のような]感じがする: [+補] Velvet ~s soft. ビロードは手触りが柔らかだ / Your hands ~ cold (against my skin). あなたの手は(肌に)冷たく感じられる / The fork felt heavy. そのフォークは重く感じた / This paper ~s *like* silk. この紙は絹のような手触りだ / [+補] It ~s good to be wanted. 人に求められることは気分がよい / How does it ~ to have passed the examination? 試験に合格するとどんな気分だろう / It ~s *as if* it were [is] the fur of a fox. それはまるでキツネの毛皮のような感触だ(★用法は 1b と同じ).

❸ 〈人に〉同情して[…と]共鳴する: She ~s *for* [*with*] me. 彼女は私に同情してくれている / He ~s *for* all who suffer. 彼は苦しんでいる人にはだれにも哀れみの心を向ける.

❹ [様態の副詞句を伴って]〈…について〉〈賛否などの〉意見をもつ, ある考え方をする: ~ *differently* 違った考え方をする / ~ *strongly about* equal rights for women 男女同権についてははっきりした考えをもつ / How do you ~ *about* (going for) a walk? 散歩に(出る)のはどうですか / How do you ~ *toward* your father now? 今はおとうさんのことをどう思っているのですか.

❺ […を]探る, 手探りで捜す(grope for): I felt in my pocket *for* the key. ポケットに手を入れてキーを捜した / He felt *around* [*about*] *for* the handle. 彼は手探りで取っ手を捜しまわった.

❻ 感じる(力がある), 感覚がある: My fingers have stopped ~*ing*. 指の感覚がなくなっている.

— 自 ❶ (身体で)感じる: **a** 〈熱さ・痛み・打撃などを〉感じる: I ~ a sharp pain in my chest. 胸に鋭い痛みがある. **b** 〈体の部分の〉感覚がある: I can't ~ my fingers. (寒さなどで)指の感覚がなくなっている. **c** 〈…が〉〈…している〉のを感じる, 感触する (《用法》受身では to 不定詞を用いる): [+目+原形] I felt my heart beat violently. 心臓が激しく鼓動するのを感じた / [+目+*doing*] I (can) ~ something crawling up my leg. 何かが脚をはい上がっているのがわかる / [+目+原形] He felt himself lifted up. 彼は体が持ち上げられるのを感じた.

❷ (心で)感じる(★通例進行形なし): 〈喜び・悲しみ・怒りなどを〉感じる, 覚える: I don't ~ much pity for her. 彼女をあまりかわいそうだとは思わない / What do they ~ *toward* you? 彼らはあなたにどんな感情を持っていますか / [+目+原形] She felt anger rise in her heart. 彼女は心に怒りがこみあげるのを感じた / [+目+*doing*] He felt his interest in her growing [fading]. 彼は彼女への関心がつのって[薄れて]くるのを感じた.

❸ 触ってみる: **a** 〈…に〉触れる, 触ってみる: ~ a patient's pulse 患者の脈をとってみる / F~ my cold hands. 私の冷たい手に触ってごらん. **b** 〈…に〉触って[手に持って]知る[確かめてみる]: Just ~ the weight of this jewel. ちょっと手に持ってこの宝石がどれだけ重いかみてごらん. **c** 〈…かを触れて知る〉 《用法》通例 whether, if, how の節がくる): [+*wh.*] F~ *how* cold my hands are. 私の手がどんなに冷たいか触ってごらん / F~ *whether* it's hot. それが熱いかどうか触ってみてごらん. **d** [~ one's way で] 手探りで進む; 慎重に事を進める: He felt his way to the door in the dark. 暗がりの中で彼は手探りでドアまで行った.

❹ (何となく)感じる: **a** 〈何となく〉〈…を〉感じる, 〈…が〉感じられる, 〈…に〉気づく (sense): I could ~ her disappointment. 彼女ががっかりしているのが感じられた / I felt the truth of his words. 彼の言葉は本当だろうと思われた. **b** 〈何となく〉〈…である[…だ]と〉感じる, 〈…と〉〈冷たいろいろと〉[気]がする; 〈…と〉思う (think): [+(*that*)] I ~ *that* some disaster is impending. 何か災難が迫っているような予感がする / I don't ~ *that* it's a very good plan. それはあまりよい計画だとは思わない / [+目+(*to be*)補] I ~ it my duty to speak frankly to you. あなたに率直にお話しするのが義務だと感じています / I don't ~ it necessary to go. 行く必要はないように思える / The report was felt to be untrue. その報道は真実でないように思われた / [+目+原形] He felt himself called upon to offer his help. 彼は何か手伝いをしなければならないと感じた.

❺ **a** 〈重要さ・美しさなどを〉感じとる, 悟る; 〈立場などを〉自覚する: ~ the weight of his argument その議論の重みを悟る. **b** 〈事件・事態の〉影響を受ける, 〈…に〉苦しむ; 〈…に〉心を動かされる: She ~s the cold badly in winter. 彼女は冬の寒さがひどくこたえる / I felt her death [insult] keenly. 彼女の死を強く悲しんだ[侮辱に強く憤った]. **c** 〈無生物が〉〈…の〉影響を受ける; 〈船などが〉〈…に〉感じるかのように動く: Industry was quick to ~ the effects of the energy crisis. 産業はいち早くエネルギー危機の影響を受けた / The ship is still ~*ing* her helm. 船はまだ舵(かじ)がきいている.

féel cértain (1) [〈…を〉確信する]: I ~ *certain of* his success. 私は彼の成功を確信している. (2) 〈…と〉確信する〈*that*〉: I ~ *certain that* he will succeed. 彼は成功すると確信している.

féel frée to dó ⇒ free 形 成句. **féel (it) in** one's **bónes** ⇒ bone 名 成句.

féel líke... (1) …のように感じる(⇒ 他 1 b). (2) …のような手触りがする(⇒ 自 2). (3) [しばしば *doing* を伴って] …をしたい気がする, 〈飲食物などを〉欲しい気がする; …したい気がする: I ~ *like* a drink. 1 杯飲みたい / I don't ~ *like* a meal [eat*ing*] now. 今は食事が欲しく[食べたく]ない / We'll go fishing if you ~ *like* it. なんなら釣りに行こう. (4) [it を主語として] どうやら…らしい: It ~s *like* rain. 雨になりそうだ. (5) [like as if の代用に用いて]《口, 主に米》(まるで)…のような気がする (⇒ 他 1 b): He felt *like* he was a king. 彼は王様になったような気がした. (6) [~ *like* one*self* で; 通例否定文で] 気分がよい, 心身の調子がまともだ: I don't ~ *like myself* today. きょうはどうもいつもの自分のようでない, 気分がよくない.

féel onesèlf [否定文で] 気分がよい: I don't ~ *myself* today. きょうは気分がよくない.

féel one's **óats** ⇒ oats 成句.

féel óut 《他+副》(★受身なし)《米口》〈人の〉意向[考え, 状態など]をそれとなく探る, 打診する: Let's ~ him *out* about a merger. 彼に探りを入れて吸収合併について調べてみよう.

féel (quíte) onesélf = FEEL **like**... 成句 (6). **féel stránge** ⇒ strange 成句. **féel súre** = FEEL **certain** 成句.

féel úp 《他+副》《口》(特に)〈女性の〉体をまさぐる, おさわりをする.

féel úp to... [通例否定文・疑問文・条件文で] …をやれそうに思う: I don't ~ *up to* (mak*ing*) the journey. とてもこの旅行は行けそうもない.

màke one's **présence [ínfluence] félt** 他の人に自分の存在[影響力]を注目[痛感]させる: He *made his presence* *felt* in the meeting today. 彼は今日の会合で注目される存在だった.

— [名] [単数形で] ❶ **a** (ものの持つ)手触り, 肌触り, 感触; (人の)触感: It has a rough ~. 手触りがざらざらする. **b** 触ること: Let me have a ~ (of it). (それに)触らせてください. ❷ 感じ, 気配, 雰囲気: There was a ~ of frost that night. その夜は霜の気配があった / The room has a homey ~ about it. 部屋にはくつろいだ雰囲気がある. ❸〔…に対する〕勘, 直感; センス: have a ~ ***for*** words 言葉(使い)のセンスがいい. **by the féel (of it)** (触った)感じで(判断すると): We'll have a storm tomorrow, *by the ~ of it*. 明日はあらしが来そうな感じだ. **cóp a féel** 《米口》(人の体を)愛撫する, (特に)ひそかに[断りなく]さわる[まさぐる]. **gèt the féel of...** 〈物事〉の感じをつかむ, …に慣れる〈*doing*〉: *get the ~ of* a new car 新車に慣れる. 〖OE〗

féel·bàd [形] 不安にさせる, 沈滞感[懸念]を生む.

féel·er [名] ❶ 触ってみる人, 触知者. ❷ 探り, 打診《相手の意向を探る質問など》: put out *~s* 探りを入れる. ❸ [複数形で]〖動〗触角, 触毛, 触鬚(しょくしゅ) (antennae). ❹〖軍〗斥候.

féel-góod [形]《口》人を満足[幸せ]な気持ちにさせる: a ~ film 心が温まるような映画.

‡**feel·ing** /fíːlɪŋ/ [名] ❶ [単数形で] 感じ, 印象; 予感; 意見: a nasty ~ 不安感, いやな感じ / A high ceiling gives a ~ ***of*** airiness and spaciousness. 高い天井は風通しがよくて広々とした感じを与える / 〔+*that*〕I had a ~ *that* something dreadful was going to happen. 何か恐ろしいことが起こりそうな感じがした. ❷ [U,C] [しばしば複数形で] (喜怒哀楽などのさまざまな)**感情**, 気持ち: hurt a person's *~s* (特に, 無礼によって)人の感情を害する / enter into a person's *~s* 人の感情をくみ取る / have mixed *~s* ⇨ mixed 1 / relieve one's *~s* (泣いたりわめいたりして)うっぷんを晴らす, 気分を楽にする / No hard *~s*! 《口》悪く思わないで(ください) / good ~ 好感 / ill [bad] ~ (between...) (★《主に米》ではまた ill [bad] *feelings* となる) (…間の)反感, 悪感情 / speak with ~ 興奮して[実感をこめて]語る. ❸ [U] [また a ~] 感受性; 〔芸術などに対する〕センス, 適性: a person of fine ~ 感受性のすぐれた人 / He has *a* ~ ***for*** the beautiful. 彼は美しいものに対する感受性がある. ❹ [U] 同情, 思いやり, 親切: He has little ~ ***for*** others. 彼には他人に対する思いやりがほとんどない. ❺ [U] 感覚; 触感; 知覚 (sensation): lose all ~ in one's legs 脚の感覚をすっかりなくす. **spáre a person's féelings** 人の気持ちを傷つけない[乱さない]ようにする, 人の心情を思いやる. — [形] [A] ❶ 感じやすい, 多感な: a ~ person 多感な人. ❷ **a** 思いやりのある. **b** 感情を表わす, 感情的な; 感情[心]のこもった. 【類義語】**feeling** 主観的な感覚や感情を表わす最も一般的な語. **emotion** 怒り・愛・憎しみなどを強く表わす感情. **sentiment** 理性的な思考を伴う感情, あるいは感情に影響を受けた思考・意見. **passion** 理性的判断を圧倒してしまうような強烈な感情. **fervor** 熱い燃えるような(永続的な)感情. **enthusiasm** ある主義・行動・提案などに対する情熱

féel·ing·ly [副] 感情[情感, 実感]をこめて, しみじみと (emotionally).

fée símple [名] ([複] **fées símple**)〖法〗単純封土権, 無条件相続財産(権).

‡**feet** /fíːt/ [名] **foot** の複数形.

fée táil [名] ([複] **fées táil**)〖法〗限嗣封土権, 限嗣相続財産(権).

+**feign** /féɪn/ [動] [他] 〈…を〉装う; 〈…の[する]〉ふりをする (*affect*): ~ *illness* [*to* be *ill*] 仮病をつかう / ~ madness 狂気を装う / Hamlet *~ed that* he couldn't recognize Polonius. ハムレットはポローニアスの顔がわからないふりをした. — [自] 芝居をする, 偽る. 〖F *feindre* ふりをする < L *fingere, fict-* 形づくる; cf. faint, fiction〗 ([名] feint)

feigned /féɪnd/ [形] 偽りの, 虚偽の: a ~ illness 仮病 / with ~ surprise 驚いたようなふりをして.

féign·ed·ly /-nɪdli/ [副] 偽って, そらぞらしく.

fei·jo·a /feɪjóʊə, -hóʊə/ [名]〖植〗フェイジョア《南米南東部・北米南部産フトモモ科の低木; 果実が美味》.

fei·jo·a·da /fèɪʒouáːdɑ/ [名] [U] フェイジョアーダ《豆と肉を煮込んだブラジルシチュー》. 〖Port〗

feint[1] /féɪnt/ [名] ❶ 見せかけ, 装い, ふり: He made a ~ ***of*** trip*ping*. 彼はつまずくふりをした. ❷〖スポ〗フェイント, (敵を欺く)牽制(けんせい)運動;〖軍〗陽動作戦. — [動] [自] ❶ ふりをする, 偽る: He *~ed* to the left and ran to the right. 彼は左へ行くと見せて右へ走った. ❷〖スポ〗フェイントをかける. ([動] feign)

feint[2] /féɪnt/ [形]〖印〗〈罫線が〉細くて色がうすい, 〈紙が〉薄罫線引きの.

+**feist·y** /fáɪsti/ [形] (**feist·i·er; -i·est**) 《米口》❶ 元気のいい, 気力いっぱいの; 攻撃的な. ❷ 悪意の, 怒りっぽい.

fe·la·fel /fəláːf(ə)l/ [名] = falafel.

feld·spar /fél(d)spɑ̀ːɚ | -spɑ̀ː/ [名] [U]〖鉱〗長石.

feld·spath·ic /fel(d)spǽθɪk←/ [形] 長石の[を含む], 長石質の.

fe·lic·i·tate /fɪlísətèɪt/ [動] [他] 〈人を〉〔…のことで〕祝う, 祝賀する《[比較] congratulate よりも文語的》: ~ a person ***on*** his marriage 人に結婚の祝辞を述べる.

fe·lic·i·ta·tion /fɪlìsətéɪʃən/ [名] [通例複数形で] 祝賀; 祝辞〔*on, upon*〕.

fe·lic·i·tous /fɪlísətəs/ [形] ❶ 〈言葉・表現が〉うまい, 適切な: a ~ choice of words 上手な言葉の選択. ❷ 〈人が〉表現[言い回し]のうまい. **~·ly** [副] **~·ness** [名]

fe·lic·i·ty /fəlísəti/ [名] ❶ **a** [U] 非常な幸福, 至福. **b** [C] 慶事. ❷ **a** [U] (言葉・表現の)うまさ, 適切: with ~ 適切に, うまく. **b** [C] 適切な表現, 名文句. 〖F < L = 幸運, 幸福〗

fe·line /fíːlaɪn/ [形] ❶〖動〗ネコ科の. ❷ 猫のような; ずるい; 人目を盗む; しなやかな: with ~ stealth 猫のようにそっと. — [名]〖動〗ネコ科の動物《ネコ・トラ・ライオン・ヒョウなど》. 〖L = ネコの < *feles* ネコ〗

Fe·lix /fíːlɪks/ [名] フィーリックス《男性名》.

fe·lix cul·pa /féɪlɪkskúlpɑː/ [名] [U,C] [単数形で] ❶ 幸福なる罪過《原罪の結果キリストが出現したことに関連していう》. ❷ 結果的に幸運に転じた失敗.

‡**fell**[1] /fél/ [動] **fall** の過去形.

+**fell**[2] /fél/ [動] [他] ❶ 〈木を〉切り倒す. ❷ 〈人を〉打ち倒す, 投げ倒す. — [名] (一期の)伐採量. 〖OE〗

fell[3] /fél/ [名] (毛のついたままの)獣皮, 毛皮.

fell[4] /fél/ [形] [A] 《文》残忍な, 恐ろしい. **at [in] óne féll swóop** ⇨ swoop [成句].

fell[5] /fél/ [名] 《北英》❶ 荒れた高原, 高原地帯 (cf. moor[2]). ❷ 山.

+**fel·la** /félə/ [名] 《口》男, やつ (fellow).

fel·lah /félə/ [名] ([複] **fel·la·hin** /fèləhíːn/) (エジプトなどアラブ諸国の)農夫.

fel·late /fəléɪt/ [動] [他] 〈…に〉フェラチオをする. **fel·lá·tor** [名] 〖逆成 < ↓〗

fel·la·ti·o /fəléɪʃiòʊ/ [名] [U] フェラチオ, 吸茎.

fell·er[1] /félɚ | -lə/ [名] ❶ 伐採者. ❷ 伐木機.

fel·ler[2] /félɚ | -lə/ [名] 《口》男, やつ (fellow).

Fel·li·ni /fəlíːni/, **Fe·de·ri·co** /fèdəríːkoʊ/ [名] フェリーニ (1920–93; イタリアの映画監督).

fel·loe /féloʊ/ [名] = felly.

***fel·low** /féloʊ/ [名] ❶ /+félə/ 《古風》**a** [通例修飾語を伴って] 男, やつ: a stupid ~ ばかな野郎 / Poor ~! 気の毒なやつ, かわいそうに! / old [my dear] ~ ねえ[おい]君[あんた]. **b** [a ~] (漠然と)人; (話し手の)自分, 私: *A ~* must eat. 人は食わねばならない / What can *a ~* say to him? (私は)彼に何と言ったらいいのか. **c** 《口》彼氏, ボーイフレンド. ❷ [通例複数形で] **a** (主に男性の)仲間; 同士, 同輩, 同僚. **b** 同時代の人. ❸ (一対のものの)片方, 相手: the ~ of a shoe [glove] 靴[手袋]の片方. ❹ (cf. fellowship 4) **a** (大学で卒業生の中から選ばれる)評議員. **b** (英国の大学の)特別研究員, フェロー《研究基金から研究費を支給される; 教師を兼ねる》. **c** (米国の大学の)奨学金給費研究員. **d** (Oxford, Cambridge 大学の)特別[名誉]校友. ❺ [通例 F~] 〔学術団体の〕特別会員《通例, 普通会員(member)よりも上位の会員; cf. associate 2 a,

fellowship 4): a *F~ of* the British Academy 英国学士院特別会員 (略 FBA). —名 A ❶ 仲間の, 同輩の, 同僚の, 同業の: a ~ citizen 同市民 / a ~ countryman 同国人 / a ~ lodger 同宿人 / a ~ worker 労働者仲間 / a ~ soldier 戦友 / ~ students 学校友だち. ❷ 同行する, 道連れの, 一緒に旅行[同乗[同船]者] / ⇒ fellow traveler. 《ON=共同で金を出資する人》

féllow féeling 名 U [また a ~] ❶ 同情, 思いやり, 共感. ❷ 仲間意識; 相互理解的な感情.

féllow-mán 名 (複 -men) 人間同士, 同胞.

†**fel·low·ship** /félouʃip/ 名 ❶ U a 仲間であること, 仲間意識, 連帯感. b (利害などを) 共にすること, 共同, 協力: ~ in misfortune 不幸を共にすること. ❷ U 親交, 親睦 (しんぼく): enjoy good ~ with one's neighbors 近所の人たちと仲良くやってゆく. ❸ C 団体, 団結, 協会, 同盟 ~ of scientists 世界科学者同盟 / admit a person to a ~ 人を会員[団員]とする, 人を入会させる. ❹ C fellow 4, 5 の地位[給費, 奨学金].

féllow tráveler 名 ❶ 道連れ. ❷ (特に共産党の) 同調者, シンパ.

fel·ly /féli/ 名 [通例複数形で] (車輪の) 大輪, 外縁 (がいえん), 輪縁.

fe·lo-de-se /fi:loudəsí:, -lə́z-/ 名 C.U (複 **fe·los-de-se** /-louz-/)《法》自殺; 自殺者.

fel·on /félən/ 名 ❶《法》重罪犯人. ❷ =whitlow. 《F=悪人, 裏切り者》

fe·lo·ni·ous /fəlóuniəs/ 形《法》重罪の.

†**fel·o·ny** /féləni/ 名 C.U《法》重罪《殺人・放火・強盗など; cf. misdemeanor 2》. [FELON+-Y¹]

fel·sic /félsik/ 形 珪長質の.

fel·spar /félspɑ:/ -spɑ:/ 名 =feldspar.

*‡**felt¹** /félt/ 動 feel の過去形・過去分詞.

felt² /félt/ 名 ❶ U フェルト, 毛氈. ❷ C フェルト製品. —形 A フェルト(製)の: a ~ hat フェルト帽, 中折れ帽.

félt típ 名 =felt-tip pen.

félt-tip pén, félt-tìpped pén 名 フェルトペン.

fe·luc·ca /fəlúːkə, -lʌ́kə/ 名 フェラッカ船《地中海沿岸で用いられる小型帆船》.

fél·wòrt /-bəːrt/ 名《植》オノエリンドウ.

fem /fém/ 名 =femme.

fem.《略》feminine.

*‡**fe·male** /fí:meil/ (↔ **male**) 形 (比較なし) ❶ **a** (男性に対して)**女の, 女性の, 女子の**: the ~ sex 女性 / ~ psychology 女性心理. **b** 雌の: a ~ dog 雌犬. **c** 《植》雌性のめしべだけをもつ~: a ~ flower 雌花. ❷ 女性的な; 女からなる, 女ばかりの. ❸《機》ねじ・プラグの雌の: a ~ screw 雌ねじ. —名 ❶ **a** (男性に対して)**女性, 女人**. **b**《動物の》雌. ❷《植》雌性植物, 雌株. ~**·ness** 名 《F=少女, 若い女性< femina; cf. feminine》【類義語】(1) 形 womanly (↔ manly) (立派な)女性にふさわしい性質についていう. feminine (↔ masculine) は女性に特有とされる良い性質についていう. womanish (↔ mannish) 悪い意味で, 女性に特有とされる性質についていい, 男が「めめしい」の意にも用いる. female (↔ male) は人や動植物に用いて単に女[雌]の, の意. (2) ⇒ lady.

fémale circumcísion 名 U 女子割礼 《陰核と時に陰唇の切除》《アフリカやアラブの一部の民族の間で伝統的に行なわれる》.

fémale cóndom 名 女性用コンドーム《膣内に挿入する薄いゴム製の避妊具》.

fémale impérsonator 名 女を演じる男優, 女形 (おんながた).

feme covert /fémkʌvət/ -vət/ 名《法》(現在婚姻関係にある) 既婚女性.

féme sóle 名《法》独身女性《寡婦または離婚した女性も含む》.

fem·i·ne·i·ty /fèməníːəṭi/ 名 =femininity.

*‡**fem·i·nine** /fémənɪn/ (↔ **masculine**) 形 (**more ~, most ~**) ❶ **a** 女の, 女性の. **b** 女らしい, 優しい, かよわい《女性的な優しさについていう》: a ~ gesture 女らしいしぐさ. **c** <男か女かが>女めいた, めめしい, 柔弱な. ❷ (比較なし)《文法》女性の (cf. masculine 3, neuter 1): the ~ gender 女性 / a ~ noun 女性名詞. ❸ (比較なし)《詩学》女性

---

657 fencerow

行末の, 女性押韻の: ⇒ feminine ending, feminine rhyme. —名《文法》❶ [the ~] 女性; C 女性形. ❷ C 女性語. 《F<L=女性の< *femina* 女性; cf. female》 (❶ femininity) 【類義語】⇒ female.

féminine énding 名《詩学》女性行末《行末が強音節のあとに (余分の) 弱音節が付加されているもの; cf. masculine ending》.

féminine hýgiene 名 U 女性衛生《生理などに対処する女性器衛生》.

féminine rhýme 名《詩学》女性韻《主として 2 音節 (時に 3 音節) の押韻で, 詩行最後の強音節とそれに続く一つ[二つ] の弱音節によるもの; 例: nótion, mótion; cf. masculine rhyme》.

†**fem·i·nin·i·ty** /fèmənínəti/ 名 U ❶ 女であること, 女性の特質; 女らしさ. ❷ めめしさ. ❸ (まれ) 女性 (全体). (形 feminine)

†**fem·i·nism** /fémənìzm/ 名 男女同権主義, 女性解放論, 女権拡張運動, フェミニズム.

*‡**fem·i·nist** /fémənist/ 名 男女同権主義者《★ 男女に関係なく用いるが女性運動家をさすことが多い》[比較] 日本語の「フェミニスト」にある「女に甘い男」の意はない).

fem·i·nize /fémənàɪz/ 動 他 女性化する. **fem·i·ni·za·tion** /fèmənɪzéɪʃən / -naɪz-/ 名 U 女性化.

femme /fém/ 名《米俗》レズビアンの女役.

femme fa·tale /fémfətæl, fèm-/ (複 **femmes fatales** /~(z)/ /~/) 魔性の女, あやしい魅力をもった女. 《F=fatal woman》

fémme sóle 名 =feme sole.

fem·o·ral /fém(ə)rəl/ 形 大腿骨[部] (femur) の.

fem·to- /fémtou/ [連結形]「10⁻¹⁵」.

fe·mur /fí:mə⟨ -mə/ 名 (複 ~s, **fem·o·ra** /fém(ə)rə/) ❶《解》大腿骨; 大腿部, もも. ❷《昆》腿節.

*‡**fen** /fén/ 名 ❶ [しばしば複数形で] 沼地, 沼沢地. ❷ [the **Fens**] (イングランド東部の) 沼沢地帯.

FEN /éfí:én/《略》Far East Network《極東米軍の極東放送網《現在は AFN》.

fén·bèr·ry /-bèri/ 名 ツルコケモモ.

*‡**fence** /féns/ 名 ❶ (敷地などを仕切る) 囲い, 垣根, 柵 (さく), フェンス: a sunk ~ 隠れ垣《溝・堀などの底に沿って作った柵》/ Good ~s make good neighbors. (諺) 塀はよい隣人をつくる《親しき仲にも礼儀あり》. ❷ (馬術競技などの) 障害物 (hurdle): put one's horse at [to] the ~ 馬を障害物を飛び越すように仕向ける. ❸ C 盗品故買屋. **còme dówn on óne sìde of the fénce or the óther** (議論で) どちらかの側に立つ. **ménd (one's) fénces** (1) 〔...と〕仲直りする 〈*with*〉. (2)《米》国会議員が (地盤を固めるために) 政治活動に従事する《英》nurse one's **CONSTITUENCY** [成句]. **on the fénce** (形勢を眺めて) どっちつかずの (ひより見的な) 態度で: He's (sitting) *on the* ~ *on* the issue. その問題では彼はどっちつかずの態度を取っている. —動 他 ❶ [しばしば副詞(句)を伴って] 〔...で〕**垣根[柵, 塀] をめぐらす**: ~ (*off*) fields [a garden] 田畑[庭] を柵で囲う / The plot was ~d round. その土地には囲いがめぐらされていた / The field is ~d with barbed wire. その畑のまわりには有刺鉄線を張りめぐらしてある / The area has been ~d from the public. その地域には一般の人が立ち入らないように囲いをしてある. ❷《俗》<盗品を>故買する. —自 ❶ 剣を使う, 剣術[フェンシング]する. ❷ 〔質問・質問者を〕受け流す: He cleverly ~d *with* the question [his questioners]. 彼はその質問[質問者]を巧みに受け流した. ❸ 盗品を故買する. ❹ <馬が>柵を飛び越す. **fénce ín** (他+副)《★しばしば受身》<...を>囲い込む; <人の>自由を制限する, <人を>束縛する (hem in). 【ME<(DE)FENSE】【類義語】 **fence** 木材・金属・金網などで作った柵. **wall** 石・れんがなどの塀. **hedge** 低木などを植えて作った生け垣で, 野原・畑・家などの境界をなす.

fénce·less 形 柵のない.

fénce-mènding 名 U (政治で) 関係修復.

fénc·er 名 フェンシング選手.

fénce·ròw /-ròu/ 名《米》フェンスロウ《柵の立っている一

条の土地; 柵の両側の耕作されていない部分も含めていう》.
féence-sìtter [名] (議論で)中立の人, ひより見主義者.
féence-sìtting [名]
fen·ci·ble /fénsəbl/ [名] [通例複数形で] (18 世紀後半–19 世紀前半の英国の)国防兵.
⁺**fenc·ing** /fénsɪŋ/ [名] ❶ [U] フェンシング, 剣術. ❷ **a** [U] 囲い[柵, 塀]の材料. **b** 囲い, 柵, 塀. ❸ [U] 議論[質問]の巧みな受け答え.
⁺**fend** /fénd/ [動] [他] 〈打撃・質問などを〉受け流す, かわす, 防ぐ 〈*off*〉. **fénd for oneséIf** 自活する, 独力でなんとかやっていく. 〖ME ＜ (DE)FEND〗
⁺**fénd·er** [名] ❶ (激突を避けるため機関車・電車などの前部につける)緩衝装置; 《米》 バンパー (《英》 bumper). ❷ 《米》 (自動車などの)フェンダー, 泥よけ (《英》 wing). ❸ (壁炉 (hearth) の前に置く低い)炉格子, ストーブ囲い. ❹ 〖海〗 (船の)防舷物; 防舷材.
fénder bènder [名] 《米口》 軽度の自動車事故.
fen·es·tel·la /fènəstélə/ [名] (教会祭壇の南側の)窓形壁龕(へきがん) 《祭器棚などを納める》.
fe·nes·tra /fənéstrə/ [名] (⦅複⦆ **-trae** /-triː/) ❶ 〖解〗 窓 《蝸牛窓または正円窓》. ❷ 〖医〗 (器具などの)穴, 開口部; 窓: **a** 骨などにあけた穿孔(せんこう). **b** 包帯・ギプスの開放部》
fe·nes·trate /fənéstreɪt, fénəs-/ [形] ＝fenestrated.
fen·es·trat·ed /fénəstrèɪṭɪd/ [形] ❶ 〖建〗 窓[開口部]のある. ❷ 〖医・生〗 有窓(性)の, 穴あきの.
fen·es·tra·tion /fènəstréɪʃən/ [名] [U] ❶ 〖建〗 窓割り. ❷ 〖外科〗 (内耳)開窓術.
feng shui /fènʃúːi, fʌ̀ŋʃwéɪ/ [名] [U] 風水 《山川水流の状態を見て宅地や墓地を定める術》. ── [動] [他] 風水に従って〈…の〉配置[方位など]を定める.
Fe·ni·an /fíːniən/ [名] フィニアン(同盟員) 《アイルランドおよび米国のアイルランド(系)人がアイルランドにおける英国支配の打倒を目指して結成 (1858) した 19 世紀の秘密革命組織》. **～·ism** [名] [U] フィニアン同盟の主義[運動]. 〖Ir〗
fen·nec /fének/ [名] 〖動〗 フェネック 《耳の大きい北部アフリカ産のキツネ》. 〖Arab〗
⁺**fen·nel** /fén(ə)l/ [名] [U] 〖植〗 ウイキョウ(の実) 《実は香味料・薬用》.
fen·ny /féni/ [形] ❶ 沼沢地 (fen) の; 沼沢の多い. ❷ 沼沢地産の, 沼沢性の.
fen·u·greek /fénjugrìːk/ [名] [U] 〖植〗 コロハ 《マメ科レイリョウコウ属の草本》.
feoff /fíːf, féf/ [名] ＝fief.
feoff·ee /fefíː, fiː-/ [名] 〖法〗 封土譲受人.
feoff·ment /féfmənt, fíːf-/ [名] 〖法〗 封土公示譲渡.
feof·for /féfə, fíː- | -fə/ [名] 〖法〗 封土譲渡人.
fer·al /férəl/ [形] ❶ 〈動物が〉野生の; 野生に帰った, 野生化した (↔ domesticated). ❷ 〈人・性格など〉野性的な; 凶暴な. 〖L＝野生の〗
fer de lance /fèədəlǽns | -láːns/ [名] (⦅複⦆ **fers de lance** /~/, **fer de lances**) 〖動〗 フェルドランス 《アメリカハブ属の猛毒ヘビ; 中米・南米産》. 〖F＝iron (head) of lance〗
Fer·di·nand /fə́ːḍənæ̀nd | fə́ː-/ [名] ファーディナンド 《男性名》.
Fer·di·nand V [II] /fə́ːḍənæ̀nd | fə́ː-/ [名] フェルナンド 《1452–1516; ～ V として Castile 王 (1474–1504), ～ II として Aragon 王 (1479–1516)》.
fe·ri·a /fí(ə)riə, fér-/ [名] (特にスペイン・南米の祭日に立つ)市, 縁日.
fe·ri·al /fí(ə)riəl, fér-/ [形] 〖教会〗 平日の.
fer·i·ty /férəṭi/ [名] [U,C] 野生(状態); 凶暴, 獰猛(どうもう).
Fer·*man*·agh /fəːmǽnə | fəː-/ [名] ファーマナ 《北アイルランド南西部の行政区》.
fer·ma·ta /feəmáːṭə | feə-/ [名] 〖楽〗 フェルマータ (pause) 《延音記号; 𝄐》.
Fer·mát's lást théorem /fəːmáːz- | fəː-/ [名] 〖数〗 フェルマーの最終[大]定理 《「*n* が 2 より大きい自然数のとき $x^n+y^n=z^n$ は整数解をもたない」というもの; 長らく未解決であったが, 1994 年に証明された》. 〖P. de Fermat フランスの数学者〗
⁺**fer·ment** /fə(ː)mént | fə(ː)-/ [動] [他] 〈ブドウなどを〉発酵させる; 〈感情などを〉沸き返らせる, 刺激する; 〈政治的動乱を〉かき立てる. ── [自] 発酵する; 沸き返る; 興奮する. ── /fə́ːmənt | fə́ː-/ [名] ❶ **a** [C] 発酵体 《発酵を起こさせる物質》. **b** [U] 発酵. ❷ [U] [また a ～] (沸き返るような)騒ぎ, 動乱, 興奮: in *a* ～ (over …) (…で)大騒ぎで, 動揺して. 〖F ＜ L＝酵母〗
fer·ment·a·ble /fə(ː)méntəbl | fə(ː)-/ [形] 発酵性の.
fer·men·ta·tion /fə̀ːmentéɪʃən, -mən- | fə̀ː-/ [名] [U] ❶ 発酵(作用). ❷ 騒ぎ, 人心の動揺, 興奮.
fer·ment·a·tive /fə(ː)méntəṭɪv/ [形] 発酵性の, 発酵力のある, 発酵による.
fer·mi /féəmi, fə́ː- | fə́ː-/ [名] 〖理〗 フェルミ 《長さの単位; ＝ 10^{-13}cm》. 〖↓〗
Fer·mi /féəmi, fə́ː- | fə́ː-/, **En·ri·co** /enríːkou/ [名] フェルミ 《1901–54; イタリア生まれの米国の物理学者; Nobel 物理学賞 (1938)》.
fer·mi·on /fə́ːmiàn | fə́ːmiɔ̀n/ [名] 〖理〗 フェルミ粒子, フェルミオン 《スピンが半奇数の素粒子・複合粒子》.
fer·mi·um /fə́ːmiəm | fə́ː-/ [名] [U] 〖化〗 フェルミウム 《放射性元素; 記号 Fm》.
⁺**fern** /fə́ːn | fə́ːn/ [名] [C,U] 〖植〗 シダ: The ground was covered with ～*s*. 地面はシダでおおわれていた. 〖OE〗
fern·er·y /fə́ːnəri | fə́ː-/ [名] ❶ (群生した)シダ. ❷ シダ栽培地; シダ栽培ケース 《装飾用》.
férn sèed [名] シダの胞子 《昔これを持っている人はその姿が見えなくなると信じられた》.
fern·y /fə́ːni | fə́ː-/ [形] ❶ シダの(茂った). ❷ シダ状の.
⁺**fe·ro·cious** /fəróuʃəs/ [形] ❶ 獰猛(どうもう)な, 凶暴な; 残忍な. ❷ ひどい, すごい: a ～ appetite ものすごい食欲. **～·ly** [副] **～·ness** [名] 〖L *ferox, feroc-* 豪胆な〗 ([名] ferocity)
⁺**fe·roc·i·ty** /fərάsəṭi | -rɔ́s-/ [名] ❶ [U] 獰猛(どうもう)さ, 残忍[狂暴]性. ❷ [C] 狂暴な行為, 蛮行. ([形] ferocious)
-fer·ous /⁻ f(ə)rəs/ [形容詞連結形] 「…を生み出す」「…を含む」.
fer·rate /féreɪt/ [名] 〖化〗 鉄酸塩.
⁺**fer·ret** /férɪt/ [名] 〖動〗 フェレット 《ケナガイタチ (polecat) の一種; 畜産品種で白毛; ウサギ・ネズミなどを穴から追い出すために飼育される》. ── [動] [他] ❶ フェレットを使って〈ウサギ・ネズミを〉穴から狩る[狩り出す] 〈*about, away, out*〉. ❷ 〈秘密・犯人などを〉捜し出す, 探索する 〈*out*〉. ── [自] ❶ フェレットを使って狩る. ❷ 〔…を求めて〕探し回る: ～ ***about*** among old documents ***for*** a secret 秘密を求めて古文書をひっくり返す. 〖F *furet* ＜ L *fur* 泥棒; ⇨ -et〗
fer·ri- /férɪ/ [連結形] 〖化〗 「鉄」「第 2 鉄」 (cf. ferro-).
fer·ri·age /fériɪʤ/ [名] [U] ❶ 船渡し, 渡船(業). ❷ 渡船料, 渡し賃.
fer·ric /férɪk/ [形] ❶ 鉄の[を含む]. ❷ 〖化〗 第 2 鉄の (cf. ferrous 2): ～ chloride [oxide, sulfate] 〖化〗 塩化[酸化, 硫酸]第 2 鉄.
fèrri·mágnetism [名] [U] 〖理〗 フェリ磁性 《遷移金属を含む化合物の磁性》. **fèrri·magnétic** [形] フェリ磁性(体)の.
Fér·ris whèel /férɪs-/ [名] (遊園地の)大観覧車 (《英》 big wheel). 〖G. W. G. Ferris 発明者の米国人〗
fer·rite /féraɪt/ [名] [U] フェライト 《強磁性の鉄酸化化合物; コンピューターの記憶装置部分に用いる》.
fer·ro- /férou/ [連結形] 「鉄分を含む」「鉄の」; 〖化〗 「第 1 鉄の」. 〖L *ferrum* 鉄〗
fèrro·cóncrete [名] [U] 鉄筋コンクリート.
fèrro·eléctric [形] 〖理〗 強誘電性の. ── [名] 強誘電体.
fèrro·electrícity [名] [U] 強誘電性.
férro·flùid [名] 強磁性流体 《磁性微粒子を含む液体》.
fèrro·magnétic [形] 強磁性の.
fèrro·mágnetism [名] [U] 強磁性.
fer·ro·type /férətàɪp/ 〖写〗 [名] ❶ [U] フェロタイプ 印画のつや出し法. ❷ [C] つや出し写真.
fer·rous /férəs/ [形] ❶ 鉄の: ～ and nonferrous metals 鉄金属と非鉄金属. ❷ 〖化〗 第 1 鉄の (cf. ferric 2): ～ chloride [oxide, sulfate] 塩化[酸化, 硫酸]第 1 鉄.
fer·ru·gi·nous /fərúːʤənəs, fe-/ [形] 鉄分を含有する, 鉄質の, 含鉄…; 鉄さび(色)の, 赤褐色の.

ferrúginous dúck 图〖鳥〗メジロガモ《ユーラシア産の潜水カモ; ハジロ属》.

fer·rule /férəl/ 图 ❶ (つえ・こうもり傘などの先端の)石突き. ❷ **a** はばき金《接合部補強用》,金環. **b** (ボイラー管の)口輪. ── 動 他 〈...に〉石突き[金環]をつける.

*__fer·ry__ /féri/ 图 ❶ フェリー(ボート), フェリー《by ～ フェリーで《★無冠詞》》. ❷ フェリー乗り場, 渡船場. ❸ 定期空輸; (航空機の)自力現地輸送. ── 動 他 ❶ 〔副詞(句)を伴って〕〈人・自動車・貨物などを〉フェリーで渡す, 定期的に運ぶ: ～ people *across* a river 人をフェリーに乗せて川を渡す / ～ people *to* the other side of the river 川の対岸に人をフェリーで運ぶ. ❷ 〈新造飛行機を〉現地まで輸送する. ── 自 フェリーで渡る. 《OE<運ぶ; cf. fare》

férry·bòat 图 = ferry 1.

férry·man /-mən/ 图 《他 -men /-mən/》渡船業者, 渡船夫, 渡し守.

*__fer·tile__ /fə́:tl | fə́:taɪl/ 形 《more ～; most ～》 ❶ 〈土地が〉肥えた, 肥沃な (↔ infertile, sterile): ～ land [soil] 肥沃な土地[土] / The area is ～ *in* alpine plants. その地域は高山植物がたくさんある. ❷ (比較なし) 〈子を〉多く産む, 多産な; 繁殖力のある; 豊作をもたらす: ～ rains 慈雨. ❸ 〔通例 A〕 (ある)結果を生む, 温床となる: (a) ～ ground for politicians 政治家が(特に悪い目的に利用できる)土壌[環境]. ❹ 〔通例 A〕〈精神など〉創造力に富む: a ～ imagination 豊かな想像力 / a ～ mind 創意の豊かな心.
～·ly 副. ～·ness 图 《F<L=実りの多いくferre 運ぶ, 座える; cf. transfer》 (图 fertility, 動 fertilize)

Fértile Créscent 〔the ～〕肥沃な三日月地帯《地中海東部からペルシャ湾に及ぶ農業地帯》.

fer·ti·lise /fə́:təlaɪz | fə́:-/ 動《英》= fertilize.

fer·til·i·ty /fə:tíləti | fə:-/ 图 U ❶ 肥沃; 多産. ❷ (土地の)産出力. ❸ (創意などの)豊富さ. ❹ 繁殖[受精]力. (形 fertile)

fertility cùlt (農耕社会の)豊穣神崇拝(を行なう人びと)[集団].

fertility drùg 图 U 排卵誘発剤.

fer·ti·li·za·tion /fə̀:təlɪzéɪʃən | fə̀:təlaɪz-/ 图 U ❶ (地味の)肥沃化[法]; 施肥. ❷ 〖生〗受精, 受胎. (形 fertile)

*__fer·ti·lize__ /fə́:təlaɪz | fə́:-/ 動 他 ❶ 〈土地を〉肥沃にする, 肥やす; 〈土地に〉肥料をやる. ❷ 〈精神などを〉豊かにする. ❸ 〖生〗〈...を〉受精[受胎]させる. **fér·ti·liz·a·ble** /-zəbl/ 形 肥沃化可能な; 受精[受胎]可能な. (形 fertile)

*__fer·ti·liz·er__ /fə́:təlaɪzər | fə́:təlaɪzə/ 图 C,U 肥料; (特に)化学肥料 (cf. manure).

fer·ule /férəl/ 图 木べら(のむち)《体罰用に昔子供の手のひらを打つために用いた物差し状のもの》. ── 動〈子供を〉木べらで打ち懲らす.

fer·ven·cy /fə́:vənsi | fə́:-/ 图 熱烈, 熱情.

†__fer·vent__ /fə́:vənt | fə́:-/ 形 ❶ 熱烈な, 強烈な (ardent): a ～ supporter of the feminist movement 女権拡張運動の熱心な支持者. ❷ 熱い, 燃えさかる. ～·ly 副. (图 fervor)

fer·vid /fə́:vɪd | fə́:-/ 形 燃えるような, 熱烈な, 熱情的な. ～·ly 副.

†__fer·vor__, 《英》**fer·vour** /fə́:və | fə́:və/ 图 U ❶ 熱烈, 熱情. ❷ 白熱(状態), 炎熱. 《F<L<*fervere* 沸騰する》(形 fervent) 〖類義語〗⇒ feeling.

Fès /fés/ 图 = Fez.

fes·cue /féskju:/ 图 〖植〗フェストゥーカ属〖ウシノケグサ属〗の各種草本《イネ科; 芝生・牧草》.

fess /fés/ 動 自 《口》白状する 《up》. 《(CON)FESS》

fesse /fés/ 图 〖紋〗フェス《盾の中央の 1/3 幅の横帯》.

-fest /fèst/ 《名詞連結形》《米口》(にぎやかな, 非公式の)会合, 祭り: songfest. 《G=祭り<L ↓》

fes·ta /féstə/ 图 祭礼, 祝祭(日); (特にイタリアの)守護聖人を祝う地方の祭. 《It<*festus* FEAST》

fes·tal /féstl/ 形 祝祭の.

*__fes·ter__ /féstə | -tə/ 動 自 ❶ 〈傷口などが〉うむ, ただれる. ❷ 〈怒りなどが〉うずく, 心にわだかまる: The grievance ～*ed* in her mind. 不平で彼女の心はうずいていた. ── 图 ただれ, 潰瘍(*ようよう*).

*__fes·ti·val__ /féstəv(ə)l/ 图 ❶ 祝祭, 祭礼, 祭り; 祝日, 祭日. ❷ 〔しばしば F ～; 通例修飾語を伴って〕(定期的)催し物シーズン, ...フェスティバル, ...祭: a music ～ 音楽祭 ❸ 饗宴《catch》: hold a ～ 祝宴を催す. the **Fèstival of Líghts** 光の祭《Hanukkah の別名》. ── 形 A 祝祭[祭礼, 祝日]の. (形 festive)

*__fes·tive__ /féstɪv/ 形 ❶ 祝祭の, お祝いの: the yearend ～ season 年末のめでたい季節《Christmas など》. ❷ お祭り気分の, 陽気な: be in a ～ mood お祭り気分でいる. ～·ly 副. 《F<L=楽しい, 愉快な<*festum* 祭り; cf. feast》 (图 festival, festivity)

*__fes·tiv·i·ty__ /festívəti/ 图 ❶ U 祭礼, 祝祭, 祭典. ❷ C 〔通例複数形〕祝の催しごと; お祭り騒ぎ (celebration). (形 festive)

*__fes·toon__ /festú:n/ 图 ❶ 花づな《美しい花・葉・色紙・リボンなどで作った大型の飾り》. ❷ 〖建〗花づな形の装飾. ── 動 他〈...を〉飾る 《with》; 〈...を〉花づな状にする[張る]: ～ flowers *round* the picture 絵のまわりに花づなをめぐらす.

Fest·schrift /féstʃrɪft/ 图 〔しばしば f ～〕(先輩学者に捧げる)記念論文集. 《G<*Fest* 祝祭+*Schrift* 文書》

FET 〔略〕〖電子工〗field-effect transistor.

fe·ta /fétə/ 图 《また **féta chéese**》 フェタチーズ《羊またはヤギの乳から作るギリシアの白いチーズ》.

fe·tal, foe- /fí:tl | fí:tl/ 形 ❶ 胎児 (fetus) の.

fétal álcohol sỳndrome 图 U〖医〗胎児アルコール症候群《妊娠中の母親の酒の飲み過ぎによる知能障害・水頭症など》.

fétal posìtion 图〔the ～〕(手足を縮めて胸元に引き寄せ体を丸めた)胎児型姿勢.

*__fetch__[1] /fétʃ/ 動 他 ❶ 〈商品が〉〈ある値で〉売れる, 〈よい値を〉呼ぶ, 〈人に〉〈売上げを〉もたらす: This painting will ～ a good price. この絵はよい値で売れるだろう / 〔+目+目〕These pictures won't ～ you much. この絵はたいした値になるまい. ❷ 〔主に英・米古風〕〈ものを〉取って[取りに]くる, 〈人を〉呼んで[呼びに]くる; 〈人に〉〈ものを〉取ってくる 〔用法 意味は go and get [bring] などで, go and fetch は意味上重複するので避けたほうがよいという意見があるが, 実際の用法では go and fetch もしばしば用いられる〕: F～ the fire extinguisher. 消火器を持ってきなさい / She ～*ed* her child home *from* school. 彼女は子供を(迎えに行って)学校から家に連れて帰った / Will you ～ some flowers *from* the garden? 庭から花を摘んできてくれませんか / 〔+目+目〕 Please ～ me a cup of tea from the kitchen. 台所からお茶を1杯持ってきてください / Shall I ～ you your overcoat?=Shall I ～ your overcoat *for* you? オーバーを取ってまいりましょうか. ❸ **a** 〈水・涙・血などを〉引き出す, 誘い出す; 《英》〈観客の反応を〉引き出す: ～ a pump ポンプに迎え水を入れて水を出す / The gesture ～*ed* a laugh *from* the audience. そのしぐさで観客は笑い出した. **b** (呼吸を)吐く, 漏らす; 〈叫び・うめき声などを〉出す: ～ a deep sigh [a groan] 深いため息をつく[うめき声をたてる]. ❹ (英口)〈人に〉〈一撃を〉食わす: 〔+目+目〕 I ～*ed* him a blow on the jaw. やつのあごに一発くらわしてやった. ❺ 〈人を〉魅了する; 〈聴衆の〉人気を博す. ── 自 〈猟犬が〉〈獲物を〉取ってくる (Go) ～! 《犬に向かって命令に用いて》取ってこい! **fétch and cárry** 〈人のために〉忙しく使い歩きをする, 雑役をする 《*for*》. **fétch ín** (他+副)〈...を〉中に入れる, 引き入れる: The stool is on the terrace; ～ it *in*. そのいすはテラスにあります, 中に入れてください. **fétch óut** (他+副)〈...を〉外に出す, 引き出す, 連れ出す. **fétch óver** (他+副)〈人を〉〈家に〉連れてくる. **fétch úp** (他+副) (1) 〈...を〉運び上げる. (2) 〈...を〉吐く. (3) 〈...を〉思い起こす; 〈...を〉回復する. ── 自 〔+副〕〔主に英〕(偶然予測しない所に)到着する (end up); 不意に止まる. (5) 吐く. 《OE; 原義は「つかむ」》〖類義語〗⇒ bring.

fetch[2] /fétʃ/ 图 生霊(いきりょう)《死の直前に現われるという》.

fetch·ing /fétʃɪŋ/ 形 人目を引く, 魅惑的な. ～·ly 副.

*__fete, fête__ /féɪt/ 图 ❶ 祝祭. ❷ 祝日, 祭日, 休日. ❸ (特に戸外で行ない, しばしば募金目的の)祝宴, 饗宴(*きょうえん*)

fête champêtre

(fair, 《米》carnival): a garden [lawn] ～ 園遊会 / a national ～ 国祭日. ── 他 〈人〉のために宴を張って祝う《★通例受身》. 〖F=feast〗

fête cham·pê·tre /féɪtə.mpétr(ə)/ 名 (複 **fêtes cham·pê·tres** /～/) 野外の祭, 園遊会. 〖F〗

fet·i·cide /fíːtəsàɪd/ 名 U 胎児殺し; 堕胎.

fet·id, foet- /fétɪd/ 形 悪臭を放つ, 臭い (stinking).

†**fet·ish** /fétɪʃ, fíː-/ 名 ❶ フェティッシュ, 呪物(ぶつ), 物神(じん)《霊が宿り魔力があるとして未開人などに崇拝される木像・石など》. ❷ 迷信の対象, 盲目的崇拝物; 盲目的な偏愛, 狂信 (fixation): make a ～ of... を盲目的に崇拝する, ...に熱狂する. ❸ 〔心〕フェティシズム《拝物性愛 (fetishism) の対象物》. 〖F<Port=魔術〗

fét·ish·ism /-ʃɪzm/ 名 U ❶ 呪物崇拝, 物神崇拝, フェティシズム. ❷ 盲目的崇拝. ❸ 〔心〕拝物性愛.

fét·ish·ist /-ʃɪst/ 名 ❶ 呪物[物神]崇拝者. ❷ 〔心〕拝物性愛者.

fét·ish·ìze /-ʃàɪz/ 動 他 盲目的に崇拝する[あがめる], 〈...に異常にこだわる[固執する].

fet·lock /fétlàk|-lɔ̀k/ 名 ❶ 球節《馬の足のけづめ毛の生える部分》. ❷ けづめ毛.

fe·tol·o·gy /fiːtáləʤi|-tɔ́l-/ 名 U 胎児学《子宮内の胎児研究・治療を扱う医学の部門》.

fe·tor /fíːtɚ|-tə/ 名 U 強い悪臭.

fe·to·scope /fíːtəskòʊp/ 名 胎児観察鏡.

fet·ter /fétɚ|-tə/ 名 ❶ 〔通例複数形で〕足かせ, 足鎖. ❷ 〔複数形で〕束縛, 拘束: in ～s 束縛されて. ── 動 他 ❶ 〈...に〉足かせをかける. ❷ 束縛[拘束]する: be ～ed by convention 因習にとらわれている.

fétter·lòck 名 〔馬具〕D 字形足かせ.

fet·tle /fétl/ 名 U 心身の状態《★通例次の成句で》.

in fine [góod] féttle 元気で, すばらしい状態で.

fet·tuc·ci·ne, -tu(c)·ci·ni /fètʊtʃíːni/ 名 U フェットゥチーネ《ひもかわ状のパスタ》.

†**fe·tus, foe-** /fíːtəs, -tes/ 名 〔生〕胎児《人間では受胎後約3か月目からのもの; cf. embryo 1》. 〖L=生まれたもの〗

feu /fjúː/ 名 〔《スコ法》〕名 永代租借地; 領地, 封土. ── 動 他 〈土地〉を feu として与える.

†**feud**[1] /fjúːd/ 名 〔氏族間などの長年にわたる流血の〕確執, 不和, 宿恨; 〔長期の反目, 争い: a deadly ～ 血で血を洗う確執. ── 動 ⾃ ❶ 〔二つの家などが〕反目する, ...と相争う 〔with〕. 〖F; FOE と関連語〗

feud[2] /fjúːd/ 名 〔封建時代の〕領地, 封土.

†**feu·dal** /fjúːdl/ 形 領地[封土]の: ～ estates 封土. ❷ 封建(制度)の: a ～ lord 領主, 大名 / the ～ system 封建制度 / in ～ times 封建時代に.

féu·dal·ism /-dəlìzm/ 名 U 封建制度.

feu·dal·is·tic /fjùːdəlɪ́stɪk/ 形 封建制度[主義]の.

feu·dal·i·ty /fjuːdǽləti/ 名 ❶ U 封建制度. ❷ C 領地, 封土.

feu·dal·ize /fjúːdəlàɪz/ 動 他 ⟨...に⟩封建制度をしく, 封建化する. 〈土地〉を封土にする; 〈人〉を封建諸侯[家臣]にする. **feu·dal·i·za·tion** /fjùːdələzéɪʃən|-laɪz-/ 名 U 封建制化.

feu·da·to·ry /fjúːdətɔ̀ːri|-təri, -tri/ 形 〈土地・国家が〉封土である; ⟨...に⟩封土を受けて, ...の家臣で 〔to〕. ── 名 ❶ 家臣. ❷ 領地, 封土.

feu de joie /fɜːdəʒwɑː/ 名 (複 **feux de joie** /～/) 祝砲; 祝火. 〖F=fire of joy〗

féud·ist /-dɪst/ 名 《米》宿怨によって争っている人, 宿敵.

feuil·le·ton /fɜːjətɔ̀ːn/ 名 〔フランス文字の新聞の〕文芸欄《の記事》《連載小説・娯楽読物・評論など》, 連載小説, 軽いエッセー(読物). 〖F〗

*****fe·ver** /fíːvɚ|-və/ 名 ❶ C,U 《病気による》熱, 発熱 (temperature): have a slight [high] ～ 微熱[高熱]がある / I haven't much ～. 熱はあまりありません. ❷ U 〔古風〕〔主に複合語で〕熱病: intermittent ～ 間欠熱 / scarlet [typhoid] ～ しょう紅熱[腸チフス] / yellow ～ 黄熱病 / He died of ～. 彼は熱病で死んだ. ❸ 〔a ～〕興奮(状態); 〔主に複合語で〕熱狂, フィーバー, ...熱: in a ～

of passionate love 熱烈な愛に浮かされて / (a) football ～ フットボール[サッカー]熱[ブーム]. 〖OE<L febris 熱〗

── 動 feverish, febrile.

féver blister 名 〔医〕単純疱疹(ほうしん).

fé·vered 形 A ❶ 〈病的な〉熱のある; 熱病にかかった: She cooled his ～ brow. 彼女は彼の熱でほてった額を冷やした. ❷ ひどく興奮した.

fe·ver·few /fíːvɚfjùː|-və-/ 名 〔植〕ナツシロギク.

fé·ver·ish /fíːv(ə)rɪʃ/ 形 〔more ～; most ～〕❶ 熱のある, 熱っぽい; 熱病の, 熱病による: feel [get] ～ 熱っぽい[が出る]. ❷ 〈土地など〉熱病の多い. ❸ 熱狂的な. **～·ly** 副 熱狂して, 興奮して. **～·ness** 名 U (fever)

fe·ver·ous /fíːv(ə)rəs/ 形 ＝feverish.

féver pitch 名 U 熱狂.

***few** /fjúː/ 形 (～·er; ～·est) 〔C の名詞について用いて〕❶ 〔a をつけない否定的用法で〕ほとんどない, 少数[少し]しかない (↔many) (cf. little 形 B 1): He has (very) ～ friends. 彼には友だちはほとんどいない / a man of ～ words 口数の少ない人 / F～ tourists stop here. 当地に立ち寄る観光客はほとんどいない. ❷ 〔比較なし〕〔a ～ の形で肯定的用法で〕少しはある, ないことはない (cf. little B 2): He has a ～ friends. 彼には友だちが多少[数人]ある / She will come back in a ～ days. 彼女は数日たてば[近日中に]帰ってくるだろう / one of the ～ relatives (that) she has 数少ない彼女の親戚の一人 〔〖用法〗特定のものをさす時には a the や one's に変わる〕. ❸ a P 数が少ない, ほんの少数で (★ ( ) 以下に). a. Complaints have been ～ (in number). 苦情は少数だった. b. 〔the ～; 名詞的に; 複数扱い〕〔多数に対して〕少数の人; 少数派; 〔選ばれた〕少数者 (↔the many)〔〖用法〗名詞とも考えられる few の前に形容詞がつくことがある〕: for the ～ 少数者のための / to the happy ～ 幸せな少数者に.

〖語法〗(1) few は数に関して用い, 量については little を用いる.
(2) 比較級では fewer は数に, less は量に用いる; また fewer number(s) よりも smaller number(s) のほうがよいとされている.
(3) 不定冠詞の有無による「少しはある」「ほとんどない」は気持ちの問題で, 必ずしも数量の大小によるわけではない (cf. little 形 B 〖語法〗).

a góod féw ∴ 《英》=quite a **FEW**... 成句 (cf. a good **MANY**... 成句). **évery féw** ⇒ every 3 b. **féw and fár between** ごくまれで, ごく少ない (rare): Good used cars are ～ and far between. 状態のよい中古車はごく少ない. **nò féwer than...** (ほど)も (cf. no LESS than... 成句 (2)): There were no ～er than sixty people present. 出席者は60人もいた. **nòt a féw...** 少なからぬ..., かなり多くの..., 相当数の...: **Not a** ～ employees have chosen early retirement. 少なからぬ従業員が早期退職をした. **ònly a féw...** ほんのわずか[少数]の...: Only a ～ applicants showed up. ほんの少数の応募者しか現われなかった. **quite a féw...** ∴ かなり多数の... (cf. quite a LITTLE 成句): He has quite a ～ good paintings. 彼は良い絵をかなりたくさん持っている. **sòme féw...** ∴ 少数の..., 少しの..., 多少の...: There were some ～ houses along the road. 道路沿いに家が多少あった.

── 代 〔複数扱い〕❶ 〔a をつけない否定的用法で〕〔数が〕少数(しか...ない): Very 〔Comparatively〕 ～ understood what he said. 彼の言ったことのわかる人はごく[比較的]少なかった (⇒ little 代 1 〖語法〗). ❷ 〔a ～ の形で肯定的用法で〕少数の人[もの] (some): A ～ of them know it. 彼らの中でそれを知っている者が少しいる. **have a few** 〔通例現在完了形で〕〔口〕酒を(だいぶ)飲む, (かなり)できあがっている: I have had a ～. ちょっと酔いました. **nòt a féw** かなり多数, 相当数: Last night not a ～ of the members were present. 昨夜は会員のかなりの数が出席した. **ònly a féw** ほんの少数[少数]だけ: Only a ～ of them visited us. 我々を訪問してくれたのは彼らのうちのほんの少数だけでした. **quite a féw** 《口》かなり多数 (a good few): Quite a ～ of them agreed. 彼らのうち賛成

する者がかなり多かった. **sòme féw** 少数: *Some ~ of them came back.* 彼らのうちの少数の人が戻ってきた. 〖OE; 原義は「少ない」〗

féw·ness /-/ 图 Ⓤ 少数, わずか.

fey /féi/ 形 ❶〈人・行動が〉異常な; 気のふれた, 気まぐれな. ❷ 未来を見通す, 千里眼の. **~·ly** 副 **~·ness** 图

Feyn·man /fáinmən/, **Richard Phillips** 图 ファインマン《1918–88; 米国の物理学者; Nobel 物理学賞 (1965)》.

Féynman dìagram /理 ファインマン図《素粒子間などの相互作用を表わす図》.

fez /féz/ 图 (褪 ~·(z)es) トルコ帽, フェズ《イスラム教徒の男性がかぶった赤色で黒の房付きの帽子》.

Fez /féz/ 图 フェズ《モロッコ中北部の市》.

ff 〘略〙〘楽〙fortissimo. **ff.** 〘略〙folios; (and the) following (pages); and what follows.

FG 〘略〙Foot Guards. **FGM** /éfdʒìːém/ 〘略〙female genital mutilation 女性器切除, 女子割礼.

f-hòle /éf-/ 图〘楽〙f 字孔《バイオリン属楽器の表板の f 字形の通気孔》.

FHSA 〘略〙〘英〙Family Health Services Authority 《1996 年まで一般医や歯科医などの家庭医療を地方ごとに監督した NHS の機関》.

fi·a·cre /fiáːkr(ə)/ 图 (褪 ~s /-(z)/) フィアクル《フランスの四輪辻馬車》.

*__fi·an·cé__ /fìːɑːnséi, ㅡㅡㅡ / fiɑ́nsei/ 图 フィアンセ, 婚約中の男性. 〖*fiancée* の男性形〗

*__fi·an·cée__ /fìːɑːnséi, ㅡㅡㅡ / fiɑ́nsei/ 图 フィアンセ, 婚約中の女性. 〖F=婚約した(女性)〗

fi·an·chet·to /fìːɑːnkétou, -dʒét-/〘チェス〙图 (褪 ~es) ビショップを隣のナイトから移動すること, やぐら(構え). —— 動〈ビショップを〉やぐらに構える.〖It〗

*__fi·as·co__ /fiǽskou/ 图 (褪 ~(e)s)〈野心的な企てがこっけいな結果で終わるような〉失敗, 大失敗 (debacle): *The party was a* ~. そのパーティーは大失敗だった[に終わった].〖It=瓶; ガラス製品作りに失敗した材料から「瓶」を作ったこと〗

fi·at /fíːət, -æt/ 图 ❶（権威による）命令. ❷ 許可, 認可. **by fiat**（絶対）命令によって.〖L=let it be done〗

Fi·at /fíːɑːt | -ət, -æt/ 图 フィアット《イタリア製の自動車》.

fiat mòney 图 Ⓤ〘米〙法定不換紙幣.

fib /fíb/ 图 ささいな[罪のない]うそ. —— 動 (**fibbed**; **fib·bing**) ささいな[罪のない]うそをつく. **~·ber** 图〖類語群〗⇒ lie².

*__fi·ber__ /fáibə | -bə/ 图 ❶ Ⓤ（食物）繊維 (roughage): dietary ~ 食物繊維 / *These vegetables are high in* ~. これらの野菜は繊維が豊富だ. ❷ ⓒⓊ（紡績用の）繊維; 繊維質; (布)の生地: synthetic ~ 合成繊維 / ⇒ optical fiber. ❸（有機体の基本の一本一本の）繊維: nerve [muscle] ~(s) 神経[筋肉]繊維. ❹ Ⓤ〈修飾語を伴って〉性質, 性格: a man of fine [coarse] ~ 性質の上品[悪]な人 / *He has no* [*lacks*] *moral* ~. 彼には道徳心がない. **with every fiber [to the very fiber] of one's being**〘文〙心底から.〖F<L〗（形 **fibrous**）

fiber bòard 图 繊維板《建築用》.

fi·bered 形 繊維質の; 繊維[素質]を有する.

fiber-fill 图 Ⓤ（ふとんなどの）合成繊維の詰め物.

fiber·glàss 图 Ⓤ ファイバーグラス, ガラス繊維 (glass fiber)《★商標名 Fiberglas /fáibəglæs | -bəglɑːs/》.

fiber·less 形 ❶ 繊維のない. ❷ 性格が弱い, 骨なしの.

fiber-óptic 形 光ファイバーの.

fíber óptics 图 Ⓤ ❶ ファイバーオプティックス《光を伝えるための屈曲自由なガラス繊維の束; 通信用・胃カメラなどに用いる》. ❷ 光ファイバー光学.

fiber·scòpe 图 ファイバースコープ《光ファイバーを用い, 胃の内部などを観察する光学機器》.

Fi·bo·nác·ci nùmbers /fìː.bənɑ́ː.tʃi- /-nɑ́ː- / 图 〘数〙フィボナッチ数列《1, 1, 2, 3, 5, 8, 13, …のように, 最初の2項が 1, 1 であとは先行する2項の和がその数となっている数列》.〖L. Fibonacci イタリアの数学者〗

Fibonácci sèries 图〘数〙= Fibonacci numbers.

*__fi·bre__ /fáibə | -bə/ 图〘英〙= fiber.

fi·bril /fáibrəl/ 图 ❶ 原繊維. ❷〘植〙根毛.

fi·bril·lary /fáibrəlèri | -ləri/ 形（小）繊維の; 根毛の; (筋)原繊維(性)の.

fi·bril·late /fáibrəlèit/ 動 ❶ 小(原)繊維になる. ❷〈心臓が細動する,〈筋肉が〉繊維攣縮である. —— 形 小[原]繊維にばらす[分解する], フィブリル化する.

fi·bril·la·tion /fàibrəléiʃən/ 图 Ⓤ ❶（小）繊維(根毛)形成. ❷〘医〙(心臓の)細動, 顫動(ぜんどう);（筋肉の）繊維(性)攣縮, 顫動性短縮.

fi·brin /fáibrin/ 图 Ⓤ〘生化〙線維素, フィブリン《血液凝固の際に形成される繊維状たんぱく質》.

fi·brin·o·gen /faibrínədʒen/ 图 Ⓤ〘生化〙繊維素原, フィブリノ(ー)ゲン.

fi·bri·noid /fáibrənɔid/ 形〘生化〙繊維素[フィブリン]様の.

fi·bri·no·ly·sin /fàibrənáləsin | -nɔ́li-/ 图 Ⓤ〘生化〙フィブリン溶解酵素, 繊溶酵素, フィブリノリジン.

fi·bri·no·ly·sis /fàibrənáləsis | -nɔ́l-/ 图 Ⓤ〘生化〙繊維素溶解(現象), 繊溶(現象), フィブリン溶解(現象).

fi·brin·ous /fáibrənəs/ 形〘生化〙繊維素を含む, 繊維素[フィブリン](性)の.

fi·bro- /fáibrou/〘連結形〙「繊維(組織), 繊維腫」.

fi·bro·blàst /fáibroublæ̀st/ 图〘解〙繊維芽細胞《肉芽組織の基本構成成分》.

fi·broid /fáibrɔid/ 形 繊維性の. —— 图〘医〙類線維腫; 子宮筋腫.

fi·bro·in /fáibrouin/ 图 Ⓤ〘生化〙フィブロイン《繊維状の硬蛋白質》.

fi·bro·ma /faibróumə/ 图 (褪 ~s, **-ma·ta** /-tə/)〘医〙繊維腫.

fi·bro·sis /faibróusis/ 图 Ⓤ〘医〙繊維症, 繊維増多. **-brot·ic** /-brɑ́tik | -brɔ́t-/ 形

fi·bro·si·tis /fàibrəsáitis, fib-/ 图 Ⓤ 結合組織炎.

fib·ro·sít·ic /-sítik/ 形

fi·brous /fáibrəs/ 形 繊維の(多い), 繊維質の; 繊維状の: ~ roots ひげ根.（图 **fiber**）

fib·u·la /fíbjulə/ 图 (褪 **-lae** /-lìː/, ~s)〘解〙腓(ひ)骨.

-fic /-fik/〘接尾〙〖形容詞語尾〗「…化する」「…を引き起こす」: *terrific*.

FICA /éfàisìːéi, fáikə/〘略〙〘米〙Federal Insurance Contributions Act.

-fi·ca·tion /ㅡㅡ fikéiʃən/〘接尾〙「-fy の動詞の名詞形を造る」「…化(すること)」: *purification* 浄化 (<*purify*).

fiche /fíːʃ/ 图 = microfiche.

fi·chu /fíʃuː/ 图 フィシュー《女性用の三角形のスカーフまたはショール; 肩にかけて胸のところで結ぶ》.〖F〗

*__fick·le__ /fíkl/ 形 変わりやすい, 気まぐれな, 移り気の (capricious): *a* ~ *woman* 浮気な女 / *Fortune's* ~ *wheel* 定めなき運命の車. **~·ness** 图〖OE=偽りの〗

fic·tile /fíktl | -tail/ 形 可塑性の, 粘土製の; 陶器の, 陶磁製の.

*__fic·tion__ /fíkʃən/ 图 ❶ Ⓤ（文学としての）フィクション, 創作, (特に)小説 (↔ nonfiction): works of ~ 小説類 / detective ~ 探偵[推理]小説 / *Fact is stranger than* ~.〘諺〙事実は小説よりも奇なり. ❷ ⓒ 作り話, 作り事, 虚構, 想像: *His testimony was a complete* ~. 彼の証言はまったくのでたらめだった.〖F<L=作られたもの *fingere, fict*- かたちづくる, 装う; cf. feign〙（形 **fictional, fictitious**）【類語群】**fiction** 長編・短編両方の小説, **novel** 主として長編小説.

*__fíc·tion·al__ /-ʃ(ə)nəl/ 形 ❶ 小説の; 小説的な. ❷ 作り事の, 虚構の (↔ real-life). **~·ly** /-ʃ(ə)nəli/ 副

fic·tion·al·ize /fíkʃ(ə)nəlàiz/ 動 小説化する. **fic·tion·al·i·za·tion** /fìkʃ(ə)nəlizéiʃən | -laiz-/ 图

fic·tion·ist /-ʃ(ə)nist/ 图 作家, (特に)小説家.

*__fic·ti·tious__ /fiktíʃəs/ 形 ❶ 架空の, 想像上の, 創作的な, 小説的な: *a* ~ *character* 架空の人物 / *a* ~ *narrative* 創作の物語. ❷〈名前などが〉仮の, 虚構の, 虚偽の: *under a* ~ *name* 偽名を使って. ❸〘法〙擬制の, 仮設の: *a* ~ *person*〘法〙法人 / ~ *transactions* 擬制[空(くう)]取引. **~·ly** 副 **~·ness** 图〖L=人造の, 偽造の〗（图

fictive

fiction) 《類義語》⇒ imaginary.

fic·tive /fíktɪv/ 形 想像(上)の, 架空の; 作り事の. ~·ness 名

fid /fíd/ 名 ❶ 支材, 固定材. ❷ くさび形の鉄栓; 〖海〗 帆柱止め栓. ❸ 〖海〗 円錐状の木製ピン, フィッド 《ロープを解きほぐす》.

fid·dle /fídl/ 名 ❶ バイオリン 《比較 violin よりくだけた, あるいは多少おどけた言い方》: the first [second] ~ 第1 [第2]バイオリン. ❷《口》詐欺, ぺてん (swindle): be on the ~ 《英》詐欺を働く. (as) fit as a fiddle ⇒ fit¹ 成句. have a face as long as a fiddle ひどく浮かぬ顔をしている (cf. long-faced 2). play sécond fíddle (to...) (...に対し)端役を務める, (人の)下につく: I always played second ~ to him. いつも彼の下にいて言いなりになっていた. —動 他 ❶《曲を》バイオリンでひく. ❷《時間などを》空費する, つぶす, ぶらぶらと過ごす 《away》. ❸《口》《数字などを》ごまかす. —自 ❶ バイオリンをひく. ❷ 手遊びする;《ものをいじくる, (余計な)手を入れる; もてあそぶ 《about, around》: ~ around with a computer コンピューターをいじくり回す. ❸《口》《あてもなく》ぶらぶらする 《about, around》. ❹《口》だます, ごまかす. 〖OE〗

fíddle·báck 名 ❶ (背に)バイオリン形の椅子[もの]; (前面が)バイオリンの形の上祭服.

fíddle bòw /-bòʊ/ 名 バイオリンの弓.

fid·dle-de-dee /fídldidíː/, **fíd·dle·dee·dee** /fídldiːdíː/ 間 ばかばかしい!, くだらない!

fíd·dle-fád·dle /fídlfædl/《口》動 くだらないことをする; つまらないことに騒ぐ. —名 Ⓤ ばかげたこと. —間 ばかばかしい!

fíddle·héad 名 ❶ 〖海〗 渦巻形の船首飾り《バイオリンの頭部装飾に似る》. ❷《米》《ゼンマイなどの》渦巻状若葉.

fíddle pàttern 名 Ⓤ (フォークやナイフの)柄のバイオリンのような形.

fid·dler 名 ❶ バイオリンひき (violinist). ❷《俗》詐欺師, ぺてん師.

fíddler cràb 名 〖動〗シオマネキ《雄の片方のはさみが胴に匹敵するほど大きいスナガニ》.

fíddle·stìck ❶ バイオリンの弓. ❷ [通例 a ~] (否定語とともに用いて) 《古風》少し, わずか: I don't care a ~. ちっともかまわない.

fíddle·stìcks 間 ばからしい!, くだらない!

fíd·dling /fídlɪŋ/ 形 つまらぬ, ささいな, わずかな.

fíd·dly /fídli/ 形《英口》(細かくて複雑で)扱いにくい, 厄介な, めんどうな.

fi·de·ism /fíːdeɪɪzm/ 名 Ⓤ 信仰主義, 唯信主義《宗教的真理は理性では把握できず, 信仰によってのみ把握できるとする立場》. -ist 名 fi·de·ís·tic 形

fi·del·i·ty /fɪdéləti, faɪ-/ 名 Ⓤ ❶ a 《人·主義などへの》忠実, 忠誠 《to》 (loyalty). b 《夫·妻への》貞節 《to》 (⇔ infidelity). ❷ a 原物そっくり, 真に迫っていること, 迫真性: reproduce with complete ~ まったく原物どおりに複製する. b 《通信》忠実度: a high-fidelity receiver 高性能受信機, ハイファイ. 〖F<L<fides 信頼; cf. faith〗

fidélity insùrance 名 Ⓤ 身元信用保険《従業員の不誠実行為・契約不履行による使用者側損害を補償する》.

fidg·et /fídʒɪt/ 動 自 ❶ そわそわ[せかせか, もじもじ]する 〈く〉: Stop ~ing! じっと[しゃんと]してなさい!《★ 子供などに言う》. ❷ [...]をいじくりまわす 《with》. —他 《人の》落ち着きをもませる. —名 ❶ [しばしば the ~s] そわそわ, せかせか, いら立ち: in a ~ そわそわして / give a person [have] the ~s そわそわ[いらいら]させる[する]. ❷ 落ち着きのない人, そわそわする子.

fidg·et·y /fídʒəti/ 形 そわそわの, 落ち着きのない, せかせかする.

Fi·do /fáɪdoʊ/ 名 ファイドー《飼い犬によくつける名》.

fi·du·cial /fɪd(j)úːʃəl, faɪ-; -djúː-/ 形 〖天·測〗 起点の, 基準の.

fi·du·ci·ar·y /fɪd(j)úːʃièri | -djúːʃiəri/ 形 ❶ 信用上の; 信託の: a ~ loan (抵当なしの)信用貸付金《対人信用のみによる》/ ~ work 信託業務. ❷《紙幣が》信用発行の:

(a) ~ currency 信用紙幣. —名 受託者, 被信託者.

fi·dus Acha·tes /fáɪdəsəkéɪtiːz/ 忠実な友[部下], 親友.

fie /fáɪ/ 間《軽蔑·不快·非難を表わして》えーい!, ちぇっ! Fíe òn yóu! まあ!, いやだね(お前は)!

fief /fíːf/ 名 (封建時代の)知行, 領地. 〖F〗

fief·dom /-dəm/ 名 封土 (fief).

‡**field** /fíːld/ 名 ❶ Ⓒ a [通例複数形で] 《森林·建物のない》野, 原, 野原, 野辺, 野: over hills and ~s 丘を越え野を越えて / in the ~s 野原で. b Ⓒ 《生け垣·溝·土手などで区画した》畑, 田畑, 牧草地, 草刈り場: a wheat ~ 小麦畑 / work in the ~s 野良仕事をする. c [通例複合語で] 《ある用途に充てた》地面, ...使用地, ...場: ⇒ landing field, playing field, oil field, coalfield, goldfield. d [通例複合語で] 一面の広がり: ⇒ ice field, snowfield. ❷ a Ⓒ 《活動·研究の》分野, 範囲 (discipline); [the ~; 集合的] ...業界: the ~ of medicine 医学の分野[領域] / be outside [out of] one's ~ 専門外である / Many scientists are working in this ~. 多くの科学者がこの分野[方面]の研究をしている / lead [be ahead of] the ~《競技·活動などで》先頭を切る, トップに立つ. b [the ~] 実地の活動範囲, 現場 《⇒ 形 1》. ❸ 〖スポ〗 a Ⓒ 《トラックの内側の》競技場, フィールド (cf. track 2 a). b Ⓒ 《野球·サッカーなどのグラウンド / 《英》pitch》: a baseball ~ 野球場 / ⇒ playing field. c Ⓒ 〖野〗 外野: left [right] ~ 左[右]翼. d Ⓤ [the ~; 集合的; 単数または複数扱い] a 全競技者, 全《猟》遊猟参加者. e Ⓒ 〖クリケ·野〗 守備側; 野手; 〖競馬〗 (人気馬以外の)全出走馬. ❺ Ⓒ a [通例複合語で] 〖理·心〗 場: a magnetic ~ 磁場 / a ~ of force 力の場. b 〖電〗 界. ❻ 〖電〗 記録指定区域, フィールド. ❻ a 〖光〗 《カメラ·顕微鏡·望遠鏡などの》視野, 視域 (field of vision [view], visual field). b 〖テレビ〗 映像面. ❼ a Ⓒ 戦場, 戦争の場; 戦地: the ~ of battle 戦場 / the ~ of honor 戦場, 決闘場. b 戦い 《★次の句以外は(まれ)》: a hard-fought ~ 激戦. ❽ Ⓒ a (絵·貨幣·盾などの)地. b 〖紋〗紋地. hóld the fíeld [...に対して]有利な地歩を占める, 一歩も退かない 《against》. in the fíeld (1) 現地[現場]で: Archaeologists often work in the ~. 考古学者はしばしば現地で仕事をする. (2) 競技に参加して; 守備について. (3) 出征[従軍]中で, 戦場で. kéep the fíeld 戦闘を続ける. léave the fíeld cléar for ... =léave ... in the posséssion of the fíeld ...に勝ちを譲る[勝機を与える], ...の台頭を許す. pláy the field 《口》大勢の異性と交際する; いろいろな方面に手を出す. táke the fíeld (1) 〖野〗[競技]を始める. (2) 出陣する. (3) =take to the FIELD 成句. táke to the fíeld 守備につく, グラウンドに出る. —形 A ❶ 現場の, 現地の: a ~ survey 実地踏査 / a ~ study 野外研究, 実地調査 / ⇒ fieldwork. ❷ 野の, 野原の, 野外(で)の: ~ flowers 野の花. ❸ 野戦の: ~ soldiers 野戦兵. ❹《スポ》(トラックに対して)フィールドの: ~ events 競技場[フィールド競技]種目《やり投げ·跳躍など》. —動 他 ❶ 《チームなどを》試合に出す; 編成する. ❷ 〖クリケ·野〗 a 《打球を》受け止める, さばく. b 《選手を》守備につける. ❸ 《質問をうまくかわし, 《質問に》うまく答える. —自 〖クリケ·野〗 野手をやる; 《(外)野手として》守備する. 〖OE; 原義は「平らで広い場所」〗

fíeld artíllery 名 野砲, 野戦砲兵.

fíeld bòok 名 測量用備忘録, 現場用手帳.

fíeld còrn 名 Ⓤ《米》(飼料用)トウモロコシ.

fíeld·cràft 名 Ⓤ《英》(特に気づかれずに)原野[野外]で行動[生活]するための技術[知識].

fíeld dày 名 ❶ (陸軍の)野外演習日. ❷ a (生物学などの)野外研究日. b《米》運動会の日 =《英》sports day. ❸ すばらしい[重要な]ことのある日; とても楽しい日.

fíeld-efféct transístor 名〖電子工〗電界効果トランジスター《略 FET》.

‡**field·er** 名 〖野·クリケ〗 野手 =《英》fieldsman: a left [right] ~ 左翼[右翼]手 / ~'s choice 野手選択, 野選.

fíeld·fàre /fíːldfèə/ 名 〖鳥〗 ノハラツグミ《北欧産》.

fíeld glàsses 名 ⓟⓛ 双眼鏡 (binoculars).

fíeld góal 名《米》フィールドゴール: a 〖アメフト〗 キックして得た点《3点》. b 〖バスケ〗 プレー中のゴール《2点》.

field hànd 名 農業労働者, 野外仕事をする人.

field hòckey 名 [U] (米)(陸上)ホッケー((英)hockey).

field hòller 名 [楽] フィールドホラー(黒人労働歌で裏声や音程をなめらかにつなげたり急に変えたりする発声法を用いた叫び; のちにブルースの唱法に採り入れられた).

field hòspital 名 野戦病院.

field hòuse 名 (米) **1** 競技場付属建物(用具室・更衣室などを含む). **2** (陸上競技などを行なう)屋内[室内]競技場.

field·ing 名 [U](野)守備, フィールディング.

Fiel·ding /fíːldɪŋ/, **Henry** 名 フィールディング(1707-54; 英国の小説家).

field màrk 名 (バードウォッチングで)フィールドマーク(野鳥の種類判別に役立つ斑紋・翼の上げ方などの特徴).

field márshal 名 **1** (英)陸軍元帥(米陸軍の general of the army に当たる; 略 FM).

field mòuse 名 野ネズミ; ハタネズミ.

field òfficer 名 (陸軍) 佐官(級の将校) (colonel, lieutenant colonel および major).

field ránk 名 [U](軍) 佐官級 (⇒ field officer).

fields·man /fíːldzmən/ 名 ((複) **-men** /-mən/) (英)(野クリケ)野手 (fielder).

field spòrts 名 (複) 野外スポーツ(狩猟・銃猟・漁猟など).

field·stòne 名 [U] (未加工の建材用)自然石, 粗石.

field tèst 名 実地試験.

field-tèst 動 他 実地に試験する.

field trìp 名 (研究・調査などのための)野外見学(旅行): go on a ~ 実地見学旅行に行く.

field wòrk 名 [U] (生物学などの)野外作業, (野外)採集; (社会学などの)現場訪問, 実地調査[研究], フィールドワーク. **~·er** 名

fiend /fíːnd/ 名 **1** 悪魔, 悪霊, (悪)鬼; [the F~] 魔王, 鬼のような人, 残忍[冷酷]な人. **2** (口) ―悪徳語を伴って)凝り屋, …狂, …の鬼 (fanatic); (技術・学問などのすぐれた人, 達人: a drug ~ 麻薬常用者 / a cigarette ~ すごい愛煙家 / a film ~ 映画狂 / He's a ~ at tennis. 彼はテニスがものすごく上手だ. 〖OE＝敵〗

fiend·ish /-dɪʃ/ 形 **1** 悪魔[鬼]のような; 極悪な; 残酷な. **2** (口) (行動・計画などが)手のこんだ; 巧妙な. **3** 〈天候などが〉ひどく不快な; すごくいやな; 〈問題などが〉とても難しい, 大変な. **~·ness** 名

fiend·ish·ly 副 **1** 悪魔のように. **2** ひどく, 大変に: a ~ difficult problem とても難解な問題.

*fierce /fíərs│fíəs/ 形 (**fierc·er, -est**) **1** 〈獰猛〉な, 凶暴な: a ~ tiger 獰猛なトラ. **2** 〈熱・感情など〉激しい, すさまじい, 猛烈な; 〈風雨など〉荒れ狂う: The competition was ~. 競争は実に過酷だった / ~ heat 猛烈な暑さ / something fierce [副詞的に](米口) どえらく, ひどく. **~·ly** 副 **1** 獰猛に, 凶暴に. **2** 激しく, 猛烈に; ひどく. **~·ness** 名 [U] **1** 獰猛さ, 凶暴さ. **2** 猛烈, ものすごさ. 〖F＜L *ferus* 荒々しい〗

fi·e·ri fa·ci·as /fáɪəraɪféɪʃ(i)əs│-raɪféɪʃiəs/ 名 〔法〕強制執行令状.

†fi·er·y /fáɪ(ə)ri/ 形 (**-er·i·er, -i·est**) **1** 火の, 猛火の, 火のついた. **2 a** 火のような; 燃え立つような: ~ eyes ぎらぎら光る目, 怒りに燃えた目. **b** 焼けつくような, 灼熱(ﾞ)の: ~ desert sands 砂漠の熱砂 / ~ wines 熱酒. **3** 〈薬味・味などが〉ひりひりする: a ~ taste 舌を焼くような(辛い)味. **4** 気の荒い, 性格の激しい, 熱烈な, 激しやすい, かんしゃくの強い: a ~ speech 火を吐くような熱弁 / a ~ steed かんの強い馬. **5** 炎症を伴った: a ~ boil 炎症を起こしたおでき. **6** ガスなど引火しやすい. (名 **fire**)

fíery cróss 名 **1** (昔スコットランド高地で, 募兵のために戦いの合図として集落から集落へ持ち歩いた)血火の十字(架). **2** (米) 火の十字(架)(Ku Klux Klan などが儀式で燃やす十字架).

fi·es·ta /fiéstə/ 名 (スペイン・ラテンアメリカで宗教上の)祝祭, 聖日. 〖Sp＝feast〗

FIFA /fíːfə/ 名 国際サッカー連盟, フィファ〖F *F(édération)* I *I(nternationale)* de *F(ootball)* A *A(ssociation)*〗

fife /fáɪf/ 名 (主に軍楽隊の)横笛. ――動 他 横笛を吹く. ――自 横笛で〈曲を〉吹く. 〖G＝笛〗

fif·er 名 横笛吹き(人), 横笛楽手.

fife ràil 名 〔海〕ファイフレール: **a** メインマストの帆綱止め座. **b** 後甲板の手すり.

FIFO /fáɪfoʊ/ (略) first in, first out 先入れ先出し(法): **a** (会計) 在庫品払出しには最初に入庫したときの仕入れ価格を, 在庫評価には最近の庫入れの価格を適用する方法. **b** (電算)最初に入れたデータが最初に取り出される方式のデータの格納法.

*fif·teen /fìftíːn↙/ (基数の 15; 序数は fifteenth; 用法は ⇒ five) 形 **1** [A] 15 の, 15 個の, 15 人の: the early fif*teen*-hundreds 1500 年代の初期. **2** [名詞を伴って] 15 番目の. **3** [P] 15 歳で: He's ~. 彼は 15 歳だ. **4** (英) [15 と続けて] (映画の)15 歳以上の人向きの(準成人映画; ⇒ movie 解説). ―代 [複数扱い] 15 個[人]. ―名 **a** [U][時に C]; 通例無冠詞] 15. **b** [C] 15 の数字(記号) (15, xv, XV). **2** [U] (24 時間制で) 15 時; 15 歳; 15 ドル[ポンド, セント, ペンスなど]. **3** [C] **a** 15 個[人]からなるひと組. **b** [単数または複数扱い] (特に)ラグビーのチーム; 15 人の一員である. **4** [U] (テニス)フィフティーン(最初の得点). **5** (衣服などの) 15 号サイズ(のもの).

*fif·teenth /fìftíːnθ↙/ (序数の第 15 番; ★15th と略記; 基数は fifteen; 用法は ⇒ fifth) 形 **1** [通例 the ~] 第 15 (番目)の. **2** 15 分の 1 の. ―代 [通例 the ~] 第 15 番目の人[もの]. ―名 **1** [通例 the ~] **a** 第 15. **b** (月の) 15 日. **2** [C] 15 分の 1. 〖FIFTEEN＋-TH¹〗

*fifth /fífθ, fífθ/ (序数の第 5 番; ★しばしば 5th と略記; 基数は five) 形 **1** [通例 the ~ または one's ~] 第 5 (番目)の: the ~ floor (米) 5 階, (英) 6 階 / *The F~ Lesson* (＝Lesson Five) 第 5 課 / *Henry the F~* ヘンリー 5 世 (★通例 Henry V と表記) / her ~ child 彼女の第 5 子 / the world's ~ longest river 世界で 5 番目に長い川 / at least every ~ year 少なくとも 5 年毎に / This is the ~ time we have visited here. ここを訪れたのは今回が 5 回目である / She was (the) ~ in the race. レースで 5 番目だった(★通例 the は省く). **2** 5 分の 1 の: a ~ part 5 分の 1. ―代 [通例 the ~] 第 5 番目の人[もの]: [＋*to do*] He was the ~ to climb the mountain. その山に登った 5 番目の人だった / the ~ *of* the analyses その分析の中の第 5 番目 / A ~ has already been published. (さらに)5 番目がもう 1 刊行されている. ―副 第 5 番目に: She came [finished] ~ in the marathon. マラソンで 5 着だった / *F~* (＝Fifthly) and last I would like to say ⋯. 5 番目にそして最後に申し上げたのは⋯. ―名 **1** [U] [通例 the ~] **a** 第 5 (番目): *the* ~ of that name その名前の 5 番目; (月の) 5 日で): Tomorrow is the ~ of May [May (the) ~]. 明日は 5 月 5 日である. **2** [C] 5 分の 1: a [one] ~ *of* the earth 地球の 5 分の 1 / about two ~s of the girls 女子たちの約 5 分の 2 / fold a sheet of paper into ~s 1 枚の紙を 5 つに折る. **b** (米) 5 分の 1 ガロン(酒類の容量単位): A ~ of whiskey, please. ウイスキー 5 分の 1 ガロンください. **c** (米) 5 分の 1 ガロン入り瓶. **3** (楽) 5 度, 5 度音程. **4** (車) (変速機の)第 5 段: in ~ 第 5 段のギヤで. **5** [the ~] (野) 5 回: 5 回 in the top [bottom] *of the* ~ (inning) 5 回の表[裏]に. **6** [通例 the F~] ＝Fifth Amendment. **7** [the ~] 第 5 学年. **táke [pléad] the fífth [Fífth (Améndment)]** ((米)口・しばしば戯言) 〈米国憲法〉に黙秘権を行使する, 返答を拒む: I'll *take the* ~ *on* that. 私はそれについてしゃべりたくない (⇒ Fifth Amendment). **~·ly** 副 〖FIVE＋-TH¹〗

Fifth Améndment 名 [the ~] 〔法〕(米国憲法の)修正第 5 条(同一の犯罪について重ねて刑事責任を問われない権利, 黙秘権などに関する条項).

Fifth Ávenue 名 五番街(米国 New York 市の Manhattan を南北に貫く繁華街).

fifth cólumn 名 第五列, 第五部隊(スパイ行為や敵国の進撃を助けるような裏切り行為をする一団). 〖スペイン内乱でフランコ将軍がマドリードを 4 つの部隊で包囲し, 秘密の第 5 部隊がすでに市内で活動中だと述べたことから〗

fifth cólumnist 名 第五列員, 第五部隊員; 裏切り者 (traitor), (敵の)スパイ, 工作員.

fifth-generátion compùter 名 第5世代コンピューター《人工知能の実現を目指して開発されていたコンピューター》.

Fífth Mónarchy Mèn 名 @ [英史] 第五王国派《Cromwellの共和政時代にキリストの再来が近いとして急進的行動をとった過激な左派》.《聖書「ダニエル書」にちなむ名称》

fifth position 名 [the ~] [バレエ]第五ポジション《一方の足のかかとを他方のつまさきにつけ, 両足を平行に開いた状態》.

fifth wheel 名 ❶ a (四輪の車で)予備車輪. b (四輪馬車の)転向輪. ❷ 《米》無用の長物《人・もの》.

*__fif・ti・eth__ /fíftiəθ/ 《序数の第 50番; 50th と略記; 用法は ⇒ fifth》形 ❶ [通例 the ~]第50(番目)の. ❷ 50分の 1の. — 代 [the ~]第50番目の人[もの]. — 名 ❶ ⓤ [通例 the ~] (序数の)第 50《略 50th》. ❷ 50分の 1. 【FIFTY+-TH¹】

*__fif・ty__ /fífti/ 《基数の 50; 用法は ⇒ five》形 ❶ Ⓐ 50の, 50個の, 50人の. ❷ [名詞の後に用いて] 50番目の. ❸ Ⓟ 50歳の. ❸ 多数の: I have ~ things to tell you. お話ししたいことが山ほどある. — 代 [複数扱い] 50個[人]. — 名 ❶ a Ⓤ [時にⒸ; 通例無冠詞] 50. b Ⓒ 50 の数字[記号] (50, I, L). ❷ Ⓤ 50歳; 50ドル[ポンド, セント, ペンスなど]; 時速 50マイル: one pound (and) ~ 1ポンド 50ペンス / do about ~ 約 50マイル出す. b [the fifties] (世紀の)50年代; (温度の) 50度台. c [one's fifties] (年齢の) 50代. ❸ Ⓒ (衣服などの) 50 サイズ(のもの).

fifty-fifty 形 副 50対 50の[に], 五分五分の[に]; 半々の[に]: a ~ chance of survival 助かるか否かの微妙な状況 / on a ~ basis 五分五分で / The chances are ~. うまくいくかどうかは五分五分だ. **gò fifty-fifty (with a person)** (人と)(…について)分け前を半々にする ⟨on⟩.

fífty・fòld 形 副 50倍の[に].

+__fig¹__ /fíg/ 名 ❶ イチジク(の木・実). ❷ 人さし指と中指の間から親指を出す下品なしぐさ. ❸ [a ~] [否定文で副詞的に用いて] ちっとも(…ない): I don't care a ~ for … 私は…がどうでもいい. 【F⟨Prov⟨L=イチジク(の木)】

fig² /fíg/ 名 〘口〙 Ⓤ ❶ 服装, 身じたく (★通例次の句で): in full ~ 盛装をこらして. ❷ 様子, 健康状態: in good [poor] ~ とても元気で[まるで元気がなく]. — 動 他 (figged; fig・ging) 盛装させる, 飾り立てる ⟨out, up⟩.

fig. 《略》figurative(ly); figure(s).

*__fight__ /fáit/ 動 (fought /fɔ́:t/) ❶ 戦う, 格闘する, けんかをする: Two boys were ~ing in the street. 二人の少年が通りでけんかをしていた / She fought with her feelings. 彼女は自分の感情と闘った《用法 ~ with … は「…に味方して戦う」の意もある》 / England fought against Germany in the First World War. 英国は第一次大戦でドイツと戦った / He died ~ing for his country. 彼は祖国のために戦って倒れた. ❷ [人と/…について]論争[けんか]する, 口論する ⟨with; about⟩ (argue, quarrel). — 他 ❶ ⟨敵など⟩と戦う; ⟨戦い⟩を交える; ⟨災害・犯罪など⟩に立ち向かう, 対抗[抵抗]する; ⟨感情⟩を抑える: ~ an enemy 敵と戦う / ~ inflation インフレと戦う / ~ a losing battle 負けいくさを戦う / The two armies fought a battle. 両軍は一戦を交えた / ~ an election 選挙に出馬する / ~ a storm 嵐に立ち向かう / ~ ill health 病苦と闘う. ❷ [~ one's way で] 奮闘して[戦いながら]進みとおる: ~ one's way against the wind [through snowdrifts] 風に向かって[雪の吹きだまりの中を]あえぎながら進む / He fought his way through life [to success in business]. 彼は苦闘しながら人生を進んだ[苦闘して事業に成功した]. ❸ ⟨ボクサー, 闘鶏・犬など⟩を戦わせる: ~ cocks [dogs] 鶏[犬]を戦わせる. **fight báck** (他+副)(1) 反撃する, 攻撃を食い止める ⟨against⟩. (2) ⟨感情など⟩を抑える (hold back) ⟨攻撃を⟩食い止める: I fought back the urge to hit him. 私は彼を殴りたい心を抑えた. **fight dówn** (他+副)⟨怒りなどの感情⟩を抑える. **fight it óut** 最後まで戦う, 雌雄(しゅう)を決する. **fight óff** (他+副) 戦ってく…を⟩撃退する; ⟨…を⟩退治する: ~ off a cold かぜを克服する. **fight ón** (自+副)戦い続ける. **fight óut** (他+副)⟨問題・不和など⟩を戦って解決する: They fought out the issue with the opposition. 彼らはその問題を野党とやり合って解決した. **fight shý of …** ⇒ shy¹ 形 成句.
— 名 ❶ Ⓒ 戦い, 戦闘, 合戦, 会戦; 闘争 (battle); [… との]格闘; 取っ組み合い, ⟨主に 米⟩けんか, 言い争い ⟨⇒ quarrel 比較⟩: put up a ~ 抵抗を示す, 戦う / put up a good [poor] ~ 善戦[苦闘]する / We gave them a ~. 我々は彼らと一戦を交えた[善戦した] / a ~ for higher wages 賃上げ闘争 / a ~ against (a) disease 闘病 / have a ~ with him over …のことで[をめぐって]彼と口論[けんか]する. ❷ Ⓒ 勝負, 勝負, (特に, ボクシングの)試合 (bout). ❸ Ⓤ 戦闘力; 闘志, 戦意, ファイト: show ~ 戦意[闘志]を示す / He was still full of ~. 彼はまだ闘志満々だった. **have a fight on one's hands** (目的達成のために)奮闘する必要がある. **pick a fight with …** …にけんかを売る.
〚OE〛

fight・báck 名 [単数形で] ⟨英⟩反撃, 反攻.

*__fight・er__ /fáitər | -tə/ 名 ❶ 戦闘機. ❷ 戦士, 闘士, 武人; (プロの)ボクサー, ファイトのある人.

fighter-bómber 名 〘軍〙戦闘爆撃機.

fight・ing /fáitiŋ/ 名 ❶ Ⓤ 戦い, 戦闘; 論争; 格闘, 闘争: street ~ 市街戦. ❷ [形容詞的に] 戦闘(用)の: a ~ force [formation] 戦闘部隊[隊形]. — 形 ❶ 戦う, 交戦中の; 好戦的な, 闘志のある: ~ men 戦闘員, 戦士; 軍人 / ~ spirit 闘志, 闘争精神. ❷ [副詞的に] ひどく: I was ~ mad at him. 彼にひどく腹が立った.

fíghting cháir 名 ファイティングチェアー《大物の魚を釣る時に用いる船上に固定されているいす》.

fíghting chánce 名 [a ~] (挑戦の)機会, (努力次第の)かすかな成功の見込み: Give them a ~. (成功するかどうかはわからないが)彼らにチャンスを与えろ / We have a ~ to save them. なんとか彼らを救出できるかもしれない / There's a ~ that you will succeed. 君には努力次第で成功するチャンスがある.

fíghting fìsh 名 [魚]闘魚(とうぎょ), ベタ.

fíghting fít 形 ❶ 戦闘に適した. ❷ 体調がよくて, 絶好調の.

fíghting fùnd 名 闘争資金, 軍資金.

fíghting tòp 名 〘海〙戦闘楼《マスト上の円形砲床[銃座]》.

fíghting wórds 名 敵 〘口〙挑戦的な言葉.

fíght-or-flíght reàction 名 [the ~] 〘心〙闘争-逃走反応《危機などに心拍・血圧が上昇する》.

fíg lèaf 名 ❶ イチジクの葉. ❷ a (彫刻・絵画で陰部をおおう)イチジクの葉形. b 不体裁なものを(下手に)隠すもの.

fig・ment /fígmənt/ 名 作り事, 虚構: a ~ of one's imagination 想像の産物《L=作られたもの》

fíg trèe 名 =fig¹ 1.

fi・gu・ra /fígju(ə)rə | -rae -ri:/ 名 ある事実などを象徴[具現]する人物[物事], 表象.

fig・ur・al /fígjurəl | -gər-, -gjur-/ 形 ❶ 像[図]で示された; 隠喩[比喩, イメージ]的な. ❷ 〘構図が〙人間[動物]像を主とした.

fig・u・rant /fígjurænt | fígjurənt/ 名 [劇](せりふのほとんど)付かない端役.

fig・u・ra・tion /fìgjuréiʃən | -gər-, -gjur-/ 名 ❶ Ⓤ 形づくること; 成形. ❷ Ⓒ 形状, 形態, 形象, 外形. ❸ Ⓤ.Ⓒ. 比喩(ひゆ)的表現. ❹ Ⓤ.Ⓒ. (図案などでする)装飾; 〘楽〙(音・旋律の)修飾, フィギュレーション.

*__fig・u・ra・tive__ /fígjurətiv/ 形 (more ~; most ~) ❶ 比喩(ひゆ)的な (↔ literal); 一般的な: a ~ use of a word 言葉の比喩的な用法 / in a ~ sense 比喩的な意味で. ❷ 〘文体など〙比喩の多い, 修飾文句の多い, 華やかな. ❸ (比喩でなし)造形的な, 形象的な: the ~ arts 造形美術《絵画・彫刻》. — ness 名 〚F⟨L; ⇒ figure, -ative〛

fig・u・ra・tive・ly 副 比喩(ひゆ)的に: ~ speaking 比喩的に言うと.

***fig·ure** /fígjɚ, -gjuɚ | -gə/ 名 **A ❶** ⓒ **a** [しばしば複数形で] (アラビア)**数字** (digit); 数値: significant ~s 有効数字 / give [cite] ~s 数字を挙げる / put a ~ on...の値を定める. **b** (計数上の)位, けた: double ~s 2 けた(の数) / three ~s 3 けたの数 / 6-figure salaries 6 けたの給料 (通例英米では普通 10 万ドル[ポンド]の高給). **c** [通例修飾語を伴って] 合計数, 高, 価格: get...for [at] a low [high] ~ ...を安価[高価]に手に入れる. ❷ [複数形で] (口) (数字)計算, 算数: do ~s まともな計算をする / He's a poor hand at ~s. 彼は計算が下手だ / He has a head for ~s. 彼は数学の才がある.

── **B** ⓒ **❶** (通例修飾語を伴って) (重要な)人物, 名士 (personage): a prominent [great, big] ~ 大立者 / He became a familiar ~ to New Yorkers. 彼はニューヨークの人たちにとってなじみの深い顔となった. ❷ **a 姿**, 容姿, 風采(ホキ), 外観; 目立つ姿, 異彩: a slender ~ ほっそりした姿 / She has a good ~. 彼女はスタイルがいい / a fine ~ of a man りっぱな体格の男 / keep one's ~ (いつまでも)姿がすらっとしている. **b** 人の姿, 人影: I saw the ~ of a man in the shadows. 陰に潜んでいる人影を見た. **c** (絵画・彫刻などの)人物, 絵姿, 画像, 肖像. ❸ 図, 図解, さし絵 (略 fig.) (diagram): The statistics are shown in F~ 3. その統計は第 3 図に示されている. ❹ (輪郭のはっきりしている)形, 形態, 形状, 形状; ~ eight (米) = a ~ of eight (英) 8 の字形(のもの) (⇨ **7 b**). ❺ a 図案, 模様. **b** 〖幾〗図形, 図. ❻ **象徴**, 象徴: The dove is a ~ of peace. ハトは平和の象徴である. ❼ 〖ダンス〗フィギュア, 旋回. **b** 〖スケート〗フィギュア 《スケート靴で氷上をすべりながら描く図形》: a ~ of eight 8 字形滑走 (⇨ **4**). ❽ 比喩的表現, 比喩: ⇨ FIGURE OF SPEECH 成句. ❾ 〖楽〗音の修飾. ❾ 〖論〗(三段論法の)格, 図式. **cút a fígure** (1) 〈人が〉(...の)印象を与える, (...に)見える: cut a fine ~ かなりりっぱに見える / cut a poor [sorry] ~ みすぼらしく見える. (2) (ある分野で)異彩を放つ, 気を揚げる: cut a brilliant [conspicuous] ~ 異彩を放つ, 頭角を現わす / cut no ~ in the world 世間に名が現われない. **fácts and fígures** ⇨ FACT 成句. **fígure of spéech** (1) 修辞的表現法 《simile, metaphor など》. (2) 言葉のあや, 比喩的表現.

── 動 ⓐ **a** 重要な地位を占める; 〈ある人物として〉通る, 現われる, 〈...の〉役を演ずる: [+ **as** 補] He ~d as a gray eminence. 彼は影の大物として扱われていた. **b** 〈...で〉目立し, 頭角を現わす: His name ~s prominently **in** the history of science. 彼の名は科学史に異彩を放っている. ❷ a 〈...を〉期待する, 予想する: We ~d on his [him] coming earlier. 我々は彼がもっと早く来るものと思っていた. **b** 〈...を〉計画する, 企画する: I ~ **on** going abroad this summer. この夏外国行きを計画している.

── 他 **❶** 〈...だと〉思う, 考える, 判断する: [+ (**that**)] He ~d that there was no use in trying. 彼は努力してもむだだと考えた / [+目+ (**to be**) 補] He ~d himself (to be) a well-qualified candidate. 彼は自分のことを十分な資格を持った候補者だと考えていた. ❷ (米) 〈...を〉数字で表わす; 〈...を〉合計する, 計算する: He ~d them all **up**. 彼はそれら全部の合計を出した. **fígure ín** (他+副) (米) 〈...を〉計算に加える. **fígure óut** (他+副) (1) 〈...を〉理解する: I can't ~ him [it] out. 彼がどんな人物か[それがどんなこと か]よくわからない / [+ wh.] I haven't ~d out what is happening. 何が起こっているのかわからなかった. (2) 〈...を〉解く, 解決する (work out): ~ out a math problem 数学の問題を解く. (3) 計算して...の合計を出す[...の結果を出す]; 〈...を〉計算する: [+ wh.] ~ out how much energy is produced 作り出されるエネルギーが作り出されるかを計算する. ── (自+副) (4) 総計される: All together it ~s out at $ 200. 全部合わせて 200 ドルになる. **Thát** [**It**] **fígures.** (1) それは当然だ, そうか, なるほど. (2) 思ったとおりだ, やっぱり.

〖F < L *figura* 形〗 (形 figurative, 名 figuration)

【類語語】 **figure** 輪郭・外面によって表わされる外形. **form** 形, 特に中身または色と区別して物の外形・構造. **outline** 物体の限界を示す線, 輪郭. **shape** 特に, 中身のつまった立体の三次元的な形をいう.

---

fig·ured 形 ⓐ **❶** あやのある, 形付きの, 意匠[模様]の出た: a ~ mat 花ござ / ~ silk 紋綿絹 / a ~ glass window 模様付きのガラス窓. ❷ 絵[図形]で示した, 図示された. ❸ (楽) コード[和音]で示す数字のついた.

fígured báss /-béɪs/ 名 (楽) 数字付き低音, 通奏低音 《低音の下または上に記した数字で和音を示すことから》.

fígure éight ⇨ figure 名 **B 4, 7 b**.

†fígure·héad 名 **❶** 船首像 《もと船の波切りの上端につけた全身・半身の人間像の飾り》. ❷ 名目上の長[頭首], 「表看板」.

fígure·léss 形 (定まった)形のない.

fígure skáter 名 フィギュアスケートをする人[選手].

fígure skáting 名 ⓤ フィギュアスケート 《氷上で曲線図形を描くスケート種目》.

fig·u·rine /fígjurín, -gər-/ 名 (金属・陶土などで作った)小立像, 人形.

fíg wásp 名 〖昆〗イチジクコバチ.

Fi·ji /fíːdʒiː/ 名 フィジー 《南太平洋の 800 以上の島から成る共和国; 首都 Suva》.

Fi·ji·an /fíːdʒiən, fɪdʒí- | fiːdʒíː-/ 形 フィジー(人・語)の. ── 名 **❶** ⓒ フィジー(諸島)人. ❷ ⓤ フィジー語.

Fiji Íslands 名 [the ~] フィジー諸島.

fil·a·ment /fíləmənt/ 名 **❶** 細糸; 単繊維, (一本の)長繊維 《紡織繊維(fiber)の一条》. ❷ 〖生〗微細繊維, 糸状構造, フィラメント; 〖植〗(雄しべの)花糸. ❸ 〖電〗(電球・真空管の)フィラメント, (白熱)繊条.

fi·lar·i·a /fɪléəriə/ 名 〖医・獣医〗フィラリア, 糸状虫 《フィラリア症・象皮病の原因となる》.

fi·lar·i·al /fɪléəriəl/ 形 糸状虫の; 糸状虫に冒された; 糸状虫による; 糸状虫を運ぶ.

fil·a·ri·a·sis /fɪləráɪəsɪs/ 名 ⓤ 〖医〗糸状虫症, フィラリア症 《象皮病はその一典型》.

fil·a·ture /fíləʧɚ | -ʧə/ 名 **❶** ⓤ (繭からの)糸繰り, 製糸. ❷ ⓒ 製糸場.

fil·bert /fílbət | -bət/ 名 **❶** 〖植〗ハシバミ. ❷ ハシバミの実 (hazelnut).

filch /fílʧ/ 動 他 〈安ものを〉盗む, くすねる (pinch).

***file**[1] /fáɪl/ 名 **❶** (書類・新聞などを整理するための)ファイル, とじ込み帳; とじ込み帳整理箱[戸棚]: a ~ of letters = a letter ~ 手紙のとじ込み / put a document in a ~ 文書をとじ込みにしておく. ❷ 〖電算〗ファイル 《処理単位となる情報の集合》. ❸ (項目別に整理された)書類, 記録 (dossier): The FBI has a ~ **on** him. FBI に彼に関する記録がある. **on fíle** (1) とじ込んで. (2) 整理[記録]されて. ── 動 他 **❶** 〈...を〉(項目別に)とじ込む, ファイルする; とじ込んで整理保存する: She ~d the clipping **away**. 彼女は切り抜きをファイルした. ❷ 〖法〗〈...を〉(相手に)〈告訴などを〉提出する: ~ a divorce suit **against**...を相手に離婚の訴訟を提起する. ❸ 〈記者が〉(電信・電話などで新聞社に)〈記事を〉送る: The reporter ~s his story just before the paper went to press. その記者は新聞が印刷される直前に記事を送った. ── 自 〖法〗...の申し立てをする: ~ **for** divorce 離婚の申し立てをする. 〖F < *filum* 糸, 輪郭; cf. profile〗

***file**[2] /fáɪl/ 名 **❶** (縦の)列, 〖軍〗伍(ご), 縦列 (cf. rank[1] **2 b**) 《チェス盤の縦の筋》 (cf. rank[1] **4**): a blank ~ 欠伍 《後列がないところ》 / double the ~ 伍を重ねる. **fíle by fíle** 組々に; 列々に. **in fíle** 伍をなして. **in Índian** [**síngle**] **fíle** 一列縦隊で. ── 動 自 [副詞(句)を伴って] 列をなして行進する: ~ **off** [**away**] (単縦列で)分列行進する / They ~**d through** the gate. 彼らは列をなして門を通り過ぎていった. **F~ léft** [**ríght**]! 〖号令〗組々左[右](へ進め)!

***file**[3] /fáɪl/ 名 やすり: ⇨ nail file. ── 動 他 **❶** 〈...に〉やすりをかける, 〈...を〉やすりで削る[磨く, 研ぐ]: ~ **away** [**off**] rust さびをやすりですり落とす / He ~d the surface smooth. 彼は表面にやすりをかけてなめらかにした / ~ **down** the rough edges 荒削りの端をやすりでなめらかにする. ❷ 〈文学作品などに〉磨きをかける.

fi·lé /fɪléɪ, fíːleɪ/ 名 ⓤ フィレ 《サッサフラスの葉を粉にしたも

の; クレオール料理で用いる).

file càbinet 图 書類整理棚[キャビネット].
file clèrk 图 文書整理係.
file exténsion 图〖電算〗(ファイル名につけて種別を表わす)拡張子.
file·fish 图〖魚〗カワハギ, モンガラカワハギ《総称》.
file·nàme 图〖電算〗ファイル名.
fil·er¹ /fáɪlɚ| -lə/ 图 文書整理係 (file clerk).
fil·er² /fáɪlɚ| -lə/ 图 やすりをかける人, やすり師.
fi·let /fɪléɪ | ˈfɪlɪt/ 图 ❶《仏》(網目形の)レース. ❷ /fílɪt, fɪléɪ | fílɪt/=fillet 1. 【F】

filet mi·gnon /fìleɪmiːnjɔ́ːŋ | -míːnjɔn/ 图 フィレミニョン(テンダーロインの端から取った高級ヒレ肉). 【F=dainty fillet】

file trànsfer 图〖電算〗ファイル転送.
file transfer prótocol 图〖電算〗ファイル転送プロトコル《符号化されていないファイルをインターネット上でやりとりするための標準通信規約; 略 FTP》.

fil·i·al /fíliəl/ 厖 ❶ 子(として)の: ～ duty 子としての義務, 孝行, 孝養 / ～ piety 孝心, 孝行. ❷〖遺〗雑種世代の(略 F): first ～(=F₁)雑種第一代の. ー**ly** /-liəli/ 副 【F<L<*filius* 息子, *filia* 娘】

fil·i·a·tion /fìliéɪʃən/ 图 Ⓤ ❶ (ある人の)子であること, 親子関係(特に息子の父親に対する). ❷ (言語・文化などの)分出, 分岐, 派生, 派生関係[系統]の解明.

fil·i·beg /fíləbèg/ 图《スコ》キルト (kilt).

†**fil·i·bus·ter** /fíləbʌ̀stɚ| -tə/ 图 ❶ (長演説による)議事妨害;《米》議事妨害者. ❷ 不法戦士 (革命や土地侵犯を目的として外国に侵入する不正規兵). ー /〃 ー〃/ 動 圁 ❶ (長演説などで)議事の進行を妨害する. ❷〖法案を議事妨害で阻止する. 【Sp<Du=略奪者, 海賊】

fil·i·cide /fíləsàɪd/ 图 Ⓤ,Ⓒ 子殺し(罪・犯人).

fil·i·form /fíləfɔ̀ɚm, fáɪlə- | -fɔ̀:m/ 形 糸[繊維](filament)状の.

fil·i·gree /fíləgrìː/ 图 Ⓤ (金・銀などの)線条細工, フィリグリー; 金属のすかし細工. ー 形Ⓐ フィリグリーの, すかし細工を施した: ～ earrings フィリグリーのイヤリング.

fil·ing¹ 图 Ⓤ とじ込み, 書類整理. 【FILE¹+-ING】
fil·ing² 图 Ⓤ ❶ やすり掛け, やすり仕上げ. ❷ (複数形で)やすりくず. 【FILE³+-ING】

filing càbinet 图 書類整理棚[キャビネット].

*__Fil·i·pi·no__ /fìlɪpíːnoʊ/ 图《複》〜s, ★女性形 -na /-nə/) フィリピン人. ー 形 =Philippine.

*__fill__ /fɪl/ 動 他 ❶ a (容器・場所などを)いっぱいにする, 満たす: ～ one's pipe パイプに葉を詰める / F~ the bottle *with* water. その瓶に水をいっぱい入れなさい / She ～*ed* her notebook *with* sketches. 彼女はノートに写生をたくさんした. b (人に)(ものを)いっぱいにしてやる: [+目+目] He ～*ed* me a glass.=He ～*ed* a glass *for* me. 彼は私にグラス1杯なみなみとついでくれた. c (ものを)(容器などに入れる, 詰める: ～ wine *into* a decanter デカンタにワインを入れる. ❷〔感情で〕(人の心)を満たす: The sight ～*ed* his heart *with* anger. その光景を見て彼の心に怒りの念がこみあげてきた / Sorrow ～*ed* my heart.=My heart *was* ～*ed with* sorrow. 悲しみで胸がいっぱいだった. ❸ a 〈穴・空所・欠所を埋める, ふさぐ, 充填(ﾕｳﾃﾝ)する, 〈役割〉を果たす (fulfill): The position is not yet ～*ed*. その地位はまだふさがっていません[あいたままです]. b 〈場所・空間〉を埋める, 占める, 詰める; 〈時間〉をうめる; 〈煙・においなどが〉場所に充満する, 満ちあふれる (しばしば受身): Smoke ～*ed* the room. 煙が部屋に充満した / The crowd ～*ed* the hall to overflowing. 大勢の人が詰めかけてホールはあふれんばかりだった / Life *is* ～*ed with* paradoxes and dilemmas. 人生はさまざまな矛盾やジレンマに満ちている. c 〈歯〉に詰めものをする: I had three teeth ～*ed*. 歯3本を詰めてもらった. ❹〈要求など〉〈需要〉に応じる: ～ an order for a shipment of coffee コーヒー発送の注文に応じる. ❺《口》人の空腹を満たす, 〈人〉を満足させる《腹をふくらます (stuff)): The meal failed to ～ him. その食事では彼の食欲は満たされなかった / ～ one's guest *with* a good meal 客に十分にごちそうをする, ふくらませる. ❻《処方薬》を調合する. ❼《帆や肺》にいっぱいになる, ふくらませる. ー 圁 ❶ 満ちる, いっぱいになる: The stadium didn't ～ for the game. スタジアムはその試合では満員にならなかった / Her eyes ～*ed with* tears. 彼女の目は涙でいっぱいになった. ❷〈帆が〉ふくらむ: The sails ～*ed (with* the wind). 帆は風をはらんでふくらんだ. **fill ín** (他+副) (1) 〈文書などに〉所要の書き入れをする (fill out); 挿入する: ～ *in* a form correctly (必要事項を)書き入れる. (2) 〈穴などを〉ふさぐ, 埋める; 充填する: ～ *in* an opening in one's schedule スケジュールのあいた時間を埋める. (3) 〈空所を〉[…で]埋める, 満たす: F~ *in* the blanks in the following sentence (*with* suitable words). 次の文の空所を(適当な語で)埋めよ. (4) 〈人に〉〔…のことを〕説明する[説明する]: He ～*ed* us *in on* the latest news. 彼は我々に最新の情報を流してくれた. ー (圁+副) (5) ふさがる. (6) […の〕代理[代役]をする (stand in): She ～*ed in for* me while I had lunch. 彼女は私が昼食を食べている間私の代わりをしてくれた. **fill óut** (他+副) (1)《主に米》〈書式・文書などに〉所要の書き込みをする, 空所を満たす (fill in): ～ *out* an application 申込書に必要事項を書き入れる. (2) 〈帆をふくらませる(⇒ 他 7). ー (圁+副) (3) 肥える, 肉がつく: The children are ～*ing out* visibly. 子供たちは目に見えて大きくなっていく. (4) 〈帆がふくらむ(⇒ 圁 2). **fill the bill** ⇒ bill¹ 图 成句. **fill úp** (他+副) (1) 〈…を〉いっぱいに満たす, 満員にする. (2) 〈自動車を満タンにする: F~ it [her] *up*. 満タンにしてくれ《★ her は the car を指す》. (3) 〈…を〉ぎっしり詰める[ふさぐ]. (4) 〈池などを〉埋める. (4) =FILL *in* (1)(2). (3)《英》では非標準的用法). ー (圁+副) (5) いっぱいになる; 埋まっている. (6) 〈池などが〕[…で]埋まる (*with*). ー 图 ❶ [one's ～] 欲しいだけ, 腹いっぱい; 存分: drink [eat, have] one's ～ たらふく飲む[食う] / cry one's ～ 存分に泣く / get [have] one's ～ of sleep 十分に寝る / I've had my ～ of his complaints. 彼の文句はもうたくさんだ. ❷ 〈…の〉(容器に)いっぱいの量: a ～ *of* tobacco パイプ1杯—一服)分のたばこ. 【OE】

fille de joie /fiːʃədəʒwáː/ 图《複》 **filles de joie** /〜/) 売春婦, 売笑婦. 【F=girl of pleasure】

filled góld 图 Ⓤ 金メッキ, かぶせ金.

†**fil·ler** 图 ❶ Ⓤ [また a ～] a (新聞・雑誌の)埋め草. b (重さ・量などを増すための)混ぜ物, 増量材 c (板穴などの)埋め木, 充填(ﾕｳﾃﾝ)材. ❷ Ⓒ 満たす人[もの], 詰める人[もの].

filler cáp 图 (自動車の)燃料注入口のふた.

†**fil·let** /fílɪt, fɪléɪ | fílɪt/ 图 ❶ a ヒレ肉(肋骨(ｿﾛﾂ)と腰骨の間の最上肉). b (魚肉の骨なしの)切り身. ❷ 細長いひも, 髪ひも, 髪飾り. ー 他 ❶ 〈魚〉からヒレ肉を取る. b 〈魚〉をおろして切り身にする. ❷ 〈髪〉をリボンで結ぶ. 【F *filé* 糸<L *filum* (cf. file¹)+-ET】

fill-in 图 ❶ 代理, 代役. ❷ 概要説明[報告].

†**fill·ing** 图 ❶ (パイ・サンドイッチなどの)中身, 詰め物. ❷ (歯科の)充填材. ー 形 〈食物が〉満腹になる, ボリュームたっぷりの.

filling stàtion 图《主に英》ガソリンスタンド, 給油所(《米》gas station) (区別 「ガソリンスタンド」は和製英語).

fil·lip /fílɪp/ 图 ❶ 刺激, 活気づけるもの〔*to, for*〕 (boost): A few jokes will add a final ～ *to* your speech. 少しジョークを入れるとあなたの話は生き生きしたものになるでしょう. ❷ 指はじき: with a ～ 指はじきで. ー 動 他 ❶ 〈ものを〉指ではじく, はじき飛ばす; こつんと打つ. ❷ 刺激する, 促す, 喚起する: Her name ～*ed* his memory. 彼女の名前を聞いて彼の記憶は揺りさまされた. ー 圁 指はじきする. 【擬音語】

Fill·more /fílmɔɚ | -mɔː/, **Mil·lard** /mílɚd | -ləd/ フィルモア (1800-74; 米国第13代大統領 (1850-53)).

fil·ly /fíli/ 图 ❶ (4歳未満の)雌の若馬 (⇒ horse 関連). ❷《口》小娘, 若い女の人.

*__film__ /fɪlm/ 图**Ⓐ** ❶ a《主に英》映画.**Ⓑ** [または複数形で](集合的に)映画; 映画産業, 映画界(《米》movie): a silent ～ 無声映画 / a sound ～ 発声映画 / shoot a ～ 映画を撮影する. b Ⓤ (ニュースなどの)映像. ❷ Ⓤ,Ⓒ フィ

ルム, 乾[感光]板: a roll of ~ フィルム1本. —— **B** ❶ Ⓤ,Ⓒ [通例 a ~] (表面にできる)薄皮, 薄膜; 皮膜: There was a ~ of oil on the water. 水面に油膜があった / a ~ of dust ほこりの薄い層. ❷ Ⓒ 目のかすみ, くもり, 薄がすみ, もや. ❸ Ⓒ (古) 細い糸. —— 形 Ⓐ 映画の: a ~ actor [actress] 映画俳優仮優] / a ~ fan 映画ファン / a ~ version (小説などの)映画化されたもの. —— 動 ⓗ ⟨…を⟩(映画に)撮影する; ⟨小説などを⟩映画化する: They have ~ed most of Shakespeare's plays. シェイクスピアの戯曲のほとんどが映画化されている. ❷ 映画を製作する; [様態の副詞を伴って] 映画化される: This story will ~ well. この物語は映画に向くだろう. ❸ 薄皮でおおわれる, かすむ, ぼやける ⟨over⟩. 〖OE=膜〗 (形) filmy, 関連 cinematic)

film・a・ble /fíɪməbl/ 形 ⟨物語・小説など⟩映画化に適する, 映画向きの.

film bàdge 名 フィルムバッジ (放射線被曝量の検知に用いられるフィルムの入ったバッジ).

film・dom /-dəm/ 名 Ⓤ 映画界[産業].

film féstival 名 映画祭.

film gòer 名 (英)=moviegoer.

film・ic /fíɪmɪk/ 形 映画の(ような).

+**film・ing** 名 Ⓤ 映画製作.

film library 名 映画図書館; フィルム貸し出し所.

+**film màker** 名 映画製作者.

film màking 名 Ⓤ 映画制作, 映画作り.

film nóir /-nwáːr | -nwáː-/ 名 Ⓤ [映] フィルムノワール (暗鬱なスリラー映画).

film・og・ra・phy /fɪlmάgrəfi | -mɔ́g-/ 名 映画作品目録; 映画関係文献.

film・sèt 名 [印] 写真植字する. **-sètter** 名

film sétting 名 Ⓤ [印] 写真植字.

+**film stár** 名 (米) movie star).

film・stríp 名 フィルムストリップ (スライド教材用の通例35ミリフィルム).

film・y /fíɪmi/ 形 (**film・i・er; -i・est**) ❶ 〈布など〉透けて見えるほど薄い, 薄膜のような: ~ ice 薄氷. ❷ 薄もやのような, かすんだ: ~ clouds 薄雲 / ~ eyes かすみ目. **film・i・ly** 副 **-i・ness** 名

fi・lo /fíːloʊ, fáɪ-/ 名 (複 ~**s**) =phyllo.

Fi・lo・fax /fáɪləfæks/ 名 〖商標〗 ファイロファックス (ルーズリーフ式のシステム手帳).

fil・o・po・di・um /fɪləpóʊdiəm, fàɪ-/ 名 (複 **-di・a** /-diə/) 〖生〗糸状仮足.

fil・o・selle /fɪləsél/ 名 Ⓤ かま糸.

fi・lo・vi・rus /fíːloʊ-/ 名 〖生〗フィロウイルス (フィロウイルス科の RNA ウイルス).

fils /fíːs/ 名 fils (フランス人の固有名のあとに付けて父親と区別する): ⇒ Dumas.

*****fil・ter** /fíɪtə | -tə/ 名 ❶ (液体・ガスなどの)**濾過器**[装置]; a coffee ~ コーヒーフィルター. ❷ [写] フィルター. ❸ (英) (交差点で左右の方向への進行を指示する)矢印信号(装置). —— 動 ⓗ ❶ 〈ものを〉**濾過する**; 選別する. ❷ 〈ものを〉**濾して**取り除く; 〈不適格な人・物を〉取り除く: He ~ed out impurities from the liquid. 彼はその液体から不純物を濾過して取り除いた. —— 圊 ❶ [副詞(句)を伴って] 〈吹など〉が漏れる; 〈情報などが徐々に知れ渡る〉; 〈人々などが徐々に移動する〉: Sunlight ~ed in through the dusty window. よごれた窓から光が漏れて差し込んできた. ❷ (英) (交差点で直進方向が赤信号の時に)緑色の矢印信号に従って左折[右折]する. 〖F⟨L; 元は「フェルト」の意; 濾過に用いられたことから〗

fil・ter・a・ble /fíɪtərəbl, -trə-/ 形 濾過できる: a ~ virus 濾過性ウイルス.

filter bèd 名 (水・下水などの処理用の)濾(ろ)床, 濾過池 [タンク].

filter fèeder 〖動〗濾過摂食者 (水中の微生物などを体の一部を濾過器として摂取する動物). **filter féeding** 名

filter pàper 名 Ⓤ こし紙, 濾紙(ᵒ).

filter prèss 名 圧搾濾過器, 圧濾器, フィルタープレス.

filter tìp 名 (たばこ用の)フィルター; フィルター付きたばこ.

filter-típped 形 ⟨たばこが⟩フィルター付きの.

filth /fíːlθ/ 名 Ⓤ ❶ 汚物 (muck); 不潔, 不浄. ❷ **a** 卑猥(わい)な言葉[読み物], みだらな考え[思い] (smut). **b** 道徳的堕落. ❸ [the ~] (英俗) 警察. 〖OE; FOUL と関連語〗 (形) filthy

*****filth・y** /fíːlθi/ 形 (**filth・i・er; -i・est**) ❶ (ひどく)**不潔な**, よごれた, 汚い: The kitchen is absolutely ~. 台所はよごれほうだいだ. ❷ みだらな, 下品な, 卑猥(ʰɪ)な: ~ pictures [gestures] みだらな写真[しぐさ]. ❸ (口) 気難かしい, 怒った. ❹ 〈天候など〉ひどい. ❺ (口) 非常に, とても: ~ dirty ひどく汚い / ~ rich (軽蔑) 大金持ちの. **filth・i・ly** /-θɪli/ 副 **-i・ness** 名 filth) 【類義語】 ⇒ dirty.

filthy lúcre 名 Ⓤ (戯言) 金銭, 金 (★ 聖書「テモテ書」などから).

fil・tra・ble /fíɪtrəbl/ 形 =filterable.

fil・trate /fíɪtreɪt/ 動 ⓗ 濾過(ʰ)する. —— 名 Ⓤ 濾過水[液].

fil・tra・tion /fɪltréɪʃən/ 名 Ⓤ 濾過(作用).

fim・bri・a /fímbriə/ 名 (複 **-bri・ae** /-briì:/) 【動・植】ふさ状もり, 襞(ʰ)状の突起, (長)毛縁(ʰさえん), 線毛 (特にファロビオ管先端の)ふさ(采), フィムブリエ. **fim・bri・al** 形

fim・bri・ate /fímbriàt/, **-at・ed** /-èɪtɪd/ 形 【動・植】ふさ状に深く染みた, (長)毛縁のある. 【紋】(異色の)細い帯状の線で縁取られている.

*****fin¹** /fíːn/ 名 ❶ (魚の)**ひれ**: an anal [dorsal, pectoral, ventral] ~ しり[背, 胸, 腹]**ひれ**. ❷ (アゼラシ・ペンギンなどの)**ひれ状器官**. ❸ [空] 垂直安定板, (車の)**水平翼**. ❹ [通例複数形で] (潜水に使う)水かき. ❺ [海] (潜水艦などの)水平舵(ᵍ). 〖OE〗

fin² /fíːn/ 名 (米俗) 5 ドル札.

Fin. (略) Finland; Finnish. **fin.** (略) finance; financial; finish.

fin・a・ble /fáɪnəbl/ 形 〈行為・犯罪など〉罰金を課せられる. 〖FINE² (形 1) +-ABLE〗

fi・na・gle /fənéɪgl/ 動 ⓗ (口) 〈人を〉だます; 〈人をだまして〉…を取る ⟨out of⟩. —— 圊 ごまかす, だます.

*****fi・nal** /fáɪn(ə)l/ 形 (比較なし) ❶ Ⓐ **最終の, 最後の**: a [the] ~ stage 最終段階 / the ~ round 最終回, (競技試合の)決勝. ❷ **最終的な, 決定的な, 究極的な**: a [the] ~ decision 最終決定 / the ~ ballot 決選投票 / That's ~. それでおしまいだ (変更は許されない). ❸ 【文法】目的を表わす. —— 名 ❶ [しばしば複数形で] [スポ] **決勝(試合), ファイナル**: run [play] in the ~s 決勝に残って競走[競技]する / a ~ 準決勝, quarterfinal. ❷ (米) (大学などの)学年末[学期末]試験, (通例複数形で) (大学などの)最終試験 (⇒ examination 関連). 〖F⟨L⟨finis 終わりの; cf. fine²〗 (名) finality, 動 finalize) 【類義語】 ⇒ last¹.

final cáuse 名 【哲】目的因, 究竟(ʰʲ)因 (アリストテレスの運動の四原因の一つで, 一般に善とされる).

final drive 名 [車] 最終駆動装置, 終減速機.

+**fi・na・le** /fənǽli, -náː- | -náː-/ 名 ❶ 〖楽〗 **終楽章, フィナーレ**. ❷ 【劇】最後の幕, 大詰め. ❸ 終局, 大団円. 〖It=final〗

fi・nal・ism /fáɪnəlɪzm/ 名 Ⓤ 〖哲〗目的因論. **fi・nal・is・tic** /fàɪnəlístɪk/ 形

+**fi・nal・ist** /fáɪnəlɪst/ 名 決勝戦出場選手.

fi・nal・i・ty /faɪnǽlətI/ 名 ❶ Ⓤ 最終的なこと; 決定的なこと: with an air of ~ きっぱりとした[きっぱりした]態度で / speak with ~ きっぱりと言う, 断言する. ❷ Ⓒ 最終的なもの, 最後の言行. (形) final

+**fi・nal・ize** /fáɪnəlàɪz/ 動 ⓗ 〈計画・協定などを〉完成させる, 終了させる. **fi・na・li・za・tion** /fàɪnəlɪzéɪʃən | -laɪz-/ 名

*****fi・nal・ly** /fáɪnəli/ 副 (比較なし) ❶ **ついに, とうとう** (at last): ~ arrive there ついにそこに到着する / He ~ confessed his crime. 彼はとうとう犯行を告白した. ❷ [文修飾] **最後に**; 終わりに当たって (in conclusion): F~ I would like to extend my heartfelt thanks to all of you. 最後にみなさん全員に心からなる謝意を表明したいと思います。❸ 最終的に, 決定的に: The matter is not yet ~ settled. その問題はまだ全部解決してはいない.

fínal solútion 图 [the ~, しばしば the F- S-] 最終的解決 (ナチスの欧州ユダヤ人絶滅計画).

fínal stráw 图 [the ~] =last straw.

*fi‧nance /fáinæns, faɪnǽns, fɪ-/ 图 ❶ ⓤ 財政, 財務 (for); 財政学: public ~ 国家財政 / the Ministry of F- (日本の) 財務省. ❷ [複数形で] 財源, 財力, 歳入.
— 動 ⓣ 〈…に〉金を融通する, 融資する, 資金を調達[供給]する. 《F; 元来は「支払い/終わり」の意で FINE² と同語源》(形 financial)

fínance chàrge 图 ローン[クレジット]の金利[手数料].

fínance còmpany 图 金融会社 (finance house).

fínance hóuse 图 ⓤ 割賦金融会社, 金融会社, ファイナンスハウス 《商品の売手に支払った代金を買手から分割払いで回収する会社》.

*fi‧nan‧cial /fainǽnʃəl, fɪ-/ 形 (比較なし) [通例 Ⓐ] 財政の, 財務の; 財界の; 金融 (上) の: ~ ability 財力 / the ~ world 財界 / a ~ company 金融会社 / a district 金融地区 / a ~ crisis 金融恐慌 / ~ difficulties 財政困難 / ~ resources 財源. (图 finance)
【類義語】 financial 金銭上, 財政上の; 特に巨大な金額の取り扱いを含む. monetary 貨幣[紙幣]そのものに関する; 鋳造・流通・価値などに関して用いる. fiscal 政府や公共団体, 企業などの収入や支出などの財政の問題に関する. pecuniary 実際的, 個人的な金銭 (の取り扱い) に関する.

fináncial áid 图 ⓤ (大学生への) 学資援助.

fináncial institútion 图 金融機関.

*fi‧nan‧cial‧ly /fainǽnʃəli, fɪ-/ 副 財政的に, 財政上, 金の面で, 金銭[経済]的に: ~ sound 財政的に安定して [健全な] / ~ dependent 金銭面で依存して.

fináncial márket 图 [通例複数形で] 金融市場.

†**fináncial yéar** 《英》 会計年度 《(米) fiscal year》 《★英国政府関係では 4 月 1 日から 3 月 31 日まで, 税金関係では 4 月 6 日から 4 月 5 日まで》.

†fi‧nan‧cier /fɪnənsíər | faɪnǽnsiə/ 图 ❶ 金融業者, 融資家. ❷ 財政家; 財務官.

fi‧nanc‧ing 图 ⓤ 資金調達, 融資, 金融; 調達[融資]金.

fín‧bàck 图 =finback whale.

fínback whále 图 [動] ナガスクジラ.

fin‧ca /fíŋkɑ/ 图 (スペインやスペイン語圏アメリカ諸国の) 大農園, (広い) 土地. 〔Sp〕

†finch /fíntʃ/ 图 [しばしば複合語で] [鳥] フィンチ 《ヒワ・アトリ類の小鳥の総称》⇒ bullfinch, chaffinch.

‡find /fáind/ 動 (found /fáʊnd/) ⓣ ❶ a 〈…を〉(偶然) 見つける, ふと見つける: ~ a coin on the sidewalk 歩道で硬貨を見つける / ~ a mistake in a newspaper article 新聞記事の中に誤りを見つける / They left everything as they found it. 彼らはすべてを見つけた時の状態のままにしておいた / [+目+doing] She found her baby still asleep. 見ると彼女の赤ん坊はまだ眠っていた / A man was found dead in the woods. 一人の男が森の中で死体で発見された / [+目+doing] I found him lying on the bed. 彼がベッドに横になっているのを見つけた / [+目+過分] He found a dog abandoned in the wood. 彼は一匹の犬が森に捨てられているのを見つけた. b [副詞(句)を伴って]《文》〈年・月・日などが〉〈人などを〉(…に) 見出す 《★受身・進行形なし》: Two days later found me at Rome. 2 日後私はローマにいた.

❷ a 〈探して〉〈人・ものを〉見つけ出す; 〈なくしたものなどを〉捜し出す; 〈人に〉〈もの・人を〉見つけてやる, 探してやる 《用法》通例進行形には用いないが, 反復・進行が強調される時には用いられる》: ~ the right man for a job 仕事の適任者を見つける / Have you found your car keys? 車のキーを見つけたかい / The dog was nowhere to be found. その犬はどこにも見つからなかった / [+目+目] Will you ~ me my contact lens?=Will you ~ my contact lens for me? ぼくのコンタクトレンズを見つけてくれないか / Please ~ her what she wants. 彼女の求めているものを探してやってください / [+目+doing] We found the missing girl wandering about the woods. 行方不明の女の子が森をさまよっているのを発見した. b [~ one's way で; 通例副詞(句)を伴って] 骨折って進む, たどり着く; 〈…に〉至る, 進む: ~ one's way home alone ひとりで家に帰り着く / We found our way to the hotel. 我々はホテルにたどり着いた. ❸ 《研究・調査・計算などで》〈答えなどを〉発見する, 見出す 《用法 この意味の時は find out を用いることが多い; ⇒ FIND out 成句》: ~ the answer to a problem 問題の答えを出す / F- the cube root of 71. 71 の立方根を求めよ / [+目+doing] The doctor found that she had cancer in her throat. 医師は彼女ののどにがんがあることを発見した / [+目+補] The system was found wanting. そのシステムは不十分だと判明した.

❹ a 〈…が…と〉認める; 〈…が…であると〉知る, 感じる, わかる: [+目+補(to be)補] They found his claim reasonable. 彼らは彼の主張はもっともとみた / They found the place deserted. そこは人気(ひとけ)のないことがわかった / I found it difficult to answer the question. その問題に答えるのは難しいと思った / I called at her house but found her out. 家を訪ねたが彼女は不在だった / "How do you ~ him?" "We've found him (to be) the right man for the job." 「彼はどうですか」「この仕事の適任者だとみています」 / She was found to be dishonest. 彼女はうそをついていることがわかった / [+(that)] I found that the car was stuck in the mud. 車が泥の中に入って動けなくなったのに気づいた / I'm sorry, I ~ (that) I can't help you. 申し訳ありませんが, お助けできません / It is usually found that such stories are untrue. 普通そんな話はうそだとわかる. b 〔…に〕〈喜び・困難などを〉経験する: He found no satisfaction in solving the problem. その問題を解決しても満足できなかった.

❺ a 〈必要なものを〉(なんとか) 手に入れる; 〈時間・金などを〉見つける; 〈勇気などを〉奮い起こす: ~ the capital for a new business 新しい事業を始める資金を調える / (時) time [courage] to do it それをする時間を作る[勇気を出す]. b 〈望ましいものを〉得る (ことになる), 受ける: The idea found general acceptance. その考えは一般に受け入れられた. c 〈器官の〉機能を獲得[回復]する, 〈…が〉使えるようになる.

❻ 〔~ oneself で〕: a 〈自分が…の状態[場所]にいるのに気づく; 〈…であるのに〉気づく; (気がついてみると) 〈…の場所 [状態] にいる, ある: [+目+補] ~ oneself alone 自分が一人でるのに気づく / ~ oneself in a dilemma 自分が板ばさみになっているのに気づく / After walking two or three hours they found themselves in a small village. 2, 3 時間歩いたら彼らは小さな村に着いた / How do you ~ yourself today? 今日の気分はいかがですか / [+目+doing] I found myself lying in my bedroom. 気がついてみると私は自分の寝室に横たわっていた. b 〔しばしば戯言〕 〈…としての〉 自分の天分[適性など]を知る, 適所を得る: He finally found himself (as a cook). 彼はついに (コックとしての) 天分を見出した.

❼ 〈ものが〉〈目標などに〉達する, 当たる; 流れつく: The arrow found its mark. 矢は標的に当たった / Water ~s its own level. 水は低いほうに流れる.

❽ [副詞(句)を伴って] 〈…が〉…に見つかる[いる, ある] (ことを知る) 《用法 意味が弱まって「存在」を示す there is [are]… の構文に近い意味を表わす; しばしば受身; 進行形なし》: Sparrows are found almost everywhere in Japan. スズメは日本のほとんどどこでも見られる.

❾ 〔法〕 〈陪審などが〉〈人を〉…と評決する, 判定する: [+目+補] "How do you ~ the accused?" "We ~ him guilty [not guilty, innocent]." 「被告人に対する評決はどうなりますか」「有罪[無罪]と評決します」 / [+(that)] The jury (court) found that the accused was not fit to plead. 被告人は (精神異常などで) 答弁できる状態ではないと陪審員[法廷]が判定した.

— ⓘ ❶ 〔法〕 〈陪審が〉〔…に 有利[不利] な〕 評決をする: The jury found for [against] the defendant. 陪審は被告人に有利な[不利な]評決をした. ❷ 見つける, 見出す:

Seek, and ye shall ~. 捜せ,そうすれば見出すであろう《★聖書「マタイ伝」から》.

áll fóund (英古風) 食事・部屋などが支給されて.

find fáult (with...) ⇒ fault 名 成句.　**find fávor with a person** ⇒ favor 名 3 a.　**find one's féet** ⇒ foot 名 成句.

find óut (他)(自) (1) [~+out+名] (調査などをして)…を見つけ出す, 発見する, 知る (about); 〈答えなどを〉考え出す; 〈なぞを〉解く《匯威 find out は調査・観察の結果見つけ出すことなので, 探して〈人・ものを〉見つけ出す時は用いない; cf. find 自 1): ~ *out* a person's address 人の住所を調べて見つける / [~+(*that*)] I *found out that* there's going to be a sale next week. 来週特売があることを知った / [~+*wh*.] We *found out where* he lives. 彼がどこに住んでいるかを突き止めた. (2) [~+目+out] 〈…の〉不正[犯罪(など)]を見つける[見破る]; 〈…の〉正体[真意]を見抜く; 〈犯人を〉見つける. ――(自)(副) (3) 見つけ出す. (4) […について]事実[真相]を知る: I went to the library to ~ out *about* wine making. ワイン造りのことを調べに図書館へ行った.

find one's tóngue ⇒ tongue 名 成句.

táke ... as one finds them [it etc.] …をあるがまま受け入れる.

――名 ❶ (財宝・鉱泉などの)発見;《英》《狩》キツネの発見: have [make] a great ~ すばらしい掘り出し物をする. ❷ [通例単数形で] 見つけもの, 掘り出し物; 注目される人: That restaurant is a real ~. あのレストランはまったくのめっけものだ. 〖OE〗

†**find·er** 名 ❶ 発見者, 拾得人: Finders, keepers.《口》発見者が所有者, 拾ったものは自分のもの. ❷ (カメラ・望遠鏡の)ファインダー (viewfinder). ❸ (方向・距離などの)探知器; 測定器.

fin de siè·cle /fǽndəsiékl/ 名 [the ~] (フランスなどで文芸方面に退廃的傾向が強く現れた) (19)世紀末 (cf. ninety 名 2 b). ――形 A ❶ 世紀末の. ❷ 退廃的の.〖F=end of the century〗

*‡**find·ing** /fáɪndɪŋ/ 名 ❶ U 発見. ❷ C [しばしば複数形で] 調査[研究]結果; 所見;《法》(裁判所の)事実認定,(陪審の)評決. ❸ [複数形で]《米》(職人が用いる)小さな道具, 材料, 付属品類.〖FIND+-ING〗

‡**fine**¹ /fáɪn/ 形 (fin·er; -est) **A** ❶ [通例 A] すばらしい, 見事な, りっぱな;(技能の)優れた, 優秀な: a ~ man すぐれた人 / a ~ play ファインプレー / a ~ specimen りっぱな標本 / a ~ musician 優れた音楽家 / his *finest* hour 彼が能力を発揮した時 / ~ clothes 美服. ❷ [限定なし]《口》〈人が〉とても元気で: "How are you?" "F~, thank you." 「ご機嫌いかが」「ありがとう, 元気です」《用法 通例返事には very ~ と fine と言う; ただし very well は極めて普通》. ❸ a 満足のいく, 申し分のない; 楽しい, けっこうな: have a ~ time 楽しい時を過ごす, 愉快である / That's ~ (with [by] me). =F~ (with [by] me). それでけっこうです / "Want some beer?" "No, I'm ~, thank you." 「ビールを飲まない」「いいえけっこうです」. **b** A [反語] ごりっぱな, けっこうな: That's a ~ excuse to make. そいつはけっこうな言い訳だね《それで弁解とは恐れ入る》 / A ~ friend you are! 君はごりっぱな友人だよ. ❹ [通例 A] **a** (外観・形状など)押し出しのりっぱな;《俗》魅力的な: a ~ young man ハンサムな青年 / ~ features 整った容貌. **b** 雄大な, 広々とした: a ~ view 壮大な眺め. ❺ [通例 A] 洗練された, 上品な, りっぱな; 上品ぶった: a man of ~ manners 上品な人 / a ~ character りっぱな人物. ❻〈天気がよく〉晴れた, 快晴の, 好天気の (fair): ~ weather 晴天 / a ~ day / one ~ day [morning] ある (晴れた)日[朝] (に)《用法 物語で常套句で用いられ, fine がほとんど無意味に用いられる》. ❼〈言葉・文章など〉華麗な, ひどく飾りたてた: a ~ piece of writing 美文 / say ~ things about... に お世辞を言う. ❽ A **a** (品質の)上等な; 精製した: ~ tea 上等の茶 / ~ sugar 精製糖. **b**〈貴金属など〉純度の高い, 純粋な; ...の純度の: ~ gold 純金 / gold 18 carats ~ 18 金.

――**B** ❶ [通例 A] 細かい; 織り目の細かい; きめの細かい (↔ coarse): (a) ~ dust [powder] 細塵[粉]/ a ~ rain [snow] 小ぬか雨[粉雪] / ~ lace 目の細かいレース / a ~ skin きめの細かな皮膚. ❷ 細い, ほっそりした: a ~ pen 先の細いペン / a ~ thread [wire] 細い糸[針金]. ❸ [通例 A]〈区別・操作など〉微妙な, 微妙な;〈細工など精巧な;〈感情など〉繊細な: a ~ distinction 微妙な区別 / a ~ line between A and B A と B を区別する微妙な線 / ~ tuning (ラジオ・テレビなどの)微調整 / a ~ sense of humor ユーモアを解する繊細な心. ❹ (尖端の)鋭い: a ~ edge [point] 鋭い刃[切っ先].

áll vèry fíne ⇒ all 成句.

fíne and [次の形容詞を強調して] とても, 大変.

nót to pùt tóo fíne a póint on it 露骨に言えば.

Vèry fíne! very 成句.

――副 (fin·er; -est) ❶《口》りっぱに, うまく: go ~ うまく行く / It suits me ~. 私には好都合だ / Don't worry. You'll do ~. 心配するな. 君ならちゃんとやれる / It worked ~. それはうまくいった. ❷ [複合語で] **a** 細かく: ⇒ finespun. **b** りっぱに, うまく: *fine*-spoken 口のうまい.

cút [rún] fíne ⇒ cut, run 成句.

――動 (fined; fin·ing) ❶ 〈...を〉細く[薄く]する, 精製する;〈ビール・ワインを〉清澄させる;〈金属などを〉精錬する;〈文章・計画などを〉より精細にする. ❷ 〈...を〉細くする, 細かくなる 〈*down*〉. ❸〈ビール・ワインが〉清澄になる.

――名 ⇒ fines.

〖F<L=細かに仕上げられた<*finire* 終わる<*finis* 終わり; cf. fine², finish〗 (名 finery)

*‡**fine**² /fáɪn/ 名 罰金, 科料: pay a $100 ~ *for* speeding スピード違反で 100 ドルの罰金を払う / He got off with a $100 ~ *for* speeding. 彼はスピード違反により 100 ドルの罰金で放免になった. ――動 他 〈...のかどで〉〈人に〉(ある額の)罰金を科する, 科料に処する: ~ a person *for* speeding スピード違反で人に罰金を科する / [~+目+目] He was ~d $50 *for* careless driving. 彼は不注意運転で 50 ドルの罰金を取られた.〖F *fin*<L *finis* 終わり; cf. final, fine¹, finish; affinity, confine〗

fi·ne³ /fíːneɪ/ 名《楽》フィーネ (楽曲の終止).

fine⁴ /fíːn/ 名 U (フランス産の)ブランデー; =fine champagne.

fine·a·ble /fáɪnəbl/ 形 =finable.

*‡**fine árt** 名 ❶ U 美術品. ❷ [the ~s] 美術 (絵画・彫刻・工芸・建築など). ❸ C 巧妙なわざ, 洗練されたテクニック. **hàve [gèt] ... dòwn to a fìne árt** ...をみごとに[完璧に], 徹底的に[できる]《ようになる》.

fine cham·pagne /fíːnʃɑːmpɑ́ːnjə/ 名 U フィーヌ・シャンパーニュ (フランス産の高級ブランデー).

fine chémicals 名 他 精製化学薬品 (医薬・香料など).

fine-dráw 動 他 縫い目の見えないように縫い合わせる, かけはぎする, 手際よく繕う.

fine-dráwn 形 ❶〈ほころびなど〉きれいに縫い合わされた. ❷〈針金など〉ごく細く引き伸ばした. ❸〈議論など〉精細を極めた.

fine-gráined 形 A ❶ きめの細かい. ❷《写》〈フィルムが〉微粒状の.

fine·ly 副 ❶ すばらしく, 見事に, りっぱに. ❷ 細かく; 細く. ❸ 繊細に.

†**fine·ness** 名 U ❶ 見事さ, りっぱさ. ❷ 細かさ; 細さ. ❸ 繊細さ.

fine prínt 名 [the ~]《米》(契約書などの)細字部分,《英》the small print《特に,契約者に不利な条件などを記した注意事項》.

fin·er·y¹ /fáɪn(ə)ri/ 名 U 美服, 華美な装飾品.〖FINE¹ +-ERY〗

fin·er·y² /fáɪn(ə)ri/ 名《冶》精錬炉, 精錬所.

fines /fáɪnz/ 名 他 細かい粒の集まり, みじん (ふるいにかけられた砂利・粉炭など).《冶》微粉.

fines herbes /fíːn(z)éəb/ -(z)éəb/ 名 他 フィーヌゼルブ (スープ・オムレツなどに香味を添えるための細かく刻んだパセリ・アサツキなど).〖F=fine herbs〗

fine-spún 形 ❶ 細く紡いだ. ❷ 繊細な, きゃしゃな. ❸〈学説・議論など〉精細な; 精密すぎて実際的でない.

fi·nesse /fənés/ [名] [U] ❶ 巧妙な処理, 技巧, 腕のさえ; 術策, 策略. ❷〘トランプ〙フィネッス《高点の札を残して低い点の札で場札を取ろうとすること》. ── [動] [他] ❶ 巧妙に[術策を用いて]行なう[もたらす]: He ~*d* his way through the exam. 彼は試験をうまく切り抜けた. ❷〘トランプ〙〈敵方の高点の札を〉フィネッスする. ── [自]〘トランプ〙フィネッスする. 〖F=fineness〗

fíne strúcture [名] [U]〘生・理など〙微細構造.

fíne-tòoth(ed) cómb [名] 目の細かいくし. **gò óver [thróugh]...with a fíne-tòoth(ed) cómb** …を入念[徹底的]に調査[吟味]する.

fíne-túne [動] [他] 微調整する.

fín·fòot [名] (複 ~s)〘鳥〙ヒレアシ.

Fín·gal's Cáve /fíŋg(ə)lz-/ [名] フィンガルの洞窟《スコットランド西部 Hebrides 諸島の Staffa /stǽfə/ 島にある洞窟》.

***fin·ger** /fíŋgə | -gə/ [名] [C] ❶ **a** (手の)指《[解説] 親指 (thumb) を含むことも含まぬこともある. 指を数える時には親指は含まれず, third finger (三番目の指)といえば薬指のこと; 足の指は toe; 指を使って数える時, 日本では親指から順に折っていくが, 英米では逆に最初こぶしを握り, 小指または親指から順に開く》: He pointed his ~ at me. ⇨ point [他] 1 a / He has more wit in his little ~ than I've ever seen you display. 彼は君よりはるかに知恵者だ《★相手に対して軽蔑的な表現》. **b** [通例複数形で] (手袋の)指. ❷ **a** 指状のもの: a ~ of black smoke 一条の黒煙. **b** (菓子などの)指形小片〔*of*〕: ⇨ fish finger. ❸《口》指幅〔*of*〕《液体などの深さを測る単位; 約 3/4 インチ》. ❹《俗》 **a** 密告者. **b** すり. **c** 警官.

be áll fíngers and thúmbs ⇨ thumb [名] [成句].

búrn one's **fíngers**《口》ひどい目にあう, 失敗する.

cróss one's **fíngers** (災難よけなどのために)中指を曲げて人さし指に重ねる; 幸先(さいさき)のよいことを祈る: I kept [had] my ~*s crossed* until the first sales reports came in. 最初の販売報告が入ってくるまで私はうまくいきますようにと祈っていた.

One's fíngers ítch 〈…したくて〉うずうずする〈*to* do〉.

gèt [hàve] one's **fíngers bùrned [bùrnt]** =burn one's FINGERS [成句].

gèt one's **fínger òut** =pull one's FINGER out [成句].

gíve a person the fínger《米口》(ファックの意で)手の甲を〈相手に〉向けて中指を立てる《軽蔑・憤怒などを表わす》.

háve a fínger in évery píe ⇨ pie [成句].

háve [kéep] one's **fínger on the púlse** ⇨ pulse[1] [成句].

hàve...at one's **fínger's tìps [ènds]** =have...at one's FINGERTIPS [成句].

hàve one's **fíngers in the tíll**《口》自分の働いている店の金を盗む.

kéep one's **fíngers cròssed** ⇨ cross one's FINGERS [成句].

láy a fínger on... [通例否定文・条件文で] …に手を出す, 触れる; けがをさせる: I wo*n't* let you *lay a ~ on* him. 彼には指一本も触れさせないぞ.

láy one's **fínger on...** =put one's FINGER on... [成句].

líft a fínger [通例否定文で]《口》(助ける)努力をする〈*to* do〉.

póint the fínger at...《口》〈人〉を公然と非難する.

póint the fínger of suspícion at...を疑う.

púll one's **fínger òut**《英口》(もう一度あらためて)一生懸命に仕事をし始める[努力する].

pút one's **fínger on...** [通例否定文で] …を的確に指摘する, 見つける.

pút the fínger on...《口》〈犯人〉を(警察に)密告する.

pùt [stíck] twó fíngers ùp at ...《英口》…に向かって手の甲を外側にして 2 本指を立てる《give a person the FINGER と同様, 軽蔑・憤怒などのしぐさ》.

ráise a fínger=lift a FINGER [成句].

slíp through a person's fíngers (1) 指の間から落ちる. (2) 〈機会・金銭などが〉人から逃げる, 失われる, なくなってしまう: I let the chance *slip through* my ~*s*. 私はみすみす機会を取り逃がしてしまった.

snáp one's **fíngers** (1) (指を鳴らして)人[ボーイ(など)]の注意をひく; 曲に合わせて指を鳴らす. (2)〔…を〕軽蔑する, 無視する〔*at*〕.

tàke one's **fínger òut**=pull one's FINGER out [成句].

twíst [wínd, wráp] a person (a)róund one's **líttle fínger** 〈人を〉意のままにあやつる, 丸め込む.

wórk one's **fíngers to the bóne**《口》一生懸命に働く.

── [動] [他] ❶ 〈…を〉指で触る[いじる]. ❷《主に米口》〈人を〉警察に密告する〔*for, as*〕. ❸ [副詞(句)を伴って] 〈曲を〉(…の運指法で)指でひく; 〈楽譜に〉運指法を示す.

〖OE; 原義は「5」で five と同語源; cf. fist〗 ([関形] digital)

fínger àlphabet [名] 指話アルファベット.

fínger·bòard [名] (バイオリンなどの)指板.

fínger bòwl [名] フィンガーボール, 指洗い鉢《dessert の後に水を入れて出す小鉢》.

finger bowl

fínger·drỳ [動] [他] 〈髪を〉(ドライヤーを用いないで)指でセットする.

fín·gered [形] ❶ [通例複合語で] 指が…の: long-*fingered* 長い指の / ⇨ light-fingered. ❷ 〈家具など〉指跡のついた[よごれた]. ❸〘植〙〈果実・根が〉指状の; 〈葉など〉手のひら状の.

fínger fòod [名] [U] 指でつまんで食べる食べ物《ニンジン・ラディッシュや材料を小さめに切ってフライにしたものなど》.

fínger hòle [名] (管楽器・電話機のダイヤル, ボウリングのボールなどの)指穴.

fin·ger·ing[1] /fíŋg(ə)rɪŋ/ [名] [U] ❶〘楽〙運指法; 運指記号. ❷ 指いじり, つまぐり.

fin·ger·ing[2] /fíŋg(ə)rɪŋ/ [名] [U]〘紡〙ウステッドの諸撚(もろより)糸《手編み用の細毛糸》.

fínger lànguage [名] [U] (ろうあ者間の)指話(法)《finger alphabet を組み合わせて言葉とする》.

fínger·less [形] 指なしの, 無指の; 指を失った.

fínger-lìcking《口》[副] [形] (食べ物をつまんだ)指をなめたくなるほど(おいしい).

fin·ger·ling /fíŋgəlɪŋ | -gə-/ [名] ❶ (サケ・マスの)幼魚, 小魚. ❷ 非常に小さいもの.

fínger màrk [名] (よごれた)指の跡.

+fínger·nàil [名] 指のつめ (⇨ nail [関連]).

fínger pàint [名] [U] フィンガーペイント《ゼリー状のえのぐ; 湿った紙の上に指でのばして絵を描く》. **fínger-pàint** [動] [自]

fínger pàinting [名] ❶ [U] 指絵画法. ❷ [C] 指絵画法で描いた絵.

fínger·pìcking [名] [U]〘楽〙フィンガーピッキング《ギターなどの弦楽器をピックを使わないで, 指の先で奏する方法》. **fínger·pick** [動] [自]

fínger·plàte [名] (ドアの)指板《ドアに指跡がつかないように取っ手やかぎ穴の上下に張った板》.

fínger·pòst [名] ❶ (方向を示す指形の)道標, 道しるべ. ❷ 指針, 手引き書〔*to*〕.

+fínger·prìnt [名] 指紋: take a person's ~*s* 人の指紋をとる. ── [動] [他] 〈人の〉指紋を取る; 〈ものから〉指紋を採取する.

fínger·spèlling [名] [U] 指話による伝達.

fínger·stàll [名] (革・ゴム製の)指サック《傷の保護用》.

+fínger·tìp [名] ❶ 指先. ❷ 指サック. **hàve...at** one's **fíngertips** (1) (すぐ利用できるように)…を用意している. (2) …に精通している, …を何でも知っている: He *has* all the relevant facts *at his ~s*. 彼はあらゆる関連事実をよく知っている[いつでも明らかにできる]. **to** one's **[the] fíngertips** 完全に: a sportsman *to the ~s* 申し分のないスポーツマン.

fínger wàve [名]〘調髪〙フィンガーウェーブ《水やセットローションで湿らせた髪を指で巻きながらウェーブさせる》.

fin·i·al /fíniəl | fáɪ-/ [名] 頂部装飾《寝台の柱・ランプの笠などの上の》;〘建〙頂華(ちょうげ), フィニアル《切妻・尖塔の頂部の装飾》.

fin·i·cal /fínɪk(ə)l/ [形] =finicky. **~·ly** /-kəli/ [副]

fin·ick·ing /fínɪkɪŋ/ [形] =finicky.

fin·ick·y /fínɪki/ [形] ❶ (体裁などを)ひどく気にする, 気

fin·ing /fáɪnɪŋ/ 名 [U.C] 《窯·醸》(ガラス液・ワインなどの)清澄(法), ファイニング; [しばしば複数形で] 清澄剤.

fin·is /fínɪs/ 名 [U] 終わり《本の巻末・映画の終わりなどに記す》. 《L=終わり》

※**fin·ish** /fínɪʃ/ 動 ❶ 〈…を〉終える, 済ます, 完了する, 完成する: ~ school 卒業する/ 学校が終わる / Have you ~ed your breakfast? 朝食は済みましたか 〔+to do〕 He ~ed reading the book. 彼はその本を読み終えた《用法 begin の場合とは違って〔to do〕を用いない》. ❷ 〈飲食物をすっかり飲[食]べ平らげる; 〈ものを〉使い果たす: We've ~ed off [up] every bit of liquor in the house. 家中の酒を残らず飲み尽くした / We've ~ed off the last of our fuel oil. 燃料油をすっかり使い果たした. ❸ 〈…に〉(最後の)仕上げをする, 磨きをかける: His work was finely ~ed. 彼の作品は見事に仕上げがされていた / She ~ed off her education at Harvard. 彼女はハーバード大学で教育の最後の仕上げをした. ❹ 〔口〕〈人を〉参らせる, へとへとにさせる: The swim almost ~ed him (off). あの泳ぎで彼はへとへとになってしまった. ❺ 〈…を〉やっつける, 殺す 〈off〉. ❻ 〔レースなどを〕(何着で)ゴールインする. —— 📶 ❶ 終わる, 済む; 結局[最後は](…)になる[で終わる]: What time does the play ~? 芝居は何時に終わりますか / We ~ed by singing 〔~ed with〕the national anthem. 国歌斉唱で終わりとなった / I shall ~ up with a nocturne by Chopin. ショパンの夜想曲をひいて終わりにしましょう / ~ up wasting money 金をむだに使って終わる[してしまう] / ~ up in Paris 最後にパリにたどり着く. ❷ 〔副詞(句)を伴って〕(何位で)終える[何着に]ゴールインする: ~ first [second, third] 1 [2, 3]位[着]になる. **fínish with** 〔通例完了形で〕(1) 〈ものを〉使い終わる, 〈…の〉用を済ます: Have you ~ed with this book? この本はもう読み終えましたか. (2) 〔口〕〈人〉との関係を断つ, 別れる; 処罰し終える. (3) 〔口〕…を終える: I have [am] ~ed with this foolishness. こんなばかなことはもうやめた. 〔通例単数形で〕終わり, 終結, 最後; 終局, 最終段階, ゴール: fight to the ~ 勝負がつくまで戦う / be in at the ~ (試合・けんかなどの)最後にいる, 最後まで見届ける, 結果を見届ける / from start to ~ 初めから終わりまで《★無冠詞》 / That was a close ~. ゴールインは接戦だった. ❷ [U.C] a (最後の)仕上げ, 磨き(の上塗り): a plaster ~ しっくいの上塗り. ❸ つや出し, 磨き. 〔F<L finīre 終わる<finis; cf. fine²〕【類義語】**finish** 目的を達成し, 立派に仕上げをして終える. **end** 目的を達成したかどうかに関わらず, 今までやっていたことを終える[止める]. **close** 開かれていたものを意図的に終える[打ち切る]. **conclude** 決着・結論を出して, あるいは予定通りに終わらせる. **complete** 初めから終わりまで抜かりなく完全に終える. **terminate** 長く続いたものを, 予定の期限・限界に来てその状態を止める.

+**fin·ished** 形 ❶ a 〈仕事・製品などを〉終えた, 完成した; 仕上がった: ~ goods 完成品. b [P] 〔口〕〈人などが仕事などを〉終えて, 済ませて: I'm ~ now. もう(仕事は)終わった. c [P] 〈ものが〉終わった, 済んで; 〈人との関係が絶たれて, 絶交して (over): Everything is ~. すべてが終わった / We're ~. 彼女[彼]とは手を切った; もう君とは絶交だよ《★相手に向かって言う》. ❷ 過去のものとなり, 零落した; 望みを絶たれた: I'm ~. もうだめだ. ❸ (教養などの点で)完全な, 申し分のない, あか抜けた, 洗練された: His poetry displays a ~ style. 彼の詩は洗練されたスタイルで書かれている.

fin·ish·er 名 ❶ 完成者, 完走者. ❷ 仕上げ工[機械]. ❸ 〔口〕決定的なこと[事件].

fin·ish·ing 名 [U] ❶ 終わりの仕上げ. ❷ 〔形容詞的〕仕上げの: a ~ coat (ペンキなどの)上塗り / the ~ touch 仕上げの(一筆など).

finishing school 名 [U.C] 教養学校《解説 若い女性に社交界に出るための教養・身だしなみを教える私立学校》.

finishing stroke 名 [the ~] 最後[とどめ]の一撃.

finish line 名 《米》(競走の)ゴール地点.

+**fi·nite** /fáɪnaɪt/ 形 ❶ 限定[制限]されている; 有限の (↔ infinite). ❷ 《文法》 定形の (↔ non-finite): ⇒ finite verb. ~**·ly** 副 ~**·ness** 名

finite verb 名 《文法》定(形)動詞《主語の数・人称・時制・法により限定された動詞の形》.

fi·ni·tism /fáɪnaɪtɪzm/ 名 [U] 《哲》有限論, 有限主義.

fi·ni·to /fíːniːtoʊ/ 形 〔口〕終わった, 済んだ.

fi·ni·tude /fínət(j)uːd, fáɪ- | -tjuːd/ 名 [U] 有限性.

fink /fíŋk/ 名 《米俗》 ❶ 気に入らないやつ《★相手がちょっとしたことで気に入らないことをしたり言ったりした時に若者同士で使う》. ❷ 《警察の》スパイ, 密告者. ❸ 《古風》スト破り. —— 動 📶 〈人のことを〉密告する 〈on〉. **fínk óut** 〔《米》+副〕約束を破る, 手を引く.

Fin·land /fínlənd/ 名 フィンランド《北ヨーロッパの共和国; 首都 Helsinki》.

Fin·land·i·za·tion /fínləndɪzéɪʃən | -daɪz-/ 名 [U] フィンランド化《ヨーロッパの非共産国がソ連に対してとった中立的な外交政策; そのような政策への転換》. **Fin·land·ize** /fínləndaɪz/ 動 ⑨ フィンランド化させる.

+**Finn** /fín/ 名 ❶ フィンランド人. ❷ フィン族の人.

Finn. 《略》Finnish.

fin·nan had·die /fínənhædi/ 名 燻製(くんせい)のハドック (haddock).

finnan háddock 名 =finnan haddie.

finned ひれをもった〔複合語で〕ひれが…の, …びれの.

finnes·ko /fínzkoʊ/ 名 (像 ~) 外側が毛皮のトナカイ革の長靴.

+**Finn·ish** /fínɪʃ/ 形 ❶ フィンランド(人, 語)の. ❷ フィン族の. —— 名 [U] フィンランド語. (名 Finland, Finn)

fin·ny /fíni/ 形 ひれ状の; ひれをもつ.

fi·no /fíːnoʊ/ 名 (像 ~s) フィノ《淡色で辛口の(スペイン産)シェリー》. 〔Sp=fine¹〕

fín whàle 名 =finback whale.

fiord /fiɔ́ːd | fiɔː́d, fiɔ́ːd/ 名 =fjord.

fi·o·ri·tu·ra /fìːrətúərə | -t(j)ʊərə/ 名 (像 -re /-reɪ/) 《楽》フィオリトゥーラ, 装飾.

fip·ple /fípl/ 名 《楽》(フルートの歌口やオルガンのパイプを調節する)詰め栓, フィブル.

fípple flùte 名 《楽》フィブルフルート (fipple の付いている縦笛: リコーダー・フラジョレットなど).

+**fir** /fə́ː | fə́ː/ 名 ❶ [C] 《植》モミ《★クリスマスツリーとして用いる》: ⇒ Douglas fir. ❷ [U] モミ材.

fír còne 名 もみの木の実.

※**fire** /fáɪə | fáɪə/ 名 ❶ [U] 火; 火炎 《比較》 マッチ・ライターの「火」は light》: F- burns. 火は燃える; 火はやけどをさせる / Where there's smoke there's ~. =There's no smoke without ~. 《諺》火のないところに煙は立たない. ❷ [U.C] 火事, 火災: a forest ~ 山火事 / put out a ~ 火事を消す / There was a terrible ~ here last year. 去年は当地で大火事があった / A ~ broke out last night. 昨夜火事があった / We have many ~s in winter. 冬には火事が多い / the Great F- of London ロンドンの大火 (1666年) / insure one's house against ~ 家に火災保険をかける. ❸ [C] a (暖房・料理用の)火, 炉火, 炭火, たき火; おき火: make [light] a ~ 火をたく[起こす] / stir the ~ 火をかき立てる / lay a ~ 火を燃やすようにする / a false ~ (敵をおびき寄せるための)おとり火. b 《英》暖房器, ヒーター((米) heater): an electric [a gas] ~ 電気[ガス]ヒーター. 《米》(銃砲の)発射, 射撃; 銃火, 砲火: Commence ~! [号令で] 撃ち方始め! / cease ~ 発射をやめる; [号令で] 撃ち方やめ! / hold (one's) ~ 発砲をひかえる / return (one's) ~ 撃ち返す / random ~ 乱射 / a line of ~ 弾道, 射方向 / ⇒ cross fire 1 / ⇒ running fire. ❺ [U] 情火, 情熱; 熱情, 熱列さ; 興奮; 激怒. ❻ [U] (発)熱; 炎症. ❼ [U] 《文》火のような輝き, きらめき, 光輝.

betwèen twó fires 《文》腹背に敵の砲火を受けて; はさみ打ちになって.

cátch fire (1) 火がつく: The house *caught* ~. その家に火がついた. (2) おもしろくなる, 活気が出る.

dráw a pérson's fíre 人の攻撃[敵意, 批判]を招く.

fíght fíre with fíre 相手と同じ手段[手口]で対抗する; 批判に対して批判で応える.

fíre and brímstone 火と硫黄(いおう), 地獄の責め苦, 天罰

fire alarm

(《★聖書「創世記」などから》).

fire and swórd (戦争の)焼き払いと殺し, 戦禍.

gó through fíre (and wáter) 《古風》〔...のために〕水火をいとわない, あらゆる危険を冒す〔*for*〕.

háng fire (1) 行動[決定(など)]を先に伸ばす, 待つ. (2) ぐずつく, 手間取る.

háve a fire in one's bélly 《口》熱意がある, やる気がある.

hóld fire (1) =hang FIRE 成句. (2) ⇨ 4.

líght a fire únder a person 《米》〈人〉に行動[決断]をせきたてる, 〈人の尻〉に火をつける.

on fire (1) 火災を起こして, 燃えて (burning): When we arrived, the hotel was *on* ~. 我々が着いたときにはホテルは炎上していた / ⇨ set...on FIRE (1). (2) 興奮して, やっきになって: He's *on* ~ with rage. 彼は真っ赤になって怒っていた. (3) 《文》《身体の一部が》痛んで, 苦しくて.

ópen fire 〔...に〕発砲する〔*on*〕. 〔...〕〈事〉を始める.

pláy with fíre 火をいじる; 火遊びする. 《 危険なことに手を出す.

púll...óut of the fíre 〈勝負などの〉失敗を成功に転ずる, 〈勝負〉を盛り返す.

sét...on fíre=sèt fíre to... (1) ...に火をつける, に放火する. (2) ...を興奮させる, 激させる. ★用法 (1), (2) とも「...」を主語にして受身可.

sét the wórld〔《英》**Thámes**〕**on fíre** 〔通例否定文で〕《英》華々しいことをして名を揚げる, 目覚ましいことをする.

táke fire =catch FIRE 成句.

ùnder fire (1) 砲火を浴びて. (2) 非難[攻撃]を受けて.

— 動 ❶ 〈銃砲・ミサイルなど〉を発射する, 発砲する; 〈矢〉を射る〔*at*, *into*, *on*〕: ~ a shot 一発撃つ / ~ a salute 祝砲を放つ / The hunter ~*d* a round at the ducks. 猟師はカモに向かって一発発砲した. ❷ 〈人〉をお払い箱にする, 首にする (sack): hire and ~ staff スタッフ[職員]を雇用・解雇する / The cook was ~*d*. 料理人は首になった. ❸〔...に〕質問・非難などを浴びせる: ~ questions *at* a person 人に質問を浴びせる. ❹ 〈感情を燃え立たせる, 〈想像力〉を刺激する; 熱中させる: ~ the [a person's] imagination 想像力をかき立てる / The boy was ~*d with* the desire to visit Japan. 少年の心は日本に行ってみたいという念に燃え立った. ❺ 〈れんが・陶器など〉を焼く. ❻〔...に〕燃料を供給する. ❼ 〈エンジンなど〉を始動させる. ❽《古》〔...に〕火をつける; 放火する.

— 自 ❶ **a** 〈銃砲が〉発火する. **b**〔...に〕発砲[射撃]する〔*at*, *into*, *on*, *upon*〕: We ~*d at* the enemy. 我々は敵を狙撃した / The gun emplacement ~*d on* the battleship. 砲台はその軍艦に発砲した. ❷〈内燃機関が〉発火する, 始動する. ❸《古》熱する, 興奮する.

fíre awáy 自+副 《口》〔...に〕遠慮なしに言う, どしどし質問を続ける (shoot¹): F~ *away*. どうぞおっしゃってください, 何でも質問してください / The reporters ~*d away at* the Prime Minister. 記者団は首相に向けてやつぎばやに質問を浴びせかけた.

fire báck 他+副 (1) 〈回答・反論など〉を即座に返す. — 自+副 (2) すぐに回答[反論]する.

fire óff 他+副 (1) 〈弾丸〉を発射する. (2) 〈郵便・電報など〉を〈...に〉急送する〔*to*〕. (3) 〈言葉・質問など〉を〈...に向けて〉連発する〔*at*〕.

fíre úp 他+副 《口》(1) 《主に米》〔...に〕火をつける; 〈エンジン〉をかける, 〈機械など〉を始動[起動]する. (2)〈人〉を熱中[熱狂]させる, 興奮させる, ひどく怒らせる (★ 通例受身).

《OE》 (形 fiery)

fire alàrm 名 ❶ 火災警報. ❷ 火災報知機.

⁺**fire·àrm** 名〔通例複数形で〕火器; (特に)小火器 (短銃など).

fire·báck 名 ❶ 炉の背壁 (炉火を反射させる). ❷《鳥》コシアカキジ《東南アジア産; 最も鶏に近い》.

fire·báll 名 ❶ 火の玉, 稲妻; 大流星. ❷《核爆発の際に生ずる》火球. ❸《野》速球. ❹《口》エネルギッシュな人; 野心家, やり手.

fire·báll·ing 形《豪》速球を投げる.

fire bèll 名 出火警鐘, 半鐘.

fire blànket 名《ファイバーグラス製などの》消火用毛布.

fire blìght 名 U《植》火傷病《ホップ・果樹の葉が火傷のようになる病気》.

fire·bòat 名 消防艇.

fire bòmb 名 ❶ 焼夷(ょっ)弾. ❷ 火炎瓶. — 動 他 焼夷弾[火炎瓶]で攻撃する.

fire·bòx 名《ボイラー・機関の》火室.

fire·brànd 名 ❶《激情》をあおる者, 扇動者, やっけ役. ❷ たいまつ; 燃え木.

fire·brát 名《昆》マダラシミ.

fire·brèak 名《森林・草原中の》防火線[帯] (fire line) 《樹木を切り払ったりした地帯》.

fire·brìck 名 耐火れんが.

⁺**fire brigàde** 名〔集合的; 単数または複数扱い〕《英》= fire department; (特に直接消火にあたる)消防隊.

fire·bùg 名《口》放火者[魔].

fire chíef 名《米》❶ 消防署長. ❷ =fire marshal.

fire·clày 名 U 耐火粘土《耐火れんがの原料》.

fire còmpany 名 ❶《米》消防隊. ❷《英》火災保険会社.

fire contròl 名 ❶ 防火; 消火. ❷《軍》射撃[砲弾]管制.

fire·cràcker 名 爆竹.

fire crèst 名《鳥》キクイタダキ.

fired 形〔通例複合語で〕(...)を燃料とする: a coal-*fired* furnace 石炭を燃料とする炉.

fire·dàmp 名 U《炭坑内に生じる》爆発ガス.

⁺**fire depártment** 名《米》〔集合的; 単数または複数扱い〕消防署[部]; 消防署[部]員, 消防隊《英》fire service, fire brigade》.

fire·dòg 名《炉の》まきのせ台.

fire dòor 名 ❶ 防火戸[扉]. ❷《炉などの》たき口.

fire·dràke 名 火竜《特にゲルマン神話の火を吐く竜で, 財宝の守り手; 民間伝承では, 時に処女の守り手[誘拐者]》.

fire drìll 名 C U 消防演習; 防火[避難]訓練《英》fire practice》.

fire·èater 名 ❶ 火食い術の奇術師. ❷ 血気にはやる人, けんか早い人.

fire·èating 名 U 火食い術.

fire èngine 名 消防(自動)車 (《米》fire truck》.

fire-èngine réd 名 U《消防車のような》あざやかな赤.

fire escàpe 名 火災避難装置《非常階段や避難ばしごなど》.

fire extínguisher 名 消火器 (extinguisher).

fire·fìght 名 銃撃戦, 射撃戦.

fire·fìghter 名 消防士[団員] (cf. fireman 1).

fíre fìghting 名 U 消火活動, 消防.

fire·flỳ 名《昆》ホタル.

fire·guàrd 名 ❶《暖炉前の》火よけついたて《《米》fire screen). ❷《米》防火警備員.

fire hòse 名 消火ホース.

fire·hòuse 名《米》=fire station.

fire hỳdrant 名《米》消火栓 (hydrant).

fire insùrance 名 U 火災保険.

fíre ìrons 名 複 炉辺具《tongs, poker, shovel など》.

fíre·less 形 ❶ 火のない. ❷ 活気のない.

fíreless cóoker 名 蓄熱調理器[鍋].

fire·lìght 名 U 火明かり; 炉火の光.

fire lìghter 名 C U《英》たきつけ.

fire lìne 名《森林の》防火帯 (firebreak).

fire·lòck 名 火縄銃, 火打ち石銃.

⁺**fire·màn** /fáɪərmən | fáɪə-/ 名 (複 **-men** /-mən/) ❶ 消防士, 消防団員《★公用語としては firefighter が用いられる傾向にある》. ❷ (炉・機関の) 火夫. ❸《米口》《野》救援[リリーフ]投手, 消火し役.

fire màrshal 名《米》消防副長.

fire òffice 名 火災保険会社.

fire òpal 名 火蛋白石, ファイアオパール.

⁺**fire·plàce** 名 /fáɪəplèɪs | fáɪə-/ 名 ❶ 暖炉, 壁炉, ファイアプレース《壁に造りつけた炉》; 一家だんらんの中心となる場所; cf. hearth 1).

fire·plùg 名 =fire hydrant.

fire・pow・er 图 ① 〔軍〕火力〔兵器の破壊力〕. ② (活動)能力, もてる力.
fire práctice 图 C,U 〔英〕防火訓練 (fire drill).
fire-proof 形 防火の, 耐火性の; 不燃性の. ── 他 耐火性にする.
fír・er /fáɪ(ə)rə | -rə/ 图 ① 点火物; 点火装置, 発火器, 銃, (特定の型の)火器. ② 発火[装砲]者; (窯(ﾍﾝ)などの)火入れ工; 放火犯.
fire ràiser 图 〔英〕放火者[魔].
fire-ràising 图 U 〔英〕放火罪.
fire-retárdant 形 難燃性の, 燃えにくい.
fire sàlamander 图 〔動〕マダラサラマンドラ〔黒い皮膚に赤・オレンジ・黄の模様のある尾の短い夜行性イモリ〕.
fire sàle 图 〔商〕焼け残り品の特売, 処分特売, 大安売り.
fire scrèen 图 ①炉格子. ②炉の飾り.
fire sérvice 图 〔英〕=fire department.
fire・side 图 [通例 the ~] ①炉辺, 炉端(ﾍﾞﾀ). ②家庭, 一家団欒(ﾀﾝ). ③ A 炉辺の, 炉端での: a ~ chat 炉辺談話, おしゃべり〔米国大統領 F. D. Roosevelt が政見発表の形式として採った〕炉辺談話.
fire stárter 图 焚(ﾀ)きつけ〔〔英〕firelighter〕.
fire stàtion 图 消防署.
fire stèp 图 =firing step.
fire・stòne 图 U 耐火石材.
fire・stòrm 图 ① (大火などによって生じる)火事あらし. ②〔米〕(怒り・抗議などの)激発.
fire-thòrn 图 =pyracantha.
fire tòngs 图 火ばさみ.
fire tòwer 图 〔米〕(山頂などにある)火の見やぐら.
fire-tràp 图 火災のとき燃えやすい〔逃げ口のない〕建物(など).
fire trùck 图 〔米〕=fire engine.
fire wálking 图 U 火渡り〔火の中や焼け石の上をはだしで歩く; 宗教儀式・裁判法として行なわれるもの〕. **fire wàlker**
fire-wàll 图 ①〔建〕防火壁. ②〔電算〕ファイアーウォール〔外部からの侵入を防ぐために LAN とインターネットの間に介在させる保安用のシステム〕. ③〔証券〕ファイアーウォール〔金融機関の銀行業務と証券業務の分離に関する規定〕.
fire wárden 图 〔米〕火災監視人, 防火責任者.
fire-wàtcher 图 〔英〕(特に空襲時の)火災監視人.
fire-wàter 图 U 〔口〕火酒, 強い酒〔ウイスキー・ジン・ラム酒など〕.
fire-wèed 图 火跡(ｱﾄ)地雑草〔開墾地・焼跡などに生えるやっかいな雑草〕, (特に)ダンドロギク, (または)ヤナギラン (willow herb).
+**fire・wòod** 图 U まき, たきぎ.
+**fire・wòrk** 图 ① a [通例複数形で] 花火: set off [light] ~s 花火に火をつける. b [複数形で] 花火大会. ② [複数形で] a 才気のひらめき. b 感情の激発; 怒り: ~s of rage 怒りの激発.
fir・ing /fáɪ(ə)rɪŋ/ 图 U ① 発火, 点火; 発砲, 発射. ② U 火に当てる[かける]こと; (陶器などの)焼成; (茶を)ほうじること. ③ U 燃料, 薪炭. ④ U,C 解雇.
firing líne 图 [the ~] ①〔軍〕a 火線, 放列線(の兵士). b 火線部隊. ② (活動の)第一線. **be on [〔英〕in] the firing line** (攻撃・非難などの)第一線[最前線]にいる.
firing squàd 图 ① [集合的; 単数または複数扱い]〔軍隊葬の〕弔銃発射部隊. ②銃殺刑執行隊.
firing stèp 图 (塹壕内の)発射踏台〔射撃・敵情観測用〕.
fir・kin /fɑːkɪn | fɑː-/ 图 ① (バターなどを入れる)木製小おけ(8–9 ガロン入り). ②〔英〕ファーキン〔容量単位; = ¼ barrel, 約9 ガロン〕.
✱**firm¹** /fɑːm | fɑːm/ 形 (~・er; ~・est) ① (質の)硬い, 堅い; 堅く引き締まった: a substance 硬い物質. ② ぐらつかない, しっかりした (secure); 力強い: a ~ decision 固い決心 / be ~ on one's legs しっかり(足で)立っている / on ~ ground 確かな基礎[論拠]に立脚している / walk with a ~ step しっかりした足どりで歩く / keep a ~ hold on...をしっかりつかまえている. ③ [通例 A] 信念・主義が変わらない, 確固とした; 最終的な, 確定した: (a)

673 **first**

~ friendship 固い友情 / a ~ faith ゆるぎない信仰 / ~ evidence 確固たる証拠. ④〔態度などを〕きっぱりした, 断固とした, 強硬な: a ~ hand しっかりとした〔厳しい〕扱い / be ~ with one's students 生徒に対して断固とした態度をとる. ⑤ [通例 A] 〔商〕〈市価が〉手堅い, 〈市況が〉引き締まりの, 堅調の 〔against〕. ── 副 (~・er; ~・est) しっかりと, 堅く〔★主に次の句で〕: **hold** ~ (to...) (...を)しっかり捕らえて離さない / **stand** ~ (**on** ...) (...に)しっかりと立つ; (...で)断固として譲らない. ── 自 ①〔商〕〈株式など〉が安定する; 手堅く上昇する〔to, at〕; 固まる, 安定する 〔up〕. ── 他〔物価など〕を安定させる. **fírm úp** (他+副) (1) 明確にする, 確定する. (2)〈身体を〉引き締める. (3)〈物価など〉を安定させる. 〔F<L firmus 堅固な; cf. affirm, confirm, firm²; farm〕
【類義語】**firm** 物体の中身が密度高くつまっていて, 簡単には形を崩すことができない; 弾力性的もある. **hard** 強く, 堅いため, 貫いたり, 切ったり, こわしたりできない. **solid** ものの中味が詰まっていて重量を伴って硬い; がっちりした構造で均一な堅さを意味する.

✱**firm²** /fɑːm | fɑːm/ 图 会社, (特に合資経営の)商会, 商店: a law ~ 法律事務所. 〔It = 署名 < firmare 署名する < L ~を確認する < firmus ↑〕【類義語】⇒ **company**.
fir・ma・ment /fɑːməmənt | fɑː-/ 图 [通例 the ~] ①〔文〕大空, 蒼穹(ｿｳｷｭｳ), 天空. ② (活動の)領域, 界.
fir・man /fɑː(ː)mli | fɑː-/ 图 (トルコ皇帝の)勅令; 免許状, 旅行免状. 〔Turk < Pers〕
+**firm・ly** /fɑːmli | fɑːm-/ 副 (**more** ~; **most** ~) ① 堅く, 堅固に; しっかりと. ② 確固として: I'm ~ resolved to oppose the bill. 私は断固としてその法案に反対する(覚悟だ).
+**firm・ness** 图 U ① 堅さ, 堅固. ② 断固とした態度, 強硬.
firm・wàre 图 U 〔電算〕ファームウェア〔ハードウェアで実行されるソフトウェア機能〕.
fir・ry /fɑːri | fɑːri/ 形 モミ (fir) の, モミ材の; モミの多い.
✱**first** /fɑːst | fɑːst/ 〔序数の第1番; ★しばしば 1st と略記; 基数は **one**; 用法は⇒**fifth**〕 形 ① [通例 the ~, one's ~] 第1(番目)の, 最初の, 先頭の (↔last): the ~ snow of the season 初雪 / the ~ man I saw on arrival 到着最初に会った人 / take the ~ train (駅での)最初に来た列車に乗る / The F- Chapter (=Chapter One) 第1章 / Henry the F- ヘンリー1世〔★通例 Henry I と表記〕/ her ~ book 彼女の処女作(彼女が初めて書いて[読んだ]本) / the ~ two [three, four] years 初めの 2[3, 4]年〔用法〕数字とともに用いる時は数字の前におく; ただし数詞が少ない数の時は後も可〕/ She is ~ in line [the race]. 列の先頭[レースで 1 着]だ. ②(順位・重要度などが)第1位の, 第一級の, 一等の; 一流の: win the ~ prize 1 等賞を取る〔★通例無冠詞〕/ the ~ novelist of our day 今日最大[最高]の小説家 / Our ~ consideration was the price. 最初に考慮すべきは価格に. ③ [the ~; 否定文に用いて] 少しの(...もない): He hasn't the ~ idea (of) what I mean. 彼は私の言うことが少しもわかっていない. ④〔車〕第1速の, ファースト(ギヤ)の.
── 副 ① **a** (時・順位など)第1位に, (他の人・物より)先に: put quality ~ 質を最優先する / stand ~ 第1位に立つ / rank ~ 第1位にいる / come in ~ (競走で)1着になる / Friends come ~. 友人は一番大切だ / F- come, ~ served. 先着者から先に接待, 早いもの勝ち. **b** (車)で. ② (何はさておいても)まず: When I arrive there I must ~ make a phone call. 先方へ着いたらまず電話をかけなくてはならない. ③ [通例動詞の前に用いて] **a** 初めて〔★ for the second [third] time (二[三]度目に)に対する): when I ~ visited Kyoto 初めて京都を訪れたとき. **b** 最初のころ (initially): When I ~ arrived in Japan I didn't speak any Japanese. 日本に着いたばかりのころは日本語はひと言も話せなかった. ④ [second(ly), third(ly) (第二[三]に)と列挙する時に文頭に用いて] まず第一に, 最

初に (firstly). ❺ [would, will とともに用いて] (…するくらいなら)まず(…する), むしろ(…のほうを選ぶ), いっそ(…のほうがよい): He said he *would* die ~. 彼は(そんなことをするくらいなら)いっそ死んだほうがよいと言った ／ *I'll* see you in hell ~. (口) そんなことをだれがするものか (★ かなり強い調子で言うけんか腰の拒絶).

first and fóremost 真っ先に, いの一番に: Music is, ~ *and foremost*, something to be enjoyed. 音楽はまず何よりも楽しむべきものである.

first and lást 前後を通じて, 総じて, 概して: Quality is ~ *and last* the only requirement. 質のよいことが全体を通じて唯一の必要条件だ.

first of áll (1) まず第一に: *F~ of all* he told us about his trip. 彼はまず第一に旅行の話をしてくれた. (2) 一番重要なことには.

first óff (口, 主に米) 第一に: *F~ off* I'd like to show some slides. まずスライドをお見せしたいのですが.

first thíngs fírst [しばしば文頭に用いて] 大事なことを第一にしておこう (★「まず第一に」「これをまず」の意に用いる).

first úp (英口) 初めに, まず.

——代 ❶ [通例 the ~] (…する)最初の人[もの]; [にとって]初めてのこと: [+*to do*] He was *the* ~ to come and the last to leave. 彼は最初に来て最後に帰っていった ／ The bluebirds are *the* ~ to come back. ブルーバードが(春に)帰ってくる最初の鳥である ／ *the* ~ *of* six documentaries 6 回のドキュメンタリー番組の最初のもの. ❷ [the ~; 後に hear, know を含む節を伴って] (口) …する最初の時[もの], 初めて…する時 (他の人はとっくに知っているという含みがある): The ~ I *heard* of his death was on May 5 [when I saw it in the paper]. 彼の死を私が初めて知ったのは(なんと)5 月 5 日[新聞を見た時]のことだった.

——名 ❶ Ⓤ [通例 the ~] **a** 第1(番目);第1位,一等,一番,1着,優勝,首席;第1号. **b** (月の)1日, ついたち: the ~ of May＝May 1 [(the) 1st] /méɪ(ð)ə/fə:st/ 5 月1日 (⇒ date¹ 解説). ❷ Ⓒ [通例 a ~] (…にとって)初めてのこと, 初の快挙 *(for)*. ❸ (楽) 最高音部. ❹ Ⓤ [無冠詞で] (車) 第 1 速, ファースト(ギヤ) (first gear): in ~ ファーストで. ❺ Ⓤ [無冠詞で] (野) 第 1 塁. ❻ [the ~; 野] 第 1 回. ❼ Ⓒ (英) (大学の試験)の第 1 級, 優等;優の学生: get [take] a ~ in mathematics 数学で第 1 級[優]を取る. ❽ [the ~] 第 1 学年. ❾ [複数形で] 商 (小麦粉などの)一等品, 極上品.

at fírst 最初は, 初めは: No one believed me *at* ~. 初めはだれも私の言うことを信じなかった.

from fírst to lást 最初から終わりまで, 終始: *From* ~ *to last* his interest never flagged. 彼の興味は終始衰えなかった.

from the (véry) fírst 初めから.
〚OE〛

⁺**first áid** 名 Ⓤ (医者が来るまでの)応急手当て, 救急療法: give a person ~ 人に応急手当てをする.

first-áid 形 Ⓐ 応急の, 救急の: ~ treatment 応急手当て ／ a ~ kit [box] 救急箱.

first bálcony 名 (米) (劇場の)特等席 ((英) dress circle).

first báse 名 Ⓤ [通例無冠詞で] (野) 一塁;一塁の位置[守備]; (野) 一塁に達する (1) (野) 一塁に達する. (2) (口) [通例否定文で] 第一歩をやってのける, うまくいく: He *didn't get to* ~ with his research. 彼はその研究でひとつも成果を上げなかった.

first báseman 名 (野) 一塁手.

first·bórn 形 Ⓐ 最初に生まれた (★ secondborn, thirdborn などとは言わない): one's ~ child 長子. ——名 [単数形で] (古風) 長子.

first cáuse 名 ❶ Ⓒ 第一原因;原動力. ❷ [the F~] 造物主.

first cláss /fɚ́ːs(t)klǽs│fɔ́ːs(t)klɑ́ːs/ 名 Ⓤ ❶ 一級;(乗り物の)一等 (cf. second class 2, cabin class, tourist class). ❷ (郵便の)第 1 種 (解説) 米国・カナダでは手紙・はがき・絵はがきなどの書状用郵便;英国では差出人の希望により優先扱いされる郵便をいい, second class より速く配達される). ❸ (英) (大学の優等試験)の第 1[最上]級 (★ 優良成績で, 普通 a first class degree または単に a first ということが多い). ——副 ＝first-class.

⁺**first-class** /fɚ́ːs(t)klǽs│fɔ́ːs(t)klɑ́ːs/ 形 [通例 A] 一流の, 最高級の, 最上の: a ~ hotel 高級ホテル. ❷ Ⓐ **a** (乗り物の)一等の: a ~ carriage (英) 一等車 ／ ~ passengers 一等客. **b** (郵便の)第 1 種の: ~ mail [matter] 第 1 種郵便[郵便物] (⇒ first class 2). ❸ (英) (大学の試験)で第一級の, 優等の. ——副 ❶ 一等で: travel ~ 一等で旅行をする. ❷ 第 1 種郵便で.

first cóst 名 (英) ＝prime cost.

first cóusin 名 ＝cousin.

first-dày cóver 名 (郵便) 初日カバー (新発行の切手がはられ, 発行初日の消印が押してある封筒).

first-degrée 形 Ⓐ ❶ (犯罪が)第 1 級の, 最高の: a charge of ~ murder 第 1 級殺人罪. ❷ (やけどが)第 1 度の, 最も軽度の.

first-degrée rélative 名 最近親者 (父母・兄弟・姉妹・子).

first dówn 名 (アメフト) ファーストダウン: **a** 1 回の攻撃権を構成する 4 回の攻撃の第 1. **b** 4 回の攻撃でボールを 10 ヤード進めること (新たに攻撃権を得る).

first edítion 名 (本の)初版;初版本;(新聞の)第一版.

⁺**first-éver** 形 (これまでで)初めての, 前例のない.

first fámily 名 [通例 the ~;しばしば F~ F~] (米) 大統領一家.

first fínger 名 人さし指.

first flóor 名 [the ~] ❶ (米) 一階. ❷ (英) 二階 ((米) second floor; cf. ground floor) (★ 米国でもホテルなどでは英国式に二階の意味に用いることがある).

first-frúits 名 ❶ 初物, 初穂, 初収穫 (昔は感謝のしるしに神に供えた). ❷ 最初の成果.

first géar 名 Ⓤ (車) 第 1 速, ファーストギヤ.

first generátion 名 ❶ (移民の子である)二世. ❷ 外国で生まれて帰化した人, 一世. ❸ (機械などの)第一世代.

first-generátion 形

⁺**first-hánd** 形 直接の: ~ information (また聞きでなく)直接聞いた話. ——副 直接に, じかに.

first inténtion 名 Ⓤ (医) 一次癒合 (肉芽を形成することなく直接に結合する癒合).

⁺**first lády** 名 [通例 the ~;しばしば F~ L~] ❶ (米) 大統領[州知事]夫人: *the* ~ *of the land* 大統領夫人. ❷ (米) (ある分野の)第一線に立つ女性: *the F~ L~ of the theater* 演劇界の第一人者.

first lánguage 名 Ⓤ 母語, 第一言語;(国・地方などの)第一言語, 第一公用語.

first lieuténant 名 (米陸空軍・海兵隊) 中尉.

first líght /fɚ́ːst/ 名 Ⓤ 夜明け, 明け方 (dawn).

first·líng /fɚ́ːstlɪŋ│fɔ́ːst-/ 名 [通例複数形で] ❶ **a** 初物, はしり. **b** (家畜の)初産の子. ❷ 最初の産物[結果].

⁺**first·ly** /fɚ́ːstli│fɔ́ːst-/ 副 (まず)第一に (語法 列挙する時に用いる;しかしその場合でも first, second(ly), third(ly), …last(ly) のようにいうことが多い).

first máte 名 ＝first officer.

⁺**first náme** 名 ファーストネーム (人名の最初にある Christian name;「姓」に対して「名」に当たる; ⇒ name 解説).

first-náme 形 Ⓐ ファーストネームで呼び合えるほどに親しい: We're on a ~ basis [on ~ terms]. 我々は(名で呼び合う)親しい間柄だ.

⁺**first níght** 名 (演劇などの)初日.

first-níghter 名 (演劇などの)初日を欠かさず見る人, 初日の常連.

first offénder 名 (法) 初犯者.

first offícer 名 商船の一等航海士.

first-pàst-the-póst 形 (選挙制度が)比較多数得票主義の (他候補と比較して得票数の多い者を順次当選者とする).

⁺**first pérson** 名 [the ~] ❶ (文法) 1 人称 (I, we で表わされる; cf. second person, third person). ❷ 1 人称の物語形式.

fírst position 图 [the ~]《バレエ》第一ポジション《両足を一直線にしてかかとをくっつけた状態》.

first póst 图《英軍》就床予備らっぱ (cf. last post).

first príncìple 图《通例複数形で》《哲》第一原理《論理の基礎となる公理・定理・概念など》.

†fírst-ráte 形 ❶ 一流の, 最上の (first-class): a ~ restaurant 一流のレストラン. ❷ 体調[状態, 調子]のよい: I feel ~ this morning. けさはとても気分がよい.

fìrst-ráter /-t̬ɚ | -tə/ 图《口》一流[一級]の人[もの].

fírst réading 图《議会》第一読会(ぎ)《通例 名称と番号のみの形で議案を議会に提出すること》.

fírst refúsal 图《家屋・商品などの》第一先買権.

fírst schóol 图 ⓒ ⓤ《英》初等学校《5歳から9歳までの学校》.

fírst sérgeant 图《米陸軍・海兵隊》曹長.

Fírst Státe 图 [the ~]《連邦加入》第1州《Delaware 州の俗称; 合衆国憲法を批准した最初の州であることから (1787年12月7日)》.

fírst stríke 图《核兵器による》先制攻撃.

fírst-stríke 形《核兵器による》先制攻撃の.

fírst-stríng 形《米》❶《チームなど》一軍の, 一流の, 優秀な.

fírst-tìme búyer 图《主に英》《不動産・自動車などを》初めて購入する人.

Fírst Wórld 图《史》[the ~] 第一世界《非社会主義の先進工業諸国》.

Fírst Wórld Wár 图 [the ~]=World War I.

firth /fɚːθ | fəːθ/ 图《特にスコットランドの》入り江, 湾; 河口. **the Firth of Clýde** ⇨ Clyde 2. **the Fírth of Fórth** ⇨ Forth 成句. 《ON; FJORD と同語源》

fisc /fɪsk/ 图 国庫《国家・君主の金庫》.《F＜L ↓》

*fís·cal /fɪ́sk(ə)l/ 形《比較なし》**財政(上)の**, 会計の; 国庫の: ~ policy 財政政策.《F＜L<*fiscus* かご, 財布, 国庫 +-AL》【類義語】⇨ financial.

†físcal yéar 图《米》会計年度《《英》financial year）《★米国政府は10月1日から9月30日まで》.

⁎fish¹ /fɪʃ/ 图 (~, ~·es) ❶ ⓒ 魚《用法》(1) 明らかに個別的な意味の場合でも, 複数形は通例 fishes よりも fish を用いる; (2) 種類をいう場合には通例 three ~es などよりも three kinds [varieties] of ~ を用いる》: catch a ~ 魚を1匹つかまえる[釣る] / The best ~ smell when they are three days old.《諺》よい魚も3日たてば臭くなる,「珍客も3日すれば鼻につく」/ There are as good ~ in the sea as ever came out of it.《諺》魚は海にはいくらでもいる《恋人を逃しても《口》にふられても落胆するな》. ❷ ⓤ 魚肉, 魚身: eat ~ on Fridays 金曜日《精進日》に《肉の代わりに》魚を食べる《解説》カトリックやユダヤ教の人々にとって金曜日は獣肉を食べない精進日 (fast day) であるので, そのかわりに魚を食べる日 (fish day) とされた. ❸ ⓒ 〔通例修飾語を伴って〕《口》(…な)人, やつ: a cold ~ 冷めた[冷たい]やつ / an odd [a queer] ~《英古風》おかしなやつ, 変人. ❹ ⓒ〔通例複合語で〕水棲動物, 魚介: shellfish, jellyfish. ❺ [the Fish(es); 複数扱い]《天》魚座.

a bíg físh in a líttle [smáll] pónd《口》小さな仲間[狭い世界]でいばっている人, 井の中の蛙(ゐ).

a prétty [fíne, níce] kéttle of físh ⇨ kettle 图 成句.

(as) drúnk as a físh ひどく酔っぱらって.

drínk like a físh 大酒を飲む.

hàve óther [bígger] físh to frý《口》ほかにしなければならない大切な仕事がある.

líke a físh òut of wáter《口》陸(ホッ)に上がった魚のように, 勝手が違って.

néither físh, flésh, fówl, nor góod réd hérring = néither físh, flésh nor fówl = néither físh nor fówl どっちつかずで, えたいの知れない《★軽蔑的または批判的に用いられる》: A piece of poetic writing in prose, being *neither fish nor fowl*, is called a prose poem. 散文でありながら韻文的な文章はどっちつかずなので, 散文詩と呼ばれる.

— 動 ⓘ ❶ 魚を捕らえる, 釣りをする: go ~ing 釣りに行く / ~ for trout マスを釣る. ❷ 《口》《…を》手に入れようとする, 探す, さぐる: ~ for a compliment お世辞のほめ言葉

を誘い出す / ~ for information 情報を得ようとする / He ~ed in his pocket *for* the key. 彼はポケットをさぐってかぎを取り出そうとした. ★《用法》1, 2とも ~ for は受身可.

— 動 ⓣ ❶ 《場所で》釣りをする. ~ a pond 池を釣りをする. ❷《水中などから》《ものを》引き上げる, 取り出す《*out of, from*》: A body was ~ed *out of* the pond. 池から死体が引き上げられた.

fish in tróubled wáters どさくさ紛れにうまいことをする, 火事場泥棒を働く, 漁夫の利を占める.

fish or cút báit《米口》どちらを選ぶかはっきり決める, 去就をはっきりする.

fish óut《他＋副》《口》水中・懐中から《ものを》引っ張り出す, 引き出す, 取り出す: She ~ed *out* a compact *from* her bag. 彼女はバッグからコンパクトを取り出した.

《OE》《形 fishy; 関形 piscine》

fish² /fɪʃ/ 图《象牙製の》魚型の数取り;《海》添え木《マストや帆を補強する》;《建・土木》継ぎ目板 (fishplate). —動 ⓣ《マスト・帆などを》添え木で補強する;《レールなどを》継ぎ目板で補強する.

fish and chíps 图 ⓤ フィッシュアンドチップス《解説》英国の大衆料理で専門店で売っており, 魚のフライに chips (つまり French fried potatoes) を添えたもの; 魚は cod (タラ), sole (シタビラメ), plaice (ツノガレイ) などであり, これに塩と酢をかけて指でつまんで食べる; 紙に包んで持ち帰るが, 路上や車内で食べる人も多い; 最近は米国でも売っている》.

físh and chíp shòp 图《英》フィッシュアンドチップス店, ファーストフード店.

físh báll 图 フィッシュボール《魚肉にマッシュポテトを混ぜ球状に揚げたもの》.

físh·bòwl 图 ❶ 養魚鉢, 金魚鉢. ❷ どこからも見えるもの, ガラス張りでまったくプライバシーのない場所.

físh càke 图 フィッシュケーキ《平たくした fish ball》.

físh éagle 图 =osprey.

físh·er 图 ❶ a ⓒ《動》フィッシャー《北米産のテン》. **b** ⓤ フィッシャーの毛皮. ❷ ⓒ 漁夫.

físher·fòlk 图 ⓣ 漁民.

*fish·er·man /fɪ́ʃɚmən | -ʃə-/ 图 (-men /-mən/) ❶ a 漁夫, 漁師, 漁民. **b** 釣りをする人, 釣り人. ❷ 漁船.

fisherman bàt 图 =bulldog bat.

fisherman's bénd 図《釣り》いかり結び.

fisherman's knót 図 てぐす結び, フィッシャーマンズノット《2本の索の両端を継ぐ結び方の一種》.

†fish·er·y /fɪ́ʃ(ə)ri/ 图 ❶ a ⓒ 養魚場. **b** 漁場; 海産物採取場: a salmon ~ サケ漁場 / a pearl ~ 真珠採取場. ❷ **a** ⓤ 漁業; 水産業《匹較》やや形式ばった語で fishing のほうが口語的》: inshore [deep-sea] ~ 沿岸[深海]漁業 / cod ~ タラ漁業. **b** 〔複数形で〕水産学. ❸ ⓒ 水産会社. ❹ ⓒ《法》漁業権.

fish-éye lèns 图 魚眼レンズ.

†fish fàrm 图 養魚場. **fish-fàrm** 動 ⓘ 養魚する.

físh fínger 图《英》=fish stick.

físh frý 图 ❶《米》フィッシュフライ《魚をその場でフライにして食べる通例野外[屋外]での食事(会)》. ❷ フライ.

físh hàwk 图 =osprey.

físh hòok 图 ⓒ 釣り針.

*fish·ing /fɪ́ʃɪŋ/ 图 ⓤ 魚釣り; 漁業; 〔形容詞的に〕魚釣り(用)の; 漁業(用)の: a ~ boat 漁船, 釣り舟 / a ~ net 漁網 / a ~ port 漁港 / a ~ rod 釣りざお. 《関形 piscatory》

fishing bànks 图 《洲(ホ)になっている》漁場, バンク.

fishing expedìtion 图《情報・犯罪などを得るための法の尋問;《広く》探りを入れること: go on a ~ 情報を得ようとする, 探りを入れる.

fishing flý 图《釣》毛針, フライ,《飛ぶ虫の》生き餌.

fishing líne 图 =fishline.

fishing pòle 图 釣りざお《直接先端から糸をたらすもの》.

fishing ròd 图《リール用の》釣りざお.

fishing tàckle 图 ⓤ 釣り道具《釣り針・糸・さおなど》.

fish kèttle 图 魚の丸煮用の長方形[円形]の大鍋.

fish knìfe 图 魚料理用ナイフ.

fish ladder 名 魚はしご, 魚梯(ぎょてい)《魚に滝・堰(せき)などを上らせるように階段状に作った魚道》.
fish・line 名 釣り糸.
fish louse 名 サカナジラミ《魚の皮膚・えらに寄生》.
fish meal 名 ⓤ 魚粉《肥料・動物飼料》.
fish・monger 名 《英》魚屋(人).
fish・net 名 魚網.
fish・plate 名 (鉄道レールの)継ぎ目板.
fish・pond 名 養魚池.
fish slice 名 《英》フライ返し, スパチュラ(《米》spatula).
fish stick 名 《米》フィッシュスティック《細長い魚の切り身にパン粉をつけて揚げたもの》(《英》fish finger).
fish story 名 《米口》ほら話. 《釣り師の手柄話から》
fish-tail 動 他 ❶ 〈自動車が〉(スリップして)後部を振る. ❷ 〈飛行機が〉(着陸前に速度を落とすために)尾翼を左右に振る.
fish・wife 名 (複 **-wives**) ❶ 口ぎたない[粗野な]女, がみがみ女. ❷ 《古》魚売りの女.
fish・y /fíʃi/ 形 (**fish・i・er**; **-i・est**) ❶ 《口》〈話など〉怪しい, いかがわしい, うさんくさい: There's something ~ about his testimony. 彼の証言には怪しいところがある. ❷ **a** 魚の, 魚の多い. **b** 魚からなる. ❸ 〈臭気・味・形など〉魚のような; 生臭い. ❹ 〈目が〉どんよりした, 無表情の. **fish・i・ly** 副 **-i・ness** 名 (名 fish)
fis・sile /físl | -saɪl/ 形 ❶ 裂けやすい. ❷ 核分裂性の.
fis・sion /fíʃən/ 名 ⓤ 分裂, 分体; 〖生〗分裂, 分体; 〖原子物理〗原子核の分裂, 核分裂 (↔ fusion): nuclear ~ 核分裂.
fis・sion・a・ble /fíʃənəbl/ 形 〖原子物理〗核分裂する, 核分裂性の: ~ material 核分裂物質.
fission bomb 名 核分裂爆弾, 原子爆弾.
fis・sip・a・rous /fɪsípərəs/ 形 ❶ 〖生〗分裂繁殖する. ❷ 〈政党など〉分裂しそうな.
fis・sure /fíʃə | -ʃə/ 名 ❶ 裂け目, 割れ目, 亀裂. ❷ 〖解〗裂溝(れっこう). —— 動 他 〈…に〉亀裂[裂け目, 割れ目]を生じさせる.

***fist** /físt/ 名 ❶ 握りこぶし, げんこつ, 鉄拳: ~ law 強い者勝ち; 鉄拳制裁 / clench [shake] one's ~ (angrily) (怒って)こぶしを固める[振る]. ❷ 《口》手. **a** 手. **b** 把握. 《印》指標(☞⇒). **make a góod [bád] fist of [at]** …《英口》…をうまく[下手に]やる. ❸ 《口》〈…を〉のぶ(殴る). ❹ 《口》〈…を〉のもので打つ[殴る]. 《OE; 原義は「固めた5本の指」; cf. finger》
fist・ed 形 [通例複合語で] こぶしの…な, 握りの…: ⇒ ham-fisted, tight-fisted.
fist-fight 名 素手でのなぐり合い.
fist・ful /fístfùl/ 名 一握り, ひとつかみ (*of*).
fist・ic /fístɪk/ 形 ボクシングの: a ~ champion ボクシングのチャンピオン.
fist・i・cuff /fístɪkʌ̀f/ 名 ❶ げんこつでの一撃. ❷ [複数形で] 殴り合い.
fis・tu・la /fístʃʊlə | -tjʊ-/ 名 (複 **~s, -lae** /-liː/) 〖医〗瘻(ろう)孔; (外傷・潰瘍(かいよう)などでできた)穴. 《L<》
fis・tu・lous /fístʃʊləs; -tjʊ-/ 形 (空管状[管形]の, 中空の; (複数の)管をもった, 管でできた; 瘻の, 瘻状の.

***fit**[1] /fít/ 動 (**fit・ted**, 《米》**fit**; **fit・ting**) 《臨置き 過去分詞としては《米》fit のほうが多い》 他 ❶ 〈衣服などが〉〈人に〉(寸法・形が)ぴったり合う 《★ 受身・進行形なし; 比較 色・柄などには become, suit を用いる》: These gloves ~ me very well. この手袋は私にぴったりだ. ❷ 〈目的・用途に〉適する, 合う 《★ 受身・進行形なし》: Does this key ~ the lock? このかぎはその錠に合いますか / The law ~s this case. その法律はこの場に合う. ❸ [副詞(句)を伴って] 〈…を〉〈…に〉ぴったりはめ込む, 取りつける: ~ a key *in* a lock かぎを錠に差し込む / ~ a stopper *into* a bottle 瓶に栓をする / ~ a picture *in* a frame 絵をがくにはめ込む. ❸ **a** 〈…を〉…に適合[適応]させる 《★進行形なし》: ~ the punishment *to* the crime 犯罪(の性質)に合わせて相応の罰を決める. **b** (寸法を合わせるために)〈衣服を〉着せて[つけさせて]みる;〈眼鏡を〉合わせる 《★ しばしば受身》: She had the coat *fitted*. 彼女は上着の仮縫いをしてもらった / I'll get my glasses *fitted*. 眼鏡を合わせてもらう. **c** 〈人の〉〈眼鏡・衣服などに〉合わせて作る[調整する]: I went to be *fitted for* glasses. 眼鏡を合わせてもらいに行った. ❹ 〈適当な装備を〉〈…に〉備える, 取り付ける (cf. fitted 3): ~ new tires *to* a car = ~ a car *with* new tires 自動車に新しいタイヤを取り付ける. ❺ 〈人を〉〈仕事などに〉適するようにする, 耐えられるようにする 〔+目+**to** do〕: Only hard training will ~ them *to* run [*for* running] long distances. 厳しい訓練をしなければ彼らは長距離を走れるようにならない.

—— 自 ❶ [通例副詞(句)を伴って] (体に)合う; ぴったりする 《★ 進行形なし》: ~ like a glove ぴったり合う [当てはまる] / This coat ~s perfectly. この上着はぴったり合う. ❷ 〈…に〉はまる; 調和する 《★ 進行形なし》: This cork won't ~ *into* the mouth of the bottle. このコルクは瓶の口にははまらない.

fit in (自+副) (1) (間に)うまくはまる; ぴったり合う; 〔…と〕適合する, 〔…と〕調和[一致]する: The key won't ~ *in*. かぎがうまく入らない / My plans do not ~ *in with* yours. 私の計画とあなたの計画とは一致しない. —— (他+副) (2) 〈人に〉日時を都合する[つける]; 〈物事を〉予定に組み入れる 〔*with*〕: I'm very busy but I can ~ you *in* at 4:30. 私は忙しいのですが, 4時半ならお会いするのに都合がつけられます.

fit into …〈場所・区分・集団など〉に分けられる, うまくおさまる, なじむ.

fit óut (他+副) (1) 〈船を〉艤装(ぎそう)する, 装備する (equip): ~ *out* a ship (for a long voyage) (遠洋航海に備えて)船を艤装する. (2) 〈人に〉〈…の〉必要品のしたくをする, 整えてやる, 調達する; 〈人に〉特別な服を着せる 〔*for, with*〕.

fit úp (他+副) (1) 〈…を〉…として設備する, …を〈…に〉備え付ける: ~ *up* a room (*as* a dentist's office) 部屋を(歯科診療所になるように)設備する / a laboratory *fitted up* with the newest equipment 最新の機械設備のある実験室. (2) 《英口》〈人に〉〈…のことで〉いわれない罪を着せる, はめる 〔*for*〕.

—— 形 (**fit・ter**; **fit・test**) ❶ 適当な, ふさわしい (↔ unfit): a ~ opportunity 適当な機会 / a meal ~ *for* a king 最上級の食事 / This is not a ~ place *for* the party. ここはパーティーに適した場所でない 〔+**to** *not to* do〕That house is not ~ *for* you *to* live in. その家はあなたが住むにはふさわしくない. 〔+*for*+代名 *to* do〕 That house is not ~ *for* him *to* live in. ❷ 健康で, 元気で; (特に)〈運動選手・競走馬など〉よい調子[コンディション]で (↔ unfit): feel ~ (体の具合が)至極よい / keep ~ 健康でいる / I'm now well and ~ *for* work. 私はもう元気で仕事も普通にできる. 〔+**to** do〕Is she ~ *to* travel? 彼女はもう元気で旅行ができますか. ❸ [仕事・任に耐えうる(て), 適任の(で): Is he ~ *for* the job? =〔+**to** do〕Is he ~ *to* do the job? 彼にその仕事がうまくできるか / She's not a ~ person *to* baby-sit. 彼女はベビーシッターに適任の人でない. 《～+*for*+代名+**to** do》 ❸ 今にもしそうで, 〈…〉せんばかりで: 〔+**to** do〕 He was so angry (that) he seemed ~ *to* burst a blood vessel. 彼はたいへん腹を立てて今にも血管が破裂しそうに見えた / He worked till his was ~ *to* drop. (英) 彼は今にも倒れんばかりになるまで働いた. ❺ ⓟ [通例否定文で] 穏当で, 正しくて: It is not ~ that he (should) say that. =〔+*for*+代名+**to** do〕It is not ~ for him *to* say that. 彼がそう言うのは穏当でない. ❻ 《英口》性的魅力のある.

(**as**) **fit as a fíddle [fléa]** とても元気で, ぴんぴんして.

be in a fít státe [condítion] (**to** do …) [通例否定文で](…するほど)元気である, (…できるほど)調子[気分]がよい.

fit to be tíed 《米口》怒り, いらいらして.

fit to wáke the déad 《古風》大声で, うるさく.

—— 名 [単数形で] ❶ [修飾語を伴って](衣服などの)でき具合, 体に合うこと; 衣服: a perfect ~ ぴったり合った(衣服, 物)/ The coat is a good [a poor] ~. この上着は着具合がよい[よくない]. ❷ 二者間の適合性 〔*between*〕.

〖ME＝整える〗【類義語】**fit** ある条件・目的・要求を満たすことの意味の最も広い語. **suitable** ある特定の状況における目的・条件などに合致する; fit より意味が強い.
proper 本来そのものにふさわしいと考えられる, しかるべき.

appropriate ある人・目的・地位・場合などにとりわけぴったりと調和している.

*__fit__² /fít/ 图 ❶ a [(病気の)発作; ひきつけ, さしこみ (*of*)](seizure): an epileptic [a hysteric] ～ てんかん[ヒステリー]の発作 / go *into* ～*s* 卒倒[気絶]する. b [(せき・くしゃみ・笑いなど)突発として止まらなくなること, 発作]: have a ～ *of* coughing せきの発作が出る / ⇨ in FITS (of laughter) 〈成句〉. ❷ [(感情の)激発]: in a ～ *of* anger 腹立ち紛れに, かっとなって. **by** [**in**] **fits** (**and stárts**) 時々思い出したように: He does everything *by* [*in*] ～*s* (*and stárts*). 彼はなんでも時々思い出したようにやる. **give a person a fit** (口) 〈人を〉びっくりさせる. 〈人を〉かんかんに怒らせる. **háve** [**thrów**] **a fit** (口) (1) びっくりする. (2) ひどく腹を立てる. **in fits** (**of láughter**) 《口》笑いがとまらなくて; とてもおかしくて (in stitches). ——動 ⓐ (英) 発作を起こす. 《OE=争い》

fitch /fítʃ/ 图 ❶ ⓒ [(動)《古》ケナガイタチ (polecat). ❷ ⓤ ケナガイタチの毛皮.

fít·ful /fítfəl/ 形 発作的な; 断続的な; 変わりやすい: a ～ wind 気まぐれに吹く風. **～·ly** /-fəli/ 副 **~·ness** 图

fít·ly 副 ❶ 適当に, 適切に, ぴったりと. ❷ 適宜に, 適時に.

fít·ment /fítmənt/ 图 [通例複数形で](家具類の)取付け.

fít·ness 图 ⓤ ❶ (健康状態の)良好, 健康, フィットネス: improve one's ～ 健康を改善する. ❷ 適当(であること), 適合, 適格, 適合性, 適応性 (*for* to do).

fítness cènter 图 フィットネスクラブ, スポーツジム.

fítness fréak 图 健康狂[健康を維持するためにむやみに運動ばかりする人].

†**fít·ted** /fítɪd/ 形 ❶ Ⓐ a 形にぴったり作られた; [服が体に合わせて作られた: a ～ carpet 床全面に敷きつめられるように作られたじゅうたん. b 作り付けの (built-in): a ～ cupboard 作り付け食器棚. ❷ Ⓟ [...に適して, ふさわしくて [*for*]: She's ～ *for* [*to do*] the job. 彼女はその仕事に適任である. ❸ [部品が家具・調度の整った; ...を備えて: The assembly line is ～ *with* robots. その流れ作業にロボットが装備されている.

fít·ter /fítə | -tə/ 图 ❶ 取り付け人; (機械・部品などの)組み立て工, 調整係. ❷ (仮縫いなどの)着付け人. ❸ 装身具[旅行用品]商.

*__fít·ting__ /fítɪŋ/ 形 適当で, 適切で: It is ～ that he (should) say that. 彼がそう言うのは適切だ. ❷ [...にぴったりふさわしい: a ～ end to the game その試合にふさわしい結末. ❸ [複合語で] 大きさ[寸法]の...の: tight-fitting jeans 体にぴったりしたジーンズ. ——图 ❶ (仮縫いの)着付け, 仮縫い: He went to his tailor's for a ～. 彼は仕立屋に仮縫いに行った. ❷ [副] [通例複数形で] 備品, 装身具, 付属家具類; 付属品類; 建具類, 造作, 家具類: pipe ～*s* 配管器具 / office ～*s* 事務所備品. **~·ly** 副 **~·ness** 图

fítting ròom 图 (衣服の)試着室 (dressing room).

fítting shòp 图 (機械の)組立工場.

Fitz- /fíts/ 接頭 「...の子息」(cf. Mac-, O').

Fitz·ger·ald /fítsdʒérəld/ 图 フィッツジェラルド《男性名》

Fitz·ger·ald, /fítsdʒérəld/ **F. Scott** 图 フィッツジェラルド(1896-1940; 米国の小説家).

Fitz·Gér·ald(-Ló·rentz) contráction /fítsdʒérəld(lɔ́ːrents)-/ 图 [理]=Lorentz contraction.

*__five__ /fáɪv/ 图 (基数の 5; 序数は fifth) 形 ❶ 5 の, 5 個の, 5 人の: She's ～ years old. 5 歳だ / for about four or ～ hours 約 4 ～ 5 時間 / There are only [at least] ～ apples left. りんごはわずか[少なくとも] 5 個残っている / these [her] ～ children この[彼女の] 5 人の子供 / the ～ longest rivers in the world 世界でもっとも長い 5 つの川 / ～ percent of children 子供の 5 パーセント / F-sevens are 35. = F- times seven is 35. 7 の 5 倍は 35 / ～ sevenths 7 分の 5 / a *five*-dollar bill 5 ドル紙幣. ❷ [名詞の後に用いて] (一連のものの中の) 5 番目の(★(代)名詞とも見られる): Lesson F- (= The Fifth Lesson) 第 5 課 / Do Exercise ～ at ～ page. 5 ページの練習問題 5 を

---

677 **fix**

やりなさい / wait for a number ～ (bus) 5 番のバスを待つ. ❸ Ⓟ 5 歳で: She's ～. 5 歳だ. ——代 [複数扱い] 5 つ, 5 個[人]: a table for ～ 5 人用の食卓 / We invited ten people but only ～ (*of* them) came. 10 人招いたが(そのうち) 5 人しか来なかった / The [All] ～ *of* them ordered tea. 彼ら 5 人[5 人全員]が紅茶を注文した《★ Five of them ならば「彼らのうち 5 人」の意》/ the biggest apple of the ～ 5 つのなかで最も大きいりんご / These [The best] ～ are candidates. この[最も優れた] 5 人が候補です / Choose any ～ you like. どれでも好きな 5 つ選びなさい. ——图 ❶ a Ⓒ [時には通例無冠詞] 5: count ～ 5 を数える / Two times ～ makes [is] ten. 5 の 2 倍は 10. b Ⓒ 5 という数字, 5 の記号 (5, v, V): That number is not a ～ but a three. その数字は 5 ではなく 3 である / a birthday cake with a big ～ on it 上に大きな 5 をのせたバースデーケーキ / ～ to five, 5 分; 5 歳; 5 ドル[ポンド, セント, ペンスなど]: at (half past) ～ 5 時 (半)に / a child of ～ 5 歳の子供 / It cost ～ 5.50. 5 ドル 50 セント[5 ポンド 50 ペンス]だった. ❸ Ⓒ a 5 個[5 人]からなる1組: They set off in ～*s*. 5 人ずつのグループになって出かけた. b バスケットボールのチーム. ❹ Ⓒ (衣類・靴などの) 5 号サイズ(のもの) ～ サイズ 5 のものを身に着けている. ❺ Ⓒ (トランプ・さいころなどの) 5: two ～*s* of hearts ハートの 5 の札 2 枚. ❻ Ⓒ a (米) 5 ドル紙幣 (cf. fiver): borrow a ～ 5 ドル紙幣を借りる. b (英) 5 ポンド紙幣. ❼ ⇨ fives. **give a person a** ~ **five** (口) 人の手のひらをパンとたたく[喜び合い・あいさつなどのしぐさ; cf. high five]: *Give* me [Gimme] ～! 手のひらをパンと合わせて. **tàke** [**háve**] **five** =**gíve oneself five** (口) 少し休憩する. 《OE》

five-alárm 形 (米口) 〈火事が〉大火事の; 〈トウガラシなどが〉特別辛い, 激辛の.

five-and-díme, fíve-and-tén(-cènt stòre) 图 《米古風》均一雑貨店《もとは 5 セントまたは 10 セントの品物を売った》.

five-a-síde 图 5 人制サッカー《各チーム 5 人でプレーする》.

fíve-dày wéek 图 [単数形で] (口) 週 5 日制, 週休 2 日制.

five·fóld 形 ❶ 5 倍の, 5 重の. ❷ 5 部分[要素]のある. ——副 5 倍に, 5 重に.

five húndred 图 ⓤ 【トランプ】五百, ノートランプ《ユーカー (euchre) の一種で 500 点を取ることを目的とするゲーム》.

five o'clóck shádow 图 ⓤ (朝剃ったひげが伸びて)夕刻に目立ってくるひげ.

five-o'clóck téa 图 ⓤ (英) 午後のお茶, ティー (⇨ tea 3 a).

†**fív·er** /fáɪvə | -və/ 图 (口) ❶ (米) 5 ドル札. ❷ (英) 5 ポンド紙幣 (cf. tenner 2).

fives /fáɪvz/ 图 ⓤ 【理】(英) ファイブズ《2 ～ 4 人で行なうハンドボールに似た球技》.

fíve-spòt 图 (米古風) 5 ドル札.

five-stár 形 ❶ 五つ星の: a ～ general (米) 陸軍元帥. ❷ 第一級の, すぐれた: a ～ hotel 一流ホテル.

five·stònes 图 ⓤ (英) [単数扱い] 5 つの小石を用いるお手玉.

*__fix__ /fíks/ 動 他 ❶ a [通例副詞(句)を伴って] (...を)(...に)固定する, 動かないようにする; (...を)(...に)取り付ける, 据える (*in, on, to*): ～ a mosquito net 蚊帳(㌍)を張る / ～ a post *in* the ground 地面に柱を立てる / ～ a picture *to* a wall 壁に絵をかける / ～ a bayonet *on* a rifle 銃に銃剣をつける. b 〈...を〉〈心・記憶などに〉とどめる: I tried to ～ the date *in* my mind. その日付をよく覚えておこうとした. c 〈顔などを〉〈感情に〉こわばらせる: ～ one's jaw *in* determination 口もとを引き締めて決意を示す.

❷ a 〈...を〉決める, 決定する, 定める (set): ～ the date [the place] for [of] a wedding 結婚式の日取り[場所]を決める / The price has been ～*ed at* two dollars. その値段は 2 ドルに決められた / ～ standards for patent registrations 特許登録の基準を定める / ～ one's residence in the suburbs 郊外に住居を定める / [*to do*]

fixable

I've ~ed to go to London next week. 来週ロンドンに行くことに決めた. **b** 〈…の場所[時期]〉を確定する (pinpoint): There is insufficient evidence to ~ the time of death accurately. 死亡時刻を正確に特定するには不十分な証拠しかない.

❸ **a** 〈…を〉修理する, 直す (mend): ~ a chair [watch] いす[時計]を直す / I'll get [have] my computer ~ed. コンピューターを修理してもらうつもりだ. **b** 〈ごたごたなど〉を解決する, 改善する: ~ the situation その事態を改善する; 問題を解決する. **c** 《米》〈髪〉を整える; 〈服装・化粧〉を整える (★受身なし): ~ one's hair [face] 髪を整える[化粧する]. **d** 《米口》〈体の一部・けがなど〉を治す, 治療する.

❹ 〈米口〉〈飲食物〉を用意する: ~ a drink 飲み物を準備する / [+目+目] She ~ed us a snack. =She ~ed a snack *for* us. 我々に軽い食事を用意してくれた.

❺ **a** 〈目・注意・カメラなど〉を〈…に〉じっと向ける, 〈思い・心など〉を〈…に〉凝らす (★ しばしば受身): He stood there with his eyes ~ed *on* the picture. 彼はその絵にじっと目を向けたままそこに立っていた. **b** 〈事物の人〉の注意などを引きとどめる: The sight ~ed their attention. その光景は彼らの注意を引きつけた. **c** 《文》〈人・ものを〉ある目つきでじっと見る, 見据える: She ~ed Bill *with* a withering gaze. 彼女は射すくめるような目つきでビルをじっと見た.

❻ [しばしば受身で] 《口》**a** 〈競馬などで〉八百長を仕組む; 〈選挙などの〉不正工作をする (rig). **b** 〈人に〉(不正な)圧力をかける; 〈人を〉買収する.

❼ 《口》〈人を〉やっつける, 〈人に〉仕返しをする; 〈人を〉殺す; 懲らしめる: I'll ~ you! おぼえていろ!

❽ 〈罪・責任などを〉〈人〉に負わせる: They ~ed the blame *on* me. 彼らは私が悪いのだと決めつけた.

❾ 〈…〉を去勢する (neuter).

❿ **a** 〈染色などの〉色留めをする. **b** 〈写〉〈…を〉定着する.

⓫ 〈化〉〈流動体〉を凝固させる; 〈窒素〉を固定する.

⓬ 〈生〉〈…〉を標本を作る.

━ ⓮ ❶ 〈…を〉決める, 決定する: They ~ed on May 5 for the wedding [as the wedding date]. 彼らは5月5日を結婚式の日に決めた.

❷ 〈…が〉〈…すること〉に決める; 手配する (cf. ⓭2a): [+*for* +(代)名+*to do*] We ~ed *for* the meeting *to* be held on Saturday. 土曜に会を催すように取り決めた.

❸ [進行形で]《米口》〈…しようと〉計画する, 〈…する〉つもりだ: [+*to do*] I'm ~ing *to* go hunting. 狩に行くつもりだ.

❹ 〈目が〉〈…に〉じっと向けられる: My eyes ~ed *on* a distant light. 私の目は遠くに見える明かりにとまった.

❺ 《俗》麻薬の注射をうつ.

fix úp (⓮+副) (1) 〈…を〉修理する; 〈…に〉手を入れる; 〈…を〉改造する: He ~ed the room *up as* a study. 彼はその部屋を書斎にした. (2) 〈会合・約束・日取りなど〉を〈…に〉取り決める: We've ~ed *up* the meeting *for* next Monday. 会合を次の月曜日にすることに決めた. (3) 《口》〈人に〉〈もの・人〉を用意する, あてがう, 宿泊させる: ~ a person *up with* a new job 人に新しい仕事をあてがう / We ~ed him *up with* a place to spend the night. その夜彼の泊まる場所を世話した. (4) 〈…を〉急いでつくる; 〈食事などを〉したくする. (5) [~+目+*up*] 〈争いなどを〉解決する, まとめる: ~ it [things] *up* with a person 人と話をつける. (6) [~ one*self*] 《米口》身なりを整える: F~ *yourself up*. 身じたくしなさい.

━ ⓯ ❶ [単数形で]《口》麻薬の注射; 少量の欲しくてたまらないもの; (人を元気づける)一服, 一口: have [take] a ~ 麻薬を注射する / get [give a person] a ~ 麻薬の注射を受ける[人にする]. ❷ ⓒ [通例 a ~] 《口》苦しい場, 苦境: in *a* ~ for money 金のことで困っていて / get oneself into [in] *a* ~ 苦しい はめに陥る. ❸ [通例単数形で] 〈船舶・飛行機などの〉位置(の決定)〈把握[捕捉](すること)〉: get *a* ~ *on*... (レーダーなどで)〈船・飛行機など〉の位置を決める; 〈状況〉などをつかむ. ❹ [a ~] 《口》(試合などの)不正工作; 八百長(試合), 分ろう.

〈L=固定された 〈*figere, fix-* 固定する; cf. crucify〉

【類義語】⇒ fasten.

---

fix·a·ble /fíksəbl/ 形 固定することのできる, 固まる, 定着性の; 留めることのできる; 決定することのできる.

fix·ate /fíkseɪt/ 動 ⓮ ❶ 定着させる, 固定させる. ❷ 〈…に〉執着させる [*on*]. **b** 〈精神分析〉〈リビドーを〉固着させる (cf. fixation 6b). ❸ 固視[注視, 凝視]する, 〈…に〉視線を固定する. ━ ⓯ ❶ 定着する, 固定する. ❷ 〈…に〉執着する, 凝り固まる [*on*]. ❸ 視線を固定する.

fix·a·ted /-tɪd/ 形 ❶ P 〈ある特定のものに〉執着して [*on*]. ❷ 《精神分析》固着して (cf. fixation 6b).

fix·a·tion /fɪkséɪʃən/ 名 ⓤⓒ ❶ 定着, 固定, 据え付け. ❷ 固視, 凝視, 注視, 視線固定. ❸ 《化》凝固, 不揮発性化. ❹ 《写》定着(法). ❺ **a** 固執, 病的執着 [*on*]. **b** 《精神分析》(リビドーの対象への)固着 [*on*].

fix·a·tive /fíksətɪv/ 形 ❶ 固定[固着]力のある, 定着性の. ❷ 色留めの. ━ 名 ❶ 定着薬[液]. ❷ 色留め料, 媒染剤.

*****fixed** /fíkst/ 形 (**more** ~; **most** ~) ❶ (比較なし)〈ものの〉固定した, 据え付けの: a ~ signal (鉄道の)常置信号機 / a ~ focus 固定焦点. ❷ 決まった, 確固たる, 不変で; 安定した: ~ capital 固定資本 / a ~ deposit 定期預金 / a ~ income 定額収入 / a ~ price 定価, 正札値段. ❸ [しばしば軽蔑]〈観念など〉固執的な, とらわれた: a ~ idea 固定観念. ❹ Ⓐ 〈視線が動かない〉: look at a person with a ~ gaze 人をじっと見つめる. ❺ P 《口》[通例副詞を伴って]〈金などが十分あてがわれて〉: I'm comfortably ~ *for* money. 金に恵まれている. ❻ 《口》不正工作された, 八百長の: a ~ race 八百長レース. ❼ 《化学なし》《化》凝固した, 不揮発性の (↔ volatile): a ~ acid 不揮発酸 / ~ oil 不揮発性油. **fix·ed·ness** /fíksɪdnəs/ 名

fixed ássets 名 《会計》固定資産(1年以内に現金化されない長期所有の資産; 建物・機械など; cf. current assets).

fixed chárge 名 ❶ 固定料金. ❷ 確定負債. ❸ [複数形で] 固定費.

fixed cósts 名 ⓟ 固定費(用).

fixed-dó sỳstem /-dóʊ-/ 名 《楽》固定ド方式《調の変化に関係なく楽譜のハ音 (C-) をいつもドとして歌う唱法; cf. movable-do system》.

fix·ed·ly /fíksɪdli/ 副 しっかりと; 確固として; じっと: He looked [stared] ~ at her. 彼はじっと彼女を見つめていた.

fíxed ódds 名 ⓟ 固定賭け率(配当率が前もって決められているもの).

fixed póint 名 ❶ 固定点. ❷ 《理》定点《温度目盛りの基準となる水の融点・沸点など》. ❸ 《数》不動点.

fixed sátellite 名 静止衛星.

fíxed stár 名 《天》恒星 (cf. planet 1).

fixed-wing áirplane 名 《空》固定翼機.

fix·er /fíksər/ 名 ❶ 〈買収などで事件をもみ消したり裏取引をする〉フィクサー, 仲介者; 調停者. ❷ 定着剤; 色留め染料. ❸ 取り付ける[固定する]人[もの].

fix·ing /fíksɪŋ/ 名 ❶ Ⓤ 定着, 固着; 固定, 固着させること. ❷ Ⓤ 《写》定着. ❸ Ⓤ 据え付け, 取り付け. ❹ Ⓤ 調整, 修理. ❺ [複数形で] 《米口》**a** (室内などの)設備, 器具, 備品. **b** 料理のつま. **c** 装身具.

fix·i·ty /fíksəti/ 名 Ⓤ ❶ 定着, 固定; 不変(性). ❷ (視線などの)不動: stare with ~ じっと見る.

*****fix·ture** /fíkstʃər/ 名 -tʃə-/ 名 ❶ [通例複数形で] (室内の)据え付け物; 取り付け品, 備品: gas [electric light] ~s ガス [電灯]設備. ❷ (一定の職や場所に)居ついている人[もの], 居座った人: He's become a ~ of that bar. 彼はそのバーの主になった. ❸ 《競技・競馬》《英》(期日の確定した)大会, 競技種目[番組]. [〖廃〗 *fixure*; MIXTURE との類推; cf. 動, -ure]

fiz·gig /fízgɪg/ 名 ❶ 《豪俗》(警察への)密告者, たれ込み屋. ❷ 《古》はすっぱ娘.

*****fizz** /fíz/ 動 ⓭ 〈飲料水など〉がシューッという[鳴る]. ━ 名 ❶ [また ~] **a** (飲料の)炭酸(ガス). **b** シューッという音. ❷ Ⓤⓒ 《口》**a** 発泡性飲料, フィズ: a gin ~ ジンフィズ. **b** 《英口》シャンパン. ❸ Ⓤ 活気, 活発 (spirit). 〖擬音語〗

fizz·er 名 ❶ シューというもの. ❷ 《口》第一級のもの, 一級品. ❸ 《豪俗》不発, 大失敗, とんだ期待はずれ.

fiz・zle /fízl/ 動 圓 ❶ 《口》尻すぼみに終わる, 線香花火に終わる: The play ~d out at the end. その芝居は最後がぱっとはしなかった. ❷ かすかにシューッという (hiss). ── 名 ❶ 尻すぼみ(に終わること); 失敗. ❷ [a ~] シューシュー(という音).

fiz・zog /fízɒɡ/ | -ɔɡ/ 名 =phiz.

fízz・wàter 名 Ⅱ ソーダ水.

fiz・zy /fízi/ 形 (fizz・i・er; -i・est) 《飲料が》シューシュー泡立つ, 発泡性の: ~ drinks 気泡性飲料 / ~ lemonade 《英》レモネード.

fjord /fjɔ́ːd | fi:ɔ:d, fió:d/ 名 フィヨルド《高い断崖(がけ)の間に深く入り込んだ峡湾; ノルウェー海岸に多い》. 《Norw 〈ON; FIRTH と同語源》

FL (略)《米郵》Florida. **fl.** (略) florin; *floruit* (ラテン語=He [She] flourished; flourished; fluid.

Fl. (略) Flanders; Flemish. **Fla.** (略) Florida.

flab /flǽb/ 名 Ⅱ《口》脂肪太り.

flab・ber・gast・ed /flǽbəɡæstɪd | -bəɡà:st-/ 形《通例 Ⓟ》《口》びっくり仰天した, めんくらった 《*by*》《*to* do》.

flab・by /flǽbi/ 形 (flab・bi・er; -bi・est) ❶ 《肉・筋肉が》ゆるんだ, たるんだ, 締まりのない《≒lean》: get ~ ぶよぶよになる. ❷ 《人・性格の》意志の弱い, 気力のない, 軟弱な, だれている. **fláb・bi・ly** /-bɪli/ 副 **-bi・ness** 名

flac・cid /flǽksɪd/ 形 ❶ 《筋肉など》弛緩(しかん)した, 《皮膚など》たるんだ, 張りのない; 《病気など》弛緩性の. ❷ 《議論・指導力など》力のない, 弱い.

flac・cid・i・ty /flæksídəti/ 名 Ⅱ 弛緩(性・状態); 無気力.

flack¹ /flǽk/ 名《米口》宣伝係, 広報担当者 (press agent). ── 動 ⓣ 宣伝する, プロモーション[売り込み]をする.

flack² /flǽk/ 名 =flak.

fla・con /flǽkɒn/ 名《香水瓶などの》小瓶.

*flag¹ /flǽɡ/ 名 ❶ 旗: a national ~ 国旗 / a ~ of convenience 《船の》便宜置籍国の旗《自国よりも税制などで便宜を与えてくれる国《パナマ・リベリアなど》に船籍登録する場合のその国の旗》/ hang a ~ at half-mast 半旗[弔旗]を掲げる / raise a ~ 旗を揚げる / ⇒ black flag, red flag, white flag. ❷ 《the ~ of》国家, 国民, 団体, 組織; under the ~ of the UN 国連の旗のもとに[指揮下で]. ❸《電算》フラグ《データに付加されて, それについての情報を示す部分》. ❹ 《音符の》鉤(こう). **flag of trúce**《軍》休戦旗《戦場での交渉を求める白旗》. **fly the flág** =show the FLAG 《成句》. **kéep the flág flýing** (1) 《困難にもかかわらず》思想(など)を支持し続ける, 計画(など)を進行する, 旗をかかげ続ける. (2) 母国[チーム(など)]のために勝利[成功]する. **shów the flág** (1) 旗幟(きし)を鮮明にする; 自国[組織(など)]への支持[忠誠]を明らかにする. (2) 《軍艦が外国の港に》公式訪問する. **wáve the flág** =show the FLAG 《成句》(1). **wráp [drápe] onesèlf in the flág**《米》《自分の利益のために》愛国心をひけらかす. ── 動 (flagged; flag・ging) ⓣ 《...に》しるしをつける. ❷ 《列車などを》信号[合図]で止める 《*down*》. 《ME》【類義語】flag「旗」の意の最も一般的な語. **banner** 主義・主張などを書いた旗. **pennant** 船舶が標識・信号用に用いる細長く先のとがった旗. **ensign** 船舶が国籍を示すために掲げる旗. **standard** 儀式用の旗・軍旗.

flag² /flǽɡ/ 名《植》葉が剣状の植物《アヤメ・キショウブ・ショウブ・ガマなど》.

flag³ /flǽɡ/ 動 圓 (flagged; flag・ging) ❶ **a** 《帆などが》だらりとたれる. **b** 《草木が》しおれる. ❷ **a** 《気力などが》衰える, ゆるむ. **b** 《話などが》だれる.

flag⁴ /flǽɡ/ 名 ❶ 板石, 敷石. ❷ 《複数形で》敷石舗道. ── 動 ⓣ (flagged; flag・ging)《...に》板石[敷石]を敷く; 板石で道を舗装する.

flág bòat 名 旗艇《ボートレースの目標ボート》.

flág càptain 名《英》旗艦の艦長.

flág dày 名 ❶ Ⓒ《英》旗の日《街路で慈善事業基金募集のため小旗を売り寄付者の胸につけるひ; cf. tag day》. ❷ Ⓤ [F-D-]《米》国旗制定記念日《6月14日; 1777年のこの日に国旗が制定されたことにちなむ》.

fla・gel・lant /flǽdʒələnt/ 名《修業・性的嗜好(しこう)から》むち打つ人, むち打たれる人.

fla・gel・lar /flədʒélə/ | -dʒéla/ 形 鞭毛 (flagellum) の.

flag・el・late /flǽdʒəlèɪt/ 動 ⓣ むち打つ. ── /-lət/ 形《生》鞭毛のある, 有鞭毛の. 《L=むち打つ》

flag・el・la・tion /flædʒəléɪʃən/ 名 Ⅱ むち打ち.

fla・gel・lum /fládʒéləm/ 名 《ⓟ -la /-lə/, ~s》 ❶ 《生》鞭毛(べんもう). ❷ 《植》葡萄(ぶどう)の若茎. 《L=むち打つ》

flag・eo・let /flædʒəlét, -léɪ/ 名 《楽》フラジョレット《6個の音孔のある一種の縦笛》.

flág fóotball 名 フラッグフットボール《米国の子供や女子の間で普及しているタックル抜きのフットボール; 腰まわりのフラッグやハンカチを下げ, ボールを持った人がこれを取られた時点でボールアウト》.

flagged /flǽɡd/ 形 敷石で舗装した, 石だたみの.

flag・ger 名 ❶ =flagman. ❷ 《米俗》タクシーを止める人.

flág・ging¹ 形 ❶ たれ下がる. ❷ だれぎみの; 減少ぎみの. **~・ly** 副 《FLAG³+-ING》

flág・ging² 名 Ⅱ ❶ 敷石舗装. ❷ 板石類. 《FLAG⁴+-ING》

fla・gi・tious /flədʒíʃəs/ 形 極悪非道の, 凶悪な; 破廉恥な, 品性の悪名高い.

flág lieuténant 名《海軍》将官[司令官]付き副官.

flág・man /-mən/ 名 《ⓟ -men /-mən/》 ❶ 信号旗手. ❷ **a** 旗で合図する人; 《レースの》旗振り. **b**《米》《鉄道の》信号手, 踏切番.

flág òfficer 名 海軍将官.

flag・on /flǽɡən/ 名 フラゴン《**a** 柄・ふた・口付きの細口瓶. **b** ワインを売る大瓶《普通の瓶の2倍の容量》.

flág・pòle 名 旗ざお.

fla・grance /fléɪɡrəns/ 名 =flagrancy.

fla・gran・cy /fléɪɡrənsi/ 名 Ⅱ 悪名(の高いこと); 極悪.

flág rànk 名《海軍》将官の階級.

*fla・grant /fléɪɡrənt/ 形《悪名・悪事・悪人など紛れもない, 名うての; 目にあまる, はなはだしい (blatant): ~ disrespect for the law 目にあまる法律無視. **~・ly** 副《F〈L=燃える》

*flág・shìp 名 ❶ 旗艦. ❷ 《同じ種類の中で》最高のもの: the ~ station of a national TV network 全国テレビ放送網で最大の放送局.

flág・stàff 名 =flagpole.

flág・stòne 名 板石, 敷石.

flág stòp 名《米》《バス・電車などの》信号停車駅[停留所]《乗車合図の旗が立てられている時のみ停車する》.

flág-wàving 名 Ⅱ 愛国心[党派心]の誇示.

*flail /fléɪl/ 動 ⓣ ❶ 《両腕などを》振り回す. ❷ 《ものを》打つ, たたく. ❸ からざおで《穀物を》打つ. ── 圓 ❶ 《腕の振り回る, 《脚が》ばたばたする 《*about, around*》: He rushed at them, his arms ~ing wildly. 彼は両腕を激しく振り回しながら彼らに向かって突進した. ❷ からざおで打つ. ── 名 からざお《麦打用; 今は多く脱穀機 (thresher) を用いる》.

*flair /fléə/ 名 ❶ Ⅱ [また a ~] 才能: He has a ~ *for* good poetry [*for* making money]. 彼にはよい詩を見分ける[金をもうける]才がある. ❷ Ⅱ センス, センスのよさ: She dresses with ~. 彼女はセンスよく着こなしている. 《F 〈L *flagrare*=*fragrare* 臭う; cf. fragrant》

*flak /flǽk/ 名 Ⅱ ❶ 《口》やつぎばやの非難: He took a lot of ~ for his stand on abortion. 彼は彼の妊娠中絶に対する意見に対してやつぎばやの非難を浴びた. ❷ 対空砲; 対空射撃. 《G》

*flake¹ /fléɪk/ 名 ❶ Ⓒ **a** 《硬い石塊などの》薄片: soap ~s せっけんの薄片 / fall in ~s 薄片となってはげ落ちる. **b** 《雪・羽毛などの》片, ひらひら; 火の粉. ❷ 《食品のフレーク; ⇒ cornflakes. ❸《米口》風変わりな人, 変人. ── 動 圓 ❶ はがれ, ひらひらと落ちる, ちらちらと降る: The paint has ~d (*off*) in some places. ペンキが所々はげている. ❷ 《魚肉などが》簡単にほぐれる. ── ⓣ 《魚肉などを》ほぐす, ばらばらにする. 形 flaky.

flake² /fléɪk/ 動 圓 [~ out] 《口》 ❶ 《疲れ果てて》寝入

flake 680

る, 眠り込む. ❷ 気が遠くなる, 気絶する.
flake³ /fléik/ 图 魚干し棚[すのこ];(食料品などの)貯蔵棚.
flake⁴ /fléik/ 图 動 =fake².
fláke whíte 图 鉛白(ﾊﾞ)《薄片状の顔料》.
flák jàcket [vèst] 图 防弾チョッキ.
flak·y /fléiki/ 形 (flak·i·er, -i·est) ❶ はがれやすい. ❷ 薄片から成る, 薄片状の. ❸《米口》風変わりな. **flák·i·ness** 图 flake¹)
fláky pástry 图 Ⓤ（パイ皮状に）薄片を何層にも重ねたペストリー.
flam /flǽm/【楽】フラム《1打目を装飾音として2打をほとんど同時に打つ太鼓の打ち方》.
flam·bé /fla:mbéi, ⊥-´/ 形《通例名詞のあとで》〈食物が〉ブランデーなどをかけて火をつけた, フランベの.《F》
flam·beau /flǽmbou/ 图 (榎 ~s, -beaux /-z/) ❶ たいまつ. ❷ 装飾を施した大燭台(だい).《F》
flam·boy·ance /flæmbɔ́iəns/, **flam·boy·an·cy** /flæmbɔ́iənsi/ 图 Ⓤ 華麗さ; けばけばしさ.
⁺flam·boy·ant /flæmbɔ́iənt/ 形 ❶ 燃えるような, けばけばしい: ~ colors けばけばしい色彩. ❷〈人・言動などが〉はなやかな. **~·ly** 副《F》
＊flame /fléim/ 图 (~s /~z/) ❶ ⓊⒸ［しばしば複数形で］炎, 火炎: in ~s 炎となって, 燃えて / burst into ~(s) ぱっと燃え上がる / commit...to the ~s ...を焼却する / go up in ~s 燃え尽きる. ❷ Ⓤ 炎のような光彩[輝き]: the ~ of sunset 燃えるような夕映え. ❸ Ⓒ《文》情熱, 燃える思い, 激情: a ~ of anger 激怒 / fan the ~ (of one's passion) 情熱をあおりたてる, 思いを募らせる, けしかける[あおる]. ❹ Ⓒ《口》恋人, 愛人: an old ~ of mine 昔の恋人. ❺ Ⓒ【電算】フレーム《激しい内容(特に怒り・侮辱)の電子メールや掲示板のメッセージ;全体あるいは本来小文字の箇所を大文字で書かれることが多い). ─ 動 ⓘ ❶ 炎を出す; 燃え上がる《up》. ❷《文》炎のように〈赤色・鮮明に〉輝く［照り映える］; 〈人が〉赤くほてる［+補］The fire ~d bright. 火が明るく輝いた / His face ~d (red). 彼の顔が赤くほてった / Our garden now ~s with red tulips. うちの庭はいま赤いチューリップで燃えるようだ. ❸《文》〈情熱・怒りなどが〉むらむらと燃え上がる; かっとなる: Her passion ~d up. 彼女の情熱が燃え上がった / He ~d up at the words. 彼女はその言葉を聞いてかっとなった / He ~d with anger. 彼は怒りでかっとなった. ❹【電算】フレームで応じる[攻撃, 批判]する, フレームを送る. ─ ⓗ ❶《文》〈人を〉かっとさせる, 燃え立たせる. ❷【電算】〈人に〉フレームを送りつける, 〈人を〉フレームで攻撃[批判]する, あおる. **fláme óut** (ⓘ+副) (1)〈ジェットエンジンが〉燃焼停止する. (2)《主に米口》〈にわかに〉しくじる. **fláme** /fléima·/ -ma-/ 图《F＜L=燃えるもの, 炎》[類義語] ⇒ flicker¹.
fláme gùn 图《英》火炎除草器.
fla·men /fléimən/ 图 (榎 ~s, flam·i·nes /flǽmənì:z/)（古代ローマの）神官, 祭司.
⁺fla·men·co /fləméŋkou/ 图 Ⓤ フラメンコ《スペインのジプシーの踊り》.《Sp=フランドル人の; ジプシー》
fláme-òut 图 Ⓤ フレームアウト《不完全燃焼・燃料不足などによるジェットエンジンの停止》.
fláme-pròof [-resìstant] 形 耐炎性の, 燃えない.
fláme-retàrdant 形 難燃性の, 燃えにくい (fire-retardant).
fláme-thròwer 图 火炎放射器.
fláme trèe【植】❶ ゴウシュアオギリ. ❷ ホウオウボク.
⁺flám·ing 形 Ⓐ ❶ 燃え立つ, 火を吐く. ❷〈色彩の燃えるような; 燃え立つように赤い: a ~ red dress 燃えるような真っ赤なドレス. ❸ 怒りに燃える; 激しい, 強烈な: in a ~ temper 激怒して, 激情にかられて. ❹ うだるような, ひどく暑い. ❺［強意語用法］⟨英口⟩まったくの, とんでもない, ひどい《★ いら立ちなどを表わす》: a ~ fool 大ばか. **~·ly** 副
fla·min·go /fləmíŋgou/ 图 (榎 ~es, ~s)【鳥】フラミンゴ, ベニヅル.《Port or Sp》
flam·ma·ble /flǽməbl/ 形 可燃性の, 燃えやすい (⇒ inflammable 用法). ↔ nonflammable).
flan /flǽn/ 图 ❶ ⓊⒸ フラン《ジャム・チーズ・果物などを入

れたタルトの一種》. ❷ Ⓒ 硬貨[コイン]の地金.
Flan·ders /flǽndərz | fláːndəz/ 图 フランドル, フランダース《ベルギー北西部の5州とフランス北部の小地域を含み北海に臨む地方》.
flâ·neur /fla:nə́:/ -nə́:/ 图 のらくら者, 遊民.《F》
flange /flǽnʤ/ 图 ❶ a フランジ, 突縁. b（車輪の）輪縁. c（レールなどの）出縁(だん). d（鉄管などの端の）つば, 耳. ❷ フランジ《洋服の飾りのため布を縫い目の縁に沿って出して作ったもの》. ─ 動 ⓗ〈...に〉フランジをつける.
＊flank /flǽŋk/ 图 ❶ a 横腹, わき腹. b わき腹肉の切り身. ❷【軍・スポ】(部隊・チームの)側面, (左右の)翼: a ~ attack 側面攻撃 / turn the enemy's ~ [the ~ of the enemy] 敵の側面を回って後方に出る. ❸（建物・山などの)側面. ─ 動 ⓗ ❶〈...の〉側面に置く[並べる]: The road is ~ed by [with] trees. その道路は両側に並木がある.《F》❷【軍】〈敵の〉側面を攻撃する.《F》
flánk·er 图 ❶ 側面に位置[守備]する人. ❷【ラグビー・アメフト】フランカー.
flánk fórward【ラグビー】フランカー《スクラムで両翼につく》.
⁺flan·nel /flǽn(ə)l/ 图 ❶ a フランネル. b《米》綿ネル. ❷［複数形で］a フランネル製品(包帯・肌着). b（特にスポーツ用の）フランネルのズボン. c 毛織りの厚い肌着. ❸《英》フランネルの布[タオル, ぞうきん(など)]. ❹《英俗》おべっかごと; はったり, おべかん. ─ 形 Ⓐ フランネル製の: a ~ skirt フランネルのスカート. ─ 動 (flan·neled,《英》-nelled; flan·nel·ing,《英》-nel·ling) ⓗ ❶〈...にフランネルの服を着せる ❷〈...を〉フランネルのきれでこする《英俗》❸ a〈人に〉おべっかを言う. b おべっかを言って〈...を〉ごまかす; おべっかで〈...を〉切り抜けする / 〈人に〉おべっかを言って〈...をさせる〉[into]. ─ ⓘ《英俗》おべっかを言う, お世辞をいう.《?Welsh=毛織物》
flánnel·bòard 图 フランネルボード《フランネルを張った教授用掲示板;絵や図形を押しあてるとはれる》.
flan·nel·ette /flǽnəlét/ 图 Ⓤ 綿ネル.
flán·nel·led 形《英》フランネル[フラノ]を着た, フランネルのズボンの.
＊flap /flǽp/ 動 (flapped; flap·ping) ⓘ ❶ a〈鳥が〉羽ばたく. b［副詞(句)を伴って］羽ばたいて飛ぶ: The eagle flapped away. ワシは羽ばたいて飛び去った. ❷〈旗・カーテンなどが〉はたはたと動く, はためく (flutter): The flags in the stadium flapped in the wind. 競技場の旗が風にはためいた. ❸《英口》そわそわ[はらはら]する. ❹《英口》〈耳がそばだつ: have one's ears flapping 耳をそばだてる, 熱心に聞く. ─ ⓗ ❶〈鳥が〉〈翼を〉羽ばたく: The bird flapped its wings. 鳥が羽ばたいた. ❷〈帆・カーテンなどをはたはたと動かす, はためかす; 〈腕などを〉ばたばた動かす: A sudden breeze flapped the flags. 突然の風が旗をはためかせた. ❸（平たいもなめらなもので）〈...を〉追い払う: He flapped the flies away [off]. 彼はハエをはたいて追い払った. flap one's lips [gúms] むだ話をする. ─ 图 ❶［たらしなれて]たれ下がっているもの: a（ポケットの）たれぶた. b ねぶた, 揚げぶた. c（帽子の）たれぶち;（防寒用）耳おおい. d（封筒の）折り返し. ❷《英単数形で》a（平たいしなやかなものの）はたくこと, はたき打ち, 平打ち;（鳥の）羽ばたき. b（旗・カーテンなどの）ばたばたすること, はためき. c たたく音;羽ばたきの音;ばたばたする音. ❸ [a ~]《口》はらはら, そわそわ;さわぎ: be in a ~ はらはらしている / get into a ~ そわそわしだす. ❹［単数形で］《米》〈世間からの〉批判, 批難. ❺【空】（飛行機の）下げ翼, フラップ. ❻【音声】単顫音(たんせんおん)《舌や口蓋垂を1回だけ震わせて出す音》.《擬音語》
fláp·dòodle 图 Ⓤ《口》たわごと, でたらめ.
fláp·jàck 图 ❶ =pancake 1. ❷《英》オート麦を入れた甘いパンケーキ.
flap·pa·ble /flǽpəbl/ 形《口》（ストレスの下で）すぐ動転[困乱, 興奮]する.
fláp·per 图 ❶ a 軽く打つ人[もの]. b ハエたたき. c ほろ追いの鳴子. d（からざお(flail)の）振り棒. ❷ a（海獣の）ひれ状の前肢. b（ヒナの）羽. ❸ 羽をはばたたかせようとする鳥. ❹ (1920年代に自由を求めて服装・行動などで慣習を破った)現代娘, フラッパー.
flap·py /flǽpi/ 形 はたばたする, はためく; たるんだ, だらりと

flap valve, flapper valve 图《機》(ポンプなどの)フラップ弁, 蝶形弁.

*__flare__ /fléə/ 動 ❶《火炎が》めらめら燃える,《風に当たって》揺れる: The torches ~d in the wind. たいまつの炎が風で揺れめきだ. ❷《争い・病気などが》激発する, 突発する (erupt). ❸ 突然怒って言う. ❹《スカート・トランペットの開口部などが》朝顔形に広がる, フレアーになっている《out》. ━ 他 ❶ 突然怒って言う. ❷《スカート・スラックスを》フレアーにする;《鼻孔を》広げる. **fláre óut**《自＋副》《米》= flare up (2). **fláre úp**《自＋副》(1)〔しばしば again, anew ばっと加えて〕ぱっと燃え上がる, ぱっと燃え上がる: My temper ~d up at that remark. その言葉でかっとなった. (3)《病気が》再発する;いきなり勢いを増す: My ulcers have ~d up again. 胃かいようがまた痛みだした. 【類義語】⇒ flicker¹.
━ 图 ❶〔通例単数形で〕揺らめく炎, 揺らぐ光: the ~ of a match ぱっと燃え上がるマッチの光. ❷ **a**《海上などで用いる》発光信号. **b** 照明弾. ❸ **a**《スカート・スラックスの》フレアー(すそ広がり). **b**〔複数形で〕《口》フレアー型のズボン. ❹ 〔a ~〕《感情などの》激発: a ~ of anger 激怒. 【類義語】⇒ flicker¹.

flared 图《スカート・スラックスが》フレアーの.

fláre pàth 图 (離着陸する飛行機用の) 照明路.

fláre stàr 图《天》閃光星, フレアスター《時々閃光的に増光する変光星》.

†**fláre-ùp** ❶ **a** ぱっと光ること, 燃え上がり. **b**《信号の》閃光. ❷《口》**a**《感情の》激発, かっと怒ること. **b**《問題・紛争などの》急激な再燃, 突発. **c**《病気などの》再発.

flar·ing /fléərɪŋ/ 圈 ❶ めらめら燃える. ❷ けばけばしい, 派手な: the ~ neon lights of Broadway ブロードウェーの派手なネオンの輝き. ❸ 朝顔形の；フレアーの: a ~ skirt フレアーのあるスカート. **~·ly** 副

*__flash__ /flǽʃ/ 動 自 ❶ **a**《光が》ひらめく, ぴかっと光る: on and off 光が点滅する / The lighthouse ~es at 30-second intervals. その灯台は30秒間隔で光を放つ / The car's headlights ~ed in my eyes. 車のヘッドライトが目に入ってぱっと光った. **b**《文》《目が》《...で》きらりと光る: His eyes ~ed with anger. 彼の目は怒りできらりと光った. ❷〔副詞(句)を伴って〕《機知・考えなどが》急に浮かぶ: The thought ~ed through [across, into] my mind. その考えがさっと私の心に浮かんだをよぎった / My life ~ed before my eyes. 人生の様々な出来事が目の前に浮かんだ. ❸〔副詞(句)を伴って〕さっと通る, 急速に通過する;《時が》さっと過ぎる: A sports car ~ed past. スポーツカーがさっと通り過ぎた / Our train ~ed through the station. 列車は駅をさっと通過した. ❹〔副詞(句)を伴って〕《口》《映像などが》《画面に》突然映し出される. ❺《男が》性器をさっと見せる. ━ 他 ❶《光を》放つ;ぱっと照らす: He ~ed his headlights at me. 彼は私に向けてヘッドライトを点滅させた. ❷《信号を》《光などで》さっと送る[出す]: ~ a signal 信号をさっと送る /〔目＋目〕~ a person a warning 人に光で警告する /《口》《...を》さっと見せる: She ~ed her ID card. 彼女は身分証明書をさっと見せた. ❸〔副詞(句)を伴って〕《...を》《画面に》突然映し出す;《情報・信号などを》《ぱっと》伝える: "Congratulations!" on the screen 画面に「おめでとう」と映し出す / The news was ~ed throughout Japan. その情報はぱっと日本中に伝わった. ❹《人に》視線・ほほえみなどを》ちらりと向ける:〔目＋目〕He ~ed her a smile [glance]. = He ~ed a smile [glance] at her. 彼は彼女にほほえみかけた[視線]を投げかけた. ❺《口》《男が》性器をさっと見せる. **flash aróund**《他＋副》《金品などを》見せびらかす. **flásh báck**《自＋副》(1)〔口〕《情景・映画などが》突然過去に戻る [to]. (2) 即座に《怒って》答える. **flásh fórward**《本・映画などで》未来の場面に移する [to]. **flásh in the pán** 尻すぼみ [線香花火的], 竜頭蛇尾, 一発屋]に終わる (cf. 图 成句).
━ 图 ❶ ぱっと出る突然の発光, 閃光(__senkō__);（一回の合図: a ~ of lightning 電光のひらめき, 稲光. ❷ C|U《写》フラッシュ: use (a) ~ フラッシュを使う. ❸ C《感興・希望などの》ひらめき: a ~ of hope 一縷の希望 / a ~ of wit 機知のひらめき / I had a sudden ~ of memory. 突然ぱっと思い出した. ❹ C ちらっと見る[見え

る]こと, ひと目 [of]. ❺ C (新聞社・放送局に電話されてくる)(ニュース)速報 (newsflash). ❻ C《英》(軍隊の記章. ❼ C (本などの装飾用の) 帯. (**as**) **quick as a flásh** ⇒ **quick**[成句]. **flash in the pán** 尻すぼみに終わる人, 線香花火的な企て(をする人), 竜頭蛇尾に終わる人,「一発屋」画薬（火打ち石銃などの）火皿の中の発火[空発]から). **in [lìke] a flásh** 急に, たちまち, 即座に, あっという間に.
━ 形 (~·er; ~·est) ❶《口・軽蔑》いやに派手な, けばけばしい; 見かけ倒しの: a ~ dresser 派手な服を着る人. ❷ 突然で短い, 瞬間的な: a ~ storm つかの間の嵐 / a ~ flood 鉄砲水. ❸ Ａ《古》《言葉などが》泥棒[売春婦]仲間の, 裏社会の.
【擬音語】【類義語】⇒ **shine**.

†**flásh·bàck** 图 フラッシュバック: **a** C|U《映・文芸》回想などの場面の切り返し. **b** C 突然はっきりとよみがえり, あたかもそれを今体験しているかのように感じられる(嫌な)記憶. **c** C 幻覚剤をやめて一定期間を経たのちに, 常用時と同様の症状を示すこと.

flásh·bòard 图《土木》決潰(__kekkai__)板, フラッシュボード《ダムの水位を高めるせき板》.

flásh bùlb 图《写》閃光(__senkō__)電球.

flásh bùrn 图 (放射能による) 閃光火傷.

flásh campàign 图 フラッシュキャンペーン《インターネットなどを活用して瞬時に多数の支持を取りつけて行なわれる運動》.

flásh càrd 图 フラッシュカード《単語・数字・絵などを瞬間的に見せるドリル用のカード》.

flásh·cùbe 图《写》フラッシュキューブ《4個の閃光(__senkō__)電球が次々に発光する装置》.

flásh·er 图 ❶ 自動点滅装置: **a** 自動点滅信号. **b** (自動車の) 方向指示器. **c** (パトカー・救急車などのぐるぐる回る) 回転灯, 警光灯. ❷《口》《性器》露出狂(男).

flásh·fórward 图《映・文芸》フラッシュフォワード《物語に未来の出来事を挿入すること》.

flásh-frèeze 動 他 急速冷凍する (quick-freeze).

flásh-frèezing 图 U 瞬間冷凍する.

flásh gùn 图《写》フラッシュガン《カメラの閃光(__senkō__)装置》.

flásh·ing 图《建》雨押え, 水切り.

flásh làmp 图 閃光灯.

*__flash·light__ /flǽʃlàɪt/ 图 ❶《米》懐中電灯《英》(electric) torch). ❷ (灯台・信号などの) 閃光. ❸《写》フラッシュ, 閃光;《写》フラッシュ, 閃光装置.

flásh mèmory 图 U|C《電算》フラッシュメモリ《プログラムの書き込み・消去が電気的に可能な, 非揮発性 (nonvolatile) メモリーの一種》.

flásh·òver 图 ❶《電》フラッシュオーバー, 閃絡（固体または液体絶縁体の表面の放電）. ❷ 爆燃(現象), フラッシュオーバー. ━ 動 フラッシュオーバーする.

flásh·pòint 图 ❶ C|U (暴力行為・怒りなどの)きっかけとなった[なりそうな]場所[状況, 時], 発火点. ❷ C《理》引火点.

flásh sùit 图 耐熱服.

flásh·tùbe 图《写》フラッシュチューブ[放電管]《ストロボ装置で用いる》.

†**flash·y** /flǽʃi/ 圈 (**flash·i·er**; **-i·est**) 派手な, けばけばしい: a ~ dresser 派手な服装をする人. **flásh·i·ly** /-ʃɪli/ 副 **-i·ness** 图

flask /flǽsk | flɑ́ːsk/ 图 ❶ **a** フラスコ (化学実験用). **b** (ウイスキーなどの) 携帯用瓶 (hip flask)《ガラス・金属製》. ❷ フラスコ1杯の容量 ❸《英》魔法瓶.

*__flat__¹ /flǽt/ 圈 (**flat·ter**; **flat·test**) ❶ **a** 平らな, 平たい, 平坦(__heitan__)な: a ~ surface 平らな表面. **b** (比較なし)《皿などが》平べったい, 浅い: a ~ cake 平べったいケーキ / a ~ plate 浅皿, 平皿. **c**《靴のかかとなどの》低い;《かかとが》低い (↔ high-heeled). **d** (比較なし)《足が》扁平な: ~ foot 扁平足1.
❷ P (比較なし)〔通例補語用いて〕**a** 平伏して: The typhoon left the wheat ~. その台風で小麦はなぎ倒された. **b**《建物など》倒壊して, ぺしゃんこになって.

flat

❸ a 単調な, 平板な, 興味のない, 退屈な: a ~ voice そっけない声. b 元気のない, 精彩を欠いた: feel ~ 気が腐る. c 〖商〗〈市場が〉不活発な, 不況の (sluggish): The market is ~. 市況が不活発な.
❹ a〈タイヤなどが〉空気の抜けた: a ~ tire 空気の抜けた[パンクした]タイヤ / go ~〈タイヤなどが〉パンクする. b〈ビール・サイダーなど〉気の抜けた: go ~〈ビールなどが〉気が抜ける. c〈食物の味[香り]の〉ない. d《英》電池の切れた;〈バッテリーが〉あがった (《米》dead).
❺ 〖(比較なし)〈料金・価格など〉均一の: at a ~ rate 均一料金で / give everyone a ~ sum of 1000 dollars 一律に1千ドルずつ全員に与える.
❻ a 〈音が〉下がる: You're ~.〈音程が狂って〉低いですよ / a ~ singing voice 音程の下がった歌声. b〖(比較なし)〖音符の後に置いて〗〖楽〗変音の, 半音低い, 変記号のついた〖記号♭〗.
❼ ④〖(比較なし) きっぱりした, 率直な, まったくの: give a ~ denial [refusal] まっこうから否認[拒絶]する / That's ~ nonsense. それはまったくのたわごと.
❽ a〈絵・写真〉の明暗の差がない; 深みのない. b〈塗料が〉光沢のない, つや消しの.
❾ 〖音声〗〈a の文字が〉/æ/と発音される (ask などの母音を /æ/と発音すること; cf. broad 7 a).
be flát on one's **báck** (1) あお向けに倒れている. (2) 病気で伏せっている.
in a (flát) spín ⇒ spin 图 成句, flat spin 成句.
in nóthing flát ⇒ nothing 代 成句.
Thát's flát.《英口》断然そうだ, もうこれ以上言わない: I won't go, and *that's* ~! 行かないと言ったら行かない.

— 副 (比較なし) ❶ 平らに, (ぺったり)横たわって: smooth a tablecloth ~ テーブルクロスをなでて平らにする / He was lying ~ on the ground. 彼は地面にぴたりと伏していた / He fell ~ on his face. 彼はうつぶせに(ばったり)倒れた / He knocked (down) the champion ~ on the canvas. 彼はチャンピオンをリングの床にたたきのめした. ❷ [分量・数値・時間などの後に置いて]《口》きっかり, ちょうど: 3 seconds ~ 3 秒フラット《競技記録》 / run 100 meters in 10 seconds ~ 100 メートルを 10 秒フラットで走る. ❸ 〖楽〗半音低く: sing ~ 半音下げて歌う. ❹《英口》きっぱりと, 断然: I'll tell you. ~ 君にきっぱり言ってもう / go ~ against orders 命令にまっこうから反対する. ❺ まったく: He's ~ broke.《口》彼はまったくの無一文だ.
fáll flát (on one's **fáce**) (1) うつ向けに(ばったり)倒れる. (2)《口》まったく失敗に終わる; 少しもうまくいかない, まったく反応がない (★この成句の flat は 副 ともとれる): His joke fell ~. 彼のジョークはちっともうけなかった.
flát óut (1)《口》全速力で: drive ~ *out* 全速力で車を走らせる. (2)《米口》きっぱりと, あからさまに: I told him ~ *out*. 彼にきっぱりと言ってやった. (3) 疲れ果てて.

— 图 ❶ [単数形で] 平面, 平たい部分, 平たい側: the ~ *of* one's hand [a sword] 手[刀]のひら. ❷ [しばしば複数形で] 平地, 平原, 干潟(%), 干瀉(%). ❸《米》空気の抜けたタイヤ: I've got a ~. パンクした. ❹〖楽〗変音(半音低い音); 変記号(♭; cf. sharp 图 1). ❺〖劇場〗(背景を構成する)わく張り物, フラット(押し出し・せり出し・引き幕など). ❻ [the ~]《英》平地競馬の時期. ❼ [複数形で] ヒールの低い靴.
on the flát《英》平面に; 平地に.
[原義は「平らな, 広い」; cf. field] (動 flatten) 【類義語】 ⇒ level.

*flat² /flǽt/ 图《英》❶ フラット(同一階の数室を一家族が住めるように設備した住居)(《米》apartment). ❷ [複数形で] アパート, フラット式の共同住宅 (《米》apartment house): a block of ~s アパート. [OE=床, 家]

flát-bèd 图《トラックなど平台[底]型の. — 图 (また **flátbed tráiler [trúck]**) 平台[底]型トラック[トレーラー].
flátbed scánner 图 〖電算〗(フラットベッド)スキャナー (一枚一枚原稿を置いて読み込む, 普及型として最も一般的なスキャナー).
flát-bòat 图 (内陸水路の荷運び用)平底船.

flát-bóttomed 形〈船が〉平底の.
flát-brèad 图 U フラットブレッド《しばしばパン種を使わないで焼く薄いパン》.
flát-càr 图《米》平台型貨車《屋根も側面もない》.
flát-chésted 形〈女の〉胸がぺちゃんこな, ペチャパイの.
flát-fèll(ed) séam 图 伏せ縫い.
flát-fìsh 图 (徳~, ~-es) 〖魚〗カレイ目の魚類《カレイ・ヒラメ・オヒョウなど》.
flát-fòot 图 (⑥ -feet) 扁平(%)足. ❷ (~s)《俗》(パトロール)警官.
flát-fóoted 形 ❶ 扁平足の. ❷《口》ぶざまな, まずい. ❸ (口) 断固とした: a ~ refusal 断固とした拒絶. **cátch a** person **flát-fóoted**〈人に〉不意打ちをくらわす. ~**-ly** 副
flát-fòur 形〈エンジンが〉水平(対向)4気筒の. — 图 水平 4 気筒エンジン.
flát-hèad 形 頭の平たい. — 图 (徳 ~s, ~) ❶ [F-] フラットヘッド (頭を平たくする習慣のあったアメリカインディアン): a Chinook, Choctaw など. b Montana 州西部に住んでいた Salish(誤信にもとづく呼称). ❷ 頭の平たい魚, (特に)コチ.
flát-ìron 图 (昔の電気を用いない)アイロン, 火のし.
flát-lànd 图 (起伏のない)平坦地.
flát-let /flǽtlət/ 图《英》小フラット (⇒ flat² 1).
flát-lìne 图 ★次の成句で. **gò flátline** 死ぬ《脳波図が水平になることから》. — 動 ⑥ 死ぬ; [進行形で] 死んだも同然, 停滞している. **flát-lìn-er**
flát-ly 副 ❶ きっぱりと, にべもなく: He ~ rejected [refused] my proposal. 彼は私の申し出をにべもなくはねつけた[拒絶した]. ❷ 単調に; 活気なく; 平たく: a ~ delivered speech 気の抜けた話し方の演説. ❸ 平たく; 平らに〖用法〗この意味では動詞を修飾する時は fall flat のように flat¹ 图 2 が用いられるのが一般的で, flatly は形容詞・現在分詞などとともに用いられる). ❹〖写〗コントラストの弱い.
flát-màte 图《英》=roommate.
flát-ness 图 U ❶ 平らなこと, 平坦. ❷ 単調, つまらなさと.
flát-òut 形 ④《口》❶ 全力の, 全速力の: a ~ dash for the finish ゴールに向かっての全力疾走. ❷ 率直な, まったくの: a ~ lie まったくのうそ.
flát-pàck 图 ❶《英》組立て式(の家具など)(購入者が持ち帰って組立てられるように箱詰めされたもの). ❷〖電子工〗フラットパック(四角い薄板状で側面からリード線の出ているIC容器).
flát ràce 图 (障害物競走[競馬]に対して)平地競走[競馬](cf. hurdle 图 1 b, steeplechase).
flát ràcing 图 U 平地競走, (特に)平地競馬.
flát róof 图 陸(?)[平]屋根.
flát-róofed 形 陸(?)[平]屋根の.
flát spín 图〖空〗水平錐(%)もみ(状態). **gò into [be in] a ~** ひどく困惑[ろうばい]する[している].

*flat-ten /flǽtn/ 動 ⑥ ❶ a〈…を〉平らにする: ~ the ground 地面を平らにする / He ~ed *out* the bent plate. 彼は曲がった鉄板を平らにした. b [~ oneself で]〈…に〉うつぶせになる [*on*]; 〈…に〉へばりつく [*against*]. ❷〈建物などを〉倒壊させる, 完全に破壊する. ❸ a〈人を〉殴り倒す, ちてんぱんにやっつける. b〈相手に〉圧勝する, 〈…を〉圧倒する. c (中傷などで)人を落ち込ませる, へこませる. ❹〖楽〗〈音〉の調子を下げる. — ⑥ ❶ 平らになる. ❷〖楽〗調子が下がる. **flátten óut** (1)〈…を〉平らにする. (2)〖空〗上昇[降下]中の機体を〉水平に直す. (3) 平らになる. (4)〖空〗上昇[降下]中の機体が水平に直る. (⇒ flat¹)

*flat-ter /flǽtɚ | -tə/ 動 ⑥ ❶〈人に〉お世辞を言う, おべっかを使う, おもねる: ~ one's boss ボスにへつらう / They ~ed her *into* singing. 彼らは彼女をおだてて歌を歌わせた. ❷〈人を〉喜ばせる (⇒ flattered). ❸ [~ *oneself* で] うぬぼれる, 得意になる: [+目+(*that*)] I ~ *myself that* I'm the best golfer in the club. 私がいちばんゴルフがうまいと思う. ❹〈絵・写真・画家が〉〈人・ものを〉実物以上に良く見せる: This portrait ~s him. この肖像画は彼の実物よりも良い. ❺〈古〉〈感覚を〉

喜ばせる, 楽しませる. 〚F＝なめらかにする〛 ([名] flattery)

flát·tered [形] [P] 〈人が〉喜んで: I feel [am] greatly ～ *at* [*by*] your invitation. ＝I feel [am] greatly ～ *to* be invited. ＝I feel [am] greatly ～ *that* you invited me. 御招待いただいて大変光栄です[とても鼻が高いです].

flat·ter·er /flǽṭərə | -rə/ [名] おべっか使い, お世辞を言う人.

⁺**flat·ter·ing** /flǽṭərɪŋ, -trɪŋ/ [形] ❶ 実物よりよく見せる (↔ unflattering): a ～ portrait 実際より良く描いた肖像画. ❷ 喜ばせる(ような), 満足させる; 〈物事が〉うれしい, ❸ お世辞の; へつらいの: a ～ remark お世辞の言葉.

flát·ter·ing·ly [副] へつらって, お世辞を使って.

flat·ter·y /flǽṭəri, -tri/ [名] [U] おべっか, お世辞; 甘言. ([動] flatter) 【類義語】⇨ compliment.

flat·tie /flǽṭi/ [名] 《口》 ❶ かかとの低い靴 (flats). ❷ 平底船. ❸ 警察官.

flat·tish /flǽṭɪʃ/ [形] やや平らな.

flát·tòp [名] 《米口》 ❶ 角刈り. ❷ 航空母艦.

flat·ty /flǽṭi/ [名] ＝flattie.

flat·u·lence /flǽʧʊləns/ [名] [U] ❶ (胃腸内に)ガスがたまること, 鼓腸. ❷ 虚勢, 空虚.

flat·u·lent /flǽʧʊlənt/ [形] ❶ **a** 〈人が〉(腹に)ガスのたまった, 腹の張った. **b** 〈食物が〉ガスを発生させやすい. ❷ 〈言葉など〉大げさな, 誇張した. 〚F＜L＝吹く〛

fla·tus /fléɪṭəs/ [名] [U] 腸内ガス.

flát·wàre [名] [U] ❶ 銀(めっき)食器類 (《英》 cutlery) 《knife, fork, spoon など》. ❷ 平皿類 《plate, saucer など; cf. holloware》.

flát·wìse, flát·wàys [副] 平らに, 平面に.

flát·wòrk [名] [U] (シーツ・テーブルクロスなど)アイロンでなく機械でプレスできる洗濯物.

flát·wòrm [名] 〘動〙 扁形動物 (platyhelminth), (特に)渦虫(うずむし).

flát-wòven [形] 〈カーペットなど〉パイルなしに織った.

Flau·bert /floʊbéə | flóʊbeə/, **Gus·tave** /gʊstɑ́ːv/ [名] フローベール 《1821–80; フランスの小説家》.

⁺**flaunt** /flɔ́ːnt, flɑ́ːnt | flɔ́ːnt/ [動] [他] ❶ 〈富・衣服などを〉見せびらかす (show off): ～ one's riches in public 人前で自分の富を見せびらかす / If you've got it, ～ it! 《米口》 (成功・富・才能・美貌など)誇れるものがあれば誇れ. ❷ 〈規則・慣習などに〉反する, 背く. **fláunt onesèlf** (性的に)人を引きつけるような[刺激的な, 挑発的な]服装[振る舞い]をする. ── [名] [U] 見せびらかし, 誇示.

flaunt·y /flɔ́ːnti, flɑ́ːn- | flɔ́ːn-/ [形] これみよがしの, 誇示する.

flaut·ist /flɔ́ːṭɪst/ [名] 《英》 ＝flutist.

fla·va /fléɪvə/ [名] 《俗》 ＝flavor 3.

fla·ves·cent /fləvés(ə)nt/ [形] 黄ばんでゆく, 黄色みをおびた.

Fla·vi·an /fléɪviən/ [形] (古代ローマの)フラウィウス (Flavius) 氏族の, フラウィウス朝の 《紀元 69–96 年; フラウィウス家出身の皇帝 (Titusなど) からなる》. ── [名] フラウィウス家の人, フラウィウス朝の皇帝.

fla·vin /fléɪvən/ [名] [U,C] 〘生化〙 フラビン: **a** カシ類の樹皮などから採る黄色色素成分. **b** 水に可溶性の黄色色素; フラビン蛋白質の補酵素, 特に riboflavin》.

fla·vone /fléɪvoʊn/ [名] [U] 〘生化〙 フラボン 《黄色植物色素の基本物質; その誘導体》.

fla·vo·noid /fléɪvənɔ̀ɪd/ [名] [U,C] 〘生化〙 フラボノイド 《フラボンの炭素骨格をもつ植物色素; アントシアニン・フラボンなど》.

fla·vo·prótein /flèɪvoʊ-/ [名] [U,C] 〘生化〙 黄色酵素, フラビン蛋白質 《色素蛋白質の一》.

*__fla·vor__ /fléɪvə | -və/ [名] ❶ [C,U] (独特の)味, 風味: (a) garlic ～ ニンニク風味 / What ～(*s*) *of* ice cream do you like? アイスクリームは何味がお好きですか. ❷ [a ～] 味わい, ゆかしさ, 趣: a phrase with *a* literary ～ 文学的な味わいのある言い回し / There was *a* ～ of romance about the affair. その事件にはどこかロマンスの香りが漂っていた. ❸ [U] [また a ～] 雰囲気, 気味; 特色, 特徴. ❹ [C] 〘電算〙 種類, タイプ. **flávor of the mónth** [**wéek**] 一時的に[今, その時だけ]人気のある[あった]人[もの]. ── [動] [他] ❶ 〈…に〉〔…で〕風味[香気]を添える, 味をつける: ～ a sauce **with** onions ソースをタマネギで味付けする. ❷ 〈…に〉〔…で〕風趣を添える: ～ the evening **with** a poetry reading 夜会に詩の朗読をして風趣を添える. 〚F〛 【類義語】 **flavor** ある物の特有の味. **taste** 一般的な味.

fla·vored /fléɪvəd | -vəd/ [形] [通例複合語で] (…の)味[香り]をつけた, 風味が…の: lemon-*flavored* cakes レモンの香りのするケーキ.

fla·vor·ful /fléɪvəf(ə)l | -və-/ [形] 風味豊かな, 味のよい.

flá·vor·ing /-v(ə)rɪŋ/ [名] ❶ [U,C] フレーバリング 《食物や飲料に特定の風味をつけるために加える物質; バニラ・ラム・コーヒーなど》. ❷ [U] 味付け.

flá·vor·less [形] 風味のない, 味のない.

flá·vor·some /-səm/ [形] ＝flavorful.

*__fla·vour__ /fléɪvə | -və/ [名] [動] 《英》 ＝flavor.

⁺**flaw**¹ /flɔ́ː/ [名] ❶ 欠点, 弱点; 不備な点, 欠陥: a ～ *in* one's character 性格上の欠陥. ❷ 〔宝石・磁器などの〕きず, ひび, 割れ目 〔*in*〕. 〚ME＝(雪・炎の)一片〛 【類義語】 ⇨ defect¹.

flaw² /flɔ́ː/ [名] 突風; ひとしきりのあらし.

⁺**flawed** /flɔ́ːd/ [形] ❶ 欠点[欠陥, 不備, 弱点]のある. ❷ きずのついた, ひびが入った.

⁺**fláw·less** [形] ❶ 完璧(かんぺき)な: a ～ performance 完璧な演奏[演技]. ❷ きずのない. **～·ly** [副]

flax /flǽks/ [名] [U] ❶ 〘植〙 アマ(亜麻). ❷ 亜麻の繊維. ❸ 亜麻布, リンネル.

flax·en /flǽks(ə)n/ [形] ❶ 亜麻の; 亜麻製の. ❷ 〈髪が〉亜麻色の, 淡黄褐色の: ～ hair 亜麻色の髪.

fláx lìly [名] 〘植〙 ニューサイラン 《ニュージーランド原産; ユリ科; 繊維を採取する》.

fláx·sèed [名] [U,C] 亜麻の種, 亜麻仁(に).

flay /fléɪ/ [動] [他] ❶ 〈獣の〉皮をはぐ. ❷ 〈人を〉激しくむちで打つ. ❸ 酷評する, こきおろす.

F́ làyer /éf-/ [名] 〘通信〙 F 層 《E 層の上部の電離層で, 短波などを反射する》.

fl. dr. 《略》 fluid dram.

⁺**flea** /flíː/ [名] 〘昆〙 ノミ. **a fléa in one's éar** 苦言, 当てこすり: send a person away [off] with *a* ～ *in* his *ear* 耳の痛いことを言って人を追い払う. 〚OE〛

fléa·bàg [名] 《俗》 ❶ 《米》 安ホテル, 安宿. ❷ 不潔な動物〔人〕.

fléa bèetle [名] 〘昆〙 ノミハムシ, トビハムシ.

fléa·bìte [名] ❶ ノミの食った跡. ❷ たいしたことないけが, かすり傷; わずかな出費.

fléa-bìtten [形] ❶ ノミに食われた. ❷ みすぼらしい. ❸ 〈馬が〉白地に赤ぶちのある.

fléa còllar [名] (犬・猫の)ノミよけ首輪.

fleadh /flɑ́ː/ [名] フラー 《アイルランド[ケルト]の音楽・映画・文化の祭典》.

fléa màrket [名] (露天で安物を売る)蚤(のみ)の市.

fléa·pìt [名] 《英口》 汚い映画館[劇場].

flèche /fléɪʃ, fléʃ/ [名] 〘建〙 フレッシュ 《ゴシック教会で, 交差部の屋根の上に設けられた細長い尖塔》. 〚F〛

⁺**fleck** /flék/ [名] ❶ 〔色・光線の〕斑点(はんてん), 斑紋 〔*of*〕 (speck). ❷ (皮膚の)斑点, そばかす. ❸ [しばしば否定文で] 小片: *not* a ～ ***of*** dust ちりひとつない. 〚ON〛

flecked [形] 斑点のある, まだらの.

flec·tion /flékʃən/ [名] ＝flexion.

*__fled__ /fléd/ [動] **flee**の過去形・過去分詞.

fledge /fléʤ/ [動] [自] 〈ひな鳥が〉羽毛が生えそろう; 巣立ちができる. ── [他] ❶ 羽毛が生えそろうまで〈ひなを〉育てる. ❷ 〈矢に〉矢羽根をつける[矧(は)ぐ].

fledged [形] ❶ 〈鳥が〉羽毛が生えそろった; 巣立ちのできる. ❷ 〈人が〉一人前の (cf. full-fledged 1 b). ❸ 〈人・ものが〉(ある)役割を負ったばかりの.

fledg·ling, fledge·ling /fléʤlɪŋ/ [名] ❶ 羽の生えたての[巣立ちしたばかりの]ひな鳥. ❷ 駆け出しの若者. ── [形] 未経験の, 駆け出しの: a ～ actress 駆け出しの女優.

*__flee__ /flíː/ [動] (**fled** /fléd/) [自] ❶ 逃げる, 逃走する: The enemy *fled* in disorder. 敵は算を乱して逃げた / He fled

fleece 684

from the enemy. 彼は敵から逃れた / ~ *to* a place of safety 安全な場所に避難する. ❷ 消えうせる; 《時間などが》急速に過ぎていく, 速く経過する. ── 他 《人・場所から》逃げる, 逃れる, 逃がす 《★受身なし》: They *fled* the town after the earthquake. 彼らは地震のあとその町から逃げ出した. 〖OE〗

+fleece /flíːs/ 图 ❶ ⓐ Ⓤ (羊・アルパカなどの)毛被; 羊毛. ⓑ Ⓒ 一頭ひと刈り分の羊毛; ⇨ Golden Fleece. ❷ Ⓤ,Ⓒ けばの柔らかい織物, フリース; フリース地のセーター[ジャケット]. ── 他 ❶ (羊)から毛を刈る, 〈人から〉(金)を巻き上げる [*from*]; 〈人から〉〈金〉を巻き上げる[だまし取る] [*of, out of*] (swindle): I was ~*d of* what little I had. なけなしのあり金全部を巻き上げられた. **fleeced** 形

fleec·y /flíːsi/ 形 (fleec·i·er; -i·est) ❶ 羊毛でおおわれた. ❷ 羊毛状の, ふわふわした: ~ clouds ふわふわした雲.

fle·er[1] /flíːɚ | flíːə/ 图 逃げる者, 逃亡者.

fleer[2] /flíɚ | flíə/ 動 《文》〈...を〉あざ笑う, あざける [*at*].

+fleet[1] /flíːt/ 图 ❶ ⓐ 艦隊: a combined ~ 連合艦隊. ⓑ [the ~] (一国の)全艦隊; 海軍. ❷ ⓐ (商船・漁船などの)船隊, 船団. ⓑ (飛行機の)機団. ⓒ (同一会社所有の)全車両: a ~ of taxis (一会社所有の)全タクシー. 〖OE〗

fleet[2] /flíːt/ 形 《文》 速い, 快速の: He's ~ of foot. 彼は足が速い. ~·**ly** 副 ~·**ness** 图 〖ON〗

Fléet Àdmiral 图 《米海軍》元帥.

fléet-fóot·ed 形 足の速い, 速く走る.

+fleet·ing /-tɪŋ/ 形 いつしか[すばやく]過ぎてゆく; つかの間の, はかない: ~ moments つかの間の時間.

fléet·ing·ly 副 はかなく, つかの間に.

Fléet Strèet /flíːt-/ 图 ❶ フリート街 《London 中心部のかつての新聞街》. ❷ Ⓤ 英国の新聞界.

Flem. 《略》Flemish.

Flem·ing /flémɪŋ/ 图 (ベルギーの)フランドル地方 (Flanders) の人; フラマン語 (Flemish) を話すベルギー人.

Flem·ing /flémɪŋ/, *Sir Alexander* フレミング (1881-1955; スコットランドの細菌学者; Nobel 医学生理学賞 (1945)).

Flem·ish /flémɪʃ/ 形 ❶ フランドル[フランダース]の. ❷ フラマン人[語]の. ── 图 Ⓤ フラマン語 《オランダ語の一方言; フランス語とともにベルギーの公用語; 略 Flem.》. ❷ [the ~] フラマン[フランダース]人(全体).

Flémish bónd 图 《建》フランス積み 《長手と小口を交互に並べるしかた》.

flense /fléns/, **flench** /fléntʃ/ 動 他 〈鯨・アザラシなどの〉脂肪を取る[皮をはぐ].

*flesh /fléʃ/ 图 ❶ Ⓤ ⓐ (人間・動物の)肉; 肉付き(の肌; lose ~ 肉が落ちる, やせる / put on ~ 肉がつく, 太る / gain [get] ~ 肥える / grow in ~ 太る. ⓑ 脂肪, 贅肉. ❷ Ⓤ (皮・種子と区別して果物の)果肉; (野菜などの)葉: the ~ of a melon メロンの果肉. ❸ [the ~] 《文》ⓐ 〈霊魂 (soul)・精神 (spirit) と区別して〉肉体: (the) pleasures *of the* ~ 肉体の快楽. ⓑ (人間の)肉欲, 情欲, 獣性: the sins *of the* ~ 肉欲の罪, 不貞の罪. ❹ =flesh color. ❺ Ⓤ 人類; 生物: all ~ 生きとし生けるもの; 人類 《★聖書「創世記」から》. becòme [be màde] óne flésh (夫婦として)一心同体となる 《★聖書「創世記」から》. flésh and blóod (1) 肉体: It's difficult to imagine a god appearing in ~ *and blood*. 神が肉体を持った人間として現れるというのは想像しがたい. (2) 生きた人間: Such things are more than ~ *and blood* can stand [bear, tolerate]. そのような事は人間としてとても我慢のならぬ[耐えられぬ]ことだ. (3) 人間性, 人情. (4) [one's own ~ *and blood* で] 自分の肉親, 身内. (5) [形容詞的に] 現に生きている, なま身の; 現実の. **gó the wáy of all flésh** ⇨ way 成句. **in the flésh** (1) 生きて. (2) (写真・絵などでなく)実物で; 自ら, 本人直接に: I've never met her *in the* ~. 彼女本人に直接会ったことは一度もない. **màke a person's flésh crèep [cráwl]** 人をぞっとさせる. **préss the flésh** 《戯言》(選挙運動中などに)握手する. **pùt flésh on (the bónes of)**...に肉付けする, ...を充実させる. ──

動 他 ❶ ⓐ 〈猟犬・タカなどに〉獲物の肉を味わせて刺激する. ⓑ 《文》〈兵器などに〉流血の味を知らせる. ❷ ⓐ 〈刀などを〉肉に突き刺す; 〈刀などの〉切れ味をためす. ⓑ 《文筆・才などを〉実地にためす. **flésh óut** (他(+圖)) (1) 〈...の〉肉付きをよくする. (2) [...で]〈...の〉中身をふやす [*with*]. ── (自+圖) ❸ 太る. 〖OE; 原義は「薄いひと切れ」か〗 (関形 carnal)

flésh còlor 图 Ⓤ 肉色, 肌色 《白人の肌の薄赤みがかったクリーム色》.

flésh-cólored 形 肉色の, 肌色の.

fleshed /fléʃt/ 形 [複合語で] ...な肉をもった: thick-fleshed 肉付きのよい.

flésh·er ❶ (獣皮の)肉はがし人[器]. ❷ 《スコ》肉屋.

flésh flỳ 图 《昆》ニクバエ《動物の生身に産卵する》.

flésh·ings 图 覆 《バレエダンサーの着るような》肉色のタイツ》.

flésh·less 形 肉のない; 肉の落ちた.

flésh·ly 形 (flesh·li·er; -li·est) Ⓐ ❶ 肉体の. ❷ 肉欲の; 性欲の.

flésh·pòt 图 [通例複数形で] 歓楽地, 楽天地.

flésh sìde 图 Ⓤ (獣皮の)肉のついた側, 内側 (cf. grain side).

flésh wòund 图 (骨・内臓に達しない)浅い傷.

flesh·y /fléʃi/ 形 (flesh·i·er; -i·est) ❶ 肉の, 肉質の. ❷ 肉付きのよい, よく肥えた; 太った. ❸ 《果実が》多肉質の.

flésh·i·ness 图

fletch /fléʧ/ 動 他 〈矢〉に羽根を付ける.

fletch·er 图 矢製造人, 矢羽職人.

fletch·ings 图 覆 矢羽(ね).

fleur-de-lis[-lys] /flə̀ːdəlíː | flə̀ː-/ 图 (覆 fleurs-de-lis /-(z)/) ❶ 《植》アイリス[アヤメ] の一種. ❷ ゆり紋章 (1147 年以来フランス王室の紋章). 〖F = flower of the lily〗

fleu·ron /flʊ́ːrɑn, flʊ́(ə)r- | flʊ́ərɔn, flʊ́ːr-/ 图 フリューロン: ⓐ 建築・硬貨・印刷物などの花形装飾. ⓑ (料理に添え る)装飾的な形のペストリー. 〖F〗

*flew /flúː/ 動 fly[1] A, B の過去形.

flews /flúːz/ 图 覆 (猟犬の)たれさがった上唇.

flex /fléks/ 图 Ⓒ,Ⓤ 《英》《電》可撓(は)線, (電気の)コード 《(米) cord》. ── 動 他 〈筋肉などを〉曲げる; 〈緊張して〉盛り上げる. **fléx one's múscles** ⇨ muscle 图 成句. ── 圓 ❶ 〈関節などが〉曲がる; 〈筋肉が〉収縮[緊張]する. ❷ 〈ものが〉曲げられる, 可撓(は)性がある. 〖L *flectere, flex*- 曲げる〗

flex·ec·u·tive /fléksékjutɪv/ 图 (また **flex·ec** /flékːsek/) 《英》フレクセキュティブ 《旧来の就労形態にとらわれず, SOHO などを駆使して自由に仕事をして高収入を得る人; 特にコンピューターメディア産業の若者に用いる》.

*flex·i·bil·i·ty /flèksəbíləti/ 图 Ⓤ ❶ 曲げやすいこと, 屈曲性, 柔軟性, しなやかさ. ❷ 御しやすさ; すなおさ. ❸ 適応性, 融通自在, 弾力性.

*flex·i·ble /fléksəbl/ 形 (more ~; most ~) ❶ 〈物事が〉融通のきく, 弾力的な (adaptable); 〈人が〉順応性のある, 柔軟に対応できる: work ~ hours 始業・終業の時間を自由に選択して働く, 変則労働する. ❷ 曲げやすい (↔ inflexible): a ~ cord 自由に曲がるコード(電灯のコードなど) / a ~ pipe 自在管. 〖L; ⇨ flex, ible〗 【類義語】**flexible** は元の形に戻るかどうかに関わらず, 折り曲げてもこわれず, 少々の伸び縮みがある. **elastic** 折り曲げたり引っ張ったりしても, 元の形に戻る. **supple** なめし皮のように柔かでしなやかな. **pliable, pliant** 棒のようなものがしなやかである.

*flex·i·bly /-səbli/ 副 ❶ 弾力的に, 柔軟に, 融通よく. ❷ 曲げやすく.

flex·ion /flékʃən/ 图 ❶ Ⓤ 屈曲, 湾曲, わん曲. ❷ Ⓒ 屈曲部, 曲がり目. ❸ Ⓤ,Ⓒ 《文法》 語尾変化, 屈折. ~·**al** /-ʃnəl/ 形 ~·**less** 形

flex·i·time /fléksitàɪm/ 图 Ⓤ 《英》 = flextime.

flex·og·ra·phy /fleksɑ́grəfi | -ɔ́g-/ 图 Ⓤ フレキソ印刷 《版材に弾性物質を用いる凸版輪転印刷法》; フレキソ印刷物. **flex·o·graph·ic** /flèksəgrǽfɪk-/ 形 -**i·cal·ly** /-kəli/ 副

flex·or /fléksɚ | -sə/ 图 《解》屈筋 (↔ extensor).

flex·time /fléks-/ 图 Ⓤ フレックスタイム 《従業員が一定の

時間帯の中で始業と終業の時間を自由に選べるシステム).《flexible time から》

flex·u·ous /fléksjuəs | -sju-/ 形 屈曲性のある; 曲がりくねった. ~·ly 副 **flex·u·os·i·ty** /flèksjuásəṭi | -sjuós-/ 名

flex·ur·al /flékʃ(ə)rəl | -sju-/ 形 屈曲の, たわみの, 曲げの.

flex·ure /flékʃə | -ʃə/ 名 U 屈曲, たわみ, 湾曲; C 屈曲部, 湾曲部.

flex-wing 名《空》可撓(とう)翼, フレックスウィング《ハンググライダーなどに用いる, 布などでできた折りたためる三角翼》.

flib·ber·ti·gib·bet /flìbəṭidʒíbɪt | -bə-/ 名 おしゃべりで軽薄な人.

*__flick__ /flík/ 動 ❶ [副詞(句)を伴って] ‹…›をはじき飛ばす; 軽く払いのける‹落とす›: She ~ed the fly *away* [*off* her sleeve]. 彼女はハエを[そでに止まったハエを]払いのけた. ❷ [通例副詞(句)を伴って] **a** ‹…›を(むちなどで)軽く[ピシッと]打つ; ‹…›を(指先などで)ぽんとはじく: ~ a horse 馬をむち打つ. **b** ‹…›の一部を(指先などで)軽くはじく; ぱっと動かす: He ~ed me *in* the face. 彼は私の顔を指先でぽんとはじいた / ~ *a towel at* a person = ~ a person *with* a towel 人をタオルでピシッと打つ. ❸ ‹スイッチなどを›パチッと(動かして)つける‹消す›: I ~ed *on* [*off*] the light. 電灯をパチッとつけた[消した]. ── 自 [副詞(句)を伴って] ‹舌・尾などがひょいと[ぴくびくと]動く: The lizard's tongue ~ed out and caught a mosquito. トカゲの舌がひょいと出て蚊を捕らえた. **flíck a smíle** [**lóok**] **at**…=**flíck a smíle** [**lóok**]…にちらっとほほえむ[…をさっと見る]. **flíck thróugh**《他+前》(指先でぺらぺらめくって)‹書籍・本などを›すばやく[漫然と]読む: ~ *through* a book 本をぺらぺらめくって読む. ── 名 ❶ [通例単数形で] (むちなどで)軽く打つこと; (指先などで)はね飛ばすこと: with a ~ of a switch スイッチを軽く押すだけで. ❷ 《主に米口》(一編の)映画. **b** [the ~] 《英古風》映画(館): go to the ~s 映画を見に行く. ❸ [a ~] 《本などを›さっと読むこと《*through*》. 【↓ からの逆成】

+__flick·er¹__ /flíkə | -kə/ 動 ❶ ‹灯火・光などが›明滅する, ちらちらする: The candle ~ed [was ~*ing*]. ろうそくの火がちらちらしていた. ❷ ‹表情が›一瞬浮かぶ, ‹感情が›(目などに)現われてすぐ消える. ❸ ‹目・視線が›(…に)一瞬向く[向けられる]. ❹ 動く; 小刻みに動く. **flícker óut**《自+副》(1)‹炎などが›ちらちらしながら消える. (2) ‹感情が›徐々に消滅する. ── 名 [単数形で] ❶ **a** ‹炎・光の›揺らぎ, 明滅(する炎[光]). **b** (テレビ映像などの)チカチカ(すること). ❷ (表情・感情の)一瞬(の現われ[横切り]). ❸ 瞬間的[小刻み]な動き. ~·**ing·ly** /-k(ə)rɪŋ-/ 副 明滅して, ちらちらと[ゆらゆらと].

【類義語】**flicker** 不安定で今にも消えそうにちらちらする炎[光]. **blaze** 盛んに燃え上がる大きな[強い]炎. **flame** 炎の意の一般的な語で, 舌状に揺めく[噴き出している]炎. **flare** 突然ぱっと燃え立つ炎[光].

flick·er² /flíkə | -kə/ 名《鳥》ハシボソキツツキ《南北アメリカ産》.

flíck·er·tàil 名《動》リチャードソンジリス《米国中北部の地上性の》.

Flíckertail Státe 名 [the ~] リチャードソンジリス州《米国 North Dakota 州の俗称》.

flíck knìfe 名《英》飛び出しナイフ(《米》switchblade).

flíck ròll 名《空》高横転(snap roll).

*__fli·er__ /fláɪə | fláɪə/ 名 **a** 空を飛ぶもの[人]; 航空機操縦士, パイロット; 飛行機の乗客. **b** (鳥のように)速く動く[走る]人[動物, 乗り物]. ❷ 《米》ちらし, 広告, ビラ. ❸ 《米口》投機, やま, 冒険: take a ~ やまを張る. ❹ (一直線の)階段の一段. ❺ = flying start.

fli·er·ing /fláɪ(ə)rɪŋ/ 名 ビラ貼り.

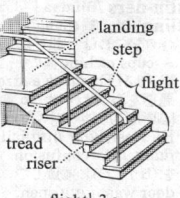

*__flight¹__ /fláɪt/ 名 ❶ C **a** 飛行旅行, 空の旅: Did you have a good ~? 旅行は楽しかったですか / Have a nice [pleasant] ~. 楽しい空の旅を《空の旅をする人を送る言葉》. **b** (航空会社の)飛行便, フライト; フライトの飛行機: take a ~ 便に乗る / 朝9時30分発の便に乗る / JAL *F*-22 日本航空 22 便 / a domestic [an overseas] ~ 国内[国外]便 / book [cancel] a ~ 飛行便を予約[キャンセル]する. ❷ **a** U 飛ぶこと, 飛行: a long-distance ~ 長距離飛行

685 **flinch**

/ make a test ~ 実験飛行をする / refuel bombers in ~ 爆撃機に燃料を空中給油する / ⇒ space flight. **b** C 飛行距離: a ~ of 300 kilometers 300 キロの飛行. ❸ C 階段のひと続き: **a** ~ *of* stairs ひと続きの階段. **b** (階と階の間の)階段: Her apartment is three ~s down. 彼女の部屋は階段を三つ下った所にある. **c** [段のひと続き]: a ~ *of* stone steps ひと続きの石段. ❹ C (野心・想像などの)飛躍, 高揚,〈言行の›奔放: a ~ *of* fancy 想像をたくましくすること. ❺ C **a**《文》飛ぶ鳥の群れ, (一時に)巣立つ›鳥の群れ. ❻ U 《文》(時の)(急速な)経過: the ~ *of* the years 歳月の経過.

in the fírst [**tóp**] **flíght** (1) 先頭に立って; 主要な地位を占めて. (2) 一流で[の], 優秀な. (動 fly¹)【類義語】⇒ group.

flight² /fláɪt/ 名 U [また a ~] 逃走, 敗走; 脱出: put ~ to ~ を敗走させる / take (to) ~ 逃亡する.

flíght attèndant 名 (旅客機の)客室乗務員 (★ stewardess, steward に代わる語).

flíght bàg 名 航空バッグ(航空会社のネーム入りのショルダーバッグ).

flíght càpital 名 U 《経》逃避資本.

flíght chàrt 名 航空図.

flíght contròl 名《空》❶ U (離着陸用の)航空管制. ❷ C 航空管制所.

flíght dàta recòrder 名 = flight recorder.

flíght dèck 名 ❶ (航空母艦の)飛行甲板. ❷ 《空》フライトデッキ(飛行機の操縦室).

flíght fèather 名 (鳥の)飛び羽, 風切り羽.

flíght·less 形 ‹鳥が›飛べない.

flíght lieutènant 名《英空軍》大尉.

flíght lìne 名 ❶ C 《空》フライトライン(空港で航空機を駐機したり整備したりするための区画). ❷ (飛行機・渡り鳥などの)飛行経路.

flíght òfficer 名《米空軍》空軍准尉.

flíght pàth 名 (飛行機・宇宙船などの)飛行経路.

flíght recòrder 名 フライトレコーダー, 飛行記録装置 (cf. black box).

flíght sèrgeant 名《英空軍》上級曹長.

flíght sìmulator 名 模擬飛行(訓練)装置, フライトシミュレーター.

flíght sùit 名 飛行服.

flíght sùrgeon 名 航空宇宙医師(航空宇宙医学の訓練を積んだ医師[軍医]).

flíght-tèst 動 ‹飛行機の›飛行試験を行なう.

flíght·wòrthy 形 飛行に耐える; 安全飛行に適した.

flíght·y /fláɪṭi/ 形 (flight·i·er; -i·est) ❶ ‹女性・女性の›行動がとっぴな, 軽はずみな; 気まぐれな. ❷ 気の違った. **flíght·i·ly** 副 -i·ness 名

flim·flam /flímflæm/《口》名 U.C ❶ でたらめ, たわごと. ❷ ごまかし, いんちき, ぺてん. ── 動 (flim·flammed; -flam·ming) ぺてんにかける, ごまかす.

+__flim·sy__ /flímzi/ 形 (flim·si·er; -si·est) ❶ **a** ‹布・紙などと›薄っぺらな. **b** ‹ものが›もろい. ❷ ‹口実・理由など›薄弱な; 浅薄な: a ~ excuse [argument] 見えすいた[浅薄な議論]. ── 名 U 薄紙, 敷写し用紙; 薄紙の書類[写し]. **flím·si·ly** /-zəli/ 副 **-si·ness** 名

+__flinch¹__ /flínʧ/ 動 たじろぐ: I ~ed when he shouted at me. 彼が私に大声を出した時たじろいだ.
flínch from (**dóing**)… ‹危険・責任などから›身を引く, 逃げる, ‹こと›を避ける, ひるみかける, しりごむ: He did not ~ *from* his duty. 彼は任務から逃げるようなことはしなかった.

── 名 [単数形で] しりごみ, たじろぎ.

flinch² /flínʧ/ 動 = flense.

flin·ders /flíndəz | -dəz/ [名] [複] 破片, 砕片.

*__fling__ /flíŋ/ [動] (**flung** /flʌ́ŋ/) [他] ❶ [副詞(句)を伴って] **a** 〈ものを〉(勢いよく)投げる, 投げ飛ばす, 投げつける, ほうり出す: ~ cups *at* him 彼にカップを投げつける. **b** (人に)〈悪態を〉浴びせる: He *flung* a stream of abuse *at* me. 彼は私に悪態を浴びせかけた. **c** (人に)〈視線を〉投げかける. ❷ **a** [副詞(句)を伴って] 〈人を〉〔ある状態に〕陥らせる, ほうり込む: He was *flung into* jail. 彼は投獄された / They were *flung into* confusion. 彼らは混乱状態に陥った. **b** 〈…を〉(ほうるように)動かして〈…の状態に〉する: 〔+目+補〕 The door was *flung* open. ドアは乱暴に開けられた. ❸ [副詞(句)を伴って] **a** 〈両腕などを〉急に伸ばす; 〈頭・首を〉振り立てる: She angrily *flung up* her head. 彼女は憤然と頭を振り上げた / He *flung* his arms *round* my neck. 彼はさっと私の首に腕を巻きつけた[抱きついた] / She *flung up* her hands in horror. 彼女は恐ろしさに両手をあげた《★ひどくショックを受けた時のしぐさ》. **b** [~ *oneself* で] 激しく身を投げる, 激しく体を動かす: He *flung himself into* a chair [the river]. 彼はいすにどしんと座った[川に身を躍らせて飛び込んだ] / She *flung herself into* her mother's arms. 彼女はどーっと母の腕に身を投げかけた. ── [自] [副詞(句)を伴って] 突進する; 荒々しく突っかかる; 席をけって去る, 飛び出す; 〈馬などが〉暴れだす: She *flung off* in anger. 彼女は怒って飛び出していった / He *flung into* the room. 彼は部屋に飛び込んできた. **fling awáy** 《[他]+[副]》 (1) 〈…を〉振り捨てる, 振り飛ばす. (2) 〈機会などを〉棒に振る; 濫費する. ──《[自]+[副]》 (3) 飛び出す. **fling óff** 《[自]+[副]》 (1) 飛び出す(⇨ [自]). ──《[他]+[副]》 (2) 《口》〈…を〉振り落とす, かなぐり捨てる: ~ *off* one's coat 上着をかなぐり捨てる. **fling ón** 《[他]+[副]》《口》〈衣服などを〉引っかける, 急いで着る: ~ one's coat *on* =~ *on* one's coat 上着を引っかける. **fling óut** 《[他]+[副]》《英口》 (1) 〈人を〉追い出す. (2) 〈重要なものを〉処分する, 捨てる. **fling onesèlf** [副詞(句)を伴って] (…に)身を投げ出す, (…に)頭から飛びこむ. **fling onesèlf at**… (1) =FLING oneself into [成句]. (2) [けなして] 《口》〈人に〉対する性的関心をあからさまにする. **fling onesèlf ìnto** … 〈仕事など〉に打ち込む: He *flung himself into* his work. 彼は仕事に精を出した. **flíng…to the wínds** ⇨ wind¹ [成句].
── [名] 《口》 ❶ [通例単数形で] (短時間の)したいほうだい; 短期間の性的関係[情事]〔*with*〕: have one's ~ (したいほうだいに)存分にやる. ❷ =Highland fling. ❸ [a ~] 振り投げ, 投げ飛ばし. **hàve [tàke] a flíng at**…を試みる, 企てる.
【類義語】⇨ throw.

flíng·er [名] ❶ 投げる[投げうつ]人. ❷ 〘野〙 ピッチャー. ❸ Highland fling を踊る人. ❹ ける癖のある馬.

flint /flínt/ [名] ❶ [U,C] 燧石(すいせき); 火打ち石: a ~ and steel 火打ち道具 / ⇨ flintlock. ❷ [C] (ライターの)石. ❸ [U] きわめて硬いもの; 冷酷無情なもの: a heart of ~ 非情な心. **(as) hárd as (a) flínt** 石のように硬い; がんこで.

flínt còrn [名] [U] 《米》 フリントコーン《硬粒種のトウモロコシ》.

flínt glàss [名] [U] フリントガラス, 鉛ガラス《主にレンズ・プリズムなど光学用の高級ガラス》. 〘もと火打ち石の粉末を用いたことから〙

flínt·lòck [名] (昔の)火打ち石銃.

flint·y /flínṭi/ [形] (**flint·i·er; -i·est**) ❶ 火打ち石の(ような); はなはだ硬い. ❷ 実にがんこな; 無情な, 血も涙もない: a ~ heart 無情な心. ([名] flint)

*__flip__¹ /flíp/ [動] (**flipped; flip·ping**) [他] ❶ (指先などで)〈…を〉はじく, ぽんと打つ; 〈貨幣などを〉(ひょいと)ほうり上げる: ~ a coin (表か裏かを決めるために)硬貨をはじき上げる. ❷ **a** 〈レコードなどを〉さっと裏返す, ひっくり返す: ~ the egg ***over*** in the pan フライパンで玉子を裏返す. **b** [副詞(句)を伴って] 〈ものを〉ぽいと投げる / I *flipped* a coin *into* his palm. 私は硬貨を彼の手のひらへぽいとおいた. ❸ 〈ものを〉さっと動かす; 〈本のページなどを〉さっとめくる; 〈スイッチを〉パチンと入れる[切る]: She *flipped on* [*off*] the switch. 彼女はさっとスイッチを入れた[切った] / 〔+目+補〕 I *flipped* my fan open [shut]. 扇をさっと開いた[閉じた]. ── [自] ❶ ひっくり返る, 向きが変わる: The yacht *flipped* ***over***. ヨットが転覆した. ❷ 《口》 興奮する, 正気を失う; かっとなる 〈*out*〉; 《米古風》〔…に〕夢中になる, 熱をあげる: He *flipped* (*out*) ***over*** her. 彼は彼女に夢中になった. ❸ 〔本などの〕ページをぱらぱらめくる; 〔本などを〕さっと読む: ~ ***through*** a book 本をぱらぱらめくる[さっと読む]. **flíp for**… 《米口》 …を好きになる, 夢中になる. **flíp a person óff** =**flíp a person a bírd** 《米口》 人に向けて中指を立てる. ── [名] ❶ 指ではじくこと, 軽く打つこと: a [the] ~ of a coin コインをぽんとはじくこと. ❷ とんぼ返り, 宙返り: do a ~ とんぼ返りをする. ❸ [a ~] 〔本などを〕さっと読むこと 〔*through*〕.

flip² /flíp/ [名] [U] =eggnog.

flip³ /flíp/ [形] 軽薄な, 軽々しい. 〘FLIP(PANT)〙

Flip /flíp/ [名] 《米俗・軽蔑》 フリップ (Filipino).

flíp chàrt [名] フリップチャート《一枚ずつめくれるようになっている解説用の図表》.

flíp-flòp /-flàp | -flɔ̀p/ [名] ❶ [a ~] (洗濯物・旗・サンダルなど)パタパタ[カタカタ]鳴る音. ❷ とんぼ返り, 宙返り; 《米口》 (意見などの)急変, 豹変(ひょうへん). ❸ [通例複数形で] フリップフラップ (《米》 thongs) 《革ひも付きのサンダルの一種》. **dò a flíp-flòp** 《米》 (1) とんぼ返りをする. (2) 意見などをがらりと変える 〔*on*〕. ── [副] パタパタと, カタカタと. ── [動] [自] ❶ パタパタ[カタカタ]と動く. ❷ 《米口》 豹変する.

flip·pan·cy /flípənsi/ [名] ❶ [U] 軽薄, 浮薄. ❷ [C] 軽薄な言葉[行為].

flip·pant /flípənt/ [形] 軽薄な, 軽々しい. **~·ly** [副]

flip·per /flípə | -pə/ [名] ❶ ひれ状の足《海ガメの足・クジラ類の前ひれ・ペンギンの翼・潜水用の足ひれなど》. ❷ (スキンダイバー用の)足ひれ.

flíp phòne [名] 折りたたみ式携帯電話.

flip·ping /flípɪŋ/ 《英口》 [形] [A] [軽いののしり語として] ひどい, いまいましい: a ~ hotel ひどい[いまいましい]ホテル. ── [副] ひどく; まったく, とても.

flíp sìde [名] [通例単数形] ❶ 〈物事の〉否定的側面, マイナス面. ❷ (レコードの)裏(面), B 面.

flíp-tòp [形] ❶ 〈缶・箱などが〉(一方がちょうつがい式になっていて)親指で押し上げて開く, 押し上げ蓋式の. ❷ 〈缶が〉引き口金で開く, 引き口金式の.

⁺**flirt** /flə́ːt | flə́ːt/ [動] [自] ❶ 〔異性と〕ふざける, いちゃつく, 戯れる: He ~*s* ***with*** every woman he meets. 彼は出会うどの女性ともいちゃつく《★ ~ with は受身可》. ❷ 〔考えなどを〕もてあそぶ; 〔…に〕おもしろ半分に手を出す: She ~*ed* ***with*** the idea of starting a business. 彼女は商売でも始めようかと考えてみた. ❸ (あえて)〔危険を〕冒す, 〔困難・失敗などを〕顧みない 〔*with*〕. ❹ [副詞(句)を伴って] ぴくぴく動く, ひらひら飛ぶ. ── [他] 〈尾などを〉活発に振り動かす. ── [名] (始終)異性といちゃつく[戯れる]人.

flir·ta·tion /fləːtéɪʃən | fləː-/ [名] ❶ [U,C] (異性への)遊び半分の誘い[に手を出すこと]; (男女の)いちゃつき, 戯れ; 浮気, 遊び(でもつ関係): carry on a ~ 浮気をする. ❷ [C] 〔ある事柄への〕一時的な興味[関心]; もてあそび 〔*with*〕.

flir·ta·tious /fləːtéɪʃəs | fləː-/, 《口》 **flirt·y** /flə́ːṭi | flə́ː-/ [形] 性的に誘うような, 気のある素振りを見せる; うわついた, 軽薄な. **~·ly** [副] **~·ness** [名]

⁺**flit** /flít/ [動] [自] (**flit·ted; flit·ting**) ❶ [副詞(句)を伴って] **a** 〈人が〉飛び回る, 行ったり来たりする, 次から次へと移動する; 〈ガ・コウモリ・鳥などが〉すいすい[ひらひら]飛ぶ, 飛び回る. **b** 〈人が〉注意[関心(などを)]すぐに[次から次へと]移す. **c** 〈幻想などが〉頭の中をよぎる: A daydream *flitted through* his mind. 白日夢が彼の脳裡をかすめた. ❷ 《英口》 夜逃げする. ── [名] 《英口》 夜逃げ: do a moonlight [midnight] ~ 夜逃げする. 〘ON=運ぶ〙 【類義語】⇨ fly¹

flitch /flítʃ/ [名] ❶ (塩漬けして燻製(くんせい)にした)豚のわき腹肉のベーコン. ❷ 〘建〙 **a** 背板; 合わせ板. **b** フリッチ《合板の単板１枚分におおよそ木取りした木材》.

flítch bèam [名] 〘建〙 合わせ梁(はり)《間に金属板をはさんで締めた梁》.

flítch plàte [名] 〘建〙 フリッチ板《flitch beam の間に入れる補強金属板》.

flit·ter /flíṭə | -tə/ [動] =flutter.

flítter·mòuse 名《古風》【動】コウモリ (bat).

fliv·ver /flívɚ/ -vɚ/ 名《米古風》❶ 安自動車[飛行機]. ❷ 失敗, とじ.

flíx·wèed 名 [U]【植】クジラグサ《アブラナ科; 赤痢に効くと考えられていた》.

*__float__ /flóut/ 動 ❶ **a** 〈水に〉浮く, 浮かぶ (↔ sink); 〈空中に〉浮かぶ (中空に〉かかる: Ironwood doesn't ~. コクタンは水に浮かばない / motes of dust ~ing in the air 空気中に浮かんでいるちり. **b** [副詞(句)を伴って]〈水上・空中を〉浮動する, 漂う (drift): The raft ~ed out to sea. そのいかだは海へ漂いながら出ていった / The balloon ~ed up into the air. 風船はふわふわと空へ飛んでいった. ❷ [副詞(句)を伴って]〈心中などに〉浮かぶ; 〈文〉〈音・においなど〉が漂う, 流れる; [通例進行形で]〈うわさなどが〉広まる, 流布する: Confused ideas ~ed through my mind. 錯綜(さくそう)した考えが頭に浮かんできた / The rumor ~ed around (about) (the town). そのうわさが(町に)広がった. ❸ **a** [副詞(句)を伴って]〈人が(あてもなく)転々とする, 流浪する: ~ from place to place 転々と所を変える. **b**《文》優雅に歩く[動く].《経》〈通貨が〉変動為替相場をとる, フロートする. ─ 他 ❶ **a** 〈…を〉〈水に〉浮かべる, 浮かせる; 〈気球などを〉浮揚させる: We ~ed our new yacht today. 新造のヨットをきょう水に浮かべた / ~ bubbles on a wind 風にシャボン玉を飛ばさせる. **b** [副詞(句)を伴って]〈ものを〉浮流[漂流]させる: ~ a raft down a river [downstream] いかだを川[下流]に流す. **c**〈スキ戸〉〈ボールを〉浮かせたり, 軽く上げる. ❷〈考えなどを〉持ち出す. ❸《商》〈株式・証券を〉発行する. ❹《経》〈通貨を変動為替相場制にする, フロートさせる. ❺〈手渡りになる手形を〉振り出す. **flóat aróund** (自+副) (1)〈捜し物などがどこかそのあたり[そこらへん]にある. (2)〈考えなどが〉出る, 提案される. (3) ⇨ 自2. **flóat … a lóan** …に金を貸す[貸し付ける]. ─ 名 ❶ **a**《パレードの》屋台, 山車(だし); 台車. **b**《英》〈配達用〉電気自動車, 配達車; ⇨ milk float. ❷《米》フロート《アイスクリームを浮かせたソーダ》. ❸ 浮くもの: **a** 浮遊物. **b** いかだ. 浮き板. **c** 水上機のフロート. **e** 浮標. **f**〈魚の〉浮き袋. **g** 救命袋. **h**〈水槽の栓を調節する〉浮き袋. **i**〈釣り糸・魚網の〉浮き. ❹《商》〈店の営業開始時に支払いに使う〉手持ち金, 小銭. ❺《経》変動為替相場, フロート. ❻ [U] フロート (flotation tank の中で浮かぶこと). ❼ =flotation 1.《OE》名 flota(tion).

flóat·a·ble /flóutəbl/ 形 ❶ 浮かぶことのできる, 浮揚性の. ❷〈河流が〉〈船[いかだ]〉を浮かべることのできる.

flóat·age /flóutɪdʒ/ 名 =flotage.

floa·ta·tion /floutéɪʃən/ 名 =flotation.

flóat chàmber 名【機】(気化器の)フロート室.

flóat·el /floutél/ 名 ❶ 水上ホテル, ホテルとして使用される船;(沖合いの海底油田基地作業員用の)海上宿泊施設.

flóat·er /-tə/ -tə/ 名 ❶ 浮かぶ人[もの]. ❷《口》住所[職業]を転々と変える人. ❸ 次々とさまざまな仕事をさせなければならない人, なんでも屋, 遊軍. ❹《米》(数か所で投票する)不正投票者; 浮動投票者. ❺【医】(視野に現れる)浮遊物《硝子体の混濁などがい眼前に飛んでいるように見える物体). ❻《英》浮動証券. ❼《俗》水に浮かび上がった死体.

flóat glàss 名 [U] フロートガラス《溶かしたすずの上にガラス素地を流して作る高級ガラス》.

flóat·ing /-tɪŋ/ 形 ❶ 浮かんでいる, 浮遊の: a ~ pier 浮き桟橋. ❷ 流動的な, 一定していない: the ~ population 浮動人口. ❸《経》〈資本など〉固定していない, 流動している: ~ capital 流動資本. ❹《経》〈通貨・為替が〉変動する. ─ 名 [U] フローティング (flotation tank の中で浮かぶこと).

flóating bridge 名 浮き橋, いかだ橋.

flóating chárge 名《英》《経営》浮動担保, 企業担保《広範囲の資産を特定させず借入金の担保とすること》.

flóating débt 名《経》流動負債.

flóating dóck 名 浮きドック.

flóating ísland 名 ❶ (沼・湿原などの)浮き島. ❷ 焼いたメレンゲをカスタードに浮かべたデザート.

flóating kídney 名【医】遊走腎.

flóating líght 名 ❶ 灯(台)船. ❷ 浮標灯.

687 **flood**

flóating póint 名【電算】浮動小数点方式[表示]; 浮動小数点.

flóating ríb 名【解】浮動肋骨(ろっこつ)《前方が付着してない肋骨; ヒトでは下方の二対》.

flóating vóte 名 ❶ 浮動票. ❷ [the ~; 集合的に] 浮動(投票)層.

flóating vóter 名 特定の支持政党[候補]をもたない人, 浮動票層の人《米》swing voter).

flóat·plàne 名 フロート(付き)[浮舟型]水上機 (cf. flying boat).

flóat·stòne 名 [U] 浮石, 軽石; 磨き石《れんが仕上げ用》.

flóat válve 名【機】活動弁, フロート弁《フロートの昇降により制御される》.

float·y /flóuti/ 形 浮く(ことのできる), 浮きやすい; ふわっとした; 〈船の喫水の浅い.

floc /flák/ 名【化】フロック《気体中または水溶液中に生じる懸濁微粒子の小さい綿状のかたまり》.

floc·ci·nau·ci·ni·hi·li·pi·li·fi·ca·tion /flàksə-sənɔ̀ːrkɪnɪhàɪləpɪlɪəfɪkérʃən/ | flɑ̀ksənɔ̀ːsɪnɪhɪlɪ-/ 名 [U]《戯言》無価値[無益, 無意味]とみなすこと[癖], 軽視[蔑視](癖).

floc·cose /flákous | flɔ́k-/ 形【植】綿毛状の; 綿毛のある, 羊毛のような.

floc·cu·lant /flákjulənt | flɔ́k-/ 名【化】凝集剤.

floc·cu·late /flákjulèrt | flɔ́k-/ 動 自〈雲・沈殿物など綿状(ぐもじょう)[毛状]の固まりにする[なる], 凝集させる[する]. **-la·tor** 名 **flòc·cu·lá·tion** 名 [U] 綿状沈殿, 凝集, 綿状反応.

floc·cule /flákjuːl | flɔ́k-/ 名 微細な綿状沈殿物.

floc·cu·lent /flákjulənt | flɔ́k-/ 形 ❶ 羊毛の(ような). ❷ 柔毛質の; 柔毛におおわれた.

floc·cu·lus /flákjuləs | flɔ́k-/ 名《複 -li | -lài, -lìː/》❶ ふさ状の柔毛の塊り, 綿状沈殿物. ❷【解】(小脳の)片葉. ❸【天】(太陽面の写真の)羊[毛]斑.

floc·cus /flákəs | flɔ́k-/ 名《-ci /flákaɪ, -kiː, -ksaɪ, -ksi | flɔ́ksaɪ/》❶《ライオンなどの尾の先のふさ毛;〈ひな鳥の〉綿毛. ❷【植】《植物体表のふさ状の毛,《特に》菌糸のふさ毛》ふさ状毛.

*__flock__[1] /flák | flɔ́k/ 名 [C][集合的; 単数または複数扱い] ❶〈ヤギ・ヒツジ・ガチョウ・アヒル・鳥などの〉群れ《of〉: ~s and herds 羊と牛 / A ~ of birds flew overhead. 鳥の群れが頭上を飛んでいった. ❷《口》〈人の群れ; 〈物の〉多数《of〉: a ~ of children 子供の群れ / come in ~s 大勢でやってくる, 大挙して来る. ❸《文》〈キリスト教会の〉信者, 会衆: the ~ of Christ キリスト教徒. ─ 動 自 [通例副詞(句)を伴って] 群がる, 集まる; 群れをなして来る[行く]: Birds of a feather ~ together. ⇨ feather 4 / Her fans ~ed around to see her. 彼女を見ようとファンが押し寄せた / The faithful ~ed to church. 信者たちがたくさん教会に集まった.《OE=人の群れ》【類語群】⇨ group.

flock[2] /flák | flɔ́k/ 名 [C] **a** ひと房の羊毛[毛髪]. **b** [複数形で]〈マットレスなどに入れる〉羊毛, 綿くず, ほろくず. ❷ [U] フロック《壁紙などに飾りとして植え付ける毛くず・綿くず(のようなもの)》.《F<L=羊毛》

flocked 形 〈壁紙などフロック加工の (cf. flock[2]).

flóck·màster 名 牧羊主, 牧羊業者; 羊飼い.

flóck wàllpaper 名 フロック壁紙 (cf. flock[2]).

flock·y /fláki | flɔ́ki/ 形 羊毛状の, 毛房[毛くず]のような; 羊毛[毛房]でおおわれた.

floe /flóu/ 名 =ice floe.

*__flog__ /flág | flɔ́g/ 動 他 (flogged; flog·ging) ❶〈人を〉むち打つ. ❷《英口》〈ものを〉〈…に〉売る (to). **flóg·to déath**《口》〈話・要求などを〉繰り返しすぎてだめにして[うんざりさせて]しまう: That idea has been flogged to death. その発想は使われすぎて陳腐だ.《?L=むち打つ》

flóg·ging 名 [C][U] むち打ち, (体罰としての)むち打ち: give a person a ~ 人をむち打つ.

flo·ka·ti /floukáːti/ 名 [単数または複数扱い] フロカティー《ギリシア産の手織りの粗毛じゅうたん》.《Gk》

*__flood__ /flád/ 名 **a** [C][U] 洪水, 大水: There was a

bad ~ after the typhoon. 台風のあとでひどい洪水となった. **b** [the F~] 〘聖〙 ノアの洪水. ❷ [a ~ または複数形で] 氾濫(はんらん), 激しい流出[流入], 充満, 殺到: *a ~ of* tears [phone calls] あふれる涙[殺到する電話] / *~s of* words 口をついて出る言葉. ❸ [C] 上げ潮 (↔ ebb). ❹《口》= floodlight 1. **befòre the Flóod** 大昔に《[由来]「ノアの洪水より前に」の意から》. **in flóod** 〈川が〉満ちあふれて, 洪水となって. ── [動] [他] ❶ **a** 〈川・土地を〉氾濫させる, 水浸しにする: The typhoon *~ed* the river. 台風で川が氾濫した / The town *was ~ed by* heavy rains. その町は豪雨で水浸しになった / Don't ~ the bathtub. 風呂の水[お湯]をあふれさせないようにしなさい. **b** 〈牧草地などに〉水を流す, 灌漑(かんがい)する. ❷ 〈人・ものが〉〈…に〉多数押し寄せる, 殺到する; 〈市場などを〉あふれさせる《★ しばしば受身》: Applicants *~ed* the office. 応募者が事務所に殺到した / The millionaire *was ~ed with* requests for money. その富豪に金の無心がどっと押し寄せてきた. ❸ 〈光などが〉〈場所に〉みなぎる; 〈感情などが〉〈人に〉押し寄せる: The room *was ~ed with* autumnal sunlight. 秋の陽光が部屋にみなぎっていた. ❹ 〈エンジンの〉キャブレターにガソリンを送りすぎる[送りすぎて動かなくする]. ── [自] ❶ 〈川・土地が〉出水[氾濫]する. ❷ [副詞(句)を伴って] **a** 〈人・ものが〉(洪水のように)どっと入ってくる: Fan letters *~ed in.* ファンレターが殺到した / Sunlight *~ed into* the room. 日光がさっと部屋に差し込んできた / People *~ed from* Ireland *to* America. 人々は大挙してアイルランドからアメリカへ渡った. **b** 〈感情などが〉どっと押し寄せる. ❸ 〈エンジンが〉ガソリンの吸入しすぎでかからない. **flóod óut** 《[他]+[副]》〈洪水が〉〈人を〉家から追い出す《★ 通例受身》: People living near the river *were ~ed out*. 川のそばに住んでいる人々は洪水で家から追い出された. **flóod with téars** 涙に濡れる, 泣き濡れる. 〘OE; 原義は「(水の)流れ」〙

flóod·ed [形] 水浸しになった, 浸水した: ~ districts 洪水被害地, 浸水地方.

flóod·gàte [名] ❶ 水門; (上げ潮を防ぐ)防潮門. ❷ [通例複数形で] (怒りなどの)はけ口, 出口. **ópen the flóodgates** (1) 〔…の〕殺到[大量発生[流入]]を許す[認める, 可能にする, 引き起こす], 抑止[規制]を取り払う〔*for, of, to*〕. (2) 〔感情の〕はけ口を開く〔*of*〕.

⁺**flood·ing** /flʌ́dɪŋ/ [名] [U] 洪水, 氾濫.

⁺**flóod·lìght** [名] ❶ [C] [しばしば複数形で] (投光)照明灯, 照明投射器. ❷ [U] フラッドライト, (投光)照明. ── [動] [他] (~·ed, -lit) 投光照明で〈場所を〉照らす.

flóod·lìt [形] (投光)照明灯で照らされた.

flóod·plàin [名] (洪水時に流水におおわれる)氾濫原(げん).

flóod tìde [名] [通例 the ~] (↔ ebb tide) ❶ 上げ潮: on the ~ 上げ潮に乗って. ❷ 最高潮.

flóod·wàter [名] [U] 洪水の水.

*⁺**floor** /flɔ́ɚ | flɔ́:/ [名] ❶ [C] [通例単数形で] **a** (部屋の)床(ゆか); 板の間, フロア: a bare ~ (敷物のない)裸床 / sit on the ~ 床(の上)に座る. **b** 乗物の床 (《米》 floorboard). ❷ [C] (建物の)階, フロア (cf. story²): the upper ~(*s*) 上階 / the ground ~ 《英》一階《★《米》では通例 the first floor という》/ the first ~ 《米》一階,《英》二階 / on the second ~ 《米》二階に,《英》三階に / This elevator stops at every ~. このエレベーターは各階止まりです. ❸ [C] [通例単数形で] (海・洞穴などの)床(とこ), 底. ❹ [the ~] **a** 議員席, 議場; (演壇に対して)会場参加者席: from *the* ~ 議員席[参加者席]から. **b** (議員の)発言権: get [be given, have, ask for] *the* ~ (議場で)発言権を得る[与えられる, 持つ, 求める] / hold the ~ 発言し続ける. ❺ [C] [*通例単数形で, 修飾語または of…を伴って*] (特別の目的のための)フロア: a dance ~ ダンス(用の)フロア / the ~ *of* the exchange 取引所の立会場. ❻ [C] [通例単数形で] (価格・賃金などの)最低限度, 下限 (↔ ceiling): put a ~ under…に下限を定める. **cróss the flóor** 《英》(議場で)反対派に回る[賛成する]. **gó [fáll, dróp] through the flóor** 〈価格・量などが〉急落する. **móp the flóor with…** 《米》=wipe the FLOOR with… [成句]. **tàke the flóor** (1) (発言のために)起立する, 討論に加わる. (2) (踊るために)立ち上がる, 踊り始める. **wálk [páce] the flóor** 《米》(心配などのために)室内をあちこちと歩き回る. **wípe the flóor with…** 《口》〈相手〉をさんざんにやっつける, 打ち負かす. ── [動] [他] ❶ 〈人を〉やり込める; 〈議論・難問などが〉〈人を〉閉口させる, まごつかせる: He *~ed* me with that question. 彼は私をその質問でまごつかせた / I was *~ed* by that question. 私はその質問でまごついた. ❷ 〈相手を〉床[地上]に打ち倒す. ❸ 〈…に〉〔…で〕床を張る〔*with*〕. ❹ 《米口》(アクセルを踏んで)〈車を〉全速力で走らせる. 〘OE〙

⁺**flóor·bòard** [名] ❶ 床(ゆか)板. ❷ 《米》(自動車の)床.

flóor·clòth [名] 《英》床ぞうきん.

flóor èxercise [名] [U] 床(ゆか)運動.

⁺**floor·ing** /flɔ́:rɪŋ/ [名] ❶ [U] 床板, 床張り材. ❷ **a** [C] 床. **b** [U] 床張り.

flóor làmp [名] (床用の)電気スタンド, フロアスタンド (《英》standard lamp) 《[比較]「フロアスタンド」は和製英語》.

flóor lèader [名] 《米》(政党の)院内総務 (cf. whip [名] 2 a).

flóor-lèngth [形] 〈カーテン・ガウンが〉床まで届く[達する].

flóor mànager [名] ❶ 《米》議場指導者. ❷ (テレビ)フロアマネージャー《ディレクターの指示に従って出演者を指揮する》. ❸ (デパートなどの)売り場監督.

flóor mòdel [名] (家具・家電製品の)店頭品《店頭に展示されていたので通常より安く販売される》.

flóor plàn [名] (建築の)間取り図.

flóor pòlish [名] [U,C] 床(ゆか)磨き(剤).

flóor sàmple [名] (定価より安く売られる)見本展示品.

flóor·shìft [名] (自動車の)フロアシフト《床に取りつけてあるギヤ切替え装置》.

flóor shòw [名] フロアショー《ナイトクラブなどで行なわれる音楽・歌・ダンスなどの余興》.

flóor-thròugh [形] 〈アパートなど〉一つの階全部を占める. ── [名] フロアスルーの部屋.

flóor·wàlker [名] 《米》(デパートなどの)売り場監督 (《英》shopwalker).

floo·zie, floo·zy /flú:zi/ [名] 《口》身持ちの悪い女, 売春婦.

*__flop__ /fláp | flɔ́p/ [動] (**flopped; flop·ping**) [自] ❶ [副詞(句)を伴って] **a** どかり[ぺたん]と座る; ごろりと横になる; ばったり[どさりと]倒れる; どぶんと飛び込む: He *flopped down into* a chair. 彼はどかりといすに腰を下ろした. **b** 《口》寝る, 眠る. **c** ばたばた動く[揺れる]. ❷ 〈劇・計画などが〉大失敗に終わる, つぶれる. ── [他] 〘写〙〈ネガを〉裏焼きする. ── [名] ❶ [C] 大失敗, 大はずれ(↔ hit). ❷ [a ~] ばったり[どさっと]落ちる[倒れる]こと; どしりと座ること; ばったり[どさっと]落ちる音: sit down with *a* ~ どかりと腰を下ろす. ❸ [C] 《米口》寝場所, 安宿.

flóp·hòuse [名] 《米口》(浮浪者がよく行く)簡易宿泊所, 安宿, どや (《英》doss-house).

flóp·òver [名] 〘テレビ〙 フロップオーバー《画像が上下に流れること》.

⁺**flop·py** /flápi | flɔ́pi/ [形] (**flop·pi·er; -pi·est**) 《口》 ❶ だらりとした, 締まりのない. ❷ 元気のない, 弱い. ── [名] = floppy disk. **flóp·pi·ly** [副] **-i·ness** [名]

flóppy dísk [名] 〘電算〙 フロッピーディスク《プラスチック製の磁気円板; 電算機の外部記憶用》.

flops, FLOPS /fláps | flɔ́ps/ [名] 〘電算〙 フロップス《1 秒間に処理可能な浮動小数点演算の回数を示す単位》. 〘*fl*oating-point *o*perations *p*er *s*econd の頭字語〙

flor /flɔ́ɚ | flɔ́:/ [名] [U] フロール, '花'《シェリーの醸造において, 発酵中のワインの表面にできる白い酵母膜》.

flor. 《略》floruit.

⁺**flo·ra** /flɔ́:rə/ [名] [U,C] 〔一地方または一時代の〕植物相[群], フローラ, (分布上の)植物区系〔*of*〕(cf. fauna 1); [C] 植物誌〔*of*〕. 〘L ↓〙

Flo·ra /flɔ́:rə/ [名] ❶ フローラ《女性名》. ❷ 〘ロ神〙 フロラ《花の女神》. 〘L *flos, flor-* FLOWER〙

⁺**flo·ral** /flɔ́:rəl/ [形] 花の; 花に似た, 花柄の: ~ designs 花模様 / ~ decorations 花飾り. **~·ly** /-rəli/ [副] 〘L＝花の (↑); ⇨ -al〙

flo·re·at /flɔ́:riæ̀t/ [間] 栄えあれ, 栄えんことを.

Flor·ence /flɔ́:rəns | flɔ́r-/ [名] ❶ フィレンツェ, フローレ

ンス《イタリア中部の都市; イタリア名 Firenze /firéntse/》. ❷ フローレンス《女性名》.

Flor·en·tine /flɔ́:rənti:n, -tàɪn | flɔ́r-/ 形 フィレンツェの, フローレンスの. ── 名 フィレンツェ人, フローレンス人.

flo·res·cence /flɔːrés(ə)ns/ 名 ⓤ ❶ 開花. ❷ 花時, 開花期; 盛り, 繁栄期.

flo·res·cent /flɔːrés(ə)nt/ 形 開花した; 花盛りの.

flo·ret /flɔ́:rət/ 名 ❶ 小さい花. ❷ 〔キク科植物の〕小筒花. ❸ 〔ブロッコリーやカリフラワーの〕花蕾(らい)のひと塊り.

flo·ri- /flɔ́:rə/ 〔連結形〕「花」《L flos, flor- FLOWER》

flo·ri·at·ed /flɔ́:rièɪtɪd/ 形 花模様の(装飾を施した).

flo·ri·bun·da /flɔ̀:rəbʌ́ndə | flɔ̀r-/ 名 [植] フロリバンダ《ポリアンサローズ (polyantha rose) とティーローズ (tea rose) を交配させた大輪の花をつける各種のバラ》.

flo·ri·can /flɔ́:rɪkən | flɔ́r-/ 名 [鳥] ショウノガン《インドショウノガンまたはベンガルショウノガン》.

flo·ri·cul·tur·al /flɔ̀:rəkʌ́ltʃ(ə)rəl⁻ | flɔ̀r-/ 形 草花栽培(上)の.

flo·ri·cul·ture /flɔ́:rəkʌ̀ltʃə | -tʃə/ 名 ⓤ 草花栽培, 花卉(き)園芸. 《FLORI-+CULTURE》

flo·ri·cul·tur·ist /flɔ̀:rəkʌ́ltʃ(ə)rɪst/ 名 草花栽培者.

flor·id /flɔ́:rɪd | flɔ́r-/ 形 ❶ 必要以上に複雑な〔手の込んだ〕; 華美な, 派手な, けばけばしい: a ~ (prose) style 美文体 / a ~ speaker 美辞麗句を多く用いる演説家. ❷〈顔・人が〉赤らんだ, 桜色の, 血色のよい. ❸ [医] 病勢が盛んな(時期の). **~·ly** 副 **~·ness** 名 《F<L=花の(咲いた)》; ⇨ flori-)

Flor·i·da /flɔ́:rədə, flɔ́r-/ 名 フロリダ《米国南東端の州およびその南部の半島; 州都 Tallahassee /tæ̀ləhǽsi/; 略 Fla., [郵] FL; 俗称 the Sunshine State》. 《Sp=花の(祭)》

Flor·i·dan /flɔ́:rədn, -dən | flɔ́r-/ 形 名 =Floridian.

Flo·rid·i·an /flɔːrídiən/ 形 名 フロリダ(州)の(住民).

flo·rid·i·ty /flɔːrídəti, flɔ:- | flɔ́r-/ 名 ⓤ ❶ 赤らみ, 血色のよさ. ❷ 華麗; けばけばしさ.

flo·rif·er·ous /flɔːrífərəs/ 形 花の咲く, 咲きみだれる, 多花の. **~·ly** 副 **~·ness** 名

flo·ri·le·gi·um /flɔ̀:rəlí:dʒiəm/ 名 (-gi·a /-dʒiə/, ~s) 名詩選, 詞華集 (anthology); 花譜.

flor·in /flɔ́:rɪn | flɔ́r-/ 名 フロリン銀貨《1849年以来英国で流通した2シリング銀貨; 1971年2月より10ペンス価として通用》.

flo·rist /flɔ́:rɪst | flɔ́r-/ 名 花屋《人》; 花卉(き)栽培者: at a ~'s 花屋の店で. 《FLORI-+-IST》

flo·ris·tic /flɔːrístɪk | flɔ́r-/ 形 花の, 花に関する; 植物相(研究)の, 植物誌の. **-ti·cal·ly** /-kəli/ 副

flo·ris·tics 名 ⓤ 植物相研究.

flór·ist·ry /-tri/ 名 ⓤ 草花栽培法, 花卉(き)園芸.

flo·ru·it /flɔ́:r(j)uɪt, flɔ́r-, flɔ:r-/ 名 [年代の前に用いて] (…に)在世〔活躍〕した《特に出生死亡年月不明の場合に用いる; 略 fl., flor.》. ❷ (人の) 在世期, 活躍期; (運動・主義などの) 最盛期. 《L<florere to FLOURISH》

floss /flɑ́s, flɔ́:s | flɔ́s/ 名 ⓤ ❶ 繭(まゆ)のけば, 繭真綿. ❷ a =floss silk. b =dental floss. ❸ 絹糸状, 絹繊状のもの《トウモロコシのひげなど》. ── 動 圇 〈歯を〉(デンタル)フロスできれいにする.

flóss silk 名 ⓤ かま糸《よってない絹糸; 刺繍などに用いる》.

floss·y /flɑ́si, flɔ́:si | flɔ́si/ 形 (floss·i·er; -i·est) ❶ 真綿のような; 軽くふわふわした. ❷ (口) 〈服装などが〉派手な, これみよがしの. **flóss·i·ly** 副 **-i·ness** 名

flo·tage /flóʊtɪdʒ/ 名 ❶ 浮遊, 浮揚. ❷ ⓤ 浮力. ❸ ⓒ 浮遊物; 水に浮かぶ船, いかだ.

⁺flo·ta·tion /floʊtéɪʃən/ 名 ⓤ,ⓒ ❶ 株式発行[公開]; 債券発行, 起債; (会社の)設立; 起業. ❷ 浮揚: the center of ~ [理] 浮心《浮体の重心》. 《FLOAT+-ATION》

flotátion tànk 名 フローテーションタンク《塩水など比重の重い溶液を張った, 外部の音と光を遮断したタンク; この中に浮かんでリラックスした状態を得るためのもの》.

flo·tel /floʊtél/ 名 =floatel.

flo·til·la /floʊtílə/ 名 ❶ 小艦隊. ❷ 小型船隊.

flot·sam /flɑ́tsəm | flɔ́tsəm/ 名 ⓤ ❶ a 〈遭難船の〉浮き荷, 漂流貨物. b がらくた. ❷ 浮浪者. **flótsam and jétsam** (1) 浮き荷と投げ荷《海中に漂う貨物と海辺に打ち上げられた貨物》. (2) がらくた. (3) 浮浪者.

flounce¹ /fláʊns/ 動 圇 [副詞(句)を伴って] ❶ 〈大げさな身ぶりでいらいらして〉飛び出す, 飛び込む: He ~d out (of the room) in anger. 彼は怒って〔部屋を〕飛び出した. ❷ 大げさに体を動かす; 大げさな身ぶりで動く. ── 名 大げさな身ぶり[動き]《特にいら立ちを表わす》.

flounce² /fláʊns/ 名 〈スカートなどの〉ひだ飾り (frill).

flounced /fláʊnst/ 形 ひだ飾りのついた.

⁺floun·der¹ /fláʊndə | -də/ 動 圇 ❶ 〈問題をかかえて〉四苦八苦する, まごつく, 困難な状態にある; もたつく; どろどろになる: The industry is ~ing. その産業は厳しい状況にある / She could only ~ through her song. 彼女は歌をつかえつかえ歌ってゆくだけだった. ❷ [副詞(句)を伴って] もがきながら進む: She ~ed in through the deep snow. 彼女は深い雪の中を(転びながら)進んでいった. ── 名 もがき, あがき, 四苦八苦.

floun·der² /fláʊndə | -də/ 名 (像 ~, ~s) [魚] カレイ目の魚の総称《カレイ科とヒラメ科の魚類; 食用》; ヌマガレイの一種《ヨーロッパ産》.

⁺flour /fláʊə | fláʊə/ 名 ⓤ ❶ 小麦粉, メリケン粉 (cf. meal²). ❷ 粉末, 細粉. ── 動 砌 ❶ (…に)粉を振りかける. ❷ (米) 〈小麦などを〉粉にする. 《ME=小麦の花(いちばんいい部分); flower と二重語》 形 floury, 関形 farinaceous)

⁺flour·ish /flə́:rɪʃ | flʌ́r-/ 動 圇 ❶ a 〈商売・事業などが〉繁盛する, 盛大に隆盛である: His business seems to be ~ing. 彼の商売は繁盛しているらしい. b [副詞(句)を伴って] 〈人が〉〈歴史のある時に〉活躍する. ❷ 〈草木が〉繁茂する: Roses ~ in the English climate. バラは英国の風土でよく育つ. ── 砌 ❶ 〈…を〉(注意を引くために)振る, 振り回す: The guard ~ed his pistol at the crowd. 警備員は群衆に向かってピストルを振り回した. ❷ 〈かざして〉〈…を〉見せびらかす: He ~ed his credit card. 彼はクレジットカードを見せびらかした. ── 名 ❶ a 派手な[仰々しい, 人目を引く]身ぶり; 仰々しく, 大げさ. b (不必要な)飾り, 美辞麗句. ❷ 〈花文字・署名などの〉飾り書き. ❸ [通例単数形で] (優れた実力[技術](など))を発揮する[示す]こと; [楽] 装飾楽句. 《F=花が咲く<L florere<flos, flor-; cf. flower》

flóur·ish·ing 形 ❶ 繁茂する. ❷ 栄える, 繁盛する, 盛大な. **~·ly** 副

flour mìll 名 ❶ 製粉機. ❷ 製粉所.

flour·y /fláʊ(ə)ri/ 形 ❶ 粉の, 粉状の: ~ potatoes 粉ふきジャガイモ. ❷ 粉まみれの: ~ hands 粉にまみれた手. **~·ness** 名 (名 flour)

⁺flout /fláʊt/ 動 砌 〈規則・慣習などに〉反する, 無視する. ── 圇 (古) 〈…を〉侮辱する, ばかにする (at).

‡flow /flóʊ/ 動 圇 ❶ [通例副詞(句)を伴って] a 〈液体・川などが〉(絶え間なく)流れる; 流れ出る, わき出る: ~ back 逆流する / Tears ~ed from his eyes. 涙が彼の目からこぼれた / The river ~s into the bay. その川は湾に注いでいる / The Thames ~s through London. テムズ川はロンドンを貫流する. b 〈人・車などが〉流れるように通る; 〈髪の毛などが〉ひらりと垂れる: Traffic ~s along the street all day. 通りでは終日車の流れが切れない. c 〈血・電気などが〉巡る, 通う. ❷ 〈情報・金などが〉(途切れなく)流れる, 流れ出[出る], 行き来する: A large amount of information ~s from Tokyo to New York headquarters. 膨大な量の情報が東京からニューヨークの本部に流れている / Orders for the new product ~ed in upon them. その新製品の注文が彼らのもとに殺到した. ❸ 〈言葉・アイディアなどが〉すらすらと出る; 〈会話が〉なめらかに進む. ❹ 〈感情が〉〈人に〉押し寄せる, 体の中を駆け巡る《表情などに現われる》. ❺ 〈髪・衣服が〉流れるように垂れる[まとわる]: Her long hair ~ed down her back. 彼女の長い髪の毛が背中に垂れていた. ❻ 〈酒が〉十分に行きわたる, 自由に出る; 〈場所が〉(古) (…で)満ちあふれる: a land ~ing with milk and honey 乳と蜜の豊かな土地《★聖書「出エジプト記」から》. ❼ 〈潮が〉上がる, 差す

flów from... から起こる, 発する: Success ~s from health and intelligence. 成功は健康と頭の良さから生まれる. **flów óver**... を騒ぎながら...の上を素通りする.
— 名 ⓒⓊ 〔通例単数形で〕❶ a 〔ものの〕流れ, 流水, 流動 (of): the ~ of a river 川の流れ. b 〔人・車などの〕流れ; 移動 (of). ❷ 〔情報・金などの〕(継続的な)流れ, 出入り (of): ⇨ cash flow. ❸ 〔思考・言葉などの〕(よどみない)流れ: a ~ of conversation [ideas] 流れるような談話[発想]. ❸ [the ~] 上げ[差し]潮. ❹ 月経, 生理. **gó with [agáinst] the flów** 周囲の状況[流れ]に従う[逆らう].
【OE】

flów chàrt [dìagram] 名 フローチャート, 流れ図《工場などの作業工程の順序, 電子計算機のプログラムの処理の順序などを図式化したもの》.

*flow·er /fláuə | fláuə/ 名 ❶ ⓒ a 花: artificial ~s 造花 / the national ~ 国花 / ⇨ wild flower / arrange ~s 花を生ける / No ~s. 供花ご辞退いたします《死亡広告の文句》/ Say it with ~s. 思う心を花で伝えてください《花屋の標語》. b 草花: grow [plant] ~s 草花を栽培する[植える]. ❷ Ⓤ 開花期, 満開: in ~ 開花して; 花盛りで / come into ~ 花が咲きだす. ❸ [the ~] 《文》精粋, 精華: an anthology in which are collected the ~ of English poets 英国詩人の精粋が集められている詩集. ❹ [the ~] 《文》(元気などの)盛り, 盛年, 盛時: the ~ of one's youth 若盛り. ❺ [複数形で] 月経. ❻ [~s で; 単数扱い] 《化》華《昇華でできた粉末状のもの》: ~s of sulfur 硫黄華(ⁱ⁷ᵘᵒᵘ). — 動 自 ❶ 花が咲く (bloom). ❷ 栄える (blossom): Great talents ~ late. 大器晩成. — 他 ❶ 〈...に〉花を咲かせる. ❷ 〈...を〉花(模様)で飾る. 〖F<L flos, flor- 花〗 形 floral, flowery 〖類義語〗 **flower** 主に草花の花や草花. **bloom** 観賞植物の花. **blossom** 果樹の花.

flówer arránging 名 Ⓤ フラワーアレンジ(ング)《花を美しく配して飾る方法・技芸; 日本の生け花も含む》.
flówer bèd 名 花壇.
flówer bùd 名 〘植〙 花芽, つぼみ《伸びて花になる芽》.
flówer chìld 名 フラワーチャイルド《特に愛・美・平和の象徴として花を身に着けていたヒッピー》.
flów·ered 形 ❶ 花でおおわれた; 花模様をつけた. ❷ [通例複合語で] (...の)咲いた, ...咲きの: single- [double-] flowered 一重[八重]咲きの.
flow·er·er /fláuə(ə)rə | -rə/ 名 《特定の時期の》花の咲く植物: an early ~ 早咲きの花 / a late ~ 遅咲きの花.
flow·er·et /fláuə(ə)rət | fláuə-/ 名 小さい花, 小花 (floret).
flówer gárden 名 花壇, 花園, 花畑.
flówer gìrl 名 ❶ 《英》花売り娘[女]. ❷ 《米》(結婚式で花を運ぶ)花嫁付き添いの少女.
flówer hèad 名 〘植〙 頭状花序, 頭状花.
†**flow·er·ing** /fláuə(ə)rɪŋ/ 形 ❶ 花をもつ, 花を開く: a ~ plant 〘植〙 顕花植物. ❷ 花の咲いている: a ~ orchard 花盛りの果樹園. — 名 [単数形で] 開花(期); 最盛[全盛]期: the ~ of New England ニューイングランド全盛期《19世紀前半》.
flówering dógwood 名 〘植〙 ハナミズキ (⇨ dogwood).
flówer·less 形 ❶ 花のない, 花の咲いていない. ❷ 隠花の: a ~ plant 隠花植物.
flow·er·let /fláuələt | fláuə-/ 名 = floret.
flówer·lìke 形 花のような[に似た], 美しい, 優雅な.
flówer·pècker 名 〘鳥〙 ハナドリ《ハナドリ科の小鳥の総称; 南アジア・オーストラリア産》.
flówer·pòt 名 植木鉢.
flówer pówer 名 フラワーパワー, 愛と平和《ヒッピーの信条・生き方・政治運動のスローガン; cf. flower child》.
flówer shòp 名 草花店, 花屋 (cf. florist).
flówer shòw 名 草花品評会, フラワーショー.
flow·er·y /fláuə(ə)ri/ 形 ❶ 〈野原など〉花の多い[咲き乱れた]. ❷ 花のような, 花形の; 花で飾った, 花模様の. ❸ 〈文体など〉華やかな, 華麗な. **-i·ness** /-inəs/ 名 (名 flower)

flów·ing /flóuɪŋ/ 形 Ⓐ ❶ 流れる; 流れるような; すらすらと続く; 流暢(²⁰ⁿ⁷⁰)な. ❷ 〈衣服・髪などが〉なだらかに垂れている: ~ locks 垂れ髪 / a ~ robe ゆるやかな長い服. ❸ 潮の満ちてくる: the ~ tide 上げ潮. **~·ly** 副
‡**flown** /flóun/ 動 fly¹ A, B の過去分詞.
flów shèet 名 = flow chart.
flów·stòne 名 Ⓤ 流れ石《洞窟内で流水中の石灰分が沈殿して堆積したもの》.
fl. oz. 〔略〕 fluid ounce.
*flu /flúː/ 名 Ⓤ [時に the ~] 《口》 インフルエンザ, 感冒: have [catch] (the) ~ インフルエンザにかかっている[かかる] / He's in bed with (the) ~. 彼は流感で寝込んでいる. 〖(IN)FLU(ENZA)〗
flub /flʌ́b/ 《米口》 動 (flubbed; flub·bing) 他 〈...を〉しくじる: ~ one's lines せりふをとちる. — 自 へまをする. — 名 失敗, へま.
fluc·tu·ant /flʌ́ktʃuənt/ 形 波動する, 動揺する, 上下する, 変動する.
†**fluc·tu·ate** /flʌ́ktʃuèɪt/ 動 自 〈相場・熱・意見などが〉〔...との間で〕変動する, 上下する: ~ between hopes and fears 一喜一憂する / My weight ~s between 110 and 120 pounds. 私の体重は110-120ポンドの間をいったりきたりしている. 〖L=波のように動く〗
fluc·tu·a·tion /flʌ̀ktʃuéɪʃən/ 名 Ⓒ Ⓤ (相場・熱などの)高下, 変動 (in, of).
flue /flúː/ 名 ❶ Ⓒ a (煙突の)煙道. b (暖房の)熱気送管, ガス送管. c (ボイラーの)炎管, 炎路. ❷ (パイプオルガンの)唇管, (笛の)口.
flue-gel·horn /flúː:g(ə)lhɔ̀ən | -hɔ̀:n/ 名 = flügelhorn.
flu·ence¹ /flúːəns/ 名 Ⓤ 《英》(魔術的[催眠術的]な)影響(力).
flu·ence² /flúːəns/ 名 〘理〙 フルエンス《単位面積を通過する放射束の時間的積分値; 単位は J/m²》.
flu·en·cy /flúːənsi/ 名 Ⓤ (弁舌の)流暢(²⁰ⁿ⁷⁰)(さ), 能弁: with ~ 流暢に.
†**flu·ent** /flúːənt/ 形 (more ~; most ~) ❶ 〈人が〉流暢(²⁰ⁿ⁷⁰)な, 能弁な, すらすら話せる[書ける, 読める]: a ~ speaker 能弁な人 / He's ~ in English [several languages]. 彼は英語が達者だ[数か国語を自由にあやつる]. ❷ 〈言葉が〉流暢な, すらすらと出る: speak ~ Japanese 流暢な日本語を話す. ❸ 〈運動・曲線などが〉なめらかな. **~·ly** 副 〖L fluere 流れる; cf. affluent, influence; superfluous; fluid〗
flúe pìpe 名 = flue 2.
†**fluff** /flʌ́f/ 名 ❶ a Ⓤ けば, 綿毛. b Ⓒ ふわふわしたもの [かたまり]: a ~ of clouds ふわふわした雲. c 《英》綿ぼこり, 綿ごみ. ❷ Ⓤ (鳥獣の)うぶ毛. ❸ Ⓒ 失敗, へま《台詞・演奏などの》とちり. ❹ Ⓤ 《口》軽くて中身のない読み物[映画など]. ❺ [a bit [piece] of ~] 《英俗》(性的魅力のある)娘. — 動 ❶ 〈...の〉けばを立てる. ❷ 〈...を〉ふわりとふくらませる (out, up): She ~ed out her hair. 彼女は髪をふわっとふくらませた. ❸ 《口》 a (競技・演技などで)〈...〉を失敗する, しくじる. b 〈せりふ〉をとちる. — 自 《口》(競技・せりふ・演奏などで)しくじる, へまをやる, とちる.
fluff·y /flʌ́fi/ 形 (fluff·i·er; -i·est) ❶ けばだつ; 綿毛の. ❷ ふわふわした ~ hair ふわふわした髪. 《名 fluff》.
flü·gel·horn /flúː:g(ə)lhɔ̀ən | -hɔ̀:n/ 名 〘楽〙 フリューゲルホルン《形は cornet に似ているが音色は French horn に似た金管楽器》. **~·ist** 名
*flu·id /flúːɪd/ 名 Ⓒ Ⓤ 流体, 流動体《液体・気体の総称; cf. liquid 1》. — 形 (more ~; most ~) ❶ a 〈曲線・動作など〉流れるような. b 流動性の (cf. solid 1a). ❷ 〈意見・事態など〉変わりやすい, まだ固まっていない, 流動的な: The situation is very ~. 事態はきわめて流動的である. ❸ 〈資産が〉現金に換えられる: ~ assets 流動資産. **~·ly** 副 〖F<L fluere 流れる; cf. fluent〗
flúid dràm [dráchm] 液量ドラム《液量の単位; = ¹⁄₈ fluid ounce, 60 minims; 略 fl. dr.》.
flu·id·ics /fluːɪ́dɪks/ 名 Ⓤ 流体工学. **flu·id·ic** 形
flu·id·i·ty /fluːɪ́dəṭi/ 名 Ⓤ ❶ (動きなどの)なめらかさ, 優美さ. ❷ 流動性[状態]. ❸ 変わりやすいこと.

flu·id·ize /flúːədàɪz/ 動 流動[流体]化する. **-iz·er** 名　**fluid·i·za·tion** /flùːədɪzéɪʃən/ -daɪz-/ 名

flúidized béd 名 〘口〙流動床, 流動層《下方から流体を吹送して粒子を浮遊状態にした層》.

flúid mechánics 名 Ⓤ 流体力学.

flúid óunce 名 液量オンス《液量の単位; =8 fluid drams;《米》では 1/16 pint,《英》では 1/20 pint; 略 fl. oz.》.

flu·i·dram /flúːɪ(d)dræm/ 名 =fluid dram.

†**fluke**¹ /flúːk/ 名 [通例単数形で] ❶ まぐれ当たり, 僥倖(ぎょうこう): win by a ~ まぐれ当たりで勝つ. ❷ 〘玉突〙 フロック《球のまぐれ当たり》.

fluke² /flúːk/ 名 ❶ [通例複数形で] いかりづめ, いかりかぎ. ❷ (やり・やす・矢・釣り針などの)先端のかかり. ❸ クジラの尾びれ《左右の一方》.

fluke³ /flúːk/ 名 ❶ 〘魚〙 ヒラメ, カレイ. ❷ 〘獣医〙 吸虫, 肝蛭(かんてつ)《家畜の肝臓に寄生するジストマ》.

fluk·y, fluk·ey /flúːki/ 形 (**fluk·i·er**; **-i·est**) ❶ まぐれ当たりの, 僥倖の: a ~ win まぐれの勝利. ❷ 《風などで》気まぐれな, 変わりやすい. (名 **fluke**¹)

flume /flúːm/ 名 ❶ (水車・発電などのための)人工水路, (材木などを流す)用水路. ❷ (急な狭い)谷川. ❸ (遊園地の)ウォーターシュート.

flum·me·ry /flʌ́məri/ 名 ❶ Ⓤ たわ言, 空(から)世辞. ❷ Ⓒ,Ⓤ フラメリー《ミルク・卵・小麦粉で作るやわらかいデザートの一種》.

flum·mox /flʌ́məks/ 動 〘口〙 〈人〉をまごつかせる, めんくらわせる,〈...〉のどぎもを抜く ★通例受身.

flump /flʌ́mp/ 動 [副詞(句)を伴って] 自 どさりと落ちる[倒れる]. 一 他 〈...〉をどしんと落とす[置く]. 一 名 [a ~] どさり[どしん](という音): sit down with a ~ どしん[どかっ]と座る.〘擬音語〙

*†**flung** /flʌ́ŋ/ 動 fling の過去形・過去分詞.

flunk /flʌ́ŋk/ 動〘米口〙 他 ❶ 〈試験など〉をしくじる, 失敗する;〈単位〉を落とす: He ~ed the course. 彼はその科目の試験に失敗した[単位を落とした]. ❷ 〈人〉に落第点をつける, 落第させる. ❸ 〘口〙〈試験など〉に失敗する 〘in〙. ❹ 断念する, 手を引く. **flúnk óut** (自+副) 〘米口〙 成績不良で退学になる. 一 名 ❶ (試験などの)失敗. ❷ 落第(点).〘FLINCH+FUNK¹〙

flun·ky, flun·key /flʌ́ŋki/ 名 (軽蔑) ❶ 制服を着た使用人《小使い・玄関番など》. ❷ 卑屈なおべっか者.

fluo·resce /flɔːrés, flu(ə)r-/ 動 蛍光(けいこう)を発する.

fluo·res·ce·in /flɔːrésiːɪn, flu(ə)r-/ 名 Ⓤ 〘化〙 フルオレセイン《黄色または赤色の染料; 溶液は強い蛍光を発し, 水難者の位置標識用》.

fluo·res·cence /flɔːrésns, flu(ə)r-/ 名 Ⓤ 〘理〙 蛍光発光; 蛍光.

*†**fluo·res·cent** /flɔːrésnt, flu(ə)r-/ 形 蛍光性の; 蛍光を放つ: ~ ink 蛍光インク / a ~ screen [substance] 蛍光板[体] / ~ yellow bands (自転車に乗る人がつける)黄色の蛍光帯.

†**fluoréscent líght [lámp, túbe]** 名 蛍光灯.

flu·or·ic /fluː(ː)rɪk, -ár-/ -ɔ́ː-/ 形 〘化〙 フッ素の, フッ素性の; 蛍石の.

†**fluo·ri·date** /flɔ́ːrədèɪt, flú(ə)r-/ 動 (虫歯予防対策として)〈飲料水など〉にフッ化物を入れる. **fluo·ri·da·tion** /flùərədéɪʃən, flù(ə)r-/ 名

fluo·ride /flɔ́ːraɪd, flú(ə)r-/ 名 Ⓤ 〘化〙 フッ化物.

fluo·rim·e·ter /flɔːrímətə, flu(ə)r-/ 名 =fluorometer.

fluo·ri·nate /flɔ́ːrənèɪt, flú(ə)r-/ 動 〘化〙 フッ素化させる; フッ素処理する; =fluoridate. **fluo·ri·na·tion** /flɔ̀ːrənéɪʃən, flù(ə)r-/ 名

fluo·rine /flɔ́ːriːn, flú(ə)r-/ 名 Ⓤ 〘化〙 フッ素《記号 F》.

fluo·rite /flɔ́ːraɪt, flú(ə)r-/ 名 Ⓤ 〘鉱〙 蛍(ほたる)石.

fluo·ro- /flɔ́ːroʊ, flú(ə)r-/ 〘連結形〙 「フッ素性の」「フッ化...」「蛍光」.

flùoro·cárbon 名 Ⓤ 〘化〙 フルオロカーボン, フッ化炭素 (⇒ CFC).

flúoro·chròme 名 蛍光色素《生物染色に用いる》.

fluo·rog·ra·phy /flɔːrágrəfi, flu(ə)r-/ -rɔ́g-/ 名 Ⓤ 蛍光間接撮影法.

691　**fluster**

fluo·rom·e·ter /flɔːrámətə, flu(ə)r-/ -rɔ́mətə/ 名 蛍光計. **-rom·e·try** /-rámətri/ -rɔ́m-/ 名 蛍光測定(法). **fluo·ro·met·ric** /flɔ̀ːrəmétrɪk, flù(ə)r-/ 形

fluo·ro·scope /flɔ́ːrəskòʊp, flú(ə)r-/ 名 Ⓤ 〈...の〉(X 線)透視装置. 一 〈...〉の(X 線)透視(検査)をする. **fluo·ro·scop·ic** /flɔ̀ːrəskápɪk, flù(ə)r-/ -skɔ́p-/ 形

fluo·ros·co·py /flɔːráskəpi, flu(ə)r-/ -rɔ́s-/ 名 (X 線)透視(検査).

fluo·ro·sis /flɔːróʊsɪs, flu(ə)r-/ 名 Ⓤ 〘医〙 フッ素(沈着)症, フッ素中毒(症). **-rot·ic** /-rátɪk, -rɔ́t-/ 形

flúor·spàr 名 =fluorite.

flu·ox·e·tine /fluːáksətìːn, -ɔ́k-/ 名 Ⓤ 〘薬〙 フルオキセチン《セロトニン作動を促す抗鬱(うつ)薬》.

flur·ried /flə́ːrid, flʌ́r-/ 形 混乱した, 動揺した, あわてた.

flur·ry /flə́ːri, flʌ́r-/ 名 ❶ Ⓒ (一陣の)疾風, 突風; にわか雪[雨]: a ~ of wind 突風 / a ~ of snow = a snow ~ にわか雪. ❷ [a ~] (興奮・感情などの)突然の動揺[混乱]; (活動が)突然起こること: a ~ of excitement むらむらと起こる興奮 / in a ~ あわてて, あたふたと. ❸ (株価の)小波乱. 一 動 ❶ [副詞(句)を伴って] 〈雪・葉などが強風とともに[に乗って]飛ぶ[舞う]. ❷ 〈人〉をあわただしく[ばたばたと]動かせる.

*‡**flush**¹ /flʌ́ʃ/ 動 ❶ 〈顔・ほおが〉ぱっと赤らむ;〈人が〉顔を赤くする;〈血が〉顔にさっと上る;〈色・光が〉輝きだす,〈空が〉ばら色になる: She ~ed with embarrassment. 彼女は困惑して顔を赤らめた / She ~ed (up) to the ears. 彼女は耳まで赤くなった / I felt the blood ~ into my face. 顔が紅潮するのを感じた / (十補) He [His face] ~ed red as flame. 彼の顔は火のように真っ赤になった. ❷ 〈水などが〉[さっと]流れる, ほとばしる. 一 他 ❶ 〈顔・ほおなど〉を紅潮させる, ほてらせる, ほてる (cf. flushed 1): Shame ~ed his face. 彼は恥ずかしくて顔がほてった. ❷ a 〈水・液など〉をどっと流す. b 〈トイレ・下水・街路など〉を水で洗い流す: ~ the toilet トイレの水を流す. c 〈牧場など〉を水でみなぎらせる. ❸ 〈人など〉を興奮させる, 意気揚々とさせる (⇒ flushed 2). ❹ =FLUSH out 成句 (2). **flúsh óut** (他+副) ❶ 〈水〉を流して汚れを取り除く. (2) 〈...〉を〈隠れ場所から〉追い払う. **flúsh òut of** (他+副) 〈場所〉からくものを水で洗い流す[落とす]; 水を飲んで〈体から〉老廃物などを出す. 一 名 ❶ [a ~] 顔に血が上ること; (顔・ほおなどの)紅潮, 赤らみ, 赤面: with a ~ on one's face 顔を赤くして / ⇒ hot flush. ❷ a [a ~] 出水, (急な)増水〔of〕. b [a ~] 水をどっと流すこと; (トイレの)水洗, 洗浄 (cf. flush toilet). c Ⓒ トイレの洗浄装置. ❸ a [a ~] 突然の感情: feel [have] a ~ of excitement 突然興奮する. b [通例 the ~] (感情・感激などの)高ぶり, 興奮, 大得意: in the full [first] ~ of triumph [success] 勝利[成功]の感激に酔って. ❹ [単数形で] 〈若草などの〉萌(も)え出ること; (萌え出た)若葉〔of〕; [通例 the ~] (はつらつ, 新鮮な輝き;〔勢い・元気の〕盛り: in the full ~ of life 元気旺盛で. ❺ Ⓤ 獲物を隠れ場所から追い出すこと. 〘FLASH+BLUSH〙

flush² /flʌ́ʃ/ 形 ❶ Ⓟ 〈...と〉同一平面で, 同じ高さで (level): windows ~ with the wall 壁と同一平面の窓. b 〈甲板などと〉とぎれのない平面で, 平らな: a ~ deck 平甲板. ❷ Ⓟ 〘口〙 金をたんまり持って: Let him pay; he's ~ tonight. 彼に払わせればいい, 今夜はたっぷり金を持っているから / be ~ with money 金をたんまり持っている. 一 副 ❶ 平らに, 同じ高さに. ❷ じかに, まともに. 一 動 同じ高さ[平ら]にする.

flush³ /flʌ́ʃ/ 名 〘ポーカーの〙フラッシュ《同一組の札の5枚そろいの手; ⇒ poker² 解説》.

flushed 形 ❶ 紅潮した, 赤くなった: His face was ~ with embarrassment [fever]. 彼は当惑して[熱で]彼の顔は赤くなった[赤かった]. ❷ 〈人などが〉〈酒・勝利・誇りなどで〉上気[興奮]して, 意気揚々として: Our team was ~ with its great victory. 我々のチームはその大勝利に意気が上がっていた.

flúsh tòilet 名 水洗トイレ[便所].

flus·ter /flʌ́stə/ -tə/ 動 〈人〉を混乱させる, めんくらわせ

flute /flúːt/ 图 ❶ フルート, 横笛. ❷ 細長い酒杯. ❸ 【建】(柱の)縦溝(を), 縦彫り. ❹ 《洋裁》丸溝ひだ. ── 動 ⓐ ❶ フルートを吹く. ❷ 笛のような声で歌う[話す]. ⓑ ❶ 〈柱などに〉縦溝を彫る. ❷ 〈曲を〉フルートで演奏する. 〖F〗

flút·ed /-tɪd/ 形 〈柱に〉縦溝彫りの, 〈板ガラスが〉溝付きの.

flút·ing /-tɪŋ/ 图 ❶ フルートの吹奏. ❷ Ⓤ 【建】(柱などの)溝彫り, 縦溝装飾. ❸ Ⓤ 《服飾》丸溝ひだ.

flút·ist /-tɪst/ 图 《米》 フルート奏者 (《英》 flautist).

⁺flut·ter /flʌ́tə/ 動 ⓐ ❶ 〈鳥などが〉ひらひら震える: The curtain ~ed in the breeze. カーテンは微風にはためいた. ❷ a 〈鳥などが〉羽ばたく. b [副詞(句)を伴って] 羽ばたいて飛ぶ; 〈ちょうなどが〉ひらひら[ばたばた]と飛ぶ, 飛び交う: A petal ~ed to the ground. 花びらが1枚ひらひらと地面に舞って落ちた. ❸ (興奮・緊張などで)〈脈・心臓が〉速く不規則に鼓動する, 〈胃がきりきり〉する: Her heart began to ~ with fear. 彼女の心臓は怖さのためにどきどきしだした. ❹ [副詞(句)を伴って] はらはら[そわそわ]する[動き回る]: He ~ed back and forth in the corridor. 彼は廊下をそわそわと行ったり来たりした. ⓑ ❶ a 〈旗などを〉はためかす. b 〈ハンカチなどを〉ぱたぱた振り動かす. ❷ 〈鳥などが〉〈羽を〉動かす, 羽ばたかせる. ── 图 ❶ a [単数形で] 羽ばたき, 羽打ち; 〈旗などの〉翻(^{ssw})ること, はためき. b Ⓒ (心臓の)不規則な動き, 動悸(^{E3}); 【医】 粗動. ❷ [a ~] (心)の動揺; 大騒ぎ: in a ~ あわてて / fall into a ~ どきまぎする / put a person in [into] a ~ = throw a person into a ~ 人をどきどきさせる / make [cause] a great ~ 世間を騒がせる. 世間的大評判にする. ❸ Ⓒ [通例単数形で] 《英口》 (ばくち・投機で)少額の賭け, ひとやま張ること. ❹ Ⓤ 《電》 フラッター 《レコードプレーヤー・テープレコーダーなどの再生音のゆれ; wow より高周波数》. ❺ Ⓤ 《テレビ》 (映像の)光度むら. ❻ Ⓤ 《空》 フラッター 《空気力のために飛行機の翼などに起こる自励振動》. 〖OE=波で揺れる〗 〖類義語〗⇒ fly¹.

flútter kìck 图 《クロール泳法の》ばた足.

flut·ter·y /flʌ́təri/ 形 ひらひら動く, はためく.

flut·y /flúːti/ 形 (**flut·i·er; -i·est**) 〈音調が〉フルートのような, 柔らかく澄んだ.

flu·vi·al /flúːviəl/ 形 ❶ 河川の. ❷ 河流の作用でできた. ❸ 河川に生ずる[すむ]. 〖L *fluvius* 川+-AL〗

flu·vi·a·tile /flúːviətàɪl/ 形 河川の(作用でできた); 河川[川べり]にできる: a ~ deposit 河成層.

flu·vi·o·gla·cial /flùːviouɡléɪʃəl/ 形 《地》 (氷河の氷が溶けて流れ出す)融氷流(水)の[による].

⁺flux /flʌ́ks/ 图 ❶ Ⓤ 流動, 流転, 絶え間ない変化: All things are in a state of ~. 万物は流転する. ❷ [a ~] 流動, 流れ. ❸ Ⓤ 上げ潮: ~ and reflux 潮の干満; 勢力の消長, 盛衰, 浮沈. ❹ Ⓤ 《化》 融剤, 溶剤. 〖F<L=流れく *fluere*, *flux* から; cf. fluent〗

flúx·gàte 图 フラックスゲート 《地磁気誘導の法則に基づく地球磁場の方向と強さを示す装置》.

⁺fly¹ /fláɪ/ 動 (flew /flúː/; flown /flóʊn/) ⓐ ❶ [通例副詞(句)を伴って] a 〈鳥・虫などが〉飛ぶ: ~ about 飛び回る / The crow *flew* up into a high tree. カラスは高い木へ飛んでいった / The bird *flew* out of its cage. 鳥はかごから飛び出た[逃げた] / The bird is [has] *flown*. ⇨ 動 成句. b 〈飛行機・弾丸・矢・雲など〉が飛ぶ, 飛ぶように走る[過ぎる]: The airplane was ~ing south. 飛行機は南へ飛んでいた / The clouds *flew* across the sky. 雲が空を横切って飛んでいった / The ball *flew* over the fence. ボールは塀を飛び越えた / The cup *flew* into pieces [bits, fragments]. 茶わんは粉みじんに飛び散った. c 〈人が〉飛行機で行く, 飛ぶ, 飛行する; 〈宇宙船が〉宇宙飛行をする: ~ *across* the Pacific 太平洋を横断飛行する / He *flew from* New York *to* Rome. 彼はニューヨークからローマまで飛行機で行った.

❷ [通例 副詞(句)を伴って] a 《口》 〈人が〉飛ぶように走る, 大急ぎで行く: I *flew for* a doctor. 急いで医者を呼びに行った / I *flew* to meet him. 急いで行って彼を迎えた / I [We] must ~. 急がなければならない / He *flew up* the stairs. 彼は急いで階段を上った. b 《時が》矢のように過ぎ去る: Time *flies*. 《諺》 光陰矢の如し. c 〈金・財産などが〉飛ぶようになくなる: He's just making the money ~. 彼は札びらを切って金を使っている. d 〈うわさなどが〉飛びかう. ❸ [通例副詞(句)を伴って] a 〈風などに〉飛び[舞い]上がる; 〈火花などが〉飛び散る: The dust *flew about* in clouds. ほこりがもうもうと舞い上がった. b 〈旗・頭髪などが〉風に翻(^{ssw})る: She stood in the wind with her hair ~ing. 彼女は髪をなびかせて立っていた. ❹ 突然(…に)なる: [+補] The window *flew* open. 窓がぱっと開いた 《★ 補語は通例 open》 / ~ *into* a passion [temper, rage] かっと怒る / ~ *into* raptures 跳び上がって喜ぶ. ❺ a 〈獲物などに〉飛びつく; 〈理想などに〉飛びつく: ~ *at* high game 大物をねらう; 大志を抱く, 望みが高い. b 〈人・ものに〉飛びかかる, 〈…〉をしかりつける; 〈…〉を攻撃する: The cat *flew at* the dog. 猫は犬に飛びかかった / ~ *at* a person 人にくってかかる (cf. let FLY¹ 成句 (2)). ❻ 《口》 〈計画などが〉うまくゆく.

── B (flew /flúː/; flown /flóʊn/) ❶ 逃げる, 逃げうせる: ~ from one's country 国から逃げる, 亡命する. ❷ 〈霧などが〉消散する.

── C (**flied**) 《野》 ❶ フライ[飛球]を打つ: ~ to left レフトにフライを打つ. ❷ フライを打ってアウトになる 《out》.

── (flew /flúː/; flown /flóʊn/) A ❶ a 〈鳥などを〉飛ばす, 放つ; 〈たこを〉揚げる. b 〈旗を〉掲げる, 翻す: The ship is ~ing the British flag. その船は英国旗を翻している. ❷ a 〈飛行機・宇宙船を〉操縦する: ~ a spaceship 宇宙船を操縦する. b 〈場所・距離を〉飛行機で飛ぶ: We *flew* the Pacific. 太平洋を飛んだ. c 〈人・荷物などを〉飛行機で, …へ運送[空輸]する: Doctors and nurses were *flown to* the scene of the disaster. 医師と看護婦が被災地へ飛行機で運ばれた. d 〈特定の航空会社を〉利用する: I always ~ Japan Air Lines. 私はいつも JAL に乗る.

── B 〈…から〉逃げる, 〈…を〉出奔する, 避ける: ~ the country 国外に逃れる / ~ the approach of danger 危険を避ける.

── C (**flied**) 《野》 〈ボールを〉フライに打ち上げる.

fly blínd 《空》 計器飛行をする.

fly hígh (1) 高く飛ぶ. (2) 幸せである. (3) (大)成功する; 繁栄する.

fly in the fáce of …に食ってかかる, まっこうから反抗する: ~ *in the face of* convention 因襲にまっこうから反抗する.

fly óff (動 +副) 飛び散る[去る], 急いで去る.

gò flýing 《口》 飛ぶ, 飛び降りる.

lèt flý (1) 〈弾丸・矢・石などを〉〈…に〉飛ばす, 射放つ《*at*》: The hunter *let* ~ an arrow *at* the deer. 狩人は鹿を目がけて矢を放った. (2) 〈…に〉激しい言葉を放つ, ののしる《*at*》: *let* ~ *at* a person 人にくってかかる (cf. ⓐ A 5 b).

── 图 ❶ a [しばしば複数形で] (ズボンなどの)ボタン[ファスナー]隠し: Your ~ is undone. ズボンの前があいてますよ. b (テントなどの)垂れ幕[布] 《出入り口》. ❷ (旗の)横幅; 旗布の外端 《旗ざおに結びつけない方》. ❸ 【野】 フライ, 飛球. ❹ (通 ~s /-z/) 《英》 (昔の)軽装myがい馬車. ❺ [the flies で] 《劇場》 (舞台の)天井裏 《大道具を操作する所》.

on the flý (1) 飛んで, 飛行中で. (2) 《米》 〈球が〉地面に落ちないうちに: catch a ball *on the* ~ フライを受け止める. (3) 《口》 (忙しくて)飛び回って; 急いで.

〖OE=動 flight¹〗 〖類義語〗 **fly** walk, swim などに対して「飛ぶ」の最も一般的な語. **flit, flutter** 羽のあるものがすいすい[ひらひら]と飛ぶ, または飛び回る. **hover** 翼を動かして空中の一点にとどまっている. **soar** 空高くまい舞い上がったり, 上空を滑空するように飛ぶ. **glide** 翼・エンジンを動かさずにすべるように飛ぶ.

⁺fly² /fláɪ/ 图 ❶ Ⓒ 【昆】 a ハエ; ~ housefly. b 飛ぶ昆虫; ⇨ butterfly, dragonfly, firefly. ❷ Ⓤ 〔植物・家畜のハエや小虫の害, 虫害. ❸ Ⓒ 《釣》 擬似餌(^え), 蚊針, 毛針; 小昆虫の生き餌: tie a ~ 蚊針を作りあげる. **a flý in**

the óintment (1) 玉にきず《★聖書「使徒行伝」から》. (2)〔楽しみの〕ぶち壊し. **a flý on the wáll** 人に気づかれずに観察する人. **like flíes** 大量に: die [drop, fall] *like flies*〔ハエのように〕ばたばた死ぬ. **There are [There's] nó flies on him [her, etc.]**. (1) 彼[彼女]はばかではない[とても抜けめがない]. (2) 彼[彼女]はまったく申し分のない男[女]だ. **would nót húrt [hárm] a flý**〔怖そうに見える〕人・動物が(実は)とてもおとなしい.

flý³ /fláɪ/ 形 (俗) ❶ 抜け目のない, 頭がいい, 切れる, 鋭い. ❷《米》魅力的な, いかす, かっこいい. ~·ness 名
fly·a·ble /fláɪəbl/ 形 飛行に適した, 飛行準備のできた.
flý agáric 名 〘植〙ベニテングタケ《毒タケ》; 昔これから蠅取り紙に塗る毒を採った》.
flý àsh 名 Ⓤ フライアッシュ《燃焼ガス中に混入する石炭灰; レコード盤・セメント・煉瓦などの製造に利用する》.
flý-awày 形 〘髪〙が柔らかくてまとまりにくい.
flý báll 名 〘野〙フライ, 飛球.
flý-blówn 形 ❶〔肉など〕ハエが卵を産みつけた, うじのわいた. ❷ 汚れた, 腐敗した. ❸ **a** 古びた, 新しくない. **b** 古くさい, 陳腐な.
flý-bòy 名 〘米口〙飛行機乗り, (特に)空軍飛行士.
flý brìdge 名 〘海〙(普通の船橋の屋根の上の)露天船橋.
flý-bỳ 名 (複 **~s**) ❶(飛行機・宇宙船などの)低空[接近]飛行. ❷〘空〙空中分列飛行 (flypast).
flý-by-nìght 形 (特に取り引き・金銭で)信頼できない. —— 名 《口》信頼できない人, (特に)借金してうまく逃げる人.
flý-by-wìre 名 〘空〙フライバイワイヤーの(操縦桿の動きをコンピュータを通して電気信号で舵面に伝える方式).
flý càsting 名 ⓤ 毛針釣り.
flý càtcher 名 〘鳥〙ヒタキ《ハエを捕食する小鳥》; タイランチョウ《南北アメリカ産》.
†**fly·er** /fláɪər | fláɪə/ 名 =flier 2.
fly·er·ing /fláɪərɪŋ/ 名 =fliering.
flý-fìsh 動 自 毛針[フライ]で釣る.
flý-fìshing 名 ⓤ 毛針釣り, フライフィッシング.
flý hálf 〘ラグビー〙=standoff half.
†**fly·ing** /fláɪɪŋ/ 形 ❶ 空を飛ぶ, 飛行する: a ~ bird 飛んでいる鳥. ❷ 空中に浮かぶ; 〔風に〕翻(ひるがえ)る, なびく. ❸ 飛ぶように速い, 大急ぎの, あわただしい; 飛んで逃げていく: a ~ trip [visit] あわただしい旅行[訪問]. —— 名 ⓤ 飛ぶこと, 飛行; 飛行機旅行: high [low] ~ 高空[低空]飛行. ❷ [形容詞的に] 飛行(用)の; 飛行機による; 小型の / a ~ field 小飛行場 (airport より小規模; cf. airstrip).
flýing bòat 名 飛行艇 (cf. seaplane).
flýing bòmb 名 飛行爆弾.
flýing brìdge 名 =fly bridge.
flýing búttress 名 〘建〙飛び控え(壁).
flýing còlumn 名 〘軍〙遊撃隊, 機動部隊.
flýing dóctor 名 飛行往診医《遠隔地に飛行機で緊急往診する医師》.
flýing drágon 名 〘動〙トビトカゲ.
Flýing Dútchman 名 [the ~] ❶ さまよえるオランダ船《暴風雨の時に喜望峰付近に現われるという幽霊船》. ❷ さまよえるオランダ人《最後の審判日まで海上を航走する運命にあるといわれた同上の幽霊船の船長》.
flýing fìsh 名 (複 **~**, **~·es**) 〘魚〙トビウオ.
flýing fóx 名 〘動〙オオコウモリ.
flýing jàcket 名 〘服〙フライング・ジャケット《温かい裏地[襟]の付いた短い革のジャケット》.
flýing jíb 名 〘海〙フライングジブ《先斜檣(いしゃ)の三角帆》.
flýing lémur 名 〘動〙ヒヨケザル《東南アジアにすむ皮翼目の動物》.
flýing lízard 名 〘動〙トビトカゲ.
flýing óf f icer 名 〘英空軍〙中尉《略 FO》.
flýing phalánger 名 〘動〙フクロモモンガ, フクロムササビ《前足と後ろ足の間に飛膜のある動物《豪州[周辺]産》.
flýing pícket 名 機動[移動]ピケ隊(のメンバー)《ストライキ中の工場のピケに参加する遊撃的助っ人ピケ隊》.
flýing sáucer 名 空飛ぶ円盤 (cf. UFO).
flýing squàd 名 《警察などの》緊急派遣隊.
flýing squìrrel 名 〘動〙ムササビ, モモンガ.
flýing stárt 名 [a ~] ❶ 〘競技〙助走スタート. ❷ 好調な出だし[スタート] (flier): **get [go] off to a ~** 好調なスタートを切る.
flýing sùit 名 (つなぎの)飛行服《軍用機のパイロットなどが着用する》.
flýing trapéze 名 空中ぶらんこ.
flýing wíng 名 全翼《飛行》機《胴体・尾翼がなく全体が翼の形をした飛行機》.
flý·lèaf 名 (複 **-leaves**) ❶ 見返し《書物の巻頭・巻末の白紙》. ❷ (引き札・プログラムなどの)余白のページ.
flý-òff 名 《航空機購入に際して機種選定のための》性能比較飛行.
flý·òver 名 ❶ 〘空〙空中分列飛行 (flypast)《観覧に供するために所定にある場所の上を低空飛行すること》. ❷《英》=overpass.
Flý·o·ver Còuntry 名 ⓤ 〘戯言〙飛びこし地方《米国の中部地方; 東海岸と西海岸の間を飛行で往来するときに上空を通過するだけの地方という意味》.
flý·pàper 名 ⓤ はえ取り紙.
flý·pàst 名 《英》〘空〙空中分列飛行 《米 fly-by, flyover》.
flý·pìtcher 名 〘英口〙(無免許の)露天商《人》.
flý·pòst 動 他 《英》(ビラを)《無許可な場所に》こっそりと貼る.
flý·pòster 名 《英》無許可でビラを貼って歩く人; 無許可の場所に貼られた宣伝ビラ.
flysch /flɪʃ/ 名 〘地〙フリッシュ《地向斜に堆積した主に砂岩・頁岩(けつ)からなる地層で, アルプス地方に多い》.
flý·shèet 名 ❶ (一枚刷りの)ちらし, パンフレット. ❷ フライシート《雨天の時にテントの上にかける補助シート》.
flý·spèck 名 ❶ ハエのふんのしみ. ❷ **a** 小さい点. **b** さいな欠点. —— 動 他 〔...〕に小さいしみをつける.
flý-strìke 名 蛆(ウジ)の発生[寄生].
flý·swàtter 名 はえたたき.
flý·tìp 動 《英》(ごみなどを)不法投棄する.
flý·tìpping 名 《英》(ごみなどの)不法投棄.
flý·tràp 名 ❶ はえ取り器. ❷ 〘植〙食虫植物 (pitcher plant など).
flý·wày 名 (渡り鳥の)経路.
flý·wèight 名 〘ボク〙フライ級の選手.
flý·whèel 名 はずみ車《回転速度調節用》.
Fm 〘記号〙〘化〙fermium. **FM** /éfém/ 《略》〘英〙Field Marshal; 〘通信〙frequency modulation (cf. AM).
fm. 《略》fathom(s); from. **FMV** 《略》full-motion video. **fn.** 《略》footnote.
f-nùmber 名 〘写〙F ナンバー, F 値《レンズの焦点距離を口径で divided ことで表わす; 記号 f》.
FO /éfóʊ/ 《略》〘英空軍〙flying officer; 〘英〙Foreign Office.
†**foal** /fóʊl/ 名 ❶ (特に 1 歳未満の)馬《ロバ, ラバ》の子, 子馬 (⇒ **horse** 関連). —— 動 自 《雌馬が》子馬を産む.
†**foam** /fóʊm/ 名 ⓤ ❶ **a** 泡(の塊), 泡沫(ほうまつ), あぶく. **b** (消火に用いられる)泡状の物質. **c** (馬などの)泡汗. ❷ = foam rubber. —— 動 自 ❶ 泡立つ, 泡になる. ❷ 〔怒ったりして〕泡を吹く: ~ *with* anger 激怒する. **fóam at the móuth** 激怒する 〘匹喩〙日本語の「口角泡を飛ばす」(盛んに論じる)と間違えないこと.
fóam extínguisher 名 泡立ち式消火器.
fóam rúbber 名 ⓤ 気泡ゴム, フォームラバー《海綿状のゴム》.
foam·y /fóʊmi/ 形 **(foam·i·er; -i·est)** 泡の; 泡立つ, 泡だらけの. **fóam·i·ness** 名
fob¹ /fάb | fɔb/ 名 ❶ (ズボン上部・チョッキの)時計入れ小ポケット. ❷ = fob chain. ❸ = fob watch.
fob² /fάb | fɔb/ 動 **(fobbed; fob·bing)** 他 ▶ 次の成句で用いて. **fób óff** 《他 + 副》(1) [...で]人をうまくはぐらかす: ~ a person *off with* empty promises 口先だけの約束で人をうまくはぐらかす. (2)〈人を〉〔不良品・偽物などを〉つかませる: ~ *off* a person *with* an imitation = ~ *off* an imitation *on* a person 人に模造品をつかませる[買わせる]. (3)〈要求・人などを〉避ける, 無視する.

f.o.b., F.O.B. 《略》free on board (⇒ free 成句).
fób chàin 名 時計の小鎖[ひも, リボン].
fób wàtch 名 懐中時計.
FoC 《略》father of chapel.
fo·cac·cia /foʊkάːtʃə | -kάtʃə/ 名 Ⓤ フォカッチャ《ハーブとオリーブ油で味付けした薄いイタリアパン》.
†fo·cal /foʊkəl/ 形 焦点の: (the) ～ distance [length]《光》焦点距離 / a ～ plane《光》焦平面.〖⇐ focus〗
fo·cal·ize /foʊkəlàɪz/ 動 ⦁ =focus. ❷《医》〈感染などを〉局部的に食い止める. **fo·cal·i·za·tion** /fòʊkəlɪzéɪʃən, -laɪz-/
†fócal póint 名 ❶〔焦点 (focus). ❷ [the ～]〔話題・活動などの〕中心〔of〕.
fo·ci /foʊsaɪ/ 名 focus の複数形.
fo'c'sle, fo'c's'le 名 =forecastle.
†fo·cus /foʊkəs/ 動 (～(s)ed /~t/; ～·(s)ing) ⦁ ❶ 〈話題などに〉焦点を当てる,〈注意・考えなどを〉集中する: The research ～es on organ transplantation. 臓器移植に焦点を当てている. ❷〈目・人が〉〈…に〉焦点を合わせる;焦点が合う〔on〕. ❸〈光・エネルギーなどが〉集束[収斂]する;一点に集中する.
— ⦁ ❶〔…に〕〈注意・関心を〉集中させる: Try and ～ your mind *on* the problem. その問題に注意を集中するように努めなさい / Everybody's eyes were ～ed *on* her. みんなの目は彼女に集中した. ❷〔…に/に〕〈…の焦点[ピント]を合わせる: He ～ed his binoculars *on* the bird. 彼はその鳥に双眼鏡を向けた.
— 名 (～·es, fo·ci /foʊsaɪ/) ❶ Ⓤ・Ⓒ〔通例単数形で〕〔興味・活動などの〕焦点, 中心: the ～ of interest [attention] 興味の的. ❷ Ⓒ《眼鏡・レンズなどの》焦点(整合), ピント: in ～ 焦点[ピント]が合って;はっきりして / out of ～ 焦点[ピント]がはずれて;ピンぼけで, ぼんやりして / bring a camera into ～ カメラの焦点を合わす. ❸ Ⓒ《理・数》焦点. ❹ [the ～]〔地震の〕震源.〚L=炉〛(形 focal)
fó·cused, fó·cussed 形 ❶ 集中した, 焦点を合わせた, 目的意識のある. ❷〈音・画像などが〉はっきりした.
fócus gròup 名 フォーカスグループ《新製品, 政治問題などに対する一般の反応を予測するために司会者を設けて集団で討議してもらう小人数からなる消費者などのグループ》.
fócus pùller 名《映》《カメラのピントを合わせたり, フィルムマガジンを取り替えたりする》カメラマン助手.
†fod·der /fάdə | fɔ́də/ 名 ❶ Ⓤ《家畜の》飼料, かいば. ❷ 特定の目的にしか役立たない人[もの]. ❸《話などの》題材, ネタ. — 動 ⦁〈家畜に〉かいばを与える.
fo·dy /foʊdi/ 名〔鳥〕ベニノジコ《アフリカ, マダガスカル, インド洋の島々に産するハタオリドリ科の鳴鳥;雄は主に赤い》.
†foe /foʊ/ 名〔文〕敵.
FoE 《略》Friends of the Earth.
foehn /feɪn, féɪn/ 名 フェーン《山を越えて吹いてくる高温で乾燥した風》: the ～ phenomenon フェーン現象.〖G L=西風〗
foetal, foetid, foetus ⇒ fetal, fetid, fetus.
*fog¹ /fάɡ, fɔ́ːɡ | fɔ́ɡ/ 名 fog/ Ⓤ・Ⓒ ❶《濃い》霧, 濃霧: A dense ～ rolled over the city. 濃霧が町をおおった / We had bad ～s this winter. 今年の冬は霧がひどかった / The ～ cleared [lifted]. 霧が晴れた. ❷ 不透明[な状態], 混乱, 当惑. ❸《写》《ネガ・印画の》くもり, かぶり. **in a fóg** 当惑して, 途方に暮れて〔*about*〕. — 動 (**fogged; fog·ging**) ⦁ ❶〈窓・鏡などを〉〔霧[もや]で〕おおう;〈眼鏡などを〉曇らせる; ぼんやりさせる, 漠然とさせる〔*up*〕: The airport was fogged in. その空港は霧のために閉鎖された(ていた). ❷〈人・頭を〉混乱させる, 途方に暮れさせる, 当惑させる: I was fogged by his question. 彼の質問に当惑した. ❸〈問題などの〉焦点をぼかす. ❹《写》〈ネガ・印画に〉かぶらせる.
— ⦁〈ガラスなどが〉曇る〔*up*〕: The windshield has fogged up. フロントガラスが曇った. (形 foggy) 【?Scand】(形 foggy)【類義語】⇒ mist.
fog² /fάɡ, fɔ́ːɡ | fɔ́ɡ/ 名 Ⓤ《刈ったあとに生えた》二番草;

(冬の)長い立枯れ草, 枯野の草.
fóg·bànk 名 霧峰《海上に層雲状にかかる濃霧》.
fóg·bòund 形 ❶ 霧が立ちこめた. ❷《船・飛行機などが》濃霧で立ち往生した.
fóg·bòw /-bòʊ/ 名 霧虹《にじ》.
fo·gey /foʊɡi/ 名 =fogy.
*fog·gy /fάɡi, fɔ́ːɡi | fɔ́ɡi/ 形 (**fog·gi·er; -gi·est**) ❶ 霧[もや]の立ちこめた; 霧がかかったぼんやりした: a ～ night 霧の夜. ❷〈人が〉もうろうとした; 頭がはっきりしない; 当惑[混乱]した;〈記憶が〉はっきりしない, ぼんやりした. ❸《写》〈ネガ・印画が〉かぶった, くもった. **nót hàve the fóggiest** (**idéa** [**nótion**]) 《口》まったく分からない[理解できない], 知らない. **fóg·gi·ly** /-ɡɪli/ 副 **-gi·ness** 名 (fog¹)
Fóggy Bóttom 米国国務省《俗称》《よく霧がかかった低地にあることから》.
fóg·hòrn 名 ❶《海》濃霧号笛. ❷ どら声.
fóg làmp [lìght] 名《車》フォグランプ[ライト], 霧灯.
fo·gou /foʊɡoʊ, -ɡuː/〔考古〕《イングランド Cornwall 地方に見られる》地下室, 地下住居, 地下通路.
fóg sìgnal 名 濃霧信号《サイレン》.
fo·gy /foʊɡi/ 名 (*pl.* -gies) 〔通例 old ～で〕時代遅れの人, 旧弊なかんこ者.**-ish** /-ɪʃ/ 形
föhn /feɪn, féɪn/ 名 =foehn.
foi·ble /fɔ́ɪbl/ 名 ❶〈性格・行為上の〉愛嬌《あいきょう》のあるささいな)弱点, 欠点. ❷《フェン》剣のしなり《刀身のしなっている部分;中央から切っ先まで;cf. forte¹ 2》.
foie gras /fwάː ɡrάː/ 名 フォアグラ《ガチョウの肥大した肝臓》: ⇒ pâté de foie gras. 【F】
*foil¹ /fɔ́ɪl/ 名 ❶ Ⓤ **a** 金属の薄片, 箔《はく》(cf. leaf 4); 《食品を包むの》: gold [tin] ～ 金[すず]箔 / wrap a fish in aluminum [《英》aluminium] ～ 魚をアルミホイルに包む. **b**《鏡の》裏箔. ❷ Ⓒ《他との対照によって》引き立て役《となる人[もの]》〔*for, to*〕: Her quiet character serves as a ～ *to* his brilliance. 彼女の静かな性格が彼の頭のよさの引き立て役となっている. ❸ Ⓒ《建》弁, 葉形飾り《ゴシック様式の花弁形の切り込み模様》.【F<L *folium* 葉】
foil² /fɔ́ɪl/ 動 ⦁〈悪事などを〉くじく, (未然に)防ぐ, 妨げる;〈人の計画などを〉くじく[失敗させる] (**thwart**)《★ しばしば受身》: His attempt to escape was ～ed. 彼の逃亡の企てはくじかれた / He *was* ～ed *in* his attempt to take over our company. 彼はわが社を乗っ取ろうという企てに失敗した.
foil³ /fɔ́ɪl/ 名《フェン》❶ フルーレ《突き用の細い柔軟な剣; cf. épée, saber 2 a》. ❷〔複数形で〕(フェンシングの)フルーレ種目.
foist /fɔ́ɪst/ 動 ⦁ ❶〈望まれないものなどを〉〈人に〉押しつける, つかませる: He tried to ～ the responsibility for it *on* me. 彼は私にその責任を押しつけようとした. ❷〈よくないもの・人を〉〈…に〉もぐりこませる, ひそかに紛れ込ませる〔*in, into*〕.
fol. 《略》followed; following.
fol·a·cin /foʊləsɪn/ 名 Ⓤ =folic acid.
fo·late /foʊleɪt/ 名《生化》葉酸塩[エステル].
*fold¹ /foʊld/ 動 ⦁ ❶ **a**〈紙・布などを〉折る, 折り重ねる, 折りたたむ (↔ unfold)〈端などを〉折り曲げる, 折り返す: ～ a letter 手紙を折りたたむ / ～ *up* a map 地図をきちんとたたむ / ～ a handkerchief in four ハンカチを四つに折りたたむ / ～ *back* the sleeves of one's shirt シャツのそでを折り返す / ～ *down* the corner of the page ページの隅を折り曲げる. **b**〈鳥などが〉〈翼を〉折りたたむ, 収める.❷〈両手・両腕などを〉組む, 組み合わせる: ～ one's hands 両手を組み合わせる / with one's arms ～ed=with ～ed arms 腕組みして.❸〈…を〉包む, くるむ, まとう, おおう〔*up*〕〔*in*〕. ❹ **a**〈両腕などを〉〈…に〉巻きつける〔*around, about*〕. **b**〈子供などを〉腕に抱く, かかえる〔*to*〕〔胸に〕抱き寄せる〔*to*〕. ❺《スプーン・へらなどで》〈卵などを〉《ゆっくりと注意深く》混ぜ合わせる: F～ *in* two eggs. 卵2個をそっと混ぜ合わせなさい / F～ an egg *into* the batter. 練り粉に卵1個を落として混ぜ合わせなさい.
— ⦁ ❶ 折り重なる, 折りたためる〔*up, back*〕: The doors ～ *back*. そのドアは折り返せる. ❷《口》〈事業などが〉つぶれる, 破産する;《劇などが

が〉失敗する〈*up*〉. **fóld óut** 《自+副》〈ものが〉広げられる, 開く. ── [名] ❶ 折り目; (スカートなどの)ひだ; 層; しわ (crease): the ~*s* of a skirt スカートのひだ. ❷ **a** 〘地〙(地層の)褶曲(しゅうきょく). **b** 《英》(土地・谷間などの)くぼみ. 【類義語】⇨ curve.

fold[2] /fóʊld/ [名] ❶ [the ~] **a** 共通の価値観(など)を持っている集団[仲間]: return to [leave, be in] the family [academic] ~ 家族のもと[学問の世界]に戻る[を離れる, にいる]. **b** (キリスト教会の)集会, 会衆 (cf. flock[1] 3). ❷ [C] 家畜[特に, 羊]のおり[囲い]. ── [動] [他] 〈羊を〉囲う, おりに入れる.

-fold /fòʊld/ [接尾] [形容詞・副詞語尾] …倍[重]の[に]: two*fold*; mani*fold*.

fóld·awày [形] [A] 〈いす・ベッドなど〉折りたたみ式の (folding): a ~ bed 折りたたみ式ベッド.

fóld·bòat [名] =faltboat.

+**fóld·er** [名] ❶ 折りたたむ人[器具]. ❷ 紙[書類]ばさみ. ❸ 折りたたみ印刷物[パンフレット], 折りたたみ広告.

fol·de·rol /fáldəràl | fɔ́ldərɔ̀l/ [名] =falderal.

fóld·ing [形] [A] 折りたたみの, たたみ込みの (foldaway): a ~ bed [chair, stroller, umbrella] 折りたたみ式寝台[いす, ベビーカー, 傘].

fólding dóor [名] [しばしば複数形で] 折りたたみ式の扉, 折り戸, アコーディオンドア.

fólding móney [名] [U] 《米口》紙幣.

fóld·òut [形] 折り込みの; 折りたたみ(式)の.
── [名] (雑誌などの)折り込みページ; 折りたたみ式家具.

fo·ley /fóʊli/ [名][動] [自] [時に F~] 〘映〙(撮影済みフィルムに)効果音を付け加える(こと[技術者]).

folia [名] folium の複数形.

fo·li·a·ceous /fòʊliéɪʃəs←/ [形] 葉状の, 葉質の; 薄層[薄片]よりなる, 葉片状の.

fo·li·age /fóʊliɪʤ/ [名] [U] ❶ (一本の草木の)葉(全部), 群葉. ❷ (装飾・図案などの)葉飾り. 〘F; ⇨ foil[1], -age〙

fóliage plànt [名] 観葉植物《ベゴニアなど》.

fo·li·ar /fóʊliɚ | -liə/ [形] [A] 葉の; 葉質の, 葉状の.

fóliar féeding [名] [U] 〘園〙(スプレーによる栄養分の)葉面[経葉]補給. **fóliar féed** [名] [U] 葉面補給物.

fo·li·ate /fóʊliət/ [形] ❶ [通例複合語で] 〘植〙(…の)葉のある; (…枚の)葉のある: 5-*foliate* 5 葉の. ❷ 葉のような, 葉状の. ── /-lièɪt/ [動] [自] ❶ 葉を出す. ❷ 薄葉に分裂する. ── [他] ❶ **a** 薄葉[箔(はく)]にする. **b** 〈…に〉箔を敷く. ❷ 〈本に〉丁数をつける《枚数で数える; cf. page[1]》. ❸ 〘建〙葉形飾りで飾る. **fo·li·a·tion** /fòʊliéɪʃən/ [名] 〘L < FOLIUM〙

fó·lic ácid /fóʊlɪk-/ [名] [U] 〘生化〙葉酸《ビタミン B 複合体の一つ》.

fo·lie à deux /fóʊliədə́ː | fɔ́liæ-/ [名] [U] 〘精神医〙二人精神病《感応によって生ずる精神病》.

fo·lie de gran·deur /foʊlíːdəgrɑːndə́ː | fɔ́lidəgrɑːndə́ː/ [名] [U] 誇大妄想 (megalomania).

fo·li·o /fóʊliòʊ/ [名] (複 ~s) ❶ **a** [C] 二つ折り紙《2 丁(4 ページ)になるように全紙を 1 回折ってできた紙; cf. format 1》. **b** [C] 二つ折り本, フォリオ本. **c** [U] 二つ折り本の大きさ, フォリオ版: in ~ 〈本が〉二つ折り判で[の]. ❷ [C] (稿本など表面にのみ番号付きの)一葉, 一枚. ❸ [C] 〘簿記〙(帳簿の借方・貸方記入の左右見開きの)両ページの一面. ── [形] 二つ折り(版)の, フォリオの. 〘L FOLIUM〙

fo·li·ose /fóʊliòʊs/ [形] 〘植〙葉の茂った[多い] (leafy); 葉状の (cf. crustose, fruticose): ~ lichens 葉状地衣.

fo·li·um /fóʊliəm/ [名] (複 -li·a /-liə/) 薄層 (lamella). 〘L=葉〙

fo·li·vore /fóʊləvɔ̀ɚ | -vɔ̀ː/ [名] 〘動〙葉食動物, 葉食獣.

fo·liv·o·rous /foʊlív(ə)rəs/ [形] 〘動〙葉食性の.

*__folk__ /fóʊk/ [名] (複 ~, ~s) ❶ [複数扱い] **a** 人々《[用法] 《米》ではこの意味に ~s の形も用いる; ただし今は《米》《英》ともに people のほうが一般的》: Home care has been arranged for the old ~*s*. 老人のために在宅治療が準備されている / country [town] ~ いなか[町]の人たち / local ~*s* 地元の人たち. **b** [複数形で; 親しみをこめた呼び掛けで] 《口》皆さん: *Folks*, we need your help. 皆さん, あなたがたの援助が必要です. ❷ [one's ~s] 《口》家族, 親類; (特に)両親: my ~*s* うちの家族[両親]. ❸ [U] =folk music.
── [形] [A] ❶ 民間の: ~ medicine (経験などにより薬草などを用いる)民間医学 / a ~ remedy 民間療法. ❷ 民俗の: ~ art 民芸 / ⇨ folk music, folk song. 〘OE〙

fólk dànce [名] [C,U] 民族舞踊; フォークダンス(曲).

fólk dàncing [名] [U] 民俗舞踊[フォークダンス]を踊ること. **fólk dàncer** [名]

fólk dèvil [名] 社会に悪影響を及ぼすと考えられている人[もの].

fólk etymólogy [名] [U,C] 民間[通俗]語源(説)《たとえば *asparagus* を *sparrowgrass* と解釈するような学問的でない語源解釈》.

fólk hèro [名] (ある地域の)民間[民衆の]英雄.

folk·ie /fóʊki/ [名] 《口》フォークシンガー.

+**fólk·lòre** [名] [U] ❶ 民俗, 民間伝承《風俗・習慣・信仰・伝説・ことわざなど》. ❷ フォークロア研究.

fólk·lòr·ist /-lɔ̀ːrɪst/ [名] フォークロア研究者.

folk·lor·is·tics /fòʊklɔːrístɪks/ [名] [U] フォークロア研究, 民俗学. **fòlk·lor·ís·tic** /-rístɪk←/ [形]

fólk màss [名] [U,C] フォークミサ《フォーク音楽を用いてのミサ》.

fólk mémory [名] [C,U] (成員が共有する)民衆の記憶.

fólk mùsic [名] [U] ❶ 民俗音楽. ❷ (現代的な)フォーク音楽.

fólk-ròck [名] [U] [形] フォークロック(の)《ロックのリズムを採り入れたフォークミュージック》. **fólk-ròcker** [名]

fólk·sìnger [名] 民謡歌手; (現代的な)フォークソングの歌手.

+**fólk sòng** [名] ❶ (現代的な)フォークソング. ❷ 民俗歌謡, 民謡, 俗謡.

folk·sy /fóʊksi/ [形] (folk·si·er; -si·est) ❶ 民芸風の, 伝統芸術[文化]風の; あかぬけない. ❷ 気安い, 気取らない: I like his ~ manner. 彼の気取らない態度が好きだ. 〘FOLKS+-Y[3]〙

fólk·tàle [名] 民間説話, 民話.

fólk·wàys [名] [複] 〘社〙習俗《同一社会集団の全員に共通の生活・思考・行動様式》.

fólk·wèave [名] [U] きめの粗いゆるく織られた織物.

folk·y /fóʊki/ [形] 《口》=folksy.

fol·li·cle /fálɪkl | fɔ́l-/ [名] ❶ 〘解〙小胞, (特に腺組織の)濾胞(ろほう); 毛包, 毛穴 (hair follicle); 卵胞. ❷ 〘植〙袋果《裂開果の一種》. **fol·lic·u·lar** /fəlíkjʊlɚ | -lə/ [形] ❶ 小胞状の, 濾胞性の. ❷ 〘植〙〈果実が〉袋果状の.

fóllicle-stìmulating hòrmone [名] 〘生化〙濾胞[卵胞]刺激ホルモン《略 FSH》.

fol·lic·u·li·tis /fəlìkjʊláɪtɪs/ [名] [U] 〘医〙毛包炎, 毛嚢炎, 小胞炎.

‡**fol·low** /fáloʊ | fɔ́l-/ [動] [他] ❶ **a** 〈…に〉ついていく[くる], 続く, 従う; 〈…に〉伴う (↔ precede): ~ a person out [in] 人について外へ出る[中に入る] / Please ~ me. どうぞ私のあとについてきてください / I ~*ed* the crowd into the stadium. 私は群衆のあとについてスタジアムに入った / The doctor came in, ~*ed* by a number of nurses. 医者は大勢の看護婦に伴われて入ってきた. **b** 〈人などを〉追う; 追求する: We are being ~*ed*. 我々は尾行されている. ❷ **a** (時間・順序として)〈…の〉次にくる (come after); 〈…の〉結果として生じる[起こる]: Summer ~*s* spring. 春のあと夏がくる / One misfortune ~*ed* another. 不幸が重なった / Economic depression often ~*s* war. 戦争のあとにしばしば不況が起こる / The meal was ~*ed* by coffee. 食事のあとにコーヒーが出された. **b** 〈…の〉あとに〔…を〕続ける[伴わせる]: She ~*ed* this success ***with*** another best-selling album. 彼女はこの成功に続いてもう一枚ベストセラーアルバムを出した. ❸ **a** 〈道などを〉たどる: *F*~ this street to the first corner. この通りを最初の角までずっとおいでなさい. **b** 〈方針・計画などに〉従う: ~ a course of action ある行動をとる. **c** 〈職業に〉従事する: ~ the law 法律に携わる, 弁護士をする / ~ the sea 船乗りを業とする / ~ the stage 俳優を業とする. ❹ **a** 〈先例・風習などに〉従う, 習う: ~ the fashion [a custom, a precedent] 流

行[慣習, 先例]に従う. **b** 〈忠告・命令・教訓・指導者などに〉従う, 〈...を〉守る; まねる, 模倣する: ～ a person's advice 人の忠告に従う / ～ the example of a person 人を見習う, 人を模範とする. **c** 〈人(の説・教え・主義)を〉奉ずる: ～ Confucius 孔子の説を奉じる. **d** 〈...の〉後を継ぐ: My son ～*ed* me into the family business. 息子が家業を継いだ. ❺ **a** 〈...を〉**目で追う**, 〈...に〉注目する; 〈...を〉耳で聞き取る, 傾聴する: All eyes ～*ed* the ball as it cleared the fence. 全観衆がボールがフェンスを越えるのを目で追った / They ～*ed* his lecture with close attention. 彼らは彼の講義を傾聴した. **b** 〈議論・説明などに〉**ついていく**, 〈...を〉**はっきり理解する** (understand): I don't quite ～ you [what you are saying]. おっしゃることがよくわかりません. **c** 〈...を〉興味をもってたどる, 〈...に〉関心をもつ; 〈事件などの〉あとを追う, 追跡する; 〈...の〉その後を取り上げる[描く].

── [自] ❶ **あとから(追って)いく; 後ろについていく[くる]**; 続く, あとに従う, 随伴する: *F*~ ***after*** me. 私のあとからついてきてください《[比較] [他] 1a を用いた Follow me. のほうが一般的》/ We ～*ed* close behind (him). 我々は(彼の)すぐあとに続いた. ❷ **a 引き続いて起こる**: No one knows what may ～. この次に何が起こるかだれにもわからない. **b** 〔...の〕すぐあとから続く; 〔...の〕結果から生じる: His death ～*ed* close ***on*** the failure of his business. 彼は事業に失敗してまもなく死んだ. ❸ **a 当然の結果として生じる**: That does not necessarily ～. そのことは必ずしもそうなるとは限らない. **b** [it を主語として] 〔...からすると〕**当然の結果として**〈...ということに〉**なる**: 〔+*that*〕 ***From*** this evidence *it* ～*s that* he's not the murderer. この証拠からみると当然彼は殺人犯ではないということになる. ❹ わかる, 理解できる: He spoke so quickly (that) I couldn't ～. 彼はとても早口でしゃべったのでよくわからなかった.

as fóllows (...は)次のとおり《[用法] この follow は非人称動詞で, 関係する主節の主語のいかんにかかわらず常に 3 人称単数現在形で用いられる》: His words were *as* ～*s*. 彼の言った言葉は次のとおりであった.

fóllow aróund [abóut] 《[他]+[副]》〈...に〉いつもついて回る, どこまでもつきまとう.

fóllow ón 《[自]+[副]》 (1) しばらく間を置いてから続く. (2) (結果として)〈事態が〉生じる.

fóllow óut 《[他]+[副]》 〈...を〉最後まで[徹底的に]やり通す: He ～*ed out* his orders to the letter. 彼は命令を厳密に実行した.

fóllow thróugh 《[自]+[副]》 (1) 〔...を〕最後まで遂行する[やり通す] 〔*with*〕. (2) (ゴルフ・テニス・野球などで)打球後クラブ[ラケット, バット]を振り切る. ── 《[他]+[副]》 (3) 〈...を〉最後まで遂行する.

fóllow úp 《[他]+[副]》 (1) 〈...を〉どこまでも追求する, 厳しく追跡する: He ～*ed up* the subsequent history of the patients. 彼は患者のその後の様子を追跡調査した. (2) 〈...を〉(余勢を駆って)いやが上にも徹底させる; 〈...に〉〔...で〕追いうちをかける〔*with, by*〕: ～ *up* a punch *with* a kick 殴っておいてそのうえけとばす. ── 《[自]+[副]》 (3) 〔...を〕どこまでも追求する: ～ *up* ***on*** a lead (犯罪の)手がかりを徹底的に追求する.

to fóllow 次の料理に[として]: What will you have *to* ～? お次の料理は何にしますか.

【類義語】**follow** precede に対して「あとに続く, 続いて来る」を意味する一般的な語, 前後の間に特別の因果関係があるとは限らない. **succeed** すぐに続いて前のものに取って代わる, 特に人の場合は地位などの継承に係わる. **ensue** その前に起きた出来事の当然の結果として起こる. 形式ばった語. **result** 事柄の発生を, その因果関係を強調して示す.

*__fol·low·er__ /fάlouə | fɔ́louə/ [名] ❶ **信奉[追随]者**, 学徒, 信者, 門人, 弟子: a ～ ***of*** Martin Luther King キング牧師の信奉者. ❷ (熱心な)ファン; 模倣者 〔*of*〕. ❸ **a** 従者, 随員. **b** 家来; 党員, 手下, 子分. 【類義語】**follower** ある人の教え・主義・学説などを信じ, 支持する人を指す一般的な語. **adherent** ある信仰・学説・主義・党派などを忠実に守り, 積極的に支持する人; 必ずしも指導者を念頭に置くとは限らない; やや形式ばった語. **supporter** 目下問題となっているあるいは批判されている意見・学説を支持する人.

__fol·low·ing__ /fάlouɪŋ | fɔ́l-/ [形] (比較なし) ❶ [A] [the ～] **a 次に続く, 次の (↔ previous): in *the* ～ year＝in the year ～ その翌年に / *the* ～ day 次の日(に) / *the* ～ page [pages] 次のページ《略 f. ff.》. **b** 次に述べる, 以下の: to *the* ～ effect 次の主旨で, 以下のように. ❷ [the ～; 名詞的に] **次に述べる事柄**, 下記(の人[もの])《[用法] 内容によって単数または複数扱いになる》: *The* ～ *is* his answer [*are* his words]. 以下は彼の返事[言葉]である. ❸ 〘海〙 追い風の: a ～ wind 追い風. ── [前] ...について, ...の後で: *F*~ the meeting, tea will be served. 会の後でお茶が出ます. ── [名] [通例単数形で] 従者, 随員, 家来, 門弟《全体》; 崇拝者たち: a leader with a large ～ たくさんの支持者を持った指導者.

fóllow-my-léader [名] 《英》 ＝follow-the-leader.

+**fóllow-òn** [形] [A] ❶ 〈コンピューターなど〉次の開発段階にある[つながる]. ❷ 継続する, 次の.

fóllow-the-léader [名] [U] 大将ごっこ《大将のするとおりを他の者がまねて間違えたら罰をうける遊び》.

+**fóllow-thròugh** [名] ❶ [U] [また a ～] (計画などを)最後まで続けること, 完遂; (行動などの)仕上げ. ❷ [C,U] フォロースルー《ゴルフ・テニスなどで打球後ストロークを十分に伸ばし切ること》.

*__fóllow-up__ /fάlouÀp | fɔ́l-/ [名] ❶ [C,U] **継続[後続]**(するもの), 引き続き(の...); 追跡調査, 事後点検; (新聞などの)続報, 追いかけ記事. ❷ [C] (映画・小説などの)続編.

── [形] [A] 引き続いての, 追いかけの; 追跡の: a ～ letter (買い手に出す)追いかけ勧誘状 / a ～ survey 追跡調査 / a ～ story (新聞などの)追跡記事.

+**fol·ly** /fάli | fɔ́li/ [名] ❶ [U] 愚かさ, 愚劣; [C] 愚行, 愚案, 愚挙: commit a ～ ばかなことをする / youthful *follies* 若気の道楽. ❷ [C] 大金をかけたばかげた大建築[計画]: Allen's *F*~ アレンの「阿房(あほう)宮」. ❸ [C] [Follies] フォリーズ《グラマーな女性が出演するレビュー》. 〘F < *fol* FOOL[1]+-Y[1]〙

Fol·som /fóulsəm/ [名] フォルサム《米国 New Mexico 州北東部の村; 1926 年先史文化の遺跡が発掘された》.

── [形] フォルサム文化の《樋状剥離痕をもつ尖頭器を特徴とする大平原地方の先史文化》.

fo·ment /fouménṭ, ⌐⌐ | ⌐⌐/ [動] [他] ❶ 〈反乱・不和などを〉助長する, 扇動する (incite). ❷ 《古》〈患部に〉温あんぽう[温湿布]を施す; 〈患部を〉蒸す. 〘F < L＝温める〙

fo·men·ta·tion /fòuməntéɪʃən, -men-/ [名] ❶ [U] (不平・不満などの)助長, 誘発. ❷ **a** [U] あんぽう, 温湿布. **b** [C] 温湿布剤.

fom·i·tes /fάmətìːz | fóum-/ [名] [複] ([単] **fo·mes** /fóumiːz/) 〘医〙 (感染の)媒介物《衣類・寝具など》.

*__fond__ /fάnd | fɔ́nd/ [形] (～·**er**; ～·**est**) ❶ [P] [～ of...で] 〔...を〕好んで: She's ～ ***of*** children [music, play*ing* the piano]. 彼女は子供[音楽, ピアノをひくの]が好きだ. ❷ **a** 愛情のこもった[あふれる, 深い]: have ～ memories of...のなつかしい思い出がある / a ～ farewell なごり惜しい別れ / Absence makes the heart grow ～*er*. 《諺》会わないでいると人の心はいっそう愛情が深くなる. **b** 愛におぼれた, 甘い. **c** 〈希望・信念など〉盲信的な, たわいもない, 楽天的すぎる, 甘い.

fon·dant /fάndənt | fɔ́n-/ [名] [U,C] フォンダン《口に入れるとすぐ溶ける糖菓》. 〘F＝溶ける〙

fon·dle /fάndl | fɔ́n-/ [動] [他] 〈人・動物・ものなどを〉優しくなでる; 愛撫(あいぶ)する (caress).

+**fónd·ly** [副] ❶ 愛情深く, 愛情をこめて; なつかしく. ❷ はかなく, 甘く.

fónd·ness [名] ❶ [U] いつくしみ; 溺愛(できあい): with the greatest ～ いかにもかわいくてたまらないといったふうに. ❷ [a ～] 〔...に対する〕好み, 趣味: He has *a* (great) ～ ***for*** travel [read*ing*]. 彼は旅行[読書]が(大)好きだ.

fon·du(e) /fɑnd(j)úː, ⌐⌐ | fɔ́nd(j)uː/ [名] [C,U] フォンデュ《火にかけたなべで白ぶどう酒にチーズを溶かし, それにパンをひたして食べるスイス料理》. 〘F＝溶けた〙

fons et ori·go /fάnzeṭərìːgou | fɔ́nzetɔ́rɪ-/ [名] 源泉, 本源. 〘L＝source and origin〙

font[1] /fɑ́nt | fɔ́nt/ [名] ❶ (教会の)洗礼盤: the name given at the ～ 洗礼名, 本名. ❷ (カトリック教会の)聖水盤. ❸ ＝fount[1]. 〖L *fons, font-* 泉; cf. fountain〗

font[2] /fɑ́nt | fɔ́nt/ [名] 〔印〕 フォント《同一の大きさ, 同一書体の活字のひとそろい》.

font·al /fɑ́ntl | fɔ́n-/ [形] 泉(から)の; 源泉の, 本源の; 洗礼(盤)の.

fon·ta·nel, 《英》 **fon·ta·nelle** /fɑ̀ntənél | fɔ̀n-/ [名] 〔解〕 泉門, ひよめき《胎児・乳児の頭蓋骨にある膜でおおわれた間隙》.

fon·ti·na /fɑntí:nə | fɔn-/ [名] [U] フォンティーナ《イタリアのヤギ乳チーズ》. 〖It〗

‡**food** /fú:d/ [名] ❶ [U,C] **食物, 食糧,** 食料; (飲み物に対して)食べ物: baby ～ 乳児食 / ～ and drink 飲食物《[比較] 日本語と語順が違う》/ ～, clothing and housing [shelter] 衣食住《[比較] 日本語と語順が違う》/ Spaghetti is one of my favorite ～*s*. スパゲッティは私の好物の一つです / He is off his ～. 彼は食欲がない. ❷ [U] **a** (精神的な)糧(かて), 資料: mental ～ 心の糧《書物など》. **b** えじき, えさ 〔*for*〕. **fóod for thóught** 考えるべき事柄. 〖OE〗 ([動] feed; [関形] alimentary)

fóod àdditive [名] 食品添加物.

food·a·hol·ic /fù:dəhɔ́:lɪk | -hɔ́l-/ [名] 食べ物中毒者, 過食症の人.

fóod bànk [名] 《米》 食糧銀行《寄付された食糧を受け取り困窮者に配る物資集配センター》.

⁺**fóod chàin** [名] 〔生態〕 食物連鎖.

fóod còloring [名] [U] (食品の)着色(剤).

fóod còupon [名] ＝food stamp.

fóod còurt [名] 《米》 フードコート《ショッピングセンター内などで, ファーストフードの屋台が集中し, しばしば共有の食事空間を備えた一画》.

fóod cỳcle [名] 〔生態〕 食物環.

fóod drìve [名] 《米》 フードドライブ《企業・学校・教会などで缶詰などの保存食の寄付を募るキャンペーン》.

fóod-gàthering [形] [A] (農耕によらないで) 採取によって食糧を得る, 食糧採集生活の.

fóod gròup [名] 食品群.

food·ie /fú:di/ [名] 《口》 食べ物に関心の強い人, グルメ.

fóod mìles [名] [複] 《英》 食料輸送距離, 食品マイル《特に地元産の食品を消費するのを好ましく考える人々の用語》.

⁺**fóod pòisoning** [名] [U] 食中毒.

⁺**fóod pròcessor** [名] 万能調理器, フードプロセッサー《食物を切ったり, 刻んだり, つぶしたりする電動器具》.

fóod sèrvice [名] [U] (学校・病院などの)給食サービス(業).

⁺**fóod stàmp** [名] 《米》 (困窮者のための)食品割引切符.

⁺**fóod·stùff** [名] [U,C] [通例複数形で]食べ物, 食料品, 食糧; 食品材料.

fóod vàlue [名] [U] (食品の)栄養価.

fóod wèb [名] ＝food cycle.

food·y /fú:di/ [名] ＝foodie.

foo-foo /fú:fu:/ [名] [U] フウフウ《料理用バナナまたはキャッサバをゆでてつぶしたもの; 西部・中央アフリカの一部での主食》.

*__fool__[1] /fú:l/ [名] ❶ ばか者 (idiot): a born ～ 生まれつきのばか / What a ～ he was to leave school! 学校をやめるとは彼は何とばかなことをしたものだろう / Don't be a ～. ばかなことをするな[言うな] / There is no ～ like an old ～. 《諺》 老人のばかほどばかなものはない《★ 老いらくの恋などについていう》/ A ～ and his money are soon parted. 《諺》 ばかとお金はすぐ縁が切れる / *Fools* rush in where angels fear to tread. ⇨ angel 1. ❷ (昔, 王侯・貴族にかかえられた)道化師 (jester). ❸ 〔…に〕目のない人, 〔…が〕好きでたまらない人 〔*for*〕: a ski*ing* ～ スキー狂. ❹ 《古》 (他人に)ばかにされる人, 笑い者.

be a fóol for one's páins 骨折り損のくたびれもうけをする.

be fóol enòugh to dó…するほど愚かである, 愚かにも…する.

be nó [nóbody's] fóol (人がだませないほど)賢い, 鋭い, 慎重[経験豊か]である, 抜け目がない.

màke a fóol of… 〈人〉をばかにする, 笑い者にする《★ 受身可》: No one likes to be *made a* ～ *of*. だれでもばかにされるのを好む者はいない.

màke a fóol of onesèlf ばかなまねをしてもの笑いになる.

(the) mòre fóol you [him, them, etc.] 君[彼, 彼ら]は…してばかだったと(私は)思う: You lent him money? *More* ～ *you*; you'll never see it again. 彼に金を貸したって? ばかだねえ, もう返ってはこないよ.

pláy [áct] the fóol 道化をする; 〔…に対して〕ばかなことをする; ふざける, おどける.

── [形] [A] 《米口》 ばかな.

── [動] [他] 〈人を〉だます, かつぐ (trick): He has been ～*ing* me all this time. 彼はここのところ私をだまし続けていたのだ / Don't be ～*ed* by advertising. 宣伝にごまかされるな / He ～*ed* her ***into*** do*ing* the job for him. 彼は彼女をだまして自分の仕事をさせた. ── [自] ばかなまねをする; おどける, ふざける 〈*about, around*〉.

fóol aróund [abóut] 《[自]+[副]》 (1) ⇨ [自] 1. (2) 〔…を〕もてあそぶ, いじくる. (3) 〔人と〕行きずりの関係をもつ, 〔人と〕浮気[不倫]する. (4) ぶらぶらする, 漫然と過ごす.

fóol onesèlf 自分を偽る[だます, ごまかす].

fóol with … (1) …をもて遊ぶ, いじくる. (2) …をからかう.

You còuld have fóoled me! 《口》 そんなことうそだろう: “I didn't know what I was doing.” “*You could have* ～*ed me*!”「何をやっているのかわからなかったよ」「とてもそんなふうには見えなかったよ」.

〖F＜L *follis* 「ふいご, 袋」→「中が空(から)っぽの(人)」; cf. folly〗 ([形] foolish)

fool[2] /fú:l/ [名] [C,U] 《英》 フール《裏ごしした果物に生クリームなどを混ぜて作る冷たいデザート》.

fool·er·y /fú:ləri/ [名] [U] 愚行; ばかなこと.

fool·har·dy /fú:lhɑ̀ədi | -hɑ̀:-/ [形] (**fool·har·di·er; -har·di·est**) 無鉄砲な, 向こう見ずな, 無謀な. **-hàr·di·ly** /-dəli/ [副] **-hàr·di·ness** [名]

*__fool·ish__ /fú:lɪʃ/ [形] (**more** ～; **most** ～) ❶ 愚かな, ばかな (↔ wise): a ～ person 愚かな人 / 〔＋*of*＋[代名] (＋*to* do) / ＋*to* do〕 It was ～ *of* you *to* do a thing like that.＝You were ～ *to* do a thing like that. あんなことをするとは君もばかだ. ❷ 〈物事が〉ばかげた, ばかばかしい: a ～ action [idea] ばかげた行為[考え]. ❸ [look ～, feel ～ で] ばかみたいな, まぬけな, きまりの悪い (ridiculous). **～·ly** [副] **～·ness** [名] 〖FOOL[1]+-ISH[1]〗 【類義語】**foolish** 知能が足りなくてしっかりした判断がない. **silly** 精神的な欠陥はないがその行動が常識的でない. **stupid** 生まれつき知能程度が低くて正常な理解力がない.

fóol·pròof [形] 〈規則・計画など〉誤解[失敗]の余地のない, 確実な; 〈機械など〉誰にでも扱える, きわめて簡単[頑丈]な; 誤操作による危険がない.

fools·cap /fú:lskæ̀p/ [名] ❶ [U] フールスキャップ紙[判] (cf. format 1): 《米》 約 16×13 インチ(約 40.5 cm × 33 cm); 《英》 通例 17×13 1/2 インチ(約 43 cm × 34 cm). ❷ ＝fool's cap. 〖もと fool's cap のすかし模様がついていたことから〗

fóol's càp [名] (昔の)道化師帽 (cap and bells)《円錐形で, とさかやロバの耳や鈴がついていた》.

fóol's érrand [名] [a ～] むだ足, 骨折り損, 徒労: go on *a* ～ むだ足[骨折り損]をする / send a person on *a* ～ 人にむだ足[骨折り損]をさせる.

fóol's góld [名] [U] 〔鉱〕 黄鉄鉱; 黄銅鉱.

fóol's máte [名] [U,C] 〔チェス〕 フールズメート《後手の２手目で先手が詰むこと》.

fóol's páradise [名] [a ～] 幸福の幻影, そら頼み: be [live] in *a* ～ はかない幸福[希望]を夢みている[暮らす].

foos·ball /fú:zbɔ̀:l/ [名] [U] [しばしば F~] フーズボール, テーブルサッカー《テーブル上でプレーヤーの人形がついた棒を操作しボールを移動させて行なうサッカーに似たゲーム》.

‡**foot** /fʊ́t/ [名] ([複] **feet** /fí:t/) ❶ [C] **a** 足《★ 足首から下の部分》 **b** 足部《軟体動物の触脚》. **c** [通例単数形で] (靴下の)足の入る部分, 足部. ❷ **a** [U] [また a ～] 歩み, 足どり: with heavy ～ 重い足どりで / have *a* light ～ 足どりが軽い / be swift [slow, sure] of ～ 足が速い[遅い, 確かだ]. **b** [U] 徒歩: on ～ 歩いて, 徒歩で. ❸ [U] [通例 the ～] 足部: **a** 〔寝台・墓などの〕すそ (cf. head 7). **b** 〔器物

の〕あし; 〔コップなどの〕台足〔*of*〕. **c** (山などの)ふもと, すそ: at the ～ *of a* mountain 山のふもとで. **d** 〔階段・ものなどの〕最下[最低]部; 末席: at *the* ～ *of* a page ページの下の部分に. ❹ [C] フィート, フット《長さの単位; ＝$^1/_3$ yard, 12 inches, 30.48 センチ; ★ 足の長さに起因した名称; 略 ft., ′》: He's six *feet* [～] tall. 背の高さが 6 フィートある (cf. height 1 b)《[用法] 数詞のあとでは feet, foot のいずれも用いられるが, 数字が大きい時は feet が普通: a mountain (which is) 6,000 *feet* high 高さ 6 千フィートの山》/ a five-*foot* fence 高さ 5 フィートの柵 / an eight-*foot*-wide path 幅 8 フィートの小道 / a 6,000-*foot* high mountain《[用法] 数詞を伴って複合となる時は通例 foot》. ❺ [C]〘詩学〙音歩, 韻脚, 詩脚《詩句の律動の単位で, 英詩では強弱, 古典詩では長短の組み合わせから成る; cf. iambus, trochee 1, anapest, dactyl 1》. ❻ [U]《古》歩兵: a regiment of ～ 歩兵連隊 / horse and ～ 騎兵と歩兵. ❼ ⇨ foots.

at a person's **féet** (1) 人の足もとに. (2) 人の言うままになって, 人に服従して.

be rúshed [**rún**] **òff** one's **féet** 大忙しである, 忙しく駆けずり回っている.

cárry a person **féet fóremost** 〈人を〉棺に納め(足の方を先にし)て運ぶ.

cátch a person **on the wróng fóot** 〈人に〉不意打ちをくらわせる.

drág one's **féet** ⇨ drag [動] [成句]. **fáll on** one's **féet** ＝ land on one's feet (⇨ foot [成句]).

fínd one's **féet** (1) 〈赤ん坊・動物の子などが〉立てる[歩ける]ようになる; 起き上がる. (2) 自信がつく, 一本立ちできる: He's *found* his *feet* in the business world. 彼は実業界でやっと一本立ちした. (3) 新しい環境に慣れる: She's beginning to *find* her *feet* at her new school. 彼女は新しい学校にやっと慣れ始めている.

gèt one's **féet wèt** 参加する, 試みる.

gèt óff on the ríght [**wróng**] **fóot** うまく[まずく]始める.

gèt a person **óff on the ríght** [**wróng**] **fóot** 〈人に〉出だしをうまく[失敗]させる.

hàve [**kèep**] **a fóot in bóth cámps** (対立する)両陣営に通じる[属する].

hàve [**gèt**] **a** [one's] **fóot in the dóor** (特に, 仕事をする)機会を得る.

hàve [**kèep**] one's [**bóth**] **féet on the gròund** 足をしっかり地につけている; 現実[実際]的である.

hàve cóld féet ⇨ cold feet.

hàve féet of cláy ⇨ clay [成句].

hàve óne fóot in the gráve《口》棺おけに片足を突っ込んでいる, 死にかけている.

hàve twó léft féet (踊りが)下手だ, ぎこちない.

kéep one's **féet** (倒れないように)まっすぐに立っている, 転ばないでいる.

lánd on one's **féet** (1) 不安[危険]な立場を切り抜けてうまくいく, 難を逃れる. (2) 運がよい: He always *lands on* his *feet*. 彼は(結局最後は)いつもうまくいく《[由来] 猫が高い所から落ちてもすくっと立つことから》.

my fóot! [前に受けた言葉を受けて] …なんてことがあるものか, …なんて信じられない: "You are mistaken." "Mistaken, *my* ～!" 「君は間違っている」「間違ってるなんてとんでもない」.

óff one's **féet** 立っていないで: The doctor told me to stay *off* my *feet*. 医者は私に寝て[休んで]いなさいと言った.

on one's **féet** (1) 立って; (しゃべるために)立ち上がって: be *on* one's *feet* 立っている; 立ち上がる / get *on* one's *feet* 立ち上がる. (2) (病後)元気になって: be back *on* one's *feet* (病後)元気になっている. (3) (経済的に)独立して: stand *on* one's (own) *feet* 自立する / set a person *on* his *feet* 人を一本立ちできるようにしてやる.

pùt a fóot wróng [否定文で] 間違える.

pùt one's **bést fòot fórward** (1) できるだけ早く歩く. (2) 全力[最善]を尽くす.

pùt one's **féet úp**《口》(腰かけているときなど)足を高い所にのせて休む, 高い所に足を投げ出して横になる.

pùt one's **fóot dòwn**《口》(1) 強硬な[断固とした]態度をとる: When I said I would marry her, my father really *put* his ～ *down*. 私が彼女と結婚したいと言うと父はどうしても許さないと言った. (2) 車のアクセルを踏む, スピードを上げる.

pùt one's **fóot in** one's **móuth** [《英》 **in it**]《口》困った失敗をする; へまなことを言って困った立場に陥る.

rúsh a person **òff** his **féet** ⇨ rush[1] [動] [成句].

sèt fóot in [**on**] …に足を踏み入れる, …を訪れる: I'll never *set* ～ *in* his house again. やつの家には二度と行かないぞ.

sét…**on fóot** 〈事を〉着手する, 進行する: *set* a plan *on* ～ 計画を起こす[に着手する].

stárt óff on the ríght [**wróng**] **fóot** 〔人と〕うまい[まずい]関係でスタートする, 初めからうまくいく[いかない]〔*with*〕.

swéep [**cárry**] a person **òff** his **féet** 〈人の〉足をさらう; 〈人を〉熱中させる.

to one's **féet** 立つように: rise [get] *to* one's *feet* 立ち上がる / raise [bring] a person *to* his *feet* 人を立ち上がらせる / jump [start] *to* one's *feet* 跳び上がる, はね起きる / help a person *to* his *feet* 人に手を貸して立ち上がらせる.

ùnder a person's **fóot** [**féet**] (1) 人の足元に. (2) 人の意のままになって; 服従して. (3) じゃまになって.

with bóth féet 断固として, どっしりと: He leapt into the task *with both feet*. 彼はその仕事に断固とした決意をもって取りかかった.

with one's **féet fóremost** (1) 足を先にして. (2) 棺に納められて, 死人となって.

with one's **féet on the gròund** 足をしっかりと地につけて; 現実[実際]的で.

— [動] [他] ❶《口》(しばしば人のために)〈勘定を〉支払う: I'll ～ the cost. 出費は私が工面する. ❷ [～ it で] 歩く, 歩いていく; 《古》踊る.

〘OE〙

+foot·age /fʊ́tɪdʒ/ [名] [U] ❶ フィート単位の尺度[支払い]. ❷ (映画フィルム・材木などの)フィート数, 長さ.

〘↑ ＋-AGE〙

fóot-and-móuth disèase [名] [U]〘獣医〙口蹄疫《家畜の口やひづめを冒す伝染病》.

‡foot·ball /fʊ́tbɔ̀ːl/ [名] ❶ [U] フットボール: **a**《英》＝soccer. **b**《英》＝rugby. **c**《米》＝American football. ❷ [C] フットボール用ボール. ❸ [C] 乱暴に取り扱われる人[もの]; たらい回しにされる問題, 解決されず常に議論の対象となる問題.

fóotball bòot [名] サッカー用スパイクシューズ.

***foot·ball·er** /fʊ́tbɔ̀ːlə | -lə/ [名]《英》(プロの)サッカー選手.

+foot·ball·ing /fʊ́tbɔ̀ːlɪŋ/ [形] [A]《英》サッカーの.

fóotball pòols [名] [複] [しばしば the ～]《英》フットボール[サッカー]賭博(とばく) (the pools)《試合結果に賭(か)ける》.

fóot·bàth [名] ❶ 足を洗うこと; 足洗い(場). ❷ 足湯用のたらい.

fóot·bèd [名] (靴の)中底, 中敷.

fóot·bòard [名] ❶ **a** 足台, 踏み板. **b** (自動車・電車などの)乗降用踏み段, ステップ. **c** (御者の)足掛け板. **d** (機械の)ペダル. ❷ (ベッドの)足板 (cf. headboard).

fóot bràke [名] (自動車の)フットブレーキ.

fóot·brìdge [名] (特に, 駅などの線路をまたぐ)歩行者用の橋, 歩道橋.

fóot-cándle [名]〘光〙フィート燭(しょく), フートキャンドル《照度の単位: 1 ルーメンの光束で 1 平方フィートの面を一様に照らす照度で, 1 ルーメン毎平方フィート》.

fóot-dràgging [名] [U] 迅速にすることができないこと, のろのろ, 遅滞〔*on*〕.

fóot·ed /-tɪd←/ [形] [通例複合語で] 足が…の, (…の)足の: a four-*footed* animal 四足獣.

fóot·er /-tə | tə/ [名] ❶ [C] [通例複合語で] 身長[長さ]が…フィートの人[もの]: a six-*footer* 身長 6 フィートの人[もの]. ❷《英口》＝football 1 a. ❸ [C]〘電算〙フッター《ページの下部に自動的に印刷される文字; ↔ header》.

fóot·fàll [名] 足音.

fóot fàult 名 〖テニス〗フットフォールト《サーブをするときラインを踏み越す反則》.

fóot-fàult 動 自 〖テニス〗フットフォールトを犯す.

fóot-gèar 名 =footwear.

Fóot Guàrds 名 （複）[the ~]《英》近衛(ざえ)歩兵連隊 (Grenadier Guards など五個連隊がある; 略 FG).

†**fóot-hìll** 名 [通例複数形で] 山のふもとの小丘.

†**fóot-hòld** 名 ❶ (岩場などの)足がかり, 足場. ❷ [通例単数形で] 立脚地; しっかりした立場: gain [get] a ~ in... に足がかりを得る[地歩を築く].

foot·ie /fúti/ 名 Ⓤ《英口》=football 1a.

†**fóot·ing** /-tɪŋ/ 名 ❶ [また ~s] 足元; 足場, 足がかり. Mind your ~. 足元に気をつけなさい《登山などで》/ keep one's ~ 足場[地歩]を保つ / lose one's ~ 足をすべらす, 立場を失う. ❷ Ⓤ [また a ~] (経済面などの)基盤, 基礎 土台 (basis); (社会などの)しっかりした地位, 地位, 立脚 地: (a) secure financial ~ 安定した財政基盤. ❸ [単数形で; 通例修飾語を伴って] a 地位, 身分, 資格 (basis): on an equal ~ (with...) (...と)平等の資格で/ stand on the same ~ 同じ立場に立つ. b 間柄, 関係: be on a friendly ~ with... と親しい関係にある.

foo·tle /fúːtl/ 動 自 《口》 ぶらぶらしている 〈about, around〉.

fóot·less 形 ❶ 足のない. ❷ 支え[基礎]のない; 実体のない. ❸ ぶざまな; 無能な.

fóot·lights 名 （複） ❶ 脚光, フットライト《舞台前端の照明装置》. ❷ [the ~]演劇, 役者稼業: smell of *the* ~s 芝居じみている. **appéar befòre the fóotlights** 脚光を浴びる, 舞台に立つ.

foot·ling /fúːtlɪŋ/ 形 《口》 ❶ つまらない, たわいない. ❷ ばかげた, 愚かな.

fóot·lòcker 名《米》兵舎用小型トランク《寝台足部に置く》.

fóot·lòose 形 Ⓟ (家庭などの束縛がなく)好きな所へ行けて, 好きなことができて: ~ and fancy-free 自由気ままで.

fóot·man /-mən/ 名 （複 **-men** /-mən/) (制服を着た)従僕《来客の案内, 食堂の給仕などを受け持つ》.

fóot·màrk 名 足跡.

†**fóot·nòte** 名 ❶ (ページの下欄の)脚注; 補足説明 (略 fn.): in a ~ 脚注に / in ~ 3 脚注 3 で. ❷ 付随的な事件[事柄]. ── 動《書物・ページに》脚注をつける.

fóot·pàce 名 並み足, 常歩.

fóot·pàd 名 《徒歩の》追いはぎ.

†**fóot·pàth** 名 （複 ~s) 小道; 歩道. 〖類義語〗⇒ path.

fóot·plàte 名 《英》(機関車の)踏み板《機関手・火夫が立つ所》.

fóot-póund 名 （複 ~s) 〖理〗フィートポンド《1 ポンドの重量のものを 1 フィートだけ上げる仕事の量の単位》.

fóot-póund-sécond 形 〖理〗フィートポンド·秒単位系の《略 fps》: the ~ system.

†**fóot·prìnt** 名 ❶ 足跡. ❷ (コンピューターなどの機器の)床[机上]に占める面積, 設置面積.

fóot·ràce 名 徒歩競走, かけっこ.

fóot·rèst 名 足のせ台.

fóot·ròt 名 Ⓤ ❶ 〖獣医〗(牛·羊などの)腐蹄(症). ❷ 〖植〗(特に柑橘(かんきつ)類の)裾枯れ病.

fóot rùle 名 《英》フィートざし《物差し》.

foots /fúts/ 名 （複） ❶ 沈殿物, おり, かす. ❷ =footlights.

foot·sie /fútsi/ 名 ★次の成句で. **pláy fóotsie with...** 《口》(1) 〈異性と〉(テーブルの下で足を触り合ったりして)いちゃつく. (2) ...と不正[秘密]の関係をもつ. 〖FOOT の小児語〗

fóot·slòg 動 自 (ぬかるみ[長い道のり]を)苦労して進む; とぼとぼ歩く.

fóot sòldier 名 歩兵.

fóot·sòre 形 足を酷使し, 靴ずれのできた.

fóot·stàlk 名 〖植〗葉柄, 花梗(かこう).

†**fóot·step** /fútstèp/ 名 ❶ 歩み, 足どり; 歩幅. ❷ 足跡. ❸ 足音. ❹ 段, 踏段. **fóllow [tréad] in a pérson's fóotsteps** (1) 人の後について行く. (2) 人(の例)にならう, 人の志を継ぐ.

699　for

fóot·stòol 名 (座っている人の)足のせ台.

fóot vàlve 名 〖機〗フート弁, フット弁《吸込み管の端部に設けられた逆流防止弁》.

fóot·wàll 名 〖鉱〗下盤(したばん)《鉱脈や鉱床の下位の岩層》.

fóot·wày 名 歩道; (歩行者用の)小道.

†**fóot·wèar** 名 Ⓤ はきもの類.

fóot·wèll 名 (車の運転席または助手席の)足下の空間.

fóot·wòrk 名 Ⓤ 足さばき, 足わざ, フットワーク.

fóot·wòrn 形 ❶ 踏み減らされた: a ~ carpet すり減ったカーペット. ❷ 足を痛めた.

foot·y /fúti/ 名 Ⓤ 《英口》=football 1a.

foo yong /fúːjɔ́ːŋ│-jɔ́ŋ/ 名 Ⓤ 芙蓉蟹(ふようがに), かに玉《中国料理》. 〖Chin (広東語)〗

foo·zle /fúːzl/ 動 自 《ゴルフで》ボールを打ちそこなう. ── 名 《ゴルフの》下手な打球, 打ち損じ.

fop /fáp│fɔ́p/ 名 しゃれもの, にやけ男.

fop·per·y /fáp(ə)ri│fɔ́p-/ 名 Ⓤ,Ⓒ (男が)めかすこと, にやけた格好.

fóp·pish /-pɪʃ/ 形 〈男·衣服など〉にやけた, きざな.　**~·ly** 副　**~·ness** 名

※**for** /(弱形) fə│fə; (強形) fɔ́ə│fɔ́ː/ 前 **A** [目的] ❶ [利益·影響を表わして] ...のために[の]; ...にとって: give one's life ~ one's country 国のために命をささげる / work ~ an oil company 石油会社に勤める / Can I do anything ~ you? 何かご用に向けての方はありませんか / Smoking is not good ~ your health. たばこは体によくない / It was fortunate ~ you that he was there. 彼がそこにいたのはあなたに幸いだった. ❷ [敬意を表わして] ...を記念して, ...のために: A party was held ~ them. 彼らのためにパーティーが開かれた. **b** [模倣を表わして]《米》...にちなんで, ...の名を取って (after): He was named James ~ his grandfather. 彼は祖父の名を取ってジェームズと名づけられた. ❸ [受け取り予定者·宛先を表わして] ...に与えるために[の], ...あての: a present ~ you 君への贈り物 / I've got some good news ~ you. 君にいい知らせがある / Who is it ~? だれにあげるのですか / Bill, there's a call ~ you. ビル, 君に電話だよ / She bought a new tie ~ Tom. 彼女はトムに新しいネクタイを買ってやった 《変換》She bought Tom a new tie. と書き換え可能》. ❹ [目的地·行き先を表わして] ...へ向かって, ...へ行くために[の]; ...に入場するために[の]: start [leave] ~ London ロンドンに向けて出発する / Is this train (bound) ~ Edinburgh? この列車はエジンバラへ行きますか / Did you get the tickets ~ the game? その試合の入場券は手に入れましたか. ❺ [目的·意向を表わして] ...のために, ...を目的として, ...をめざして, ...になる[をする]つもりで: go ~ a walk [a swim] 散歩[泳ぎ]に行く / What did you do that ~? 何のためにそんなことをしたのか / He volunteered ~ the task. 彼はその仕事に志願した. ❻ [獲得·追求·期待の対象を表わして] ...を得るために[の], ...を(求めて): an order ~ tea お茶の注文 / send ~ a doctor 医者を呼びにやる / wait ~ an answer 返答を待つ / We wrote to him ~ advice. 手紙を書いて彼に助言を求めた / Everyone wishes ~ happiness. みな幸福を望む / He had a thirst ~ knowledge. 彼は知識を渇望していた. ❼ [準備·保全·防止を表わして] ...に備えるために[の], ...を保つ[防ぐ]ために[の]: study ~ an exam 試験勉強をする / a good remedy ~ headaches 頭痛によく効く薬 / The meeting is at 6:30 ~ 7:00. 会は 7 時開始のためご来場は 6 時半にお願いいたします《★ 正式の招待状などに書く言葉, 一般的には As the meeting is set for 7:00, please be there [here] at 6:30.》. ❽ [用途·指定·適合を表わして] ...向きに[の], ...用に[の]; ...に適した: a cupboard ~ dishes 食器戸棚 / It's time ~ action. 行動の時だ / a room ~ study 勉強部屋 / a magazine ~ boys 少年向きの雑誌 / "What's this tool ~?" "It's ~ *cut*ting wood (with)." 「この道具は何に使うためのものですか」「木を切るためのものです」 / I bought a book ~ read*ing* on the train. 列車の中で読むために本を買った.

── **B** [時間·距離] ❶ [指定の日時·祝日を表わして]

for

《何日・何時》に[の]; ...の時に[の]; ...を祝うために: an appointment ~ the afternoon 午後に会う約束 / The wedding has been fixed ~ May 5th. 結婚式は5月5日と決まっている / She was Miss Universe ~ 1993. 彼女は1993年のミスユニバースだった / I gave him a baseball mitt ~ his birthday. 誕生日の祝いに彼に野球のミットを贈った. ❷ [時間・距離を表わして] ...の間(ずっと)(予定期間として); ...の間《は [用法] この意の for はしばしば《口》では略される》: ~ hours [days, years] 何時間[日, 年]もの間 / ~ the last ten years この10年間 / all time 永久に / ~ days (and days) on end 来る日も来る日も / walk (~) three miles 3マイル歩く / We stayed there (~) three weeks. 我々はそこに3週間滞在した / The snowy weather lasted (~) the whole time we were there. そこにいる間中雪の日が続いた / I haven't spoken to her ~ two months. 彼女とは2か月話をしていない / F~ miles and miles there was nothing but sand. 何マイルもの間砂ばかりだった / He didn't work ~ (very) long. 彼は(あまり)長くは働かなかった《じきにやめた》/ They went down to the sea ~ a [the] day. 彼らは日帰りで海に行った / The TV station stopped broadcasting ~ the day. テレビ局は一日の放送を終えた / That's all ~ today. きょうはこれで終わり. ❸ [数量・金額を表わして] ...だけ(の), ...までの(の): a check ~ $10 10 ドルの小切手 / Put me down ~ £5. 5ポンド(の寄付)として私の名を記入してください.

── C [代用] ❶ [代理・代用を表わして] ...の代わりに[の], ...のために: a substitute ~ butter バターの代用品 / speak ~ another 他人に代わって話す, 代弁する / Say hello ~ me. (私に代わって)よろしく言ってください. ❷ **a** [表示を表わして] ...を表わして: UN stands ~ the United Nations. 国連は国際連合の略である[を表わしている] / A (is) ~ Apple. A は Apple の A. **b** [代表を表わして] ...を代表して: the Member of Parliament ~ Liverpool リバプール選出の議員. ❸ [交換・代償を表わして] ...と引き替えに; 《商品など》に対して; ...の金額[値段]で: He gave her his camera ~ her watch. 彼は自分のカメラを彼女の時計と取り替えた / I paid $50 ~ this camera. このカメラに50 ドル払った / I bought it ~ $50. それを50 ドルで買った / These eggs are ¥200 ~ 10 [10 ~ ¥200]. この卵は10個で200円です.

── D [対象] ❶ [報償・返報を表わして] 《好意・成果などに対して, ...の返報として: five points ~ each correct answer 各正答に付き5点 / give blow ~ blow 打たれたら打ち返す / We thanked him ~ his kindness. 彼の親切に感謝した / He was fined ~ speeding. 彼はスピード違反で罰金を科せられた. ❷ [賛成・支持・味方を表わして] ...のために, ...に味方して (↔ against): vote ~ Smith スミスに投票する / Are you ~ or against the bill? 君はその法案に賛成か反対か / She's all ~ going shopping. 彼女は買い物に行くことに大賛成である / I'm ~ calling it a day. きょうはこれくらいでおしまいにしよう / Three cheers ~ our team! わがチームのために万歳三唱を! ❸ **a** [感情・趣味・適性などの対象を表わして] ...に対して[する], ...を理解する: a great affection ~ one's children 自分の子供たちに対する大きな愛情 / an eye ~ beauty 審美眼 / I'm sorry ~ you. お気の毒に思います. **b** [cause, reason, ground, motive, foundation などの後で用いて] ...に対しての, ...すべき: You have no cause ~ worry. 心配する必要はまったくない. ❹ [関連を表わして] ...について(は), ...の場合には: ~ that matter そのことで言えば / be pressed ~ money 金に困っている / So much ~ that. それについてはそれだけ(とする) / There's nothing like wool ~ keeping you warm. 保温のいいところではウールに及ぶものはない / F~ the use of *far*, see p. 500. far の用法については500ページを見よ. ❺ [主に too+形容詞・副詞+for, または enough+for の形で] ...にとって(は), ...するには (⇒ too 2 b, enough 代 1): That hat is *too* small ~ me. その帽子は私には小さすぎる / It's *too* cold ~ tennis. テニスをするには寒すぎる

/ It's *too* beautiful ~ words. それは言葉で言えぬほど美しい / There was *enough* food ~ us all. みんなに間に合うだけ食べ物があった.

── E [原因・理由] ❶ ...の理由で, ...のため (because of): ~ many reasons 多くの理由で / shout ~ joy うれしくて大声を出す / a city known ~ its beauty 美しいことで知られた都市 / I can't see anything ~ the fog. 霧で何も見えない / She could hardly sleep that night ~ thinking of George. その夜彼女はジョージのことを考えてほとんど眠れなかった / I was angry with him ~ being late. 遅れてきたので彼に腹が立った / He was rewarded ~ saving the girl's life. 彼はその少女を救ったお礼ほうびをもらった. ❷ [通例 the+比較級の後で] ...の結果(として), ...のせいで: He felt (the) better ~ having said it. 彼はそれを言ってしまってかえってせいせいした / ~ be the BETTER[1] for ..., be the worse for WEAR[1] 名 成句.

── F [対比] ❶ [基準を表わして] ...としては, ...の割には: He's young ~ his age. 彼は年の割には若い / It's cold ~ May. 5月にしては寒い / F~ a learner, he swims well. 初心者にしては彼は泳ぎが上手だ.

❷ [対比・割合を表わして] **a** [each, every や数詞の前で] ...に対して: There was one Japanese passenger ~ *every* five English. 乗客は5人のイギリス人に対して1人の日本人の割合であった / Use four cups of water ~ *one* cup of dry beans. カップ1杯の乾燥した豆につきカップ4杯の水を用いなさい / F~ *every* mistake you make I will deduct 5 points. 間違い1個ごとに5点減点します. **b** [前後に同一名詞を用いて] (同じ資格・重要性・価値などの)...と...とを比べて(みた場合): Dollar ~ dollar, you get more value at this store than at the other one. 同じ1ドルを使って, 向こうよりこっちの店のほうがよい買い物ができる / (⇒ MAN for man, POINT for point, WORD for word 成句.

── G [資格・属性を表わして] ...(だ)として, ...と《[用法] この用法ではしばしば後に形容詞や分詞を従える): He's often taken ~ his brother. 彼はしばしば兄[弟]と間違えられる / I know it ~ a fact. それを事実だと知っている / He was given up ~ lost [dead]. 彼は亡くなったものとあきらめられた / ⇒ take...for GRANTED 成句.

── H ❶ [不定詞の主語関係を示して] ...が(...する): It's necessary ~ travelers *to* carry a passport. 旅行者はパスポートを携帯することが必要だ (《変換》It's necessary that travelers (should) carry a passport. と書き換え可能》/ His idea is ~ us *to* travel in two cars. 彼の考えは我々が2台の車に乗っていこうというのである 《変換》His idea is that we (should) go in two cars. と書き換え可能》/ It's time ~ me *to* go. もう私の行く時だ 《変換》It's time I went. と書き換え可能》/ I stood aside ~ him *to* enter. 彼が入れるようにわきに寄った 《変換》I stood aside so that he might enter. と書き換え可能》/ F~ a girl to talk to her mother like that! 女の子が母親にあんなものの言い方をするなんて! / I'm waiting ~ her *to* come. 私は彼女が来るのを待っているところだ.

❷ [通例 it is *for* a person *to* do の形で] (...するのは)...にふさわしい, ...がすべきことである: That's ~ you *to* decide. それはあなたが決めるべきことだ / It's not ~ me *to* say how you should do it. 君がそれをどうすべきかは私の言うべきことではない.

用法 It is+形+*for*+代名+*to* do は, *for* が「...にとって」の意になる文型 (It is+形+*for*+代名+*to* do)と, *for* や to 不定詞の主語になる文型 (It is+形+[*for*+代名+*to* do])の2つに分析できる. 形容詞が good, bad などの害を表わす場合, また easy, difficult [hard] などの難易を表わす場合には「...にとって」の意になる: It's difficult ~ me *to* read this book. この本を読むのは私にはむずかしい / It's not good ~ you *to* smoke. たばこを吸うのは体によくない.

be (in) fór it 《英口》たぶんきっと処罰される[しかられる]: You'll *be* ~ it if he catches you. 彼に見つかったらとっちめられるぞ.

for áll... (1) …にもかかわらず: ~ *all that* それにもかかわらず / *F~ all his riches he's not happy.* あんな金持ちなのに彼は幸福でない〖変換〗 Though he is very rich, he's not happy. と書き換え可能). (2) …(が大したものでないこと)を考慮して(みると): *F~ all the good it has done, I might just as well not have bought this medicine.* 効き目からみて, この薬は買わなくてもよかった. (3) [しばしば *that* を伴い接続詞的に]〖まれ〗…だけれども: *F~ all that he's a fool, I like him.* 彼はばかだけれども彼が好きだ.

fòr it それに対処すべき〖★ it は漠然と事態をさす〗: *There was nothing ~ it but to run.* 逃げるよりほかに道はなかった.

Thàt's ∴ for you. [相手の注意を引いて] (1) ほら…ですよ: *That's* a big fish *~ you.* ほらでっかい魚でしょ. (2) そういうことか…ここがよく[…のやっかいな所]だ: *That's* life *~ you.* 人生とはそういうものです.

Thát's what...is fòr. そんなことは…なら当然だ: *That's what* friends *are for.* そんなこと友だちなら当然じゃありませんか.

Thère's ∴ for you. [相手の注意を引いて] (1) ほら…ですよ: *There's* a fine rose *~ you.* 見事なバラじゃないですか. (2) …とは恐れ入る: *There's* gratitude *~ you.* それで感謝というんですかね.

—— 腰 [通例コンマ, セミコロンを前に置いて, 前文の付加的説明・理由として] という訳は…だから (as, since)〖用法〗文語的で会話中では用いない): *It will rain, ~ the barometer is falling.* 雨が降るだろう, 晴雨計が下がっているから.

for. 〖略〗 foreign; forestry.

f.o.r., F.O.R. 〖略〗〖商〗 free on rail (⇨ free 〖成句〗)

for- /fɔːr, fɔː, fə/ 接頭 「禁止」「除外」「無視」など: forbid, forget, forgive, forgo, forsake.

fo·ra forum の複数形.

*+**for·age** /fɔ́ːrɪdʒ | fɔ́r-/ 動 ⓘ ❶〈食べ物などを〉(あちこち)探し回る, 求め回る [*for*]. ❷ (ひっかき回して)〈…〉を探す, 探し回る. ~ *about for* a *book* ひっかき回して本を探す. —— 他 ❶〈食べ物〉を得る[手に入れる];〈場所から〉食べ物を手に入れる. ❷〖古〗〈馬にかいばをやる. —— 名 ❶ Ⓤ (牛馬の)まぐさ, かいば, 糧秣(りょう). ❷ Ⓤ [また a ~] 食べ物(など)を探して[求めて]回ること. **fór·ag·er** 名〖F〗

fórage càp 名 (歩兵の)略帽.

fórage fìsh 名 釣りの対象魚食の餌となる種の魚.

fo·ra·men /fəréɪmən/ 名 (徹 fo·ram·i·na /-rǽmənə, ~s/)〖解〗孔.

forámen mágnum /-mǽgnəm/ 名〖解〗大後頭孔, 大孔 (後頭骨にある延髄の通る穴).

for·a·min·i·fer /fɔ̀ːrəmínəfər | fɔ̀rəmínɪfə/ 名〖動〗有孔虫 (有孔虫綱の各種微小動物). **fo·ram·i·nif·er·al** /fərǽmənífərəl | -nɪf·er·ous /fərǽmənífərəs | -nɪf-/ 形.

fo·ram·i·nif·er·an /fərǽmənífərən/ 名 = foraminifer.

for·as·much as /fɔ̀ːrəzmʌ́tʃəz, fə-/〖古〗〖法〗…であるから.

for·as·te·ro /fɔ̀ːrəstéroʊ/ 名 (徹 ~s)〖植〗フォラステロ (世界のカカオ豆の大部分を供給するカカオノキの品種).

*+**for·ay** /fɔ́ːreɪ | fɔ́r-/ 名 ❶ (日常活動と違った分野に)一時手を出すこと, ちょっとした介入: a ~ *into* politics 政治へちょっと手を出すこと. ❷ (ちょっと)出かけること, 外出. ❸ (略奪目的の)急襲, 奇襲, 襲撃 (raid). —— 動 襲撃する; 略奪に向かう.

forb /fɔːrb | fɔːb/ 名 広葉草本, 雑草 (イネ科草本 (grass) 以外の草本).

*+**for·bade** /fəbǽd, fɔː- | fə-, fɔː-/, **for·bad** /fəbǽd | fə-/ 動 **forbid** の過去形.

for·bear[1] /fɔːrbéə, fə- | fɔːbéə, fə-/ 動 (-bore /-bóə | -bóː/; -borne /-bóən | -bóːn/) ⓘ〈…〉を(することを)控えること, 慎しむ, 抑える, 我慢する: *He forbore from asking questions.* 彼は質問を(しようとしたが)やめた. ⓘ (…〈…することを〉を慎しむ, 控える, 抑える, 我慢する / *We should ~ to go into details.* 詳細に立ち入ることを控えるべきである / *~ one's rage* 怒りを抑える.

for·bear[2] /fɔ́ːrbèə | fɔ́ːbèə/ 名 = forebear.

701　force

for·bear·ance /fɔːrbéə(r)əns | fɔː-/ 名 Ⓤ ❶ 忍耐, 辛抱; 自制, 慎み. ❷〖法〗猶予, (特に)支配猶予.〖類義語〗⇨ patience.

for·bear·ing /-bé(ə)rɪŋ/ 形 辛抱強い, 自制心の強い.

*+**for·bid** /fəbíd, fɔː- | fə-, fɔː-/ 動 他 (**for·bade** /-bǽd, -béɪd/, **-bad** /-bǽd/; **for·bid·den** /-bídn/, ~; **for·bid·ding**)〈…〉の使用[持ち込み (など)]を禁止する;〈状況などが〉〈…〉(することを)許さない, 妨げる, 不可能にする: *The law ~s animals in hotel rooms.* 動物をホテルの部屋に持ち込むことは法律で禁じられている / ~ *children from going out at night* 子供たちが夜外出することを禁ずる / [+*doing*] *Smoking is forbidden here.* ここは禁煙です. / [+目+目] *His doctor forbade him alcohol.* =*Alcohol was forbidden* (*to*) *him by his doctor.* 医者は彼にアルコール類を禁じた〖用法〗直接目的語時を主語にした受身では間接目的語の前に *to* を用いることがある) / *Foreigners were forbidden to enter the country.* 外国人は入国を禁じられた. **Gód [Héaven] fórbid that...**〖口〗…ということが絶対にないように: *God ~ that war should break out.* 戦争が起こることが絶対にないように.〖類義語〗**forbid** 直接に命令・規則である事を禁ずる; 日常的な語. **prohibit** 形式ばった語で, 規則・法律などによって禁止する. **ban** 公的に禁じるの意味である，強い非難の意味あいがある.

*+**for·bid·den** /fəbídn, fɔː- | fə-, fɔː-/ 動 **forbid** の過去分詞. —— 形 Ⓐ (比較なし) 禁止された, 禁じられた; 禁制の, 禁断の: the ~ *degrees* (*of marriage*) ⇨ degree 4 a. ❷ 立ち入り禁止の (out of bounds).

*+**forbídden frúit** 名 ❶ [the ~]〖聖〗禁断の木の実 (エデン (Eden) の園で Adam と Eve が食べるのを禁じられていた善悪を知る木の実). ❷ Ⓤ Ⓒ 禁じられているためにいっそう欲しいもの; 不義の快楽.

forbídden gróund 名 Ⓤ ❶ 立ち入り禁止の場所. ❷ 触れてはならない話題.

for·bid·ding /-dɪŋ/ 形 ❶ 近づきがたい, ひるませるほど急な[険しい]: a ~ *cliff* 険しい絶壁. ❷ 怖い, ものすごい: a ~ *look* 怖い顔. **~·ly** 副

for·bore /fɔːrbóə, fə- | fɔːbóː, fə-/ 動 forbear[1] の過去形.

for·borne /fɔːrbóən, fə- | fɔːbóːn, fə-/ 動 forbear[1] の過去分詞.

*+**force** /fɔːrs | fɔːs/ 名 ❶ Ⓤ **a** (物理的な)力, 強さ: the ~ *of gravity* [*gravitation*] 重力[引力] / *magnetic* ~ 磁力 / *The wind blew against the windows with great ~.* 風がものすごい力で窓に吹きつけた. **b** 腕力, 暴力; 軍事力: *by main ~* 力ずくで / *take...from a person by ~* 人から…を強奪する / *use ~* 腕力[暴力, 軍事力]を用いる / *use military ~* 軍事力を行使する. **c** (精神的な)力, 迫力, 説得力: ~ *of character* 性格の力[たくましさ] / the ~ *of an argument* 議論の説得力. **d** やつれ, 力: *I just acted out of ~ of habit.* いつもの癖でやったまでです.

❷ Ⓒ 強い勢力[影響力]をもつ人[もの]; 影響力, 有力者: the ~s *of nature* 自然力 (あらし・地震など) / *social* [*political*] ~s 社会的[政界での]勢力 / a driving ~ (物事の)原動力 (となる人, もの) / *He's a ~ to reckon with in the Republican Party.* 彼は共和党内では無視できない重鎮だ / *The influence of parents is a major ~ in the development of character.* 両親の影響力は人格形成に主要な力となっている.

❸ Ⓒ [しばしば複数形で] **a** 部隊, 一軍; (陸・海・空の)軍隊, 軍勢: the air ~ 空軍 / the armed ~s (一国の)軍隊 / the police ~ 警察, 警官隊. **b** (協同作業をする)隊, チーム, 班: a marketing [research] ~ マーケティング部隊 [研究班] / a task ~. **c** [the ~]〖口〗警察. **d** [the Forces]〖英〗(一国の)軍隊.

❹ Ⓤ (言語表現の)迫力, 効果, 生彩; 真意, 主旨: *He writes with ~.* 彼の文章は力強い / *It's difficult to convey adequately the ~ of this poem.* この詩の真意を十分に伝えることは難しい.

❺ [U] (法律・規則・契約などの)効果, 効力: put a law into ~ 法律を施行する / come [enter] into ~ 〈法律などが〉実施される, 効力を発生する / Wage and price controls have been in ~ since 1975. 賃金および物価の統制は1975年から施行されている.

by fórce of…の力で, …によって: *by ~ of* contrast 対照により / *by ~ of* example ただ手本を示される[見習う]だけで / *by ~ of* numbers 数の力で, 人数にものを言わせて / *by* sheer ~ *of* will もっぱら意志の力によって.

in fórce (1) 有効で, 施行されて (⇨ 5). (2) 大挙して, 大勢で (in strength): The guerrillas gathered *in* ~. ゲリラは大挙して集まった.

jóin [combíne] fórces〔…と〕力を合わせる, 協力する, 提携する: *join ~s with* the public *against* crime 一般大衆と力を合わせて犯罪に立ち向かう.

— [動] [他] ❶ **a** 〈人に〉強いて〈…〉させる, 〈人に〉〈…することを〉余儀なくさせる《★ しばしば受身で用い,「強制されて〈…〉する」の意と「〈…〉せざるをえない」の意となる》:〔+目+*to* do〕They ~*d* him *to* sign the document. 彼らは彼に無理強いして文書に署名させた / He won't do it unless you ~ him (*to*). 無理にでもさせないと彼は自分からはそれをしないだろう / I *was ~d to* accept his offer. 私は彼の申し出を受け入れざるをえなかった / She was ~*d* ***into*** marry*ing* the man she didn't want. 彼女は結婚したくもない男と無理に結婚させられた. **b** [~ one*self to* do で] 無理に〈…〉する: He ~*d himself to* smile [swallow the medicine]. 彼は無理に笑顔をつくろった[薬を飲み込んだ].

❷ **a** 〈…を〉力ずくで動かす, 無理に追いやる, 強引に押し進める: They ~*d* an entry *into* the house. 彼らはその家に押し入った / He ~*d* his horse *on through* the storm. 彼はあらしの中に馬を押し進めた / Don't ~ your foot ***into*** the shoe; it's too small for you. 無理やりその靴に足を押し込んではいけない, 小さすぎるのだから. **b** 〈ドアなどを〉押し破る; 〈錠などを〉こじあける: He ~*d* the lock with a penknife. 彼は懐中ナイフで錠をこじあけた /〔+目+補〕~ a door (open). ドアをこじあける. **c** [~ one's way で; 副詞句を伴って] (…に)強引に押し進む: He ~*d* his way *in* [*out, through* the bushes]. 彼は強引に押し入った[押し出た, やぶの中に突き進んだ].

❸ **a** 〈事態を〉強いる, 強要する: ~ a confession 無理やりに自白させる / ~ an issue 問題の決定[結論]を強いる / Illness ~*d* his retirement. 彼は病気のため引退せざるをえなくなった. **b** 〔…から〕〈…を〉引き出す, 出させる: ~ a secret [an answer] ***out of*** [***from***] a person 人から無理に秘密を聞き出す[人に無理に答えを言わせる].

❹ **a** 〈笑いなどを〉無理に作る: ~ a smile 強いて笑顔を作る. **b** 〈声などを〉無理に出す, ふりしぼる: The singer ~*d* his low notes. その歌手は低音をふりしぼるようにして歌った / He ~*d* ***out*** the words. 彼は言葉をしぼり出すようにして言った.

❺ **a** 〈植物を〉促成栽培する. **b** 〈人に〉詰め込み式の促成教育をする, 英才教育を施す.

❻〘野〙**a** 〈走者を〉フォースアウトにする 〈*out*〉. **b** 〈走者を〉押し出す 〈*in*〉.

fórce báck 《[他]+[副]》〈…を〉こらえる: She ~*d back* her tears. 彼女はぐっと涙をこらえた.

fórce dówn 《[他]+[副]》(1) 〈…を〉無理に飲み込む. (2) 〈飛行機を〉強制着陸させる.

fórce a person's **hánd** ⇨ hand [名] [成句].

fórce…on [upòn] a person 《[他]+[前]》人に〈…を〉押しつける, 無理に受け取らせる: ~ one's views *on* others 他人に自分の意見を押しつける / I'm sorry to ~ the task *on* you. 押しつけがましいが仕事をよろしく頼みます.

fórce óut 《[他]+[副]》(1) 〈声などを〉無理に出す, ふりしぼる (⇨ 4 b). (2) 〈…を〉追い出す. (3) 〈…を〉失格させる. (4)〘野〙〈走者を〉フォースアウトにする (⇨ 6 a).

〘F＜L *fortis* 強い; cf. enforce; comfort, effort, fortify, fortress〙【類義語】(1) ⇨ power. (2) ⇨ compel.

+**forced** /fɔ́ːəst | fɔ́ːst/ [形] [A] ❶ 強いられた, 強制の, 無理強いの: ~ labor 強制労働 / a ~ march〘軍〙強行軍. ❷ 無理な, こじつけの, 不自然な: a ~ interpretation こじつけの解釈 / a ~ laugh [smile] 作り笑い. ❸ 緊急時に行なう, 不時の: a ~ landing (飛行機の)不時着.

fórc·ed·ly /-sɪdli/ [副] 無理[強制的]に.

fórce-féed [動] [他] (-fed) 〈人・動物に〉強制的に[無理やり]食べ物を与える.

fórce field [名] (SF などに出てくる)目に見えない力のはたらく障害区域.

+**force·ful** /fɔ́ːəsf(ə)l | fɔ́ːs-/ [形] ❶ 〈人が〉説得力のある, 自己主張の強い (assertive); 〈言葉など〉説得力のある, 力強い (powerful). ❷ 〈印象など〉強烈な. **~·ness** [名]

fórce·ful·ly /-fəli/ [副] 力強く, 強烈に.

fórce-lánd [動] [自] 〈飛行機が〉不時着する.

force ma·jeure /fɔ́ːəsmaːʒə́ː | fɔ́ːsmæʒə́ː/ [名] [U] ❶ 不可抗力. ❷ (強国が弱国に加える)強迫. 〘F＝superior force〙

fórce·mèat [名] [U] (詰め物用などに細かくひいた)味付け肉.

fórce-òut [名]〘野〙封殺, フォースアウト.

fórce plày [名]〘野〙フォースプレー《走者が封殺されるプレー》.

for·ceps /fɔ́ːəsəps, -seps | fɔ́ː-/ [名] (複 ~) 鉗子(かんし), ピンセット: a pair [two pairs] of ~ 鉗子1本[2本]. 〘L＝熱いものをつかむ(道具)〙

fórce pùmp [名] 圧力ポンプ, 押し上げポンプ.

for·cer /fɔ́ːəsə | fɔ́ːsə/ [名] 強制者; 押し上げポンプのピストン.

+**forc·i·ble** /fɔ́ːəsəbl | fɔ́ː-/ [形] [A] ❶ 無理強いの, 強制的な: (a) ~ entry 不法侵入. ❷ 強力な; 力のこもった; 有力な, 説得力のある; 有効な: a ~ argument 説得力のある議論. 〘FORCE＋-IBLE〙

fórc·i·bly /-səbli/ [副] ❶ 力ずくで, 不法に, 強制的に. ❷ 力をこめて, 力強く.

fórc·ing bìd [名]〘ブリッジ〙パートナーに応答を要求するビッド《必要より高いビッドで自分たちのビッドを競り上げるために する》.

+**ford** /fɔ́ːəd | fɔ́ːd/ [名] (川・湖水などの徒歩・馬・車などで渡れる)浅瀬. — [動] [他] 〈水流・川を〉歩いて渡る.

Ford /fɔ́ːəd | fɔ́ːd/ [名] フォード社製自動車.

Ford /fɔ́ːəd | fɔ́ːd/, **Gerald Rudolph** [名] フォード《1913– ; 米国第38代大統領》.

Ford, Henry [名] フォード《1863–1947; 米国の自動車製造業者》.

Ford, John [名] フォード《1895–1973; 米国の映画監督》.

ford·a·ble /fɔ́ːədəbl | fɔ́ːd-/ [形] 〈川など〉歩いて渡れる.

Fórd Foundàtion [名] [the ~] フォード財団《1936年 Henry Ford によって設立された慈善事業団体》.

Fórd·ism /-dɪzm/ [名] [U] フォード方式[主義]《Henry Ford が自動車生産で行なったように, 作業工程を細分化して, 組立てラインによる低コスト大量生産をしようとする方式》.

+**fore** /fɔ́ːə | fɔ́ː/ [形] [A] (比較なし)前部の, 前方[前面]の: the ~ part of the brain 脳の前部. — [副] (比較なし)〘海〙船首に[のほうへ];〘空〙(航空機の)機首に[のほうへ] (↔ aft).

fóre and aft 船首から船尾まで; 船全体にわたって. — [名] [the ~] ❶ 前部, 前面. ❷〘海〙船首部; 前檣(ぜんしょう).

to the fóre (1) 前面に. (2) 目立って, 注目を引いて: As a writer he didn't come *to the* ~ until recently. 作家として彼は最近まであまり目立っていなかった. — [間]〘ゴルフ〙前方あぶないよ!《打球の飛ぶほうにいる人に警告する発声》.

fore- /fɔ́ːə | fɔ́ː/ [動詞・分詞形容詞・名詞を造る連結形]「前もって…」「先…」「予…」: *fore*bode, *fore*man, *fore*noon, *fore*runner, *fore*thought.

fóre-and-áft [形]〘海〙船首から船尾への, 縦の; 縦帆の: a ~ runner 縦(通)材 / a ~ schooner 縦帆スクーナー.

+**fóre·àrm**[1] [名] 前腕, 前膊(ぜんぱく)《ひじから手首まで; cf. UPPER arm》.

fòre·árm[2] [動] [他] 〈…を〉あらかじめ武装する《★ 通例受身》.

fóre·bèar [名] [通例複数形で] 先祖 (ancestor).

fore·bode /fɔːəbóud | fɔː-/ [動] [他]《古・詩》❶ 〈物事が〉〈よくない事の〉前兆となる, 予示する. ❷ 〈不吉を〉予感する,

fòre·bód·ing /-dɪŋ/ 名 U C (よくない事が起こるという)予感, 予知; 虫の知らせ. ── 形 《文》 悪い[不吉な]予感をさせる.

fóre·bràin 名 《解》 前脳(部).

***fore·cast** /fɔ́ːrkæ̀st | fɔ́ːkɑ̀ːst/ 名 予想, 予測; (天気)予報: a weather 〜 天気予報 / a 〜 of demand 需要予報. ── 動 他 (fore·cast, 〜·ed) ❶ 〈天気などを〉予報する; 〈未来のことなどを〉予測する, 予測する: 〜 the weather 天気予報をする / The radio 〜s snow (for) this afternoon. ラジオではきょうの午後雪になると予報している / 〔+(that)〕 He 〜 that it would rain. 彼は雨になるだろうと予測した / 〔+wh.〕 We cannot 〜 how long the war will last. 戦争がいつまで続くか予想できない. ❷ 〈...の〉前兆となる: Tremors 〜 the eruption. 微震は噴火の前兆だ. 《FORE-+CAST》 【類義語】⇒ foretell.

⁺**fòre·càst·er** 名 予測者; 天気予報係.

fore·cas·tle /fóʊksl | fɔ́ːksl/ 名 《海》 船首楼 (船首部の一段と高くなった部分; ↔ poop; cf. quarterdeck).

fòre·chéck 動 自 《アイスホッケー》 フォアチェックする (相手の攻撃を相手陣内で防御する). ── **-er** 名

fore·close /fɔ̀ːrklóʊz | fɔː-/ 動 他 ❶ 〈...を〉除外する, 排除する, 締め出す (exclude). **b** 〈問題などを〉前もって解決する[打ち切りにする]. ❷ 《法》 **a** 〈抵当権設定者に〉抵当物の取り戻し権を失わせる. **b** 〈抵当物を〉抵当流れ処分にする, 流す. ── 自 《法》 [抵当物を抵当流れ処分にする] 〔on〕.

fòre·clósure 名 U C 《法》 担保物の受け戻し権喪失(手続き).

fòre·còurt 名 ❶ (建物の)前庭. ❷ (テニス・バドミントンなどの)フォアコート (テニスでは service line と net の間; ↔ backcourt).

fòre·déck 名 《海》 上部甲板, 上甲板.

fòre·dóomed 形 P あらかじめ〈...の〉運命になっていて: His plan was 〜 to failure. 彼の計画は失敗と初めから運命づけられていた.

fóre èdge 名 (書物の背に対し)前小口.

fòre·fàther 名 [通例複数形で] (特に男性の)祖先, 先祖 (cf. descendant).

Fórefathers' Dày 名 《米》 祖先の日 (Pilgrim Fathers の 1620年米大陸上陸記念日; 通例 12 月 22 日, 上陸日は 12 月 21 日).

⁺**fóre·fìnger** 名 人さし指.

fòre·fóot 名 (-feet) (四足獣の)前足.

⁺**fòre·frónt** 名 [the 〜] ❶ 最前部, 真っ先, 先頭. ❷ 〔活動・興味などの〕中心 〔of〕. **in [at] the fórefront of**— (1) 〈戦闘などの〉最前線にあって. (2) 〈...の〉先頭[中心]となって: His company is in the 〜 of the chemical industry. 彼の会社は化学産業の先頭を切っている.

fòre·gáther 動 =forgather.

fòre·gó¹ 動 (-went; -gone) 他 《古》 〈...より〉先に行く, 〈...に〉先んずる.

fore·gó² 動 =forgo.

fòre·góing 形 ❶ A [通例 the 〜] 先の, 前の; 前述の (preceding). ❷ [the 〜; 名詞的に] 前記のもの, 上述のこと 《用法》 内容によって単数または複数扱いになる).

fòre·góne 形 A 先立った, 既往の, 過去の.

fòregóne conclúsion 名 [a 〜] ❶ 初めからわかりきっている結論. ❷ 避けられない結果, 確実なこと: His defeat is a 〜. 彼の敗北は目に見えている.

⁺**fóre·gròund** 名 [the 〜] ❶ (風景・絵画の)前景 (cf. background 2). ❷ 最前面, 表面, 最も目立つ位置. ── 動 他 〈特徴などを〉全面に出す, 強調する, 重視する, 目立たせる.

fóre·gùt 名 《発生・解》 (胎児の)前腸 (咽頭・食道・胃・十二指腸になる部分; cf. midgut).

fòre·hánd 名 ❶ (テニスなどの)フォアハンド, 前打ち. ❷ 馬体の前部 (騎手の前). ── 形 副 (テニスなどで)フォアハンドで[の], 前打ちで[の] (↔ backhand): a 〜 stroke 正(常)打ち.

fòre·hánded 形 ❶ 《米》 **a** 将来に備えた; 倹約する. **b** 裕福な, 暮らし向きのいい. ❷ (テニスなどで)フォアハンドの.

---

703 **forenoon**

前打ちの.

***fore·head** /fɔ́ːhèd, fɔ́ːrɪd | fɔ́ːhèd, fɔ́rɪd/ 名 ❶ 額(ひたい), 前額部 (brow) 《★ 人間の感情・性格を示す部分とされている》: rub one's 〜 額をこする (何か思い出そうとする時のしぐさ). ❷ (ものの)前部. 【関連語】frontal.

fòre·hòck 名 豚の前肢の肉 (付け根あたりの肉).

⁺**for·eign** /fɔ́ːrən | fɔ́r-/ 形 (比較なし) ❶ **a** 外国の (↔ home, domestic, interior); 外国産の; 外国行きの: a 〜 accent 外国なまり / a 〜 country 外国 / 〜 goods 舶来品 / a 〜 investment 海外投資 / a 〜 language [tongue] 外国語 / 〜 mail 外国郵便. **b** 対外の; 在外の: a 〜 policy 外交政策 / a 〜 settlement 外人居留地 / 〜 trade 外国貿易 / a 〜 travel 海外[外国]旅行. ❷ P 〈...と〉性質を異にして; 相いれないで, 無関係で; 〈...にとって〉なじみがない, わからない: Flattery is 〜 to his nature. お世辞を言うことは彼の性に合わない. ❸ 〔固 でなく〕外来の, 異質の: a 〜 substance [body] in one's eye 目の中に入った異物. 《F<L<foras 外に》

fóreign affáirs 名 対外事務, 外務.

fóreign áid 名 U 対外援助.

fóreign-bórn 形 外国生まれの.

fóreign correspóndent 名 外国通信[特派]員.

⁺**for·eign·er** /fɔ́ːrənər | fɔ́rənə/ 名 外国人 《解説》 この語はよそ者といった感じに受けとられ, あまり感じのよい言葉ではないので, 代わりに nonnative, または a person [people] from abroad [other countries], あるいは観光などの一時的な訪問者であれば visitor などを使うのがよい; なお, 国籍の違う人を alien ともいう). 《FOREIGN+-ER¹》

*** fóreign exchánge** 名 U 外国為替 (略 FX).

Fóreign Légion 名 [the 〜] (フランスの)外人部隊.

fóreign-máde 形 外国製の, 舶来の.

fóreign mínister 名 外務大臣.

⁺**Fóreign Óffice** 名 U [the 〜; 集合的; 単数または複数扱い] 《英》 外務省 (略 FO; 正式には the Foreign and Commonwealth Office という).

Fóreign Sécretary 名 [the 〜] 《英》 外務大臣.

Fóreign Sérvice 名 [the 〜] (国務省の)外務職員局 (《英》 the Diplomatic Service).

fòre·júdge 動 他 予断する.

fòre·knów 動 他 (-knew; -known) 前もって知る, 予知する.

fòre·knówledge 名 U 予知, 先見 〔of〕.

fòre·lády 名 =forewoman.

fore·land /fɔ́ːrlənd | fɔ́ː-/ 名 (海に突き出た)岬 (↔ hinterland).

fòre·lég 名 (四足獣の)前肢.

fòre·lóck 名 前髪. **take tíme [occásion] by the fórelock** 時[機会]を逃さぬ, 機会に乗ずる (《画俗》「時の翁(おきな)」(Father Time) 》 が前頭部にだけ髪が生えた老人の姿で描かれたことから). **tóuch [túg] one's fórelock** (《英戯言》) 〈人が〉目上の人に(大げさにまたは卑屈な態度で)あいさつする 〔to〕 (《画俗》 身分の低い者が高い者に対して前髪にふれたあいさつをしたことから).

⁺**fòre·man** /-mən/ 名 (他 -men /-mən/) ❶ (労働者の)親方, 職工長, 職長: a shop 〜 工場長. ❷ 《法》 陪審長.

Fore·man /fɔ́ːrmən | fɔ́ː-/, **George** 名 フォアマン (1949- ; 米国のボクサー).

fóre·màst 名 《海》 前檣(しょう): a 〜 seaman [man, hand] 前檣員, 平水夫, 水兵.

fore·most /fɔ́ːrmòʊst | fɔ́ː-/ 形 A (比較なし) [the 〜] ❶ いちばん先の. ❷ 主流を占める, 主要な; 最重要の, 最も有名な: He's one of the world's 〜 composers. 彼は世界の主要な作曲家の一人だ. ── 副 (比較なし) いちばん先に, 真っ先に.

fòre·mòther 名 女性の先祖 (cf. forefather).

fòre·náme 名 (姓の前にある)名 (★ 形式ばった語; ⇒ name 解説).

fòre·námed 形 A 前述の, 前記の.

fore·noon 名 《文》 午前, 昼前 (特に, 8-9 時から正午まで): in the 〜 午前中に.

+**fo·ren·sic** /fərénsɪk/ 形 A 法廷の[に関する]. 【L=公けの〜広場の〈FORUM〉】

forénsic médicine 名 U 法医学.

fòre·ordáin 動 ❶ [しばしば受身で] あらかじめ決める. ❷〈人を...に〉にあらかじめ運命づける〔to〕.

fòre·ordinátion 名 U,C (運命の)予定, 前世の約束, 宿命.

fóre·pàrt 名 ❶ 前部〔of〕. ❷ 初めの部分〔of〕.

fóre·pàw 名 (犬・猫などの)前足.

fóre·pèak 名 《海》船首倉: a 〜 tank 船首水タンク.

fóre·pèrson 名 =foreman, forewoman (★ 性差別を避けた表現).

fóre·plày 名 U (性交の)前戯.

fóre·quàrter 名 [複数形で] (馬などの)前駆.

fóre·rìb 名 フォアリブ《サーロインのすぐ前のバラ肉を含むロースト用牛肉》.

fòre·rún 動 ❶ 〈...の〉先に立つ, 前駆けをする. ❷ 〈...の〉前触れをする, 予報する. ❸ 出し抜く.

+**fóre·rùnner** 名 ❶ 先駆者; 先触れ, 前触れ, 前兆 (precursor): Swallows are the 〜s of spring. ツバメは春の前触れである. ❷ 先人, 先祖: Anglo-Saxon is the 〜 of modern English. アングロサクソン語は現代英語の先祖である.

fore·sail /fɔ́ːrsèɪl, -s(ə)l | fɔ́ː-/ 名 《海》前檣(ぜんしょう)帆.

*fore·see /fɔːrsíː | fɔː-/ 動 他 (fore·saw /-sɔ́ː/; -seen /-síːn/) 〈...を〉予知する, 見越す (predict): 〜 trouble 困難を見越す / [(+that)] I 〜 that there will be problems. 問題が生じるのではないかと思う / [〜+wh.] 〜 what will happen 何事が起こるかを予知する.

+**fore·see·a·ble** /fɔːrsíːəbl | fɔː-/ 形 ❶ 予知できる (↔ unforeseeable). ❷〈将来が〉あまり遠くない: in the 〜 future 近い将来に; すぐに(は). **fore·see·a·bil·i·ty** /fɔːsìːəbíləṭi | fɔː-/ 名 U 予見可能性.

fòre·shádow 動 他《将来の事などを》あらかじめ示す, 予示する; 〈...の〉前兆となる.

fóre·shèet 名 《海》 ❶ 前檣(ぜんしょう)帆の帆脚(ほ)綱. ❷ [複数形で] (ボートなど無甲板船の)艇首座 (↔ stern sheets).

fóre·shòre [the 〜] ❶ 前浜, 前汀(てい)《満潮線と干潮線の間》. ❷ a なぎさ, いそべ. b 水際と耕地[宅地]との間のある地.

fòre·shórten 動 他 ❶ 〔画〕 (遠近法で)〈...の〉奥行きを縮めて描く, 遠近をつけて描く. ❷《文》短縮する, 縮小する (shorten).

fòre·shów 動 他 (〜ed; -shown) 予示[予告]する;〈...の〉前兆を示す.

+**fóre·sight** /fɔ́ːrsàɪt | fɔ́ː-/ 名 ❶ U a 先見(の明), 洞察(さつ). b (将来についての)慎重さ, 用心, 見通し. ❷ C (鉄砲の)照星.

fóre·sìght·ed /-ṭɪd/ 形 先見の明のある; (将来に対して)慎重な. 〜**·ly** 副 〜**·ness** 名

fóre·skìn 名 《陰茎の》包皮.

‡**for·est** /fɔ́ːrəst | fɔ́r-/ 名 ❶ C,U (広大な地域の)森林, 林《自然林で獣物や鳥獣がいる; 比較 小さい森, ふつうの林は wood(s)》: a natural 〜 自然林 / cut down a 〜 山林(の樹木)を伐採する / fifty acres of 〜 50 エーカーの山林. ❷ [a 〜] 林立するもの: a 〜 of chimneys [TV antennas] 林立する煙突[テレビアンテナ]. ❸ C 《英》(昔の王室などの)御猟場, 猟区, 禁猟地《囲いのない地域; 木はあまりない》. **cánnot sée the fórest for the trées** 《米》木を見て森を見ない, 小事にとらわれて大局を見失う. ― 形 A 森林の, 森林地方の: a 〜 fire 山火事 / a 〜 tree 森林樹. ― 動 他〈...に〉植林する. 【F<L=外側の(森)】(関連 sylvan)

+**for·estáll** 動 他 ❶〈...に〉先んずる. ❷〈...の〉機先を制する; 出し抜く. ❸〈市場・商品を〉買い占める: 〜 the market 市場の買い占めをやる.

for·es·ta·tion /fɔ̀ːrəstéɪʃən | fɔ̀r-/ 名 U 造林, 植林.

fóre·stàay /-stèɪ/ 名 《海》前支索, フォアステー.

fór·est·ed 森林のある, 森林におおわれた.

fór·est·er 名 ❶ 森林官, 林務官. ❷ 森林の住人. ❸ 森の鳥獣.

fór·est·lànd 名 森林地.

fórest ránger 名《米》森林警備隊[監視]員 (ranger).

+**for·est·ry** /fɔ́ːrəstri | fɔ́r-/ 名 U ❶ 林学; 林業. ❷ 山林管理.

Fórest Sèrvice 名 [the 〜]《米》林野部《農務省の国有林管理部門》.

fòre·swéar 動 =forswear.

fóre·tàste 名 [a 〜] ❶ (将来の苦楽の一端を)前もって味わうこと; 当て込み, 予測, 予想: Her caustic remark gave him a 〜 of her anger. 彼女の手厳しい言葉で彼には彼女が怒っているのがわかった. ❷ 前味〔of〕. ― 動 他 前もって味わう.

fore·téll /fɔːrtél | fɔː-/ 動 他 (-told /-tóʊld/) 《文》〈...を〉予告する, 予言する〔to〕: 〜 a person's failure [the course of events] 人の失敗[事態の進展]を予言[予測]する. 【類義語】 foretell 予言する. 予知するの意の最も一般的な語. forecast 予期されることについて推測を述べる意で天候・自然現象などに用いる. predict 過去の事実・経験などに基づいた推論によって予言する.

fóre·thòught 名 U あらかじめの考慮; 将来に対するおもんばかり, 先見, 用心.

fóre·tòken 名 前兆. ― /-́-́/ 動 他〈...の〉前兆をなす, 予示する.

fóre·tòp /; 《海》-təp/ 名 《海》前檣(ぜんしょう)楼, フォアトップ.

fòre·topgállant 形 《海》前檣上檣の: a 〜 mast 前檣上檣 / a 〜 sail 前檣のトゲルンスル.

fòre·tópmast 名 《海》前檣中檣, フォアトップマスト.

fòre·tópsail 名 《海》前檣[フォア]トップスル《前檣中檣にかける横帆》.

fóre·tríangle 名 《海》船首三角形《帆船の前檣・甲板・前檣前支索とでつくる垂直の三角域》.

*for·ev·er /fərévə | -və-/ 副 ❶ 永久に《用法》《英》では通例 for ever と2語につづる傾向がある》: I'm yours 〜. 私はいつまでもあなたのものです《いつまでもあなたを愛します》 / He has gone away 〜. 彼は行ってしまってもう帰ってくることはない. ❷ [通例動詞の進行形に伴って] 絶えず, 常に: He's 〜 complaining. 彼はいつもぐちを言ってばかりいる. **foréver and éver=foréver and a dáy** 永久に, とわに《★ 強調形》.

forèver·móre 副 =forever.

fòre·wárn 動 〈人に〉前もって注意[通告]する: 〜 a person of a danger 人に危険のあることを前もって注意する / We had been 〜ed that it was dangerous to swim there. 我々はそこで泳ぐと危険だと前もって注意された. **Forewárned is forearmed.** (諺) 警戒は警備.

fóre·wìng 名《昆》前翅(し)《中胸から出ている翅》.

fóre·wòman 名《著》-women) foreman の女性形.

fóre·wòrd 名《特に著者以外の人による書物の》はしがき, 序文 (cf. afterword).【類義語】⇒ introduction.

fóre·yàrd 名 《海》前檣(ぜんしょう)帆《のいちばん下の》の帆桁(けた).

+**for·feit** /fɔ́ːrfɪt | fɔ́ː-/ 動 他 ❶ (罰として)〈財産・権利などを〉失う, 没収される: He 〜ed payment by a breach of the contract. 彼は契約違反によって支払いを受ける権利を失った. ❷ (犠牲として)手放す, あきらめる. ― 名 ❶ C [罪・怠慢・失敗などの]代償, 罰金, 科料; 追徴金; 没収物 (penalty): His life was the 〜 of his crime. 彼は罪の代償として命を取られた. ❷ a C (トランプなどのゲームで失敗や条件を満たせないために)取り上げられるもの, 罰金〔of〕. b [〜s; 単数扱い] 罰金遊び. ❸ U 〔権利・名誉などの〕没収, 喪失, 剥奪(はく)〔of〕. ― 形 E [...に] 没収されて, 喪失して: His lands were 〜 (to the state). 彼の土地は(国家に)没収された.【F=犯罪】

for·feit·ure /fɔ́ːrfɪtʃə | fɔ́ː-rfɪtʃə/ 名 ❶ U 〔財産の没収〕,〔名声・権利などの〕喪失,〔契約などの〕失効〔of〕. ❷ C 没収物, 罰金, 科料.

for·fénd /fɔːrfénd | fɔː-/ 動 他 防ぐ, 予防する.

for·gath·er /fɔːrɡǽðə | fɔː-ɡǽðə/ 動 自 ❶ 集合する. ❷ 人と偶然出会う.

+**for·gave** /fərɡéɪv | fə-/ 動 forgive の過去形.

*forge[1] /fɔ́ːrdʒ | fɔ́ːdʒ/ 動 他 ❶ a 〈関係などを〉作り出す,

構築する;〈合意などを〉まとめ上げる: ~ a closer relationship [link] より緊密な関係を築き上げる[結びつきをさらに緊密にする]. **b**〈地位・体制・計画などを〉築き上げる, 作り上げる. ❷〈紙幣・手形などを〉偽造する, 模造する (counterfeit). ❸〈鉄を〉鍛える; 鍛えて造る. ── 图 鍛冶(ゃ)場, 鉄工所, (鍛冶場の)炉.〖F<L *fabricare* to FABRICATE〗 图 forgery)

forge² /fɔ́ːdʒ | fɔ́ːdʒ/ 動 ⓘ ❶ 徐々に進む. ❷〈船・走者などが〉急にスピードを出して先頭を切る《*ahead*》.

fórg・er 图 ❶ 偽造者[犯人], 捏造(ネっ)者: a passport ~ パスポート偽造者. ❷ 鍛職工, 鍛冶屋.

*†**for・ger・y** /fɔ́ːdʒ(ə)ri | fɔ́ː-/ 图 ❶ ⓤ 偽造, 贋造(セん). ❷ ⓒ 偽物, 偽造文書, にせ金. ❸ ⓤ 〖法〗 文書偽造罪. (動 forge¹)

*‡**for・get** /fərɡét | fə-/ 動 (**for・got** /-ɡɑ́t | -ɡɔ́t/; **for・got・ten** /-ɡɑ́tn | -ɡɔ́tn/, 《米》**for・got**) ⓗ ❶ 忘れる (↔ remember). 〖用法〗 have forgotten も用いるが形式ばった表現: **a**〈…を〉忘れる, 思い出せない: I forgot [~] your name. お名前を忘れてしまいました[思い出せません] 〖用法〗《米口》では I've forgotten...の意味で I forgot...を用いることが多い / I shall never ~ your kindness. ご親切は決して忘れません〖+(*that*)〗 I quite *forgot* (*that*) you were coming. あなたが来ることをすっかり忘れていました 〖+*wh*.〗 I *forgot whether* he would come on Monday or Tuesday. 彼が来るのが月曜だったか火曜だったか忘れた. **b** 忘れて〈…〉しない, 〈…し〉忘れる:〖+*to do*〗 I *forgot to* answer the letter. 忘れて手紙の返事を書かなかった / Don't ~ *to* sign your name. 忘れずに署名をして〈サインして〉ください 〖用法〗 時間的に未来の行為を表現するときに用い,〖+*doing*〗と書き換え不可). **c**〈…したことを〉忘れる:〖+*doing*〗 I *shall* never ~ *hearing* the President's address. 大統領の演説を聞いた時のことは決して忘れられないだろう〖用法〗 過去の経験を表現する時に用い,〖+*to do*〗と書き換え不可; 通例否定未来形で用いる).

❷〈ものを〉置き忘れる, 持って[買って]くるのを忘れる〖用法〗 具体的な場所を示す前置詞句とともには用いない; 従って I *forgot* my umbrella *on* the train. は間違いで, その時には I left...を用いる): *I'm forgetting* my umbrella. 傘を忘れるところでした (★ 傘を手にする前にいう) / I almost *forgot* my umbrella. もう少しで傘を忘れるところでした 〈傘を手にしてからいう) / He *forgot* his ticket and went back for it. 彼は切符を自宅に忘れて取りに帰った.

❸〈…を〉ないがしろにする, 無視する;〈計画などを〉あきらめる: ~ one's responsibility 責任を忘れる.

❹ [~ *oneself* で] われを忘れる, かっとなる; 身のほどを忘れる, うかつなことをする: *Forgetting* himself, he burst out in a string of oaths. 彼はかっとなって立て続けにののしった / I *forgot* myself so far as to tell it to him. うかつにも つい それを彼に言ってしまった. **b** (自分のことを忘れて)他人のためのことをする[考える], 没我的に行動する.

── ⓘ 〈…を〉忘れる; 気に留めない: Let's forgive and ~. (過去のことなど)さらりと水に流そう / I *forgot about* prom*is*ing her that. それを彼女に約束していたことを忘れた.

Forgét it. (1) (そんなことは)もういい, 心配するな: "I'm sorry I stained your book." "*F~ it*."「すみません, 本をよごしてしまって」「いや, かまいません」 (2) (うるさいと思うことに)もう口にするな, さっさと忘れてしまえ, いい加減にしろ. (3) (提案・要求などに対して)だめだ, とんでもない, ばかを言うな.

nót forgétting... もまた, …も含めて: He brought gifts for all of us, *not forgetting* the children. 彼は子供たちも含めて我々すべてに贈り物を持ってきた.

〖OE← FOR-+GET〗

for・get・ful /fərɡétf(ə)l | fə-/ 形 ❶ 忘れっぽい, 忘れやすい;〈…を〉忘れて: a ~ person 忘れっぽい人 / grow [become, get] ~ 忘れっぽくなる / He's often ~ *of* his students' names. 彼はよく学生の名前を忘れる. ❷ Ⓟ 〈…に〉怠りがちで: be ~ *of* one's responsibilities 職務を怠りがちである. **~・ly** /-fəli/ 副 忘れて, 失念して. **~・ness** 图 ⓤ 忘れっぽさ; 忘却.

forgét-me-nòt 图 〖植〗 ワスレナグサ《ムラサキ科; 信実・友愛の象徴; 米国 Alaska 州の州花)》.

for・gét・ta・ble /-təbl/ 形 忘れられやすい, 忘れてもよい

(↔ unforgettable).

for・giv・a・ble /fərɡívəbl | fə-/ 形 許してよい (↔ unforgivable): a ~ offense 大目に見てもよい違反. **-a・bly** /-bli/ 副 大目に見て.

*‡**for・give** /fərɡív | fə-/ 動 (**for・gave** /-ɡéiv/; **-giv・en** /-ɡívən/) ⓗ ❶〈人・罪などを〉許す, 大目に見る: ~ a person's wrongs against one 自分に対する人の不正を許す / *F~* me if I am wrong. 間違っていたらごめんなさい / If you will ~ my quot*ing* these sentences again, ... 再びこれらの文を引用することを許していただけるなら..../ I *forgave* him *for* hurting my feelings. 私は彼が私の感情を害したことを許してやった / You could be *forgiven for* thinking so. そう思うのも無理はない / [+目+目] ~ a person his rudeness 人の無礼を許す / He was *forgiven* his negligence. 彼は怠慢を許された / *F~* us our trespasses. 我らの罪を許したまえ (★聖書の「主の祈り」から).〈借金などを〉免除する. ── ⓘ 許す: Let's ~ and forget. (過去のことなど)さらりと水に流そう / He's quick to ~. 彼はすぐに人を許す. **Forgíve me, but...** 失礼ですが.... **Forgíve my ígnorance, but...** 知らなくて申し訳ないのですが... (★質問を切り出す時の表現). 〖OE= 与える, 認める〗〖類義語〗 forgive 人の罪や過失を腹立ち・処罰などの感情を捨てて許す. pardon 罪や悪事に対して処罰を免除する. excuse あまり重大ではない失敗や間違いなどを許す.

*‡**for・giv・en** /fərɡívən/ 動 forgive の過去分詞.

*†**for・give・ness** 图 ⓤ ❶ (罪などの)許し, 容赦; (借金の)免除: ask for a person's ~ 人の許しを請う. ❷ 寛大さ, 寛容性.

for・giv・ing 形〈快く〉許す, 寛大な, とがめ立てしない: a ~ nature 寛大な性質. **~・ly** 副

for・go /fɔːrɡóu | fɔː-/ 動 (**for・went** /-wént/; **-gone** /-ɡɔ́ːn | -ɡɔ́n/)〈楽しみなどを〉なしですませる, 差し控える, 見合わせる: ~ a pay raise 賃上げを見合わせる.

*‡**for・got** /fərɡɑ́t | fəɡɔ́t/ 動 forget の過去形・過去分詞.

*‡**for・got・ten** /fərɡɑ́tn | fəɡɔ́tn/ 動 forget の過去分詞.

*‡**fork** /fɔ́ːrk | fɔ́ːk/ 图 ❶ **a**〈食卓用〉フォーク: a table ~ 食卓用フォーク / a fish ~ 魚肉用フォーク / a knife and ~ ナイフとフォーク 〖匹敵〗 fork and knife とはいわない). **b** (農業用)フォーク, くま手. ❷ ⓒ フォーク状のもの. ❸ (木). **b** (道・川などの)分岐点. **c** 叉(ま)状電光. **d** 〖楽〗 音叉(ま):⇒ tuning fork. ── 形 Ⓐ《英》〈食事が立食でフォークだけで食べられる〉: a lunch [supper] ~ 〈ビュッフェなどでの〉立食の昼食[夕食]. ── 動 ⓗ ❶〈道・川などが〉(通例二つに)分かれる, 分岐する. ❷〈人・道などが分岐点で〉(右または左へ)行く: ~ to the right [left] 右[左]へ行く. ── フォークで〈食べ物を〉つつく[刺す, 持ち上げる]; (またくわ・くま手などで)わらなどを突き刺して動かす, かき上げる. **fórk óut** [**óver**] 《口》 ⓗ(+副) (1)〈金を〉〈…に〉(いやいや)出す, 支払う〔*for*, *on*〕: He ~*ed out* a pile to buy the house. 彼はその家を買うために大金をしかたなく払った. ── 〈ⓘ+副〉 (2)〈…に〉(いやいや)金を出す, 支払う〔*for*, *on*〕: Come on! *F~ out*! Everyone else has paid. さあ, 払いなさい. ほかの人はみな支払った. 〖L=くま手〗

fórk báll 图 〖野〗 フォークボール.

forked 形 ❶ またに分かれた, 叉状の: ~ lightning 叉(ま)状電光. ❷ [通例複合語で] (…の)またがある: three-*forked* 三つまたの.

fórked tóngue 图 [a ~]《米》 二枚舌, ごまかし: speak with a ~ 二枚舌を使う, だます.

fórk・ful /-fùl/ 图 フォーク一杯(分).

fórk・lìft 图 〖機〗 フォークリフト, つり上げ機.

fórklift trùck 图 フォークリフト車.

fórklift ùpgrade 图 〖電算〗 (ソフトウェア面だけでなく)大規模な工事を伴うシステム更新.

*†**for・lorn** /fərlɔ́ːrn | fəlɔ́ːn/ 形 ❶〈人が寄るべのない, 孤独な, 心細い;〈様子など〉みじめな. ❷〈場所が荒れ果てた, さびれた, わびしい. ❸〈望み・試みなど絶望的な, (成功の)見込みがない. **~・ly** 副 **~・ness** 图〖FOR-+*lorn* (LOST の古形)〗

forlórn hópe [単数形で] ❶ 絶望[決死]の行動. むなしい望み. 《Du「行方不明の部隊」がなまって FORLORN+HOPE と解されたもの》

‡form /fɔ́ɚm | fɔ́ːm/ 图 ❶ C 型; 方式; 種類, 形態 (type): a ~ of government 政治の一形態 / some ~ of … 何らかのかたちの…, ある種の…. ❷ CU a 形, 形状; 姿, 姿態, 外観: a devil in human ~ 人間の姿をした悪魔 / in the ~ of…の形[姿]をとって / take ~ 形を成す; 目鼻がつく, 具体化する / take the ~ of…の形をとる; …となって現われる / a woman of delicate ~ きゃしゃな体つきの女性. b 《哲》イデア; 形相. ❸ C 人影, 物影: I saw a ~ in the dark. 暗やみの中に人影を見た. ❹ U (内容に対して)形式, 型 (↔ content); 表現形式: in book ~ 書物の形式で, 単行本として / in due ~ 正式に, 型どおりに / a piece of music in sonata ~ ソナタ形式の音楽作品. ❺ U (スポーツ・音楽の売り上げなどの)成績[結果, 成果(の水準)]; 心身の状態, コンディション: loss of ~ コンディションの低下 / in [on] ~ 調子が良い / out of [off] ~ 調子が悪い / in good ~ 調子が良い. ❻ C ひな型, 書式; 書式用紙: an application ~ 申込用紙 / fill in [out, up] a ~ 用紙に記入する / after the ~ of…の書式どおりに / a telegraph ~ 電報発信紙. ❼ a [また《英》やり方, 手続き, 様式, 形式: be out of ~ 礼儀にはずれている. b U [good, bad などの修飾語を伴って]《英古風》作法. ❽ C 《英》(中等学校の)学年, 学年 (通例 first form (1年級)から sixth form (6年級)まで): Tom is now in the sixth ~. トムは今6年生だ. ❾ UC 《文法》形式, 形態, 語形. ❿ C 《英》(背などの)長い木製のいす. **a fórm of address** (口頭または書面での)呼び掛け方, 敬称, 肩書き. **as a mátter of fórm** 形式(上のこと)として, 儀礼上. **for fórm's sàke** 形式を整えるために, 形式上. **trúe to fórm** いつものとおりに, 例によって.

──動 他 ❶ <ものを>形づくる, 形成する: ~ a thing from [on, upon] a pattern 型によってものを形づくる / ~ a circle with one's thumb and forefinger 親指と人さし指で輪を作る《匹較》「お金」を示すのでなく, OK の印》/ dough *into* loaves 練り粉をパンに作る / ~ a doll *out of* clay 粘土で人形を作る. ❷ a <人物・能力・品性を>(訓練・教育によって)作りあげる, 鍛える: a mind ~ed by a military education 軍事教育によって鍛えられた精神. b <習慣を>つくる, 身につける: ~ good habits よい習慣を身につける. ❸ a <内閣・会などを>組織する, 構成する: ~ a cabinet 組閣する. b <列・隊形などを作る: ~ a queue 列を作る. c <同盟・関係を>結ぶ. ❹ <…の構成要素になる, <…に>なる: ~ one [part] of…の一員[要素]になる / Water freezes and ~s ice. 水が凍って氷になる. ❺ <唇が><言語・音声などを>出す; <想を>構える; <概念・意見などを>形作る. ❻ 《軍》<兵隊を><…に>整列させる: The soldiers were ~ed *into* columns. 兵士たちは縦隊に整列した. ──自 ❶ <ものが>形を成す: Ice ~s *at* a temperature of 32°F. 氷はカ氏32度でできる. ❷ a <考え・信念・希望などが>生じる: An idea ~ed in his mind. ある考えが彼の心の中に生じた. b <涙が目に浮かぶ>, <人込みができる>: Tears ~ed in her eyes. 彼女の目に涙が浮かんだ / A crowd ~ed in the town square. 町の広場に人込みができた. ❸ 隊形を作る, 整列する《up》《into, in》: ~ (*up*) *in* columns 縦隊に整列する.

〖F<L *forma* 形; cf. conform, deform, inform, uniform, formation〗 形 formal, formative 〖類義語〗 ⇒ (1) figure. (2) ⇒ make.

-form /-ー(-)ɔ̀ɚm | -fɔ̀ːm/ 形容詞連結形 「…形[形状]の」, 「…様式の」: cruci-*form*. 〖FORM から〗

for·ma /fɔ́ɚmə | fɔ́ː-/ 图 (複 **for·mae** /-miː/, ~s)《植》品種.

‡for·mal /fɔ́ɚm(ə)l | fɔ́ːm-/ 形 (**more ~; most ~**) ❶ 正式の, 公式の, 本式の (↔ informal): a ~ receipt 本領収証 / a ~ contract 正式契約 / in ~ dress 正式の服装[礼装]で. ❷ 儀礼的な, 礼式の: a ~ visit [call] 儀礼的訪問. ❸ 形式ばった, 形式にとらわれた[こだわる], きちょうめんな, 堅苦しい (↔ informal): ~ words (expressions, style) 堅苦しい語[表現, 文体]《たとえば *cease* (=stop), *commence* (=begin), *purchase* (=buy), *vessel* (=ship) など》. ❹ <比較なし>形の, 外見の; 形式上の: ~ semblance 外形の類似. ❺ <比較なし>(内容のない)形式的な, 表面的な, うわべだけの; 名目だけの: ~ obedience うわべの服従. ❻ <図形・図形などが>左右対称の, 幾何学的な: a ~ garden 幾何学的配置の庭. ❼ 《哲・論》形式(上)の (↔ material): ~ logic 形式論理学. ──图 《米》❶ 夜会服を着て行く正式な舞踏会. ❷ (女性の)夜会服. 〖FORM+-AL〗

form·al·de·hyde /fɔɚmǽldəhàɪd | fɔːm-/ 图 U 《化》ホルムアルデヒド (防腐剤・消毒剤). ❷ =formalin.

for·ma·lin /fɔ́ɚməlɪn | fɔ́ː-/ 图 U 《薬》ホルマリン《ホルムアルデヒドの水溶液で殺菌・消毒・防腐剤》.

for·mal·ism /fɔ́ɚməlìzm | fɔ́ː-/ 图 U ❶ 極端な形式主義, 虚礼. ❷ (宗教・芸術上の)形式主義 (↔ idealism); 形式論.

for·mal·ist /-lɪst/ 图 ❶ 形式主義[形式論]者. ❷ 形式にこだわる人, 堅苦しい人. ──形 形式主義(者)の.

for·mal·is·tic /fɔ̀ɚməlístɪk | fɔ̀ː-ˊ/ 形 ❶ 形式主義の. ❷ 形式にこだわりすぎた.

⁺for·mal·i·ty /fɔɚmǽləti | fɔː-/ 图 ❶ C 形式的行為[手続き]; legal *formalities* 法律上の正式手続き / go through the *formalities* 正式の手続きをとる. ❷ C (内容のない)形だけの行為[こと]: It's a mere ~. それは形だけのことです. ❸ U 形式にこだわること, 形式尊重; 堅苦しさ: without ~ 儀式ばらずに, 儀式ばらないで.

for·mal·i·za·tion /fɔ̀ɚməlɪzéɪʃən | fɔ̀ːməlaɪz-/ 图 U 形式化; 定形化.

for·mal·ize /fɔ́ɚməlàɪz | fɔ́ː-/ 動 ❶ U 正式なものにする. ❷ <…に>一定の形を与える.

for·mal·ly /fɔ́ɚməli | fɔ́ː-/ 副 ❶ 正式に, 公式に. ❷ 形式的に; 形式上. ❸ 儀式ばって, 堅苦しく. ❹ 《哲・論》形相的に (↔ materially).

for·mant /fɔ́ɚmənt | fɔ́ː-/ 图 《音声》フォルマント《音声波のスペクトル分析における特定周波数の集中帯; 母音の音質を決定する》.

‡for·mat /fɔ́ɚmæt | fɔ́ː-/ 图 CU ❶ a (番組・企画などの)構成, プラン. b (書物などの)型, 判 (cf. foolscap, folio 1a, foolscap, octavo, quarto 1). c <録音・録画などの>形式, 方式, 規格: (an) MPEG ~ MPEG 形式 / (a) DVD ~ DVD 規格. d 書式. ❸ 《電算》(ディスクの)フォーマット, 形式. ──動 《電算》❶ <ディスクを>フォーマットする. ❷ <文書の形式[書式]を設定する[整える]. 〖F<G<Fr, ⇒ formation〗

for·mate /fɔ́ɚmeɪt | fɔ́ː-/ 图 《化》蟻酸(ぎさん)塩[エステル].

‡for·ma·tion /fɔɚméɪʃən | fɔː-/ 图 ❶ U 構成, 編成, 成立; 形成: the ~ of a cabinet 組閣 / the ~ of character 人格の形成. ❷ U 構造, 形態. b C 形成されたもの, 組成物, 構成物. ❸ UC a 《軍》隊形; 編隊: in battle ~ 戦闘隊形で[の] / ~ flying [flight] 編隊飛行. b 《アメフト》フォーメーション, 配列. C 《地》層, 層群. 〖L<*formare, format-* 形づくる<*forma* 形; cf. form, formal〗

formátion dánce 图 フォーメーションダンス《数組のカップルがある種の隊形をつくりながら, その形に基づいた一連の動きで踊るダンス》. **formátion dáncing** 图

form·a·tive /fɔ́ɚmətɪv | fɔ́ː-/ 形 A ❶ 形成[発達]の: one's ~ years 人格形成の時期. ❷ 形を作る; 形成する: the ~ arts 造形美術. ❸ 《文法》(語の)構成要素 の. ──图 《文法》 《語の)構成要素 《接頭辞・接尾辞など》. **~·ly** 副. **~·ness** 图.

fórm clàss 图 《言》形態類《1つまたはそれ以上の形態的・統語的特徴を共有している一群の語など; 単語レベルでは品詞と同じだが, 分類基準は形式 (form)》.

fórm críticism 图 U 様式批評学, 様式史的研究《テキストを文体の相違によって分類し, 出所・史実性などを明らかにする聖書および文献学の研究の一方法》.

fórm dràg 图 U 《理》(流体中を運動する物体の)形状抵抗, 形状抵抗.

forme /fɔ́ɚm | fɔ́ːm/ 图 《英》(印刷の)版.

‡for·mer¹ /fɔ́ɚmə | fɔ́ːmə/ 形 A <比較なし> ❶ 前の, 以前の, 先の: in ~ days [times] 昔 / his ~ wife 彼の前妻

/ her ~ self 以前の彼女. ❷ [the ~; 後者 (the latter) に対して対句的に用いて] **a** 前者の: I prefer *the* ~ picture to the latter. 後者の絵より前者の絵がいい. **b** [代名詞的に用いて] 前者 (**用法** 単数名詞を受ける時には単数扱い, 複数名詞を受ける時には複数扱いになる): in *the* ~ 国の場合に[は] / Canada and the United States are in North America; *the* ~ lies north of the latter. カナダと合衆国は北米にあるが, 前者は後者の北にある. 〖ME *forme*「第一の」の比較級から〗

form·er² /fɔ́ːmə | fɔ́ːmə/ 名 ❶ 形成者, 構成者. ❷ 成形具, 型, 模型. ❸ [通例複合語で] (英) …年級生, …学年生: ⇒ sixth former.

*for·mer·ly /fɔ́ːməli | fɔ́ːmə-/ 副 (比較なし)以前(は), 昔(は) (previously): He ~ worked for the government. 彼は以前は公務員だった.

fórm-fitting 形 体にぴったりした: a ~ blouse 体の線がはっきり見えるブラウス.

for·mic /fɔ́ːmɪk | fɔ́ː-/ 形 ❶ アリの. ❷ 蟻(*)酸の.

For·mi·ca /fɔːmáɪkə | fɔː-/ 名 U 〘商標〙 フォーマイカ 《家具の表面仕上げなどに用いられる強化合成樹脂》.

fórmic ácid 名 U 〘化〙 蟻(*)酸.

for·mi·ca·tion /fɔ̀ːməkéɪʃən | fɔ̀ː-/ 名 U 〘医〙 蟻走(♂)感 《アリが皮膚をはっているような感じ》.

*for·mi·da·ble /fɔ́ːmədəbl | fɔ́ː-/ 形 (more ~; most ~) ❶ 驚異的な, 非常にすぐれた, 格別の: a ~ knowledge of astronomy 天文学のたいへん深い知識. ❷〈敵・仕事など〉手に負えそうもない, 手ごわい: a ~ enemy 手ごわい敵, 強敵 / a ~ project [plan] 手に負えそうもない大事業. ❸ 恐るべき. **-da·bly** /-dəbli/ 副 恐ろしく; 侮りがたく; 手ごわく. ❷ とても, 非常に. **~·ness** 名 〖F<L<*formido* 恐怖+-ABLE〗

fórm·less 形 ❶ 形のない, 無定形の. ❷ 秩序[組織]だっていない, 混沌とした. **~·ly** 副 **~·ness** 名.

fórm lètter 名 同文の手紙 《印刷または複写された手紙; 日付・宛先は個別的に記入される》.

for·mol /fɔ́ːməʊl | fɔ́ːmɒl/ 名 U ホルモール (formalin のこと; もと商標).

For·mo·sa /fɔːmóʊsə | fɔː-/ 名 Taiwan の旧称.

For·mo·san /fɔːmóʊs(ə)n | fɔː-/ 形 名 = Taiwanese.

*for·mu·la /fɔ́ːmjʊlə | fɔ́ː-/ 名 (働 ~s, -lae /-liː/) C **a** 決まった言い方, (式辞などの)決まり文句. **b** (意味のない)おざなりな言葉, 空虚な言葉. ❷ (一定の)方式, 式; 慣習的やり方, お決まりのやり方. ❸ 〘化〙 処方, 調理法 (*for*). **b** (計画・提案などの意見の相違を調整する)処理方策, 打開策 (a formulate). ❹ (米) (乳児用の)調製粉乳. ❺ (レーシングカーの)フォーミュラ 《エンジンの排気量による分類; Formula One [F1] などが知られる》. ❻ 〘数・化〙 公式, 式: a binomial ~ 二項式 / a molecular ~ 分子式 / a structural ~ 構造式 / the chemical ~ for water 水の化学式 (H_2O のこと). —— 形 A 〈レーシングカーがフォーミュラに従った 《車体重量・エンジンの排気量の仕様が一定の規格に従ったものにいう》. 〖L *forma*「形」の指小形から〗

for·mu·la·ble /fɔ́ːmjʊləbl | fɔ́ː-/ 形 公式化可能な.

for·mu·la·ic /fɔ̀ːmjʊléɪɪk | fɔ̀ː-́-/ 形 公式[決まり文句]の(入った[から成る]).

Fór·mu·la Óne 名 U F1 レース 《最高位のレーシングカーによる長距離レース》.

for·mu·la·rize /fɔ́ːmjʊləràɪz | fɔ́ː-/ 動 =formalize.

for·mu·late /fɔ́ːmjʊlèɪt | fɔ́ː-/ 動 ❶〈計画などを〉組織立てる, まとめる, 体系的に作り上げる. ❷〈…を〉明確[組織的]に述べる. ❸〈…を〉公式[定式]化する. 〖FORMULA+-ATE²〗

*for·mu·la·tion /fɔ̀ːmjʊléɪʃən | fɔ̀ː-/ 名 ❶ U (計画などを)組織立てる[まとめる]こと. ❷ C.U 明確な記述. ❸

707　**forthright**

a U (薬などの)処方, 調合法 (cf. formula). **b** C 調合薬[製品].

for·mu·lize /fɔ́ːmjʊlàɪz | fɔ́ː-/ 動 =formulate.

fórm·wòrk 名 〘コンクリート工〙 型枠(工事).

for·myl /fɔ́ːməl | fɔ́ːmɪl/ 名 C 〘化〙 ホルミル (基).

for·ni·cate /fɔ́ːnəkèɪt | fɔ́ː-/ 動 働 〘法〙〈正式な夫婦以外の男女が〉私通する; 姦淫(ঘ)を行なう. 〖L=売春する〗

for·ni·ca·tion /fɔ̀ːnəkéɪʃən | fɔ̀ː-/ 名 U 〘法〙 私通; 姦淫.

for·rad·er /fɑ́rədə | fɔ́rədə/ 副 (英) forward の比較級 (⇒ forward 副).

†**for·sake** /fəséɪk | fə-/ 動 働 (for·sook /-súk/; -sak·en /-séɪkən/)〈友などを〉見放す; 見放す: She *forsook* him for another. 彼女は彼を見捨てて他の男と親しくなった. ❷〈習慣などを〉やめる, 捨てる: ~ formalities for the sake of brevity 簡潔のために内容のない形式主義をやめる.

for·sak·en /fəséɪkən | fə-/ 動 forsake の過去分詞. —— 形 見捨てられた, 孤独な; (場所からさびしい, さびれた, 荒れ果てた: a ~ child [lover] (保護者から)見捨てられた子供[捨てられた恋人].

for·sook /fəsúk | fə-/ 動 forsake の過去形.

for·sooth /fəsúːθ, fə- | fɔː-, fə-/ 副 〈古〉 [しばしば皮肉をこめて] ほんとに, いかにも, もちろん, 確かに.

For·ster /fɔ́ːstə | fɔ́ːstə/, **E. M.** フォースター 《1879–1970; 英国の小説家》.

for·swear /fɔːswéə | fɔːswéə/ 動 働 (-swore /-swɔ́ː/ -swɔ́ː/; -sworn /-swɔ́ːn /-swɔ́ːn/) ❶ 誓って[断然]やめる; 誓って否定[否認]する. ❷ [~ oneself で] 偽誓[偽証]する.

For·syth /fəsáɪθ, —́-/ /fɔː-, —́-/, **Frederick** 名 フォーサイス 《1938– ; 英国の小説家》.

for·syth·i·a /fəsíθiə, -sáɪθ- | fɔː-/ 名 U 〘植〙 レンギョウ 《黄色い花を咲かせる春の花》.

*fort /fɔət | fɔːt/ 名 ❶ とりで, 城砦(ಡ್), 堡塁(岜) (cf. fortress 1). ❷ (米) 常設の陸軍駐屯地. **hóld the fórt** (留守中の)現状を維持している. 〖F<L *fortis* 強い〗

Fort-de-France /fɔ̀ədəfrɑ́ːns | fɔ̀ː-/ 名 フォール・ド・フランス 《フランス領西インド諸島 Martinique 海外県の県都》.

forte¹ /fɔət, fɔəteɪ | fɔːteɪ, fɔːt/ 名 ❶ [one's ~] 長所, えて: Singing is not really my ~, but I'll try. 歌はあまり得意ではありませんが, やってみましょう. ❷ C 〘フェン〙 剣の腰 《つかから中央までの刀身部; cf. foible 2》. 〖F=得意(こと)<L; ⇒ fort ↑〗

for·te² /fɔ́əteɪ | fɔ́ːteɪ, -ti/ 副 〘楽〙 形 フォルテ, 強音の, 強く (略 *f*; ↔ piano). **~ ~** =fortissimo. —— 名 強音(部). 〖It=強い<L; ⇒ fort〗

for·te·pi·a·no /fɔ̀əteɪpiǽnoʊ | fɔ̀ː-/ 名 〘楽〙 フォルテピアノ 《18–19 世紀初めに現われた初期のピアノ》.

for·te·pi·a·no /fɔ̀əteɪpiǽnoʊ | fɔ̀ːtiːpiáː-/ 名 副 〘楽〙 強くそして直ちに弱く (略 *fp*).

*forth /fɔəθ | fɔːθ/ 副 (比較なし) (文) ❶ [時を表わす名詞の後に用いて] (…)以後 (★ 通例次の句で): from this [that] day ~ 今日[その日]以後. ❷ [通例動詞に伴って] 前へ, 見える所で; (家などから離れて)外へ (★ 動詞 bring, burst, give, hold, put, set などの項を参照). **and só forth** ⇒ 成句.

Forth /fɔəθ | fɔːθ/ 名 [the ~] フォース川 《スコットランド中南部の川》. **The Firth of Fórth** フォース湾 《スコットランド東部の北海の入り江; ここに長い橋がかかっている》.

*forth·com·ing /fɔ̀əθkʌ́mɪŋ | fɔ̀ːθ-́-/ 形 ❶ まもなく来よう[現われよう]とする; 今度の: a list of ~ books 近刊書目録 / the ~ week 次週. ❷ P [通例否定文で] (必要な時に)用意されている, 利用できて: We needed money, but *none* was ~. 金が必要だったが少しも手に入らなかった. ❸ [通例否定文で] ❶ すぐ[進んで]手助けしてくれる; 質問に応じてくれる, 情報を提供してくれる (↔ unforthcoming). **b** 〈人が〉外向的な, 社交的な. 〖FORTH+COMING〗

†**fórth·right** 副 まっすぐに. —— 形 ❶ 率直な, あけっぴろ

forth·with /fɔ́ːθwíθ | fɔ́ː-/ 副 直ちに (immediately).

for·ti·eth /fɔ́ːtiəθ | fɔ́ː-/《序数の第 40 番; ★ 40th と略記; 用法は ⇒ fifth》形 ❶ [通例 the ~]第 40(番目)の. ❷ 40 分の 1 の. —代 [the] 第 40 番目の人[もの]. —名 ❶ [U] [通例 the ~] 第 40. ❷ [C] 40 分の 1. 〖FORTY + -TH¹〗

for·ti·fi·a·ble /fɔ́ːtəfàɪəbl | fɔ́ː-/ 形 要塞化できる; 強化できる.

for·ti·fi·ca·tion /fɔ̀ːtəfɪkéɪʃən | fɔ̀ː-/ 名 ❶ [C] [通例複数形で] 防御工事, とりで, 要塞(ようさい). ❷ [U] 強めること; (ワインの)アルコール分強化, 酒精強化; (食物の)栄養価の強化. ❸ [U] 築城(法, 術, 学).

fór·ti·fied 形 ❶ 防備を固めた, 要塞化した. ❷〈食品・酒など〉栄養価[アルコール分]を高めた[強化した]

fórtified wíne 名 酒精強化ワイン《ブランデーなどを入れてアルコール分を強めたもの; シェリーなど》.

fór·ti·fi·er /-fàɪə | -fàɪə/ 名 ❶ 築城家. ❷ 強化者[物], 増強剤. ❸〔戯言〕強壮剤 (tonic), 酒.

for·ti·fy /fɔ́ːtəfàɪ | fɔ́ː-/ 動 ❶〈...に〉防御工事を施す;〈...を〉要塞(ようさい)化する,〈...の〉防備を固める. ❷ a〈組織・構造を〉強化する. b〈人を〉(肉体的・精神的に)強化する. ❸〈酒などに〉アルコールを加えて強くする;(ビタミンなどを加えて)〈食品の〉栄養価を高める. —自 要塞を築く. 〖F < L; ⇒ fort, -fy〗

for·tis /fɔ́ːtɪs | fɔ́ː-/〔音声〕名 (圏 -tes /-tiːz/) 硬音 (/p, t, k/ など; cf. lenis). —形 硬音の.

for·tis·si·mo /fɔːtísəmòʊ | fɔː-tísɪ-/〔楽〕形 フォルティッシモ, きわめて強い[強く] (略 ff に pianissimo). —名 (圏 ~s) 最強音(部).〖It forte FORTE² の最上級〗

for·ti·tude /fɔ́ːtət(j)ùːd | fɔ́ː-tətjùːd/ 名 [U] 雄々(おお)しさ; 不屈の精神: with ... 毅然(きぜん)として, 〖L; ⇒ fort, -tude〗【類義語】⇒ patience.

Fòrt Knóx /-náks | -/ 名 フォートノックス《米国 Kentucky 州北部 Louisville 近くの軍用地; 合衆国金塊貯蔵所がある》.

⁺fort·night /fɔ́ːtnàɪt | fɔ́ːt-/ 名 [通例単数形で]《英》2 週間《〈比較〉《米》では通例 two weeks を用いる》: Monday ~ 2 週間後[前]の月曜日 / today ~ =this day ~ 来々[先々]週間. 〖OE=14 の夜〗

fórt·night·ly《英》形 2 週間に 1 回の, 隔週発刊の(《米》biweekly). —副 2 週間ごとに. —名 隔週刊行物.

FORTRAN, For·tran /fɔ́ːtræn | fɔ́ː-/ 名〔電算〕フォートラン《主に科学技術計算用のプログラム言語; cf. computer language》.〖FOR(MULA)+TRAN(SLATION)〗

⁺fort·ress /fɔ́ːtrəs | fɔ́ː-/ 名 ❶ (大規模で永続的な)要塞(さい); 要塞地[都市]. ❷ 堅固な場所.〖F < L fortis 強い; cf. fort〗

Fòrt Súm·ter /-sámtə | -tə/ 名 サムター要塞《米国 South Carolina 州の Charleston 港にあった; 1861 年南軍がここを砲撃して南北戦争が始まった》.

for·tu·i·tous /fɔːt(j)úːətəs | fɔːtjúː-/ 形 ❶ 思いがけない, 偶然の. ❷ 幸運な《★非標準的用法》. ~·ly 副 ~·ness 名 〖L; FORTUNE と関連語〗

for·tu·i·ty /fɔːt(j)úːəti | fɔːtjúː-/ 名 [U] 偶然性, 偶然. ❷ [C] 偶然の出来事.

*for·tu·nate /fɔ́ːtʃ(ʊ)nət | fɔ́ː-/ 形 (more ~; most ~) ❶ 運のよい, 幸運な, 幸せな (↔ unfortunate): a ~ person 幸運な人 / make a [one's] ~ 財産を作る / That must have cost a ~. それはずいぶん高かったでしょう / come into a ~ (遺産相続などで)財産を得る. ❷ [U] 運: by good [bad, ill] ~ 幸運[不運]にも / try one's ~ 運だめし[冒険]をする /〔+to do〕He had the good ~ to succeed. 彼は幸運にも成功した. ❸ [U] 幸運, 果報; 繁栄, 成功, 出世: seek one's ~ 〈家を離れて[成功]の道を求める / have ~ on one's side 好運に恵まれる. ❹ [複数形で] 盛衰, 浮沈. ❺ [C] 運勢, (将来の)運命: tell ~s〈占い師が〉運勢を占う / tell a person's ~ 人の運勢を占う. ❻ [F~]〔文〕運命の女神: F~ favors the brave [bold].《諺》運命の女神は勇者に味方する / F~ smiles on... 運命の女神が...にほほえむ. [F~] フォーチュン《米国の経済誌》. **a smáll fórtune**《口》かなりの金額, 大金: spend *a small* ~ on ... にひと財産[大金]を費やす. **márry a fórtune** 金持ちの女と結婚する, 財産目当てに結婚する《由来 fortune は「〔古〕女財産家」の意》. 〖L=運> fortunate〗

⁺for·tu·nate·ly /fɔ́ːtʃ(ʊ)nətli | fɔ́ː-/ 副 (more ~; most ~) 幸いに, 幸運に; [文修飾] 幸いにも, 幸運にも: F~ the weather was good. 幸運にも天気はよかった.

*for·tune /fɔ́ːtʃən | fɔ́ː-/ 名 ❶ [C] 富, 財産; 巨額の金, 大金: make a [one's] ~ 財産を作る / That must have cost a ~. それはずいぶん高かったでしょう / come into a ~ (遺産相続などで)財産を得る. ❷ [U] 運: by good [bad, ill] ~ 幸運[不運]にも / try one's ~ 運だめし[冒険]をする /〔+to do〕He had the good ~ to succeed. 彼は幸運にも成功した. ❸ [U] 幸運, 果報; 繁栄, 成功, 出世: seek one's ~ 〈家を離れて[成功]の道を求める / have ~ on one's side 好運に恵まれる. ❹ [複数形で] 盛衰, 浮沈. ❺ [C] 運勢, (将来の)運命: tell ~s〈占い師が〉運勢を占う / tell a person's ~ 人の運勢を占う. ❻ [F~]〔文〕運命の女神: F~ favors the brave [bold].《諺》運命の女神は勇者に味方する / F~ smiles on... 運命の女神が...にほほえむ. [F~] フォーチュン《米国の経済誌》. **a smáll fórtune**《口》かなりの金額, 大金: spend *a small* ~ on ... にひと財産[大金]を費やす. **márry a fórtune** 金持ちの女と結婚する, 財産目当てに結婚する《由来 fortune は「〔古〕女財産家」の意》. 〖L=運> fortunate〗

fórtune còokie 名《米》(中華料理で出される)おみくじ入りクッキー.

Fórtune 500 /-fárvhándrəd/ 名 フォーチュン 500 社《経済誌 Fortune が毎年掲載する米国企業および海外企業の各売上高上位 500 社のリスト》.

fórtune hùnter 名 (特に結婚によって)財産を得ようとする人, 金持ちの結婚相手を探す人.

fórtune-tèller 名 占い師, 易者.

fórtune-tèlling 名 [U] 運勢[吉凶]判断, 占い.

Fòrt Wórth /fɔ́ːtwə́ːθ | fɔ́ːtwə́ːθ/ 名 フォートワース《米国 Texas 州北部の都市; エレクトロニクス産業の中心》.

*for·ty /fɔ́ːti | fɔ́ː-/ 形 《基数の 40; 用法は ⇒ five》形 [A] 40 の, 40 個の, 40 人の: ⇒ forty winks. ❷ [名詞の前に用いて] 40 番目の. ❸ [P] 40 歳で. —代《複数扱い》40 個, [人]. ❷ [時に [C]; 通例無冠詞] 40. b [C] 40 の数字[記号] (40, xl, XL). ❷ a [U] 40 歳; 40 ドル[ポンド, セント, ペンスなど]; 時速 40 マイル. b [the forties] (世紀の)40 年代; (温度などの)40 度台. c [one's forties] (年齢の)40 代: a woman in her mid-*forties* 40 代半ばの女性. d [the Forties] スコットランド北東岸とノルウェー南西岸の間の海域《★ 40 ひろ以上の深さがあるところから》: ⇒ the ROARING forties 成句. ❺ [U]〔テニス〕フォーティー (3 度目の得点):⇒ five. フォーティーラブ (40 対 0). ❻《衣服などの》40 号サイズ(のもの).〖OE=four tens〗

fórty-fíve /fɔ́ːtifáɪv | fɔ́ː-/ 名 ❶ [U.C] [通例無冠詞] (基数の) 45. ❷ [C] 45 口径ピストル(通例 .45 と書く). ❸ [C] 45 回転のレコード(通例 45 と書く).

fòrty-nín·er /-náɪnə | -nə/ 名《米口》1849 年金鉱景気で California に押し寄せた人.

fórty wínks 名 圏《口》ひと眠り, 昼寝: catch [have, take] ~ ひと眠りする.

*fo·rum /fɔ́ːrəm | fɔ́ːrə/ 名 (圏 ~s, fo·ra /fɔ́ːrə/) ❶ (公共的な)議論[討論, 意見交換]の場, 公開討論会, フォーラム. ❷〔古〕公共広場, フォルム《都市で公事の集会所に用いた大広場》. ❸ 裁判所, 法廷.〖L=広場, 公開場〗

*for·ward /fɔ́ːwəd | fɔ́ːwəd/ 副《時に ~·er; ~·est》❶ 前方へ[に], 先へ[進んで] (↔ backward): rush ~ 突進する / lean ~ 身を乗り出す / look ~ 前方を見る (cf. 2 a) / step ~ two paces [take two steps ~] 2 歩前へ進む / He drew his chair ~ and sat down. 彼はいすを前へ引き寄せて腰かけた / F~!〔軍〕(前へ)進め! ❷ a 将来(に向けて), 今後; (時間などを)先へ(進めて): look ~ 将来を考える (cf. 1) / move [put] a clock ~ 時計を進める. b [名詞の後に用いて] (...)以後: from this time ~ 今後(は) / from that day ~ その日以後. c〔商〕先渡し[先払い]として: date a check ~ 小切手を先日付とする. ❸ (日付などについて)早めて, 繰り上げて: bring (the date of) one's party ~ from the 12th to the 5th of May パーティーの日取りを 5 月 12 日から 5 日に繰り上げる. ❹ [通例動詞と結びついて] 目立つように, 表に(出して): ⇒ BRING forward, COME forward, PUT forward 成句.

—形《時に ~·er; ~·est》❶ [A] (比較なし) a 前方へ

の); 前進する, 往きの (↔ backward): (a) ~ movement 前進 / ~ speed 前進速度. **b** 前部の, 前方の: a ~ seat on a bus バスの前部の座席. **2** A (比較なし) 〈将来に向けての〉 planning 将来計画. **b** 〖商〗先を見越しての, 先物の: a ~ contract 先物契約 / ~ delivery 先渡し. **3** a 〈季節・時期など〉 (いつもより)早い; a ~ spring いつもより早い春. **b** 〈作物・子供など〉発育[発達]の早い, 早熟な: a ~ child ませた子 / The crops are rather ~ this year. 作物は今年は少々成育が早い. **4** 〖叙述〗 でしゃばり, ずうずうしい, 出すぎた, 押しつけがましい, 生意気な. **5 a** 前進的な, 促進派の (★しばしば軽蔑的に用いる): a ~ movement 促進運動. **b** 〈意見など〉進歩的な, 進んだ; 急進的な: ~ measures 急進的な方案.

── 名 〔フットボール・ホッケーなど〕フォワード, 前衛 (略 fwd; cf. back 4): left [right] ~ レフト[ライト]フォワード.

── 他 **1** 〈...から...へ〉〈手紙などを〉転送する, 回送する (cf. readdress 1): Your letter has been ~ed to me from my former address. あなたの手紙は私の前の住所から転送されてきました. **2** 〈注文品を〉発送する, 送る: Please ~ the goods on receipt of our check. 小切手を受領次第商品をお送りください. (十目+目) We will ~ you the merchandise [We will ~ the merchandise to you] after we receive your check. 商品は小切手の受け取り後に出荷します. **3** a 〈計画・運動・行為などを〉進める, 助成する, 促進する (further): ~ a plan [movement] 計画[運動]を促進する / ~ one's (own) interests 自分の利益を増進する. **b** 〈植物などの〉成育を早める, 促成栽培する.

── 自 〔郵便物を〕転送する (★通例郵便物の上に書く): Please ~ (if not at this address). (この住所にいなければ)どうぞ転送ください.   ~・ly 副 でしゃばって, 差し出がましく.   ~・ness 名 U **1** (進歩・季節・作物などの) 早さ; 早熟さ. **2** でしゃばり, 生意気.

〖FORE+WARD〗 ⇨ onward.

fór・ward・er 名 **1** 促進[助成]者. **2** 回送[送達]者; 運送業者.

fór・ward・ing 名 U 運送(業); 発送; 回送. **2** 〔形容詞的に〕運送の, 発送の, 回送の: a ~ agent 運送業者.

fórwarding address 名 〔郵便などの〕転送先.

fórward-lòoking 形 先見の, 積極的な, 進歩的な.

fórward market 名 《英》先物市場.

fórward páss 名 〔ラグビー・アメフト〕フォワードパス.

for・wards /fɔ́ərwərdz | fɔ́ːwədz/ 副 = forward 1.

fórwards-thìnking 形 =forward-looking.

foss /fɑ́s | fɔ́s/ 名 =fosse.

fos・sa[1] /fɑ́sə | fɔ́sə/ 名 (pl. **fos・sae** /-siː/) 〔解〕(鼻などの)穴, くぼみ: the nasal fossae 鼻窩. 〖L=溝, 堀〗

fos・sa[2] /fɑ́sə | fɔ́sə/ 名 〔動〕フォッサ (ネコとジャコウネコの中間の動物; マダガスカル島産).

fosse /fɑ́s | fɔ́s/ 名 **1** 掘割, 運河. **2** 〔城・要塞の〕堀.

Fos・sey /fɔ́ːsi | fɔ́si/, **Di・an** /dáɪən/ 名 フォッシー (1932–85); 米国の動物学者; アフリカの奥地でゴリラの研究・保護に半生を捧げた).

***fos・sil** /fɑ́s(ə)l | fɔ́s(ə)l/ 名 **1** 化石. **2** 〔通例 old ~ で〕《口》時代遅れの人, 旧弊な人. ── 形 **1** 化石の, 化石になった: a ~ leaf 化石の葉. **2** 旧弊の, 時代遅れの. 〖F<L=掘り出された〗 (動 fossilize)

⁺**fóssil fùel** 名 CU 化石燃料 (石炭・石油・天然ガスなど).

fos・sil・if・er・ous /fɑ̀səlíf(ə)rəs | fɔ̀s-/ 形 〔岩石・地層が〕化石を産出する, 化石を含む.

fóssil ìvory 名 U 化石アイボリー (長期間地中にあって黄色く変色した象牙).

fos・sil・i・za・tion /fɑ̀səlɪzéɪʃən | fɔ̀səlaɪz-/ 名 U **1** 化石化. **2** 旧弊化.

fos・sil・ize /fɑ́səlaɪz | fɔ́s-/ 動 他 **1** 化石にする, 化石化する. **2** 固定化する; 時代遅れにする. ── 自 **1** 化石になる; 化石化する: ~ into coal 化石化して石炭になる. **2** 時代遅れになる. (名 fossil)

fos・so・ri・al /fɑsɔ́ːriəl | fɔ-/ 形 〔動〕 穴を掘る(のに適した), 穴で生活する, 地下....

***fos・ter** /fɑ́stə, fɔ́ːs- | fɔ́stə/ 動 他 **1** 〈実子でない子供を〉〈実子のように〉育てる, 養育する; 世話する: ~ a child 子供を育てる. **2** 〈...を〉育成[促進, 助長]する: Ignorance ~s superstition. 無知は迷信を助長する. **3** 〈希望などを〉心にいだく: ~ fond hopes たわいもない望みをいだく.

── 形 A (血縁や法的親子関係でなく)養育した[に基づく], 里...: a ~ brother [sister] 乳(ち)兄弟[姉妹] / a ~ child 養い子 / a ~ daughter 養女 / a ~ father 養父 / a ~ mother 養母; 保母 / a ~ nurse (里子の)養育者, 助育者. うば / a ~ parent 育ての親, 里親 / a ~ son 養子. 〖OE=食物を(与える)〗

Fos・ter /fɑ́stə, fɔ́ːs- | fɔ́stə/, **Stephen Col・lins** /kɑ́lɪnz | kɔ́l-/ 名 フォスター (1826–64; 米国の歌謡作詞・作曲家).

fos・ter・age /fɑ́stərɪdʒ, fɔ́ːs- | fɔ́s-/ 名 U **1** (養い子の) 養育; 里に出す[里子を預かる]こと, 里子制度. **2** 里子であること. **3** 育成, 促進, 奨励, 助長.

fós・ter・er /-tərə | -rə/ 名 **1** 養育者, 里親; 乳母. **2** 育成者, 助成者.

fóster hóme 名 里子を預かる家.

fos・ter・ling /fɑ́stərlɪŋ, fɔ́ːs- | fɔ́stə-/ 名 里子.

Fou・cault /fuːkóʊ | ー ー/, **Jean-Bernard-Léon** /ʒɑ̃ːnbɛənáəláɪən | ʒɔ̃beɑnáː-/ 名 フーコー (1819–68; フランスの物理学者).

fouet・té /fuːətéɪ | ー ー/ 名 〖バレエ〗フエッテ (軸足でない脚を連続してむち打つように他を回す).

‡**fought** /fɔ́ːt/ 動 fight の過去形・過去分詞.

***foul** /fáʊl/ 形 (~・er; ~・est) **1** a 悪臭のある, むかつくような: ~ breath 臭い息 / a ~ smell [odor] 悪臭. **b** 不潔な, 汚い, よごれた; 〔空気・水の〕濁って汚い: ~ air よごれた空気. **c** 〔食物が〕腐った, 腐敗した. **2** a 〔天候が悪い, しけ模様の: ~ weather 悪天候, 荒天. **b** (比較なし) 〔風・潮が〕逆の: a ~ wind 逆風, 向かい風 (↔ a fair wind). **3** 〔言葉・心などが〕汚らわしい, みだらな; 口汚い (offensive): a ~ tongue 口汚い言葉, 悪態 / ~ talk 猥談(だん). **4** 《主に英口》ひどく不快[いや]な: a ~ breakfast ひどい朝食 / in a ~ mood ひどく不機嫌で / This soup is absolutely ~. このスープはまったくひどい. **5** 《文》〈犯罪などけしからぬ〉, ひどい, 卑劣な: ~ murder だまし討ち, 無残な殺人. **6** A (比較なし) 〔競技で〕反則の; 不当な, 不正な (↔ fair): win by ~ play 汚いやり方で勝つ (⇒ foul play 3). **7** 〈校正刷りなど〉(誤りや直しが多くて)汚い (↔ clean): ~ copy 汚い原稿.

── 副 (~・er; ~・est) **1** 不正に, 違法に. **2** (比較なし) 〔野〕ファウルに.

fàll fóul of... 〈人が〉...と争う, けんかになる; ...を怒らせる; 〈法律などに〉抵触する (run foul (afoul) of).

── 名 **1** (競技で)ファウル, 反則. **2** 〖野〗ファウル (略 f.). **3** 〖海〗(ボート・オールなどの)衝突; (綱などの)もつれ, からまり.

── 動 他 **1** 〈...を〉よごす; 〈名声・評判などを〉汚す: ~ a person's name 人をあざけるに言う / ~ one's hands with... 〈...〉に関係して身を汚す[面目をつぶす]. **2** 〈銃・煙突などを〉詰まらせる; 〈綱などを〉もつれさせる, からめる. **3** 〖スポ〗〈相手を〉反則で妨害する. **4** 〖野〗〈ボールを〉ファウルにする. **5** 〖野〗ファウルを打つ.

── 自 **1** よごれる; 汚れる. **2** 〈銃などが〉詰まる; 〈綱などがもつれる, からまれる. **3** 〖スポ〗反則を犯す. **4** 〖野〗ファウルを飛ばす.

fóul óut (自十副) (1) 〖バスケ〗反則で退場する. (2) 〖野〗ファウルフライを打ってアウトになる.

fóul úp (他十副) (1) 《口》〈...を〉台なしにする, だめにする (mess up): I'm afraid I've ~ed up your computer. あなたのコンピューターをだめにしてしまったのではないかと心配です. ── (自十副) (2) へまをやる.

~・ness 名 〖OE〗〔類義語〕⇒ dirty.

fou・lard /fuːlɑ́ərd | -láː(d)/ 名 **1** U フラール (しなやかな薄絹[レーヨン]). **2** C フラール製ハンカチ[ネクタイ(など)].

fóul báll 名 〖野〗ファウル(ボール) (↔ fair ball).

fóul・bròod 名 U (細菌によるミツバチの幼虫の)腐蛆(ふそ)病.

fóul líne 名 〖球技〗ファウルライン.

foul・ly /fáʊl(l)i/ 副 **1** 汚く. **2** 口汚く. **3** 悪らつに; 不正に: be ~ murdered だまし討ちで殺される.

fóul móuth 名 口汚い人.

fóul・mòuthed /-máʊðd ー/ 形 みだらな[卑猥(ひわい), 下品]な

fóul pláy 图 ❶ 犯罪, 凶行, 殺人: The police suspect ～. 警察は犯罪が行なわれたのではないかとにらんでいる。 ❷ (競技で)反則 (cf. fair play 1). ❸ 不正; ひきょうな仕打ち.

fóul shòt 图《バスケ》＝free throw.

fóul·spóken 形 ＝foulmouthed.

fóul típ 图《野》ファウルチップ.

fóul-úp 图《口》❶ (不注意・不手際などによる)混乱. ❷ (機械の)故障, 不調.

fou·mart /fúːmɑːt | -mɑːt/ 图 ❶《動》ケナガイタチ《欧州・アジア産》. ❷ 見下げはてたやつ, 畜生, けす(野郎).

*⁎**found**¹ /fáʊnd/ 動 find の過去形・過去分詞.

*⁎**found**² /fáʊnd/ 動 他 ❶ a (基本金を寄付して)〈…を〉設立する: ～ a hospital 病院を設立する. b 〈…を〉創設する, 創建する: The immigrants ～ed a colony on the continent. 移民たちは大陸に植民地を創設した. ❷ 〈…に〉基づいて〈…を〉作る; 〈…を×…の〉根拠とする〔on, upon〕 (⇒ found 2). ❸ 〈…に〉強固な基礎を与える (⇒ founded 2). 《F<L=…の土台を置く< fundus 底; cf. fundamental, profound》 图 foundation)

found³ /fáʊnd/ 動 他 ❶〈金属を〉鋳る, 鋳込む. ❷〈ものを〉鋳造する. 《F<L=流しこむ, 溶ける》

*⁎**foun·da·tion** /faʊndéɪʃən/ 图 ❶ C a [通例複数形で] (建物の)土台, 基礎, いしずえ. b (物事の)基礎, 基本; (制度などの)根幹: lay the ～ of…の基礎[土台]を築く / provide a firm [sound] ～ for…のためのしっかりとした基礎[基本]を与える. ❷ C 財団, 基金. ❸ U (噂・うわさなどの)根拠, より所: a rumor without ～ 根も葉もない流言 / The rumor has no ～ in fact. そのうわさは事実に基づくものではない. ❹ U 創設, 創立, 創建, 設立. ❺ U ファンデーション《化粧の下地として用いられる化粧品》. ❻ ＝foundation garment. **sháke** [**róck**] **the foundátions of**… ＝**sháke** [**róck**] **to its foundátions** …の根底[土台]を揺るがす. 動 found²)

foundátion còurse 图《英》(大学1年の)基礎講座.

foundátion crèam 图 U.C (化粧の)下地[ファンデーション]クリーム.

foundátion gàrment 图 ファウンデーションガーメント《女性の体型を整えるためのコルセット・ガードル・ブラジャーなどの下着》.

foundátion schòol 图 U.C 財団設立の学校.

foundátion stòne 图 ❶ 礎石, 土台石; 基石《記念の言葉を刻み建築物の定礎式の時に据える》; cf. cornerstone 2). ❷ 基礎.

⁺**fóund·ed** 形 ❶ [通例 be ～ on …で] …に基づいて, …に土台[基礎]を置いて, …を根拠として: Marriage should be ～ on love. 結婚は愛の上に成り立つべきである. ❷ [well, ill を伴って] 基礎[根拠]が…: This conjecture is well [ill] ～. この推量は根拠が十分[薄弱]である / [★ 複合語で] ⇒ ill-founded, well-founded.

*⁎**fóund·er**¹ 图 創設者, 設立者, 創業者; 始祖, 開祖: the ～ of a school 学校の創立者. 〔FOUND² +-ER¹〕

foun·der² /fáʊndə | -də/ 動 自 ❶〈計画などが〉失敗する, だめになる. ❷〈船が〉浸水沈没する. ❸〈土地・建物などが〉くずれる, めり込む, 倒壊する. —— 他〈船を〉浸水沈没させる. 《F=底に沈める》

fóund·er³ /fáʊndə/ 图 鋳造者, 鋳物師. 〔FOUND³ +-ER¹〕

fóunder mémber 图《英》創立メンバー《《米》charter member》.

fóund·ing fáther 图 ❶ C 創始者, 創設者. ❷ [the Founding Fathers] 建国の始祖たち《1787年の米国憲法制定者たち》.

found·ling /fáʊndlɪŋ/ 图《古風》拾い子, 捨て子.

fóund·ress /fáʊndrəs/ 图 女性創設者[設立者].

found·ry /fáʊndri/ 图 ❶ C 鋳造所[場], 鋳物工場. ❷ U 鋳造(業). ❸ U 鋳物類. 〔FOUND³ +-RY〕

fount¹ /fáʊnt/ 图 ❶ 源泉, 源〔of〕. ❷《詩》泉, 噴水. 〔FOUNTAIN〕

fount² /fáʊnt/ 图《英》＝font².

*⁎**foun·tain** /fáʊntn, -tɪn | -tɪn/ 图 ❶ a 噴水. b 噴水池, 噴水盤, 噴水塔. c 泉; 水源. ❷ a ＝drinking fountain. b ＝soda fountain. ❸ 源, 根源: a ～ of wisdom 知恵の源泉. **fountain of yóuth** (1) [the F- of Y-] 青春の泉《青春を取り戻させるという伝説の泉》. (2) [通例単数形で] 若さの源泉. 《F<L=泉の》

fóuntain·hèad 图 [通例単数形で] 水源, 源泉; 根源〔of〕.

fóuntain pèn 图 万年筆.

*⁎**four** /fɔə | fɔː/ 《基数の 4; 序数は fourth; 用法は ⇒ five》形 ❶ A 4の, 4個の, 4人の. ❷ [名詞の後に用いて](…個[人]の中の) 4番目の: Lesson F- (＝The Fourth Lesson) 第4課. ❸ P 4歳で. **to the fóur wínds** 四方(八方)に: scatter …to the ～ winds …を四方八方にまき散らす. —— 图 ❶ a U [時に C; 通例無冠詞] 4. b 4の数字[記号] (4, iv, IV). ❷ U 4時; 4歳; 4ドル[ポンド, セント, ペンスなど]: at ～ 4時に / a child of ～ 4歳の子供. ❸ C 4個[4人]からなるひと組. b [four horses の略で無冠詞] 4頭の馬: a carriage [coach] and ～ 4頭立ての馬車. c C 4本オールのボート(の乗組員). b [複数形で] 4本オールのボートレース. ❹ C (衣服・靴などの) 4号サイズ(のもの). ❺ C (トランプ・さいころなどの) 4. ❻ C [クリケ] 4点打. ❼ [複数形で] 《軍》 4列縦隊. **háve fóur on the flóor** 《米》(マニュアル車の) 4速車である. **màke úp a fóur** (トランプ・テニスなどで) 4人ひと組ができるように(参加)する. **on áll fóurs** ＝all fours 成句. 〔OE〕

fóur bíts 图《米口》50セント.

fóur-by-fóur 图《米口》四輪駆動車《4×4 とも書く》.

four·chette /fʊəʃét | fʊə-/ 图《解》陰唇小帯.

fóur córners 图 《 [the ～] 全領域: the ～ of the earth 地球全域.

fóur-diménsional 形 四次元の.

fóur-éyed 形 四つ目の;《口》眼鏡をかけた.

fóur-éyes 图《 ～》《口》眼鏡をかけた人.

fóur flùsh 图《トランプ》フォーフラッシュ《ポーカーで同じ組の札4枚と異種の札1枚の手》; flush のなりそこない; ⇒ poker² 解説).

fóur-flùsh 動《米口》虚勢を張る, はったりをかける.

fóur-flùsher 图《米口》虚勢を張る人, はったり屋.

fóur·fòld 形 ❶ 4倍の, 4重の. ❷ 4部分[要素]のある. —— 副 4倍に, 4重に.

fóur-fóoted 形 四つ足の.

fóur frèedoms 图《 [the ～] 四つの自由《解説 1941年1月米大統領 F. D. Roosevelt の宣言した人類の基本的四大自由; freedom of speech and expression (言論および表現の自由), freedom of worship (信仰の自由), freedom from want (欠乏のないこと), freedom from fear (恐怖のないこと)》.

fóur-hànd 形 ❶《ゲームなど》4人でする. ❷《楽》(ピアノで) 二人連弾の.

fóur-hánded 形 ＝four-hand.

4-H Clùb, Fóur-H clùb /fɔ́əeɪtʃ- | fɔ́:(r)eɪtʃ-/ 图 4-H クラブ《head, hands, heart, health をモットーに農業技術の向上と公民としての教育を主眼とする米国農村青年教育機関の一単位》.

Fóur Húndred, 400 图《米》《 [the ～, 時に f- h-]》《一都市の)社交界のお歴々, 上流特権階級.

Fou·ri·er /fúːrièɪ | fúː-/, **Charles** /tʃɑːl | tʃɑːl/ フーリエ《1772-1837; フランスの社会思想家; cf. Fourierism》.

Fou·ri·er, /fúːrièɪ | fúː-/, **Jo·seph** /ʒóʊzéf/ 图 フーリエ《1768-1830; フランスの数学者・物理学者》.

Fou·ri·er·ism /-rìzm/ 图 U フーリエ主義《Charles Fourier の空想的社会主義》. **Fóu·ri·er·ist** /-rɪst/ 图

Fóurier sèries 图《数》フーリエ級数.

Fóurier trànsform 图《数》フーリエ変換.

fóur-in-hánd 图 ❶《米》(普通結びの)すべり結びネクタイ. ❷ (昔の)御者一人で駆る4頭立て馬車. —— 形 4頭立ての. —— 副 御者一人で4頭の馬を御して: drive ～ 4頭立ての馬車を御す.

fóur-lèaf clóver 图 U.C 四つ葉のクローバー《解説 見つけた人に幸運が訪れるとされている; 四つ葉はそれぞれ信仰

fóur-lèaved clóver 名 =four-leaf clover.

fóur-lètter wórd 名 四文字語《四文字から成る性および排泄(学)に関する語; cunt, fuck, shit など》.

fóur-o'clóck 名〘植〙オシロイバナ《熱帯アメリカ原産》.

404 /fɔ́ːòufɔ́ː | fɔ́ː(r)òufɔ́ː-/ 形 ⦅P⦆⦅戯⦆右も左もわかっていない, まぬけな. 【404 はインターネットで求めるページが見つからない時のエラー番号】

411 /fɔ́ːəwànwán | fɔ́ː-/, **fóur-òne-óne** 名 [the ~]⦅米俗⦆情報, (物・人についての)詳細〔on〕.⦅米国の電話番号案内の方式から⦆

401K /fɔ́ːòuwànkéɪ | fɔ́ː(r)òu-/ 名 U⦅米⦆401K《積立て給料天引きの退職金積立て制度》.

fóur-on-the-flóor 名⦅米⦆(自動車の)4段ギアフロアシフト変速機.

fóur-pàrt 形 A⦅米⦆四部合唱の(soprano, alto, tenor, bass から成る).

four·pen·ny /fɔ́əpèni | fɔ́ːpéni, -p(ə)ni/ 形 A⦅英⦆フォーペンスの(価の): a ~ loaf 1 個 4 ペンスのパン. **a fóurpenny óne**⦅英口⦆強打: I'll give you *a ~ one*. ぶん殴るぞ.

fóur-póster 名 (また **fóur-póster béd**) 四柱式ベッド.

fóur-scóre 形⦅古⦆80 の: ~ and seven years ago 87 年前.

†**four·some** /fɔ́əsəm | fɔ́ː-/ 名 ❶ 4 人組. ❷〘ゴルフ〙フォーサム《4 人が 2 組に分かれ, 各組 1 個ずつのボールを使って交互に打つ競技法; cf. single 5): a mixed ~ 混合フォーサム《各組が男女 2 人から成る場合》.

fóur-squáre 形 ❶ 正方形の, 四角な. ❷ **a**《建物など》堅固な; しっかりした. **b** 堅実な, 率直な. ── 副 堅固に; 率直に.

fóur-stár 形 A⦅米⦆❶ 優秀な, 優れた;《レストランなど》四つ星の. ❷〘軍〙四つ星の: a ~ general 陸軍大将.

fóur-stróke 〈内燃機関が〉4 ストロークの; 4 サイクルエンジンの.

‡**four·teen** /fɔ̀ətíːn | fɔ̀ː-́/《基数の 14; 序数は fourteenth; 用法は⇒ five》形 ❶ A 14 の, 14 個の, 14 人の. ❷ (名詞の後に用いて) 14 番目の. ❸ 14 歳の. ── 代 [複数扱い] 14 個[人]. ── 名 **a** U [時に C; 通例無冠詞] 14. **b** C 14 の数字[記号] (14, xiv, XIV). ❷ U (24 時間制で) 14 時《午後 2 時》. ❸ C 14 個[人]からなるひと組. ❹ C (衣服などの) 14 号サイズ(のもの). 【OE (four+ten)】

‡**four·teenth** /fɔ̀ətíːnθ | fɔ̀ː-́/《序数の第 14 番; ★ **14th** と略記; 基数は fourteen; 用法は⇒ fifth》形 ❶ (通例 the ~) 第 14 (番目の). ❷ 14 分の 1 の. ── 代 (通例 the ~) 第 14 番目の人[もの]. ── 名 ❶ (通例 the ~) **a** (序数の) 第 14 (略 14th). **b** (月の) 14 日. ❷ C 14 分の 1. 【FOURTEEN+-TH¹】

‡**fourth** /fɔ́əθ | fɔ́ːθ/《序数の第 4 番; ★ しばしば 4th と略記; 基数は four; 用法は⇒ fifth》形 ❶ (通例 the ~) 第 4 (番目の). ❷ 4 分の 1 の. ── 代 [the ~] 第 4 番目の人[もの]. ── 副 (序数の) 第 4 に (略 4th). ── 名 ❶ (通例 the ~) **a** (序数の) 第 4 (略 4th). **b** (月の) 4 日(ヹ). **c** [the F-]⦅米⦆=the FOURTH of July 成句. ❷ [主に米] C 4 分の 1 (⦅英⦆quarter). ❸ C〘楽〙4 度; 4 度音程. ❹ C〘車〙(変速機の)第 4 段. ❺ [the ~]〘野〙第 4 回. ❻ [the ~] 第 4 学年. **the Fóurth of Julý**⦅米国独立記念日⦆の 7 月 4 日(⇒ Independence Day). ──·ly 副【FOUR+-TH¹】

fóurth cláss 名 U⦅米⦆(郵便の)第 4 種, 小包郵便《第 1 種~第 3 種以外の商品・印刷物》.

fóurth-cláss 形⦅米⦆第 4 種[小包]郵便の[で].

fóurth diménsion 名 [the ~] ❶ 第四次元《空間を構成する長さ・幅・厚さの次の次元の「時間」》. ❷ 日常経験の外にあるもの.

fóurth estáte 名 [the ~; しばしば F- E-] 第四階級, 言論界, 新聞記者連《解説》元は《戯》で, 聖職者・貴族・平民の 3 階級に次ぐ新興の勢力という意味;⇒ estate 4》.

fóurth márket 名⦅米⦆第四市場《非上場の株を投資家間で直接取引すること》.

---

fp

fóurth position 名 [the ~]〘バレエ〙第四ポジション《両足を体の向きと直角にし, つまさきを外側に向けて左足を前に出した姿勢》.

Fóurth Wórld 名 [the ~] 第四世界《アジア・アフリカなどの貧困非工業諸国》.

fóur-whèel 形 =four-wheeled.

fóur-whèel drive 形 U 四輪駆動(の); C 四輪駆動車.

fóur-whèeled 形 ❶ 四輪(式)の. ❷ 四輪駆動の: ~ drive (自動車の)四輪駆動方式.

fóur-whèeler 名 ❶ 四輪の乗物, 四輪車. ❷⦅米⦆四輪バイク (quad bike).

fo·ve·a /fóuviə/ 名 (圈~s, ~ -ve·ae /-viːì/) (また **fóvea centrá·lis** /-sentréələs, -tráː-/)〘解〙(網膜の)中心窩. **fo·ve·al** /-əl/ 形

†**fowl** /fául/ 名 (圈~s, ~) ❶ C 家禽(ケ), (家で飼う)大型の鳥《アヒル・七面鳥など》, (特に)鶏: a barnyard [domestic] ~ 鶏 / keep ~s 鶏[家禽]を飼う. ❷ U 鳥肉; 鶏肉: ~ is neither FISH, flesh, fowl, nor good red herring 成句. ❸ C **a** [通例複合語で] …鳥:⇒ seafowl, waterfowl, wildfowl. **b**⦅古⦆鳥: the ~s of the air 空の鳥《〘聖書〙「マタイ伝」から》. ── 動 自 野鳥をとる, 猟鳥を撃つ: go ~*ing* 鳥撃ちに行く. 【OE】

fówl·er 名 野鳥を捕る人, 鳥撃ち, 鳥猟師.

fówl·ing 名 U 鳥撃ち, 鳥撃ち, 鳥猟.

fówl pèst 名 ❶ =fowl plague. ❷ =Newcastle disease.

fówl plàgue 名 U 鶏ペスト.

*****fox*** /fɑ́ks | fɔ́ks/ 名 (圈~·es, [集合的に] ~) ❶ **a** C キツネ《解説》日本でのように人を化かすという連想はないが,「ずる賢い」(sly) というイメージがあり, 鶏が好物という; 雄ギツネは dog fox, 雌ギツネは vixen, bitch fox, 子ギツネは cub; cf. Reynard; ほえ声は犬と同じく bark). **b** C 雄ギツネ (cf. vixen 1). **c** U キツネの毛皮. ❷ C こうかつな人, ずるい人; a sly old ~ 老獪(ネッ)な人. ❸ C⦅米口⦆性的魅力のある女性. **(as) cúnning as a fóx** ⇒ cunning 成句. ── 動 他 〈人を〉欺く, だます. ❷〈問題などが〉難しすぎて人をまごつかせる. ── 自⦅古風⦆ずいことをする.【OE; 原義は「(ふさふさした)尻尾のある動物」】形 foxy;〘関連〙vulpine.

Fox /fɑ́ks | fɔ́ks/, **George** 名 フォックス(1624-91;英国の宗教家; the Society of Friends (Quakers) の創立者).

foxed 形 (しけて)変色した, しみのある本など.

fóx fìre 名 U (発光菌類による)朽木の発光, 狐火.

fóx·glòve 名〘植〙ジギタリス,(特に)キツネノテブクロ.

fóx·hòle 名〘軍〙塹壕(ガ); たこつぼ(1-2 人用の).

fóx·hòund 名 フォックスハウンド《キツネ狩り用猟犬; 足が速くて鼻が鋭敏》.

fóx·hùnt 名 キツネ狩り《多くの猟犬を使用してキツネを追わせ, 馬に乗って狩る貴族的なスポーツ》. ── 動 自 キツネ狩りをする. ~**·er** 名

fóx·hùnting 名 U キツネ狩り.

fóx móth 名〘昆〙キイチゴオビカレハ《ヨーロッパ産のカレハガ; 幼虫はヒースやキイチゴによくられる黒黄まだらの毛虫》.

fóx·tàil 名 ❶ キツネの尾. ❷〘植〙スズメノテッポウ; オオスズメノテッポウ《牧草》.

fóx térrier 名 フォックステリア(犬)《主に愛玩用のテリア犬; もとはキツネを穴から狩り出すのに用いた》.

fóx-tròt 名 フォックストロット: **a** 二人で踊る 4/4 拍子の比較的速いテンポのダンス; その舞曲. **b**〘馬〙trot から walk へ, またはその逆へ移る際の小走り歩調. ── 動 自 フォックストロットを踊る.

fox·y /fɑ́ksi | fɔ́ksi/ 形 (**fox·i·er; -i·est**) ❶ キツネのような; ずるそうな, 狡猾な. ❷⦅口⦆〈女が〉(肉体的に)性的魅力のある, セクシーな. ❸ **a** きつね色の. **b**〈紙などが〉きつね色に変色した. **fóx·i·ly** 副 **-i·ness** 名 【類義語】⇒ sly.

foy·er /fɔ́ɪə, fɔ́ɪeɪ | fɔ́ɪeɪ/ 名 ❶ (劇場・ホテルなどの)休憩室, ロビー (lobby). ❷⦅米⦆入り口の間. 【F=暖炉<L FOCUS】

fp⦅略⦆〘楽〙forte-piano. **fps**⦅略⦆〘理〙foot-poundsecond. **FPU** 〔略〕〔電算〕floating-point unit 浮動小数点ユニット. **Fr** 〔記号〕〔化〕francium. **fr.** 〔略〕fragment; franc(s); from. **Fr.** 〔略〕Father; France; Frau; French; Friar; Friday.

Fra /frɑː/ 图〔称号としてイタリアの修道士の名の前に用いて〕…師.〔It frate〕

frab·jous /frǽbdʒəs/ 形 すばらしい, 楽しい. **~·ly** 副〔Lewis Carroll の造語〕

fra·cas /fréɪkəs | frǽkɑː/ 图 (慶 **~·es** /~ɪz | ~z/) 〔通例 大勢の人が加わる〕けんか(騒ぎ).

frac·tal /frǽktl/ 〔数〕图 次元分裂図形, フラクタル《どんな細部を見ても全体と同じ構造が現われる図形》. —— 形 フラクタルの, 次元分裂図形の: ~ geometry フラクタル幾何学.

*__frac·tion__ /frǽkʃən/ 图 ❶ **a** 破片, 断片, 小部分; ほんの少し, 少量, わずか: in a [the] ~ *of* a second 1 秒の何分の1で, たちまち / There's not a ~ of truth in his statement. 彼の言ったことには少しの真実も含まれていない. **b** [a ~; 副詞的に用いて] ほんの少し, わずかに: The door opened *a* ~. ドアがほんの少し開いた. ❷ 〔数〕**a** 分数《関連 分子は numerator; 分母は denominator; 整数は integer》: a common [vulgar] ~ 常分数 / a complex [compound] ~ 繁分数 / a proper [an improper] ~ 真(仮)分数. **b** 端数: ⇒ decimal fraction.〔F<L=砕けたこと, fract- 砕く, 壊す; cf. fracture, fragile, fragment〕 形 fractional.

⁺**frác·tion·al** /-ʃ(ə)nəl/ 形 ❶ 断片の, 端数の, わずかの: ~ currency 小額通貨. ❷ 〔数〕分数の: a ~ expression 分数式. **~·ly** /-ʃ(ə)nəli/ 副

frac·tion·al·ize /frǽkʃ(ə)nəlàɪz/ 動 他 〔機構・組織などを分割する, 分ける. **frac·tion·al·i·za·tion** /frǽkʃ(ə)nəlɪzéɪʃən | -laɪz-/

frac·tion·ate /frǽkʃənèɪt/ 動 他 〔化〕〔混合物を〕分別(分)する; 分別で得る; 細分する. **frac·tion·a·tion** /frǽkʃənéɪʃən/ 图 Ⓤ 分別; 細分化.

frac·tious /frǽkʃəs/ 形 ❶ 〔子供・老人・病人が〕気難しい, 無愛想な. ❷ 手に負えない, 面倒を起こす.

*__frac·ture__ /frǽktʃə | -tʃə/ 图 ❶ Ⓒ 骨折; 〔かたいものの〕割れ(目), ひび: a compound [simple] ~ 複雑〔単純〕骨折 / suffer a ~ 骨折をする. ❷ Ⓤ 〔骨などの〕折れる〔割れる, 折れる〕こと. —— 動 他 ❶ 〔腕・骨などを〕折る, 骨折する, くじく. ❷ 〔組織などを〕解体する; 〔…を〕割る, 砕く. —— 自 ❶ 折れる, くじける, 割れる. ❷ 〔組織などが〕ばらばらになる.〔F<L=裂け目, 砕けること frangere, fract-; ⇒ fraction〕〔類義語〕⇒ break.

frae·nu·lum /frɪ́ːnjʊləm/ 图 =frenulum.

frae·num /frɪ́ːnəm/ 图 =frenum.

frag /frǽɡ/ 图 〔米俗〕破片手榴弾 (fragmentation grenade). —— 動 (**fragged; frag·ging**) 〈上官・仲間などを〉破片手榴弾で故意に殺傷する.

*__frag·ile__ /frǽdʒ(ə)l | -dʒaɪl/ 形 (**more ~; most ~**) ❶ 壊れやすい, もろい, 折れやすい(党 $\bar{c}$): Glass is ~. ガラスは壊れやすい / a ~ economy 脆弱な経済. ❷ 繊細な, 傷つきやすい. ❸ 虚弱な, かよわい; 〔英〕気分〔気持ち〕が悪い: be in ~ health 虚弱な健康状態にある. ❸ はかない: this ~ life この世のはかない人生. **~·ly** 副 **~·ness** 图〔F<L<*frangere*; ⇒ fraction〕(图 fragility)〔類義語〕**fragile** 材質が弱く, 注意しないと壊れてしまう. **breakable** 壊れる可能性がある. **delicate** やわらかい, あるいは繊細なため傷つきやすい.

frágile X̀ chrómosome /-éks-/ 图 〔遺〕脆弱 X 染色体《こわれやすい腕をもったヒトの X 染色体; こわれると男子では精神遅滞を起こす》.

frágile X̀ sýndrome /-éks-/ 图 Ⓤ 〔医〕脆弱 X (染色体)症候群《X 染色体に脆弱部位があることに伴う遺伝性精神遅滞》.

fra·gil·i·ty /frədʒɪ́ləti/ 图 Ⓤ 〔医〕❶ 壊れやすさ, もろさ. ❷ 虚弱さ. ❸ はかなさ. (形 fragile)

*__frag·ment__ /frǽɡmənt/ 图 ❶ 破片, 断片, かけら〔*of*〕(piece): in ~s 断片〔破片〕となって, 断片的に. ❷ 断章, 未完遺稿; 残存断片物. —— /frǽɡment, -́ -́ | -́ -́/ 動 他〔…に〕ばらばらになる, 分解する, 砕ける: ~ *into* small pieces 粉々に砕ける. —— 他 〈…を〉ばらばらに壊す, 分解する.〔F<L=割れたもの〈*frangere*; ⇒ fraction〕

frag·men·tal /fræɡméntl/ 形 ❶ =fragmentary. ❷ 〔地〕砕屑の質の: ~ rock 砕屑岩.

frag·men·tar·i·ly /fræɡməntérəli | fræɡməntərəli, -trəli/ 副 断片的に, 断片として; 切れ切れに.

frag·men·tar·y /frǽɡmentèri | -təri, -tri/ 形 ❶ 断片から成る, 断片的な; 切れ切れの, ばらばらの. ❷ 破片の, 砕片の.

frag·men·ta·tion /fræɡməntéɪʃən/ 图 ❶ Ⓤ 分裂, 破砕. ❷ Ⓒ 分裂〔破砕〕したもの.

fragmentátion bòmb 图 破砕爆弾.

fragmentátion grenàde 图 破片手榴弾.

frag·ment·ed /frǽɡmentɪd, -́ -̀- | -̀- -́-/ 形 ばらばらになった; 断片的な; 〔電算〕〈ファイルなど〉断片化した.

*__fra·grance__ /fréɪɡrəns/ 图 ❶ ⒸⓊ 芳香, 香気, かぐわしさ. ❷ Ⓒ 香料 (perfume). (形 fragrant)〔類義語〕⇒ smell.

fra·gran·cy /fréɪɡrənsi/ 图 =fragrance.

fra·grant /fréɪɡrənt/ 形 香りのよい, 香気のある, かぐわしい; 芳香性の. **~·ly** 副〔L=芳香を放つ〕(图 fragrance)

fráid·y càt /fréɪdi-/ 图 〔口〕怖がり屋, 臆病者, 弱虫《子供の用語》.

*__frail__ /fréɪl/ 形 (**~·er; ~·est**) ❶ 〈体が〉弱い, 虚弱な: He's old and rather ~. 彼は年老いてだいぶ体が弱っている. ❷ **a** もろい, かよわい: a ~ intellect 〔確固とした論理的思考ができないような人〕. **b** はかない: Life is ~. 人生ははかない. ❸ 悪の誘惑に陥りやすい, 道徳的に弱い. **~·ly** 副 **~·ness** 图〔F<L; FRAGILE と同語源〕〔類義語〕⇒ weak.

frail·ty /fréɪlti/ 图 ❶ Ⓤ **a** もろさ; はかなさ. **b** 弱さ; 誘惑に陥りやすいこと. ❷ Ⓒ 弱点, 短所; 過失.

fraise /fréɪz/ 图 ❶ Ⓒ イチゴ (strawberry). ❷ Ⓤ フレーズ《イチゴを発酵・蒸留して造るブランデーまたはリキュール》.

Frak·tur /frɑːktʊə | -tʊə/ 图 Ⓤ 〔印〕ドイツ字体, 亀の子文字, フラクトゥール.

fram·be·si·a, 〔英〕**-boe-** /fræmbiːʒ(i)ə | -ziə/ 图 〔医〕=yaws.

fram·boise /frɑːmbwɑːz/ 图 ❶ Ⓤ フランボアーズ《ラズベリーから造るブランデーまたはリキュール》. ❷ Ⓒ キイチゴ, ラズベリー (raspberry).

*__frame__ /fréɪm/ 图 ❶ Ⓒ 枠: **a** 窓枠: ⇒ window frame. **b** 縁取り: a picture ~ 絵の額. **c** [複数形で] 〔眼鏡の〕枠, フレーム. **d** 背景. **e** 〔温床の枠組み, フレーム, 温床 (cold frame). ❷ Ⓒ **a** 〔建造物の〕骨組み, 体. **b** 〔車両の〕車枠. **c** 〔飛行機の〕機体骨組. **d** 〔船舶の〕助〔材. ❸ Ⓤ [また a ~, one's ~] 〔動物, 特に人間の〕体格, 骨格; 体: a man of fragile [robust] ~ きゃしゃな〔強健な〕男 / Sobs shook her ~. 彼女は全身を震わせてすすり泣いた. ❹ **a** Ⓒ 組織; 構成, 組織, 機構, 体制《既義この意味の時には framework のほうが一般的》. **b** 〔考え方・理論の〕枠組み. ❺ Ⓒ 〔電算〕〔ホームページの〕フレーム. ❻ 〔米俗〕=frame-up. ❼ Ⓒ 〔テレビ〕フレーム 《走査線の連続で送られる一つの完成した映像》. **b** Ⓒ 〔映〕〔フィルムの〕こま, 構図. **c** 〔漫画の〕こま. ❽ Ⓒ **a** 〔野〕イニング, 回. **b** 〔ボウル〕フレーム, 回 (10 回で1ゲーム).

fráme of mínd 気持ち, 気分, 機嫌: in a positive ~ *of mind* 前向きな気持ちで / in the right ~ *of mind* 正常な〔適切な〕精神状態で.

fráme of réference 基準系, 関係づけの枠《特定の事象判断の基準となる事実などの関連体系》.

—— 動 他 ❶ 〈絵などを〉枠にはめる, 〈…に〉フレーム〔縁〕をつける: ~ a picture 絵を額縁に入れる. ❷ 〈人を〉罪に陥れる, 〈人に〉ぬれぎぬを着せる (fit up): ~ a person 〈人をはめる / ~ a murder *on* a person 人に殺人のぬれぎぬを着せる. ❸ 〈…を〉組み立てる; 作る, 形づくる: ~ a house 家を組み立てる. ❹ **a** 〔計画を〕立てる; 工夫する, 案出する. **b** 〈文などを〉作る, まとめる: ~ a sentence 文を作る / ~ an idea 考

fráme àerial [antènna] 图〖電〗枠型空中線[アンテナ].

fráme hóuse 图〖木材の骨組みに板張りの〗木造家屋.

frám・er 图 ❶ 組立人; 構成者; 立案者, 企画者. ❷ 額縁細工師.

fráme sàw 图 おさのこ, おさのこ盤, 大のこ.

fráme sèt 图〖自転車の〗フレームおよび前フォーク.

fráme tént 图《英》フレームテント《フレームが高く, 側面がほぼ垂直で, 内部はどこも立てるだけの頭上空間のあるテント》.

fráme-úp 图《口》(人を罪に陥れようとする)陰謀, でっちあげ; (仕組んだ)陰謀の罪, フレームアップ.

*__frame・work__ /fréɪmwə̀ːk | -wə̀ːk/ 图 ❶ (建築などの)骨組み, 枠. ❷ (組織・観念などの)構成, 体制, 枠組み.

frám・ing 图 ❶ Ⓤ 構成, 組み立て; 立案, 構想. ❷ Ⓒ 骨組み.

*__franc__ /fræŋk/ 图 ❶ フラン: a スイスなどの通貨単位; = 100 centimes; 記号 F., fr.. b フランス・ベルギー・ルクセンブルクの旧通貨単位. ❷ 1 フラン貨. 〖F <L =フランク族 (Franks) の王〗

‡**France** /fræns | frɑːns/ 图 フランス《ヨーロッパ西部の共和国; 首都 Paris》. 〖F <L =フランク族 (Franks) の国〗(形 French).

France /fræns | frɑːns/, **A・na・tole** /ὰːnətóʊl | -tóʊl/ 图 フランス (1844-1924; フランスの小説家; Nobel 文学賞 (1921)).

Fran・ces /frǽnsɪs | frɑː n-/ 图 フランシス《女性名; 愛称 Fannie, Fanny, Frankie, Francie》.

+**fran・chise** /frǽntʃaɪz/ 图 ❶ Ⓒ《米》a (官庁が特定の会社などに与える)特権, 認可. b フランチャイズ《製造主から受ける特定地区の一手販売権》; 特定ののれんを用いることを認められる営業権: a ~ for a fast-food restaurant ファーストフードレストランの営業権. ❷ Ⓤ [the ~] 参政権, 選挙権. ❸ Ⓒ〖野〗フランチャイズ, 本拠地占有権, 球団所有権. 〖F <franc, franche 自由[率直]な; cf. frank〗

fran・chi・see /frӕntʃaɪzíː/ 图 フランチャイズ[営業権]を与えられた人.

frán・chis・er /-zɚ/ 图 =franchisee; franchisor.

fran・chi・sor /frǽntʃaɪzɚ | -zɔː/ 图 franchise を与える人[企業].

Fran・cie /frǽnsi | frɑ́ːn-/ 图 フランシー《女性名; Frances の愛称》.

Fran・cis /frǽnsɪs | frɑ́ːn-/ 图 フランシス《男性名; 愛称 Frank, Frankie, Francis の愛称 Frances》.

Fran・cis・can /frænsískən/ 形 フランシスコ《修道》会の: the ~ order フランシスコ修道会. —— 图 ❶ [the ~s] フランシスコ会《1209 年イタリア修道士 St. Francis が創始した修道会; その灰色の修道服から Gray Friars ともいう》. ❷ Ⓒ フランシスコ会修道士.

Fráncis Férdinand 图 フランツ フェルディナント (1863-1914; オーストリア皇太子; セルビアの民族主義者に暗殺され, これが第一次大戦の直接の契機となった).

Fráncis of Assísi 图 [Saint ~] アッシジの(聖)フランチェスコ (1181/82-1226; イタリアの修道士; フランシスコ会 (⇒ Franciscan) の創立者).

fran・ci・um /frǽnsiəm/ 图 Ⓤ《化》フランシウム《放射性アルカリ金属元素; 記号 Fr》.

Franck /frɑ́ːŋk | frɔ́ŋk/, **Cé・sar** /seɪzάɚ | -zάː/ 图 フランク (1822-90; フランスの作曲家).

Fran・co /frǽŋkoʊ/, **Fran・cis・co** /frænsískoʊ/ 图 フランコ (1892-1975; スペインの軍人・政治家).

Fran・co- /frǽŋkoʊ/〖連結形〗「フランス(の)」: *Franco-German* 仏独の.

Fránco・ist /-ɪst/ 图 形 フランコ主義[支持]者; フランコ主義[政権]の.

fran・co・lin /frǽŋkələn | -koʊ-/ 图〖鳥〗シャコ(猟鳥).

Fran・co・phile /frǽŋkəfàɪl/ 图 フランスびいき[親仏派]の人.

fran・co・phone /frǽŋkəfòʊn/ 图 フランス語使用者[民]. —— 形 フランス語を話す, フランス語使用者の.

fran・gi・ble /frǽndʒəbl/ 形 折れ[砕け]やすい, 壊れやすい, もろい.

fran・gi・pane /frǽndʒəpèɪn/ 图 Ⓤ フランジパーヌ《アーモンドで香りをつけたカスタード[クリーム入りペストリー]》.

fran・gi・pan・i /frὰndʒəpǽni | -pά:ni/ 图〖植〗インドソケイ, プルメリア《キョウチクトウ科; 熱帯アメリカ原産》; Ⓤ フランジパーヌ《その花の香水》.

Frang・lais /frɑːŋgléɪ | frɔ́ŋgleɪ/ 图 Ⓤ [時に f~] フラングレ《★ 英語から借用されてフランス語化した言葉, または英語からの借用語をたくさん使うフランス語》. 〖F *Fran(çais)* French + (*An*)*glais* English〗

*__frank__[1] /fræŋk/ 形 (~・er, ~・est; more ~, most ~) 率直な, 腹蔵のない: a ~ opinion 率直な意見 / He's ~ *with* me *about* everything. 彼は私には何事についても率直だ. **to be fránk with you** 率直に言えば, 実は. —— 動 他〈手紙などを〉無料送達にする, 無料で送る;〈手紙の〉封筒に無料送達の印署[印章, 署名]を押す. —— 图 Ⓒ 無料送達の印[署名]《★ 昔, 英国では貴族・国会議員などは書面の表に署名して無料で送ることができた》. ❷ 無料送達郵便物. **~・ness** 图 Ⓤ. 〖F *franc* 自由な, フランク族の; フランク族 (Franks) がガリア地方における自由民であったことから〗〖類義語〗 **frank** 率直に本心を打ち明ける, 遠慮や隠しだてなどすぐにそれでこだわりもなく表明する; 人・言葉・態度などにいう. **candid** 意見など言いにくいことでもごまかさず正直に言うことを指す. **open frank** より一層自然で, 巧まざる率直な態度を表わす. **outspoken** ずけずけと無遠慮なほどに言う. **plain** ごまかしのない率直さで, candid に近い.

frank[2] /fræŋk/ 图《米》=frankfurter.

Frank[1] /fræŋk/ 图 フランク《男性名; Francis, Franklin の愛称》.

Frank[2] /fræŋk/ 图 ❶ **a** [the ~s] フランク族 (Rhine 川流域に住んだゲルマン族). **b** Ⓒ フランク族の人, フランク人. ❷ (近東地方で)西欧人.

fran・ken・food /frǽŋkənfùːd/ 图《口》(得体の知れない遺伝子組み換え[GM]食品.

Frank・en・stein /frǽŋkənstàɪn/ 图 ❶ フランケンシュタイン《英国の作家 M. Shelley 作 (1818) の同名の怪奇小説の主人公; 自分の造った怪物のために破滅した》. ❷ Ⓒ その作り手を破滅に追い込むような創造物.

Fránkenstein('s) mònster 图 = Frankenstein 2.

Frank・fort /frǽŋkfət | -fət/ 图 フランクフォート《米国 Kentucky 州の州都》.

Frank・furt /frǽŋkfɚ(ː)t | -fə(ː)t/ 图 フランクフルト《ドイツ中西部の都市; 正式名は Frankfurt am Main /-æm máɪn/》.

frank・furt・er /frǽŋkfətɚ | -fətə/ 图 フランクフルトソーセージ, フランクフルター (wiener).

Fran・kie /frǽŋki/ 图 フランキー《女性[男性]名; Frances, Francis の愛称》.

fran・kin・cense /frǽŋkɪnsèns/ 图 Ⓤ 乳香《アフリカ・西アジア産の木から採れるゴム樹脂; 宗教用の香として古くから用いられた》.

fránk・ing machìne /frǽŋkɪŋ-/ 图《英》郵便料金別納証印刷機《《米》postage meter》.

Frank・ish /frǽŋkɪʃ/ 形 フランク族の; 西欧人の. —— 图 Ⓤ フランク語《フランク族の言語》.

frank・lin /frǽŋklɪn/ 图〖英史〗(14-15 世紀ごろの)自由保有地主, 郷士.

Frank・lin /frǽŋklɪn/ 图 フランクリン《男性名; 愛称 Frank》.

Frank・lin /frǽŋklɪn/, **Benjamin** 图 フランクリン (1706-90; 米国の政治家・外交官・著述家・物理学者).

Fránklin stóve 图《米》フランクリンストーブ《Benjamin Franklin が考案した鉄製箱形ストーブ; 前空き式ストーブ》.

*__frank・ly__ /frǽŋkli/ 副 (more ~; most ~) 率直に, あからさまに, 腹蔵なく; [文修飾] 率直に言って: He speaks ~. 彼は率直にものを言う / F~, I think you are talking nonsense. 率直に言うと君の言っていることはばかげていると思う. **Fránkly spéaking** 率直に言って.

***fran·tic** /fræntɪk/ 形 (more ~; most ~) ❶ (恐怖・興奮・喜びなどで)気が狂いそうな, 半狂乱の, 血迷った: ~ cries for help 半狂乱で助けを求める叫び声 / She was ~ *with* grief. 彼女は悲痛のため気が狂いそうになっていた. ❷ 大急ぎの, 大あわての: with ~ haste 大急ぎで / I was ~ to finish the report on schedule. 私はその報告書を予定どおりに仕上げようと必死になっていた. **-ti·cal·ly** /-kəli/ 副 ❶ 半狂乱で; 大あわてで. ❷ とても, 非常に. 【F<L<Gk=脳炎にかかった】

frap /fræp/ 名 《海》動 他 (**frapped; frapping**) (綱・鎖を巻きつけて)固く締めくくる; (索をピンと張る.

frappe /fræp/ 名 《米東部》アイスクリームを混ぜたミルクシェーク.

frap·pé /fræpéɪ/ ― [通例名詞の後で] [食物, 特に飲み物など](氷で)冷やした: wine ~ フラッペワイン. ― 名 U フラッペ: **a** 果汁を凍らせたもの. **b** かき氷にリキュールをかけたもの. 【F=冷やした】

Fras·ca·ti /frɑːskάːti / fræs-/ 名 U フラスカーティ《イタリア中部 Rome の南東の町 Frascati で造る白ワイン》.

frass /fræs/ 名 U ❶ (幼虫の)糞粒. ❷ (虫が木にうがった)穴の粉くず.

frat /fræt/ 名 《米口》(大学の)男子学生社交クラブ (fraternity).

fra·ter·nal /frətə́ːn(ə)l/, -tə́ː-/ 形 ❶ Ⓐ 兄弟の; 兄弟らしい: ~ love 兄弟愛. ❷ 友愛の; 友愛組合の: a ~ order [society, association] 《米》友愛協会. **~·ly** /-nəli/ 副 【L<L=⇒ fraternity】

fra·tér·nal·ism /-nəlɪzm/ 名 U 友愛; 友愛組合主義.

fratérnal twín 名 [通例複数形で] 二卵性双生児(の一人) 《同性または異性; cf. IDENTICAL twins》.

⁺**fra·ter·ni·ty** /frətə́ːnəti, -tə́ː-/ 名 ❶ U **a** 兄弟の間柄, 兄弟のよしみ, 友愛, 同胞愛. ❷ Ⓒ [集合的; 単数または複数扱い] 同業者[同好者]仲間, ...連中: the writing ~ 文筆家仲間. ❸ Ⓒ **a** 協同団体. **b** (特に)宗教団体; 雪済組合. **c** [集合的; 単数または複数扱い] 《米》(大学などの)男子学生社交クラブ, 友愛会 (cf. sorority). 【F<L=兄弟であること<*frater* 兄, 弟】

frat·er·nize /frǽtərnàɪz/, -tə-/ 動 ⟨人と⟩親しく交わる *(with)*. (socialize).

frat·ri·cid·al /frǽtrəsάɪdl/ 形 兄弟[姉妹]殺しの; 兄弟[同胞]間の.

frat·ri·cide /frǽtrəsàɪd/ 名 ❶ U 兄弟[姉妹]殺し; 同胞殺し(犯罪). ❷ Ⓒ 兄弟[姉妹]殺し; 同胞殺し(犯人). 【L<*frater* 兄, 弟+-CIDE】

Frau /fráʊ/ 名 (複 ~**s**, **Frau·en** /fráʊən/) [ドイツ女性の敬称に用いて] ...さん, 夫人. 【G】

***fraud** /frɔ́ːd/ 名 ❶ U,C 詐欺(行為), 不正(手段): get money by ~ 金を詐取する / commit a ~ 詐欺を働く / ⇒ PIOUS fraud. ❷ Ⓒ **a** 詐欺師, ぺてん師. **b** 偽物. 【F<L】

fraud·ster /frɔ́ːdstə/, -stə/ 名 詐欺師, 詐欺行為者.

fraud·u·lence /frɔ́ːdʒʊləns/ 名 U 欺瞞(ぎん), 詐欺.

⁺**fraud·u·lent** /frɔ́ːdʒʊlənt/ 形 詐欺(行為)の; 詐欺で手に入れた. **~·ly** 副

⁺**fraught** /frɔ́ːt/ 形 ❶ P (危険などを)はらんで, 伴って: an enterprise ~ *with* danger 危険をはらんだ事業. ❷ 《主に英》不安に満ちた, 悩み多い.

Fräu·lein /frɔ́ɪlaɪn/ 名 (複 ~(**s**)) [ドイツ人の未婚女性の敬称に用いて] 令嬢, ...さん. 【G】

frax·i·nel·la /frǽksənélə/ 名 《植》ヨウシュハクセン《ミカン科; 花穂に火を近づけると炎を発する》.

fray¹ /fréɪ/ 名 [the ~] 争い, けんか; 論争: be eager for *the* ~ 事あれかしと待ち構える.

⁺**fray**² /fréɪ/ 動 ❶ すり切れる, ほつれる; ぼろぼろになる. ❷ 〈神経などが〉減る. ― 他 ❶ 〈布などを〉(使って)ほつれる状態にする; 〈布の端などを〉すり切らす, ほつれさせる. ❷ 〈神経を〉すり減らす, いらつかせる. **fráy at [aróund] the édges [séams]** 物事がばらばらになりはじめる, うまくいかなくなりだ

す. 【F<L *fricare* こする; cf. friction】

Fra·zier /fréɪʒə/, -ziə/, **Joe** 名 フレーザー《1944- ; 米国のボクサー》.

fra·zil /fréɪzəl/ 名 U 《米》(また **frázil íce**) 晶氷《激しい川の流れにできる針状[円盤状]の結氷》.

fraz·zle /frǽzl/ 名 [a ~] 《口》(疲れて)くたくたの状態. **wórn to frázzle** くたくたで, ほろほろで.

fráz·zled 形 《口》❶ 疲れ切った, くたくたになった. ❷ 《英》まっ黒焦げで(ちりちり)の.

FRB (略) Federal Reserve Bank; Federal Reserve Board.

***freak**¹ /fríːk/ 名 ❶ Ⓒ 《口》**a** [通例修飾語を伴って] (...の)熱狂者, フリーク (fanatic): a film [camera] ~ 映画[カメラ]狂の人 / a control ~ 仕切りたがり屋. **b** 麻薬常用者. ❷ Ⓒ (口) (思想・習慣などの)一風変わった人, 変人. ❸ Ⓒ 奇形, 変種: a ~ of nature 造化の戯れ《奇形のもの・巨大なものなど》. ❹ U,C 気まぐれ, 酔狂: out of mere ~ ほんの気まぐれから. ― 形 ❶ 風変わりな, 珍しい, 変わった: ~ weather (いつもと違った)変わった天候 / a ~ occurrence 異常な出来事. ― 動 《口》自 (ショック・恐怖などで)興奮する [また(怒りなどで)キレる *(out)*. ― 他 興奮させる, (...に)ショックを与える.

freak² /fríːk/ 動 〈...に〉縞(ま)をつける, まだらにする. ― 名 (色の)縞, 斑点(はた).

fréak·ing 形 副 《俗》[強意語] ひどい[ひどく], べらぼうな[に].

freak·ish /fríːkɪʃ/ 形 ❶ 気まぐれな, 酔狂な, とっぴな. ❷ 奇形的な, グロ(テスク)な. **~·ly** 副 **~·ness** 名

fréak-òut 名 《口》❶ (麻薬による)幻覚状態; 異常な精神状態. ❷ 麻薬幻覚者.

fréak shòw 名 (奇形の人や動物を見せる)フリークショー.

freak·y /fríːki/ 形 《俗》変[奇妙]な, 変わった, まともじゃない, 異常な, 型破りの. **fréak·i·ly** 副 **fréak·i·ness** 名

freck·le /frékl/ 名 [通例複数形で] そばかす; 小斑点, しみ: have ~s そばかすがある. ― 動 他 そばかすができる.

fréck·led 形 そばかすのある.

Fred /fréd/ 名 フレッド《男性名; Alfred, Frederick の愛称》.

Fred·dy /frédi/ 名 フレディー《男性名; Frederick の愛称》.

Fred·er·ick /frédərɪk/ 名 フレデリック《男性名; 愛称 Fred, Freddy》.

Frederick I 名 フリードリヒ1世《1123?-90; 神聖ローマ皇帝(1152-90)》.

Frederick II 名 フリードリヒ2世《1712-86; プロイセン王(1740-86); 通称 Frederick the Great (フリードリヒ大王); 代表的な啓蒙専制君主》.

Fred·er·icks·burg /frédərɪksbə̀ːg, -bə̀ːg/ 名 フレデリックスバーグ《米国 Virginia 州の市; 1862年南軍が北軍を破った古戦場》.

⁺**free** /fríː/ 形 (**fre·er; fre·est**) **A** ❶ 自由な: **a** 縛られていない, 束縛のない, 行動の自由な: set a prisoner ~ 囚人を釈放[解放]する / set a bird ~ from a cage 鳥をかごから放つ / get ~ (of ...) (...から)自由の身となる, 脱する / Let him ~. 彼を解放してやりなさい. **b** (人権・政治上の)自由を有する, 自主独立の; 自由主義の; 参加自由の, 自主的な, 自由国[自由の民] / ⇒ free world / ~ trade 自由貿易 / ~ a competition 自由競争 / ~ speech 自由言論, 言論の自由. **c** 《米》奴隷制を認めない: ⇒ Free State. **d** ⟨思想・行動など⟩偏見[伝統, 権威(など)]にとらわれない; 自由意志による, 自発的な, 随意の: ~ love 自由恋愛 / allow a person ~ action 人に自由行動を認める / ⇒ free will, freethinker. **e** 規則[様式]にとらわれない, 型にはまらない: ⟨スポーツなど⟩自由型の: ~ skating (フィギュアスケートの)フリースケーティング, 自由(演技) / ⇒ free verse. **f** (文字・字義などに)こだわらない: a ~ translation 自由訳, 意訳.

❷ P 自由に(...することが)できて: [+*to do*] You're ~ *to* choose as you please. お好みのものをご自由に選んでください.

❸ (道路・通行など)自由に入れる[通れる]: allow a person ～ passage 人を自由に通行させる / have ～ access to [use of] a library 自由に図書館[図書室, 書庫]に出入りできる / make a person ～ *of* one's house 人に家の自由な出入り[使用]を許す.

❹ (比較なし) **a 仕事から解放されて,** 手があいて, 暇な: Are you ～ tomorrow evening [～ for dinner tonight]? あすの夕方[今夜夕食の時間]はお暇ですか / I'll be ～ after five. 5時からあいています / My ～ day is Wednesday. 水曜日には仕事がありません. **b** 〈もの・場所など〉**あいている,** 使用されないでいる: a ～ taxi 空車のタクシー / Do you have a room ～? あいている部屋はありますか / Is this seat ～? この席はあいてますか.

❺ **a 遠慮のない;** 節度のない, 無制限な: ～ manners 無遠慮な態度 / make ～ use of…を自由に使う / He's too ～ ***with*** his boss. 彼は上司になれなれしすぎる. **b** 堅苦しくない, くったくのない.

❻ **物惜しみしない;** 〔金銭などに〕大まかで: a ～ spender 金離れのいい人 / be ～ *with* one's money 金を惜しまない / He's a bit too ～ *with* his advice. 彼は少々忠告が多すぎる.

❼ (比較なし) **a** 固定しない, つないでない: leave one end of a rope ～ 綱の一端を縛らないでおく. **b** 〈手・足が〉自由に動かせる.

❽ (比較なし) 〘化〙 遊離した: a ～ acid 遊離酸 / a ～ radical 遊離基.

— B ❶ (比較なし) **a 無料の,** 無税の, 免税の: ～ imports 無税輸入品 / ～ medical care 無料医療 / a ～ ride 無賃乗車, ただ乗り / a ～ ticket [pass] 無料切符[乗車券, 入場券] / Is this lecture ～ or do we have to pay? この講演は無料ですかそれとも有料ですか. **b** [P] 〔義務・税などから〕**免れて,** 免除されて: ～ *of* charge [cost] 無料で / ～ *of* duty [tax] 無税で.

❷ [P] 〔…が〕なくて, 〔…を〕免れて: ～ ***from*** [*of*] care 悩みのない, 気楽な / a day ～ *of* rain 雨の降らない日 / Our family were [was] ～ *of* cold all winter. 家族は全員冬の間かぜをひかなかった.

❸ [P] (比較なし) **a** 〔不快な人・危険なものに〕悩まされないで; 〔…が〕なくて: keep a wound ～ *of* infection 傷口を汚染しない[傷口に病菌が入らない]ようにしておく / The road was ～ *of* snow. 道路には雪がなかった. **b** 〔…から〕離れて: The ship was ～ *of* the harbor. 船は港から離れた / look for a place ～ *of* noise 騒音から離れた場所を探す.

féel frée to dó [通例命令法で] 自由に…してよい: Please *feel* ～ *to* use my car [*to* take as much time as you need]. ご自由に私の車を使って[必要なだけ時間をかけて]ください.

for frée 《口》 ただで, 無料で.

frée and éasy (1) 遠慮のない, 打ち解けた, らいらくな. (2) [副詞的に] くったくなく, のんびりと: live ～ *and easy* のんびりと暮らす. (3) 大まかな.

frée on bóard 〘商〙 《英》 本船(積み込み)渡しの[で]; 《米》 (本船・貨車)積み込み渡しの[で] 《略 f.o.b., F.O.B.》.

frée on ráil 〘商〙 貨車(積み込み)渡し, 鉄道渡し 《略 f.o.r., F.O.R.》.

hàve one's hánds frée (1) 手があいている, 手に何も持っていない. (2) 用事[仕事]がない.

it's a frée cóuntry 《口》 (それは)こっちの勝手だ, 何が悪い, あんたの指図は受けないよ.

màke frée with… (1) 〈人〉になれなれしくする, 無遠慮にふるまう. (2) …を勝手に使う: She *made* ～ *with* my books. 彼女は私の本を勝手に使った.

there's nó (sùch thíngs as a) frée lúnch ただより高いものはない, うまい話にゃ裏がある.

with a frée hánd ⇨ hand [名] [成句].

— [副] (**fre·er; fre·est**) ❶ **a 自由に:** run ～ 自由に走る / walk ～ 〈犯罪者が〉出所する, 自由の身になる. **b** (軌道などから)はずれて. ❷ (比較なし) **無料で** (free of charge): An excellent lunch is provided ～. おいしい昼食が無料で食べられる / All members admitted ～. 会員は入場無料.

— [動] [他] (**freed** /fríːd/) ❶ 〈人・動物を〉**解放する,** 自由にする 〔*from, of*〕: They ～*d* their hostages. 彼らは人質を解放した / ～ a bird *from* a cage かごから鳥を放す.

❷ 〔義務・借金・困難などから〕〈人を〉**免れさす,** 救う; [～ *oneself* で] 〔…から〕脱する, 脱出する (rid): ～ a person ***from*** [*of*] debt 借金から人を抜け出させる, 人の借金を免除する / ～ *oneself from* one's difficulties 困難を脱する.

❸ 〔からみついたもの・妨害物などを〕〈…から〉**除去する;** 片づける; [～ *oneself* で] 〔…を〕払いのける; 〔…を〕(やっと)はずす: ～ the road ***of*** snow 道路から雪を除去する / She ～*d* ***herself from*** his grasp. 彼女は彼の握る手をふりほどいた.

❹ 〈物事が〉〈人に〉自由に〈…〉できるようにさせる: 〔＋目＋***to*** do〕 Retiring ～*d* him *to* concentrate on his hobby. 退職したおかげで彼は自由に趣味に専念できるようになった.

frée úp 《[他]＋[副]》 (1) 解放する. (2) もつれをとく.

〘OE; 原義は「愛されている」; cf. friend〙 ([名] freedom)

【類義語】 **free** 「自由にする」の意の一般的な語; 束縛・抑圧・負担を除き永続的に自由な状態にする. **release** 監禁・拘束または精神的な束縛から自由にする. **liberate** 束縛などから自由になった状態を強調する; 格式ばった語. **discharge** 束縛からの解放を許す, 釈放する. **emancipate** 社会的隷属状態から解放する.

-free /fríː⌒/ [連結形] ❶ (…の)ない, (…を)使用していない: smog-*free* スモッグのない / CFC-*free* フロンを使っていない / ⇨ barrier-free, carefree. ❷ (…の)支払い免除の: tax-[duty-]*free* 免税の.

frée ágent [名] ❶ 自由[自主的]行動者. ❷ 《米》 〘スポ〙 自由契約選手.

frée-assóciate [動] [自] 自由連想を行なう.

frée associátion [名] [U] 〘心〙 自由連想(法) 《自由に連想させて無意識層を解明する方法》.

frée·bàse 《俗》 [動] [他] 〈コカインを〉(エーテルとともに熱して)純度を高める. **—** [名] [U] フリーベイス 《エーテルとともに熱して純度を高めたコカイン》.

⁺**free·bie, free·bee** /fríːbi/ [名] 《口》 無料で提供されるもの.

frée·bòard [名] [U,C] 〘海〙 乾舷 《水線から上甲板の面までの距離》.

frée·bòot [動] [自] 略奪する, 海賊行為をする.

frée·bòot·er /-ṭə | -tə/ [名] 略奪者; (特に)海賊.

frée·bórn [形] (奴隷ではなく)自由の身に生まれた; 自由民の.

frée chúrch [名] ❶ [C] 自由[独立]教会 《国教と違って国家の制圧を受けない》. ❷ [the Free Churches] 《英》 非国教派教会.

frée clímbing [名] [U] フリークライミング 《手足の力だけを頼りに行うロッククライミング; 補助器具の利用を最小限に控える》.

freed·man /fríːdmən/ [名] ([複] **-men** /-mən/) (奴隷の身分から解放された)自由民 (cf. freeman 1).

⁑**free·dom** /fríːḍəm/ [名] ❶ [U,C] **自由:** ～ ***of*** choice [speech, the press] 選択[言論, 出版]の自由 / the ～ *of* the will 意志の自由 / 〔＋***to*** do〕 He had ～ *to* do what he liked. 彼にはやりたいことが何でもできる自由があった / ⇨ four freedoms. ❷ [U,C] (行動の)**自由自在;** 気まま, 無遠慮, なれなれしいふるまい: speak with ～ 思いのままに話す / take [use] ～*s* with a person 人に無遠慮なふるまいをする[なれなれしくする]. ❸ [U] 〔精神的負担から〕**解放されていること;** 〔…が〕まったくないこと, 免除: ～ ***from*** care 心労のないこと, 気安さ / ～ *from* import duties 輸入税免除 / The people enjoy ～ *from* poverty. 人々は貧困を知らない生活をしている. ❹ [the ～] **a** 出入りの自由; 自由使用権: have *the* ～ ***of*** a library 図書館を自由に使ってよいことになっている. **b** 特権; 特権免許. **fréedom of informátion** (政府などの)情報を知る(市民の)自由. **the fréedom of the cíty** (英国で賓客に名誉のしるしとして贈る)都市の自由, 市民権. **the fréedom of the séas** 〘国際法〙 (戦時の中立国船舶の)海洋の自由航行権. ([形] free)

【類義語】 **freedom** 最も幅の広い意味を持ち, 拘束や障害がないか, あるいはそれを意識しないことを意味する. **liberty** freedom とほぼ同じ意味で用いられることも多いが, 選択の

F

自由, あるいは束縛からの解放という意味を含む. license はある目的のために通常の制約を課されない特権的な自由や, 自由の濫用による「放縦」の意味に用いられる.

†**fréedom fìghter** 名「自由の戦士」《暴力で専制政治体制を覆そうとする人に対する好意的呼称; cf. terrorist》.

frée énergy 名〖理〗自由エネルギー《一つの熱力学系の全エネルギー中に仕事に変換できるエネルギーが占める割合を表す量》.

†**frée énterprise** 名 U 自由企業体制《政府の統制がない》.

frée-fáll 名 U ❶ 自由落下: **a** 重力の作用のみによる物体の落下. **b** パラシュート降下の際のパラシュートが開くまでの落下. ❷ (価値・名声などの)急激な下落[下降].

frée fíght 名《英》乱闘, 乱戦.

frée flíght 名 U.C《誘導を受けない, または燃料切れの後などのロケットや航空機などの》自由飛行.

frée-flóating 形 ❶ 固定されていない, 自由に動く, 浮遊する. ❷ (特定の制度・組織などに)縛られていない; 自由な; 変動する. ❸〖精神医〗(はっきりした原因のない)漠然とした, あいまいな: ~ anxiety 浮動性不安《はっきりした対象を欠いた不安》.

Frée·fone /fríːfòun/ 名 U《英》〖商標〗フリーフォン《フリーダイヤルサービス (Freephone)》.

frée-for-àll 名 ❶ 無規制, 野放し状態. ❷ 飛び入り自由の討論[競技]; 乱戦, 乱闘[騒ぎ].
— 形 入場自由の; 飛び入り自由の.

frée-fórm 形《米》自由造形の; 伝統的な形式にとらわれない, 自由な形式[フリースタイル]の.

frée·hánd 形 (定規などを用いないで)手で描いた[制作した], フリーハンドの: a ~ drawing 自在画. — 副 フリーハンドで.

frée hánd 名 [a ~]《...する》自由行動権, 自由裁量権: have [get] a ~ (to do ...) (...する)自由行動権を持つ[得る] / give a person a ~ (to do ...)人に(...する)自由裁量を与える.

frée-hánded 形 (金づかいが)大まかな; 〖...に〗気前のよくて〖with〗.

frée·héarted 形 ❶ こだわりのない; 開放的な. ❷ 大まかな. **~·ly** 副 **~·ness** 名

frée·hòld 名〖法〗❶ U (不動産または官職の)自由保有権《世襲としてまたは終身権として保有できる権利; cf. copyhold》. ❷ C 自由保有不動産. — 形 自由保有権[で]保有した.

frée·hòlder 名 自由保有権[不動産]保有者.

frée hóuse 名《英》フリーハウス, 独立居酒屋[パブ]《特定のビールではなく数種のビールを販売する居酒屋またはパブ; cf. tied house》.

†**frée kíck** 名〖サッカー〗フリーキック《相手方の反則に対する罰として許されるキック》.

frée làbor 名 U《英》非組合員の労働.

frée lànce 名 ❶ 自由契約で仕事をする人, フリーランサー《記者・作家・俳優など》. ❷ (中世の)傭兵.

†**frée-lànce** 形 自由契約[寄稿]の, フリーランサーの: a ~ reporter [photographer, writer] フリーの記者[写真家, 作家]. — 副 フリー(ランサー)で: He works ~. 彼はフリーで仕事をしている. — 動 自 フリーランサーとして働く, フリーで仕事をする.

frée-làncer 名 = free lance 1.

frée·líver 名 したいほうだいの生活をする人; 食道楽.

frée·líving 形 (食)道楽の; したいほうだいをする.

frée·lóad 動 自《口》飲食物などを他人にたかる; 〖...に〗居候する〖on, off〗. **~·er** 名 たかり, 居候《人》.

***frée·ly** /fríːli/ 副 (**more ~; most ~**) ❶ 自由に, 勝手に: I was able to speak ~. 私は思いのままに話ができた. ❷ 遠慮なく, 腹蔵なく: I ~ admit [acknowledge] that I cheated in the exam. その試験でカンニングをしたことを率直に認めます. ❸ **a** 大まかに: I translated the poem very ~. その詩をかなり意訳した. **b** 大量に, うんと: ~ available 簡単に手に入る, 大量に出回っている. ❹ (いやなことでも)自ら進んで (willingly).

frée·man /fríːmən/ 名 (徴 -men /-mən/) ❶ (奴隷でない)自由民 (cf. freedman). ❷ 自由市民, 公民.

frée márket 名 自由市場《自由競争によって価格が決まる》.

frée-marketéer 名 自由市場経済の擁護者[支持者, 提唱者].

frée·mar·tin /fríːmɑ̀ːtn | -mɑ̀ːtɪn/ 名 フリーマーチン《異性双胎で生まれる生殖機能のない雌牛》.

Frée·má·son /fríːmèɪs(ə)n/ 名 〖しばしば f~〗フリーメーソン団の会員《解説》会員相互の扶助と友愛を目的とする秘密結社フリーメーソン団 (the Free and Accepted Masons) の会員; それぞれの国や州に本部があり, その下に支部 (lodge) があるが, 活動は各地域で独立して行ない, すべてを統括する上部組織はない; cf. mason 2》.

Frée·má·son·ry /fríːmèɪs(ə)nri/ 名 ❶ 〖しばしば f~〗Freemason 団の主義[制度, 慣行]. ❷ [f~] 暗黙の友愛的理解, 友愛感情.

frée·ness 名 遠慮のなさ, なれなれしさ; おおまか, 鷹揚(ヨゥョゥ); 気軽さ.

frée párdon 名〖法〗恩赦, 特赦 (pardon).

Frée·phòne 名 U〖英〗〖商標〗= Freefone.

frée pórt 名 自由港《その国への輸入以外は無関税の港・空港》.

frée póst 名 U〖英式〗料金受取人払い(制度).

frée-ránge 形 A〈ニワトリなどか〉放し飼いの[による].

frée réin 名 U 行動の完全な自由: give ~ to a person 人を自由にさせる.

frée·ríde 名 フリーライド《ピストでもピストでないところでもオールラウンドに使用できるスノーボード》. — 動 自 フリーライドでする.

frée sáfety 名〖アメフト〗フリーセーフティ《マークする特定の相手をもたず, 必要に応じて守備を助ける守備のバック》.

frée schóol 名 U.C ❶ 無料学校. ❷ 自由学校《生徒に自由に学ばせる学校》.

frée·si·a /fríːʒ(i)ə | -ziə/ 名〖植〗フリージア(の花)《アヤメ科の球根植物》.

frée sóftware 名 = freeware.

frée spáce 名 U〖電・理〗自由空間《重力・電磁場の存在しない絶対零度の空間》.

frée spírit 名 自由人, 気ままな人.

frée-spóken 形 直言する, あけすけに言う.

frée-stánding 形 ❶〈彫刻・建築物が〉支柱[枠(など)]なしで立っている. ❷ 独立して立っている; 独立の.

Frée Stàte 名〖米史〗自由州《南北戦争前に奴隷を使用しなかった北部諸州; cf. Slave State》; [the ~] 自由州 (Maryland)の俗称》.

frée·stòne 名 ❶ U (容易に切れる)軟石《砂岩・石灰岩など》. ❷ C 種離れのよいモモ (↔ clingstone).

†**frée·stỳle** 名 U ❶《水泳・レスリングなどの》自由型(の), フリースタイル(の). ❷〖楽〗即興[アドリブ]のラップ, フリースタイル. — 動 自 即興で(ラップを)口ずさむ.

frée·stỳl·er 名 フリースタイルの選手.

frée·thínk·er 名 (特に宗教上の)自由思想家.

frée·thínk·ing 形 自由思想の.

frée thóught 名 U 自由思想《特に宗教上の伝統にとらわれない思想》.

frée thrów 名〖バスケ〗フリースロー《相手方のファウルによって与えられる》.

frée-to-áir 形《英》〈テレビチャンネル・番組などが〉視聴料無料の.

Frée·tòwn /fríːtaʊn/ 名 フリータウン《シエラレオネの首都・港町》.

frée univérsity 名 U.C 自由大学《大学の中で学生たちが興味ある問題を論じ研究する自主講座》.

frée véctor 名〖数〗自由ベクトル《始点が指定されていないベクトル》.

frée vérse 名 U 自由詩(形).

frée vóte 名〖英議会〗(党の決定に縛られない)自由投票.

frée·wàre 名 U〖電算〗フリーウェア, フリーソフト《無料で使えるソフトウェア》.

***frée·way** /fríːwèɪ/ 名《米》(通例信号のない多車線式の)高速道路 (expressway;《英》motorway).

frée·whèel 動 自 ❶ (ペダルを止めまたは動力を切って)惰性[フリーホイール]で走る. ❷ 自由(気ままに)行動する. ── 图 (自転車・自動車の)フリーホイール, 自由回転装置.

frée·whèel·er 图 自由奔放に行動[生活]する人.

frée·whèel·ing 形 ❶ 〈人が〉自由奔放に動きまわる[ふるまう]: lead a ~ life 自由奔放な生活をおくる.

†**frée wíll** 图 ① ❶ 自由意志: of one's (own) ~ 自由意志で, 自ら進んで. ❷ 〖哲〗自由意志説.

frée-wíll 形 自由意志の, 自発的な.

frée wórld 图 [the ~; しばしば F- W-] (共産圏に対する)自由主義諸国, 自由世界.

*__freeze__ /fríːz/ 動 (froze /fróʊz/; fro·zen /fróʊz(ə)n/) ❶ [通例 it を主語として] 氷が張る; とても寒い: *It froze hard last night.* 昨夜はひどく凍った[とても寒かった]. ❷ **a** 〈水・水面などが〉凍る; 氷が張る, 氷結する: The pipes *froze up.* 水道管が凍った / *The pond froze over.* 池が一面に凍った. **b** 凍って…の状態になる: 〔+補〕The jelly has *frozen* solid. ゼリーは凍って固まった. ❸ 〈体が凍るように感じる〉: The climbers *froze to* death. 登山者たちは凍死した / I'm *freezing* (to death). 〈口〉寒くて凍(死に)そうだ. **b** 〈恐怖などで〉ぞっと[ぎょっと]する: He *froze with* terror. 彼は恐怖でぞっとした / make a person's blood ~ (恐怖などで)人をぞっとさせる. **c** 〈恐怖のように〉じっと動かなくなる, すくむ; 〈恐怖・おじけで〉立ちすくむ: *F-!* 動くな!, じっとしていろ! [★銀行強盗などの言葉; また足元にヘビがいるときなどにも用いる]. ❹ **a** 〈人が〉(表情・感情などが)硬化する; 〈感情が〉硬化する: He *froze up* when I mentioned his debts. 私が彼の借金のことにふれると彼は表情がこわばった. **b** 〈エンジンなどが〉凍って[低温になって, オイル切れなどで]作動しない. ❺ [well などの様態の副詞を伴って]〈食料が〉冷凍保存できる: Fruits don't ~ well. 果物は冷凍保存がきかない.

── 他 ❶ 〈水・水面などを〉凍らせる, 凍結させる《*up, over*》: The river was *frozen over.* 川は一面に凍った. **b** 〈水・水面などを〉凍らせて…の状態にする: 〔+目+補〕The cold snap *froze* the pond solid. 急な寒さで池は固く凍った. **c** 〈食品を〉冷凍する; 冷凍保存する(⇒ frozen 1 b). ❷ **a** 〈人を〉凍えさせる, 凍るように感じさせる; 〈ものを〉冷えさせる《*up*》: We were *frozen* by the time we got home. 家に着くまでにすっかり冷えてしまった. **b** 〈…を〉凍えさせて…の状態にする: 〔+目+補〕He was *frozen* dead. 彼は凍死した / The dog was *frozen to* death. 犬は凍え死んだ. ❸ 〈人を〉〈恐怖などで〉ぞっとさせる: He *froze* me *with* a glare. 彼はにらんで私を縮みあがらせた. ❹ **a** 〈表情・感情を〉さまさせる, 〈人を〉しらけさせる: Her words *froze* his interest in her. 彼女の言葉で彼の彼女への思いはしらけてしまった. **b** (恐怖・おじけで)人などを立ちすくませる, 身動きできなくさせる. **c** 〈エンジンなどを〉〈低温になって〉機械などが動かなくする: The cold has *frozen* the engine. 寒さでエンジンが動かなくなった. **d** 〈映画・ビデオなどを〉停止する, 止める. ❺ **a** 〈物価・賃金などを〉くぎ付け, 凍結する. **b** 〈資産などを〉凍結する. **frèeze a pèrson's blóod** ⇒ blood 成句. **frèeze ón to…** (1)(凍って)…にくっつく. (2)《口》…にしっかりくっつく, しがみつく. **frèeze óut** 《他》《口》〈人・ものを〉締め出す, 追い出す. **frèeze óver** 《自+副》(1) 一面氷でおおわれる(cf. 自 2 a). ── 《他+副》〈…を〉一面氷でおおう(cf. 他 1 a). **frèeze úp** 《自+副》(1)(凍結や低温で)〈機械などが〉動かなくなる. (2)(緊張などで)氷りつく, 固まる.

── 图 [単数形で] ❶〈物価・賃金などの〉くぎ付け, 凍結: a wage ~=a ~ on wages 賃金の凍結. ❷ 厳寒期; 〈米〉(特に夜の)冷え込む時間(帯).

frèeze-drý 他 〈食品を〉冷凍乾燥させる.

frèeze-fràme 图 ① (ビデオなどの)こま止め, ストップモーション. ── 動 他 〈場面を〉こま止めする.

fréez·er 图 冷凍室[室]; (冷蔵庫の)冷凍室.

frèeze-ùp 图 =freeze 1.

fréez·ing 形 ❶ 凍る(ような), 非常に寒い[冷たい]; [副詞的に] 凍るほど, こごえるほど: ~ weather 凍えるような天気 / ~ cold こごえるほど寒い. ❷〈態度などが〉冷淡な, よそよそしい, ぞっとするような. ── 图 ① ❶ = freezing point 1. ❷ 冷凍, 氷結; [形容詞的に] 冷凍の. ❸(資産などの)凍結. **belòw fréezing** 氷点下で. ~**·ly** 副

fréezing pòint 图 ❶ ① 〈水の〉氷点(0°C, 32°F; cf. boiling point 1). ❷ ⓒ〈液体の〉氷点 《*of*》. **belòw** (**the**) **fréezing pòint** 氷点下で: at 20° *below* (*the*) ~ 氷点下 20 度で.

*__freight__ /fréit/ 图 ① ❶ **a** 貨物運送《比較》《英》では陸上貨物運送には用いない; express より遅(安)い: by air [sea] ~ 航空[船]貨物運送で / Please send the goods by ~. 品物は貨物便で送ってください 《用法》《英》では by を略記することが多い. **b** 貨物運送料, 用船料: ~ forward 運賃先払い / ~ free 運賃無料 / ~ paid [prepaid] 運賃支払い済み[前払い]. ❷ ① 運送貨物, 積み荷; 船荷. ❸ ①《米》貨物列車. ── 動 他 ❶ **a** 〈…に〉貨物を積載する / a ship ~*ed with* coal 石炭を積載した船. **b** 〈…を〉貨物運送する. ❷〈…に〉〈意味などを〉担わせる: The gesture was ~*ed with* meaning. その身ぶりは意味ありげだった.

fréight·age /fréitidʒ/ 图 ① ❶ 貨物運送. ❷ 貨物運送料, 運賃. ❸ 運送貨物, 積み荷.

fréight càr 图《米》貨車(《英》goods wagon, wagon).

†**fréight·er** 图 ❶ 貨物船; 貨物輸送機. ❷(貨物)託送人; 運送業者.

Fréight·lìner 图《英》〖商標〗フレイトライナー《コンテナ貨物列車》.

fréight tràin 图《米》貨物列車(《英》goods train).

Fre·man·tle /fríːmæntl/ 图 フリマントル 《オーストラリア Western Australia 州南西部の市》.

Fré·mont /fríːmɑnt | -mɔnt/, **John C**(**harles**) 图 フリーモント (1813–90; 米国の軍人・西部探検家).

*__French__ /frentʃ/ 形 (人, 風, 語)の. ── 图 ① ❶ ① フランス語: ⇒ Norman French. ❷ [the ~; 複数扱い] フランス人, フランス国民(全体); フランス軍. (图 France)

Frénch bèan 图 《英》 インゲンマメ, サヤインゲン (《米》 string bean).

Frénch bráid 图 《米》 あみこみのお下げ髪 (《英》 French plait).

Frénch bréad 图 ① フランスパン.

Frénch Canádian 图 =Canadian French.

Frénch-Canádian 形 フランス系カナダ人の; カナダフランス語の. ── 图 ⓒ フランス系カナダ人; ① カナダフランス語.

Frénch chálk 图 ① チャコ (滑石製; 布地に線を引くのに用いる).

Frénch Community 图 [the ~] フランス共同体《本国と旧植民地などで構成; 1958 年制定》.

Frénch cricket 图 ① フレンチクリケット《打者の両脚を柱に見立ててプレーする略式クリケット》.

Frénch cúff 图 フレンチカフス《二重に折り返したカフス; カフスリンクで留める》.

Frénch cúrve 图 雲形定規.

Frénch dóor 图 [通例複数形で] 観音開きのガラスドア (French Window).

Frénch dréssing 图 ① フレンチドレッシング (vinaigrette)《オリーブ油・酢・塩・香辛料などで作ったサラダ用ソース》.

Frénch fried potátoes 图 徇 =French fries.

Frénch fríes 图 徇《米》フレンチフライ, ポテトフライ(《英》 (potato) chips).

Frénch-frý 他《米》〈ジャガイモの細切りを〉油をたっぷり使ってキツネ色に揚げる, フライドポテトにする.

Frénch Guiána 图 フランス領ギアナ《南米北東海岸にあるフランスの海外県》.

Frénch hórn 图 〖楽〗 フレンチホルン (渦巻き形の楽器で, 俗にホルン》.

Frénch·ie /fréntʃi/ 图 俗 =Frenchy.

Frénch·i·fy /fréntʃəfài/ 動 他 フランス風にする, フランスかぶれさせる.

Frénch kíss 图 フレンチキス《舌を使った熱烈なキス》.

Frénch kníckers 图 徇 太いニッカーボッカーズ.

Frénch léave 图 ① あいさつなしで出ていくこと, 無断欠

席: take ~ 無断で中座[退席, 欠席]する. 〘18 世紀のフランスで客が主人側にあいさつしないで去った習慣から〙

Frénch létter [名] 《英口》 コンドーム (condom).

Frénch lóaf [名] (複 **French loaves**) フランスパン, バゲット (baguette).

***French·man** /frénʧmən/ [名] (複 **-men** /-mən/) フランス人; (特に)フランス人の男.

Frénch mústard [名] [U] 《英》 フレンチマスタード 《酢入りマスタード》.

Frénch pláit [名] 《英》 =French braid.

Frénch pólish [名] [U] フランスニス 《シェラックとアルコールの透明塗料で家具類の仕上げに用いる》.

Frénch-pólish [動] [他] 〈家具の木部に〉フランスニスを塗る.

Frénch Polynésia [名] フランス領ポリネシア 《南太平洋にあるフランスの海外領土; タヒチ島を含むソシエテ諸島など》.

Frénch Revolútion [名] [the ~] フランス革命 (1789–99).

Frénch róll [名] フレンチロール 《髪を後ろに一つにまとめて縦巻きにして下ろした女性のヘアスタイル》.

Frénch séam [名] 袋縫い.

Frénch stíck [名] フランスパン.

Frénch tíckler [名] 《卑》 (女性の性感を刺激するための)ひだやいぼつきのコンドーム[張形].

Frénch tóast [名] [U] フレンチトースト 《牛乳と卵を混ぜ, 中にパンを浸してフライパンで焼く》.

Frénch vermóuth [名] [U] 《英》 フレンチベルモット 《辛口のベルモット》.

Frénch wíndow [名] [通例複数形で] フランス窓 《庭やバルコニーに開く観音開きのガラスドア; French door》.

***Frénch·wòman** [名] (複 **-women**) フランス人の女性.

French·y /frénʧi/ [形] フランス(人)風の, フランス式の. ── [名] ❶ 《口》 フランス人, フランス系カナダ人. ❷ 《俗》 コンドーム.

+**fre·net·ic** /frənétɪk/ [形] 熱狂的な, 逆上した. **~·ly** [副] **-i·cal·ly** /-kəli/ [副] 〘L; FRANTIC と同語源〙

fren·u·lum /frénjuləm/ [名] ❶ 〔解〕 小帯 《舌小帯・包皮小帯など》. ❷ 〔昆〕 抱刺(だきとげ) 《蛾などの前翅・後翅の連翅装置》.

fre·num /fríːnəm/ [名] 〔解〕 =frenulum.

+**fren·zied** /frénzid/ [形] 熱狂した; 狂暴な: in a ~ rage 激怒して / become ~ 逆上する. **~·ly** [副]

+**fren·zy** /frénzi/ [名] [U] [また a ~] 逆上, 乱心, 狂乱, 熱狂: drive a person to [into] ~ 人を逆上させる / in *a* ~ of excitement 興奮のあまり逆上して / work oneself up into *a* ~ 次第に狂暴になる. 〘F < L < Gk=脳炎〙

Fre·on /fríːɑn | -ɔn/ [名] [U] 〔商標〕 フレオン 《フロンガスの一種; 冷媒・エアロゾールなどに用いる》.

freq. frequency; frequently.

***fre·quen·cy** /fríːkwənsi/ [名] ❶ [U,C] **頻度**, 繰り返しの度合[程度]: with high [low] ~ 高[低]頻度で / increasing ~ しだいに頻度が高くなる[繰り返しの回数がふえる]こと. ❷ [U] しばしば起こること, 頻繁, 頻発 〔*of*〕: the ~ *of* earthquakes in Japan 日本における地震の頻発. ❸ [C,U] 〔理〕 度数, 振動数; 周波数: a high [low] ~ 高[低]周波. (形 frequent)

fréquency distribùtion [名] [U] 〔統〕 頻度分布.

fréquency modulátion [名] [U] 〔通信〕 周波(数)変調; (特に)周波変調放送 《略 FM; cf. amplitude modulation》.

fréquency respònse [名] [U] 〔電子工〕 周波数レスポンス[応答].

fre·*quent /fríːkwənt/ [形] (**more ~; most ~**) ❶ たびたびの, しばしばの, 頻繁な; 頻々と起こる (↔ infrequent): It's a ~ occurrence. それはよく起こる[ある]ことだ / have ~ headaches 頻繁に頭痛がする / as is ~ with…にはたびたびあることだが / a ~ guest しばしば来る客. ❷ 〈脈搏(みゃくはく)が〉速い. ── /frɪkwént/ [動] [他] 〈場所に〉しばしば行く, よく行く[集まる]: She ~*s* secondhand clothing stores. 彼女はよく古着屋へ行く. 〘F < L=込み合った〙 (名 frequency)

fre·quen·ta·tion /frìːkwentéɪʃən/ [名] [U] しばしば訪れる[出入りする]こと 〔*of*〕.

fre·quen·ta·tive /frɪkwénṭəṭɪv/ 〔文法〕 [形] (動作の)反復(表示)の: ~ verbs 反復動詞. ── [名] ❶ (動詞の)反復相. ❷ 反復動詞 《例: twinkle, flicker》.

fre·quent·er /frɪkwénṭə | -tə/ [名] しばしば行く人, 頻繁に訪れる人, 常連.

fréquent flíer [名] 頻繁に航空機を利用する人 《特に航空会社のマイレージサービスに登録されている人》.

***fre·quent·ly** /fríːkwəntli/ [副] (**more ~; most ~**) しばしば, たびたび, 頻繁に 《[比較] often より形式ばった語で, 特に短い期間での反復を示す》: He wrote home ~. 彼はよく家に手紙を出した / Earthquakes occur ~ in Japan. 日本は地震が頻繁に起こる.

+**fres·co** /fréskoʊ/ [名] (複 **~es, ~s**) ❶ [U] フレスコ画法 《塗りたてのしっくい壁面に水彩で描く壁画法》: in ~ フレスコ画法で. ❷ [C] フレスコ壁画. ── [動] [他] ❶ 〈壁に〉フレスコ画を描く. ❷ 〈画を〉フレスコ画法で描く. 〘It=新鮮な〙

‡**fresh**[1] /fréʃ/ [形] (**~·er; ~·est**) ❶ (作りたて・取りたてで)新鮮な, 新しい: **a** 取りたての, 産みたての, 加工してない: ~ vegetables 生野菜 / ~ eggs 産みたての卵 / ~ fish 鮮魚. **b** [A] (比較なし) できたての, 作りたての: a ~ pot of coffee 入れたてのコーヒー / ~ bread できたてのパン. **c** [A] (比較なし) 新たに発生した[発見された, 供給された], 新着の: ~ footprints まだ新しい足跡 / ~ news 新しいニュース / throw ~ light on a subject 問題に新しい解釈を与える. **d** [A] (比較なし)まだ使用されていない, 真新しい / a ~ piece of paper 新しい紙. **e** (比較なし) 〈ペンキが〉塗りたての (《英》 wet): ~ paint 塗りたてのペンキ. **f** 〈色が〉明るい, 鮮明な. ❷ [P] (比較なし) **a** 〔…から〕作りたてで, できたてで: The pie is ~ ***from*** the oven. そのパイはオーブンから出したばかりのものです. **b** 〔…から〕出たばかりで: He's ~ ***from*** [***out of***] college. 彼は大学新卒である / I was ~ *out of* (《米》 the) hospital. 私は退院したばかりだった. ❸ 〈空気が〉さわやかな, すがすがしい: ~ air さわやかな空気 / in the ~ air 戸[野]外で. ❹ **a** [P] **生き生きして**, 元気のいい, はつらつとして: She felt ~ after her walk. 彼女は散歩の後さわやかな気分だった / Everything looked ~ after the rain. 雨の後すべてが生き生きしてみえた. **b** 〈顔色・肌など〉生き生きした, ぴちぴちした, 健康そうな: a ~ complexion 健康そうな顔色. ❺ [A] (比較なし) 〈水が〉塩分のない: ~ water 淡水, 真水. ❻ [A] (比較なし) 新規の; もう一度の: with ~ determination 新たな決意をもって / make a ~ start 再出発する, 新規まき直しにやる. ❼ (比較なし) うぶな, 初心の, 未熟な, 新米の: a ~ hand 未熟者, 新米 / green and ~ 青二才の. ❽ 〔気〕 〈風が〉強い: ⇨ fresh breeze, fresh gale. **(as) frésh as a dáisy** 元気はつらつとした[て]. **bréak frésh gróund** ⇨ ground[1] [名] [成句]. ── [副] ❶ [通例過去分詞との複合語で] 新たに, 新しく: *fresh*-caught fish とりたての魚 / a *fresh*-painted door ペンキ塗りたてのドア. ❷ 《米口》 [通例 ~ out of…で] ちょうど今, 最近 (…を切らして): We are ~ *out of* eggs. 卵を切らしてしまったところだ. **~·ness** [名] 〘OE=塩の入っていない〙 【類義語】 ⇨ new.

fresh[2] /fréʃ/ [形] [P] 《口》 〔人に対して〕厚かましくて, 生意気で; なれなれしくて 〔*with*〕. 〘↑〙

frésh bréeze [名] 〔気〕 疾風 (⇨ wind scale 表).

fresh·en /fréʃən/ [動] [他] ❶ 〈…を〉新たにする 〈*up*〉: ~ *up* one's makeup 化粧をし直す. ❷ **a** 〈人を〉さっぱりした気持ちにさせる 〈*up*〉. **b** [~ one*self* で] (洗顔・入浴などして) さっぱりした気持ちになる, さっぱりする 〈*up*〉. ❸ 〈…を〉新鮮[清新]にする 〈*up*〉. ❹ 〈酒などを〉つぎ足す 〈*up*〉. ── [自] ❶ (洗顔・入浴などで)さっぱりする 〈*up*〉. ❷ 〈風が〉強まる. **~·er** [名] 〘FRESH[1]+-EN[3]〙

frésh·er [名] 《英口》 =freshman 1.

fresh·et /fréʃɪt/ [名] ❶ (海に注ぐ淡水の)流れ, 川. ❷ (大雨・雪解けによる)増水, 出水, 洪水.

frésh-fàced [形] 初々しい[さわやかな](顔の), 紅顔の〈若者〉.

frésh gále [名] 〔気〕 疾強風 (⇨ wind scale 表).

***frésh·ly** [副] [通例過去分詞の前で] 新たに, 新しく, 最近

F

fresh·man /fréʃmən/ 图 (圈 -men /-mən/) ❶ 新入生, 1年生《《解説》《米》では大学・高校, 《英》では大学のみ; ★《米》では4年制大学・高校では1年生から4年生まではそれぞれ freshman, sophomore, junior, senior の順で, 3年制の高校では1年生から3年生まではそれぞれ freshman, junior, senior の順; 女子学生にも用いられる》. ❷ 《米》(議員・企業などの) 1年生; 新米, 新参(者), 初心者. — 图 《米》 1年生用の: the ~ year 第1学年 / a ~ course 第1学年の課程 / ~ English (大学)第1学年の英語. ❸ 新米の: a ~ Congressman 一年生議員. ❹ 最初の: one's ~ year in Congress 議員として最初の一年.

frésh-rùn 图《サケの海から川にのぼって来たばかりの》遡河を始めたばかりの.

frésh·wàter 图 A ❶ a 真水の, 淡水(性)の: a ~ lake 淡水湖. b 淡水産の (↔ saltwater): ~ fish 淡水魚. ❷ 《船員》《淡水航行だけで》海には慣れていない. ❸ 《米》いなかの, 無名の: a ~ college 地方の大学.

Fres·nel /freinél/ ∥ ✓, **Au·gus·tin-Jean** /ɔːgʊstã́ʒãː/ 图 フレネル (1788–1827; フランスの物理学者).

Fresnél léns 图《光》フレネルレンズ《輪帯レンズを同軸上に配した平板レンズ; 灯台・スポットライト用; A. J. Fresnel が考案した》.

+**fret¹** /frét/ 图 颢 (**fret·ted; fret·ting**) 圉 ❶ いらいらする, やきもきする; 《赤ん坊が》むずかる, ぐずる: You had better not ~ *about* your mistakes. 間違いのことなどくよくよしないほうがいいよ / She's fretting *over* her son's poor grades. 彼女は息子が成績が悪いのにやきもきしている. ❷ 《水面が》騒ぐ, 波立つ. ❸ 《人を》いらいらさせて, 悩ます. 《…を》侵食する, 腐食する; 侵食して《…の》形成する. — 图 [a ~] いらだち; 不機嫌: in *a* ~ いらだって, ぷりぷりして.

fret² /frét/ 图《建》❶ 雷文(紋), 万字つなぎ, さや形. ❷《紋》たすき模様. — 颢 (**fret·ted; fret·ting**) 《…を》雷文で飾る; 格子細工(模様)にする 《★ 通例受身》.

fret³ /frét/ 图《ギターなどの》フレット《指板上の音階を決める突起した線》.

fret⁴ /frét/ 图 海霧.

fret·ful /frétf(ə)l/ 肥 いらいら[やきもき]する, 腹立ちやすい; 怒りっぽい, 気難しい. ~·ly /-fəli/ 副. ~·ness 图.

frét sàw 图《引き回し細工用の》糸のこ.

frét·ted /-ɪd/ 肥 雷文[細工]の.

frét·wòrk 图 ❶ Ⓤ《雷文などの》引き回し細工; 《天井などの》雷文細工. ❷ Ⓒ 《通例単数形で》雷文模様のもの.

Freud /frɔ́ɪd/, **Síg·mund** /zíːgmʊnt/ 图 フロイト (1856–1939; オーストリアの精神医学者で, 精神分析の創始者).

Freud·i·an /frɔ́ɪdiən/ 肥 ❶ フロイト(派)の. ❷《口》《言動が》無意識領域における性に関する[から生じる]. — 图 Ⓒ フロイト派の人.

Fréud·i·an·ìsm /-nɪzm/ 图 Ⓤ フロイト学説[主義], 精神分析学説.

Fréudian slíp 图 フロイトの失言《無意識的な動機・願望などを露呈するような失言》.

Frey /fréɪ/, **Freyr** /fréə ‖ fréə/ 图《北欧神話》フレイル《豊穣と作物の平和と繁栄の神》.

Frey·a /fréɪə/ 图《北欧神話》フロイア, フリーヤ (Frey の妹; 愛と豊穣の女神; cf. Frigga).

FRG《略》Federal Republic of Germany.

Fri.《略》Friday.

fri·a·ble /fráɪəbl/ 肥《岩石など》砕けやすい, もろい. **fri·a·bil·i·ty** /fràɪəbíləti/ 图.

fri·ar /fráɪə ‖ fráɪə/ 图《カト》《托鉢(たくはつ)》修道士 (cf. monk): Black [Gray, White] Friars ドミニコ《フランシスコ, カルメル》会の修道士. **fri·ar·ly** 肥.《下にL=兄弟》.

fríar·bìrd 图《鳥》ハゲミツスイ《豪州・ニューギニア・インドネシア産》.

fríar's [fríars'] bálsam 图 Ⓤ 安息香チンキ.

fri·ar·y /fráɪəri/ 图《托鉢修道会の》修道院 (monastery); 托鉢修道会.

---

frib·ble /fríbl/ 图 くだらない事(に日を送る人), ばか者, くだらない考え, しょうもない事.

fric·an·deau /fríkəndòu/ 图 圈 **-deaux** /~z/《料理》フリカンドー《子牛・七面鳥の肉を豚脂で刺して蒸し煮にしたもの》.《下》

fric·as·see /fríkəsìː/ 图 ⒸⓊ フリカッセ《鶏・子牛・ウサギなどの細切肉をソースで煮込んだフランス料理》. — 颢 働《肉をフリカッセ料理にする》.《下》

fric·a·tive /fríkətɪv/《音声》肥《子音が》摩擦で生ずる, 摩擦音の. — 图 摩擦音《/f, v, ʃ, ʒ, θ, ð/ などの子音》.

+**fric·tion** /fríkʃən/ 图 Ⓤ ❶《意見の衝突, あつれき, 不和 (conflict). ❷ 摩擦. — ·**al** /-ʃ(ə)nəl/ 肥 摩擦の, 摩擦によって起こる[動く]. **-al·ly** /-ʃ(ə)nəli/ 副.《下にL*fricare, frict-* こする》.

fríctional unemplóyment 图 Ⓤ 摩擦的失業《需要の変化に基づく労働の産業間移動が即時に行なわれないために生ずる一時的な失業》.

fríction màtch 图 摩擦マッチ.

fríction tàpe 图 絶縁用テープ.

‡**Fri·day** /fráɪdeɪ, -di/ 图 ⒸⓊ 金曜日《略 F., Fr., Fri.; ★ 用法・用例については ⇨ Sunday; 《参考》キリストが金曜日に処刑されたのでキリスト教国では不吉な日とされている》: ⇨ Good Friday, man Friday. — 肥 A 金曜日の. — 副《米》金曜日に (⇨ Fridays).《OE=Frigg の日》

Fri·days /fráɪdeɪz, -diz/ 副《口》金曜日に, 金曜日ごとに.

*****fridge** /frídʒ/ 图《口》冷蔵庫 (refrigerator).

frídge-frèezer 图《英》冷凍冷蔵庫.

+**fried** /fráɪd/ 颢 **fry¹** の過去形・過去分詞. — 肥 揚げ物の, フライ料理の: ~ fish 魚のフライ / ~ potatoes フライドポテト.

Frie·dan /friːdǽn, friːdn/, **Betty** 图 フリーダン (1921–; 米国の女性解放運動指導者).

fríed·càke 图 ⒸⓊ《米》油で揚げた菓子; ドーナツ.

Fried·man /fríːdmən/, **Milton** 图 フリードマン (1912–; 米国の経済学者; Nobel 経済学賞 (1976)).

‡**friend** /frénd/ 图 ❶ **a** 友人, 友だち: He's a ~ of mine (= my father('s)). 彼は私の父の友人です《用法》my [my father's] は特定の友人の場合で, この場合は同格に用いて my ~ John Smith ともいう》/ They're good [great] ~s. 彼らは大の仲よし[親友]だ / We're just good ~s! 私たちは親友であってそれ以上ではありません / A ~ in need (is a ~ indeed).《諺》まさかの時の友《こそ真の友》《★ in need と indeed と韻を踏んでいる》. **b** [one's ~; 呼び掛けや引き合いに出す時に用いて]《わが》人: Our ~s at the next table are noisy. 隣のテーブルの人たちうるさいですね《★ 皮肉をこめて知らない人に用いる》 / my learned ~ ⇨ learned² 1. ❷ **a** 味方; 支持者, 後援者, 共鳴者: a ~ *to* [*of*] liberty 自由の支持者 / a ~ *of* the poor 貧しい人々の味方 / I'm no ~ of any form of monarchy. どんな形態の王政も支持しない. **b** 友好国, 支持国 (cf. ally). ❸ **a** 連れ, 仲間; 人間の友たる動物: The dog is man's best ~. 犬は人間の最良の友だ. **b** 助けとなる《有用な》もの: Books are her best ~s. 書物が彼女のいちばんの助けだ. ❹ [F~] フレンド派 (the Society of Friends) の一員, クエーカー教徒 (Quaker). **be** [**màke**] **friends with...** と親しくする[親しくなる]. **pàrt (as) friends** ⇨ part. **the Friends of the Éarth** 地球の友《国際的な環境保護団体》. **the Socíety of Fríends** フレンド会, クエーカー派《1668年創立のキリスト教プロテスタントの一派》. **Whàt's ... betwèen friends?** 友だちの仲だから... など何でもないよ. 《OE; 原義は愛されたもの; cf. free》肥 **friénd·ed** 肥.

friénd·less 肥 友[味方]のない, 孤独な. ~·ness 图.

friénd·li·ness 图 Ⓤ 友情, 親切, 好意; 親善, 親睦(ぼく).

‡**friend·ly** /fréndli/ (**friend·li·er; -li·est**) 肥 友好的な, 好意的な; 敵意のない; 人なつっこい: a ~ nation 友好国民, 友邦 / a ~ dog 人なつっこい犬 / a ~ match [game] 親善試合《賞杯などを目当てにしない》 / She's ~

to everyone she meets. 彼女は会う人すべてに友好的である. ❷ […と]親しい, 仲がよい: be on ~ terms *with* a person 人と仲がよい / He wasn't particularly ~ *with* Henry. 彼はヘンリーと特別親しくはなかった. ❸ 友愛的な, 親しみのある, やさしい; 親切な: a ~ face [smile] 親しみのある顔[微笑] / That's very ~ *of* you. それはどうもご親切に. ❹ 〔通例複合語で〕(...に)やさしい; (...に)親切な; (...に)使いやすい: environmentally ~ 環境にやさしい / (ozone ~ オゾン層を破壊しない / ⇒ user-friendly. ❺ a 〈ものの〉役に立つ, 都合のよい: a ~ shower 慈雨. b 〔...に〕味方して, 好意を寄せて, 〔...を〕支持して: He was not ~ *to* my proposal. 彼は私の提案に賛成ではなかった. ❻ (戦闘で)あやまって味方から攻撃をする: ~ fire 同士[友軍]発砲. ── 图 《英》親善試合 (《米》exhibition game). 【图 friend】

fríendly socíety 图 〔しばしば F- S-〕《英》=benefit society.

*friend・ship /fréndʃip/ 图 U.C ❶ 友情, 友愛; strike up a ~ 友情を築きはじめる / The ~ between John and me lasted many years. ジョンと私との友情は長年続いた. ❷ 交友関係, 友の交わり, 友好; (国どうしの)友好関係. 【FRIEND+-SHIP】

fri・er /fráiər | fráiə/ 图 =fryer.

Frie・sian /fríːʒən | -ziən/ 图 《英》=Holstein.

frieze[1] /fríːz/ 图 ❶ 【建】フリーズ, 小壁 (entablature 中で cornice と architrave の間の部分で, 彫刻を施すことが多い). ❷ 帯状装飾, 装飾帯.

frieze[2] /fríːz/ 图 U フリーズ (片面をけば立てたオーバー用の粗い厚手のラシャ; アイルランド特産).

frig[1] /fríg/ 動 《卑》❶ 〈...と〉性交する. ❷ 〔~ *oneself* で〕自慰行為をする. **fríg aróund** (《英》+圏) ぶらぶらする, だらだらと時を過ごす. ── 图 性交; 自慰.

frig[2] 图 《英口》冷蔵庫 (refrigerator).

+**frig・ate** /fríɡət/ 图 ❶ フリゲート艦: **a** (18-19 世紀初頭の)木造の快速帆船 (上下の甲板に 28-60 門の大砲を備えた). **b** 《英・カナダ海軍》(対潜護衛用の)護衛艦, 小型駆逐艦. **c** 《米海軍》巡洋艦と駆逐艦の中間クラスの軍艦.

frígate bìrd 图 〔鳥〕グンカンドリ (熱帯海域に広く分布する大型の海鳥; ほかの鳥から食物を奪い取る).

Frig・ga /fríɡə/, **Frigg** /fríɡ/ 图 《北欧神話》フリッガ, フリッグ (Odin の妻; Freya と同一視される cf. Friday).

frig・ging /fríɡɪŋ/ 圀 副 《卑》〔強意語に用いて〕いまいましい(く), ひどい(く).

+**fright** /fráɪt/ 图 ❶ U 〔また a ~〕(急に襲う)恐怖, 激しい驚き: He was trembling with ~. 彼は怖がって震えていた / in a ~ ぎょっとして, 肝をつぶして / give a person *a* ~ 人をひどくびっくりさせる / have [get] *a* ~ ひどい目にあわされる, 怖くなる / take ~ (at...) (...に)ぎょっとする, おびえる. ❷ [a ~] (口) お化けのような (醜い)人[もの]: He looked a perfect ~. 彼はまったく異様な姿だった. **gèt [hàve] the frìght of one's lífe** とてもびっくりする, たまげる. 【OE】 (動 fríghten, 圀 fríghtful) 【類義語】 ⇒ fear.

*fright・en /fráɪtn/ 動 ❶ 〈人・動物などを〉(突然恐怖心を起こさせて)怖がらせる, ぎょっとさせる (★ しばしば過去分詞で形容詞的に用いる; ⇒ frightened): I'm so sorry I ~ed you. びっくりさせてごめんなさい / The rattlesnake ~ed me. そのガラガラヘビに私はぎょっとした. ❷ **a** 〈人を〉脅して〔...に〕(*into, to*); 〈人を〉脅して〔...を〕やめさせる (*out of*): They ~ed him *into* submission [*telling* the secret]. 彼らは彼を脅して屈伏させた[秘密を語らせた] / He ~ed his son *out of* the house [*drinking*]. 彼は息子を脅して家から追い出した[酒をやめさせた]. **b** 〈人を〉脅して追い立てる (*away, out, off*): The thief ~ed the thief *away*. 泥棒はあわててくしゃくして泥棒を逃げ去した. (图 fright) 【類義語】**frighten** 突然恐怖心を起こさせる; 最も意味が広い. **scare** frighten とほぼ同意義であるが, より口語的で, 特に恐怖を与えそうな状態にするという意味で使う. **terrify** 圧倒的な, または自制心を失うほどの恐怖心を起こさせる. **alarm** さし迫った危険を知らせることによって恐怖・不安の念を与える.

*fright・ened /fráɪtnd/ 圀 ❶ おびえた, 怖かった, ぎょっとした: a ~ child おびえた子供 / She was ~ *by* the dog. 彼女はその犬におびえた / He was ~ *to* death [*out of* his wits] *at* the sight. その光景を見て彼はひどくぎょっとした / 〔+*to do*〕She was ~ *to* see a figure in the dark. 彼女は暗やみに人影を見ておびえた / 〔+*that*〕She was ~ *that* there might be a ghost in the dark. 彼女は暗やみに幽霊がいるかもしれないとおびえた. ❷ P [...を]いつも[常習的に]怖がった: He's ~ *of* thunder. 彼は雷を怖がる.

frìght・en・er /fráɪtnər/ 图 脅す人. **pùt the frìghteners on...** 《英俗》〈人〉を脅す.

*fright・en・ing /fráɪtnɪŋ/ 圀 恐ろしい, 怖い; ぞっとするような: a ~ experience 恐ろしい体験. **~・ly** 圙 恐ろしいほど, ぞっとするほど, 驚くほど, とんでもなく.

+**fright・ful** /fráɪtf(ə)l/ 圀 (**more ~**; **most ~**) ❶ 恐ろしい, ものすごい, ぞっとする[ぎょっとする]ような (terrible) (★ この意味では **frightening** のほうが一般的). ❷ 非常に醜い, 二目と見られない. ❸ 〔口〕 **a** 不愉快にいやな; have a ~ time 実にいやな思いをする. **b** 大変な, すごい (dreadful): a ~ mess 大変な散らかりよう. **~・ly** /-fəli/ 副 ❶ 恐ろしく, 激しく. ❷ 〔英〕 たいへん, とても. **~・ness** 图 〔L=冷たい〕

fríght wìg 图 (役者や道化がかぶる)ぎょっとした様子を示すように毛の立った[毛を立てることのできる]かつら, びっくりかつら.

frig・id /fríʤɪd/ 圀 ❶ 〈気候など〉寒さが厳しい, 極寒の (freezing). ❷ 〈態度など〉冷淡な; 冷ややかな; よそよそしい, 堅苦しい: a ~ look ひどく冷淡そうな顔つき. ❸ 〈女性が〉不感症の. **~・ly** 副 **~・ness** 图 〔L=冷たい〕

frig・i・dar・i・um /frɪdʒədé(ə)riəm/ 图 (圏 **-dar・i・a** /-iə/) (古代ローマの浴場の)冷浴室 (温水を用いない).

fri・gid・i・ty /frɪdʒídəti/ 图 U ❶ 寒冷; 冷淡. ❷ 堅苦しさ. ❸ 〔医〕不感症.

Frígid Zòne 图 〔the ~〕寒帯 (cf. Temperate Zone): the North [South] ~ 北[南]寒帯.

fri・jo・le /frɪhóuli/ 图 〔通例複数形〕フリホール (メキシコ料理に用いられるササゲ豆の類).

+**frill** /fríl/ 图 ❶ **a** へり飾り, ひだ飾り, フリル (ruffle). **b** (骨付き肉の骨のはしにかぶせる)紙飾り. ❷ (鳥獣の)襟毛. ❸ **a** 安っぽい装飾; 気取り, ぜいたく: *without* [*with all*] *the* ~*s* 余分なものがなく簡素な[ごてごてと飾りたてて華美な]. **b** 〔複数形で〕気取り: put on ~*s* 気取る.

frilled 圀 ひだ飾りを施した, フリルをつけた.

frílled lízard 图 〔動〕エリマキトカゲ (オーストラリア産).

frill・ing /fríliŋ/ 图 U ❶ ひだ飾り. ❷ ひだ飾りの材料.

frìll(-nècked) lízard 图 =frilled lizard.

frill・y /fríli/ 圀 (**frill・i・er**; **-i・est**) 〈衣服など〉ひだ飾り[フリル]のついた. ── 图 〔複数形で〕(女性用の)ひだ飾りのついた下着 (ランジェリー). **fríll・i・ness** 图

*fringe /fríndʒ/ 图 ❶ **a** (肩掛け・すそなどの)房べり, 房飾り. **b** 《英》(女性の額ぎわの)切り下げ前髪 (《米》bangs). **c** (動植物の)房毛. ❷ へり, 外べり, 外辺: a park with a ~ *of* trees 周辺に樹木のある公園 / a ~ of beard on one's chin あごのへりに生えたひげ / on the ~(s) of a forest 林の外れ[周辺]に. ❸ 〔学問・運動などの〕周辺, ほんの初歩: a mere ~ *of* philosophy 哲学の外側をのぞいただけの知識. ❹ (社会・政治・文化などの)主流逸脱者, 極端論者, 過激派グループ; 〔形容詞的に〕〈集団などが〉周辺的な, 非主流の; ⇒ lunatic fringe, fringe group. ❺ 《米》=fringe benefit ── 動 他 ❶ 〈...に〉房をつける, 〈...を〉房で飾る. ❷ 〈...に〉沿って並ぶ; 〈...を〉縁取る (edge): The road was ~d *with* [*by*] flowering azaleas. 道路の両側には花の咲いたツツジが植わっていた. 〔F<L〕

frínge àrea 图 フリンジエリア 《テレビ[ラジオ]の受像[受信]不良地域》.

frínge bènefit 图 ❶ 〔しばしば複数形で〕付加給付 《本給以外に支給される恩給・有給休暇・健康保険など》. ❷ 副次的に得られた利益, 効果.

+**fringed** 圀 ❶ 房(飾り)のついた. ❷ 〔...で〕へり[境]ができた, 縁取られた.

frínge gròup 图 非主流派.

frínge thèater 图 U.C 前衛劇(場).

fring·ing /fríndʒɪŋ/ 图 Ⓤ ふさ飾り材料.

fring·y /fríndʒi/ 厖 ふさのある, ふさ状の, ふさ状の.

frip·per·y /frípəri/ 图 ❶ a Ⓤ (服飾の)けばけばしい装飾. b Ⓤ (通例複数形で)(服飾品の)安かもの. ❷ Ⓤ 気取り, 見え, 虚飾. ── 厖 安っぽい, つまらない.

Fris·bee /frízbi/ 图 Ⓒ [しばしば f~] (商標)フリスビー《プラスチック製の小型の円板で, 投げて遊ぶ》: throw a ~ フリスビーを投げる. 《Frisbee Pie Company のアルミ製パイ皿が遊びに用いられたことから》

Fris·co /frískou/ 图 Ⓤ =San Francisco.

fri·sée /fri:zéɪ | frɪzéɪ/ 图 Ⓤ (縮れている)チコリーの葉(サラダ用).

Fri·sian Islands /fríʒən- | -ziən-/ 图 襖 [the ~] フリジア諸島《ヨーロッパ北西部, オランダ北部からデンマークにかけての北海沖にある島群》.

frisk /frísk/ 動 他 ❶ 《口》警官などが〈人の体を服の上からなでて隠した武器などを探す, 身体検査をする 《down》(body-search). ❷ 〈...を〉(軽快に)振り動かす. ── 自 ❶〈子供·動物などが〉(軽快に)跳ね回る, (じゃれて)飛び回る, ふざける, じゃれる. ❷ [a ~] 跳ね回り.

frisk·et /fríckɪt/ 图 ❶ Ⓒ (写真印画·写真製版の)マスク; 〖印〗(手引き印刷機の)行燈蓋(あんどんぶた), フリスケット. ❷ Ⓤ フリスケット《塗料による汚れを防止するのに用いるフィルム[シート]や液剤》.

frisk·y /fríski/ 厖 (frisk·i·er; -i·est) 元気に飛び回る, よくじゃれる. **frís·ki·ly** /-kɪli/ 副 **-ki·ness** 图

fris·son /fri:sɔ́:n/ 仏 ── 图 (襖 ~s /-/z/ /-z/) (興奮·喜びなどによる)身震い, スリル.

frit /frít/ 图 〖窯〗フリット: a 溶融した, または 焼いたガラス原料. b 陶磁器などに用いる釉(うわぐすり)·琺瑯(ほうろう)にするガラス質混合物. ── 動 他 (fritted; fritting) 〈原料を〉溶融する, フリット化する.

frith /fríθ/ 图 =firth.

frit·ta·ta /frɪtɑ́:tə/ 图 〖料理〗厚焼き玉子, フリッタータ《しばしば刻んだ野菜または肉を入れたもの》.

frit·ter¹ /frítə | -tə/ 動 他 〈時間·金などを〉〈...に〉費やす [つぶす] 《away》 《on》 (squander).

frit·ter² /frítə | -tə/ 图 Ⓒ [通例複合語で] 〖料〗フリッター《薄切りの果物·肉などに衣をつけた揚げ物》: apple ~s 揚げリンゴ / oyster ~s カキの揚げ物. 《F》

frit·to mis·to /frí:toumí:stou/ 图 〖料理〗フリット·ミスト《魚介や野菜を小さく切って衣をつけて揚げた食べ物》.

fritz /fríts/ 图 ★次の成句で. **on the frítz** 《米口》機械などが故障して.

Fritz /fríts/ 图 ❶ フリッツ《男子名; Friedrich, Frederick の愛称》. ❷ ドイツ人[兵](ども)(特に第一次大戦時の).

friv·ol /frív(ə)l/ 動 自 軽薄にふるまう.

fri·vol·i·ty /frɪvɑ́ləṭi | -vɔ́l-/ 图 ❶ 浅薄, 軽薄不, まじめ. ❷ Ⓒ [通例複数形で] 軽々しい言動, くだらない事.

†**friv·o·lous** /frív(ə)ləs/ 厖 ❶ 浅薄な, 軽薄な: a ~ girl 尻の軽い女. ❷ つまらない, くだらない, 取るに足らない: ばかげた: ~ complaints 取るに足らない苦情. **~·ly** 副 **~·ness** 图 《L=取るに足らない》

friz /fríz/ 图; 動 他 =frizz.

frizz /fríz/ 動 (口) 〈髪の毛を〉ちちれ髪にする 《up, out》. ── 图 [また a ~] ちちれ毛, ちちれ毛.

friz·zan·te /frɪtsɑ́:nṭi/ 厖 〈ワインが〉微発泡性の.

friz·zle¹ /frízl/ 動 (口) 他 〈毛髪などを〉ちちらせる 《up》. ── 自 ちちれる 《up》. ── 图 ちちれ毛, カール.

friz·zle² /frízl/ 動 他 〈肉などを〉油でジュージューいためる[焼く]; 〈...を〉焦がす. ── 自 〈油で揚げた肉などが〉ジュージュー音を立てる.

friz·zly /frízli/ 厖 (friz·zli·er; -zli·est) =frizzy.

frizz·y /frízi/ 厖 (friz·zi·er; -zi·est) ちちれ毛の, 細かくちちれた.

fro /fróu/ 副 ★次の成句で. **tó and fró** ⇔ to 副 成句. 《ME; FROM と同語源》

frock /frák | frɔ́k/ 图 ❶ (昔農夫などの着ふったりした)仕事着. ❷ (そでが広くすその長い)修道士の服, 僧服. ❸ 《古風》フロック《女性·子供用のワンピースのドレス》. ❹ =frock coat.

---

721 **from**

fróck còat 图 フロックコート.

froe /fróu/ 图 (丸太から桶版などを割るのに用いる)なた《柄は刃に直角に付いている》.

†**frog¹** /frág, frɔ́:g | frɔ́g/ 图 ❶ 〖動〗カエル (cf. tadpole, toad 1; croak). ❷ 《口》いやなやつ; 醜い人. ❸ [F~] 《軽蔑》フランス人《面素カエルを食用とすることから》. ❹ 衣服に装飾的につける飾りボタン, 花留め. ❺ 〖鉄道〗轍叉(てっさ) 《カエルの後足に似ているところから》. ❻ (生け花の)剣山. **have a fróg in the [one's] thróat** 《口》(一時的に)声がかれ(ている), 声が出なくな(っている). 《OE; 原義は「跳ねるもの」か》

frog² /frág, frɔ́:g | frɔ́g/ 图 蹄叉(ていさ) 《馬蹄の中央の軟骨》.

fróg·bit 图 〖植〗トチカガミ.

fróg·fish 图 〖魚〗イザリウオ, (広く)アンコウ類の各種.

frogged 厖 〈衣服など〉飾りボタン[花留め]のついた.

fróg·ging 图 Ⓤ (衣服の)フロッグ飾り.

frog·gy /frági, frɔ́:gi | frɔ́gi/ 厖 ❶ カエルの多い; カエルのような. ❷ 《俗》《軽蔑》フランス(人ども)の. ── 图 《俗》《軽蔑》フランス人, フランス野郎.

fróg·hòpper 图 〖昆〗アワフキ.

fróg kìck 〖水泳〗かえる足, フロッグキック.

fróg·let /-lət/ 图 小さなカエル, 若いカエル, カエルの子.

frog·man /-mæn, -mən | -men, -mèn, -mən/ 图 (襖 -men /-mèn, -mən/) 潜水工作員, (特に)水中処理兵, フログマン.

fróg-màrch 動 ❶ 《英》〈反抗する人·酔っぱらいを〉うつぶせにして4人がかりで手足を持って運ぶ 《副句》. ❷ 〈人を〉はがいじめにして前へ進ませる 《副句》.

fróg·mòuth 图 〖鳥〗ガマグチヨタカ《豪州·東南アジア産; くちばし·口が大きい》.

fróg òrchid 图 〖植〗アオチドリ《緑色の小花をつける地生ラン; ヨーロッパ·北米·西アジア産》.

fróg·spàwn 图 Ⓤ カエルの卵.

froi·deur /frwɑ:dɔ́:/ | -dɔ́:/ 图 Ⓤ 冷淡さ, 冷ややかさ, よそよそしさ.

frol·ic /frálɪk | frɔ́l-/ 動 (frol·icked; -ick·ing) 自 たわむれる, ふざけ騒ぐ; 飛んだり跳ねたりする, はしゃぎ回る 《about》. ❷ 〈異性と〉戯れる, 遊ぶ 《with》. ── 图 ❶ a Ⓒ 浮かれ騒ぎ, 陽気な集まり(パーティー). b Ⓤ 大浮かれ[はしゃぎ], 陽気. ❷ Ⓒ 〈異性との〉戯れ, 遊び. 《Du=はしゃいだ》

frol·ic·some /frálɪksəm | frɔ́l-/ 厖 ふざけて跳ね回る; 陽気な.

***from** /(弱形) frəm; (強形) frám, frɑ́m | frɔ́m/ 前 ❶ (運動·移動などの出発点を表わして; cf. to 前 A 1 b) ...から: go ~ London to Paris ロンドンからパリへ行く / walk home ~ the station 駅から歩いて帰る / fall ~ a tree 木から落ちる / hang ~ the ceiling 天井からつり下がる / Come down ~ that tree at once! その木からすぐ下りなさい / He turned away ~ her. 彼は彼女から目をそらした / The bee buzzed ~ flower to flower. ハチは花から花へブンブン移って行った 《用法 from...to... の形では名詞につく冠詞が省略されることがある; 特に同一名詞が反復される時や, 成句化したものに多い》.

❷ [空間·時間などの起点を表わして; cf. to 前 A 1 a, 4 a, till¹ 1 前 1, until 前 1] ...から: ~ early this morning けさ早くから / ~ childhood [a child] 幼時から / the (very) first (そもそも)最初から / ~ now on 今後 / ~ then [that time] on そのとき以後 / The Rocky Mountains extend ~ the United States into Canada. ロッキー山脈は合衆国からカナダにまで延びている / How far is it ~ here to the station? ここから駅までどれくらいありますか / work ~ morning to [till] night 朝から晩まで働く / ~ Monday to Friday 月曜から金曜まで 《用法》《米》ではしばしば from を略して Monday through Friday という》 / ~ just after the war until the present time 戦後すぐから現在まで / Ten minutes ~ now we will go. 今から10分後に出かける / He will be on vacation ~ April 1 (onward). 彼は4月1日から(続けて)休暇をとる 《用法 単に時点を示す時は School begins at eight [on

fromage blanc 722

September 1, in September].「学校は8時に[9月1日に, 9月に始まる」のようにいう).

❸ [数量・値段などの下限を表わして] (下は)…から: Count ~ 1 to 20. 1から20まで数えなさい / The journey should take us ~ two to three hours. 旅行は2, 3時間かかるだろう (用法 このように from…to… で, 全体が一つの数詞のように扱われて名詞を修飾することがある) / We have cheese(s) ~ $2 per pound. 当店ではチーズは1ポンド2ドルからあります.

❹ [視点・観点を表わして] …から(見ると): ~ a child's point of view 子供の立場から見れば / F~ the top of the hill [F~ where we stood] we could see the whole town. 丘の上[我々の立っている所]から町全体が見えた / The view ~ his house is beautiful. 彼の家からの眺めはすばらしい / He lives up [down, across] the road ~ me. 彼は私のところから見て道路の上手[下手, 向こう側]に住んでいる.

❺ [隔たり・不在を表わして] …から(離れて): absent [away] ~ home 不在で / The town is 3 miles (away) ~ here. 町はここから3マイル離れたところにある / The house is back ~ the road. 家は道路から引っ込んだところにある.

❻ [分離・除去を表わして] …から(離して): If you take [subtract] 2 ~ 10, it remains. =2 ~ 10 is [leaves] 8. 10から2を引くと8 / He took the knife (away) ~ the child. 彼は子供からナイフを取りあげた.

❼ [隔離・解放を表わして] …から: release a person ~ prison 人を刑務所から釈放する / We are safe ~ the rain here. ここだと雨にぬれなくてすむ / We were excused ~ homework. 宿題は免除された.

❽ [抑制・防止を表わして] **a** …から: His friend saved him ~ the fire. 友人が彼を火事から救った. **b** [doing …すること(を抑える, 防ぐ): refrain ~ laughing 笑いを慎む / The rain prevented us ~ going there. 雨でそこに行けなかった.

❾ [選択を表わして] …の中から: Choose a book ~ (among) these. この中から1冊選びなさい.

❿ [区別・相違を表わして] …から, …と: know [tell] right ~ wrong 善と悪を識別できる / differ [be different] ~ と異なる.

⓫ [送り主・発信人などを表わして] …から(の): a letter ~ Jim to his wife ジムから妻あての手紙 / We had a visit ~ our uncle yesterday. きのうおじの訪問を受けた.

⓬ **a** [出所・起源・由来を表わして] …から(来た, 取ったな)ど; …からの: quotations ~ Shakespeare シェイクスピアからの引用句 / draw a conclusion ~ the facts 事実から結論を引き出す / They obtained rock samples ~ the moon. 岩石の見本を月から採集している / A crash was heard ~ within. 中からガチャンという音が聞こえた. **b** …出身の, …産の: "Where are you ~?" "I'm ~ Florida." 「どちらのご出身ですか」「フロリダの出身です」/ Where do you come ~? どこのご出身ですか (比較 Where did you come ~? は「どこから来たのか」の意) / These oranges come [are] ~ Spain. このオレンジはスペイン産です.

⓭ [原料・材料を表わして] …から, …で (out of) (cf. make ⓐ A 1 b): make wine ~ grapes ブドウからワインを造る.

⓮ [変化・推移を表わして] …から(…へ): Things have gone ~ bad to worse. 事態はますます悪くなった / He changed ~ a shy person into quite a politician. 彼は内気な人間からいっぱしの政治家に変身した / This book has been translated ~ English into Japanese. この本は英語から日本語に翻訳された.

⓯ [根拠・動機を表わして] **a** …に基づいて, …によって: speak ~ notes [memory] メモを見ながら[記憶をたぐりながら]話す / I know ~ experience that …ということは経験から知っている / The cut on his face was ~ shaving. 顔の切り傷はかみそりによるものだった / act ~ a sense of duty 義務感によって行動する. **b** …から(判断して): Judging ~ [F~] her looks, she seemed to be tired. 顔つきから察すると彼女は疲れているようだった.

⓰ [手本・規準を表わして] …を手本として, …にならって: Did you paint the picture ~ nature? この絵は写生ですか.

⓱ [原因・理由を表わして] …のために, …の結果: suffer ~ gout 痛風を患う / die ~ a wound 傷がもとで死ぬ(cf. die¹ ⓐ 1 a 用法) / It was ~ no fault of his own, that he became bankrupt. 彼が破産したのは自分のせいではなかった.

às from… ⇒ as 腰 成句.

from òut (of)…から〈★ out of の強調形〉.

…wéek(s) [mónth(s), yéar(s)] from todáy [tomórrow, etc.] きょう[あす(など)]から…週間[か月, 年]たった時に, …週間[か月, 年]後の今日[あす(など)]: I'll see you three weeks [months] ~ tomorrow. 3週間[3か月]後のあすお会いします / ⇒ A WEEK from today.

《OE》

fro·mage blanc /frɔmɑːʒblɑ̃ː | frɔ-/ 名 U フロマージュブラン, 白チーズ《軽い酸味のある凝乳状のチーズ》.

fromage frais /-fréɪ/ 名 U フロマージュフレ《コテージチーズの軟らかいもの; サラダにかけたりデザートにする》.

Fromm /fráːm | fróm/, **Er·ich** /éərɪk/ 名 フロム (1900-80; ドイツ生まれの米国の精神分析学者).

frond /fránd | frónd/ 名 植 ❶ (シダ, シュロなどの)葉. ❷ (海草・地衣などの)葉状体《葉と茎の区別がつかない》.

frond·age /frándɪdʒ | frón-/ 名 U 茂った群葉.

frons /fránz | frónz/ 名 (象 **fron·tes** /fránti:z | frón-/)《昆》頭前頭, 額.

‡**front** /fránt/ 名 ❶ C (↔ back, rear) [通例 the ~] a 前部, 最前席 用法 離れた前方は意味しない]: sit in [at] the ~ of the class クラスの最前席に座る. **b**(新聞の)第一面;(雑誌・本などの)扉. ❷ C **a** [通例 the ~] (建物の)正面, 表, 前面 (比較 ホテルの「フロント」は英語では front [reception] desk; cf. 図 1): the ~ of a church 教会の正面. **b** [通例 the ~ で修飾語を伴って] (建物などの)面, 側: the east ~ of the building 建物の東側. ❸ [the ~] 《英》(避暑地などの海岸・湖水に沿った)遊歩道, 海岸通り; a hotel on the (sea) ~ 海岸に面したホテル. ❹ C (one's ~) 衣服の前部. ❺ a [the ~; しばしば F~] 【軍】 最前線, 第一線(部隊); 戦線, 戦場, 戦地: go [be sent] to the ~ 戦線に出る; 出征する. **b** C [通例修飾語を伴って; 通例単数形で] (政治・社会運動などの)戦線, 協力, 提携: the labor ~ 労働戦線 / the popular [people's] ~ 人民戦線 / present [show] a united ~ 共同戦線を張る. **c** [the ~] 活動の場; 活動の場にいる人たち: progress on the educational ~ 教育面での進歩. ❻ a [a ~; 通例修飾語を伴って] 態度: present [put on, show] a bold [calm] ~ 大胆な[冷静な]態度を示す. **b** [a ~] 気取った態度, 見せかけ, 金持ち[上流人士]ぶること, 偉ぶること: put on [maintain] a ~ 体裁を張る. ❼ C **a** (団体・会社などの)表看板(の名士). **b** [通例単数形で] 《口》(不法な行為をごまかす)隠れみの (cover): The restaurant is a ~ for a gambling operation. このレストランは賭博行為の隠れみのとなっている. ❽ C 【音声】前舌面. ❾ C 【気】前線: ⇒ cold [warm] front.

at the frónt (1) 正面で; 最前席で. (2) 戦線で, 戦場に出て. (3) 〈問題など〉表だって.

cóme to the frónt 正面に現われてくる, 顕著になる, 名が出る: New issues have come to the ~. 新しい問題が前面に出てきた.

frónt of…《米口》= in FRONT of… 成句.

frónt of hóuse【劇】観客席; 表方(ǎ夯); 担当(区域).

gèt in frónt of onesèlf《米口》急いで順序が狂う.

in frónt (1) 前に, 前方に: go in ~ 先に立って行く. (2)(衣服などの)前部で, 前の方で. (3) 前席に, 最前列に. (4)(試合・競技などで)優勢である.

in frónt of… (1) …の前に (↔ at the rear of…): I stood in ~ of the teacher's desk. 私は先生の机の前に立った / cut in ~ of other cars 他車の前に割り込んだ. (2)〈人〉の面前で: Don't use swearwords in ~ of the children. 子供のいるところで口汚い言葉は使うな.

on áll frónts あらゆる側面で, すべての面で.
òut (《英》the) frónt (1) 戸口の外で; 家の前で. (2) 先頭を切って. (3)《劇場》観客席で, 観客の中で. (4)《口》率直に, 正直に.
úp frónt《口》(1) 前もって, 前金で. (2)(当初から)正直に, 腹蔵なく (cf. up-front). (3)《スポ》フォワードの位置で. (4)(自動車の)運転席で[の].

── 形 A ❶ 正面の, 表の, 前面の (↔ back), 最前の; 正面から見た (↔ back): the ~ seat 車の前の座席, 助手席 (★ 運転席は the driver's seat というので, それ以外の前の座席) / the ~ desk (ホテルなどの)フロント, 受付 (⇨ 名 2a 比喩) / the ~ wheels 前輪 / a ~ view 正面の眺め / one's ~ teeth 前歯. ❷《口》隠れみのになる, 表看板的な: ⇨ front man 1. ❸《音声》前舌の[で発音される] (cf. central 6, back 7).

── 副 正面へ[に], 前方へ[に]: Eyes ~ ! ⇨ eye 1.
frónt and reár 前後を[に, で], 前後両面から[から]. **frónt and cénter** ❶ 最重要[優先](課題)の, 中心となる. (2)(人の)間近[すぐそば](寄って).

── 間 ❶《号令》フロント へ!《ホテルの受付で係の者への呼びかけ》. ❷《軍》《号令》前へ(進め)!

── 動 ⓐ ❶ 《副詞(句)を伴って》(...に)向かう, 面する (face): The hotel ~s on the sea. そのホテルは海に面している / The house ~s east [toward the east]. その家は東向きだ. ❷《俗》(...の)隠れみのとなる: The laundry ~s for a drug ring. その洗濯屋は麻薬組織の隠れみのとなっている. ── ⓣ ❶ (...に)向かう, 面する, (...の)正面にある: The villa ~s the lake. 別荘は湖に面している. ❷ 〈...を〉代表する, 率いる, 〈...の〉先頭[前面]に立つ; 〈バンドのリードボーカル[プレーヤー]を務める, 〈番組の(総合)司会をする; 〈建物の前面に...をつける《*通例受身》: The building is ~ed with bricks. 建物の正面はれんがの構えになっている.
〖F<L=額(ひた), 正面〗 ⇨ frontal

front·age /frÁntidʒ/ 名 ❶ (建物の)正面, 前面. ❷ a (街路・水際に面する)空地. b (家から街路までの)軒先.
fróntage ròad 名《米》(高速道路と平行に走る)側道, 支線道路 (service road).
⁺**fron·tal** /frÁntl/ 形 A ❶ a 正面の, 前面の, 正面に向かっての (↔ rear): a ~ attack 正面攻撃. b《批判などに》正面きっての, 真っ向からの. ❷《解》前面の, 前面(部)の. ❸《気》前線の. ── 名 ❶ (祭壇の)正面掛け布. ❷《建》正面. (名 front)
fróntal bóne 名《解》前頭骨.
fróntal lóbe 名《解》(大脳の)前頭葉.
fróntal sỳstem 名《気》前線(系).
frónt bénch 名 U [the ~; 集合的; 単数または複数扱い]《英》(下院の)最前列議員連《*議長から見て左右各第一列で, 右側が政府高官席, 左側が野党幹部席になっている; cf. back bench, crossbenches》.
frónt·bèncher 名《英下院》最前列の議員, 政党幹部.
frónt búrner 名 [the ~] ★ 次の成句で. **on the frónt búrner** 最優先事項で; 大いに注目されて.
⁺**frónt dóor** 名 (家の)正面玄関, 表玄関.
frónt ènd 名《電算》フロントエンド《ソフトウェアで, ユーザーが直接操作する部分》.
frónt-énd 形 ❶ (車などの)前面[正面]の. ❷《口》手始めに[に必要な], 着手段階の, 前金[手付け金]の. ❸《電算》フロントエンドの.
frónt-ènd lóader 名 先端にショベルをもつ積込み機.
frontes frons の複数形.
*fron·tier /frʌntíɚ, fran- | frʌ́ntɪə/ 名 ❶ a C 国境(地方), 辺境 (《米》border). b [the ~]《米》(西部が未開拓のころの)開拓地と未開拓地帯の境界地帯, 西部辺境, フロンティア: live in a log cabin on *the* ~ 西部辺境で丸太小屋の生活をする. ❷ C [通例複数形で][知識・学問などの]最先端, 新分野; (...の)領域; 限界, 境界: extend [push back] the ~s (of ...) (...の)知見を広める, (...を)発展[発達]させる / roll back the ~s of ... (政府などの)役割を狭める / on the ~s of medical science 医学の最前線. ── 形 A ❶ 国境[辺境]地域における: ~ disputes 国境紛争[争い] / a ~ town 国境[辺境]の町. ❷《米》西部辺境の: ~ life《西部》辺境の生活 / the ~

frost

spirit 開拓者精神, フロンティア精神. 〖F; ⇨ front〗
fron·tiers·man /-mən/ 名 (《複》-men /-mən/) 国境地方の住民, 辺境開拓者.
fron·tiers·wòman 名 国[辺]境地方の女性, 女性辺境開拓者.
fron·tis·piece /frÁntɪspìːs/ 名 ❶ (本の)口絵《特に扉面にしたもの》. ❷《建》a 正面. b (戸などの)装飾壁, 切り妻壁.
frónt·làsh 名《米》政治的反動に対する反作用.
frónt·lèss 形 正面[顔]のない.
front·let /frÁntlət/ 名 ❶ (額の)前飾り. ❷ (動物・鳥の)額.
⁺**frónt líne** 名 [the ~] ❶ (活動・闘争などで, 責任ある立場に立つ)先頭, 最前線. ❷《軍》第一線, 前線.
frónt-líne 形 ❶ 前線の; 前線用の. ❷ 優秀な, 第一線の.
frónt mán 名 ❶ a 表看板の人. b 傀儡(かいらい). ❷ = frontman 1.
frónt·màn 名 (《複》-men) ❶ リードボーカル[プレーヤー]. ❷ = front man 1.
frónt màtter 名 U (本の)前付け《本文の前に置く扉・序文・目次など; 日本でいう「奥付け」の内容もここで示される》.
frónt mòney 名 U 前金. 着手資金.
frónt óffice 名 (会社などの)本社, 本部; (特に)首脳部, 幹部連, フロント連.
fron·ton¹ /frÁntən | frÓntən/ 名《建》= pediment.
fron·ton² /frÁntən | frÓntən/ 名 ハイアライ (jai alai) 球技場.
frónt páge 名 ❶ (本の)扉, 表題紙. ❷ (新聞紙の)第一面.
*front-page /frÁntpèɪdʒ/ 形 A 《ニュースが》新聞の第一面(向き)の; 重要な: a ~ story 一面記事 / The story received ~ coverage. その記事は一面に掲載された.
── 他《ニュースを》第一面に載せる[報道する].
frónt róom 名 (家の)表の部屋; 居間.
⁺**frónt-rúnner** 名 ❶ a (競走・競技で)先頭に立つ人, リードする人[馬]. b 先頭を行くと最も力を出す人[馬など]; 先行逃げ切り型の人[馬など]. ❷ 最有力選手[候補] 〔for〕 (favorite).
frónt rúnning 名 U ❶《証券》フロントランニング, 先回り売買《相場に影響するほどの大口取引の可能性をつかんだ証券業者が自己勘定のオプション売買を先に成立させて利益を得ようとすること》. ❷《米》先頭[首位]を行く者を応援する[勝ち馬に乗る]こと.
frónt vówel 名《音声》前舌母音《/iː, e, æ/ など; cf. back vowel, central vowel》.
frónt·ward /-wəd | -wəd/ 形 副 正面に向かう[向かって], 前方への[に].
frónt·wards /-wədz | -wədz/ 副 = frontward.
frónt-whéel 形 前輪の; 前輪駆動の: ~ drive (自動車の)前輪駆動方式.
frónt yárd 名 (家の)表庭 (cf. backyard).
frosh /frɑʃ | frɒʃ/ 名 (《複》~)《口》新入生 (freshman), 新入り.
⁺**frost** /frɔːst, frɑst | frɔst/ 名 ❶ U 霜, 霜柱: be covered with ~ 霜におおわれている / F~ has formed on the ground. 地面に霜が降りた / We will have ~ tomorrow morning. 明朝は霜が降りるだろう. ❷ C|U 霜が降りるほどの寒気; 霜枯れ時: a hard [sharp, sharp] ~ (霜を結ぶ)厳しい寒さ, 酷寒 / ⇨ Jack Frost. ❸ ... degrees of frost《英》氷点下の温度: five *degrees of* ~ 氷点下5度《★ of frost はカ氏氷点である32度以下の温度を言うので, カ氏では27度, セ氏では氷点下3度に当たる. ❹ U (態度などの)冷たさ, 冷淡さ. ❺ C《主に英口》(催し物などの)失敗, 不出来. ── 動 他 ❶ a 〈畑・窓などを〉霜でおおう. b 〈植物などを〉霜枯れさせ, 霜で害を与える. ❷《米》〈ケーキに〉砂糖の衣をきせる, 砂糖をまぶす (ice). ❸《口》〈人を〉怒らせる, いらいらさせる. ❹ 〈髪の〉一部を染める, メッシュを入れる. ── ⓐ 〈畑・窓などが〉霜でお

Frost /frɔ́ːst, frʌ́st | frɔ́st/, **Robert** 图 フロスト (1874-1963; 米国の詩人).

Frost Bèlt 图 [the ~] フロストベルト, 降霜地帯《米国北(東)部の厳冬地帯》.

fróst-bìte 图 U 凍傷 (比較 chilblain より重症).

fróst-bìtten 形 凍傷にかかった; 霜害を受けた.

fróst-bòund 形 〈地面が〉凍結した.

fróst-ed 形 ❶ 霜でおおわれた, 霜の降りた. ❷〈髪が〉一部を染めた, メッシュを入れた. ❸〈ケーキなど〉砂糖衣をかけた(《英》iced). ❹〈ガラスが〉つや消しの.

fróst glàss 图 U すり[曇り]ガラス.

fróst-frèe 形〈冷凍庫など〉霜のつかない, 霜取り不要の.

fróst hèave 图 凍上(ょう)《土が凍って地面を押し上げること》.

fróst-ing 图 U ❶《米》(ケーキにかける)砂糖衣 (icing). ❷ (ガラス面などの)つや消し, つや消し面[地].

fróst lìne 图[通例単数形で][地] 地下凍結線, 凍結深度《霜の地中浸透限度》.

fróst-wòrk 图 U ❶ (窓ガラスなどにできる)霜の模様, 霜の花. ❷ 霜模様装飾.

fróst·y /frɔ́ːsti, frʌ́sti | frɔ́sti/ 形 (**frost·i·er**; **-i·est**) ❶ **a** 霜が降りる(ような); 凍てる寒さの. **b** 霜の降りた: a ~ field 霜の降りた畑. ❷ 温かみのない, 冷ややかな, 冷淡な, よそよそしい: a ~ look 冷ややかなまなざし. **fróst·i·ly** /-təli/ 副 **-i·ness** 图

froth /frɔ́ːθ, frʌ́θ | frɔ́θ/ 图 ❶ [また a ~] 泡, あぶく (foam). ❷ U (内容の)空疎, くだらぬこと, 空言. ― 圓 ❶ 泡立つ. ❷ 泡を吹く. ❸ (口) 激しく怒る[興奮する], いきり立って口から泡を飛ばす (foam). ― 他 〈…を〉泡立てる 〈up〉.

froth·y /frɔ́ːθi, frʌ́θi | frɔ́θi/ 形 (**froth·i·er**; **-i·est**) ❶ 泡のような; 泡の多い, 泡だらけの. ❷ 内容のない, 浅薄な. **fróth·i·ly** /-ɪli/ 副 **-i·ness** 图

frot·tage /frɑtɑ́ːʒ, frɑ- | frɔtɑ́ːʒ/ 图 ❶ U.C《美》 フロッタージュ《対象物の上に置いた紙を鉛筆などでこすって模様を出す技法・作品》. ❷ U 《心》フロッタージュ《着衣のまま体を他人の体にこすりつけて性的快感を得ること[異常性欲]》.

frot·teur /frɑtə́ːr, frɑ- | frɔtə́ːr/ 图《心》フロッタージュをする人.

frot·to·la /frɑ́tələ/ 图 (@ **-le** /-leɪ/) 《楽》フロットラ《15–16 世紀イタリアの世俗多声声楽曲》.

Froúde nùmber /frúːd-/ 图 《力》フルード数《流速と重力波の速度の比に相当する無次元定数》.《William Froude 英国の技術者・数学者》

frou·frou /frúːfruː/ 图 ❶ きぬずれの音. ❷ フルフル《ドレス・スカートなどにつける凝った装飾》.《F》

fro·ward /fróʊwəd | -wəd/ 形 ことごとに反対する, つむじまがりの. **~·ly** 副 **~·ness** 图

frown /fráʊn/ 動 圓 ❶ まゆをひそめる, 顔をしかめる, 眉間(みけん)にしわを寄せる; 難しい[いやな]顔をする: She ~*ed* at his attitude. 彼女は彼の態度に顔をしかめた / He sat ~*ing* over a crossword puzzle. 彼はクロスワードパズルをやりながら考えこんで顔をしかめた. ❷〈事物が〉威圧的な[陰鬱(いんうつ)な]様相[外観]を示す. ― 他 ❶ 渋い顔をして〈不賛成・嫌悪などを〉示す. ❷ まゆをひそめて〈人を〉威圧する 〈down, off, away〉. **fròwn on [upòn]** …を認めない, …に賛成しない, 難色を示す: ~ on a person's plan 人の計画に難色を示す / He ~*s* on my smoking. 彼は私がたばこを吸うようとなる態度だ. ― 图 ❶ まゆをひそめること, しかめっこ; 渋い顔. ❷ 不機嫌[不賛成]の表情.

frówn·ing 形 渋面の, 不機嫌な, (表情の)険しい.

frówn·ing·ly 副 ❶ 顔をしかめて, まゆをひそめて. ❷ 威圧的に.

frowst /fráʊst/《英口》图 [a ~] (室内の)むっとする空気. ― 動 (室内で)むっとする空気の中にいる.

frows·ty /fráʊsti/ 形 (**frows·ti·er**; **-est**)《英口》〈部屋などが〉むっとする.

frow·sy /fráʊzi/ 形 (**frow·si·er**; **-si·est**) = frowzy.

frow·zy /fráʊzi/ 形 (**frow·zi·er**; **-zi·est**) ❶〈部屋など〉むっとする(ような), かび臭い. ❷〈人・衣服など〉だらしない, 薄汚い.

fro-yo /fróʊjoʊ/ 图 フローズンヨーグルト.《*frozen*+*yoghurt*》

froze /fróʊz/ 動 **freeze** の過去形.

***fro·zen** /fróʊz(ə)n/ 動 **freeze** の過去分詞. ― 形 ❶ **a** 凍った: a ~ lake 凍りついた湖. **b** 氷結[冷凍]した: ~ fish [meat, food] 冷凍魚[肉, 食品]. ❷ **a** 極寒の: the ~ zone 寒帯. **b** (口) 非常に寒い: I'm ~ stiff. 寒くてコチコチだ. ❸ 冷ややかな, 冷淡な: a ~ stare 冷ややかな凝視. ❹ (驚き・恐れなどで)身動きをできなくする, すくんで 〈*with*〉. ❺ (口)〈資金など〉凍結された: ~ assets 凍結資産. **~·ly** 副

frózen mítt 图 [the ~] (口) 冷やかな応対.

frózen shóulder 图 U 《医》凍結肩, 五十[四十]肩.

FRS (略) Fellow of the Royal Society; Federal Reserve System.

frt. (略) freight.

fruc·ti·fi·ca·tion /frʌktəfɪkéɪʃən/ 图 U ❶ (植物の)結実, 実を結ぶ. ❷ 結実, 結果.

fruc·ti·fy /frʌ́ktəfaɪ/ 動 圓 ❶〈植物が〉実を結ぶ. ❷〈努力が〉実る. ― 他 ❶〈植物に〉実を結ばせる. ❷〈…を〉実らせる, 成功させる.《L < *fructus* FRUIT+-FY》

fruc·tose /frʌ́ktoʊs/ 图 U 《化》果糖.

fruc·tu·ous /frʌ́ktʃuəs | -tju-/ 形 果実の多い, 多産の.

frug /frʌ́g/ 图 (**frugged**; **frugging**) フルーグ(を踊る)《ツイストから派生したダンス》.

fru·gal /frúːg(ə)l/ 形 (**more~**; **most ~**)〈食事・生活など〉つましい, 質素な; 倹約な; […に]節約して: be ~ *of* [*with*] one's money お金を倹約する.《L; 《L》 frugality》 [類義語] ⇒ economical.

fru·gal·i·ty /fruːgǽləti/ 图 ❶ U 倹約, 質素: with ~ 倹約して / live in ~ 質素に暮らす. ❷ C [通例複数形で] 倹約なもの, 質素.

frú·gal·ly /-g(ə)li/ 副 倹約して; 質素に.

fru·gi·vore /frúːdʒəvɔːr | -vɔː/ 图 《動》果食動物, 果食獣.

fru·giv·o·rous /fruːdʒívərəs/ 形 《動》果実を常食とする, 果食性の.

***fruit** /frúːt/ 图 ❶ **a** C.U 果物, フルーツ《★個々の果物をいうことは (まれ) です: much [plenty of] ~ たくさんの果物 (用法) many fruits は種類の多いことをいう時以外は不可) / grow ~ 果物を栽培する / Do you like ~? 果物がお好きですか / The apple is a ~ which ripens in the fall. リンゴは秋に熟す果物である (用法) 種類をさす時以外は a fruit は不可) / Apples and oranges are ~*s*. リンゴとオレンジは果物である《★複数の種類を表わした時》/ Would you like some ~? 果物をいかがですか / She bought several kinds of ~. 彼女はいろいろな果物を買った. **b** C.U〈特定の〉果実, 実: the ~ of a rose tree バラの実 / This tree bears an edible ~. この木には食べられる実がなる / a tree in ~ 実のなっている木. ❷《文》**a** C [しばしば複数形で]〔…の〕産物, 所産, 結果, 成果, 報い, 収益: the ~*s* of industry 勤勉の成果[賜物(たもの)] / the ~*s* of one's labor(s) 苦労[努力]の結果[結晶] / the ~*s* of virtue 徳の報い. **b** C [複数形で]《農作物の類》の収穫, なりわい: the ~*s* of the earth 大地からのなり物 / ⇒ firstfruits. **c** (古) 子, 子孫. ❸ C (俗・古風) 男の同性愛者, ホモ.

bèar [prodúce] frúit (格式) 実を結ぶ.

― 動〈植物が〉果実を生ずる, 実を結ぶ: Our cherry trees don't ~ well. うちの桜の木はよく実らない.《F < L *fructus* 享受, 収益, (農)産物》 形 **fruitful**, **fruity**)

fruit·age /frúːṭɪdʒ/ 图 U ❶ 結実, 実り. ❷ 果実, 実り.

fruit·ar·i·an /fruːté(ə)riən/ 图 果物常食者, 果食主義者. **~·ism** 图

frúit bàt 图《動》フルーツコウモリ《顔がキツネに似ていて果実を好むオオコウモリ》.

frúit bòdy 图《植》= fruiting body.

frúit·càke 图 ❶ C.U フルーツケーキ《干しぶどう・くるみ

などの入った菓子). ❷ ⓒ《軽蔑》頭のおかしい人, 変な人. (as) nútty as a frúitcake 〈人が〉まったくばかで, 気が狂って.

frúit cócktail 名 ⒸⓊ フルーツカクテル《数種の果物をグラスに入れ, 時にシロップを加えたもの》.

frúit cùp 名 ⓊⒸ フルーツカップ《数種の果物をカップに入れたもの》.

frúit dròp 名 ⓒ ドロップ.

frúit dròp 名 ❶ 落果《果実が熟す前に木から落ちること》.

fruit·er·er /frúːtərə | -rə/ 名《英》青果商: at a ～'s (shop) 果物屋で.

frúit flỳ 【昆】ミバエ《果実の害虫; 遺伝の研究に用いられる》; ⇨ Mediterranean fruit fly.

†frúit·ful /frúːtf(ə)l/ 形 (more ～; most ～) ❶ 実りの多い, よい結果を生む, 有益な (↔ fruitless): a ～ meeting 成果の多い会合 / a ～ business deal 実入りのよい取引. ❷《木・土地・牧草などよく実を結ぶ; 実り豊かな, 豊作をもたらす: ～ showers 慈雨. -ly 副 ~·ness 名 (名 fruit)

frúiting bòdy /-tɪŋ-/【植】(菌類の)子実体.

†fru·i·tion /fruːíʃən/ 名 Ⓤ ❶ 達成, 実現, 成果: come [be brought] to ～〈計画などが〉達成される, 実を結ぶ. ❷《植物の)結実).

frúit knìfe 名 果物用ナイフ《通例銀製》.

†frúit·less 形 ❶ 結果を生じない, 無益な, むなしい (unproductive): All my efforts were ～. 私のすべての努力は無益になった. ❷ 実を結ばない, 実らない (↔ fruitful). ~·ly 副 ~·ness 名 【類義語】⇨ vain.

frúit·let /-lət/ 名 小さい[まだ青い]果実; 【植】小果実, 小石果《集合果の中の一つ》.

frúit machìne 名《英》フルーツマシーン (one-armed bandit, slot machine)《さまざまな果物の組み合せによって賞金が出てくるスロットマシーン》.

frúit sálad 名 ❶ ⓊⒸ フルーツサラダ. ❷ Ⓤ《俗》(軍服の胸に)並んだ勲章やリボン.

frúit sùgar 名 Ⓤ 果糖.

frúit trèe 名 果樹.

frúit·y /frúːti/ 形 (fruit·i·er, -i·est) ❶ 果物に似た, 果物の味[風味]がある: a ～ wine 風味豊かなぶどう酒. ❷〈声など〉豊かな, 甘美な, 甘ったるい. ❸《米口》狂った, いかれた. ❹《口》話などがとてもおもしろい. ❺《米俗》〈男の〉同性愛の. frúit·i·ness 名 (名 fruit)

fru·men·ty /frúːmənti/ 名 Ⓤ フルメンティー《小麦をミルクで煮て香料とレーズン・砂糖を加えた料理》.

frump /frámp/ 名 ❷ ぱっとしない[やぼったい]女. ～·ish /-pɪʃ/ 形

frump·y /frámpi/ 形 パッとしない, やぼったい (dowdy, frumpish).

fru·se·mide /frúːsəmaɪd/ 名《英》= furosemide.

*frus·trate /frástreɪt | ━ ━/ 動 他 ❶〈人に〉挫折(ざせつ)感[フラストレーション]を起こさせる, 〈人を〉いらだたせる. ❷《文》〈計画・希望などを〉挫折させる, 阻止する, 失敗させる; 〈人の妨害[じゃま]をする, 〈人を〉失敗させる, くじく: a person's attempt [plan] 人の試み[計画]をくじく[失敗させる] / He was ～d in his ambition. 彼の野望はくじかれた. 〖L=空しくする, 失望させる〗

frús·trat·ed /-t̬ɪd/ 形 ❶ いらだった, フラストレーションを感じた [with, at]; 《性的に》欲求不満の. ❷〈人が〉挫折した, くじけた; 計画などが)頓挫し, 果たせなかった.

frús·trat·ing /-tɪŋ/ 形 フラストレーションを抱かせるような, いらだたしい. ～·ly 副

*frus·tra·tion /frʌstréɪʃən/ 名 ⓊⒸ ❶ いらだち, フラストレーション; 《性的な》欲求不満. ❷ 挫折(ざせつ), 頓挫(とんざ), 失敗; 失望. (動 frustrate)

frus·tule /frástjuːl, -t(j)uːl | -tjuːl/ 名【植】(珪藻の)弁殻, 被殻.

frus·tum /frástəm/ 名 (徸 ～s, -ta /-tə/) 【数】円錐台, 切頭体; 柱身上げ柱身の柱頭.

fru·ti·cose /frúːtɪkòʊs, -kòʊz/ 形【植】低木状[性]の.

‡fry¹ /fráɪ/ 動 他 ❶〈…を〉油でいためる[揚げる]《(匠)通常は「フライ」のように小麦粉やパン粉をつけて油に浸して「揚げる」の意の時には deep-fry というのが正確》. ❷《米俗》〈人を〉電気いすで処刑する. ━ 自 ❶ いため物[揚げ物]になる; 油でいためる[揚げる]. ❷《口》肌が焼ける, 日焼けする. ❸《米口》〈人が〉電気いすで処刑される. frý úp《徸+副》〈食物を〉フライパンで加熱する. ━ 名 ❶ いため[揚げ]物, フライ(料理); 〈複数形で〉《米口》フライドポテト (French fries). ❷《米》〈戸外で行なう〉フライ料理の会食; ⇨ fish fry. 〖F<L=いためる, 焼く〗【類義語】⇨ cook.

fry² /fráɪ/ 名 〈複数扱い〉 ❶ 魚の子, 幼魚. ❷ 小さいもの〈子供・小動物など〉; ⇨ small fry.

frý·er 名 ❶ フライなべ《★特に deep-fry 用のものをさすことが多い》: a fish ～ 魚用のフライなべ. ❷【米】揚げ用食品《特に鶏肉; cf. broiler 2》. ❸ いため物を料理する人.

*frý·ing pàn フライパン 《米》frypan, skillet》. júmp [léap] óut of the frýing pàn into the fíre 小難を逃れ大難に陥る.

frý·pàn 名 = frying pan.

frý-ùp 名《英口》フライ料理.

FSH《略》follicle-stimulating hormone.

FSLIC《略》《米》Federal Savings and Loan Insurance Corporation.

f-stòp /éf-/ 名【写】F ナンバー表示による絞り, F ストップ.

ft., ft《略》feet; foot. Ft. fort. FT《略》Financial Times ファイナンシャルタイムズ《英国の高級経済紙》.

FT, F/T《略》full-time. FTC《略》《米》Federal Trade Commission. ft-lb《略》foot-pound. FTP /éftìː piː/ 《略》【電】file transfer protocol.

FTSE 100 /fútsiwánhándrəd/, FTSE index /fútsi ━━/《略》Financial Times Stock Exchange (Index) ファイナンシャルタイムズ 100 種総合株価指数《英国の代表的株価指数》.

fub·sy /fábzi/ 形《英口》太った, ずんぐりした.

fuch·sia /fjúːʃə/ 名 フクシャ, ホクシャ《アカバナ科の低木; 紅・ピンク・紫などの花を垂らすように咲かせる》.

fuch·sine /fóksɪn, fjuːk-, -siːn | fúːksɪn, -sɪn/, -sin /-sɪn/ 名 Ⓤ フクシン《深紅色のアニリン染料の一種; 生物組織の染色剤とする》.

*fuck /fák/《卑》間 [しばしば ～ you で嫌悪・困惑を表わして] ちくしょう!, いまいましい, ━ 動 他 ❶〈…と〉性交する. fúck aróund [abóut]《俗・卑》《徸+副》(1) ばかげたふるまいをする, ばかなことをする (mess around [about]). (2) いろいろな相手と性交する. ━ 他 ❶〈人の〉時間をむだにする; 〈人を〉ひどい目にあわせる. fúck óff 《徸+副》[通例命令法で]《俗・卑》 うせろ; じゃまをする. fúck úp《徸+副》《俗・卑》(1) ～ を壊す, だめにする, 台なし[ぶち壊し]にする (foul [mess] up): He ～ed up our plans. やつあつれたちの計画を台なしにしやがった. (2)〈人を〉混乱させる, 精神的に参らせる (mess up). ━《徸+副》へまをやる. fúck with a person 人を怒らせる, 人にちょっかいを出す (mess with); 人をこけにする; 人をだます. ━ 名 ❶ Ⓒ [通例単数形で] 性交, フック. ❷ Ⓒ a 性交の相手. b うるさいやつ, 軽蔑すべき人. ❸ [the ～; 強意語として] 一体全体: What the ～ is this? これは一体なんだ. fúck áll《英俗・卑》《卑》なにも[まったく]… ない. nót cáre [gíve] a fúck《卑》少しもかまわない, 平気である.

fúcked-úp《卑》形 めちゃくちゃの[で]; 《麻薬・酒で》酔っばらって, ラリって《オツムが》おかしくなって, 《気が》変になった.

fúck·er《卑》名 ❶ ばか, 野郎, くそったれ; 人, やつ. ❷ 性交する人.

*fuck·ing /fákɪŋ/《俗・卑》形 [強意語として]《卑》【A】どえらい, いまいましい: Get your ～ hands off me. おまえのいやらしい手をどけろ. ━ 副 とても, すごく: She's ～ rich. 彼女は大金持ちだ.

fúck-úp 名《俗・卑》❶ 失敗, へま. ❷ へまなやつ, どじ.

fu·co·xan·thin /fjùːkoʊzénθɪn/ 名 Ⓤ【化】フコキサンチン《褐藻植物に含まれるカロチノイド色素》.

fud·dle /fádl/ 動 他《酒で》〈人・頭を〉混乱させる. ━ 名 [a ～] 頭がもうろうとしている状態, 混迷.

fud·dy-dud·dy /fádidʌ̀di/ 名 時代遅れの人, 古くさい人. ━ 形 時代遅れの, 古くさい; 小うるさい.

*fudge /fádʒ/ 名 ❶ ⓊⒸ ファッジ《砂糖・バター・牛乳・チョコレートなどで作った柔らかいキャンデー》. ❷ Ⓒ《古》たわご

と. ── 動 他 ❶ 〈問題などを〉はぐらかす, 避ける, ごまかす: ~ a question 質問をはぐらかす. ❷ 〈新聞記事・データなどを〉でっちあげる, いいかげんにこしらえる: ~ up the evidence 証拠をでっちあげる / ~ data データをでっちあげる. ── 自 ❶ 〔…に〕はっきりした態度[行動]をとらない, はぐらかす〔on〕. ❷ 不正をやる, ごまかす〔on〕.

fudg·y /fʌ́dʒi/ 形 甘くて柔かい, ファッジ風の〈チョコレーキなど〉.

fueh·rer /fjúːrə/ 名 = führer.

*__**fu·el**__ /fjúːəl/ 名 ❶ ⓊⒸ 燃料, 薪炭: fossil fuel / nuclear ~ 核燃料 / run out of ~ 燃料が切れる / Coal, wood, and oil are ~s. 石炭, まき, 石油は燃料である. ❷ Ⓤ 〈感情などを〉たきつけるもの, あおるもの: add more ~ of inflation インフレにさらに油を注ぐ. **ádd fúel to the fláme s** 火に油を注ぐ, 激情の火の手をあおる: His attempts to appease her only *added* ~ *to the flames*. 彼は彼女をなだめようとしてますます火に油を注ぐ結果になってしまった. ── 動 (fu·eled, 《英》-elled; fu·el·ing, 《英》-el·ing) 他 ❶ 〈…に〉まきをくべる, 燃料を供給する. ❷ 〈感情・議論などを〉刺激する, あおる: ~ anger 怒りをあおる. ── 自 〈船・飛行機の〉燃料を積み込む[補給する]〈up〉.
〖Fく L *focus* 炉; cf. focus〗

fúel cèll 名 燃料電池.

fúel-efficient 形 〈車など〉燃費[燃料効率]のよい, 燃料を食わない.

fúel-injècted 形 〈エンジンが〉燃料噴射式の.

fúel injèction 名 《機》〈シリンダー・燃焼室への〉燃料噴射. **fúel injèctor** 名 燃料噴射器.

fúel òil 名 Ⓤ 燃料油.

Fu·en·tes /fuéntes/, **Carlos** 名 フエンテス 《1928-; メキシコの作家・批評家》.

fu-fu /fúːfuː/ 名 = foo-foo.

fug /fʌ́g/ 名 [a ~] 《英口》〈部屋などの〉空気がこもった[むっとした]状態.

fu·ga·cious /fjuːɡéiʃəs/ 形 はかない, うつろいやすい, もろい. **~·ly** 副

fu·gac·i·ty /fjuːɡǽsəti/ 名 Ⓤ ❶ 逃げやすいこと, 移ろいやすさ. ❷ 〈化〉〈気体の〉逸散性[能], フガシティー.

fu·gal /fjúːɡ(ə)l/ 形 《楽》フーガ (fugue) 風の. **~·ly** 副

-fuge /fjúːdʒ/ 《名詞連結形》「駆逐するもの」.

fug·gy /fʌ́ɡi/ 形 (fug·gi·er, -est) 《英口》〈部屋・部屋の〉空気がこもっている, むんむんする.

†**fu·gi·tive** /fjúːdʒətiv/ 名 逃亡者, 脱走者; 亡命者: a ~ *from* justice 逃亡犯人. ── 形 ❶ Ⓐ 逃げる, 逃げた; 亡命の: a ~ soldier 脱走兵. ❷ 消えやすい; はかない, つかの間の, 一時的な, その場かぎりの: ~ colors あせやすい色. 〖Fく L *fugere* 逃げる; cf. refuge〗

fu·gle·man /fjúːɡlmən/ 名 (複 -men) ❶ 〈集団の〉手本, 模範, 指導者; ❷ 《軍》嚮導 (きょうどう).

fugue /fjúːɡ/ 名 《楽》フーガ, 遁走曲. 〖It & F = 逃走〗

füh·rer /fjúː(ə)rə/ 名 -rə/ 名 [der F-, the F-] 《独》総統 《Adolf Hitler の称号》; 独裁者.

*__**-ful**__[1] /f(ə)l/ 接尾 [形容詞語尾]「…に満ちた, …の多い, の性質をあらわす」: beautiful, forgetful. 〖← full[1]〗

-ful[2] /fùl/ 接尾 [名詞語尾]「…1 杯の(量)」: a cup*ful*, two mouth*fuls* / a bottle*ful* of lemonade 瓶 1 本分のレモネード. 〖← FULL[1]〗

Ful·bright /fúlbraɪt/, **William** 名 フルブライト 《1905-95; 米国の政治家》.

Fúlbright Schòlarship 名 フルブライト奨学金 《米国の交換留学奨学金》. **Fúlbright Schòlar** 名

ful·crum /fúlkrəm, fʌ́l-/ 名 (複 ~s, -cra /-krə/) ❶ 《機》〈てこの〉支点, てこさき[台]. ❷ 〈影響力などの〉支点となるもの, 中心力, 支柱 (pivot). 〖L〗

*__**ful·fill, ful·fil**__ /fulfíl/ 動 他 (ful·filled, -fill·ing) ❶ a 〈義務・職務などを〉果たす, 遂行する: ~ one's duties [obligations] 任務[義務]を果たす. b 〈約束などを〉履行する, 守る (carry out): ~ one's promises 約束を果たす. c 〈命令・条件などを〉果たす, 実行する. ❷ a 〈願望・野心などを〉全うする. b 〈予言・夢などを〉実現する 《★ 通例受身》: The oracle *was* ~ed. その神のお告げどおりになった. c 〈必要・要件などを〉満たす: He ~s all the conditions for employment. 彼は採用条件のすべてに合っている. ❸ 〈期限・仕事などを〉終える. ❹ [~ oneself で] 自分の素質を十分に発揮する, 自己を実現する: He was not able to ~ *himself* in business, so he became a writer. 彼は実業では自分の素質を十分に発揮できなかったので作家になった. 〖FULL[1]+FILL〗 **-ment** 名 fulfillment.

ful-filled /fulfíld/ 形 満足した, 充足感を持った.

ful·fill·ing 形 やりがい[はりあい]のある, 達成感のもてる, 満足のゆく, 充実した.

*__**ful·fil(l)·ment**__ /-mənt/ 名 ⓊⒸ 履行, 遂行; 実践; 実現, 達成; 〈予言の〉成就 (realization): achieve (the) ~ of one's dreams 自分の夢を実現させる. 〖→ fulfill〗

ful·gent /fʌ́ldʒənt, fúl- | fʌ́l-/ 形 《詩・文》光り輝く, 燦然 (さんぜん) たる.

ful·gu·rant /fʌ́lɡ(j)ʊrənt, fúl- | fʌ́l-/ 形 《文》電光のようにひらめく; 目のくらむ, まぶしい.

ful·gu·rate /fʌ́lɡ(j)ʊrèit, fúl- | fʌ́l-/ 動 自 《文》電光のようにひらめく.

ful·gu·ra·tion /fʌ́lɡ(j)ʊréiʃən, fùl- | fʌ́l-/ 名 Ⓤ ❶ 電光(のようなひらめき). ❷ 《医》高周波療法.

ful·gu·rite /fʌ́lɡ(j)ʊraɪt, fúl- | fʌ́l-/ 名 ⓊⒸ 《地》閃電岩, フルグライト 《雷電の作用で砂中・岩石中に生ずるガラス質の筒》.

ful·gu·rous /fʌ́lɡ(j)ʊrəs, fúl- | fʌ́l-/ 形 電光のような, 稲光で満たされた.

Ful·ham /fúləm/ 名 フラム 《London 西部の旧自治区; 現在は Hammersmith and Fulham の一部》.

fu·lig·i·nous /fjuːlídʒənəs/ 形 すすの(ような), すすけた, すす色の, 黒っぽい. **~·ly** 副

*__**full**__[1] /fúl/ 形 (~·er; ~·est) ❶ a 〈容器などが〉いっぱいの, 満ちた, 〈比較なし〉満杯の, あふれるほどの: a ~ cup of tea カップいっぱいのお茶 / fill one's glass ~ グラスを満たす / speak with one's mouth ~ 食物を口にいっぱい入れたままでしゃべる / The bottle is two thirds ~. その瓶は 3 分の 2 中身が入っている / a glass ~ *of* wine ぶどう酒のいっぱい入ったグラス / The villagers seemed ~ *of* life and joy. 村人たちは生気と歓喜にあふれているようだった / a sky ~ *of* stars 満天の星. b 〈乗り物・場所など〉満員の, 満載の: a ~ train 満員列車 / The bus [hall] is ~. バス[ホール]は満員だ / The hall was ~ *of* people. 会場は人でいっぱいだった. c 《口》満腹の; 胸いっぱいの: on a ~ stomach 満腹で / I'm ~. 満腹だ / My heart is too ~ for words. 胸いっぱいで言葉では言えない. d Ⓟ 頭がいっぱいになって, 〈…に〉夢中になって: be ~ *of* one's own affairs 自分のことでいっぱいだ / She's ~ *of* herself. 彼女は自分のことばかり考えている[うぬぼれている]. ❷ a Ⓐ [数・量を表わす語とともに用いて] まる(まる): a ~ mile [hour] まる 1 マイル[時間] / (for) three ~ days まる 3 日 (の間) (cf. fully 2). b 十分な, 盛りの, 満…の; 満月の: a ~ supply 十分[完全]な供給 / ~ employment 完全雇用 / one's ~ name フルネーム / a ~ summer 夏盛り / ~ size 実物大 / in ~ bloom 満開で / in ~ view 全体が見えて; まる見えで / ⇒ full marks. c Ⓐ 《比較なし》〈資格が〉正式の: a ~ member 正会員 / a ~ professor 《米》正教授. ❸ Ⓐ 《比較なし》最高の, 最大限の, 精いっぱいの: at ~ speed 全速力で / ~ strength 全力 / in ~ activity [swing] 最高潮[たけなわ]で / turn…to ~ account …を十分に利用する. ❹ a たくさんの, 豊かな, たっぷりの: a ~ meal 十分な食事 / a ~ harvest 豊作. b 充実した: a ~ and fruitful life 充実して実り多い人生. c 〈内容が〉いっぱいの, つまった: a ~ schedule ぎっしりつまったスケジュール / Tomorrow will be a very ~ day. 明日はとても忙しい日になるだろう. d Ⓟ 多くて, 大きさに: a river ~ *of* fish 魚の多い川 / a book ~ *of* good things ためになることがたくさん書いてある本. ❺ a 〈形・体型・顔などふっくらとした, 豊満な; 太った: ~ lips [breasts] ふっくらした唇[豊満な乳房] / a figure かっぷくのいい姿 / be ~ *in* the hips 大きなお尻をしている. b 〈衣服がゆとりのある, だぶだぶの, ゆるやかな: a ~ skirt ゆったりしたスカート. ❻ Ⓐ

a 〈声量が〉豊かな. b 〈ぶどう酒が〉こくのある ❼ 〈兄弟が〉同父母の: a ~ sister 同父母の姉[妹]. ❽ 〔海〕〈帆が〉風をはらんだ; 〈船が〉帆に風をはらませた. ❾ 《英俗》酔った.
(at) fúll blást ⇨ blast [名] [成句].
(at) fúll léngth (1) 体をまっすぐに伸ばして, 長々と. (2) 短縮しないで.
(at) fúll tílt ⇨ tilt [名] [成句].
còme fúll círcle ⇨ circle [名] [成句].
fúll fáce [副詞的に] 正面を向いて.
fúll of béans ⇨ bean [成句].
fúll of hónors 功成り名とげて.
fúll of yéars 天寿を全うして.
fúll tíme [副詞的に] (1) 全時間. (2) フルタイムで, 専任で, 常勤で: work ~ 専任で働く.
fúll úp (1) いっぱいで: The bathtub is ~ *up*. 湯ぶねが満杯になっている. (2) 〔…で〕ぎっしり詰まって: The box was ~ *up with* toys. 箱はおもちゃでいっぱいだった / The train is ~ *up*. 列車は満員だ. (3) 《口》満腹の: I'm ~ *up*. 腹いっぱいだ.
in fúll crý ⇨ cry [名] [成句].
to the fúll(est) 十分に, 心ゆくまで: enjoy oneself *to the* ~ 心ゆくまで楽しむ.
── [副] (比較なし) ❶ きっかり, ちょうど, まともに: look a person ~ in the face 人の顔をまともに見る. ❷ a [~ well で] 非常に: know ~ *well* that…ということを十分承知している. b [形容詞・副詞を修飾して] 《文》まったく, 非常に: ~ soon すぐに, またたく間に / ~ many a… あまた[数々]の… ❸ 《古》[数量詞に伴って] 十分に, まる… 《★現在では fully を用いる》: ~ ten miles たっぷり[優に]10 マイル.
── [名] [U] 《古》❶ 全部; 十分 《[用法] whole のほうが一般的》: tell the ~ of it そのことを全部話す. ❷ (季節・月などの)真っ盛り, 絶頂: past the ~ 盛り[満月]を過ぎて.
in fúll 全部, 全額; 略さずに, すっかり, 詳しく: payment *in* ~ 全額支払い[払い込み] / Sign your name *in* ~. 名前を正式に署名してください 《姓名を略さずに》.
── [動] [他] ❶ 〈衣服・そでなどを〉たっぷり[だぶだぶ]に作る. ❷ 《米黒人俗》いっぱいにする, 満たす 〈*up*〉. ── [自] 〈月が〉満ちる.
〘OE〙 【類義語】**full** 必要なもの, 手にはいるものはすべて含んでいる, 特に中味が充実している. **complete** 完全な; 完璧さに必要なものをすべて備えていてそれ以上付け足す必要のない. **perfect** 欠ける所がないことのほかに, 非常に立派で非難すべき点がないことを示す. **total** 計量できるものの集合について, 全体の, あらゆるものをひっくるめた; complete と同義に用いることもある.

full[2] /fúl/ [動] [他] (洗ったり蒸したりして)〈…の〉布目[布地]を密にする, 〈…を〉縮充する.
fúll áge [名] [U] 成年, 丁年.
+**fúll·bàck** [名] [C,U] 〔フット・ホッケーなど〕フルバック, 後衛.
fúll béam [名] [U] (自動車のヘッドライトの)フルビーム.
fúll blòod [名] ❶ [U] 純血(種). ❷ [C] 純血種の人[動物].
fúll-blóoded [形] [A] ❶ 純血(種)の: a ~ Cherokee 純血のチェロキー族インディアン. ❷ 多血質の; 血気盛んな. ❸ 熱心な, 力のこもった (↔ halfhearted). ~·ness [名]
+**fúll-blówn** [形] ❶ 完全[十分]に発達した; 本格的な: work one's ideas into a ~ theory 着想を本格的な理論に仕上げる. ❷ 〈花が〉満開の; 成熟しきった.
fúll bóard [名] [U] (ホテルなどの)全食事付き宿泊.
fúll-bòdied [形] 〈酒など〉こくのある.
fúll-bóre [形] [副] 全速力の[で], 全力の[で], 全開の[で].
fúll-cólor [形] (フル)カラーの.
fúll-còurt préss [名] 〔バスケ〕フルコートプレス 《コート全面で相手チームに強い圧力をかけて攻撃を防ぐ作戦》.
fúll-créam [形] 《英》(脱脂してない)全乳の[から作られた].
fúll dréss [名] [U] 正装, 礼装, 夜会服.
fúll-dréss [形] [A] ❶ 正装の, 礼装着用の. ❷ 正式の, 本格的な: a ~ uniform (軍服の)正装, 礼装 / a ~ rehearsal 本[舞台]げいこ.
full·er[1] /fúlə | -lə/ [名] (毛織物)縮充[仕上げ]工; 洗い張り屋. 〘FULL[2]+-ER[1]〙

ful·ler[2] /fúlə | -lə/ [名] 円型溝づけ器, 丸へし; 丸溝.
── [動] [他] 〈蹄鉄・銃剣などに〉丸溝をつける.
Ful·ler /fúlə | -lə/, **Melville** [名] フラー 《1833–1910; 合衆国最高裁判所首席長官(1888–1910)》.
Fuller, R(ichard) Buck·min·ster /bʌ́kmɪnstə | -stə/ [名] フラー 《1895–1983; 米国の建築家》.
ful·ler·ene /fúlərìːn/ [名] 〔化〕フラーレン 《特に炭素原子 60 個で構成された球状分子からなる物質; buckminsterfullerene ともいう》.
fúller's éarth [名] [U] フラー土, 酸性白土 《油の脱色用》.
fúll-fáce [形] 正面向きの[で]; 顔全体をおおう, フルフェースの.
fúll-fáced [形] ❶ 丸顔の. ❷ 正面を向いた: a ~ photograph 正面を向いた写真.
fúll-fáshioned [形] 《米》〈セーター・長靴下など〉フルファッションの 《体や足にぴったり合うように編んだものにいう》.
fúll-fígured [形] 〈女性が〉ふくよかな, ぽっちゃりした.
+**fúll-flédged** [形] ❶ a 十分に発達した, 成熟した. b りっぱに一人前になった, 資格十分な: a ~ physician 一人前の医者. ❷ 〈鳥が〉羽毛の生えそろった.
fúll-fróntal [形] ❶ 〈ヌード(写真)など〉真正面を向いた, 正面まる見えの. ❷ 全面的な, まっこうからの.
fúll-grówn [形] 十分に成長した, 成熟した.
fúll hánd [名] = full house 2.
fúll-héarted [形] 心をこめた, 誠意のある. ~·ly [副] 心をこめて, 心から.
fúll hóuse [名] ❶ 満員の劇場, 大入り満員. ❷ (ポーカーの)フルハウス 《3 枚の同位札と 2 枚の同位札からなる手; ⇨ poker[2] [解説]》.
fúll·ing [名] [U] (毛織物の)縮充, 縮絨(しゅくじゅう); 洗い張り.
+**fúll-léngth** [形] [A] ❶ a 〈写真・絵など〉全身の: a ~ mirror 姿見 / a ~ portrait 全身肖像画. b 〈衣服が〉地面に届く(長さの). ❷ 〈小説・映画など〉長さが標準の, 省略なしの. ❸ 〈衣服・カーテンなど〉床まで届く. ── [副] 体をまっすぐに伸ばして.
fúll márks [名] [複] 《英》(テストなどの)満点.
fúll móon [名] ❶ [the ~, a ~] 満月 (cf. half-moon 1, new moon). ❷ [U] 満月時: at ~ 満月時に.
fúll-mòtion vídeo [名] [U] フルモーションビデオ 《テレビ並みの毎秒 30 フレームの動画データ》.
fúll·móuthed /-máuðd, -máuθt/ [形] ❶ 〈牛馬が〉歯並みの完全な. ❷ 〈演説など〉大声の, 声の響きわたる.
fúll nélson [名] 〔レス〕フルネルソン 《両手を相手の襟首に押しつける首固め; cf. half nelson》.
fúll·ness [名] [U] ❶ 満ちること; いっぱい, 十分, たっぷり: a feeling of ~ after dinner 食後の満腹感 / in the ~ of one's heart 感無量で / in its ~ 十分に, 遺憾なく. ❷ 肥満. ❸ (音・色などの)豊かさ. **in the fúllness of tíme** 時満ちて.
fúll-ón [形] 《口》全くの, もろの.
+**fúll-páge** [形] [A] ページ全体の, 全面の.
fúll póint [名] = full stop.
fúll proféssor [名] 正教授 《教授職の最高位》.
fúll-rígged [形] ❶ 〔海〕〈帆船が〉全装備の. ❷ 完全装備の.
+**fúll-scàle** [形] ❶ [A] 全面的な, 完全な; 総力あげての: a ~ history of Japan 完全な日本史 / a ~ attack 総攻撃 / (a) ~ war 全面戦争. ❷ 〈絵・模型など〉実物大の: a ~ model 実物大の模型.
fúll scóre [名] 〔音楽〕総譜, フルスコア.
fúll-sérvice [形] 完全サービスの, フルサービスの.
+**fúll-sìze(d)** [形] ❶ 普通[標準]サイズの. ❷ 等身大の. ❸ 〈ベッドが〉フルサイズの 《54×76 インチのものにいう》.
fúll stóp [名] (文の終わりを示す)終止符 (stop) 《[比較] 《米》では period のほうが一般的》. **cóme to a fúll stóp** 完全に終わる. **pút a fúll stóp to**…に終止符を打つ: I'm going to *put a* ~ *to* this nonsense. 私はこのばかげたことをやめさせようと思う. ── [間] 《英口》[発話の終わりを強調するために言葉で] (以上)終わり (《米口》 period): That's all I'm going to say on the subject; ~. 私が

その問題について言いたいことはそれだけで, ほかにありません.
fúll-térm [形] ❶ 〈赤ん坊が〉月満ちて生まれた. ❷ 任期いっぱい務める.
fúll tíme [名] [U] ❶ (労働・勤務などの)全時間. ❷ 〘スポ〙フルタイム, 全時間終了.
*__full-time__ /fúltáɪm←/ [形] **全時間(就業)の**; 専任の, 常勤の《略 FT》(cf. part-time): a ~ teacher 専任教師 / a ~ job《口》全時間就業の仕事[活動].
fúll-tímer [名] 専任の人, 専従の人.
ful·ly /fú(l)li | fúli/ [副] (**more** ~; **most** ~) ❶ **十分に**, 完全に: eat ~ 十分に食べる / I was ~ aware of the fact. 私はそのことを十分に知っていた. ❷ (比較なし)[数詞の前に置いて] まる(まる), たっぷり, 優に (cf. full [形] 2 a): ~ ten days まる 10 日間.
fúlly-fáshioned [形]《英》=full-fashioned.
+**fúlly-flédged** [形]《英》=full-fledged.
fúlly-grówn [形] =full-grown.
ful·mar /fúlmə | -mə/ [名]〘鳥〙フルマカモメ《北極圏産のミズナギドリ科の鳥》.
F
ful·mi·nant /fúlmənənt, fʌ́l-/ [形] =fulminating.
ful·mi·nate /fúlmənèɪt, fʌ́l-/ [動] [自] ❶ 〔…を〕痛烈に非難する, 痛罵する〔*against*〕. ❷ 爆発音を出す, 大音を発して爆発する. ── [他] ❶ 〈非難などを〉浴びせかける. ❷ 〈…を〉爆発させる. 〘L=稲妻が光る〙
fúl·mi·nàt·ing /-ṭɪŋ/ [形]〘医〙電撃性の, 激症[劇症]の.
ful·mi·na·tion /fùlmənéɪʃən, fʌ̀l-/ [名] [C,U] ❶ 猛烈な非難, 怒号. ❷ 爆発.
ful·mín·ic ácid /fulmínɪk-, fʌl-/ [名] [U]〘化〙雷酸.
ful·ness /fúlnəs/ [名] =fullness.
ful·some /fúlsəm/ [形] 〈お世辞など〉度が過ぎる, くどい, しつこい. ~**·ly** [副] ~**·ness** [名]
Ful·ton /fúlt(ə)n/, **Robert** [名] フルトン《1765–1815; 米国の技師; 蒸気船の設計者》.
ful·vous /fúlvəs, fʌ́l-/ [形] 黄褐色の, 朽葉色の.
Fú Man·chú mústache /fú:mæntʃú:-/ [名] フーマンチューひげ, なまずひげ《両端があごに向かって内側にたれる長い口ひげ》. 〘Dr. *Fu Manchu*: 英国のミステリー作家 Sax Rohmer (1883?–1959) の一連の作品に登場する中国人の悪党〙
fu·ma·rate /fjú:mərèɪt/ [名]〘化〙フマル酸塩[エステル].
fu·már·ic ácid /fju:mǽrɪk-/ [名] [U]〘化〙フマル酸.
fu·ma·role /fjú:məròʊl/ [名] (火山ガスの)噴気孔.
+**fum·ble** /fʌ́mbl/ [動] [自] ❶ **a** (ぎこちなく)手探りする, 探る, 探し回る: He ~*d* in his pocket ***for*** his lighter. 彼はポケットをもぞもぞさせてライターを探した / The drunken fellow was ***fumbling at*** the keyhole. その酔っぱらいは怪しげな手つきでかぎ穴を探っていた. **b** 〔…を〕下手な手つきでいじる, いじくり回す〔*at, with*〕: ~ ***with*** a ribbon リボンをいじり回す. ❷ しくじる, へまをやる. ── [他] ❶ 不器用に取り扱う; しくじる, 〈…で〉へまをやる. ❷ 〘球技〙〈ボールを〉取りそこねる, ファンブルする. **fúmble abóut [aróund]**《[自]+[副]》ごそごそ探る: I ~*d about* trying to find my spectacles in the dark. 暗がりの中をごそごそ手探りして眼鏡を探した. ── [名] ❶ ぎこちない扱い. ❷ 〘野〙ファンブル《ボールのつかみ損じ》. **fúm·bler** [名]
*__fume__ /fjú:m/ [名] ❶ [複数形で; また [U]] **a** (臭気のある息の詰まるような)**煙霧, 蒸発気**, いきれ, (刺激性の)発煙. **b** 毒気《★ 胃から頭に上ると想像された》. ❷ [a ~] 興奮, 怒気: in *a* ~ ぷんぷん怒って, いきまいて. ── [動] [自] ❶ 煙[蒸気, 気体]を発する; 煙る, いぶる. ❷ やっきとなる, いきまく, 腹を立てる, いきり立つ. ── [他] 〈木材を〉いぶす. 〘F＜L=煙, 蒸気〙
fúme cùpboard [名] 通風室《有害な気体・蒸気を排出するために強制通風を行なえる実験室内の小室》.
fumed /fjú:md/ [形] 〈材木が〉アンモニアで燻蒸した.
fúme hòod [名] 換気フード《実験によって発生する有害な蒸気を排出するための蒸気捕集装置》; 通風室 (fume cupboard).
fu·met /fjuméɪ, fjú:mət | fju:mét/ [名] [U]〘料理〙フュメ《魚・鳥獣肉を煮詰めた出し汁》.
fu·mi·gant /fjú:mɪgənt/ [名] 燻蒸剤, 燻煙剤《消毒・殺虫に使用》.
fu·mi·gate /fjú:məgèɪt/ [動] [他] (煙で)いぶす, くすぶらせる; 燻蒸(くんじょう)消毒する. **fu·mi·ga·tion** /fjù:məgéɪʃən/ [名] [U] 燻蒸, 燻蒸消毒(法).
fum·ing /fjú:mɪŋ/ [形] 煙を出す; かっかとした, いきりたった. ~**·ly** [副]
fu·mi·to·ry /fjú:mətɔ̀:ri | -təri, -tri/ [名]〘植〙カラクサケマン《かつて茎葉を浄血剤としたケシ科の一年草; 地中海地方原産》.
fum·y /fjú:mi/ [形] (**fum·i·er**; **-i·est**) ❶ 煙霧の多い; 煙霧を発する. ❷ 煙霧状の.
fun /fʌ́n/ [名] [U] ❶ **楽しみ, 愉快**, おもしろさ; 戯れ, ふざけ: have ~ おもしろく遊ぶ, 楽しむ / I don't see the ~ of playing cards. トランプをしてもちっとも楽しくない / Running a full marathon is not my idea of ~. フルマラソンを走るなんておもしろくもない[自分にはたまらない[ありえない]]. ❷ [通例 be の補語に用いて]《口》おもしろいこと[もの, 人]《[用法] 形容詞がついても不定冠詞はつかない》: It's ~ picking up various shells on the beach. 浜辺でいろいろな貝を拾うのは楽しい / What ~! ああおもしろい, 愉快愉快 / He's good [great] ~. 彼はとてもおもしろい人だ. **for fún** (1) 楽しみに: read a book *for* ~ 娯楽のために[興味本位に]本を読む. (2) =in FUN [成句]. **for the fún of it** それがおもしろくて, おもしろ半分に, 冗談に: play cards just *for the* ~ *of it* 楽しむためにトランプをする《★ 金をかけたりしないという意味》. **fún and gámes** [複数扱い] (1) ふざけ, 陽気な騒ぎ; 楽しい[愉快な]こと. (2) 軽い気晴らし. **in fún** 戯れに, おもしろ半分に: Don't take offense. I said it *in* ~. 怒らないでください, おもしろ半分に言っただけです. **like fún**《口》(1) [文頭に用いて]《米》絶対に…ない: "You'll go, won't you?" "*Like* ~ I will."「行くかい」「行くもんか」. (2)《英古》盛んに, 大いに; とても. **màke fún of**…=**póke fún at**…をからかう (ridicule). ── [形] [A]《米》楽しい, おもしろい: a ~ party 楽しいパーティー. 〘もと「ばかにする」の意〙 ([形] funny)
Fu·na·fu·ti /fù:nəfú:ṭi/ [名] フナフティ《ツバルの首都》.
fu·nam·bu·list /fju:nǽmbjulɪst/ [名] 綱渡り芸人.
fún·bòard [名] ファンボード《ウインドサーフィン用ボードの一種で, 安定性に欠けるがよりスピードの出るもの》.
*__func·tion__ /fʌ́ŋ(k)ʃən/ [名] ❶ [C,U] **機能, 働き, 作用, 目的**; 職務, 役目〔*of*〕: the ~ *of* the heart [kidneys] 心臓[腎臓]の働き / Universities have the supreme ~ *of* train*ing* the rising generation. 大学には青年を教育するという至高の任務がある. ❷ [C] **a** 儀式, 行事; 祭典, 祝典. **b**《口》(規模の大きい)社交的会合, 宴会: a social ~ 社交の催し. ❸ [C] **a** 他のものに関連して変化するもの《性質・事実など》, 相関関係: Success is a ~ ***of*** opportunity and drive. 成功は運とやる気のいかんによる. **b** 〘数〙関数. ── [動] [自] **機能する**, 機能[職務, 役目]を果たす, 作動する, 働く (operate): The elevator was not ~*ing*. エレベーターは故障していた / Kate ~*ed as* mother to the child while his parents were away. ケートはその子の両親が留守の間母親の役を努めた. 〘F＜L=実行, 機能〙 ([形] functional) 【類義語】**function** 最も一般的に人がなすべき役目の意味を示す. **office, duty** ある地位・職業・立場にある人がなすべき職務や仕事を指す. 特に後者は固有の職責, 義務の観念が感じられる.
+**fúnc·tion·al** /-ʃ(ə)nəl/ [形] ❶ 〈建物・家具など〉機能本位の, 実用本位の, 便利な. ❷ 〘医〙機能の (↔ organic): a ~ disease 機能的疾患. ❸ 機能している[しうる]. ❹ 職務[職掌]上の. ❺ 〘数〙関数の. ~**·ly** /-ʃ(ə)nəli/ [副] ❶ 機能上. ❷ 職務上. ❸ 〘数〙関数的に. ([名] function)
fúnctional fóod [名] (健康増進のための)機能性食品. 〘日本語「機能性食品」の英訳から〙
fúnctional gròup [名]〘化〙官能基.
fúnctional illíterate [名] 準非識字者, 機能的文盲者《ある程度の教育は受けているが通常人の生活で必要とされる読み書き能力の欠如した者》.
fúnc·tion·al·ìsm /-ʃ(ə)nəlìzm/ [名] [U] (家具・建築などの)機能主義.
fúnc·tion·al·ist /-lɪst/ [名] 機能主義者. ── [形] 機能

主義(者)の, 機能主義的な.
func·tion·al·i·ty /fʌŋ(k)ʃənǽləṭi/ 名 U 機能性.
fúnc·tion·ar·y /-ʃənèri | -ʃ(ə)nəri/ 名 職員, 役人: a petty ~ 小役人.
fúnction kèy 【電算】ファンクションキー.
fúnction wòrd 【文法】機能語〖冠詞・代名詞・前置詞・接続詞・助動詞・関係詞など主に統語的関係を示す語〗.
func·tor /fʌŋ(k)tə | -tə/ 名 【数・論】関数記号, 演算子.

*__fund__ /fʌnd/ 名 ❶ C **資金**, 基金, 基本金 (cf. capital¹ 3): a relief ~ 救済基金 / A reserve ~ 積み立て資金 / ⇒ sinking fund. ❷ 〔複数形で〕財源; 〔手元〕資金 〔in [out of] ~s 金をもって[切らして]. ❸ C 財団, 基金〔組織〕. ❹ [a ~]〔知識などの〕蓄え, 蘊蓄(うんちく); 〔…の〕相当な量: a ~ of knowledge 蘊蓄. ❺ [the ~s]《英》公債, 国債. ── 動 ❶ C 〈研究・企画など〉に資金を供給する. ❷ 〈一時借入金〉を長期の負債[公債]に借り換える; 〈借金〉の利子支払いのため資金を蓄える. 〖L=底〗

fun·dal /fʌnd(ə)l/ 形 底(部)の.
fun·da·ment /fʌndəmənt/ 名 ❶〔理論などの〕基礎, 基本, 基底; 〔建物などの〕基礎, 土台. ❷ 臀部, 尻, おいど.

*__fun·da·men·tal__ /fʌndəméntl⁻/ 形 (more ~; most ~) ❶ **基本の**, 基礎の, 根源の, 根本的な: ~ colors 原色 / ~ human rights 基本的人権 / a ~ note《楽》根音〔和音の基礎をなす音〕/ a ~ principle [rule] 原理, 原則 / ~ restructuring 抜本的な再構築[リストラ]. ❷〔比較なし〕重要な, 主要な: a ~ factor in one's success 成功の最大要因. b P〔…にとって〕必須で, なくてはならなくて (vital): Moderate exercise is ~ to good health. 適度な運動は健康には絶対必要である. ── 名 ❶ C〔通例複数形で〕基本, 根本, 基礎; 原理, 原則: ~s of law 法律の基本 / training in ~s 基礎訓練. ❷ C《楽》基音, 根音.〖L=基礎のくfundare…の土台を置く; cf. found²〗

*__fun·da·men·tal·ism__ /fʌndəméntəlìzm/ 名 U ❶〔宗教・思想上の〕**原理主義**. ❷〔しばしばF~〕《キ教》根本主義, 原理主義〔第一次大戦後に起こった米国のプロテスタントの一派; 神による天地創造説をはじめ, 聖書の文言を堅く信じる; cf. modernism 1〕. -ist /-təlɪst/ 名 形

fún·da·mén·tal·ly /-t̬əli/ 副 ❶ 根本的に, まったく. ❷ 基本的に, 本来.

fúndamental únit 名【理】(質量・長さ・時間などの)基本単位.

fúnd·ed débt 名 U 固定負債, (特に)社債発行借入金, 長期負債.

fúnd·hòlder 名《英》〔国民健康保険制度の下で〕特定の経費を認められている一般医.

fundi 名 fundus の複数形.

fund·ie /fʌndi/ 名 ❶ 原理主義者. ❷ 過激な環境保護主義者.

*__fund·ing__ /fʌndɪŋ/ 名 U 資金(提供).

fúnd·ràiser 名 資金調達者[係]; 資金調達のための催し(パーティーなど).

*__fúnd·ràising__ 名 U 資金調達, 募金, カンパ.

fun·dus /fʌndəs/ 名 (複 -di /-daɪ/)【解】〔胃・眼・子宮など各種器官の〕基底部, 底.

fund·y /fʌndi/ =fundie.

*__fu·ner·al__ /fjúːn(ə)rəl/ 名 ❶ a C **葬式**, 葬儀; 告別式 《解説 英国や米国西海岸諸州では火葬 (cremation) が多くなってきたが, 埋葬 (burial) も少なくない; これに参列するのは近親者だけ; 教会などでとり行なわれる葬儀には多くの人が参列する〕: attend a ~ 会葬する / a public [state] ~ 公[国]葬. b C ❷ [It's [That's] one's ~]《口》いやな(仕)事, なすべき事, 責任: It's your ~. それは君の責任だよ〔忠告を聞かないのならこっちの知ったことではない〕. ❷ C 葬式用の; 葬式用の. a ~ ceremony [service] 葬儀 / a ~ column 死亡(告示)欄 / a ~ march 葬送行進曲 / a ~ pall 棺衣 / a ~ procession [train] 葬列 / a ~ rites 葬式, 埋葬式.

fúneral chàpel 名 霊安室; funeral parlor.
fúneral diréctor 名 葬儀屋 (undertaker)〔人〕.
fúneral hòme [pàrlor] 名 葬儀会館, 斎場〔遺体安置室・防腐処理室・火葬場・葬儀場などを備える〕.
fúneral pỳre [pìle] 名 火葬用のまきの山.
fu·ner·ar·y /fjúːnərèri | -n(ə)rəri/ 形 A 葬式の: a ~ urn 納骨つぼ.
fu·ne·re·al /fjuːní(ə)riəl/ 形 葬式にふさわしい, しめやかな; 悲しい, 陰鬱な. ~·ly 副
fún·fàir 名《英》移動遊園地 (《米》carnival). ❷ 遊園地.〖FUN+FAIR²4〗
fún fùr (ふだん着にする)廉価な[人造の, 寄せ集めの]毛皮で作った服.

†**fun·gal** /fʌŋg(ə)l/ 形 菌の[による].
fun·gi 名 fungus の複数形.
fun·gi·ble /fʌndʒəbl/ 形【法】他のもので代用できる, 代替可能な. **fun·gi·bil·i·ty** /fʌndʒəbíləṭi/ 名
fun·gi·ci·dal /fʌndʒəsáɪdl, fʌŋgə-⁻/ 形 殺菌性の.
fun·gi·cide /fʌndʒəsàɪd, fʌŋgə-/ 名 CU 殺菌剤, 防カビ剤.〖FUNGUS+-CIDE〗
fun·gi·form /fʌndʒəfɔːm, fʌŋgə- | -fɔːm/ 形 キノコ[ポリープ]状の.
fun·gi·stat·ic /fʌndʒəstǽtɪk, fʌŋgə-⁻/ 形【薬剤】静真菌性の.
fun·giv·o·rous /fʌndʒívərəs, fʌŋgív-/ 形【動】菌食性の.
fun·go /fʌŋgoʊ/ 名《野》❶ ノックしたボール[フライ]. ❷ =fungo bat.
fúngo bàt 名 ノック用バット.
fun·goid /fʌŋgɔɪd/ 形 菌類似の; 菌性の.
fun·gous /fʌŋgəs/ 形 ❶ 菌の[による], 菌性[質]の. ❷ 急に生ずる, 一時的な.

†**fun·gus** /fʌŋgəs/ 名 (複 -gi /fʌndʒaɪ, fʌŋgaɪ/, ~·es) UC 真菌類, 菌類 (mushroom, toadstool, mildew, mold を含む).〖L=きのこ〗

fún hòuse 名《米》(遊園地などの)びっくりハウス.
fu·ni·cle /fjúːnɪkl/ 名 =funiculus.
fu·nic·u·lar /fjuːníkjʊlə | -lə/ 形 =funicular railway.
funícular ráilway 名 鋼索鉄道, ケーブル[索条]鉄道: by ~ ケーブル鉄道で〔★ 無冠詞〕.
fu·nic·u·lus /fjuːníkjʊləs/ 名 (複 -li /-làɪ/) ❶【解】帯, 索, 束〔臍帯(せいたい)・神経束・精索など〕. ❷【植】〔胚珠の〕珠柄(しゅへい).

funk¹ /fʌŋk/ 名 U ❶ ファンク〔ビートが強烈で泥臭い野性味のあるジャズやロック〕. ❷〔人に対する〕悪臭.
funk² /fʌŋk/ 名《古風》❶ [a ~] a おじけ, 臆病. b 憂鬱な気分, 落ち込み. ❷ C 臆病者. **be in a (blúe) fúnk** (1) おじけづいている. (2) (気分が)落ち込んでいる. ── 動 他 ❶ …を恐れる, 〈…に〉尻ごみする, 怖くて避ける. ❷ …を避ける. ── 自 おじける; たじろぐ.《オックスフォード大学での俗語から》
funk·ia /fʌŋkiə/ 名【植】ギボウシ.
funk·ster /fʌŋkstə | -stə/ 名《米俗》ファンクスター《ファンクのミュージシャンやファン》.
funk·y¹ /fʌŋki/ 形 (funk·i·er; -i·est) ❶〈ジャズが〉ファンキーな〔初期のブルース調を帯びた泥臭い感じに言う〕. ❷《米口》(よい意味で)一風変わった, いかす: Hey, that's a ~ car. やあ, それは変わったいかす車だね. ❸《米口》いやなにおいのする, 悪臭のする.
funk·y² /fʌŋki/ 形 (funk·i·er; -i·est)《古風》❶ a おじけづいた, おびえている. b 憂鬱な, 落ち込んだ. ❷ 臆病な.

†**fun·nel** /fʌn(ə)l/ 名 ❶ じょうご. ❷ a〔じょうご形の〕通風筒, 採光孔. b (機関車, 汽船などの)煙突 (smokestack). ── 動 (~ed, fun·neled; fun·nel·ing,《英》-nel·ling) ❶〈液体などを〉じょうごに通して[…に]入れる;〈管・水路などが〉…を通す: ~ oil *into* a can 油を缶の中にじょうごを使って入れる. ❷ a〈金・情報などを〉…を通じて[…に]送り込む〔*through*〕〔*to, into*〕: The parent company ~ed money *into* its subsidiaries. 親会社は子会社に金を送りこんだ. b〈精力などを〉…に集中する〔*into*〕. ── 自 ❶〔副詞(句)を伴って〕〈群衆などが〉狭い所を通る. ❷ じょうごのような形になる[をする].〖L=注ぐ〗

fúnnel càke [名]〘料理〙ファネルケーキ《たねをじょうごなどで渦巻形に流して焼いたり揚げたりしたケーキ》.

fun·ni·ly /fʌ́nəli/ [副] ❶ おもしろおかしく, こっけいに. ❷ [文修飾] 奇妙なことに(は): *F*~ enough, he was not elected mayor. 妙なことには彼は市長に選ばれなかった.

fun·ni·os·i·ty /fʌ̀niɑ́səṭi | -ɔ́s-/ [名]《戯言》滑稽な[笑える]もの[人], おかしな話, (爆笑ものの)傑作.

*__fun·ny__ /fʌ́ni/ [形] (**fun·ni·er; -ni·est**) ❶ おかしい, こっけいな, おもしろい (cf. funny ha-ha): a ~ story こっけいな話 / a ~ man 人を笑わせる人; コメディアン / What's (so) ~? 何が(そんなに)おかしいのですか. ❷《口》**a** 変な, 奇妙な (cf. funny strange): It's ~ that he should say so. 彼がそんなことを言うとはおかしい[変だ]. **b** 不正な; いんちきな, いかがわしい: There's something ~ about his offer. 彼の申し出にはいんちきくさいところがある. ❸ [P]《口》**a** 気分が悪くて, 体の具合が悪くて: feel a little ~ 少々気分が悪い. **b** ばつが悪くて, 間が悪くて: I felt a little ~ accepting the gift. その贈り物を受け取って少々ばつが悪い思いをした. **c**《英口》少々気がふれて[狂って]. **d** 小生意気な, なれなれしい (cheeky). ❹ [A]《米》漫画(欄)の: a ~ page (新聞の)漫画欄《★ 日曜版では funny papers として独立の数ページになっている》/ a ~ book 漫画本. **sée the fúnny síde (of ...)** (困難な状況などの)こっけいな[笑いにかえられる]面に気づく[を見る](ことができる). ── [名] ❶ おかしな話, おもしろい話. ❷ [複数形で] 続き漫画; (新聞・雑誌の)漫画欄. **fún·ni·ness** [名] ([名] fun)

【類義語】**funny** 奇妙で滑稽な; 人に笑いを起こさせることを強調する, 口語的な語. **amusing** 愉快で[面白くて]人を楽しませる. **comical** 馬鹿げたことや, おどけなどで人を思わず笑わせる. **laughable** 笑うべき, 人の嘲笑やあざけりを招くような.

fúnny bòne [名] (ひじ先の)尺骨の端《打つとしびれる感じがする》.

fúnny bùsiness [名] [U] ❶ いかがわしい行動, いんちき. ❷ ばかなふるまい, 愚かな行動.

fúnny fàce [名]《口》[呼び掛けに用いて] おい, ねえ(きみ), (ちょいと)あんた.

fúnny fàrm [名]《俗》精神病院.

fúnny hà-há [形]《口》おかしい, こっけいな《★ funny [形] の 1 と 2a を区別するために用いる》. **fúnny stránge [wéird, péculiar] or fúnny hà-há** (おかしいと言っても)変なのかおもしろいのか《誰かが funny を用いた時に, その正確な意図を尋ねる表現》.

fúnny-lòoking [形] おかしな[妙な]格好[見た目]の.

fúnny·màn [名] お笑い芸人, 喜劇役者, コメディアン, 道化師, ピエロ.

fúnny mòney [名] [U] ❶ 偽金. ❷ (インフレなどによる)無価値な金.

fúnny pàpers [名] [複] (新聞の)漫画欄.

fúnny stránge [wéird, pecúliar] [形] [P]《口》❶ 変な, 奇妙な《★ funny [形] の 1 と 2a を区別するために用いる; cf. funny ha-ha》. ❷ **a** 気分が悪くて. **b** 少々頭のおかしい.

fúnny·wòman [名] ([複] **-women**) 女性コメディアン, コメディエンヌ.

fún rùn [名] アマチュアマラソン《競走ではなくしろうとの楽しみやチャリティー目的で走るマラソン》.

fun·ster /fʌ́nstə | -stə/ [名] 人を笑わせようとする人, 滑稽な人; コメディアン.

*__fur__ /fə́ː | fə́ː/ [名] ❶ **a** [U] (哺乳動物の)**毛皮**; 人工毛皮: fake [imitation, synthetic] ~ 人工毛皮. **b** [C] 毛皮製品, 毛皮の衣服, 毛皮の襟巻き(など); 人工毛皮製品: a fine fox ~ りっぱなキツネの毛皮 / wear expensive ~*s* 高価な毛皮を身に着けている. ❷ [U] **a**《英》(鉄びんなどの)湯あか (scale). **b** 舌苔(ぜったい). **c** (ワインの表面に生ずる)薄皮. **fúr and féather** 猟獣と猟鳥. **màke the fúr flý** 大騒動を引き起こす. **The fúr stárts [begíns] to flý.** 大騒動[議論]が始まる. ── [形] [A] 毛皮(製)の: a ~ coat 毛皮のコート. ── [動] (**furred; fur·ring**) [他] ❶《英》〈血管を〉つまらせる; 〈湯沸かしの内側などに〉湯あかをつける 〈*up*〉. ❷ 〈...に〉毛皮をつける (⇨ furred). ── [自]《英》〈血管が〉つまる; 湯あかが生ずる 〈*up*〉. 〖F=おおう(もの)〗

fu·ran /fjʊ́(ə)ræn | fjʊ́ər-, fjɔ́ːr-/ [名] [U]〘化〙フラン《furfural の誘導体で無色の液体; ナイロン製造用》.

fur·be·low /fə́ːbəlòʊ | fə́ː-/ [名] [通例複数形で] ❶ (スカート・ペティコートの)へり飾り; すそひだ. ❷ けばけばしい装飾: frills and ~*s* 不必要なけばけばしい装飾. ── [動] [他] 〈...に〉へり飾りをつける《★ 通例受身》.

fur·bish /fə́ːbɪʃ | fə́ː-/ [動] [他] ❶ 〈使用していなかった金属・家具などを〉磨く, 磨き立てる 〈*up*〉. ❷ 〈知識などに〉磨きをかける 〈*up*〉.

fur·cate /fə́ːkeɪt, -kət | fə́ː-/ [形] フォーク状の, 2 つに分かれた. ── /-keɪt/ [動] [自] 2 つに分かれる, 分岐する.

fur·ca·tion /fəːkéɪʃən | fəː-/ [名] 分岐; 分岐したもの.

fur·cu·la /fə́ːkjʊlə | fə́ː-/ [名] ([複] **-lae** /-lài/) ❶〘鳥〙叉骨(さこつ). ❷〘昆〙(トビムシ類の)叉甲, 叉(状)器, 跳躍器. **fúr·cu·lar** /-lə | -lə/ [形]

fur·fu·ra·ceous /fə̀ːf(j)ʊréɪʃəs | fə̀ː-⁻/ [形] ぬか状の; ふけだらけの;〘植〙もみがら状の鱗片でおおわれた.

fur·fu·ral /fə́ːf(j)ʊræ̀l | fə́ː-/ [名] [U]〘化〙フルフラール《強いにおいのある液体アルデヒド; 合成樹脂の製造に用いる》.

Fu·ries /fjʊ́(ə)riz/ [名] [複] [the ~]〘ギ・ロ神〙復讐(ふくしゅう)の女神《ヘビの頭髪をもつ三姉妹》. 〖FURY と同語源〗

fu·ri·o·so /fjʊ̀(ə)rióʊsoʊ, -zoʊ/ [形] [副]〘楽〙激情的な[に], フリオーソの[で].

*__fu·ri·ous__ /fjʊ́(ə)riəs/ [形] (**more ~; most ~**) ❶ 怒り狂った: a ~ quarrel 怒り狂った口論 / ~ anger 激怒 / He was ~ ***with*** her [***at*** what she had done]. 彼は彼女に対して[彼女のしたことで]ひどく腹を立てていた. ❷ 〈速力・活動など〉猛烈な, 激しい, ものすごい: at a ~ pace [speed] 猛スピードで. ❸ 〈風・海など〉荒れ狂う. **~·ness** [名] ([名] fury)

fú·ri·ous·ly [副] ❶ 怒り狂って; 荒れ狂って. ❷ 猛烈に, 激しく.

furl /fə́ːl | fə́ːl/ [動] [他] 〈旗・帆などを〉巻き上げる; 〈傘などを〉たたむ. ── [自] 巻き上がる, たたまる. ── [名] [a ~] たたむ[巻く]こと: Give it *a* neat ~. それをきちんと巻きなさい. 〖F=固く結ぶ〗

fur·long /fə́ːlɔːŋ | fə́ːlɔŋ/ [名] ファーロング《長さの単位; =220 ヤード, 201.168 メートル》. 〖OE (FURROW+LONG[1])〗

fur·lough /fə́ːloʊ | fə́ː-/ [名] [U,C] ❶ (軍人・公務員などの)賜暇(しか), 休暇. ❷ (囚人の)一時仮出所. ❸ (従業員の)一時帰休, レイオフ. ── [動] [他]《米》❶ 休暇を与える. ❷ 一時帰休させる (lay off). 〖Du〗

fur·me·ty /fə́ːməṭi | fə́ː-/ [名] =frumenty.

⁺**fur·nace** /fə́ːnəs | fə́ː-/ [名] ❶ **a** (工場などの)炉, かまど. **b**《米》暖房炉, ボイラー (boiler). **c** 溶鉱炉: ⇨ blast furnace. ❷ ひどく熱い場所, 焦熱地獄. 〖F＜L=暖炉, オーブン〗

*__fur·nish__ /fə́ːnɪʃ | fə́ː-/ [動] [他] ❶ 〈家・部屋に〉**家具を備える**, 家具を取り付ける; 〔必要物を〕〈場所などに〉備え付ける《★ しばしば受身; cf. furnished》: The room *was* luxuriously ~*ed*. その部屋はぜいたくな家具が備えつけられていた / The room *was* ~*ed* ***with*** a desk, telephone and couch. 部屋には机と電話機と寝いすとが備えつけられていた / ~ a library ***with*** books 図書館に書籍を備える. ❷ 〈人に〉〈必要物を〉**供給する**; 〔...を〕〈人に〉与える: They ~*ed* the refugees ***with*** food and clothing.=They ~*ed* food and clothing ***to*** the refugees. 彼らは難民たちに食物と衣類を供給した. **~·er** [名] 供給者, 調達者; 家具取り付け人, 家具商. 〖F; 原義は「成し遂げる」; cf. furniture〗【類義語】⇨ provide.

⁺**fúr·nished** [形] 家具付きの (↔ unfurnished): *F*~ House 家具付き貸家《広告文》/ a tastefully ~ living room 趣味のよい家具を備え付けた居間.

⁺**fúr·nish·ings** /-ʃɪŋz/ [名] [複] ❶ (家・部屋の)備品, 造作: ⇨ soft furnishings. ❷《米》服飾品: men's ~=~ for men 男子用服飾品.

*__fur·ni·ture__ /fə́ːnɪtʃə | fə́ːnɪtʃə/ [名] [U] **家具**, 備品, 調度: a piece [an article] of ~ 家具 1 点 / We hadn't much [had little] ~. 家具があまりなかった[少なかった]. 〖F; FURNISH と関連語〗

fúrniture vàn 名《英》引っ越し用トラック.

⁺fu·ror /fjúɔr | fjúɔrəː, fɔ́ːr-/ [a ~]《米》❶ 興奮, 大騒ぎ. ❷ 熱狂的称賛[流行]: make [create] *a* ~ 熱狂的な称賛を受ける. ❸ 怒り, 激怒: get into *a* ~ 怒る, かっとなる.《F<L》

⁺fu·rore /fjúɔrə, | fju(ə)rɔ́ːri, fjuərɔː-/ 名《英》= furor.

fu·ro·se·mide /fju(ə)rəsémɑɪd | fju(ə)rɔ́səmɑ̀ɪd/ 名 Ⅲ フロセミド(《英》frusemide)《浮腫治療用の強力利尿薬》.

furred /fə́ːd | fə́ːd/ 形 ❶ 毛皮製の, 毛皮をつけた, 毛皮の裏[へり飾り]付きの. ❷ 柔らかい毛のはえた.

fur·ri·er /fə́ːriə | fʌ́riə/ 名 ❶ 毛皮商人. ❷ 毛皮調製人.

fur·ri·er·y /fə́ːriəri | fʌ́r-/ 名 Ⅲ 毛皮商[業].

fur·row /fə́ːrou | fʌ́r-/ 名 ❶ (耕された畑の畝(?)と畝の間の)すじ, あぜみぞ, 溝. ❷ **a** (溝のような)細長いくぼみ. **b** (船の通った)跡; わだち. ❸ (顔などの)深いしわ (wrinkle).
plów a lónely fúrrow (友も援助者もなく)一人で働く; 独自の道を行く. —— 動 ❶ 〈…に溝を作る[立てる], 〈…〉を(うすきで)すく. ❷ 〈顔など〉に(深く)しわを寄せる (cf. furrowed): He ~ed his brow in thought. 彼は考え込んで額にしわを寄せた. —— 自 しわが寄る: His brow ~ed as he read his bank statement. 彼は銀行の月例報告書を読みながら額にしわを寄せた.

fúr·rowed 形 溝[細長いくぼみ]のある; (深い)しわのある[刻まれた]: a face ~ with [by] age 老いて深いしわの寄った顔.

fúrrow slìce 名 堰条(?), あげ土《すき起こされた土》.

fur·ry /fə́ːri | fə́ːri/ 形 (**fur·ri·er; -ri·est**) ❶ 柔毛質の, 毛皮でおおわれた. ❷ 毛皮付き[製]の. ❸ **a** 湯あかのついた. **b** 舌苔(?)を生じた.

fúr sèal 名《動》オットセイ.

⁺fur·ther /fə́ːðə | fə́ːðə/ [《用法》 副詞と形容詞の場合, 通例時間・数量・程度の隔たりには further を用い, 空間の隔たりには farther を用いるといわれるが, 実際には後者の場合にも further が用いられる傾向がある] [far の比較級] ❶ (距離・空間・時間が)さらに遠く, もっと先に: go away もっと先へ行く / not ~ than a mile from here ここから 1 マイルたらずの所に. ❷ (程度が)さらに進んで: inquire ~ into a problem さらに問題の調査を進める / Let us take this matter ~. この件をもっと詳しく詰めよう / I'll give you ten dollars, but I cannot go any ~. 10 ドルあげよう, だがそれ以上はだめだ. ❸ なおそのうえに, さらにまた (moreover) (《比較》 furthermore のほうを多く用いる). **fúrther alòng [dòwn] the róad** 将来的には. **fúrther to...** 《商用文に用いて》《英》…にさらに付け加えると, …に付言すると. —— 形 Ⓐ [far の比較級] ❶ (距離的に)もっと遠い, もっと先の: on the ~ side (of the road) (道路の)向こう側の. ❷ (今より)程度の進んだ; そのうえの, それ以上の: ~ news 統報, 後報 / until ~ notice 追ってお知らせするまで / For ~ particulars apply to our personnel office. なお詳細は人事課に問い合わされたい / Give it no ~ thought. そのことはもう考えなくてよい / Nothing could be ~ from the truth. それ以上真実から遠い話はない《ある発言を完全に否定するために》. —— 動 他 〈…〉を進める, 助成する, 促進する: ~ one's own interests 私利[自分のため]を図る.《OE; 元来は FORTH の比較級》

fur·ther·ance /fə́ːðərəns | fə́ː-/ 名 Ⅲ 助成, 推進, 促進 (advancement): for the ~ of world peace 世界平和促進のために.

⁺fúrther educátion 名 Ⅲ《英》継続教育《義務教育を終え大学に進学しない人を対象とする; 略 FE》.

⁺fur·ther·more /fə́ːðəmɔ̀ː | fə́ːðəmɔ̀ː/ 副 なお, そのうえ, さらに (moreover; cf. further 副 3): And ~, we must remember... さらに…ということも忘れてはならない.

fúrther·mòst /-mòust/ 形 いちばん遠い: He sat in the chair ~ *from* the TV set. 彼はテレビから最も離れたいすに座った.

⁺fur·thest /fə́ːðɪst | fə́ː-/ 形 副 = farthest.

⁺fur·tive /fə́ːtɪv | fə́ː-/ 形 ひそかな, こそこそする, 内密の: a ~ glance 盗み見 / *a* ~ look こそどろうな顔つき / He's

731　fusion bomb

~ *in* his manner. 彼は態度がこそこそしている. ~·ly 副 ~·ness 名《L=盗まれた》

Furt·wäng·ler /fúɔtwenlə, -veŋ- | fúɔtveŋlə/, **Wilhelm** /vílhelm/ 名 フルトベングラー《1886-1954; ドイツの指揮者》.

fu·run·cle /fjúɔraŋkl/ 名《医》癤(?), フルンケル. **fu·run·cul·ar** /fju(ə)rʌ́ŋkjulə/, -lə/, **-rún·cu·lous** /-kjuləs/ 形

fu·run·cu·lo·sis /fjú(ə)rʌ̀ŋkjulóusɪs/ 名 Ⅲ《医》フルンケル[癤]症《多発症, 癤腫症》;《魚》癤瘡(?)病《癤瘡病菌によるサケ・マスの感染症》.

⁺fu·ry /fjúɔri/ 名 ❶ Ⅲ [また a ~] 憤激, 激怒《★ rage よりも強い》: be filled with ~ 激しい怒りに燃える, 憤激している / in *a* ~ 烈火のように怒って / fly into *a* ~ 激怒する. ❷ Ⅲ [また a ~] (戦争・暴風雨・病・感情などの)激しさ, 猛烈: the ~ *of* the elements 猛あらし / in the ~ *of* battle 激戦のさなかに / burn with great ~ 激しく燃える / in *a* ~ *of* excitement とてもわくわくして; とても興奮して. ❸ Ⓒ **a**《ギ・ロ神》復讐(?)の女神の一人 (⇒ Furies). **b** 怒り狂う女, 狂暴な女. **like fúry**《口》猛烈に; すばやく: run *like* ~ すごい勢いで走る.《F<L》《類義語》⇒ anger.

furze /fə́ːz | fə́ːz/ 名《植》ハリエニシダ (gorse).

furz·y /fə́ːzi | fə́ː-/ 形 ハリエニシダの; ハリエニシダの茂った.

fus·cous /fʌ́skəs/ 形 暗褐色の, 黒ずんだ灰色の.

⁺fuse¹ /fjúːz/ 名 ❶ **a**《電》ヒューズ. **b** [a ~] ヒューズが切れて電灯が消えること. ❷ Ⓒ (爆薬などの)導火線[索]. ❸ =fuse2. **blów a fúse** (1) ヒューズを飛ばす. (2)《口》かんかんに怒る. —— 動 他 ❶ 〈…〉のヒューズをとばす. ❷ 〈…〉に信管[ヒューズ]を取り付ける. —— 自《電》灯がヒューズで消える.

fuse² /fjúːz/ 動 ❶ 〈金属など〉を溶解[融解]させる; 〈核〉を融合させる: Copper and zinc are ~d to make brass. 真鍮をつくるために銅と亜鉛が溶解される. ❷ 〈…〉を連合[合同]させる 〈together〉. —— 自 ❶ 溶解[融解]する; 融合する. ❷ 連合する 〈together〉.《L=溶かす》《⇒ fusion》

fúse bòard 名《電》ヒューズ盤.

fúse bòx 名《電気の》安全器収納箱, ヒューズ箱.

fu·see /fjuːzíː/ 名 ❶ (昔の)耐風マッチ. ❷ (爆薬などの)導火線. ❸《米》(鉄道の)発炎信号.

⁺fu·se·lage /fjúːsəlɑ̀ːʒ, -zə-/ 名 (飛行機の)胴体.《フランス語から》

fú·sel òil /fjúːz(ə)l-/ 名 Ⅲ《化》フーゼル油《アルコール発酵の副産物で, アミルアルコールを主成分とする油状混合物; 有毒》.

fúse·wày 名《電》(ヒューズ箱の)ヒューズ接点.

fúse wire 名 Ⅲ ヒューズ線.

fus·i·ble /fjúːzəbl/ 形 可溶性の, 可融性の.

fu·si·form /fjúːzəfɔ̀ːm | -fɔ̀ːm/ 形《植·動》両端が先細の, 紡錘状の.

fu·sil /fjúːz(ə)l/ 名《史》火打ち石銃.

fu·sil·ier, -leer /fjùːzəlíə | -líə/ 名 ❶ (昔の)火打ち石銃兵. ❷ [Fusilier] (英国の)フュージリア連隊の歩兵《昔 火打ち石銃を用いた》.

fu·sil·lade /fjùːsəlɑ́ːd | fjúːzəléɪd/ 名 ❶ 一斉射撃, 連続射撃. ❷ (質問・非難などの)一斉射撃: a ~ *of* questions 質問攻め. —— 動 他 〈…〉に一斉射撃を浴びせる.《F》

fu·sil·li /f(j)uːzíːli, -síːli/ 名《伊》フジッリ《らせん形にねじれた形をしているパスタ》.

⁺fu·sion /fjúːʒən/ 名 ❶ **a** 溶解; 融解. **b** Ⓒ 溶解したもの. ❷ Ⅲ《理》原子核の結合[融合] (↔ fission): nuclear ~ 核融合. ❸ **a** Ⅱ/Ⓒ (政党·党派などの)連合, 合同, 提携. **b** Ⓒ 連合体. ❹ Ⅲ フュージョン《ジャズとロックなど異なったスタイルを融合した音楽》.《F<L *fundere, fus-* 注ぐ; cf. confuse, diffuse, infuse》《動 fuse²》

fúsion bòmb 名 核融合爆弾, 水素爆弾 (=hydrogen bomb).

fúsion cuisine [fòod] 名 U 数種の民族料理の混合料理, 無国籍(風)料理.

fu·sion·ism /fjúːʒənɪzm/ 名 U (政治の)連合[合同]主義.

fú·sion·ist /-ʒ(ə)nɪst/ 名 連合[合同]主義者. ── 形 連合[合同]主義(者)の.

*__fuss__ /fʌ́s/ 名 ❶ U [また a ~] 無用な騒ぎ, 空騒ぎ: make a ~ about nothing [trifles] つまらないことに騒ぎ立てる / You're making [kicking up] too much ~ about it. 君はそのことで大げさに騒ぎすぎている / make a great ~ over a person 人を大騒ぎしてもてはやす. ❷ [a ~] a (つまらぬことで)やきもき[興奮]すること, いらいら: get into a ~ やきもきする. b 口論, けんか. ❸ U 困難, 面倒, やっかい: こった[複雑な]手続き[手順]. ── 動 (…のことで)やきもき[空騒ぎを]する, 気をもむ (about, over); (…をいらいらしながら[神経質に]いじる (with): ~ about what to wear 何を着るかでやきもきする. ── 他 〈人・人の頭を〉悩ませる, やきもきさせる. **nót be fússed (abóut…)** (英口) …に別に気にしない: I'm not ~ed about the price. 値段のことはあまり気にしません. (≒ fussy)

fúss-bùdget 名 = fusspot.

fúss·pòt 名 (口) つまらないことに騒ぎ立てる人, 小うるさい人.

†**fuss·y** /fʌ́si/ 形 (fuss·i·er; -i·est) ❶ (つまらない事に)騒ぎ立てる; 小うるさい, 神経質な (about, over): ~ a old lady 小うるさいおばあさん / He's very ~ about his food. 彼は食べ物のことにはとてもやかましい / "Which do you prefer, tea or coffee?" "I'm not ~." 「お茶かコーヒーですか」「どちらでも」 / Are you ~ (about) what you wear? 着るものを気にしますか. ❷ 〈服装・デザイン・文章など〉凝りすぎた, 念入りに作った, こと細かな. **fúss·i·ly** /-səli/ 副 **-i·ness** 名 (fuss)

fus·ta·nel·la /fʌ̀stənélə/ 名 フスタネーラ《アルバニアとギリシャの一部で男子が用いる白リンネル[木綿]製の短いスカート》.

fus·tian /fʌ́stʃən | -tiən/ 名 U ファスチアン織《片面にけばを立てたコールテン・ビロードなどのあや織綿布をいう》. ── 形 ❶ ファスチアン綿布の. ❷ 大げさな; くだらない. 《カイロ郊外にある産地名から》

fus·tic /fʌ́stɪk/ 名 [植] **a** オウボク, ファスチック《熱帯アメリカ産のクワ科の高木》. **b** ハグマノキ, 黄櫨《アジア・欧州産のウルシ科の低木》. ❷ ファスチック《オウボク・ハグマノキなどの材から採る黄色染料》.

fus·ty /fʌ́sti/ 形 (fus·ti·er; -i·est) ❶ 〈部屋・衣服など〉(長い間しまわれていて)かび臭い (musty). ❷ 古くさい, 陳腐な, 頑迷 (然) な. **fús·ti·ly** /-təli/ 副 **-ti·ness** 名

fut. (略) future.

fu·thark /fúːθɑːk | -θɑːk/, **-thorc**, **-thork** /-θɔːk | -θɔːk/ 名 フサルク, ルーン文字.

†**fu·tile** /fjúːtl, -taɪl | -taɪl/ 形 (more ~; most ~) ❶ 〈行為・話など〉役に立たない, むだな, むなしい: ~ talk 空談, むだ話 / It's ~ trying to convince him. 彼を納得させようとしてもむだだ. ❷ 〈人が〉くだらない, 無能な. **~·ly** /-l(l)i, -taɪlli | -taɪlli/ 副 **~·ness** 名 (F < L)《類義語》⇒ vain.

fu·til·i·ty /fjuːtíləti/ 名 ❶ U 無用, 無益. ❷ C [しばしば複数形で] 無用[無益な, むだな]こと(もの, 人).

fu·ton /fúːtɑn | -tɔn/ 名 布団; マットレス. 《Jpn》

fut·tock /fʌ́tək/ 名 (海) ハトック《木造船の中間肋材》.

‡**fu·ture** /fjúːtʃə | -tʃə/ 名 ❶ [通例 the ~] 未来, 将来, 行く末 (cf. present[1] 1, past 1): the youth of the ~ 将来[未来]の青年 / in (the) ~ 将来は, 今後は / in the near ~ = in no distant ~ = in the not too distant ~ 近い将来に / in the distant ~ 遠い将来に / for the ~ 将来(として)は, 今後は / provide for the ~ (預金などをして)将来に備える. ❷ C (有望な)前途, 将来性: have a bright [brilliant] ~ (before one) 輝く前途がある / have no ~ 前途[将来性]がない / There's no ~ in this business. これは将来性のない商売だ. ❸ U [通例 the ~] (文法) 未来(形) (= future tense; cf. present[1] 2, past 3). ❹ C [通例複数形で] (商) 先物, 先物契約: deal in ~s 先物を商う, 先物を買いをする. ── 形 ❶ 未来の, 将来の; 来世の: ~ ages 後世 / the [a] ~ life 来世 / one's ~ wife 未来の妻 / for ~ use 将来使うために. ❷ (文法) 未来の (cf. present[1] 3, past 4): the ~ tense 未来時制 / the ~ perfect 未来完了時制. **~·less** 形 未来[将来性]のない, (将来の)見込みのない. 《F < L = これから起ころうとする(こと)》

fúture hístory 名 (SFなどの)未来のできごとの叙述, 未来史.

fúture-óriented 形 未来指向(型)の, 前向きの, 将来を先取りした.

fúture-próof 形 〈製品が〉すたれそうにない, 長く[いつまでも]使われ(続け)る, '未来を保証される'. ── 動 〈製品を〉将来にわたって使えるように作る[設計する]. **fúture-próofed** /-prùːft/ 形 **fúture-próof·ing** 名

fúture shóck 名 U 未来の衝撃, フューチャーショック《急速な社会的・技術的変化に対応できないことからくるショック》.

fu·tur·ism /fjúːtʃərɪzm/ 名 [しばしば F-] U 未来派《1910年ごろイタリアに起こった芸術上の運動で立体主義 (cubism) の発展したもの》.

fu·tur·ist /-rɪst/ 名 ❶ 未来派の人. ❷ 未来学者. ── 形 未来派の.

fu·tur·is·tic /fjùːtʃərístɪk/ 形 ❶ 未来派の. ❷ (口) 未来派的な; 奇抜な. **-ti·cal·ly** 副

fu·tu·ri·ty /fjuːt(j)ú(ə)rəti | -tjúər-/ 名 ❶ U 未来, 将来; 来世, 後世. ❷ C [しばしば複数形で] 未来の出来事[存在].

futúrity ràce 名 (米) フューチュリティ競走《レースの行なわれるずっと以前に出走[参加]登録される(2歳馬の)競馬[競技]》.

futúrity stàkes 名 (米) = futurity race.

fu·tur·ol·o·gy /fjùːtʃərɑ́lədʒi | -rɔ́l-/ 名 U 未来学.

futz /fʌ́ts/ 動 (米俗) ぶらぶらする, なまける (around).

fu·zee /fjuːzíː/ 名 = fusee.

fuzz[1] /fʌ́z/ 名 ❶ けば; 綿毛; うぶ毛 (cf. down[3]). ❷ U ふわふわしたもの; 縮れ毛, むく毛. ❸ ぼんやりとしか見えないもの (cf. blur). ── 動 ❶ …をけばだたせる 〈up〉. ❷ 〈…を〉あいまいなものにする, ぼやけさせる 〈up〉. ── 自 ❶ けばだつ 〈up〉. ❷ ぼやける 〈up〉. 《FUZZY からの逆成》

fuzz[2] /fʌ́z/ 名 U [通例 the ~; 集合的に; 単数または複数扱い] 警察. ❷ C 警官; 刑事.

fúzz bòx 名 ファズボックス《エレキギターの音を濁らせる装置》.

Fuzz-Bust·er /fʌ́zbʌ̀stə | -tə/ 名 [商標] ファズバスター《警察のスピード違反取締りをドライバーに警告する逆探知機》.

fuzzed /fʌ́zd/ 形 〈エレキギターなど〉音を濁らせた.

*__fuzz·y__ /fʌ́zi/ 形 (fuzz·i·er; -i·est) ❶ 〈布・衣服など〉けばのような, けばだった. ❷ 〈毛髪が〉ほぐれた; 縮れた. ❸ ぼやけた, 不明瞭な; あいまいな (≒ clear). **fúzz·i·ly** /-zəli/ 副 **-i·ness** 名 《LG = ふわふわした》

fúzzy lógic 名 U ファジー論理.

fwd, Fwd (略) ⇒ forward. **FWD, fwd** (略) four-wheel drive; front-wheel drive.

FWIW, fwiw (略) for what it's worth (メールなどで)一応言ってという意味.

F-word /éf-wə̀ːd/ 名 (口) F ワード (fuck という語).

fwy. (略) freeway. **FX** (略) foreign exchange; special effects. **FY, f.y.** (略) (米) fiscal year.

-fy /-ᅳ | fàɪ/ 接尾 [動詞語尾] 「…にする」「…化する」: beautify, satisfy, pacify.

FYI (略) for your information.

fyke /fáɪk/ 名 (米) (また **fýke nèt**) 《魚を捕る》袋網.

fyrd /fə́ːd, fɪ́əd | fə́ːd, fɪ́əd/ 名 《英史》 州兵, フュルド《アングロサクソン時代の地方軍》.

G g

g, G[1] /dʒíː/ 名 (複 gs, g's, Gs, G's /~z/) ❶ C|U ジー《英語アルファベットの第 7 字》. ❷ U (連続したものの)第 7 番目(のもの).

G[2] /dʒíː/ 名 (複 G's, Gs /~z/) ❶ C G 字形(のもの). ❷ U 《楽》a ト音《ドレミ唱法のソ音》: *G* flat [sharp] 変[嬰(ﾂｶ)]ト音. b ト調: *G* major [minor] ト長調[短調]. ❸ C 《理》重力加速度, ジー. ❹ 《米俗》1 千ドル, 1 千ポンド (grand): 10 *G* 1 万ドル.

g (記号) gram. **G** (略) 《米》《映》general 一般映画 (⇒ movie 解説); (記号) guilder. **g.** (略) game; gauge; gender; genitive; gold; good; grain; gram(s); gramme(s); gravity; guinea(s). **G.** (略) German; Germany; Gulf. **Ga** (記号) 《化》 gallium. **GA** (略) general agent; General American; General Assembly; general average; 《米郵》 Georgia. **Ga.** (略) Georgia.

gab /ɡǽb/ 《口》 名 ❶ おしゃべり, むだ口: Stop your ~. お黙り. **the gift of (the) gáb** ⇒ gift 名 成句. ── 動 自 (gabbed; gab·bing) おしゃべりをする, むだ口をきく《*about, on*》. **gáb·ber** 名 《GOB³ と同語源》

GABA (略) 《生化》 gamma-aminobutyric acid.

gab·ar·dine /ɡǽbərdìːn/ 名 ❶ U ギャバジン《毛・木綿などの織り目の細いあや織りの服地》. ❷ C ギャバジン製の衣服《レインコートや中世ユダヤ人の服など》. 《Sp=巡礼者の上着》

gab·ble /ɡǽbl/ 動 自 ❶ 《口》(よくわからないほど)早口にしゃべる《*away, on*》. ❷ 〈ガチョウなどが〉ガーガーいう (⇒ goose 関連). ── 他 〈話などを〉(よくわからないほど)早口に言う《*out*》. ── 名 [単数形で; しばしば a ~] 早口ではっきりわからない(大勢の人の)おしゃべり. **gáb·bler** 名 《GAB+-LE》

gab·bro /ɡǽbrou/ 名 U|C (複 ~s) 斑糲(ﾊﾝﾚｲ)岩. **gab·bro·ic** /ɡæbróuɪk/ 形

gab·by /ɡǽbi/ 形 (gab·bi·er; gab·bi·est) 《口》おしゃべりな.

gab·er·dine /ɡǽbərdìːn | ɡæbədíːn/ 名 =gabardine.

gab·fest /ɡǽbfèst/ 名 《米口》❶ おしゃべりの会, 放談会. ❷ 長談.

ga·bi·on /ɡéɪbiən/ 名 《城》堡籃(ﾎｳﾗﾝ)[堡塁]築造用土嚢; 《土木》石入れ袋, 蛇籠(ｼﾞｬｶｺﾞ)《築堤土台用》.

ga·ble /ɡéɪbl/ 名 切り妻, 破風(ﾊﾌ); 切り妻壁《屋根の斜面を 2 辺とした 3 角形状の外壁》. 《ON; 原義は「フォーク」》

gá·bled /-bld/ 形 切り妻のある, 破風造りの.

gáble ènd 名 切り妻壁.

gáble ròof 名 切り妻屋根.

Ga·bon /ɡæbóun/ 名 ガボン《アフリカ南西部の共和国; 首都 Libreville》.

Ga·bo·nese /ɡæbəníːz⁻/ 形 ガボン(人)の. ── 名 (複 ~) ガボン人.

Ga·bo·ro·ne /ɡàːbəróuneɪ, -ni/ 名 ガボローネ《アフリカ南部, ボツワナの首都》.

Ga·bri·el /ɡéɪbriəl/ 名 ❶ ゲイブリエル《男性名》. ❷ ガブリエル《処女マリアに主の懐胎を予告した天使》.

gad[1] /ɡǽd/ 動 自 (gad·ded; gad·ding) 《口》遊び歩く, ほっつき歩く《*around, about*》. ── 名 ★次の成句で. **on [upòn] the gád** 遊び回って, ぶらついて. 《OE; GATHER と関連語》

gad[2] /ɡǽd/ 名 ❶ 《家畜を駆るための》突き棒. ❷ 《石工・鉱》たがね. 《ON; YARD² と関連語》

Gad, gad[3] /ɡǽd/ 間 まあ!, とんでもない! **by Gád** ちぇ!, とんでもない! 《God の婉曲的変形》

gád·about 名 《口》遊び回る人, よく出歩く人.

Gad·a·rene /ɡǽdəriːn/ 形 [しばしば g-] むこうみずな, 猪突猛進する, 無謀な.

Gad·da·fi /ɡədɑ́ːfi, -dǽfi/, **Muammar al** 名 カダフィ (1942- ; リビアの軍人・政治家; 事実上の国家元首).

gád·fly 名 ❶ 《昆》《家畜のウシ》アブ. ❷ 《軽蔑》《批判したり要求したりして》うるさい人. 《GAD²+FLY²》

gad·get /ɡǽdʒɪt/ 名 《口》❶ 《家庭用などの》気のきいた小物: kitchen ~s 台所用小物類. ❷ ちょっとした機械装置《★時に実用性の疑われるようなものについてもいう》.

gad·ge·teer /ɡæ̀dʒɪtíər | -tíə/ 名 気のきいた小物を考案する人《の好きな人》.

gad·get·ry /ɡǽdʒɪtri/ 名 U (家庭用などの)小道具[機械類]. 《GADGET+-RY》

gad·o·lin·ite /ɡǽdələnàɪt/ 名 U 《鉱》ガドリナイト《単斜晶系柱状晶; 黒・緑褐色》.

gad·o·lin·i·um /ɡæ̀dəlíniəm/ 名 U 《化》ガドリニウム《希土類の金属元素; 記号 Gd》.

ga·droon /ɡədrúːn/ 名 [通例複数形で] そりひだ彫り, 丸ひだ装飾《銀器などのへり飾り人造建築用》. ── 動 他 《…に》そりひだ彫り[丸ひだ装飾]をする. **~·ing** 名

gad·wall /ɡǽdwɔːl/ 名 (複 ~s, ~) 《鳥》オカヨシガモ《マガモより少し小型; 珍味とされる》.

gad·zooks /ɡædzúːks/ 間 [しばしば G-] 《古》 チェッ, ちくしょう!

Gae·a /dʒíːə/ 名 《ギ神》ガイア《大地の女神》. 《Gk; GEO- と関連語》

Gael /ɡéɪl/ 名 ゲール人《スコットランド高地人またはアイルランド人》.

Gael·ic /ɡéɪlɪk/ 形 ❶ ゲール族の. ❷ ゲール語の. ── 名 U ゲール語《スコットランドやアイルランドのケルト語; 特にスコットランドのゲール語を指すことが多い》.

Gáelic cóffee 名 =Irish coffee.

Gáelic fóotball 名 U ゲーリックフットボール《主にアイルランドで行なわれる 15 人 2 チーム制のサッカーに似た球技》.

gaff[1] /ɡǽf/ 名 ❶ ギャフ, 魚かぎ《大きな魚を引き上げるときに使うかぎざお》. ❷ 《海》斜桁(ｼｬｺｳ), ガフ《縦帆の上縁と三角形の頂帆の下縁を張り出している円材》. ❸ 《英俗》家[フラット]. ── 動 他 〈魚を〉ギャフで引き上げる[引っかける]. 《F; GAFFE と同語源》

gaff[2] /ɡǽf/ 名 ★次の成句で. **blów the gáff** 《英俗》《…に》秘密をしゃべる, 密告する《*to*》.

gaff[3] /ɡǽf/ 名 U 《米口》ひどい仕打ち, 厳しい非難: stand the ~ ひどい仕打ちに耐える.

gaff[4] /ɡǽf/ 名 《英俗》家, アパート, 店.

gaffe /ɡǽf/ 名 失言, 失態 (blunder): make a bad ~ とんだ失言をする[失態をしでかす]. 《F=GAFF¹ でつかまえる》

gaf·fer /ɡǽfə | -fə/ 名 ❶ 《英口》(労働者の)親方, 監督 (boss). ❷ 《口》(映画・テレビ製作の)主任電気技師, 照明主任. ❸ 《いなかの》じいさん. 《GODFATHER の短縮形》

gáffer tàpe 名 U 《英》(電気工事用の)強力粘着テープ.

gag[1] /ɡǽg/ 名 ❶ さるぐつわ. ❷ 自由な発言の禁止, 言論圧迫: put a ~ on the media 報道機関を差し止める. ── 動 他 (gagged; gag·ging) ❶ 〈人に〉〈…に〉さるぐつわをはめる: ~ a person (*with* adhesive tape) (ガムテープで)人にさるぐつわをかませる. ❷ 〈…を〉沈黙させる, 〈…の〉言論を抑圧する. ── 自 〈…で〉(のどが詰まったり吐きそうになって)げえっとなる《*on*》(retch). **be gágging to dó [for …]** 《英俗》〈…を〉飲みたくて[したりたくて]しかたがない. **be gágging fòr it** 《英俗》〈女が〉セックスしたがっている, やりたくてたまらない. 《窒息の声をまねた擬音語》

gag[2] /ɡǽg/ 名 ❶ (俳優が舞台で自由にアドリブ的に入れる)ギャグ. ❷ 《主に米》冗談; 悪ふざけ: for a ~ 冗談に. ── 動 自 〈俳優が〉ギャグを入れる.

ga·ga /ɡɑ́ːɡɑː/ 形 《口》❶ 《…に》夢中になって, いかれて《*about, over*》: She's ~ *about* jazz. 彼女はジャズに夢中だ. ❷ 《軽蔑》(特に年をとって)頭がおかしい, ぼけた, 恍惚(ｺｳｺﾂ)の: go ~ 頭がおかしくなる; ぼける. 《F》

Ga·ga·rin /gəgɑ́:rɪn/, **Yu·ri** /jú(ə)ri/ 名 ガガーリン (1934-68; ソ連の宇宙飛行士; 1961年人類最初の宇宙飛行をなし遂げた).

gág bìt 名 [馬] (調教用の)強力なはみ, 責めぐつわ.

gage¹ /géɪdʒ/ 名 (昔の)挑戦のしるし (《中世の戦いで騎士が投げた手袋または帽子》. 【F】

gage² /géɪdʒ/ 名 =gauge.

gage³ /géɪdʒ/ 名 =greengage.

gag·gle /ɡǽɡl/ 名 [a ~] ❶ ガチョウの群れ. ❷ (戯言) 騒がしい人々の群れ, 一団: a ~ of tourists やかましい旅行客. 【擬音語】

gág·màn /-mæ̀n/ 名 (複 -men /-mèn/) ❶ ギャグ作家. ❷ 喜劇役者.

gág òrder 名 [法] (法廷で審議中の事柄の)発言[報道]禁止令, 箝口(ﾝｺｳ)令.

gág rùle 名 [米] (議会などにおける)発言制限規則.

gag·ster /ɡǽɡstə | -stə-/ 名 =gagman.

Gai·a /ɡáɪə, ɡéɪə/ ❶ [ギ神] ガイア (Gaea). ❷ ガイア (自己制御機構をもつ一個の生命体としての地球).

gai·e·ty /ɡéɪəti/ 名 ❶ [古風] 陽気, 愉快. ❷ [U; また複数形で] お祭り騒ぎ, 歓楽. ❸ [U] [服装の]華美, 派手 (of). (形) gay

gai·jin /ɡáɪdʒɪn, -dʒi:n/ 名 (複 ~) 外人. 【Jpn】

gail·lar·di·a /ɡeɪlɑ́ːdiə, ɡə- | -lɑ́ː-/ 名 [植] テンニンギク (北米原産).

gai·ly /ɡéɪli/ 副 (more ~; most ~) ❶ 陽気に, 愉快に: sing ~ 陽気に歌う. ❷ 派手に, 華やかに: a ~ dressed girl 華やかに着飾った少女.

*gain /ɡéɪn/ 動 他 ❶ 得る (↔ lose): a ⟨役立つもの・望ましいものを⟩(努力して)得る, 手に入れる: ~ a person's confidence 人の信頼を得る / ~ experience 経験を積む / ~ one's end(s) 目的を達する / ~ entry 入りこむ / ~ admission to a university 大学への入学を許可される. b ⟨生計などを⟩(勤労などによって)得る, 稼ぐ; ⟨金を⟩もうける: ~ one's living 生計を得る / ~ a thousand pounds 千ポンドもうける (《★「働いて定期的に千ポンドの収入がある」という意味にはならない). c ⟨物事が人に⟩...をもたらす: [+目+目] Flattery will ~ you nothing. = Flattery will ~ nothing *for* you. へつらっても何のもうけもないよ. ❷ **a** ⟨賞・勝利などを⟩(競争して)獲得する, 得る; ⟨戦い・訴訟などに⟩勝つ (↔ lose): ~ (the) first prize 一等賞を取る / ~ a victory over an opponent 相手を破って勝利をおさめる. **b** ⟨人を⟩説得して味方に引き入れる: I've ~ed him *over* to our side. 私は彼を味方に引き入れた. ❸ ⟨時計が×ある時間⟩進む (↔ lose): The clock in the living room ~s three minutes a week. 居間の時計は 1 週間に 3 分進む. ❹ ⟨速度・重さ・力などを⟩増す: ~ strength (病後)力がつく, 元気になる / He has ~ed weight [5 kilos]. 彼は体重が[5 キロ]ふえた / The train ~ed speed. 列車はスピードをあげた. ❺ ⟨目ざす場所に⟩(努力して)到達する (《匹較》 reach のほうが一般的): ~ the summit 頂上をきわめる.

— 自 ❶ [...によって]利益を得る, 得をする (profit): ~ *by* an investment 投資でもうける / ~ *from* an experience 経験によって学ぶ. ❷ a ⟨健康・体重・人気など⟩増す: ~ *in* weight 体重がふえる (《★ ~ weight のほうが一般的; cf. 他 4) / ~ *in* popularity 人気が上昇する. **b** 体重がふえる. **c** ⟨病人が⟩快方に向かう: The patient ~ed daily. 病人は日に日に元気になった. ❸ ⟨時計が⟩進む (↔ lose). ❹ a ⟨...に⟩追い迫る: The squad car was ~*ing on* us. パトカーが我々の車に追いついてきた. **b** ⟨追っ手・競走相手などを⟩引き離す.

— 名 ❶ a [U] もうけ, 利得 (↔ loss): without ~ or loss 損得なしに(で) / personal ~ 私利 / He would do anything for ~. 彼は金もうけのためにはどんな事でもしかねない. **b** [複数形で] 収益(金), 利益; 報酬, 得点: ill-gotten ~s 不正利得 / No ~s without pains. 【諺】 骨折りなければ利益なし. ❷ [C,U] [量・価値・力などの]増加, 増大, 増進 (*in, of*) (increase): a ~ *in* efficiency 能率の増進 / a ~ *in* weight 体重の増加.

【F; 原義は「食物を獲得する」】【類義語】⇒ get.

gáin·er 名 ❶ 獲得者; 利得者; 勝利者 (↔ loser). ❷ 前飛び込み後宙返り (《飛び込みの一種》): do a ~ 前飛び込み後宙返りをする.

gain·ful /ɡéɪnf(ə)l/ 形 利益のある, もうかる; 有給の.

gáin·ful·ly /-fəli/ 副 利益のあるように; 有給で: He's ~ employed. 彼は給料をもらって雇われている.

gáin·ings 名 複 利益, 収益.

gain·say /ɡèɪnséɪ/ 動 他 (-**said** /-séɪd, -séd/) [通例否定・疑問文で] (文) 否定する, ⟨...に⟩反駁(ﾊﾝﾊﾞｸ)する, 反対する: There is *no* ~*ing* his innocence. 彼の潔白は否定する余地はない. —**er** 名 【ME *gain* against+SAY】

Gains·bor·ough /ɡéɪnzbə̀ːrə | -b(ə)rə/, **Thomas** ゲーンズバラ (1727-88; 英国の肖像・風景画家).

+**gait** /ɡéɪt/ 名 [単数形で] ❶ 歩きぶり, 足どり: with a slow ~ 遅い足どりで. ❷ [馬] 歩様(ﾖｳ). (《解説》 馬の歩き[駆け]方; walk, amble, trot, pace, rack, canter, gallop の順に速くなる). **gó one's** (**ówn**) **gáit** 自分流にやる. 【ON=通り】

gai·ta /ɡáɪtə/ 名 [楽] ガイタ (《スペインの Galicia 地方の縦笛》).

gáit·ed /-tɪd/ 形 [通例複合語で] (...の)足どりの: heavy-gaited ⟨人が⟩重い足どりの.

gai·ter /ɡéɪtə | -tə-/ 名 [通例複数形で] ❶ ゲートル (《★ 布または革製で, 靴の上から足首のみ, またはひざから足首までを包む; 日本のゲートルのように巻かない): a pair of ~*s* ゲートル 1 足. ❷ [米] (革または布製で伸縮性のある襠(ﾏﾁ)を横に入れた)深靴. 【F】

+**gal**¹ /ɡǽl/ 名 ❶ [口] 女の子, ギャル; 女 (⇒ girl 1 [用法]). 【GIRL の変形】

gal² /ɡǽl/ 名 [理] ガル (《加速度の単位; =1 cm/s²》). 【Gal(ileo)】

gal. (略) gallon(s).

+**Gal.** (略) [聖] Galatians.

+**ga·la** /ɡéɪlə, ɡǽlə | ɡɑ́ː-, ɡéɪ-/ 形 お祭りの, お祭り騒ぎの; 特別の催しの, ガラの: a ~ day 祭日, 祝日 / ⇒ gala night. — 名 ❶ お祭り; 特別の催し, ガラ. ❷ [英] (水泳競技会などの)運動会, 競技会. 【Sp=歓楽】

ga·lac·ta·gogue, -to- /ɡəlǽktəɡɔ̀ɡ | -ɡɔ̀ɡ/ 名 催乳薬[剤].

ga·lac·tic /ɡəlǽktɪk/ 形 ⓐ [天] **a** 銀河系(Galaxy)の. **b** 星雲の. ❷ 乳の.

galáctic equátor 名 [the ~] [天] 銀河赤道.

ga·lac·tose /ɡəlǽktoʊs/ 名 [U] [化] ガラクトース (《乳糖を加水分解して得られる単糖》).

ga·la·go /ɡəléɪɡoʊ, -lɑ́ː-/ 名 [動] ガラゴ (《アフリカ産キツネザルに近いサル》).

ga·lah /ɡəlɑ́ː/ 名 ❶ [鳥] モモイロインコ (《豪州原産》). ❷ [豪俗] まぬけ, ばか.

Gal·a·had /ɡǽləhæ̀d/ 名 ❶ [Sir ~] ガラハド (《アーサー王物語に登場する円卓の騎士中もっとも高潔な騎士》). ❷ [C] 理想に身を捧(ｻｻ)げる人, 高潔な人.

gal·an·gal /ɡǽləŋɡæ̀l/ 名 =galingale.

gála nìght 名 (劇場での)特別興行の夕べ.

ga·lant /ɡəlɑ́ːnt/ 形 ⟨音楽が⟩軽快で優雅な, ギャラントスタイルの.

gal·an·tine /ɡǽləntìːn/ 名 [U] ガランティーヌ (《鶏肉・子牛肉などの骨を抜いて詰め物をし, 香味を加えて煮た料理; 冷やして食る》).

Ga·lá·pa·gos Íslands /ɡəlɑ́ːpəɡoʊs- | -lǽpəɡəs-/ 名 [the ~] ガラパゴス諸島 (《南米エクアドル西方の太平洋上にある同国領の島々; 特有の動植物に富む》).

Gal·a·te·a /ɡǽlətíːə/ 名 [ギ神] ガラテイア (《Cyprus 島の王 Pygmalion がつくった乙女の像; この像に恋した王が Aphrodite に願ったところ女神が生命を与えられた》).

Ga·la·tia /ɡəléɪʃ(i)ə/ 名 ガラテヤ (《小アジア中部にあった古代ケルト人の国》).

Ga·la·tian /ɡəléɪʃ(i)ən/ 形 ガラテヤ(人)の. — 名 ❶ ガラテヤ人. ❷ [the ~s; 単数扱い] [聖] ガラテヤ人への手紙 (《新約聖書中の一書; 略 Gal.》).

*gal·ax·y /ɡǽləksi/ 名 ❶ a [the G~] [天] 銀河系, 天の

川. **b** Ⓒ (銀河系以外の)星雲, 銀河, 小宇宙. ❷ Ⓒ〖美人・才子などの〗華やかな集まり[群れ], きら星: a ~ *of* film stars きら星の如き映画スターたち. 〖F〈L〈Gk=ミルク(の道)〗 形 galactic.

gal·ba·num /gǽlbənəm/ 名 Ⓤ (セリ科オオウイキョウ属の一種などから採れるゴム状樹脂; 医薬・香料用).

Gal·braith /gǽlbreɪθ/, **John Kenneth** ガルブレイス (1908– ; 米国の経済学者).

⁺**gale** /géɪl/ 名 ❶ **a** 大風, 疾風: It was blowing a ~. 大風が吹いていた. **b** 〖気〗強風 (⇒ wind scale). ❷ 〖しばしば複数形で〗〖感情・笑いなどの〗爆発, あらし (outburst): go [be thrown] into ~*s of* laughter どっと笑い出した[笑わせられる]. 〖YELL と関連語〗〖類義語〗 ⇒ wind¹.

ga·le·a /géɪliə/ 名 (-le·ae /-liː/, ~s) ❶ 〖生〗かぶと状のもの, 兜状(ホウ)体. ❷ 〖植〗花冠の上唇弁. ❸ 〖動〗(節足動物の)外葉.

gále-fòrce 形 Ⓐ 〖風が〗とても強い.

Ga·len /géɪlən/ 名 ガレノス (129–?199; ギリシアの医学者; ルネサンスに至るまで医学の権威と仰がれた).

ga·le·na /gəlíːnə/ 名 Ⓤ 方鉛鉱.

Ga·le·nic /gəléɪnɪk, geɪ-/ 形 ❶ 〖時に g-~〗ガレノス (Galen) の, ガレノス派(医術)の. ❷ [g-] =galenical.

ga·len·i·cal /gəlénɪk(ə)l, geɪ-/ 形 ❶ 〖通例 G~〗ガレノス(派)の (Galenic). ❷ 本草(ｽｳ)薬の, 生薬(ｼｮｳﾔｸ)の. —名 本草薬, 生薬.

ga·lette /gəlét/ 名 ガレット: **a** 祭日に食べる円くて平たい焼き菓子. **b** そば粉またはすりおろしたジャガイモで作るパンケーキ.

gál Fríday 名 〖古風〗女性秘書 (⇒ girl Friday).

Ga·li·cia /gəlíʃə, -siə/ 名 ❶ ガリシア (スペイン北西部, 大西洋に面した地域・自治州; 首都 Santiago de Compostela). ❷ ガリツィア (ヨーロッパ中東部の, 現在はポーランドとウクライナにまたがる地域).

Ga·li·cian /gəlíʃən, -siən/ 形 ❶ ガリシア(人[語])の. ❷ ガリツィア(人)の. —名 ❶ Ⓒ ガリシア人; Ⓤ ガリシア語 (ガリシア人の言語で, ポルトガル語の方言). ❷ Ⓒ ガリツィア人.

Gal·i·le·an¹ /gǽləlíːən⁻/ 形 ガリラヤ(人)の. —名 **a** Ⓒ ガリラヤ人. **b** [the ~] (ガリラヤ人)イエス. ❷ Ⓒ キリスト教徒. 〖GALILEE+-AN〗

Gal·i·le·an² /gǽləlíːən⁻/ 形 ガリレイ (Galileo Galilei) の(説[発見])の.

Gálileo télescope 名 ガリレイ式望遠鏡 (凸対物レンズが凸レンズ, 接眼レンズが凹レンズの屈折望遠鏡).

Gal·i·lee /gǽləliː/ 名 ガリラヤ (パレスチナ北部地方; キリストが福音を説いた地). **the Séa of Gálilee** ガリラヤの海, ガリラヤ湖 (パレスチナの北東部にある淡水湖).

Gal·i·le·o /gǽləlíːou, -léɪ-/ 名 ガリレオ (1564–1642; イタリアの天文・物理学者; 本名 Galileo Galilei /gǽləléɪi:/).

gal·in·gale /gǽləŋgèɪl, -lɪŋ-/ 名 ❶ 〖植〗 **a** カヤツリサ. **b** コウリョウキョウ. **c** バンコン. ❷ コウリョウキョウ[バンコン]の根茎 (生薬・香味料).

gal·i·ot /gǽliət/ 名 =galliot.

gal·i·pot /gǽləpɑ̀t | -pɔ̀t/ 名 Ⓤ ガリポ (生(ﾅﾏ)松やにの白色固形化したもの).

⁺**gall**¹ /ɡɔ́ːl/ 名 ❶ Ⓤ 〖動物の〗胆汁 (〖匹敵〗「人間の胆汁」をいう時には bile を用いる). ❷ 苦々しい思い, 憎しみ (resentment). ❸ [the ~] 厚かましさ, 不作法 (nerve): He had *the* ~ *to* say it was my fault. 彼はずうずうしくも私が悪いと言った. **díp** one's **pén in gáll** 毒筆を執る ⇒ pen¹ 成句. 〖ON; CHOLER と関連語〗

gall² /ɡɔ́ːl/ 名 ❶ (特に馬の背にできる)くらずれ. ❷ 心痛, 悩み(の種). —動 ❶ 〖皮膚をすりむく. ❷ 〖人を〗いらだたせる; 〖人の〗感情を傷つける: His rude remarks ~*ed* her. 彼の失礼な言葉で彼女は感情を害した. 〖Du; GALL³ と同語源〗

gall³ /ɡɔ́ːl/ 名 〖植物病理〗瘻瘤(ｴｲﾘｭｳ), こぶ (ある種の昆虫 (gallfly) による虫こぶや, 菌類などの寄生により植物の葉・茎・根にできる異状生長部; 染色・皮なめしなどに利用される). 〖F〈L; GALL² と同語源〗

gall. (略) gallon(s).

---

735 **gallinule**

⁺**gal·lant** /gǽlənt/, 〖古風〗形 (**more** ~, **most** ~; ~·**er**, ~·**est**) ❶ 〖人・行為など〗勇敢な, 雄々しい: a ~ gesture 勇気ある行為 / You made a ~ effort. 君はよくがんばった. ❷ 〖男が婦人に親切[いんぎん]な. ❸ 〖婦人に親切[いんぎん]な男; 情人. ~·**ly** 副 〖F=陽気な〗

gal·lant·ry /gǽləntri/ 名 Ⓤ ❶ 〖文〗勇敢, 武勇. ❷ 〖古風〗婦人に対するいんぎんさ.

gáll blàdder 名 〖解〗胆嚢(ﾉｳ).

gal·le·on /gǽliən/ 名 ガレオン船 (15–18 世紀スペインの三[四]層甲板大帆船; 軍艦または貿易船).

gal·le·ri·a /gǽləríːə/ 名 ガレリア (通例ガラス張りの屋根のある大きなショッピングセンター).

gal·ler·ied /gǽlərid/ 形 桟敷(ｻｼﾞｷ)[回廊]のある; 坑道[地下道]のある.

⁺**gal·ler·y** /gǽləri/ 名 ❶ 〖米〗画廊, 美術品陳列室[場]. ❷ ギャラリー, 美術館. ❷ **a** 天井桟敷の席 (〖劇場の最上階にあるいちばん安い席〗 **b** [the ~] 天井桟敷の見物人たち, 大向こう. ❷ 〖集合的; 単数または複数扱い〗 (テニス・ゴルフなどの試合の)観客, 見物人, ギャラリー. ❹ **a** (教会堂・会館などの)中二階, 桟敷, ギャラリー (参会者や聖歌隊などの席). **b** (議会・法廷などの)傍聴席: the Strangers' G~ (下院の)傍聴席 / the préss gallery. ❺ 回廊, 柱廊, 歩廊 〖屋根付きの吹き抜けの通路〗 ⇒ shooting gallery. ❻ **a** (特別な設備に用いる)細長い部屋; 写真室. **b** 〖米〗写真撮影室, スタジオ. ❼ **a** (モグラなどの)地下の通路. **b** (鉱山の)坑道. **pláy to the gállery** (1) 大向こうを目当てに演じる. (2) 俗流におもねる, 一般大衆に迎合する. 〖F=教会堂の入り口〗

gállery fòrest 名 拋水林(ｽｲﾘﾝ), ガレリア林(ﾘﾝ) (サバンナなどの川沿いの帯状林).

⁺**gal·ley** /gǽli/ 名 ❶ ガレー船: **a** 中世に奴隷や囚人にこがせた多数のオールを有する帆船. **b** 古代ギリシア・ローマのオールを主とし帆を副とした軍船. ❷ (艦船・航空機内の)厨房[炊事場], 調理室. ❸ =galley proof.

gálley pròof 名 〖印〗ゲラ刷り.

gáll·fly /ɡɔ́ːl-/ 名 〖昆〗タマバチ, タマバエなど (幼虫が虫こぶ (gall) を作る昆虫の総称). 〖GALL³+FLY²〗

Gal·lia·no /gǽljɑ́ːnou/ | gæliɑ́ː-/ 名 〖商標〗ガリヤーノ (アニス (anise) の風味のあるイタリア産の黄色いリキュール).

gal·liard /gǽliəd | gæliɑ̀ː-/ 名 ガイヤルド (16–17 世紀に行われた 2 人で踊る 3 拍子の快活な舞踊).

⁺**Gal·lic** /gǽlɪk/ 形 ❶ ガリア (Gaul) (人)の: the ~ Wars ガリア戦争 (Julius Caesar がガリアを征服した (58–51 B.C.)). ❷ フランス(人)の (French): ~ *wit* フランス式エスプリ.

gál·lic ácid /gǽlɪk-/ 名 Ⓤ 〖化〗没食子(ﾓｯｼｮｸｼ)酸 (皮なめし・インク・染料用).

Gal·li·can /gǽlɪkən/ 形 ❶ ガリアの (Gallic). ❷ 〖しばしば g-〗フランスカトリック[ガリア]教会の, ガリカニズムの(支持者).

Gál·li·can·ìsm /-nìzm/ 名 Ⓤ ガリア主義, ガリカニズム (ローマ教皇の絶対特権に対してフランス教会の独立と自由を主張し, 17 世紀に最高潮に達した). **-ìst** 名 ガリア主義者, ガリカニスト.

gal·li·cism /gǽləsɪzm/ 名 〖しばしば G-〗 ❶ (他国語に見られる)フランス語法. ❷ フランス人の特徴[風習], フランス(人)かたぎ. 〖GALLIC+-ISM〗

gal·li·cize /gǽləsàɪz/ 動 〖しばしば G-〗 フランス風にする, フランス(化する. **gal·li·ci·za·tion** /gǽləsɪzéɪʃən | -saɪz-/ 名

gal·li·gas·kins /gǽlɪgǽskɪnz/ 名 ❶ (16–17 世紀のゆるい半ズボン. ❷ 〖戯言〗だぶだぶズボン. ❸ 〖英方〗革製すね当て[ゲートル].

gal·li·mau·fry /gǽləmɔ́ːfri/ 名 寄せ集め, ごたまぜ (hodgepodge).

gal·li·na·ceous /gǽlənéɪʃəs/ 形 〖鳥〗キジ類の; 家禽の.

gall·ing /ɡɔ́ːlɪŋ/ 形 いらいらさせる, 癇(ｶﾝ)にさわる. ~·**ly** 副 〖GALL²+-ING〗

gal·li·nule /gǽlən(j)ùːl | -njùːl/ 名 〖鳥〗バンの類の水鳥, 〖米〗バン (moorhen).

gal·li·ot /gǽliət/ 名 ❶ 〔地中海で 18 世紀まで用いた帆とかいを用いる〕快速小型ガレー船. ❷ オランダの細長い小型商用[漁用]帆船.

Gal·lip·o·li /gəlípəli/ 名 ガリポリ 《トルコの, Dardanelles 海峡のヨーロッパ側にある半島; 第一次大戦における連合軍とトルコ軍の戦場》.

gal·li·pot /gǽlɪpɑ̀t | -pɔ̀t/ 名 焼物の小壺, (特に 薬屋の)薬壺.

gal·li·um /gǽliəm/ 名 Ⓤ 《化》ガリウム 《希金属元素; 記号 Ga》.

gal·li·vant /gǽləvæ̀nt/ 動 ⾃ 〔通例進行形で〕《古風・口》遊び歩く, ぶらつき回る 《about, around》: go ~ing (around) 遊び歩く.

gal·li·wasp /gǽləwɑ̀sp | -wɔ̀sp/ 名 《動》ギャリウォスプ 《西インド諸島・熱帯アメリカ産のアシナシトカゲ》.

gáll mìdge 名 《昆》《タマバエ科の微小な昆虫の総称; かなりの種が草木に虫こぶをつくる》.

*__gal·lon__ /gǽlən/ 名 ❶ ガロン: **a** 液量の単位; ＝4 quarts; 《米》では約 3.7853 リットル (US gallon ともいう), 《英》では約 4.546 リットル (imperial gallon ともいう); 略 gal. **b** 《英》乾量の単位; ＝¹/₈ bushel; 略 gal. 〖F＝わん〗

gal·loon /gəlúːn/ 名 ガルーン 《しばしば金・銀糸を織り込んだ飾り木綿または絹のレース; その縁取り》.

*__gal·lop__ /gǽləp/ 名 ❶ [a ~] ギャロップ (1 歩ごとに 4 足とも地上から離れる馬の最も速い駆け方; cf. gait 2): break into a ~ 〈馬が〉(速足などから)ギャロップに移る. ❷ ギャロップでの乗馬: go for a ~ ギャロップに出かける. (at) **fúll gállop**＝**at a gállop** (1) 〈馬が〉ギャロップで. (2) 全速力で, 大急ぎで. ── ⾃ 〔通例副詞(句)を伴って〕❶ 〈馬が〉ギャロップで走る: The horse ~ed *away* [*off*]. 馬は疾駆していった. **b** 〈乗り手が〉馬をギャロップで走らせる: He ~ed *across* the field. 彼は馬を飛ばして原野を横切った. ❷ 大急ぎで駆ける; 大急ぎでする. ── ⾄ 〈馬を〉ギャロップで走らせる. ── -er 〖F; 原義は「上手に走る」〗

gál·lop·ing 形 Ⓐ 〈病気・インフレなど〉急速に進む.

gal·lous /gǽləs/ 形 《スコ》＝gallus.

gal·lows /gǽlouz/ 名 (複 ~, ~·es) ❶ Ⓒ 絞首台. [the ~] 絞首刑: come [go, be sent] to *the* ~ 絞首刑になる. 〖OE＝十字架〗

gállows bìrd 名 《⼝》〈絞首刑にすべき〉極悪⼈.

gállows hùmor 名 Ⓤ ⾮常に深刻な事態をちゃかすようなユーモア.

gállows trèe 名 ＝gallows 1.

gáll·stòne 名 《医》胆石.

Gál·lup pòll /gǽləp-/ 名 ギャラップ(世論)調査. 《G. H. Gallup 創設者である米国の統計学者》

gal·ly /gǽləs/ 形 むてっぽうな, むこうみずな.

gal·lus·es /gǽləsɪz/ 名 複 《米》ズボンつり.

ga·loot /gəlúːt/ 名 《米俗》変わり者, どじな[間抜けな, とんまな]やつ.

gal·op /gǽləp/ 名 ❶ Ⓒ ギャロップ 《²/₄ 拍子の軽快なダンス》. ❷ Ⓤ そのダンスの⾳楽.

*__ga·lore__ /gəlɔ́ː -lɔ́ː/ 形 〔名詞の後に置いて〕たくさんの, 豊富な: Bargains ~! お買い得品山積み 《★バーゲンセールの広告の文句》. 〖Ir＝十分に〗

ga·losh /gəláʃ | -lɔ́ʃ/ 名 〔通例複数形で〕ガロッシュ 《ゴム製で半長の防水・防寒用オーバーシューズ》: a pair of ~es ガロッシュ一足. 〖F〗

Gals·wor·thy /gɔ́ːlzwə̀ːði | -wə̀ː-/, **John** 名 ゴールズワージー (1867-1933; 英国の小説家; Nobel 文学賞 (1932)).

ga·lumph /gəlʌ́mf/ 動 ⾃ 《⼝》意気揚々と歩く; ドシンドシンと歩く. 〖GALLOP＋TRIUMPH〗

gal·van·ic /gælvǽnɪk/ 形 ❶ 《電》ガルバーニ電気の. ❷ 電気にかかったような, どきっとさせる. **-i·cal·ly** /-kəli/ 副 電気にかかったように, びくっとして.

galvánic skín respònse [**rèflex**] 名 《生理》電気皮膚反応[反射] 《精神的刺激などによる皮膚の電気抵抗の変化; うそ発見器などに応用される; 略 GSR》.

gal·va·nism /gǽlvənìzm/ 名 Ⓤ ガルバーニ電気 《化学作用によって起こされる電気》. 《Luigi Galvani イタリアの医学者・物理学者》

gal·va·nize /gǽlvənàɪz/ 動 ⾄ ❶ 〈筋肉などを〉電気をかけて刺激する. ❷ 〈人を〉急に元気づけて〔…〕をさせる: The shot ~d him *into* action. その銃声が響くと彼らはすばやく行動を起こした. ❸ 〈鉄板などに〉亜鉛めっきする 《★ しばしば過去分詞で形容詞的に用いる》: ~d iron 亜鉛引き鉄板 《トタン板など》. **gal·va·ni·za·tion** /gælvənɪzéɪʃən | -naɪz-/ 名 Ⓤ. 〖↑＋-IZE〗

gal·va·nom·e·ter /gælvənɑ́məṭə | -nɔ́mətə/ 名 《電》(微量の電流の流れを計る)検流計.

Gal·way /gɔ́ːlweɪ/ 名 ゴールウェイ: **a** アイルランド西部, Connacht 地方の県. **b** その県都.

gam /gǽm/ 名 《俗》(⼈間の)脚; (特に女性の)すらりとした脚. 〖?It＝脚〗

Ga·ma /gɑ́ːmə/, **Vas·co da** /vǽskoudə/ 名 ガマ (1469?-1524; ポルトガルの航海者; 1498 年に喜望峰航路を発見した).

ga·may /gæméɪ/ 名 〔しばしば G~〕ガメー: **a** Ⓒ フランス Beaujolais 地方原産の黒ブドウの品種. **b** Ⓤ.Ⓒ それで造る軽い赤の辛口テーブルワイン.

gam·ba /gɑ́ːmbə, gǽm- | gǽm-/ 名 ＝viola da gamba.

gam·ba·do¹ /gæmbéɪdou/ 名 (複 ~es, ~s) ❶ (馬などの)跳躍. ❷ はねまわり, ふざけ.

gam·ba·do² /gæmbéɪdou/ 名 (複 ~es, ~s) 鞍に取り付けた長靴[ゲートル]; 長ゲートル.

Gam·bi·a /gǽmbiə/ 名 ガンビア (アフリカ西部の英連邦内の共和国; 首都 Banjul).

Gam·bi·an /gǽmbiən/ 形 ガンビア(人)の. ── 名 ガンビア⼈.

gam·bier /gǽmbɪə | -bɪə/ 名 Ⓤ ガンビール, (ガンビール)阿仙(ぁせん)薬 《マレー産アカネ科のつる植物ガンビノキから得る収斂(しゅうれん)性のある物質 (catechu)》.

gam·bit /gǽmbɪt/ 名 ❶ 《チェス》ポーン (pawn) などを捨てごまにする(さし初めの)⼿. ❷ (交渉・会話などで, 先まで計算したうえでの)⼿始め, 切り出し: as an opening ~ まず手始めに. 〖It＝つまずかせること〗

*__gam·ble__ /gǽmbl/ 動 ⾃ ❶ **a** 賭博(とばく)をする, ばくちを打つ 〔…で賭博をする, 〔…に〕金を賭(ゕ)ける (bet): ~ *at* cards トランプで博打をやる / ~ *on* horse races 競馬に金を賭ける. **c** 〔…で〕賭ける: ~ *with* one's future 将来を賭ける / ~ *with* one's life 命をはる. ❷ 〔…を〕当てにする, 〔…であることに〕望みをかける: ~ *on* one's intuition 直観を当てにする / You shouldn't ~ *on* the bus be*ing* on time. そのバスが時間どおりに来るなんて望まない. ── ⾄ ❶ 〈金を〉賭博で失う: ~ *away* one's wages ばくちで賃金を失う. ❷ **a** 〔…に〕大事なものを賭ける: ~ one's savings *on* the stock market 株に貯金を賭ける. **b** 〈…ということに〉賭ける: He ~d that his plan would succeed. 彼は自分の計画がうまくいくことに賭けた. ── 名 ❶ [a ~] (一か八かの)冒険, (のるかそるかの)賭(ヵ)け: take a ~ (on it) (それを)一か八かやってみる / It's a bit of a ~. それはちょっとした冒険[賭け]だ. ❷ Ⓒ 賭博, 博打, ギャンブル. 〖廃語 *gamel*「遊ぶ」から〗

⁺**gám·bler** 名 ばくち打ち, やくざ.

gám·bling 名 Ⓤ 賭博, ギャンブル.

gam·boge /gæmbóʊdʒ, -búːʒ/ 名 Ⓤ ❶ 雌黄(しぉぅ) 《熱帯アジア産の高木ガンボジから採取する褐色の樹脂; 下剤・絵の具にする》. ❷ 雌黄色 《赤みがかった黄色》. 〖生産地のカンボジア (Cambodia) から〗

gam·bol /gǽmb(ə)l/ 名 (子羊・子供の)はね回り, ふざけ, 大はしゃぎ. ── ⾃ (**gam·boled**, 《英》**-bolled**; **gam·bol·ing**, 《英》**-bol·ling**) 〈子羊・子供が〉はね回る, ふざける 《about》. 〖It＝蹴ること〗

gám·brel ròof /gǽmbrəl-/ 名 《建》腰折れ屋根.

*__game__¹ /gǽm/ 名 ❶ Ⓒ **a** 遊戯, 遊び; ゲーム(遊び): a ~ of tag 鬼ごっこ遊び / play a ~ 遊戯をする. **b** (盤などでする)遊び道具, ゲーム用品. ❷ Ⓒ **a** 競技, スポーツ; ゲーム 《米国》《米》では通例 baseball, football など -ball のつく各種球技の試合に⽤い; 《英》では一般に match を⽤いる: indoor ~s 室内[屋

内]ゲーム / outdoor ~s 屋外ゲーム / a ~ of chance [skill] 運[熟練]がものをいう競技. **b** (一回の)試合, 勝負, ゲーム: ⇨ DRAWN game / play a close [heated] ~ (手に汗を握る)接[熱]戦 / no ~ (野)無効試合, ノーゲーム / (試合にならないほどの)圧勝 / win [lose] a ~ 試合に勝つ[負ける]. **c** (テニス・トランプなどの) **1** ゲーム, ひと勝負: win six ~s in the first set 第1セットで6ゲームとる[勝つ] / Let's have a ~ of chess. チェスを一番やろう.

❸ [C] [通例修飾語を伴って] (どんな)試合ぶり, ゲーム運び: play a losing [winning] ~ 勝ち見込みのない[ある]勝負をする; 損[得]することをする / play a dangerous ~ 危ない芝居を打つ / He played a good [conventional] ~. 彼は上手な[いつもどおりの]試合ぶりだった.

❹ **a** [C] 勝負の形勢; (試合の中間)得点: How is the ~? ゲームの得点はどうか / The ~ is 4 all [love forty]. 得点はおのおの4対4[ラブフォーティー]. **b** [the ~] 勝ち目, 勝利: have the ~ in one's hands 勝負のかぎを握(って必勝す)る / The ~ is mine [ours]. 勝利はこっちのもの, こちらの勝ちだ.

❺ **a** [複数形で; 単数扱い] 《英古風》(学科目としての)運動競技, スポーツ. **b** [the ~]...Games; 単数または複数扱い] (国際的)競技[スポーツ]大会: ⇨ Olympic Games.

❻ [C] 冗談, 戯れ, からかい: Stop your ~s. 冗談[ふざける]のはやめなさい / He was only playing a ~ with you. 彼は君をからかっていただけだ.

❼ [C] **a** (競技におけるような)外交・政治などの駆け引き: the ~ of politics 政治の駆け引き, 政略 / play a waiting ~ 持久戦にもちこむ, ゆっくり機会を待つ. **b** (口) (相手を負かす秘密の)策略, 計略, たくらみ: play a double ~ 裏表のある手段を弄(ﾛｳ)する / None of your (little) ~s! その手は食わないぞ.

❽ [the ~; 通例修飾語を伴って] (口) (競争を伴う)仕事, 職業: He's in *the* insurance ~. 彼は保険会社に勤めている.

❾ [U] 猟鳥[獣]類; (猟の)獲物: winged ~ 猟鳥 / ⇨ big game **1**. **b** 猟鳥[獣]の肉. **c** [通例 fair [easy] ~で]攻撃・嘲笑などのかっこうの的, 「いいかも」 (*for*).

ahead of the gáme 《米口》(1) 有利な立場に立って, 優勢で. (2) 早く; 予定より.

ányone's gáme だれが勝つかわからない試合, 予想のつかない競走.

béat a person at his ówn gáme (相手の得意の手で)〈相手〉を逆にやっつける.

gáme áll = game and game 〖テニス〗ゲームカウント1対1.
gáme ánd = game and sét 〖テニス〗セット終了.
gáme, sét and mátch (1) 〖テニス〗ゲームセット, 試合終了 《比較 日本語で野球で「ゲームセット」というが, 英語では用いず, Game over. または That's the game. という》. (2) 〔...の〕完全な勝利, 圧勝〔*to*〕.
gìve the gáme awáy (うっかり)計画[秘密]を漏らす.
(have) gót gáme 《米口》〈人が勝つ[成功する]〉力がある, うまい.
màke (a) gáme of a person 〈人〉をばかにする, からかう.
on [òff] one's gáme 〈競技者などが〉調子[コンディション]が良い[悪い].
on the gáme 《英俗》売春をして; 盗みをして.
plày a person's gáme (無意識に)人の利益になるようなことをする.
pláy (silly) games with... をもてあそぶ, いいかげんに扱う.
pláy the gáme [通例命令法または否定文で] (1) 正々堂々と試合をする. (2) 公明正大に行動する.
That's your [his, etc.] little game. それが君[彼]の手[魂胆]だな.
The gáme is úp. 計画は失敗に帰した, 万事休す.
the ónly gáme in tówn 《米》唯一の選択肢.
Twó can plày at thát gàme. ⇨ two 図 1a.
Whát's the gáme? (口) 何が起こったんだ, どうしたんだろう.
Whát's your [his, etc.] gáme? 《英口》君[彼]の魂胆は何だ, 何をたくらんでいるのだ.

—形 (**gam·er**; **gam·est**) ❶ 勇ましい, 闘志のある: a ~ fighter 勇猛果敢な闘士. ❷ (比較なし) [P] 〔...と〕いとわないで: Are you ~ *for* a swim? ひと泳ぎしてみるかい / [+*to* do] He was ~ *to* do anything. 彼には何でもしてやろうという元気があった.

díe gáme 勇敢に戦って死ぬ, 奮戦して死ぬ.
——他 ⊛ 勝負事をする, 博打(ﾊﾞｸ)を打つ.
gáme the sýstem 《米》制度を悪用する.
《OE=遊び, 戯れ》

game² /géɪm/ 形 Ⓐ 〈脚が〉不自由の.
gáme bìrd 名 猟鳥.
gáme·còck 名 (雄の)闘鶏, しゃも.
gáme fìsh 名 (~, ~**es**) スポーツフィッシュ《スポーツ釣りの対象となる魚》.
gáme fówl 名 闘鶏.
gáme·kèeper 名 (個人の所有地の)猟場番人.
gam·e·lan /gǽməlæn/ 名 ガムラン《ガムラン音楽に用いるシロホンに似た打楽器》.
gáme·ly 副 勇敢に, 堂々と.
gáme·ness 名 Ⓤ 勇敢さ, 勇気, 不屈.
gáme pàrk 名 = game reserve.
gáme plàn 《米》❶ (フットボールなどの)作戦計画. ❷ (政治・事業などの綿密に計画された)行動方針, 作戦.
gáme pòint 〖球技〗ゲームポイント《ゲームの勝敗を決める1点; cf. set point, match point》.
gáme presèrve 名 《米》= game reserve.
gam·er /géɪmə | -mə/ 名 ❶ 勇猛果敢な選手, 屈強のプレーヤー. ❷ (俗) コンピューターゲーム[ロールプレーイングゲーム]にはまっているやつ, ゲームおたく.
gáme resérve 名 鳥獣保護区; 禁猟区.
gáme shòw 名 (テレビの)ゲーム番組.
gámes·man /-mən/ 名 駆け引きにたけた人, 策士; 試合[ゲーム]の参加者, 選手.
gámes·man·shìp /-mən-/ 名 (反則すれすれの, または心理作戦に基づく)試合[ゲーム]の駆け引き.
game·some /géɪmsəm/ 形 ふざけ好きな, 陽気にはね回る, 戯れる. **~·ly** 副 《GAME¹+-SOME》
game·ster /géɪmstə | -stə/ 名 賭博(ﾄﾊﾞｸ)師, ばくち打ち.
gam·e·tan·gi·um /gæmətǽndʒiəm/ 名 (® **-tan·gi·a** /-dʒiə/) 〖植〗配偶子嚢.
ga·mete /gǽmiːt, gəmíːt/ 名 〖生〗配偶子《高等動物の卵と精子の総称》.
gáme théory 名 Ⓤ.Ⓒ ゲーム(の)理論《競争者の利益が相対立する局面で, 自己の得点を最大にし, 失点を最小にするよう手段を決めるための数学理論; 経済・軍事・外交などの分析にも応用される》.
ga·me·to·cyte /gəmíːtəsàɪt/ 名 〖生〗配偶子母細胞, 生殖母細胞.
ga·me·to·gen·e·sis /gəmìːtədʒénəsɪs/ 名 Ⓤ 〖生〗配偶子形成. **-gén·ic** /-dʒénɪk/ 形
ga·me·to·phyte /gəmíːtəfàɪt/ 名 〖植〗配偶体《配偶子を生ずる世代(の個体); cf. sporophyte》. **ga·me·to·phyt·ic** /gəmìːtəfítɪk/ 形
gáme wàrden 名 《英》猟区管理人.
gam·ey /géɪmi/ 形 (**gam·i·er**; **gam·i·est**) = gamy.
gam·in /gǽmɪn/ 名 ❶ 浮浪児. ❷ いたずらっ子. 《F》
ga·mine /gæmíːn, —/ 名 ❶ 女の浮浪児. ❷ おてんば娘. —形 〈女の子が〉少年のような. 《F》
gám·ing 名 ❶ Ⓤ 賭博(ﾄﾊﾞｸ). ❷ シミュレーションゲームをすること, テレビゲームをやること.
gáming tàble 名 賭博台.

*gam·ma /gǽmə/ 名 Ⓤ.Ⓒ ガンマ《ギリシア語アルファベットの第3字 Γ, γ; 英語の G, g に当たる; ⇨ Greek alphabet 表》. ❷ 3番目(のもの), 第3級: ⇨ plus [minus] 《英》(学業成績)の可の上[下], C⁺[C⁻].
gámma-amìno-butýric ácid 名 Ⓤ 〖生化〗ガンマアミノ酪酸《抑制性神経伝達物質の一つ; 哺乳動物の脳や一部の植物に存在する; 略 GABA》.
gámma glób·u·lin /-glάbjʊlɪn | -glɔ́b-/ 名 Ⓤ 〖生化〗ガンマグロブリン《血漿(ｹｯｼｮｳ)たんぱく質の一成分で抗体に富んでいる》.
gámma-interférón 名 Ⓤ 〖生化〗ガンやインターフェロン

(T 細胞が産生するインターフェロン).

gámma radiàtion 名 Ⓤ 【理】ガンマ放射線.

gámma rày 名 《通例複数形で》【理】ガンマ線.

gam‧mer /ɡǽmɚ | -mə/ 名 《古》(田舎の)ばあさん (cf. gaffer).

gam‧mon¹ /ɡǽmən/ 名 Ⓤ 《英》燻製(ぐんせい)[塩漬け]にした豚のわき腹肉[もも肉].

gam‧mon² /ɡǽmən/ 名 (backgammon で)二倍勝ち, ギャモン《相手のコマが 1 つも上がらないうちに勝つこと》. ── 動 他 二倍勝ちで負かす.

gam‧mon³ /ɡǽmən/ 《英》名 たわごと, でたらめ; 瞞着(まんちゃく), ごまかし. ── 動 他 うまく欺く, ごまかす.

gam‧my /ɡǽmi/ 形 (**gam‧mi‧er**; **gam‧mi‧est**) 《通例 A》《古風, 英口》=game².

gamp /ɡǽmp/ 名 《英口》大きな傘. 《Dickens 作の Martin Chuzzlewit に出てくる看護婦の名; 彼女が持っていた大きな傘から》

gam‧ut /ɡǽmət/ 名 《単数形で; 通例 the ~》❶ 〔…の〕全範囲, 全部: run the (whole) ~ of human experience ありとあらゆる人生経験に及ぶ. ❷ 【楽】全音階; 《声楽・楽器の》全音域.《L gamma (最も低い音階の名)+ ut (最も高い音階の名)》

gam‧y /ɡéimi/ 形 (**gam‧i‧er**; **gam‧i‧est**) ❶ 《猟鳥獣》の肉が(腐りかけて)ややにおう《食通などに喜ばれる; cf. hang 動 1, high 形 10》. ❷ 元気な, 勇敢な. ❸ 《米》いかがわしい, きわどい, わいせつな. 【GAME 1 名 9+-Y³】

-ga‧my /‐gəmi/ 《名詞連結形》「…結婚」: bigamy, exogamy.《Gk=結婚》

ga‧nache /ɡənǽʃ/ 名 Ⓤ ガナッシュ《チョコレートを生クリームなどと混ぜ合わせたもの》.《F》

gan‧der /ɡǽndɚ | -də/ 名 ❶ ガン[ガチョウ]の雄 (cf. goose). ❷ まぬけ. ❸ 〔a ~〕《口》一瞥(いちべつ), ちらっと見ること《★ 通例次の句で》: take [have] a ~ at …を(ちらっと)見る.《OE》

Gan‧dhi /ɡɑ́ːndi, ɡǽn-/, **Indira** /ɪndíːrə, índərə/ 名 ガンジー (1917-84) インドの政治家; Jawaharlal Nehru の娘; 首相 (1966-77, 80-84).

Gandhi, Mohandas K(aramchand) /móʊhəndɑ́ːs kʌ́rəmtʃǽnd/ 名 ガンジー (1869-1948) インド解放運動の指導者; Mahatma Gandhi と呼ばれる.

gán‧dy dàncer /ɡǽndi-/ 《俗》❶ 鉄道保線作業班員. ❷ 季節[渡り]労働者.

Ga‧nesh /ɡənéɪʃ/ 名 【ヒンドゥー教】ガネーシャ《象の頭をもつ知恵の神; Siva とその妃 Parvati の子》.

***gang** /ɡǽŋ/ 名 ❶ 〔集合的; 単数または複数扱い〕 a 〔労働者・奴隷・囚人などの〕一群, 一隊, 一行 — 道路を作る労働者の一団. b 《悪者・犯罪者などの》一団, 一味; 暴力団, ギャング団《比較 日本語の「暴力団」,「ギャング」の 1 人をいう場合は gangster》: a ~ of thugs [thieves] ならず者[盗賊]の一団. c 《排他的な若者・子供などの》遊び仲間, (特に)非行少年グループ: a motorcycle ~ 暴走族. ❷ 《通例単数形で》《若者の》遊び仲間. ❸ 《オールなど同時に動く道具のひとそろい, ひと組》: a ~ of oars [saws] ひと組のオール[のこぎり]. ── 動 自 《口》❶ 《ある目的のために》一団となる: They ~ed together. 彼らは一致団結した | We ~ed up with them. 我々は彼らと団結した. ❷ 〔…を〕集団で襲う;〔…に〕団結して対抗[反対]する《up》〔on, against〕.《OE=行くこと, 旅》

gáng‧bàng /《俗》❶ 輪姦 (gang rape); 乱交. ❷ 《米》ギャング同士の衝突[暴力ざた].

gáng‧bàng 動 ❶ 輪姦する. ❷ 《米》(ストリートの)ギャングに所属する, ギャング活動をする. ~**er** 名

gáng‧bòard 名 【海】❶ 《船首楼と後甲板を結ぶ》狭い通路. ❷ =gangplank.

gáng‧bùster 名 《口》暴力団を取り締まる警官. **like gángbusters** 《米口》精力的に, 激しく; 猛烈に. ── 形 《しばしば~s で》非常に成功した.《OE=行くこと, 旅》

gang‧er /ɡǽŋɚ | -ŋə/ 名 《英》《一団の労働者の》かしら; 棟梁(とうりょう).

Gan‧ges /ɡǽndʒiːz/ 名 〔the ~〕ガンジス川《Himalaya 山脈中に発しベンガル湾に注ぐインドの大河; ヒンドゥー教徒にとって最も神聖な川》.

gáng‧lànd 名 Ⓤ 《ギャングなどの》暗黒の世界; 〔形容詞的に〕暗黒街の.

gan‧gle /ɡǽŋɡl/ 動 自 ぎこちなく歩く[動く].

gan‧gli‧a /ɡǽŋɡliə/ 名 ganglion の複数形.

gan‧gling /ɡǽŋɡlɪŋ/ 形 《人・男の子が》ひょろ長い.

gan‧gli‧on /ɡǽŋɡliən/ 名 (複 **-gli‧a** /-gliə/, **~s**) ❶ a 【解】神経節. b 【医】ガングリオン, 結節腫《主に手首にできる良性の嚢腫(のうしゅ)》. ❷ 《知的・産業的活動の》中心, 中枢 《of》. **gan‧gli‧on‧ic** /ɡæŋɡliɑ́nɪk | -ɔ́n-/ 形

gan‧glio‧side /ɡǽŋɡliəsàɪd/ 名 【生化】ガングリオシド《神経節に存在するスフィンゴ糖脂質》.

gan‧gly /ɡǽŋɡli/ 形 (**more ~, most ~; gan‧gli‧er, -gli‧est**) =gangling.

gáng‧plànk 名 【海】タラップ《船と波止場・はしけなどを連絡する板》.

gáng ràpe 名 輪姦. **gáng‧ràpe** 動 他 輪姦する.

gan‧grene /ɡǽŋɡriːn/ 名 Ⓤ 【医】壊疽(えそ), 脱疽《身体の局所の腐敗や脱落を伴う》.

gan‧gre‧nous /ɡǽŋɡrənəs/ 形 壊疽(えそ)の[にかかった].

gang‧sta /ɡǽŋstə/ 名 ❶ Ⓒ 《米俗》=gangster. ❷ Ⓤ =gangsta rap.

gángsta ràp 名 ギャングスタラップ《セックス, ドラッグ, 暴力, ストリートでの生きざまなどを歌うラップ》. **gángsta ràpper** 名

†**gang‧ster** /ɡǽŋstɚ | -stə/ 名 ギャング(メンバー), 暴力団員 (⇨ **gang** 名 1 b 比較).《GANG+-STER》

gangue /ɡǽŋ/ 名 Ⓤ 脈石《鉱脈・鉱石中の役に立たない岩石[鉱物]》.

gáng‧wày 名 ❶ 《英》《劇場・講堂・バス・列車などの座席間の》通路. ❷ 【海】a =gangplank. b 《船の》舷門《横取の出入り口》. ❸ 《建設現場などに設けた》屋根つき通路《資材の上に渡した渡り板など》. ── 間 〔人込みの中などで〕道をあけろ!, どいた, どいた!《OE=通り道《GANGWAY¹》

gan‧is‧ter /ɡǽnɪstɚ | -tə/ 名 Ⓤ ガニスター《緻密な珪質粘板岩; 耐火材として炉の内壁を張るのに用いる》.

gan‧ja /ɡɑ́ːndʒə, ɡǽn-/ 名 Ⓤ ガンジャ《強力で上質のマリファナ; 喫煙用》, 《広く》マリファナ (marijuana).

gan‧net /ɡǽnɪt/ 名 (複 **~s, ~**) 【鳥】カツオドリ《海鳥》.

gan‧net‧ry /ɡǽnɪtri/ 名 カツオドリの繁殖地[営巣地].

gan‧oid /ɡǽnɔɪd/ 形 【魚】《うろこが》硬鱗質の,《魚が》硬鱗類の. ── 名 硬鱗魚類.

gant‧let¹ /ɡɔ́ːntlət, ɡɑ́ːnt- | ɡǽnt-/ 名 =gauntlet¹.
gant‧let² /ɡɔ́ːntlət, ɡɑ́ːnt- | ɡǽnt-/ 名 =gauntlet².
gant‧let³ /ɡɔ́ːntlət, ɡɑ́ːnt- | ɡǽnt-/ 名 【鉄道】搾線《トンネルや橋梁で複線の線路が互いに交差接近して単線のように運転する部分》.

gant‧line /ɡǽntlàɪn, -lɪn/ 名 【海】《下檣(かしょう)の頂上の単檣車に通した》引上げ索.

gan‧try /ɡǽntri/ 名 ❶ 《移動起重機などの》構台. ❷ 【鉄道】《信号装置を支持する》跨線(こせん)信号台. ❸ 【宇】《ロケットの》発射整備塔, ガントリー. ❹ 《木製 4 脚の》たる台《横にしたたるを載せる》.

GAO 《略》《米》General Accounting Office.

gaol /dʒéɪl/ 名 《英》=jail.
gáol‧bìrd 名 《英口》=jailbird.
gaol‧er /dʒéɪlɚ | -lə/ 名 《英》=jailer.

*****gap** /ɡǽp/ 名 ❶ 《垣・壁などの》割れ目, 裂け目, すき間: a ~ in a hedge 生け垣のすき間 | a ~ in the market《参入のチャンスをもたらす》市場の間隙. ❷ 〔意見・年齢などの〕相違, ギャップ, 隔たり, ずれ: ⇨ generation gap, gender gap; There's a considerable ~ in their ages. 二人の年齢にかなりの隔たりがある / the ~ between theory and practice 理論と実際の違い. ❸ a 《連続するものの》とぎれ, 切れ目, 空白, 欠落: a ~ between programs 番組と番組の間 / There're some ~s in the record. その記録にはいくつかの空白部分[欠落]がある. b 〔時間・空間の〕隔たり, 空隙(くうげき), 間隔: a ~ of three years [miles] 3 年間の空隙[3 マイルの間隔] / ⇨ gap year. ❹ 《米》a 山あいの道, 峠道. b 峡谷, 山峡.

brídge [clóse, fíll, stóp] a [the] gáp (1) すき間をふさぐ. (2) 欠陥を補う, 不足を満たす. 《ON; GAPE と関連語》

†**gape** /géɪp/ 動 ⓐ ❶ a (驚いたり感心したりして)ぽかんと大口をあける: Don't stand around *gaping*. その辺にぽかんとして立っているな. b 〔…に〕ぽかんと口をあけて見とれる: They ~*d at* the huge kite. 彼らはあんぐり口をあけて大だこに見とれた. c あくびをする. ❷ a 〈傷口・割れ目・貝などが〉ぱくりと開く[開いている]; 〈地面などが〉大きく裂ける: a blouse *gaping* at the neck 襟元が大きくあいているブラウス. b [~ open] 大きく開く[開いている]: All the drawers ~*d open*. 引き出しが全部あけっ放しになっていた. ── 名 ❶ a ぽかんと口をあけて見とれること. b ぽっかりとあいた裂け目, 割れ目. c あくび. ❷ [the ~s; 単数扱い]〈鳥の〉開嘴(ホ;)虫症 《くちばしをあけて死ぬ》. 《ON=口をあける》

gáp·er /géɪpə/ -pə/ 名 ❶ ぽかんと見とれる人. ❷ 《貝》エゾオオノガイ科・バカガイ科の数種の大型の貝.

gápe·wòrm 名 《動》開嘴虫(ほｼ)《家禽の気管に寄生して開嘴虫症 (the gapes) の原因となる線虫》.

gap·ing /géɪpɪŋ/ 形 大きく割れた, ぽっかりと口を開いた.

gáp·ing·ly 副 ぽっかりと口をあけて, あきれて.

gáp·ping 名 《文法》空所化変形《同類の反復を削除する変形規則》.

gap·py /gépi/ 形 隙間だらけの.

gáp-tòothed 形 歯と歯の間にすき間がある, すき歯の.

gáp yèar 《英》ギャップイヤー《中等教育終了後, 大学進学の前にとる1年間の休み; 仕事を経験したり, 旅行をしたり, さまざまな活動をする》.

gar /gáə/ gáː/ 名 (複 ~, ~s)《魚》❶ ガー, ガーパイク《北米・中米産ガーパイク科の淡水魚; 体は硬鱗におおわれ強く長い口で他の魚を食い荒らす》. ❷ ダツ.

*__ga·rage__ /gərɑ́ːʒ, -rɑ́ːdʒ/ gǽrɑːʒ, -rɑːdʒ/ 名 ❶ 〈自動車の〉ガレージ, 車庫. ❷ 〈自動車の〉修理工場 《ガソリンスタンドを兼ねるものもある》. ── 動 他 〈自動車を〉ガレージに入れる[入れておく]. 《F<*garer* (車を)安全な場所に入れる》

garáge bànd ガレージバンド《ガレージで練習をするようなアマチュアのロックバンド》.

garáge·màn 名 (複 -men) 自動車修理工.

garáge sàle 《米》ガレージセール《解説 自分の家の, 通例ガレージで行なう家具などの中古[不要]品セール; あらかじめ看板や掲示を出して宣伝する》.

ga·ram ma·sa·la /gɑː.rɑmmə.sɑ́ːlə/ 名 Ü ガラムマサラ《カレー料理などに用いる混合香辛料》.

garb /gáəb/ gáːb/ 名 Ü ❶ [修飾語を伴って](職業・地位に特有の)服装, 身なり: priestly ~ 司祭[牧師]の服装 / in the ~ of a soldier 軍人の服装をして. ❷ 外観. ── 動 他 ❶ [~ oneself で]〈…を〉着る: The widow *was* ~*ed in* black. 未亡人は黒服を着ていた. ❷ [~ oneself で]〈…のように〉装う: He ~*ed* himself *as* a sailor. 彼は船乗りの格好をした. 《F<It=優雅》

*__gar·bage__ /gáəbɪdʒ/ gáː-/ 名 Ü a 《米》a (台所から出る)食物の)生ごみ, 残飯, ごみ, がらくた, 廃物 《《英》rubbish》. b ごみ捨て場, ごみ入れ. ❷ a 《口》つまらないもの〈くだらぬ考え: literary ~ くだらない読み物 / Stop talking ~. くだらないことをしゃべるのはやめろ. b 《電算》不要データ.

gárbage bàg 名 《米》ごみ収集用ポリ袋.

gárbage càn 名 《米》(屋外用)ごみ入れ, ごみバケツ《《英》dustbin》《解説 garbage truck がごみの収集にくるのを前に出しておく》.

gárbage collèctor = garbage man.

gárbage màn 名 《米》ごみ収集人《《英》dustman》.

gárbage trùck 名 《米》ごみ収集車, 清掃車《《英》dustcart》.

gar·bán·zo (bèan) /gɑːbɑ́ːnzoʊ(-)/ gɑːbǽn-/ 名 (複 ~s) 《米》ヒヨコマメ (chickpea).

gar·ble /gáəbl/ gáː-/ 動 他 ❶ (故意に)〈話・事実などを〉曲げる, 〈記事などに〉勝手に手を入れる. ❷ (知らずに)〈引用・事実などを〉ごっちゃにする.

gár·bled 形 〈報道・記事などが〉事実を曲げた; 〈説明などが〉(くどろもどろで)不明瞭な, 要領を得ない.

gar·board /gáəbɔəd/ gáːbɔːd/ 名 《海》竜骨翼板, ガーボード.

---

739 gargle

gar·bol·o·gy /gɑːbɑ́lədʒi/ gɑːbɔ́l-/ 名 Ü ごみ学《捨てられるごみから見る社会・文化形態学》. **-gist** /-dʒɪst/ 名

Gar·cí·a Lor·ca /gɑːsíːəlɔ́əkə/ gɑːsíːəlɔ́ːkə-/, Federico 名 ガルシア・ロルカ《1898-1936; スペインの詩人・劇作家》.

García Már·quez /-máəkez, -kes/ -máː-/, Gabriel 名 ガルシア・マルケス《1928- ; コロンビアの小説家; Nobel 文学賞 (1982)》

gar·çon /gɑːsɔ́ːŋ/ gǽːsɔn/ 名 (ホテルなどの)給仕, ボーイ. 《F=少年》

gar·çon·nière /gàəsɔnjéə/ gàːsɔnjéə/ 独身男子用アパート.

gar·da /gáədə/ gáː-/ 名 ❶ [the G~] アイルランド警察. ❷ (複 -dai /-diː, -daɪ/) アイルランドの警察官.

***__gar·den__ /gáədn/ gáː-/ 名 ❶ a (住宅に付属していて花・樹木・野菜などが植えてある)庭, 庭園: a rock ~ ロックガーデン, 岩石園 / a roof ~ 屋上庭園 / a Japanese ~ 日本庭園 / We have only a small ~. うちには小さい庭しかない. b 花園, 果樹園, 菜園: a flower ~ 花園 / a vegetable ~ 菜園 / ⇒ kitchen garden, market garden. ❷ a [しばしば複数形で](芝生・花園・ベンチなどが置いてある)遊園地, 公園; 庭園; 動物園: Kensington *Gardens* (ロンドンの)ケンジントン公園 / Kew *Gardens* (ロンドンの)キュー植物園 / a botanical [botanical ~s] 植物園 / a zoological garden [zoological ~s] 動物園 / ⇒ bear garden. b (いす・テーブルなどのある)野外施設, 野外軽食堂: a beer ~ ビアガーデン. ❸ [複数形で; 地名を前に添えて]《英》…通り, …街, …広場 (略 Gdns.): Abbey *Gardens* アビー通り. **léad a person úp the gárden páth** (口)(わざと)人を(迷わす[だます]. **the Gárden of Éden** エデンの園. **the Gárden of Éngland** 「イングランドの庭園」(Kent州, 旧 Worcestershire 州などの意味が肥え風光明媚(び)な地方). ── 形 ❶ 庭園(用)の; 庭園用の; 栽培種の: a ~ chair [seat] 庭いす / a ~ flower 庭園用[栽培種]の花 / ~ plants 園芸植物. ❷ =garden-variety. ── 動 ⓐ 園芸をする, 庭いじりをする. 《F<Gmc; YARD¹と同語源》《類義語》⇒ yard¹.

gárden apártment 名 《米》(低層の)ガーデン[庭付き]アパート.

*__gárden cènter__ 名 園芸用品店.

gárden cíty 名 田園都市.

gárden créss 名 Ü《植》コショウソウ《香気と辛味のあるサラダ用野菜; アブラナ科》.

*__gar·den·er__ /gáədnə/ gáːdnə/ 名 ❶ 庭師, 園丁, 植木屋; 造園業者. ❷ 園芸家; 庭仕事を趣味にする人.

gar·de·ni·a /gɑːdíːniə/ gɑː-/ 名 ❶ 《植》クチナシ. ❷ クチナシの花《白・黄色の甘い香りの花》.

gár·den·ing 名 Ü 造園(術); 園芸.

gárden párty 名 園遊会, ガーデンパーティー.

gárden péa 名 《植》エンドウ, エンドウの豆[さや].

Gárden Státe 名 [the ~] 庭園州《米国 New Jersey 州の俗称》.

gárden súburb 名 《英》田園住宅地.

gárden-varíety 形 Ⓐ《米》並の, 平凡な, ありふれた.

gárden wárbler 名 Ü《鳥》ニワムシクイ《欧州産》.

garde-robe /gáədroʊb/ gáː-d-/ 名 ❶ たんす, 衣装部屋. ❷ 寝室, 私室. ❸ 便所.

Gar·field /gáəfiːld/ gáː-/, James A. 名 ガーフィールド《1831-81; 米国第20代大統領 (1881)》.

gár·fish 名 = gar 2.

gar·ga·ney /gáəgəni/ gáː-/ 名 《鳥》シマアジ《マガモ属》.

gar·gan·tu·an /gɑːgǽntʃuən/ gɑːgǽntjuən/ 形 巨大な; 遠大な, 途方もない: a ~ appetite ものすごい食欲 / a ~ development project 壮大な開発計画. 《Rabelais の物語中の恐ろしい食欲をもった巨人 Gargantua /gɑːgǽntʃuə/ gɑː-/ から》

gar·get /gáəgɪt/ gáː-/ 名 Ü《獣医》(牛・羊の)乳房(サ゜ぅ)炎.

gar·gle /gáəgl/ gáː-/ 動 ⓐ ❶ 〈水などで〉うがいをする: ~ *with* salt water 食塩水でうがいする. ❷ からがら声で言う.

— ① [a 〜] うがい(をすること). ② [U][C] うがい薬. 《F; 擬音語》

gar·goyle /gáːɡɔɪl | gáː-/ 名《建》(ゴシック建築で怪物の像に作った)ガーゴイル, 樋嘴(とい) 《屋根の水落とし口》. 《F＝のど》

gár·goyl·ism /-lɪzm/ 名 [U]《医》ガーゴイリズム (= Hurler's syndrome).

gar·i·bal·di /ˌɡærəbɔ́ːldi/ 名 ① ガリバルディ (Garibaldi の着用した赤いシャツを模した女性[小児]用のゆるやかなブラウス). ② 《英》ガリバルディ《干しぶどう入りの薄焼きビスケット》. ③ 《魚》ガリバルディ《赤橙色のスズメダイ科の魚》.

Gar·i·bal·di /ˌɡærəbɔ́ːldi/, **Giu·sep·pe** /dʒuːzépi/ 名 ガリバルディ (1807-82; イタリア統一の英雄; '赤シャツ隊'(Redshirts) を率いて両シチリア王国を征服し, 国家統一に貢献した).

⁺gar·ish /ɡéərɪʃ/ 形 ① 《光・目などが》ぎらぎら光る. ② 《衣服・色合いなど》(不快なほど)けばけばしい, 派手な (gaudy). 〜·ly 副 〜·ness 名

⁺gar·land /ɡáːlənd | ɡáː-/ 名 ① (花・葉などで作り, 名誉・勝利のしるしとして頭・首につける)花輪, 花冠. ② (勝利・成功の)栄冠; 栄誉: gain [carry away, win] the 〜 勝利の栄冠を得る. ③ (詩文)選集. ── 動 [通例受身で用いて] 〈...を〉花輪で飾る.

*gar·lic /ɡáːlɪk | ɡáː-/ 名 [U]《植》ニンニク: a clove of 〜 ニンニク1ひとつ[の1片] / food with too much 〜 in it ニンニクのききすぎた食べ物. 《OE < gar 槍(ヤリ)+léac リーキ (leek); 葉が槍(ヤリ)に似ていることから》

gar·lick·y /ɡáːlɪki | ɡáː-/ 形 ニンニクのにおい[味]がする.

*gar·ment /ɡáːmənt | ɡáː-/ 名 ① a 衣服の一点. b [複数形で] 衣服, 衣類《用法 特に衣料品メーカーが用いる用語》: This store sells ladies' 〜s. 当店では女性用の洋服[衣類]を売っている. ② (ものの)外観, 装い. ── 動 [通例受身で用いて] 〈人に〉衣服を着せる. 《F < garnir 備える; cf. garnish》

gárment bàg (旅行用)洋服カバー《携帯に便利なように真ん中に手さげがついている底のない衣服バッグ》.

⁺gar·ner /ɡáːnə | ɡáː-/ 動 ① 〈情報などを〉集める, 蓄える (gather). ② 〈...を〉(努力して)獲得する: 〜 good reviews 好評を得る[博す]. ── 名 ① 穀倉. ② 蓄え. 《OF < L = 穀倉》

gar·net /ɡáːnɪt | ɡáː-/ 名 ① [U][C] ざくろ石, ガーネット (⇒ birthstone). ② [U] ガーネット色, 深紅色.

⁺gar·nish /ɡáːnɪʃ | ɡáː-/ 名 ① 料理のつけ合わせ, つま. ② a 装飾物, 飾り物. b 文飾, 美辞麗句. ── 動 ① a 〈料理の〉つけ合わせにする: use parsley to 〜 a salad サラダのつけ合わせにパセリを使う. b 〈...に〉つまを添える: The roast chicken was 〜ed with slices of lemon. ローストチキンにレモンの輪切りが添えてあった. ② 〈ものを〉〈...で〉飾る: 〜 a coat with fur コートに毛皮の飾りをつける. 《F garnir 備える; cf. garment》

gár·nish·ee /ˌɡàːnɪʃíː | ɡàː-/ 動 《法》① 〈債権を〉差し押さえ命令によって差し押さえる. ② 〈人に〉差し押さえ通告書を送達する.

gár·nish·ment 名 《法》(債務を満足させるための)財産差し押さえ命令(書), 債権差し押え.

gar·ni·ture /ɡáːnɪtʃə | ɡáː-nɪtʃə/ 名 ① [U] 飾り, 装飾. ② [C] 飾り物; (衣服の)飾り.

Ga·ronne /ɡərάn, -róʊn | ɡərɔ́n/ 名 [the 〜] ガロンヌ川《フランス南西部を流れる川; Pyrenees 山脈に発し, 北西に流れて Dordogne 川と合流し, Gironde 三角江を経て大西洋に注ぐ》.

ga·rotte /ɡərάt | -rɔ́t/ 名 = garrote.

gár·pìke 名《魚》ガーパイク (gar).

gar·ret /ɡǽrət/ 名 屋根裏部屋《通例暗くてみすぼらしい小さな部屋; cf. attic》. 《F＝望楼》

⁺gar·ri·son /ɡǽrəs(ə)n/ 名 ① [集合的; 単数または複数扱い] 守備隊, 駐屯(たいとん)部隊. ② (守備隊が駐屯(たいとん)する), (守備隊の)駐屯地. ── 動 ① 〈...に〉〈都市・要塞などに〉守備隊を置く. b 〈軍隊が〉〈都市などに〉守備隊として駐屯する. ② 〈軍隊・兵を〉駐屯させる. 《F＝防衛》

Gar·ri·son /ɡǽrəs(ə)n/, **William Lloyd** 名 ギャリソン (1805-79; 米国の奴隷制反対運動指導者).

gárrison càp 《米軍》(まびさしがなく折りたためる)略帽 (cf. service cap).

gárrison tówn 名 守備隊駐屯(たいとん)都市.

gar·rote, **gar·rotte** /ɡərάt | -rɔ́t/ 名 ① a [the 〜] (スペインの)鉄環絞首刑《柱につけた鉄環に首を入れさせ, その鉄環をねじて絞めて殺す》. b [C] (この絞首刑で使う)鉄環. ── 動 ① 〈人を〉鉄環絞首刑に処する. ② (往来などで)〈人の〉首を絞めて金品を奪う. 《Sp》

gar·ru·li·ty /ɡərúːləti/ 名 [U] おしゃべり.

gar·ru·lous /ɡǽrələs/ 形 〈人が〉(くだらないことを)よくしゃべる, 多弁な (talkative). 〜·ly 副 〜·ness 名 《L》

gar·ry·ow·en /ˌɡæriόʊən/ 名《ラグビー》ボールを進めるための高いキック, ハイパント.

gar·ter /ɡáːtə | ɡáː-tə/ 名 ① [C] [通例複数形で] ガーター: **a** (ゴムバンドなどで下留め, 吊りひも式のもの)《英》suspender). ② [the G〜] **a** ガーター勲位 (the Order of the Garter)(Knight の最高勲位): a Knight of the G〜 ガーター勲爵士 (略 KG). **b** (この勲位を示す)ガーター勲章《ガーターおよび首飾り・星章・リボンからなり, ガーターは男子は左ひざ下, 女子は左腕につける》. 《F》

gárter bèlt 《米》ガーターベルト (《英》suspender belt).

gárter snàke 名《動》ガーターヘビ《米国産の無毒のヘビ》.

gárter stìtch 名 ガーター編み《全体が裏目のように見える棒針編みの一種》.

garth /ɡáːθ | ɡáː-θ/ 名 ① 歩廊 (cloister) に囲まれた中庭, 回廊中庭. ② 《古・方》中庭, 庭.

Gar·vey /ɡáːvi | ɡáː-/, **Marcus** 名 ガービー (1887-1940; ジャマイカ出身の黒人運動指導者).

‡gas¹ /ɡǽs/ 名 (複 〜·es; 英 ではまた 〜·ses) ① [U][C] 気体 (cf. fluid, liquid, solid 1 a): Oxygen and nitrogen are 〜es. 酸素と窒素は気体である. ② [U] **a** (燃料・暖房・調理用)ガス: liquid [natural] 〜 液体[天然]ガス / turn on [off] the 〜 (栓をひねって)ガスを出す[止める]. **b** (麻酔用)笑気: ⇒ laughing gas. **c** 催涙ガス: ⇒ tear gas. **d** 《軍》毒ガス. ⇒ poison gas. **e** 《米》おなら (《英》wind). ③ [U] 《俗》むだ話, だぼら. ④ [a 〜] 《俗》とてもおもしろい[愉快な]こと[もの, 人]: It's a real 〜. まったくおもしろい. ── 形 [A] ガスの: a 〜 heater ガスヒーター.
── (gas·es; gassed; gas·sing) 動 ① 〈人などを〉毒ガスで攻撃[殺傷]する; ガス中毒にさせる. ② 《俗》〈人を〉すごくおもしろがらせる. ── 動 [通例進行形で] 《古略, 口》(長時間)むだ話をする (chat). 《Du; Gk chaos「大気, 淵」に基づく造語》(形 gaseous, gassy)

‡gas² /ɡǽs/ 名 [U] 《米》ガソリン (《英》petrol): be out of 〜 ガソリンが切れる. **stép on the gás** 《米口》(自動車の)アクセルを踏む, スピードを出す; 急ぐ. ── (gassed; gas·sing) 動 〈自動車に〉ガソリンを入れる: You'd better 〜 up the car. 車を満タンにしておいたほうがいい. ── 動 自動車に給油する. 《GAS(OLINE)》

gás·bàg 名 ① (飛行船・軽気球などの)ガス嚢(のう). ② 《口》おしゃべり, ほら吹き.

gás bùrner 名 ガスの火口, ガスバーナー.

gás chàmber 名 ガス(処刑)室.

gás chromatógraphy 名《化》ガス[気相]クロマトグラフィー.

gás cònstant 名《理・化》(理想気体の)気体定数《記号 R》.

Gas·co·ny /ɡǽskəni/ 名 ガスコーニュ《フランス南西部, Pyrenees 山脈北麓の旧地, 旧州》.

gás-còoled 形 ガス冷却の: a 〜 reactor ガス冷却炉.

gas·e·ous /ɡǽsiəs/ 形 ① ガス(体)の, ガス状の; 気体の. ② (情報・議論など)実のない, 捕らえどころのない. (名 gas¹)

gás equàtion 名《理》(理想)気体の状態(方程)式.

gás fìre 名《英》ガスストーブ.

gás-fìred 形《主に英》ガスを燃料とする.

gás fìtter 名 ガス取り付け人, ガス工事人.

gás gàngrene 名 [U]《医》ガス壊疽(えそ).

gás-gùz·zler /-gÀzlɚ | -lə/ 名《米口》ガソリンを食う(大型)自動車, 高燃費車.
gás-gùz·zling /-gÀzlɪŋ/ 名《米口》〈自動車が〉ガソリンを食う.
†**gash**¹ /gǽʃ/ 名 (長く深い)切り傷, 深手. ──動 他 〈…〉を深く切る.
gash² /gǽʃ/ 名《俗》形 余分の, 余計な. ──名 余分の物, 残飯; くず, ごみ.
gás hòlder 名 ガスタンク.
gas·i·fi·ca·tion /gæ̀səfɪkéɪʃən/ 名 Ü ガス化, 気化.
gas·i·fy /gǽsəfàɪ/ 動 他〈…を〉ガスにする: ~ coal 石炭をガス化する. ──自 ガスになる, 気化する.
gas·ket /gǽskɪt/ 名 ❶〖機〗ガスケット (シリンダー・管継手などの継目を埋めるために用いる繊維板・コルクなどのパッキング). ❷〖海〗括帆索(かっぱさく)《畳み上げた帆を帆桁(ほげた)にくくりつけるロープ》.
gas·kin /gǽskɪn/ 名 (馬などの)脛(はぎ), ふくらはぎ, 下腿部(後脚の飛節から上半部).
gás làmp 名 ガス灯.
gás làw 名〖理〗気体の法則《気体の容積と圧力, 温度の間の関係式; 理想気体の法則 (ideal-gas law, ボイル-シャルルの法則) など》.
gás·lìght 名 ❶ Ü ガスの火(光, 光). ❷ Ç ガス灯.
gás lìghter 名 ❶ ガス点火器〔装置〕. ❷ ガスライター.
gás-lìquid chromatógraphy 名 Ü〖化〗気相液クロマトグラフィー.
gás·lìt 形 ガス灯で照らされた.
gás·màn 名《口》(複 -men) ❶ ガス検針人; ガス料集金人. ❷ ガス工事人.
gás màntle 名 (ガス灯の点火口にかぶせる)ガスマントル, 白熱套(とう).
†**gás màsk** 名 防毒〔ガス〕マスク.
gás mèter 名 ガスメーター.
gas·o·hol /gǽsəhɔ̀ːl | -hɔ̀l/ 名 Ü《米》ガソホール《ガソリンとアルコールの混合燃料》. 〖GAS(OLINE)+(ALC)OHOL〗
gás òil 名 Ü ガスオイル, 軽油.
*
gas·o·line /gǽsəlìːn, ˌ--ˈ-/ 名《米》ガソリン(《英》petrol). 〖GAS¹+-ol「油」の意の連結形+-INE²〗
gas·om·e·ter /gæsɑ́mətɚ | -sɔ́mətə/ 名 ❶ (実験室用)ガス計量(容)器. ❷ ガスタンク (gasholder).
*
gasp /gǽsp | gáːsp/ 名 ❶ あえぎ, 息切れ: breathe in short ~ s はあはああえぎながら息をする. ❷ (恐怖・驚きなどで)はっと息をのむこと: give a ~ of surprise 驚いてはっと息をのむ. **at the [one's] lást gásp** (1) 疲れ果てて. (2) 息を引き取ろうとして, 死ぬ間際に. ──動 自 ❶ 空気を求めて〔はあはあ〕あえぐ: ~ for breath 息が苦しくてあえぐ. **b** [進行形で]《英口》〈飲み物などを〉ひどく欲しがる(for). ❷ (恐怖・驚きなどで)はっと息をのむ, はっと息がまる〔…を見たり聞いたりして〕〈息が止まるほど〉びっくりする〔at, in, with〕: ~ with horror 恐怖のためはっと息が止まる / ~ in amazement 驚きのあまりはっと息がのむ. ──他 ❶〈言葉を〉あえぎながら言う: He ~ed out a few words. あえぎあえぎ二言三言言った. ❷〈…と〉あえぎながら言う: "Help! Help!" he ~ed. 「助けて! 助けてくれ!」と彼はあえぎながら言った. 〖ON=口を大きくあける〗
gás pèdal 名《米》(車の)アクセル (accelerator).
gásp·er 名 ❶ あえぐ人. ❷ 《英古》安たばこ.
gás pèrmeable léns 名 酸素透過性コンタクトレンズ.
gásp·ing·ly 副 あえぎながら, あえぎあえぎ.
gás plànt 名 ❶〖植〗ヨウシュハクセン (fraxinella). ❷ ガス工場 (gasworks).
gás pòisoning 名 Ü ガス中毒.
gás pùmp 名《米》(ガソリンスタンドの)給油ポンプ.
gás rìng 名 ガスこんろ.
gás·ser 名《口》❶ むだ話をする人. ❷ すごくおもしろい人〔もの〕.
†**gás stàtion** 名《米》ガソリンスタンド, 給油所《英》petrol station)(比較「ガソリンスタンド」は和製英語).
gas·sy /gǽsi/ 形 (**gas·si·er; -si·est**) ❶ **a** ガスのような, ガス状の: a ~ odor ガスのようなにおい. **b**《英》〈飲み物が〉(泡となる)ガスを多く含んだ. **c**《米口》お腹にガスのたまった. ❷《口》おしゃべりな; やたらに自慢する, ほら吹きの.

gás·si·ness 名 (名 gas¹)
Gast·ar·bei·ter /gáːstàːbaɪtɚ | géstàːbaɪtə/ 名 (複 ~, ~s) (ドイツの)外国人労働者, 出稼ぎ労働者.
Gast·haus /gáːsthàʊs | géstː-/ 名 (複 ~·es | -hàʊzɪz, -häus·er | -hɔ̀ɪzɚ | -zə/) (ドイツの)旅館, 居酒屋.
gastr- /gæstr/ [連結形] (母音の前にくる時の) gastro- の異形.
gas·trec·to·my /gæstréktəmi/ 名 Ü 胃切除(術).
†**gas·tric** /gǽstrɪk/ 形 ʌ 胃(部)の: ~ cancer 胃癌(がん) / a ulcer 胃潰瘍(かいよう) / ~ juices 胃液. 〖GASTR-+-IC〗
gas·trin /gǽstrɪn/ 名 Ü〖生化〗ガストリン《胃液分泌を促進するホルモン》.
gas·tri·tis /gæstráɪtɪs/ 名 Ü〖医〗胃炎.
gas·tro- /gǽstroʊ/ [連結形] 「胃」の. 〖Gk gastēr 胃〗
gàstro·cámera 名〖医〗胃カメラ.
gas·troc·ne·mi·us /gæ̀strɑknímiəs, -trək- | -trɔk-/ 名 (複 **-mi·i** /-miàɪ/) 〖解〗腓(ひ)腹筋.
gàstro·enterítis 名 Ü〖医〗胃腸炎.
gas·tro·en·ter·ól·o·gy /gæ̀stroʊèntərɑ́lədʒi | -rɔ́l-/ 名 Ü〖医〗消化器病学, 胃腸病学.
gàstro·intéstinal 形 胃腸(部)の: a ~ disorder 胃腸障害.
gas·tro·lith /gǽstrəlɪ̀θ/ 名〖医・動〗胃石.
gas·tro·nome /gǽstrənòʊm/ 名 美食家, 食通, グルメ (gourmet).
gas·tro·nom·ic /gæ̀strənɑ́mɪk | -nɔ́m-ˈ-/ 形 ʌ 美食(法)の; 料理法の: ~ delights 美食の品々.
gas·tro·nom·i·cal /-mɪk(ə)l- | -mɪk(ə)lˈ-/ 形 = gastronomic. **~·ly** /-kəli/ 副
gas·tron·o·my /gæstrɑ́nəmi | -trɔ́n-/ 名 Ü 美食(学); 料理法. 〖GASTRO-+-NOMY〗
gas·tro·pod /gǽstrəpɑ̀d | -pɔ̀d/ 名 腹足類の動物《ナメクジ・カタツムリなど》. ──形 腹足類の.
gàstro·pùb 名《英》美食パブ, ガストロパブ《しゃれた内装でおいしい料理を出すパブ》.
gas·tro·scope /gǽstrəskòʊp/ 名〖医〗胃内視鏡.
gas·tru·la /gǽstrələ/ 名 (複 **~s, -lae** /-lìː, -làɪ/) 〖発生〗原腸胚, 腸胚, 嚢胚. **gás·tru·lar** /-lə- | -lə/ 形
gas·tru·late /gǽstrəlèɪt/ 動 自〖発生〗原腸〔腸胚〕を形成する. **gas·tru·la·tion** /gæ̀strəléɪʃən/ 名 Ü 原腸〔腸胚〕形成.
gás tùrbine 名 ガスタービン.
gás·wòrks 名 ガス工場〔製造所〕.
gat /gǽt/ 名《俗》ガン, ピストル. 〖Gat(ling)〗
*
gate /géɪt/ 名 ❶ **a** 門, 通用門, 出入り口; 城門: the main ~ of [to] a stadium 競技場の正門. **b** 門扉(ぴ), 木戸, 扉〖用法〗両開きの場合は複数形で用いられて「門」の意になる): go [pass] through a ~ 門を通り抜ける. **c** 〈…へ至る〉道, 門戸, 入口: a ~ to success 成功への道. ❷ ゲート: **a** (空港の)搭乗口. **b** (競馬の)出馬口⇒ starting gate. **c** (有料道路などの)料金徴収所. **d** (運河・ドックなどの)水門, 閘門(こう). **e** 改札口. **f** (スキー)(回転競技で選手が通過しなければならない)旗門. ❸ (道路・踏切などの)遮断機, 開閉機. ❹ **a** (競技会の)入場者総数 (attendance): a record ~ 記録的な入場者数. **b** (競技会などの)入場料(総額): a ~ of $5000 5千ドルの入場料総収入. **gét the gáte**《米》首になる; 振られる. **gíve a pérson the gáte**《米》〈人を〉首にする; 人を振る. **right óut of the gáte** すぐに, たちまち. ──動 他《英》〈学生・生徒を〉外出禁止にする. 〖OE=あいているところ〗
-gate /gèɪt/ [名詞連結形] 「醜聞」「スキャンダル」. 〖Watergate から〗
gâ·teau /gɑːtóʊ | gǽtəʊ/ 名 (複 **gâ·teaux** /-z/) Ü, C 《英》砂糖衣やクリームで飾ったケーキ, デコレーションケーキ. 〖F=cake〗
gáte-cràsh 動《口》他〈パーティー・催し物などに招待を受けていないのに〉押しかける, 入場券なしで押し入る. ──自 招待を受けていないのに押しかける, 入場券なしで押し入る.
gáte-cràsher 名《口》押しかけ客, もぐりの入場者.

gat·ed /géɪtɪd/ 形 道路が門のある, ゲートのある.

gáted commúnity 名 ゲートコミュニティ《治安のため周囲にフェンスなどを張り, 門で警備員が出入りをチェックする住宅地など》.

gáte·fòld 名 =foldout.

gate·house 名 ❶ (猟園などの)門番小屋. ❷ (昔の都市城門の)門楼《牢獄に用いた》.

gáte·kèeper 名 ❶ 門番, 守衛; ゲートキーパー《人やものの情報の出入りを管理・制御する人[もの]》. ❷ 踏切番.

gáte·lèg 名 =gateleg table.

gáteleg tàble 名 折りたたみ式テーブル.

gáte mòney 名 Ⓤ (競技会などの)入場料(総額) (cf. gate 4 b).

gáte·pòst 名 門柱. **betwèen yóu and mé and the gátepost** ⇒ between 前 成句.

Gates /géɪts/, **Bill** ゲイツ (1955- ; 米国の実業家; Microsoft 社を設立 (1975)).

gáte vàlve 名 [機] (スライド式の)ゲートバルブ, 仕切り弁.

⁺gáte·wày 名 ❶ Ⓒ [...へ通じる]入り口, 道; 手段: *the ~ to success* 成功への道. **b** [米] (乗り継ぎのための)主要な空港. ❸ Ⓒ [電算] ゲートウェー《2 つのネットワークを相互に接続するハードウェアおよびソフトウェア》.

⁺gath·er /géðɚ/ ∼**s** /-ɚz/ 動 他 ❶ 〈散らばっているもの・人を〉集める, 集める 〔↔ scatter〕: ~ *statistics for a sales report* 販売報告書の統計を集める / ~ *one's papers up* [*together*]〈散らばった〉書類を集めてまとめておく / *The street performer* ~*ed a crowd around* [*about*] *him.* 大道芸人は彼の周りに群衆を集めた. ❷ **a** 〈花・果実などを〉摘み集める;〈たきぎなどを〉拾い集める: ~ *flowers* 花を摘む / ~ *nuts* [*firewood*] 木の実[たきぎ]を拾う 〔+目+目〕 *Would you* ~ *me some flowers* [*some flowers for me*]? 私に花を摘んでくれませんか. **b** 〈穀物などを〉取り入れる, 収穫する: *The farmers* ~*ed* (*in*) *their crops.* 農民たちは作物を取り入れた. ❸ **a** 〈ものが〉〈ほこり・ほこりなどを〉蓄積する, ためる: *Her computer is just* ~*ing dust.* 彼女のコンピューターはほこりがたまっている《使っていない》 / *A rolling stone* ~*s no moss.* ⇒ rolling stone. **b** 〈経験・知識などを〉(少しずつ)蓄積する, 積む. **c** 〈事実・情報などを〉収集する: ~ *facts* [*information*] *about UFOs* ユーフォーに関する事実[情報]を集める. ❹ **a** [...から... と...と推測する: *I* ~*ed* (*from* our conversation) *that she was happy.* 話から彼女は幸福なのだと思った. **b** [I ~ で, 主な文に並列的または挿入的に用いて] 思う: *You're still hungry, I* ~. まだお腹がすいているということですね. **c** [...から...と]知る, 察する: *We didn't* ~ *much from his statement.* 彼の陳述からは多くのことがつかめなかった. ❺ **a** 〈速力・体力などを〉(次第に)増す, 増大する (gain): *The train* ~*ed speed.* 列車はスピードを上げた. **b** 〈勇気などを〉奮い起こす (muster): *The patient is* ~*ing strength.* 患者は元気になってきている. **c** 〈精力・知力などを〉集中する;〈精神・意識を〉落ち着ける: ~ *one's energies* 精いっぱいの力を出す / ~ *one's thoughts* 考えを集中する / ~ *one's wits* [*senses*] 気を落ち着ける. **d** 〈息をつく: ~ *breath* 息をつく[入れる]. ❻ **a** 〈衣服などを〉...のまわりにぴったり引き寄せる〔*around, round, about*〕: ~ *one's overcoat around* *one* オーバーをぴったりと身にまとう. **b** 〈人を〉...に〉抱き寄せる: *He* ~*ed her into his arms.* 彼女を腕にひしと抱き締めた. **c** [~ *oneself* で] (跳びかかろうとしたりして)体を縮める: *He* ~*ed himself for a leap.* 彼は跳び上がれるように全身を縮めた. ❼ **a** 〈まゆになどを〉寄せる: ~ *one's brows* (*into a frown*) まゆをひそめて(渋い顔をする). **b** 〈布地・衣服などに〉ひだ[ギャザー]を取る (★ しばしば過去分詞で形容詞的に用いる): *a* ~*ed skirt* ギャザースカート.

── 自 ❶ [通例副詞(句)を伴って] 集まる 〔↔ scatter〕: *Clouds were* ~*ing.* 雲が群がってきていた. / *Children* ~*ed to watch the magician.* 奇術師を見に子供たちが集まってきた / *G~ round!* 全員集合! ❷ [通例副詞(句)を伴って] 〈ほこり・涙などが〉(...に)蓄積する, たまる: *Tears* ~*ed in her eyes.* 彼女の目に涙がたまった. ❸ 〈不安・暮色などが〉次第に増す[募(る)]: *Dusk is* ~*ing.* 夕やみが迫ってきた. ❹ **a** 〈まゆ・額が〉縮まる;〈しわが〉寄る: *His brow* ~*ed in a frown.* 彼はまゆをひそめて難しい顔になった. **b** 〈衣服の一部が〉しわになる. ❺ 〈腫物(ひもの)が〉うむ, はれあがる.

be gáthered to one's fáthers 死ぬ.

gáther oneself (*togéther*) 身を引き締める, 気を落ち着かせる.

── 名 [通例複数形で] 〔洋裁〕ひだ, ギャザー.

【OE】【類義語】(1) ⇒ collect¹. (2) ⇒ infer.

gath·er·er /géðərɚ/ -ɚz/ 名 集める人, 採集する人.

⁺gath·er·ing /géð(ə)rɪŋ/ 名 ❶ Ⓒ (非公式の打ち解けた)集会, 集まり: *a family* ~ (クリスマスなどでの)一族の集まり / *a social* ~ パーティー, 懇親会. ❷ Ⓤ 集めること, 収集. ❸ Ⓒ 腫物(ひもの), できもの. ── 形 〈暗やみなどが〉間近に迫ってきた.【類義語】⇒ meeting.

Gat·ling /gǽtlɪŋ/ 名 (また **Gátling gùn**) ガットリング機関銃《初期の機関銃》.

ga·tor /géɪtɚ/ -tɚ/ 名 (米口) ワニ (alligator).

GATT, Gatt /gǽt/ (略) General Agreement on Tariffs and Trade 関税・貿易に関する一般協定, ガット《1995年発展解消してWTOとなった》.

Gát·wick Áirport /gǽtwɪk-/ 名 ガトウィック空港《ロンドンの南にある国際空港; コード名 LGW》.

gauche /góʊʃ/ 形 (社交態度が)ぎこちない, 不器用な. 【F=左手の】

gau·che·rie /gòʊʃəríː/ -´- -´/ 名 ❶ Ⓤ ぎこちなさ, 気のきかなさ, 不器用さ. ❷ Ⓒ 気のきかないふるまい[言葉].

Gau·cher's dis·ease /goʊʃéɪz/ 名 Ⓤ ゴーシェ病《まれにみられる遺伝性の脂質代謝異常》.【P.C.E. Gaucher フランスの医師】

gau·cho /gáʊtʃoʊ/ 名 (複 ~**s**) ガウチョ《南米のカウボーイ; 通例スペイン人と先住民の混血》.

gaud /gɔːd/ 名 ❶ 安物の装飾品, 安ぴか物. ❷ [複数形で] 派手な儀式.

⁺gau·dy¹ /gɔ́ːdi/ 形 (**gaud·i·er; -i·est**) 〈服装・装飾などが〉けばけばしい, 派手で俗っぽい (garish): *a* ~ *dress* けばけばしいドレス. **gáud·i·ly** /-dəli/ 副 **-i·ness** 名

gau·dy² /gɔ́ːdi/ 名 〔英〕(毎年催される)大学記念祭[祝宴].

⁺gauge /géɪdʒ/ 名 ❶ **a** 標準寸法, 規格. **b** (銃砲の)標準口径;(鉄板の)標準の厚さ;(針金の)標準の太さ: *a 12-gauge shotgun* 12番径の猟銃. **c** 〔鉄道〕軌間: ⇒ standard gauge, narrow gauge. **d** (自動車などのホイールゲージ《左右の車輪間の距離》. ❷ **a** (測定用)計器, 計量器, ゲージ《雨量計・温度計・水位計・風速計・圧力計など》; an *oil-pressure* ~ 油圧計. **b** (大工の使う罫(ヶ)引き《平行線を引く時に使う》. ❸ (評価・判断などの)標準, 規格 (measure): *Popularity is seldom a true* ~ *of one's ability.* 人気は人の能力の真の基準にはめったにならない. **tàke the gáuge of...**を測る, を評価する: *take the* ~ *of a situation* 情勢を判断する. ── 動 他 ❶ 〔測定用計器で〕...を正確に測定する: ~ *rainfall* (*with a rain gauge*) (雨量計で)雨量を測定する. ❷ 〈物事・能力などを〉評価する, 判断する (assess). ❸ 〈...を〉標準規格に合わせる. 【F=計量ざお】

gáuge prèssure 名 〔理〕ゲージ圧《圧力計で測定した圧力; 大気圧との差で表わす》.

gaug·er /géɪdʒɚ/ -dʒɚ/ 名 ❶ 計る人[もの]. ❷ 〔英〕(酒樽などの)検量官.

gáuge thèory 名 〔理〕ゲージ理論《自然界の対称性に基づいて基本的相互作用を統一的に説明しようとする理論》.

Gau·guin /goʊgǽn/ -´-/, **Paul** ゴーギャン (1848-1903; フランスの画家).

Gaul /gɔːl/ 名 ❶ ガリア, ゴール《古代ケルト人の地; 今の北イタリア・フランス・ベルギーなどを含む》. ❷ Ⓒ **a** ゴール人. **b** フランス人. (形 Gallic)

Gau·lei·ter /gáʊlaɪtɚ/ -tɚ/ 名 ❶ (ナチスの)地方長官. ❷ 横柄な小役人.

Gaull·ism /góːlɪzm, góʊ-/ 名 Ⓤ ドゴール主義《ドゴール (de Gaulle) の政治思想・政策; 保守主義, ナショナリズム,

政府の指導力を強化した体制を特徴とする). -ist 名 形

+gaunt /gɔ́ːnt/ 形 (~・er; ~・est) ❶ 人が〈飢え・病気などで〉骨が出るほどげっそりやせた, やせ衰えた (drawn). ❷〈場所が〉不気味な, 寂しい: the ~ moors 荒涼とした荒れ野. ~・ly 副 ~・ness 名

+gaunt・let[1] /gɔ́ːntlət/ 名 ❶ (中世の騎士が用いたよろい)のこて. ❷ (乗馬・フェンシング・作業用の)長手袋.
 tàke [pìck] úp the gáuntlet 〈こてを拾って〉挑戦に応じる.
 thrów dówn the gáuntlet 挑戦する《画来 中世の騎士が挑戦のしるしにこてを投げたことから》.
 《F<gant 手袋+-LET》

gaunt・let[2] /gɔ́ːntlət/ 名 [the ~] (昔, 軍隊で行なわれた)棒打ち刑 (過失を犯した者に二列に並ぶ人々の間を走らせ, 棒などでたたいた). rún the gáuntlet (1) 棒打ちの刑を受ける. (2) […という] 苦しい試練にあう; […からの]手厳しい攻撃[批評]を受ける 《of》. 《Swed=通路をかけ抜けること》

gaur /gáuə/ 名 | gáuə/ (徴 ~, ~s) 動 ガウル, 《畜》ガウル (インド・東南アジアの野生牛).

gauss /gáus/ 名 (徴 ~, ~・es) 《理》ガウス (電磁単位). 《K. Gauss ドイツの数学者》.

Gáuss・i・an distribútion /gáusiən-/ 名 《統》ガウス分布 (normal distribution).

Gau・ta・ma /gáutəmə, góu-/ 名 ゴータマ (563?-?483 B.C.; 釈迦牟尼(ﾑﾆ)); Gautama は姓, 名は Siddhartha).

Gau・teng /gáuteŋ/ 名 ハウテン (南アフリカ共和国, 中北東部の Pretoria を中心とする首都圏州; 州都 Johannesburg).

gauze /gɔ́ːz/ 名 U ❶ a (綿・絹などの)薄織, 紗(ｼｬ), 絽(ﾛ). b ガーゼ. ❷ (細いプラスチックの糸・針金で作った)網, 金網. ❸ 薄もや, 薄かすみ. 《F》

gauz・y /gɔ́ːzi/ 形 (gauz・i・er, -i・est) 薄織のような; 薄く透き通る: a ~ mist 薄もや, 薄かすみ.

ga・vage /gəvá:ʒ | gæ-/ 名 U 胃管栄養(法).

*gave /géɪv/ 動 give の過去形.

gav・el /gǽv(ə)l/ 名 (議長・裁判長・競売人などが用いる) 槌(ﾂﾁ).

gav・el・kind /gǽv(ə)lkaɪnd/ 名 U 《英法》ガベルキンド保有 (1925 年まで主に Kent 州で行なわれた土地保有の態様; 遺言のない死者の保有地を息子全員に均分相続させるもの).

gável-to-gável 形 A 開会から閉会まですっと.

ga・vi・al /géɪviəl/ 名 動 ガビアル (インド産の吻(ﾌﾝ)部が長い大型のワニ).

ga・votte /gəvάt | -vɔ́t/ 名 ガボット: a 軽快なフランス舞踊. b その $4/4$ 拍子の舞曲. 《F; アルプスの住民の名にちなむ》

gawd /gɔ́ːd/ 間 (口) =God (驚きやいらだちを示すときの発音を示すつづり).

gawk /gɔ́ːk/ 名 気のきかない人, のろま, とんま. ── 動 (口) […を]ぼかんと見とれる 《at》.《★ 受身可》.

gáwk・ish /-kɪʃ/ 形 =gawky.

gawk・y /gɔ́ːki/ 形 (gawk・i・er, -i・est) (体ばかり大きくて)不格好な, 不器用な. gawk・i・ly /-kɪli/ 副 gáwk・i・ness 名

gawp /gɔ́ːp/ 動 (英口) […に]口をあけてぽかんと見とれる 《at》.

*gay /géɪ/ 形 (~・er; ~・est) ❶ a (特に男性が)同性愛の, ホモの, ゲイの (homosexual; ↔ straight): the ~ liberation movement ゲイ解放運動. b A 同性愛者が集まる: a ~ bar ゲイバー. ❷ (古風)〈人・性質・行為など〉陽気な, 快活な, 楽しそうな: ~ voices にぎやかな人声 / a ~ dance 陽気なダンス / in a ~ mood 浮き浮きして. ❸ (古風)〈色彩・服装など〉派手な, 華やかな, きらびやかな: a ~ dress 派手なドレス. ❹ 放蕩(ﾄｳ)な, 放埒(ﾗﾂ)な: the ~ quarters 色町, 花街 / lead a ~ life 放埒な生活を送る. ── 名 同性愛者, ホモ. ~・ness 名《F=きらびやかな》名 gaiety)

ga・yal /gəjά:l/ 名 動 ガヤル (gaur をインドで家畜化した品種の牛).

gay・dar /géɪrdɑ̀ə/ -dɑ̀-/ 名 U 《口・戯言》ゲイダー (他人の同性愛者を察知する能力).《gay+radar》

743 GDR

gay・e・ty /géɪəti/ 名 =gaiety.

Gáy-Lus・sàc's láw /géɪləsæks- | -lùːsæks-/ 名 《化》ゲイリュサックの法則 (反応物・生成物がいずれも気体である反応において, 反応前後の気体の体積が等温等圧の下で整数比をなすということ).

gay・ly /géɪli/ 副 =gaily.

gáy pride 名 U 同性愛者の誇り, ゲイプライド (同性愛者であることを公表し, 同性愛者であることに誇りをもとうという意識・運動).

ga・za・nia /gəzéɪniə/ 名 《植》ガザニア (南アフリカ産の黄色または赤橙色の花をつけるキク科植物).

Gá・za Strip /gά:zə-/ 名 [the ~] ガザ地区 (シナイ半島北東部に接する地区; 1967 年以降イスラエルが占領, 1994 年パレスチナ暫定自治開始).

*gaze /géɪz/ 動 自 (熱心にじっと)見つめる, 熟視する《★前との連結は受身可》: I ~d and ~d. ただただ見入るばかりだった / He stood gazing at the stars. 彼はじっと星を見つめたまま立っていた / She ~d on me in bewilderment. 彼女は当惑して私の顔を見つめた / He ~d into the stranger's face. 彼はその見知らぬ人の顔に見入った. ── 名 [単数形で]熟視, 注視, 凝視: drop one's ~ 視線を落とす / meet ...'s ~ (凝視する)...の目を見返す / His ~ fell upon me. 彼の視線は私に止まった.《ME; GAWK と関連語》《類義語》⇒ look.

ga・ze・bo /gəzéɪbou/ -zíː-/ 名 (徴 ~s) (公園・庭園などの)見晴らし台; (見晴らしのいい)あずまや. 《GAZE+-ebo [ラテン語 1 人称単数の未来形語尾]》

ga・zelle /gəzél/ 名 (徴 ~, ~s) 動 ガゼル (ガゼル属などの各種の小型のレイヨウ; アフリカ・アジア産).

gáz・er 名 (じっと)見つめる人.

*ga・zette /gəzét/ 名 ❶ [通例新聞名に用いて] 新聞, ガゼット: the Chiswick G~ チジックガゼット紙. ❷ (英) a 官報: an official ~ 官報 / the London G~ ロンドン官報 (ロンドンで週 2 回発行される). b (大学の)学報: Oxford University G~ オックスフォード大学報. ── 動 (英)〈任命など〉官報に掲載をする; [副詞(句)を伴って]〈人を...に)任命された官報で告示する. 《新聞第 1 部の代金に相当した昔の Venice の小額貨幣の名から》

gaz・et・teer /gæ̀zətíə | -tíə/ 名 ❶ 地名辞典. ❷ (地図帳・辞書の巻末にある)地名索引.

ga・zil・lion /gəzíljən/ 名 《米口》膨大な[ものすごい]数.

gaz・pa・cho /gəzpά:tʃou | gæzpǽtʃ-/ 名 U ガスパチョ (トマト・キュウリ・タマネギにオリーブ油・ガーリックなどを入れた冷たいスペインのスープ).《Sp》

ga・zump /gəzʌ́mp/ 動 (英口) [通例受身で] ❶〈家主が〉〈買い手に〉口頭で約束した以上の価格を要求する. ❷〈人をだます.

ga・zun・der /gəzʌ́ndə | -də/ 動 (英口)〈住宅の買い手が〉〈売り手に〉契約破棄をちらつかせて値下げを迫る.

Gb, GB (略)《電算》gigabyte(s). GB (略) Great Britain. GBH /dʒíːbiːéɪtʃ/ (略) (英) grievous bodily harm. G.B.S. (略) George Bernard Shaw. Gbyte (略)《電算》gigabyte(s). Gc (略) gigacycle. GC (略) George Cross. GCA (略)《空》ground-control(led) approach. gcd (略) greatest common divisor 最大公約数. GCE /dʒíːsiːíː/ (略) General Certificate of Education.

G cléf 名《楽》ト音記号.

GCSE (略) General Certificate of Secondary Education. Gd (記号)《化》gadolinium.

Gdansk /gədǽnsk, -nάːnsk, -dάːnsk/ 名 グダンスク (ポーランド北部のグダンスク湾に臨む港湾都市; ドイツ語名 Danzig). the Gúlf of Gdánsk グダンスク湾 (バルト海南岸の湾; 西側はポーランド領, 東側はロシアの飛び地).

g'day /gədéɪ/ 間 (豪) =good day. ★ オーストラリアの発音が一般 /gədáɪ/.

Gdns. (略) Gardens.

*GDP /dʒíːdiːpíː/ (略) U.C GDP, 国内総生産 (gross domestic product).

GDR /dʒíːdiːά:ə | -ά:-/ (略) German Democratic Republic. **gds.** 《略》 goods. **Ge** 《記号》〔化〕 germanium.

*__gear__ /gíə | gíə/ [名] ❶ **a** [C]〔機〕ギヤ; (歯車による)伝動装置; (自動車の)変速ギヤ: a car with four [automatic] ~*s* 4 段ギヤ[自動変速機]つきの車. **b** [U] 変速ギヤ[伝動装置]のかみ合った位置[状態]: ⇨ bottom gear, low gear, high gear, top gear / change into third [reverse] ~ ギヤをサード[バック]に切り替える / He put the car in ~ and drove away. 彼は車にギヤを入れて走り去った / The car is not in ~ [is out of ~]. 車はギヤが入っていない. ❷ [U] (飛行機・船などを操縦する際の特定の役目を果たす)装置: ⇨ steering gear / the landing ~ of an airplane 飛行機の着陸装置. ❸ [U] **a** [通例修飾語を伴って] (特定の用途に用いる)用具(一式), 道具(ひとそろい), 装備: fishing ~ 釣り用具一式 / sports ~ スポーツ用品. **b** (馬などの)引き具. **c** (船の)索具. **d** 家財道具. ❹ [U] **a** [通例修飾語を伴って] (特定の用途のための)衣服, 服装: hunting ~ 狩猟服 / rain ~ 雨具 / police in riot ~ 戦闘服に身を固めた警官隊. **b** 《口》(特に流行の)服 (clothes): teenage ~ ティーンエイジャーの(流行)服.
chánge géar(s) (1) ギヤを入れ替える, 変速する. (2) 問題の扱い方を変える, 調子を変える.
gèt [gò, móve] ìnto géar 順調に動きだす, 軌道に乗る.
gèt [gò, móve] ìnto hígh géar フル回転を始める.
in géar (1) ギヤを入れて (⇨ 1 b). (2) 〈事が〉円滑に進行して: Everything is *in* ~. 万事快調.
in hígh [tóp] géar (1) ギヤがトップに入って; 最高速度で. (2)〈事が〉(軌道に乗って)フル回転して: The work is now *in high* ~. その仕事は目下最高潮の段階にある.
òut of géar (1) ギヤが入っていないで (⇨ 1 b). (2) 調子が狂って: throw [put] a person *out of* ~ 人の調子を狂わせる.
shíft [swítch] géar(s) 《米》 =change GEARS [成句].
— [動] [他] ❶ 〈機械に〉伝動装置をつける. ❷ **a** 〈機械を〉〔…に〕連動させる: ~ the wheels ***to*** the motor 車輪をモーターに連動させる. **b** 〈…を〉〔計画・必要などに〕調整する, 適合させる, 向ける《★ しばしば受身》: ~ production ***to*** (an) increased demand 生産を需要増大に調整する / This program *is ~ed to* housewives. この番組は主婦向けに作られている. — [自] ❶ 〈歯車が〉かみ合う, かみ合っている. ❷ 〔…と〕適合する, よく一致する.
géar dówn 《[自]+[副]》 (1) ギヤを低速に入れる, シフトダウンする. — 《[他]+[副]》 (2) 〈生産などを〉減少する. (3) 〈…の量・程度などを〉〔…まで〕下げる: *~ down* a course ***to*** the beginners' level 教科課程の程度を初心者のレベルまで下げる.
géar úp 《[自]+[副]》 (1) ギヤを高速に入れる, シフトアップする. (2) 〔…に対する〕準備を整える: The team is *~ing up for* the game. そのチームは試合に向けて準備を整えている. — 《[他]+[副]》 (3) 〈産業・経済などを〉拡大する: ~ *up* a company's operations 会社の事業を拡大する. (4) 〈…に〉準備させる 《★ 通例過去分詞で形容詞的に用い, 「〔…に〕備えて〔*for*〕; 〈…する〉ばかりになって 〈*to* do〉」の意になる》: They are *~ed up for* the start [*to* start]. 彼らは出発するばかりになっている.
〖ON=装具〗

⁺__géar·bòx__ [名] ❶ 〔機〕ギヤボックス. ❷ (自動車などの)変速装置 (transmission).

gear·ing /gí(ə)rɪŋ/ [名] [U] ❶ 伝動装置. ❷ 《英》 leverage 3.

géar lèver [stìck] [名] 《英》 =gearshift.

géar·shìft [名] 《米》 (自動車などの)変速レバー, チェンジレバー (《英》 gear lever [stick]).

géar tràin [名] 〔機〕 歯車列, ギヤトレーン《シャフトからシャフトへ運動を伝える》.

géar whèel [名] (大)歯車.

geck·o /gékoʊ/ [名] (複 **~s, ~es**) 〔動〕 ヤモリ.

GED /ʤíːìːdíː/ 《略》〔米〕 general equivalency diploma 《高校を出ていない人が定められた学力検定試験に合格すると授与される高卒と同等の証書》.

ged·dit? /gédɪt/ 《口》 =Do you get it? 《そのしゃれわかる?》.

gee[1] /ʤíː/ [間] ★ 通例次の成句で. **gée úp** 《[他]+[副]》《英》 (1) 〈人を〉激励する, 〈人に〉はっぱをかける. — 《[自]+[副]》 (2) [馬に向かって; 命令法で] 急げ, はいしはいし.

⁺__gee__[2] /ʤíː/ [間] 《米口》 [驚き・喜び・称賛などを表わして] おや!, まあ!, これはこれは!(驚いた). 〖Jesus を婉曲に短縮したもの〗

gee[3] /ʤíː/ [名] [通例複数形で] 《米俗》 千ドル.

Gee·chee /gíːʧiː/ [名] =Gullah.

gee·gaw /ʤíːgɔː/ [名] =gewgaw.

gée-gèe [名] 《英口》 馬, おうま. 〖GEE[1] の反復〗

geek /gíːk/ [名] 《主に米俗》 変人, 世間知らず. **~·y** [形]

*__geese__ /gíːs/ [名] **goose** の複数形.

gée strìng /ʤíː-/ [名] バタフライ (G-string).

gée whíz [間] 《主に米古風》 =gee[2].

gee-whiz /ʤíː(h)wíz | -wíz⁻/ [形] 《米口》 あっと言わせるような, すばらしい: ~ technology あっと言わせるテクノロジー.

geez /ʤíːz/ [間] [しばしば G~] =jeez.

⁺__gee·zer__ /gíːzə | -zə/ [名] 《口》 ❶ 《英》 男. ❷ 《米》 変人; (特に)風変わりな老人: an old ~ 変わり者(のじいさん). 〖GUISE+-ER[1]〗

ge·fíl·te físh /gəfíltə-/ [名] [U] ゲフィルテフィッシュ《マス・コイなどを刻み, 卵・タマネギなどを混ぜてだんごにしてスープで煮込んだユダヤ料理》.

ge·gen·schein /géɪgənʃàɪn/ [名] [U] [しばしば G~] 〔天〕 対日(たいじつ)照《太陽と反対側の天空に見える微光》.

Ge·hen·na /gɪhénə/ [名] ❶ 〔聖〕 **a** ゲヘナ《Jerusalem 近くの幼児犠牲が行なわれていたヒンノム (Hinnom) の谷》. **b** [U] 地獄. ❷ [C] 苦難の地.

Geh·rig /gérɪg/, **Lou** /lúː/ [名] ゲーリッグ《1903–41; 米国の野球選手; 2130 試合連続出場の強打者; 愛称 the Iron Horse; 神経系統の進行性の疾患 (Lou Gehrig's disease) で引退》.

Gei·ger(-Mül·ler) cóunter /gáɪgə(mjúːlə)- | -gə(mjúːlə)-/ [名] 〔理〕 ガイガー(ミュラー)計数器, ガイガーカウンター《放射線検出器》.

G8 /ʤíːéɪt/ 《略》 Group of Eight 8か国蔵相会議《G7 にロシアが加わったもの》.

gei·sha /géɪʃə/ [名] (複 **~, ~s**) 芸者. 〖Jpn〗

Géiss·ler tùbe /gáɪslə | -lə/ [名] 〔電〕 ガイスラー管《真空放電の放電管》. 〖H. Geissler ドイツのガラス吹き職人〗

Geist /gáɪst/ [名] [単数形で] 精神, 霊魂.

gei·to·nog·a·my /gàɪtənágəmi | -nɔ́g-/ [名] [U] 〔植〕 隣花受粉《同株他花による》.

‡__gel__ /ʤél/ [名] [U,C] 〔化〕 ゲル, 膠(こう)化体《コロイド系がゼリー状に固化したもの; たとえば固まったゼラチン・寒天など; cf. sol[3]》. — [動] [自] **(gelled; gel·ling)** ❶ 膠質化する, ゼリー状になる. ❷ 《英》 〈計画・考えなどが〉固まる. ❸ 〈人が〉(仕事で)うまが合う, 一団となる. — [他] [通例受身で] 〈髪に〉ジェルをつける. 〖GEL(ATIN)〗

gel·á·da (babóon) /ʤélədə(-), ʤəláː- | ʤəláː-/ [名] 〔動〕 ジェラダヒヒ, ゲラダヒヒ《アフリカ東北部産のオナガザル科のサル》.

gelati [名] gelato の複数形.

gel·a·tin /ʤélətn, -tɪn | -tɪn/, **gel·a·tine** /-tn, -tɪn | -tìːn/ [名] [U] ゼラチン, 精製にかわ. 〖F < It < L *gelare, gelat-* 凍らせる; cf. jelly〗

ge·lat·i·nize /ʤəlǽtənàɪz, -tn- | ʤɪlǽt-/ [動] [他] [自] ゼラチン化する; 〔写〕 ゼラチンでおおう. **ge·lat·i·ni·za·tion** /ʤəlæ̀tənɪzéɪʃən | -naɪz-/ [名]

ge·lat·i·nous /ʤəlǽtənəs, -tn-/ [形] ゼラチン[にかわ]状[質]の; ゼラチンの.

gélatin pàper [名] 〔写〕 ゼラチン感光紙.

ge·la·tion[1] /ʤəléɪʃən/ [名] [U] 凍結, 氷結.

gel·a·tion[2] /ʤeléɪʃən/ [名] [U] 〔化〕 ゲル化.

ge·la·to /ʤəláːtoʊ/ [名] (複 **-ti** /-tiː/, **~s**) ジェラート《空気をあまり含まないイタリア風の柔らかいアイスクリーム》.

geld /géld/ [動] [他] **(geld·ed, gelt** /gélt/**)** 〈馬などを〉去勢する (castrate). 〖L; GELATIN と同語源〗

⁺__géld·ing__ [名] 去勢馬 (⇨ horse [関連]).

gel·id /ʤélɪd/ [形] 氷のような, 凍るような, 冷たい.

gel·ig·nite /dʒélɪgnàɪt/ 名 U ゼリグナイト, 桜ダイナマイト《強力なダイナマイト》.

gel·se·mi·um /dʒelsíːmiəm/ 名 U ゲルセミウム根(yellow jessamine の根; 鎮痛薬などに用いた).

gelt[1] geld の過去形・過去分詞.

gelt[2] /gélt/ 名 U《俗》金, ぜにこ.

*__gem__ /dʒém/ 名 ❶ (特に, 磨いたりカットを施したりした)宝石, 宝玉. ❷ 宝石のように美しい[貴重な]もの[人], 至宝, 珠玉: the ~ of a collection 収集中の逸品 / a ~ of a poem 珠玉のような一編の詩. ━━ 動 (gemmed; gem·ming)〈…に〉宝石をちりばめる.《L=芽, 宝石》

Ge·ma·ra /gəmάːrɑ/ 名 [the ~]《ユダヤ教》ゲマラ(Talmud のうち, Mishna に対する解説部分). **Ge·ma·ric** /-rɪk/ 形 **-rist** 名

ge·mein·schaft /gəmáɪnʃɑft/ 名 U [しばしば G~] 共同社会, ゲマインシャフト《親密な相互の感情を特徴とする自然的に発生した有機的な社会関係; それに基づく集団; cf. gesellschaft》.

gem·i·nal /dʒémən(ə)l/ 形《化》一つの原子に1対の原子(団)が結合した. **~·ly** 副

gem·i·nate /dʒémənèɪt/ 動 他 二重[対]にする. ━━ 自 二重[対]になる. ━━ /-nət, -nèɪt/ 形 〈葉・花など〉双生の, 対になった, 二つなりの. **gem·i·na·tion** /dʒèmənéɪʃən/ 名《L=双生, Gemini, -ate》

*__Gem·i·ni__ /dʒémənàɪ, -nìː/ 名 ❶《天》ふたご座. ❷《占星》a ふたご座, 双子宮 (cf. the signs of the ZODIAC 成句). b C ふたご座生まれの人.《L=ふたご》

gem·ma /dʒémə/ 名 (pl **gem·mie** /dʒémiː/)《生》無性生殖体; 無性芽.

gem·ma·tion /dʒeméɪʃən/ 名 U《植》無性芽生殖.

gem·mip·a·rous /dʒemíp(ə)rəs/ 形《生》発芽生殖する. **~·ly** 副

gem·mule /dʒémjuːl/ 名《動》(海綿の)芽球.

gem·ol·o·gist, gem·mol·o·gist /dʒemάlədʒɪst | -mɔ́l-/ 名 宝石学者[鑑定人].

gem·ol·o·gy, gem·mol·o·gy /dʒemάlədʒi | -mɔ́l-/ 名 U 宝石学.《GEM+-OLOGY》

gems·bok /gémzbɑk | -bɔ̀k/ 名 (pl ~, ~s)《動》ゲムズボック《南アフリカ産の大型のレイヨウ》.

Gém Státe 名 [the ~] 宝石州《米国 Idaho 州の俗称》.

gém·stòne 名 宝石用原石; 準宝石.

ge·müt·lich /gəm(j)úːtlɪk/ 形 気楽な, 気持のよい, 快適な; 感じのよい.

ge·müt·lich·keit /gəm(j)úːtlɪkkàɪt/ 名 U 気楽, 快適; 感じのよさ.

gen /dʒén/《古風・英口》名 [the ~]〈…に関する〉(正確には完全な)情報〈on〉. ━━ 動 (genned; gen·ning) 次の成句で. **gén úp**《自+副》《古風・英口》(1)〈…について〉情報を得る; 学ぶ: I'll have to ~ *up on* the rules. その規則をよく調べなくてはならない. ━━《他》(2)〈人に〉〈…について〉情報を与える, 知らせる: He genned me *up on* the subject. 彼は私に問題に関する情報をすっかり教えてくれた.《gen(eral information)》

gen.《略》gender; general; genitive; genus.

Gen.《略》General;《聖》Genesis.

-gen /dʒən/ 名 [名詞連結形] ❶「…を生じるもの」: oxy*gen*. ❷「…から生じたもの」: anti*gen*.《Gk＜…から生*gen*》

gen·darme /ʒάːndɑːrm | -dɑːm/ 名 (pl ~s) (フランスなどの)警察官, 憲兵.《F=武装した人々》

*__gen·der__ /dʒéndər | -də/ 名 ❶ U.C (人の)性, 性別 (sex); ジェンダー(社会的, 文化的意味づけをされた男女の差異). ❷《文法》性: the masculine [feminine, neuter, common] ~ 男[女, 中, 通]性 / German has three ~s. ドイツ語には3つの性がある.《F＜L genus, gener- 種類; cf. general》

génder-bènder 名《口》異性の服装をする人.

génder discriminàtion 名 U 性差別.

gén·dered 形 性別[性的特徴]を反映した, ジェンダーに特有の.

génder gàp 名 [the ~] ジェンダーギャップ《男女の性別による隔たり》.

745

génder idèntity disòrder 名 U.C《心》性同一性障害.

génder-néutral 形 性差別のない, 性的に中立的な.

génder-specífic 形 男性または女性だけに限定された, ジェンダーに特有の.

*__gene__ /dʒíːn/ 名《生》遺伝子, ジーン: a recessive ~ 劣性遺伝子.《G＜Gk *gen*-「生む; 生まれる; 種族」などの意の語幹》

Gene /dʒíːn/ 名 ジーン《男性名; Eugene の愛称》.

ge·ne·a·log·i·cal /dʒìːniəlάdʒɪk(ə)l | -lɔ́dʒ-/ 形 系図の; 家系[系統]を示す: a ~ table [chart] 系図 / a ~ tree (一家・動植物の)系統樹. **~·ly** /-kəli/ 副

gè·ne·ál·o·gist /dʒìːnɪǽlədʒɪst/ 名 系図学者, 系統学者.

ge·ne·al·o·gy /dʒìːniǽlədʒi, -nɪél-| -nɪél-/ 名 ❶ a 家系, 血筋. b (動植物・言語の)系統, 系図. ❷ U a 系図学, 系譜学. b 家系(動植物などの)系統研究.《F＜L＜Gk＜*genea* 発生, 種+-LOGY》

géne amplificàtion 名 U 遺伝子増幅.

géne bànk 名 遺伝子銀行.

géne fréquency 名 C,U 遺伝子頻度.

géne màp 名 ＝genetic map.

géne pòol 名 U 遺伝子給源, 遺伝子プール《有性生殖する生物集団が有する遺伝子全体》.

genera 名 genus の複数形.

gen·er·a·ble /dʒén(ə)rəbl/ 形 生み出しうる, 生成[発生]可能な.

*__gen·er·al__ /dʒén(ə)rəl/ 形 (**more** ~; **most** ~) ❶ (比較なし) a (特殊でなく)一般の, 全般の, 普通的な (↔ special, particular);⇒ general agent / a ~ attack 総攻撃 / a ~ catalog 総目録 / a ~ manager 総支配人 / a ~ meeting [council] 総会 / a ~ strike 総ストライキ. b 全身の: ~ anesthesia 全身麻酔 / ~ paralysis 全身まひ. ❷ (比較なし) (特定の部門に限らない)一般的な; 雑多な (↔ special): ~ affairs 庶務, 総務 / a ~ clerk 庶務係 / ~ culture course 一般教養課程 / a ~ magazine 総合雑誌 / for the ~ reader (専門家でない)一般読者に. ❸ (詳細でなく)概括的な, 大体の, 概略の (overall; ↔ specific, detailed): a ~ outline 概要 / ~ principles 原則 / ~ rules 総則 / in ~ terms 概括的な言葉で, 漠然と / I'll give you a ~ idea of it. 大体のことをお話しましょう. ❹ (比較なし) 世間一般の, 社会の大部分に共通する, 普通の: a ~ custom 世間一般の慣習 / a ~ opinion 一般的な見解 / the ~ public 一般社会(で), 公衆 / ~ welfare 公共の福祉 / a matter of ~ interest 一般の人が関心をもつ事柄 / a word in ~ use 広く一般に使用される語 / work for the ~ good 公益のために働く. ❺ a A (比較なし) 将官級の: a ~ officer (陸軍・空軍・海兵隊の)将官. b [官職名の後ろにつけて] 総…, …長(官): a governor ~ 総督 / Attorney General, Postmaster General, secretary-general. **as a géneral rúle** ⇒ rule 名 成句. **in a géneral wáy** 一般的に, 普通には; ざっと.

━━ 名 ❶ a [呼び掛けにも用いて]《陸海空軍・海兵隊・英陸軍》大将; 将軍 (略 **gen., Gen.**; 解説 米国では将官の位階は星の数で示すので, 俗には准将・少将・中将・大将の陸軍の5階級をそれぞれ a one-star [two-star, three-star, four-star, five-star] general [admiral]という):⇒ major general, lieutenant general / a full ~ [特に他の将官と区別する場合に用いて] 陸軍大将 / a G~ of the Army《米》陸軍元帥 / a G~ of the Air Force《米》空軍元帥 / a G~ Grant グラント将軍. b [通例修飾語を伴って] (…の)戦略[戦術]家: a good [bad] ~ すぐれた[へぼ]軍師. ❷ a《教》(修道会の)総会長. b (救世軍の)大将. **cáviar to the géneral** ⇒ caviar 成句. **in géneral** (1) [文修飾] 一般に, 概して (on the whole, generally): *In* ~, she's a good cook. 彼女は概して料理は上手なほうだ. (2) [名詞の後に置いて] 一般の, 大概の, 大体の: the world *in* ~ 世間一般 / People *in* ~ dislike being criticized. たいていの人は[人は大概]批判されるのを嫌うものだ.

《F＜L＝ある種類(全体)の《*genus, gener*- 種類; cf. gender, generate, generic, generous; degenerate〕(名 generality, 動 generalize)

Géneral Accóunting Óffice 名 [the ~]《米》会計検査院(略 GAO).

géneral ágent 名 総代理人; 総代理店 [for]《略 GA》.

Géneral Américan 名 U 一般アメリカ語(東部の New England 諸州と南部を除く中西部全域に行なわれる典型的な米語; 略 GA; ⇒ Received Pronunciation).

Géneral Assémbly 名 [the ~] ❶ 国連総会(略 GA). ❷《米国のいくつかの州の》州議会. ❸《長老教会などの》総会, 大会.

géneral áverage 名 U《海上保険》共同海損(略 GA).

Géneral Certíficate of Educátion 名《英》C 一般教育証明書 [解説] イングランドとウェールズの大学進学または専門職希望の中等学校 (secondary school) 上級生を対象にして行なわれる試験の合格証明書; 試験科目は難度によって, 16歳から受ける普通級 (O level) と sixth form を修了した通例17, 18歳から受ける上級 (A level) に分かれ (1988年O level は廃止), その成績は大学進学や就職に大きく影響するが, 後者には別に大学奨学金希望者のための学問級 (S level) がある; 略 GCE. ❷ [the ~] (上記の証明書を得るための) 一般教育履修証明試験 (略 GCE).

Géneral Certíficate of Sécondary Educátion 名《英》[the ~] 一般教育証明試験(GCE の O level に代わる試験; 略 GCSE.

géneral cóunsel 名《米》❶ (企業の)主任顧問弁護士. ❷ 法律事務所.

géneral delívery 名 U《米》局留め郵便《英》poste restante)《★ しばしば郵便物の表記に用いる》: have one's mail directed to ~ 郵便物を局留めにする.

géneral éditor 名 編集長[主幹].

géneral educátion 名 U 〔また a ~〕(専門/技術)教育に対して) 一般教育 (cf. LIBERAL education).

*****géneral eléction** 名 総選挙《英国で5年に1度または議会の解散後に行なわれる下院議員選挙; 米国では広く地方・州・国の選挙にいう).

Géneral Eléction Dày 名《米》総選挙日《4年目ごとの11月の第1月曜日の次の火曜日; 祭日》.

géneral héadquarters 名 他 [単数または複数扱い] 総司令部(GHQ).

gen·er·a·lis·sì·mo /dʒènərəlísəmòu/ 名(複~s) 総[最高]司令官, 大元帥, 総統 (★ 英米の総司令官には用いない). 〔It〕

gén·er·a·list /-lɪst/ 名 多方面の知識を持つ人, 博学な人, 万能選手 [用法] 専門家に対しては軽蔑的に用いられることがある.

gen·er·al·i·ty /dʒènərǽləti/ 名 ❶ U 一般的なこと, 一般性, 普遍性: a rule of great ~ きわめて一般的な規則. ❷ C [しばしば複数形で] 概論; 通則; 概括的な陳述: come down from *generalities* to particulars 概論から各論に入る / talk in *generalities* 概括的に話す. ❸ [the ~; 複数扱い] 大部分, 過半数, 大半 [比較] majority のほうが一般的): *The ~ of* students work hard. 学生たちの大多数は勉強がよい / in the ~ of cases 一般[たいてい]の場合に. 〔形 general〕

+gen·er·al·i·za·tion /dʒènərəlɪzéɪʃən/ -laɪz-/ 名 ❶ U 一般化, 普及; 概念, 帰納的結果; 一般論. ❷ C (総合・概括した結果の)概念, 帰納的結果; 一般論: make a sweeping ~ 十把(ぴ)ひとからげの概括論をする. 〔動 generalize〕

*****gen·er·al·ize** /dʒénərəlàɪz/ 動 [...に関して] (漠然と) 概括的に論じる, 一般論を述べる; 概括する, 概括的な結論[一般法則]を引き出す [from]: It's dangerous to ~ *about* people. 人については一般論を述べるのは危険だ. — ⓣ ❶ [...から] 〈一般法則・結論など〉を導き出す [from]. ❷ a 〈原理・規則など〉を一般化する, 普遍化する. b 〈物の使用・知識など〉を一般化する, 普及させる. 〔形 general, 名 generalization〕

+gen·er·al·ized /dʒénərəlàɪzd/ 形 ❶ 一般化した, 全体的な. ❷ 〚生〛分化していない. ❸ 〈発疹などが全身(性)

の, 広汎(性)の (general; ↔ specific).

géneral knówledge 名 U 一般的な知識, 一般常識.

‡gen·er·al·ly /dʒénərəli/ 副 (more ~; most ~) ❶ 一般に, 広く, あまねく; 多くの人に: It's ~ believed that ... ということが (世間) 一般に信じられている / Our new plan was ~ well received. 我々の新しい計画は一般に [多くの人に] 歓迎された ❷ 普通(は), 通例, 通常 (usually): He ~ goes to bed at ten. 彼は普通[大体]10時に寝る. ❸ a 概して, 大体に: His account is ~ accurate. 彼の話は大体正確だ. b [文修飾] 大体において: G~, it rains a lot in spring. 大体において春に雨がよく降る. ❹ 全体的に, 一般に(全体として): I'm interested in animals ~. 私は動物全体に興味がある. **generally speaking＝spéaking generally** 〔通例文頭に置いて〕一般的に言って, 概して(言えば): G~ speaking, boys like strenuous sports more than girls do. 一般的に言って男子のほうが女子よりきついスポーツを好む.

Géneral Mótors 名 ゼネラルモーターズ《米国の自動車メーカー; 略 GM》.

géneral parésis 名 U〚医〛全身不全麻痺《梅毒による進行性麻痺, 麻痺性痴呆; general paralysis of the insane ともいう》.

géneral pártner 名〚法〛無限責任組合員[社員].

Géneral Póst Óffice 名 [the ~] ロンドン郵便本局《略 GPO》.

géneral práctice 名 U (一般開業医が行なう)一般診療; C 一般診療所.

géneral practítioner 名 一般開業医 (cf. specialist 2)《比較》《口》では family doctor ともいう; 略 GP》.

géneral-púrpose 形 いろいろな用途に使われる, 多目的な: a ~ tool 万能工具.

géneral semántics 名 U 一般意味論.

géneral·ship 名 ❶ U a 大将[将軍] としての才能[器]. b 用兵・戦略の手腕. c 指揮能力, 統率力. ❷ C 大将[将軍]の職[地位], 身分.

géneral stáff 名 [the ~; 集合的で; 単数または複数扱い] (師団・軍などの)参謀(部), 幕僚《略 GS》.

géneral stóre 名《米》(いなかの) 雑貨店, よろず屋.

*****géneral stríke** 名 ゼネスト, 総同盟罷業.

Géneral Wínter 名 冬将軍《擬人化》. 【軍事行動に大きな影響を与えたことから】

*****gen·er·ate** /dʒénərèit/ 動 ⓣ 〈結果・状態・行動・感情など〉を引き起こす, 来たす, 招く〔比較〕cause のほうが一般的〕: His actions ~d a good deal of suspicion. 彼の行動は大きな疑惑を招いた. ❷ a 〘理・化〙〈熱・電気など〉を〈物理的・化学的に〉発生させる, 生じる, 起こす. b 〘幾〙〈点の移動が〉〈線・面・形など〉を描く, 生成する. c 〘言〙〈規則が〉〈文など〉を生成する. ❸ 〘生〙〈新個体〉を生む.〖L=生み出す〈genus, gener- 種類〉〗〔名 generation, 形 generative〕

*****gen·er·a·tion** /dʒènəréɪʃən/ 名 C ❶ 〔集合的; 単数または複数扱い〕 a 同時代[世代]の人々: the present [last, coming] ~ 現代[前代, 次代]の人々 / the rising [younger] ~ 青年[層]. b 子孫, 時代・行動などを共にする同時代の人々, 一族[世代]: the rock-and-roll ~ ロックンロール(で育った)世代: ⇒ beat generation. ❷ 一世代《子供が大人になり, その子が生まれるまでの約30年間》: ~ ago 一世代前に. ❸ (親の代, 子の代など): first-*generation* Americans 第一世代のアメリカ人《移民であった親から初めてアメリカで生まれ育ったアメリカ人》 / three ~s 三代(親と子と孫) / for ~s 数代にわたって / from ~ to ~＝~ after ~ 代々, 世々(引き続いて) (★ 無冠詞). ❹ (機械・商品などの)世代, 型《従来の型を発展させた型のもの》: the new ~ of supersonic airliners 新型[世代]の超音速旅客機 / ⇒ fifth-generation computer. — U ❶ 〚感情などの〛誘発, 発生, 生成: the ~ of ill feeling 悪感情の発生. ❷ a 〚理・化〛発生: the ~ of electricity by nuclear power 原子力による発電. b 〚言・生〛発生. c 〚生〛生成.〔動 generate〕

generátion gàp 名 [the ~] 世代間の断絶: bridge the ~ 世代間の断絶の橋渡しをする.

Generátion X /-éks/ 名 U ジェネレーション X, X 世代

(1960年代後半から70年代に生まれた世代). **Generátion X**-er /-éksə/ -sə/ 名

gen·er·a·tive /dʒénərətɪv, -nərèɪ- | -n(ə)rə-/ 形 ❶ 生殖[発生, 生成]力のある: a ~ cell [organ] 生殖細胞[器] / ~ force [power] 発生[原動, 生殖]力. ❷ [言] 生成の. (動 generate)

génerative grámmar 名 U 生成文法.

*gen·er·a·tor /dʒénərèɪtə | -tə/ 名 ❶ a 発電機. b (ガス・蒸気の)発生装置[装置]. ❷ 発生させる人[もの].

géne recombinàtion 名 U 遺伝子組み換え.

*ge·ner·ic /dʒənérɪk/ 形 ❶ [生] (分類上の)属の, 属に属する: a ~ difference 属差 / a ~ name [term] 属名. ❷ ⟨名称など⟩ 一般的な, 包括的な (↔ specific): 'Furniture' is a ~ term for beds, chairs, tables, etc. 「家具」というのはベッド, いす, テーブルなどを指す一般的な名称です. b [文法] 総称的な: the ~ singular 総称単数 (たとえば The *dog* is a faithful animal. の dog). ❸ [主に米] ⟨品物が⟩ 商標登録されていない, ノーブランドの [通例複数形で] ノーブランド商品. **ge·nér·i·cal·ly** /-ɪkəli/ 副. 〖F⟨L *genus, gener-* 種, 由来+-IC〗

*gen·er·os·i·ty /dʒènərásəti | -rɔ́s-/ 名 ❶ a U 気前のよさ [*to, toward*]. b U 気前のよい行為. ❷ a U 寛大, 寛容, 雅量: show ~ *in* overlooking the indiscretions of others ひとの無分別を大目に見る. b U 寛大な行為. (形 generous)

*gen·er·ous /dʒénərəs/ 形 (*more* ~; *most* ~) ❶ 気前のよい, 惜しみなく物[金, 援助など]を与える (↔ mean): a ~ giver 気前よく与える人 / a ~ gift 惜しげなく与えられた贈り物 / He was ~ *with* his money [*in* giving help]. 彼は気前よく金を出した[惜しまず援助した] / [*It's ~ of* 代名(+*to do*)] *It's ~ of* you *to pay* for us.=You're ~ *to* pay for us. おごってくれるなんて君も気前がいいな. ❷ 寛大な, 思いやりのある: ~ remarks 寛大な[思いやりのある]ことば / Try to be more ~ *in* your judgment of others. 人を評価する時はより寛大であるように努めなさい / [*It's ~ of* 代名(+*to do*)+*to do*] *It's most ~ of* you *to* help us.=You're most ~ *to* help us. 我々を助けてくださるとはあなたは本当に寛大なお方です. ❸ (必要以上に)たくさんの, 豊富な; たっぷりの, 大きな: a ~ helping of food 食物のたっぷりした盛りつけ / a ~ bosom 豊かな胸. ❹ ⟨ぶどう酒が⟩ 強い, 濃い, こくのある. ❺ ⟨土地が⟩ 豊かな, 肥沃(ちょく)な. **~·ness** 名. 〖F⟨L 高貴な生まれの⟨*genus, gener-* 種, 由来+-OUS〗 (名 generosity)

gén·er·ous·ly /-li/ 副 ❶ 気前よく: He gives ~ to the charity. 彼は慈善事業に多大な寄付をする. ❷ [文修飾] 寛大にも(も); G~, he forgave us. 寛大にも彼は我々を許してくれた. ❸ 豊富に, たっぷり.

gen·e·sis /dʒénəsɪs/ 名 (~·ses /-sìːz/) ❶ [G~] [聖] 創世記 (旧約聖書の第一書; 略 Gen.). ❷ C [通例 the ~] 起源, 発端: *the ~* of civilization 文明の起源. 〖L⟨Gk=起源〗

géne-splìcing 名 U 遺伝子接合, 遺伝子組み換え.

gen·et /dʒénɪt/ 名 ❶ C [動] ジェネット (ジャコウネコ科). ❷ U ジェネットの毛皮.

+**géne thèrapy** 名 U 遺伝子療法, 遺伝子治療 (遺伝子異常を原因とする疾患を, 外部から正常遺伝子を導入することで治療する方法).

ge·net·ic /dʒənétɪk/ 形 ❶ 遺伝学の; 遺伝(上)の; 遺伝子の: a ~ disorder 遺伝病, 遺伝上の障害. ❷ 起源(上)の, 発生(論)の. (名 gene)

ge·nét·i·cal /-tɪk(ə)l/ 形 =genetic. **~·ly** /-kəli/ 副.

genétically módified [engineéred] 形 遺伝子を操作された[組み換えられた], 遺伝子組み換えの.

genétic códe 名 [the ~] 遺伝情報, 遺伝暗号.

genétic counsel(l)ing 名 U 遺伝相談[カウンセリング] (遺伝病の発現可能性・治療などに関するもの).

+**genétic engineéring** 名 U 遺伝子工学.

genétic fingerprint 名 遺伝子指紋.

genétic fingerprinting 名 U (DNA による)遺伝子指紋法.

genétic informátion U 遺伝情報.

ge·nét·i·cist /-təsɪst/ 名 遺伝学者.

---

genétic máp 名 遺伝(子)地図 ⟨染色体上の遺伝子の位置を示したもの⟩.

genétic márker 名 遺伝標識, 遺伝マーカー ⟨遺伝学的解析で標識として用いられる遺伝子⟩.

genétic modificátion 名 U.C 遺伝子組み換え, 遺伝子操作.

genétic mutátion 名 U.C 遺伝子突然変異, 遺伝変種.

genétic profiling 名 =genetic fingerprinting.

*ge·net·ics /dʒənétɪks/ 名 U 遺伝学.

géne trànsfer 名 U.C 遺伝子移入[導入].

Ge·ne·va /dʒəníːvə/ 名 ❶ ジュネーブ ⟨スイス南西部 Geneva 湖畔の都市; 国際赤十字社, ILO, WHO などの本部の所在地⟩. ❷ [Lake ~] ジュネーブ湖 ⟨スイス南西部に位置し, フランスとの国境をなす中欧最大の湖; 別名レマン湖 (Lake Leman)⟩.

Genéva bánds 名 圈 ジュネーブバンド ⟨カルバン派の牧師が首の前に垂らした2枚の白い布⟩.

Genéva Convéntion 名 [the ~] ジュネーブ条約 ⟨1864 年から数度にわたりジュネーブで開かれた国際会議で戦時中の傷病兵・捕虜などの取り扱いを協定した条約⟩.

Gen·ghis Khan /dʒéŋgɪskáːn, -zɪs-/ 名 チンギスハーン(成吉思汗), ジンギスカン (1162?–1227; アジアの大部分とヨーロッパ東部を征服したモンゴル帝国の始祖).

ge·ni·al /dʒíːniəl/ 形 (*more* ~; *most* ~) ❶ ⟨性質・態度など⟩ 明るくて優しい, 愛想のよい, にこやかな, 親切で(friendly): a ~ disposition 明るくて優しい性質 / a ~ welcome 温かい歓迎. ❷ ⟨気候・風土など⟩ 温和な, 温暖な, 快適な: a ~ climate 温和な風土. **~·ly** /-əli/ 副. 〖L=守護神 (genius) にさけられた; 祭の, 楽しい〗

ge·ni·al·i·ty /dʒìːniǽləti/ 名 ❶ U 親切さ, 優しさ, 愛想のよさ. ❷ C 親切な行為.

gen·ic /dʒénɪk, dʒíːnɪk/ 形 遺伝子の.

-gen·ic /dʒénɪk, dʒíːnɪk/ 形 [連結形]「…を生成する」「…によって生成される」「…な遺伝子を有する」「…による制作[再生]に適する」: carcinogenic, polygenic, telegenic.

ge·nic·u·late /dʒəníkjʊlɪt, -lèɪt/, **-lat·ed** /-lèɪtɪd/ 形 [解] 膝状(しつじょう)の.

genículate bòdy 名 [解] 膝状体 ⟨視床後部をなす間脳の一対の隆起⟩.

ge·nie /dʒíːni/ 名 (~s, **ge·ni·i** /-nìài/) ❶ =jinn. ❷ ⟨童話で人間の姿になって願い事をかなえてくれる⟩ 精霊.

ge·ni·i /dʒíːniài/ genius, genie の複数形.

gen·i·pap /dʒénəpæ̀p/ 名 [植] チブサノキ ⟨アカネ科ゲニパの果樹; 熱帯アメリカ原産⟩; チブサノキの果実 ⟨オレンジ大で食用⟩.

ge·nis·ta /dʒənístə/ 名 [植] ゲニスタ, ヒトツバエニシダ ⟨マメ科の低木; 日本語になまって「エニシダ」になった⟩.

+**gen·i·tal** /dʒénətl/ 形 [限定] A 生殖(器)の: the ~ organs 生殖器. ── 名 [複数形で] =genitalia. 〖F⟨L⟨*gignere, genit-* 生む〗

gen·i·ta·lia /dʒènətéɪliə/ 名 性器; (外部)生殖器.

gen·i·ti·val /dʒènətáɪv(ə)l/ 形 [文法] 属格の.

gen·i·tive /dʒénətɪv/ [文法] 形 属格の, 所有格の: the ~ case 属格, 所有格. ── 名 [the ~] 属格, 所有格. 〖L; GENITAL と同語源〗

gen·i·tor /dʒénətə | -tə/ 名 [人] 生物学的な父 (cf. pater).

gèn·i·to·ú·ri·nary /dʒènətoʊ-, -tə/ 形 [解・生理] 尿生殖器の: a ~ tract 尿生殖路.

gen·i·ture /dʒénətʃə | -tʃə/ 名 誕生, 出生.

ge·nius /dʒíːnjəs, -nɪəs/ 名 (複 2 は ~·es; 5 は **ge·ni·i** /dʒíːnìài/) ❶ U ⟨科学・芸術などでの創造的な⟩ 天才, 非凡な才能: a person of ~ 天賦の才を備えた人 / show ~ 天才であることを示す. ❷ C 天才(の持ち主), 鬼才: a ~ *in* mathematics 数学の天才 / a child ~ 神童. ❸ [a ~] [...に対する] 特殊な才能, [...の]才 [*for*] [用法] 皮肉で悪い方面の才能にも使う: He has a ~ *for* music [*making* people angry]. 彼には音楽の才[人を怒らせる才能]がある.

❹ [単数形で; 通例 the ~] a [人種・言語・制度などの]特徴, 特質; [時代・社会などの]傾向, 精神, 風潮: *the*

~ of modern civilization [the English language] 現代文明[英語]の特質. **b** 〔ある場所に付随する〕雰囲気, 気分, 気風: be influenced by the ~ of a place 土地の気風に感化される. ❺ ⓒ [通例修飾語を伴って](人・土地などの)守り神, 守護神: one's evil [good] ~ 人に付きまとう悪魔[守り神]; 悪い[良い]感化を与える人. 〖L=生誕の守護神〗 【類義語】⇒ ability.

génius ló·ci /-lóusai/ 图 [単数形で; 通例 the ~] (土地の)雰囲気, 気風.

ge·ni·zah /gəníːzə/ 图 (徳 **ge·ni·zoth** /-zout/, ~s) ゲニザ《ユダヤ教会堂内の不用となったりいたんだりした書物・書板・器物を保管する室》.

gen·lock /ʤénlɔk | -lɔk/ 图 〖テレビ〗ジェンロック装置《テレビなどのコンポジット[複合]ビデオ信号を扱う装置が同時に2つの信号を受容できるようにする装置》. 〖gen(erator) lock(ing device)〗

gen·o·a /ʤénouə/ 图 (また **génoa jíb**) 〖海〗ジェノア《レース用ヨットなどの大型船首三角帆》.

Gen·o·a /ʤénouə, -´-´-/ 图 ジェノバ, ジェノア《イタリア北西部の都市》.

Génoa cáke 图 ジェノバケーキ《アーモンドなどを載せたこくのあるフルーツケーキ》.

gen·o·ci·dal /ʤènəsáidl´-´/ 形 集団[大量]虐殺の[を招く]: a ~ weapon 大量殺人兵器.

†**gen·o·cide** /ʤénəsàid/ 图 (ある人種・国民などに対する計画的な)集団[大量]虐殺. 〖Gk genos 部族+-CIDE〗

Gen·o·ese /ʤènouíːz´-´/ 图 (徳 ~) ジェノバ人. ── 形 ジェノバ(人)の.

ge·nome /ʤíːnoum/ 图 〖遺〗ゲノム《生物が機能的に完全な生活をするために必要な遺伝子群を含む染色体の一組》. **ge·no·mic** /ʤínóumık/ 形 〖GEN(E)+(CHROMOS)OME〗

ge·no·type /ʤíːnətàıp, ʤén-/ 图 〖生〗遺伝子型, 因子型《生物体に内在する遺伝子の構成; cf. phenotype》.

-ge·nous /-´ʤənəs/ 形 [連結形]「…を生ずる」「…に生み出された」: nitrogenous, autogenous.

***gen·re** /ʒáːnrə/ 图 ❶ (芸術作品の)類型, 形式, 様式, ジャンル. ❷ =genre painting. 〖F=種類<L genus, gener-〗

génre páinting 图 風俗画.

gens /ʤénz/ 图 (徳 **gen·tes** /ʤéntiːz/) ❶ 〖古ロ〗氏族, ゲンス《氏族制社会組織の最小単位をなす小家族集団》. ❷ 〖人〗ゲンス《単系的な親族集団》, (特に)父系氏族.

gent /ʤént/ 图 ❶ 〔古風または戯言〕紳士, 男, やつ: Let's have a drink, ~s! 諸君一杯やろうぜ. ❷ ⇒ Gents. 〖GENT(LEMAN)〗

†**gen·teel** /ʤéntíːl/ 形 ❶ 〈人・態度など〉上流気取りの, 上品ぶった: affect ~ ignorance 知らないふりをする. ❷ 〔古風〕上流階級の[にふさわしい]《★ しばしば皮肉に用いる》. ❸ 〈土地が〉古くし落ち着いた雰囲気の《活気がない》. **-teel·ly** /-tíː(l)li | -tíːlli/ 副. ~**ness** 图 〖F; GENTLE と同語源〗

gen·teel·ism /-lızm/ 图 上品語《cake, sweat の代わりに用いる gâteau, perspire など》.

gen·tian /ʤénʃən/ 图 ⓒ|ⓤ 〖植〗リンドウ《ヨーロッパ産の一種ゲンチアナの根から健胃剤を採る》.

géntian bítter 图 ⓤ ゲンチアナ, 竜胆《リンドウ[ゲンチアナ]の根から採る液; 苦い味の健胃剤となる》.

géntian víolet 图 ⓤ [しばしば G- V-] ゲンチアナバイオレット《アニリン染料の一種; 顕微鏡用化学指示薬・殺菌剤・火傷手当て用》.

gen·tile /ʤéntaıl/ 图 [しばしば G-~] (ユダヤ人から見た)異邦人, (特に)キリスト教徒. ── 形 (ユダヤ人から見て)異邦人の, ユダヤ人でない, (特に)キリスト教徒の. 〖F<L; gentle と同語源〗

gen·til·i·ty /ʤéntíləti/ 图 ⓤ ❶ 上流気取り, お上品ぶり: shabby ~ やりくり算段の体面維持, さもしい上流気取り. ❷ [the ~] 上流階級の人たち.

***gen·tle** /ʤéntl/ 形 (**gen·tler**; **gen·tlest**) ❶ 〈人・気質〉声も優しく, 温和な, 穏やかな; 〈態度など〉もの柔らかな, 上品な: a ~ disposition [mother] 優しい性質[母親] / in a ~ voice 優しい声で / a ~ manner もの柔らかな態度 / He's ~ with children. 彼は子供に優しい. ❷ 〈風・雨など〉穏やかな, 静かな: a ~ rain [wind] 静かな雨[風]. **b** 〈動き〉穏やかな静かな, 軽い: give a ~ push 軽くひと押しする. **c** 〈坂など〉なだらかな: a ~ slope ゆるやかな傾斜[坂]. **d** 〈支配・処罰・批判など〉情りのある, 穏やかな, 寛大な: a ~ reproach 穏やかな小言 / by ~ means 平和的手段で. **e** 〈薬など〉強くない: soap which is ~ to the skin 肌に優しいせっけん. ❸ (比較なし) **a** 〈家柄がりっぱな, 良家の: of ~ birth [blood] 生まれ[育ち]のよい, 良家の. **b** 〈人の家柄[育ち]のよい. ── 働 ❶ 〈人を〉優しく扱う. ❷ 〈馬〉をならす. ── 图 (釣り餌用の)うじ. 〖F<L=同一氏族に属する〗【GENTILE と同語源】

géntle brééze 图 〖気〗軟風 (⇒ wind scale).

géntle·fólk 图 [複数扱い]〔文〕良家の[身分のある]人々《★ この語に gentlefolks の形もある》.

***gen·tle·man** /ʤéntlmən/ 图 (徳 **-men** /-mən, -mèn/) ❶ 紳士《育ちがよく他人に対して礼儀正しく名誉を重んじる男子》; ↔ lady 【解説】イギリス紳士の典型は, 山高帽(bowler)をかぶりダークスーツを着て, 天気に関係なく細くきちんと巻いた傘をステッキ代わりに持ち歩くとされているが, 今では少ない. ❷ a [man に対するていねいな代用語として] 男の方, 殿方《用法 'gentleman' を敬語として 'man' の代わりに用いるのは, (1) その人が話し手の面前にいる時, (2) 主人と使用人間でその場にいない第三者のことを言う時で, それ以外は上品な語法とされる》: This ~ wishes to see the manager. このかたが支配人にご面会です / A ~ called to see you while you were out. お留守中に男のかたがお見えになりました. **b** [複数形で] 男の聴衆への呼び掛けに用いて] 諸君! (↔ lady): Ladies and *Gentlemen*! (紳士淑女の)みなさん. **c** [Gentlemen で会社あての手紙の冒頭のあいさつとして] 拝啓. ❸ [(the) ~'s(-s') で; 掲示にも用いて; 単数扱い] 〔英〕男子用(公衆)トイレ ((米) men's room). **c** [the ~ from…で] 〔米〕(…選出の)国会議員: the ~ from Alabama アラバマ州選出の議員. ❺ 〔英〕(宮廷・貴人などの)侍従, 従者, 従僕《★通例次の句で》: a ~'s ~ 従者. 〖F; ⇒ gentle, man〗

géntle·man-at-árms 图 (徳 **gentlemen-**) 〔英〕儀仗(ぎょう)の護衛官《儀式などの時国王[女王]に侍する》.

géntleman fármer 图 (徳 **gentlemen farmers**) 趣味で農業を行なう大地主《大金持ち》.

gén·tle·man·ly 形 紳士的な, 紳士らしい.

géntleman's [géntlemen's] agréement 图 紳士協定.

géntleman's géntleman 图 従僕 (valet).

***gen·tle·ness** /ʤéntlnəs/ 图 ⓤ ❶ 優しさ, 親切. ❷ 穏やかさ, 寛大さ.

géntle·pèrson 图 =gentleman, lady 《★ 性差別を避けた語》.

géntle·wòman 图 (徳 **-wòmen**) ❶ 上流婦人, 貴婦人. ❷ 教養のある女性, 淑女 (lady). ❸ 〖史〗侍女, 腰元. ~**like**, ~**ly** 形

***gent·ly** /ʤéntli/ 副 (**more ~; most ~**) ❶ 優しく, 穏やかに, 静かに: speak ~ 優しく話す. ❷ 徐々に, なだらかに: The road curves ~ to the left. 道はゆるやかに左へ曲がっている. ❸ 身分よく, しとやかに: ~ born [bred] よい家柄[しつけ]の. ❹ [G-~!で] 〔英口〕気をつろ!, ゆっくり!: *G- does it!* ゆっくりがいちばんだ, 無理しないでね!

gen·too /ʤéntuː, -´-´/ 图 (徳 ~**s**) (また **géntoo pénguin**) 〖鳥〗ジェンツーペンギン《亜南極地方の島に分布するペンギン》.

gen·tri·fi·ca·tion /ʤèntrıfıkéıʃən/ 图 ⓤ (下層住宅(地)の)高級化.

gen·tri·fy /ʤéntrəfàı/ 働 (下層住宅(地)を)高級化する

†**gen·try** /ʤéntri/ 图 [通例 the ~; 複数扱い] ❶ 紳士[上流]階級の人たち. ❷ [修飾語を伴って] (特定の地域・職業などに)お歴々, 人々: *the* local ~ 土地のお歴々. 〖F=貴族〗

Gents /ʤénts/ 图 (徳 ~) [通例 the ~; 単数扱い] 〔英口〕男子用(公衆)トイレ (cf. Ladies).

gen·u·flect /dʒénjuflèkt/ 動 圓 ❶ (礼拝のため)片ひざ[両ひざ]を曲げる《before, in front of》. ❷ 卑屈に追従す
る《to》.

gen·u·flec·tion, (英) **gen·u·flex·ion** /dʒènjuflékʃən/ 名 C,U ❶ (礼拝のため)片ひざ[両ひざ]を曲げること. ❷ 卑屈な追従.

*__gen·u·ine__ /dʒénjuin/ 形 (more ~; most ~) ❶ (比較なし) a 〈ものが〉正真正銘の, 本物の (real; ↔ fake): a ~ vintage wine 正真正銘の銘柄ぶどう酒 / This signature is ~. この署名は本物だ. b 〈人が〉正にその名に値する, 本物の: a ~ conservative 根っからの保守主義者. ❷ 〈感情が〉心からの, 誠実な: show ~ regret 本心からの悔恨を見せる / Her love was ~. 彼女の愛は真実のものであった. ❸ (比較なし) 純種の, 純粋な: the ~ breed of beagle 純種のビーグル犬. **~·ly** 副 **-ness** 名 《L=生来の, 真正の》【類義語】⇒ sincere.

génuine árticle 名 [the ~]《口》本物〈人にも用いる〉.

ge·nus /dʒíːnəs/ 名 (pl. **gen·er·a** /dʒénərə/) ❶ 《動植物分類上の》属 (cf. classification 1 b): the ~ *Homo* ヒト属. ❷ 種類, 部類, 類. 《L=生まれ, 家系, 部族, 種類》

Gen X /dʒénéks/ 名《口》=Generation X.

-ge·ny /-dʒəni/ [名詞連結形]「発生」「起源」: progeny.

ge·o- /dʒíːou/ [連結形]「地球」「土地」: geophysics. 《Gk=地球》

gèo·cén·tric /-séntrɪk-/ 形 地球を中心とした: a ~ theory 天動説. ❷ 地球の中心から見た[測った]: the ~ latitude [longitude] of a star 星の地心緯度[経度].
gèo·cèn·tri·cal·ly /-kəli/ 副.

gèo·chém·ist 名 地球化学者.

gèo·chém·istry 名 U 地球化学.

gèo·chro·nól·ogy 名 U 地質年代学.

gèo·chro·nóm·e·try 名 U (放射性元素の崩壊などによる)地質年代測定(法). **-chro·no·mét·ric** 形

ge·ode /dʒíːoud/ 名《地》晶洞, ジオード.

ge·o·des·ic /dʒìːədésɪk-/ 形 測地線の: a ~ line 測地線 / a ~ dome 測地線ドーム《多角形の格子を組み合わせて造った軽量ドーム; 中に支柱を必要としない》.

ge·od·e·sy /dʒiɑ́dəsi/ 名 -sd- 名 U 測地学.

ge·o·det·ic /dʒìːədétɪk-/ 形 測地学の.

ge·o·duck /gúːɪdʌ̀k/ 名《貝》アメリカナミガイ《太平洋岸産で, 時に 5 ポンド以上になる大型の二枚貝, 食用》.

Geoff /dʒéf/ 名 ジェフ《男性名; Geoffrey の愛称》.

Geof·frey /dʒéfri/ 名 ジェフリー《男性名; 愛称 Geoff》.

geog. (略) geographic(al); geography.

ge·óg·ra·pher /dʒiɑ́grəfər/ /dʒìɒ́grəfə/ 名 地理学者.

ge·o·graph·ic /dʒìːəgrǽfɪk-/ 形 =geographical.

*__ge·o·graph·i·cal__ /dʒìːəgrǽfɪk(ə)l-/ 形 (比較なし) 地理学(上)の, 地理(学)的の: ~ distribution 地理的分布 / ~ features 地勢. **-cal·ly** /-kəli/ 副 地理(学)的に. 《名 geography》

géographical látitude 名 地理学的緯度.

géographical míle 名 =nautical mile.

*__ge·og·ra·phy__ /dʒiɑ́grəfi/ /dʒìɒ́g-/ 名 U ❶ 地理学: historical ~ 歴史地理学 / ⇒ economic geography, human geography, physical geography. ❷ [the ~] a 《ある地域の》地理, 地勢, 地形: the ~ of New England [the moon] ニューイングランド[月]の地理. b 《英口》《建物などの》間取り; 《婉曲》手洗いの位置: Will you show me the ~ (of the house)? トイレはどちらですか. 《GEO-+-GRAPHY》(形 geographical)

ge·oid /dʒíːɔɪd/ 名 [the ~]《地物》ジオイド《表面を全部平均海面とみなした地球の等ポテンシャル面; その形》. **ge·oi·dal** /dʒíːɔɪdl/ 形.

geol. (略) geologic(al); geology.

ge·o·log·ic /dʒìːəlɑ́dʒɪk/ /-lɔ́dʒ-/ 形 =geological.

*__ge·o·log·i·cal__ /dʒìːəlɑ́dʒɪk(ə)l/ /-lɔ́dʒ-/ 形 地質学(上)の, 地質の: a ~ epoch 地質年代 / a ~ map [survey] 地質図[調査]. **-i·cal·ly** /-kəli/ 副 地質(学)的に. 《名 geology》

ge·ól·o·gist /-dʒɪst/ 名 地質学者.

ge·ól·o·gize /dʒiɑ́ləʒàɪz/ /-lɔ́-/ 動 圓 地質(学)の研究をする, 地質調査をする.

749　　Georgian

+**ge·ol·o·gy** /dʒiɑ́ləʒi/ /-lɔ́-/ 名 ❶ U 地質学. ❷ [the ~]《ある地域の》地質《*of*》. 《GEO-+-LOGY》(形 geological)

geom. (略) geometrical; geometry.

gèo·magnétic 形 地磁気の.

gèo·mágnetism 名 U 地球磁気学.

ge·o·man·cy /dʒíːəmænsi/ 名 土占い, 地卜《ひと握りの土砂を地上に投げた時の形状または地上の線・点などによる》. **ge·o·màn·cer** /-sə/ /-sə/ 名 **ge·o·man·tic** /dʒìːəmǽntɪk-/ 形

ge·om·e·ter /dʒiɑ́mətə/ /dʒiɔ́mətə/ 名 ❶ 幾何学者. ❷ 《虫》シャクガ《成虫》; シャクトリムシ《幼虫》.

+**ge·o·met·ric** /dʒìːəmétrɪk-/, **-ri·cal** /-k(ə)l-/ 形 (more ~; most ~) ❶ (比較なし) 幾何学(上)の, 幾何学的な: a ~ proof 幾何の証明. ❷ 《模様・線などが》幾何学的図形の(ような): a ~ design [pattern] 幾何学模様.
-ri·cal·ly /-kəli/ 副 (名 geometry)

ge·o·met·ri·cian /dʒìːəmətríʃən/ 名 =geometer 1.

geométric méan 名《数》《等比級数の》等比中項; 相乗平均, 幾何平均.

geométric progréssion 名《数》等比数列.

geométric séries 名 等比級数, 幾何級数.

ge·om·e·try /dʒiɑ́mətri/ /-ɔ́m-/ 名 U 幾何学: plane [solid, spherical] ~ 平面[立体, 球面]幾何学. 《GEO-+-METRY》(形 geometric)

ge·o·mor·phic /dʒìːəmɔ́rfɪk/ /-mɔ́ː-/ 形 地球[地球面]の形の[に関する], 地形の.

gèo·mor·phól·o·gy /dʒìːəmɔːfɑ́lədʒi/ 名 U 地形学. **-mor·pho·lóg·i·cal** 形

ge·oph·a·gy /dʒiɑ́fədʒi/ /-ɔ́f-/ 名 U 土を食べる習慣, 土食.

gèo·phýsical 形 地球物理学(上)の.

gèo·phýsicist 名 地球物理学者.

gèo·phýsics 名 U 地球物理学.

gèo·polítical 形 地政学の.

gèo·polítics 形 地政学《政治現象と地理的条件との関係を研究する学問》.

Geor·die /dʒɔ́ːdi/ /dʒɔ́ː-/ 名《英口》❶ C イングランド北東部 Tyneside 《出身》の人. ❷ Tyneside 方言. —— 形 Tyneside の, Tyneside 《出身》の人の, Tyneside 方言の.

George /dʒɔ́ːdʒ/ /dʒɔ́ː-/ 名 ❶ ジョージ《男性名》. ❷ ジョージ《英国王の名》: ~ I (在位 1714-27) / ~ II (在位 1727-60) / ~ III (在位 1760-1820) / ~ IV (在位 1820-30) / ~ V (在位 1910-36) / ~ VI (在位 1936-52). ❸ [St. ~] 聖ジョージ《イングランドの守護聖人; 祝日は 4 月 23 日》. ❹《英俗》《飛行機の》自動操縦装置. **by George!**《驚き・決心・誓いなどを表わして》本当に, きっと. **St. Géorge's cróss** 聖ジョージ十字《白地に赤の十字形; cf. Union Jack》. 《F〈L〈Gk=農夫》

Géorge Cróss 名 [the ~] ジョージ十字勲章《英国王 George 6 世が 1940 年に制定; 民間人の勇敢な行為に対して与えられる高位の勲章; 略 GC》.

Géorge·town /dʒɔ́ːdʒtaun/ /dʒɔ́ː-/ 名 ジョージタウン: ❶ Washington, D.C. の高級住宅地区. ❷ ガイアナ (Guyana) の首都.

Géorge Tòwn 名 ジョージタウン《Cayman Islands の中心の町》.

geor·gette /dʒɔːdʒét/ /dʒɔː-/ 名 U ジョーゼット《薄地の絹のクレープ》, 婦人服地用》. 《パリの裁縫師の名から》

Geor·gia /dʒɔ́ːdʒə/ /dʒɔ́ː-/ 名 ❶ ジョージア州《米国南部の州; 州都 Atlanta; 略 Ga., 〔郵〕 GA; 俗称 the Empire State of the South》. ❷ グルジア《アジア西部の共和国》. 《1 は英国王 George 2 世, 2 は St. George から》

Geor·gian[1] /dʒɔ́ːdʒən/ /dʒɔ́ː-/ 形 ❶ a 《英国の》ジョージ王朝時代の《George I から George IV の治世 (1714-1830) にいう》. b 《建築・美術・工芸などがジョージ王朝様式の: ~ architecture ジョージ王朝様式建築. ❷ ジョージ 5 世および 6 世時代 (1910-52) の. —— 名 ジョージ王朝文

Georgian

代の人[作家, 様式]. (名 George)

Geor·gian² /dʒɔ́ːdʒən | dʒɔ́ː-/ 形 米国 Georgia 州の. ── 名 (米国の) Georgia 州人.

Geor·gian³ /dʒɔ́ːdʒən | dʒɔ́ː-/ 形 グルジア(共和国)の. ── 名 ❶ C グルジア人. ❷ U グルジア語.

geor·gic /dʒɔ́ːdʒɪk | dʒɔ́ː-/ 名 農事[田園]詩; [the G~s] (ローマの詩人 Vergil 作の)「農事詩」. ── 形 農事の, 農業の.

gèo·scíence 名 U 地球科学.

gèo·státionary 形《人工衛星が》地球から見て不動の: a ~ satellite 静止衛星.

ge·o·stroph·ic /dʒìːəstrɑ́fɪk | -strɔ́f-⁻/ 形《気》地球の自転による偏向力の. **-i·cal·ly** 副

gèo·sýnchronous 形 =geostationary.

gèo·téchnical 形 地質工学[土木地質]の[に関する].

geotechnical engineering 名 U 地盤工学.

gèo·téchnics 名=geotechnical engineering.

ge·o·ther·mal /dʒìːouθə́ːm(ə)l⁻/ 形 地熱の: ~ generation 地熱発電 / a ~ (generating) plant 地熱発電所.

ge·o·ther·mic /dʒìːouθə́ːmɪk⁻/ 形 =geothermal.

ge·ot·ro·pism /dʒiátrəpìzm | -ɔ́t-/ 名 U 《植》重力屈性, 屈地性. **gèo·trópic** 形

ger. 《略》gerund. **Ger.** 《略》German(ic); Germany.

Ger·ald /dʒérəld/ 名 ジェラルド《男性名; 愛称 Jerry》.

Ger·al·dine /dʒérəldìːn/ 名 ジェラルディーン《女性名; 愛称 Jerry》.

ge·ra·ni·ol /dʒərémiɔ̀ːl | -ɔ̀l-/ 名 U 《化》ゲラニオール《バラ香の無色液; バラ属花精油・化粧品香料用》.

⁺**ge·ra·ni·um** /dʒəréɪniəm/ 名《植》ゼラニウム《テンジクアオイ属の多年生の園芸植物; 赤・白・紫などの花が咲き, 鉢植えにして観賞用》.

ger·be·ra /gə́ːbərə, dʒə́ː- | -bə-, gə́ː-/ 名《植》ガーベラ, センボンヤリ《キク科の草花》.

ger·bil /dʒə́ːb(ə)l | dʒə́ː-/ 名《動》アレチネズミ《アジア・アフリカなどの砂漠・草原にすむ; 実験動物・ペットとして飼われる》.

ger·e·nuk /gérənùk/ 名《動》ゲレヌク《東アフリカ産の首の長いレイヨウ》.

⁺**ger·i·at·ric** /dʒèriǽtrɪk⁻/ 形 A 老人病(学)の: a ~ hospital [ward] 老人病専門病院[病棟]. ── 名 ❶ (口・差別) 老人; 老人病患者. ❷ (口) 古くさいもの[人].《Gk gêras 老齢+-iatrics「治療」》

ger·i·a·tri·cian /dʒèriətríʃən/ 名 老人病専門医.

⁺**ger·i·at·rics** /dʒèriǽtrɪks/ 名 U 老人病学.

⁺**ger·i·a·trist** /dʒériǽtrɪst/ 名 =geriatrician.

⁺**germ** /dʒə́ːm | dʒə́ː-/ 名 ❶ C 《通例複数形で》細菌, 病原菌: influenza ~s インフルエンザの病原菌. ❷ [the ~] 〘物事の〙芽生え, 兆し; 根源, 起源: the ~ of an idea ある考えの芽生え. ❸ C 〘生〙a 幼芽, 胚(ﾊｲ), 胚種. b = germ cell. **in gérm** 芽生えの状態で; まだ発達しないで.《F ＜ L *germen, germin-* 芽, つぼみ》(形 germinal, 動 germinate)

ger·man /dʒə́ːmən | dʒə́ː-/ 形 [形容詞連結形] 「同父母[祖父母]から出た」: a brother-[sister-]german 同父母から出た兄弟[姉妹] / ⇒ cousin-german.【L ↑】

⁎**Ger·man** /dʒə́ːmən | dʒə́ː-/ 名 ❶ C ドイツの. ❷ ドイツ人[語]の. ── 名 (複 ~s) ❶ C ドイツ人. ❷ U ドイツ語: ⇒ High German, Low German. (名 Germany)

Gérman cóckroach 名 《昆》チャバネゴキブリ.

Gérman Democrátic Repúblic 名 [the ~] ドイツ民主共和国《旧 East Germany の公式名; 略 GDR》.

ger·man·der /dʒəːmǽndə | dʒəːmǽndə/ 名《植》❶ ニガクサ《シソ科》. ❷ 《また **germánder spéedwell**》クワガタソウ《ゴマノハグサ科》.

ger·mane /dʒəː(ː)méɪn | dʒə(ː)-/ 形 P 〘考え・言葉などが〙(...に)密接な関連があって; (...にとって)適切で《比較 relevant のほうが一般的》: The fact is not ~ to this issue. その事実はこの問題に関係ない.《GERMAN の異形》

Ger·man·ic /dʒəː(ː)mǽnɪk | dʒə(ː)-/ 形 ❶ ゲルマン民族[語]の《英・独・蘭・スカンジナビアなどをいう》: the ~ lan-

guages [peoples] ゲルマン諸語[民族]. ❷ **a** ドイツ(人)の: the ~ Empire ドイツ帝国. **b** 《様式など》ドイツ的な. ── 名 U ゲルマン諸語《ドイツ語を含む; 略 Gmc》.

Ger·man·ism /dʒə́ːmənìzm | dʒə́ː-/ 名 U ❶ **a** ドイツ精神[魂], ドイツ人気質(ｶﾀｷﾞ), ドイツ的慣習[考え方]. **b** ドイツびいき. ❷ 《外国語に入った》ドイツ語風[調]の表現[慣用句]. **-ist** 名 ドイツ[ゲルマン]語[文学, 文化]研究者[学者].

ger·ma·ni·um /dʒəːméɪniəm | dʒə(ː)-/ 名 U 《化》ゲルマニウム《希金属元素; 記号 Ge》.

Ger·man·ize /dʒə́ːmənàɪz | dʒə́ː-/ 動 他 自 ドイツ風にする[なる], ドイツ化する; ドイツ式方法を用いる. **Ger·man·i·za·tion** /dʒə̀ːmənaɪzéɪʃən | dʒə̀ːmənaɪzéɪʃən/ 名

Gérman méasles 名 U 風疹(ﾌｳｼﾝ) (rubella).

Ger·man·o- /dʒəː(ː)mǽnou | dʒə(ː)-/ [連結形]「ドイツ(人)」

Gérman shépherd 名《主に米》(ジャーマン)シェパード(犬)《(英) Alsatian》《警察犬・盲導犬に用いる》.

Gérman sílver 名 U ジャーマンシルバー, 洋銀《亜鉛・銅・ニッケルの合金》.

⁎**Ger·ma·ny** /dʒə́ːməni | dʒə́ː-/ 名 ドイツ《ヨーロッパの共和国; 公式名称 the Federal Republic of Germany; 首都 Berlin; 略 G., Ger., FRG, 解説 1949 年より 1990 年まで East Germany 東ドイツ《公式名称は the German Democratic Republic; 首都 East Berlin》と West Germany 西ドイツ《公式名称は the Federal Republic of Germany; 首都 Bonn》とに分割されていた》.

gérm cèll 生殖細胞.

ger·mi·ci·dal /dʒə̀ːməsáɪdl | dʒə̀ː-⁻/ 形 殺菌(性)の, 殺菌力のある: a ~ lamp 殺菌灯.

ger·mi·cide /dʒə́ːməsàɪd | dʒə́ː-/ 名 C,U 殺菌剤.《GERM+-CIDE》

ger·mi·nal /dʒə́ːmən(ə)l | dʒə́ː-/ 形 ❶ 幼芽の, 胚(ﾊｲ)種の. ❷ 初期の, 未発達の: a ~ idea まだ固まっていない考え. (名 germ)

⁺**ger·mi·nate** /dʒə́ːmənèɪt | dʒə́ː-/ 動 自 ❶ 〘種子が〙芽を出す. ❷ 〘考え・感情などが〙生じる, 芽生える. ── 他 ❶ 〘種子を〙発芽させる. ❷ 〘考えなどを〙生じさせる, 芽生えさせる. (名 germ)

ger·mi·na·tion /dʒə̀ːmənéɪʃən | dʒə̀ː-/ 名 U 発芽, 萌芽(ﾎｳｶﾞ); 発生.

ger·mi·na·tor /-tə | -tə/ 名 発芽させるもの[人].

gérm làyer《生》胚葉.

gérm lìne《生》生殖細胞系[系列].

gérm plàsm 名 U 《生》胚(細胞)質.

gérm wárfare 名 U 細菌戦.

germ·y /dʒə́ːmi | dʒə́ː-/ 形 (口) 細菌[バイキン]の充満した[ついた].

Ge·ron·i·mo /dʒərɑ́nəmòu | -rɔ́n-/ 名 ❶ ジェロニモ《1829-1909; 北米先住民 Chiricahua Apache 族の族長; 合衆国の軍事力に最後まで抵抗した》. ❷ [間投詞的に] (口) ウォー《落下傘部隊員が飛び降りる時の掛け声》.

ge·ron·tic /dʒərɑ́ntɪk | -rɔ́n-/ 形 老齢の, 老衰の.

ge·ron·to- /dʒərɑ́ntou | -rɔ́ntou/ [連結形]「老人」《Gk *gerōn* 老人》

ger·on·toc·ra·cy /dʒèrəntɑ́krəsi | -rɔntɔ́k-/ 名 ❶ U 老人支配[政治]. ❷ C 老人支配国[政府].

gèr·on·tól·o·gist /-dʒɪst/ 名《主に米》老年学者.

ger·on·tol·o·gy /dʒèrəntɑ́lədʒi | -rɔntɔ́l-/ 名 U 老年学《老年期の変化・特徴・問題などを研究する》. **ge·ron·to·log·i·cal** /dʒərɑ̀ntəlɑ́dʒɪk(ə)l | -rɔ̀ntəlɔ́dʒ-⁻/ 形

-ger·ous /⁻dʒ(ə)rəs/ [形容詞連結形] [前に i を付して] 「生ずる」「有する」: armigerous.

Ger·ry /géri/ 名 ゲリー《男性名》.

ger·ry·man·der /dʒérimæ̀ndə, gér- | dʒérimæ̀ndə/ (軽蔑) ❶ (党利党略のための)勝手な選挙区改定, ゲリマンダー. ── 動 他 ❶ 〘選挙区を〙自党に有利に改める. ❷ 〘事実・規則などを〙手加減する, ごまかす. ── 自 選挙区を勝手に改変する. ── 他 ❷ 選挙区改定.《*Gerry* (米国 Massachusetts 州知事の名)+SALAMANDER; 同知事が 1812 年に改めた選挙区の地形が salamander (火トカゲ) に似ていたことから》

Gersh·win /gə́ːʃwɪn | gə́ː-/, **George** 名 ガーシュイン《1898-1937; 米国の作曲家》.

Ger·trude /gə́ːtruːd | gə́ː-/ 名 ガートルード《女性名》.

ger·und /dʒérənd/ 名《文法》動名詞《名詞の機能を果たす動詞の -ing 形で, 目的語・補語または副詞をとることができる》.【L=当然なされるべきこと》

ge·run·dive /dʒərándɪv/ 名《ラテン文法》動詞状形容詞.

ge·sell·schaft /gəzélʃɑːft/ 名 [U] [しばしば G~] 利益社会, ゲゼルシャフト《諸個人間の人為的な結合を特徴とする合理的・機械的な社会関係; それに基づく集団; cf. gemeinschaft》.

ges·so /dʒésou/ 名 [U,C] (複 ~es) [美] ジェッソ, ゲッソ《石膏または白色顔料をにかわで溶いたもので, 絵画などの地塗りとする》.【It<L GYPSUM》

ge·stalt /gəʃtɑːlt/ 名 (複 ~s, ge·stal·ten /-tn/)《心》形態, ゲシュタルト《単なる要素の総計ではなく心理過程の統一的な全体構造》.【G=形》

ge·stalt·ist /-tɪst/ 名 [しばしば G~] ゲシュタルト心理学専門家.

Gestált psychólogy 名 [U] 形態心理学.

Gestált thèrapy 名 [U] ゲシュタルト心理療法《ゲシュタルト心理学に基づく精神治療法》.

Ge·sta·po /gəstɑ́ːpou/ 名 [U] (通例 the ~; 集合的; 単数または複数扱い) (ナチスドイツの) 秘密国家警察, ゲシュタポ.【G Ge(heime) Sta(ats)po(lizei) secret state police》

ges·tate /dʒésteɪt/ |−−/動 ❶ (胎児を) 懐胎する. ❷ 〈思想・計画などを〉温める.

ges·ta·tion /dʒestéɪʃən/ 名 ❶ 懐胎. **b** = gestation period. ❷ [U]《思想・計画などの》創案, 形成: This film was two years in ~. この映画は構想に 2 年かかった.【L=持ち運ぶこと》

gestátion pèriod 名 [a ~] 懐胎期間.

ges·tic·u·late /dʒestíkjulèɪt/ 動 (自) (話している最中または驚いたりして言葉が出ない時に) 盛んに身ぶり[手まね]をする, 身ぶりでジェスチャーをする. ── 他 身ぶりで表わす.【L=物まねをする; cf. gesture》

ges·tic·u·la·tion /dʒestìkjuléɪʃən/ 名 [C,U] 盛んな身ぶり[手まね].

ges·tic·u·la·to·ry /dʒestíkjulətɔ̀ːri | -təri, -tri/ 形 盛んに身ぶり[手まね]をする, 身ぶりたくさんの.

ges·tur·al /dʒéstʃərəl/ 形 身ぶりの.

*__ges·ture__ /dʒéstʃə | -tʃə/ 名 ❶ [C,U] (言葉に伴う, または言葉の代わりの, ひとつの) 身ぶり, 手まね, (演劇・演説などでの) しぐさ, ジェスチャー: make a ~ of despair 絶望の身ぶりをする / ~ communicate by ~ 身ぶり[手まね]で話し合う / The Japanese don't use as much ~ as Europeans. 日本人はヨーロッパ人ほどジェスチャーを使わない. ❷ [C] a (意思表示としての) 行為: The Australian Government gave us a koala bear as a ~ of friendship. オーストラリア政府は友好のしるしとして我々にコアラを送ってきた. b (思わせぶりな) 言動, (うわべだけの) そぶり: His refusal was a mere ~. 彼の拒絶は単なるジェスチャーにすぎなかった. ── 動 (自) ❶ 身ぶり[手まね] をする[で話す]. ❷ 〈…してほしい[…しろ]と〉 身ぶりで合図する: He ~d (to the waiter) for another drink. 彼は (ボーイに) もう 1 杯と身ぶりで合図した / I ~d for him to keep quiet. 彼に静かにするように身ぶりで合図した. ── 他 〈…を〉身ぶり[手まね]で表わす[示す]: ~ one's approval 身ぶりで賛成を表わす / He ~d (to me) that I should take off my hat. 彼は帽子を脱げと (私に) 身ぶりで示した (★ He ~ed to me to take off my hat. のほうが一般的).【L< gerere, gest- 運ぶ, ふるまう; cf. congest, digest, ingest, suggest; belligerent, exaggerate; registration》

gésture lánguage 名 [U] 身ぶり言語.

ge·sund·heit /gəzúndhaɪt, -zúnt-/ 間 ❶ (乾杯で) ご健康を祝して. ❷ (米) (人がくしゃみをしたとき) お大事に!

*__get__ /gét/ 動 (got /gɑ́t | gɔ́t/; got, (米) got·ten /gɑ́tn | gɔ́tn/; get·ting) (《英》 とも -got·ten を用いる) (★ 原則として受身なし) A

❶ 受け (取)る: a 〈…から〉〈手紙・贈り物・給料などを〉受け取る, (要求・懇願によって)〈許可・返事などを〉もらう, 得る:

751

get

~ a doll for Christmas クリスマスの贈り物に人形をもらう / ~ help *from* one's friends 友人たちから助力を得る / This room doesn't ~ much sunshine. この部屋はあまり日当たりがよくない. **b** 〈…から〉〈性質・考えなどを〉受け取る, 持つようになる: She ~s her good looks *from* her mother. 彼女の美貌は母親ゆずりだ / Where did you ~ that idea (*from*)? その考えはどこから得たのですか **c** 〈…から〉〈教育などを〉受ける, 身につける: He got his education *at* Oxford. 彼はオックスフォードで教育を受けた. **d** [動作位名詞を目的語として] 〈…する〉, 〈…してもらう〉, 〈…される〉: ~ some sleep 少し眠る / ~ a promotion 昇進する / Go and ~ a haircut. 髪を刈ってもらってきなさい / He got a scolding for being late. 彼は遅れてしかられた.

❷ 手に入れる: **a** 〈…を〉〈…から〉 (努力して) 得る, 手に入れる, 〈名などを〉得る, 〈賞・名誉・知識などを〉獲得する, かち取る: ~ one's living 生活費を稼ぐ / ~ a piece of information *out of* a person 人から情報を聞き出す / She got an A in [on] the exam. 彼女は試験で A をもらった / I don't ~ much *from* his lectures. 彼の講義からはあまり得るものはない. **b** 〈結果・答えなどを〉得る, 〈得点を〉あげる: He got a different total from me. 彼の出した合計は私のと違っていた / They got two touchdowns. 彼らはタッチダウンを二つ取った.

❸ 自分のものにする: **a** 〈ものを〉〈…で〉買う, 求める: I ~ bread *at* that store. パンはその店で買います / Where did you ~ that hat? その帽子はどこで手に入れましたか / I got this camera cheap. このカメラは安く入手した. **b** (人に)〈ものを〉買って[手に入れて] やる: [+目+目] He got me a job [a taxi]. 彼は私に仕事[タクシー]を見つけてくれた / Will you ~ me a ticket?=Will you ~ a ticket for me? 切符を手に入れてくれませんか / I got her a doll for Christmas. クリスマスの贈り物に彼女に人形を買ってやった / He got himself a car. 彼は車を買った.

❹ 取ってくる: **a** 〈…を〉〈…から〉取ってくる (fetch): *G*~ your hat. 帽子を取っておいで / I'll come and ~ you *from* the station. 駅にあなたを迎えに行きます. **b** (人に)〈ものを〉取って[持って]くる, もたらす: [+目+目] Please ~ me a glass of water.=Please ~ a glass of water *for* me. 私に水を 1 杯持ってきてください / Such conduct will ~ him a bad name. そういうふるまいをすると彼も評判を落とすだろう.

❺ つかまえる: **a** 〈魚などを〉とる; 〈人などを〉捕らえる: We chased him until we got him. つかまえるまで彼を追った. **b** 〈列車などに〉間に合う (catch): I just *got* the train. その列車にちょうど間に合った.

❻ (知力や感覚で) とらえる: **a** 〈…を〉学び取る, 習い覚える: ~ a poem by heart 詩を暗記する / Have you got English grammar perfectly? 英文法は完全にものにしたかい. **b** 〈…を〉理解する, のみ込む: I ~ the idea [the point of the joke]. その言わんとしていること[ジョークの落ち]はわかった / Do you ~ me? 私の言うことがわかりましたか / Did you ~ what he was talking about? 彼が何のことを話しているのかわかりましたか / Don't ~ me wrong. 誤解してはいけません. **c** (口) 〈…を〉聞き取る: I'm sorry I didn't ~ your name. すみませんがお名前を聞き取れませんでした. **d** 〈…を〉〈絵・歌などを〉うまく再現する: You haven't got the shading quite right. 濃淡がうまく描けていません. **e** (口) 〈…に〉注目する: *G*~ the look on his face! 彼の顔つきを見てみな.

❼ [副詞 (句) を伴って]〈人・ものを〉(ある場所・位置に[に])持って[連れて]いく, 動かす, 運ぶ: ~ a person *home* [*to* (《米) the) *hospital*] 人を家[病院]へ連れていく / I can't ~ all these books *into* my bag. 本を全部かばんの中に入れることはできない / *G*~ that bicycle *out of* the street. その自転車を通りからどけてくれ / ~ a desk *upstairs* [*downstairs*] 机を二階[階下]へ運ぶ / Where does that ~ us? それでどういう効果があるのか (cf. GET somewhere [成句]).

❽ **a** 〈病気に〉かかる: ~ a cold かぜをひく / She got

mumps ***from*** [***off***] her brother. 彼女は弟からおたふくかぜをうつされた. **b** 《口》〈思想などに〉**夢中になる**, かぶれる: ～ socialism 社会主義にかぶれる / ～ religion 入信する.

❾ 〈打撃・敗北・失敗・罰などを〉**受ける**, こうむる, 喫する: ～ a blow [a spanking] 殴られる[尻をたたかれる] / I *got* a broken arm. 腕を折った《⇨ B 2 a》/ He *got* a bad bruise on his back. 彼は背中にひどい打撲傷を負った / He *got* six months (in prison). 彼は6か月の刑をくらった / He *got* what was coming to him. 彼は当然の報いを受けた.

❿ **a** 〔ラジオ・テレビで〕〈放送局・チャンネルなどを〉受信する, キャッチする: ～ London ***on*** the radio ラジオでロンドンの放送をキャッチする / We can ～ 7 TV channels. テレビで7つのチャンネルを受像できる. **b** 〔電話で〕〈人・場所と〉連絡をつける; 〈人を〉〔電話に〕呼び出す; 〈電話に〉出る, 取る: Please ～ Mr. Smith ***on*** the phone. スミスさんを電話口に呼び出してください / I've just *got* London (*on* the phone). 今ロンドンに電話がつながったところだ / 〔+目+目〕 *G*～ me extension [room] 363, please. 内線363 [363号室]につないでください / I'll ～ the phone. (電話に)僕が出るよ.

⓫ **a** 〈食事・飲食物を〉用意する: Help me (to) ～ dinner (ready). 夕食のしたくを手伝ってちょうだい《⇨ B 1 a》. **b** 《口》〈食事などを〉食べる: Go and ～ your lunch. お昼を食べていらっしゃい.

⓬ 《口》 **a** 〈…に〉(弾丸を)当てる: I *got* the bird first shot. 一発で鳥を仕留めた《★ first shot は at the first shot のこと》. **b** 〈弾丸・一撃などが〉〈目標の〉〔ある部分に〕当たる〔*in, on*〕《[用法] 名詞の前に the を用いる》: The bullet *got* him ***in the*** arm. 弾は彼の腕に当たった.

⓭ 《口》 **a** 〈病気・苦痛などが〉〈人を〉圧倒する; 〈習慣などが〉〈人に〉つく: Cancer *got* him. 彼はがんで倒れた / The cigarette habit has *got* me. たばこの習慣が身についた / The pain ～*s* me here. ここが痛い. **b** 〈人を〉やっつける; 復讐する: I'll ～ you for this. この仕返しは今にしてやる / Boy, did we ～ him! うわーい, やつをとっちめたぞ. **c** 〈作物などを〉だめにする: Frost *got* the tomatoes. トマトは霜でやられた. **d** 〈人を〉困らせる, 苦しめる; いらいらさせる: This problem ～*s* me. この問題には困った[参った]. **e** 〈人を〉感動させる, 魅惑する; 興奮させる: That song ～*s* me. その歌にはぞくぞくする. **f** (野球などで)〈人を〉アウトにする.

⓮ [You [We] ～ で] 《口》〈…が〉ある[いる]: *You* ～ a lot of action in American movies. アメリカ映画にはアクションシーンがたくさんある.

── **B** ❶ **a** 〈…を〉〈…の状態に〉**する**, 至らせる: 〔+目+補〕 ～ dinner ready 夕食の用意をする《⇨ A 11 a》/ I *got* my feet wet. 足をぬらした. **b** 〈…を〉〈…〉させる: 〔+目+**doing**〕 Can you ～ the clock go*ing* again? 時計をまた動くようにすることができますか.

❷ **a** 〈…を〉〈…〉**させる**[**してもらう**]: 〔+目+[過分]〕 ～ one's shoes shine*d* 靴を磨いてもらう / Go and ～ your hair *cut*. 散髪[床屋]に行きなさい / I'll ～ your dinner *sent* in. お食事を持ってこさせましょう / I *got* my arm *broken*. (けんか・事故などで)腕を折られた[折った] 《⇨ A 9》. **b** (自分で)〈…を〉〈…して〉しまう: 〔+目+[過分]〕 I want to ～ this job *done* [finish*ed*] by noon. この仕事を正午までにやってしまいたい. **c** 〈…を〉〈…された状態に〉する: 〔+目+[過分]〕 We can't ～ the door *shut*. ドアが(ちゃんと)閉まらない / I can't ～ the car start*ed*. 車のエンジンがかからない / He managed to ～ himself promote*d* last week. 彼は先週なんとか昇進した.

❸ (勧めて[説いて])〈人などに〉〈…〉**させる**: 〔+目+***to do***〕 *G*～ your friends *to* help you. 友人に助けてもらいなさい / We were not able to ～ her *to* accept the offer. 彼女にその申し出を受け入れてもらえなかった / I can't ～ this door *to* shut properly. このドアはよく閉まらない.

── [自] ❶ [副詞(句)を伴って] (ある場所・地位・状態に) **達する, 到着する, 至る** 《★ [副] または [前] との結合は成句欄を参照》: ～ *home* late [*to* work on time] 家に遅く[会社に時間どおりに]着く / ～ *as far as* page 10 10ページまで進む / Can you ～ *here* by lunchtime? お昼どきまでにここに来られますか / How do I ～ *to* the police station? 警察署へはどう行けばよいのですか.

❷ [形容詞(的過去分詞)などを補語にして] 〈…(の状態)に〉**なる**: 〔+補〕 ～ wet in the rain 雨にぬれる / My mother has *got* quite well. 母はすっかりよくなった / It was *getting* dark. だんだん暗くなってきていた / How rude can you ～? 《口》よくそんな失礼なことが言える[できる]ね / He was *getting* more and more annoy*ed*. 彼はますます腹を立てるばかりだった / *G*～ *set*! (競技で)位置について!, 用意! / ～ tire*d* 疲れる / ～ *drunk* 酔っぱらう / ～ *used* to…に慣れる / ～ marri*ed* 結婚する / 〔+(***to be***)補〕 He's *getting to be* a pest. 彼はやっかい者になってきた《[用法] 《英》では *to be* を略して名詞を補語にすることがある》.

❸ 〈…〉**される**: 〔+[過分]〕 I *got caught* in the rain. 雨に降られた / He *got* scold*ed* for being late. 彼は遅れてしかられた.

> [用法] (1) この構文は動作を主とした結果に重点を置く受動態として "be+ [過分] " に代わって用いられる. 従って get は助動詞的である. (2) 行為者が明らかでない場合に多く用いられるので, by… を用いることは特定の場合以外ない.

❹ 〈…するように〉**なる**; 〈…することが〉**できる**: 〔+***to do***〕 You will soon ～ *to* like it. じきそれが好きになるでしょう / How did you ～ *to* know her? どのように彼女と知り合いましたか / I didn't ～ *to* go to college. とうとう大学へは行けなかった.

❺ **a** 《口》〈…し〉始める (start): 〔+**doing**〕 Let's ～ mov*ing* [going]. 出発しよう / When those two women ～ talk*ing*, they go on for hours. あの二人の女は話し始めると何時間も話を続ける / Things haven't *got going* yet. 事態はまだ熟していない[軌道に乗っていない]. **b** [～ started で] 出発する, 始める: Let's ～ *started*. 出発しよう, 始めよう.

❻ [通例命令法で] 《口》さっさと去る: You, ～! 出ていけ!

get about [([自]+[副]) ～ abóut] (1) 歩き[動き]回る; (病後などに)(出)歩けるようになる. (2) 《口》 (あちこち)旅行する. (3) 〈うわさが〉広まる: The story soon *got about* that… というううわさがまもなく広まった. ── [([自]+[前]) ～ abòut…] (4) …を歩き回る.

gèt abóve onesèlf ⇨ above [前] [成句].

gèt abréast of…と肩を並べる, 互角になる.

get across [([自]+[前]) ～ acróss…] (1) 〈橋・通りなど〉を**渡る**, 〈国境など〉を越える. (2) 《英口》〈人〉を怒らせる, 悩ます. ── [([自]+[副]) ～ acróss] (3) 〔…へ〕**渡る, 横切る**〔*to*〕. (4) 〈発言・意味などが〉〔相手に〕**通じる, 理解される**; 〈人が〉考えなどを〔相手に〕わからせる, 伝える: The words didn't ～ *across to* her. その言葉は彼女に通じなかった. (5) 〈劇などが〉〔観客などに〕受ける, 成功する〔*to*〕: The singer's new song has failed to ～ *across*. その歌手の今度の歌はヒットしなかった. ── [([他]+[前]) ～…acròss…] (6) 〈人などに〉…を渡らせる, 〈ものを〉…の向こうへ運ぶ: ～ an army *across* a river 軍隊に川を渡らせる. ── [([他]+[副]) ～ acróss] (7) [～+目+across] 〈…を〉**渡らせる**, 向こうへ運ぶ. (8) [～+目+across] 〈発言・冗談などを〉〔相手に〕わからせる: I couldn't ～ my meaning ***across to*** her. 私は私の真意を彼女にわからせることができなかった. (9) [～+目+across] 〈劇などを〉〔観客などに〕受け入れさせる〔*to*〕: They could not ～ the play *across*. その芝居を成功させることができなかった.

gèt áfter… (1) …**の後を追う**. (2) …**をしかる**. (3) 〈…するように〉…にせがむ: My wife is *getting after* me *to* buy her a new dress. 妻は新しいドレスを買うようにと私にせがんでいる.

gèt ahéad ([自]+[副]) (1) 〔…より〕先へ進む, 進歩する; 〔…を〕追い越す: ～ *ahead of* Bill in arithmetic 算数でビルに勝る. (2) 〔…で〕出世[成功]する (get on (7)): ～ ***ahead in*** the world 出世する.

gèt alóng ([自]+[副]) (1) **先へ進む**. (2) 〈仕事などが〉はかどる; 〈人が〉〔仕事などを〕進める: How is your work *getting* along? 仕事の具合はどんなですか / How are you *getting along with* your English? 英語(の勉強)のはかどりかたはどうですか. (3) [通例進行形で]〈時が〉移る, 遅くなる; 〈人が〉年を取る: He's *getting along* (in years). 彼はもう年だ. (4) (何とか)やっていく, 暮らす (get by (2)): ~ *along* well [poorly] うまくやっていく [具合が悪い] / We can't ~ *along* with so little money [on such a small income, without her]. こんな少ない金[こんななずかな収入, 彼女なし]ではやっていけない. (5) 仲よくやっていく, […と]仲よくやっていく, 折り合ってゆく (get on (5)): He and Jim ~ *along* well [fine] *together*. 彼とジムは仲がよい / How is he *getting along with* his wife? 彼は細君との仲はどうかね. (6) 〔口〕行く, 立ち去る: It's time for me to be *getting along*. もうおいとましなければならないころです. ── 《他+副》 [~+目+along] (7) 〈...を〉先に進ませる. (8) 〈...を〉送る, 持って[連れて]いく[くる] [*to*].

Gèt alóng with you! 〔口〕 (1) あっちへ行ってしまえ! (2) 冗談でしょう, まさか.

gét ànywhere [疑問・否定文で] 《自+副》 (1) 成功する: My thesis doesn't seem to be *getting anywhere*. 私の論文はまとまりそうにない. ── 《他+副》 (2) [~+目+anywhere] 〈人を〉成功させる; 役にたつ: Complaining won't ~ you *anywhere*. 不平をこぼしていても何の役にもたたない.

get around [《自+副》 ~ aróund] (1) =GET about 成句 (1), (2), (3). (2) 〈障害を〉回って進む, 迂回する. ── 《他+副》 ~ aróund. (3) =GET about 成句 (4). (4) 〈困難などを〉うまく避ける, 乗り越える (get over (2)), 〈法律・責任などを〉うまく逃れる (circumvent). (5) ...を説き伏せる, ...にうまく取り入る. ── 《他+副》 ~ aróund] [~+目+around] (6) 〈...を〉(訪問などに)連れてくる[いく]; 〈...を〉...に送り届ける [*to*].

gèt aróund to... (遅れたあとで)...する機会[暇]ができる: I finally *got around to* reading his novel. ついに彼の小説を読む暇ができた.

gét at... (1) ...に達する, 届く; ...を得る; ...をねらいとする (★まれに受身可): I can't ~ *at* books on the top shelf. 上段の本には手が届かない. (2) 〈意味・真理など〉をつかむ, つきとめる, 理解する; ...を知る (find out) (★まれに受身可): It's impossible to ~ *at* the truth. その真相を知ることはできない. (3) 〈仕事などに〉取りかかる. (4) ...をほのめかす, 明らかにしようとする (★通例進行形で用い次の表現で): What *are* you *getting at*? 何を言おうとしているのか. (5) [通例進行形または動名詞で] 〔口〕〈人に〉(何度も)意地悪なことを言う; 〈人を〉非難する (pick on) (★受身可): He's always *getting at* me. 彼はいつも私をいじめる. (6) 〔口〕〈人を〉買収する (★しばしば受身で用いる): Some of the politicians have been *got at* to let the law be changed. その法律を変えるために買収された政治家がいる.

gèt awáy 《自+副》 (1) 休暇をとる. (2) […から]立ち去る, 離れる(ことができる), (旅行に)出る: ~ *away* (*from* work) at five 5時に(会社を)出る. (3) [通例否定文で]〔事実などから〕逃れる, […を]避ける, 認めない: There's no *getting away from* it. それを否定できない / You cannot ~ *away from* that fact. その事実は認めないわけにはいかない. (4) (レースなどで)スタートする. ── 《他+副》 [~+目+away] (5) 〈人を〉[...から]出る〔*from*〕; ~ *away* to the country 人をいなかへ連れ出す. (6) 〈不要なものを〉[...から]取り去る〔*from*〕. cf. the one that got away ⇒ get 成句.

gèt awáy from it all 〔口〕都会生活の雑踏[わずらわしさ]から逃れて休暇をとる.

gèt awáy with... (1) ...を持ち逃げする. (2) よくないことを[罰せられないで][見つからないで]やりおおす: ~ *away with* cheating [a crime] ごまかして[犯罪を犯して]そのままうまく通す. (3) 〈軽い叱責・罰などだけで〉免れる[済む]: ~ *away with* a mere apology [a fine] 単なる謝罪[罰金]だけで済む.

gèt awáy with múrder ⇒ murder 名 成句.

Gèt awáy with you! 〔口〕 =GET along with you! 成句.

gèt báck 《自+副》 (1) (家などへ)帰る; (もとへ)戻る (return): ~ *back* home before dark 暗くならないうちに帰

753 get

る / ~ *back* to the original question 初めの問題に戻る. (2) […にあとで]連絡する: I'll ~ *back to* you on that. そのことについてはまた連絡[電話]します. (3) 〈政党などが〉政権に帰り咲く 〔*in*〕. (4) [しばしば命令文で] (後ろへ)下がる. ── 《他+副》 (5) 〈...を〉取り戻す: I didn't ~ the money *back*. その金は戻らなかった. (6) [~+目+back] 〈...を〉(もとへ)戻す; 〈人を〉送り帰す: ~ *a person back home* 人を家に送り届ける.

gèt báck at... 〔口〕〈人に〉仕返しをする, 復讐する.

get behind [《自+副》 ~ behínd] (1) (他より)遅れる. (2) 〈仕事などが〉遅れる, 〈支払いなどが〉滞る: I have *got* terribly *behind with* [*in*] my work. ひどく仕事が遅れてしまった. ── [《他+副》 ~ behínd] (3) ...の後ろへ回る.

get by [《自+副》 ~ bý] (1) 通り抜ける: Please let me ~ *by*. 通してください. (2) 〔口〕...で何とかやっていく[切り抜ける]: ~ *by on* [*with*] a small salary わずかな給料で何とかする / ~ *by in* French かたことのフランス語で切り抜ける. (3) 〈人の〉目を逃れる, うまくだます. (4) 〔口〕〈仕事などが〉(出来はよくないが)何とか通用する, まあまあ認められる. ── [《自+副》 ~ bý] (5) 〈難所などを〉通り抜ける: ~ *by* a slow car 遅い車を抜く. (6) ...の目を逃れる: He doesn't let a thing ~ *by* him. 彼はどんなことにも気づく. ── [《他+副》 ~ bý] (7) [~+目+by] 〈人を〉通り抜けさせる: ~ ...*by*...〔...を〕...を通り抜けさせる: ~ *a person by* a policeman 人をかばって[隠して]警官のそばを(見つからずに)すり抜ける.

gèt dóne with... 〔口〕...を済ませる, し終える, 片づける: Let's do it now and be *done with* it. さあすぐ取りかかってやってしまおう.

get down [《自+副》 ~ dówn] 〔木・列車・馬などから〕降[下]りる 〔*from, off*〕. (2) 《英》〈子供が〉(食後に)いすから下りる. (3) 身をかがめる: ~ *down on* all fours 四つんばいになる / ~ *down on* one's knees (ひざまずいて)祈る. (4) 気が沈む: ~ *down* in the dumps [mouth] 気がめいる [がっかりする]. ── [《自+副》 ~ dówn...] (5) ...から下りる: ~ *down* a ladder はしごから下りる. ── 《他+副》 ~ dówn] (6) 〈...を〉〔...から〕下ろす: Please ~ me the box *down from* the shelf. 箱を棚から下ろしてください. (7) 〈数値などを〉下げる: ~ *unemployment down* 失業率を下げる. (8) 〈...を〉(やっと)飲み下す. (9) 〈ものを〉書き取る (write down): ~ a story *down* on paper 物語を紙面に書き取る. (10) [~+目+down] 〈人を〉めいらせる, がっかりさせる: Rainy days always ~ me *down*. 雨の日はいつも気がめいる. ── [《他+副》 ~ dòwn...] (11) 〈...を〉...から[...へ]降ろす [*to, onto*]: G~ the trunk *down* the stairs to the door. トランクを階段から戸口まで降ろしなさい.

gèt dówn to... (1) ...に下りる: ~ *down to* the ground 地面に下りる. (2) 〈仕事などに〉(真剣に)取りかかる, 取り組む: ~ *down to* business. 取引の話にかかろう. (3) ...にまでつきつめる: when you ~ *down to* it つきつめれば, つきつめて考えると.

gèt dówn to bráss tácks ⇒ brass tacks 成句.

gèt éven with... ⇒ even[1] 形 成句.

gèt fár 遠くまで行く; 進歩[成功]する: He'll ~ *far* in life. 彼は出世するだろう / He hasn't *got far with* his research yet. 彼の研究はまだかどって[進んで]いない.

gét a person's góat ⇒ goat 成句. **gèt héll** ⇒ hell 成句. **gèt hóld of...** ⇒ hold[1] 成句.

get in [《自+副》 ~ ín] (1) (中に)入る; 〈雨・光などが〉入り込む: ~ *in* between two people 二人の間に入り込む / The burglar *got in* through the window. 強盗は窓から侵入した. (2) (乗り物に)乗り込む. (3) 〈列車・飛行機などが〉入ってくる, 到着する; 〈人が〉(家・会社などに)着く: What time does the train ~ *in*? 列車は何時に到着しますか. (4) 当選する: He *got in* for Chester. 彼はチェスター区選出の議員に当選した. (5) (試験などのあとに)入学する, 入会する. (6) 〔口〕〈人と〉親しくなる, 〈人に〉取り入る: ~ *in with* a bad crowd 悪い連中とつき合う. (7) (活動・旅行などに)加わる: ~ *in on* a discussion 討論に加わる. ── [《他+副》 ~ ín...] (8) ...(の中)に入る: ~ *in* a car 車

get

の中に入る. ――[《@+圓》~ *ín*] (9) 《...を》《中に》入れる, 持ち込む;〈人を〉《車に》乗り込ませる. (10) 《作物などを》取り入れる, 〈洗濯物などを〉取り込む;〈貸金などを〉取り立てる. (11) 〈商品を〉仕入れる. (12) 〈医者・職人などを〉《家に》呼ぶ: ~ a doctor *in* 医者を家に呼ぶ. (13) 〈言葉を〉差しはさむ: May I ~ a word *in*? ひと言言葉ははさんでもよろしいでしょうか. (14) 〈種を〉まく,〈苗を〉植える. (15) [~+目+*in*] 〈人を〉入学[入会]させる: Those exam results should ~ her *in*. あの試験の成績なら彼女は入学するだろう. ――[《@+圓》~...*in*...] 《...の》(の中に)入れる: He *got* a splinter *in* his foot. 彼は足にとげが刺さった.

gèt ín on the áct ⇒ act 图 成句.

gèt ín through the báck dóor ⇒ back door 成句.

gèt ínto... [《@+前》] (1) 《...の中》に入る;〈車などに乗り込む〉: ~ *into* bed ベッドに入り込む / ~ *into* a car [an elevator] 車[エレベーター]に乗る. (2) 〈列車・...に到着する. (3) 〈学校・会などに〉入る,〈職務・仕事などに〉つく,当選して〈議会に〉入る: ~ *into* a good company いい会社に入る / ~ *into* a new trade 新しい商売を始める. (4) 〈衣類などを〉(苦労して)身に着ける, 着る, はく: ~ *into* one's dress ドレスをどうにか着る. (5) 《...の状態》になる,巻き込まれる: ~ *into* a rage かっとなる / ~ *into* debt 借金する / ~ *into* trouble やっかいなことになる / ~ *into* a traffic jam 交通渋滞に巻き込まれる. (6) 〈やり方などに〉慣れる,〈習慣などを〉身につく;《口》〈趣味・本などに〉興味をもつようになる, 打ち込むようになる: ~ *into* Buddhism 仏教に興味をもち始める. (7) 〈考えなどが〉〈人の〉頭にとりつく: I don't know what has *got into* him. 彼があんなことをするのはどういう考えからかわからない. ――[《@+圓》~...*into*...] 《...を》《...の》(の中)に入れる: He *got* me *into* the movie for free. 彼は私をただで映画館に入れてくれた / I can ~ five *into* my car. 車に 5 人乗せられます. The bus *got* us *into* London at noon. そのバスでロンドンに正午に着いた. (10) 〈人に〉〈無理やり〉〈衣類を〉身に着けさせる: ~ one's child *into* a new suit 子供に新調の服を着せる. (11) 〈人を〉〈悪い状態〉に陥らせる: ~ oneself *into* trouble 困った立場になる.

gèt ínto the [a person's] áct ⇒ act 图 成句.

gèt ít (1) 手にする: I('ve) *got it*! もらった, よしきた《手にする前にも用いる》 / You('ve) *got it*! はい[ほらよ《今渡すよ》]. (2) 理解する: Now I ~ *it*. わかった / G- *it*! わかったか / You've *got it*! そのとおり / I've *got it*. あ, そうか, わかったぞ. (3) 《米口》しかられる, 罰をくう: He'll ~ *it* now. 今度は大目玉をくうぞ. (4) (かかってきた電話・ベルなどに)応ずる, 出る: I'll ~ *it*. 私が出る.

gèt it ón 《米俗》《...と》セックスする《*with*》.

gèt it ínto one's héad that... ⇒ head 图 成句.

gèt it togéther (1) 《口》うまくやる. (2) 気を静める, 落ち着く.

gèt it úp 《俗》勃起する.

gèt néar to...に近づく, 近寄る.

gèt nó [líttle] chánge òut of a person ⇒ change 图 成句.

gèt nówhere (fást) 成功しない, 効果がない,《...が》うまくいかない: He will ~ *nowhere with* his attitude. 彼の態度ではうまくいかないだろう / The idea *got* us *nowhere*. その考えは何の役にも立たなかった.

get óff [《@+圓》~ *óff*] (1) 〈列車・バス・飛行機などから〉降りる, 下車する《比較 タクシー・乗用車の場合は get out (of...)》《↔ get on》: I ~ *off* at the next station. 次の駅で降ります. (2) 出発する, 出かける; 離れる: ~ *off* to school 学校へ出かける / ~ *off* on one's journey 旅に出かける / ~ *off* to a good [slow, bad, etc.] start 〈人・事がスタート[出だし]が順調である[遅い, まずい, など]. (3) 〈手紙などが〉発送される. (4) 《口》刑罰[不幸, 危害]を免れる;〈軽い叱責・罰などで〉済まされる: He *got off with* a fine. 彼は罰金で放免になった / You've *got off* cheaply [easy]. 大したこともなく(ひどい罰も受けずに)済んだね. (5) 仕事から解放される, 退社する: What time do you ~ *off* (from work)? 仕事は何時に終わりますか. (6) 《英》眠りにつく: The baby at last *got off* (to sleep). 赤ん坊はやっと眠った. (7) 《口》オルガスムスを経験する; 麻薬に陶酔する. (8) 《主に英口》〈異性に〉急に(性的に)親しくなる《*together*》《*with*》. ――[《@+前》~ *óff*...] (9) 《部分などを》降りる: What station did you ~ *off* the subway at? どの駅で地下鉄を降りましたか. (10) 〈屋根・はしごなどから〉(地面に)下りる. (9) 《...から》離れる, ...に立ち入らない: G- *off* the grass. 芝生から出なさい. (12) 〈話題などから〉離れる, それる, ...をやめる: Let's ~ *off* that topic. その話はやめよう. (13) 《...から離れる》: ~ *off* work early 早く退社する. ――[《@+圓》~...*óff*] (14) [~+目+*off*] 〈...を〉取り除く;〈衣服などを〉脱ぐ,〈指輪を〉はずす;〈しみなどを〉取り去る, 除く;〈手などを離す〉: ~ one's overcoat [ring] *off* オーバーを脱ぐ[指輪をはずす] / G- your hands *off*. 手を離しなさい. (15) 〈人を〉《...に》送り出す: ~ one's children *off to* school 子供たちを学校へ送り出す. (16) 〈手紙などを〉送る: a letter *off* by express 速達で手紙を送る / ~ *off* a long pass ロングパスを送る. (17) [~+目+*off*] 〈人を〉〈刑罰[危害]を免れさせる[軽減させる];〈人を〉〈軽い叱責・罰などで〉済ませる: His counsel *got* him *off (with* a fine). 弁護士の力添えで(罰金だけで)放免となった. (18) 《英》〈人を〉《~ *off*》〈人を〉寝かしつける: ~ a baby *off* (to sleep) 赤ちゃんを寝かしつける. (19) 〈冗談などを〉言う. ――[《@+圓》~...*óff*...] (20) 《...を》...から取り去る[はずす];《...を》...から降ろす: ~ a stalled car *off* the road エンストの車を道路から除く / G- your hands *off* me! 私から手を離しなさい. (21) 〈乗客などを〉〈乗り物から〉降ろす: ~ passengers *off* a plane 飛行機から乗客を降ろす. (22) 〈人に〉...を免れさせる. (23) 《口》...から手に入れる: I *got* this ticket *off* Bill. この切符はビルから入手した.

gèt óff a person's báck ⇒ back 图 成句.

gèt óff on...《口》...に夢中になる, ...に(性的に)興奮する: He ~s *off* on golf. 彼はゴルフに夢中になっている / He ~s *off* on teasing women. 彼は女性をいじめるのに快感を覚える.

gèt óff on the right [wróng] fóot ⇒ foot 图 成句.

gèt a person óff on the right [wróng] fóot ⇒ foot 图 成句.

Gèt óff with you! =GET along with you! 成句.

get on [《@+圓》~ *ón*] (1) 〈バスなどの大きな乗り物に〉乗る, 乗車する《比較 タクシー・乗用車の場合は get in(...)を用いる; ↔ get off》: ~ *on* at Bath バースで(バスに)乗る. (2) 〈仕事などが〉はかどる;〈仕事などを〉進める: How is your work *getting on*? あなたのお仕事の進み方はいかがですか / He's *getting on with* his studies. 彼の研究ははかどっている. (3) 《口》〈しばしば進行形で〉〈時が移る, 遅くなる〉;〈人が年をとる〉;〈時・年齢・数などが〉...に近づく: It's *getting on toward* [《英》*for*] midnight. 真夜中になろうとしている / He's *getting on for* [*toward*] seventy. 彼はそろそろ 70 歳だ. (4) (何とか)やっていく, 暮らす: How is your mother *getting on*? おかあさんはどうしておられますか. (5) 《...と》仲よくやっていく《get along (5)》: How do you ~ *on with* your neighbors? ご近所(のかたがた)とのお付き合いはいかがですか. (6) (中断した後も)続ける,《...》に続ける: ~ *on with* business 商売(の話)を続ける. (7) 《...で》成功する《get ahead (2)》: ~ *on in* business 商売が繁盛する. (8) 急ぐ: G- *on* with it! 急げ, 早く. ――[《@+圓》~ *ón*...] (9) 《...の(上)に》のぼる[あがる]: ~ *on* a roof [wall] 屋根[塀]にのぼる. (10) 〈バス・列車・自転車などに〉乗る: ~ *on* the subway at the same station 同じ駅で地下鉄に乗る. ――[《@+圓》~...*ón*] [~+目+*on*] (11) 〈人・ものを〉〈乗り物などに〉乗せる. (12) 〈衣類を〉身に着ける,〈ものを〉取りつける: He *got* his boots *on*. 彼はブーツをはいた / ~ a lid *on* ふたをする. (13) 〈まきを〉くべる,〈明かりをつける〉. (14) 〈成績を〉上達[進歩]させる: ~ pupils *on* 生徒の成績を上げさせる. (15) 〈人を〉電話に出させる: G- her *on*. 彼女を電話に出しなさい. ――[《@+圓》~ *ón*...] [~+目+*on*] He *got* his sister *on* her bicycle. 彼は妹を(助けて)自転車に乗せた.

gèt one óver on...《口》...をしのぐ.

gèt ón to...《英口》(1) (電話で)〈人〉に連絡する. (2) ...を

gèt ónto... 《(自)+前》 (1) ...(の上)にのぼる[あがる]: He got onto my shoulders. 彼は私の肩の上にのぼってきた. (2) 〈乗り物に〉乗る: Where did you ~ onto this bus? このバスにどこで乗りましたか. (3) ...(の不正)を見つける, 突きとめる. (4) 〈別の問題などに〉進む, 取りかかる. (5) ...の一員になる. (6) ...に選出[任命]される. (7) 〈...するように〉人にやかましく言う: ~ onto a person to clean his nails 人につめをきれいにするようにうるさく言う. —《(他)+前》 (7) 〈人・ものを〉...に乗せる, 積む. (8) 〈人を〉...に取り組ませる: We got him onto the subject of golf. 彼にゴルフの話をさせた.

Gèt ón with you! =GET along with you! 成句.

get out [《(自)+副》 ~ óut] (1) (外へ)出る; 外出する; 〈立ち〉去る: G- out! 出ていけ!《俗》ばかな. (2) 〈乗り物を〉降りる: ~ out at 32nd Street 32番通りで降りる. (3) 逃げ出す. (4) 秘密などが漏れる, 知れてしまう: The secret got out at last. その秘密はとうとう漏れてしまった. —[《(自)+前》 ~ óut...] (5) 〈ドア・窓などから〉出る. —[《(他)+副》 ~ óut] (6) 〈...を〉(外へ)出す, 取り出す; 〈栓・とげ・歯・しみなどを〉抜き取る: G- out your books and turn to page ten. 本を出して10ページを開けなさい. (7) 〈人を〉助け出し, 助けて逃がす. (8) 〈図書館などから〉本を〉借り出す. (9) 〈預金などを〉引き出す. (10) 〈本・新聞などを〉出版[発行]する. (11) 〈...を〉生産する. (12) 〈言葉を〉(やっと)発する, 言う. (13) [~+目+out] 〈問題などの〉答えを引き出す, 〈問題を〉うまく解く. —[《(他)+副》 ~...óut...] (14) 〈...を〉ドア・窓から出す.

gèt óut of... 《(自)+前》 (1) 〈場所〉から出る: G- out of here [bed]! ここから出ていけ[起きろ] / G- out of the way. どけ. (2) 〈衣服を〉脱ぐ: G- out of those wet clothes. ぬれた服を脱ぎなさい. (3) 〈乗り物から〉降りる: ~ out of a car [taxi] 車[タクシー]から降りる《比較》バスの場合 get off のほうが一般的》. (4) ...の届かないところ[範囲外]に行く: ~ out of sight 見えなくなる. (5) 〈約束・仕事などから〉手を引く: ~ out of signing a contract 契約から手を引く. (6) 〈悪い習慣などから〉抜け出る, ...をやめる: ~ out of a bad habit 悪い癖を捨てる. (7) 〈やるべきことを〉避ける, 逃れる (avoid): He tried to ~ out of doing his homework [attending the meeting]. 彼は宿題をせずに[会へ出ないで]済ませようとした. —[《(他)+前》 ~...óut of...] (8) ...から〈...を〉(取り)出す[除く]: G- me out of here. 私をここから出してくれ / a book out of the library 図書館から本を借り出す / I can't ~ it out of my mind. それを忘れることができない. (9) 〈相手〉から〈真相・金などを〉引き[聞き]出す, 〈...から〉利益などを引き出す, 得る: ~ a lot out of a lecture 講義から多くのことを学ぶ. (10) 〈人を〉...から免れさせる; 〈人に〉義務などを逃れさせる: His illness got him out of having to see her. 彼は病気になって彼女に会わなくてもよくなった. (11) 〈人に〉〈習慣などから〉抜け出させる: ~ a child out of the habit of sucking his thumb 子供に親指をしゃぶる癖をやめさせる.

gèt outsíde 《(自)+副》《英俗》 [...を]食べる; 飲む 〔of〕.

get over [《(自)+前》 ~ óver...] (1) 〈柵・塀などを〉乗り越える, 通り越す, 〈川・橋などを〉渡る(★ 受身可): ~ over a hedge 生け垣を乗り越える. (2) 〈障害・困難などを〉乗り切る, 〈混乱などを〉克服する (get around (4))(★ 受身可): ~ over a difficulty 困難を乗り切る. (3) 〈病気・ショックなどから〉回復する, 〈ある事の痛手[驚きなど]から〉立ち直る (★ 受身可): ~ over a cold かぜを治す / ~ over (the shock of) the death of one's son 息子の死のショックから立ち直る. (4) [通例 I [we] can't ~ over...]《口》...に(まったく)驚いている: I just can't ~ over Jane's cheek [Jane behaving like that]. ジェーンの厚かましさ[あのふるまい]にはまったく驚くよ. [通例否定文で]〈事実などを〉否定する: We cannot ~ over that fact. その事実を否定することはできない. (6) 〈ある距離・道を〉行く: They got over the whole course in ten hours. 彼らは全行程を10時間で踏破した. —[《(自)+副》 ~ óver] (7) 〈...に〉乗り越える, 渡る; 〈訪ねて〉行く: 道路の向こう側へ渡る. (8) 〈口〉〈考えなどが〉人に〉理解される, 通じる〔to〕. —[《(他)+前》 ~...óver...] (9) 〈...を〉柵などを越えさせる; 〈川などを〉渡らせる: She got the child over the fence. 彼女は子供に柵を越えさせた. —[《(他)+副》 ~ óver] (10) 〈人・動物などを〉越えさせる, 渡らせる. (11) 〈考えなどを〉人に〉わからせる: I couldn't ~ the importance of the matter over to him. 事の重大さを彼にわからせることができなかった. (12) [~+目+over] 〈いやな仕事などを〉済ませる, 片づける: Let's ~ the job over quickly. 仕事は早く片づけよう.

gèt...óver (and dóne) with《口》〈いやな仕事などを〉片づける《用法》with には目的語がつかない〉: Let's ~ the work over with now. その仕事を片づけよう.

gèt ríd of... ⇒ rid 成句. **gèt róund** =GET around 成句. **gèt róund to...** =GET around to... 成句.

gèt sòmewhere 成功する, 効果がある, 〔...がうまくいく〕: I hope he will ~ somewhere with his plans. 彼の計画がなんとか物になればいいと思う / Discussion may ~ us somewhere. 話し合えばなんとかなるかもしれない.

gèt squáre with... ⇒ square 形 成句.

gét thére 《口》 (1) 目的を達する, 成功する. (2) 言うことがわかる, 合点がいく.

gèt the wínd úp ⇒ wind¹ 名 成句.

get through [《(自)+前》 ~ thróugh...] (1) ...を通り抜ける; ...を通り抜けて〈目的地に〉着く〔to〕. (2) 〈困難などを〉切り抜ける; 〈時を〉過ごす. (3) ...を(し)終える(★ 受身可): ~ through college 大学を出る / ~ through a book in one evening 本を1晩で読み通す. (4) 〈英〉〈試験などに〉合格する. (5) 〈法案が〉〈議会などを〉通過する. (6) ...を使い果たす; 〈飲食物を〉平らげる (★ 受身可): I couldn't ~ through the dessert. デザートを平らげることはできなかった. —[《(自)+副》 ~ thróugh] (7) 通り抜ける; 〈穴などから〉入り込む, 抜ける. (8) 〈困難・病気などを〉切り抜ける. (9) 〈試験などに〉通る: Jack failed but his sister got through. ジャックは落第したが, 妹は合格した. (10) 〈議案が〉通過する. (11) 〈人・伝言・補給品などが〉〈目的地に〉(やっと)着く, 届く; 〈チームなどが〉...まで勝ち進む: ~ through to the finals 決勝に進出する. (12) 〈電話などで〉〈相手(の番号)に〉通じる, 連絡がつく〔to〕. (13) 〈相手に〉話を理解させる; 〈考えなどが〉〈...に〉わかる (⇒ (23)): I just can't seem to ~ through to him. 彼には話がわかってもらえないようだ. (14) 〈仕事などを〉やり終える, 仕事を終わる 〔with〕. —[《(他)+前》 ~...thróugh...] (15) 〈...に〉...を通り[切り]抜けさせる: a box through a window 窓越しに箱を入れる[出す]. (16) 〈...を〉〈試験などに〉合格[入学]させる: ~ wine through customs ぶどう酒を税関でパスさせる. (17) 〈議案などを〉〈議会〉で通過[承認]させる: ~ a bill through Congress 議会で法案を通過させる. —[《(他)+副》 ~ thróugh] (18) 〈...を〉通り[切り]抜けさせる, 〈穴などに〉通す: ~ one's finger through 指を通す. (19) 〈...を〉合格させる: It was her English that got her through. 彼女は英語の力で合格できた. (20) 〈議案などを〉通過[承認]させる. (21) 〈...を〉〈目的地に〉届ける〔to〕. (22) 〈電話などで〉〈...を〉先方へつなぐ: Please ~ me through to London ロンドンにつないでください. (23) 〈...を〉〈相手に〉理解させる: I can't ~ (it) through to him that...ということを彼にわからせられない《★ it を略すこともある》.

get to (1) ...に達する (⇒ 動 1). (2) 〈仕事などに〉着手する, 〈食事などを〉始める: ~ to work 仕事を始める / I got to remembering those good old days. 私はあのなつかしい昔を思い出し始めた. (3) 《口》〈人に〉連絡する: Can I ~ to you by phone? 電話で連絡がとれますか. (4) 《口》〈人に〉影響[感銘]を与える: The tragedy got to me. その悲劇は私の心にひびいた. (5) 〈人に〉理解される. (6) 《米口》(勧誘・買収・脅迫などの目的で)人に〉近づく, ...をなびかせる.

gèt togéther (1) 集まる, 寄り合う; 会う: ~ together for Christmas クリスマスに集まる / When will we ~ together? いつ集まろうか. (2) 《口》〔...について〕相談をまとめる, 意見が一致する 〔on, over〕. —《(他)+副》 (3) 〈ことで〉団結する, 協力する 〔on, over〕. (4) 〈...を〉集める. (5) 〈持ち物・考えなどを〉まとめる. (6) [~ oneself together で]《口》自制する, 感情を抑える.

get under [(⾃+前) ~ únder...] (1) ...の下に入る[を通る]. —— [(⾃+副) ~ únder] (2) 下に入る. —— [(他+前) ~ ...únder...] (3) 〈...を〉...の下に入れる. —— [(他+副) ~ ...únder] (4) 〈...を〉下に入れる. (5) [+目+under] 〈火事・騒動などを〉鎮める.

get up [(⾃+副) ~ úp] (1) 起床する, 起きる; 〈病後に〉床を離れる, 床上げする: G- up (out of bed)! 起きなさい. (2) 〈地面から〉起き上がる; 〈席などから〉立ち上がる [out of, from] (stand up): Please don't ~ up. どうぞ座っていてください / He got up from the chair. 彼はいすから立ち上がった. (3) 〈...に〉上る, 登る; 〈馬・自転車などに〉乗る [on, onto]: ~ up on the roof 屋根に上る / She got up behind me. (馬・自転車などで)彼女は私の後ろに乗った. (4) 〈突風・あらしなどが〉起こる; 〈風・海・火などが〉激しくなる, 荒れてくる: There's a strong wind *getting up* outside. 外では風がひどくなっている. (5) [命令法で] 〈馬に向かって〉進め! —— [(⾃+副) ~ úp...] (6) 〈階段・はしごなどを〉上る, 〈木・山などに〉登る: ~ *up* a ladder to the roof はしごで屋根に上る. —— [(他+副) ~ úp] (7) [+目+up] 〈人を〉起床させる, 起こす; 〈人に〉(病後の)床上げをさせる: Can you ~ me *up* at six tomorrow? あす6時に起こしてください. (8) [+目+up] 〈人を〉起こす[立たす]: He *got* me *up*. 彼は私を起き上がらせた. (9) [+目+up] 〈...を〉登らせる, 〈荷などを〉(持ち)上げる; 〈人・馬などに〉乗せる. (10) [+目+up] 〈催し・会合などを〉準備する, 始める, 計画する, 催す: ~ *up* a picnic ピクニックを計画する / *up* a subscription for...に拠金を行なう. (11) 《口》〈人の〉身なりを[頭髪などを]整える, 飾る; ~ one*self up* で着飾る, 「...で」装う; 〈...に〉扮装する [★しばしば受身でも用い, 「着飾っている, 装っている, 扮装している」の意]: She *got* herself *up in* her best dress. 彼女は晴れ着を着て飾り立てた / He *was got up as* [to look like] a sailor. 彼は変装して船乗りの身なりをしていた. (12) 〈本を〉仕上げる, 装丁する: The book is well *got up*. その本は印刷製本ともよくできている. (13) 〈感情・動揺などを〉かきたてる, 〈食欲などを〉起こさせる: ~ *up* speed 速力を増す / ~ *up* steam ⇒ steam 3. (14) 《英》〈科目などを〉勉強する, 勉強し直す. —— [(他+前) ~ ...úp...] 〈...に〉階段などを上がらせる, 運び上げる: He couldn't ~ himself *up* the stairs. 彼は階段を上がれなかった.

gèt úp agàinst... (1) ...のそばに寄る[立つ]. (2) 〈人と〉仲たがいする, 衝突する. —— [get+目+up against...; get up+目+against...] (3) 〈家具などを×壁などの〉そばに寄せる[置く].

Gèt úp and gó! 《口》てきぱき動きだせ!; 急げ!.

gèt úp to... (1) ...に近づく, ...に到達する; ...に追いつく: Where did we ~ *up to* last week? 先週はどこまで進んだか / The temperature *got up to* 80°. 気温は80度まで上がった. (2) 〈いたずらなどを〉する: What are the boys *getting up to*? あの子らは何をたくらんでいるのか. —— [get up+目+to...] (3) 〈人・ものを〉...に近づける[到着させる], ...に引き上げる.

gèt with it 《口》(1) 流行に遅れないようにする, 現代的になる, 進んでいる. (2) 仕事[勉強]に精を出す.

Gét you! 《俗》[自慢して言う人に対して] 信じられないな, ばかな.

have gót ⇒ have²成句.

have gót it bád [bádly] 《俗》〈...に〉夢中になっている, 熱をあげている [over].

It's gót so (that)... 《口》...という具合になっている.

téll a wóman where to gèt óff 《口》 (人を)たしなめる《車掌がバスの車掌が不作法な乗客に下車を命じる意から).

the óne that got awáy あと一歩のところで手に入れそこなったよいもの, 「逃した魚」.

You've gót me thére. ⇒ there 副 A 3.

—— ❶ 〈動物の〉子. ❷ 〈テニス〉ゲット, 打ち返しようのない返球. ❸ 《英俗》ばか.

【ON】

【類義語】get「手に入れる, 得る」の意の最も適用範囲の広

い語; 手に入れる努力・意志の有無は特に関係ない. **gain** 自分にとって有益なもの, 価値のあるものを努力して得る. **obtain** 非常にほしいものを手に入れる. あるいは努力して手に入れる. **acquire** 長い時間をかけて, 少しずつ集めるように手に入れる. **secure** 困難を排してあるものを手に入れ, その後もしっかりとそれを保持していることを意味する.

get·a·ble /gétəbl/ 形 =gettable.

get-at·a·ble /getətəbl/ 形 《口》❶ 〈場所など〉達することのできる: in a ~ place 手が届くところに. ❷ 〈人など〉手に入れやすい; 〈人が〉近づきやすい.

+**gét·awày** 名 [通例単数形で] ❶ (犯人の)逃走 (escape): make one's ~ 逃走する. ❷ 短い休暇; 保養地. —— 形 逃走用の.

gét-gò 名 ✦ 次の成句で. **from the gét-go** 《米口》最初から.

Geth·sem·a·ne /geθsémənì/ 名 ❶ ゲッセマネ (Jerusalem の近くの花園; キリスト苦難の地). ❷ [g~] © 苦難の場所[時].

gét-òut 名 ⓤ 脱出の手段, 逃げ口上. **as [lìke, for] àll gét-òut** 《口》非常に, とても, ものすごく.

gét-rìch-quíck 形 一攫(かく)千金的な.

get·ta·ble /gétəbl/ 形 得られる, 手に入れられる.

get·ter /gétə/ ー/- 名 ❶ [通例単数形で] (何かを)得る人[物]. ❷ 〈電〉ゲッター(電球や真空管内の残留ガスを吸収させる物質).

get·ting /gétɪŋ/ 名 ✦ 次の成句で. **while the gétting is góod** 《米》while the GOING is good.

gét-togèther 名 《口》 (打ち解けた)社交の会, 懇親会, 親睦(ぼく)会.

Get·ty, J(ean) Paul 名 ゲッティ (1892-1976; 米国の実業家; Getty Oil 社を所有, 莫大な資産を得た).

Get·tys·burg /gétìzbə̀ːɡ | -bə-/ 名 ゲティスバーグ (米国 Pennsylvania 州南部の町; 南北戦争の古戦場でこの戦没将兵を葬った国立墓地がある).

Géttysburg Addréss 名 [the ~] ゲティスバーグ演説 (1863年11月19日 Lincoln が Gettysburg で国立墓地開設式に際して行なった演説; 民主主義の真髄を表現した "government of the people, by the people, for the people" (人民の, 人民による, 人民のための政治) という文句を含む).

+**gét·ùp** 名 《古風・口》 ❶ (目立つ, 変わった)装い, 身なり, 服装. ❷ 外観, 体裁.

gét-ùp-and-gó 名 ⓤ 《口》やる気, 積極性: He has a lot of ~. 彼はすごくやる気がある.

gew·gaw /gjúːgɔː/ 名 安ぴか物, 見かけ倒しの物.

ge·würz·tra·mi·ner /ɡəvʊ̀ətstrəmiːnə | ɡəvʊ̀ətstrəmìːnə/ 名 [しばしば G~] ゲヴュルツトラミネール (フランス東部 Alsace 地方産の軽い辛口白ワイン).

gey·ser /gáɪzə ー/ -zə/ 名 ❶ 間欠(温)泉. ❷ /ɡíːzə -zə/《英》(台所・ふろなどに取り付ける)自動[瞬間]湯沸かし器 《米》hot-water heater). 《*Geysir* アイスランドの間欠泉で Icel=吹き出る》.

gey·ser·ite /gáɪzəràɪt/ 名 ⓤ 〈鉱〉間欠石 (間欠泉などの周囲に沈積する結核状の蛋白石, または珪華(ロノゕ)).

GG 《略》governor-general.

GH 《略》〈生化〉growth hormone.

Gha·na /ɡɑ́ːnə/ 名 ガーナ (アフリカ西部にある英連邦内の共和国; 首都 Accra).

Gha·na·ian /ɡɑːnéɪən/ 形 ガーナ(人)の. —— 名 ガーナ人.

ghar·i·al /gǽ(ə)riəl/ 名 =gavial.

+**ghast·ly** /ɡǽstli | ɡɑ́ːst-/ 形 (-li·er, -li·est; more ~, most ~) ❶ 《口》実に不(愉)快な, いやな, ひどい (awful): have a ~ time いやな[ひどい]目にあう / I feel ~ about it. それを思うとぞっとするほど不快だ. ❷ (身の毛のよだつほど)恐ろしい, ものすごい, ぞっとする: a ~ accident 恐ろしい事故 / a ~ sight ぞっとするような光景. ❸ 《文》〈人・顔つきなど〉死人[幽霊]のようで, 青ざめて: He looked ~. 彼はすっかり青ざめていた. ❹ [通例 例] 気分[具合]が悪い. —— 副 恐ろしく, ぞっとするほど, ものすごく. **ghást·li·ness** 名

Ghats /gáːts/ 名 [the ~] ガーツ山脈 《インド Deccan

高原の両側を走る 2 つの山脈; ⇨ Eastern Ghats, Western Ghats).

ghaz·al /gǽz(ə)l/ 名《詩学》ガザル《押韻する二行連句からなるアラビアやペルシアの抒情詩形》.

gha·zi /gáːzi/ 名《異教徒と戦う》イスラム勇士; [G~] 勝利戦士《トルコの名誉称号》.

GHB /dʒìːeɪtʃbíː/ 名 GHB, γヒドロキシ酪酸塩《麻酔作用のあるデザイナードラッグ (designer drug)》. 〖g(amma) h(ydroxy) b(utyrate)〗

ghee /gíː/ 名 ギー《インド料理で用いるバター》.

Ghent /ɡént/ 名 ヘント, ガン《ベルギー北西部の工業都市》.

ghe·rao /ɡeráʊ/ 名 (複 ~s) 包囲団交, ゲラーオ《インド・パキスタンで経営者を会社や工場内に閉じ込めて交渉を重ねる労働者側の戦術》.

gher·kin /ɡə́ːkɪn | ɡə́ː-/ 名 ❶《英》酢漬けにした小キュウリ, ピクルス(《米》pickle). ❷《米》小キュウリ.

†**ghet·to** /ɡétoʊ/ 名 (複 ~s, ~es) ❶《大都市》の少数民族居住地区; 《少数民族の住む》スラム街. ❷《以前ヨーロッパの都市にあった》ユダヤ人地区; ユダヤ人街. 〖It〗

ghétto blàster 名《口》大型ポータブルラジオ [ラジカセ, CD プレーヤー].

ghet·to·ize /ɡétoʊaɪz/ 動 他 ゲットー (ghetto) に閉じ込める; ゲットー化する. **ghet·to·i·za·tion** /ɡètoʊɪzéɪʃən | -aɪz-/ 名

Ghib·el·line /ɡíbəlìːn, -làɪn/ 名 ギベリン党員, 皇帝党員《中世イタリアで教皇党 (the Guelfs) に対抗してドイツ皇帝を擁護した貴族派》.

ghib·li /ɡíbli/ 名 Ｕ《気》ギブリ《北アフリカの砂漠の熱風》.

ghil·lie /ɡíli/ 名 = gillie.

***ghost** /ɡóʊst/ 名 ❶ **a** 幽霊, 亡霊, 怨霊(おんりょう). 〖解説〗英米の幽霊は夜中の12時に現われ, ニワトリの声を聞いて姿を消すとされ, その姿は生前のままで足もある; cf. walk 自 3): lay [raise] a ~ 怨霊を退散させる[鎮められる]. **b** 死人のいやな事件・出来事などの記憶, 影響. **c**《口》= ghost-writer. ❷《単数形で;《英》では通例 the ~》〖…の〗ほんのわずか, 影, かすかな名残り: He doesn't have a (hasn't [got] the) ~ of a chance of passing the exam. 彼は試験に受かる見込みはとうていない. ❸ **a**《テレビ》ゴースト, 多重像. **b**《印》色むら. ❹《古》魂, 霊魂: the Holy Ghost. **gíve úp the ghóst** (1) 死ぬ. (2)《戯言》《機械などが》壊れる, 動かなくなる. ── 動《口》= ghostwrite. ── 自《文》音を立てずに動く. 〖OE＝霊魂〗 形 **ghostly**; 関形 **spectral**.

ghóst·ing 名 Ｕ ❶《テレビ》ゴースト; ゴースト発生 [形成]. ❷《電算》焼き付き《CRT ディスプレーに長時間画像を表示したとき, 蛍光体が変質して像の跡 (ghost) が残ること》.

†**ghóst·ly** 形 (-li·er, -li·est) 幽霊のような; ぼんやりとした: a ~ figure 幽霊のような姿をしたもの. **ghóst·li·ness** 名 (⇦ ghost).

ghóst stòry 名 幽霊物語, 怪談.

ghóst tòwn 名《米》ゴーストタウン, 無人の町《鉱山の廃止などで無人化してしまった町》.

ghóst tràin 名《英》ゴーストトレイン《乗客を乗せて不気味な暗闇を走る屋根なしの小型列車; 遊園地のアトラクションの一つ》.

ghóst wòrd 名 幽霊語《誤植・考え違い・民間語源などに由来する語》.

ghóst·wrìte 動 (-wrote; -written) 他 《演説・文学作品など》を代作する. ── 自《…の》代作をする《for》.

ghóst-wrìter 名 代作者, ゴーストライター.

ghoul /ɡúːl/ 名 ❶ グール《イスラム教の伝説で墓をあばいて死肉を食うといわれる食屍鬼(しょっきき)》. ❷《軽蔑》残忍な事をして [見て] 喜ぶ人.

ghóul·ish /-ɪʃ/ 形 ❶ グールのような. ❷ 残忍な, 残虐な. ~**·ly** 副 ~**·ness** 名

GHQ /dʒíːeɪtʃkjúː/ 《略》General Headquarters.

ghyll /ɡíl/ 名 = gill³.

GHz《略》gigahertz.

†**GI** /dʒíːáɪ/ 名 (複 GI's, GIs /~z/)《米》軍下士官兵, 米兵. ── 形 ❶ 官給の軍規格の: ~ shoes 兵隊靴 / get a ~ haircut ジーアイカットにする《短い刈り方》. 〖g(overnment) i(ssue)〗

757　Gibson girl

gi /ɡíː/ 名 空手着, 柔道着.

Gia·co·met·ti /dʒàːkəméti | dʒæk-/, Alberto 名 ジャコメッティ《1901–66; イタリア系スイス人の彫刻家・画家》.

***gi·ant** /dʒáɪənt/ 名 ❶《神話・伝説・物語などに現われる》巨人. ❷ **a** 大男, 巨漢. **b** 巨大なもの [動物, 植物]: a corporate ~ 巨大企業. ❸《非凡な才能・性格などを備えた》偉人,「巨人」: a scientific ~ 科学界の巨人, 偉大な科学者. ── 形 巨大な, 特大の (↔ dwarf): a ~ cabbage ばかでかいキャベツ. 〖F ← L ← Gk gigas, gigant-＝巨大《な人》〗形 **gigantic**.

gíant ánteater 名《動》オオアリクイ.

gi·ant·ess /dʒáɪəntəs/ 名 女の巨人, 大女.

gi·ant·ism /-tɪzm/ 名 Ｕ ❶ 巨人症. ❷ 巨大.

gíant kìller 名《英》ジャイアントキラー,「大物食い」《はるかに強いと思われる相手を打ち負かす人やチーム》. 《童話 *Jack the Giant Killer* から》

gíant pánda 名《動》ジャイアント [オオ] パンダ, パンダ《中国・チベットにすむアライグマ科の動物》.

gíant sequóia 名《植》セコイアオスギ (《米》big tree)《米国 California 州産の巨大な針葉樹で高さ 100m に及ぶものもある》.

gíant slálom 名《スキー》大回転《競技》.

gíant squíd 名《動》ダイオウイカ《ダイオウイカ属の巨大なイカの総称; 深海にすみ, 体長が 20 m に及ぶ種もある最大の無脊椎動物》.

gíant stár 名《天》巨星《直径と光度が著しく大きい恒星》.

gíant tóad 名《動》= cane toad.

giaour /dʒáʊə/ 名 不信心者, 邪宗徒《イスラム教信者(のトルコ人)がキリスト教徒をさして呼ぶ》. 《Turk ← Pers＝拝火教徒, 不信心者 ← Arab》

giar·di·a·sis /dʒìːɑːdáɪəsɪs | dʒìːɑː-/ 名 Ｕ《医》ジアルジア（鞭毛虫）症, ランブル鞭毛虫症《ジアルジア属の鞭毛虫, 特にヒトに寄生するランブル鞭毛虫による; 下痢などを起こす》.

Gib.《略》Gibraltar.

gib·ber /dʒíbə | -bə/ 動 自 ❶ 《驚いたり怖がったりして》わけのわからないことをしゃべる: a ~*ing* wreck わけのわからないことを口にする人. ❷《サルなどが》キャッキャッいう.

gib·ber·el·lin /dʒìbərélɪn/ 名《生化》ジベレリン《高等植物を生長させる物質》.

gib·ber·ish /dʒíb(ə)rɪʃ/ 名 Ｕ《口》わけのわからない（早口の）しゃべり [文章]; ちんぷんかんぷん: talk ~ わけのわからないことをしゃべる.

gib·bet /dʒíbɪt/ 名《古風》（T 型の）絞首台. 〖解説〗昔, 犯罪人を絞首刑にしたあとそのままつるしておいた. ── 動 他 《犯罪人》を絞首台につるす. 《F; jib¹ と関連語》

gib·bon /ɡíbən/ 名《動》テナガザル, ギボン《東南アジアの森林にすむ尾のない類人猿》.

Gib·bon /ɡíbən/, Edward 名 ギボン (1737–94; 英国の歴史家).

gib·bos·i·ty /ɡɪbɑ́səti | -bɔ́s-/ 名 ＣＵ ❶ 凸状, 凸湾曲. ❷ **a** ふくれあがり, 隆起. **b** せむし, 猫背(ねこぜ).

gib·bous /ɡíbəs/ 形 ❶ 《月・惑星など》半円よりふくらんだ状態の, 凸形の: a ~ moon 凸月. ❷ **a** 凸状の, 隆起している. **b** せむしの. ~**·ly** 副

Gíbbs frèe énergy /ɡíbz-/ 名《理》ギブズの自由エネルギー. 《J. Willard Gibbs 米国の数学者・物理学者》

gibe /dʒáɪb/ 動 自 《…を》《…のことで》からかう, あざける 《★ ~ *at* は受身可》: They ~*d at* me *for* my ignorance. 彼らは私の無知をからかった. ── 動 他 …をあざける, あざ笑う. ── 名 あざけり, 愚弄: make ~s *at* 《*about*》…を愚弄する.

gib·lets /dʒíbləts/ 名 複《鶏などの食用にする》臓物.

Gi·bral·tar /dʒɪbrɔ́ːltə | -tə/ 名 ジブラルタル《スペイン南端の小半島で英国の直轄領; 地中海の要衝》. 海・空軍基地がある. **the Stráit of Gibráltar** ジブラルタル海峡《スペインとモロッコとの間の海峡; 地中海と大西洋とを結ぶ》.

Gi·bran /dʒɪbráːn/, Kah·lil /kɑːlíːl/ 名 ジブラーン (1883–1931; レバノンの小説家・詩人・画家; 米国で活動).

Gíb·son gírl /ɡíbs(ə)n-/ 名 ギブソンガール《米国の挿画

家 Charles D. Gibson (1867–1947) が *Life* 誌などに描いた 1890 年代の理想化された米国女性》.

gí·bus (hát) /ʤáɪbəs(-)/ 名 ＝opera hat.

gid /gíd/ 名 U 〔獣医〕(羊の)旋回病. 〘逆成 < *gid*dy〙

+**gid·dy**[1] /gídi/ 形 (gid·di·er; -di·est) ❶ **a** 〈人が〉めまいのする, 目がくらんだ (dizzy): I felt ～ ***from*** the unaccustomed exercise. やりつけない運動をしてめまいがした. **b** A 〈高所・速度・ダンスなど〉めまいを起こさせるような, 目が回るような: a ～ feeling 目が回るような感じ, めまい / a ～ height 目のくらむような高所 / at a ～ speed 目が回るようなスピードで. ❷ 〔喜びなどで〕有頂天で, わくわく[ぼうっと]して: They were ～ ***with*** success. 彼らは成功に酔いしれた. ❸ A 《古風》うわついた, 軽薄な, ふまじめな (silly): a ～ fool うわついたおろか者. **áct the (gíddy) góat** ⇨ goat 成句. **My gíddy áunt!** [驚きを表わして] 《英俗》おや!, まあ! **gíd·di·ly** /-dəli/ 副 **-di·ness** 名 〘OE「神にとりつかれた」→「狂気の」〙

gid·dy[2] /gídi/ 動 自 ★ 次の成句で. **gíddy úp** 《自+副》[馬に向かって]進め, はいよ!

Gide /ʒíːd/, **An·dré** /ɑːndréɪ/ 名 ジッド, ジード《1869–1951; フランスの小説家》.

Gid·e·on /gídiən/ 名 ❶ 〔聖〕ギデオン《イスラエル民族をミディアン人 (Midianites) の圧迫から解放した指導者; ★聖書「士師記」から》. ❷ 国際ギデオン協会の会員.

Gídeon Bíble 名 国際ギデオン協会寄贈の聖書.

gie /gíː/ 動 (～d; ～d, gien /gíːn/) 《スコ》＝give.

GIF /ʤíːàɪéf, ʤíf/ 名 〔電算〕GIF (ジフ)《画像ファイル形式》. 〘G(raphics) I(nterexchange) F(ormat)〙

*__gift__ /gíft/ 名 ❶ C **a 贈り物, 寄贈品,** 進物《比較 present より改まった感じの語で, 価値のある贈り物を意味する》: Christmas [birthday] ～*s* クリスマス[誕生日]の贈り物. **b** 〔…の〕賜物(たまもの), 恩恵〔*of, from*〕: the ～*s* ***of*** civilization 文明の賜物. ❷ C 〔…に対する〕**天賦**(てんぷ)**の才, 才能**: a person of many ～*s* 多才の人 / She has a ～ ***for*** painting [languages]. 彼女には絵[語学]の才能がある / He has the ～ ***of*** mak*ing* friends. 彼には友だちをこしらえる才能がある. ❸ C [通例単数形で]《口》実に簡単なこと: It's a ～. それはもうけ物だ; そんなことは簡単だ. ❹ U 贈与; 贈与権: by (free) ～ 贈与によって, ただで / The post is in his ～. その職[地位]を授ける権限は彼にある. **a gíft from the Góds** 好運, 好機. **the gíft of the gáb** 《口》弁舌の才, 口達者《用法《米》は the gift of [for] gab》: He has *the* ～ *of* (*the*) *gab*. 彼には弁才がある, 彼は口達者だ. ── 動 他 ❶ 〈人に〉〔…の〕贈り物をする〔*with*〕, 〈…を〉与える, プレゼント[進呈]する. ❷ 〈人に〉〔…の性質を〕賦与する (⇨ gifted). 〘ON; GIVE と関連語〙【類義語】(1) ⇨ present[2]. (2) ⇨ ability.

GIFT /gíft/ 《略》〔医〕gamete intrafallopian transfer 生殖体卵管内移転, 配偶子卵管内移植(法), ギフト法.

gíft certìficate 名 商品券.

+**gíft·ed** 形 〔…の〕天賦の才のある, 有能な (talented)〔*at, in, with*〕: a ～ pianist 天分の豊かなピアニスト / a ～ child 天才児, 知能の高い子 / He's ～ ***in*** music. 彼には音楽の才能がある / She's ～ ***with*** a good memory. 彼女には良い記憶力が備わっている.

gíft hòrse 名 ★ 次の成句で. **Dón't [Néver] lóok a gíft hòrse in the móuth.** もらい物のあらを探すな《由来 馬は歯を見れば年齢がわかるところから》.

gíft shòp 名 贈答品専門店, みやげ物店.

gíft tòken [vòucher] 名 商品券.

gíft·wàre 名 U ギフト(用)商品.

gíft wràp 名 U ラッピング材料《贈り物包装用の紙やリボン》.

gíft-wràp 動 他 (-wrapped; -wrap·ping) 〈品物を〉(リボンなどを用いて)進物用に包装する.

*__gig__[1] /gíg/ 《口》名 (ジャズなどの)**生演奏, ライブ, ショー** (show). ── 動 自 ギグ[ライブ]をやる, 演奏[出演]する (perform).

gig[2] /gíg/ 名 ❶ (昔の)ギグ馬車《一頭引き二輪馬車》. ❷ ギグボート《船長専用船載小型ボート》.

gig[3] /gíg/ 名 (魚を突き刺す)やす. ── 動 他 〈魚・カエルなどを〉やすでとる. ── 自 やすで魚[カエルなど]をとる.

gig[4] /gíg, ʤíg/ 名 《口》＝gigabyte.

gig·a- /gígə, gáɪgə, ʤígə/ [連結形]「10 億 (＝10^9)」.

gíga·bìt 名 〔電算〕ギガビット, 10 億ビット.

gíga·bỳte 名 〔電算〕ギガバイト, 10 億バイト《略 Gb》.

gíga·flòp(s) 名 〔電算〕ギガフロップス《コンピューターの演算速度を表わす単位; 毎秒 2^{30} (約 10 億) 回の浮動小数点演算を行なう速度; cf. flops》.

gíga·hèrtz 名 (複 ～) 〔電〕ギガヘルツ《周波数の単位; 10 億ヘルツ; 略 GHz》.

+**gi·gan·tic** /ʤaɪgǽntɪk/ 形 (more ～; most ～) ❶ 巨大な, ぼう大な (enormous): a ～ tanker マンモスタンカー. ❷ [比較なし] 巨人のような: a man of ～ build [strength] 巨人のような大男[力持ち]. **gi·gán·ti·cal·ly** /-tɪkəli/ 副 (名 giant)

gi·gan·tism /ʤaɪgǽntɪzm, ⏑⏑⏑/ 名 U ❶ 〔医〕巨人症. ❷ 〔植〕(染色体の倍加現象による)巨大化.

gi·gan·tom·a·chy /ʤàɪgæntɑ́məki | -tɔ́m-/ 名 〔ギ神〕巨人の戦い, ギガントマキアー《巨人族と神々との戦い; しばしば 彫刻の題材とされた》.

*__gig·gle__ /gígl/ 動 自 〔…を見て[聞いて]〕くすくす笑う〔*at, about*〕: She ～*s* ***at*** everything. 彼女は何を見てもくすくす笑う. ── 名 ❶ くすくす笑い; [the ～*s*]《口》(止まらない)笑いの発作: give a ～ くすくす笑う / get *the* ～*s* (つぼにはまって)笑いが止まらなくなる / have (a fit of) *the* ～*s* (思わず)くすくす笑いだす. ❷ [単数形で]《英口》おかしなもの[人]; 冗談. **for a gíggle** おもしろがって, おもしろ半分に. 〘擬音語〙【類義語】⇨ laugh.

gig·gly /gígli/ 形 (gig·li·er; -li·est) くすくすよく笑う.

GIGO /gáɪgoʊ/ 名 U 〔電算〕ごみ入れごみ出し《信頼できないデータからの結果は信頼できないという原則》. 〘g(arbage) i(n,) g(arbage) o(ut)〙

gig·o·lo /ʤígəlòʊ, ʒíg-/ 名 (複 ～s) ❶ 年上の女に養われる男, 若いツバメ, ひも, ジゴロ. ❷ (ダンスで女性のパートナーを務める)男の職業ダンサー. 〘F＝(男の)踊り手〙

gig·ot /ʤígət/ 名 (複 ～s /-əts, -oʊ(z)/) ❶ 羊の脚肉. ❷ (また **gígot sléeve**) 〔服〕ジゴ《羊の脚のように袖つけがふくらみ袖口に向かって細くなった袖》.

gigue /ʒíːg/ 名 〔楽〕ジグ《バロック時代に流行した躍動的な舞曲; しばしば 組曲の結尾に用いられた》.

Gil /gíl/ 名 ギル《男性名; Gilbert の愛称》.

Gí·la mónster /híːlə-/ 名 〔動〕アメリカドクトカゲ《米南西部の砂漠地方にすむ有毒のトカゲ》.

Gil·bert /gílbət | -bət/ 名 ギルバート《男性名; 愛称 Bert, Gil》.

Gil·bert /gílbət | -bət/, **Sir W. S.** 名 ギルバート《1836–1911; 英国の喜劇作家; Sir Arthur Sullivan とサボイオペラ (Savoy operas) を共作した》.

Gílbert and Él·lice Íslands /-élɪs-/ 名 複 [the ～] ギルバート-エリス諸島《太平洋西部 Marshall 諸島の南南東に広く散在する島群; 1976 年まで英領植民地であったが, 現在は独立してキリバス (Kiribati) とツバル (Tuvalu) になっている》.

+**gild**[1] /gíld/ 動 他 (～·ed, gilt /gílt/) 〈…に〉金[金箔(ぱく)]をきせる, 金めっきする; 〈…を〉〔…で〕美しく飾る, 彩る, 輝かす; 粉飾する: ～ a frame 額縁に金を塗る / The setting sun ～*ed* the sky. 入り日が空を染めた. / The dusk was ～*ed* ***with*** fireflies. 夕やみにホタルが美しく光っていた. **gíld the líly** ⇨ lily 成句. 〘OE; GOLD と同語源〙

gild[2] /gíld/ 名 ＝guild.

gíld·ed 動 gild[1] の過去形・過去分詞. ── 形 ❶ 金箔(ぱく)をきせた; 金ぴかの: a ～ frame 金色の額縁. ❷ 金持ちの, 富裕な: a ～ youth (派手に遊ぶ)上流[金持ち]の青年.

Gílded Áge 名 [the ～] (米国南北戦争後の)金ぴか時代, 大好況時代.

gíld·er 名 めっき師, 箔置き[箔押し]師.

gíld·ing 名 U 金箔(ぱく)をきせること, 箔置き; (きせたまたは塗った)金箔, 金粉, 金泥; (美しい)うわべの飾り, 虚飾.

Gil·e·ad /gíliəd | -æd/ 名 ギレアデ《古代パレスチナの Jordan 川の東の山岳地方; 現在のヨルダン北西部》 **balm of Gilead** ⇨ balm.

gi・let /ʒɪléɪ/ 图《女性用の胴着; バレエ衣装の胴着》.
gil・gai /gílgaɪ/ 图 ギルガイ《栗州内陸部にみられる雨水のたまる皿形の凹地形; また穴》.
gill¹ /gɪl/ 图 [通例複数形で] ❶《魚などの》えら. ❷《キノコの傘の下側の》ひだ, 菌褶(ﾉ). ❸ 人のあごのうしろの肉(★通例次の成句で). green [white] about [around] the gills 《恐怖・病気などで》顔が青ざめて. to the gills 《口》いっぱいに, すっかり. The bus was packed *to the ~s*. そのバスはぎゅうぎゅう詰めだった.
gill² /dʒɪl/ 图 ジル《液量単位; = ¼ pint》.
gill³ /gɪl/ 图《英》峡谷, 渓流, 渓流; 竪穴.
Gill /gɪl/ 图 [時に g~] 女, 娘; 恋人, 妻《用法 Jack と関連して用いられる場合以外は《古》》. 《Jill の異形》
gíll còver /gíl-/ 图《動》えらぶた, 鰓蓋(ﾊ) (operculum).
gilled /gɪld/ 图 えらのある; 《キノコの傘の裏に》ひだのある.
gil・lie /gíli/ 图《スコ》《スコットランド高地地方で狩猟家・釣り師などを案内する》ガイド, 案内人.
gil・li・flow・er /dʒíliflàuə | -flàuə/ 图 = gillyflower.
gíll nèt 图《水中に垂直に張る》刺し網.
gíll・nètter 图 刺し網漁船; 刺し網漁師.
gil・ly /gíli/ 图 = gillie.
gil・ly・flow・er /dʒíliflàuə | -flàuə/ 图《植》❶ カーネーション, ナデシコ. ❷ ニオイアラセイトウ.
Gil・man /gílmən/, **Charlotte Anna Per・kins** /pɔ́ːkɪnz | pɔ́ː-/ ギルマン《1860-1935; 米国の女性解放思想家・評論家・作家》.
⁺**gilt**¹ /gɪlt/ 图 gild の過去形・過去分詞. ── 形 金箔(ﾊﾞﾂ)をきせた, 金めっきの; 金色の: a ~ edge 金縁 / ~ letters 金文字 / a ~ top《装丁の》天金. ── 图 ❶ 金箔, 金粉, 金泥. ❷《複数形で》《英》《經》優良株《証券》. take the gilt óff the gíngerbread《英口》うわべだけの美しさをはぎ取る, 化けの皮をはぐ《《直訳》ショウガ風味のケーキ[クッキー]は昔金色に塗って飾ったことから》.
gilt² /gɪlt/ 图《子を産んでいない》若い雌ブタ.
gílt-édged 形 ❶《紙・書籍など》金縁の. ❷《証券など》優良の, 一流の: ~ securities [shares, stocks] 一流証券; (特に)国債.
gim・bal /dʒímb(ə)l, gím-/ 图 [通例 ~s, 単数扱い] (また **gímbal rìng**) ジンバル《コンパス・クロノメーターを水平に保つ装置》. **gím・bal(l)ed** 形.
gim・crack /dʒímkræk/ 形 A 安ぴかの, 見かけ倒しの. ── 图 安ぴかの品, 見かけ倒しのもの.
gim・crack・er・y /dʒímkræk(ə)ri/ 图 Ⓤ 安ぴか物《全体》. 〖↑+-ERY〗
gim・let /gímlət/ 图 ❶ 木工ぎり (cf. auger). ❷ ギムレット《ジンとライムジュースのカクテル》.
gímlet èye 图 鋭い眼[視線].
gímlet-éyed 形 鋭い目つきの.
gim・me /gími/《非標準》= give me: *G~* some bread. パンをくれ. ── 图《口》❶ Ⓒ 容易にできること, 楽勝. ❷ [the gimmes [gimmies] で] 貪欲(ぼう)さ; 物欲.
⁺**gim・mick** /gímɪk/ 图《口》❶《広告などで人目を引くための》工夫, 仕掛け, 手; 新案品: an advertising ~ 広告でよく使う手. ❷《米》《手品師などの》秘密の仕掛け, たね, トリック.
gim・mick・ry /gímɪkri/ 图 Ⓤ 人目を引くためのさまざまな仕掛け《を用いること》.
gim・mick・y /gímɪki/ 形《口》❶ 策略をこらした《だけの》; 人目を引くための. ❷ いかさま仕掛けの.
gimp¹ /gɪmp/ 图《俗》足の不自由な人. ── 動 足をひきずって歩く.
gimp² /gɪmp/ 图 笹縁(ﾄﾞ)《糸》, ギンプ: **a** 細幅織りのひも, または針金を芯にした飾り(ﾘﾝ)の糸. **b** 針金芯芯の絹の釣糸.
gimp・y /-pi/ 形《俗》びっこ, ちんば. ── 图 びっこの.
⁺**gin**¹ /dʒɪn/ 图 Ⓤ ⓒ ジン《ライ麦・トウモロコシを原料としネズ (juniper) の実で香りをつけた蒸留酒; 各種カクテルのベースとして用いる》: ⇒ pink gin / ~ and it 《英》ジンとイタリアンベルモットのカクテル / ~ and tonic ジントニック. 〖GENEVA の短縮形〗
gin² /dʒɪn/ 图 ❶ 綿繰り機: ⇒ cotton gin. ❷《狩猟用の》わな. ── 動 ⊕《ginned; gin・ning》《綿》綿繰り機にかけて種を除く. 〖ME; ENGINE の短縮形〗

gín fízz 图 Ⓤ Ⓒ ジンフィズ《ジンに砂糖・レモン汁・炭酸水を加えたカクテル》.
⁺**gin・ger** /dʒíndʒə | -dʒə/ 图 ❶《植》ショウガ. **b** ショウガの根《薬用・薬味・香辛料・糖菓に用いる》. ❷ 黄褐色, 赤[黄]褐色; 《英》《頭髪の》赤色《《解説》赤毛は珍しいので, Ginger《赤毛》としてあだ名にも用いられる》. ❸《口》元気, 気力, 精力: Put some ~ *into* your work. もっと気を入れて仕事をしなさい. ── 形 Ⓐ ショウガ味の: ~ cake ショウガ味のケーキ. ❷《頭髪が》ショウガ色の;《英》赤色の. ── 動 ⊕《…に》ショウガで香味をつける. ❷《口》《人・活動を》活気づける, 《…に》活を入れる《*up*》. 〖FLくGk くSkt =角のような板〗
gínger àle 图 Ⓤ Ⓒ ジンジャーエール《ショウガで味をつけた甘味のある炭酸清涼飲料》.
gínger bèer 图 Ⓤ Ⓒ ジンジャービール《ジンジャーエールに似るがアルコール分を少し含むことがある》.
gínger・brèad 图 ❶ Ⓤ Ⓒ ショウガ風味のクッキー《いろいろな形に作り, 昔は金色に塗った》: a ~ man 人の形をしたショウガクッキー. ❷ Ⓤ ショウガと糖蜜入りケーキ. ❸ Ⓤ 《家具・建物などの》安ぴか装飾. take the gilt óff the gíngerbread ⇒ gilt¹ 《成句》. ── 形 安ぴかの.
gínger gròup 图 [集合的; 単数または複数扱い] 《英》《政党内にあって消極的な指導者や多数派を鼓舞扇動する》積極的な少数派.
⁺**gínger・ly** 副 非常に用心深く, きわめて慎重に. ── 形 きわめて慎重な: in a ~ manner きわめて慎重に.
gínger nùt 图《英》= gingersnap.
gínger póp 图《英口》= ginger ale.
gínger・snàp 图《米》ショウガ風味のクッキー.
gin・ger・y /dʒíndʒ(ə)ri/ 形 ❶ ショウガ(味)の; しょうが色の, 赤[黄]褐色の; 《英》《頭髪が》赤みがかった, 赤い. ❷ 元気いっぱいの, 気力に満ちた. (图 ginger)
ging・ham /gíŋəm/ 图 Ⓤ ギンガム《絹(ﾐﾃﾞ)または格子柄の綿布またはリンネル; 婦人・子供服用》. 〖Malay〗
gin・gi・li /dʒíndʒəli/ 图 Ⓤ ゴマ (sesame). 〖Hindi < Arab〗
gin・gi・val /dʒíndʒəv(ə)l, dʒɪndʒáɪ-/ 形 歯肉の. 〖L < gingiva 歯茎〗
gin・gi・vec・to・my /dʒìndʒəvéktəmi/ 图 Ⓤ 歯肉切除《術》.
gin・gi・vi・tis /dʒìndʒəváɪtɪs/ 图 Ⓤ《医》歯肉炎.
ging・ko /gíŋkoʊ/ 图 = ginkgo.
gink・go /gíŋgoʊ, gíŋk-/ 图《植》《⑧ ~es》イチョウ. 〖Jpn 銀杏《音読み》; ginkyo の y を g と誤記したことから〗
gínkgo nùt 图 銀杏(ﾅﾝ).
gín mìll 图《米俗》酒場, バー.
gin・ner /dʒínə | -nə/ 图 綿繰り工.
gin・ner・y /dʒínəri/ 图 綿繰り[繰綿]工場.
⁺**gi・nor・mous** /dʒaɪnɔ́əməs | -nɔ́ː-/ 形《英口》ばかでかい. 〖GI(ANT)+(E)NORMOUS〗
gín rúmmy 图 Ⓤ ジンラミー《トランプ遊びのラミーの一種》.
Gins・berg /gínzbəːg | -bəːg/, **Allen** 图 ギンスバーグ《1926-97; 米国のビート世代の代表的な詩人》.
gin・seng /dʒínseŋ/ 图 ❶ Ⓤ《植》チョウセンニンジン. **b** Ⓤ チョウセンニンジンの根. ❷ Ⓤ チョウセンニンジンから作った薬. 〖Chin *jên shên*《人参》〗
gín slíng 图 Ⓤ ジンスリング《ジンに水・砂糖・香料・氷を加えたカクテル》.
gin・zo /gínzoʊ/ 图《⑧ ~es》《米俗・軽蔑》イタリア人.
Gio・con・da /dʒoʊkándə | -kón-/, **La** /lɑː/ 图 ラジョコンダ (Mona Lisa) の別称》.
Giot・to /dʒátoʊ | dʒɔ́t-/ 图 ジョット《1266?-1337; イタリアの画家・建築家》.
gip /dʒɪp/ 图 = gyp².
gíp・py túmmy /dʒípi-/ 图 = gyppy tummy.
Gip・sy /dʒípsi/ 图 = Gypsy.
gi・raffe /dʒəræf | -ráːf/ 图 《⑧ ~s, ~》❶ Ⓒ《動》キリン,

gir·an·dole /dʒírəndòul/ 名 ❶ 回転花火. ❷ 杖つきの飾り燭台. ❸ ジランドール《大きい宝石の周りに小さな宝石をはめたペンダント・イヤリングなど》.

gir·a·sol /dʒírəsɔ̀ːl│-sɔ̀l/, **-sole** /-sòul/ 名 ❶ 〖鉱〗火蛋白石, ジラソール. ❷ 〖植〗=Jerusalem artichoke.

gird[1] /gə́ːd│gə́ːd/ 動 (**gird·ed**, **girt** /gə́ːt│gə́ːt/) ❶ 〔帯などで〕腰などに〉巻く, 締める, 〈帯を〉腰などに巻く, 締める: She ~ed her waist *with* a sash.=She ~ed a sash *round* [*around*] her waist. 彼女は帯で腰を締めた [腰に帯を巻いた] / He ~ed *himself with* a rope. 彼はロープを巻きつけた. ❷ **a** ~ *on* one's sword 剣を着ける ; 〈よろいを〉身にまとう: ~ *on* one's sword 剣を着ける. **b** 〈衣服などを〉帯で締めて〈着る〉〈*up*〉. ❸ [~ oneself で] […に備えて] 用意 [心構え]をする: They ~ed themselves *for* battle. 彼らは戦う準備を整えた / I ~ed *myself* to face the examination. 気を引き締めて試験に臨んだ. ❹ 〈城壁・堀・包囲軍などが〉〈都市・城などを〉取り巻く, 包囲する. **gírd** (**úp**) one's lóins ⇨ loin 成句. 〖OE; GIRTH と関連語〗

gird[2] /gə́ːd│gə́ːd/ 動 《古》あざける, 嘲笑する 〈*at*〉.
—— 名 あざけり, 冷笑, 愚弄(のことば).

gird·er /gə́ːdə│-də/ 名 桁(けた), 大はり: a ~ bridge がけた橋, ガード 〖比較〗日本語の「ガード」はこの語がなまったもの〗.

gir·dle /gə́ːdl│gə́ːd-/ 名 ❶ 帯, 腰ひも, ベルト. ❷ ガードル 《ウエストやヒップの形を整えるために着ける女性用コルセット》. ❸ (周囲を)取り巻くもの: a ~ of trees round [around] a pond 池を取り巻く木立 / within the ~ of the sea 海に囲まれて. —— 動 他 帯状に囲む, 取り巻く 〈*about, round, around*〉 〖比較〗形式ばった語で surround のほうが一般的): The city *is* ~*d about* with gently rolling hills. 町はゆるやかに起伏する丘に囲まれている.

gir·dler /-dlə│-dlə/ 名 ❶ 帯造り, 帯屋. ❷ 〖昆〗樹皮を輪状にする各種の昆虫.

‡girl /gə́ːl│gə́ːl/ 名 ❶ 〖用法〗現在 girl, gal, girl Friday と呼ばれることを嫌う成年女性が増えてきているので注意; ~ boy」な (通例 17–18 歳までの)女の子, 少女: a ~ s' school 女子校, 女学校. **b** (口)(大人に対して未成年の)娘, 未婚の女性. ❷ **a** [しばしば one's ~](年齢に関係なく)娘: This is *my* little ~. これが娘です. **b** [(the) ~ s] (口)(未婚・既婚を通じて)一家の娘たち ; [しばしば呼びかけて] 女, 女友達. ❸ [通例 one's ~]《古風》(女の)恋人: Tom's ~ トムの恋人. ❹ 《古風》(年齢に関係なく)女友. ❺ a [通例複合語で]《古風・差別》女子従業員, 女性労働者: an office ~ 女子事務員 / ⇒ salesgirl. **b** (特に若い女の)お手伝い. ❻ [単数形で]早配の雌うま, (人の)奥さん, 母親 (old girl). ❼ (口) (動物の)雌. (**you**) **gó gìrl**! 《米俗》そのとおり, その調子, いいぞ, がんばれ(女の子)《女性・女の子に対する励まし・賛同のことば》. —— 形 女の子の, 娘(のような): a ~ cousin 女の子のいとこ / a ~ student 女子学生. 〖ME=(性別に関係なく)若者〗

gírl Fríday 名 (複 **girls Fridays**(s)) [通例 one's ~](なんでもやってくれる重宝な)女子事務員, 女性秘書, 女性アシスタント (⇨ girl 1 〖用法〗. 〖man Friday にならって造った語〗

‡girl·friend /gə́ːlfrènd│gə́ːl-/ 名 (恋人としての)ガールフレンド, 彼女 (cf. boyfriend); 《主に米》(女性どうしの)女友だち.

gírl guíde 名 《英》ガールガイド団員《1910 年英国に創設されたガールガイド団 (the Girl Guides) (7 歳–17 歳)の一員; cf. girl scout》.

girl·hood /gə́ːlhùd│gə́ːl-/ 名 ❶ 《古風》❶ 少女時代: ~ friend 少女時代の友だち / in one's ~ (days) 少女時代に. ❷ [集合的に] 少女たち. 〖GIRL+-HOOD〗

girl·ie /gə́ːli│gə́ːl-/ 名 (口) 形 ❶ ❶ 〖雑誌・ショーなど〗女性ヌード(が売り物)の: a ~ magazine [show] ヌード雑誌[ショー]. ❷ [軽蔑的に] 少女用[向き]の. —— 名 [軽蔑的に] 娘さん, 女の子.

girl·ish /gə́ːlɪʃ│gə́ːl-/ 形 ❶ 少女のような, 娘らしい, 無邪気な: ~ laughter 娘らしい無邪気な笑い. ❷ 〈少年が〉女の子のような, めめしい. ~·**ly** 副 ~·**ness** 名

gírl pòwer 名 Ⓤ (社会的・政治的な)女性の力, ガールパワー.

gírl scòut 名 《米》ガールスカウト団員《1912 年米国に創設されたガールスカウト団 (the Girl Scouts) (5 歳–17 歳)の一員; cf. girl guide》.

girl·y /gə́ːli│gə́ːl-/ 形 =girlie.

girn /gə́ːn│gə́ːn/ 動 自 =gurn.

gi·ro /dʒáɪəroʊ│dʒáɪə-/ 名 (複 ~s)《英》❶ Ⓤ ジャイロ《ヨーロッパ諸国で行なわれる簡便迅速な郵便[銀行]振替制度》. ❷ Ⓒ (福祉給付金の)ジャイロ小切手. **Nátional Gíro** 名 《英》郵便ジャイロ《1968 年に英国で始められた郵便振替制度》. 〖G<It =(金の)回転, 流通〗

gíro chèque 名 《英》=giro 2.

Gi·ronde /dʒɪrάnd│dʒɪrɔ́nd/ 名 ❶ [the ~] ジロンド川《フランス西部 Garonne 川と Dordogne 川の合流してできた三角江; 北西に流れて Biscay 湾に注ぐ》. ❷ [the ~]〖史〗ジロンド党《フランス革命当時の穏健な共和党派; 1793 年 Jacobin 党に敗退》. **Gi·rón·dist** /dʒərάndɪst│dʒɪrɔ́n-/ 名 形 ジロンド党員(の).

Gi·ron·din /dʒərάndɪn│-rɔ́n-/ 名 ジロンド党員 (Girondist).

girt[1] /gə́ːt│gə́ːt/ 動 gird の過去形・過去分詞.
—— 形 囲まれた: a sea-*girt* isle 海に囲まれた島.

girt[2] /gə́ːt│gə́ːt/ 名 =girth.

girth /gə́ːθ│gə́ːθ/ 名 ❶ Ⓤ.Ⓒ (ものの)周囲(の寸法); (人の)胴回り(の寸法): My ~ is increasing. だんだん腹が出てきた[太ってきた] / This tree is 3 meters in ~. この木は周囲が 3 メートルある. ❷ Ⓒ (馬などの荷や鞍をしばる)帯, ひも. 〖ME; GIRTH と関連語〗

gis·mo /gɪ́zmoʊ/ 名 (複 ~s) =gizmo.

Gis·sing /gɪ́sɪŋ/, **George** 名 ギッシング《1857–1903; 英国の小説家》.

gist /dʒɪ́st/ 名 [the ~][…の]要点, 要旨, 骨子: He's quick in grasping *the ~ of* a book. 彼は本の要点をつかむのが速い.

git /gɪ́t/ 名 《英口》ばか者, ろくでなし.

git·tern /gɪ́tən│gɪ́təːn/ 名 〖楽〗ギターン《中世のギター》.

‡give /gɪ́v/ 動 (**gave** /géɪv/; **giv·en**; **giv·ing**) ❶ 与える〘用法〙例外的な文型で用いられ, 時に間接目的語が略されることがあるが, 直接目的語を略すことはない): **a** (人に)(ものを)与える, 渡す: 〔+目+目〕He *gave* me a book.= He *gave* a book *to* me. 彼は私に本をくれた / My uncle *gave* me a watch for my birthday [as a birthday present]. おじは誕生日の祝いに私に時計をくれた / G~ me that flower. その花を下さい 〖比較〗Could I have that flower? のほうが一般的) / Who(m) did you ~ the present *to*? だれに贈り物をしたのですか 〘用法〙To whom did you ~ the present? はいいが, Who(m) did you ~ the present? は間違い) / I *gave* it (*to*) her. それを彼女にやった 〘用法〙it などの直接目的語が代名詞の前に来るときに to を省く《英》に多いが, I gave her it. は間違い) / The girl *was given* a doll. その少女は人形を贈られた 〘用法〙受身では間接目的語が主語になる構文のほうが一般的) / A doll *was given* (*to*) the girl. 人形がその少女に贈られた 〘用法〙直接目的語を主語にする受身では間接目的語に to を省く《英》に多い). **b** (…に)〈便宜・労力・援助などを〉提供する: He *gave* us a lift in his car. 彼は我々を車に乗せてやった / G~ me a hand here. これに手を貸してください) / Rich countries should ~ more aid *to* developing countries. 豊かな国が発展途上国をもっと援助すべきだ. **c** (人に)〈賞・地位・才能・信頼などを〉与える, 授ける: ~ Bill the first prize=~ the first prize *to* Bill ビルに一等賞を与える.

❷ 〈引き渡す: **a** (人に)〈ものを〉(手)渡す; (人に)〈飲食物を〉出す; (人に)〈薬・治療などを〉与える, 施す: 〔+目+目〕Please ~ me the salt. 塩を取ってください / G~ this book *to* your brother from me. 私からと言ってこの本をお兄さんに渡してください 〔+目+目+補〕She *gave* us our coffee black. 彼女は我々にコーヒーをブラックで出してくれた. **b** (人に)〈…を〉引き渡す, 預ける, 貸す, 〈…の〉管理を託する: 〔+目+目〕I *gave* the porter my bags to carry. か

ばんを赤帽に頼んで運んでもらった / ~ a thing *into* the hands of... ある物を...の手に任せる.
❸ 〈人に〉〈ものを〉〈...と引き換えに〉渡す, 譲る, 売る, 与える; 〈人に〉金を支払う: 〔+目+目〕I gave him my camera *for* his tape recorder. テープレコーダーをもらう代わりに彼にカメラを譲った / What [What (price)] will you ~ me *for* my car? 私の車にいくら出しますか / I gave £6 *for* his help. 彼の手助けに6ポンド払った / I would ~ my right arm [ears, eyeteeth] *for* a chance like that. そんな機会を得たならどんな犠牲をいとわない / I would ~ anything [the world] to know where he went. 是非[何が何でも]彼の行き先が知りたい / I gave it *to* him *for* $5. 彼に5ドルでそれを売った.
❹ a 〈人などに〉〈時間・機会・許可・休息などを〉認める, 許す: 〔+目+目〕I gave him a week to do it. それをするのに彼に1週間の猶予を認めた / I gave myself an hour for the drive. そこへのドライブに1時間当てた. b 〈口〉〈相手に〉〈...の事実であることを〉認める: 〔+目+目〕He's a good worker, I ~ you that, but.... 彼はよく働くよ, その点は認めるだが... That I'll ~ you. その点は認めるよ. 用法 a, b の語義とも for, to を用いて書き換えることはできない.
❺ 〈...に〉〈場所・役などを〉割り当てる,〈課題などを〉あてがう: 〔+目+目〕~ an actress a good role = ~ a good role *to* an actress 女優にいい役を与える / ~ homework *to* a class クラスに宿題を出す / 〔(+目)+目〕G~ me a date to finish the work (by). その仕事を終える日時を指定してください.
❻ a 〈...に〉〈注意・考慮などを〉向ける, 払う: 〔+目+目〕She gave it her special attention. 彼女はそれに対して特別の注意を払った / ~ thought *to* a problem 問題を考えてみる. b 〈...に〉〈時間・努力などを〉当てる, 捧(ささ)げる〔*to*〕; 〈...のために〉〈生命などを〉犠牲にする〔*for*〕 用法 この構文では〔+目+目〕はない): He ~s all his free time to golf. 彼は暇な時間はすべてゴルフに当てる / He gave his life to the research [*for* his country]. 彼はその研究に一生を[国のために命を]捧げた. c [~ oneself で] 〈...に〉没頭する, 夢中になる (⇒ given 2): He gave himself *to* his work. 彼は仕事に夢中だった.
❼ a 〈人・物事が〉〈...に〉〈利益・損害などを〉(結果として)与える, もたらす;〈感情・状態・性質などを〉生じさせる, 添える; 〈印象・考えなどを〉与える: 〔(+目)+目〕~ a person a lot of trouble 人をいろいろ困らせる / Does your foot ~ you pain? 足が痛みますか / It ~s me great pleasure to meet you again. またお目にかかれたことは大きな喜びです / This ~s him a right to complain. これでは彼が苦情を言うのも当然だ / ~ order *to* chaos 混乱に秩序を与える. b 〈人に〉〈病気などを〉うつす: 〔+目+目〕 Somebody has *given* me a cold. だれかにかぜをうつされた.
❽ a 〈動植物・物事が〉〈...に〉〈産物などを〉生み出す, 供給する: 〔(+目)+目〕Cows ~ (us) milk. 雌牛は(我々のために)牛乳を出す / This lamp ~s little light. この明かりは暗い. b 〈女[男]が〉〈...との間に〉〈子を〉産む[もうける]: She gave him two sons. 彼女は彼との間に2人の男の子を産んだ. c 〈計算・分析などが〉〈...を〉結果を出す: 2 times 5 [2 into 20] ~s 10. 5掛ける2[20割る2]は10.
❾ a 〈人に〉〈伝言などを〉伝える, (保証として)与える: G~ my regards *to* your mother. お母様によろしくお伝えください / 〔(+目)+目〕~ (a person) one's word 〈人に〉約束する. b 〈...に〉〈事実・情報・名前・意見などを〉伝える, 告げる, 教える: 〔+目+目〕She gave him all the details. 彼女は彼に細部まで全部教えた / The newspapers gave only the bare facts. 新聞はありのままの事実を言った. c 〈人に〉〈言葉・返事・命令・あいさつなどを〉述べる, 言う: 〔+目+目〕~ a person one's blessing 人を祝福する / You haven't *given* me an answer to my question. 君は私の質問に答えていない / You should follow the directions *given*. そこにある使用法に従ったほうがよい / Don't ~ me that! 〈口〉そんな言いわけは通じないぞ!, ばかを言うな! 〈信じる[認める]ことはできない).
❿ 〈人に〉〈手・腕などを〉差し出す, 差しのべる (★受身不可): 〔+目+目〕~ a person one's hand (引き上げても

761　give

らったりするために)人に手を差し出す / She gave him her cheek to kiss. 彼女はほおを出して彼にキスさせた. b [~ *oneself* で] 〈女性が〉〈人に〉身を任せる, 体を与える〔*to*〕.
⓫ a 〈人に〉〈案・理由・証拠などを〉提示する, 示す, 挙げる;〈本などが〉〈...を〉載せる: 〔+目+目〕He gave (us) no reason for his absence. 彼は欠席の理由を示さなかった / The book ~s a table of weights and measures. その本には度量衡表が載っている. b 〈人に〉〈例・模範を示す; くしるし・兆候を〉示す, 見せる: 〔+目+目〕Can you ~ me an example of how this word is used? この語の用法を示す例を挙げてくださいませんか / She gave no sign of knowing him. 彼女は彼を知っている様子は全然ない. c 〈計器などが〉〈人に〉〈分量を〉示す: 〔+目+目〕The thermometer gave (us) 80°F. 温度計はカ氏80度を示した. d 〈口〉〈...に〉〈人・物事のための〉乾杯を提案する: 〔+目+目〕 Gentlemen, I ~ you the Queen. 皆さん, 女王のために乾杯しましょう.
⓬ a 〈...に〉〈会を〉催す, 開く: 〔+目+目〕~ a person a birthday party 人のために誕生会を開く / They gave a show in aid of charity. 彼らはチャリティーショーを催した / She gave a dinner for ten people. 彼女は10人のために晩餐会を開いた. b 〈聴衆の前で〉〈...に〉〈劇などを〉上演する,〈講義などを〉行なう,〈歌を〉歌う: 〔+目+目〕 G~ us a song! 一曲歌ってください / He's *giving* them a French lesson. 彼は彼らにフランス語を教えている.
⓭ a [主に動詞と同形の名詞を目的語として] (特に, 突然または思わず)〈動作・身ぶりを〉する,〈叫び・ため息・音などを〉発する: She gave a smile [sigh]. 彼女はほほえんだ[ため息をもらした] 〈変換 She smiled [sighed]. と書き換え可能〉 / ~ a cry [groan, yawn, laugh, sudden shout of surprise] 叫び声をあげる[うめく, あくびをする, 笑う, 急に驚きの声をあげる] / He gave a shrug of the shoulders [a shake of his head]. 彼は肩をすくめた[首を振った]. b 〈...に対して〉〈行為を〉行なう[させる];〈打撃などを〉加える: 〔+目+目〕The boy gave him a kick in the shin. その子は彼の向こうずねをけった / ~ a person a kiss [pat, ring, wink, reprimand] 人にキスする[人をポンとたたく, 人に電話をする, 人にウインクする, 人を厳しくしかる] / ~ a thing a polish [pull, push, rub, shake, wash] ものを磨く[引っぱる, 押す, こする, 揺する, 洗う] / She gave me a kindly smile [a long look]. 彼女は私にやさしくほほえんだ [私をじっと見た] / The table was *given* a quick wipe. テーブルはさっとひとふきされた / ~ a person a whipping [scold*ing*]. 彼をむち打った[しかりつけた] / G~ me a lift in your car. 車に乗せて行ってください / She gave him a look at her album. 彼に アルバムを見せた.
⓮ a 〈人に〉〈判決・宣告などを〉言い渡す, 下す,〈人を〉〈ある期間の〉刑に処する: The judgment was *given* for [against] us. 我々に有利[不利]な判決が下された / 〔(+目)+目〕 The judge gave him two years (in prison). 裁判官は彼に2年の刑を与えた. b 〈英〉(クリケットなどで)〈審判が〉〈選手を〉...と宣告する (★通例受身): 〔+目+補〕 He was *given* out. アウトを宣告された.
⓯ a 〈人に〉〈...〉させる (★しばしば受身): 〔+目+*to do*〕 He gave me to understand that he might help me. 彼の口ぶりでは彼が手伝ってやってもよいようだった / I'm given to understand that...と聞いている, 了解している. 用法 to do には understand, believe などを用いる 〈神が〉〈人に〉〈...する〉力を与える: 〔+目+*to*+(代)名+*to do*〕 It was *given* to him to achieve it. 彼にそれを達成する力が与えられた.
⓰ [しばしば命令法で] (電話で)〈人を〉〈相手(の番号)に〉つなぐ: 〔+目+目〕G~ me Mr. Brown, please. ブラウンさんについてください.
⓱ [通例目的語に a damn [(卑) shit] などを用い, 否定文で] 〈...のことに〉〈...ほどの〉価値を認める[関心をもつ] 〔*for, about*〕 用法 通例副詞を略すことが多い: I don't ~ a damn (*for*) what you think. 君の考えにはてんで関心がない.

── 自 ❶ 〈...に〉もの[金]を与える, 寄付する, 施しをする

give

He *gave* generously (*to* charity). 彼は惜しまず〈慈善に〉金を出した.

❷ **a** (圧力などを受けて)動く; たわむ, しなう; ゆるむ, くずれる: The ice *gave* under his foot. 彼の重みで足もとの氷が割れた / The wall is starting to ~. 壁は今にもくずれようとしている / His knees *gave*.＝He *gave* at the knees. 彼はひざが立たなくなった. **b** 弾力性がある, はずむ: This mattress ~s too much. このマットレスはふかふかしすぎる. **c** 〈気候が〉ゆるむ, やわらぐ; 〈霜が〉解ける: The frost is *giving*. 寒さが薄らいできている. **d** 〈人が〉打ち解ける, 従う: He won't ~. 彼は譲ろうとしない. **e** 〈勇気などが〉くじける.

❸ 〈窓・ドアなどが〉[...に]面する, [...を]見晴らす, [...に]通じる [*on, upon, onto, into*] [★ フランス語法].

❹ 〔命令法で〕(口) 話せ, ぶちまけろ: *G~*! 言っちまえ.

gíve and táke (1) 公平にやりとりする; 互いに譲り合う. (2) 意見を交換する.

gíve as góod as one géts (相手に)負けずにやりかえす.

gíve awáy 《他＋副》 (1) (ただで)〈人に...を〉与える, 贈る, 寄付する; [...に]〈賞などを〉授与する, 配る; 〈得点などに〉(相手に)与える, 許す [*to*]: At $10 I'm practically *giving* it *away*. 10ドルではくれてやるようなものです. (2) (結婚式で)〈父親などが〉〈花嫁を〉(正式に)花婿に引き渡す: Margaret *was given away* by her father. マーガレットは父親から花婿に引き渡された. (3) (意識的・無意識的に)[...に]〈秘密・答えなどを〉明かす, 漏らす (*divulge*): a secret *away* 秘密を漏らす. (4) [~＋目＋*away*]〈人・物事が〉〈...の〉正体を明らかにする: His accent *gave* him *away*. 彼のなまりで彼の素性は知れた. (5) [~＋*oneself*＋*away*] 馬脚[正体]を現わす. (6) [~＋目＋*away*]〈人を〉...へ〈密告する, 〈人を〉裏切る [*to*] (*betray*). (7)〈好機・試合などを〉失う, 逸する. ── 《自＋副》 (8)〈橋などが〉くずれる.

gíve (awáy) the shírt óff one's báck ⇨ shirt [成句].

gíve báck 《他＋副》 (1)〈...を〉(持ち主に)返す, 戻す: *G~* her *back* the book.＝*G~* the book *back to* her. その本を彼女に返しなさい. (2) ...に返報する, 応酬する: ～ *back* insult for insult [an insult with interest] 侮辱には侮辱をもって[おまけをつけて]応酬する. (3)〈物事が〉(...に)〈健康・自由などを〉取り戻させる. (4)〈音・光などを〉返す, 反響[反射]させる.

gíve fórth ＝GIVE off [成句] (1).

gíve gróund ＝lose GROUND[1] [名] [成句].

gíve ín 《他＋副》 (1)〈書類・答案などを〉[...に]提出する, 手渡す: *G~* in your (examination) papers *to* me now. さあ答案を私に出しなさい. (2)〈候補者などとして〉[...に]〈名前を〉届ける [*to*]. ── 《自＋副》 (3) 屈服する, 降参する: I ~ *in*. What's the answer? わかりません. 答えは何ですか. (4) (折れて)〈人・希望などに〉従う; 〈感情などに〉負ける: He always *gave* in *to* me [my wishes]. 彼はいつも私(の意向)に従った.

gíve...in márriage ⇨ marriage [名] [成句].

gíve it to a person 《口》人をしかりつける; 人を殴る, やっつける: I'll ~ it *to* him. やつをやっつけてやる.

gíve it to a person hót 人を厳しくしかる.

gíve it úp for a person 人に大きな拍手を送る, 大かっさいする.

Gíve me... (1) 私にはむしろ...(のほう)がよい: *G~ me* Italy for holidays any time. 休暇を過ごすならイタリアに限るね / As for me, ~ *me* liberty or ~ *me* death! 余には願わくは自由を与えたまえ, かなわずば死を選ばん [画来] 米国独立戦争当時の雄弁家 Patrick Henry (1736-99) の言葉. (2)〈電話で〉〈人と〉電話に代わってください (⇨《他》 16).

Gíve me stréngth! ⇨ strength [成句].

gíve of...を(惜しまずに)分け与える: ~ *of* one's best 最善を尽くす / ~ *of* oneself (人のために)身を捧げる, 尽くす.

gíve óff 《他＋副》 [~＋*off*＋名] (1)〈蒸気・臭気・光などを〉発する, 放出する (*emit*); 〈声を〉出す: These plants ~ *off* a terrible smell. これらの植物はひどい悪臭を放つ. (2)〈枝などが〉出る.

gíve ón to [ínto]... 《英》〈窓・通路などが〉...に面する; ...に通じる.

762

gíve or táke... 《口》(数量・時間など)...程度の出入りはあるとして〈大体〉: He's 60, ~ *or take* a year. 彼は, 1歳ぐらいはずれるとしても, まず60歳だ.

gíve óut 《他＋副》 (1)〈...を〉〈賞品・用紙・ビラなどを〉配る, 配布する [*to*]. (2) 《主に英》〈...を〉発表する [★ しばしば受身]: (＋目＋*to be* [*as, for*]補] He was *given out to be* [*as, for*] dead.＝(＋目＋*that*) It was *given out that* he was dead. 彼が死んだという発表があった. (3)〈音・におい・熱などを〉発散する, 発する. (4) 《クリケ・野》〈打者を〉アウトと判定する. ── 《自＋副》 (5)〈供給物・力・道路などが〉尽きる, なくなる: The food [His patience] *gave out*. 食料[忍耐力]も尽きた. (6)〈エンジン・時計などが〉動かなくなる, 止まる; 〈人が〉へばる: The engine *gave out*. 車のエンジンが止まってしまった / Her legs *gave out*. 彼女は足が動かなくなった. (7) 《米口》〈声・笑いなどを〉〈気持ちを表に〉出し切って[...を]口に出す: ~ *out with* a smile [cry of pain] にっこり笑って見せる[苦痛の叫び声をあげる].

gíve óver 《他＋副》 (1) [~＋目＋*over*]〈...を〉[...に]渡す, 預ける, 譲る; 〈犯人などを〉〈警察などに〉引き渡す. (2) (ある用途に)〈場所・時間などを〉当てる, もっぱら用いる [★ 通例受身]: The whole area *is given over to* factories. その地域全体が工場に向けられている. (3)〈生涯などを〉捧(ささ)げる [*to*]. (4) [~ *oneself over* で] [...に]ふける, 我を忘れる [★ [...に]ふけっている, 我を忘れている] の意になる]: ~ *oneself over to* drink 酒におぼれる / He *is given over to* gambling. 彼はギャンブルにふけっている. (5) [しばしば命令法で] 《英口》〈...を〉やめる: *G~ over* whistling! 口笛をやめろ. ── 《自＋副》 [命令法で] 《英口》 やめる: *G~ over*!

gíve ríse to... ⇨ rise [名] [成句]. **gíve a person sómething to crý abóut** ⇨ cry [動] [成句]. **gíve the dévil his dúe** ⇨ devil [成句]. **gíve the gáme awáy** ⇨ game[1] [成句]. **gíve the wórld** ⇨ world [成句].

gíve úp 《他＋副》 (1) [~＋*up*＋名]〈習慣などを〉やめる, 〈...の〉使用をやめる: ~ *up* smoking [cigarettes, one's hobby] 喫煙[たばこ, 趣味]をやめる. (2) [~＋*up*＋名]〈努力・考えなどを〉やめる, 〈...の〉解決を断念する; 〈望みなどを〉捨てる: He *gave up* (trying to solve) the problem. 彼はその問題を(解決しようとするの)をあきらめた / This idea must be *given up*. この考えは捨てなければならない / Don't ~ *up* hope. 希望を捨てるな. (3) [~＋目＋*up*]〈病人などを〉〈...と〉あきらめる: They *gave* her *up for* [*as*] lost [dead]. 彼らは彼女は助からぬもの[死んだもの]とあきらめた. (4) [~＋目＋*up*]〈人は〉来ない〈人に〉会えない〉ものとあきらめる: We had almost *given* Tom *up*, when he suddenly walked in! トムはまず来まいと思っていたところへ突然現われたんだ! (5)〈恋人・友人などとの〉関係を断つ, 〈子供などを〉手放す: He hated to ~ *up* his friends. 彼は友だちとの交際をやめるのをいやがった. (6)〈信仰・信念などを〉捨てる; 〈仕事・地位などを〉放棄する, やめる. (7) [...に]〈手を〉貸す, 〈土地・席などを〉譲り[明け]渡す, 〈席を〉譲る: The fort was *given up to* the enemy. 要塞(ようさい)は敵の手に渡った. (8)〈犯人を〉〈警察へ〉引き渡す [*to*]. (9) [~ *oneself up* で]〈犯人が〉〈警察に〉自首する [*to*]. (10)〈秘密などを〉[...に]明かす; 〈...を〉[...に]密告する [*to*]. (11) [...に]〈生涯を〉捧(ささ)げる, 〈時間などを〉当てる [*to*]. (12) [~ *oneself up* で] [...に]専心する, 没頭する, 〈...に〉〈感情などに〉身をゆだねる: He *gave* himself *up to* melancholy. 彼はもの思いに沈んだ. (13) 〖野〗〈投手が〉〈ヒット・得点などを〉許す: ~ *up* two walks (四球で)二人を歩かせる. ── 《自＋副》 (14) (解けない[実行できない]として)やめる, あきらめる; 降参する: I ~ *up*. What's the answer? わかりません. 答えは何ですか.

gíve úp on... 《口》 (1) 《主に米》...に見切りをつける: I've *given up on* him. 彼は見込みなしだ. (2) ...を断念する: I won't ~ *up on* (trying to solve) the problem. この問題はあきらめないぞ.

gíve úp the ghóst ⇨ ghost [名] [成句].

gíve wáy ⇨ way[1] [成句].

gíve a person whát fór 《口》人を厳しくしかりつける[罰する].

Whàt gíves? 《口》 どうしたんだ 《画来 ドイツ語 *Was*

gibt's? (What is going on?, What's the matter?) の翻訳から).

— 名 ⓤ ❶ (圧力で)動く[ゆるむ]こと; 弾力性. ❷ (人の)順応性.

〖OE; 語頭音は ON gefa から; GIFT と関連語〗

【類義語】give あるものを他人に与える意味の最も一般的な語. present give よりも形式ばった語で, 相当の価値のあるものを, 然るべき手続きを経て贈る. grant 希望・要求・願い出などがあった相手に, または権限のある者が正式の手続きを経て与えることを意味する. award 賞などを十分な理由があって与える. bestow, confer 目下の者に名誉・特権・称号などを与える.

gíve-and-táke 名 ⓤ ❶ 公平な条件での交換[妥協], 互譲. ❷ (言葉などの)やりとり; 意見の交換.

†**gíve-awáy** 名《口》❶ 〖単数形で〗(秘密・正体などを) うっかりもらして[ばらして]しまうもの: His fingerprints were a dead ~. 彼の指紋が決め手となった. ❷ **a** (販売を促進するための)景品, サービス品, 無料サンプル. **b** 〖ラジオ・テレビ〗賞品付きクイズ番組 (一般参加者に賞品を与える).
— 形 Ⓐ 〈値段が〉捨て値の: at ~ prices ただのような値段で, 捨て値で.

give-báck 名《米》〖労〗既得権返還 〖労働組合が賃上げなどと引換えに付加給付などの既得権を放棄すること〗.

‡**gív·en** /gívən/ 動 **give** の過去分詞. — 形 ❶ 与えられた, 定められた, 一定の (particular): at a ~ time and place 所定[約束]の時刻と場所で. ❷ Ⓟ 〖…にふけって; …にかたむきがちで〗(cf. give ⓑ 6 c): a woman ~ to black dresses 黒い服ばかり着ている女性 / He's ~ to drink [boast*ing*]. 彼には飲酒の[自慢する]癖がある. ❸ 〖前置詞または接続詞的に用いて〗…を仮定すれば, …があると[許されると]すれば (considering) 〖用法〗しばしば *that* を伴う): *G-* good health [(*that*) one is in good health], one can achieve anything. 健康でいられれば何でも成し遂げられる. ❹ 〖数・論〗(計算の基礎・前提として)与えられた, 所与の, 仮設の. ❺ 〖公文書の末尾に記して〗作成[発行]された: *G-* under my hand and seal on the 25th of June, in the year 1994. 1994 年 6 月 25 日自筆署名捺印の上作成[発行]. — 名 既知のもの[事実].

gíven náme 名《米》(姓に対し個人の)名 (⇒ name 【解説】).

†**gív·er** 与える人, 寄贈者: a generous ~ 何でも気前よく与える人 / ⇒ Indian giver.

giv·ing /gívɪŋ/ 形 やさしい, 思いやりのある.

Gi·za, Gi·zeh /gíːzə/ 名 ギザ 〖エジプト Cairo 近郊の都市; ピラミッドとスフィンクスで有名〗.

giz·mo /gízmoʊ/ 名 (徰 ~s) 《口》何とかいうあの[この]機械[仕掛け].

giz·zard /gízəd | -zəd/ 名 砂嚢(のう) 〖鳥の第 2 の胃袋〗. stick in one's gizzard = stick in one's THROAT 成句.

gjet·ost /jétəst | jétɒst/ 名 イエトオスト 〖ノルウェーでヤギ乳から造るノルウェーの固い濃褐色のチーズ〗.

Gk., Gk (略) Greek.

gla·bel·la /gləbélə/ 名 (徰 -lae /-liː/) 〖解〗眉間(みけん), グラベラ. **gla·bél·lar** /-lə- | -lə-/ 形

gla·brous /gléɪbrəs/ 形 無毛の.

gla·cé /glæséɪ/ 形 ❶ Ⓐ **a** 〈果物・菓子など〉砂糖衣をつけた, 砂糖漬けの: ⇒ marron glacé. **b** 《米》〈果物など〉水で冷やした. ❷ 〈絹・革など〉なめらかでつやのある. 〖F=凍った〗

glacé ícing 名 ⓤ 砂糖水に水を加えた糖衣.

†**gla·cial** /gléɪʃəl/ 形 ❶ 氷の, 氷の(ような). **b** 《口》氷のように冷たい: a ~ wind 氷のように冷たい風. **c** 冷淡な, 冷たい (cold): a ~ look [manner] 冷ややかなまなざし[態度]. ❷ **a** Ⓐ 氷河期の, 氷河の作用による. **b** 《口》氷河を思わせるような〉のろい, 遅い: a ~ change 非常に緩慢な変化. ~·ly /-ʃəli/ 副 〖F<L<*glaciēs* 氷+-AL〗

glácial pèriod [èpoch] 名 〖the ~〗〖地〗氷河時代[期].

gla·ci·at·ed /gléɪʃièɪtɪd/ 形 氷河作用を受けた, 氷河[氷, 雪]におおわれた.

gla·ci·a·tion /glèɪʃiéɪʃən/ 名 ⓤ 氷河作用.

†**gla·cier** /gléɪʃə | -siə, gléɪ-/ 名 氷河. 〖F; GLACIER と同語源〗

gla·ci·ol·o·gy /glèɪʃiálədʒi | -siɔ́l-/ 名 ⓤ 氷河学.

gla·cis /gléɪsiː, glǽs- | glǽsɪs/ 名 (徰 ~ /gléɪsiːz, glǽsɪz; gléɪsɪz/, **gla·cis·es** /gléɪsɪzɪz, glǽs- | glǽsɪsɪz/) 〖城〗(前面の)斜堤.

*‡**glad**[1] /glǽd/ 形 (**glad·der; ~·dest**) ❶ Ⓟ (↔ sad) **a** うれしくて, 喜ばしくて: I was very ~. とてもうれしかった / He felt [looked] ~. 彼はうれしいと思った[うれしそうだった]. / I'm ~ *about* your success. あなたの成功をうれしく思います / I would be ~ *of* your help. お手伝い願えればうれしいです 〖用法〗of の後ろに *do*ing は用いない) / They were ~ *at* the news. 彼らはその知らせを聞いて喜んだ / 〖+ (*that*)〗I'm very ~ (*that*) I wasn't there. そこに居合わせなくて本当によかった / 〖+*to do*〗I'm very ~ *to meet* you. お目にかかれて大変うれしいです. **b** Ⓟ (比較なし) 〖通例未来時制で〗喜んで[快く]〈…〉して, ぜひ…したい; 〖+*to do*〗I'll be ~ *to* do what I can. 喜んでできるだけのことをいたします / "Will you be coming?" "Yes, I'll be ~ *to*." 「あなたもいらっしゃいますか」「ええ, 喜んで」/ I'd be ~ *to* know why. どうしてか理由をお聞きしたいものだ. ❷ Ⓐ 〈顔・表情・声など〉うれしそうな, 晴れやかな: a ~ smile うれしそうなほほえみ / give a ~ shout 歓声をあげる. **b** 〈知らせ・出来事など〉喜びを与える, 喜ばしい, めでたい: ~ news [tidings] 吉報 / a ~ occasion 慶事. **c** 〈自然など〉輝かしい, 美しい: a ~ autumn morning 晴れ晴れとした秋の朝. 〖OE=輝かしい; **GLADE** と関連語〗【類義語】⇒ happy.

glad[2] /glǽd/ 名《口》= gladiolus.

glad·den /glǽdn/ 動 《古風》〈人・人の心を〉喜ばせる, うれしがらせる.

glade /gléɪd/ 名 森林の中の空き地.

glád èye 〖the ~〗《口》(人を引きつけるための)親しげな目つき, 色目: give a person *the ~* 人に色目を使う.

glád hànd 〖the ~〗大げさな歓迎, 温かい歓迎: give a person *the ~* 人を大げさに[温かく]歓迎する.

glád-hànd 動 〈人を温かく[大げさに]歓迎する.

glad·i·a·tor /glǽdièɪtə | -tə/ 名 ❶ 〖古〗剣闘士〖剣闘士同士や猛獣と戦わせ市民の娯楽に供した〗. ❷ (討論会などで自派を代表する)論客, 論争者. 〖L<*gladius* 剣〗

glad·i·a·to·ri·al /glǽdiətɔ́ːriəl/ 形 剣闘(士)の; 論争を好む, 闘争的な.

glad·i·o·la /glǽdióʊlə/ 名 〖植〗= gladiolus.

glad·i·o·lus /glǽdióʊləs/ 名 (徰 **-li** /-laɪ/, **~·es**) 〖植〗グラジオラス 〖アヤメ科の観賞植物〗. 〖L=小剣<*gladius* 剣; 形の類似から〗

glad·ly /glǽdli/ 副 (**more ~; most ~**) 喜んで, 快く.

glád·ness /glǽdnəs/ 名 ⓤ 喜び, うれしさ.

glád ràgs 名 徰 〖しばしば one's ~〗《口》晴れ着, よそ行きの服.

glad·some /glǽdsəm/ 形 《詩》喜ばしい, うれしい, 楽しい (cheerful).

Glad·stone /glǽdstoʊn | -stən/, **William Ew·art** /júːət | -ət/ 名 グラッドストン〖1809-98; 英国自由党の政治家; 首相 (1868-74, 1880-85, 1886, 1892-94)〗.

Gládstone (bàg) 名 グラッドストンバッグ〖縦に左右均等に開く軽い旅行かばん〗.

glair /gléə/ 名 ⓤ ❶ 卵白. ❷ (卵白から製した)うわぐすり, たつき卵白. ❸ (一般に)卵白状の粘液.

glair·y /glé(ə)ri/ 形 ❶ 卵白状の, 卵白質の. ❷ ねばねばした, 粘(着)性の.

glaive /gléɪv/ 名 〖古・詩〗剣.

glam /glǽm/ 〖口〗形 魅力的な. — 名 ⓤ 魅力.

glam·or /glǽmə | -mə/ 名 《米》= glamour.

glam·or·i·za·tion /glæməraɪzéɪʃən | -raɪz-/ 名 ⓤ 魅力的にする[引き立たせる]こと; 美化.

glam·or·ize /glǽmərɑɪz/ 動 ❶ 〈人・ものを〉魅力的にする, 引き立たせる. ❷ 〈物事を〉ロマンチックに扱う, 美化する.

*‡**glam·or·ous** /glǽm(ə)rəs/ 形 〈人・ものなど〉魅力に満ち

た, 魅惑的な: a ~ blonde 魅力的なブロンド娘 / a ~ job [life] 魅力的な仕事[生活]. **~·ly** 副 名 glamour.

†**glam·our** /glǽmɚ | -mə/ (圏 《米》でも glamor より glamour とつづるほうが一般的)名 ① U 魅力, 魅惑: the magic ~ of the moon 月の妖(ぉ)しい美しさ. ② (性的)魅力, 容姿上の魅力 《[比較] 日本で言う「グラマー」のような「胸が豊かな女性の魅力」の意味はない): an actress of great ~ 性的魅力に満ちた女優. 《grammar「魔法」のスコットランド語形》 (形 glamorous.

glám ròck 名 《英口》グラムロック.

*****glance**[1] /ɡlǽns | ɡlάːns/ 動 ❶ [副詞(句)を伴って] (...を)ちらりと見る, ひと目見る; ざっと読む: I ~d at my wrist watch. 私はちらっと腕時計を見た / He ~d down the list. 彼はリストを下まで見た / He ~d over [through] the papers. 彼は書類にざっと目を通した / The teacher ~d round (the classroom). 先生は(教室を)すばやくぐるっと見回した. ❷ 〈ものが〉ぴかりと光る, 光を反射する, きらめく: the sunlight *glancing* off [on] the windows 窓に反射している陽光. ❸ 〈話・話し手が〉〈...に〉ちょっと言及する 〈*at, over*〉. ❹ 〈ボールを〉〈当てて〉そらす, はじく. **glánce one's éyes** 《古》ちらっと見る. **glance off** [(圓+圖) ~ óff] (1) 〈刀・弾丸・ボールなどが〉当たってそれる, かすめる. — [(圓+勔) ~ óff...] (2) 〈刀・矢などが〉...に軽く当たってそれる, ...をかすめる / 〈光が〉...に当たって反射する (⇒ 2): The bullet ~d off his helmet. 弾丸が彼の鉄かぶとをかすめた.

— 名 ❶ 一見, ひと目, 一瞥(いちべつ), ちらりと見ること: exchange ~s 一瞬視線を交わす / give [shoot] a person a ~ 人をちらりと見る / cast [throw] a quick ~ *at*...をさっと一瞥する / steal a (sideways) ~ *at*...をちらりと(横目で)盗み見る / have [take] a ~ *at* [*in*] the mirror 鏡をちらっとのぞく / without a backward ~ うしろを見ずに, 過去を振り返らずに[顧みずに]; 後悔なく; 先のことばかり考えて. ❷ 〈...の〉閃光(せんこう), きらめき, 一閃(いっせん) 〈*of*〉. **at a (single) glánce** ひと目見ただけで, 一見して: I recognized him *at a ~*. ひと目で彼だとわかった. **at first glánce** 一見したところでは: At first ~, the problem seemed difficult, but it wasn't really. 最初の印象では問題は難しそうに思えたが, 実際はそうではなかった.

《F =滑る》

glance[2] /ɡlǽns | ɡlάːns/ 名 U 《鉱》輝鉱《金属光沢を有する各種金属硫化物》: silver ~ 輝銀鉱.

glánc·ing 形 A ❶ 〈打撃などが〉当たってそれた, はずれた. ❷ 〈言及などが〉それない. **~·ly** 副

*****gland**[1] /ɡlǽnd/ 名 《解》腺: an endocrine ~ 内分泌腺 / ⇒ sweat gland. 《F〈L *glandula*〈*glans, gland-* どんぐり》 (形 glandular.

gland[2] /ɡlǽnd/ 名 《機》パッキン押さえ, グランド《機械の結合部から液体が漏出するのを防ぐ装置》.

glan·ders /ɡlǽndɚz | -dəz/ 名 [単数または複数扱い] 《獣医》鼻疽(びそ). **glán·dered** 鼻疽にかかった.

glan·du·lar /ɡlǽndʒələ | -djulə/ 形 腺の[に関する]: ~ fever 《医》腺熱. (名 gland)

glans /ɡlǽnz/ 名 (圈 **glan·des** /ɡlǽndiːz/) 《解》亀頭.

《L に gland》

*****glare**[1] /ɡlɛ́ɚ | ɡlɛ́ə/ 動 ❶ 〈...を〉にらみつける: He ~d *at* me with [in] rage. 彼は激怒して私をにらんだ. ❷ [副詞(句)を伴って] 〈...に〉ぎらぎら輝く, まばゆく光る: The sun ~d down relentlessly. 太陽がぎらぎらと容赦なく照りつけた. — 他 目を怒らせて〈憎悪・反抗の意などを〉表わす: He ~d defiance *at* me. 彼は反抗の目を私に投げかけた.

— 名 ❶ U [通例 the ~] まぶしい光, ぎらぎらした光: *the ~ of* neon lights ぎらぎらとまぶしいネオンの光. ❷ U [通例 the ~] 輝くこと, 華々しさ: in the full ~ *of* publicity 世間の大評判になって. ❸ C にらみ, ねめつけ: with a ~ *of* hatred 憎悪をこめてにらみつけて. 《ME; GLASS と同語源》

glare[2] /ɡlɛ́ɚ | ɡlɛ́ə/ 名 U (氷などの)輝いてなめらかな表面.

gláre scrèen 名 反射防止スクリーン《目の疲労を軽減するためコンピューターの画面に装着するガラスなどを使ったフィルター》.

†**glar·ing** /ɡlɛ́(ə)rɪŋ/ 形 ❶ 〈欠点・間違い・矛盾などが〉目立つ; 〈色・飾りなどが〉けばけばしい, どぎつい (blatant): a ~ error ひどい間違い / a ~ lie 明白なうそ. ❷ 〈光などが〉ぎらぎら輝く, まばゆい: bright ~ sunlight 明るくまばゆい陽光. ❸ 〈目が〉にらみつける. **~·ly** 副 **~·ness** 名

glar·y /ɡlɛ́(ə)ri/ 形 ぎらぎら光る.

Glas·gow /ɡlǽskou, -sɡou | ɡlάːzɡou/ 名 グラスゴー《スコットランド南西部の都市》.

glas·nost /ɡlǽsnoust | ɡlǽsnɔst/ 名 U (特に 1985 年, 旧ソ連の)グラスノスチ, 情報公開. 《Russ=公開, 公然》

†**glass** /ɡlǽs | ɡlάːs/ 名 ❶ U ガラス, ガラス; 窓ガラス: frosted ~ 艶(つや)消しガラス / tempered ~ 強化ガラス / broken ~ 割れたガラス / three panes of ~ 窓ガラス 3 枚. b ガラス状[質]のもの: ⇒ fiberglass, water glass. ❷ C a [しばしば複合語で] **グラス, コップ** 《[比較] glass は通例取っ手がなく冷たい飲み物を入れる; cup は取っ手があり温かい飲み物を入れる): raise one's ~ (to...) (...のために)杯を挙げる. b グラス[コップ] 1 杯; グラス[コップ] 1 杯の飲み物[酒]: a ~ *of* water [milk] コップ 1 杯の水[ミルク]. ❸ [複数形で] **眼鏡**: a pair of ~es 眼鏡 1 つ / put on [take off] one's ~es. 眼鏡をかける[はずす] / Do you wear ~es? (いつも)眼鏡をかけているの; オペラグラス: ⇒ opera glasses, field glasses. ❹ C a ガラス製品: ~ and china ガラス器と陶器. b (額などの)ガラス板; (時計の)ガラスぶた; ガラスフレーム: ~es: under ~ フレームの中で, 温室で. ❺ C a 《古風》鏡, 姿見: ⇒ looking glass. b 《古》砂時計. c [通例 the ~] 晴雨計 (barometer).

have hád a gláss tòo múch (飲みすぎて)酔っぱらう.

— 形 A ❶ ガラス(製)の: a ~ bottle [door] ガラス瓶[ドア] / a ~ case ガラスケース. ❷ ガラスで囲んだ[張りの]: a ~ porch ガラス張りのポーチ / People [Those] who live in ~ houses shouldn't throw stones. 《諺》ガラスの家に住む者は石を投げてはならない, すねに傷をもつ者は他人の批評などしないほうがよい, 「人を呪わば穴二つ」.

— 動 他 ❶ 《英口》〈人を〉グラス[瓶]でなぐる. ❷ 〈...を〉ガラスでおおう[囲む] 〈*in*〉 〈*over*〉 〈★ 副 通例受身〉. ❸ (猟で)〈things 範囲を〉双眼鏡で見回す. ❹ 《文》〈鏡などに〉〈...を〉映す 〈*in*〉. 《OE; 原義は「輝く」; cf. glare, glaze》

Glass /ɡlǽs | ɡlάːs/, **Philip** ~ グラス (1937- ; 米国の minimalism の作曲家).

gláss·blòwer 名 ガラス吹き工.

gláss·blòwing 名 U 吹きさらし《ガラス製品の製法》.

gláss céiling 名 ガラスの天井《女性やマイノリティーの人々の昇進をはばむ目に見えないかたちで存在する障壁》.

gláss·clòth 名 U ❶ ガラス繊維布. ❷ ガラス器用ふき.

gláss cùtter 名 ❶ ガラス切り《工具》. ❷ ガラス工[細工職人].

glássed-ín 形 (板)ガラスに囲まれた.

gláss éel 名 《魚》シラスウナギ (elver).

gláss éye 名 (ガラス製の)義眼.

gláss fiber 名 U ガラス繊維, グラスファイバー.

glass·ful /ɡlǽsfùl | ɡlάːs-/ 名 コップ 1 杯(の量): a ~ *of* water コップ 1 杯の水.

gláss harmónica 名 《楽》グラスハーモニカ《大きい順に並べたボウル状ガラスの中心に軸を通し, 回転させながらガラスを水でぬらし, 指で触れると音が出るようにした楽器; 18 世紀後半から 19 世紀初頭に用いられた》.

gláss·hòuse 名 ❶ C 《主に英》温室. ❷ [the ~] 《英俗》軍刑務所, 営倉. ❸ C ガラス工場.

glass·ine /ɡlæsíːn/ 名 U グラシン紙《薄くて半透明の薄葉紙; 本のカバーなどに用いる》.

gláss jáw 名 《ボク》(打たれるとすぐノックダウンされるような)弱いアゴ.

gláss lìzard 名 《動》= glass snake.

gláss·màker 名 ガラス(器)製造人[家].

gláss·màking 名 ガラス(器)製造(業).

gláss·pàper 名 U 《英》(ガラス粉を塗布した)紙やすり.

gláss snàke 名 《動》ヘビガタトカゲ《アシナシトカゲ科ヘビガ

タトカゲ属の足のないトカゲで,尾がガラスのようにもろい:ヨーロッパ・アジア・北米産).

gláss wàre 图 U ガラス製品; (特に)ガラス食器類.

gláss wòol 图 U ガラス綿, グラスウール (酸のろ過, パッキング, 熱や音の絶縁などに用いる).

gláss wòrk 图 U ❶ ガラス製造(業). ❷ ガラス製品(細工).

gláss·wòrker 图 ガラス工[細工職人].

gláss·wòrks 图 ガラス工場.

gláss·wòrt 图 [植] アッケシソウ《かつて焼き灰からガラスの原料となるソーダ灰を採った》.

glass·y /glǽsi / glɑ́si/ 形 (**glass·i·er**; **-i·est**) ❶ a ガラス状[質]の. b 《水面など鏡のようになめらかな[穏やかな]: the moonlit ~ lake 月光に輝く穏やかな湖水. ❷ 〈目・表情など〉(退屈などで)どんよりした, 生気のない.
gláss·i·ly /-səli/ 副 **-i·ness** 图

glássy-éyed 形 ぼんやり[どんより]した(目つきの), 生気[生彩]のない, うつろな.

Glas·we·gian /glæswíːdʒən, glæz-│glɑːz-/ 形 グラスゴー (Glasgow) の. —— 图 グラスゴー市民.

Gláu·ber's sàlt /gláubəz│-bəz-/ 图 U [化] 芒硝 (ぼうしょう), グラウバー塩 (緩下剤). 《J. R. Glauber ドイツの化学者》

glau·co·ma /glaukóumə, glɔː-/ 图 U [医] 緑内障, あおそこひ.

glau·co·nite /glɔ́ːkənàit/ 图 [鉱] 海緑石.

glau·co·phane /glɔ́ːkəfèin/ 图 U [鉱] 藍閃 (らんせん) 石 (角閃石の一種).

glau·cous /glɔ́ːkəs/ 形 〈果物・葉など〉白い粉でおおわれた.

gláucous gúll 图 シロカモメ (北極海産, 大型).

glaze /gléiz/ 動 ❶ 〈窓・額縁に〉ガラスをはめる 〈建物に〉ガラス窓をはめる. ❷ a 〈焼き物に〉うわぐすりをかける; 絵などに〉上塗りをする. b 〈紙・布・皮などに〉光沢剤を塗る, つやつけをする. c 〈菓子・料理などに〉グレーズをかける. ❸ 〈…を〉磨いてつやを出す. —— 〈目・表情などが〉(退屈などで)どんよりする, かすむ, 曇る: His eyes ~d over with boredom. 退屈で彼の目はどんよりしていた. —— 图 U.C ❶ a 〈焼き物の〉うわぐすり. b グレーズ《艶 (つや) をつけたり風味を増すために菓子や料理に塗る》 c 〈画面に塗る〉上塗り絵の具. ❷ つやつやした表面, (表面の)艶. ❸ 《米》 薄く張り詰めた氷, 雨氷. ❹ 〈目にできる〉どんよりした膜. 《ME < GLASS》

+**glazed** 形 ❶ ガラス(窓)をはめた: a double-*glazed* window 二重ガラスの窓. ❷ a うわぐすりをかけ, 上塗りをした. b うわぐすりの, 光沢のある. c グレーズをかけた. ❸ 〈目・表情など〉どんよりした (glassy).

glázed fróst 图 U 《英》 雨氷 (《米》 glaze).

gláz·er 图 つや出し工, 施釉工; つや出し機.

gla·zier /gléiʒər│-ziə/ 图 ガラス屋.

gláz·ing 图 ❶ U ガラス工事. ❷ U ガラス窓, 板ガラス. ❸ a U うわぐすり, b C うわぐすり.

GLC [略] [化] gas-liquid chromatography; [英] Greater London Council 大ロンドン市議会 《1986 年廃止》.

*gleam /gliːm/ 動 ❶ きらめく; きらりと[かすかに]光る: a summit ~*ing* with fresh-fallen snow 新雪に輝く頂き / A fire ~*ed* in the darkness. 暗やみの中で赤い火がほのかに光っていた. ❷ 〈感情が〉目や顔にちらりと現われる, 〈目などに感情が〉輝く: His eyes ~*ed* with amusement.= Amusement ~*ed* in his eyes. 彼の目に愉快そうな表情が現われていた. —— 图 [通例単数形で] ❶ a 〈きらりと見える〉微光, 薄光: the ~ of dawn 暁の微光. b 〈瞬間的な〉きらめき: I saw the ~ of her white teeth between her parted lips. ほころんだ口もとから彼女の白い歯がきらりと光るのが見えた. ❷ 〈感情・機知・希望などの〉ひらめき: a ~ of intelligence 知性のひらめき / There was not a ~ of hope. 一縷 (いちる) の望みもなかった. 《OE = 輝き; GLIMMER と関連語》 【類義語】**gleam** 薄暗い所で細く短く見える光. **glimmer** ちらちらと揺れて見える弱いかすかな光.

gléam·er 图 U.C グリーマー (唇につやを出す化粧品).

gleam·y /glíːmi/ 形 (光・色などが)明るい.

+**glean** /gliːn/ 動 他 ❶ 〈…から〉情報・事実・知識などを〉 (苦労して少しずつ) 収集する (collect): He ~*ed* these facts *from* government white papers. 彼はこれらの事実を政府刊行の白書から集めた. ❷ 〈落ち穂などを〉拾う. —— 自 落ち穂拾いをする. 《F》

gléan·er 图 落ち穂拾い 〈人〉.

gléan·ings 图 ❶ (収集した)情報, 知識, 事実 (など). ❷ (拾い集めた)落ち穂.

glebe /gliːb/ 图 = glebe land.

glébe lànd 图 教会所属地.

glee /gliː/ 图 U ❶ 大喜び, 歓喜 《用法 人の失敗を見て喜ぶような場合にも用いる》: in high ~ 上機嫌で / dance with ~ 大喜びではねる. ❷ [楽] (無伴奏の3部歌はそれ以上からなる)グリー合唱曲. 《OE = 娯楽, 遊び; 音楽》

glée clùb 图 《米》(男声)合唱団, グリークラブ.

glee·ful /glíːf(ə)l/ 形 大喜びの, 上機嫌の; 楽しい, うれしい. ~**·ly** /-fəli/ 副

glee·man /glíːmən/ 图 (中世の)吟遊詩人, 遊歴楽人.

glee·some /glíːsəm/ 形 《古》 = gleeful.

gleet /gliːt/ 图 U [医] 後淋 (ごりん) 《慢性尿道淋; その排膿》.

gleet·y /glíːti/ 形

glen /glén/ 图 峡谷, 谷間 《特にスコットランド・アイルランドのもの》: G- Affric アフリック峡谷.

Glen /glén/ 图 グレン (男性名).

glen·gar·ry /glengǽri/ 图 グレンガリー 《スコットランド高地人の用いる縁なし帽子》.

Glenn /glén/ 图 グレン (男性名).

Glenn /glén/, **John H(erschel)**, **Jr.** 图 グレン(1921- ; 米国最初の宇宙飛行士; Friendship 7 号に搭乗して地球を 3 周 (1962), 民主党連邦上院議員 (1975-99)).

glé·noid cávity /glíːnɔid-, glí-│glíː-/ 图 [解] 関節窩 《肩甲骨の外側角角にあって上腕骨頭を受けるくぼみ》.

glénoid fóssa 图 [解] 関節窩, 下顎窩 《頬骨突起基部にあって下顎骨が入る深いくぼみ》.

gley /gléi/ 图 U [土壌] グライ層 《多湿地方の排水不良地に生ずる粘土質の青みがかった灰色の層》.

gli·a /glíːə, gláiə/ 图 U [解] (神経)膠 (こう), グリア.

glib /glíb/ 形 ❶ 口の達者な, 舌のよく回る, ぺらぺらと口先だけの: a ~ salesman [politician] 口のうまいセールスマン [政治家] / He has a ~ tongue. 彼はぺらぺらと舌がよく回る. ❷ 〈言い訳・説明などが〉うわべだけの, もっともらしい: a ~ answer もっともらしい返答 / a ~ excuse 体のいい言い訳. ~**·ly** 副 ~**·ness** 图 《?Du=すべりやすい》

+**glide** /gláid/ 動 [通例副詞(句)を伴って] 自 ❶ a すべるように動く [飛ぶ], 滑走する: The swan ~*d across* the pond. 白鳥は池をすべるように泳いで横切った. b 音もなく歩く, すうっと動く: He ~*d out (of* the room). 彼はすうっと(部屋から)出ていった. ❷ a 〈グライダー・飛行機が〉滑空する. b 〈人が〉グライダーで飛ぶ. ❸ 〈時間などがいつのまにか過ぎ去る〈*by, past, on, along, away*〉. —— 他 〈飛行機を〉滑空させる; 〈船などを〉すべるように走らせる. —— 图 ❶ 〈すべるような動き〉すべり; 滑走. ❷ 〈グライダー・飛行機の〉滑空. ❸ [楽] 滑り奏, スラー. ❹ 〈音声〉わたり (甲から乙の音に移るときに自然に生じるつなぎの音, たとえば length /léŋ(k)θ/ の /k/ 音). 【類義語】 (1) ~ slip¹. (2) ~ fly¹.

glíde pàth 图 [空] グライドパス 〈地上レーダーが示す着陸コース〉.

+**glíd·er** /gláidə│-də/ 图 ❶ グライダー. ❷ 滑空するもの[人]. ❸ 《米》 (ベランダなどに置く) ぶらんこいす.

glíd·ing /-diŋ/ 图 U グライダーで飛ぶこと.

+**glim·mer** /glíma │-mə/ 動 ❶ 〈ちらちらと揺れて見える〉 かすかな光, 微光: a ~ from a distant lighthouse 遠くの灯台からかすかに明滅する光. ❷ a 〈望み・関心などの〉かすかに現われ, 気配 (けはい): a ~ of hope かすかな望み / without a ~ of truth 真実のかけらもない. b 〈…の〉おぼろげな理解: I didn't have a ~ of what he meant. 彼が何を言っているのかさっぱりわからなかった. —— 動 ❶ ちらちら光る, かすかに明滅する: The candle ~*ed* and went out. ろうそくがちらちらと明滅して消えた. ❷ かすかに現われる. 《ME =

glim·mer·ing /-m(ə)rɪŋ/ 名 [...のかすかな現われ, 気配(けはい): A few ~s of hope appeared. かすかではあるが希望の兆しが現われた.

***glimpse** /glɪm(p)s/ 名 ❶ 一見, ひと目, ちらりと見えること〔of, at〕: I only caught [got] a ~ of the speeding car. 疾走していく車の姿をちらりと見ただけだった. ❷ 〔...の〕おぼろげな感知, それとなく感づくこと〔of, into〕: I had a ~ of his true intention. 彼の真意がうすうすわかった. ── 動 他 ❶ 〈...を〉ちらりと見る: I thought I ~d him in the crowd. 人ごみの中で彼の姿をちらりと見たような気がした. ❷ 〈...を〉おぼろげに感じる, それとなくわかる. ── 自 《古》かすかに〔ちらちら〕と光る. 《ME=かすかに明滅する; GLIMMER と同語源》

⁺glint /glɪnt/ 動 自 きらきら光る, きらめく: The windows ~ed in the sun. 窓が日の光を浴びてきらきら光っていた. ── 他 〈...を〉きらめかす. ── 名 ❶ 輝き, ひらめき; 〔感情を表わす〕目の輝き: There was a ~ of humor in his eyes. 彼の目に一瞬ユーモアの輝きが浮かんだ.

gli·o·blas·to·ma /glàɪoʊblæstóʊmə/ 名 (複 ~s, -ma·ta /-tə/) 〖医〗(神経)膠芽(細胞)腫《悪性型の神経膠星状細胞腫》.

gli·o·ma /glaɪóʊmə/ 名 (複 ~s, -ma·ta /-tə/) 〖医〗神経膠(こう)腫, グリオーム.

glis·sade /glɪsɑ́ːd, -séɪd/ 名 ❶ 〖登山〗グリセード, 制動滑降《氷雪斜面をピッケルで制動しながらすべり降りること》. ❷ 〖バレエ〗グリサード, 滑歩《すべるステップ》. ── 動 自 ❶ グリセードですべる[下る]. ❷ グリサードで踊る. 《F=すべること》

glis·san·do /glɪsɑ́ːndoʊ | -sǽn-/ 〖楽〗 ── 名 (複 -di /-diː/, ~s) ❶ グリッサンド, 滑奏(法) 《(キーや弦などの上に)指を迅速にすべらせる奏法》. ❷ グリッサンド楽節, 滑奏音符. ── 副 形 グリッサンドで(演奏される). 《It=すべるように》

glis·sé /gliːséɪ/ 名 〖バレエ〗= glissade.

⁺glis·ten /glɪ́s(ə)n/ 動 自 きらきら輝く, きらめく: His brow ~ed with perspiration. = Perspiration ~ed on his brow. 彼の額が汗で光っていた. ── 名 きらめき, 輝き. 《OE; GLASS と関連語》

glitch /glɪtʃ/ 名 《口》❶ (機械・計画などの)欠陥, 故障(in). ❷ 電力の突然の異常.

***glit·ter** /glɪ́tə | -tə/ 動 自 ❶ ぴかぴか光る, きらめく: All that ~s is not gold. = All is not gold that ~s. 《諺》 輝くものすべてが金とは限らない. ❷ (人目を奪う感情で, 光る〔with〕. ❸ 〔...で〕きらびやかである, 人目を奪う: The film ~s with many stars. その映画はたくさんのスターが出演して華やかだ. ── 名 ❶ ［通例 the ~］ きらめき, 輝き: the ~ of diamonds ダイヤモンドの輝き. ❷ ⓤ きらびやかさ, 華麗. ❸ ⓤ きらきら光る小さな飾り［装飾品］. ❹ ［単数形で］(感情を示す)目の輝き. 〖ON〗 【類義語】⇒ shine

glit·te·ra·ti /glìtərɑ́ːti/ 名 [通例 the ~] 裕福な社交界の人たち.

⁺glit·ter·ing /-tərɪŋ, -trɪŋ/ 形 A ❶ 光り輝く, きらめく: a ~ starry night 星のきらめく夜. ❷ 華麗な, きらびやかな, 目もあやな: A ~ future awaits her. 輝かしい未来が彼女の前途に待ち構えている.

glit·ter·y /glɪ́təri/ 形 = glittering.

glitz /glɪts/ 名 ⓤ 《口》華美, きらびやか, けばけばしさ. ── 動 他 飾りたてる, 派手にする〔up〕.

⁺glitz·y /glɪ́tsi/ 形 (glitz·i·er; -i·est) 《口》 きらびやかな, けばけばしい, 華美な, 派手な. **glitz·i·ly** 副

gloam·ing /glóʊmɪŋ/ 名 [the ~] 《詩》 たそがれ, 薄暮 (twilight).

⁺gloat /gloʊt/ 動 自 〔...を〕さも満足そうに[うれしそうに, ほれぼれと]眺める〔on, over〕: He ~ed over his good fortune. 彼は自分の幸運に悦に入った / He ~ed over his rival's failure. 彼はライバルの不成功にしてやったりとほくそえんだ. ── 名 [a ~] 悦にそえること, 満悦. **~·ing·ly** /-tɪŋ-/ 副 さも満足そうに, 悦に入って, ほくそえんで. 〖ON=嘲笑する〗

glob /glɑb | glɒb/ 名 (クリーム・泥などの)かたまり.

***glob·al** /glóʊb(ə)l/ 形 ❶ 地球全体の, 世界的な, グローバルな(worldwide): the ~ economy 世界経済, グローバルエコノミー / ~ inflation 世界的なインフレ / the dream of ~ peace 世界平和の夢. ❷ 全体的な, 包括的な: take a ~ view of ... 〈...を〉全体[包括]的に眺める[考察する]. ❸ 〖電算〗 システム[プログラムファイル]全体の: a ~ search 全体[全文, 全件]検索. (globe)

glob·al·ism /glóʊbəlìzm/ 名 ⓤ グローバリズム《自国を国際的問題に関与させていく主義・政策》.

glob·al·i·za·tion /glòʊbəlɪzéɪʃən | -laɪz-/ 名 ⓤ 世界規模化, グローバル化.

glob·al·ize /glóʊbəlàɪz/ 動 自 (産業などが)世界的に拡大する, グローバル化する.

glob·al·ly /-bəli/ 副 ❶ 世界的に(見ると), 地球規模で. ❷ 全体的に.

glóbal víllage 名 [the ~] 地球村《通信手段などの発達により狭くなって一つの村のようになった世界》.

***glóbal wárming** 名 ⓤ 地球温暖化: cause [accelerate] ~ 地球温暖化を引き起こす[加速する] / stop [prevent] ~ 地球温暖化を止める[防ぐ].

glo·bate /glóʊbeɪt/ 形 球形[状]の.

***globe** /gloʊb/ 名 ❶ a [the ~] 地球. b ⓒ 天体《太陽・惑星など》. ❷ a ⓒ 地球儀, 天体儀. b 球, 球体. ❸ ⓒ 球状のもの: a ランプのかさ. b 金魚鉢. c 金球《帝王権の表象》. d 電球. 〖F<L=球〗 (形 global) 【類義語】⇒ earth.

glóbe·fìsh 名 (複 ~, ~s) ⓒⓤ 〖魚〗フグ.

glóbe·flòwer 名 〖植〗セイヨウキンバイ, キンバイソウ《キンポウゲ科》.

glóbe·tròtter 名 世界(観光)旅行者; (仕事で)いつも世界中を飛び歩いている人.

glóbe·tròtting 名 ⓤ 世界(観光)旅行.

glo·big·e·ri·na /gloʊbìdʒəráɪnə, -ríː-/ 名 (複 -nae /-niː/, ~s) 〖動〗グロビゲリナ《タマウキガイ科グロビゲリナ属の有孔虫》.

glo·bin /glóʊbɪn/ 名 ⓤ 〖生化〗グロビン《ヘモグロビンの蛋白質成分》.

glo·boid /glóʊbɔɪd/ 形 ほぼ球状の(もの).

glo·bose /glóʊboʊs/ 形 球形[状]の.

glob·u·lar /glɑ́bjʊlə | glɒ́bjʊlə/ 形 ❶ 小球体(globule)からなる. ❷ 球の形をした, 球状の, 球形の. 【類義語】⇒ round.

glóbular clúster 名 〖天〗球状星団.

glob·ule /glɑ́bjuːl | glɒ́b-/ 名 ❶ (特に液体の)小球体; 小滴: ~s of sweat 玉の汗. ❷ 丸薬, ピル. 〖F<L; ⇒ globe〗

glob·u·lin /glɑ́bjʊlɪn | glɒ́b-/ 名 ⓤ 〖生化〗グロブリン《動植物の組織にある非水溶性の単純たんぱく質》; ⇒ gamma globulin.

glob·u·lous /glɑ́bjʊləs | glɒ́b-/ 形 = globular.

glo·cal·i·za·tion /glòʊkəlɪzéɪʃən | -laɪz-/ 名 ⓤ 《口》(事業などを)地球規模で展開しつつ同時に現地の実情に適応させること, グローカリゼーション.

glo·chid·i·um /gloʊkɪ́diəm/ 名 (複 -chid·i·a /-diə/) 〖動〗有鉤子, グロキディウム《淡水二枚貝の幼生》.

glock·en·spiel /glɑ́kənspìːl | glɒ́k-/ 名 グロッケンシュピール, 鉄琴. 〖G=bell play〗

glom /glɑm | glɒm/ 動 《米口》 ❶ 盗む, かっぱらう; ひっかかむ. ── 自 〔...を〕つかむ, ひっかかむ; 〔...に〕くっつく〔onto〕.

glo·mer·u·lar /gləmér(j)ʊə | glomér(j)ʊlə/ 形 〖解〗糸球の; 糸球体の.

glo·mèr·u·lo·nephrítis /gləmèr(j)ʊloʊ- | glɒ-/ 名 ⓤ 〖医〗糸球体腎炎.

glo·mer·u·lus /gləmér(j)ʊləs | glɒ-/ 名 (複 -li /-làɪ, -lìː/) 〖解〗糸球《毛細血管叢》; 腎その他の糸球体.

***gloom** /gluːm/ 名 ❶ [通例 the ~] 《文》暗がり, (薄)暗幕. ❷ ⓤ [また a ~] (心の)陰気, 陰鬱(うう), 憂鬱(な気分): be deep in ~ ふさぎ込んでいる / A ~ fell over the country. 国中に暗い影が落ちた. ── 動 自 ❶ (人が)陰気[憂鬱]である. ❷ 《文》薄暗く見える. ── 他 《文》〈...を〉(薄)暗くする. 《ME=陰気になる》 (形 gloomy)

gloom·y /glúːmi/ 形 (gloom·i·er; -i·est) ❶ 〈部屋・空模様など〉(薄)暗い, 陰気な, 陰鬱な: a ~ winter day どんよりした冬の日. ❷ 〈人・気分など〉憂鬱な, ふさぎ込んだ, 気分の暗い (depressed): in a ~ mood 憂鬱な気分で / He looked ~. 彼は憂鬱そうに見えた. ❸ 憂鬱にさせる, 悲観的な, 暗い: ~ news 暗いニュース / take a ~ view 悲観的な見方をする. ~·ly 副 -i·ness 名 (gloom) 【類義語】⇒ dark.

gloop /gluːp/ 名 U どろっ[ねちょっ]としたもの.

glop /glɑp/ 名 U 《米口》 ❶ どろっとしたもの, ねばったもの[まずい食物]. ❷ 感傷的なこと, センチ.

Glo·ri·a¹ /glɔ́ːriə/ 名 《祈祷(きとう)書 (the Liturgy) 中の》 栄光の聖歌, 頌栄(しょうえい) 《L=栄光》.

Glo·ri·a² /glɔ́ːriə/ 名 グローリア 《女性名》.

glo·ri·fi·ca·tion /glɔ̀ːrəfɪkéɪʃən/ 名 U,C ❶ 〈神の〉栄光をたたえること, 賛美. ❷ 称賛[される]こと. ❸ 《口》美化(する[される]こと) (of).

glo·ri·fied /glɔ́ːrəfàɪd/ 形 A 美化した, 実際よりもよく言った.

glo·ri·fy /glɔ́ːrəfàɪ/ 動 他 ❶ a 〈神・聖人などの〉栄光をたたえる; 〈神などを〉賛美する. b 〈殉教者などに〉天の栄光を授ける. ❷ 〈人・行動などを〉称賛[称揚]する: ~ a hero 英雄を称揚する. ❸ 〈...に〉栄光を与える, 名誉を与える: Their deeds *glorified* their school. 彼らの行為は学校の名を高めた. ❹ 《口》 ...で実際以上に美しく[りっぱに]見せる, 美化する (*with*): This novel *glorifies* war. この小説は戦争を美化している. (名 glory)

glo·ri·ous /glɔ́ːriəs/ 形 (more ~; most ~) ❶ 栄光ある, 栄誉ある, 光輝ある, 名誉の: a ~ achievement 輝かしい業績, 偉業 / a ~ victory 栄光の勝利 / the Fourth of July 栄光の7月4日 《米国の独立記念日》/ die a ~ death 名誉の死を遂げる. ❷ 壮麗な, 燦然(さんぜん)たる; 見事な: a ~ day 美しく晴れ渡った日 / a ~ sunset さんさんたる入り日. ❸ 《口》愉快な, 楽しい, すてきな: have a ~ time [holiday] 非常に愉快な時[休日]を過ごす. ❹ 《反語》すごい, たいへんな: What a ~ mess! まあよく散らかっているんだこれは出来たなあ[ちゃくちゃだ]. ~·ly 副 ❶ 壮麗に; 見事に. ❷ すばらしく; 愉快に. (名 glory)

Glórious Revolútion 名 〔the ~〕 《英史》名誉革命 《1688–89年; ⇒ English Revolution》.

glo·ry /glɔ́ːri/ 名 ❶ a U 栄光, 誉れ, 名誉: win ~ 名誉を得る / be covered in [crowned with] ~ 栄光に輝いて / to the (greater) ~ of ... の(一層の)栄誉のために / bask [bathe] in ...'s reflected ~ ...の栄光に浴する. b C 〔しばしば複数形で〕栄光を与えるもの[人], 誉れとなるもの[人]: the *glories* of Rome ローマ帝国の偉業 / His son is his crowning ~. 息子の身の無上の誇りだ. ❷ U a 栄華, 成功[繁栄など]の絶頂, 全盛: Solomon in all his ~ was not arrayed like one of these. 栄華をきわめた時のソロモンでさえこれらの花の一つほどにも飾ってはいなかった 《★聖書「マタイ伝」から》. b 大得意, 満悦. ❸ U 壮観, 美観; 美しさ, まばゆさ: be restored to one's [its] former ~ 以前のすばらしい状態に復元される. ❹ a 《神の》栄光, (み)栄え: G~ be to God. 神に栄光あれ. b 天上の栄光, 天国: saints in ~ 天上の栄光に住む聖人 / go to (one's) ~ 《古》死ぬ. **Glóry bé!** 《口》(1) これは驚いた!, それは困った! (2) ありがたい!, うれしい!, やった! 《由来 Glory be to God を短縮したもの》. ● 《文》〈...に〉心から喜ぶ (revel); 誇りとする: He *glories* in his success. 彼は自分の成功を喜んでいる[得意がっている]. 【F<L gloria 栄光》(形 glorious, 動 glorify)

glóry dàys [yèars] 名 複 〔the ~〕 栄光の時代, 絶頂期, 全盛期.

glóry hòle 名 《英口》 がらくたをしまう部屋 《戸棚, 引き出し》.

glóry pèa 名 《植》クリアンサス 《オーストラリア・ニュージーランド原産のマメ科の亜低木; 深紅の花をつける》.

Glos. (略) Gloucestershire.

gloss¹ /glɑs, glɔːs/ 名 U 〔また a ~〕 ❶ 光沢, つや (sheen): the ~ of silk 絹の光沢 / a lovely ~ on her hair 彼女の髪の美しいつや. ❷ 虚飾, 見せかけ: a ~ of good manners うわべだけのお上品. ── 動 他 〈...に〉...

---

767 **glow**

で〉光沢[つや]をつける; 〈...を〉〈...で〉輝かせる, 光らせる: She ~*ed* the furniture (*with* wax). 彼女は(ワックスで)磨いて家具に光沢をつけた. **glóss óver** 他+副 (1) 〈...のうわべを〉飾る. (2) 〈...を〉もっともらしい言い紛らす, うまくごじつける: He tried to ~ *over* his errors. 彼は自分の過ちをうまく言い繕おうとした. 《?ON=輝き》 (形 glossy)

gloss² /glɑs, glɔːs/ 名 ❶ a 〔行間や欄外などに書き込んだ〕語句注解, 書き込み. b 《ページの下や本の巻末についている簡潔な》注釈, 注解, 評注. ❷ ~ = glossary. ── 動 他 〈...に〉注釈をつける, 注解する. 《L=注, 説明》

glos·sa /glɑ́sə, glɔ́ː-/ 名 (複 ~s /~z/, glos·sae /-siː/, ~s) 《解》舌 (tongue). **glos·sal** /glɑ́s(ə)l, glɔ́ːs-/ 形

glos·sar·i·al /glɑsér(ə)riəl, glɔː-/ 形

glos·sa·rist /glɑ́sərɪst, glɔ́ːs-/ 名 語彙注解[注釈]者; 用語辞典編者.

glos·sa·ry /glɑ́səri, glɔ́ːs-/ 名 (-sa·ries) 《難語・廃語・術語・特定作家の用語などの》小辞典, 用語集: A Shakespeare G~ シェイクスピア用語集. 《GLOSS²+-ARY》

glos·sa·tor /glɑ́seɪtɚ, glɔ́ːs-/ 名 《特に中世初期のローマ法および教会法の》注解者.

gloss·er 名 ❶ C つや出しをする人[もの]. ❷ U,C つや出し用化粧品, リップグロス.

glos·si·tis /glɑsáɪtɪs, glɔː-/ 名 U 《医》舌炎.

glos·so·la·li·a /glɑ̀səléɪliə, glɔ̀ː-/ 名 U 異言(げん) 《を語ること[力]》, 舌がかり 《宗教的興奮[恍惚]に伴うわけのわからない発語(能力)》; ★聖書「コリント人への第一の手紙」から》.

glós·so·pharyngéal nérve /glɑ́soʊ-, glɔ́ːs-/ 名 《解》舌咽神経.

glóss páint 名 U 光沢仕上げ用塗料.

gloss·y /glɑ́si, glɔ́ːs-/ 形 (gloss·i·er; -i·est) ❶ 光沢のある, つやつやした: ~ hair つやつやした髪 / a photograph 光沢をつけた写真. ❷ 体裁のよい, もっともらしい. ── 名 = glossy magazine. ❷ 光沢仕上げの写真. **gloss·i·ly** /-səli/ 副 -i·ness 名 (gloss¹)

glóssy mágazine 名 《口》《用紙がつややかで写真の多く入った》美麗な高級雑誌, グラビア誌 《米》 slick》.

glost /glɑst, glɔːst/ 名 U 釉(うわぐすり) (glaze).

glot·tal /glɑ́tl, glɔ́tl/ 形 《解》声門 (glottis) の.

glóttal stóp 名 《音声》声門閉鎖音 《発音記号は /ʔ/》.

glot·tic /glɑ́tɪk, glɔ́tɪk/ 形 = glottal.

glot·tis /glɑ́tɪs, glɔ́tɪs/ 名 (複 ~·es, glot·ti·des /-təˌdiːz/) 《解》声門. 《Gk=舌》

Glouces·ter·shire /glɑ́stɚʃɚ, glɔ́ːs-/ 名 グロスターシャー州 《イングランド南西部の州; 州都 Gloucester; 略 Glos.》.

glove /glʌv/ 名 ❶ 〔通例複数形で〕《指が分かれている》手袋 (cf. mitten): a pair of ~s 一対の手袋 / put on [take off] one's ~s 手袋をはめる[脱ぐ]. ❷ 《野球の》グローブ, グラブ; 《ボクシングの》グラブ. **fit (a person) like a glóve** 〈人に〉ぴったり合う: The jacket you bought me *fits* (me) *like a* ~. 君が買ってくれた上着は(ぼくに)ぴったりだ. **hánd in glóve (with...)** ⇒ hand (成句). **hándle [tréat]... with kíd glóves** ...を優しく扱う, に慎重に対処する: We must *handle* her [the situation] *with kid* ~s. 彼女には優しくしてやらなければ[情勢には慎重に対処しなければ]ならない. **tàke óff the glóve** 挑戦に応える. **The glóves are óff** (けんか, 論争などで) 容赦しないぞ, 本気でやるぞ. **with glóves óff** 容赦なく; 敢然と. 《OE; 原義は「手のひら」》

glóve bòx ❶ グローブボックス 《放射性物質を扱うための小型の箱で密封されたゴム手袋によって外部から操作する》. ❷ = glove compartment.

glóve compártment 名 《自動車のダッシュボードにある》小物入れ, グローブボックス.

gloved /glʌvd/ 形 〔通例 A〕〈手が〉手袋をした.

glóve pùppet 名 《英》指人形 《米》 hand puppet》.

glov·er 名 手袋製造[販売]人.

glow /gloʊ/ 名 〔単数形で〕 ❶ 白熱(光), 赤熱(光); (赤い)光, 輝き; 《木の葉などの》燃えたつ色: the ~ of embers

[sunset] 残り火[落日]の赤い輝き. ❷ (ほのの)赤らみ, 紅潮, よい色つや: a ruddy ~ of health on her cheeks 彼女のほおの健康そうな赤い色つや. ❸ a 〖感情の〗高まり, 高進: in a ~ of pride 得意げに. b 〖…の〗(心地よい)満悦感, (満ち足りた)幸福感: feel a ~ of satisfaction [pleasure] 非常な[強い]満足[喜び]がわき上がるのを感じる. ❹ (身体の)ほてり, ほめき: a pleasant ~ after a hot bath ふろのあとの気持ちよいぬくもり. in a glów 《口》ほてって, 真っ赤に輝いて.
── 動 ⓐ ❶ 〈鉄などが〉白熱する, 真っ赤になる; 〈薪(蒜)·石炭などが〉(炎をあげずに)真っ赤に燃える; 〈ランプ・ホタルなどが〉光を放つ, 光る: [(+補)] A cigarette ~ed (red) in the dark(ness). 暗やみでタバコが真っ赤に燃えていた. ❷ 〈(健康・運動の後などで)ほおが赤くほてる, 紅潮する; 〈人が〉身体がぽかぽかする, ほてる. ❸ 〈目・顔・ほお・人が〉強い感情で〉輝く, 燃える, 紅潮する: His eyes ~ed with anger. 彼の目は怒りに燃えていた / He ~ed with pride. 彼は得意満面だった. ❹ 〈木の葉・場所などが〉燃えるような色である: [(+補)] The maple leaves ~ed red in the sun. カエデの葉が日光を浴びて赤く燃えるようであった / The western sky ~ed with purple and crimson. 西の空は紅紫色に燃えていた.
〖OE; GLOSS[1] と関連語〗

glów dischàrge 名 〖電〗 グロー放電 《低圧ガス中の発光放電》.

glow·er /gláuɚ | gláuə/ 動 ⓐ 〖…を〗苦い顔をしてにらむ (glare): He just ~ed (at me) without speaking. 彼は何も言わないでただ(私を)苦虫をかみつぶしたような顔でみつけた. ── 名 〖怖い顔をして〗にらみつけること; 渋い[苦い]顔.

glow·er·ing /gláu(ə)rɪŋ/ 形 ❶ ひどく怒った(ような), しかめっつら[怖い顔]をして. ❷ 不気味な, 陰鬱とした.

+**glów·ing** 形 ❶ 〈表現など〉熱情をこめた, 熱烈な: ~ praise 熱烈な賞辞. ❷ a 白熱[赤熱]している, 真っ赤な. b 〔副詞的に〕燃えるように, 赤々と. ❸ 〈色など〉燃えるような, あざやかな; 照り輝く. ❹ 〈ほおが〉紅潮した; 健康そうな. ~·ly 副

glów-in-the-dárk 形 〈おもちゃなど〉暗いところで光る.

glów·wòrm 名 〖昆〗 ツチボタル 《甲虫の幼虫または翅のない成虫の雌で, 暗やみで微光を発するもの》.

glox·in·i·a /glaksíniə | glɔk-/ 名 〖植〗 グロキシニア.

gloze /glóʊz/ 動 〈…に〉もっともらしい説明をつける, 言い繕う 《over》.

glu·ca·gon /glúːkəgɑ̀n | -gɔ̀n/ 名 Ⓤ 〖生化〗 グルカゴン 《膵臓の α 細胞から分泌されるホルモン; 肝臓のグルコース分解を促して血糖値を上昇させる》.

Gluck /glúk/, **Chris·toph Wil·li·bald von** /krístɔf vílibɑ̀ːlt fɑn | -təf víliba:ld fən/ 名 グルック (1714-87; ドイツの作曲家).

glu·co·cor·ti·coid /glùːkoʊkɔ́ɚtəkɔ̀ɪd | -kɔ́ː-/ 名 〖生化〗 糖質[グルコ]コルチコイド 《糖新生を増加させる副腎皮質ホルモン; 抗炎症作用がある》.

+**glu·cose** /glúːkoʊs/ 名 Ⓤ 〖化〗 ぶどう糖. 〖F＜Gk＝甘いワイン〗

glu·co·side /glúːkəsàɪd/ 名 〖生化〗 グルコシド 《糖成分がブドウ糖である配糖体》. **glu·co·sid·ic** /glùːkəsídɪk/ 形

*glue /glúː/ 名 Ⓤ,Ⓒ にかわ; 接着剤: instant ~ 瞬間接着剤. ── 動 ⓑ (glu·ing, ~·ing) ❶ 〈…を〉にかわ[接着剤]でつける 《to, into》: ~ a broken cup together 割れた茶わんを接着剤でくっつける / He ~d her photo into his album. 彼は彼女の写真をのりではりつけた. ❷ 〔受身で〕 〈…に〉(はりついたように)熱中する (⇒ glued 1) 〖F=鳥もちくL gluten にかわ; cf. gluten〗

glued 形 Ⓟ 〈人が…に〉集中して, 夢中になって: The boy is always ~ to the television. その子はいつもテレビにくぎづけになっている. ❷ 〈目・耳などが…に〉くっついて離れないで: with his eye [ear] ~ to the keyhole かぎ穴に目[耳]をくっつけて.

glúe eàr 名 Ⓤ 〖医〗 にかわ耳 《特に小児において, 中耳の感染症の結果, 耳管が粘液によって閉塞している状態》.

glúe pòt 名 ❶ にかわを煮るなべ[容器]. ❷ 《口》どろんこの土地.

glúe snìffer 名 接着剤トルエンを吸う人, シンナー遊びをする人.

glúe snìffing 名 Ⓤ 接着剤トルエンを吸い込むこと, シンナー遊び.

glue·y /glúːi/ 形 (glu·i·er; -i·est) ❶ にかわ[接着剤]を塗った. ❷ にかわ質[状]の; ねばりつく.

glug /glʌ́g/ 名 (口) (水などのゴボゴボいう音, ゴクゴク(水[酒]を飲む音). ── 動 ⓐ (glugged; glug·ging) ゴボゴボと音をたてる; ゴクゴク飲む.

gluh·wein /glúːvaɪn/ 名 Ⓤ グリューワイン 《赤ワインに砂糖・香料などを加えて温めた飲み物》.

+**glum** /glʌ́m/ 形 (glum·mer; glum·mest) 〈意気消沈して〉むっつりした, (憂鬱で)ふさぎ込んだ (forlorn): in a ~ mood 不機嫌で / look ~ 不景気な顔をする. ~·ly 副 ~·ness 名 〖GLOOM と同語源〗

glume /glúːm/ 名 〖植〗 (イネ科植物の)頴(カ), 頴苞(カゥ).

glu·on /glúːɑn | -ɔn/ 名 〖理〗 グルーオン 《クォーク間の相互作用を媒介する粒子》.

+**glut** /glʌ́t/ 名 〔…の〕(供給)過剰, 余剰 (surplus): a global oil ~ 世界的な石油のだぶつき / a ~ of cars on the market 市場の車の供給過剰. ── 動 ⓑ (glut·ted; glut·ting) ❶ 〈市場・場所などに〉(もの)を過剰に供給する: The market *was glutted with* wheat. 市場は小麦が過剰となっていた. ❷ a [~ oneselfで] 満腹になる, いやというほど食べる. b 《古》〈食欲・欲望を〉満たす. 〖F＜L=飲み込む〗

glu·ta·mate /glúːtəmèɪt/ 名 Ⓤ,Ⓒ 〖化〗 グルタミン酸塩[エステル].

glu·tám·ic ácid /gluːtǽmɪk-/ 名 Ⓤ 〖化〗 グルタミン酸.

glu·ta·mine /glúːtəmìːn/ 名 Ⓤ 〖化〗 グルタミン 《アミノ酸の一種》.

glu·ta·thi·one /glùːtəθáɪoʊn/ 名 Ⓤ 〖生化〗 グルタチオン 《生体内の酸化還元の機能に重要なはたらきをする》.

glu·te·al /glúːtiəl, gluːtíːəl/ 形 〖解〗 臀部(ﾃﾝ)の, 臀筋 (gluteus) の.

glu·ten /glúːtn, -tɪn/ 名 Ⓤ 〖化〗 グルテン, 麩(ﾌ)質. 〖L=にかわ; cf. glue〗

glu·te·us /glúːtiəs, gluːtíːəs/ 名 (圏 **glu·te·i** /glúːtiàɪ, -tìː-, glùːtíːaɪ/) 〖解〗 臀筋, (特に) ＝ gluteus maximus.

glúteus máx·i·mus /-mǽksəməs/ 名 (圏 -tei máx·i·mi /-màɪ/) 〖解〗 大臀筋.

glu·ti·nous /glúːtənəs/ 形 にかわ質の; 粘着性の, ねばる.

glut·ton[1] /glʌ́tn/ 名 ❶ 大食家: You ~! この子ったら大食いね. ❷ 〔…の〕熱心家, 凝り屋: a ~ for work 猛烈な仕事の虫[鬼] / a ~ for punishment 困難に[不快な, 人の言うことをとわず]熱心にやる人; 自虐的な人. 〖F＜L〗 (形 gluttonous)

glut·ton[2] /glʌ́tn/ 名 〖動〗 クズリ.

glut·ton·ize /glʌ́tənàɪz/ 動 ⓐ 大食する, たらふく食べる.

glut·ton·ous /glʌ́tənəs/ 形 食いしんぼうの, 大食する; 食欲(ﾎﾞ)な. ~·ly 副 〖名 glutton〗

glut·ton·y /glʌ́təni/ 名 Ⓤ 大食, 暴飲[食].

glyc·er·ide /glísəràɪd/ 名 〖生化〗 グリセリド 《グリセリンの脂肪酸エステルの総称》. **glyc·er·id·ic** /glìsərídɪk/ 形

glyc·er·in(e) /glís(ə)rɪn/ 名 ＝ glycerol. 〖F＜Gk *glyceros* 甘いく+-INE[2]〗

glyc·er·ol /glísərɔ̀ːl, -rɔ̀l/ 名 Ⓤ 〖化〗 グリセロール, グリセリン 《無色で甘味をもつ粘り気ある液体; 浣腸剤・ニトログリセリン製造原料・タバコなどの防乾剤に用いる》.

glyc·er·yl /glísərəl/ 名 〖化〗 グリセリル 《グリセロールから誘導される 3 価の基》.

gly·cine /gláɪsiːn/ 名 Ⓤ 〖化〗 アミノ酢酸, グリシン 《甘味のある無色結晶の最も単純なアミノ酸》.

gly·co- /gláɪkoʊ/ 〔連結形〕 「糖の」「甘い」 〖Gk *glykys* 甘い〗

glyc·o·gen /gláɪkədʒən/ 名 Ⓤ 〖化〗 グリコーゲン, 糖原. 〖↑ +-GEN〗

glýco·génesis 名 Ⓤ 〖生化〗 グリコーゲン合成[生成]. **-genétic** 形

gly·co·gen·ic /glàɪkoʊdʒénɪk⊣/ 形 グリコーゲンの, 糖原(生成)性の.

gly·col·y·sis /glaɪkɑ́ləsɪs/ | -kɔ́l-/ 名 ⓤ《生化》糖分解, 解糖. **gly·co·lyt·ic** /glàɪkəlítɪk⊣/ 形

glỳco·prótein 名《生化》糖たんぱく(質)《粘液素および軟骨の主成分》.

gly·co·side /gláɪkəsàɪd/ 名《生化》配糖体, グリコシド. **glỳ·co·síd·ic** /-síd-⊣/ 形

gly·cos·u·ri·a /glàɪkoʊsú(ə)riə/ | -kəs(j)ʊər-/ 名 ⓤ《医》糖尿. **glỳ·cos·ú·ric** /-sú(ə)rɪk/ | -s(j)ʊ́ər-/ 形

glyph /glɪf/ 名 絵[図案]を使った標識.

glyp·tic /glíptɪk/ 形 《宝石》彫刻の[に関する]. ━━名 《宝石》彫刻術.

glyp·tog·ra·phy /glɪptɑ́grəfi/ | -tɔ́g-/ 名 ⓤ 宝石彫刻学(彫刻を施した宝石の研究); 宝石彫刻法.

GM /dʒíːém/ 形 Ⓐ 遺伝子組換えの.《g(enetically) m(odified)》

GM /dʒíːém/(略) general manager; General Motors; guided missile.

***gm.**《略》gram(s); gramme(s).

G-man /dʒíːmæn/ 名 (圈 -men /-mèn/)《米口》ジーメン《連邦捜査局 (FBI) の捜査官》.《g(overnment) man》

GMAT《略》Graduate Management Admissions Test 経営大学院入学適性試験.

Gmc《略》Germanic.

GMO /dʒíːèmóʊ/ 名 遺伝子組換え生物[作物].《g(enetically) m(odified) o(rganism)》

G(M)T /dʒíː(èm)tíː/《略》Greenwich (Mean) Time.

gnarl /náəl | náːl/ 名《木の》ふし, こぶ.

gnarled /náəld | náːld/ 形 ❶《木・幹などふし[こぶ]だらけの. ❷《手・指などふしくれだった.

gnarl·y /náəli | náː-/ 形 =gnarled.

gnash /nǽʃ/ 動 他《歯をきしらせる: ~ one's teeth (怒って・悔しくて)歯ぎしりする. ━━ 自《人》が歯ぎしりする.

gnat /nǽt/ 名 ❶《昆》ブヨ, ヌカカ, イエカ. ❷ 小事. **strain at a gnát**（大事を見過ごして）小事にこだわる《★聖書「マタイによる福音書」から》.

gnát·càtcher 名《鳥》ブユムシクイ《北米・南米産の食虫性のごく小さいウグイス科の鳴禽》.

gnath·ic /nǽθɪk/, **gna·thal** /néɪθ(ə)l, nǽθ-/ 形 あご (jaw) の[に関する].

⁺**gnaw** /nɔ́ː/ 動 他 ❶ […を]かじる, かじりつく《away》, かみ切る: ~ at [on] an apple リンゴをかじる. ❷ […を]絶えず苦しめる, 悩ます《away》《at, on》(nag): Anxiety ~ed at his mind. 不安が彼の心をさいなんだ. ━━ 自 ❶ ❶ 〔…を〕かじる; 〔…を〕かじり減らす, かみ切る《away, off》; 〔…を〕かむ (⇒ bite 比較): The dog was ~ing a bone. 犬は骨をかじっていた / Rats have ~ed the corner of the box away [off]. ネズミが箱のかどをかじり取った. ❷ 《心配・病気など》人・心などを絶えず苦しめる, 悩ます.〖OE〗

gnáw·ing 形 Ⓐ 苦痛など食い入るような, 痛烈な. ━━ 名《複数形で》苦痛, 激痛. **~·ly** 副

gneiss /náɪs/ 名 ⓤ《岩石》片麻岩.

gnoc·chi /náki | nɔ́ki/ 名 圈 ニョッキ《ジャガイモ・チーズ・小麦粉などで作るだんごパスタ; イタリア料理》.

⁺**gnome**¹ /nóʊm/ 名 ❶ Ⓒ ノーム《地中の宝を守ると信じられた地の精, 醜い老人姿の小人》; ノームの像. ❷ [the ~s]《口》国際的金融[銀行]業者: the ~s of Zurich チューリッヒの小鬼ども《スイスの銀行を根拠地とする大銀行家たち》.《F; スイスの医化学者 Paracelsus /pǽrəsélsəs/ の造語》

gnome² /nóʊm/ 名 金言, 格言.《Gk = 判断》

gno·mic /nóʊmɪk/ 形 金言の, 格言的の.

gnom·ish /nóʊmɪʃ/ 形 ノーム (gnome¹) のような, 気まぐれな, ちゃめっぽい.

gno·mon /nóʊmɑn | -mɔn/ 名 ❶ (日時計の)指時針(古代人が太陽の南中高度測定などに用いた)晷針(きしん). ❷《数》(グ)ノーモン《平行四辺形の一角を含むものに相似な平行四辺形を取り去った残りの形》. **gno·mon·ic** /noʊmánɪk | -mɔ́n-/ 形

gno·sis /nóʊsɪs/ 名 ⓤ 霊的認識, 霊知.《Gk=知識, 知恵》

Gnos·tic /nɑ́stɪk | nɔ́s-/ 名 グノーシス主義者. ━━ 形 グノーシス主義(派)の; [g~] 知識に関する, 霊知の, 覚知の. **-ti·cal** 形

gnos·ti·cism /nɑ́stəsìzm | nɔ́s-/ 名 [しばしば G~] グノーシス主義(説)《神の直覚的認識の観念を中心とする2世紀ごろの思想; 東洋・ギリシア・ローマの宗教観念の混合したもので, キリスト教会で異端とされた》.

gnò·to·bíotic /nòʊtoʊ-/ 形《生》限られた種類の既知の微生物のみを含む環境に[にすむ]; 無菌の (axenic). **-i·cal·ly** 副

*GNP** /dʒíːènpíː/ 名 ⓤⒸ《経》国民総生産, GNP (gross national product).

gnu /n(j)úː/ 名 (圈 ~, ~s) 《動》ヌー, ウシレイヨウ《南アフリカ産》.

GNVQ /dʒíːènvìːkjúː/《略》《英》General National Vocational Qualification 一般国家職業資格, 英国一般職業資格.

*go** /góʊ/ 動 (**went** /wént/; **gone** /gɔ́ːn, gɑ́n | gɔ́n/; **go·ing**) 自 (⇒ going, gonna, gone) ❶ a [通例副詞(句)を伴って] 行く, 向かう;《列車・バスなどが運行している》《用法》出発点を中心に考える; ⇒ come A 1 a 用法: go abroad [upstairs] 外国[二階]へ行く / go home 帰宅する, 家に帰る / We sometimes go to the sea. 時々海へ出かける / He has gone to France. 彼はフランスへ行ってしまった.《用法》have gone は「行ってしまって今ここにいない」ことを表わすが, 《米》では「行ったことがある」の意にも用いる; cf. have been (⇒ been 1 b 用法 (2) (3)) / The train goes to the west coast. その列車は西海岸へ行く / go to school [church, market] 学校[教会, 市場]へ行く / go to bed 就寝する, 寝る / I went to his lecture. 彼の講義に出た.《用法》施設・種類などを表わす時は無冠詞がつき, 比喩的な意味になるが, その「目的」を表わす時には名詞は無冠詞 [ⓤ]; [+doing] The paper went flying out of the window. 紙が窓から飛んで行った. **b**《…に》行く: go on a journey [hike] 旅に出る[ハイキングに行く] / go for a drive [walk, swim] ドライブ[散歩, 泳ぎ]に出かける / [+doing] go ski·ing [hiking, walking, dancing, hunting, swimming, shopping, sightseeing] スキー[ハイキング, 散歩, ダンス, 狩り, 泳ぎ, 買い物, 見物]に行く《★ doing はもと a-doing の a- の脱落したもので, 現在 doing にはスポーツ・娯楽活動などを表わす動詞がくる; 従って go studying [working] は間違い; cf. ⓐ A 14》/ My father often goes fishing in this river. 父はよくこの川へ釣りに行く / [+(to) do] go (to) visit 訪問に出かける / I'll go wake them in a minute. すぐに彼らを起こしに行きます.《用法》《米口》では現在時制の場合 to なしの原形がくることがある; また go and do にもなる; ⇒ GO AND DO 成句. **c**[命令法で]《米口》《★ go の意味がなく, 怒り・困惑などを示すと強調に用いる》: [+原形] *Go* try again. もう一度やってみろ.

❷ [通例副詞(句)を伴って] 移動する, 進む: *Go* 10 miles *along* [*down*] this road. この道を10マイル進んでください / The car's *going* too fast [90 miles an hour]. 車は速すぎる[時速90マイルで走っている] / We can talk as we *go*. 歩きながら話せます / There he goes! ほら彼が通る / *go by* train [ship, plane, car, bus] 列車[船で, 飛行機で, 車で, バスで]行く.《用法》交通手段を表わす by の次の名詞は通例無冠詞.比較 I *went by* the seven-thirty bus. 7時半のバスで行った / *go on* foot 歩く, 徒歩で行く《★無冠詞》/ *go on* horseback 馬で行く《★無冠詞》/ *go by* bicycle [*on* a bicycle] 自転車で行く《★ by ~ は無冠詞》

❸ **a** (立ち)去る, 出かける, 出発する (depart): It's time to *go*. そろそろ行く時間だ / Well, I must *go* [*be going*] now. さて, もう失礼しなければならない / He came at two and *went* at five. 彼は2時に来て5時に帰った / She *went off* without saying good-bye. 彼女はさようならも言わないで去った. **b**[通例命令法で] 行動を始める: be ready to go 行動する準備ができている / One, two, three, go! 1, 2, 3, それっ[どん]!《比較》スタートの合図で, Ready, steady

[On your mark, get set], *go*! 位置について, 用意, どん! (ともいう). **c** 〔時・期間が〕**過ぎ去る, 経過する**《*by, on*》(pass): Sundays *go* quickly. 日曜日ははずぐ過ぎる / Two hours *went by* without my noticing. いつのまにか2時間たっていた / in days *gone by* 以前は.

❹ 〔副詞(句)を伴って〕**及ぶ**(★進行形なし): **a** 〈道路などが〉…へ至る, 通じる (lead); 〈土地などが〉…に広がる; 〈手・線などが〉…に伸びる《*from*》: "How far [Where] does this road *go*?" "It *goes* to Tokyo." 「この道路はどこまで行って[どこに通じて]いますか」「この道路は東京まで行って[に通じて]います」 / This cord won't *go* as far as the wall outlet. このコードは壁のコンセントまで届かないだろう / His hand *went* to his glass. 彼の手がグラスに伸びた. **b** 〈人が〉〔言動などで〕…まで及ぶ, …の額まで払う: *go to* a lot of trouble for a person 人のために大いに骨を折る / He'll *go* (*up*) to [as high as] eighty dollars for it. 彼はそれに80ドルまで出すだろう. **c** 〔ある期間〕もつ, 続く: My money will not *go* so far. 私のお金はそんなにもたないだろう / Camels can *go* for weeks without water. ラクダは水がなくても何週間も過ごせる.

❺ **運ばれる**: **a** 〔副詞(句)を伴って〕〈ものが〉…へ送られる; 〔問題などが〕〔…へ〕回される, 提出される《*to*》: The ball *went through* the window. ボールは窓を抜けて飛んでいった / The message *went by* fax. その伝言はファックスで送られた. **b** 〈金・時間などが〉…に使われる, 費やされる: Her money *goes on* [*for*] clothes. 彼女の金は衣服に費やされる / This money *goes to* charity. この金は慈善にまわる / 〔+*to do*〕 This money will *go to* build a new church. この金は新しい教会を建設するのに使われることになろう. **c** 〔ある額で〕**売られる, 売れる**: The eggs *went for* [*at*] 30 pence 卵は30ペンス〔高い値〕で売れた / How much did it *go for*? いくらで売れた? / I bought some cups which were *going* cheap. 安くなっているカップをいくつか買った / *Going once, going twice, sold*! (*for* ten thousand dollars)! さあもう一声, もう一声, それ(1万ドルで)売った!《せり売りでの掛け声》. **d** 〈ものが〉…の手に渡る, 与えられる; 〈財産・地位などが〉…に譲られる: The prize *went to* his rival. 賞は彼のライバルの手に帰した / Victory does not necessarily *go to* the strong. 勝利はいつも強者のものとは限らない.

❻ 〔副詞(句)を伴って; 時には will [would] not ~ で〕〈ものが〉**納まる, 置かれる, 入れられる**(★進行形なし): Reference books *go here* [*on* this shelf]. 参考図書はここに[この棚]に入る / *Where* do the knives *go*? ナイフはどこにしまうのですか / This letter won't *go into* the envelope. この手紙は封筒に入らない / The coat won't *go round* him. このコートは小さくて彼には着られない.

❼ **a** 〔事が〕**運ぶ; うまくいく, 成功する**: Let it *go*. そのままにしておけ, 放っておけ / The new manager will make things *go*. 今度の経営者は仕事をてきぱきやっていくだろう. **b** [well などの様態の副詞を伴って] 〈事が〉**進展する**: How are things *going*? 形勢はどうですか, ごきげんいかがですか / How is it *going*? =How *goes* it? 調子はいかがですか / Everything *went* well [badly] (*with* him). (彼には)万事うまくいった[いかなかった] / The way things are *going*, we'll be bankrupt within a year. 今の状況からすると一年以内に倒産するだろう. **c** 〈ものが〉…と**適合[調和]する**《*together*》: That hat doesn't *go* with your shoes. その帽子は靴と合わない / Is there an envelope to *go with* this notepaper? この便箋(せん)に合う封筒がありますか. **d** 〈事が〉…を基にして決まる《*by, on*》: *go by* the rules [*book*] 規則どおりにやる / *go by* appearances 外見で判断する / Promotion *goes by* seniority. 昇進は年功序列による. **e** 〈競争・選挙・決定などが〉結果として〔…に有利[不利]〕に運ぶ《*for, against*》: The election *went for* [*against*] him. 選挙は彼に有利[不利]に運んだ.

❽ **なくなる**; **消えうせる, 尽きる**: The pain has *gone* (*away*) now. 痛みはもうなくなった / All my money has [*is*] *gone*. お金が全部なくなってしまった《[用法]be gone で完了後の状態を表わす》 / Where has my watch *gone* (to)? 私の時計はどこへ行ったのだろう. **b** [通例 must, have to, can の後に用いて] **放棄される, 廃止される, 手放される**; 〔職場[仕事]を〕**去る**[**やめる**]: That paragraph will *have to go*. そのパラグラフは除く必要があろう. **c** 〔口〕 **衰える, 弱る, だめになる**: His sight is *going*. 彼は視力を失いかけている. **d** 〈ものが〉**壊れる, 破れる, 折れる; 切れる**: The roof *went*. 屋根が壊れた / The bulb has *gone*. 電球が切れた / I thought the wall *would go* any minute. 壁がいまにも折れるかと思った / 〈腕時計などが〉…の意識を失う: Poor Tom has [*is*] *gone*. かわいそうにトムは死んだ《[用法] 8 a に同じ》.

❾ 〔しばしば擬音語を伴って〕〈動物などが〉(…と)**鳴く, ベル・砲などが〉鳴る**: Cats *go* meow. 猫はニャオと鳴く / The gun *went* bang. 大砲がズドンと鳴った / There *goes* the bell. ほら鐘が鳴る / Your ears *go* pop when you're landing in an airplane. 飛行機で着陸するときに耳がポンと鳴る.

❿ 〔口〕〈機械・器官などが〉**動く, 作動する**: The clock isn't *going*. 時計が止まっている / The engine *is going* properly [smoothly]. エンジンはちゃんと[調子よく]動いている.

⓫ **a** 〔副詞(句)を伴って〕〈人が〉動作する, ふるまう: While speaking, he *went* like this (with his hands). 彼は話をしながらこんな風に手をまねした / *There* you *go* (*again*). ほらまた始まった / There I *go* again. またやっちゃった / Here *goes*.=Here we *go*. さあ始めるよ / Where do we *go* from here? これからどうすればいいのだろう **b** 〈人の〉**活動する, 仕事を進める**: I tried to keep *going*. (努力して)仕事[活動]を続けようとした / He *went* according to the rules. 彼は規則どおりに行動した.

⓬ **a** 〔副詞(句)を伴って〕〈表現・話・歌などが〉…**となっている, 展開する**(★進行形なし): as the proverb [saying] *goes* ことわざにもあるとおり / How *does* the first line *go*? 1行目はどうなっているか / The story *went* (something) *like* this. 話は(大体)こんなふうになっていた / 〔+*that*〕 The story [report] *goes that* .... 話[うわさ]では…である. **b** [as の導く節に用いて]〔口〕一般に〔…で〕ある(が), …並みか言うと, 普通の…と比べる(と)《[用法] 主語には通例 U の名詞か複数名詞がくる, 進行形はない》: as the world *goes* 世間並みには / It's rather cheap *as* prices *go* nowadays. それは最近の値段としてはむしろ安い.

⓭ 〈数が〉〈他の数に〉**含まれる, 〔…に〕割れる**(★進行形なし): Six *goes into* twelve twice. =Six *into* twelve *goes* twice. 6で12を割れば2になる.

⓮ 〔口〕〔しばしば非難・軽蔑の意をこめて; 通例否定文で〕〈…する〉**ような(ばかな)ことをする** (cf. ⓰ A 1 b): 〔+*doing*〕 Don't *go* breaking any more things. これ以上ものを壊すようなまねはよせ.

⓯ **a** 〔口〕**通用する, 認められる; 受け入れられる**(必要がある): Anything *goes* (here). (ここでは)何でも認められる, 何をしてもよい / What I say *goes*, so stop arguing. ぼくの言うことが通る(べき)んだ. だから文句を言うな. **b** 〔…の名で〕**通る**《*by, under*》: He *goes by* the name of Rob. 彼はロブの名で通っている. **c** 〔…に当てはまる: What I told him *goes for* you too. 彼に言ったことは君にも言える / She thinks it's an unwise decision, and that *goes for* me, too [the same *goes for* me]. 彼女はそう決めるのは利口でないと思っているが, 私も同感だ.

⓰ 〈…するのに役立つ, 〔…に〕資する: 〔+*to do*〕 That only *goes to* prove [show] that I'm right. それで私が正しいことがはっきりするだけだ / the qualities that *go to* the making of a scientist 科学者の形成に役立つ資質.

⓱ **a** 〔手段などに訴える; 〈権威などに〉頼る: *go to* court [*law*] 訴訟を起こす / *go to* war 武力に訴える, 戦争を始める. **b** 〔仕事・行動などに〕取りかかる, 〔…に〕始める: *go to* work 仕事にかかる.

⓲ 〔口〕**排便[尿]する, トイレに行く**.

⓳ 〔特定の仕事に従事する; 〔進行形で〕〔口〕〈仕事などが〉得られる, 手に入る: *go to* sea 船乗りになる / *go to* the stage 俳優になる / *go to* the bar 弁護士になる / There're no jobs *going* here. ここには仕事がない.

―― B ❶ **a** 〈(通例)悪い状態に〉**なる, 変わる**: 〔+補〕 *go*

mad 気が狂う / *go* red with anger 怒って赤くなる / All the eggs *went* bad. 卵がみな腐った / The tire has *gone* flat. タイヤがぺしゃんこになった / He *went* gray [bald]. 彼は髪が白くなった[頭がはげた]. **b** 〔…の状態に〕**なる, 陥る**: *go **into*** fits of laughter わっと笑いだす / *go into* deep thought 考え込む / *go into* a coma 昏睡(こんすい)状態に陥る / *go to* sleep 寝つく / *go **from*** bad ***to*** worse ますます悪化する.

❷ 〈人が〉(しばしば習慣的に)〈…で〉ある《[用法] 習慣を表わす時には always, often, used to などが用いられる》: 〔+[補]〕 *go* hungry [thirsty, armed] 飢えて[のどが渇いて, 武装して]いる / *go* in rags ぼろを着ている / They always *go* naked [hatless]. 彼らはいつも裸[無帽]で過ごしている.

❸ [主に un- の形の形容詞を伴って] (そうであってはいけないのに)〈…の〉ままである: 〔+[補]〕 *go* unnoticed [unpunished] 気づかれない[罰せられない]ままになる.

❹ 〈国・選挙区・有権者・政治家などが〉(政治的に)〈…(側)に〉なる, 〈…の〉立場をとる《[用法] 名詞は無冠詞》: 〔+[補]〕 *go* Communist [Labour, Democrat] 共産主義化する[労働党側になる, 民主党につく].

— [他] ❶ 《口》〔人に〕〈…と〉言う《★ 非標準的用法; 受身不可》: 〔+[引用]〕 Then he ～*es to* me, "Over my dead body!" それで「おれの目の黒いうちはだめだ」と彼は言う. ❷ 〖トランプ〗〈…を〉賭(か)ける《★ 受身不可》. ❸ 〈…を〉産する; 〈…の〉重さがある《★ 受身不可》.

as fàr as…gó そのことに関する限りでは, ある範囲内では《[用法] 妥当性・範囲が限られていることを示す》: Their reports are accurate *as far as* they *go*, but… 報告書はその範囲では正確だが,… / She did a good job *as far as* she *went*. 彼女は仕事をそれなりによくやった.

be gòing to dó 《★ しばしば《米口》で /gənə, gùnə, gɔ̀:nə/ と発音する; cf. gonna》 (1) (まさに)…**しようとするところだ**, …しかかっている《[用法] be going to *go* [come]の形は《英》では一般に避けられているが, 《米口》では用いられる》: I *was* (just) *going to* phone you. 今電話をかけようとしていたところです / I *was* just *going to* leave when the phone rang. ちょうど出かけようとしていた時に電話が鳴った. (2) …**するつもりである**, …することにしている: My father was a sailor and I'*m* going to be one, too. 父は船乗りでしたが, ぼくも船乗りになるつもりです / Where *are* you *going* (*to* go) for your vacation? 休暇にどこへ行く予定ですか / Tomorrow *is going to* be a busy day. あしたは忙しい日になるぞ. (3) [見込み・確信を表わして] (まもなく)…**しそうである**; …する(はずである): He's very ill; I'm afraid he'*s going to* die. 彼は重病だ, だめだろうと思う / It'*s going to* rain this evening. 今晩雨になりそうだ. (4) [近い未来を表わして] …**するだろう**: He'*s going to* win by a knockout. 彼はノックアウトで勝つだろう / I'*m going to* be thirty next month. 来月 30 歳になる. (5) [話し手の決意を表わして] …させるつもりである: He'*s* not *going to* cheat me. やつにずるいことはさせないぞ.

go about [《[自]+[前]》 ～ abòut…] (1) 〈…すること〉**に取りかかる, 取り組む** 〈*doing*〉: He *went about* the job [repair*ing* the car] with enthusiasm. 彼は意気込んで仕事[車の修理]を始めた. (2) **せっせと**〈仕事など〉**をする**: *Go about* your business! 自分の事をしっかりやれ; おせっかいをするな. — [《[自]+[副]》 ～ abóut] 《英》 (3) 歩き回る; (病後回復して)出歩く: *go about* criticiz*ing* others 他人を批判して回る. (4) 〈うわさ・病気が〉広まる. (5) 〔人と〕付き合う 〔*with*〕. (6) 〖海〗 船首を回す, 針路を転ずる.

go across [《[自]+[前]》 ～ acròss…] (1) …**を横切る, 渡る**. — [《[自]+[副]》 ～ acróss] (2) 横切って〔…へ〕行く〔*to*〕: *go across **to*** a store 向かいの店へ行く.

gó àfter… (1) …**を追いかける**, 〈異性など〉のあとを追い回す. (2) 〈仕事・賞など〉を求める, 得ようとする.

gó agàinst… (1) 〈人・意向など〉**に逆らう**. (2) 〈事が〉〈信念など〉に反する, …の気持ちにそぐわない: It *goes against* common sense to do that. それをすることは常識に反する. (3) …に不利に運ぶ (⇨ [自] A 7 e).

gò ahéad ⇨ ahead [成句]. **gò áll óut** ⇨ ALL out [副] [成句] (2).

gò áll the wáy 《口》 〔…と〕セックスする 〔*with*〕.

gò áll óut for… [to dó…] ＝go out for… [to do…]

gò (áll) to píeces ⇨ piece [成句].

gò alóng 《[自]+[副]》 (1) 〔…と〕**同行する**; 〈ものが〉〔…に〕付随する: I *went along **with*** him ***to*** the party. 私はパーティーへ彼と一緒に行った. (2) [しばしば様態の副詞を伴って] 進んで行く; やってゆく, 事を進める: Things are *going along* smoothly. 事は順調に進んでいる / I check as I *go along*. (あとでなく)やりながら確認する. (3) 〔人・案などに〕**賛成**[**同調**]**する, 協力する**: *go along **with*** a plan 計画に賛同する / I'll *go along with* you on this issue. この問題[計画]ではあなたの考えに従いましょう.

gó a lóng wáy (1) 〈金・食物などが〉十分である: A little sugar *goes a long way*. 少量の砂糖で十分です《だから控えめに使います》/ In poor countries like this a few American dollars *go a long way*. このような貧しい国々では米ドルが数ドルあれば十分だ[かなりの期間生活して行ける]. (2) [しばしば未来時制で] 〈人が〉〔…で〕成功する, 有名になる: I'm sure he *will go a long way **in*** business. 彼は大丈夫商売で成功するよ. (3) 〔人に〕大いに効果がある, 大いに影響する 〔*with*〕.

gó a lóng [sóme] wáy towàrd(s) [to]… [しばしば未来時制で] …に大いに[少しは]役立つ: Your contribution will *go a long way toward* help*ing* the refugees. あなたの寄付金は難民を助けるのに大いに役立つことでしょう.

Gó alóng with you! 《英口》 (1) あっちへ行け! (2) ばか言え!

gó and dó (1) [通例不定詞形または命令法で] …しに行く《[用法] 現在形でのみ用いる; 米ではしばしば and を省略する; [変換] go to do と書き換え可能》: *Go and see* what he's doing. 彼が何をしているか行って見てこい《[比較] 過去時制になると do は目的ではなく結果を表わす: I *went and bought* some bread. 出かけてパンを買った》. (2) 《口》 [運動の意味はなく単なる強調を表わして] (驚いたことに[愚かにも, 不運にも])…する; 勝手に…する: Don't *go and make* a fool of yourself. ばかなまねはよせ / He *went and broke* the vase! 彼は花瓶を割ってしまった / Now you've really *gone and done* it. よくもそんなへまをしたものだ.

go around [《[自]+[副]》 ～ aróund] (1) 歩き[動き]回る; (あちこち)旅行する; 訪ねていく: *go around* without shoes on 靴をはかずに歩き回る《★「貧困などで靴が持てないため…」の意になることもある》/ *go around* complain*ing* 文句ばかり言ってすごす / I *went around* to see him yesterday. きのう彼の所に寄ってみた. (2) 〈うわさ・病気などが〉広まる: There's a story *going around* that…というううわさが流れている. (3) 〔人と〕出歩く, 付き合う 〈*together*〉 〔*with*〕. (4) 〈物が〉みんなに行き渡る: There aren't enough drinks to *go around*. みんなに行き渡るだけ(飲み物が)ない. (5) 回る; 回って行く; 見て回る: The minute hand *goes around* once an hour. 分針は 1 時間で 1 回転する / What *goes around* comes around. 悪い[良い]ことをすればその報いがある; チャンスは忍耐強く待てば巡ってくる. — [《[自]+[前]》 ～ aróund…] (6) …を回る; …を回って行く; …を歩き回る: The moon *goes around* the earth. 月は地球の周りをめぐる. (7) [通例進行形で] 〈うわさ・病気などが〉…に広まる. (8) 〈ベルトなどが〉…をひと回りする(長さがある): The belt won't *go around* his waist. そのベルトは彼の腰には合わないだろう.

gó as fàr as to dó ＝GO so far as to do [成句].

gó at… 《口》 (1) …に襲い[飛び]かかる; (激しい口調で)…を攻撃する. (2) 〈仕事など〉に(懸命に)取りかかる: He *went at* it for all he was worth. 彼は全力を出してそれに取り組んだ. (3) …の額で売られる (⇨ [自] A 5 c).

gó awáy 《[自]+[副]》 (1) **立ち去る**; 〔休暇・新婚旅行などで〕出かける 〔*for, on*〕《★ go out より不在期間が長い》: *go away **for*** the summer 避暑に出かける. (2) **消えうせる** (⇨ [自] A 8 a). (3) 〔…を〕持ち去る; 〔…と〕駆け落ちする 〔*with*〕.

gó báck 《[自]+[副]》 (1) 〔…へ〕**戻る, 帰る**; 〔元の話題・習慣などに〕戻る: *go back **to*** school [work] 学校[仕事]へ戻る / *go back* inside 中に戻る / *go back to* teach*ing* 教職に戻る / *go back for* some money (忘れた)お金を取りに戻る /

G

go back to one's family 家族の所へ帰る / There's no going back. 変更[後戻り]はできない / *Go back to* your seat. 席に戻りなさい. (2)〔過去へ〕さかのぼる; 〔…を〕さかのぼって考える: His family *goes back to* the Pilgrim Fathers. 彼の先祖はピルグリムファーザーズまでさかのぼる / My memory doesn't *go back* so far. 私の記憶ではそんな昔までは思い出せない / You and I *go back* a long way. あなたと私は昔からの知り合い[つきあい]だ. (3)〔時計が〕(冬時間で)針を戻される.

gò báck on [upòn]…《約束などを》破る, 撤回する《★ まれに受身で》: *go back on* one's word [a promise] 約束を破る.

gò báil for… ⇒ bail¹ 成句.

go before [《自+前》~ befòre…] (1) …に先行する, 先立つ: those who have *gone before* us 先人たち. (2)《弁明などのために》…前に出頭する;〈問題などが〉…に提出される.
— [《自+副》~ befòre] (3) 〈人・事に〉先立つ.

gò bégging ⇒ beg 成句.

gò betwèen… (1) …の間を通る. (2) …の間に納まる. (3)〈二人の〉間の仲立ちになる.

gò beyónd… (1) …を越えて進む;〈道などが〉…の向こうまで伸びる. (2) …の範囲を越える (exceed);〈期待などを〉しのぐ: *go beyond* one's duty 職務を越えた[権限外の]ことをする / That's *gone beyond* a mere joke. それは単なる笑い事ですまなくなっている.

gò beyónd onesèlf ⇒ beyond 前 成句.

go by [《自+前》~ bý] (1) (そばを)通り過ぎる: watch the world *go by* 人々が通り過ぎるのを見ている;〈世間の面倒なことに関わりをもたず〉平穏な生活を送る. (2)〈時・期間が〉過ぎ去る (⇒ 自 A 3 c). (3)〈機会・誤りなどが〉見過ごされる: He let the insult *go by*. 彼は侮辱を無視した.
— [《自+前》~ bý…] (4) …のそば[前]を通過する;…に立ち寄る. (5) …で行く (⇒ 自 A 2). (6)〈事が〉…を基にして決まる;…に頼る (⇒ 自 A 7 d): if past experience is anything to *go by* 過去の経験からすれば. (7) …の名で通る (⇒ 自 A 15 b).

go down [《自+副》~ dówn] (1)〔…へ〕下へ行く, 下りていく;〈幕が〉下りる [*to*]: He *went down* by this route. 彼はこの道を通って下りていった. (2)〈物価・税などが〉下がる;〈計器の水銀〉温度・水位・標準などが〉下がる;〈口〉〈ものの質〉低下する;〈人・土地などが〉評価が低下する;[…まで]値下がりする [*to*]: This neighborhood has *gone down* in the last ten years. この辺は 10 年の間に落ちぶれてしまった. (3)〈飛行機などが〉墜落する, 落ちる;〈船・乗員が〉沈む;〈太陽・月などが〉沈む (set). (4)〔様態の副詞を伴って〕〈人・言動・案などが〉〈他の人に〉受け入れられる;〈劇などで〉〈観客などに〉受ける: He [His speech] didn't *go down* at all well *with* the crowd. 彼の演説(は群衆)に全然認められなかった. (5)〔呼〕〉れが引く;〈タイヤ・風船などの〉空気が抜ける;〈波・風・火などが〉勢いが衰える, 静まる;〈明かりが〉暗くなる: The swelling in my foot has *gone down* a bit. 足の腫れが少し引いた. (6)〈人・建物が〉倒れる;[相手に]屈服する, 敗れる;《スポ》《英》下位(リーグ)に下がる: *go down* on one's knees ひざまずく / England *went down* to Spain 2-1. (サッカーで)イングランドはスペインに 2 対 1 で敗れた. (7)〈後世に〉伝わる [*to*];〈歴史などに〉残る, 記録される, 書き留められる [*in*]: *go down* (*in* history) *as* a hero 英雄として(歴史に)残る. (8)〈食べ物・薬などが〉飲み込まれる, のどを通る: This cake *goes down* very well [nicely]. このケーキはとてもおいしい. (9)〈階段・道・洋服の丈などが〉ある点まで〉及ぶ (10)〔電算〉コンピュータがダウンする, 故障する. (11)〈休暇などで〉南へ行く;《英》田舎[地方]へ行く;《英口》(退学・卒業などで)大学を去る [*from*] [*to*]. (12)《英》投獄される, 刑務所に入る. (13)《米俗》〈ことが〉起こる. (14)《卑》…にオーラルセックスをする [*on*]. — [《自+前》~ dòwn…] (15) …を(下り)て行く: *go down* the stairs 階段を下りて行く.

gò dówn with…《英口》〈病気で〉倒れる,〈病気に〉かかる: *go down with* flu 流感にやられる.

gò Dútch ⇒ Dutch 形 成句. **gò éasy** ⇒ easy 副 成句.

772

gò fár (1) 遠くに行く. (2)〔通例否定文で〕〈食物が〉十分である;〈金の使いでがある: A loaf of bread doesn't *go far*. パン 1 個では十分ではない. (3)〔will [should] ~ で〕成功する: He *will go far*. 彼は成功するだろう.

gò fár towàrd(s) [tó]… = Go a long way toward(s) [to]…;〈物事が〉…に役立つ. **Gó flý a kíte!** ⇒ kite 成句. **gò fífty-fífty** ⇒ fifty-fifty 成句.

gò fór… (1)〈ものを〉取り[求め]に行く;〈人を〉呼びに行く: *go for* a newspaper [doctor] 新聞を買いに[医者を呼びに]行く. (2) …しに行く (⇒ 自 A b). (3) …を求める, 目ざす; …を得よう[行おう]とする. (4)〔口〕…が好きである,…に引かれる,〈人が〉…が好きだ: He *goes for* her in a big way. 彼は彼女が大好きだ. (5) …を選ぶ; …を支持する: They're *going for* the Democrats. 彼らは民主党を支持している. (6) …に襲いかかる,…を攻撃する;〈言葉で〉…を攻撃する, 非難する. (7) …に当てはまる (⇒ 自 A 15 c). (8) …の額で売られる (⇒ 自 A 5 c). (9) [a lot, nothing などの程度を表わす語と伴って, 進行形で] …に有利である: You have *everything going for* you. あなたは有利なものをお持ちですね. (10)〈金・時間などが〉…に使われる (⇒ 自 A 5 b).

Gó fòr it!〔口〕がんばれ; 行け; やってごらん.

gó for nóthing 役に立たない, むだである.

gò gréat gúns ⇒ gun 名 成句. **gò hálves** ⇒ half 名 成句. **gò háng** ⇒ hang 成句. **gò háywire** ⇒ haywire 成句.

go in [《自+副》~ ín] (1) (家などの)中に入る;〔手術・治療などで〕入院する [*for*];〈主に英〉〈太陽・月などが〉雲に隠れる. (2)〈ものが〉ぴったり納まる[入る]. (3)〈組織などに〉参加する. (4)〈事が〉理解される, 頭に入る. — [《自+前》~ ín…] (5)〈部屋などに〉入る. (6) …の中に(ぴったり)入る, 納まる: Those shoes *go in* this box. その靴はこの箱に入る.

gò in and óut 出たり入ったりする.

gò ín for… (1)《英》〈競技などに〉参加する;〈試験を受ける. (2)〈趣味・習慣などとして〉…をする; …に夢中である,…が好きである: She *goes in for* (wearing) big earrings. 彼女は大きなイヤリング(をつけるの)が好みである. (3)〈職業などを〉志す,…に携わる;〈大学などで〉…を専攻する.

gò ínto… (1) …の中に入る: *go into* (米) the hospital 入院する / We *went into* the country for a picnic. ピクニックにいなかへ出かけた. (2)〈職業などとして〉…に入る, 従事する: *go into* business 実業界に入る. (3)〈金・時間などが〉費やされる, つぎ込まれる: Years of work *went into* the book. この本の完成には長年の研究がかけられた. (4) …を〈詳しく〉調べる, 検討する;…を〈詳細に〉論じる[述べる] 〔★ 受身で〕: *go deeply into* a question 問題を深く探る / He didn't *go into* details. 彼は詳しくは説明しなかった. (5) …にぶつかる: His car *went into* the wall. 彼の車が塀にぶつかった. (6)〔口〕…に含まれる (⇒ 自 A 13). (7)〈通例よくない状態になる (⇒ 自 B 1 b);〈ある行動を〉始める. (8)〈戸口などが〉…へ通じる. (9)〈衣服に着替える,〈靴などに〉はき替える. (10)〈引き出し・机などの中に手を入れる. (11)〈ものが〉…の場所に納まる (⇒ 自 A 6).

gò ín with…に仲間入りする; …と提携する.

gò it《英古風》(1) 猛スピードで行く. (2) 元気に[エネルギッシュに]行動する.

gò it alóne ひとり[独力]でやる.

gò nátive ⇒ native 形 成句. **gò néar to dóing** ⇒ near 副 成句.

go off [《自+副》~ óff] (1) (立ち)去る [*to do*];〈俳優が〉退場する. (2)〈爆弾・花火などが〉爆発する, 破裂する;〈鉄砲が〉暴発する: The fireworks *went off* (with a) bang. 花火がズドンと爆発した / The pistol *went off* by accident. ピストルが暴発した. (3)〈目覚まし時計・警報器などが〉鳴り響く[出す]. (4)〈ガス・水道・電熱器などが〉止まる, 切れる;〈明かりなどが〉消える (⇔ *go on*): Every night at ten the heater *goes off*. 毎夜 10 時にヒーターが止まる. (5)〔しばしば well, badly などの様態の副詞を伴って〕〈物事が〉進む; 行なわれる: The performance [Everything] *went off* well [fine]. 興行は[万事]うまくいった / How did your recital *go off*? リサイタルはいかがでしたか. (6)《英》〈食品などが〉悪くなる; 腐る. (7)《英口》質[技能]が低下する

る；〈容姿などが〉衰える．(8) 意識を失う；《英口》寝入る：The baby has *gone off* (to sleep). 赤ん坊は寝入った．(9) 〈痛みなどが〉消える．(10) 《米口》〈…で〉〈突然〉怒る，怒りを爆発させる〔*on*〕；〈人が〉突然…する〔*into*〕．[《自》+《前》 ~ **óff**…] (11) …から（消え）去る；〈舞台から〉退場する．(12) 《英口》…に〔興味を失う，…が嫌いになる：*go off* coffee [music] コーヒー[音楽]が嫌いになる．(13) …を用いなくなる，やめる：*go off* one's diet ダイエットをやめる．

gó óff with…《口》(1) …と駆け落ちする．(2) …を持ち逃げする．

go on [《自》+《副》 ~ **ón**] (1) 〈行動・関係などを〉続ける；〈仕事などを〉続けている：I want to *go on* working. 働き続けたい / Prices *go on* rising. 物価の上昇が続いている / *Go on with* your work. 仕事を続けなさい．(2) 〔通例 ~ing 形で〕〈事が〉起こる；〈行事などが〉行なわれる (take place)：What's *going on*? 何が起こっているのか．(3) 〔さらに〕…へ進む，次の（約束の）場所へ行く；〔次の話題・項目へ〕進む，移る；さらに進んで〔次に〕…を論じる：*go on* to college 大学へ進む／〔*+to do*〕He *went on* to explain it. 彼は続いてそれを説明した．(4) 〈明かりなどが〉つく，〈ガス・水道などが〉使えるようになる (↔ go off). (5) 〈時が〉過ぎる．(6) 〈…について〉しゃべり続ける〔*about*〕；《英口》〈人に〉小言を言い続ける〔*at*〕：He *went on* (and *on*) *about* his pets. 彼はペットのことをしゃべりまくった／〔*+to do*〕She *went on at* her husband to come home. 彼女は夫に帰宅するようにがみがみ言い続けた．(7) 〔通例好ましくない〕態度をとり続ける，ふるまう：Don't *go on* like that. そんな態度をとりなさるな．(8) 〈事象などが〉続く〈くものが〉存続する (continue)：The concert *went on* for hours. コンサートは何時間も続いた．(9) 《英口》〈仕事などが〉〈うまく〉進む；〈人が〉…がかどる．(10) 《口》さあさあ，がんばって．(11) 人より先に行く〔*ahead*〕．(12) 〈舞台に〉登場する；〈スポ〉〔代表選手として〕出場する．↔《自》+《副》~ **on**…〕(13) …に行く (⇒ 《自》A 1 b). (14) …で行く (⇒ 《自》A 2). (15) 〈金・時間などが〉…に使われる (⇒ 《自》A 5 b). (16) 〈ものが〉…に置かれる (⇒ 《自》A 6). (17) 〔通例疑問・否定文で〕…を根拠にして決まる (⇒ 《自》A 7 d). (18) 〔通例 ~ing 形で〕〈ある時刻・年齢に〉近づく，ほとんど…になる：It's *going on* two o'clock. かれこれ 2 時だ／He's ten*, *going on* eleven. 彼は 10 歳だが，じきに 11 歳になる．(19) …（の救助）を受け（ようになる）．(20) …を用い始める：*go on* a diet [the pill] 規定食[ピル]を使いだす．

gò óne bétter (than…) ＝**gò**…**óne bétter**（相手よりひとつうわてをいく，（…に）しのぐ，（…に）まさる：She *went* him *one better*. 彼女は彼よりひとつうわてだった．

gò ón for…〔通例 ~ing 形で〕《英》〈ある時刻・年齢に〉近づく：It's ~*ing on for* twelve. 12 時に近づいている．

Gò on (with you)! 《英古風》冗談はよせ！，まさか！，うそっ！

go out [《自》+《副》~ **óut**] (1) 外へ出る，〔…へ〕出ていく〔*to*, *into*〕；〈娯楽・社交などのために〉外出する〔*for*〕〔*to do*〕(↔ stay in)：*go out* drinking 飲みに出る／He *went out into* the street. 彼は通りへ出た／We're *going out for* dinner tonight. 今夜外で食事をしに出るつもりだ．(2) 〔通例 ~ing 形で〕〈異性と〉出歩く，つき合う〔*together*〕〔*with*〕：They've been *going out* (*together*) for eighteen months. ふたりは 1 年半つき合っている．(3) 〈灯火・火などが〉消える，〈熱意などが〉なくなる．(4) 〈古風〉公にされる〔*that*〕；《英》放送される；〈関係者へ〉発送される．(5) 〈外国などへ〉出ていく，移住する〔*to*〕．(6) 意識を失う，眠り込む：*go out* like a light すぐ気を失う[眠り込む]．(7) 〈潮がひく〉(↔ come in). (8) 〈流行が〉すたれる〈物事が流行しなくなる：Long skirts have *gone out*. ロングスカートの流行はすたれた．(9) 〈労働者がストライキをする〉：They *went out* (on strike) for higher wages. 彼らは賃上げを要求してストに入った．(10) 《文》〈年・月などが〉（過ぎ）去る，終わる．(11) 〈愛情・同情などが〉…に注がれる：His heart [sympathy] *went out to* her when her son died. 彼は彼女が息子をなくして気の毒に思った．(12) 〈試合に〉出場できなくなる〔*of*〕．(13) 〈ゴルフ〉アウト[前半の 9 ホール]をプレーをする．[《自》+《前》~ **óut**…] (14) 《米》〈ドア・門・窓などから〉出る．

gó óut for… [*to dó*…] 《口》…を得よう[…しよう]と努める；

《米》〈チームなどに〉入ることを目指す：*go out for* football フットボールチームに入部を志願する．

gó óut of…(1) …から（外へ）出る：*go out of* a room 部屋から出る．(2) 〈熱気・緊張・怒りなどが〉…から消える：The heat *went out of* the debate. 討論に熱気が見られなくなった．(3) …からはずれる，…されなくなる：*go out of* business 廃業する／*go out of* fashion すたれる／*go out of* print 絶版になる．

go over [《自》+《前》~ **óver**…] (1) …を渡る，越える；〈出費が〉…を超過する；…に広まる（ことができる）；…に広まる．(2) 〈目録・帳簿・答えなどを〉調べる，チェックする；〈事実・根拠などを〉（再）検討する，論じる；〈荷物・犯人などを〉入念に調べる（★受身可）：…を復習する，読み返す；（手を加えて）書き直す；…をけいこする（★受身可）：I *went over* my notes before the exam. 試験前にノートを読み返した．(3) 〈車・部屋などを〉点検する；…を掃除する（★受身可）：She *went over* the floor with a mop. 彼女は床をモップでふいた．(4) 〈建物・部屋などを〉下見[検分]する：〈工場などを〉視察する（★受身可）：The prospective buyer *went over* the house very carefully. 買いに来た人は家を慎重に調べた．[《自》+《副》~ **óver**] (6) 〈向こう側へ〉渡る；〈川・海などを〉渡っていく；〈家などへ〉（訪ね）行く〔*to*〕〔*to do*〕．(7) 〔しばしば well, badly などの様態の副詞を伴って〕〈話・公演などが〉〈観客などに〉受け入れられる，受ける〔*with*〕：The play *went over* well 〔《口》big〕. 芝居は大成功だった．(8) …から〔他の政党・チーム・宗派などへ〕移る，転向する〔*from*〕〔*to*〕(defect[2])：*go over to* Rome ローマカトリックに改宗する．〔…別の方式などへ変える，〔…を〕採用する；〔…からの放送に〕切り替える：Let's *go over to* New York to hear…. （放送で）ここでニューヨークに切り替えて…を聞くことにしましょう．

gó one's ówn wáy ⇒ **way**[1] 成句．　**gò públic** ⇒ public 形 成句．　**gó róund** ＝**Go around** 成句．　**gò sháres** ⇒ share[1] 成句．

gò slów (1) ゆっくり行く．(2) 《英》わざとゆっくり作業する〔*on*〕．

gó so fár as to dó…までもする：She *went so far as to* officially reprimand him. 彼女は公式に彼を叱責することとまでもした．

gò stéady ⇒ **steady** 形 成句．

gó thère 《口》ある話題に踏み込む，（あることを）口にする：Don't even *go there*. その話は勘弁してくれ．

go through [《自》+《前》~ **thróugh**…] (1) 〈苦難などを〉経験する，…に耐え抜く（★受身可）：*go through* an operation 手術を受ける／*go through* hardship 苦難を体験する．(2) 〈部屋・ポケット・書類などを〉（くまなく）調べる，探す；〈帳簿・問題などを〉よく調査[検討]する（★受身可）：He *went through* every drawer of his desk. 彼は机の引き出しの中を全部調べてみた．(3) 〈法案などを〉通過する，…に承認される (get through)：Proposals have to *go through* the proper channels. 提案はしかるべきルートで承認される必要がある．(4) 《口》〈蓄え・食料・金などを〉使い果たす；〈靴などを〉使いつぶす；《英》…に穴をあける（★受身可）：*go through* a pair of shoes in three months 3 か月に 1 足はきつぶす．(5) …を（一々細部に見直す，（繰り返して）覚える[行なう]（★受身可）：*go through* a scene three times ある場面を 3 回けいこする．(6) 〈儀式などを〉行なう，…に参加する；…（の全課程）を終了する（★受身可）：*go through* a few formalities いくつかの手続きをとる／*go through* college 大学を卒業する．(7) …を通り[突き]抜ける，通過する：He *went through* the ticket barrier. 彼は改札口を通り抜けた／An idea *went through* his mind. ある考えが彼の頭に浮かんだ．(8) 〈本が〉〈版・刷〉を重ねる：The book has *gone through* three printings. その本は 3 刷を重ねた．── [《自》+《副》~ **thróugh**] (9) 〈法案・申請などが〉通過する，承認される：The bill *went through* with a big majority. 議案は大差で承認された．(10) 〈取引などが〉完了する，うまくいく．(11) 〔…まで〕通り抜ける〔*to*〕．

gó thróugh with…〈事〉をやり通す，〈計画・取り決めなどを〉

Goa

実行する《★受身可》: *go through with* one's plan 計画を貫徹する.

gó togéther (1) **一緒に行く**, 同行する. (2) 〈物事が〉相伴う, 両立する: Wealth and happiness don't always *go together*. 富と幸福は必ずしも両立するとは限らない. (3) 釣り合う, 調和する: This tie and your suit *go well together*. このネクタイとお洋服とはよく合います. 《古風》恋人として付き合う: They have been *going together* for two years. ふたりは2年間付き合っている.

Gó to héll! ⇒ hell 成句.

Gó to it! 《米口》(全力をあげて)取りかかれ, がんばれ.

gó tòo fár 〈事の〉度が過ぎる: That's *going too far*. それはやりすぎだ / *go* a bit *too far in* one's criticism 批判を少しやりすぎる.

gò to pót ⇒ pot¹ 成句. **gó to the cóuntry** ⇒ country 成句.

go under [(自+副) ~ únder] (1) 沈む (sink); おぼれる. (2) 《口》〈人・会社などが〉(商売などで)失敗する, 破産する (fail). (3) (特に, 麻酔をかけられて)意識を失う. (4) 下を行く〔通る〕. — [(自+前) ~ únder...] (5) …の下を通る〔に入る, に沈む〕. (6) …の名で通る (⇒ 動 A 15 b).

go up [(自+副) ~ úp] (1) **昇る**〈物価などが〉〈計器(の水銀)・温度・圧力などが〉上昇する (rise). (2) 〈建物・掲示などが〉建て〔立て〕られる, 建つ. (3) 〈爆弾などが〉爆発する; 〈建物・橋などが〉(爆発などで)吹き飛ぶ, 燃え上がる. (4) 〈叫び声などが〉聞こえてくる, 上がる: A scream of delight *went up* from the audience. 聴衆から歓声の声が上がった. (5) 〈幕・気球などが〉上がる; 〈幕・気球などが〉上がる: Her eyebrows *went up*. 彼女はまゆをつり上げた. (6) 〈道などが〉…へ登っている, 達する〔*to*〕. (7) 《英》〈大学へ〉行く, 戻る〔*to*〕: *go up* to Oxford in September 9月に〈オックスフォード〉大学に入る〔戻る〕. (8) 北へ行く〔《英》都市へ出る〔*from*〕〔*to*〕. (9) 《スポ》《英》上位(リーグ)に上がる. (10) 《米口》破産する.

gò úp in flámes [smóke] (1) 炎上する. (2) 〈希望・計画などが〉ついえる.

gò úp in …の所へ行く, …に近寄る.

gó with... (1) …**と一緒に行く**, …に同行する: He *went with* his parents to France. 彼は両親についてフランスへ行った. (2) 〈物事が〉…に伴う, 付随する; …と一緒に〔相手・借り手などに〕与えられる: Disease often *goes with* poverty. 貧困にはしばしば病気がつきまとう / The house *goes with* the job. その仕事については家屋も与えられる. (3) 〈ものが〉…と適合〔調和〕する (match) (⇒ 動 A 7 c) (match). (4) 《古風》〈異性と〉付き合う; …と性的関係にある. (5) …に従う〔…に従い〕, …に従う; …に同意する: *go with* the crowd [the tide, the times, the stream] 大勢〔時勢〕に従う / I *go with* you there [on that]. その点では君に賛成だ. (6) 〈事が〉…に(ある具合に)進展する (⇒ 動 A 7 b).

go without [(自+副) ~ withóut...] (1) …を持たないで〔いる〕; …なしで済ます〔やっていく〕: *go without* sleep〔ing〕寝ないで過ごす / When I am busy, I *go without* lunch. 忙しい時は昼食抜きにする. [It goes without saying の形で] 言うまでもないことである, もちろんのことである: It *goes without saying* that she's an excellent pianist. 彼女がすぐれたピアニストだということは言うまでもないことである. — [(自+前) ~ withóut...] なしで済ます: When there was no food, we *went without*. 食べ物がない時はなしで済ました.

Hére goes! ⇒ here 成句. **lèt...gó** ⇒ let¹ 成句. **so fàr as...gó** = as far as...go 成句.

to gó [通例数詞(付きの名詞)の後に用いて] (1) 〈時間・距離・売り物などが〉残されている, 残りが: There are still two years *to go*. あと2年ある. (2) 《米口》〈食堂などでの料理の〉持ち帰り(用)の: I ordered two sandwiches *to go*. 持ち帰りにサンドイッチを2個注文した / Is this to eat here or *to go*? こちらでお召し上がりになりますか, お持ち帰りになりますか《★ファーストフード店などの店員の言葉》.

to gò [《英》be góing] ón with [しばしば enough, something の後に用いて] 当面の用に(当てられる〔十分の〕); さし当たり, まず: That will be *enough to go on with*. それでさし当たり十分である.

Whò góes thère? ⇒ who 成句.

— 名 (徳 ~es) **❶** [C] 《口》やってみること, 試み 〔*at*, *on*〕 (try): Have a *go at* it. やってみろよ / He had another *go* 〔several *goes*〕 *at* opening the bottle. 彼はもう一度〔何度か〕瓶を開けようとした / I read the book at [in] one *go*. その本を一気に読んだ / He passed the test [at the] first *go*. 彼は一度で試験に及第した. **❷** [C] [通例単数形で]《ゲームなどの》番 (turn): It's your *go* next. 次は君の番だ. **❸** [C] **a** うまくいくこと, 成功: It's a sure *go*. 成功間違いなしだ / make a *go of* (one's) marriage 結婚でうまくいく / It's no *go*. だめだ, うまくいかない. **b** 取り決め, 決まり. **❹** [通例次の句で] It's a *go*. それで決まった. **❹** [U] 《英口》精力, 元気; やる気, 熱意: He has plenty of *go* [is full of *go*]. 彼は元気いっぱいだ〔やる気満々だ〕. **❺** [C] [通例単数形で]《主に英口》事態, 困ったこと: It's a queer [rum] *go*. 妙な〔困った〕ことだ.

áll the gó 《英古風》流行して, はやって.

from the wórd gó 初めから, 最初から.

gíve it a gó うまくいくように努力する.

hàve a gó 《主に英口》(1) 〔…を〕やってみる 〔*at*〕 (cf. 名 1). (2) 〈人を〉襲う 〔*at*〕; 犯人などを捕えようとする. (3) 非難する; 不平を言う 〔*at*〕.

it's áll gó 《英口》多忙を極めている: *It's all go* in Tokyo. 東京は非常に忙しい所だ.

on the gó 《口》絶えず活動して; 働きづめで: He is always *on the go*. 彼はいつも忙しくしている / We have some projects *on the go*. 我々はいくつかのプロジェクトに関わっている.

— 形 [P] 《口》用意ができて; 順調に: All systems (are) *go*! 〈宇宙船の〉装置はすべて正常だ; すべて準備完了だ, スタートオーケー.

《OE=歩く, 行く》

【類義語】**go** 現在自分のいる場所から離れて行く動作を表す最も一般的な語. **leave** 人・物から離れることを強調する. **depart** go, leave よりも改まった語で, 旅行などへ出発することを意味する; arrive 到来に対する語. **quit** 何かから離れることを強く表わす語で, それによって自由になり再び帰る気持のないことを暗示する. **withdraw** 然るべき理由から自発的にある場所・地位などを立ち去る. **retire** withdraw と同義のこともあるが, 2度と帰らないという意味を含む.

Go·a /góuə/ 名 ゴア《インド西部 Malabar 海岸に臨む州; 1961年までポルトガル領》.

+goad /góud/ 動 ❶ 〈人を〉刺激して…させる: The jeers ~ed him *into* a fury [*into losing* his temper]. からかわれて彼はかっとなった. ❷ 〈人を〉刺激する, あおる: Stop ~*ing* him *on*. 彼をあおるのはよしなさい. ❸ 〈家畜などを〉突き棒で突く〔追い立てる〕: ~ an ox *on* 牛を追い立てる. — 名 ❶ (精神的)刺激, 激励 (spur). ❷ 〈家畜などを追う〉突き棒, 刺し棒. 《OE=とがった先》

+gó-ahéad 《口》名 ❶ [単数形で; 通例 the ~] 前進の信号〔命令, 許可〕, ゴーサイン《★「ゴーサイン」は和製英語》: get [give] *the* ~ 許可を得る〔与える〕. ❷ **a** 《米》元気, 精力, 元気. **b** [C] 元気に満ちた〔積極的な〕人. — 形 [A] ❶ 〈人・会社などが〉積極的な, 活動的な. ❷ 前進の, 進めの: a ~ signal 進めの信号.

‡goal /góul/ 名 ❶ [通例 one's ~] **目標**, 目的: achieve [reach] one's ~ 目標を達成する / set a long-term ~ 長期目標を設定する. ❷ **a** (競争などの)ゴール ❶ 目的地, 行く先. ❸ 〈サッカー・ホッケーなど〉 **a** ゴール: be in ~ ゴールキーパーをする《★無冠詞》. **b** ゴールを陥れること; ゴールを陥れて得た点: get [kick, make, score, win] a ~ ゴールを決める, (ゴールを決めて)1点を得る. 《ME=境界(線)》

góal àrea 名 《サッカー・ホッケー》 ゴールエリア《ゴール前のルールによって区画された部分》.

góal àverage 名 [通例単数形で] 《サッカー》 得点率.

góal-bàll 名 [U] 動くと音を発するボールを使ってゴールを競う視覚障害者のための競技. **b** そのボール.

góal dífference 名 [U] 《サッカー》 得失点差.

goal·ie /góuli/ 名 《口》 =goalkeeper.

*góal·keep·er /góulkìːpə | -pə/ 名《サッカー・ホッケーなど》ゴールキーパー.

góal·kèep·ing 名 Ⓤ《サッカー・ホッケーなど》ゴールの守備.

góal kìck 名 ゴールキック: **a**《サッカー》攻撃側のボールがゴールライン外に出たときに与えられる守備側のキック. **b**《ラグビー》トライ後またはペナルティーキックでねらうキック.

góal·less 形《サッカーなどで》無得点の.

góal lìne 名《競技》ゴールライン.

góal·mòuth 名《サッカー・ホッケーなど》ゴール前のエリア.

góal·pòst 名《通例複数形で》《競技》ゴールポスト. **móve the góalposts**《口》(決まりなどを)都合に合わせて勝手に変更する.

góal·tènd·er 名《米》(特にアイスホッケーの)ゴールキーパー (goalkeeper).

góal·tènd·ing 名 Ⓤ《米》❶ (特にアイスホッケーの)ゴールの守備 (goalkeeping). ❷《バスケ》ネットにはいりかけたボールに触れること(反則).

gó·aròund 名 ❶ 回回, 周回; 回り道, 迂回 (detour). ❷ 一連の会談・試合・尋問などのひと当たり, 一回り, 一巡 (round).《米口》激論, 激しい口論[闘争]. ❸ はぐらかし, 言い逃れ (runaround).

gó-as-you-pléase 形 何の制約も受けない, 自由な.

*goat /góut/ 名 ❶ **a** Ⓒ《動》ヤギ《繁殖力が旺盛なので好色のイメージがあり; 罪や悪との連想が古くからあり, 悪魔はよくヤギの姿で現われる. 関連 子ヤギは kid, 鳴き声は baa》: a billy-[he-]*goat* 雄ヤギ / a nanny-[she-]*goat* 雌ヤギ. **b** Ⓤ やぎ皮. **c** Ⓤ やぎ肉.《口》ばか者, 愚か者. ❸《米》=scapegoat. ❹ [the G~]《天》やぎ座. **áct [pláy] the (gíddy) góat**《英口》ばかなまねをする, ふざける; **Stop *acting* the ~!**《英口》ばかなまねはよせ. **gét a person's góat**《口》人を(わざと)怒らせる[いらだたせる].《OE=(雌)ヤギ》 形 goatish; 関形 caprine.

góat àntelope 名《動》ヤギレイヨウ《ヤギとレイヨウの中間的な各種の動物の称》.

goa·tee /ɡoutíː/ 名 下あごのやぎひげ.

góat·fìsh 名《米》=red mullet.

góat·hèrd 名 やぎ飼い.

góat·ish /-t̬ɪʃ-/ 形 ヤギの(ような); 好色な.

góat mòth 名 オポズミクヨトウ(ガ科).

góats·bèard 名《植》❶ ヤブヘビショウマ(バラ科). ❷ バラモンジン属の各種, (特に)キバナムギナデシコ(キク科).

góat·skìn 名 ❶ Ⓤ やぎ革. ❷ Ⓒ やぎ革製の袋[衣服].

góat·sùcker 名 =nightjar.

goat·y /góut̬i/ 形 (goat·i·er, -i·est) =goatish.

gó·awày bìrd 名《鳥》ムジハイイロエボシドリ《アフリカ産エボシドリ科ムジハイイロエボシドリ属の数種》.

gob¹ /ɡɑ́b | ɡɔ́b/ 名 ❶ 〈粘土・クリームなどの〉かたまり: a ~ of whipped cream ホイップクリームのかたまり. ❷ [複数形で]《米口》たくさん: He has ~s of money. やつはしこたま金をもっている. — 動《英俗》つばを吐く (spit).

gob² /ɡɑ́b | ɡɔ́b/ 名《俗》《米》水兵.

gob³ /ɡɑ́b | ɡɔ́b/ 名《英俗》口: Shut your ~! 黙れ!

gob·bet /ɡɑ́bɪt | ɡɔ́b-/ 名《生肉などの》ひとかたまり《*of*》.

⁺gob·ble¹ /ɡɑ́bl | ɡɔ́bl/ 動 他 ❶ 〈...を〉がつがつ食べる: They ~*d* (*up*) hot dogs. 彼らはホットドッグをがつがつ食べた. — 国 むさぼり食う. **góbble úp**《他+副》(1)〈金などを〉使い尽くす. (2)〈会社などを〉吸収する.

gob·ble² /ɡɑ́bl | ɡɔ́bl/ 動 自〈七面鳥などが〉ごろごろ鳴く. — 名 七面鳥の鳴き声.《擬音語》

gob·ble·dy·gook, -de- /ɡɑ́bldiɡùːk, -ɡùk | ɡɔ́bl-/ 名《口》(公文書などの)回りくどくわかりにくい言葉, お役所言葉.

gob·bler¹ /ɡɑ́blə | ɡɔ́blə/ 名 七面鳥の雄.

góbbler² /-blə | -blə/ 名 がつがつ[むさぼり]食う人.

Go·be·lin /ɡóubəlɪn/ 名 ゴブラン(織). — 形 ゴブラン織りの: (a) ~ tapestry ゴブラン織りタペストリー《絵画の意匠で有名》.《15世紀のパリの染色家の名から》

gó-betwèen 名 仲介者, 仲立ち人.

Go·bi /ɡóubi/ 名 [the ~] ゴビ砂漠《モンゴル高原の砂漠; 実際には草原が多い》. **~·an** 形.

gob·let /ɡɑ́blət | ɡɔ́b-/ 名 ゴブレット《足付きワイン用グラス》.

góblet cèll 名《解》杯状細胞, さかずき細胞《種々の粘膜の上皮にあり, 粘液を分泌する》.

gob·lin /ɡɑ́blɪn | ɡɔ́b-/ 名 ゴブリン《醜い姿をしたいたずらな[意地悪な]小鬼; cf. hobgoblin》.

go·bo /ɡóubou/ 名 (複 ~s, -es) ゴーボー: **a** テレビカメラのレンズに近くの散光が入射するのを防ぐ遮光板. **b** マイクに雑音が入るのを防ぐ遮音板.

gob·shite /ɡɑ́bʃaɪt | ɡɔ́b-/ 名《英卑》大ばか, ろくでなし, くそったれ.

gob·smacked /-smækt/ 形《英口》ぎょっとした, 呆然となって, 度肝を抜かれて. **gób·smàck·ing** 形.

gób·stòpper 名《英俗》大きくて丸く固いキャンディー.

go·by /ɡóubi | ɡɔ́b-/ 名 (複 -bies) ハゼ.

gó·bỳ 名 [the ~]《口》見て見ぬふりをして通り過ぎること. **gét the gó·bỳ** 見過ごされる, 無視される. **gíve...the gó·bỳ** 〈...を〉故意に避ける, 無視する.

gó·càrt 名 ❶《米》(幼児の)歩行器 (《英》baby walker). ❷ 手押し車. ❸ =go-kart.

*god /ɡɑ́d | ɡɔ́d/ 名 ❶ [G~] Ⓤ《特にキリスト教の》神, 創造の神, 造物主: the Almighty G~ 全能の神 / the Lord G~ 主なる神 / G~ the Father, the Son and the Holy Ghost 父(なる神)と子(なるキリスト)と聖霊, 三位一体. ❷ Ⓒ《異教の》神;《神話などの》男神 (cf. goddess 1): the ~*s* of Greece and Rome ギリシア・ローマの神々 / the ~ of day 日輪の神 (⇒ Apollo) / the ~ of fire 火の神 (⇒ Vulcan) / the ~ of heaven 天の神 (⇒ Jupiter 2) / the ~ of the underworld 冥界(ﾒｲｶｲ)の神 (⇒ Pluto 1) / the ~ of love 恋愛の神 (⇒ Cupid 1) / the ~ of the sea 海の神 (⇒ Neptune 1) / the ~ of this world 魔王 (⇒ Satan) / the ~ of war 戦争の神 (⇒ Mars 2) / the ~ of wine 酒の神 (⇒ Bacchus). ❸ Ⓒ 神像, 偶像; 神のようにあがめられている[あがめられた]人; 崇拝の対象: a tin god / make a ~ of ... を崇拝の対象にする, 大事にしすぎる / Money is his ~. 金が彼の神様だ. ❹ [G~] Ⓤ《感嘆のろい・祈願などに用いて》《用法》God (神)を引き合いに出すのをはばかって God を省略したり, Gad, gosh, gum などで代用したり, ちゃんと G~ を用いたりすることがある; cf. heaven 4》: by G~《古風》神かけて, きっと, 必ず, 絶対に! / for *God*'s sake お願いだから, 頼むから / Good ~! = Oh, (my) G~! = G~ almighty [in heaven]! おお神よ!, ええ本当!, まさか!, おお痛っ!, ああ困った!, けしからん!, 悲しいかな!《驚き・苦痛・怒り・悲しみなど》 / G~ bless.《口》《別れの言葉とともに》ごきげんよう / (G~) bless you [her, him, etc.]! = (G~) bless your heart [his soul, etc.]! これはこれは!, うわっ!, あらっ!, おやおや!, まあまあ!《感謝・驚きなどを表わす》 / (G~) bless me [my soul]! うわあ!, なんと!, 大変だ!《驚きを表わす》 / (G~) bless you! どうもありがとう!, おやまあ!, あらっ!, [くしゃみをした人に] お大事に!《口》こんちくしょう! / G~ forbid (that)...! 神様…が起こりませんように!, …なんてことないで! / G~ grant (that)...! 神よ…ならしめ給え! / G~ help you [him, etc.]! 神様お助けください!, まあ, かわいそうに!. ❺《英口》《劇場の》天井桟敷席; [集合的; 単数または複数扱い] 天井桟敷(ｾﾝｼﾞｷ)の観客席, 大向こう. ❻ [the ~s] 天命, 運.

Gód knòws ⇒ know 動 成句.

Gód wílling 神許したもうて, 事情が許せば.

hónest to Gód ⇒ honest 成句. **in Gód's náme** ⇒ name 成句. **pláy Gód** ⇒ play 動 成句.

pléase Gód ⇒ please² 動 成句.

so hélp me (Gód) ⇒ help 動 成句.

Thánk Gód! ああ, ありがたい(助かった)! しめた!《用法》挿入句的にも用いる.

There ís a Gód!《戯言》ほら, 神さまはいるんだ!《悪い状況下で幸運に恵まれたときなどにいう》.

There's nó Gód.《戯言》神も仏もない《納得のゆかないことなどに対して用いる》.

to Gód [hope, wish, pray, swear などの動詞の後で] 本当に, 絶対に《用法》この表現の使用を嫌う人もいる》.

with Gód《神と共に》死んで天国に.

Ye góds (and little fishes)! おお神々よ! 《★驚いた! とん

もない! などの意). 〚OE; 原義は「呼び掛けられる者, 祈願される者」〛 **関形** devine).

Go・dard /goudάː | góda:/, **Jean-Luc** /ʒáːnlúːk/ 名 ゴダール (1930- ; ヌーベルバーグを代表するフランスの映画監督・批評家).

gód・áwful 形 《口》 実にいやな[ひどい], ぞっとするような: What ~ weather! まったくいやな天気だ.

gód・child 名 (複 -children) 教子(ᵏᵒ), 名づけ子 《教父[母]が洗礼式に立ち会って名前をつけられる子》.

gód・dám・mit /-dǽmɪt/ 間 ちくしょう, くそっ.

⁺**gód・dámn, gód・dám** [しばしば G-] 《口》 名 形 = damn. —— 間 副 =damned.

⁺**gód・dámned** /-dǽmd/ 形 副 [しばしば G-] =damned.

God・dard /gádəd | gódəːd/, **Robert Hutchings** /hʌ́tʃɪŋz/ 名 ゴダード (1882-1945; 米国の物理学者; ロケット技術の開発者).

gód・daughter 名 女教, 名づけ子 (cf. godchild).

***god・dess** /gádəs | gód-/ 名 ❶ 《神話などの》女神 (cf. god 2): the ~ of Liberty 自由の女神 / the ~ of corn 五穀の女神 (⇒ Ceres) / the ~ of heaven 天の女神 (⇒ Juno 1) / the ~ of hell 地獄の女神 (⇒ Proserpina) / the ~ of love 恋愛の女神 (⇒ Venus 1) / the ~ of the moon 月の女神 (⇒ Diana 1) / the ~ of war 戦争の女神 (⇒ Bellona 1) / the ~ of wisdom 知恵の女神 (⇒ Minerva). ❷ 崇拝[あこがれ]の的となる女性. 〚GOD+-ESS〛

Gö・del /góudl | gó:dl, góu-/, **Kurt** /kəːt | kʊət/ 名 ゲーデル (1906-78; オーストリア生まれの米国の数学者・論理学者).

go・det /goudét/ 名 (スカートの裾・袖口・手袋などの) まち (gusset).

go・de・ti・a /goudíːʃ(i)ə/ 名 《植》 ゴデチア, イロマツヨイグサ.

gó・dèvil 《米》 ❶ **a** (木材・石材運搬用の)そり. **b** 《そり式》中耕機. ❷ 給油管清掃器.

⁺**gód・father** 名 ❶ 教父, 名づけ親; 代父 《解説 生まれた子の洗礼式に立ち会って名を与え, 霊魂上の親として宗教教育を保証する》: stand ~ to a child 子供の名親になってやる 《用法 役目を示す時は無冠詞》. ❷ 《人・事業の》後援育成者 《無名作家を育てる編集者など》. ❸ [しばしば G-] 《口》マフィア [組織暴力団] の首領, ゴッドファーザー.

Gód・féaring 形 神を恐れる. —— [また g-] 信心深い.

Gód・forsàken 形 ❶ 《場所が》荒涼たる, わびしい, 人里離れた: a ~ place へんぴな所. ❷ 《人が》神に見捨てられた; 堕落しきった: a ~ wretch 見下げ果てたやつ.

Gód・frey /gádfri | gód-/ 名 ゴッドフリー (男性名).

gód・hèad 名 ❶ [また G-] U 神格, 神性. ❷ [the G~] 神. 〚GOD+-head -hood〛

gód・hòod 名 U 神であること, 神格, 神性.

Go・di・va /gədáɪvə/, **Lady** ゴダイバ夫人 (⇒ Peeping Tom).

gód・less 形 ❶ 神の存在を否定する, 神を信じない; 神のない: ~ doings 神を恐れぬ所業. ❷ 不信心な, 不敬な. ~・ly 副 ~・ness 名

gód・like 形 神のような, こうごうしい.

gód・ly 形 (god・li・er; -li・est) 神を敬う, 信心深い, 信仰の厚い. **gód・li・ness** 名

gód・mòther 名 教母, 名親; 《カト》 代母 (cf. godfather 1, godparent).

gó・dòwn 名 《インド・東南アジアで》倉庫 (warehouse).

gód・pàrent 名 教父[母], 代父[母], 名親 (⇒ godfather 1, godmother, godchild).

Gód's ácre 名 《教会付属の》墓地.

Gód Sáve the Quéen 名 「ゴッドセイブザクィーン」, 女王陛下万歳 《解説 英国国歌; 国王治世の場合は God Save the King》.

Gód's Bóok 名 聖書.

gód・sènd 名 天の賜物(たまもの), 思いがけない幸運: She was a ~. 彼女が思いがけず来てくれて大助かりした.

Gód's gíft 名 理想, 天からの贈り物. ★ 通例否定的な文脈で用いる.

gód・ship 名 神格, 神性.

Gód's ówn cóuntry 名 神の恵み豊かな国 《地上天国としての農村地帯, 主に《米国》をさす》.

Gód・spéed 名 U 成功; 成功 [幸運] の祝辞 [祈願]: bid [wish] a person ~ 人の道中の安全 [事業の成功など] を祈る.

Gód squád 名 《口》 神の分隊 《熱心に布教・勧誘する福音伝道団をからかって言う》.

Gód's trúth 名 U 絶対の真理, 誓って間違いのない.

Gód・ward /-wəd | -wəd/ 副 神に(向かって). —— 形 神のほうを向いた, 信仰あつい. **-wards** /-wədz | wədz/ 副

gód・wit /gádwɪt | gód-/ 名 《鳥》 オグロシギ 《オグロシギ属の各種の渉禽》.

God-wot・ter・y /gɑdwάtəri, -wɑ́tri | gɔdwɔ́t-/ U 《英戯言》《文章・造園などの》懐古的な気取り, 凝りすぎ. 《英国の詩人 T. E. Brown の詩 *My Garden* (1876) 中の句 'A garden is a lovesome thing, God wot!' から》

go・er /góuə | góuə/ 名 ❶ [複合語で] よく[いつも]行く: ⇒ churchgoer, theatergoer. ❷ 《口》 **a** 活動的な人. **b** 淫奔な女. ❸ 行く人[もの]: comers and ~s 来る人去る人 《旅人・客など》. 〚GO+-ER¹〛

Goe・the /gɔ́ːtə, geɪ- | gɔ́ː-/, **Jo・hann Wolf・gang von** /jouhάːn vάlfgɑːŋ fɑn | jɔuhάːn vɔ́lfgaŋ fɔn/ 名 ゲーテ (1749-1832; ドイツの詩人・劇作家). **Góe・the・an, Góe・thi・an** /-tiən/ 形

goe・thite /gɔ́ːtaɪt, góu-/ 名 U 《鉱》針鉄鉱.

go・fer /góufə | -fə/ 名 《米俗》《会社の使い走り, 雑用係.

gof・fer /gάfə, gɔ́ː- | gɔ́f-/ 名 動 他 《アイロンなどで》布などに》ひだをつける[しわを寄せる];《書物の箱置き小口に》浮出し模様をつける: ~ed edges 《書物の》浮出し模様付き小口. —— 名 ひだつけアイロン, ゴーファー.

gó・gèt・ter 名 《口》 敏腕家, やり手.

gog・gle /gάgl | gɔ́gl/ 動 自 ❶ 《びっくりして》《人が》《…を》目を丸くして見る (at). ❷ 《目玉が》ぎょろぎょろする. —— 名 ❶ [複数形で] **a** 《スキーやダイビングなどの時にかけるうち》風よけ眼鏡, 潜水眼鏡[水中]眼鏡, ゴーグル. **b** 《口》眼鏡. ❷ U [また a ~] 目をみはる[むく]こと.

góggle-bòx 名 [the ~] 《英口》 テレビ (受像機).

góggle-èye 名 《魚》 ❶ =rock bass 1. ❷ 米国東部産のサンフィッシュ科の淡水魚.

góggle-èyed 形 驚いて目を丸くした.

Gogh 名 ⇒ van Gogh.

go-go /góugòu/ 形 A ❶ 《ダンサー・音楽など》 ゴーゴーの: a topless ~ dancer トップレスのゴーゴーダンサー. ❷ 《口》 活発な, 精力的な. —— 名 《口》 ゴーゴー (ダンス).

Go・gol /góugɑl | -gɔl/, **Nikolai** /nìːkəlάɪ/ 名 ゴーゴリ (1809-52; ロシアの小説家・劇作家).

***go・ing** /góuɪŋ/ 動 go の現在分詞形. **be gòing to dó** ⇒ go 成句. **gèt góing** ⇒ get 成句 5 a. **Góing, góing, góne!** ⇒ go 自 A 5 c. —— 名 U ❶ **a** [one's ~] 行くこと, 去ること. **b** [複合語で]…へ行くこと: ⇒ churchgoing, theatergoing. ❷ 《通例修飾語を伴って》進みかた[具合], 進行速度: heavy [hard] ~ 困難な進行[進捗(⁽ˢˣ⁾)] / You'll find the work heavy ~. その仕事は前途多難なことがわかるだろう / Seventy miles an hour is pretty good ~. 時速 70 マイルにはかなりのスピードだ. ❸ [通例修飾語を伴って] 道路 [競走路など] の状態, コンディション. **when the góing gèts tóugh (the tóugh gèts góing)** 《諺》 不利な [困難な] 状況になっても 《意志の強固な人はさらに努力する》. **while the góing is góod** 形勢が不利にならないうちに(行く, 出かける, 去る).

—— 形 (比較なし) ❶ [名詞の後に置いて] 《口》 現にいる[ある]; 手に入る: He's the biggest fool ~. 彼以上のばかはいない / There're no jobs ~ now 今は就職口がない. ❷ A 現行の, 通例の: the ~ rate 現行歩合 / the ~ price for gold 金の現在の値段 [時価]. ❸ A 運転[運行]中の, 活動中の; 盛業中の, もうかっている: in ~ order 運転している状態で, 異状のない状態で. ❹ [複合語で] …へ行く, 通う: theater*going* people 観劇好きの人々. **háve a lót** [plénty] góing for...に有利な点がたくさんある. **have nothing going for**...に有利な点はない.

góing concérn 图 ゴーイングコンサーン, 継続企業《現存し, 継続的に事業を行なっている企業体》.

góing-óver 图 (複 **goings-over**) 《口》❶ 徹底的な調査[尋問, 検査]: give a document [patient] a thorough ~ 書類[患者]を入念に調べる. ❷ うんと殴る[しかる]こと.

góings-ón 图 (複) 《口》(好ましくない)ふるまい, 行為.

goi·ter, 《英》**goi·tre** /gɔ́ɪtɚ | -tə/ 图 ① 医 甲状腺腫(しゅ). **gói·trous** /gɔ́ɪtrəs/ 形.

gó·kàrt /-kɑ̀ɚt | -kɑ̀ːt/ 图 ゴーカート.

Go·lan Héights /góulaːn | -læn-/ 图 [the ~] ゴラン高原《シリア南西部の高地; 1967 年以来イスラエルが占領》.

Gol·con·da /galkándə | gɔlkɔ́n-/ 图 無限の富, 宝の山. 《*Golconda* インド中南部の地名. かつてダイヤモンド加工によって富裕を誇った》

*__gold__ /góʊld/ 图 ① ❶ 金《金属元素; 記号 Au》; 黄金: strike ~ 金(鉱)を発見する; 大金持ちになる. ❷ a 金貨: pay in ~ 金貨で支払う. b 金製品. c 金めっき, 金粉, 金絵の具, 金糸, 金モール, 金箔(ぱく)(など). d ⓒⓤ 《口》= gold medal. ❸ ⓒⓤ 金色, 黄金[山吹]色: the red and ~ of autumn leaves 秋の葉の赤や黄色. ❹ (莫大な)富, 財宝; 金(かね); 金銭: greed for ~ 金銭欲. ❺ **a** 金のように高貴なもの[人]. **b** 親切: a heart of ~ 親切な心(の人). **a pót [cróck] of góld** 手に入りそうにない品物[富]. **(as) góod as góld** 《口》子供がとてもおとなしくて. **góld of pléasure** 图 アマナズナ《欧州原産アブラナ科の草》. **strike góld** 豊かな収入源をみつける, 山をあてる. **wórth one's [its] wéight in góld** とても貴重な《由来 自分の体重に相当する金ほどの価値がある意から》: He's *worth his weight in* ~. 彼は実に貴重な人物だ[なくてはならない人だ]. ── 形 [通例 ~ の] 金の, 金製の (cf. **golden** 2): a ~ coin 金貨 / a ~ watch 金時計 / ⇒ **gold medal**, 金色の, 黄金色の: ~ paint 金色のペンキ. 《OE; 原義は「黄色いもの」》 (形 **golden**)

góld·beater 图 金箔(ぱく)師.

góldbeater's skín 图 金箔師の皮《金箔を打ち延ばすときに箔間にはさむ, 牛の大腸で作った薄膜》.

góld·beetle 图 金属光沢のある大型甲虫,「コガネムシ」.

Góld·berg /góʊld(b)əɚg | -bəːg/, **Rube** 图 ゴールドバーグ (1883-1970; 米国の漫画家; 簡単なことをするためのおそろしく複雑な機械の漫画で知られる; cf. **Rube Goldberg**).

góld·brìck (俗) 图 ❶ **a** 偽金塊. **b** 偽物. ❷ 《米》怠ける人; ずるける兵士. ── 動 自 《米》勤務をずるける, サボる.

góld·brìck·er 图 《米》通常勤務をしない兵士, 勤務をサボる兵士 (**goldbrick**); 《米》サボり屋, なまけ者.

góld·bùg 图 《米》❶ 《口》金本位制支持者; 金投機家. ❷ =**goldbeetle**.

góld càrd 图 ゴールドカード《上級のクレジットカード》.

Góld Còast 图 [the ~] ❶ (ガーナの)黄金海岸. ❷ (海岸沿いの)高級住宅地区.

góld·crèst 图 稙 キクイタダキ《ヒタキ科》.

góld dìgger 图 ❶ 金鉱探し, 砂金掘り. ❷ 《俗》男をたらし込んで金を搾り取る女.

góld dísc 图 ゴールドディスク《特定枚数のシングル盤・アルバムが売れたアーティスト・グループに贈られるフレームに入った金製のレコード; **platinum disc** に準ずるもの》.

góld dúst 图 砂金, 金粉.

*__gold·en__ /góʊldn/ 形 (比較なし) ❶ 《文》金色の, 黄金色の, 山吹色の: ~ hair 金髪 / the ~ sun 金色に輝く太陽. ❷ [通例 A 主に文] (金)製の 《比較 この意味では **gold** 1 のほうが一般的》: a ~ crown 金の冠 / a ~ watch 金時計. ❸ a A 貴重な, すばらしい; 絶好の: ~ hours たのしく楽しい時間《★ 日本語で言う「ゴールデンアワー」は和製英語; **prime [peak] (television) time** がこれに相当する》/ ⇒ **golden opportunity**. **b** A 全盛の: one's ~ days 全盛時代. **c** A 成功間違いなし, 前途有望な; 人気のある: ⇒ **golden boy**. **d** P 《米口》非常に恵まれている, 有利な状況にいる. ❹ A 50 年目の (cf. **silver** 4): a ~ anni-

---

777   **golden rule**

versary 50 周年記念日[記念祭] / ⇒ **golden jubilee**, **golden wedding**. (图 **gold**)

+**gólden áge** 图 [the ~] ❶ 〔芸術・文学などの〕黄金時代, 最盛期 《*of*... 》 ❷ [しばしば the G-A-] 《ギ・ロ神》 黄金時代《伝説の四時代中の最古の時代; 人間が純潔で幸福な繁栄の生活を送ったという; **Silver Age**, **Bronze Age**, **Iron Age** と続く》.

gólden-àg·er /-èɪdʒɚ | -dʒə/ 图 《米》(65 歳以上の)老人, お年寄り.

gólden bálls 图 金色の三つ玉《質屋の看板》.

gólden bóy 图 《口》人気者, 成功者, ゴールデンボーイ.

gólden brówn 形 明るい茶色の.

gólden cálf 《of. 聖》❶ 《聖》(イスラエル人の崇拝した)黄金の子牛. ❷ 《崇拝の対象としての》富, 金(かね).

gólden cháin 图 稙 キングサリ (**laburnum**).

Gólden Delícious 图 ゴールデンデリシャス《米国産黄色のリンゴの品種》.

gólden dísc 图 =**gold disc**.

gólden éagle 图 鳥 イヌワシ《後頭が黄金色をしている》.

gólden-éye 图 鳥 ホオジロガモ《ユーラシア・北米産》.

Gólden Fléece 图 [the ~] 《ギ神》《Jason が Argonauts を率いて遠征し獲得した》金の羊毛.

Gólden Gáte 图 [the ~] 金門海峡, ゴールデンゲート《米国 California 州の西岸, San Francisco 湾を太平洋につなぐ海峡; ここに有名な **Golden Gate Bridge** がある》.

gólden gírl 图 《口》人気娘, (女性の)売れっ子(成功者).

gólden góal 图 《サッカーなど》ゴールデンゴール《延長戦ではいる最初の得点で, タイスコアの決勝点となる》.

gólden góose 图 金の卵を産むガチョウ《大きな利益をもたらすが, 欲張ると失われるもの》.

gólden hámster 图 動 ゴールデンハムスター《小アジア原産のキヌゲネズミ; ペットにされる》.

gólden hándcuffs 图 (複) (社員に対する)特別優遇措置, 黄金の手錠《自社に引き留めておくために特定の社員に払う高額の給与などの好条件, または退職時には在職中の所得の相当部分を会社に返却するという契約》.

gólden hándshake 图 [a ~] 《解雇者・早期退職者に対する》特別勧奨退職金.

gólden helló 图 《英》《新入社員に対する》特別支度金《会社に引き留めておくため》.

gólden júbilee 图 ❶ (女)王の即位 50 年祝典. ❷ 50 年祭.

gólden méan 图 [単数形で; 通例 the ~] 中庸, 中道.

gólden númber 图 [the ~] 黄金数《西暦年数に 1 を加えて 19 で割った残りの数, 復活祭日を定めるのに用いる; 中世教会暦に金文字で記されていたことから》.

gólden óldie 图 《口》❶ 昔なつかしいもの; なつかしのメロデー. ❷ 老いてなお現役で成功している人.

gólden opportúnity 图 絶好の機会.

gólden párachute 图 ゴールデンパラシュート, 特恵的退任手当(約束)《企業乗っ取り・吸収合併でその経営者に相当額の補償金を与える契約; 退職金というパラシュートで逃げ出せるという意味から》.

gólden pérch 图 魚 =**callop**.

gólden plóver 图 鳥 ムナグロ, (特に)ヨーロッパムナグロ《チドリ科》.

gólden ráisin 图 《白ぶどうの》レーズン.

gólden retríever 图 ゴールデンレトリーバー《犬》《金色の毛をした英国原産の中型犬》.

gólden-ròd 图 ⓤ 稙 アキノキリンソウ.

gólden rúle 图 [単数形で; 通例 the ~] ❶ 大切な原則, 行動規範. ❷ 《聖》黄金律《★ 聖書「マタイによる福音書」7:12, 「ルカ福音書」6:31 の教訓; 俗には 'Do as you would be done by.' (おのれの欲す

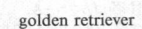

gólden séction 图 [the ~] 黄金分割《線分を a:b=b:(a+b) に二分すること; 美的効果が最大であるという》.

gólden sháre 图 ゴールデンシェア《民営化された英国企業の外国資本による買収を防ぐため政府が設けた株式取得その他に対する制約》.

Gólden Státe 图 [the ~] 黄金の州《米国 California 州の俗称》.

gólden sýrup 图 U 《英》ゴールドシロップ《糖蜜から作るシロップ; パンに塗ったり料理に使う》.

gólden wáttle 图 【植】 ❶ ピクナンサアカシア, ヒロハキンゴウカン《黄花; オーストラリアの国花》. ❷ ナガバアカシア《黄花》.

gólden wédding 图 金婚式《結婚後 50 年目》.

gólden yèars 图 圈《退職後の》老後《通例 65 歳以降をいう》.

góld·field 图 採金地, 金鉱地.

góld-fílled 形 金張りの, 金をかぶせた.

góld·finch 图 【鳥】 ❶ ゴシキヒワ《ヨーロッパ産》. ❷ オウゴンヒワ《北米産》.

⁺góld·fìsh 图 (圈 ~, ~·es) 金魚.

góldfish bòwl 图 ❶ 金魚鉢. ❷ プライバシーを保てない状態[場所].

góld fóil 图 U 金箔(はく)《gold leaf より厚い》.

góld·i·lòcks /góʊldilɑ̀ks | -lɔ̀ks/ 图 ❶ (圈 ~) 金髪のかわいい人, 金髪娘. **b** [G-] ゴルディロックス《英国の昔話 *The Three Bears* に登場する, 留守中の熊の家にはいり込んだ女の子》. ❷ (圈) 【植】《欧州・アジア北部産の》チシマキンポウゲ, 《欧州産の》黄花をつけるアキノキリンソウに似た草.

Góldilocks ecònomy 图《英》《経》ゴルディロックス経済《景気が過熱も冷え込みもしない, ほどよい成長経済; ゴルディロックス (⇨ goldilocks 1 b) が味見をしたおかゆが「熱すぎも冷めすぎもせず, ちょうどいい具合」(neither too hot, nor too cold but just right) だったことから》.

Gol·ding /góʊldɪŋ/, **William** 图 ゴールディング (1911–1993; 英国の小説家; Nobel 文学賞 (1983)).

góld léaf 图 U 金箔(はく) (cf. gold foil).

Gold·man /góʊldmən/, **Em·ma** /émə/ 图 ゴールドマン《米国の無政府主義活動家; 産児制限を提唱する》.

*****góld médal** 图 金メダル《競技などの一等賞》.

góld médalist 图 金メダル獲得者.

góld mìne 图 ❶ 金鉱, 金山. ❷ **a** 宝庫: a ~ *of information* 知識の宝庫. **b** 大もうけになるもの, ドル箱 [*for*, *to*]: The new product became a ~ *for* the company. 新製品は会社のドル箱となった.

góld míner 图 金採掘者; 金山労働者.

góld pláte 图 U ❶ 金の食器類. ❷ 金張り, 金めっき.

góld-pláted 形 金張りの, 金めっきの.

góld resérve 图《一国の紙幣発行銀行の》金準備.

góld-rímmed 形 金縁の(付いた).

góld rúsh 图 ❶ ゴールドラッシュ《新金鉱地への殺到; 米国では 1849 年 California の金鉱熱が有名; cf. forty-niner》. ❷ 一攫(かく)千金目当ての殺到.

góld·smìth 图 金細工師.

góld stàndard 图 [the ~] (通貨の)金本位制.

góld·stòne 图 U 砂金石.

Gold·wyn /góʊldwɪn/, **Samuel** 图 ゴールドウィン (1882–1974; 米国の映画制作者; のちの MGM の一部となる会社を設立).

go·lem /góʊləm/ 图《ユダヤ伝説》ゴーレム《魔法の力によって生命を与えられた人造人間で, 命令によって動く》; 自動人形, ロボット (automaton).

*****golf** /gɑlf, gɔːlf | gɔlf/ 图 U ゴルフ: play ~ ゴルフをする.
　—— 自 《通例 ~ing で》ゴルフをする: go *ing* ゴルフに行く. 《?Du=こん棒?》

gólf bàll 图 ゴルフボール.

gólf càrt 图 ゴルフカート《ゴルフバッグを運ぶ手押し車またはゴルファーを運ぶ電動の車》.

⁺**gólf clùb** 图 ❶《ゴルフ用》クラブ. ❷ ゴルフクラブ《ゴルフ愛好者の団体やその施設のある場所[建物]》.

⁺**gólf còurse** 图 ゴルフ場[コース].

*****gólf·er** /gɑ́lfɚ, gɔ́ːlf- | gɔ́lfɚ/ 图 ゴルフをやる人, ゴルファー.

gólf·ing 图 U ゴルフ(をすること). —— 形 A ゴルフ(用)の.

gólf línks 图《圈 ~》ゴルフリンク[コース]《比較》《米》では golf course のほうが一般的》.

Gól·gi appàratus /góːldʒi-, gɑ́l- | gɔ́l-/ 图 【生】 ゴルジ装置《動植物の細胞中に見られる, 扁平な嚢・小胞・液胞から成る構造体》.

Gólgi bòdy 图 【生】 ゴルジ体 (Golgi apparatus の別名).

Gol·go·tha /gɑ́lgəθə | gɔ́l-/ 图 ❶《聖》ゴルゴタ《キリストはりつけの地; Jerusalem 付近の丘; ラテン名 Calvary》. ❷ [g-] C 墓地. ❸ 受難の地.

Go·li·ath /gəláɪəθ/ 图 ❶《聖》ゴリアテ (David に殺されたペリシテ族の巨人》. ❷《通例 g-》C 巨人, 力持ち.

golíath bèetle 图 【昆】 ゴライアスオオツノコガネ《大型の甲虫; アフリカ産》.

golíath fròg 图 【動】 ゴリアスガエル《世界最大; アフリカ産》.

gol·li·wog /gɑ́liwɑ̀g | gɔ́liwɔ̀g/ 图 髪の立った黒い顔のグロテスクな人形.

gol·lop /gɑ́ləp | gɔ́l-/ 图《英口》〈液体を〉ゴクゴク飲む.
　—— 图 [a ~] ゴクゴク飲むこと.

gol·ly¹ /gɑ́li | gɔ́li/ 間《口》〔驚き・感嘆などを表わして〕おや!, まあ, あれ! **By [My] gólly** おやおや!, まあ!《GOD の婉曲語》.

gol·ly² /gɑ́li | gɔ́li/ 图《口》= golliwog.

go·losh /gəláʃ | -lɔ́ʃ/ 图 = galosh.

Go·mor·rah, Go·mor·rha /gəmɔ́ːrə, -mɑ́rə | -mɔ́rə/ 图 ❶《聖》ゴモラ《罪悪の町; Sodom とともに神に滅ぼされた;「創世記」から》. ❷ C 罪悪の町.

-gon /ー | -gɑn | -gən/ 图《名詞連結形》「...角形」: hexa-*gon*, poly*gon*. 〔Gk〕

go·nad /góʊnæd/ 图 【解】 生殖腺, 性腺.

go·nad·o·trop·ic /goʊnædətrɑ́pɪk | -trɔ́p-⁻/, **-tro·phic** /-trɑ́f- | -trɔ́uf-⁻/ 形 【生化】 性腺刺激性の.

go·nad·o·tro·pin /goʊnædətróʊpɪn/, **-phin** /-fɪn/ 图 性腺刺激ホルモン, ゴナドトロピン.

gon·do·la /gɑ́ndələ | gɔ́n-/ 图 C ❶ ゴンドラ (Venice の平底の遊覧船》: by ~ ゴンドラに乗って《★ 無冠詞》. ❷《飛行船・気球・ロープウェー・高所工事用などの》つりかご, ゴンドラ. ❸ ゴンドラ(ケース)《スーパーや小売店で商品を自由に周囲から取り出せる売り台》. ❹ = gondola car. 〔It〕

góndola càr 图《米》車両の低い無蓋大型貨車.

gon·do·lier /gɑ̀ndəlíɚ | gɔ̀ndəlíə/ 图 ゴンドラの船頭.

*****gone** /gɔːn, gɑn | gɔn/ 動 go の過去分詞.
　—— 形 (more ~; most ~) ❶ P 《比較なし》〔物がなくなった;〈人が〉いなくなった, 行ってしまった. ❷ P 《比較なし》 **a** 過ぎ去った: Those days are past and ~. その時代はもう遠い昔となってしまった. **b** 《口・婉曲》死んで (cf. go A 8 e): They're all dead and ~. 彼らは皆死んでしまった. ❸ P 《口》《麻薬・酒に》酔って, 影響される. ❹ P 《月日を表わす名詞のあとに置いて》《英》《一定の期間》妊娠している: She's already six months ~. 彼女はもう妊娠 6 か月です. ❺ P 〔異性にほれこんで, 夢中になって〕: He's ~ *on* her. 彼は彼女に夢中になっている. ❻ P 《比較なし》 **a** 《主に米口》だめな, 見込みのない: a ~ case 絶望状態; 見込みのない人. **b** 気力の衰えた, めいるような. ❼ 《古》すばらしい, みごとな.
　—— 前 《英口》《時間・年齢を》過ぎて, 越えて, ...過ぎの[以上で] (past): Is it ~ 3 yet? もう 3 時過ぎですか / It was ~ 2 a.m. before I got to bed. 午前 2 時過ぎになって寝た.

góne góose [gósling] 图《口》しょうのないやつ; どうしようもない人.

gon·er /gɔ́ːnɚ, gɑ́nɚ | gɔ́nə/ 图《口》もう助からない人; 見込みのない人[もの]: If the boss finds out, we're ~s. 親分に見つかったら一巻の終わりだぜ.

gon·fa·lon /gɑ́nfələn | gɔ́n-/ 图 横木からつるす旗, 吹きながし.

gon·fa·lon·ier /gɑ̀nfələníə | gɔ̀nfələníə/ 图 gonfalon の旗手.

gong /gáŋ, gɔ́ːŋ | gɔ́ŋ/ 图 ❶ どら〖食事や船の出帆の合図に鳴らす〗: ring [sound] a ~ どらを鳴らす. ❷〖電気で鳴らす〗さら形の鐘〖此較〗ボクシングなどで使う「ゴング」は bell という. ❸〖英俗〗メダル, 勲章. 〖Malay〗

gon·gooz·ler /gɑŋɡúːzlə | gɔŋɡúːzlə/ 图〖俗〗じっと〔長時間〕眺めている人.

go·ni·a·tite /góuniətàıt/ 图〖古生〗ゴニアティテス属のアンモナイト〖デボン紀・石炭紀の岩石中に化石として産する〗.

go·ni·om·e·ter /gòuniɑ́mətə | -ɔ́mətə/ 图角度計, 測角器, ゴニオメーター〖結晶の面角測定用; また方向探知・方位測定用など〗.

go·ni·om·e·try /gòuniɑ́mətri | -ɔ́m-/ 图 Ⓤ 角度測定, ゴニオメトリー. **go·ni·o·met·ric** /gòuniəmétrık◄/, **-ri·cal** /-k(ə)l/ 形

gon·na /gənə, gɑnə, gɔːnə | gɔːnə, gənə/ ⇒ =going to 〖★書き言葉としては非標準的〗: I'm ~ do it. そうしようと思う / They're ~ be here soon. 彼らはまもなくここへ来るだろう. 〖going to のなまった形〗

gon·o·coc·cus /gɑ̀nəkɑ́kəs | gɔ̀nəkɔ́k-/ 图 (圈 **-coc·ci** /-kɑ́k(s)aı, -kɑ́k(s)iː | -kɔ́k-/) 〖医〗淋菌. **-coc·cal** /-kɑ́k-(ə)l | -kɔ́k-/ 形

gó·nó·gò 形実行か中止かを決める.

gon·or·rhe·a,〖英〗**-rhoe·a** /gɑ̀nəríːə | gɔ̀nəríːə/ 图 Ⓤ 〖医〗淋(ﾘﾝ)病.

gon·zo /gɑ́nzou | gɔ́n-/ 形〖俗〗極端に主観的な〖偏った〗, 風変わりな.

goo /gúː/ 图 Ⓤ〖口〗❶ ねばつく〔べたべた〕もの. ❷ べたべたした甘い言葉〖感傷〗. 〖GLUE の変形〗

goo·ber /gúːbə | -bə/ 图〖米口〗❶ ピーナッツ (peanut). ❷〖軽蔑〗いかれたやつ, ぼんくら.

*****good** /gúd/ 形 (**bet·ter** /bétə◄ | -tə/; **best** /bést/) (↔ bad) ❶ **a**〖品質・内容・外観など〗良い, 優秀な, 見事な, 結構な, りっぱな: a ~ book 良書 / a *good*-quality recording 質のよい録音 / ~ family 良家 / ~ looks よい顔立ち〖器量〗 / ~ luck 幸運 / a ~ reputation よい評判 / a very [an extremely] ~ job とてもよい仕事 / ⇒ good thing / ~ tools よい道具 / speak [write] ~ English りっぱな英語を話す〖書く〗 / The movie isn't much ~. その映画はもう一つできがよくない〖たいしたことない〗 / Bad money drives out ~ (money). 悪貨は良貨を駆逐する〖★ Gresham の法則〗. **b**〖食べ物がおいしい〗: ~ sandwiches おいしいサンドイッチ. **c**〖学生の成績 5 段階評価で〗優の, B の (⇒ grade 图 3): get a ~ result in an exam 試験で良の成績をとる.

❷ 上手な, 有能な, うまい, 巧みな (↔ poor): a ~ doctor 上手な医者, 名医 / a ~ swimmer 泳ぎの名手 / He's a ~ driver. 彼は運転が上手だ〖変換〗 He's ~ *at* driving. に書き換え可能) / She's (no) ~ *at* cooking [languages, remembering dates]. 彼女は料理〖語学, 期日を覚えること〗が得意だ〔でない〕 / He's ~ *at* carpentry. 彼は大工仕事が得意だ / be ~ *with* one's hands 手先が器用である / She's ~ *with* children〖電話の応対〗がうまい〖用法〗at は技術の対象, with は扱いの対象に用いる〗.

❸ **a** 正当な, 妥当な; 的確な, 具合の良い, 好適な, 望ましい: a ~ explanation [question, piece of advice] 適切な説明〖質問, アドバイス〗 / a ~ reason [suggestion] 妥当な理由〖提案〗 / a ~ judgment 賢明な判断 / It's ~ (that) your work is done. 君の仕事が終わってよかった / That's [It's] not ~ enough. それはまずい, それでは不十分だ / That's a ~ point. いいところを突いている / It's a ~ day *for* swimming [a walk]. 水泳〖散歩〗にはもってこいの日だ / Exercise is ~ *for* you [the health]. 運動は体〖健康〗に良い / This medicine is ~ *for* colds. この薬はかぜに効く / Next Sunday is no ~ for me. 今度の日曜日は都合がよくない / 〖~*for*+代名+*to do*〗It's ~ *for* you to be out in the sun. 外に出て日に当たるのは体にいい / It's not ~ *for* a person to be alone. 人はひとりでいるのは良くない / 〖~+*to do*〗Unripe apples aren't ~ *to* eat. まだ熟していないリンゴは食べられない. **b** Ⓟ (比較なし)

〖ある期間〗有効で, もつ: This ticket is ~ *for* one week. この切符は1週間有効です / This house is ~ *for* another fifty years. この家はもう50年はもつ / He's ~ *for* a few years. 彼はあと数年は大丈夫だ.

❹〖子供がおとなしい, 行儀のよい (↔ naughty); 規律正しい: Be ~ (while I'm away). 〖私が留守の間〗いい子にしていなさいよ / There's [That's a] ~ boy [girl]. =What a ~ boy [girl]! いい子だからね〖そうしておくれ〗/〖よくしてくれた〗いい子だね / ~ manners 良い作法.

❺ 親切な, 思いやりのある〖*about*〗: do a person a ~ turn〖古風〗人に親切にしてやる / He's a real [very] ~ sort.〖口〗彼はなかなか気のいいやつだ / Will [Would] you be ~ enough [so as] to open the window? すみませんが窓を開けていただけませんか / He's ~ *to* us. 彼は私たちに親切にしてくれる /〖Ⓟ〖+*of*+代名+*to do*〗It's ~ *of* you *to* invite me. ご招待いただきありがとうございます / How ~ *of* you! どうもご親切さま〖★ *to do* の部分が省略された言い方〗.

❻ 楽しい, 愉快な; 心地よい, 喜ばしい〖Ⓐ おもしろい: a ~ joke おもしろいジョーク / be in ~ mood 幸せな気分である, 機嫌がよい / have a ~ time (of it) 楽しい時を過ごす / ~ news 吉報 / ~ weather 上天気 / It's ~ to be home. 家にいるのは〔家に帰ってくるとほっとする.

❼ 健全な, 丈夫な, 元気な: His (eye)sight is still ~. 彼の視力はまだ確かなものだ / I enjoy ~ health. 丈夫〔達者, 元気〕です / I feel ~ this morning. けさは体の調子がよい〖気分爽快である〗.

❽ Ⓐ (比較なし) 〖強意語として〗**a** 〖通例 a ~〗十分な; 〖数詞の前において〗たっぷりの; 相当な, かなりの: a ~ while〖口〗かなり長い間 / have a ~ laugh [cry] 思う存分笑う〔泣く〕 / have a ~ night's sleep ぐっすり一晩寝る / go a ~ distance かなりの道を行く / It will take a ~ five hours to get there. そこへ着くのにまる 5 時間かかるだろう / There's a ~ chance of showers this evening. 今晩にわか雨が降る可能性が十分ある. **b** /ɡʊ́d/ 〖形容詞に先行し, 副詞的に〗〖口〗かなり, 相当に (cf. GOOD and…成句): a ~ long time かなり長い間 / It's ~ hard work. なかなか大変な仕事だ.

❾ **a** 〖道徳的に〗良い, 善良な, 有徳の (↔ evil); 忠実な: the ~ guys〖口〗〖西部劇などの〗善玉 / a [one's] ~ deed for the day 〖毎日行なうべき〕一日の善行, 一日一善 / lead a ~ life 人に恥じない生活を送る; 良い〔不自由のない, 豊かな〕生活を送る / He's no ~.〖口〗やつはひどい人間だ〖★「やつは役立たずだ」の意にもなる〗. **b** 〖the ~; 名詞的に; 複数扱い〗善良な人たち: *The* ~ *die young*.〖諺〗善人は若死にする, 佳人薄命.

❿ 仲の良い, 親しい, 親密な〖此較〗intimate では誤解される恐れがあるのでこの語が用いられる: a ~ friend 親友, 仲よし.

⓫ **a** 〖人が〗地位などに適任の, 資格のある, 役に立つ: He's a ~ man *for* the position. 彼はその地位にぴったりの男だ / He's ~ *for* nothing. 彼は何の能もない〔まったく役に立たない〕男だ (cf. good-for-nothing). **b** Ⓟ 〖口〗〖…に〕応じる資力があって: I'm ~ *for* a few drinks. 二, 三杯分は払える〔なら十分出せる〕〖★「まだ二, 三杯は飲めるぞ」の意にもなる〗.

⓬ (比較なし) 〖食品が〗新鮮な, 腐敗してない, 悪くない: This fish won't keep〖英 stay〕~ overnight. この魚はあしたまでもたないだろう.

⓭ 〖商業的に〕信用できる, 確実な, 安全な: a ~ debt 回収可能な貸金 / a ~ investment 安全な投資 / ~ securities 優良証券.

⓮ Ⓐ (比較なし) 〖しばしば ~ old で, 呼び掛け・敬称に用いて〗愛すべき, いとしい: Good old John! よくやった, ジョン; さすががジョンだ.

⓯ Ⓐ (比較なし) **a** /gʊ́d/〖あいさつの成句に用いて〗: ⇒ good afternoon, good-bye, good day, good evening, good morning, good night. **b** 〖強い感情や驚きなどを表わす句に用いて〗: G~ gracious! =G~ God [heavens]! おやおや, これは驚いた!

a góod déal ⇒ deal¹ 名 A.　**a góod féw...** ⇒ few 形 成句.　**a góod mány** ⇒ many 形 成句.
a góod óne (1) 信じられないこと: That's *a* ~ *one*. そりゃうそくいとこだ. (2) おもしろい冗談.
áll in góod tíme ⇒ time 成句.
as góod as [形容詞・動詞・過去分詞に先行し, 副詞的に用いて] (...も)同様, (...した)も同様: Since repairing it, my car looks *as* ~ *as* new. 修理してから新車同然に見える / He's *as* ~ *as* dead. 彼は死んだも同然だ / He *as* ~ *as* promised it. 彼は約束したも同然だ.
(as) góod as góld ⇒ gold 名 成句.
as góod as it géts (状況などが)これ以上よくなりそうにない.
as góod a tíme [pláce] as ány (完全ではないが)まあまあの時間[場所]だ.
be góod for a láugh (人などが)笑わせて[楽しませて]くれる.
be góod to gó 《米》準備ができている.
góod and /gùdn̩/ [形容詞・副詞に先行して副詞的に] 《米口》非常に; 十分に: ~ *and* fresh とても新鮮で / I'm ~ *and* ready. 用意はすっかりできている / They tied him up ~ *and* proper. 彼らは彼をがんじがらめに縛りあげた.
Góod for [on] yóu [hím, hér, etc.**]!** 《口》うまいぞ!, でかした!, よくできた!, おめでとう!
Góod gríef! ⇒ grief 成句.
hàve a góod mínd (...したい)気が大いにある 《*to do*》(cf. mind 名 5 b).
Háve a góod óne. 《米》じゃあよい一日をすごしてください.
hàve a góod thìng góing うまくいっている, もうかっている.
hóld góod 有効である, 適用される: This rule *holds* ~ in any case. この規則はどの場合にも当てはまる.
if you knów what's góod for yóu 身のためを思うなら 《★ 脅しに用いる》.
in góod tíme ⇒ time 成句.
in one's ówn (góod) tíme ⇒ time 成句.
It's a góod thíng (that)... ⇒ good thing 成句.
It's áll góod. 《米俗》問題なし.
màke a góod thìng (òut) of... ⇒ thing 成句.
màke a góod job of...《用法》make good で 1 語の他動詞のように用う (1) 〈損害などを〉償う; 〈不足などを〉補う: The damage was *made* ~. その損害は補償された. (2) 〈破損個所などを〉回復[修復]する. (3) 〈約束を〉履行する; 〈計画を達成する, 目的を〉遂げる; 〈逃亡などを〉しおおせる: *make* ~ a promise 約束を履行する / They managed to *make* ~ their escape.《文》彼らはどうやら逃げおおせた. (4) 〈言説・非難などを〉立証[実証]する: *make* ~ a claim 主張[要求]したことが正しいことを証明する. (5) 〈地位・立場などを〉保持[確保]する: *make* ~ a position 地位を保持する. (6) 成功する 《★新聞用語》: He *made* (it) ~ in business [as a businessman]. 彼は商売で[実業家として]成功した.
màke góod on... =make GOOD 成句 (3).
táke...in góod pàrt ⇒ part 名 成句.
That's góod. [満足・喜びを表わして] それはよかった.
tóo góod for... 《口》...にはもったいない[十分すぎる].
tóo góod to be trúe [to lást] 《口》すばらしすぎて[うますぎて]信じられない[そのまま続くとは思えない]ほどだ.
Vèry góod. ⇒ very 副 成句.
—間 [賛成・満足などの意を表わして] よし!, けっこうだ!, よろしい!, そのとおり!
—副 [主に米口》りっぱに, ちゃんと; 十分, よく (well) 《★非標準的用法》: cook ~ ちゃんと調理する / He's pitching pretty ~ today. (野球で)彼はきょう実によく投げている / Listen to me ~. よく聞け.
— 名 A U ❶ 利益, ため (benefit); 幸福, 福利: for the common [general] ~ 公益のための / the greatest ~ of the greatest number 最大多数の最大幸福 / I'm scolding you for your own ~. 君のためを思ってしかっているのだ / She's too clever for her own ~. 彼女は利口すぎて, かえって不利になっている.

❷ **a** 役, 価値 (use): What ~ is it? =What is the ~ of it? 《口・反語》それが何の役に立つのか 《何の足しにもならないだろう》/ This ballpoint is no ~ [not much ~]. こ

780

のボールペンは役に立たない / What is the ~ of do*ing* it? 《口・反語》そんな事をして何になるのか 《何にもならないだろう》.
b [形容詞的に] 〈...するのに〉役立って 《比較》この用法の good は *in* use よりも口語的だ): It's no ~ *to* me [*for* the work]. 私には[仕事には]役立たない / It's no ~ (my) talk*ing* to him. 彼に(私が)いくら言ってもむだだ / Is there any ~ (*in*) arguing with the inevitable? 避けがたい運命をどうこう言ってみたところで何の足しになろう 《★ him は通例略される》.

❸ (↔ evil) 善, 徳, 良い点, 長所: know ~ from evil 良し悪しをわきまえる / Try to see the ~ in people. 人の長所を見るようにしなさい.

— B 》 goods.

be úp to nó góod よからぬ[悪い]事をたくらんでいる.
cóme to nó góod 〈事が〉不幸な結果に終わる, 失敗する; 〈人の〉良からぬ事をしでかす, ろくなことにならない.
dó góod (1) 良いことをする; 親切を尽くす. (2) 役に立つ, 効がある: do no ~ 役に立たない / Do you think it will do any ~? それが少しでも役に立つと思いますか.
dó a person góod 〈人の(体)〉のためになる: do a person a power [the world] of ~ 〈人に〉とても入のため[利益]になる / Smoking won't *do* you any ~. たばこは体によくないでしょう / It will *do* you more harm than ~. ためになるどころか害になる / Much ~ may it do me! 《反語》それは大いに役に立ってもらいたいものだ 《何の役にも立つものか》.
for góod (and áll) 永久に; これを最後に: I'm going *for* ~ (*and all*). これきり帰りません.
for the góod of... のために, ...のためを思って.
in góod with... 《米口》...に気に入られて: He's *in* ~ *with* the boss. 彼は上役に好かれている.
to the góod (1) 効果をあげて, 有利に: That's all *to the* ~. それはけっこうだ, それは好都合だ. (2) 黒字で, 純益として; 勝ち越しで: I was $10 *to the* ~. 10 ドルもうけた.
《OE; 原義は「いっしょに集められた, ぴったりの」; GATHER と関連語》

good afternoon /gùdæftənúːn/ ~*s*/-/ 間 [午後のあいさつに用いて] ❶ (会った時)こんにちは! ❷ (別れる時)さようなら!

Góod Bóok 名 [the ~] 聖書.

*‡**good-bye, good-by** /gù(d)bái/ 《綴り》しばしば good-by(e)とハイフンなしにつづられる) 間 さようなら!, ごきげんよう!, じゃあまたね: I must say ~ now. もうおいとましなければなりません / G- for now. 今はこれでさようなら. —名 《複 ~*s*》別れのあいさつ, さようなら, いとまごい, 告別: We said our ~*s* and went back to our homes. 我々は別れを告げて家路についた. **sáy [wáve] gòod-bý(e) to...**に別れを告げる, ...をあきらめる, ...をやめにする. 《*God be with ye* 《神があなたと共にいますように》の短縮形; good- は *good morning* などからの類推》

†**góod dáy** 間 [日中に言う形式ばったあいさつに用いて] (会った時)こんにちは!; (別れる時)さようなら! 《用法》今では古風で, 使用されなくなってきている; ただし《豪》では普通のあいさつ ⇒ g'day》.

góod égg 名 《口》感じのいい人, 信頼できる人. —間 うれしい! 《喜びの表現》.

*‡**good evening** /gùdíːvnɪŋ/ 間 [晩の挨拶に用いて] ❶ (会った時)こんばんは! ❷ (別れる時)さようなら!

góod fáith 名 U 正直, 誠実: in ~ 誠実に.

góod-félla 名 《米俗》ギャング, (特に)マフィアの一員.

góod féllow 名 いい人, 善意の人.

góod-féllowship 名 U 友だちのよしみ, 友情.

góod-for-nóthing 形 〈人か〉何の役にも立たない, 穀つぶしの (cf. good 形 11 a). — 名 何の役にも立たない人, 役立たず.

Góod Fríday 名 受難日, 聖金曜日 《キリストの受難記念日, Easter 前の金曜日, Scotland は公休日 (bank holiday); 米国では法定休日とする州もある》.

góod gúy 名 いいやつ[男]; (特に映画などの)善玉, 善人.

góod-héarted 形 心のやさしい, 親切な, 思いやりのある. **-·ly** 副 **·ness** 名.

Gòod Hópe, the Cape of 名 喜望峰 《アフリカ南部, 南アフリカ共和国南西端の岬》.

góod-húmored 形 ❶ 上機嫌な, 陽気な (↔ ill-humored). ❷ 気さくな, 愛想のよい. ~**ly** 副 ~**ness** 名

good-ie¹ /gúdi/ 名《映画・テレビ・小説などの》善玉, 善人 (↔ baddie).

good-ie² /gúdi/ 副 =goody².

good·ish /gúdɪʃ/ 形 ❶ まあまあよいほうの, かなりよい: a ~ wine まあまあの味のワイン. ❷ [a ~ …で]《数量・大きさなど》かなりの: It's *a* ~ distance from here. ここからはかなりある[遠い].

góod-lóoker 名 顔立ちのよい人.

*__good-look·ing__ /gúdlúkɪŋ⁺⁻/ 形 (better-, best-)《人が》顔立ちのよい, 器量のよい, 美しい;《用法》男女共に用いられる);《衣服などがよく似合う》;《車などがかっこいい》: a ~ woman 美人.《類義語》⇒ beautiful.

good lóoks 名 よい器量, 美貌(びぼう).

good·ly 形 (-li·er, -li·est) Ⓐ ❶ [a ~ …で]《数量・大きさなど》相当な, 大きい, たくさんの: a ~ estate かなりの財産 / a ~ amount of money 相当な額の金. ❷《古》美しい, 見事な. **good·li·ness** 名

*__good morning__ /gú(d)mɔ́ːnɪŋ/ -mɔ́ːn-/ 間 [午前中のあいさつに用いて] ❶《会った時》おはよう!, こんにちは! ❷《別れる時》さようなら!

góod náture 名 善良な性質, よい気だて, 優しい気質.

good-na·tured /gúdnéɪtʃəd/ -tʃəd/ 形 (more ~, most ~) 気だてのよい, 気のよい, 親切な. ~**ly** 副 親切に, 愛想よく. ~**ness** 名《類義語》**good-natured** 性質が気だてがよく, 快活で人なつっこい; 自分のことはおいても人の世話などをする, 時には「お人よし」という感じも含まれる. **amiable** 人に愛想がよく好かれる, 優しいの意味. **affable** 人に好かれる, また愛想がよく気易く話しかけられる感じ. **obliging** 親切で, 喜んで人の世話をしたり手伝いをする.

góod-néighbor 名《国と国が》友好関係にある, 善隣の: a ~ policy 善隣政策.

*__good·ness__ /gúdnəs/ 名 Ⓤ ❶《間投詞的に》; God の婉曲語として驚き・怒りなどの時に用いて]《口》: Thank ~! よかった, 安心した!《用法》挿入句的にも用いる)/ G~ (gracious)!=My ~!=G~ me! えっ!, おや!, まあ!, ほんとうにもう! ❷《生来備えている》徳, 善性; [the ~+to do …] …する親切さ, 優しさ: He had *the* ~ *to* accompany me. 彼は親切にも私に同行してくれた / Have *the* ~ *to* listen! ご清聴ください. ❸ Ⓤ よさ, 長所, 精髄; 《食品の》滋養分. **for góodness**(")**sàke** or **sake!** 感叹. **Góodness knòws** = God KNOWS 成句. **góodness of fít**《統》適合度. **òut of the góodness of one's héart** 親切心から. **wísh** [**hópe**] **to góodness (that)** … ぜひ…であってほしい.《GOOD+-NESS》

*__good night__ /gú(d)náɪt/ 間 [夜の別れ・就寝時のあいさつに用いて] さようなら!, お休みなさい.

góod óffices 名 ⇒ office 7.

good-oh, góod-o /-óu/ 間《英口・豪口》よし, いいぞ, しめた, うまいぞ!《同意・承認・賞賛などの発声》.

góod òld bóy, góod òle [òl'] bóy /-òʊl-/ 名《米口》❶《南部の白人に多い》気さくな[気のおけない]陽気な男. ❷ いいやつ, たよりになる仲間.

*__goods__ /gúdz/ 名 複 ❶ a 商品, 品(物); 物資《用法》数詞で修飾できない): canned ~ 缶詰類 / convenience ~ 日用雑貨品 / leather ~ 皮革製品 / silken ~ 絹製品. b 《米》布地, 服地: ⇒ dry goods. ❷ a《現金・証券以外の》動産, 家財道具; 所有物: household ~ 家財(道具) / ~ and chattels《法》人的財産《個人の所有物一切》. b《経》財: consumer [producer] ~ 消費[生産]財. ❸ 《通例形容詞で用いて》;⇒ 形《英》《passenger (乗客)に対して, 鉄道)貨物. ❹ 《the ~》《口》あつらえ向きのもの[人]; 本物: It's *the* ~. それはもってこいのものだ. **delíver** [**cóme úp with**] **the góods**《口》約束を実行する, 期待どおりにやる. **gèt** [**hàve**] **the góods on a pérson**《口》人の悪事の確証を手に入れる[握る]. — 名《英》《鉄道》貨物の: a ~ agent 運送店 / a ~ station 貨物駅 / a ~ train 貨物列車 / a ~ wagon 貨車.《ME; GOOD 名+-s¹》

góod Samáritan 名 よきサマリア人(ぴと)《困っている人に真の友となる人》.

781 goombay

góod sénse 名 Ⓤ 良識, 分別.

Góod Shépherd 名《the ~》《聖》よき羊飼い《キリストのこと; ★聖書「ヨハネによる福音書」から》.

góod-sízed 形 かなり大きい.

góod spéed 名 Ⓤ 幸運, 成功.

góod-témpered 形 優しい, おとなしい. ~**ly** 副 ~**ness** 名

góod thíng 名 [a ~]《口》❶ 良い[望ましい]こと: Free trade is *a* ~. 自由貿易は好ましいことだ. ❷ いい[うまい]仕事: He's really on to *a* ~. 彼は本当にいい仕事[こと]にありついている. **It's a góod thíng (that)** …《口》…してよかった, …は幸いだ[だった]: *It's a* ~ we checked the time of the train. 列車の時間を調べておいてよかった. **tòo múch of a góod thíng** ⇒ too 成句.

góod-tíme 形《人が快楽を追い求める》;《音楽が人を楽しませる[心地よくする]》の意. — 動 他 ❶ 次の成句で. **góod-tíme it**《米口》《金を使って》遊びまわる, 浮かれ騒ぐ.

góod-tímer 名

*__good·will__ /gúdwɪ́l⁺⁻/ 名 Ⓤ ❶ 好意, 善意, 親切; 親善, 友好: a gesture of ~ 友好のしるし / international ~ 国際親善 / ~ games《スポーツの》親善大会. ❷《商・商売の》信用, のれん, 営業権: sell the ~ of a shop 店ののれんを手に渡す.

good·y¹ /gúdi/ 名《口》❶《通例複数形で》**a** おいしいもの;《特に》キャンディー, 菓子, アイスクリーム(など). **b** 特別に魅力のある[すばらしい]もの. ❷ =goodie¹.《GOOD+-Y²》

good·y² /gúdi/ 間《特に子供が喜びを表わして》すてき!, すごーい!, うれしい!

Good·year /gúdjɪə, -dʒɪə/ -djə/, **Charles** 名 グッドイヤー (1800-60; 米国の発明家; ゴム加硫法を開発, ゴム工業の技術的基礎を確立した).

Góodyear Tíre & Rúbber 名 グッドイヤー タイヤ アンド ラバー(社)《米国のタイヤメーカー》.

góody-góody《口》名 (複 **goody-goodies**) いやに善良ぶった人. — 形 いやに善良ぶる.

goo·ey /gúːi/ 形 (goo·i·er, -i·est)《口》❶《菓子など》甘くてべとべとした[ねばねばした]. ❷ ひどく感傷的な.《GOO+-ey (=-y³)》

goof /gúːf/ 名《口》❶ まぬけ, どじ. — 動 自 へまをやる, 失敗する《up》. — 他 ❶《…を》だめにする, ぶち壊しにする《up》. ❷《…を》からかう《on》. **góof aróund**《自+副》《米口》ふざける, ばかげたことをする. **góof óff**《米口》のらくらする, なまける.《F=愚かな It》

góof·báll 名《俗》❶ まぬけ, どじ. ❷ 睡眠薬, 精神安定剤.

gó-òff 名 [単数形で]《英口》出発; 開始: at one ~ 一気に / at the first ~ 一度で.

góof-óff 名《米口》仕事を怠ける人, サボリ屋.

góof-úp 名《口》へま, 失敗.

goof·us /gúːfəs/ 名《米俗》まぬけ, とんま.

goof·y /gúːfi/ 形 (goof·i·er, -i·est)《口》まぬけな, とんまな. **goof·i·ly** 副 -i·ness 名

Goo·gle /gúːgl/ 名《電算・商標》グーグル《検索エンジンの一つ》. — 動 他 [g~]《…について》《Google などの》検索エンジンで調べる《up》.

goo·gol /gúːgɔːl/ -gɔl/ 名 10 を 100 乗じた数 (10^{100}); 天文学的数字.

góogol·pléx /-plèks/ 名 10 を 10^{100} 乗した数.

goo-goo /gúːguː/ 形《米古俗》《目つきが》好色な: make ~ eyes 色目を使う.

goo goo /gúːguː/ 名 ブーブー《赤ん坊の立てる声》.

gook¹ /gúk, guːk/ 名 Ⓤ《米俗》❶ べたつくもの. ❷ 厚化粧.

gook² /gúːk/ 名《米俗》《軽蔑》東洋人.

goo·ly, -lie /gúːli/ 名 ❶《英米・俗》《通例複数形で》きんたま (testicles). ❷《豪口》石 (stone), 丸石 (pebble).

goom·bah /gúːmbɑː/, **-bar** /-bɑː/ 名《米俗》暴力団員, マフィアのメンバー, ギャング; 仲間, 相棒.

goom·bay /gúːmbeɪ/ 名《楽》グムベイ: **a** ボンゴ・マラカス・棒などでリズムをとって踊るバハマ流のカリプソ. **b** それに

用いるヤギ皮の太鼓.

goon /gúːn/ 名 ❶《米》雇われ暴力団員. ❷《俗》まぬけ.
góo·ney bìrd /gúːni-/ 名 アホウドリ.
goop¹ /gúːp/ 名《俗》まぬけ.
goop² /gúːp/ 名《米口》べたついく物, どろどろした物.
góop·y¹ /-pi/ 形《俗》ばかな, ばかげた, おめでたい.
góop·y² /-pi/ 形 べとべとした, ねばねばした.
goo·san·der /guːsǽndɚ | -də/ 名 カワアイサ(ガンカモ科).

*__goose__ /gúːs/ 名 (複 __geese__ /gíːs/) ❶ **a** C《鳥》ガン, ガチョウ; ガン[ガチョウ]の雌(関連 雄は gander, 子は gosling; 鳴き声は gabble); ⇒ wild goose / All his *geese* are swans. (諺)自分のものならガチョウも白鳥に見える《自分のもの[家族, 友人]なら何でもどこでも]よく見える》. **b** U(調理した)ガチョウの肉. ❷ C《古風》あほう, まぬけ, とんま. ❸ C《俗》**goos·es**《口》(びっくりさせるために)人の尻[股]の間を後ろから手[指]で突くこと. **cóok a person's góose**《口》人の機会[計画, 希望, 評判]を台なしにする. **kíll the góose that láys the gólden égg(s)** 目前の利益に目がくらんで将来の利益を犠牲にする(曲来)イソップ物語で, 金の卵を産むガチョウを持っていた男が, 腹から卵を全部一度に取り出そうとしてガチョウを殺してしまったという話から). **what's sáuce [góod] for the góose is sáuce [góod] for the gánder** 雌のガチョウに合うソースは, 雄のガチョウにも合う, 一方に評されることは他方にも評される. ── 動《口》❶(びっくりさせるために)人の尻[股]の間を後ろから手[指]で突く. ❷《米》〈人を〉駆り立てる, 刺激する〈*up, along*〉.
(関形 anserine)
góose bàrnacle 名《動》エボシガイ(同属の甲殻類の総称).
goose·ber·ry /gúːsbèri, gúːz- | gúzb(ə)ri/ 名 ❶《植》グーズベリー, スグリ《ユキノシタ科の落葉低木》. ❷ スグリの実. **pláy góoseberry**《英口》ありがた迷惑な同行[席]者になる.
góoseberry búsh 名 グーズベリーの木: I found him [her] under a ~. (英戯)赤ちゃんはグーズベリーの木の下で見つけたのよ(★ 赤ん坊はどこから来たのかという子供の問いに対する答え).
góose bùmps 名《複》=gooseflesh.
góose·dòwn 名 U グースダウン(布団・ダウンジャケットなどに使われるガン[ガチョウ]の羽毛).
góose ègg 名《米口》❶ (競技の)零点. ❷ (殴られてできた頭の)こぶ. ❸《零 (0) の卵》と見立てて》
góose·fish 名 =anglerfish.
góose·flèsh 名 U (寒さ・恐怖などによる)鳥肌: be ~ all over (ぞっとして)全身に鳥肌が立つ.
góose·fòot 名 (複 ~s)《植》アカザ属の植物《シロザ・アカザなどの雑草》.《葉がガチョウの足に似ていることから》
goose·gog /gúzgɔ̀g, -gò/ 名《英幼児・口・方》=gooseberry.
góose·gràss 名 U《植》ヤエムグラ.
góose·nèck 名 S[U] **字形**管, がん首: a ~ lamp(首が自由に曲がる)自在スタンド.
góose pìmples 名《複》=gooseflesh.
góose·skìn 名 =gooseflesh.
góose stèp 名 [単数形で; 通例 the ~] ひざを曲げないで足をまっすぐに伸ばした行進の歩調. **góose-stèp** 動
goos·ey, goos·y /gúːsi/ 形 (**-si·er; -i·est**) ガチョウのような; ばかな, まぬけな; 鳥肌が立った;《俗》神経質な, 過敏な;《俗》(尻をつつかれて)すぐに驚く.
GOP /dʒíːòupíː/ (略) Grand Old Party.
go·pak /góupæk/ 名 ゴパーク, ホパック(高い跳躍などを特徴とするウクライナ地方の民族舞踊).
go·pher /góufɚ | -fə/ 名 ❶《動》ジリス(北米プレーリー地方産); ホリネズミ (北米産). ❷《電算》ゴーファー《インターネット上でメニュー形式で情報をさがすシステム》.
Gópher Stàte 名 [the ~] ジリス州《米国 Minnesota 州の俗称》.
gópher wòod 名《聖》ゴフェルの木, いとすぎの木《ノアの箱舟 (Noah's ark) を造った木で, 想像では cypress;★「創

世記」から).
go·ral /gɔ́ːrəl/ 名 (複 ~s, ~) 《動》ゴーラル《ヒマラヤ南部からシベリア南東部の山岳地帯の岩場に住む野生ヤギ》.
Gor·ba·chev /gɔ̀ːbətʃɔ́ːf | gɔ̀ːbətʃɔ́f/, **Mi·kha·il** /mɪkáɪl, míːkaɪl/ 名 ゴルバチョフ (1931- ; ソ連・ロシアの政治家; ソ連共産党書記長 (1985-91), 大統領 (1990-91)).
Gor·bli·mey /gɔːblámi | gɔː-/ 《英俗》間 なんてこった, まいった. ── 形 俗な, 下品な.《God blind me》
Gór·di·an knòt /gɔ́ːdiən- | gɔ́ː-/ 名 [the ~] ゴルディオスの結び目 (解説)昔 Phrygia の Gordius /gɔ́ːdiəs | gɔ́ː-/ 王の結んだ結び目; これを解く者はアジアの王となるとの託宣があったが, Alexander 大王が剣でこれを切断した.
cút the Górdian knót 非常手段によって難問題を一挙に解決する, 快刀乱麻〈…を〉断つ.
Gor·di·mer /gɔ́ːdɪmɚ | gɔ́ːdɪmə/, **Na·dine** /neɪdíːn, nə-/ 名 ゴーディマー (1923- ; 南アフリカ共和国の小説家; 人種差別政策を告発する作品を書く; Nobel 文学賞 (1991)).
Gór·don Bénnett /gɔ́ːdn- | gɔ́ː-/ 間《口》おやまあ, こりゃ驚いた, なんてことか(驚きを表わす古風な表現; God の代用).
Gór·don (sétter) /gɔ́ːdn- | gɔ́ː-/ 名 ゴードンセッター(犬)《スコットランド原産の黒と褐色のかたくウェーブした)被毛の大型鳥猟犬》.《A. Gordon スコットランドの飼育家》
gore¹ /gɔ́ɚ | gɔ́ː/ 名 U (傷から出た)血のかたまり, 血のり.
gore² /gɔ́ɚ | gɔ́ː/ 動 他《牛・イノシシなどが〈…を〉つので[きば]で突き刺す.
gore³ /gɔ́ɚ | gɔ́ː/ 名 ゴア, まち(台形状の布切れでスカートに挿入したり, はぎ合わせスカートを作る). ── 動 他〈…に〉まち[マチ]をつける: a ~d skirt ゴアスカート.
Gore /gɔ́ɚ | gɔ́ː/, **Al(bert Arnold), Jr.** 名 ゴア (1948- ; 米国の政治家; 副大統領 (1993-2001)).
Gore-Tex /gɔ́ɚtèks | gɔ́ː-/ 名《商標》ゴアテックス《防水性と通気性にすぐれた機能素材; アウトドア衣料・靴などに使用する》.

⁺**gorge** /gɔ́ɚdʒ | gɔ́ːdʒ/ 名 ❶ 峡谷, 山峡(★ 地名にもよく用いられる: the Cheddar G~ チェダー峡谷. ❷ 飲み込んだもの, 胃の中の食物. ❸ のど. ❹《米》(川・通路などをふさぐ)集積物: An ice ~ has blocked the shipping lane. 氷塊が航路をふさいでしまった. **cást the górge at**〈…〉を見て胸が悪くなる. **One's górge ríses at**〈…〉に胸が悪くなる, 〈…〉を見てへどを催す. **máke a person's górge ríse** 人をむかつかせる, 人に不快感を催させる. ── 動 ❶ [~ *oneself* で] 〈食物を〉腹いっぱいに詰め込む 〈*on, with*〉: The children ~*d themselves* (*on* cake) at the party. 子供たちはパーティーで(ケーキを)腹いっぱい食べた. ❷〈…〉をたらふく食う〈*on*〉.《F=のどく L=渦巻き》【類義語】⇒ valley.

⁺**gor·geous** /gɔ́ɚdʒəs | gɔ́ː-/ 形 (**more ~; most ~**) 《口》〈人・ものが〉見事な, すてきな, すばらしい: a ~ day すばらしい天気の日; とても楽しい日 / a ~ meal すてきな食事 / a ~ actress すばらしい[魅力的な]女優. ❷ [通例 A]〈色・洋服などが〉目のさめるような, 華麗な. **~·ly** 副 ❶ 豪華に, 華麗に. ❷ 見事に, すばらしく. **~·ness** 名《F=優雅な》
gor·get /gɔ́ɚdʒət | gɔ́ː-/ 名 (よろいの)のど当て.
gor·gio /gɔ́ɚdʒou | gɔ́ː-/ 名 (複 ~s) (Gypsy から見て)ジプシーでない人.
Gor·gon /gɔ́ɚgən | gɔ́ː-/ 名 ❶《ギ神》ゴルゴン《頭髪はへびで, 見る人は恐怖のあまり石に化したといわれる三姉妹の一人; 特に, Perseus に殺されたヘび髪の女のメドゥーサ (Medusa)》. ❷ [g~] **a** 恐ろしい顔の女, 二目と見られない女. **b** 恐ろしい物事.
Gor·go·ni·an /gɔɚgóuniən | gɔː-/ 名 [g~]《動》ヤギサギ目のサンゴ虫の総称). ── 形 ゴルゴンの(ような), 非常に恐ろしい.
Gor·gon·zo·la /gɔ̀ɚgənzóulə | gɔ̀ː-/ 名 U,C ゴルゴンゾラ(チーズ)《味の強いイタリアのブルーチーズ》.《イタリアの原産地名から》

⁺**go·ril·la** /gərílə/ 名 ❶《動》ゴリラ. ❷《口》**a** 粗暴で

醜い男. **b** 暴漢, ギャング. 《Gk で毛深い女の種族に対する呼称》

gork /gɔ́ːk | gɔ́ːk/ 图 《米俗》植物人間.

Gor·ki, Gor·ky /gɔ́ːki | gɔ́ːki/ 图 ゴーリキー (Nizhny Novgorod の旧称).

Gor·ki, Gor·ky /gɔ́ːki | gɔ́ː-/, **Maxim** 图 ゴーリキー (1868–1936; ロシアの小説家).

gor·man·dize /gɔ́ːməndàɪz | gɔ́ː-/ 图 圓 おいしそうに大食する[がつがつ食う]. 《⇒GOURMAND》

gorm·less /gɔ́ːmləs | gɔ́ːm-/ 囮《英口》愚かな; 頭の悪い. **~·ly** 圖

gorp /gɔ́əp | gɔ́ːp/ 图 《米口》ゴープ《ドライフルーツ・ナッツなどを混ぜ固めた高エネルギーのハイカー・登山者などの携行用食品》.

gorse /gɔ́əs | gɔ́ːs/ 图 ⓤ 《植》ハリエニシダ.

Gor·sedd /gɔ́əseð | gɔ́ː-/ 图 ゴルセズ《ウェールズの吟遊詩人や Druids の集会, 特に eisteddfod の期間中に本祭に先立って毎日開催される詩人たちの集い》.

gor·y /gɔ́ːri/ 囮 (**gor·i·er**; **-i·est**) ❶ 血だらけの, 血みどろの: a ~ battle 血みどろの戦い. ❷ 血なまぐさい, 残虐な; ぞっとする, 身の毛もよだつような: a ~ film (血なまぐさい場面の多い)残酷映画.

*****gosh** /gɑ́ʃ | gɔ́ʃ/ 圓《驚きを表わして》《古風》おや, まあ!, あれ!, うへー! 《God の婉曲語》

gos·hawk /gɑ́shɔ̀ːk | gɔ́s-/ 图 《鳥》オオタカ.

gos·ling /gɑ́zlɪŋ | gɔ́z-/ 图 ❶ ガチョウ (goose) の子. ❷ 青二才, 愚かな未熟者.

gó-slòw《英》(同), 怠業, サボタージュ《米》slowdown》《労働争議行為》.

*****gos·pel** /gɑ́sp(ə)l | gɔ́s-/ 图 ❶ [しばしば G~] ⓒ 福音書《キリストの生涯と教えを説いた新約聖書の最初の四書の一つ》: the G~ according to St. Matthew [Mark, Luke, John] マタイ[マルコ, ルカ, ヨハネ]による福音書. ❷ [しばしば the G~] 福音: **a** 救世主と救いと神の王国に関するよきたより. **b** キリストとその使徒たちの説いた教え, キリストの教義: preach the ~ 福音を説く. ❸ ⓒ 《通例単数形で》信条, 主義 (doctrine): the ~ *of* efficiency 能率主義 / Drink plenty of milk; that is my ~. たくさんの牛乳を飲むこと, それが私の信条です. ❹ ⓤ 《口》絶対の真理: take...as [for] ~ ...を絶対に正しいと思い込む / What he says is ~. 彼の言うことは絶対に正しい. ❺ =gospel music. — 囮 ⒜ 福音の; ゴスペルの. 《OE: もと *gōd spell*「よい知らせ」の前半が God と混同された》

gós·pel·er, 《英》**gós·pel·ler** 图 ❶ 福音書を朗読する人. ❷ 福音伝道師. ❸ ゴスペル歌手.

góspel mùsic 图 ⓤ ゴスペル(ミュージック)《黒人の宗教音楽》.

góspel sìde 图 [the ~; しばしば the G~]《教会》福音書側《祭壇の北側; こちら側で福音書を読む》.

góspel sòng 图 ゴスペルソング《黒人のために作られた, 黒人霊歌にもとづいた聖歌》.

góspel trúth 图 [the ~] 絶対の真理.

goss /gɑ́s | gɔ́s/ 图 《英俗》うわさ(話), スキャンダル, おしゃべり. 《gossip の略》

gos·sa·mer /gɑ́səmə | gɔ́səmə/ 图 ⓤ ❶ 流れ糸, 遊糸《静かな空中に浮遊したり茂みなどにかかっている繊細な小グモの巣[糸]》. ❷ 薄い紗(`), 薄物. ❸ 《流れ糸のように》繊細な[かぼそい, はかない]もの. — 囮 繊細な, かぼそい, 薄い. 《GOOSE+SUMMER=St. Martin's summer》; ガチョウが食用となる 11 月初旬にクモの巣が多くかけられることから》

gos·san /gɑ́sn | gɔ́s-/ 图 《地》焼け, ゴッサン《黄鉄鉱などの(暗)褐色の露頭》.

*****gos·sip** /gɑ́sɪp | gɔ́s-/ 图 ❶ ⓤⓒ《通例単数形で》(人の)うわさ話, 世間話; 《新聞雑誌のゴシップ. ❷ ⓒ 人のうわさをふれ回る人, おしゃべり(女), 金棒引き. — 働 圓 うわさ話をする: She's always ~ing *with* her friends *about* her neighbors. 彼女は年中友だちと近所の人のうわさ話ばかりしている. 《OE=「名づけ親」→「親しい人同士のむだ話」の意》

góssip còlumn 图 《新聞雑誌の)ゴシップ欄.

góssip mònger 图 うわさ話の好きな人, おしゃべり.

gos·sip·y /gɑ́sɪpi | gɔ́s-/ 囮 ❶ 《人からうわさ好きな,

ゴシップ好きな, おしゃべりな. ❷ 《新聞雑誌などゴシップがたくさん載っている.

gos·sy·pol /gɑ́səpɔ̀ːl | -pɔ̀l/ 图 ⓤ 《生化》ゴシポール《綿の実の種子中にある毒性物質; 黄色色素》.

*****got** /gɑ́t | gɔ́t/ 働 get の過去形・過去分詞.

got·cha /gɑ́tʃə | gɔ́tʃə/ 圓《米》わかった!; やったぞ! 《★書き言葉としては非標準語》. 《(I've) got you から》

Goth /gɑ́θ | gɔ́θ/ 图 ❶ **a** [the ~s] ゴート族《3–5 世紀にローマ帝国に侵入し, イタリア・フランス・スペインに王国を建設したゲルマン民族の一派》. **b** ⓒ ゴート人. ❷ ⓒ 無教養な野蛮人. ❸ [g~] **a** ⓤ ゴス(ロック)《神秘的・終末論的な歌詞とジャジィな低音を基調とした英国のロック》. **b** ⓒ ゴス《顔を白く塗り, 黒のどぎついアイライナーを入れ, 黒いレザーファッションを身につけるのを好むゴスファン》.

Goth·am[1] /gɑ́təm | góʊ-/ 图 ゴタム《イングランド Nottinghamshire の村; 昔住民が皆ばかであったと伝えられる》. **wíse mán of Gótham**《英》ゴタムの賢人《ばか者》.

Goth·am[2] /gɑ́θəm | góʊ-/ 图 ゴサム (New York 市の俗称).

Goth·en·burg /gɑ́θənbə̀ːg | gɔ́θənbə̀ːg/ 图 イェーテボリ《スウェーデン南西部の港湾都市; スウェーデン語名 Göteborg /jə́ː·təbɒə̀ | -bɔ̀ː/》.

⁺Goth·ic /gɑ́θɪk | gɔ́θ-/ 囮 ❶ 《建・美》ゴシック(様)式の: ~ art ゴシック美術 / a ~ cathedral ゴシック様式の大聖堂 / ⇨ Gothic architecture. ❷ 《文学》ゴシック(派)の《18 世紀英国から広まったジャンルで, 中世的・神秘的な背景を好み, 怪奇的な題材を扱う》: a ~ novel ゴシック小説. ❸ **a** 《印》ゴシック体の. **b** (手書き書体が)ゴシック体の: in ~ script ゴシック体の文字で. ❹ ゴート族[語]の. ❺ [g~] ゴス(ロック)の (cf. Goth 3). — 图 ❶ ⓤ 《建・美》ゴシック様式. ❷ 《印》**a** 《英》ゴシック体《ヨーロッパでかつて用いられた肉太の活字体》. **b** 《米》=sans serif. ❸ ゴート語《古代ゴート人の言語; 死語》.

Góthic árchitecture 图 ⓤ ゴシック(様)式建築 (12–16 世紀に西欧に広く行なわれた先のとがったアーチを特徴とする様式).

Góth·i·cìsm /-θəsìzm/ 图 ❶ (建築・美術・工芸における)ゴシック様式; ゴシック好み[趣味]. ❷ [時に g~] 野蛮, 粗野. **Góth·i·cist** /-sɪst/ 图

gó-to-méeting 图 ⓐ 《衣服・帽子など》教会行きの, よそ行きの.

got·ta /gɑ́tə | gɔ́tə/ =(have [has]) got to (⇒ HAVE[2] got 成句 (2))《★書き言葉としては非標準的》: I ~ go. 行かなきゃならない.

***got·ten** /gɑ́tn | gɔ́tn/ 働 《米》get の過去分詞. — 囮 [複合語で] (...に)得た: ill-*gotten* 不正に得た.

gouache /gwɑ́ːʃ | ɡʊ-/ 图 ❶ ⓤ **a** グワッシュ《アラビアゴム・樹脂類で溶いた不透明水彩絵の具》. **b** グワッシュ画法. ❷ ⓒ グワッシュ水彩画. 《F<It<L=水たまり》

Gou·da /gáʊdə, gúː- | gáʊ-/ 图 =Gouda cheese.

Góuda chéese 图 ⓤⓒ ゴーダチーズ《オランダ原産のチーズ; 偏平な球状をしていて通例表面に赤いろうが塗ってある》.

⁺gouge /gáʊdʒ/ 图 ❶ 丸のみ, 丸たがね. ❷ 《米》金(钱)の強要, ゆすり. — 働 ❶ 《みぞ・穴・模様などを》(丸のみで)彫る《out》: ~ *out* one's initials on a tree 木に自分のイニシャルを彫る. ❷ (刑罰として)〈目玉をえぐり出す〉; 〈人の〉目玉をえぐり出す《out》: He had his eyes ~d *out*. 彼は両目をえぐり取られた. ❸ 《米》〈人から〉金銭を巻き上げる, ゆすり取る. **goug·er** /gáʊdʒə | -dʒə/ 图

gou·jon /gu:ʒɔ́ːŋ | gúː·dʒɒn/ 图 [複数形で] 《英》《料理》グージョン《細切りにした魚・鶏のフライ》.

gou·lash /gúːlɑːʃ | -læʃ/ 图 ⓒⓤ グーラッシュ《パプリカ (paprika) で強い風味をつけた牛肉と野菜のシチュー; ハンガリー料理》.

Gould /gúːld/, **Glenn** 图 グールド《1932–82; カナダのピアニスト》.

Gou·nod /gúːnoʊ/, **Charles** /ʃɑ́ːl | ʃɑ́ːl/ 图 グノー《1818–93; フランスの作曲家》.

gou·ra·mi /gʊráːmi/ 图 (働 ~, ~s, ~es) 《魚》ジャイアントグーラミー《東南アジア淡水産スズキ目の食用魚; 空気

を呼吸し、巣を営む);グーラミー《前者と近縁の種々の小型観賞魚》.

gourd /gɔ́əd | gúəd/ 图 ❶ a 【植】ウリ科の植物《ヒョウタン・ヘチマなど》. **b** ヒョウタンの実. ❷ ヒョウタンで作った容器(ふくべ、椀(☆)、皿など).

góurd·ful 图 ヒョウタンで作った容器一杯.

gour·mand /gúəmɑːnd | gúəmənd/ 图 大食家, 健啖(ひ)家. [F]

gour·man·dise /gùəməndíːz | gùə-/ 图 食道楽.

gour·man·dize /gúəməndàɪz | gúə-/ 動 美食家である, 食道楽をする.

⁺gour·met /gúəmeɪ | gúə-/ 图 食通, 美食家, グルメ. [F; 元はワインのきき酒をする人]

gout /gáʊt/ 图 ❶ Ⓤ【医】痛風. ❷ Ⓒ (主に血の)したたり; かたまり. [F<L=しずく; もと体液のしたたりがこの病気の原因と考えられた]

gout·y /gáʊti/ 形 (gout·i·er; -i·est) ❶ a 痛風性の[にかかっている]. **b** 痛風による. ❷ 痛風で腫れあがった.

gov., Gov. (略) Government; Governor.

⁺gov·ern /gʌ́vən | -vən/ 動 ❶ 〈国・国民を〉治める, 統治する;〈公共機関などを〉管理する, 運営する: She ~ed her country wisely. 彼女はよく国を治めた / a public enterprise 公共企業を運営する. ❷ a 〈人・行動などを〉左右する, 決定する (★しばしば受身): Self-interest ~s all his decisions. 彼は何を決めるも私欲が先行する / He's easily ~ed by the opinions of others. 彼はすぐに人の意見に左右される. **b** 〈古風〉〈激情などを〉抑制する: He couldn't ~ his temper. 彼はこみあげる怒りを抑えられなかった. **c** [~ one*self* で] 自分を抑える, 自制する. ❸ 〈原則・政策などが…を〉決定する, 律する (★しばしば受身): Prices are ~ed by supply and demand. 価格は需要と供給の関係で決まる. ❹【文法】〈動詞・前置詞が〉目的語を〉支配する. ── 統治する, 支配する, 管理する: The British sovereign reigns but does not ~. 英国の君主は君臨するが統治はしない. [F<L *gubernare* 船の舵(☆)をとる<Gk]〖類義語〗**govern** 権力を行使して国家・政治団体を指導監督する. **rule** 絶対的・専制的権力者が govern よりも直接的に完全に支配し服従を強制する. **reign** 実権の有無にかかわらず元首として君臨する. **administer** 行政機関で国事を管理する.

gov·ern·a·ble /gʌ́vənəbl | -vən-/ 形 〈国民など〉統治[支配]可能な, [しやすい]. **-a·bil·i·ty** /gʌ̀vənəbíləti | -və-/ 图 Ⓤ 統治できる状態; 従順さ.

⁺gov·er·nance /gʌ́vənəns | -vən-/ 图 Ⓤ 統治; 管理, 支配: corporate ~【経営】企業統治.

⁺gov·er·ness /gʌ́vənəs | -və-/ 图 (住み込みで教育にあたった)女性家庭教師.

góv·er·ness·y /-nɪsi/ 形 女性家庭教師風の, しかつめらしい, とりすました.

góv·ern·ing 形 Ⓐ 統治する; 支配[管理]する; 統御する: a ~ body 管理機関, 理事会 / the ~ classes 支配階級 / a ~ principle 指導原理.

⁺gov·ern·ment /gʌ́və(n)mənt, -vəm- | -v(ə)nm-, -vəm-/ 图 ❶ Ⓒ,Ⓤ [集合的; 単数または複数扱い; しばしば G~] 政府, 内閣: the British [United States] G~ 英[米]国政府 / form a G~ 組閣する / The G~ has [have] approved the budget. 政府は予算案を承認した. ❷ Ⓤ **a** 政治, 施政, 統治, 行政(権): the ~ of a country 一国の政治 / ~ of the people, by the people, for the people 人民の, 人民による, 人民のための政治 (cf. Gettysburg Address). **b** 政治体制, 政治(国家)組織: constitutional [democratic, republican] ~ 立憲[民主, 共和]政体. ❸ Ⓤ【文法】支配. **in góvernment** 政権について, 与党で. **únder ... góvernment** …政権下で. (動 govern, 形 governmental)

⁺gov·ern·men·tal /gʌ̀və(n)méntl, -vəm- | -v(ə)nm-, -vəm-⁺/ 形 政府の, 政治(上)の; 国営[官営]の. (图 government)

góvernment hòuse 图 [the ~] (英国植民地などの)総督官邸[公邸].

góvernment íssue 图《米》官給品《兵士の軍服など; cf. GI》.

góvernment pàper 图 Ⓤ 政府証券, 公債証券.

góvernment secúrities 图 働 =government paper.

góvernment súrplus 图 政府払い下げ品.

⁺gov·er·nor /gʌ́v(ə)nə, -vənə | gʌ́v(ə)nə/ 图 ❶ **a** [時に G~]《米》(米国各州の)知事 (略 Gov.). **b** (県・地方・都市などの)長官. **c** =governor-general. ❷ (銀行・官庁・官公団などの)総裁, 長官, 所長, 院長: the ~ of the Bank of England イングランド銀行総裁 / a prison ~ 刑務所長. **b** (学校・協会などの)理事. ❸《英口》=guvnor. ❹ 【機】調整器, 調速機, 整圧器. **gov·er·nor·ate** /gʌ́v(ə)nərɪt, -vən-, -rèɪt | -v(ə)n-/ 图 governor の治める地区. [F<L;⇒ govern, -or¹] (形 gubernatorial)

góvernor-géneral 图 (鼹 governors-general, ~s) (英連邦内の独立国, 昔の植民地などの)総督.

góv·er·nor·shìp 图 Ⓤ 知事[長官・総裁など]の職[地位, 任期].

govt., Govt., Gov't (略) Government.

gowk /gáʊk/ 图《英方》ばか者, まぬけ.

⁺gown /gáʊn/ 图 ❶ Ⓒ **a** (婦人用)ガウン《パーティーなどの正装に使う》: ⇒ evening gown. **b** (大学教授・学生・市長・裁判官・弁護士・聖職者などの着る黒の)職服, 正服, 法服, 式服; (外科医の)手術着《通例緑色》: an academic ~ 大学のガウン / a judge's ~ 裁判官 ~ in cap and ~ (帽子とガウンをつけて)大学の式服で《★無冠詞》/ in wig and ~《英》(かつらとガウンをつけて)法官の正装で《★無冠詞》. **c** 化粧着 (dressing gown); 寝巻き (nightgown). ❷ Ⓤ [集合的] (市民に対して)大学関係者《教授・学生など》(★通例次の句で): town and ~ 一般市民と大学の人々. [F<L=毛皮の衣服]

gowns·man /gáʊnzmən | -men/ -men/ 图 (職業・地位などを示す)ガウンを着用する人.

goy /gɔ́ɪ/ 图 (鼹 **gòy·ím**, **góy·im** /-jiːm/, ~s)《ユダヤ人から見て》非ユダヤ人. 異教徒. **góy·ish** /-ɪʃ/ 形

Go·ya /gɔ́ɪə/, **Fran·cis·co de** /frænsískoʊdə/ 图 ゴヤ (1746-1828); スペインの画家》.

GP /dʒíːpíː/ (略) general practitioner; Grand Prix.

GPA (略)《米》grade point average.

GPO /dʒíːpíːóʊ/ (略) General Post Office.

GPS /dʒíːpíːés/ (略) Global Positioning System 汎世界測位システム《人工衛星の電波を用いて地上での位置を知るシステム》.

gr. (略) grade; grain(s); gram(s); grammar; gravity; great; gross; group.

Gr. (略) Grecian; Greece; Greek.

⁺grab /gráb/ 動 (**grabbed; gráb·bing**) 働 ❶ **a** 〈…を〉ひっつかむ, つかみ取る, ひったくる: ~ a robber 強盗をひっ捕らえる / ~ hold of...をつかまえる / He *grabbed* me *by the* arm. 彼は私の腕をひっつかんだ《用法 体の部分を表わす名詞の前に the を用いる; 賡蔊 He *grabbed* my arm. と書き換え可能》/ He *grabbed* her purse *from* her hand. 彼は彼女のハンドバッグをひったくった. **b** 〈機会を〉捕らえる: ~ a chance to....する機会を手にする. ❷ 〈席・土地などを〉(不正に)奪い取る, 横領する: ~ the best seat いちばんいい席にさっと座ってしまう / ~ public land 公有地を横領する / ~ the lead トップの座を奪う. ❸《口》〈…を〉大急ぎで取る[利用する]: ~ a sandwich and a cup of coffee. 大急ぎでサンドイッチを食べコーヒーを1杯飲む. ❹《口》〈人の心を〉(しっかり)つかむ, 〈人に〉強い印象を与える: ~ an audience 観衆を魅了する / How does *that* ~ you? それに対する印象はどうですか. ── ❶ 〈…を〉ひっつかむ, つかもうとする (★受身可): ~ *at* an opportunity 好機をつかむ / He *grabbed at* her purse. 彼は彼女の財布をひったくろうとした[ひったくろうとした]. ❷《口》急ブレーキがかきぎみになる. ── 图 ❶ **a** ひっつかみ, わしづかみ: make a ~ *at*...をひったくろうとする. **b** 横取り, 横領, 略奪. ❷【機】グラブ《ひっかけて引き上げる装置》. **úp for grábs**《口》だれでも手に入れられる, 競合の対象となって. **gráb·ber** 图《Du》

gráb bàg 图《米》❶ 宝探し袋, 福袋《英》lucky dip).

《お金を取って中のものを見ないで取らせる》. ❷ 種々雑多なもの: a ~ of political theories 種々雑多の政治理論.

grab·ble /grǽbl/ 動 ❶ 手探りする[で捜す], 四つんばいになる[になって捜す] 〈*for*〉. — 他 つかむ (seize). **grábbler** 名

grab·by /grǽbi/ 形 (**grab·bi·er**; **-bi·est**) 《口》欲ばりの, がめつい.

gra·ben /ɡráːb(ə)n/ 名 《地》地溝, グラーベン 《正断層で限られた地殻が両側より深く陥没した地帯》.

gráb hàndle [ràil] 名 《英》(乗り物・建物などの)手すり 《米》handrail).

grace /ɡréis/ 名 ❶ **a** ⓤ (動作・態度・物言いなどの)優美, 優雅, 気品, しとやかさ, 上品さ: ~ of bearing [deportment, expression] 物腰[態度, 物言い]の優美さ / She danced with much ~. 彼女は実に優雅に踊った. **b** ⓒ (人を引きつける)美点, 魅力, たしなみ: one's saving ~ 短所を補う取り柄 / have all the social ~s 社交上のたしなみをすべて身につけている. ❷ ⓤ (上の立場の人が示す)親切, 好意, 思いやり, 深さ: an act of ~ 恩典, 恩赦 / by special ~ 特別の計らいで / 〔*C*+*to do*〕 She had *the* ~ *to* apologize. 彼女は潔く謝罪した. ❸ ⓤ (好意に基づく支払い・仕事などの)猶予(期間): days of ~ (手形などの支払期日後の)猶予日 / give a person a week's ~. 人に(期限以上に)1週間の猶予を与える. ❹ ⓒ 食前[後]の感謝の祈り 《匪 日本語の「いただきます」「ごちそうさま」のあいさつに当たる》: say *(a)* ~ お祈りをする. ❺ ⓤ 《キ教》神の恵み, 恩寵: by the ~ of God 神の恩寵によって 《匪匡 特に正式な文書で国王の名に添える》/ There but for the ~ of God, go I. 《諺》神の恩寵がなかったら自分もああする(ところ)だろう, 明日は我が身. ❻ [G~] ⓒ 《公爵・公爵夫人・大司[主]教の敬称に用いて》閣下, 閣下夫人, 祝上(ユィ)゚): Your *G~* 閣下 / His [Her] *G~* 閣下[閣下夫人]. ❼ [the (three) Graces] 《ギ神》三美神 《輝き・喜び・開花を象徴とする三人姉妹の若くて美しい女神》.

áirs and gráces ⇒ **air** 成句.

by (the) gráce of… の力[助け]によって.

fáll from gráce [fall は動詞] (1) (ばかなことをして)偉い人からの信用を失う; 〈…から〉好かれなくなる, 嫌われる 〈*with*〉. (2) 神の寵愛を失う, 堕落する. — [fall は名詞で ⓒ] 品》目上の人から不興を買うこと. (4) (不興を買うような)悪い事, ばかな事.

in a person's góod [bád] gráces 人に気に入られて[嫌われて], 人に好意[悪意]をもたれて.

with (a) bád gráce しぶしぶ, いやいやながら.

with (a) góod gráce 快く, 進んで.

— 他 ❶ 《出席して》〈…〉に名誉[光彩]を与える: The queen ~d the dinner *with* her presence. その晩餐会には皇陛下の御臨席の栄を賜わった. ❷ 〈…〉を優美にする, 美しく飾る: Some beautiful pictures ~ his study. 数枚の美しい絵が彼の書斎を美しく飾っている.

〔F 〈 L *gratia* 優美〕 (形 graceful, gracious)

Grace /ɡréis/ 名 グレイス 《女性名》.

gráce-and-fávour 形 Ⓐ 《英》 〈住居が〉王室[政府など]から使用料無料で下付された, 下賜の.

grace·ful /ɡréisfəl/ 形 (**more ~**; **most ~**) ❶ 〈人・動作・態度など〉優美な, 優雅な, しとやかな, 上品な: a ~ girl 優雅な物腰の少女 / (as) ~ as a swan 大変優美な. ❷ 〈言葉・感情など〉深い, 率直な: a ~ apology 率直な謝罪. (名 grace)

gráce·ful·ly /-fəli/ 副 ❶ 優美に, 優雅に. ❷ 潔く, 率直に.

gráce·ful·ness 名 ⓤ 優美, 優雅. ❷ 潔さ, 率直.

gráce·less 形 ❶ 優美なところを欠いた, 見苦しい, 品のない. ❷ 不作法な, 礼儀をわきまえない, 野卑な. **~·ly** 副 **~·ness** 名

gráce nòte 名 《楽》装飾音.

gráce pèriod 名 猶予期間: a four-day ~ 4日間の猶予期間.

grac·ile /ɡrǽs(ə)l | -sail/ 形 ❶ 細い, かよわい; ほっそりして優美な, きゃしゃな. ❷ 《人》繊細な《猿人のうち, 比較的小さく, ほっそりしたタイプについていう》. **~·ness** 名

gra·cil·i·ty /ɡræsíləti/ 名 ⓤ かよわさ; ほっそりした美しさ; (文体の)簡素; 優美さ (gracefulness).

⁺**gra·cious** /ɡréiʃəs/ 形 (**more ~**; **most ~**) ❶ (偉い人が下の者に対して寛大な心で)丁重な, 親切な, やさしい: a ~ hostess 愛想のよい女主人 / She was ~ enough to invite us to her home. 彼女は寛大にも我々を家に招待してくださった. **b** 《神の恵みあふれる, 慈悲深い》. **b** Ⓐ 〔慣例的に王・女王に用いて〕恵み深い: Her *G~* Majesty Queen Elizabeth 恵み深いエリザベス女王陛下 / the ~ speech from the throne [英議会] 開[閉]院式のお言葉. ❸ 〈暮らしぶりなど〉優雅な, 上品な: ~ living 優雅な生活. — 間 [驚きを表わして] おや, まあ, これは大変!, しまった! 《用法 通例 Good [Goodness] ~! や *G*~ me! または (My) *G*~! の形で, 主として女性が使う》: *G*~, No! いいえ, とんでもない. **~·ly** 副 **~·ness** 名 (名 grace)

grack·le /ɡrǽkl/ 名 《鳥》 ❶ ムクドリ科の総称 《キュウカンチョウなど》. ❷ ムクドリモドキ, 特にオオクロムクドリモドキ 《北米産》.

grad¹ /ɡrǽd/ 名 《米口》(大学の)卒業生の: a ~ school [student] 大学院[院生]. 〔GRAD(UATE)〕

grad² /ɡrǽd/ 名 《数・測》グラード 《直角の $^1/_{100}$, $^{90}/_{100}$度》.

grad·a·ble /ɡréidəbl/ 形 段階別に分けられる, 等級付けできる; 《言》〈形容詞・副詞が〉段階的な程度[意味]を表わす 《比較変化の形をとったり強意語と共に用いることのできる》.

gra·date /ɡréideit | ɡrədéit/ 動 他 ❶ 〈色を〉次第に別の色に変える, ぼかしにする. ❷ 〈…に〉段階[等級]をつける. — 自 次第に別の色に変わる, ぼかしになる.

gra·da·tion /ɡreidéiʃən, ɡrə-/ 名 ❶ ⓤ 徐々に変化すること, 漸次的変化, 段階的変化: by ~ 徐々に. **b** ⓒ [しばしば複数形で] 〈移行・変化などの〉段階; 等級, 階級, 順序 〔*of, in*〕: the ~*s of* in[e] color in the rainbow 虹のさまざまな段階の色 / every ~ of feeling from joy to grief 喜びから悲しみまでのあらゆる段階の感情. ❷ ⓤ 〔画〕(色彩・色調の)ほかし, 濃淡法, グラデーション. 〔L; ⇒ grade, -ation〕

gra·da·tion·al /-ʃ(ə)nəl/ 形 順序のある, 等級[段階]的な; 漸進的な, 漸次の, ぼかされた. **~·ly** 副

grade /ɡréid/ 名 ❶ ⓒ **a** 等級, 階級, グレード: *G*~ A milk 等 A の牛乳. **b** 《熟達・知能・課程などの》度合い, 程度: a high ~ *of* intelligence 高度の知性. **c** 〔集合的に〕同一等級[階級, 程度]に属するもの. ❷ ⓒ 《小・中・高校の》学年, 年級 (《英》 form) 《解説 通例 6-3-3 ないし 8-4 学年制であるが, 1年級から12年級まで通して数える: なお, 大学では用いない》: boys in (the) twelfth ~ 12 年生. **b** [the ~; 集合的に]; 単数または複数扱い] 同学年の全生徒: The first ~ was allowed to leave school early. 1 年生は早く帰宅することを許された. **c** [the ~s] 小学校: teach in *the* ~*s* 小学校で教える. ❸ ⓒ 《生徒の》成績(点), 評点, 評価《解説 次の5段階評価法が普通: A (Excellent 秀), B (Good 優), C (Fair, Average, Satisfactory 良), D (Passing 可), F (Failure 不可); D以上が合格; E (conditionally passed 条件付き合格)を設ける場合もあり, その時は E 以上が合格》: Mary always gets good ~s in math. メアリーは数学でいつも優秀な成績をとる. ❹ ⓒ 《米》 **a** (道路・鉄道などの)勾配(ホラ), 傾斜度 (《英》 gradient): a ~ of one in ten 10 分の 1 の勾配. **b** 斜面, 坂道; 傾斜した鉄道などの: a steep ~ 急な坂道. **at gráde** 《米》(鉄道と道路の交差が)同一平面で. **máke the gráde** (口) 標準に達する, 成功[及第]する《画面「坂を上りきる」の意から》. **on the dówn [úp] gráde** 下り [上り]坂で; 衰え[栄え]て: Business is *on the down [up]* ~. 景気が衰え[上向いて]きている.

— 動 他 ❶ 〈…に〉等級をつける, 〈…を〉品等別にする: Apples are ~d by [according to] size and quality. リンゴは大きさと質によって等級がつけられる. ❷ 〈…に〉成績をつける, 〈…を〉採点する (《英》 mark): ~ the papers 答案を採点する / 〔*+目+補*〕 His paper was ~d A. 彼のレポートは A だった. ❸ 〈…の〉等級をゆるくする. ❹ 〈…の〉等級である, 〈…と〉評価される: This beef ~s prime. この牛肉は最高品です. ❷ 徐々に 〈…に〉変わる, 段階的に 〈…に〉移行する 〈*into*〉. **gráde**

dówn 《他+副》〈…の〉等級[階級]を〔…に〕下げる〔*to*〕.
gráde úp 《他+副》〈…の〉等級[階級]を〔…に〕上げる〔*to*〕.
[F<L *gradus* 階段, 段階; cf. gradation, graduate] (形) gradual]

gráde cróssing 名《米》(鉄道と道路などの)平面交差(点), 水平踏切 《《英》level crossing》.

grád・ed /-dɪd/ 形 ❶ レベル別の[に分かれた]. ❷ 勾配(こうばい)[傾斜]をゆるくした.

gráde póint áverage 名 学業平均値 (通例 A=4, B=3, C=2, D=1, F=0 で求める; 略 GPA).

grád・er /-də | -də/ 名 ❶ 〔序数詞を伴って〕《米》…〔学〕年生: a fourth ～ 4 年生. ❷ 等級をつける人. ❸ 《米》採点[評点]者. ❹ グレーダー, 地ならし機.

gráde schòol 名 [U,C] 《米》小学校 《《英》primary school》.

†**grá・di・ent** /gréɪdiənt/ 名 《英》(道路・鉄道などの)勾配, 傾斜度 (grade).

grád・ing 名 U 成績づけ, 採点.

gra・di・om・e・ter /grèɪdiɑ́mətə | -ɔ́mətə/ 名 《理》 (地磁気・気温などの)傾度測定器.

*grad・u・al** /grǽdʒuəl, -dʒʊl/ 形 ❶ 徐々の, 漸進的な, 段階的な: a ～ change 漸進的な変化 / His health showed ～ improvement. 彼の健康は徐々に回復した. ❷〈勾配などゆるやかな: a ～ rise [slope] ゆるやかな上り[坂道]. **～・ness** 名 (grade)

grád・u・al・ìsm /-lɪz̀m/ 名 U 漸進主義[政策].

*grad・u・al・ly** /grǽdʒuəli, -dʒli/ 副 (more ～; most ～) 徐々に, 次第に, 漸進[段階]的に.

grad・u・and /grǽdʒuænd/ 名《英大学》卒業[学位取得]予定者.

*grad・u・ate** /grǽdʒuèɪt/ 動 自 ❶ 卒業する (比較)《英》では学位を取って大学を卒業する時に限って用いるが,《米》では大学以外の各種の学校にも用いる; 《英》ではその場合は leave school, finish [complete] the course (of…) を用いる): ～ with honors 優等で卒業する / ～ *from* Yale [Oxford] エール[オックスフォード]大学を卒業する / He ～*d* in medicine *at* Edinburgh. 彼はエジンバラ大学の医学部を卒業した. ❷ (ある段階から)一段高い段階へ進む (progress): The children will soon ～ *from* comics *to* novels. 子供はすぐ漫画を卒業して小説を読むようになるものだ. —— 他 ❶《米》〈学生〉を卒業させる, 送り出す: The university ～*s* 1000 students every year. その大学は毎年 1 千名の卒業生を送り出す / She was ～*d from* high school last year. 彼女は去年高校を卒業した 《比較》❶ のほうが一般的だ. ❷〈…に〉等級をつける,〈…を〉段階別にする, 累進的にする: The income tax is ～*d*. 所得税は累進的になっている. ❸〈温度計・定規などに〉〈…の〉目盛りをつける: This ruler is ～*d in* centimeters. この定規はセンチの目盛りがついている.

—— /grǽdʒuət/ 名 ❶ 卒業生《用法》《米》では通例複合語をなして各種の学校の卒業生,《英》では学位を取った大学の卒業生): high school ～*s*《米》高校卒業生 / a ～ *in* economics 経済学部の卒業生 / a ～ *of [from]* London University ロンドン大学の卒業生. ❷ 大学院生.

—— 形 《比較なし》 ❶ (大学の)卒業生の; 学士号を受けた: a ～ student 大学院生. ❷ 大学院の: a ～ course 大学院課程 / ～ studies 大学院での研究 / a ～ school 大学院 (bachelor (学士)を取ったあと, master (修士), doctor (博士) を取る学生が進学する).

〖L<*gradus* GRADE+-ATE²〗 名 graduation)

grád・u・àt・ed /-tɪd/ 形 ❶ 目盛りをつけた: a ～ flask 目盛りのついたフラスコ. ❷ **a** 等級別にした, 段階的に配列した: a ～ series of textbooks 段階的に進む教科書のシリーズ. **b** 段階的な; 累進的な: ～ taxation 累進課税法. / ～ deterrence 累進戦略の抑止戦略.

*grad・u・a・tion** /grædʒuéɪʃən/ 名 ❶ U 卒業《用法》《米》では学位を取って大学を卒業する場合にも用いる): He went to college after ～ *from* high school. 彼は高校を卒業してから大学へ進学した. ❷ C《米》卒業式 (cf. commencement 2b); 《英》大学の卒業式, 学位授与式. ❸ **a** U 目盛りをつけること. **b** C 目盛り, 度盛り. (動 graduate)

Grae・cism /gríːsɪzm/ 名 =Grecism.
Grae・co- /grékoʊ, gríː-/ 〔連結形〕=Greco-.

†**graf・fi・ti** /grəfíːti, græ-/ 名〔複 **-fi・to** /-toʊ/〕(壁などに書かれた)落書き. 〖It; GRAFT¹ と同語源〗

†**graft¹** /grǽft | gráːft/ 名 ❶ 接ぎ木, 接ぎ枝, 接ぎ穂. ❷ 移植組織 (皮膚・骨など): a skin ～ on a burnt hand やけどした手に移植された移植皮膚. —— 動 他 ❶〈接ぎ穂〉を接ぎ木する: ～ two varieties *together* 二つの変種を互いに接ぎ木する / ～ a vine *onto* a disease-resistant rootstock ブドウの木を病気に強い台木に接ぎ木する. ❷〈皮膚・骨などを移植する 〈*on, in*〉: ～ (*on*) new skin 新しい皮膚を移植する / Skin from his back was ～*ed onto* his face. 彼の背中の皮膚が顔へ移植された. ❸〈…を〉合体[融合]させる: ～ new customs *on [onto]* old traditions 新しい風習を古い伝統に融合させる. —— 自〈木が〉接ぎ木できる: Roses ～ well on brier roots. バラはうまく野バラの根に接ぎ木できる. 〖F<L<Gk=鉄筆〗

graft² /grǽft | gráːft/ 名《米》U ❶ 汚職; 収賄. ❷ (汚職などによる)不正利得. —— 動 自 汚職する, 収賄する.

gráft・er¹ 名 接ぎ木する人.
gráft・er² 名 《米》汚職公務員[政治家].

gra・ham /grǽəm, grémm | gríəm/ 形 《米》グラハム粉で作った, ふすま入りの: ～ flour グラハム粉《小麦全粒粉》 / ～ bread グラハムパン《全麦のパン》 / ～ crackers グラハムクラッカー.

Gra・ham /gréɪəm/ 名 グレイアム《男性名》.

Gráham's láw 名《理》グレアムの法則 (一定温度, 一定圧力のもとでは気体の拡散速度はその密度の平方根に逆比例するというもの). 〖T. Graham 英国の化学者〗

Grail /gréɪl/ 名 ～ =Holy Grail.

*grain** /gréɪn/ 名 **A** ❶ **a** U 〔集合的に〕(特に小麦などの)穀物, 穀類. **b** C (穀物の)ひと粒, 穀粒: eat up every ～ of rice ごはんをひと粒も残さずに食べる. ❷ C (砂・塩・砂糖などの)小粒: a ～ of sand ひと粒の砂. ❸ C 〔…の〕ほんの少し, (極)微量: He doesn't have a ～ of sense. 彼には少しの分別もない / There's more than a ～ of truth in his story. 彼の話にはそれなりに真実がある. ❹ a =grain side. **b** U (皮の表面の)粒々, しぼ. ❺ C グレーン《重量の最小単位; 約 0.0648 g; 略 gr., g.): **a** (常衡 (avoirdupois) で) =0.036 drams, 0.002285 ounces. **b** (金衡 (troy weight) で) =0.042 pennyweight, 0.002083 ounces. **c** (薬衡 (apothecaries' weight) で) =0.05 scruples, 0.0166 drams, 0.002083 ounces.

—— **B** U ❶ **a** (木材の)木目. **b** (石の)きめ, はだ, 石目. **c** (織物の)目. ❷ (人の)性質, 気質. **agàinst the [one's] gráin** 性分に反して, 不本意で (画来 「木目に反する」の意から): Doing that goes *against the* ～ with me. そんなことをするのは私の性に合わない. **in gráin** 生まれつきの, 根っからの. **táke…with a gráin of sált** ⇒ salt 名 成句. —— 動 他 ❶〈革などの表面をざらざらにする. ❷〈家具・部屋の壁を〉木目まがいに塗る. ❸〈獣皮から〉毛を除り除く. ❹《米》〈馬に〉穀物を与える. —— 自 粒状になる.

～・er 〖F<L=穀粒〗

grained 形 ❶ 木目[石目]のある[をつけた], 木目塗りの; 面がざらざらした; 〈皮革〉毛を除いた, 〈皮〉銀面を出した, しぼつきの; 粒状の[にした]. ❷ 〔他の形容詞と共に複合語をつくって〕…粒[木目, 石目, 気質]をもてる.

gráin èlevator 名《米》大穀物倉庫.
gráin・field 名 穀物畑.
gráin・ing 名 ❶ 木目, 石目; 木目塗り, 木目塗装, 石目つけ.
gráin・less 形 粒のない; 木目[石目など]のない.
gráin sìde 名 U (皮の)銀面《毛の生えていた側; cf. flesh side》.
gráin whìsky 名 U グレーンウイスキー《原料として, 麦芽以外にトウモロコシやライ麦を用いて造ったウイスキー》.

grain・y /gréɪmi/ 形 (**grain・i・er, -i・est**) ❶ 粒状の (granular); 〔写〕〈画像が〉粒子の粗い (不鮮明な); 〈録音が〉耳ざわりの, ざらつく; 〈食物が〉全粒粉を使った. ❷ 木目のような模様のある. **gráin・i・ness** 名

gral·loch /ɡrǽlək/ 图 U (鹿などの)臟腑. ― 動 〈鹿などの〉内臟を抜く.

*__gram__ /ɡrǽm/ 图 グラム《質量の単位; 記号 g》.〖F<L<Gk *gramma* 書かれたもの, 文字, わずかな重量〗

-gram /-ˌ-ɡræm/ [名詞連結形]「…を書いた[描いた]もの」: epi*gram*, tele*gram*.〖Gk ↑〗

gram·a /ɡrǽmə, ɡrɑ́ː-/ 图 = grama grass.

gráma gràss 图 U グラーマグラス《米国西部に生える牧草》.

gram·i·ci·din /ˌɡræməsáɪdɪn/ 图【薬】グラミシジン《土壤細菌の一種から得る, グラム陽性菌に作用する抗生物質》.

gram·i·niv·o·rous /ˌɡræmənív(ə)rəs⁻/ 形【動】禾本食(ぜんぽん)(性)の, 草食(性)の.

gram·ma /ɡrǽ(m)mɑ̀ː/ 图《米口》おばあちゃん (grandmother).

gram·ma·log, -logue /ɡrǽmələˌɡ/ -lɔ̀ːɡ/ 图《速記で》単一の記号で表わされた語.

*__gram·mar__ /ɡrǽmɚ/ -mə/ 图 ❶ U a 文法; 文法学: comparative [descriptive, historical, generative] ~ 比較[記述, 歷史, 生成]文法. b 言葉づかい: This is bad [good] ~. それは間違った[正しい]言い方です. ❷ C 文法書, 文典: a Russian ~ ロシア語の文法書.〖F<L<Gk=読み書きの技術<*gramma* 文字; cf. gram〗形 grammatical》

gram·mar·i·an /ɡrəmé(ə)riən/ 图 文法家, 文法学者.

grámmar schòol 图 U.C ❶【解說】16 世紀に創設されラテン語・ギリシャ語文法を教えることを目的とした学校であったが, 現在は学力上位の生徒に大学進学準備の教育をする中等学校. ❷《米国》の小学校.

*__gram·mat·i·cal__ /ɡrəmǽtɪk(ə)l/ 形 ❶ A 文法(上)の: a ~ category 文法的範疇《性・数・格・人称など》/ a ~ error 文法的誤り. ❷ 文法にかなった, 文法的に正しい. ~·ness 图《图 grammar》

gram·mat·i·cal·i·ty /ɡrəˌmætɪkǽləṭi/ 图 U 文法にかなっていること, 文法性.

gram·mat·i·cal·ize /ɡrəmǽtɪkəlàɪz/ 動【言】文法化する《それ自体の語彙的意味をもつ語・句を文法関係を表わす語や接辞などに変える》. **gram·mat·i·cal·i·za·tion** /ɡrəˌmætɪkəlɪzéɪʃən/ -laɪz-/ U.C 文法化

gram·mat·i·cal·ly /-kəli/ 副 ❶ 文法的に. ❷ [文修飾] 文法的には[と言うと].

*__gramme__ /ɡrǽm/ 图 = gram.

grám mòlecule 图 = mole⁴.

Gram·my /ɡrǽmi/ 图《~s, -mies》グラミー賞《米国のレコード業界で優れた業績に対して毎年与えられる賞; 金色の蓄音機のレプリカが贈られる》.〖GRAMOPHONE + EMMY²〗

grám-négative /ɡrǽm-/ 形 [時に G~] 〈細菌が〉グラム陰性の《Gram's stain によって染色されない》.

gram·o·phone /ɡrǽməfòʊn/ 图《英》蓄音機《比較現在は record player のほうが一般的》.〖PHONOGRAM の転換〗

grámophone rècord 图《英》レコード, 音盤 (record).

gramp /ɡrǽmp/, **gramps** /ɡrǽmp(s)/ 图《图 gramps》《口》おじいちゃん.

Gram·pi·an /ɡrǽmpiən/ 图 グランピアン(州)《スコットランド北東部の旧州; 州都 Aberdeen》.

Grámpian Móuntains [**Hills**] 图 圈 [the ~] グランピアン山脈《スコットランド中部 Highlands と Lowlands を分ける山地; 最高峰 Ben Nevis》.

grám-pósitive /ɡrǽm-/ 形 [時に G~] 〈細菌が〉グラム陽性の《Gram's stain によって染色される》.

gram·pus /ɡrǽmpəs/ 图 ❶【動】ハナゴンドウ《イルカ》. ❷ 〈ハナゴンドウのように〉息づかいの荒い人. **bréathe [whéeze] like a grámpus** 荒い息づかいをする.

gram·py /ɡrǽmpi/ 图《口》おじいちゃん (grandfather).

Grám's stáin /ɡrǽmz-/, **Grám stáin** /ɡrǽm-/ 图 U グラム(染色)液《グラム染色法《染色によって細菌をグラム陽性と陰性に分類する》に用いるヨード溶液》.

gran /ɡrǽn/ 图《英口・小児》おばあちゃん.〖GRAN-

787　　**grand duchess**

(DMOTHER)〗

Gra·na·da /ɡrənɑ́ːdə/ 图 グラナダ《スペイン南部の都市; Alhambra 宮殿などの遺跡で有名》.

gran·a·dil·la /ˌɡrænədílə/ 图 トケイソウ (passionflower) の食用果実, パッションフルーツ (passion fruit);【植】果実を食用にするトケイソウ《特にオオミノトケイソウ・クダモノトケイソウなど》.

Gra·na·dos /ɡrənɑ́ːdoʊs/ -dɔ́s/, **En·ri·que** /enríːkeɪ/ 图 グラナドス《1867–1916; スペインの作曲家》.

gra·na·ry /ɡréɪn(ə)ri, ɡrǽn-/ [ɡréɪn-, ɡrǽn-] 图 ❶ 穀物貯藏所, 穀物倉. ❷ 穀類を豊富に産する地方, 穀倉地帶. 〖GRAIN+-ARY〗

*__grand__ /ɡrǽnd/ 形《~·er; ~·est》❶ a 〈自然・建造物など〉雄大な, 壯大な: ~ mountain scenery 雄大な山の眺め. b 〈行事・方法など〉盛大な, 豪華な, 華やかな: a ~ dinner 盛大な晚餐会 / on a [the] ~ scale 盛大に, 大々的に / live in ~ style 豪奢な暮らしをする. ❷《口》すてきな, すばらしい: ~ weather 上天気 / We had a ~ time at the party. パーティーですてきな時を過ごした. ❸《口》人が威厳のある, 堂々とした, 偉い: a lot of ~ people 大勢のお歷々 / ⇒ grand old man / He looked ~ in his military uniform. 彼は軍服を着て堂々と見えた. b〈思想・構想・樣式など〉遠大な, 崇高な, 莊重な: a ~ design [plan] 遠大な構想[計画] / the ~ style (文学で)莊重体. ❹〈人・態度などが〉尊大な, もったいぶった, 気位の高い: with ~ gestures もったいぶった身ぶりで / give oneself ~ airs 偉そうなふりをする. ❺〈物事・事件など〉きわめて重大な: The ~ day of our wedding came at last. 私たちが結婚するという重大な日がついにやってきた. ❻《口》(比較なし) **a** [称号に用いて] 最高位の: the ~ champion グランドチャンピオン / a ~ master チェスの名人《世界チャンピオンに次ぐ最高の称号》. **b**〈建物の中で〉主要な: the ~ ballroom 大舞踏室 / the ~ entrance [staircase] (大邸宅などの)正面大玄関[大階段]. ❼《口》(比較なし) **a** 全体の, 総括的な: a ~ finale (オペラ・ショーなどの)大詰め / a ~ total 總計. **b**【樂】大編成の; 大合奏用の: a ~ orchestra 大管弦楽団, グランドオーケストラ / a ~ opera 歌劇.

图 ❶《口》グランドピアノ: ⇒ concert grand. ❷ (圈 ~)《米俗》1 千ドル;《英俗》1 千ポンド: five ~ 5 千ドル[ポンド].

〖F<L=大きな〗(图 grandeur)【類義語】**grand** 物理的にも大きく立派で雄大な. **magnificent** 特に豊かで豪奢, 豪華という感じ. **imposing** 大きくて堂々とし, 時には威圧感を与えることも意味する. **stately** 威厳があり見た目にも美しく上品な. **majestic** 堂々として威厳があり, 外見も応答である; 近寄り難いおもむきを示す. **august** 崇敬の念を起こさせるほど気高く威厳がある.

grand- /ɡrǽnd/ [連結形]「〈血縁関係が〉基本の語より一親等離れた」の: ~ grandfather.

gran·dad /ɡrǽndæd/ 图《口》= granddad.

gran·dam /ɡrǽndæm/, **-dame** /-dèɪm/ 图 老婆, ばあさん; 女の祖先.

gránd·àunt 图 父母のおば, 大おば.

Gránd Bánks 图 圈 [the ~] グランドバンクス《Newfoundland 南東沖の淺瀬; 世界的な漁場》.

Gránd Cányon 图 圈 [the ~] グランドキャニオン《米国 Arizona 州北西部にある Colorado 川に沿う大峡谷; 国立公園の一部を成す》.

Gránd Cányon Státe 图 [the ~] グランドキャニオン州 (Arizona 州の俗称).

*__grand·child__ /ɡrǽn(d)tʃàɪld/ 图《圈 -chil·dren /-tʃíldrən/》孫.

grand cru /ɡrɑ̀ːŋkrúː/ 图《圈 grands crus /~/》グランクリュ《フランスの特級格付けワイン[ブドウ園]》.

*__grand·dad__ /ɡrǽndæd/ 图《口》おじいちゃん.

grán(d)·dàd·dy /ɡrǽndædi/ 图《口·幼児》おじいちゃん;《口》元祖《*of*》.

⁺**grand·daugh·ter** /ɡrǽn(d)dɔ̀ːtɚ/ -tə/ 图 孫娘.

gránd dúchess 图 ❶ 大公妃《大公の妻[未亡人]》. ❷ 女性大公《大公国の女性君主》.

gránd dúchy 图 大公国.
gránd dúke 图 大公《大公国の君主》.
grande dame /ɡrá:n(d)dá:m/ 图 (徹 **grandes dames** /~/, ~s /~/) (通例 年配の)貴婦人, 名流婦人; 女性第一人者.
gran-dee /ɡrændí:/ 图 ❶ 大公《スペイン・ポルトガルの最高貴族》. ❷ 高官, 貴顕.
gran-deur /ɡrǽndʒə | -dʒə/ 图 Ⓤ ❶ 雄大, 壮大: the ~ of the Alps アルプスの雄大さ. ❷ 豪華, 華麗. ❸ 威厳, 威光, 偉大. ❹ 崇高, 荘重.《⇨ grand》
grand·fa·ther /ɡrǽn(d)fà:ðə | -ðə/ 图 ❶ 祖父, おじいさん. ❷ [通例複数形で] (男の)祖先. ── 動 他《...に》新規の法律[規則]の適用を除外する, 祖父条項を適用する. ── 自《新規の法律[規則]発効以前の》既得権の[に基づく].
grándfather cláuse 图《米》祖父条項《各種法律[規則]において発効以前から存在する事情に基づいて適用除外を規定した特別条項; 特に 1867 年以前に選挙権をもっていた父または祖父の子孫以外の無教育黒人に選挙権を与えなかった南部の州憲法条項で, 1915 年失効》.
grándfather clóck 图 グランドファーザークロック《おもりと振り子で動く箱入り大時計》.《H. C. Work (アメリカの歌謡作家)作の歌 *My Grandfather's Clock* (おじいさんの古時計)にちなむ》
grand·fà·ther·ly 形 ❶ 祖父のような. ❷ 親切に心配してくれる, 優しい.
grándfather's clóck 图 = grandfather clock.
gránd finále 图 (オペラ・スポーツの)大詰め, 大団円, 最終フィナーレ.
gran·di·flo·ra /ɡrændəflɔ́:rə/ 图《植》形 大型の花をつける. ── 图 グランディフィローラ《フロリバンダにハイブリッドティーを戻し交配した大輪の花をつけるバラ》.
gran·dil·o·quence /ɡrændíləkwəns/ 图 Ⓤ 大言壮語, 豪語, 自慢.
gran·dil·o·quent /ɡrændíləkwənt/ 形 ❶ 〈言葉づかいが〉大げさな. ❷ 〈人が〉大言壮語する. **-ly** 副
gránd inquísitor 图 [しばしば G- I-] 宗教裁判所長.
gran·di·ose /ɡrǽndiòʊs/ 形 ❶ 気取った, 偉そうな, 大げさな. ❷ [壮大]な, 崇高[荘厳]な, 堂々とした.《< It; ⇒ grand, -ose》
gran·di·os·i·ty /ɡrændiásəti | -ɔ́s-/ 图 Ⓤ ❶ 誇張, 誇大, 偉そうにすること. ❷ 壮大, 堂々たること.
grand je·té /ɡrá:nʒəteí/ 图《バレエ》グランジュテ《前方跳躍技の一つ》.
gránd júror 图 大陪審員《grand jury の一員》.
gránd júry 图 [集合的; 単数または複数扱い]《法》大陪審, 起訴陪審《連邦では 16-23 人から成り, 刑事事件において起訴・不起訴かを決定する; その一員は grand juror という; cf. petty jury》.
Gránd Láma 图 [the ~] ⇒ lama.
gránd lárceny 图《法》重窃盗《英国ではもと 12 ペンスを超える窃盗にいったが, 1827 年廃止》.
gránd·ly 副 ❶ 雄大に, 壮大に. ❷ 堂々と; もったいぶって, 尊大に.
gránd·ma /ɡrǽn(d)mà:/, **gránd·ma·ma** /-mà:mə | -məmà:/ 图《口》おばあちゃん.
gránd mál /ɡra:nmǽl/ 图《医》《癲癇の》大発作《意識消失, 身体硬直性痙攣を伴う; cf. petit mal》.
Grand Mar·nier /ɡrá:mməənjéɪ | -má:niéɪ/ 图 Ⓤ《商標》グランマルニエ《コニャックをベースにしたオレンジリキュール》.
grand·moth·er /ɡrǽn(d)mλðə | -ðə/ 图 ❶ 祖母, おばあさん. ❷ [通例複数形で] (女の)祖先. **teach one's grandmother (how) to súck éggs**《口》なんでも知っている人に物を教える, 「釈迦に説法」.
grándmother clóck 图 グランドマザークロック《グランドファーザークロックより小型のもの》.
gránd·mòth·er·ly ❶ 祖母のような. ❷ 親切な, 世話をやきすぎる.
grándmother's clóck 图 = grandmother clock.
Gránd Nátional 图 [the ~] グランドナショナル《英国の Liverpool 郊外のエイントリー (Aintree) で毎年 3 月に行なわれる大障害物競馬》.
gránd·nèphew 图 おい[めい]の息子, 兄弟[姉妹]の孫息子.
gránd·ness 图 Ⓤ ❶ 雄大(さ), 壮大(さ). ❷ 堂堂としていること, 尊大, 偉大.
gránd·nìece 图 おい[めい]の娘, 兄弟[姉妹]の孫娘.
gránd óld mán 图 ❶ Ⓒ a 老偉人. b 元老, 長老. ❷ [the Grand Old Man] 大長老《英国の政治家 W. E. Gladstone または Winston Churchill の愛称; 略 G. O.M.》.
Gránd Òld Párty 图 [the ~]《米》共和党 (the Republican Party)《俗称; 略 GOP》.
gránd ópera 图 ⓊⒸ グランドオペラ, 大歌劇《対話も全部楽曲的なもの》.
gránd·pa /ɡrǽn(d)pà:/ 图《口》おじいちゃん.
gránd·pap·py /ɡrǽn(d)pǽpi, ɡrǽm-/ 图《方・口》おじいちゃん (grandpa).
gránd·par·ent /ɡrǽn(d)pè(ə)rənt/ 图 祖父, 祖母.
Gránd Peniténtiary 图《カト》教皇聖庁内赦院長.
gránd piáno 图 グランドピアノ.
gránd príx /ɡrá:npríː/ 图 (徹 ~, **grands prix** /~/, ~es /~z/) ❶ [G- P-] グランプリレース《国際的な長距離自動車レース, 自転車レースなど》 ❷ グランプリ, 大賞.《F=grand prize》
grand siè·cle /ɡrá:nsjékla/ 图 ❶ 大いなる世紀《フランスの Louis 14 世の治世》. ❷ (一般に)文芸の黄金時代.
gránd slám /-slǽm/ 图 ❶《トランプ(ブリッジ)で》完勝. ❷《野》満塁ホームラン: hit a ~ 満塁ホームランを打つ. ❸《スポ》グランドスラム《ゴルフ・テニスなどで 1 シーズン中にすべての主要な選手権試合に勝つこと》.
gránd·son /ɡrǽn(d)sλn/ 图 孫息子.
gránd·stànd 图 (競馬場・競技場などの)正面特別観覧席. ── 動《米》スタンドプレーをする. **-er** 图
grándstand fínish 图 (レースなどの)大接戦の決勝.
grándstand pláy 图《米口》❶ (観覧席を沸かすための競技者の)派手なプレー, スタンドプレー《匪 「スタンドプレー」は和製英語》: make a ~ スタンドプレーをする. ❷ 場当たりの演技, 芝居気たっぷりのジェスチャー.
gránd tóur 图 ❶ [the ~] (昔の)グランドツアー, 欧州巡遊旅行《英米の上流家庭で子弟の教育の仕上げに教師を遊ばせて行なわせた》. ❷《口》(見学・研修のための)巡回旅行.
gránd·úncle 图 父母のおじ, 大おじ.
gránd únified [unificátion] thèory 图《理》大統一理論《素粒子の強い相互作用, 弱い相互作用, 電磁相互作用を統一的に記述する理論; 略 GUT》.
grange /ɡreɪn(d)ʒ/ 图 [しばしば G- で邸宅名に用いて] (種々の建物のついた)農場; (いなかの)大地主の邸宅: Badley G- バドリー農牧.
gráng·er《米西部》農民.
gra·nif·er·ous /ɡrəníf(ə)rəs/ 形 穀粒[粒状の実]を生ずる.
gra·ni·ta /ɡrəníːtə/ 图 (徹 ~s, **-te** /-ti/) グラニータ《粒の粗いシャーベット; イタリアの夏の風物》.
gran·ite /ɡrǽnɪt/ 图 Ⓤ 花崗(な)岩, みかげ石.《It =粒状の(もの)》
Gránite Státe 图 [the ~] 花崗岩州《米国 New Hampshire 州の俗称》.
gránite·wáre 图 Ⓤ みかげ石模様の陶器[ほうろう鉄器].
gra·nit·ic /ɡrəníɪk/ 形 花崗岩(状)の; 堅い.
gran·it·oid /ɡrǽnətɔɪd/ 形 花崗岩様の(岩石).
gra·ni·vore /ɡrǽɪnəvɔə, ɡrǽɪn- | -vɔː/ 图 穀食動物.
gra·niv·o·rous /ɡrəníν(ə)rəs/ 形 穀食の.
gran·ny, gran·nie /ɡrǽni/ 图 ❶《口》おばあちゃん. ❷《口》おせっかい屋, ぎょうぎょうしく騒ぎ立てる人. ── 形 おばあちゃん用の.

gránny bònd 图《英》老人国債, グラニーボンド《物価スライド付きの国民預金証書の通称; もとは老齢年金受給者のみが利用できた》.

gránny flàt [ánnexe] 图《英》老人用付属住宅[部屋].

gránny glàsses 图[複数扱い]おばあちゃん眼鏡《レンズの小さい金縁[銀縁]眼鏡》.

gránny knòt 图 逆さ結び, 縦結び《ほどけやすい結び方》.

Grán·ny Smith 图 グラニースミス《オーストラリア原産の生食・料理用の青リンゴの一品種》.

grànodíorite /grænoʊ-/ 图Ⓤ 花崗閃緑岩.

gra·no·la /grənóʊlə/ 图Ⓤ グラノーラ《押しつぶしたエンバク・ナッツ・ドライフルーツ・赤砂糖を混ぜて小粒にした朝食用シリアル》.

grànoconcréte /grǽnəlìθ-/ 图 花崗コンクリート. **grano·lith·ic** /grænəlíθɪk⁻/ 形

gran·o·phyre /grǽnəfàɪr/ -fàɪə/ 图Ⓤ グラノファイアー《石英斑岩または細粒斑状花崗岩》. **gràn·o·phýr·ic** /-fírɪk⁻/ 形

*__grant__ /grǽnt | gráːnt/ 動 ❶《嘆願・懇願などを》承諾する, かなえてやる: Please ~ our request. どうぞ私どもの願いをお聞き入れください /〔＋目＋目〕The authorities ~ed the refugees entry.＝The authorities ~ed entry to the refugees. 当局はその難民たちの入国を許可した. ❷ a 〈...を〉認める: 〔＋目＋目〕I ~ (him) the reasonableness of his argument. 彼の議論の正当性を(彼に)認める /〔＋目＋that〕I ~ (you) that I was wrong. 私が間違っていたことを(君に)認めます /〔＋目＋to be 補〕I ~ him to be innocent. 彼が無実だと認める. b [I ~ (you)でримに用いて]なるほどに違いない: He's young, I ~ (you), but he's very able. おっしゃるとおり彼は若いですが有能だ. ❸〈...を〉《願いを聞き入れて正式に》与える: ~ permission 許可を与える / a privilege 特権を付与する /〔＋目＋目〕They ~ed him a scholarship.＝They ~ed a scholarship to him. 彼らは彼に奨学金を授与した.

Gód gránt (that)... ⇒ god 4.

gránted, (...,) but (相手の発言を一応認めて)そのとおり(...)ですが: Granted, we've been very successful this year, but will we be able to do it again next year? 今年は大成功だったことは認めよう, しかし来年もまたそうりいくだろうか.

gránted [gránting] (that)... 仮に...だとしても: Granted [Granting] that what you say is true, it's no excuse. 仮に君の言うことが本当だとしても, それは言い訳にはならない / Granted his cleverness, he may still be mistaken. 頭のいいことは認めるとしても彼だって考え違いをしているかもしれない.

táke...for gránted (1)〈...ということを〉当然のことと思う: I took it for ~ed that he had received the letter. 私は彼が手紙を受け取ったものと思い込んでいた. (2)《ありがたみを忘れて》〈...を〉当たり前のもの[当然のこと]と考え, 軽視する: He takes for ~ed all that I do for him. 彼は私が彼のためにしてやることをすべて当然のことだと思っている / She takes her husband for ~ed. 彼女は自分の主人を気にかけていない.

——图 ❶Ⓒ(国が与える)補助金, 助成金, 奨学金: a ~ for medical research 医学研究のための助成金 / a government ~ to universities 大学への政府補助金. ❷Ⓤ a 許可, 認可. b 授与, 付与; 〔法〕譲渡. ❸Ⓒ《米》(Vermont, Maine, New Hampshire 州の)土地の一区域《もと個人・団体に下付されていた地域》.

gránt·er /-tə/ -tə/ 图

《F＜L＝信用する; credit と同語源》

【類義語】⇒ give.

Grant /grǽnt | gráːnt/, **Ulysses S(imp·son)** /sím(p)s(ə)n/ 图 グラント (1822-85; 米国第 18 代大統領 (1869-77); 南北戦争で北軍の総司令官).

gránt áid 图《英》公費助成《中央政府が地方自治体や学校などに行なう財政援助》. **gránt-áid** 動

gránt·ee /græntíː | gràːn-/ 图 補助金受給者.

gránt-in-áid 图《複 grants-in-aid》(国が公共事業などに与える)補助金, 助成金, 交付金.

gránt-maintáined 形《学校が》交付金運営の《地方政府の管轄によらず, 中央政府の直接の資金で運営される》.

grán·tor /grǽntə/ -tə/ 图 補助金投与者.

grants·man·ship /grǽntsmənʃɪp | grɑː-/ 图Ⓤ (政府財団などからの)助成金獲得術.

gran tu·ris·mo /grɑːntʊrízmoʊ | græntʊ-/ 图《伊 ~s》グラントゥーリズモ《長距離を高速で走行するための高性能車; 略 GT》. 〖It＝grand touring〗

gran·u·lar /grǽnjʊlə | -lə/ 形 ❶ 粒(状)の; 顆粒(か)状の. ❷ (表面が)ざらざらした.

gran·u·lar·i·ty /grænjʊlǽrəti/ 图Ⓤ 粒状(性).

gran·u·late /grǽnjʊlèɪt/ 動 粒(状)にする, ざらざらにする《★通例受身》. —— 粒(状)になる.

grán·u·làt·ed súgar /-tɪd-/ 图Ⓤ グラニュー糖.

gran·u·la·tion /grænjʊléɪʃən/ 图Ⓤ 粒にする[なる]こと; ざらざら(にすること).

grán·u·là·tor /-lèɪtə | -tə/ 图 粒化機, (移転)造粒機.

gran·ule /grǽnjuːl/ 图 小粒, 細粒; 微粒.

gran·u·lite /grǽnjʊlàɪt/ 图Ⓤ 白粒岩, グラニュライト《長石・石英・ざくろ石からなる》. **gràn·u·lít·ic** /-lítɪk⁻/ 形

grán·u·lo·cyte /grǽnjʊloʊsàɪt/ 图 顆粒(白血)球.

gran·u·lo·ma /grænjʊlóʊmə/ 图《複 ~s, -ma·ta /-tə/》〔医〕肉芽腫. **-ló·ma·tous** /-təs⁻/ 形

gran·u·lo·met·ric /grænjʊloʊmétrɪk⁻/ 形〔地〕粒度分析の.

*__grape__ /gréɪp/ 图 ❶ⒸⓊ ブドウ《一粒の実》: a bunch of ~s ひと房のブドウ / sour grapes. ⇒ sour. ❷Ⓒ ブドウ(木). ❸Ⓤ [the ~] ぶどう酒.〖F＝ひと房のブドウ〗

*__grápe·frùit__ 图《複 ~, ~s》ⒸⓊ グレープフルーツ(実); Ⓒ グレープフルーツ(木).

grápe hỳacinth 图〔植〕ムスカリ《るり色の小花が集まってブドウのふさ状をなす; ユリ科》.

grápe·shòt 图Ⓤ ぶどう弾《昔の大砲用散弾》.

grápe sùgar 图Ⓤ ぶどう糖.

*__grápe·vìne__ 图 ❶ Ⓒ ブドウのつる[木]. ❷ [the ~] うわさ[情報]の秘密経路路: I heard it through [on] the ~. そのことはうわさで聞いた.

grap·ey /gréɪpi/ 形 ぶどう(状)の.

*__graph__[1] /grǽf | gráːf, grǽf/ 图 グラフ, 図表, 図式: a bar [circle, line] ~ 棒[円, 線]グラフ / make a ~ of...をグラフにする. —— 動〈...を〉グラフで示す, 図示する, 図式で表わす. 〖graph(ic formula)〗

graph[2] /grǽf | gráːf, grǽf/ 图〔言〕(音素決定などの最小単位としての)文字[記号](の組合わせ), つづり(体), 書記素 (grapheme).

-graph /-⸺grǽf | -gràːf, -grǽf/ [名詞連結形] ❶「...を書く[描く, 記録する]器具」: phonograph. ❷「...を書いたもの[絵]」: photograph. 〖Gk graphein 書く〗

graph·eme /grǽfiːm/ 图〔言〕書記素《書記素として, つづり字の体系における最小単位》. **gra·phe·mic** /græfíːmɪk/ 形 **-mi·cal·ly** /-mɪkəli/ 副

gra·phe·mics /græfíːmɪks/ 图Ⓤ〔言〕書記素論.

*__graph·ic__ /grǽfɪk/ 形 Ⓐ ❶《描写などが》まのあたりに見るような, 生々しい, 露骨な: a ~ description of the accident 事故の精彩に富んだ[生々しい]描写. ❷ a 図表によ[で表わした], グラフ式の: a ~ formula〔化〕構造式 / the ~ method 図式法, グラフ法. b グラフィックアートの, 図画の: a ~ artist グラフィックアートの専門家 / ~ design グラフィックデザイン / a ~ designer グラフィックデザイナー. ❸ 文字の, 文字上の, 文字[記号]による: a ~ symbol 書写記号《文字・絵文字など》. ❶ Ⓒ (図解・説明用の)図表, さし絵. ❷ Ⓒ グラフィックアートの作品. ❸ [複数形で] ⇒ graphics. 〖L＝G＝書くことに関する《graphein 書く》〗

graph·i·ca·cy /grǽfɪkəsi/ 图Ⓤ 地図やグラフを理解する能力, 読図能力.

graph·i·cal /-fɪk(ə)l/ 形 ＝graphic.

gráph·i·cal·ly /-kəli/ 副 ❶ 図表を用いて. ❷ 生き生きと.

gráphical úser ínterface 名 =GUI.

gráphic árts 名 《the ~》グラフィックアート《一定の平面に文字・絵などを表示・装飾または印刷する技術や芸術の総称; cf. plastic arts》.

gráphic équalizer 名 〖音響〗グラフィックイコライザー《可聴周波数帯域をいくつかの帯域に分け，それぞれの帯域の信号レベルを増減できるようにした周波数特性補正装置》.

gráphic nòvel 名 劇画.

graph·ics /grǽfɪks/ 名 ❶ ⓊⒸ 製図法, 図学. ❷ Ⓤ 図式〖グラフ〗算法. ❸ Ⓤ〖電算〗グラフィックス《電子計算機の出力をディスプレーに図形で表示する技術》. ❹《複数扱い》= graphic arts.

gráphics adàpter [càrd] 名〖電算〗グラフィックアダプター.

gráphics tàblet 名〖電算〗グラフィックスタブレット《グラフィックデータ入力用のデータタブレット》.

†**graph·ite** /grǽfaɪt/ 名 Ⓤ 石墨, 黒鉛《鉛筆の芯などに用いる》. 〖G; ⇨ -graph, -ite〗

graph·i·tize /grǽfətàɪz/ 動 働 黒鉛化する. **gràph·i·ti·zá·tion** /-ɪzéɪʃən | -taɪz-/ 名.

gra·phól·o·gist /-dʒɪst/ 名 筆跡学者.

gra·phól·o·gy /-dʒɪ/ 名 Ⓤ 筆跡学.

gráph pàper 名 Ⓤ グラフ用紙, 方眼紙.

-gra·phy /-grəfɪ/《名詞連結形》❶「画風・書法・記録法」: lithography, stenography. ❷「記述したもの, …誌, …学」: geography, biography. 〖Gk; ⇨ -graph, -y¹〗

grap·nel /grǽpn(ə)l/ 名 引っかけいかり《小舟などのいかり, または水底をさらう時に用いる》.

grap·pa /ɡrɑ́ːpə | ɡrǽpə/ 名 Ⓤ グラッパ《ブドウしぼり器の残滓から蒸留したイタリアのブランデー》.

†**grap·ple** /grǽpl/ 動 ⓐ ❶ 取っ組み合いをする (wrestle): The two boys ~d with each other. 二人の少年は取っ組み合いをした. ❷《難問・困難などに取り組む》: We ~d with the problem. 我々はその問題と取り組んだ. — 名 ❶ Ⓒ 取っ組み合い, 格闘. ❷ = grapnel.

gráp·pling ìron [hòok] 名 = grapnel.

grap·to·lite /grǽptəlàɪt/ 名〖古生〗筆石(ひっせき)《古生代の群棲生物》.

GRAS /grǽs/《略》《米》generally recognized as safe《米国食品医薬品局の認可ラベル》.

Gras·mere /grǽsmɪə | grɑ́ːsmɪə/ 名 グラスミア《イングランド北西部湖水地方にある湖; この近くの村に W. Wordsworth が住んだ》.

*†**grasp** /grǽsp | grɑ́ːsp/ 動 働 ❶《…を》《手で》ぎゅっとつかむ, しっかりと握る; 《機会》をつかむ: ~ any chance どんな機会をも逃さない / He ~ed both my hands. 彼は私の両手をしっかりと握った / G~ all, lose all. 〖諺〗 すべてをつかめばすべてを失う, 「欲ばりのなる損」/ He ~ed me by the arm. 彼は私の腕をぎゅっとつかんだ 《用法 体・衣服の部分を表わす名詞の前に the を用いる》. ❷《…を》理解する, 把握(はぁく)する: ~ the gist of a matter 問題の核心をつかむ / I don't ~ his meaning. 彼の真意がくみ取れない. — 働 ❶ 《…を》つかもうとする: ~ at a dangling rope ぶら下がっているロープをつかまえようとする / He ~ed at the handrail. 彼は手すりにつかまろうとした. ❷ 《機会などに》飛びつこうとする: He ~ed at the offer. 彼は渡りに船とその申し出を受けとった. — 名《単数形で》❶ しっかりつかむこと, 強い握り; 抱き締めること: have [take] a firm ~ on …をしっかりと握っている《握る》. ❷ 統御, 支配; 占有: in the ~ of…の手中に / fall into the enemy's ~ 敵の手中に落ちる. ❸ 理解力, 把握力: have a good ~ of foreign affairs 外交問題をよく理解〖把握〗している. **beyónd [withín] a person's grásp** (1) 人の手の届かない〖届く〗所に. (2) 人の理解の及ばない〖及ぶ〗所に. **grásp the néttle** ⇨ nettle 名 成句. **tàke a grásp on** oneself 自分の感情を抑える. 〖ME; GRIP¹ と関連語〗 〖類義語〗 ⇨ take.

grásp·ing 形 《金に》貪欲(どんよく)な, 欲の深い (greedy). ~·**ly** 副 ~·**ness** 名.

*‡**grass** /grǽs | grɑ́ːs/ 名 ❶ a ⓊⒸ 《家畜が食べるような葉の細い》草, 牧草: blades [leaves] of ~ 草の葉 / Cattle feed on ~. 牛は草を食べる. b Ⓒ〖植〗イネ科の草《穀類・アシ・竹なども含む》. c Ⓤ《俗》アスパラガス (sparrowgrass). ❷ Ⓤ a 芝生: Keep off the ~.《掲示》芝生に入らないこと / The ~ is (always) greener on the other side (of the fence).《諺》隣の芝生は(いつも)青い, 他人のものは何でもよく見える. b 草地, 草原; 牧草地: lie down on the ~ 草原に寝そべる. ❸ Ⓤ《俗》マリファナ: smoke ~ マリファナを吸う. ❹ Ⓒ《英俗》《警察への》密告者, 情報提供者 (informer). **(as) gréen as gráss** ⇨ green 形 成句. **gò to gráss**《人から仕事をやめる. **lèt the gráss grów ùnder one's féet**《通例否定文で》《ぐずぐずして》機会を逃す《由来「足の下に草を生やす」の意から》. **pút a person óut to gráss** 《草に》 ×人を解雇する・退職する. **snáke in the gráss** ⇨ snake 名 成句. — 動 働 ❶《土地を》草でおおう, 芝生にする 〖over〗. ❷《米》《家畜》を放牧する. ❸《英俗》《…のことを》《警察に》密告する〖on〗 (inform). 〖OE=若い芽」の意; GREEN と関連語〗《派生》grassy)

Grass /grɑ́ːs/, **Günter** 名 グラス《1927- ; ドイツの小説家・劇作家; Nobel 文学賞 (1999)》.

gráss bòx 名 《芝刈り機の》集草箱〖容器〗.

gráss càrp 名 〖魚〗ソウギョ(草魚)《コイ科》.

gráss clòth 名 グラスクロス《ラミー・亜麻・大麻などの繊維で織った光沢のある平織り物》.

gráss cóurt 名 〖テニス〗グラスコート《芝生張りのテニスコート; cf. clay court, hard court》.

grass·hop·per /grǽshàpə | grɑ́ːshɔ̀pə/ 名 〖昆〗バッタ, イナゴ, キリギリス. **knée-high to a grásshopper** ⇨ kneehigh 成句.

grásshopper wàrbler 名 〖鳥〗センニュウ《欧州・アジア・アフリカ産; ヒタキ科》.

*†**gráss·land** 名 Ⓤ《また複数形で》❶ 牧草地, 牧場. ❷ 大草原.

gráss pàrakeet 名 〖鳥〗草地性のインコ《豪州産》, 《特に》セキセイインコ.

gráss pèa 名 〖植〗ガラスマメ《食用・飼料用》.

gráss·quìt /-kwɪt/ 名 〖鳥〗クビワスズメ《南米産》.

*†**gráss róots** 名 《通例 the ~》❶ 《世論などの重大要素としての》一般大衆,「草の根」: democracy at the ~ 一般民衆から盛り上がる民主主義. ❷ 《思想などの》基本, 根源: the ~ of international cooperation 国際協力の基本 / get [go] back to (the) ~ 原点に立ち返る.

gráss-róot(s) 形 A 《一般大衆から盛り上がった, 草の根の: a ~ movement 民衆運動, 草の根運動 / get ~ support 民衆の支持を得る.

gráss skì 名 グラススキー《grass skiing をするとき足に装着するキャタピラー状のスキー板》.

gráss skìing 名 Ⓤ 草スキー, 芝スキー, グラススキー.

gráss skírt 名 《フラダンスの》腰みの.

gráss snàke 名 〖動〗a ヨーロッパヤマカガシ. b = green snake.

gráss trèe 名 〖植〗ススキノキ《茎が木質化するユリ科の多年草; オーストラリア原産》.

gráss wídow 名 ❶ 《仕事・遊びなどで》夫が長い間不在の妻. ❷ 夫と別れている妻.

gráss wídower 名 ❶ 妻が長い間不在の夫. ❷ 妻と別れている夫.

*†**grass·y** /grǽsi | grɑ́ːsi/ 形 (**grass·i·er**; **-i·est**) ❶ 草の多い, 草深い, 草におおわれた. ❷ 草(のよう)な; 草色の; 草のにおいのする. 《派生》grass)

†**grate¹** /gréɪt/ 名 ❶ 《暖炉などの》鉄格子(てつごうし), 火床《その上にまきを置く・石炭などをのせる》. ❷ 暖炉. 〖F<L=編み細工; CRATE と同語源〗

grate² /gréɪt/ 動 働 ❶ 《…を》すり合わせる, きしらせる; すってキーキー鳴らす: ~ one's teeth 歯をギリギリきしらせる. ❷ 《チーズ・リンゴなどを》おろす. — 働 ❶ 《人・耳・神経などに》障る, いやな感じを与える: This music ~s on my ear(s) [nerves]. この音楽は耳障りだ〖神経に障る〗. ❷ 《戸などが》きしむ: The window was grating in the wind. 窓が風でギーギーきしんでいた / The boat ~d against [on] the rocks. ボートが岩とすれ合ってギーッと音をたてた. 《F=こする》

‡grate・ful /gréitf(ə)l/ 形 (more ~; most ~) ❶ a P〔人に〕感謝して〔to〕;〔行為などを〕ありがたく思って〔for〕(↔ungrateful): I shall be ~ to you all my life. 一生ご恩は忘れません / I'm extremely [deeply] ~ for your sympathy. ご同情をいただきたいへん感謝しています / He'll be very ~ to know that. 彼はそれを知ったらたいへんありがたがるだろう / I was ~ that it was nothing serious. 大したことでなくて幸いだと思った / I would be ~ if you could send me an application form. 申し込み用紙を送っていただければ幸いです. b A 喜ばしい: a ~ glance 感謝のまなざし / a ~ letter 感謝の手紙. ❷〈文〉快適な, 心地よい: a ~ breeze 心地よい微風. **~・ly** /-fəli/ 副 **~・ness** 名 《L gratus うれしい+-FUL¹; cf. gratify, gratitude》【類義語】**grateful** 他人から受けた好意・親切などに対してその人に感謝する. **thankful** 自分の幸運に対してありがたく思っている.

grát・er /-tə‖-tə/ 名 おろし金[器]: a cheese ~ チーズおろし器. 《GRATE²+-ER¹》

grat・i・cule /grǽtəkjùːl/ 名 (顕微鏡などの計数板上の)計数線; (測)(方眼紙上の)格子線;(地図)経緯線網.

grat・i・fi・ca・tion /grǽtəfikéiʃən/ 名 ❶ U 満足させる[喜ばせる]こと; 満足すること; 満足(感): the ~ of one's wishes 願望を満たすこと / He had the ~ of knowing that he had done his best. 彼は最善を尽くしたという満足感にひたった. ❷ C 満足させる[喜びを与える]もの[こと]: His success is a great ~ to us. 彼の成功は我々にとって大きな喜びである.

grát・i・fied 形 満足した, 喜んだ: in a ~ tone 満足した口調で / I was ~ with the news [at the result]. その知らせ[結果]に満足した / They were ~ to see her. 彼らは彼女を見て喜んだ.

⁺grat・i・fy /grǽtəfài/ 動 他 ❶〈人を〉喜ばせる, 満足させる (satisfy) (★しばしば過去分詞で形容詞的にも用いる; ⇒gratified): It gratifies me to learn... と知って満足です / Praise gratifies most people. ほめられるとたいていの人は満足する. ❷〈欲望・好奇心[願望]を〉満たす: ~ one's curiosity [wishes] 好奇心[願望]を満たす / ~ one's thirst with a cold glass of beer 冷たいビールでのどの乾きをいやす. 《L gratus 感謝している, うれしい+-FY; cf. grateful》

grát・i・fy・ing 形 (希望などをかなえて)満足を与える, 満足な, 心地よい, 愉快な: a ~ reception 心地よい歓迎. **~・ly** 副

gra・tin /grάːtn‖grǽtæŋ/ 名 C,U グラタン (⇒ au gratin). 《F》

gra・ti・né, -née /grǽtənèi, gràː t-‖-ʹ-/ 形 [名詞の後に置いて]グラタンの[にした].

grat・ing¹ /gréitiŋ/ 名 (窓などの)(鉄)格子; (マンホールなどの)鉄格子ぶた.

grat・ing² /gréitiŋ/ 形 ❶〈音が〉きしる, キーキーいう, 耳ざわりな. ❷〈態度・言葉が〉神経にさわる, 不快な. **~・ly** 副

grat・is /grǽtis, grάː t-/ 形 P 無料の (free): This sample is ~. この見本は無料です. ── 副 無料で: You can get the sample ~. 見本は無料でもらえます. 《L=好意で》

⁺grat・i・tude /grǽtət(j)ùːd‖-tjùːd/ 名 U 感謝(の念), 謝意 (↔ ingratitude): with ~ 感謝して / out of ~ 感謝の念から, 恩返しに / express one's ~ to a person 人に感謝の意を述べる / He showed no ~ for the kindness done him. 彼は親切にしてもらったのに何の感謝の気持ちも示さなかった. 《F<L gratus 感謝している+-TUDE; cf. grateful》

⁺gra・tu・i・tous /grət(j)úːəṭəs‖-tjúː-/ 形 ❶ 無料の, 無報酬の: ~ service 無料奉仕. ❷ いわれ[根拠]のない, 不当な, 余計な: a ~ insult いわれのない侮辱 / His criticism is quite ~. 彼の批判はまったく根拠がない, 彼にとやかく言われる筋合いはない. **~・ly** 副 **~・ness** 名 《L=無償のくgratus 喜ばしい, 感謝している; cf. grateful》

gra・tu・i・ty /grət(j)úːəṭi‖-tjúː-/ 名 ❶ 心づけ, 祝儀, チップ (比較 tip のほうが一般的): No gratuities accepted. (掲示)お心づけはご辞退致します. ❷〈英〉(除隊・退職などの際に与えられる)賜金, 退職金. 《F<L ↑》

graunch /grɔːnʧ/ 動 自 ガリガリ[ギーギー, ギシギシ]いう, きしむ.

gra・vad・lax /grάː vədlàːks‖grǽvədlæks/ 名 =gravlax.

gra・va・men /grəvéimən/ 名 (徴 -vam・i・na /-vǽmənə, -véi-/) 苦情, 不平;(法)(訴訟・告訴・陳情などの)最重要点, 主旨.

‡grave¹ /gréiv/ 名 ❶ C 墓, 死体を埋める穴: in one's ~ 死んで / visit one's mother's ~ 母の墓参りをする / go to a watery ~〈文〉溺死する / Someone is walking on [over] my ~. 私の墓になる所をだれか[幽霊]が歩いている 《用法》わけもなくぞっと身震いする時の言葉). ❷ [the ~] 死: The ~ comes to all men. 死はすべての人に訪れる. (as) sílent [quíet] as the gráve (墓のように不気味に)静まり返った, 口が堅い. díg one's ówn gráve 自らの墓穴を掘る, 自滅する. from the crádle to the gráve ⇒ cradle 2 a. háve óne fóot in the gráve ⇒ foot 名 成句. túrn [róll, spín] (óver) in one's gráve〈故人が〉墓の下で嘆く: Your father would turn in his grave to see your conduct. 君の行為を目にしたら亡くなられたおとうさんも浮かばれまい. 《OE; 原義は「掘られた所」》【類義語】**grave** 墓を意味する最も一般的な語で, 死骸を葬った場所すべてを意味する. **tomb** 地中・地上を問わず死骸を葬るために作った場所で, しばしば墓石, 記念碑などがある.

‡grave² /gréiv/ 形 (grav・er; grav・est) ❶ a〈責任・問題・決定など重大な, 重要な: a ~ decision 重大な決定 / ~ doubts 強い疑念 / ~ news 重大ニュース. b〈事態・病気・誤りなど〉ゆゆしい, 容易ならぬ, 危険をはらんだ: a ~ error とんでもないエラー / a ~ situation ゆゆしい事態. ❷〈人・顔つき・態度・儀式などが〉重々しい, 謹厳な, 厳粛な, まじめな: a ~ ceremony 厳粛な式典 / His face was ~. 彼の顔はまじめだった. ❸ /gréiv, grάː v‖grάː v/ (比較なし) A (音声)低アクセント(`)のついた, 低音の: a ~ accent 低アクセント. **~・ly** 副 **~・ness** 名 《F<L=重い, 重要な》名 gravity.【類義語】⇒ serious.

grave³ /gréiv/ 動 他 (~d; grav・en /gréiv(ə)n/, ~d)〈…〉を心に銘記する 〔on, in〕 (★ しばしば受身): His words were graven [~d] on my mind. 彼の言葉は私の心に深く刻まれた. 《OE=掘る; GRUB と関連語》

grave⁴ /gréiv/ 動 他 (海)〈船底の付着物を取りのけてタールなどを塗る.

gráve・dìgger 名 墓掘り(人).

⁺grav・el /grǽv(ə)l/ 名 U ❶ [集合的に] 砂利, バラス. ❷ (医)a 尿砂(結石より小さいもの). b 尿砂症. ── 動 他 (grav・eled, 〈英〉-elled; grav・el・ing, 〈英〉-el・ling) ❶〈...に〉砂利を敷く[まく] (⇒ graveled). ❷ a〈米口〉〈人を〉いらだたせる, 怒らせる. b〈古〉〈人を〉めんくらわせる, 当惑させる.【類義語】⇒ stone.

gra・veled, 〈英〉**-velled** /grǽv(ə)ld/ 形 砂利を敷いた[まいた]: a ~ path 砂利道.

gráv・el・ly /-vəli/ 形 ❶ 砂利の(多い), 砂利を含む; 砂利のような. ❷〈声が〉がらがらの.

graven 動 grave³ の過去分詞.

gráven ímage 名 彫んだ像, 偶像.

Gra・ven・stein /grάː vənstàm, grǽvənstìːn/ 名 園 生娘(赤に縞(⅛)のある大型のドイツ種の黄色リンゴ).

gráv・er 名 (銅版用の)彫刻刀.

gráve ròbber 名 墓泥棒.

Graves¹ /gréivz/**, Robert** 名 グレイブズ(1895-1985; 英国の詩人).

Graves² /grάː v/ 名 U グラーブ (フランス南西部 Graves 地方産の赤または白ワイン).

gráve・sìde 名 墓場のわき(の空き地), 墓畔.

gráve・stòne 名 墓石, 石碑.

Gra・vett・ian /grəvéʃiən/ 名 (考古) グラベット文化(期)の (尖頭器を特徴とするヨーロッパの後期旧石器文化).

— 名 [the ~] グラベット文化.

gráve·yàrd 名 ❶ 墓所, 墓地《★通例教会に隣接する; cf. cemetery, churchyard》. ❷ 廃棄場所, '墓場': a ~ for [of] cars 車の廃車場.

gráveyard màrket 名 [単数形で][証券]墓場市場《売りに出れば投資家は損を免れえず, 潜在的投資家は市況が改善されるまで買い控えている弱気市場, 《中に入ったら》出るに出られず, 《外の人は》入りたくもないし, という状況》.

gráveyard shíft 名 [通例 the ~]《交替制の》深夜勤務.

grav·id /grǽvid/ 形《文》妊娠した.

gra·vim·e·ter /ɡrǽvimətə | -tə/ 名 ❶ [化]比重計. ❷ [理]重力計.

grav·i·met·ric /ɡrævəmétrik/ 形 [化]重量測定の, 重量によって測定された.

grav·im·e·try /ɡrəvímətri/ 名 [化]重量測定.

gráv·ing dòck /ɡréiviŋ-/ 名 [海]グレービングドック《特に船底の掃除・修繕用の乾ドック》.

Gra·vi·tas /ɡrǽvətɑ:s, -tæs/ 名 ❶ 真剣さ, まじめさ, 厳粛さ

grav·i·tate /ɡrǽvətèit/ 動 ❶ ❶ 〔…の方向へ〕引力によって引かれる〔toward, to〕: The earth ~s toward the sun. 地球は引力によって太陽に引かれる. ❷ 〈人・関心・ものなどが〉〔…へ〕自然に引き寄せられる〔toward, to〕: He's gravitating toward the chairperson's position. 彼は議長の立場に引き寄せられている. 〖▶ gravity〗

grav·i·ta·tion /ɡrævətéiʃən/ 名 ❶ U [理]引力(作用), 重力; 引きつける力; 〖理〗引力: terrestrial ~ 地球引力 / universal ~ 万有引力 / the law of ~ 引力の法則. ❷ 〔…から..へ向かう〕自然の傾向〔from〕〔to, toward〕: the ~ of the population from the country to the cities 人口がいなかから都市に集中する傾向.

grav·i·ta·tion·al /ɡrævətéiʃ(ə)nəl/ 形 引力(作用)の, 重力の: ~ force [pull] 引力 / a ~ wave 重力波. ~·ly 副

grávitational cónstant 名 [理]重力定数.

grávitational léns 名 [天]重力レンズ《銀河などの重力がその付近を通過する遠隔天体からの光に及ぼす屈折》.

grav·i·ton /ɡrǽvətɑn | -tɔn/ 名 [理]重力量子, グラビトン.

grav·i·ty /ɡrǽvəti/ 名 U ❶ a [理]地球引力, 重力; 引力(略 g). b [理]重力加速度(略 g). c 重量, 重さ: ⇒ specific gravity / the center of ~ 重心. ❷ a 重大さ;《罪・病気などの》容易ならぬこと, 重さ: the ~ of the situation 事態の重大さ / an offense of great ~ 大罪. b まじめさ, 真剣さ, 厳粛, 沈着(seriousness): with ~ まじめに / preserve one's ~ まじめさを守る. 〖F < L = 重さ, 重要性〗《形 grave², 動 gravitate》

grávity fèed 名 U 重力送り《重力を利用した燃料などの供給》.

grávity wàve 名 [理]《流体の, または仮想上の》重力波.

grav·lax /ɡrúːvlɑːks | ɡrǽvlæks/ 名 U グラブラクス《スカンジナビア料理で, サケのマリネ, 塩・黒胡椒・イノンド・アクアビットに漬けたもの》.

gra·vure /ɡrəvjúə | -vjúə/ 名 ❶ U グラビア印刷. ❷ C 印刷物[写真]. 〖▶ PHOTOGRAVURE〗

gra·vy /ɡréivi/ 名 ❶ a 肉汁, グレービー《焼いている肉からにじみ出る汁》. b 《この肉汁で作る》グレービーソース. ❷ 《俗》ほろいもうけ, 思いがけない収入, 'うまい汁'. 〖F grané ソース < GRAIN; -n- を -v- と間違えたことによる〗

grávy bòat 名 《舟形の》グレービーソース入れ.

grávy tràin 名 [the ~] 《俗》ぼろもうけできる《うまい汁が吸える》仕事: get on [ride] the ~ 楽にもうかる仕事にありつく.

gray¹ /ɡréi/ 形 (~·er; ~·est)《綴り》《米》では gray, 《英》では grey とつづる》 ❶ 灰色の, ねずみ色の, グレーの: a ~ coat グレーのコート. ❷ 《比較なし》 a 《髪・人の》白髪(まじり)の, ごま塩頭の: a ~ old man 白髪の老人 / get ~ (hair)《口》《心配で》白髪が増える / He's [His hair is] turning [going] ~. 彼は白髪になってきた. b 《経験・知恵など》老年の, 円熟した: ~ experience 円熟した経験, 老練. c 高齢者の. ❸ 《顔・人が》《病気・恐怖などで》青ざめた, 青白い: turn [look] ~ with fatigue 疲労で青い顔になる[する]. ❹ a 《天候などで》曇った, どんよりした; 薄暗い, 陰気な: a ~ day [sky] どんよりした[空] / It's ~ outside. 外は曇っている. ❺ 《仕事・見通しなど》暗い, 気のめいるような: the ~ office routine 味気ない会社の決まりきった仕事. —— 名 ❶ U.C. 灰色, ねずみ色, グレー. ❷ [the ~] 薄やみ, 薄明, 薄暮: in the ~ of daybreak 黎明(ﾚｲﾒｲ)に. ❸ U 灰色[ねずみ色]の服(地): dressed in ~ グレーの服を着て. b [しばしば G-]《米》《南北戦争の南軍の》灰色の服(cf. blue 2 b). ❹ U 灰色の絵の具[染料]. ❺ C 灰色の動物《特に葦毛の馬やコククジラ》. the blue and the gráy ⇒ blue 2 b. —— 動 ❶ 灰色になる. ❷ 《人・髪が》白髪になる. —— 他 ❶ 灰色にする. ❷ 《髪・頭》を白髪にする: Worry ~ed his hair. 心配で彼の髪の毛が白くなった. ~·ness 名 〖OE; GRIZZLED と関連語〗

gray² /ɡréi/ 名 [理]グレイ《吸収線量の SI 組立単位; = 100 rads; 記号 Gy》

Gray /ɡréi/, **Thomas** 名 グレイ (1716–71; 英国の詩人).

gráy área 名 中間領域, どちらとも言えない部分[状態].

gráy·bèard 名 老人; 賢人.

gráy ecónomy 名 ❶ [the 裏]経済, グレーエコノミー《公的統計で捕捉できない商業活動》. ❷ シルバー経済《子供が自立した富裕な中高年層の消費・経済活動》.

gráy éminence 名 陰の大物, 黒幕.

Gráy Fríar 名 《灰色の衣を着た》フランシスコ会《修道》士.

gráy-héaded 形 ❶ 白髪(頭)の. ❷ 年老いた, 老練な.

gráy hén 名 [鳥]クロライチョウの雌.

gráy héron 名 [鳥]アオサギ《欧州産》.

gráy·ing 名 [the ~]《社会などの》高齢化. —— 形《髪・人から》しらが交じりの.

gray·ish /ɡréiʃ/ 形 灰色[ねずみ色]がかった.

gray·ling /ɡréiliŋ/ 名 ❶ [魚]カワヒメマス《北欧主産》. ❷ [昆]ジャノメチョウ.

gráy·màil 名 U 政府機密暴露をほのめかす脅迫.《▶ BLACKMAIL にならって》

gráy márket 名 C.U ❶ 闇類似[灰色]市場, グレーマーケット《公開株式の発行日取引, 非正規ルートで仕入れた品の安売り, 品薄商品の買占めによる価格のつり上げなど, 合法だが非公式の《あこぎな》取引を行なうもの》.

gráy mátter 名 ❶ [解]《脳・脊髄(ｾｷｽﾞｲ)の》灰白質(cf. white matter). ❷ 《口》知力.

gráy múllet 名 [魚]ボラ.

Gráy Pánthers 名 グレーパンサーズ《老人の権利拡大運動を行なっている米国の団体》.

gráy pártridge 名 ヨーロッパヤマウズラ《ヨーロッパに普通の灰色がかった褐色の猟鳥》.

gráy·scàle 名 [電算]グレースケール《白から黒にいたる連続した濃淡の違いを有限な階調で擬似的に表現するための階調》.

gráy séal 名 [動]ハイイロアザラシ《北大西洋産》.

gráy squírrel 名 [動]ハイイロリス《北米原産の大型のリス》.

gray·wack·e /ɡréiwæk(ə) | -kə/ 名 U [岩石]グレーワッケ《泥質の硬砂岩》.

gráy wàter 名 U 中水道(用)水《浄化処理によって再利用される台所・ふろ場などからの排水》.

graze¹ /ɡréiz/ 動 ❶ ❶ 《家畜が》《生えている》草を食う: The cattle were grazing in the field. 牛が草原で草をはんでいた. ❷ 《口》軽く食べる, 間食する. —— 他 ❶ 《家畜に》生えている草を食わせる; 《家畜》を放牧する. ❷ 草地を牧場に使用する. ❸ 《テレビのチャンネル》を次々変える. 〖OE; GRASS と同語源〗

graze² /ɡréiz/ 動 他 ❶ 《…に》軽く触れて通る, かすめて通る: The bullet ~d my shoulder. 弾丸が肩をかすめていった. ❷ 《…を》《軽く》かく: He ~d his knee on the chair. 彼はいすでひざをすりむいた. —— 自 かすめて通り過ぎる. —— 名 ❶ U かすること; すりむくこと. ❷ C [通例単数形で] かすり傷, すりむけ.

gra·zier /ɡréiʒə | -ziə/ 名 牧畜業者.

gráz·ing [名] [U] ❶ 放牧. ❷ 牧草地. ❸《口》(いくつもの番組を見るために)テレビのチャンネルをかちゃかちゃ回すこと.
Gr. Br(it).《略》Great Britain.
GRE《略》〔米〕Graduate Record Examination《大学院に出願する前に受験を要求される試験》.
+**grease** /gríːs/ [名] [U] ❶ グリース (oil)《機械の減摩・潤滑剤, ポマードなどの半固体の油性物質》. ❷ (柔らかい)獣脂, 脂(あぶら). ❸《米口》わいろ. ― /gríːs, gríːz/ [動] [他] ❶ 〈…に〉油[グリース]を塗る[差す]: ～ a car 車にグリースを差す. ❷ a 〈事を〉円滑に運ばせる, 促進させる. b《米口》〈人に〉わいろを使う. **gréase a person's pálm** ⇨ palm[1] [名] [成句]. **lìke (gréased) líghtning** ⇨ lightning [名] [成句]. 〘F＜L＝太った, 厚い〙 ([形] greasy)
gréase gùn [名] (機械に潤滑油を注入する手動の)グリース注入器, グリースガン.
gréase mònkey [名]《俗》(自動車・飛行機の)修理工, 整備士.
gréase·pàint [名] [U] (俳優がメーキャップに用いる)油性おしろい, ドーラン, グリースペイント.
gréase·pròof [形] [A] 〈紙が〉グリース[油]をはじく[通さない].
greas·er /gríːsə, -zə | -sə, -zə/ [名] ❶ (自動車の)修理工;《英》(汽船の)機関士. ❷《米俗》暴走族の若者.
gréase·wòod [名]〔植〕グリースウッド《米国西部に多いアカザ科の低木》.
+**greas·y** /gríːsi, -zi/ [形] (greas·i·er; -i·est) ❶ a 油を塗った. b 油でよごれた, 油じみた: ～ overalls 油だらけの作業ズボン. ❷ a 脂(あぶら)を含んだ[の多い], 脂っこい: This food is ～. この食べ物は脂っこい. b 脂ぎった: ～ skin 脂ぎった皮膚. ❸ 〈道路など〉つるつるする. ❹ 〈態度・人など〉お世辞たらたらの (smarmy): a ～ smile お世辞笑い. **gréas·i·ly** /-səli, -zə-/ [副] **-i·ness** [名] ([名] grease)
gréasy póle [名]《英》脂棒《脂を塗ってそれに登ったり上を歩いたりする遊戯具》. **clímb the gréasy póle** 困難な事を始める, 奮闘する.
gréasy spóon [名]《俗》うす汚い安食堂.
‡**great** /gréɪt/ [形] (～·er; ～·est) ❶ [A] a (規模・程度など)**大きい, 大**…: a ～ city 大都市 / a ～ river 大河. b (驚き・称賛・軽蔑などを含めて)でかい, 大きい: He put his ～ foot right on the seedlings. 彼はでかい足で苗木を踏みつけた c (比較なし) [大きさなどを表わす形容詞を強調して]《口》すごく, とても: a ～ big fish すごく大きな魚 / a ～ thick hamburger でっかいハンバーガー. d (比較なし) (同種のものの中で他と区別して)大きい: ⇨ great ape, Great Britain, Great Charter. e (比較なし) [the G~; 称号として通例歴史上の人物名の後につけて] …大王[帝]: Alexander *the G~* アレキサンダー大王 / Peter *the G~* ピョートル大帝. f (比較なし) [the G~] [歴史上の建造物・出来事などに伴って] 名高い, 著名な: ⇨ Great Fire, Great Wall (of China), Great War. ❷ a (能力・価値・重要性など)**偉大な**, すぐれた, 卓越した: a ～ book 偉大な書物, 名著 / a ～ man 偉人 / a ～ statesman すぐれた[偉大な]政治家. b 崇高な, 深遠な: a ～ deed 崇高な行為 / a ～ idea 深遠な思想. ❸ [A] a [通例数量を表わす名詞を伴って] **多数の, 多量の**, たくさんの: a ～ crowd おびただしい人の群れ, 大群衆 / a ～ deal ⇨ deal[1] A 1 / a ～ many books 非常にたくさんの本 / a ～ number of people たくさんの人々 / the ～ majority [body, part] of…の大部分 / in ～ multitude(s) 大群を成して / the greatest happiness of the *～est* number 最大多数の最大幸福《★ Jeremy Bentham の功利主義の原則》. b 〈時間・距離など〉長い, 久しい: live to a ～ age 高齢まで生きる / It's no ～ distance to the station. 駅までは大した距離ではない. ❹ a [A] **大の, 大変な**: a ～ liar 大うそつき / a ～ reader 非常な読書家 / a ～ talker 大変なおしゃべり / a ～ friend 大の仲よし, 親友 / a ～ fool 大ばか者 / a ～ mistake 大きな誤り / ～ learning 大変な学識. b [A] **重大な, 重要な**: a ～ occasion 重大な時期, 危機; 祝祭日 / It's of no ～ importance to me. それは私には少しも重大なことではない. c 〈痛みなど〉激しい, 強い, 非常な; 〈音・声など〉大きい: a ～ noise 大きな物音 / The pain was too ～ to bear. 痛みがひどくて我慢できなかった. d 細心の, 十分な: in ～ detail きわめて詳細に. ❺ [A] 身分[生まれ]の貴い, 地位の高い, 高貴の: a ～ lady 高貴な婦人 / the ～ families 名門諸家. ❻ (比較なし) [A] [the ～] a 最大の, 中心的な: *the* ～ attraction of the circus サーカスの最大の呼び物. b 〈建物など〉主要な, 主だった: *the* ～ hall 大広間, 大ホール. ❼ [A] 好んで用いられる, よく使われる, 気に入りの: a ～ word among scientists 科学者の好んで用いる言葉. ❽《口》a すてきな, すばらしい: That's ～! それはすてきだ! / What a ～ idea that is! それはすばらしい考えだ! / I'm feeling ～. 気分は最高だ / We had a ～ time at the party. パーティーでとても楽しい時を過ごした. b [間投詞的に] すごい!, すばらしい!. ❾ [P]《口》a 〔…が〕上手で, 〔…に〕強くて: She's ～ *at* tennis [mathematics]. 彼女はテニス[数学]では大したものだ / This team is ～ *on* the attack. このチームは攻撃に強い. b 〔…に〕熱中して: He's ～ *on* science fiction. 彼は SF に夢中だ. c 〔…が〕大好きな: He's a ～ one *for* tea. 彼は大のお茶好きである. **gò gréat gúns** ⇨ gun [名] [成句]. **nó gréat shákes** ⇨ shake [名] [成句]. **the gréater [gréatest] pàrt of**…の大部分, の大半: He spent *the ～er part of* the day reading. 彼はその日の大部分を読書で過ごした.
― [副]《口》よく, 満足に, 申し分なく: Things are going ～. 万事うまくいっている.
― [名] ❶ [C] 偉い人, 一流人, 名士, 大物. ❷ [the ～(s); 集合的に; 複数扱い] 偉い人たち, 一流人たち: *the* scientific ～*(s)* 科学界の巨人たち. ❸ [the ～est]《口》とてもすてきな人[もの]: She's *the ～est*. 彼女は最高だ. 〘OE＝粗い, 太い〙 【類義語】⇨ big.
great- /gréɪt/ [連結形] 「(血縁関係が)基本の語より一代離れた」(cf. grand-): *great*-aunt / *great*-grandfather.
gréat ápe [名]〔動〕大型類人猿《chimpanzee, gorilla など》.
gréat áuk [名]〔鳥〕オオウミガラス《大西洋北部の海岸にいた翼の退化した海鳥; 19 世紀に絶滅》.
gréat-àunt [名] 父母のおば, 大おば.
Gréat Austrálian Bíght [名] [the ～] グレートオーストラリア湾《オーストラリア大陸南海岸の広大な湾》.
Gréat Bárrier Rèef [名] [the ～] グレートバリアーリーフ《オーストラリア Queensland 州北東岸に平行して連なる大サンゴ礁》.
Gréat Béar [名] [the ～]〔天〕大ぐま座 (cf. Little Bear; ⇨ dipper 4 a).
***Grèat Brítain** [名] ❶ グレートブリテン(島), 大ブリテン(島), 英本国《[解説] イングランド・スコットランドおよびウェールズを合わせたものに対する名称で, 単に Britain ともいう; 北アイルランドを合わせて英国 (the United Kingdom) を成す; 略 GB, Gr. Br(it)., Gt. Br(it).》. ❷《俗用》英国. 〘Little Britain (対岸フランスの Brittany 地方)と対比的に名づけたもの〙
gréat cálorie [名] ＝calorie.
Gréat Chárter [名] [the ～] 大憲章, マグナカルタ (⇨ Magna Carta).
gréat círcle [名] [単数形で] ❶ (球面上の)大円《球の中心を通る平面と球面が交わってできる円》. ❷ (地球面上の)大圏《地球面上の 2 点と地球の中心点を含む平面によって地球の表面を切った線で, 2 点間の最短距離》.
gréat·còat [名] (兵士などの)厚地の大外套(がいとう).
Gréat Dáne [名] グレートデーン《大型の使役犬の一種》.
Gréat Depréssion [名] [the ～] 大恐慌《1929 年に米国に端を発し 4 年に渡って世界的に続いた》.
Gréat Divíde [名] [the ～] ❶ ＝Continental Divide 1. ❷ [また the g~ d~] 重大時期, 危機; 生死の境: cross *the* ～ 幽明境(さかい)を異(こと)にする, 死ぬ.
Gréat Divíding Ránge [名] [the ～] 大分水嶺山脈《オーストラリア大陸東海岸を南北に走る山系》.
Gréat Dóg [名] [the ～]〔天〕大犬座.
Great·er /gréɪṭə | -tə/ [形] [都市とその周辺の地域を含めていう時に地名に冠して用いて] 大…: ～ New York 大ニューヨーク.
Gréater Antílles [名] [複] [the ～] 大アンティル諸島《西

インド諸島の島々; キューバ, ヒスパニオラ, ジャマイカ, プエルトリコなどからなる).

Gréater Lóndon 名 大ロンドン (1965年以降, 旧 London に 旧 Middlesex 州, および旧 Essex, Kent, Hertfordshire, Surrey 各州の一部を合併させた行政区で, 現在の London と同義; 1986年に大ロンドン市議会 (the Greater London Council) は廃止).

Gréat Fíre 名 [the ~] ロンドン大火 (1666年9月の大火; London の大部分を焼いた).

gréat-grándchild 名 曾孫(ひまご), ひ孫.

gréat-gránddaughter 名 女の曾孫, ひ孫娘.

gréat-grándfather 名 曾祖父, ひいおじいさん.

gréat-grándmother 名 曾祖母, ひいおばあさん.

gréat-grándparent 名 曾祖父[母].

gréat-grándson 名 男の曾孫, ひ孫息子.

gréat-héarted 形 ❶ 高潔な, 寛大な. ❷ 勇ましい, 大胆な. ~·ly 副 ~·ness 名

gréat hórned ówl 名〖鳥〗アメリカワシミミズク《北米・南米産》.

Gréat Lákes 名 働 [the ~] 五大湖 《米国とカナダ国境にあり, 東から順に Ontario, Erie, Huron, Michigan, Superior; Michigan 湖だけは全体が米国領内にある》.

Gréat Láke Státe 名 [the ~] Michigan 州の俗称.

*__great·ly__ /gréɪtli/ 副《比較なし》《通例動詞・過去分詞・比較級形容詞を強調して》非常に, とても, 大いに: He was ~ desired to meet her. 彼は彼女にとても会いたがった / I was ~ amused. 非常におもしろかった / It's ~ superior. そのほうがずっとすぐれている.

gréat-néphew 名 =grandnephew.

+**gréat·ness** /gréɪtnəs/ 名 Ⓤ ❶ 偉大さ, 卓越. ❷ 大きいこと, 広大. ❸ 重大, 重要.

gréat-níece 名 =grandniece.

gréat órgan 名〖楽〗グレートオルガン《特に大きい音を奏出する, オルガンの主要部, パイプオルガンの主鍵盤》.

Gréat Pláins 名 [the ~] グレートプレーンズ《北米 Rocky 山脈東方から Mississippi 川に至る大平原地帯》.

Gréat Rift Válley 名 [the ~] グレートリフトバレー《アジア南西部 Jordan 川の谷から, アフリカ東部モザンビーク中部へ連なる世界最大の地溝帯》.

Gréat Rússian 名 ❶ Ⓒ 大ロシア人《ロシア語を使用する特に帝政ロシアの主要な民族》. ❷ Ⓤ 大ロシア語《ウクライナ語などと区別したロシア語の旧称》. —— 形 大ロシア人[語]の.

Gréat Sált Láke 名 グレートソルト湖《米国 Utah 州にある西半球最大の塩湖》.

gréat séal 名《しばしば the G~ S~》国[州]の印章, 国璽(じ)《重要書類などに押す国家の印章》.

gréat skúa 名〖鳥〗オオトウゾクカモメ.

Gréat Sláve Láke 名 グレートスレーブ湖《カナダ北部 Northwest Territories 南部の湖; 北米で最も深い(水深 614 m)》.

Gréat Smóky Móuntains 名 働 [the ~] グレートスモーキー山脈 (=the Gréat Smókies) (North Carolina, Tennessee 州境の, アパラチア山脈中の一山系; 一帯は国立公園をなす).

gréat tít 名〖鳥〗シジュウカラ《欧州・アジアに分布》.

gréat tóe 名《足の親指》(big toe).

gréat-úncle 名 父母のおじ, 大おじ.

Gréat Vówel Shíft 名 [the ~] 〖言〗大母音推移《15-6世紀ごろ中期英語から近代英語への過渡期に長母音に生じた規則的な変化》.

Gréat Wáll (of Chína) 名 [the ~]《中国の》万里の長城.

Gréat Wár 名 [the ~] 第一次世界大戦.

gréat white shárk 名〖魚〗ホホジロザメ《人食いザメ》.

greave /gríːv/ 名《通例複数形で》《よろいの》すね当て.

grebe /gríːb/ 名〖鳥〗カイツブリ.

gre·bo /gríːboʊ/ 名 Ⓒ|Ⓤ (~s)《英俗》グリーボ《長髪にみすぼらしい服装をして粗野にふるまい, ヘビーメタル・パンクロックを好む若者》.

Gre·cian /gríːʃən/ 形《古代》ギリシア《風》の《比較》Grecian は建築・美術・人の顔などについて用いる; その他の場合は Greek を使う》: a ~ profile ギリシア人風の横顔 / a ~ urn《古代》ギリシアのつぼ. (名 Greece)

Grécian nóse 名 ギリシア鼻《鼻柱の線が額から一線になっている》.

Gre·cism /gríːsɪzm/ 名 Ⓤ|Ⓒ ギリシア語法, ギリシア語特有の表現《を模倣したもの》;《文化に表われた》ギリシア精神;《芸術などでの》ギリシア風の模倣.

Gre·co /gréikoʊ/, **El** /el/ 名 グレコ《1541-1614; ギリシア生まれのスペインの画家》.

Grec·o- /gréikoʊ, gríː-/《連結形》「ギリシア」「ギリシア人」.

Grèco-Róman 形 ギリシアローマ風の; ギリシアの影響を受けたローマの.

Grèco-Ròman wréstling 名 Ⓤ グレコローマン型レスリング《上半身で戦う; cf. catch-as-catch-can》.

*__Greece__ /gríːs/ 名 ギリシア《ヨーロッパ南東部, バルカン半島の南部を占める共和国; 首都 Athens》. [L *Graecia* < *Graecus* Greek; 古代ローマ人は HELLENE をこのように呼んだことから]. (形 Grecian, Greek)

+**greed** /gríːd/ 名 Ⓤ 貪欲(於), 欲ばり《for》: ~ *for* money 金銭欲. 【GREEDY からの逆成】

gréed·hèad 名《俗》貪欲者, ガリガリ亡者.

gréed·i·ly /-dəli/ 副 ❶ がつがつと. ❷ 貪欲(於)に.

+**greed·y** /gríːdi/ 形 (**greed·i·er; -i·est**) ❶ 食いしんぼうの: a ~ eater 食いしんぼう. ❷ 貪欲(於)な, 欲ばりの; 切望して, 渇望して; しきりに 〈...〉 したがって: a ~ miser 貪欲な守銭奴 / with ~ eyes 貪欲な目で / The plants are ~ *for* water. 植木がおを欲しがっている / He's ~ *to* gain power. 彼は権力を得ようとやっきになっている. **-i·ness** 名

gree-gree /gríːgríː/ 名 =gris-gris.

*__Greek__ /gríːk/ 形 ❶ ギリシア《人》の, ギリシア《人》風の, ギリシア語の (⇒ Grecian 比較): ~ mythology ギリシア神話 / the ~ philosophers ギリシアの哲学者たち. ❷ ギリシア正教会の. —— 名 ❶ Ⓒ ギリシア人. ❷ Ⓤ ギリシア語. ❸ Ⓒ《米》《名前にギリシア語アルファベットを用いた》学生社交クラブの会員. **It's áll Gréek to me.** それは私にはさっぱり意味不明だ (★ Shakespeare 「ジュリアスシーザー」から). (名 Greece)

Gréek álphabet 名 [the ~] ギリシア語アルファベット, ギリシア文字.

A	α	alpha	I	ι	iota	P	ρ	rho
B	β	beta	K	κ	kappa	Σ	σ ς	sigma
Γ	γ	gamma	Λ	λ	lambda	T	τ	tau
Δ	δ	delta	M	μ	mu	Υ	υ	upsilon
E	ε	epsilon	N	ν	nu	Φ	φ	phi
Z	ζ	zeta	Ξ	ξ	xi	X	χ	chi
H	η	eta	O	ο	omicron	Ψ	ψ	psi
Θ	θ	theta	Π	π	pi	Ω	ω	omega

the Greek alphabet

Gréek Cátholic 名 ギリシア正教信者; ローマ教会の教義を奉じながらギリシア正教会の儀式や形式に従うギリシア人.

Gréek Chúrch 名 [the ~] =Greek Orthodox Church.

Gréek cóffee 名 Ⓤ ギリシアコーヒー《細かいコーヒーをかすのはいったきわめて強いブラックコーヒー》.

Gréek cróss 名 ギリシア十字, 正十字形.

Gréek fíre 名 Ⓤ ギリシア火薬《ビザンチン帝国の艦隊が敵艦焼き討ちなどに用いた燃焼混合物》.

Gréek frét 名 組格子模様, 雷文(がら).

Gréek gíft 名 人を害するための[油断のならない]贈り物.

Gréek gód 名 ギリシア神; 男性美の典型.

Gréek-lètter fratérnity [soróri ty] 名《米》男子[女子]ギリシア文字クラブ《社交・学術振興を目的とする大学生の全国的な規模のクラブ》.

Gréek Órthodox Chúrch 名 [the ~]《キ教》ギリシア正教会《東方正教会 (Orthodox Eastern Church) の一部で, ギリシアの国教》.

*__green__ /gríːn/ 形 (~·er; ~·est) ❶ a 緑(色)の, グリーン

の: a ~ dress グリーンのドレス. b〈信号が〉青色の: turn [〈英〉go] ~ 〈信号が〉青に変わる ⇨ green light. ❷ 緑におおわれた, 青々とした: ~ fields [hills] 緑の野原[丘]. b〈冬・クリスマスが〉雪の降らない; 温暖な: A ~ Christmas [winter] makes a full [fat] churchyard. ⇨ churchyard. ❸〖時に G~〗環境保護主義の; ~ politics 環境保護主義政治 / ⇨ Green Party. ❹ 青物の, 青野菜の: ~ crops 青野菜 / a ~ salad 野菜サラダ / ~ vegetables 青野菜, 青菜. ❺ a〈果物など〉熟していない: a ~ apple 青リンゴ / These bananas are too ~ to eat. このバナナは未熟で食べられない. b〈酒・チーズなど〉熟成していない. c〈木材・たばこなど〉未乾燥の, 生〖[の]. ❻ a〈人が〉未熟な, うぶな, 青二才の: a ~ hand 未熟者 / He's still ~ at his job. 彼は仕事にまだ新米だ. b だまされやすい. ❼ a〈病気・恐怖などで〉顔が青白い, 青ざめた: ~ around [about] the gills ⇨ gill¹ 成句. b〖P〗〔しっとなどで〕顔色が青ざめて, しっとして(★通例次の文で): She was ~ (with envy [jealousy]). 彼女はねたみ[しっと]で顔が青ざめていた. ❽ a 元気のよい, 若々しい: a ~ old age 老いてなお元気なこと / young and ~ at heart 心が若く元気で. b 記憶がまだ生々しい: My memories of him are still ~. 彼のことはまだ記憶に新しい.

(as) gréen as gráss〈口〉まったく青二才で, 世間知らずで.

── 名 ❶ 〖U.C〗 緑色: a variety of ~s いろいろな緑. ❷ 〖U〗 a 緑色の絵の具[顔料, 塗料, 染料]. b 緑色の服(地): a girl dressed in ~ グリーンの服を着た少女. ❸ 〖C〗 a 草地, 草原, 芝生, 緑地. b〈町・村の中心にある〉芝の生えた共有地: a village ~ (芝の生えた)村の緑地[共有地] (村人の遊び場などになる). c〖ゴルフ〗グリーン(ホール周囲の, 特に手入れのてされた芝生の区域; putting green ともいう). ❹〖複数形で〗 a〈米〉〈装飾用の〉緑の葉, 緑の枝: Christmas ~s (モミ・ヒイラギの)クリスマスの緑枝装飾. b 青物, 野菜, 野菜料理. ❺〖U〗〖しばしば the ~〗〖俗〗お金 (the ~ stuff ともいう). ❻〖複数形で〗〈英俗〉性交. ❼〖U〗〈俗〉質の悪いマリファナ.

gréen in a pérson's éye〈英〉だまされやすい兆候: Do you see any ~ in my eye? 私がだまされると思っているのか.

── 動 ⃝ ❶ 緑色になる. ❷ 環境保護の立場をとる.
── ⃞ ❶〔…を〕緑色にする, 緑に染める, 緑化する. ❷〈…に〉環境保護を意識させる[の立場をとらせる]. ❸〈俗〉〈人を〉だます, かつぐ.

~·ly 副 ~·ness 名

〖OE; cf. grow〗〖関形 verdant〗

gréen álga 名〖淡水に生える〗緑藻.
gréen áudit 名〈企業活動などの〉環境影響監査[調査].
gréen·báck /-bæk/ 名〈米口〉〈米国の〉ドル紙幣. 〖裏が緑色であることから〗
gréen béan 名 緑莢(りょくきょう)インゲン, 青いサヤインゲン〖食べごろにさやが緑色のインゲンマメ〗.
gréen·bélt 名〈都市周辺の〉緑地帯.
Gréen Berét 名〈口〉グリーンベレー部隊員〈米国の特殊陸軍部隊の隊員〉.
Gréen Bòok 名 グリーンブック〈イングランドなどの政府刊行物・公文書・法規集〉.
gréen·bóttle 名〖昆〗キンバエ.
gréen cárd 名 ❶〈英〉グリーンカード〈国際自動車事故傷害保険証〉. ❷〈米〉外国人国内労働許可証.
Gréen Clóth 名〈英〉王室会計部.
gréen córn 名〖U〗〈米〉青トウモロコシ〈料理用の柔らかい未熟のトウモロコシ〉.
Greene /gríːn/, Graham グリーン〈1904-91; 英国の小説家〉.
gréen éarth 名〖U〗緑砂, 緑土.
gréen·er·y /gríːnəri/ 名 ❶ a 緑樹, 草木. b〈装飾用の〉緑の葉, 緑の枝. ❷〖U〗緑樹栽培所.
gréen-éyed 形 しっと深い (cf. green 7 b): the ~ monster 緑色の目をした怪物〈しっとのこと; ★ Shakespeare「オセロ」から〉.
gréen fát 名〖U〗ウミガメの脂〈珍味とされる〉.
gréen·fíeld 名〖A〗〈英〉田園[未開発]地域の.
gréen·fínch 名〖鳥〗アオカワラヒワ〈ヨーロッパ産〉.
gréen-fíngered 形〈英〉植物[野菜]栽培に熟達[精通]した, 園芸好きの.
gréen fíngers 名〖複〗〈英〉園芸の才〈〈米〉green thumb〉.
gréen·flý 名 (複 ~, green·flies) 〖昆〗〈緑色の〉アブラムシ.
gréen·gáge /gríːngeidʒ/ 名 グリーンゲージ〈セイヨウスモモの一種〉.
gréen·gró·cer /gríːngròusə | -sə/ 名 青果商, 八百屋〈人〉: a ~'s (shop) 八百屋〈の店〉.
gréen·gró·cery 名 ❶ 〖C〗 八百屋〈の店〉. ❷ 青物, 青果類.
gréen·héad 名 ❶〖昆〗緑眼のアブ〈総称〉. ❷〖昆〗豪州産の中型のアリの一種.
gréen·héart 名〖U.C〗〖植〗リョクシンボク〈南米熱帯原産クスノキ科の常緑樹〉; 緑心木材〈船材・橋材用〉.
gréen·hórn 名 ❶ 未熟者, 初心者. ❷ だまされやすい人, 世間知らず. ❸〈米〉来たばかりの移民.
*gréen·house /gríːnhàus/ 名 温室.
*gréenhouse effèct 名〖(the) ~〗温室効果〈大気中の二酸化炭素や水蒸気が蓄積されて温室のガラスと同じ働きをして地表近くの温度を上昇させる現象〉.
*gréenhouse gàs 名 温室効果ガス〈温室効果を引き起こす気体; 特に二酸化炭素・フロンなど〉.
gréen·ie /gríːni/ 名〈口・しばしば軽蔑〉〈過激な〉環境保護運動家, 環境保護論者, 環境屋, エコフリーク.
gréen·ing /gríːniŋ/ 名 ❶〖the ~〗〈社会・組織の〉環境問題に関する意識の向上, エコロジー志向. ❷ 青リンゴ.
gréen·ish /-niʃ/ 形 緑がかった, 緑色を帯びた.
gréen·kéeper 名 ゴルフ場管理人.
Gréen·land /gríːnlənd/ 名 グリーンランド〈北米大陸北東の北大西洋にある世界最大の島; デンマーク領〉. 〖移民を誘うための美称〗
Gréen·land·ic /gríːnlændik/ 名〖U〗グリーンランド語.
gréen léek 名〖鳥〗ミカヅキインコ〈顔が緑色; 豪州産〉.
gréen·let /gríːnlət/ 名〖鳥〗ミドリモズモドキ〈南米・米中産〉.
gréen líght 名 ❶ 〖C〗〈交通信号の〉青信号; 安全信号. ❷〖the ~〗〖口〗〈計画などに対する〉許可, 承認: get [give] (a person) the ~〈人に〉許可を得る[与える].
gréen·líght 動 ⃞〈口〉〈…に〉許可を与える, ゴーサインを出す.
gréen·ling /gríːnliŋ/ 名〖魚〗アイナメ.
gréen·máil 名〖U〗〖証券〗グリーンメール〈株式買い占めによる会社乗っ取りのおどしをかけ, 株式を高値で引き取らせる[会社側が買い取る]こと〉. ~·er 名
gréen mán 名〖the ~〗〈人が歩く形をした〉青信号.
gréen manúre 名〖U〗緑肥; 未熟の堆肥(たいひ).
Gréen Móuntains 名〖複〗〖the ~〗グリーン山脈〈アパラチア山脈の支脈; カナダ Quebec 州南部から米国 Vermont 州を通って Massachusetts 州西部に至る〉.
Gréen Móuntain Stàte 名〖the ~〗グリーンマウンテン州〈米国 Vermont 州の俗称〉.
gréen ónion 名〈米〉シャロット〈茎が長く葉の青い若いタマネギ; サラダ用または薬味として生食する〉.
Gréen Pàper 名〈英〉緑書〈政府試案を述べた討議資料〉.
*Gréen Pàrty 名〖the ~〗緑の党〈環境保護を目ざす政党〉.
Gréen·peace /gríːnpiːs/ 名 グリーンピース〈国際的な環境保護運動団体; クジラなどの野生動物保護, 核実験の禁止などを訴える〉.
gréen pépper 名 ピーマン, シシトウ〈ガラシ〉.
gréen plóver 名〖鳥〗タゲリ.
gréen póund 名 グリーンポンド, 緑のポンド〈欧州共通農産物価格保護のための暫定的固定相場ポンド〉.
gréen revolútion 名 緑の革命, グリーンレボリューション: ❶ 特に開発途上国での, 品種改良などによる穀物の大増産. ❷ 工業国における環境保護, 公害防止運動.
gréen·róom 名〈劇場・コンサートホールの〉出演者控え室[休憩室], 楽屋.〖もと壁が緑色に塗られていたことから〗
gréen·sánd 名〖U〗〖地〗緑色砂, 緑砂〈浅海ないし半深海

性の海緑石粒を含む堆積物), (その固結した)海緑石砂岩, 海緑石砂岩層.

gréen·shànk 名《鳥》アオアシシギ《旧世界産》.

gréen·shòe 名《証券》グリーンシュー, オーバーアロットメント《人気銘柄売り出し時の暴落を防ぐなどの目的で, 引受証券会社が一定のオプションを条件として予定数を超過して行なう追加売り出し》.

gréen shóots 名《英》《景気回復の》兆し《新聞用語》.

gréen snàke 名《動》アオヘビ《無毒; 北米産》.

gréen-stìck frácture 名《若木骨折《骨の片側が折れて片側に湾曲する; 小児に多い》.

gréen·stòne 名 U 緑色岩《変質した玄武岩》,《特にニュージーランドに産する翡翠》.

gréen·stùff 名 U 青物, 青野菜《類》.

gréen·swàrd 名 U 緑の芝生.

gréen téa 名 U 緑茶 (cf. black tea).

gréen thúmb 名 [a ~]《米》園芸の才《《英》green fingers》: have a ~ 園芸の才がある, 花や植物を育てるのがうまい.

gréen túrtle 名《動》アオウミガメ《肉は食用》.

gréen vítriol 名 U 《化》緑礬(りょく).

gréen·wàsh 名 U.C 環境保全活動に対する《見せかけの》支持姿勢を示すために企業が行なう寄付・広報活動.

gréen·wày 名《米》緑道《自然環境を残した歩行者・自転車専用遊歩道路》.

Green·wich /grénɪdʒ, grín-/ 名 グリニッジ《London 郊外 Thames 河岸の自治区; 子午線の基点の王立グリニッジ天文台 (the Royal Greenwich Observatory) があった; 同天文台は今は Cambridge にある》.

Gréenwich (Méan) Tíme 名 U グリニッジ《標準》時《英国の標準時; 航空・航空関係で地方時 (local time) では不便な場合に世界共通の時刻として用いられる; 日本との時差は 9 時間》; 略 G(M)T; ⇒ standard time [解説].

Gréenwich merídian 名 グリニッジ子午線《経度 0 の基準子午線》.

Gréen·wich Víllage /grénɪtʃ-, grín-/ 名 グレニッチビレジ《New York 市 Manhattan 南西部にある芸術家・作家の多く住む区域》.

gréen·wìng, gréen-wìnged téal 名《鳥》アメリカコガモ.

gréen·wòod 名 [the ~] 青葉の茂った林, 緑林.

gréen wóodpecker 名《鳥》ヨーロッパアオゲラ《アオゲラに似た欧州産の緑色のキツツキ》.

green·y /grí:ni/ 形 =greenish.

*‡**greet** /grí:t/ 他 ❶《口頭・動作・書面などで》人にあいさつする,《人を》迎える: ~ a person with a smile 人を笑顔で迎える, 人に笑顔であいさつする / They were waiting at the entrance to ~ the Queen. 彼らは女王を迎えるために入り口で待っていた. ❷《ある態度で》×...を迎える,《...に》応じる: His speech was ~ed with [by] general cheers [jeers]. 彼の演説は万場のかっさい[やじ]で迎えられた. ❸《目・耳などに》触れる,《人の目[耳]に入る: A delicious odor [terrible sight] ~ed me when I opened the door. ドアをあけるとおいしそうなにおいがした[とんでもない光景が目に入った]. **gréet·er** /-tə/ 名 《OE》

*‡**greet·ing** /grí:tɪŋ/ 名 ❶ C 《会った時の》あいさつ: a few words of ~ 簡単な歓迎の辞 / give a friendly ~ 親しげにあいさつする / exchange ~s あいさつを交わす. ❷ [複数形で] あいさつの言葉, よろこびの言葉, メッセージ; あいさつ状: Christmas ~s クリスマスのあいさつ / With the ~s of the season 季節のあいさつを添えて《★ 贈り物に添えるカードの文句》/ Please give my ~s to your mother. お母さんによろしくお伝えください. ❸ C《米》手紙の書き始めのあいさつ《英》salutation《Dear Mr....など》. **Séason's Gréetings!** クリスマスおめでとう《クリスマスカードのあいさつの言葉》.

gréeting càrd 名《クリスマス・誕生日などの》グリーティングカード《通例絵入り》.

gre·gar·i·ous /grɪɡé(ə)riəs/ 形 ❶ a《人・動物が》群居[群生]する, 群居性の. b《植物が》群生する, 叢(む)生する. ❷《人が》集団を好む, 社交的な (sociable). **~·ly** 副 **~·ness** 名《L=群れをなすくgrex, greg- 群れ; cf. aggregate, congregate, segregate》

Gre·go·ri·an /grɪɡɔ́:riən/ 形 ❶ ローマ教皇 Gregory《通例, 1 世または 13 世》の. ❷ グレゴリオ暦の[による]: the ~ style《1582 年以後の》新暦.

Gregórian cálendar 名 [the ~] グレゴリオ暦《1582 年に教皇 Gregory 13 世がユリウス暦 (Julian calendar) を改正した現行の太陽暦》.

Gregórian chánt 名 U.C [しばしば the ~]《カト》グレゴリオ聖歌《Gregory 1 世が整備完成させたと伝えられる単旋律の聖歌》.

Gregórian télescope 名《天》グレゴリー式望遠鏡《放物凹面の主鏡と楕円凹面の副鏡を組み合わせた反射望遠鏡》.《J. Gregory スコットランドの数学者》

Greg·o·ry /ɡréɡəri/ 名 グレゴリー《男性名》.

Gregory I 名 [St. ~] 聖グレゴリウス 1 世《540?-604; ローマ教皇(590-604), 通称 'Gregory the Great'; 中世教皇権の基礎を築いた; ⇒ Gregorian chant》.

Gregory XIII 名 グレゴリウス 13 世《1502-85; ローマ教皇(1572-85); ⇒ Gregorian calendar》.

greige /ɡréɪ, ɡréɪʒ/ 名 U 形 灰色がかったベージュ《の》.

grei·sen /ɡráɪz(ə)n/ 名《岩石》英雲岩, グライゼン《主に花崗岩から変質した岩石で石英とリチア雲母からなる》.

grem·lin /ɡrémlɪn/ 名《口》グレムリン《機械, 特に飛行機に故障を起こすという小鬼》.

Gre·na·da /ɡrənéɪdə, ɡrənɑ́:də/ 名 グレナダ《西インド諸島東部の英連邦内の独立国; 首都セントジョージズ (St. George's)》.

*‡**gre·nade** /ɡrɪnéɪd/ 名 ❶ 手りゅう弾, 手投げ弾. ❷ **a** 手投げ消火弾. **b** 手投げ催涙弾.《F=ザクロ; 形が似ていることから》

gren·a·dier /ɡrènədíə | -díə↔/ 名 ❶《昔の》擲弾(たき)兵. ❷ [しばしば G~] 近衛(この)歩兵第一連隊 (Grenadier Guards) の兵.

Grenadíer Guárds 名 [the ~]《英》近衛(この)歩兵第一連隊 (cf. Foot Guards).

gren·a·dil·la /ɡrènədílə/ 名 =granadilla.

gren·a·dine[1] /ɡrènədí:n, ´-´-´/ 名 U グレナディンシロップ《ザクロの原料のシロップ; カクテルなどに用いる》.

gren·a·dine[2] /ɡrènədí:n, ´-´-´/ 名 グレナディン《絹[人絹, 毛]の薄い紗綾(きっあ)模様のもの; 婦人服用》.

Gre·no·ble /ɡrənóʊbl/ 名 グルノーブル《フランス南東部の市》.

Grésh·am's láw /ɡréʃəmz-/ 名 U 《経》グレシャムの法則《悪貨は良貨を駆逐する》という法則》.《Sir Thomas Gresham (1519-79) 英国の財政家で, この法則の提唱者》

Grét·na Gréen /ɡrétnə-/ 名 グレトナグリーン《スコットランド南部のイングランド国境の近くにある村; かつては, イングランドから駆け落ちしてきた男女が親の承諾なく結婚した場所として有名》.

Gretz·ky /ɡrétski/, **Wayne** 名 グレツキー《1961- ; カナダのアイスホッケー選手》.

*‡**grew** /grú:/ 動 grow の過去形.

*‡**grey** /ɡréɪ/ 形 名 動 =gray[1].

Grey /ɡréɪ/, **Lady Jane** 名 グレイ《1537-54; イングランド王 Henry 7 世の曽孫; 15 歳の時, 王位継承争いに巻き込まれて女王と宣言されたが, 9 日間で廃位, のち処刑された》.

Grey, Zane 名 グレイ《1872-1939; 米国の西部冒険物語作家》.

*‡**gréy·hòund** 名 ❶ C グレーハウンド《犬》《快足の猟犬》. ❷ [G~] **a** グレーハウンド社《米国全土を結ぶ長距離バスの会社》. **b** C グレーハウンド《社の》バス.

gréyhound rácing 名 U グレーハウンドレース《電気仕掛けで走る模型のうさぎをグレーハウンドに追わせて行なうギャンブル》.

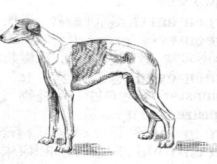

greyhound 1

grey·ish /gréɪɪʃ/ 形 =grayish.
gréy·lag 名 (鳥)(また **gréylag góose**) ハイイロガン(欧州産).
gréy póund 名 [単数形で] (英) 子供の自立した老人のもっている財産, 中高年層の購買[経済]力.
grib·ble /gríbl/ 名 キクイムシ(海中の木材を食う).
gri·cer /gráɪsə | -sə/ 名 (口) 鉄道ファン, (特に)鉄道写真撮影マニア.

†**grid** /gríd/ 名 ❶ C (鉄)格子. ❷ C a (肉・魚を焼く)焼き網. b (自動車の屋根の)格子状荷台. ❸ [the ~] (電線・水道・ガスなどの)敷設網, 送電網. ❹ C a (街路の)碁盤目: a road ~ 直交する道路網. b (地図の上に引かれた検索用の)碁盤目. ❺ C [無線] グリッド(電子管の陽極と陰極の間に入れる格子状の電極). ❻ = gridiron 2. 〖GRIDIRON からの逆成〗

gríd bìas 名 〖電子工〗グリッドバイアス(動作基点を定めるために電子管の制御格子に与えておく直流(負)電圧).
grid·der /grídə | -də/ 名 (米口) アメフトの選手.
grid·dle /grídl/ 名 (菓子などを焼く)鉄板, フライパン. 〖F<L=編み細工〗

gríddle càke 名 CU (griddle で焼いた)パンケーキ.
grid·i·ron /grídaɪən | -aɪən/ 名 ❶ (肉・魚を焼く)焼き網. ❷ (米) アメリカンフットボール競技場(5 ヤードごとに線が引いてある).
grid·lock /grídlàk | -lɔ̀k/ 名 U ❶ (自動車の)全交通網渋滞. ❷ 停滞, 立ち往生, 麻痺.

*__grief__ /gríːf/ 名 ❶ U (死別・後悔・絶望などによる)深い悲しみ, 悲痛: ~ for the death of a friend 友人の死に対する悲しみ / She became thin with ~. 彼女は悲しみのあまりやせ細った. ❷ C 悲しみ[悩み]のもと(personの), 心痛の種: He was a ~ to him. 息子は彼の悩みの種である. **còme to gríef** 災難にあう; 失敗する. **gíve...gríef** 〈...〉に小言[文句]を言う. **Góod grief!** [驚き・苦痛を表わして] これは大変!, これは驚いた! (動 grieve) 【類義語】⇒ sorrow.

gríef-stricken 形 悲しみに打たれた, 悲嘆に暮れた.
Grieg /gríːɡ/, **Ed·vard** /édvɑːd | -vɑː-/ 名 グリーグ (1843–1907; ノルウェーの作曲家).

†**griev·ance** /gríːvəns/ 名 (特に, 不当な扱いに対する)不平(の原因), 不満(の種): nurse a ~ 不平を抱く / I have many ~s against...に対していろいろな不満をもっている. (動 grieve)

†**grieve** /gríːv/ 動 @ 深く悲しむ (比較 be sorry や be sad よりも文語的で, 意味が強い): He ~d at the sad news [about the matter, for his failure, over his son's death]. その知らせで[そのことで, 失敗で, 息子の死で]心を痛めた / We ~d to hear of your loss. ご損失のことをうかがいお気の毒に存じました / I ~d that he should take offense. 彼が機嫌をそこねたのには大いに遺憾だった. — @ 〈人を〉深く悲しませる, 悲嘆させる (cf. grieved): It ~d me to see her unhappy. 彼女の不幸なさまを見ると胸が痛んだ. 〖F<L<gravis 重い, 重要な (cf. grave¹)〗 (形 grievous, 名 grief, grievance)

grieved 形 悲しんだ: a ~ look 悲しみに沈んだ表情 / He was terribly ~ to hear it. 彼はそれを聞いてひどく悲しんだ / I'm ~ that he should leave. 彼が去っていくのでひどく悲しい.
griev·er /gríːvə | -və/ 名 悲しむ人, 悲嘆に暮れる者.

†**griev·ous** /gríːvəs/ 形 ❶ 過失・罪などに重大な, 許しがたい: a ~ fault 重大な過失. ❷ 〈傷・痛みなど〉非常に重い, 耐えがたい, ひどい: a ~ wound 重い傷, 深手 / ~ pain 激痛 / an ~ injury 大けが. ❸ 嘆かわしい, 悲しむべき: a ~ loss 痛ましい損失 / a traffic accident 悲惨な交通事故 / in a ~ state 悲しむべき状態で. ❹ 悲惨な, 悲しそうな: a ~ cry 悲痛な叫び. ~·**ness** 名 〖GRIEVE+-OUS〗

gríevous bódily hárm 名 U 〖法〗重大な身体傷害, 重傷 (略 GBH).
gríev·ous·ly 副 悲惨に; ひどく.
grif·fin /grífɪn/ 名 グリフィン(ワシの頭・翼とライオンの胴体とをもち黄金の宝を守る怪獣).
Grif·fith /grífɪθ/, **D. W.** 名 グリフィス (1875–1948; 米国の映画監督・制作者).

797

grimy

grif·fon /grífən/ 名 ❶ (ブラッセル)グリフォン (鼻が上向きの小型犬). ❷ = griffin.
gríffon vùlture 名 (鳥) シロエリハゲワシ (南欧・北アフリカ・インドの山岳地帯産).
grift /gríft/ 名 U (米俗) ❶ (金などを)だまし取ること. ❷ だまし取った金. — 動 他 (金などを)だまし取る. — @
gríft·er /-tə | -tə/ 名 (米俗) (縁日などに出没する)ペテン師, いかさま[でんすけ]賭博師.
grig /gríɡ/ 名 ❶ (英) a コオロギ, バッタ. b 小ウナギ. ❷ (米) 小柄で元気な人. **(as) mérry [lívely] as a gríg** とても元気[快活]で.
gri·gri /gríːɡriː/ 名 = gris-gris.
grike /gráɪk/ 名 (地) (石灰岩が天水によって浸食されてできた)(溶解)空隙(ぐぅげき).

*__grill__ /gríl/ 名 ❶ グリル(肉などを焼くレンジ台の装置または焼き網). ❷ (焼き網・上火で焼いた)焼肉, 焼魚: a mixed ~ いろいろな焼肉, 焼魚を取り合わせた料理. ❸ グリル(ホテルなどの簡易食堂または主に焼肉料理専門のレストラン). — 動 他 ❶ 〈肉などを〉グリル[焼き網]で焼く, 〈太陽などが〉〈人を〉焼く (比較 (米) では broil が一般的). ❷ (口) 〈警察などが〉〈人〉に厳しく尋問する. — @ 〈肉などが〉焼ける. 〖F; GRIDDLE と同語源〗【類義語】⇒ cook.

gril·lade /grɪláːd/ 名 焼肉(料理).
gril·lage /grɪlɪʤ/ 名 〖土木〗木材[鋼鉄]の枠組(軟弱な地盤上の建造物の土台を支える).
grille /gríl/ 名 ❶ (門・扉・窓などの装飾的意匠のある)格子(ごう), 鉄格子. ❷ (銀行出納口・切符売り場・刑務所の面会所などの)格子窓. ❸ (自動車の)ラジエーターグリル. 〖F=grill〗
grill·ing /-lɪŋ/ 名 (厳しい)尋問, つるし上げ.
gríll ròom 名 = grill 3.
gríll·wòrk 名 格子状のもの.
grilse /gríls/ 名 (複 ~) 本年サケ(海から初めて川にのぼってきた若サケ).

*__grim__ /gríˈm/ 形 (**grim·mer**; **grim·mest**) ❶ a 〈人・表情など〉厳しい, いかめしい, 険しい: a ~ face 険しい顔. b 恐ろしい, 冷酷な, 残忍な: a ~ struggle 恐ろしい争い, 激闘. c 恐ろしくて不気味な; 〈笑いなど〉ぞっとするような: a ~ smile ぞっとするような笑い. ❷ 不愉快な; (英口) 具合が悪い: a ~ old castle 不気味な古城 / a ~ task いやな仕事 / I felt pretty ~ yesterday. きのうはかなり気分が悪かった. ❸ a 〈事実などが〉厳然たる, 動かし難い: a ~ reality [truth] 厳然たる事実[真理]. b 〈決心など〉不屈の: ~ determination 不退転の決意 / ~ courage 不屈の勇気. **háng [hòld] ón like grím déath** ⇒ death 成句. ~·**ly** 副 ~·**ness** 名 〖OE=残酷な; GRUMBLE と関連語〗

*__grim·ace__ /grɪməs, grɪméɪs/ 名 (苦痛・不快・嫌悪などを表わす)しかめっつら: make a ~ しかめつらをする, 顔をゆがめる. — 動 @ 顔をゆがめる, しかめっつらをする: ~ with pain 苦痛で顔をゆがめる / She ~d at his rudeness. 彼女は彼の不作法に顔をしかめた. 〖Sp=戯画〗

gri·mal·kin /grɪmælkɪn, -mɔ́ːl-/ 名 ❶ 年とったネコ. ❷ 意地悪な老婆.
grime /gráɪm/ 名 U (皮膚などにこびりついた)よごれ, ほこり, あか. — 動 他 〈あか・ほこりなどで〉〈...〉を黒くする, よごす (with).
Grimm /gríˈm/, **Jakob** /jɑ́ːkɑp | -kɔp/ 名 グリム (1785–1863; ドイツの言語学者・童話作家).
Grimm, **Wilhelm** /vílhelm/ 名 グリム (1786–1859; ドイツの言語学者・童話作家; Jakob の弟).
Grímm's láw 名 〖言〗グリムの法則 (Jakob Grimm が発表した印欧基語からゲルマン基語への子音推移に関する法則).
gri·moire /grɪmwɑ́ː/ 名 (中世の魔術師の)魔術の手引; 魔術についての書物.
Grím Réaper 名 [the ~] 死神.
grim·y /gráɪmi/ 形 (**grim·i·er**; **-i·est**) すす[あか]などでよごれた, 汚い: ~ buildings すすけた建物. **grím·i·ly** 副

grin /grín/ 動 (grinned; grin・ning) 自 ❶ 〔喜び・満足などで〕〈歯を見せて〉にっこと笑う: ~ *with* pleasure うれしくてにっこり笑う / He *grinned at* me. 彼は私ににっこり笑いかけた. ❷ 〔怒り・軽蔑などで〕〈…に〉歯をむく 〔*at*〕. **grín and béar it** (不愉快なことを)笑って我慢する. **grín from éar to éar** 口を大きく開けてにっこり笑う. **grín like a Chéshire cát** ⇨ Cheshire 成句. ― 名 C ❶ (歯を見せて)にっこり[にやっと]笑うこと: a happy [silly] ~ うれしそうな[ばかみたいな]笑い / Take [Wipe] that ~ off your face! にやにや笑うな. ❷ (苦痛などで)歯をむき出すこと. 〖OE=(怒りなどで)歯をむき出す〗【類義語】⇨ laugh.

-i・ness 名

Grinch /gríntʃ/ 名 [the ~] グリンチ (Dr. Seussの童話に登場する架空の生き物; とても意地悪で人のクリスマスをぶちこわしにしてしまう); [g~] 座をしらけさせる人, 興ざめなやつ.

grind /gráind/ 動 (ground /gráund/) 他 ❶ a 〈穀物などを〉ひく, 細かく砕く; 〈肉を〉ひく 〔*into, to*〕: ~ coffee beans コーヒー豆をひく / ~ (*down*) rocks 石を細かく砕く / ~ (*up*) wheat *into* flour 小麦をひいて粉にする. b すり砕いて〈粉・小片などを〉作る: ~ flour 粉をひく. ❷ 〈レンズなどを〉〈硬いもので〉磨く: ~ diamonds [lenses] ダイヤモンド[レンズ]を研磨する. ❸ とぐ, 研磨する: ~ an ax on a grindstone 斧(ホ)を砥石でとぐ / ~ a knife to a sharp edge ナイフをといで鋭い刃をつける. ❸ a 〈歯などを〉ぎしぎしこすり合わせる: ~ one's teeth (*together*) in anger [while sleeping] 腹を立てて[睡眠中に]歯ぎしりする. b 〈…を〉強くこすりつける, 踏みつける: He *ground* his fist *into* his opponent's face. 彼は相手の顔にぐりぐりとげんこつを押しつけた / ~ a cigarette end *under* one's heel 吸い殻をかかとで踏みつける. ❹ 〈人を〉苦しめる, 虐げる (★しばしば受身): ~ *down* the poor 貧しい人々を虐げる / They *were ground* by heavy taxation. 彼らは重税に苦しめられた. ❺ (口) a 〈人に〉〈知識・科目などを〉骨折って教え込む: ~ students *in* Latin 学生たちにラテン語を教え込む. b 〈知識・科目などを〉〈人に〉詰め込む: ~ the need for hard work *into* one's employees 従業員たちに勤勉の必要性をたたき込む. ❻ 〈器具を〉手回しで動かす: ~ a coffee mill コーヒーひきを回す / ~ a barrel organ 手回しオルガンを回して鳴らす. ― 自 ❶ a 粉をひく, うすをひく. b 〔様態を示す副詞を伴って〕〈…に〉粉になる, ひける: This corn ~s well [fine]. この穀物はひきやすい[細かくひける] / The wheat *ground* (*down*) to a fine flour. 小麦は細かい粉にひけていった. ❷ 〈ギヤ・乗り物などが〉きしる 〔*on, against*〕: ~ to a halt [standstill] 〈乗り物が〉(ブレーキをきしませて)騒々しく止まる / The ship *ground against* the rocks. 船は岩にあたってきしっていた. ❸ (口) 〈…に〉精を出す, 〔…のために〕こつこつ勉強する: ~ *away at* one's English 英語を一生懸命勉強する / ~ (*away*) *for* an exam 試験に備えてこつこつ勉強する / ~ *away* to support one's family 家族を養うためにせっせと働く. ❹ (俗) (ストリップなどで)〈女性が〉腰を回転させる. ❺ 歯がしらぐら続く, 長引く.

grínd ón だらだらと続く, 長引く.

grínd óut (他+副) (1) 〈粉・小片などを〉砕いて作り出す. (2) 〈たばこなどを〉もみ消す. (3) 〈言葉を〉歯ぎしりして言う: ~ *out* an oath 歯をきしらせて悪態をつく. (4) 歯ぎしりして言う: "Damn it!" he *ground out*. 「こんちくしょう!」と彼は歯をきしらせて言った. (5) (手回しオルガンで)〈曲を〉奏する. (6) 〈小説・曲などを〉次々へと推理小説を機械的に書く: ~ *out* detective novels 次々へと推理小説を機械的に書く.

grínd the fáces of the póor 貧民から重税を取り立てる, 貧民を虐げる 〈由来「貧しい人々の顔を踏みにじる」の意から〉.

― 名 ❶ a U ひくこと, すり砕くこと. b C (粉の)ひき具合: coffee of a fine ~ 細かくひいたコーヒー. ❷ [単数形で] (口) つらい単調な仕事[勉強]; 退屈でいやな仕事[勉強]: go through the daily ~ 毎日の単調な仕事をやり遂げる. b 〔a ~〕こつこつ勉強する学生, がり勉屋 (英) swot). ❸ C (俗) グラインド(ストリッパーなどが腰を回転させる動作): do a ~ グラインドをする.

〖OE; GROUND¹と関連語〗

grínd・er 名 ❶ C [通例修飾語を伴って] a ひく[する, と, 磨く]人, とぎ師: a knife ~ ナイフとぎ師 / a lens ~ レンズ研磨工. b 粉砕機, 研摩機, 砥石(ﾄｲｼ) : a coffee ~ コーヒーひき. ❷ a C 臼歯(ｷｭｳ). b [複数形で] (俗) 歯.

grínd・ing 名 U ❶ ひく[磨く, とぐ]こと. ❷ きしり, 摩擦. ❸ (口) 詰め込み教授[勉強]. ― 形 ❶ a ギーギー鳴る, きしる: come to a ~ halt [stop] 〈乗り物が〉ギーッときしって止まる. b 〈音が〉耳障りな. ❷ 骨の折れる; 退屈な, あきあきする: ~ toil 骨の折れる仕事. ❸ 圧迫[圧制]する, 虐げる: ~ poverty のしかかる貧困. ❹ じりじり痛み続ける: a ~ pain ずきずきする痛み.

grínd・stone /gráindstòun/ 名 グラインダー, 回転研磨盤, 丸砥石(ﾄｲｼ). **kéep [hàve, hóld] one's nóse to the gríndstone** ⇨ nose 名 成句.

grín・go /gríŋgou/ 名 (複 ~**s**) (口・軽蔑) (中南米地方で)外国人, (特に)英米人.

gri・ot /gríːou/ 名 グリオ (西アフリカ諸部族で, 口碑の伝承にあずかる楽人階級の者).

grip¹ /gríp/ 名 ❶ C [通例単数形で] a つかむ[握る]こと: have [get, take] a firm ~ *on*…をしっかりつかむ / let go one's ~ *on*…をつかむ手を放す. b (バットなどの)握り方, つかみ方, グリップ: shorten [lengthen] one's ~ (バットなどを)短く[長く]握る. ❷ C a (器物の)柄, 握り, 取っ手, グリップ. b つかむ道具[機械, 装置]: a hair ~ (英) ヘアピン. ❸ [単数形で] 〔…の〕理解(力), 把握(力): have a good ~ *of* a situation 情勢をよく把握している / lose one's ~ *on* reality 現実に対する認識を失う. ❹ [単数形で] a 〔…の〕注意を引く力: have a good ~ *on* an audience 聴衆を十分に引きつける. b 〔…に対する〕統率[統御, 支配]力: keep a ~ *on* one's emotions 感情を表に出さないように抑える / get [keep] a ~ *on* oneself 冷静に行動する. ❺ U (タイヤの)グリップ (地面をつかむ力). ❻ C (テレビ・映画の)撮影助手. ❼ (古風) 手さげかばん, 旅行かばん.

at gríps つかみ合って, 取り組んで, 理解して 〔*with*〕.

cóme [gèt] to gríps (1) 〈レスラーなどが〉…と取っ組み合う 〔*with*〕. (2) 〔問題などに〕真剣に取り組む 〔*with*〕.

in the gríp of…につかまれて; …のとりこになって: be *in the ~ of* a fixed idea 固定観念にとらわれいる.

― 動 (gripped; grip・ping) 他 ❶ 〈…を〉しっかりつかむ, 固く握る, 〈タイヤが〉路面をつかむ (比較 grasp よりつかみ方が強い): She *gripped* her mother's hand in fear. 彼女は恐ろしくなって母親の手をぎゅっと握った. ❷ 〈人の心〉をつかむ[捕らえる]; 〈人の関心・注意など〉を引きつける: The play *gripped* the attention of the audience. 彼の劇は観衆の(注目)を引きつけた. ― 自 〔…に〕しっかりとつかむ: These tires don't ~ *on* wet roads. このタイヤはぬれた道ではグリップがきかない.

〖OE〗

grip² /gríp/ 名 [the ~] = grippe.

gripe /gráip/ 動 ❶ 腹がひどく痛む. ❷ (口) (絶えず) 不平を言う (complain): He's always *griping at* me *about* something. 彼は私にいつもなんだかんだと不平を言っている. ― 他 ❶ 〈人を〉ひどく腹痛で苦しめる. ❷ (米) 〈人を〉悩ます, いらいらさせる. ― 名 ❶ [the ~s] 突然の激しい腹痛: get *the ~s* 突然腹がきりきり痛む. ❷ C (口) 苦情の種, 不平 (complaint).

grípe wàter 名 U (小児用の)腹痛止め水薬.

grippe /gríp/ 名 [the ~] (古風) 流行性感冒, インフルエンザ. 〖F〗

gríp・ping 〈物語など〉強く心を捕らえる, 興味しんしんの. **~・ly** 副

grip・py /grípi/ 形 (grip・pi・er, -pi・est) ❶ 〈路面・タイヤ・靴など〉すべりにくい, つかみ[走り]やすい. ❷ (古風) 流感 (grippe) にかかった.

gri・saille /grizéil, -záil/ 名 U,C グリザイユ (灰色だけで薄肉彫りに似せて描く装飾画法; その絵ガラス作品 〔窓〕).

gris・e・o・ful・vin /grìziouflvn, grìs-/ 名 U 〔生化〕グリセオフルビン 〔抗菌物質; 髪・皮膚の感染病用〕.

gri・sette /grizét/ 名 グリゼット (昔フランスで女工が着ていた, 灰色の安価な毛織服地). ❷ (フランスの)女工, 女店員, 売り子.

gris-gris /gríːgriː/ 图 (複 gris-gris /~z/) (アフリカの先住民の用いる)護符, お守り.

gris-kin /grískɪn/ 图 U (英) (脂肪の少ない)豚の腰肉.

gris·ly /grízli/ 形 (gris·li·er; -li·est) (死を思わせて)ぞっとさせる, 恐ろしい; 陰惨な: a ~ murder 陰惨な殺人. 《OE; GRUESOME と関連語》

gri·son /gráɪs(ə)n, gríːz(ə)n/ 图 動 グリソン《イタチの一種; 中南米産》.

gris·si·ni /grɪsíːni/ 图 グリッシーニ《イタリア風の細長い棒状の乾パン》.

grist /gríst/ 图 U 製粉用の穀物: All is ~ that comes to his mill. (諺) 彼の製粉所に来る物はすべて製粉用の穀物になる, 彼は何事でも必ず利用する, ころんでもただでは起きない男だ. **gríst to [for] one's [the] mill** もうけもの, 利益になること. 《OE=ひくこと; GRIND と同語源》

gris·tle /grísl/ 图 U (食用肉の)すじ, 軟骨.

gris·tly /grísli/ 形 (gris·tli·er; -tli·est) 軟骨質の; すじの多い.

gríst·mìll 图 製粉所.

+**grit** /gríːt/ 图 ❶ (機械などに入って害になる)小さな砂; (道路などにまく)あら砂: a bit of ~ 砂粒. ❷ (口) (困難にあってもくじけない)勇気, 気概, 闘志: He has a lot of ~. 彼はとても勇気がある. ❸ ⇒ grits. —— 動 (grit·ted; grit·ting) 他 ❶ ‹…›をきしらせる《★通例次の句で》: ~ one's teeth (決意を固めて)ぎゅっと歯をかみしめる. ❷ ‹道などに›あら砂をまく. —— 自 きしる. 《OE》

grits /gríts/ 图 (単数または複数扱い) (穀物の)ひき割り, (特に)ひき割りトウモロコシ《米国南部では煮てオートミール風にして朝食にする》, ひき割りエンバク.

gríť·stòne 图 [地] 粗粒砂岩, グリット.

grit·ter /gríːtə | -tə/ 图 (英) 砂散布機(車) 《路面の凍結などによるスリップを防止するため砂や塩などをまくもの》.

+**grit·ty** /gríti/ 形 (grit·ti·er; -ti·est) ❶ (砂[砂利]の入った, 砂のような, 砂だらけの: a ~ wind 砂混じりの風. ❷ (口) 勇気のある.

griv·et /grívət/ 图 動 オナガザル, ミドリザル《アフリカ北東部産》.

griz·zle[1] /grízl/ 動 自 (英口) ❶ ‹子供が›ぐずる, むずかる. ❷ ‹…について›泣き言を言う, こぼす[about]. —— 他 ‹…と›泣き言を言う[that].

griz·zle[2] /grízl/ 形 〈毛髪など〉灰色の.

griz·zled /grízld/ 形 ❶ 白髪交じりの. ❷ 灰色がかった, 灰色の. 《F》

griz·zly /grízli/ 形 (griz·zli·er; -zli·est) =grizzled. —— 图 =grizzly bear. 《GRISLY の異形》

grízzly bèar 图 動 ハイイログマ《北米西部産の大クマ》.

*****groan** /gróʊn/ 動 自 ❶ [苦痛・悲しみなどで]うめく: The wounded lay ~ing with pain [in agony]. 負傷した人たちは苦痛[苦悩]でうめきながら倒れていた. ❷ [に]不平を言う: moan and ~ 文句ばかり言う / They ~ed at his dirty joke. 彼女たちは彼のいやらしい話に不満をもらした. ❸ 〈食卓・棚などが〉[…で]きしむほどいっぱいである: The table was ~ing with food. 食卓にはごちそうがあるほど盛られてあった. ❹ [の]重圧で]うめき苦しむ[under, beneath]: They ~ed under injustice [heavy taxes]. 彼らは悪政[重税]のもとにうめき苦しんだ. —— 他 ❶ ‹…›をうめきながら言う: ~ out a sad story 悲しい物語をうめくように語る / "How could you!" he ~ed. 「どうしてくれるんだ」と彼はうめくように言った. ❷ 〈弁士などを〉うなり声で黙らせる[down]. **gróan inwardly** (内心で)苦悩する, 悩む. —— 图 ❶ うめき[うなり]声(moan): give a ~ うめき声をあげる. ❷ (演説者などに対する)不賛成[不満]の声. ❸ ギーギーという音. —— 圈 《OE; GRIN と関連語》

groat /gróʊt/ 图 ❶ グロート《英国の昔の4ペンス銀貨》. ❷ [単数形で通例否定文で] (古) わずかな金銭, 少し, これっぽっち(も…ない).

groats /gróʊts/ 图 (単数または複数扱い) ひき割りエンバク[麦].

Gro-bag /gróʊbæg/ 图 (商標) グローバッグ(growbag の商品名).

*****gro·cer** /gróʊsə | -sə/ 图 食料雑貨商《コーヒー・砂糖・小麦粉・缶詰・瓶詰・干した野菜・乳製品のほか, 通例せっ

799 grope

けん・ろうそく・マッチ・たばこ・新聞・雑誌などの家庭用品を扱う》: a ~'s 食料雑貨店. 《F=卸売商〈L》

*****gro·cer·y** /gróʊs(ə)ri/ 图 ❶ C 食料雑貨店, 食料品店, スーパーマーケット. ❷ [複数形で] 食料雑貨類. 《GROCER から》

grócery shópping 图 U 食料の買い出し, (毎日の)買い物.

grócery stòre 图 =grocery 1.

grock·le /grákl | grɔ́kl/ 图 《英口・しばしば軽蔑》旅行者, 行楽客.

gro·dy /gróʊdi/ 形 (gro·di·er; -i·est) 《米俗》不潔な, 汚い; 不快な.

Gro·fé /groʊféɪ/, **Fer·de** /fəːdɪ | fəː-/ 图 グローフェ (1892-1942) 《米国の作曲家》.

grog /grág, grɔ́ːg | grɔ́g/ 图 U.C グロッグ《水で割ったラム酒》. 《gro(ss) g(rain) 粗い目の織物); この生地の服を着た提督のあだ名 'Old Grog' にちなむ》

grog·gy /grági, grɔ́ːgi | grɔ́g-/ 形 (grog·gi·er; -gi·est) (疲労・病気・睡眠不足で)よろめいて, (ボクシングで打たれて)足もとがふらふらして, グロッキーで: feel ~ 足もとがふらふらする / become ~ 《ボクサーが》グロッキーになる. **grógi·ly** 副 **grógi·ness** 图

grog·ram /grágrəm, grɔ́ːg-/ 图 U グログラム《絹, 絹とモヘア, または絹と毛の粗布》; その製品.

+**groin** /grɔ́ɪn/ 图 ❶ 解 鼠蹊(そけい)部《股の付け根》. **b** 《婉曲》男性性器, '股間'. ❷ [建] 穹稜(きゅうりょう) 《円形天井の相交わる線》. ❸ [土木] 防砂堤; 海岸突堤. 《OE; GROUND[1] と関連語》 関形 inguinal.

grok /grák | grɔ́k/ 動 他 (grokked; grok·king) 《米俗》心底から理解する, 共感する, わかりあう.

grom·met /grámɪt/ 图 はと目金《布などのひもを通す穴を補強する丸い金属製の輪》.

+**groom** /grúːm, grúm/ 图 ❶ **a** 馬丁, 別当. **b** 《英》宮内(官). ❷ 花婿《★bridegroom の略形》: the bride and ~ 新郎新婦. —— 動 他 ❶ ‹馬などを›手入れする. ❷ ‹人を›身づくろいさせる(cf. groomed): She ~ed herself for the party. 彼女はパーティーに出かけるので身じたくをした. ❸ 〈猿などが〉…の毛づくろいをする, グルーミングする. ❹ ‹人を›〈ある職業などに向くように〉仕込む, 訓練する: He ~ed his son for political office. 彼は息子を政治家になるよう仕込んだ / The party ~ed him as a presidential candidate. 党は彼を大統領候補者に仕立てた / ~ a person to take over one's job 仕事を引き継ぐように人を訓練する. 《ME=男児, 従僕》

groomed 形 身なり[身だしなみ]を整えた.

+**groom·ing** 图 U (馬などの)手入れ, 毛づくろい; 身づくろい, 身だしなみ.

grooms·man /-mən/ 图 (複 -men /-mən/) (結婚式で)花婿付き添いの男性《中の《解説》付き添い人が数人いる時は主要な人を best man という; cf. bridesmaid》.

*****groove** /grúːv/ 图 ❶ **a** (硬い表面につけた)溝, 細長いくぼみ. **b** (レコード・敷居などの)溝. **c** 車の轍, わだち. ❷ (行動・考え方などの)決まりきった型: get into a ~ 決まりきった型にはまりこむ. ❸ 《俗》 楽しい時, すばらしい経験. **in the gróove** 《俗》大いに好調で; 実にすばらしく, とってもいかして, 流行して, はやって《由来 レコードの溝に針がぴたりとはまって音が出ることから》. —— 動 他 ❶ ‹…›に溝を彫る[作る]. —— 自 ❶ ‹…と›うまくいく[with]. 《Du or ON; GRAVE[1], GRAVE[3] と関連語》

grooved 形 溝のある, 溝つきの.

gróov·er 图 《俗》 いかすやつ, かっこいいやつ; (特にハウスミュージックの)ミュージシャン.

groov·y /grúːvi/ 形 (groov·i·er; -i·est) ❶ 溝の(ような). ❷ (口) (すごく)すてきな, かっこいい: ~ clothes [people] いかす服[連中]. 《groove》

+**grope** /gróʊp/ 動 自 ❶ 手探りする, 手探りで捜す(fumble): I ~d in my pocket for the key. ポケットの中を手探りしてかぎを捜した / I ~d about [around] for the light switch. 私は手探りで明かりのスイッチを探した. ❷ (心の中で)探る, 暗中模索する: ~ after the truth 真理を求め

gropingly

る] — *for* a plausible explanation もっともらしい説明がないかとあれこれ考える. —他 ❶ [~ one's way で] [副詞(句)を伴って] 手探りで進む (feel): I ~*d* my way in [out, toward the door]. 手探りで歩いて入った[戸口に進んだ]. ❷ (俗)〈女性の体〉にさわる. —名 ❶ 手探り. ❷ 女性の体にさわること. 【OE; GRIP と関連語】

gróp·ing·ly 副 手探りで, 暗中模索して.

Gro·pi·us /gróupiəs/, Walter 名 グロピウス (1883-1969; ドイツ生まれの建築家).

gros·grain /gróugrein/ 名 グログラン《絹またはレーヨン製厚地うね織り; そのリボン》.

gros point /góupɔ̀int/ 名 Ⓤ グロポワン《大きなテントステッチ》.

*gross¹ /gróus/ 形 (~·er; ~·est) A ❶ Ⓐ はなはだしい, 目に余る, ひどい: a ~ error 大間違い / a ~ fool 大ばか / ~ injustice ひどい不公正 / a ~ lie ひどい / ~ negligence [法] 重過失. ❷ a 大きい(不快なほど)太った, 太めの: a ~ body 大きなずうたい / ~ features 締まりのない顔つき. b 〈草木が〉生い茂った; はびこった: ~ vegetation 生い茂った植物. c 〈空気・液体など〉濃い: a ~ fog 濃霧. ❸〈人・態度・言葉など〉下品な, 粗野な: ~ remarks 下品な言葉. ❹ (俗) 実に不快な, よくない: ~ food 実に不快な[まずい]食物. b 〈人の粗食など〉粗野な, 粗悪な: ~ food 粗末な食物. b 〈人の粗食など〉粗野な, 粗悪な: ~ food 粗末な食物. b 〈人の粗食など〉粗食(悪食(だい))家. c 〈感覚が〉鈍い: a ~ palate 鈍感な味覚. —B ❶ Ⓐ (比較なし)〈控除する前の〉総体の, 全体の, 粗利(あら)での((時に金額の後につける); 風袋(ふうたい)共の (↔ net): the ~ amount 総額 / (the) ~ area 総面積 / ~ income [sales] 総収入[売上高] / (the) ~ weight 総重量. ❷ 大まかな, 全般的な: ~ judgments 大まかな判断 / a ~ outline 大筋, 概略. —名 [the ~] 総体, 総計. **in** (the) **gróss** 卸で, まとめて; 大量に. —動 他 〈…の総利益をあげる〉: We ~ed $100,000 last year. 昨年は 10 万ドルの総利益をあげた. **gróss óut** (他)(副) 〈下品な言動で〉人々を不快にさせる, むかつかせる. **gróss úp** (他)(副) 純益を控除前の額にまで増加する. ~·ness 名【F < L = 厚い, 大きい】【類義語】⇒ *whole*.

gross² /gróus/ 名 (働 ~) [商] グロス(12 ダース, 144 個; 用法] 数詞またはその相当語を伴う場合は単複同形): a [ten ~] of buttons ボタン 1 グロス[10 グロス] / a great ~ 12 グロス (1728 個) / a small ~ 10 ダース (120 個). **by the gróss** グロスいくらで; 卸で, まとめて. 【F = 数ダース(の); GROSS¹ と同語源】

✝**gróss doméstic próduct** 名 Ⓤ [経] 国内総生産《国民総生産から国外投資の利益を引いたもの; 略 GDP》.

✝**gróss·ly** 副 ❶ 大いに, ひどく (用法) いやなことをさらに強調する時に用いる): ~ unfair 大変不公平を欠く / ~ underpaid ひどい低賃金で. ❷ 粗野に, 下品に: behave ~ 粗野なふるまいをする.

gróss márgin 名 売上総利益, 粗(あら)利益.

✝**gróss nátional próduct** 名 Ⓤ [経] 国民総生産《略 GNP》.

gróss prófit 名 =gross margin.

gróss tón 名 総トン(⇒ ton¹ 3 a).

gros·su·lar /grásjulə | gró́sjulə/ 名 [鉱] 緑ざくろ石, 灰礬(かいばん)ざくろ石.

grot /grát | grót/ (英俗) 名 Ⓤ くず, がらくた. —形 汚い, みずぼらしい.

✝**gro·tesque** /groutésk/ 形 (more ~; most ~) ❶ 怪奇な, 異様な, グロテスクな (hideous): a ~ Halloween costume ハロウィーン用のグロテスクな仮装. b 奇妙な, こっけいな, ばかげた: ~ mistakes ばかげた間違い. ❷ [芸術] グロテスク風の. —名 ❶ [the ~] **a** [美] グロテスク風(装飾)《唐草模様の中に怪奇な人間像・動物像・果実・花などの形象をからませた装飾様式》. **b** [文学] グロテスク風, 怪奇主義. ❷ Ⓒ [美] グロテスク風の装飾模様, 彫刻, 絵画. ❸ Ⓒ 奇怪[グロテスク]なもの. -·ly 副 -·ness 名【GROTTO+-ESQUE; 発掘された古い建物の地下室の壁画の模様に多く見出されたことから】

gro·tes·que·rie /groutéskəri/ 名 Ⓤ グロテスクな性質, 怪奇性; Ⓒ グロテスクなもの[作品].

grot·to /grátou | grót-/ 名 (働 ~es, ~s) ❶ 小さなほら穴. ❷ グロット《特に 18 世紀の庭園の貝殻などで美しく飾られた岩屋; 避暑用》. 【It < L *crypta*】

grot·ty /gráti | gróti/ 形 (**grot·ti·er; -ti·est**) (俗) 汚い, 不潔な; 不快な, いやな.

grouch /gráutʃ/ (口) 名 ❶ [通例単数形で] 不平, 不満, ぐち. ❷ 不平[不満]家. —動 (自) [...について] 不平[不満]を言う (*about*).

grouch·y /gráutʃi/ 形 (**grouch·i·er; -i·est**) (口)〈人・態度など〉不平たらたらの, 不機嫌な: in a ~ tone of voice 不機嫌そうな声で. **gróuch·i·ly** 副 **-i·ness** 名

*ground¹ /gráund/ 名 A ❶ **a** [the ~] 地面, 地(表): lie on the ~ 地面に横になる / It was buried deep under the ~. それは地下深く埋められていた. **b** Ⓤ 土; 土地: rich [poor] ~ 肥えた[やせた]土 / low [high] ~ 低地[高台]. **c** Ⓤ 海底, 水底. ❷ Ⓒ [しばしば複数形で; 通例複合語として]〈特定の目的のための〉場所, 用地, …場; 運動場, グラウンド 《比較》 日本語のように単独では用いない): ⇒ *burial ground, playground, stamping ground* / a cricket ~ クリケット場 / a picnic ~s ピクニック場. ❸ [複数形で]〈建物の周囲にある〉庭, 庭園, 構内《芝生・植え込み・歩道などを含む》: well-kept ~s 手入れの行き届いた庭園 / the school ~s 学校の構内. ❹ Ⓤ (米)[電]アース, 接地 ((英) earth).

—B ❶ Ⓤ [しばしば複数形で] 根拠, 理由: on moral ~s 道徳上の理由で / on the ~ [on (the) ~s] of…の理由で / There's no ~ *for* fear. 恐れる理由は何もない / He has good ~s *for* believing it. 彼にはそれを信じる十分な根拠がある / [+*that*] He offered his resignation on (the) ~s *that* it would be a breach of confidence. 彼はそれが信義を破ることになるという理由で辞表を提出した. ❷ Ⓤ (議論などの) 立場, 意見: ⇒ *common ground* / He takes his ~ on intuition. 彼は意見を直観に基づかせる / [+*that*] He took the ~ *that* it was not right to support such a government. 彼はそのような政府を支持するのは正しくないという立場をとった. ❸ [通例無冠詞で]〈研究などの〉分野; 話題, 問題. ❹ Ⓒ **a** (飾りの)下地. **b** (絵画・エッチング・塗装などの)下塗り, 地塗り. **c** (浮き彫りの)面. **d** (織物などの)地色, 地. ❺ [複数形で] おり, かす: coffee ~s (カップの底に残る)コーヒーかす.

bréak gróund (1) 土を起こす, 耕す. (2) 起工[着手]する: *break* ~ *for* a new school 新しい学校のくわ入れをする.

bréak néw [**frésh**] **gróund** 新天地を開拓する, 新生面を開く.

cóver gróund (1) 〈ある〉距離を進む, 行く: *cover* a lot of ~ ずいぶん遠くまで進む. (2) 〈講演者〉報告〈者〉などが〈ある〉範囲を取り扱う: The inquiry *covers* a great deal of new ~. 調査は新しい分野を広くカバーしている.

cút the gróund from ùnder a person's **féet** 先手を打って人の計画の裏をかく, 人の足をすくう.

(dówn) to the gróund (英口) 徹底的に, すべての点で: It suits me *down to the* ~. それはまったく好都合だ.

fáll to the gróund〈計画などが〉失敗に終わる; 〈希望などが〉失われる.

from the gróund úp (1) 全く新たに, 心機一転して: rebuild the house *from the* ~ *up* 家をすっかり建て替える. (2) 徹底的に, 完全に.

gáin gróund (1) 〈軍隊が〉陣地を得る. (2) 前進する. (3) [...に]追いつく, 迫る (*on*). (4) 〈主義・主張などが〉普及する, 広まる.

gèt óff the gróund (1)〈飛行機が〉離陸する. (2) (口)〈計画などが〉うまくスタートする.

gíve gróund =lose GROUND¹ [成句].

gó to gróund (1)〈キツネなどが〉穴に逃げ込む. (2)〈犯人などが〉身を隠す; 〈人が〉人目を避けて暮らす.

hít the gróund rúnning 時を移さず首尾よく開始する.

hóld one's **gróund** (1) 後退しない, 一歩も退かない. (2) 自分の立場[地歩, 主張]を固守する.

lóse gróund〈軍隊が〉退却して陣地を失う, 後退する, 敗北する.

màke (ùp) gróund =gain GROUND¹ [成句].

on one's own ground 勝手を知った場所[状況]で,得意の分野で,自分の土俵で.

run oneself **into the ground** =work oneself into the GROUND¹ 成句.

stand one's ground =hold one's GROUND¹ 成句.

thin on the ground ⇨ thin 形.

work a person **into the ground** 疲労の極限まで〈人を〉働かせる.

work oneself **into the ground** 疲労の極限まで働く.

——形 Ⓐ ❶ 地面(近く)の,地上(勤務)の: ~ fog (地表近くにできる)地上霧 / ~ troops [forces] 地上部隊 / a ~ hostess 地上勤務のスチュワーデス. ❷ a 〈動物が〉地上[地中]にすむ. b 〈植物が〉地をはう.

——動 他 ❶ a 〈空〉[通例受身で]〈濃霧・故障などが〉飛行機の離陸を不可能にする: All planes were ~ed because of the dense fog. 濃霧のため飛行機はすべて地上待機となった. b 《米口》〈人を〉(罰して)外出禁止にする. ❷ a 〈...を〉地面に置く: ~ one's arms (降伏のしるしとして)武器を地面に置く. b 〈船を〉座礁させる. ❸ 《米》〈電〉〈器具を〉アースする,接地する(《英》earth). ❹ 〈議論・主張などを〉...に基づかせる 〈on, in〉(base): My opinion is ~ed on fact. 私の意見は事実に基づいている. ❺ 〈人に〉〔...の〕基礎[初歩]を教え込む (★通例受身): She is well ~ed in English grammar. 彼女は英文法の基礎がよく仕込まれている / ⇨ well-grounded. ——自 ❶ 〈海〉〈船が〉座礁する,浅瀬に乗り上げる: The boat ~ed on a sand bank. 船は砂州に乗り上げた. ❷ 〈野〉 a 〔...へ〕ゴロを打つ 〈to〉. b ゴロでアウトになる 〈out〉.

〖OE=底, 基礎, 地面; GRIND, GROIN と関連語〗【類義語】⇨ cause.

*__ground__² /gráund/ ❶ grind の過去形・過去分詞.

——形 ❶ ひいた,粉にした: ~ beef 牛のひき肉 / ~ pepper 粉コショウ. ❷ すった,といだ: a finely ~ edge するどくとがれた刃.

ground bait 名 Ⓤ 《釣》(魚を集めるためにまく)寄せ餌(ﾅ),まき餌.

ground ball 名 =grounder.

ground bass /-béɪs/ 名 《楽》固執[執拗]低音.

ground·break·er 名 新しい事を始める人,開拓者,革新者,草分け.

ground·break·ing 形 鍬入れの,起工の; 草分けとなる,革新[開拓]的の.

ground cloth 名 ❶ グラウンドシート(キャンプなどで地面に敷く防水敷布). ❷ 舞台をおおうカンバス布.

ground control 名 Ⓤ 《空》(航空機・宇宙船などの)地上管制[誘導].

ground-control(led) approach 名 Ⓤ 《空》地上誘導着陸(方式)(略 GCA).

ground cover 地被植物,地表植被(地表をおおう植物).

ground crew 名[集合的; 単数または複数扱い]《米》(飛行場の)地上勤務員(事務職員・乗客係・整備員など) (《英》ground staff).

ground·ed 形 ❶ 基礎を据えた,根拠のある(通例副詞を伴い複合語をつくる). ❷ 《米口》(罰として)外出を禁じられて,禁足[謹慎]をくらって. ❸ 〈人が〉足が地に着いて,現実的で,自制心があり,分別を失わない,〈有名人など〉天狗[いい気]にならずに,自分を見失わない,しっかりした.

ground effect 名 地面効果,地表効果,グラウンドエフェクト(地表あるいは地表近くで高速の自動車や飛行機に加わる浮力[上昇力]).

ground elder 名《英》《植》エゾボウフウの一種.

ground·er 名《野球》ゴロ (《圧縮》 "ゴロ" は grounder のなまった言葉): a ~ to second 2塁へのゴロ.

+**ground floor** 名《英》1階 (《米》first floor) (《英》でも高い建物は《米》と同じ呼び方をするようになってきている).

get in on the ground floor 《口》(事業・計画などに)将来有望だと考えて)最初から加わって有利な地位を占める[にある] (画床 "一階から入る" から).

ground frost 名 地表の霜.

ground glass 名 Ⓤ ❶ すりガラス. ❷ (研摩剤として用いる)粉末ガラス.

801

group

ground·hog 名《動》ウッドチャック (woodchuck) (《米国産マーモット》).

Groundhog Day 名《米》2月2日(★この日を境にして春の到来を知る; 晴天ならば冬が続き,曇天ならば春が近い). 《この日ウッドチャック(woodchuck)が穴を出て自分の影を見れば冬ごもりに引き返すという言い伝えから》

+**ground·ing** 名 [a ~] 基礎訓練[知識] 〈in〉: a good ~ in English 十分な英語の基礎.

ground·keep·er 名 =groundskeeper.

ground·less 形 根拠[理由]のない,事実無根の: ~ fears [rumors] いわれのない恐れ[事実無根のうわさ]. ~**·ly** 副 ~**·ness** 名

+**ground level** 名 Ⓤ 地表(の高さ), 1階(の高さ).

ground·ling /gráundlɪŋ/ 名 ❶ a 地面をはう植物. b 地面をはう動物. c 水[海]底にすむ魚. ❷ (機内勤務者に対して)地上勤務者. ❸ 低級な観客[読者].

ground·mass 名 [単数形で] 《岩石》石基,基質(斑状岩の細粒状またはガラス質の部分).

ground·nut 名 《英》ピーナッツ.

ground·out 名 《野球》内野ゴロによるアウト.

ground plan 名 ❶ (建築物の)平面図. ❷ 基礎案,原案.

ground rent 名 Ⓤ.Ⓒ (建物の)地代,借地料(英国では通例99年契約).

+**ground rule** 名 [しばしば複数形で] ❶ 《競技》(特定のグラウンドやコートの条件に即して定められる)グラウンドルール. ❷ (行動の)基本原則,行動原理: establish ~s 基本原則を立てる.

ground·sel /gráun(d)s(ə)l/ 名 Ⓤ《植》キク科サワギク[キオン]属の植物; (特に)ノボロギク (黄色い花をつける雑草で,種は鳥のえさになる).

ground·sheet 名 =ground cloth 1.

grounds·keep·er 名 (公園・競技場などの)管理人,整備員,グラウンドキーパー.

ground sloth 名《古生》地上生ナマケモノ(アメリカ大陸の貧歯目に属する大型の絶滅哺乳類).

grounds·man /-mən/ 名 (働 -men /-mən/) 《英》競技場整備員,グランドキーパー.

ground speed 名 Ⓤ (飛行機の)対地速度 (cf. airspeed).

ground squirrel 名《動》ジリス (昼は地上で生活し,夜は地中の巣穴で過ごすリス科の動物).

ground staff 名 [集合的; 単数または複数扱い]《英》❶ (競技場などの)管理人,整備員. ❷ =ground crew.

ground state 名 《理》基底状態.

ground stroke 名 《テニス》グラウンドストローク(バウンドしたボールを打ち返すこと).

ground·swell 名 ❶ Ⓤ [また a ~] (遠方の大風などによる波の)大うねり,余波. ❷ Ⓒ [通例単数形で] (世論などの)大うねり,高まり 〈of〉.

ground-to-air 形《軍》地対空の: a ~ missile 地対空ミサイル.

ground-to-ground 形《軍》地対地の: a ~ missile 地対地ミサイル.

ground·water 名 Ⓤ 地下水.

ground wave 名 《通信》地上波.

ground wire 名 《米》《電》アース線.

ground·work 名 [通例 the ~] 基礎,土台; 基礎準備(作業,研究): lay the ~ for diplomatic talks 外交交渉の基礎を築く.

ground zero 名 ゼロ地点,爆心地 (核爆弾爆発の真下[真上]の地面[水面]).

*__group__ /grú:p/ 名 ❶ [集合的; 単数または複数扱い] 群れ; 集団,かたまり,集まり 〔of〕 people [trees, rocks, stars] 人々[木々,岩,星]の集まり[かたまり] / in a ~ 群がって / in ~s 群れを成して,三々五々. b (主義・趣味などが)同じ人の集り,同好会,同好会,グループ,団体: a dance ~ ダンス同好会 / a research ~ 研究グループ / The ~ are [is] divided in their [its] opinions. そのグループは意見が分かれている. c (党・教会などの)分派,小党派,...派: the

group captain

free trade ~ 自由貿易派. **d** 〖企業間の〗連合, グループ: Smith *G*~ Limited スミスグループ有限会社. **e** 〖ポピュラー音楽・ジャズなどの〗小演奏家グループ (band): a rock ~ ロックグループ. ❷ 形; 型: a blood ~ 血液型. **b** 〖言〗語派《語族 (family) の下位区分》. **c** 〖数〗群. **d** 〖化〗基, 団.

—— 形 Ⓐ ❶ 集団の, 団体の: a ~ discussion 集団討論. ❷ 〖文法〗語群からなる: a ~ verb 群動詞.

—— 他 ❶ 〖通例副詞(句)を伴って〗〈...を〉(...の周りに)寄せ集める, グループにする: She ~*ed* the tour members (*together*) for a photograph. 彼女は写真を撮(と)るためにツアー参加者を集合させた / The family ~*ed* themselves [*were* ~*ed*] *around* the fireplace. 家族の人たちは暖炉の周りに集まった[集まっていた]. ❷ 〈...を〉〈...の項目下に〉グループ分けする, 分類する〖*by, under*〗, 〈...を〉〖群に〗分類する: *G*~ all the books (*together*) *by* author. すべての本を著者別に分類してください / ~ flowers *into* several types 花を〈つの種類に分類する. —— 自 〖副詞(句)を伴って〗(...の周りに)集まる, 群がる: The family ~*ed* (*together*) *around* the table. 家族がそろってテーブルを囲んだ.

〖F<It; CROPと関連語〗

〖類義語〗**group** 人・動物・物などの集まりを示す最も一般的な語. **herd** 家畜の群れを指す場合と, 集団で行動する動物を指す場合がある. **flock** 家畜としての羊・やぎと, または地上にいる鳥の群れを指す. **flight** 飛んでいる鳥の群れ. **drove** 移動している家畜の群れ. **pack** 猟犬・おおかみの群れ. **swarm** はち・ありなどの昆虫の群れ. **school** 魚・鯨などの群れ. **shoal** 魚の大群.

gróup cáptain 名 〖英空軍〗大佐.
gróup dynámics 名 Ⓤ 〖また複数扱い〗〖心〗集団力学, グループダイナミックス《集団と個人の相互関係, またはその研究》.
group·er[1] /grúːpə | -pə/ 名 ❶ 旅行グループなどの一員. ❷ 〖口〗別荘を共有または二人で借りる若者たちの一人.
grou·per[2] /grúːpə | -pə/ 名 (~, ~s) 〖魚〗ハタ《ハタ科の(特にマハタ属・ヤスリハタ属の)魚》.
group·ie /grúːpi/ 名 〖俗〗ロックグループなどのあとを追いかける熱狂的な女性ファン, 親衛隊の女の子. 〖GROUP+-IE〗
✝**gróup·ing** 名 〖通例単数形で〗グループに分ける[まとめる]こと, 組み分け, 分類.
gróup insúrance 名 Ⓤ 団体保険.
gróup práctice 名 Ⓤ.Ⓒ グループ診療《専門の違う医師が協力して行なう診療》.
✝**gróup thérapy** 名 Ⓤ 集団療法《集団行動を通じて行なう精神療法》.
gróup·thìnk 名 Ⓤ 集団順応思考《集団の価値観などに無批判に順応する思考態度》.
group·us·cule /grúːpəskjùːl/ 名 小集団, 分派.
gróup velócity 名 〖理〗群速度《一群の波動の伝わる速度》.
gróup·wàre 名 Ⓤ 〖電算〗グループウェア《ネットワークシステムを用いてグループで作業する人びとに効率的な作業環境を提供するソフトウェア》.
✝**grouse**[1] /gráus/ 名 (徼 ~) ❶ Ⓒ〖鳥〗ライチョウ《比較 日本と違って欧米では猟鳥》. ❷ Ⓤ ライチョウの肉.
grouse[2] /gráus/ 動 〖口〗自〖...のことで〗ぶつぶつ言う, こぼす (grumble): ~ *about* one's job 仕事の不平を言う.
—— 名 〖通例単数形で〗不平. ~·**er** 名
grout /gráut/ 名 Ⓤ ❶ グラウト《細い割れ目に注入するモルタル》. ❷〖天井・壁面を仕上げのしっくい塗り. —— 他 ❶〈...に〉グラウトを詰める; 〈...を〉グラウトとして用いる.
✝**grove** /gróuv/ 名 ❶〖散策などに適した下生えのない〗小さい森, 木立 ❶〖低木〗wood より小さいものを指す》. ❷〖特に柑橘(こ)類の〗果樹園《★ 柑橘類以外の果樹園は orchard》: an orange ~ オレンジ畑. the **gróve [gróves] of Acadeame** 大学(学園)の雰囲気; 大学(学園)の世界.
grov·el /grávəl/ 動 自 (**grov·eled**, 〖英〗**-elled**; **grov·el·ing**, 〖英〗**-el·ling** /-v(ə)lɪŋ/) ❶〖服従してまたは恐怖で〗人の前に腹ばう, はいつくばう〖*at*〗: She made

him ~ and kiss her hand. 彼女は彼をひれ伏させて手にキスをさせた. ❷〖...の前にひれ伏し, 屈服する〖*before, to*〗 (crawl): ~ *before* authority 権威の前に屈服する.
gróv·el·er, 〖英〗**gróv·el·ler** 名 おべっか使い, 卑屈なやつ.
gróv·el·ing, 〖英〗**-el·ling** 形 いつくばる, へいへいする, 卑屈な, こびを売るような. ~·**ly** 副 ひれ伏して; 卑屈に.
grov·y /gróuvi/ 形 木立 (grove) におおわれた[の多い]; 木立にある[をよく訪れる].
✻**grow** /gróu/ 動 (**grew** /grúː/; **grown** /gróun/) 自 ❶〖生物などが〗成長する, 伸びる; 〖草木が〗生える, 育つ, 産する: Rice ~s in warm climates. 米は温暖な地方にできる / Plants ~ *from* seeds. 植物は種子から生長する / He has *grown into* a robust young man. 彼はたくましい青年に成長した / The ostrich ~s *to* a height of eight feet. ダチョウは成長すると 8 フィートの高さとなる / Hair ~s at an average rate of six inches a year. 髪は平均して年 6 インチの割合で伸びる. ❷ 増大する, 発展する: Tokyo continues to ~. 東京は発展を続けている / The skirmish *grew into* a major battle. その小ぜり合いは戦闘に拡大した. ❸〈次第に〉〈...に〉なる: The forest *grew* thicker as we went deeper in. 奥に入るにつれて森が次第に深くなってきた / I *grew* very fond of the young man. その青年がたまらなく好きになった / 〖+*to do*〗 He *grew to* be obedient. 彼はおとなしくなった / She had *grown to* know him well. 彼女は彼のことがよくわかるようになっていた.

—— 他 ❶〖植物・作物を〗栽培する, 育てる: What do you ~ in your fields? 畑には何を作っていますか. ❷〈髪・角などを〉生やす; 〖+目+補〗She has *grown* her hair long. 彼女は髪の毛を長く伸ばしている. ❸〖植物が〗〈場所を〉おおう《★ 通例過去分詞で形容詞的に用いる; ⇒ grown 形 ❷》.

gréw awáy from... 〈家族・旧友など〉からだんだん気持ちが離れる, 〈...〉と疎遠になる: He has *grown away from* his wife. 彼の気持ちはだんだん妻から離れてきている.
gróow ínto... (1) ...に成長する (⇒ 自 ❶). (2) ...へ発達する (⇒ 自 ❷). (3) 成長して〖衣服が〗着られるようになる. (4)〖仕事・職場などに〗慣れる.
gróow on [upón]... (1) だんだん〈人に〉気に入るようになる: That picture is ~*ing on* me. あの絵がだんだん好きになってきた. (2)〖習慣などが〗〈人に〉だんだん大きくなる: The habit *grew on* him. 彼はその癖がだんだんひどくなった.
gróow on trées ⇒ tree 成句.
gróow óut of... (1) 成長して〖衣服を〗着られなくなる (outgrow): He has *grown out of* that jacket. 彼はその上着が(小さくなって)着られなくなった. (2) 成長して〖悪癖などを〗捨てる, ...から脱却する (★ 受身可): He has *grown out of* that habit. 彼は(成長して)その癖が抜けた. (3) ...から生じる: All arts ~ *out of* necessity. あらゆる技術は必要から生じるものだ.
gróow togéther (自+副) 一つになる, 結合する.
gróow úp (自+副) (1)〈人が〉成人する; おとなになる: ~ *up* into a fine young man 成長して好青年になる / What are you going to be when you ~ *up*? 君はおとなになったら何になるつもりですか / ~ *up to* be [become] a police officer 成長して警察官になる / All of his children are *grown up*. 彼の子供たちはみんな大きくなっている 〖用法 grown up は形容詞とも考えられる: cf. grown-up 形》. (2)〖命令法で〗おとなびたことをする[言う]する. (3)〖慣習・関係・感情などが〗生じる, 発達する: A warm friendship *grew up* between us. 厚い友情が我々の間に生じた.
〖OE; 原義は「育つ, 緑になる」; cf. grass, green〗 名 (growth)

grów·a·ble 形 栽培可能な.
gróow·bàg 名 グロー(イング)バッグ《バルコニーなどでトマト・ビーマンなどを育てるためのコンポスト入りのビニール袋》.
✻**grów·er** /gróuə | gróuə/ 名 ❶ 〖しばしば複合語で〗〖花・果物・野菜類の〗栽培者: a fruit [tomato] ~ 果物[トマト]栽培者. ❷ 〖修飾語を伴って〗...に育つ植物: a slow [fast, quick] ~ 晩[早]生植物.
gróow·ing 形 ❶ 発育盛りの: a ~ boy 育ち盛りの少年.

❷ 増大[拡張, 強化]する, 発展中の: There's a ~ tendency among scientists to accept this theory. 科学者の間にはこの説を採り入れようとする傾向が強まっている. ❸ 生長に適した, 成育を促す: the ~ season 植物の成育[繁茂]期.

gród·ber 图 **❶** 根株を掘る道具. **❷** こつこつ[あくせく]

gród·bing 图 **(grub·bi·er; -bi·est)** **❶** うじのわいた. **❷** 汚い, よごれた (grimy). **❸** 《活動などが》あさましい, 卑劣な, '汚い'. **grúb·bi·ly** 副 **-i·ness** 图
grúb-screw 图 グラブねじ《一端にねじまわし受け溝のある無頭ねじ》.
grub-stake /grʌ́bstèɪk/ 《米口》图 ⓤ 《新事業主・困窮者に貸し出す》資金. — 他 〈…に〉資金を支給する.
Grúb Strèet 图 三文文士連. 《貧乏作家たちの住んでいた London の昔の町名から》
grúb-strèet 形 ④ [しばしば G~] 三文文士の: a ~ hack 三文文士.

grudge /grʌ́dʒ/ 動 他 **❶** 〈…を〉与えるのを惜しむ, 〈…することをいやがる (begrudge); 〈…に〉〈…を〉与えしぶる: I don't ~ the expense. 費用はいくらかかってもかまいません / I ~ wasting time on that. そんなことに時間を費やしたくない / He ~d me my salary. 彼は私に給料を出ししぶった. **❷** 〈人の成功などを〉うらやむ, 〈人の×…を〉うらやむ, 〈人が×…を〉獲得[所有]することをそねむ: He ~s my success. 彼は私の成功をうらやんでいる / He ~s me my success. 彼は私の成功をうらやんでいる. — 图 恨み, 遺恨: bear a person a ~=have [hold] a ~ against a person 《過去のことで》人に恨みを抱いている / pay off an old ~ 積もる恨みを晴らす / owe a person a ~ 《正当な理由があって》人に悪感情をもつのも当然である. 《F=ぶつぶつ不平を言う》

grúdg·ing 形 **❶** いやいやの, 不承不承の (reluctant): give ~ consent しぶしぶ同意する / He was ~ in his praises. 彼は仕方なしにほめた. **❷** けちな, しみったれた: a ~ allowance しみったれたこづかい.
grúdg·ing·ly 副 いやいやながら, 不承不承: "All right," he replied ~. 彼は「いいや」といやいや答えた.
gru·el /grúːəl/ 图 ⓤ 《病人・老人に与える》薄いオートミールのかゆ. 《F; GRIT と関連語》
grú·el·ing, 《英》**grú·el·ling** 形 へとへとに疲れさせる, 厳しい (exhausting): undergo ~ training くたくたに疲れる訓練を受ける. ~·ly 副
grue·some /grúːsəm/ 形 ぞっとする, 身の毛のよだつ《ような》, ものすごい (grisly): a ~ tale ぞっとする話. ~·ly 副 ~·ness 图 《grue 《スコ》ふるえる+-SOME》
gruff /grʌ́f/ 形 **❶ a** 〈声が〉《しばしば不機嫌で》しわがれた, どら声の 《比較》 hoarse は, かぜなどでのどの表面がざらざらするためにしゃがれ声になる》: in a ~ voice しわがれた声で. **b** 〈人が〉ドラ声をした. **❷** 〈人・態度など〉荒々しい, ぶっきらぼうな, 無愛想な: a ~ manner つっけんどんな態度 / give ~ thanks ぶっきらぼうにありがとうと言う. ~·ly 副 ~·ness 图

grum·ble /grʌ́mbl/ 動 ⓘ **❶** 〔人に〕〔…のことで〕ぶつぶつ不平を言う, こぼす, 苦情を言う 〔at, to〕 〔about, over〕: They ~d to their supervisor about their wages. 彼らは賃金のことで上司に不満を言った. **❷** 〈雷などが〉とどろく, ごろごろ鳴る (rumble). — 他 口やかましく言う: He ~d (out) his reply. 彼はぶつぶつと不満そうに返事をした / "It's all your fault," he ~d. 「みんなお前が悪いんだ」と彼はぶつぶつ言った. — 图 **❶** 不平, 文句, 苦情. **❷** 〔単数形で; 通例 the ~〕《雷などの》とどろき, ゴロゴロ鳴る音. ~·er 图 《GRIM と関連語》

grúm·bling /-blɪŋ/ 形 **❶** ぶつぶつ不平を言う. **❷** 〈盲腸など〉絶えず痛い. ~·ly 副
grump /grʌ́mp/ 《口》图 **❶** ⓒ 不平家. **❷** [the ~s で] 不機嫌.
grump·y /grʌ́mpi/ 形 (grump·i·er, -i·est) 気難しい, 不機嫌な. **grúmp·i·ly** /-pɪli/ 副 **-i·ness** 图
Grun·dy /grʌ́ndi/ 图 [Mrs. ~] 口やかましい人, 世間の口. **What will Mrs. Grúndy sáy?** 世間ではどう言うだろう? 《18世紀の喜劇の登場人物名から》
Grún·dy·ism /-dìɪzm/ 图 ⓤ グランディー主義《因襲にこだわり世間体を気にすること》.

grunge /grʌ́ndʒ/ 图 ⓤ **❶** グランジロック《エレキギターのひずんだ音色を特徴とする》; グランジ《グランジロックのファンにみ

られたような汚い感じを出したファッション). ❷《米口》汚いもの, 汚れ.

grun・gy /gránʤi/ 形 (**grun・gi・er**; **-gi・est**)《米俗》❶ 見苦しい, 荒れ果てた. ❷ 不潔な, 汚い.

grun・ion /ɡránjən/ 名《魚》グルニオン(トウゴロウイワシ科の食用小魚; 米国 California 州南部沿岸産).

†**grunt** /ɡránt/ 動 ❶《豚などが》ブーブー鳴く; ウフーッ[フーッ]とうなる[うめく]. ❷《人が》ぶうぶう言う, 不平を言う: ~ in discontent 満足できなくて鼻を鳴らす. ── 他 ぶつくさ言う: He ~*ed* (*out*) an apology. 彼はぶつぶつと言い訳を言った / "I'm too busy," he ~*ed*.「忙しすぎる」と彼は不平を言った. ── 名 ぶうぶう[ぶつぶつ]言う声: give a ~ of discontent ぶうぶうと不平を鳴らす.《OE》

grun・tled /ɡrántld/ 形《口》満足している, 気をよくしている. (cf. disgruntled)

grúnt wòrk 名 U《口》つまらない[しんどい]仕事, 雑用, 下働き.

Gru・yère (cheese) /ɡruːjéə-|ɡrúːjeə-/ 名 U C グルイエールチーズ《スイス Gruyère 原産の淡黄色で穴のあいたチーズ》.《原産地のスイスの地名から》

gryke /ɡráɪk/ 名 = grike.

gryph・on /ɡrífən/ 名 = griffin.

grys・bok /ɡréɪsbɑ̀k|ɡráɪsbɔ̀k/ 名《動》グリスボック《主に夜行性の小型のレイヨウ; 南アフリカ産》.

GS《略》general staff.

G7 /ʤíːsév(ə)n/《略》Group of Seven《先進 7 か国蔵相・中央銀行総裁会議; イタリア・カナダ・ドイツ・フランス・英国・米国・日本の 7 か国からなる》.

GSM /ʤíːèsém/《略》Global System [Standard] for Mobile Communication 汎ヨーロッパデジタル移動通信システム《ヨーロッパを中心に使われているデジタル携帯電話方式》.

G spòt /ʤíː-/ G スポット《膣壁前面の組織で, 強い性感受性作用をする》.《E. Gräfenberg 最初に記述したドイツ生まれの米国の婦人科医; その頭文字から》

GSR《略》galvanic skin response.

G-string 名 ❶《通例 G string》《楽》(バイオリンの)ジー[ゲー]線. ❷ (ストリッパーの)バタフライ.

G sùit 名《空・宇宙》G スーツ《加速度の影響を防止する》.《G(ravity) suit》

GT /ʤíːtíː/《略》gran turismo.

Gt. Br(it).《略》Great Britain.

GTG《略》got to go(電子メールなどで)これで失礼, じゃあね (⇨ gotta).

GTi /ʤíːtíːáɪ/ 形《乗用車が》高速性能向きの燃料噴射装置を装備している, 高速性能を楽しめるようにエンジンや吸気系をチューンアップした.《g(rand) t(ourer) [g(ran) t(urismo)] i(njection)》

gua・cha・ro /ɡwáːʧərò/ 名 U グアカモーレ, ワカモレ《アボカドをつぶしてトマト・タマネギ・薬味を加えたメキシコ風料理》.

Gua・dal・ca・nal /ɡwàːdəlkənǽl/ 名 ガダルカナル《太平洋西部, ソロモン諸島の島; 同国の首都 Honiara がある; 第 2 次大戦の激戦地》.

Gua・de・loupe /ɡwàːdəlúːp/ 名 グアドループ《西インド諸島東部の島群からなるフランスの海外県》. **Gua・de・lou・pe・an** /ɡwàːdəlúːpiən⁺-/ 形

guai・ac /ɡwáɪæk/ 名 U グアヤク脂 (guaiacum の樹脂; 薬品などに用いる).

guai・a・col /ɡwáɪəkɔ̀ːl|-kɔ̀l/ 名 U《化》グアヤコール《無色または淡黄色の油状液体; クレオソートの成分; 分析試薬・防腐薬》.

guai・a・cum /ɡwáɪəkəm/ 名《植》ユソウボク《ハマビシ科ユソウボク属の総称; 熱帯アメリカ産》; =guaiac.

Guam /ɡwɑ́ːm/ 名 グアム《太平洋 Mariana 諸島の主島; 米領》.

guan /ɡwɑ́ːn/ 名《鳥》ホウカンチョウ科の各種, (特に)シャクケイ《中南米産》.

gua・na・co /ɡwənɑ́ːkou/ 名(複 ~s, ~) グアナコ《南米 Andes 山脈産の野生ラマ》.

Guang・dong /ɡwɑ̀ːŋdʊ́ŋ|ɡwæ̀ŋ-/ 名 広東(カントン)《中国南東部の省; 省都広州 (Guangzhou)》.

Guang・zhou /ɡwɑ̀ːŋʤóʊ|ɡwæ̀ŋ-/ 名 広州(こうしゅう)《コワンチョウ》《中国広東省の省都; Canton ともいう》.

gua・ni・dine /ɡwɑ́ːnədìːn, -dìn/ 名 U《生化》グアニジン《人の屎中に存在するイミノ尿素; 有機合成・医薬品などに用いる》.

gua・nine /ɡwɑ́ːniːn/ 名 U《生化》グアニン《核酸を構成するプリン塩基の一つ》.

gua・no /ɡwɑ́ːnou/ 名 U グアノ, 糞(フン)化石《ペルーの太平洋沿岸産で海鳥のふんが多年にわたって堆積(タイセキ)硬化したもの; 肥料にする》.

gua・no・sine /ɡwɑ́ːnəsìːn, -sìn/ 名 U《生化》グアノシン《グアニンのリボヌクレオシド》.

guar /ɡwɑ́ː|ɡwɑ́ː/ 名《植》クラスタマメ, ガール, グアール《食用・全草飼料; 乾燥に強く, 種子から工業用ゴムを製する》.

‡**guar・an・tee** /ɡærəntíː/ 動 他 ❶ a《…を》請け合う, 確約する: I wouldn't ~ its success. それが成功するとは請け合いかねる /〔+*that*〕Who can ~ *that* his story is true? 彼の話が本当だとだれが保証できますか /〔+目+目〕Will you ~ us regular employment?=Will you ~ regular employment *to* us? 私たちに常時雇用を約束してくれますか. **b** [be ~*d to* do]《…することに…する》: She is ~*d to* do the opposite of what we want. 彼女は私たちの望んでいることと反対のことをするに決まっている. ❷ a《(債務の)保証人になる: ~ a person's debts 人の借金の保証に立つ. **b**《商品などを》保証する: This watch is ~*d* for five years. この時計は 5 年間の保証付きです /〔+目+*to do*〕The maker ~*s* this hair dye to last three weeks. メーカーはこの毛染めは 3 週間有効であると保証している /〔+目+(*to be*)補〕~ the jewel (*to be*) genuine その宝石は本物だと保証する. **c**《損害・危険などに対して》《人を》保証する(*against, from*): This insurance policy ~*s* you *against* loss in case of fire. この保険証書は火災の際あなたを保証します.

── 名 ❶ (製品などの一定期間の)保証; 保証書: a ~ on a camera カメラの保証 / This car has a six-month ~ for all repairs. この車にはあらゆる修理に対する半年間の保証がついている. ❷ 保証, 約束: A degree from Harvard is a ~ of a good job. ハーバードの学位はよい仕事を保証してくれる /〔+*to do*〕a ~ *to* provide a job for him 彼に職を与えるという約束 /〔+*that*〕There is no ~ *that* we will succeed. 我々が成功するという保証はない. ❸ 担保(物件): put up one's house as a ~ 家屋を担保に入れる. ❹ 保証人, 引受人.

ùnder guarantée 保証期間内で.

《GUARANTY の変形》

‡**guar・an・teed** /ɡærəntíːd⁺-/ 形 保証済み[付き]の.

guarantée fùnd 名 保証基金.

guar・an・tor /ɡǽrəntɔ̀ː|-tɔ̀-/ 名《法》保証[担保]人.

guar・an・ty /ɡǽrənti/ 名《法》❶ (特に支払いの)保証(契約); 保証書. ❷ 保証物, 担保. ── 動 他 = guarantee.《F; WARRANTY の異形》

‡**guard** /ɡɑ́ːd|ɡɑ́ːd/ 動 他 ❶《攻撃・危険などから》《…を》守る, 護衛する: ~ one's life 命を守る / ~ the palace 宮殿を護衛する / A watchdog [The wall] ~*ed* the house *against* [*from*] thieves. 番犬[塀]が泥棒が入らないように家を守っていた. ❷ a《囚人などを》見張る, 監視する: The prisoner was ~*ed* night and day. その捕虜は夜も昼も監視された. **b**《門・入り口などの》番をする. ❸《言葉・怒りなどを》抑制する;《情報を漏らさぬようにする, 隠す: ~ one's temper [tongue] 怒りを抑える[しないようにする] / ~ a secret 秘密を守る. ❹《…から》危険防止の装備をする. **b**《スポ》《敵を》防ぐ, ガードする. ── 自《…(しないように)に》警戒する, 用心する (★ 受身可): ~ *against* accidents [*catching* a cold] 事故を起こさぬ[かぜを引かない]ように用心する.

── 名 ❶ C [集合的に単数または複数扱いでも用いて] a 見張り人, 監視(者), 番人, 守衛, ガードマン《これは日本語の「ガードマン」は和製英語》. b 護衛者, 警備員[隊], ボディーガード: a coast ~ 沿岸警備隊 / There was a ~ [were ~*s*] around the president. 大統領の周りには数

人の警備員が配されていた. **c** (刑務所の)看守. **d** 《軍》歩哨, 衛兵; 護衛兵; (捕虜などの)護送兵; 守備隊. **e** 親衛隊, 《the Guards》近衛(ここ)兵隊; 《英》近衛連隊: the Changing (of) the G- (バッキンガム宮殿などでの)衛兵の交替 / ⇒ Horse Guards, Life Guards, Foot Guards, Grenadier Guards. ❷ Ⓤ 見張り, 監視, 警戒: 見~ 見張って, 警戒して; 当番で / keep ~ on [over]...を見張る, 警戒する / put a person under ~ 人を監視する. ❸ Ⓒ 《英》(列車の)車掌, 乗務員 《米》 conductor). ❹ Ⓒ 〔しばしば複合語〕 **a** 防護物, 危険防止器. **b** (刀剣の)つば. **c** すね当て. **d** (銃の)用心がね. **e** (暖炉の)格子(こうし). **f** 手すり. **g** (フェンシング・ボクシングなどで)受け[防御]の構え, ガード: get in under one's opponent's ~ 相手のガードを破って進む. ❺ Ⓤ《アメフト・バスケ》ガード.

móunt guárd 番兵に立つ〔at, over〕. **guárd of hónor** 儀仗(ぎじょう)兵. **kéep guárd** =stand GUARD 戒句. **óff (one's) guárd** 警戒を怠って, 油断して: throw [put] a person off his ~ 人を油断させる / catch a person off his ~ 人の油断につけ込む. **òn (one's) guárd** 見張って, 警戒して: put [set] a person on his ~ 人に警戒させる / Be on your ~ against pickpockets. すりに用心しなさい. **stánd guárd** 〔...を監視する, 見張る; 護衛する〔over〕. 〔F=見張る〕 〔関形 custodial〕 〔類義語〕 ⇒ protect.

guárd cèll 名《植》孔辺細胞《気孔・水孔の》.
guárd dòg 名 番犬.
guárd·ed /-ɖid/ 形 ❶ 保護[監視]されている (↔ unguarded). ❷ 〈言葉など〉用心深い, 慎重な. **~·ly** 副
guard·ee /ɡáːdi | ɡáː-/ 名《口》近衛兵 (guardsman).
guárd hàir 名 Ⓤ《動》粗毛, さし毛《下毛を保護する被毛》.
guárd·hòuse 名 衛兵詰め所; 営倉.
*guard·i·an /ɡáːdiən | ɡáː-/ 名 ❶ 保護者, 守護者, 監視者; 保管所. ❷ 《法》(未成年者・孤児などの)後見人. 〔GUARD+-IAN〕
guárdian ángel 名 ❶ (個人・社会・地方の)守護天使. ❷ 大いに援助してくれる人; 〔the G- A~s〕ガーディアンエンジェルズ《欧米の大都市などの防犯活動をするボランティア自警団》.
guárdian·shìp 名 ❶ 《法》後見人の役[責任]. ❷ 保護, 守護: under the ~ of...の保護の下に.
guárd·ràil 名 ❶ (道路などの)ガードレール, (欄干(らんかん)などの)手すり. ❷ 《鉄道》(カーブの内側で脱線を防ぐためレールの内側に設けた)補助レール.
guárd ring 名《電・機》保護環.
guárd ròom 名 衛兵室[詰め所].
⁺**guárds·man** /-mən/ 名 (複 -men /-mən/) ❶ 《米》州兵隊 (National Guard)の兵士, 州兵. ❷ 《英》近衛(こ)連隊 (Guards)の軍人, 近衛兵.
guárd's ván 名 《英》(貨物列車最後尾の)乗務員車 (《米》 caboose).
Gua·te·ma·la /ɡwàːtəmáːlə-/ 名 グアテマラ《中米の共和国; 首都 Guatemala City》.
gua·va /ɡwáːvə/ 名 ❶ 《植》グアバ, バンジロウ《熱帯アメリカ産フトモモ科の果樹; その果実はジュース・ジャムの原料》. ❷ ⓊⒸ グアバ[バンジロウ]の実.
gua·yu·le /ɡjuːli/ 名 Ⓒ グアユールゴムの木《メキシコ産; ゴムの原料》; Ⓤ グアユールゴム.
gub·bins /ɡʌbɪnz/ 名《英》〔単数または複数扱い〕がらくた, ちょっとしたもの; ちょっとした装置, 仕掛け, 何やかや, 種々雑多(のもの).
gu·ber·na·to·ri·al /ɡ(j)ùːbənətɔ́ːriəl | -bə-/ 形 ❶ 《米》(州)知事の: a ~ election (州)知事選挙. ❷ (governor).
guck /ɡʌk/ 名《口》Ⓤ 軟泥, ヘドロ, ねばねば[べとべと, ぬる]したもの.
gud·geon¹ /ɡʌdʒən/ 名 ❶《魚》タイリクスナモグリ, ガッジョン《ヨーロッパ産のコイ科の小魚; たやすく捕えられ, 食用や魚釣の餌(え)用》. ❷ だまされやすい人.
gud·geon² /ɡʌdʒən/ 名 ❶《機》軸頸(じく); (ちょうつがい・舵(かじ)の)つぼがね; ガジョンピン《石材などの断片を接続するピン》.
gúdgeon pìn 名《機》ピストン[リスト]ピン.

---

guest

guél·der ròse /ɡéldə- | -də-/ 名《植》ゲルダーローズ, (テマリ)カンボク《真っ白い小花をまり状につける》.
Guelph /ɡwélf/ 名 ゲルフ党員, 教皇党員《中世イタリアで皇帝党 (the Ghibellines) 勢力に対抗して教皇を擁護した民衆派》. **~·ic** /-fɪk/ 形
gue·non /ɡwénən/ 名《動》オナガザル, ゲノン《オナガザル属のサルの総称; 熱帯アフリカ産》.
guer·don /ɡáːdn | ɡáː-/ 《古・詩》名 褒賞, 褒美, 報酬, 報い. ― 動 他〈...に〉報いる.
Guern·sey /ɡáːnzi | ɡáːn-/ 名 ❶ ガーンジー島《Channel Islands の中で2番目に大きい島》. ❷ Ⓒ ガーンジー種(の乳牛)《ガーンジー島原産》. ❸ 〔g-〕 Ⓒ (青色の)毛糸編みのジャケット《主に船員用》.
*guer·ril·la, gue·ril·la /ɡərílə/ 名 ゲリラ兵, 遊撃隊員; 不正規兵. ― 💧 ゲリラ兵の: ~ activity ゲリラ活動 / ~ war [warfare] ゲリラ戦. 〔Sp=小さな戦争, ゲリラ戦〕

‡**guess** /ɡés/ 動 ❶ (十分知らないで, また十分考えないで)推量する: the population 人口を推測する / 〔+that〕 I ~ed that he was an ex-serviceman. 彼は退役軍人ではないかと思った. / 〔+wh.〕 No one could ~ how old she was. 彼女がいくつなのかだれも見当がつかなかった. / 〔+目+to be [as]+補〕 I ~ed him to be 45.=I ~ed his age as 45.=I ~ed his age at 45. 彼の年齢は45歳と見た. ❷ (推量で)...を言い当てる, 解き当てる / (the answer to) a riddle なぞを解き当てる / "I suppose you got up late again." "You've ~ed it." 「また朝寝ぼうしたんだろう」「図星だ」〔*[進行形なし]*〕: 〔+(that)〕 I ~ I'll go to bed. 寝ようと思う / I ~ so [not]. そうだと[そうじゃない]と思いますよ. / You're pretty tired, I ~. 相当疲れているでしょうね. ❹ 〔進行形で〕 〔...で〕推測しようとする; 言い当てようとする〔★ 受身可〕: I'm just ~ing. 推測にすぎないんだが / I ~ed at his age, but could not hit upon it. 彼の年を当てようとしたがわからなかった. **Guéss whát.** 〔驚くべきことを言う前に〕何だと思う. **kéep a person guéssing** 《口》(事情をはっきりさせないで)人をいろいろ推量させて[気をもませて]おく.
― 名 推測, 推量, 憶測: a fair [wild, rough] ~ かなりうまい[でたらめな]推測 / take 《英》make, have〕 a ~ at ...を推測する, ...に見当をつけてみる / My ~ is that ... 私の見るところでは[どうやら]...ということらしい / That figure is just a ~. その数字は推測にすぎない. **ánybody's [ányone's] guéss** 《口》まったくの当て推量: His ~ is anybody's ~. はっきりしたことはだれにもわかりはしない. **at a guéss**=by guéss 推測[見当]で: He was, at a ~, thirty. 彼はざっと見て30歳といったところだった. **Yóur guéss is as góod as míne.** あなたと同じく私もわかりません.
〔ME=判断する〕 【類義語】 (1) **guess** 《口》よくわからない[知らない]ことをもとに判断する《口語的な感じで》. **conjecture** 不完全ながら一応の証拠に基づいて推量・憶測する. **surmise** 証拠はないが直観や想像力で推察する. (2) ⇒ imagine.

guess·ti·mate /ɡéstəmət/ 《口》名 推測による見積もり, 当て推量. ― /-mèɪt/ 動 他 推測で見積もる, 当て推量する. 〔GUESS+(ES)TIMATE〕
guéss·wòrk 名 Ⓤ 当てずっぽう, 当て推量: by ~ 当てずっぽうで.

‡**guest** /ɡést/ 名 ❶ (招待された)客, 来客, 賓(ひん)客, ゲスト: a ~ of honor (晩餐会などの)主賓. ❷ 客員, 臨時会員. ❸ (下宿・ホテルなどの)泊まり客, 宿泊人: a paying ~ (個人の家の)下宿人. ❹ (テレビ・ラジオ・オーケストラなどの)特別出演者, ゲスト. ❺ 寄生動[植]物.
Bé my guést. 《口》どうぞご自由に《お使いください, 召し上がりください, など》: "May I use your phone?" "Be my ~." 「電話をお借りできますか」「どうぞお使いください」.
― 💧 ❶ 招待された, ゲストの, 客員[演]の: ~ players (運動競技の)招待選手 / a ~ speaker 来賓演説者 / a ~ professor 客員教授 / a ~ conductor 客演指揮者. ❷ 客用の, 接待用の: a ~ towel 客用タオル.
― 動 他 〈人を〉客としてもてなす. ― 自〔ラジオ・テレビな

guest beer

どにゲストとして出演する〔*on*〕.
【ON＝見知らぬ人】【類義語】⇨ visitor.
gúest béer 名《英》ゲストビア《特定ビール会社所有の酒場で(一定期間)販売される他社のビール》.
†**guést-hòuse** 名《(高級)下宿, 簡易ホテル, ゲストハウス《有料で食事と宿泊を提供する》.
gues・ti・mate /-mèit/ 名 動 = guesstimate.
gúest nìght 名《クラブなどでの)賓客接待の夜〔夕べ〕.
guést ròom 名 来客用寝室.
guést ròpe 名《海》つかまり綱, ゲスロープ; (引き綱のほかに付ける, 曳船の)第2の曳索.
guest-stár 動 (自) (ドラマなどに)ゲスト出演する.
guést wòrker 名 (ヨーロッパ諸国などにおける)出稼ぎ外国人労働者 (Gastarbeiter).
Gue・va・ra /gəvɑ́:rə/, **Che** /tʃéi/ 名 ゲバラ (1928-67; アルゼンチン生まれの革命家; キューバ革命(1956-59)に貢献, のち南米でゲリラ活動を推進するがボリビアで殺害された).
guff /gʌ́f/ 名 Ｕ《俗》くだらないこと, ばか話. 【擬音語】
guf・faw /gʌfɔ́:/ 名 突然の高笑い〔大笑い〕, (下品な)ばか笑い. —— 動 (自) ばか笑いする.【擬音語】
Gug・gen・heim /gúgənhàim/, **Solomon** /sáləmən | -sɔl-/ 名 グッゲンハイム (1861-1949; 米国の実業家; ニューヨーク市グッゲンハイム美術館の創設者).
GUI /ʤi:jù:ái, gú:i/《電算》グラフィカルユーザーインターフェース (graphical user interface), GUI《画面上のウインドー・アイコン・ボタン・メニューなどとマウスなどを用いた操作環境》.
Gui・a・na /giǽnə | gai-/ 名 ギアナ (南米北部, 大西洋に面する地方; ガイアナ・仏領ギアナ・スリナム・ブラジルの一部・ベネズエラの一部). **Gui・a・nan** 形.
guid・a・ble /gáidəbl/ 形 導きうる, 指導できる.
***guid・ance** /gáidəns, -dns/ 名 Ｕ ❶ (主に学生に与える)勉学・生活・職業などに関する)指導, ガイダンス: vocational ～ 職業指導. ❷ 案内, 手引き, 指図: under a person's ～ 人の案内で. ❸ (ミサイルなどの)誘導.
【GUIDE+-ANCE】
guidance counselor 名 (学校の)生活指導カウンセラー.
***guide** /gáid/ 動 ⓗ ❶ [通例副詞(句)を伴って] **a** 〈人を(道)案内する; 〈観光客を〉ガイドする: We asked her to ～ us. 彼女に我々を案内するように頼んだ / The usher ～d us *in* [*to* our seats]. 案内人が我々を中へ〔席へ〕案内してくれた / A light ～d them *on to* a mountain hut. 一つの明かりを目ざして進むと彼らは山小屋に着いた / I was ～d *around* London by a friend of mine. 私はロンドンをあちこち案内してもらった. **b** 〈車・船・ミサイルなどをある方向に〉進める, 誘導する: He skillfully ～d his car *through* the heavy traffic. 彼は激しい車の流れの中で巧みに車を進めた. ❷ **a** 〈勉強・方針などで〉〈人を〉指導する, 手引きする: ～ students *in* their studies 学生たちの勉強の指導をする / Your advice ～d me *in* my final choice. 君の助言に基づいて最後の選択をした. **b** 〈国家などのかじをとる〉: ～ a country *through* its difficulties 国家を導いて困難を乗り切る. ❸ 〈思想・感情などが〉〈人…を〉支配する, 左右する (★ 通例受身): *Guided* by his sense of duty, he became a social worker. 義務感に導かれて彼はソーシャルワーカーとなった. —— 名 ❶ **a** (観光客・博物館・山などの)案内人, ガイド: employ [hire] a ～ ガイドを雇う. **b** 指導者. **c** 道しるべ, 道標. ❷ **a** 手引き, 入門書 (guidebook): *A G*～ *to* Good Wines「おいしいワインの手引」《書名》. **b** 旅行案内(書): a ～ *to* Paris パリ旅行案内(本). ❸ (行動・思想などの)指針, 規準, よりどころ: His advice is a ～. 彼の助言は信心して頼れる. ❹《機》誘導装置. ❺ [通例 G～]《英》ガールガイド団員.
guid・er /gáid- | -də/ 名【Ｆ; GUISE と関連語源】【類義語】⇨ lead¹.
guíde-bòok 名 案内書, 手引き, ガイドブック.
guíded míssile /-dɪd/ 名 誘導ミサイル.
guíde dòg 名 盲導犬.

---

guíded tóur 名 ガイド付きの(観光)旅行.
***guide・line** /gáidlàin/ 名 [しばしば複数形で](政策などの)指針, 指標, ガイドライン.
guide・pòst 名 道標, 道しるべ.
guide・wày 名《機》すべり面.
guide wòrd 名 (辞書紋の)欄外見出し語.
guíd・ing /-dɪŋ/ 形 目印[指針]となる.
guíding líght 名 手本[模範]になる人.
gui・don /gáidn/ 名 (もと騎兵の)三角旗.
***guild** /gíld/ 名 ❶ (近代の)同業組合; 組合, 団体, 会. ❷ (中世商工業者の)ギルド, 商人団体. 【OE＝支払い】
guil・der /gíldə- | -də/ 名 ❶ ギルダー《オランダの旧通貨単位;＝100 cents; 記号 G》. ❷ 1 ギルダー銀貨.
guíld・hàll 名 ❶ Ｃ [通例単数形で] 市庁(舎), 市役所. ❷ [the G～] (London の)市会議事堂, ギルドホール《市議会・市長選挙・公式宴会などに用いる》.
guilds・man /gíldzmən/ 名 (複 -men /-mən/) ギルド組合員.
guíld sócialism 名 Ｕ ギルド社会主義《全産業を国有化し, 各職種ごとの組合が管理運営するという社会主義思想; 20 世紀初頭の英国で唱えられた》.
guile /gáil/ 名 Ｕ こうかつ, ずるさ, 悪知恵: by ～ 悪知恵を働かせて.
【Ｆ; WILE と同語源】形 guileful, guileless
guile・ful /gáilf(ə)l/ 形 こうかつな, 悪知恵の働く, 悪だくみのある. ～**・ly** /-fəli/ 副 ～**・ness** 名
guile・less /gáillis/ 形 こうかつでない, 悪だくみをしない; 正直な, 純真な. ～**・ly** 副 ～**・ness** 名
Guil・lain-Bar・ré sỳndrome /gi:lǽnbɑ:réi/ 名 Ｕ《医》ギラン・バレー症候群《急性熱性多発性神経炎; 四肢・体幹の弛緩性運動麻痺症状などを呈する》.【G. C. *Guillain*, J. A. *Barré* ともにフランスの神経科医】
guil・le・mot /gíləmɑ̀t | -mɔ̀t/ 名《鳥》ウミガラス・ウミバトの類の海鳥 (ウミスズメ科).
guil・loche /gilóuʃ/ 名 Ｕ《建》組みひも飾り[模様].
guil・lo・tine /gíləti:n, ˌ--ˈ-/ 名 ❶ [the ～] ギロチン, 断頭台: go to *the* ～ 断頭台に登る, 斬首刑に処せられる. ❷ Ｃ (紙などの)切断機. ❸ Ｃ《外科》ギロチン(扁桃(ξ̀)腺などを切除する器具). ❹ [the ～]《英議会》議事妨害を防ぐための)討論打ち切り. —— 動 ⓗ ❶〈人の〉首をギロチンで切る. ❷《英議会》〈討論を〉打ち切る, 〈議案を〉強行採決する.【この刑具の使用を提案したフランスの医師 *J.I. Guillotin* の名から】
***guilt** /gílt/ 名 Ｕ ❶ 罪悪感, 罪の意識: a sense of ～ 罪悪感 / a ～ complex 罪悪の強迫観念. ❷ 有罪, 罪を犯していること (↔ innocence): prove a person's ～ 人の有罪を立証する. ❸ (過失の)責任: establish where the ～ lies その責任の所在をはっきりさせる. —— 動 ⓗ《米口》〈人に〉罪悪感をいだかせる, うしろめたい気持ちにさせて…させる〔*into*〕.【OE＝罪】【形 guilty】
guílt・i・ly /-təli/ 副 やましい様子[気持ち]で.
guilt・less ❶ 罪のない, 潔白な: a ～ man [woman] 潔白な人 ❷ Ｐ [犯罪などの罪を]知らないで〔…を〕: I'm ～ *of* any intent to offend him. 彼の感情を害そうとした覚えはない. ～**・ly** 副 ～**・ness** 名
guílt-rìdden 形 罪悪感にかられた, 〔…を〕悔やんだ〔*over, about*〕.
guílt trìp《口》罪の意識, 罪悪感, うしろめたさ,(くよくよ)後悔する[気に病む]こと. **guilt-trìp** 動 ⓗ《口》〈人に…〉罪悪感をもたせる, 反省を促す.
guílt・wàre /gíltwèa- | -wèə/ 名《戯言》《電算》作成の労を訴えて送金をうながすシェアウェア.
***guilt・y** /gílti/ 形 (guilt・i・er; -i・est) ❶ 罪の自覚がある, 身に覚えのある, やましいところのある: a ～ look 身に覚えのある顔つき / a ～ conscience 罪悪感〔*about, over, for*〕: He felt ～ *about* it. 彼はそのことで後ろめたい思いをした. ❷ 有罪の (↔ innocent): the ～ party 罪を犯した側, 犯人 / Is he ～ or not ～? 彼は有罪なのか無罪なのか / He was found ～ as charged. 彼は告発どおり有罪と判決された / He's ～ *of* the crime [*of* murder, *of* theft]. 彼はその罪を[殺人罪を, 窃盗罪を]犯している. ❸ (過失などを)犯して,…のそしりを免れない〔*of*〕. **nót gúilty** 無罪(です)

《用法 陪審評決・裁判長の申し渡し・被告人の尋問に対する答えなど》: He was found *not* ～. 彼は無罪と判決された / The defendant was given the verdict of "*not* ～." 被告人は「無罪」の評決を下された. **pléad guílty** [**nót guílty**] 〔…に対して〕罪を認める[無罪を申し立てる] 〔*to*〕: He *pleaded* ～ [*not* ～] *to* the charge. 彼はその罪状を認めた[認めなかった]. **guílt·i·ness** 名 (名 guilt)

guimpe, guimp /gímp, gǽmp/ 名 ❶ ギンプ《ジャンパースカートなどの下に着る袖の短いブラウスやえり元をおおう肌着》. ❷ 笹縁(ささべり)糸, ギンプ (gimp).

guin·ea /gíni/ 名 ❶ (昔の)ギニー《21 シリングに当たる英国の昔の金貨》. ❷ (現在の)ギニー《解説 1971 年以降の現通貨制度では単に計算上の単位にすぎないが, 医師・弁護士などへの謝礼, 馬・絵画・土地の売買, 競馬の賞金, 寄付金などの支払いにはこの名称が今なお用いられることがある; 現行の 1 ポンド 5 ペンスに当たる》. 〖Guinea 産の金で作られたことから〗

Guin·ea /gíni/ 名 ギニア《アフリカ西部の共和国; 首都 Conakry》. **the Gúlf of Guínea** ギニア湾《西アフリカ南岸の大きな湾》.

Guínea-Bis·sáu /-bɪsáu/ 名 ギニアビサウ《アフリカ西部海岸地方の共和国; 首都 Bissau》.

guínea fòwl 名 (複 ～)〘鳥〙ホロホロチョウ《アフリカ原産》.

guínea hèn 名〘鳥〙(雌の)ホロホロチョウ.

Guin·e·an /gíniən/ 形 ギニア(人)の. ── 名 ギニア人.

+**guínea pìg** 名 ❶〘動〙モルモット《家畜化されたテンジクネズミ (cavy) で, ペット・実験動物; marmot とは別もの》. ❷ 実験材料, モルモット(人): use a person as a ～ 人を実験台に使う.

guinea pig 1

Guínea wòrm 名〘動〙ギニア虫, メディナ虫《熱帯に分布する線虫類で, 人や馬などの皮下深部に寄生する》.

Guin·e·vere /gwínəvɪə | -vɪə/ 名〘アーサー王伝説〙グイネビア《Arthur 王の妃で, Lancelot の愛人; 二人の道ならぬ恋のために円卓の騎士団は崩壊する》.

Guin·ness /gínɪs, gɪnés/ 名 U〘商標〙ギネス《アイルランド Guinness 社のスタウトビール》. **The Guínness Bóok of Récords** ギネスブック《Guinness 社が毎年刊行する, あらゆる分野の世界記録を記載した本》.

gui·pure /gɪp(j)ʊ́ə | -pjʊ́ə/ 名 U ギピュール《地になる網目がなく, 模様と模様を直接つなぎ合わせたレース》.

gui·ro /gwí(ə)rou/ 名 ギロ《ひょうたんに刻み目をつけた南米の楽器》.

+**guise** /gáɪz/ 名 [通例単数形で] ❶ (特に, 人を欺くために外面を装った)外観, 様子: an old idea *in a* new ～ 新しさを装っただけの旧来の考え. ❷ 見せかけ, 口実: ***under the*** ～ ***of*** friendship 友情を装って. 〖F; GUIDE と関連語〗

***gui·tar** /gɪtáə | -tá:/ 名 **ギター**: an electric ～ エレキギター / play the ～ ギターをひく. 〖F or Sp < Gk＝竪琴〗

guitár·fìsh 名〘魚〙サカタザメ《サメでなくエイの仲間》.

***gui·tar·ist** /gɪtá:rɪst/ 名 **ギター奏者**, ギタリスト.

Gu·ja·rat /gù:ʤərá:t, gùʤ-/ 名 グジャラート《インド西部の州》.

Gu·lag /gú:lɑ:g | -læg/ 名 ❶ (ソ連の)矯正労働収容所管理本部 (1934–60). ❷ [g～] 強制収容所 (labor camp).

gu·lar /g(j)ú:lə | -lə/ 形 のどの, 咽喉の. ── 名〘動〙(カメ・ヘビなどの)喉甲板. 〖⇨ gullet〗

gulch /gʌ́ltʃ/ 名《米》(両側が切り立って急流のある)峡谷.

gul·den /gú:ld(ə)n | gúl-/ 名 (複 ～s, ～) ＝guilder.

gulf** /gʌ́lf/ 名 ❶ **a** 湾, 入り海《比較 通例 bay より大きく, また幅に比して奥行きが深い》: the *G*～ of Mexico メキシコ湾 / the Persian *G*～ ペルシャ湾. **b** [the G～] ペルシア湾. ❷ (地表の)深い割れ目. ❸ (意見などの)大きな隔たり, 溝: the ～ ***between theory and practice 理論と実際の隔絶. 〖F < It < Gk〗

Gúlf Stàtes 名 複 [the ～] ❶ 湾岸諸州《メキシコ湾に臨む米国の Florida, Alabama, Mississippi, Louisiana, Texas の 5 州》. ❷ 湾岸諸国《ペルシア湾に臨む石油産出国で, Iran, Iraq, Kuwait, Saudi Arabia, Bahrain, Qatar, the United Arab Emirates, Oman の 8 首長国》.

Gúlf Strèam 名 [the ～] メキシコ湾流《メキシコ湾から北進し北極海に入る暖流; ヨーロッパ西部はこのため冬期温暖になる》.

Gúlf Wár 名 [the ～] 湾岸戦争《1990 年クウェートに侵攻したイラクが翌年米軍を中心とする多国籍軍に敗れ撤退した戦争》.

Gúlf Wár sỳndrome 名 U 湾岸戦争症候群《湾岸戦争に従軍した米国人に見られる, 疲労・頭痛・筋骨格痛・呼吸困難・認知障害など, 一連の原因不明の健康障害に対する呼称》.

gúlf·wèed 名〘植〙ホンダワラ属の海草.

gull[1] /gʌ́l/ 名〘鳥〙カモメ.

gull[2] /gʌ́l/ 動 他 [通例受身で]〈人を〉だます, 欺く: He *was* ～***ed into*** buy*ing* rubbish. 彼はだまされてくだらないものを買わされた. ── 名 だまされやすい人, まぬけ.

Gul·lah /gʌ́lə/ 名 (複 ～s, ～) ❶ **a** [the ～(s)] ガラ族《米国 South Carolina, Georgia 州の沿岸また島に住む黒人》. **b** C ガラ族の人. ❷ U ガラなまりの英語.

gull·er·y /gʌ́ləri/ 名 カモメの群棲地.

gul·let /gʌ́lɪt/ 名 ❶ 食道. ❷ のど. 〖F < L＝のど〗

gul·ley /gʌ́li/ 名 ＝gully.

gull·i·bil·i·ty /gʌ̀ləbíləṭi/ 名 U だまされやすいこと.

+**gull·i·ble** /gʌ́ləbl/ 形 だまされやすい. **gúll·i·bly** 副

gúll-wìng 形〈車・車のドアが〉ガルウィング式の《ドアが上方にはね上がる》.

+**gul·ly** /gʌ́li/ 名 ❶ (降雨時の流水に浸食されてできた)小峡谷《通常は水がかれている》. ❷ (人工の)深い溝, 小水路. ── 動 他〈…に〉深い溝[小峡谷]をつくる.

+**gulp** /gʌ́lp/ 動 他 ❶〈液体を〉(大急ぎで)ごくごく[ぐいぐい]飲む;〈食物を〉(がつがつと)急いで食べる〈*down*〉. ❷〈涙・悲しみなどを〉飲み込む;〈怒りを〉こらえる, 抑える: ～ ***back*** [***down***] one's tears [rage] ぐっと涙[怒り]をこらえる. ── 自 ❶ ぐいぐい飲む, がつがつ飲み込む. ❷ はっと息をのむ. ── 名 ぐっと飲むこと[量, 音], ぱくっと食べること[量, 音]: at [in] one [a] ～ ひと飲み[口]に. 〖Du〗

gúlp·er 名〘魚〙(また **gúlper èel**) フウセンウナギ《ウナギに似た口の大きい深海魚数種の総称》.

gum**[1] /gʌ́m/ 名 ❶ U **a** **ゴム質**, 粘性ゴム《諸種の植物の樹皮から分泌する乳状液; 比較 弾性ゴムは rubber》. **b** 樹脂, 樹液, やに. ❷ **a** U チューインガム. **b** C《英》＝gumdrop. ❸ U ゴム糊, アラビア糊: stick…with ～ …をゴム糊ではる. ❹ C ＝gum tree. ❺ U 目やに, 目くそ. ── 動 (**gummed**; **gum·ming**) 他 ❶〈…を〉糊でくっつける〈*down, together*〉: ～ a stamp *down* 切手を糊ではる. ❷《口》〈計画・仕事などを〉(糊で固めるように)だめにする, 狂わせる: ～ ***up the works 物事の順調な流れを狂わせる, 万事をだめにする. ── 自 ❶ ゴム質[樹脂]を分泌する. ❷ ゴム状[べとべと]になる. 〖F < L < Gk < ? Egypt〗 (形 gummy)

gum[2] /gʌ́m/ 名 [通例複数形で] 歯茎, 歯肉(しにく). (関形 gingival)

gum[3] /gʌ́m/ 名 U《口》神《★ 次の誓言に用いて》. **By gúm!** きっと!, 本当に!, まったく!, まあ!

GUM《略》〘医〙genito-urinary medicine 性尿器医学.

gúm árabic 名 U アラビアゴム《水溶性のゴムのり》.

gúm·bàll 名 球状のチューインガム.

gúm bénzoin 名 U〘化〙ベンゾイン《樹脂》.

gum·bo /gʌ́mbou/ 名 (複 ～s)《米》❶ C〘植〙オクラ. ❷ C,U ガンボスープ《肉・シーフード・野菜を入れ, オクラでとろみをつけた Louisiana のクレオール料理》.

gúm·bòil 名〘歯科〙歯肉下膿瘍(のうよう).

gúm bòot 名 [通例複数形で] ゴム長靴.

gúm·dròp 名《米》ガムドロップ (《英》gum)《ゼリー状のキャンディー》.

gum·ma /gʌ́mə/ 名〘医〙ゴム腫《第三期梅毒の症状》.

gum·mo·sis /gʌmóusis/ 名 ⓤ 〖植〗 (サクラ・スモモ・サトウキビ・ワタなどに起こる) (異状) 樹脂分泌, 樹脂病, ゴム病.

gum·my¹ /gʌ́mi/ 形 (gum·mi·er; -mi·est) ❶ ゴム(性)の, 粘着性の. ❷ ゴムのついた, ねばねばする. ❸ ゴム液[樹脂]を出す. **gúm·mi·ness** 名 (gum¹)

gum·my² /gʌ́mi/ 形 (gum·mi·er; -mi·est) 歯の抜けた, 歯のない.

gump·tion /gʌ́m(p)ʃən/ 名 ⓤ 《口》 ❶ 積極性, 進取の気性. ❷ 《英》 世才, 常識.

gum rèsin 名 ⓤ 〖植〗 ゴム樹脂 (ゴムと樹脂の混合物).

gúm·shìeld 名 〖ボク〗 マウスピース.

gúm·shòe 名 ❶ 《米》 [通例複数形で] ゴム製のオーバーシューズ. ❷ 《俗》 刑事, でか, さつ. ── 動 自 《俗》 刑事をする.

gúm trágacanth 名 ⓤ トラガカントゴム 《植物性ゴムの一種》.

gúm trèe 〖植〗 ❶ ゴムの木. ❷ ユーカリノキ. **ùp a gúm trèe** 《英口》 進退きわまって, 困りはてて 《由来》 動物が逃げようとして, 事もあろうにねばつくゴムの木に登ってしまった窮地から》.

gúm túrpentine 名 ⓤ ガムターペンチン, ガムテレビン 《生松やに》.

*__**gun**__ /gʌ́n/ 名 © ❶ **a** 拳銃(ᵏᵉⁿ), 銃, ピストル: a ~ law 銃器所持取締法 / carry [fire] a ~ 銃を携行[発射]する. **b** 《競技》 のスターターのピストル. ❷ **a** 大砲, 火砲 《cf. cannon 1a》. **b** 鉄砲, 小銃; 猟銃. ❸ 《殺虫剤・薬品などの》噴霧器; 《ペンキなどの》吹き付け器 ⇒ spray gun. **b** 《グリースなどの》注入器. ❹ 大砲の発射 《礼砲・祝砲・弔砲・号砲など》: a salute of seven ~s 7発の礼砲. ❺ **a** 《米》 拳銃を使う殺し屋: a hired ~ 雇われた殺し屋. **b** [通例複数形で] 銃猟隊の一員, 銃猟家: a party of six ~s 6名の銃猟隊. **a bíg gún** ⇒ big gun. **bríng úp [óut] one's gúns** ⇒ big gun 成句. **gò gréat gúns** [通例進行形で] 《口》《事がとんとん拍子にいく》. **júmp the gún** 《口》 (1) 《競技》 合図のピストルの前に飛び出す, フライングする (比喩 「フライング」 は和製英語). (2) 早まった行動をする. **són of a gún** ⇒ son. **spíke a pèrson's gúns** 人の計画[行動, 攻撃]を阻止する, 相手を無力にする 《由来》 昔火門に大くぎを打ちつけて大砲を撃てなくしたから》. **stíck to one's gúns** 《口》 自分の立場[自説]を固守する, 屈服しない. **ùnder the gún** 追いつめられて.
── 動 (gunned; gun·ning) 自 銃で猟をする: go **gunning** (for…) (…)を撃ちに銃猟に行く. ── 他 ❶ 《無防備の人を》銃で撃つ, 射殺する ⟨down⟩. ❷ 《口》《エンジンのスロットルを開いて加速する, ふかす. **gún for…** [通例進行形で] (1) 〈人〉をつけまわす. (2) 〈地位など〉を得ようとやっきになる, ねらう.

《大砲などにつけられた ON の女性名 Gun (nhildr) から》

gún·bòat 名 小砲艦 《小型の沿岸警備艦》.

gúnboat díplomacy 名 ⓤ 《軍事介入などをほのめかす》 砲艦外交, 武力外交.

gún càrriage 名 《大砲を載せる》 砲車, 砲架.

gún contròl 名 銃規制, 銃砲取り締まり.

gún-còtton 名 綿火薬.

gún dèck 〖海〗 砲塔 [砲列] 甲板.

gun·di /gʌ́ndi/ 名 〖動〗 グンディ 《アフリカ北部・東部産, グンディ科の各種齧歯類動物》.

gún dòg 銃猟犬, 猟犬 《pointer, setter など》.

gún·fìght 名 《米》 拳銃による決闘; 銃撃戦.

gún·fìght·er /-ər/ 名 《米》 《西部開拓時代の》名拳銃使い, 早撃ちの名手, ガンマン.

gún·fìre 名 ⓤ 砲火, 砲撃, 銃撃.

gunge /gʌ́nʤ/ 名 ⓤ 《英口》 べとべとして気持ちの悪いもの 《《米》 gunk》.

gung hó /gʌ́ŋhóu⁺/ 形 《口》 非常に熱心な, 熱烈な: a ~ admirer 熱烈な賛美者. ── 副 熱心に. 《Chin=共に働く》

gunk /gʌ́ŋk/ 名 ⓤ 《俗》 べとべとして気持ちの悪いもの.
── 動 ★ 次の成句で. **be gúnked úp** (with…) べとべた [どろどろ]したものが詰まっている, (…で)べたべた [どろどろ]している.

gún·less 形 銃[砲]をもたない.

gún·lòck 名 《銃の》引金.

*__**gún·man**__ /gʌ́nmən/ 名 (⑱ -men /-mən/) ❶ 殺し屋; 銃器強盗; 銃器携帯者. ❷ =gunfighter.

gún·mètal 名 ❶ 砲金 《昔大砲の銃身用に用いた; 今は器具・機械の材料用》. ❷ =gunmetal gray.

gúnmetal gráy 名 ⓤ 砲金灰色, ガンメタル 《わずかに青みを帯びた赤灰色》.

gún mìcrophone 名 ガンマイク 《離れた所から音源に向けて使用する長い円筒型のマイクロホン》.

gún mòll 名 《俗》 ❶ ギャングの情婦. ❷ 女の犯罪者.

gunned /gʌ́nd/ 形 《戦艦など》《…の》砲を備えた.

gun·nel¹ /gʌ́n(ə)l/ 名 ニシキギンポ属の魚 《北大西洋産の体表のぬるぬるした食用魚》.

gun·nel² /gʌ́n(ə)l/ =gunwale.

⁺**gun·ner** /gʌ́nər | -nə/ 名 ⓒ ❶ **a** 《陸軍・空軍》 砲手, 射撃手. **b** 《海軍》 掌砲長 《准士官》. ❷ 銃猟者.

gun·ner·y /gʌ́n(ə)ri/ 名 ⓤ **a** 砲術. **b** 銃砲製造. ❷ 砲, 銃砲. 〖GUN+-ERY〗

gúnnery sèrgeant 名 《米海兵隊》 一等軍曹.

gun·ny /gʌ́ni/ 名 粗製麻布, ズック.

gúnny-sàck 名 ズック製の袋 《ジャガイモ・石炭などを入れる》.

gún·plày 名 ⓤ 《米》 拳銃の撃ち合い.

gún·pòint 名 銃口 《★通例次の成句で》. **at gúnpoint** 拳銃を突きつけて [突きつけられて], 銃で脅して [脅されて]: He was forced *at* ~ to open the safe. 彼は拳銃を突きつけられて金庫を開けさせられた.

gún·pòrt 名 砲門, 銃眼.

gún·pòwder 名 ❶ 火薬. ❷ 粒状の上質の緑茶.

Gúnpowder Plòt [the ~] 《英国》の火薬陰謀事件 《1605年11月5日, 国会議事堂の爆破を企てた Guy Fawkes を首謀者とする旧教徒の陰謀; cf. Fawkes, Guy Fawkes Day》.

gún·ròom 名 《英》 ❶ 《大邸宅の》狩猟用銃器室. ❷ 《海軍》《軍艦の》下級将校室.

gún·rùnner 名 銃砲火薬の密輸入者.

gún·rùnning 名 ⓤ 銃砲火薬の密輸入.

gun·sel /gʌ́ns(ə)l/ 名 《米俗》 ❶ 銃をもった犯人. ❷ 稚児(ᶜʰⁱᵍᵒ) 《男色相手の少年》.

gún·shìp 名 ガンシップ 《対地攻撃用の武装ヘリコプター》.

⁺**gún·shòt** 名 ❶ ⓒ 発射された弾丸. ❷ ⓒ 射撃(音), 発砲(音), 砲撃の音. ❸ ⓤ 弾着距離: within [out of, beyond] ~ 射程内 [外]に.

gún-shỳ 形 〈猟犬・馬など〉銃声に驚きやすい.

gún·sìght 名 《射撃》照準器.

gún sìte 名 砲撃陣地.

gún·slìnger 名 《俗》 ❶ =gunfighter. ❷ 《ある分野で》荒わざをふるう人 《相場師など》.

gún·smìth 名 鉄砲かじ, 小銃《製造修理》工.

gún·stòck 名 銃床.

gun·ter /gʌ́ntər/ 名 《海》 ガンター艤装 《マストの上半が上下に移動する》; ガンターセール 《縦帆の一種》.

gun·wale /gʌ́n(ə)l/ 名 《海》 舷縁(ᵍᵉⁿ), ガンネル, 船べり.

Guo·min·dang /gwóumìndǽŋ/ 名 =Kuomintang.

gup·py /gʌ́pi/ 名 〖魚〗 グッピー 《西インド諸島原産の熱帯魚; 観賞用》. 《R. J. L. Guppy 最初にこの魚を英国に紹介した牧師》

gur /gúːr | gúə/ 名 ⓤ グル 《サトウキビなどの汁を煮詰めて固めた粗糖; インドなどで甘味料として用いる》.

gurd·wa·ra /gədwάːrə | gəːd-/ 名 《シク教徒の》神殿, 祈禱所.

⁺**gur·gle** /gə́ːgl | gə́ː-/ 動 自 ❶ 《水などが》どくどく流れる, ゴボゴボ音を立てる: The wine ~d *out of* the bottle. ぶどう酒が瓶からどくどくと注がれた [流れ出た]. ❷ 《赤ん坊が》《うれしそうに》のどをごろごろ鳴らす. ── 名 [単数形で; 通例 the ~] どくどく [ふくぶく, ざあざあ]いう音. 〖擬音語〗

Gur·kha /gúəkə | gə́ːkə/ 名 ❶ グルカ人 《ネパールのヒンドゥー教徒の民族》. ❷ 《インド・英軍に所属する》グルカ兵 《勇猛さで知られる》.

gurn /gə́ːn | gə́ːn/ 動 ❶ 《英》(顔をゆがめて)グロテスクな表情をつくる, 顔芸をする. ❷ 《口》(Ecstasyを服用して)恍惚の表情をする, ラリってうっとりしている. ━ **-er** 名

gur·nard /gə́ːnəd | gə́ːnəd/ 名 《魚》ホウボウ(の仲間).

gur·ney /gə́ːni | gə́ː-/ 名 ガーニー, ストレッチャー(車輪付き担架)[寝台].

gur·ry /gə́ːri | gə́ri/ 名 ① 《米》(かんづめ工場などの)魚類の腐肉.

†**gu·ru** /gúːru: | gúru:/ 名 ❶ 《ヒンドゥー教の》導師. ❷ (精神的)指導者, 権威, '教祖'.

†**gush** /gʌ́ʃ/ 動 ❶ 〈液体・言葉などが〉どっと流れ出る, ふき[わき]出る, 噴出する: Water ~*ed out of the pipe.* 水が管からふき出た. ❷ 〈女性が〉(感傷的[大げさ]に)しゃべり立てる, まくし立てる: She ~*ed on and on about [over] her son.* 彼女は息子のことを夢中になってしゃべった. ━ [単数形で] ❶ (液体などの)噴出, ほとばしり: a ~ *of oil* 噴出する油 / *in a* ~ 奔流となって. ❷ 〈感情の〉ほとばしり: a ~ *of enthusiasm* ほとばしり出るような熱意.

gúsh·er 名 ❶ 噴出油井. ❷ 大げさに感情を示す人, 感情家. ❸ 〈水などの〉ほとばしり出るもの《*of*》.

gúsh·ing 形 ❶ ほとばしる, わき出る, 噴出する: a ~ fountain 水を勢いよく噴出している噴水. ❷ 感情を大げさに表わす, むやみに感傷的な: ~ remarks 甘ったるい言葉. ~·**ly** 副

gush·y /gʌ́ʃi/ 形 (**gush·i·er**; **-i·est**) =gushing 2.
gúsh·i·ly 副 **-i·ness** 名

gus·set /gʌ́sɪt/ 名 ❶ まち〈衣服のわきの下, 手袋の指の付け根などに当てる三角形[ひし形]の布[革]〉. ❷ 《建》ひかえ板, ガセット《けた構え(truss)などの補強用鉄板》.

gus·sy /gʌ́si/ 動 (**gus·sied**; **gus·sy·ing**) 他 〈…を〉華々しく飾る《*up*》. ━ 自 着飾る, めかす《*up*》.

†**gust** /gʌ́st/ 名 ❶ a 突風, 一陣の風: a chilly ~ *of wind* 冷たい吹雨. b 〈煙の〉一吹, 〈火の〉ひと燃え, 〈煙の〉吹き出し: ~*s of smoke* どっと燃え上がる火炎《*of*》. ❷ 〈涙・笑い・感情などの〉ほとばしり, 激発: a ~ *of laughter* 爆笑 / He felt a ~ *of anger.* 彼は怒りがこみ上げてくるのをおぼえた. ━ 動 自 〈風が〉突風となって[のように]吹く. 《ON》【類義語】⇒ wind¹.

gus·ta·tion /gʌstéɪʃən/ 名 Ⓤ ❶ 味わうこと, 賞味. ❷ 味覚.

gus·ta·tive /gʌ́stətɪv/ 形 =gustatory.

gus·ta·to·ry /gʌ́stətɔ̀ːri | -tri/ 形 味覚の.

gus·to /gʌ́stoʊ/ 名 Ⓤ (飲食をする時に感じる)心からのおいしさ; 〈何かする時の〉心からの楽しさ[喜び]: eat with ~ さもおいしそうに[舌つづみを打って]食べる / talk with ~ いかにもおもしろそうに話をする. 【It =味覚 Ⅼ】

gust·y /gʌ́sti/ 形 (**gust·i·er**; **-i·est**) ❶ a 〈風が〉突風性の: a ~ wind 突風. b 〈天気などが〉突風の多い: a dark, ~ day どんよりした風の吹きすさぶ日. ❷ 〈笑いなどが〉急に起こる.

*****gut** /gʌ́t/ 名 ❶ ⒸⓊ 腸, 消化管: the blind ~ 盲腸 / the large [small] ~ 大[小]腸. b [複数形で] 内臓, はらわた. c 〈口〉(大きな)腹 (belly). ❷ [複数形で] 〈口〉a (ものの)肝心なところ; (問題などの)本質, 核心: the ~*s of a problem* 問題の主要点. b (機械などの)中心部: the ~*s of a clock* 時計の心臓部. ❸ [複数形で] 〈口〉勇気, 根性, ガッツ: He has (a lot *of*) ~*s.* 彼には大いに度胸がある / He didn't have the ~*s to do it.* 彼はそれをやるだけの根性がなかった. ❹ Ⓤ a (ラケットやバイオリンの弦, 外科用縫合糸に用いる)ガット, 腸線. b (釣りのてぐす). c 〈口〉感情, 本能, 直感. **háte a person's gúts** 〈口〉人を心(ｺｺﾛ)[腹]の底から嫌う. **spíll one's gúts** 〈口〉秘密をばらす 《*to*》. **swéat [wórk] one's gúts óut** 〈口〉懸命に[汗水流して]働く. ━ 形 ❶ 腹の底から出てくる, 本能的な, 直感的な: at ~ level 本能的には / one's ~ feeling 直感, 第六感. ❷ 〈問題など〉根本的な: a ~ issue 基本的な問題, 根本問題. ━ 動 他 (**gut·ted**; **gut·ting**) ❶ a 〈火事が〉〈建物などの〉内部を破壊する《★しばしば受身》: The building *was gutted* by fire. その建物は火事で内部が丸焼けになった. b 〈…の〉実質的な力を破壊する: Inflation *gutted* the economy. インフレで経済は実力を失った. c 〈本・論文などの〉要所を抜き取る. ❷ 〈魚・鳥などの〉はらわたを抜く (⇒ disembowel 比較). 《OE》【関右 visceral】

GUT /gʌ́t/ 《略》grand unified theory.

gút·bùcket 名 ⒸⓊ ガットバケット(2拍子のホットジャズ).

gút còurse 名 《米口》(大学の)やさしい[簡単に単位の取れる]課程.

Gu·ten·berg /gúːtnbə̀ːg | -bə̀ːg/, **Johannes** 名 グーテンベルク(1398?–1468; ドイツの発明家; 活字印刷術の発明者とされる; 活版印刷による四十二行聖書は有名).

Guth·rie /gʌ́θri/, **Woody** 名 ガスリー(1912–67; 米国のフォーク歌手・作曲家).

Gúthrie tèst 名 《医》ガスリー試験[テスト]《フェニルケトン尿症の有無を調べるための子供の血液検査》. 《R. Guthrie 米国の小児科医》

gút·less 形 〈口〉勇気[根性]のない, 臆病な. ~·**ness** 名

gút·ròt 名 ❶ 安酒. ❷ 腹痛.

guts·y /gʌ́tsi/ 形 (**guts·i·er**; **-i·est**) 〈口〉❶ 勇気のある, 根性のある. ❷ 《英》食いしんぼうの, がつがつした.

gut·ta-per·cha /gʌ́təpə́ːtʃə | -pə́ː-/ 名 Ⓤ グッタペルカ(ゴムに似た物質; 絶縁体・歯の充填(ﾕｳﾃﾝ)材・ゴルフボールなどに用いる).

gut·tate /gʌ́teɪt/ 形 《生》滴(粒)状の(斑点のある), 滴粒を含む.

gut·ta·tion /gətéɪʃən/ 名 Ⓤ (植物表面の)排水, 溢液

gut·ted /gʌ́tɪd/ 形 《英口》すっかり落ち込んで, うんざりして.

†**gut·ter** /gʌ́tə | -tə/ 名 ❶ Ⓒ (屋根の)とい. ❷ Ⓒ a (車道と歩道との間の)溝(ﾐｿﾞ), 排水溝(ﾐｿﾞ), 側溝(ﾐｿﾞ). b 《ボウリング》(レーンの両わきの)溝. ❸ [the ~] どん底の生活(社会), 貧民街: rise from *the* ~ 卑しい身分から出世する / end up in *the* ~ 落ちぶれのて[のたれ]死にする. ━ 動 ❶ 〈溝になって〉流れる. ❷ a 〈ろうそくが〉溶けたろうを垂らす[流す]. b 〈ろうそくの火が〉今にも消えそうになる. ━ 他 〈…に〉とい[溝]をつける. 《F =溝》

gút·ter·ing /-tərɪŋ, -trɪŋ/ 名 Ⓤ (建物全体の)樋(構造), 樋材.

gútter prèss 名 [the ~] (スキャンダル・暴露記事をのせる)低俗な新聞, 赤新聞.

gútter·snìpe 名 貧民街の子, 浮浪児.

gut·tur·al /gʌ́tərəl, -trəl/ 形 ❶ のどの. b のどから出る. ❷ 《音声》喉(ﾉﾄﾞ)音の. ━ 名 《音声》喉音 《/k, g, x/など》.

gut·ty /gʌ́ti/ 形 (**gut·ti·er**; **-ti·est**) =gutsy.

guv /gʌ́v/ 名 =guvnor.

guv·nor, guv'nor /gʌ́vnə | -nə/ 名 《英俗》おやじ, 親方, 社長. 《GOVERNOR のなまり》

*****guy¹** /gáɪ/ 名 ❶ [通例形容詞を伴って] 〈口〉(男の)人, (…の)やつ: an odd ~ 変なやつ / a nice ~ いい男 / a good [bad] ~ いい[悪い]人[やつ]. b [複数形で] 《米》(男女問わず)人たち, 連中: Hi, ~*s!* やあ君たち[みんな]. ❷ [しばしば G-] Guy Fawkes の人形 (⇒ Guy Fawkes Night). ━ 動 他 (~**ed**) 〈…を〉笑いぐさにする, からかう. 《Guy Fawkes の名から》

guy² /gáɪ/ 名 ❶ ガイ, 張り綱《起重機につるした荷物を安定させる》. ❷ (旗竿(ｻｵ)・煙突・電柱・テントなどの)支え線[綱], 張り綱. ━ 他 〈…に〉ガイ[張り綱]を張る.

Guy·an·a /gaɪɑ́nə/ 名 ガイアナ《南米北部の共和国; 首都 Georgetown》.

Guy·a·nese /gàɪəníːz⁻/ 名 (複 ~) ガイアナ人. ━ 形 ガイアナ(人)の.

Gúy Fáwkes Dày 名 ガイフォークスデー《[解説] 火薬陰謀事件 (Gunpowder Plot) の記念日; 陰謀実行の予定日であった 11 月 5 日》.

Gúy Fáwkes Nìght 名 ガイフォークス夜祭《11 月 5 日の晩の恒例の祭; 英国の子供たちはこの日が近づくと等身大のGuy Fawkes の人形 (guy) を町中に引き回し, "A penny for the guy."《ガイのために1ペニーをください》といいながら通行人から小銭をもらう; 人形は当日最後に大かがり火焼き, 花火を上げて楽しむ》.

guy·ot /gíːoʊ, -/ 名 平頂海山, ギヨー《頂上の平坦な

guy rope

海山; 太平洋に多い).

gúy ròpe 图 =guy².

guz·zle /gʌ́zl/ 動 ❶ 暴飲[暴食]する 〈*away*〉. ── 他 〈…が〉がぶがぶ飲む; がつがつ食う.

gúz·zler 图 ❶ がつがつ食う[飲む]人. ❷ 燃料を多く消費する車: a gas ~ ガソリンを食う車.

Gwent /gwént/ 图 グウェント(州) 《Wales 南東部の旧州》.

Gwyn·edd /gwínəð, -neð/ 图 グウィネズ(州) 《Wales 北西部の州》.

Gy 《記号》《理》gray.

gybe /dʒáɪb/ 動 自《海》ジャイブ(する) 《一方の舵から反対への縦帆の急転》.

*__gym__ /dʒím/ 图 《口》 ❶ ⓒ 体育館, ジム: in the ~ 体育館で. ❷ Ⓤ (学科としての)体育, 体操. ❸ 《米》= health club. 〖1: GYM(NASIUM); 2: GYM(NASTICS)〗

gym·kha·na /dʒɪmkɑ́ːnə/ 图 ❶ 馬術大会; 運動競技大会, 自動車障害物競走. ❷ 《インド》競技場. 〖Hindi =ラケットコート〗

†__gym·na·si·um__ /dʒɪmnéɪziəm/ 图 (劉 ~s, -si·a /-ziə/) ❶ 体育館, (屋内)競技場, ジム (gym). ❷ /gɪmnáːziʊm/ (ヨーロッパの)ギムナジウム 《特に, ドイツの大学進学コースの9[7]年制中高等学校》. 〖L<Gk=体を訓練する所 <*gymnazein* 体を鍛える〗

gym·nast /dʒímnæst/ 图 体操選手, 体操教師, 体操専門家.

†__gym·nas·tic__ /dʒɪmnǽstɪk/ 形 ▲ 体操の, 体育(上)の: apparatus ~ exercises 体操器具 / a ~ team 体操チーム. **-ti·cal·ly** /-kəli/ 副 〖Gk; ⇒ gymnasium〗

gym·nas·tics /dʒɪmnǽstɪks/ 图 ❶ [複数または単数扱い] 体操(競技): practice ~ 体操をする / apparatus ~ 器械体操 / mental ~ 頭の体操. ❷ Ⓤ (学科としての)体育, 体操. 〖↑〗

gym·nos·o·phist /dʒɪmnɑ́səfɪst/ -nɔ́s-/ 图 (古代ヒンドゥー教の)裸形者. **gym·nós·o·phy** /-fi/ 图 Ⓤ 裸形による苦行[教義].

gym·no·sperm /dʒímnəspə̀ːm/ ǀ -spə̀m/ 图 《植》裸子植物 (cf. angiosperm). **gỳm·no·spér·mous** /dʒìmnəspə́ːməs/ ǀ -spə́ː-/ 形

gým shòe 图 [通例複数形で] (ゴム底・ズックの)運動靴, スニーカー.

gým·slìp 《英》ジムスリップ《袖なしの女子用学校着》.

gyn- /gáɪn/ (母音の前にくる時の) gyno- の異形.

gynaeco- ⇒ gyneco-.

gỳn·ae·col·o·gist /gàɪnɪkɑ́lədʒɪst ǀ -kɔ́l-/ 图 《英》= gynecologist.

gyn·ae·col·o·gy /gàɪnɪkɑ́lədʒi ǀ -kɔ́l-/ 图 《英》= gynecology.

gyn·an·dro·morph /gaɪnǽndrəmɔ̀ːf ǀ -mɔ̀f/ 图《生》雌雄モザイク. **gyn·an·dro·mor·phic** /gaɪnæ̀ndrəmɔ́ːfɪk ǀ -mɔ́ː-/ 形 **gyn·án·dro·mòr·phy** /-fi/ 图

gyn·an·drous /gaɪnǽndrəs/ 形《植》雄蕊が雌蕊と結合した, 雌雄合体の.

gy·ne·co-, gy·nae·co- /gáɪnɪkou/ [連結形] 「女性」「女」〖Gk *gynē* 女性〗

gy·ne·coc·ra·cy /gàɪnɪkɑ́krəsi ǀ -kɔ́k-/ 图 Ⓤ.Ⓒ 女性(による)政治; かかあ天下.

gỳn·e·cól·o·gist /-dʒɪst/ 图 婦人科医.

†__gyn·e·col·o·gy__ /gàɪnɪkɑ́lədʒi ǀ -kɔ́l-/ 图 Ⓤ《医》婦人科学. **gyn·e·co·log·i·cal** /gàɪnɪkòulədʒɪk(ə)l/ -lɔ̀dʒ-/, **gỳn·e·co·lóg·i·cal** /-dʒɪk(ə)l/ 形 〖GYNECO- + -LOGY〗

gy·ne·co·mas·ti·a /gàɪnɪkoumǽstiə/ 图 Ⓤ《医》(男性の)女性化乳房.

gy·no- /gáɪnou, dʒínou/ [連結形]「女性(的な)」「雌(の)」「雌器, 雌蕊(ず)」.

gy̌no·céntric 形 女性中心の.

gy·noe·ci·um /dʒɪníːʃiəm, gaɪ- ǀ gaɪníːsiəm, dʒaɪ-/ 图 (劉 -ci·a /-ʃiə ǀ -siə/) 《植》花の雌器; 雌蕊群, めしべ群.

-g·y·nous /gənəs/ [形容詞連結形]「…な女[妻]を有する」「女性の」「…な雌蕊を有する」〖Gk; ⇒ gyneco-〗

gyp¹ /dʒíp/ 《俗》 ❶ ⓒ ぺてん, 詐欺. ❷ ぺてん[詐欺]師. ── 動 〈人を〉だます, ぺてんにかける: ~ a person *out of* his money 人をだまして金をまきあげる. 〖GYP(sy)〗

gyp² /dʒíp/ 图 Ⓤ《英口》ひどい[つらい]目 (★ 次の句で): give a person ~ 人をひどい目にあわせる; 《傷などが》人を痛みで苦しめる.

gyp³ /dʒíp/ 图 (大学などの)用務員.

gyp·po /dʒípoʊ/ 图 (劉 ~s) 《俗》ジプシー.

gýp·py túmmy /dʒípi-/ 图 [単数形で] 《英口》(熱帯地方旅行者のかかる)下痢.

gyp·sif·er·ous /dʒɪpsíf(ə)rəs/ 形 石膏を含む.

gyp·soph·i·la /dʒɪpsɑ́fələ ǀ -sɔ́f-/ 图《植》カスミソウ.

gyp·sum /dʒípsəm/ 图 Ⓤ 《鉱》 石膏(ぜ), ギプス《セメント・焼き石膏 (plaster of Paris)の原料, 肥料などに用いる》.

†__Gyp·sy__ /dʒípsi/ 图 Ⓒ 《英》では また g~) ジプシー 《解説 もとインドから出た放浪民族の人; ヨーロッパを中心に世界中に散らばった; Rom と自称する; cf. Romany》. ❷ Ⓤ ジプシー語. ❸ [g~] ⓒ **a** ジプシーのような人, (特に)色の浅黒い人. **b** 放浪癖の人. ── 形 ▲ ジプシーの: a ~ caravan ジプシーのキャラバン / a ~ fortuneteller ジプシーの占い師. 〖Egyptian の頭音消失; 16世紀初め英国に現われた時 Egypt から来たものと誤解されたことから〗

gýpsy mòth 图《昆》マイマイ蛾《森林の害虫》.

gy·ral /dʒáɪ(ə)rəl/ 形《解》回 (gyrus)の.

gy·rate /dʒáɪreɪt/ ─ ─ ─ 自 旋回する.

gy·ra·tion /dʒaɪréɪʃən/ 图 ❶ Ⓤ 旋回, 回転. ❷ Ⓒ [しばしば複数形で] 旋回の動作, 回転運動.

gy·ra·to·ry /dʒáɪ(ə)rətɔ̀ːri ǀ -təri, -tri/ 形 旋回する.

gyre /dʒáɪə ǀ dʒáɪə/ 图 Ⓒ《詩》旋回[回転]運動, 旋回; 円(形), 輪形, 渦輪(ず), 渦巻形; 渦潮.

gy·rene /dʒaɪríːn, ─ ─/ 图《米俗》海兵隊員.

gyr·fal·con, ger- /dʒə́ːfæ̀lkən ǀ dʒə́ː-/ 图《鳥》シロハヤブサ 《アジア・ヨーロッパ・北米大陸の北極圏産》.

gyri gyrus の複数形.

gy·ro¹ /dʒáɪroʊ/ 图 (劉 ~s) = gyrocompass; gyroscope.

gy·ro² /dʒáɪrou ǀ ʒíə-/ 图 ジロ 《ラムと牛肉をトマトやタマネギと共にピタ (pita)にはさんだギリシア風サンドイッチ》.

gy·ro- /dʒáɪ(ə)roʊ/ [連結形]「旋回」「ジャイロスコープ」

gýro·còmpass 图 ジャイロコンパス, 回転羅針儀《ジャイロスコープを利用した羅針儀》.

gy·ro·cop·ter /dʒáɪ(ə)rəkɑ̀ptə ǀ -kɔ̀ptə/ 图 ジャイロコプター《一人乗り式回転翼式プロペラ機》.

gỳro·magnétic 形《理》回転磁気の; 《コンパスが》ジャイロ磁気方式の《ジャイロと地磁気を組み合わせた方式》.

gýro·pìlot 图《海・空》ジャイロパイロット, 自動操縦装置.

gýro·plàne 图《空》ジャイロプレーン《回転翼により揚力を得, プロペラにより推力を得る航空機》.

gy·ro·scope /dʒáɪ(ə)rəskoʊp/ 图 ジャイロスコープ, 回転儀《回転体の慣性を利用した装置》. **gy·ro·scop·ic** /dʒàɪ(ə)rəskɑ́pɪk ǀ -skɔ́p-ˊ/ 形

gỳro·stábilizer 图 ジャイロスタビライザー《ジャイロスコープを利用した船舶・航空機の横揺れ防止装置》.

gy·rus /dʒáɪ(ə)rəs/ 图 (劉 -ri /-raɪ/) 《解》回, 脳回.

gyt·tja /jítʃə/ 图 Ⓤ《地》骸泥, ユッチャ《富栄養湖の湖底に堆積する有機物》.

gyve /dʒáɪv, gáɪv/ 图《古・詩》[通例複数形で] かせ, (特に)足かせ.

H h

h, H¹ /éɪtʃ/ 名 (複 **hs, h's, Hs, H's** /~ɪz/) ❶ [C][U] エイチ《英語アルファベットの第8字; cf. aitch, eta》. ❷ [U] 《連続したものの》第8番目(のもの). **dróp one's h's [áitches]** h音を落とす《★ hair /héə | héə/ を 'air /éə | éə/ とする類; h音を落とすロンドンなまり (cockney) の特徴》.

H² /éɪtʃ/ 名 (複 **H's, Hs** /~ɪz/) ❶ [C] H字形(のもの). ❷ [U] 《俗》ヘロイン.

H 《略》hard《鉛筆の硬度を示し, H, HH, HHH と次第に硬度を増す; cf. B》; 《記号》《電》henry(s); 《化》hydrogen. **h., H.** 《略》harbor; hardness; height; high; 《野》hit(s); hour(s); hundred.

†**ha** /háː/ 間《驚き・悲しみ・喜び・疑い・不満などを表わして》ほう!, まあ!, おや! (hah); ha-ha¹. 《擬音語》

Ha 《記号》hahnium. **ha.** 《略》hectare(s).

haaf /háːf/ 名 [the ~]《Shetland 諸島および Orkney 諸島沖の》深海漁場.

haar /háː | háː/ 名《英》《特にイングランド・スコットランド東海岸の》冷たい海霧.

Hab. 《略》《聖》Habakkuk.

Ha·bak·kuk /hǽbəkʌk | -] 名《聖》ハバクク書《旧約聖書中の一書; 略 Hab.》.

ha·ba·ne·ra /hæbənéːrə/ 名 ハバネラ《キューバ起源のゆっくりとした2拍子の舞踊(曲)》. 《Sp=ハバナ (Havana) の(踊り)》

Ha·ba·ne·ro /(h)àːbənéɪ(ə)roʊ/ 名 (複 **~s**) [また h~] アバネロ《中南米産の小型で極辛のトウガラシ》.

hab·dabs /hæbdæbz/ 名《英口》いらだち, 恐怖, 神経過敏. **gíve a person the scréaming hábdabs**《英口》人を(ひどく)いらだたせる.

Hab·da·lah /hàːvdáːlə, hævdáːlə/ 名 [しばしば h~] 《ユダヤ教》ハブダラ《安息日 (Sabbath) や祝日をしめくくる儀式》.

ha·be·as cor·pus /héɪbiəs kóɪpəs | -kɔ́ː-/ 名《法》❶ 人身保護令状, 身柄提出令状《人身保護の目的で拘禁の事実・理由などを聴取するため被拘禁者を出廷させる令状; a writ of habeas corpus ともいう》. ❷ 人身保護令状の要求権. 《L=you shall have your body》

ha·ben·dum /həbéndəm/ 名《法》《不動産譲渡証書中の》物件表示条項. 《L=to be possessed》

hab·er·dash·er /hǽbədæʃə | -bədəʃə/ 名 ❶《米》紳士用装身具商. ❷《英》小間物商《ひも・糸・針・ボタン・レースなどを売る人》.

hab·er·dash·er·y /hǽbədæʃ(ə)ri | -bə-/ 名 ❶《米》**a** [U] 紳士用装身具類. **b** [C] 紳士用装身具店. ❷《英》**a** [U] 小間物類 (《米》notions). **b** [C] 小間物店.

hab·er·geon /hǽbədʒən | -bə-/ 名《史》中世の hauberk より短い袖なし鎖かたびら.

ha·bil·i·ment /həbíləmənt/ 名《通例複数形で》❶《特定の場合・職業などの》衣服, 服装. ❷《普通の》服装. 《⇒ habit B》

ha·bil·i·tate /həbílətèɪt/ 動《米西部》《鉱山に》運転資金を与える, 採鉱設備を備える. ── 自《特にドイツの大学教員の》資格を取る, 資格が決まる. **ha·bil·i·tá·tion** 名 《L=能力を与える=habilis 能力がある; cf. able》

*__hab·it__ /hǽbɪt/ 名 ❶ **a** [C][U] 《個人の》癖, 習慣; …する傾向(にある): **by** ~ 習慣で / **from force of** ~ 習慣からになっているので / **out of** ~ いつもの癖[習慣]で / **break [kick] a** ~ **[the** ~ **of doing]** 癖を[…する癖を]直す / I don't mind you borrowing money from me, but don't make a ~ of it. たまに私から金を借りるのは気にしないが, 癖にならないように. / He had fallen [got] into the ~ of putting his hands in his pockets. 彼はポケットに手を入れるのが癖となっていた / He's in the ~ of staying up late.=It's his ~ to stay up late. 彼には夜ふかしの癖がある / It's a ~ with him to take a daily walk. 毎日散歩するのが彼の習慣だ / H~ is second nature. 《諺》習慣は第二の天性. / Old ~s die hard. 長年の習癖は変えがたい; 三つ子の魂百まで. **b** [C] 《動植物の》習性. ❷ [the ~] 《口》麻薬・タバコの常用癖. ❸ **a** [通例 ~ of mind で] 気質, 性質: a cheerful ~ of mind 陽気な性質. **b** 体質: a man of corpulent ~ 肥満性の人. ── **B** [C] ❶ 乗馬服: ⇒ RIDING habit. ❷ 《特に修道士・修道女の》法衣: a monk's [nun's] ~ 修道服. 《F<L habitus (持っている)状態[物], 態度<habere, habit-, -hibit- 持つ; cf. habitat; exhibit, inhibit, prohibit; able》《類義語》❷[U] habitual, habitude. 《類義語》⇒ custom.

hab·i·ta·bil·i·ty /hæbətəbíləti/ 名 [U] 居住適性.

hab·it·a·ble /hǽbətəbl/ 形 住むことができる, 住むのに適した (↔ uninhabitable). **~·ness** 名 **-bly** 副 《F<L <habitare 住む (⇒ habitat)+-ABLE》

hab·i·tant /hǽbətnt/ 名 住人, 居住者.

*__hab·i·tat__ /hǽbətæt/ 名 ❶《動植物の》生息地, 生息場所[環境], (植物)自生地 (of). ❷ 居住地; 所在地. 《L habitare, habitat- 住む <habere 持つ; ⇒ habit》

hab·i·ta·tion /hæbətéɪʃən/ 名 ❶ [U] 居住; 住居, 住宅. 《F<L↑》

hábit-fòrm·ing 形《麻薬など》習慣性の, 癖になる.

ha·bit·u·al /həbítʃuəl, hæ-, -tʃʊl/ 形 ❶ 習慣的な, いつもの: one's ~ breakfast いつもの朝食. ❷ 常習的な: a ~ criminal 常習犯(人). **~·ness** 名 《類義語》=usual.

ha·bit·u·al·ly /-tʃuəli, -tʃʊli/ 副 習慣的に, いつも.

ha·bit·u·ate /həbítʃuèɪt/ 動 他《人などを》《…に》慣らす《★ しばしば受身》: Wealth ~d him **to** luxury. 彼は金持ちでぜいたくの癖がついた / ~ **oneself to** hardship [**getting up** early] 困苦[早起き]に慣れる / They're ~d to hard work. 彼らは激しい労働に慣れている. **ha·bit·u·a·tion** /həbìtʃuéɪʃən/ 名 [U] 《habit》

hab·i·tude /hǽbətj(j)ùːd | -tjùːd/ 名 ❶ [U] 体質, 気質. ❷ [U][C] 習性, 習慣.

ha·bi·tu·é /həbítʃuèɪ/ 名 常客, 常連 (regular): a ~ **of** the pub そのパブの常連. 《F=habituated (one)》

hab·i·tus /hǽbətəs/ 名 体型, 《特にその病気と関連のある》体質. 《L;⇒ habit》

ha·boob /həbúːb/ 名 ハブーブ《特にスーダンで吹く砂あらし》.

Habs·burg /hǽpsbɜːg | -bəːg/ 名 形 =Hapsburg.

ha·ček /háːtʃek/ 名 ハチェック《č のように文字の上に添えて別の文字を示す符号》. 《Czech》

ha·chure /hæʃʊə | -ʃʊə/ 名《複数形で》けば《地図で土地の傾斜を示す線影用の短い平行線群》.

ha·ci·en·da /(h)àːsiéndə | hæsi-/ 名 ❶《中・南米で, 住宅のついた》農園, 牧場. ❷《農園・牧場の》母屋, 住居. 《Sp》

*__hack__¹ /hæk/ 動 他 ❶ **a** 《おのなどで乱雑に》《ものを》たたき切る, ぶった切る, 切り刻む, めった切りにする: ~ the box **apart [to** pieces] with an ax その箱をおのでたたき割る [粉々にする] / ~ **down** a tree [**off** a branch] 木を切り倒す[枝を切り落とす]. **b** [~ one's way で]《森林などを》切り払って進む: ~ one's way **through** (a forest) 《森を》切り開きながら進む / ~ a figure **out of** a rock 岩を刻んで像を作る. ❷ [~ it で; しばしば否定文で]《俗》《事業・計画などを》うまくやり抜く: I can't ~ *it* alone. 一人ではとてもやれない. ❸《電算》《口》《コンピューターネットワーク・データなどに》不法に侵入する, ハッキングを行う. ❹《ラグビー》《相手のむこうずねをける》《反則》; 《バスケ》《ボールを持っている》《相手の》腕をたたく《反則》. ── 自 ❶《おのなどで》荒っぽく《大きな木などに》切りつける: He ~ed *away at* the tree. 彼はその木をせっせと切りつけた. ❷《電算》《コンピューターネットワークなどに》不法侵入す

hack る[into]. ❸ (しきりに)短いからせきをする. **háck óff** (働+圃)《英口》〈人を〉激怒させる. ── 图 ❶ ⓐ たたき切り, 切り刻み: take [make] a ~ at...に切り込む. ⓑ 刻み目; 切り傷. ❷ 〈口〉短いからせき. ❸ ラグビー すねをけること; すねの傷. 【OE=切り刻む】【類義語】⇨ cut.

hack² /hǽk/ 图 ❶ ⓐ 貸し馬. ⓑ おいぼれ馬, やくざ馬. ⓒ (競走馬・猟馬・軍馬と区別して)乗用馬. ❷ ⓐ 貸馬車. ⓑ タクシー. ❸ ⓐ あくせく働く人. ⓑ (著述家の)下働き: a literary ~ 筆耕(者), へぼ文士. ── 形 Ⓐ ❶ 雇われた, 金で働く; 下働きの: a ~ writer 下働きの文士, 三文文士. ❷ 使い古した, 陳腐な. ── 動 ❶ 〈馬を〉(乗用に)貸す. ❷ 〈...を〉こき使う. ── 国 ❶ 《遊山(ﾕｻﾝ)などで》馬に乗っていく, 馬で遠乗りする. ❷ 《米》タクシーを運転する. 〖HACK(NEY)〗

hack³ /hǽk/ 图 ❶ (煉瓦・魚・チーズなどの)干し台(干し台に並べられた)煉瓦. ❷ 〈鷹狩〉(鷹用の肉を載せる)餌板. **at háck** 〈若鷹の餌板で食べさせられる〉(訓練中で自分で餌を捕ることを許されない). 【HATCH²の変形】

háck·bèrry 图 ❶ 〈植〉ⓐ エノキ属の木. ⓑ エノキの実, 榎(ｴ)の実(しばしば食用). ❷ Ⓤ エノキ材.

⁺**háck·er** 图 ❶ 〈口〉ハッカー: ⓐ コンピューターの使用[プログラミング]に熱中している[すぐれている]人. ⓑ 不法にコンピューターシステムに侵入してデーターを改変したり盗用したりする人. ❷ 荒っぽく切る人, 切り落とす人[もの].

hack·ie /hǽki/ 图 〈口〉タクシーの運転手.
hack·ing còat 图 =hacking jacket.
hácking còugh 图 短いからせき.
hácking jàcket 图 乗馬用上着.
hack·le¹ /hǽkl/ 图 〖複数形で〗(おんどりなどが怒った時に逆立てる)首の回りの毛, 頸羽. **gèt one's háckles ùp** かっとなる, 怒る. **màke a person's háckles rise** = **ráise a person's háckles** 人を怒らせる. **with one's háckles ùp** 〈おんどり・犬が戦おうと身構えて; 〈人が〉怒って.
hack·le² /hǽkl/ 動 切り刻む, ずたずたに切る.
háck·man /-mən/ 图 (働 **-men** /-mən/)《米》❶ タクシーの運転手. ❷ 貸し馬車の御者.
hack·ma·tack /hǽkmətæk/ 图〈植〉アメリカカラマツ.
hack·ney /hǽkni/ 图 ❶ 乗用馬. ❷ [H-] ハクニー(種の馬)〖歩法が独特で前ひざを高く上げる〗. ❸《米》タクシー. 〖ME; 英国 Middlesex にある馬で有名な町の名にちなむ〗
háckney càrriage 图 ❶ (また **háckney càb**)《英》タクシー. ❷ =hackney coach.
háckney còach 图 (昔の)貸し馬車.
hack·neyed /hǽknid/ 形〈言葉など〉使い古した, 陳腐な: a ~ phrase 陳腐な文句.
háck·sàw 图 弓のこ《金属を切るのに用いる》.
háck·wòrk 图 Ⓤ 〈文筆業など金もうけのための〉おもしろくない仕事, 下請け[売文]の仕事.

⁑**had** /hǽd/ 動 have¹ の過去形・過去分詞.
── 助動 /(弱形) həd, (ə)d, (強形) hǽd/ ⇨ have².
had as sòon dó as ⇨ **soon** 副 成句.
had bést dó...するのがいちばんよい: You ~ *best* do as he says. 彼の言うとおりにするのがいちばんよい.
had bètter dó...すべきだ, ...するのがよい, ...したほうがよい. 【用法】(1) 主語が 1 人称以外の時には忠告・命令, 時には威嚇の意味合いをもつので, 特に 2 人称では目上の人には用いるべきでない; (2) 〈口〉では had を略して I *better* go now. ともいい, さらに 2 人称では you を略して *Better* go now. ということもある): We ~ [We'd] *better* go now, *hadn't* we? 我々はもう行ったほうがいいね 〖用法〗以下の付加疑問には *better* をつけない / You ~ *better* do whatever he says. 彼の言う通りにすべきだ / You'd *better not* stay up too late. あまり遅くまで起きているのはよしなさい / I *hadn't* we *better* tell him too? 彼にも話したほうがよくないかしら / I'd *better* have accepted his offer. 彼の申し出を受け入れておけばよかった.
had sòoner dó than... ⇨ **soon** 副 成句.
had·dock /hǽdək/ 图 (働 ~, ~s) ⓒⓊ 〈魚〉ハドック, モンツキダラ《北大西洋産のタラの一種》.

hade /héɪd/ 〖地・鉱〗图 堰角(ｶｸｶﾞｸ), 倒角《断層・鉱脈などの傾斜を垂直面から測った角》. ── 動 国 倒角をなす, 傾く.
Ha·des /héɪdiːz/ 图 ❶ 〖ギ神〗ⓐ 死者[よみ]の国, 冥界(ｶﾞｳ) (underworld; cf. Sheol). ⓑ ハデス《冥界の王; cf. Pluto》. ❷ [h-] Ⓤ 地獄.
Had·ith /hædiːθ/ 图〈イスラム〉ハディース《Muhammad とその教友の言行録; その集大成》.
hadj /hǽdʒ/ 图 =hajj.
hadj·i /hǽdʒi/ 图 =hajji.
Hád·ley cèll /hǽdli-/ 图 ハドリーセル《赤道から北緯[南緯] 30 度付近までの間の低緯度地方に見られる, 地球大気の対流による循環》.
⁑**had·n't** /hǽdnt, -n/ had not の短縮形.
Ha·dri·an /héɪdriən/ 图 ハドリアヌス《76–138; ローマ皇帝 (117–138); 五賢帝の 3 番目》.
Hádrian's Wàll /héɪdriənz-/ 图 ハドリアヌスの防壁《イングランド北部 Solway 湾から Tyne 河口までローマ皇帝ハドリアヌスが北方民族の侵入に備えて築いた防壁》.
had·ron /hǽdran | -drən/ 图〈理〉強い相互作用をする素粒子《バリオン (baryon) 族と中間子 (meson) 族に分かれる》. **ha·drón·ic** 形.
had·ro·saur /hǽdrəsɔːr | -sɔː/ 图〈古生〉カモハシ竜《恐竜》, ハドロサウルス《白亜紀後期の鳥脚類の一種》.
hadst /hædst; 動 強形 hədst; 〈強形〉hǽdst/《古》have の 2 人称単数の過去形《用法 thou を主語にした時に用いる; cf. hast》: thou ~ =you had.
haec·ce·i·ty /hiːksíːəti/ 图〈哲〉「これ」ということ, 是態(ｾﾞﾀｲ), 個性原理, 個別性, 特性.
haem ⇨ heme.
haem(a)-, haemat(o)- ⇨ hem(a)-, hemat(o)-.
-hae·mia /híːmiə/ 图〖名詞連結形〗 =-emia.
ha·fiz /hɑ́ːfɪz/ 图 ハーフィズ《Koran を全部暗記したイスラム教徒に与えられる称号》. 〖Arab=記憶する〗
haf·ni·um /hǽfniəm/ 图 Ⓤ〈化〉ハフニウム《希金属元素; 記号 Hf》.
haft /hæft | hɑːft/ 图 (小刀・短刀などの)柄, つか.
haf·ta·ra(h), -to- /hɑːftɑ́ːrə | hæftáːrə/ 图 (働 **-roth, -rot** /hɑːftɔ́ːrout/, ~s) 〖しばしば H-〗《ユダヤ教》ハフタラ《安息日や祭日にユダヤ教会で律法 (Torah) の一部を読んだ直後に読み上げられる預言書の部分》. 〖Heb〗
hag /hǽg/ 图 ❶ 醜い[意地悪な]老婆, 鬼ばば (bag): an old ~ 意地悪[醜い]ばばあ. ❷ 魔女. 〖Heb〗
Hag. 〈略〉〖聖〗Haggai.
Ha·gar /héɪɡər | -ɡɑː/ 图〖聖〗ハガル《Abraham の妻 Sarah に仕えるエジプト人の女; Abraham の子 Ishmael を産んだが, Sarah の嫉妬のため砂漠に追放された》.
hág·fish 图〈魚〉メクラウナギ《同科の魚の総称》.
Hag·ga·da(h) /həɡɑ́ːdə | -ɡɑ́ː/ 图 (働 **-dot(h)** /-dout/) ハガダー: ⓐ 旧約聖書の律法以外の部分からなる古代ユダヤ人の注釈. ⓑ seder の祝祭の時に唱える式文). **hag·gad·ic, Hag·** /həɡǽdɪk, -ɡɑ́ː-, -ɡɔ́ː-/ 形. 〖Heb〗
hag·ga·dist /həɡǽdɪst/ 图〖しばしば H-〗ハガダーの作者[研究者].
Hag·ga·i /hǽɡiàɪ, -ɡaɪ/ 图〖聖〗ハガイ書《旧約聖書中の一書; 略 Hag.》.
hag·gard /hǽɡəd | -ɡəd/ 形 ❶ (不眠・老齢などで)ほおや目付きが落ちくぼんだ, やつれた. ❷ (捕まえられたタカに慣れていない, 野生の. ── 图 (捕まえられた)野生のタカ. **~·ly** 副. 〖F=野生の(鳥)〗
Hag·gard /hǽɡəd/ 图, **Sir Henry Rider** ハガード (1856–1925; 英国の小説家》.
hag·gis /hǽɡɪs/ 图 ⓒⓊ ハギス《羊・小牛の臓物を刻みオートミール・香辛料と一緒にその胃袋に詰めて煮たスコットランド料理》. 〖北部方言 hag「切り刻む」から〗
hág·gish /-ɡɪʃ/ 形 ❶ 鬼ばばのような. ❷ (年をとって)醜悪な, 老醜の. 〖HAG+-ISH〗
⁺**hag·gle** /hǽɡl/ 動 国 (値段などで)押し問答する, 言い争う; (しつこく)値切る: ~ *about* [*over*] the terms of a contract 契約条件を言い争う. ── 图 (値段などの)押し問答, 言い争い, 駆け引き, 交渉. **hág·gler** 图.
hag·i·o- /hǽɡiou/ 〖連結形〗「聖徒 (saint(s))」「神聖な」 〖Gk *hagios* 神聖な〗

Hag·i·og·ra·pha /hæɡiáɡrəfə | -ɔ́g-/ 名 [the ~] 諸書, 聖文集, 聖文学, ハギオグラファ《ヘブル語聖書の三大区分の第3部: 詩篇・箴言・ヨブ記・雅歌・ルツ記・哀歌・伝道の書・エステル記・ダニエル記・エズラ記・ネヘミア記・歴代志上下; 他の2区分は律法 (the Law) と預言書 (the Prophets)》.

hag·i·og·ra·pher /hæɡiáɡrəfər | -ɔ́g-/ 名 ❶ 聖人伝作者[学者]. ❷ ハギオグラファ (Hagiographa) の作者.

hag·i·og·ra·phy /hæɡiáɡrəfi | -ɔ́g-/ 名 ❶ ⓤ 聖人伝, 聖人研究. ❷ ⓒ 聖人伝記《本》; 主人公を理想化した伝記《本》.

hag·i·ol·a·try /hæɡiálətri | -ɔ́l-/ 名 ⓤ 聖人崇敬.

hag·i·ol·o·gy /hæɡiálədʒi | -ɔ́l-/ 名 ❶ ⓒ 聖人伝; 聖人列伝. ❷ ⓤ 聖人伝文学[研究].

hág·ridden 形 悪夢に悩まされた(ような); うなされた(ような).

Hague /héɪɡ/ 名 [The ~] ハーグ《オランダ西部の都市; 事実上の首都; 政府・王宮・国際司法裁判所などがある; 公式の首都は Amsterdam》.

hah /há/ 間 =ha.

ha-ha¹ /hɑ̀:há:/ 間 あはは!《大笑い》.

ha-ha² /hɑ̀:há:/ 名 (@ ~s) =sunk fence.

ha·ham /há:həm/ 名 ❶ 賢人, ラビの教義の注釈者. ❷ ラビ (rabbi)《スペイン系ユダヤ人の中での正式な呼称》.《Heb》

hahn·i·um /há:niəm/ 名 ⓤ ハーニウム《人工放射性元素; 記号 Ha》.

haick /háɪk, héɪk/ 名 =haik.

Hai·da /háɪdə/ 名 ❶ (@ ~, ~s) ⓒ ハイダ族《カナダおよび Alaska の太平洋岸に住む先住民》. ❷ ⓤ ハイダ語.

Hai·fa /háɪfə/ 名 ハイファ《イスラエル北西部の市・港町》.

haik /háɪk, héɪk/ 名 ハイク《アフリカ北部で特にアラビア人が頭・身体・衣服の上にまとう白い布》.

hai·ku /háɪkuː/ 名 (@ ~) 俳句. [Jpn]

*****hail**¹ /héɪl/ 名 ❶ ⓤ あられ, ひょう《底閲 1つ1つの粒は hailstone または a piece [pellet] of ~》. [a ~] …の雨(あられ): *a ~ of* bullets 雨あられと飛ぶ弾丸 / *a ~ of* questions [curses] やつぎばやの質問[悪口雑言]. —動 ⓐ [it を主語として] あられ[ひょう]が降る. —動 ⓑ 〈石・悪口などを〉〈人などに〉浴びせかける: The mob *~ed* stones *on* the police. 群衆は警官隊に石を投げつけた. **háil dówn** on …に雨あられと降る: Bullets ~*ed down on* the troops from a fighter plane. 弾丸が戦闘機から雨あられとその部隊に降り注いだ.《OE; 原義は「小石」》

hail² /héɪl/ 動 ⓑ 〈人〉を…と呼んで称賛する, 〈人〉を歓呼して迎える: They ~*ed* him (*as*) their leader. 彼らは彼を指導者として歓呼した[まつり上げた] / The critics ~*ed* his work *as* a masterpiece. 批評家たちは彼の作品を傑作だとほめたたえた. ❷ 〈船・車・人〉を大声で呼ぶ, 呼び止める: ~ a taxi タクシーをひろう. —動 ⓐ [人・他動として] 呼び掛ける: She ~*ed to* him from across the busy street. 彼女はにぎやかな通り越しに彼に呼び掛けた. ❷ 〈船・人〉が〈…から〉来(ている)る, 〈…の〉出身である: The ship ~*s from* Boston. ボストンの船だ / Where does he ~ *from*? 彼はどこの出身ですか. —名 呼び声, 呼び掛け; あいさつ; 歓迎. **within** [**out of**] **háil** (…の)声の届く[届かない]所で(*of*). —間 やあ!, 万歳!, 幸(さち)あれ!《歓迎・祝福のあいさつ》. **Áll háil!** =**Háil to yóu!** 万歳!, ようこそ!《ON=完全な》

háil·er 名 歓呼する人; 携帯拡声器.

Hai·le Se·las·sie /háɪliˈsəlǽsi/ 名 ハイレセラシエ《1892-1975; エチオピア皇帝(1930-74)》.

Hail·ey /héɪli/ 名; Arthur ~ ヘイリー《1920- ; 英国生まれのカナダの小説家》.

háil-féllow(-wèll-mét) 形 非常に親しい; 〈人〉になれなれしい: He's ~ *with* everybody. 彼はだれにでも調子がいい.

Háil Máry 名 ❶ =Ave Maria. ❷ [アメフト] ヘイルメアリー《特にゲーム終了まぎわに行なう, いちかばちかのロングパス》.

háil·stone 名 あられ, ひょう《ひと粒; cf. hail¹ 1 底較》.

háil·storm 名 あられ[ひょう]の大降り.

Hai·nan /háɪnɑːn | -næn/ 名 海南(ナンハン)(ハイナン)《中国南シナ海上の島で, 一省をなす(もと広東省); 省都 海口》.

*****hair** /héər | héə/ 名 ❶ **a** ⓤ 毛; 毛髪, 髪《全体; 解閲 欧米人の髪の毛の色は, 金色 (blond)・茶色 (brunet)・黒色 (black)・赤色 (red) などがある》: do up one's ~ =put up one's ~ (女性が)髪を結う / put up one's ~ =put one's ~ up (女性が)髪を結うか毛を上に結う / put down one's ~ 髪をほどく / comb back one's ~ 髪を(後らに)とかす / He had his ~ cut. 彼は髪を刈ってもらった. **b** ⓒ (1本の)毛: I found a ~ [two ~*s*] in my soup. スープの髪の毛は1本[2本]入っていた. ❷ [a ~] 毛ほど(のもの), わずか: be not worth *a* ~ 一文の価値もない / He hasn't changed *a* ~ in the last ten years. 彼はここ10年間で少しも変わっていない. ❸ ⓒ **a** 毛状の物. **b** [機] (時計などの)ひげぜんまい, 毛状針金: ⇒ hairspring. **c** [植] (葉・茎の表面に生えた)毛. **a** [the] **háir of the dóg (that bít one)** (口)《二日酔いの》迎え酒《画圖 かみついた狂犬の毛を取ってつけるとその傷が治るという迷信から》. **by a háir** わずか, 少し: win *by a* ~ わずかの差で勝つ. **gét** [**háve**] **a pérson by the shórt háirs** (口)《議論・争いなどで》〈人〉を完全に押さえる[支配している]. **gét in a pérson's háir** (口)《近くにいて》人を悩ます, いらだたせる; 人のじゃまをする. **háng by a háir** 風前のともしびである, 危機一髪である《画圖 ギリシア神話の Damocles の剣の話から; cf. the sword of DAMOCLES 成句》. **hárm a háir on a pérson's héad** 〈人〉に害を与える. **Kéep your háir òn.** 《英口》落ち着け, あわてるな. **lèt one's háir dówn** (口) (1) 〈髪〉を肩のこる会などのあとで〉くつろぐ, 羽を伸ばす. (2) 打ち解けて話す, 率直に言う. **màke a pérson's háir cúrl** (口) 人を震えあがらせる, 胆をつぶさせる. **màke a pérson's háir stánd on énd** (恐怖で)人の身の毛をよだたせる. **nót hàve a háir òut of pláce** 身なりがきちんとしている. **nót túrn a háir** (口) (困った時でも)平然としている; 悩んだふうを見せない (not bat an eyelid). **split háirs** (特に議論などで)無用の[極端に]細かい区別立てをする, ささいな[つまらない]事にこだわる. **téar one's háir (òut)** (悲しみ・怒りのあまり)髪の毛をかきむしる; ひどくいらいらする. **to a háir** ぴたりきっかり: measure the ingredients *to a* ~ 材料をきちっとはかる.《OE》 形 hairy; 関形 capillary》

háir·bàll 名 毛球《猫などが毛をなめて胃の中に入ってできる凝塊》.

háir·bànd 名 ヘアバンド.

háir·brèadth 名 [a ~] 毛ほどのすき(幅, 距離). **by a háirbreadth** 間一髪のところで, きわどいところで: escape death *by a* ~ 間一髪のところで助かる. —形 ⓐ ❶ ごく狭い. ❷ かろうじての: have a ~ escape 間一髪で逃れる. **~-like** 形.

háir·brùsh 名 頭髪用のブラシ, ヘアブラシ.

háir càre 名 ⓤ 髪の手入れ, ヘアケア. **háir-càre** 形.

háir cèll 名 [解] (内耳の)有毛細胞.

háir·clòth 名 ❶ ⓤ ヘアクロス, 馬巣(ば)織《馬などの毛を横糸として織った布; 裏しん・いすなどの布張りに用いる; cf. horsehair 2》. ❷ =hair shirt.

háir cráck 名 毛割れ, ヘアクラック《金属の毛状状のひび》.

*****háir·cut** /héərkʌt | héə-/ 名 ❶ 散髪: get [have] a ~ 散髪する / give a person a ~ 散髪してやる. ❷ 髪の刈り方, 髪型, ヘアスタイル.

háir·dò 名 (@ ~s) ❶ (女性の)結髪. ❷ (女性の)髪の結い方, 髪型, ヘアスタイル (hairstyle): the latest ~ 最新の髪型.

*****háir·drèsser** 名《特に女性相手の》理髪師, 美容師, 髪結い (cf. barber): a ~'s (salon) 美容院, ヘア[ビューティ]サロン.

háir·drèssing 名 ❶ ⓤ 《特に, 女性の》理髪, 結髪. ❷ [形容詞的に] 理髪の, 結髪の: a ~ salon 美容院;《英》理髪店.

háir drìer [**drỳer**] 名 ヘアドライヤー.

haired 形 [通例複合語で] 〈…の〉頭髪をした: fair-*haired* 金髪の.

háir fòllicle 名 [解] (毛髪の)毛包, 毛囊(のう).

- **háir·grìp** 图《英》ヘアピン (hairpin;《米》bobby pin).
- **háir·less** 形 髪[毛]のない, はげた.
- **háir·lìke** 形 毛のような.
- **háir·lìne** 图 ❶ (髪の毛の)生え際. ❷ (毛のように)細い線. ❸《光》ヘアライン《ピントグラス・照準器上にある細い線》. ── 形 Ⓐ 非常に細い; (空間・間隙の)非常に狭い: a ~ fracture ひび割れの骨折.
- **háir·nèt** 图 ヘアネット, 頭髪用の網.
- **háir·pìece** 图 ヘアピース, かつら.
- **háir·pìn** 图 ❶ (束髪用の U 字形の)留め針, ヘアピン (hairgrip). ❷ ヘアピンカーブ. ── 形 Ⓐ U 字形の: a ~ bend《英》[《米》turn, curve] ヘアピンカーブ.
- **háir-ràising** 形 身の毛もよだつような; ぞっとするような: a ~ adventure [story] ぞっとするような冒険[話].
- **háir-restòrer** 图 Ⓒ Ⓤ 毛生え薬.
- **háirs·brèadth, háir's brèadth** 图 形 =hairbreadth.
- **háir shírt** 图 (昔, 苦行者などが着た)硬い毛織りの肌着. **wéar** [**pùt ón**] **a háir shírt** 自分に罰を与える, 反省[謝罪]を態度で示す.
- **háir slìde** 图《英》ヘアクリップ (《米》barrette).
- **háir·splìtter** 图 小さい事にこだわる人.
- **háir·splìtting** 图 Ⓤ 小事にこだわる(こと).
- **háir sprày** 图 Ⓤ,Ⓒ ヘアスプレー (lacquer).
- **háir·spring** 图 (時計の)ひげぜんまい.
- **háir·strèak** 图〔昆〕カラスシジミの類のシジミチョウ).
- **⁺háir·stỳle** 图 髪型, ヘアスタイル (hairdo).
- **háir·stỳlist** 图 =hairdresser (特に新しいスタイルなどを工夫する). **-stýling** 图
- **háir tònic** 图 Ⓒ Ⓤ 育毛剤, ヘアトニック.
- **háir trìgger** 图 (銃の)触発引き金.
- **háir-trìgger** 形 Ⓐ ❶ 一触即発の. ❷ 触発性の, すぐ反応する.
- **háir wèave** 图 つけ毛, ヘアピース.
- **háir·wòrm** 图 (動) ❶ 毛細線虫, 毛様線虫《哺乳類・鳥類の消化管に寄生》. ❷ 線形虫類の各種, 類線形動物《ハリガネムシ・クチクラなど》.
- **⁺háir·y** /héə)ri/ 形 (háir·i·er; -i·est) ❶ 毛深い, 毛だらけの, 毛むくじゃらな. ❷ 毛のような. ❸《俗》ぞっとするほど危険な[すごい] (hair-raising); 困難な, 難しい: a ~ exam 難しい試験. **háir·i·ness** 图 (hair)
- **Hai·ti** /héɪti/ 图 ハイチ《西インド諸島中の Hispaniola 島の西部 1/3 を占める共和国; 首都 Port-au-Prince; ⇒ Hispaniola》.
- **Hai·ti·an** /héɪʃən, -tiən/ 形 ハイチ(人)の. ── 图 ❶ Ⓒ ハイチ人[の住民]. ❷ Ⓤ ハイチ語.
- **hajj, haj** /hǽdʒ/ 图 メッカ参り[巡礼].
- **haj·ji** /hǽdʒi/ 图 [しばしば H- で称号にも用いて] ハジ《メッカ参りを終えたイスラム教徒》.
- **ha·ka** /háːkə/ 图 マオリ族の出陣踊り; (ニュ) スポーツ [ラグビー]チームの踊り.《Maori》
- **hake** /héɪk/ 图 (ᆁ ~, ~s) ❶ Ⓒ 〔魚〕ヘイク, メルルーサ《タラに似たメルルーサ属の食用魚》. ❷ Ⓤ ヘイク[メルルーサ]の身.
- **Ha·ken·kreuz** /háːkŋ̍krɔɪts/ 图 かぎ十字, ハーケンクロイツ《ナチスの紋章》.《G < Hake hook + kreuz cross》
- **ha·kim**¹ /həkíːm/ 图 (イスラム圏の)医師.《Arab》
- **ha·kim**² /háːkíːm/ 图 (かつてのイスラム圏の)知事, 太守, 裁判官.《Arab》
- **Hal** /hǽl/ 图 ハル《男性名; Henry, Harold の愛称》.
- **Ha·la·ka(h), -cha(h)** /hàːləxáː, hàlɑːkáː/ 图 ハラハー, ハラカー《ユダヤの慣例法規(集)》. **Ha·lak·ic** /həlǽkɪk/ 形 《Heb》
- **ha·lal** /həláːl/ 图 Ⓤ 形 イスラム法にのっとって屠殺された動物の肉(の).《Arab》
- **ha·la·tion** /heɪléɪʃən, hə-/ 图 Ⓤ 〔写〕ハレーション《強い光が当たった部分の白いぼやけ》.《HALO-+-ATION》
- **hal·berd** /hǽlbəd | -bəd/ 图 ほこやり 《15-16 世紀ごろ用いられたやりの穂先とまさかり兼用の武器》.
- **hal·bert** /hǽlbət | -bət/ 图 =halberd.
- **hal·cy·on** /hǽlsiən/ 图 ❶ ハルシオン《冬至ごろ海上に浮き巣を作り, 風波を静めて卵をかえすと想像された伝説上の鳥; カワセミと同一視される》. ❷〔鳥〕カワセミ. ── 形 Ⓐ ❶ ハルシオン[カワセミ]の(ような). ❷ のどかな, 穏やかな.《L < Gk=カワセミ》
- **hálcyon dáys** 图 ❶ [the ~] 冬至前後の天候の穏やかな 2 週間. ❷ 平穏な時代.
- **⁺hale**¹ /héɪl/ 形 《老人が》強壮な, かくしゃくとした. **hále and héarty** 《老人・病後の人が》達者で, 元気のよい.《OE; WHOLE と同語源》
- **hale**² /héɪl/ 動 他 強く引く, 引っ張り出す.
- **Hale** /héɪl/, **Nathan** 图 ヘール (1755-76; 米国独立戦争の英雄; スパイ任務の途中で英国軍に捕らえられ, 絞首刑になった).
- **‡half** /hǽf | háːf/ 图 (ᆁ halves /hǽvz | háːvz/; 3, 5b は ~s, halves) ❶ Ⓒ Ⓤ 半分, 2 分の 1; (大ざっぱに分けた)約半分《用法 half of... の形の場合, 修飾語がつく時以外不定冠詞は用いない》: two miles and a ~ 2 マイル半《比較 two and a ~ miles のほうが一般的》/ the longer ~ *of* a piece of string ひもの長いほうの半分 / H~ *of* twelve is six. 12 の半分は 6 / Two halves make a whole. 半分が 2 つで全体になる / He ate (a good) ~ *of* the pie. 彼はそのパイの半分(以上)を食べた / That's not (the) ~ *of* it. (話などの ~ にもまだ達していない; おもしろいのはこれからさ). ❷ Ⓤ 半時間, 30 分: at ~ past [《米》after] five 5 時半に / It's ~ past three. 3 時半だ《★ しばしば /háːpəs(t) | hǽpæs(t)/ と発音する》. ❸ Ⓒ (口) **a**《米》半ドルのコイン. **b**《英》(子供の)半額切符: Two and a ~ to Oxford, please. オックスフォードまで大人 2 人, 子供 1 人 (ください). **c** (米) 50 セント; 《英》半ペニー. ❹ Ⓒ ⒤《米》半学年, 《1 学年 2 期制の》後期. ❺ Ⓒ **a** 〔競技〕試合の前 [後]半, ハーフ (cf. quarter 图 A 1 n). **b**〔アメフト・ホッケーなど〕=halfback. **c**〔野〕表, 裏 (cf. top¹ 图 12, bottom 图 7): the first [second] ~ of the seventh inning 7 回の表[裏]. **and a hálf** (口) [and の前に a つきの名詞で] 大きな, すばらしい: *a car and a half* すごい車, すばらしい車. **one's bétter hálf** ⇒ better half. **by hálf** (1) 半分だけ: I reduced my expenses *by* ~. 費用を半分(だけ)減らした. (2) [too...by half で] (人を不快にさせるほど)ひどく...する: You're *too* clever *by* ~. 君はひどく賢すぎるよ. **by hálves** [通例否定文で] 中途半端に, 不完全に: It *isn't* my way to do things *by halves*. 物事を中途半ぱにするのは私の性分ではない. **gò hálves** (口) 《人と》《費用・もうけなどを》折半する, 山分けする《*with*》《*in, on*》(go half and half). **in hálf=into hálves** 半分に, 2 等分に: Break it *in* ~. 半分に折りなさい / He cut it *into* exact halves. 彼はそれを真っ二つに切った. **the hálf of it** [否定文で] より重要な部分: You *don't* know *the* ~ *of it*. それは一部分にすぎないよ.

── 代 《もの・集団などの》**半分**(のもの, 人): H~ *of* the apple *is* rotten. そのリンゴの半分は腐っている / H~ *of* the apples *are* rotten. そのリンゴのうち半数は腐っている / H~ (*of* them) *are* dead. (彼らの)半数は死んでいる《用法 主語になる場合, of の次の名詞または half の内容物が単数なら単数扱い, 複数なら複数扱い; cf. 形 1 b 用法 (3)》.
── 形 (比較なし) ❶ **a** 半分の, 2 分の 1 の; 約半分の: a ~ share 半分の分け前 / at ~ speed 《全速力の》半速力で / win by a ~ length 《ボートレース》半艇身 / 《馬》半馬身で勝つ. **b** [冠詞または one's のついた名詞の前に置いて] ...の半分の《用法 (1) もと名詞で, あとに of が続くためこの形に由来する; (2) 一般的には half a mile, half an hour の語順をとるが, また a half mile, a half hour ともなる; (3) 主語になる場合, half の次の名詞が単数なら単数扱い, 複数なら複数扱い》: H~ *a* loaf is better than no bread. 《諺》半分でもないよりはまし / H~ his *time was* wasted. 彼の時間の半ばは無駄になった / *the apples are* bad. リンゴの半分は腐っている. ❷ 不十分な, 不完全な: ~ knowledge なまはんかの知識 / A ~ smile came to his lips. かすかな微笑が彼の口もとに浮かんだ. **be hálf the báttle** ⇒ battle 图 成句. **gíven hálf a chánce** ⇒ chance 图 成句. **gò óff at hálf cóck** ⇒ half cock 成句. **Hálf a móment.** ⇒ moment 图 1 b. **hálf a tíck** ⇒

tick[1] [名] 3. **hàve hálf a mínd to dó** ⇨ mind [名] [成句].
— [副] (比較なし) ❶ 半ば, 半分(だけ): His face was ～ hidden by a leather cap. 彼の顔は革の帽子で半ばおおわれていた. ❷《口》いくぶん, かなり; ほとんど: feel ～ dead 疲れ切っている / He ～ wanted to go and see her at once. 彼はすぐにも彼女に会いに行きたいような気もした. ❸ 中途半端に, いいかげんに: be ～ cooked 半熟[半煮え]である / a *half*-educated person ろくな教育を受けていない人. ❹《英口》(時間が) 30 分過ぎで: ～ 5 5 時半 (⇨ [名] 2).
hálf and hálf = half-and-half. **hálf as mùch [màny] (...) agáin (as...)** (...の)1 倍半(の...): I drank two pints of bitter and he drank ～ *as much* [*many* pints] *again* (*as* that). 私はビターを 2 パイント飲み, 彼はそれにもう 1 パイント(全部で 3 パイント)飲んだ. **hálf as mùch [màny](...) as...** の半分(の...): He only has ～ *as much* (money) *as* me [I have]. 彼は私の半分だけしか(お金を)持っていない. **hálf the tíme** 《口》ほとんどいつも: *H～ the time*, he doesn't even listen. 彼はほとんどいつも耳を傾けもしない. **nòt hálf** (1) とても...どころではない: It's *not* ～ long enough. とても十分な長さではない. (2) 少しも...でない: It's *not* [It is*n't*] ～ *bad*. 少しも悪くない, 大変よい / I do*n't* ～ like it. まったく嫌いだ. (3) [反語的に]《英口》とても, ひどく, 半端じゃなく: It's *not* ～ fine, today. きょうはすごくいい天気だ / She did *not* [did*n't*] ～ cry. 泣いたの泣かないのって《大変な泣きようだった》/ "Do you like beer?" "Oh, *not* ～!"「ビールは好きか」「好きのなんのって」. **nòt hálf as [sùch a]...as...** の半分にも及ばない, まるで...でない: He's *not* ～ *as* studious *as* she. 彼は彼女の半分も勉強しない.
〖OE; 原義は「分割された(もの)」〗 ([動] halve)

hálf-a-crówn [名] = half crown.

hálf-and-hálf [形] 半々の; どっちつかずの. **—** [副] 同量に, 等分に: Divide it ～. それを同量[等分]に分けなさい. **—** [名] [U] ❶ 2 つの成分が半々の混合物. ❷《米》牛乳とクリームとの混合物; ミルク: coffee with ～ ミルク入りのコーヒー. ❸《英》(特にエール (ale) と黒ビール (porter) との)混合ビール.

hálf-asléep [形] 半分眠って, うとうとして.

hálf-ássed [形]《米俗》❶ 低能な, 無能な. ❷ でたらめの; 不十分な. **—** [副] でたらめに.

hálf·bàck [名] [C,U] 〖アメフト・ホッケーなど〗ハーフバック, 中衛(の位置) (half; cf. back [名] 4): the left [right] ～ レフト[ライト]ハーフバック.

hálf-báked [形] ❶ 〈パンなど〉生焼けの. ❷ **a** 〈計画が〉不完全な, 不十分な; 〈考えなど〉未熟な, なまはんかな: a ～ idea [rumor] いいかげんな考え[うわさ]. **b** 〈人が〉知恵[経験]の足りない, ばかな.

hálf-bàth [名] ❶ 洗面台と便器だけが備わっている部屋 (powder room; cf. bathroom). ❷ (浴槽がなくシャワーのノズルだけがついている)簡易シャワー室.

hálf bìnding [名] [U] 半革装丁.

hálf blòod [名] ❶ **a** [U] (兄弟・姉妹の)片親が違うこと (cf. full blood). **b** [C] 異父[異母]兄弟[姉妹]. ❷ = half-breed.

hálf-blóoded [形] 混血の, 雑種の.

hálf bòard [名] [U]《英》(ホテルなどで)一泊二食制《朝食と昼食または夕食つきの宿泊》.

hálf bòot [名] [通例複数形で] (すねの半ばまでの)半長靴, ハーフブーツ.

hálf-bottle [名] 通常の半分の大きさの瓶, ハーフボトル.

hálf-bòund [形] 〖製本〗半革装の.

hálf-bréd [形] = half-blooded.

hálf-brèed [名] ❶《軽蔑》混血児[の人], 合の子《特に白人とアメリカインディアンの》. ❷ 〖動・植〗雑種. **—** [形] = half-blooded.

+**hálf bròther** [名] 異母[異父]兄[弟], 腹[たね]違いの兄[弟] (cf. full [形] 7, stepbrother).

hálf-càste 《軽蔑》[名] 混血児《★《英》では特にヨーロッパ人とインド人との合の子を指す; cf. Eurasian 2》. **—** [形] (同上の)混血児の.

hálf cóck [名] [U] (銃の)撃鉄を半分起こした状態, 安静段 (cf. cock[1] B 3 b). **gò óff at hálf cóck** (1) 〈行事などが〉準備不足で始められる, 早まってしくじる. (2) 〈人が〉早まる, 早とちりする.

hálf-cócked [形] ❶ 〈銃が〉撃鉄を半分起こした. ❷ 準備不十分な. **gò óff hálf-cócked** = go off at HALF COCK [成句] (2).

hálf-crázed [形] 少し頭のおかしい.

half crówn [名] (英国旧通貨制度の)半クラウン《2 シリング 6 ペンスの白銅貨; もとは銀貨; 1971 年に廃止》.

hálf-cúp [名] ハーフカップ《=8 tablespoons》.

hálf-cút [形]《英俗》かなり[少々]酔って.

+**hálf-dáy** [名] 半日労働[勤務].

hálf dóllar [名]《米・カナダ》50 セント銀貨.

hálf-dózen [名] [形] 半ダース(の).

hálf-dúplex [形] 〖通信〗半二重の《電話回線を使ったコンピューター通信など, 相互通信[両方向伝送]方式で同時送受信ができない》.

hálf gàiner [名] 〖泳〗半前逆飛び《飛び込みの一種》.

hálf-gállon [名] 半ガロン《=2 quarts》.

hálf-hárdy [形] 〖園〗〈植物が〉半耐寒性の《冬期霜よけを要する以外外気で育つ》.

+**hálf·héarted** [形] 〈人・行為など〉気乗りのしない, 身が入らない, 冷淡な: a ～ attempt 気乗りしない試み / a ～ reply 生返事. **～·ly** [副] **～·ness** [名]

hálf hítch [名] 半結索, 半[片, 一]結び, ハーフヒッチ《最も簡単なロープの止め方ですぐほどくことができる》.

hálf-hóliday [名]《英》半日休暇; 半ドン.

hálf hóse [名] [U] [複数扱い] 長い男性用ソックス.

hálf hóur [名] ❶ [C] 半時間, 30 分 (half an hour). ❷ [the ～] (正時) 30 分: on *the* ～ (毎)正時 30 分に.

hálf-hóur [形] [A] ❶ 30 分間の. ❷ 30 分ごとの: at ～ intervals 30 分ごとの間隔で.

hálf-hóurly [形] ❶ 半時間 [30 分]の. ❷ 半時間ごとの. **—** [副] 半時間 [30 分]ごとに.

hálf hùnter [名] ハーフハンター《ふたに直径の $1/2$ ほどの窓をあけた懐中時計》.

hálf-ínch [名] 半インチ, $1/2$ インチ《1.27cm》. **—** [動] [他]《英俗》盗む, かっぱらう.

hálf lánding [名] (階段の)踊り場.

hálf làp [名] (レール・軸などの)重ね継ぎ.

hálf-léngth [形] 半身の, 半身像[肖像画]の. **—** [名] 半身像[肖像画].

hálf-lìfe [名] 〖理〗(放射性元素などの)半減期.

hálf-lìght [名] [U] 薄明かり.

hálf-mást [名] [U] マストの中ほど; 半旗の位置《弔意を表わす》. **(at) hálf-mást** 〈旗が〉半旗の位置に置いて: fly [hang] a flag *at* ～ 半旗[弔旗]を掲げる. **—** [副] マストの中ほどに; 半旗の位置に. **—** [動] [他] 〈旗を〉半旗の位置に掲げる.

hálf méasures [名] [複] 不満足な妥協, 不適切な処置: Don't stop at ～. 中途半端な処置で止めないように.

hálf-míle [名] ❶ 半マイル. ❷ 半マイルレース.

hálf-mòon [名] ❶ 半月 (cf. full moon 1). ❷ 半月形のもの.

hálf mòurning [名] [U] ❶ 半喪服《黒に白を交えた, またはねずみ色などの; cf. deep mourning 2》. ❷ 半喪服の期間, 半喪期.

hálf nélson [名] 〖レス〗ハーフネルソン (cf. full nelson).

hálf nòte [名]《米》〖楽〗2 分音符 (《英》minim).

half·pence /héɪp(ə)ns/ [名] [複] ❶ halfpenny 2 の複数形. ❷ [通例 a few ～ で] 小銭.

half·pen·ny /héɪp(ə)ni/ [名] ([複] (1 では) **half·pen·nies** /héɪp(ə)niz/; (2 では) **halfpence**) ❶ **a** (1971–1985 年の英国通貨制度で)半ペニー (《$1/2$ p》). **b** (1971 年以前の英国旧通貨制度で)半ペニー (《$1/2$ d》). ❷ 半ペニー(の価).
nót hàve twó [2] hálfpennies to rúb togèther 《英》非常に[ひどく]貧乏である. **nót wórth a hálfpenny** 《英》まったく値打ちがない, 取るに足らない: His opinion is *not worth a* ～. 彼の意見は取るに足らない.
— [形] ❶ 半ペニーの: a ～ stamp 半ペニー切手. ❷ 安っぽい, つまらない.

H

half·pen·ny·worth /héɪp(ə)niwɚːθ | -wə̀ːθ/ 名 [a ~] 半ペニーの価のもの《of》.

hálf-pínt 名 ❶ 半パイント《=¼ quart》. ❷《米俗》とても小さい人.

hálf pípe 名 ハーフパイプ《スケートボードまたはスノーボード競技用のU字形断面の滑走路》.

hálf-pláte 名《写》ハーフサイズの乾板[フィルム].

hálf-póund 名 半パウンド.

⁺**hálf-príce** 形副 半額(の, で).

hálf relief 名 Ⓤ 中浮彫り.

hálf-sèas-óver 形《英俗》半ば酔って, なま酔いで.

⁺**hálf sìster** 名 異母[異父]姉[妹], 腹[たね]違いの姉[妹].

hálf-slíp 名 ハーフスリップ《下スカートとして着る短い下着》.

hálf sóle 名 (靴底の)半張り.

hálf-sóle 動 (他 《靴を》半張りをする.

hálf sóvereign 名《英》10 シリング金貨(1916 年まで発行して今は廃止).

hálf-stáff 名《米》=half-mast.

hálf stép 名 ❶《米》《楽》半音 (halftone; 《英》semitone). ❷《米軍》半歩《早足で 15 インチ, 駆け足で 18 インチ》.

hálf térm 名《英》(小学校·中等学校の)学期の中間休み[休暇]《通例 1 週間》: at ~ 中間休暇に(★ 無冠詞).

hálf-tímbered 形 《家が木骨造りの《木material部分を外に出してその間をしっくいなどで埋めた様式をいう》: a ~ house ハーフティンバーハウス.

⁺**hálf-tíme** 名 Ⓤ (フットボールなどの)ハーフタイム, 試合中間の休み.

hálf-tìme 形副 半日勤務の[で].

hálf títle 名 ❶ 略標題(紙), 小扉(ひら)《通例 title page の前の右側ページで, 書名のみを記したもの》. ❷ (各章の前の右側の白紙ページに記した)章の標題.

hálf-tòne 名 ❶《印·写》網版, 網版画. **b** 間色, ハーフトーン. ❷《米》《楽》半音 (half step; 《英》semitone).

hálf-tráck 名 (前輪だけ自由に動くようになった)半無限軌道式自動車.

hálf-trúth 名 半面の真理(しか含まない言葉), (故意に)誤解を招く[舌足らずな]記述.

hálf vólley 名《球技》ハーフボレー《球のはね上がりぎわを捕らえた打ち[けり]返し》.

*__half·way__ /hæfwéɪ | háːf-⁻/ 形(比較なし) Ⓐ 中間の, 中途の: the ~ line《サッカー·ラグビー》中央線. —— 副 (比較なし) ❶ 中途で[まで]: The ivy had climbed ~ up the brick wall. ツタがれんが塀の途中まではいあがっていた / He was ~ through his breakfast. 彼は朝食の途中だった. ❷ ある程度に; かなり: ~ decent coffee それほど悪くない[まあまあ飲める]コーヒー. **méet a person halfwáy**〈人と〉歩み寄る,〈人と〉妥協する (compromise). **méet tróuble halfwáy** 取り越し苦労をする.

hálfway hòuse 名 ❶ (二つの町などの)中間にある宿屋. ❷ (刑務所·精神病院などから出たあとの)社会復帰訓練所.

hálf-wít 名 まぬけ, うすばか.

hálf-wítted 形 まぬけな. ~·**ly** 副

hálf-yéarly 形副 半年ごとの[に] (biannual).

hal·i·but /hǽləbət/ 名 (複 ~s, ~) ⒸⓊ《魚》オヒョウ《北洋産の大カレイ》.

hal·ide /hǽlaɪd, héɪl-/ 名 形《化》ハロゲン化物(の).

Hal·i·fax /hǽləfæ̀ks/ 名 ハリファックス《カナダ南東部 Nova Scotia 州の州都》.

hal·ite /hǽlaɪt, héɪl-/ 名 Ⓤ《鉱》岩塩.

hal·i·to·sis /hæ̀lətóʊsɪs/ 名 Ⓤ《医》口臭 (bad breath). 《L *halitus* 息+-OSIS》

*__hall__ /hɔ́ːl/ 名 ❶ 玄関(の広間), ホール (hallway, entrance hall, vestibule). ❷ 廊下 (corridor, hallway). ❸ **a** [しばしば H-]《集会·公務などのために用いられる》会館, 公会堂,《組合·結社などの》事務所, 本部: ⇒ city hall, town hall. **b** (行事用の)集会場, ホール: a concert ~ 演奏会用ホール / an exhibition ~ 展示場 / ⇒ Carnegie Hall. **c** [複数形で]《英》演芸場, ミュージックホール. ❹ [しばしば H-] **a**《米》(大学の)独立校舎, 講堂, 付属会館. **b**《大学の》学生寮, 寄宿舎; 《英》《大学の》大食堂: a ~ of residence 学生寮 / live in ~ 学生寮に生活する《★ in ~ は無冠詞》/ dine in ~ 大食堂で会食する, 会食に出席する《★ in ~ は無冠詞》. ❺ [しばしば H-]《英》いなかの地主邸; (昔の)荘園領主の邸宅. **Háll of Fáme**《米》栄誉殿堂《偉人や功労者の額や胸像を飾る》. 《OE; 原義は(屋根で)おおわれた所》

hal·lal /həláːl/ 名 形 =halal.

Hal·le /háːlə | hǽlə/ 名 ハレ《ドイツ中部ザクセン-アンハルト州ザーレ川に臨む都市》.

Háll effèct 名 [the ~]《理》ホール効果《電流の流れている導体に電流と直角に磁界を加えると電流と磁界に直角の方向に電位差を生ずること》.《E. H. Hall 米国の物理学者》

hal·le·lu·jah, hal·le·lu·iah /hæ̀lɪlúːjə/ 間 ハレルヤ《神を賛美する叫び·歌》 (alleluia).《Heb=エホバ (Jehovah) をたたえよ》

Hál·ley's cómet /hǽliz-/ 名 ハレー彗星(すいせい)《最近の出現は 1986 年; 周期は約 76 年》. 《E. Halley 英国の天文学者》

hal·liard /hǽljəd | -ljəd/ 名 =halyard.

⁺**háll·màrk** 名 ❶《金·銀の》純分認証極印. ❷ (人·ものの)性質[品質]優良の証明; 太鼓判, 折り紙: a work bearing the ~ of (a) genius 天才を証明する作品. —— 動 (他 〈...に〉太鼓判を押す, 折り紙をつける.《London の Goldsmiths' Hall で金·銀·プラチナの純分を検証したことから》

*__hal·lo__ /həlóʊ, hæ-/《主に英》=hello.

hal·loo /həlúː, hæ-/ 間 ❶ しっ!《猟犬を獲物にけしかける声》. ❷ おーい!, もし!, えっ!《人への呼び掛け·驚きの発声》: cry ~ おーいと叫ぶ. ❸ 猟犬を励ます掛け声; 注意を引くための大声. —— 動 (自 ❶ 大声を掛けて〈猟犬を〉励ます. ❷ おーいと呼んで(人の)注意を引く. —— 他 しっ[おーい]と叫ぶ: Don't ~ till you are out of the wood(s).《諺》安心できるまでは喜ぶな.《擬音語》

hal·lowed /hǽloʊd/ 形 神聖化された, 神聖な; 尊敬された, 尊い; 実質だつた: ~ ground 霊地 / ~ be thy name!《聖》み名があがめられますように. ~·**ly** 副 ~·**ness** 名 《OE; HOLY と同語源》

⁺**Hal·low·een, Hal·low·e'en** /hæ̀ləwíːn⁻/ 名 ハロウィーン《解難》万聖節 (All Saints' Day) の前夜祭; 10 月 31 日の夜; 英国ではあまり行なわれないが米国では盛んで, 魔女(witch)のお化粧や, カボチャ (pumpkin) のくりぬき jack-o'-lantern を作ったり, "Trick or treat!" (お菓子をくれないといたずらするぞ) と言って子供たちは近所の家から菓子をもらう》. 《All Hallows' Even (諸聖人の祝日の前夜)の短縮語》

háll pòrter 名《英》(ホテルの)荷物運搬係.

háll·stànd 名 帽子·コート掛け, 傘立て用の(鏡台型)家具.

háll trèe 名《米》=clothes tree.

halluces 名 hallux の複数形.

hal·lu·ci·nant /həlúːsənənt/ 名 形 幻覚を生む(もの).

hal·lu·ci·nate /həlúːsənèɪt/ 動 (他 〈人から〉幻覚を起こさせる. —— (自 〈人に〉幻覚を起こさせる.《L=とりとめなく考える》 名 hallucination

⁺**hal·lu·ci·na·tion** /həlùːsənéɪʃən/ 名 ❶ ⒸⓊ 幻覚: be subject to ~s 幻覚を起こす. ❷ Ⓒ (幻覚によって生じる)幻, 妄想. 動 hallucinate

hal·lu·ci·na·to·ry /həlúːsənətɔ̀ːri | -təri, -tri/ 形 ❶ 幻覚の; 幻覚状の. ❷ 幻覚を起こさせる.

hal·lu·ci·no·gen /həlúːsənədʒən/ 名 幻覚剤.

hal·lu·ci·no·gen·ic /həlùːsənədʒénɪk⁻/ 形《薬剤など》幻覚を起こさせる, 幻覚性の.

hal·lux /hǽləks/ 名 (複 **hal·lu·ces** /hǽləsìːz, hǽljʊ-/)《解·動》(ヒトなどの足の)母指, 母趾; (鳥の)第一趾, 後趾(こうし)指.

⁺**háll·wày** 名 ❶ 玄関 (hall, entrance hall, vestibule). ❷ 廊下.

hal·ma /hǽlmə/ 名 Ⓤ ハルマ《256 (=16×16) の目のある

盤を使って 2-4 人で遊ぶ飛び将棋).

†ha·lo /héɪloʊ/ 图 《~s, ~es》 ❶ **a** 《美》《聖像などの頭部(時に全身)を囲む》光輪, 光環, 後光. **b** 《人物・ものを取り巻く》光環, 栄光. ❷ 《気》《太陽・月の》暈(かさ), 暈輪(うんりん).
── 動 他 ⟨...を⟩後光で取り囲む. 《L ⟨ Gk = 太陽・月の周りのかさ》

hal·o- /hæloʊ/ 《連結形》「ハロゲン (halogen) の[を含む]」「塩の」《F ⟨ Gk *hals* 塩》

hàlo·cárbon 图《化》含ハロゲン炭素化合物.

hálo effèct 图《心》ハロー[後光, 光背, 威光]効果《1つの突出した特質のために評価者が評価対象の全体の評価をよいほうへ(時には悪いほうへ)一般化してしまうこと》.

hal·o·gen /hæləʤən/ 图《化》ハロゲン.

hal·o·gen·ate /hæləʤənèɪt/ 動《化》ハロゲン化する. **hal·o·gen·a·tion** /hæləʤənéɪʃən/ 图.

ha·lon /héɪlɑn | -lɔn/ 图《化》ハロン《臭素を含むフルオロカーボンの総称; 消火剤に用いる; 特定の3種類がオゾン層破壊物質として規制の対象になっている》.

hal·o·per·i·dol /hæloʊpérədòʊl | -dɔl/ 图 U《薬》ハロペリドール《中枢神経抑制薬; 抗精神病薬に用いる》.

hal·o·phile /hæləfàɪl/ 图《生》好塩性生物, 好塩(細)菌. **hal·o·phil·ic** /hæləfílɪk/ 形.

hal·o·phyte /hæləfàɪt/ 图《生態》塩生植物.

hal·o·thane /hæləθèɪn/ 图 U《薬》ハロタン《非爆発性吸入麻酔薬》.

*halt¹ /hɔ́ːlt/ 動 自 立ち止まる; 停止[休止]する: Company, ~! 《号令》中隊止まれ! ── 動 他 ⟨...を⟩停止[休止]させる, 止める: The accident ~ed traffic on the highway. 事故でその幹線道路は交通止めになった. ── 图 ❶ [a ~] 停止, 休息; 停止: call *a* ~ 停止を命じる / come to *a* ~ 停止する / bring one's car to *a* ~ 車を止める. ❷ 《英》《鉄道の駅舎のない》小さな駅. 《G》

halt² /hɔ́ːlt/ 動 自 ❶ ためらう. ❷ ためらいながら歩く[話す]. ❸ 《詩形が》不完全である. ── 形 《古》足の不自由な.

hal·ter¹ /hɔ́ːltə | -tə/ 图 **a** 端綱(はづな) 《牛馬のおもがい (headstall) に結び付けてある引き綱》. **b** はみ (bit) のないおもがい. ❷ 《古》絞首索; 絞首刑. ❸ ホールター《ドレス》《女性用のホルターネック (halter-neck) 型の衣服》.
── 動 他 ⟨...に⟩端綱を付ける. ❷ 《古》絞首刑にする.

hal·ter² /hɔ́ːltə | hæltə/ 图 = haltere.

hálter·brèak 動 他 ⟨馬を⟩端綱に慣らす.

hal·tere /hɔ́ːltɪə | hæltə/ 图《複》**hal·te·res** /hɔ́ːltɪəriːz | hæltíəriːz/ 《昆》平均棍《ハエなどの後翅が棍棒状に退化したもので, 飛翔体の体の平均を保つ》.

hálter·nèck 形《女性用ドレスなどの》ホルターネック《首の後ろで結び, 腕や背を露出するスタイル》.

halt·ing 形 言葉がつかえる, もたつく: His speech was ~. 彼の話はもたついていた. ❷《詩形など》不完全な. **halt·ing·ly** 副 つっかえながら: speak ~ つっかえつっかえ話す.

hal·vah, -va /hɑːlvɑ́ː | hælvɑ́ː/ 图 U ハルバ《すりつぶしたごまやナッツをシロップで固めたトルコ・インドの菓子》.

*halve /hæv | hɑːv/ 動 他 ❶ ⟨...を⟩半減する: They're going to ~ my salary. 私の給料を半分に減らそうとしている. ❷ ⟨...を⟩《人と》2 等分する; 山分けする: I'll ~ (the) expenses *with* you. 経費は君と折り勘にしよう / He ~*d* the apple *between* the two children. 彼はそのリンゴを二人の子供に(切り)分けてやった. 《形 half》

hal·vers /hævəz | hɑːvəz/ ★ 次の成句で. **gò hálvers** 《口》折半する.

*halves /hævz | hɑːvz/ 图 half の複数形.

hal·yard /hæljəd | -ljəd/ 图《海》《帆・旗などを揚げる》揚げ綱, ハリヤード.

*ham¹ /hæm/ 图 ❶ C U ハム《豚のもも肉の塩漬けを燻製にしたもの》: a slice of ~ ハムひと切れ / ~ and eggs ハムエッグ. ❷ **a** C 豚のもも肉. **b** U 豚のもも肉. ❸ [しばしば複数形で] 《尻を含めて》ももの後ろ側. 《OE; 原義は「脚の曲がったところ」》

ham² /hæm/ 图 ❶ C《口》アマチュア無線家, ハム. ❷ 演技が過ぎる大根[へぼ]役者. ── 動《俗》自 演技が過ぎる. ── 他 ⟨役者が⟩役・身ぶりを⟩大げさに演じる ⟨*up*⟩.

hám it úp 誇張した演技をする.

Ham /hæm/ 图《聖》ハム《Noah の次男》.

ham·a·dry·ad /hæmədráɪəd/ 图 ❶《ギ・ロ神》ハマドリュアデス《木の精》. ❷ = king cobra.

ham·a·dry·as babòon /hæmədráɪəs-/ 图《動》マントヒヒ《アフリカ産; 古代エジプトで神聖視した》.

ham·a·me·lis /hæməmíːlɪs/ 图《植》マンサク, 金縷梅.

ha·mar·ti·a /hɑ̀ːmɑːtíːə | hɑmɑːtíːə/ 图《ギリシャ悲劇などで, 主人公自身の破滅につながる》性格的欠陥, 宿命的な誤り, 悲劇的欠陥.

Ha·mas /hɑ́ːmɑːs | hæmæs/ 图 ハマス《パレスチナのイスラム原理主義過激派組織》.

ha·mate /héɪmeɪt/ 形《解》有鉤骨.

hám·bòne /hæm-/ 图《米俗》へぼ役者, 演技が過ぎるやつ; あやしげな《型どおりの》黒人なまりを話す演者[芸人].

Ham·burg /hæmbə:g | -bə:g/ 图 ❶ ハンブルク《ドイツの都市・海港》. ❷ [通例 h-] 《米》= hamburger.

*ham·burg·er /hæmbə̀ːgə | -bə̀ːgə/ 图 ❶ C ハンバーガー《2 つに切った丸いパン (bun) にハンバーグステーキをはさんだもの》. ❷ C U ハンバーグ(ステーキ)《用の肉》(beefburger, burger). 《↓》

Hámburg(er) stèak 《時に h- s-》= ハンバーグ.

hame /héɪm/ 图 [通例複数形で] くびき, 軛《馬車馬の首輪の 2 本の曲がり棒》.

ha·mer·kop /hæməkɒ̀p | hæməkɑ̀p/ 图 = hammerkop.

hám-fìsted 形《英口》= ham-handed.

hám-hánd·ed 形《口》不器用な, ぶきっちょな.

Ham·il·ton /hæm(ə)lt(ə)n/, **Alexander** ハミルトン (1755?-1804; 米国の政治家; 初代財務長官).

Hamilton, **Lady** (**Emma**) 图 ハミルトン (1765?-1815; Nelson 提督の愛人).

Ham·ite /hæmaɪt/ 图 ❶《Noah の次男》Ham の子孫. ❷ ハム族の人.

Ha·mit·ic /hæmítɪk/ 形 ❶ ハム族の. ❷ ハム語族の (cf. Semitic): the ~ languages ハム語《族》《北アフリカに分布する Egyptian, Berber, Coptic, セム語族の近縁と考えられた言語群の旧称》. ── 图 U ハム語.

†ham·let /hæmlət/ 图 村落. 《F ⟨ *ham* 村 +*-*LET》

Ham·let /hæmlət/ 图 ハムレット《Shakespeare の四大悲劇の一つ; その主人公》.

Ham·mar·skjöld /hæmə ʃɑ̀ld | -məʃòʊld/, **Dag** (**Hjalmar Agne Carl**) 图 ハマーショルド (1905-61; スウェーデンの政治家; 国連事務総長 (1953-61); Nobel 平和賞 (1961)).

*ham·mer /hæmə | -mə/ 图 ❶ 金づち, ハンマー, 鉄槌(てっつい): drive a nail with a ~ 金づちでくぎを打つ. ❷ ハンマー形のもの: **a** 《銃の》撃鉄, 打ち金. **b** 《ピアノの》ハンマー. **c** 《ベルの》打ち子. **d** 《競技会者用の》木づち. ❸ 《陸上競技用の》ハンマー: throw the ~ ハンマーを投げる. ❹《解》《中耳の》槌骨(つちこつ). **còme** [**gò**] **ùnder the hámmer** 競売に付される. **hámmer and tóngs** 《口》猛烈に《⟨ 《曲軍》鍛冶(かじ)屋の道具から》: go [be] at ~ *and* tongs 二人が激しくけんかをする[議論する].
── 動 他 ❶ ⟨...を⟩ハンマー[金づち]で打つ[たたく]: ~ a nail *into* a board 板にくぎを打ち込む / ~ nails *in* くぎを打ち込む / He ~ed down the lid of the packing case. その包装箱のふたをくぎで打ち付けた / 〔+目+補〕 **a** *a piece of tin flat* スズ片をたたいて平らにする. **b** ハンマーでたたいて⟨...を⟩作る: ~ *a box together* 板を打ちつけて箱を作る. ❷ ⟨...を⟩どんどんたたく, げんこつでさんざん殴る; ⟨タマ『ボール⟩を⟩たたき[蹴り]込む, 強打する, 《口》《相手を》激しく砲撃[攻撃]する; 《戦い・ゲームなどで⟩⟨...を⟩あっさりやっつける, 「たたく」(thrash), 痛めつける. ❸ ── 自 ❶ ハンマー[金づち]を(トンカン)使う; ⟨戸などを⟩ドンドンたたく ⟨*on*⟩ (pound); ⟨心臓が⟩ドキドキする; ⟨雨などが⟩激しく打ちつける ⟨*down*⟩.

hámmer awày at [**on**] ...(1) ハンマーで打つ[激しくたたく]: Somebody was ~*ing* away at [on] the door. だれかがドアをどんどんたたいていた. (2) ...をこつこつやる[勉強する], 熱心にとりくむ; (くりかえし)強調する, (しつこく)取り上げ(て

hammer and sickle 818

批判）する）: ～ *away at* one's studies せっせと勉強する.
hámmer ín [hóme] 《he+副》〈思想などを〉（無理に）たたき［教え］込む（⇒ 他 1 a）: ～ *in* [*home*] the difficulty of the present situation 現状の困難を人の心に刻みつける［痛感させる］. **hámmer ínto**...〈思想などを〉×人の頭などにたたきこむ（⇒ 他 1 a）: ～ an idea *into* a person [a person's head [mind]] ある思想を人（の頭）にたたき込む. **hámmer óut** 《他+副》(1)〈金属などを〉たたいて作る；たたいて...を作る. (2)〈でこぼこ・出っ張りなどを〉（ハンマーで）たたいて平らにする. (3)〈案などを〉苦心して考え出す. (4)〈問題などを〉頭をしぼって解く. (5)〈曲を〉ピアノで弾く.
～・er 名 《OE; 原義は「とがった石槌」》

hámmer and síckle 名 [the ～] ハンマーと鎌（労働者と農民の象徴で, 1923年以後ソ連邦の国章・国旗; また共産党の標章）.
hámmer bèam 名【建】（ゴシック折上げ小屋の）水平はだし梁(はり).
hámmer blòw 名 ❶ 強烈な殴打［一撃, 一発］, 痛打. ❷ 大きな損失［損害］を与えるもの, 大打撃.
hámmer drìll 名【機】ハンマードリル.
hám・mered 形 ❶ ハンマーで鍛造［成形］した, 打出し細工の. ❷《俗》酔っぱらった.
hámmer-héad 名 ❶【魚】シュモクザメ. ❷《米》ばか, のろま.
hámmer・ing 名 ❶ Ｃ［通例単数形で］《口》(大)打撃, ひどい目, こてんぱんにやっつけられること, 厳しい批判. ❷ ［また a ～］ハンマーで打つこと［音］.
hámmer-kòp /hǽməkɔ̀p/-kɑ̀p/ 名【鳥】シュモクドリ（槌木鳥）（コウノトリ類；アフリカ産）.
hámmer・less 形 撃鉄を尾筒に納めた〈銃など〉.
hámmer・lòck 名【レス】ハンマーロック（相手の片腕をその背中へねじ上げる技法）.
Hám・mer・smìth and Fúl・ham /hǽməsmìθ ənd fúləm/|-mə-/ 名 ハマースミス アンド フラム（London 西部の自治区）.
Ham・mer・stein /hǽməstàın/|-mə-/, **Oscar** 名 ハマースタイン（1895–1960; 米国の作編家; Richard Rodgers と組んでミュージカルを制作）.
hámmer thròw 名 [the ～] ハンマー投げ.
hámmer thròwer 名 ハンマー投げ選手.
hámmer-tòe 名【医】槌(つち)状足指症;（その）槌趾.
Ham・mett /hǽmıt/, **Da・shiell** /dəʃiːl/ 名 ハメット（1894–1961; 米国の推理作家）.
ham・mock /hǽmək/ 名 ハンモック: sling [lash, put up] a ～ ハンモックをつる / sleep in a ～ ハンモックに寝る. 《Sp〈S-Am-Ind》
Hám・mond órgan /hǽmənd-/ 名 ハモンドオルガン. 《L. Hammond 発明者の米国人》
Ham・mu・ra・bi /hæ̀murɑ́ːbi/ 名 ハンムラビ王（紀元前18世紀の古代バビロニアのバビロン第一王朝の第 6 代王; 法令制定で有名）.
ham・my /hǽmi/ 形 ❶《口》〈役者がへぼの, 大根の, 演技過剰の；〈演技が〉大げさな, わざとらしい. ❷ 手・太ももなど厚くて固い. **hám・mi・ly** 副 **-mi・ness** 名
*ham・per[1] /hǽmpə|-pə/ 他《...の動きを妨げる, じゃまする, 妨害する (hinder): He was ～ed by his long cloak. 彼は長いマントで動きがとれなかった.
ham・per[2] /hǽmpə|-pə/ 名 ❶（食べ物などを入れるふたつきの）詰めかご, 手さげかご: a picnic ～ ピクニック用バスケット. ❷（洗濯物を入れる）洗濯かご〈浴室に置いてある場合が多い〉: a clothes ～ 衣服かご.
Hamp・shire /hǽm(p)ʃıə, -ʃə-/-ʃə/ 名 ハンプシャー州（イングランド南岸の州; 州都 Winchester, 略 Hants.）.
Hamp・stead /hǽm(p)stıd/ 名 ハムステッド（London 北西部の地域）.
Hámp・ton Cóurt /hǽm(p)tən-/ 名 ハンプトンコート（London 西郊の Thames 河畔の旧王宮）.
ham・ster /hǽmstə|-tə/ 名【動】ハムスター（大きなほお袋があるネズミ；ペットまたは実験用）.
†**ham・string** /hǽmstrìŋ/ 名 ❶（人間の）ひざの後ろの腱

(以), ひかがみの腱. ❷（四足獣の）飛節 (hock) のうしろの大きな腱. ── 動 他 (**ham-strung**) ❶〈人・馬などの〉ひかがみを切る, ...の腱を切って, 挫折(ざせつ)させる（★ 通例受身）: The whole operation *was hamstrung* by [for] lack of funds. 事業は資金不足のために全般的に行き詰まった. 《HAM[1]+STRING》
ham・u・lus /hǽmjuləs/ 名 《複 -li /-làı, -lìː/》【解・昆】鉤(かぎ)（鉤状の小突起）,（特に）超鉤.
ham・za /hǽmzə/ 名【音声】ハムザ《アラビア語の声門閉鎖音（を表わす記号）；英語では通例 アポストロフィ (') で表わす》.
Han /háːn| hǽn/ 名（中国の）漢（王朝）《206 B.C.–A.D. 220》.
Han・cock /hǽnkɑk|-kɔk/, **John** 名 ハンコック (1737–93; 米国の政治家；独立宣言に最初に署名; cf. John Hancock).
***hand /hǽnd/ 名 ❶ Ｃ a 手【解説】(1) palm, thumb, fingers を含む手の部分で, wrist（手首）は含まない；日本語の「手」は腕を含むことがあるが, 腕は arm. (2) つかむもの・握るもののイメージをもつ: the back of the ～ 手の甲 / clap one's ～s 拍手する / raise [put up] one's ～ （質問・発言などのために）手を挙げる / raise [put up] one's hands （無抵抗を示すために）両手を挙げる / rub one's ～s 手をこする；もみ手をする（★ 満足のしぐさ）/ A bird in the ～ is worth two in the bush. ⇒ bird 1. b（動物の）ものをつかむことのできる部分；（サルなどの）手[足],（特に）後ろ足；（カニ・エビなどの）はさみ（比較 claw(s) のほうが一般的）.
❷ [a ～]（援助の）手, 手助け, 助力: give [lend] a person a ～ 人を手伝う / I need a ～ with these papers. この書類を（誰かに）手伝って欲しい.
❸ Ｃ 手を使う人: **a**［通例複合語で］**手仕事をする人, 労働者, 職工, 人夫**: a farm ～ 農場労働者 / a factory ～ 工員. **b** 人手, 手: The scenario is the work of various ～s. そのシナリオはいろいろな人の手で作られた作品である. **c**（船の）乗組員.
❹ a Ｃ［通例複数形で］（所有の）手, 所有: The property fell [came] into [passed out of, went out of] his ～s. その財産は彼の手に渡った[から離れた]. **b** Ｃ［通例複数形で］管理, 支配, 監督；世話, 保護: put the matter in the ～s *of* the police その事件を警察に任せる / leave a child in her ～s 子供を彼女の世話に任せる / in good ～s よく世話をされて / strengthen one's ～ 支配力を強化する / keep one's ～ [a firm ～] on...の支配権を握っている, ...を統制している. **c** [a ～] 参加, 関与；関係: see [detect] a person's ～ *in*...に人が一枚かんでいるのがわかる[を見抜く].
❺ a Ｃ 手腕, 手際, 腕前: a ～ *for* bread パンを作る腕 / He has good ～s. 彼は守備[ラケット, グラブさばき, 手綱さばき(など)]がうまい / His ～ is out. 彼の腕がにぶっている. **b**［通例形容詞を伴って］（...の）（上手［下手］な）人: He's a good [poor] ～ *at* baseball. 彼は野球が上手[下手]だ / ⇒ dab hand, old hand.
❻ Ｃ（一方の手で示される）側, 面；方面: on both ～s両側に / on the right [left] ～ of...の右[左]側に.
❼ Ｃ 手の形をしたもの: **a**（時計・計器などの）針: the hour [minute, second] ～ 時[分, 秒]針. **b** 手の印, 指標 (☞). **c**（バナナの）房.
❽ [a ～；修飾語を伴って] 筆跡, 書法; 書体 (handwriting): write a good ～ 字が上手だ / write in a clear [legible] ～ はっきりした［読みやすい］字で書く.
❾ [a big [good] ～ で] 拍手かっさい: give a person a good [big] ～ 人に盛大な拍手を送る / get a good [big] ～ 大かっさいを得る.
❿ [単数形で, 通例 one's ～]《古風》（女性の）婚約；確約, 誓約.
⓫ Ｃ【トランプ】**a** 持ち札, 手: have a bad [wretched, poor] ～ 手が悪い. **b** ひと勝負, 一番. **c** 競技者, 勝負者.
⓬ Ｃ ［通例複数形で］【サッカー】ハンド (反則).
⓭ Ｃ（馬の高さを測る尺度として）ハンド, 手幅尺（4 インチ, 約10センチ）.
⓮ [a ～；修飾語を伴って]（布・革などの）手ざわり.

All hands on deck! = **All hands to the pump(s)!** ⇒ pump¹ 名 成句.

a safe pair of hands 《主に英》信頼できる人.

at first hand 直接に, じかに: He got the news *at first* ~. 彼はその情報をじかに入手した.

at hand (1) 手元に, 手近に (to hand): I always keep my laptop (near [close]) *at* ~. いつもラップトップコンピューターを手元に置いている. (2) 近い将来に: Christmas is (near [close]) *at* ~. クリスマスが近づいた.

at a person's hand(s) = **at the hand(s) of...** 人の手から, 人のせいで; 人の世話で: I will not accept any help *at* his ~. 彼から援助を受けるつもりはない.

at second hand (1) 間接に; また聞きで. (2) 中古で.

be putty in a person's hand ⇒ putty 名 成句.

bite the hand that feeds one 飼い主の手をかむ, 恩を仇で返す.

by hand (1) (機械でなく)手で, 手製で: made *by* ~ 手製の[で] / add a postscript *by* ~ (タイプなどでなく)手書きで追伸を付け加える. (2) (郵便でなく)手渡しで: deliver a letter *by* ~ 手紙を手渡しする.

cap in hand ⇒ cap 名 成句.

change hands 持ち主[所有者]が変わる: The house has changed ~s several times. その家は何度か持ち主が変わった.

clean one's hands of... との関係を切る, ...から手を引く: He *cleaned his* ~s *of* the whole affair. 彼は全事件と手を切った.

come to hand (1) 手に入る, 落手する: He used whatever *came to* ~. 彼は手に入るものは何でも利用した. (2) <ものが>見つかる, 現われる.

eat out of a person's hand [通例 have...eating out of a person's hand の形で] 人に従順である, 人の言いなりになる: She soon *had* him *eating out of* her ~. 彼女はすぐに彼を自分の言いなりにさせた.

fall into a person's hand 人の手に入る[落ちる].

force a person's hand <本意でないこと, または決心のついていないこと>を人に無理にやらせる.

from hand to hand 人から人へ.

gain [get] the upper hand ⇒ upper hand 成句.

get one's hands in 練習に慣れる[熟達する].

get one's hands on... <人>をつかまえる. (2) ...を手に入れる (lay one's hands on, get hold of).

get out of hand ⇒ out of HAND 成句 (1).

give a person a free hand ⇒ free hand.

hand and foot (1) 手足もろとも; また[tie] a person ~ *and foot* 人を手足もろともに縛る; がんじがらめにする. (2) 手足となって, 忠実に, まめまめしく: serve [wait on] a person ~ *and foot* まめまめしく人に仕える.

hand in [and] glove (with...) (...と)きわめて親しい間柄で; (特に悪事で)ぐるになって, 結託して.

hand in hand (1) 手に手を取って, 協力して: The lovers walked ~ *in* ~. 恋人同士が手に手を取って歩いた. (2) 相伴って: Hygiene and health go ~ *in* ~. 清潔と健康は相伴う.

hand over fist 《口》どしどし, どんどん: make money ~ *over fist* どんどん金をもうける.

hand over hand (登る時にに)くって: climb a rope ~ *over* ~ たぐりながらロープを登る.

hands down (1) 努力しないで, わけなく: We won ~s *down*. 私たちは楽勝した. (2) 明白に, 容易に.

Hands off! (1) 手を触れるな! 干渉するな!

Hands up! (1) (片)手を上げなさい《集団の人にあることをすることの賛成を求める時に用いる》. (2) (両)手をあげろ! 《強盗が抵抗させぬため, または降伏を求める時に用いる》.

hand to hand 白兵[肉迫]戦で, 接戦で: fight ~ *to* ~ 接戦する, つかみ[宛に]合う.

have a hand in... に参加[関与]する: *have a* ~ *in* a plot 陰謀に一枚かんでいる.

have one's hands free 何でも自由にできる.

have [have got] one's hands full 手がいっぱいだ, 忙しい.

have one's hands tied 何でも自由にできない.

have time on one's hands ⇒ time 名 成句.

---

hold a person's hand (1) 人の手を握る. (2) 人を慰める, 励ます, 支える.

hold hands (特に)<男女が>(愛情のしるしに)手を握り合う.

in hand (1) 手に, 掌中に: She went out with a bag *in* ~. 彼女はバッグを手に出かけた. (2) 手元の[に], 手持ちの[に]: I have no cash *in* ~. 手元に現金がない. (3) 取りかかって, 進行中の[で]: I have a new work *in* ~. 新作に取りかかっている. (4) 支配下に, 制御下に: have [hold] a person *in* ~ 人を抑え(ている) / Everything is *in* ~. すべてを掌握している.

in safe hands 信頼できる人の(手)に(保護されて, 預けられて).

join hands (1) (互いに)手を握り合う: join ~s *in* a circle 手をつないで輪を作る. (2) (...と)提携する(*with*): join ~s *in* marriage 結婚する.

keep one's hand in (絶えず練習して)腕が鈍らないようにする.

keep one's hands clean 不正に関係しないでいる.

keep one's [one's hands] off... <人>に手を出さない, 干渉しない.

lay hands on... (1) ...をつかむ, 握る, 捕らえる. (2) <神父・牧師が><人>に手を触れて祝福する; <人>に按手(あんしゅ)して聖職に任じる.

lay one's hands on... を手に入れる; ...をつかまえる (get one's hands on).

lift a [one's] hand against... [通例否定文で] ...に向かって攻撃する, 殴りかかる.

live from hand to mouth その日暮らしをする[している].

not do a hand's turn 《英口》何の努力もしない.

off hand 準備せずに, 直ちに, 即座に: I can't tell you *off* ~. 今すぐには言えません.

off one's [a person's] hands 自分[人]の手を離れて, 責任[役目]が済んで.

on all hands = **on every hand** 四方八方に[から]: There was chaos *on every* ~. いたるところ大混乱だった.

on hand (1) 持ち合わせて, 手元に (available): Will there be water *on* ~ at the camp? キャンプ場には水が用意されているだろうか. (2) 出席して; (近くに)いるように: Be *on* ~ during the meeting, please. 会議中は席をはずさないでください.

on one's [a person's] hands (1) 自分[人]の責任[負担]となって: I have his children *on* my ~s. 私は彼の子供を世話している. (2) 自分[人]の荷やっかいとなって, 持てあまして: She has a lot of work *on* her ~s. 彼女はたくさんの仕事を持てあましている.

on (one's) hands and knees <人が>四つんばいになって (on all fours).

on (the) one hand 一方では (cf. on the other HAND 成句).

on the other (hand) 他方では, これに反して (cf. on (the) one HAND 成句): On the one hand food was abundant, but *on the other* ~ water was running short. 一方で食物は豊富だったが, 他方では水が不足してきていた.

out of hand (1) 収拾がつかなくなって, 手に負えなくなって (out of control): Things are getting *out of* ~. 事態は収拾がつかなくなりつつある. (2) 即座に.

out of one's [a person's] hands <事が>自分[人]の所管外で: The matter is *out of* my ~s. その件は私にはどうにもならない.

overplay one's hand 自分の能力以上のことを約束する[しようとする].

play into a person's [one another's] hands (知らず知らずのうちに)相手の利益になるように行動する, 相手の計略にかかる.

put one's hand in one's pocket ⇒ pocket 名 成句. **put one's hand on...** = lay one's HANDS on... 成句. **put one's hand to...** = turn one's HAND to... 成句. **raise a [one's] hand against...** = lift a [one's] HAND against... 成句.

ready to (one's) hand 手の届く所に; 所有して.

set one's hand to... (1) 《古》<書類>に署名する. (2) ...に

handbag

取りかかる.
sháke hánds with... と握手する.
shów one's hánd (1) (トランプで)手を見せる. (2) 考え[意図]をうっかり知らせる, 腹のうちを見せる.
sít on one's hánds (1) (容易に)拍手をしない, 賛意[熱意]を示さない. (2) 手をこまねいている, 傍観する.
sóil one's hánds with... ⇒ soil² 成句.
stáy one's hánd《文》行動を控える[やめる].
tàke a hánd in... =have a HAND in... 成句. **táke one's cóurage in bóth hánds** ⇒ courage 成句.
tàke ... in hánd (1) 〈...に〉着手する. (2) 〈...を〉処理する. (3) 〈...を〉世話する, 〈...の〉面倒を見る. (4) 〈手に負えない子供などを〉しつけきびしく, ...を指導する, ...を鍛える.
táke one's life in one's (ówn) hánds ⇒ life 名 成句.
thrów ín one's hánd=**thrów one's hánd ín** (絶望して)やめる, 手をひく.
thrów úp one's hánds (降参・絶望を示して)両手を上げる, お手上げとあきらめる.
típ one's hánd =show one's HAND 成句 (2).
to hánd (1) 手の届く所に (at hand): Your letter [Yours] *to* ~. 〔商〕貴信拝受. (2) 手中に, 所有して.
trý one's hánd at... 〈腕だめしに〉...をやってみる: I'd like to *try* my ~ *at* surfing. サーフィンを一度やってみたい.
túrn one's hánd to... に取りかかる, 手がける: He then *turned* his ~ *to* the election campaign. 彼は次に選挙運動に取りかかった.
ùnder one's hánd 手元にある, すぐ役に立つ.
wásh one's hánds of... 〈...と〉関係を絶つ, 〈...から〉手を引く, 足を洗う (★ 聖書「マタイによる福音書」から): I *wash* my ~ *s of* you [the matter]. 君とは手を切る[その件とは手を引く].
wín hánds dówn 〔口〕楽に勝つ (cf. hands down ⇒ hand 名 成句): He *won* the election *hands down*. 彼は選挙に楽勝した.
with a frée hánd 気前よく, 惜しげもなく.
with a person's hánd 〔古〕...から結婚の承諾を得る.
with a héavy hánd 不器用に, ぎこちなく: play the piano *with a heavy* ~ ぎこちないピアノのひき方をする. (2) 高圧的に, (手)厳しく.
with a hígh hánd 高飛車に, 高圧的に; 尊大に.
wring one's hands (悲しみや哀願のため)手をもみしぼる.

—— 動 他 ❶〈人に〉〈ものを〉**手渡す**, 〔人に〉〈ものを〉手渡す, とってやる: [+目+目] He ~*ed* me a ticket [a ticket *to* me] at the entrance. 彼は入り口で切符を渡してくれた / *H*~ me that book, will you? その本をとってくれない?
❷ [副詞句を伴って]〈人の手を取って〉〈...へ〉乗せてやる [*into*]; 〈人の手を取って〉〈...へ〉連れていってやる [*to*]; 〈人の手を取って〉〈...から〉降ろしてやる [*out of*].

hánd aróund《他+副》〈...を〉順に回し, 配る: *H*~ *around* the tea, please. (みなさんに)お茶を出してください.
hánd báck《他+副》〈...を〉(元の所有者に)返す (give back).
hánd dówn《他+副》(1) 〈...を〉降[下]ろして渡す;〈人を〉(車などから)手を貸して降ろす. (2) 〈ものを〉後世に残す;〈慣習・伝統などを〉後世に伝える (pass down) ★ しばしば受身で用いる: These skills should be ~*ed down to* the younger generation. これらの技術は若い世代へ伝えられるべきだ. (3) 〈...を〉〔判決などを〕下す.
hánd ín《他+副》(1) 〈...を〉(上司などへ)差し出す, 提出する (give in): ~ *in* one's resignation 辞表を提出する / They ~*ed in* their homework. 彼らは宿題を提出した. (2) 〈...を〉〈外から家の中へ〉手渡しする.
hánd it to a person 〔通例 have (got) to または must of 後に用いて〕〈人の偉大さ[長所]を認める, 〈人に〉敬意を表する, かぶとを脱ぐ: You've got to ~ *it to* him, he's very good with children. 彼が子供の扱いがうまいということは君も認めるをえまい.
hánd ón《他+副》(1) 〈...を〉順に[次へ]回す (pass on): When you have signed the document, ~ *it on* to the next person on the list. 書類にサインしたら, 名簿の

次の人に回してください. (2) =HAND down 成句 (2).
hánd óut《他+副》(1) 〈...に〉〈ビラ・印刷物などを〉配る (distribute, give out): *H*~ these pamphlets *out* [give out these pamphlets] *to* visitors. パンフレットを来た人に配りなさい. (2) 〈忠告などを〉盛んに与える: The medical profession keeps ~*ing out* warnings about smoking. 医師たちは喫煙に関する警告を盛んに出し続けている.
hánd óver《他+副》〈...を〉手渡す, 引き渡す;〈支配権などを〉譲り渡す [*to*].
hánd róund《他+副》《英》=HAND around 成句.
〔OE; 原義は「つかむ(もの)」か〕形 handy; 関形 man-

* **hand·bag** /hǽn(d)bæg/ 名 ❶ ハンドバッグ (また《米》は purse ともいう). ❷ 手さげかばん.
hánd bàggage 名《米》手荷物 hand luggage.
hánd·báll 名 ❶ Ⓤ ハンドボール: **a** 手でボールをパスしてゴールに入れる競技 (team handball). **b** 手のひらで壁にボールを打ちつけてはね返るのを相手に受けさせる球技. ❷ Ⓒ ハンドボール用のボール.
hánd·bàrrow 名 ❶ 四つ手運搬器 (前後二人で運ぶ). ❷ 手押し車.
hánd·básket 名 手かご. **gó to héll in a hándbasket**《米口》急速に没落[荒廃]する, 破滅する.
hánd·bèll 名 ❶ 手で振り鳴らす振鈴. ❷ ハンドベル (通例音階に合わせて調音された複数の振鈴で, 音楽を演奏する).
hánd·bìll 名 (手で配る)ビラ, ちらし.
+**hánd·bòok** 名 ❶ 便覧, 手引き (manual); 参考書 [*of*]. ❷ 案内書; 旅行案内 [*to, of*].
hánd bràke 名 (自動車などの)手動[ハンド, サイド]ブレーキ (《米》emergency brake, parking brake).
hánd·brèadth 名 手幅 (6.4-10.2 cm).
h & c（略）《英》hot and cold (water) 湯と水(の出る水道設備).
hánd·càr 名《米》〔鉄道〕手動車, ハンドカー.
hánd·cárt 名 手車, 手押し車 (cart).
hánd·cláp 名 拍手: a slow ~《英》(不賛成・退屈の意を示す)ゆっくりと拍子をとる拍手.
hánd·clásp 名 (固い)握手.
hánd·cráft 名 =handicraft. —— 動 他 手細工で作る《★ 通例過去分詞で形容詞的に用いる》.
hánd crèam 名 Ⓤ・Ⓒ ハンドクリーム.
+**hánd·cúff** 名 〔通例複数形で; しばしば a pair of ~s で〕手錠 (cuffs): put ~*s* on a person 人に手錠をかける. —— 動 他 ❶〈人に〉手錠をかける. ❷〈人などを〉拘束する, 無力にする.
hánd·ed 形 ❶ 手のある. ❷ [通例複合語で] **a** 手が...の; 〈しぐさが〉...の手を用いた: left-*handed* 左ききの / a two-*handed* catch 両手での捕球 / small-*handed* 手の小さい. **b** (幾)人でする: a four-*handed* game 4 人でする競技 / ⇒ shorthanded.
hánd·ed·ness 名 Ⓤ (いずれか一方の手を使いたがる)利き手の傾向.
Han·del /hǽndl/, **George Frederick** 名 ヘンデル (1685-1759; ドイツ生まれの英国の作曲家).
hánd-èye coordinátion 名 Ⓤ 目と手の動きの協調 (作用) (ボールを投げたり絵を描いたりするときなど).
* **hand·ful** /hǽn(d)fʊl/ 名 ❶ 手一杯, ひとつかみ, ひと握り: a ~ *of* sand ひと握りの砂. ❷ [通例 a ~] 少量, 少数; a ~ *of* supporters 少数の支持者. ❸ 〔口〕手に負えない人[仕事, もの]: That boy is a ~. あの子は手に負えない. 〔HAND+-FUL²〕
hánd glàss 名 ❶ 手鏡. ❷ (読書用の)拡大鏡, 虫眼鏡.
+**hánd grenàde** 名 手榴弾, 手投げ弾.
hánd·grìp 名 ❶ 握手. **b** [複数形で] つかみ合い (のけんか). ❷ (ラケット・ゴルフクラブ用などの)取っ手, 握り.
+**hánd·gùn** 名 ピストル, 拳銃.
+**hánd·hèld** 形 手で持つ, 手で持てるサイズの. —— 名 掌中[ハンドヘルド]コンピューター.
hánd·hòld 名 ❶ (手による)握り, 手づかみ. ❷ (登攀での)手がかり, つかまるところ.

hánd-hót 形《お湯か手を入れられるくらいの温度の.

*__hand·i·cap__ /hǽndɪkæp/ 名 ❶ a 身体障害: Despite her ～, she graduated top from her university. 障害にもかかわらず彼女は最優秀生として大学を卒業した. b 不利な条件, ハンディキャップ, 困難, 不利益: His carelessness will prove (to be) a ～ in business. 彼の不注意さはビジネスにおいてハンディキャップとなるだろう. ❷ a《競技》ハンディキャップ《優劣平均のため優者に不利[劣者に有利]な条件を設ける》: He has a ～ of four at golf. 彼はゴルフのハンデは 4 だ. b ハンディキャップ付きの競技[競馬].
── 動 他 (**hand·i·capped**; -**cap·ping**)《…に》ハンディキャップをつける;《…を》不利な地位に立たせる: Illness *handicapped* him. 病気で彼は不利になった.《hand in cap (帽子の中にくじがあり, それを当てた者が罰を受けた昔のくじ引き遊びの名から)》

*__hánd·i·càpped__ 形 ❶《人が》障害のある《★ 今では差別的にとらえられることが多く disabled のほうが好まれる》: a physically [mentally] ～ person 身体[精神]障害者 / the ～ 障害者(たち). ❷ ハンディキャップのある.

hánd·i·càp·per 名《競馬·競技》ハンディキャップ[ハンデ](決定)係; ハンディ[ハンデ]をもらって競技する人.

hand·i·craft /hǽndɪkræft, -krɑ̀ːft/ 名 ⓒ《通例複数形で》手細工, 手芸, 手仕事. Ⓤ⒰ 手先の熟練[器用さ].【HAND+CRAFT】

hand·i·crafts·man /-mən/ 名《-men /-mən/》手細工人, 手職人, 手工業者.

hand·i·ly /hǽndɪli/ 副 ❶ 上手に, 手際よく; 器用に. ❷ たやすく, 容易に: win ～ 楽勝する. ❸ 便利に, 都合よく.

hand·i·work /hǽndɪwə̀ːk, -wə̀ːk/ 名 ❶ a Ⓤ 手細工, 手工, 手仕事. b Ⓒ 手工品, 細工物. ❷ Ⓤ《特定の人の特徴が表われている》製作物, 作品, 〔特定の人の〕しわざ《of》.

hánd jòb 名《卑》手でやる[いく, いかせる]こと, 手淫.

*__hand·ker·chief__ /hǽŋkɚtʃɪf, -tʃìːf/ 名《-s /-z/》ハンカチ (hankie, hanky): blow one's nose with a ～ ハンカチで鼻をかむ.【HAND+KERCHIEF】

hánd-knít(ted) 形 手編みの.

*__han·dle__ /hǽndl/ 名 ❶ 取っ手, ハンドル, 柄《▶自動車のハンドルは (steering) wheel; 自転車のは handlebars》: a door ～ ドアの取っ手 / the ～ of a knife [drawer] ナイフ[引き出し]の柄[引き手]. ❷ 取っかかり, 利用される機会. ❸《俗》名前; 肩書き: What's your ～? あんたの名前は(何ですか). ❹《織物の》手ざわり. **flý óff the hándle**《口》自制心を失う, かっとなる. **háve [gèt] a hándle on ...**《口》…をしっかりと把握[理解]する. ── 動 他 ❶《取り》扱う, さばく,《…を》処理する; 指揮する, 統御する: The court has many cases to ～. 裁判所には審理すべき案件がたくさんある / He was rather severely ～*d* in the witness box. 彼は証人席で相当手厳しい扱いをされた / He is good at *handling* stress. 彼はストレスの処理がうまい.❷《…に》手を触れる, いじる,《…を》手に取ってみる;《道具などを》扱う, 使う; 操縦する: Please don't ～ the merchandise. 商品に手を触れないでください / *H*～ with care 取扱い注意《割れ物などの注意書き》. ❸《商品を》商う, さばく (deal in): ～ food products 食料品を扱う. ── 自《well などの様態の副詞を伴って》《車·船などが》《…に》操縦される, 扱える: This car ～*s well* [*easily*]. この車は操縦性がよい.【HAND+-LE】

hándle·bàr 名《通例複数形で》(自転車の)ハンドル.

hándlebar mustáche 名《両端の下がった》天神ひげ.

†**hán·dler** 名 ❶《…を》(取り)扱う人《*of*》. ❷《馬·犬などの》調教師. ❸《芸能人·スポーツ選手などの》マネージャー. ❹《ボク》トレーナー, セコンド.

hand·less 形 手のない, 手を失った;《方》不器用な.

hánd·léttered 形 手書きの.

han·dling 名 Ⓤ ❶ 扱うこと, 操作. ❷《商品の》出荷 (《英》carriage). ❸《サッカー》ハンド, ハンドリング《反則》.

hándling chàrge 名 手数料.

hánd·lìst 名《照合·点検用の》簡単な一覧表.

hánd lòom 名 手織り機, 手織りばた.

hánd lùggage 名 Ⓤ 手荷物 (carry-on baggage, hand baggage).

†**hánd·máde** 形 手製の, 手細工の (↔ machine-made).

†**hánd·màiden, -màid** 名 ❶《古風》女中, 下女, 小間使い. ❷《文》補助的な役をなす[奉仕する]もの, 「しもべ, 道具」.

hánd-me-dòwn 名《通例複数形で》お下がり《服》; 古着 (《米》cast-off, reach-me-down). ── 形 Ⓐ お下がりの, 中古の.

hánd-òff 名 ❶《米》ハンドオフ《ボールをチームの選手に直接手渡すこと》. ❷ ハンドオフ《携帯電話端末が別の区域に入った時に通話が自動的に別の基地局に引き継がれること》.

hánd òrgan 名《辻音楽師が使う》手回しオルガン (cf. barrel organ).

†**hánd·òut** 名 ❶ a 折りたたみ広告. b《教室·会議などで渡す》刷り物, プリント, 配布[広報]資料, 声明文. ❷《貧困の人に与える》施し物, 援助物資, (ばらまかれる)補助(金).

hánd·òver 名 ❶《責任·権力などの》移譲. ❷ = handoff 2.

hánd·pìck 動 他 ❶ 手で摘む. ❷ 注意して選ぶ, 精選する.

hánd·pícked 形 ❶ 手で摘むだ. ❷《人が精選された, 粒よりの.

hánd·prìnt 名《てのひらに墨などを塗って押した》手形.

hánd pùppet 名《米》指人形 (《英》glove puppet).

hánd·ràil 名 ❶ 手すり, らんかん. ❷《米》《乗り物の》手すり棒.

hánd·sàw 名《押して切る片手用の》手のこぎり.

hands-dówn 形 Ⓐ ❶ 楽な, 容易な: a ～ *victory* 楽勝. ❷ 確実な, 疑問の余地のない: a ～ *hit* 間違いない大当たり.

hand·sel /hǽnsl/ 名 ❶《新年·開業などの》祝い品, 祝儀; お年玉. ❷ 初回払込金. ❸ 初物, 初ためし, 試食. ── 動 他 (**hand·seled**《英》-**selled**; -**sel·ing**,《英》-**sel·ling**)《…に》贈り物をする. ❷ 初めて行なう[使う].

hánd·sèt 名 ❶《電話の》受話器. ❷《テレビなどの》リモコン (remote control).

hands-frée 形 Ⓐ 手を使わずに操作できる.

*__hánd·shàke__ 名 ❶ 握手: a firm ～ かたい握手. ❷ = golden handshake. ❸ = handshaking.

hánd·shàking 名 Ⓤ《電算》ハンドシェーク《システムを構成する要素間で信号の伝送に先立ってなされる制御情報の交換》.

hands-óff 形 Ⓐ 無干渉(主義)の: a ～ *policy* 無干渉政策.

*__hand·some__ /hǽnsəm/ 形 (**more** ～, **most** ～; **hand·som·er**, -**som·est**) ❶ a《男が》顔立ち[容姿]の整った, 男性的でりりしい, ハンサムな: a ～ *young man* 美男子. b《女が》大がらで魅力的な, 堂々とした. ❷《建物などが見事な, 堂々とした. ❸《金額·財産·贈り物などが》かなりの, 気前のよい: a ～ *salary* いい給料 / a ～ *sum of money* 相当の金額 / ～ *treatment* 優遇 / a ～ *present* 気前のよい贈り物 / It's ～ *of him* to give me a present. 私に贈り物をくれるとは彼は気前がよい. **Hándsome ís as hándsome dóes.**《諺》行ないのりっぱなのがりっぱな人,「みめより心」.《解説》後の handsome は副詞的用法, 「行ないを彼は見事にする, りっぱに振る舞う」の意.
～·**ly** 副 ～·**ness** 名《ME=扱いやすい《HAND+-SOME》.【類義語】⇒ beautiful.

†**hands-ón** 形 Ⓐ《米》実地の, 実践的な: receive ～ *training* 実地訓練を受ける.

hánd·spìke 名 てこ棒.

hánd·sprìng 名《手を地につけてする》とんぼ返り: do a ～ とんぼ返りをする.

hánd·stànd 名 逆立ち, 倒立 (cf. headstand): do a ～ 逆立ちをする.

hánd·stròke 名《鳴鐘》ハンドストローク《鐘を上向きにするため, 綱を前方へ打ち出す動作》.

hánd-to-hánd 形 Ⓐ 白兵戦の: ～ *combat* 格闘, 白兵戦.

hánd-to-móuth 形 Ⓐ その日暮らしの; 一時しのぎの:

hand tool

lead a ～ existence その日暮らしをする.
hánd tòol 名 (手動の)道具, 工具.
hánd tòwel 名 (手をふく)小さなタオル, ハンドタオル.
hánd·wòrk 名 Ⓤ 手仕事, 手工.
hánd·wòrked 形 手仕事の, 手製の.
hánd·wóven 形 手織りの.
hánd·wrìnging 名 Ⓤ (苦痛・悲しみ・心配のあまり)手をもみ絞ること; 過度の関心[罪悪感]の表明.
†**hánd·writing** 名 Ⓤ ❶ 手書き, 肉筆. ❷ 手跡, 筆跡. the hándwriting on the wáll 《米口》不吉な前兆.
†**hánd·written** 形 手書きの: a ～ letter 手書きの手紙.
***hand·y** /hǽndi/ 形 (**hand·i·er**; **-i·est**) ❶ (取り扱いに)便利な, 使いやすい, 役に立つ: a ～ tool 便利な道具 / a ～ computer manual 便利で使いやすいコンピューターのマニュアル. ❷ 手近の, すぐに使えて; 近所の: Do you have a pen and paper ～? ペンと紙はよくて / The post office is ～ from there. 郵便局はそこから近い / His house is ～ *for* shopping. 彼の家は買い物に便利です. ❸ 《口》(手先が)器用で, 手際がよくて, (使いこなすのが)上手で: ～ *with* a computer [*at* repair*ing* watches] コンピューターに強い[時計の修繕がうまい]. **cóme in hándy** ⇒ COME in 成句 (6). **hánd·i·ness** 名 (副 hand)
Han·dy /hǽndi/, **W(illiam) C(hristopher)** 名 ハンディ (1873–1958; 米国のブルース作曲家).
hándy-dándy 形 (Ⓐ (戯言) 単純で使いやすい.
hándy·màn 名 (**-men**) よろず屋, 便利屋; 雑役夫.
***hang** /hǽŋ/ 動 (**hung** /hʌ́ŋ/) (**題型** 他 3, 自 3 では **hanged** が用いられる) —— 他 ❶ 《ものを人の頭など》にかける, つるす, 下げる, 垂らす; 〈頭〉をたれる; 〈肉などを〉(食べごろになるまで)つるしておく: ～ one's hat *on* a peg 帽子掛けに帽子をかける / ～ curtains *on* a window 窓にカーテンをする / ～ a chandelier *from* the ceiling 天井からシャンデリアをつるす / He hung his head in shame. 彼は恥ずかしそうに首をたれた[うなだれた].
❷ **a** 〈絵画などを〉かける, 展示する; 〈部屋・壁・窓などを〉壁掛け・絵・カーテンなどで飾る, 〈…に〉〈…を〉つるす (★ しばしば受身): His photograph had been *hung on* the wall. 彼の写真が壁にかけられていた / Paintings should be *hung* at eye level. 絵は(いちばん見やすい)目の高さにかけるべきである / The fronts of the houses *were hung with* flags. 門前には旗を掲げていた / Let's ～ the windows *with* blue curtains. 窓にブルーのカーテンをかけよう. **b** 〈壁紙などを〉壁に張る.
❸ (**hanged** /hǽŋd/) **a** 〈人を〉絞首刑に処す, しばり首にする: be ～*ed* for murder 殺人のかどで絞首刑になる (**用法** 《米》 to be hung を用いることもある) / One may [might] as well be ～*ed* for a sheep as (for) a lamb. ⇒ sheep 1. **b** [～ oneself で] 首をつって死ぬ. **c** 〔古〕 〔軽いののしり・強意語に用いて〕〈…を〉のろう (**用法** 《米》 I'll be [I'm] ～*ed* if で「で絶対に…しない」の意に用いる): I'll be [I'm] ～*ed* if I obey him. だれが彼の言いなりになるもんか / Prudence be ～*ed*! 思慮分別なんかくそくらえだ / ⇒ HANG it (all)! 成句.
❹ 〈ドアなどを〉(ちょうつがいに)取りつける: ～ a door (*on its* hinges) ドアをちょうつがいにはめる.
—— 自 ❶ **a** [副詞(句)を伴って] かかる, ぶら下がっている, 垂れ下がる; 〈肉などが〉(食べごろに)つるされている: ～ *down* 垂れ下がる / That picture was ～*ing on* the wall. その絵は壁にかかっていた (⇒ HANG on 成句) / Vines *hung down over* the window. 窓につたがら下がっていた / There is something ～*ing out of* your pocket. ポケットから何かはみ出していますよ (⇒ HANG out of... 成句). **b** 〈衣服などが〉すらりと垂れる. **c** 〈張っているものが〉たわむ, ゆるむ.
❷ 〔頭上・中空に〕(垂れ下がったように)上にかぶさる, 垂れ下がる, 漂う: The smell of sulfur *hung in* the air. あたりに硫黄のにおいが漂っていた.
❸ (**hanged** /hǽŋd/) 絞首刑になる.
❹ 〈ドアが〉(ちょうつがいで)自由に動く 〔*on*〕.
❺ 《米口》うろつく, ぶらぶらする; 〔…と〕つき合う 〔*with*〕.

❻ 〖電算〗 ハングアップする (《システムがユーザーの指示を受けつけなくなる》).

be [gèt] húng úp on [abòut]... 《口》...のことが気になっている[なる], ...のことが頭にこびりつく; ...に夢中になっている[なる] (cf. hang-up).
gò háng (自) (1) [Go ～ yourself! で] うせろ! くたばっちまえ!. (2) [通例 let...go ～ で] 《口》...をほっておく, 無視する.
háng a léft [right] 《米俗》(自動車で)左[右]に曲がる.
háng aróund [《英》abòut] (自+副) (1) (あてもなく)ぶらつく. (2) 〔…を〕待つ 〔*for*〕. —— (自+前) (3) ...をうろつく, ぶらぶらする.
háng aróund [《英》abòut] with...とつき合う, よく一緒にいる.
háng báck (自+副) しり込みする, ためらう.
háng behínd (自+副) ぐずぐずする, 遅れる.
háng by a thréad ⇒ thread 名 成句. **háng by a háir** ⇒ hair 名 成句. **háng one's héad** ⇒ 他 1. **háng fíre** ⇒ fire 名 成句.
háng héavy (on one's hánds) 〈時間が〉(...にとって)なかな か進まない[退屈だ].
háng in the bálance ⇒ in the BALANCE 名 成句.
háng ín (thère) 《米口》がんばる, 持ちこたえる.
háng in the wínd =HANG in the balance 成句.
Háng it (àll)! いまいましい!
háng lóose ⇒ loose 成句.
háng óff (自+副) =HANG back 成句.
háng ón [on to]... (1) すがりつく, しがみつく (cling on (to)): ～ *on to* a strap つり革にしっかりつかまる. (2) 事をたゆまずやる, がんばる. (3) (電話を)切らずにおく[待つ] (hold on; ↔ hang up): H～ on a second. ちょっとまって下さい. —— (自+副) (4) ...にしがみ[すがり]つく; ⇒ 自 1, 4. (5) ...次第である, ...によって決まる (depend on). (6) ...に一心に聞き入る, 注意がくぎ付けになる.
háng ónto [ón to]... (1) ⇒ HANG on 成句 (1). ❷ ...を持ち続ける, ...を保ち続ける.
háng óut (自+副) (1) 体を乗り出す. (2) 《俗》〔...に〕住む 〔*in*, *at*〕. (3) 《口》〔...で〕うろうろする, 〔...に〕出入りする 〔*in*, *at*〕: ～ *out in* bars 酒場へよく出入りする. (4) 〔...と〕つき合う, 親しくする 〔*with*〕. (5) (他+副) 〈看板・旗など〉を外に出す, 掲げる. (6) 〈洗濯物など〉を外につるす, 干す.
háng óut of... 〈窓から身を乗り出す; ⇒ 自 1: He *hung out of* the window. 彼は窓から身を乗り出した..
háng óver... (1) 〈岩など〉...の上に突き出る, のしかかる: A huge rock *hung over* the road. 巨大な岩が道の上に突き出ていた. (2) 〈雲など〉...を覆う, たれこめる: A mist *hung over* the fields. かすみが野原にたなびいていた. (3) 〈難なこと〉...に差し迫る: A danger is ～*ing over* him. 危険が彼に迫っていた.
háng róund (自+副) =HANG around 成句.
háng togéther (自+副) (1) 団結する (stick together): We must indeed all ～ *together*, or, most assuredly, we shall all ～ *separately*. 皆団結しなければならない. さもなくば疑いなくめいめい絞首刑に処せられるだろう (**解説** B. Franklin が米国独立宣言に際して言った hang のしゃれ). (2) 〈話などが〉つじつまが合う: His alibi ～*s together*. 彼のアリバイには矛盾がない.
háng tóugh 《米口》屈しない, がんばである[に通す].
háng úp (他+副) (1) 〈ものを〉かける, つるす. (2) 〈...を〉手間取らせる, 〈...の〉進行を妨げる; 〈計画を〉中止する, 延ばす (★ しばしば受身): The signing of the contract *was hung up* over a minor disagreement. ちょっとした意見のくい違いで契約の調印が遅れた. —— (自+副) (2) 〈人が〉(話の最中に)(突然)電話を切る (↔ hang on) (**比較** 《英》では ring off のほうが一般的): She *hung up (on* me). 彼女は(私が話しているのに)一方的に電話を切った.
háng úp one's hát ⇒ hat 名 成句.
lèt it áll háng óut 《俗》(1) 包み隠しない, 率直に(すべてを)話す. (2) 自分の好き(勝手)なことをする: People used to be very inhibited, but now they *let it all ～ out*. 昔は自由がきかなかったが, 今では皆が好き勝手なことをしている.

——名 ❶ Ⓤ (通例 the ~) かかり具合, 垂れ具合, 下がり具合: There's something wrong with *the* ~ of the curtains. カーテンの下がり具合がどうもなて. ❷ [the ~] (口) 扱い方, 使用法, やり方, こつ/(問題・議論などの)意味, 趣旨: get [have] *the* ~ *of*...の呼吸[こつ]をのみ込む, ...を理解する.

nót gìve [cáre] a háng (口) 心配しない, 気にかけない《比較 hang は 'a damn' よりも軽い表現》: I don't give *a* ~ (about his wealth [whether he is rich or not]). (彼の財産のことは[彼が金持ちかどうかないか]彼は気にしていない.
《OE=揺れる, ためらう》

+**han·gar** /hǽŋ(g)ə | hǽŋ(g)ə/ 名 ❶ (飛行機の)格納庫. ❷ 納屋.

háng·dòg 形 Ⓐ こそこそした, 卑劣な, 卑屈な: a ~ look 卑屈な顔つき.

+**hang·er** /hǽŋə | -ŋə/ 名 ❶ **a** 洋服掛け, ハンガー: ⇒ coat hanger. **b** つり手. ❷ つるす人, かける人.

hánger-ón (複 **hangers-on**) 居候(いそうろう); 腰ぎんちゃく, 子分, 取り巻き.

háng-glìde 動 ハンググライダーに乗る.

háng glìder 名 ハンググライダー《人がぶら下がって乗る三角形のたこ状のグライダー》.

háng glìding 名 ハンググライディング《ハンググライダーに乗って滑空するスポーツ》.

háng·ing 名 ❶ Ⓤ つるすこと, つり下げ, 垂下; 懸垂(状態). ❷ Ⓤ,Ⓒ 絞首刑: death by ~ 絞首刑. ❸ (通例複数形で) 掛け布, カーテン, 壁掛け; 壁紙. —— 形 Ⓐ ❶ 絞首刑(処分)の: a ~ offense 絞首刑になる罪. ❷ ぶら下がった, (差し)掛けた.

hánging gárdens 名 つり庭: the *H- G-* of Babylon バビロンの吊り庭.

hánging páragraph 名 〖印〗ハンギングパラグラフ《第1行の頭だけを出して2行目以下を下げて組んだ段落》.

hánging válley 名 〖地〗懸谷(けんこく), かかり谷《本流の谷床へ大きく落ち込んでいる支流の谷》.

háng·man /-mən/ 名 (複 **-men** /-mən/) 絞首刑執行人.

háng·nàil 名 《爪ぎわの》さかむけ, ささくれ.

háng·òut 名 (口) 行きつけの場所, たまり場 (haunt).

háng·òver 名 ❶ 二日酔い: I have a ~ this morning. けさは二日酔いだ. ❷ 残存物, 遺物: The policy is a ~ *from* the last administration. その政策は前政権のなごりだ.

Han·gul /háːŋguːl/ 名 ハングル《朝鮮語の文字; 14の子音字と10の母音字から成る》.

háng-úp 名 (俗) ❶ (心理的な)ひっかかり; 抵抗, コンプレックス; 悩みのたね: a sexual ~ 性の悩み / She has a ~ *about* her weight. 彼女には体重に悩みがある. ❷ 障害.

hank /hǽŋk/ 名 ❶ 糸のひとかせ《木綿糸840ヤード, 毛糸560ヤード》. ❷ 束, 結び: a ~ *of* hair ひと束の髪.

han·ker /hǽŋkə | -kə/ 動 (口) 《手の届かないものを》あこがれる, こがれる, 渇望する: ~ *after [for]* a new car 新車を渇望する / ~ *for* fame [praise] 名声[称賛]を求める / He has been ~*ing* to spend an evening talking with you. 彼は君と雑談をして一夜を過ごしたいものとと思っていた.

hán·ker·ing /-k(ə)rɪŋ/ 名 (通例 a ~) (口) 《手の届かぬものへの》切望, 渇望: have a ~ *for [after]* power 権力にあこがれる / He has a ~ *to* have a car. 彼はしきりに車を持ちたがっている.

hanky, han·kie /hǽŋki/ 名 (口) =handkerchief.

han·ky-pan·ky /hǽŋkipǽŋki/ 名 Ⓤ (口) ❶ いんちき, ごまかし; 不正取引. ❷ (性的に)いかがわしい行為.

Han·ni·bal /hǽnəb(ə)l/ 名 ハンニバル《247-183 B.C.; カルタゴの将軍・政治家; 第二次ポエニ戦争 (the Second Punic War) では Alps を越えてイタリアに侵入した》.

Ha·noi /hænɔ́ɪ/ 名 ハノイ《ベトナムの首都》.

Han·o·ver /hǽnoʊvə | -və/ 名 ❶ 《英国の》ハノーバー王家の人. **the Hóuse of Hánover** ハノーバー(王)家《George I 世から Victoria 女王までの英国王家 (1714-1901); ドイツ出身》. 《出身地であるドイツ北部の地名から》

Han·o·ve·ri·an /hǽnoʊví(ə)riən← | -/ 形 《英国の》ハノーバー王家の(支持者).

Hans /hǽnz/ 名 ハンス《男性名》.

Han·sard /hǽnsəd, -saːd | -sa:d/ 名 Ⓤ 《英国の》国会議事録. 《英国の最初の出版社の名から》

Hán·se·at·ic Léague /hǽnsiætɪk-/ 名 [the ~] ハンザ同盟《14-15世紀のドイツ北部の都市の商業的・政治的同盟》.

han·sel /hǽnsl/ 名 動 ⓔ =handsel.

Hán·sen's dísease /hǽnsnz-/ 名 ハンセン病. 《G. H. A. Hansen 19世紀から20世紀のノルウェーの医師; 癩菌(らいきん)の発見者》

hán·som cáb /hǽnsəm/ 名 (また **hánsom cáb**) ハンサム《御者台が後方の一段高い所にある二人乗り1頭立2輪の辻馬車; 20世紀初頭まで London などでよく用いられた》. 《J. Hansom 設計者の英国の建築家》

hán·ta·vi·rus /hǽntəvàɪ(ə)rəs/ 名 〖菌〗ハンタウイルス《ブニヤウイルス科; 主に野生の齧歯(げっし)動物によって広がり, 出血熱をひき起こす》.

Hants. /hǽnts/ 名 (略) Hampshire.

Ha·nuk·kah /há:nəkə/ 名 〖ユダヤ教〗ハヌカ祭 (Chanukah, Chanukkah)《ユダヤ暦第九月キスレブ《西暦の11-12月》25日より8日間にわたる宮清めの祭り》.

han·u·man /hánumàːn/ 名 ❶ 〖動〗ハヌマンモンキー[ラングール]《インドでは猿の神の使いとして保護され神聖視されるサル》. ❷ [H~] 〖ヒンドゥー神話〗ハヌマット(Ramayana に出てくる猿王の臣下).

ha·pa /háːpɑː/ 名 /háːpɑː/ 形 《米口》ハパ(の)《先祖にアジア・太平洋系移民のいるアメリカ人》.

ha·pax le·go·me·non /hǽpæksləgámənàn | -gɔ́mɪnɔn/ 名 (複 **-na** /-nə/) 《ある記録・資料の中で》一度しか用いられていない語[語句], きわめてまれな語句. 《Gk》

ha'·pen·ny /hérp(ə)ni/ 名 =halfpenny.

+**hap·haz·ard** /hǽphǽzəd | -zəd/ 形 でたらめの; 偶然の. —— 副 でたらめに; 偶然に. ~·ly 副 ~·ness 名 《ME *hap* 運, 偶然+HAZARD; cf. happy》《類義語》⇒ random.

haph·ta·ra(h) /hɑːftɔ́ːrə/ 名 =haftarah.

háp·less 形 不運な, 不幸な.

hap·lo- /hǽploʊ/ 《連結形》「単い」「単純」「半数分裂の」《Gk=単純な, 単一の》

hàp·lo·díp·loid 形 〖生〗半数性単数生殖の, 半倍数性の《雄は体内受精か半数の無精卵から, 雌は受精卵から生まれる単数生殖の一種; アリやハチなどにみられる》.

hap·log·ra·phy /hæplágrəfi | -lɔ́g-/ 名 Ⓤ 重字脱落《*philology* を *philogy* とする類; 似た単語・行の脱落にもいう》.

hap·loid /hǽplɔɪd/ 形 〖生〗(染色体が)半数(性)の. —— 名 ハプロイド《半数の染色体数をもつ細胞・個体》; cf. diploid. **hap·loi·dy** /hǽplɔɪdi/ 名 Ⓤ 半数性.

hap·lol·o·gy /hæplálədʒi | -lɔ́l-/ 名 Ⓤ 〖音声〗重音脱落《例 *papa* を *pa* とする発音など》.

ha'·porth /hérpəθ | -pəθ/ 名 (英口) =halfpennyworth.

+**hap·pen** /hǽp(ə)n/ 動 ❶ 〈出来事などが〉起こる, 生じる: Something is likely to ~. 何事か起こりそうだ / Accidents will ~. ⇒ accident 1 / What's ~*ing*? 何が起こっているのか / Maybe something has ~*ed to* her. 彼女にたぶん何かあったのだろう / What can have ~*ed to* this lock? この錠は一体どうしたのだろう.

❷ **a** 偶然(たまたま)...する. [+*to do*] I ~*ed to* sit by Mary. 偶然メアリーのそばに座ることになった / Do you — [You don't ~] *to* have a pen? ペンをお持ちですか《持っていらっしゃいませんか》《「拝借できませんか」の意》. **b** 〖非人称の it を主語として〗たまたま...である: [+*that*] It ~*ed that* we were in London then. ちょうどその時私たちはロンドンにいた / *It so* ~*ed that* she was then visiting. たまたまちょうど彼女が訪ねてきていた. ❸ [副詞(句)を伴って] (口) 偶然いる[来る, 行く]: He ~*ed along [by, in]*. 彼は偶然やってきた[通りかかった, 入ってきた]. **as it háppens**

たまたま; 折しく, あいにく: *As it ~s*, I have the very book you want. たまたま君のほしい本を持っている. **háp·pen on [upòn]**...《古》偶然に…に出くわす, …を見つける: I *~ed on* [*upon*] the very book I wanted. ほしいと思っていたちょうどその本が見つかった. **háppen what máy [will]** どんな事があっても. 〖ME < *hap* 運·偶然 + -EN³; cf. happy〗〖類義語〗**happen** あることが起こる[生ずる]意の最も一般的な語; 明確な原因·意図があって起こることも含まれるが特に偶然に起こることをいう場合が多い. **occur** や堅い感じの語で, 実際に起こったある特定の事柄について述べるのが普通. **chance happen** とほぼ同じ意味であるが, 偶然に起こる場合のみをいう. **take place** 予定されていたことが起きる.

***háp·pen·ing** /hǽp(ə)nɪŋ/ 图 ❶ [しばしば複数形で] 出来事, 事件 (incident). ❷《米》(劇などで)ハプニング《時に観客をまき込んでの即興的な筋の展開をいう》. ❸《俗》現代的な, 最新の, トレンディな: a ~ place トレンディな場所.

hap·pen·stance /hǽp(ə)nstæns/ 图《米》思いがけない出来事, 偶発事態.

háp·pi còat /hǽpi-/ 图《服》(日本の)はっぴ.

***háp·pi·ly** /hǽpɪli/ 副 (**more** ~; **most** ~) ❶ 幸福に, 愉快に; うまく; 喜んで: He did not die ~. 彼は幸福で死に方をしなかった (cf. 2) / I'm very ~ married. 結婚してとても幸せに暮らしています, 妻[夫]との中はとてもうまくいっています / They lived ~ ever after. その後ずっと幸せに暮らしました(★「めでたしめでたし」に当たる童話の結びに用いる言葉) / I'll ~ help you if I can. 私にできることなら喜んでお手伝いします. ❷ [文修飾] 運よく, 幸運にも, 幸いに (fortunately): *H*~, he did not die. 幸いにも彼は死ななかった (cf. 1).

***háp·pi·ness** /hǽpɪnəs/ 图 Ⓤ ❶ 幸福, 満足, 喜び: the ~ *of* loving and being loved 人を愛し人に愛される幸福. ❷ 幸運, 幸せ: I wish you every ~. あなたの幸せをお祈りします. ❸ (表現などの)巧妙, 適切 〔*of*〕.
(图 happy)

*****hap·py** /hǽpi/ 形 (**hap·pi·er, -pi·est**) ❶ (人が)幸福な, 幸せな, 楽しい, うれしい: He looks very ~ today. 彼は今日とても幸せそうに見える / [*+to do*] I'm very ~ [*most*] ~ *to meet* you. あなたにお会いできてとてもうれしい / I shall be ~ *to accept* your invitation. 喜んでお招きに応じます / [*+that*] I'm so ~ *that* you have come to our party. パーティーにご出席くださって本当にうれしく思います / She was obviously ~ (*at*) hearing that. 彼女はそれを聞いて見るからうれしそうだった. ❷ (物が)幸福な, 楽しい: a ~ smile 幸せそうな微笑 / a happy ending ハッピーエンド / (A) *H*~ New Year! 新年おめでとう / *H*~ Birthday (to you). お誕生日おめでとう. ❸ Ⓟ (…に)満足して: He's ~ *with* his new job. 彼は新しい仕事に満足している / I'm not ~ *about* [*with*] the plan. その計画に不満がある. ❹ A 幸運な: I met him by a ~ chance. 運よく彼に会った / You're a ~ man to have such a capable wife. 有能な奥さんがいるなんて君は運のいい男だ / a ~ event 《口》めでたい出来事, 子供の誕生. ❺ (表現·考えなど)適切な, 巧妙な, うまい: a ~ idea 名案 / a ~ choice of words 言葉の適切な選択. ❻ [複合語で] 《口》夢中になった, とりつかれた: sports-*happy* スポーツに目がない / trigger-happy.

(**as**) **háppy as a lárk** ⇒ lark¹ 成句. (**as**) **háppy as a sándboy** ⇒ sandboy 成句. **as háppy as háppy can bé** この上なく幸せで. (**as**) **háppy as the dáy is lóng** 非常に幸福で, とても楽しくて[喜んで]. **Mány** [**I wish you mány**] **háppy retúrns (of the dáy)!** ⇒ return 图 2.
〖ME < *hap* 幸運·偶然 + -y³; cf. haphazard, hap〗【類義語】(1) **happy** 喜びと満足を感じている気持ちを示す最も一般的な語. **glad** 願いがかなわれうれしさや自分のおかれた状況に満足する(喜ばされる)場合; **happy** よりもうれしい感情が強い. ★ 満足の意を表わす決まり文句では glad, happy 共にほとんど同じに用いられる. **cheerful** 生れつきの性質または何か楽しいことがあって朗らかで, 機嫌よく愉快である. **merry** 愉快で陽気な. (2) **happy** ふとした幸運が結果的に非常に喜ばしいことであることを強調する. **lucky** 何の因果関係もなく全くの偶然[思いがけず]に起こった幸運なこと[もの]に用いる. **fortunate** lucky より重要[重大]なことに用いられ, 効果·永続性があることを示すことがある.

háppy-cláp·py /-klǽpi/ 形《英口·しばしば軽蔑》《教会·教会員について》ハッピークラッピーな《礼拝時に信徒が手をたたきながらポップス調の賛美歌を歌い, 熱心に入信を勧めるような(教会について)いう》. ― 图 ハッピークラッピーな教会員.

háppy-gò-lúcky 形 〈人·行為など〉のんきな, 楽天的な; 行き当たりばったりの, 運任せの.

háppy hòur 图《米》(バーでの)サービスタイム.

háppy húnting gròund 图 ❶ [the ~] (北米先住民の楽園) ❷ 〈何かを探し求める人にとっての〉都合のいい場所, 天国, 穴場 〔*for, of*〕.

háppy médium 图 [通例単数形で] 中庸, 中道: strike a ~ 中庸を得る.

Haps·burg /hǽpsbəːg | -bəːg/ 图 形 ハプスブルク家(の) 《15世紀初頭から1918年まで続いたオーストリアの王家で, しばしばドイツ国王にもなった》.

hap·ten /hǽptən/, **-tene** /-tiːn/ 图《免疫》付着体, ハプテン《抗体と結合できるが, たんぱく質担体と結合することにより生体に免疫反応を起こさせる物質》. 〖G < Gk *haptein* しっかり結びつける〗

hap·tic /hǽptɪk/ 形 触覚に関する[基づく]《心》〈人が〉触覚型の.

hap·to·glo·bin /hǽptəɡloʊbən/ 图 Ⓤ《生化》ハプトグロビン《遊離ヘモグロビンに結合する血清 α グロブリン》.

har /hɑː/ ハー! 間 はは! 《特に本当はおかしくないときの笑い声》.

ha·ra·ki·ri /hǽərəkɪri/ 图 Ⓤ 切腹 (⦅略誤⦆転訛(㇅̌) により hari-kari ともいう): perform [commit] ~ 切腹する. 〖Jpn〗

ha·ram /hé(ə)rəm | hɑːrəm/ 形 イスラム法によって禁止されている.

ha·rangue /həræŋ/ 图 (聴衆などを非難したりする)長い演説, 長広舌. ― 動 他〈人に〉長広舌をふるう, 長いお説教をする. ― 自 長広舌をふるう; 長いお説教をする.

Ha·ra·re /hərɑːri/ 图 ハラレ《ジンバブウェの首都; 旧称 Salisbury》.

***ha·rass** /hərǽs, hǽrəs | hǽrəs, hərǽs/ 動 他〈人を〉(しつこく)悩ます, 困らせる, うるさがらせる, 苦しめる (★しばしば受身; cf. harassed 1): He *was ~ed by* [*with*] crank calls. いたずら電話に悩まされた / I *was ~ed by* [*with*] debt(s). 借金で頭を悩ましていた. ❷ 《間断なく攻撃して》〈…を〉悩ます (harry): Our advance was ~ed by the enemy. わが軍の前進は相次ぐ敵の攻撃ではばまれた. ~·er 图 〖F;犬をけしかける時の叫び声から〗(图 harassment)

***ha·rássed** 形 ❶ ひどく悩んだ, 不安[心配]な: She has a ~ look. 彼女は不安顔をしている. ❷ 疲れ果てた: You look very ~. とてもお疲れの様子ですね.

***ha·rass·ment** /hərǽsmənt, hǽrəs- | hǽrəs-, hərǽs-/ 图 Ⓤ ❶ 悩ます[悩まされる]こと; いやがらせ: sexual ~ 性的いやがらせ, セクハラ. (動 harass)

har·bin·ger /hɑ́əbɪndʒə | hɑ́ːbɪndʒə/ 图 ❶ 先駆者. ❷ 先ぶれ, 前兆〔*of*〕(herald).

***har·bor** /hɑ́əbə | hɑ́ːbə/ 图 ⒸⓊ 港 【解説】避難·保護のイメージをもつ: a natural ~ 天然港 / an artificial ~ 人工港 / enter (a) ~ 入港する / We were in ~ for a week. 私たちは1週間寄港した. ❷ 避難所, 隠れ場, 潜伏所: give ~ to... 〈罪人などを〉かくまう. ― 動 他 ❶〈罪人などを〉かくまう: ~ a murderer 殺人犯をかくまう. ❷〈悪意·思想などを〉(長く)心中に抱く: We all ~ fears about the future. 我々はみな将来に不安を抱いている. ― 自 〈船が〉港に避難[停泊]する. ~·er [-bərə | -rə] 图 〖OE = (軍隊の)避難所〗【類義語】**harbor** 風や大波を防ぐような地形に囲まれている港; 避難·保護を暗示する. **port** 商船などが客の乗降や荷役を行なう港で, 港湾施設やその付近の町なども含めることが多い.

har·bor·age /hɑ́əbərɪdʒ | hɑ́ː-/ 图 ❶ Ⓤ 避難, 保護.

❷ ⓒ (船の)避難所, 停泊所.
hárbor・màster 图 港務部長.
hárbor pòrpoise 图 ネズミイルカ.
hárbor sèal 图《動》ゼニガタアザラシ《北大西洋・北太平洋沿岸産》.
har・bour /hάɚbɚ | hάːbə/ 图 動《英》=harbor.

＊hard /hάɚd | hάːd/ 形 (~・er; ~・est) Ⓐ ❶〈ものが〉(切ったり曲げたりしにくく)堅い, 硬い, 固い (↔ soft), 硬質の;〈本が〉ハードカバーの: a ~ bed (クッションの)硬いベッド / ~ rubber 硬質ゴム / a ~ knot 固結び / ⇒ hard shoulder / get [become] ~ 堅くなる / boil eggs ~ 卵を固くゆでる.
❷〈気質・行為など〉激しい, 厳しい; 無情な, 冷酷な; つらい, 耐えがたい (tough): a ~ heart 無情な / a ~ person つれない人 / a ~ look 厳しい表情[目つき] (cf. 5 b) / a ~ bunch of boys したたかな少年の一団 / ~ dealing 虐待 / a ~ judge 厳しい判事 / No ~ feelings! 《口》悪く思わないで(ください) / a ~ life つらい生活[生涯] / ~ times 不景気(の時).
❸ 猛烈な, 過度の;〈天候など〉厳しい, 荒れた: a ~ blow 強打 / a ~ fight 悪戦苦闘 / ~ drinking 大酒 / a ~ drinker 酒の強い人, 酒豪 / ⇒ hard sell / a ~ winter 厳冬 / a ~ frost ひどい霜.
❹ Ⓐ〈人が〉熱心な, 勤勉な: a ~ worker 勤勉家, 勉強家《比較》「勉強家」の意味では a hard student とは言わない》/ try [do] one's ~est 精いっぱい努力する / be ~ at work [one's studies] 仕事[勉強]に精を出す.
❺ Ⓐ **a**〈事実・証拠など〉厳然たる, 確実な, 信頼性のある; 冷静な, 現実的な:~ facts [evidence] 動かぬ事実[証拠] / ~ thinking 冷静な思考 / a ~ view of life (あくまでも)現実的な人生観 / ~ common sense 冷静で良識ある判断. **b**〈観察など〉鋭い, 綿密な: take a ~ look at ...(改善などのために)〈計画など〉を綿密に検討する (cf. 2).
❻ **a**〈音など〉耳障りな, 金属性の. **b**〈色・輪郭など〉くっきりしすぎる, きつすぎる.
❼〈水が〉硬質の(せっけんがよく溶けない), 硬水の, 塩分を含む (↔ soft).
❽〈酒が〉アルコール分の多い, 強い (22.6% 以上のアルコール分を含む): ~ liquor [drink]=(口) the ~ stuff 強い酒(ウイスキーなど) / ~ cider リンゴ酒.
❾ (比較なし) **a**〈麻薬など〉有害で習慣性のある《heroin, morphine など; cf. soft 11 a》: a ~ drug 中毒性幻覚剤. **b**〈ポルノなど〉性描写が露骨な (↔ soft).
❿ (比較なし)《音声》〈c, g が〉硬音の《a, o, u の前でそれぞれ /k/ /g/と発音されるにいう; cf. soft 13》.
⓫《俗》〈ペニスが〉勃起した.
⓬《商》〈市価など〉強気の (↔ soft).
── Ⓑ 難しい, 骨の折れる (↔ easy): a ~ problem 難問 / a ~ task 骨の折れる仕事 / ~ work つらい仕事 / I find it ~ to believe this. これはどうも信じがたい / This math problem is too ~ for me. この数学の問題は私には難しすぎる / [+to do] That fence is ~ to climb over. その垣根は乗り越えにくい《変換》That fence が climb over の目的語の関係に立つ場合の表現で, It's ~ to climb over that fence. と書き換え可能》/ He's ~ to convince.=He's a ~ man to convince. 彼を納得させるのは難しい / I find his attitude ~ to take. 彼の態度は受け入れ難い.
(as) hárd as náils ⇒ nail 图 成句. **(as) hárd as stóne** ⇒ stone 图 成句. **be hárd on ...** (1)〈人〉につらく当たって: He's ~ on his daughter. 彼は娘につらく当たる / His parents' divorce was ~ on him. 両親の離婚は彼にひどくこたえた[にとってつらかった]. (2)〈靴・服などを〉早くすり減らす: That boy is ~ on his clothes. あの子は衣服を(乱暴に着て)すぐにだめにしてしまう. (3)〈人に〉悪い: This medicine can be ~ on your stomach. この薬で胃が悪化する可能性があります. **gíve ... a hárd tíme** ...をつらい目にあわせる. **hárd of héaring** 難聴で, 耳が遠くて. **pláy hárd to gét** ⇒ play 動 成句. **the hárd wày** (1) 苦労しながら, 難儀して: do things the ~ way 物事をこつこつとやる / He learned German the ~ way. 彼はドイツ語を苦労して[ようやく]学んだ. (2) (苦い)経験によって.
── 副 (~・er; ~・est) ❶ 一生懸命に, 骨を折って, 熱

心に《比較》hardly と間違えないように注意): try ~ 精いっぱいやってみる / work ~ 一生懸命に働く[勉強する] / think ~ 一心に考える / breathe ~ 息づかいが荒い. **b** [複合語で]骨を折って, 苦労して: hard-earned 苦労して稼いだ / hard-sought 苦労して求めた. ❷ **a** 激しく, ひどく: hit a person ~ 人をひどく殴る / It's raining [blowing] ~. 激しく雨が降っている[風が吹いている] / He drinks ~. 彼は大酒を飲む. **b** じっと, 熱心に, 批判的に: look ~ at a person 人を(わけあって)じっと見つめる. ❸ しっかりと, 固く: Hold on ~! しっかりつかまれ / The lake was frozen ~. その湖は固く凍った. ❹《文》接近して, すぐ近くに: ~ by すぐ近くに / follow ~ after a person 人のすぐ後についていく / follow ~ on [upon] ...のすぐ後について いく / ~ on a person's heels 人の後にぴたりとついて. **be hárd dóne bỳ** 不当に扱われている. **be hárd hít** ⇒ hit 動 4 a. **be hárd préssed** (1) ひどく忙しい;(...に)ひどく困っている, 窮している: I'm ~ pressed for time [money]. 時間[金]がなくてひどく困っている. (2) [be ~ pressed (to it) で]=be HARD put 成句. **be hárd pút (to it)** ひどく困っている: He was ~ put (to it) to raise the money. 彼はその金を工面するのに苦労していた / We are ~ put to finish the job on time. 仕事を締め切りに間に合うように仕上げるのに大弱りだ. **be hárd úp** (...に)欠乏して[困っている]: I'm ~ up for cash, right now. 今現金がなくて困っている. **díe hárd** ⇒ die¹成句. **drìve a (hárd) bárgain** ⇒ bargain 图 成句. **feél hárd dóne bý** 怒って[気を悪くして]いる. **gò hárd with a person** [it を主語として] 人をつらい目にあわせる: It will go hard with him if he fails. 失敗したら彼はとんでもないことになるだろう. **hárd and fást** 固く, しっかりと; 堅固に: The boat was tied up ~ and fast. ボートはしっかりとつなぎ留められた(ていた). **hárd át it** 全力で, 一所懸命に. **take ... hárd** ...を深刻に受けとめる, ショックを受ける: He took his mother's death very ~. 彼は母の死に大変なショックを受けた / He took it very ~ that you didn't tell him of your marriage. 君が結婚のことを彼に話さなかったので彼はひどく気にした.
《OE》《動 harden, 图 hardship》
【類義語】(1) ⇒ firm¹. (2) **hard** 一般的な語; 肉体的・精神的な努力を必要とする. **difficult** 一般の努力よりむしろ特別の知識・技術・判断力などを必要とする.

hárd-and-fást 形 Ⓐ〈規則など〉修正のきかない, 厳重な: a ~ rule 厳重な規則.
hárd-àss《卑》图 形 きびしい[四の五の言わせない](やつ), 妥協しない(やつ).
hárd-bàck 图 形 =hardcover.
hárd-bàll 图《野》硬球. **pláy hárdball** 扱いが厳しい; 本気である. ── 形 ❶ 厳しい, 冷酷な. ❷ 歯に衣(ぎぬ)着せぬ; 無情な.
hárd-bítten 形 ❶〈人が〉(特に, 厳しい体験によって)鍛え抜かれた, 百戦練磨の. ❷ がんこな, 強情な.
hárd-bòard 图 Ⓤ《建》ハードボード, 硬質繊維板《壁板・床板・家具用など》.
†**hárd-bóiled** 形 ❶〈卵など〉固くゆでた, 固ゆでの (cf. soft-boiled). ❷ **a** 無感情の, ドライな. **b**《米》現実的な, ちゃっかりした. **c**〈文学・作風〉非情な, ハードボイルドの《解説》感傷を排した簡潔な会話運び, 冷酷非情な態度などを特徴とする 20 世紀米国小説のひとつのタイプ): novels of the ~ school ハードボイルド派の小説.
hárd-bòund 形 =hardcover.
hárd cándy 图《米》あめ玉.
hárd cásh 图 Ⓤ (小切手・手形に対して)現金, 正金 ((米) cold cash).
hárd-chárging 形 攻撃的に[ガンガン]突き進む, 野心的な.
hárd cóal 图 Ⓤ 無煙炭.
hárd-códe 動《電算》〈プログラムの中で〉データなどを変更できないコードに[組む].
hárd cópy 图《電算》ハードコピー《プリントアウトされた記録》.

†**hárd córe** 名 ❶ [単数形で; 集合的; 単数または複数扱い] (党派などの)中核派. ❷ Ⓤ ハードコア(パンクロックから発展した音楽の一種; テンポが早く, 攻撃的な歌と演奏を特徴とする). ❸ [通例 hardcore] Ⓤ (英)道路の底石(れんがや石のかけら).

†**hárd-còre** 形 ❶ 徹底した, 筋金入りの: a ~ ideologist 徹底した観念論者. ❷ (ポルノ映画・小説など)極端に露骨な, そのものずばりの. ❸ 〈音楽が〉ハードコアの. ❹ 治癒不可能に見える, 慢性的な: ~ unemployment 慢性的失業.

hárd cóurt 名 【テニス】 ハードコート(アスファルト・コンクリートなどで固めたテニスコート; cf. clay court, grass court).
hárd-còurt 形

†**hárd-còver** 名 ❶ (米) 硬い表紙の本, ハードカバー(hardback). ❷ Ⓤ ハードカバー版. ── 形 硬い表紙の, 本装丁の, ハードカバーの.

†**hárd cúrrency** 名 ⓊⒸ 【経】硬貨(金にはと金の裏付けのある貨幣と交換可能な通貨; ↔ soft currency).

hárd dísk 名 【電算】ハードディスク.
hárd-drínking 形 大酒飲みの.
hárd drìve 名 【電算】ハードディスク装置.
hárd-éarned 形 骨折ってもうけた[手に入れた].
hárd-édged 形 輪郭のくっきりした, 鋭い, 厳しい, 硬質の.

*__hárd·en__ /hάɚdn | háːd(ə)n/ 動 ❶ 〈...を〉硬くする, 硬化させる (↔ soften): ~ steel (焼きを入れて)鋼を硬くする. ❷ 〔...に対して〕〈人・性格などを〉無情にする, 硬化させる; 〈人を〉〔...に対して〕無感覚にする 〈hardened 2〉: ~ one's heart [oneself] against [toward]...に対して心を無情[鬼]にする. ❸ 〈体などを〉強くする, 鍛練する, 鍛える. ❹ 〈水を〉硬質にする (★ しばしば受身). ── 自 ❶ a 〈ものが〉硬くなる, 固まる; 強固になる. b 〈顔の表情が〉硬くなる, 緊張する; 無情になる, 無感覚になる: His face ~ed into an expression of anger. 彼の顔にはこわばり怒った表情になった. ❷ 〈水の硬度が〉増す (⇨ hard).

hárd·ened 形 ❶ 硬化した, 硬く[強く]なった. ❷ 無情の, 冷淡な, 面(の)の皮の厚い; 〔...に〕無感覚になった, 鈍感な, 〈心の〉麻痺した: get ~ to television テレビ慣れする / He had been ~ to all shame. 彼は恥を恥としない人間になっていた. ❸ 常習的な, 札つきの: a ~ criminal 常習犯. ❹ 鍛練された: a ~ soldier 鍛えぬいた兵士.

hárd·en·er /-dənɚ, -dnɚ | -nə/ 名 硬くするもの, (ペンキ・ワニスなどの)硬化(促進)剤.

hárd·en·ing /-dəniŋ | háː-/ 名 Ⓤ ❶ 硬化; 硬化剤. ❷ 【医】硬化症: ~ of the arteries 動脈硬化(症).

hárd-físted 形 ❶ (労働して)手が硬い. ❷ けちな, 握り屋の.

hárd hát 名 ❶ 安全帽, ヘルメット. ❷ (米) 建設関係の労働者. ❸ 《口》労働者階級の保守主義者.

hárd héad 名 ❶ 【魚】頭部の堅い(ニベ科の)魚. ❷ 【鳥】オーストラリアメジロガモ(ハジロ属). ❸ [~s で; 単数扱い] 【植】=knapweed.

hárd-héad·ed 形 ❶ (仕事面などで)実際的な, 現実的な. ❷ がんこな, 石頭の.

hárd-héart·ed 形 無情な, 冷酷な (↔ soft-hearted). ~·ly 副 ~·ness 名

hárd-hít 形 (不幸・災害などで)ひどい打撃を受けた.
†**hárd-hítting** 形 パンチのきいた, 強力な.

hárd hòuse 名 Ⓤ ハードハウス (4つ打ちと不規則なベースラインを特徴とするテンポの速い元気なハウスミュージック).

har·di·hood /hάɚdihùd | háː-/ 名 Ⓤ 大胆, ずぶとさ, 厚かましさ: He had the ~ to defend his rights. 大胆にも自分の権利を擁護した. 《HARDY+-HOOD》

hár·di·ly /-dəli/ 副 大胆に, ずうずうしく(も).

Har·ding /hάɚdiŋ | háː-/ 名 , Warren G(a·ma·li·el) /-gəmérliəl/ 名 ハーディング (1865-1923; 米国の第 29 代大統領).

hárd lábor 名 Ⓤ (刑罰としての)重労働: five years at ~ = five years' ~ 重労働 5 年.

hárd léft 名 ❶ [the ~; 集合的; 単数または複数扱い] (主に英)極左(勢力). ❷ Ⓒ 急な左折.

†**hárd líne** 名 (政治などの)強硬路線 (★ 通例次の句で): take a ~ 強硬路線をとる.
hárd-líne 形 Ⓐ 強硬路線(上)の: a ~ policy 強硬政策.
†**hárd-lín·er** 名 強硬路線の人.

hárd línes 名 Ⓤ (英口)不幸, 不運: H~! 運が悪かったね! (hard luck) (同情の表現).

hárd lúck 名 Ⓤ 不幸, 不運 (bad luck, tough luck): have ~ 不運である / That's ~! なんて(お)気の毒! / H~! 運が悪かったね!, 残念だったね! (hard lines)

hárd-lúck stóry 名 (同情を引くための)哀れっぽい身の上話.

‡**hárd·ly** /hάɚdli | háːd-/ 副 ❶ ほとんど...でない[しない], とても...ない (比較 hard 副と間違えないように注意): I can ~ believe it. ほとんど信じられない / I gained ~ anything. ほとんど何も得なかった / I had ~ any money was left. お金はほとんど残っていなかった / H~ anybody came. ほとんどだれも来なかった.

> 語法 hardly 1 の文中での最も普通の位置は一般には被修飾語の前であるが, 助動詞が(いくつか)用いられている時には, 普通その(初めの助動詞)の後となる.
> (1) 形容詞の前: That's *hardly* true. (それはまず本当ではない) / I had *hardly* any time. (ほとんど時間がなかった).
> (2) 代名詞の前: *Hardly* anybody noticed it. (ほとんどだれもそれに気づかなかったのだ).
> (3) 副詞の前: He *hardly* ever reads books now. (彼は今ではめったに本を読まない).
> (4) 動詞の前: I *hardly* know how to explain it. (それをどう説明してよいかわからないほどです).
> (5) 助動詞の後: You would *hardly* have recognized him. (彼だとはわからないくらいだったろう).

❷ まず...しそうもない, とても...ない: This is ~ the time for complaining. 今文句を言う場合[時期]ではない / I can ~ demand money from him. とても彼から金を要求できない / It is ~ surprising that she told a lie. 彼女がうそをついたって大して驚きではないうそをついたのは無理もない) / He is ~ likely to come. 彼はまず来ないでしょう.

hárdly éver ⇨ ever 副. 成句. **hárdly...when [befòre]** ...するが早いか (cf. SCARCELY...when [before]...), **no sóoner...than...**. 成句. The door *had* ~ shut [H~ *had* the door shut] *when* he called me back. 戸が閉まったかと思った時に彼は私を呼び戻した (★ hardly が文頭にくるときは文語的表現). 《HARD +-LY¹》 《類義語》 **hardly** 余裕がまったくないことを表わし, とても否定の意味に近い. **scarcely** 大体同じ意味だが, hardly のほうが普通に用いられる. **barely** これは完全に否定的な意味は弱い.

hárd mòney 名 候補者に直接寄せられる選挙運動資金(政府の規制の対象となる).

hárd·ness 名 ❶ 堅[固, 硬]いこと, 堅[固, 硬]さ. ❷ Ⓤ (金属・鉱物・水などの)硬度. ❸ Ⓤ 困難, 難解. ❹ ⓊⒸ 冷たさ, 無情, 冷淡: There was a ~ in her eyes. 彼女の目には冷たさがあった.

hárd-nósed 形 《口》❶ 強情な, 鼻っぱしらの強い. ❷ 抜けめのない, 実際的な.

hárd nút 名《英俗》強情な人.
hárd-ón 名《俗・卑》勃起(の").

hárd pád 名 Ⓤ 【獣医】(犬の)硬蹠症(肉趾と鼻の皮膚が硬化し肺炎・下痢を伴う, ジステンパーに似た重症).

hárd pálate 名 [the ~] 硬口蓋(ば) (↔ soft palate).
hárd·pàn 名 Ⓤ 硬土層(柔らかい土の下の粘土・硬い砂・小石などの硬い地層).

hárd páste 名 硬磁器, ハードペースト (cf. soft paste).
†**hárd-préssed** 形 追い詰められた, せっぱ詰まった.
hárd ríght 名 ❶ [the ~; 集合的; 単数または複数扱い] (主に英)極右(勢力). ❷ Ⓒ 急な右折.

hárd róck 名 Ⓤ ハードロック(強烈なビートと大出力のサウンドのロック音楽).

hárd sàuce 名 Ⓤ ハードソース(バターと砂糖を混ぜ合わせてクリーム状にし, ラム[ブランデー, バニラなど]で香りをつけたもの; パイ・プディングなどにかける).

hárd scíence 名 ハードサイエンス《自然科学のこと; cf. soft science》.

hárd-scrábble 形《米》懸命に働いてもあまり収入のない, 割に合わない.

hárd séll 名《単数形で; 通例 the ~》強引な販売(法), ハードセル《数字や統計で商品のよさを直接的に強く訴える販売[広告](法)》; ↔ soft sell》.

hárd-sét 形 ❶ 硬くなった; 固まった. ❷ 決心の固い; 強情な, がんこな. ❸ 生垣に似た.

hárd-shéll(ed) 形 ❶ 殻の固い. ❷《口》自説をまげない, 妥協しない.

*__hárd·ship__ /háːdʃɪp | háːd-/ 名 U.C 難儀, 辛苦, 困苦, 欠乏《経済的な窮乏, 重労働, その他耐えがたいほどの苦しい生活条件など》: bear [suffer] ~ 苦難に耐える / the ~s of poverty 貧困による生活苦. (形 hard)【類義語】⇒ difficulty.

hárd shóulder 名《英》硬路肩《《米》breakdown lane》.

hárd·stànd 名 ハードスタンド《重量車両・飛行機などの舗装駐車[機]場》.

hárd·stánding 名 =hardstand.

hárd stóne 名 U ハードストーン《不透明の準貴石; 装身具やモザイクに使用》.

hárd-tàck 名 U 堅パン《もと陸・海軍の糧食》.

hárd-tóp 名 ハードトップ《ルーフが金属製で, 窓を分ける枠のない自動車》.

*__hárd·ware__ /háːdwèə | háːdwèə/ 名 U ❶《電算》ハードウェア《ソフトに対しコンピュータ本体の機材・設備などの総称; cf. software 1》. ❷ 金物類, 鉄器類《ironmongery》: a ~ store 金物店《金物だけでなく, 置き時計や電気器具なども販売する》. ❸《軍用の》兵器[機材]類.

hárdware dèaler 名《米》金物商《《英》ironmonger》《工具・園芸用品なども扱う》.

hárd·wèar·ing 形《英》〈衣服など〉長もちする《durable,《米》longwearing》.

hárd whéat 名 U 硬質小麦《グルテン含有量の多い小麦; マカロニ・パン用; cf. soft wheat》.

hárd-wíred 形 ❶《電算》〈論理回路がソフトウェアによらず〉ハードウェアにより実現されている. ❷〈行動様式が〉生来の, 変化しにくい, 組み込まれた. __hárd-wíre__ 動 他

†__hárd·wòod__ 名 ❶ C 硬材, 堅木《oak, cherry, ebony, mahogany など》. ❷ C 広葉樹: tropical ~s 熱帯広葉樹.

hárd wórd 名 ★ 次の成句で. **pùt the hárd wórd on** a **pérson**《豪俗・ニュ俗》〈人〉に頼みごとをする, ...に金銭的な[性的な]要求をする, ...に言い寄る.

hárd-wórking 形 勤勉な, 働き者の, 勉強家の.

*__hár·dy__ /háːdi | háː-/ 形 (hár·di·er; -di·est) ❶ a〈人・動物が〉苦難に耐えられる, 丈夫な, 頑健な. b〈植物など〉耐寒性の: ⇒ hardy annual / ⇒ half-hardy. ❷ 大胆な, 度胸のよい; ずぶとい, 厚かましい.

hár·di·ness 名 【HARD+-Y²】

Har·dy /háːdi | háː-/, Thomas 名 ハーディ《1840-1928; 英国の小説家・詩人》.

hárdy ánnual 名 ❶ 耐寒性一年生植物. ❷《戯言》決まって出てくる問題.

†__hare__ /héə | héə/ 名 ❶ ノウサギ《⇒ rabbit 【解説】》: First catch your ~ (then cook him).《諺》まず現物を手に入れよ《料理はそれから》, まず事実を確かめよ,「とらぬ狸の皮算用」. ❷《紙ばさ遊び《hare and hounds》のウサギ役. (as) mád as a (Márch) háre《3月の交尾期のウサギのように》狂気じみた, 気むずかしい, 乱暴な. rún with the háre and húnt with the hóunds 定見[節操]なしに, 内または青葉(ミス)である. stárt a háre 《議論などで》主題をそらす, 関係のない問題を持ち出す. ━ 動《英口》疾走する, 脱兎のごとく走り去る《off, away》.

háre and hóunds 名 U 紙ばさ遊び《ウサギになって紙片をまき散らしながら逃げる二人を他の大勢が猟犬になって追いかける子供の遊戯》.

háre and tórtoise 名 U ウサギとカメの《競走》《才能はあるが頑張りがものをいうゲーム・仕事・事業など》.

háre·bèll 名《植》イトシャジン《夏から秋にかけて薄青の花を開く; cf. bluebell》.

háre·bráined 形 とっぴな; 軽はずみな.

Ha·re Krísh·na /háːri krɪ́ʃnə/ 名 ハーレー[ハーレー]クリシュナ教徒《1966年米国で始まった古代インドの聖典 Veda に基づく新興宗教で, 男は黄色の長衣に頭頂部分を丸く残して剃り髪にする; 女は同色のサリーを身につける》.

háre·líp 名 U《また a ~》三つ口, 兎唇(ミネヘ).

háre·lípped 形 三つ口の, 兎唇の.

har·em /héə(ə)rəm | hάːriːm/ 名 ❶ **a** ハーレム《イスラム教国の婦人部屋》. **b** 婦人部屋の女たち. ❷《動》《1匹の雄に支配される》雌の群れ. 【Arab=禁じられた場所】

hárem pànts 名 複 ハーレムパンツ《ゆったりした女性用ズボンでくるぶしで締めるもの》.

háre's-fóot (tréfoil) 名《植》シャグマハギ《シャジクソウ属の植物》.

háre's-tàil 名《また háre's-tàil gràss》《植》ウサギノオ, ラグラス, ラグルス《地中海沿岸地方原産のイネ科の一年草; ウサギの尾に似た白っぽい卵形の柔らかい花穂を出し, 主にドライフラワーに用いられる》.

háre·wòod 名 U シカモア材, カエデ材《高級家具材》.

har·i·cót /hǽrɪkòu | -kòu/ 名 =haricot bean.

háricot bèan 名 インゲンマメ《《米》navy bean》.

ha·ri·jan /hǽrɪdʒən | hʌ́ri-/ 名《しばしば H~》太陽[神]の子, ハリジャン《Gandhi が不可触民《untouchable》に対して付けた名称》.

ha·ri·ka·ri /hǽrikʌ́ːri/ 名 =hara-kiri.

Har·ing /héərɪŋ/, **Keith** /kíːθ/ 名 ヘリング《1958-90; 米国の画家》.

Har·in·gey /hǽrɪŋgèɪ/ 名 ハリンゲー《London の自治区の一つ》.

ha·ris·sa /hərɪ́sə/ 名 U《料理》アリサ《トウガラシ・パプリカ・オリーブ油で作る北アフリカの辛いソース[ペースト]》.

*__hark__ /háːk | háːk/ 動 自《主に命令文で》《文》聞け: Just ~ at him! 《反語的に》《英口》まあ彼の言うことを聞いてごらん《あきれて物が言えない》! 謹聴, 謹聴! **hárk báck**《⟨⟩+副》(1)〈猟犬が〉臭跡を捜しに元の道を戻る. (2)〈もとの考え・話などに〉戻る: ~ **back to** one's childhood [**the past**] 幼年時代[過去]の話に立ち返る.

hark·en /háːk(ə)n | háː-/ 動 自他 =hearken.

Har·lem /háːləm | háː-/ 名 ハーレム《New York 市 Manhattan 島の北東部, 黒人居住区域》.

har·le·quin /háːlɪk(w)ɪn | háːlɪ-/ 名 ❶《しばしば H~》ハーレクィン《pantomime 劇の主役, Pantaloon の下男で Columbine の恋人》. ❷ 道化者.

har·le·quin·ade /hʌ̀ːlɪk(w)ənéɪd | hʌ̀ː-/ 名 ❶《pantomime 劇》ハーレクィンの出る幕[劇]. ❷ 道化, 茶番.

hárlequin fish 名《魚》バウオ《東南アジアの淡水産の熱帯魚, 体の中央から尾がけて濃紺の小さな斑模様がある》.

Hár·ley Strèet /háːli- | háː-/ 名 ハーレー街《London の一流の医師が開業している》.

hár·lot /háːlət | háː-/ 名《古》売春婦.

hár·lot·ry /háːlətri | háː-/ 名 U.C《古》売春(行為); ふしだらな女ども, 売春婦たち.

*__harm__ /háːm | háːm/ 名 ❶《精神的・肉体的・物質的な》害, 傷害, 危害《injury》: Bad books do more ~ than bad companions. 悪書は悪友より有害である / He has done more ~ than good. 彼は役に立つどころかかえって害になる / No ~ done. 被害[けが]なし; 大丈夫です / I meant no ~. 悪意があってした[言った]のではありません. ❷《...することの》不都合, さしつかえ, 悪いこと: I see [There's] no ~ **in** let*ting* her try. 彼女にやらせてみても悪いことはない / What [Where] is the ~ **in** accept*ing* the proposal? その申し込みを受け入れて何が[どこが]悪いのか. **còme to hárm**《通例否定文で》ひどい目にあう, 危害を受ける, 悪い影響を受ける: He'll *come to* no ~ **in** her hands. 彼は彼女に任せても大丈夫だろう. **òut of hárm's wáy** 安全な所に, 無事に. ━ 動 他《...を》害する, 傷つける, そこなう: Most animals won't ~ you unless they are frightened. たいていの動物はおびやかさ

ことのないかぎり(人に)危害を加えることはしない: would nót hárm a flý ⇒ fly² 成句. 《OE》 (形 harmful) 【類義語】⇒ injure.

har·mat·tan /hàəmətén | hɑːmǽtn/ 名 [しばしば H-] [気] ハルマッタン 《11月から3月の間アフリカの内陸から西海岸へ吹く乾燥した熱風》.

***harm·ful** /háəmf(ə)l | háːm-/ 形 (more ~; most ~) 有害な (damaging; ↔ harmless): a ~ insect 害虫 / Too much drinking is ~ to your health. 飲みすぎは健康によくない. ~·ly 副 -fəli/ 副. ~·ness 名 (動 harm)

***harm·less** /háəmləs | háːm-/ 形 無害な, 害を与えない [及ぼさない] (↔ harmful): a ~ insect [snake] 無害な昆虫[ヘビ] / This drug is ~ to pets and people. この薬剤はペットや人間には害を与えない. ~·ly 副. ~·ness 名

har·mon·ic /hɑəmánɪk | hɑːmɔ́n-/ 形 ❶ 調和の; 調和的な. ❷ [楽] a ~ tone 倍音. — 名 ❶ [通例複数形で] [理・楽] 倍音 (overtone). ❷ [楽] 《弦楽器のフラジョレット音, ハーモニクス. **har·món·i·cal·ly** /-kəli/ 副 (名 harmony)

har·mon·i·ca /hɑəmánɪkə | hɑːmɔ́n-/ 名 ハーモニカ (mouth organ).

harmónic mínor scále 名 [楽] 和声的短音階.

har·mónic mótion 名 [U] [理] 調和運動.

harmónic progréssion 名 ❶ [数] 調和数列. ❷ [楽] 和音連結.

har·mon·ics /hɑəmánɪks | hɑːmɔ́n-/ 名 [U] [楽] 和声学 (harmony の性質・作曲技法の研究).

harmónic séries 名 ❶ [数] 調和級数. ❷ [理・楽] 倍音列.

har·mo·ni·ous /hɑəmóuniəs | hɑː-/ 形 (more ~; most ~) ❶ a ~ 調和した: ~ colors 調和のとれた色合い. b 仲のよい, むつまじい: a ~ family [couple] 仲むつまじい家族[夫婦]. ❷ [楽] 和声の; 協和的な, 調子のよい. ~·ly 副. ~·ness 名 (名 harmony)

har·mo·nist /háəmənɪst | háː-/ 名 和声法に長じた音楽家, 和声家; 和声学者.

har·mo·ni·um /hɑəmóuniəm | hɑː-/ 名 ハーモニウム 《リードオルガン (reed organ) の一種; 空気を押し出してリードを鳴らす》.

har·mo·ni·za·tion /hàəmənɪzéɪʃən | hàːmənaɪz-/ 名 [U] 調和化; 一致, 和合.

***har·mo·nize** /háəmənàɪz | háː-/ 動 ❶ 〈相違しているものを〉調和[和合]させる: ~ two different opinions 二つの違った意見を和合させる / ~ one's ideas *with* reality 考えを現実と一致させる. ❷ [楽] 〈…に〉調和音を加える: ~ a melody 旋律に(低音の)和音を加える. — 自 ❶ 〈色・スタイルなどが〉調和する, 配合がよい, (似)合う: The building ~*s with* its surroundings. その建物は周囲と調和している. ❷ [楽] 調和音を加える. (名 harmony)

***har·mo·ny** /háəməni | háː-/ 名 ❶ [U] [時に a ~] 調和, 一致, 和合: in [out of] ~ (with...) (...と)調和して[しないで]. ❷ [U,C] [楽] 和声, 和音, ハーモニー (↔ discord). the hármony of the sphéres =the MUSIC of the spheres 成句. 《F<L<Gk=接合, 連結, 一致》 (形 harmonic, harmonious, 動 harmonize)

har·ness /háənəs | háː-/ 名 [C,U] [通例単数形で] ❶ (馬車馬の)馬具. ❷ 馬具に似たもの《赤ん坊の革ひも・パラシュートの背負い革など》. **in hárness** (1) 仕事について, 仕事中: die *in* ~ 働きながら死ぬ. (2) 共働きして. — 動 他 ❶ 〈馬に〉馬具をつける, 馬具でつなぐ: ~ (*up*) a horse *to* a carriage 馬を馬車につなぐ. ❷ 〈...の〉自然力を動力化する〈自然力を利用する〉: The Aswan Dam ~ *es* the waters of) the Nile. アスワンダムはナイル川(の水流)を利用した. 《F=武具〈ON》

hárness rácing 名 [U] 繋駕(けいが)競走《二輪馬車 (sulky) を引かせて行なう競馬》.

Har·old /hǽrəld/ 名 ハロルド《男性名; 愛称 Hal》.

†**harp** /háəp | háːp/ 名 ❶ ハープ, 竪琴(たてごと). ❷ 《口》 ハーモニカ. — 動 自 ハープをひく. **harp on** [(自+前)~ on...] (1) ...(のつらさ[悲しさ])を繰り

返し[しつこく]訴える, (くどくど)むし返す 《★受身形): ~ *on* the need for reform 改革の必要性を耳にたこができるほど繰り返す. — 他 (2) 〈くどくど言う〉: Why do you keep ~*ing on about* the same grievance? どうしていつも同じ苦情ばかり言っているのか.

hárp·er 名 ハープ奏者.

Hár·per's Férry /háəpəz- | háːpəz-/ 名 ハーパーズフェリー《West Virginia 州北東部の村; 1859年 John Brown がここの兵器庫を襲撃した》.

hárp·ist /-pɪst/ 名 ハープ奏者.

har·poon /hɑəpúːn | hɑː-/ 名 (捕鯨用の)もり. — 動 他 〈クジラなどに〉もりを打ち込む. ~·er 名

hárp sèal 名 [動] タテゴトアザラシ, ハープアザラシ.

harp·si·chord /háəpsɪkɔ̀əd | háːpsɪkɔ̀ːd/ 名 ハープシコード, チェンバロ《ピアノの前身で16-18世紀に盛んに用いられ, 現在も用いられている鍵盤(けんばん)楽器》.

har·py /háəpi | háː-/ 名 ❶ [通例 H-] 【ギ神】 ハーピー, ハルピュイア《顔と体が女で鳥の翼とつめを持った貪欲な怪物の一つ》. ❷ 強欲な人; 性悪(しょうわる)女.

har·que·bus /háəkwɪbəs, -bəs | háːkwɪbəs/ 名 (昔の)火なわ銃.

har·ri·dan /hǽrədn | -rɪ-/ 名 意地悪ばばあ, 鬼ばば.

har·ried /hǽrid/ 形 苦しんでいる, 苦境にある.

har·ri·er¹ /hǽriə | -riə/ 名 ❶ ハリヤー(犬) 《foxhound より小型でウサギ狩り用の犬》. ❷ クロスカントリー走者. 《HARE+-IER》

har·ri·er² /hǽriə | -riə/ 名 ❶ 悩ます者. ❷ 略奪者, 侵略者. 《HARRY+-ER¹》

Har·ri·et, Har·ri·ot /hǽriət/ 名 ハリエット《女性名; 愛称 Hatty》.

Har·ris /hǽris/, **Joel Chandler** 名 ハリス (1848–1908; 米国の作家).

Har·ris·burg /hǽrisbə̀ːg | -bə̀ːg/ 名 ハリスバーグ《米国 Pennsylvania 州の州都》.

Har·ri·son /hǽrəs(ə)n/, **Benjamin** 名 ハリソン (1833–1901; 米国の第23代大統領 (1889–93)).

Harrison, **William Henry** 名 ハリソン (1773–1841; Benjamin の祖父; 米国第9代大統領 (1841)).

Hárris twéed 名 [U] [しばしば H~ T~] [商標] ハリスツイード《スコットランド Outer Hebrides 諸島の特に Lewis with Harris 島産の手紡ぎ・手織り・手染めのツイード》.

Har·rods /hǽrədz/ 名 ハロッズ《London の代表的な百貨店》.

Har·ro·vi·an /hərúviən/ 形 ハロー校 (Harrow School) の. — 名 ハロー校の出身者[校友].

har·row /hǽrou/ 名 まぐわ《土をかきならす農具》. — 動 他 ❶ 〈土地に〉まぐわをかける, 〈...を〉まぐわでならす. ❷ 〈人を〉(精神的に)苦しめる《★しばしば受身》: He *was* ~*ed with* guilt. 彼は罪の意識にさいなまれた. — 自 〈土地が〉まぐわが使える.

Har·row /hǽrou/ 名 ハロー《London の北西部の自治区; 1571年創立のパブリックスクール Harrow School (ハロー校)の所在地》.

†**hár·row·ing** 形 痛ましい, 悲惨な.

har·rumph /hərʌ́m(p)f/ 《米》 動 (わざとらしく)せき払いする; 抗議する, 不平を言う. — 名 せき払い(の音).

†**har·ry** /hǽri/ 動 他 ❶ 〈人を〉うるさく悩ます (harass). b 〈人に〉...をうるさく求める[催促する] 《*for*》. ❷ 〈敵など〉を執拗(しつよう)に攻撃する; 侵略する, 蹂躙(じゅうりん)する: Guerrillas *harried* our rear. ゲリラが我々の後衛をしつこく攻撃してきた. 《OE=軍隊が略奪する》

Har·ry /hǽri/ 名 ハリー《男性名; Henry の愛称》.

*h**arsh** /háəʃ | háːʃ/ 形 (~·er; ~·est) ❶ 〈音・色などが〉耳[目]障りな; 不快な, 荒い; けばけばしく刺激が強い: a ~ voice [color] 耳障りな声[どぎつい色] / in the ~ glare of the sun ぎらぎら照りつける陽光の中で. ❷ 〈ものがざらざらした[する], [植][粗い]: a ~ texture 荒い織り地 / ~ to the touch 手ざわりの悪い. ❸ 〈人・罰・気候など〉厳しい, 苛酷(かこく)な; 残酷な, 無情な, とげとげしい (severe): ~ punishment 厳罰 / a ~ winter 厳冬 / ~ criticism 厳しい批評[批判, 非難] / the ~ reality of life 人生の過酷な現実 / She's ~ *with* [*to*] her employees. 彼女は従業員た

ちに厳しい. ── 動 ★次の成句で. **hárshon**...《米口》...を非難する，けなす. **~·ly** 副 厳しく，無情に: treat a person ~ 人を冷酷に扱う. **~·ness** 名 [Scand]

harsh·en /hάːrʃən/ | hάː-/ 動 他 荒[粗]くする[なる], 厳しくする[なる].

hart /hάːrt | hάːt/ 名《英》雄ジカ《特に, 5歳以上のアカシカ (red deer) の雄》.

Hart /hάːrt | hάːt/, **Lorenz (Milton)** 名 ハート《1895-1943; 米国の作詞家; Richard Rodgers と共にミュージカルを作る》.

Hart, Moss 名 ハート《1904-61; 米国の劇作家》.

Harte /hάːrt | hάːt/, **(Francis) Bret(t)** 名 ハート《1836-1902; 米国の短編作家・詩人》.

har·te·beest /hάːrtəbìːst | hάː-/ 名 (複 **~s, ~**) 動 ハーテビースト, シカレイヨウ《アフリカ産》.

Hart·ford /hάːrtfərd | hάːtfəd/ 名 ハートフォード《米国 Connecticut 州の州都》.

hárts·hòrn 名 U《古》炭酸アンモニア水《気付け薬; かつて雄ジカの角から採られた》.

hárt's-tòngue 名〔植〕コタニワタリ《チャセンシダ科; 葉は細長く切れ込みがない》.

har·um-scar·um /hé(ə)rəmské(ə)rəm ─/ 《口》形 副 そっかしい[く], むちゃな[に]; 無鉄砲な[に]. ── 名 無鉄砲な人[行為]. 【古語 hare 急がせる, 怖がらせる+SCARE】

ha·rus·pex /hərʌ́speks/ 名 (複 **-pi·ces** /hərʌ́spəsìːz/) (古代ローマの)腸卜(ちょうぼく)僧《いけにえの獣の腸を調べて神意を占った》.

ha·rus·pi·cy /hərʌ́spəsi/ 名 U (古代ローマの)腸卜(ちょうぼく) (cf. haruspex).

Har·vard /hάːrvərd | hάːvəd/ 名 ハーバード大学 (Massachusetts 州 Cambridge 市にある米国最古の大学, 1636年創立》.

*__har·vest__ /hάːrvist | hάː-/ 名 ❶ U.C a (穀物・果物・野菜の)収穫, 刈り入れ, 採取; 収穫物, 取り入れ高: this year's rice ~ 今年の米作[米の収穫] / an oyster ~ カキの水揚げ / reap [gather] a ~ 作物を刈り取る[取り入れる]. b 収穫期, 刈り入れ時: the wheat ~ 小麦の収穫期《「小麦を収穫すること」「収穫された小麦」の意にもなる》. ❷ (一季節の)収穫高[量]: an abundant [a good, a rich] ~ 豊作 / a bad [poor] ~ 凶作. ❸ [単数形で] (仕事・行為の)結果, 報い, 報酬: reap the ~ *of* one's labors 努力の成果を手にする / The research yielded [produced] a rich ~. その研究は豊かな成果をもたらした. ── 動 他 ❶ a 〈穀物〉を刈り入れる, 取り入れる; 収納する: ~ crops 作物を刈り入れる. b 〈畑などから作物〉を取り入れる. ❷ 〈行為・努力の結果〉を手におさめる. ❸ 収穫する. 【OE=収穫期, 秋; 原義は「刈り取ること」】

hár·vest·er /-ər/ 名 ❶ 収穫者; 刈り入れ人夫. ❷ 刈り取り機 (cf. combine harvester).

hárvest féstival 名 ❶ 収穫祭. ❷《英》教会で行なう収穫の感謝祭.

hárvest hóme 名 U ❶ 収穫の終わり. ❷ a (英国の)収穫祝い. b 収穫祝いの歌.

hár·vest·ing stràtegy 名 C.U【経営】収穫戦略《企業活動や商品のうち, 将来性が低いものへの投資を減らして余裕資金を他部門に振り向け, 最大の利益をあげることを目指す戦略》.

hárvest·man /-mən/ 名 (複 **-men** /-mən/) 動 メクラグモ, ザトウグモ.

hárvest mìte 名 動 ツツガムシ《特に成虫》.

hárvest móon 名 中秋の満月《秋分のころ, 穀物を豊かに実らせるといわれる》.

hárvest móuse 名 動 ❶ カヤネズミ《ユーラシア産の小型のネズミ; 穀類の茎や生垣に巣を作る》. ❷ アメリカカヤネズミ《米国南部産; カヤマウス属の野ネズミの総称》.

Har·vey /hάːrvi | hάː-/ 名 ハービー《男性名》.

Har·vey /hάːrvi | hάː-/, **William** 名 ハービー《1578-1657; イングランドの医師・解剖学者; 血液循環を発見》.

Hárvey Wáll·bang·er /-wɔ́ːlbæŋər | -ŋə-/ 名 ハービー・ウォールバンガー《カクテルの一種; イタリアンリキュールを浮かべたスクリュードライバー》.

Ha·ry·a·na /hὰːrjάːnə | hæ̀r-/ 名 ハリヤナ《インド北部

---

829 **hasten**

の州; 州都 Chandigarh》.

*__has__ 動 助動 /hǽz; (弱形) həz, (ə)z, s; (強形) hǽz/ 動 have の直説法3人称単数現在形.

hás-bèen 名 C《口》盛りを過ぎた[人気のなくなった]人; 時代遅れの人[もの], 過去の人[もの].

†**hash**¹ /hǽʃ/ 名 ❶ U.C こま切れ肉料理,「ハヤシ肉」料理. ❷ C 焼き[作り]直し《of》. ❸ [a ~] 寄せ集め, ごたまぜ. ❹ C《英》ハッシュ (#) (hash sign;《米》pound sign). **màke a hásh of**...〈仕事など〉をめちゃめちゃ[台なし]にする. **séttle a person's hásh**《口》(やっかいな)人をやっつける, 完全に黙らせる. ── 動 ❶〈肉〉を細かに切る《up》. ❷〈...〉をめちゃくちゃにする, 台なしにする《up》. ❸〈古い材料〉を作り直す. ❹〈難問など〉をとことん話し合う《out, over》. 【F=おの; hatchet と同語源】

hash² /hǽʃ/ 名 U《俗》ハシシ. 【HASH(ISH)】

hásh bròwns 名 ハッシュブラウンズ《刻んだジャガイモにタマネギを入れてフライパンで焼いた料理》.

hash·eesh /hǽʃiːʃ/ 名 =hashish.

Hash·em·ite /hǽʃəmàɪt/ 名 ハーシム家の人 (Mecca の支配階級クライシュ族の一家; ⇒ Jordan).

hásh hòuse 名《米俗》大衆食堂, 安レストラン.

Ha·shi·mó·to's dìsease /hæʃimóutouz-/ 名 U【医】橋本病《慢性リンパ球性甲状腺炎》.【橋本策(はかる)日本の外科医】

hash·ish /hǽʃiːʃ/ 名 U ハシシ, ハシーシュ, ハッシシ (hash)《アサ[タイマ]の枝先の葉と若葉を乾燥させたもの; 麻薬; cf. bhang, cannabis, marijuana》. 【Arab=大麻】

hásh màrk 名《米口》(軍服の左袖につける)年功袖章.

hásh sìgn 名 =hash 4.

Ha·sid /hǽsid | hǽsid/ 名 (複 **Ha·sid·im** /hǽsidìm/) ハシド: a 紀元前2世紀, ヘレニズム化政策に反対し, 完全な献身と厳格な宗教生活を唱えたハシディームの一員. b ハシディズムの信奉者. **Ha·sid·ic** 形 **Hás·i·dism** 名 U (ユダヤ教の)敬虔主義, ハシディズム.

has·let /hǽslət, hǽz-/ 名 U.C ハスレット《豚・羊などの臓物を調理した英国の料理; 通例冷やして食べる》.

*__has·n't__ /hǽznt/ has not の短縮形.

hasp /hǽsp | hάːsp/ 名 掛け金, 留め金. ── 動 他〈...〉に掛け金をかける.

Has·sid /hǽsid | hǽsid/ =Hasid.

has·si·um /hǽsiəm/ 名 U【化】ハッシウム《記号 Hs》.

*__has·sle__ /hǽsl/ 名 ❶ C 言い合い, 口論, 激論. ❷ [単数形で] 困った立場, 困難なこと. ── 動 自〈人と〉けんかする, 口論[激論]する; 困った立場に陥る《with》. ── 他〈人〉を悩ませす, 困らせる.

has·sock /hǽsək/ 名 ❶ a (教会で祈りの時にひざをのせる)ひざぶとん. b (クッション付きの)足のせ台 (pouffe). ❷ 草むら.

hast 動 /hǽst; 助動 həst, (ə)st; (強形) hǽst/ 動《古》have の2人称単数直説法現在形《用法 thou を主語にした時に用いる; cf. hadst》: thou ~=you have.

has·tate /hǽsteɪt/ 形〔植〕戟(ほこ)形の.

*__haste__ /héɪst/ 名 U ❶ 急ぎ, 急速: In his ~, he made a lot of mistakes. 急ぐあまり[あわてて]多くのミスを犯した. ❷ せくこと, あせること, 性急; 軽率: H~ makes waste.《諺》せいては事を仕損じる / More ~, less speed. =Make ~ slowly.《諺》急がば回れ. **in (gréat) háste** 急いで; あわてて. **màke háste**《古》急ぐ, 手早くする《比較 日常語では hurry が用いられる》. 【F】(動 hasten, 形 hasty)【類義語】haste 主として人の場合について, 周囲の状況や, 本人の気持から行動を急ぐこと; 失敗に終わることを暗示する場合がある. hurry haste と同義にも用いられる; 必要以上に急ぎ, 狼狽している感じ.

†**has·ten** /héɪs(ə)n/ 動 他〈人・行動〉を急がす, せきたてる, 早める, 促進する (precipitate)《比較 hurry より形式ばった》. ── 自 [副詞句を伴って] 急ぐ, 急いで行く[する]: ~ *out of* a house 急いで家から出る / ~ *across* the street 急いで道路を横切る / He ~ed *downstairs* [*to* school]. 彼は急いで階段を下りた[学校へ行った] / 〔+文

hastily 830

do] She ~ed to make amends. 彼女は急いで償いをした. (名 haste)

⁺**hast·i·ly** /héɪstəli/ 副 (more ~; most ~) ❶ 急いで, 急に, あわてて. ❷ 早まって, 軽率に.

Has·tings /héɪstɪŋz/ 名 ヘースティングズ《イングランド East Sussex 州南東岸の港市; この地で William the Conqueror の率いるノルマン人が英軍を破った (1066)》.

⁺**hast·y** /héɪsti/ 形 (hast·i·er, -i·est) ❶ 急いでなされた [作られた]; 急な, あわただしい, 迅速な, 即座の (swift) 《匹較 quick より早い語》: have a ~ breakfast 急いで朝食をとる / make a ~ departure あわただしく出発する. ❷ 早まった, そそっかしい, 軽率な (rash): come to [draw] a ~ conclusion 速断[早合点]する / I was too ~ in rejecting their proposal. 彼らの提案を拒絶したのは軽率でした. **hást·i·ness** 名 (名 haste)

hásty púdding 名 Ⓤ コーンミールがゆ.

‡**hat** /hǽt/ 名 ❶ (縁のある)帽子 (cf. cap; 解説 女性にとっては装飾品のひとつであり, 室内でも食事中でも脱がない; 男性の場合は室内に入ったら脱ぎ, 戸外でも女性の前では脱帽するのがエチケット). ❷ 役目, 職業: She wore two ~s of a mother and a teacher. 彼女は母と教師という 2 つの役割を果たしていた. **at the dróp of a hát** ⇒ drop 名(成句). **háng úp one's hát** 長年やり慣れた仕事をやめる. **hát in hánd** (1) 帽子を手にして. (2) うやうやしく, かしこまって (《英》cap in hand). ...には敬意を表します, ...には脱帽!, ...には脱帽! **kéep ùnder one's hát** 《口》〈...を〉秘密にする, ないしょにする. **My hát!** 《古》(1) おや!, まあ! (2) 冗談じゃない! **óld hát** ⇒ old hat. **óut of a hát** (1) 手品のように. (2) 無作為に. **páss the hát aróund [《英》róund]** 寄付[喜捨]を求めてまわる. **ráise [tàke óff] one's hát to...** 帽子を上げて[脱いで]〈人に〉あいさつする (to); 〈人に〉敬意を表する. **tàke one's hát òff to...** 《口》〈人に〉敬意を表する, 脱帽する. **tálk through one's hát** 《口》大ぼらを吹く, でたらめなことを言う. **thrów [tóss] one's hát in [into] the ríng** (1) 出場を発表する. (2) 選挙に出馬する. **típ one's hát =take one's HAT off to...** 【OE】

hat·a·ble /héɪtəbl/ 形 =hateable.

hát·bànd 名 帽子のリボン.

hát·bòx 名 帽子箱[入れ].

*⁺**hatch**¹ /hǽtʃ/ 動 他 ❶ 〈卵を〉かえす, 孵化(ふか)する; 〈ひなを〉卵からかえす. ❷ 〈陰謀などを〉たくらむ, もくろむ; 〈計画などを〉(ひそかに)立てる, ととのえる (up). — ❸ 〈卵が〉かえる; 〈ひながかえる (out). — 名 ❶ 孵化. ❷ ひとかえり(のひな)(など).

⁺**hatch**² /hǽtʃ/ 名 ❶ a (船の甲板などの)昇降口のふた; 昇降口 (hatchway). b (飛行機のドアハッチ(のドア). ❷ a (台所と食堂の間の)料理受け渡し口, ハッチ. b 半戸, くぐり門. ❸ 水門. **Dówn the hátch!** 《口》乾杯! (《由来》1 杯を mouth にたとえたことから). **ùnder hátches** (1) 《海》甲板下に; 非番で; 監禁されて. (2) 《英》屈従して; 気落ちして. (3) 死んで.

hatch³ /hǽtʃ/ 《製図・彫》動 他 〈...に〉細かい平行線を引く [つける], 陰影[けば]をつける. — 名 陰影, けば.

hátch·bàck 名《車》ハッチバック《上部開放式ドアのついた後部》. ❷ ハッチバック車.

hát·chèck 形 Ⓐ 《米》(帽子などの)携帯品を預かる(ための): a ~ person クローク係の人.

hatch·er·y /hǽtʃəri/ 名 《魚・鶏の卵の》孵化場.

⁺**hatch·et** /hǽtʃɪt/ 名 ❶ 手斧の, ちょうな《短い柄のついたおので, ax(e) より小さいもの》. ❷ 《北米先住民の》まさかり. **búry the hátchet** 《口》(けんかのあとに)仲直りする, 和睦(わぼく)する 《由来 北米先住民が和睦するとまさかりを埋めた慣習から》. 【F=ax の意; hash と同語源】

hátchet fàce 名 (やせすぎの)とがった顔.

hátchet-fàced 形 顔のやせてとがった.

hátchet·fìsh 名 《魚》ハチェットフィッシュ《南米産の小型の淡水魚; 大きな胸びれを使って水面を飛ぶ》.

hátchet jòb 名 悪口, 酷評: do a ~ on... ...に悪口を言う, ...を酷評する.

hátchet màn 名 《口》❶ 殺し屋, 刺客. ❷ (頼まれて)中傷記事を書く記者(など).

hátch·ing 名 Ⓤ《製図》❶ (細かい平行線からなる)陰影つけ. ❷ けば付け.

hatch·ling /-lɪŋ/ 名 孵化したての幼魚[幼魚], 孵化幼生[幼虫].

hatch·ment /hǽtʃmənt/ 名 《紋》忌中紋標 《ひし形の大きな紋章で, 死者の家の門前や墓につける》.

hátch·wày 名 《船の甲板》昇降口, ハッチ (hatch).

⁺**hate** /héɪt/ 動 他 (★ 通例進行形なし) ❶ 〈...を〉憎む, ひどく嫌う, 嫌悪する 《匹較 dislike, do not like よりも感情的に強い意》: She ~s cats. 彼女は猫をひどく嫌う /「I ~ it when she does that. 彼女があんなことをするのはいやでたまらない /「+to do] I ~ to disturb you. おじゃまして誠に恐縮です /「+doing] I ~ getting to the theater late. 劇場へ遅れていくのはいやだ / I ~ his smacking his lips like that. 私は彼があのように舌打ちするのがいやだ /「+目+to do] She ~d her husband to use such vulgar language. 彼女は夫にそんな野卑な言葉を使ってもらいたくないと思った /「+目+doing] I ~ anyone talking shop at a party. パーティーで仕事[商売]の話をされるのは閉口です. ❷ 〈...を〉残念に思う: 「+to do + doing] I ~ not to see [not seeing] you anymore. もうあなたにお会いできないのは残念です / I ~ to mention it, but you haven't returned my book yet. 申し上げて恐縮ですが, まだ私の本をお返し願っていません. **háte a person's gúts** ⇒ gut 名(成句). — 名 Ⓤ 憎悪, 憎しみ (⇒ hatred よりも一般的な感情を意味することが多く, より抽象的で, より文語的): love and ~ 愛と憎しみ, 愛憎 / be filled with ~ for... 〈敵などに対する憎しみの心でいっぱいである, ...を心から憎む. ❷ Ⓒ 《口》いやでたまらない人[もの]: one's pet ~ 虫の好かないもの[人], 毛嫌いしているもの[人]. 【OE】(形 háteful, 名 hátred) 【類義語 hate 強い嫌悪や敵意をいだく; 相手に何か危害を加えようとする気持ちを示す; 一般的な語で love に対するもの. dislike hate ほどの感情はなく, 単にいやな気持ちを感じる, ...がしたくない, など の意味. detest 人や物に対して反感を持ってひどく嫌う. abhor 特に道徳的な理由で, ぞっとするほどの強い嫌悪を感じる. loathe 極めて強く嫌う.】

hate·a·ble /héɪtəbl/ 形 憎むべき, 忌まわしい, いやな.

háte crìme 名 Ⓒ,Ⓤ 憎悪犯罪 《特定の人種・宗教・性的嗜好(こう)などに対する偏見により, その集団に属する(と考えられる)人・物に対してなされる犯罪》.

hate·ful /héɪtf(ə)l/ 形 憎むべき, ひどくいやな, いまいましい. **~·ly** 副. **~·ness** 名.

háte màil 名 Ⓤ 憎悪[いやがらせ]の手紙《攻撃的な[脅しの]言葉をつづったしばしば匿名の手紙》.

hate·mòn·ger 名 敵対感情を扇動する人.

hát·er /-tə | -tə/ 名〈人・物事をひどく嫌う[憎む]人: a ~ of formality 堅苦しいことの嫌いな人.

hat·ful /hǽtfùl/ 名 帽子一杯.

hath /hǽθ/ 動 (弱形) (h)əθ; (強形) hǽθ/ 動 《古・詩》 have の直説法 3 人称単数現在形: he ~ =he has.

háth·a yóga 名 Ⓤ ハタヨーガ, 強制ヨーガ《体をねじ曲げるような座法を取り入れ, 身体の生理的操作により宇宙と合体することを目標とするヨーガ》.

hát·less 形 帽子のない, 無帽で: go ~ 帽子なしで行く.

hát·pìn 名 (婦人帽の)留め針.

hát·ràck 名 帽子掛け.

*⁺**ha·tred** /héɪtrəd/ 名 Ⓤ [また a ~] (嫌悪(けんお)・怨恨(えんこん)などによる)憎しみ, 憎悪, 大嫌い《匹較 hate よりも個人的で具体的な場合に用いることが多い》: have a ~ of [for]... = feel a (deep) ~ for [towards]... ...を憎悪する; ...が大嫌いだ / in ~ of... ...を憎悪して. (動 hate)

hát·stànd 名 帽子掛け, ハットスタンド.

hat·ted /hǽtɪd/ 形 [通例複合語で] (...の)帽子をかぶった: fur-hatted 毛皮の帽子をかぶった.

hát·ter /-tə | -tə/ 名 帽子製造人; 帽子屋. **(as) mád as a hátter** まったく気が狂って; 非常に怒って.

hát trèe 名 帽子掛け.

⁺**hát trick** 名 ハットトリック: **a** (クリケットで) 3 球で 3 人の打者をアウトにすること. **b** (サッカー・アイスホッケーなどで)一

人で1試合に3ゴール[3点]挙げること.《帽子を賞に贈ったことから》

Hat・ty /hǽti/ 图 ハティー《女性名; Harriet, Harriot の愛称》

hau・berk /hɔ́ːbəːk | -bəːk/ 图《中世の》鎖かたびら.

haugh・ti・ly /hɔ́ːtəli/ 副 傲慢(ﾂﾞﾏﾝ)に, えらそうに.

haugh・ti・ness /hɔ́ːtinəs/ 图 Ⓤ 傲慢さ, 高慢.

haugh・ty /hɔ́ːti/ 形 (haugh・ti・er; -ti・est)〈人・行為などが〉傲慢な, 横柄な (↔ humble).《F<L altus 高い; cf. altitude》[類語語] ⇒ proud.

*__haul__ /hɔ́ːl/ 動 ❶ [副詞句を伴って]〈…を強く引く, 引きずる, たぐる; 引きずっていく: The fishermen were ~ing in [up] the net. 漁師たちは網をたぐって[上げて]いた / The horses ~ed the logs to the mill. その馬は丸太を製材場まで引いていった / Let's ~ the boat up on the beach. ボートを浜へ引き上げよう. ❷ 〈…を〉《列車・船などで》運ぶ, 運搬する: ~ freight 貨物を輸送する. ❸ 《口》〈人を〉連行する;〈人を〉《法廷などに》召喚する《通例受身》: He was ~ed (up) before the judge. 彼は裁判官の前に出頭を命ぜられた. ❹〈…を引っぱる: ~ on [at] a rope 綱を(ぐいと)引く. ❺ [副詞句を伴って]《海》〈船が〉針路を転ずる. __hául óff__ 《自+副》(1) 引き下がる, 立ち去る. (2)《米俗》《殴ろうとして》腕をうしろに引く, 身構える: He ~ed off on me.=He ~ed off and hit [slugged] me. 彼は(いきなり)身構えて私を殴りかけた. __hául a pérson óver the cóals__ ⇒coal 图 成句. ── 图 ❶《口》《単数形で》 a（特に盗品などの》獲物, もうけ(高). b ひと網(の漁獲): get [make] a fine [good, big] ~ 大漁である. ❷ [a ~; 修飾語を伴って] 運搬(距離); 距離: It's a long [short] ~ to Chicago. シカゴまで長い[短い]距離だ. ❸ [a ~] 強く引くこと; 引き, ひっぱり, たぐり.

haul・age /hɔ́ːlidʒ/ 图 Ⓤ ❶ 引っぱり. ❷ 運搬(業). ❸ 運搬料, 運賃.《↑+-AGE》

hául・er 图 引く人; 運搬人; 運送業者.

haul・ier /hɔ́ːljə | -ljə/ 图《英》=hauler.

haulm /hɔ́ːm/ 图 ⒸⓊ《収穫の終わった豆類・ジャガイモなどの》茎.

haunch /hɔ́ːntʃ, hɑ́ːntʃ | hɔ́ːntʃ/ 图 ❶ [通例複数形で]《人・動物の》臀(ﾃﾝ)部: sit on one's ~es《尻をおとして》しゃがむ. ❷《食用としての動物の》足と腰部.

*__haunt__ /hɔ́ːnt, hɑ́ːnt | hɔ́ːnt/ 動 他 ❶ 〈幽霊などが〉〈ある場所に〉出る, 出没する《しばしば受身; cf. haunted》: Is this castle ~ed? このお城には幽霊が出ますか. ❷〈考え・思い出などが〉〈人に〉絶えず付きまとう,〈…の〉脳裏を去らない《★通例受身》: Everyone was ~ed by the fear of war. 皆が戦争の恐怖に悩まされた. ❸〈場所へたびたび行く,〈…に〉足しげく通う《★通例進行形なし》: He ~s bars. 彼は酒場によく行く. ❹ 〈のちに《保々》…に〉問題となる, 悩ます, たたる: That mistake came back to ~ him in later life. その失敗がのちの人生で彼にたたった. ── 图 [しばしば複数形で]よく出入りする所, 通いつめる所;〈動物などが〉よく出る所, 生息地: a favorite ~ of crickets コオロギがよくいる場所.《F<Gmc; 原義は「家のように住みつく」》

+**háunt・ed** /-ɪɪd/ 形 ❶〈幽霊の出る〉a ~ house 幽霊《化け物》屋敷. ❷〈人・顔・目などが〉取りつかれた(ような); 何か気になっているような, 悩んでいる.

+**háunt・ing** /-ɪɪŋ/ 形 しばしば心に浮かぶ, 忘れられない: a melody [memory] 忘れられないメロディ[思い出].

háunt・ing・ly 副 忘れがたく, 忘れられないほどに.

haus・frau /háʊsfràʊ/ 图《ドイツ語の》主婦; 家庭婦人, 家庭の主婦.

haus・tel・late /hɔːstélət/ 形《動》吻管[吸管]をもつ.

haus・tel・lum /hɔːstéləm/ 图 (pl. -la /-lə/) 《動》《植物液や動物の血を吸うための》吻管(ﾌﾝｶﾝ), 吸管.

haus・to・ri・um /hɔːstɔ́ːriəm/ 图 (pl. -ri・a /-riə/) 《植》《寄生植物の》吸器. __haus・tó・ri・al__ 形.

haut・boy /(h)óʊbɔɪ/ 图《古》=oboe.

haute cou・ture /òʊtkuːtʊ́ə | -tjʊə/ 图 Ⓤ オートチュール;《高級服飾製作[デザイン]》業; 一流デザイナー[衣装店]; 高級ファッション界.《F=high sewing》

haute cui・sine /òʊtkwɪzíːn/ 图 Ⓤ 高級《フランス》料理.《F=high kitchen》

831　　　　　　　　　　　　　　　　　　**have**

haute é・cole /òʊteɪkɔ́l | -kɔ́l/ 图 Ⓤ 高等馬術.《F=high school》

hau・teur /hɔːtə́ː | -tə́ː/ 图 Ⓤ 傲慢(ﾞﾏﾝ), 横柄, 尊大.《F》

haut monde /óʊmɔ́ːnd/ 图 [the ~] 上流社会.《F=high world》

Ha・van・a /həvǽnə/ 图 ❶ ハバナ《キューバ共和国の首都》. ❷ Ⓒ ハバナ葉巻き.

Hav・da・lah /hàːvdɔ́ːlə | hævdɑ́ːlə/ 图 =Habdalah.

*__have__[1] /hǽv/ 動 (had; hav・ing)《語形》3人称単数現在形 has;《古》2人称単数現在形 (thou) hast, 同上の過去形 (thou) hadst; 短縮形 I've, he's, I'd など; 否定短縮形 have・n't, has・n't, had・n't》. A

> 【用法】 A の意味で: (1) 特に話し言葉やくだけた書き言葉では現在形の have の代わりに HAVE[2] got をしばしば用いる.
>
> (2) 疑問・否定には Do you have...?, I do not have [don't have]... のように助動詞 do を用いる; ただし, 特に改まった表現で《英》では Have you...?, I have not [haven't]... のように do を用いることもある.
>
> (3) この意味の have は通例進行形も受身もなし.

❶《物的所有・所持の意味で》持っている: a [通例副詞句を伴って]〈…を持っている, 所有する, 身につけている: He has a gun (in his pocket). 彼は(ポケットに)拳銃を持っている / I ~ a car and so does [has] Bill. 私は車を持っているが, ビルもだ / She has a box in her arms [under her arm]. 彼女は箱を抱いて[かかえて]いる / The store has antique furniture for sale. 店は骨董(ﾄｳ)家具を売っている / He has a large room to himself. 彼は大きな部屋を独占している / Do you ~ [H~ you got] any money with [on, about] you? お金の持ち合わせがありますか / She had a scarf around her neck. 彼女は首にスカーフを巻いていた. b [しばしば目的語に形容詞用法の to 不定詞を伴って]〈…すべき[できる]〉用事・時間などを持っている, 与えられている: I ~ a letter to write. 手紙を書く用がある / Do you ~ [H~ you] anything to declare?［税関で］何か申告するものがありますか / We ~ a long way to go. 遠くまで行かなければならない / I didn't ~ time to see her. 彼女に会う時間がなかった.

❷《ある関係を表わして》〈肉親・友人などが〉いる,〈…が〉ある;〈使用人などを〉置いている,〈動物を〉飼っている: They ~ two [no] children. 彼らに2人の子供がいる[子供がいない] / The organization has a paid staff of ten at its Washington headquarters. その組織はワシントン本部に10人の有給のスタッフをかかえている / He has a pet snake. 彼にはペットのヘビがいる.

❸《部分・属性として》〈特徴・性質・能力などを〉もっている: She has a sweet voice. 彼女は美しい声をもっている《解説 この構文では「彼女は美しい声をしている」「彼女は声が美しい」と訳すことができる》/ Does she ~ [Has she got] brown hair? 彼女は髪が茶色ですか / I ~ a bad memory for names. 私は人の名前を覚えるのが苦手だ / He has the ability [no authority] to do that. 彼はそれをする能力が[権限がない] / This room has five windows. この部屋には窓が5つある《変換 There are five windows in this room. と書き換え可能》/ How many months does a year ~ [has a year]? 1年に何か月ですか / That hall has excellent acoustics. そのホールは音響がすぐれている / The book has a chapter on Italian cooking. その本にはイタリア料理に関する章がある / Her bag has no name on it. 彼女のバッグには名前がついていない.

❹ a《感情・考えなどを》《心に》抱いている: Do you ~ [H~ you got] any questions? 何か質問がありますか / I've no idea [notion] at all about [as to] his age. 彼の年齢については全然わからない / He has no fear of death. 彼は死を少しも恐れない / I ~ a grudge __against__ him. 私は彼に恨みがある / I don't know what she has against me.

have

彼女が私に何の恨みがあるのかわからない. **b** 〈感情などを〉〔…に対して〕(態度・行動に)示す; 〔目的語に「the+抽象名詞+*to* do」を伴って〕(…する)親切[勇気(など)]がある: H~ some consideration *for* others. 他の人に思いやりを示しなさい / He *has* no pity *on* us. 彼は我々に同情を見せない / He *had* the kindness *to* give me a present. 彼は親切にも私に贈り物をくれた (変換 He was kind enough to give me a present. と書き換え可能) / H~ the kindness to help me. お願いですから助けてくださいね (★ 相手が気に入らない時のていねいな命令表現) / He *had* the nerve *to* come uninvited. 彼は厚かましいことに招かれてもないのに来た.
❺ 〈病気などに〉かかる[かかっている], 苦しむ: ~ a slight [bad] cold 軽い[ひどい]かぜをひいている / ~ a headache [a toothache] 頭[歯]が痛む / ~ diabetes [gout] 糖尿病[痛風]をわずらう / Do you often ~ colds? よくかぜをひきますか / I ~ a cold. 今かぜをひいています.
── B

[用法] B, C の意味で: (英)でも疑問・否定には助動詞 do を用いる: Do you ~ a bath every day? / Did you ~ a good time? / How often do you ~ your hair cut?.

❶ 手に入れる (★ 進行形なし; **a** のみ受身形): **a** 〈…を〉得る, もらう, 受ける: I'll let you ~ the camera for ten dollars. そのカメラを10ドルで譲ろう / You may [can] ~ it [It may [can] be *had*] for the asking. ほしいと言えばもらえる / We *don't* ~ classes on Saturday afternoons. 土曜の午後には授業がない / You ~ my sympathy. 他人に同情します / There was no salmon to be *had* at that store. その店でサケは手に入らなかった. **b** 〈…を〉取る, つける: I'll ~ that blue sweater. その水色のセーターをもらいます / Do you ~ butter on your toast? トーストにはバターをつけますか. **c** 〈情報などを〉入手する[している], 聞いて知(っている): May I ~ your name, please? お名前は何とおっしゃいますか / We must ~ the whole story; don't hold anything back. 話は全部聞く必要があり, 隠さないで言いなさい.
❷ 〈食事などを〉取る, 〈飲食物を〉食べる, 飲む; 〈たばこを〉吸う (★ 進行形あり, 受身不可): He's *having* breakfast. 彼は朝食を取っているところです / Breakfast can be *had* at seven. 朝食は7時に取れます / Will you ~ another cup of tea? もう1杯お茶を召し上がりませんか / What *did* you ~ for supper? 夕食には何を食べましたか / H~ a cigarette. (たばこを)1本どうぞ.
❸ 〔通例動作・行為などを表わす不定冠詞付きの名詞を目的語として〕〈…を〉する, 〈…を〉行なう (★ (1) 進行形あり, 受身不可可; (2) have got は用いない): ~ a bath ふろに入る / ~ a dance 踊る / ~ a lie-down 横になる / ~ a swim 泳ぐ / ~ a walk 散歩する / ~ a dream 夢を見る / ~ a talk [an argument] with... と話[議論]をする / ~ a drink of water 水を(1杯)飲む / ~ another try もう一度やってみる / *Did* you ~ a good sleep? よく眠れましたか / ~ a look at... を(ひと目)見る.
❹ **a** 〈…を〉経験する, 〈事故などに〉あう (★ 進行形あり, 受身不可): ~ fun [trouble] 楽しむ[苦労する] / ~ an adventure 冒険をする / ~ an accident 事故にあう / I'm *having* trouble with the computer. コンピュータに手を焼いている / I'm *having* an operation next week. 来週手術を受ける / Do they ~ much snow in Boston? ボストンでは雪がよく降りますか / H~ a nice day. ごきげんよう (★ 別れる時の言葉) / H~ a nice trip. 楽しい旅行をしていらっしゃい. **b** 〈時などを過ごす, 〈会などを〉催す (★ 進行形あり; 受身可だが例外的な固定的表現に): ~ a good [bad] time 楽しい[楽しくない]時を過ごす / We were *having* a good time. 我々は楽しい時を過ごしていた / A good time was *had* by all. みんなが楽しく過ごした / ~ a party [a conference] パーティー[会議]を開く / ~ a game 試合をする / We're *having* a picnic tomorrow. あすピクニックに行きます.
❺ 〈人を〉〈客などとして〉迎える, 招いて(…に)来てもらう (★ 進行形は近い将来のことのみを表わす): We *had* a lot of visitors. 来客が多かった / We're *having* the Smiths *over* [*round*] *for* [*to*] dinner this week. 今週スミス夫妻を食事に招いています.
❻ 〈人・動物が〉〈子を〉産む, もうける (★ 進行形は近い将来のことのみを表わす; 受身不可): She's [We're] *having* a baby in April. 4月に彼女[私たち]に子供が生まれます / My dog *had* pups. 犬が子を産んだ.
❼ **a** (口) (競技・議論などで)〈…を〉負かす, やっつける (★ 進行形・受身不可): I *had* him in the argument. 議論で彼をやっつけてやった / You ~ me there. やられた (あなたの言うとおりだ); それは(知らなくて)答えられない. **b** 〔受身で〕〈英人〉〈人を〉だます; 買収する: You have *been had*. 君は一杯食わされた.
❽ (俗) 〈異性を〉性的にものにする, 〈異性と〉性交する (★ 進行形あり, 受身不可).
── C 〔用法〕(1) ⇒ B. (2) 受身不可〕❶ 〈…を〉〈…の位置・状態に〉保つ, 保っておく: He *had* his back *to* me. 彼は背中をこちらに向けていた / He *had* his arm *around* her shoulders. 彼は彼女の肩に腕を回していた / He *had* the sun *at* his back. 彼は背中に日を受けていた / You'll ~ the car in the ditch if you're not careful. 注意しないと車が溝に落ちるよ / H~ pencil and paper *near* you. 近くに紙と鉛筆を用意しておきなさい / We'll ~ the small table *here* [*over there*]. 小さいテーブルはここに[そこに]置こう / They *had* their heads *out* (*of*) the window). 彼らは(窓の)外に頭を出していた. 〔+目+形容〕I like to ~ my room clean and tidy. 部屋は清潔に整頓(けい)しておくのが好きだ / 〔+目+*doing*〕We ~ friends staying with us. 友だちが私たちのところに泊まっている / I ~ several problems troubling me. いくつかの問題に悩まされている / He *had* us all laughing. 彼は皆を笑わせた.
❷ **a** 〈もの・人を〉〈…して〉もらう, 〈…〉させる: 〔+目+過分〕When *did* you last ~ your hair *cut*? この前髪を刈ってもらったのはいつですか / I'm *having* a suit *made*. スーツを作ってもらっている / I *had* my composition *corrected* by our teacher. 作文を先生に直してもらった. **b** 〈人に〉〈…させる, 〈…〉してもらう 〔比較〕make ほど強くない使役を表わす: 〔+目+原形〕H~ him *report*. 彼に報告させよう / H~ him *come* early. 早く来てもらってくれ. **c** (古) 〔will, would を伴って〕〈…に〉ぜひ〈…して〉もらいたいと思う: What *would* you ~ me *do*? 私に何をさせたいのか[私はどうすればよいのか]. **d** 〈人・物事に〉〈…〉される 〔用法〕使役の意味が薄く, 経験の意味に近い表現: Tom *had* a man *rob* him last night. トムは夜来る男に金を奪われた 〔比較〕Tom was robbed by a man last night. のほうが一般的) / I have never *had* that *happen* to me. そんな目にあったことはない.
❸ **a** 〈…を〉〈…〉される 〔用法〕主語が何事かを経験するという意味を表わす受身で, これを経験受身という; 〔比較〕His wallet was stolen.): 〔+目+過分〕He *had* his wallet *stolen*. 彼は財布を盗まれた / I *had* my hat *blown* off. 帽子を吹き飛ばされた. **b** 〈…を〉〈…〉してしまう 〔用法〕完了を表わし, (米)に多く用いられる): 〔+目+過分〕She *had* little money *left* in her purse. 彼女の財布には少ししかお金が残っていなかった / They *had* a chart *spread* (*out*) on the table. 海図をテーブルの上に広げていた / H~ your work *done* by noon. 昼までに仕事をやってしまいなさい.
❹ 〔通例1人称主語とともに用いて; will, can の否定形または進行形で〕〈…を〉許す, 我慢する: I won't ~ any noise [any fighting] here. ここでは物音[けんか]は許さない / We'll ~ *no* more of that. そんなことはこれ以上認められない / 〔+*doing*〕I'm *not having* singing here. ここで歌うのを許すわけにはいかない / 〔+目+*doing*〕I *won't* ~ her being so rude. 彼女があんなに失礼な態度をとるのは許さない / I *can't* ~ you playing outside with that cold! そんなかぜひいて外で遊んではだめだ 〔用法〕can't を用いるとしばしば「相手のためによくないからそうさせるわけにはいかない」の意味になる) / 〔+目+過分〕We *won't* ~ him bullied. 彼がいじめられるようなことはさせない[許さない] / 〔+目+原形〕I

won't ~ her *talk* to me like that. 彼女が私にあんな口のきき方をするのを許すわけにいかない.

be nót hàving ány ⟨口⟩(...を)認めない, 信じない, 耳をかさない; ⇒ **any** 代 成句.

háve at...を攻撃する, ...に取りかかる: I'll ~ *at* the files tomorrow. 明日ファイル調べに取りかかります.

have báck (他+副)(★ 受身不可)(1)⟨貸したものを⟩返してもらう, 取り戻す: When can I [can you let me] ~ my book *back*? いつ本を返してくれますか. (2)[~+目+back]⟨別れた夫[妻]・恋人・同僚などを⟩再び迎え入れる.

have hád it ⟨口⟩(1)⟨米⟩[...にはもうあきあきた[うんざり]した: I've *had* it *with* her. 彼女にはもううんざりだ. (2) もうやられてまで, だめだ: If he's caught, he's *had* it. 彼はつかまったらおしまいだ / You've *had* it! 期待してもむだだ!, もうこれまでだ! (3) 古くなった, 役に立たなくなった; 盛りが過ぎた: My car has really *had* it. 私の車はもう使いものにならなくなった. (4) へとへとに疲れた.

háve ín [~+目+in](1)⟨職人・医者などを⟩⟨家・部屋などに⟩入れる, 呼ぶ; ⟨人を⟩⟨家へ⟩ちょっと招き入れる. (2)⟨ものを⟩⟨家・店などに⟩仕入れる; 蓄えている, 買い込んでおく.

háve it (1) 勝つ, 有利である: The ayes ~ *it*. 賛成者が多数だ. (2)[I を主語にして]⟨答えなどが⟩わかる: I *have* [*I've got*] *it*! わかったぞ, そうだ. (3)⟨...から⟩聞き知る[知っている]: I ~ *it from* him. 彼から聞いている. (4)⟨...と⟩表現する, 言う, 確信する, 主張する: [+*that*] Rumor *has* it *that*...というわさが / They will ~ it *so*. 彼らはあくまでそのように主張する / As Kant *has* it... カントの言うように....

háve it áll òver... = HAVE¹ it over... 成句.

hàve it awáy ⟨英俗⟩⟨...と⟩性交する [*with*].

hàve it cóming (to one) ⟨口⟩(特に罰・非難などを)受けるに値する, それは当然の報いである: I had it *coming*. こうなるのも当然だった, 自業自得だ.

háve it ín for a person ⟨口⟩⟨人に⟩恨みを抱いている, ⟨人を⟩嫌っている: She *has* it in for him. 彼女は彼を嫌っている.

háve it ín one (to dó) ⟨口⟩(...する)素質[能力, 勇気]がある: He doesn't ~ *it in* him *to* be mean. 卑劣なことをするのは彼の性分ではない.

hàve it óff ⟨英俗⟩⟨...と⟩性交する [*with*].

háve it ón... = HAVE¹ it over... 成句.

háve it óut ⟨人と⟩議論[けんか]して片をつける [*with*].

háve it óver ⟨...で⟩⟨相手⟩より有利である, 優れている [*in*].

hàve nóthing on (1)⟨人の⟩不利な証拠をつかんでいない. (2)...ほどすぐれていない, ...によくない: This apple pie *has nothing on* my mother's. このアップルパイは私の母のものには(ずいぶん)劣る.

hàve óff (他+副) [~+目+off](★ 受身不可)(1)⟨曜日などを⟩仕事休みにする: We ~ Monday *off*. 月曜日は休みである. (2)⟨英⟩⟨...を⟩取りはずす: ~ one's hat *off* 帽子を取る[ぬぐ].

have ón (★ 受身不可)[(他+副) ~ ón](1)⟨着物・帽子・靴などを⟩身につけている, 着て[かぶって, はいて]いる: He had nothing *on* except a pair of shorts. 彼はショートパンツ以外何も着ていなかった. (2)[~+目+on]⟨...に⟩約束・すべき事などがある, ⟨...に⟩予定している, ⟨仕事などが⟩かかっている: This afternoon I ~ [I've got] a meeting *on*. きょうの午後は会合がある / I *have* nothing *on* (for) tonight. 今夜は何の予定もない. (3)[~+目+on]⟨明かり・ラジオなどを⟩つけている. (4)[~+目+on] [通例進行形で]⟨英口⟩⟨人を⟩だます; かつぐ. ── [(他+副) ~...on...](5)⟨人にとって⟩⟨ものを⟩⟨...より⟩有利なものに乗っている.

hàve ónly to dó ⇒ **only** 副 成句.

hàve óut (他+副) [~+目+out](★ 受身不可)(1)⟨...を⟩外へ出す[出している]. (2)⟨歯・扁桃腺(^□^)などを⟩⟨人に⟩取り除いてもらう: He's *having* a tooth *out*. 彼は歯を抜いてもらっている. (3)⟨照明などを⟩消しておく. (4)⟨...との間で⟩⟨問題などを⟩徹底的に議論する, ⟨...に⟩決着をつける (*with*).

have óver (★ 受身不可)(他+副) ~ óver](1) [~+目+over]⟨...を⟩⟨家に⟩客として迎える. (2) [~+目+over]⟨...を⟩終える.

833　have

hàve róund = HAVE¹ over 成句 (1).

hàve sòmething [nóthing, líttle, etc.] to dó with... ⇒ **do¹** 動 成句.

hàve to dó [be] (★ (1) 通例 have to は /héftu, -tə (子音の前), héftu (母音の前)/, has to は /héstu, -tə (子音の前), héstu (母音の前)/, had to は /héttu, -tə (子音の前), héttu (母音の前)/ と発音される; (2) 疑問・否定には助動詞 do を用いる) (1)⟨...⟩しなければならない 用法 (1) must は過去形としてまたは他の助動詞の後などでは用法に制約があるので do が代わりに用いられる; (2) have to は must よりも客観的な事情による必要を表わすのに適するし, 響きも柔らかい; (3) 進行形でも: I always ~ *to* work hard. いつも一生懸命働かなければならない / I'm *having to* work late tonight. 今夜は遅くまで働かなければならない / I'll do it if I ~ *to*. しなければならないのならします (★ *to* の後で do it の省略) / *Do* you ~ *to* go? 行かなければならないですか / He *had to* [will ~ *to*] buy some new shoes. 彼は新しい靴を買わなければならなかった[ならないだろう]. (2) [否定文で]⟨...する必要がない (★ do not have to と must not の差に注意): You don't ~ [*haven't got*] *to* work so hard. そんなに一生懸命働かなくてもよい / We didn't [*won't*] ~ *to* wait long. 長く待つ必要はなかった[ないだろう]. (3) [~ *to be*, ~ *to have been* で用いて]⟨口⟩⟨...にちがいない, きっと...⟩のはずだ: This *has to* be the best novel of the year. これは今年の最もすぐれた小説にちがいない / Judging by the noise, there *has to have been* an explosion. 音から判断すると爆発があったに相違ない. (4) [皮肉な意味で](困ったことに)決まって⟨...⟩する: Every time we go on a picnic, it *has to* start raining. 私たちがピクニックにいくたびにきまって雨がふり出す.

hàve to dó with... ⇒ **do¹** 動 成句.

háve úp (他+副) [~+目+up] (1) (階上・山の手・都会などへ)⟨人を⟩迎える[招く] (★ 受身不可) (2) [通例受身で]⟨英口⟩⟨人を法廷に呼び出す; ⟨...で⟩⟨人を⟩訴える: He was *had up for* speeding. 彼はスピード違反で訴えられた.

have yèt to dó ⇒ **yet** 副 成句. **lèt a person háve it**⇒ **let¹** 成句. **nòt hàving àny**⇒ **any** 代 成句.

to háve and to hóld [名詞の後に用いて] 保有する: property *to ~ and to hold* 保有する財産.

You háve me thére. ⇒ HAVE¹ B 7 a.

── 名 ❶ [複数形で; 通例 the ~] 有産者; (資源・核などを)持っている国: the ~s and the have-nots 有産者と無産者; 持っている国と持たない国 (cf. have-not) / *the* nuclear ~*s* 核保有国. ❷ ⓒ ⟨英俗⟩ 詐欺, かたり.

〖OE; 原義は「取る」の意; cf. hawk¹, heave, heavy〗

have² /(弱形) həv, (ə)v; (強形) hæv/ 助動 (変化形は have¹ と同じ) (★ 動詞の過去分詞と結合して完了形を作り,「完了・結果・経験・継続」などの意を表わす) ❶ [現在完了]: **a** [現在における完了を表わして]...した(ところ)である 用法 しばしば just, now, already, recently, (疑問・否定文で) yet などの副詞を伴う): I ~ [I've] *done* it. 私はそれをしてしまった / H~ you *finished* yet? もうしましたか Yes, I ~. はい, しました No, I *haven't*. いいえ, していません / I ~ *been* to the station to see him off. 彼を見送りに駅へ行ってきたところです. **b** [結果を表わして]...してしまっている: He *has* [He's] *gone*. 彼は行って(しまった)《今ここにいない》 / How he *has grown*! [*Hasn't* he *grown*!] 大きくなったじゃないか / I've lost my watch. 私は時計をなくしてしまった《今もみつかっていない》 / He *has* bought a new car. 彼は新しい車を買った《今も持っている》. **c** [経験を表わして]...したことがある 用法 しばしば ever, never, before (now) などの副詞を伴う): She *has not* [*hasn't*] *seen* a koala. 彼女はコアラを見たことがない / This is the biggest animal that I ~ *ever seen*. これは私が今までに見た中でいちばん大きな動物です / I ~ *been* all over the world. 世界中どこへでも行ったことがあります. **d** [継続を表わして](ずっと)...している 用法 通例「状態」を表わす動詞とともに, または完了進行形で用い, 「期間」を示す副詞句を伴うことが多い): We ~ *known* each other for ten

haven 834

years. 10年来の知り合いです / I ~ [I've] *been* learning English for five years. 英語を習いはじめて5年になります. **e** [過去完了で未来完了の代わりに用いて]: Let's have tea after we ~ *finished* the work. 仕事を終えたらお茶にしよう.

❷ [過去完了]: **a** [過去の一定時における完了・結果を表わして] …してしまった, …し終わっていた: *Had* he *finished* it when you saw him? 君が見た[会った]時に彼は終わっていましたか — Yes, he *had*. はい終わっていました — No, he *hadn't*. いいえ, まだでした / Before he called her, she *had* already *left*. 彼が彼女に電話する前に, 彼女はすでに出かけてしまっていた. **b** [過去のある時までの動作・状態の継続を表わして] …だった: I *had been* ill for a week when he called on me. 彼が訪ねてくれた時病気で1週間寝ていた. **c** [過去の一定時までの経験を表わして] …したことがあった: That was the biggest fish I *had* ever *seen*. それはそれまで見た中で最も大きい魚だった. **d** [過去のある時よりも前に起こった事を表わして]: He lost the watch his uncle *had given* him as a birthday present. 彼はおじに誕生祝としてもらった時計をなくした. **e** [仮定法に用いて] …だったとたら: *Had* I *found* it [If I *had found* it], I would have returned it to you. 見つけていたら返していただろう. **f** [expect, hope, intend, mean, think, want などの動詞と共に用いて「実現しなかった希望・意図」などを表わして]: I *had intended* to make a cake, but I ran out of time. ケーキを作るつもりだったが, 時間がなくなった.

❸ [未来完了]: **a** [未来の一定時までの完了を表わして] …してしまっているだろう: I *shall* [He *will*] ~ *written* the letter by the time she comes back. 彼女が帰るまでに私[彼]は手紙を書きあげているだろう. **b** [未来の一定時までの動作・状態の継続を表わして] ~ だろう: He *will* ~ *been retired* (for) three years next January. 彼は来年の1月で退職して3年になるだろう. **c** [未来の一定時までの動作・状態の結果あるいは経験を表わして] …したことになるだろう: If I watch the movie again tonight, I *will* ~ *seen* it three times. 今夜もう一度その映画を見たら三度見たことになる.

❹ [完了不定詞]: **a** [主動詞より前の時を表わして]: He seems [seemed] *to* ~ *been* ill. 彼は(最近)病気だったようだ[ようだった] (変換 It seems [seemed] that he *was* [*had been*] ill. と書き換え可能). **b** [希望・意図・予定などを表わす動詞の過去形の後に用いて「実現されなかった事柄」を表わして]: I should like *to* ~ *seen* it. それを見たかったのですが(できなかった) (変換 I should ~ liked to see [*to* ~ *seen*] it. と書き換え可能) / She was *to* ~ *bought* some stamps. 彼女は切手を買ってくる予定だった. **c** [claim, expect, hope, promise などの後に用いて「未来に完了した事柄」を表わして]: He expects [hopes] *to* ~ *finished* by May. 彼は5月までに終えてしまうつもりでいる[よう望んでいる] (変換 He expects [hopes] that he will ~ *finished* by May. と書き換え可能).

❺ [助動詞とともに用いて過去・完了のことに言及して]: He *should* [*ought to*] ~ *helped* her. 彼は彼女の手伝いをするべきだった(のにしなかった) / He *may* ~ *left* last Monday. 彼はこの前の月曜日に出発したかもしれない / It's six o'clock; they *will* [*should*] ~ *arrived* home by now. 6時だ, もう家に着いているはずだ (用法 will は「未来」ではなく「推測」の意; cf. 3).

❻ [完了分詞; 通例分詞構文で] …してから, …したので: *Having written* the letter, he went out. 彼は手紙を書き終えてから外出した / *Having failed* twice, he didn't want to try again. 彼は二度失敗しているので, もうやる気はなかった.

❼ [完了動名詞] …したこと: I regret *having been* so careless. あんなに不注意だったことを後悔している.

have dóne with (不快なことを)やめる, 打ちきりにする: You must ~ *done with* the quarrel. そのいさかいをやめなければいけない.

have gót ((用法)) (1) 特に((英))でよく用いられる. (2) 特に話し言葉やくだけた書き言葉で have の代用になる》 (1) 〈…をもっている: I've got ten dollars. 10ドルもっている / Helen *hasn't got* blue eyes. ヘレンは青い目をしていない / "*H~* you *got* a newspaper?" "Yes, I *have* [(米) Yes, I *do*]." 「新聞はありますか」「はいあります」(cf. "Do you *have* a newspaper?" "Yes, I do."). / I've *got* a kettle boiling now for tea. お茶をいれるため, いま湯沸かしを沸騰させてある (cf. HAVE¹ C1). (2) [have got to として]〈…〉しなければならない / You've got *to* write a letter. 手紙を書かなければならない / You've got *to* eat more vegetables. もっと野菜を食べないといけない / She'll do it if she's got *to*. しなければならないのでしょう (★ to の後で do it の省略). (3) [have not got to として]〈…〉する必要がない: We haven't got *to* work this afternoon. きょうの午後は仕事をしなくてもよい. (4) [have got to として]〈…〉にちがいない, きっと〈…〉のはずだ: He's got *to* have a good reason for his lie. 彼がうそをつくのにはもっともな理由があるにちがいない / You've *got to be* kidding. きっと冗談でしょう.

(語法) (1) have [has] got は通例短縮されて 've got ['s got] の形になる. また特に((米))のくだけた言い方では have [has] を省略して got を単独に用いることがある (cf. gotta): I *got* an idea. 考えがある / You *got* to see a doctor. 医者に見てもらわなければならない.

(2) have got は次のような場合を除いて助動詞の後までたは不定詞[分詞, 動名詞]形では一般に用いない; また命令文でも用いない: He may ~ *got* [seems to ~ *got*] a key to the car. 彼は車のかぎを持っている[手に入れた]かもしれない[ようだ].

(3) 過去の got (to) の代わりに had got (to) を用いることはまれ.

(4) ((米)) で got の代わりに gotten を用いた場合, 一般に違いが見られる: He *hasn't got* a ticket. 切符を持っていない (cf. He *hasn't gotten* a ticket. 切符を手に入れていない) / I've got to talk to her. 彼女と話さなければならない / I've *gotten* to talk to her. 彼女と話すことができた).

ha·ven /héɪvən/ 名 ❶ 避難所, 安息所: ⇨ tax haven. ❷ 港, 停泊所.

háve-nòt 名 [通例 the ~s] 無産者; (資源・核などを)持たない国 (cf. have¹ 1).

have·n't /hǽvənt/ have not の短縮形.

ha·ver /hǽvə | -və/ 動 (英) ❶ くだらないおしゃべりをする. ❷ ぐずぐずする, ちゅうちょする.

hav·er·sack /hǽvəsæk | -və-/ 名 (兵士・旅行者が肩にはすにかける) 雑嚢(のう).

Ha·ver·sian canál /həvə́ːʒən | -və́ːʃən/ 名 [時に H~] 【解】骨内管, ハバース管.

hav·er·sine /hǽvəsàɪn | -və-/ 名 【数】(三角法で)半正矢(せい); [½a(1f ver(sed) sine].

hav·il·dar /hǽvəldɑ̀ə | -dɑ̀ː/ 名【インド軍】下士官.

*‡**hav·ing** /hǽvɪŋ/ 動 have¹ の現在分詞: He *is* ~ a bath. 彼は入浴中です / *H*~ a lot of money, she spends (it) freely. 彼女は金をどっさり持っていて自由に使う. ── 助動 ❶ [完了不定詞で]: He was accused of ~ *taken* bribes and found guilty. 彼は収賄で起訴され有罪となった. ❷ [分詞構文で]: *H*~ *done* my home work, I went out. 宿題をすませて外出した / *H*~ *been* ill, he rested at home. 彼は病気だったので家で休んだ.

†**hav·oc** /hǽvək/ 名 Ⓤ (自然力・暴動などの)(めちゃめちゃな)破壊, 大荒れ; 大混乱: cause [raise] ~ ひどく荒らす, 荒廃させる / wreak ~ on…=play ~ with…=make ~ of…をひどく荒らす, を打ち壊す, を台なしにする, …に惨害を与える. **crý hávoc** 「略奪せよ」の号令を下す; 乱暴をそそのかす; (差し迫った危険などについて)警告を発する, 危急を告げる.

haw¹ /hɔ́ː/ 名 サンザシ(の実).

haw² /hɔ́ː/ 動 (自) (口ごもって・気取って話し中に) 「えー」と言う. ── 名 「えー」という声.

haw³ /hɔ́ː/ 名【動】=nictitating membrane.

haw⁴ /hɔ́ː/ 間 どうどう!(馬などを左に回らせる時の掛け声).

*Ha·wai·i /həwɑ́ːji, -wɑ́ːi: | -wɑ́ɪi/ 图 ❶ ハワイ州《米国の州, ハワイ諸島からなる; 州都 Honolulu; 略《郵》HI; 俗称 the Aloha State》. ❷ ハワイ島《ハワイ諸島中の最大島》.

Hawáiian-Aléutian (Stándard) Tìme 图 ⓤ《米国の》ハワイアリューシャン《標準時》《日本標準時より 19 時間遅い; ⇒ standard time 解説》.

Ha·wai·ian /həwɑ́ːjən | -wɑ́ɪən/ 形 ハワイ(人, 語)の. — 图 ❶ ハワイ人. ❷ ⓤ ハワイ語.

Hawáiian guitár 图 ハワイアンギター《ハワイ起源のスチールギター》.

Hawáiian Íslands 图 [the ~] ハワイ諸島《旧称 Sandwich Islands》.

háw·finch 图《鳥》シメ《アトリ科; 旧世界産の鳴禽》.

haw-haw /hɔ́ːhɔ̀ː/ 間 あっはっ! あはは! — 图 高笑い, 大笑い, 哄(*ʒ*)笑.

*hawk[1] /hɔ́ːk/ 图 ❶《鳥》タカ. ❷ 他人を食い物にする人, 強欲な人, 詐欺師. ❸ タカ派の人, 強硬論者, 主戦論者 (↔ dove). 〖OE; 原義は「つかまえるもの」; cf. have[1]〗

hawk[2] /hɔ́ːk/ 動 他 〈ものを〉呼び売りする, 行商する (peddle): ~ newspapers 新聞を呼び売りする. 〈うわさを〉ふれ回る: ~ news *about* うわさをふれ回る.

hawk[3] /hɔ́ːk/ 動 自 せき(払い)をする. — 他 〈たんなどを〉せき払いして出す《*up*》. 〖擬音語〗

hawk[4] /hɔ́ːk/ 图 (左官の)こて板.

háwk èagle 图《鳥》クマタカ《クマタカの類数種》.

háwk·er[1] /-kɪ | -kə/ 图 タカ使い, タカ匠. 〖HAWK[1]+-ER[1]〗

†háwk·er[2] 图 呼び売り商人, 行商人: a street ~ 街頭の呼び売り商人.

háwk-èyed 形 ❶ (タカのように)目の鋭い. ❷ 〈人が〉注意深い.

Háwk·eye Stàte 图 [the ~] ホークアイ州《Iowa 州の俗称》.

Haw·king /hɔ́ːkɪŋ/, **Stephen William** 图 ホーキング《1942- ; 英国の物理学者》.

háwk·ish 形 タカ派のような, タカ派[強硬論者]の (↔ dovish). **~·ness** 图

háwk·mòth 图《昆》スズメガ.

háwk-nòsed 形 わし鼻の, かぎ鼻の.

háwk òwl 图《鳥》**a** オナガフクロウ《昼行性; ユーラシア・北米大陸亜寒帯産》. **b** アオバズク《南アジア・東アジア産》.

háwks·bìll túrtle, háwks·bìll 图《動》タイマイ《暖海産のウミガメ; 甲羅から鼈甲(<del>ʒ</del>)を製造する》.

hawse /hɔ́ːz/ 图《海》錨鎖孔, 錨孔; 船首と錨との水平距離. **a fóul háwse** 停泊時の両舷の錨鎖が交差している状態.

háwse·hòle 图《海》錨鎖孔.

háwse·pìpe 图《海》錨鎖孔.

haw·ser /hɔ́ːzɚ | -zə/ 图《海》(停泊・曳航)用などの大綱, 大索.

háwser-làid 形《海》ホーザー撚(*ʲ*)りの.

†haw·thorn /hɔ́ːθɔɚn | -θɔːn/ 图《植》サンザシ《特にセイヨウサンザシ》. 〖解説〗英国のいなかでよく quickset (hedge) といわれる生け垣に使われるバラ科の低木; その実は haw という; 5月に白または紅色の花が咲くので mayflower, may ともいう; キリストのイバラの冠は hawthorn の枝とされることから, 花のついた枝を家に持ちこむと病人が出るという迷信がある》. 〖HAW[1]+THORN〗

Haw·thorne /hɔ́ːθɔɚn | -θɔːn/, **Nathaniel** 图 ホーソーン《1804-64; 米国の小説家》.

hay /héɪ/ 图 ⓤ 干し草, まぐさ. **hít the háy**《口》寝る. **màke háy** (1) (刈った)牧草をかき起こし, 風・日光に当てて干し草を作る: *Make* ~ *while the sun shines.*《諺》日の照るうちに草を干せ; 好機を逸するな. (2) 好機を逸さないようにする. **màke háy of** ...を混乱させる, めちゃめちゃにする. 〖OE=刈られた草〗

---

hay·bòx 图 乾草箱《加熱調理途中の料理を保温し余熱で調理する, 乾草や断熱材を詰めた気密性の箱》.

háy·còck 图 (円い状の)干し草の山《これを運んで haystack を作る》.

Hay·dn /háɪdn/, **Franz Jo·seph** /fræntsjóʊzəf/ 图 ハイドン《1732-1809; オーストリアの作曲家》.

Hayes /héɪz/, **Helen** 图 ヘイズ《1900-93; 米国の女優》.

Hayes, Ruth·er·ford Bir·chard /rʌ́ðəfəd bɚ́ːtʃəd | rʌ́ðəfəd bɚ́ːtʃəd/ 图 ヘイズ《1822-93; 米国第 19 代大統領》.

†háy fèver 图 ⓤ 枯れ草熱, 花粉症《初夏に目・鼻・のどを冒す熱性カタル; 空中の花粉の刺激による》.

háy·fìeld 图 干し草畑.

háy·fòrk 图 ❶ 干し草用のくま手. ❷ 自動干し草積み上げ[下げ]機.

háy·ing 图 ⓤ 干し草作り.

hay·lage /héɪlɪdʒ/ 图 ⓤ《農》低水分サイレージ, ヘイレージ《湿気を 35-50% にした貯蔵飼料》.

háy·lòft 图 干し草置き場《一般に馬小屋・納屋の屋根裏》.

háy·màker 图 ❶ 干し草を作る人. ❷《俗》強烈な一撃, ノックアウトパンチ.

háy·màking 图 ⓤ [しばしば the ~] 干し草作り《★家畜を飼う農家の夏の重要な仕事》.

háy·mòw /-màʊ/ 图 ❶ (納屋の)干し草の山. ❷ = hayloft.

háy·ràck 图 ❶ まぐさ台[棚]. ❷ (干し草などを運ぶ時に車の周囲に取り付ける)枠.

háy·rìck 图 = haystack.

háy·rìde 图《米》ヘイライド《干草用荷馬車に乗っての夜の遠出》.

háy·sèed 图 (複 ~, ~s) ❶ ⓒⓤ (こぼれ落ちた)干し草の種子. ❷ ⓤ 干し草くず. ❸ ⓒ (複 ~s)《米口》いなか者, 百姓.

háy·stàck 图 大きな干し草の山 (hayrick)《雨で腐らないよう屋根をかけて保存する》.

háy·wìre 图 ⓤ 干し草を束ねる針金. — 形 Ⓟ《口》 ❶ 〈人が〉取り乱して, 興奮して; 気が狂って. ❷ 混乱して; 故障して, 狂って. **gò háywire**《口》(1) 気が転倒する; 興奮する; 気が狂う. (2) 〈ものが〉狂う, 混乱する; 故障する.

*haz·ard /hǽzɚd | -zəd/ 图 ❶ ⓒ 危険; 冒険: a ~ *to* health 健康に有害なおそれのあるもの / That rock is a ~ *to* ships. あの岩は船にとって危険です. **b** ⓒ 偶然, 運; 運任せ. ❷ ⓒ《ゴルフ》障害地域《バンカー・沼地など》. ❸ ⓒ《玉突き》ハザード《突き玉を当て玉に当てた後ポケットに入れる突き方》. **at áll házards** 万難を排して, ぜひとも. **in [at] házard** 危険にさらされて, 危機に瀕(ʰ*ˤ*)して: He put his life *in [at] ~ in order to save me.* 彼は私を救うために命を危険にさらした. — 動 ❶ 〈生命・財産などの〉危険を冒す, 〈...を〉賭(*ᵏ*)ける (endanger). ❷ 〈...を〉運任せに[思い切って]やって[言って]みる: ~ a guess 当てずっぽうを言ってみる / [+引用] "May I interrupt you?" he ~*ed.* 「おじゃましてもよろしいでしょうか」と彼は思い切って言った. 〖F<?SpK Arab=さいころ〗 形 hazardous〗 【類義語】 ⇒ danger.

*haz·ard·ous /hǽzɚdəs | -zə-/ 形 冒険的な, 危険なわざい: a ~ journey [operation] 危険な旅[手術] / ~ waste 有害廃棄物. **~·ly** 副 **~·ness** 图 (图 hazard).

házard pày 图 ⓤ《米》危険手当.

házard (wárning) lìghts 图 覆 (車の)故障警告[表示]灯.

*haze[1] /héɪz/ 图 ❶ Ⓒ [また a ~] 薄霧, もや, かすみ; 薄煙: a ~ of cigar smoke 葉巻きの薄煙. ❷ [a ~] (精神状態の)もうろう, ぼやけ: a ~ of illusion 漠然とした幻想 / be in a ~ もうろうとしている. ❷ Ⓤ もやをかぶる; ぼんやりとなる: At evening the lake ~*d over.* 夕暮れには湖にもやがかかった. — 他 〈...を〉もやで包む; ぼんやりさせる

haze 〔*over*〕《類義語》⇨ mist.

haze[2] /héz/ 動 他《米》❶ (大学で)〈上級生が〉〈新入生に〉(ひどいいたずらをして)いじめる, しごく. ❷〈人を〉こき使う, 苦しめる.

†**ha·zel** /héz(ə)l/ 名 ❶ a ⓒ《植》ハシバミ. b Ⓤ ハシバミの材. ❷ Ⓤ くり色, 赤褐色. —— 形 ハシバミの; くり色の(特に目の色にいう).

házel gròuse 名《鳥》エゾライチョウ.

házel-nùt 名 ハシバミの実 (filbert).

†**ha·zy** /héizi/ 形 (**ha·zi·er**; **-zi·est**) ❶ かすんだ, もやがかった(深い): ~ weather かすんだ(暑い)天気. ❷〈物事が〉はっきりしない, 漠然とした (↔ clear): a ~ idea 漠然とした考え / The economic outlook is ... 経済の見通しははっきりしない / He was **about** what action to take. 彼はどのような行動をとったらよいかよくわからなかった. **házi·ly** /-zəli/ 副. **-ness** 名.

Hb《略》《生化》hemoglobin. **HB**《略》《鉛筆》hard black. **HBM** His [Her] Britannic Majesty. **HBO** /éɪtʃbi:óu/《略》Home Box Office《米国のケーブルテレビ放送ネットワーク》.

H-bòmb 名 水爆 (hydrogen bomb).

HC《略》House of Commons (cf. HL). **hcf**《略》《数》highest common factor 最大公約数. **HCFC**《化》hydrochlorofluorocarbon《フロンガスの代用品》. **HCG**《略》human chorionic gonadotropin ヒト絨毛(じゅうもう)膜刺激ホルモン. **HCV**《略》hepatitis C virus C型肝炎ウイルス. **Hd., hd.**《略》head; hand. **HD**《略》《電算》hard disk; heavy-duty. **hdbk.**《略》handbook. **HDL**《略》high-density lipoprotein 高密度リボ[脂質]タンパク質. **hdqrs.**《略》headquarters. **HDTV**《略》high-definition television. **HDV**《略》hepatitis D virus D型肝炎ウイルス. **hdw.**《略》hardware.

‡**he**[1] /hi:/ (弱形) hi; (強形) hí: / 代《語源》所有格 **his**, 目的格 **him**, 所有代名詞 **his**, 複合人称代名詞 **himself**; ⇨ **they**) ❶〔3人称単数男性主格〕彼は[が], あの人は[が](★宗教に関する文脈で God とし, それと相当視されている場合には He [His, Him] と大文字で示すことがある): *"Where's your father now?" "He's in London."*「おとうさんは今どちらですか」「ロンドンにいます」. ❷ a〔さしている人の男女別が不明であるまたは性別の必要のない場合に用いて〕その人: Go and see who is there and what *he* wants. だれがいて何を望んでいるか見てください. b〔男の赤ちゃんに向かって〕坊や: Does *he* want *his* toy? 坊や, おもちゃ欲しい? ❸〔関係代名詞の先行詞として〕《文》だれでも...する者は: *He* who carries nothing loses nothing. 持たないものは失うことはない /《諺》*He* that runs may read. ⇨ read[1] ⓐ 1 a. ❹《口》〔車・飛行機などとして〕あれ: Which way is *he* going? あれ[あの車]はどっちの方へ行くのだろう. —— /hí:/ 名《俗 **hes**, **he's** /~z/》❶ 男, 男の子, 男性. ❷ 雄 (cf. **she**[2]): Is your cat a *he* or a *she*? 君の猫は雄か雌か. —— /híː/ 形《限定》❶〔動物名などに冠して複合語をつくって〕雄の (cf. **she** 形): ⇨ **he-goat** / a *he*-wolf 雄オオカミ. ❷〔複合語をなして〕男性的な, 男らしい: ⇨ **he-man**.
《OE; it (=OE hit) と関連語》

he[2] /hí:/ 間〔おかしさ・嘲笑などを表わして〕ひー! ひひー!: He! he! he!=He, he, he! へっへー!

He《記号》《化》helium.

HE, H.E.《略》higher education; His Eminence; His [Her] Excellency.

‡**head** /héd/ 名 ❶ ⓒ (顔を含めた)頭, 頭部, 首《解説》首から上の「頭部」全体をさす. 日本語では「窓から顔を出す」「首をふる」などというが, この場合の「顔」や「首」はhead): bow one's ~ in shame 恥じてこうべをたれる / hit [strike] a person on the ~ 人の頭を殴る / My ~ aches terribly. ひどく頭が痛い / Off with his ~! やつの首を切れ![処刑せよ] / Better be the ~ of an ass than the tail of a horse.《諺》「鶏口となっても牛後となるなかれ」. b〔a ~〕頭の長さ: win by *a* ~ 頭の差[少差]で勝つ / He's *a* ~ taller than me [I am]. 彼は私より頭ひとつ背が高い.

❷ ⓒ (知性・思考などの宿る所としての)頭; 頭の働き, 頭脳, 知力; 知恵, 推理力, 理知 (cf. **heart** 2 a, **mind** 1): use one's ~ 頭を使う, 考える / ~ and heart 理知と感情《★対句的のため無冠詞》/ have a good ~ 頭脳明晰(めいせき)である / get [put] something out of one's ~ ある事を考えなくなる[考えないようにする] / Two ~s are better than one.《諺》「三人寄れば文殊(もんじゅ)の知恵」. b〔単数形で〕生得の才, 才能, 能力: He has a (good) ~ *for* math. 彼は数学の才能がある / I have no [a bad] ~ *for* languages. 外国語は苦手だ. c〔単数形で〕冷静さ, 落ち着き: ⇨ **keep one's HEAD**《成句》/ **lose one's HEAD**《成句》. ❸ a ⓒ (権力・統御の)長, 頭(かしら); 首領, 支配者, 指揮者; 長官, 頭取, 会長, 社長: a ~ *of* state 元首 / The Pope is the ~ *of* the Roman Catholic Church. 教皇はローマカトリック教会の長である. b 〔the H-〕《英口》校長 (headmaster, headmistress, head teacher).

❹〔単数形で; 通例 the ~〕首位, 首席; 上座, 上席; 座長席; (行列・ダンスなどの)先頭: He's [stands] at *the* ~ *of* his class. 彼はクラスで一番だ / sit at *the* ~ *of* the table (宴会の)上座に着く / march at *the* ~ ~ 先頭に立って行進する / take *the* ~ 先に立つ, 先導する.

❺ a ⓒ 〔通例 ~s〕(貨幣投げの)硬貨の表,「かた」(王などの頭像のある面; cf. **tail** 名 6): ⇨ **HEADS or tails**《成句》. b (彫像などの)頭部, 頭像.

❻ a ⓒ《動》(動物の)頭数; 頭: forty ~ of cattle 牛40頭. b〔a ~〕一人, 一人前: $2 *a* ~ 一人につき2ドル.

❼〔単数形で; 通例 the ~〕a (ものの足部 (foot) に対して)上部, 上端; 頂上, 頂, 頂点: *the* ~ *of* a valley 谷の上端 / *the* ~ *of* a ladder [stairs] はしご[階段]の上で / *the* ~ *of* a bed ベッドの頭(まくら)の部分 / *the* ~ *of* a grave 墓の頭部《遺体の頭のある方; 手前の方》. b (湾・行き止まりの道, 入り江・泉などの)源, 水源 (source): *the* ~ *of* the Nile ナイル川の水源 / *the* ~ *of* a lake 湖頭《河水の流れ込む側》/ ⇨ **fountainhead**. c (湾・行き止め穴の)奥. d 先端, 鼻, がけっぷち; 岬(★しばしば H~ で地名に用いる): *the* ~ *of* a pier 突堤の先端 / Diamond H~ ダイヤモンドヘッド《Hawaii 州 Oahu 島南部にある岬》. e《海》(船の)船首; (平の)ヘサキ. f (橋の一方の)端: *the* ~s *of* a bridge 橋の両端.

❽ ⓒ a 〔ハンマー・くぎ・ピンなどの〕頭 *(of)*. b (ゴルフクラブの)ヘッド《ボールを打つ部分》. c (たるの)かがみ. d (太鼓の)皮《張ってある部分》. e (砲弾の)弾頭(部).

❾〔通例単数形で〕a〔ビールなどの〕泡: the ~ *on* (a glass of) beer コップに注ぐビールの泡 / There's too much ~ *on* this beer. このビールは泡が立ちすぎる. b《英》牛乳の上部のクリーム.

❿ ⓒ a (木の)こずえ. b (草木の)頭(の花, 葉), 穂先; (キャベツなどの)結球: three ~s *of* lettuce [cabbage] レタス[キャベツ] 3個.

⓫ ⓒ《膿(のう)ばれもの》の)化膿部分, 頭.

⓬〔単数形で; 通例 the ~〕a〔ページ・便箋(せん)などの〕上部, 冒頭 *(of)*. b〔問題の題目, 項目〕*(of)*.

⓭ ⓒ (章の)章名〔につける)見出し; (新聞の)大見出し *(of)*.

⓮ ⓒ (テープレコーダー・ビデオの)ヘッド: a magnetic ~ 磁気ヘッド.

⓯ ⓒ a《米》(水車・発電所のための)水源地. b〔単数形で〕《水・蒸気などの)水圧 *(of)*.

⓰ ⓒ〔通例単数形で〕《口》(二日酔いの)頭痛 (headache): have a (morning) ~ 二日酔いで頭が痛い.

⓱ ⓒ《俗》a 麻薬常習者. b〔通例複合語で〕...熱狂者, ファン: a punk-rock ~ パンクロックファン.

⓲ ⓒ《俗》便所, 台石.

⓳ =headword 2.

abòve a person's héad=**abòve the héad of a person** 人に難しすぎて, 理解できないで.

báng [**béat, knóck, rún**] **one's héad agàinst a** (**brìck**) **wáll** ⇨ **wall** 名《成句》.

báng their héads togèther=**knock their HEADS together**《成句》.

béat a person's héad óff 人を完全に打ち負かす.

bíte a person's héad óff《口》(何でもないことで)人にかみつ

くような[つっけんどんな]返事[言い方]をする；人に激しくやり返す: I just said hello to him and he *bit* my ~ *off*. 彼に「やあ」と言っただけで彼はいきなり私に食ってきた.
bríng...to a héad 〈事態〉を危機[どたん場]に追い込む(★図11から): His action has *brought* matters *to a* ~. 彼の行動は事態をたん場に追い込んだ.
búry one's héad in the sánd 現実を回避する[知らぬふり]をする《画束ダチョウ (ostrich) は敵に追われると頭だけ砂に隠すという言い伝えより》.
cóme ìnto one's héad =enter one's HEAD 成句.
cóme to a héad (1) 〈腫れものが〉うみ口を開きそうになる (cf. 図11). (2) 〈機が熟する；事態が危機に陥る，どたん場に来る.
cóunt héads (出席者・賛否などの)頭数[人数]を数える.
dó one's héad in 《口》人をいらいらさせる，カーッとさせる.
éat one's héad òff 《口》大食いする，がつがつ食べる.
énter one's héad [否定文で] 〈考えなどが〉人に浮かぶ.
from héad to fóot [tóe] (1) 頭の先からつめの先まで，全身に: He was covered with mud *from* ~ *to foot*. 彼は全身泥まみれだった. (2) すっかり.
gáther to a héad =come to a HEAD 成句.
gèt one's héad dówn (1) 仕事に戻る. (2) [寝るために]横になる；寝る. (3) 目立たないようにする.
gèt one's héad róund... 《英口》[否定文で]...を理解する，...がわかる.
gèt one's héad togéther 《口》自制する，分別をもつ.
gèt it ìnto a person's héad that... 〈...〉と人に骨折って理解させる[悟らせる]: I just couldn't *get it into* his ~ *that* he should keep his money in a safe place. お金は安全な所にしまっておくべきだ(ということ)を彼にわからせることができなかった.
gét it ìnto one's héad that... =take it into one's HEAD that... 成句.
gét...through a person's héad 《米》〈...〉を人に理解させる.
gét...through one's héad 《米》〈...〉を理解する.
gíve a person héad 《俗》〈人に〉フェラチオをする.
gíve a person his [her] héad 〈人を〉自由にふるまわせる，〈人を〉思うようにさせる.
gò óver a person's héad (不満をはらすために)人の頭越しに上司に訴える.
gó to a person's héad (1) 〈酒が〉人を酔わせる. (2) 〈勝利などが〉人を興奮させる，有頂天にする. (3) 〈称賛などが〉人をうぬぼれさせる.
hàve a (góod) héad on one's shóulders 実務的な才能がある；頭がよい，分別がある，賢い.
hàve an óld héad on yóung shóulders 若いに似合わず分別[センス]がある，若いのに利口だ[しっかりしている].
have éyes in the báck of one's héad ⇒ eye 成句.
hàve...hánging óver one's héad (今にも)何かいやな事が起こりそうな気がしている: He *has* an examination *hanging over* his ~. 彼は今にも試験があるのではないかと気にしている.
hàve one's héad in the clóuds 非現実的である，空想にふけっている.
hàve one's héad in the sánd =bury one's HEAD in the sand 成句.
hàve one's héad scréwed ón 《口》分別がある，しっかりしている.
héad and shóulders abòve......よりずっと[はるかに]ぬきんでて: As a baseball player he's ~ *and shoulders above* the others. 野球選手として彼はほかの者よりずば抜けて優れている.
héad fírst [fóremost] (1) まっさかさまに: He dived into the river ~ *first*. 彼は川の中へ頭から飛び込んだ. (2) 無鉄砲に，軽率に: He threw himself ~ *first* into the fight. 彼は向こう見ずにそのけんかに飛び込んでいった.
héad of háir [a ~; 通例修飾語を伴って] (ふさふさした)髪の毛，頭髪: She has a lovely ~ *of hair*. 彼女はふさふさした美しい髪の毛をしている.
héad ón 頭[船首，車の前部(など)]を前にして，真向かいに，正面から (cf. head-on): The cars collided ~ *on*. 車は

837　head

正面衝突をした.
héad òver éars in... =over HEAD and ears in... 成句.
héad òver héels (1) もんどり打って；まっさかさまに. (2) 〈...〉にぞっこんほれこんで，うぬつ: be ~ *over heels in* love ぞっこんほれこんでいる / be ~ *over heels in* debt 借金で首が回らない. (3) 一時の衝動にかられて，衝動的に.
Héads or táils. 表か裏か《硬貨を投げて順番を決めたり勝負事などをする時；じゃんけんに当たる；⇒ 5 a》.
Héads úp! 《口》注意しなさい，用心しろ!
Héads will róll. 《口》(間違いがあって)罰せられるだろう；首がとぶだろう.
héad to héad =HEAD on 成句. **híde one's héad in the sánd** =bury one's HEAD in the sand 成句. **hít the náil on the héad** ⇒ nail 名 成句. **hóld a pístol to a person's héad** ⇒ pistol 成句.
hóld one's héad hígh (困難に際しても人前で)毅(き)然としている.
hóld one's héad úp 尊大に構える，威厳を保つ.
ín òver one's héad にっちもさっちも行かなくなって.
kéep one's héad =kéep a cóol [cléar] héad 冷静である，落ち着いている.
kéep one's héad abòve wáter (1) おぼれないでいる. (2) (借金せずに)自分の収入で生活する. (3) 困難にもめげず頑張り続ける.
kéep one's héad dówn (1) (頭を下げて)隠れている. (2) (成り行きを待って)目立たないようにする，自重する.
knóck...on the héad ⇒ knock 動 成句.
knóck their héads togéther 《口》力ずくでけんかをやめさせる；人々に道理をわきまえさせる.
láugh one's héad òff 大笑いする.
láy our [your, their] héads togéther =put our [your, their] HEADS together 成句.
lóse one's héad (1) あわてる，度を失う. (2) 〈...〉に夢中になる〔*over*〕: *lose* one's ~ *over a girl* 女(の)子にのぼせる.
màke héad 進む，前進する: We [Our boat] couldn't *make* ~ (against the current). 我々[我々のボート]は(流れに逆らって)前進することができなかった.
màke héad(s) or táil(s) of... [否定・疑問文で]...を理解する，わかる: I could *not make* ~ *or tail of* what he said. 私は彼の言うことは少しも理解できなかった.
màke a person's héad spín [gò róund] 〈物事が〉人の頭を混乱[くらくら]させる.
màke héads róll 多くの従業員を首にする.
nèed to [óught to, shóuld] hàve one's héad exàmined 《口》頭がおかしい，正気でない《画束「頭を診察してもらう必要がある[べきだ]」の意から》.
óff one's héad 《口》(1) 狂って: go *off* one's ~ 気が狂う. (2) 夢中になって.
on one's héad (1) 逆立ちして: stand *on* one's ~ 逆立ちする. (2) 楽に，楽々と: I can do it (standing) *on* my ~. そんなことは楽にできる.
on one's (ówn) héad 自分の責任に[で]，身[頭上]にかかって: Let success or failure be *on* my (*own*) ~. 事の成否は私の責任だ / It will be *on* your (*own*) ~. (うまくいかなかったりしたら)それは君の責任だ，自分で責任をとるべきだ(こちらは知らない). cf. STAND *on* one's own head 成句.
òut of one's héad =off one's HEAD 成句.
òver a person's héad =òver the héad of... (1) 人に理解できないで. (2) 人をさしおいて，人の先を越して: He was promoted *over the* ~s *of* his colleagues. 彼は同僚たちより先に昇進した.
òver héad and éars in......に深くはまり込んで，...のため抜きさしならなくなって: be *over* ~ *and ears in* debt 借金で首が回らない / be *over* ~ *and ears in* love ぞっこんほれこんでいる.
pùt one's héad in the nóose ⇒ noose 成句.
pút...ìnto a person's héad 〈考えなどを〉人に思いつかせる[思い出させる].
pùt our [your, their] héads togéther 額を集めて相談する.

sháke one's héad 首を横に振る《不同意・悲しみなどを表わす》.

shóut [**scréam**] one's héad òff 《口》(長く)声を限りに絶叫する.

snáp a person's héad òff = bite a person's HEAD off 成句.

stánd [**túrn**]…**on its héad** 〈考え・議論を〉転換する, 逆手にとる.

táke it ìnto one's héad **that** [**to dó**]…《口》(1) 〈…と〉信ずるようになる: He *took* it *into* his ~ *that* everybody was persecuting him. 彼はだれもが自分に迫害を加えているものと思い込んだ. (2) 〈…と〉急に決める, 思い立つ: He has *taken* it *into* his ~ *to* go abroad. 彼は外国へ行こうと急に思い立った.

tálk one's héad òff 《口》しゃべりまくる, のべつまくなしにしゃべる.

túrn a person's héad (1) 〈成功などが〉人をいい気にさせる, うぬぼれさせる: Don't let the compliments *turn* your ~. お世辞を言われていい気になるな. (2) 人を混乱させる.

with one's **héad in the clóuds** 空想にふける.

── 形 Ⓐ ❶ 首席の, 首位にある: a ~ coach ヘッドコーチ / a ~ cook コック長 / a ~ boy 《英》生徒長 (prefect の中から選ばれる). ❷ 主な, 主要な: a ~ office 本社, 本部.

── 動 ⑳ ❶ a 〈…の先頭に立つ〉: His name ~*s* the list. 彼が筆頭である. b 〈…を〉指導もする, 率いる 〈*up*〉: ~ a new government 新政府の首班となる.

❷ 〈船・車などを〉〈…に〉向ける, (…のほうへ)進める: The captain ~*ed* the ship for the channel. 船長は船を海峡へ向けた / He ~*ed* the boat north. 彼はボートを北へ進めた.

❸ 〈ピン・くぎなどに〉頭をつける.

❹ 〈…に〉〈…と〉見出し[表題, 手紙のアドレスと日付]をつける: [+目+補] He ~*ed* the article "Politics." 彼はその記事に「政治」と見出しをつけた.

❺ [通例副詞(句)を伴って] 《サッカー》〈ボールを〉頭で打つ, ヘディングする: He ~*ed* the ball *into* [*toward*] the goal. 彼はヘディングしてボールをゴールに入れた[ゴールへシュートした].

── ⑭ ❶ 〈…に向かって〉進む: The plane is ~*ing* south. 飛行機は南進を続けている / It's time to ~ *back* [*for* home]. そろそろ戻る[家に帰る]時間だ / Where are you ~*ing* [《主に米》~*ed*] *for*? どこへ行くのですか.

❷ 〈植物が〉頭をつける, 結球する.

❸ 〈川が〉〈…に〉源を発する〔*from, in*〕.

héad báck (⑭+圖) (1) = HEAD off 成句 (1). ── (⑭+圖) (2) 戻る, 帰る.

héad óff (⑳+圖) (1) 〈…の針路を転じる. (2) 〈…を〉阻止する, 回避する: ~ *off* a crisis 危機を回避する. ── (⑭+圖) (3) 向かっていく: She ~*ed off toward* town. 彼女は町のほうへ向かっていった. (4) 出発する: It's about time we ~*ed off*. そろそろ出発する時間だ.

héad the bíll ⇒ bill¹ 成句.

〖OE⇒ 形 heady; 関⇒ cephalic〗

*héad·ache /hédèɪk/ 名 ❶ 頭痛: have a bad [slight, splitting, pounding] ~ ひどい[軽い, 頭が割れるような, ずきずきする]頭痛がする / suffer from ~*s* 頭痛に悩む, 頭痛がする. ❷ 《口》 a 頭痛の種, 悩み. b うるさい人, やっかいな人.

héad·ach·y /hédèɪki/ 形 ❶ 頭痛がする, 頭痛持ちの. ❷ 頭痛を伴う[起こさせる].

héad·age /hédɪdʒ/ 名 Ⓤ 《飼養場・農場の家畜の》頭数(ずう).

héad·bànd 名 ヘッドバンド《髪が垂れ下がるのを防ぐ》.

héad·bànger 名 《俗》❶ ヘビーメタルファン. ❷ 頭のおかしな人, 変人.

héad·bàng·ing 名 Ⓤ (ヘビーメタルファンなどの)激しく頭を振り動かす踊り, ヘッドバンギング; 《精神異常者の》激しく体を揺すり頭を振り動かす動作.

héad·bòard 名 《ベッドの》頭板, ヘッドボード《ベッド上端の垂直の部分; cf. footboard 2》.

héad bútt 名 頭(⁷)突き.

héad-bútt 動 ⑳ 〈…に〉頭突きをする.

héad càse 名 《英俗》いかれたやつ, 変人, 《頭の》おかしなやつ.

héad·chèese 名 ⓊⒸ 《米》ヘッドチーズ《《英》brawn》《豚の頭や足などを細かく刻んで香辛料とともに煮てゼリーで固めた料理》.

héad còld 名 鼻かぜ.

héad·còunt, héad còunt 名 頭数, 員数.

héad·drèss 名 頭飾り.

héad·ed /-dɪd/ 形 ❶ レターヘッドの入った: ~ notepaper レターヘッドの入った便箋. ❷ [複合語で]頭の…の, …頭の: two-*headed* 双頭の / clear-*headed* 頭のさえた.

héad·ènd 名 ヘッドエンド《ケーブルテレビの送信元(となる装置)》.

héad·er /-dɚ/ |-də/ 名 ❶ 《口》逆さ飛び込み, まっさかさまに落ちること: He stumbled and took a ~ into the ditch. 彼はつまずいて溝(⑤)にまっさかさまに落ちた / try a ~ off a diving board 飛び込み台から逆さ飛び込みを試みる. ❷ 《サッカー》ヘディングシュート[パス]. ❸ a 頭(部)をとる人[もの]. b 穂先を摘む機械. ❹ 《電算》ヘッダー (↔ footer)《ページ上部の文書名などを記した部分》.

héader tànk 名 《英》《水道の》圧力調整槽[タンク].

héad·fìrst, héad·fòremost 副 = HEAD first [foremost] 成句.

héad gàme 名 [通例複数形で] 《米口》心理戦, ゆさぶり《相手の真意・本性を知るために怒らせたり困らせたりして様子を見るかけひき》.

héad gàsket 名 《機》ヘッドガスケット《内燃機関のシリンダーヘッドとシリンダー[シリンダーブロック]との間のガスケット》.

héad gàte 名 水門.

héad·gèar 名 Ⓤ 頭飾り, かぶりもの《帽子類の総称》; ヘッドギア《スポーツなどで頭部を保護するための防具》.

héad·hùnt 動 ⑳ 〈人を〉《別会社の幹部要員に》引き抜く, ヘッドハントする.

héad·hùnter 名 ❶ 人材スカウト係, ヘッドハンター. 人材供給会社. ❷ 首狩り族の人.

héad·hùnting 名 Ⓤ ❶ 人材スカウト, ヘッドハンティング. ❷ 首狩り.

+**héad·ing** /-dɪŋ/ 名 ❶ Ⓒ a 《ページ・章などの》表題, 見出し, 項目: under the ~ of… の表題で[の下に]; …の項目の下に. b 《手紙の》アドレスと日付. ❷ Ⓒ 《船首などの》方向, 向き; 《航空機の》進行方向, 進路. ❸ ⓊⒸ 《サッカー》ヘディング.

héad·làmp 名 = headlight.

héad·land /hédlənd/ 名 ❶ 岬 (promontory). ❷ /-lænd/ 枕地(ま<ち)《畑の隅で農機具が入ることができないために耕していない部分》.

héad·less 形 ❶ 頭[首]のない; 首を切られた: a ~ body 首なし死体. ❷ 首領のない. ❸ 愚かな.

+**héad·light** /hédlàɪt/ 名 [しばしば複数形で] ヘッドライト, 前照灯 (headlamp).

*héad·line /hédlàɪn/ 名 ❶ Ⓒ a 《新聞記事などの》見出し. b 本[新聞]のページの上欄. ❷ [複数形で] 《放送》《ニュース放送の初めに読む》主要項目. **hít** [**máke**] **the héadlines** (1) 新聞に大きく取り上げられる. (2) 有名になる, 知れ渡る. ── 動 ⑳ ❶ 〈…に〉見出しをつける. ❷ 〈…を〉宣伝する. ❸ 《米》〈ショーなどの〉主役をする.

héad·lìner 名 《米》花形スター, 立て役者.

héad·lòck 名 《レスリング》ヘッドロック.

+**héad·long** /hédlɔ̀ːŋ|-lɔ̀ŋ/ 副 (比較なし) ❶ まっさかさまに: He threw himself ~ into the water. 彼は頭から水中に飛び込んだ. ❷ 向こう見ずに; あわてふためいて: He plunged ~ into the fray. 彼は向こう見ずにそのいさかいに飛び込んだ. ── 形 (比較なし) ❶ まっさかさまの. ❷ 向こう見ずな, 軽率な; ❸ 大急ぎの.

héad lòuse 名 《昆》アタマジラミ.

héad·màn 名 (⑳ -men)《未開部族などの》酋長(⁴ゅう), 首長.

+**héad·màster** 名 ❶ 《米》《私立校の》校長. ❷ 《英》《小学校・中学校の》校長.

+**héad·mìstress** 名 headmaster の女性形.

héad·mòst 形 《船が真っ先の, 先頭の.
héad·nòte 名 ❶ 頭注. ❷ 〖法〗頭書《判例集で判決の前に記載される判決の摘要》.
*__héad-ón__ 形 Ⓐ 正面の, まっこうからの (cf. HEAD on 成句): a ~ collision 正面衝突. — 副 正面から, まともに: collide ~ 正面衝突する / tackle a problem ~ 問題に正面から取り組む.
+**héad·phòne** 名 《通例複数形で》《頭につける》受話[受信]器, ヘッドホン (cf. earphone 1).
héad·pìece 名 ❶ かぶと; 帽子. ❷ 〖印〗《書物の》章[ページ]の初めの花飾り (cf. tailpiece 3).
héad·pìn 名 《ボウル》ヘッドピン《一番前のピン》.
héad·quàrter 動 《通例受身で》《...の》本部[本社]を《ある場所に》置く.
*__héad·quár·ters__ /hédkwɔ̀ɚtəz, ⌃⌃⌃⌃|hèdkwɔ́ːtəz, ⌃⌃⌃⌃/ 名 《しばしば単数扱い》本部, 本営, 司令部; 本署《略 hdqrs.》; 本社, 本局: general ~ 総司令部 / at ~ 本部[本社]に.
héad·rèst 名 ヘッドレスト《理容院・歯科医院のいすや自動車のシート上部の頭を休める部分》.
héad·ròom 名 Ⓤ 《橋・トンネル・車などの》頭上スペース, あき高.
head·sail /hédseɪl, 《海》-s(ə)l/ 名 《海》前帆《船首縦帆》.
héad·scàrf 名 《英》ヘッドスカーフ.
héad séa さか波, 向かい波.
héad·sèt 名 =headphone.
héad shìp 名 首領の職[権威], 指導的地位.
héad shòp 名 《米口》ヘッドショップ《ドラッグ使用者向けの用具・小物・身のまわり品を商う; cf. head 名 17》.
héad·shrìnker 名 ❶ 人間を切り取った頭を小さく縮ませる部族民. ❷ 《俗》精神科医.
heads·man /hédzmən/ 名 《複 -men /-mən/》首切り役人.
héad·sprìng 名 ❶ 水源, 源泉. ❷ 《体操》頭はね起き《頭と両手で体を支えた体勢から屈伸を利用してはね起きる》.
héad·squàre 名 《英》=headscarf.
héad·stàll 名 《馬などの》おもがい《馬などの頭から両耳を出してかける革ひも》.
héad·stànd 名 《頭を下につけてする》逆立ち, 三点倒立 (cf. handstand): do a ~ 逆立ちをする.
héad·stànd·er 名 《魚》ヘッドスタンダー《Amazon 川水系などの小さな淡水魚; 観賞用に飼われ, 頭を下に向けて泳ぐ》.
+**héad stárt** 名 [a ~] ❶ 《競技》ヘッドスタート《競走などでハンディを与えられた先のスタート》. ❷ 有利な[さい先のよい]スタート: He has lived in America for a year, so he has a ~ *on* [*over*] the other students in English. 彼はアメリカに1年間いたので, 英語の習い始めは他の生徒よりも有利だ. ❸ [H~ S~] ヘッドスタート計画《米国政府の教育福祉事業》.
héad stày 名 =forestay.
héad·stòck 名 〖機〗《旋盤などの》主軸台.
héad·stòne 名 墓石 (gravestone).
héad·strèam 名 《川の》源流.
héad·stróng 形 ❶ 《人がががんこな, 強情な (stubborn). ❷ わがままな.
heads-úp 形 《口》機敏な, 抜け目のない. — 名 警告, 注意.
heads-úp displày 名 《米》=head-up display.
héad táble 名 《米》《晩餐会などでの》上座のテーブル, メインテーブル.
héad téacher 名 《英》校長 (《米》principal).
héad-to-héad 形 副 Ⓐ 《試合・会議など直接の[に], 直(ぢき)の[に]. ❷ 《米》接近戦の[で]; 接戦の[で].
héad tríp 名 《俗》❶ ヘッドトリップ《知性・想像力が拡大するように思える体験》. ❷ =ego trip.
héad·tùrn·ing 形 きわめて魅力的な[人目をひく], 人を振り向かせる.
héad-ùp displáy 名 《空・車》ヘッドアップディスプレー《パイロット[ドライバー]の前方視野内に計器などの示す情報を表示する装置, その表示》.
héad vòice 名 《楽》頭声《頭部から発せられたように感じられる高音域の声; cf. chest voice》.
héad·wàiter 名 《レストランの》ボーイ長.
héad·ward /hédwəd|-wəd/ 形 副 水源[頭部]《より奥》への.
head·wards /hédwədz|-wədz/ =headward.
héad·wàters 名 《川の》源流, 上流 《*of*》《★ 数本の流れ全体をさす》.
+**héad·wày** 名 Ⓤ ❶ 前進; 進歩: gain ~ 前進する / make ~ 進行[前進]する; 進捗(しんちょく)する. ❷ 《船・列車の時間の》間隔.
héad·wìnd 向かい風, 逆風 (↔ FOLLOWING wind).
héad·wòrd 名 ❶ 《辞書・書物の段落などの》見出し語. ❷ 〖文法〗主要[中心]語, 主幹《形容詞に修飾されている名詞など》.
héad·wòrk 名 Ⓤ 頭を使う仕事, 精神労働; 頭の働き, 思考.
+**héad·y** /hédi/ 形 (**héad·i·er**; **-i·est**) ❶ **a** 《人が》向こう見ずな. **b** 《思想・行動など》性急な. ❷ 《酒が》頭にくる, 酔わせる. ❸ 《興奮している[させる]な: a ~ triumph わき立つ勝利 / He's *~ with* success. 彼は成功してうきうきしている. **héad·i·ly** /-dəli/ 副 **-i·ness** 名 (See head)

*__heal__ /híːl/ 動 ❶ **a** 《傷・痛み・故障などをいやす, 治す: Time ~s all sorrows. 時がたてばあらゆる悲しみも治る. **b** 《人の》病気をいやす, 治す: He was miraculously ~*ed of* cancer. 彼は奇跡的にがんが治った. ❷ 《不和を》和解[仲直り]させる. — 自 いえる, 治る 《*over, up*》: The wound has not yet fully ~*ed*. その傷はまだに完治しない全体をさす》. 〖OE; 原義は「完全な状態にする」; cf. health〗【類義語】**heal** 一般的に外傷を治す. **cure** 病気・けがなどを治してもとの健康な状態に戻す. **remedy** 薬や特別な方法を用いて病状・苦痛をいやす.
héal·àll 名 万能薬; 民間療法に用いられる植物《ウツボグサなど》.
heald /híːld/ 名 〖織〗=heddle.
+**héal·er** 名 いやす人[もの]; 《特に》信仰療法を行なう人: Time is a great ~. 時は偉大な治療者だ《時がたてば心の傷もいえる》.
héal·ing 名 Ⓤ いやし, 回復, ヒーリング.
*__health__ /hélθ/ 名 ❶ Ⓤ **a** 《病気に対して, 心身の》健康, 健全: the ~ of body and mind 心身の健全 / the value of good ~ 健康の値打ち[ありがたさ] / Early rising is good for the [your] ~. 早起きは健康によい / *H~ is better than wealth*. 《諺》健康にまさる. **b** 身体の状態; 健康状態: be out of ~ 健康がすぐれない / He enjoys [is in] good ~. 彼はとても健康だ / He's in bad [poor] ~. 彼は健康がすぐれない. **c** 公衆衛生, 保健; 衛生: mental ~ 精神衛生 / public ~ 公衆衛生 / the Department of H~ 《英国の》保健省. ❷ Ⓤ 《組織・制度などの》健全性, 繁栄. ❸ Ⓤ|Ⓒ 《健康を祈っての》乾杯: drink (to) the ~ of a person=drink (to) a person's ~ 人の健康を祝して[祈って]乾杯する / (To) your (good) ~!=Good ~! ご健康を祝します《乾杯の言葉》. **bill of héalth** ⇒ **bill**¹ 名 成句. 〖OE; 原義は「完全」; cf. heal〗 (形 healthy)
héalth·càre 名 Ⓤ|Ⓒ 健康管理; 《医療・保険などの専門家による》健康管理サービス, ヘルスケア.
héalth cènter 名 医療[保健]センター; 保健所.
héalth certíficate 名 健康証明書.
héalth clùb 名 フィットネスクラブ, ヘルスクラブ (gym).
héalth fàrm 名 《英》ヘルスリゾート (《米》health spa, spa).
+**héalth fòod** 名 健康食(品).
héalth·ful /hélθf(ə)l/ 形 《場所・食物など》健康によい, 衛生的な; 《精神的に》有益な, ためになる: ~ exercise 健康的な運動. **~·ness** 名
héalth·ful·ly /hélθfəli/ 副 健康的に; 衛生的に.
health·i·ly /hélθəli/ 副 =healthfully.
héalth inspéctor 名 《公的な》衛生監視員《飲食店の衛生状態の視察などを行なう》.

héalth insúrance 名 U 疾病保険, (保険会社による)健康保険.

héalth máintenance organizàtion 名《米》保健維持機構《会員制の民営健康保険組合; 略 HMO》.

héalth phýsics 名 U 保健物理学《放射線の健康に対する影響を扱う》.

héalth sèrvice 名 U〔しばしば H~〕公共医療(施設).

héalth spà 名《米》健康増進〔フィットネス〕のための(リゾート)施設, ヘルスリゾート《運動設備・プール・サウナなどを備える》.

héalth vìsitor 名《英》(家庭を訪問する)巡回保健婦.

*__héalth·y__ /hélθi/ 形 (**héalth·i·er; -i·est**) ❶ a 〈人・動物など〉健康な, 健全な (↔unhealthy): Early to bed and early to rise makes a man ~, wealthy, and wise. 《諺》早寝早起きは人を健康, 富裕, 利口にする / I feel *healthier* after a visit to the countryside. いなかに行ってくると前より健康になったように感じる. b 〈顔つき・食欲など〉健康そうな: look ~ = have a ~ look 健康そうな顔をしている. ❷ a 〈健康によい, 衛生的な: a ~ diet 健康によい食事. b (精神的に)健全な, 有益な: a ~ idea 健全な考え. c 〈組織・制度などが〉健全な, 順調な: a ~ economy 健全な経済. d まともな, 良識のような: a ~ curiosity [attitude] 健全な好奇心[態度]. ❸ (量・程度が)大きな, 相当な: a ~ number of books 大量の本. **-i·ness** 名 [類義語] **healthy** 病気にかかっていないで, 体力がみなぎっている. **sound** healthy よりも一層はっきりと病気や欠陥がまったくなく心身ともに健康である. **well** ある時点で病気でない; 特に強いとか丈夫とかは意味しない.

*__heap__ /hí:p/ 名 ❶ 積み重ね, (乱雑に積み上げられた)山, かたまり: in a ~ [~s] 山をなして. ❷ 《口》a〔通例 a ~ of …または ~s of …で〕たくさん, どっさり (比較 a lot of, lots of のほうが一般的): You do know *a* ~ *of* things, don't you? ずいぶんいろんなことをご存じですね. *a* ~ *of* times 幾度も, たびたび / There's ~s *of* time. 時間は十分ある / There were ~s *of* people there. そこには人がくさんいた. b〔~s; 副詞的に〕大いに, ずっと: The patient is ~s better. 患者はずっとよくなった / Thanks ~s. どうもありがとう. ❸《俗》ぼんくろ車; 荒れ果てた建物. **àll of a héap**《口》一度に, どっさり. ── 動 ❶《…を》積み上げ(て造る); 蓄積する (*up*) stones 石を積み上げる / ~ *up* riches 財産を蓄積する. ❷ a〈皿などに〉〈…を〉山盛りにする: ~ a plate *with* strawberries = ~ strawberries *on* a plate 皿にイチゴを山盛りにする. b〈人に〉侮辱・賛辞などを〉何度も加える: ~ insults [praises] *on* a person 人に数々の侮辱を与える[賛辞を与える]. ❸ (積もって)山となる, たまる: The snow ~*ed up* against the walls. 雪は塀に向かって山のように積もった. 《OE = 積み重ね, 大勢》

+**heaped** /hí:pt/ 形《英》= heaping.

héap·ing 形《米》(スプーンなど)山盛りの.

*__hear__ /híə/|híə/ 動 /há:d; hə:d/ ❶〈…が〉聞こえる, 〈…を〉聞く: He didn't ~ what I said. 彼は私の言うことが聞こえなかった / You *hear* me! 聞いたとおりだ, そのとおりだ (⇒感 4) / Do you *hear* me? (怒って)いいかね, よく聞くんだよ / I've *heard* that one before! それは前に聞いたことがある, 信じないぞ《言い訳に対する返事に言う》/ 〔+目+原形〕I *heard* somebody cry out. だれかが大声で叫んだのが聞こえた《用法》受身は不定詞に to を用いる: Somebody *was heard* to cry out.) / 〔+目+*doing*〕He *heard* branches *moving* as the wind grew stronger. 風が強くなった時木の枝が動いている音が聞こえた / A bird was *heard singing*. 鳥が歌っているのが聞こえた / 〔+目+過分〕She *heard* her name called. 彼女は自分の名前が呼ばれるのを耳にした.

❷〈ニュースなどを〉聞き知る, 聞かされている, 話に聞く: We haven't *heard* any news of the event. その事件についてはまだ何のニュースも聞いていません / Nothing has been *heard of* him since. (それ以来)全然彼の消息を聞かない (cf. HEAR of…) / 〔+(*that*)〕I'm sorry to ~ [I ~ with regret] *that* your mother is ill. お母様がご病気だそうでお気の毒に存じます / "He's going to resign." "So I've *heard* [I ~]." 「彼は辞職するようだ」「そんな話だね」《用法》この so は前文を受けたもので *that* 節の代用》/ 〔+目+過分〕I once *heard* it said *that* we are never so unhappy as we suppose. 我々は決して自分が想像しているほど幸福でもなければ不幸でもないのだと言われるのを聞いたことがある (cf. HEAR tell [say]). ❸ a〈…を〉よく聞く, 〈…に〉耳を傾ける (意味では一般的): Are you ~*ing* me? よく聞いているかい / Let's ~ his explanation. 彼の説明を聞こう. b〈講演・演奏などを〉聞きに行く; 傍聴[聴講]する: go to a lecture 講義を聞く. c〈法〉〈事件などを〉審問[審理]する: Which judge *heard* the case? どの裁判官が事件を審理しましたか.

❹〈返事などを〉理解する: Did you ~ what I said? 話がわかったかい / Keep your room neat and clean, do you ~ me? 部屋はきれいにしときなさいよ, わかった? (★ *do* or *me* をしばしば伴う; 発言に対する注意を促す).

❺〈祈りなどを〉聞いてやる, 聞き入れる: Lord, ~ my prayer. 主よ, わが願いを聞き入れたまえ.

── 感 ❶ (耳が)聞こえる: He doesn't ~ well. 彼は耳がよく聞こえない 《比較》He doesn't *listen* well. 彼は人の話をよく聞かない.

❷〈消息を〉聞く, 聞いて知る (cf. HEAR of…): Did you *hear about* the cat? その猫のこと[についての冗談]を聞いたかい / I was so sorry to ~ *about* your father. お父様のことを聞きに行く途中でした《人の死亡などに関して用いる》/ He'll ~ *from* me *about* it. (そのこと)で彼にひと言わせてもらうぞ. b〔…から〕連絡がある (⇒ HEAR from…).

❸ (発言などを)理解する (cf. 他 4).

❹〔命令法で〕《英》聞け, 謹聴: H-! H-! 〔しばしば反語的に用いて〕謹聴!, 賛成!, ヒヤヒヤ!

càn't héar oneself **thínk** 《口》(まわりが)うるさくて集中できない.

Hàve you héard the òne about…?…についての冗談を聞いたかい (cf. 名 2 a).

héar from… (1) …から連絡[通信, 便り]がある (★ 受身可): You mean you haven't *heard from* him since you came here? こちらへ来られてからまだ彼から連絡[電話, 便り]がないというのですか / I look forward to ~*ing from* you. お便りをお待ちしております (★ 手紙の末尾で). (2) (討論などで)…の意見[考え]を聞く; 〈警察などから〉…に事情聴取をする. (3) …にしかられる.

héar of… (★ 受身可)(1)〔しばしば完了形で〕…の存在[事実]を聞いて知っている: I've *heard of* him, but I haven't met him. 彼のことは聞いて知ってはいるが会ったとはない / I've never *heard of* such a thing. そんな事は今までに聞いたためしがない / I've never *heard of* (their [them]) reneging on an agreement. (彼らが)協定を破るなんて聞いたことがない. (2) …のことで[消息を]聞く: I've *heard* much *of* him. 彼のことをいろいろ聞いている (cf. 他 2 a) / She's never been *heard of* since. それ以来全然彼女の消息を聞かない / This is the first I've *heard of* it. 今回初めて耳にした.

héar óut《他+副》〈人の話を〉最後まで聞く: H- me out. 私の言うことを最後まで聞きなさい.

hèar téll〔《英》*sáy*〕《古風》〔…のことをうわさに聞く《*of*〕; 〈…ということをうわさに聞く《*that*》(★ hear people tell [say] の略; cf. hearsay): I've *heard tell* [*say*] *that* he has sold his house. 彼が家を売ったといううわさを聞いている.

I héar you [*ya*] 《米口》(1) まったくだ. (2) = I HEAR what you're saying 成句.

I héar what you're sáying《口》言い分はわかった(けど)《★ 特に同意していない場合に用いる》.

I héard that = I HEAR you 成句 (1).

lèt's héar it for…《口》〈人・ものを〉ほめたたえよう.

màke oneself **héard** (1) (騒音のため大声を出して)自分の声が聞こえるようにする. (2) 自分の意見[言い分]を聞いてもらう.

Nòw héar thís = **Héar yé**《米》これから発表します《法廷

などで用いる古い表現).
won't [wouldn't] héar of... を聞き入れようとしない[しなかった], を承知しない[しなかった]: My father *won't ～ of* it. おやじはそれを承知すまい / I *won't ～ of* you [your] com*ing* to meet me at the station. 駅に迎えに来ていただくなんてとんでもございません.
〖OE〗
【類義語】**hear** 単に物音を聞く, 音が聞こえる. **listen** 意識して物音を聞こうという態度で耳を傾け, またことばなどの内容を理解しようとすること.

****heard** /hə́ːd | hə́ːd/ 動 hear の過去形・過去分詞.
héar·er /hí(ə)rə | -rə/ 名 聞き手; 聴聞[傍聴]者 (↔ speaker).
****héar·ing** /hí(ə)rɪŋ/ 名 ❶ **a** Ⓤ 聴力, 聴覚: His ～ is poor. 彼は耳が遠い / She's hard [quick] of ～. 彼女は耳が遠い[鋭い] / lose one's ～ 聴力を失う. **b** Ⓤ.Ⓒ 聞くこと, 聴取: at first ～ 最初聞いた時に(は). ❷ Ⓤ 聞こえる距離[範囲]: in a person's ～ 人が聞いている所で, 聞こえよがしに / out of [within] ～ 聞こえない[聞こえる]所で. ❸ Ⓒ **a** 聞いてやること, 傾聴; 聞いてもらうこと, 発言の機会: get a ～ 聞いてもらう, 発言の機会を得る / give a person a (fair) ～ 人の言い分[主張]を(公平に)聞いてやる. **b** (委員会などの)聴聞会, ヒアリング: a public ～ 公聴会. ❹ Ⓒ 〖法〗審問, 尋問: a preliminary ～ 予審. 【関連】acoustic, auditory, aural.
héaring àid 名 補聴器: wear a ～ 補聴器をつける.
héaring-èar dòg 名 聴導犬《耳の不自由な人の手助けをするよう訓練を受けた犬》.
héaring-impáired 形 聴覚障害の.
heark·en /háːk(ə)n | háːk-/ 動 圓 《文》《...に》耳を傾ける 《*to*》.
Hearn /hə́ːn | hə́ːn/, **Laf·ca·di·o** /læfkáːdìou/ 名 ハーン, 小泉八雲《1850-1904; 米国から日本に帰化した著述家》.
héar·say 名 Ⓤ 風聞, うわさ (rumor; cf. HEAR say 成句): have it by [from, on] ～ うわさで聞いている.
héarsay èvidence 名 〖法〗伝聞証拠.
hearse /həːs | həːs/ 名 霊柩(きゅう)車, 葬儀車.
Hearst /həːst | həːst/, **William Randolph** 名 ハースト《1863-1951; 米国の新聞王》.
****heart** /háːt | háːt/ 名 ❶ Ⓒ 心臓; 胸: He has a weak ～. 彼は心臓が弱い[悪い] / My ～ stood still. =My ～ (nearly) stopped beating. (恐ろしくて, また驚いて)心臓(の鼓動)が(もう少しで)止まるような気がした / He put his hand on his ～. 彼は胸に手を当てた / She pressed her child to her ～. 彼女は子供を胸に抱き締めた.
❷ Ⓒ **a** (感情, 特に優しい心・人情が宿ると考えられる)心, 感情 (cf. head 2 a): at the bottom of one's ～ 内心で は, 腹では / pity a person from (the bottom of) one's ～ 心の底から人に同情する / touch a person's ～ 人の心を動かす, 胸を打つ / search one's ～ 自分の心底を探る, 内省する / She has a kind ～. 彼女は優しい心の持ち主だ / Have a ～! 〘口〙 同情してくれ(よ), 大目に見てくれ(よ) / a BROKEN heart. **b** (知・意と区別して)心, 心情, 気持ち, 気分: with a heavy [light, cheerful] ～ 陰気[陽気]に, しょんぼりと[心も軽やかに] / What the ～ thinks, the mouth speaks. 《諺》思いは口に.
❸ Ⓤ 愛情; 同情心: an affair of the ～ 情事, 恋愛 / a man of ～ 人情家 / have no ～ 薄情[冷酷]である / have (plenty of) ～ 人情がある[厚い] / have a person's ～ 人の愛を得る / steal a person's ～ 知らぬ間にうまく人の愛情を得る / steel one's ～ 心をかたくなにする / win a person's ～ 人の愛を勝ちとる.
❹ Ⓤ **a** 元気, 勇気, 熱意; 冷酷, 無情さ: in (good) ～ 元気で / out of ～ 元気がなく / keep ～ 勇気を失わない / lose ～ 元気を失う, 意気消沈する / take [pluck up] ～ 勇気[元気]を出す, 元気づけられる / put ～ into a person 人に元気をつける / [+*to do*] How can you *have the ～ to* disappoint the child? どうして君はあの子を失望させるなどということができるのか / I did *not have the ～ to* say that. とてもそれを言う勇気がなかった(それを言うしのびなかった). **b** Ⓤ 熱意; 関心, 興味: have

841 heart

one's ～ in... に心血を注いでいる / put one's ～ into... 熱中する / My ～ is not in the work. 私はその仕事に熱が入らない.
❺ **a** Ⓒ 〖愛称的に〗愛する人, あなた: dear(est) ～ いとしい人より / sweetheart. **b** 〖通例修飾語を伴って〗人; 勇者: a true ～ 真の勇士 / a noble ～ 気高い人.
❻ Ⓒ **a** (花・果物などの)芯, 樹心, ～ *of* palm ヤシの新芽(食用). **b** 〖単数形で〗〖場所などの〗中心(部): (deep) in the ～ *of* the city [forest] 都心[森林の奥]に. **c** 〖単数形で〗〖問題などの核心, 急所; 本質: get to the ～ *of* a problem 問題の核心に触れる / go to the ～ *of* a matter 事件の核心[急所]をつかむ.
❼ Ⓒ **a** ハート形(のもの). **b** 〖トランプ〗ハートの札: the ten [queen] of ～*s* ハートの 10 [クイーン].
àfter one's ówn héart 思いどおりの, 心にかなった: She is a woman *after* my *own* ～. 彼女は私の思いどおりの女である.
at héart (1) 心底は; 実際は: He isn't a bad man *at* ～. 彼は根は悪人でない. (2) 心[気]にかけて: have the matter *at* ～ その事を深く心にかける.
bréak a person's héart 人を悲嘆にくれさせる, ひどく失望させる.
by héart そらで(《英》 off by heart): learn *by* ～ 暗記する / know *by* ～ そらで知っている.
chánge of héart (1) 《*キ*教》回心, 改宗. (2) 気持ち[考え]の変化.
clóse [déar] to one's héart =near to one's HEART 成句.
crý one's héart òut 胸が張り裂けるほど泣く, ひどく[さめざめと]泣く.
dò the [a person's] héart góod 非常な喜びを与える, 心温まる思いをさせる: It *does* my ～ *good* to see him being so kind to his neighbors. 彼が隣人にあんなに親切にしているのを見ると私はほんとに心が温まる.
éat one's héart òut 悲しんでくよくよする; 〖...のことで〗悲嘆に暮れる《*for, over*》.
find it in one's héart [onesèlf] to dó 〖通例 can [could] を伴って, 否定文・疑問文で〗(どうしても)...する気になる: I couldn't find it in my ～ *to* be angry with the child. (私の性分として)その子に腹を立てる気にはなれなかった.
give one's héart to... =lose one's HEART to... 成句.
gó to a person's [the] héart 人の胸にこたえる; 人の心を痛める: It *goes to* the ～ *to* see such kindness. そのような思いやりを見ると胸にじんとくる.
hàve one's héart in one's móuth [bóots] 《口》 びくびくしている; はらはらする, 心配する.
hàve one's héart in the ríght pláce (しばしば, 外見よりなり)親切気[人情味]がある, 優しい[温かい]心を持っている.
héart and sóul [hánd] 身も心も打ち込んで, 熱心に.
One's héart bléeds for... ⇒ bleed 圓 1 c.
One's héart gòes óut to... に同情いたします: My ～ *goes out* to your father. あなたのおとうさまに同情申し上げます.
One's héart is nót in... に熱意がわかない, 身が入らない.
One's héart léaps ìnto one's móuth. びっくり仰天する.
One's héart sínks. がっかりする.
héart to héart 腹を割って, 腹蔵なく《話す, など》.
in one's héart of héarts 心の(奥)底で; 心ひそかに; 実際は 《★ Shakespeare「ハムレット」から》.
láy... **to héart** =take...to HEART 成句.
líft (úp) one's héart 心を励ます, 元気を出す.
lóse héart 熱意を失う, やる気をなくす.
lóse one's héart to... に思いを寄せる.
néar to one's héart なつかしい, 最も親愛な; 大事な: This work is *near to* my ～. この仕事は私にとって大事なものだ / I want you to keep this child *near to* your ～. この子を何よりも大事にいつくしんでほしい.
ópen [póur óut] one's héart 自分の気持ちを包み隠さず打ち明ける, 本心を明かす.
pùt one's héart and sóul ìnto... に全心全霊を打ち込む.
sét one's héart at rést 人の不安をなくす, 人を安心させる.

sét one's héart on …に望みをかける, …をほしがる; …に熱中する, …したいと心に決める: I've *set* my ~ *on going* abroad. 外国行きを決めた.

táke…to héart (1) …を心に留める: She *took* my advice *to* ~. 彼女は私の助言をまじめに聞き入れた. (2) …をくよくよする, 気にする: Don't *take* the failure *to* ~. 失敗を苦にするな.

táke…to one's héart 〈皆が×新人を〉温かく迎える.

to one's héart's contént ⇨ content [名] 成句.

wéar one's héart on one's sléeve 感情を露骨に表わす, 思うことをあけすけに言う 《★ Shakespeare「オセロ」から》.

with áll one's héart＝**with one's whóle héart** 心から喜んで; 真心こめて.

with one's héart in one's bóots 《口》ひどく落ち込んで[おびえて, 動揺して].

《OE》 (形) hearty, (動) hearten; 関形 cardiac, coronary) [類義語] ⇨ mind.

†**héart·àche** [名] ⓤ 心痛, 悲嘆.

***héart attàck** [名] 心臓発作, 心臓麻痺.

†**héart·bèat** [名] Ⓤ.Ⓒ 心臓の鼓動, 動悸(ﾄﾞｳｷ).

†**héart·brèak** [名] Ⓤ 悲嘆, 胸が張り裂けるような思い.

héart·brèaker [名] 胸が張り裂ける思いをさせる人[もの].

héart·brèaking [形] 胸が張り裂けるような.

héart·brèaking·ly [副] 胸が張り裂けるほど, 強烈に: a ~ beautiful woman もの凄い美人.

héart·bròken [形] 〈人が〉悲嘆に暮れた, ひどく失望した (cf. broken-hearted). ~·ly [副]

héart·bùrn [名] Ⓤ ❶ 胸やけ. ❷ ＝heartburning.

héart·bùrning [名] Ⓤ むしゃくしゃした感情, 不満, 不平; ねたみ, しっと, 恨み.

héart disèase [名] Ⓤ.Ⓒ 心臓病.

héart·ed /-tɪd/ [形] [通例複合語で] …の心を持った, 気の …な: faint-*hearted* 気の弱い.

†**héart·en** /hάːtn | háː-/ [他] 〈…に〉元気をつける, 〈…を〉鼓舞する: The manager tried to ~ (*up*) the players. 監督は選手たちを激励しようとした / She was ~ed by the news. 彼女はその知らせに元気づけられた. ([名] heart ❹)

héart·en·ing /-tnɪŋ/ [形] 元気づける, 鼓舞する: ~ news 朗報. ~·ly [副]

†**héart fàilure** [名] Ⓤ 心臓麻痺; 心不全.

†**héart·fèlt** [形] (特に, 温かい言葉や行為で表わされる)心からの: a ~ expression of thanks 心からの感謝の言葉. [類義語] ⇨ sincere.

hearth /hάːθ | hάːθ/ [名] ❶ 炉床《炉の火をたく床》; 炉辺《★ 家庭だんらんのイメージがある》. ❷ 家庭: ~ and home 家庭《★ 句句なので無気訳》.

héarth·rùg [名] 炉の前の敷物.

héarth·sìde [通例 the ~] 炉辺.

héarth·stòne [名] ❶ 炉石《炉床に敷く石》. ❷ 炉辺; 家庭.

heart·i·ly /hάːtəli | háː-/ [副] ❶ 心から; 本気で, 熱心に: I ~ thank you. 心から感謝申しあげます. ❷ 勢いよく, たくさん, うんと, 思う存分: laugh ~ 思う存分笑う / We ate ~. 我々は腹いっぱい食べた. ❸ すっかり, まったく: I'm ~ tired of it. それには全く飽き飽きした.

†**héart·i·ness** /hɑːtɪnəs | hάː-/ [名] Ⓤ ❶ 誠実, 熱意; 親切. ❷ 元気.

***héart·lànd** [名] 中心部; 中核地域, 心臓部.

héart·less [形] 無情な, 薄情な, 冷酷な: a ~ killer 冷酷な殺し屋 / It was ~ *of* you [You were ~] *to* leave without saying good-bye. さよならひとつ言わないで行ってしまったとはあなたらしくない人だ. ~·ly [副] ~·ness [名]

héart-lúng machìne [名] 人工心肺.

héart ràte [名] 心拍数.

héart-rènding [形] 胸の張り裂けるような, 悲痛な: a ~ sight ひどく痛ましい光景. ~·ly [副]

héart's blòod [名] Ⓤ 生き血; 生命力.

héart-sèarching [名] Ⓤ 内省, 自省.

héarts·èase, héart's-èase [名] Ⓤ ❶ 心の平和. ❷ パンジー[サンシキスミレ]の原種《ヨーロッパ・西アジアに分布》.

héart·sìck [形] 悲痛の, 意気消沈した. ~·ness [名]

héart-sìnk pátient [名] 《英口》落ち込み患者《医師の間で, しつこい診断のつかない不調を訴えて診療所をたえず訪れる患者を指す》.

héart·sòre [形] 心痛の, 悲嘆に暮れた.

héart·stòpper [名] 心臓が止まりそうなくらい恐ろしいもの, ぞっとするような事件.

héart·strìngs [名] 徳 心の琴線, 深い感情[愛情]: tug at [play upon] a person's ~ 人の感情を揺り動かす.

héart·thròb [名] ❶ 心臓の動悸(ﾄﾞｳｷ). ❷《口》**a** (胸の)ときめき. **b** 胸をときめかすすてきな人, あこがれの的《特に男性の歌手・俳優など》.

héart-to-héart [形] A 率直な, 腹蔵のない; 心からの: a ~ talk 腹を割っての話. ── [名] 腹を割った話.

héart·wàrming [形] 心温まる, うれしい.

héart·wòod [名] Ⓤ (木材の)心材, 赤味材.

héart·wòrm [名] 【獣医】Ⓒ (犬などの)心臓・大動脈に寄生する)心糸状虫; 心糸状虫症, 犬フィラリア症.

***heart·y** /hάːti | háː-/ [形] (**heart·i·er**; **-i·est**) ❶ 心からの, 親切な, 愛情のこもった: receive a ~ welcome 心からの歓待を受ける / give a ~ laugh さもうれしそうに笑う. ❷ 元気な, 達者な; 盛んな: be in ~ good health とても元気だ. ❸ A **a** 〈食事が〉たくさんの, 豊富な: take [have] a ~ meal 十分に食事をする. **b** 〈人が〉食欲の盛んな: a ~ eater 大食[健啖(ｹﾝﾀﾝ)]家. ❹ 《英口》(友好的であるように見せようと)すごくはしゃいだ. ([名] heart)

***heat** /híːt/ [名] ❶ Ⓤ 熱さ, 熱 (→ cold); the ~ of the sun 太陽の熱. **b** Ⓤ [また a ~] 暑さ; 暑気: (*an*) intense ~ 酷暑 / (in) the ~ of the day 日盛りに(の) / suffer from the ~ 暑さに当たる. **c** Ⓤ 暖かさ, 暖気: enjoy the ~ 暖かさを楽しむ. ❷ Ⓤ **a** 熱度, 温度: increase [lower] the ~ 温度を上げる[下げる]. **b** [通例修飾語を伴って] (身体の部分, 病気などによる)紅潮, 赤らみ, 上気: ⇨ prickly heat. **c** 《米》暖房. ❸ Ⓤ ❶ 熱烈さ, 激怒: with ~ 興奮して, 激怒して. **b** [the ~] 闘争・討論などの)最高潮, 真っ最中: in *the* ~ *of* an argument 議論の真っ最中 / take the ~ 興奮をさます. ❹ Ⓤ (カラシ・コショウなどの)辛味. ❺ Ⓒ [a ~] 1 回の動作[努力], 一挙: at a ~ 一気に. **b** Ⓒ 《競技》予選(の 1 回): preliminary [trial] ~s 予選 / ⇨ dead heat. ❻ Ⓤ (雌獣の)さかり, 発情; 発情期 (cf. rut²): be in [《英》on] ~ 〈雌獣が〉さかりがついている. ❼ Ⓤ 《俗》**a** 《警察による〉追跡[尋問]. **b** 圧力, 威圧 **c** 非難. **d** 警察. ❽ 《俗》銃, 火器. **in the héat of the móment** かっとしたはずみに. **túrn the héat on…** 《口》〈人に〉圧力をかける; 〈人〉に集中攻撃[批判]を加える.

── [動] ⓗ ❶ 〈…を〉熱する, 暖める: ~ *up* soup スープを温める / The room was comfortably ~*ed* (*up*). 部屋は気持ちよく暖まっていた. ❷ 〈人を〉興奮させる, 憤慨させる. ── ⓘ ❶ 熱くなる, 暖まる: The engine has started to ~ *up*. エンジンが(正常より)熱くなり始めた. ❷ 興奮する. ❸ (競りなどが)激しくなる; 一段と熱気を帯びてくる 《《英》hot up》. 《OE》([形] hot)

héat bàrrier [名] 《空・宇宙》熱障壁《摩擦熱による速度制限》.

héat capàcity [名] 熱容量.

héat dèath [名] Ⓤ 【理】熱力学的死《エントロピーが最大になった熱平衡状態》.

héat·ed /híːtɪd/ [形] ❶ 〈人・議論など〉興奮した, 激した; 怒った: a ~ discussion 激論. ❷ 熱せられた, 熱くした, 熱い. ~·ly [副]

héat èngine [名] 熱機関.

***heat·er** /híːtə | -tə/ [名] ❶ ヒーター, 発熱器, 加熱器; 暖房装置: a gas ~ ガスストーブ / an oil ~ 石油ストーブ. ❷ 《俗》ピストル, ガン.

héat exchànger [名] 【機】熱交換器.

héat exhàustion [名] Ⓤ 【医】熱疲労, 熱ばて, 熱疲憊(ﾋﾊｲ).

heath /híːθ/ [名] ❶ Ⓤ 【植】ヒース《紫・白またはピンクのつり鐘形の小さな花の咲く》ツツジ科エリカ属などの常緑低木; ヨーロッパからアフリカに分布するが, 英国の山野の荒れ地にも多

い; cf. heather, ling¹). ❷ a ⦅英⦆(ヒースの茂る)荒れ地, 荒野 (cf. moor²). b ⦅生態⦆ヒース⦅ツツジ科の常緑低木が主になっている植生⦆. ⦅OE; 原義は「原野」⦆

hea·then /híːðən/ 形 ⦅比較なし⦆異教徒の, 異教の; 不信心の (pagan): ~ days 異教時代 / ~ gods 異教の神々. — 名 (~s, ~) ❶ C 異教徒⦅キリスト教徒・ユダヤ教徒・イスラム教徒がそれぞれ他宗教の信徒⦆. b C ⦅聖⦆異邦人⦅ユダヤ人でない国民または民族の人⦆. c [the ~; 複数扱い] 異教徒たち, 異教徒たち. ❷ C 不信心者; 未開人.

héathen·dom /-dəm/ 名 U ❶ 異教; 異教の世界. ❷ 異教徒たち.

héa·then·ish /-ðənɪʃ/ 形 ❶ 異教(徒)の; 非キリスト教的な. ❷ 野蛮な. ~·ly 副

héa·then·ism /-ðənɪzm/ 名 U ❶ 異教, 偶像崇拝. ❷ 野蛮, 蛮風.

heath·er /héðər/ 名 U ⦅植⦆ギョリュウモドキ⦅ヨーロッパから南西アジアにかけて分布するツツジ科の常緑小低木; エリカに近縁で, 花は桃紫色; cf. heath⦆.

héather mixture 名 ⦅英⦆混色の毛織物.

héath·er·y /héðəri/ 形 ヒースの茂った.

Héath Róbinson 形 ⦅英⦆⦅機械など⦆精巧すぎて実用にならない⦅⦅米⦆ Rube Goldberg⦆.

Héath·row Áirport /híːθroʊ-/ 名 ヒースロー空港⦅ロンドンの国際空港; London Airport ともいう; コード名 LHR⦆.

heath·y /híːθi/ 形 (heath·i·er; -i·est) ヒースの[に似た, の]茂った.

héat ìndex [the ~] 熱指数⦅湿度と温度を組み合わせて体感温度を示す⦆.

*__heat·ing__ /híːtɪŋ/ 名 U 暖房(設備); 加熱(作用) (heat): ⇒ central heating / a ~ apparatus [system] 暖房装置⦅設備⦆ / a ~ element (電熱器の)電熱線, ニクロム線.

héat·less 形 熱のない; 暖房のない.

héat lìghtning 名 U ⦅夏の暑い夜などに見られる⦆雷鳴を伴わない稲妻⦅遠い雷鳴が雲に反射したものとされる⦆.

héat-pròof 形 耐熱の.

héat pùmp 名 ❶ 熱ポンプ⦅熱を低温の熱源から高温の熱源に移す装置⦆. ❷ (ビルなどの)冷暖房装置.

héat ràsh 名 U あせも.

héat-resìstant 形 =heatproof.

héat-sèeking míssile 名 熱線追尾[赤外線誘導]ミサイル.

héat shìeld 名 熱シールド⦅宇宙船を大気圏突入時の表面加熱から保護する先端部分⦆.

héat sìnk 名 ヒートシンク, ヒートシンク⦅工程・機器などから発生する余分な熱を吸収し放散させるための材[領域, 装置]⦆.

héat stròke 名 熱射病.

héat-trèat 動 他 ⦅冶⦆熱処理する.

héat trèatment 名 U ⦅冶⦆焼処理⦅焼入れ・焼なまし⦆.

héat wàve 名 ❶ (長い)酷暑. ❷ ⦅気象⦆熱波 (cf. cold wave 2).

*__heave__ /híːv/ 動 (~d, ⦅海⦆ hove /hóʊv/) ❶ [副詞(句)を伴って] (力を入れて)重いものを持ち上げる: He ~d the box *out of* the cart (*up*) *into* the cart). 彼はその箱を持ち上げて荷車から出した[へ入れた] / He ~d *himself out of* the armchair. 彼はひじ掛けいすから(重そうに)腰を上げた. ❷ (胸を)波打たせる: Pity ~d her breast. 彼女の胸は哀れみで波打った. ❸ a (人が(嘆声・うなり声を)苦しそうに出す, あげる *out*: ~ a sigh ため息をつく / ~ a groan うめき声をあげる. b (ものを)吐く *up*. ❹ [副詞(句)を伴って] ⦅口⦆ 〈...を〉投げる, 投げ出す, ほうる: Somebody ~d a brick at us. だれかが れんがを私たちに投げつけた. ❺ ⦅海⦆ ⦅錨('')を⦆綱で巻き[引き]揚げる; ⦅綱をたぐり込む. — 自 ❶ a 盛り上がる, 持ち上がる, 高くなる. b (波・海などが)うねる, 波打つ, (胸が)波打つ: the *heaving* billows うねる大波. ❷ a あえぐ, 吐く, むかつく *up*. ❸ ⦅...を⦆(力いっぱい)引っぱる: ~ *at* [*on*] *a rope* ロープを引っぱる. ❹ 綱などを手[車地]等で引く[巻く]. **héave ánchor** ⇒ anchor 成句. **Héave hó!** (1) ⦅海⦆ よいと引け[巻け]! ⦅錨を巻く時の掛け声⦆. (2) よいしょ⦅重いものを持ち上げる時の掛け声⦆. **héave in sìght [víew]** ⦅口⦆ 遠くから見えてくる. **héave tó** /túː/ ⦅⦅他+副⦆⦆ (1) (船の)船首を風上に向けて止める. — ⦅自+副⦆ (2) (船が)止まる: The ship *hove to*. 船が止まった. — 他 ❶ C a ⦅米⦆(力を入れて重いものを)投げる. b (重いものを)投げつける: He gave the discus a tremendous ~. 円盤を恐ろしく遠くまで投げた. ❷ [単数形で] ⦅文⦆ 隆起, うねり: the ~ *of* the sea 波のうねり. ❸ C ⦅地質⦆(断層による地層・鉱脈の)水平ずれ(転蓋). ⦅OE; cf. have¹⦆ ⦅類義語⦆ ⇒ lift.

héave-hó 名 ⦅米口⦆ 拒絶, お払い箱: give a person the (old) ~ 人をくびにする[はねる].

*__heav·en__ /hévən/ 名 ❶ U [また the ~s] 天, 天空 (skies; sky): the starry ~s 星空 / the eye of the ~ 太陽 / look up into the ~s 空を見上げる. ❷ ❶ a 天国, 天界, 極楽 (paradise; ↔ hell) ⦅解説⦆古代の天文学では天を七つ[または九つ]の層と考え, その最上層は神・天使のすみかとされた⦆: go to ~ 天国に行く, 死ぬ / be in ~ 天国にいる, 死んでいる. b 天国の住民, 神々; 天人. ❸ C ⦅口⦆たいへん幸福な場所, 楽園: This is a ~ on earth. ここは地上の楽園だ. ❹ a [H-] U 神, 天帝, 上帝 ⦅★ God の代用語に用いられる⦆: *H*~ be praised!=Thank *Heavens*(s)! 神さま ありがとう! / By *H*~! 神かけて, 必ず / for *Heaven*'s sake お願いだから / *H*~ *forbid*! そんなことのないように, そんなことがあってたまるか! / *H*~ help us, if that's true. それが本当だったら大変ですよ / *Heaven's* vengeance is slow but sure. ⦅諺⦆ 天罰はおそいが必ず来る / Inscrutable are the ways of *H*~. 天意ははかりがたい. b [Heaven または Heavens で; 間投詞的に] おや!, まあ!, まったく!: *Heavens*, no! まあ, とんでもない! / *Heavens*, what is that? おや, 何ですか? / Good *Heavens*!=*Heavens* above! 困った!, おや!, まあ!⦅驚き・恐れの発声⦆. **Héaven knóws** ⇒ know 成句. **héaven's náme** [疑問詞を強めて] 一体全体: Where *in ~'s name* have you been? 一体どこへ行ってたんだい. **in séventh héaven** 無上の幸福のうちに; 有頂天になって ⦅由来⦆ 第 7 天国はユダヤ人の考えた神と天使の住む最上天; ⇒ 2 a 解説⦆. **móve héaven and éarth** ⇒ move 動 成句. ⦅OE; 原義は「おおうもの」⦆ 形 heavenly; 関形 celestial⦆

+__heav·en·ly__ /hév(ə)nli/ 形 (heav·en·li·er; -li·est) ❶ ⦅A⦆ 天の, 天空の: a ~ *body* 天体. b 天国の(ような), こうごうしい, 天来の, 絶妙な: a ~ *voice* 妙なる声. ❷ ⦅口⦆ すばらしい, すてきな. -li·ness 名 ⦅名 heaven⦆

héaven-sènt 形 天与の, 願ってもない, 好都合な: a ~ opportunity 絶好の機会.

heav·en·ward /hév(ə)nwəd | -wəd/ 形 天(国)への[向かう] (cf. earthward). — 副 天(国)へ(向かって).

héav·en·wards /-wədz | -wədz/ 副=heavenward.

*__heav·i·ly__ /hévɪli/ 副 (more ~; most ~) ❶ 重く; どっかりと, どさりと: a ~ loaded truck 重い荷を積んだトラック / lie [sit, weigh] ~ *on* [*upon*] ... に重くのしかかる. ❷ 重々しく, 重そうに, ものうげに, のろのろと; 苦しげに: walk ~ 重い足どりで歩く. ❸ 大いに, 大量に: be ~ made up 厚化粧をしている / drink ~ 痛飲する / Past experience will weigh ~ in the selection process. 選考過程では過去の経験が非常に重視される. ❹ ひどく, 激しく: ~ policed borders 厳重警戒の国境 / His English is ~ accented. 彼の英語はかなりなまりがある. ❺ 密に, こんもりと: a ~ populated district 人口密度の高い地方.

heav·i·ness /hévinəs/ 名 UC ❶ 重いこと, 重さ. ❷ 重苦しさ. ❸ しつこさ. ❹ 憂鬱; うっとうしさ.

Héaviside làyer 名 ⦅通信⦆ ヘビサイド層 (E layer).

*__heav·y__ /hévi/ 形 (heav·i·er; -i·est) ❶ a 重い (↔ light) ⦅用法⦆ How ~ is he? He's 100kg ~. とは言わない⦆: a ~ *suitcase* 重い荷 / This suitcase is too ~ for me to lift. このスーツケースは重すぎて私には持ち上げられない. b 体重の重い, 太った: a ~ *person* 太った人. c ⦅P⦆ 重みがかかって; いっぱいに: a tree ~ *with* fruit 果実のたわわに実った木 / a heart ~ *with* sorrow 悲しみに満ちた心 / The air was ~ *with* cigarette smoke. たばこの煙が重くたちこめていた. ❷ a (量・程度など)猛烈な, 激しい: ~ fighting 激しい戦闘 / a ~ blow 痛打 / a ~ frost ひどい霜 / ~ traffic 激しい交通 / a ~ rain 大雨, 豪雨. **b** 大量に…する(人): a ~ smoker [drinker] ヘビースモーカー[大酒飲み] / an ~ investor 大量投資家 / a ~ reader 大の読書家. **c** 〈眠り・沈黙など〉深い, 強度の: a ~ sleep 深い眠り / a ~ silence 重苦しい沈黙. **d** 〈クリームが〉濃厚な: ~ cream ヘビークリーム 《乳脂肪の多いクリーム》. **e** 〈性的関係が〉濃厚な: ~ petting 《口》 ヘビーペッティング. ❸ **a** 大量の: a ~ vote 大量の投票 / ~ shopping 大量の買い物. **b** 《口》大いに使って[食って]: This car is ~ on oil. この車はオイルをよく食う / She's ~ on the makeup. 彼女は厚化粧だ / Don't go so ~ on the butter. バターをそんなに使って[塗って]はいけません. ❹ **a** 耐えがたい, つらい: ~ work つらい仕事 / a ~ tax 重税. **b** 〈日時・スケジュールなど〉つらい仕事[重労働]の多い, きつい: a ~ schedule 〈仕事で〉いっぱいのスケジュール / a ~ day 仕事が多くてつらい一日 / ⇒heavy GOING 2. **c** 重苦しい; 退屈な, おもしろくない; 読みにくい, 難解な: a ~ style 重苦しい文体 / a ~ book on philosophy 哲学の退屈で難解な書物. **d** P 厳しくて: Our teacher is ~ on us. 先生は我々に厳しく当たる. ❺ **a** 〈食べ物が〉しつこい, 胃にもたれる: a ~ cake 胃にもたれるケーキ / パンが生焼けの. **a** 〈地面・土が〉粘つく; 耕作に骨が折れる. **b** 〈道路が〉〈吸いつくように〉歩きにくい, ぬかる. **c** 〈香りが〉容易にとれない, くどい. ❻ **a** 憂いに沈んだ, 悲しい, しょげた: with a ~ heart 打ち沈んで, しょんぼりと. **b** ものうい, だるい, 活気のない: feel ~ 気分が重い, だるい. **c** 悲しませる, 悲しい: ~ news 悲報. ❼ **a** 〈空がいっぱい〉, どんよりした: ~ clouds 厚い重苦しい雲 / a ~ sky どんよりした空. **b** 〈海が〉荒れた, しけた: ~ seas 荒海, 大波. ❾ **a** 不器用な: 〈歩みなど〉重苦しい: with a ~ step のろのろした歩調で / have a ~ hand 不器用である. **b** 鈍い: a ~ fellow のろま. 重大な, 重要な: a ~ matter [problem] 重要問題 / a ~ responsibility 重い[重大な]責任 / a ~ offense 重罪. ⓫ 《俗》**a** すばらしい, すてきな: ~ music すてきな音楽. **b** 困った; 怖い. ⓬ A 〈産業が〉製鉄・機械・造船などを扱う, 重…: ⇒ heavy industry. **b** 大型: a ~ truck 大型トラック. ⓭ 〖劇〗 まじめな役(の), 荘重な, 悲劇的な: a ~ part 敵役. ⓮ 〖軍〗 重装備の: a ~ tank 重戦車 / ~ cavalry 重騎兵 / ⇒ heavy artillery. ⓯ 〖化〗 〈同位体がより大きな原子量をもつものをいう〉: ~ hydrogen 重水素 / ~ nitrogen 重窒素. ⓰ 〖音声〗 強音の.

héavy with chíld 妊娠して(いる).

héavy with yóung 〈動物が〉はらんで.

màke héavy wéather of... ⇒ weather 名 成句.

with a héavy hánd ⇒ hand 名 成句.

—— 副 重く, 重々しく: lie [sit, weigh] ~ on [upon] …に重くのしかかる.

—— 名 ❶ C 〖通例複数形で〗〖劇〗まじめな役; (特に)悪役, 敵役(者). ❷ C 《口》 〈ボクシングレスリングなどの〉重量級の選手; 〈ラグビーなどの〉重量のある[大柄な]選手. ❸ C 《英口》お堅い新聞. ❹ C 重戦車, 重戦車, 重爆撃機. ❺ C 暴力を振るう大男. ❻ U 〖スコ〗強くて苦いビール.

【OE; 原義は「中身をもっていて重い」; cf. have¹】

[類義語] heavy 重いことを示す最も一般的な語; 比喩的には, 心・気分などの重苦しい感じを表わす. **weighty** 非常に重量がある; 比喩的には社会的に影響力があって重大な. **ponderous** 大きくて重く, 扱うのがむずかしい. **massive** かさがあって固く, 重い.

héavy artíllery 名 U ❶ 重砲. ❷ 重砲兵隊.

héavy bómber 名 重爆撃機.

héavy bréather 名 電話で荒い息を聞かせる変質者.

héavy bréathing 名 U 《口》〈興奮した時の〉荒い息, 肩で吐く息, あえぐような呼吸.

héavy chémical 名 工業薬品.

⁺**héavy-dúty** 形 A ❶ 〈衣服・機械などが〉丈夫な, 酷使に耐える: ~ shoes [tires] 丈夫な靴[タイヤ]. ❷ 《米口》非常に重要な, 重大な, 重々しい.

héavy-fóoted 形 ❶ 足どりの重い, のろのろした. ❷ 〈動作が〉鈍い, 鈍重な.

héavy góods vèhicle 名 《英》 =HGV.

⁺**héavy-hánded** 形 ❶ 高圧的な; 非情な. ❷ 不器用な. ~**·ly** 副 ~**·ness** 名

héavy-héarted 形 心の重い, ふさぎ込んだ. ~**·ly** 副 ~**·ness** 名

héavy hítter 名 《米口》 ❶ 有力者[団体], 重鎮, 大物 (heavyweight). ❷ 〖野〗 強打者, スラッガー. **héavy-hítting** 形

héavy hýdrogen 名 U 〖化〗 重水素.

⁺**héavy índustry** 名 U.C 重工業 《製鉄・造船・機械工業など; ↔ light industry》.

héavy-láden 形 ❶ 重荷を負った[積んだ]. ❷ 心配事の多い.

héavy-líd·ded 形 〈まぶたの〉重たげな[厚ぼったい] 〈目〉.

héavy métal 名 ❶ 〖化〗 重金属 《比重 5.0 以上》. ❷ U ヘビーメタル, ヘビメタ 《重いビートと電子装置による金属音を特徴とするロック音楽》.

héavy-métal 形 〈ロック音楽が〉ヘビメタの.

héavy óil 名 U 重油.

héavy pétting 名 U 濃厚なペッティング.

héavy-sét 形 ❶ 〈人が〉体格の大きい, 〈体格が〉がっしりした (thick-set). ❷ 〈人が〉ずんぐりした.

héavy wáter 名 U 重水 《重水素と酸素からなる水》.

⁺**héavy wéight** 名 ❶ 〖ボク〗 ヘビー級の選手. ❷ 平均体重以上の人[もの]. ❸ 有力者: a ~ in the political world 政界の大物. —— 形 ❶ **a** 平均体重以上の. **b** 〖ボク〗 ヘビー級の. ❷ 有力な, 巨大な, 重要な.

Heb. 〖略〗 Hebrew; 〖聖〗 Hebrews.

heb·dom·a·dal /hɛbdάməd(ə)l | -dóm-/ 形 7 日ごとの, 毎週の. ~**·ly** 副 -dəli/ 〖Gk=7〗

He·be¹ /híːbi/ 名 〖ギ神〗 ヘーベー 《青春の女神; Olympus 山の神々の給仕をした》.

Hebe² /híːb/ 名 《軽蔑》 ユダヤ人 (野郎).

he·be·phre·ni·a /hìːbəfríːniə/ 名 U 〖精神医〗 破瓜病 《浅薄・情動不相応・いわば笑いなどよそよそしい退行性の行動を特徴とする, 20歳前後に多くみられる統合失調症の一型》. **-phren·ic** /-frɛ́nɪk/ 形 破瓜病の(患者).

heb·e·tude /hɛ́bət(j)uːd | tjuːd/ 名 U 愚鈍, 遅鈍.

He·bra·ic /hɪbréɪɪk/ 形 ヘブライ人[語, 文化]の. **He·brá·i·cal·ly** /-ɪkəli/ 副

He·bra·ism /híːbreɪɪzm/ 名 ❶ U ヘブライ主義 《神を中心とするヘブライ人の倫理的な人生観; cf. Hellenism 1》. ❷ C ヘブライ語法. ❸ U ヘブライ人の宗教, ユダヤ教.

He·bra·ist /-ɪst/ 名 ❶ ヘブライ語学者. ❷ ヘブライ主義者, ユダヤ信者.

He·bra·is·tic /hìːbreɪɪstɪk/ 形 ヘブライ風の; ヘブライ学者の.

He·bra·ize /híːbreɪaɪz/ 動 ❶ ヘブライ語に訳す; 〈名詞を〉同義のヘブライ語名に変える; ヘブライ人風にする. —— ❷ ヘブライ語の表現を用いる; ヘブライ的[風になる[考える].

⁺**He·brew** /híːbruː/ 名 ❶ C **a** ヘブライ人, イスラエル人, ユダヤ人 (Jew). **b** 〖聖〗 ヘブル人 《《外国人がイスラエル人をさしていう言葉》. ❷ **a** 古代ヘブライ語 《旧約聖書に用いられた言語; 略 Heb.》. **b** 現代ヘブライ語 《イスラエルの公用語》. **c** 《口》わからない言葉 (cf. Greek 名 成句, double Dutch): It's ~ to me. それはちんぷんかんぷんだ. ❸ [~s; 単数扱い] 〖聖〗 ヘブル人への手紙 (The Epistle of Paul the Apostle to the Hebrews) 《新約聖書中の一書; 略 Heb.》. —— 形 ヘブライ人[語]の: the ~ Bible ヘブライ語聖書 《旧約聖書》. 〖F<L<Gk<Heb〗

Heb·ri·de·an /hèbrədíːən⁺/ 形 ヘブリディーズ諸島(の住民)の.

Heb·ri·des /hɛ́brədìːz/ 名 《the ~》 ヘブリディーズ諸島 《スコットランド西岸沖の約 500 の島からなる島群; 本土に近い Inner Hebrides とその北西の Outer Hebrides に区分される》.

He·bron /híːbrən/ 名 ヘブロン 《パレスチナにある聖書時代からの古都; ユダヤ教・イスラム教の聖地》.

Hec·a·te /hɛ́kəti/ 名 〖ギ神〗 ヘカテ 《月・天地・下界および後に魔法をつかさどる女神》.

hec·a·tomb /hɛ́kətòum | -tùːm/ 名 ❶ 《古代ギリシア·

ローマで)雄牛100頭のいけにえ. ❷ 多数の犠牲, 大虐殺. 【Gk】

heck /hék/ 图 ⓤ [通例 the ~] 《口》[怒りなどの発声・強意語として] 一体全体: What *the* [in (*the*)] ~ are you doing with my car? 一体全体私の車をどうするのかね / What *the* ~? 何てことだ! **a héck of a...** 《口》大変な: I had a ~ *of a* time. どえらい[とんでもない]目にあった. ─ 間《口》ちくしょう! 【HELL の婉曲語】

héck・el・phone /hék(ə)lfòʊn/ 图《楽》ヘッケルフォーン (オーボエより1オクターブ低い楽器).

heck・le /hékl/ 動 ⓣ 〈演説者などを〉やじり倒す, 質問攻めにする, 詰問する (barrack). ─ ⓘ やじる. **héck・ler** 图

heck・uv・a /hékəvə/ 形 = HECK of a... 成句

hect- /hékt/ (母音の前にくる時の) hecto- の異形.

héc・tare /héktèə | -tèə/ 图 ヘクタール (メートル法の面積の単位;=100アール, 1万平米メートル; 略 ha.). 【HECT- + ARE²】

hec・tic /héktɪk/ 形 ❶ 興奮した, 熱狂的な; 多忙をきわめた, てんてこまいの: a ~ schedule 忙殺的な予定(表). ❷ a 消耗熱の; 熱のある: a ~ fever 消耗熱. b 病的に紅潮した: a ~ flush 紅潮 (結核患者のほおに現われる). **héc・ti・cal・ly** /-kəli/ 副 【F＜L＜Gk】

hec・to- /héktə, -toʊ | -tə, -təʊ/ [連結形] 「100...」(⇒ metric system). 【F＜Gk *hecaton* 100】

hec・to・cot・y・lus /hèktəkátələs, -li- | -lài-/ 图 《あるタイプの頭足類の雄の》交接腕.

hécto・gràm, 《英》**-gràmme** 图 ヘクトグラム (メートル法の重量の単位;=100 grams; 略 hg., hectog).

hécto・lìter, 《英》**-lìtre** 图 ヘクトリットル (メートル法の容量の単位;=100 liters; 略 hl., hectol.).

hécto・mèter, 《英》**-mètre** 图 ヘクトメートル (メートル法の長さの単位;=100 meters; 略 hm., hectom).

hec・to・pas・cal /héktoʊpæskæl/ 图 ヘクトパスカル (気圧のSI組立単位; 1ヘクトパスカルは1ミリバールと同じ; 略 hpa.).

hec・tor /héktə | -tə/ 動 ⓣ 〈人を〉どなりつける, いじめる. ─ ⓘ から威張りする. ─ 图 どなる人, から威張りする人, 弱い者いじめ. 【昔劇でヘクトル (Hector) がから威張りする人物として描かれたことから】

Hec・tor /héktə | -tə/ 图 ❶ ヘクター (男性名). ❷ ヘクトル (Homer の詩 *Iliad* に出るトロイ戦争の勇士).

Hec・u・ba /hékjʊbə/ 图《ギ神》ヘカベー, ヘクバ (トロイア王プリアモスの妃, Hector と Paris の母).

he'd /hì:d/ *he had, he would* の短縮形.

hed・dle /hédl/ 图《織》(織機の)綜絖(そうこう), ヘドル.

he・der, che・der /héɪdə | -də/ 图 (複 **he・da・rim** /hədəɪrìm, ~s/) (ユダヤ人の)初等学校 (ヘブライ語聖書・祈祷書の読み方を教える).

hedge /hédʒ/ 图 ❶ 生垣, 垣根. [解説] 英国では敷地の仕切りや野や畑の仕切りにも使うが, よくサンザシ (hawthorn) やイボタノキ (privet) などが植えられる]: a quickset ~ 生垣. ❷ 障害, 障壁: a ~ of convention 因襲の障壁. ❸ (損失・危険などに対する)防止策: as a ~ *against* inflation インフレに対する防御策として. ─ 動 ⓣ ❶ 〈...を〉...の生け垣で囲う 〈*in, about, around*〉: ~ a garden *with* privet 庭をイボタノキの生け垣で囲う. ❷ 〈...で〉...を取り囲む, 囲んで守る, 〈規則などで〉〈...の〉行動を拘束する 〈*in, about, around*〉(★ しばしば過去分詞で形容詞的に用いる): He felt ~*d in with* rules. 彼は規則に縛られて動きがとれない感じがした. ❸ 両賭(かけ)けして〈賭けの負けをふせぐ; 投機を〉掛けることで損を防ぐ: ~ one's bets 両賭けする. ─ ⓘ ❶ 言い抜けの余地を残しておく, どっちつかずの返事をする, 言を濁す 〈*on*〉. ❷ 〈賭け・投機で〉丸損をしないように〉両賭けする, 掛けつなぐ. ❸ まがきを作る; 生け垣を刈り込む. 【OE】【類義語】⇒ fence.

hédge brówn 图《昆》キイロウラジャノメ《ジャノメ蝶の一種》.

hédge fùnd 图 ヘッジファンド (私募により集めた個人の資金を投機的に運用する投資信託組合).

hédge gàrlic 图《植》アリアリア《ニンニク臭のある野草》.

hedge・hog /hédʒhɔ̀ːɡ | -hɔ̀ɡ/ 图 動 ❶ ハリネズミ. ❷ アメリカヤマアラシ.

---

hédge・hòp 動 ⓘ 《農薬散布などのために》低空飛行をする.

hédge・hòpper 图 低空飛行をする飛行機[パイロット].

hedg・er /hédʒə | hédʒə/ 图 生垣を作る[手入れする]人; 二股をかける人, どっちつかずの態度をとる者.

hédge・ròw /-ròʊ/ 图 (生け垣を成す)低木の列.

hédge spàrrow 图《鳥》ヨーロッパカヤクグリ (英国・ヨーロッパ大陸に普通で, 垣根に巣をかけ青い卵を産むイワヒバリの類).

he・don・ic /hiːdánɪk | -dɔ́n-/ 形 快楽の; 《心》快楽説の.

he・don・ism /híːdənɪzm/ 图 ⓤ 《哲》快楽[享楽]主義.

hé・don・ist /-nɪst/ 图 快楽主義者.

he・do・nis・tic /hìːdənìstɪk~/ 图 快楽主義(者)の.

-he・dral /híːdrəl/ 形容詞連結形《...(個)の辺[面]からなる》. 【Gk *hedra* 辺, 面】

-he・dron /híːdrən/ 图 名詞連結形 (複 ~**s, -dra** /-drə/) [-hedral に対応する]《...面体》: hexa*hedron*.

hee・bie-jee・bies /híːbiʤíːbiz/ 图 [the ~] 《口》(緊張・心配などからの)いらいら[びくびく]する気持ち.

†**heed** /híːd/ 動 ⓣ 〈...に〉注意をはらう, 留意する. ─ ⓘ 注意する: ~ traffic regulations 交通規則を守る. ─ 图 ⓤ 注意, 用心, 留意 (★ 特に次の成句で). **gíve** [**páy**] **héed** to... 〈...に〉注意する, 〈...を〉心に留める. **táke héed** *of*: *Take* ~ *of* my advice. 私の忠告をよく聞きなさい / He takes no [little] ~ *of* what others say. 彼は他人の言うことに少しも[ほとんど]耳を貸さない. 【OE】

héed・ful /híːdf(ə)l/ 形 注意[用心]深い; 気をつけて: be ~ *of* a person's warning 人の警告に耳を傾ける. ~**・ly** /-fəli/ 副 ~**・ness** 图

héed・less 形 不注意な, 無思慮な, むとんちゃくな; 〈...に〉気をつけないで, 〈...を〉無視して 〈*of, about*〉: a ~ man 不注意な人 / He's ~ *of* expenses. 彼は費用など気にしない. ~**・ly** 副 ~**・ness** 图

hee-haw /híːhɔ̀ː | -hɔ̀ː/ 图 [a ~] ❶ ロバの鳴き声. ❷ ばか笑い. ─ ⓘ ❶ 〈ロバが〉鳴く. ❷ ばか笑いをする.

†**heel**¹ /híːl/ 图 ❶ a (人の)かかと. b (馬などの)あとひづめ. c (靴・靴下の)かかと. ❷ かかと状のもの: a 〈もの〉の端切れ, (特に)食パンの耳. b 尾部, 末端; 末尾 〈*of*〉: the ~ *of* one's palm 手のひらの手首に近い部分. c 《ゴルフ》ヒール (クラブの打球部の根付け目). ❸ 《口》(特に, 女性に対して思いやりのないいやな男; 卑劣なやつ, 無責任男. ❹ 《ラグビー》ヒール (スクラムの時にボールをかかとでけること).

at héel (1) 〈犬が〉すぐ後から, 後について. (2) 〈人が〉支配されて.

at the héels of... = on the HEELS of... 成句.

bríng...to héel (1) 〈...を〉後について来させる. (2) 〈人を〉従わせる, 服従させる.

còme to héel (1) 〈犬が〉主人の後について行く. (2) 〈人が〉(文句を言わずに)従う, 服従する.

cóol one's héels (不本意に長く)待たされる, 待ちくたびれる.

díg one's **héels ín** ⇒ dig¹ 動 成句.

dówn at (the) héel(**s**) (1) 〈靴が〉かかとがつぶれた. (2) 〈人が〉つぶれたかかとの靴をはいた; みすぼらしい.

drág one's **héels** ⇒ drag 動 成句.

kíck one's **héels** 《英》= cool one's HEELS 成句.

kíck úp one's **héels** (仕事の後などで)はね回る, 自由に楽しむ.

on the héels of... のすぐ後について, ...に引き続いて: One disaster followed close [hard, hot] *on the* ~*s of* another. 一つの災難に続いて災難が重なった.

sét [**knóck, róck**] **a person báck on his héels** 〈人を〉驚かす, 当惑させる.

shów one's [**a cléan páir of**] **héels** (追っ手・競争者から)うまく逃げる.

táke to one's **héels** 逃げる.

tréad on a person's héels = **tréad on the héels of...** (1) 〈人の〉のすぐ後についていく[くる]. (2) 〈人・事件が〉ぴったり接して[次々と続いて]やってくる.

túrn [**spín**] **on** one's **héel** ぷいと不機嫌に立ち去る.

ùnder héel 屈服して: The dissidents were brought under ~. 反体制者たちは屈服させられた.
ùnder the héel of...に踏みつぶされて, 踏みにじられて; ...に虐げられて.
── 動 他 ❶ 〈...の〉すぐ後を追う[に続く]. ❷ 〈靴などに〉かとをつける. ❸ a 〈ダンスを〉かかとで踊る. b 〈ゴルフ〉〈ボールを〉ヒールで打つ. ❹ 〈ラグビー〉(スクラムの時)〈ボールを〉かとで後方に送り出す 〈*out*〉. ── 自 ❶ [しばしば命令法で]〈犬がついてくる〉: H~! (犬に向かって)ついてこい! ❷ かかとで踊る.
〖OE〗

heel² /híːl/ 動 自 〈船が〉(横に)傾く 〈*over*〉. ── 他 〈船を〉傾ける. (船の)傾斜.

heel³ /híːl/ 動 他 仮植えする, 〈根・種子を〉土でおおう 〈*in*〉.

héel-and-tóe 形 〖競技〗ヒールアンドトー(走法)の《競歩などで, 後足のつま先が地面を離れないうちに前足のかかとを地面につける歩き方》: a ~ walking race 競歩(レース).

héel·báll 名 U.C (靴磨き・拓本取りに用いる)墨.

héel bàr 名 (デパート・駅などの)靴修理コーナー.

héel bòne 名 〖解〗踵骨(しょうこつ).

heeled 形 ❶ かかとのある. ❷ 〖口〗金を持っている: ⇨well-heeled. ❸ 〖米俗〗(ピストルなどで)身を固めた.

héel·táp 名 ❶ (靴の)かかと革. ❷ (グラスの底の)飲み残し.

heft /héft/ 名 U 〖米〗❶ 目方, 重量. ❷ 重要(な地位), 勢力: He carries a lot of ~. 彼は非常な勢力家だ. ── 動 他 ❶ 〈ものを〉持ち上げる. ❷ 〈ものを〉持ち上げて重さを量る.

heft·y /héfti/ 形 (**heft·i·er; -i·est**) ❶ 重い. ❷ a 屈強な, たくましい. b 強い: a ~ blow 強打. ❸ かなりの, 相当な値ごろの: a ~ price 相当な値段. **héft·i·ly** /-t̬əli/ 副 **héft·i·ness** 名

He·gel /héɪgəl/, **Ge·org Wil·helm Friedrich** /geɪóək vílhelm fríːdrɪk | geɪóːk/ 名 ヘーゲル (1770-1831; ドイツの哲学者).

He·ge·li·an /heɪɡéɪliən | -ɡíːljən/ 形 ヘーゲル哲学の(信奉者).

he·gem·o·ny /hɪdʒéməni, -ɡém-/ 名 U (特に, 連盟諸国中の大国の)主導権, 覇権, ヘゲモニー: hold ~ *over*...に対して主導権を握る. 〖Gk〗

He·gi·ra /hɪdʒáɪ(ə)rə, hédʒərə/ 名 ❶ [the ~] a ヒジュラ (Mohammed の Mecca から Medina への移動; 西暦 622 年). b イスラム教[ヒジュラ]紀元. ❷ [h~] C (大量)移住, 亡命 〖*of*〗.

Hegira cálendar 名 [単数形で] ヒジュラ[イスラム]暦 《Hegira の年を紀元とする太陰暦》.

he-góat 名 雄ヤギ 〖cf. she-goat〗.

Hei·deg·ger /háɪdeɡə | -ɡə/, **Martin** 名 ハイデッガー (1889-1976; ドイツの実存主義哲学者).

Hei·del·berg /háɪdlbə̀ːɡ | -ə̀ːɡ/ 名 〖英〗ハイデルベルク 《ドイツ南西部の都市; ドイツ最古の大学の所在地》.

heif·er /héfə | -fə/ 名 ❶ (3 歳未満でまだ子を産まない)若雌牛. ❷ 〖俗〗女.

Hei·fetz /háɪfɪts/, **Ja·scha** /jɑ́ːʃə/ 名 ハイフェッツ (1901-87; ロシア生まれの米国のバイオリン奏者).

heigh /háɪ, héɪ | héɪ/ 間 〖注意・質問・励まし・歓喜などを表わして〗えー!, ほい! 〖擬音語〗

héigh-hó /-hóʊ/ 間 〖驚き・疲労・退屈・落胆などを表わして〗あー! やれやれ! 〖擬音語〗

height /háɪt/ 名 ❶ **a** U 高いこと. **b** U.C 高さ, 身長: What's your ~? 身長はいくつですか / He's six feet in ~. 彼の身長は 6 フィートである. ❷ 高度, 海抜, 標高: at a ~ of 5000 feet 高度 5 千フィートで. ❸ C [しばしば複数形で] 高い所, 高地, 高台, 丘: a castle on the ~s 丘にある城 / From the mountain ~s we could see for miles. 山の頂上からは何マイルも見渡せた. ❹ [the [its] ~] 頂上; 卓越, 真っ最中, 極致, 絶頂: the ~ of genius 天才の極致 / the ~ of folly [absurdity] 愚の骨頂 / in the ~ of summer 盛夏に / She was dressed in the ~ of fashion. 彼女は流行の先端をいく服装をしていた / He was then at the ~ of his popularity. 彼は当時人気の絶頂にあった / The season was at *its* ~. シーズンは最高潮にあった. **héight of lánd** 〖米〗分水界 (divide). 〖OE〗〖類義語〗**height** height 程度に関係なく「高さ」の意の一般的な語. **altitude** ある特定の基準面からの高度を意味する; 普通は地表・海抜からの計測によるかなりの高さを示す. **elevation** altitude と同義だが特に地上における海抜を示す.

*_**height·en**_ /háɪtn/ 動 他 ❶ 〈効果・速度・人気などを〉強める, 増大する, 高める; 〈描写などを〉誇張する (intensify): ~ an effect 効果を高める / a person's anxiety 人の不安をつのらせる. ❷ 〈...を〉高くする, 高める; 高尚にする (↔ lower). ── 自 ❶ 高まる; 増す; 強くなる. (名 height)

héight·ism 名 U 背の高さによる差別.

Héim·lich manéu·ver [procédure] /háɪmlɪk-/ 名 ハイムリック操作 《異物で気管を詰まらせた人を後ろから抱きかかえ, 胸骨の下部に握りこぶしをあて, もう一方の手でそのこぶしを握って強く押し上げ, 異物を吐き出させる応急救命法》. 《H. J. Heimlich 米国の外科医》

Hei·ne /háɪnə/, **Hein·rich** /háɪnrɪk/ 名 ハイネ (1797-1857; ドイツの詩人).

hei·nie /háɪni/ 名 〖俗〗お尻, ケツ.

hei·nous /héɪnəs/ 形 〈悪人・悪行が〉憎むべき, 極悪[凶悪]な. **~·ly** 副 **~·ness** 名

Heinz /háɪnz/, **Henry** 名 ハインズ (1844-1919; 米国の大手食品会社 Heinz 社の創業者).

*_**heir**_ /éə | éə/ 名 ❶ 〖財産・地位などの〗相続人, 法定相続人 〖cf. heiress〗: an ~ *to* a (piece of) property [a house] 遺産[家督]相続人 / the ~ *to* the throne 王位の継承者 / He's ~ *to* a large estate. 彼は莫大な地所[財産]を相続することになっている 〖★ 通例無冠詞〗 / fall ~ *to*...の相続人となる, ...を相続する 〖★ 無冠詞〗 / She made her nephew her ~. 彼女はおいを跡取りにした. ❷ 後継者, 継承者: He's ~ *to* his father's fine brain. 彼は父親のすぐれた頭脳を受け継いでいる / Englishmen are the ~s *of* liberty. イギリス人は自由の継承者である. 〖F < L *heres, hered-* 相続人; cf. hereditary, heritage〗

héir appárent 名 (働 **heirs apparent**) ❶ 〖法〗法定(推定)相続人 《被相続人が死亡すれば当然相続人となる人》. ❷ 〖地位・役割などを継いで〕くることが確実な人 〖*to, of*〗.

héir-at-láw 名 (働 **heirs-at-law**) 法定相続人.

héir·ess /é(ə)rəs/ 名 (特に金持ちの)女性相続人. 〖HEIR+-ESS〗

héir·less 形 相続人[跡取り]のない.

héir·loom /éəlùːm | éə-/ 名 ❶ 先祖伝来の家財, 家宝 〖*from*〗. ❷ 〖法〗(不動産に付帯して承継される)法定相続動産. 〖HEIR+LOOM〗

héir presúmptive 名 (働 **heirs presumptive**) 〖法〗推定相続人 《先の順位の者が現われると相続権がなくなる人》.

héir·ship 名 U 相続人であること; 相続権.

Hei·sen·berg /háɪz(ə)nbə̀ːɡ | -bə̀ːɡ/, **Wer·ner** /véənə | véənə/ 名 **Karl** /ká:l/ 名 ハイゼンベルク (1901-76; ドイツの物理学者; Nobel 物理学賞 (1932)).

heist /háɪst/ 〖米口〗 名 強盗. ── 動 〈ものを〉盗む, 強盗する.

He·ji·ra /hɪdʒáɪ(ə)rə, hédʒ(ə)rə/ 名 = Hegira.

Hé·La cèll /híːlə-/ 名 〖医〗HeLa 細胞, ヒーラ細胞 《1951 年にヒト子宮頸癌組織から採取して培養されている株の細胞; ウイルスの培養などに使われている》. 《He(nrietta) La(cks) 細胞を採り出した患者》

*_**held**_ /héld/ 動 **hold¹** の過去形・過去分詞.

Hel·den·ten·or /héldéntènɔə | -tènɔː/ 名 〖楽〗ヘルデンテノール 《華麗と量感をもってオペラ, 特にワーグナーの楽劇の英雄の役割を歌うに適したテノール》.

Hel·en /hélən/ 名 ❶ ヘレン 《女性名; 愛称 Nell, Nellie, Nelly; 異形 Ellen》. ❷ 〖ギ神〗ヘレネ (Sparta 王 Menelaus の妻で, 絶世の美女; Troy 王子 Paris に連れ去られたことから, Troy 戦争が起こった; しばしば Helen of Troy (トロイのヘレネ)と呼ばれる).

Hel·e·na /hélənə, həlíːnə/ 名 ❶ ヘレナ 《女性名》. ❷ ヘレナ 《Montana 州の州都》.

he·li- /héli/ 〖連結形〗「ヘリコプター (helicopter)」

he·li·a·cal /hɪláɪək(ə)l/ 形 〈天体が〉太陽と同じころ出る

[没する]. **〜・ly** 副

hel・i・borne /hélɪbɔ̀ən|-bɔ̀ːn/ 形 ヘリコプターで輸送した, ヘリ輸送の[による].

hel・i・cal /hélɪk(ə)l/ 形 らせん状の. **〜・ly** 副

helices 名 helix の複数形.

he・lic・i・ty /helísəṭi, hə-/ 名 [U] ❶【理】ヘリシティ《素粒子の運動方向のスピン成分の値》. ❷【生化など】らせん性[度].

hel・i・coid /héləkɔ̀ɪd/ 形 らせん形[状]の. —— 名【数】らせん体[面]. **hel・i・coi・dal** /hèləkɔ̀ɪdl-/

Hel・i・con /hélɪkàn|-kɔ̀n/ 名 ❶【ギ神】ヘリコン山《ギリシャ南部の山 (1749 m); Apollo および Muses の住んだ山; 詩想の源泉とされる泉があった》. ❷ [h-] C ヘリコン《大型で低音の tuba》.

*__hel・i・cop・ter__ /hélɪkàptə | -kɔ̀ptə/ 名 ヘリコプター (chopper). —— 自 ヘリコプターで行く. —— 他 ヘリコプターで運ぶ.《F<Gk helikos らせんの+pteron 翼》

hélicopter pàd 名 =helipad.

he・li・o- /híːliou/ [連結形]「太陽」. 《Gk=太陽》

he・li・o・cen・tric /hìːliouséntrɪk/ 形 太陽中心の: the 〜 theory [system] (コペルニクスの)太陽中心説.

hélio・gràm 名 日光反射信号, 回光通信.

helio・graph /híːliəgræ̀f | -gràːf/ 名 ❶ 日光反射信号, 回光通信機. ❷【天】ヘリオグラフ《太陽を撮影する機械》. ❸ (日照時間記録の)日照計.

he・li・o・graph・ic /hìːliəgrǽfɪk/ 形 heliograph [heliography] の.

he・li・og・ra・phy /hìːliágrəfi|-ɔ́g-/ 名 U 回光信号法; heliograph の使用(技術).

he・li・o・gra・vure /hìːliougrəvjúə|-vjúə/ 名 =photogravure.

he・li・om・e・ter /hìːliámətə|-ɔ́mətə/ 名【天】太陽儀.

hélio・pàuse 名【天】太陽圏界面《太陽圏の境界》.

He・li・os /híːlias|-ɔ̀s/ 名【ギ神】ヘリオス《太陽の神で, Hyperion の子; ローマ神話の Sol に当たる; cf. Apollo》. 《Gk=太陽》

hélio・scope /híːliəskòup/ 名 太陽観測望遠鏡.

hélio・sphère /híːliəsfìə/ 名【天】太陽圏《太陽表面の気体と磁場の影響をうける宇宙空間》.

he・li・o・stat /híːliəstæ̀t/ 名【天】ヘリオスタット《日光を一定方向へ反射する時計仕掛けの回転鏡》.

hèlio・thérapy /-θérəpi/ 名 U 日光療法.

he・li・o・trope /híːliətròup/ 名 ❶ C【植】ヘリオトロープ, キダチルリソウ, ニオイムラサキ《白または紫の花をつける》. ❷ U 薄紫色.

hel・i・o・trop・ic /hìːliətróupɪk|-tróp-/ 形【植】向日性の.

he・li・ot・ro・pism /hìːliátrəpìzm|-ɔ́trə-/ 名 U【植】向日性: positive [negative] 〜 向日[背日]性.

hel・i・pad /héləpæ̀d/ 名 =heliport.

hel・i・port /héləpɔ̀ət|-pɔ̀ːt/ 名 ヘリポート《ヘリコプター発着所》.

héli-skìing 名 U ヘリコプターで高所へ運んでもらって滑降するスキー, ヘリスキー.

+**he・li・um** /híːliəm/ 名 U【化】ヘリウム《希ガス元素; 記号 He》. 《Gk=太陽》

he・lix /híːlɪks/ 名 (he・li・ces /héləsìːz, híːl-/, 〜・es) ❶ らせん; らせん状のもの. ❷【建】(柱頭の)らせん飾り. 《L<Gk=らせん》

*__hell__ /hél/ 名 ❶ 地獄 (↔ heaven). ❷ C (地獄のような)苦悩の場所[状態], この世の地獄, 修羅場: For him, life was 〜. 彼にとって人生は地獄であった. ❸ U [怒りなどの発声・強意語として]: ❶ **a** [いらだちや不信・驚きなどの発声として]: (Oh,) *H*〜! ちくしょう! / Bloody 〜! (英) ちくしょう! **b** [ののしりの言葉に用いて]: To 〜 with...! ...を葬れ, ...などくたばれ! **c** [強意語として]: *H*〜 no, I'm not going. 絶対にいやだ, おれは行かないぞ. **d** [the 〜, in (the) 〜 で強意語として]: What *the* [*in* (*the*)] 〜 have I done with my keys? 一体(全体)かぎをどうしてしまったのだろうか / Why *the* [*in* (*the*)] 〜 don't you shut up? 君は一体(全体)なぜ黙らないんだ / Get *the* 〜 out of here. ここからさっさと立ち去れ. ❹ [The 〜; 相手の意見に強い反対を表わして副詞的に] 《俗》絶対...ない: "They know what they are doing." "*The* 〜 they do."「彼らはわかってやってるんだ」「とんでもない」/ *The* 〜 you say! まさか, そいつは驚いた.

a [the] héll of a... (口) (1) 大変な: take *a* 〜 *of a* time すごく時間がかかる / drive at *the* 〜 *of a* speed すごいスピードで運転する. (2) 非常にひどい, 悪い: have *a* 〜 *of a* time ひどい目にあう. (3) [副詞的に] とても, ずばぬけて: *a* 〜 *of a* good book すごくすばらしい本.

a héll of a lót (口) 大変に, 大いに: I like you *a* 〜 *of a lot*. すごく君が好きだ / He has *a* 〜 *of a lot* of money. 彼は大金持ちだ.

áll héll bròke lóose 突然大騒ぎになった.

..can go to héll 《人なんて知ったことか》《人がやめさせようとも自分はやりたいようにやる》.

còme héll or hígh wáter (口) どんな事が起ころうと.

for the héll of it 《口》おもしろ半分に (for fun).

from héll (口) 最悪の, 最低の.

gèt [càtch] héll しかられる, ひどい目にあう.

gíve a person héll=**gíve héll to a person** (口) 人を打ち懲らす[叱りとばす]; 人をひどい目にあわす.

Go to héll! (口) (1) 行っちまえ!; だまれ. (2) ちくしょうめ!, くたばってしまえ!

héll for léather (口) 全速力で, 猛スピードで: go [drive] 〜 *for leather* 全速力で行く[運転する].

héll to pày (口) 大変やっかいな事, 一大事: There'll be 〜 *to pay* if you do that. そんなことをしたらとんでもないことになるぞ.

like héll (口) (1) 猛烈に, 必死に, やけに, ひどく: run *like* 〜 必死で走る. (2) [語句・文の前に置いて] まったく...でない: "You'll go, won't you?" "*Like* 〜 I will."「行くでしょう」「行くもんか」.

pláy (mérry) héll with... 《口》〈もの〉を壊す, 台なしにする: The budget deficit is *playing* 〜 *with* the economy. 財政赤字が経済をひどく混乱させている.

ráise héll (俗) (1) 大騒動を起こす. (2) ばか騒ぎをする.

till héll frèezes óver 永久に.

Whát the héll! (1) どうということはない, たいしたことはない. (2) 一体全体どうなっている.

《OE, 原義は「おおい隠された場所」か》 (形 hellish; 関形 infernal)

*__he'll__ /hiːl/ he will [shall] の短縮形.

hel・la /hélə/ 副 《米俗》=a [the HELL of a... 成句.

hel・la・cious /heléɪʃəs/ 形 《米俗》最高の, すごい, ひどい, べらぼうな, どえらい, どでかい, とんでもない. **〜・ly** 副

Hel・lad・ic /helǽdɪk/ 形【考古】ヘラデス文化(期)の(紀元前 3000–1100 年ごろのギリシア本土の青銅器文化).

Hel・las /héləs/ 名 《古代の》ギリシア.

hell・ben・der /hélbèndə|-də/ 名【動】アメリカオオサンショウウオ, ヘルベンダー《米国東部・中部の川に生息》.

héll-bènt 形 ❶ P [...することを決意して, なんとしても[...]しようと心に決めて], 必死になって: We was 〜 *on* going in spite of the heavy rain. 彼は豪雨にかかわらずなんとしても出かけようと決意していた. ❷ 猛烈なスピードで飛ばす; 無謀な: a 〜 car 猛烈なスピードで飛ばす車. —— 副 猛烈に; 猛スピードで.

héll-càt 名 ❶ 鬼ばば, 性悪女; あばずれ女. ❷ 魔女.

hel・le・bore /héləbɔ̀ə|-bɔ̀ː/ 名 ❶ ヘリボー《キンポウゲ科クリスマスローズ属の植物》, 《特に》クリスマスローズ. ❷ ユリ科シュロソウ属の有毒植物《バイケイソウ, シュロソウなど》.

hel・le・bo・rine /hèləbərɑ̀ɪn/ 名【植】**a** キンラン (金蘭). **b** カキラン (柿蘭).

Hel・lene /héliːn/ 名 《特に, 古代の》ギリシア人.

Hel・le・nic /helénɪk/ 形 《特に, 古代の》ギリシア人[語]の.

Hel・le・nism /hélənìzm/ 名 ❶ ギリシア主義《精神, 文化》, ヘレニズム《古代ギリシア人の自由な知的精神を中心とする人生観; Hebraism と共に西欧文明の源流をなす》. ❷ C ギリシア語法.

Hél・le・nist /-nɪst/ 名 《古代の》ギリシア語学者; ギリシア学者.

Hel·le·nis·tic /hèlənístɪk⁻/ 形 Hellenism [Hellenist] に関する.
Hel·le·nize /héləˌnaɪz/ 動 他 自 ギリシア化する; ギリシア(語)風にする[なる]. **-niz·er** 名 **Hel·le·ni·za·tion** /hèlənɪzéɪʃən | -naɪz-/
hell·er /hélə | -lə/ 名 《米口》うるさいやっかい者; 乱暴者.
Hel·ler /hélə | -lə/ 名 **Joseph** ヘラー (1923-99; 米国の小説家; *Catch-22* (1961)).
Hel·les·pont /héləspɑ̀nt | -pɔ̀nt/ 名 [the ~] ヘレスポント海峡 (Dardanelles 海峡の古称).
héll·fìre 名 U ❶ 地獄の火, 業火 (ごう). ❷ 地獄の刑罰[苦しみ]; ひどい苦しみ.
héll-for-léather 形 A 猛スピードの: a ~ chase 猛スピードの追跡. ―― 副 猛スピードで.
héll·gram·mìte /hélgrəmàɪt/ 名 《米》《昆》ヘビトンボの幼虫 (釣りの餌に用いる).
héll·hòle 名 地獄のような所; 汚ない所, 乱雑な所.
héll·hòund 名 犬の形をした悪魔, 地獄の番犬.
hel·lion /héljən/ 名 《米口》乱暴者; (特に)わんぱく, いたずらっ子.
héll·ish /-lɪʃ/ 形 ❶ 地獄の(ような); 非道な: a ~ fire (地獄のように)恐ろしい大火災. ❷ 《口》ものすごい, まったくひどい, とてもやな[不快]な: ~ weather とてもひどい天気 / have a ~ time ひどくいやな目にあう. ―― 副 《英口》非常に: a ~ difficult problem すごく難しい問題. **~·ness** 名 (hell)
héll·ish·ly 副 ❶ 非道に, 残酷に. ❷ 《口》非常に: It's ~ hot here in August. ここは 8 月はすごく暑い.
Hell·man /hélmən/, **Lillian** ヘルマン (1905-84; 米国の劇作家).
*****hel·lo** /həlóʊ, he-/ 間 ❶ [遠くの人の注意を引くのに用いて] おーい!, もし! ❷ [あいさつに用いて] やあ!, よお!, こんにちは!: *H~*, Tom! やあトム, こんにちは! / *H~* there! こんにちは!, やあ! ❸ [電話] もしもし!: *H~*, this is (Tom) Brown speaking. もしもし, こちらは(トム)ブラウンです / *H~*, this is 557-2496. もしもし, こちらは 557-2496 番です (読み方 five five (または double five) seven two four nine six). ❹ [驚きを表わして]《英》おや!, あら! *Hellò, hellò, hellò!*《英》おやおや!, ややっ!《何か異常なものを発見した時にいう言葉》. ❺ 《名》(~s) hello と言うこと: My family send(s) a ~. 家族の者からもよろしく. **sày héllo to...** [通例命令法で]…によろしく言う: *Say* ~ *to* Mary (*for* me). メアリーによろしく. ―― 動 自 hello と呼ぶ[言う]. 《HALLO の変形》
héll-ràiser 名 大騒ぎ[ばか騒ぎ]する人, 騒ぎを起こす人, 暴れん坊, 「問題児」.
Héll's Ángel 名 ヘルズエンジェル, 「地獄の天使」《オートバイの暴走族; 元来は California の暴走族》.
héll's bélls 間 くそ, なんてこった, まったく!《怒り・いらだち・驚きの発声》.
hell·u·va /héləvə/ 形 副 《俗》 =a [the] HELL of a ... 成句.
⁺**helm**¹ /hélm/ 名 ❶ C《海》舵(か)の柄, 舵輪(ちゃ); 操舵装置, 舵機: put the ~ up [down] 上[下]舵を取る, 舵の柄を風上[風下]に取る / ease the ~ 舵を中央の位置へ戻す / *Down* [*Up*] (*with the*) ~! 下(さ)げ[上げ(さげ)]舵! ❷ [the ~] 支配(権), 指導: take *the* ~ of state (affairs) 政権を握る. **at the hélm** (1) (船の)舵を取って. (2) 指導的立場にあって, 実権を握って. 《OE》
helm² /hélm/ 名 《古・詩》かぶと (helmet).
*****hel·met** /hélmɪt/ 名 ❶ a ヘルメット: ⇒ crash helmet. b (軍人の)鉄かぶと. c《フェン》面. ❷ a (中世の騎士が用いた)かぶと. b かぶと状のもの. 《F》
hél·met·ed /-tɪd/ 形 ヘルメットをかぶった.
hel·minth /hélmɪnθ/ 名 蠕虫 (ぜん), (特に)(腸内)寄生虫. 《Gk》
hel·min·thi·a·sis /hèlmənθáɪəsɪs/ 名 U 《医》蠕虫病.
hel·min·thic /helmɪ́nθɪk/ 形 蠕虫の, 寄生虫の.
hel·min·thol·o·gy /hèlmənθɑ́ləʤi | -θɔ́l-/ 名 U 《生》蠕虫学. **-o·gist** 名 蠕虫学者.

helms·man /hélmzmən/ 名 (働 -men /-mən/) 舵手, 操舵手.
Hel·ot /hélət/ 名 ❶ 古代スパルタの農奴. ❷ [h~] 農奴, 奴隷.
hel·ot·ism /hélətɪ̀zm/ 名 U 奴隷制度; 奴隷身分, 奴隷状態.
hel·ot·ry /hélətri/ 名 U 奴隷状態; [複数扱い]農奴, 奴隷《全体》.

*****help** /hélp/ 動 働 **A** ❶ 〈人を〉助ける, 援助する, 救う, 〈人の(...する)手伝いをする《用法》1 の意味では「人」を目的語にし,「仕事(など)」を目的語にしない》: Heaven ~s those who ~ themselves. 《諺》天は自ら助くる者を助く《★後の help oneself は「他人に頼らないで自力でやっていく」の意; cf. self-help》/ May [Can] I ~ you? ご用でしょうか; どうなさいましたか; [店員が客に向かって] 何かさしあげましょうか / I have been ~ed. Thank you [客が店員に向かって]もう応対してもらいました / He ~ed his *wife with* the work in the kitchen. 彼は妻の台所仕事を手伝った / *H~* me on [off] *with* my overcoat, please. オーバーを着せて[脱がせて]ください / [+目+*to do* / +目+原形] I ~ my father (*to*) water the crops. 父が作物に水をやるのを手伝います《用法》help の後に原形不定詞を用いるのは 《米》に多く, to 不定詞を用いるのは 《英》に多いが, 《口》 では 《米》《英》 とも原形不定詞を用いるのが一般的) / He offered to ~ me find it. 彼は私がそれを見つける手伝いをしようと申し出た / She was ~ed *to* carry the parcels. 彼女は荷物を運ぶのを手伝ってもらった《用法》受身の場合には to 不定詞が用いられる)/ [+*to do*] +目+原形] He ~ed (*to*) build the boat. 彼はそのボートを作る手伝いをした / Go and ~ wash up in the kitchen. 口の皿洗いを手伝いにおいで / ~ a person *down* (*from*) a bus) 人が(バスから)降りるのを助けてやる / ~ a person *up* 人に手を貸して起き[立ち]上がらせる. ❷ 〈物事を〉助ける, 助長する; 〈ものが〉〈病気など〉を治すのに役立つ: A fresh coat of paint will ~ the appearance of the room. ペンキを塗りかえれば部屋の見ばえがよくなるであろう / Honey will ~ your cough. はちみつはせきにきく / [+目+*to do* / +目+原形] His recommendation ~ed me (*to*) get the job. 彼の推薦(状)が私の就職に役立った / The language lab will ~ (*to*) improve your understanding of spoken English. LL 教室は口語英語の理解力を向上させるのに役立つだろう. ❸ **a** 〈人に〉〈飲食物などを〉取ってやる, 勧める; [~ one*self to* ...] ...を自由に取る: She ~ed me *to* some wine. 彼女は私にぶどう酒をついでくれた / Please ~ *yourself*. 遠慮なく召し上がってください / *H*~ *yourself to* a cigar. 葉巻きをご自由にお取りください. **b** 《口》〈料理などを〉配る; 〈飲食物を〉(分けて)盛る, よそう.

―― **B** ❶ [can(not), could (not) の後で] **a** 〈...を〉避ける, やめさせる: I did it because I *couldn't* ~ it. それよりほかに仕方がなかったのでそうしたのだ / That [It] *can't* be ~ed. それはしかたがない[どうしようもない]. **b** [not...if one can help it] なるべくなら(...しない): I *won't* stay so late [that long], *if* I *can* ~ *it*. なるべくならそんな遅くまで[そんな長く]はいないようにします. **c** [not ... more than one can help で]しないですむ以上のことは(...しない): *Don't spend more than* you *can* ~. なるべく金を使わないように / *Don't be longer than* you *can* ~. なるべく手間をとらせないでほしい[早くしなさい] 《用法》(1) 以上 2 つの口語的な構文は主節が否定文であるが, 従属節中の can は意味上は cannot ~ に等しい; つまり全文は「...しないですむ以上には...しない」の意から「なるべく[必要以上に]...しない」の意になる. (2) 上の 2 文に対して日本人にもっとわかりよい表現法としては, それぞれ ...*than* you *have to do* [*be*] がある. **d** [~ oneself で]自制できる, 我慢できる. ❷ [can, could not の後で] **a** 〈...〉せずにはいられない; 〈...〉するのをどうすることもできない《★ help の後は B 1 a と同じ》: [+*doing*] I couldn't ~ laughing. 笑わずにはいられなかった / I *cannot* ~ *wondering* about the child. その子供のことを不審に思わずにはいられない (cf. cannot but do; can¹ 成句) / [+目+所有格+*doing*] We *can't* ~ him [his] saying what he thinks. 彼が意見を述べるのを止め

ることはできない. **b** [cannot [could not] help but do... の形で] ⟨...⟩せずにはいられない: I *couldn't* ~ *but* laugh. 笑わずにはいられなかった.
── 動 ❶ 助ける, 手伝う: H~! ~! 助けて! 助けて! / We all ~*ed with* the harvest [dishes]. 皆で収穫[皿洗い]を手伝った. ❷ 役に立つ, 足しになる: Crying doesn't [won't] ~. 泣いてどうなるものでもない.

Gód [Héaven] hélp...! ...に神のご加護を! (⇨ heaven 4 a 用例); かわいそうに!, 困ったやつ!

hélp óut (動+副) (1) (困った時に)⟨人⟩の⟨...⟩を助けてやる, 手伝う: ~ *a person out with* his work 人の仕事を助けてやる. (2) ⟨人⟩を*out*から救って出してやる. (動+副) (3) (困った時に)⟨...⟩を手伝う, 助力する (*with*).

hélp onesèlf to... (1) 自由にと(って食べ)る (⇨ 動 3 a). (2) ...を勝手に使う, 盗む (steal).

so hélp me (Gód) (1) [誓言として] 神も照覧あれ!, 神に誓って! (2) 間違いなく, 必ず. (3) 本当と思えないかもしれないが, 実際のところ, 本当に.

── 名 ❶ ⓤ 助け, 救助; 助力; 援助, 手伝い: cry for ~ 助けを呼ぶ / give some [one's] ~ 助ける, 手伝う / They're so small that they can be seen only with the ~ of a microscope. それらは小さくて顕微鏡の助けを借りなければ見ることができない. ❷ ⓒ 役立つもの, 重宝なもの; 手助けになる人: She has been a great ~ *to* me. 彼女のおかげでずいぶん助かっています. ❸ ⓤ [否定文で] 避ける方法, 逃げ道: There's *no* ~ *for* it. それは何とも致し方がない. ❹ **a** ⓒ 手伝い人, 助手; (特に)お手伝い: a mother's ~ (軽い家事や子守をする)お手伝い. **b** ⓤ [複数扱い] ⦅米⦆ 従業員(たち); H~ Wanted 従業員求む (広告). **c** ⓤ [複数扱い] 家政婦; 筋肉労働者.

be (of) hélp ⟨...に⟩役立つ: His warning *was (of)* much ~ *to* me. 彼の警告は私に大いに役に立った / I hope I can be *of* some ~ *to* you. いくらでも(あなたの)お役に立ちたいものです.

〖OE〗 (形 helpful)

【類義語】 **help** 目的達成のために積極的に必要な援助をする; 最も一般的な語. **aid** help より改まった語で, 直接的な援助ではない. 特に金銭的な援助について言う. **assist** 人の仕事などについて単に補助的に手伝う.

hélp·er 名 助ける人; 手伝い人, 助手; 救助人.

hélper (T) cèll 名 〖免疫〗 ヘルパー T 細胞 (別の T 細胞または B 細胞が特定の抗原に対して反応するのを助けたり, マクロファージなど他の種類の細胞を活性化したりする T 細胞).

*****hélp·ful** /hélpf(ə)l/ 形 (**more** ~; **most** ~) 助けになる, 役に立つ, 有益な (↔ unhelpful): ~ advice 有益な忠告 / a ~ person 役に立つ人 / This will be ~ *to* you when you're grown up. このことは君が大になったとき役に立つでしょう / She was very ~ *in* preparing my manuscript. 彼女には私の原稿準備のことで大変お世話になった. **~·ly** /-fəli/ 副. **~·ness** 名 ⓤ help)

hélp·ing /hélpɪŋ/ 名 ❶ ⓤ 手助け; 助力. ❷ ⓒ (食物の一人前, ひと盛り, 1 杯): have another [a second] ~ お代わりをする / He ate [had] three ~*s of* pie. 彼はパイを 3 人前食べた.

hélping hánd 名 [a ~] 援助の手, 助力: give [lend] a person a ~ 人を助ける (⇨ help)

hélping vèrb 名 助動詞.

*****hélp·less** /hélpləs/ 形 ❶ 助け[頼る者]のない: a ~ orphan よるべのない孤児. ❷ (われとわが身を)どうすることもできない, 無力な; ふがいない, 無能な: a ~ invalid [baby] 無力な病人[赤ん坊] / I was left ~ with pain and fever. 私は苦痛と熱でどうしようもなくなってしまった / [+*to do*] I was ~ *to* comfort them. 彼らを慰めるのに何の力にもなれなかった / I'm ~ *at* math(s). 数学はからっきしだめです.

hélp·less·ly 副 ❶ 頼るものもなく, どうしようもなく: This telephone directory is ~ out of date. この電話帳は古くてまったく役に立たない. ❷ どうすることもできず, 力なく.

hélp·less·ness 名 ⓤ どうすることもできないこと[状態], 無力.

hélp·lìne 名 悩み事相談電話.

hélp·mate /hélpmèɪt/ 名 ❶ 協力者, 仲間. ❷ 内助

者, 配偶者; (特に)妻.

hélp·meet /hélpmìːt/ 名 =helpmate

hélp scrèen 名 ⦅コンピューターの⦆ヘルプ画面.

Hel·sin·ki /hélsɪŋki, -´-´-/ 名 ヘルシンキ 《フィンランドの首都・海港》.

hel·ter-skel·ter /héltə-skéltə- | -təskéltə-´´-/ 副 ❶ あわてふためいて. ❷ 乱雑に, でたらめに. ── 形 ❶ あわてふためいた. ❷ 乱雑な, 無秩序な: What ~ handwriting! 何て(乱)雑な筆跡だろう! / Everything in the room was ~. 部屋の中は何もかも乱雑になっていた. ── 名 ❶ ⓤⓒ あわてふためくこと, 狼狽(ぅっ); 混乱. ❷ ⓒ ⦅英⦆ (遊園地などにある)ぐるぐる滑り台. 〖擬音語〗

helve /hélv/ 名 (おの・つちなどの)柄. 〖OE〗

Hel·ve·tia /helvíːʃ(i)ə/ 名 ヘルベティア: **a** (古代ローマの)アルプス地方. **b** スイス (Switzerland) のラテン語名《郵便切手に表示されている名称》.

Hel·ve·tian /helvíːʃ(i)ən/ 名 ヘルベティア人, スイス人. ── 形 ヘルベティアの, スイス(人)の.

Hel·vet·ic /helvétɪk/ 形 =Helvetian.

†**hem**¹ /hém/ 名 ❶ (衣類の)ヘム 《裁ち端がほつれないように折り返した部分》. ❷ へり, 縁. ── 動 (**hemmed; hem·ming**) ❶ 〈布・スカートなど〉にヘムを取る, 〈...〉を折り返して縁を縫う. ❷ 〈...〉を取り巻く, 囲む, 閉じ込める: They were *hemmed in* by the enemy. 彼らは敵に取り囲まれた / The yard was *hemmed around* [*about*] by an iron fence. その庭は周囲を鉄さくで取り囲んであった / I felt *hemmed in* in such a small space. こんな狭い所ではまるで閉じ込められたような気がした.

hem² /mm, hm/ ★ 実際の発音はせき払いのような音. 間 ⦅米⦆ [ためらい・注意喚起を表わして] へん!, えへん! ⦅英⦆ hum). ── 名 せき払い. ── 動 (**hemmed; hem·ming**) えへんと言う, せき払いをする; 口ごもる.: ~ *and haw* 口ごもる, ためらう. 〖擬音語〗

hem-, ⦅英⦆ **haem-**, **hema-**, ⦅英⦆ **haema-** /híːmə/ 〖連結形〗 =hemo-.

he·mal /híːml/ 形 血液の, 血管の 〖解〗 〈脊椎動物の器官が〉心臓や大血管と同じ側にある.

hé·màn 名 (⦅複⦆ **-men**) ⦅口⦆ 男性的な男.

he·mat-, ⦅英⦆ **hae·mat-** /híːmət/ (母音の前にくる時の) hemato- の異形.

hem·a·tin /híːmətən/ 名 ⓤ 〖生化〗 ヘマチン (heme (から得られる水酸化物)).

he·ma·tite /híːmətàɪt/ 名 ⓤ 〖鉱〗 赤鉄鉱 《鉄の主要原鉱》. **hem·a·tit·ic** /hìːmətítɪk-´´/ 形

he·ma·to-, ⦅英⦆ **hae·ma·to-** /híːmətoʊ/ 〖連結形〗 =hemo-.

he·ma·to·cele /hɪmǽtəsìːl, híːmətə-/ 名 〖医〗 血瘤, 血腫.

he·mat·o·crit /hɪmǽtəkrət | híːmətoʊ-/ 名 〖医〗 ヘマトクリット《血液を血球と血漿に遠心分離する装置(で測定した赤血球容積率)》.

he·ma·tog·e·nous /hìːmətádʒənəs | -tɔ́dʒ-´´/ 形 〖生理〗 造血性の; 血液原性の, 血行性の.

he·ma·tol·o·gy /hìːmətálədʒi | -tɔ́l-´´/ 名 ⓤ 血液学. **-gist** 名 **hem·a·to·log·ic** /hìːmətəládʒɪk | -lɔ́dʒ-´´/, **-i·cal** /-k(ə)l-´´/ 形 血液[血液学]の.

he·ma·to·ma /hìːmətóʊmə/ 名 (⦅複⦆ ~s, **-ma·ta** /-tə/) 〖医〗 血腫.

he·ma·toph·a·gous /hìːmətάfəɡəs | -tɔ́f-´´/ 形 〖動〗 吸血[食血]性の.

he·ma·to·poi·e·sis /hìːmətəpɔɪíːsɪs/ 名 ⓤ 〖生理〗 血液生成, 造血. **-poi·et·ic** /-pɔɪétɪk-´´/ 形

he·ma·tox·y·lin /hìːmətάksələn | -tɔ́k-´´/ 名 ⓤ 〖化〗 ヘマトキシリン《顕微鏡検査用染料》.

he·ma·tu·ri·a /hìːmət(j)ύ(ə)riə | -tjύəriə/ 名 ⓤ 〖医〗 血尿(症).

heme, ⦅英⦆ **haem** /híːm/ 名 ⓤ 〖生化〗 ヘム, 還元ヘマチン 《ヘモグロビンの色素成分》.

hem·i- /hémi/ 〖接頭〗「半」(cf. semi-, demi-, bi-): *hemi*glyph 半縦みぞ. 〖Gk〗

-he·mi·a =-emia.
hem·i·a·nop·si·a /hèmiənápsiə | -nóp-/, **-a·no·pi·a** /-ənóupiə/ 名 ① 【医】片側[半側]視野欠損, 半盲.
hèmi·céllulose 名 【生化】ヘミセルロース《植物細胞壁の多糖類でセルロースより単純な構造をもつ》.
hémi·cỳcle 名 半円形; 半円形の建物《闘技場, 部屋》.
hèmi·cylíndrical 形 半円筒形の.
hémi·dèmi·sémi·quàver 《英》名 【楽】六十四分音符.
hèmi·hýdrate 名 【化】半水化物.
hèmi·me·táb·o·lous /-mətǽbələs/ 形 【昆】半変態の. **-metabólic** 形
hem·i·mor·phite /hèmɪmɔ́ːrfaɪt | -mɔ́ː-/ 名 ① 【鉱】異極鉱, 菱(ひ)亜鉛鉱.
Hem·ing·way /héminwèɪ/, **Ernest (Miller)** 名 ヘミングウェー 《1899–1961; 米国の小説家; Nobel 文学賞 (1954)》.
hem·i·o·la /hèmióulə/ 名 【楽】ヘミオラ, ヘミオリア 《2拍子の代わりに3拍子, 3拍子の代わりに2拍子を用いる変形拍子》.
hèmi·párasite 名 【生】半寄生植物[生物], 半寄生者.
hem·i·pa·re·sis /hèmɪpəríːsɪs/ 名 ⓤ 【医】片側[半側]不全麻痺.
hémi·pènis 名 半陰茎《ヘビやトカゲ類の雄の一対になった生殖器官の一つ》.
hem·i·ple·gi·a /hèmɪplíːdʒ(i)ə/ 名 ⓤ 【医】片[半側]麻痺, 半身不随. **-plé·gic** /-plíːdʒɪk-/ 形 半身不随の(人).
hem·i·pode /hémɪpòud/ 名 【鳥】ミフウズラ.
hem·i·sphere /hémɪsfìə⌃ | -sfìə/ 名 ① 半球体; 《地球・天球の》半球: in the Northern [Southern, Eastern, Western] H- 北[南, 東, 西]半球で. ② 【解】《大脳・小脳の》半球: a cerebral ~ 大脳半球.
hem·i·spher·ic /hèmɪsfí(ə)rɪk, -sfér-⌃ | -sfér-⌃/ 形 半球状の.
hèm·i·sphér·i·cal /-rɪk(ə)l⌃/ 形 =hemispheric.
hem·i·stich /hémɪstìk/ 名 【詩学】《古英詩行などで中間の切れ目の前または後ろの》半行.
hém·lìne /ドレスなどの》すそ(の線): raise [lower] the ~ すそを上げる[おろす].
hem·lock /hémlàk | -lɔ̀k/ 名 ① © 【植】ドクニンジン. ② ⓤ ドクニンジンから採った毒薬《ソクラテスが獄中で毒殺された時に使われたとされる》. ③ =hemlock fir [spruce].
hémlock fír [sprúce] 名 ① © 【植】ツガ(の木). ② ⓤ ツガ材.
he·mo-, 《英》**hae·mo-** /híːmou/ 【連結形】「血」. 《Gk=血》
he·mo·chro·ma·to·sis /hìːmoukròumətóusɪs/ 名 ⓤ 【医】血色(素)症, ヘモクロマトーシス《鉄の代謝障害》.
he·mo·coel(e) /híːməsìːl/ 名 【動】《節足動物・軟体動物の》血体腔.
he·mo·cy·a·nin /-sáɪənɪn/ 名 ⓤ 【生化】血青素, ヘモシアニン《甲殻類や軟体動物の呼吸色素たんぱく質》.
hèmo·diálysis 名 ⓤ 【医】血液透析.
hèmo·dynámic 形 血流[血行]力学の.
hèmo·dynámics 名 ⓤ 【生理】血行力学, 血行動態.
he·mo·glo·bin /híːməglòubɪn/ 名 ⓤ 【生化】ヘモグロビン, 血色素《赤血球中にある色素; 略 Hb》. 《HEMO-+ globulin たんぱく質》
hémo·lỳmph /héməlìmf/ 名 ⓤ 【動】血リンパ《節足動物・軟体動物の血体腔を流れる体液》.
he·mol·y·sis /hɪmáləsɪs | -mɔ́l-/ 名 ⓤ 【免疫】溶血(現象[反応]). **he·mo·lyt·ic** /hìːməlítɪk⌃/ 形 溶血性の.
hemolýtic anémia 名 ⓤ 【医】溶血性貧血.
hemolýtic diséase of the néwborn 名 ⓤ 【医】新生児溶血性疾患.
he·mo·phil·i·a /hìːməfíliə/ 名 ⓤ 【医】血友病.
he·mo·phil·i·ac /hìːməfíliæ̀k/ 名 血友病患者.
he·mo·phil·ic /hìːməfílɪk⌃/ 形 【医】血友病の.

---

he·mo·poi·e·sis /hìːməpɔɪíːsɪs/ 名 =hematopoiesis. **-poiétic** 形
he·mop·ty·sis /hɪmáptəsɪs | -mɔ́p-/ 名 ⓤ 【医】喀血.
hem·or·rhage /hém(ə)rɪdʒ/ 名 Ⓤ,Ⓒ ① 出血: cerebral ~ 脳出血, 脳溢血(いっけつ) / have a ~ 出血する. ② 《資産・人材などの》大量の損失[流出]: a ~ of scientific brains 科学者の頭脳流出. ── 動 ① 大量に出血する. ② 大量に資産を損失する. ── 他 大量に《資産を》損失する.
hem·or·rhag·ic /hèmərǽdʒɪk/ 形 出血(性)の.
hem·or·rhoi·dal /hèmərɔ́ɪdl⌃/ 形 【医】痔(核)の.
hem·or·rhoids /hémərɔ̀ɪdz/ 名 憠 【医】痔疾(じしつ), 痔 (piles).
he·mo·sta·sis /hìːməsteɪsɪs/ 名 ⓤ 【医】止血; 鬱血.
he·mo·stat /híːməstæ̀t/ 名 ① 止血鉗子(かんし). ② 止血剤.
he·mo·stat·ic /hìːməstǽtɪk⌃/ 形 止血の, 止血作用のある; 鬱血の.
hemp /hémp/ 名 Ⓤ ① a 【植】タイマ, アサ. b 麻繊維. ② 大麻《タイマから作る麻薬; cf. hashish, marijuana》.
hemp·en /hémp(ə)n/ 形 アサ(製)の.
hémp nèttle 名 【植】シソ科ガレオプシス属の各種草本, (特に)ヒメオドリコソウ.
hém·stìtch /hémstìtʃ/ 名 ヘムステッチ《横糸を数本抜いて縦糸を数本ずつかがるステッチ》. ── 動 他 《布などに》ヘムステッチをする. 《HEM¹+STITCH》
*hen /hén/ 名 ① めんどり (⇒ cock¹ A 関連). ② (鳥の) (cf. peahen); (魚・甲殻類などの)雌. ③ (口) 女; (特にうるさい)婆さん. ── 形 A ① 雌の: a ~ crab [lobster] 雌ガニ[ロブスター]. ② 女だけの: ⇒ hen party. 《OE; 原義は「歌う(鳥)」》
hén·bàne 名 ① © 【植】ヒヨス《ナス科の有毒植物》. ② ⓤ ヒヨスから採った毒.
hén·bìt 名 【植】ホトケノザ《シソ科オドリコソウ属》.
*hence /héns/ 副 (比較なし) ① このゆえに《用法 しばしば come などの動詞を省略する; so that, consequently, therefore よりも硬い表現》: He was ~ unable to agree. 従って彼は同意できなかった / H- it follows that ... ゆえに...ということになる / H- (comes) the name ....によって...の名がある. ② 今後: five years ~ 今から5年後に. 《ME hen(ne)s ここから; -s³ が -ce に変わったもの》
⁺**hènce·fórth**, **hènce·fórward** 副 《約束・決定などを表わす時に用いて》今後, これ[今]からは.
hench·man /héntʃmən/ 名 (-men /-mən/) ① a 信頼できる部下. b 《ギャングの》子分, 取り巻き. ② 《政治上の》後援者.
hén·còop 名 鶏舎.
hen·dec·a·gon /hendékəɡàn | -ɡən/ 名 十一角[辺]形. **hen·dec·a·go·nal** /hèndəkéɡən(ə)l⌃/ 形
hen·dec·a·syl·lab·ic /hendèkəsɪlǽbɪk⌃/ 形 11 音節(の詩行からなる). **hen·dec·a·syl·la·ble** /hendékəsìləbl/ 名 11 音節の詩行.
hen·di·a·dys /hendáɪədɪs/ 名 【修辞】二詞一意《「形容詞+名詞」などの意を「名詞+and+名詞」などの形で表わす法; 例: bread and butter (=buttered bread) / death and honor (=honorable death) / nice and cool (=nicely cool)》. 《L<Gk=one through two》
Hen·drix /héndrɪks/, **Jim·i** /dʒími/ 名 ヘンドリクス《1942–70; 米国の黒人ロックギタリスト・歌手》.
hen·e·quen /hénɪkən/ 名 ① 【植】ヘネケン, イホトル, シロバサイザルアサ《リュウゼツランの一種》. ② ヘネケン繊維, ヘネケン.
henge /héndʒ/ 名 【考古】ヘンジ《Stonehenge に似た新石器から青銅器時代の環状遺跡》.
hén hàrrier 名 《英》【鳥】ハイイロチュウヒ.
hén·hòuse 名 鶏小屋.
Hén·le's lóop /hénlɪz-/ 名 =LOOP of Henle 成句.
hen·na /hénə/ 名 Ⓤ ① 【植】ヘンナ, シコウカ《エジプトなどに産し花は白く芳香があり, その葉から染料を製する》. ② ヘンナ染料《つめ・頭髪・ひげなどを赤褐色に染める》. ── 動 他 《髪などを》ヘンナで染める.
hén·naed /hénəd/ 形 ヘンナで染めた.

hen・ne・ry /hénəri/ 名 養鶏場.
hén nìght 名《口》=hen party.
hen・o・the・ism /hénouθi:ɪzm/ 名 Ⓤ （多数神から特に一神を選ぶ）単一神教, 単神教.
hén pàrty 名《口》（特に結婚真近の花嫁のための）女性だけのパーティー, 男子禁制パーティー（↔ stag party）.
hen・peck /hénpèk/ 動 ⦅妻が⦆夫を尻に敷く.
hen・pècked 形 ⦅夫が妻の尻に敷かれた, かかあ天下の⦆.
Hen・ri・et・ta /hènriétə/ 名 ヘンリエッタ（女性名）.
hen・ry /hénri/ 名 (優 -ries, ~s) 《電》 ヘンリー《誘導係数の SI 組立単位; 記号 H》.《J. Henry 米国の物理学者》
Hen・ry /hénri/ 名 ❶ ヘンリー（男性名; 愛称 Harry, Hal）. ❷ ヘンリー（イングランド王の名）: ~ I（在位 1100-35）/ ~ II（在位 1154-89）/ ~ III（在位 1216-72）/ ~ IV（在位 1399-1413）/ ~ V（在位 1413-22）/ ~ VI（在位 1422-61, 70-71）/ ~ VII（在位 1485-1509）/ ~ VIII（在位 1509-47）《国教会を設立; Elizabeth I の父》. ❸ ⇒ John Henry. ❹ ⇒ O. Henry.
Henry, Patrick 名 ヘンリー（1736-99; 米国の政治家・雄弁家で, 独立革命時の急進派）.
Hénry's láw 名《理》ヘンリーの法則《液体に溶解する気体の量はその気体の圧力に比例するという法則》.《W. Henry 英国の化学者》
hep[1] /hép/ 形 =hip[4].
hep[2] /hép/ 名 =hip[3].
hep・a・rin /hépərɪn/ 名 《生化》 ヘパリン《特に肝臓や肺に多くある抗凝血成分》. **hep・a・rin・ize** /hépərɪnàɪz/ 動 ⦅…にヘパリンを投与する, ヘパリン化する.
he・pat・ic /hɪpǽtɪk/ 形 ❶ a 肝臓の. b 肝臓にきく. ❷ 肝臓色の, 暗褐色の.
he・pat・i・ca /hɪpǽtɪkə/ 名 《植》スハマソウ, ユキワリソウ, ミスミソウ《キンポウゲ科》.《葉の形が肝臓に似ていることから》
†**hep・a・ti・tis** /hèpətáɪtɪs/ 名 Ⓤ《医》肝炎: ~ C C 型肝炎.
hep・a・to- /hépətou/〔連結形〕「肝臓」《Gk *hepar, hepat-* 肝臓》
hep・a・to・cyte /hépətəsàɪt/ 名 《解》肝 (実質) 細胞.
hep・a・to・ma /hèpətóumə/ 名 (優 ~s, -ma・ta /-tə/) 《医》肝癌, 肝腫瘍.
hep・a・to・meg・a・ly /hèpətouméɡəli/ 名 Ⓤ《医》肝腫, 肝肥大.
hèpa・to・tóxic 形 肝細胞に対して毒性を有する, 肝毒性の, 肝毒性の. **-toxicity** 名 肝毒性.
hèpa・to・tóxin 名 《生化》肝細胞毒素.
Hep・burn /hépbə:n | -bə(:)n/, **Audrey** 名 ヘプバーン (1929-93; ベルギー生まれの米国の女優).
Hepburn, **James Cur・tis** /kə́:tɪs | kə́:-/ 名 ヘボン (1815-1911; 米国の宣教師・医師・語学者; ヘボン式ローマ字つづりの創始者).
Hepburn, **Katharine** 名 ヘップバーン (1907- ; 米国の映画女優).
hép・cát 名《俗》(特に 1940-50 年代の)(スイング)ジャズ演奏家〔愛好家〕; 新事情〔流行〕通, おしゃれな人.
He・phaes・tus /hɪféstəs | -fíːs-/ 名 《ギ神》ヘファイストス (冶金・工芸をつかさどる火の神).
hep・ta- /héptə/, **hept-** /hépt/〔連結形〕「7」.《Gk = 7》
hep・ta・chlor /héptəklɔ̀ə | -klɔ́ː/ 名 Ⓤ《化》ヘプタクロル (殺虫剤).
hep・tad /héptæd/ 名 7個一組, 七つぞろい.
hep・ta・gon /héptəɡàn | -ɡən/ 名 七角〔辺〕形. **hep・tag・o・nal** /heptǽɡənl/ 形
hep・ta・he・dron /hèptəhí:drən | -héd-/ 名 (優 ~s, -he・dra /-hí:drə/) 七面体. **-he・dral** 形
hep・tam・er・ous /heptǽmərəs/ 形 7 部分からなる; 《植》七数性の（花弁など 7 の倍数の）.
hep・tam・e・ter /heptǽmətə | -tə/ 名《詩学》7 歩格の詩行: an iambic ~ 弱強 7 歩格. —— 形 7 歩格の.
hep・tane /héptein/ 名 Ⓤ《化》ヘプタン《パラフィン系炭化水素の一つ; 9 の異性体がある》.
hep・tar・chy /héptəki | -tɑ:-/ 名 ❶ Ⓤ 七頭政治. ❷ [the H~]《英国の》七王国《5-9 世紀ごろにあったアングロサ

851　**herbivorous**

クソン人の七つの王国》. **hep・tar・chic** /heptɑ́əkɪk | -táː-/, **-chi・cal** /-kɪk(ə)l/ 形 《HEPT-+-ARCHY》
Hep・ta・teuch /héptət(j)ùːk | -tjùːk/ 名 七書 (聖書の初めの 7 書: モーセ五書・ヨシュア記・士師記).
hep・tath・lon /heptǽθlən | -lɑn/ 名 Ⓤ 七種競技 (従来の女子陸上五種競技に 200m 走と槍投げを加えた種目).
hèpta・válent 形 《化》7 価の.
hep・tyl /héptl | -taɪl/ 名 Ⓤ《化》ヘプチル基《ヘプタンから誘導されるアルキル基》.
*her (弱形) /(h)ə | (h)ə/, (強形) há: | há:/ 代 ❶ [she の目的格]: **a** [直接目的語] 彼女を: They both love ~. 彼らは二人とも彼女を愛している. **b** [間接目的語]: He gave ~ a book. 私は彼女に本をあげた. **c** [前置詞の目的語]: I gave the book *to* ~. 私は彼女に本をあげた. ❷ [she の所有格] 彼女の: ~ mother 彼女の母親/~ admirers 彼女の贔屓を買う男たち. ❸ **a** [be の補語に用いて]《口》=she: It's ~. 彼女だ. **b** [as, than, but の後に用いて主語として]《口》=she: I can run faster *than* ~. 私は彼女より速く走れる. **hér indóors**《英俗》(うるさい)妻, うちのかみさん, 山の神.《OE; HE と関連》
He・ra /hí(ə)rə/ 名 《ギ神》ヘラ《Zeus の妻; ローマ神話の Juno に当たる》.
Her・a・cles /hérəklìːz/ 名 =Hercules.
Her・a・cli・tus /hèrəkláɪtəs/ 名 ヘラクレイトス (540?-? 480 B.C.) 《ギリシアの哲学者》.
*her・ald /hérəld/ 名 ❶ Ⓒ 布告者, 報道者; 使者. **b** [H~; 新聞名に用いて]the *New York H-* ニューヨークヘラルド紙. ❷ Ⓒ 先駆者, 先触れ: This balmy weather is a [the] ~ *of* spring. この穏やかな天候は春の前ぶれだ. ❸ ⦅英⦆紋章官, 式部官: the *Heralds' College* 紋章院. ❹《英史》伝令官《国王の即位・崩御などを国家重大事を公式に布告した役人》. —— 動 他《…を告知〔布告〕する. ❷ 先ぶれする, 予告する: The song of birds ~*s* (*in*) spring. 鳥の歌は春の近いことを知らせてくれる.
he・ral・dic /heráldɪk/ 形 紋章 (学) の.
hérald mòth 名 《昆》ハガタキリバ《ヤガ科; 成虫は越冬する》.
her・ald・ry /hérəldri/ 名 Ⓤ ❶ 紋章官の任務. ❷ 紋章学, 紋章.《HERALD+-RY》
*herb /ə́ːb, hə́ːb | hə́ːb/ 名 ❶ Ⓒ ハーブ, 薬用〔香料〕植物, 薬草, 香草. ❷ Ⓒ (花が咲いた後, 根以外は枯れる) 草, 草本. ❸ [しばしば the ~]《俗》マリファナ.
Herb /hə́ːb | hə́ːb/ 名 ハーブ (男性名; Herbert の愛称).
her・ba・ceous /(h)əː(ː)béɪʃəs | hə(ː)-/ 形 草の, 草本の; ハーブの.
herbáceous bórder 名 （多年生草花を植えて作った）花壇の縁取り.
herbáceous perénnial 名 多年生草本, 多年草.
herb・age /ə́ːbɪdʒ, hə́ːb- | hə́ːb-/ 名 Ⓤ ❶ 草, 草本類, （特に）牧草. ❷ 薬草 (類).
*herb・al /ə́ːb(ə)l, hə́ːb- | hə́ːb-/ 形 草の, 草本の; 薬草の (から作った): a(n) ~ medicine 薬草剤, 漢方薬.
hérb・al・ism 名 Ⓤ 薬草学, (昔の)本草（ほんぞう）学.
hérb・al・ist /-bəlɪst/ 名 ❶ 漢方医. ❷ 薬草商.
her・bar・i・um /(h)əːbé(ə)riəm | hə(ː)-/ 名 (優 ~s, -i・a /-riə/) ❶ (乾燥)植物標本集. ❷ 植物標本箱〔室, 館〕.
hérb bènnet 名 《植》黄色い花のダイコンソウ属の一種.
herb Christopher 名 《植》ルイヨウショウマ.
hérb dòctor 名 薬草医, 漢方医.
herbed /(h)əːbd | hə́ːbd/ 形 香料植物で調味した.
Her・bert /hə́ːbət | hə́ːbət/ 名 ハーバート (男性名; 愛称 Bert, Bertie, Herb).
hérb gàrden 名 ハーブ園.
hérb Ge・rárd /-dʒərɑ́əd | -dʒérɑːd/ 名 (優 **herbs Gerard**, ~s) 《植》エゾボウフウの一種.
†**her・bi・cide** /hə́ːbəsàɪd, hə́ːbɪ-/ 名 Ⓒ Ⓤ 除草剤.
her・bi・vore /(h)ə́ːbəvɔ̀ə | hə́ːbɪvɔː-/ 名 草食動物.
her・biv・o・rous /(h)əːbívərəs | hə(ː)-/ 形 《動物が》草食性の (cf. carnivorous 1a, omnivorous 1).

hérb Róbert [名] (複 **hérbs Róbert, ~s**) 〘植〙 ヒメフウロ.
hérb tèa [名] [U] (草本の)薬草湯, ハーブティー.
herb·y /(h)ə́ːbi | hə́ː-/ [形] (**herb·i·er; -i·est**) ❶ 草本性の. ❷ 草の多い.
Her·ce·go·vi·na /hə̀ːtsəgouvíːnə | hə̀ː/ [名] ＝Herzegovina.
Her·cu·le·an /hə̀ːkjʊlíːən, hə(ː)kjúːliən | hə̀ːkjʊlíːən, həːkjúːliən←/ [形] ❶ ヘラクレスの. ❷ **a** [時に h~] ヘラクレスのような, 大力無双の: ~ strength 大力. **b** [h~] 大力を要する; 非常に困難な: a *herculean* task 非常に困難な仕事.
Her·cu·les /hə́ːkjʊliːz | hə́ː-/ [名] ❶ 〘ギ神〙 ヘラクレス《Zeus の子で 12 の難業を遂行した大力無双の英雄》. ❷ [また h~] [C] 大力無双の人. ❸ 〘天〙 ヘラクレス座. **the Píllars of Hércules** ⇨ pillar [成句].
Hércules bèetle [名] 〘昆〙 ヘラクレスオオ(ツノ)カブトムシ《熱帯アメリカ産; 体長 18 cm に達する》.
Her·cyn·i·an /həːsíniən | həː-/ [形] 〘地〙 ヘルシニア造山期の《古生代後期の地殻変動期》. 〖L *Hercynia* (*silva*) ドイツ中部の山林〗
*__herd__ /hə́ːd | hə́ːd/ [名] ❶ [C] (同一種類で一緒に飼われて[棲息して]いる) **家畜[動物]の群れ**: a ~ *of* cattle [elephant(s), whale(s)] 牛[象, 鯨]の群れ. ❷ 《軽蔑》 **a** [the ~] 民衆, 下層民. **b** [C] 群集, 大勢 〔*of*〕: follow the ~ 大勢に従う. **ríde hérd on** 《米口》 …を見張る, …を監督する. ── [動] [自] ❶ 群がる 〈*together*〉. ❷ [副詞(句)を伴って] 群がっていく. ── [他] 〈牛・羊などの〉群れを集める[移動させる]; 〈人を〉集める. 【類義語】 ⇨ group.
hérd·bòok [名] (牛・馬・豚の)血統記録, 登録簿.
hérd·er [名] 《米》 牛飼い, 羊飼い.
hérd ìnstinct [名] [the ~] 〘心〙 群(居)本能.
herds·man /hə́ːdzmən | hə́ːdz-/ [名] (複 **-men** /-mən/) ❶ [C] 牧夫; 家畜群の所有者[世話人]. ❷ [the H~] 〘天〙 牛飼い座.
Herd·wick /hə́ːdwɪk | hə́ːd-/ [名] 〘羊〙 ハードウィック《イングランド北部の野生の羊; 生まれたばかりの子は黒い》.
‡**here** /híə | híə/ [副] (比較なし) ❶ (↔ there) **a** [場所・方向を表わして] **ここに[で, へ], こちらに[で, へ]**: He lives ~ in Tokyo. 彼はここ東京に住んでいる / Put your bag ~. かばんをここに置きなさい / He will be ~ in a minute. 彼はすぐここに来ます / Look ~! ⇨ look A 1 b / See ~! ⇨ see[1] [成句]. **b** [しばしば方向の副詞を伴って] **こちらへ**: Come (over) ~ /kəm (òuvə) híə | -(òuvə) híə/. ここへおいで. **c** [前置詞・他動詞の目的語として; 名詞的に] **ここ; この点**: from ~ ここから / in ~ (部屋などで)この中に[で](は), ここの中に[で](は) / near ~ この近くに / up to ~ ここまで / I leave ~ next week. 来週ここを立ちます.
❷ [文頭に用いて] **a** [特に相手の注意を引くために用いて] **ほらここに[へ]**: *H~* is *a* book that might interest you. (ほら)ここに君が興味を持つかもしれない本があります / *H~* is *the* book you wanted. ほらここにあなたがほしがっていた本があります / *H~* comes John. ほらジョンが(こっちへ)やってきたよ《[用法] 代名詞の時は *H~* he comes. の語順》 / *Here's* your tea. さあ[はい]お茶をどうぞ / *Here's* the ticket for you. はいこれがあなたの切符です / *Here's* the postman. ほら郵便屋さんが来た. **b** [目的地に着いた時, また捜し物・望みのものを差し出す時に用いて] **さあ着いたぞ; ほらここにありますよ**: *H~* I am. さあ着いた; ただいま(帰りました) / *H~* we are. さあ着いたぞ; (我々の求めていたものは)ここにあります / *H~* it is. ほらここにありますよ / *Here's* your keys. ほらあなたの鍵ですよ《[用法] 《口》 では複数名詞でも Here's を用いる》.
❸ [文頭に用いて] **a この点で, ここで**: *H~* he paused and looked around. ここで彼は間をおいてあたりを見回した / *H~* he's wrong. この点で彼は間違えている. **b この時, 今**: *H~* it's December and Christmas is coming. もう 12 月だしクリスマスも近い.
❹ [名詞の後に用いて] **ここにいる[ある], この**: this man ~ ここにいるこの人《★ this here man とするのは非標準的用法》 / The boy ~ saw the accident. ここにいるこの少年がその事故を目撃したのです.
❺ **この世で, 現世で**: ~ below この世[下界]では.
hére and nów 今この場で, 即刻, 直ちに.
hére and thére あちこちに[へ], ここかしこに: Some birds are flying ~ *and there*. 鳥があちらこちらに飛んでいる.
Hére góes! 《口》 さあ始めるぞ!, それっ!
Hére's hów! 《口》 乾杯!
Hére's to…! …に[のために]乾杯!: *Here's to* you! あなたに乾杯! / *Here's to* your health! あなたの健康に乾杯! / *Here's to* John on his getting a job! ジョンの就職に乾杯!
Hére's where…. …であるのはこのところだ, これが…である点だ: *Here's where* he's wrong. 彼が間違っているのはこの点だ.
hére, thére, and éverywhere 至る所に.
hére todáy and góne tomórrow 〈人が〉来たかと思うとまた行ってしまう, 席の温まる暇もない.
Hére we gó! さあ始めるぞ, さあ行くぞ.
Hére we gó agáin! 《口》 ほらまた始まったぞ, ああまたか.
hére you áre (1) [人にものを渡す時に] はいここにありますよ. (2) [あるものに注意を引いて] いいかい, いいかね.
Hére you gò ＝HERE you are (1).
néither hére nor thére 問題外で, 無関係で取るに足らない: Whether your fiancé is rich or not is *neither ~ nor there*. 君の婚約者が金持ちか否かは問題ではない.
the hére and nów この今, 現在, 現時点.
── [間] ❶ [点呼に対する返事に用いて] はい. ❷ [人の注意を引いたり子供をたしなめるために用いて] こら, さあ: *H~*, that's enough. こら, もうよせ! / *H~*, ~, don't cry! さあさあ泣くのはおよし!
〖OE〗
hére·abòut(s) [副] この辺に: somewhere ~ どこかこの辺に.
hère·áfter [副] ❶ この後, 今後, 将来 (from now on); (法律文書などで)以下で, 以後. ❷ 来世には. ── [名] [the ~, a ~] ❶ 将来, 未来. ❷ 来世: believe in *a* ~ 来世を信じる.
hère·bý [副] これによって, この結果《[用法] 特に儀式・法律文書などに用いる》: I ~ pronounce you man and wife. これによって二人が夫婦であることを宣する.
he·red·i·ta·ble /hɪrédəṭəbl/ [形] ＝heritable.
her·e·dit·a·ment /hèrədíṭəmənt/ [名] 〘法〙 相続財産《特に不動産》.
he·red·i·tar·i·an /hɪrèḍətéə)riən←/ [名] 遺伝主義者《個人間の相違は主として遺伝に基づくとする論者》. ── [形] 遺伝主義(者)の; 遺伝的な. **~·ism** [名] [U] 遺伝主義.
he·red·i·tar·i·ly /hɪrèḍətérəli | hɪrédətərəli, -trə-/ [副] ❶ 遺伝的に. ❷ 世襲的に.
⁺**he·red·i·tar·y** /hɪrédətèri | -təri, -tri/ [形] ❶ 遺伝(性)の, 遺伝的な (↔ acquired): a ~ disease 遺伝病. ❷ 世襲の; 親譲りの, 代々の: a ~ peer 世襲貴族 / ~ property 世襲財産. 〖L ＜ *hereditas* 相続 ＜ *heres*, *hered-* 相続人; ⇨ heir〗
he·red·i·ty /hɪréḍəṭi/ [名] [U] ❶ (形質)遺伝. ❷ 相続, 世襲. 〖L＝相続 (↑)〗
Her·e·ford /hérəfəd | hérɪfəd/ [名] ❶ ヘレフォード《Herefordshire の州都》. ❷ /米 hə́ːfəd/ [C] ヘレフォード種(の食用牛)《顔が白く赤毛》.
Héreford and Wórces·ter /wʊ́stə | -tə/ [名] ヘレフォードアンドウスター州《イングランド中西部の旧州; 州都 Worcester》.
Her·e·ford·shire /hérəfədʃə | -fədʃə/ [名] ヘレフォードシャー州《イングランド西部の州; 州都 Hereford》.
hère·ín [副] 《文》 ここに, この中に.
hèrein·áfter [副] 《文》 (書類などで)下に, 下文に (hereafter).
hèrein·befóre [副] 《文》 (書類などで)上に, 上文に.
hère·óf [副] 《文》 これの, これについて.
hère·ón [副] ＝hereupon.
‡**here's** /híəz | híəz/ **here is** の短縮形.
he·re·si·arch /hərí:ziàək | -àːk/ [名] 異端の祖[長].
⁺**her·e·sy** /hérəsi/ [名] [U,C] (正統信仰に異を唱える[を否定

her・e・tic /hérətɪk/ 《名》異端者; 異説を唱える人.

he・ret・i・cal /hərétɪk(ə)l/ 《形》異端[異説]の, 異端的な. **～・ly** /-kəli/ 《副》

hère・tó 《副》《文》これに, ここに; これに関して: attached ～ これに添付して.

hère・to・fòre 《副》《文》今[現在, これ]まで, 従来; 以前は.

hère・únder 《副》《文》この下に, この記載に従って.

hère・upón 《副》《文》❶ このことに関して, ここにおいて. ❷ この時点で; この直後に, 直ちに.

hère・wíth 《副》《文》❶ これと共に(同封して), これに添えて: enclosed ～ 同封して. ❷ この機会に; これにより, このようにして.

her・i・ot /hériət/ 《英法》(主に中世に領主に払った)借地相続税, 相続上納物《通例故人の所有していた最良の動物または動産》.

her・i・ta・bil・i・ty /hèrɪtəbíləti/ 《名》 ⓊⅠ譲り伝えうること, 相続しうること.

her・i・ta・ble /hérɪtəbl/ 《形》❶ a 《財産など》譲り伝えることのできる. b 《人が》相続できる. ❷ 《性質・病気など》遺伝性の.

*__her・i・tage__ /hérɪtɪdʒ/ 《名》 Ⓤ [また a ～] ❶ a 遺産; 先祖伝来のもの: a rich cultural ～ 豊かな文化的遺産. b (未来に残すべき)自然環境遺産. ❷ 世襲[相続]財産. 〖F<*hériter* 相続する<L<*heres, hered-* 相続人; ⇒ heir〗

her・i・tor /hérɪtə | -tə-/ 《名》相続者, 相続人 (heir), 〖スコ法〗教区の土地[家屋]所有者. **～・ship** 《名》

herk・y-jerk・y /hə́:ki dʒə́:ki | hə́:kidʒə́:-/ 《形》《米》発作的[気まぐれ]に動く[進む].

herl /hə́:l | hə́:l/ 《名》(鳥の羽の)羽枝《毛針用》; 羽枝で作った毛針.

herm /hə́:m | hə́:m/ 《名》(石の角柱を台座とした)胸像, 頭像, (特に) Hermes の頭像《境界標識として用いる》.

her・maph・ro・dite /hə(:)mǽfrədàɪt | hə(:)-/ 《名》 ❶ 男女両性者. ❷ 《生》雌雄同体, 両性動物; 《植》雌雄同花, 両性花. ── ＝hermaphroditic. 〖HERMES+APHRODITE〗

hermáphrodite bríg 《名》《海》《ブリグとスクーナーとの》合いの子ブリグ.

her・maph・ro・dit・ic /hə(:)mæfrədítɪk | hə(:)-/ 《形》❶ 両性器を持つ. ❷ 反対の両性質を持つ.

Her・maph・ro・di・tus /hə(:)mæfrədáɪtəs | hə(:)-/ 《ギ神》ヘルマプロディートス《Hermes と Aphrodite の間に生まれた美少年; もと両性具有の神》.

her・me・neu・tics /hə̀:mənjú:tɪks | hə̀:mənjú:-/ 《名》 Ⓤ または 巨解釈学, (特に)聖書解釈学. **hèr・me・néu・ti・cal, -tic** 《形》**-ti・cal・ly** 《副》

Her・mes /hə́:mi:z | hə́:-/ 《ギ神》ヘルメス《神々の使者, 科学・弁舌などの神; ローマ神話の Mercury に当たる》.

†**her・met・ic** /hə(:)métɪk | hə(:)-/ 《形》❶ 密封[密閉]した(airtight): a ～ seal (気密容器などの)溶接密閉. ❷ [H~] a 錬金術の: H~ art [philosophy, science] 錬金術. b 秘伝の; 難解な.

her・met・i・cal・ly /-kəli/ 《副》 密封[密閉]して: be ～ sealed 密閉されている.

†**her・mit** /hə́:mɪt | hə́:-/ 《名》 ❶ a (初期キリスト教時代の)隠修士, 世捨て人. b 独居性の動物. ❷ 香料入り糖蜜クッキー.〖F<L<Gk＝孤独の人》

her・mit・age /hə́:mɪtɪdʒ | hə́:-/ 《名》 ❶ 隠者のすみか. ❷ 庵(ｲｵﾘ); 寂しい一軒家.〖HERMIT+-AGE〗

hérmit cràb 《名》《動》ヤドカリ.

her・mit・ic /hə(:)mítɪk | hə(:)-/ 《形》隠者 (hermit) の, 隠者にふさわしい.

hérmit thrùsh 《名》《鳥》チャイロコツグミ《北米産; 鳴鳥》.

†**her・ni・a** /hə́:niə | hə́:-/ 《名》 Ⓤ巨 《医》ヘルニア, 脱腸. **her・ni・al** /hə́:niəl | hə́:-/ 《形》

her・ni・ate /hə́:nièɪt/ 《動》 ⓐ ヘルニアになる.

*__he・ro__ /hí(ə)roʊ, hí:r- | híərəʊ/ 《名》 (趨 ～es) ❶ 英雄, 勇士 (cf. heroine). b 尊敬の的 (idol): make a ～ of a person 人を英雄化する, 人をまつり上げる. ❷ (詩・劇・小説などの)主人公, 主要人物. ❸ ＝hero sandwich. 〖L<Gk〗 《形》heroic

---

herring

Her・od /hérəd/ 《聖》ヘロデ《キリスト生誕当時のユダヤの王; 残虐で有名; 通称 Herod the Great; cf. the (Holy) INNOCENT's Day 成句》.

out-Hèrod Hérod ⇒ out-Herod 成句.

Hérod Án・ti・pas /-ǽntəpæs/ 《名》 ヘロデアンティパス (21 B.C.-A.D. 39) 《Herod の息子; キリストとほぼ同時代のガリラヤ領主 (4 B.C.-A.D. 39); Herodias を後妻にし, 洗礼者ヨハネを斬首して首をサロメに与えた》.

He・ro・di・as /hərốʊdiəs | -æs/ 《聖》ヘロデヤ《Herod Antipas の後妻, Salome の母; 夫に JOHN the Baptist を殺させた》.

He・rod・o・tus /hərádətəs | -rɔ́d-/ 《名》 ヘロドトス (484?-?425 B.C.; ギリシアの歴史家; the Father of History (史学の父)とよばれる).

*__he・ro・ic__ /hɪróʊɪk/ 《形》 (more ~; most ~) ❶ a 英雄の; 英雄の. b 英雄[勇士]を扱った: a ～ poem 英雄詩. ❷ a 勇ましい, 雄々しい, 壮烈な: ～ conduct 英雄的[勇ましい]行為. b 大胆な, 冒険的な: take ～ measures 思いきった処置を取る. ❸ 《文体・声などを堂々とした, 雄大な; 誇張した. ❹ 《美》 《彫像などを》実物以上大きい. ── 《名》 ❶ a Ⓒ 英雄詩. b 〔複数形で〕＝heroic verse. ❷ 〔複数形で〕 a 《軽蔑》大げさな語調[行為, 感情]: go into ～s 感情を誇張して表現する. b 英雄的行為, 勇気のある行動. 《名》hero

heróic áge 《名》〔the ～〕神人[英雄]時代《古代ギリシアにおけるトロイア滅亡前の英雄が活躍したとされる時代》.

he・ró・i・cal・ly /-kəli/ 《副》英雄的に, 勇ましく.

heróic cóuplet 《詩学》英雄詩体 2 行連句《2 行ずつが韻を踏んで対句をなす弱強 5 歩格の詩型; cf. heroic verse》.

heróic vérse 《名》❶ ⓊⒸ 英雄詩, 史詩. ❷ ⓊⒸ《詩学》英雄詩体《英語では弱強 5 歩格》.

*__he・ro・in__ /héroʊɪn/ 《名》 Ⓤ ヘロイン《モルヒネ製鎮静剤; 麻薬の一種》.

*__he・ro・ine__ /héroʊɪn/ 《名》 ❶ (詩・劇・小説などの)女主人公, ヒロイン. ❷ 優れた行動[傑出した実績, 卓越した技術]を示す女性, ヒロイン, 女傑 《用法》 現在では男女の区別なく hero が用いられる傾向がある. 〖HERO+-INE〗

*__her・o・ism__ /hérouìzm/ 《名》 Ⓤ ❶ a 英雄的資質. b 壮烈, 勇烈. ❷ 英雄的行為.

he・ro・ize /hí(ə)raɪz/ 《動》 ⓐ 英雄化[視]する, 英雄扱いする.

her・on /hérən/ 《名》《鳥》サギ.

her・on・ry /hérənri/ 《名》サギの繁殖地.

héro sándwich 《名》 ⒸⓊ 《米》ヒーローサンドイッチ (⇒ submarine sandwich).

héro wòrship 《名》 Ⓤ 英雄崇拝.

héro-wòrship 《動》 ⓐ 英雄視する, 英雄崇拝する. **héro-wòrship(p)er** 《名》英雄崇拝者.

†**her・pes** /hə́:pi:z | hə́:-/ 《名》Ⓤ《医》ヘルペス, 疱疹(ﾎｳｼﾝ).

hérpes sím・plex /-símpleks/ 《名》Ⓤ《医》単純疱疹《口唇咆咆咆や外鼻孔あるいは陰部に生じる疱疹》.

hérpes・vírus 《名》 《菌》疱疹《ヘルペスウイルス.

hérpes zós・ter /-zástə | -zɔ́stə/ 《名》Ⓤ《医》帯状疱疹.

her・pet・ic /hə(:)pétɪk | hə(:)-/ 《形》《医》疱疹《ヘルペス》の, 疱疹にかかった.

her・pe・tol・o・gist /hə̀:pətáləʤɪst | hə̀:pətɔ́l-/ 《名》爬虫(ﾁｭｳ)類学者.

her・pe・tol・o・gy /hə̀:pətáləʤi | hə̀:pətɔ́l-/ 《名》Ⓤ 爬虫(ﾁｭｳ)類学. **her・pe・to・log・ic** /hə̀:pətəládʒɪk | hə̀:pətəlɔ́dʒ-/ 《形》 **hèr・pe・to・lóg・i・cal** /-dʒɪk(ə)l-/ 《形》

Herr /héə | héə/ 《名》 (趨 **～・en** /hérən/) ❶ 〔英語の Mr. に相当するドイツ語の敬称〕…君, …様. ❷ Ⓒドイツ紳士. 〖G〗

Her・ren・volk /hérənfòʊk/ 《名》 支配者民族《ナチのドイツ民族の呼称》.

Her・rick /hérɪk/, **Robert** ヘリック (1591-1674; 英国の詩人).

†**her・ring** /hérɪŋ/ 《名》 (趨 ～, ～s) ⒸⓊ《魚》ニシン: kippered ～ 燻製(ｸﾝｾｲ)ニシン (★ 英国人は朝食によく食べる).

《OE; 原義は「灰色の魚」か》

hérring・bòne 矢はず[杉あや]模様(の織り方, 縫い目), ヘリンボン. — 形 A ヘリンボンの.

hérring gùll 图《鳥》セグロカモメ.

Herrn・hut・er /héənhù:tə, héənhù:tə/ 图《モラビア教会の一派》ヘルンフート派の信者.

*__hers__ /hə́:z | há:z/ 代 [she に対応する所有代名詞]
❶ 彼女のもの (cf. mine¹)《用法》さす内容によって単数また複数扱いとなる》: It's ~, not mine. それは彼女のです, 私のではない / His hair is darker than ~. 彼の髪は彼女のより黒い / H~ are the red ones. 彼女のは赤いやつだ. ❷ [of ~ で] 彼女の《用法》her は a, an, this, that, no などと並べて名詞の前に置けないので, her a of hers として名詞の後に置く》: that book of ~ 彼女のあの本.

*__her・self__ /(h)əsélf | (h)ə-/ 代 [★ she の複合人称代名詞; ⇒ oneself] ❶ [強調に用いて] 彼女自身: a [3人称単数の女性(代)名詞と用いて同格的に]: She ~ came to see me.=She came to see me ~. 彼女自ら私に会いに来た (正誤 前者のほうがより強調的). b [she, her の代わりに用いて; and ~ で]: Her mother and ~ were invited to the party. 彼女の母と彼女はそのパーティーに招かれた (⇒ myself 1 b). c [she, her の代わりに用いて; as, like, than の後で]: No one can do it better than ~. 彼女(自身)よりうまくできる者はだれもいない. d [独立構文の主語関係を特に示すために用いて]《文》: H~ poor, she understood the situation. 自分も貧乏なので彼女にはその事情がわかった. ❷ /⎯´⎯/ [再帰的に用いて]: a [再帰動詞の目的語に用いて] (⇒ myself 2 a★): She hurt ~. 彼女はけがをした. b [一般動詞の目的語に用いて]: She made ~ a new dress. 彼女は(自分用に)新しいドレスを作った. c [前置詞の目的語に用いて]《★他に成句を参照》: He urged Jane to take good care of ~. 彼はジェーンに体を大切にするようにしきりに勧めた. ❸ いつもの彼女, 正常な彼女《用法 通例 be の補語に用いる》: She's not ~ today. きょうは彼女は平素と違っている. ★成句は oneself を参照.

her・sto・ry /hə́:stəri, -stri | há:-/ 图 (麁 -ries) 《女性の立場を強調した》歴史. 《HISTORY を his story と解し, his を her に換えたもの》

Hert・ford・shire /há:(t)fədʃə | há:(t)fədʃə, há:(t)fədʃə, há:(t)fəd, há:(t)fəd; 略 Herts./ 图 ハートフォードシャー州《イングランド南東部の州; 州都 Hertford /há:(t)fəd | há:(t)fəd; 略 Herts./).

Herts. /há:ts | há:ts/ 《略》Hertfordshire.

hertz /hə́:ts | há:ts/ 图 (麁 ~) 《電》ヘルツ《周波数・振動数の SI 組立単位; 毎秒 1 サイクル; 記号 Hz》. 《H. Hertz ドイツの物理学者》

Hértz・i・an wáves /há:tsiən- | há:-/ 图 (麁) 《理》ヘルツ波, 電磁波. 《H. Hertz が発見したことから》

Her・ze・go・vi・na /hə̀:tsəgouvi:nə | hə̀:t-/ 图 ヘルツェゴヴィナ《バルカン半島ボスニア-ヘルツェゴヴィナ共和国の南部を形成する地域》. **Hèr・ze・go・vi・ni・an** /-vi:niən⎯/ 图 形

Her・zl /héətsl | héə-/, Theodor 图 ヘルツル《1860-1904; ハンガリー生まれのオーストリアの著述家; 近代シオニズム運動の創始者》.

*__he's__ /hi:z/ he is [has] の短縮形.

Hesh・van /héʃvən/ 图 《ユダヤ暦》ヘシュワン《政暦の第 2 月, 教暦の第 8 月; 現行太陽暦で 10-11 月》. 《Heb》

He・si・od /hí:siəd/ 图 ヘシオドス《紀元前 700 年ごろのギリシアの詩人》.

hés・i・tance /-təns, -tns/ 图 =hesitancy.

hes・i・tan・cy /hézətənsi, -tn-/ 图 U ちゅうちょ, ためらい, しり込み.

†**hes・i・tant** /hézətənt, tnt/ 形 ちゅうちょした; ためらいがち, 煮えきらない: He's very shy and ~ in company. 彼は人前ではとても内気で煮えきらない / He was ~ about telling her the secret. 彼は彼女にその秘密を教えるのをためらった / He was ~ to mention it. 彼はそれを口に出すのをためらった. ~・ly 副 (動 hesitate) 《類義語》⇒ reluctant.

*__hes・i・tate__ /hézətèit/ 動 自 ❶ ちゅうちょする, ためらう, 二の足を踏む: He ~d before replying. 彼は返事をするのにちゅうちょした / He who ~s is lost. 《諺》ちゅうちょすれば機会は二度と来ない / He ~d about asking her. 彼は彼女に尋ねてよいものやらためらった / He ~s at nothing to achieve his purposes. 彼は目的を遂するためには何のちゅうちょもしない / Don't ~ in asking for help. 何かお困りのことがありましたら遠慮なくおっしゃってください / I ~d (about) what I should do. =I ~d what to do. どうすべきか[何をしようか]と迷った / [+to do] He ~d to spend so much money on books. 彼は書物にそれほどのお金を使うことをためらった / Please don't ~ to call me. どうぞ遠慮なく電話して[呼んで]ください. ❷ 口ごもる, どもる. 《L=付着する, ためらう》 (形 hesitant, 图 hesitation) 《類義語》hesitate 不安・心配・疑念などでなかなか決心がつかないでいる. waver いったん決めたのに, 決心がぐらついて途中でためらったり止めたりする. falter ある事をやり始めたみたてひるんだり, しりごみしたりする.

hés・i・tàt・ing・ly /-tŋli/ 副 ちゅうちょしながら; 口ごもって.

*__hes・i・ta・tion__ /hèzətéiʃən/ 图 U.C ❶ ちゅうちょ, ためらい: after some ~ ちょっとためらった後 / without (the slightest) ~ (少しの)ちゅうちょもしないで, すぐに, さっぱりと / There was a ~ before she began to speak. 話し始める前に彼女はちょっとためらった / He had [felt] no ~ in accepting the offer. 彼はその申し出をすぐ承諾してくれた. ❷ 口ごもり, どもり. (動 hesitate)

Hes・pe・ri・an /hespí(ə)riən/ 形 ❶ 西方の; 西国の. ❷《詩》ヘスペリデスの. 《L<Gk=西方の, 夕方の》

Hes・per・i・des /hespérədì:z/ 图 (麁)《ギ神》❶ ヘスペリデス《黄金のリンゴの園を守った 4 人の姉妹》. ❷ [単数扱い] ヘスペリデスの園.

hes・per・id・i・um /hespərídiəm/ 图 (麁 -id・i・a /-diə/) 《植》ミカン状果, 柑果(ۦۦ).

Hes・per・us /héspə(ə)rəs/ 图 宵の明星, 金星 (cf. Phosphor 2, Hesperian).

Hes・se /hésə/, **Her・mann** /há:mən | há:-/ 图 ヘッセ《1877-1962; ドイツの小説家・詩人》.

Hes・sian /héʃən/ 形 图 U 《英》ヘシアンクロス 《米》burlap. 《Hesse ヘッセン; ドイツ西部の州で, 古くは地方伯領国家》

Héssian bóot 图 《通例複数形で》ヘッセン靴《米国独立戦争の際に英国が雇ったドイツのヘッセン兵が最初に使った長靴; ひざのところに房がつき 19 世紀初めに英国で流行した》.

Héssian flý 图《昆》コムギタマバエ《幼虫は小麦の害虫》.

Hes・ter /héstə | -tə/ 图 ヘスター《女性名》.

Hes・ti・a /héstiə/ 图 《ギ神》ヘスティア《火と炉の女神; ローマ神話の Vesta に当たる》.

Hes・van /héʃvən/ 图 =Heshvan.

het /hét/ 形 ★ 次の成句で. **hét úp** 《俗》《人が...に》興奮して; やきもきして, いらいらして 《about》. 《HEAT のもとと過去分詞》

he・tae・ra /hití(ə)rə/, **-tai-** /-táirə/ 图 (麁 -tae・rae /-riː/, -tai・rai /-rai/, ~s) 《古代ギリシアの》教養ある遊女, 高級娼婦, ヘタイラ. 《Gk <hetairos 仲間, 友人》

het・er・o /hétəròu/ 图 (麁 ~s) =heterosexual.

het・er・o- /hétərou/ [連結形]「他の, 異なった」(⇔ homo-, iso-). 《Gk=other》

het・er・o・cér・cal /-só:-k(ə)l | -só:-/ 形《魚》異形の尾《尾びれは上下不相称》.

hèt・er・o・chromátic 形 ❶ 多色の; 雑色模様のある; 《理》複数の波長成分[色]を含む, 異色の. ❷《生》異質染色質の.

het・er・o・clite /hétərəklàit/ 形 图 異常な(人[もの]); 《文法》不規則変化の(語)《名詞・動詞など》. **hèt・er・o・clít・ic** /-klít-/ 形

hètero・cýclic 形《化》複素環式の; 異種環状化合物の.

het・er・o・dox /hétərədàks, -trə- | -dɔ̀ks/ 形 異教の; 異説の; 異端の (⇔ orthodox).

het・er・o・dox・y /hétərədàksi, -trə- | -dɔ̀k-/ 图 U 異教; 異説; 異端.

het·er·o·dyne /hétərədàɪn/ 《通信》形 2つの異なる周波数をもつ交流信号を非線形装置で混合する, ヘテロダインの. ── 動 他《…にヘテロダインを発生させる.

hèt·er·o·ga·mét·ic /-gəmétɪk⁻/ 形《生》異形配偶子の.

het·er·og·a·mous /hètərágəməs | -rɔ́g-⁻/ 形《生》異形配偶子で生殖する, 異形配偶の;《植》異性花を有する.

het·er·og·a·my /hètərágəmi | -rɔ́g-/ 名《生・植》異形配偶, 異形接合, ヘテロガミー.

hèt·er·o·ge·né·i·ty /hètəroudʒiníːəti/ 名 U ❶ 異種, 不均質. ❷ 異類混交; 異成分.

het·er·o·ge·ne·ous /hètərədʒíːniəs, -trə-⁻/ 形 異質の; 異成分から成る (↔ homogeneous). **~·ly** 副 **~·ness** 名 〖L<Gk; ⇒ hetero-, -gen, -ous〗

hèt·er·o·glós·sia /hètərəglásiə | -glɔ́s-/ 名 U ヘテログロッシア《一つのテクストまたは芸術作品の中に 2 つ(以上)の声[表明された視点]が存在すること》.

héterogràft 名《外科》異種移植片.

het·er·ol·o·gous /hètərálələs | -rɔ́l-⁻/ 形《生・医・遺》非相同の, 非対応の, 異種(間)の, 異種由来の, ヘテロガスの.

het·er·ol·o·gy /hètərálədʒi | -rɔ́l-/ 名 U 非相同性, 異種性;《生》異種構造;《医》異質組織.

het·er·om·er·ous /hètərámərəs | -rɔ́m-⁻/ 形《植》輪生の葉や花の数に異数のものがある.

hèt·er·o·mór·phic /hètərəmɔ́ːfɪk | -mɔ́ː-⁻/ 形《生》(生活史の各段階で)異形[異型, 不等]の;《昆》完全変態の. **-mórphism** 名

het·er·on·o·mous /hètəránəməs | -rɔ́n-⁻/ 形 他律の, 他律的な; 別個の法則に従う[関与する];《倫》他律的道徳の《道徳の規準は外部, 究極的には神から来るとするカントの考え》.

het·er·on·o·my /hètəránəmi | -rɔ́n-/ 名 U 他律, 他律性.

het·er·o·nym /hétərənìm/ 名 同綴り異音異義語《例: tear /tɪə | tíə/ (涙)と tear /téə | téə/ (裂く); cf. homograph, homonym, synonym》.

het·er·on·y·mous /hètəránəməs | -rɔ́n-⁻/ 形 heteronym の;〈相関関係にあるものなどが〉別々の名をもった, 異名の.

hèteropólar 形《化》異極(性)の.

*****het·er·o·sex·ism** /hétərouséksɪzm/ 名 U 同性愛者に対する偏見[差別], 異性愛偏向.

*****het·er·o·sex·u·al** /hètərouséksʃuəl, -ʃəl-⁻/ 形 異性愛(的)な (cf. bisexual, homosexual): ~ love 異性愛. ── 名 異性愛者. **~·ly** 副

hèt·er·o·sex·u·ál·i·ty /hètərouséksʃuǽləti/ 名 U 異性愛.

het·er·o·sis /hètəróʊsɪs/ 名 U《生》雑種強勢《雑種が近親交配のものより強大に成育すること》.

hét·er·o·sty·ly /-stàɪli/ 名 U《植》長短[異形]花柱, 雌蕊(ｼｽﾞ)異形花柱《同一花の花柱に長短の差があること》.

hèterostýlous /-stáɪləs/ 形

hèterotránsplant 名 = heterograft.

het·er·o·troph /hétərətrouf | -tròf/ 名《生》有機[従属]栄養生物.

hèt·er·o·tró·phic /hètərətróʊfɪk | -trɔ́f-⁻/ 形《生》有機[従属], 複雑, 他物[他)栄養の (cf. autotrophic). **het·er·o·tro·phy** /hètərátrəfi | -rɔ́-/ 名

hèterozygós·i·ty /-zaɪgəsəti | -gɔ́s-/ 名 U《生》異型[ヘテロ]接合性.

hèterozýgote 名《生》ヘテロ[異型]接合体[接合子]. **-zý·gous** /-záɪgəs/ 形

hét·man /hétmən/ 名 (複 -men)《コサックの》首長.

heu·ri·ge /hɔ́ɪrɪɡə/, **-ger** /-ɡə/ 名《独》(複 -gen /-ɡən/) ホイリゲ, ホイリガー: **a** 《特にオーストリアのワインの》新酒. **b** U ワインの新酒を出す酒場. 〖G《方》〗

heu·ris·tic /hjʊrístɪk/ 形《学習者の》発見を助ける; 自発研究をうながす, 発見的な: the ~ method of teaching 発見的教授法. ── 名 [~s; 単数扱い] 発見的教授法. **heu·rís·ti·cal·ly** /-kəli/ 副 〖G=見つける〗

hew /hjúː/ 動 (~ed; ~n /hjúːn/, ~ed) 他 ❶ 《なたなどで》木を切る, たたき切る: The cottage was hewn asunder [in two] by the earthquake. 小屋はその地震でばらばらになった[二つに裂けた] / ~ down a tree 木を切り倒す. ❷ 《石などを》切る, 刻む; 〈…を〉切り開く: ~ stone for building 建築用に石材を刻む / They ~ed a path through the forest. 彼らはその森林を切り開いて小道をつけた / ~ one's way 進路を切り開く / ~ out a career 努力して世に出世する. ── 自 ❶ a たたき割る. b [木などに]切りつける: He ~ed at the tree. 彼はその木になたを振るった. ❷ 《米》〈規則・方針などを〉守り通す, 遵守する: ~ to the party line 党の方針を守る. 〖OE; 原義は「打つ」〗

héw·er 名《木・石などを》切る人; 採炭夫. **hewers of wood and drawers of water**《文》まきを切り水をくむ者, 卑しい労働をする人たち, 下層階級 (★ 聖書「ヨシュア記」から).

hewn /hjúːn/ 動 hew の過去分詞. ── 形 ❶《なたなどで》切り倒された. ❷〈石など〉荒削りの.

hex¹ /héks/《米》名 ❶ (しばしば悪い)まじない, のろい; ジンクス (on). ❷ 魔女. ── 動 他 〈…に〉魔法[のろい]をかける. 〖G=魔女〗

hex² /héks/ 名《米》= hexadecimal.

hex(·a)- /héks(ə)/〖連結形〗「6」.〖Gk=6〗

héx·a·chord /héksəkɔ̀əd | -kɔ̀ːd/ 名《楽》六音[六声]音階, ヘクサコード.

hex·ad /héksæd/, **-ade** /-sèɪd/ 名 6 個一組のもの.

hèxa·décimal 形《電算》十六進法の.

hex·a·gon /héksəɡàn | -ɡ(ə)n/ 名 六角[辺]形. **hex·ag·o·nal** /hèksǽɡən(ə)l/ 形

héx·a·gram /héksəɡræ̀m/ 名 六角の星形, かごめ模様 (✡)《二つの三角形を組み合わせたもので「ダビデの星」としてユダヤ教のシンボル》.

hex·a·he·dron /hèksəhíːdrən/ 名 (複 ~s, -he·dra /-drə/) 六面体.

hex·am·er·ous /hèksǽmərəs/ 形 6 つの部分からなる; 《動》6 つに配列された;《植》それぞれ 6 個からなる輪生をもつ.

hex·am·e·ter /hèksǽmətə | -tə/《詩学》名 6 歩格(の詩行). ── 形 6 歩格の.

héx·ane /héksèɪn/ 名《化》ヘキサン《ガソリンなどに含まれるメタン列飽和炭化水素の一つ; 有毒の可燃性液体で, 溶剤・凝固点降下剤に用いる》.

héx·a·pla /héksəplə/ 名 六欄対照旧約聖書; (一般に 6 種のテクストを併置対照させた)六欄対照版.

hex·a·ploid /héksəplɔ̀ɪd/ 形《生》六倍性の, 六倍体の. ── 名 六倍体. **-ploi·dy** /-plɔ̀ɪdi/ 名

hex·a·pod /héksəpàd | -pɔ̀d/ 名 六脚類, 昆虫. ── 形 六脚類の, 昆虫の.

hex·a·style /héksəstàɪl/ 形《建》六柱式の(柱廊玄関).

Hex·a·teuch /héksətjùːk | -tjùːk/ 名 [the ~] 六書《聖書の初めの 6 書: モーセ五書・ヨシュア記》.

héx·a·vàlent /-ǽlənt/ 形 6 価の.

hex·ose /héksous/ 名《生化》六炭糖, ヘキソース.

hex·yl /héksəl/ 名《化》ヘキシル基.

*****hey** /héɪ/ 間《喜び・驚き・尋問・注意などを表わして》へー!, おや!, まあ!, やあ!, おい! **Héy for …!**《英》…はうまいぞ!, でかした! **Hey présto!** (1) 《手品師の掛け声に用いて》はいっ!, それっ!, あーら不思議!《米》presto (2) 突然, 急に. 〖擬音語〗

héy·dày 名 [単数形で; 通例 the (one's) ~] 真っ盛り, 全盛, 盛時: in the ~ of youth 血気盛りに.

Hey·er·dahl /héɪədɑ̀ːl | héɪə-/, **Thor** ヘイエルダール (1914-2002); ノルウェーの人類学者・探検家; いかだやアシの舟による航海で有名).

Hez·bol·lah /hèzbəláː | -bə-/ 名 神の党, ヒズボラ《レバノンのイスラム教シーア派の過激派組織》.

hf《略》half. **Hf**《記号》《化》hafnium. **HF**《略》high frequency. **Hg**《記号》《化》mercury. 〖L *hydrargyrum* 水銀〗 **HG**《略》High German. **hg.**《略》hectogram(me)(s). **hgt.**《略》height. **HGV**《略》《英》heavy goods vehicle 重量積載物車両.

hgwy.《略》highway. **HH**《略》double hard (鉛筆

HHH

の 2H); His [Her] Highness; His Holiness《教皇に対する尊称》. **hhd**《略》hogshead. **HHH**《略》treble hard (鉛筆の 3 H).

H hòur /éɪtʃ-/《軍》攻撃開始時刻, 予定の時刻.

HHS《略》《米》Department of Health and Human Services 保険福祉省.

*__hi__ /háɪ/ 間 **❶**《相手の注意を引くのに用いて》おい!. **❷**《口》《あいさつに用いて》やあ!, こんにちは《用法 hello よりもくだけた表現で, 特に《米》でよく使われる》. 【擬音語】

HI《郵便》Hawaii. **H.I.**《略》Hawaiian Islands.

hi·a·tus /haɪéɪtəs/ 名《通例単数形で》(複 ~·es, ~) **❶** すき間, 割れ目, ひび. **❷** 欠文; 脱文, 脱字. **❸**《音声》母音接続《母音に終わる語と母音で始まる語との間のときに》.

hiátus [hiátal] hérnia 名《医》裂孔ヘルニア.

Hi·a·wath·a /hàɪəwɔ́(ː)θə, -wɑ́θə|-wɔ́θə/ 名 ハイアワサ (Longfellow の詩 *The Song of Hiawatha* (1855) の主人公; 伝説的なインディアンの族長にちなむ).

hi·ba·chi /hɪbɑ́ːtʃi/ 名 ヒバチ《火の上に金網をのせて肉をやく道具》. 【Jpn】

hi·ber·nal /haɪbə́ːn(ə)l|-bə́ː-/ 形 冬(のような).

hi·ber·nate /háɪbə(r)nèɪt/ 動 **❶**《動物が》冬眠する, 冬ごもりする (cf. estivate 1). **❷**《人が》避寒する; 引きこもる. 【L=冬を越すく*hibernus* 冬の】

hi·ber·na·tion /hàɪbə(r)néɪʃən/ 名 U 冬眠.

Hi·ber·ni·a /haɪbə́ːniə|-bə́ː-/ 名《詩》ヒベルニア (Ireland のラテン名; cf. Albion).

Hi·ber·ni·an /haɪbə́ːniən|-bə́ː-/ 形 アイルランド(人)の. — 名 アイルランド人.

Hi·bér·ni·an·ìsm /-nìzm/ 名 =Hibernicism.

Hi·ber·ni·cism /haɪbə́ːnəsɪzm|-bə́ː-/ 名 アイルランド語特有の語法.

Hi·ber·no- /haɪbə́ːnou|-bə́ː-/《連結形》「ヘベルニア[アイルランド]の」

Hibèrno-Énglish 名 U アイルランド英語.

hi·bis·cus /haɪbískəs, hɪ-/ 名《植》ハイビスカス, ブッソウゲ《仏桑花》(フヨウ属の植物).

hic /hík/ 間 ウィッ, ヒック《しゃっくり》.

hic·cough /híkʌp, -kəp/ 名 動 =hiccup.

⁺**hic·cup** /híkʌp, -kəp/ 名《しばしば複数形で》**❶** しゃっくり(の音): have [get] (the) ~s しゃっくりが出る. **❷** 一時的な障害, ちょっとした問題. — 動 自 (hic·cuped, -cupped; hic·cup·ing, -cup·ping) **❶** しゃっくりが出る. **❷** しゃっくりのような音を出す. 【擬音語】

hic ja·cet /híkdʒéɪsət, híː|kjáːkɪt/ ここに眠る《碑銘の文句; 略 HJ》. 名 墓碑銘. 【L=here lies】

hick /hík/ 名《米口》いなか者. — 形 A いなか(者)の, いなかくさい: a ~ town いなか町.

hick·ey, hick·ie /híki/ 名《米口》**❶ a** にきび, 吹き出物. **b** キスマーク(《英》love bite). **❷**《名前のわからないなんとかというもの[器具, 機械]》.

hick·o·ry /hík(ə)ri/ 名 **❶ a** C《植》ヒッコリー《主に北米産のクルミ科ペカン属の木》. **b** ヒッコリーの実《食用》. **a** U ヒッコリー材《強いのでスキーなどを作る》. **b** C ヒッコリーのつえ.

*__hid__ /híd/ 動 hide¹ の過去形・過去分詞.

hi·dal·go /hɪdǽlgou/ 名《しばしば H~》(複 ~s) スペイン下級貴族.

Hi·dat·sa /hɪdɑ́ːtsə/ 名 (複 ~, ~s) **❶** C ヒダーツァ族 (North Dakota 州の Missouri 川流域に住む Sioux 族系の北米先住民). **❷** U ヒダーツァ語.

*__hid·den__ /hídn/ 動 hide¹ の過去分詞. — 形 **❶** 隠された, 隠れた: a ~ camera 隠しカメラ / a ~ meaning 隠された意味. **❷** 秘密の, 内密の: one's ~ troubles 秘めた悩み.

hídden agénda 名《政策などの裏にひそむ》隠された動機[計画].

hídden resérve 名《しばしば複数形で》《会計》隠匿積立金.

*__hide__¹ /háɪd/ 動 (hid /híd/; hid·den /hídn/, hid) 他 **❶**

a《通例副詞(句)を伴って》⟨…⟩を隠す: ~ one's head [face] 頭[顔]を隠す《恐れ[恥じ]て人目を避ける》/ The moon *hid itself behind* the clouds. 月は雲の後ろに姿を隠した. **b**《人・ものを》見えないようにする, かくまう: ~ a person *from* the police 警察から人をかくまう. **❷**《感情・意図などを》《人などに》隠かくす: He tried to ~ his feelings even *from* his friends. 彼は感情を友だちにも隠して見せないようにした. — 自《通例副詞(句)を伴って》隠れる, 潜伏する: He must be *hiding behind* the door. 彼はドアの陰に隠れているに違いない / Are you *hiding from* the police? 君は警察の目を逃れて[隠れて]いるのかね. **híde awày**(1) = HIDE¹ out 成句. 他 (= +副) (= +副+前)⟨…⟩を⟨…⟩に見つからないように隠す: I *hid* the cookies *away from* the children. 私は子供たちに見つからないようにクッキーを隠した. **híde one's héad in the sánd** ⇒ head 名 成句. **híde one's líght ùnder a búshel** ⇒ light¹ 名 成句. **híde óut**《米》《úp》(自 +副)《官憲などの目を逃れて》隠れる. — 名 **❶** 隠れ場所. **❷**《英》《狩猟や野生動物観察のための》隠れ場所 (cf. blind 名 3). 【OE; 原義は「おおう」か】【類義語】hide「隠す」意の一般的な語; 意図的な場合とそうでない場合ともとれる. conceal hide より改まった語で, 他人に見られたくないために意図的に隠すことを強調する.

hide² /háɪd/ 名 **❶** C U《特に, 革にされる大きい獣の》獣皮. **❷** C《口》《人間の》皮膚: have a thick ~ 面の皮が厚い《鈍感である》. **hàve [tán] a** *person's* **híde**《口・戯》⟨人⟩をこっぴどくしかる. **híde or [nor] háir**《否定文に用いて》⟨…⟩《行方不明の人・紛失物などの》痕跡[形跡](もない): I haven't seen ~ or hair of her. 彼女をまったく見かけない. — 動 他《口》⟨人⟩をひどく(むち)打つ. 【OE; 原義は「おおうもの」】【類義語】⇒ skin.

hide³ /háɪd/ 名 ハイド《アングロサクソン時代のイングランドの地積および課税の単位; 牛 1 と牛 8 頭で一年間耕作しうる広さ, すなわち農民の一家族を養うに足るとされた面積; 地方によって異なり, 40–120 acres》.

hide-and-seek, hide-and-go-seek 名 U かくれんぼ《解説 日本語の「もういいよ」に当たるのは "Hy spy /háɪspàɪ/!" 鬼 (it) は "Ready or not, here I come." と言って探し, 見つけると "I spy…." と言う》: play ~ with…とかくれんぼをする.

hide·a·way 名《口》隠れ場所; 閑静な[人目につかない]場所. — 形 A 隠れた; 人目につかない.

hide·bound 形 **❶**《家畜が》やせこけた, 骨と皮ばかりになった. **❷**《人・考えが》偏狭な, 狭量な, がんこな; きわめて保守的な, 旧弊な: a ~ conservative がんこな保守主義者た.

hid·e·ous /hídiəs/ 形 **❶** ひどく醜い; 見るも恐ろしい, ぞっとする: a ~ monster 見るも恐ろしい怪物 / a ~ noise すさまじい音. **❷** いまわしい, 憎むべき: a ~ crime いまわしい犯罪. **~·ly** 副. **~·ness** 名 {F}

hide·out 名《口》《ギャングの》隠れ家[場所].

hide·y-hòle, hídy- /háɪdi-/ 名《口》= hideaway.

*__hid·ing__¹ /háɪdɪŋ/ 名 **❶** U 隠れること; 潜伏; 隠蔽ぺい (いん): be in ~ 世を忍んでいる / go into ~ 隠れる, 姿をくらます / come [be brought] out of ~ 現われる[人前に出される]. **❷** C 隠れ場所. 【HIDE¹+-ING】

hid·ing² /-dɪŋ/ 名《口》むち打ち, ひっぱたくこと (beating): give a person a good ~ 人をうんと殴る;《罰として》親が子供の尻をたたく. 【HIDE²+-ING】

⁺**híding plàce** 名 隠れ家, 隠し場所.

hie /háɪ/ 動 (詩・古) 急ぐ, 急いで行く《*to*》. — 他《~ oneself で》急ぐ.

hi·er·arch /háɪ(ə)rɑ̀ːk|-rɑ̀ːk/ 名 **❶** 主教, 高僧. **❷** 権力者, 高官; 要人. 《⇒ hierarchy》

hi·er·ar·chal /hàɪərɑ́ːk(ə)l|-rɑ̀ːk-ˊ/, **-chic** /-rɑ́ːkɪk|-rɑ̀ːk-ˊ/ 形 = hierarchical.

⁺**hi·er·ar·chi·cal** /hàɪ(ə)rɑ́ːkɪk(ə)l|-rɑ̀ːk-ˊ/ 形 **❶** 階級組織の, 階層制の; 階層性のある: a conservative, ~ society 保守的で階層制度のある社会. **❷** 聖職階級制の; 聖職政治の. 《⇒ hierarchy》

⁺**hi·er·ar·chy** /háɪ(ə)rɑ̀ːki|-rɑ̀ːki/ 名 C U《官庁などのピラミッド形の》**階級組織**, 階層制度: the inflexible ~ of a company 会社の曲げがたい階層制度 / fit into a

〜 〈人が〉職階制に順応する. **b** ⓒ 階層: a 〜 of values [priorities] 価値[序列]階層. **c** [the 〜; 集合的; 単数または複数扱い] 権力者集団, 支配者層; 全聖職団. ❷ **a** ⓤⓒ 聖職階級制度. **b** Ⓤ 聖職政治. ❸ ⓒ 〘生〙 階級 《綱·目·科·属などの分類段階》. ❹ 〘神〙 **a** ⓒ 天使の階級 《解説》天使の三大別の一つ; これをさらに三つに小区分する; 9 階級は上から: seraphim, cherubim, thrones; dominations, virtues, powers; principalities, archangels, angels (virtues と principalities とが入れ替わることもある)》. **b** [the 〜; 集合的; 単数または複数扱い] 天使群. 《F<L<Gk; ⇒ hiero-, -archy》

hi·er·at·ic /hàiərǽtɪk/ 形 ❶ 聖職者階級の; 神官の, 僧侶の. ❷ (古代エジプトの)神官文字の. ❸ 〘美〙 (エジプト·ギリシャなどの, 宗教的伝統によって定型化された)聖美術の. **hì·er·át·i·cal·ly** /-ɪkli/ 副 《L<Gk *hieros* ↓》

hi·er·o- /hái(ə)rou-/ [連結形] 「神聖な」「聖職の」. 《Gk *hieros* holy》

hi·er·oc·ra·cy /hàiərákrəsi | -rɔ́k-/ 名 Ⓤ 神官政治, 聖職者政治, 教権政治. **hi·ero·crat·ic** /hàiərəkrǽtɪk/ 形

hi·er·o·glyph /hái(ə)rəglɪf/ 名 (古代エジプトなどの)象形文字, 絵文字. 《HIERO-+GLYPH》

hi·er·o·glyph·ic /hài(ə)rəglɪ́fɪk/ 形 ❶ 象形文字(風)の, 絵文字の. ❷ 象形文字で書かれた. ── 名 [複数形で] ❶ 象形文字, 絵文字 (hieroglyphs). ❷ 象形文字で書かれたもの. ❸ 判読しがたい文字.

híero·gràm, -gràph 名 神聖文字[紋章, 記号].

hi·er·ol·o·gy /hàiərálədʒi | -rɔ́l-/ 名 Ⓤ (民族的信仰の)集積化[歴史学, 宗教的伝承.

hi·er·o·phant /hái(ə)rəfænt/ 名 (宗教上の)秘義解説者. **hì·ero·phán·tic** 形

†**hi-fi** /háifái/ 名 (〜s) ❶ Ⓤ ハイファイ (⇒ high fidelity). ❷ ⓒ ハイファイ装置 《レコードプレーヤー·ステレオなど》. ── 形 Ⓐ ハイファイの. 《HI(GH)-FI(DELITY)》

hig·gle /hígl/ 動 = haggle.

hig·gle·dy-pig·gle·dy /hígldipígldi-/ 形 副 ひどく乱雑な[に], めちゃくちゃな[に].

Híggs bòson [pàrticle] /hígz-/ 名 〘理〙 ヒッグスボソン [粒子] 《素粒子に質量をもたせているために仮定されているスピン 0 で電気的に中性の粒子》. 《P. W. Higgs 英国の物理学者》

‡**high** /hái/ 形 (〜·er; 〜·est) ❶ 高い (↔ low): **a** (高さが)高い 《用法》通例人·動物には用いない; cf. 1 d, tall): a 〜 building 高い建物 / 〜 heels ハイヒールの(靴) / a 〜 wave 高波 (cf. high sea). **b** (床·地上から離れて)高い所にある: a 〜 ceiling 高い天井 / a 〜 window 高窓. **c** 高所での; 高空での: a 〜 dive (水泳の)高飛び込み / 〜 flying 高空飛行. **d** [数詞を伴って] 高さが…の 《用法》身長を聞くのに How high is he? や Is he *high*? のようにいるのはまれ; cf. tall 2): a tower 40 feet 〜 高さ 40 フィートの塔 / The mountain is about five thousand feet 〜. その山は約 5 千フィートの高さである / The house is three stories 〜. その家は 3 階建てである.

❷ **a** 〈物価·値段·料金など〉高価な, 高い (cf. expensive): 〜 pay 高給 / Railroad fares are getting 〜*er* and 〜*er*. 鉄道運賃がますます高くなってきている. **b** ぜいたくな: 〜 living [life] ぜいたくな暮らし / a 〜 liver ぜいたくな生活をする人. **c** (価値·評価などの)高い: have a 〜 opinion of a person 人を高く評価する / Your reputation is 〜. 君の評判は高い.

❸ **a** 〈身分·地位など〉高い, 高貴な: a 〜 official 高官 / (the) 〜 life 上流の生活 / 〜 society 上流社会 / a man of 〜 birth 高貴の生まれの人, 名門の出. **b** 気高い, 崇高な, 高潔な; 高尚な, 高遠な: a 〜 tone (精神的に)高い調子 / a character 高潔な人格 / 〜 ideals 高遠な理想 / 〜 culture 高尚な文化 / plain living and 〜 thinking ⇒ living 名 1 a. **c** 〈品質など〉上等な, 高級な: (a) 〜 quality 上等な品質 / (a) 〜 class 高級. **d** (学問·技術·文化程度の)高度に進んだ, 高等な: (the) 〜 animals 高等動物 / 〜er mathematics 高等数学 / 〜er education 高等教育 / on a 〜er plane (思想などが)いっそう高い水準に(ある) / ⇒ high technology.

❹ **a** 〈強度·速度·圧力など〉高度の: at 〜 speed 高速度で / 〜 (atmospheric) pressure 高気圧 / (a) 〜 voltage [電] 高圧 / (a) 〜 tension 高張力 (略 HT) / with a high HAND 成句. **b** 激しい, 強い: a 〜 wind 激しい風. **c** 〈意見·感情など〉強烈な, 極端な: in 〜 anxiety 非常に不安で / praise in 〜 terms 激賞する / in 〜 favor with… の非常なお気に入りで. **d** (程度·割合·確率など)高い, 高率の: a 〜 percentage 高率 / a 〜 point 最高点 / have [get] 〜 marks in a test 試験で高い点数を取る. **e** 〔句〕〈ものが…の〉含有量が高くて: a food 〜 *in* protein 高たんぱく質の食物.

❺ **a** 〈音〉高い, 鋭い: a 〜 note 高い調子, 高音 / in a 〜 voice かん高い声で. **b** 〈色·顔色の〉濃い, 赤い: have a 〜 color [complexion] 顔色が赤い, 血色がよい.

❻ **a** 〈意気など〉盛んな, 元気な: be in 〜 spirits とても元気である. **b** 〈歓楽など〉底抜けの; 〈冒険などは〉はらはらさせる, わくわくする: a 〜 adventure in the wilds of Africa アフリカの未開地での雄壮な冒険. **c** 〔P〕 〔…に〕大喜びで, 興奮した 〔*on*〕. **d** 〔薬物などで〕高揚[酩酊]した, ハイになった 〔*on*〕.

❼ **a** 高ぶった, 傲然(ゴウゼン)とした: a 〜 manner 傲慢な態度. **b** 怒った, 激昂(ゲッコウ)した: 〜 words 激論.

❽ Ⓐ (比較なし) **a** 〈時節の〉十分進んだ, たけなわの: 〜 summer 盛夏 / 〜 noon 真昼, 正午 / 〜 Renaissance 最盛期のルネサンス(様式) / 〜 time ⇒ time A 5 b. **b** 最高潮の, クライマックスの: the 〜 point of a play 劇のいちばん高潮した盛り上がり.

❾ **a** Ⓐ 主な, 主要な: the 〜 altar 中央祭壇 / ⇒ high street. **b** 重大な, ゆゆしい: a 〜 crime 大罪 / 〜 treason (国王·政府に対する)大逆罪.

❿ 〈食肉が傷みかけた, (少し)におう; 〈猟獣[鳥])の肉が(少し)腐りはじめて)ちょうど食べごろで: Pheasant should be a little 〜 before you eat it. キジの肉は(料理して)食べる前に少し傷みかけていたほうがよろしい.

⓫ [H〜] 高教会派の: ⇒ High Church.

⓬ 〔トランプ〕〈札が(点数の)高い, 高位の: a 〜 card 高位札.

⓭ 〘音声〙〈母音の〉舌の位置が高い: 〜 vowels 高母音 《/i/, /u/など》.

hígh and drý (1) 〈船が〉水から上がって, 岸に乗り上げて. (2) 〈人の〉一人取り残されて, 見捨てられて; 時勢に取り残されて: be left 〜 *and dry* 世に見捨てられている.

hígh and lów (身分の)高きも低きも, あらゆる階級の(人たち) (cf. 副 成句).

hígh and míghty (口) 傲慢な.

hígh óld tíme (口) とても楽しいひととき (cf. old 形 9): We had a 〜 *old time*. とても愉快だった.

hígh úp (1) ずっと高い所で[に]: The airplane is 〜 up in the sky. 飛行機は空高く飛んでいる. (2) (地位など)上のほうで, 上位で, 偉い: The book is 〜 up on the best-seller list. その本はベストセラーリストの上位を占めている.

in hígh féather ⇒ feather 名 5.

in hígh pláces (政府などの)有力筋に[の], 高官中に[の].

on one's hígh hórse ⇒ high horse.

── 副 (〜·er; 〜·est) ❶ 高く (cf. highly); 高位に: stand 〜 in one's class (成績で)クラスで上位を占める / Aim 〜 and you will strike 〜. ねらう所が高ければ当たる所もまた高い. ❷ 〈値など〉高く, 高価に: be rated 〜 高く評価される / bid 〜 高値をつける. ❸ ぜいたくに: live 〜 ぜいたくに暮らす. ❹ 激しく, 強く; 高調子に: speak [sing] 〜 高い声でしゃべる[歌う].

flý hígh ⇒ fly¹ 動 成句.

hígh and lów 至る所で (cf. 形 成句): We searched 〜 *and low* for her missing earring. なくなった彼女の片方のイヤリングをあちこち捜し回った.

hígh, wíde, and hándsome (口) 悠然と, 粋(イキ)に.

líve [éat] high on [òff] the hóg ⇒ hog 名 成句.

rùn hígh (1) 〈海が〉荒れる. (2) 〈言葉·感情などが〉激する, 高まる: Feelings ran 〜 during the game. 試合中に情

感が高揚してきた / Speculation ran ~ as to the result. その結果について盛んに推測が行なわれた. (3)〈相場が〉上がる,高値を示す.
 ── 名 ❶ ⓊⒸ 高い所,天《★通例 on high の成句で用いる》. ❷ Ⓒ 高水準,高額の数字;(株・物価の)高値: a new ~ 新高値,新記録. ❸《口》=high school. ❹ [the H~]《口》=high street. ❺ Ⓒ《口》a (特に麻薬による)陶酔状態, 恍惚(ミミミ)感[状態]: He's on a ~. 彼は陶酔状態にある. b 最高の気分: Getting promoted was a big ~ for me. 昇進して(しばらく)とても気分が良かった. ❻ Ⓤ《米》《車》最高速ギヤ, トップ(ギヤ)《英》top》(cf. low¹ 名 2): in ~ トップで / shift into ~ トップに変える. ❼ Ⓒ《気》高気圧(域)(cf. low¹ 名 3). b 最高気温.
 híghs and lóws 〔人生などの〕浮き沈み, 浮沈 (ups and downs).
 on hígh 高い所で[へ], 高く; 天国で[へ]: from *on* ~ 天(国)から;高い所から, 上から.
 〖OE *hēah* 高い〗〖名 height, highness, 動 heighten〗

hígh áltar 名《教会の》主祭壇.

hígh-and-míghty 形《口》傲慢な,横柄な (arrogant).

hígh·báll 名 ❶《米》ハイボール(ウイスキーなどを水または炭酸水・ジンジャーエールなどで割った飲み物). ❷《列車に対する》「(全速力で)進め」の信号. ── 動 自《俗》全速力で走る. ── 他《列車の機関士に》進行合図を出す.

hígh béam 名 [通例 the ~s]《車》ハイビーム《遠距離用の上向きのヘッドライト光線; cf. low beam》.

hígh·bínder 名《米》刺客,殺し屋,(在米中国人の)暗殺団員; 不正に暗躍する政治家[屋].

hígh·bórn 形 高貴の生まれの.

hígh·bóy 名《米》高足付き洋だんす(《英》tallboy) (cf. lowboy).

hígh·bréd 形 ❶ 高貴の生まれの. ❷ 教養の高い, しつけのよい.

hígh·brów《口》名 知識人,教養人,インテリ; インテリぶる人(↔ lowbrow). ── 形 インテリ[ハイブラウ](向き)の.

hígh cámp 名 Ⓤ 芸術的に陳腐な素材などの意図的な使用 (cf. low camp).

hígh cháir 名《食堂の》子供用の(背の高い)いす.

High Chúrch 名 [the ~]《英》高教会派《教会の権威・支配・儀式を重んずる英国国教会の一派》.

High Chúrchman 名 高教会派の人.

†hígh-cláss 形 高級な(↔ low-class): a ~ hotel 高級ホテル / ~ whiskey 高級ウイスキー.

hígh commánd 名 [the ~] ❶《軍》最高司令部. ❷ 首脳部.

hígh commíssion 名 [しばしば H~ C~] 高等弁務団[局].

hígh commíssioner 名 [しばしば H~ C~] 高等弁務官: **a** 英連邦加盟国間での大使相当の代表. **b** 国際委員会の長.

hígh cóurt 名 最高裁判所.

†Hígh Cóurt (of Jústice) 名 [the ~]《英》高等法院《イングランド・ウェールズの最高法院民事部》.

hígh dáy 名 祭日, 祝日: ~s and holidays 祭日と休日, 祝祭日.

hígh-definítion télevision 名 Ⓤ 高品位テレビ, ハイビジョン《走査線を1125本使用し,音声もPCM変調を用いたテレビ; 略 HDTV》.

hígh-dénsity 形 高密度の; 稠密な.

hígh-depéndency 形 Ⓐ《英》〈入院〉患者が高度の治療と管理を必要とする, 高度依存の.

hígh-énd 形 Ⓐ《口》高級な, 高級顧客向けの〈商品・商店〉.

hígh énema 名《医》高圧浣腸(結腸に注入).

*hígh·er 形 [high の比較級] いっそう高い; 高等な[の].
 ── 名 [通例 H~]《スコ教育》上級 (SCE試験のうちO grade の翌年に受ける試験).

hígher cóurt 名 上級裁判所.

hígher críticism 名 Ⓤ [the ~] 上層[高等]批評《聖書各書の文学的歴史的研究; cf. lower criticism》.

hígher educátion 名 Ⓤ《大学などの》高等教育《略 HE; cf. further education》.

hígher-ènd 形 Ⓐ =high-end.

hígher-úp 名 [通例複数形で] ❶《口》上層部の人, 上司, 上役, おえらがた (cf. high-up).

hígh explósive 名 高性能爆薬.

hígh-fa·lu·tin /hàɪfəlúːtɪn/ -tɪnʼ-/ 形《口》〈人・態度などが〉もったいぶった, 気取った (pretentious).

hígh fáshion 名 ❶ =high style. ❷ =haute couture.

hígh fidélity 名 Ⓤ《レコードプレーヤー・ステレオなどが原音を再生する際の》高忠実度, ハイファイ (cf. hi-fi).

hígh-fidélity 形《レコードプレーヤー・ステレオなど》忠実度の高い, ハイファイの (cf. hi-fi).

hígh finance 名 Ⓤ 大型融資, 多額金融取引.

hígh fíve 名 ハイファイブ《2人が互いに上げた手のひらをたたき合わせるジェスチャー; 人を祝福する時やくだけたあいさつの時にする》: give ~s ハイファイブをする.
 high-five 動《人と》ハイファイブであいさつする.

hígh-flíer 名 ❶ 望み[抱負]の高い人, 野心家. ❷ 高く飛ぶ人[鳥, 軽気球].

hígh-flówn 形〈言葉が〉大げさな, 誇張的な. ❷ 空想的な, 野心的な.

hígh-flýer 名 =high-flier.

*hígh-flýing 形 ❶ 抱負の高い, 野心のある. ❷ 高く飛ぶ,高空飛行の. ❸ 高値の, 値打ちのある.

hígh fréquency 名《電》高周波数;《通信》短波 (3–30 メガヘルツ; 略 HF). **high-fréquency** 形

hígh géar 名 Ⓤ《米》《車》トップギヤ(《英》top gear) (cf. low gear).

Hígh Gérman 名 Ⓤ 高地ドイツ語《現在,全ドイツの標準語》.

hígh-gráde 形 優秀な, 高級な.

hígh gróund 名 [the ~]《論争・選挙戦などにおける》優位, 有利な立場《世論の支持を得そうな立場》.

hígh-hánded 形 高圧的な, 横暴な, 高飛車な. **~·ly** 副 **~·ness** 名

hígh hát 名 ❶ シルクハット. ❷《楽》ハイハット《シンバル》《ドラムセットなどで水平の二枚重ねに配置され, ペダルによって操作できる》.

hígh-hát《口》動 (-hát·ted; -hát·ting) 他〈人を〉ばかにする;〈人に〉尊大な態度をとる. ── 自 尊大ぶる. ── 形 気取った, いばった. ── 名 気取った人, いばった人.

hígh-héeled 形〈靴が〉かかとの高い (↔ flat).

*hígh héels 名 ハイヒール.

Hígh Hólidays, Hígh Hóly Dàys 名 覆 [the ~]《ユダヤ教》大祭日《新年祭 (Rosh Hashanah) と贖罪の日 (Yom Kippur) の両祭日《を含む期間》.

hígh hórse 名 [one's ~] 傲慢: **get [be] on** one's ~ いばる[いばっている]《画耒 昔, 貴人が背の高い馬に乗ったことから》.

hígh-ímpact 形 Ⓐ ❶ 耐衝撃性の〈プラスチックなど〉. ❷ (体に)負担の大きい, 激しい, ハイインパクトの〈エアロビクスなど〉.

hígh·jack /háɪdʒæk/ 動 =hijack.

hígh jìnks 名 覆 どんちゃん騒ぎ, 底抜け騒ぎ.

hígh jùmp 名 ❶ [the ~]《競技》走り高跳び. ❷《英口》厳しい処分: be for *the* ~ ひどくしかられ[処罰され]る.

hígh júmper 名《走り》高跳びの選手.

hígh-kéy /háɪkíː/ 形《写》〈画面・被写体が〉明るく平調の, ハイキーの《(全体的に)白っぽい》.

hígh-kéyed 形 ❶〈音・声など〉調子の高い, 高い調子の. ❷ ひどく興奮[緊張]した, 神経質な. ❸ 明るい色調の.

hígh kíck 名《ダンス》ハイキック《宙高くける動作》.

*hígh·land /háɪlənd/ 名 ❶ Ⓒ [しばしば複数形で] 高地, 高原, 山地 (↔ lowland). ❷ [the Highlands] スコットランド高地地方《スコットランド北部および北西部; cf. lowland 2》. ── 形 ❶ Ⓐ 高地の. ❷ [H~] スコットランド高地地方の.

Híghland cáttle 名《畜》ハイランド牛《通例 赤茶色の長軟毛と左右に広がる曲がった長い角をもつ小型の牛(の品種)》.

Híghland dréss 名 ⓤ ハイランドドレス《スコットランド高地人が特別な場合に着るもので, 上着, ボウタイ, sporran をつるしたキルト, 上の折り返しに小さな刀を差し込んである長い靴下からなる》.

híghland・er 名 ❶ 高地人. ❷ [H-] (スコットランド) 高地人《★ 氏族 (clan) の別があり, 服装もしま模様が氏族によって異なる》.

Híghland flíng 名 スコットランドの活発なダンス.

Híghland Gámes 名 [the ~] (また **Híghland Gáthering**) ハイランド競技大会《スコットランドの Highlands を中心に伝統的に毎年行なわれてきたスポーツと音楽の祭典》.

hígh-lével 形 A ❶ 上層部による, 首脳レベルの; 高官の (↔ low-level): a ~ government official 政府高官 / a ~ conference トップ会談. ❷ 高い位置での. ❸ 高水準 [レベル] の.

hígh-lével lánguage 名《電算》高水準言語《人間の言語に近いプログラム言語; BASIC など》.

*__hígh lífe__ 名 ⓤ [the ~]《口》(富裕層の) ぜいたくな生活.

*__hígh・light__ /háɪlàɪt/ 動 他 ❶ a 《...を》目立たせる, 強調する,《...に》興味を集中させる (emphasize): The incident ~s the need for reform. その事件は改革の必要性を浮き彫りにしている. b (コンピュータ画面などで)《文字などを》強調する;《文字など》に蛍光マーカーをつける. ❷ a 《髪の》一部を他の部分より明るい色にする. b 《画・写》画面の一部を特に明るくする, ハイライトを立てる. ── 名 ❶ 最も興味をそそる出来事 [場面], ハイライト, ❷ [複数形で] a (毛髪の) ハイライト《髪の一部の他よりも明るい [明るく着色した, 脱色した] 部分》. b《画・写》最も明るい部分.

hígh・light・er 名 ❶ ハイライター《テキストなどを強調するために用いる蛍光性のカラーマーカー (ペン)》. ❷ ハイライト化粧品.

*__hígh・ly__ /háɪli/ 副 (**more ~; most ~**) ❶ [強意語として] 大いに, たいへん, 非常に, とても (very): ~ professional 高度にプロ [専門] 的な / ~ recommended 特薦の, たいへんおすすめの; 強く勧められる / ~ unlikely とてもありそうにない / be ~ pleased 大いに喜ぶ. ❷ (身分が) 高く, 高位に; 高貴に: be ~ connected 高貴の家と縁続きだ [コネがある]. ❸ 高額 [給] に: be ~ paid 高給を受ける. ❹ 高く (比較 high 副 と異なり比喩的に「高く」の意に用いる): speak ~ of ... を激賞する / think ~ of ... を尊重 [尊敬] する / I value it ~. それを高く評価する; その価値を重く見る.

híghly-strúng 形 = high-strung.

hígh-máintenance 形《戯言》手がかかる, 世話のやける.

Hígh Máss 名 ⓤⓒ《カト》荘厳ミサ, 大ミサ (⇒ Mass).

hígh-mínded 形《人が》気高い, 高潔な.

~・ly 副 **~・ness** 名

hìgh-múck-a-mùck /-mʌ́kəmʌ̀k/, **-múck・e・ty-mùck** /-mʌ́kəṭimʌ̀k/ 名《俗・軽蔑・戯言》高位の方, 要人, 高官, お偉いさん.

hígh-nécked 形 [通例 A] 襟の高い, ハイネックの (cf. low-necked).

+**hígh-ness** 名 ❶ [His [Her, Your] (Royal, Imperial) H-~ で; 皇族に対する敬称ならびに呼び掛けに用いて] 殿下: Your H- 殿下《★ 2 人称の代用で, これを主語とする動詞は 3 人称単数形を用いる》/ His [Her] H- 殿下《★ 3 人称の代用》/ Their (Royal, Imperial) **Highnesses** 殿下《★ 2 人以上に用いる》. ❷ ⓤ 高いこと, 高さ; 高位; 高度; 高率; 高価: The ~ of the wall prevents thieves from entering. 塀が高いことが泥棒の侵入を妨げている《匝訳 the *height* of the wall 塀の高さ》.

hígh-óctane 形 ❶《ガソリンなど》オクタン価の高い, ハイオクタンの. ❷ 精力的な.

hígh-pérformance 形 高性能の.

+**hígh-pítched** 形 ❶《音など》調子の高い, かん高い (↔ low-pitched). ~ a voice かん高い声. ❷《屋根など》急傾斜の. ❸《議論・運動など》(感情的に) 激しい, 激烈な. ❹《目的・志望など》高遠な.

hígh póint 名 最も興味をそそる [重要な] 部分《場面など》, ハイライト; クライマックス.

hígh pólymer 名 高分子化合物, 高重合体.

---

859 high table

+**hígh-pówer(ed)** 形 ❶ 《エンジンなど》高出力の. ❷ 精力的な, 活動的な. ❸ 《仕事など》影響力の大きい, 責任の重い.

hígh-préssure 形 ❶ 高圧的な, 強要する, しつこい: ~ salesmanship 強引なセールス [売り込み]. ❷ 《仕事など》高度の緊張を必要とする (stressful; ↔ low-pressure). ❸ 《気圧》高気圧を用いる. ── 動 他《米》...に無理強いする, 強要 [強制] する: He ~d the client *into* buying. 彼はその客に強引に買わせた.

hígh-príced 形 高価な.

hígh príest 名 ❶ 高僧,《特に古代ユダヤ教の》大祭司. ❷ 傑出した権威者, 第一人者《*of*》.

hígh príestess 名 ❶ 女性の高僧. ❷ 第一人者の女性.

hígh-príncipled 形 《主義・心など》高潔な, 気高い.

+**hígh prófile** 名 [通例単数形を] 世間の注目を集めること [立場, 地位 (など)] (cf. low profile). ── 動 [A] 注目を集めている, 人目を引く.

+**hígh-ránking** 形 [A] 高い階級の, 高位の: a ~ official [officer] 高官 [高級将校].

hígh relíef 名 高浮き彫り (alto-relievo) (cf. bas-relief).

hígh-ríse 形 [A] 《ビル・アパートが》高層の (↔ low-rise): a ~ apartment 高層マンション. ❷ 《地域など》高層建築の多い. ❸ a 《自転車のハンドルが》高い. b 《自転車の》ハンドルの高い. ── 名 高層建築 (物).

hígh-rísk 形 [A] 危険性の高い (↔ low-risk).

hígh róad 名 ❶《英》本道, 幹線道路 (《米》highway). ❷ 〔成功などへの最も楽な [最上の] 道, 王道: the ~ *to* success 成功への近道.

hígh róller 名 ❶ 大金を張るギャンブラー, 大ばくちを打つ人. ❷ 金づかいの荒い人 [組織].

hígh-rólling 形《米口》大金を賭ける [投資する], 金づかいの荒い.

*__hígh schóol__ /háɪskùːl/ 名 ⓒⓤ《米国の》ハイスクール, 高等学校 (解説 小学校に続く中等教育を行なう中等学校; 8-4 制では 4 年だが, いちばん多い 6-3-3 制では最初の 3 年を junior high school, 後半の 3 年を senior high school という; 英国では high school は grammar school): go to ~ ハイスクールに通う. **hígh-schòol** 形

hígh séa 名 [通例 the ~s] 公海; 外洋.

hígh séason 名 ⓤ [通例 the ~] (↔ low season)《商売・仕事などの》いちばん忙しい時期, 最盛期.

hígh shériff 名 ⇒ sheriff 2.

hígh sìgn 名《米口》(警告・情報などの) 内密の合図.

hígh-sóunding 形 大げさな, 大げさな, 仰々しい.

hígh-spéed 形 高速度の: a ~ machine 高速度の機械 / ~ film 《写》高感度フィルム / ~ steel 高速度鋼, ハイス.

hígh-spírited 形 ❶ 元気 [威勢] のいい, 気概のある (↔ placid). ❷《馬が》荒々しい. **~・ness** 名

hígh spót 名《口》(活動中の) 最も目立つ部分;《特に》楽しく思い出される部分 (highlight): Meeting you was the ~ *of* the day. あなたに会ったことがその日のハイライトでした.

hígh stépper 名 ❶ 足を高く上げて進む馬. ❷ 堂々とした人.

hígh-stépping 形 ❶《馬が》足を高く上げて進む. ❷ 自由な快楽を求める, 放埒 (ほうらつ) な生活を送る.

hígh-stíck・ing 名 ⓤ 《アイスホッケー》 スティックのブレードを高く上げすぎること (反則).

+**hígh stréet** 名《英》本通り, 本町 (Oxford では通例 the High とよぶ).

hígh-strúng 形《人・神経が》(極度に) 緊張している, 興奮しやすい, 鋭敏な; ひどく神経質な (highly-strung).

hígh stýle 名 ⓤ 先端的な [最新流行の] 高級スタイル, ハイファッション.

híght /háɪt/ 形《古・詩・戯言》(と) 呼ばれた.

hígh táble 名 ⓤ《英大学》メーンテーブル《食堂の一段と高い所に設けた教授の席》.

hightail

hígh·tàil 自 《米口》急いで立ち去る[逃げる]. **hightail it** 急いで行く.

high téa 名 U.C 《英》ハイティー《午後5-6時ごろの肉[魚]料理のつく軽食; tea と supper (夕食)を兼ねる》.

high téch 形 =high technology.

*__high-tech__ /háɪték⁺/ 形 高度[先端]技術の, ハイテクの (↔ low-tech).

+__high technólogy__ 名 U 高度[先端]技術.

hígh-technólogy 形 A 高度[先端]技術の: a ~ industry ハイテク産業.

hígh-ténsile 形《金属が》伸張性の高い: ~ steel 高張力鋼 / a ~ bolt 高力ボルト.

hígh-ténsion 形 A ❶ 高圧の: a ~ wire 高圧線.

high-tést 形 ❶ 厳重な試験をパスする. ❷ 《ガソリンが》沸点の低い, 揮発度が高い.

hígh-tícket 形 《米口》=big-ticket.

high tíde 名 (↔ low tide) ❶ U.C 満潮(時) (high water): at ~ 満潮時に[で]. ❷ C [通例単数形で] 絶頂, 最高潮: This period marked the ~ of Romanticism. この時代はロマン主義が最高潮の時だった.

hígh-tóne 形 =high-toned.

hígh-tóned 形 ❶ 高潔な. ❷ 上品な, ハイカラな; 上品ぶった.

hígh-tóp 形 ハイトップ型の, ハイトップデザインの. — 名 ハイトップ《くるぶしまでおおう深いスニーカー》.

high tréason 名 U《国家に対する》大逆罪 (treason).

high-úp 《口》名 地位の高い人, 上層部の人, おえらがた (higher-up). — 形《人の》地位の高い, 偉い (cf. HIGH up 形 成句).

hígh-vóltage 形 A ❶ 高電圧の. ❷ 力強い, 精力的な.

+__high wáter__ 名 U (↔ low water) ❶ 満[高]潮時 (high tide); 《川・湖などの》高水位: at ~ 満潮時に[で]. ❷ 絶頂, 最高潮. **còme héll or hígh wáter** ⇒ hell 成句.

hígh-wáter màrk 名 ❶ 高水標; 《海岸の》高潮線の跡. ❷ 最高水準, 絶頂 [*of*].

*__high·way__ /háɪweɪ/ 名 ❶ C a 《米》幹線道路《《英》 high road》《比較》日本で言う「ハイウェー」より意味が広く, 国道や県道に相当する場合が多い》; 《法》公道. b 高速道路 (expressway). ❷ [the ~]《成功・失敗などの》常道, 本道; 常軌: be on the ~ *to* success 成功への常道を歩んでいる. ❸ 《電算》単一システムの各部または複数システム間の伝送路, バス. **the híghways and býways** (1) すべての[あらゆる]道. (2)《ある物事の》すべて(の面), あらゆること.

híghway·man /-mən/ 名 (複 -men /-mən/)《昔公道に, 通例馬に乗って現われた》追いはぎ.

híghway patròl 名 ハイウェーパトロール《公道などの施設とその周辺の治安維持・交通取締りを行なう警察》.

híghway róbbery 名 U ❶ 公道上[白昼]の強盗. ❷ 法外な値段[料金].

hígh wíre 名 ❶《綱渡りの》高張り綱. ❷ 綱渡り的行為[状態]: a high-wire act 綱渡り的行為.

high yéllow 名《米俗·軽蔑》=mulatto.

HIH (略) His [Her] Imperial Highness《日本などの》殿下[妃殿下].

hi-hát 名《楽》=high hat.

+__hi·jack__ /háɪdʒæk/ 動 他 ❶《飛行機などを》乗っ取る, ハイジャックする. ❷ a《輸送中の貨物を》強奪する, 盗む; 《トラックなどを》強奪する. b《人から》強奪する. c《ものを》奪う, 盗む. — 名 ハイジャック.

+__hí·jàck·er__ 名 乗っ取り[ハイジャック]犯人.

hí·jàck·ing 名 U.C ハイジャック, 乗っ取り.

hi-jinks /háɪdʒɪŋks/ 名 =high jinks.

Hij·ra /híʤrə/ 名 =Hegira.

*__hike__ /háɪk/ 名 ❶ 《いなかの》ハイキング, 徒歩旅行: go on a ~ 徒歩旅行をする. ❷ 《米》《給料・物価などの》引き上げ [*in*]: a price ~ 物価[価格]上昇, 値上げ, 値上がり. **Táke a híke!** 出て行ってくれ!. — 動 自 ❶ 《音楽・運動などで》ハイキングをする, 徒歩旅行する: go *hiking* in the country (いなかに)ハイキングに行く. — 他 ❶ 《米》《家賃・物価などを》急に上げる: ~ prices 物価を引き上げる. ❷ 《米》《...を》上げる, 押し;《ズボンなどを》ぐいと引き上げる (hitch): ~ *up* one's pants ズボンを引き上げる. 【類義語】⇒ picnic.

hík·er 名 ハイカー, 徒歩旅行者.

hik·ing /háɪkɪŋ/ 名 U ハイキング, 徒歩旅行. 【類義語】⇒ picnic.

hila 名 hilum の複数形.

hi·lar /háɪlə | -lə/ 形 hilum の[に関する, に近い].

+__hi·lar·i·ous__ /hɪléə(ə)riəs/ 形 ❶ 大変陽気な, とても楽しい; 浮かれ騒ぐ. ❷ 大笑いを誘う[引き起こす]: a ~ anecdote とてもおもしろい逸話. **~·ly** 副 **~·ness** 名 《L< Gk=陽気な; cf. exhilarate》

hi·lar·i·ty /hɪlærəti/ 名 U はしゃぎ, 浮かれ騒ぎ.

Hil·a·ry /híləri/ 名 ヒラリー《男性名・女性名》.

Híl·a·ry tèrm /híləri-/ 名 U.C《英大学》1月中旬から復活祭までの第2学期.《Hilarius フランス ポアティエの司教》

Hil·da /híldə/ 名 ヒルダ《女性名》.

hili 名 hilus の複数形.

+__hill__ /híl/ 名 ❶ a 小山, 丘《比較 通例 mountain より低くてなだらかなものをいう》. b [the H~] 米国議会. ❷《道路の》坂, 坂道: go up a ~ 坂を上る. ❸《米》《作物の根元の盛り土》, 塚(?): anthill, molehill. **a hill of béans** [否定文で] 《米口》ごく少量: *not* worth *a ~ of beans* 少しも価値がない. **(as) óld as the hílls** きわめて古い《★聖書「ヨブ記」から》. **òver the híll** (口) (1) 《米俗》 どこうする身で、快方に向かって. (2) 《人の》青春[全盛期]が過ぎて, 初老を迎えて: As a poet he was *over the ~* at twenty. 彼は詩人としては20歳で盛りを過ぎていた. **the Séven Hílls (of Róme)** ⇒ seven 成句. **ùp híll and dòwn dále** あちこち, 至る所を[に]. 《OE; 原義は「隆起(する)」》 (形 hilly)

Hill /híl/, **Susan** 名 ヒル 《1942- ; 英国の女流小説家》.

Hil·la·ry /híləri/, **Sir Edmund (Percival)** 名 ヒラリー 《1919- ; ニュージーランドの登山家・探検家 Everest 初登頂に成功 (1953)》.

híll·bíl·ly /hílbìli/ 名 ❶《米口》《特に南部の山岳地帯で育ったいなかもの, 山男. ❷ =hillbilly music.

híllbilly músic 名 U ヒルビリ《現在のカントリーミュージックの原形》.

híll clímb 名 ヒルクライム《自動車やオートバイで一定距離の上り勾配の道を一人ずつ走らせて計時するスピード競技》.

híll fìgure 名 ヒルフィガー《先史時代のイングランドで儀式・記念のために白亜質の丘に刻まれた巨大な馬や人物などの像; White Horse などが有名》.

híll-fòrt 名《考古》丘の上のとりで.

híll mýna(h) 名 《鳥》キュウカンチョウ (九官鳥).

hill·ock /hílək/ 名 小さい丘, 塚(?).

*__hill·side__ 名 山腹, 丘陵の斜面: on the ~ 山腹に.

+__hill·top__ 名 丘[小山]の頂上.

híll wálking 名 U 丘陵地の散歩, 山歩き, ヒルウォーキング. **híll·wàlker** 名

*__hill·y__ /híli/ 形 (**híll·i·er; -i·est**) ❶ 小山の多い. ❷ 小山のような, 丘陵性の; 急な. (名 hill)

hilt /hílt/ 名《刀剣の》柄(?). **(ùp) to the hílt** (1) 柄元まで(ずぶりと). (2) 徹底的に.

Hil·ton /híltn/, **James** 名 ヒルトン《1900-54; 英国の小説家》.

hi·lum /háɪləm/ 名 (複 -la /-lə/) ❶《植》a 臍(?)《種子が胎座につく点》. b でんぷん粒の核[胚心]. ❷《解》《血管・神経などの出入りする》門. 《L=つまらないもの》

hi·lus /háɪləs/ 名 (複 -li /-laɪ/)《解》=hilum 2.

*__him__ /(弱形) (ɪ)m | (ə)m; (強形) hím/ 代 (he¹ の目的格): a [直接目的語] 彼を: I know ~. 私は彼を知っている. b [間接目的語] 彼に: I gave ~ a book. 私は彼に本を与えた. c [前置詞の目的語] 彼と: I went with ~. 私は彼と一緒に行った. ❷ a [be の補語に用いて] (口) =he: It's ~. 彼だ / That's ~. あの男だ. b [as, than, but の後に用いて主語として] (口) =he: She's as tall as ~. 彼女は彼と同じ背丈だ / You're worse *than* ~. 君はあの男よりなお悪い. ❸ [動名詞の意味上の主語として] =his: What do you think of ~ becom*ing* a teacher? あの人が教師となるのをどう思うか.

HIM 《略》His [Her] Imperial Majesty 皇帝[皇后]陛下.

Hi・ma・lá・ya Móuntains /hìməléɪə-ˈ-, hɪmáːljə-/ 名 (the ~] = Himalayas.

Hi・ma・lá・yan /hìməléɪən-ˈ, hɪmáːljən/ 形 ヒマラヤ(山脈)の.

Hímalayan cédar 名《植》ヒマラヤスギ (deodar).

Hi・ma・la・yas /hìməléɪəz, hɪmáːljəz/ 名 [the ~] ヒマラヤ山脈.

hi・ma・ti・on /hɪmǽtìɑn | -ɔ̀n/ 名 《獨 **-mat・i・a** /-iə/) ヒマティオン (古代ギリシアの男女が用いた外衣の一種).

*****him・self** /(h)ɪmsélf/ 代 [★ **he**¹ の複合人称代名詞; ⇨ **oneself**] ❶ [強調に用いて] 彼自身: **a** [3人称単数の主格(代)名詞とともに用いて同格的に]: He ~ says so.=He says so ~. 彼が自分でそう言うのだ《比較》前者のほうがより強調的) / I saw the man ~. その男本人を見た(強く言った). **b** [he, him の代わりに用いて; and ~で]: His father *and* ~ were invited to the party. 彼の父と彼はそのパーティーに招かれた. **c** [he, him の代わりに用いて; as, like, than の後で]: No one can do it better *than* ~. 彼(自身)よりうまくできる者はだれもいない. **d** [独立構文の主語関係を的に示すために用いて]: *H*- poor, he understood the situation. 自分も貧乏なので彼はその事情がわかった. ❷ /ᛋ/ [再帰的に用いて]: **a** [再帰動詞の目的語に用いて] (⇨ **myself** 2 a ★): He dressed ~. 彼は着替えをした / He killed ~. 彼は自殺した. **b** [一般動詞の目的語に用いて]: He bought ~ a camera. 彼は(自分用に)カメラを買った. **c** [前置詞の目的語に用いて] [★ 他に比喩を的参照]: The money I gave him is for ~. 彼に与えた金は(ほかの人ではなく)当人のものとしてだ. ❸ いつもの彼, 正常な彼 [《用法》 can only be feel の補語に用いる]: He's ~ again. 彼は正気に戻った; 彼は調子を取り戻した / He's not ~ today. 彼はきょうはどうかしている(気が変だ, 体に異状がある). ★ 成句は **oneself** を参照.

hin /hɪn/ 名 ヒン (古代ヘブライの液量単位; ≒5 liters).

Hi・na・ya・na /hìːnəjáːnə/ 名 U 《仏教》小乗 (↔ **Mahayana**): ~ Buddhism 小乗仏教. 《Skt *hina* little + *yana* vehicle; 小さい乗り物》

+hind¹ /háɪnd/ 形 後の, 後部の 《用法》前後で対をなすものの「前」 (fore) と対照し, 主に動物に限ってついている; その他は **hinder** を用いる): the ~ legs あと脚. [(BE)HIND]

hind² /háɪnd/ 名 《獨 ~s, ~》雌ジカ (特に3歳以上のアカシカ (red deer) の雌).

hínd・bràin 名《解》菱脳(ˈʳɪʸˌ) (rhombencephalon).

+hin・der¹ /híndə | -də/ 動 他 〈行為を〉妨げる; 〈人の〉じゃまをする: The mud ~ed the advance of the troops. 泥道で軍の前進が手間取った / My heavy pack ~ed my moving swiftly. 荷が重いので速く動けなかった / Nothing ~ed me *in* my progress. 私の進行を妨げるものはなかった / I was ~ed *from* finishing my work by illness. 病気で仕事が完成できなかった [仕事の完成が遅れた]. 《比較》prevent のほうが一般的). 《OE=害をなす》名 hindrance. 【類義語】 **hinder** ある行為, またこれから始まろうとする行為を妨害し, しばしばそれを差し止める. **impede** 人や物の進行や運動を遅らせる. **obstruct** 途中にじゃまな物を置いて物事の進行・運動などを止める, 障害によって行為を妨げる. **block** 特に通路・道路などを障害物で完全に通れないようにじゃまをする, 行為を完全に妨げる; *block up* として用いることが多い.

hind・er² /háɪndə | -də/ 形 A 後方の, 後部の (⇨ **hind**¹ 用法) ~ the ~ part 後部.

Hin・di /híndi/ 名 U ヒンディー語 (北部インド地方の語で印欧語系; インドの公用語). — 形 ❶ 北部インドの. ❷ ヒンディー語の.

hínd・mòst 形 いちばん後ろの, 最後部の.

Hin・doo /híndu/ 名 = Hindu.

hínd・quàrter 名 ❶ (四足獣の)後部, 臀部(ˈᵗɪʸ). ❷ [複数形で] (獣肉の)後ろ四半部.

hin・drance /híndrəns/ 名 ❶ U 妨害, 障害 {*to*}: without ~ 支障なく. ❷ C じゃまな人 [もの], 足手まとい,

妨害物, 故障: The heavy suitcase was a great ~ to me. 重いスーツケースは私にとってじゃまになった. 動 **hinder**¹. 【類義語】⇨ **obstacle**.

+hínd・sìght 名 ❶ 後知恵: with ~ (愚か者めあと知恵で, あとから考えてみて [見ると]. ❷ (銃の)後部照尺.

+Hin・du /híndu:/ 名 ❶ ヒンドゥー教信者. ❷ (特に北部の)インド人. — 形 ❶ ヒンドゥー教信者の. ❷ ヒンドゥー教の.

Hin・du・ism /híndu:ìzm/ 名 U ヒンドゥー教 (バラモン教 (Brahmanism) の哲学を基盤に民間信仰などを取り入れた宗教の総称).

Hin・du Kush /híndu:kúːʃ/ 名 [the ~] ヒンドゥークシュ山脈 (パキスタン北部・アフガニスタン東北部の山脈).

Hin・du・stan /hìndustǽn, -stáːn/ 名 ヒンドゥスタン(インド中央部の平原地方).

Hin・du・stan・i /hìndustǽni, -stáːni-ˈ/ 形 ヒンドゥスターニー(人)の. — 名 U ヒンドゥスターニー語 (Hindi 語の一方言).

+hinge /híndʒ/ 名 ❶ (戸・ふた・二枚貝などの)ちょうつがい: A door swings on ~s. ドアはちょうつがいで動く / The gates were off their ~s. その門扉はちょうつがいがはずれていた. ❷ かなめ, 要点, 要因. — 動 ⓒ 〈...にちょうつがいをつける〉 《通例受身; 進行形なし》. — 圊 ちょうつがいで [式に]動く. **hínge on [upón]**...次第で定まる, ...による: His acceptance will ~ *on* [*upon*] the terms. 彼の承諾は条件次第で決まるだろう. 《ME=つるす》

hinged 形 ちょうつがいのある: a ~ door 開き戸.

hin・ky /híŋki/ 形 《米俗》怪しげな, つかみにくい.

hin・ny /híni/ 名 駁騾(^ば) (雄馬と雌ろばとの雑種; cf. **mule**¹).

+hint /hínt/ 名 ❶ ほのめかし, 暗示, ヒント: a broad ~ 明白なヒント / give [drop, let fall] a ~ ちょっとほのめかす, ヒントを与える / take a ~ (ほのめかされて)それと感づく; 気をきかす. ❷ [a ~] かすかな兆候; わずかの (trace): A ~ of spring was in the air. 空気中にかすかに春の気配が感じられた / a ~ of onion タマネギの味がちょっぴり. ❸ [通例複数形で] 有益な助言, 心得 《助》: ~s on housekeeping [*for* new parents] 家政について [新たに親になる人にとって](知って)役立つこと / ~s on how to travel on ten dollars a day 一日 10 ドルでの旅行のしかた心得. — 動 ⓒ 〈...〉をほのめかす; 〈ものが〉...〉を示唆させる, 推察させる. 《★ at は受身可》: She ~ed *at* her displeasure. 彼女は不満であることをほのめかした. — 圊 〈...〉ということをほのめかす, それとなく言う; 〈ものが〉〈ものが〉…〉を示唆させる, 推察させる: [+*that*] Gray skies ~ed *that* winter would be early. 灰色の空は冬が早く来そうなことを(私たちに)暗示した. 【類義語】⇨ **suggest**.

+hin・ter・land /híntəlænd, -lənd | -tə-/ 名 ❶ (河岸・海沿岸地帯の)後背地 (↔ **foreland**). ❷ (物事の見えない[知りえない]部分, 裏側. ❸ いなか. 《G》

*****hip**¹ /híp/ 名 ❶ ヒップ, 腰 《足と体のつながる左右に突き出た部分で, 骨盤・大腿骨部分を含む》: have broad ~s 尻幅が広い, ヒップが大きい / with one's hands on one's ~s 両手を腰にあてて. ❷ = hip joint. ❸ 《建》隅棟(ᵁᵏ) 《2つの傾斜した屋根が交わる所》: a ~ roof. **shóot from the híp** ⇨ **shoot**¹ 成句. 《OE》

hip² /híp/ 圊 ヒップ 《かっさいなどの発声》. **híp, híp, hurráh [hooráy, hurrúy]!** ヒップ, ヒップ, フレー! 《万歳》

hip³ /híp/ 名 (通例複数形で) 《熟すと赤くなる》(野)バラの実 (rose hip).

hip⁴ /híp/ 形 (**híp・per**; **híp・pest**) 《俗》(最新情報に)通じている, (よく)わかっている; 流行の先端を行く (trendy): get [be] ~ *to* movies 映画通になる [である].

híp bàth 名 腰湯.

híp・bòne 名 寛骨, 無名骨 《腸骨・坐骨・恥骨からなる》.

híp bòot 名 [通例複数形で] 《米》ヒップブーツ 《漁師用の腰まで届く長靴》.

híp cát 名 =hipster¹.

híp flàsk 名 携帯用酒入れ容器, スキットル (flask) 《尻ポケットに入れる》.

hip-hòp 名 ⓤ ❶ ヒップホップ《ラップミュージック・グラフィティ・ブレークダンスなどを特徴とする、ニューヨークの黒人の若者の間から興ったサブカルチャー》. ❷ ラップ(ミュージック).

hip・hug・ger /híphʌ̀gɚ | -gə/ 名 《米》【複数形で】ヒップハガー(ズ) 《英》hipsters 《股上の浅いタイトなズボン》.
―― 形 Ⓐ ヒップハガーの.

híp jòint 名【解】股(⏑)関節.

híp・ness 名 ⓤ 《俗》最近の流行に明るいこと、進んでいること.

hipped¹ 形 ❶ 〖通例複合語で〗(...の)ヒップをした: broad-*hipped* ヒップの大きい. ❷【建】〈屋根が〉隅棟(ばさ)のある: a ~ roof ⇒ hip roof.

hipped² 形 ❶ 《米口》〖...に〗熱中して、とりつかれて: He's ~ *on* jazz. 彼はジャズに熱中している.

hip・pie /hípi/ 名 ヒッピー《1960年代後半に米国に現われた反体制的な若者たち。ひげと長髪、色とりどりの型にはまらない服装を特徴とした》.〖HIP⁴+-IE (=-Y¹)〗

híppie・dom /-dəm/ 名 ⓤ ヒッピーの世界; 〖グループとしての〗ヒッピー族.

híppi(e)・ness 名 ⓤ ヒッピー的状態[性格].

hip・po /hípou/ 名 (徴 ~s) 《口》カバ. 〖hippo(potamus)〗

hip・po- /hípou/ 〖連結形〗「馬」. 〖Gk *hippos* 馬〗

hip・po・cam・pus /hìpəkǽmpəs/ 名 (徴 -pi /-pai/)【解】〖脳の側脳室にある隆起;情動や記憶に関係する〗. 〖L<Gk HIPPO-+*kampos* 海の怪物〗

híp pòcket 名 《ズボンの尻のポケット》.

hip・po・cras /hípəkræs/ 名 Ⓟ 《史》スパイス入りワイン.

Hip・poc・ra・tes /hɪpɑ́krətìːz | -pɔ́k-/ 名 ヒポクラテス(460?–?377 B.C.) 《ギリシアの医師; the Father of Medicine (医学の父)とよばれる》.

Híp・po・crát・ic óath /hípəkrætɪk-/ 名 〖the ~〗医師倫理綱領の宣誓. 〖Hippocrates が作ったと言われる〗

Hip・po・cre・ne /hípəkrìːn, hìpəkríːni/ 名 ❶【ギ神】ヒッポクレネ《Helicon 山のミューズ (the Muses) の霊泉》. ❷ ⓤ 詩的霊感.

hip・po・drome /hípədròum/ 名 ❶ 馬術演技場; 曲馬場. ❷ 〖古代ギリシア・ローマで〗戦車・戦車競走の〗競技場. 〖Gk; ⇒ hippo-, -drome〗

hip・po・griff, -gryph /hípəɡrìf/ 名 ヒッポグリフ《馬の体にワシの頭で翼をもつ伝説上の怪物》. 〖F<It; ⇒ hippo-, griffin〗

hip・po・pot・a・mus /hìpəpɑ́təməs | -pɔ́t-/ 名 (徴 ~・es, -mi /-mài/)【動】カバ (hippo). 〖Gk HIPPO-+*potamos* 川〗

hip・pú・ric ácid /hɪpjú(ə)rɪk-/ 名 ⓤ 【化】馬尿酸.

hip・py¹ /hípi/ 名 =hippie.

hip・py² /hípi/ 形 ヒップ[尻, 腰まわり]の大きい.

híppy-díppy 形 《口》ヒッピーかぶれの.

híp ròof 名【建】寄棟(よせむね)屋根.

híp・shòt 形 股関節のはずれた; 一方のお尻を他方より下にさげた.

hip・ster¹ /hípstɚ | -stə/ 名 《米俗》流行の先端を行く人, 新しがり屋. 〖HIP⁴+-STER〗

hip・ster² /hípstɚ | -stə/ 形 《英》 =hiphugger.

híp・ster・ìsm 名 ⓤ 《俗》❶ =hipness. ❷ hipster の生き方.

hir・a・ble /hái(ə)rəbl/ 形 ❶ 雇うことができる. ❷ 借りることができる.

hir・cine /hɚ́ːsaɪn, -sɪn | hɚ́ː-/ 形 ヤギの(ような). 〖L<*hircus* 〗

****hire** /háɚ | háɪə/ 動 ⑭ ❶ 《米》〈賃金を払って〉〈人〉を雇う, 雇用する: a ~d killer 雇われ殺し屋 / He ~d a carpenter *to* repair the fence. 彼は大工を雇って塀を修理させた. ❷ 《主に英》〈料金を払って〉〈...を〉〈一時〉借りる, 賃貸しする《★《米》では rent が一般的》: ~ a car by the hour 自動車を 1 時間いくらで借りる / a ~d car 《料金を払って》借りた車. **híre óut** (徴+圑) (1) 〖~ oneself out で〗雇われる: She ~d herself out as a secretary. 彼女は秘書として雇われた. (2) 《主に英》〈料金を取って〉〈...を〉貸し出す, 賃貸しする: ~ *out* boats ボートの貸し出しをする.
―― (徴+圑) (3) 《米》雇われて働く, 雇われる: He ~d *out* as an interpreter. 彼は通訳として雇われた.
―― 名 ❶ 《主に英》《ものの》賃借り《米》rental). ❷ a ⓤ 〈人の〉雇用. b 雇われた人, 新入社員, 新人. ❸ 賃借料, 使用料. 〖政笺〗日本で言う「ハイヤー」は a (hired) chauffeur-driven car のように表わし, 単に a hire とは言わない. **for [on] híre** (1) 《主に英》賃貸しの〖で〗《米》for rent): cars *for [on]* ~ 貸し自動車 / let out horses *on* ~ 馬を賃貸しする. (2) 〈人が〉雇われて: work *for* ~ 雇われて[給料をもらって]働く. 〖OE=賃借, 賃金〗【類義語】(1) employ, (2) ⇒ borrow.

hire・a・ble /hái(ə)rəbl/ 形 =hirable.

híre càr 名 《英》貸し自動車, レンタカー.

híred gírl 名 〖特に農家の〗雇い女, お手伝い.

híred gún 名 《米俗》❶ プロの殺し屋; 用心棒. ❷ ある事業を推進する[難局を乗り切る]ために雇われた人[役員].

híred hánd [mán] 名 《米》雇い人, 使用人, 下男, 〖特に〗農場労働者, 作男 (farmhand).

hire・ling /háɚlɪŋ | háɪə-/ 名 ❶ 金のために働く人. ❷ 雇い人. ―― 形 金のために働く, 金銭ずくの.

híre púrchase 名 ⓤ 《英》分割払い式購入(法)《米》installment plan; 略 hp): by [on] ~ 分割払いで, 月賦で.

hir・er /hái(ə)rɚ | -rə/ 名 《主に英》雇用主.

hir・sute /hɚ́ːsuːt, hiə- | hɚ́ːs(j)uːt/ 形 ❶ 〈人が〉毛深い. ❷ 〈人が〉髪・ひげが〉ぼうぼうの, 不精ひげの. 〖L=剛毛の〗

hir・sut・ism /hɚ́ːsuːtìzm, hiə- | hɚ́ːs(j)uː-/ 名 ⓤ【医】(男性型)多毛(症)《特に成人女性についていう》.

****his** /(強く) hɪ́z, (弱く)hɪz; hɪ́z/ 代 ❶ 〖he¹ の所有格〗彼の: ~ book 彼の本《所有または著書》. ❷ /hɪ́z/ 〖he¹ に対応する所有代名詞〗彼のもの (cf. mine¹) 〖用法〗さす内容によって単数または複数扱いとなる): That book is ~. その本は彼のです / H~ are the white ones. 彼のは白いやつだ. ❸ 〖of ~ で〗彼の《〖用法〗his は a, an, this, that, no などと並べて名詞の前に置けないため, his は of his として名詞の後に置く〗: a friend *of* ~ 彼の友人 / that pride *of* ~ やつのあの高慢さ.

His・pa・ni・a /hɪspéɪniə, -pǽn-/ 名 ヒスパニア《イベリア半島のラテン語名》.

⁺**His・pan・ic** /hɪspǽnɪk/ 形 スペインの; スペイン語を使用する国々の, スペイン語(人)の, ヒスパニックの; ラテンアメリカ(系)の. ―― 名 〖スペイン語を話す, 米国の〗ラテンアメリカ人[系住民], ヒスパニック.

His・pan・i・cism /hɪspǽnəsɪ̀zm/ 名 ⓤ スペイン語特有の語法, (英語の中の)スペイン語法. **-cist** 名 スペイン(語)学者.

His・pan・i・cize /hɪspǽnəsàɪz/ 動 ⑭ スペイン(風)化する; スペインの支配[影響]下に置く.

His・pan・io・la /hìspənjóulə/ 名 イスパニョーラ島《西インド諸島中第 2 に大きい島; 西側は Haiti, 東側は the Dominican Republic; 旧名 Haiti 島》.

His・pa・nist /híspənɪst/ 名 スペイン・ポルトガル語[文学, 文化]研究者, ヒスパニスト.

his・pid /híspɪd/ 形【植・動】剛毛のある.

****hiss** /hís/ 動 ⑭ ❶ シューッという音を立てる. ❷ 〖不満・非難を表わして〗〖...に〗シッと言う: ~ *at* a play [an actor] シッシッと言って劇[俳優]をやじる. ―― ⑭ ❶ シッと言って〈...を〉やじる; シッと言って〈不満・非難などを〉表わす: ~ a lecturer 講演者をシッシッと言ってやじる / They ~ed the actor off the stage. シッシッと言って彼を舞台から引っ込ませた. ❷ 〈...ということ〉を小声できつく〖怒りを込めて〗言う. ―― 名 ❶ シッシッと言う声《制止・不満・軽蔑・怒りなどの発声》; シューという音; シュッ[シュッ]と鳴る音. ❷ 《テープなどの》ヒス(ノイズ)《高音域の雑音》. ❸ 〖音声〗 =hissing sound. 【擬音語】

his・self /(h)ɪsélf/ 代 《方・口》 =himself.

híss・ing sòund 名 〖音声〗ス音《歯擦音のうち /s, z/ をいう; ⇒ hushing sound》.

his・sy /hísi/ 名 〖また híssy fìt〗《米南部方言》かっとなること, かんしゃく. **thrów [hàve] a híssy fìt** かんしゃくを起こす, キレる.

hist. (略) histology; historian; historical; history.

hist- /híst/ (p)s(:)t, híst/ [間] シーッ, シッ, 静かに! (hush).

his- /hís/ (母音の前にくる) histo- の異形.

his·ta·mine /hístəmìːn, -mɪn/ [名] [U] [生化] ヒスタミン《たんぱく質が分解して生じるアミノ酸の一種; 体内にたまるとアレルギーを起こす》. **his·ta·min·ic** /hìstəmínɪk⁺/ [形] [↓ +AMINE].

his·ti·dine /hístədìːn, -dɪn/ [名] [U] [生化] ヒスチジン《塩基性アルファアミノ酸の一種》.

his·tio·cyte /hístiəsàɪt/ [名] [解] 組織球《結合組織内に存在し食作用をもつ》.

his·to- /hístoʊ/ [連結形] 「組織 (tissue)」 《Gk histos 組織, 網》

his·to·chem·is·try [名] [U] 組織化学. **-chémical** [形]

his·to·com·pat·i·bil·i·ty [名] [U] [医] 組織適合性《移植された組織が受容体によって受け入れられること》.

his·to·gram /hístəgræm/ [名] ヒストグラム (度数分布図).

his·to·log·i·cal /hìstəládʒɪk(ə)l | -lɔ́dʒ-/ [形] 組織学 (的) の. **~·ly** /-kəli/ [副]

his·tol·o·gy /hɪstɑ́lədʒi | -tɔ́l-/ [名] [U] [生] 組織学《生物組織の構造・発生・分化などの研究》.

his·tol·y·sis /hɪstɑ́ləsɪs/ [名] [U] (体組織の) 組織融解 [分解]. **his·to·lyt·ic** /hìstəlítɪk⁺/ [形]

his·tone /hístoʊn/ [名] [U,C] [生化] ヒストン《塩基性アミノ酸のリシン・アルギニンに富み, 真核細胞の核内で DNA と結合している塩基性たんぱく質》.

his·to·pa·thol·o·gy [名] [U] 組織病理学; 組織変化. **-gist** [名] **-path·o·log·ic, -i·cal** [形] **-i·cal·ly** [副]

his·to·plas·mo·sis /hìstoʊplæzmóʊsɪs/ [名] [U] [医] ヒストプラズマ症《主に肺の真菌性感染症》.

***his·to·ri·an** /hɪstɔ́:riən/ [名] 歴史家, 史学専攻家.

his·to·ri·at·ed /hɪstɔ́:rièɪtəd/ [形] 象形模様の装飾を施した《文字など》.

***his·tor·ic** /hɪstɔ́:rɪk | -tɔ́r-/ (more ~; most ~) [形] ❶ 歴史的に有名[重要] の, 由緒(ᵍ⁰)ある(な): a ~ document [event] 歴史上重要な[歴史に残る] 文書[出来事] / ~ places 史跡, 旧跡 / a(n) ~ city 歴史的にゆかりのある都市 (⇒ ON 用法 (1)). ❷ (比較なし)《時代の》歴史上の (cf. prehistoric): ~ times 歴史上の時代, 有史時代. [名] history)

***his·tor·i·cal** /hɪstɔ́:rɪk(ə)l | -tɔ́r-/ [形] (比較なし) ❶ 歴史, 史学の: ~ science 史学, 歴史学 / ~ studies 歴史研究. ❷ 史実に基づく, 歴史上に実在する: ~ evidence 史実 / a ~ novel [play] 歴史小説[史劇]. ❸ 歴史的な, 史的な; 史学的方法の: the ~ method 歴史の研究法 / ~ geology 地史学 / ~ linguistics 歴史言語学 / ~ materialism 史的唯物論. [名] history)

***his·tor·i·cal·ly** /-kəli/ [副] 歴史的に(は), 歴史(学)的に, 歴史上《★ 時に文修飾》.

his·tor·i·cism /hɪstɔ́:rəsìzm | -tɔ́r-/ [名] [U] ❶ (価値判断における) 歴史重視[偏重], 歴史主義. ❷ (文化社会的な現象の説明における) 歴史決定論. ❸ (建築などにおける) 歴史主義. **-cist** [形] [名]

his·to·ric·i·ty /hìstərísəti/ [名] (神話・伝説に対して) 史実性, 史的確実性.

his·tor·i·cize /hɪstɔ́:rəsàɪz | -tɔ́r-/ [動] [他] 歴史化する; 史実に基づかせる.

históric [histórical] présent [名] [the ~] 『文法』(歴) 史的現在《過去の事実の叙述を生き生きさせるために用いる現在時制》.

his·to·ri·og·ra·pher /hɪstɔ̀:riɑ́grəfər | -tɔ̀riɔ́grəfər/ [名] 修史家; 史料編集員.

his·to·ri·og·ra·phy /hɪstɔ̀:riɑ́grəfi | -tɔ̀riɔ́g-/ [名] [U] 歴史編集, 修史.

***his·to·ry** /hístəri, -tri/ [名] ❶ [U] 歴史学, 史学; [形容詞的に] 歴史の: study ~ 歴史を勉強[研究]する / a student of ~ 歴史研究者, 史家 / local ~ 郷土史 / a teacher 歴史の先生[教師] / a ~ museum 歴史博物館 (⇒ ancient history, medieval history, modern history. [C] 歴史書, 史書. c. [U] 史劇. ❷ [また a ~] (学問・言語などの) 発達史, 変遷: the ~ of the English

---

863   **hit**

language 英語(発達)史. ❸ [C] **a** 経歴, 来歴, 沿革, 由来; 変化に富んだ[いわくつきの]経歴: a personal ~ 経歴, 履歴書 / a house [person] with a ~ (不思議ないわれのある家[前歴のある(いわくつきの)人]. **b** 病歴, 症歴: ⇨ case history. **c** (報告的な) 話, 物語. ❹ [U] (自然界の) 組織の記述: ⇨ natural history. ❺ [U] 過ぎ去った事, 過去の事: pass into ~ 過去のこととなる / That's all (ancient) ~. それはみんな昔のことだ.

gò dówn in hístory 歴史に残る. **have a hístory of...** (1) 過去に繰り返し...があった[...してきた] (ことが知られている), (度重なる)...の前歴[過去]がある. (2) ...の病歴がある. **history in the máking** (進行中の) 将来歴史に記されるであろう出来事. **history is repéating itsélf** 歴史は繰り返す. **history will júdge(...)** (...は) 歴史が裁くであろう. **history will shów [récord]...[that...]** (...ということ) は歴史が示す[記録する] だろう. **màke hístory** 歴史に残るほどの事をする. **the rést is hístory** あとは周知の通りだ [皆さんもご存知の通りです].

《F < L < Gk = 知ること, 調べることで得た知識》[形] historic, historical)

his·to·sol /hístəsɔ̀(:)l | -sɔ̀l/ [名] [土壌] ヒストソル《有機物を多く含む湿った土壌》.

his·tri·on·ic /hìstriɑ́nɪk | -ɔ́n-/ [形] ❶ 演劇めいた, 芝居じみた; 大げさな. ❷ 俳優の; 演劇上の.

his·tri·on·ics /hìstriɑ́nɪks | -ɔ́n-/ [名] ❶ [複数扱い] (芝居がかった) しぐさ. ❷ [U] 演劇, 演芸.

***hit** /hít/ [動] (hit; hit·ting) [他] ❶ **a** 〈人を〉殴る; 〈ものを〉打つ, たたく; 〈人に〉打撃をくらわせる: You should never ~ a child. 絶対に子供を殴ってはいけない / He ~ me on the head [in the face]. =He ~ my head [face]. 彼は私の頭[顔]を殴った / ~ a ball with a bat バットでボールを打つ /[+目+目] I ~ him a hard blow. 彼に強い一撃をくらわせた. **b** [野] 〈安打などを〉打つ: He ~ a single [a home run]. 彼は単打[ホームラン]を打った.

❷ 〈...に〉(うまく)当たる, 命中する; 〈狙って〉〈...に〉当てる, 命中させる: The arrow ~ the bull's-eye. 矢は金的に命中した / The ball ~ him in the eye [on the nose]. ボールが彼の目[鼻]に当たった.

❸ 〈...にぶつかる; 〈...を〉〈...に〉ぶつける, 打ち当てる: His car ~ a telephone pole. 彼の車は電柱にぶつかった / He ~ his forehead against the wall [on the door]. 彼は額を壁[ドア]にぶつけた.

❹ **a** 〈...に〉打撃[痛手]を与える: He was hard ~ by the defeat. 彼は敗北のため大きな痛手を受けた / The economy has been ~ hard by reduced export sales. 経済は輸出不振と売上高の減少によって打撃を受けた. **b** 〈あらし・地震などが〉〈場所を〉襲う: A heavy earthquake ~ the city. 大地震がその都市を襲った / The village was ~ by floods. その村は洪水に襲われた. **c** 〈盗賊が〉〈店などを〉襲う, 〈...で〉強盗を働く: ~ a bank 銀行強盗をする. **d** 〈米俗〉〈人を〉殺す, 殺害する. **e** 〈皮肉な言葉などが〉〈人の〉感情を害する. **f** 〈...を〉厳しく批判する, 非難する, たたく. **g** 〈商品の・市場に〉衝撃[インパクト] を与える.

❺ **a** 〈考えなどが〉〈人に〉思い浮かぶ: An idea ~ me. ある考えが私に浮かんだ / It suddenly ~ me that the shops would be closed. 店は閉まっているだろうと私は突然に思いついた. **b** 〈...に〉訴える, 印象づける: How did the scene ~ you? その情景をどう思ったか.

❻ **a** 〈口〉〈場所に〉着く, 至る, 行き当たる; 〈場所に〉行く, 訪れる: ~ a junction 交差点に行き当たる / a jazz club ジャズクラブに行く. **b** 〈高い〉〈水準などに〉達する: ~ a record high 記録的な高い数字[数値]に達する / The book ~ the best-seller list. その本はベストセラーリストにのった. **c** 〈問題などに〉ぶつかる, 出会う, 打ち当たる: financial difficulties 財政困難に陥る.

❼ **a** 〈答えなどをうまく言い当てる: ~ the right answer 正しい答えをうまく言い当てる. **b** [~ it] うまく言い当てる: You've ~ it. ご名答, その通りだ. **c** 〈目的・好みに〉合う: It ~ her fancy. 彼女の好みにぴったりだった.

❽ 〈...を〉正確に表現する; 見事に模写する: ~ a likeness

hit-and-miss 864

本物さながらに描く.
❾ 《口》(打ったり触れたりして)〈...を〉動かす; 〈ブレーキをかける: ~ the brakes ブレーキを急にかける / ~ the accelerator アクセルを強く踏む / ~ a light [the lights] 明かりをつける.
❿ 《口》〈人に〉〈仕事・借金などを〉要求する, 求める: He ~ me *for* a thousand dollars. 彼は私に千ドル要求してきた.
⓫ 〈人に〉〈情報などを〉提供する, 伝える, 明かす [*with*].
⓬ 〈魚が〉〈餌に〉食いつく.

—— 自 ❶ 〈...を〉打つ, 〈...に〉打ってかかる: She ~ *at* him. 彼女は彼に打ってかかった. ❷ 〈...に〉ぶつかる, 衝突する [*on, against*]: ~ *against* a wall 壁にぶつかる. ❸ 〈曲・映画・本などが〉ヒットする, 当たる. ❹ 効き目を現わす, 効果[影響]を示す. ❺ 《野》ヒットを打つ.

hít and rún (1) ひき逃げをする (⇒ 名 成句). (2) 《野》ヒットエンドランをする.
hít a (ráw) nérve ⇒ nerve 名 成句
hít báck (自+副) 打ち返しをする 〔*at*〕.
hít a person for six 《英口》(議論などで)人を打ち負かす 《由来 クリケットから》.
hít hóme (1) 的中する. (2) (相手の痛い所をつく: His criticism ~ *home*. 彼の批判は痛い所[急所]をついた.
hít it óff 《口》〈人と〉仲よくやる, そりが合う 〔*with*〕 〈*together*〕.
hít óff (他+副) (1) 〈...を〉正確に(手短に)表現する. (2) (通例風刺的に)〈...を〉模倣する, まねる: The actor ~ *off* the Prime Minister's voice perfectly. その俳優は首相の声を実に見事にまねた.
hít on... (1) (また **hít upon**...) 〈...を〉ふと思いつく, 〈...に〉思い当たる; 〈...を〉偶然見つける 《受身可》: At last she ~ *on* a plan. ついに彼女は一つの案を思いついた. (2) 《口》〈人に〉しつこく付きまとう[言い寄る].
hit or miss [副詞的に] のるかそるか, 運に任せて: He answered the exam questions ~ *or* miss. 彼は試験の問題にいいかげんに答えを出した.
hít óut (自+副) (1) 〈...に〉〈こぶしなどで〉殴りかかる 〔*at*〕. (2) 〈...を〉激しく非難[攻撃]する; 〈人を〉(言動的に)傷つける 〔*at, against*〕.
hít the [one's] bóoks ⇒ book 名 成句. **hít the bóttle** ⇒ bottle 名 成句. **hít the céiling** =hit the ROOF 成句. **hít the déck** ⇒ deck¹ 名 成句. **hít the háy** ⇒ hay 成句. **hít the héadlines** ⇒ headline 名 成句. **hít the jáckpot** ⇒ jackpot 名 成句. **hít the náil on the héad** ⇒ nail 名 成句. **hít the róad** ⇒ road 名 成句. **hít the róof** ⇒ roof 名 成句. **hít the sáck** ⇒ sack¹ 名 4.
hít the stréet [tówn, stóres, shóps] (1) 〈商品が〉(広く)出回る[売られる](ようになる), 店頭に出る. (2) 買物に(街に)出る[出かける].
hít úp (他+副) (1) 《クリケ》どんどん打って点数をかせぐ. (2) 《米口》〈人から〉〈借金などを〉求める: He ~ me *up for* $1,000. 彼は私に千ドルの借金を求めた. (3) 《自+副》《俗》麻薬を注射器で打つ.
hít where it húrts =HIT home 成句.
nót knów whàt (has) hít one 《口》不意打ちを食う, びっくりする, 仰天する.

—— 名 ❶ a 打ち当て, (打撃の)当たり; 命中, 的中; 命中弾. b 衝突. c 《野》ヒット, 安打: a sacrifice ~ 犠牲(性)打. ❷ a (偶然の)当たり. b 《口》(劇・歌などの)ヒット, 成功 (↔ flop): The play was a smash ~. その劇は大当たりだった. ❸ 成功, 急所をつくこと(を言っ[当てて]いて), 好評: That's a ~ *at* you. それは君への皮肉だ / His answer was a clever ~. 彼の答えは巧みに要点を突いていた(答え得て妙). ❹ 《情》ヒット 《2項目のデータの比較・照合が正しく行なわれること》; (データベース検索で)適合した件数, ヒット. b (ウェブサイトの)訪問者(数). ❺ 《俗》(やくざ用語による), 殺害, 殺人. ❻ 《俗》麻薬の(一回の)注射(口), ひと吸い: take a ~ 大麻(など)を吸う.

hít and rún (1) (自動車の)ひき逃げ. (2) 《野》ヒットエンドラン 《打者と走者が示し合わせてヒッティングと走塁とを同時にやる》.
màke [be] a hít with... 《口》〈人に〉好かれる, 気に入られる: He *made* [*was*] *a* ~ *with* everyone at the party. 彼はパーティーで(初めて会った)みんなに気に入られた.
《ON=出会う》【類義語】⇒ strike.

hit-and-miss 形 =hit-or-miss.
hít-and-rún 形 ❶ ひき逃げの: a ~ accident ひき逃げ事故. ❷ 《空襲・攻撃など》電撃的な. ❸ 目の前の[一時的)実景[成果]のみをねらう[目的とする]. ❹ 《野》ヒットエンドランの.

†**hitch** /híʧ/ 動 他 ❶ 《口》a (ヒッチハイクで)〈便乗させてもらう〉: ~ a ride [lift] ヒッチハイクさせてもらう. b [~ one's way] ヒッチハイクで行く. b [副詞(句)を伴って] 〈かぎ・ロープなどを〉引っかける; 〈牛馬を〉(くいなどに)つなぐ: He ~*ed* his horse to a tree. 彼は馬をそのパチに/I ~*ed* the rope *round* a bough of the tree. そのロープを木の枝に引っかけた / Her dress got ~*ed on* a nail. 彼女の服がくぎに引っかかった. ❷ [副詞(句)を伴って]〈...を〉ぐいと動かす[引く, ひねる, 引き寄せる]: He ~*ed* his chair *nearer* the fire [*to* the table]. 彼はいすを火のそばへ[テーブルのほうへ]引き寄せた.

—— 自 ❶ 引っかかる, 止まる: Her dress ~*ed on* a nail. 彼女の服がくぎに引っかかった. ❷ ぐいと動く, ぐいと引き寄せられる. ❸ 《米》片足で引きずって歩く. ❹ = hitchhike. **gèt [be] hítched** 《口》結婚する. **hitch úp** (他+副) 〈...を〉引き上げる (hike): ~ *up* one's trousers ズボンをぐいと引き上げる. (2) 〈馬などを〉車につける (*to*).

—— 名 ❶ (ちょっとした・一時的な)問題, 障害, 故障: There's a ~ *somewhere*. どこかに故障がある / It went off without a ~. それは滞りなく[すらすらと, 首尾よく]運んだ. ❷ ぐいと動かし, ひっかかり. b 《海》引っ掛け結び. ❸ 《米》ヒッチハイク(すること). ❹ 《米口》(兵役)期間. ❺ ぐいと引く[動かす]こと ❻ 《米》片足を引きずって歩くこと. 【ME=動き】

Hitch·cock /híʧkɑk | -kɔk/, Sir Alfred 名 ヒッチコック (1899–1980; 英国生まれの米国の映画監督). **Hitch·cock·i·an** /híʧkɑkiən | -kɔk-/ 形 ヒッチコック風の.
hitch·hike /híʧhàɪk/ 自 ヒッチハイクする, 通りがかりの自動車(など)に無料で便乗して旅行する. —— 名 ヒッチハイク. 【HITCH+HIKE】
hítch·hìker 名 ヒッチハイクする人, 自動車便乗旅行者.
hi-tech /háɪték⁺/ 形 = high-tech.
hith·er /híðɚ | -ðə/ 副《文》副 ここへ, こちらへ. **hìther and thíther** /yón/ 《文》あちらこちらに. —— 形 こちらのほうの: on the ~ side of the river 川のこちら側に / on the ~ side of sixty 60 歳より前.
híther·mòst 形 最も手前の.
†**hith·er·to** /híðɚtù: ˏ-ˊ-ˊ | -ðə-/ 副 今まで(は), 従来; 今までのところは(まだ).
Hit·ler /hítlɚ | -lə/, **A·dolf** /ɑ́:dɑlf | -dɔlf/ 名 ヒットラー (1889–1945; ドイツの総統でナチス (Nazis) の指導者; 第二次世界大戦を起こし, Berlin 陥落の時自殺した). —— 動 [自]...する.
Hit·ler·ite /hítləràɪt/ 名 ❶ ヒトラー主義者. ❷ [複数形で] ドイツ国家社会党, ナチス (Nazis). —— 形 ヒトラー(政権)の.
Hítler mòustache 名 (ヒトラーのような)鼻の下の四角いちょびひげ.
Hítler salúte 名 ナチス式敬礼.
†**hít lìst** 名 《俗》殺害予定者のリスト.
hít màn 名 《俗》(犯罪組織などの)殺し屋.
hit-or-miss 形 ADJ でたらめの, 行き当たりばったりの (hit-and-miss): a ~ way of doing things 物事のいいかげんなやり方.
hít paràde 名 [通例 the ~] 流行歌[ベストセラーなど]の番付, ヒットパレード (charts).
†**hít·ter** /-ɚ | -ə/ 名 打つ人 (cf. batter¹): a hard ~ 《野球などで》強打者.
Hit·tite /hítaɪt/ 名 ❶ a [the ~s] ヒッタイト族 (小アジア地方の古代民族). b ⒞ ヒッタイト族の人. ❷ Ⓤ ヒッタイト語 《印欧語族の一; 楔形(≡)文字・象形文字が用いられた》. —— 形 ヒッタイト(人[語])の.

***HIV** /éɪʧaɪvíː/ 名 Ⓤ HIV, ヒト免疫不全[エイズ]ウイルス (⇒ human immunodeficiency virus).

hive /háɪv/ 图 ❶ a ミツバチの巣箱 (beehive). b 忙しい人がいっぱいいる所, 活気にあふれた場所: The office was a ~ *of* activity. オフィスは活気に満ちていた. ❷ 巣箱のミツバチの群れ. ── 他 ❶ 〈ミツバチを〉巣箱に集める. 〈みつを〉巣箱に蓄える. ❸ (将来のために)〈ものを〉とっておく, ためる. ── 自 ❶ 〈ミツバチが〉巣箱にはいる[すむ]. ❷ 群居する. **hive óff** (他+圖) (1) (主に英)〈組織の一部などを〉分離する, (特に)分離して民営化する. (2) 〈…を〉分けて考える, 別のものとみなす. ── (自+圖) (3) 〈ミツバチが〉分封(%)する. (4) 〈…から〉分かれる 〈*from*〉; 分かれて〈…になる〉〈*into*〉.

hives /háɪvz/ 图 [単数または複数扱い] じんましん《★医学の専門用語は urticaria》.

HIV pósitive 形 HIV 陽性の.

hi‧ya /háɪjə/ 圖 《俗》やあ, こんちわ. 《How are you?》

HJ (略) hic jacet. **hl** (略) hectoliter(s). **HL** (略) House of Lords (cf. HC). **hm** (略) hectometer(s). **HM** (略) His [Her] Majesty.

h'm, hmm /hm/ 圖 = hem²; hum².

HMO /éɪtʃèmóʊ/ (略) health maintenance organization.

hmph /hm/ 圖 [不満・不快を表わして] ふーん! ふん!《特に書面で用いる》.

HMS (略) 《英》His [Her] Majesty's Service; 《英》His [Her] Majesty's Ship. **HMSO** (略) Her [His] Majesty's Stationery Office 《英》用度品局.

ho¹ /hóʊ/ 圖 ❶ [呼び掛け・注意・驚き・称賛・あざけりなどを表わして] ほー!, ほーい!: *Ho*, there! おーい!, おいこら! / Land *ho*! おーい陸地だぞ! ❷ 止まれ!, どう!《馬などに対する掛け声》. **Wéstward hó**! 《海》おーい西へ行くぞ! **Whát hó**! [あいさつ・呼び掛けに用いて] よーい, やあ.《擬音語》

ho² /hóʊ/ 图 《俗〜's》《米黒人俗》売春婦, 尻軽女.

Ho (記号) 《化》holmium. **HO** (略) Home Office.

hoa /hóʊ/ 圖 =ho¹.

hoa‧gie, -gy /hóʊɡi/ 图 《米》サブマリン(サンド) (⇒ submarine sandwich).

hoar /hɔ́ɚ/ 图; 形 《文》=hoary.

hoard /hɔ́ɚd/ 图 〈財宝・食料などを〉貯蔵する, 秘蔵(退蔵)する: ~ *up* gold 金を貯蔵する / A squirrel ~s nuts for the winter. リスは冬のため木の実を蓄える. ❷ 貯蔵する; 買いだめする. ── 图 ❶ [財宝・食料などの]貯蔵; 秘蔵, 退蔵 (*of*). ❷ 〔知識などの〕蘊蓄(%), 宝庫 (*of*). **~·er** 【OE】

hóard‧ing¹ /-dɪŋ/ 图 ❶ 秘蔵, 退蔵; 蓄蔵, 買いだめ. ❷ [複数形で] 蓄積[貯蔵]物.

hóard‧ing² /-dɪŋ/ 图 《英》❶ 広告[掲示]板《米》billboard). ❷ (建築・修理現場などの)板囲い, 仮囲い.

hóar‧fròst 图 ⓤ 白霜(%), 霜.

hoar‧hound /hɔ́ɚhàʊnd/ 图 = horehound.

hoarse /hɔ́ɚs/ 形 (**hoars‧er; -est**) ❶ 〈声が〉かすれた, かれた (⇒ gruff 比較): shout oneself ~ 大声を出して声をからす. ❷ 〈人が〉しゃがれ声の. **~·ly** 副 **~·ness** 图

hoars‧en /hɔ́ɚsn/ 圖 〈声を〉しゃがれさせる. ── 自 〈声が〉しゃがれる.

hóar‧stòne 图 《英》(古代の)境界標石.

hoar‧y /hɔ́ɚri/ 形 (**hoar‧i‧er; -i‧est**) ❶ 〈髪が(老いて)〉白い, 霜のように白い. ❷ 〈人が〉白髪の; 年老いた. ❸ 古めかしい, 古さびた; (ものさびて)こうごうしい. ❹ 古くさい, 陳腐な: a ~ excuse ひどく古くさい言い訳. **-i‧ness** 图 【OE】

ho‧at‧zin /wɑːtsíːn | həʊǽtsɪn/ 图 《鳥》ツメバケイ, ホーアチン《南米産の樹上生の植物食の鳥; ひなはつめをもち, 枝をよじのぼる》.

hoax /hóʊks/ 图 人をかつぐ[だます]こと; でっち上げ; 虚報, デマ. ── 圖 〈人に〉いっぱい食わせる, 〈人を〉かつぐ. **~·er** 图 【HOCUS-(POCUS) から】

hob¹ /hɑ́b/ 图 《英》(ガスこんろなどの)火口, (電気式こんろの)加熱部分 《米》burner); 暖炉 (fireplace) の両側の棚 (鉄びん・なべなどをあたためられるように載せて置くために切ること).

hob² /hɑ́b/ 图 いたずらな小鬼. **pláy [ráise] hób with…** 《米》…に害を与える. **ráise hób** 《米》暴れる. 《ROBIN の愛称形の一つ》

Ho‧bart /hóʊbɚt | -bɑːt/ 图 ホーバート《オーストラリア Tasmania 州の州都で主要港》.

Hobbes /hɑ́bz | hɔ́bz/, **Thomas** 图 ホッブズ (1588-1679; 英国の哲学者).

hob‧bit /hɑ́bɪt | hɔ́b-/ 图 ホビット (J. R. R. Tolkien が *The Hobbit* (1937) で創作した, 身長がヒトの半分くらいで足が毛でおおわれた小人の妖精族; 'hole builder' の意).

hob‧ble /hɑ́bl/ 圖 ❶ 〈…を〉妨げる, 困らせる: ~ a plan 計画を妨害する. ❷ 〈…の〉両足を一緒に縛る. ── 自 ❶ [苦労して]歩く, よろよろ歩く; 片足を引いて歩く; 〈行為などもたついて〉[たどたどしく]進む 〈*along*〉. ── 图 よろよろ歩き, 片足を引いての歩き.

hob‧ble‧de‧hoy /hɑ́bldɪhɔ̀ɪ | hɔ́bl-/ 图 体が大きくて気のきかない若者.

hóbble skìrt 图 ホッブルスカート《ひざ下のあたりをつめた歩きにくいロングスカート》.

hob‧by¹ /hɑ́bi | hɔ́b-/ 图 趣味, 道楽, ホビー (pastime): Stamp collecting is my ~ [a ~ of mine]. 切手収集が私の趣味だ. 《hobbyhorse からの逆成》

hob‧by² /hɑ́bi | hɔ́b-/ 图 《鳥》チゴハヤブサ.

hóbby‧hòrse 图 ❶ (merry-go-round の)木馬; 揺り馬. ❷ 棒馬《棒の先に馬の頭のついたおもちゃ; 子供がまたがって遊ぶ》. ❸ 得意な話題, 十八番(%&): ride [get on] one's ~ 十八番を出す.

hób‧by‧ist /-ɪst/ 图 趣味に熱中する人.

hób‧gòblin 图 ❶ いたずら好きな小鬼[小妖精]. ❷ お化け.

hób‧nàil 图 (靴底に打つ)頭の大きなびょうきぎ.

hób‧nàiled 形 〈靴などが〉びょうきぎを打った.

hóbnail(ed) bóot 图 [通例複数形で]底にびょうきぎの打ってあるブーツ[半長靴].

hóbnail líver, hóbnailed líver 图 【医】鋲釘肝《硬変症のため表面に結節のできた肝臓》.

hob‧nob /hɑ́bnɑ̀b | -nɔ̀b/ 圖 (**-nobbed; -nob‧bing**) 親しく交際する 〈*together*〉: ~ *with* the rich and famous 金持ちの有名人と親しくする.

ho‧bo /hóʊboʊ/ 图 (複 ~s, ~es) 《米古風》❶ 浮浪者, ホームレスの人《英》tramp). ❷ 渡り労働者.

Hób‧son's chóice /hɑ́bs(ə)nz- | hɔ́b-/ 图 ⓤ 与えられたものを取るか取らぬかだけの選択の自由, えり好みの許されない選択. 《英国の貸馬車屋の Hobson は客から馬を貸すよう求められると, 馬屋の入り口のいちばん近くにいる馬を貸すと言った, わがままな貸さないと言った故事から》

Ho Chi Minh /hóʊtʃiːmíːn/ 图 ホー・チ・ミン (1890-1969; ヴェトナムの政治家; 本名 Nguyen That Thanh; ヴェトナム民主共和国大統領 (1945-69)).

Hó Chì Mính City 图 ホー・チ・ミン市《ベトナム南部の都市; 旧称 Saigon》.

hock¹ /hɑ́k | hɔ́k/ 图 ❶ (犬・馬などの後ろ足の)ひざ, 飛節 (↔ knee). ❷ (特に豚の)足肉 (knuckle).

hock² /hɑ́k | hɔ́k/ 图 ⓤ 《英》ラインワイン《ドイツ産白ワイン》. 《ドイツの産地名 *Hochheim* から》

hock³ /hɑ́k | hɔ́k/ 《米口》图 ⓤ 質(%); 借金: in ~ 〈ものが〉質にはいって; 〈人が〉借金して / out of ~ 〈ものが〉質から出る[れて]; 〈人が〉借金がなくなって. ── 〈…を〉質に入れる.

hock‧et /hɑ́kɪt/ 图 《楽》ホケトゥス, ホケット《中世の多声音楽で, 歌詞と関係なく旋律を休符をはさむ断片に区切るもの; またそのような曲》.

hock‧ey /hɑ́ki | hɔ́ki/ 图 ❶ ⓤ ホッケー《★《米》では通例 ice hockey, 《英》では通例 field hockey をさす》. ❷ = hockey stick.

hóckey stìck 图 ホッケー用スティック.

hóck‧shòp 图 《米口》質屋.

Hóck‧tìde 图 ⓤ ホック祝節 (Easter 後の第 2 月曜と火曜に行なった民間祭期).

ho‧cus /hóʊkəs/ 圖 (**ho‧cused, 《英》-cussed; -cus‧ing, 《英》-cus‧sing**) だます, かつぐ; ごまかす; (薬物入りの酒で)ぼうっとさせる; 〈…に〉薬(%)を一服盛る.

ho‧cus-po‧cus /hóʊkəspóʊkəs/ 图 ⓤ ❶ (奇術師などの)じゅもん, まじない. ❷ 手品, 奇術. ❸ ごまかし, でたらめ,

hod 866

いんちき: Don't believe that ~. あんなごまかしは信じるな. 《擬似ラテン語のじゅもん (hax pax max Deus adimax) から》

hod /hάd | hɔ́d/ 名 ❶ ホッド (れんが屋・石工などの下働きがれんが・しっくいなどを運ぶのに使う長い柄のついたV型の木製の容器). ❷ 石炭入れ.

hód càrrier 名 ホッド運びの職人 (下働き).

Hodge /hάdʒ | hɔ́dʒ/ 名 ❶ ホッジ (男性名; Roger の愛称). ❷ [h~] C (英) (典型的な)農夫, 田吾作.

hodge-podge /hάdʒpὰdʒ | hɔ́dʒpɔ̀dʒ/ 名 [a ~] 《米》ごた混ぜ (《英》hotchpotch): His theory is a ~ of borrowed ideas. 彼の理論は人の考えのごちゃ混ぜだ.

Hódg·kin's disèase /hάdʒkɪn | hɔ́dʒ-/ 名 U 〔医〕ホジキン病 (悪性リンパ腫).

ho·di·er·nal /hòʊdìːərn:(ə)l | -ɔ́ː-/ 形 今日の (of this day).

hód·man /-mən/ 名 (複 -men /-mən/) 《英》=hod carrier.

ho·do·graph /hάdəgræf | hɔ́d-/ 名 〔数〕速度図, ホドグラフ (動点の速度ベクトルの始点を原点に一致させたとき終点の描く図形).

ho·do·scope /hάdəskòʊp | hɔ́d-/ 名 〔光〕(カウンター)ホドスコープ (荷電粒子の進路観測装置).

†**hoe** /hóʊ/ 名 くわ, ホー (土を起こしたり除草する際に使う長い柄のついた農具). — 動 ● 〈土地に〉くわを入れる. ❷ 〈雑草を〉くわで掘り起こす 《up》. **a hárd [tóugh] róad to hóe** 困難な問題[状況].

hóe·càke 名 《米》トウモロコシパン.

hóe·dòwn 名 《米》❶ a ホーダウン (いなかの活発なスクエアダンス). b ホーダウンの曲 《民謡風》. ❷ ホーダウンのパーティー.

†**hog** /hɔ́ːg, hάg | hɔ́g/ 名 ❶ a 《米》(食肉用の成長した)豚 (cf. pig 1). b (英国での)去勢した雄豚 [a ~] 豚のようにがつがつ食う / behave like a ~ 豚のように不作法にふるまう. ❷ 《口》〈豚みたいに〉よく食べる[意地汚い]やつ; 貪欲な人, 利己的な人; 下品な人; 汚らしい人 ⇒ road hog. ❸ 《米口》大型のオートバイ. **bríng one's hógs to a bád márket** もくろみがはずれる, 見込み違いをする. **gò (the) whóle hóg** ⇒ whole hog. **líve [éat] hígh on [òff] the hóg** 《口》ぜいたくに暮らす. — 動 (**hogged; hog·ging**) 他 《口》❶ 〈…を〉一人占めしようとする. ❷ 〈…を〉むさぼり食う 《down》. ❸ 〈背などを〉中高にする, 曲げる. — 自 〔海〕船体が反る[両端が下がる]. **hóg the róad** ⇒ road 成句.

ho·gan /hóʊgən | -gɔn/ 名 ホーガン (北米先住民 Navajo 族の住居; 組んだ枝を泥でおおって作る).

Ho·gan /hóʊgən/, **Ben** ホーガン (1912-97; 米国のプロゴルファー; 本名 William Benjamin ~).

Ho·garth /hóʊgɑə̀θ | -gɑ:θ/, **William** 名 ホガース (1697-1764; 英国の風刺画家).

hóg·bàck 名 〔地〕豚背(はい)丘, ホグバック (低い切り立った山の背).

hóg bàdger 〔動〕ブタバナアナグマ (アジア産).

hóg·gin /hɔ́ːgɪn, hάg- | hɔ́g-/ 名 U 砂と小石を混ぜたもの, 砂利 (道路用).

hóg·gish /-gɪʃ/ 形 ❶ 豚みたいな. ❷ 意地汚い, 貪欲(とんよく)な; 不潔な. **~·ly** 副 **~·ness** 名

Hog·ma·nay /hɔ̀gmənéɪ | hɔ̀gmənèɪ/ 名 《スコ》❶ U 大みそかの夜. ❷ C 大みそかの祝い[パーティー, 贈り物].

hóg-nòsed bát 名 〔動〕キティブタバナコウモリ (タイ産の昆虫を常食する世界最小のコウモリ; 豚のような鼻をもち, 尾はない).

hóg-nòse snàke, hóg-nòsed snàke 名 〔動〕ハナダカヘビ (無毒または小型; 北米産).

hóg plùm 〔植〕❶ テリハタマゴノキ (熱帯アメリカ産; 卵円形のスモモに似た黄色い果実がなり, 果樹としても栽培される). ❷ ハマミズメモドキ (北米南部産のボロボロノキ科の低木; 果実は食用).

hóg's-bàck 名 =hogback.

hogs·head /hɔ́ːgzhèd, hάgz- | hɔ́gz-/ 名 ❶ 大だる (通例 63-140 ガロン入り). ❷ ホッグスヘッド (液量の単位; 《米》63 ガロン; 《英》52.5 ガロン).

hóg·tìe 動 他 《米》❶ 〈動物の〉四つ足を縛る. ❷ 妨げる, 阻害する.

hóg·wàsh 名 U ❶ 豚のえさ (残飯などに水を加えたもの). ❷ くだらないもの, ナンセンス.

hóg·wíld 形 ひどく熱中した, すごく興奮した.

Hoh·hot /hòʊhάt | -hɔ́t/ 名 =Huhehot.

ho·ho /hóʊhóʊ/ 間 オーオー, ホホー, ホーイ, オーイ, ハッハッハ (呼びかけ・注意・驚き・疲労・賞賛・得意・軽蔑の発声).

hò hó hó 間 わっはっは (笑い声).

ho-hum /hóʊhʌ́m/ 間 あーあー (退屈な発声). — 形 退屈な: a ~ film 退屈な映画.

hoick /hɔ́ɪk/ 動 他 ぐいと引く[持ち上げる]. — 名 ぐいと引っぱること.

hoicks /hɔ́ɪks/ 間 ホイッ, それっ (猟犬を励ます掛け声).

hoi pol·loi /hɔ́ɪpəlɔ́ɪ/ 名 [the ~] 《軽蔑》大衆, 民衆. 〖Gk《hoi the+polloi many》〗

hói·sin sàuce /hɔ́ɪsɪn-/ 名 海鮮醤 (醤油・ニンニク・スパイスを入れた中国料理の調味料).

†**hoist** /hɔ́ɪst/ 動 他 ❶ 〈…を〉(ひょいと)持ち上げる, かつぎ上げる; 〈重いものを〉(ロープなどで)巻き上げる, 釣り上げる 《up》. ❷ [~ oneself で] 立ち上がる 《up》. **be hóist with one's ówn pétard** ⇒ petard 成句. — 名 ❶ 巻き上げ機[装置], ホイスト (cf. crane 2 a, winch 1). b (英) (貨物用の)昇降機. ❷ 押し上げ, 巻き上げ, 釣り上げ; 掲揚. ❸ 〈数値などの〉引き上げ. 【類義語】⇒ lift.

hoi·ty-toi·ty /hɔ́ɪtitɔ́ɪti/ 形 ❶ 横柄な, 気取った. ❷ うわついた. — 間 [あざけり・驚きを表わして] いやはや!, あきれた!

hoke /hóʊk/ 動 他 《米口》うまくでっちあげる, うまく見せかける 《up》.

hok·ey /hóʊki/ 形 《米口》❶ いやに感傷的な. ❷ (見え透いて)でっちあげの.

ho·key co·key /hóʊkikóʊki/ 名 ホーキーコーキー (簡単な歌に合わせて輪になって踊るダンス; その歌).

ho·key-po·key /hóʊkipóʊki | hóʊkipə́ʊ-/ 名 U でっちまかし, ごまかし (HOCUS-POCUS の別形).

ho·ki /hóʊki/ 名 〔魚〕ホキ (メルルーサと近縁のマクルロヌス属の海産食用魚; ニュージーランド南岸沖産).

ho·kum /hóʊkəm/ 名 U ❶ 〔劇・映画で場当たりをねらった〕感傷的[くすぐり的]要素, お涙ちょうだいの手. ❷ たわいないこと, くだらない話, ナンセンス. 〖HOCUS(-POCUS) から〗

hol·arc·tic /hoʊlάəktɪk | -lά:k-/ 形 [H~] 〔生物地理〕全北区の.

Hol·bein /hóʊlbaɪn | hɔ́l-/, **Hans** 名 ホルバイン (1497?-1543; ドイツの画家; イングランドの Henry 8 世の宮廷画家; 通称 ~ the Younger).

Hol·born /hóʊlbən | -bən/ 名 ホウボン, ホルボーン (London の中央部の地域).

‡**hold**[1] /hóʊld/ 動 (**held** /héld/) ❶ a 〈ものを〉持つ, 握る, つかむ: ~ a pen firmly ペンをしっかりと握る / They *held* hands (with each other). 手を(互いに)握り合った / He *held* my arm.=He *held* me *by* the arm. 彼は私の腕をつかんでいた. **b** 〈…を〉抱く, 抱える; 支える, 保持する: She *held* her baby tightly. 彼女は赤ちゃんをぎゅっと抱きしめて(い)た / He *held* his head *in* his hands. 彼は頭をかかえて(い)た / The man was ~*ing* a pipe *between* his teeth. その人はパイプをくわえていた.

❷ **a** 〈…を〉×ある状態・位置に〉保っておく: [＋目＋補] ~ the door open (for someone) (ある人のために)ドアを手で押さえて[開けて]おく / ~ oneself still [erect] 体をじっと[まっすぐに]している / ~ a person in suspense 人を不安にはらはら]させておく / Astonishment *held* me dumb. 驚きのあまり口もきけなかった. **b** 〈ものを〉〈…に〉当てておく, 固定させる 《to, on》: ~ one's [a pair of] binoculars *to* one's eyes 双眼鏡を目に当てる.

❸ **a** 〈容器などが〉〈液などを〉入れている, 〈いくら〉入る (★進行形なし): This bottle ~s half a pint. この瓶には半パイント入る / This box ~s all my summer clothes. この箱

に私の夏服が全部入っている. **b** 〈部屋などが〉〈人を〉**収容する**: This room can ~ fifty people. この部屋は 50 人入れる. **c** 〈…を〉**含んでいる**: His tone *held* reproach [accusation] (in it). 彼の口調には非難が含まれていた.

❹ **a** 〈金・土地などを〉**所有する, 保有する**《★進行形なし》; 保管する: ~ shares 株主である. **b** 〈役・地位などを〉**占める**; 〈学位を〉持っている: ~ an MD 医学博士号を持っている / He *held* office for eight years. 彼は 8 年間公職(役職)に就いていた. **c** 〈軍事的に〉〈陣地などを〉占有する, 保持する; 防ぐ, 守る《*against*》: ~ a fortress 要塞(ぷ)を守る. **d** 〈人を〉〈…に〉**留置しておく**, 留置する: He was *held* (in jail) overnight. 彼は(拘置所に)一晩留置された. **e** 〈データ・資料などを〉保管しておく, とっておく. **f** 〈部屋・場所を〉確保しておく, 押さえておく.

❺ **a** 〈信念・意見などを〉(心に)**持つ, 抱く**《★進行形不可》: ~ a belief [an opinion] 信念[意見]を抱く. **b** 〈…を〉記憶に〉とどめる: I still ~ it *in* my memory. そのことは今でも覚えている. **c** 〈人などを〉〈尊敬などに〉値すると考える: Many people *held* him *in* respect [esteem, contempt]. 彼を尊敬[尊重, 軽蔑]する人が多かった.

❻ 〈…と〉**思う, 考える**《★進行形なし》 〔+*that*〕 Plato *held that* the soul is immortal. プラトンは霊魂は不滅であると考えた / 〔+目+(*to be*)補〕 ~ a person dear人をいとしく思う, 人を愛する / ~ a person [thing] cheap 人[もの]を見くびる / I ~ myself responsible [accountable] for what my son did. 息子のしたことに対しては私に責任がある(と思う) / The court found him innocent, but I still ~ him (*to be*) guilty. 裁判所は彼を無罪と判決したが私は今でも彼が有罪だと思う / She ~s his opinions lightly. 彼女は彼の意見を軽視している.

❼ **a** 〈…を〉**抑える, 制する, 差し控える**: ~ one's breath 息を殺す / ~ one's temper 怒らない, 自制する / There's no ~*ing* him. 彼は手に負えない. **b** 〈言葉・音などを〉出さない: H~ your tongue. 騒ぐな, 黙っていろ.

❽ [命令文で] 〈会などを〉**催す**; 〈式を〉挙げる《★しばしば受身》: ~ a press conference [a meeting] 記者会見を行なう[会合を開く] / Court is to *be held* tomorrow. あす開廷される予定である.

❾ **a** 〈…を〉**持続する, 維持する**: ~ silence 沈黙を守り続ける / ~ the course 〈船・飛行機などが〉航路を離れないで進んでゆく. **b** 〈感情・注意などを〉引きつけておく, 引き止めておく: He couldn't ~ her affection any longer. 彼は彼女の愛情をそれ以上つなぎ止めておけなかった / The sight *held* his attention. その光景は彼の注意を引き止めた. **c** 〈楽〉〈音・休止などを〉持続する, 伸ばす.

❿ **a** 〈ものが〉〈重さなどに〉**耐える, 持ちこたえる**《★しばしば受身》: The roof *is held* by several pillars. その屋根は何本かの柱で支えられている / The shelf will not ~ much weight. その棚はあまり重いものは支えられない. **b** 〈酒に〉酔わない: ~ one's liquor [drink] 酒を飲んでも乱れない.

⓫ 〈人に〉〈約束・義務・責任などを〉**守らせる**: ~ a person *to* his word 人に約束を守らせる.

⓬ 〈物事が〉〈…に〉〈…を〉用意[予約]している: This contest ~*s* a scholarship *for* the winner. このコンテストは優勝者に奨学金が用意されている / Who knows what the future ~*s*? 将来何があるか[起こるか]はだれにもわからない.

⓭ 〈乗り物の(出発時間)を〉**遅らせる**: They *held* the plane for him. 彼が乗るために飛行機の出発時間を繰り下げた.

⓮ [命令法で]《米口》(食堂の注文で)〈…を〉入れないでください, 抜いてください: One burger... ~ the pickle. ハンバーガー1つ… ピクルス抜きで.

── ⓐ ❶ 〈ロープ・錨(ぴ)などが〉**もつ, 耐える**: The tent pegs wouldn't ~ in the sandy soil. そのテントくいは砂地にどうしても固定しなかった.

❷ **a** 〈天候などが〉**もつ**: I hope the weather will ~. この天気がもってくれればよいが / His luck was still ~*ing*. 彼のつきはまだ落ちていなかった. **b** 〈…の状態で〉持続する, 〈…の状態のままでいる, 引き続いて…している〔+補〕: The weather *held* warm. 天候はずっと暖かかった / Please ~ still. じっとしていてください / H~ tight! しっかりつかまれ, 動かずにじっとしていろ. **c** 続けて進む, 進んでいく: The ship *held* on its course. その船は進路を変えないで進み続けた. **d** 〈構造物が〉倒れないで)もちこたえる.

❸ **効力がある, 適用できる**《★進行形不可》: The rule does not ~ in this case. その法則はこの場合には適用できない / 〔+補〕 That argument [My promise] still ~*s* true [good]. その議論[私の約束]は今なお当てはまる[効力がある]《⦅因果⦆ true [good] はしばしば省略される》.

❹ [命令文で] **控える, 待つ**; 電話を切らずに待つ.

be left hólding the báby [⦅米⦆ **the bág**] (一人で)責任を負わされる.

cánnot [**be nót fit to**] **hóld a cándle to**… ➪ candle 成句

hóld…agàinst a person 〈…を理由に〉〈人を〉うらむ, 悪く思う: She still ~*s* it *against* him that he criticized her once. 彼が一度彼女を非難したことを彼女は今でも根にもっている.

hóld báck 《⦅他⦆+副》 (1) 〈…を〉抑止する; 引き止める, 控える(inhibit). (2) 〈…を〉〈…から〉押さえておく; 隠しておく, 秘密にしておく: ~ *back* goods *from* market 品物を市場に出さずに押さえておく. (3) 〈感情を〉抑える. ── ⦅自⦆ (4) 〈…を〉言わずにおく; 自制する《*from*》. (5) しりごみする, ためらう.

hóld by… (1) …を固く守る; 固執[執着]する《★受身可》. (2) [通例否定文で] …に同意[賛成]する, …を支持する.

hóld dówn 《⦅他⦆+副》 〈…を〉〈下に〉押さえ(つけ)ておく: H~ *down* the flaps while I tape the box. 箱にテープをはる間ははねたを押さえていて. (2) 〈物価などを〉低く維持する, 抑制する: They failed to ~ costs *down*. 彼らは経費の抑制に失敗した. (3) 〈人の自由を抑える; 〈人を〉従属させる. (4) 〈仕事・職を〉維持する; 〈地位を〉保つ.

Hóld èverything! = HOLD IT! 成句

hóld fórth 《⦅他⦆+副》 (1) 〈意見などを〉**公表する, 提示する**. (2) 〈…を〉閉じ込めておく, 出さないようにしておく. ── ⦅自⦆ +副》 (3) 《軽蔑》〈…を〉長々と述べ立てる《*on*》.

hóld one's gróund《⇨ ground 名 成句》. **hóld a pérson's hánd** ⇨ hand 名 成句. **hóld hánds** ⇨ hand 1 a 用例, hand 名 成句. **hóld one's héad hìgh** ⇨ head 名 成句. **Hóld your hórses!** ⇨ horse 名 成句.

hóld ín 《⦅他⦆+副》 (1) 〈感情などを〉抑制する: ~ in one's temper 怒りを抑える. (2) [~ *oneself* in で] 自制する. ── ⦅自⦆ +副》 (3) 自制する, 黙っている.

Hóld it! 《口》 **動かないで!, じっとして!; ちょっと待って!**

hóld óff 《⦅他⦆+副》 (1) 〈敵などを〉近寄らせない, **阻止する**: I'll ~ *off* the bill collectors until pay day. 給料日まで集金人を寄せつけないつもりだ. (2) 〈決断・行動などを〉延ばす, 延期する. ── ⦅自⦆+副》 (3) 〈…から〉離れている, 〈…に〉近寄らせない: The ship *held off from* the coast until the storm died down. 船はあらしが収まるまで海岸に近寄らぬようにした. (4) 遅れる, ぐずつく: H~ *off* for a minute. ちょっと(するのを)待て. (5) 〈雨などが〉なかなか降らない, 降らないでいる.

hóld ón 《⦅自⦆+副》 (1) **続けていく, 持続する**. (2) つかまっている. (3) (困難にめげずに)踏みとどまる, 持ちこたえる, がんばる: Can you ~ *on* a little longer? もう少し我慢できますか. (4) [通例命令法で] 〈電話を〉切らずに待つ; (ちょっと)待つ, やめる: H~ *on*, please. (電話を切らずに)そのままお待ちください.

hóld ónto [**ón to**]… 《⦅他⦆+副》 (1) 〈…に〉すがりつく, しがみつく 〈…を〉手放さない(hold on to): The child *held onto* [*on to*] his coat. その子供は彼の上着にすがりついた. (2) 〈…を〉**手放さないでおく**; 〈…を〉預かる: Shall I ~ *onto* your purse for you? あなたのハンドバッグを預かっておきましょうか.

hóld óut 《⦅他⦆+副》 (1) 〈手などを〉伸ばす; 差し出す: She *held* a sandwich *out* to him. 彼女は彼にサンドイッチを差し出した. (2) 〈賞・希望などを〉**提供する, 約束する**: The company ~*s out* the promise of advancement to hardworking young people. その会社は勤勉な若手社員に昇進を約束している. (3) 《口》〈当然出すべきものを〉手も

hold

とにとどめて置く, 出さない. ── (自+副) (4) (…に)抵抗し続ける, (最後まで)耐える, 持ちこたえる: They *held* out *against* the enemy attacks for a month. 彼らは1か月の間敵の攻撃に抵抗し続けた. (5) 〈在庫品・金などが〉もつ, 続く.

hóld óut for... をあくまで要求する: The strikers *held out for* higher wages. 罷業者たちは賃金値上げを要求してがんばった.

hóld óut on... 《口》 (1) 〈人〉に秘密(など)を明かさない: Stop *~ing out on* me. 私に隠し事をするのはやめなさい. (2) 〈人〉の要求を拒否する〔受け入れない〕.

hóld óver (他+副) (1) 〈会などを〉持ち越す, 延期する (★しばしば受身). (2) 〈劇・ショー・映画などを〉(予定より長く)続演〔続映〕する (★しばしば受身).

hóld...òver a person 〈弱点を〉〈人〉の脅しに使う (cf. have a HOLD¹ on [over]). (2)): They *held* the threat of a salary cut *over* us. 彼らは給料を減らすぞといって我々に脅しをかけた.

hóld one's ówn (1) (攻撃されても)地歩を保つ, 屈しない. (2) (病人が)(悪化しないで)何とか持ちこたえている.

hóld the fórt ⇒ fort 成句. **hóld the líne** ⇒ line¹ 名 成句. **hóld the róad** ⇒ road 成句.

hóld to... (他+前) (1) 〈人に×約束などを〉守らせる (⇒ 11). (2) 【スポ】〈相手を×引き分けに〉押さえる, 〈得点で〉引き分けに押さえる. ── (自+前) (3) 〈信念・原則・約束などを〉固く守る, 固守する: 固執〔執着〕する (★受身形) H~ *to* your resolution. 決意は貫くようにしなさい. (4) 〈…〉をしっかりつかむ, 離さないでいる.

hóld togéther (他+副) (1) 〈…を〉一緒にしておく, まとめておく. (2) 〈ものを〉(ばらばらにならないように)くっつける: It's *held together* with glue. それは〔接着剤(ボンド)〕でくっついている. (3) 〈…を〉結合〔団結〕させる: Their mutual danger *held* them *together*. 共通の危機が彼らを団結させた. ── (自+副) (4) (互いに)くっついている; ばらばらにならないでいる, 形を保つ. (5) 団結する〔続ける〕. (6) (議論などが)首尾一貫している (hang together).

hóld úp (他+副) (1) 〈…を〉〈…にかざす, 掲げる: The cashier *held up* the $100 bill *to* the light. 出納〔レジ〕係はその100ドル紙幣を明かりにかざしてみた. (2) 〈…を〉支える, 落ちないように〔倒れないようにする. (3) 〈…を〉〈笑い者などに〉さらす: ~ a person *up to* ridicule 人を笑い者にする. 〈人などを〉模範として挙げる, 示す: She *held* him *up as* a model of efficiency (to the other workers). 彼女は(他の従業員に)彼を敏腕家の模範として挙げた. (5) 〈手などを〉上げる, 持ち上げる. (6) 〈…の進行をさえぎる〔遅らす〕, 〈…を〉妨げる; 引き止める (★ しばしば受身): Traffic *was held up* by an accident. 交通は事故で停滞した. (7) (ピストルなどを突きつけて)×…に停止を命ずる, 〈人を停止させて〉強奪する; 〈強盗が〉〈店などを〉襲う: ~ *up* a gas station ガソリンスタンドを襲う. ── (自+副) (8) 持ちこたえる: His theory still ~s *up*. 彼の理論はまだ有効だ / She *held up* under the pressure. 彼女は(その圧力に耐えた. (9) 歩調をゆるめない. (10) 〈好天気が〉続く, もつ. (11) 立っている (用法) 通例馬がよろめく時に言う言葉「ころぶな」.

hóld with... (通例否定文で) …に同意〔賛成〕する, …を支持する: I don't ~ *with* the proposal. 私はその提案には賛成ではない.

── 名 ❶ U.C a (手で)持つ〔つかむ, 握る〕こと (grip): Don't let go your ~ (*on* the rope). (ロープから)手を放すんじゃないぞ. b C 【レス】ホールド 《相手を押さえつけること; cf. toehold 2》. ❷ 〔また a ~〕 掌握, 支配力, 威力, 影響力 〔*on, over*〕: lose one's 〔its〕 ~ *on*... 〈人・ものが〉…への影響力を失う, …の心を捉えなくなる. b 把握力, 理解力 〔*on, upon, of*〕. ❸ C (特に登山の時の)〔手〔足〕がかり, 支え. ❹ C (着手・執行などの)一時延期; 差し控えの通告: announce a ~ *on* all takeoffs 離陸差し控えを通告する. ❺ C (ミサイル打ち上げなどの)秒読み停止.

cátch hóld of... (1) …をつかむ, つかまえる: *catch* ~ *of* a monkey by the tail しっぽをつかんで猿をつかまえる.

gèt hóld of... (1) = catch HOLD¹ of... 成句. (2) …を手に入れる. (3) …を理解する. (4) 〈人〉に連絡をとる, 〈人〉を「つかむ」.

hàve a hóld on [òver]... (1) …に支配力〔威力, 影響力〕を持っている. (2) 〈人〉の急所〔弱点〕を握っている (cf. HOLD¹ ...over a person 成句).

kèep hóld on... に(しっかり)つかまっている.

lày hóld of [on, upòn]... (1) …をつかむ, を握る: *Lay* ~ *of* it firmly. それをしっかりつかみなさい. (2) …を捕らえる, つかまえる: They *laid* ~ *of* him and threw him in prison. 彼らは彼を捕らえて投獄した. (3) …を見つける, 手に入れる.

lóse hóld of... (1) …から手を放す: I *lost* ~ *of* the rail and fell into the sea. (つかまっていられず)手すりから手を放し海に落ちた. (2) …の手かかりを失う.

on hóld (1) 《米》〈人〉が(電話の切り替えを待って, 電話に出て: Mr. White is *on* ~. Will you speak to him? [オフィスの人から電話がかかっております]ホワイトさんから電話がかかっておりますがお話しになりますか. (2) 保留となって.

séize hóld of... = catch HOLD of... 成句.

tàke hóld 〈物事が〉定着する, 確立される: Grass-roots democracy has not *taken* ~ in this country. この国では草の根的民主主義は定着していない.

tàke hóld of... (1) …をつかむ, つかまえる. (2) 〈人の心などを〉捉える, 支配する: Fear *took* ~ *of* him [his heart]. 恐怖が彼の(心)を捉えた. (3) 〈…を〉制する, 牛耳る. (4) 〈病気などが〉〈人に〉病みつき〔常習〕になる.

with nó hólds bárred 制限なしで, あらゆる手段が許されて. 《OE= (家畜を)飼う》 【類義語】 **hold** 中に入れておくことができる; または入れる余地がある. **accommodate** 建物・施設・乗物などが人を楽に収容して混雑・不便が生じない.

⁺**hold²** /hóuld/ 名 ❶ 【海】船倉: stow the ~ 船倉に船荷を積み込む. ❷ (飛行機の)貨物室.

hóld-àll 《英》 (旅行用などの大きな)ずだ袋, (布製の)大型かばん (《米》 carryall).

hóld-bàck 名 引き止める(もの); 保留(されたもの).

hóld-dòwn 名 ❶ (価格の)抑制 〔*on*〕. ❷ 留め具, 締め具.

⁺**hóld-er** 名 ❶ 保有者, 持ち主, 保持者: a ticket ~ 入場券〔乗車券〕所持者 / a permit ~ 許可証所有者 / ⇒ leaseholder, officeholder, stockholder. ❷ 支えるもの, 入れもの, (熱いものを)持つもの〔布など〕: ⇒ cigarette holder, penholder.

hóld-fàst 名 ❶ U しっかりつかむこと. ❷ C しっかりと固定するもの 《くぎ・かぎくぎ・締め金・かすがい・握り金物・留め金など》.

⁺**hóld-ing** /hóuldiŋ/ 名 ❶ C (通例複数形で) 持ち株; 保有物. ❷ 所有物, 保有物, 持物 (特に動産), 〔(所他の)所有財産, 借地権. ❸ (複数形で) (図書館の)所有蔵書, (美術館・博物館の)所蔵品[物]. ❹ U 保持, 握ること; 【スポ】 ホールディング: **a** 〔バレーボール〕 ボールを一瞬間とさえる反則. **b** 〔バスケ・フットなど〕 腕や手で相手をじゃまする妨害行為. ❺ C.U 判示, 判決. ── 形 (悪化などを)一時的に抑える(ための); 遅滞〔遅延〕させる〔防ぐ〕(ための).

hólding còmpany 名 持株会社, 親会社.

hólding pàttern 名【空】待機経路《着陸許可を待つ飛行機がとる(楕)円形の周回路》.

hóld-òut 名 ❶ (頑固に)抵抗; ねばり, 忍耐. ❷ (集団活動・交渉などで)協調〔妥協〕を拒む人.

hóld-òver 名 《米口》 ❶ 残留者, 留任者: He's a ~ *from* the last administration. 彼は前内閣からの留任だ. ❷ 名残, 遺物〔*from*〕.

⁺**hóld-ùp** 名 ❶ (銃などを突きつけて行なう)強奪, ホールドアップ, 強盗. ❷ (交通などの)停滞, 停止.

‡**hole** /hóul/ 名 ❶ 穴, (靴下などの)破れ穴; (道路などの)凹(み): dig [fill] a ~ in the ground 地面に穴を掘る〔穴を埋める〕. ❷ a (ウサギ・キツネなどの)巣穴. b 《口》(穴のように小さく)むさくるしい家, ひどい住まい. ❸ 《口》窮地; (特に経済的苦境: be in a ~ 窮地に陥っている; 金に困っている. ❹ 〔理論・論理の〕欠点, 欠陥; 間違い (flaw): I can't find any ~s *in* his theory. 彼の理論にはまったく欠陥が見当たらない. ❺ 〔ゴルフ〕 **a** ホール, カップ 《ボールを打ち入れ

る穴). **b** ホール《tee からホールまでのコース》. **a hóle in the wáll** =hole-in-the-wall. **búrn a hóle in a person's pócket** 《口》成句. **évery hóle and córner** くまなく, すみずみまで: They searched *every ~ and corner* for the suspect. 彼らは容疑者をくまなく捜した. **hóle in óne**《ゴルフ》ホールインワン. **hóle in the héart**《医》(先天性)心臓中隔欠損. **in a [the] hóle**《米口》赤字になって (cf. 3): I'm fifty dollars *in the ~* this month. 今月は50ドル不足だ. **in hóles**《靴下など穴だらけになって, 穴があき. **máke a hóle in...** (1) ...を大幅に減らす[使い込む]: The installment payments make quite *a ~* in my monthly income. 月賦の支払いで月収がかなり減っている. (2) ...に穴をあける. **néed...líke (one néeds) a hóle in the héad**〈...は〉全然いらない. **pick hóles [a hóle] in...** ⇒ pick 成句.

── 動 ❶ 《ゴルフ》〈ボールを〉ホールに打ち込む. ❷ **a** 〈...に〉穴をあける. **b**〈...に〉トンネルを掘る(*through*). ❸〈ウサギなどを〉穴に追い込む. ❹《ゴルフ》ボールをホールに打ち込む: ~ **in one** ホールインワンをする / ~ **out** at par パーであがる. **be hóled úp**《口》隠れている, 身を隠している. **hóle úp** (自+副) (1)《口》隠れる, 身を隠す. (2)〈動物が〉(穴に入って)冬ごもりする, 冬眠する.
〖OE; 原義は「凹んだ(場所)」; HOLLOW と関連語〗〖類義語〗**hole** くぼみ・穴を表わす最も一般的な語. **hollow** 固体内の空洞で, 外からはわからない場合もある. **cavity** 科学・医学などにおける hollow に対する専門的な語.

hóle-and-córner 形 A 〈行動が〉(特に不正のため)人目を忍んでの, 秘密の.

hóle càrd 名 ❶《トランプ》(stud poker で)ホールカード〈手開きまで伏せておく札〉. ❷ 取っておきの手, 奥の手, 切り札.

hóle-in-the-wáll 名 ❶《米》狭苦しい場所, 暗いこじんまりした店(特にバー・レストラン). ❷《英》現金自動支払い機《《米》automated teller machine》.

hóle sàw 名 =crown saw.

hol·ey /hóuli/ 形《米口》穴だらけの.

Ho·li /hóuli/ 名 ホーリー祭《2-3月にインド全域で行なわれるヒンドゥー教の春祭; もともと豊年祈願の祭礼で, 祭の参加者が相手かまわず赤い水をかけ合うなどはめをはずした行事が行なわれる》.

＊hol·i·day /hάlədèɪ | hɔ́lədeɪ, -di/ 名 ❶ 休日《時に日曜日を除く》, 祭日, 休業日; 祝日, 祭日: a national ~, legal holiday, busman's holiday, Roman holiday. ❷《英》長い休暇, 休暇期(休暇をとっての)旅行《《米》では vacation》: take a (week's) ~ (1週間の)休暇を取る / be home for the ~(s) 休暇で帰省している / the Easter ~s 復活祭の休暇〈春休み〉 / the summer ~(s) 夏期休暇 / I went on 《米》a) [for a] ~ in France last year. 昨年は休暇をとってフランスへ旅行した / ⇒ Christmas holidays. **máke a hóliday of it** 休みを取って楽しむ. **màke hóliday** (骨休みに)仕事を休む. **on hóliday** =**on one's hólidays**《英》休暇を取って《《米》on vacation》. ── 形 A ❶ 休日の, 休暇中の: a ~ task《英》(学校の)休暇中の宿題. ❷ 祝祭日らしい: It's my ~ clothes 晴れ着 / ~ English 改まった英語. ── 動《英》休暇をとる[過ごす]《《米》vacation》: He's gone ~*ing* in the Mediterranean. 彼は休暇で地中海へ行っている. 〖OE=聖なる日 (holy day)〗

Hol·i·day /hάlədèɪ | hɔ́lədeɪ, -di/, **Billie** ホリデー (1915–59)《米国の女性ジャズシンガー; 本名 Eleanora Fagan, 愛称 'Lady Day'》.

hóliday cámp 名《英》(海辺などの恒久的な)休暇用キャンプ場《娯楽設備がある》.

hóliday cènter 名 行楽地.

＋hóliday-màker 名《英》休日の行楽客, 休日を楽しむ人《《米》vacationer》.

hóliday-màking 名 U 休日の行楽.

hol·i·days /hάlədèɪz | hɔ́lədeɪz, -diz/ 副 休日《ごと》に, 休日などに(は).

ho·li·er-than-thóu 形 A いかにも聖人ぶった, 独善的な《★聖書「イザヤ書」から》: I don't like his ~ attitude. 彼の聖人ぶった態度が気に入らない.

---

869 holocaust

hó·li·ness 名 ❶ U 神聖なこと. ❷ [His *or* Your H~; ローマ教皇に対する尊称に用いて] 聖下.

ho·lism /hóʊlɪzm/ 名 U《哲》全体論.

ho·lis·tic /hoʊlístɪk/ 形 ❶ 全体論の. ❷ 全体論的な; (局部ではなく)全身用の.

＊Hol·land /hάlənd | hɔ́l-/ 名 ❶ オランダ (⇒ Netherlands). ❷ [h~] U オランダ布. 〖Du; 原義は「木の国」〗

hól·lan·daise sàuce /hάləndèɪz- | hɔ́ləndérz-/ 名 U オランデーズソース《卵黄とバターとレモン果汁または酢で作る; 特に魚料理に使う》.

Hól·land·er 名 オランダ人.

Hól·lands /hάləndz | hɔ́l-/ 名 U オランダジン.

＋hol·ler /hάlə | hɔ́lə/ 動 ❶ 叫ぶ, どなる, 大声で言う (yell): ~ **for** help 助けを求めて叫ぶ / I got ~*ed at* for not doing my homework. 宿題をやらなかったといって怒られた《★ ~ **at** is 強め意》. ❷〈...について〉大声で言う《*about*》. ❸〈...だと〉大声で言う[叫ぶ]: "Leave me alone!" he ~*ed*. 「ほっといてくれ」と彼はどなった.
── 名 ❶ 〈...の〉くぼみ. ❷ 叫び声, 不満: let out a ~ 大声で呼ぶ.

＊hol·low /hάloʊ | hɔ́l-/ 形 (**more** ~, **most** ~; **~·er**, **~·est**) ❶ うつろの, 中空の (↔ solid): a ~ tube (中が空洞な)管, チューブ / a ~ wall (空)壁 / Bamboo is ~. 竹は中が空洞だ. ❷〈体の一部が〉へこんだ, 落ちくぼんだ, こけた: ~ cheeks こけたほお / ~ eyes くぼんだ目. ❸〈音・声が〉うつろな, こもった. ❹ **a**〈言葉・感情など〉不誠実な, うわべだけの (empty): ~ compliments から世辞 / ~ pretence 白々しい口実. **b** 内容のない, 無意味な: a ~ triumph むなしい勝利. ❺ 副《口》すっかり, 徹底的に. **béat a person hóllow** ⇒ beat 成句.
── 名 ❶ **a** へこみ: the ~ of the hand 手のひら / the ~ of the neck 首のくぼ. **b** くぼ地, 盆地. ❷ うつろ, 穴《木の幹・岩のうろ穴》. ❸〈...を〉へこます, えぐる《ほら穴を掘り抜く《*out*》. **~·ly** 副 **~·ness** 名 〖OE; HOLE と関連語〗〖類義語〗⇒ hole.

hól·lo·wàre /hάloʊ- | hɔ́l-/ 名 =hollowware.

hóllow-éyed 形 目が(深く)落ちくぼんでいる.

hóllow-héarted 形 不誠実な.

hóllow-wàre 名 U 深い食器類《dish, bowl, cup, kettle など; cf. flatware 2》.

＊hol·ly /hάli | hɔ́li/ 名 ❶《植》セイヨウヒイラギ《ヨーロッパ産のモチノキ科の常緑低木; 暗緑色の葉と赤い実のついた枝をクリスマスの飾りに用いる》; アメリカヒイラギ《北米産》. ❷ U〈...〉(クリスマスの飾り用の)セイヨウ[アメリカ]ヒイラギの枝.

Hol·ly /hάli | hɔ́li/, **Buddy** 名 ホリー (1936–59)《米国のロックンロール歌手・ギタリスト・ソングライター; 本名 Charles Hardin ~》.

hól·ly·hòck 名《植》タチアオイ.

hólly òak 名《植》トキワガシ.

＊Hol·ly·wood /hάliwùd | hɔ́l-/ 名 ❶ ハリウッド《米国 California 州 Los Angeles 市の一地区; 映画製作の中心地》. ❷ U アメリカ映画界[産業]. 〖HOLLY+WOOD〗

holm, holme /hóʊm/ 名《英》川泊の低地, 川中島, (三角洲の)中洲《ɡ̊u̯a》, (本土付近の)小島《英国の地名に多い》.

Holmes /hóʊmz/, **Oliver Wendell** 名 ホームズ (1809–94)《米国の詩人・小説家・医師; 'Breakfast-Table' ものと呼ばれる随筆で有名》.

hol·mi·um /hóʊlmiəm/ 名 U《化》ホルミウム《希土類金属元素; 記号 Ho》.

hólm òak /hóʊm-/ 名 =holly oak.

hol·o- /hάloʊ | hɔ́loʊ/ [連結形]「完全な[に]」. 〖Gk *holos* whole〗

＋hol·o·caust /hάləkɔ̀ːst | hɔ́l-/ 名 ❶ C (特に火による)大虐殺, 全焼死. ❷ [the H~]《第二次大戦中のナチスによる》ユダヤ人の大量虐殺. ❸ C 全燔祭《ゾラダヤ教の祭事で獣を丸焼きにして神前に供えるいけにえ》. 〖F<L<Gk

Holocene

＝丸焼きにした(いけにえ); ⇒ holo-, caustic〗

Hol·o·cene /hóuləsìːn | hɔ́l-/〖地〗形 完新世の. ― 名 [the ~] 完新世.

hòlo·énzyme 名〖生化〗ホロ酵素《アポ酵素と補酵素の複合体》.

ho·lo·gram /hóuləɡræm | hɔ́l-/ 名 レーザー写真, ホログラム.

ho·lo·graph /hóuləɡræf | hɔ́ləɡrɑ̀ːf/ 名 自筆の文書[証書]. ― 形 Ⓐ 自筆の.

ho·log·ra·phy /həlɑ́ɡrəfi | hɔ́ləɡ-/ 名 Ⓤ〖光〗ホログラフィー《レーザー光線を利用する立体写真術》. **ho·lo·graph·ic** /hòuləɡrǽfɪk | hɔ̀l-/̀ 形

ho·lo·phy·tic /hòuləfíɪtɪk | hɔ̀l-/ 形 完全植物性《栄養》の.

hólo·type 名〖生〗正基準標本, 完模式標本.

hols /hɑ́lz | hɔ́lz/ 名 複 《英口》休暇 (holidays).

Holst /hóulst/, **Gustav** (**Theodore**) ホルスト《1874-1934; 英国の作曲家》.

Hol·stein /hóulstaɪn, -stiːn | hɔ́lstaɪn/ 名《米》ホルスタイン種《オランダ原産の白黒ぶちの優秀な乳牛》《英》Friesian). 〖ドイツ北部の地名から〗

hol·ster /hóulstɚ | -stə/ 名 (腰や肩に下げる)ピストルの革ケース, ホルスター.

holt¹ /hóult/ 名《古·方·詩》雑木林, 雑木の山.

holt² /hóult/ 名《英》獣の穴, (特にカワウソの)巣穴.

ho·lus-bo·lus /hóuləsbóuləs/ 副 一気に, たちまち.

*†**ho·ly** /hóuli/ 形 (**ho·li·er, -li·est**) ❶ 神聖な, 聖なる; 神事に供する: ~ bread [loaf] 聖餐(ᡰ)式〖ミサ〗用のパン / ~ holy day / ~ ground 聖地, 霊場; 拝殿 / ⇒ holy war. ❷《人·生活など信心深い, 高徳の, 聖者の (↔unholy): a ~ man 聖者 / live a ~ life 信仰生活を送る. ❸〔副詞的に; 強調語として〕とても, たいへん, 非常に. ❹《口》ひどい, 困った《★通例次の句で》: a ~ terror 手に負えぬ者, ひどいいたずらっ子. ❺〔~ cow [mackerel, Moses, smoke]で, ちょっとした驚き·当惑を表わして〕おやまぁ, こいつは驚いた, ひどい. ― 名 ❶ Ⓒ 神聖なもの[場所]. ❷ 〔the H~〕至聖者《キリスト·神の尊称》. **the hóly of hólies** (1) (ユダヤ神殿の)至聖所, 奥の院《神の契約の箱が置いてある》. (2) 最も神聖な場所, めったに他人を入れない室.
〖OE; 原義は「犯されていない, 完全な」; cf. heal, whole〗
〖類義語〗holy 宗教に関する, あるいは宗教的に深く尊敬されている. **sacred** profane に対する語で, 神や崇高な目的などのために, あえがわしく不可侵なものと考えられている. **divine** 神の性質を持った, 神から授かった, しばしば human に対比して用いられる.

Hóly Bíble 名 〔the ~〕聖書.

Hóly Cíty 名 〔the ~〕 ❶ 聖都《Jerusalem, Mecca など》. ❷ 天国.

Hóly Commúnion 名 ⇒ communion 2.

Hóly Cróss Dày 名 聖十字架称賛の日《9月14日》.

hóly dày 名《宗教上の》祝日, 祭日《主に日曜以外》.

Hóly Fámily 名 〔the ~〕 聖家族《図》.

Hóly Fáther 名 〔the ~〕ローマ教皇 (Pope).

Hóly Ghóst 名 〔the ~〕聖霊 (Holy Spirit)《三位一体の第3位; キリストを通して人間に働きかける神の霊》.

Hóly Gráil 名 〔the ~〕聖杯 (grail)《中世の伝説で, キリストが最後の晩餐(ヅ)に用いた酒杯; しばしばその探求が文学作品のテーマとなっている》.

Hóly Jóe 名《俗》❶《従軍》牧師, 司祭. ❷ 敬虔(ッ)な人, 信心深い人.

Hóly Lánd 名 〔the ~〕聖地《ユダヤ教徒·キリスト教徒·イスラム教徒には Palestine のこと》.

Hóly Náme 名 〔the ~〕〖カト〗聖名《Jesus の御名》.

Hóly Óffice 名 〔the ~〕〖カト〗検邪聖省, 異端審問所 (the Inquisition).

hóly órders 名 複 聖職: take ~ 聖職者[牧師]になる.

Hóly Róller 名《軽蔑》礼拝中に熱狂的な興奮するペンテコステ派の人.

Hóly Róman Émpire 名 〔the ~〕神聖ローマ帝国《962-1806年の間のドイツ帝国の称》.

Hóly-Róod Dày 名 ❶ 聖十字架発見の祝日《5月3日》. ❷ ＝Holy Cross Day.

Hóly Sáturday 名 聖土曜日《復活祭前週の土曜日》.

Hóly Scrípture 名 〔the ~〕聖書.

Hóly Sée 名 〔the ~〕 ⇒ see² 成句.

Hóly Sépulcher 名 〔the ~〕聖墓《キリストが復活するまで葬られていた》.

Hóly Spírit 名 〔the ~〕＝Holy Ghost.

hóly·stòne 名 動《他》〖海〗甲板砥石(で磨く).

Hóly Thúrsday 名《キリストの》昇天祭日; 〖カト〗聖木曜日《復活祭前週の木曜日》.

hóly wár 名 聖戦《十字軍など; cf. jihad》.

hóly wáter 名 Ⓤ 聖水.

Hóly Wéek 名 聖週間, 受難週《復活祭 (Easter) 前の1週間》.

Hóly Wrít 名 〔the ~〕聖書.

Hóly Yèar 名〖カト〗聖年《特に25年目ごとの》.

hom /hóum/, **ho·ma** /hóumə/ 名 ❶ Ⓒ 蘇摩(ᡱ) (soma). ❷ Ⓤ 蘇摩の樹液から造った聖酒, ホーマ《パールシー (Parsee) 教徒の神酒》.

*†**hom·age** /(h)ɑ́mɪdʒ | hɔ́m-/ 名 Ⓤ ❶ 敬意, 尊敬: pay [do] ~ (to...) (...に)敬意を表す. ❷ 《封建時代の》臣従の礼, 忠誠の宣誓: do [render] ~ 臣下の誓いをする. 〖F < ?homme 人 < L homo 人+-AGE〗【類義語】⇒ honor.

hom·bre /ɑ́mbreɪ | ɔ́m-/ 名《米》男, やつ. 〖Sp<L homo ↑〗

hom·burg /hɑ́mbɚːɡ | hɔ́mbəːɡ/ 名 ホンブルク帽《つばが上に反り中央がくぼんだフェルト帽》.

*‡**home** /hóum/ 名 ❶ ❶ Ⓤ《生活の場としての》家, わが家, 自宅 〖解説〗通例家族の生活·だんらんのイメージを持つ): There's no place like ~. わが家にまさる所はない / a letter from ~ うち〖郷里〗からの手紙 / leave ~ 家を出る / make one's ~ 居を構える, 居住する. **b** Ⓒ 家, 住宅: the Smith ~ スミスの家, スミス邸 / He has two ~s. 彼は住宅を2軒持っている. ❷ **a** Ⓒ 家庭: a sweet ~ 楽しい家庭. **b** Ⓤ 家庭生活: the joys of ~ 一家だんらんの楽しみ. ❸ Ⓤ 生まれ故郷, 郷里; 本国, 故国: Where's your ~? お国はどちらですか / He left ~ for the United States. 彼は故国を立って(アメリカ)合衆国に向かった. ❹ 〔the ~〕**a** Ⓒ 動物の生息地; 原産地, 本場: the ~ of tigers トラの生息地. **b** 〖思想·制度などの〗発祥地, 本家, 本元: the ~ of parliamentary democracy 議会制民主主義の本家. ❺ Ⓒ (困窮者などのための)収容所, ホーム; 療養[施療]所, 養育[孤児]院(など); 宿泊所: a sailor's ~ 海員宿泊所 / a ~ for elderly people 老人ホーム. ❻ Ⓤ **a** 《遊戯の》陣. **b** 〖競技〗決勝点. **c** 〖野〗＝home plate. ❼ Ⓒ ＝home office. ❽ Ⓒ 《英》置き場所, 収蔵場所 〔for〕. ❾ Ⓤ Ⓒ 〖電算〗＝home page.

(a) hóme from hóme＝**(a) hóme awáy from hóme**《気楽さなどの点で》まるで自分の家のような所.

at hóme (1) 在宅して; 在宅[面会]日で; 自宅で (cf. at-home): Is Jane at ~? ジェーンはいますか / I'm not at ~ to anybody today. きょうはだれが訪ねて来ても会わない / Don't try this at ~.《テレビの注意などで》決してまねないでください. お宅ではなさらないでください. (2) 自国で[に], 本国で[に](↔abroad): inflation at ~ and abroad 国内外のインフレ. (3) 気楽に, くつろいで: He felt at ~. 彼はくつろいだ気持ちがした / Please make yourself at ~. どうぞお楽になさって下さい. (4) 〖...に〗慣れて, 精通して, 熟達して: I'm quite at ~ with children. 子供たち(のあしらい)にはよく慣れています / He's at ~ in modern English poetry [on this subject]. 彼は現代英詩[この問題]に精通している. (5) ホームグラウンドで: Is the match [game] at ~ or away? 〖フットボール·野球などで〗その試合はホームグラウンドかよそか.

from hóme (1) 家[本国]から(の). (2) 不在で, 外出中で; 家[本国など]を離れて: He's away from ~. 彼は出かけています.

Whát's thát when it's at hóme《口·戯言》それは一体いうものだ.

──形Ⓐ❶ a 家庭の; 家庭用の: 〜 life 家庭生活 / 〜 cooking 家庭料理 / 〜 study (家庭での)自習 / 〜 work =homework / 〜 industries 家内工業 (cf. 2). b 故郷の: one's 〜 city 生まれた故郷の町[都市] / one's 〜 country 母国, 自国 / ⇨ homeland, hometown. ❷ 本国の, 国内の, 内地の, 内政上の (domestic, ↔ foreign): 〜 consumption 国内消費 / 〜 industries 国内産業 (cf. 1 a) / 〜 trade 国内貿易 / the 〜 market 国内市場 / 〜 products 国産品. ❸ 〔修飾的〕⇨ home office. ❹ 急所を突く, 痛烈な (cf. 副 3 b): a 〜 thrust 急所のひと突き; 切実な評言 / ⇨ home truth. ❺ 〖競技〗決勝の. ❻ 〖野〗本塁の(生還)の: ⇨ home run. ❼ (スポーツ試合など)ホームグラウンド(で)の, 地元の (↔ away): the 〜 team 地元のチーム.

──副 〔用法 be 動詞と結合した場合は 形 とも考えられる〕❶ a わが家へ; 自国へ, 故国へ: come [go] 〜 帰宅[帰国]する (cf. come HOME 成句); ★ 副 なので come [go] to 〜 は不可) / send [write] 〜 国へ送る[手紙を出す] / drive a person 〜 人を家まで車で送っていく / He was on his [the] way 〜. 彼は帰途についていた[帰る途中だった]. b (自宅・自国へ)帰った: He's 〜. 彼は帰ってきている, 彼は帰省中である / I'm 〜. ただいま(帰りました) / I'll be at six today. きょうは 6 時に帰ります / Will you be 〜 for dinner? 夕食にお帰りになりますか (通例 'come home' の意を伴う場合に用いる). c 〈米〉家にいて, 在宅で (at home): I stayed [was] 〜 all day. 私は一日中うちにいた. ❷ 〖野〗本塁へ: reach 〜 ホームインする (★ 「家に着く」の意にもなる) [比較] 「ホームイン」は和製英語). ❸ a ぐさりと, ずぶりと(急所に達するまで); (くぎなどを)深く, 十分に: drive a nail 〜 くぎを深く打ち込む / thrust a dagger 〜 短刀をぐさりと突きたてる. b 痛切に, ぎくりと胸を突くように (cf. 形 4).

bring...hóme (to a person) 〈(人に)...をしみじみ訴える, ...を(人に)深く悟らせる, 強く思い知らせる; 〈罪過などを〉(人に)切実に自覚させる: This brings it 〜! これは身につまされるよ! / The result of the test brought 〜 to me how little I had learned [brought it 〜 to me that I had learned very little]. テストの結果を見ていかに勉強しなかったかを痛感した. còme hóme (to a person) 〈...が〉(人に)痛切に感じられる, 〈(...の)〉胸にこたえる: It came home to me that he really cared. 彼が本当に気にかけていてくれることがしみじみ私の胸にこたえた. drìve...hóme (to a person) 〈(人に)...を納得させる, よく理解させる; ...を強調する: He gave a lot of examples to drive his point 〜. 彼は自分の主張を納得させるために多くの例を挙げた. gèt hóme (1) 〈家に〉帰り着く. (2) 〈 〜 to〉 get 〜 to a person 人の急所を突く. (3) (ゴールなどに)到着する. (4) 〔人に〕十分に理解される〔to〕. gò hóme (1) 帰宅[帰国]する (⇨ 副 1 a). (2) 〈口〉死ぬ. hìt hóme ⇨ HIT (成句). hóme frée 〈米〉=〈英〉 hóme and drý (苦戦のあと)目的を達して, 無事成功して; 成功間違いなしで, 悠々と. nóthing to wríte hóme abòut 〈口〉何も取り立てて言うほどのこともない, つまらないこと. stríke hóme (1) 〈弾丸などが〉的中する. (2) 急所を突く, 胸に訴える.

──動 ❶ 〈ハトなどが〉巣に帰る, 帰ってくる (⇨ homing). hóme in on... (1) 〈ミサイルなどが〉〈目標などに〉向かう. (2) 〈...に〉(向けて)注意[努力(など)]を集中する; 突き進む.
〖OE; 原義は「体を横たえる場所」〗 (形 homely, homey)

hóme bánking 名 U ホームバンキング《電話やパソコンを利用して家にいながら銀行取引ができるシステム》.
hóme báse 名 ❶ =home plate. ❷ =headquarters.
hóme·bírd 名 〈英〉=homebody.
hóme·bódy 名 家に引きこもりがちな人, 家庭的な[マイホーム主義の]人.
hóme-bóund 形 =homeward-bound.
hóme·bóy 名 〈米口〉❶ 同郷の男性. ❷ 友達, 仲間 《特に黒人の用語》. ❸ ラップミュージシャン, ラッパー.
hóme·bréd 形 国内産の; 国産の.
hóme bréw 名 U.C 自家醸造のビール(など).
hóme-bréwed 形 〈ビールなど〉自家醸造の.

871 homeosis

hóme·búyer 名 家を買う人, 住宅購入者.
hóme cáre 名 在宅医療[治療, 療法]. hóme-càre 形
hóme cínema 名 U 〈英〉=home theater.
†hóme·cóming 名 帰宅, 帰省, 帰郷. ❷ 〈米〉(大学などの年 1 回の)同窓会.
hóme compúter 名 家庭用コンピューター, パソコン.
†Hóme Cóunties 名 働 [the 〜] London 周辺の諸州 (Essex, Kent, Surrey の 3 州, 時に East Sussex, West Sussex と Hertfordshire をも含める).
hóme-cóurt advántage 名 U 〖スポ〗地元でプレーする[試合を行なう]ことの有利.
hóme económics 名 U 〈古風〉家事, 家庭科, 家政学.
hóme fàrm 名 〈英〉(地方地主の)自作農場.
hóme fíeld 名 〖スポ〗〈米〉本拠地, ホーム(グラウンド) (〈英〉 home ground).
hóme-fíeld advántage 名 =home-court advantage.
hóme fríes 名 働 (また hóme fríed potátoes) 〈米〉皮付きの細切りポテトのフライ.
hóme frónt 名 [the 〜] ❶ (戦時中の)国内戦線, 銃後; 銃後の国民. ❷ 家庭, 家.
hóme·gìrl 名 〈米口〉❶ 同郷の女性. ❷ 女友達, 女性の仲間.
hóme gróund 名 ❶ Ⓒ 〈英〉ホーム(グラウンド), 本拠地 (〈米〉 home field). ❷ U 慣れた[なじんだ, よく知っている]場所; 得意な領域[話題].
†hóme-grówn 形 ❶ a 〈野菜など〉自宅で作った. b 地元産の, 国内出身の; 地方色のある: a 〜 musician 地元の音楽家. ──名 ❷ 家庭[自宅]栽培の大麻 [マリファナ].
hóme guàrd 名 〈英〉❶ [the H-G-; 集合的に; 単数または複数扱い] (第二次大戦中の)国防市民軍. ❷ Ⓒ 国防市民軍兵.
hóme héalth àide 名 〈米〉(高齢者・障害者などの自宅での日常生活を助ける)ホームヘルパー, 訪問介護者.
hóme hélp 名 〈英〉ホームヘルパー, 家庭奉仕員《老人・病人などを世話するために地方当局から派遣される女性》.
hóme kéy 名 (タイプライターなどの)ホームキー《左右両手指を据えるキー》.
†hóme·lànd /hóumlænd/ 名 ❶ 自国, 母国, 故国. ❷ ホームランド《アパルトヘイト時代の南アフリカの黒人居住地区》.
†hóme·léss /hóumləs/ 形 ❶ 家のない, ホームレスの. ❷ [the 〜; 名詞的に; 複数扱い] ホームレス[路上生活者]の人たち. 〜·ness 名
hóme·líke 形 わが家にいるような; くつろげる, 気楽な. 〜·ness 名
hóme lóan 名 住宅ローン.
†hóme·ly 形 (home·li·er; -li·est) ❶ 〈米〉〈人・顔など〉不器量な (plain) (↔ ugly 1 [比較]). ❷ 〈英〉場所が家庭的な, 家庭の雰囲気がする (〈米〉 homey); 〈女性が〉家庭的な(雰囲気の). ❸ 質素な, じみな; 素朴な. -li·ness 名
†hóme·máde /hóumméid/ 形 (比較なし) 〈食品・衣類など〉手製の, 自家製の; 国産の: 〜 pies 手作りのパイ.
hóme·màker 名 家政担当者; (特に)主婦.
hóme màking 名 家政, 家事.
hóme móvie 名 自家製映画, 家庭[家族]の映像記録.
ho·me·o- /hóumiou-/ 〔連結形〕「類似」. 〖Gk〗
hóme óffice 名 ❶ 本社, 本店, 本局. ❷ 自宅事務所, 自宅仕事部屋 (cf. SOHO).
†Hóme Óffice 名 [the 〜] 〈英〉内務省《司法・自治などの行政事務を受け持つ; cf. Home Secretary》.
ho·me·o·mor·phism /hòumiəmɔ́ːfizm | -mɔ́ː-/ 名 〖数〗位相写像, 同相写像. -mór·phic 形 位相同形の.
ho·me·o·páth 名 ホメオパシー医.
ho·me·op·a·thy /hòumiápəθi | -ɔ́p-/ 名 U ホメオパシー, 同毒[類似]療法 (↔ allopathy). ho·me·o·páth·ic 形 /-i·cal·ly /-ikəli/ 副
ho·me·o·sis /hòumióusɪs/ 名 働 -ses /-siːz/ 〖生〗相同異質形成, ホメオーシス《たとえば昆虫などの体節が特に突

homeostasis

然変異によって別の体節の特徴をもつ構造に取って代わられること).

ho・me・o・sta・sis /hòumiousteisis/ 名 (複 -ses) 〖生〗ホメオスタシス, 恒常性 (生物体が体内環境を一定範囲に保つはたらき). -**stát・ic** /-stǽtɪk⁻/形

hómeo・thèrm 名 〖生〗恒温[定温]動物, 温血動物.

hòmeo・thérmal =homeothermic.

hò・me・o・thér・mic /hòumiouθə́ːmɪk | -θə́ː-⁻/ 形 〖生・動〗恒温動物の, 恒温性の, 温血の (↔ poikilothermic). **ho・me・o・ther・my** /hóumiouθəːmi | -θə̀ːmi/ 名 ⓊU 恒温性.

ho・me・o・tic /hòumiátɪk, hàm-/ 形 〖遺〗ホメオ遺伝子の[に関連した], ホメオティックな《突然変異により正常な組織を別の正常な組織に変化させる遺伝子についていう》.

⁺**hóme・òwner** 名 自家[マイホーム]所有者.

hóme pàge 名 〖電算〗ホームページ.

hóme pláte 名 Ⓤ [通例無冠詞で] 〖野〗本塁, ホーム; 本塁の位置[守備] (home base).

hóme pórt 名 〖海〗母港.

hom・er /hóumə | -mə/ 名 ❶ =home run. ❷ 伝書バト. —— 動 自 〖野〗ホームランを打つ.

Ho・mer /hóumə | -ə/ 名 ホメロス《古代ギリシアの詩人; Iliad および Odyssey の作者》: (Even) ~ (sometimes) nods. ⇨ nod 自 3 b.

hóme rànge 名 《動物が定住する》行動圏.

Ho・mer・ic /houmérɪk/ 形 ❶ ホメロス(風)の. ❷ 大規模の, 堂々とした.

hóme・ròom 名 ⒸU 《米》〖教育〗ホームルーム《学級全員の集まる教室》; ホームルームの時間[授業].

hóme rúle 名 Ⓤ 内政[地方]自治.

⁺**hóme rún** 名 〖野〗ホームラン, 本塁打 (homer): hit a ~ ホームランを打つ.

hóme・schòoling 名 Ⓤ 自宅教育, ホームスクーリング《自分の子供を家庭で教育する》. **hóme-schòol** 動 他 形

⁺**Hóme Sécretary** 名 [the ~] 《英》内務大臣, 内相 (cf. Home Office).

hóme shópping 名 Ⓤ ホームショッピング《電話・カタログ販売・インターネットなどを利用して家庭にいながらする買い物》.

⁺**home・sick** /hóumsìk/ 形 (more ~; most ~) ホームシックの, 郷愁の念が募って, なつかしくて: be [get] ~ ホームシックになった[なる] / be ~ for English food イギリスの食事が恋しくなる.

hóme・sìckness 名 Ⓤ ホームシック, 郷愁.

hóme sígnal 名 《鉄道の》構内信号機.

hóme・spùn 形 ❶ 《布から手織りの, ホームスパンの. ❷ 質素な, 素朴な, 粗野な, 月並みの. —— 名 Ⓤ 手織物; ホームスパン《元来は太糸を手で紡いだ粗い（毛）織物》.

hóme・stày 名 ホームステイ《留学生などがその国の家庭に滞在して, 家族と一緒に暮らすこと》.

⁺**hóme・stèad** 名 ❶ 《特に農家の》家屋敷; 《農地や付属建物も含めた》農家. ❷ 《米・カナダ》自作農場《以前入植者に与えられた》. ❸ 〖法〗宅地. —— 動 自 《米》土地を入手して定住する, 入植する.

hóme・stèad・er 名 ❶ 《米》《自作農場を与えられた》入植者. ❷ homestead の所有者.

hóme・stèad・ing /-dɪŋ/ 名 Ⓤ 《米》都市入植[定住]政策《都市の荒廃建物に入居者が修理をしたうえで一定期間居住した場合, その建物の所有権を与えられる》.

hóme・stráight 名 《英》=homestretch.

hóme・strétch 名 ❶ 〖競技〗最後の直線コース, ホームストレッチ (cf. backstretch). ❷ 《仕事の》最終部分, 追い込み.

hóme・stýle 形 A 《米》《食べ物や家庭料理の》, 家庭風の.

hóme théater 名 《米》ホームシアター《家庭で映画館の雰囲気が味わえるような, 大画面テレビ・ビデオ・DVD・音響機器などのセット》.

⁺**hóme tówn** 名 生まれ故郷の町; 住み慣れた町; 故郷.

hóme trúth 名 [通例複数形] 人に知られたくないわが身の真実.

hóme ùnit 名《米・豪・ニュ》《集合住宅内の》一世帯分,《マンションなどの》一戸, 一室《通例 所有者が居住しているものをいう》.

hóme vídeo 名 ⒸU ホームビデオ: a 家庭用ビデオデッキ[ソフト]. b 家庭で撮影したビデオ.

hóme vísit 名 往診; 訪問看護.

hóme・ward /hóumwəd | -wəd/ 形 家路へ向かう, 帰途の; 《本国へ》帰航の: the ~ journey 帰路の旅. —— 副 家路をさして; 本国《の方向》へ: start ~ 帰路につく.

hòmeward-bóund 形 本国向けの, 帰航《中》の (↔ outward-bound): a ~ ship 帰航中の船.

hóme・wàrds /-wədz | -wədz/ =homeward.

⁺**hóme・wòrk** /hóumwə̀ːk | -wə̀ːk/ 名 Ⓤ ❶ 《学童などの》宿題, 予習〖比較〗《米》では「宿題」の意味では assignment のほうが多く用いられる》. ❷ 《会議などの》下調べ, 準備: do one's ~ 下調べをする.

hóme・wòrk・er 名 家庭で仕事をする人, 内職をする人.

hom・ey /hóumi/ 形 (hom・i・er; -i・est) 《米口》家庭的で[らしい], 家庭的の; 気のおけない, くつろげる, 気楽な《英》homely): a restaurant with a ~ atmosphere 家庭的な雰囲気のレストラン. —— 名 《米俗》=homeboy.

hóme・wàrds =homeward.

hom・i・cid・al /hàməsáɪdl | hòm-⁻/ 形 ❶ 殺人の: a ~ maniac 殺人狂《人》. ❷ 殺人の傾向のある.

⁺**hom・i・cide** /hóməsàɪd | hóm-/ 名 ❶ ⒸU 〖法〗殺人《法律用語では必ずしも犯罪を意味しない; cf. manslaughter, murder》; 《一般に》殺人, 故殺 (murder): ~ in self-defense 自衛のための殺人 / The suspect was charged with ~. その容疑者は殺人罪で告発された. ❷ Ⓤ [H-] 《警察の》殺人捜査課. ❸ Ⓒ 《古風》殺人犯《犯人》.〖F<L<homo 人間+-CIDE〗

hom・ie /hóumi/ 名《米俗》=homey.

hom・i・let・ic /hàməlétɪk | hòm-⁻/ 形 ❶ 説教の; 説教的な. ❷ 説教術[学]の.

hom・i・let・ics /hàməlétɪks | hòm-/ 名 Ⓤ 説教術, 説教学.

ho・mil・i・ary /hámılìèri | həmíliəri/ 名 説教集.

hom・i・list /háməlɪst | hóm-/ 名 説教師.

hom・i・ly /háməli | hóm-/ 名 ❶ 《宗教的な》説教 (sermon). ❷ 《長々しい》訓戒, お説教. 〖F<L<Gk=群集, 集会〗

hóm・ing 形 A ❶ 家へ帰る; 《ハトなど》帰巣[回帰]性を有する: ~ instinct 帰巣[回帰]本能. ❷ 《目標への》自動追尾式の: a ~ torpedo 自動追尾魚雷 / ~ devices 《誘導ミサイルなどの》自動追尾装置. —— 名 ❶ 帰還; 《ハトなどの》帰巣性. ❷ 《ミサイルなどの》自動追尾.

hóming pìgeon 名 伝書バト.

hom・i・nid /háməɪd | hóm-/ 名 形 ヒト科の動物(の).

hom・i・ny /háməni | hóm-/ 名 Ⓤ《米》ひき割りトウモロコシ.

ho・mo /hóumou/ 名 (複 ~s)《俗》同性愛者.〖HOMO(SEXUAL)〗

Ho・mo /hóumou/ 名 Ⓤ〖分類〗ヒト属: Homo sapiens.〖L=人間〗

ho・mo- /hóumou, hám- | háumou-, hóm-/ [連結形]「同一」(the same)《★通例ギリシア語系の語に用いられる; ↔ hetero-》.〖Gk=homos 同じ〗

hòmo・céntric¹ 形 同じ中心をもつ, 同心の.

hòmo・céntric² 形 人類《中心》の.

homo・cer・cal /hòumousə́ːkəl | -sə́ː-/ 形 〖魚〗正形の《尾びれ》, 正形尾の, 正尾の《魚》《尾びれが上下相称; cf. heterocercal》.

hòmo・cýsteine 名 Ⓤ 〖生化〗ホモシステイン《メチオニンのメチル基転移で生成する化合物で, システイン合成の中間体》.

ho・moe・op・a・thy /hòumiápəθi | -ɔ́p-/ 名 =homeopathy.

ho・mo・eróticism 名 Ⓤ 同性愛. -**erótic** 形 同性愛の.

ho・mo・ga・met・ic /hòumougəmétɪk⁻/ 形〖遺〗同形配偶子性の, ホモガメートの.

ho・mog・a・my /houmɔ́gəmi | homɔ́g-/ 名 Ⓤ ❶ 〖生〗同形配偶《2 個の同形配偶子間で行なわれる; ↔ heterogamy》. ❷ 〖植〗雌雄同熟, ホモガミー《雌雄の生殖細胞の

成熟が同時期に行なわれること; ↔ dichogamy). ❸ 〖生〗同類交配. **ho·mog·a·mous** /houmágəməs | həmɔ́g-/ [形]

ho·mog·e·nate /həmáʤənèɪt | -mɔ́ʤ-/ [名] 〖生〗ホモジェネート《細胞構造を細かく破壊して得る懸濁液》.

ho·mo·ge·ne·i·ty /hòuməʤəníːəṭi/ [名] [U] ❶ 同種, 同質(性). ❷ 〖数〗同次性.

+**ho·mo·ge·ne·ous** /hòuməʤíːniəs←/ [形] ❶ 同種[同質]の, 等質[均質]的な (↔ heterogeneous). ❷ 〖数〗同次の. **~·ly** [副] **~·ness** [名] 〖L < Gk < HOMO-+*genos* 種族, 種類〗

ho·mog·e·nize /houmáʤənàɪz | həmɔ́ʤ-/ [動] [他] 均質にする: ~*d* milk 均質[ホモ]牛乳. **ho·mo·ge·ni·za·tion** /houmàʤənɪzéɪʃən | həmɔ̀ʤənaɪz-/ [名]

ho·mog·e·nous /həmáʤənəs | -mɔ́ʤ-/ [形] 〖生〗 = homologous 4.

hómo·gràft [名] 〖外科〗同種移植片 (cf. heterograft).

hom·o·graph /háməgræ̀f | hɔ́məgrɑ̀ːf/ [名] 同形異義語《seal「あざらし」と seal「印」など; cf. heteronym, homonym》. **homo·graph·ic** /hàməgrǽfɪk | hɔ̀m-←/ [形]

ho·moi·o·therm /houmɔ́ɪəθə̀ːm | -θə̀ːm/ [名] =homeotherm.

ho·moi·ou·si·an /hòumɔɪúːsiən | hɔ-←/ [名] [しばしば H~] 〖神学〗類(本)質[ホモイウシオス]論者《キリストと父は似てはいるが本質的には同じではないとする; cf. homoousian》.

ho·mo·log /hóuməlɔ̀ːg | hɔ́məlɔ̀g/ [名] =homologue.

ho·mol·o·gate /houmáləgèɪt | həmɔ́l-/ [動] [他] ❶ 同意する, 認可する. ❷ 〖自動車レース〗〈特定の車種・エンジンなどを〉生産型として認定[公認]する, ホモロゲートする. **ho·mol·o·ga·tion** /houmàləgéɪʃən | həmɔ̀l-/ [名] (生産型であることの)型式認定, ホモロゲーション.

ho·mol·o·gize /houmáləʤàɪz | həmɔ́l-/ [動] [他] 〈性質・位置などそれぞれ〉対応[相応]させる, 一致させる.

ho·mol·o·gous /houmáləgəs | həmɔ́l-/ [形] ❶ 〈性質・位置・構造など〉一致する. ❷ 〖数〗相同の, ホモローグな. ❸ 〖化〗同族の. ❹ 〖生〗相同(器官)の, 異形同源の.

ho·mo·logue /hóuməlɔ̀ːg | hɔ́məlɔ̀g/ [名] ❶ 相同物. ❷ 〖生〗相同器官. ❸ 〖化〗同族体.

ho·mol·o·gy /houmáləʤi | həmɔ́l-/ [名] [U] ❶ 相同関係. ❷ 〖生〗(異種の部分・器官の)相同 (cf. analogy 3). ❸ 〖化〗同族関係. ❹ 〖幾〗相同, ホモロジー.

hómo mìlk [名] [U] 《カナダロ》 =whole milk.

hom·o·nym /hámənɪ̀m | hɔ́m-/ [名] ❶ 同音異義語《pail「おけ」と pale「くい」と pale「青白い」など; cf. heteronym, synonym》. ❷ = homograph. ❸ = homophone 1. **ho·mon·y·mous** /houmánəməs | həmɔ́n-/ [形] 〖Gk; ⇨ homo-, -onym〗

ho·mo·ou·si·an /hòumouúːsiən←/ [名] [しばしば H~] 〖神学〗同本質[同一実体, 同体, ホモウシオス]論者《キリストと神とは本質的に同一とする; cf. homoiousian》.

hó·mo·phòbe /hóumə-/ [名] 同性愛(者)に恐怖感をもつ人, 同性愛嫌悪者, ホモ嫌い.

ho·mo·pho·bi·a /hòuməfóubiə/ [名] [U] 同性愛[ホモ]嫌い[恐怖]. **ho·mo·pho·bic** /hòuməfóubɪk←/ [形]

hom·o·phone /háməfòun | hɔ́m-/ [名] ❶ 同音字《c /s/と s, または c /k/と k》. ❷ 異形同音異義語《right と write と wright など》. ❸ =homonym 1.

hom·o·phon·ic /hàməfánɪk | hɔ̀məfɔ́n-←/ [形] ❶ 同じ音の; 同音異語の. ❷ 〖楽〗ユニゾンの, 斉唱[斉奏]の; ホモフォニーの.

ho·moph·o·nous /houmáfənəs | həmɔ́f-/ [形] = homophonic.

ho·moph·o·ny /houmáfəni | həmɔ́f-/ [名] [U] ❶ 同音(性). ❷ 〖楽〗斉唱, 斉奏, ユニゾン; ホモフォニー, 単音楽 (cf. polyphony).

hòmo·pólar [形] 〖化・電〗同極の: ~ bond 等極結合 / a ~ compound 同極化合物.

hom·or·gan·ic /hòumɔəgǽnɪk | -ɔː-←/ [形] 〖音声〗同器官的な.

Hómo sá·pi·ens /-séɪpiènz | -sǽp-/ [名] [U] 〖生〗ホモサピエンス, 人類. 〖L=wise man〗

*__ho·mo·sex·u·al__ /hòuməsékʃuəl, -ʃəl←/ [形] 同性愛の (cf. gay, heterosexual, lesbian). ── [名] 同性愛者.

+**hom·o·sex·u·al·i·ty** /hòuməsèkʃuǽləṭi/ [名] [U] ❶ 同性愛 (cf. lesbianism). ❷ 同性愛的行為.

hòmo·sócial [形] 同性どうしの社会的関係の, 男どうしのつきあいの.

hòmo·tránsplant [名] =homograft.

ho·mo·zy·gote /hòuməzáɪgout/ [名] 〖生〗同型[ホモ]接合体. **-zý·gous** /-záɪgəs←/ [形] 同型[ホモ]接合の.

ho·mun·cu·lus /houmʌ́ŋkjuləs/ [名] (複 **-li** /-làɪ/) こびと, 一寸法師; 精子微人《かつて精子中に存在すると考えられた超小人》. **-cu·lar** [形]

hom·y /hóumi/ [形] =homey.

hon /hʌ́n/ [名] =honey 3.

Hon., hon. 《略》 Honor; Honorable; Honorary.

hon·cho /hánʧou | hɔ́n-/ [名] ❶ 指導者, 主任, リーダー (boss). ❷ 有力者, 大物. 〖Jpn=班長〗

Hon·du·ras /hɑn(j)ú(ə)rəs | hɔndjúər-/ [名] ホンジュラス《中央アメリカの共和国; 略 Hond.; 首都 Tegucigalpa》. **Hon·dú·ran** /-rən/ [形] [名]

+**hone** /hóun/ [動] [他] ❶ 〈技術などを〉磨く: ~ one's skills 腕を磨く. ❷ 〈刃物などを〉砥石でとぐ (sharpen). ── [名] (かみそりなどの)砥石(といし).

*__hon·est__ /ánəst | ɔ́n-/ [形] (**more** ~; **most** ~) ❶ 〈人が〉正直な, 実直な; 誠実な, 信頼できる: an ~ man 正直者 / He was ~ ***in*** business. 彼は仕事に誠実だった / He was ~ *in* tell*ing* me about his intentions. 彼は正直にも意図を話した / She was ~ ***about*** it. 彼女はそのことを正直に[ありのままに]話した / 〔+***of***+[代名](+***to*** do) / +***to*** do〕 It was ~ *of* you *to* admit it.=You were ~ *to* admit it. よく正直にそれを認めてくれたね. ❷ 〈顔・行為など〉正直[誠実]さが表われた: He has an ~ face. 彼は正直そうな顔をしている. ❸ **a** 〈言行など〉偽りのない, 率直な (frank): give one's ~ opinion 率直な意見を述べる. **b** [A] 〈利得など〉正当な, 正直に働いて得た: make an ~ living 堅気の生活をする, まっとうな暮らしをする. ❹ 混ぜ物のない, 本物の: ~ beer [milk] 純良ビール[牛乳]. **hónest to Gód [góodness]** 本当に, まったく. **màke an hónest wóman of...** 《口》〈妊娠した女〉を正式の妻にする[と結婚する]. **to be hónest (with you)** [文頭に用いて] (あなたに)正直に申しますと, ありていに言えば. **to be quìte hónest abòut it** (まったく)正直に言って, 正直なところ. ── [副] 《口》本当に, 間違いなく, まったく: I didn't do it. *H*~! ぼくはしなかったよ. うそじゃないよ. 〖F < L=りっぱな *honor*, *honos* 名誉; cf. honor〗 ([名] honesty) 【類義語】 **honest** 他人に対して公正率直でうそ・偽りが全くない. **upright** 道徳的な行動基準に従っている. **conscientious** 道徳観念・良心に従おうと積極的な努力をする. **scrupulous** 自己の行動・目的などについてきびしく反省し, 道徳的で良心に従った行動をしようと努める.

hónest bróker [名] (国際紛争・企業間紛争の)中立的仲裁人[調停人].

hónest Ín·jun /-ínʤən/ [副] 《口》本当に, 間違いなく《★軽蔑的とみなされることもある》.

*__hon·est·ly__ /ánəstli | ɔ́n-/ [副] (**more** ~; **most** ~) ❶ **a** 正直に; 率直に: He spoke ~ about his involvement in the affair. 彼はその事件に関係していたことを正直に話した. **b** 正直に働いて, 正当に: I got the money ~. その金は私が稼いだものだ《不正なものではない》. ❷ (比較なし) [文修飾; 通例文頭で] 正直に打ち明けて, まったく, 本当に: *H*~, that's all the money I have. 正直なところこれしか金がない.

hónest-to-góodness[-gód] [形] [A] 《口》純粋の, 混じり物のない; 本物の.

*__hon·es·ty__ /ánəsti | ɔ́n-/ [名] [U] 正直, 実直; 誠実: in all ~ 正直のところ / *H*~ is the best policy. 《諺》正直は最上の策. ([形] honest) 【類義語】 **honesty** 正直・誠実で, うそ・ごまかしなどがないことを表わす一般的な語. **honor** honesty に加えて, 社会的な地位・職業などに要求される倫理[きまり]に忠実なこと. **integrity** 性格が道徳的・倫理的に

H

立派で, 人を裏切ったりなどは絶対にしないこと; 行為ではなくその人柄の誠実・高潔さを示す. **sincerity** うそ・偽りがなく, 心から真実・誠実なこと.

***hon·ey** /hʌ́ni/ [名] (複 ～s) ❶ [U] はちみつ. ❷ [U] (みつのように)甘いもの. ❸ [C] 《米口》 かわいい者: (my) ～ ねえ君[あなた] 《妻・恋人などへの呼び掛け》 / Yes, ～! うん, お前!, はい, あなた! ❹ [C] 《米口》 すばらしいもの, 一級品: a ～ of a dress すてきなドレス / That car is a real ～. あの車は本当にすばらしい. ── [形] [A] ❶ (はち)みつの. ❷ (甘さが)みつのような; 甘美な. 〖OE; 原義は「金色のもの」〗

hóney ànt [名] 〘昆〙 ミツアリ 《ミツアリ属のアリなど; 働きアリの肥大した腹部にみつをたくわえ, 必要に応じて吐き戻して仲間に与える》.

hóney bàdger [名] 〘動〙 =ratel.

hóney·bèe [名] 〘昆〙 ミツバチ.

hóney bìrd [名] 〘鳥〙 ミツオシエ (honey guide).

hóney bùcket [名] 《米俗》 肥桶(こえおけ), 肥溜め.

hóney bùn [名] =honey bunch.

hóney bùnch [名] 《口》 恋人, 愛人.

hóney bùzzard [名] 〘鳥〙 ハチクマ 《地バチの巣を襲ったり, 飛んでいるハチを捕えたりするタカ; 欧州・アジア産》.

hóney·còmb [名] ❶ ミツバチの巣, ハチの巣 (comb; cf. hive 1a). ❷ ハチの巣状のもの.

hóney·còmbed [形] ハチの巣状の; 穴[トンネル(など)]の多い: Tokyo is ～ *with* subways. 東京は地下鉄が縦横に通っている.

hóney·crèeper [名] 〘鳥〙 ❶ ミツドリ 《ホオジロ科; 熱帯・亜熱帯アメリカ産》. ❷ ハワイミツスイ 《同科の各種》.

hóney·dèw [名] ❶ [U] **a** (暑い時に植物の葉・茎から出る)甘い汁. **b** (アブラムシ類が分泌する)みつ. ❷ [U] 甘露. ❸ =honeydew melon.

hóneydew mèlon [名] ハネデューメロン 《muskmelon の一種; 果肉は甘い》.

hóney·èater [名] 〘鳥〙 ミツスイ 《ミツスイ科の各種の鳥; 南太平洋産》.

hón·eyed [形] 《文》 ❶ **a** みつのある[多い]. **b** みつで甘くした; 甘い. ❷ 〈言葉など〉甘ったるい; お世辞たらたらの.

hóney fùngus [名] 〘植〙 ナラタケ 《木の根元に群生する食用キノコ; 立木を枯らし大害を与えることがある》.

hóney guìde [名] ❶ 〘鳥〙 ミツオシエ 《アフリカ・インド産; 動作や鳴き声で蜂蜜のありかを知らせる》. ❷ 〘植〙 ハチをひきつけると考えられている花冠上の斑.

hóney lòcust [名] 〘植〙 アメリカサイカチ 《マメ科; 北米産》.

⁺hon·ey·moon /hʌ́nimùːn/ [名] ❶ 新婚旅行, ハネムーン: go (off) on one's ～ 新婚旅行に出かける. ❷ **a** (結婚直後の)楽しい[幸福な]期間, 蜜月. **b** 新しい協調関係. ── [動] [自] [副詞(句)を伴って] 新婚旅行をする; 新婚期を過ごす: They ～*ed in* Paris. 彼らは新婚旅行をパリで過ごした. **～·er** [名] 〖新婚期を甘美で幸福な満月にたとえ, すぐに欠けていくことにかけた戯言的造語〗

honeymoon brídge [名] [U] 〘トランプ〙 ハネムーンブリッジ 《2人用のブリッジ》.

hóney mùshroom [名] 〘植〙 =honey fungus.

hóney pàrrot [名] 〘鳥〙 =lorikeet.

hóney pòssum [名] 〘動〙 フクロミツスイ 《オーストラリア産; クスクス科; 鼻と舌が長く花蜜・蜂蜜を食する》.

hóney·pòt [名] ❶ みつの壺. ❷ [通例単数形で] 人気のある[人を引きつける]場所. ❸ 《俗》 女性器 (vagina).

hon·ey·suck·le /hʌ́nisʌ̀kl/ [名] [U,C] 〘植〙 スイカズラ.

hóney-swéet [形] はちみつのように甘い.

hóney·wòrt [名] 〘植〙 キバナルリソウ 《地中海地域・ヨーロッパ産のムラサキ科の草本; 花は筒形で黄と紫, 多量のみつを産する》.

Hong Kong /hɑ́ŋkɑ̀ŋ | hɔ̀ŋkɔ́ŋ⁻/ [名] 香港(ホンコン) 《中国南部の特別行政区; 英国の旧直轄植民地;1997 年 7 月 1 日に中国に返還》.

Ho·ni·a·ra /hòuniɑ́ːrə/ [名] ホニアラ 《ソロモン諸島の Guadalcanal 島にある町; 同国の首都》.

hon·ied /hʌ́nid/ [形] =honeyed.

Hón·i·ton (láce) /hɑ́nɪtn(-) | hɔ́n-/ [名] [U] ホニトンレース 《花の小枝模様を編み込んだレース》. 〖Honiton イングランド Devon 州の町で生産地〗

honk /hɑ́ŋk, hɔ́ːŋk | hɔ́ŋk/ [動] [自] ❶ 警笛を鳴らす (hoot). ❷ 〈ガンが〉鳴く. ── [他] 〈警笛を〉鳴らす. ── [名] ❶ (自動車の)警笛の音. ❷ ガン (wild goose) の鳴き声. 〖擬音語〗

hon·kie /hɑ́ŋki, hɔ́ːŋ- | hɔ́ŋ-/ [名] =honky.

honk·ing /hɑ́ŋkɪŋ | hɔ́ŋ-/ [形] 《口》 ばかでかい.

hon·ky /hɑ́ŋki, hɔ́ːŋ- | hɔ́ŋ-/ [名] 《米俗》 白人 《★ 黒人が軽蔑的に用いる》.

hon·ky-tonk /hɑ́ŋkitɑ̀ŋk, hɔ́ːŋkitɔ̀ːŋk | hɔ́ŋkitɔ̀ŋk/ [名] 《口》 ❶ [C] (騒々しい)安酒場[キャバレー(など)]. ❷ [U] 〘ジャズ〙 ホンキートンク調の音楽. ── [形] ❶ 安酒場[キャバレー](風)の. ❷ 〘ジャズ〙 ホンキートンク調の 《ラグタイムによるピアノ演奏にいう》.

hon·nête homme /ɔːnetɔ́ːm | ɔnetɔ́m/ [名] [the ～] (上品で)誠実な人, 正直者; 紳士. 〖F=honest man〗

Hon·o·lu·lu /hɑ̀nəlúːluː | hɔ̀n-/ [名] ホノルル 《米国 Hawaii 州の州都; Oahu 島にある》.

***hon·or** /ɑ́nə | ɔ́nə/ [名] ❶ [U] **a** 名誉, 栄誉; 面目, 体面: die with ～ on the battlefield 名誉の戦死を遂げる / a point of ～ (実行しなければ)面目にかかわる事 / pledge one's ～ 自己の面目にかけて誓う / win ～ 名誉を得る / uphold [stain] one's ～ 体面を保つ[汚す] / *H*～ is satisfied. (決闘か謝罪を受けるかして)面目が立った. **b** 尊敬, 敬意: pay [give] ～ to…に敬意を表する / have [hold] a person in ～ 人を尊敬する. ❷ [U] **a** 道義心, 廉恥(れんち)心, 自尊心; 誠実, 清廉: a matter of ～ 信義の問題 / There's ～ among thieves. 《諺》 盗人にも仁義. **b** 《古風》 (女性の)貞節, 淑徳: womanly ～ 貞節 / lose one's ～ 貞操を失う. ❸ [an [the] ～] 名誉[光栄]となるもの[こと, 人]: He's *an* ～ *to* the country [school, family]. 彼は国[学校, 家]の誉れである / I take your visit as *a* great ～. ご来訪を身に余る光栄と存じます / I think it *a* great ～ to accept your invitation. ご招待をお受けすることを無上の光栄と存じます / I have *the* ～ *of* perform*ing* before you all. 皆さんの前で演奏する光栄に浴します / Will you do us *the* ～ *of* din*ing* with us next Saturday? 次の土曜日に私どもと晩餐(ばんさん)をご一緒していただけませんでしょうか. / [＋*to* do] I have the ～ *to inform* you that… 謹しんで申しあげますが…, 謹啓… ❹ [C] **a** [通例複数形で] 名誉賞, 勲章. **b** [複数形で] 叙勲,叙位: ⇒ birthday honours, honours list. ❺ [複数形で] **a** 儀礼: the last [funeral] ～*s* 葬儀 / (full) military ～*s* 軍葬の礼; (元首などに対する)軍の栄誉礼. **b** (主人役による)社交上の儀礼: do the ～*s* 主人役を務める / He did the ～*s* of the table. 食卓の主人役を務めた. ❻ [複数形で] **a** (学校で)優等: graduate with ～*s* 優等で卒業する. **b** [単数扱い] 〘大学〙 優等コース. **c** 〘英大学〙 優等学位: pass with *honours* (in…) (…の)優等学位試験に合格する. ❼ [*H*～; 判事・市長などへの敬称に用いて] 閣下: His [Your] *H*～ the Mayor 《米》 市長閣下 《[用法] he [you] の代わりに用いる》. ❽ [複数形で] 〘トランプ〙 最高の役札 《たとえば bridge での切り札, ace, king, queen, knave, ten の 5 枚》. ❾ [the ～] 〘ゴルフ〙 オナー 《tee からの打ち出しの優先権》.

dò hónor to a person=dò a person hónor (1) 人に敬意を表する, 人を礼遇する. (2) 〈善行などが〉人の名誉となる, 人に尊敬を受けさせる.

give a person one's wórd of hónor 面目にかけて〈人に〉約束する.

hónor bóund to dó 面目にかけて…しなければならなくて.

hónor bríght [断言する時に用いて] 《英古風》 誓って, 確かに.

Hónors are éven. 双方五分五分である.

in hónor of…に敬意を表して, …を祝して, を記念して: A bust has been erected *in* ～ *of* the great scientist. その偉大な科学者をたたえて胸像が建てられた.

on one's hónor (to dó) 面目にかけて(…しなければならない).

on my hónor 名誉にかけて, 誓って.

pùt a person on his hónor 〈人に〉名誉にかけて誓約させる.

the hónors of wár 降伏した敵に許す恩典《武器・軍旗を携帯させるなど》.

to a person's hónor 人の名誉となって, 人に面目を施すことになって: It was greatly *to* his ～ that he refused the reward. その報酬を辞退して彼は大いに男を上げた.

upòn my hónor =on my HONOR 成句.

── 他 ❶ **a**〈人に〉〈賞・称号などを〉与える;〈賞などを与えて〉〈人を〉公式にたたえる[称賛する];〔功績などに対して〕〈人に〉敬意を表する《★通例受身》: ～ a person *with* a medal 人に勲章を授ける. **b**〈人を〉尊敬する: Fear God and ～ the King [Queen]. 神を恐れ王[女王]をたたえよ. ❷〈人に〉名誉[光栄]を与える《用法 ていねいな形式的な表現; cf. honored》: Will you ～ me *with* a visit? 一度わが家をお訪ねいただけませんか / Would you ～ us *by* sharing our dinner tonight? 今晩粗餐(そさん)を差し上げたいと存じますがおいでいただけますか. ❸〈約束・契約を〉守る, 果たす;〈人・銀行などが〉〈手形を〉引き受けて期日に支払う,〈...を〉受け取る(↔ dishonor): ～ a check 小切手を受け取る / The hotel ～s all major credit cards. そのホテルでは主なクレジットカードは全部使える.

〖F<L=honor りっぱさ, 栄誉; cf. honest〗〖形〗honorable, honorary〗〖類義語〗(1) ⇒ honesty. (2) honor 人の人格・地位・能力を認めて敬意を払うこと. homage honor に加えて賞賛・尊敬を表し; 形式化した態度を伴うことが多い. reverence 深い尊敬と愛情. deference 目上の[立派な]人などに敬意を払い, その人の意志・判断を尊重すること.

*hon·or·a·ble /án(ə)rəbl | ɔ́n-/ 形 (more ～; most ～) ❶〈人・行為が〉尊敬すべき, 志操の正しい, 高潔な; 恥ずかしくない: an ～ leader 尊敬すべき指導者 / His intentions are ～. 彼の志意[意図]は高潔である;《戯言》彼には本当に結婚する気がある. ❷ **a** 光栄ある, 名誉の: an ～ burial 栄誉の埋葬式 / an ～ death 名誉の死. **b** 名誉ある, 高貴な, 高名な: an ～ duty 栄職 / an ～ family 名門. **c** 名誉を表彰する: ⇒ honorable mention. ❸ [H～; 通例 the ～] 閣下《英》伯爵以下の貴族の子・女官・高等法院判事・下院議員・植民地の(立法評議会)議員などへの敬称,《米》国会議員・州議員・知事・市長・判事などへの敬称, あて名では姓だけでなく名まえもその頭文字を用いる時に限り, たとえば The *Hon.* Alfred Vandenberg / The *Hon.* T. E. Dewey のように略すとよい: *the Honourable* gentleman [member]=my *Honourable* friend《英》下院議員が議場で他の議員に用いる呼称. the **Mòst Hónourable**《英》侯爵〖Bath most 所有者への敬称《略 Most Hon.》. the **Ríght Hónourable**《英》伯爵以下の貴族・枢密顧問官・ロンドン市長などへの敬称《略 Rt. Hon.》. (名 honor)

hónorable díscharge 名 U.C《米軍》名誉除隊.

hónorable méntion 名 U.C 選外佳作(賞).

hón·or·a·bly /-rəbli/ 副 名誉[りっぱ]に: be ～ discharged (from...) (...を)円満退職[除隊]する.

hon·or·and /ánərænd | ɔ́n-/ 名 名誉学位受領者.

hon·o·rar·i·um /ànəré(ə)riəm | ɔ̀n-/ 名 (複 ～s, -i·a /-riə/) 謝礼(金) (fee).

†**hon·or·ar·y** /ánərèri | ɔ́n(ə)rəri/ 形 ❶〈地位・学位などが名誉として与えられる, 名誉上の;(通例無給の)肩書だけの, 名誉職の: an ～ degree 名誉学位 / an ～ member [office] 名誉会員[職] / an ～ secretary 名誉幹事. ❷〈負債など〉〈法律上というより〉徳義上の.

hón·ored 形 ❶ 光栄[名誉]に思って: I feel highly ～ *by* your kindness. あなたのご親切を大いに光栄に思います / We hope to be ～ *with* your orders. ご用命をお待ち申し上げます / I'm ～ *to* be asked to speak. 発言を求められて光栄です / I'm ～ *that* you should ask me to speak. 発言を求められて光栄に思います. ❷ 名誉ある; 尊敬に値する, 敬意を表すべき: an ～ guest 貴賓.

hon·o·ree /ànərí/ 名 栄誉を受ける人, 受賞者.

hónor guàrd 名 儀仗兵(ぎじょうへい).

hon·or·if·ic /ànərɪ́fɪk | ɔ̀n-/ 名 ❶ 敬称. ❷ 敬語.
── 形 敬称の, 尊敬的な.

ho·no·ris cau·sa /ǎnɔ́:rɪskɔ́:zə | ɔnɔ́:rɪskáuzə/ 副 名

875 hook

誉[栄誉]をたたえて.

hónor ròll 名《米》❶ 優等生名簿. ❷ 栄誉者名簿.

hónor sỳstem 名 [しばしば the ～] (学校の試験の)無監督制度.

*hon·our /ánə | ɔ́nə/ 名 動《英》=honor.

*hon·our·a·ble /án(ə)rəbl | ɔ́n-/ 形《英》=honorable.

hon·our·a·bly /-rəbli/ 副 =honorably.

hónours lìst 名《英》❶ 栄誉者名簿, 叙勲者名簿. ❷ 優等生名簿.

hooch /húːtʃ/ 名 U《米口》酒,(特に)(密造)酒, 安酒.〖これを製造したアラスカの部族名から〗

†**hood**[1] /húd/ 名 ❶ **a**(コートなどの)フード, ずきん. **b** 覆面, フルフェイスのマスク. **c**(学他の表章としての)大学式服の背後垂れ布《フードを長く引き伸ばしたような形で, 教授の正装の一部》. **d**(タカ狩り用のタカ・馬の)頭おおい. ❷ フード状のもの:(ガス台などの)さし, 排気風車(ふう), レンジフード.(煙突の)かさ. **b**(馬車・乳母車などの)ほろ. **c**《米》(自動車の)ボンネット (《英》bonnet). **d**(カメラの)(レンズ)フード. **e**(コブラの)唐傘状の頸部("). **f**(タイプライターなどの)おおい. **g**(砲塔の)天蓋(ふた). ── 動〈...を〉フードでおおう.〖OE; 原義は「おおうもの」; cf. hat〗

hood[2] /húd/ 名《米口》=hoodlum.

hood[3] /húd/ 名 [the ～]《米俗》近所, 近隣 (neighborhood).

Hood, **Mount** 名 フッド山《米国 Oregon 州北西部 Cascade 山脈中の火山》.

-hood /hùd/ 接尾 [名詞語尾] ❶ 性質・状態・階級・身分・境遇などを表わす: child*hood*, man*hood*. ❷ まれに形容詞について状態を表わす: false*hood*, likeli*hood*. ❸ 集合体を表わす「連・団・社会」などの意を表わす: priest*hood*, neighbor*hood*.〖OE〗

†**hóod·ed** 形 ❶ フードを(目深に)かぶった. ❷ ほろ[かさ]付きの. ❸〈目が〉半ば閉じた. ❹ **a**〖植〗帽子状の. **b**〖動〗ずきん状の冠毛のある.

hóoded crów 名〖鳥〗ズキンガラス《欧州産》.

hóoded séal 名〖動〗ズキンアザラシ《北大西洋・北極海産》.

hood·lum /húːdləm/ 名 不良少年; 暴力団員, ギャング, やくざ.

hood·mòld, **hóod mólding** 名〖建〗=dripstone.

hoo·doo /húːduː/《口》名 (複 ～s) ❶ C.U 縁起の悪い人[もの], 厄病神; 不運. ❷ =voodoo. ── 動 他 ❶〈人を〉不運にする. ❷〈...に〉魔法をかける;〈...を〉魅する.

hóod·wink 動〈人を〉だます, ごまかす.

hoo·ey /húːi/ 名 U《米口》たわごと, ばかなこと. ── 間 ばかな!《擬音語》

†**hoof** /húf, húːf | húːf/ 名 (複 ～s, hooves /húvz, húːvz | húːvz/) ❶(馬などの)ひづめ (cf. paw 1). ❷《口》(人間の)足: ⇒ cloven hoof. **on the hóof** (1)〈家畜が〉まだ食用に殺されないで, 生きている. (2) 深く考えず(十分な)準備[用意]もなく. ── 動 他《口》❶ 歩く. ❷ 踊る.
── 自〈...を〉ひづめでける. **hóof it**《口》(1) 歩く. (2) 踊る.

hóof·bèat 名 ひづめの音.

hoofed /húft, húːft | húːft/ 形 ❶ 有蹄(てい)の: a ～ animal 有蹄動物. ❷[複合語中で]〈...の〉ひづめのある: broad-*hoofed* ひづめの広い.

hóof·er 名《米口》(プロの)タップダンサー.

hoo·ha /húːhɑː/ 名 U《口》(つまらないことについての)大騒ぎ, 空騒ぎ, 騒動.

*hook /húk/ 名 ❶ **a** 鉤(かぎ), フック, 自在鉤; ホック, 留め金; ねじ・帽子掛け / ～s and eyes ホックと留め穴. **b**(公衆電話の受話器をかける)手(の部分). **c**(魚釣り用の)かぎ針: a ～ and line 釣り糸をつけた釣り針 / ⇒ fish-hook. **d** a〖ボク〗フック《ひじを曲げて打つ打ち方》. **b**(ゴルフ・野球などで)フック《ボールが途中から利き腕と逆方向に曲がること; cf. slice 4 a》. ❸ 人の注意[関心]を引きつけるもの[事柄], 人受け, 売れ行き, 憶えやすい旋律, サビ. ❹ **a**(引用符の)かぎ (" "). **b**(音符の)フック, かぎ (♪ ♫ など旗形の部分). ❺ **a**(河川の)屈曲部. **b** 海に突き出た陸地 岬, 砂州(など). ❻[複数形で]《俗》指; 手. ❼《俗》

スリ, 泥棒《人》. **by hóok or (by) cróok** なんとかかんとか, 是が非でも. **gèt one's hóoks ìnto [on] a person**《口》〈人を〉(利用するために)つかまえる, (つかまえて)言いなりにする. **gét the hóok**《米口》首になる《(由来 昔集団を長いかぎつき棒で舞台から引きずりおろしたことから). **gíve a person the hóok**《米口》〈人を〉首にする. **hóok, líne, and sínker** [副詞的に]《口》まるごと, すっかり(信じてしまう)《(由来 魚が釣り針も糸もおもりも飲み込んでしまうの意から): swallow a person's story ~, line, and sinker 人の話をうのみにする. **the hóok**《口》(1) 《口》窮地を抜け出して: He let us *off the* ~. 彼は我々を窮地から救ってくれた. (2) (電話の)受話器がはずれて. (3) [ring の後で]《米》(電話が)鳴り始めて: The phone has been *ringing off the* ~. 電話がじゃんじゃんかかってきている. **òff the hóoks**《英俗》死んで. **on one's ówn hóok**《口》独力で, 自力で. **on the hóok (for...)**《口》(...について)責任があって; 借金[負債]があって. **slíng [tàke] one's hóok**《英口》逃げる, ずらかる.

— 動 他 ❶ a [副詞(句)を伴って]〈...を〉(...に)掛ける[引っかける, つるす]: ~ a hat *on* [*over*] a nail 帽子をくぎにかける. **b**〈服などを〉ホックで留める;〈人の服をホックで留める《*up, on*》: ~ (*up*) a dress ドレスをホックで留める. **c** [副詞(句)を伴って]〈指・腕などを〉(かぎのように)曲げる, 曲げて(...に)掛ける[回す]: ~ one's finger 指を曲げる / ~ one's arm *through* another's 人の腕に腕を組む. ❷〈魚・ものなどを〉かぎ針[釣り針]に引っかける: ~ a fish 魚を釣り針に引っかける. ❸《口》**a**〈人を〉引きつける, 魅了する,(うまく)つかまえる. **b**〈...を〉だまして(...に)引き込んで...させる〔*into*〕. ❺《ボク》〈相手に〉フックを入れる. ❻〈ゴルフなどで〉〈ボールを〉フックさせる. ❼《野》〈ボールを〉フックさせて投げる. ❽《俗》〈ものを〉盗む, かっぱらう. — 自 ❶ [副詞(句)を伴って]〈...に〉引っかかる, 掛かる;掛かっている;(ホックで)留まる. ❷ 〔インターネットなどに〕接続する〔*into*〕. ❸《ボク》フックを打つ. ❹〈...に〉かかわる, 関係する〔*into*〕. **hóok it**《俗》逃げる, ずらかる. **hóok úp** (動+副) (1)〈物・人を〉〈装置に〉つなぐ〔*to*〕;〈装置で〉〈電源・本体などに〉接続する〔*to*〕《利用者・コンピューターに〉〈...を〉接続させる〔*to, into*〕: ~ a person *up to* a heart-lung machine 人を人工心肺につなぐ / ~ *up* a printer *to* a computer プリンターをコンピューターにつなぐ. — 自+副》《口》〈異性と〉つき合うようになる, つき合い始める;〈...と〉落ち合う, 会って一緒になる[合流する]〔*with*〕. (3) 〈...と〉親密[提携]する〔*with*〕. (4)〔インターネットに〕接続する〔*to, into*〕. **hóok a person úp with ...** 人が...を手に入れるのを手伝う, 人のために...を手に入れる. 〖OE〗

hook·ah /húkə/ 名 水ぎせる.《Urdu ◀ Arab》

hóok and ládder (trùck) 名《米》はしご付き消防車.

Hooke /húk/, **Robert** 名 フック(1635-1703; イングランドの科学者・発明家).

†**hooked** 形 ❶ かぎ状の[に曲がった]: a ~ nose かぎ[わし]鼻. ❷ かぎ(ホック)のついた. ❸《口》〔...に〕夢中になって: He's ~ *on* jazz. 彼はジャズに夢中になっている. **b**〔麻薬に〕病みつきになって, ふけって〔*on*〕. ❹〔...にかかわる, 関係して〕. ❺《俗》結婚した, 既婚の.

hóoked schwà 名 かぎ付きのシュワー(の記号);/ɚ/の音.

hóok·er¹ 名 ❶《口》売春婦. ❷《ラグビー》フッカー《スクラムの最前列にいてボールをけり出す選手》. ❸ かぎで引っかけるもの[人]. ❹《俗》大量の酒.

hook·er² /húkə/ 名《海》❶ **a**(アイルランド・英国などの) 1 本マストの漁船. **b** オランダの 2 本マストの帆船. ❷ おんぼろ船; 船.

Hóoke's láw 名 フックの法則《固体のひずみは弾性限界内では加わる力に比例する》. 〖R. Hooke〗

hook·ey /húki/ 名 =hooky¹.

hook·let /húklət/ 名 小さな hook; (虫の頭部の)かぎ.

hóok·nòse 名 わし鼻, かぎ鼻.

hóok-nósed 形 かぎ[わし]鼻の.

hóok·tìp 名《昆》カギバガ(鉤翅蛾)(前翅先端がかぎ状になっている).

hóok·ùp 名 ❶ (システム・供給源などとの)接続;(装置同士の)連結, 接続;接続図: a room with a computer ~ ネットワーク(など)に接続しているコンピューターのある部屋. ❷ (放送局間の)連結, 中継: a nationwide ~ 全国中継放送. ❸ 《口》 連結, 結合. **b** (しばしば対立する国家・党派間などの)連携, 提携.

hóok·wòrm 名 ❶ [C] 鉤(ぎ)虫《腸に寄生する線虫》. ❷ [U] 鉤虫症.

hook·y¹ /húki/ 名 [U]《米口》ずる休み《★ 通例次の句で用いて》: play ~ 学校(など)をサボる(《英》play truant).

hook·y² /húki/ 形 ❶ かぎ状の, かぎだくさんの.

hoo·li·gan /húːlɪɡən/ 名 ごろつき; 不良少年, よた者: a gang of ~s 暴力団, 愚連隊 / football ~s サッカー観戦で騒動を起こすやくざ連中, フーリガン. 《大衆歌曲に歌われるなどした, 架空のアイルランド人家族の姓名からか》

hoo·li·gan·ism /-ɡənìzm/ 名 [U] 不良行為, 乱暴, 無軌道.

†**hoop** /húːp, húp | húːp/ 名 ❶ **a** (たる・おけ (barrel, cask) などの)たが, 金輪. **b** (輪回し遊びの)輪. ❷ たが[輪]状のもの: **a**《サーカスの》くぐり輪. **b**《バスケット》バスケットリング. **c** (平型の)指輪. ❸ **a** (もと婦人服のスカートを張り広げた鯨のひげ・鋼鉄などの)張り骨. **b** [通例複数形で]《クローケー》門《クローケーで球をくぐらせる逆 U 字型の門; cf. croquet》. **gó [júmp] through the hóop(s)**《口》試練をへる, 苦労する《(由来 曲芸用の輪くぐりから》. **pút a person through the hóop**《人を〉鍛える, 思い知らせる《由来 同上》. — 動 他 ❶〈たる・おけに〉たがをかける. ❷〈...を〉たがで取り巻く.

hoop·er /-ə/ 名《古風》たがを掛ける人; 桶屋.

hoop·la /húːpləː/ 名 [U] ❶《英》 輪投げ (ringtoss)《輪を投げてその中に入った品物をもらう縁日などの遊戯》. ❷《米口》**a** 大騒ぎ. **b** 派手な「鳴り物入りの」宣伝.

hoo·poe /húːpuː/ 名《鳥》ヤツガシラ.

hóop skìrt 名 (張り骨で広げた)フープスカート.

hoo·ray /hʊréɪ/ 間 名 =hurrah.

Hoo·ráy Hénry /hʊréɪ-/ 名《英》フレー・ヘンリー《騒々しくて目立ちたがり屋の上流階級の若者》.

hoose·gow /húːsɡaʊ/ 名《米俗》刑務所.

Hoo·sier /húːʒɚ | -ʒə/ 名《米》インディアナ州の住民.

Hóosier Stàte 名 [the ~] 田舎者州 (Indiana 州の俗称).

†**hoot** /húːt/ 名 ❶ **a** プーブー, ボー《汽笛・警笛の音》. **b** ホー《フクロウ鳴き声》. ❷ やじる声, あざけり[不賛成]の叫び. ❸《口》 **a** おもしろいこと[人], こっけいなこと[人]. ❹ [否定文で]《口》無価値なもの, 少量: not care [worth] a ~ [two ~s] ちっともかまわない[何の値打ちもない]. — 動 他 ❶〈汽笛・サイレン・自動車の警笛などが〉プーブー鳴る[という音を出す](honk). ❷〈フクロウが〉ホーホー鳴く. ❸ (軽蔑・怒りなどで)ブーという; やじる, はやし立てる〈*at*〉. — 他 ❶〈警笛などを〉鳴らす. ❷〈人を〉やじる: ~ an actor 俳優をやじる / The crowd ~*ed* the speaker *down*. 群衆は演説者をやじり倒した. 《擬音語》

hoo·te·nan·ny /húːt̬ənæni/ 名《米》フーテナニー《聴衆も参加できる形式ばらないフォークシンガーのコンサート》.

hóot·er /-t̬ɚ | -t̬ə/ 名 ❶ [複数形で]《米俗》(女性の)胸, 乳房. ❷ 鼻. ❸ 汽笛, 号笛, (自動車などの)警笛.

hóot òwl 名《動》ホーホーと鳴くフクロウ (cf. screech owl).

Hoo·ver /húːvɚ | -və/ 名《商標》《英国 Hoover 社製の》電気掃除機. — [h-] 動 他《英》〈...を〉電気掃除機で掃除する《*up*》(vacuum).

Hoo·ver /húːvɚ | -və/, **Herbert Clark** 名 フーバー (1874-1964; 米国第 31 代大統領).

Hoover, J(ohn) Edgar 名 フーバー (1895-1972; 米国の法律家・政府高官; FBI 長官 (1924-72)).

Hóo·ver Dám /húːvɚ- | -və-/ 名 [the ~] フーバーダム《米国 Nevada, Arizona 両州にわたる Colorado 川の大ダム; 1936 年完成》.

hooves 名 hoof の複数形.

***hop¹** /háp | hɔ́p/ 動 (hopped; hop·ping) 自 ❶ [通例副詞(句)を伴って]〈人が〉(片足で)ひょいと跳ぶ;〈ウサギ・鳥などが〉

かぴょんぴょん跳ぶ, 跳び回る: ~ along (on one leg) 〈人が〉片足飛びで歩く / Sparrows were *hopping* around (the garden). スズメが何羽かぴょんぴょんと跳び回っていた. ❷ 〖乗物などに〗ひょいと乗る, 飛び乗る 〔*in, into, on, onto*〕; 〖…から〗さっと降りる, 飛び降りる 〔*off, out, out of*〕: ~ *onto* [*off*] a train 列車にひょいと飛び乗る[からさっと降りる]. ❸ 《口》 …へちょっと出かける; (短期間) 旅行する; (飛行機で) 〖…〗行く 〔*over*〕〔*to*〕. ❹ 〖…から〗…へと跳ぶ, 転々とする 〔*from; to*〕. ── 他 ❶ 〖溝(紮)などを〗飛び越す. ❷ 《米口》〖乗物に〗飛び乗る, 〈…に〉乗って行く: ~ a train 列車に飛び乗る. **hóp it** 《英口》さっと立ち去る. **hóp to it** (仕事などに)さっさと始める; 急ぐ. **kéep a person hópping** ⇒ hopping 〖成句〗.

── 图 ❶ (人の)片足跳び; 両足跳び; かえる跳び; (ウサギ・鳥などの)ぴょんぴょん跳び, ぴょんと跳ぶこと. ❷ (口) 飛行; (飛行機の)ひと飛び; (長距離飛行中の) 1 航程: fly from Tokyo to London in three ~s 東京からロンドンまで 3 航程で飛ぶ. ❸ (ボールの)バウンド. 〔クリケ〕跳飛球. ❹ 《口》ダンス; ダンスパーティー. **hóp, skíp, and júmp** (1) =HOP[1], step, and jump 〖成句〗. (2) [a ~] 《米》短距離. **hop, stép, and júmp** [the ~] 〔競技〕三段跳び. **on the hóp** (1) 忙しく動き回って, 忙しい: keep a person *on the* ~ 人を忙しくさせておく. (2) 《英》準備しないで, 油断して: The interviewer caught the President *on the* ~ with that question. その会見記者は大統領の虚をついてその質問をした. 〖OE=跳ぶ, 踊る〗〖類義語〗⇒ skip[1].

hop[2] /hɑ́p | hɔ́p/ 图 ❶ 〖C〗〖植〗ホップ. **b** 〖複数形で〗ホップ (ホップの乾燥した球花). ビールの苦味・芳香料などに用いる). ❷ 〖U〗《米俗》麻薬, (特に) アヘン. ── 動 (hopped; hop・ping) 他 ❶ 〈…に〉ホップで風味をつける. ❷ 〖通例受身で〗《米俗》 **a** 〈人を〉麻薬で興奮させる〔酔わせる〕: He's *hopped up*. 彼は麻薬で興奮して〔酔って〕いる. **b** 〈エンジンの〉出力を上げる 〔*up*〕.

ho・pak /hóupæk/ 图 =gopak.
hóp・bìnd, -bìne 图 〖植〗ホップのつる.

*‡**hope** /hóup/ 動 ❶ 〈…してほしいと〉思う, 望む, 〈…であればよいと〉思う 〔+*to do*〕 We ~ *to* see you again soon. またじきにお目にかかりたいと思います / I had ~d *to* meet him. = I ~d *to* have met him. ── 〔+*(that)*〕 I had ~d *(that)* I would [should] meet him. 彼に会いたいと思っていた(が会えなかった). ❷ 〖I を主語にして〗〈…と〉思う, 信じる 〔+*(that)*〕 I ~ *(that)* you'll be able to come. おいで願えるものと思う / I ~ *(that)* you (will) like it. お気に召せばと思います / I ~ *(that)* he will come [he comes]. 彼が来ればよいと思っている / "Will he live?" "I ~ *sò*." 「彼は助かるでしょうか」「助かってほしい(です)ね」 / "Will he die?" "I ~ *nòt*." 「彼は死ぬでしょうか」「死んでは困ります」 / It will be fine today, I ~. きょうは晴れると思う. 〖用法〗(1) 期待を伴った願望を表わす. 後に節が続くときには wish と違って直説法を用いる; (2) 後に続く (that) 節では未来の意味を表わすのに現在形も用いられる. ── 自 望む; 〖…を〗望む, 期待する 〔★ ~ *for* は受身可〕: I'm *hoping for* a good crop this year. 今年は豊作になってくれればよいと思っている / That's something to be ~d *for*. それは期待している〔希望を持ちたい〕ところだ.

hópe agàinst hópe 見込みのないのに望みを持つ, 万一を頼む 〖★ 聖書「ローマ人への手紙」から〗. **hópe for the bést** うまくいくだろうと望みを抱く: There's nothing we can do but ~ *for the best*. うまくいくようにと祈るよりほかに手はない.

── 图 ❶ 〖U,C〗望み, 希望 (↔ despair): high ~s 大きな望み 〖★ ❷ の意で「大きな期待」にもなる〗/ give [offer] ~ *to*…に希望を与える / give up ~ 絶望する / We live in ~ (s). 《英》我々は希望を捨てないで, 期待している / Don't get your ~s up. 望みを高くするな, 喜ぶのは早いぞ, 余期待するな / All ~ is gone. 希望はまったく失われた / While there is life, there is ~. ⇒ life 4. ❷ 〖U,C〗期待; 有望な見込み: build a person's ~s up = raise a person's ~s 〈人を楽しい時に〉人に希望を抱かせる / We have great ~s of his success. 彼の成功を大いに期待している / The doctor expressed strong ~s *of* her recovery. 医者は彼女が回復しそうだと力強く言った / I

have no ~s *for* my son. 息子には何の期待も持っていない / There was no ~ of their recovery. 彼らの回復の見込みは全然なかった. / 〔+*that*〕: I have good ~ *that* she will soon be well again. 彼女はじきによくなるという見込みが十分ある. ❸ 〖C〗〖通例単数形で〗望みを与える[持たせる]もの, 希望の的: He's the ~ *of* his country [school, family]. 彼は国[学校, 一家]のホープだ / He's my last ~. 彼は私の最後の頼みの綱だ.

be pàst (àll) hópe 望みが(まったく)ない. **beyònd hópe** 絶望的. 〈よくなる〉見込みがなくて. **hóld óut hópe** (人に)希望を抱かせる: The airline *held out* (*to* the relatives) the ~ *that* some passengers might have survived. 航空会社は幾人かの乗客が生存しているかもしれないという希望を(身内の人たちに)持たせた. **in hópe(s) of…**への希望を抱いて; …を期待して: I came here *in* ~ (s) *of* catch*ing* a glimpse of the Queen. 女王様をひと目見ようと思ってここに来ました. **in (the) hópe of…**を希望して: Very few people join in a conversation *in the* ~ *of* learn*ing* anything new. 何か新しいことを学ぼうとして人と会話をするような人はごく少ない. **in (the) hópe that…**ということを希望して: I enclose some books *in the* ~ *that* they will help you to pass the time in 《米》〔英〕 the hospital. 病院での暇つぶしのお役に立てばと思って一緒に本を少しお送りします. **Nót a hópe! = Sóme hópe!** 《英口》全然見込みなし! **nót hàve a hópe in héll (of dóing)** まったく(…の) 希望がもてない, まったく(…の)見込みがない. **pín one's hópes on…**に望みを託す.

〖OE=望む, 期待する〗〖類〗 hopeful)

hópe chèst 图 《米》 ❶ 嫁入り用品. ❷ 嫁入り箱 (《英》 bottom drawer) 〖昔若い女性が結婚準備の品々をしまっておいた櫃(%)のような家具〗.

*‡**hóped-fór** 形 望まれている; 期待されている.

*‡**hope・ful** /hóupf(ə)l/ 形 (more ~; most ~) ❶ **a** 希望に満ちた; 望みがある; 期待して: ~ words 希望に満ちた言葉 / I'm ~ *of* success. 成功できるつもりだ / He's ~ *of* convincing them. 彼は彼らを納得させることができると考えている / She feels ~ *about* the future. 彼女は将来を楽観している / 〔+*that*〕 We're ~ *that* he will succeed. 彼の成功を期待している. **b** 〔反語的に〕《英口》まさか: "Do you think there will be a pay rise this year?" "You're ~!" 「今年は給料が上がると思いますか」「まさか!」. ❷ 希望の持てる, 有望な, 見込みのある, 末頼もしい: a ~ sign 有望(そうな)兆し[兆候] / a ~ prospect of economic recovery 景気回復の明るい見通し. ── 图 有望な人: a young ~ 末頼もしい若者[青年]; 〔皮肉〕行く末が思いやられる若者. 〖類〗 hope)

*‡**hópe・ful・ly** /-fəli/ 副 ❶ 〖文修飾〗 うまくいけば, たぶん: *H~*, I'll finish my work by December. うまくいけば 12 月には仕事は終わるでしょう. ❷ 希望を抱いて, 期待して.

hópe・ful・ness 图 〖U〗希望に満ちていること[状態], 有望.

*‡**hope・less** /hóupləs/ 形 (more ~; most ~) ❶ **a**〈事が〉絶望的な, 望みのない: a ~ situation 絶望的な事態 / a ~ case 回復の見込みのない症状[患者] / The situation seems ~ *of* improvement. 事態は好転の見込みがなさそうだ. **b** 絶望した, 望みを失った: ~ grief [tears] 絶望的な悲痛[涙] / feel ~ 絶望する / I'm ~ of success [succeed*ing*]. 成功をあきらめている. ❷ 《口》役に立たない; 不得意で, 下手で: I'm afraid I'm quite ~ *at* math. ぼくは数学はまるっきりだめなようだ. ❸ ひどい, 救いようの[手の打ちよう]ない, どうしようもない; 非常に, 大変な, かなりの: You really are ~! 君は本当にどうしようもないね / a ~ optimist 大変な楽天家. 〖類義語〗 **hopeless** 良い結果を期待せず, やむを得ないものとしてあきらめている. **despairing** 望みが全くなく, 非常に落胆している. **desperate** 絶望の結果, 極端な行動・手段に訴えようとする気持や情況を暗示する.

*‡**hópe・less・ly** 副 絶望的に; 絶望して.
hópe・less・ness 图 〖U〗絶望(状態).
hóp・hèad 图 《米俗》麻薬中毒者.
Ho・pi /hóupi/ 图 (圏 ~ s, ~) ❶ **a** [the ~(s)] ホピ族

Hopkins 《Arizona 州北部に住む北米先住民》. **b** ⓒ ホピ族の人. ❷ Ⓤ ホピ語.

Hop·kins /hάpkɪnz | hɔ́p-/, **Gerard Man·ley** /mǽnli/ ⓒ ホプキンズ (1844–89; 英国の詩人).

hop·lite /hάplaɪt | hɔ́p-/ 图《古》重装歩兵.

hop-o'-my-thumb /hὰpəməθΛ́m | hɔ̀p-/ 图 小人, 一寸法師.

hópped-úp /hάptΛ́p | hɔ́p-/ 形《米俗》興奮した, 狂気じみた; 興奮させる(ようにした), いろいろ工夫を凝らした; 麻薬を使った, 薬物に酔った, ハイになった;〈エンジン・ホットロッドなど〉パワーを強めた.

†**hop·per**¹ /hάpə | hɔ́pə/ 图 ❶ **a** じょうご状の器[箱], ホッパー《(加工材料・燃料などを流しこむ)》. **b** (石炭・砂利などを輸送する)ホッパー貨車, 底開き車. ❷ [通例複合語をなして] **a** ぴょんぴょん跳ぶもの. **b** 跳ぶ虫(バッタなど); ⇒ grasshopper. **c** (次から次へと)歩き回る人.

hop·per² ホップを摘む人.

Hop·per /hάpə | hɔ́pə/, **Edward** 图 ホッパー (1882–1967; 米国の画家・エッチング作家).

hóp-pìcker 图 ❶ ホップ採取人. ❷ ホップ摘み取り機.

hóp·ping 形 ❶ 跳び歩く; あちこち渡り歩く. ❷ 忙しく動き回る, 忙しい. **hópping mád** (飛び上がるほど)かんかんに怒って《about, over, at》. **kéep a person hópping** 〈人〉を忙しくさせておく, 〈…〉を動き[飛び]回らせておく.

hop·ple /hάpl | hɔ́pl/ 動 《馬などの両足手を縛る (hobble); 〈…に〉足かせをはめる; 〈…の〉自由を妨げる. ── 图 [通例複数形で] 足かせ.

hop·py /hάpi | hɔ́pi/ 形 ホップの豊富な; ホップの風味のある.

hóp·sàck(ing) 图 Ⓤ ホップサック《麻・黄麻の袋地; これに似た粗い織物》.

hóp·scòtch 图 Ⓤ 石けり遊び: **play ~** 石けり遊びをする.

hóp trèe 图《植》ホップノキ《北米産のミカン科の落葉低木[小高木]; 苦い果実をホップの代用としてビールの製造に用いた》.

hor. (略) horizontal.

ho·ra /hɔ́:rə/ 图 ホーラ《ルーマニア・イスラエルの舞曲》.

Hor·ace /hɔ́:rəs | hɔ́r-/ 图 ❶ ホーレス《男性名》. ❷ ホラチウス (65–8 B.C.; ローマの詩人).

ho·ra·ry /hɔ́:rəri | hɔ́r-/ 形 時の, 1時間の; 1時間ごとの.

Ho·ra·tian /hərέɪʃən | hɔ-/ 形 ホラチウス(風)の.

†**horde** /hɔ́əd | hɔ́:d/ 图 ❶ [a ~ of… または ~s of…] 大群: *a ~ of* people [locusts] 大勢の人たち[イナゴの大群]. ❷《遊牧民[流民]の群れ.《F<Turk 野営地》

hore·hound, hoar- /hɔ́əhàʊnd | hɔ́:-/ 图《植》 ❶ ニガハッカ《西欧原産; シソ科》; ニガハッカ汁(を含む咳止め用のあめ). ❷ ニガハッカに似たシソ科の草本.

*****ho·ri·zon** /hərάɪz(ə)n/ 图 ❶ 地平線, 水平線: The sun rose *above* [sank *below*] the ~ 太陽は地平線より上に昇った[の下に沈んだ]. ❷ [通例複数形で] (思考・知識などの)範囲, 限界; 視野《of, in》: beyond one's intellectual ~*s* 自分の知的限界を超えた / broaden [extend] a person's ~*s* [the ~s of biotechnology] 人の視野を広げる[バイオテクノロジーの知見を広める]. **on the horizon** 〈出来事が〉起こりかけて, 切迫して: There's trouble *on the* ~. 面倒なことが起こりつつある. 《F<L<Gk=境界(線)》《形 horizontal》

†**hor·i·zon·tal** /hɔ̀:rəzάntl | hɔ̀rəzɔ́n-/ 形 (**more ~; most ~**) ❶ (比較なし) 地平線[水平線]上の. ❷ 水平面の; 平面の, 水平な; 水平動の; 横の (cf. vertical): a ~ line 水平[地]線 / Bottles of wine should be kept ~. ワインの瓶は(横に)寝かせておくべきです. ── 图 Ⓒ|Ⓤ [通例 the ~] 水平(位置); Ⓒ 水平物(線・面など). **~·ly** /-təli/ 副 水平に; 横に. (图 horizon)

hórizontal bár 图 (体操の)鉄棒.

†**hor·mo·nal** /hɔəmóʊn(ə)l | hɔ:-/ 形 ホルモンの: a ~ contraceptive ホルモン(性)避妊薬.

*****hor·mone** /hɔ́əmoʊn | hɔ́:-/ 图《生理》ホルモン. 《Gk =刺激する(もの)》

hórmone replácement thèrapy 图 Ⓤ《医》ホルモン補充療法《閉経期などの女性に性ホルモンを投与する療法; 略 HRT》.

Hor·muz /hɔ́əmΛz | hɔ:mú:z/, **the Strait of** 图 ホルムズ海峡《イランとアラビア半島の間に位置し, ペルシャ湾の出入口で, 戦略的・経済的に重要》.

*****horn** /hɔ́ən | hɔ́:n/ 图 ❶ Ⓒ (自動車などの)警笛, ホーン (cf. Klaxon): toot [sound] one's ~ 警笛を鳴らす. ❷ **a** Ⓒ (ウシ・シカ・ヤギなどの)角(2); (カタツムリなどの)角, 触角, 角状器官. **b** Ⓤ (材質としての)角; a handle of ~ 角製の柄. ❸ Ⓒ 角製品(杯・火薬筒・靴べらなど): a drinking ~ 角の杯 / ⇒ shoehorn. ❹ Ⓒ 角らっぱ, 角笛;《楽》⇒ hunting horn, English horn, French horn. ❺ Ⓒ 角形をしたもの: **a** 三日月の一端. **b** (砂州などの)突端部, 岬(の先端); 入り江. **c** [the H~] Cape Horn.

be on the hórns of a dilémma 進退きわまる《由来 dilemma を角のある動物と想像したもの》. **blów [tóot] one's ówn hórn** 《米》自慢する; 《喩》blow one's own trumpet. **dráw ín one's hórns** 控えめにする, 自重する. **Hórn of África** [the ~] アフリカの角《アフリカ北東部の, ソマリアを中心とする突出部》. **hórn of plénty** (=cornucopia 1). **lóck hórns** [ℓ...] 争う, 格闘する《with》《由来 鹿などが角を組み合わせて戦うことから》. **púll ín one's hórns** =draw in one's HORNS 成句. **tàke the búll by the hórns** bull¹ 成句.

── 動 ⊕ 〈…を〉角で突く. **hórn ín** (直＋副)《口》〈…に〉割り込む, 干渉する《on》.

〔OE〕《形 horny; 関 corneous》

Horn /hɔ́ən | hɔ́:n/, **Cape** 图 ⇒ **Cape Horn**.

hórn·bèam 图 ❶ Ⓒ《植》シデ《カバノキ科クマシデ属の落葉樹》. ❷ Ⓤ シデ材.

hórn·bìll 图《鳥》サイチョウ《大きなくちばしの上に角質の隆起がある》.

hórn·blènde 图 Ⓤ《鉱》(普通)角閃石, ホルンブレンド. **horn·blén·dic** 形

hórn·bòok 图 ホーンブック《昔の児童の学習用具: アルファベット・数字などを書いた紙を透明な角質の薄片でおおい, 柄の付いた枠に入れたもの》; 入門書.

horned 形 ❶ 角のある: a ~ beast 角のある動物 / a large-*horned* deer 角の大きな鹿. ❷《文》三日月(形)の: a ~ moon 三日月.

hórned lízard 图 (動) =horned toad.

hórned ówl 图《鳥》ミミズク.

hórned póppy 图《植》ツノゲシ.

hórned tòad 图 (動) ツノトカゲ.

hor·ne·ro /hɔənéɪ(ə)roʊ | hɔ:-/ 图 (**複 ~s**)《鳥》カマドドリ《熱帯アメリカ産のカマドドリ科カマドドリ属の数種; かまどのような巣を作ってつくる》,《特に》セアカカマドドリ.

hor·net /hɔ́ənɪt | hɔ́:-/ 图《昆》スズメバチ, くまんばち. **stír úp a hórnet's nèst** 自ら求めて多くの敵をつくる; 大騒ぎを引き起こす.

horn·fels /hɔ́ənfelz | hɔ́:-/ 图 Ⓤ《地》ホルンフェルス《代表的な接触変成岩》.

hórn·ist 图 ホルン奏者, (特に)フレンチホルン奏者.

hórn·lèss 形 角(2)のない.

hórn·lìke 形 角(2)状の.

hórn·pìpe 图 ❶ ホーンパイプ《木製で両端に角がついた昔の笛》. ❷ **a** ホーンパイプ《水夫の間に流行した活発な舞踊》. **b** ホーンパイプの舞曲.

hórn-rímmed 形〈眼鏡など〉縁がべっこう[角, プラスチック]製の: ~ glasses べっこう縁の眼鏡.

horn·swog·gle /hɔ́ənswὰgl | hɔ́:nswɔ̀gl/《俗》動 ⊕ だます, ペテンにかける, 欺く: I'll be hórnswoggled. これは驚いた, まいった. ── 图 ばかげたこと, たわごと, ナンセンス.

hórn·wòrm 图《昆》スズメガの幼虫, イモムシ.

hórn·wòrt 图《植》 ❶ マツモ. ❷ ツノゴケ(類).

†**horn·y** /hɔ́əni | hɔ́:-/ 形 (**horn·i·er; -i·est**) ❶《俗》性的に興奮した, 好色な, みだらな (randy). ❷ **a** 角(2)の; 角製の. **b** 角状[質]の: ~ hands 荒れて硬くなった手. (图 horn)

hórny córal 图 (動) ヤギ.

hor·o·loge /hɔ́:rəlòudʒ | hɔ́rəlɔdʒ/ 名 時を測る機器; (原始的な)時計.

hor·o·log·i·cal /hɔ̀:rəládʒɪk(ə)l | hɔ̀rəlɔ́dʒ-/ 形 時計の, 時計学上の.

ho·rol·o·gy /hərálədʒi | -rɔ́l-/ 名 ⓤ 時計学, 時計製作法; 測時法.

⁺hor·o·scope /hɔ́:rəskòup | hɔ́rə-/ 名 ❶〔占星用の〕天宮図, 十二宮図. ❷〔占星〕星占い. **cást a hóroscope** 運勢図を作る, 星占いをする. 〖F<L<Gk(原義) 時間の計測者 < hōra 時間+-SCOPE; cf. hour〗

ho·ros·co·py /hərɔ́skəpi | -rɔ́s-/ 名 ⓤ 占星術, 星占い.

hor·ren·dous /hɔ:réndəs | hɔr-/ 形 ❶ ひどく悪い[不快な], ひどい, とんでもない: ~ weather ひどく悪い天候. ❷〈数量など〉とてつもなく[ぞっとするほど]多い[大きい] (horrific); (程度が)とんでもないへんな. ❸ 恐ろしい. **~·ly** 副 〖L<horrere; ⇒ horror〗

hor·rent /hɔ́:rənt | hɔ́r-/ 《古・詩》逆立った, 身の毛もよだつ.

＊hor·ri·ble /hɔ́:rəbl | hɔ́r-/ 形 (more ~; most ~) ❶ 《口》ぞっとするほどいやな, 実にひどい; (人に)残酷な (horrid): ~ weather 実にいやな天気 / She was ~ to him. 彼女は彼に不親切だった. ❷ 恐ろしい, ものすごい, 身の毛もよだつ: a ~ monster 恐ろしい怪物 / The sight of the battlefield was a ~. 戦場の光景はすさまじい身の毛のよだつほどのものだった. **~·ness** 名 (名 horror)

⁺hor·ri·bly /hɔ́:rəbli | hɔ́r-/ 副 ❶ 《口》ひどく, ものすごく: It was ~ expensive. それはひどく高価だった. ❷ 恐ろしく; 気味悪く.

⁺hor·rid /hɔ́:rɪd | hɔ́r-/ 形 ❶ 《口》実にひどい, ほんとにいやな (horrible): His room is in a ~ mess. 彼の部屋はひどく散らかっている. ❷ 恐ろしい, いまわしい: a ~ fate いまわしい運命. **~·ly** 副 **~·ness** 名 (名 horror)

⁺hor·rif·ic /hɔ:rɪ́fɪk | hɔr-/ 形 ❶〈けが・事件など〉ひどい, 悲惨な; 非常に不快な, 実にいやな. ❷〈数量など〉とてつもなく[ぞっとするほど]多い[大きい] (horrendous). **hor·rif·i·cal·ly** /-fɪkəli/ 副

hor·ri·fi·ca·tion /hɔ̀:rəfɪkéɪʃən | hɔ̀r-/ 名 ❶ ⓤ ぞっとする[させる]こと. ❷ Ⓒ 恐ろしいもの.

⁺hor·ri·fy /hɔ́:rəfàɪ | hɔ́r-/ 動 他〈人を〉怖がらせる, ぞっとさせる; (ぞっとするほど)あきれさせる (★ しばしば受身): The terrorist attacks *horrified* the world. テロリストによる攻撃は世界を震撼(%)させた / I *was horrified* by [*at*] the news. その知らせを受けて[ニュースを聞いて[読んで]]大きなショックを受けた. (名 horror) 〖類義語〗 ⇒ dismay.

hor·ri·fy·ing 形 恐るべき, ぞっとさせる(ような): a ~ disaster [murder] 恐るべき災害[殺人]. **~·ly** 副

hor·rip·i·late /hɔ:rɪ́pəlèɪt | hɔ-/ 動 他 ⃝…の身の毛をよだたせる, 身の毛が逆立つ; 身震いさせる[する].

hor·rip·i·la·tion /hɔ̀:rɪpəléɪʃən | hɔ̀-/ 名 ⓤ 《詩》身の毛のよだつこと; 頭髪の逆立ち.

＊hor·ror /hɔ́:rə | hɔ́rə/ 名 ❶ ⓤ 恐怖: draw back in ~ ぞっとしてあとずさりする / be filled with ~ at…にぞっとする / to one's ~ 恐ろしかったことには. ❷〔…に対する〕嫌悪(ᵂ%), 大嫌い: have a ~ *of*…を嫌う / He has an absolute ~ *of* spiders [meet*ing* strangers]. 彼はクモ [知らない人に会うこと]が大嫌いだ. ❸ Ⓒ 恐ろしいもの, ぞっとするほどいやな[人]: Snakes are his [a ~ to him]. 彼はヘビが大嫌いだ / the ~s of war 戦争の惨事. ❹ Ⓒ 実にひどいもの: His clothing was a ~. 彼の服装は実にひどいものだった. **b** 手に負えない人, 腕白(坊主): He's a ~. あの子はまったく手に負えない. ❺ [the ~s] 《口》ゆううつな気持ち, 憂鬱(ⁿ⁹). ❻ (アルコール中毒の)ふるえ(発作). **the chámber of hórrors** chamber 成句. ― 形 恐怖を感じさせるように仕組んだ, 戦慄(#%)的な: a ~ story 怪奇[恐怖, ホラー]小説; 恐怖体験談 / ~ movie [film] 怪奇[ホラー]映画. 〖L<*horrere* (恐怖で)毛が逆立つ, 震える〗 (形 horrible, horrid, 動 horrify) 〖類義語〗 ⇒ fear.

hórror-strùck, hórror-strìcken 形 ぞっとした, 恐怖におそわれた: ~ look ぞっとした顔つき / I stood ~ at the sight. その情景に立ちすくんだ / I was ~

---

879 **horsecar**

when I saw what had happened. 私は起こったことを見てぞっとした.

hórror vá·cui /-vǽkjuàɪ/ 名 ⓤ 空間畏怖《自己の前に広がる空白に対してのいだく恐怖感; 装飾の起源を説明するときにあげられる》. 〖L〗

hors con·cours /ɔ̀:kɔ:ŋkúə | ɔ̀:kɔ:ŋkúəʁ/ 形〈出品物が〉審査外の; 比類なくすぐれた; 審査の対象からはずして. 〖F=out of the competition〗

hors de com·bat /ɔ̀:dəkɔmbá: | ɔ̀:dkɔ́mba:/ 副 形 Ⓟ (負傷して)戦闘力を失って(いる). 〖F=out of combat〗

hors d'oeu·vre /ɔ̀:déɪv | ɔ̀:dɔ́:v/ 名 (@ ~s /-(z)/, ~) オードブル, 前菜《スープの前に出る軽い料理》. 〖F=outside of the work〗

＊horse /hɔ́əs | hɔ́:s/ 名 ❶ Ⓒ 馬〖関連〗雄馬は horse, 雌馬は mare, 種馬は stallion, 去勢した雄馬は gelding; 4 歳までの子馬は, 雄が colt で雌が filly; 1 歳未満の子馬は foal; 高さ 1.5 メートルぐらいの小型の馬は pony; ヒヒーンといななくのは neigh, うれしそうにヒンヒンいうのは whinny, 日本語の「パカパカ」に当たるのは clip-clop): a ~ and cart 荷馬車 / ⇒ dark horse, gift horse / You can lead a ~ to water, but you cannot make him [it] drink. 《諺》馬を水の所まで連れていっても水を飲ませられない《自分でやる気のない人はどんなに指導しようとしてもだめだ》. ❷ [the ~s] 競馬. ❸ Ⓒ a〔体操〕鞍馬(%ʲ); 〖器械〗跳馬; ⇒ pommel horse, vaulting horse. **b** 木馬; ⇒ rocking horse. **c** 〖通例複合語で〗ものを掛ける台; 脚立(ゲメ); ⇒ clotheshorse, towel horse. **d** のこぎり台, ひき枠. ❹ Ⓒ 〖通例複数形で〗《口》=horsepower. ❺ Ⓤ《古風》ヘロイン. ❻ Ⓤ [集合的; 単数または複数扱い] 騎兵(隊); 騎兵隊: light ~ 軽騎兵.

a hórse of anóther [a dífferent] cólor (全然)別の事柄.

(as) stróng as a hórse ⇒ strong 成句.

báck the wróng hórse 《口》(1) 負け馬に賭(ᵖ)ける. (2) 弱いほうを支持する.

béat [flóg] a déad hórse 済んだ問題について論議する; だれも興味をもたなくなった話を続ける; むだ骨を折る《由来「死んだ馬にむち打ってもむだなことから」》.

chánge hórses in midstréam (1) 変節する, 中途で反対側[反対の側]に乗り換える. (2)(計画など)やり始めたことを途中で変える.

could éat a hórse 腹ぺこだ.

éat like a hórse 馬食(%)する.

from the hórse's mòuth 《口》いちばん確かな筋から; 直接本人から.

Hóld your hórses! 《口》はやる心を抑えろ, 落ち着け.

hórse and fóot =horse, foot and dragóons (1) 歩兵と騎兵, 全軍. (2) 全力をあげて.

on one's hígh hórse ⇒ high horse.

pláy the hórses 競馬に金を賭(ᵖ)ける, 競馬をする.

To hórse! [号令などに用いて] 乗馬!

wórk like a hórse 大いに[元気に, 忠実に]働く.

― 形 Ⓐ ❶ 馬の, 馬用の. ❷ 騎馬の.

― 動 他 ❶〈人に〉馬を用意する; 〈馬車に〉馬をつける. ❷〈ものを〉力ずくで運ぶ, 馬に乗る, 馬で行く.

hórse aróund (自+副) 《口》ばか騒ぎをする, ふざけ回る. 〖OE; 原義は「跳ねるもの」あるいは「走るもの」か〗 (形 horsy; 関名 equine)

hórse-and-búggy 形 Ⓐ 《米》❶ (自動車出現前の)馬車時代の. ❷ 旧式の, 古くさい.

⁺hórse·bàck 名 ⓤ 馬の背《◆今は次の成句にのみ用いる》. **on hórseback** 馬に乗って, 乗馬で. ― 副 馬に乗って: go [ride] ~ 馬に乗っていく.

hórseback rìding 名 ⓤ 《米》乗馬《《英》horse riding). 〖関名 equestrian〗

hórse·bèan 名〖植〗(馬の飼料にする)ソラマメ, タチナタマメ.

hórse blòck 名〖乗馬用の〗踏み台.

hórse·bòx 名 《英》馬運搬車《《米》horse trailer).

hórse brèaker 名 馬の調教師.

hórse·càr 名 《米》❶ (昔の)鉄道馬車. ❷ 馬運送車,

馬四(ばしゃ)運搬車.

hórse chèstnut 名 ❶【植】セイヨウトチノキ《街路樹で、マロニエもこの一種; 大きな手のひら状の葉で、春には白またはピンクの花穂をつけ秋に丸い実がなる》. ❷ セイヨウトチノキの実 (cf. conker 2).

hórse clòth 名 馬衣(ばい).

hórse dòctor 名 馬医者, 馬専門獣医.

hórse-dráwn 形 馬が引く.

hórse-féathers 《米俗》名 U ばかなこと, ナンセンス. — 間 ばかな!

hórse-flèsh 名 U ❶ 馬肉, さくら肉. ❷ 馬《全体》: a good judge of ~ よく馬の鑑定ができる人, 伯楽(はくらく).

hórse-flỳ 名【昆】《ウシ》アブ《雌は馬・牛などの血を吸う》.

Hórse Guàrds 名《英》**a** [the ~] 近衛(このえ)騎兵旅団《3 個連隊》. **b** [the (Royal) ~] 近衛騎兵旅団 (cf. Life Guards). ❷ [the ~; 単数扱い] 英国陸軍総司令部 (London の Whitehall にあるもと近衛騎兵旅団司令部).

hórse-háir 名 U ❶ 馬の毛《たてがみ・尾の毛; マットレスなどの詰め物に用いた》. ❷ 馬巣(ばす)織り《もと, いすなどの布張りに用いた; cf. haircloth 1》.

hórse-híde 名 U **a** 馬の生皮. **b** 馬のなめし革. ❷ C《口》野球のボール.

hórse látitudes 名 復 [the ~] 《両半球で貿易風と偏西風との間の》無風帯.

hórse-láugh 名 高笑い, ばか笑い.

hórse-lèech 名【動】ウマビル; ひどく貪欲な者, 搾取者.

hórseless cárriage 名【戯言】馬なし馬車《自動車》.

hórse máckerel 名 (復 ~s, ~) 【魚】❶ ニシマアジ. ❷ クロマグロ.

⁺**hórse・man** /-mən/ 名 (復 -men /-mən/) 乗馬者, 騎手, 馬術家.

hórseman・shìp 名 U ❶ 馬術. ❷ 乗馬の腕前.

hórse múshroom 名 シロオオハラタケ《食用》.

hórse mússel 名【貝】ヒバリガイ《ホンヒバリガイなど海産の大型イガイ》.

hórse òpera 名《米口》《映画などの》西部劇《もの》.

hórse pístol 名《革袋入りで大型の》馬上短銃.

hórse-plày 名 U ばか騒ぎ, 悪ふざけ.

hórse-pláy・er 名 馬に賭ける人, 競馬狂.

hórse-pónd 名《馬に水を飲ませたり, 馬を洗ったりする》洗い池.

hórse-pów・er /hɔ́ərspàuə | hɔ́ː-spàuə/ 名 (復 ~) 【機】馬力 《略 h.p., hp, HP》: a 100 ~ engine 100 馬力のエンジン.

hórse-púck・ey /hɔ́ərspÀki | hɔ́ː-s-/ 名 U 《古風・口》= horseshit.

hórse ràce 名《一回の》競馬; 激しい競り合い, 接戦.

⁺**hórse rácing** 名 U 競馬.

hórse-rádish 名 U ❶【植】セイヨウワサビ《その根をすりおろしたものは特にローストビーフの香味料に用いる》. ❷《また《英》**hórseradish sàuce**》セイヨウワサビの根で作るソース.

horse riding 名《英》= horseback riding.

hórse sènse 名 U《口》《一般的な》常識.

hórse-shít 名《米卑》U ばかげたこと, ナンセンス. — 間 ばかな! そう言え!

⁺**hórse-shòe** 名 ❶ 蹄鉄(ていてつ). ❷ 蹄鉄[馬蹄]形のもの《幸運をもたらすものとして結婚式の贈り物などにする》. **b** U 字形のもの: a ~ magnet 蹄形磁石. ❸ [~s; 単数扱い] 蹄鉄投げ遊び. — 動他《…に》蹄鉄をつける.

hórseshoe bàt 名【動】キクガシラコウモリ《顔の模様から名前がついた》.

hórseshoe cráb 名【動】カブトガニ (⇒ king crab 1).

hórse shòw 名 馬術競技会[ショー].

hórse's néck 名 UC《口》ホースネック《ジンジャーエールとブランデーなどのカクテル》.

hórse sòldier 名 騎兵.

hórse-tàil 名 ❶ 馬の尾. ❷【植】トクサ.

hórse tràde 名 ❶ 抜け目のない取引[駆け引き]. ❷《米》馬の売買.

hórse-tràde 動 自 ❶ 《…と》《抜け目のない》駆け引き[取り引き]をする [with] [on, for]. ❷ 馬の売買をする.

hórse-tràding 名

hórse tràder 名 ❶ 駆け引きのうまい人. ❷ 馬の売買をする人, ばくろう.

hórse tràiler 名《米》馬運搬車《英》horsebox.

hórse-whíp 名 馬むち. — 動 他 馬むちで打つ; ひどく懲らしめる.

hórse-wòman 名 (復 -women) ❶ 女性乗馬者, 女性騎手. ❷ 女性馬術家.

horst /hɔ́ərst | hɔ́ːst/ 名【地】地塁, ホルスト《2 つの正断層にはさまれた, 両側より隆起している細長い地塊; cf. graben》.

hors・y, hors・ey /hɔ́ərsi | hɔ́ː-/ 形 (**hors・i・er; -i・est**) ❶ 馬の. ❷ 馬のような: a ~ face 馬面(うまづら). ❸ 馬好きの; 競馬[乗馬]好きの. **hórs・i・ness** 名 (horse)

hor・ta・tion /hɔərtéɪʃən | hɔː-/ 名 U《熱心な》勧告, 奨励, 激励.

hor・ta・tive /hɔ́ərtəṭɪv | hɔ́ː-/, **hor・ta・to・ry** /hɔ́ərtətɔ̀ːri | hɔ́ːtətəri, -tri/ 形 勧告的な, 奨励の, 激励の: ~ remarks 激励の言葉. 【L 元気づける】

⁺**hor・ti・cul・tur・al** /hɔ̀ərtəkÁltʃ(ə)rəl | hɔ̀ː-ˊ-/ 形 園芸《に関する》.

⁺**hor・ti・cul・ture** /hɔ́ərtəkÀltʃə | hɔ́ːtəkÀltʃə/ 名 U 園芸《術, 学》. 【L=hortus 庭+CULTURE】

hor・ti・cul・tur・ist /hɔ̀ərtəkÁltʃ(ə)rɪst | hɔ̀ː-/ 名 園芸家.

hor・tus sic・cus /hɔ́ərtəssíkəs | hɔ́ː-/ 名 U 圧葉標本, 押葉集. 【L=dry garden】

Hos.《略》名 Hosea.

ho・san・na /houzǽnə/ 名 間 【聖】ホサナ《神を賛美する叫び[言葉]》. 【Heb】

⁺**hose** /hóuz/ 名 ❶ (復 ~s, ~) CU ホース, 注水管: a fire ~ 消火用のホース / 20 feet of plastic ~ ビニールホース 20 フィート. ❷ **a** [複数扱い]【商】ストッキング; ソックス: 6 pair(s) of ~ 靴下 6 足. **b** C《古》= hosen. ❸《昔の, 男子用の》タイツ《ひざまでのゆるやかな》; 半ズボン. — 動 他《…を》ホースで洗う 〈down, out〉: ~ **down** a car 車を《上から下へ》ホースで洗い流す. 【OE=長靴下】

Ho・se・a /houzéɪə | -zíə/ 名 ❶【聖】ホセア《ヘブライの預言者》. ❷ ホセア書《旧約聖書中の一書; 略 Hos.》.

hosed /hóuzd/ 形 P《俗》してやられた, 厄介なことになった.

ho・sel /hóuz(ə)l/ 名【ゴルフ】ホーゼル《クラブヘッドの部分の, シャフトを挿入する所》.

hóse・pìpe 名 = hose.

hos・er /hóuzə | -zə/ 名《俗》無骨者.

ho・sier /hóuʒə | -ziə/ 名 男子用洋品商《靴下・カラー; 《英》下着類を売る》.

ho・sier・y /hóuʒ(ə)ri | -ziəri/ 名 U ❶ 靴下類. ❷《英》メリヤス類.

hosp.《略》hospital.

⁺**hos・pice** /háspɪs | hɔ́s-/ 名 ❶ ホスピス《末期患者のための病院》. ❷《修道会などの経営する》旅人休息[宿泊]所《巡礼者や参拝者などのため》. 【F<L=もてなし *hospes* 客; cf. host】

⁺**hos・pi・ta・ble** /háspɪṭəbl, haspí- | hɔ́spɪt-, hɔ́spɪt-/ 形 (more ~; most ~) ❶ **a**《人などに》もてなしのよい《to》(↔ inhospitable): a ~ family 客のもてなしのよい家族. **b**《応対など》手厚い, 歓待する: a ~ welcome 歓待. ❷《環境など》快適な, 住みやすい; 《環境・条件など》

物事の成立に適した, 好ましい (↔ hostile): a ~ environment for wild birds 野鳥のすむのに適した環境 / an environment ~ *to* wild life 野生動物のすむのに適した環境. ❸ Ⓟ ⟨...⟩を快く受け入れて: a mind ~ *to* new ideas 新思想を進んで受け入れる精神. -**ta‧bly** /-təbli/ 圖 〖F<L=もてなす <hospes, hospit- 客; cf. host¹〗 (名) hospitality.

***hos‧pi‧tal** /hɑ́spɪtl | hɔ́s-/ 名 ❶ 病院 (用法 入院・退院の意味には, 通例 *the*〖英〗では無冠詞,〖米〗では *the* をつける): be in [out of] (*the*) ~ 入院 [退院] している / go into [enter] (*the*) ~ 入院する / leave (*the*) ~ 退院する / He was sent to (*the*) ~. 彼は病院に送られた [入院させられた] / I have been to *the* ~ to see a friend. 友人を見舞いに病院へ行ってきた / The doctor comes to the ~ every other day. あの先生[お医者さん]は1日おきに病院に見えます. ❷ (昔の)慈善施設; 養育院, 収容所. **walk the hóspital** 〖英〗〈医学生が〉実習する. — 形 Ⓐ 病院の: a ~ nurse 病院看護師[員] / a ~ ship 病院船 / require ~ care (病状が悪くて)入院[病院の管理]を必要とする. 〖F<L=客をもてなす(所) < hospes, hospit- 客; cf. host¹〗 (動) hospitalize.

hóspital còrner 名 病院式ベッドメーキング(によるシーツの隅の折り目).

hos‧pi‧tal‧er /hɑ́spɪtələ | -lə/ 名 慈善宗教[救護院]団員; [H~] (史) ホスピタル騎士団員(11世紀にエルサレム巡礼者の保護・病気治療を目的に組織された).

hóspital féver 名 病院チフス(院内非衛生による).

hós‧pi‧tal‧ism /-lɪzm/ 名 (院内感染などの原因となるような)病院の体制; 施設病, ホスピタリズム(長期間を病院・施設で過ごした子供に見られる, 精神・身体の発育障害).

†**hos‧pi‧tal‧i‧ty** /hɑ̀spɪtǽləti | hɔ̀s-/ 名 Ⓤ 親切にもてなすこと, 歓待, 厚遇: receive [〖文〗 enjoy] ~ (*from* a person) 〈人〉から歓待を受ける / give [show] a person ~ 人を手厚くもてなす. (形) hospitable.

hos‧pi‧tal‧i‧za‧tion /hɑ̀spɪtəlɪzéɪʃən | hɔ̀spɪtəlaɪz-/ 名 Ⓤ Ⓒ 入院(加療); 入院期間.

†**hos‧pi‧tal‧ize** /hɑ́spɪtəlaɪz | hɔ́s-/ 動 〈人〉を入院させる (★ 通例受身): He *was* ~*d* for diagnosis and treatment. 彼は診断と加療のため入院した. (名) hospital(ity).

hos‧pi‧tal‧ler /hɑ́spɪtələ | -lə/ 名 =hospitaler.

hóspital shíp 名 〈戦時などの〉病院船.

hóspital trúst 名 〖英〗 トラスト(ホスピタル) 〈政府から直接財政資金を供与され, 独自の理事会を有し, 地域の保健組合などに独立して運営される公立病院〉.

***host¹** /hóʊst/ 名 ❶ 〈客をもてなす〉主人(役), ホスト(役) (cf. hostess 1)(用法 複数形の hosts は男女共通); (大会などの)主催者[国]: act as (*the*) ~ at a party パーティーでホストを務める / play [be] ~ to...(の)主人[ホスト]役を務める, ...の主催者となる (★ ~ to...の時には無冠詞) / He's the ~ for a TV talk show. 彼はテレビのトーク番組でホスト役を務めている / They're good ~s. 彼らは客の接待ぶりがよい. ❷ (旅館などの)亭主. ❸ a 〖生〗 (寄生動[植]物の)宿主 (cf. parasite 1,2); ~ a plant (移植臓器などの)受容者, 被移植者. ❹ 〖電算〗 ホスト(コンピューター) (⇨ host computer). —— 形 Ⓐ 主人役の, 主催する: *the* ~ country for the Olympic Games オリンピックの開催国. ❷ 〖電算〗 ホスト(コンピューター)の (⇨ host computer). —— 動 他 ❶ 〈パーティーなど〉のホスト[ホステス]を務める: ~ a dinner 晩餐(ばん)会の主人[接待]を務める. ❷ 〈国際会議など〉の主催国を務める: ~ the Olympics オリンピックの開催国を務める. ❸ 〖電算〗 〈ウェブサイトなど〉を運営[管理]する. 〖F<L *hospes*, *hospit-* 主人; 客; 見知らぬ人; cf. hospital〗

host² /hóʊst/ 名 [a ~ of... または ~s of...で] 大勢, 群れ, 多数; ~s [a ~] *of* difficulties 多くの困難 / a ~ *of* friends たくさんの友人. 〖F<L=敵, 軍勢〗

Host /hóʊst/ 名 [*the* ~] 〖 〗聖餐(さん)式[ミサ]のパン; 〖カト〗 ホスチア, 聖体. 〖F<L=犠牲〗

***hos‧tage** /hɑ́stɪdʒ | hɔ́s-/ 名 ❶ 人質(ɨɕɟ): They freed the ~s. 人質を解放した. ❷ [...によって]影響を受けるもの[人], 制約を受ける[支配[管理]される]もの[人] 〈*to*〉. **gíve hóstages to fórtune** いつか失うかもしれないものを背負いこむ (★ しばしば妻子をもつことをさす). **hóld [táke] a person hóstage** 〈人〉を人質に取っておく[取る]. 〖F=人質〗

hóst compùter 名 〖電算〗 ホスト(コンピューター) 〈ネットワークの中心となる高性能のコンピューター〉.

***hos‧tel** /hɑ́stl | hɔ́s-/ 名 ❶ 〖英〗 簡易宿泊所; 短期保護[収容]施設 (shelter). ❷ (ユース)ホステル: ⇨ youth hostel. ❸ 〖英〗 大学寄宿寮. 〖F<L; HOSPITAL, HOTEL と同語源〗

hós‧tel‧(l)er /-tələ | -lə/ 名 ホステル利用の旅行者, ホステラー.

hos‧tel‧ry /hɑ́stlri | hɔ́s-/ 名 《古・文語》 宿屋.

†**host‧ess** /hóʊstəs/ 名 ❶ 女主人(の役), ホステス(役) (cf. host¹ 1). ❷ (旅館などの)女将(ﾅﾞ). ❸ (列車・長距離バスなどの)スチュワーデス; (旅客機の)スチュワーデス, エアホステス (cf. air hostess). ❹ (ナイトクラブ・ダンスホールなどの)ホステス (解説) ハワイなどを除き〈米国本土や英国では, 男性客をもてなすためのホステスを置くバーやクラブはほとんどない〉. 〖HOST¹+-ESS〗

***hos‧tile** /hɑ́stl, -taɪl | hɑ́staɪl/ 形 (*more* ~; *most* ~) ❶ a 敵の, 敵国の; 敵対する, 対立[反対]する, 敵意を示す: a ~ army [country] 敵軍[国]. b 敵意のある, 敵性をもつ: have ~ relations with... ...と敵対関係にある / He's ~ *to* the proposed reform. 彼は提案された改革に反対している / a ~ critic 敵意のある批評家. ❷ 不利な, 好ましい, 適さない (↔ hospitable): a ~ environment 不良環境 / The Antarctic climate is ~ *to* most forms of life. 南極の気候はたいていの生物に適さない. ❸ 〈買収など〉買収される相手の合意を得ない, 敵意ある, 乗っ取りの. ~**‧ly** 副 〖HOST²+-ILE〗 (名) hostility.

hóstile wítness 名 〖法〗 〈自分を呼んだ側に不利な証言をする〉敵意をもつ証人.

†**hos‧til‧i‧ty** /hɑstɪ́ləti | hɔs-/ 名 ❶ Ⓤ 敵意, 敵性, 敵愾(てき)心 〈*to, toward*〉: open [hidden] ~ あらわな[隠された]敵意 / feel [have] ~ *toward* a person 人に敵意をいだく / show ~ *to* a person 人に敵意を示す. ❷ a Ⓤ 敵対(行為): an act of ~ 敵対行為. b [複数形で] 戦争行為, 交戦: long-term *hostilities* 長期交戦 / open [suspend] *hostilities* 開[休]戦する. (形) hostile.

hos‧tler /(h)ɑ́slə | (h)ɔ́slə/ 名 〖米〗 ❶ (乗客・機械などの)整備員. ❷ =ostler.

***hot** /hɑ́t | hɔ́t/ 形 (**hot‧ter**; **hot‧test**) ❶ **a** (温度上「冷たい」に対して)熱い, 温度の高い (解説 暑[熱]さ寒さの表現は hot, warm, tepid, cool, cold の順だが, 個人差もあり絶対的なものではない): ~ water 湯 / boiling ~ water 熱湯 / Strike while the iron is ~. (諺) 鉄は熱いうちに打て, 好機を逃すな. **b** (気温上「寒い」に対して)暑い: a ~ day 暑い日 / It's ~ today. =Today is ~. きょうは暑い. **c** (身体が)熱がある, ほてる: The baby was ~ with fever. その赤ちゃんは熱のせいで体が熱かった / I felt ~ with shame. 恥ずかしくて顔が赤くなる思いだった. **d** 〈料理など〉熱くした, できたての, 熱くして食べる: a cup of ~ coffee → a cup of coffee 熱いコーヒー1杯 / Please eat while it's ~. どうぞ熱いうちに召し上がってください.
❷ 〈コショウ・カレーなど〉辛い, ひりひりする, スパイスのきいた (↔ mild): This curry is too ~. このカレーは辛すぎる.
❸ **a** 《口》 〈ニュースなど〉最新の, 出たばかりの: ~ news 最新のニュース, ホットニュース / books ~ off [from] the press 印刷したての本, 出たばかりの本. **b** 《口》〈商品など〉人気のある, 流行中の: a ~ item 人気商品 / ~ sellers 飛ぶように売れる品 / the *hottest* car of the year 1年間でいちばん売れた[売れた]車. **c** 《米》〈紙幣から新発行の.
❹ **a** 〈動作・言葉など〉激しい, 激烈な: a ~ contest 激しい競争 / ~ words 激しい言葉. **b** 〈感情・気質が〉激しやすい, 興奮する: a ~ temper 激情型気質, かんしゃく(もち) / get ~ 興奮する, 怒る / be ~ with anger 腹を立ててかっかしている. **c** 〈話題など〉論争の的となっている, 議論を呼んでいる.

❺ a 熱烈な: a ~ baseball fan 熱烈な野球ファン. **b** ［P…に］熱心で; しきりに〈…〉したがって: He's ~ *on* [*for*] reform. 彼は改革に熱心である / ［+*to do*] He was ~ *to* tell me about it. 彼はそのことを私にしきりに伝えたがっていた.

❻ 《俗》**a** 〈人が〉性的に興奮した, 好色の, さかりがついて. **b** 〈本などが〉みだらな, 卑猥な.

❼ a 〈ジャズが〉ホットな, 強烈でテンポが速く即興的な (cf. cool 5): ~ jazz ホットジャズ. **b** 〈色の強烈が〉, どぎつい.

❽ 〈口〉**a** すぐれた, よい, 将来性のある. **b** 〈演技者・競技者などが〉どうやら, すばらしい. **c** ［P…をよく知っていて, …に精通して: He's ~ *on* [*in*] science. 彼は科学のことをよく知っている. **d** 信頼できる ~ tip 〈株・競馬などの〉信頼できる情報. **e** 厳しい, 厳格な 〈*on*〉.

❾ a 困難な, 危険な, 手に負えない, 不快な: ⇒ too HOT to handle 〈成句〉. **b** 放射能のある; 〈研究所など〉放射性物質を取り扱う.

❿ 〈口〉**a** 〈盗品など〉盗んだばかりの, 不正に手に入れた: a ~ car 盗難車 / ⇒ hot stuff 4. **b** 〈犯人などお尋ね者の〉,「やばい」.

⓫ (追跡・追究などで)もう少しのところの, 近い (cf. cold 5 b, warm 6): You are getting ~. (解答に)近づいています, もう少しです.

⓬ 〈猟〉〈遺臭が〉新しい, 強い (cf. cold 5 a, warm 6).

⓭ 〈口〉**a** ばかげた, 途方もない. **b** 非常に幸福で.

gèt tòo hót for a person〈事が〉〈人を〉いたたまれなくする.

gò hót and cóld (恐怖で)熱くなったり寒くなったりする, 冷や汗をかく.

hót and bóthered〈口〉いらいら心配して.

hót and héavy《米口》激しい〈く〉.

hót on the héels of…のすぐうしろに; …の直後に.

hót on the tráil of…を追い詰めて; …を突き止める寸前で; …を発見するのにあと一歩で; …までもう少しで.

hót to trót〈米口〉うずうずして, 欲しくてたまらなくて.

hót ùnder the cóllar ⇨ collar 〈成句〉.

máke it tòo hót for a person (いやがらせをして)〈人〉をいたたまれなくする: The police *made it too ~ for* him here so he escaped abroad. 警察があまりしつこいのでここにいたたまれなくなり彼は国外へ脱出した.

nót so [tòo] hót〈口〉たいしてよくない, まあまあの, ありふれた.

tòo hót to hándle あまりにも衝撃的で; 危険すぎて.

— 動 (hot・ter; hot・test) ❶ 熱く: The sun shone ~ in my face. 太陽は熱く私の顔を照らしていた (★ このような hot の用法は形容詞の叙述的用法とみなしてもよい). ❷ 熱心に. ❸ (口) 激しく: get [catch] it ~ ひどくしかられる / give it (to) a person ~ 人をひどくしかる, 人をひどい目にあわせる / have it ~ ひどくしかられる, 大目玉をくらう.

blów hót and cóld ⇨ blow¹〈成句〉.

hót and stróng〈口〉(1) こっぴどく, 猛烈に〈な〉: give it (to) a person ~ *and strong* 人をこっぴどくしかる / He came ~ *and strong* when I asked his opinion of the book. この本について意見を求めたら彼はぼろくそにけなした. (2) 強烈に辛い: I like curry ~ *and strong*. カレーはすごく辛いのが好きだ.

— 動 (hot・ted; hot・ting)〈英口〉他 ❶〈…を〉温める, 熱する〈*up*〉. **b** 〈食べ物を〉〈薬味を加えて〉辛くする〈*up*〉. ❷〈事を〉活発にする〈*up*〉. — 自 ❶ 暖まる〈*up*〉. ❷〈英〉活発になる, 激しくなる〈*up*〉 (heat up): The labor dispute is *hotting up*. 労働争議が激化しつつある.

— 名 [the hots で]〈俗〉強烈な性欲, 強烈な性的魅力: have *the* ~*s for* a person 人に性的に強くひかれる.

~・ness 名
〖OE〗(名 heat)

⁺hót áir 名 Ⓤ ❶〈口〉だぼら, 大ぶろしき. ❷ **a** 熱気. **b** (暖房用の)熱風. **hót-áir** 形.

hót-áir ballóon 名 熱気球.

hót・bèd 名 ❶〖園〗温床. ❷〈罪悪などの〉温床〈*of*〉.

hót blást 名 溶鉱炉に吹き込む熱風.

hót-blóoded 形 ❶ 熱烈な; 熱血の, 血気にはやる: a ~ young man 熱烈な若者. ❷ 短気な, 怒りっぽい.

hót bùtton 名《米口》強い関心[激しい反応[議論]]を呼ぶ問題[事柄]. **hót-bútton** 形.

hót càke 名 Ⓒ Ⓤ ホットケーキ (pancake). **like hót-cakes** 盛んに, 大いに: This book is selling [going] *like* ~*s*. その本はすごく売れている.

hót chócolate 名 Ⓤ Ⓒ ホットチョコレート《チョコレート粉末をお湯とミルクでといた飲料》; ホットココア.

hotch-pot /hάtʃpὰt│hɔ́tʃpɔ̀t/ 名〈英法〉財産併合.

hotch-potch /hάtʃpὰtʃ│hɔ́tʃpɔ̀tʃ/ 名 ❶〈英〉=hodgepodge. ❷ Ⓒ Ⓤ 〈野菜と羊肉などの〉ごった煮.

hót cróss bún 名 ホットクロスバン〘十字形つきの干しぶどう入り菓子バン; Good Friday に食べる〙.

hót dèsk 名〈英〉ホットデスク (hot desking で使う共用机).

hót désk・ing /-déskɪŋ/ 名 Ⓤ ホットデスキング〘職場で個人の机を決めずに, 必要に応じて使ったり輪番によって机を割り当てるやり方〙.

⁺hót dóg 名 ❶ ホットドッグ. ❷〈米俗〉(サーフィン・スキーなどで)曲技の持ち主; 曲技をやって見せる人.
—— 間〈米俗〉[賛成・満足・喜びなどを表わして] すてき!, すごい!, よおい!

hót・dóg 動 ❶ これみよがしの態度をとる, 見せつける, (サーフィン・スキー・スケートボードなどで)アクロバット的妙技を見せる. — 形〈スキーヤーなど〉(これみよがしに)うまい, すぐれた. **hót・dòg・ger** 名

⋆ho・tel /hòʊtél/ 名 Ⓒ ホテル, 旅館: stay at a(n) ~ ホテルに宿泊する〈⇨ an 用法 (1)〉/ run a ~ ホテルを経営する. 〖F〚L; HOSPITAL, HOSTEL と同語源〛

⁺ho・te・lier /hòʊtəlɪ́ər│-téliei/ 名 ホテル経営者.

hotél・kèeper 名=hotelier.

hót fávorite 名〈競馬などの〉一番人気(の人・もの), 最有力[最右翼]とみなされている人[もの].

hót flásh [〈英〉flúsh] 名 [通例複数形で] (閉経期などの)顔面潮紅〈℉〉.

hót・fòot〈口〉副 大急ぎで. — 動 ㉐ [~ it で] 大急ぎで行く: He ~*ed it* out of town. 彼は大急ぎで町から出ていった.

hót-góspeler 名 熱烈な福音伝道者; 熱烈に説きまわる者.

hót・hèad 名 性急[せっかち]な人; 短気な[怒りっぽい]人.

hót-héaded 形 性急な, せっかちな; 短気な, 怒りっぽい: Don't be so ~. You'll make an enemy out of him. そんなにかっかするなよ. 彼を敵にまわすことになるぞ. **~・ly** 副.

hót・hòuse 名 ❶ 温室. ❷ 温床. — 形 ④ ❶ 温室栽培の. ❷ 温室育ちの, きゃしゃな: a ~ plant 温室育ちの人. — 動 ⽥ ❶〈…を〉温室で育てる[栽培する]. ❷〈子供を〉早期に教育する.

hót・kèy 名 動 ㉐ 〘電算〙ホットキー(を押す), ホットキーで〈プログラムなど〉を呼び出す〘ワンタッチで別のプログラムにアクセスすることを可能にするキー(の組合わせ)〙.

⁺hót líne 名 ❶ (二国の政府首脳を結ぶ)ホットライン, 直結電話線. ❷ 電話身の上相談サービス.

hót línk 名 Ⓒ Ⓤ 〘電算〙ホットリンク〘複数のアプリケーション・ファイルの間で, 一方の変更が他方に直ちに反映されるように関連づけること, またそうしてできるリンク〙.

⁺hót・ly 副 ❶ 猛烈に, 激しく; 熱心に. ❷ 興奮して, 怒って, むきになって. ❸ 熱く, 暑く. ❹ (追跡など)厳しく, 執拗に〈ξ〉に (closely).

hót métal 名〘印〙ホットメタル〘金属活字による植字法や印刷方法; その活字〙.

hót móney 名 Ⓤ ホットマネー〘国際金融市場に流れる(投機的な)短期資金〙.

hót pàd 名 鍋敷き.

hót pànts 名 ⽥ ホットパンツ〘短くてぴったりした女性用ショートパンツ〙.

hót pépper 名 ❶ Ⓤ 非常に辛いトウガラシ. ❷ Ⓒ a 〘植〙(非常に辛い実のなる)トウガラシ (cf. cayenne 2 a). **b** トウガラシの実.

hót pínk 名 Ⓤ 形 とても明るいピンク色(の).

hót pláte 名 ❶ 料理用鉄板式. ❷ 電熱器, ガスこんろ.

hót-pòt 图 ❸ 食物保温器.

hót-pòt 图 ❶ [C|U] (英) ホットポット (羊肉や牛肉とジャガイモなどをオーブンで煮たもの). ❷ [C] (米) 煮込み鍋; 電気鍋; 電気ポット.

hót potáto 图 ❶ (口) やっかいな問題, 難問. ❷ 焼きジャガイモ.

hót-prèss 图 [機] 加熱圧搾機, つや出し機. —— 動 加熱圧搾して, 〈...の〉光沢を出す.

hót próperty 图 (米口) (後援者・出資者から見て) 見込み[価値]のある人[もの].

hót ròd 图 ホットロッド (スピードが出るようにエンジンなどを改造した自動車).

hót-ròd·der 图 ホットロッドの運転者; 暴走族の人.

hót sáw 图 熱のこ (熱した鋼材を切断するのこぎり; cf. cold saw).

hót sèat 图 [the 〜] (口) ❶ 重い責任のある立場. ❷ (死刑用)電気いす.

hót shòe 图 ❶ [カメラ] ホットシュー (フラッシュ用の接点付き差込み口). ❷ (米俗) 腕のいいレーシングドライバー.

hót-shórt 厖 [冶] 〈金属が〉赤熱に達しない高温で弱い[もろい] (cf. cold-short).

hót-shòt (米口) 图 ❶ 有能な人, やり手; できるやつ; 見せびらかせ[ひけらかす]人, 目立ちたがり屋. ❷ 急行貨物列車. —— 厖 有能な, やり手の; 得意気な; 派手な: a 〜 young newspaperman 若くて有能な新聞記者.

⁺hót spòt 图 ❶ (政治・民族)紛争地帯[地区]. ❷ (口) ナイトクラブ, 歓楽街, 面白い[人気[活気]のある場所. ❸ [電算] ホットスポット (画像・テキストなどの一部で, マウスなどで選択すると新しい動作が始まる部分).

hót spríng 图 [通例複数形で] 温泉.

hót spùr 图 向こう見ず, 短気な人.

hót stúff 图 [U] (俗) ❶ (能力・品質などが)並はずれた人[もの]: Don't underestimate him. He's really 〜. 彼をみくびるな. 本当に優秀なんだから. ❷ a セクシーな人. b わいせつなもの (ポルノ映画・エロ本など). ❸ 流行のもの (遊びなど). ❹ 盗品.

hót-swáp 動 〈コンピューターの部品を〉電源を入れたままで交換する. **hót-swáp·pa·ble** 厖

hót·sy-tót·sy /hátsitátsi | hátsitòtsi/ 厖 (俗) すばらしい, 申し分ない, とってもいい.

hót-témpered 厖 短気な, かんしゃく持ちの.

Hot·ten·tot /hátntùt | hótntòt/ 图 (差別) = Khoikhoin.

Hóttentot [Hóttentot's] fìg 图 [植] バクヤギク (アフリカ南部乾燥地帯原産のメセン類園芸植物; 果実は食用になる).

hót tícket 图 (口) 売れっ子, 人気者.

hot·tie /háti/ 图 = hotty.

hót tóddy 图 = toddy 1.

hót tùb 图 (静養・治療のためしばしば集団でつかる)温水浴槽.

hot·ty /háti | hóti/ 图 ❶ (俗) セクシーな人[子]. ❷ (英) = hot-water bottle.

hót wár 图 [しばしば H〜 W〜] 熱い戦争 (武力による本格的戦争; ↔ cold war).

hót wáter 图 [U] ❶ 湯 (⇒ water 图 1 [解説]). ❷ (口) 困難: be in [get into] 〜 苦境[窮地]にある[陥る].

hót-wáter bòttle [(米) bàg] 图 湯たんぽ (通例ゴム製).

hót-wáter hèater 图 (米) 湯沸かし器 ((英) geyser).

hót wéll 图 温泉.

hót wíre 動 ⊕ (口) (点火装置をショートさせて)〈車の〉エンジンをかける.

hou·bá·ra bústard /huːbáːrə-/ 图 [鳥] フサエリショウノガン (アフリカ産).

Hou·di·ni /huːdíːni/, **Harry** 图 フーディーニ (1874-1926; ハンガリー生まれの米国の魔術師; 縄抜け・箱抜け等脱出術の名人).

houm·mos, hou·mous /húːməs/ 图 = hummus.

⁺**hound** /háund/ 图 ❶ [通例複合語で] 猟犬で, (特に)フォックスハウンド; ⇒ Afghan hound, foxhound. ❷ (古風)いやなやつ, 卑劣漢. ❸ [しばしば複合語で] (口) 熱中する人, ファン: an autograph 〜 サイン狂. ❹ (遊戯)「犬」(紙まき遊び 'hare and hounds' で追跡する人). **follow the hóunds** = **ríde to hóunds** (キツネ狩りで)(馬上で)猟犬を先に立てて狩りをする. —— 動 ⊕ ❶ 〈人を〉激しく追跡する, 追い回す; しつこく悩ます; 〈人をいびり散らす, 追い払う〉 [*out of*]. ❷ 〈獲物を〉猟犬で狩る. ❸ a [獲物などに] 〈犬をけしかける. b 〈人をけしかける, 扇動する. 【OE = 犬; cf. dog】

hóund's tòoth 图 (また **hóund's-tòoth chéck**) [U] [また a〜] ハウンドトゥース (黒・白・濃淡で犬のきばのような形をした格子縞 ($\overset{...}{...}$), 千鳥格子).

houn·gan /húːŋɡan/ 图 ヴードゥー (voodoo) の聖職者.

✽**hour** /áuə | áuə/ 图 ❶ **a** [C] 1時間 (60分間; 略 hr; cf. minute¹ 1, second² 1): There are 24 〜s in a day. 1 日には 24 時間ある / half an 〜 半時間, 30 分 ((米) では a half 〜 ともいう) / by the 〜 時間ぎめで / for 〜s (and 〜s) 何時間も(何時間も)の間 / for 〜s together 何時間もぶっとおしに / The town is an 〜 [an 〜's drive] from here. ここからその町まで(車で) 1 時間かかる / long 〜s of hard work 長時間の重労働. **b** [the 〜] 正時 (ｼｮｳｼﾞ) (★「...時 00 分」のこと): This clock strikes *the* 〜s. この時計は毎正時に時を告げる / He arrived at nine on the 〜. 彼は 9 時きっかりに到着した. ❷ **a** [C] (特定の)時, 折; (...の)ころ, 時代: the golden 〜s 絶好の時 / in a good [happy] 〜 幸いにも, 運よく / in an evil [ill] 〜 運悪く, 不幸にも / in the 〜 of adversity 逆境の時に / He deserted me in my 〜 of need. 彼は私が困っている時に私を見捨てた / the happiest 〜 of my life 私の生涯で最も幸福な時. **b** [the 〜] 現在, 目下: the question of *the* 〜 現在の問題 / the man of *the* 〜 時の人 / books of *the* 〜 いま評判の本, 一人々, 一人々, 一人々, 今時, 決断の時; 死期: His 〜 has come. 彼の死期[彼にとって来るべき時]がきた / The 〜 has come. 決断の時がきた. ❸ [C] **a** (時計で示される)時刻: ask the 〜 時刻を尋ねる / at an early [a late] 〜 早く[遅く] / ⇒ small hours. **b** [通例複数形で] (24 時間で示される)時刻 [用法] 通例四つの数字で表わし, 前二つは「時」, 後の二つは「分」を表わす): as of 0100 〜s 午前 1 時現在 (読み方) oh one hundred hours と読む) / at 1800 〜s 18 時に, 午後 6 時の (読み方) eighteen hundred hours と読む) / at 1142 〜s 午前 11 時 42 分に (読み方) eleven-forty-two hours と読む). ❹ **a** [C] いつもの[決まった]時間; 授業時間: lunch 〜 昼食時 / his usual 〜 for bed 彼のいつも寝る時刻. **b** [複数形で] 勤務時間: business [office, school] 〜s 営業[執務, 授業]時間. ❺ [C] [カト] 時課 (定時の祈り).

áfter hóurs 就業[営業, 営業]時間後に, 閉店[放課]後に.
at áll hóurs 時を選ばず, いつでも.
at the eléventh hóur ⇒ eleventh 厖 (成句)
(évery hóur) on the hálf hóur (毎)正時 30 分に.
(évery hóur) on the hóur (毎)正時に: These trains leave *on the* 〜. これらの列車は正時に出る.
hóur áfter hóur 何時間も続けて.
hóur by hóur (時々)刻々と.
impróve eách [the] shíning hóur 時間を最大限に活用する.
in one's wáking hóurs ⇒ waking.
kèep éarly hóurs 早寝する; 早起きする; 早寝早起きする.
kèep láte hóurs 宵っ張りである, 夜ふかしする, 遅く帰宅する.
kèep régular hóurs 規則正しい生活をする; 早寝早起きする.
òut of hóurs (いつもの)勤務[授業]時間外に: *Out of* 〜s, telephone 03-3288-7711. 時間外には 03-3288-7711 にお電話してください.
till áll hóurs 夜とても遅くまで.
to the [an] hóur (時間どおり)きっかり: He returned three days later *to the* 〜. 彼はちょうど 3 日後に戻った.
【F<L<Gk *hōra* 時, 時期, 時節; cf. horoscope】
(厖 hourly)

hóur·glàss 图 (特に 1 時間用の)砂時計, 水[水銀]時計,

漏刻 (cf. sandglass).

hóur hànd 图 (時計の)時針, 短針.

hou·ri /húːəri/ 图 ❶ 〖イスラム教〗極楽の美女. ❷ 魅惑的な女性. 〘F＜Pers/Arab〙

hóur-lóng 形 一時間続く. — 副 一時間の間.

†**hóur·ly** 形 ❷ **a** 1時間ごとの; 1時間の: at ~ intervals 1時間おきに / There are ~ buses to the airport. 空港へは1時間おきにバスが出ています. **b** 〈賃金などが〉1時間単位の: an ~ wage 時間給. ❷ 絶え間ない, たびたびの. — 副 ❶ 1時間ごとに. ❷ 絶えず, 毎度; expect a person ~ 人を今か今かと待つ. 〔图 hour〕

*****house** /háus/ 图 (複 hous·es /háuziz, -siz | -ziz/) ❶ Ⓒ **a** 家, 家屋, 住宅, 人家 (cf. home 1 a〔解説〕): the Smith ~ スミスの家, スミス邸 / a five-bedroom ~ 寝室が5室ある家 / a three-story ~ 3階建の家 / He's about [around] the ~. 彼は家の(中か回りか)どこかにいます. **b** [集合的; 単数または複数扱い] 家に住む人たち (household): Be quiet, or you'll wake the whole ~! 静かにしないと家中が起きてしまうよ. ❷ Ⓒ 〔通例複合語で〕 **a** (家畜などの)小屋; (品物の)置き場: a hen ~ 鶏小屋. **b** (特定の目的のための)建物: ⇒ customhouse, courthouse, storehouse, さらにレストラン, ⇒ public house. ❸ **a** Ⓒ 議院, 議事堂: the Houses of Parliament 〘英〙国会議事堂 / Lower [Upper] House. **b** [the H~] [上]下]院: the H~ of Commons (英国の)下院 (the Commons) / the H~ of Lords (英国の)上院 (the Lords) / ⇒ the HOUSE OF REPRESENTATIVES 〘米国〙. **c** Ⓤ [the H~; 集合的; 単数または複数扱い] 下院; 討論者を: be in [elected to] the H~ (下院)議員である[に選ばれる]. **d** Ⓒ [通例 the ~; 集合的; 単数または複数扱い] 議員達. ❹ Ⓒ 商社, 商店 〔通例複合語で〕; 会社: a publishing ~ 出版社 / a stock and bond ~ 証券会社. ❺ **a** 劇場, 演芸場: ⇒ opera house. **b** 〔通例単数形で〕興行は: The second ~ starts at 6 o'clock. 2回目の興行は6時から始まる. **c** [単数扱い] 見物人, 聴衆 (全体): a full [poor] ~ 大[不]入り (cf. full house 1). ❻ Ⓒ 家庭; 一家, 家族: An Englishman's ~ is his castle. ⇒ 〔ことわざ〕. **b** [名前の時には H~] 系, 血統: the H~ of Windsor ウィンザー家 (英王室) / the Imperial [Royal] H~ 皇[王]家. ❼ [the H~] 〘英口〙(株)式ロンドン株式取引所. ❽ Ⓒ **a** (全寮制学校 (boarding school) の)寮(の一つ). **b** [集合的; 単数または複数扱い] 寮生たち. **c** (大学の)学寮. **d** Ⓒ (競技などのために生徒を分けた)組. ❾ Ⓒ 〖占星〗宿, 宮, ...座 (天の12区分の一つ). ❿ =house-music.

(**as**) **sáfe as hóuses** 〘英口〙まったく安全で. **bríng dówn the hóuse** = **bríng the hóuse dówn** 〘口〙 (演劇・演技が)満場をうならせる, 大かっさいを博する. **cléan hóuse** (1) 家を掃除する. (2) (弊風・腐敗などの)すべてを一掃する, 粛清する. **éat a person òut of hóuse and hóme** 〘口・戯言〙〈人の〉財産を食いつぶす. **hóuse and hóme** 〔強意的に用いて〕家庭. **hóuse of cárds** (1) (子供が)トランプで組み立てた家. (2) 不安定な[危ろっかしい]計画: collapse like a ~ of cards もろくもつぶれる. **hóuse of corréction** 〘英〙矯正院 (少年犯罪者または軽犯罪を犯した者を監督し教育・矯正する所); 〘米〙 (軽犯罪者用の)刑務所. **Hóuse of Gód** 教会(堂). **kèep hóuse** 所帯をもつ; 家事を切り盛りする: My sister keeps ~ for me. 妹が家事をやってくれる. **kèep ópen hóuse** ⇒ open house. **kéep (to) the hóuse** 家にいる, (病気などのため)家に閉じ[引き]こもる. **líke a hóuse on fíre** 簡単に, みるみるうちに; 盛んに. **on the hóuse** (費用を)酒場[会社, 主催者]の負担[おごり]で, ただで: They had a drink on the ~. 彼らはふるまい酒にあずかった / It's [This one is] on the ~! これは店のおごりですから(どんどん飲んでください). **pláy hóuse** ままごとをする. **ròund the hóuses** 〘英〙 (情報を得ようと)あちこちに. **sèt (one's) hóuse in òrder** 自分のこと(財政状態など)を立て直す. **sèt úp hóuse** (独立して)所帯をもつ. **the Hóuse of Represéntatives** (米国・オーストラリア・メキシコなどの)下院 (⇒ congress 〔解説〕); (日本の)衆議院.

— 形 Ⓐ ❶ 家の; 家に飼われる: a ~ cat 家猫. ❷ 従業員向けの, 社員用の: a ~ organ [magazine] 社内報 / a ~ phone 内線[社内]電話. ❸ 病院に住み込みの: ⇒ house officer, house physician, house surgeon. ❹ (レストランで)当店銘柄の: the ~ wine 当店銘柄ワイン.

— /háuz/ 動 他 ❶ (臨時にまたは長期に)人々を泊める, 家に入れる; (家族・住民などに)家[住宅]を提供する[当てがう] (accommodate): ~ a friend for the night 友人をひと晩泊めてやる / ~ and feed one's family 家族に食と住をあてがう. ❷ (ものを)しまう, 収容 (収納) する: a library housing tens of thousands of books 数万冊の本を収蔵している図書館 / ~ garden tools in a shed 園芸用の道具を物置に入れておく. — 自 宿る, 住む 〈up〉.

hóuse àgent 图 〘英〙不動産管理人; 不動産売買業者.

†**hóuse arrèst** 图 Ⓤ 自宅監禁, 軟禁: be under ~ 自宅監禁となっている.

hóuse·bòat 图 ハウスボート〘住居用の屋形船〙.

hóuse·bòund 形 (悪天候・病気などで)家の外へ出られない, 家に引きこもった.

hóuse·bòy 图 (家・ホテルなどでの)雑役夫, 下働き.

hóuse·bréak 動 他 〈犬・猫などを〉(室内をよごさないように)下(しつ)けの行き届いた; しつける, 飼いならす, おとなしくさせる. — 图 押込み強盗.

hóuse·brèaker 图 押し込み強盗 (人); 家宅侵入者 (〘英〙ではかつて昼間の犯行について言ったが, 現在は区別しない). 〔類義語〕⇒ thief.

hóuse·brèaking 图 Ⓤ 押し込み強盗 (罪), 家宅侵入 (cf. burglary).

hóuse·bróken 形 〘米〙 ❶ 〈犬・猫などのペットが〉(家の中にするように)下(しつ)けのつけのできた 〘英〙 house-trained). ❷ 〘口〙〈人が〉よくしつけられた, おとなしい.

hóuse càll 图 (医師などの)往診; (外交員などの)家庭訪問: make a ~ 往診[家庭訪問]する.

hóuse·càrl, -càrle /-kɑːl | -kɑːl/ 图 (古英語時代のイングランドやデンマークの)王族の親衛隊員, 近衛兵.

hóuse chùrch 图 ❶ (伝統的宗教から独立した)カリスマ派の教会. ❷ (個人の家での)信仰集会.

hóuse·clèaning 图 Ⓤ [また a ~] ❶ 大掃除: spring ~ (春の)大掃除. ❷ 粛清: a thorough ~ 徹底的な粛清.

hóuse·còat 图 ハウスコート (dressing gown) 〘家庭でくつろぐ時に着る女性用の長い前あきの部屋着〙.

hóuse·craft 图 Ⓤ 〘英〙家事の才; 家政学.

hóuse crìcket 图 〖昆〗イエコオロギ, (特に)オウシュウイエコオロギ.

hóuse detéctive 图 (ホテル・店の)警備員.

hóuse dòctor 图 = house physician.

hóuse·drèss 图 (女性の)家庭着, ホームドレス 〘匹配「ホームドレス」は和製英語〙.

hóuse·fàther 图 (ユースホステル・子供の家などの)寮父.

hóuse fìnch 图 〖鳥〗メキシコマシコ〘北米西部・メキシコ産; しばしば家のまわりに巣を作る鳴鳥〙.

hóuse·flỳ 图 〖昆〗イエバエ.

house·ful /háusfʊl/ 图 いっぱい(の人): a ~ of guests 家にあふれるほどのお客.

hóuse guèst 图 泊まり客.

*****house·hold** /háushòʊld/ 图 ❶ Ⓒ [集合的; 単数または複数扱い] 世帯, 所帯, 〔雇い人も含めて一軒の家に住んでいる人々); 家族, 一家 [★しばしば国勢調査などに用いる]: a large ~ 大所帯. ❷ [the H~] 〘英〙王室: the Imperial [Royal] H~ 皇室[王家] 〘奉仕者を含む〙. — 形 Ⓐ ❶ 家族の, 一家の: ~ affairs 家事 / ~ goods 家財道具 〔法律用語〕 / ~ arts 家政(学). ❷ 身近な, 聞き見, 言い慣れた: a ~ name [word] だれでもよく知っている名前[言葉]. ❸ 王室の: the ~ troops 近衛兵 (cf. guard 图 1 e). 〘HOUSE+HOLD[1]〙 〔関形 domestic, domiciliary〕

hóusehold cávalry 图 Ⓤ 〔しばしば the ~; 集合的; 単数または複数扱い〕近衛(近営)騎兵隊.

†**hóuse·hòlder** 图 家長, 世帯主.

hóusehold góds 图 複 ❶ 〖古〗家の守り神. ❷ 〘英

口》家庭の必需品.
hóuse-húnting 名 U 家(½)探し.
hóuse-húsband 名 (専業)主夫, ハウスハズバンド.
hóuse・kèep 動 (自) ((口))家事をする, housekeeperをつとめる.
+hóuse・kèeper 名 ❶ ハウスキーパー, 家政婦《雇われて家事をする人》. ❷ (ホテル・病院などの)清掃係.
+hóuse・kèep・ing 名 ❶ U 家計, 所帯; set up ～ 所帯を持つ. ❷ [形容詞的に] 家政(用)の: ～ money 家計費.
hóuse・lèek 名 (植) (クモノス)バンダイソウ属の多肉植物, (特に)ヤネバンダイソウ.
hóuse・less 形 ❶ 家のない; 宿なしの. ❷ (場所が家影のない.
hóuse・lìghts 名 (劇場などの)客席照明.
hóuse・màid 名 (古風) 家政婦, 女中 (cf. chambermaid).
hóusemaid's knée 名 U 家政婦膝(膝の皮下の炎症). 《床掃除で膝をつくために起こることから》
hóuse・man /-mən/ 名 (複 -men /-mən/) ❶ (家屋・ホテルなどの)雑役夫, 下男; manservant. ❷ (英) (病院に住み込みの)医学研修生, インターン (house officer; (米) intern).
hóuse màrtin 名 (鳥)イワツバメ(人家の壁などに巣をかける).
hóuse・màster 名 (英) 学級担任 (cf. house 8 d);(男子の全寄宿学校の)寮長.
hóuse・mìstress 名 女主人, 主婦; 女性舎監.
hóuse・mòther 名 寮母.
hóuse mòuse 名 (動)ハツカネズミ.
hóuse mùsic 名 U ハウス(ミュージック)《1980年代に生まれたダンスミュージック; ディスコサウンドをベースにサンプリング・リズムマシンなどを多用》. 《Chicagoのクラブ The Warehouse より広まったことから》
house officer 名 (英)医学研修生.
House of Kéys 名 [the ～] 《Man島の議会の》下院.
hóuse párty 名 ハウスパーティー《別荘などに泊まり客を招いて何日も行なう》.
house phòne 名 (ホテルなどの)内線専用電話.
house physìcian 名 ❶ (病院の住み込み)研修内科医 (cf. house surgeon, resident 3). ❷ (ホテルなどの)住み込み[専属]内科医.
hóuse・plànt 名 室内に置かれる鉢植え植物 ((英) pot plant).
hóuse・pròud 形 家の整理・美化に熱心な; 家自慢の.
hóuse・ràising 名 ((米))(いなかなどで近所の人が寄り合ってする)家の棟(½)上げ.
hóuse・ròom 名 U (人・ものの)置き場所: I would not give it ～. そんなものはただでもらっても(場所ふさげに).
hóuse-sìt 動 ((米))(頼まれてよその家の)留守番をする.
hóuse sìtter 名 ((米))(よその家の)留守番をする人.
hóuse spàrrow 名 (鳥)イエスズメ.
hóuse stýle 名 (出版社・印刷所の)独自の文書様式[組み方].
hóuse sùrgeon 名 (病院住み込みの)研修外科医 (cf. resident 3).
+hóuse-to-hóuse 形 Ａ 戸別の, 軒並みの (door-to-door): make a ～ survey 戸別(意見)調査をする.
hóuse・tòp 名 屋根. **proclaim** [**cry**, **shout**]...**from the hóusetops** ⟨…を⟩世間に吹聴(ʨ゚)する (★聖書「ルカによる福音書」から).
hóuse tràiler 名 ((米))ハウストレーラー《車で引く移動住宅》.
hóuse・tràin 動 ((英))=housebreak.
hóuse・tràined 形 ((英))=housebroken.
hóuse・wàres 名 (複)家庭用品《台所用品・ガラス器など》.
hóuse・wàrming 名 新居披露(宴), 新築祝い.
+hóuse・wìfe /háuswàɪf/ 名 (複 -wìves /-wàɪvz/) ❶ (特に専業の)主婦: a good ～ 所帯(ⁿᵒₙ)持ちのよい女. ❷ 裁縫道具入れ.
hóuse・wìfe・ly 形 主婦[世話女房]らしい, 倹約家の.
hóuse・wìfe・ry /háuswàɪf(ə)ri -wɪf-/ 名 U 家事, 家政.

885　　　　　　　　　　　　　　　　　　　　　　　　how

+hóuse・wìves 名 (複) housewife の複数形.
+hóuse・wòrk 名 U 家事.
house・wrécker 名 家屋解体業者.
house-y-house-y, hous・ie-hous・ie /háuzihàuzi/ 名 (英古風) =bingo.
+hóus・ing¹ /háuzɪŋ/ 名 U ❶ 住居, 住宅《全体》; 住環境; 住宅事情: poor ～ 劣悪な住環境. ❷ U 住宅供給; a shortage 住宅難. ❸ C (機)ハウジング《機械装置などを囲う箱形の部分》.
hous・ing² /háuzɪŋ/ 名 [しばしば複数形で] (古) (装飾用または防寒用の)馬衣(ᶦⁿˢᵃⁿ); (馬の)飾り, 装飾.
+hóusing associàtion 名 (共同)住宅購入[建築]組合.
+hóusing devèlopment 名 ((米))(公営)住宅団地, 団地 ((英) housing estate).
hóusing estàte 名 ((英))=housing development.
hóusing pròject 名 ((米))(通例低収入世帯向きの)(公営)住宅団地, 団地 (project).
hóusing stárts 名 (複)住宅着工戸数.
Hóus・man /háusmən/ 名 **A(lfred) E(dward)** ハウスマン《1859–1936; 英国の詩人》.
Hóus・ton /hjú:stən/ 名 **Texas** 州南東部の港市・工業都市; NASA の宇宙飛行管制センターがある》.
Hóus・ton /hjú:stən/ 名 **Sam(uel)** ヒューストン《1793–1863; 米国の軍人・政治家; Texas 共和国 (1836–45) 大統領 (1836–38, 41–44)》.
hout・ing /háutɪŋ/ 名 (魚)フェール《欧州産のコクチマス》.
Hou・yhn・hnm /hwínəm, hú:ɪ-/ 名 フーイナム《Swift 作 *Gulliver's Travels*(ガリバー旅行記)の中の人間的な理性が徹底している人間, 馬の形をしたYahooを支配する》. 《馬の鳴き声からのSwiftの造語》
hove /hóuv/ 動 heaveの過去形・過去分詞.
hov・el /hʌ́v(ə)l, hʌ́v- hɔ́v-/ 名 ❶ (屋根だけで囲いのない)物置, 家畜小屋. ❷ 掘っ建て小屋, あばら屋.
***hóv・er** /hʌ́vɚ, hʌ́və hɔ́və/ 動 (自) ❶ (鳥・虫が(羽ばたいて)空中に停止する; (ヘリコプターが)ホバリングする: ～ **over the flower** 花の上を停空飛翔する. ❷ **a** ⟨人が⟩うろつく: ～ **about** うろつきまわる / He's always ～*ing around* her. 彼はいつも彼女のまわりをうろちょろしている. **b** ⟨笑いなどが⟩漂う: A smile ～*ed* on her lips. 彼女の唇に笑いが浮かんだ. ❸ さまよう, とまどう; ⟨数値が⟩安定[停滞]している: ～ **between** two courses [life and death] 二つの方針の間を[生死の境を]さまよう. **・・er** 〖類義語〗 ⇒ fly¹.
Hóv・er・craft /hʌ́vɚkræft, hʌ́v- hɔ́vəkrɑ̀:ft/ 名 (複 ～) (商標) ホバークラフト《水面[地面]に吹きつけた空気の圧力で機体を浮かせて走る乗り物》.
hóver・fly 名 (昆)ハナアブ, アブバエ, ショクガバエ.
hóver・pòrt 名 ホバークラフト港[発着所].
hóver・tràin 名 ホーバートレイン, 浮遊列車《磁力利用のリニアカー》.
HÓV láne /éɪtfòʊví:-/ 名 複数乗車車両専用車線《2人以上の人が乗った車だけが通行できる車線》.
***how¹** /háʊ/ 副 (比較なし) **A** [疑問詞] ❶ [方法・手段を尋ねて] **a** どんなふうに, どんな具合に, どんな方法[手段]で: "*H~* can I get there?" "(You can get there) by bus." 「そこへはどうやって[何で]行けますか」「バスで行けます」 / *H~* else can I say it? ほかにどんな言い方があるだろうか; ほかに言いようがないだろう. **b** [to do または節を導いて] ⟨…する⟩しかた; どうやって…するか: He knows ～ *to* play chess. 彼はチェスのやり方を知っている / I can't imagine ～ the thief got in. 泥棒がどうやって侵入したか想像もできない.
❷ [状態を尋ねて] どんな状態[具合]で: *H~* is she now? 彼女は今どんな具合ですか / "*H~* are you?" "Fine (, thanks). And you?" 「お元気[ご機嫌]いかがですか」「(おかげさまで)元気です, あなたは(いかがですか)」 / *H~* goes it? =*How's it going?* =*H~* are things (going)? 最近どうだい, 元気にしてる[うまくいってる]か / *H~* have you [things] been? (その後)いかがお過ごしですか 《用法》久しぶりに会った場合などのあいさつ.

❸ [相手の意見・説明などを求めて] どう, どんな意味で, いか

how

か: *H~* will your father take it? あなたのおとうさんはそのことをどう(受け)取るだろうか / *H~* would it be to start tomorrow? あす出発したらどうだろう.

❹ [理由を尋ねて; しばしば can [could] を伴って] どうして, なぜ: *H~ can* you live alone? どうして一人で暮らすことができるのですか / *H~ can* you say such a rude thing? よくもあなたはそんな失礼なことが言えたもんだね / *H~* is [comes] it (that) you are here? 君がここにいるのはどういうわけだ《用法》接続詞 that はしばしば省かれる; cf. How come...?《成句》/ "Where is Tom?" "*H~* should I know?"「トムはどこにいるの?」「そんなこと知るか《ぼくには関係ない》」.

❺ [程度を尋ねて] a どれほど, どれだけ: *H~* old is he? 彼は何歳ですか / *H~* long is it? 長さはどれくらいですか / *H~* much older than you is John? ジョンはあなたよりいくつ年上か / *H~* do you like Japan? 日本はいかがですか《好きか嫌いか》/ *H~* is the dollar today? きょうはドルの(相場)はいくらか. b [節を導いて]: I wonder ~ old he is. 彼は何歳だろうか / I don't know ~ many people joined the party. その一行に何人参加したか知りません.

❻ /háʊ/ [感嘆文に転用して] a まあ何と, (cf. WHAT A 2): *H~* silly (you are)!《君は》なんというばかだろう《比較》How silly a boy (you are)! の形は《まれ》で, What a silly boy (you are)! となる; 上記の複数形は What silly boys (you are)! となるが, How silly boys (you are)! は不可》/ *H~* kind of you! まあご親切さま / *H~* well she sings! 彼女の歌の上手なこと / *H~* I wish I could travel (a)round the world! 世界旅行ができたらどんなによいだろう / *H~* it rains! 何という雨だ. b [節を導いて]: I saw ~ sad he was. 彼がどんなに悲しがっているかがわかった / You cannot imagine ~ wonderfully he sang. 彼がどんなにすばらしく歌ったか君には想像もつかないだろう.

── **B** [関係詞] ❶ [名詞節を導いて] a ...である次第, ...する仕方[状態]《用法》the way+how...となることは現在では《まれ》で, how か the way のどちらかです》: That's ~ it happened. このようにして事は起こったのです / That's [This is] ~ I want you to do it. そういう[こういう]やり方であなたにそれをしていただきたいのです. b [という こと《用法》接続詞ともいえる》]: I told him ~ I had read it in the papers. それを新聞で読んだと彼に告げた《用法》特に物語風の古風な調子でしばしば込み入った事情などを述べる; 口語では非標準的》. ❷ [副詞節を導いて] ...のように (however)《用法》接続詞ともいえる》: Do it ~ you like. どんなやり方でもいいからやってごらん.

Ànd hów! [皮肉または強意に用いて] 《口》非常に, とても; そうですとも, ほんとうに: "Do you like your new job?" "And ~!"「新しい仕事は気に入っているかい」「うん, とても」.

ány òld hòw《口》いいかげんに, 雑に.

Hére's hów! ⇒ here 副 成句.

Hów about...? ...はどうですか; ...についてはどうお考えですか (cf. WHAT about...?) 成句: *H~ about* the results? それで結果はどう(だった)ですか / *H~ about* a game of chess? チェスを一番どうですか / *H~ about* going for a swim? 泳ぎに行きませんか.

Hòw about thát!《口》(1) それはすごい[よかった, 驚いたね]! (2) どんなもんだい!

Hòw cóme...?《口》...はどうしてですか, なぜ (★ How did it come that...? の短縮形; cf. A 4): *H~ come* you weren't at the party yesterday? きのうのパーティーに来なかったのはどうしてです.

Hòw cóme you to dó...? どうしてそうなのか: *H~ came you to be there?* どうしてそこにいたのかね.

Hów do you dó? /háudjuːduː, -di-/ こんにちは; 初めまして《解説》初対面のあいさつ; 答える方も同じ文句を繰り返す.

Hòw do you fínd...? ...を[ということを]どう思うか.

Hòw in the wórld [on éarth, the dévil, etc.]**...?** 一体どうして...か (cf. however 3): Good heavens! John! *H~ in the world* did you get here? おや, ジョンだ! 一体全体やってここへ来たのか.

Hòw is thát again?《米》[聞き返す時] 何(ですか), もう一度言ってください.

Hów is [Hów's] thát for...? [形容詞または名詞を伴って; 反語的に用いて]《口》なんと...ではないか: *H~ is that for impudence?* なんと生意気じゃないかね / *How's that for gratitude?* まったく感謝してないようですね.

Hòw múch? (1) ⇒ much 形 代 副. (2)《英俗言》何ですって?

Hòw óften(...)? 何度(...)か: *H~ often* are there trains for Kyoto? 京都行きの列車はどれくらい出ていますか / *H~ often* do you play golf?* ゴルフはどのくらい[よく]やりますか.

Hòw só? どうしてですか, どうしてか.

Hòw sóon(...)? どのくらい早く: *H~ soon* can I expect you? どのくらい早く来てくれますか.

Hòw's thát? (1) それはどういうわけか, どうしてそうなのか; あれ[それ]をどう思うか. (2) (何ですか), もう一度言ってください. (3) 《クリケ》(審判に対して)今のはどうか (打者をアウトかセーフか).

Hów thèn? これはどうだ? 他に方法は?

── 名 [the ~] 方法, 仕様: I want to know *the ~* and *the why of it.* その方法と理由を知りたい.

《OE》

how[2] /háʊ/ 間 《しばしば戯言》やあ, おい《北米先住民のことばをユーモラスにまねたあいさつ》.

How・ard /háʊəd/, -əd/ 名 ハワード《男性名》.

how・be・it /hàʊbíːɪt/ 副 接《古・文》...とはいえ, とはいうものの, ...にもかかわらず (nevertheless).

how・dah /háʊdə/ 名《インドの》象かご《象の背に取り付け, 数人乗りで通例天蓋(ﾎﾞ)がある》.

how-do-you-do /háudjʊdúː/ 名《口》[a fine [pretty] ~で] 困った立場, 困った羽目: Well, that's *a fine* ~! おや, そいつは困った[それは大変だ].

how・dy /háʊdi/ 間《米口》[あいさつに用いて] やあ! よう! 《how do you do の短縮形》

Howe /háʊ/, **Elias** 名 ハウ (1819-67; 米国の発明家; ミシンを発明).

how・e・er /hàʊéə/, -éə/ 副 however の短縮形.

***how・ev・er** /hàʊévə/, -və/ 副 (比較なし) ❶ [接続副詞に用いて] しかし(ながら), けれども, とはいえ《用法》however は文頭・文尾にも用いるが, 通例文中にコンマとともに用い, but より意味が弱く形式ぐった語]: Later, ~, he changed his mind. しかし, その後彼は気が変わった / He said (that) it was so; he was mistaken, ~. 彼はそうだと言った, が誤解していたのだ / I see. *H~,* I will do it in my own way. わかりました. しかし私は私なりのやり方でやります. ❷ [譲歩の副詞節を導いて] どんなに[どんな方法で]...でも (no matter how): *H~* tired you are [may be], you must do it. どんなに疲れたにしても, それはやらなくちゃだめだ / He will never get the job, ~ good his connections (are). コネがどんなに良くても彼はその仕事にはつけないだろう / *H~* you do it, you will find it difficult. どうやっても難しいことに変わりはないだろうよ. ❸ [疑問詞 how の強調形に用いて] [通例 however と 2 語に書くほうが正式とされる; cf. whatever 代 B]: *H~* did you manage it? 一体全体どのようにして処理したんだ《驚き》/ *H~* did you go yourself? 一体君はどうやって自分で行けたのかね《感心》.

── 接 (...する)どんな仕方[やり方]でも: You may do it ~ you like. 君の好きなようにすればよい.

how・itz・er /háʊɪtsə/, -tsə/ 名《軍》榴弾(ﾘｭｳﾀﾞﾝ)砲. 《Czech》

***howl** /háʊl/ 動 ⓘ ❶ a 《犬・オオカミなどが》遠ぼえする (⇒ bark[1] 比較). b《風などが》うなる, ヒューヒューいう: The wind ~*ed through* the woods [*in* the trees, *down* the valley]. 風がヒューヒューと森の中を吹き抜けた[木々の間を吹き抜けた, 谷間に吹きおろした]. ❷《人が(泣き)わめく, 怒号する; [笑い声などを出して]わめく, 大笑いする: The boy ~*ed with* laughter [*with* pain]. 少年は大笑いした[痛くてわめいた]. ❸《言葉などを》わめきながら言う: The crowd ~*ed* its approval. 群衆は賛成の叫び声を上げた[賛成とわめき立てた]. ❷ どなって《人を》黙らせる (shout down), やじり倒す: The mob ~*ed down* the speaker. やじ馬連はあわてて弁士を黙らせた / They ~*ed* him *off* the platform. 彼らはどなって彼を演壇から引きずり下がらせた. ── 名 ❶ (犬・オオカミの)遠ぼえの声, ほえ声; (風の)うなり. ❷ わめき声; 大笑い: give a ~ of pain 苦痛のうめき声をあげる / ~s of laughter 笑いの渦. ❸ 〘通信〙ハウリング.

hówl·er 名 ❶ ほえる獣. ❷ わめく人; 泣き叫ぶ人. ❸ 〘口〙(人の笑をさそうような)大間違い, ばかげたこと.

hówler mònkey 名 〘動〙ホエザル(熱帯アメリカ産).

hówl·ing 形 Ⓐ ❶ ほえる, わめく: a ~ dog 遠ぼえする犬 / a ~ storm たけり狂うあらし. ❷ 〘口〙途方もない, 非常な, ものすごい: a ~ shame とんでもない恥さらし / a ~ success 大成功.

hòw·so·éver 副 〘文〙どんなに…でも, いくら…でも (★ however の強意形).

hów-to 形 Ⓐ〈書物など〉「ハウツー」もの[式]の: a ~ book on golf ゴルフ入門書.

hoy¹ /hɔ́i/ 名 〘海〙ホイ(かつての1本マストの小型帆船; 重量物運搬用の大型はしけ).

hoy² /hɔ́i/ 間 ホイ(注意をひくためまたは家畜などを追うときの発声). ── 名 Ⓤ 〘豪〙ホイ(トランプを使ってやるビンゴに似た運だめしゲーム).

hoy·a /hɔ́iə/ 名 〘植〙サクララン.

hoy·den /hɔ́idn/ 名 おてんば娘.

hoy·den·ish /-dəniʃ/ 形 おてんばな.

Hoyle /hɔ́il/ 名 ❶ トランプゲームの規則本.
 according to Hóyle 規則どおりに[の], 公正に[な].
〖E. *Hoyle* 英国のトランプの権威者〗

hp, h.p., HP (略) high pressure; hire purchase; horsepower. **hpa.** (略) hectopascal. **HPV** (略) human papillomavirus.

HQ /éitʃkjú:/ (略) headquarters.

hr, hr. (略) hour. **HR** /éitʃάə | -άː/ (略) home rule; home run; House of Representatives; human resources. **HRH** /éitʃάərèitʃ | -άː-/ (略) His [Her] Royal Highness. **hrs.** (略) hours. **HRT** /éitʃάətí: | -άː-/ (略) hormone replacement therapy. **Hs** (略) 〘化〙hassium. **h.s.** (略) high school. **HSH** /éitʃèsèitʃ/ (略) His [Her] Serene Highness. **HST** (略) hypersonic transport. **ht.** (略) heat; height. **HT** (略) 〘電〙high tension. **HTH, hth** (略) hope this helps お役に立てば幸いです(電子メールなどで用いる).

HTLV /éitʃtì:èlvì:/ ヒトT細胞白血病ウイルス. 〖*human T-cell lymphotrophic virus*〗

HTML /éitʃtì:èmél/ 名 Ⓤ 〘電算〙HTML(ハイパーテキストを記述するための言語; テキストファイルに書体やレイアウト情報, リンクなどタグとして扱う規約から成る). 〖*hypertext markup language*〗

http /éitʃtì:tì:pí:/ 名 Ⓤ 〘電算〙http(ハイパーテキストを転送するための通信規約). 〖*hypertext transfer [transmission] protocol*〗

https /éitʃtì:tì:pì:és/ 名 Ⓤ https(暗号化セキュリティーに対応した http). 〖*hypertext transfer [transmission] protocol, secure*〗

Huang Hai /hwà:ŋhái | hwὰŋ-/ 名 =Yellow Sea.

Huang Ho /hwà:ŋhóu/ 名 (また **Huang He** /-há:/) [the ~] =Yellow River.

hua·ra·che /wərά:tʃi, hə-/ 名 かかとの低い上部が編み革のサンダル.

†**hub** /hʌ́b/ 名 ❶ (車輪の)こしき(軸のはまる所). ❷ 〈活動の〉中心, 中枢 (center): a ~ *of* industry [commerce] 産業[商業]の中心. ❸ [the H-] Boston の別称.

húb àirport 名 ハブ空港(国際[長距離]線と国内[短距離]線の乗り継ぎが可能な, ある国や地域における拠点空港).

húb-and-spóke 形 ハブアンドスポーク(システム)の(空輸システムがハブ空港 (hub airport) を中心として成立している).

hub·ba-hub·ba /hʌ́bəhʌ́bə/ 間 〘米俗〙いいぞいいぞ, よしよし, ウホウホ(きれいな女の子などに対する賛美・熱意を示す発声; 第2次大戦で GI たちがよく用いた).

887　　　　　　　　　　　　　　　**huffy**

Hub·ble /hʌ́bl/, **Edwin Powell** 名 ハッブル(1889–1953; 米国の天文学者).

hub·ble-bub·ble /hʌ́blbʌ̀bl/ 名 ❶ ぶくぶくいう音. ❷ 水ぎせる. ❸ 大騒ぎ. 〖擬音語〗

Húbble('s) cónstant 名 〘天〙ハッブル定数(銀河後退速度が距離に比例して増加する割合).

Húbble('s) láw 名 〘天〙ハッブルの法則(天体はその天体までの距離に比例して後退している).

hub·bub /hʌ́bʌb/ 名 [通例 a ~] ❶ がやがや(いう音), どよめき(*of*). ❷ 大騒ぎ.

hub·by /hʌ́bi/ 名 〘口〙夫, 主人, ハズ (husband).

húb·càp 名 ハブ[ホイール]キャップ(車のハブ[ホイール]につける金属製のおおい).

Hu·bert /hjú:bət | -bət/ 名 ヒューバート(男性名).

hu·bris /hjú:brɪs/ 名 Ⓤ 傲慢(ごうまん), 思い上がり. 〖Gk〗

huck·a·back /hʌ́kəbæ̀k/ 名 Ⓤ ハッカバック(粗くて丈夫なリンネルまたは木綿のタオル地).

huck·le·ber·ry /hʌ́klbèri | -b(ə)ri, -bèri/ 名 ❶ 〘植〙ハックルベリー(北米産のコケモモに似た低木). ❷ ハックルベリーの実(紫黒色で食用).

Húckleberry Fínn /-fín/ 名 ハックルベリーフィン (Mark Twain, *Adventures of Huckleberry Finn* の主人公の浮浪児).

huck·ster /hʌ́kstə | -stə/ 名 (★ 女性形 **-stress** /-strəs/) ❶ 呼び売り商人; (青果などの)行商人. ❷ 〘米口〙(ラジオ・テレビの)広告作家[業者].

huck·ster·ism /hʌ́kstərɪzm/ 名 Ⓤ (強引な)売り込み.

HUD /hʌ́d/ (略) 〘米〙Department of Housing and Urban Development 住宅都市開発省.

†**hud·dle** /hʌ́dl/ 動 ❶ [通例副詞(句)を伴って] ごたごた押し合う[群がる]: They ~*d together around* the fire. 彼らはたき火の周りに群がった. ❷ 集まって協議する[相談する] 〈*with*〉. ❸ ちぢこまる, 丸くなる 〈*up*〉. ❹ 〘アメフト〙ハドルする (⇨ 名 ❸). ── 他 ❶ 〈ものを〉ごちゃごちゃに積み重ねる, ごたごた集める, 詰め込む 〈*up, together*〉. ── 名 Ⓒ ❶ a (人・ものの)雑然とした群れ; 群衆. b Ⓤ 〘古〙混乱, 大騒ぎ. ❷ Ⓒ 〘口〙(他の人たちから離れてする)密談, 密議: go [get] into a ~ 〔人と秘密に話し合う, 密談[密議]する 〈*with*〉. ❸ Ⓒ 〘アメフト〙ハドル(プレーの前に作戦を立てるためにスクリメージラインの後方に集まった選手の一群).

hud·dled /hʌ́dld/ 形 ❶ 集まって[た], 群がって[た], 押し合って. ❷ ちぢこまって.

Hud·son /hʌ́ds(ə)n/, **Henry** 名 ハドソン(1565–1611; イングランドの航海家・探検家).

Hud·son /hʌ́ds(ə)n/, **W(illiam) H(enry)** 名 ハドソン(1841–1922; アルゼンチン生まれの英国の小説家).

Húdson Báy /hʌ́ds(ə)n-/ 名 ハドソン湾(カナダ北東部の湾).

Húdson (Ríver) 名 [the ~] ハドソン川(米国 New York 州の東部を流れる川).

hue¹ /hjú:/ 名 ❶ Ⓒ Ⓤ a 色合い, 色調: a change in ~ 色調の変化. b 色: a cold [warm] ~ 寒[暖]色. the ~*s* of the rainbow にじの七色. ❷ Ⓒ (意見・態度などの)特色, 傾向: His speech has an aggressive ~. 彼の話し方にはけんか腰のところがある. 〖OE=形, 様相〗【類義語】⇨ color.

hue² /hjú:/ 名 ★ 次の成句で. **húe and crý** (追跡・警戒・反対・非難の時の)叫び声, やかましい非難: raise a ~ *and* *cry* (*against*…) 〈世間・マスコミなどに対して(非行などに対して)激しい非難の声をあげる. 〖擬音語〗

hued /hjú:d/ 形 [複合語で]: green-hued 緑色の.

huff /hʌ́f/ 名 [a ~] 立腹: go off in a ~ むっと[ぷりぷり]して立ち去る / get [go] into a ~ むっとする. ── 動 自 ❶ (山登りの時のように)ハーハー息を吹く[吐く]. ❷ ぷりぷり[むっと]する, 立腹する. 〖擬音語〗

huff·i·ly /hʌ́fɪli/副 ❶ 不機嫌に. ❷ 威張り散らして.

húff·ish /-fɪʃ/ 形 =huffy.

huff·y /hʌ́fi/ 形 (**huff·i·er; -i·est**) ❶ 不機嫌な, ぷりぷりした. ❷ 威張り散らす, 高慢ちきな. **húff·i·ness** 名

*__hug__ /hʌ́g/ [動] [他] (**hugged; hug·ging**) ❶ **a** 〈人・人形などを〉(通例愛情をもって)抱き締める (embrace): He *hugged* her tightly. 彼は彼女をしっかりと抱き締めた. **b** 〈クマが〉〈人などを〉(前足の間で)かかえ込む: The bear *hugged* him to death. クマは彼をかかえ込んで締め殺した. **c** 〈ものを〉(自分の)腕にかかえる〔*against, to*〕: He *hugged* the box ***to*** him. 彼はその箱を腕に抱きかかえた. ❷ 〈偏見などを〉いだく, 〈…に〉固執する: ～ the party line 政党路線を固守する. ❸ **a** 〈歩行者・車などが〉〈…に〉接近して[くっつくようにして]進む: ～ the shore 海岸に沿って航行する. **b** 〈体に〉ぴったりくっつく: a dress that *hugged* her figure 彼女の体の線をはっきり見せる(ぴったりした)ドレス. ❹ [～ one*self* で]〔…を〕大いに喜ぶ, (我ながら)幸運だと思う, ひとり悦に入る〔*on, for, over*〕: There he sat, *hugging himself over* his success. 彼は成功に満悦のていでそこに座っていた. ── [自] 抱き合う. ── [名] ❶ 抱擁: She gave her son a ～. 彼女は息子をぎゅっと抱き締めた. ❷ 〘レス〙 抱き込み: ⇨ bear hug 2.

‡__huge__ /hjúːʤ/ [形] (**hug·er; -est**) ❶ (形・大きさなど)**巨大な; 莫大な**: a ～ rock [building] 巨大な岩[建物] / a ～ profit 莫大なもうけ. ❷ 大きい, たいした: a ～ success [victory] 大成功[勝利]. ❸ 《口》とても有名な, 超人気の, ビッグな. **～·ness** [名] 〘F〙 【類義語】**huge** 大きさ・量・程度などが非常に大きい. **enormous** 普通の大きさや程度・量をはるかに越えている. **immense** 大きさが飛び抜けているため普通の規準では想像もつかない; 特に拡がりの大きいことを示す. **tremendous** 驚き・恐れを与えるほど巨大な; 《口》では「びっくりするほどの」の感じで用いられる. **vast** 特に範囲・拡がりが非常に大きい.

húge·ly [副] 《口》 大いに, 非常に: be ～ pleased 大いに喜ぶ.

hug·ger-mug·ger /hʌ́gəmʌ̀gə | hʌ́gəmʌ̀gə/ [名] [U] ❶ 乱雑, 混乱. ❷ 秘密. ── [形] [副] ❶ 乱雑な[に]. ❷ 秘密の[に].

Hugh /hjúː/ [名] ヒュー 《男性名》.

Hughes /hjúːz/, **Howard** (**Robard**) [名] ヒューズ 《1905–76; 米国の実業家・飛行家・映画制作者》.

Hughes, (James Mercer) Langston [名] ヒューズ 《1902–67; 米国の黒人詩人・小説家》.

Hu·go /(h)júːgou | hjúː-/, **Vic·tor** /vɪktɔ́ə | -tɔ́ː/ [名] ユゴー, ユーゴー 《1802–85; フランスの詩人・小説家》.

Hu·gue·not /hjúːgənɑ̀t | -nòu/ [名] ユグノー 《16–17 世紀フランスの Calvin 派の新教徒》.

*__huh__ /(鼻にかけて) hm, hʌ́/ (([発音] 単語としては /hʌ́/)) [間] ❶ [文末で] 《米》 …だよね, …でしょ 《同意を求める》. ❷ [聞き返して] えっ, 何だって? ❸ [不信・軽蔑] ふん, へっ, けっ!

Hu·he·hot /húːheɪhóʊt/ [名] 呼和浩特(フフホト) 《中国内蒙古自治区の首都》.

huh-uh /hʌ́ʌ̀/ [間] ウーン, いやいや 《否定などを表わす》.

hu·la /húːlə/, **hu·la-hu·la** /húːləhúːlə/ [名] (ハワイの)フラダンス: do the ～ フラダンスを踊る.

Hu·la-hoop /húːləhùːp/ [名] 《商標》 フラフープ 《フラダンスの要領で腰のまわりに回して遊ぶプラスチックの輪》. **húla-hòop** [動] [自]

húla skìrt [名] (草の茎・ビニールなどで作ったすだれ状の)フラダンスのスカート.

⁺__hulk__ /hʌ́lk/ [名] ❶ 廃船の船体, 残骸, 廃車, 廃屋 (wreck). ❷ ずうたいの大きな男; かさばるもの: a ～ ***of a*** man ずうたいのばかでかい男.

húlk·ing [形] [A] ずうたいの大きい, かさばって始末の悪い, 不格好な: a great, ～ idiot うどの大木 / a ～ lout ずうたいの大きい武骨者.

*__hull__¹ /hʌ́l/ [名] ❶ 船体. ❷ (飛行艇の)艇体; (飛行船の)船体.

hull² /hʌ́l/ [名] ❶ **a** (穀粒・種などの)外皮, 殻, 果皮; (特に豆の)さや. **b** (イチゴなどの)へた. ❷ おおい. ── [動] [他] 〈…の〉殻[外皮]を取る, 皮[さや]をむく: *～ed* corn [《英》 maize] 皮をむいたトウモロコシ 《粒》 / *～ed* rice 玄米.

Hull /hʌ́l/ [名] ハル 《イングランド北東部の港湾都市; 公式名 Kingston upon Hull》.

hul·la·ba·loo /hʌ́ləbəlùː/ [名] (([複] **～s**)) [通例 a ～] がやがや, 騒々しさ; 騒ぎ: make *a* ～ がやがや騒ぐ / There was *a* ～ about it. その事でひと騒動起こった. 〘擬音語〙

*__hul·lo__ /həlóʊ, hʌ-/ [間] [名] 《英》 =hello.

*__hum__¹ /hʌ́m/ [動] (**hummed; hum·ming**) [自] ❶ **a** **鼻歌を歌う**, ハミングで歌う: The old man was *humming* to himself. 老人はひとりで鼻歌を歌っていた. **b** 〈ハチ・こま・機械などが〉**ブンブン[ブーンと]いう**: The car engine *hummed* at idle. 車のエンジンがブーンと音を立てながらアイドリングしていた. ❷ 〈事業などが〉〈…で〉景気がよい 《通例進行形で》: The office was ***humming with*** activity. 会社は活気でみなぎっていた. ── [他] ❶ 〈歌を〉**鼻歌[ハミング]で歌う**: She *hummed* a song to herself. 彼女は(ひとりで)歌を口ずさんだ. ❷ 〈人に〉鼻歌を歌って〈…〉させる: She *hummed* her baby ***to*** sleep. 彼女は小声で歌を歌って赤ん坊を寝つかせた. **húm alóng** ([自]+[副]) (1) 〈自動車などが〉ビューッとぶっとばしていく. (2) 音楽に合わせてハミングする. **húm and háw** 《英》 口ごもる; ためらう (cf. hem² [自]).
── [名] ❶ [単数形で] **a** ブンブン, ブーン: the ～ of bees ミツバチのブンブンいう音. **b** 遠い雑音, がやがや: a ～ of voices がやがやという人声. **c** 鼻歌, ハミング. **d** (ラジオなどの)ハム 《低いうなり》. ❷ [C] 《英》 (ためらいを表わす)ふーん: ～*s* and ha's [haws] 口ごもって[ためらって]ばかりいること.

hum² /mː, m̩mː/ (([発音] 単語としては /hʌ́m/)) [間] 《英》 [疑い・不同意などを表わして] へん!, えへん (《米》 hem).

‡__hu·man__ /hjúːmən/ [形] (**more ～; most ～**) ❶ **人の; 人間の** (↔ divine, nonhuman): ～ affairs 人間社会の諸事, 人事 / a ～ sacrifice 人身御供(ひとみごくう) / ⇨ human nature, human race, human resources, human rights. ❷ **人間らしい; 人間的な**, 人間にありがちな (↔ inhuman): (a) ～ error 人為的ミス / a very ～ person とても人間味のある人 / a ～ touch 人間味, (人)情味 / more [less] than ～ 人間以上[以下]で / Be ～! (もっと)人間らしく[優しく]しなさい / I'm only ～. 私も所詮人間だ 《間違うこともある》 / To err is ～, to forgive divine. ⇨ err 3 a. ── [名] (動物などと対比して)**人, 人間** (human being). 〘F＜L=*humanus* 人間の〙 ([名] humanity, [動] humanize)

*__húman béing__ [名] 人間 《動物・妖精・神・幽霊など人間以外のものと対比して用いる》.

húman cháin [名] 人間の鎖 《バケツリレーやデモで大勢の人が手をつないで人垣を築くこと》.

⁺__hu·mane__ /hjuːméɪn/ [形] ❶ 人道的な, 人道にかなった, 人情のある, 慈愛深い 《他人・動物に対するあわれみの気持ち・思いやり・同情などを表わす; ↔ inhuman(e)》: ～ treatment 人道にかなった待遇. ❷ 〈学問・研究など〉人を高尚にする, 優雅な: ～ learning 古典文学 / ～ studies 人文学科. **～·ness** [名] 〘HUMAN の変形; cf. urban─urbane〙

húman ecólogy [名] [U] 人間生態学.

hu·máne·ly [副] 慈悲深く, 人道的に.

húman engineéring [名] [U] ❶ 人間工学. ❷ 人間管理.

húman equátion [名] 偏見.

Humáne Socìety [名] (米国の)動物愛護協会.

Húman Génome Pròject [名] [U,C] ヒトゲノム計画 《人間のゲノムのもつ遺伝情報を解析する計画》.

húman geógraphy [名] 人文地理学.

húman grówth hòrmone [名] 〘生化〙 ヒト成長ホルモン.

húman immunodefíciency vìrus [名] ヒト免疫不全[エイズ]ウイルス 《略 HIV》.

húman ínterest [名] [U] 〘新聞〙 人間的興味, ヒューマンインタレスト.

húman-ínterest [形] 〈新聞記事が〉人間的興味の, 三面記事の.

⁺__hu·man·ism__ /hjúːmənɪ̀zm/ [名] [U] ❶ 人本主義, 人間中心主義 (([比較] 日本語でよく言う「ヒューマニズム」は通例 humanitarianism のほうを用いる)). ❷ [しばしば H~] 人文主義; 人文学 《特に文芸復興期の古典文学研究》. 〘HUMAN+-ISM〙

hú·man·ist /-nɪst/ [名] ❶ 人本主義者. ❷ 人文主義者 《特に古典文学研究家》. ── [形] =humanistic.

hu·man·is·tic /hjùːmənístɪk/ 形 ❶ 人本主義的な. ❷ 人文学の, 人文主義的な.

***hu·man·i·tar·i·an** /hjuːmænətéəriən/ 形 人道主義[的]な; 博愛の《解説》philanthropic 以上に人類の福祉増進に努力をもつことについう》. — 名 人道主義者, 博愛家, ヒューマニスト. (名) humanity

***hu·man·i·ty** /hjuːmǽnəti/ 名 **a** 回 人間性: the question of the divinity or ~ of Christ キリストは神か人間かという問題. **b** [複数形で] 人の属性. ❷ 回 人類, 人間; H~ suffered more from war in the 20th century than ever before. 人類は20世紀に入ってこれまで以上に戦争に苦しんだ. ❸ **a** 回 人間愛, 博愛, 慈愛, 慈悲, 人情, 親切 (↔ inhumanity): treat animals with ~ 動物をいたわる. **b** 回 慈善行為. ❹ [the humanities] **a** 人文科学. **b** 《ギリシャ・ラテンの》古典学. (形) human, humanitarian

hu·man·ize /hjúːmənàɪz/ 動 他 ❶ 人間化する, 〈...に〉人間性を与える: ~ gods 神々に人間性を与える / ~ education [the curriculum] 教育[カリキュラム]を(画一的でなく)人間味のあるものにする. ❷ 教化する, 情け深くする. — 名 人間化する, 情け深くなる. (形) human

húman·kìnd 名 回 人類, 人間.

hú·man·ly 副 ❶ 人間らしく, 人間的に: ~ possible 人間の力で可能な. ❷ 人間的見地から, 人力で: ~ speaking 人間の立場で言えば, 人知[人力]の限りでは.

***húman náture** 名 回 ❶ 人間性, 人性. ❷ 人情.

hu·man·oid /hjúːmənɔɪd/ 形 (形態・行動などが)ヒトそっくりの. — 名 ❶ ヒト類似の生物. ❷ (SF などで)人型ロボット, ヒューマノイド. 《HUMAN+-OID》

húman pàpilloma·vírus 名 ヒト乳頭腫ウイルス《略 HPV》.

***húman ráce** 名 [the ~] 人類.

húman relátions 名 ❶ [通例単数扱い] 人間関係: He has difficulty with ~. 彼は人間関係がうまくいかない. ❷ 人間関係(論), ヒューマンリレーションズ《産業組織の中で当事者の人間的ふれあいによる生産性向上を研究》.

húman resóurces 名 ❶ [複数扱い] 人的資源, 人材. ❷ 回 [単数扱い] (組織の)人事部[課], 人事[労務]管理部門.

***húman ríghts** 名 名 人権.

húman shíeld 名 人間の盾《敵の攻撃を阻止するために抑留・配置された捕虜・人質など》.

Hum·ber /hʌ́mbə/ 名 [the ~] ハンバー川《イングランド北東部 Trent 川と Ouse /úːz/ 川との合流河口》.

Hum·ber·side 名 /-bə-/ [the ~] ハンバーサイド州《イングランド北東部の旧州; 州都 Hull》.

***hum·ble** /hʌ́mbl/ 形 (hum·bler, -blest; more ~, most ~) ❶ 謙遜(けんそん)な; 控えめな, 地味な: a ~ smile つましい微笑 / Don't be so *about* your work; it is excellent. 自分の作品についてそんなに謙遜することはありません, りっぱなできばえですから. ❷ **a** 〈身分・地位など〉卑しい(lowly): a man of ~ birth [origin] 生まれの卑しい人. **b** (卑下して)つまらない: in my ~ opinion 卑見[私見]によれば / ⇒ your humble SERVANT 成句. ❸ 粗末[質素]な: ~ fare 質素な食事 / a ~ house みすぼらしい家. *eat húmble píe* ⇒ pie 成句. — 動 他 ❶ **a** 〈人・気持ちなど〉を謙虚にする. **b** [~ oneself または受身で] 謙遜(けんそん)する, ふるまう. ❷ 〈人の高慢・権威などを〉くじく, 折る: ~ a person [person's pride] 人の高慢の鼻を折る. 《ラ L humilis 低い<humus 土; cf. humiliate, humility》【類義語】**humble** 柔和で, 高貴・独断的なところがなくへりくだっている, 自尊心に欠けて卑屈な, の意味でよく使われる. **meek** 性格が優しくおとなしくて他人の言いなりになる. **mod·est** ひかえ目で, うぬぼれがなくひかえめの感じで謙そんな.

húmble-bèe 名 =bumblebee.

húm·bly 副 ❶ 謙遜(けんそん)して, 腰を低くして, 恐れ入って: speak [behave] ~ 謙遜に話す[ふるまう]. ❷ みすぼらしく, 卑しく: ~ born 卑しい生まれで.

hum·bug /hʌ́mbʌɡ/ 名 ❶ 回 **a** ぺてん, ごまかし, まやかし. **b** 大うそ; たわ言. ❷ 回 偽善者, 猫かぶり, ぺてん師; ほら吹き. ❸ 回 見かけだけのもの. ❹ 回 《英》はっか入りの固いキャンディー. — 動 (hum·bugged; -bug·ging) 他 〈人〉をだます. — 自 だます; いかさまをする. — 間 ばかな!, くだらない!

hum·ding·er /hʌ́mdíŋə/ 名 -ŋə-/ 名 《口》すばらしい人[もの].

hum·drum /hʌ́mdrʌm/ 形 ❶ 平凡な, 月並みな. ❷ 単調な; 退屈な.

Hume /hjúːm, David/ 名 ヒューム《1711-76; スコットランドの哲学者》.

hu·mec·tant /hjuːméktənt/ 形 湿気を与える. — 名 湿潤[希釈]剤.

hu·me·rus /hjúːmərəs/ 名 《解》上腕骨. **hu·mer·al** /hjúːmərəl/ 形

hu·mic /hjúːmɪk/ 形 腐植土の, 腐植土から採った.

***hu·mid** /hjúːmɪd/ 形《天候・空気など》湿気のある, 湿潤な: Summer in Tokyo is hot and ~. 東京の夏はむし暑い. 《フ F<ラ L》 (名) humidity) 【類義語】⇒ wet.

hu·mi·dex /hjúːmədèks/ 名 [単数扱い] =heat index.

hu·mid·i·fi·cá·tion /hjuːmìdəfɪkéɪʃən/ 名 回 加湿.

hu·mid·i·fi·er /hjuːmídəfàɪə/ 名 加湿器.

hu·mid·i·fy /hjuːmídəfàɪ/ 動 他 湿す, ぬらす: ~ the air [a room] 空気[部屋]にしめりを与える.

***hu·mid·i·ty** /hjuːmídəti/ 名 回 ❶ 湿気, しめり気. ❷ 《理》湿度, 湿気. (形) humid)

hu·mi·dor /hjúːmədɔ̀ː/ 名 -dò-/ 名《適当な湿度を与える》葉巻き[たばこ]貯蔵箱[室].

hu·mi·fy /hjúːməfàɪ/ 動 他 腐植土化する. **hú·mi·fied** 形

***hu·mil·i·ate** /hjuːmílièɪt/ 動 他 ❶ 〈人に〉恥をかかせる, 〈...の〉自尊心を傷つける: He felt utterly ~d. 彼はまったく恥ずかしい思いをした. ❷ ~ *oneself* で] 面目を失う, 恥をかく. 《ラ L<*humilis* HUMBLE+-ATE²》(名) humiliation)【類義語】⇒ ashamed.

***hu·mil·i·at·ing** /-tɪŋ/ 形 屈辱的な, 不面目な: a ~ experience [event] 屈辱的な経験[出来事].

***hu·mil·i·a·tion** /hjuːmìliéɪʃən/ 名 回回 恥, 屈辱, 不面目: (a) national ~ 国辱. (動 humiliate)

***hu·mil·i·ty** /hjuːmíləti/ 名 回 謙遜(けんそん), 卑下 (↔ conceit, pride). 《ラ L<*humilis* HUMBLE+-ITY》

hu·mint, HUMINT /hjúːmɪnt/ 名 回 スパイによる情報収集[諜報活動], ヒューミント. 《hum(an) int(elligence)》

húm·mer /-mə/ 名 -mə-/ 名 ❶ ブンブンいうもの[人]. ❷ =hummingbird.

húmming·bìrd 名《鳥》ハチドリ《花蜜を吸い翼を速く動かしブンブンという音を出す小鳥》.

húmmingbird mòth 名《昆》スズメガ.

húmming tòp 名 うなりごま, 鳴りごま《おもちゃ》.

hum·mock /hʌ́mək/ 名 ❶ 小山, 丘. ❷ 《米》(沼沢地の)小高い場所.

hum·mus /hʌ́məs, húm-|húm-, hám-/ 名 回 ホムス《ヒヨコマメを水煮してペースト状にしたものをゴマ油などで調味したもの; パンにつけるなどして食べる》. 《Arab》

hu·mon·gous /hjuːmʌ́ŋɡəs/ 形 《俗》ばかでかい, 途方もない.

***hu·mor** /hjúːmə, júː-|hjúːmə/ 名 ❶ 回 ユーモア(を解すること); おかしさ, こっけい: have a sense of ~ ユーモアを解する / ⇒ black humor / I don't see the ~ of it. そのユーモアがわからない. ❷ 回 (人の)気質, 気性: Every man has his ~. (諺) 「十人十色」. ❸ 回 [また a ~] (一時的な)気分, 気持ち, 機嫌; 気まぐれ: when the ~ takes me 気が向くと / in a good [a bad, an ill] ~ 上[不]機嫌で. **b** 《古》〈仕事などするう気分, 気: in the ~ *to do*... [*for*...] 〈仕事などをする気になって, ...に気が向いて. ❹ 回 《古》液: aqueous ~ (眼球の)水様液. ❺ 回《古生理》体液: the cardinal ~*s* 四体液《解説》昔 blood, phlegm, choler, black bile の四体液の配合の割合で体質や気質が定まるものと信じられた》. *òut of húmor*

humoral

不機嫌で. ── 動 他 〈人・趣味・気持などを〉満足させる; 〈人と〉調子を合わせる, 〈人の〉機嫌をとる: When she gets moody, I try to ~ her. 彼女がふさぎると私は機嫌取りに回る. 《F<L=液体, 湿気; 体液が人間の気質を左右すると考えられたことから》 形 humorous 【類義語】(1) **humor** こっけいな, 時としてばかげた事を認めてそれを表現する力; 人々人生に対する暖かい思いやりを感じさせることが多い. **wit** 矛盾したこと, 思わぬ類似点などを即座に面白く表現する能力; しばしば知的な冷たさを感じさせることがある. (2) ⇨ mood¹.

hu·mor·al /hjúːmərəl/ 形 〖医〗体液(性)の: ~ pathology 体液病理学. ──**ist** 名 体液病理学者.

hú·mored 形 〖通例複合語で〗機嫌[気質]が…の, …(の)機嫌[気質]の: ⇨ good-humored, ill-humored.

hu·mor·esque /hjùːməˈrésk, jùː-|jùː-/ 名 〖楽〗ユーモレスク《快活で気まぐれな曲》.

hu·mor·ist /hjúːmərist, jú-|jú-/ 名 ❶ ユーモアのある人, ユーモリスト. ❷ ユーモア作家.

húmor·less 形 こっけい味のない, ユーモアのない; まじめ一方の. ~**·ly** 副 ~**·ness** 名

†**hu·mor·ous** /hjúːmərəs, jú-|jú-/ 形 (more ~, most ~) ユーモアのある; こっけいな; おかしい: a ~ writer ユーモア作家 / a ~ gesture おどけた身ぶり. ~**·ly** 副 ~**·ness** 名 形 【類義語】**humorous** こっけいな事や楽しい事で人を笑わせるような, 人に対する思いやり・親切・同情などの人間的な暖かみを含む. **witty** 知性的な言葉のやりとりや, 毒舌・皮肉・気のきいた表現などで人を喜ばせることができる. **jocose** いたずらっぽい冗談やこっけいなことをいう. **jocular** いつも楽しい気分で, 人に対して愉快で, ひょうきんな.

†**hu·mour** /hjúːmə, jú-|hjúːmə/ 名 動 《英》=humor.

†**hump** /hámp/ 名 ❶ ⒞ a (人の背の)こぶ. b (ラクダなどの)背こぶ: a camel with two ~s 二つこぶラクダ. c 丸い丘[峰]. ❷ [the ~]《英俗》憂鬱(鬱), いらだち: get the ~ 気がふさぐ, むしゃくしゃする / That gives me the ~. それは気にさわる. ❸ ⒞ 《俗》性交. **òver the húmp**《口》峠を越して, 危機を脱して. ── 動 他 ❶《英口》〈大きく重いものを〉背におって運ぶ. ❷《卑》〈…と〉性交する. ❸〈背を〉丸くする. ❹《米》性交する. ── 自 ❶ 背を丸くする, 猫背にする. ❷《俗》a 努力する. b 疾走する.

húmp·back 名 ❶ 猫背(の人), せむし (hunchback). ❷ =humpback whale. ❸ =humpback bridge.

húmp·backed 形 ❶ 猫背の, せむしの. ❷ 太鼓形の: a ~ bridge 太鼓橋.

húmpback brídge 《英》太鼓橋.

húmpback whàle 〖動〗ザトウクジラ.

humped こぶ[隆肉]のある; せむしの.

humph /hámf/ 〖発音 単語としては /hámf/〗 名 ふん! という発声. ── 間 [疑い・軽蔑・不満を表わして] ふふん!, ふん! 〖擬音語〗

Hum·phrey /hámfri/ 名 ハンフリー《男性名》.

Hump·ty-Dump·ty /hám(p)tidám(p)ti/ 名 ❶ ハンプティーダンプティー《マザーグース童謡集 (Mother Goose) に登場する擬人化された卵で, 大きな卵に顔と手足をつけた姿に描かれる; 塀の上から落ちて割れてしまう; Lewis Carroll の『鏡の国のアリス』(*Through the Looking-Glass*) にも登場する》. ❷ ⒞ ずんぐりむっくりの人. ❸ ⒞ 一度損じるともとどおりにならないもの. 〖Humpty は Humphrey の愛称形〗

Humpty-Dumpty 1

hump·y /hámpi/ 形 (**hump·i·er**, **-i·est**) こぶ[隆肉, 突起]のある; こぶだらけの.

hu·mun·gous /hjuːmáŋɡəs/ 形 =humongous.

hu·mus /(h)júːməs|jú-/ 名 Ⓤ 腐植土. 〖L=大地〗

Hum·vee /hámviː/ 名 〖商標〗ハムヴィー《米陸軍のジープに似たディーゼル式軍用車; 高機動多目的装輪車両 (high-mobility multipurpose wheeled vehicle) の略 HMMWV から》.

Hun /hán/ 名 ❶ a [通例 ~s] フン族《4-5 世紀にヨーロッパを侵略したアジアの遊牧民族》. b ⒞ フン族の人. ❷ [しばしば h~] ⒞ (文化などの)破壊者, 野蛮人. ❸ ⒞ 《軽蔑》ドイツ人;(特に第一次・第二次大戦の)ドイツ兵.

Hu·nan /hùːnáːn/ 名 湖南(ナン)《中国中南東部の省》.

†**hunch** /hántʃ/ 名 ❶ こぶ, 隆肉. ❷ 厚切り; かたまり. ❸ 《口》直感, 勘(鬱); 〈…という〉予感, 虫の知らせ: play one's ~ 直感で[勘に頼って]行動する / I had a ~ *that* their plan would end in failure. 何だか彼らの計画が失敗に終わりそうな気がした. ── 動 他 〈背などを〉弓なりに曲げる: He sat at the table with his shoulders ~*ed* (*up*). =He sat ~*ed* (*up*) at the table. 彼は背中を丸くしてテーブルに座っていた. ❷〈人を〉押す, 押し出す. ── 自 《米》背を曲げて座る[立つ, 歩く].

húnch·bàck 名 せむしの人 (humpback).

húnch·bàcked 形 せむしの.

‡**hun·dred** /hándrəd/ 名 ❶ ⒞ a [数詞または数を示す形容詞を伴う時の複数形は ~] (基数の) **100**, 百; 100 ドル[ポンド](など) 〖読み方〗普通 100 位と 10 [1]位との間に and を置いて読むが,《米口》ではこの and を略とすることもある;なお,《口》では one hundred より a hundred と読むことのほうが多い》: two ~ 200 / two ~ (and) ten ~ 210 / a few ~ (of them) 数百 / some [about a] ~ 約 100 / the ~ and first 101 番 / in 1500 1500 年に 〖読み方 in fifteen hundred と読む〗. b 百の記号 (100, C). ❷ [複数形で] 何(幾)百: ~s *of* people 何百という人々, 幾百人もの人々 / some ~s *of* people 数百人の人々. ❸ [the ~] 100 ヤード競走. ❹ ⒞ 《英》《昔》county または shire の構成単位. ❺ [複数形は ~s] 100 ドル[ポンド]札. **a** [**óne**] **húndred percént** 100 パーセント; 完全に (cf. hundred-percent): "Do you trust me?" "A ~ percent."「君はぼくを信頼するかね」「100 パーセント(信頼)するよ」. **a húndred to óne** (1) まずまちがいなく, 九分九厘: A ~ to one, you will meet a nice girl and get married. 君はまちがいなくすてきな女性と巡り会って結ばれるだろう. (2) ほとんど見込みのない. **by húndreds** (=**by the húndred(s)**) 何百となく, たくさん. **húndreds and thóusands**《英》あられ砂糖《菓子などを飾るために振りかける》. ── 代 [複数扱い] 100 個, 100 人: There're [one] ~. 100 個[人]ある[いる]. ── 形 ❶ a ⒜ 100 の, 100 個の, 100 人の《★通例 a, an または one, four などの数詞がつく》: two ~ people 200 人の人. b ⒫ [a ~] 100 歳で: He's a ~. 彼は 100 歳だ. ❷ ⒜ [a ~] 何百もの; 多数の: ~ students 多くの学生たち. 〖OE〗

húndred·fòld 形 副 100 倍の[に]. ── 名 [a ~] 100 倍.

húndred-percént [a ~] 形 100 パーセントの, 完全な, 徹底的な, 確かな: I can't give you *a* ~ answer. (君が)100 パーセント満足できるような答は出せません. ── 副 完全に, まったく: You're *a* ~ wrong. 君は完全に間違っている.

húndred-percént·er 名《米》徹底的国粋主義者.

*‡**hun·dredth** /hándrədθ/ 形 ❶ [通例 the ~] 第 100 (番目)の. ❷ 100 分の 1 の. ── 名 ❶ Ⓤ [通例 the ~] (序数の)第 100 (略 100th). ❷ ⒞ 100 分の 1. ── 代 [the ~] 第 100 番目の人[もの]. 〖HUNDRED+-TH¹〗 〖関形 centesimal〗

hun·dred·weight /hándrədwèit/ 名 (徳 ~s; [数詞の後で] ~) ハンドレッドウェイト《重量の単位; 略 cwt.》: a 《米》=100 pounds, 0.05 short tons, 45.36kg. b 《英》 =112 pounds, 0.05 long tons, 50.80kg. c (メートル法で)=50kg: a [three] ~ of coal 1[3]ハンドレッドウェイトの石炭.

Húndred Yéars' [Yéars] Wár [the ~] 百年戦争 (1337-1453) 《英仏間の断続的な戦争》.

*‡**hung** /háŋ/ 動 **hang** の過去形・過去分詞. ── 形 ❶ 〈議会などが〉過半数割れの. ❷ 〈判決などが〉評決に達しない. ❸ 〖電算〗ハング(アップ)した. ❹ 《米俗》〈男性が〉大きな

ペニスをもった. **húng óver** 二日酔いで. **húng úp** (1) 心配しすぎで〔*on*〕. (2) 〔人に〕夢中になって〔*on*〕.

Hung. (略) Hungarian; Hungary.

Hun·gar·i·an /hʌŋɡé(ə)riən/ 形 ハンガリー[人, 語]の. ― 名 ❶ ⓒ ハンガリー人. ❷ ⓤ ハンガリー語.

Hun·ga·ry /hʌ́ŋɡəri/ 名 ハンガリー《ヨーロッパ中部の共和国; 首都 Budapest》.

****hun·ger** /hʌ́ŋɡɚ | -ɡə/ 名 ❶ ⓤ 飢え, 飢餓(ミ゙ﾞ) (starvation); 空腹, ひもじさ: die of ~ 餓死する / satisfy one's ~ 空腹を満たす / *H*~ is the best sauce. 《諺》空腹にまずいものなし. ❷ ⓤ 飢饉(ﾐﾞ). ❸ [a ~] 熱望, 渇望 (craving): a ~ *for* affection [fame] 愛情への渇望[名誉欲]. ― 動 ⊜ ❶ 飢える, 腹がへる, ひもじくなる. ❷ 〔…を〕熱望[渇望]する (hanker): ~ *for* peace 平和を熱望する / ~ *for* [*after*] affection 愛情を渇望する. 《OE; 形 hungry》

húnger màrch 名 飢餓行進《失業者の示威運動》.

húnger strìke 名 ハンガーストライキ, ハンスト: go [be] on a ~ ハンストをやる[やっている].

†**húnger strìker** 名 ハンストを行なう[に参加する]人.

húng júry 名 《集合的で単数または複数扱い》〖米法〗《全員一致の評決に達しえない陪審, 不一致陪審》.

húng·o·ver 形 二日酔いの.

húng párliament 名 《英》与党が過半数の議席に達しない議会.

hún·gri·ly /-ɡrəli/ 副 ❶ 飢えて, ひもじそうに, がつがつと: She looked at the roast ~. 彼女はローストをさも食べたそうにしていた. ❷ むさぼるように, 熱心に: go at [to] it ~ 猛烈にやり始める.

****hun·gry** /hʌ́ŋɡri/ 形 (**hun·gri·er**; **-gri·est**) ❶ 飢えた, 腹のへった (↔full): feel ~ 空腹を覚える / go ~ 飢える, 食べずにいる / He looked ~. 彼はひもじそうに見えた. ❷ a ⓟ に渇望して, 〔…に〕あこがれて: He's ~ *for* success [knowledge]. 彼は心から成功[知識]に飢えている / [+*to* do] She's ~ *to* get on in the company. 彼女は会社での出世に燃えている. b [複合語で] …に飢えている: power-*hungry* 権力に飢えている. ❸ 《土地が》不毛の, 乏しい: ~ soil やせ土. ❹ 食欲を起こさせる: ~ work 腹のへる仕事. (名 hunger)

†**hunk** /hʌ́ŋk/ 名 ❶ 《口》《特に肉・パンなどの》大きなかたまり, 厚切り 〔*of*〕. ❷ 《口》 a りっぱな体格の人, 大男. b 《米俗》ハンサムな男性, いかす男.

hun·ker /hʌ́ŋkɚ | -kə/ 動 ⊜ しゃがむ, うずくまる 《*down*》 (squat).

hun·kers /hʌ́ŋkɚz | -kəz/ 名 ⓟ 尻, 臀部(ﾃﾞﾝ): on one's ~ しゃがみ込んで.

hunk·y·do·ry /hʌ́ŋkidɔ́ːri/ 形 《米口》すばらしい, 最高.

****hunt** /hʌ́nt/ 動 ❶ 〈…を〉狩る, 〈…の〉狩猟をする (⇒ hunting 解説): ~ big game 《ライオン・トラなどの》大物狩りをする / ~ the fox キツネ狩りをする. ❷ 《英》《馬・猟犬などを》狩猟に使う: ~ a pack of hounds 一群の猟犬を使ってキツネ狩りをする. b 《ある地域を》《猟犬を連れて》狩り立てる: ~ a forest [the fields] 森[野原]で狩る. ❸ a 〈…を〉見いだそうとする, 追求する; 追跡する: ~ a clue 手がかりを見つけようとする / ~ a job 職を探す / He's being ~*ed* by the police. 彼は警察に追われている《お尋ね者だ》. b 〔…を求めて〕〈場所を〉《くまなく》捜す, 捜し回る (search): He ~*ed* the room *for* the missing papers. 彼はその紛失書類を見つけようと部屋を捜し回った. ❹ 〈…を〉追い出す[払う]: I ~*ed* the cat *away* [*out of* the garden]. その猫を追い払った[庭から追い出した]. ― ⊜ ❶ a 狩りをする, 狩猟をする: go (out) ~*ing* 狩りに出かける. b 《英》キツネ狩りをする. ❷ 〔…を〕捜し求める: ~ *for* clues [bargains] 手がかりをつけようとする[掘り出し物をあさる] / ~ *after* knowledge 知識をあさる. b 〔…の中を〕《くまなく》捜す: I ~*ed* in my pocket *for* the ticket. 切符を見つけようとポケットの中を捜した / ~ *through* the drawers to find the ring 指輪を見つけようと引き出しの中を捜す. **húnt dówn** 〈…〉を追いつめる, 追跡して捕らえる: The police ~*ed* down the murderer. 警察は殺人犯を追いつめて捕らえた. **húnt óut** 《⊜+副》 (1) =HUNT down 成句. (2) =HUNT up 成句. (3) 《長年使わずしまっておいたものを》捜し出す. (4) 〈場所を〉〈獲物がいなくなるまで〉くまなく狩りをする 《★しばしば受身で用いる》: The forest *is* ~*ed out*. その森は狩り尽くされている. **húnt úp** 《⊜+副》《情報などを》捜し求める, 捜す; 捜し出す, (捜して)見つける: ~ *up* old records 古い記録を捜し出す. ― 名 ❶ [しばしば複合語で] 狩り, 狩猟: a bear-*hunt* クマ狩り / ⇒ foxhunt, witch-hunt / have a ~ 狩りをする / go on a ~ 狩りに行く. ❷ 追跡; 探求: have a [be on the] ~ *for*… を捜す求める. ❸ ⓒ キツネ狩り. b 狩猟地, (狩)猟区. c [集合的; 単数または複数扱い] 狩猟隊. 《OE; 原義は「つかむ」で HAND と同語源》

Hunt /hʌ́nt/, (**William**) **Hol·man** /-hóulmən/ 名 ハント (1827-1910), 英国の画家》.

hùnt-and-péck 形 名 《打つキーをひとつひとつ探しながら打つ》我流のタイプの打ち方(の).

húnt·ed /-tɪd/ 形 追われた, 狩り立てられた; 《顔つきなどがおびえたような》, やつれた.

****húnt·er** /hʌ́ntɚ | -tə/ 名 ❶ 狩りをする人[獣]; 狩猟家, ハンター, 猟師. ❷ 〔…の〕探求者, 〔…を〕あさる人 《*after*, *for*》: a fortune ~ 財産目当ての求婚者 / a ~ *for* fame しきりに名声を求める人. ❸ a 猟犬. b 《特にキツネ狩り用の》狩猟馬《通例英国の半血種; 強健な雌馬とサラブレッドの交配によるハンター種》. ❹ ハンター《狩人向きのふた付きの懐中時計》.

húnter-gátherer 名《人》狩猟採集[採集狩猟]生活者.

húnter-kíller 形《軍》対潜水艦攻撃の, 対潜….

húnter's móon 名 [通例 the ~] 狩猟月《中秋の満月 (harvest moon) の次の満月》.

****hunt·ing** /hʌ́ntɪŋ/ 名 ❶ a ⓤ 狩猟, 《英》《特に》キツネ狩り (fox-hunting) 《解説》英国では獲物 (game) を猟犬 (hound) に追いかけさせて捕らえる狩猟が hunting で, 銃で撃つ銃猟は shooting と区別するが, 米国ではどちらも hunting という). b [形容詞的に] 狩猟(用)の: a ~ rifle 狩猟用ライフル. ❷ ⓤ 探求, 追求, 捜索: job [house] ~ 職[家]探し.

húnting bòx 名 《英》猟小屋《狩猟中そこで生活する; cf. shooting box》.

húnting càp 名 狩猟帽《⚠日本で言う「ハンチング」は単に cap, また 《英》では cloth cap という》.

húnting cròp 名 狩猟用の短いむち.

húnting dòg 名 猟犬; 野生の犬, (アフリカの)リカオン (Cape hunting dog), (インドの)ドール (dhole).

húnting gròund 名 ❶ 猟場: ⇒ happy hunting ground. ❷ 探し場所.

húnting hòrn 名 狩猟用らっぱ.

húnting pínk 名 ⓤ 《キツネ狩りをする人が着る》深紅色. ― 形 深紅色の.

Hún·ting·ton's choréa [disèase] /hʌ́ntɪŋtənz-/ 名 ⓤ ハンチントン舞踏病, 遺伝性進行性舞踏病. 《G. *Huntington* 米国の医師》

húnting whìp 名 =hunting crop.

hunt·ress /hʌ́ntrəs/ 名 女性狩猟家.

húnt sabotéur 名 狐狩り[狩猟]妨害活動家.

hunts·man /hʌ́ntsmən/ 名 (⊜ -men /-mən/) ❶ 狩猟家, 猟師. ❷ 《英》《キツネ狩りの》猟犬係.

****hur·dle** /hɚ́ːdl | hɚ́ː-/ 名 ❶ ⓒ 障害物, ハードル. b [the ~s; 単数扱い] the 400 meter ~ 400 メートルハードル走 / run *the* ~*s* ハードル《競走》を走る. ❷ ⓒ 障害, 困難 (obstacle): clear a ~ 困難を乗り越える / There're numerous ~*s* on the road to success. 成功への道には幾多の困難がある. ❸ 《英》編み垣《木の枝などを四角に編んだもので, 運搬自由》. ― 動 ❶ a 《障害物を》飛び越す. b 《障害・困難を》克服する. ❷ 〈…を〉編み垣で囲う 《*off*》. ― ⊜ ハードル競走に出る. 《OE》

†**húr·dler** 名 ❶ 編み垣作り《人》. ❷ ハードル競走者.

hur·dy-gur·dy /hɚ́ːdiɡɚ́ːdi | hɚ́ːdiɡɚ́ː-/ 名 ❶ ハーディーガーディー《中世から18世紀ごろまで使用された手回しの弦楽器》. ❷ (口) =barrel organ. 《擬音語》

****hurl** /hɚ́ːl | hɚ́ːl/ 動 ❶ [副詞句を伴って] a 〈…を〉強

hurler 892

く投げつける: The hunter ~ed his spear *at* his prey. その猟師はやりを獲物に投げつけた. **b** [~ *oneself* で] (...に)勢いよく[力まかせに]ぶつかっていく, 飛びかかる: They ~ed themselves into the fight. 彼らはけんかに飛びこんでいった / He ~ed himself *at* [*on*] his attacker. 彼は暴漢に飛びかかっていった. ❷ 〈言葉などを X...に〉浴びせる, 放つ: She ~ed abuse [accusations] *at* me. 彼女は私に悪口[非難]を浴びせた. ❸ 強く投げつけること. 《擬音語》【類義語】⇒ throw.

húrl·er 图 ❶ 投げる人. ❷《野》投手.

Húr·ler('s) sỳndrome /há:lə(z)-│há:lə(z)-/ 图《医》ハーラー[フルラー]症候群《常染色体劣性遺伝の形式で遺伝するムコ多糖体沈着症; 骨格・顔貌の変形, 肝脾腫肥大症, 関節運動の制限, 角膜混濁, 精神遅滞などを呈する》.《G. Hurler ドイツの小児科医》

hurl·ey /há:li│há:-/ 图 ❶ ハーリング用のスティック. ❷ = hurling.

húrl·ing 图 Ⓤ ハーリング《ホッケーに似たアイルランドの球技》.

hur·ly-bur·ly /há:libə:li│há:libə:li/ 图 Ⓤ [しばしば the ~] 大騒ぎ, 混乱.《HURL から》

Hu·ron /hjú(ə)rən│hjúə-, ~, ~s/ 图 (北米先住民の)ヒューロン族; Ⓤ ヒューロン語.

Hu·ron /hjú(ə)rən/, **Lake** 图 ヒューロン湖《米国 Michigan 州とカナダ Ontario 州との間にあり, 五大湖 (the Great Lakes) 中で 2 番目に大きい湖》.

*__**hur·rah**__ /hurá:, -rá:│-rá:/, **hur·ray** /huréi/ 間 万歳!, フレー!: H~ for the Queen! 女王様万歳! **hip, hip, hurráh!** ⇒ hip² 成句. 图 ❶ 歓呼[万歳]の声. ❷ 万歳を唱える. 《擬音語》

*__**hur·ri·cane**__ /há:rikèin, -ikən│hárikən, -kèin/ 图 ❶《気》ハリケーン, 颶風《ぐふう》《特に西インド諸島付近の暴風》; wind scale 表; ★ 米国では以前ハリケーンに女性名をつけていたが 1986 年より男性名とも交互に用いている. ⇒ storm 関連. ❷ 〈感情などの〉激発, 大あらし: a ~ *of* applause 拍手かっさいのあらし. 《Sp. <S-Am-Ind》

húrricane dèck 图 ハリケーン甲板, 覆甲板, 遊歩甲板《河川用客船の最上軽甲板》.

húrricane làmp 图 ハリケーンランプ《ほや付き強風用ランプ》.

húrricane tàpe 图 Ⓤ ハリケーンテープ《強風のとき窓ガラスを固定するための丈夫な粘着テープ》.

†__**húr·ried**__ 厖 大急ぎでした, せきたてられた, 大急ぎの, あわただしい: a ~ letter 急いで[あわてて]書いた手紙 / make a ~ departure あわただしく出発する / with ~ steps 急ぎ足で / snatch [grab] a ~ lunch 大急ぎで昼食をとる. **~·ness** 图

húr·ried·ly 副 大急ぎで, あわてて, あわただしく: put on one's clothes ~ 大急ぎで服を着る《囲 通例 "...しなさい" という肯定命令文には用いない; Eat ~ とはいわず Eat *quickly*! という》.

*__**hur·ry**__ /há:ri│hári/ 图 Ⓤ ❶ 大急ぎ, あわて急ぐこと: Everything was ~ and confusion. てんやわんやの騒ぎだった / [+*to do*] In my ~ *to* leave for the office, I forgot my wallet. 急いで会社へ行こうとして財布を忘れた. ❷ [否定・疑問文で] 急ぐ必要: Is there any ~? 何か急ぐことでもあるのですか / There's *no* ~ *about* [*for*] it. 何も急ぐことはない《(時間は十分ある)》 / What's your [the] ~? なぜそんなに急ぐのですか. **in a húrry** (1) 急いで, 急いでは: She left *in a* ~. 彼女は急いで出かけた / He was *in a* (great) ~ to start. 彼は急いで出発したがっていた. (2) [通例否定文で]《口》喜んで[進んで](...しない): He won't see me again *in a* ~. あの男には二度と会いたくない. (3) [通例否定文で]《口》すぐに, たやすく, 容易に: You won't have another chance *in a* ~. もう次の機会はちょっとないだろう. **in nó húrry to dó** (1) 急いで...しないで: I'm *in no* ~ *to* get it done. 別にそれを急いでいません. (2) なかなか帰っていかなかった. (3) ...する気がしないで: I'm *in no* ~ *to* help him. 彼を助ける気がしない.

── 動 ❶ 〈人・動作などを〉急がせる, せきたてる (rush): Don't ~ the work. その仕事は急いでやってはいけない / I hurried my steps. 足を速めた. ❷ 〈人を X...へ〉急いで行かせる; 〈ものを X...へ〉急いで送る: They hurried the injured *to* the hospital. けが人たちを病院へ急いで連れていった. ❸ 〈人を急がせて[せきたてて]...する〉: I was *hurried down* (the stone steps). 急いで(その石段を)下りさせられた / I was *hurried into* making a decision. 私は決断を急がされた. ── 動 [通例副詞(句)を伴って] 急ぐ, 急いでいく (rush): Don't ~. 急がなくてよい / ~ *home* 急いで帰宅する / ~ *to* the station 駅へ急ぐ / ~ *up* the stairs 急いで階段を上る / ~ *along* [*on*] 急いでいく / ~ *over* the difficult passages 難しい箇所をいいかげんに読み飛ばす / She hurried *through* her work. 彼女は仕事をさっさと済ませた / I picked up my hat and hurried *away* [*off*]. 帽子を手に取って急いで立ち去った / ~ *into* one's clothes 急いで服を着る / He hurried *through* his tea. 彼はあわただしくお茶を飲んだ. ❷ 急いで[あわてて]〈...〉する: [+*to do*] Hearing that war had broken out, he hurried *to* get home. 戦争勃発の知らせに彼は急いで帰国した. **húrry úp** 動(*目*+*副*) (1) [主に命令法で]〈人を〉急がせる: H~ *up*, or you'll be late for school. 早くして, 学校に遅れますよ. ──(*目*+*副*) (2) 〈人・動作などを〉急がせる: H~ him *up*! 彼を急がせなさい. (3) 〈仕事などを〉急いでする. 【類義語】⇒ haste.

húr·ry·ing·ly 副 急いで, あわてて.

húr·ry-scúr·ry[-skúr·ry] /há:ri-skári│hári-skári/ 副 あわただしく, あたふたと. ── 厖 あわただしい, 大あわての: lead a ~ life あわただしい生活を送る. ── 图 Ⓤ [また a ~] あわただしさ; 混乱.

húrry-úp 厖 Ⓐ《口》急ぎの, 急がねばならない.

*__**hurt**__ /há:t│há:t/ 動 (**hurt**) 他 ❶ **a** 〈人・身体の一部に〉けがをさせる; 〈...を〉痛める: He has ~ his left knee. 彼は左ひざを痛めている / It ~s me to cough. せきをすると痛い / get ~ けがをする / He was badly [seriously] ~ in the accident. 彼はその事故で重傷を負った《囲 この語義の場合, 副詞としては very (much) は用いない; cf. 2 a》. **b** [~ *oneself* で] けがをする: He ~ *himself* in a fight. 彼はけんかでけがをした. **c** 〈ものなどに〉損害を与える, 〈...を〉害する: That might ~ the software. そうするとソフトウェアを傷めるかもしれない. **d** 〈名声・評判などを〉傷つける: The rumors ~ his reputation badly. そのうわさは彼の評判をひどく傷つけた. ❷ **a** 〈人の感情を〉害する, 傷つける《★しばしば受身》: I was very (much) ~ *at* [*by*] his words. 彼の言葉にとても傷ついた / She was [felt] ~ *to* find that nobody took any notice of her. だれも自分を構ってくれる人がないと知って彼女は気を悪くした. **b** [否定文で]〈人に〉差し障る, ...しても大丈夫である: Another glass won't ~ you. もう 1 杯ぐらい飲んでも差し障りはないでしょう / It won't ~ him *to* wait for a while. 少し待っても彼は何ともないだろう. ── 動 ❶ 痛む: It ~s. 痛い, 痛む / Where does it ~ (most)? どこが(いちばん)痛みますか / My foot ~s awfully. 足がとても痛い / Will the injection ~, doctor? 先生, 注射は痛いですか. **b** 人の気持ちを害する: Her remarks really ~ [~ *a lot*]. 彼女の言葉は本当に[ひどく]しゃくに障った. ❷ [否定文で]《口》障る, 困ったことになる: It won't ~ *to* wait for a while. 少し待っても何ともないだろう. ❸ [進行形で]《口》〈人が〉つらい, 悲しい: I know you are ~*ing*. あなたの辛さはよくわかります. ❹ [進行形で]《米》〈金などに〉困っている. **hit where it húrts** ⇒ hit 動 成句. **would nót hurt a fly** ⇒ fly² 成句.

── 图 ❶ Ⓒ 傷, 傷口; 痛み: a slight [serious] ~ 軽[重]傷 / a ~ from a blow 打撲による傷. ❷ ⓊⒸ (精神的)苦痛; 損害, 損失: I meant no ~ to his feelings. 彼の感情を害するつもりはなかった / It was a great ~ to his pride. それは彼の誇りを大いに傷つけた / do ~ を傷つける.

── 厖 ❶ **a** けがをした; 傷ついた (↔ unhurt): a ~ look [expression] 傷ついた表情. **b** [the ~; 名詞的に; 複数扱い] けがをした人たち. ❷《米》〈品物など〉破損した: ~ goods 破損品.

hurt·ful /hə́ːtfəl | hə́ːt-/ 形 ❶ (肉体的・精神的に)苦痛を与える a ~ sight 痛ましい光景 / a ~ remark きつい言葉. ❷ 〔健康などに〕有害で〔to〕(匿 現在ではharmful のほうが一般的). ~·ly /-fəli/ 副 ~·ness 名

†**hur·tle** /hə́ːtl | hə́ːt-/ 動 ❶ [副詞(句)を伴って] 〈石・矢・列車などが〉〈猛烈な速さで〉飛んで[進んで]いく, びゅんびゅん音を立てていく: meteors *hurtling through* space 宇宙空間を突進する流星 / We saw rocks and stones *hurtling down* the mountain. 岩石が山からごろごろすごい勢いで転がり落ちるのを見た. ─ 他 [副詞(句)を伴って] 〈…〉をぴゅっとばす, 投げる: Without gravity we would be ~*d* (*off*) *into* space. 引力がなかったら我々は宇宙空間にほうり出されるだろう. 【HURT+-LE】

húrt·less 形 無害の.

Hus /hús/ 名 =Huss.

‡**hus·band** /házbənd/ 名 ❶ 夫 (hubby; cf. wife 1): ~ and wife 夫婦 (★ 対句なので無冠詞) / You'll make her a good ~. 君は彼女の良い夫になるよ. ─ 動 〈…〉を倹約する, 節約する; 大事に使う: ~ one's supplies 糧食を節約する. 【ON=家に住む者; 「家の主人」→「夫」と意味が変わった】

hus·band·ry /házbəndri/ 名 ❶ 農業, 耕作: animal ~ 家畜学; 畜産. ❷ 倹約. 【HUSBAND+-RY】

†**hush** /háʃ/ 動 ❶ 〈…〉を静かにさせる, 黙らせる: The news ~*ed* us. その知らせを聞いて我々は静まり返った / She ~*ed* the crying child *to* sleep. 彼女は泣いている子供をなだめて寝かせた. ❷ 〈不安などを〉静める, なだめる: ~ a person's fears 人の不安を静める. ─ 自 ❶ 静かになる, 黙る. ❷ 「しっ」と言う: Stop ~*ing*. 「しっしっ」と言うのはやめなさい. **húsh úp** (他+副) 〈秘密などを〉人に知れ渡らないようにする, 〈…について〉口をつぐませる, 〈悪評などを〉もみ消す: ~ *up* the truth 事実を押し隠す / The trouble was ~*ed up*. その醜聞の件はもみ消された. ─ 間 /ʃː, háʃ/ 間 しっ, 静かに! ─ 名 [Ū] [また a ~] 静けさ: the ~ of (the) evening 夕べの静けさ / A ~ fell over the village. 村はしんと静まり返った. 【擬音語】

hush·a·by /háʃəbài/ 間 ねんねんよ《子供を寝つかせる時に言う》.

†**hushed** 形 静まった, 静かな.

húsh-húsh 形 《口》《計画など》ごく内々の, 極秘の: ~ experiments 秘密実験.

húsh·ing sòund 名 《音声》しゅー音《歯擦音のうち /ʃ, ʒ/ をいう; ⇒ hissing sound》.

húsh mòney 名 [Ū] 口止め料.

húsh pùppy 名 [通例複数形で] 《米南部》ハッシュパピー《ひき割りトウモロコシの小さな丸い揚げパン》.

husk¹ /hásk/ 名 ❶ 〈穀類, トウモロコシなどの〉殻, さや, 皮. ❷ (つまらない)かす, 形だけのもの: He's a mere ~ *of* his former self. (病気のせいなどで)彼は見る影もなくなっている. ─ 動 〈…〉の殻[さや]をとる.

husk² /hásk/ 名 [Ū] ❶ 《獣医》肺虫症《寄生虫に起因する牛・羊・豚の気管支炎で, 空咳を伴う》. ❷ 声のかすれ.

húsk·i·ly /-kɪli/ 副 かすれた声で.

húsk·ing 名 [Ū] トウモロコシの皮むき.

húsking bèe 名 《米》トウモロコシの皮むきの会《隣人・友人が手伝いに集まり, 終わるとダンスをしたりして楽しむ; cf. bee 3》.

†**husk·y¹** /háski/ 形 (husk·i·er; -i·est) ❶ a 〈人が〉かすれた声の. b 〈歌手が〉ハスキーな《セクシーなしゃがれた声で歌う》. ❷ a 皮[殻] (husk) の. b からからの. **hús·ki·ness** 名

hus·ky² /háski/ 《口》形 (hus·ki·er; -ki·est) 〈人や物が〉がっしりした, がんじょうな, 体格のよい: a ~ farmer 体格のよい農夫. ❷ がっちりした人, 大男. **hús·ki·ness** 名

hus·ky³ /háski/ 名 ハスキー(犬) 《北極地方の毛のふさふさした犬; エスキモーの変形から》

Huss /hás, hús/, **John** 名 フス (1372?-1415; ボヘミアの宗教改革者).

hus·sar /həzáː | huzáː/ 名 軽騎兵.

Hus·sein /huːséɪn | huː-/ 名 フセイン (1935-99; ヨルダンの王 (1953-99); 中東和平に尽力; 正式名 Hussein ibn Talal).

---

893 **hybrid**

Hus·sein /huːséɪn | huː-/, **Saddam** 名 フセイン (1937- ; イラクの軍人・政治家; 大統領 (1979-)).

Huss·ite /hásaɪt/ 名 《史》フス派の信徒. ─ 形 フス (Huss) の; フス派の. **Huss·it·ism** /hásərtìz(ə)m, hús-/ 名

hus·sy /hási, -zi/ 名 おてんば娘; 浮気娘; あばずれ. 《HOUSEWIFE の変形》

hus·tings /hástɪŋz/ 名 [the ~; 単数または複数扱い] ❶ a 《国会議員》選挙の手順. b 選挙運動(演説, 遊説). ❷ 選挙演説の演壇[会場]. 《ON=家の集会》

†**hus·tle** /hásl/ 動 ❶ [副詞(句)を伴って] a 〈…を〉乱暴に押す[動かす]; 押し込む[出す]: ~ a person *out* (*of* the room) 人を(部屋から)押し出す / The police ~*d* him *into* the patrol car. 警察は彼を無理やりにパトカーに押し込んだ. b [~ one's way で] 押し分けて進む: one's way *through* a crowded street 人込みの通りを押し分けて進む. c 〈人・仕事など〉を急かす, せかせる: ~ a person *off to* the office 人を急いで事務所へ送り出す. ❷ 〈人〉を無理に…させる: She tried to ~ me *into* buying it [*into* a decision]. 彼女は(せきたてて)私に無理に買わせる[決心させ]ようとした. ❸ 《米》〈品物を〉押し売りする, 売り込む. ─ 他 The shoppers ~*d against* one another. 買い物客は互いに押し合いへし合いした / I ~*d through* the crowded street. 私はその人込みの通りを押し分けて進んだ. ─ 自 [副詞(句)を伴って] ❶ 急ぐ: ~ *off* 急いで出ていく. ❷ てきぱきやる, がんばる, ハッスルする. ❸ 《俗》a いかがわしい手段で金をもうける. b 〈売春婦が〉客引きをする; 売春をする. ─ 名 ❶ 大急ぎ, 押し合い; 騒ぎ: ~ and bustle 押し合いへし合い. ❷ 精力的活動, がんばり, ハッスル. ❸ 《俗》不正なもうけ; 詐欺.

hús·tler 名 ❶ 活動家, 敏腕家, やり手: He's a real ~. 彼はまったくやり手だ. ❷ 《俗》a 詐欺(師), ペテン師. b 売春婦.

Hus·ton /hjúːstən/, **John** 名 ヒューストン (1906-87; 米国の映画監督).

*‡**hut** /hát/ 名 ❶ (掘っ建て)小屋, あばら屋 (shed); (山の)ヒュッテ, バンガロー. ❷ 《軍》仮兵舎: ⇒ QUONSET hut. 【F＜G】

hutch /hátʃ/ 名 ❶ 〈ウサギなど小動物を飼う〉おり, 箱《一面に金網が張ってある》: a rabbit ~ ウサギ小屋. ❷ 小さな家.

hu·tia /(h)uːtíːə | hʌ-/ 名 《動》フチアクーガ《食用となるヤマアラシ類の齧歯(ᵍっ)動物; 西インド諸島産》.

hut·ment /hátmənt/ 名 [Ū] (プレハブ式の)仮兵舎の宿泊.

Hut·ter·ite /hátərìt/ 名 フッター派の人《Montana, South Dakota およびカナダの一部で農業に従事して財産共有の生活を営む再洗礼派》. ─ 形 フッター派の. 《Jakob Hutter 16 世紀の Moravia の再洗礼派の宗教改革者》

Hux·ley /háksli/, **Al·dous** /ɔ́ːldəs/ 名 ハックスリー (1894-1963; 英国の小説家).

Hux·ley /háksli/, **T**(**homas**) **H**(**enry**) 名 ハクスリー (1825-95; 英国の生物学者). **Hux·lei·an** /hákslɪən/, **Húx·ley·an** 形

Hwang Ho /hwǽŋ hóu | hwǽŋ-/ 名 =Yellow River.

hwy., hwy. 《略》highway.

hy·a·cinth /háɪəsɪnθ/ 名 ❶ [Ć] 《植》ヒヤシンス. ❷ [Ū] ヒヤシンス色; (特に)すみれ色. **hy·a·cin·thine** /hàɪəsínθɪn | -θaɪn⁺/ 形 【L＜Gk】

hy·ae·na /haɪíːnə/ 名 =hyena.

hy·a·line /háɪəlɪn/ 形 ガラス状の, 水晶のような, 透明な.

hy·a·lite /háɪəlàɪt/ 名 《U石》玉滴石.

hy·a·loid /háɪəlɔ̀ɪd/ 【解】形 ガラス状の, 透明な. ─ 名 =hyaloid membrane.

hýaloid mèmbrane 名 〈眼球の〉硝子体(ᵍょうし)膜.

hy·a·lu·rón·ic ácid /háɪəlʊránɪk-, -lʊərɒn-/ 名 [Ū] 《生化》ヒアルロン酸《眼球硝子体液・関節滑液などに含まれる》.

*‡**hy·brid** /háɪbrɪd/ 名 ❶ 〈動植物の〉雑種; 混成物《電気・ガソリン併用車など》. ❷ 《言》混成語《異なる言語同士

の要素が混じり合ってできた語). ── 形 ❶ 雑種[混血種]の: a ~ animal [rose] 雑種の動物[バラ]. ❷ 混成の: a ~ word 混種語. 《L=雑種, 混血》

hý·brid·ìsm /-dìzm/ 名 ⓤ ❶ 雑種であること; 交配. ❷ 〖言〗混種.

hy·brid·i·za·tion /hàɪbrədɪzéɪʃən | -daɪz-/ 名 ⓤ 《異種》交配.

hy·brid·ize /háɪbrədàɪz/ 動 他 〈…の〉雑種を作る; かけ合わせる. ── 自 雑種を生じる.

hýbrid vígor 〖生〗 =heterosis.

hy·dan·to·in /haɪdǽntoʊən/ 名 〖化〗ヒダントイン《医薬品・樹脂の中間体になる》.

hy·da·thode /háɪdəθòʊd/ 名 〖植〗排水組織.

Hyde /háɪd/, **Mr.** 名 ハイド氏 (⇒ Jekyll).

Hýde Párk 名 ハイドパーク《[解説] London 西部の大公園; London では the Park ともいう; その一角には日曜日にはだれでも自由に演説できる Speakers' Corner がある》: a ~ orator ハイドパークで演説する大道演説者.

Hy·der·a·bad /háɪdərəbæ̀d/ 名 **a** インド中南部 Andhra Pradesh の州都. **b** パキスタン南西部 Indus 川に臨む都市.

hydr- /haɪdr/ (母音または h の前にくる時の) hydro- の異形.

hy·dra /háɪdrə/ 名 ❶ [H~] 〖ギ神〗ヒュドラ, ヒドラ《Hercules に殺された九つの頭を持ったヘビ; 一つの頭を切るとその跡に二つの頭を生じたという》. ❷ ⓒ 根絶しにくい害悪, ひとすじなわではいかない難問. ❸ ⓒ 〖動〗 **a** ヒドラ《腔腸(ちょう)動物の一種》. **b** ウミヘビ. ❹ [H~] 〖天〗海ヘビ座. 《F<L<Gk=海ヘビ》

hy·dran·gea /haɪdréɪndʒə/ 名 〖植〗アジサイ. 《HYDRO-+Gk *angeion* 器》

hy·drant /háɪdrənt/ 名 ❶ 給水栓; 水道栓. ❷ 消火栓 (fire hydrant).

hy·drate /háɪdreɪt/ 名 〖化〗 ❶ Ⓒⓤ 水和物, 水化物. ❷ =hydroxide. ── 動 他 水和させる, 水酸化させる; 〈…に〉水分を与える, うるおす (↔ dehydrate). ── 自 水和する.

†**hy·drau·lic** /haɪdrɔ́ːlɪk/ 形 ❶ **a** 水力[水圧]の[で作動する]; 油圧の[で作動する]: a ~ crane 水圧クレーン / ~ power [pressure] 水圧[水力] / a ~ press 水圧プレス / ~ brakes 油圧ブレーキ / a ~ system 油圧装置. **b** 水力学の, 水力工学の. ❷ 水中で硬化する: ~ cement [mortar] 水硬セメント[モルタル]. **hy·dráu·li·cal·ly** /-kəli/ 副 《L<Gk=水管(の)《 HYDRO-+*aulos* 管》

hydráulic rám 名 水撃ポンプ《傾斜した管路内を流下してきた水を急に止めることにより生ずる高圧を利用して, その水の一部を高所に汲み上げる装置》.

hy·drau·lics /haɪdrɔ́ːlɪks/ 名 ⓤ 水力学.

hy·dra·zine /háɪdrəzìːn/ 名 〖化〗ヒドラジン《窒素と水素の化合物; ロケット・ジェットエンジンの燃料》.

hy·dri·a /háɪdriə/ 名 (徳 **-dri·ae** /-driì:/) ヒュドリア《水平に2つ, 垂直に1つ取っ手のあるギリシャ・ローマの水差し壺》.

hy·dric /háɪdrɪk/ 形 〖化〗水素の[を含む].

hy·dride /háɪdraɪd/ 名 〖化〗水素化物.

hý·dri·òd·ic ácid /háɪdriàdɪk- | -ɔ̀d-/ 名 ⓤ 〖化〗ヨー化水素酸.

hy·dro /háɪdroʊ/ 名 (徳 **~s**) (口) ❶ **a** 水力電気. **b** 水力発電所. ❷ (英) =hydropathic. ❸ =hydroplane.

hy·dro- /háɪdroʊ/ [連結形]「水の, 水素の」. 《Gk *hudōr, hydr-* 水》

hýdro·bròmic ácid 名 ⓤ 〖化〗臭化水素酸.

†**hýdro·cárbon** 名 ⓤ 〖化〗炭化水素.

hy·dro·cele /háɪdrəsì:l/ 名 〖医〗水瘤(りゅう) 《陰嚢などの》, 睾丸瘤.

hỳdro·cephál·ic 形 〖医〗水頭(症)の. ── 名 水頭症患者.

hỳdro·céph·a·lus /-séfələs | -séf-, -kéf-/, **hỳdro·céph·a·ly** /-séfəli | -séf-, -kéf-/ 名 ⓤ 〖医〗水頭(症).

hỳdro·chlóric 形 〖化〗塩化水素の.

hỳdrochlóric ácid 名 ⓤ 塩酸.

hỳdro·chlóride 名 〖化〗塩酸塩.

hỳdro·cólloid 名 〖化〗親水コロイド. **-collóidal** 形

hỳdro·córtisone 名 〖生化〗ヒドロコルチゾン[コーチゾン]《副腎皮質ステロイドの一種; リウマチ様関節炎治療剤》.

hỳdro·cy·án·ic /-saɪénɪk-/ 形 シアン化水素の.

hỳdrocyánic ácid 名 ⓤ 〖化〗青酸, シアン化水素酸.

hỳdro·dynámic 形 流体力学の, 水力学の.

hỳdro·dynámics 名 ⓤ 流体力学, 水力学.

hỳdro·eléctric 形 水力発電[電気]の: a ~ dam 水力発電ダム. **-tri·cal·ly** 副

hỳdro·electricity 名 ⓤ 水力電気.

hỳdro·fluóric ácid 名 ⓤ 〖化〗フッ化水素酸.

hy·dro·foil /háɪdrəfɔ̀ɪl/ 名 ❶ 水中翼. ❷ 水中翼船: by ~ 水中翼船で《★無冠詞》.

hy·dro·gel /háɪdrədʒèl/ 名 〖化〗ヒドロゲル《水を分散媒としたゲル》.

*__hy·dro·gen__ /háɪdrədʒən/ 名 ⓤ 〖化〗水素《記号 H》: ~ chloride 塩化水素 / ~ (mon)oxide 酸化水素《水》 / ~ peroxide [dioxide] 過酸化水素 / ~ sulfide 硫化水素. 《HYDRO-+-GEN》

hy·drog·e·nase /haɪdrádʒənèɪs | -drɔ́dʒ-/ 名 〖生化〗ヒドロゲナーゼ《水素分子の出入を伴う酸化還元反応を触媒する酵素》.

hy·dro·gen·ate /haɪdrádʒənèɪt | -drɔ́dʒ-/ 動 他 〖化〗水素化する; 水素添加する: ~*d* oil 硬化油. **hy·drò·gen·á·tion** 名

hýdrogen bòmb 名 水素爆弾.

hýdrogen bònd 名 水素結合.

hýdrogen cýanide 名 〖化〗 ❶ シアン化水素《猛毒の液体》. ❷ =hydrocyanic acid.

hýdrogen ìon 名 〖化〗水素イオン.

hy·drog·e·nous /haɪdrádʒənəs | -drɔ́dʒ-/ 形 水素の[を含む].

hýdrogen peróxide 名 ⓤ 過酸化水素 (peroxide).

hýdrogen súlfide 名 ⓤ 硫化水素.

hỳdro·geólogy 名 ⓤ 水文地質学.

hy·drog·ra·phy /haɪdrágrəfi | -drɔ́g-/ 名 ⓤ 水路学; 水路測量(術). **hy·dro·graph·ic** /hàɪdrəgrǽfɪk-/, **-i·cal** /-fɪk(ə)l-/ 形 **-cal·ly** /-kəli/ 副

hy·droid /háɪdrɔɪd/ 名 形 ヒドロ虫(の) (hydrozoan), (特に)ヒドロポリプ(の).

hy·dro·lase /háɪdrəlèɪs, -lèɪz/ 名 〖生化〗加水分解酵素, ヒドロラーゼ.

hy·drol·o·gy /haɪdrálədʒi | -drɔ́l-/ 名 ⓤ 水文(もん)学《地球上の水の生成・循環・性質・分布などを研究する》. **-gist** 名 **hy·dro·lóg·ic** /-ládʒɪk | -lɔ́dʒ-/, **-i·cal** /-ɪk(ə)l/ **-i·cal·ly** /-kəli/ 副

hy·drol·y·sis /haɪdráləsɪs | -drɔ́l-/ 名 ⓤ 〖化〗加水分解. **hy·dro·lyt·ic** /hàɪdrəlítɪk-/ 形

hy·dro·lyze /háɪdrəlàɪz/ 動 他 〖化〗加水分解する. **hy·dro·lyz·a·ble** /-zəbl/ 形

hỳdro·magnétics 名 磁気流体力学 (magnetohydrodynamics).

hỳdro·masságe 名 ⓤ 水中マッサージ《水噴射を用いたマッサージ》.

hỳdro·mechánics 名 ⓤ 流体力学.

hy·drom·e·ter /haɪdrámətə | -drɔ́mətə-/ 名 液体比重計, 浮ひばかり. **hy·dro·met·ric** /hàɪdrəmétrɪk-/, **-ri·cal** /-trɪk(ə)l-/ 形

hy·drom·e·try /haɪdrámətri | -drɔ́m-/ 名 ⓤ 液体比重測定.

hy·dron·ic /haɪdránɪk | -drɔ́n-/ 形 〖建・機〗〈冷暖房が〉循環水式の. **-i·cal·ly** 副

hy·dro·ni·um /haɪdróʊniəm/ 名 (また **hydrónium ìon**) 〖化〗ヒドロニウムイオン《水素イオンが水分子と結合してできるイオン: H_3O^+》.

hy·dro·path·ic /hàɪdrəpǽθɪk-/ 形 水治療法の: ~ treatment 水治療法. ── 名 《英》水治旅館, 水治療養地.

hy·drop·a·thy /haɪdrápəθi | -drɔ́p-/ 名 ⓤ (水や鉱泉

を飲んだり浴びたりする)水治療法.

hy・dro・phil・ic /hàɪdrəfílɪk/ 形《化》親水性の. 名 ソフトコンタクトレンズ. **hỳ・dro・phíl・ic・i・ty** /-fɪlísəṭi/ 名

hy・dro・pho・bi・a /hàɪdrəfóʊbiə/ 名 ⓤ ❶《医》恐水病, 狂犬病. ❷ 水に対する恐怖. **hỳ・dro・phó・bic** /-fóʊbɪk/ 形 《HYDRO-+PHOBIA》

hýdro・phòne 名 水中聴音器, ハイドロホン.

hy・dro・phyte /háɪdrəfàɪt/ 名《植》水生植物(湿地に生育する, または大量の水を要する植物); cf. halophyte). **hỳ・dro・phýt・ic** /-fíṭɪk/ 形

hýdro・plàne 名 ❶ ハイドロプレーン(水中翼 (hydrofoil) による高速モーターボート). ❷ 水上(飛行)機 (seaplane). ❸ (潜水艦の)水平舵. ── 動 ⓐ ❶ 水上を滑走する. ❷ ハイドロプレーンで行く. ❸ 〈自動車が〉ハイドロプレーニングを起こす(雨天の高速走行時に雨が薄膜となってハンドルがききにくくなる).

hy・dro・pon・ic /hàɪdrəpánɪk | -pón-/ 形 水耕[水栽培]の.

hy・dro・pon・ics /hàɪdrəpánɪks | -pón-/ 名 ⓤ《農》水耕, 水栽培《養分を含んだ液中での野菜栽培》.

hýdro・pòwer 名 水力電力.

hy・dro・quinóne 名 ⓤ《化》ヒドロキノン《現像主薬・医薬・酸化防止剤・ペンキ・燃料用》.

hy・dro・scope /háɪdrəskòʊp/ 名 水中のぞき箱[筒](cf. water glass 1).

hýdro・spèed 名 ⓤ (また **hýdro・spèed・ing**) ハイドロスピード(勢いよく流れる泡立つ水の中に飛び込み, 浮袋で浮きながら高速で流されていくスポーツ).

hýdro・sphère 名 [the ~]《水文》水界, 水圏《地球の表面の水の占める部分・地下水・大気中の水気; ↔ lithosphere》. **hỳdro・sphér・ic** 形

hy・dro・stat・ic /hàɪdrəstæṭɪk⁻/ 形 静水の; 流体静力学の.

hỳ・dro・stát・i・cal /-ṭɪk(ə)l⁻/ 形 =hydrostatic.

hỳdro・státics 名 ⓤ 流体静力学, 静水学.

hỳdro・thérapy 名 ⓤ (水や鉱泉に患部を浸すする)水治療法.

hydro・thérmal 形《地》熱水(作用)の[による]. **~・ly** 副

hýdrothèrmal vént 名 熱水噴出口《鉱物質に富む熱水が噴出する海底の開口部》.

hýdro・thórax 名 ⓤ《医》水胸(症).

hy・drot・ro・pism /haɪdrátrəpìzm | -drótrə-/ 名 ⓤ《動植物の》屈水性. **hy・dro・trop・ic** /hàɪdrətróʊpɪk, -tráp- | -tróp-⁻/ 形

hy・drous /háɪdrəs/ 形《化・鉱》含水の, 水和した.

hy・drox・ide /haɪdráksàɪd | -drók-/ 名《化》水酸化物.

hy・drox・ó・ni・um (ìon) /hàɪdrəksóʊniəm(-) | -drək-/ 名 =hydronium.

hy・drox・yl /haɪdráksəl | -drók-/ 名《化》水酸基, ヒドロキシル基. **hy・drox・yl・ic** /hàɪdrəksílɪk | -drɔ́k-/ 形

hy・dro・zo・an /hàɪdrəzóʊən⁻ | -drɔ́-/ 形《動》(腔腸(こうちょう)動物門)ヒドロ虫綱の. ── 名 ヒドロ虫綱の動物 (hydra, Portuguese man-of-war など).

hy・e・na /haií:nə/ 名《動》ハイエナ(アフリカ・アジア産; 死肉を食べ夜行性で, ほえ声は悪魔の笑い声にたとえられる).《F<L<Gk; Gk 原義は「雌豚」》

Hy・gei・a /haɪdʒí:ə/ 名《ギ神》ヒュゲイア(健康の女神).

†**hy・giene** /háɪdʒi:n/ 名 ⓤ ❶ 衛生; 健康法: public ~ 公衆衛生 / mental ~ 精神衛生 / dental ~ 歯科衛生. ❷ 衛生学.《Gk=健康の(技術)》形 hygienic

hy・gien・ic /haɪdʒí:nɪk/ 形 ❶ 衛生学の. ❷ 衛生的な[上の], 健康によい: ~ storage [packaging] 衛生的な貯蔵[包装]. **hy・gién・i・cal・ly** /-kəli/ 副

hy・gien・ics /haɪdʒí:nɪks/ 名 ⓤ 衛生学.

hy・gien・ist /haɪdʒí:nɪst/ 名 衛生学者; 歯科衛生士 (dental hygienist).

hy・gro- /háɪgroʊ/ [連結形]「湿気」.《Gk hygros 湿った》

hy・grom・e・ter /haɪgrámətə | -grómətə/ 名 湿度計.

hy・grom・e・try /haɪgrámətri | -gróm-/ 名 ⓤ 湿度測定(法). **hy・gro・met・ric** /hàɪgrəmétrɪk⁻/ 形

---

895 hyperalgesia

hy・groph・i・lous /haɪgráfələs | -gróf-⁻/ 形 湿地を好む, 好湿性の.

hy・gro・phyte /háɪgrəfàɪt/ 名《植》湿生植物; =hydrophyte.

hý・gro・scòpe /háɪgrəskòʊp/ 名 検湿器.

hy・gro・scop・ic /hàɪgrəskápɪk | -skóp-⁻/ 形 湿りやすい, 吸湿性の.

hy・ing /háɪɪŋ/ 動 hie の現在分詞.

Hyk・sos /híksɑs | -sɔs/ 形 ヒュクソスの, ヒクソスの《紀元前17–16世紀にエジプトを支配した第15–18王朝異民族についての》.

hy・lo・mor・phism /hàɪləmɔ́rfɪzm | -mɔ́:-/ 名《哲》質料形相論. **-mór・phic** 形

hy・lo・zo・ism /hàɪləzóʊɪzm/ 名 物活論《生命と物質の不可分を説く》. **-ist** 名 **hỳlo・zo・ís・tic** /-zoʊístɪk⁻/ 形 物活論(者)の.

hy・men /háɪmən/ 名 ❶《解》処女膜. ❷ [H~]《ギ神》ヒュメン《婚姻の神》.《F<L<Gk》

hy・me・ne・al /hàɪməní:əl⁻/ 形 ᴀ 婚姻[結婚]の.

hy・me・ni・um /haɪmí:niəm | -nɪə, ~s/ 名《植》(菌類の子実体の)子実層. **hy・mé・ni・al** 形

†**hymn** /hím/ 名 (教会の)賛美歌, 聖歌; 賛歌. ── 動 ⓗ (賛美歌を歌って)神などを賛美する, 〈賛美・感謝などを表わす. ─ⓘ 賛美歌を歌う.《OE<L<Gk=賛歌》

hym・nal /hím(ə)l/ 形 賛美歌の, 聖歌の. ── 名 賛美歌集, 聖歌集.

hym・na・ry /hímnəri/ 名 =hymnal.

hýmn・bòok 名 =hymnal.

hym・no・dy /hímnədi/ 名 賛美歌[聖歌]吟唱; 賛美歌[聖歌]作歌(法). **-dist** 名 賛美歌作者.

hym・nog・ra・phy /hɪmnágrəfi | -nóg-/ 名 賛美歌[聖歌]誌《解説とビブリオグラフィー》; =hymnody. **-pher** 名

hym・nol・o・gy /hɪmnálədʒi | -nɔ́l-/ 名 賛美歌学, 聖歌学; =hymnody. **-gist** 名 **hym・no・log・i・cal** /hìmnəládʒɪk(ə)l | -lɔ́dʒ-⁻/ 形

hy・oid /háɪɔɪd/ 形《解》舌骨(の).

hy・o・scine /háɪəsì:n/ 名 ⓤ《薬》ヒヨスチン《瞳孔散大薬・鎮静薬》.

hy・o・scy・a・mine /hàɪəsáɪəmi:n/ 名 ⓤ《薬》ヒヨスチアミン《瞳孔散大薬・鎮静薬》.

hyp- /haɪp/ 《母音の前にくる時の》 hypo- の異形.

hy・paes・the・sia /hàɪpəsθíːʒ(i)ə | -ziə/ 名 =hypesthesia.

hy・pae・thral /haɪpí:θrəl/ 形 青天井の, くもと古代ギリシャの神殿が屋根のない.

hy・pal・la・ge /haɪpǽlədʒi, -gi/ 名《修・文法》代換(法)《通常の文法的語句配列 apply water to the wound を apply water to the wound と逆にする類》.

Hy・pa・lon /háɪpəlɑn | -lɔn/ 名《商標》ハイパロン《クロロスルホン化ポリエチレン; 合成ゴム》.

hype¹ /háɪp/ 名《俗》❶ 皮下注射; 皮下注射針[器]. ❷ 麻薬常用者. ── 動 ⓗ 興奮させる, 興奮して, あおり立てる 〈up〉.《HYPODERMIC の短縮形》

*__hype²__ /háɪp/《俗》名 ❶ ⓤ 誇大な宣伝[広告]. ❷ ⓒ 詐欺(正). ── 動 ⓗ ❶ a 〈…を〉誇大に宣伝する. b 〈…を〉誇大宣伝でふやまた: ~ sales 売り上げを伸ばす. ❷ a 〈人をだます. b 〈人に〉釣り銭をごまかす.

hýped-úp 🅟 形《俗》❶ 興奮して, 興奮していらいらして: He's ~ on drugs. 彼は麻薬の注射で興奮している.

†**hy・per** /háɪpə | -pə/ 形《口》❶ 興奮しやすい. ❷ =hyperactive.

hy・per- /háɪpə | -pə/ 腰頭「(…を)越えた」「過度に」「非常な」(↔ hypo-).《Gk=over, above》

hỳper・ácid 形 胃酸過多の.

hỳper・acídity 名 ⓤ《医》胃酸過多(症).

†**hỳper・áctive** 形 ❶ 極度に[異常に]活動的な. ❷ 〈子供)が活動過多の, 多動の. **hỳper・actívity** 名 ⓤ

hy・per・ae・mi・a /hàɪpərí:miə/ 名 =hyperemia.

hy・per・al・gé・sia /-ældʒí:ʒ(i)ə | -ziə/ 名 ⓤ《医》痛覚過敏(症). **-gé・sic** /-zɪk, -sɪk/ 形

hýper·aliméntation 名 ⓤ 【医】(点滴などによる)過栄養.

hỳper·bár·ic /-bǽrɪk/ 与圧された, 高圧(酸素)の. **-bár·i·cal·ly** 副

hy·per·ba·ton /haɪpə́:bətɑ̀n | -pə́:bətɔ̀n/ 名 【修】転置法 (The hills echoed. を Echoed the hills. とするなど).

hy·per·bo·la /haɪpə́:bələ | -pə́:-/ 名 (複 ~s, -lae /-lì:/) 【幾】双曲線. **hy·per·bol·ic** /hàɪpəbɑ́lɪk | -pəbɔ́l-⁻/, **-i·cal** /-lɪk(ə)l/ 形

hy·per·bo·le /haɪpə́:bəli | -pə́:-/ 名 ❶ ⓤ 【修辞】誇張(法) (たとえば They died laughing. (死ぬほど笑いころげた)など). ❷ ⓒ 誇張 (exaggeration). **hy·per·bol·ic** /hàɪpəbɑ́lɪk | -pəbɔ́l-⁻/, **-i·cal** /-lɪk(ə)l/ 形

hy·per·bo·loid /haɪpə́:bəlɔ̀ɪd | -pə́:-/ 名 【数】双曲面. **hy·per·bo·loi·dal** 形

hy·per·bo·re·an /hàɪpəbɔ́:riən | -pə-⁻/ 形 [しばしば H~] 【ギ神】ヒュペルボレオイ《極北の楽園に暮らし, アポロンを崇拝する人々》; 極北の住人. —— 極北の, 極北に住む; 非常に寒い.

hỳper·cho·les·ter·ol·é·mi·a /-kəlèstərəlí:miə/ 名 ⓤ 【医】コレステロール過剰症(症), 高コレステロール血(症). **-émic** 形

hỳper·corréct 形 【言】過剰訂正の, 直しすぎの. **~·ly** 副 **~·ness** 名

hỳper·corréction 名 ⓤ 【言】過剰訂正, 直しすぎ《正用法[形]を意識しすぎてかえって誤った言語形式を用いること》.

hỳper·crítical 形 酷評の[する], あら探しをする. **~·ly** 副

hýper·cùbe 名 【数】超立方体《多次元において, 三次元における立方体に相当するもの》; 【電算】超立方体の考えに基づくコンピューターアーキテクチャー.

hýper·drìve 名 (SF で)超空間旅行のための推進システム.

hy·per·e·mi·a /hàɪpərí:miə/ 名 ⓤ 【医】充血. **-mic** 形

hy·per·es·the·si·a, **-aes-** /-esθí:ʒ(i)ə | -i:sθí:ziə/ 名 ⓤ 【医】知覚[触覚]過敏(症). **hỳper·es·thét·ic** /-esθétɪk | -i:s-/ 形

hỳper·exténd 他 【医】(関節を)正常な範囲を超えて伸展させる, 過伸展する.

hỳper·exténsion 名 【生理】(四肢などの)過伸展.

hýper·fòcal dístance 名 【写】(レンズの焦点を無限大にしたときの)至近結像距離, 過焦点距離.

hy·per·ga·my /haɪpə́:gəmi | -pə́:-/ 名 ⓤ 昇婚, 昇嫁婚《カースト[地位]的に自分と同等以上の者との結婚》.

hỳper·gly·cé·mi·a, **-cáe-** /-glaɪsí:miə/ 名 ⓤ 【医】高血糖(症), 過血糖(症). **-gly·cé·mic** /-glaɪsí:mɪk/ 形

hỳper·gól·ic /-gɑ́l- | -gɔ́l-⁻/〈ロケット発射薬が〉自動点火性[燃焼性]の, 自燃性の. **-i·cal·ly** /-lɪk(ə)li/ 副

hỳper·immúne 形 高度免疫の, 過免疫の《抗原の反復注射に対する反応として生み出された抗体を過量に保有している》. **hỳper·ím·mu·nìzed** 形

hỳper·infláton 名 超インフレーション, ハイパーインフレーション.

Hy·pe·ri·on /haɪpí(ə)riən/ 名 【ギ神】ヒュペリオン《Uranus と Gaea の息子で, Helios, Selene, Eos の父; しばしば Apollo と混同される》.

hỳper·keratósis 名 (複 **-ses**) 【医】角質増殖(症), 過角化症. **-keratótic** 形

hỳper·ki·né·sia /-kəní:ʒ(i)ə, -kaɪ- | -ziə/, **-kiné·sis** /-sɪs/ 名 ⓤ 【医】運動過剰(亢進)(症), 多動, 増動. **-ki·nét·ic** /-kɪnétɪk⁻/ 形

hýper·lìnk 名 【電算】ハイパーリンク《電子文書でなされる同一文書内の他の箇所あるいは他の文書への関連づけ; 該当箇所からリンク先への自由な移動が可能》. —— 他 〈文書などに〉ハイパーリンクを作成する[張る]. —— 自 ハイパーリンクをたどる; ハイパーリンクの中にある.

hy·per·lip·id·e·mi·a /hàɪpəlìpədí:miə/ 名 ⓤ 【医】高脂(肪)血(症).

hýper·màrket 名 《英》ハイパーマーケット《広大な駐車場をもつ都市郊外の巨大スーパー》.

hýper·mèdia 名 【電算】ハイパーメディア《文書・音・映像・ビデオなどを組み合わせて呈示するソフトウェアの形式》.

hỳper·me·tró·pi·a /-mɪtróupiə/ 名 = hyperopia. **-me·tró·pic** /-mɪtróupɪk, -trɑ́p-⁻/ 形

hỳper·mné·sia /-(h)əmní:ʒ(i)ə | -pəmní:ziə/ 名 ⓤ 【心】記憶増進(過剰)《脳疾患・発熱・催眠状態などで過去の記憶が異常に活発によみがえること》. **-né·sic** /-zɪk, -sɪk/ 形

hỳper·mútable 形 【遺】突然変異が異常に頻繁な, 超突然変異の. **hỳper·mutátion** 名 超突変異.

hý·per·on /háɪpərɑ̀n | -rɔ̀n/ 名 【理】重核子, ハイペロン.

hy·per·o·pi·a /hàɪpəróupiə/ 名 ⓤ 遠視 (↔ myopia). **hy·per·op·ic** /hàɪpəróupɪk, -rɑ́p-⁻/ 形

hỳper·párasite 名 【生理】重寄生者, 高次[重複]寄生者《寄生者にさらに寄生する》. **-párasitism** 名 重寄生, 高次寄生, 過寄生. **-parasític** 形

hỳper·par·a·thý·roid·ism /-pæ̀rəθáɪrɔɪdɪ̀zm/ 名 ⓤ 【医】上皮小体(機能)亢進(症), 副甲状腺機能亢進(症).

hỳper·plá·si·a /-pléɪʒ(i)ə | -ziə/ 名 ⓤ 【生】《細胞・組織の》過形成, 増生, 増殖, 過生, 肥厚. **-plás·tic** /-plǽstɪk/ 形

hỳper·sénsitive 形 ❶ 極度に敏感な; 《薬・アレルギー源などに》過敏症の 《to》. ❷ 《...に》過敏で, 神経質すぎて 《to, about》: He's ~ to what people say about him. 彼は他の人が言うことに神経質である.

hỳper·sensitívity 名 ⓤ 過敏(症) 《to, about》.

hỳper·sónic 形 極超音速の《音速の5倍(以上)の速さにいう; cf. sonic 2》: a ~ transport 極超音速輸送機《略 HST》.

hýper·spàce 名 【数】超空間《高次元ユークリッド空間》; 四次元(以上)の空間, 《SF で, 超光速の移動・情報伝達が可能な》超空間. **hỳper·spátial** 形

hỳper·sthène /-sθì:n/ 名 【鉱】紫蘇(し)輝石. **hỳper·sthén·ic** /-sθén-, -sθí:n-/ 形

*hy·per·ten·sion /hàɪpəténʃən | -pə-/ 名 ⓤ ❶ 【医】高血圧(症). ❷ 過度の精神緊張.

hy·per·ten·sive /hàɪpəténsɪv | -pə-⁻/ 形 高血圧の[を起こす]. —— 名 高血圧の人.

hýper·tèxt 名 ⓤ 【電算】ハイパーテキスト《HTML で構造化された文書; 文書間の移動など非直線的な動作が可能》.

hỳper·thér·mi·a /-θə́:miə | -θə́:-/ 名 ⓤ 体体温, 高熱《特に治療のために誘発したもの》. **-thér·mic** 形

hỳper·thý·roid·ism /-θáɪrɔɪdɪ̀zm/ 名 ⓤ 甲状腺(機能)亢進症. **-thýroid** ⓒ 甲状腺亢進症(の)(患者).

hýper·tónic ❶ 【生理】〈筋肉の〉高(緊)張の. ❷ 【生】高浸透圧の, 高張(性)の. **-tonicity** 名

hy·per·tro·phy /haɪpə́:trəfi | -pə́:-/ 名 ⓤ ❶ 【医】(栄養過多による)異常肥大: cardiac ~ 心臓肥大. ❷ 異常発達. —— 自 肥大する.

hỳper·ventilátion 名 【医】換気[呼吸]亢進, 過度呼吸, 過換気. **-véntilate** 自他

hy·pes·the·sia /hàɪpəsθí:ʒ(i)ə | -ziə/ 名 ⓤ 【医】感覚[触覚]減退. **-thé·sic**, **-thé·tic** 形

hy·pe·thral /haɪpí:θrəl | hɪp-/ 形 = hypaethral.

hy·pha /háɪfə/ 名 (複 **-phae** /-fi:/) 【生】菌糸. **-phal** 形

*hy·phen /háɪf(ə)n/ 名 ハイフン《2語を連結したり, 2行にまたがる1語を結合する時などに用いる符号 (-)》. —— 他 = hyphenate. 《L < Gk ヘン＝ひとつで, 一語として < HYPO-+hen one》.

hy·phen·ate /háɪfənèɪt/ 動 〈語を〉ハイフンでつなぐ[分かち書きする]; 〈語を〉ハイフン付きで書く. 《HYPHEN+-ATE²》

hy·phen·àt·ed /-tɪd/ 形 ❶ ハイフンで結んだ (cf. solid 11): a ~ word ハイフン付きの[でつないだ]語 (red-hot など). ❷ 《米》〈市民が〉外国系の: ~ Americans 外国系米人 (Irish-Americans (アイルランド系米人), Japanese-Americans (日系米人)など).

hy·phen·a·tion /hàɪfənéɪʃən/ 名 ⓤ ハイフンでつなぐこと.

hypn- /hɪpn/ (母音の前にくる時の) hypno- の異形.
hyp·na·gog·ic /hípnəgɑ́dʒɪk/ 形 催眠の; 《心》入眠(時)の: ~ hallucination 入眠時幻覚.
hyp·no- /hípnou/ [連結形]「睡眠」「催眠」【Gk *hypnos* 眠り】
hyp·no·gog·ic /hípnəgɑ́dʒɪk | -gɔ́dʒ-/ 形 =hypnagogic.
hyp·no·pe·di·a, -pae- /hìpnəpí:diə/ 名 Ⓤ 睡眠学習法. **-pé·dic, -pae-, -dɪk←/** 形
hyp·no·pom·pic /hípnəpɑ́mpɪk | -pɔ́m-/ 形 (覚醒前の)半睡半識の, 覚醒後持続性の.
Hyp·nos /hípnɑs | -nɔs/ 名 《神》ヒュプノス《眠りの神で Morpheus の父, ローマ神話の Somnus に当たる》.
†**hyp·no·sis** /hɪpnóʊsɪs/ 名 Ⓤ 催眠(状態), 催眠術 (hypnotism): put a person under ~ 人を催眠術にかける. 【HYPNO-+-OSIS】
hyp·no·thérapy /hìpnou-/ 名 Ⓤ 催眠(術)療法.
†**hyp·not·ic** /hɪpnɑ́tɪk | -nɔ́t-/ 形 催眠の; 催眠術の: (a) ~ suggestion 催眠暗示. — 名 ❶ 催眠剤. ❷ 催眠状態にある人, 催眠術にかかりやすい人. **hyp·nót·i·cal·ly** /-kəli/ 副 【F<L<Gk; ⇒ hypn-】
hyp·no·tism /hípnətɪzm/ 名 Ⓤ ❶ 催眠(術) (hypnosis): by ~ 催眠術によって. ❷ 催眠状態.
hyp·no·tist /-tɪst/ 名 催眠術師.
hyp·no·tize /hípnətàɪz/ 動 ❶ **a** 〈…に〉催眠術をかける. **b** (催眠術をかけたように)〈…を〉動けなくする. ❷ 〈人〉を魅する, うっとりとさせる (mesmerize): We were ~d by her beauty. 我々は彼女の美しさにうっとりとした. **hyp·no·tìz·er** 名

hy·po¹ /háɪpoʊ/ 名 Ⓤ 《写》ハイポ《定着液用のチオ硫酸ナトリウム》. 【hypo(sulfite)】
hy·po² /háɪpoʊ/ 名 (圏 ~s) 《口》(口) =hypodermic.
hy·po³ /háɪpoʊ/ 名 (圏 ~s) 《口》低血糖症 (hypoglycemia) の発作[発病].
hy·po- /háɪpoʊ/ [連結形]「下に」「以下」「少し」; 《化》「次亜」 (↔ hyper-) 《★母音の前では hyp-》. 【Gk = under, below】
hỳpo·allergénic 形 《医》〈化粧品・装身具・食品など〉低アレルギー誘発性の, アレルギーを起こしにくい[の出にくい].
hỳpo·calcémia /-kælsí:miə/ 名 《医》低カルシウム血(症). **-cal·cé·mic** 形
hy·po·caust /háɪpəkɔ̀:st/ 名 《古ロ》床下暖房.
hýpo·cènter 名 ❶ (核爆発の真下の)爆心地. ❷ (地震の)震源地.
hýpo·chlórous ácid 名 Ⓤ 《化》次亜塩素酸.
hy·po·chon·dri·a /hàɪpəkɑ́ndriə | -kɔ́n-/ 名 Ⓤ 《医》ヒポコンデリー, 心気症.
hy·po·chon·dri·ac /hàɪpəkɑ́ndriæ̀k | -kɔ́n-/ 形 ヒポコンデリー[心気症]の; 病気だと思ってよくよくする. — 名 ヒポコンデリー[心気症]の人; 自分で勝手に病気だと思ってよくよくする人.
hy·po·chon·dri·a·cal /hàɪpəkəndráɪək(ə)l, -kɑn- | -kɔn-, -kən-←/ 形 =hypochondriac. **~·ly** /-kəli/ 副
hy·po·chon·dri·a·sis /hàɪpəkəndráɪəsɪs | -kɔn-/ 名 (圏 -ses /-sì:z/) 《医》心気症, 沈鬱病, ヒポコンドリー(症).
hy·po·co·rism /haɪpɑ́kərɪzm/ 名 愛称(で呼ぶこと).
hy·po·co·ris·tic /hàɪpəkərístɪk←, -tɪ·cal /-tɪk(ə)l/ 形 **-ti·cal·ly** /-kəli/ 副
hy·po·cot·yl /hàɪpəkɑ́tl | -kɔ́tl/ 名 《植》胚軸.
†**hy·poc·ri·sy** /hɪpɑ́krəsi | -pɔ́k-/ 名 Ⓤ 偽善; Ⓒ 偽善的な行為. 【F<L<Gk=計算ずくの行為, 演技】
hyp·o·crite /hípəkrɪt/ 名 偽善者, ねこかぶり: play the ~ ねこをかぶる. 【F<L<Gk=役者(?)】
†**hyp·o·crit·i·cal** /hìpəkrítɪk(ə)l←/ 形 偽善の, 偽善(者)的な. **~·ly** /-kəli/ 副
hỳpo·cýcloid 名 《数》内(転)[内転]サイクロイド, 内擺線.
hy·po·der·mic /hàɪpədə́:mɪk | -də́:-←/ 形 皮下の: a ~ injection [needle, syringe] 皮下注射[注射針, 注射器]. — 名 ❶ 皮下注射. ❷ 皮下注射器[針]. **-mi·cal·ly** /-kəli/ 副 【HYPO-+DERMA+-IC】
hy·po·gas·tri·um /hàɪpəgǽstriəm/ 名 (圏 -tri·a /-triə/) 《解》下腹部. **-gás·tric** 形

hy·po·ge·al /hàɪpədʒí:əl/, **-ge·an** /-dʒí:ən/, **-ge·ous** /-dʒí:əs/ 形 地下の, 地中の; 地下に生ずる, 地下[地中]性の.
hy·po·gene /háɪpədʒì:n/ 形 《地》〈岩石が〉地下で生成した, 深成の, 内性の (cf. epigene).
hy·po·ge·um /hàɪpədʒí:əm/ 名 (圏 **-ge·a** /-dʒí:ə/) 《古代建築》地下[室], 穴蔵; 埋葬用地下洞, 地下墓室.
hýpo·glóssal nérve 名 《解》舌下神経.
hy·po·gly·ce·mi·a /hàɪpoʊglaɪsí:miə | -pɔ́dʒ-/ 名 Ⓤ 《医》低血糖(症).
hy·pog·y·nous /haɪpɑ́dʒənəs | -pɔ́dʒ-/ 形 《植》〈雄蕊(��)・花弁・萼片が〉子房上生の, 〈花が〉子房上位の. **hy·pog·y·ny** /haɪpɑ́dʒəni | -pɔ́dʒ-/ 名 子房上位, (子房)下生.
hý·poid gèar /háɪpɔɪd-/ 名 《機》ハイポイド歯車[ギヤ]《食い違い軸間に運動を伝える円錐形の歯車》.
hỳpo·kalémia /-keɪlí:miə/ 名 《医》カリウム血(症). **-mic** 形
hy·po·lim·ni·on /-límniàn | -nìən/ 名 (圏 **-ni·a** /-niə/) (湖水の)深水層.
hỳpo·mag·ne·sémia /-mæ̀gnəsí:miə | -zí:-/ 名 《獣医》(特に 牛・羊の)血漿中マグネシウム過少症, 低マグネシウム血症.
hỳpo·para·thýroidism /-pæ̀rəθáɪrɔɪdɪzm/ 名 《医》上皮小体(機能低下[不全])症.
hy·poph·y·sis /haɪpɑ́fəsɪs | -pɔ́f-/ 名 (圏 **-ses** /-sì:z/) 《解》下垂体 (pituitary gland). **hy·poph·y·se·al** /haɪpɑfəsí:əl, hàɪpɑfɪzíəl | haɪpɔ́f-, hàɪpə-/ 形 下垂体(性)の.
hy·po·pi·tu·i·ta·rism /hàɪpoʊpətjú:əṭərɪzm, -trɪzm | -tjú:-/ 名 《医》下垂体(機能)低下[不全](症)《肥満・青年期継続・短小化など》. **hỳpo·pitúitary** 形
hy·po·spa·di·as /hàɪpəspéɪdiəs/ 名 Ⓤ 《医》尿道下裂.
hy·pos·ta·sis /haɪpɑ́stəsɪs | -pɔ́s-/ 名 (圏 **-ta·ses** /-sì:z/) ❶ 《哲》本質, 実体. ❷ 《医》血液沈滞. ❸ 《神》(三位一体の)体格.
hy·pos·ta·tize /haɪpɑ́stətàɪz | -pɔ́s-/ 動 〈概念など〉を実体視する, 実体化する.
hy·po·sul·fite /hàɪpəsʌ́lfaɪt/ 名 Ⓤ 《化》チオ硫酸塩, 次亜硫酸塩, ハイポ《写真現像用定着剤》.
hy·po·tax·is /hàɪpətǽksɪs/ 名 Ⓤ 《文法》従属(構造), 従位 (↔ parataxis).
hy·po·ten·sion /hàɪpoʊténʃən/ 名 《医》低血圧(症).
hy·po·ten·sive /hàɪpoʊténsɪv←/ 形 低血圧の[を起こす]. 名 低血圧の人.
hy·pot·e·nuse /haɪpɑ́tən(j)ù:s | -pɔ́tənjù:z/ 名 《幾》(直角三角形の)斜辺.
hỳpo·thálamus 名 (圏 **-thalami**) 《解》視床下部. **-thalámic** 形
hy·poth·e·cate /haɪpɑ́θəkèɪt | -pɔ́θ-/ 動 抵当[担保]に入れる. **-cà·tor** /-ṭɚ | -tə/ 名 **hy·poth·e·ca·tion** /haɪpɑ̀θəkéɪʃən/ 名 担保契約.
hy·po·ther·mi·a /hàɪpoʊθə́:miə | -θə́:-/ 名 ❶ 低体温(症). ❷ (心臓手術などの)低体温(法), 冬眠療法.
†**hy·poth·e·sis** /haɪpɑ́θəsɪs | -pɔ́θ-/ 名 (圏 **-ses** /-sì:z/) 仮説, 仮定; 前提. 【L<Gk=仮定, 基礎, 土台; ⇒ hypo-, thesis】 動 hypothesize, 形 hypothetical)
hy·poth·e·size /haɪpɑ́θəsàɪz | -pɔ́θ-/ 動 仮説を設ける 《…を仮定する》. ❷ 〈…であると仮定する 《*that*》: We will ~ *that*…であると仮定しよう.
†**hy·po·thet·i·cal** /hàɪpəθétɪk(ə)l←/ 形 ❶ 仮説[仮想]の. ❷ 《論》仮定の. **~·ly** /-kəli/ 副
hýpo·thý·roidism /-θáɪrɔɪdɪzm/ 名 《医》甲状腺(機能)低下[不全](症). **hýpo·thýroid** 形
hypo·tónic /-ṭɑ́nɪk | -tɔ́n-/ 形 《生理》〈筋肉が〉低〈張〉張の; 《化・生理》〈溶液が〉低浸透圧の, 低張(性)の. **-tónicity** 名
hỳpo·ventilátion 名 Ⓤ 《医》低換気, 換気低下[過少], 減呼吸.

hypovolemia

hỳpo·vo·lé·mi·a, 《英》**-vo·lae·mi·a** /-vəlíːmiə/ 名 ⓤ 〖医〗(循環)血液量減少.

hyp·ox·emi·a, 《英》**-ae-** /hàɪpɑksíːmiə | -pɔk-/ 名 ⓤ 〖医〗低酸素血(症). **-émic** 形

hy·pox·i·a /haɪpɑksiə | -pɔ́k-/ 名 ⓤ 〖医〗低酸素(症).

hyp·si·loph·o·dont /hɪpsəlɑ́fədɑ̀nt | -lɔ́fədɔ̀nt/ 名 〖古生〗ヒプシロフォドン《速く走るのに適応した二足歩行の小型鳥脚類の草食性恐竜; 体長は 1.5 m》.

hyp·sog·ra·phy /hɪpsɑ́ɡrəfi | -sɔ́ɡ-/ 名 ⓤ 〖地理〗地勢測量; 測高法. **hyp·so·graph·ic** /hɪ̀psəɡrǽfɪk⁻/, **-i·cal** /-ɪk(ə)l/ 形

hyp·som·e·ter /hɪpsɑ́mətə | -sɔ́mɪtə/ 名 測高計《液体の沸点から気圧を求め, 土地の高さを知る温圧計》.

hy·ra·co·the·ri·um /hàɪrəkoʊθí(ə)riəm/ 名 〖古生〗ヒラコテリウム《ヒラコテリウム属のウマ; ウマの祖先で, 始新世初頭に出現》.

hy·rax /háɪ(ə)ræks/ 名 (徴 **~·es**) 〖動〗イワダヌキ, ハイラックス《イワダヌキ目の哺乳動物; アフリカ産》.

hy·son /háɪs(ə)n/ 名 ⓤ 煕春(キュン)茶《中国の緑茶》.

hys·sop /hísəp/ 名 ⓤ 〖植〗ヒソップ, ヤナギハッカ《昔, 薬用としたハッカの一種》.

⁺**hys·ter·ec·to·my** /hìstəréktəmi/ 名 ⓒⓤ 〖医〗子宮摘出(術). 〖Gk *hysteria* 子宮+-ECTOMY〗

hys·ter·e·sis /hìstəríːsɪs/ 名 ⓤ 〖理〗(磁気・電気・弾性などの)履歴現象, ヒステリシス. **hỳs·ter·ét·ic** /-rétɪk/ 形

⁺**hys·te·ri·a** /hɪstí(ə)riə/ 名 ⓤ 〖医〗ヒステリー; (一般に)病的興奮. 〖Gk=子宮; 子宮の病気とされたことから〗 (形 hysteric(al))

hys·ter·ic /hɪstérɪk/ 形 =hysterical. ── 名 ヒステリー性の人; ヒステリー患者.

⁺**hys·ter·i·cal** /hɪstérɪk(ə)l/ 形 ❶ ヒステリー(性)の, ヒステリーにかかった: a ~ temperament ヒステリー質. ❷ a 病的に興奮した: ~ laughter ヒステリックな笑い. b 《口》ひどくおかしい, 笑いの止まらない: a ~ play [movie] ひどくおかしい劇[映画]. **~·ly** /-kəli/ 副

hys·ter·ics /hɪstérɪks/ 名 徴 ❶ ヒステリーの発作; ヒステリー (hysteria): go (off) into ~ =fall into ~ =have ~ ヒステリーを起こす. ❷ 《口》なかなか止まらない笑い: have [get into] ~ =be in ~ (おかしくて)笑いこける.

Hz 〖記号〗〖電〗hertz.

I i

i, I[1] /áɪ/ 名 (複 **is, i's, Is, I's** /~z/) ❶ C,U アイ《英語アルファベットの第9字; cf. iota》. ❷ 9番目(のもの). ❸ U (ローマ数字の) I: *II* [ii]=2 / *III* [iii]=3 / *IX* [ix]=9 / *XI* [xi]=11. **dót the [one's] i's** /áɪz/ **and cróss the [one's] t's** /tíːz/ あくまでもいやが上にも慎重を期する; 事細かに記す[説明する]《由来「i を書く時に点をつけ, t を書く時に横棒をつける」の意から》.

I[2] /áɪ/ 名 (複 **I's, Is** /~z/) I 字型(のもの).

***I**[3] /aɪ, áɪ/ 代 《語形 所有格 **my**, 目的格 **me**, 所有代名詞 **mine**, 複合人称代名詞 **myself**; ⇒ **we**》[1人称単数主格] 私は[が], ぼくは[が] 《I を文中で大文字で書くのは, 昔筆写する時に起こりがちな誤りを避けるために用いた便法による》: *I* am hungry. 腹ぺこだ (⇒ I'm) / Am *I* not right? 私が正しくないのか 《比較 (口) では Aren't *I* right? を用いる》/ It's *I*. それは私です 《比較 (口) では It's *me*. のほうが一般的》.

> 語法 (1) 人称の異なる単数形の人称代名詞, または名詞を並列する時は, 2人称, 3人称, 1人称の順が慣例: You [He, She, My wife] and *I* are …; we 1 [第1]. (2) *between you and I* や *He will invite you and I*. などは文法的には誤りだが, 用いられることがある.

—— /áɪ/ 名 (複 **I's**) ❶ (小説などにおける) I (私) という言葉[人物]: He uses too many *I's* in his writing. 彼はものを書く時に「私」という言葉を使いすぎる. ❷ 〔哲〕自我, われ: the *I* / another *I* 第二のわれ.
《OE; EGO と関連語》

I (記号) 〔化〕iodine. **i.** (略) interest; 〔文法〕intransitive; island. **I.** (略) Idaho; Independent; Island(s).
-i /i/ 接尾 中東とその周辺の地名・国名につけて形容詞をつくる: Iraq*i*, Somal*i*, Israel*i*.
IA (略) 〔米郵〕Iowa. **Ia.** (略) Iowa.
I·a·coc·ca /àɪəkóʊkə/, **Lee** 名 アイアコッカ (1924- ; 米国の実業家; Ford 社社長, Chrysler 社会長を歴任).
IAEA (略) International Atomic Energy Agency 国際原子力機関 (1957年設立).
I·a·go /iáːɡoʊ/ 名 イアーゴー (Shakespeare 作「オセロ」に出る険悪邪悪な人物).
-i·al /iəl, jəl/ 接尾 =-al.
i·amb /áɪæmb/ 〔詩学〕名 =iambus.
i·am·bi /áɪæm bi/ 名 iambus の複数形.
i·am·bic /aɪæmbɪk/ 〔詩学〕形 《英詩の》弱強格の: Sonnets are written in ~ pentameter. ソネットは弱強5歩格で書かれる. —— 名 《通例複数形で》《英詩の》弱強格の詩(行). 《IAMBUS+-IC》
i·am·bus /aɪæmbəs/ 名 (複 ~·es, -bi /-baɪ/) 〔詩学〕《英詩の》弱強格 (×—́; 例: The cúr|few tólls | the knéll | of párt|ing dáy. (Gray); cf. foot 名 5).
I·an /íːən/ 名 イーアン (男性名; John に当たるスコットランド形).
-i·an /iən, jən/ 接尾 =-an.
-i·a·na /iːɑ́ːnə/ 接頭 /-iːɑ́ːnə/ =-ana.
IATA /iɑ́ːtə, aɪ-/ (略) International Air Transport Association 国際民間航空輸送協会, イアタ.
i·at·ro·gen·e·sis /aɪæ̀troʊdʒénəsɪs/ 名 U 〔医〕医原性.
i·at·ro·gen·ic /aɪæ̀troʊdʒénɪk/ 形《病気が医師の診断[治療]から生じる, 医原性の: an ~ disease 医原病.
-i·a·try /áɪətri, iǽtri/ [名詞連結形]「治療」: psych*iatry*.
IB (略) in bond; incendiary bomb; International Baccalaureate. **ib.** (略) ibidem.
Iba·dan /iːbɑ́ːdn/, /ɪbǽdn/ 名 イバダン《ナイジェリア南西部の市》.

IBD (略) 〔医〕inflammatory bowel disease.
I-bèam 名 I 型鋼.
I·be·ri·a /aɪbí(ə)riə/ 名 イベリア《イベリア半島の古名》.《L <Gk=スペイン人》
I·be·ri·an /aɪbí(ə)riən/ 形 ❶ **a** イベリア半島の. **b** スペイン・ポルトガルの. ❷ 古代イベリア人[語]の. —— 名 ① **a** イベリア半島に住む人, イベリア人. **b** 古代イベリア人. ❷ U 古代イベリア語.
Ibérian Península 名 《the ~》イベリア半島《スペイン・ポルトガルを含む半島》.
i·bex /áɪbeks/ 名 (複 ~·es, ~) 〔動〕アイベックス《アルプス・アペニン・ピレネー山脈などにすむ野生ヤギ》.
IBF (略) International Boxing Federation 国際ボクシング連盟 (1983年発足). **ibid.** /ɪbɪd/ 副 ibidem.
i·bi·dem /ɪbádɛm, ɪbáɪdɛm/ 副 同じ所に, 同書[章, 節]に《用法 通例 ibid. または ib. と略した形で引用文・脚注などに用いる》.《L=in the same place》
-i·bil·i·ty /əbíləti/ [連結形] =-ability.
i·bis /áɪbɪs/ 名 (複 ~·es, ~) 〔鳥〕トキ《トキ科の鳥》; ⇒ sacred ibis.
I·bi·za /ɪbíːθə/ 名 イビサ: **a** 地中海西部, スペイン領バレアレス諸島南西部の島. **b** その主都である港湾都市.
I·bí·zan hóund /ɪbíːz(ə)n-/ 《スペイン領バレアレス諸島で作出された, ほっそりとして機敏な中型の猟犬》.
-i·ble /əbl/ 接尾 [形容詞語尾]「…できる」「…しうる」《★ -able と同じ意味を表わす》: impress*ible*, reduc*ible*.
IBM /áɪbìːém/ 名 IBM《米国のコンピューターメーカー》. 《*I*nternational *B*usiness *M*achines》
I·bo /íːboʊ/ 名 (複 ~, ~s) ❶ **a** 《the ~(s)》イボ族 《ナイジェリア南東部の民族》. **b** C イボ族の人. ❷ U イボ語.
i·bo·ga·ine /ɪbóʊɡəìːn/ 名 イボガイン《熱帯アフリカ産キョウチクトウ科の植物の一種の根・樹皮・葉から得られるアルカロイド; 抗鬱剤・幻覚誘発剤》.
IBRD (略) International Bank for Reconstruction and Development (国連) 国際復興開発銀行; (俗称) 世界銀行.
IBS (略) irritable bowel syndrome.
Ib·sen /ɪbs(ə)n/, **Hen·rik** /hénrɪk/ 名 イプセン (1828–1906; ノルウェーの劇作家・詩人).
i·bu·pro·fen /àɪbjʊːpróʊfən/ 名 U 〔薬〕イブプロフェン《非ステロイド性抗炎症薬; 下熱・鎮痛用》.
IC /áɪsíː/ (略) 〔電子工学〕integrated circuit.
-ic /ɪk/ 接尾 ❶ [形容詞語尾]「…の」「…のような」「…の性質の」; magnet*ic*, sulfur*ic*. ❷ [名詞転用]: crit*ic*, publ*ic*; 〔学術名〕log*ic*, mus*ic*, rhetor*ic*.
-i·cal /ɪk(ə)l/ 接尾 [形容詞語尾]「…に関する」「…の (ような)」: geo*metrical* (geometric<geometry) / mus*ical* (<music).
-i·cal·ly /ɪkəli/ 接尾 -ic(al) に終わる形容詞の副詞語尾: crit*ically* (★ publ*icly* は特例).
ICAO /aɪkéɪoʊ/ (略) International Civil Aviation Organization.
Ic·a·rus /ɪkərəs/ 名 〔ギ神〕イカロス (Daedalus の子; 蠟(ろう)付けの翼で飛んだが太陽に接近したため, 蠟が溶けて海に落ちた).
ICBM /áɪsìːbìːém/ (略) intercontinental ballistic missile (cf. IRBM, MRBM).
ICC (略) Interstate Commerce Commission.
***ice** /áɪs/ 名 ❶ **a** U 氷: a piece [cube] of ~ 氷一片 [角氷1個] / *I*~ has formed on the water. 水面に氷が張った. **b** 《the ~》(一面に張った) 氷, 氷面: break through the ~ (ハンマーなどで) 氷を割る. ❷ ❷ 《米》氷菓 (シャーベットなど). **b** 《英古風》アイスクリーム: two ~*s* アイス(クリーム)2個. ❸ U (菓子にかける) 糖衣 《比較 icing,

-ice

frosting のほうが一般的). ❹ ⓤ《態度などの》よそよそしさ. ❺ ⓤ《米俗古風》ダイヤモンド. ❻ 《米俗》《警察官への》わいろ. **bréak the íce** (1) 《パーティーなどでなごやかにするために》話の口火を切る；緊張をほぐす. (2) 《困難[危険]なことの》皮切りをする. **cút nò [líttle] íce (with a person)** 《人に》少しも[あまり]効果がない，全然[大して]役に立たない: Flattery *cuts no* ~ *with* him. 彼にはお世辞を言ってもだだ. **on íce** (1) 《口》《将来に備え》準備で，保留にして: They've put the project *on* ~. 彼らはその計画を保留している. (2) 《口》冷やされて. (3) 《ワインなどが》氷中での. (4) 《米口》《勝利・成功が》確かで. **on thín íce** 《口》危険[不安]な立場に. **skáte on thín íce** ⇨ skate¹ 動 成句.
— 形 氷の，氷で冷やした：関形 icy.
— 他 ❶ 《…を》凍らす；氷で冷やす. ❷ 《…を》氷におおう〈*over, up*〉: The lake is already ~*d over*. 湖にはもう氷が一面に張っている. ❸ 《菓子などに》糖衣をかぶせる (frost). ❹ 《米口》《成功・勝敗などを》確実にする. ❺ 《米俗》《…を》殺す. — 凍る，氷でおおわれる: The windshield [《英》windscreen] has ~*d up* [*over*]. フロントガラスに氷が張っている. **íce the púck** 《アイスホッケー》アイシングする《センターラインの手前からパックを打って相手のゴールラインを越える》. 〖OE〗（形）icy，関形 gelid, glacial〗
-ice /ɪs/ 腰尾「性質」を示す名詞語尾: just*ice*, ser*vice*.

†íce àge [地]❶ ⓒ 氷河時代. ❷ [the I~ A~] 更新世氷河時代.

íce àx [《英》àxe] 图（氷の面に足場を作るために用いる登山用の）砕氷おの，ピッケル.

íce bàg 图 氷嚢.

íce bèer 图 ⓤ アイスビール《氷点下の温度で醸造したビール》.

†íce·berg /áɪsbə̀ːg | -bə̀ːg/ 图 氷山. **the tip of the [an] iceberg** 氷山の一角. 〖Du＝氷の山〗

íceberg léttuce 图 アイスバーグレタス《葉がキャベツ状になっているレタスの一種》.

íce-blìnk 图〖気〗氷映《氷原の反映で水平線近くの空が明るく見えること》.

íce·bòat 图 ❶ 氷上ヨット. ❷ ＝icebreaker 1.

íce-bòund 形 ❶ 氷に閉ざされた: an ~ harbor [port] 氷に閉ざされた港. ❷ 氷の張りつめた.

íce·bòx 图 ❶ a 《氷を使用する》冷蔵庫，アイスボックス. b 《米》《電気》冷蔵庫 / 《英》冷蔵庫の冷凍室[庫].

íce·brèaker 图 ❶ 砕氷船. ❷ 砕氷器. ❸ 座をなごやかにするもの，緊張をほぐすもの.

íce búcket 图 ＝ice pail.

íce càp 图 氷帽《極地・山頂部をおおう小型の氷河; cf. ice sheet》.

íce chèst 图 クーラーボックス (icebox).

íce cóffee 图 ⓒⓤ アイスコーヒー (iced coffee).

íce-còld 形 ❶ 《氷のように》冷たい. ❷ 《感情・態度などが》冷淡な；無感動な: an ~ personality 非常に冷たい性格.

‡íce crèam /áɪskrìːm | ⏑́⏑́/ 图 ⓤⓒ アイスクリーム: soft ~ ソフトクリーム / What flavor of ~ would you like? どの味のアイスクリームがよろしいですか / Please give me two ~*s*. アイスクリームを二つください.

íce-crèam còne 图 アイスクリームコーン: **a** アイスクリームを入れる円錐形のウエハース. **b** アイスクリームを入れたコーン.

íce-crèam sóda 图 《米》クリームソーダ.

†íce cùbe 图 《電気冷蔵庫でできる》角氷.

†íced 形 ❶ **a** 氷でおおわれた. **b** 氷詰めの；氷で冷やした: ~ coffee アイスコーヒー / ~ tea アイスティー / ~ water アイスウォーター. ❷ 糖衣《アイシング》をかけた (frosted): an ~ cake 糖衣をかけたケーキ.

íced dáncing [dánce] 图〖ダンス〗アイスダンス《社交ダンスの動きを採り入れたフィギュアスケート》. **íce dáncer** 图

íced lólly 图 ＝ice lolly.

íce·fàll 图 ❶ 氷瀑《氷河の崩落部》. ❷ 凍結した滝 (cf. waterfall).

íce fìeld 图 ❶ 《極地地方の海上の》浮氷原. ❷ 《陸上の》万年氷原.

íce fìshing 图 ⓤ 《氷面に穴をあけてする》穴釣り，氷穴釣り. **íce-fìsh** 動 自

íce flòe 图 ❶ 《海上の》《浮》氷原《ice field より小さいものをいう》. ❷ 《通例複数形で》《板状の》浮氷塊.

íce-frée 形 凍らない，氷結しない[していない]: ~ waters 氷結しない海域 / an ~ port 不凍港.

†íce hóckey 图〖競技〗アイスホッケー.

íce·hòuse 图 氷室（こおりむろ），貯氷庫.

Íce·land /áɪslənd/ 图 アイスランド《北大西洋中の共和国；首都 Reykjavik》.

Íce·land·er 图 アイスランド人.

Íce·lan·dic /aɪslǽndɪk/ 形 アイスランド[人，語]の. — 图 ⓤ アイスランド語.

Íceland móss [líchen] 图〖植〗アイスランドゴケ，エイランタイ《食用・薬用》.

Íceland póppy 图〖植〗シベリアヒナゲシ，アイスランドポピー，宿根ゲシ.

Íceland spár 图〖鉱〗氷州石《純粋無色透明の方解石》.

íce lólly 图 《英》《棒付き》アイスキャンディー 《《米》Popsicle》.

íce·màn 图（複 -men）《米》氷屋，氷配達人.

íce mílk 图 ⓤ アイスミルク《脱脂乳からつくる氷菓》.

íce pàck 图 ❶ 大浮氷群. ❷ 《医》氷まくら.

íce pàil 图 アイスペイル《氷を入れる容器》.

íce pìck 图 アイスピック《氷割り用きり》.

íce plànt 图〖植〗メセンブリアンテマ，メセン《多肉植物》. ❷ 製氷工場[装置].

íce quèen 图 冷たい感じのする女性，お高くとまっている女.

íce rìnk 图 《屋内の》スケート場.

íce shèet 图 氷床《南極大陸や Greenland で見られる広い範囲をおおう氷河; cf. ice cap》.

íce shèlf 图〖海洋〗棚氷（たなごおり），氷棚（ひょうほう）《海をおおう氷床》.

íce shòw 图 《スケーターたちによる》氷上ショー，アイスショー.

íce skàte 图 《通例複数形で》アイススケート靴[の刃].

íce-skàte 動 自 アイススケートをする.

íce-skàter 图 アイススケートをする人.

íce skàting 图 ⓤ アイススケート《をすること》.

íce stàtion 图 極地観測所.

íce tèa 图 ⓒⓤ アイスティー (iced tea).

íce tòngs 图 《通例 a pair of ~ で》氷ばさみ.

íce trày 图 《電気冷蔵庫用の》製氷皿.

íce wàter 图 ⓤ ❶ 氷水，冷たい水，アイスウォーター. ❷ 氷の解けた水.

I Chíng /iː tʃíŋ, -dʒíŋ/ 图 [the ~] 易経《中国の古典；五経の一つ，英語では Book of Changes という》.

ich·neu·mon /ɪknjúːmən | -njúː-/ 图 ❶〖動〗エジプトマングース. ❷ ＝ichneumon fly.

ichnéumon flý 图〖昆〗ヒメバチ.

i·chor /áɪkɔːr | -kɔː/ 图 ❶〖神〗《神々の脈管中を流れる》霊液，イコル. ❷《詩》血のような液体. ❸《医》《潰瘍・刺傷から分泌される》膿漿（のうしょう）. **i·chor·ous** /áɪkərəs/ 形

ich·thy·ol·o·gy /ìkθiálədʒi | -ɔ́l-/ 图 ⓤ 魚類学.

ich·thy·o·saur /íkθiəsɔ̀ːr | -sɔ̀ː/ 图〖古生〗魚竜《ジュラ紀に全盛であった魚竜目 (Ichthyosauria) の爬虫類》.

ich·thy·o·sau·ri·an /ìkθiəsɔ́ːriən/ 形 图

ich·thy·o·sis /ìkθióʊsɪs/ 图 ⓤ〖医〗魚鱗癬（ぎょりんせん）.

ich·thy·ot·ic /ìkθiátɪk | -ɔ́t-/ 形

-i·cian /íʃən/ 腰尾「…に巧みな人」「…を学んだ人」「…家」の意で -ic(s) で終わる名詞・形容詞に付ける名詞語尾: mathemat*ician*, mus*ician*.

i·ci·cle /áɪsɪkl/ 图 氷柱，つらら: *Icicles* hung from the eaves. ひさしからつららが垂れ下がっていた.

i·ci·ly /áɪsəli/ 副 冷たく，冷淡に.

i·ci·ness /áɪsinəs/ 图 ⓤ 冷たさ，冷淡，よそよそしさ.

†íc·ing 图 ❶ ⓤ アイシング (frosting)《菓子にかける砂糖・卵白・牛乳で作る糖衣》. ❷〖空〗《機翼に生ずる》着氷. ❸〖アイスホッケー〗アイシング (cf. ICE the puck 成句). **(the) icing on the cáke** 人目を引くだけでむだな飾り；色を添えるもの. 〖ICE＋-ING〗

ícing sùgar 图 《英》＝confectioners' sugar.

ICJ 《略》International Court of Justice.

ick /ík/ 《米俗》間 ちぇっ, くそ, げっ, うへっ, いやになった. ── 图 (べとべとして)きたないもの, 気持ち悪いもの.

ick·y /íki/ 囮 (**ick·i·er**, **-i·est**) (口) ❶ ねばねば[べとべと]した. ❷ 不愉快な, いやな. ❸ 感傷的な, 甘い. ❹ 洗練されていない; 時代遅れの. 《ST ICKY》

†**i·con** /áikɑn | -kɔn/ 图 ❶ **a** (絵画·彫刻の)像, 肖像; 偶像, イメージ, シンボル. **b**《東方教会》(キリスト·聖母·聖人などの)肖像画, 聖像, イコン. ❷〘哲·言〙(ア)イコン, 類似記号. ❸〘電算〙アイコン (画面上でファイル, コマンドなどをわかりやすく絵に置き換えて示したもの). 〖L<Gk=類似, 像〗

i·con·ic /aikɑ́nik | -kɔ́n-/ 圉 ❶ (肖)像の; 偶像の; 聖(画)像の. ❷《美》〈聖像が〉ビザンチンの伝統的な形式によった, 因襲的な. ❸〘哲·言〙(ア)イコン[図像]的な. 〖ICON+-IC〗

i·con·ic·i·ty /àikənísəṭi/ 图 U 図像性, 類像性, 類似記号性 (記号における形式と意味の対応).

i·con·i·fy /aikɑ́nəfài | -kɔ́n-/ 動〘電算〙〈対象を〉アイコン (icon) 化する.

i·con·o- /aikɑ́nou | -kɔ́n-/〖連結形〗「像」.

i·con·o·clasm /aikɑ́nəklæ̀zm | -kɔ́n-/ 图 ❶ 聖像[偶像]破壊(主義). ❷ 因襲打破.

i·con·o·clast /aikɑ́nəklæ̀st | -kɔ́n-/ 图 ❶ 聖像[偶像]破壊(主義)者 (8-9 世紀東ヨーロッパのカトリック教会で起こった聖人の画像礼拝の習慣を打破しようとした人). ❷ 因襲打破を唱える人, 因襲打破主義者. 〖Gk〗 囮 iconoclastic.

i·con·o·clas·tic /aikɑ̀nəklǽstik | -kɔ̀n-/ 囮 ❶ 聖像[偶像]破壊(者)の. ❷ 因襲打破の.

i·co·nog·ra·phy /àikənɑ́grəfi | -nɔ́g-/ 图 U ❶ 図像(表現), (図示的)イメージ[シンボル](の手法·体系), 図解(法); 図解音. ❷ 図像集.

i·co·nol·a·try /àikənɑ́lətri | -nɔ́l-/ 图 U 偶像崇拝.

i·co·nol·o·gy /àikənɑ́ləʤi | -nɔ́l-/ 图 U ❶ 図像学, イコノロジー. ❷ 図像による象徴.

i·co·nos·ta·sis /àikənɑ́stəsis | -nɔ́s-/ 图 (複 **i·co·nos·ta·ses** /-sìːz/) 《東方正教会》聖(像)障, 聖画壁, イコノスタシス (聖画像の描いてある内陣と身廊との仕切り).

ì·co·sa·hé·dron /àikousə-, -kɔsə-/ 图 (複 **~s, -dra**) 〘数〙二十面体. **-hédral** 囮

ICPO 《略》Interpol.

-ics /iks/ 腰尾「…学」「…術」などの意の名詞語尾 〖用法〗元来は複数形であるが, 通例 (1)「学·技術の名」としては U 扱い: economics, linguistics, mathematics, optics. (2) 具体的な「活動·現象」をさす時は複数扱い: athletics, gymnastics, hysterics. (3) 中には単数·複数両様に扱われるものもある: acoustics, ethics, politics).

ic·ter·ic /iktérik/ 囮 〘医〙黄疸(性)の, 黄疸にかかった.

íc·ter·ine wárbler /íktəràin-, -rin-/ 图 〘鳥〙キイロウタイムシクイ (欧州産ヒタキ科の, 背がオリーブ色で胸が黄色の鳴鳥).

ic·ter·us /íktərəs/ 图 U 〘医〙黄疸 (jaundice).

ic·tus /íktəs/ 图 ❶〘詩学〙強音, 揚音. ❷〘医〙発作.

ICU /áisìːjúː/ 《略》intensive care unit.

†**i·cy** /áisi/ 囮 (**i·ci·er, -i·est**) ❶ 氷の; 氷でおおわれた: an ~ road 凍った[つるつる滑る]道路. ❷ 氷のような; とても冷たい. [副詞的に] 氷のように: His hands were ~ cold. 彼の手は氷のように冷たかった. ❷ 冷ややかな, 冷淡な (cold; ↔warm): receive an ~ welcome よそよそしい歓迎を受ける. 〖ICE〗

id /id/ 图 [the ~] 《精神分析》イド, エス, 原我 (自我 (ego) の基底をなす無意識的衝動). 〖L=it〗

I·d /íːd/ 〘イスラム〙イード (イスラムの大祭; Ramadan 明けに祝うものと巡礼月に祝うものがある; ⇒ Bairam).

†**ID** /áidíː/《米略》Idaho; identification [identity] (card); identify.

id. 《略》idem. **Id., Ida.** 《略》Idaho.

I'd /aid, əd/ I had [would, should] の短縮形.

-id /id/ 腰尾 ラテン語の動詞·名詞から状態を示す形容詞語尾: horrid, solid.

I·da /áidə/ 图 アイダ (女性名).

I·da·ho /áidəhòu/ 图 アイダホ州 (米国北西部の州; 州都 Boise /bɔ́isi, -zi/; 略 Id(a)., 《郵》 ID; 俗称 the Gem State). 〖N-Am-Ind〗

I·da·ho·an /áidəhòuən/ 囮 图 アイダホ州(の人).

†**ÍD càrd** /áidí-/ 图 = identity card.

-ide /àid, id/ 腰尾〖名詞語尾〗「化合物」「…化物」.

*¡**i·de·a** /aidíːə | aidíə, áidiə/ 图 ❶ C (心に描く)考え: **a**: 思いつき, 着想, アイディア (of, for; on, about): a man of ~s 着想の豊かな人 / That's a good ~. それはいい考えだ / An ~ struck me. ある思いつきがふと心に浮かんだ / He's full of (original) ~s. 彼は独創に富んでいる / Have you got the ~? 趣向[着眼点]がわかりましたか / She had to give up the ~ of visiting the place. 彼女はそこを訪ねるのを断念しなければならなかった / I have an ~ for it [doing it]. それについて[それをやるのに]考えがある / Whose bright ~ was that? (口·反語) だれがこんなひどいこと[案]を勧めたのか. **b** 考え方, 思想: the ~s of the young 子供の考え(方) / Eastern ~s 東洋思想 / force one's ~s on others 自分の考えを他人に押しつける. **c** (…という)考え, 意見, 見解: [+ *that*] I believe in the ~ *that* time is money. 時は金なりという考えは正しいと思う. **d** (…のことを)考える[思う]こと: I feel shocked at the bare [mere] ~ of his death [his doing that]. 彼の死のこと[彼がそんなことをすること]を思っただけでもぞっとする. ❷ U (通例否定文で) […についての]理解, 認識, 見当 〖用法〗 have no idea で「わからない」の意になる; なお口語では of が省略される): You don't have the slightest [faintest, least] ~ (of) how much she has missed you. 彼女があなたに会えなくてどんなに寂しがっているかあなたは少しもわかっていない / He had no [little] ~ what these words meant. 彼にはこの言葉がどんな意味を持つのかまったく[ほとんど]わからなかった / I have no ~ how to get there. どうやってそこへ行ってよいのやらさっぱりわからない. **b** […についての]知識, 心当たり (of, about): The book will give you some [a very good] ~ of life in London. その本を読めばロンドンの生活についていくらか[大変よく]わかるだろう. ❸ C **a** 〈…という〉(漠然とした)感じ, 予感, 直観: [+ *that*] I had no ~ *that* your were coming. 君が来るとは少しも思わなかった / I have an ~ *that* he's still living somewhere. 彼はまだどこかで生きている気がする. **b** 空想, 幻想, 想像: get ~s into one's head (実現できそうもない)妄想[野心, 反抗心]を抱く / put ~s in a person's head 人の頭に(実現しそうもない)いろいろな考え[野心, 反抗心]を吹き込む / [+ *that*] have the ~ *that*…=get the ~ into one's head *that*…という妄想を抱く. ❹ [one's ~; 通例否定文で] […の]理想像: Watching TV is *not* my ~ *of* fun. 私の理想とする楽しみはテレビを見ることではない. ❺ U.C 観念, イデア. ❻ C 〘心〙表象, 観念. **búck one's idéas úp=búck úp one's idéas** [しばしば命令文で] しばんばる, しっかりする, きりっとする (pull one's socks up). **gèt the idéa** (1) 理解する (*of*; ⇒ 1 c). (2) …と(しばしば間違って)信じるようになる 〈*that*〉(⇒ 3 b). **That's an idéa.** (口) それはいい考えだ. **That's the idéa.** (口) それでいい, その調子だよ. **The (véry) idéa (of it)!**《古風》(そんなことを考えるなんて)ずいぶんだ!, まあ(ひどい). **What an idéa!** = The IDEA (of it)! 成句. **What's the (bíg) idéa?** (口) [通例怒って] それはどういうつもり[つもり]か, どうしてそんなことをしたのか.

〖L<Gk=形態, 様相〗 囮 〖類義語〗**idea** 知的活動の対象[所産]として心の中に生ずる考え[観念]の意の最も一般的な語; 通俗的には, まとまっていないにかかわらず心に浮かんだ考えをも意味する. **concept** あるものに関する一般化された考え. **conception** concept とほぼ同義だが, 個人個人の心に持っているもので, 一般的な概念として定着していない. **thought** 論理的な思考によって生じる考え. **notion** idea とほぼ同義に用いられることもあるが, しばしば漠然とした意図, 不明確な考えを意味する.

*¡**i·de·al** /aidíːəl/ 囮 ❶ 理想, 極致: a woman [man] of ~s 理想家[主義者]. ❷ **a** 理想的なもの[人], 模範: He's the ~ of the salesman. 彼はセール

スマンのかがみだ. b 崇高[理想的]な目標[原理]. ── [形] (比較なし) ❶ **理想の, 理想的な,** 申し分ない (perfect): an ～ husband 理想的な夫 / This weather is ～ ***for*** a picnic. この天気はピクニックには申し分がない. ❷ 観念的な, 想像上の, 架空の. ❸ 〘哲〙イデアの, 観念に関する, 観念論的な, 唯心論の. ([名] idea, [動] idealize) 【類義語】⇨ model.

idéal gás [名]〘理〙理想気体.

+**i·de·al·ism** /aɪdíːəlìzm/ [名] [U] ❶ 理想主義 (↔ realism); 理想化癖. ❷〘哲〙観念論, 唯心論 (↔ materialism). ❸〘芸術〙観念主義《形態や事実よりも観念・思想を尊重する主義; ↔ formalism》.

i·dé·al·ist /-lɪst/ [名] ❶ 理想家, 理想主義者; 空想家, 夢想家 (↔ realist). ❷ 観念論[主義]者. ── [形] = idealistic.

+**i·de·al·is·tic** /aɪdìːəlístɪk, àɪdiə- | aɪdìːə-ˊ/ [形] (**more** ～; **most** ～) ❶ 理想(主義)的な, 理想(上)の. ❷ 観念[唯心]論的な. **-ti·cal·ly** /-kəli/ [副]

i·de·al·i·ty /àɪdiǽləṭi/ [名] ❶ [U] 理想的な性質[状態]; 〘哲〙観念性. ❷ [C] 空想[理想化]されたもの.

+**i·de·al·ize** /aɪdíː(ə)làɪz | -díə-, -díːə-/ [動] [他]〈…を〉理想化する, 理想的と考える: He ～*s* the women he loves. 彼は愛する女性を理想化する. ── [自] 理想を描く, 理想に走る. **i·de·al·i·za·tion** /aɪdìː(ə)lɪzéɪʃən | aɪdìəlaɪz-, -dìːə-/ [名] 〘IDEAL+-IZE〙

***i·dé·al·ly** /aɪdíː(ə)li | -díə-, -díː(ə)-/ [副] ❶ a 理想的に, 申し分なく (perfectly): He's ～ suited to the post. 彼はその地位にうってつけだ. b [文修飾] 理想的には[言えば]: *I*~, there should be one teacher for every 10 students. 理想的には生徒 10 人に教師 1 人をつけるべきだ. ❷ 観念的に《★ 時に文修飾》.

I

i·de·ate /áɪdièɪt/ [動] [他]〈…を〉観念化する, 考える, 想像する. ── [自] 観念化する.

i·de·a·tion /àɪdiéɪʃən/ [名] [U] 観念化, 観念作用.

i·dée fixe /iːdeɪfíːks/ [名] ([複] **idées fixes** /~/) 固定観念; 強迫観念. 〘F=fixed idea〙

i·dée re·çue /íːdeɪrəsjúː/ [名] ([複] **idées re·çues** /~/) 一般観念[慣習], 通念.

i·dem /áɪdem, íːd-, íd-/ [代] [形] 同著者(の); 同語(の); 同書物[典拠](の)《[用法] 通例 略形 id. を用いる》. 〘L=the same〙

i·den·tic /aɪdénṭɪk/ [形]〘外交〙同文の: an ～ note 同文通牒(つうちょう).

i·den·ti·cal** /aɪdénṭɪk(ə)l/ [形] (比較なし) ❶ [通例 the ～] [A] まったく同じ, 同一の: *the* ～ person 同一人, 本人 / This is *the* ～ umbrella that I have lost. これは私のなくした傘と同じものだ《そのものだ》. ❷ a〈別個のものが〉同じ, 等しい: Our umbrellas were ～ in appearance. 私たちの傘は全く同じように見えた. b [P]〔…と〕一致して: His fingerprints were ～ ***to [***with***] those left on the door. 彼の指紋はドアに残された指紋と一致した. ❸〈双生児が〉一卵性の: ～ twins 一卵性双生児《常に同性; cf. fraternal twin》. ❹〘数〙同一の, 恒等の: an ～ equation〘数〙恒等式. 〘L < *idem* the same+-ICAL〙 ([名] identity) 【類義語】⇨ same.

i·dén·ti·cal·ly /-kəli/ [副] [しばしば alike, the same などを強調して] まったく同じに, 同じく; 同様に, 等しく.

+**i·den·ti·fi·a·ble** /aɪdénṭəfàɪəbl/ [形] ❶ 同一であると証明できる, 身元を確認できる (↔ unidentifiable): The body was ～ through dental records. その死体は歯科医の治療記録によって身元が確認できた. ❷ 同一視することのできる.

***i·den·ti·fi·ca·tion** /aɪdènṭəfɪkéɪʃən/ [名] [U] ❶ a 同一, 同一であることの証明[確認, 鑑定]; 身分証明, 身元確認. b 身分[身元]を証明するもの; 身分証明書 (ID). ❷ a 同一化, 一体感〔*with*〕. b〘精神分析〙同一視. ([動] identify)

identificátion càrd [名] 身分証明書.

identificátion paràde [名]《英》(犯人を面(めん)通しするために整列させる)容疑者の列 (《米》lineup).

i·den·ti·fi·er /aɪdénṭəfàɪə | -ə/ [名] ❶ 確認する人[もの], 鑑定人. ❷〘電算〙識別名.

‡**i·den·ti·fy** /aɪdénṭəfàɪ/ [動] [他] ❶ a〈…を〉(…に相違ないと)**確認する; 見分ける**: ～ a body [corpse] 死体の身元を確認[明らかに]する / The child was *identified* by the clothes he [she] wore. その子供がだれであるかは着ている衣服でわかった / She *identified* the bag *as* hers by saying what it contained. 彼女は中身を言ってそのかばんが自分のものであることを証明した. b [～ one*self* で]〈…だと〉身元を明らかにする, 名乗る: 〔+目(+***as*** 補)〕He *identified himself as* a close friend of Jim's. 彼はジムの親友だと名乗った. ❷〈人・ものを〉〔…と〕同一であるとみなす[扱う], 同一視する (equate): The mayor *identified* the interests of the citizens ***with*** his own prosperity. 市長は市民の利益を自身の繁栄と同一に考えた. ❸〈…を〉つきとめる, 究明する: ～ carcinogenic substances 発癌(はつがん)物質をつきとめる. ❹ [～ one*self* で]〔政党・政策などと〕行動を共にする, 提携する; 〔…に〕関係する, 共鳴する《★ しばしば過去分詞で形容詞的に用い,「提携して; 関係して」の意になる》: ～ *oneself* ***with*** a movement 運動に参画[関係]する / become *identified* ***with*** a policy 政策に提携したとみなされるようになる. ── [自] ❶〔…と〕自己を同一視する: The audience quickly *identified* ***with*** the characters of the play. 観客はすぐに劇中の人物の身になりきってしまった. ❷〔…と〕一体感を抱く, 〔…に〕共鳴する〔*with*〕. ([名] identity, identification)

I·den·ti·kit /aɪdénṭəkìt/ [名]〘商標〙アイデンティキット《顔の部分の透かし絵のセットを含むモンタージュ顔写真合成装置》. ── [形] [A] モンタージュ(顔写真)の: an ～ picture モンタージュ写真. 〘IDENTI(FICATION)+KIT[1]〙

‡**i·den·ti·ty** /aɪdénṭəṭi/ [名] ❶ [U] **同一であること, 同一性,** 一致: We have an ～ of interests. 私たちは利害が一致している. ❷ **同一人[同一物]であること, 本人であること; 正体, 身元**: a case of mistaken ～ 人違い / establish [prove] a person's ～ 人の身元を明らかにする / conceal one's ～ 身元を隠す. ❸ [U] **独自性, 主体性,** 個性; アイデンティティ: lose one's ～ 本性を失くす / double ～ 二重人格. ❹ [C]〘数〙恒等(式); 恒等関数; = identity element. 〘L < *idem* the same+-ITY〙 ([形] identical, [動] identify)

+**idéntity càrd** [名] 身分証明書.

idéntity crìsis [名] アイデンティティーの危機, 自己認識の危機《思春期などにおける自己認識の動揺・自己喪失がもたらす心理的な危機》: have [go through] an ～ 自己喪失になる[を経験する].

idéntity èlement [名]〘数〙単位元(げん) (identity).

idéntity paràde [名] =identification parade.

idéntity thèft [名] [C,U] 個人情報の窃盗《他人のクレジットカード・銀行口座などを不正使用するため》.

id·e·o·gram /íḍiəgræ̀m, áɪḍ-/ [名] 表意文字《漢字その他の象形文字; cf. phonogram》. 〘Gk *idéa* idea+-GRAM〙

id·e·o·graph /íḍiəgræ̀f, áɪḍ- | -grɑ̀ːf/ [名] =ideogram.

ìd·e·o·gráph·ic /ìḍiougrǽfɪkˊ/ [形] 表意文字からなる, 表意文字の, 表意的な.

id·e·og·ra·phy /ìḍiágrəfi, àɪḍ- | -diɔ́g-/ [名] [U] ❶ 表意文字使用. ❷ 象徴[符号]による表意(法).

i·de·o·log·ic /àɪḍiəlɑ́ʤɪk, ìḍ- | -lɔ́ʤ-ˊ/ [形] =ideological.

***i·de·o·log·i·cal** /àɪḍiəlɑ́ʤɪk(ə)l, ìḍ- | -lɔ́ʤ-ˊ/ [形] ❶ イデオロギーの, 観念形態の: ～ differences イデオロギーの相違. ❷ 観念学の; 空論の. **～·ly** /-kəli/ [副] ([名] ideology)

ì·de·ól·o·gist /-ʤɪst/ [名] ❶ 特定のイデオロギーの信奉[形成]者. ❷ 空論家, 空想家. ❸ 観念学者.

i·de·o·logue /áɪḍiəlɔ̀ːg, íḍ- | -lɔ̀g/ [名] ❶ (ある)イデオロギーの信奉者. ❷ 空論家, 夢想家.

***i·de·ol·o·gy** /àɪḍiɑ́ləʤi, ìḍ- | -ɔ́l-/ [名] ❶ [C,U] **イデオロギー, 観念形態; 観念学[論].** ❷ [U] 空理, 空論. 〘F < Gk *idea* idea+-LOGY〙 ([形] ideological)

ides /áɪdz/ [名] [複] [通例 the ～] (古代ローマの暦の)(3 月・

5月·7月·10月の)15日;(その他の月の)13日. **Beware the Ídes of Márch.** 3月15日を警戒せよ（裏返3月15日がJulius Caesar暗殺の日と予言された故事から; 凶事の警告にもいう; Shakespeare「ジュリアスシーザー」から）.

id est /ídést/ すなわち, 換言すれば《読み方 通例 i.e. と略し /áɪdíː/ と読む; ⇨ i.e.》. 〖L=that is〗

id·i·o- /ídiou/〔連結形〕「特殊な」「特有の」.

íd·i·o·cy /ídiəsi/名 ❶ 白痴(の状態). ❷ © 白痴的言動: What a ～! 何と愚かなことを.

íd·i·o·lect /ídiəlèkt/名〖言〗個人言語(一個人のある一時期における言語の総体). **íd·i·o·léc·tal** /-léktl/形

†**íd·i·om** /ídiəm/名 ❶ © 慣用語, 熟語, イディオム. ❷ U,C（ある国民·一個人の）語法, 慣用法: the English [American] ～ イギリス[アメリカ]英語の語法 / He speaks a peculiar ～. 彼は独特の表現をする. ❸ U（芸術家などの）個性的表現形式, 作風(style). 〖F<L<Gk=特性〗 形 idiomatic.

íd·i·o·mat·ic /ídiəmǽtɪk⁼/形 ❶ a 慣用語法の[に関する, にかなった]. b 慣用的な: He speaks ～ English. 彼はいかにも英語らしい英語を話す. ❷ 慣用語法の多い[を含む]. 名 idiom.

íd·i·o·mat·i·cal /ídiəmǽtɪk(ə)l⁼/形 = idiomatic. ～·ly -kəli/副

íd·i·op·a·thy /ídiápəθi/ -óp-/名〖医〗突発性疾患, 原因不明の疾患. **íd·i·o·path·ic** /ídiəpǽθɪk/形

íd·i·o·syn·cra·sy /ídiəsíŋkrəsi/名 ❶ a（一個人特有の）特質, 特異性, 性癖. b（作家の特有の表現法. c 風変わりな言行, 奇行. ❷〖医〗特異体質(cf. allergy). 〖Gk=（性質を決める）固有の混合〗 形 idiosyncratic.

†**íd·i·o·syn·crat·ic** /ídiəsɪnkrǽtɪk⁼/形 ❶ a（一個人）に特有な. b 奇異な, 風変わりな: ～ behavior 奇行. ❷〖医〗特異体質の. **-i·cal·ly** /-tɪkəli/副 名 idiosyncracy.

†**íd·i·ot** /ídiət/名 ❶ ばか, まぬけ(fool). ❷ 白痴. 〖F<L<Gk=官職につけない人〗

ídiot bòard名（テレビの出演者にそっと教える）せりふ指示板, カンペ, プロンプター代わりの機械.

ídiot bòx名〖通例 the ～〗(俗)テレビ.

ídiot càrd名（テレビの出演者にそっと教える）せりふカード.

íd·i·ot·ic /ídiátɪk/ -ót-⁼/形 ❶ 大ばかな, ばかばかしい, まぬけな: It was ～ of you to leave the safe open. = You were ～ to leave the safe open. 金庫をあけっ放しにしておいたとは君も大ばかだ. ❷ 白痴(のような): He had an ～ expression on his face. 彼は間の抜けた表情をしていた. **-i·cal·ly** /-tɪkəli/副

ídiot light名（車などの）異常表示ランプ.

ídiot pròof形〖戯言〗ばか者の操作に耐える, 操作[保守]がとても簡単な.

íd·i·ot savánt /í:díousα:vá:n(t), -sævά:n(t) | -sævά:ŋ, -sævά:nt/名〖複 **ídiot(s) savants** /～/〗〔精神医〕イディオサバン（知能発達に遅滞が見られるが, ある特殊な領域でのみ傑出した才能を示す者）. ❷ 専門ばか.

íd·i·o·type /ídiətàɪp/名〖医〗イディオタイプ（免疫グロブリンに抗原特異性を与える決定基）. **íd·i·o·týp·ic** /ídiətípɪk⁼/形

***i·dle** /áɪdl/形 (**i·dl·er**; **i·dl·est**) ❶ a ＜人が＞仕事のない, 働いていない, 遊んでいる: the ～ rich 有閑階級 / an ～ spectator 手をこまねいて見ている人. b （米）＜選手·チームなど＞試合のない: The team is ～ today. そのチームはきょう試合がない. c ＜人が＞怠惰な, なまけている（比喩 この意味の時には lazy を用いることが多い）. ❷＜機械·工場·金などが＞遊んでいる, 使用されていない: have one's hands ～ 手がすいている / lie ～ 使われないでいる;＜金などが遊んでいる. ❸＜時間が＞暇な, あいている: in an ～ moment 暇な時に / ～ books for ～ hours 暇な時の暇な本. ❹ a 根拠のない, くだらぬ, 無意味な: ～ threats 根拠のない脅迫, いちゃもん, ただの脅し / ～ talk むだ話. b 特にあてもない, ふとした: from [out of] ～ curiosity ふとした好奇心から. ❺ むだな, 無益な, 無効な(futile): ～ an ～ attempt むだな試み / It's ～ to say that... と言ってもむだだ. ――動 ❶ 怠けて[遊んで]いる, のらくらしている;＜人がぶらつく: Don't ～

---

903 if

(about). ぶらぶら遊んでいるな. ❷ ＜エンジンなどが＞（低速で）空回り[アイドリング]する（英）tick over). ――他 ❶ ＜時間を＞遊んで過ごす: He ～*d* away the whole morning. 彼は午前中をむだに費やしてしまった. ❷ ＜エンジンなどを＞（低速で）空回り[アイドリング]させる. ❸ （米）＜不景気·減産などが＞労働者·設備などを暇にさせる. ――名 U（エンジンなどの）アイドリング. 〖OE=空(š)の〗【類義語】⇨ lazy.

í·dle·ness名 U 遊んでいること; 無為, 安逸: I～ is the parent of all vice.《諺》怠惰は悪徳のもと, 「小人閑居して不善をなす」.

í·dler名 ❶ 仕事をしないでいる人, のらくら者, 無精者(loafer); 役立たず. ❷〖機〗=idle wheel.

ídle whéel名 遊び車, 仲立車（二つの歯車の中間に用いる歯車）.

í·dly副 ❶ 何もしないで, 遊んで: sit ～ by while others work 他の人が働いているのにそばで何もしないで座っている. ❷ ぼんやり: He was ～ leafing through a book. 彼はぼんやりと本のページをめくっていた. ❸ むなしく.

I·do /í:dou/名 U イド語（Esperanto を簡易化した国際語）.

†**í·dol** /áɪdl/名 ❶ a 偶像; 聖像. b 偶像神, 邪神. ❷ 偶像視[崇拝]される人[もの], 崇拝物, アイドル: a teen [pop] ～ 10 代の若者たちの[ポップミュージックの]アイドル / a fallen ～ 落ちた偶像, 人気の落ちた人. ❸〖論〗誤った認識, 謬見(ẩ:ǎ), イドラ. 〖F<L<Gk=形, 幻影〗

í·dol·a·ter /áɪdɔ́lətə | -dɔ́lətə/名 ❶ 偶像崇拝者. ❷ （盲目的な）崇拝者, 心酔者《*of*》.

í·dol·a·tress /áɪdɔ́lətrəs | -dɔ́l-/名 idolater の女性形.

í·dol·a·trous /áɪdɔ́lətrəs | -dɔ́l-/形 ❶ 偶像崇拝の. ❷ （盲目的に）崇拝[心酔]する. ～·ly 副

í·dol·a·try /áɪdɔ́lətri | -dɔ́l-/名 U ❶ 偶像[邪神]崇拝. ❷ 盲目的崇拝, 心酔.

í·dol·i·za·tion /àɪdəlɪzéɪʃən | -laɪz-/名 U 偶像化; 心酔.

í·dol·ize /áɪdəlàɪz/動 ❶ ＜...を＞偶像化[視]する. ❷ ＜...に＞心酔する. ――自 偶像を崇拝する.

i·dyl, i·dyll /áɪdl/名 ❶ 田園詩, 牧歌;（田園詩に適する）ロマンチックな物語. ❷ 田園風景[生活など]. ❸〖楽〗田園詩曲. ❹ かりそめの恋, 情事. 〖L<Gk=小さな絵画〗

†**i·dyl·lic** /áɪdílɪk | ɪd-, aɪd-/形 ❶ 田園詩(風)の, 牧歌的な. ❷ すばらしい, 美しい. **-li·cal·ly** /-kəli/副

***i.e.** /áɪí:, ìðetí:z/（略）すなわち, 換言すれば（用法 参考書などと以外は通例 that A を用いる; ⇨ that A 代成句》. 〖L=*id est*（=that is）〗

-ie /i/腰尾〖名詞語尾〗 ❶ 名詞につけて「親愛」の意を表わす: doggie わんちゃん / lassie 娘(象)さん. ❷ 形容詞·動詞につけて「...の性質のある」の意を表わす: cutie, movie.

IEA（略）International Energy Agency.

IEEE /áɪtrípli:/（略）〖電算〗Institute of Electrical and Electronics Engineers（米国の）電気電子学会（電子部品·通信方式などの標準化活動を行なっている）.

Ie·per /jéɪpə | -pə/名 イーペル, イープル（ベルギー北西部, フランスとの国境の近くにある都市; 第一次大戦の激戦地）.

-i·er /-i·ə, -jə, -iə | -i·ə, -jə, -iə/腰尾〖名詞語尾〗「...する者」（★ 職業を表わす; cf. -yer）: glazier, hosier, gondolier, grenadier.

***if** /ɪf, ìf/接 **A** ❶〖仮定·条件を表わして〗もしも...ならば, ...ければ. ❷〖現在·過去·未来の実現の可能性のある事柄について推量する場合〗《用法 この場合には未来[未来完了]のことでも if 節には現在[現在完了]時制を用いる; 仮定法の動詞を用いるのは（古）》: *If* you are tired, we will go straight home. 疲れているならすぐ帰宅しよう / *If* you have finished reading the book, please return it to me. その本を読み終わったら私に返してください / *If* he did it, he committed a crime. 彼がそれをしたのなら彼は罪を犯したんだ / I'll be hanged [damned] *if* I obey him.（口）あいつの言うことなんか聞くもんか / Do you mind

if I open the window? 窓をあけてもよいでしょうか / I shall tell him *if* he comes. (もし)彼が来たら話しましょう 《比較 I shall tell him *when* he comes. (彼は来ることになっているから)着き次第彼に話しましょう》.

[語法] 次のような場合には if 節に助動詞 will が用いられる.
(1) if 節がその主語の意志にかかわる仮定・条件を表わす場合: *If* you *will* help, we'll [we shall] finish sooner. 手伝っていただければ(仕事が)早くすみますす.
(2) if 節が未来の仮定・条件を表わしても, 文全体が現在の事実にかかわる場合: *If* it *will* help, I'll give you support. お役に立つのなら支援しましょう.

b [現在の事実に反する仮定を表わす場合]《用法》if 節中では過去形を用い (be 動詞は were), 帰結の主節には通例 would, should など助動詞の過去形が用いられる》: *If* you *knew* how I suffered, you would pity me. ぼくがどんなに苦しんだかを知っていれば君は同情するだろうに / *If* I *were* you, I'd apologize. ぼくが君ならわびるのですが; わびないよくないよ《★ if I were you は助言を与える時などに用いる》.
c [過去の事実に反する仮定を表わす場合] 《過去完了を用い, 帰結の主節には通例助動詞の過去形+have+過去分詞の形が用いられる》: *If* I *had* not *helped* him, his business would have failed. もし私が援助しなかったら彼の事業は失敗していただろう / *If* he *had followed* my advice, he wouldn't be in such difficulty now. 私の言うことに耳を傾けていたら彼は今にこうして困ることはなかろうに 《用法》条件節では過去の事実に反することを表わし, 帰結の主節は現在の事実に反することを表わした文.
d [可能性の少ない未来の仮定を表わす場合] 《用法》すべての人称で if...should を用いる;「万一...なら」の訳語になる》: *If* it *should* rain tomorrow, I shall not [shan't, won't] come. 明日万一雨が降ったら参りません《比較 If it *rains* tomorrow,... は単なる予想を表わす》.
e [未来の純粋な仮定を表わす場合]《用法》if 節中で were to を用いる》: *If* I *were* to die tomorrow, what would you do? もし私があす死んだら君はどうしますか.

[語法]《文》では b から e の場合に if を用いず主語と(助)動詞の語順を転倒して仮定を示すことがある; 話し言葉に用いることもある: *Were* I in your place,...=*If* I were in your place,... / *Had* I known this,...=*If* I had known this,... / *Should* it be necessary,...=*If* it *should* be necessary,....

❷ **a** [譲歩を表わして] たとえ...としても 《用法》 if 節中では仮定法を用いないが,《古》では用いる》: *If* I am wrong, you are not absolutely right. たとえ私が間違えているとしても君だって絶対に正しいとも言えない / He's a good, *if* mischievous, boy. 彼はいたずらだがいい子だ / His manner, *if* patronizing, was not unkind. 彼の態度は恩着せ顔ではあったが不親切ではなかった / I don't care *if* I go or not.《口》行っても行かなくてもよい.
b [対照を表わして] ...としても: *If* he was not industrious in his youth, he now works very hard. 彼は若いころは勤勉でなかったが, 今はとてもよく働く.

[語法]《文》では if を用いず主語と動詞の語順を転倒することがある: Home is home, be it ever so humble. ⇒ EVER SO 成句 (2).

❸ [時を表わして] ...の時はいつでも 《用法》if 節中の動詞と主節の動詞の時制は通例同じ》: *If* he frowns, watch out. 彼が渋い顔をしたら気をつけなさい.
❹ [帰結の主節を略し, 驚き・願望などを表わす感嘆文として独立して用いて] [if I only knew!=*If* I only knew! 知ってさえいればなあ《★ I would tell you などを補う》/ *If* I haven't lost my watch! いまいましい, 時計をなくした《★

前に Oh no! などを補う》/ Why, *if* it isn't Mr. Smith! おや, スミスさんじゃありませんか.

—— **B** [間接疑問文を導いて] ...かどうか: Ask him *if* it is true. 果たして本当かどうか彼に聞いてごらん / I wonder *if* he's at home. 彼は家にいるだろうか.

[語法] (1) ask, doubt, know, try, wonder などの動詞の目的語(間接疑問文)に用い, whether のように主節には用いない.
(2) whether と異なり不定詞を従えることができない (⇒ whether 1).
(3) Fax me *if* you are coming. では if の意味が A 1 にも B にも解されるが, B の意味には whether を用いるのがよい.

as if ⇒ as 接 成句. **èven if** たとえ...としても《★ if A 2 の強意形》: *Even if* you don't like it, you have to do it. たといやでも君はそれをしなければならない. **if a dáy** [an ínch, a pénny, etc.] 1日[1インチ, 1ペニー]でもあるとすれば, 確かに, 少なくとも: He's seventy *if a day*. 彼はどうみても 70 歳は確かだ《★ if he is a day old と補って考える》 / It's worth a $1000, *if a penny*. 少なくとも千ドルの価値がある. **if and ónly if** もし...の場合にのみ《★ 数学・論理学で必要十分条件を表わす; ⇒ iff》. **if ány** たとえあるとしても, もしあるなら: There're few (books), *if any*. (本は)たとえあるとしても少ない / There's little (wine), *if any*. (ぶどう酒は)たとえあるにしても少ない / Correct errors, *if any*. 誤りがあれば訂正しなさい. **if ánything** どちらかと言えば, むしろ, それどころか: Things are, *if anything*, improving. 事態はむしろ好転してきた / He didn't help me. *If anything*, he made things worse. 彼は手伝ってくれなかった[助けにならなかった]. それどころか逆に事態を悪化させてしまった. **if ánywhere** どこかとすれば, いずれにしても: You can buy it there, *if anywhere*. いずれにしても, それはそこで買えます. **if at áll** ⇒ at ALL 代 成句 (3). **If it had nót been for...** [過去の事実に反する仮定を表わす節で] もし...がなかったならば: *If it had not been for* (= Had it not been for) your advice, I couldn't have done it. もしあなたの忠告がなかったならば私はそれをすることができなかったでしょう. **If it were nót for...** [現在の事実に反する仮定を表わす節で] もし...がなければ: *If it were not for* (=Were it not for) the sun, nothing could live. もし太陽がなければ何も生きられないだろう. **if nécessary [póssible]** 必要なら[できたら]: I will do so, *if necessary*. 必要ならそうしましょう. **if nòt** (1) ...でないとしても: It's highly desirable, *if not* essential, to draw the distinction. その区別をすることは, 絶対必要なことだとは言わないまでも, 大いに望ましいことです. (2) もし...でないとするなら: Who would know, *if not* she [her]? 彼女でなかればだれがわかるだろうか(だれもわからないだろう). **if ónly** (1) ...しさえすれば (⇒ 接 A 4). (2) ただ...だけとしても ⇒ only 副 2》: We must respect him *if only* for his honesty [*if only* because he's honest]. 正直な点[正直であること]からだけでも彼を尊敬すべきだ / I want to go *if only* to see his face. 彼の顔を見るだけでもいいから行きたい. **if you like** ⇒ like[2] 動 成句. **if you pléase** ⇒ please 動 成句. **Whát if...?** ⇒ what 代 成句.

—— /ɪf/ 名 (徽 ~s) 条件, 仮定: There're too many *if*s in his speech. 彼の話には「もしも」が多すぎる. **and it's a big if** [if で始まった文で] あくまそれはもし...だが, そんなことはまずありえないか. **ifs, ánds, or búts**=《英》**ifs and [or] búts** 物事を先へ延ばすための理由[理屈, 言い訳] 《用法》否定文では ifs や buts には áes と áます: Do it now, and no *ifs and buts*! つべこべ言わずにそれをしなさい.《OE》

IFC 《略》International Finance Corporation 国際金融公社 (1956 年設立の国連機関).
-if·er·ous /ɪf(ə)rəs/ [形容詞連結形] =-ferous.
iff /ɪf/ 接《数・論》...の場合その場合に限って《★ if and only if と読むことがある》.
if·fy /ífi/ 形 (時に **if·fi·er; if·fi·est**) 《口》〈局面・問題など〉

あやふやな, 疑わしい, 条件つき[次第]の.
-i·form /-əfɔːm | -əfɔːm/ 腰尾 =-form.
Í formàtion /ʃ/ 名 U 《アメフト》アイフォーメーション《バックスがクォーターバックの後ろに I 字型に並ぶ攻撃隊形》.
-i·fy /-əfaɪ/ 腰尾 =-fy.
Ig 《略》 immunoglobulin.
Ig·bo /ígboʊ/ 名 =Ibo.
ig·loo /íɡluː/ 名 (複 ~s) イグルー《氷雪のかたまりで造るイヌイットの冬の住居; 現在住居用に用いられることは少ない》. [Inuit=家]
Ig·ná·tius (of) Loy·ó·la /ɪɡnéɪʃ(i)əs(əv)lɔɪóʊlə/ 名 [St. ~] 聖イグナティウス・デ・ロヨラ (1491-1556; スペインの聖職者; イエズス会の創設者).
ig·ne·ous /íɡniəs/ 形 ❶《地》火成の: ~ rocks 火成岩. ❷ 火の(ような).
ig·nis fat·u·us /íɡnɪsfætʃuəs | -tju-/ 名 (複 **ig·nes fat·u·i** /íɡniːzfætʃuàɪ | -tju-/) ❶ 鬼火, きつね火. ❷ 人を迷わすもの. 〖L=foolish fire〗
†**ig·nite** /ɪɡnáɪt/ 動 ❶ **a**〈...に〉火をつける;〈...を〉発火させる. **b**《化》〈...を〉高度に熱する, 燃焼させる. ❷〈人の〉感情を喚起する;〈感情を〉燃え上がらす. —— 点火する, 発火する. 〖L=点火する〗(名 ignition)
ig·nít·er /-tə | -tə/ 名 点火器[装置].
ig·ni·tion /ɪɡníʃ(ə)n/ 名 ❶ U 点火, 発火; 燃焼. ❷ C 《エンジンなどの》点火装置: switch on [turn off] the ~ of a car 車の点火スイッチを入れる[切る]. (動 ignite)
ig·ni·tron /ɪɡnáɪtrɑn | -trɔn/ 名《電子工》イグニトロン《点弧子型水銀放電管》.
ig·no·ble /ɪɡnóʊbl⁻/ 形 ❶〈人・性格・行儀など〉下劣な, 下品な; 卑しい (↔ noble). ❷ 身分の低い[卑しい]の卑しい. **-bly** /-bli/ 副 〖F<L<ig- IN-¹+(g)nobilis NOBLE〗
ig·no·min·i·ous /ɪ̀ɡnəmíniəs⁻/ 形 不面目な, 不名誉な, 恥ずべき. **~·ly** 副
ig·no·min·y /íɡnəmìni/ 名 ❶ U 不面目, 不名誉, 侮辱. ❷ C 恥ずべき行為, 醜行. 〖L<ig- IN-¹+nomen name〗
ig·no·ra·mus /ɪ̀ɡnəréɪməs/ 名 無学[無知]の者. 〖L=we do not know〗
*__**ig·no·rance**__ /íɡnərəns/ 名 U ❶ 無知, 無学: My mistake was due to ~. 私の失敗は無知によるものだった. ❷〈...を〉知らないこと, 不案内: I was in complete ~ of his intentions. 彼の意向を全然知らなかった / I-~ is bliss.《諺》「知らぬが仏」/ I- of the law is no excuse.《諺》法律を知らないからといって言い訳にはならん. (形 ignorant)
*__**ig·no·rant**__ /íɡnərənt/ 形 (more ~; most ~) ❶ **a** 無学の, 無知の (in, about): an ~ person 無学な人 / I'm ~ in classical music. クラシック音楽のことはわからない. **b**〈人・行為など〉無知による; 不作法な: ~ behavior 不作法なふるまい. ❷ ℙ〈...を〉知らないで,〈...に〉気づかないで: He was ~ of the world. 彼は世間知らずだった / I was ~ about the time. 私は時刻のことを忘れていた.
~·ly 副 無知で, 無学で. 〖F<L; ⇒ ignore, 名 ignorance〗
【類義語】**ignorant** 無学のため一般的に物を知らないまたは, たまたまある事柄を知らない. **illiterate** ある分野に関して常識的なレベルの教養がない, 特に文字を知らない. **uneducated** 系統立った教育を受けていない.
ig·no·ra·ti·o e·len·chi /ɪ̀ɡnəráʃ·tioʊɪléŋki | -kaɪ/ 名 (複 **ig·no·ra·ti·o·nes e·len·chi** /-rà·ʃ·ʃióʊniːz-/) 《論》論点相違の虚偽. 〖L〗
‡**ig·nore** /ɪɡnɔ́ː | -nɔ́ː/ 動 ❶〈...を〉無視する; 知らない[気づかない]ふりをする: He ~d my advice. 彼は私の助言を無視した. ❷《法》《大陪審が》〈起訴状案を〉証拠不十分として却下[不起訴]とする. 〖F<L=知らない〗(形 ignorant) 【類義語】 ⇒ neglect.
I·gua·cú Fálls /ìːɡwəsúː-/ 名 [the ~; 単数扱い] イグアス滝《ブラジル・アルゼンチン国境》.
i·gua·na /ɪɡwɑ́ːnə/ 名 《動》イグアナ《熱帯アメリカ産のトカゲ》. 〖Sp<S-Am-Ind〗
i·guan·o·don /ɪɡwɑ́ːnədɑn | -dɔn/ 名《古生》イグアノドン《白亜紀前期の大型の草食竜》.
IGY 《略》International Geophysical Year 国際地球観測年. **IH** 《略》induction heating.
IHS 《略》Jesus. 〖Gk *IHΣOYΣ* (=Jesus)〗
IIRC, iirc 《略》if I remember correctly (電子メールなどで) 記憶に間違いがなければ.
i·kat /íːkɑːt/ 名 U くくり染め, くくり絣(ｶﾟ⁾), イカット《織糸の一部を糸でくくって防染し染め分け, これで布を織る技法, またその織物》.
Ike /aɪk/ 名 **a** 男性名; Isaac の愛称. **b** 米国第34代大統領 D. D. Eisenhower の愛称.
ik·ky /íki/ 形 =icky.
i·kon /áɪkɑn | -kɔn/ 名 =icon.
IL 《略》《米郵》Illinois.
il- /ɪl/ 腰尾 (l の前にくる時の) in-¹,² の異形: *il*logical, *il*literate.
i·lang-i·lang /íːlɑːŋíːlɑːŋ | íːlæŋíːlæŋ/ 名 =ylang-ylang.
-ile /(ə)l, aɪl | aɪl/ 腰尾 ❶ [形容詞語尾]「...に関係した」,「...できる」: serv*ile*, contract*ile*. ❷ [名詞語尾]「...に関係あるもの」: miss*ile*.
il·e·i·tis /ɪ̀liáɪtɪs/ 名 U《医》回腸炎.
il·e·os·to·my /ɪ̀liɑ́stəmi | -ɔ́s-/ 名 C 《医》回腸造瘻(ｿ́ｳ) [フィステル形成]《術》.
il·e·um /íliəm/ 名 (複 **il·e·a** /ília/) 《解》回腸. **il·e·al** /ílial/ 形
il·e·us /íliəs/ 名 U [また an ~]《医》腸閉塞(症), イレウス.
i·lex /áɪleks/ 名 ❶《植》モチノキ属の木《セイヨウヒイラギ (holly) など》. ❷ セイヨウヒイラギガシ《南ヨーロッパ産》.
il·i·ac /íliæ̀k/ 形《解》腸骨(の近く)にある.
Il·i·ad /íliəd, -æ̀d/ 名 ❶ **a** [The ~] イリアス《Homer の作と伝えられる Troy の攻囲戦を歌った叙事詩; cf. Odyssey》. **b** C イリアス風の叙事詩, 長編物語. ❷ C 度重なる ~ of woes 打ち続く不運. 〖L<Gk =イリウム(古代 Troy の別称)に関する(詩歌)〗
Il·i·on /ílian, -àn | -ən/ 名 イリオン《古代 Troy のギリシャ語名》.
il·i·um /íliəm/ 名 (複 **il·i·a** /ília/) 《解》腸骨. 〖L〗
Il·i·um /íliəm/ 名 イリウム《古代 Troy のラテン語名》.
ilk /ɪlk/ 名 C [通例 否定的に] 同類; 家系(★今では例外次の成句で). **of thát ílk** 同(種)類の: people *of that* ~ 同種の[そういう]連中. 〖OE=the same〗
*__**ill**__ /ɪl/ 形 (**worse** /wɚːs | wɔːs/; **worst** /wɚːst | wɔːst/) ❶ ℙ 病気で, 体調が悪い;《米》吐き気を催して (↔ well)《用法》《米》では通例 sick² を用いる; mentally [seriously, very] ill people（精神病［重病］の人々) のように副詞を伴う場合は Ⓐ にも使えるが, 普通は Ⓐ は sick を用いる》: fall [get, become] ~ 病気になる / be ~ in bed 病気で寝ている / He's critically ~ with pneumonia. 彼は肺炎で危篤(ﾄﾞ)だ. ❷ Ⓐ **a** 悪い, 不徳な, 邪悪な (bad): ~ deeds 悪行 / ~ fame 汚名, 悪評 / ~ effects 悪影響. **b**〈健康かずかれ〉悪い: be in ~ health 不健康である. **c** 都合[縁起]の悪い, 不吉な, 不幸な: ~ fortune [luck] 不幸, 不運 / *I*- news runs apace.《諺》「悪事千里を走る」: It's an ~ wind that blows nobody (any) good.《諺》だれの得にもならない風は吹かない《「甲の損は乙の得」》. ❷ 意地の悪い, 敵意のある, 不親切な, 気難しい, 不機嫌な: ⇒ ill will / There's ~ feeling between them. 彼らの仲は険悪だ / He's in an ~ temper [humor]. 彼は機嫌が悪い. **e** 下手な, まずい, 不適切な, 欠点のある: ~ success 不成功 / ~ manners 不作法 / The business folded due to ~ management. その事業はずさんな経営のためにつぶれた. ❸《俗》すばらしい, いかす(★ 比較級は iller, 最上級は illest). **dó a person an ill túrn** 人にあだをする, 不親切なことをする.

—— 名 ❶ C [しばしば複数形で] 困難, 問題; 不幸, 災難, 苦難: a social ~ 社会悪 / the various ~s of life 人生の種々の不幸. ❷ U 悪, 邪悪, 害, 不運: She has done him no ~. 彼女は彼に何も悪いことをしていない. **for góod or íll** よかれあしかれ.

ill.

—— 副 (worse /wɚːs | wɔːs/; worst /wɚːst | wɔːst/) (↔ well) [しばしば複合語にも用いて] ❶ 不親切に, 意地悪く, 苛酷に: treat a person ~ 人を虐待する / She took his remarks ~. 彼女は彼の言葉を悪くとった. ❷ 不適当に, 不完全に, 不十分に: ~ provided 供給不十分で. ほとんど…なく: I can ~ afford the expense. その費用は出しかねる. ❸ 悪く; 邪悪に, 不正に: I~ got, ~ spent. 《諺》「悪銭身につかず」. ❹ 都合悪く, 運悪く: It would have gone ~ with him if he hadn't ducked. 彼は身をかわさなかったらひどいめにあうところだった. **be ill óff** 暮らし向き[都合, 工面]が悪い. **ill at éase** ⇨ ease 名 成句. **spéak ill of...** ⇨ speak 成句. **think ill of...** ⇨ think 成句. 《ON》⇨ illness)

ill. 《略》illustrated; illustration; illustrator.
Ill. 《略》Illinois.
＊**I'll** /aɪl, áɪl/ **I will [shall]** の短縮形.
íll-ad·vísed /-ədváɪzd⁼/ 形 ❶ 〈人・行為など〉無分別な, 思慮のない: You would be ~ to do that. そんなことをするのは軽率だよ. ❷ 〈計画など〉十分考えられていない.
íll-ad·vís·ed·ly /-ədváɪzɪdli/ 副 無分別に(も) (↔ well-advised).
íll-affécted 形 P [...に]好意を持たないで [toward].
íll-assórted 形 調和のとれていない, 釣り合いのとれていない: an ~ pair 釣り合いのとれていない一対[夫婦].
il·la·tion /ɪléɪʃən/ 名 ❶ Ụ 推理, 推論. ❷ Ⅽ 推論の結果, 結論.
il·la·tive /ɪ́lətɪv, ɪléɪtɪv/ 形 推定的な, 推論の; 推論を導く (~ 名 inference). ❷ 推論を導く語句 (therefore, as a consequence など). ~**·ly** 副
íll-beháved 形 不作法な, 行儀の悪い.
íll blóod 悪感情, 憎しみ, 恨み.
íll-bréd 形 育ちの[しつけの]悪い, 不作法な (↔ well-bred).
íll-bréeding 名 Ụ 不行儀, 不作法.
íll-concéived 形 十分に検討されていない.
íll-consídered 形 =ill-advised.
íll-defíned 形 (輪郭の)はっきりしない (↔ well-defined).
íll-dispósed 形 ❶ たちの悪い, 性悪な (↔ well-disposed). ❷ P [...に対して]好意を持たないで, 悪意を抱いて [toward].
＊**il·le·gal** /ɪ(l)líːg(ə)l⁼/ 形 (比較なし) 不法の; 違法の, 非合法の (unlawful): an ~ sale 密売 / an ~ alien 不法入国者 / It's ~ to sell alcohol to children. 子供に酒類を売るのは違法である. —— 名 《米口》不法入国[滞在]者. 〈IL-＋LEGAL〉
il·le·gal·i·ty /ɪ̀(l)liːgǽləti/ 名 ❶ Ụ 違法, 不法. ❷ Ⅽ 不法行為.
il·le·gal·ly /-gəli/ 副 不法に, 違法に.
il·leg·i·bil·i·ty /ɪ(l)lèdʒəbíləti/ 名 読みにくさ, 判読不能.
il·leg·i·ble /ɪ(l)lédʒəbl⁼/ 形 〈文字など〉読みにくい, 判読しがたい. **-bly** /-bli/ 副 〈IL-＋LEGIBLE〉
il·le·git·i·ma·cy /ɪ̀lɪdʒítəməsi/ 名 Ụ ❶ 違法, 非合法. ❷ 非嫡出(生), 庶出. ❸ 不条理, 不合理.
＊**il·le·git·i·mate** /ɪ̀lɪdʒítəmət⁼/ 形 ❶ 〈行為など〉規則[法律]に認められていない, 違法の: an ~ transaction 違法な取引. ❷ 〈子供が〉婚外の, 嫡出(ちゃくしゅつ)でない, 庶出の: an ~ child 婚外子. ❸ a 〈結論などが〉非論理的な, 誤った推論による. b 〈語・成句など〉誤用の. ❹ (生理学的に)異常な. —— 名 非嫡出子. 〈IL-＋LEGITIMATE〉
il·le·git·i·mate·ly 副 ❶ 違法に. ❷ 婚外子として. ❸ 非論理的に.
íll-equípped 形 〈...するのに〉十分備わっていない, 装備が不十分の, 準備不足の〈to do〉.
íll-fámed 形 不評判の, 悪名高い.
†**íll-fát·ed** /-féɪtəd⁼/ 形 ❶ 不運な, 不幸な. ❷ 不運[不幸]をもたらす, 不吉な.
íll-fávored, 《英》**íll-fávoured** 形 ❶ 〈人・顔など〉不器量な, 醜い. ❷ 不快な, いやな.
íll-fítting 形 〈衣服が〉体に合っていない.
íll-fóunded 形 Ⓐ 根拠の薄弱な, 正当な理由のない (↔ well-founded): an ~ argument 根拠の薄弱な議論.
íll-gótten 形 不正手段で得た: ~ gains 不正利得.
†**íll héalth** 名 Ụ (長期の)健康[体調]不良.
íll-húmored, 《英》**íll-húmoured** 形 不機嫌な; 怒りっぽい (↔ good-humored): an ~ remark 腹立ちまぎれの発言. ~**·ly** 副
il·lib·er·al /ɪ(l)líb(ə)rəl⁼/ 形 ❶ a 狭量な, 偏狭な. b 教養のない. ❷ けちな. ❸ 下品な, 卑劣な. ~**·ly** /-rəli/ 副
il·lib·er·al·i·ty /ɪ̀(l)lìbərǽləti/ 名 Ụ ❶ 狭量, 無教養. ❷ けち; 下品, 卑劣.
†**il·lic·it** /ɪ(l)lísɪt⁼/ 形 不法の, 不正な; 禁制の, 無許可の: an ~ distiller 密醸造者 / ~ business dealings 不正な商取引 / the ~ sale of firecrackers 爆竹の不法販売. ~**·ly** 副 ~**·ness** 名 〈IL-＋LICIT〉
il·lim·it·a·ble /ɪ(l)límɪtəbl⁼/ 形 無限の, 広大な, 果てしない. **-a·bly** /-təbli/ 副
íll-infórmed 形 情報不足の[による], 無知な (↔ well-informed).
Il·li·nois /ɪ̀lənɔ́ɪ, -nɔ́ɪz⁼/ 名 イリノイ州 《米国中部の州; 州都 Springfield; 略 Ill., 《郵》 IL; 俗称 the Prairie State》. 〈N-Am-Ind=人〉
Il·li·nois·an /ɪ̀lənɔ́ɪən, -nɔ́ɪz(ə)n⁼/ 形 名 イリノイ州の(人).
il·li·quid /ɪ(l)líkwɪd/ 形 《経》〈資産が〉現金化しにくい, 非流動性の.
il·lit·er·a·cy /ɪ(l)lít̬ərəsi, -trə-/ 名 Ụ 無学, 無教育.
†**il·lit·er·ate** /ɪ(l)lít̬ərət, -trət⁼/ 形 ❶ a 字を知らない, 読み書きのできない. b 無教育の, 無学の. ❷ 〈言葉づかい・表現など〉慣用からはずれた. —— 名 字を知らない人; 無教育者. 〈IL-＋LITERATE〉 【類義語】⇨ ignorant.
íll-júdged 形 無分別な, 無思慮な.
íll-mánnered 形 不作法な, 失礼な (↔ well-mannered). 【類義語】⇨ rude.
íll-nátured 形 意地の悪い. ~**·ly** 副
＊**íll·ness** /ɪ́lnəs/ 名 ỤC 病気 ❶ 病気(の状態); (病気の)期間: have a severe [slight] ~ 重病[軽い病気]である / various ~es いろいろな病気 / (a) mental ~ 精神病 / Measles is a children's ~. はしかは子供の病気だ / He's absent because of ~. 彼は病気で休んでいる / We have had a great deal of ~ here this winter. 当地ではこの冬病気が多かった. (形 ill)
【類義語】 illness 通例あまり重くない病気. sickness illness よりは少し口語的. disease illness よりは具体的な病気で病名のはっきりしたもの, 伝染病または医学研究・治療の対象となるもの. malady しばしば死に至る慢性病.
il·lo·cu·tion /ɪ̀ləkjúːʃən/ 名 【哲】発語内行為 《ある発話をすることがなにか行為をなすことになること; たとえば「明日来ることを約束します」という発話はそれ自体で「約束する」という行為になる》.
il·lo·cu·tion·ar·y /ɪ̀ləkjúːʃənèri, -ʃ(ə)nəri/ 形 発語内の: an ~ act 発語内行為.
il·log·ic /ɪ(l)ládʒɪk, -lɔ́dʒ-/ 名 Ụ 没論理, 無論理, 不合理.
†**il·log·i·cal** /ɪ(l)ládʒɪk(ə)l | ɪ(l)lɔ́dʒ-⁼/ 形 非論理的な, 不合理な, 筋の通らない: an ~ statement 筋の通らない陳述. 〈IL-＋LOGICAL〉【類義語】 **illogical** 論理にかなわない, 筋が通らない. **irrational** 理性的でない, 理屈抜きの, 非合理的. **unreasonable** 理性に欠けて無分別・わがまま・強欲・常識はずれの, または偏見を持っている.
il·log·i·cal·i·ty /ɪ(l)làdʒɪkǽləti | ɪ(l)lɔ̀dʒ-/ 名 ❶ Ụ 非論理性, 不合理. ❷ Ⅽ 非論理にばけたこと[もの].
il·log·i·cal·ly /-kəli/ 副 非論理的に, 不合理に.
íll-ómened 形 不吉な; 不運な.
íll-sérved 形 よい扱いを受けていない, 十分に対応されていない.
íll-stárred 形 星回りの悪い; 不運な.
íll-súited 形 不適当な, 不向きな, 似合っていない.
íll-témpered 形 不機嫌な; 怒りっぽい, 気難しい.
íll-tímed 形 時を得ない, 折の悪い (↔ well-timed): an ~ joke 時をわきまえないジョーク.
íll-tréat 動 ⦅...を⦆虐待する.
íll-tréatment 名 Ụ 虐待, 酷使.
il·lude /ɪlúːd/ 動 ⦅詩・文⦆欺く, 惑わす; 錯覚させる.

il・lume /ɪlúːm/ 動 他 《詩・文》 =illuminate.
il・lu・mi・nance /ɪlúːmənəns/ 名 《光》=illumination.
il・lu・mi・nant /ɪlúːmənənt/ 形 発光性の, 照らす. ─ 名 光源, 発光体[物]《石油・電灯など》.
***il・lu・mi・nate** /ɪlúːmənèɪt/ 動 他 ❶ 〈…に〉灯火をともす: The street was ~d by streetlights. 通りには街灯がともされていた. ❷ 〈…を〉照らす, 照明する: The sky was ~d with searchlights. 夜空はサーチライトで照らされて(明るくなって)いた / Her face was ~d by a smile. [比喩的]彼女の顔は笑みで明るんだ. ❸ 〈…に〉イルミネーションを施す(cf. illuminated 1): The streets were ~d with Chinese lanterns for the festival. 通りはお祭りのちょうちんで飾られていた. ❹《写本などを色模様・飾字などで飾る》(⇒ illuminated 2). ❺ a 〈…を〉啓発[啓発]する: ~ the [a person's] mind 人の心を啓発する. b 〈…に〉(説明・解釈の)光明を投ずる, 〈…を〉明らかにする, 解明する (clarify): The book ~d our problem. その本は我々の問題に解明を与えてくれた. c 〈…に〉光彩を添える, 〈…を〉有名にする: Shakespeare ~d Elizabethan drama. シェイクスピアはエリザベス朝の劇を輝かしいものにした.
《L 照らし出す IL-+*lumen, lumin-* 光 (cf. luminary)》 名 illumination

il・lú・mi・nàt・ed /-tɪd/ 形 ❶ イルミネーションを施した: an ~ fountain 照明された噴水. ❷《写本など》彩飾された: an ~ manuscript 彩色[金泥]写本.

il・lu・mi・na・ti /ɪlùːmənɑ́ːti/ 名 ❶ 明知を誇る人々と, (自称)哲人たち. ❷ [I~] 光明派: a 16 世紀スペインのキリスト教神秘主義の一派. b 1778 年ドイツ Bavaria に起こった自然神教を奉ずる共和主義の秘密結社.

il・lú・mi・nàt・ing /-tɪŋ/ 形 ❶ 照らす, 照明の. ❷ 解明する, 啓蒙的な: an ~ remark 啓蒙的な言葉. ~・**ly** 副.

***il・lu・mi・na・tion** /ɪlùːmənéɪʃən/ 名 ❶ a 〔U〕照らすこと[される状態]. b 《光》照度. ❷ 〔C〕[複数形で] 《英》イルミネーション, 電飾. ❸ 〔U〕啓蒙(ﾓｳ) (enlightenment), 解明. ❹ 〔C〕[通例複数形で] (写本の)彩飾. 動 illuminate.

il・lu・mi・na・tive /ɪlúːmənèɪtɪv, əl-, -nət-, -nèɪt-/ 形 ❶ 明るくする. ❷ 啓蒙的な.

il・lú・mi・nà・tor /-tə/ 名 ❶ 光を与える人[もの], 照明係, 照明器(具), 発光体. ❷ 啓蒙者. ❸ 写本彩飾師.

il・lu・mine /ɪlúːmɪn/ 動 他 《文》 ❶ 〈…を〉照らす, 明るくする. ❷ 〈…を〉啓蒙(ﾓｳ)する, 啓発する. ❸ 〈心などを〉明るくする, 晴らす.《ILLUMINATE と同語源》

illus. 略 illustrated; illustration.

ill-úsage 名 〔U〕虐待, 酷使.

íll-úse /-júːz/ 動 他 〈…を〉虐待[酷使]する《★しばしば受身》. /-júːs/ 名 ill-usage.

***il・lu・sion** /ɪlúːʒən/ 名 ❶ 〔C,U〕幻覚, 幻影, 幻: Life is only (an) ~. 人生は幻にすぎない. ❷ 〔C〕思い違い, 勘違い, 錯覚, 幻想, 誤解: a vain ~ むなしい幻想 / A warm day in winter gives an ~ of spring. 冬の暖かい日は春であるかのような錯覚を起こさせる / have no ~(s) about... に幻想を抱いていない / [+*that*] be under the ~ *that*... という思い違いをしている / She has [cherishes] the ~ *that* she's the smartest person in the office. 彼女は職場でいちばん頭がよいと勝手に思い込んでいる. ❸ 〔C〕錯覚: an optical ~ 錯視. -**al** /-ʒ(ə)nəl/, -**ary** /-ʒənèri/, -ʒ(ə)nəri/ 形 《F <L *illudere, illus-* からかう <IL-+*ludere* 遊ぶ (cf. ludicrous)》 (形 illusory)
〘類義語〙 illusion 誤って現実とは違う認識を持つこと. delusion 惑わされたり, 精神錯乱などにより現実とは違ったことを思いこむこと; しばしば実害を伴うことを暗示する.

il・lu・sion・ism /-ʒənìzəm/ 名 ❶ 〔U〕幻想論, 迷妄説《実在世界は一つの幻影と説く》. ❷ 《芸術》幻覚法, だまし絵技法.

il・lú・sion・ist /-ʒ(ə)nɪst/ 名 手品師, 奇術師.

il・lu・sive /ɪlúːsɪv/ 形 =illusory. ~・**ly** 副.

il・lu・so・ry /ɪlúːs(ə)ri/ 形 ❶ 錯覚を起こさせる[に基づく], 人を惑わす. ❷ 架空の, 非現実的な: an ~ hope 現実離れした望み. -**ri・ly** /-rəli/ -**ri・ness** 名 (名 illusion)

907 | **image hosting**

illust. 略 illustrated; illustration.
***il・lus・trate** /íləstrèɪt, ɪlʌ́streɪt | íləstrèɪt/ 動 他 ❶ (実例・比較などで)〈…を〉説明する, 例証する (demonstrate): The phenomenon is well ~*d* in history. その現象は歴史に十分に例証されている / [+*wh.*] This diagram ~s how the blood circulates through the body. この図表はどのようにして血液が体中を巡るかということを説明している / He ~*d* his theory *with* [*by giving*] several examples. 彼は自説をいくつかの例をあげて説明した. ❷ 〈…の〉一例となる: a work that ~s his techniques 彼の技巧の典型である作品. ❸ 〈本などに〉さし絵[図版]を入れる, 図解する (cf. ⇒ illustrated): The author has ~*d* the book *with* some excellent pictures. 著者は本書の中にりっぱな絵を挿入している. ─ 自 例をあげて説明する, 例証[例示]する. 《L=輝かせる, 明瞭にする, 評判にする <IL-+*lustrare* 明るくする》 (名 illustration; 形 illustrative)

il・lus・trát・ed /-tɪd/ 形 写真[さし絵]入りの, 図解付きの: an ~ book 絵入り本.

***il・lus・tra・tion** /ìləstréɪʃən, ɪlʌ̀s-| ìləs-/ 名 ❶ 〔C〕(本の)さし絵, 図版, イラスト. ❷ a 〔C〕実例, 例: as an ~ (実)例として. b 〔U〕例解[図解](すること), 説明. by way of ~ 実例として / in ~ of... …の例証として. (動 illustrate)
〘類義語〙 ⇒ instance.

il・lus・tra・tive /ɪlʌ́strətɪv | íləstrət-, -strèɪt-/ 形 実例となる, 例証となる: an ~ sentence 例文 / This is an example ~ *of* the problems we face. これは私たちが直面している問題点を説明する例である. ~・**ly** 副 (動 illustrate)

il・lus・trà・tor /-tə | -tə/ 名 ❶ さし絵画家, イラストレーター. ❷ 図解[説明]者.

il・lus・tri・ous /ɪlʌ́striəs/ 形 ❶ 有名な, 著名な (distinguished). ❷ 〈行為などが〉華々しい, 輝かしい. ~・**ly** 副. ~・**ness** 名 《ILLUSTRATE と同語源》

ill will 名 〔U〕悪意, 反感, 憎悪, 恨み (hostility): bear a person ~ [no ~] 人に悪意をもつ[もたない].

ill-wìsher 名 他人の不幸を願う者.

il・men・ite /íləmənàɪt/ 名 〔U〕《鉱》チタン鉄鉱.

ILO /áɪélóʊ/ 略 International Labor Organization. **ILS** 略 《空》 instrument landing system 計器着陸方式. **IM** /áɪém/ 略 instant messaging.

im- /ɪm; /m/ の前では i(m) | ìm/ 接頭 (b, m, p の前にくる in-1,2 の異形.

‡I'm /aɪm, áɪm/ I am の短縮形.

***im・age** /ímɪdʒ/ 名 ❶ **a** (大衆の抱く)イメージ: He has a good [bad] ~. 彼は世間の受け[評判]がよい[悪い]. **b** (個人の抱く)イメージ, 印象 《在》「イメージアップ」「イメージダウン」は和製英語): I fell in love with my ~ of him. (実際に彼でなく)私が勝手に描いた彼のイメージに恋をした. ❷ **a** (鏡・レンズによって作られる)像, 映像, 画像: look at one's ~ in a mirror 鏡に映った自分の姿を見る / a real [virtual] ~ 実[虚]像. **b** 《放送》 processing 画像処理. **b** (心に浮かぶ)映像, 心像; 面影: an ~ imprinted on one's mind 心に焼きついた映像 / The ~ of my father is still fresh in my mind. 父の面影は今でも私の心に鮮やかに残っている. ❸ **a** 像, 彫像, 画像. **b** 聖像, 偶像. **c** 形, 姿 [*of*]: God created man in his own ~. 神はのかたちに人を創造された《★聖書「創世記」から》. **b** 〈…に〉のよく似た人[もの]: He's the spitting ~ *of* his father. 彼は父親にそっくりだ. **b** 《…の》象徴, 典型, 化身, 具現: She's the ~ *of* the successful businessperson. 彼女は成功した実業家の典型だ. ❺ **a** (写実的)描写, 表現: a vivid ~ of prison life 獄中生活の生き生きとした描写. **b** 《修辞》比喩(的)表現, 形象: speak in ~s こそで話す. ─ 動 他 ❶ 〈…の〉像を作る[描く], 〈…を〉画像化する. ❷ 〈…を〉心に描く, 想像する. 《F <L = *imago, imagin-* 似姿, 肖像; cf. imagine》

ímage àdvertising 名 印象広告, イメージ広告.
ímage hòsting 名 〔U〕《電算》画像ホスティング《ネットオークションに出品する品物などの画像を掲示する場所を提供す

ímage inténsifier 名《電子工》イメージ[映像]増倍管.
ímage màker 名 イメージづくりをする人, イメージメーカー《企業の広報担当者など》.
im・ag・er・y /ímidʒ(ə)ri/ 名 ⓤ ❶ 像, 彫像; 心像. ❷《文芸》(比喩の表現に用いる)形象, イメージ.《IMAGE+-ERY》
ímage scànner 名 イメージスキャナー, 画像読み取り装置《絵や文字の画像的特徴を光学的に読み取り, デジタル信号に変換する装置》.
ímage sètter 名《電算》イメージセッター《印画紙やフィルムに高い解像度で文字やデータを出力する装置》.
†**im・ag・in・a・ble** /ímædʒ(ə)nəbl/ 形［通例強調のために最上級形容詞または all, every, no などに添えて用いて］想像できる, 想像できる限りの(possible): *every* method ~ =*every* ~ method ありとあらゆる方法 / meet with the great*est* difficulty ~ ほとんど想像できないほどの大困難に遭遇する. **-a・bly** /-nəbli/ 副 **~・ness** 名（動 imagine）
i・mag・i・nal¹ /ímædʒənəl/ 形 想像の, 影像の, 心像の.
i・mag・i・nal² /ímédʒ(ə)nl/ 形《昆》成虫 (imago) の.
†**i・mag・i・nar・y** /ímædʒənèri | -n(ə)ri/ 形 (**more ~**; **most ~**) ❶ 想像(上)の, 架空の: an ~ enemy 仮想敵. ❷《数》虚数の (↔ real): an ~ number 虚数. **imag・i・nar・i・ly** /ìmædʒənérəli | ìmædʒən(ə)rəli/ 副（動 imagine）【類義語】**imaginary** actual, real に対する語で,「想像上の, 架空の」の意. **imaginative** 想像力を働かせた, 想像力の豊かな. **fictitious** 物語などの, 実録でなくて架空で, 想像の.
*__i・mag・i・na・tion__ /ìmædʒənéɪʃən/ 名 ❶ ⓤⓒ 想像, 想像力, 構想力: a strong ~ 豊かな想像力 / beyond all ~ 想像もつかぬほど / by a stretch of (the) ~ 無理して / He has no ~. 彼は想像力に欠けている / capture a person's ~ 人の心を捕らえる / I'll leave it to your ~. あとはご想像にお任せします / Use your ~. 想像力を働かせなさい; 考えてみれば［言わなくても］わかるだろ. ❷ ⓤ［また one's ~］想像(の所産); 空想: It's all (in) your ~. それはみな君の気のせいだ. **léave nóthing to the imaginátion** (1)《衣服が》はだか同然である. (2)《暴力・性描写が》生々しい, きわめて直接的である.（動 imagine）【類義語】⇒ fancy.
*__i・mag・i・na・tive__ /ímædʒənətɪv, -nətiv- | -dʒ(ə)nət-/ 形 ❶《人など》想像［創作, 構想］力に富む; 〈ものなど〉豊かな想像力から生まれた, 独創的な (↔ unimaginative): an ~ thinker 想像力の豊かな思索家. ❷ 想像（に関する）; 想像的な: the ~ faculty 想像力. **~・ly** 副（動 imagine）【類義語】⇒ imaginary.
*__i・mag・ine__ /ímædʒɪn/ 動 ❶〈…を〉想像する: She couldn't ~ her husband without a mustache. ひげのない夫なんて彼女には想像できなかった / You're *imagining* things. 気のせいだよ /［+目+(*to be*)補］*I* ~ *yourself* (*to be*) in his place. 君が彼の立場にあると想像してみたまえ /［目+*as*補］I always ~*d* him *as* a soldier. いつもあの人を軍人と想像していた /［+*doing*］Mary could not ~ marrying John. メアリーはジョンと結婚するなんて想像できなかった.（用法［+*to do*］は不可）/［+目+所有格］+*doing*］Can you ~ them [their] *get*ting married? あの二人が結婚するなんて想像できますか（用法《口》では所有格の代わりに目的格を用いる）/［+*(that)*］*I*~ *that* you're Gulliver among the Lilliputians. 君がリリパット人に囲まれたガリバーだと想像してごらん /［+*wh.*］Just ~ *how* angry I was! 私がどんなに怒ったかまあ考えてもごらん. ❷《口》**a**（特に誤解したり, 証拠もなく）〈…と〉思う, 考える:［+*(that)*］She ~*s* (*that*) he doesn't love her. 彼女は彼が自分を愛してくれていないものと思っている. **b**［I ~ で主文に並列的または挿入的に用いて］〈…と〉思うよ: He'll come back, *I* ~. 彼は戻ってくると思うよ. **c**〈…かと〉推測する, 推察する:［+*wh.*］I can't ~ *how* you dare (to) tell me such things. 君がどうして私に向かってそんなことを言えるものなのか見当がつかない. ── 自 想像する. (Jùst)

imágine (it) [that]! ちょっと考えてもみたまえ, えっ何だって, まさか.《F<L=心に描く<*imago, imagin-*; cf. image》（名 imagination, 形 imaginary, imaginative）
【類義語】**imagine** ある状況や考えなどを心に思い浮かべる. **suppose** 推測して思う. **guess** suppose とだいたい同じ意味だがより口語的な語.
im・a・gi・neer /ìmædʒənɪə | -níə/ 名 創造的着想家, 企画立案人. **im・àg・i・néer・ing** 名
imagines /ímædʒənìːz/ 名 imago の複数形.
†**im・ag・ing** /ímɪdʒɪŋ/ 名（スキャナーなどによる）画像化, 画像処理.
im・ág・in・ings 名 想像, 空想.
im・ag・ism /ímɪdʒɪzm/ 名 ⓤ《文芸》写象主義, イマジズム《ロマン派に対抗して 1912 年ごろ起こった自由詩運動; 写象の明確さを綱領のーつとする》.
im・ag・ist /-dʒɪst/ 名 写象主義者, イマジスト. ── 形 写象主義(者)の, イマジストの［イマジズムの］.
i・ma・go /ímeɪgoʊ, ɪmáː-/ 名（複 **i・ma・gi・nes** /ɪmérɪgənìːz, -dʒə-/, **~s**）❶《昆》（チョウ・ガなどの）成虫 (cf. larva 1, pupa). ❷《精神分析》（両親などの）面影, 心像, イマーゴ.《L; IMAGE と同語源》
†**i・mam** /ɪmáːm/ 名 ❶ イマーム《イスラム教国の宗教的元首の称号》. ❷（イスラム教寺院の）司式僧, 導師.《Arab》
i・mam・ate /ɪmáːmeɪt/ 名［しばしば I~］イマーム (imam) の職. ❷ イマームの管区.
IMAX /áɪmæks/ 名《商標》アイマックス《観客の視野全体の大画面に映写する広角の投影システム》.
†**im・bal・ance** /ìmbæləns/ 名 ⓒⓤ 不均衡, 不安定, アンバランス《*between*》《比較》unbalance は主に精神的な不安定の意に用い, 一般には imbalance を用いる): (an) economic [social] ~ 経済[社会]的な不均衡.
im・bál・anced 形 不均衡な, アンバランスな.
im・be・cile /ímbəs(ə)l | -siːl/ 形 低能な, 愚鈍な, 大ばかな. ── 名 低能者, 愚か者, ばか者 (idiot). **~・ly** /-səli | -sìːli/ 副《L=ひ弱な》（名 imbecility）
im・be・cil・i・ty /ìmbəsíləṭi/ 名 ❶ ⓤ 低能; 愚かさ. ❷ ⓒ ばか[愚か]な言動.
im・bed /ɪmbéd/ 動（**im・bed・ded**; **im・bed・ding**）= embed.
im・bibe /ɪmbáɪb/ 動 他 ❶〈養分・水分などを〉吸収する, 摂取する. ❷〈酒を〉飲む. ❸〈思想などを〉吸収する, 同化する. ── 自 飲む; 吸収する.《L<IM-+*bibere* 飲む (cf. beer)》
im・bri・cate /ímbrɪkət/ 形《植・動》〈葉・うろこ〉重なり合った, かわら[覆瓦]状の; 〈星根ふき材料, 装備・模様など〉うろこ状に重なった. ── 動 他 /ímbrəkèɪt/ かわら合わせに重ねる[重ねる], うろこ状に重ねる[重ねる].
im・bri・ca・tion /ìmbrɪkéɪʃən/ 名 かわら合わせ状(の構造[模様]), うろこ形の重なり合い, 鱗状配列, インブリケーション.
im・bro・glio /ɪmbróʊljoʊ/ 名（複 **~s**）❶（劇の）複雑な筋. ❷ もつれ, 紛糾, ごたごた.《It》
im・brue /ɪmbrúː/ 動《文》〈手・剣を〉〈血で〉汚す, 染める《*with, in*》.
†**im・bue** /ɪmbjúː/ 動 ❶〈感情・意見などを〉〈人・心に〉吹き込む（通例受身）: ~ a person's mind *with* new ideas [confidence] 人の心に新思想[自信]を吹き込む / a mind ~*d with* liberalism 自由主義のしみこんだ精神. ❷〈色で〉〈ものを〉染める《*with*》.
IMF /áɪèméf/《略》International Monetary Fund.
IMHO, imho《略》in my humble opinion（電子メールなどで）卑見では, 僭越ながら, 私見によれば.
im・id・az・ole /ìmədæzoʊl/ 名 ⓤ《化》イミダゾール《異種環式化合物; コバルト検出試薬とする》.
im・ide /ímaɪd/ 名 ⓤ《化》イミド《アンモニアの水素原子の2つを金属原子で置換した化合物; cf. amide》. **i・m・id・ic** /ímíḏɪk/ 形
im・ine /ímiːn, -ʰ/ 名 ⓤ《化》イミン《アンモニアの水素原子の2つを炭化水素基で置換した化合物》.
i・mip・ra・mine /ímíprəmìːn/ 名 ⓤ《薬》イミプラミン《三環系抗鬱薬》.

im·i·ta·ble /ímətəbl/ 形 模倣できる. **im·i·ta·bil·i·ty** /ìmətəbíləti/ 名

†**im·i·tate** /ímətèɪt/ 動 ⓣ ❶ 〈人・ものを〉見習う, 手本にする. ❷ 〈人の態度・言葉などを〉まねる, 模倣する: A parrot can ~ human voices. オウムは人の声をまねることができる. ❸ 〈…を〉模写する, 模造する, 〈…に〉似せる; 〈…に〉似る: The plastic veneer ~s the grain of wood. その合成樹脂の薄板は木目性上げだ. 〖L=まねる〗 名 imitation, 形 imitative) 【類義語】imitate 「まねる」の一般的な語で, 手本や見本に従って同じようにする[作る]; 必ずしも正確な模倣とは言えない. copy できるかぎり元のものとそっくり同じようなものを作ろうとする. mimic 特に, 人の動作[しぐさ・声]などをそっくりまねる; ふざけたりからかったりするときに多く用いる. mock mimic とほぼ同義であるが, 相手をからかう感じが一層強い.

†**im·i·ta·tion** /ìmətéɪʃən/ 名 ❶ Ｕ **a** 模倣, まね. **b** 模造, 模写: in ~ of …を模倣して, まねて. ❷ Ｃ ものまね: give an ~ of …のまねをしてみせる. ❸ Ｃ 模造[偽造]品, 偽物, 模造作品. ── /̀ー ̀ー̀ ー̀/ 形 Ａ 模造…, 人造…, イミテーションの: ~ leather [pearls] 模造革[真珠] / ~ milk 代用ミルク. (動 imitate)

im·i·ta·tive /ímətèɪtɪv | -tət-/ 形 ❶ まね好きの, よくまねをする. ❷ 模倣の, 模造の, 模写の, 模倣的な; 〈…を〉まねて: (the) ~ arts 模倣芸術 (絵画・彫刻など) / ~ music 擬声音楽 / be ~ of …をまねる. ❸ 擬音[声]的な: ~ words 擬音[声]語. ~·ly 副 ~·ness 名 (動 imitate)

ím·i·tà·tor /-țə-| -tə-/ 名 模倣[模造, 偽造]者.

im·mac·u·la·cy /ɪmækjʊləsi/ 名 Ｕ 清潔, 潔白, 清純.

†**im·mac·u·late** /ɪmækjʊlət/ 形 ❶ よごれていない, しみひとつない (spotless): an ~ white shirt 純白のシャツ. ❷ 欠点のない, 完全な (perfect): an ~ writing style 完璧な文体. ❸ 清浄な, 純潔な, 無垢(むく)の: lead an ~ life 清らかな生活を送る. ~·ly 副 〖L=しみのない〗

Immáculate Concéption 名 [the ~] 〖カト〗 (聖母マリアの)無原罪懐胎(説), 無原罪の御宿り 〖マリアは受胎の瞬間から原罪を免れていたこと; その祝日 12 月 8 日; cf. virgin birth〗.

im·ma·nence /ímənəns/ 名 Ｕ ❶ 内在(性). ❷ 〖神学〗 **a** (神の宇宙における)内在[遍在](性). **b** 内在論.

ím·ma·nen·cy /-nənsi/ 名 =immanence.

im·ma·nent /ímənənt/ 形 ❶ (性質が)内在する, 内在的な 〖in〗. ❷ 〖哲〗 心の中にだけ起こる, 主観的な. ❸ 〖神学〗 (宇宙)内在(的)の. 〖L<IM-+*manere* remain〗

ím·ma·nent·ìsm /-tìzm/ 名 Ｕ ❶ 内在哲学[論] 《意識一元論》. ❷ 〖神学〗 内在論 〖神は宇宙のいたるところに内在するとする説〗. **-ist** 名

Im·man·u·el /ɪmǽnjʊəl/ 名 ❶ イマニュエル 《男性名》. ❷ 救世主; キリスト.

†**im·ma·te·ri·al** /ìmətí(ə)riəl⁻/ 形 ❶ 重要でない, 取るに足らない (irrelevant): That's ~ to me. それは私にはどうでもいいことだ. ❷ **a** 実体のない, 無形の, 非物質的な. **b** 精神上の, 霊的な.

ìm·ma·té·ri·al·ìsm /-lìzm/ 名 Ｕ 非物質論, 唯心論. **-ist** 名

im·ma·te·ri·al·i·ty /ìmətì(ə)riǽləti/ 名 ❶ **a** Ｕ 非物質性, 非実体性. **b** Ｃ 非物質的な[実体のない]もの. ❷ Ｕ 非重要性, 重要でないこと.

im·ma·ture /ìmət(j)ʊ́ə, -tjʊ́ə | -tjʊ́əs, -tjʊ́ə, -tʃʊ́ə⁻/ 形 ❶ 未熟な, 大人になっていない; 未完成の: an ~ understanding of life 人生についての幼稚な理解 / a powerful but ~ style of writing 力強いが未熟な文体. ❷ 〖地〗 〈地形が〉幼年期の. ~·ly 副 〖IM-+MATURE〗

im·ma·tu·ri·ty /ìmət(j)ʊ́(ə)rəti, -tjʊ́(ə)r- | -tjʊ́ər-, -tʃʊ́-/ 名 Ｕ 未熟, 未完成.

im·meas·ur·a·ble /ɪm(m)éʒ(ə)rəbl | ɪm-⁻/ 形 計ることのできない, 限りない; 果てしない, 広大な. **-a·bly** /-rəbli/ 副

im·me·di·a·cy /ɪmíːdiəsi/ 名 Ｕ 直接; 即時(性) 〖of〗.

*†**im·me·di·ate** /ɪmíːdiət/ 形 (比較なし) ❶ 即座の, 即時の, 早速の (instant): ~ cash 即金(払い) / ~ delivery [payment] じか渡し[即時払い] / an ~ answer [reply] 即答 / take ~ action 即時に行動を起こす / We require ~ notice of a change of address. 住所変更はすぐに知らせていただきたい. **b** Ａ 当面の, 目下の: our ~ plans 当面の計画. ❷ **a** Ａ 直接の, じかの: an ~ cause 直接の原因 / ~ information じかに得る情報. **b** Ａ すぐ隣の, 隣接した: an ~ neighbor すぐ隣の人 / to his ~ left 彼のすぐ左隣に / in the ~ vicinity of …のすぐ近くの[に, で]. **c** 〈将来・関係などが〉ごく近い (close): in the ~ future ごく近い将来に / one's ~ relatives ごく近い親戚. ~·ness 名 〖L=間のない, 直接の<IM-+*mediare* 中間にある〗

immédiate constítuent 名 〖言〗 直接構成要素 〖たとえば See him come. は, まず See と him come とに, 次に him come が him と come とに, それぞれ直接構成要素に分析される; cf. ultimate constituent〗.

*†**im·me·di·ate·ly** /ɪmíːdiətli/ 副 (比較なし) ❶ 直ちに, 即座に, 早速に: I wrote him an answer ~. 早速彼に返事を書いた. ❷ **a** 直接に: be ~ responsible to …に直接責任を負う / the people ~ affected by the flood その洪水の影響を直接受けた人たち. **b** すぐ近くに, 接して: He sat in the seat ~ in front of me. 彼は私のすぐ前の席に座った. ── 接 《英》 …やいなや: He did all sorts of mischief ~ my back was turned. 私が背中を向けるやいなや, 彼はありとあらゆるいたずらをした. 【類義語】⇒ soon.

im·med·i·ca·ble /ɪm(m)édɪkəbl⁻/ 形 不治の, 治らない; 取り返しのつかない.

im·me·mo·ri·al /ìmɪmɔ́ːriəl⁻/ 形 (人の記憶・記録にない)遠い昔の; 太古[大昔]からの. **from [since] time immemórial** 大昔から. 〖IM-+MEMORIAL〗

*†**im·mense** /ɪméns/ 形 (**more** ~, **most** ~; **im·mens·er, -est**) ❶ 巨大な, 広大な, 莫大(ばくだい)な: an ~ amount of money 莫大な金額の金. ❷ 計りしれない, 限りない: the ~ distances of outer space 宇宙の限りない広がり. ❸ 《口》 すてきな, すばらしい: He has an ~ grasp of nuclear physics. 彼は原子物理学をすごくよく理解している. 〖Ｆ<L=計ることのできない〗 【類義語】⇒ huge.

†**im·ménse·ly** 副 莫大に, 広大に: an ~ large sum of money 莫大な金額. ❷ とても, 非常に: He's ~ popular with his fellow workers. 彼は(職場の)同僚にとても人気がある.

im·men·si·ty /ɪménsəti/ 名 ❶ Ｕ 広大(さ), 莫大(さ), 無数, 無量. ❷ [複数形で] 莫大なもの[数量].

†**im·merse** /ɪmə́ːs | ɪmə́ːs/ 動 ⓣ ❶ 〈…を〉液体などに浸す, 沈める, つける: ~ *oneself in* a hot bath 熱い湯につかる. 〖キ教〗 〈人に〉浸礼を施す (⇒ immersion 2). ❷ [~ *oneself*] 〈…に〉熱中する, 没頭する 《★また過去分詞で形容詞的にも用いる; 今 immersed 2》: ~ *oneself in* study 研究に没頭する. 〖L<IM-+*mergere*, *mers-* 沈める (cf. merge)〗 (名 immersion)

im·mérsed 形 ❶ (液体に)浸された. ❷ Ｐ 〈…に〉熱中し, 没頭して (cf. immerse 3): I'm wholly ~ *in* this business at present. 今のところこの件で頭がいっぱいです.

im·mer·sion /ɪmə́ːʒən | ɪmə́ːʃən/ 名 ❶ Ｕ (液体に)浸すこと. ❷ 〖キ教〗 浸礼 《全身を水に浸す洗礼の形式》: total ~ 全身浸礼. ❸ 熱中, 没頭 〖in〗. (動 immerse)

immérsion hèater 名 投入電熱器 《直接水中に入れて湯を沸かす電熱器》.

im·mer·sive /ɪmə́ːsɪv | ɪmə́ː-/ 形 〖電算〗 没入型の 《視点を包み込むような画像を生成する》.

*†**im·mi·grant** /ímɪɡrənt/ 名 ❶ (外国からの)移民, (入国)移住者 (cf. emigrant). ❷ 移入植物[動物]. ── 形 移民の, 移住の; 移民の. 〖L=移住してくる(人); ⇒ immigrate, -ant〗

im·mi·grate /ímɪɡrèɪt/ 動 ⓘ 〈外国から〉…へ移住する 〖*from*〗 〖*to*〗. 〖IM-, migrate〗 (名 immigration) 【類義語】⇒ migrate.

*†**im·mi·gra·tion** /ìmɪɡréɪʃən/ 名 ❶ Ｕ.Ｃ (入国)移住, 入植 (cf. emigration 1). ❷ Ｕ (一定期間内の)移民

imminence

数. ❸ 入国管理[審査] (immigration control): pass [go] through ~ 入国管理所を通過する. (動 immigrate)

im·mi·nence /ímənəns/ 名 ❶ Ⓤ 切迫, 急迫. ❷ Ⓒ 切迫した危険[事情].

ím·mi·nen·cy /-nənsi/ 名 =imminence 1.

*__im·mi·nent__ /ímənənt/ 形 (比較なし)〈危険など〉今にも起こりそうな, 差し迫った, 切迫した (cf. impending): be in ~ danger of... 今にも...する[となる]危険(性)がある / Rain seemed ~. 今にも雨が降りそうだった. **~·ly** 副 差し迫って, 切迫して. 《L=上からふさぐ》

im·mis·ci·ble /í(m)mísəbl | ìm-⁻/ 形〈油と水のように〉混合することのない〈with〉. **-bly** 副 **im·mis·ci·bil·i·ty** /í(m)mìsəbíləṭi | ìm-/ 名

im·mis·e·ra·tion /ìmìzəréɪʃən/ 名 Ⓤ (経済的な)貧困化. **im·mis·e·rate** /ímízərèɪt/ 動 他

im·mit·tance /ímíṭəns, -tns/ 名【電】イミッタンス (admittance と impedance の総称).

*__im·mo·bile__ /í(m)móub(ə)l, -bi:l | -baɪl⁻/ 形 動かせない, 固定した, 不動の; 静止した (motionless). 《IM-+MOBILE》

im·mo·bil·i·ty /ìmoubíləṭi/ 名 Ⓤ 不動(性), 固定; 静止.

im·mo·bi·lize /í(m)móubəlàɪz/ 動 他 **a** 〈...を〉動かなく[動けなく]する, 固定する: Industry was ~d by a general strike. 産業はゼネストで停止した. **b** 〈ギプスなどで〉〈関節・骨などを〉固定する. ❷ **a** 〈貨幣の〉流通を止める. **b** 〈流動資本を〉固定資本化する. **im·mo·bi·li·za·tion** /ìmòubəlɪzéɪʃən | -laɪz-/ 名

im·mod·er·a·cy /í(m)mádərəsi, -drə- | ìmɔ́d-/ 名 Ⓤ 不節制, 過度, 法外.

im·mod·er·ate /í(m)mádərət, -drət | ìmɔ́d-⁻/ 形 節度のない, 中庸を欠く; 過度の, 法外な (excessive): make ~ demands 法外な要求をする. **~·ly** 副 **~·ness** 名 《IM-+MODERATE》

im·mod·er·a·tion /ìmàdəréɪʃən | -mɔ̀d-/ 名 節度[中庸]を欠いていること; 過度, 極端.

im·mod·est /í(m)mádɪst | ìmɔ́d-⁻/ 形 ❶ 慎みのない, 不謹慎な, 下品な, みだらな. ❷ 無遠慮な, 厚かましな, しゃばりの. **~·ly** 副 《IM-+MODEST》

im·mod·es·ty /í(m)mádɪsti | ìmɔ́d-/ 名 ❶ Ⓤ 不謹慎, 下品;無遠慮, 厚かましさ. ❷ Ⓒ 不謹慎な行為[言葉].

im·mo·late /ímələt/ 動 他 ❶ 〈...に〉いけにえとして捧(ささ)げる[殺す]〔to〕. ❷ 〈...を〉〈...の〉犠牲にする〔to〕. **ím·mo·là·tor** /-tə-|-tə/ 名 《L=(いけにえに)粉をふりかける》

im·mo·la·tion /ìməléɪʃən/ 名 ❶ Ⓤ いけにえに供すること, いけにえになること. ❷ Ⓒ いけにえ; 犠牲.

*__im·mor·al__ /í(m)mɔ́ːrəl | ìmɔ́r-⁻/ 形 ❶ **a** 道徳に反する, 不道徳な. **b** 不品行な, ふしだらな, 身持ちの悪い, 淫(いん)らな. ❷ 〈本・絵・映画など〉わいせつな. **~·ly** 副 《IM-+MORAL》 名 immorality)

immóral éarnings 名 ⑳ 不道徳[不倫]の稼ぎ, 売春による所得.

im·mor·al·ist /-lɪst/ 名 不道徳を唱える[実践する]人, 不道徳家[主義者]. **-ism** /-lɪzm/ 名

im·mo·ral·i·ty /í(m)mərǽləṭi | ìm-/ 名 ❶ Ⓤ 不道徳; 不品行, 不倫; わいせつ. ❷ Ⓒ [通例複数形で] 不道徳[背徳]行為, 乱行; わいせつ行為, 風俗壊乱. (形 immoral)

*__im·mor·tal__ /ímóʊtl | ìmɔ́ː-⁻/ 形 (比較なし) ❶ 不死の: No one is ~. 人は死すべきもの. ❷ 不滅の, 不朽の; 永続する, 永久の: an ~ work of art 不滅の芸術作品 / ~ glory 不朽の栄光. ━ 名 ❶ Ⓒ 不死の人, 不朽の存在. ❷ Ⓒ 名声不朽の人《特に作家·詩人》. ❸ [the ~s] (古代ギリシア·ローマの)神々. 《IM-+MORTAL》 (名 immortality)

im·mor·tal·i·ty /ìməɚtǽləṭi | ìmɔː-/ 名 Ⓤ ❶ 不死, 不滅, 不朽性, 永続性; 永遠の生命. ❷ 不朽の名声. (形 immortal)

im·mor·tal·ize /ímɔ́ːṭəlàɪz | ìmɔ́ː-/ 動 他 ❶ 〈...を〉不滅[不朽]にする,〈...に〉永続性を与える. ❷ 〈...に〉不朽の名声を与える: ~ a person [deed] in verse 詩にうたい不朽の名声を与える.

im·mor·tal·ly /-ṭəli/ 副 ❶ 永遠に. ❷ 無限に; 非常に: an ~ beautiful woman 絶世の美人.

im·mor·telle /ìmɔːtél | ìmɔː-/ 名 =everlasting 3.

im·mov·a·bil·i·ty /í(m)mùːvəbíləṭi | ìm-/ 名 Ⓤ 不動(性).

im·mov·a·ble /í(m)múːvəbl | ìm-⁻/ 形 ❶ 動かせない, 固定した; 動かない, 静止した: an ~ chair 固定いす. ❷ 不動の, 確固たる; 感情に動かされない, 無感動の, 冷静な: an ~ heart 冷静な心. ❸ 〈祭日·記念日など〉毎年同じ日付の, 固定した (↔ movable): an ~ feast 固定祝日 《Christmas など》. ❹【法】〈財産が〉不動の — property 不動産. ━ 名 [通例複数形で]【法】不動産. **-a·bly** /-vəbli/ 副 **~·ness** 名 《IM-+MOVABLE》

im·mune /ɪmjúːn/ 形 ❶ **a** 免疫の: an ~ body 免疫体, 抗体. **b** Ⓟ〈伝染病·毒などに〉免疫(性)がある: be ~ to [from] smallpox 天然痘に対して免疫性がある. ❷ Ⓟ **a** 〈課税·攻撃などを〉受けるおそれがない〈from, to, against〉(exempt): be ~ from arrest 逮捕される心配がない / be ~ to criticism 批判の心配がない《★ b の意から「批判されても動じない」にもなる》. **b** 〈...に〉動じない, 影響を受けない: He was ~ to all persuasion. 彼はいくら説得されても動じなかった. ━ 名 免疫者; 免除者. 《L=公務を免れている》 (名 immunity, 動 immunize)

immúne respónse 名 免疫応答, 免疫反応.

⁺**immúne sỳstem** 名 免疫系, 免疫システム.

⁺**im·mu·ni·ty** /ɪmjúːnəṭi/ 名 ❶ Ⓤ〈伝染病などに対する〉免疫(性), 免疫質〈from, to〉. ❷ **a** 〈責任·義務などの〉免除 (exemption): ~ from taxation 免税. **b** 特典: ⇒ diplomatic immunity. (形 immune)

im·mu·ni·za·tion /ìmjunɪzéɪʃən | -naɪz-/ 名 Ⓤ〔病気に対して〕免疫性を与えること〈against〉.

⁺**im·mu·nize** /ímjunàɪz/ 動 他 〔病気に対して〕〈人を〉免疫にする: Vaccination ~s people *against* smallpox. 種痘をすれば天然痘には免疫になる. (名 immunity)

im·mu·no- /ímjunou, ɪmjúː-/ [連結形]「免疫」「免疫学」.

im·mu·no·ássay 名【生化】免疫学的検定(法), 免疫測定(法). **-assáy·a·ble** 形

im·mu·no·chémistry 名 Ⓤ 免疫化学. **-chémist** 名 **-chémical** 形

im·mu·no·cómpetence 名【医】免疫適格. **-cómpetent** 形

im·mu·no·cómpromised 形【医】免疫システムがそこなわれた[弱体化している], 免疫無防備(状態)の.

im·mu·no·deficiency 名 免疫不全.

im·mu·no·génic 形 免疫原(性)の. **-genícity** 名 免疫原性.

im·mu·no·glóbulin 名【生化】免疫グロブリン《抗体としての分子構造をもつたんぱく質; 略 Ig》.

im·mu·nol·o·gy /ìmjunáləʤi | -nɔ́l-/ 名 Ⓤ 免疫学.

im·mu·no·sórbent 名 免疫吸着剤. ━ 形 免疫吸着剤の[を使う].

im·mu·no·suppréssant 形 =immunosuppressive.

im·mu·no·suppréssion 名 Ⓤ【医】免疫抑制.

im·mu·no·suppréssive 形〈薬が〉免疫抑制の, 拒否反応を抑制する. ━ 名 免疫抑制薬.

im·mu·no·thérapy 名 Ⓤ【医】免疫療法. **-therapéutic** 形

im·mure /ɪmjúɚ | ɪmjúə/ 動 他 ❶ 〈...を〉〈...に〉監禁する, 幽閉する〈in〉. ❷ **a** 〈...を〉〈...に〉閉じ込める〈in〉. **b** [~ oneself で] 〔...に〕閉じこもる, 引きこもる〈in〉. **~·ment** 名

im·mu·ta·bil·i·ty /í(m)mjùːṭəbíləṭi | ìm-/ 名 Ⓤ 不変(性), 不易性.

im·mu·ta·ble /í(m)mjúːṭəbl | ìm-⁻/ 形 不変の, 不易の (unchangeable): ~ laws 不変の法則. **-bly** /-ṭəbli/ 副 **~·ness** 名

IMO, imo 《略》in my opinion 私の見解では《電子メールなどで用いる》.

i-mòde /áɪ-/ 名 U 《商標》i モード.

imp¹ /ɪmp/ 名 ❶ 鬼の子, 小鬼, 小悪魔. ❷ いたずら[わんぱく]小僧.

imp² /ɪmp/ 動 他 《狩》〈鷹の翼〉に羽毛を付け足して繕う, つぎ羽をする; 〈…に〉翼を付ける.

imp. 《略》imperative; imperfect; imperial; impersonal; import; imported; importer; imprimatur.

im·pact /ímpækt/ 名 ❶ C 《通例単数形で》〈強い〉影響(力), 効果, 感化: have an ~ *on*…に影響を与える. ❷ U 衝撃, 衝突; 衝撃力: the ~ of sound *on* the ear 音が耳に突き当たること, 音が鼓膜に響くこと / *on* ～ 衝撃で; 当たった瞬間に. ━/-´-/ 動 他 ❶ 〈…に〉強い影響を与える (affect): The ad campaign has ~*ed* sales favorably. その宣伝活動は売り上げに好影響を及ぼした. ❷ 〈…に〉衝突する. ❸ 〈…を〉〈…に〉ぎゅっと押し込む, 詰め込む [*into, in*]: The bullet was ~*ed in* the wall. 弾丸は壁に突き刺さった. ━ 自 〈…に〉強い影響[衝撃]を与える: The embargo ~*ed on* export revenues. 通商停止は輸出総収入に大きな影響を及ぼした. 【L *impingere, impact-* 打ちつける; IMPINGE と同語源】

im·pact·ed 形 ❶ 〈くさびのように〉割り込んだ, 〈特に〉歯が埋伏している: an ~ tooth 埋伏歯. ❷ 《米》 **a** 人口稠密(ちゅう)の. **b** 〈地域が〉〈人口増加により学校等の公共施設の増設のために〉財政的に苦しんでいる.

im·pac·tion /ɪmpǽkʃən/ 名 U ぎっしり詰め込むこと, 密着させること. 《医》埋伏.

im·pác·tor 名 =meteorite.

im·pair /ɪmpéə | -péə/ 動 他 〈価値·美点·健康〉を減じ, 害する, そこなう, 傷つける. **~·ment** /-mənt/ 名 【F←L IM-+*pejorare* 悪化させる】

im·paired 形 悪くなった, そこなわれた, 健康を害した; 《複合語で》…に障害のある: hearing-*impaired* 聴覚に障害のある.

im·pa·la /ɪmpά:lə/ 名 《復 ~s, ~》《動》インパラ《アフリカ産の中型のレイヨウ; 優美な姿で走る》.

im·pale /ɪmpéɪl/ 動 他 〈とがったもので〉〈…を〉突き刺す, 刺し貫く: The butterflies were ~*d on* pins. チョウはピンで留められていた. **~·ment** 名 【IM-+PALE²】

im·pal·pa·ble /ɪmpǽlpəbl/ 形 ❶ **a** 手でさわって感じられない. **b** 実体のない, 無形の; ~ shadows 実体のない影. ❷ 簡単には理解できない, 容易に理解しがたい; 霊妙な: the ~ power of faith 信仰の霊妙な力. **-bly** /-pəbli/ 副

im·pan·el /ɪmpǽn(ə)l/ 動 他 (**im·pan·eled**, 《英》-**elled**; **im·pan·el·ing**, 《英》-**el·ling**) 《法》〈人の名〉を陪審員名簿に載せる. 〈陪審員名簿から〉陪審員を選ぶ.

✝**im·part** /ɪmpάət | -pά:t/ 動 他 ❶ **a** 〈人に〉〈ものを〉分け与える, 授ける. **b** 〈ものなどに〉〈性質などを〉添える, 加える (lend): Your presence will ~ an air of elegance *to* the party. あなたが出席してくだされば パーティーに優雅な趣が添えられます. ❷ 〈知識·秘密などを〉〈人に〉知らせる, 伝える, 告げる (convey): I've no information to ~ *to* you. あなたにお話しするような情報は何もない. 【IM-+PART】

✝**im·par·tial** /ɪmpάəʃəl | -pά:-/ 形 偏らない, 偏見のない; 公平な, 公明正大な: an ~ critic 公平な批評家. 【類義語】 ⇒ **fair**¹.

im·par·ti·al·i·ty /ɪmpὰəʃiǽləti | -pὰ:-/ 名 U 不偏, 公平無私, 公明正大.

ìm·pár·tial·ly /-ʃəli/ 副 偏らずに, 公平に.

im·pass·a·bil·i·ty /ɪmpὰsəbíləti | -pὰ:s-/ 名 U 通過不能.

im·pass·a·ble /ɪmpǽsəbl | -pά:s-/ 形 〈道路など〉通行できない; 通り抜けられない, 横断できない, 越せない. ❷ 〈困難など〉乗り越えられない, 克服できない: ~ difficulties 抜き差しならぬ窮地. **-a·bly** /-səbli/ 副 **~·ness** 名

✝**im·passe** /ímpæs | ǽmpɑ:s/ 名 《通例単数形で》 ❶ 袋小路. ❷ 行き詰まり, 難局 (deadlock): reach an ~ 行き詰まる. 【F】

im·pas·sion /ɪmpǽʃən/ 動 他 〈…の〉気持ちを高ぶらせる, 感激させる.

✝**im·pas·sioned** /ɪmpǽʃ(ə)nd/ 形 〈演説など〉情熱を込めた, 熱情的な, 熱烈な: make an ~ defense of one's views 見解を熱烈に弁護する.

✝**im·pas·sive** /ɪmpǽsɪv/ 形 ❶ 無表情な, 無感動の (emotionless), 平然とした, 冷静な. ❷ 苦痛を感じない, 無感覚な. **~·ly** 副 **~·ness** 名 【IM-+PASSIVE】

im·pas·siv·i·ty /ɪmpæsívəti/ 名 U 無表情, 無感動; 平気, 冷静. ❷ 無感覚.

im·pas·to /ɪmpǽstou, -pά:s-/ 名 U ❶ 《美》盛上げ塗り, 厚塗り; 厚く塗られた絵の具. ❷ 陶器の装飾用盛上げ. 【It】

im·pa·tience /ɪmpéɪʃəns/ 名 U ❶ 短気, 性急, せっかち; 〈…に対する〉いらだち, 不満, じれったさ 〈苦痛·圧迫などを〉我慢できないこと: with ~ 〈今か今かと〉やきもきして, あせりながら, いらいらして. ❷ 〈…への〉切望, あせり: one's ~ *for* fame 名声を求めるあせり / His ~ *to* leave was palpable. 彼が早く〈その場を〉離れたくてやきもきしているのよくわかった. 【←*impatient*】

im·pa·tiens /ɪmpéɪʃənz, -ʃiènz/ 名 《植》インパチェンス《ホウセンカなどツリフネソウ属の植物》.

✝**im·pa·tient** /ɪmpéɪʃənt/ 形 (**more** ~; **most** ~) ❶ いらいらしている, 我慢できない: an ~ reply 性急な返事 / get [grow] ~ いらいらしてくる / Don't be ~ *with* the children. 子供に短気を起こすな / I was ~ *at* his delay in answering. 彼の返事が遅れたのでいらいらした / He was ~ *of* interruption [delay]. 彼はじゃまされるのを[遅れるのが]我慢できなかった. ❷ 〔*of* 〕…したくて, 〈…が〉…することをしきりに望んで: 〔+*to do*〕The children are ~ *to* go. 子供たちは早く行きたくてむずむずしている / 〔+*for* +*to do*〕We were ~ *for* the airplane *to* take off. 飛行機が早く離陸してくれればよいと思った. **b** …を待ち遠しがって: He was ~ *for* his pay. 彼は給料が待ち遠しかった. **~·ly** 副 【IM-+PATIENT】(名) **impa**(**tience**)

✝**im·peach** /ɪmpí:tʃ/ 動 他 ❶ 《法》 **a** 《英》〈人を〉〈…のかどで〉責める, 告発[告訴, 非難]する, 〈…の罪を問う〉 〈罪を負わせる〉 〔*of, with*〕. **b** 《米》〈公務員を〉〈…の罪で〉弾効(だんこう)する 〔*for*〕. ❷ 〈名誉·人格などを〉疑う, 問題とする: ~ a person's motives [loyalty, character] 人の動機 [忠誠, 性格]を疑う. 【F】

im·peach·a·ble /ɪmpí:tʃəbl/ 形 弾効(だんこう) [非難, 告発]すべき: an ~ offense 告発すべき犯罪.

im·péach·ment /-mənt/ 名 U ❶ 《法》弾効(だんこう). ❷ 非難; 告訴, 告発.

im·pec·ca·bil·i·ty /ɪmpèkəbíləti/ 名 U 罪がないこと, 無過失. ❷ 完全無欠.

✝**im·pec·ca·ble** /ɪmpékəbl/ 形 ❶ 罪を犯さない, 罪[過失]のない. ❷ 欠点のない, 申し分のない (faultless): one's ~ manners 非の打ち所のない作法. 【IM-+PECCABLE】

im·péc·ca·bly /-kəbli/ 副 〈着こなしなど〉申し分なく, 完璧(かんぺき)に: She was ~ dressed in the latest fashion. 彼女は最新流行の服を完璧に着こなしていた.

im·pe·cu·nious /ɪmpɪkjú:niəs⁻/ 形 金のない, 無一文の, 貧乏な (poor). **~·ly** 副 **~·ness** 名

im·ped·ance /ɪmpí:dəns, -dns/ 名 U 《電》インピーダンス 《交流における電圧の電流に対する比》. 【↓ +-ANCE】

✝**im·pede** /ɪmpí:d/ 動 他 〈…を〉妨げる, じゃまする: ~ progress 進歩を妨げる. 【L=《原義》足かせをはめる IN-²+*pes, ped-* 足】(名) **impediment**(**s**)
【類義語】 ⇒ **hinder**¹.

✝**im·ped·i·ment** /ɪmpédəmənt/ 名 ❶ 妨害(物), 障害 〔*to* 〕. ❷ 身体障害; 〈特に〉言語障害: have a speech ~ 言語障害がある. (動 **impede**)【類義語】 ⇒ **obstacle**.

im·ped·i·men·ta /ɪmpèdəméntə/ 名 復 ❶ 〈行動を妨げる〉じゃま物; 手荷物. ❷ 《軍》隊需物資.

im·pel /ɪmpél/ 動 他 (**im·pel·ling**) ❶ 〈思想·感情などが〉〈人を〉〈…に〉駆り立てる, 〈人に〉〈…を〉強いる [促す]: Poverty *impelled* him *to* crime. 彼は貧困に駆られて罪を犯した / Hunger *impelled* him *to* steal. 飢えの

ため彼は盗みを働かざるをえなかった. ❷ [副詞句を伴って] 〈...を(...に)〉押し進める, 押しやる, 駆る: The strong wind *impelled* their boat *to* shore. その強風で彼らのボートは岸まで押し流された / The prisoners were *impelled forward* by prods from the soldiers' rifles. 捕虜たちは兵士の銃につっつかれて前方へ押しやられた. 【<IM-+*pellere, puls-* 駆り立てる (cf. pulse)】【類義語】⇒ compel.

im·pel·lent /ɪmpélənt/ 形 推進する, 押しやる; 駆り立てる 《用法》 the present participle impelling を用いるのが普通). —— 名 推進するもの, 推進力.

im·pél·ler, -lor 名 ❶ 推進する人[もの] ❷ 〖機〗 (渦巻ポンプ・ジェットエンジンなどの)羽根車, 回転翼, インペラー; 回転翼の羽根.

im·pend /ɪmpénd/ 動 ⓘ 〈危険などが〉今にも起こりそうである, 差し迫る.

im·pend·ing /ɪmpéndɪŋ/ 形 Ⓐ 〈不吉なことが〉今にも起こりそうな; 差し迫った, 切迫した (cf. imminent): an ~ storm 今にも来そうなあらし / an ~ battle 間近に迫った戦闘.

im·pen·e·tra·bil·i·ty /ɪmpènətrəbíləti/ 名 Ⓤ ❶ 貫通できないこと; 見通しがきかないこと. ❷ 無感覚, 頑迷. ❸ 不可解.

†**im·pen·e·tra·ble** /ɪmpénətrəbl/ 形 ❶ 突き通せない; 入り込めない, 奥の深い, 見通せない 〔to, by〕: ~ rock 貫けない岩盤 / ~ forests 踏み込めない森林 / ~ darkness 真っ暗やみ / to ~ light 光を通さない. ❷ 〈人・心などが〉かたくなの, 片意地な; 〈人・心など〉〈思想・感情などを〉受けつけなくて, 頑迷(がんめい)な 〔to, by〕: a person ~ *to* pity 情に動かされない人, 非情な人. ❸ 〈神秘など〉計り知れない, 不可解な, 理解できない (incomprehensible): an ~ mystery 不可解な神秘. **-bly** /-trəbli/ 副 【IM-+PENETRABLE】

im·pen·i·tence /ɪmpénətəns, -tns/ 名 Ⓤ ❶ 悔い改めないこと, 悔悟の情のないこと. ❷ 強情.

im·pen·i·tent /ɪmpénətənt, -tnt*/ 形 ❶ 改悛(かいしゅん)の情のない: an ~ murderer 罪を悔い改めない殺人者. ❷ がんこな, 強情な. —— 名 ❶ 悔い改めないがんこな人. ❷ がんこな人. **~·ly** 副

imper., imperat. 《略》imperative.

†**im·per·a·tive** /ɪmpérətɪv/ 形 ❶ ぜひともしなければならない, 緊急の, 必須の: an ~ duty ぜひとも果たすべき義務 / It's ~ that we (should) act at once. いやでもおうでも直ちに行動を起こさねばならない / It's utterly ~ for you to carry [get] this message to them. 君にぜひともこの伝言を彼らに伝えてもらわなければならないのだ. ❷ 命令的な, 断固とした; 威厳のある, 厳然たる: in an ~ tone 命令的な口調で. ❸ 〖文法〗 命令法の (cf. mood²): the ~ mood 命令法 / an ~ sentence 命令文. —— 名 ❶ **a** 命令: legal ~s 法令. **b** (情勢などによる)必要(性), 義務, 要請: moral ~s 道徳的要請. ❷ 〖文法〗 **a** [the ~] 命令法. **b** Ⓒ 命令法の動詞[文]. 【L=命令する】

im·pér·a·tive·ly 副 ❶ 命令的に, いやおうなしに. ❷ 威厳をもって.

im·pe·ra·tor /ɪmpəréɪtər, -rάː- | -tɔ:-/ 名 大将軍, 最高司令官, インペラトル (共和制ローマで凱旋将軍に与えられた称号); (帝政ローマの)皇帝会. **im·pe·ra·to·ri·al** /ɪmpèrətɔ́ːriəl˥/ 形 【L; cf. emperor】

im·per·cep·ti·ble /ɪmpəséptəbl | -pə-˥/ 形 気づかれないほどの, 目に見えないほどの: He gave me an almost ~ nod. 彼はかすかにうなずいてみせた / The difference is ~ *to* me. その違いは私にはわからない. ❷ 微細な, 少しずつの; ごくわずかな: an ~ change ごくわずかな変化. **im·per·cèp·ti·bíl·i·ty** /-sèptəbíləti/ **-ti·bly** /-təbli/ 副 気づかれぬほどに, かすかに, ごくゆっくりと; いつのまにか. 【IM-+PERCEPTIBLE】

ìm·percéptive 形 感知しない, 知覚力を欠いた, 洞察に欠ける. **~·ness** 名

ìm·percípience 名 Ⓤ 無知覚. **-percípient** 形

imperf. 《略》 imperfect.

†**im·per·fect** /ɪmpə́:fɪkt | -pə́:-˥/ 形 (比較なし) ❶ 不完全な, 不十分な; 欠点[欠陥]のある (faulty). ❷ 〖文法〗 未完了の: the ~ tense 未完了時制, (特に)半過去 《英語では過去進行時制, used to で表わされる時制がこれに相当する; 例: He *was singing*.). —— 名 [the ~] 〖文法〗 未完了時制[動詞]. **~·ness** 名 【IM-+PERFECT】

im·per·fec·tion /ɪmpəfékʃən | -pə-/ 名 ❶ Ⓤ 不完全. ❷ Ⓒ 欠点, 欠陥. ⇒ defect¹.

im·per·fec·tive /ɪmpəféktɪv | -pə-/ 形 〖文法〗 〈ロシア語などの動詞が〉未完了相[形]の. —— 名 未完了相[形](動詞).

im·pér·fect·ly 副 不完全に, 不十分に.

impérfect rhýme 名 〖詩学〗 不完全韻 〔脚韻の条件の一部を欠いているもの〕.

im·per·fo·rate /ɪmpə́ːf(ə)rət | -pə́ː-˥/ 形 ❶ 穴のあいていない; 無孔の. ❷ 〈郵便切手が〉目打ちのない.

†**im·pe·ri·al** /ɪmpí(ə)riəl/ 形 ❶ (比較なし) **a** 帝国の. **b** [しばしば I~] 英帝国の: the *I~* Conference (旧)大英帝国会議 (英本国と各自治領の首相の連絡会議) / ~ preference 英帝国内特恵関税. ❷ (比較なし) 皇帝の, 皇后の, 皇室の: the ~ crown 帝冠 / the ~ family [household] 皇室 / the *I~* Palace 皇居 / His [Her] *I~* Majesty 天皇[皇后]陛下. ❸ **a** 荘厳な, 堂々とした. **b** 傲慢(ごうまん)な, 尊大な. ❹ (比較なし) 〈商品など〉特大の, 上質の. ❺ (比較なし) 〈度量衡が〉英本国法定の標準に従う (inch, pound など): an ~ imperial gallon. —— 名 ❶ Ⓒ 皇帝ひげ 《ナポレオン 3 世のひげにならった下あごのとがりひげ). ❷ Ⓤ (紙の)インペリアル判 《(米) 23×31 インチ, (英) 22×30 インチ大). ❸ Ⓒ 特大[上質]品.

~·ly 副 【F<L=命令, 帝国〈*imperium* 支配, 統治; cf. empire】

impérial gállon 名 英ガロン (約 4.546 リットル; 略 imp. gal.; cf. gallon a).

†**im·pe·ri·al·ism** /-lɪzm/ 名 Ⓤ ❶ 帝政. ❷ 帝国主義, 領土拡張主義; 開発途上国支配(政策): economic ~ 開発途上国に対する経済支配. 【IMPERIAL+-ISM】

†**im·pe·ri·al·ist** /-lɪst/ 名 ❶ 皇帝支持者. ❷ 帝国主義者. —— 形 = imperialistic.

im·pe·ri·al·is·tic /ɪmpì(ə)riəlístɪk˥/ 形 ❶ 帝政の. ❷ 帝国主義の.

im·pe·ri·al·ís·ti·cal·ly /-kəli/ 副 帝国主義的に.

im·pér·i·al·ize /-lɑɪz/ 動 ⓣ 帝国の支配下に置く, 帝政化する, 帝国主義化する.

im·per·il /ɪmpérəl/ 動 ⓣ (**im·per·iled**, (英) **-illed**; **im·per·il·ing**, (英) **-il·ling**) 〈生命・財産など〉危うくする, 危険にさらす (endanger). **~·ment** 名

im·pe·ri·ous /ɪmpí(ə)riəs/ 形 ❶ 傲慢(ごうまん)な, 横柄な: an ~ manner 横柄な態度. ❷ 緊急の; 避けられない, 必須の: an ~ need 緊急の必要性. **~·ly** 副 **~·ness** 名 【L; ⇒ imperial, -ous】

im·per·ish·a·bil·i·ty /ɪmpèrɪʃəbíləti/ 名 Ⓤ ❶ 不死, 不滅性, 不朽性. ❷ (食品などの)無腐敗性.

im·per·ish·a·ble /ɪmpérɪʃəbl˥/ 形 ❶ 不滅の, 不死の, 不朽の (enduring). ❷ 〈食品など〉腐敗しない. **-a·bly** /-ʃəbli/

im·pe·ri·um /ɪmpí(ə)riəm/ 名 Ⓤ ❶ 至上権, 絶対的支配権, 主権, 帝権. ❷ 〖法〗 (国家の)絶対権. ❸ 帝国 (empire). 【L; ⇒ imperial】

im·per·ma·nence /ɪmpə́:mənəns | -pə́:-/ 名 Ⓤ 永久でないこと, 非永久[永続]性; 一時性, はかなさ.

im·per·ma·nent /ɪmpə́:mənənt | -pə́:-˥/ 形 永久[永続]的でない, 一時的な. **~·ly** 副

im·per·me·a·ble /ɪmpə́:miəbl | -pə́:-˥/ 形 貫き通せない, 不浸透性の, Ⓟ 〈水・ガスなどを〉(しみ)通さない 〔to〕.

im·per·mis·si·ble /ɪmpəmísəbl | -pə-˥/ 形 容認できない.

impers. 《略》impersonal.

†**im·per·son·al** /ɪmpə́:s(ə)nəl | -pə́:-˥/ 形 ❶ (特定の)個人に関する, 個人的でない; 個人的感情を交えない, 客観的な: ~ remarks 特定の人をささない[客観的な]ことば[批評]. ❷ 人格を持たない, 非人間的な: ~ forces 非人間的な力 (自然力など). ❸ 〖文法〗 非人称の:

im·per·son·al·i·ty /ɪmpə̀ːsənǽləti | -pə̀ː-/ 名 ❶ ⓤ 非個人性; 非人間人格〕性. ❷ ⓒ 特定の個人に関しない事; 非人間的なもの.

im·per·son·al·ly /-nəli/ 副 ❶ 非人格[非個人]的に. ❷ 〖文法〗非人称動詞代名詞〕として.

†**im·per·son·ate** /ɪmpə́ːsənèit | -pə́ː-/ 動 他 ❶ 〈俳優などが〉〈…の〉役を演じる, 〈…に〉扮(ふん)する. ❷ **a**〈人の態度・様子などを〉装う, まねる; 〈…の〉声色(こわいろ)を使う. **b**〈…になりすます〉: The man was accused of *impersonating* a policeman. その男は警官になりすましたかどで告発された. 〖IM-＋PERSONATE〗

im·per·son·a·tion /ɪmpə̀ːsənéiʃən | -pə̀ː-/ 名 ⓒ,ⓤ ❶ 役を演じること, 演技. ❷ ものまね, 声色(こわいろ): She did a good ~ of me. 彼女は上手に私のものまねをした.

im·per·son·a·tor /-tə/ | -tə/ 名 ❶ 扮装者, 声色(こわいろ)使い. ❷ 俳優, 役者; ものまね演芸家.

im·per·ti·nence /ɪmpə́ːtənəns | -pə́ː-/ 名 ❶ ⓤ〔特に目上の人に対して〕礼を失すること, 失礼, でしゃばり, 生意気: What ~! 何という失礼さ! / He had the ~ to say the fault was mine. 彼は失礼にも過失の責任は私にあると言った. ❷ ⓒ **a** 失礼な行為[言葉]. **b** 失礼[生意気]な人. ❸ ⓒ ⓤ 不適切, 見当違い, 無関係. ❹ ⓒ 不適切な行為[言葉].

im·per·ti·nent /ɪmpə́ːtənənt | -pə́ː-/ 形 ❶ 生意気な, 失礼な, でしゃばった: an ~ young man 生意気な若者 / Don't be ~ to your elders. 年長者に対して無礼のないようにしなさい / Would it be ~ to ask if you are married? 失礼でなければご結婚されているかどうかうかがってもよろしいでしょうか. ❷ 適切でない, 見当違いの, 〔…に〕無関係な: a fact ~ to the matter その問題に関係のない事実. ~·ly 副 〖IM-＋PERTINENT〗 【類義語】 **impertinent** 差でばかまし生意気で礼儀に反する. **impudent** impertinent に加えて恥知らずで厚かましい. **insolent** 言動が横柄な, 傲慢な. **saucy** うやうやしい態度がまるで生意気で.

im·per·turb·a·ble /ɪmpə̀tə́ːbəbl | -pə̀tə́ː-/ 形 容易に動じない, 落ち着いた, 冷静な: (an) ~ equanimity 少しも動じない落ち着き. **im·per·turb·a·bil·i·ty** /ɪmpə̀tə̀ːbəbíləti | -pə̀tə̀ː-/ 名 **-a·bly** /-bəbli/ 副 〖IM-＋PERTURB＋-ABLE〗

im·per·vi·ous /ɪmpə́ːviəs | -pə́ː-/ 形 Ⓟ ❶ 〈ものが〉〔水・空気などを〕通さないで, 不浸透で: a fabric ~ to water 水を通さない布. ❷ 〔批評に〕影響されないで; 損傷しないで, 耐えて: a mind ~ to criticism 批判に動じない心. ❸ 〔…に〕無感覚で, 鈍感で: a mind ~ to reason 道理の通じない頭. ~·ly 副 ~·ness 名 〖IM-＋PERVIOUS〗

im·pe·ti·go /ɪmpətáigou, -tíː-/ 名 ⓤ 〖医〗膿痂疹(のうかしん), インペチゴ, とびひ.

im·pet·u·os·i·ty /ɪmpètʃuάsəti | -ɔ́s-/ 名 ❶ ⓤ 激烈, 猛烈; 熱烈; 性急, せっかち. ❷ ⓒ 性急な[激しい]言動.

im·pet·u·ous /ɪmpétʃuəs; 英 -tjuəs/ 形 ❶ 〈風・流れ・速度などが〉激しい, 猛烈な. ❷ 〈気質・行動などが〉熱烈な, 性急な, 衝動的な (hasty, impulsive): She regretted her ~ decision. 彼女は自分の性急な決心を残念がった. ~·ly 副

†**im·pe·tus** /ɪmpətəs/ 名 ❶ ⓒ [または a ~] 勢い, はずみ, 刺激 (stimulus): give [lend] ~ to …に刺激を与える, …を促進する. ❷ ⓤ 〖機械〗運動量. 〖L＝攻撃〗

imp. gal. (略) imperial gallon.

im·pi·e·ty /ɪmpáiəti/ 名 ❶ ⓤ 不信心, 不敬虔(けいけん); 不敬, 不道徳, 不孝. ❷ ⓒ [通例複数形で] 不信心[不敬, 邪悪]な行為[言葉]. 〖IM-＋PIETY〗

im·pinge /ɪmpíndʒ/ 動 自 ❶ 〔…に〕影響を及ぼす: ~ *on* a person's way of thinking 人の考え方に影響を与える. ❷ 〔…に〕突き当たる, 衝突する 〔*on, upon, against*〕: Sight is made possible by rays of light *impinging on* the retina. 光線が網膜に当たって目が見える. ❸ 〔人

の権利・財産などを〕侵す, 破る, 侵害する〔*on, upon*〕. ~·ment 名 〖L＝打ちつける; IMPACT と同語源〗

im·pi·ous /ɪmpiəs, ɪmpáiəs-/ 形 ❶ 不信心な, 不敬虔(けいけん)な. ❷ 不敬な; 卑俗な. ~·ly 副 ~·ness 名

imp·ish /ɪmpɪʃ/ 形 小鬼 (imp) (のような); わんぱくな, いたずらな, ちゃめな: an ~ smile いたずらっぽい微笑. ~·ly 副 ~·ness 名

im·plac·a·bil·i·ty /ɪmplækəbíləti/ 名 ⓤ なだめがたいこと, 執念深さ.

†**im·plac·a·ble** /ɪmplækəbl/ 形 〈敵・憎しみなどが〉なだめられない, 和解しにくい, 執念深い, 容赦のない: (an) ~ hatred 執念深い憎悪. ~·ness 名 -**bly** /-bli/ 副 〖IM-＋PLACABLE〗

†**im·plant** /ɪmplǽnt | -plάːnt/ 動 他 ❶ 〖医〗〈…を〉〈体内に〉移植する, 埋め込む〔*into*〕. ❷ 〈思想などを〉〈人・心に〉植えつける, 吹き[教え]込む〔*in, into*〕: He ~ed these ideas *in* their minds. 彼は彼らの心にこれらの思想を植えつけた. ❸ 〈…を〉しっかり差し[埋め]込む〔*in*〕. ―/-/ 名 ⓒ 〖医〗移植組織, 移植片, インプラント (体内に移植される通例人工の臓器・器官・組織). ~·**er** 名 〖IM-＋PLANT〗 (名 implantation)

im·plan·ta·tion /ɪmplæntéiʃən | -plɑːn-/ 名 ⓤ ❶ 〖医〗移植, 埋め込み; 移植性転移. ❷ 教え[植え]込むこと. (動 implant)

im·plau·si·ble /ɪmplɔ́ːzəbl-/ 形 信じがたい, 本当〔もっともらしくない: an ~ statement 本当らしくない申し立て. -**si·bly** /-zəbli/ 副 **im·plau·si·bil·i·ty** /ɪmplɔ̀ːzəbíləti/ 名 ~·ness 名

*__im·ple·ment__ /ɪmpləmənt/ 動 他 〈契約・計画などを〉履行する, 実行する, 実施する (carry out); 〈要求・条件・不足などを〉満たす. ❷ 〈…に〉道具[手段]を与える. ― /-mənt/ 名 ⓒ **a** 道具, 用具, 器具: agricultural [farm] ~s 農具. **b** [複数形で] 用具[家具]一式. ❷ 手段; 手先. 〖L＝中を満たすもの〗 (名 implementation) 【類義語】 ⇒ instrument.

*__im·ple·men·ta·tion__ /ɪmpləməntéiʃən, -men-/ 名 ⓤ 履行, 実行, 実施; 充足. (動 implement)

†**im·pli·cate** /ɪmpləkèit/ 動 他 ❶ 〈人・ものが〉〈犯罪・よくないことに〉関係していることを証明する[示唆する] (cf. implicated). ❷ 〈…ということを〉ほのめかす, 間接的に言う 〔*that*〕; 含意する, 意味する. 〖L＝中に巻き込む＝IN-²＋*plicare, plicat-* 折りたたむ (cf. duplicate)〗 【類義語】 ⇒ involve.

†**im·pli·cat·ed** /-tid/ 形 Ⓟ 〈人・ものが〉犯罪・よくないことに関わって[関係[関連]して](るとされて): He's ~ *in* the scandal. 彼はその醜聞に関係している / a gene ~ *in* breast cancer 乳癌(がん)と関連する遺伝子.

*__im·pli·ca·tion__ /ɪmpləkéiʃən/ 名 ❶ ⓒ [複数形で] (予想される)影響, 結果: This economic policy will have significant ~*s for* our nation. この経済政策は我が国に重要な影響を及ぼすだろう. ❷ ⓒ,ⓤ 意味合い, 含み, 裏[言外]の意味: by ~ 含蓄的に, 暗に, それとなく / There's an ~ *of* "in spite of difficulty" in the phrase "manage to win." manage to win という句には「困難にもかかわらず(勝つ)」という意味合いが含まれている. ❸ ⓤ 連座, 密接な関係, 掛り合い: ~ *in* a crime 共犯. (動 implicate, imply)

im·pli·ca·ture /ɪmplɪkətʃə, -ˈ--ˌtʃə/ 名 〖哲・言〗 ❶ ⓤ 含意 (作用). ❷ ⓒ 含意 (意味).

*__im·plic·it__ /ɪmplísɪt/ 形 ❶ 暗に示された, 暗黙の (tacit) (↔ explicit): an ~ threat 無言の脅迫 / give ~ consent 黙諾を与える / Her meaning is ~ *in* her phrasing. 彼女の真意はその言葉づかいに暗示されている. ❷ Ⓐ 絶対的な, 盲目的な (absolute): ~ obedience 盲従 / ~ faith 盲信 / ~ trust 絶対的な信頼. ❸ 〖数〗〈関数が〉陰の, 陰関数表示の. ~·ly 副 ~·ness 名 〖F＜L＝中に巻き込まれた; implicate と同語源〗

im·plied /-pláid/ 形 含蓄された, 暗に含まれた, それとはなしの, 言外の (↔ express 形). ~·ly 副

im·plode /ɪmplóud/ 動 自 ❶ 〈真空管などが〉内側に破

im‧plore /implɔ́ːr/ -plɔ́-/ 動 他 ❶ 〈許し・慈悲などを〉懇願[嘆願, 哀願]する: I ~d his forgiveness. 彼に容赦を請うた. ❷ 〈人に〉〈援助・慈悲などを〉嘆願[懇願]する: She ~d him for another chance. 彼女は彼にもう一度機会を与えてくれと頼み込だ / He ~d her to marry him. 彼は彼女に自分と結婚してほしいと泣きついた. 〖F<L<IM-+plorare 泣き叫ぶ (cf. explore)〗 〖類義語〗⇒ beg.

im‧plór‧ing /-plɔ́ːrɪŋ/-plɔ́-/ 形 嘆願の, 哀願するような: an ~ glance 嘆願するようなまなざし. **~‧ly** 副

im‧plo‧sion /implóuʒən/ 名 C,U ❶ (真空管などの) 内破. ❷〖音声〗〈閉鎖音の〉内破 (↔ explosion).

im‧plo‧sive /implóusɪv/ 形〖音声〗〈閉鎖音が〉内破の. — 名 内破音 (↔ explosive).

*__im‧ply__ /implái/ 動 他 ❶ 〈…を〉(必然的に)含む, 伴う, 含蓄する;〈…の〉意味合いを含む,〈…を〉(暗に)意味[示唆]する: Speech implies a speaker. 言葉には当然話し手が伴う / Silence often implies resistance. 無言はしばしば反抗を意味する. ❷〈人・態度などが〉〈…を〉暗示する, ほのめかす: Her smile implied her consent to our proposal. 彼女の微笑は暗に我々の提案に賛成であることを示していた / [+(that)] His manner implied that he agreed with her. 彼の態度は彼女に同意したことを示すものだった. 〖F<L implicare 包み込む, 中に巻き込む〗 (implicate) (名 implication) 〖類義語〗⇒ suggest.

im‧pol‧der /impóuldər/ -də-/ 動 他〖英〗〈…を〉干拓する;〈…を〉埋め立てる.

im‧po‧lite /ɪmpəláɪt/ 形 不作法な, 失礼な: an ~ remark 不作法な発言 / Take care not to be ~ to the customers. お客様に失礼なことのないように気をつけなさい / It was ~ of you not to answer the question. = You were ~ not to answer the question. その質問に答えなかったのは失礼なことをしましたね. **~‧ly** 副 **~‧ness** 名 〖IM-+POLITE〗 〖類義語〗⇒ rude.

im‧pol‧i‧tic /impάlətik/ -pɔ́l-/ 形〈言動が〉考えのない, 賢明でない, 得策でない. **~‧ly** 副

im‧pon‧der‧a‧ble /impάndərəbl, -drə-/ -pɔ́n-/ 形 (重さなどの)計れない; 重さのない, ごく軽い. — 名 〖通例複数形で〗計量[評価]できないもの. **-a‧bly** /-dərəbli, -drə-/ 副

*__im‧port__ /ɪmpɔ́ːrt, -/ ɪmpɔ́ːt, -/ 動 他 ❶〈商品を〉〈…から〈…へ〉輸入する〖from〗〖to, into〗(↔ export): Europe ~s coal from America. ヨーロッパはアメリカから石炭を輸入する. ❷〖電算〗〈異なる形式のデータを〉インポートする, 取り込む〖to, into〗. ❸〈意見・感情・習慣などを〉〈…に〉持ち込む: Don't ~ personal feelings into an objective discussion. 客観的な議論に個人的感情をさしはさむな. ❹〈…の〉意味を〈…を〉意味する: Her curt reply ~ed deep displeasure. 彼女のそっけない返答は強い不満を意味した / [+(that)] His remarks ~ed that he supported the plan. 彼の言葉は彼が彼の計画を支持するという意味のものだった. — /-/-/ 名 ❶ a U 輸入 (↔ export). b C 〖しばしば複数形で〗輸入品. c U 〖通例複数形で〗輸入額. ❷ U 重要性 (importance): The matter was of great ~. 事は重大だった. ❸ 〖単数形で; 通例 the ~〗趣旨, 意味 (content): What was the ~ of his speech? 彼の演説の要旨は何だったか. — 形 A 輸入の: ⇒ import duty. 〖L=運び込む〖IM-+portare 運ぶ (cf. portable)〗 (名 importation) 〖類義語〗⇒ meaning.

im‧pórt‧a‧ble /-təbl/ 形 輸入できる.

*__im‧por‧tance__ /impɔ́ːrtəns, -tns | -pɔ́ː-/ 名 U ❶ 重要性, 重大さ: be of ~ 重要である / a matter of great [crucial] ~ 重大な事柄 / of no [little] ~ とるに足らない, つまらない. ❷ 重要な地位, 重み, 貫禄(ﾇﾞ): a person [position] of ~ 重要な人物[地位] / be conscious of one's own ~ うぬぼれている, 重んじている. ❸ 尊大さ, もったいぶり: with an air of ~ もったいぶって, 偉そうに. (形 important) 〖類義語〗**importance** 価値・意味・影響などが重要で注目に値すること; 最も一般的な語. **consequence** importance と同義に用いられることもあるが, 将来への影響が重要であることを示す. **weight** 他のものと比較して相対的に価値・重要性があること. **significance** うっかりすると見逃すが, 実は深い特殊な意味を持っていて重要性があること.

*__im‧por‧tant__ /impɔ́ːrtənt, -tnt | -pɔ́ː-/ 形 (**more ~**; **most ~**) ❶ **a** 重要な, 重大な, 大切な: an ~ problem 重大な問題 / It's very ~ that you (should) act confidently. 自信に満ちた態度で行動することは非常に重要である / The matter is ~ to us. その事柄は我々にとって重要だ / It's ~ for you to do that. そうすることは君にとって大切なことだ. **b** [**more ~**, **most ~** で挿入句的に用いて] (さらに[最も])重要なことには: He said it, and (what is) more ~, he actually did it. 彼はそう言った. そしてさらに重要なことには, 実際にそうした. ❷〈人・地位など〉有力な, 影響力のある, (社会的に)重要な, 著名な: an ~ family name / a very ~ person 非常に重要な人物 (cf. VIP). ❸ 尊大な, もったいぶった: with an ~ look 偉そうな顔をして[に構えて]. 〖L=重要な,(結果を)もたらす<importare; ⇒ import〗 (名 importance)

im‧pór‧tant‧ly 副 ❶ [**more ~**, **most ~** で文修飾で](さらに[最も])重要なことには. ❷ 重大に, 大事そうに, もったいぶって.

im‧por‧ta‧tion /impɔːrtéɪʃən | -pɔː-/ 名 (↔ exportation) ❶ U 輸入. ❷ C 輸入品. (動 import)

ímport dùty 名 C,U 輸入関税.

im‧pórt‧ed /-tɪd/ 形 輸入された: ~ goods 輸入品 / an ~ car 外車.

†**im‧pórt‧er** /-tər/ -tə-/ 名 輸入者[商, 業者], 輸入国 (↔ exporter).

ímport license 名 輸入承認証.

im‧por‧tu‧nate /impɔ́ːrtʃʊnət | -pɔ́ː-/ 形 ❶〈人・要求など〉うるさくせがむ, しつこい: ~ creditors しつこく請求する債権者 / She was ~ for the return of her money. 彼女はお金を返せとうるさく催促した. ❷〈事が〉切迫した, 急を要する. **~‧ly** 副 (動 importune)

im‧por‧tune /impɔːrt(j)úːn, impɔ́ːrtʃən | -pətjúːn, impɔ́ːtjuːn/ 動 他〈人に〉〈…を〉しつこくねだる, うるさく頼む[せがむ]: He ~d me for a position in my office. 彼は私のオフィスに雇ってくれとうるさく頼んできた / ~ a person with demands あれこれ要求を出して人を悩ます / [+目+to do] She ~d them to support the reform bill. 彼女は彼らに改革案を支持するようにしきりに頼んだ. 〖F<L=不都合な〗(形 importunate, 名 importunity) 〖類義語〗⇒ beg.

im‧por‧tu‧ni‧ty /impɔːrt(j)úːnəti | -pətjúː-/ 名 ❶ U [また no ~] しつこさ. ❷ C しつこい要求[懇願]. (動 importune)

*__im‧pose__ /impóʊz/ 動 他 ❶ **a**〈義務・罰・税などを〉〈人に〉負わせる, 課する, 賦課する: the death penalty on a person 人を極刑に処する / Citizenship ~s certain obligations on you. 市民であればいくらかの義務が課せられる. **b**〈意見などを〉〈…に〉押しつける, 強いる: ~ one's views on others 自分の意見を他人に強いる. **c** [~ oneself で] 〔人(のこと)に〕でしゃばる,〔人の所に〕押しかける (foist); ~ oneself upon others 人のことにでしゃばる; 人の所へ押しかける. **d**〈偽物などを〉〈人に〉押しつける, つかませる: ~ bad wine on customers 客に不良品のぶどう酒を買わせる. ❷〖印〗版面を組み付ける. — 自 (★ ~ on [upon] は受身可) ❶〔人の好意などに〕つけ込む, つけ入る, 乗じる;〔人に〕やっかいをかける: ~ on [upon] a person's kindness 人の親切につけ込む / "Why don't you stay at my house?" "Oh, I don't want to ~ on you." 「私の家に泊まらないか」「いや, 君にやっかいをかけたくないんだ」. **b**〔人をだます, 欺く: I will not be ~d upon. おれはだまされない. ❷〔他人(のこと)に〕でしゃばる, くちばしをはさむ 〔on, upon〕. 〖F<L=上に置く〖IM-+ponere, posit- 置く (cf. position)〗(名 imposition).

*__im‧pós‧ing__ 形 人目をひく, 印象的な, 堂々とした: an ~ building 堂々とした建物. **~‧ly** 副 **~‧ness** 名 〖類義語〗⇒ grand.

im·po·si·tion /ìmpəzíʃən/ [名] ❶ [U]〔義務・重荷・税などを〕〔人・ものに〕課すること, 負わせること, 賦課: the ~ *of* a poll tax *on* voters 選挙人への人頭税の賦課. ❷ [C] **a** 賦課物, 税, 負担. **b** 《英》(生徒に課する)罰課題. ❸ [C] だまし, 詐欺, ぺてん. ❹ [C]〔人の好意などに〕つけ込むこと〔*on, upon*〕. ❺ [C]【印】組み付け. ([動] impose)

im·pos·si·bil·i·ty /ìmpàsəbíləṭi | -pɔ̀s-/ [名] ❶ [U] 不可能(性). ❷ [C] 不可能なこと: perform *impossibilities* 不可能なことをする / It's an ~ for you to do so. 君がそうするのは不可能なことだ.

***im·pos·si·ble** /ìmpɑ́səbl | -pɔ́s-⁻/ [形] (**more** ~; **most** ~) ❶ (比較なし) **a** 不可能な: ~ tasks 不可能な仕事 / Nothing is ~ *for* [*to*] him. 彼には不可能なことは何もない / It's ~ *for* me to run as fast as you. 君と同じぐらい速く走ることは私には不可能だ《★〔+*for*+[代名]+*to* do〕の文型にも考えられるが, for+[代名]は形容詞にかかる感じが強い; cf. for D 5》/〔(+*for*+[代名])+*to* do〕The informant was ~ *to* trace. その情報提供者は捜し出せなかった《[用法] 主語が *to* do の目的語の関係に立つ場合の表現》《[変換] It was ~ to trace the informant. と書き換え可能》/ The question was ~ *for* him *to* answer. その質問は彼には答えることができなかった / be ~ *of* achievement [attainment, execution] 達成[到達, 実行]不可能である. **b** [the ~; 名詞的に; 単数扱い] 不可能な事(柄): attempt *the* ~ 不可能な事を試みる. ❷ とてもありえない, 信じがたい: an ~ rumor 信じがたいうわさ / It's ~ that such a thing could happen. そのようなことが起こるなんてありえないことだ /〔+*for*+[代名]+*to* do〕It's ~ *for* him *to* trust her. 彼が彼女を信頼するなんてことはありえない. ❸ 《口》**a** 〈人・状況など〉我慢のならない, 手に負えない (intolerable): an ~ child 手に負えない子 / an ~ person やっかいな[扱いにくい]人. **b** 〈品物など〉ひどく変てこな: an ~ hat ひどい帽子. 〖IM-+POSSIBLE〗

im·pos·si·bly /ɪmpɑ́səbli | -pɔ́s-/ [副] [通例形容詞を修飾して] ありそうにもなく; 途方もなく, 極端に: an ~ difficult problem とても歯が立たない問題 / an ~ cold morning お話にならぬほど寒い朝.

im·post¹ /ímpoʊst/ [名] ❶ 税; (特に)輸入税, 関税. ❷【競馬】(ハンディキャップとしての)負担重量. 〖F<L=課されたもの; ⇨ impose〗

im·post² /ímpoʊst/ [名]【建】迫元(せりもと)《arch の内輪の起点》.

im·pos·tor, im·post·er /ɪmpɑ́stə | -pɔ́stə/ [名] (他人を詐称する)詐欺師, ぺてん師.

im·pos·ture /ɪmpɑ́stʃə | -pɔ́stʃə/ [名] [U,C] (他人詐称による)詐欺(行為), ぺてん.

⁺im·po·tence /ímpəṭəns, -tns/ [名] [U] ❶ 無力, 無気力, 虚弱. ❷【医】(男性の)性交不能, 陰萎(いんい), インポ(テンツ). ([形] impotent)

ím·po·tency /-ṭənsi, -tnsi/ [名] =impotence.

⁺im·po·tent /ímpəṭənt, -tnt/ [形] ❶ 無(気)力な, ふがいない, なす術もない: an ~ feeling 無力感 / He's ~ *to* help her. 彼は彼女を助ける能力がない / (an) ~ rage (自分にはどうすることもできないという)やり場のない怒り[悔しさ] / Medicine is largely ~ *against* the disease. 医学はその病に対してほとんど無力である. ❷ 体力がない, 虚弱な. ❸【医】〈男性が〉性交不能[インポ(テンツ)]の, 陰萎(いんい)の. **~·ly** [副] 〖IM-+POTENT〗 ([名] impotence)

⁺im·pound /ɪmpáʊnd/ [動] [他] ❶ 〈迷い出た家畜などを〉囲い[おり]の中に入れる: ~ stray cattle 迷い出た牛を囲いに入れる. ❷ 〈水を〉(灌漑(かんがい)用に)ためる. ❸【法】〈人を〉拘置[監禁]する; 〈ものを〉(一時的に)保管する, 押収[没収]する (seize): ~ contraband 密輸品を押収する. **~·ment** [名] 〖IM-+POUND³〗

⁺im·pov·er·ish /ɪmpɑ́v(ə)rɪʃ | -pɔ́v-/ [動] [他] ❶ 〈人・国などを〉貧しくする, 貧乏にする. ❷ 〈…の〉質を低下させる; 〈土地などを〉やせさせる, 不毛にする. **~·ment** [名] 〖F< *em-* im-+*povre* poor〗

im·póv·er·ished [形] ❶ 貧乏な, 貧困化した. ❷ 力を失った, 質が落ちた; 動植物の種類[数]が少ない.

im·prac·ti·ca·bil·i·ty /ìmpræ̀ktɪkəbíləṭi/ [名] ❶ [U] 実行[実施]不可能. ❷ [C] 実行不可能なこと.

im·prac·ti·ca·ble /ìmprǽktɪkəbl⁻/ [形] ❶ 実行不可能な. ❷ 〈道路が〉通行不可能な. **-bly** /-kəbli/ [副]

⁺im·prac·ti·cal /ìmprǽktɪk(ə)l⁻/ [形] ❶ 〈人など〉実際的でない, 実際にうとい; 非実用的な. ❷ 《米》〈考え・計画など〉実行不可能な. **~·ly** /-kəli/ [副] 〖IM-+PRACTICABLE〗

im·prac·ti·cal·i·ty /ìmpræ̀ktɪkǽləṭi/ [名] ❶ [U] 非実際性, 実行不能. ❷ [C] 実行不可能な事柄.

im·pre·cate /ímprɪkèɪt/ [動] [他]〔人の上に〕〈災難などが〉ふりかかるようにと祈る: ~ a curse *upon* a person 人にのろいをかける. **ím·pre·cà·tor** /-ṭə | -tə/ [名]

im·pre·ca·tion /ìmprɪkéɪʃən/ [名] ❶ [U] (人などに災いあれと)祈ること. ❷ [C] のろい.

im·pre·cise /ìmprɪsáɪs⁻/ [形] 不正確な. **~·ly** [副] **~·ness** [名]

im·pre·ci·sion /ìmprɪsíʒən/ [名] [U] 不正確.

im·preg·na·bil·i·ty /ìmprègnəbíləṭi/ [名] [U] 難攻不落; 堅固.

im·preg·na·ble¹ /ɪmprégnəbl/ [形] ❶ 難攻不落の. ❷ (批評・議論・誘惑などに)動じない, 負けない; 道徳心の堅固な. **-bly** /-nəbli/ [副] 〖IM-+PREGNABLE〗

im·preg·na·ble² /ìmprégnəbl⁻/ [形] 受精[受胎]可能な. 〖↓+-ABLE〗

im·preg·nate /ɪmprégneɪt, ⁻⁻⁻/ [動] [他] ❶ **a** 〈…に〉〔…を〕しみ込ませる, 飽和[充満]させる《★しばしば受身》: a handkerchief ~*d with* perfume 香水のしみ込んだハンカチ / The air in the room *is* ~*d with* the smell of stale beer. その部屋には気の抜けたビールのにおいが充満している. **b** 〈心に〉〔…を〕しみ込ませる, 印象づける; 〔思想などを〕〔…に〕吹き込む, 植え付ける: a philosophy ~*d with* positivist notions 実証主義者の概念のしみ込んだ哲学. ❷ **a** 妊娠[受胎]させる. **b**【生】受精させる. — /ɪmprégnət/ [形] ❶ 妊娠している. ❷ [P] **a** 〔…が〕しみ込んで, 飽和して〔*with*〕. **b** 〔…を〕吹き込まれて〔*with*〕. 〖L=妊娠させる < IN-²+*pregnare, praegnat-* to be pregnant〗

im·preg·na·tion /ìmpregnéɪʃən/ [名] [U] ❶ 飽和, 充満. ❷ 鼓吹, 注入. ❸ 受胎; 受精.

im·pre·sa·ri·o /ìmprəsɑ́ːriòʊ/ [名] ([複] ~s) ❶ (歌劇・バレエ・音楽会などの)興行主, 座元. ❷ (一座の)監督, 指揮者; 経営者. 〖It=請負人〗

im·pre·scrip·ti·ble /ìmprɪskríptəbl⁻/ [形]【法】〈権利など〉時効で消滅できない, 法令で動かせない, 不可侵の, 絶対的な.

***im·press**¹ /ɪmprés/ [動] [他] ❶ 〈人に〉〔…で〕**感銘を与える**, 感動させる〔*with*〕: What ~*ed* me most was his kindness to newcomers. 私が最も感心[感動]したのは彼が最近来たばかりの人たちに親切なことだった / ⇨ impressed. ❷ 〈人に〉**印象を与える**: ~ a person favorably 人に好印象を与える / be favorably [unfavorably] ~*ed* 好[悪]印象を受ける /〔+目+*as*補〕He ~*ed* me *as* honest [an honest person]. 彼は私に正直(者)だという印象を与えた. ❸ **a** 〔人・心などに〕〔もの・ことを〕**銘記させる**: That accident ~*ed on* me the necessity of safety-belt regulations. その事故で私はシートベルト規定の必要性を痛感した. **b** [~ *oneself* で] 〈もの・ことが〉〔人・心などに〕焼きつく: His words ~*ed themselves on* me [my memory]. 彼の言葉は私の記憶に焼き付いた. **c** 〈人に〉〔…を〕痛感させる, 強く認識させる: He ~*ed* me *with* the importance of the task. 彼は私にその仕事の重要性を深く認識させた. ❹ 〈…に〉〔マークなどを〕押す, 刻印する; 〈マークを〉〔…の上に〕押す, 刻印する: He ~*ed* the wax *with* a seal.=He ~*ed* a seal *on* the wax. 彼はろうに封印を押した. — /⁻⁻/ [名] ❶ 押印, 刻印; 痕跡. ❷ 特徴〔*of*〕. 〖F<L=上に押す< IM-+*premere, press-* 押す (cf. press)〗 ([名] impression)

im·press² /ɪmprés/ [動] [他] (昔の海軍が)〈人を〉強制徴募する; 〈…を〉徴用[徴発]する.

im·préssed [形] [P]〔…に〕感動して, 感銘を受けて (cf. impress¹ 1): I was ~ *with* [*by, at*] his knowledge. 私は彼の知識に感銘を受けた / She's easily ~. 彼女はすぐに

感動する.

im·press·i·ble /ɪmprésəbl/ 形 感じやすい, 感受性の強い. **-i·bly** /-səbli/ 副

*im·pres·sion /ɪmpréʃən/ 名 ❶ C 印象, 感銘: auditory [visual] ~s 聴覚[視覚]的印象 / Those are his first ~s of Tokyo. それらが彼の東京に関する第一印象である / give (a person) a good ~ = create a good ~ (on a person) (人に)良い印象を与える / make an ~ on …に印象[感銘]を与える. ❷ C [通例単数形で] (漠然とした)感じ, 気持ち (feeling): What is your ~ of her response to our offer? 私たちの申し出への彼女の反応についてあなたはどんな感じを持ちますか / [+that] I had the ~ that he was right. 彼が正しいという感じがした / He seems to be under the ~ that I agree with him. 彼は私が同意見だとでも思っているようだ. ❸ U 効果, 影響: Punishment made little ~ on him. 罰を与えても彼にはほとんどききめがなかった. ❹ C a 捺印(ﾅﾂｲﾝ), 刻印. b 跡, 痕跡(ｺﾝｾｷ): leave an ~ 痕跡を残す. ❺ C [しばしば単数形で] (有名人の)物まね: do an ~ of …の物まねをする. ❻ C [しばしば単数形で] [印] 刷り, (原版のままの)刷り: the second ~ of the fifth edition 第5版第2刷. (動 impress¹)

im·pres·sion·a·ble /ɪmpréʃ(ə)nəbl/ 形 感じ[感動し]やすい, 外からの影響を受けやすい: an ~ child 感じやすい子供. **im·pres·sion·a·bil·i·ty** /ɪmpréʃ(ə)nəbíləti/ 名

im·prés·sion·ism /-ʃənìzm/ 名 U [通例 I-] [芸術] 印象派[主義] (事物の外形にとらわれず印象をそのまま表現しようとする).

*im·prés·sion·ist /-ʃ(ə)nɪst/ 名 ❶ [通例 I-] 印象主義者; 印象派の画家[彫刻家, 作家]. ❷ 有名人の物まねをする芸人. —— 形 [通例 I-] 印象派[主義]の.

im·pres·sion·is·tic /ɪmpréʃənístɪk/ 形 印象主義の, 印象派の. **-ti·cal·ly** /-tɪkəli/ 副

*im·pres·sive /ɪmprésɪv/ 形 (more ~; most ~) 印象的な, 強い印象を与える, 深い感銘を与える (↔ unimpressive): an ~ picture すばらしい絵[写真, 映画]. **~·ly** 副 **~·ness** 名 (動 impress¹)

im·préss·ment /-mənt/ 名 U 強制徴募[募兵]; 徴発, 徴用, 収用.

im·prest /ímprest/ 名 (公務執行のために国庫から出す)前払い金, 公用前渡金; (もと英国で徴募のときに兵士や水兵に与えた)前払い, 支度金.

im·pri·ma·tur /ìmprəmáːtə | -tə-/ 名 ❶ [通例単数形で] (特に, カトリック教会が与える)印刷[出版]許可. ❷ 許可, 認可, 免許, 承認.

†**im·print** /ímprɪnt/ 名 ❶ a 痕跡(ｺﾝｾｷ), 面影; 印象: the ~ of anxiety on a person's face 人の顔に表われた心配の色. b (押してきた)印, 印影, 跡: the ~ of a foot 足跡. ❷ (書物などの)インプリント, 奥付け (発行人の住所・氏名など; 本の扉の裏面につける; ★ 日本では巻末). —— /-´-/ 動 他 ❶ 〈…を〉心に・記憶などに強く印象づける, 銘記させる [on, upon, in]: The scene was ~ed on my mind. その光景は私の心に焼きついた. ❷ 〈判などを〉(…に)押す: ~ a postmark on a letter = ~ a letter with a postmark 手紙に消印を押す. 〘IM-+PRINT〙

im·print·ing /ímprɪntɪŋ, -´-´-/ 名 U [動・心] すり込み, 刻印づけ(生後すぐの動物が学習していく過程).

*im·pris·on /ɪmpríz(ə)n/ 動 他 ❶ 〈人を〉刑務所に入れる, 収監する. ❷ 〈人を〉閉じ込める, 監禁[拘束]する. 〘IM-+PRISON〙

*im·pris·on·ment /ɪmpríznmənt/ 名 U ❶ 投獄, 拘禁, 禁固(期間): life ~ 終身刑 / ~ at hard labor 懲役 / He was sentenced to three years' ~. 彼は懲役3年の刑を受けた. ❷ 監禁, 幽閉, 束縛. (動 imprison)

im·prob·a·bil·i·ty /ɪmprɑ̀bəbíləti | -prɔ̀b-/ 名 ❶ U [起こり]そうもないこと, 本当らしくないこと: He emphasized the ~ of its recurrence. 彼はそれが再発するようにないことを強調した. ❷ C ありそうもない事[柄]; 本当らしくない事.

†**im·prob·a·ble** /ɪmprɑ́bəbl | -prɔ́b-´-/ 形 ❶ 起こり[あり]そうもない; 本当らしくない (unlikely): an ~ story ありそうもない話 / It's not ~ that she will pass. ことによると彼女は合格するかもしれない. ❷ 異常な, 奇妙な, おかしな. 〘IM-+PROBABLE〙

im·prób·a·bly /-bəbli/ 副 異常に, 奇妙に (★ 文修飾可).

im·pro·bi·ty /ɪmpróubəti/ 名 U 不正直, 不誠実; 狡猾(ｺｳｶﾂ), 邪悪.

†**im·promp·tu** /ɪmprɑ́m(p)t(j)uː | -prɔ́m(p)tjuː/ 副 準備なしに, 即座[即席]に; 即興的に; 間に合わせに: verses written ~ 即興詩. —— 形 ❶ 準備なしの, 即席の, 即興的な: make an ~ speech 即席演説をする. ❷ 〈食事など〉間に合わせの, 急いで作った. —— 名 ❶ 即席演説[演奏], 即興詩. ❷ 〖楽〗即興曲(など). 〘L=準備のできて〙

†**im·prop·er** /ɪmprɑ́pə | -prɔ́pə-´/ 形 (more ~; most ~) ❶ (場所・目的などに)ふさわしくない, 不適当な (inappropriate): ~ storage of perishables 腐敗しやすい食品の不適切な貯蔵. ❷ (事実・規則などに)合わない, 誤った, 妥当でない: (an) ~ usage 誤った語法. ❸ a 不作法な; 不道徳な: ~ manners 不作法 / It's ~ to eat peas with a spoon. エンドウ豆をスプーンですくって食べるのは作法にはずれている. b 下品な, みだらな: ~ language みだらな言葉. **~·ly** 副 〘IM-+PROPER〙

【類義語】 **improper** 一般の社会通念からみて「不適当である」ことを表わす最も意味の広い語; 主として道徳, 言葉づかい, 礼儀作法などについて言う. **unseemly** ある特定の場合などに不適当[無作法]であり, 他人に不快な感じを与えるように言う. **indecent** 道徳・礼儀に反し, 慎みに欠け, 他人の顰蹙(ﾋﾝｼｭｸ)を買うような; 強い非難の感じがある.

impróper fráction 名 〖数〗仮分数 (分子が分母より大きい分数).

im·pro·pri·ate /ɪmpróuprièɪt/ 動 他 〈教会の収入を〉個人[法人]財産に移す; 〈十分の一税や教会財産を〉俗人の手に移す. **im·pro·pri·a·tion** /ɪmpròupriéɪʃən/ 名 **im·pró·pri·à·tor** /-ə-/ 名 教会財産を所有する俗人.

im·pro·pri·e·ty /ɪmprəpráɪəti/ 名 ❶ a U 不適当, 不穏当; 不正, 間違い. b U (語の)誤用. ❷ a U 不作法; 下品. b C 不作法[みだら]な行為[言葉].

im·prov /ímprɑv | -prɔv/ 名 U (口) 即興, アドリブ (improvisation).

im·prov·a·ble /ɪmprúːvəbl/ 形 改良[改善]できる.

*im·prove /ɪmprúːv/ 動 ❶ a 〈…を〉改良する, 改善する, 進歩[上達]させる: ~ one's health 健康を増進する / ~ one's [the] mind 精神[心](の働き)を向上させる / ~ one's English through constant practice 絶えず練習して英語を上達させる / His health is much ~d. 彼の健康はだいぶ良くなった. b ~ oneself で 上達する: He's anxious to ~ himself in [at] English. 彼は英語をもっと上達させたがっている. ❷ (農耕・建設などによって)〈土地・不動産の〉価値を高める: ~ a lot by building on it 建物を建てて地価を上げる. —— ❶ (…が)よくなる, 好転する, 進歩する, 増進する: His English is improving. = He's improving in English. 彼は英語が上達している / He has ~d much in health. 彼は健康をだいぶ回復した. ❷ a 〈よいものに〉改良を加える (★ 受身可): This can hardly be ~d on [upon]. これは改良の余地はほとんどない. b 〈記録などを〉更新する (★ 受身可): ~ on one's own record 自己の記録を更新する. 〘F =利益に転じる〙 (名 improvement) 【類義語】 **improve** 現状の不満足な点や欠陥などを改善する. **better** 現状に満足していても, さらに一層よくする. **ameliorate** 格式ばった語; 放置しておくことができないほどの悪い状態を改善する.

im·próved 形 改良[改善]された, 向上した.

*im·prove·ment /ɪmprúːvmənt/ 名 ❶ a U 改良, 改善, 進歩, 上達: the ~ of relations between France and China 仏中関係の改善. b C (同一物の)改良[改善]されたもの, 改良[改善]点; (前のものより進歩したもの: anticipate an ~ in the economy 景気の回復を期待する / This is certainly an ~ on [over] the previous attempt. これは確かに前の試みにくらべれば進歩

したものだ. ❷ ⓒ 模様替え: add ~s to [put ~s into] a house 家を模様替えする. (動 improve)

im·prov·i·dence /ɪmprɑ́vədəns, -dns | -prɔ́v-/ 名 ❶ ⓤ 先見の明のないこと, 無思慮; 不用意. ❷ 節約心のないこと.

im·prov·i·dent /ɪmprɑ́vədənt, -dnt | -prɔ́v-/ 形 ❶ 先見の明のない; 先を考えない; 不用意の. ❷ 〈人が〉(経済的に)将来の備えをしない, 節約心のない. **~·ly** 副

im·prov·ing /ɪmprúːvɪŋ/ 形 向上的・知的に教化する, ためになる.

im·prov·i·sa·tion /ɪ̀mprɑ̀vəzéɪʃən | ɪ̀mprəvaɪz-/ 名 ❶ ⓤ 即席でやること, 即興. ❷ ⓒ 即席に作った[やった]もの(即興詩[曲], 即興画[演奏]など). **~·al** 形 (動 improvise)

im·prov·i·sa·tor /ɪmprɑ́vəzèɪtɚ | -próuvəzèɪtə/ 名 即席に作る人, 即興演奏者. **im·pro·vi·sa·to·ri·al** /ɪmprɑ̀vəzətɔ́ːriəl | -próv-/, **im·pro·vi·sa·to·ry** /ɪmprɑ́vəzətɔ̀ːri, ɪ̀mprəvaɪz- | ɪ̀mprəvaɪzéɪtəri, -tri/ 形

†im·pro·vise /ímprəvàɪz, ＿＿＿ | ＿＿＿/ 動 ❶ 〈詩・音楽などを〉即席に作る, 即興で演奏する. ❷ 〈...を〉間に合わせに作る: ~ a bandage out of a clean towel きれいなタオルで間に合わせの包帯を作る. —— (演奏・演説などを)即席[即興]でする. **-vis·er, -vì·sor** 《F＜It＝あらかじめ準備していない》(名 improvisation)

ím·pro·vìsed 形 即席に作った, 即興の.

im·pru·dence /ɪmprúːdəns, -dns/ 名 ❶ ⓤ 軽率, 無分別, 不謹慎. ❷ ⓒ 軽率な言行.

im·pru·dent /ɪmprúːdənt, -dnt/ 形 軽率な, 無分別な, 不謹慎な: ~ behavior 軽率なふるまい / It was ~ of you to say so. = You were ~ to say so. そんなことを言うとはなんとも軽率な人だ. **~·ly** 副 【IM-＋PRUDENT】

im·pu·dence /ímpjʊdəns, -dns/ 名 ❶ ⓤ ずうずうしさ, 厚かましさ: George had the ~ to insult her. ジョージは生意気にも彼女を侮辱した. ❷ ⓒ 生意気な行為[言葉]: None of your ~s! 生意気はよせ!

im·pu·dent /ímpjʊdənt, -dnt/ 形 厚かましい, 恥知らずの: an ~ person 厚かましい人. **~·ly** 副 《L＜IN-¹＋pudens 恥じる》【類義語】⇒ impertinent.

im·pu·dic·i·ty /ɪ̀mpjʊdísəṭi/ 名 ⓤ 不謹慎, 厚顔無恥.

im·pugn /ɪmpjúːn/ 動 〈人の行動・意見・誠実さなどに〉異議を唱える, 論駁(ろんばく)する; 〈人を〉非難する, 攻撃する. **~·ment** 名

im·pugn·a·ble /ɪmpjúːnəbl/ 形 反駁[非難, 攻撃]の余地ある.

im·pu·is·sance /ɪmpjúːəs(ə)ns/ 名 ⓤ 無気力, 無力, 虚弱, 無能.

im·pu·is·sant /ɪmpjúːəs(ə)nt/ 形 無能な, 無力な, 虚弱な.

‡im·pulse /ímpʌls/ 名 ❶ ⓒ|ⓤ **a** (心の)衝動, 一時の感情, はずみ, でき心: a man of ~ 衝動的な人 / under the ~ of curiosity 好奇心に駆られて / [＋to do] He felt an irresistible ~ to say no. 彼はいいえと言いたい抑えがたい衝動を感じた / ⇒ impulse buying. [生] 欲求. ❷ ⓒ 行動の原因, 推進力; (外部からの)刺激, 鼓舞: react to an ~ 刺激に反応する. ❸ ⓒ [理] 力積《力と時間との積》; 瞬間力, 衝動力. ❹ ⓒ [電] 衝撃, インパルス. **on (an) ímpulse** 衝動的に駆られて, 衝動的に, 思わず: She often buys clothes on ~. 彼女はしばしば衣服を衝動買いする / On an ~, he grasped her hand. 彼は思わず彼女の手を握った. 《L＜IM-＋pellere, puls- 駆り立てる(cf. pulse)》(形 impulsive)

ímpulse bùy [pùrchase] 名 衝動買いしたもの.

ímpulse bùying 名 ⓤ 衝動買い.

im·pul·sion /ɪmpʌ́lʃən/ 名 ⓤ|ⓒ ❶ 衝撃, 刺激; 推進力. ❷ 衝動, はずみ.

†im·pul·sive /ɪmpʌ́lsɪv/ 形 ❶ 〈人・言動など〉一時の感情に駆られての, 衝動的な, 直情的な: an ~ person [act] 直情的な人[行為] / an ~ marriage 衝動的な結婚. ❷ 推進的な: an ~ force 推進力. ❸ [力] 瞬間力の. **~·ly** 副 **~·ness** 名 (名 impulse) 【類義語】⇒ spontaneous.

---

†im·pu·ni·ty /ɪmpjúːnəṭi/ 名 ⓤ 刑罰[害, 損失]を受けずに[免れる]こと(★ 通例次の成句で). **with impúnity** とがめなく, 無難に, 無事に: You cannot do this with ~. これをするときっととがめられる.

im·pure /ɪmpjʊ́ɚ | -pjʊ́ə-/ 形 ❶ 〈水・空気などが〉よごれた, 汚い, 不潔な. ❷ **a** 純粋でない, 混ざり物のある. **b** 〈色など〉混ざっている. **c** 〈文体・語法など〉混交の, 慣用的でない. ❸ **a** 〈動機など〉不純な: ~ motives 不純な動機. **b** 不道徳な, わいせつな: an ~ desire みだらな欲望. **c** (宗教的に)汚(けが)れた, 神聖でない: In some religions pork is considered ~. 宗教によっては豚肉は不浄れなされている. **~·ly** 副 **~·ness** 名 【IM-＋PURE】

im·pu·ri·ty /ɪmpjʊ́(ə)rəṭi/ 名 ❶ ⓤ 不潔, 不純. ❷ ⓒ 不純物, 混ざり物; [電子工] (半導体中の)不純物: impurities in food 食べ物の中の混ざり物 / contain [remove] impurities 不純物を含む[除去する]. ❷ **a** ⓤ みだら, わいせつ. **b** ⓒ 不純[不道徳]な行為.

im·put·a·ble /ɪmpjúːṭəbl/ 形 Ⓟ 〈罪など〉...のせいにすることができて: ~ to negligence 不注意によるものと思われる見落とし / No blame is ~ to him. 彼には何のとが[責任]もない.

im·pu·ta·tion /ɪ̀mpjʊtéɪʃən/ 名 ❶ ⓤ (罪などを)...に)帰する[負わせる]こと(to). ❷ ⓒ 非難, そしり, 汚名: an ~ of greed 貪欲のそしり[非難] / cast an ~ on [make an ~ against] a person 人をそしる. The ~ that he's greedy is unfounded. 彼が貪欲だという非難は根拠がない.

im·pute /ɪmpjúːt/ 動 〈罪などを〉帰する, 負わせる, 〈...のせいにする: She ~d the blame to me. 彼女はその罪を私に着せた / He ~d the increase in business failures to the recession. 彼は倒産の増加を不景気のせいにした.

‡in /(弱形)ɪn, ən | ɪn; (強形)ín/ 前 ❶ [場所・位置・方向などを表わして] **a** ...の中に[で, の]: in the house 家の中で[に] / a bird in a cage かごの中の鳥 / in a crowd 群衆の中に / in the world 世界中に. **b** ...において, ...で: at 1 [用法]: in London ロンドンに[で] / meet a person in the street 通りで人に会う(★ on the street も用いる) / There's some reason in what he says. 彼の言うことには一理ある. **c** ...の方に[へ, から]: in that direction そちらの方向に[へ] / The sun rises in the east. 太陽は東から昇る. **d** 〈乗り物などに〉乗って(⇒ by¹ 2 a; on 1): in a car 車に乗って, 車で. **e** [場所の機能を考えて無冠詞で用いて] ...で, ...に: in school 在学中で; 校舎内で / in class 授業中で / in bed 寝床で, 寝て.
❷ [行為・動作の方向を表わして] ...の中に; (口) ...を通って: fall in a river 川に落ちる / put one's hands in one's pockets ポケットに手を入れる / throw a newspaper in the wastebasket 新聞をくずかごの(中)に投げ込む / cut an apple in two リンゴを2つに切る / He came in the back door. 彼は裏戸から入ってきた.
❸ **a** [状態を表わして] ...の状態で[に]: in bad [good] health 病気[健康]で / in confusion 混乱して / in full blossom 花が満開で / in excitement 興奮して / in alarm 驚いて / in haste 急いで / in a rage 激怒して / in despair 絶望して. **b** [環境を表わして] ...の中で[を]: in the dark 暗がりで / go out in the rain [snow] 雨[雪]の中を出かける / sit in the sun 日なたに座る.
❹ **a** [行為・活動・従事を表わして] ...して, ...に従事して: in search of truth 真理を求めて / They're busy (in) preparing for the examination. 彼らは受験準備で忙しい(用法)(口)では in は略される). **b** [所属・職業を表わして] ...して, ...に: in the army 入隊して / in society 社交界に / He's in computers. 彼はコンピュータ関係の仕事をしている.
❺ [着用を表わして] ...を着て, 身につけて: in uniform 制服を着て / a girl in blue 青い服の少女 / a man in spectacles [an overcoat, a red tie] 眼鏡をかけた[オーバーを着た, 赤いネクタイをした]男.
❻ **a** [範囲を表わして] ...において, ...内で: in (one's) sight 視界の内に / in one's power 勢力範囲に, 力の限り

に / *in* the second chapter 第2章に / *in* my opinion 私の意見[考え]では. **b** [特定の部分を表わして] …の, …に関して: a wound *in* the head 頭の傷 / wounded *in* the leg 足に負傷して / He's blind *in* one eye. 彼は片目が見えない / I don't trust people who won't look me *in* the eye. 目を合わせてくれない人は信用しない. **c** [数量などを限定して] …として, …が: a foot *in* length 長さ1フィート / seven *in* number 数は7つ / vary *in* size [color] 大きさ[色]が異なる / equal *in* strength 力が等しい. **d** [性質・能力・芸などの分野を限定して] …において, …が: strong [weak] *in* algebra 代数が得意[不得意]である / rich *in* vitamin C ビタミンCに富む. **e** [最上級(相当)の形容詞を限定して] …の面で: the latest thing *in* cars 最新型の自動車.
❼ [時間を表わして] **a** …(のうち)に, …の間, …中 《用法》 at よりも比較的長い時間を言う》: *in* a moment たちまち / *in* the morning [afternoon, evening] 午前[午後, 晩]に / *in* January 1月に / *in* (the) spring 春(になると) / *in* the 6th year of the Heisei era 平成6年に / *in* (the) future 将来(に)は / *in* one's 30s 30代で / *in* one's youth 青春時代に / *in* one's life [lifetime] 自分の生涯で / *in* one night 一夜のうちに. **b** …の終わりには, …の後には 《用法》 主に未来の文に用いる; 《米口》ではしばしば within と同義に用いる》: He will be back *in* a few days. 彼は2, 3日すれば帰ってくるでしょう. **c** …間のうちで: the hottest day *in* ten years 10年間でいちばん暑い日 / I haven't seen him *in* years. 彼には何年もの間会っていない.
❽ **a** [全体との関係を表わして] …の中で, …のうちで: the longest river *in* the world 世界中でいちばん長い川. **b** [割合・程度を表わして] …について: sell *in* dozens ダースで売る / packed *in* tens 10個ずつ包装して / nine (people) *in* ten=nine *in* ten (people) 十(人)中九(人) / One man *in* a thousand can do it. 千人に一人それをすることができる.
❾ [人の能力・性格・才能を表わして] 《人の中に, …には: I gave all that was *in* me. 私は持てる力をすべて出した / He had something of the hero *in* his nature [*in* him]. 彼には多少豪傑肌のところがあった.
❿ [道具・材料・表現様式などを表わして] …で, …でもって, …で作って: paint *in* oils 油絵の具で描く / work *in* bronze 青銅で細工[制作]をする / a statue (done) *in* bronze 青銅で作った像 / speak *in* English 英語で話す / write *in* pencil 鉛筆で書く.
⓫ [方法・形式を表わして] …で, …をもって: *in* that manner そのやり方で / *in* this way この方法で, こうやって / *in* a loud voice 大声で.
⓬ [配置・形状を表わして] …をなして, …になって: *in* a (big) circle (大きい)輪になって / The boys came out of the room *in* a crowd. 少年たちは一団となって部屋から出てきた / The villagers gathered *in* groups. 村人たちは集団で集まった.
⓭ **a** [理由・動機を表わして] …のために, …の理由で: cry out *in* alarm 驚いて叫ぶ / rejoice *in* a person's recovery 人の回復を喜ぶ. **b** [目的を表わして] …の目的で: *in* self-defense 自己防衛するために. **c** [として]の): *in* return for his present 彼からの贈り物の返礼に / a letter *in* reply to an inquiry 照会の返事. **d** [条件を表わして] …だから, (万一…の場合には): *in* the circumstances こういう事情だから / *in* that case (万一)その場合には.
⓮ [同格関係を表わして] …という: I have found a friend *in* her. 私は彼女という友を見いだした / *In* her you have a good leader. あなたがたには彼女というよい指導者がいる.

be ín it (**ùp to the néck**) 《口》(1) 《人が困った羽目になっている. (2) 深くはまり込んでいる, 関係している.
be nót ín it 《英口》たるにたらない, 及ばない: She's extraordinary; sexy's *not in* it. 彼女は実にすばらしい. セクシーなどという言葉ではとても言い尽くせない.
in áll ⇒ all 代 成句.　　**in itsélf** ⇒ itself 成句.

in that…という点で, …だから: Men differ from animals *in that* they can think and speak. 人はものを考えまた言うことができるという点で動物と違う.

—— /ín/ 副 (比較なし) ❶ **a** [運動・方向を表わして] 中に[へ], 内に[へ] (↔ out): Come *in*. お入り / Come on *in*. さあお入り. **b** (後で) 中に: You can write *in* the page numbers later. ページ数は後で書き入れればいい. **c** (仕事に)参加して, 加わって. ❷ 在宅して, 家で, うちで: Is he *in*? 彼はご在宅ですか / He'll be *in* soon. 彼はすぐ帰ってくるでしょう / Tonight I'm going to eat *in*. 今夜は家で食事をします. ❸ **a** [乗り物の]到着して: The train is *in*. 列車が着いている. **b** [季節などで]来て: The summer is *in*. 夏が来た. ❹ (果物・食品などが)旬(½)で, 盛りで: Oysters are now *in*. カキがいま出盛りだ. ❺ 流行して, 流行中で (↔ out): Miniskirts are *in* again. ミニスカートがまた流行している. ❻ **a** (政党が)政権を握って: The Liberals were *in*. 自由党が政権を握っていた. **b** (政治家が)在職して, 当選して: Smith is *in* again. スミスはまた当選した. ❼ (記事などが)(本・雑誌などに)載って, 掲載されて: Is my article *in*? 私の論文は載っていますか. ❽ 《英》《火・灯火が)燃えて: keep the fire *in* 火を燃やしておく. ❾ (潮が)上げ潮で, 満ちて. ❿ [クリケ・野] 攻撃中で. ⓫ [テニスなど] (ボールがライン内で) (↔ out). ⓬ [ゴルフ] (18ホールのコースで)後半(9ホール)を終了して, インで.

áll ín ⇒ all 副 成句.
be ín at…〈狩猟の獲物の死・特別な出来事)に立ち会う, 居合わせる: I *was in at* the death. (獲物の)死に立ち会った.
be ín for…《口》(1) 〈驚き・悪天候・いやなことなどに〉直面しそうである, きっと…の巻き添えになる: You're *in for* a (big) surprise if you think it'll be easy. 簡単なことだと思っているなら今に諭(窓)されるよ / It looks like we're *in for* a rainy summer. 今年の夏は雨がたくさん降るようだ. (2) 〈競争に〉リストされている, 参加する.
be ín for it 《口》ひどいめにあわなければならない.
be ín on…《口》〈秘密などに〉関与[関係]する: I *wasn't in on* the deal. 私はその取引に加わっていなかった.
be [gèt] ín with…《口》…と親しくしている[親しくなる].
bréed ín (and ín) ⇒ breed 動 成句.
gò ín for…=be IN for…成句 (2).
hàve it ín for a person ⇒ have¹ 動 成句.
in and óut (1) 出たり入ったり: people going *in and out* 出たり入ったりしている人々. (2) 見えたり隠れたり; うねりくねって: The stream winds *in and out* among the hills. その小川は丘と丘の間を曲がりくねって流れている. (3) 内も外も; すっかり: I know him *in and out*. 私は彼の内も外も知っている.
in betwèen ⇒ between 副 成句.

—— /ín/ 形 A (比較なし) ❶ 内(部)の: an *in* patient 入院患者 / the *in* party 与党. ❷ 《口》特殊な少数の人にしかわからない, 仲間内だけの: an *in* joke うちわの冗談. ❸ 《口》流行の, 今はやっている: an *in* restaurant 今はやっているレストラン / the *in* thing to do 今はやっていること. ❹ [クリケ] 攻撃側の: the *in* side [team] 攻撃側. ❺ [ゴルフ] (18ホールのコースで)後半(9ホール)の, インの.

—— /ín/ 名 ❶ [the ~s] 与党, 政府党 (↔ the outs). ❷ [C]《米口》手づる, 「コネ」, 引き立て: He has an *in with* the boss. 彼は社長とコネがある. ❸ [the ~s] [クリケ] 攻撃側.

the íns and óuts 詳細, 一部始終 [*of*]: know (all) *the ins and outs of* the stock market 株式相場の一部始終を知っている.

[OE]

In [記号] 〘化〙 indium. **IN** (略)《米郵便》Indiana.
in. (略) inch(es).
in-¹ /ín/ [接頭] 「無…」「不…」(not) (cf. un-¹, non-) 《用法》l の前では il-, b, m, p の前では im-, r の前では ir- となる》.
in-² /ín/ [接頭] in, on, upon, into, against, toward の意を表わす 《用法》l の前では il-, b, m, p の前では im-, r の前では ir- となる》.
-in¹ /ín/ [接尾] =-ine².
-in² /ín/ [連結形]「…による抗議集会」「…のための集団示

威行動」: sit-in, teach-in, love-in.

*in·a·bil·i·ty /ìnəbíləti/ 名 ⓤ できないこと, 無力, 無能: one's ～ in [at] English 英語の不得意 / the ～ to sleep 眠れないこと / I must confess my ～ to help you. お力添えができないと言わなければなりません. 【IN-¹+ABILITY】

in ab·sen·ti·a /ìnæbsén(j)(i)ə | -əbséntiə/ 副 不在の時に.

in·ac·ces·si·bil·i·ty /ìnəksèsəbíləti, ìnæk-/ 名 ⓤ 近づきにくい[到達しにくい]こと.

†in·ac·ces·si·ble /ìnəksésəbl, ìnæk-⸺/ 形 ❶〈場所など〉到達しがたい, 近づきにくい; くものが入手しにくい: an ～ mountain とうてい登れない山 / The village is ～ by car in winter. その村には冬の間は車では行けない / materials ～ to us 我々には入手しがたい資料. ❷〈人など〉寄りつきにくい, よそよそしい: an ～ person 寄りつきにくい人 / He's ～ to his employees. 彼は従業員と打ち解けない. ❸ Ⓟ 〔感情などに〕動かされない: He's ～ to charm [pity]. 彼は魅力[哀れみ]を受けつけない. -bly /-səbli/ 副 【IN-¹+ACCESSIBLE】

in·ac·cu·ra·cy /ìnækjʊrəsi/ 名 ❶ ⓤ 不正確, ずさん. ❷ Ⓒ 〔しばしば複数形で〕誤り, 間違い.

†in·ac·cu·rate /ìnækjʊrət⸺/ 形 不正確な, ずさんな, 誤った. ～·ly 副

†in·ac·tion /ìnækʃən/ 名 無活動, 不活動; 怠惰.

in·ac·ti·vate /ìnæktəvèɪt/ 動 他 不活発にする; 不活性にする.

†in·ac·tive /ìnæktɪv⸺/ 形 ❶ a 無活動の, 不活発な: an ～ volcano 休火山. b 怠惰な. c 〈機械など〉動いていない, 使われていない. ❷ 〖化〗 不活性の; 放射能のない, 非現役の: an ～ member 名目だけのメンバー. ～·ly 副

in·ac·tiv·i·ty /ìnæktívəti/ 名 ⓤ 無活動; 不活発, 無気力, 怠惰.

in·ad·e·qua·cy /ìnædɪkwəsi/ 名 ❶ ⓤ 不適当; 不十分, 不備; 無能. ❷ Ⓒ 〔しばしば複数形で〕不適当[不十分]な点[ところ].

*in·ad·e·quate /ìnædɪkwət⸺/ 形 ❶ 不十分な, 不備な (insufficient): an ～ income 不十分な収入 / preparation *for* an examination 試験を受けるには不十分な準備 / 〔+to do〕 Production is wholly ～ to meet (the) demand. 生産が需要に全く応じ切れない. ❷ Ⓟ 〈…には〉不適当で, 不適切で 〔*for, to*〕: The road is ～ *for* the amount of traffic (that) it carries. その道路は現在の交通量をさばききれない / He's ～ *for* the job. 彼はその仕事には向かない. ❸ 〈人が〉(社会的に)適応しない, 社会不適応の. ～·ly 副 ～·ness 名 【IN-¹+ADEQUATE】

in·ad·mis·si·bil·i·ty /ìnədmìsəbíləti/ 名 ⓤ 承認しがたいこと.

in·ad·mis·si·ble /ìnədmísəbl⸺/ 形 許せない, 承認しがたい. -bly /-bli/ 副

in·ad·ver·tence /ìnədvɚːtəns, -tns | -vɚː-/ 名 ❶ ⓤ 不注意. ❷ Ⓒ (不注意による)手落ち, 間違い.

in·ad·ver·ten·cy /-tənsi, -tnsi/ 名 =inadvertence.

†in·ad·ver·tent /ìnədvɚːtənt, -tnt | -vɚː-⸺/ 形 ❶ 不注意な, うかつな: an ～ error 不注意による誤り. ❷〈行動が〉故意でない, 偶然の; 意図しない (unintentional): an ～ insult 心ならずも行なった無礼. ～·ly 副

in·ad·vis·a·ble /ìnədváɪzəbl⸺/ 形 勧められない, 不得策な, 愚かな. -a·bly /-zəbli/ 副 **in·ad·vis·a·bil·i·ty** /ìnədvàɪzəbíləti/

in·a·lien·a·ble /ìnéɪliənəbl, -ljə-⸺/ 形 〈権利などを〉譲渡できない, 奪うことができない: the ～ rights of man 人間の絶対的権利. -a·bly /-nəbli/ 副 ～·ness 名

in·al·ter·a·ble /ìnɔ́ːltərəbl, -trə-⸺/ 形 変えられない, 不変の. -a·bly /-tərəbli, -trə-/ 副

in·am·o·ra·ta /ɪnæmərɑ́ːtə/ 名 恋人, 愛人《女》, 情婦.

in·am·o·ra·to /ɪnæmərɑ́ːtoʊ/ 名 《複 ～s》 恋人, 愛人《男》, 情夫.

in·ane /ɪnéɪn/ 形 ❶ からの, うつろの. ❷ 意味のない, ばかげた: an ～ remark ばかげた言葉. —— [the ～] 空虚, 無限の空間. ～·ly 副

---

919   inaugurate

in·an·i·mate /ɪnǽnəmət⸺/ 形 ❶ 生命のない, 無生の; 無生物の: ～ matter [nature] 無生物[無生物界]. ❷ 活気[元気]のない. ～·ly 副 ～·ness 名

in·a·ni·tion /ìnəníʃən/ 名 ⓤ ❶ 空虚; 栄養失調. ❷ 無気力, 精神力欠乏.

in·an·i·ty /ɪnǽnəti/ 名 ❶ ⓤ a 空(?), 空虚. b ばかなこと, 愚鈍. ❷ Ⓒ 〔しばしば複数形で〕 考えのない行為 [言葉, 事柄].

in·ap·par·ent /ìnəpǽrənt, -pé(ə)r-⸺/ 形 明らかでない; 〖医〗 不顕性の. ～·ly 副

in·áp·pe·tence /ìnǽpətəns, -tns/ 名 ⓤ 食欲欠乏, 食思[食欲]不振.

in·ap·pli·ca·ble /ìnǽplɪkəbl, ìnəplík-⸺/ 形 応用[適用]できない, 当てはまらない, 不適当 〔*to*〕. **in·ap·pli·ca·bil·i·ty** /ìnæplɪkəbíləti, ìnəplík-/

in·ap·po·site /ìnǽpəzɪt⸺/ 形 不適切な 〔*to, for*〕. ～·ly 副 ～·ness 名

in·ap·pre·ci·a·ble /ìnəpríːʃəbl⸺/ 形 感知できないくらいの, 取るに足らない. -bly /-bli/ 副

in·ap·pre·cia·tive /ìnəpríːʃətɪv⸺/ 形 真価を認めない, 目のきかない, 鑑賞力のない: He's ～ *of* her efforts. 彼は彼女の努力を理解しない.

in·ap·proach·a·ble /ìnəpróʊtʃəbl⸺/ 形 ❶ 近づけない. ❷ とてもかなわない.

*in·ap·pro·pri·ate /ìnəpróʊpriət⸺/ 形 不適当な, ふさわしくない 〔*for, to*〕 (unsuitable). ～·ly 副 ～·ness 名 【IN-¹+APPROPRIATE】

in·apt /ìnǽpt⸺/ 形 ❶〔…が〕下手で 〔*at, in*〕: be ～ *at* dancing 踊りが下手である. ❷ 適切でない, 不適当な 〔*for*〕. ～·ly 副 ～·ness 名

in·ap·ti·tude /ìnǽptət(j)uːd | -tjuːd/ 名 ❶ ⓤ 不向き, 不適当 〔*for*〕. ❷ 下手, 不手際.

in·arch /ìnɑ́ːtʃ | -ɑ́ː-/ 動 他 〖園〗 〈若枝を〉寄せ接ぎ[根接ぎ]する.

in·ar·gu·a·ble /ìnɑ́ːgjuəbl | -ɑ́ː-⸺/ 形 議論の余地のない. -a·bly /-əbli/ 副

in·ar·tic·u·late /ìnɑːrtíkjʊlət | -ɑː-⸺/ 形 ❶〈言葉など〈発音の〉不明瞭な, 言葉にならない: emit ～ sounds 言葉でない(無意味な)音を発する. ❷ a 〈人が〉(興奮・苦痛などで)口がきけない, ものが言えない: He becomes ～ when angry. 彼は怒ると(興奮して)口がきけなくなる. b 〈苦痛・激情などものが言えないほどの: ～ passion 口がきけないほどの激しい怒り. ❸〈人がはっきり意見を言えない: politically ～ 政治的に発言力のない. ❹ 〖解・動〗 関節のない, 無関節の. ～·ly 副 ～·ness 名

in·ar·tis·tic /ìnɑːrtístɪk⸺/ 形 ❶〈芸術作品など〉非芸術的な. ❷〈人が芸術のわからない, 芸術の素養がない, 無趣味な. **in·ar·tís·ti·cal·ly** /-tɪkəli/ 副

in·as·múch as ⸺ …だから, …である限りは.

in·at·ten·tion /ìnəténʃən/ 名 ⓤ ❶ 不注意, むとんちゃく: through ～ 不注意によって, うっかりして. ❷ 〔人を〕おまってやらないこと 〔*to*〕.

in·at·ten·tive /ìnəténtɪv⸺/ 形 不注意な, むとんちゃくな: an ～ pupil (授業で)ぼんやりしている生徒 / She's ～ *to* her guests. 彼女はお客に気を配らなかった. ～·ly 副 ～·ness 名

in·au·di·ble /ìnɔ́ːdəbl⸺/ 形 聞こえない, 聞き取れない. -**di·bly** /-dəbli/ 副 -**di·bil·i·ty** /-bíləti/

†in·au·gu·ral /ìnɔ́ːgjʊrəl/ 形 A 就任(式)の, 開始の, 開会の: an ～ address 就任演説; 開会の辞 / an ～ ceremony 就任[発会]式 / 《米》(大統領の)就任演説; 就任式. 動 inaugurate.

†in·au·gu·rate /ìnɔ́ːgjʊrèɪt/ 動 他 ❶ 就任式を行なって〈重要な人を〉就任させる 《通例受身》: A President of the United States *is* ～d every four years. 合衆国の大統領は4年ごとに就任する. ❷ 落成[開通, 開所, 開館]式を行なって〈公共的施設を〉使い始めとする; 開始式を行なう. ❸〈新時代を〉開始する, 始める, 発足する, 画する: Watt ～d the age of steam. ワットは蒸気時代を開いた. **in·áu·gu·rà·tor** /-tɚ | -tə/ 名 【L=占いによっ

in·au·gu·ra·tion /ɪnɔːˌɡjʊreɪʃən/ 名 ❶ [U|C] 就任〔of〕. ❷ [U|C] 正式開始, 起業, 発会〔of〕. ❸ [C] 就任式; 落成[開通, 除幕]式 (of).（動 inaugurate）

Inauguràtion Dày 名《米》大統領就任式の日【解説】選挙の翌年の1月20日; 1934年以前は3月4日; この日大統領は Chief Justice（最高裁長官）の前で左手を聖書に置き右手を上げて就任の宣誓を行なう).

in·aus·pi·cious /ˌɪnɔːˈspɪʃəs˗/ 形 不吉な; 不運[不幸]な: an ~ beginning 不吉な始まり. ~·ly 副 ~·ness 名

in·au·then·tic /ˌɪnɔːˈθentɪk, ˌɪnə-|ˌɪnɔː-˗/ 形 本物[確実]でない; 内実[真実味]のない. **in·au·then·tic·i·ty** /ˌɪnɔːθentɪˈsæti/ 名

ìn-betwéen 名 仲介者. —— 形 Ⓐ 中間の, 中間的な.

ín·bòard 形 Ⓐ (↔ outboard) ❶ 〔海〕 **a** 船内の[に]. **b** 〈エンジンが〉船内に搭載された[て]. **c** 〈モーターボートが〉船内エンジンを備えた[て]. ❷ 〔空〕 (飛行機の)胴体に近いほうの[に].

ín·bòrn 形 生まれつきの; 生来の, 生得の, 先天的な: ~ traits 持って生まれた特質.【類義語】**inborn** 単に生まれたときから備わっていること. **innate** inborn とほぼ同じ意味で使われるが, より本質的な次元において結びついているという意味合いが強い. **natural** 先天的であることを強調するよりは, その性質をその人[もの]の本質や特徴として持っていることを示す.

ín·bòund 形 (↔ outbound) ❶ 本国行きの, 帰航の. ❷ 〈交通機関など〉市内に向かう: catch an ~ bus 市内行きのバスに乗る. —— 動 他 〈ボールを〉コート内へ入れる.

ín·bóunds 形《バスケ》〈パスなど〉コート外からコート内への.

ín·bòx 名 ❶ 到着[未決]書類箱. ❷ (電子メールソフトの)受信箱.

ín·brèd 形 ❶ 生まれつきの. ❷ 同血統繁殖[による], 近親交配の[による].

in·breed /ɪnˈbriːd/ 動 他 〈動物を〉同系[近親]交配させる.

ín·brèeding 名 Ⓤ 同種繁殖, 近親交配.

ín·bùilt 形 ❶ 作りつけの. ❷ 持って生まれた, 生得の.

inc.《略》inclosure; including; inclusive; income; [しばしば I~]《米》incorporated; increase.

In·ca /ˈɪŋkə/ 名 (複 ~s, ~) ❶ **a** [the ~(s)] インカ族《南米 Andes 山脈地方に住んでいた高度の文化を持った先住民》. **b** Ⓒ インカ人. ❷ **a** [the I~] インカ国王《スペイン人渡航以前のペルーの国王》. **b** Ⓒ [I~] インカ国王家の一員. **In·ca·ic** /ɪnˈkeɪɪk/ 形

in·cal·cu·la·ble /ɪnˈkælkjʊləb(ə)l˗/ 形 ❶ 数え切れない, 無数の, 莫大な: An ~ loss 計り知れない損失. ❷ 予想できない, 見積もりできない. ❸ 〈人・人格が〉頼りが[当て]にならない, 気まぐれな. **-bly** /-ləbli/ 副

In·can /ˈɪŋkən/ 形 インカ人[王国, 文化]の. —— 名 インカ人.

in·can·des·cence /ˌɪnkænˈdes(ə)ns/ 名 Ⓤ 白熱.

in·can·des·cent /ˌɪnkænˈdes(ə)nt˗/ 形 ❶ 白熱の; 白熱光を発する: an ~ lamp [light] 白熱灯. ❷ 光り輝く, きらめく.

in·cant /ɪnˈkænt/ 動 他 唱える.

in·can·ta·tion /ˌɪnkænˈteɪʃən/ 名 ❶ [U|C] 呪文(じゅもん)(を唱えること). ❷ Ⓒ まじない, 魔法.《L<IN-²+cantare 歌う, 呪いをかける》

in·ca·pa·bil·i·ty /ɪnˌkeɪpəˈbɪləti/ 名 Ⓤ 不能, 無能, 無資格.

*†**in·ca·pa·ble** /ɪnˈkeɪpəb(ə)l˗/ 形 (more ~; most ~) ❶ Ⓟ **a** 〈人が〉…ができなくて: I was momentarily ~ of speech. 私はちょっとの間口がきけなかった / He was ~ of realizing the situation. 彼は事態を認識することができなかった. **b** 〈人が〉〈人格的に〉とても…ができなくて: He's ~ of (telling) a lie. 彼はうそが言えない人だ. **c** 〈人が〉〔法的に〕…の資格がなくて: Foreign lawyers are ~ of practicing here. 外国人の弁護士はここで開業する資格がない. ❷ Ⓟ〈物事が〉〈…を〉許さなくて, 受け付けないで: At this point our plans are ~ of alteration [being altered]. ここまでくれば私たちの計画は変更の余地がない. ❸ 無能な, 無力の: ~ workers 無能な労務者 / drunk and ~ 酔いつぶれて. **-bly** /-ləbli/ 副 ~·ness 名〔IN-¹+CAPABLE〕

in·ca·pac·i·tant /ˌɪnkəˈpæsətənt, -tnt/ 名 活動不能化剤《一時的な眠け・めまい・麻痺などを起こさせる薬品; 催涙ガスなど》.

in·ca·pac·i·tate /ˌɪnkəˈpæsəteɪt/ 動 ❶ 〈人を〉無能力[不適格]にする: His illness ~d him for work [working]. 彼は病気で仕事ができなくなった.《法》〈人から〉…の資格を奪う: Convicted criminals are ~d from voting. 既決囚人は投票の資格を失う.

in·ca·pac·i·ty /ˌɪnkəˈpæsəti/ 名 ❶ Ⓤ [また an ~] 無能, 無力 (inability): (an) ~ for work [for working] 仕事をする能力のないこと / an ~ to lie うそをつくことができないこと. ❷ Ⓤ〔法〕無能力, 無資格, 失格.

†**in·car·cer·ate** /ɪnˈkɑːsərèɪt|-ˈkɑː-/ 動 他 〈人を〉監禁する, 投獄する, 幽閉する (imprison).《L=牢に入れる》

in·car·cer·a·tion /ɪnˌkɑːsəˈreɪʃən|-ˈkɑː-/ 名 Ⓤ 監禁, 投獄, 幽閉 (imprisonment).

in·car·na·dine /ɪnˈkɑːnədàɪn|-ˈkɑː-/〔詩〕形 ❶ 肉色の, 淡紅色の. ❷ 血赤色の, 深紅の. —— 動 他 肉色[深紅色]に染める.

in·car·nate /ɪnˈkɑːnət|-ˈkɑː-/ 形 [通例名詞の後に置いて] ❶ 〈観念・抽象物など〉具体化した: Liberty ~ 自由の権化. ❷ 肉体を持つ, 人の姿をした: the devil ~ 悪魔の化身. —— /ɪnˈkɑːnèɪt/ 動 他 〈観念など〉具体化する, 体現[実現]させる (embody): His ideals were ~d in his poems. 彼の理想はその詩の中で具体化された. ❷ 〈…に〉〈…の〉肉体を与える, 姿をとらせる (in) (★ 通例受身): the devil ~d as a serpent ヘビの姿をした悪魔.《L<IN-²+caro, carn- 肉》名 incarnation

†**in·car·na·tion** /ˌɪnkɑːˈneɪʃən|-ˈkɑː-/ 名 ❶ [the ~] 〈観念・性質などの〉権化, 化身 (embodiment): He's the ~ of honesty. 彼は正直そのものだ. ❷ Ⓒ〈人・事物の変化・転変における〉一時期(の姿, 形): (in) a previous ~ 前身(は). ❸ Ⓤ 肉体を与えること, 人間化; 具体化, 実現. ❹ [the I~] 受肉, 托身《神がキリストとして人間の姿で現われること》.【incarnate】

in·case /ɪnˈkeɪs/ 動 他 =encase.

in·cau·tion /ɪnˈkɔːʃən/ 名 Ⓤ 不注意.

in·cau·tious /ɪnˈkɔːʃəs/ 形 不注意な, 軽率な, 無謀な. ~·ly 副 ~·ness 名

in·cen·di·a·rism /ɪnˈsendiəˌrɪzm/ 名 Ⓤ ❶ 放火. ❷ 扇動.

†**in·cen·di·a·ry** /ɪnˈsendièri|-diəri/ 形 Ⓐ ❶ 放火の. ❷ 焼夷(しょうい)性の: an ~ bomb 焼夷弾. ❸ 〈人・言動が〉扇動的な. —— 名 ❶ 放火犯人. ❷ 焼夷弾[物質] (fire bomb). ❸ 扇動者.《L<incendere ↓》

*†**in·cense**¹ /ˈɪnsens/ 名 Ⓤ ❶ 香; 香料: a stick of ~ 線香. ❷ 香のかおり[煙]; 芳香. —— 動 他 ❶ 〈…に〉香をたきしめる. ❷ 〈…に〉香をたく.《F<L<incendere, incens- 火をつける, 燃やす》

in·cense² /ɪnˈsens/ 動 他 〈人を〉ひどく立腹させる (enrage)(★ 通例受身): She was ~d by his conduct [at his remarks]. 彼女は彼の行為に[彼の言葉を聞いて]激怒した / He was ~d against the slanderer. 彼は中傷した者にひどく腹を立てた / He became ~d with me. 彼は私にひどく立腹した.《F<L↑》

in·cen·so·ry /ɪnˈsens(ə)ri/ 名 つり香炉 (censer).

ín·cènter 〔数〕内心.

*†**in·cen·tive** /ɪnˈsentɪv/ 名 ❶ [U|C] 〔行動などへの〕刺激, 誘因, 動機 (↔ disincentive): an ~ to hard work 勤勉への刺激[動機] / an ~ to work harder もっと熱心に働こう[勉強しよう]とする動機. ❷ Ⓒ 奨励金; 報奨物資. —— 形 ❶ 刺激的な, 鼓舞する. ❷ Ⓐ (能率向上などの)奨励(用)の; 報奨(用)の: ~ pay 奨励金 / ~ goods [articles] 報奨物資.《L=(歌で)励ます》【類義語】⇨ motive.

†**in·cep·tion** /ɪnˈsepʃən/ 名 初め, 発端: at [from] the ~ of …の初めに[から].《L》

In·cep·ti·sol /ɪnséptəsɔ̀ːl|-sɔ̀l/ 图《土壌》インセプティソル《層位分化のやや発達した土壌》.

in·cep·tive /ɪnséptɪv/ 形 ❶ 初めの, 発端の. ❷《文法》動作の開始を示す, 起動(相)の: an ～ verb 起動動詞. ― 图《文法》起動動詞(begin (to do) [doing])のような動.

in·cer·ti·tude /ɪnsə́ːtətʃ(j)ùːd | -sə́ːtətjùːd/ 图 U 不確実さ; 不(安)定.

*****in·ces·sant** /ɪnsés(ə)nt/ 形 絶え間ない, 間断のない, ひっきりなしの: ～ chatter ひっきりなしのおしゃべり. **～·ly** 副 **～·ness** 图 〖Fく Lく IN-¹+*cessare* 終える; cf. cease〗
[類義語] ⇨ continual.

†**in·cest** /ínsest/ 图 U 近親相姦(ぞう): commit ～ 近親相姦する. 〖Lく IN-¹+*castus* CHASTE〗

in·ces·tu·ous /ɪnséstʃuəs | -tjuəs/ 形 近親相姦の[的な]. **～·ly** 副 **～·ness** 图

*****inch** /íntʃ/ 图 ❶ C インチ《長さの単位; ＝¹/₁₂ foot, 2.54 cm; 略 in., "》: an ～ of rain 1インチの雨量 / He's five feet (and) eight ～es (tall). 彼は身長は5フィート8インチだ(比較)《口》では He's five foot eight. とも》/ Give him an ～ and he'll take a mile. 《諺》「寸を与うれば尺を望む」《抱けばおぶえと図に乗る》. ❷ [an ～] **a** 少量, 少額, 少し: win by an ～ 少差で勝つ. **b** [副詞的に] わずかな距離, ちょっと: Move an ～ farther back, please. もうちょっと下がってください. **c** [否定文で; 副詞的に] 少しも(…ない): Don't yield [give, budge] an ～. 少しも譲るな, 一歩も引くな. **by ínches** (1) 少しずつ, じわじわ. **die by ～es** 徐々に死ぬ / **kill** a person **by ～es** 人をじわじわ殺す. (2) かろうじて, きわどいところで: escape death **by ～es** きわどいところで死を逃れる. **évery ínch** (1) 隅から隅まで: He knows every ～ of Tokyo. 彼は東京を隅から隅まで知っている. (2) [副詞的に] 徹頭徹尾, 寸分のすきもない: He is every ～ a businessman. 彼は典型的な実業家だ. **ínch by ínch** 少しずつ, じわじわ. **ínch of mércury**《理》水銀柱インチ, インチ水銀《大気圧の測定単位; ＝33.864 ヘクトパスカル》. **within an ínch of…** …のすぐ近くに, …の一歩手前まで, 危うく…するところまで: I came *within an ～ of* being killed. あわや殺される[死ぬ]ところだった.
― 動 他 [副詞(句)を伴って] ❶ 〈…を〉少しずつ動かす. ❷ [～ one's way で] ゆっくり進む; しのび寄る. ― 自 [副詞(句)を伴って] ゆっくり[少しずつ]動く. 〖OE＝Lく(1フィートの)¹/₁₂〗

inch·meal /íntʃmìːl/ 副 じりじりと, 徐々に.

in·cho·ate /ɪnkóʊət/ 形 ❶ 〈顕望・計画など〉始まったばかりの, 初期の. ❷ 不完全な, 未完成の. **～·ly** 副 **～·ness** 图

in·cho·a·tive /ɪnkóʊətɪv/ 形 ❶ 始まったばかりの (inchoate). ❷《文法》動作の開始を示す, 起動(相)の: an ～ verb 起動動詞. ― 图《文法》起動動詞. **～·ly** 副

ínch·wòrm /-wə̀ːm/ 图《昆》シャクトリムシ.

†**in·ci·dence** /ínsəd(ə)ns, -dns/ 图 ❶ [単数形で] **a** 〈出来事・影響などの〉発生; 発生率: a high ～ *of* lung cancer 肺がんの高い罹病(ﾘか)率 / decrease the ～ *of* a disease ある病気の発生率を減らす. **b** 《税などの》及ぶ範囲: What is the ～ *of* the tax? この税はだれの負担となるのか. ❷ U C 投射, 入射: the angle of ～ 入射角. (形 incident)

‡**in·ci·dent** /ínsəd(ə)nt, -dnt/ 图 ❶ **a** 出来事; (特に, 重大事件の発生の危険性をもつ)付随事件, 小事件, 紛争, 事変 (比較) accident は思いがけなく起こる事故; event は重要な出来事や行事): the ordinary ～s of daily life 日常生活での普通の出来事 / the Manchurian I～ 満州事変. **b**《小説などの中での》挿話(ｿﾉ), エピソード. 《法》付随事物[条件, 責任, 権利] 〔*of*〕. ― 形 (比較なし) ❶ P 起こりやすて, …につきものの [*to*]: weaknesses ～ *to* human nature 人情の常としての弱点. **b** 付帯的で, 付随して [*to*]. ❷《理》**a** 投射の, 入射の: the ～ angle 入射角 / ～ rays 入射光線. **b** 投射して: rays of light ～ *on* [*upon*] a mirror 鏡に投射する光線. 〖Fく Lく 降りかかる, (突然)起こる くIN-²+*cadere, -cidere* 落ちる (cf. case¹)〗 图 incidence, 形 incidental)

---

†**in·ci·den·tal** /ɪ̀nsədénṭl⁻/ 形 ❶ 付随的な, 付帯的な: an ～ image 残像 / ～ music *to* a play 劇の付属[伴奏]音楽 / That's ～ *to* my story. それは余談です(★ to 以下を略すこともある). ❷ 偶然の, 偶発の: ～ expenses 臨時費, 雑費. ― 图 ❶ C 付随的[偶発的]事柄. ❷ [複数形で] 雑費. (图 incident)

*****in·ci·den·tal·ly** /ɪ̀nsədénṭəli, -tli/ 副 ❶ [文修飾] ついでに(言えば), ついでながら, ところで《用法》by the way と同様に, 重要な話題を相手に大して重要でないかのように思わせながら持ち出す場合に使われる. ❷ 付随[偶発]的に.

in·cin·er·ate /ɪnsínərèɪt/ 動 他 ❶ 〈…を〉焼いて灰にする, 焼却する(★ しばしば受身). ❷ 〈人を〉焼死させる. **in·cin·er·a·tion** /ɪ̀nsɪ̀nəréɪʃən/ 图 ❶ 焼却. ❷ 火葬. 〖Lく IN-²+*cinis, ciner-* 灰〗

†**in·cin·er·a·tor** /-tə̀ | -tə̀/ 图 ❶ (ごみなどの)焼却炉. ❷ 火葬炉.

in·cip·i·ence /ɪnsípɪəns/ 图 ＝incipiency.

in·cip·i·en·cy /ɪnsípɪənsi/ 图 U ❶ 最初, 発端. ❷《医》《病気などの》初期.

in·cip·i·ent /ɪnsípɪənt/ 形 始まりの, 発端の: the ～ light of day 夜明けの光, 薄光(ﾊｸ) / the ～ stage of a disease 病気の初期. **～·ly** 副 〖L; INCEPTION と同語源〗

in·cir·cle /íns\`əːkl/ 图《数》内接円.

in·cise /ɪnsáɪz/ 動 他 ❶ 〈…に〉切り込む, 切開する. ❷ 〈…に〉刻む, 彫刻する. 〖Lく IN-²+*caedere, caes-* 切る〗 (图 incision, 形 incisive)

in·ci·sion /ɪnsíʒən/ 图 ❶ **a** 切り[刻み, 彫り]込み. **b** 切り目, 切り口. ❷ U C《外科》切開: make an ～ 切開する. (動 incise)

†**in·ci·sive** /ɪnsáɪsɪv/ 形 ❶ **a** 〈知力など〉鋭敏な, 機敏な. **b** 〈言葉など〉鋭い, 単刀直入の; 痛烈な: ～ criticism 鋭い批評 / have an ～ tongue ものの言い方が辛辣(ｼﾝら)である. ❷ 〈刃物など〉よく切れる, 鋭利な. **～·ly** 副 **～·ness** 图 (動 incise)

in·ci·sor /ɪnsáɪzə | -zə/ 图《解》切歯, 門歯.

in·ci·ta·tion /ɪ̀nsaɪtéɪʃən/ 图 ＝incitement.

†**in·cite** /ɪnsáɪt/ 動 他 ❶ 〈人を〉駆り立てる, 扇動する: His fiery words ～d them *to* rebellion. 彼の熱烈な言葉に駆り立てられて彼らは反乱を起こした / She ～d them *to* strike. 彼女は彼らを扇動してストライキを行なわせた. ❷《暴力・違法行為などを〉あおる, 扇動する, 助長する, 引き起こす. **in·cít·er** /-tə- | -tə/ 图 〖L＝中に激しく動かす; ⇨ in-², cite〗

in·cite·ment /-mənt/ 图 ❶ U 刺激, 鼓舞, 扇動 〔*to*〕. ❷ 刺激するもの; 誘因: an ～ *to* riot 暴動の誘因.

in·ci·vil·i·ty /ɪ̀nsəvíləṭi/ 图 ❶ U 無礼, 不作法. ❷ C 無礼[失礼]な行為[言葉].

incl. (略) inclosure; including; inclusive(ly).

in·clem·en·cy /ɪnklémənsi/ 图 U 〈天候・気候の〉荒れ, 不良.

in·clem·ent /ɪnklémənt⁻/ 形 〈天候・気候が〉《寒さまたは風雨のために》不良な, 荒れ模様の (↔ clement): an ～ climate 荒れ模様の気候.

in·clin·a·ble /ɪnkláɪnəbl/ 形 (…の)傾向がある, …したい; 好意的な.

†**in·cli·na·tion** /ɪ̀nklənéɪʃən/ 图 ❶ U C 〈…したい〉気持ち, 意向, 思い; 好み 〔*for, toward*〕: He felt no ～ *to* marry. 彼は結婚しようという気にはなれなかった / I have a strong ～ *for* sports. 私はスポーツが大好きだ / He's just following his own ～s. 彼はただ自分の好みに従って行動しているだけだ. **b** 〈気質的な〉傾向, 性向: He has an [no] ～ *for* hard work. 彼は一生懸命に働くたちである[ではない] / Has any ～s *toward* business [medicine, the bar]? 彼には商売[医学, 法曹界]に向いたところがあるか. ❷ U [通例単数形で] **a** (…する)傾向. ❸ **a** C [通例単数形で] 傾けること, 傾き: with a slight ～ *of* one's head かすかに頭をうなずかせて. **b** C 斜面, 坂. (動 incline)

†**in·cline** /ɪnkláɪn/ 動 他 ❶ **a** 〈人を〉…したい気にさせる

(cf. inclined 1): The letter ~d her *to* set off at once. その手紙を見て彼女ははやく出発したい気持ちになった. **b** 〈人の心を〉向けさせる, 〈人に〉傾向を生じさせる 〔*to, toward*〕 (cf. inclined 2): The news ~d him *to* anger. そのニュースを聞いて彼は腹が立ってきた. ❷ **a** 〈ものを〉傾ける, 傾斜させる. **b** 〈体を〉曲げる; 〈頭を〉下げる: She ~d her head *to* regard the child. 彼女は頭を下げてその子供を見た. — 圓 ❶ **a** 〈…し〉たいと思う, 〈…し〉がちである: They ~ *to* think so. 彼らはそのように考えたがる. **b** 心が傾く, 気が向く, 傾向がある: He's *inclining toward* my view. 彼は私の意見に傾いてくる / She ~s *to* stoutness. 彼女は太りがちだ; 彼女は太っているほうだ. ❷ **a** 〈ものか〉傾く, 傾斜する: ~ *to* one side [the left] 一方に[左に]傾斜している / The road ~s *toward* the river. その道路は川に向かって下っている. **b** 〔通例副詞句を伴って〕〈人が〉…に体を傾ける: ~ *forward* 体を前に傾ける. — 图 〔/´−, −´/〕傾斜(面), 勾配(笈): a steep ~ 急な坂. 〖F < L=傾ける < IN-²+-*clinare* 傾く (cf. decline)〗 图 inclination〗

*in·clined /ɪnkláɪnd/ 形 ❶ 回 (…する)気になって; 〔+*to do*〕I'm ~ *to* believe that he's innocent. 彼が潔白だと信じたい気がする / She was ~ *for* a walk. 彼女は散歩をする気になった. ❷ 回 (体質·性格的に)傾向[性向]を示して (cf. incline 動 ❶ 1 b): He was ~ *to* corpulence. 彼は太り気味なところがあった / The boy is mechanically ~. その少年は性格的に機械が好きだ 〔+*to do*〕She's ~ *to* get tired easily. 彼女はすぐ疲れやすい. ❸ 〈ものなど〉傾いた, 傾斜した: an ~ tower 傾いた塔.

inclíned pláne 图 斜面.

in·cli·nom·e·ter /ìnklənɑ́məṭə |-nɔ́mətə/ 图 傾角計, 傾斜計.

in·close /ɪnklóʊz/ 動 =enclose.

in·clo·sure /ɪnklóʊʒɚ |-ʒə/ 图 =enclosure.

*in·clude /ɪnklúːd/ 動 (全体の一部として)含む (↔ exclude): **a** 〈…を〉含む, 含める; 〈…を〉含めて考える, 算入する: This price ~s service charges. この料金はサービス料を含んでいる / I ~ myself *among* his supporters. 私は私自身を彼の支持者の中に入れている 〔+*doing*〕His duties ~ guard*ing* against accidents. 事故が起こらないよう注意することも彼の任務のひとつである. **b** 〔過去分詞で独立分詞に用いて〕…込みで: Price £1, postage ~d. 郵送料とも代価 1 ポンド. 〖L=閉じ込める, 囲む<IN-²+*claudere, claus-* 閉じる (cf. close¹)〗 图 inclusion, form inclusive) 〖類義語〗**include** 全体の中の部分的な要素として含む. **comprehend** あるものの範囲や限界の中に含む, 格式ばった語. **comprise** 全体をなす中の要素として含む. **embrace** 特にその中に含まれているものの多様性や範囲の広さを強調する. **involve** 原因とその必然的な結果のような関係で含む.

*in·clud·ing /ɪnklúːdɪŋ/ 前 …を含めて, …込みで (↔ excluding): All on the plane were lost, ~ the pilot. 機中の人は操縦士を含め皆死んだ.

*in·clu·sion /ɪnklúːʒən/ 图 ❶ 回 包含, 包括; 算入 〔*in*〕(↔ exclusion). ❷ © 中に含まれるもの, 含有物. (動 include)

*in·clu·sive /ɪnklúːsɪv/ 形 (**more** ~; **most** ~) (↔ exclusive) ❶ すべてを含んだ, 包括な: an ~ fee for a package tour パック旅行の一切込み料金. ❷ (比較なし) 〔数詞などの後に置いて〕…を含めて, 入れて: pages 5 to 24 ~ 5ページから24ページまで(5ページと24ページを含めて) / from July 1 to 31 (both) ~ (1日も31日も含めて) 7月1日から31日まで (★(米)では from July 1 through July 31 という; ⇒ through 前 3 b). **inclúsive of**... 〔前置詞的に〕…を含めて, 込みで: a party of ten, ~ *of* the tour guide 旅行の案内者を含めて10人の一行. **~·ly** 副 **~·ness** 图 (動 include)

inclúsive fítness 图 包括適応度.

in·cog /ɪnkɑ́g |-kɔ́g/ 形 副 图 〔英口〕= incognito.

in·cog·ni·to /ìnkɑgníːṭoʊ |-kɔ́g-/ ❶ 〔通例名詞の後に置いて〕〈偉い人が〉変名の, 匿名の, 微行の, お忍びの: a king ~ お忍びの王様. ❷ 〔P〕知られないで: remain ~ 知られないままでいる. — 圖 変名で, 匿名で, 微行で, お忍びで: travel ~ お忍びで旅行する. — 图 (働 ~s) 匿名(者), 微行者. 〖It; ⇒ in-¹, cognition〗

in·cog·ni·zant /ɪnkɑ́gnəz(ə)nt |-kɔ́g-/ 形 認識[意識]しない, 気づかない 〔*of*〕. **in·cog·ni·zance** /-z(ə)ns/ 图

in·co·her·ence /ìnkoʊhíər(ə)ns/ 图 回 筋道の立たないこと; 支離滅裂.

in·co·her·en·cy /-rənsi/ 图 =incoherence.

†in·co·her·ent /ìnkoʊhíər(ə)nt⁺⁻/ 形 〈議論など〉一貫しない, つじつまの合わない, 支離滅裂の. **~·ly** 副

in·com·bus·ti·bil·i·ty /ìnkəmbʌ̀stəbíləti/ 图 回 不燃性.

in·com·bus·ti·ble /ìnkəmbʌ́stəbl⁺⁻/ 形 不燃性の.

*in·come /ínkʌm, -kəm/ 图 回回 (定期的な) 所得 (定期的な収入): a small [low] ~ 低収入 / a large [high] ~ 高収入 / earned [unearned] ~ 勤労[不労]所得 / have an ~ of $100 a week 100ドルの収入がある / live within [beyond] one's ~ 収入以内[以上]の生活をする / have a steady ~ 定収入がある. 〖動詞句 come in から〗

íncome gròup 图 所得層.

in·còmer 图 入来者, 新来者; 〔英〕移入民, 転入者, 来住者.

íncomes pòlicy 图 所得政策 (賃金·物価などの抑制によるインフレ抑制政策).

íncome suppòrt 图 回 〔英〕所得補助 (一定所得以下の人に対して国が所得の補助を行なう制度; 失業者·高齢者が主な対象; 1988 年 supplementary benefit に代わって導入された).

*íncome tàx 图 回回 所得税.

†in·com·ing /ínkʌ̀mɪŋ/ 形 (↔ outgoing) ❶ 入ってくる: the ~ tide 上げ潮 / an ~ call かかってきた電話. ❷ 次に来る, 引き継ぐ, 後任の; 新入りの: the ~ mayor 後任市長. — 图 ❶ 入来, 到来. ❷ 〔the ~ *of*〕春の到来. ❸ 〔複数形で〕収入, 所得: ~s and outgoings 収入と支出.

in·com·men·su·ra·ble /ìnkəméns(ə)rəbl, -ʃ(ə)r-⁻/ 形 ❶ 同じ基準で計れない, 比較できない; 比較にならなくて, けた違いで: a statement ~ *with* the facts 事実と大きくかけ離れた陳述. ❷ 〈数〉通約できない. **-ra·bly** /-rəbli/ 副 〖IN-¹+COMMENSURABLE〗

in·com·men·su·rate /ìnkəméns(ə)rət, -ʃ(ə)r-⁻/ 形 ❶ 回 〈…と〉不相応で, 不釣り合いで 〔*with*〕. ❷ = incommensurable. **~·ly** 副 **~·ness** 图

in·com·mode /ìnkəmóʊd/ 動 ❶ 〈人に〉不便を感じさせる. ❷ 迷惑をかける.

in·com·mo·di·ous /ìnkəmóʊdiəs⁺⁻/ 形 ❶ 不便な, 勝手の悪い. ❷ 〈部屋など狭苦しい, 窮屈な. **~·ly** 副 **~·ness** 图

in·com·mu·ni·ca·ble /ìnkəmjúːnɪkəbl⁺⁻/ 形 ❶ 伝達できない, 言うことができない. ❷ 口の重い, 無口の.

in·com·mu·ni·ca·do /ìnkəmjùːnəkɑ́ːdoʊ/ 形 回 ❶ 〈人が〉外部との連絡を絶たれて: be held ~ 外部との連絡を絶たれている. ❷ 〈囚人などが監禁されて: be kept ~ 監禁されている. 〖Sp; ⇒ in-¹, communicate〗

in·com·mu·ni·ca·tive /ìnkəmjúːnəkèɪṭɪv, -nɪkə-⁻/ 形 口の重い, 無口の.

in·com·mut·a·ble /ìnkəmjúːṭəbl⁻/ 形 ❶ 交換できない. ❷ 変えられない, 不変の. **-bly** /-bli/ 副

in·com·pa·ra·bil·i·ty /ìnkʌ̀mp(ə)rəbíləti |-kɔ̀m-/ 图 回 比類のなさ, 無比.

in·com·pa·ra·ble /ɪnkɑ́mp(ə)rəbl |-kɔ́m-⁻/ 形 ❶ 比類のない, 無比の: one's ~ beauty たぐいまれな美しさ. ❷ 回 〈…と〉比較できなくて 〔*with, to*〕: His income is ~ *with* mine. 彼の収入は私のには比較にならない(ほど多い).

in·cóm·pa·ra·bly /-rəbli/ 副 比較にならないほど, 飛び抜けて.

in·com·pat·i·bil·i·ty /ìnkəmpæ̀təbíləti/ 图 回回 両立しえれない[相反すること], 性格の不一致.

†in·com·pat·i·ble /ìnkəmpǽṭəbl⁻/ 形 〈人同士が〉気性が合わない; 相いれない, 両立しがたい: They seem to be ~. 彼らは虫が好かないらしい / a theory ~ *with* the facts

事実と矛盾する理論. **-bly** /-bli/ 副 〖IN-¹＋COMPATIBLE〗

†**in·com·pe·tence** /ínkámpətəns, -tns | -kɔ́m-/ 名 U 無能力; 不適格; 無資格. (形 incompetent)

in·cóm·pe·ten·cy /-tənsi, -tnsi/ 名 =incompetence.

†**in·com·pe·tent** /ínkámpətənt, -tnt | -kɔ́m-⁻/ 形 ❶ 無能な, 役に立たない: an ～ surgeon 無能な外科医 / He's ～ as manager of the hotel. 彼はこのホテルの支配人として無能だ / He's ～ for managing a hotel. 彼にはホテルを経営する力がない / He's ～ at managing the hotel. 彼はこのホテルの経営は下手である / He's ～ to do the job. 彼にはその仕事をする能力がない. ❷ 〖法〗 証言能力のない, 証人適格のない; 証拠能力のない. ── 名 ❶ 無能な人, 不適任者. ❷ 〖法〗無力者. ～·ly 副 〖IN-¹+COMPETENT〗 (名 incompetence)

†**in·com·plete** /ínkəmplíːt⁻/ 形 不完全な, 十分でない, 不備な; 完結していない, 未完成の: ～ information 不十分な情報 / The list is still ～. そのリストはまだ未完成です. ～·ly 副 ～·ness 名 〖IN-¹+COMPLETE〗

in·com·ple·tion /ínkəmplíːʃən/ 名 U 不完全, 不満, 未完成.

in·com·pli·ant /ínkəmpláiənt/ 形 従わない, 強情な. ～·ly 副

in·com·pre·hen·si·bil·i·ty /ínkàmprɪhènsəbíləṭi | -kɔ̀m-/ 名 U 理解できないこと, 不可解.

†**in·com·pre·hen·si·ble** /ínkàmprɪhénsəbl | -kɔ̀m-⁻/ 形 理解できない (unintelligible): for some ～ reason ある理解できない理由で / His explanation was ～ to me. 彼の説明は私には理解できなかった. **-si·bly** /-səbli/ 副 不可解に(ほど)に. 〖IN-¹+COMPREHENSIBLE〗

in·com·pre·hen·sion /ínkàmprɪhénʃən | -kɔ̀m-/ 名 U 理解できないこと, 無理解.

in·com·press·i·ble /ínkəmprésəbl⁻/ 形 圧縮できない.

in·com·pu·ta·ble /ínkəmpjúːṭəbl⁻/ 形 計算できない; 数えきれない. **-ably** 副

in·con·ceiv·a·bil·i·ty /ínkənsìːvəbíləṭi/ 名 U 不可解.

†**in·con·ceiv·a·ble** /ínkənsíːvəbl⁻/ 形 ❶ 想像も及ばない, 思いもよらないで (unthinkable): an ～ occurrence 想像もできないような出来事 / A malfunction is ～ to us. 故障(がありうる)なんて私たちには思いもよらないことだ. ❷ 〔口〕信じがたい, 驚くべき: It's ～ that she should do something like that. 彼女がそんなことをするなんて信じられない. **-a·bly** /-vəbli/ 副 〖IN-¹+CONCEIVABLE〗

in·con·clu·sive /ínkənklúːsɪv⁻/ 形 〈議論など〉決定[確定]的でない: ～ evidence 決定的でない証拠. ～·ly 副 ～·ness 名

in·con·gru·ent /ínkáŋgru·ənt, -kəŋgrúː- | -kɔ́ŋgru-/ 形 合わない, 一致しない, 調和しない, 適合しない. **in·con·gru·ence** /-əns/ 名 ～·ly 副

in·con·gru·i·ty /ínkəŋgrúːəṭi/ 名 ❶ U 不調和, 矛盾, 不適合. ❷ C 不調和[不合理, 不適合]なもの.

†**in·con·gru·ous** /ínkáŋgruəs | -kɔ́ŋ-⁻/ 形 ❶ **a** 調和しない ～ colors ちぐはぐな色. **b** 釣り合わなくて, 矛盾して: His private opinions were ～ with his public statements. 彼の個人的見解は公的な発言と矛盾していた. ❷ 〈話など〉矛盾した, つじつまの合わない 〈態度など〉不適当な. ～·ly 副 ～·ness 名 〖IN-¹+CONGRUOUS〗

in·con·nu /ínkənjúː | -njúː-/ 名 ❶ 知られていない人, 無名者. ❷ (複 ～s, ～) 〖魚〗北米北西部産のサケ科の食用魚. 〖F=unknown〗

in·con·sec·u·tive /ínkənsékjuṭɪv⁻/ 形 連続しない; 前後一貫しない, 脈絡のない. ～·ly 副

in·con·se·quence /ínkánsɪkwəns, -kwəns | -kɔ́nsɪkwəns/ 名 U 不合理, 矛盾; 見当違い.

in·con·se·quent /ínkánsɪkwènt, -kwənt | -kɔ́nsɪkwənt⁻/ 形 ❶ 論理的でない, 理屈に[つじつまの]合わない. ❷ 筋違いの, 的はずれの, 見当違いの. ❸ 取るに足らない. ～·ly 副

in·con·se·quen·tial /ínkànsɪkwénʃəl | -kɔ̀n-⁻/ 形 ❶ 取るに足らない (trivial). ❷ 筋の通らない. ～·ly /-fəli/ 副

in·con·sid·er·a·ble /ínkənsídərəbl, -drə-⁻/ 形 重要でない; 取るに足らない, わずかな: His contribution to the project was not ～. その計画への彼の貢献は少なくなかった. **-a·bly** /-dərəbli, -drə-/ 副

in·con·sid·er·ate /ínkənsídərət, -drət⁻/ 形 ❶ (他人に対して)思いやりのない (thoughtless): an ～ person 思いやりのない人 / It was ～ of you [You were ～] to wake him up. 彼を起こすとはあなたも思いやりがなかったですね. ❷ 無思慮な; 軽率な. ～·ly 副 ～·ness 名

in·con·sid·er·a·tion /ínkənsìdəréɪʃən/ 名 U 無思慮, 無分別, 軽率.

†**in·con·sis·ten·cy** /ínkənsístənsi/ 名 ❶ U 不一致, 矛盾 (contradiction); 無定見. ❷ C 矛盾した事物.

†**in·con·sis·tent** /ínkənsístənt⁻/ 形 ❶ 矛盾する, 矛盾の多い: an ～ argument 矛盾する議論. **b** ー致しないで, 調和しないで: The results of the experiment were ～ with his theory. その実験結果は彼の理論と一致しなかった. ❷ 〈人・言動など〉一貫性のない, 無定見な, 無節操な, 気まぐれな. ～·ly 副 〖IN-¹+CONSISTENT〗

in·con·sol·a·ble /ínkənsóʊləbl⁻/ 形 慰めることのできない, 悲しみに沈んだ: She was ～ for his death. 彼の死に接して彼女は慰めようがなかった. **-a·bly** /-ləbli/ 副

in·con·so·nant /ínkánsənənt | -kɔ́n-⁻/ 形 調和[一致]しない; 〈音〉が協和しない. ～·ly 副 **in·cón·so·nance** /-nəns/ 名 (思想・行動などの)不調和, 不一致, (音の)不協和.

in·con·spic·u·ous /ínkənspíkjuəs⁻/ 形 目立たない, 引き立たない. ～·ly 副 ～·ness 名

in·con·stan·cy /ínkánstənsi | -kɔ́n-/ 名 ❶ U 変わりやすいこと, 不定. ❷ **a** U 移り気[浮気](なこと). **b** C 〔通例複数形で〕 浮気.

in·con·stant /ínkánstənt | -kɔ́n-⁻/ 形 ❶ 〈人・行動〉が気まぐれな; 移り気な. ❷ 変わりやすい, 不定の, 変化の多い. ～·ly 副

in·con·test·a·ble /ínkəntéstəbl⁻/ 形 〈事実・証拠〉が議論の余地のない, 争えない, 明白な. **-a·bly** /-təbli/ 副 **in·con·tèst·a·bil·i·ty** /-tèstəbíləṭi/ 名

in·con·ti·nence /ínkántənəns | -kɔ́n-/ 名 ❶ U 自制のできないこと: ～ of tongue [speech] 多弁, 冗舌. ❷ 淫乱(ぶん). ❸ 〖医〗失禁.

in·con·ti·nent /ínkántənənt | -kɔ́n-⁻/ 形 ❶ 自制のできない; 抑え切れないで: an ～ talker のべつ幕なしにしゃべる人 / be ～ of secrets 秘密を守り切れない. ❷ 不節制な; 淫乱な. ❸ 〖医〗失禁の. ～·ly 副

in·con·trol·la·ble /ínkəntróʊləbl⁻/ 形 抑制できない. **-bly** /-bli/ 副

in·con·tro·vert·i·ble /ínkàntrəvə́ːṭəbl | -kɔ̀ntrəvə́ː-⁻/ 形 論争の余地のない, 明らかな: ～ evidence 明白な証拠. **-i·bly** /-ṭəbli/ 副

†**in·con·ve·nience** /ínkənvíːnjəns, -niəns/ 名 ❶ U 不便, 不自由, 迷惑: It won't cause you [put you to] any ～. そのことであなたに迷惑をかけることはありません. ❷ C 不便[不自由, 迷惑]なこと: You know the ～ of driving to the office from the suburbs. 郊外から車で通勤する不便がおわかりでしょう. ── 他 〈人に〉不便を感じさせる, 迷惑をかける: I hope it won't ～ you. 君に迷惑をかけなければいいんですが. (形 inconvenient)

†**in·con·ve·nient** /ínkənvíːnjənt, -niənt⁻/ 形 (more ～; most ～) 不便な; 都合の悪い: at an ～ time 都合の悪い時に / Would 6 o'clock be ～ ? 6 時では都合が悪いでしょうか《用法: 「人」が主語にならない》: if (it is) not ～ for [to] you もしご迷惑でなければ. ～·ly 副 〖IN-¹+CONVENIENT〗 (名 inconvenience)

in·con·vert·i·ble /ínkənvə́ːṭəbl | -və́ː-⁻/ 形 ❶ 引き換えられない. ❷ 〈紙幣〉の兌換(だん)できない. **-i·bly** /-ṭəbli/ 副

in·con·vin·ci·ble /ínkənvínsəbl⁻/ 形 納得させることのできない, わからず屋の.

in·co·or·di·na·tion /ìnkouɔ̀ədənéɪʃən | -ɔ̀ː-/ [名] [U] 〖医〗(筋肉の)協調(運動)不能.

*__in·cor·po·rate__ /ɪnkɔ́əpərèɪt | -kɔ́ː-/ [動] [他] ❶ 〈…を〉合体させる, 合併[統合]する; 〈…を〉組み入れる〔*in, into*〕: ～ one firm ***with*** another 一商社を他の商社と合体させる / They ～*d* the technology ***in*** their new product. 彼らはその科学技術を彼らの新製品に織り込んだ. ❷ 〈事業などを〉法人組織にする; 〈…を〉(有限責任)会社[株式会社]にする. ❸ 〈人を〉(ある団体に)加入させる; 〔+目+補〕〈人を〉(団体などの)一員と〉する: I was ～*d* a member of the society for the annual fee of $500. 私は年会費 500 ドルでその会の会員となった. ❹ 〈考えなどを〉具体化する. — [自] ❶ 〔…と〕合同する, 合体する, 結合する: Radical ideas tend to ～ ***with*** convention. 急進的な思想は因習と融合しがちである. ❷ **a** 法人組織になる. **b** 《米》(有限責任)会社[株式会社]になる. **c** 地方自治体になる; 市制を敷く. — /-p(ə)rət/ [形] 〈会社など〉法人組織の. 〘IN-²+CORPORATE〙 ([名] incorporation)

in·cór·po·ràt·ed /-rèɪṭɪd/ [形] ❶ 合同[合併, 編入]した. ❷ **a** 法人[会社]組織の. **b** 《米》法人格のある, 会社[(特に)株式会社]の《[用法] Inc. と略して会社名の後につける; 《英》の Ltd. (=Limited) に当たる》: Apple Computer, *Inc.* / Smith & Co., *Inc.* / an ～ company 株式会社.

in·cor·po·ra·tion /ɪnkɔ̀əpəréɪʃən | -kɔ̀ː-/ [名] ❶ [U] 結合, 合同, 合併, 編入. ❷ [C] 結社, 法人団体, 会社. ❸ [U] 〖法〗法人格付与, 法人[会社]設立. ([動] incorporate)

in·cor·po·ra·tive /ɪnkɔ́əpərèɪṭɪv, -p(ə)rə- | -kɔ́ː-/ [形] 合体的な, 合同的な, 結合的な.

in·cór·po·rà·tor /-ṭə | -tə/ [名] ❶ 結合[合同]者. ❷ 《米》法人[会社]設立者.

in·cor·po·re·al /ìnkɔəpɔ́ːriəl | -kɔː-←/ [形] 形体のない, 無形の; 霊的な. ～**·ly** /-əli/ [副]

in·cor·po·re·i·ty /ìnkɔ̀əpəríːəṭi | -kɔ̀ː-/, **in·cor·po·re·al·i·ty** /ìnkɔ̀əpɔ̀riǽləṭi | -kɔ̀ː-/ [名] [U] 実体のないこと, 無形; 非物質性.

⁺**in·cor·rect** /ìnkərékt←/ [形] ❶ 不正確な, 間違った. ❷ 穏当でない, 不適当な. ～**·ness** [名] 〘IN-¹+CORRECT〙

ìn·cor·réct·ly [副] 間違って, 不正確に: speak ～ 間違って[不正確に]しゃべる.

in·cor·ri·gi·ble /ɪnkɔ́ːrɪʤəbl | -kɔ́r-←/ [形] ❶ **a** 〈人・行動など〉矯正[善導]できない, 救い[度し]がたい: an ～ liar 度しがたいうそつき. **b** 〈習慣など〉根強い. ❷ 〈子供が〉手に負えない, わがままな. — [名] 救いがたい[手に負えない]人. **in·cor·ri·gi·bil·i·ty** /ɪnkɔ̀ːrɪʤəbíləṭi | -kɔ̀r-/ [名] **-gi·bly** /-ʤəbli/ [副]

in·cor·rupt·i·ble /ìnkərʌ́ptəbl←/ [形] ❶ 腐敗しない, 不朽の: Gold is ～. 金は腐食しない. ❷ 〈人が〉買収されない, 清廉な: an ～ public official 清廉潔白な公務員. **ìn·cor·rùpt·i·bíl·i·ty** /-kərʌ̀ptəbíləṭi/ [名] **-bly** /-təbli/ [副]

ín-còuntry [形] [副] 国内で(の).

‡**in·crease** /ɪnkríːs, ⏑—/ [動] [自] (↔ decrease) ❶ 〈数量・程度などが〉ふえる, **増加する**, 増大[増進]する: ～ twofold 2 倍になる / The percentage has ～*d* ***by*** 15 ***to*** 44. 百分比は 15 ふえて 44 となった / As I walked up the street, the rain ～*d* ***in*** force. その通りを歩いていくにつれて雨はますます勢いを増してきた. ❷ 増殖する, 繁殖する. — [他] ❶ (数量・程度などの点で)〈…を〉**増す**, ふやす (↔ diminish, lessen): This will ～ our difficulties. このために我々の困難は増大するだろう / the ～*d* cost of living 生活費の値上がり / It will rain with ～*d* winds. 雨になり風が次第に強くなるでしょう. ❷ 〈領土などを〉拡大する. — /⏑—, —⏑/ [名] ❶ [U,C] **増加, 増大**, 増進, 増殖〔*in, of*〕(rise): an ～ ***in*** population 人口の増加. ❷ [C] 増加額, 増大量: a wage ～ ***of*** 50 cents an hour 1 時間につき 50 セントの賃金の増額 / There were steady annual ～*s* ***in*** population. 人口は毎年着実に増加していた. **òn the íncrease** 増加して, 増大して: The membership of the club is *on the* ～. そのクラブの会員(数)は増加しつつある. 〘F＜L=IN-²+*crescere* 成長する (cf. crescent)〙

【類義語】**increase** 次第に数量・程度が増大・増加する; 最も一般的な語. **enlarge** 特に大きさ・量などが増加する. **multiply** 数量が倍増するように次々とふえる.

in·créased [形] [A] 増加[増大]した[する], ふえた: ～ traffic congestion 交通渋滞の増加 / an ～ deficit 増大した赤字.

in·créas·ing [形] [A] ますますふえる: An ～ number of people are buying laptop computers. ますます多くの人がラップトップコンピューターを買っている, ラップトップコンピューターを買う人の数がふえている. **the láw of incréasing retúrns** 〖経〗収穫逓増(ていぞう)の法則.

*__in·creas·ing·ly__ /ɪnkríːsɪŋli/ [副] (比較なし) ますます, いよいよ, だんだん: His criticisms have become ～ bold. 彼の批評はますます大胆になってきた.

in·cred·i·bil·i·ty /ìnkrèḍəbíləṭi/ [名] [U] 信じられないこと; 信用できないこと.

*__in·cred·i·ble__ /ìnkréḍəbl←/ [形] (**more** ～; **most** ～) ❶ (比較なし)〈物事など〉信じられない, 信用できない (unbelievable): an ～ story 信じられない話 / It's ～ to me that there should be an afterlife. 来世があるなんて私には信じられない / The story seems ～ to me. その話は私には信用できないように思われる. ❷ 《口》驚くべき, 非常な, 途方もない: an ～ memory 抜群の記憶力 / His appetite is ～. 彼の食欲は途方もない. ～**·ness** [名] 〘IN-¹+CREDIBLE〙

*__ìn·créd·i·bly__ /-dəbli/ [副] ❶ **信じられないほど.** ❷ 《口》非常に: She's ～ beautiful. 彼女はとても美しい.

in·cre·du·li·ty /ìnkrɪd(j)úːləṭi | -djúː-/ [名] [U] 〈人が〉容易に信じないこと, 疑い深いこと.

⁺**in·cred·u·lous** /ìnkréʤuləs←/ [形] ❶ 〈人が〉容易に信じない, 疑い深い〔*of, about*〕: We are ～ ***of*** his boast. 彼の豪語を簡単には信じない. ❷ 疑うような: an ～ smile [look] 人を疑っているような笑い[目つき]. ～**·ly** [副] 〘IN-¹+CREDULOUS〙

in·cre·ment /íŋkrəmənt/ [名] ❶ **a** [U] 増加, 増大, 増進, 増殖. **b** [C] 増加量, 増額 (↔ decrement): annual salary ～*s* of $1000 千ドルの年収増額. ❷ 利益, 利得: unearned ～ 〖経〗(地価などの)自然[不労]増額. 〘L＜*increscere*; ⇨ INCREASE〙

in·cre·men·tal /ìŋkrəménṭl←/ [形] ますます増加する: ～ cash flow 増加する現金流動. ～**·ly** [副]

in·cre·mén·tal·ism /-ṭəlìzm/ [名] [U] (政治的・社会的な)漸進主義[政策]. **-ist** [名] [形]

⁺**in·crim·i·nate** /ɪnkrímənèɪt/ [動] [他] ❶ 〈人に〉罪があるとする, 罪を負わせる. ❷ (証言などによって)〈人を〉有罪にする: ～ *oneself* (反証を認めることで)自ら罪に陥る. ❸ 〈物事を〉(…の原因と〉みなす; 〈…を〉〔…の〕原因だとする: 〔+目+*as*補〕Automobile exhaust has been ～*d* *as* one of the causes of air pollution. 自動車の排気ガスが大気汚染の原因の一つとされている / Automobile exhaust has been ～*d* ***in*** air pollution. 自動車の排気ガスが大気汚染の原因だとされている. **in·crim·i·na·tion** /ɪnkrìmənéɪʃən/ [名] 〘IN-²+CRIMINATE〙

in·crim·i·na·to·ry /ɪnkrímənətɔ̀ːri | -təri, -tri/ [形] 有罪にするような.

ín-cròwd [名] [the ～] 《口》最先端を行く人びと, 通(つう)の連中.

in·crust /ɪnkrʌ́st/ [動] =encrust.

in·crus·ta·tion /ìnkrʌstéɪʃən/ [名] ❶ [U] 外被でおおう[おおわれる]こと. ❷ [C] 外被, 外殻; かさぶた. ❸ [U] はめ込み細工, 象眼; 化粧張り.

⁺**in·cu·bate** /íŋkjubèɪt/ [動] [他] ❶ 〈卵を〉抱く, かえす. ❷ 〈計画・考えなどを〉生み出す, 考え出す. ❸ 〈細菌などを〉培養する. — [自] ❶ **a** 卵を抱く, 巣につく. **b** 〈卵が〉かえる. ❷ 〈計画・考えなどが〉生まれる, 形をなす; 具体化する. ❸ 〖医〗〈病気が〉潜伏する. **ín·cu·bà·tive** /-ṭɪv/ [形] 〘L=横たわる＜IN-²+*cubare* 横になる (cf. cubicle)〙

in·cu·ba·tion /ìŋkjubéɪʃən/ [名] [U] ❶ 抱卵, 孵化(ふか): artificial ～ 人工孵化 / The ～ period of the swan is 42 days. 白鳥の孵化期間は 42 日だ. ❷ 〖医〗**a** 潜伏. **b** 潜伏期.

ín·cu·bà·tor /-ṭə | -tə/ [名] ❶ 孵卵器. ❷ (早産児)保

育器. ❸ 細菌培養器. ❹ 起業設立支援組織, ビジネス・インキュベーター《起業家に設備・助言その他の便宜を提供する》.

in·cu·bus /ínkjʊbəs/ 名 (圏 ~·es, -bi /-bàɪ/) ❶ 〔睡眠中の女性を犯すという〕夢魔 (cf. succubus). ❷ **a** 悪夢. **b** 〔払いのけることのできない〕心の重荷, 心配事《借金・試験・重荷となる人など》.〖L; INCUBATE と同語源〗

incubus 1

in·cu·des 名 incus の複数形.

in·cul·cate /ɪnkʌ́lkeɪt, -́--/ 動 ⑭ ❶〔思想・知識などを〕(反復して)教え込む, 説き聞かせる: ~ sound values *in* the young [*upon* young people's minds] 健全な価値観を若い人たち[若い人たちの心]に教え込む. ❷〈人・人々の心に〉思想・感情などを〉吹き込む, 植え付ける: ~ young people *with* sound values 青年に健全な価値観を吹き込む.〖L=(かかとで)踏みつける〗

in·cul·ca·tion /ɪ̀nkʌlkéɪʃən/ 名 U (反復して)説く[さとす, 教え込む]こと: the ~ *of* sound values 健全な価値観の鼓吹.

in·cul·pa·ble /ɪnkʌ́lpəbl/ 形 罪のない, 潔白な.

in·cul·pate /ɪnkʌ́lpeɪt, -́--/ 動 ⑭〈人に〉罪を負わせる;〈人を〉とがめる.

in·cul·tu·ra·tion /ɪ̀nkʌltʃəréɪʃən/ 名 U〔社〕文化化, 文化適応.

in·cum·ben·cy /ɪnkʌ́mbənsi/ 名 公職者・聖職禄(ろく)所有者 (incumbent) の地位[在職期間]. 形 incumbent)

*__in·cum·bent__ /ɪnkʌ́mbənt/ 名 ❶ 在職者, 現職者. ❷ 聖職禄(ろく)所有者, 牧師 (cf. benefice 1). —— 形 ❶ Ⓐ 現職の, 在職の: the ~ mayor 現職市長. ❷ Ⓟ〔人に〕義務としてかかって: It's ~ *on* [*upon*] you to do your best. 最善を尽くすのが君の責任だ.〖L=横たわっている〈*incubare*; ⇒ incubate〗

in·cu·na·ble /ɪnkjúːnəbl/ 名 =incunabulum.

in·cu·nab·u·lum /ɪ̀nkjʊnǽbjʊləm/ 名 (圏 -la /-lə/) ❶〔複数形で〕初期, 黎明期, 揺籃時代. ❷ 初期刊本, 揺籃期本, インキュナビュラ《西暦 1501 年より前の印行本》.〖L〗

*__in·cur__ /ɪnkə́ːr/ 動 (in·curred; in·cur·ring)〔危険・不快なことなどを〕招く, こうむる;〔ある行為の結果として〕〈負債・損失などを〉負う, 受ける: ~ a person's displeasure [wrath] 人の不興を買う[怒りを招く] / The company *incurred* losses of $3 million last year. その会社は昨年 300 万ドルの損失を負った.〖L=突入する〈IN-² + *currere, curs-* 走る (cf. current)〗

in·cur·a·bil·i·ty /ɪ̀nkjʊ̀(ə)rəbíləti/ 名 U 不治. ❷ 矯正不能.

*__in·cur·a·ble__ /ɪnkjú(ə)rəbl-́--/ 形 ❶ 不治の, 治らない: an ~ disease 不治の病. ❷ 矯正[改良, 善導]できない (incorrigible): an ~ fool 度しがたいばか. —— 名 不治の病人.〖IN-¹ + CURABLE〗

in·cúr·a·bly /-rəbli/ 副 治らないほど; 度しがたいほど: ~ optimistic 度しがたいほど楽天的な.

in·cu·ri·os·i·ty /ɪ̀nkjʊ̀(ə)riɑ́səti, -stɪ-, -kjʊ̀əriɔ́səti, -kjɔ̀ːr-/ 名 U 好奇心のないこと, 無関心.

in·cu·ri·ous /ɪnkjú(ə)riəs-́--, -kjʊ́ər-, -kjɔ́ːr-́--/ 形 ❶ 好奇心のない, せんさく的でない. ❷ 無関心な, むとんちゃくな;〔…に〕関心がなくて〔*about*〕.

in·cur·rence /ɪnkə́ːrəns, -káːr-/ 名 Ⓤ Ⓒ〔損害・責任などの〕背負込み.

in·cur·rent /ɪnkə́ːrənt, -káːr-/ 形〈管・穴など〉水が流れ込む, 流入する(させる);流入水用の.

*__in·cur·sion__ /ɪnkə́ːrʒən, -ːrʃən/ 名〔突然の〕侵入; 襲撃〔*on, upon, into*〕.〖L; ⇒ incur〗

in·cur·sive /ɪnkə́ːrsɪv, -káːr-/ 形 侵入する.

in·cur·vate 動 ⑭ /ɪnkə́ːrveɪt, -́--, ɪ́nkəːrvèɪt/ 内側へ曲げる, 湾曲させる. —— 形 /ɪ́nkəːrveɪt, -vət, -kə́ːr-/

内側へ曲がった. **in·cur·va·tion** /ɪ̀nkəːrvéɪʃən | -kə-/ 名 内屈, 湾曲.

ín·cúrve 名〔内側への〕湾曲. —— /-́-́-/ 動 内側へ曲げる.

in·cúrved 形 内側に曲がった.

in·cus /ɪ́nkəs/ 名 (圏 **in·cu·des** /ɪnkjúːdɪːz/)〔解〕(中耳の)砧骨(ちんこつ), きぬた骨(ね)《耳小骨の一つ》.

in·cuse /ɪnkjúːz/ 名〔古貨幣などの〕極印. —— 動 ⑭〈貨幣などに〉刻印する.

ind. (略) independent; index; indicated; indicative; indirect; industrial.

Ind. (略) India(n); Indiana; Indies.

*__in·debt·ed__ /ɪndétɪd/ Ⓟ ❶ 恩を受けて, 恩義があって: I'm deeply ~ *to* you *for* your assistance. ご助力いただくことありがとう存じます. ❷〔人に〕ある額の負債があって〔*to*〕〔*for*〕《比較 通例 in a person's DEBT を用いる》.〖F = 負債を負わせる; ⇒ in-², debt〗

in·débt·ed·ness 名 Ⓤ ❶ 恩義; 負債. ❷ 負債額.

in·de·cen·cy /ɪndíːs(ə)nsi/ 名 ❶ Ⓤ 不作法, 下品; わいせつ. ❷ Ⓒ みだらな行為[言葉].

*__in·de·cent__ /ɪndíːs(ə)nt-́--/ 形 ❶ 不作法の, 品の悪い; わいせつな, みだらな (obscene): an ~ joke 下品なジョーク / It's ~ to say that. そんなことをおっしゃっては品性が疑われますよ. ❷ ⓁⒶ〈量・質など〉不適当な, 不当な《★ 少なすぎる時にも多すぎる時にも用いる》: ~ pay 不当な給料 / an ~ amount of work 不当な量の仕事. **b** 不体裁な, 見苦しい《★ 通例次の句で》: with ~ haste 人を顧みる余裕もないほどあわてて, そくさくと. ~·**ly** 副 〖IN-¹ + DECENT〗 [類語] ⇒ improper.

indécent assáult 名 U.C. 強制猥褻(わいせつ)罪.

indécent expósure 名 公然猥褻(わいせつ)罪.

in·de·ci·pher·a·ble /ɪ̀ndɪsáɪf(ə)rəbl-́--/ 形 解読[判読]できない: ~ handwriting 判読できない筆跡. **-bly** /-blɪ/ 副

in·de·ci·sion /ɪ̀ndɪsíʒən/ 名 U 不決断, 優柔不断, ためらい.

*__in·de·ci·sive__ /ɪ̀ndɪsáɪsɪv-́--/ 形 ❶ 決定的でない, 決着していない (inconclusive): an ~ answer どっちつかずの返事. ❷〈人・性格が〉優柔不断な, 煮え切らない. ~·**ly** 副 ❶ どっちつかずに. ❷ 煮え切らないで, ためらって. ~·**ness** 名 U 優柔不断, 決断力のなさ.

in·de·clin·a·ble /ɪ̀ndɪkláɪnəbl-́--/〔文法〕語尾の変化しない, 不変化の. —— 名 不変化詞《格変化をしない語; 名詞・代名詞・形容詞以外の品詞》.

in·dec·o·rous /ɪndék(ə)rəs, ɪ̀ndɪkɔ́ːrəs-́--/ 形 不作法な. ~·**ly** 副 ~·**ness** 名 U

in·de·co·rum /ɪ̀ndɪkɔ́ːrəm/ 名〔文〕❶ U 不作法. ❷ C 不作法な行為.

*__in·deed__ /ɪndíːd/ 副《比較なし》❶〔強調に用いて〕**a** 実に, 実際に, ほんとうに: I'm ~ glad = I'm glad ~. 本当にうれしい / Do you ~ believe so? 本当にそう信じているのですか / A friend in need is a friend ~. ⇒ need 3. **b** 〔very+形容詞または副詞の後に置き, それをさらに強調して〕本当に, まったく, 実に: Thank you *very* much ~. 本当にどうもありがとう / It's *very* kind of you ~. どうも本当にご親切さま. [質問の答えを強調して] 本当に, とても: "Are you comfortable?" "Yes ~!"「快適ですか」「ええとても」. ❷ **a** [前言を反復して, 同感を表わし, 時に反語的に用いて] 本当に: "What is that noise?" "What is that, ~?"「あの物音は何ですか」「何ですよねぇ, 本当に」; [反語的]「あれは何かとは驚いた」. **b** [前言を強調的に言い直して] それにまた, それどころか: It's useful, ~ indispensable. それは有益だ, いや, なくては済まされないものだ. ❸ [~…but で譲歩を表わして] なるほど, いかにも(…だがしかし): I~ it may be so, *but* it is not always. なるほどそうかもしれませんが, いつもそうとは限らない. —— 間 ❶〔驚き・懐疑・憤慨・皮肉などを表わして〕まあ!, へえ!; [口語的] まさか! ❷〔確信を求めて疑問を表わして〕「He won (the) first prize." "I~?"「彼は 1 等賞をもらいました」「おや本当に?」.〖成句 in deed「実際に, 実は」から〗

indef. (略) indefinite.

in·de·fat·i·ga·ble /ˌɪndɪfǽtɪɡəbl⁻/ 形 疲れ[飽き]ない, 根気のよい. **-bly** /-ɡəblɪ/ 副 〖L; ⇨ in-¹, fatigue〗

in·de·fea·si·ble /ˌɪndɪfíːzəbl⁻/ 形 破棄できない, 無効にできない. **-bly** /-blɪ/ 副

in·de·fec·ti·ble /ˌɪndɪféktəbl⁻/ 形 いつまでも損じる[朽ちる, 衰える]ことのない; 欠点없는, 完璧な.

in·de·fen·si·ble /ˌɪndɪfénsəbl⁻/ 形 ❶ 守りがたい. ❷ 弁明[弁解]の余地のない, 擁護できない. **-bly** /-səblɪ/ 副

in·de·fin·a·ble /ˌɪndɪfáɪnəbl⁻/ 形 ❶ 限定できない: an ~ boundary はっきりしない境界. ❷ 定義[説明]できない, 言いようのない, 漠然とした, あいまいな. **-a·bly** /-nəblɪ/ 副

⁺**in·def·i·nite** /ɪndéf(ə)nət⁻/ 形 (**more ~; most ~**) **a** 明確でない, 不確定の; 不明瞭な (indeterminate): His plans are still ~. 彼の計画はまだ漠然としている. **b** (比較なし)〈時間・期限が〉不定の, 決まっていない: for an ~ time 無期限に. ❷ (比較なし)〖文法〗不定の: an ~ pronoun 不定代名詞 (some(body), any(thing), none など). 〖IN-¹+DEFINITE〗

indefinite árticle 名 [the ~]〖文法〗不定冠詞 (a または an; cf. definite article).

indefinite íntegral 名〖数〗不定積分.

⁺**in·déf·i·nite·ly** 副 ❶ 不明確に, 漠然と. ❷ 無期限に: postpone a meeting ~ 会を無期限延期する.

in·de·his·cent /ˌɪndɪhísnt⁻/ 形〖植〗〈果皮が〉裂開しない. **in·de·his·cence** /-hís(ə)ns/ 名 (果皮の)非裂開(性).

in·del·i·ble /ɪndéləbl/ 形 ❶〈インクなど〉消えない. ❷〈汚点・印象など〉忘れられない. 〖L; ⇨ delete〗

in·del·i·bly /-əblɪ/ 副 消えないように; 永久に.

in·del·i·ca·cy /ɪndélɪkəsɪ/ 名 ❶ Ⓤ 下品さ, 野卑, きわどさ, みだら. ❷ Ⓒ 下品[みだら]な行為[言葉].

in·del·i·cate /ɪndélɪkət⁻/ 形 ❶ 下品な, 野卑な. ❷〈話など〉きわどい, みだらな. ❸ 思いやりのない, ぶしつけな, 気のきかない. **~·ly** 副

in·dem·ni·fi·ca·tion /ɪnˌdèmnəfɪkéɪʃən/ 名 ❶ Ⓤ 保障; 免責; 賠償, 補償. ❷ Ⓒ 保障[賠償]金[物].

in·dem·ni·fy /ɪndémnəfàɪ/ 動 ⑳ ❶〈人に償う, 賠償する: They offered to ~ us *for* our losses. 彼らは我々に損失分は賠償すると申し出た. ❷〈人を〉(法的に)保護する, 保障する: ~ a person *against* [*from*] personal responsibility 個人的責任を負わないように人を保護する. ❸〈人に〉責任[刑罰]を免ずる, 免責の保証を与える [*for*]: ~ a person *for* a debt 負債の責任を問わないことを人に保証する. **-fi·er** 名

⁺**in·dem·ni·ty** /ɪndémnətɪ/ 名 ❶ **a** Ⓤ 損害保障; 賠償 [*against*]. **b** Ⓒ 保障となるもの; 賠償金, 弁償金 [*for*]. ❷ Ⓤ (刑罰の)免責, 赦免 [*for*]. 〖F<L<IN-¹+*damnum* DAMAGE〗

in·de·mon·stra·ble /ˌɪndɪmánstrəbl, -démən-⁻, -dímɔn-, -démən-⁻/ 形 証明できない.

in·dene /índiːn/ 名 Ⓤ〖化〗インデン《無色液状の炭化水素》.

in·dent¹ /ɪndént/ 動 ⑳ ❶〈章・節の第 1 行を〉他の行より下げて[引っ込めて]印刷する[書く], インデントする. ❷〈海岸・海岸線などを〉湾入させる. ❸〈…に〉ぎざぎざをつける, 〈…を〉のこぎりの歯のようにする. ❹ **a** 〈正副 2 通に作成した契約書などを〉のこぎりの歯の形に切る. **b**〈契約書などを〉2 通に作成する. **c**〈英〉(2 枚続きの注文書で)〈…を〉正式に注文する(《1 枚は手もとに保存する》). —— ⑴〈英〉正式に注文する: ~ *upon* a person *for* an article 人にある品物の正式な注文書を発する. —— /─́─, ─̀─́/ 名 ❶ ぎざぎざ. ❷ (章・節の一行目の頭の)字下げ. ❸ 2 枚続き契約書. ❹〈英〉**a** 申し込み, 請求. **b** 注文書; 海外からの注文. **c** 受託買い付け品. 〖IN-²+DENT²〗

in·dent² /ɪndént/ 動 ⑳ 〈…に〉くぼみを作る, 〈…を〉くぼませる. ❷ 印などを押す. —— /índent/ 名 へこみ, くぼみ, くぼ地. 〖IN-²+DENT¹〗

in·den·ta·tion /ˌɪndentéɪʃən/ 名 ❶ Ⓤ ぎざぎざをつけること. ❷ Ⓒ **a** ぎざぎざ. **b** (海岸線などの)湾入. ❸ = indention 1.

in·den·tion /ɪndénʃən/ 名 ❶〖印〗**a** Ⓤ (行の)字下げ. **b** Ⓒ (字下げの)引っ込み(スペース). ❷ = indentation 1, 2.

in·den·ture /ɪndéntʃɚ | -tʃə/ 名 ❶ (2 通に作成し捺印(⁂)した)契約書, 証書, 証文. ❷ [しばしば複数形で] (昔の)年季奉公契約書, 年季証文. —— 動 ⑳ ❶〈人の〉雇用を契約書で取り決める. ❷〈人を〉年季奉公に入れる: an ~*d* servant 年季契約の奉公人. 〖INDENT¹+-URE〗

‡**in·de·pen·dence** /ˌɪndɪpéndəns/ 名 Ⓤ 独立, 自立: the ~ *of* India *from* Britain インドの英国からの独立 / ~ *of* outside help 外部の援助からの独立 (援助を受けないこと). (形 independent)

Independence Dày 名〖米〗独立記念日《解説 7 月 4 日; 法定休日; 1776 年 7 月 4 日に Declaration of Independence (独立宣言) が採択されたことにちなむ; the Fourth of July ともいう; パレードなどの記念行事が行なわれる》.

Índependence Háll 名《米国 Pennsylvania 州 Philadelphia 市にある》独立記念館《解説 1776 年 7 月 4 日にここで独立宣言をした》.

in·de·pen·den·cy /ˌɪndɪpéndənsɪ/ 名 ❶ Ⓤ 独立, 自立心, 自主. ❷ Ⓒ 独立国. ❸ [I~] Ⓤ〖キ教〗(会衆派教会の)独立教会主義.

‡**in·de·pen·dent** /ˌɪndɪpéndənt⁻/ 形 (**more ~; most ~**) ❶ 独立した, 自主の, 自治の, 自由な; (他に)頼らない, 自主的な: an ~ country 独立国 / He has a job and is ~ *of* his parents. 彼は就職していて親の世話を受けていない. ❷ 独立心の強い, 自尊心の強い: an ~ young woman 独立心旺盛(⁂)な若い女性. ❸ **a** 〈人が〉独立して生活する, 自活する. **b** (比較なし)働かなくて暮らせるだけの: a man of ~ means 働かなくても暮らせるだけの資産のある人. ❹ 他に依存しない, 独自の: an ~ thinker 独自の考えを持つ人 / ~ proofs 独自の証拠. ❺ (比較なし)〖政〗無所属の, 独立党の. ❻ (比較なし)〖文法〗〈節が〉独立の (cf. main clause): an ~ clause 独立節, 主節. **independent of...** [副詞句を導いて] …から独立して, …と無関係で: A wife can have property ~ *of* her husband. 妻は夫から独立して財産を所有しうる. —— 名 ❶ 独立した[もの]. ❷ 無所属の人[議員]. 〖IN-¹+DEPENDENT〗 (名 independence, independency)

in·de·pén·dent·ly 副 独立して, 自主的に.

independently of... =INDEPENDENT of... 成句.

índependent schóol 名 Ⓤ,Ⓒ〈英〉(政府などの援助を受けない)私立学校 (public school など; cf. maintained school).

independent váriable 名〖数〗独立変数.

in-depth /̀-̌-́/ 形 詳細な, 綿密な; 徹底的な: an ~ study 綿密な研究 / ~ data 詳細なデータ / ~ news coverage ニュースの詳細な報道.

in·de·scrib·a·ble /ˌɪndɪskráɪbəbl⁻/ 形 ❶ 名状できない, 漠然とした. ❷ 筆舌に尽くしがたい, 言語に絶する. **-a·bly** /-bəblɪ/ 副

in·de·struct·i·ble /ˌɪndɪstrʌ́ktəbl⁻/ 形 破壊できない, 不滅の. **-bly** /-blɪ/ 副 **in·de·strùc·ti·bíl·i·ty** /-strʌ̀ktəbíləti/ 名

in·de·ter·mi·na·ble /ˌɪndɪtɚ́ːmɪnəbl | -tɚ́ː-⁻/ 形 確定できない; 解決のつかない. **-bly** /-blɪ/ 副

in·de·ter·mi·na·cy /ˌɪndɪtɚ́ːm(ə)nəsɪ | -tɚ́ː-/ 名 = indetermination.

indetérminacy prínciple 名〖理〗不確定性原理.

in·de·ter·mi·nate /ˌɪndɪtɚ́ːmɪnət | -tɚ́ː-⁻/ 形 ❶ 不確定の, 不定の. ❷ 明確でない, 漠然とした, あいまいな: an ~ vowel〖音声〗あいまい母音 (/ə/). ❸ 未解決の, 未定の. **~·ly** 副

in·de·ter·mi·na·tion /ˌɪndɪtɚ̀ːmɪnéɪʃən | -tɚ̀ː-/ 名 ❶ Ⓤ 不定, 不確定. ❷ 不決断, 優柔不断.

in·de·ter·min·ism /ˌɪndɪtɚ́ːmɪnɪzm | -tɚ́ː-/ 名 Ⓤ〖哲〗非決定論, 自由意志論; (一般に)不確定, (特に)予測[予見]不能(性). **-ist** /-nɪst/ 名 **in·de·ter·min·is·tic** /ˌɪndɪtɚ̀ːmɪnístɪk⁻/ 形

*in・dex /índeks/ (複 ~・es, in・di・ces /índəsì:z/) ❶ (複 ~・es)(本などの)索引: ⇨ card index. ❷ a (計器などの)目盛り,指針. b 指示,指針; (印刷) Style is an ~ *of* the mind. 文は心の鏡である. c (印) 指印(☞). ❸ a (統) 指数: ⇨ Dow-Jones index, price index. b (複 in・di・ces) (数) 指数; (言語の)指標. ── 動 (他) ❶ 〈本に〉索引をつける. ❷ 〈…を〉索引に載せる. 〖L=指さすもの, 人さし指〗

in・dex・ation /indekséiʃən/ 名 UC (経) 指数化方式, インデクセーション (物価指数などの利用による賃金・利率・年金などの物価スライド方式).

índex cárd 名 索引カード.

in・dex・er 名 索引作成者.

*index fìnger 名 人さし指 (forefinger).

índex fùnd 名 (証券) インデックスファンド (一定期間の平均株価に見合うよう組入れ銘柄と比率を選定したミューチュアルファンド).

índex fútures 名 複 (証券) 株価指数先物(取引).

in・dex・i・cal /índeksik(ə)l/ 形 (言) 語・意味的が指標的な (代名詞のように話者や話者ごとに指示するものが異なる). ── 名 指標的な語[表現].

index-línked 形 物価スライド制の.

índex nùmber 名 =index 3 a.

*In・di・a /índiə/ ❶ インド(共和国) (1950年英連邦内の共和国として独立; 首都 New Delhi). ❷ インド(亜大陸). 〖OE<L<Gk<*Indos* インダス川 (Indus)〗

Índia ínk 名 U (米) 墨, 墨汁 (英) Indian ink.

In・di・a・man /-mən/ 名 (複 -men) (史) (東インド会社の)インド貿易船.

*In・di・an /índiən/ 形 ❶ インドの; インド人の. ❷ アメリカインディアンの; アメリカインディアンの言語の. ── 名 ❶ C インド人 (cf. Hindu). ❷ a C アメリカインディアン(解説) アメリカに住むインド人と区別して正確には American Indian というが, 現在では Native American という呼称が好まれる; Indian の名は 1492 年にアメリカ大陸に到達したコロンブス (Columbus) がそこをインド (India) と思い込んだことによる). b U アメリカインディアンの諸言語. 〖INDIA+-AN〗

In・di・an・a /ìndiǽnə/ 名 インディアナ州 (米国中部の州; 州都 Indianapolis; 略 Ind., (郵) IN; 俗称 the Hoosier State). 〖=インディアン (Indian) の土地〗

In・di・an・an /ìndiǽnən/~, 形 インディアナ州の. ── 名 インディアナ州人.

In・di・a・nap・o・lis /ìndiənǽp(ə)lis/ 名 インディアナポリス (米国 Indiana 州の州都).

Índian clúb 名 [通例複数形で] インディアンクラブ (体操用のびん状の棍棒, 一対で腕の筋肉強化に用いる).

Índian córn 名 U (英) トウモロコシ(の実) (関連) (米・カナダ・豪) では単に corn といい, (英) では maize ともいう).

Índian élephant 名 動 インドゾウ.

Índian fìle 名 一列縦隊: march in ~ 一列縦隊で行進する. ── 副 一列縦隊で.

Índian gìver 名 (米) 一度与えたものを取り戻す人, 返礼目当てにサービスをする人.

Índian hémp 名 U (植) ❶ アサ, タイマ. ❷ (北米産) キョウチクトウ科バシクルモン属の多年草.

In・di・an・i・an /índiəniən/~, 形 =Indianan.

Índian ínk (英) =India ink.

In・di・an・ism /-ìzm/ 名 U アメリカインディアン[インド人]の特質[文化]; アメリカインディアンの利益[文化]の拡大をはかる政策, アメリカインディアン保護政策. -ist 名

In・di・an・ize /índiənàiz/ 動 〈性格・習慣・外見などを〉インド(風)[アメリカインディアン]化する. In・di・an・i・za・tion /ìndiənizéiʃən | -naiz-/ 名 U インド人化(政策).

Índian méal 名 U ひき割りトウモロコシの粉.

Índian Mútiny 名 [the ~] インド大反乱, セポイの反乱 (1857-59; インド北部を中心にインド人傭兵 (sepoys) が英国支配に対して起こした反乱).

In・di・an・ness 名 U インドの特質, インド(人)らしさ; アメリカインディアンらしさ.

*Índian Ócean 名 [the ~] インド洋.

Índian páintbrush 名 (植) カステラソウ (北米原産; その一種は Wyoming 州の州花).

Índian réd 名 U インド赤 (代赭(たいしゃ)色の顔料).

Índian reservátion 名 (米国政府の定めた)アメリカインディアン保留地.

Índian rópe-trìck 名 ヒンドゥーロープ (縄が空中に立ちのぼってゆき, 男がそれを登っていったというインドの奇術).

Índian Rúnner 名 インディアンランナー(種) (インド原産のアヒルの卵用種).

Índian sígn 名 (米) まじない, 呪い, 魔法.

Índian súmmer 名 ❶ 小春びより (解説) 晩秋(10月)から初冬(11月)にかけて続く暖かい日和り; 空は澄んでいるが夜は冷え込むので, もやがかかり空気はかすんでいる). ❷ (人生の晩年などの)落ち着いた幸福な一時期.

Índian Térritory 名 [the ~] アメリカインディアン特別保護区 (もと米国で先住民を保護するため特設した準州 (1834-90); 今の Oklahoma 東部地方).

Índian wréstling 名 U インディアンレスリング (互いに左[右]の手を固く握り, 左[右]の足を相手と並べて立って相手のバランスをくずそうとする遊び).

Índia pàper 名 U インディア紙[ペーパー] (強くて不透明な薄い上質の印刷用紙).

Índia rúbber 名 [時に i~ r~] ❶ C 消しゴム. ❷ U 弾性ゴム.

In・dic /índik/ 形 ❶ インド(人)の. ❷ (言) (印欧語族の)インド語派の. ── 名 (印欧語族の)インド語派.

in・di・cant /índikənt/ 名 指示[表示]するもの.

*in・di・cate /índikèit/ 動 (他) ❶ a 〈指・手などで〉…を指し示す: ~ the door (出ていけとばかり)ドアを指さす / ~ a chair (かけなさいと) いすを指さす. b 〈…を〉指摘する: ~ an error in a sentence 文の誤りを指摘する. ❷ a 〈…を〉示す, 表わす, 表示する: assent by nodding うなずいて同意を表わす / The signpost ~*s* the right way to go. 道標は正しい道を示している / This meter ~*s* water consumption. この計量器は水の消費量を示す / [+(*that*)] Statistics ~ *that* our living standard has improved. 統計は我々の生活水準が向上したことを示している / [+*wh.*] The arrow ~*s* *where* we are. 矢印は我々の現在地を示している. b (英) 〈ドライバー・車が〉(方向指示器などで)曲がる方向を示す. ❸ 〈…を〉(身ぶりなどで)暗にそれとなく示す: ~ a willingness to negotiate 交渉の意のあることをほのめかす / [+(*that*)] He ~*d* with a nod of his head *that* she had arrived. 彼女が到着したことを彼はうなずいて示した. ❹ 〈…ということを〉簡単に述べる: [+(*that*)] He ~*d* to us *that* he accepted the offer. その申し出を彼が受けいれるということを彼は私たちに明らかにした. ❺ 〈…の〉しるし[兆し]である: Fever ~*s* illness. 熱のあるのは病気の兆しである. ❻ a (医) 〈処置などが〉〈...の〉必要を示す (★ しばしば受身): An operation *is* ~*d*. 手術が必要である. b 〈...を〉必要とする, 〈...が〉望ましい (★ しばしば受身): Prompt action *is* ~*d* in a crisis. 危急の際には機敏な行動が必要だ. 〖L=指し示すすぐ (INDEX)〗 (名 indication, 形 indicative)

*in・di・ca・tion /ìndikéiʃən/ 名 ❶ UC 指示(すること), しるし, 兆候 (sign): Faces are a good ~ *of* age. 顔は年齢をよく示している [顔を見れば年がよくわかる] / His reply gave no ~ *of* discontent. 彼の返答には不満を示すものは表われていなかった / [+*that*] There're ~*s* [There's no ~] *that* unemployment will decrease. 失業者数が減少する兆しがある[はひとつもない] / His face gave every ~ *that* her remark had hurt him. 彼女の言葉で感情を害したことが彼の顔ににっきり表わされていた. ❷ C (計器の)表示(度数), 示度 *of*. (動 indicate)

+in・dic・a・tive /indíkətiv/ 形 ❶ P 指示して, 表示して, 暗示して: Her gesture was ~ *of* contempt. 彼女の身ぶりは軽蔑を示していた / His silence was ~ *that* he was displeased. 彼の沈黙は彼が腹を立てていることを示していた. ❷ (文法) 直説法の, 叙実法の (cf. mood²): the ~ mood 直説(叙実)法. ── 名 (文法) =INDICATIVE mood. (動 indicate)

in・dic・a・tive・ly 副 (文法) 直説法で.

in·di·ca·tor /índɪkèɪtɚ | -tə/ 名 ❶ 指標: economic ~s 経済指標. ❷ 指示する人; 指示するもの: **a** (信号)表示器, 標識; (鉄道・バスなどの)発着表示板. **b** 〖英〗(自動車の)方向指示器. **c** 〖機〗圧力指示器, 指針. ❸ 〖化〗指示薬.

in·dic·a·to·ry /ɪndíkətɔ̀ːri | -təri, -tri/ 形 〖...を〗示す, 表示する〖of〗.

in·di·ces /índəsìːz/ 名 index の複数形.

in·di·ci·a /ɪndíʃ(i)ə/ 名 複 ❶ しるし, 兆候. ❷ 《米》料金別納郵便物の証印.

in·dict /ɪndáɪt/ 動 〖法〗〈人を〉起訴[告発]する: ~ a person *for* murder [*on* a charge of murder] 人を殺人罪で起訴する / ~ a person *as* a murderer 人を殺人者として起訴する. 〖F〗 ⇒ indictment

in·dict·a·ble /ɪndáɪtəbl/ 形 〈人・行為が〉起訴されるべき: an ~ offense 〖法〗起訴犯罪.

in·dic·tion /ɪndíkʃən/ 名 (ローマ帝国などで15年ごとに課税の目的で資産評価をした)十五年期(のうちの特定の年).

in·dict·ment /ɪndáɪtmənt/ 名 ❶ Ⓤ 起訴(手続き), 告発: sealed ~ 極秘起訴 / be under ~ 起訴されている. ❷ Ⓒ 起訴[告発]状: bring in an ~ against a person 人を起訴する. ❸ (一般に)非難[告発](の理由)〖of〗. (動 indict)

in·die /índi/ 名 (映画・レコードなどの小規模な)独立プロ会社, インディーズ; インディーズ系の音楽家[バンド]. —形 独立プロの, インディーズの. 〖IND(EPENDENT)+-IE〗

índie mùsic 名 Ⓤ インディーズ系(バンド)の音楽.

In·dies /índiz/ 名 複 [the ~] ❶ インド諸国 (インドシナ・東インド諸島の総称的旧名). ❷ ⇒ East Indies, West Indies.

in·dif·fer·ence /ɪndíf(ə)rəns/ 名 Ⓤ ❶ 無関心, 冷淡, むとんちゃく (↔ concern): show [display] ~ *to*...に知らぬ顔をする / the ~ *of* the general public *toward* politics 政治に対する一般大衆の無関心 / with ~ むとんちゃくに, 冷淡に; いいかげんに. ❷ 重要でないこと: It's a matter of ~ (to me). それは(私には)どうでもよいことだ. (形 indifferent)

in·dif·fer·ent /ɪndíf(ə)rənt/ 形 (more ~; most ~) ❶ Ⓟ 〈人が〉無関心な, 冷淡で, むとんちゃくで (↔ concerned): He's ~ *to* [*toward*] fame [money, other people's needs]. 彼は名声[金銭, 他人の要求]にはむとんちゃくだ. ❷ Ⓟ 大事でなくて, 無関係で, どうでもよくて: It was utterly ~ *to* her who he was. 彼がだれであろうと彼女にはまったくどうでもよいことだった. ❸ Ⓐ 可もなく不可もない, まずい; [しばしば very ~ で] まずい, 劣った: There're exhibited all kinds of paintings—good, bad, and ~. ピンからキリまでのあらゆる絵が展示されている / a *very* ~ player 下手な選手. ❹ かたより[偏見]のない, 中立の: ~ justice えこひいきのない公正. ❺ 〖理〗中性の. —名 (宗教または政治に)無関心な人. ~·ly 副 〖IN-¹+DIFFERENT〗 【類義語】 **indifferent** ある特定の人・物について無関心な; 中立な態度をとる. **unconcerned** 世間知らず・無頓着・身勝手などのため, あることに対して平然とし, 無関心な. **detached** あることに対して利害関係や感情的な肩入れがないために超然とした.

in·dif·fer·ent·ism /-tìzm/ 名 Ⓤ (宗教的)無関心主義.

in·di·gen /índədʒən/ 名 =indigene.

in·di·gence /índɪdʒəns/ 名 Ⓤ 貧困.

in·di·gene /índɪdʒìːn/ 名 土着民, 先住民.

in·dig·e·nize /ɪndídʒənàɪz/ 動 土着化させる. **in·dig·e·ni·za·tion** /ɪndìdʒənɪzéɪʃən | -naɪz-/ 名

in·dig·e·nous /ɪndídʒənəs/ 形 ❶ (ある土地・国に)土着の, 原産の (native): ~ people 先住民 / This plant is ~ *to* Mexico. この植物はメキシコ固有のものである. ❷ 生まれながらの, 固有で: Love and hate are emotions ~ *to* humankind. 愛と憎しみは人間に固有の感情である. ~·ly 副 〖L<*indi*- within+*genus*, *gen*- 生まれ+-OUS〗

in·di·gent /índɪdʒənt/ 形 貧乏な, 貧困な.

in·di·gest·ed /ɪndaɪdʒéstɪd, -dɪ-⁻/ 形 ❶ 不消化の. ❷ 未整理の; 十分考慮されていない.

in·di·gest·i·bil·i·ty /ɪndaɪdʒèstəbíləti, -dɪ-⁻/ 名 Ⓤ ❶ 不消化. ❷ 理解できないこと.

in·di·gest·i·ble /ɪndaɪdʒéstəbl, -dɪ-⁻/ 形 ❶ 〈食物が〉消化しにくい, 不消化の. ❷ 〈学説など〉理解しにくい[できない]. **-i·bly** /-bli/ 副

in·di·ges·tion /ɪndaɪdʒéstʃən, -dɪ-/ 名 Ⓤ 消化不良, 胃弱.

in·di·ges·tive /ɪndaɪdʒéstɪv/ 形 消化不良の.

in·dig·nant /ɪndígnənt/ 形 (more ~; most ~) (不正や卑劣な行為に対して憤慨することを表わして)怒った, 憤った; 怒りを込めた[示した], 憤慨した: write an ~ letter 怒りを込めた手紙を書く / She was ~ *with* him *for* interrupting her. 彼女は彼が仕事のじゃまをしたことに憤りを感じた / The man was hotly ~ *at* the insult. その人はその侮辱にひどく憤慨した / He was ~ *over* his rough treatment. 彼は乱暴な扱いに腹を立てた. 〖L=腹を立てる, 不面目とみなす *indignus*; ⇒ indignity〗

in·dig·nant·ly 副 憤慨して, 腹を立てて.

in·dig·na·tion /ɪndɪgnéɪʃən/ 名 Ⓤ 憤り, 憤慨 〖at, about, against, over, for, with〗: righteous ~ 義憤 / I felt great ~ *with* him *over* [*at*] his questioning my motives [*for* questioning my motives]. 私は彼が私の動機を尋ねたことで彼に大きな憤りを感じた / His face reddened with ~. 彼の顔は憤りで赤くなった. 〖F<L; ⇒ indignant〗 【類義語】 ⇒ anger.

in·dig·ni·ty /ɪndígnəti/ 名 ❶ Ⓤ 軽蔑, 侮辱. ❷ Ⓒ 侮辱的な言動, 侮辱的待遇 (humiliation): submit a person to *indignities* 人に屈辱的な行為を加える. 〖L<*indignus* 不面目な; ⇒ in-¹, dignity〗

in·di·go /índɪgòʊ/ 名 Ⓤ インジゴ, あい色. 〖Sp<L<Gk=インド(の染料)〗

índigo blúe 名 =indigo.

índigo snáke 名 〖動〗インジゴヘビ (米国南部・中南米の大型無害のヘビ).

In·di·o /índioʊ/ 名 (複 **Ín·di·os**) インディオ (中南米または東アジアの旧スペイン・ポルトガル領であった諸国の先住民). 〖Sp or Port=Indian〗

in·di·rect /ɪndərékt, -daɪ-⁻/ 形 (more ~; most ~) (↔ direct) ❶ 間接的な, 二次的な: ~ taxation [an ~ tax] 間接税 / ~ lighting 間接照明. ❷ 〈道などが〉まっすぐでない, 遠回りの. ❸ 〈表現など〉**間接の**, 遠回しの, 率直でない. ❹ (比較なし) 〖文法〗間接の: an ~ object 間接目的語 (たとえば She gave *him* a watch. における him) / ~ narration [discourse, speech] 間接話法 (たとえば He said *that he was ill.* など). ~·ly 副 ~·ness 名 〖IN-¹+DIRECT〗

in·di·rec·tion /ɪndərékʃən, -daɪ-/ 名 Ⓤ ❶ 遠回し. ❷ 不正直; 詐欺(ぎ). ❸ 無目的.

índirect quéstion 名 〖文法〗間接疑問.

in·dis·cern·i·ble /ɪndɪsɚ́ːnəbl, -zɚ́ː- | -sə́ː-, -zə́ː-⁻/ 形 (暗くて, または小さくて)識別できない, 見分けにくい, 見えない. **-i·bly** /-nəbli/ 副

in·dis·ci·pline /ɪndísəplɪn/ 名 Ⓤ 規律のないこと, 不規律.

in·dis·creet /ɪndɪskríːt⁻/ 形 (言動に関して)無分別な, 無思慮な, 軽率な. ~·ly 副 〖IN-¹+DISCREET〗 (名 indiscretion)

in·dis·crete /ɪndɪskríːt⁻/ 形 (別々に)分かれていない; 個別的でない. ~·ly 副 ~·ness 名

in·dis·cre·tion /ɪndɪskréʃən/ 名 ❶ Ⓤ 無分別, 無思慮: I warned him against ~ *in* his conversation [*in* choosing his friends]. 私は彼に軽率に話を[友だちの選択を]しないように忠告した / It was ~ *to* accept the money. 彼は無分別[不謹慎]にもその金を受け取った. ❷ Ⓒ 軽率な言動, 不謹慎な行為. (動 indiscreet)

in·dis·crim·i·nate /ɪndɪskrímənət⁻/ 形 ❶ 無差別の, 見境のない: ~ killing 無差別殺りく / give ~ praise 見境もなくほめる / My brother is ~ in his choice of girlfriends. 弟は見境なくガールフレンドを選ぶ. ❷ 乱雑

in·dis·crim·i·nat·ing /ìndɪskrímənətɪŋ/ 形 無差別の, 区別しない, 一律の.

in·dis·crim·i·na·tion /ìndɪskrìmənéɪʃən/ 名 無差別; 無分別; でたらめ.

in·dis·pens·a·bil·i·ty /ìndɪspènsəbíləti/ 名 U 緊要性, 絶対必要なこと.

†**in·dis·pens·a·ble** /ìndɪspénsəbl/ 形 ❶ 絶対必要な, なくてはならない: an ~ dictionary 絶対に必要な辞書 / The information is ~ to computer users. その情報はコンピューターユーザーには不可欠なものである. ❷ 〔義務など〕避けられない: an ~ duty 不可避的な義務. ── 名 必要不可欠な人[もの]. **-bly** /-bli/ 副 ぜひとも, 必ず. 〖IN-¹+DISPENSABLE〗【類義語】⇨ necessary.

in·dis·pose /ìndɪspóʊz/ 動 ❶ 〔人に〕…する気をなくさせる〔to do〕, 〔…に対して〕いやな気を起こさせる〔for, to, toward〕(cf. indisposed 1): Heavy taxes ~ people to work hard. 重税は人々の勤労意欲をなくす / Ill-treatment ~d him toward his boss. 彼は虐待されたので親方にいや気がさした. ❷ 〈人を〉不適当[不向き, 不能]にする: Ill health ~d him for physical labor. 彼は健康を害して肉体労働ができなくなった. 〖⇨ から の逆成〗

in·dis·posed 形 P ❶ 〈…する〉気がなくて〔to do〕, 〔…に〕気が向かなくて, 気乗りがしなくて〔for, to, toward〕: She was ~ to cooperate. 彼女は協力する気がなかった / I'm ~ for office work. 職場の仕事に気が向かない. ❷ 気分が悪くて, (軽い)病気で (unwell): She's ~ with a headache. 彼女は頭痛を訴えている. 〖IN-¹+DISPOSED〗

in·dis·po·si·tion /ìndɪspəzíʃən/ 名 U.C 気分がすぐれないこと, 軽い病気〔頭痛・かぜなど〕: She has fully recovered from her recent ~. 彼女は最近の(軽い)病気からすっかり回復した. ❷ U 〈…の〉気が進まないこと〔to do〕, 〔人・ものに〕気が向かないこと, いや気〔to, toward〕: I felt a certain ~ to face reality. 私には現実に直面したくないという気持ちが多少あった.

†**in·dis·put·a·ble** /ìndɪspjúːtəbl, ìndíspjʊ-/ 形 争う[議論の]余地のない; 明白な, 確実な (undeniable): an ~ right [claim] 明白な権利[要求]. **-a·bly** /-təbli/ 副 ~**ness** 名

in·dis·so·cia·ble /ìndɪsóʊʃ(i)əbl, -siə-/ 形 分離できない, 分かつことができない, 不可分の.

in·dis·sol·u·ble /ìndɪsάljʊbl | -sɔ́l-/ 形 ❶ 〈物質が〉分解[分離, 溶解]することのできない. ❷ 固い, 永続的な, 不変の: an ~ friendship 固い友情. **-bly** /-bli/ 副

in·dis·tinct /ìndɪstíŋ(k)t/ 形 形状・記憶などが不明瞭な, ぼんやりした (vague). **~·ly** 副 **~·ness** 名

in·dis·tinc·tive /ìndɪstíŋ(k)tɪv/ 形 ❶ 目立たない, 特色のない. ❷ 差別のない; 区別できない.

in·dis·tin·guish·a·ble /ìndɪstíŋgwɪʃəbl/ 形 区別がつかない, 見分けがつかない〔from〕. **-bly** /-bli/ 副

in·dite /ɪndáɪt/ 動 〈詩文・演説文などを〉作る, 書く.

in·di·um /índiəm/ 名 U〖化〗インジウム《金属元素; 記号 In》.

‡**in·di·vid·u·al** /ìndəvídʒuəl, -dʒʊl/ 形 (more ~; most ~) ❶ A (比較なし) 個々の, 各個の: We make exceptions in ~ cases. 私たちは個々の場合に例外を設ける. ❷ A (比較なし) 一個人の, 個人的[用]の: an ~ instruction 個人教授 / an ~ locker 個人用ロッカー. ❸ 独自の, 特有の, 個性を発揮した (original): an ~ style 独特の文体 / in one's ~ way 独自の方法で.
── 名 ❶ (集団に対して)個人, 個: a private ~ 一私人. ❷ 〔修飾語を伴って〕(口) 人; 個性的な[際立った特性のある]人: an amusing ~ おもしろい人. ❸ **a** 〖哲・論〗個体. **b** 〔物の〕1単位. **c** 〖生〗個体 (cf. colony 5). 〖L〈くれない[分けられない] IN-¹+dividuus 分けられる〈dividere to DIVIDE〗(動 individualize, individuality)

†**in·di·vid·u·al·ism** /-lìzm/ 名 ❶ 個人主義 (cf. totalitarianism). ❷ 利己主義.

in·di·vid·u·al·ist /-lɪst/ 名 ❶ 個人主義者. ❷ 利己主義者.

in·di·vid·u·al·is·tic /ìndəvìdʒuəlístɪk, -dʒʊl-/ 形 ❶ 個人主義(者)の. ❷ 利己主義(者)の. **-i·cal·ly** /-kəli/ 副

†**in·di·vid·u·al·i·ty** /ìndəvìdʒuǽləti/ 名 ❶ **a** U 個性, 個人的人格: a person of marked ~ 特異な個性をもつ人. **b** C 個体, 個人, 単一体. ❷ 〔複数形で〕(個人的)特性, 性質. (形 individual)

in·di·vid·u·al·ize /ìndəvídʒuəlàɪz, -dʒʊl-/ 動 ❶ 〈…に〉個性を発揮させる. ❷ 個々に取り扱う, 特記する. ❸ 個人の好み[個々の事情(など)]に合わせる. **in·di·vid·u·al·i·za·tion** /ìndəvìdʒuəlɪzéɪʃən | -laɪz-/ 名 (形 individual)

‡**in·di·vid·u·al·ly** /ìndəvídʒuəli, -dʒʊl-/ 副 ❶ 個々に, 個的に, 各個には; 個別には: I spoke to them ~. 私は彼らの一人一人に話しかけた. ❷ 個人として; 個人的には.

in·di·vid·u·ate /ìndəvídʒuèɪt/ 動 ❶ 〈…を〉個々別々にする, 個別化する. ❷ 〈…に〉個性を与える.

in·di·vis·i·bil·i·ty /ìndɪvìzəbíləti/ 名 U ❶ 分割できないこと. ❷ 〖数〗割り切れないこと.

in·di·vis·i·ble /ìndɪvízəbl/ 形 ❶ 分割できない, 不可分の. ❷ 〖数〗割り切れない: Eleven is ~ by two. 11 は2で割り切れない. ── 名 分割できないもの; 極微分子, 極少量. **-bly** /-zəbli/ 副

In·do- /índoʊ/ 〖連結形〗「インド(人)の」(Indian)」.

Ín·do-Áry·an 形 ❶ インド-アーリア人の《古く南アジアに侵入した印欧系人》. ❷ =Indic 2.

Ín·do·chí·na, Ín·do-Chí·na /-tʃáɪnə/ 名 インドシナ《解説 Vietnam, Cambodia, Laos, Myanmar (Burma), Thailand, Malaya を含める場合と, 狭義に旧仏領インドシナをさす場合がある》.

Ín·do·chi·nése, Ín·do-Chi·nése 形 インドシナの.
── 名 (徳 ~) インドシナ人.

in·doc·ile /ìndάs(ə)l | -dóʊsaɪl/ 形 教え[扱い]にくい, 不従順な, 言うことをきかない.

in·do·cil·i·ty /ìndɑsíləti | -doʊ-/ 名 U 教えにくいこと, 不従順, 御しにくさ.

in·doc·tri·nate /ìndάktrɪnèɪt | -dɔ́k-/ 動 〈人に〉教義などを〉教え込む, 吹き込む, 教化する: ~ a person with the Catholic dogma 人にカトリックの教義を教え込む / She has been ~d in the sect's beliefs. 彼女は分派の信条を吹き込まれた.

in·doc·tri·na·tion /ìndὰktrɪnéɪʃən | -dɔ̀k-/ 名 U 教え込むこと, 教化.

Ín·do-Eu·ro·pé·an 名 U インドヨーロッパ語族, 印欧語族《解説 インド・西アジア・ヨーロッパ各国で用いられる言語の大部分を含む大語族をいう; 英語もその一つ》. ── 形 インドヨーロッパ語族の.

Ín·do-Ger·mán·ic 名 形 Indo-European の旧称.

Ín·do-I·rán·ian 名 インド-イラン語(派)《印欧語族の一つ; インド語派とイラン語派からなる上位の語派》. ── 名 インド-イラン語(派)の[に属す].

in·dole /índoʊl/ 名 U〖化〗インドール《たんぱく質分解の際に生じる悪臭のある物質; 香料・試薬などに用いる》.

índole·acé·tic ácid /-/ 名 U〖生化〗インドール酢酸《葉に存在; 植物生長ホルモンとして利用する》.

in·do·lence /índələns/ 名 U 怠惰, 怠けること.

in·do·lent /índələnt/ 形 ❶ 怠惰な, 怠けた, 不精(ぶしょう)な, 無精な. ❷ 〖医〗無痛性の. **~·ly** 副

In·dol·o·gy /ìndάlədʒi | -dɔ́l-/ 名 U インド学. **-gist** 名

in·dom·i·ta·ble /ɪndάmətəbl | -dɔ́m-/ 形 負けん気の, 不屈の: an ~ spirit 不屈の精神. **-bly** /-təbli/ 副

In·do·ne·sia /ìndəníːʒə, -ʃə-/ 名 インドネシア《東南アジア南部, マレー諸島の大部分から成る共和国; 首都 Jakarta》.

In·do·ne·sian /ìndəníːʒən, -ʃən-/ 形 インドネシア(人, 語)の. ── 名 ❶ C インドネシア人. ❷ U インドネシア語.

*__in·door__ /índɔ́ː | -dɔ́ː-/ 形 A (比較なし) 屋内の (↔ outdoor): an ~ (swimming) pool 室内プール / ~

sports 屋[室]内スポーツ.

†**in·doors** /índɔ́əz | -dɔ́ːz/ 副 (比較なし) 屋内に[で] (↔ outdoors): stay [keep] ～ 外出しない, 家に閉じこもる.

Índo-Pacífic 名 U 形 インド洋-西太平洋地域(の); 〖言〗インド-太平洋諸語族の《オーストラリア先住民の言語など, アジア南東部から太平洋諸島にかけて分布する諸語からなるとされる大語族》.

in·dorse /indɔ́əs | -dɔ́ːs/ 動 =endorse.

in·dórse·ment /-mənt/ 名 =endorsement.

ín·draft, (英) **-draught** 名 U 引き込み, 吸入; 流入, 吸気.

ín·drawn 形 ❶ 〈息など〉吸い込まれた. ❷ 内省的な, 引っ込み思案の; 打ち解けない, よそよそしい.

in·dri /índri/ 名 〖動〗インドリ《キツネザルの一種》.

in du·bio /indú·biòu/ 副 疑わしい; 未決定の, 迷って.

in·du·bi·ta·ble /indjúːbətəbl | -djúː-/ 形 〈事実・証拠など〉疑う余地のない, 確かな. **-bly** /-təbli/ 副 〖L; ⇒ in-¹, doubt, -able〗

*in·duce /ind(j)úːs | -djúːs/ 動 他 ❶ 〈人を〉勧誘して〈…する〉気にさせる, 〈人に〉説いて[勧めて]〈…〉させる: 〔+目+to do〕 I failed to ～ him to see a doctor. 私は医者にかかるように彼を説得できなかった / Nothing will ～ me to go. どんなことがあっても私は行かない. ❷ 引き起こす, 誘発する: Opium ～s sleep. あへんは眠気を催させる. ❸ a 〈陣痛・分娩を〉人工的に起こす (★ しばしば受身). b 〈胎児を〉人工的に出産させる; 〈母体に〉人工的に出産させる (★ しばしば受身). ❹ 〖論〗 帰納する (↔ deduce). ❺ 〖電〗〈…を〉誘導する: an ～d current 誘導電流.
〖L=導き入れる⟨IN-²+ducere, duct- 導く (cf. duct)⟩〗
(名 inducement, induction, 形 inductive) 〖類義語〗 ⇒ persuade.

†**in·dúce·ment** /-mənt/ 名 ❶ U C 誘引[誘導]するもの, 誘因: an ～ to action 行動を起こさせるもの[動機] / There was no [little] ～ for her to behave better. 彼女にはもっと行儀よくしようという気を起こさせるものは何も[ほとんど]なかった. ❷ U 誘引(すること), 誘導: on any ～ どんなに誘われても. (動 induce) 〖類義語〗⇒ motive.

in·dúc·er 名 〖生化〗 誘導物質.

in·dúc·i·ble /ind(j)úːsəbl | -djúː-/ 形 誘導できる; 帰納できる.

in·duct /indʌ́kt/ 動 他 ❶ 〈聖職者を〉(正式に)就任させる (★ しばしば受身で用いる): a clergyman ～ed into a benefice 聖職者を禄(?)付きの牧師に就任させる / Mr. White has been ～ed into the office of governor. ホワイト氏は知事に就任した. ❷ 〈米〉〈人を〉〈軍隊に〉入れる, 徴兵する (into).

in·duc·tance /indʌ́ktəns/ 名 U C 〖電〗 インダクタンス.

in·duc·tee /indʌktíː/ 名 ❶ 新入会員. ❷ 〈米〉 徴募兵.

†**in·duc·tion** /indʌ́kʃən/ 名 A ❶ U 誘導, 導入. ❷ 〖論〗 U C 帰納(法)《特殊[個々]の事例から一般的な結論を導き出すこと》 (↔ deduction; cf. syllogism). b U 帰納的結論[推論]. ❸ U C 〈陣痛・分娩の〉人工的誘発; 〈麻酔の〉導入. ❹ U 〖電〗 誘導, 感応. —— B ❶ U C 〈聖職〉就任式. ❷ U C 〈米〉 徴兵, 入隊式. (動 A: induce; B: induct)

indúction còil 名 〖電〗 誘導コイル.

indúction hàrdening 名 〖冶〗 高周波焼入れ.

indúction hèating 名 U 〖電〗 誘導加熱《電磁誘導作用により渦電流が流れて発熱する現象; 略 IH》.

indúction lòop 名 誘導ループシステム《ラジオなどで, 一定区域にめぐらしたループ状のワイヤから補聴器に信号を送り, 難聴者がせりふや音を聞けるようにするシステム》.

in·duc·tive /indʌ́ktɪv/ 形 ❶ 帰納的な (↔ deductive): ～ reasoning 帰納推理. ❷ 〖電〗 誘導の, 感応の. ～·ly 副

in·duc·tiv·i·ty /indʌktívəṭi/ 名 U ❶ 誘導[感応]性. ❷ 〖電〗 誘導率.

in·duc·tor /-ṭə | -ṭə/ 名 ❶ 聖職授与者. ❷ 〖電〗 誘導子. ❸ 〖化〗 感応物質, 誘導質.

in·due /ind(j)úː | -djúː/ 動 他 =endue.

*in·dulge /indʌ́ldʒ/ 動 他 ❶ 〈子供を〉甘やかす (spoil); 〈人の〉気ままにさせる: She ～s her child. 彼女は子供を甘やかしている. b 〈欲望・趣味などを〉ほしいままにする; 〈人の〉欲望を満足させる: He spent the holidays indulging his passion for climbing and fishing. 彼は大好きな山登りと釣りを満喫しながら休暇を過ごした. ❷ [～ oneself で] ふける, おぼれる: Don't ～ yourself too much. あまり飲み[食べ]すぎるな / He often ～s himself in drinking bouts. 彼は深酒を飲むことが多い. —— 自 ❶ ふける, ほしいままにする: ～ in a joke 思うままに冗談を言う. ❷ 酒を飲む. 〖L=…に親切である〗 (名 indulgence, 形 indulgent)

†**in·dul·gence** /indʌ́ldʒəns/ 名 ❶ a U 〈悪い習慣などに〉ふけること, 耽溺(〈たんでき〉): constant ～ in bad habits 悪癖にたえずふけること. b C 道楽, 楽しみ: Smoking is his only ～. たばこは彼の唯一の道楽だ. ❷ U a 気ままにさせること, 甘やかし, 大目にみること, 放縦. ❸ U a わがまま, 耽溺. ❹ 〖カト〗 a U 免償. b C 免罪符. c 〖商〗 支払い猶予. ❹ 〖カト〗 a U 免償. b C 免罪符. c 〖商〗 支払い猶予. ❹ 〖カト〗 a the Declarátion of Indúlgence (英国の)信仰自由宣言(1672年 Charles 2 世が, 1687年 James 2 世が発布したもの). (動 indulge)

†**in·dul·gent** /indʌ́ldʒənt/ 形 大目に見る, 甘い, 寛大な: ～ parents 〈子に〉甘い親 / They're ～ with [to] their children. 彼らは子供たちに甘い / He's not ～ of fools. 彼は愚か者を大目に見るようなことはない. ～·ly 副 (動 indulge)

in·du·line /índjuliːn/ 名 〖化〗 インジュリン《普通は青色の塩基性キノンイミン染料》.

in·dult /indʌ́lt/ 名 〖カト〗 特典《教皇がある人に法律上の義務を免除する恩典的許与行為》.

in·du·men·tum /indjuménṭəm | -djuː-/ 名 (複 -ta /-ṭə/) 〖動〗 体毛, (鳥の)羽毛; 〖植〗 羊毛状被覆, 密毛.

in·du·rate /índ(j)uərèit | -djuə-/ 動 他 ❶ かたくする, 硬化する. ❷ 無感覚にする. —— 自 ❶ かたくなる, 硬化する. ❷ 無感覚になる. —— /-rət/ 形 ❶ 硬化した. ❷ 無感覚な. 〖L⟨IN-²+durus 固い⟩〗

in·du·ra·tion /ìnd(j)uəréiʃən | -djuər-/ 名 U C 硬化(させること), 硬化状態, 硬結(部).

in·du·ra·tive /índ(j)uərèiṭiv | -djuə-/ 形 ❶ 硬化性の. ❷ がんこな.

In·dus /índəs/ 名 [the ～] インダス川《チベットに発し, パキスタンを流れてアラビア海に注ぐ大河》.

in·du·si·um /ind(j)úːziəm | -djúː-/ 名 (複 -si·a /-ziə/) 〖植〗 (真正シダ植物の)子嚢群を包む包膜.

*in·dus·tri·al /indʌ́striəl/ 形 (more ～; most ～) ❶ (比較なし) 産業(上)の, 工業(上)の, 工業用の: ～ alcohol 工業用アルコール / an ～ exhibition 勧業博覧会 / an ～ spy 産業スパイ. b 産業[工業]に従事する; 産業[工業]労働者の: an ～ bank (個人金融を目的とした)勤労者銀行 / ～ workers 産業労働者. ❷ 産業[工業]の高度に発達した: an ～ country [nation] 工業国. (名 industry A)

indústrial áction 名 〖英〗 (ストライキなどの)争議行為.

indústrial archaeólogy 名 U 産業考古学《初期の工場・機械などを研究する学問》.

indústrial árts 名 〖米〗 (教科としての)工作; 工業技術.

indústrial design 名 U 工業デザイン[意匠](の研究).

indústrial designer 名 工業デザイナー.

indústrial díamond 名 〖鉱〗 工業用ダイヤモンド.

indústrial diséase 名 U 職業病.

indústrial engineéring 名 U 生産管理工学.

indústrial éspionage 名 U 産業スパイ活動.

indústrial estáte 名 〖英〗 =industrial park.

in·dús·tri·al·ism /-lìzm/ 名 U 産業主義, 工業主義.

in·dús·tri·al·ist /-lɪst/ 名 (特に生産関係の)(大)実業家, 企業家.

in·dus·tri·al·i·za·tion /indʌ̀striəlɪzéiʃən | -laɪz-/ 名 U 産業化, 工業化.

in·dus·tri·al·ize, 《英》**-ise** /ɪndʌ́striəlàɪz/ 動 《…を》産業化[工業化]する: ~*d* countries 工業[産業]国. (派) **industrial·ization** 名

in·dús·tri·al·ly 副 産業[工業]的に: ~ advanced countries 工業先進国.

indústrial párk 名 《米》工業団地 (《英》industrial estate) (都市郊外に工場などを誘致して造られる).

indústrial psychólogy 名 ⓤ 産業心理学.

indústrial relátions 名 ⓟ 労使関係.

Indústrial Revolútion 名 [the ~] 産業革命 (18 世紀末から 19 世紀初頭にかけて英国を中心に機械・動力などの発明をきっかけとして起こった社会組織上の大変革).

indústrial schóol 名 ⓤⓒ 実業[工芸]学校.

indústrial-stréngth 形 きわめて強力に、酷使に耐えるように作られた、工業用強度の.

indústrial únion 名 (特定産業の全従業者の)産業別労働組合.

*in·dus·tri·ous /ɪndʌ́striəs/ 形 (more ~; most ~) 勤勉な, 精励な, よく働く (hard working). ~**·ly** 副 ~**·ness** 名 (派) industry B)

*in·dus·try /índəstri/ 名 ❶ ⓤ 産業; 工業, 製造業; 産業経営者たち. ❷ ⓒ [通例修飾語を伴って] …業: the broadcasting ~ 放送事業 / the shipbuilding [film] ~ 造船業[映画産業] ❸ heavy industry. ❸ [単数形で] …研究: the Shakespeare ~ シェイクスピア研究. — **B** → 動勉, 精励: Poverty is a stranger to ~. 《諺》稼ぐに追いつく貧乏なし. 〖F＜L=勤勉〗 (形 A: industrial, B: industrious)

ìn·dwéll 動 (in·dwelt) 他 《精神・霊などが》《…に》内在する《*in*》. — 自 《…に》内在する.

ìn·dwéll·ing 形 A 内在の.

In·dy /índi/ 名 ⓤ インディー《Indianapolis で毎年行なわれる 500 マイルカーレース》(と同形式のレース)).

-ine[1] 腰尾 ❶ /aɪn, iːn, ɪn/「…に似た, …に関する, …製の」の意の形容詞語尾: serpent*ine*. ❷ /ɪn/ 女性形名詞語尾: hero*ine*. ❸ /ɪn/ 抽象的意味を表わす名詞語尾: discipl*ine*, doctr*ine*.

-ine[2] /iːn, ɪn/ 腰尾 《化》塩基および元素名名詞語尾: anil*ine*, caffe*ine*, chlor*ine*, iod*ine*.

in·e·bri·ate /ɪníːbrièɪt/ 動 他 《人を》酔わせる: He was ~*d*. 彼は酔っていた. — /-briət, -brièɪt/ 形 酔った. — /-briət/ 名 大酒飲み, のんだくれ.

in·e·bri·at·ed /-brièɪtɪd/ 形 =inebriate. 【類義語】⇒ drunk.

in·e·bri·a·tion /ɪnìːbriéɪʃən/ 名 ⓤ 酩酊.

in·e·bri·e·ty /ìnəbráɪəti/ 名 ⓤ 酔い, 酩酊(に̄ゅ̇う); 飲酒癖 (↔ sobriety).

in·ed·i·ble /ɪnédəbl/ 形 食用に適さない; 食べられない. **in·ed·i·bil·i·ty** /-èdəbíləti/ 名

in·ed·u·ca·ble /ìnédʒukəbl | -édju-/ 形 教育不可能な. **-bly** /-kəbli/ 副 **in·èd·u·ca·bíl·i·ty** /-èdʒukəbíləti | -édju-/ 名

in·ef·fa·ble /ɪnéfəbl/ 形 ❶ 言いようのない; 言語に絶した: be of ~ beauty 言いようのない美しさである. ❷ 《神の名など》(言ってはいけないほど)神聖な: the ~ name of Jehovah エホバの神聖な名. ~**·ness** 名

in·ef·fa·bly /-fəbli/ 副 言い表わせないで: an ~ beautiful scene 言語に絶する美しい景色.

in·ef·face·a·ble /ɪnɪféɪsəbl/ 形 消すことのできない, ぬぐい去れない. **-a·bly** /-səbli/ 副

***in·ef·fec·tive** /ɪnɪféktɪv/ 形 ❶ **a** 無効な, 効果のない, むだな. **b** 効果的でない, ぱっとしない. ❷ 《人が》無能な, 無力な. ~**·ly** 副 ~**·ness** 名

†**in·ef·fec·tu·al** /ɪnɪféktʃuəl/ 形 ❶ 効果のない, むだな. ❷ 《人が》無能な, 無力な. ~**·ly** /-tʃuəli/ 副

in·ef·fi·ca·cious /ɪnèfəkéɪʃəs/ 形 《薬・治療など》効力[ききめ]のない. ~**·ly** 副

in·ef·fi·ca·cy /ɪnéfɪkəsi/ 名 ⓤ 無効果, 無効力.

in·ef·fi·cien·cy /ɪnɪfíʃənsi/ 名 ⓤ ❶ 無能. ❷ **a** ⓤ 非能率, 無効力. **b** ⓒ 無能率な点[もの].

***in·ef·fi·cient** /ɪnɪfíʃənt/ 形 《機械などが》効率の悪い, 非能率的な; 《人が》手ぎわの悪い, 無能な, 役に立たない. ~**·ly** 副 〖IN-¹+EFFICIENT〗

in·e·gal·i·tar·i·an /ɪnɪgæləter(ə)riən/ 形 (社会的・経済的に)不平等な, 不公平な, 不平等を助長する.

in·e·las·tic /ɪnɪlǽstɪk/ 形 ❶ 弾力[弾性]のない. ❷ 順応性のない, 融通のきかない.

in·e·las·tic·i·ty /ɪnìlæstísəti, ɪnìːlæs-/ 名 ⓤ ❶ 弾力[弾性]のないこと. ❷ 不順応性, 非融通性.

in·el·e·gance /ɪnéləgəns/ 名 ❶ ⓤ 優美でないこと, 無風流, 不粋, やぼ. ❷ ⓒ 優美でない行為[言葉, 文体(など)].

in·el·e·gant /ɪnéləgənt/ 形 ❶ 《形・姿などが》優美でない, 不格好な, やぼな. ❷ 洗練されていない, あか抜けのしない. ~**·ly** 副

in·el·i·gi·bil·i·ty /-èlɪdʒəbíləti/ 名 ⓤ 無資格, 不適任.

in·el·i·gi·ble /ɪnélɪdʒəbl/ 形 《選ばれる》資格のない, 不適格な: He's ~ *for* a pension. 彼は年金を受ける資格がない / He's ~ *to* vote. 彼は投票する資格がない. — 名 不適格者. **-bly** /-dʒəbli/ 副

in·e·luc·ta·ble /ɪnɪlʌ́ktəbl/ 形 避けられない, 不可避の. **-ta·bly** /-təbli/ 副

in·ept /ɪnépt/ 形 ❶ 不適当な, 不適切な; 適性のない: He's totally ~. 彼は何をしてもだめだ, 全然役に立たない / He's ~ *at* [*in*] ball games. 彼は球技には向かない. ❷ 《言動などが》ばかげた, 不条理な, 間抜けた: an ~ remark ばかげた発言. ~**·ly** 副 〖L＜IN-¹+*aptus* APT〗

in·ept·i·tude /ɪnépt(j)uːd | -tjuːd/ 名 ❶ ⓤ 不適当, 愚かさ. ❷ ⓒ ばかな行為[言葉].

†**in·e·qual·i·ty** /ɪnɪkwɑ́ləti, -kwɔ́l-/ 名 ❶ **a** ⓤ 不同, 不等, 不平等; 大小, 大きさ・大きさの不同. **b** ⓒ [通例複数形で] 不平等な事柄[点]: social inequalities in education 教育の社会的不平等. ❷ **a** ⓤ (表面の)粗いこと. **b** [複数形で] (表面の)ざらざら, 起伏: the inequalities of the ground 地面の起伏[でこぼこ]. ❸ ⓤⓒ (数)不等(式). 〖IN-¹+EQUALITY〗

in·eq·ui·ta·ble /ɪnékwətəbl/ 形 不公平な, 不公正な. **-bly** /-təbli/ 副

in·eq·ui·ty /ɪnékwəti/ 名 ❶ ⓤ 不公正, 不公平. ❷ ⓒ 不公平な事柄[行為].

in·e·rad·i·ca·ble /ɪnɪrǽdɪkəbl/ 形 根絶できない, 根深い. **-bly** /-kəbli/ 副

in·er·rant /ɪnérənt/ 形 誤りのない, 間違いのない.

in·er·rant·ist /-tɪst/ 名 (聖書を無謬(むびゅう)なものとみなす)無謬論者.

†**in·ert** /ɪnə́ːt | -ə́ː/ 形 ❶ 《理》《物質》が自動力のない. ❷ 《化》不活性な, 化学作用を起こさない: ~ gases 不活性気体. ❸ 《人・心》などが鈍い, 緩慢な, 不活発な, のろい. ~**·ly** 副 ~**·ness** 名 〖L＜IN-¹+*ars, art-* ART¹〗 (名 inertia)

†**in·er·tia** /ɪnə́ːʃə, -ʃiə | ɪnə́ː-/ 名 ⓤ ❶ 《理》慣性, 惰性, 惰力: the moment of ~ 慣性モーメント. ❷ 不活発, ものぐさ, 遅鈍. ❸ 《医》無力(症), 緩慢. **in·er·tial** /ɪnə́ːʃəl | ɪnə́ː-/ 形 (形 inert)

inértia rèel 名 慣性リール《自動車のシートベルト用》.

inértia sélling 名 ⓤ 《英》押しつけ販売 《勝手に商品を送り返品のない場合には代金を請求する販売法》.

***in·es·cap·a·ble** /ɪnɪskéɪpəbl, -es-/ 形 避けられない, 免れえない, 不可避の(unavoidable). **-a·bly** /-pəbli/ 副

in és·se /ɪn ési/ 副 形 実在して; 実在の.

in·es·sen·tial /ɪnɪsénʃəl, -es-/ 形 必要でない, なくてもすむ. — 名 [しばしば複数形で] なくてもすむもの, 不必要なもの.

in·es·ti·ma·ble /ɪnéstəməbl/ 形 ❶ 計り知れない, 計算のできない. ❷ 評価できない, この上なく貴重な: a thing of ~ value きわめて貴重なもの. **-bly** /-məbli/ 副

†**in·ev·i·ta·bil·i·ty** /ɪnèvətəbíləti/ 名 ⓤⓒ 避けがたいこと, 当然, 必然(性): historical ~ 歴史的必然性. (形 inevitable)

***in·ev·i·ta·ble** /ɪnévətəbl/ 形 (比較なし) ❶ 避けられない, 免れない (unavoidable); 必然的な, 当然の: an ~

inevitably

result 当然の結果 / Death is ~. 死は避けられない / It's almost ~ that the two companies will merge. その二社の合併はほとんど不可避である. ❷ Ⓐ [one's [the] ~]《口》相変わらずの, お決まりの: an English gentleman with his ~ umbrella お決まりのこうもり傘を持ったイギリス紳士. ── 名 [the ~] 避けられないもの, 必然の運命: accept *the* ~ with grace どうにもならないことをいさぎよく受け入れる.《L<IN-¹+*evitabilis* 避けられる》

*in·ev·i·ta·bly /ɪnévətəbli/ 副 必然的に, 必ず; 当然: The increase in production cost will ~ reach the consumer. 生産コストの増加は必然的に消費者に及ぶ[影響する].

in·ex·act /ìnɪgzǽkt, -eg-⁻/ 形 厳密でない, 不正確な. **~·ly** 副 **~·ness** 名

in·ex·act·i·tude /ìnɪgzǽktət(j)ùːd, -eg- | -tjùːd/ 名 ❶ Ⓤ 不正確, 厳密でないこと. ❷ Ⓒ 不正確なもの.

in·ex·cus·a·ble /ìnɪkskjúːzəbl, -eks-⁻/ 形 言い訳の立たない, 許しがたい: an ~ error 弁解できない過ち. **-a·bly** /-zəbli/ 副

in·ex·haust·i·ble /ìnɪgzɔ́ːstəbl, -eg-⁻/ 形 ❶ 使い切れない, 無尽蔵の: an ~ supply 無尽蔵の供給. ❷ 疲れを知らない, 根気のよい. **-i·bly** /-təbli/ 副

*in·ex·o·ra·ble /ɪnéks(ə)rəbl/ 形 ❶《人・言動など》冷酷[無情]な, 容赦のない: one's ~ resolution 断固とした決意. ❷ 止められない, 避けられない: the ~ passage of the seasons 止めようのない[無情な]季節の移り変わり. **-bly** /-rəbli/ 副 **in·ex·o·ra·bil·i·ty** /ɪnèks(ə)rəbíləti/ 名

in·ex·pe·di·en·cy /ìnɪkspíːdiənsi, -eks-⁻/ 名 Ⓤ 不便, 不得策, 不都合.

in·ex·pe·di·ent /ìnɪkspíːdiənt, -eks-⁻/ 形 Ⓟ 不便で, 不得策で, 不都合で.

*in·ex·pen·sive /ìnɪkspénsɪv, -eks-⁻/ 形 ❶ (あまり)費用のかからない, 安い(比較 cheap と違って安っぽいという感じはない). ❷ 値段にしてはよいものを提供する. **~·ly** 副 **~·ness** 名

*in·ex·pe·ri·ence /ìnɪkspí(ə)riəns, -eks-⁻/ 名 Ⓤ 無経験, 不慣れ, 未熟, 世間知らず.

*in·ex·pe·ri·enced /ìnɪkspí(ə)riənst, -eks-⁻/ 形《人が》無経験な, 不慣れな, 未熟な: an ~ young man 未熟な青年 / He's ~ *in* the business world. 彼は実業界での経験が浅い / He's ~ *at* driving. 彼は車の運転に慣れていない.

in·ex·pert /ɪnékspɜːt, ìnɪeks-, ìnékspɚt | ìnékspəːt, ⌁-⌁-⁻/ 形 しろうとの, 未熟の, 下手な, 不器用な. **~·ly** 副 **~·ness** 名

in·ex·per·tise /ìnèkspɜː(ː)tíːz | -pə(ː)-/ 名 Ⓤ 未熟; 専門的知識の欠如《軽蔑》.

in·ex·pi·a·ble /ìnékspiəbl⁻/ 形 ❶《罪など》償われない, 罪深い. ❷《感情など》やわらげられない, 執念深い.

*in·ex·pli·ca·ble /ìnɪksplíkəbl, ìneks-, ìnéksplɪkəbl⁻/ 形 説明[解釈]のできない, 不可解な: a completely ~ phenomenon まったく不可解な現象. **in·ex·pli·ca·bil·i·ty** /ìnɪksplɪkəbíləti, ìneks-/ 名《IN-¹+EXPLICABLE》

in·ex·plíc·a·bly /-kəbli/ 副 不可解に(も)(★ 文修飾可): I~, Mary said she wouldn't go. 不可解なことだがメアリーはどうしても行かないと言った.

in·ex·plic·it /ìnɪksplísɪt, -eks-⁻/ 形 明瞭でない; はっきり言わない, 言葉のあいまいな.

in·ex·press·i·ble /ìnɪksprésəbl, -eks-⁻/ 形 言い表わせない, 名状しがたい.

ìn·ex·préss·i·bly /-səbli/ 副 名状しがたく, 言い表わしようのないほどに; 非常に.

in·ex·pres·sive /ìnɪksprésɪv, -eks-⁻/ 形 無表情な. **~·ly** 副 **~·ness** 名

in·ex·ten·si·ble /ìnɪksténsəbl, -eks-⁻/ 形 広げられない, 広がらない, 拡張不能の, 伸びない.

in ex·ten·so /ìnɪksténsoʊ/ 副 詳細に, 省略せずに, 完全に.

in·ex·tin·guish·a·ble /ìnɪkstíŋgwɪʃəbl, -eks-⁻/ 形 ❶《火など》消すことができない. ❷《感情など》抑え切れない.

in ex·tre·mis /ìnɪkstréɪmɪs, -stríː-/ 副 ❶ 死に臨んで, 臨終に. ❷ 苦境に立って.

in·ex·tri·ca·ble /ìnɪkstríkəbl, ìneks-⁻/ 形 ❶《状況など》解決できない; 込み入った, ~ in confusion 手のつけられないほど混乱して. ❷《結び目など》ほどけない. ❸《場所・状態》から脱出できない: an ~ maze 脱け出せない迷路 / an ~ situation 動きのとれない事態.

†**in·ex·tríc·a·bly** /-bli/ 副 不可分に, 密接に.

INF《略》intermediate-range nuclear forces 中距離核戦力.

inf.《略》infantry;《文法》infinitive; infinity.

in·fal·li·bil·i·ty /ɪnfæləbíləti/ 名 ❶ 絶対に誤りのないこと; 絶対確実. ❷《カト》(教皇・公会議の)不可謬(ごうびゅう)性, 無謬: papal ~ 教皇不可謬説.

†**in·fal·li·ble** /ɪnfǽləbl⁻/ 形 ❶《人・判断など》全然誤りのない: one's ~ judgment 絶対正しい判断 / A court of law is not ~. 裁判所の(判断)にも誤りがないわけではない. ❷《効能など》絶対に確実な: an ~ means [method] 絶対に確実な手段[方法] / an ~ remedy 確実にきく薬. ── 名 絶対確実な人[もの].《IN-¹+FALLIBLE》

in·fál·li·bly /-bli/ 副 ❶ 全然誤りなく; 絶対確実に. ❷《口》いつも決まって, 必ず.

*in·fa·mous /ínfəməs/ 形 ❶ 不名誉な, 恥ずべき, 忌まわしい: an ~ crime 破廉恥罪. ❷ 悪名の高い, 名うての(notorious). **~·ly** 副 《IN-¹+FAMOUS》

in·fa·my /ínfəmi/ 名 ❶ Ⓤ 不名誉, 悪名, 汚名. ❷ Ⓒ [しばしば複数形で] 醜行, 非行, 破廉恥な行為.

†*in·fan·cy /ínfənsi/ 名 ❶ Ⓤ [また an ~] **a** 幼少, 幼時; 幼年時代: *a* happy ~ 幸せな幼年時代 / in one's ~ 幼年時代に. **b** 初期; 揺籃(だ)期: in the ~ *of* science 科学の揺籃時代に / The technology is still in its ~. その科学技術はまだほんの初期にある. ❷ Ⓤ《法》未成年(⇒ infant 2).《形 infant》

*in·fant /ínfənt/ 名 ❶ **a**《文》幼児, 小児. **b**《英》幼児学校の児童 (5-7 歳). ❷《法》未成年者(★《米》では州によって 18 から 21 歳未満,《英》では 18 歳未満). ── 形 Ⓐ(比較なし) ❶ **a** 幼児の, 小児の: one's ~ daughter 幼い娘 / ~ mortality 幼児死亡率. **b** 幼児向けの, 幼児用の: ~ food 乳児[育児]食. ❷ 幼稚な, 初期の: ~ industries 未成熟産業.《F<L=まだ話すことができないIN-¹+*fari* 話す (cf. fable)》名 infancy, 形 infantile

in·fan·ta /ɪnfǽntə/ 名《スペインおよびポルトガルの》王女(特に長女).

in·fan·te /ɪnfǽnti, -teɪ/ 名《スペインおよびポルトガルの》王子《長子を除く》.

in·fan·teer /ìnfəntíə | -tíə/ 名《軍俗》歩兵 (infantryman).

in·fan·ti·cide /ɪnfǽntəsàɪd/ 名 ❶ Ⓤ 幼児[嬰児(えい)]殺し(犯罪). ❷ Ⓒ 幼児殺し(犯人). **in·fan·ti·cid·al** /ɪnfæntəsáɪdl⁻/ 形

in·fan·tile /ínfəntàɪl/ 形 ❶ 幼児[子供]のような, 子供らしい; 子供じみた, 幼稚な (childish): ~ behavior 子供じみたふるまい. ❷ Ⓐ 幼児(期)の; 子供の: ~ diseases 小児病.《名 infant》

infántile parálysis 名 Ⓤ 小児麻痺.

in·fan·ti·lism /ɪnfǽntəlɪ̀zm | ɪnfǽntɪl-/ 名 Ⓤ Ⓒ ❶ 小児めいた言動, 発育不全者の言行. ❷《医》幼稚症, 小児症.

in·fan·til·i·ty /ìnfəntíləti/ 名 Ⓤ 小児性.

in·fan·til·ize /ɪnfǽntəlàɪz/ 動 ❶ 小児[幼児]化する. ❷ 子供扱いする. **in·fan·til·i·za·tion** /ɪnfæntəlɪzéɪʃən, -laɪz-/ 名

in·fan·tine /ínfəntàɪn/ 形 =infantile.

ínfant pródigy 名 天才児, 神童.

*in·fan·try /ínfəntri/ 名 Ⓤ [集合的; 単数または複数扱い] 歩兵(隊): two regiments of ~ 歩兵 2 個連隊.

in·fan·try·man /-mən/ 名《-men /-mən/》(個々の)歩兵.

ínfant schòol, ínfants' schòol 名 Ⓤ Ⓒ《英国の》幼児学校, 小学校幼児部《解説 5-7 歳の低学年の児童に前

期初等教育を行なう小学校; ここを終えると junior school に進む).

in·farct /ínfɑːkt | -fáːkt/ 图 Ⓤ 〔医〕梗塞(ặ)《《血液の循環が阻止されて壊死(ặ)状態になった組織》.

in·farc·tion /ɪnfɑ́ːkʃən | -fáː-k-/ 图 Ⓤ,Ⓒ 〔医〕梗塞(ặ): (a) cerebral ～ 脳梗塞 / (a) cardiac ～ 心筋梗塞.

in·fat·u·ate /ɪnfǽtʃuèɪt/ 他 〈人を〉迷わせ, 夢中にさせる (⇒ infatuated).

in·fat·u·at·ed /-tɪd/ 形 夢中になった, うつつを抜かした: Tom is ～ *with* Kate. トムはケイトにのぼせている / He was ～ *with* gambling. 彼は賭博(ă)に夢中になっていた.

in·fat·u·a·tion /ɪnfæ̀tʃuéɪʃən/ 图 ❶ Ⓤ 夢中にさせる[なる]こと, のぼせあがり, 心酔: one's ～ *for* a woman [*with* baseball] 女性[野球]に熱をあげること. ❷ Ⓒ 夢中にさせるもの[人].

ín·fauna 图 Ⓤ 〔動〕 (水底の埋生[内生]動物(相), インファウナ《底質中に生活している動物(相)》. **in·faunal** 形

in·fea·si·ble /ínfíːzəbl/ 形 実行不可能な.

*ⓘ**n·fect** /ɪnfékt/ 動 ❶ **a** 〈病気が人に〉感染する: His flu ～*ed* his wife. 彼の流感が妻にうつった. **b** 〈人などに〉〔病気を〕感染させる, うつす: ～ a person *with* flu 人に流感をうつす / He's ～*ed with* malaria. 彼はマラリアに感染している. **c** 〈病菌が〉〈傷口などを〉侵す, 〈...に〉入る. ❷ 〈空気・水・地域などを〉汚染する (contaminate) (⇒ infected): The area is ～*ed with* cholera. その地域はコレラで汚染されている. ❸ **a** 〈人を〉〈悪風に〉染める, かぶれさせる: He hasn't yet been ～*ed with* cynicism. 彼はまだ皮肉癖に染まっていない. **b** 〈人に〉影響を与える. ❹ 〔電算〕〈ウイルスが〉〈コンピューターに〉入る, 〈コンピューターの〉データを汚染する. 《L=浸す, 染める, つける 〈 IN-²+*facere, fact*-なす, 作る (cf. fact)》 (图 infection, infectious)

in·féct·ed 形 伝染[感染, 汚染]した; 〔電算〕ウイルスに感染した: an ～ area 汚染地域.

*ⓘ**n·fec·tion** /ɪnfékʃən/ 图 ❶ Ⓤ **a** (空気)伝染, 感染《比較 contagion は接触による感染》: acute ～ 激しい伝染性[力]. **b** 悪い感化, 影響. ❷ Ⓒ 伝染病, 感染症. (動 infect)

*ⓘ**n·fec·tious** /ɪnfékʃəs/ 形 (more ～; most ～) ❶ 〈病気が〉伝染性の: an ～ disease 伝染病 / 伝染病の: an ～ carrier 伝染病の保菌者. ❷ 〔口〕うつり[伝わり]やすい: ～ laughter 一緒に笑いたくなるような笑い / Her tears [high spirits] were ～. 彼女の涙[上機嫌]は人にも伝わった. ～·**ly** 副 ～·**ness** 图 (動 infect)

in·féc·tive /ɪnféktɪv/ 形 =infectious.

ín·fèed 图 Ⓤ (特に心じなし研削で)切り込み送り《研削盤に工作物を移動させて行なう研削》.

in·fe·lic·i·tous /ɪ̀nfɪlísətəs/ 形 ❶ 不幸な, 不運な. ❷ 〈表現・行為など〉不適切な. ～·**ly** 副

in·fe·lic·i·ty /ɪ̀nfɪlísəti/ 图 ❶ Ⓤ **a** 不幸, 不運. **b** 〔言葉などの〕不適切 〔*of*〕. ❷ Ⓒ 不適切なもの[表現].

*ⓘ**n·fer** /ɪnfə́ː/ 動 (**in·ferred**; **in·fer·ring**) ❶ 推論する: He inferred the fact *from* the evidence he had gathered. 彼は自分の集めた証拠からその事を推断した / I inferred *from* what you said *that* he would make a good businessman. 君の言ったことから彼はすぐれた実業家になれるだろうと推測した. ❷ (結論として)〈...〉を暗示する《比較 この意味には imply を用い, この用法を正用法としない人もいる》. 《L=持ち込む 〈 IN-²+*ferre* 運ぶ (cf. transfer)》 (图 inference) 【類義語】 **infer** 既定の事実や前提に基づいて, 推測する; 必ずしも正しい結論であるとは限らない. **deduce** 普通に明確な事実に基づき infer する; 厳密には一般的な原理から演繹的に推論すること. **conclude** ある前提に基づいていくつか当然と思われる結論[意見]に達する. **gather** 特に複雑な推論ではなく事実から考えて判断・推測する; 口語では infer, conclude と同じ意味.

in·fer·a·ble /ɪnfə́ːrəbl | -fáːr-/ 形 推断[推論, 推理]できる.

*ⓘ**n·fer·ence** /ínfərəns/ 图 ❶ Ⓤ 推論, 推理: (a) deductive [(an) inductive] ～ 演繹(ặ)[帰納]推理 / by ～ 推論して, 推断の結果. ❷ Ⓒ 推論されたもの, 推定, 結論: draw an ～ (*from*...) 〈...から〉断定を下す, 推断する.

in·fer·en·tial /ɪ̀nfərénʃəl/ 形 推理[推論](上)の, 推断の[による]. ～·**ly** /-ʃəli/ 副

*ⓘ**n·fe·ri·or** /ɪnfí(ə)riə | -riə/ 形 (↔ superior) 形 (比較なし) ❶ (位置・階級が)下位の; 下級の, 低い: an ～ official 下級公務員 / be in an ～ position 低い地位にいる / A colonel is ～ *to* a general. 大佐は将官より下位である. ❷ (質・程度などが)劣った, 下等の, 劣等の; 二流品の: ～ leather 下等な革 / an ～ poet 二流詩人 / goods of ～ quality 二流品 / This wine is ～ *to* that (one) in robustness. このワインはそれに比べてこくが劣る. ❸ 〔植〕(子房が)花被・雄ずいより下にある, 下位の. ❹ 〔印〕下付きの (H_2, D_n の $_2$, $_n$ など). ― 图 ❶ **a** 劣った人[もの]. **b** [通例 one's ～] 目下の者, 下級者; 後輩. ❷ 〔印〕下付きの文字[数字] (cf. 形 4). ～·**ly** 副 《L=より下の〈*inferior* 下の; cf. inferno》 (图 inferiority)

in·fe·ri·or·i·ty /ɪnfí(ə)rió:rəti | -5ːr-/ 图 Ⓤ (↔ superiority) ❶ 下位, 劣等, 劣勢. ❷ 粗悪. (形 inferior)

inferiórity còmplex 图 [通例単数形で] ❶ 〔精神分析〕劣等コンプレックス, 劣等感 (↔ superiority complex). ❷ 〔口〕 ひけめ, ひがみ: She has an ～ about [because of] her bad complexion. 彼女は顔の(皮膚)が荒れていることにひけめを感じている.

inférior plánet 图 〔天〕内惑星《地球と太陽との間にある水星・金星》.

in·fer·nal /ɪnfə́ːn(ə)l | -fáː-/ 形 ❶ **a** 地獄の (↔ supernal): the ～ regions 地獄. **b** 悪魔のような, 非道の. ❷ Ⓐ 〔口〕ひどい, いまいましい: It's an ～ lie! それはとんでもないうそだ! (图 inferno)

in·fer·nal·ly /-nəli/ 副 ❶ 地獄のように. ❷ 〔口〕やけに, ひどく: an ～ lonely place ひどく寂しい場所.

*ⓘ**n·fer·no** /ɪnfə́ːnou | -fáː-/ 图 (～**s**) ❶ [the ～] 地獄. ❷ Ⓒ **a** 地獄さながらの光景[場所]. **b** 大火: The oil well turned into a raging ～. 油田は荒れ狂う火の海と化した. 《It 〈 L *infernus* 地獄の, 下の; cf. inferior》

in·fer·ra·ble /ɪnfə́ːrəbl | -fáːr-/ 形 =inferable.

*ⓘ**n·fer·tile** /ɪnfə́ːtl | -fáːtaɪl/ 形 ❶ 〈土地が〉豊かでない, 不毛の. ❷ 生殖[繁殖]力のない: ～ eggs 無精卵.

in·fer·til·i·ty /ɪ̀nfə(ː)tíləti | -fə(ː)-/ 图 Ⓤ ❶ 不毛. ❷ 不妊(性).

*ⓘ**n·fest** /ɪnfést/ 動 ❶ 〈害虫などが〉〈動物・場所に〉寄生する, たかる, 〈...を〉荒らす《★ 通例受身》: a dog ～*ed with* fleas ノミのたかった犬 / a house ～*ed with* rats ネズミがはびこっている家. ❷ 〈犯罪・悪人などが〉〈場所に〉はびこる, 横行する, 群れる, 〈...を〉荒らす (overrun). 《F〈L〈 IN-²+*festus*》

in·fes·ta·tion /ɪ̀nfestéɪʃən/ 图 Ⓤ,Ⓒ 荒らすこと, 横行: an ～ *of* locusts イナゴの来襲.

in·feu·da·tion /ɪ̀nfjuːdéɪʃən/ 图 Ⓤ 下封, 知行[徴税権]の下賜.

in·fib·u·late /ɪnfíbjuleɪt/ 動 ❶ (留め金[リング]で, または部分縫合で)〈陰部を〉封鎖する《性交できなくするため》.

in·fib·u·la·tion /ɪnfíbjuléɪʃən/ 图 (陰部[陰門])封鎖.

in·fi·del /ínfədl/ 图 (宗教上の)異教徒, 異端者《★ 特に, 昔キリスト教徒とイスラム教徒同士で用いた》. ― 形 不信心な; 異教徒の, 異端者の. 《F〈L〈 IN-¹+*fidelis* 忠実な (cf. fidelity)》 (图 infidelity)

*ⓘ**n·fi·del·i·ty** /ɪ̀nfədéləti/ 图 ❶ Ⓤ 不信心, 無信仰. ❷ **a** Ⓤ 不信, 背信; (夫婦間の)不貞, 不義. **b** Ⓒ 不倫, 浮気. (形 infidel)

in·field 图 (↔ outfield) ❶ [the ～] 〔野・クリケ〕 **a** 内野: an ～ hit 内野安打. **b** Ⓒ [集合的; 単数または複数扱い] 内野陣: The ～ played in. 内野陣は前進守備についた. ❷ Ⓒ 農家の周囲[付近]の畑; 耕地.

ín·fielder 图 内野手 (↔ outfielder).

ínfield flý 图 〔野〕インフィールドフライ.

in·fight·ing 图 Ⓤ ❶ 〔ボク〕接近戦. ❷ 内輪もめ, 内紛, 「内ゲバ」 〔*between*〕. ❸ 乱闘, 乱戦.

ín·fìll 動 〈空いている場所を〉埋める, 詰める, ふさぐ, 充填

in·fill·ing /ˈɪnfɪlɪŋ/ 名 ❶ 充填材. ❷ (都市計画で)既存の建物の間の空地に建物を建てること, 埋込み住宅.

†**in·fil·trate** /ɪnˈfɪltreɪt, ˈɪnfɪltreɪt/ 動 他 ❶ (スパイなどの目的で)〈地域・組織〉に潜入する; 〈軍〉〈敵地〉に潜入する: The organization is ~d by terrorists. その組織にはテロリストが入り込んでいる. ❻ 〈人を潜入させる: a spy *into* the enemy camp スパイを敵の野営地に潜入させる. ❷ 〈物質・思想などを〉〈…に〉しみ込ませる, 浸透させる 〔*into, through*〕. ❸ 〈液体が〉〈…に〉しみ込む, 浸透する. ❹ 〔医〕〈癌・細胞などが〉〈組織〉に浸潤する. —— 自 ❶ 〔…に〕潜入する 〔*into*〕. ❷ 〔…に〕しみ込む, 浸透する 〔*into, through*〕. —— 名 浸潤細胞[物, 巣]. **in·fil·tra·tor** /-tə | -tə-/ 名 〔IN-²+FILTRATE〕 (名) infiltration

in·fil·tra·tion /ˌɪnfɪlˈtreɪʃən/ 名 ❶ Ⓤ 浸透, 浸入. ❷ Ⓒ [通例単数形で] (組織・敵陣などへの) 潜行(行動) 〔*into*〕. ❸ Ⓤ〔医〕浸潤. ❹ (a) cellular ~ 細胞浸潤.

in·fil·tra·tive /ˈɪnfɪltreɪtɪv, ɪnˈfɪltrətɪv/ 形 しみ込む, 浸透する; 〔医〕浸潤性の.

in·fi·mum /ɪnˈfaɪməm, -fiː-/ 名〔数〕下限.

infin. (略)〔文法〕infinitive

***in·fi·nite** /ˈɪnfɪnət/ 形 (比較なし) ❶ **a** 無限の (boundless): ~ space 無限の空間. **b** 無量の, 無数の, 莫大な, 果てしない: possess ~ wealth 莫大な富を所有する. ❷ [+ɪnˈfaɪnaɪt]〔文法〕不定形の〔人称・数・時制・法などの限定を受けない不定詞・分詞・動名詞の形態にいう〕: an ~ form [verb] 不定形[不定形動詞]. —— 名 ❶ [the I~] 無限なる者, 神. ❷ [the ~] 無限の空間; 無限量. 〔IN-¹+FINITE〕 (名) infinitude, infinity

in·fi·nite·ly 副 ❶ 無限に, 際限なく. ❷ **a** 大いに, 非常に: be ~ wealthy すごく裕福である. **b** [比較級の前に用いて] ずっと, はるかに: It's ~ *worse* than I thought. 思っていたよりはるかに悪い.

in·fin·i·tes·i·mal /ˌɪnfɪnəˈtesəm(ə)l, ɪnfɪn-/ 形 ❶ 極微の, 微小の. ❷ 〔数〕無限小の, 微分の. —— 名 ❶ 極微量. ❷〔数〕無限小. **~·ly** /-məli/ 副

infinitesimal cálculus 名〔数〕微積分学.

in·fin·i·ti·val /ˌɪnfɪnɪˈtaɪv(ə)l/ 形〔文法〕不定詞の.

in·fin·i·tive /ɪnˈfɪnətɪv/〔文法〕名 [通例 the ~] 不定詞 (I can go. / I want to go. における *go, to go* のような動詞形; 時制・法などの限定を受けない動詞形; *to* のつくものを *to-*infinitive (*to* 付き不定詞), *to* のつかないものを bare [root] infinitive (原形不定詞)という): ~ split infinitive. 形 Ⓐ 不定詞の. 〔INFINITE+-IVE〕

in·fi·ni·tude /ɪnˈfɪnət(j)uːd | -tjuːd/ 名 ❶ Ⓤ 無限: the ~ of the universe 宇宙の無限大. ❷ [an ~] 無数, 無量: an ~ *of* varieties 無数の変化. (形) infinite

***in·fin·i·ty** /ɪnˈfɪnəti/ 名 ❶ Ⓤ **a** 無限に, 際限なく. **b** 〔数〕無限大(の記号 ∞); 無限遠: at ~ 無限遠において[おける]. ❷ [an ~] 無数, 無量: an ~ *of* possibilities 際限のない可能性. ❸ Ⓤ〔写〕無限遠(記号 ∞): at ~ 無限遠[インフ]で[の]. (形) infinite

in·firm /ɪnˈfɜːm | -fɜː-/ 形 (~·er; ~·est) ❶ (肉体的に)弱い, 虚弱な, 衰弱した: ~ with age 老衰して. ❷ (精神的に)弱々しい, 決断力のない; 柔弱な, 意志の弱い: ~ *of* purpose 意志の弱い. **-ly** 副 **-ness** 名

†**in·fir·ma·ry** /ɪnˈfɜːm(ə)ri | -fɜː-/ 名 ❶ (学校・工場などの)医務室, 診療所. ❷ 病院.

in·fir·mi·ty /ɪnˈfɜːməti | -fɜː-/ 名 ❶ Ⓤ 虚弱, 病弱; 柔弱. ❷ Ⓒ 病気, 疾患. ❸ Ⓒ (精神的)欠点, 弱点.

in·fix 動 他 ❶ 差し込む, はめ込む 〔*in*〕. ❷〔言〕〈挿入辞〉を挿入する. —— 名〔言〕(接頭辞・接尾辞に対して)挿入辞. **in·fix·a·tion** 名

in fla·gran·te de·lic·to /ɪnflæˈɡræntɪdɪˈlɪktoʊ/ 副 現行犯で, (不倫などの)現場を押さえられて.

†**in·flame** /ɪnˈfleɪm/ 動 他 ❶ 〈人・感情〉を興奮させる, あおる, たきつける: His eloquence ~d the strikers. 彼の雄弁はストライキ参加者をあおり立てた. ❷ 〈顔など〉を真っ赤にする, ほてらせる (⇒ inflamed 3). ❸ 〈…〉に火をつける, 〈…〉を燃え上がらせる. ❹ 〈…〉に炎症を起こす; 〈目〉を充血させる (⇒ inflamed 1). —— 自 ❶ 興奮する. ❷〈顔〉などがほてる. ❸ 燃えさかる. ❹ 炎症を起こす. 〔L<; ⇒ in-², flame〕

in·flamed 形 ❶〈体の一部が〉炎症を起こした, 赤くはれた: an ~ eye 充血した目. ❷ Ⓟ〈人が〉興奮して: He's ~ *with* rage. 彼は激怒している. ❸〈顔など〉が(怒りで)真っ赤な: His face was ~ *with* anger. 彼の顔は怒りで真っ赤になっていた.

in·flam·ma·bil·i·ty /ɪnˌflæməbəˈlɪəti/ 名 Ⓤ ❶ 可燃性, 引火性. ❷ 興奮性.

in·flam·ma·ble /ɪnˈflæməbl/ 形 ❶ 燃えやすい, 可燃性の〔用法〕語頭の in- を「不」を表わす接頭辞と誤解して nonflammable (不燃性の)の意と間違えやすいので, 工業・商業用語では flammable を用いる). ❷ 激し[興奮]やすい. —— 名 [通例複数形で] 可燃物. **-bly** /-bli/ 副〔INFLAME+-ABLE〕

†**in·flam·ma·tion** /ˌɪnfləˈmeɪʃən/ 名 ❶ Ⓤ,Ⓒ 炎症: ~ of the lungs 肺炎. ❷ Ⓤ 点火, 発火, 燃焼. ❸ Ⓤ 激怒, 興奮. 〔L; ⇒ inflame, -ation〕 (形) inflammatory

†**in·flam·ma·to·ry** /ɪnˈflæmətɔːri | -təri, -tri/ 形 ❶ 炎症を起こす, 炎症性の. ❷ 激昂(ぶ)させる, 扇動的な: an ~ speech 扇動的な演説. (名) inflammation

inflámmatory bówel diséase 名〔医〕Ⓒ,Ⓤ 炎症性腸疾患(略 IBD).

†**in·flat·a·ble** /ɪnˈfleɪtəbl/ 形 ❶ ふくらますことのできる. ❷ ゴムボート・浮袋・タイヤなどふくらませて使う, 膨脹式の.

†**in·flate** /ɪnˈfleɪt/ (↔ deflate) 動 他 ❶ 〈空気・ガスなどで〉…〉をふくらませる: ~ a balloon 風船をふくらませる. ❷ 〈人〉を得意がらせる 〔★ しばしば受身〕: be ~d *with* pride 得意がる. ❸〔経〕〈物価などをつり上げる; 〈通貨〉を膨張させる. —— 自 ❶ ふくれる, 膨張する. ❷ インフレが起こる. 〔L<in-²+*flare* 吹く〕 (名) inflation 【類義語】⇒ expand.

in·flat·ed /-tɪd/ 形 ❶ 空気[ガスなど]でふくらんだ. ❷ 〈人〉が得意がっている, 慢心した. ❸ 〈表現などが〉大げさな, 仰々しい, 誇張した: ~ language 大言壮語. ❸〔経〕〈物価が〉(インフレで)暴騰した: ~ prices 暴騰価格.

‡**in·fla·tion** /ɪnˈfleɪʃən/ 名 ❶ Ⓤ,Ⓒ〔経〕インフレ(ーション), 通貨膨張(略 inflation は貨幣の価値が低くなり物価が上がること; deflation は通貨の量が縮小し物価が持続的に低落する状態を表わし; reflation は物価下落の状態を打開して景気を回復させるために適度に物価を上昇させること). ❷ Ⓤ 膨張. ❸ Ⓤ 慢心, 得意, 誇張. (動) inflate, (形) inflationary

†**in·fla·tion·ar·y** /ɪnˈfleɪʃəˌnɛri | -ʃ(ə)nəri/ 形 インフレを誘発する]: an ~ tendency インフレ傾向 / an ~ spiral 悪性インフレ, インフレ政策.

inflátion-índexed bónd 名〔証券〕インフレ連動債(金利がインフレ指標に連動する政府債券).

in·fla·tion·ism /-ˌɪzəm/ 名 Ⓤ インフレ政策.

in·flect /ɪnˈflɛkt/ 動 他 ❶ 〈…〉を内に曲げる, 屈曲させる. ❷ 〈音声〉を調節する, 〈…に〉抑揚をつける. ❸〔文法〕〈…〉の語形を変化させる, 〈語〉に屈折[活用]させる. ❹〔楽〕〈声〉の調子を変える. —— 自〔文法〕〈語〉が屈折[活用]する.

in·flect·ed 形 〈言語が〉屈折 (inflection) のある, 屈折型の.

in·flec·tion /ɪnˈflɛkʃən/ 名 ❶ Ⓤ,Ⓒ 屈曲, 反曲. ❷ Ⓤ,Ⓒ 音調の変化, 抑揚. ❸〔文法〕**a** Ⓤ 屈折, 活用, 語形変化 (declension, conjugation を含む). **b** Ⓒ 変化[屈折]形, 語形変化に用いる語尾.

in·flec·tion·al /-ʃ(ə)nəl/ 形 ❶ 屈曲する, 湾曲する. ❷〔文法〕屈折[語尾変化]の(ある); 抑揚の: an ~ language 〔言〕 屈折(言)語.

in·flec·tive /-tɪv/ 形 ❶ 屈曲する. ❷〔文法〕屈折[語形変化]する. ❸〈音が〉抑揚のある.

in·flexed /ɪnˈflɛkst/ 形〔動・植〕下へ[内へ, 軸寄りに]曲がった, 内曲した.

in·flex·i·bil·i·ty /ɪnˌflɛksəˈbɪləti/ 名 Ⓤ ❶ 曲げられないこと, 不撓(;)性. ❷ 不撓不屈; 剛直.

†**in·flex·i·ble** /ɪnˈflɛksəbl | -ˈ-/ 形 ❶ 曲げられない, 曲がらない (rigid). ❷ **a** 〈人・決意など〉確固たる, 毅然(*)たる,

不屈の: an ~ will 不動の意志. **b** がんこな, 強情な. ❸ 〈規則など〉曲げられない, 変更できない; しゃくし定規の. **-i‧bly** /-əbli/ 副 〖類義語〗⇨ stiff.

in‧flex‧ion /ɪnflékʃən/ 名 〘英〙=inflection.

*__in‧flict__ /ɪnflíkt/ 動 他 ❶ 〈打撃・傷などを〉加える, 負わせる: ~ a blow [a wound] *on* [*upon*] a person 人に一撃を加える[人を負傷させる]. ❷ 〈罰などを〉課する, 与える: His teacher ~ed a punishment *on* the mischievous boy. 先生はいたずら小僧に罰を加えた. ❸ [~ oneself *on*] 迷惑〔やっか〕をかける: I won't ~ *myself on* you today. きょうはあなたにご迷惑はおかけしません. 〖L < IN-² + *fligere*, *flict-* 打つ (cf. conflict)〗 (名 infliction)

in‧flic‧tion /ɪnflíkʃən/ 名 ❶ ⓤ 〔苦痛・罰・打撃を人に〕課する[加える]こと 〔*of*〕〔*on, upon*〕. ❷ ⓒ 刑罰; 苦しみ, 難儀, 迷惑. (動 inflict)

in-flíght 形 ⓐ 飛行中の, 機内の: ~ sales [meals, movies] 機内販売[食, 映画].

in‧flo‧res‧cence /ìnfləɹés(ə)ns/ 名 ❶ ⓤ 花の咲くこと, 開花. ❷ 花. ❸ 〘植〙花序.

in‧flo‧res‧cent /ìnfləɹés(ə)nt⁻/ 形 開花している.

*__ín‧flòw__ 名 ❶ ⓐ ⓤ 流入 (↔outflow): the ~ of money *into* banks 銀行への金の流入. **b** ⓤ 流入物. ❷ ⓒ 流入量.

*__in‧flu‧ence__ /ínflu:əns | -fluəns/ 名 ❶ ⓤ [また an ~] 〔…に〕及ぼす影響, 感化(力)〔*on, upon, over*〕: the ~ *of* the mind *on* [*upon*] the body 精神の肉体に及ぼす影響 / Tides are caused by the ~ *of* the moon and (the) sun. 潮の干満は月と太陽の影響で起こる / He had a great ~ *on* those around him. 彼は周囲の人々に対して大きな感化を及ぼした / What ~ has the East had [exerted, exercised] *on* the West? 東洋は西洋にどのような影響を及ぼしてきたであろうか. ❷ ⓤ 勢力, 権勢, 威光, 「コネ」: one's sphere of ~ 勢力範囲 / through a person's ~ … 人の尽力で / He has used his ~ in the cause of world peace. 彼は世界平和のために力を尽くしている / You have some ~ *with* [*over*] them. あなたなら彼らにいくらか顔[にらみ]がきく. ❸ ⓒ 影響を及ぼす人[もの], 勢力家, 有力者: an ~ for good [evil] 善[悪]に誘うもの / a good [bad] ~ on (…) (…)に道徳的によい[悪い]影響を与える人[もの]. ❹ ⓤ 〘電〙誘導, 感応. ❺ ⓤ 〘占星〙〈天体から発する流れが人の性格・運命に及ぼすという〉感応力. **ùnder the ínfluence** 〘口〙酒に酔って. **ùnder the ínfluence of**…の影響を受けて, の勢いで, …に左右されて: be [drive] *under* the ~ *of* drink [liquor] 酒に酔っている[酒気帯び運転をする].

── 動 他 ❶ 〈…に〉影響を及ぼす; 〈人・行動などを〉左右する: The body and the mind ~ each other. 肉体と精神は相互に影響する. ❷ 〈人を〉促して[動かして]〈…〉させる: 〖+目+*to* do〗She was ~d by her mother to accept it. 彼女は母親の意見に動かされてそれを受け入れた.

〖F < L=流れ込む < IN-² + *fluere* 流れる (cf. fluid)〗 (形 influential) 〖類義語〗**influence** 人が意識するしないにかかわらず他の人に及ぼす影響(力). **authority** 本人の地位・品格・専門的な学識などで人を心服・畏敬させる力, 権威.

ínfluence-pèddling 名 ⓤ (政治家の)利権あさり, (わいろを取る)口きき, 不正な斡旋.

ín‧flu‧ent /ínflu:ənt | -fluənt/ 形 流れ込む, 流入する, 注ぐ. ── 名 流入, 流入水, 支流.

*__in‧flu‧en‧tial__ /ìnfluénʃəl/ 形 (**more** ~; **most** ~) 大きな影響の, 勢力のある, 有力な: an ~ congressman 有力な下院議員 / Those facts were ~ *in* gaining her support. それらの事実が彼女の支持を得る上で重要な役割を果たした. ~‧**ly** /-ʃəli/ 副 (名 influence)

in‧flu‧en‧za /ìnfluénzə | -flu-/ 名 ⓤ インフルエンザ, 流行性感冒. 〖It; INFLUENCE の同語源〗

⁺__in‧flux__ /ínflʌks/ 名 ❶ ⓒ 流入〔*of*〕(↔efflux). ❷ [an ~] 到来, 殺到: an ~ *of* visitors 来客の殺到. ❸ ⓒ (本流・支流の合する)流入点, 河口.

⁺__in‧fo__ /ínfoʊ/ 名 ⓤ 〘口〙情報. 〖INFO(RMATION)〗

in‧fold /ɪnfóʊld/ 動 =enfold.

in‧fo‧mer‧cial /ìnfoʊmə́ːɹʃəl | -məː-/ 名 インフォマーシャル (製品やサービスについての詳しい情報を提供する番組の形態をとるテレビコマーシャル).

*__in‧form__ /ɪnfɔ́ːɹm | -fɔ́ːm/ 動 他 ❶ 〈人に〉通知する, 知らせる〔*of, about*〕: She ~ed her parents *of* her safe arrival. =〖+目+(*that*)〗 She ~ed her parents *that* she had arrived safely. 彼女は両親に無事到着したことを知らせた / 〖+目+*about*+*wh.*〗 His letter ~ed us *how* and *when* he expected to arrive. 彼の手紙は彼がどのようにいつ到着する予定であるかを知らせてよこした / He ~ed me (*about*) *where* to get it. 彼は私にどこでそれを手に入れたらよいかを(いろいろ)教えてくれた. ❷ ⓐ 〈精神・感情などが〉…に活気[生気]を与える; 人の心などに〈感情・生気などを〉吹きこむ, 満たす: His humanity ~s his writing. 彼の人間性が彼の著作に生気を与えている / ~ a person's heart *with* love 人の心に愛情を吹き込む. **b** 〈…〉を特徴づける, 性格づける. ── 自 ❶ 情報[知識]を与える: It's the duty of a newspaper to ~. 情報を提供するのが新聞の役目だ. ❷ 〈人のことを〉(警察などに)密告する, 告発する〔*on, upon, against*〕(★受身可): One thief ~ed *against* the others. 盗賊の一人がほかの仲間たちを密告した. 〖F < L=形づくる; 教育する < IN-² + *forma* 形 (cf. form)〗 〖類義語〗(1) **inform** 直接事実や知識を与えて知らせる. **acquaint** 今まで知らなかったことを知らせる, すっかりわからせる. **notify** 必要とする[適切な]情報を告示・通信によって知らせる. (2) ⇒ tell¹.

*__in‧for‧mal__ /ɪnfɔ́ːɹm(ə)l | -fɔ́ː-/ 形 (**more** ~; **most** ~) ❶ 非公式の, 略式の (↔formal): an ~ visit [talk] 非公式訪問[会議]. ❷ ⓐ 形式ばらない, ふだんどおりの (casual; ↔formal); 打ち解けた; 正装を必要としない: an ~ party 形式ばらないパーティー / ~ clothes 平服. **b** 〈言葉・文体など〉会話体[口語体]の, くだけた. 〖IN-¹+FORMAL〗

in‧for‧mal‧i‧ty /ìnfɔːɹmǽləti | -fɔː-/ 名 ❶ ⓤ 非公式, 略式. ❷ ⓒ 略式の[形式ばらない]やりかた(など).

in‧for‧mal‧ly /-məli/ 副 ❶ 非公式に; 略式に. ❷ 形式ばらずに, 打ち解けて: be ~ dressed 略装をしている. ❸ 口語で, 口語的に.

*__in‧for‧mant__ /ɪnfɔ́ːɹmənt | -fɔ́ː-/ 名 ❶ ⓐ 通知者, 情報提供者. **b** 密告者. ❷ 〘言〙資料提供者, インフォーマント (言語研究者の質問に答える形式で自分の母語についての文化・言語資料を提供する人). 〖INFORM+-ANT〗

in‧for‧mat‧ics /ìnfɔːɹmǽtɪks | -fə-/ 名 ⓤ 情報科学.

*__in‧for‧ma‧tion__ /ìnfəɹméɪʃən | -fə-/ 名 ❶ ⓐ ⓤ 情報, 知識: It was a sad piece [bit] of ~. それは痛ましい情報だった / We have no ~ *on* the whereabouts of our uncle. おじの行方については何もわかっていない / A dictionary gives ~ *about* words and phrases. 辞書は語句についての知識を提供する / I have ~ *that* the factory will soon close. その工場は近く閉鎖されるということをある筋から聞いて知っている. **b** (情報・知識の)通知, 伝達. ❷ ⓐ (駅・ホテルなどの)案内(係, 所), 受付(係), インフォメーション. **b** (電話交換局の)案内(係): Call ~. 案内係に電話しなさい. ❸ 〘電算〙**a** 情報 (電算機に記憶させるデータ). **b** 情報量 (cf. bit⁴). **for your informátion** ご参考までに (略 FYI). (動 inform) 〖類義語〗⇨ knowledge.

in‧for‧ma‧tion‧al /-ʃ(ə)nəl | -fə-/ 形 情報の[を提供する].

informátion cènter 名 (観光)案内所, 広報センター.

informátion dèsk 名 案内所, 受付: Ask at the ~. 受付で尋ねてみなさい.

informátion fatìgue sỳndrome 名 情報性疲労症候群 (過剰な情報に対処しようとして生じる心的ストレス).

informátion òffice 名 案内所: a tourist ~ 旅行[観光]案内所.

informátion óverlòad 名 ⓤ 〘心〙情報過多 (情報が多すぎて対処できない状態).

informátion prócessing 名 ⓤ 〘電算〙情報処理.

informátion retríeval 名 ⓤ 情報検索.

informátion revolùtion 名 情報(化)革命.

informátion science 名 ⓤ 情報科学.
informátion superhíghway 名 〖電算〗高度[超高速]通信網, 情報スーパーハイウェイ《広域・高速・大容量の通信網》.
†**informátion technólogy** 名 ⓤ 情報科(学技)術.
informátion thèory 名 ⓤ 情報理論.
†**in·for·ma·tive** /ɪnfɔ́əmətɪv | -fɔ́ː-/ 形 ❶ 知識[情報]を与える. ❷ 教育的な; 有益な. **~·ly** 副
in·for·ma·to·ry /ɪnfɔ́əmətɔ̀ːri | -təri, -tri/ 形 情報[知識]を与える, ためになる, 啓発的な.
†**in·fórmed** 形 ❶ 知識[学識]のある, 見聞の広い, 消息通の (↔ uninformed): ~ sources 消息筋, 事情通 / ⇨ well-informed. ❷ 知識のいる[を用いた]: an ~ guess 詳しい情報に基づく推測.
infórmed consént 名 告知に基づく同意, インフォームドコンセント《手術・治験に際して, 医師から医学的事実・危険などを説明されたうえで患者(側)が与える同意》.
†**in·fórm·er** 名 ❶ 通知者, (特に犯罪の)密告者, 告発人, スパイ. ❷ 情報提供者.
in·fo·tain·ment /ɪ̀nfoʊtéɪnmənt/ 名 ⓒ 娯楽報道番組[記事]. 〖INFO(RMATION)+(ENTER)TAINMENT〗
in·fo·tech /ɪ́nfoʊtèk/ 名 《口》=information technology.
in·fra /ɪ́nfrə/ 副 下に; (書物・論文で)あとに (↔ supra): ⇨ VIDE infra. 〖L; INFRA- と同語源〗
in·fra- /ɪ́nfrə-/ 接頭 「下に, 下部に (below)」(↔ supra-).
ínfra·clàss 名 〖生〗下綱(のこう); 亜綱の下位分類).
in·frac·tion /ɪnfrǽkʃən/ 名 〖法〗❶ ⓤ 違反. ❷ ⓒ 違反行為.
in·fra·di·an /ɪnfréɪdiən/ 形 〖生〗〈生物活動のリズムが〉24 時間よりも長い周期で変動する, 一日 1 回未満反復する.
in·fra dig /ɪ̀nfrədíg-/ 形 ⓟ 《口》品格を下げて, 体面にかかわって. 〖L=beneath one's dignity〗
in·fran·gi·ble /ɪnfrǽndʒəbl/ 形 破壊できない, ばらばらにできない《そろいなど》; 犯すべからざる《法律, 破ってはならない約束など》. **-bly** /-bli/ 副 **~·ness** 名 **in·fran·gi·bil·i·ty** /ɪ̀nfrændʒəbíləti/ 名
ínfra·òrder 名 〖生〗下目(ぞく; 亜目の下位分類).
†**ínfra·réd** 形 〖理〗【Ａ】赤外線の. ━ 名 ⓤ 赤外線.
ínfrared cámera 名 赤外線カメラ.
ínfrared ráys 名 ⓟ 〖理〗赤外線 (cf. ultraviolet rays).
ìnfra·sónic 形 〖理〗可聴下周波の[による].
ìnfra·sóund 名 ⓤ 超低周波の可聴音.
*†**in·fra·struc·ture** /ɪ́nfrəstrʌ̀ktʃə | -tʃə/ 名 ❶ ⓒⓤ (国家・社会などの経済的存続に必要な)(恒久的)基幹施設, インフラストラクチャー《道路・学校・交通[通信]機関など》. **b** (作戦遂行に必要な)永久軍事施設《飛行場・海軍基地など》. ❷ ⓒ (団体・組織などの)下部組織[構造], 基盤《of》. 〖INFRA-+STRUCTURE〗
in·fré·quence /-kwəns/ 名 ⓤ =infrequency.
in·fre·quen·cy /ɪnfríːkwənsi/ 名 ⓤ まれなこと.
†**in·fré·quent** /ɪnfríːkwənt-/ 形 たまの, まれな (rare).
in·fré·quent·ly 副 まれに: not … ~ しばしば, 往々にして.
†**in·fringe** /ɪnfrɪ́ndʒ/ 動 他 〈法律・誓言・特許権などを〉破る, 侵害する. ━ ⓐ 侵害する: ~ on [upon] the rights of another 他人の権利を侵害する. 〖L=ばらばらにする<IN-²+frangere 壊す (fraction)〗
†**in·frínge·ment** /-mənt/ 名 ❶ ⓤ (法規)違反, 違背; (特許権・版権などの)侵害: copyright ~ 版権侵害. ❷ ⓒ 違反[侵害]の行為: an ~ of national sovereignty 国家の主権に対する侵害行為.
in·fun·dib·u·lum /ɪ̀nfəndɪ́bjʊləm/ 名 (ⓟ **-u·la** /-lə/) 〖生〗漏斗状器官; 〖解〗漏斗, 漏斗(状)部, 漏斗管. **in·fun·dib·u·lar** /-lə/ 形 漏斗形の[ある]; 漏斗状の.
†**in·fu·ri·ate** /ɪnfjʊ́(ə)rièɪt/ 動 他 〈人を〉激怒させる (enrage). 〖L; ⇨ IN-², fury〗
†**in·fúr·i·àt·ing** /-tɪŋ/ 形 〈人を〉激怒させる(ような), とても

腹立たしい(ほどの) (maddening). **~·ly** 副
†**in·fuse** /ɪnfjúːz/ 動 他 ❶ **a** 〈思想などを〉〈人・心に〉吹き込む, しみ込ませる: He ~d a love of knowledge *into* the minds of his students. 彼は学生たちの心に知識愛を吹き込んだ. **b** 〈人・心を〉〈希望で〉満たす: We were ~d *with* new hope. 新しい希望がわいてきた. ❷ **a** 〈茶に〉湯を注ぐ, 〈茶を〉煎(じ)る. **b** 〈薬草などを〉水[湯]に浸す, 振り出す. ━ ⓐ 〈茶などが〉煎じられる, 出る. 〖L=注ぎ込む; ⇨ IN-², fusion〗 (名 infusion)
in·fu·si·ble /ɪnfjúːzəbl/ 形 溶解しない, 不溶性の.
†**in·fu·sion** /ɪnfjúːʒən/ 名 ❶ **a** ⓤ 注入, 吹き込み; 鼓舞. **b** ⓒ 注入物; 注入液. ❷ **a** ⓤ 煎じ出し, 振り出し. **b** ⓒ 煎じ[振り]出したもの[液] 《茶など》. ❸ ⓒⓤ 〖医〗(静脈への)点滴. (動 infuse)
*-**ing** /ɪŋ/ 接尾 現在分詞・動名詞を造る: go*ing*, wash*ing*.
ín·gàther 動 他 〈収穫物を〉取り入れる.
ín·gàthering 名 ⓒⓤ 取り入れ, 収穫.
Inge /ɪ́ndʒ/, **William** インジ《1913–73; 米国の劇作家》.
†**in·ge·nious** /ɪndʒíːnjəs/ 形 (**more ~; most ~**) ❶ 〈人が〉利口な, 発明の才に富む; 器用な: an ~ researcher 創意に考える研究者. ❷ 〈ものが〉創意工夫に富む, 独創的な: an ~ device 気のきいた工夫. **~·ly** 副 **~·ness** 名 〖F<L<*ingenium* 本性, 才能<IN-²+*gignere, gen-* 産む (cf. genital)〗 (名 ingenuity)
in·gé·nue /ǽnʒənùː | -ʒənjùː/ 名 《F》❶ 純情[おぼこ]娘. ❷ 純情[おぼこ]娘の役(をする女優). 〖F; INGENUOUS と同語源〗
†**in·ge·nu·i·ty** /ɪ̀ndʒənj(ú)ùːəti | -njúː-/ 名 ⓤ 発明の才; 工夫; 巧妙さ, 精巧: exercise ~ = use one's ~ 工夫を凝らす, 知恵を働かす / show ~ in ... に創意を示す. (形 ingenious)
in·gen·u·ous /ɪndʒénjuəs/ 形 ❶ 率直な, 正直な. ❷ 無邪気な, 純真な, うぶな, あどけない: an ~ girl [smile] ~ うぶな娘[無邪気な微笑] / It's ~ *of* you to believe what he says.=You're ~ *to* believe what he says. 彼の言うことを信じるとは君も純真だね. **~·ly** 副 **~·ness** 名 〖L=(自由の身に)生まれた〗【類義語】⇨ naive.
†**in·gest** /ɪndʒést/ 動 他 〈食物などを〉摂取する. 〖L<IN-² +*gerere, gest-* 運ぶ (cf. gesture)〗
in·ges·tion /ɪndʒéstʃən/ 名 ⓤ (食物などの)摂取.
in·gle /ɪ́ŋgl/ 名 炉火, 炉(隅).
ín·gle·nòok /ɪ́ŋglnʊ̀k/ 名 炉隅, 炉辺.
in·glo·ri·ous /ɪnglɔ́ːriəs-/ 形 不名誉な, 不面目な, 恥ずべき. **~·ly** 副 **~·ness** 名
in·gò·ing 形 入ってくる, 就任の (↔ outgoing): an ~ tenant 新借家[借地]人.
in·got /ɪ́ŋgət/ 名 (金属の)鋳塊; 延べ金のかたまり, インゴット: a gold ~ 金の延べ棒.
in·graft /ɪngrǽft | -grɑ́ːft/ 動 =engraft.
in·grain /ɪ́ŋgreɪn/ 形 ❶ 生染めの, 地染めの. ❷ 〈習慣・考えなど〉深くしみ込んだ, 根深い. ━ 名 生染めの糸. ━ /-ˈ-, ˈ-ˈ-/ 動 〈習慣・考えなどを〉深くしみ込ませる.
íngrain cárpet 名 (両面使える)先染めじゅうたん.
†**in·gráined** /ɪŋgréɪnd-/ 形 ❶ 〈習慣・考えなど〉深くしみ込んだ, 根深い: ~ morality 心に浸透した道徳性. ❷ 生まれついた, 生得の; 徹底的な: an ~ skeptic 生まれつき疑り深い人. ❸ 〈よごれなどが〉こびりついた.
in·grate /ɪ́ŋgreɪt/ 名 《文》恩知らず. ━ 形 恩知らずの.
†**in·gra·ti·ate** /ɪngréɪʃièɪt/ 動 他 [~ *one*self で] 〈…に〉気に入られるようにする, 取り入る: Bob tried to ~ *himself with* her by giving her presents. ボブは彼女に贈り物をして機嫌を取ろうとした.
in·grá·ti·àt·ing /-tɪŋ/ 形 〈人・行為が〉取り入るような, 機嫌取りの: an ~ smile 愛想笑い.
in·grá·ti·àt·ing·ly 副 機嫌を取るように, 取り入るように.
in·grat·i·tude /ɪngrǽtətj(uː)d | -tjùːd/ 名 ⓤ 忘恩, 恩知らず.
*†**in·gre·di·ent** /ɪngríːdiənt/ 名 (混合物の)成分, 合成分, 原料, (料理の)材料; 構成要素, 因子: the ~s *of* [*for* (mak*ing*)] a cake 菓子(を作る)ための材料. 〖L=中に入っている(もの)<IN-²+*gradi* 進む (cf. progress)〗

In·gres /éŋgrə/, **Jean-Auguste-Dominique** 图 アングル《1780-1867; フランスの古典派の画家》.

in·gress /íŋgres/ 图 〖文〗 Ⓤ ❶ 立ち入り, 入来, 進入. ❷ 入場権, 入場の自由.

ín·gròup 图〖社〗内集団《同一集団内での共通利益に強く結びつく集団》.

ín·gròwing 厖 Ⓐ ❶ 中[内]に伸びる. ❷ 〈足のつめが〉肉の中に食い込む.

ín·gròwn 厖 Ⓐ ❶ 中[内]に成長した. ❷ 〈足のつめが〉肉の中に食い込んだ: an ~ toenail 肉に食い込んだ足指のつめ.

ín·gròwth 图 Ⓤ 内に伸びること; Ⓒ 内に伸びたもの.

in·gui·nal /íŋgwən(ə)l/ 厖〖解·医〗鼠蹊(そけい)(部)の.

in·gúlf 動 ⊕ =engulf.

in·gur·gi·tate /ɪngə́ːdʒətèɪt, -gə́-/ 動 ⊕ むさぼり食う[飲む], がぶがぶ飲む, がつがつ食う. **in·gur·gi·ta·tion** /ɪngə̀ːdʒətéɪʃən, -gə̀-/ 图 大食い, 食食.

*__in·hab·it__ /ɪnhǽbɪt/ 動 ⊕ ❶ 〈人·動物が〉〈場所〉に住む, 居住する《(比)live と違い他動詞で用い, 通例個人には用いず集団に用いる》: The coelacanth ~s the deep sea. シーラカンスは深海に生息する / The island is thickly [sparsely] ~ed. その島には住民が多い[少ない] / This neighborhood is ~ed by rich people. この地区には金持ちが住んでいる. ❷ 〈…〉に存在する, 宿る: Such strange ideas ~ her mind! そんな奇妙な考えが彼女の心に宿っているなんて! 〖F<L=中に住む<IN-²+habitare, habitat-住む (cf. habit)〗

in·hab·it·a·ble /ɪnhǽbɪtəbl/ 厖 〈場所が〉居住に適する, 住める.

*__in·hab·it·ant__ /ɪnhǽbətənt, -tnt/ 图 ❶ 〈家·場所などの〉居住者, 住民 [of]. ❷ 〈ある場所に〉生息する〉動物 [of]. 〖F<L; ⇒ inhabit, -ant〗

in·hab·i·ta·tion /ɪnhæ̀bətéɪʃən/ 图 Ⓤ 居住, 生息.

in·hal·ant /ɪnhéɪlənt/ 厖 吸い込む, 吸入用の. —— 图 吸入剤.

in·ha·la·tion /ìn(h)əléɪʃən/ 图 ❶ Ⓤ 吸入; 息を吸い込むこと(↔exhalation): the ~ of oxygen 酸素吸入. ❷ Ⓒ 吸入剤.

in·ha·la·tor /ín(h)əlèɪtə|-tə/ 图 吸入器[装置].

†__in·hale__ /ɪnhéɪl/ (↔exhale) 動 ⊕ ❶ 〈空気などを〉吸入する. ❷ 〈たばこの煙を〉肺まで吸い込む. —— ⊜ ❶ 吸い込む: ~ deeply 深く息を吸い込む. ❷ たばこの煙を肺まで吸い込む. 〖L<IN-²+halare 呼吸する〗

in·hál·er 图 ❶ 吸入器. ❷ 吸入者.

in·har·mon·ic /ìnhɑəmɑ́nɪk|-hɑːmɔ́n-⁻/ 厖 不調和な, 不協和の.

in·har·mo·ni·ous /ìnhɑəmóʊnɪəs|-hɑː-⁻/ 厖 ❶ 〈音·色など〉不調和な, 不協和なはずれの, 不協和の. ❷ 〈関係など〉不和の, しっくりしない. **~·ly** 副 **~·ness** 图

ín·hàul 图〖海〗引索(びき).

in·here /ɪnhíə|-híə/ 動 ⊜ ❶ 〈性質などが〉(もともと)存在する, 内在する: Selfishness ~s *in* human nature. 利己心は人間性に内在するものである. ❷ 〈権利などが〉賦与されている, 帰属する: Power ~s *in* the office, not its holder. 権力は職に賦与されているのであって, その職についている人に賦与されているのではない.

in·her·ence /ɪnhí(ə)rəns, -hér-/ 图 Ⓤ 固有, 生得, 天与, 持ち前.

in·hér·en·cy /-rənsi/ 图 =inherence.

*__in·her·ent__ /ɪnhí(ə)rənt, -hér-/ (more ~; most ~) 厖 固有の, 本来の, 生来の (intrinsic): one's ~ modesty 人の生まれつきの内気さ / A love of music is ~ *in* human nature. 音楽を愛好することは人間性に固有のものである. **~·ly** 副 生得的に; 本質的に. 〖L=くっついている〈IN-²+haerere 付着する+-ENT〗 (图 inherence)

*__in·her·it__ /ɪnhérɪt/ 動 ⊕ ❶ 〈財産などを〉受け継ぐ, 相続する: He ~ed a large fortune *from* his father. 彼は父から多額の財産を相続した / My brother is ~*ing* (=is to ~) the house. 兄が家を継ぐことになっている《進行形·継続中の意味での進行形にはならない》. ❷ 〈性質などを〉親·先祖から受け継ぐ, 遺伝する: an ~ed characteristic [quality] 〖生〗遺伝形質[特性] / Habits are ~ed. 習癖は遺伝する / She ~ed her intelligence *from* her mother. 彼女はすぐれた知性を母親から受け継いだ. ❸ 〈問題などを〉引き継ぐ, 受け継ぐ, 〈不要品などを〉譲り受ける. —— ⊜ 財産を相続する. 〖F<L<IN-²+hereditare 受け継ぐ《heres 相続人; ⇒ heir》〗 (图 inheritance)

in·her·it·a·ble /ɪnhérɪtəbl/ 厖 ❶ 相続させられる, 伝えることのできる. ❷ 相続者になれる. ❸ 遺伝する: an ~ trait 遺伝する特性.

†__in·her·i·tance__ /ɪnhérətəns, -tns/ 图 ❶ Ⓤ 相続: by ~ 相続によって. ❷ Ⓒ《通例単数形で》 **a** 相続財産, 遺産 (heritage): an ~ of $50,000 5 万ドルの遺産 / He squandered (away) his ~. 彼は遺産を浪費した. **b** 受け継いだもの [of]. **c**〖生〗遺伝質[性]. (動 inherit)

inhéritance tàx 图 Ⓤ,Ⓒ 相続税.

in·her·i·tor /-tə|-tə/ 图 相続人, 後継者 (heir).

in·her·i·tress /ɪnhérətrəs/, **in·her·i·trix** /ɪnhérətrɪks/ 图 inheritor の女性形.

*__in·hib·it__ /ɪnhíbɪt/ 動 ⊕ ❶ 〈…を〉抑える, 抑制する, 妨げる: ~ cancer growth 癌(がん)の増殖を抑制する / ~ the development of…の発達[発展]を抑える[妨げる] / ~ healing 治癒を遅らせる[妨げる]. ❷ 〈物事が〉〈人の自由な行動を〉(心理的に)抑制する: Having to converse in French ~ed me. フランス語で会話をしなければならなかったので私は思うように話せなかった / His shyness ~ed him *from* talking to her. 彼は恥ずかしがり屋で彼女にろくに口もきけなかった. 〖L<IN-²+habere, -hibit- 抑える, 持っている (cf. habit)〗 (图 inhibition)

†__in·hib·it·ed__ /-tɪd/ 厖 〈人·性格など〉(心理的に)抑制された, 抑制的な: an ~ person 感情を表わせない人, (病的に)内気な人 / She's very ~ about sex. 彼女はセックスについてとても内気だ.

in·híb·it·er /-tə|-tə/ 图 =inhibitor.

*__in·hi·bi·tion__ /ìn(h)əbíʃən/ 图 Ⓤ,Ⓒ ❶ 抑制, 抑圧; 禁止: without any ~(s) 何の屈託もなく, 自由に. ❷〖心·生〗抑制.

in·hib·i·tor /-tə|-tə/ 图 ❶ 抑制する人[もの]. ❷〖化〗反応抑制剤, 阻害物質: a rust ~ さび止め.

in·hib·i·to·ry /ɪnhíbətɔ̀ːri|-təri, -tri/ 厖 禁止の; 抑制する.

in-hóme 厖 家庭内の, 家でやる.

in·ho·mo·ge·ne·i·ty /ìnhòʊmoʊdʒəníːəti/ 图 Ⓤ 異質(性), 不均等性; 〖物〗(物質面の)異質部分.

in·ho·mo·ge·ne·ous /ìnhòʊmədʒíːniəs/ 厖 同質[均質], 等質]でない.

in·hos·pi·ta·ble /ìnhɑspítəbl, -hɑ́spɪ- | -hɔspít-, -hɔ́spɪ-/ 厖 ❶ 〈人·行為など〉もてなしの悪い, 無愛想な, 不親切な. ❷ 〈場所など〉宿る所のない, 風雨を避ける所がない; 荒れ果てた: an ~ environment 荒れ果てた自然環境. **-bly** /-bli/ 副

in·hos·pi·tal·i·ty /ìnhɑ̀spətǽləti|-hɔ̀s-/ 图 Ⓤ もてなしの悪いこと, 冷遇, 無愛想.

ín·hòuse 厖 Ⓐ 組織[会社]内の, 社内の: ~ newsletters 社内報. —— 副 組織[会社]内で.

*__in·hu·man__ /ɪnhjúːmən|-hjúː-⁻/ 厖 ❶ 不人情な, 冷酷な, 残酷な. ❷ 非人間的な; 超人的な: Success was due to his ~ efforts. うまくいったのは彼の超人的な努力のおかげだ. **~·ly** 副 **~·ness** 图 〖IN-¹+HUMAN〗

in·hu·mane /ìnhjuːméɪn⁻/ 厖 非道的な, 思いやりの欠けた, 不人情な, 無慈悲な: ~ treatment 思いやりのない扱い方. **~·ly** 副 〖IN-¹+HUMANE〗

in·hu·man·i·ty /ìnhjuːmǽnəti/ 图 ❶ Ⓤ 不人情, 残酷さ. ❷ Ⓒ《しばしば複数形で》不人情な行為, 残酷なしわざ: man's ~ to man 人間の人間に対する非人道な行為.

in·hume /ɪnhjúːm/ 動 ⊕〖文〗〈…を〉埋める, 埋葬する.

in·im·i·cal /ɪnímɪk(ə)l/ 厖 ❶ **a** 敵意のある: an ~ attitude 敵意ある態度. **b** 〖P〗反目した, 不和で: nations ~ *to* each other 互いに反目し合っている国家. ❷ 〖P〗不利で, 有害で: His policies are ~ *to* academic freedom. 彼の方針は学問の自由を損なうものである. **~·ly**

/-kəli/ 副 〖L ← IN-¹+amicus 友人; cf. enemy〗

in·im·i·ta·ble /ínímətəbl/ 形 まねのできない, 独特な, 無類の. **-bly** /-bli/ 副

in·iq·ui·tous /iníkwətəs/ 形 不正の, 不法の, 邪悪な (wicked). **~·ly** 副

in·iq·ui·ty /iníkwəti/ 名 ❶ Ⓤ 不正, 不法, 邪悪. ❷ Ⓒ 不正[不法]行為.

init. (略) initial.

*i·ni·tial /iníʃəl/ 形 Ⓐ (比較なし) ❶ 初めの, 最初の, 皮切りの: the ~ stage(s) 初期, 第一期 / ~ velocity 初速 / make a good ~ impression 良い第一印象を与える. ❷ 語頭の[にある]: an ~ letter 頭文字. ——名 ❶ 頭文字. ❷ [通例複数形で] (姓名の)頭文字, イニシャル (例: John Smith の略 J.S.). ——動 (**i·ni·tialed**, 《英》 **-tialled**; **i·ni·tial·ing**, 《英》 **-tial·ling**) 〈…〉に頭文字で署名する. 〖L=中に入る, 始める ← IN-²+ire, it- 行く (cf. issue)〗(動 initiate)

i·ni·tial·ism 名 頭文字語 (頭文字からなる略語, 特に initial word).

i·ni·tial·i·za·tion /ɪnɪʃəlɪzéɪʃən/ | -laɪz-/ 名 Ⓤ.Ⓒ 初期化; 初期値に戻すこと.

i·ni·tial·ize /iníʃəlaɪz/ 動 《電算》〈ディスク・プログラムなど〉を初期化する; 〈カウンターなど〉を初期値にセットする.

*i·ni·tial·ly /iníʃəli/ 副 初め(のうち)は, 最初(のうち)は: I~, all went well. 最初のうちは万事がうまくいった.

initial word 名 頭(ズ)文字語 [解説] 頭文字でできた語であるが, acronym と異なり一語として発音できず, 個々の文字をそのまま発音するもの; 例: BBC, DDT など.

*i·ni·ti·ate /iníʃièɪt/ 動 他 ❶ 〈…〉を始める, 起こす, 創始する; 〈…〉の口火を切る: ~ a plan 案を新たに立てる / new methods 新方法を考え出す / ~ a conversation 会話の口火を切る. ❷ 〈人〉を加入[入会]させる 《★ しばしば受身》: ~ a person *into* a society 人を(会に)入会させる. ❸ 〈人〉に初歩を教える, 手ほどきをする 《★ しばしば受身》: ~ pupils *into* English grammar 生徒に英文法を手ほどきする / We *were* ~d *into* the techniques of judo. 私たちは柔道の技法を伝授してもらった. ——名 形 ❶ 手ほどきを受けた, 秘伝を授けられた. ❷ 新入(会)の. —— /iníʃiət/ 名 ❶ 秘伝[伝授]を受けた人. ❷ 新入者, 入会者. (形 initial, 名 initiation) 【類義語】⇒ begin.

+**i·ni·ti·a·tion** /ɪnɪʃiéɪʃən/ 名 ❶ Ⓤ 開始, 創始, 創業: the ~ of a new bus route 新しいバス路線の開通. ❷ **a** Ⓤ 加入, 入会, 入門: ~ *into* a men's club メンズクラブへの入会. **b** Ⓒ 入会[門]式. ❸ **a** Ⓤ 手ほどき, 手引き. **b** Ⓒ 秘伝を伝えること, 伝授. (動 initiate)

*i·ni·tia·tive /iníʃətɪv/ 名 ❶ Ⓤ (問題に対応するための)(行動)計画, 構想. ❷ [the ~] 主導権; 議案提出権, 発議権, イニシアチブ: have [seize] *the* ~ 発議[主導]権がある[を握る]. ❸ Ⓤ 独創力, 企業心, 進取の気性: He has a lot of ~. 彼は独創力に富んでいる. **on one's ówn inítiative** 自ら進んで: The suspect reported himself to the police on his *own* ~. 容疑者は自発的に警察に出頭した. **táke the inítiative** (**in** dóing) (あることをするのに)率先してやる, イニシアチブを取る. ——形 初めの, 最初の; 初歩の. 〖INITIATE+-ATIVE〗

i·ni·ti·a·tor /-tə/ | -tə/ 名 ❶ 創始者; 首唱者. ❷ 教導者, 伝授者.

i·ni·ti·a·to·ry /iníʃ(i)ətɔ̀ːri | -ʃiətəri, -tri/ 形 ❶ 手始めの; 手ほどきの. ❷ 入会[入門, 入党]の.

*in·ject /ɪndʒékt/ 動 他 ❶ 〈薬液など〉を注射する, 注入する; 〈人・腕・血管など〉に注射[注入]する: ~ a vaccine under the skin 皮下にワクチンを注射する / ~ penicillin *into* a person's arm = ~ a person's arm *with* penicillin 人の腕に ペニシリンを注射する. ❷ 〈新鮮なもの・ユーモアなど〉を導入する, 織り込む; 〈資金など〉を投入する, つぎ込む; 〈意見など〉をさしはさむ: He ~ed new ideas *into* the discussion. 彼は討議に新しい考えを導入した / He ~ed a pertinent remark *into* the conversation. 彼は会話にひと言適切な所見をさしはさんだ. 〖L=投げ入れる ← IN-²+jacere, jact-, -ject- 投げる (cf. jet¹)〗 (名 injection)

in·ject·a·ble /ɪndʒéktəbl/ 形 〈薬物が〉注射可能な. ——名 注射可能物質[薬物].

*in·jec·tion /ɪndʒékʃən/ 名 ❶ Ⓤ.Ⓒ **a** 注射, 注入; 浣腸(なら): have [get] an ~ (in one's arm) (腕に)注射をしてもらう / She gave me an ~. 彼女は私に注射した. **b** Ⓒ 注射液; 浣腸薬. ❷ Ⓤ.Ⓒ (資金などの)投入, 導入. ❸ 〈宇宙〉投入, インジェクション (人工衛星・宇宙船を軌道に乗せること). ❹ Ⓤ 〈機〉(燃料・空気などの)噴射: fuel ~ 燃料噴射. (動 inject)

injéction mòlding 名 Ⓤ 〈工〉(加熱可塑性物質などの)注入式塑造法, 射出成形. **injéction-mòld·ed** 形

in·jec·tor /-tə/ | -tə/ 名 ❶ 注水器; (内燃機関の)燃料噴射装置. ❷ 注射する人.

in·jòke 名 仲間だけにしかわからないジョーク, 内輪うけ.

in·ju·di·cious /ɪndʒuːdíʃəs/ 形 無分別な, 無思慮な. **~·ly** 副 **~·ness** 名

In·jun /índʒən/ 名 〈口・しばしば軽蔑〉 アメリカインディアン.

in·junct /ɪndʒʌ́ŋ(k)t/ 動 他 〈口〉禁止する.

*in·junc·tion /ɪndʒʌ́ŋ(k)ʃən/ 名 ❶ 命令, 訓令, 指令: an ~ *against*…禁止令 / He ignored his father's ~ to be silent. 黙っているようにという父の指示を彼は無視した. ❷ 〈法〉差し止め命令, 禁止命令. 〖IN-²+JUNCTION〗

in·junc·tive /ɪndʒʌ́ŋ(k)tɪv/ 形 命令的な.

*in·jure /índʒə/ 動 他 ❶ (事故などで)〈生物〉を傷つける, 〈…〉に けがをさせる, 〈…〉を痛める: ~ one's eye 目にけがをする / He ~d himself while skiing. 彼はスキーをしている間にけがをした / Two people were ~d in the accident. その事故で二人がけがをした. ❷ 〈名誉・感情など〉を害する: ~ a person's feelings [pride] 人の感情を害する[誇りを傷つける] / ~ one's reputation 評判を落とす. 〖INJURY からの逆成〗 【類義語】 **injure** 人や動物の身体・健康・外見・感情・名声などを傷つける[損う]; 最も一般的な語で, 時には物の(価値)にも用いる. **hurt** 物理的あるいは感情的に傷つける. **wound** 特に武器や凶器などで外傷を与える. **damage** 無生物あるいは人体(の一部)の価値や機能を損う. **harm** 特に重大な損害・苦痛を与える.

*in·jured /índʒəd | -dʒəd/ 形 ❶ 負傷した, けがをした; [the ~; 名詞的に; 複数扱い] 負傷者たち, けが人: have an ~ arm 腕をけがしている / the ~ party 被告事者 / the dead and (the) ~ (事故などの)死傷者. ❷ 感情を害した, 気を悪くした; 〈名誉など〉傷つけられた: an ~ look 感情を害したような顔つき.

ínjured lìst 名 =disabled list.

in·ju·ri·ous /ɪndʒʊ́(ə)riəs/ 形 ❶ 有害な: ~ rumors 有害なうわさ / Too much drink(ing) is ~ *to* (the) health. 飲み過ぎは健康に悪い. ❷ 〈言葉など〉人を傷つける, むっとさせる. ❸ 不正な, 不当な. **~·ly** 副

*in·ju·ry /índʒ(ə)ri/ 名 ❶ Ⓤ.Ⓒ (事故などによる)けが, 傷, 傷害, 危害, 損害, 損傷 〖匹敵〗 wound は刃物・銃砲などによる傷): without ~ 無傷で / suffer [sustain] *injuries* to the [one's] head 頭に負傷する / *do* a person an ~ = *add insult to* ~ 人に危害を加える[損害を与える]. ❷ 〈感情・評判などを〉傷つけること, 無礼, 侮辱, 名誉毀損(き。): an ~ *to* a person's reputation 名誉毀損. ❸ 〈法〉権利侵害, 違法行為. **ádd ínsult to ínjury** ⇒ insult 名 成句. 〖L=不正[不法]な(こと)〖 IN-¹+jus, jur- 法律 (cf. judge)〗 (動 injure, 形 injurious) 【類義語】⇒ injustice.

ínjury tìme 名 Ⓤ 〈サッカー・ラグビー〉 (けがの手当てに要した分の)延長時間.

*in·jus·tice /ɪndʒʌ́stɪs/ 名 ❶ Ⓤ 不正, 不法, 不公平: He was the victim of ~. 彼は不公平に泣かされた. ❷ Ⓒ 不正な行為, 不当な仕打ち. **dò a person an injústice** 人を不当に扱う; 人を誤解する. 〖IN-¹+JUSTICE〗 【類義語】 **injustice** 不法行為や権利の侵害を意味する一般的の意味. **injury** 個人の権利・財産などに対する侵害で, 法的にその回復行為・手段をとることが認められている程度のもの. **wrong** 個人の権利を侵害する, あるいは公共の福祉に反する行為; injustice より意味が強い.

*ink /íŋk/ 名 Ⓤ.Ⓒ ❶ (筆記用の)インク; 印刷用インク: ⇒ India ink / write a letter in ~ インクで手紙を書く / write with pen and ~ ペンで書く. ❷ (イカ・タコの出す)すみ. ——動 他 ❶ **a** 〈…〉をインクで書く. **b** 〈俗〉〈契約

書などに署名する. ❷〈誤字などを〉インクで消す: ~ *out* an error 誤りをインクで消す. **ink ín** [**óver**] (他+副)〈鉛筆書きの絵などを〉インクでなぞる[仕上げる].【F<L<Gk】

ínk·blòt 图 インクのしみ.

ínkblot tèst 图 [心] インクブロットテスト《インクのしみなど，不定形の図形がどう見えるかで診断を下すテスト; Rorschach test など》.

ínk bòttle 图 インクつぼ[瓶].

ínk·er 图 [印] 印肉棒, 墨ローラー.

ínk·hòrn 图《昔の》角製のインク入れ.

ínk·jèt 形《プリンターなどインクジェット式の》《紙上に霧状にしたインクを静電気的に吹き付ける高速印字法》.

in·kling /íŋkliŋ/ 图 ⓤ[また an ~][しばしば否定文で]うすうす知って[感じて]いること; 暗示: I had an [no] ~ *of* what he intended to do. 彼が何をするつもりなのかうすうす感づいていた[少しも知らなかった] / give a person an ~ *of* one's displeasure =give a person an ~ *that* one is displeased 不満であることを人にほのめかす[それとなくにおわせる].

ínk·pàd 图 インク台, 印肉.

ínk·pòt 图 インク入れ[つぼ].

ínk·stànd 图 インクスタンド.

ínk·wèll 图《机上はめ込み》インクつぼ.

ink·y /íŋki/ 形 (**ink·i·er**, **-i·est**) ❶ インクでしるしをした[よごれた]: ~ hands インクでよごれた手. ❷ インクのような; 真っ黒な. **-i·ness** 图.

in·láid 動 inlay の過去形・過去分詞.
━ 形 ちりばめた, はめ込まれた, 象眼の (cf. inlay): ~ work 象眼細工.

*__in·land__ /ínlənd, -lænd/ 形 ⓐ ❶ 内陸の, 奥地の: ~ rivers 内陸河川. ❷《英》国内で[営まれる], 国内の: an ~ duty 〈国内交易などに課する〉内国税 / ~ trade 国内交易 / ⇒ inland revenue.
━ /-lənd/ 副 (比較なし) 内陸へ[で], 奥地に[で]: Seabirds sometimes fly ~. 海鳥も時には内陸へ飛んでいく. ━ 图 (海から遠い)内陸, 奥地.

in·land·er /ínləndə | -ləndə/ 图 内陸[奥地]の人.

*__inland revenue__ 图《英》❶ ⓤ [また an ~] 内国税収入 (《米》internal revenue). ❷ [the I- R-] 内国歳入庁.

ínland séa 图 内海.

ín-làw 图[通例複数形で]《口》姻戚(ソヒ).

in·lay /ínlèi, ╴ ╴/ 動 (**in·láid** /ínléid, ╴ ╴/) ❶ⓐ〈...を〉にはめ込む (*in, into*): ~ ivory *into* wood 象牙を木材にはめ込む. ⓑ〈...に〉象眼する, 〈...に〉ちりばめる: strips of gold box をちりばめる / a wooden box inlaid *with* silver 銀象眼の木箱. ❷ 〖園〗〈接ぎ芽を〉台木に差し込む. ━ ⓒ 图 ❶ ⓐ 象眼(の材料), はめ込み細工. ⓑ ⓒ 象眼模様. ❷ ⓒ 〖歯〗インレー《虫歯などに詰める合金など》. ❸ ⓒ 〖園〗芽接ぎ. **~·er** 图.

⁺**in·let** /ínlet, -lət/ 图 ❶ 入り江;《島と島の間の》瀬戸《距離《bay よりは小さいものが多い》. ❷《水などの》入り口, 引き入れ口, 注入口 (↔ outlet). ❸ はめ込み(もの).
━ /ínlét/ 動 (**in·let**; **in·let·ting**)〈...を〉はめ[さし]込む.

in·li·er /ínlaiə | -ə/ 图 内座層.

in·line 形 ❶〈部品[ユニット]が〉直線に並んだ, 直列の; 工程ライン内の. ❷ 〖電算〗 テキスト行中にある, インラインの.

in·lin·er 图 インラインスケートでスケートする人; =in-line skate.

ín·lìne skáte [通例複数形で] インラインスケート《ローラーが直列のスケート靴》.

ín·lìne skáting 图 ⓤ インラインスケートですべること[競技].

in lo·co pa·ren·tis /ínlóukoupəréntis/ 副 親の代わりに, 親の立場で.【L=in the place of a parent】

in·ly /ínli/ 副 ❶ 心中で, 内心. ❷ 心から, 親しく; すっかり, 完全に.

in·ly·ing /ínláiiŋ/ 形 内側[内部]にある, 内陸の.

*__in·mate__ /ínmèit/ 图 ❶ (精神病院・刑務所などの)被収容者, 入院患者, 在監者. ❷ 同居人.

in me·di·as res /inmédiəsrèis/ 副 いきなり話[計画]のまん中へ, (前置きなしに)途中から, 事件の中心に.

in me·mo·ri·am /ìnməmɔ́:riəm/ 前 ...の記念に; ...を

悼(ワミ)んで: *In Memoriam A.H. Hallam* A.H. ハラムを悼んで《Tennyson が親友 Hallam /hæləm/ の死を悼んで書いた詩》.【L=in memory (of)】

in·most 形 ⓐ ❶ 最も奥の (=outermost). ❷〈感情など〉心の奥の, 深く秘めた: one's ~ desires 衷心からの欲求.【OE; IN の最上級】

inn /ín/ 图 ❶《通例昔下で飲食店・居酒屋を兼ねた旧式の二階建ての小旅館, 小ホテル, 宿屋《現在でもいなかにあり, またホテル・レストランの名にも用いられる》. **the Ínns of Cóurt**《弁護士 (barrister) 任命権を占有する London の》法学院(会館)《the Inner Temple, the Middle Temple, Lincoln's Inn, Gray's Inn の四つ》.【OE=住居; IN と同語源】

in·nards /ínədz | ínədz/ 图 圏《口》❶ 内臓. ❷《ものの》内部, 内部機構.

in·nate /ínéit, ╴╵/ 形〈性質など〉生来の, 生得の, 天賦の, 先天的な (↔ acquired): an ~ instinct [characteristic] 生得の本能[持って生まれた特性]. **~·ly** 副. **~·ness** 图.【L<IN-²+*natus* 生まれた】【類義語】⇒ inborn.

*__in·ner__ /ínə | ╴╴/ 形 (比較なし) ❶ 内(側)の, 内部の (↔ outer): an ~ court [room] 中庭[奥の部屋] / an ~ tube 《タイヤの》チューブ. ❷ ⓐ より親しい, 内輪の: an ~ circle of friends 特に親密な友人たち. ⓑ《組織の中枢に近い》⇒ inner circle. ❸ 内(面)的な, 精神的な; 主観的な: the ~ life 内面[精神]生活 / an ~ voice 内なる声. ❹〈感情・意味など〉内在的な, 隠れた. ━ 图《英》《弓術》❶《標的の》内圏《中心 (bull's eye) とそれを囲む赤い輪の間》. ❷ 内圏への命中(弾). **~·ly** 副. **~·ness** 图.【OE; 元来は IN の比較級】

ínner bár [the ~] 《英法》《法廷の手すり (bar) 内で弁論する特権のある》勅選弁護士などの高位の法廷弁護士.

ínner child 图 内なる子供《大人の中に存在するとされる子供の人格で, 特に幼児期のトラウマなどで傷つけられて抑圧された自己をいう》.

ínner círcle 图 [集合的; 単数または複数扱い] (権力の中枢に近い)側近者たち.

*__ínner cíty__ 图 都心(部)《★低所得者層が密集して住む都心のスラム街 (slum) を婉曲的にさすことが多い》. **ínner-cíty** 形.

ínner-dirécted 形 〖心〗《子供時代に形成された》自己の基準に従う, 内部志向型の.

ínner éar 图 〖解〗内耳 (↔ outer ear).

Ínner Hébrides 图 圏 [the ~] インナーヘブリディーズ諸島《スコットランド西方の列島; ⇒ Hebrides》.

ínner mán [wóman] 图 [the ~] ❶ 精神, 霊魂. ❷《戯言》胃袋; 食欲: refresh [warm, satisfy] *the* ~ 腹ごしらえをする.

Ínner Mongólia 图 内モンゴル (⇒ Mongolia).

ínner·most =inmost. ━ 图 [the ~] 最も深い部分.

ínner·sòle 图 =insole.

ínner spáce 图 ❶《意識経験の領域外にある》精神世界. ❷ 海面下の世界; (大)気圏.

ínner-spríng 形《米》《マットレスなど》内部にスプリング[ばね]の入った (《英》interior-sprung).

ínner túbe ⇒ inner 形 1.

ínner-túbing 图 ⓤ タイヤチューブに乗った川下り[雪すべり].

in·ner·vate /ínə:veit, ínə(:)veit | ínə(:)vèit/ 動〈器官などに〉神経を分布する, 神経支配する.

in·ner·va·tion /ìnə(:)véiʃən | ìnə(:)-/ 〖医〗图 Ⓤ.Ⓒ 神経支配; 神経感応; 神経分布.

in·nie /íni/ 图 (《口》はぺでない)ひっこんだおそ.

*__in·ning__ /íniŋ/ 图 ❶ ⓐ 〖野〗回, イニング: the top [bottom] of the seventh ~ 7回の表[裏]. ⓑ [複数形で; 単数扱い]《英》《クリケ》打撃番. ❷ [複数形で; 単数扱い]《英》ⓐ 活躍期, 全盛期. ⓑ《政党の》政権担当期, 活躍期: The Conservative Party now had its ~s. 保守党が今度政権を担当することとなった. **hàd a góod**

innings 《英口》〈故人・退職者などが〉長い間幸せな人生[充実した生活]を送った.

in·nit /ínɪt/ 間《英口》(そう)だよね, ほんとにね (isn't it の短縮形; 同意または付加疑問れとして用いる).

ínn·kèeper 名 宿屋の主人.

*****in·no·cence** /ínəs(ə)ns/ 名 ❶ ⓤ 無罪, 潔白 (= guilt): I~ is bliss. 知らぬが仏 / prove one's ~ 無罪を立証する. ❷ ⓤ a 純潔, 純真: an ~ without reproach 非の打ちどころのない純潔さ. b 無邪気, 天真爛漫(らん): a beguiling ~ ねこかぶり / in all ~ それとは知らずに, そんなつもりはなく. c 単純, 無知. ❸ ⓤ 無害, 無毒. ❹ Ⓒ 無邪気[純真]な人; お人よし. (形 innocent)

in·no·cen·cy /-s(ə)nsi/ 名 =innocence.

*****in·no·cent** /ínəs(ə)nt/ 形 (more ~; most ~) ❶ (比較なし)無罪の, 潔白な (↔ guilty): an ~ victim 無実の罪を受けた人, (事件などに)巻き込まれて被害を受けた人 / be found ~ of a crime 無罪判決が下る. ❷ a 汚れのない, 純潔な. b 無邪気な, 純真な, あどけない (naive): an ~ child 無邪気な子供 / her ~ desire to be helpful 役に立ちたいと思う彼女の無心の願い. c お人よしの, 単純な, 無知な: play ~ 知らんふりをする / He took advantage of her ~ kindness. 彼は彼女の心優しい親切心につけ込んだ / She's ~ in the ways of the world. 彼女は世間知らずだ. ❸ a 〈ものが〉無害の, 毒にならない (harmless): ~ amusements 害にならない娯楽. b 悪意から出たものではない, 悪気のない: an ~ lie 悪気のないうそ. ❹ Ｐ (比較なし) 欠けている, 欠いて: an idea ~ of the least sense 良識の片鱗(んん)もうかがえない考え. ── 名 ❶ 無邪気[純真]な人; 子供; 潔白な人. ❷ お人よし; ばか: a political ~ 政治のことはさっぱりわからない人, the (Hóly) Ínnocents' Dày 無辜嬰児(ぜいじ)殉教者の祝日 (12月28日; Herod の命令で幼児が虐殺された記念の日;「マタイ伝」から). the Mássacre of the Ínnocents ~ massacre 成句. 《F<L=無罪の, 罪のない=IN-¹+nocens, nocent- 有害な, 罪のある》(名 innocence)

⁺**in·no·cent·ly** 形 無邪気(そう)に, 知らないふりをして.

⁺**in·noc·u·ous** /ínákjuəs | ɪnɔ́k-/ 形 ❶〈薬・ヘビなど〉無害の: ~ snakes 無毒のヘビ / ~ drugs 無害の薬剤. ❷ 〈言動など〉悪気のない, 怒らせるつもりのない (inoffensive). **~·ly** 副. **~·ness** 名

in·nom·i·nate /ínámənət | ɪnɔ́m-/ 形 名前のない, 匿名の.

innóminate ártery 名 [解] 無名動脈, 腕頭動脈.

innóminate bóne 名 [解] 無名骨, 寛骨.

innóminate véin 名 [解] 無名静脈, 腕頭静脈.

⁺**in·no·vate** /ínəvèɪt/ 動 ⦅ 📖 (…に)革新する, 刷新する, […に)新生面を開く (in, on): He ~d on past practices. 彼は過去の慣習を刷新した. ❷ 📖 〈新しい物事を〉採り入れる, 導入する: He ~d a plan for increased efficiency. 彼は能率増進の(新)方式を導入した. 《L<IN-²+novus new, NOVEL¹》(名 innovation)

*****in·no·va·tion** /ínəvéɪʃən/ 名 ❶ 革新, 刷新, 一新: technological ~ 技術革新. ❷ Ⓒ 新しく採り入れたもの, 革新したもの; 新機軸; 新制度(など). (動 innovate)

*****in·no·va·tive** /ínəvèɪtɪv/ 形 革新的な. **~·ly** 副. **~·ness** 名 (動 innovate)

⁺**ín·no·và·tor** /-tə- | -tə/ 名 革新者.

in·no·va·to·ry /ínəvətɔ̀:ri | -vèɪtəri, -tri/ 形 =innovative.

Inns·bruck /ínzbruk/ 名 インスブルック (オーストリア西部の都市; 保養地・スキー場).

⁺**in·nu·en·do** /ínjuéndoʊ/ 名 (働 ~s, ~es) Ⓒⓤ 当てこすり, 皮肉 (insinuation): make ~s about… …について(いろいろ)当てこする. 《L=うなずいて示す》

In·nu·it /ín(j)uɪt/ 名 =Inuit.

⁺**in·nu·mer·a·ble** /ín(j)ú:m(ə)rəbl | ɪnjú:-/ 形 (比較なし) 数えきれない, 無数の: ~ variations 無数の変化[変形]. **-a·bly** /-rəbli/ 副 《IN-¹+NUMERABLE》

in·nu·mer·a·cy /ín(j)ú:m(ə)rəsi | ɪnjú:-/ 名 ⓤ 計算能力の欠如, 数字に弱いこと.

in·nu·mer·ate /ɪn(j)ú:m(ə)rət | ɪnjú:-/ 形 算数[計算]ができない(人).

in·nu·tri·tion /ín(j)u:tríʃən | ɪnju:-/ 名 ⓤ 栄養不良.

in·nu·tri·tious /ín(j)u:tríʃəs | ɪnju:-ˊ/ 形 滋養分の乏しい.

in·ob·ser·vance /ínəbzə́ːvəns | -záː-/ 名 ⓤ ❶ 不注意. ❷ (規則などの)不履行, 違反 (of).

in·oc·u·lant /ínákjulənt | ɪnɔ́k-/ 名 =inoculum.

in·oc·u·late /ínákjulèɪt | ɪnɔ́k-/ 動 ⦅ 📖 a〈人・動物に〉接種する; 細菌などを植え付ける: ~ a person with a flu virus 人にインフルエンザのウイルスを接種する / bacteria into [onto] a culture medium バクテリアを培養基に植え付ける. b〈人に〉予防接種をする: ~ a person against [for] smallpox 人に天然痘の予防接種を行なう / Have you been ~d (against cholera)? (コレラの)予防接種をしましたか. ❷ (思想などを)〈人に〉植え付ける: ~ young people with radical ideas 若い人たちに過激な思想を吹き込む. 《L=植えつけるくIN-²+oculus 目, 芽》

in·oc·u·la·tion /ínàkjuléɪʃən | ɪnɔ̀k-/ 名 Ⓤ.Ⓒ ❶ [医] 接種 (比較 ワクチン接種は vaccination ともいう): (protective) ~ 予防接種 / have an ~ against cholera コレラの予防接種をする. ❷ (思想などの)植え付け, 注入.

in·oc·u·lum /ínákjələm | ɪnɔ́k-/ 名 (働 -la /-lə/) [生] 接種物[材料], 移植片, 接種源.

in·odor·ous /ínóʊdərəs/ 形 香り[匂い]のない.

in·of·fen·sive /ínəfénsɪvˊ/ 形 ❶ 害にならない. ❷ 〈人・行為など〉悪気のない. b 〈言葉など〉当たりさわりのない. **~·ly** 副. **~·ness** 名

in·op·er·a·ble /ínáp(ə)rəbl | -ɔ́p-ˊ/ 形 ❶ 実施不可能の: an ~ plan 実施できない計画. ❷ 手術不可能の: (an) ~ cancer 手術不可能のがん.

in·op·er·a·tive /ínáp(ə)rətɪv, -pərèɪt- | -ɔ́p-ˊ/ 形 ❶ 〈機械など〉作動しない. ❷ ききめのない. ❸ 〈法律など〉実施されていない, 効力のない.

in·op·por·tune /ínàpətjú:n | ɪnɔ̀pətjúːˊ/ 形 ❶ 時機を失した, 折悪しき: an ~ visit あいにくの訪問. ❷ (時が)不適当な, 都合の悪い: at an ~ time [moment] 折悪く. **~·ness** 名

⁺**in·op·por·túne·ly** 副 折あしく, あいにく.

⁺**in·or·di·nate** /ínɔ́ːdənət | -ɔ́ː-/ 形 ❶ 過度の, 法外な (excessive): an ~ demand 法外な要求. ❷ 不節制な, ふしだらな: keep ~ hours 不規則な生活をする. **~·ness** 名

in·or·di·nate·ly 副 過度に, 法外に; 異常に: ~ long 異常に長い.

in·or·gan·ic /ínɔəgǽnɪk | ɪnɔː-ˊ/ 形 ❶ 生活機能のない, 〈動植物以外の〉無生物の. ❷ 〈社会など〉有機的でない, 有機的組織を欠いた. ❸ [化] 無機の, 無機性の (↔ organic): ~ matter [compounds, chemistry] 無機物[化合物, 化学]. **-i·cal·ly** /-kəli/ 副

in·os·cu·late /ínáskjulèɪt | -ɔ́s-/ 動 働 繊維・つたなどかより[からみ]合う, つながる, くっつく. **in·os·cu·la·tion** /ínàskjuléɪʃən/

in·o·sine /ínəsìːn/ 名 ⓤ [生化] イノシン (イノシン酸の加水分解によって生じるヌクレオシド).

ino·si·tol /ínóʊsətɔ̀ːl | -tɔ̀l/ 名 ⓤ [生化] イノシトール (イノシット, 筋肉糖 (ビタミン B 複合体の一つ)).

in·pà·tient /ínpèɪʃənt/ 名 入院患者 (↔ outpatient).

in per·so·nam /ínpə-sóʊnæm | -pə-/ 剛 [法] 副 (訴訟の中で)人に対して (cf. in rem). ── 形 対人の. 《L》

in·phàse 形 [理・電] (複数の波が)同相の.

in pro·pri·a per·so·na /ínpróʊpriəpə-sóʊnə | -pə-/ 副 本人みずから, 自身で. 《L》

*****in·put** /ínpʊt/ 名 ❶ [また an ~] ❶ a 投入(されるもの) (時間・情報など). b [経] (資金などの)投入(量). ❷ a [機・電] 入力, インプット. b [電算] 入力(信号), インプット, 入力操作 (to) (↔ output). ❸ [電算] (情報を)電子計算機に入力[インプット]する. ── 働 入力[インプット]する. 《PUT から》

in·pùt/óut·pùt 名 U 形 〖電算〗入出力(の)(略 I/O).

†**in·quest** /ínkwest/ 名 〖法〗 ❶ (検死陪審による)死因審問; 検死 (on). ❷ 〖集合的; 単数または複数扱い〗検死陪審員 (12名). ❸ (口) (不調・敗北などの)原因調査, (対策の)審議.

in·qui·e·tude /ínkwáɪət(j)ùːd | -tjùːd/ 名 U 不安; 動揺.

in·qui·line /ínkwəlàɪn/ 名 〖動〗 (他の動物の巣の中に同居する)住込み[巣内]共生動物.

*__in·quire__ /ɪnkwáɪə | -kwáɪə/ 動 他 《...を》尋ねる, 問う 《inquire ask より形式ばった語》: I will ~ his name. あの人の名前を尋ねてみよう / [+wh.] She ~d when the shop would open. 彼女はいつ店は開くのかと尋ねた / I will ~ how to get there. そこへはどうやって行くのか尋ねてみよう / He ~d of the policeman the best way to the station. 彼は警官に駅へ行くいちばんよい道を尋ねた 《用法 of-phrase の位置が目的語の前にくることが多い》 《[of+代]+wh.]》 I ~d (of him) whether he liked it. 彼がそれを好きかどうか(彼に)尋ねた. — 自 質問をする, 問い合わせをする: I~ within. 本文をお参照ください. 《★ 店頭などの標示》 / I ~d (of him) about buses to the station. (彼に)駅に行くバスについて尋ねた. **inquire after**... 〈人の安否を問う〉,...の病気を見舞う 《★ 受身可》: She ~d after you. 彼女はあなたはお元気かと尋ねました. **inquire for**... (1) 〈人に面会を求める,...を訪ねる: Someone has been *inquiring* for you. どなたかご面会を求めておられます. (2) 〈品物を問い合わせる,...を求める: I ~d for the book at a bookstore. 書店でその本はないかと尋ねた. **inquire into**...を取り調べる: The police ~d into the case. 警察はその事件の調査をした. 【L=探し求める<IN-²+quaerere, quaest- 探す, 尋ねる (cf. question)】 名 inquiry, inquisition, inquisitive 〖類義語〗⇒ ask.

in·quír·er /-kwáɪ(ə)rə | -rə/ 名 尋ねる人, 照会者; 調査者, 探求者.

in·quír·ing /-kwáɪ(ə)rɪŋ/ 形 ❶ 問いかけるような; けげんそうな: an ~ look 不審顔. ❷ 探求的な; せんさく好きな.

in·quír·ing·ly 副 不審そうに; 聞きたそうに.

*__in·qui·ry__ /ínkwə(ə)ri, ínkwəri/ 名 U C ❶ 質問; 問い合わせ, 照会: a letter of ~ 照会状 / on 聞いてみたら / I made inquiries (*about* it) at the desk. 私は受付で(そのことを)尋ねてみた / She made an ~ *concerning* what had happened. 彼女は出来事について尋ねた. ❷ a 調査, 取り調べ; 審理 (*into*): a court of 〖軍〗査問会 / by ~ 査問によって / hold a public ~ 〈議会などが〉公式な調査[査問]を行なう / make an ~ 〈警察が〉聞き込みを, 調査を行なう. b 研究, 探究: scientific ~ 科学研究 / an ~ *into* the shape of the cosmos 宇宙の形状の研究. (動 inquire)

inquíry àgent 名 (英) 私立探偵.

in·qui·si·tion /ínkwəzíʃən/ 名 ❶ U C (通例軽蔑的に) (しばしば人権無視の)厳しい尋問, 取り調べ; 審理. ❷ [the I-] 〖カト〗 (昔の異端審問の)宗教裁判(所) 《中世ヨーロッパ, ことにスペイン・ポルトガルで厳重に行なわれた制度で; 1834年スペインを最後に廃止》. (動 inquire)

†**in·quis·i·tive** /ɪnkwízətɪv/ 形 ❶ (悪い意味で)せんさく好きな: Don't be so ~. そんなに根掘り葉掘り聞きたがるな. ❷ 知り[聞き]たがる; 《...について》知りたがる: She's ~ *about* everything. 彼女はなんでもかんでも知りたがる. ~·ly 副 · ~·ness 名 (動 inquire) 〖類義語〗⇒ curious.

in·quis·i·tor /ɪnkwízətə | -tə/ 名 ❶ (厳しい)尋問者. ❷ [I-] (昔の)宗教裁判官: the Grand I- 宗教裁判所長 / the I- General (特に)スペインの)宗教裁判所長 (宗教裁判官ぶりの).

in·quis·i·to·ri·al /ɪnkwìzətò(ə)riəl / 形 (厳しい)尋問者[宗教裁判官]の(ような). ~·ly 副 [-riəli] 副.

in·quor·ate /ínkwɔ́ːreɪt, -rət/ 形 定足数に達しない.

in re /ínríː, -réɪ/ 前 ...に関して. 【L=in the matter of】

in rem /ínrém/ 〖法〗副 (訴訟で)物に対して (cf. in personam). — 形 対物の. 【L=against a thing】

ín-résidence 形 (米) 〖通例名詞の後に置き, 複合語をなして〗〈芸術家・医師など〉(一時的に大学・研究所に)在職[在住]して: She's a poet-*in-residence* at the university. 彼女は(ここの)大学で教鞭(ˈˌˌ)をとる詩人だ.

INRI Iesus Nazarenus, Rex Iudaeorum (ラテン語=Jesus of Nazareth, King of the Jews) ユダヤ人の王, ナザレのイエス.

†**in·ròad** 名 [しばしば複数形で] 来襲, 侵入, 侵略, 食い込み, 侵害 (*on, upon, into*): make ~s *upon* [*into*]...に侵入する;...に食い込んでくる.

ín·rùsh 名 ❶ 侵入, 来襲. ❷ 流入, 殺到: an ~ *of* tourists 観光客の殺到.

ín·rùsh·ing 形 侵入する, 殺到する.

INS /áɪènés/ (略) Immigration and Naturalization Service 移民帰化局.

ins. (略) inches; inspector; insulated; insulation; insulator; insurance.

in·sa·lu·bri·ous /ínsəlúːbriəs / 形 〈天候・場所など〉健康によくない, 不健康な.

†**in·sane** /ɪnséɪn / 形 (**in·sán·er, -est; more ~, most ~**) ❶ a 正気でない, 狂気の (mad; ↔ sane). b (比較なし) 精神異常者のための: an ~ asylum [hospital] 精神病院 (匹婉 現在は通例 psychiatric [mental] hospital という). ❷ (口) 非常識な, ばかげた: an ~ scheme 非常識な計画. ~·ly 副 (IN-¹+SANE) 名 (insanity)

in·san·i·tar·y /ínsǽnəteri | -təri, -tri⁻/ 形 健康によくない, 非衛生的な (unhygienic).

†**in·san·i·ty** /ɪnsǽnəti / 名 ❶ U 精神異常, 精神病, 狂気 (madness). ❷ U C 狂気のさた, 愚行 (lunacy): That's sheer ~! それは狂気のさただ. (形 insane)

in·sa·tia·ble /ɪnséɪʃəbl⁻/ 形 飽くことを知らない, 強欲な (voracious): an ~ appetite [curiosity] ものすごい食欲[飽くことを知らぬ好奇心] / He's ~ *of* power. 彼は権力をむやみに欲しがる. -ness 名

in·sà·tia·bly /-ʃəbli/ 副 飽くことなく, 貪欲に: ~ ambitious 貪欲なほど野心的な.

in·sa·ti·ate /ɪnséɪʃiət, -ʃièɪt⁻/ 形 飽くことのない: ~ longing 飽くことのないあこがれ / He's ~ *for* [*of*] wealth. 彼は財産に貪欲だ.

†**in·scribe** /ɪnskráɪb/ 動 他 ❶ a 〈文字・名前などを〉石碑・金属板・紙面などに〉しるす, 彫る, 刻む (*on, in*) 〖用法 ものの表面の時には on, ものの中には in を用いる〗; 〈石碑・金属板・紙面などに〉しるす, 彫る, 刻む: ~ names *on* a war memorial = ~ a war memorial *with* names 戦争記念碑に氏名を刻む / be ~d *on* the World Heritage list 世界遺産に登録され(てい)る / The tombstone is ~d *with* her name and the date of her death. 彼女の墓石には彼女の名前と没年月日が刻まれている. b 〈言葉・事件などを〉〈心・記憶に〉刻み込む, 銘記する: His mother's words were ~d *in* [*on*] his memory. 母の言葉が彼の頭に刻み込まれていた. ❷ 〈本・写真などに〉〈人へ〉献辞を書く; 〈詩・歌などを〉〈人に〉贈る, 献じる (*to, for*): He ~d the poem *to* her. 彼はその詩を彼女に贈った. ❸ a 〈姓名を〉(正式に)記入する. b (英) 〈株主の氏名を〉登録する: an ~d stock 登録公債[株式]. ❹ 〖幾〗〈円などを〉内接させる (↔ circumscribe) 〖しばしば過去分詞で形容詞的に用いる〗: an ~d circle 内接円. 〖L=...に書く IN-²+scribere, script- 書く (cf. script)〗 (名 inscription)

†**in·scrip·tion** /ɪnskríp∫ən/ 名 ❶ a U 刻むこと, 銘刻. b C 銘, 碑銘, 碑文, 題銘, (貨幣などの)銘刻: the ~ on a gravestone 墓碑銘. ❷ C (寄贈図書に記した)題字, 書名; 献辞. (動 inscribe)

in·scrip·tive /ɪnskríptɪv/ 形 銘の, 題銘の, 碑銘の.

in·scru·ta·ble /ɪnskrúː-təbl⁻/ 形 ❶ 計り知れない, 不可解な: an ~ mystery 不可解ななぞ / The riddle remains ~ *to* us. そのなぞは我々には依然として不可解のままだ. ❷ 〈顔などが〉(an) ~ smile なぞめいた微笑. -bly /-bli/ 副 ~·ness 名 〖類義語〗⇒ mysterious.

ín·sèam 名 (衣服・靴などの)内側の縫い目.

*__in·sect__ /ínsekt/ 名 ❶ a 昆虫 (匹婉 ミミズなど, 足のない

虫は worm). **b** 《俗》に)虫 《クモ・ムカデなど》. ❷ 虫けら同様の者. 〖L=体に切れ目(節)があるもの < IN-²+secure, sect- 切る (cf. section)〗

in·sec·tar·i·um /ɪnsekté(ə)riəm/ 名 昆虫飼育場, 昆虫館.

in·sec·tar·y /ɪnséktèri, ɪnséktəri | ɪnséktəri/ 名 = insectarium.

†**in·sec·ti·cide** /ɪnséktəsàɪd/ 名 U.C 殺虫剤. **in·sec·ti·cid·al** /ɪnsèktəsáɪdl⁻/ 形

in·sec·tile /ɪnséktl | -taɪl/ 形 昆虫の[に似た, からなる].

in·sec·ti·vore /ɪnséktəvɔ̀ː | -vɔ̀ː/ 名 食虫動物[植物].

in·sec·tiv·o·rous /ɪnsektívə(ə)rəs⁻/ 形 《動物・植物が》食虫(性)の.

***in·se·cure** /ɪnsɪkjúə | -kjúə, -kjɔ́ː⁻/ 形 (**in·se·cur·er**; **-cur·est**) ❶ 《人の》不安な, 自信のない: be [feel] ~ *about*… …について不安を[を感じる]. ❷ 頼りにならない, 不確かな: an ~ job 不安定な仕事. ❸ 不安定な, 危なっかしい: The footing was ~. その足場は今にもくずれそうだった. ~·ly 副 〖L; ⇒ in-¹, secure〗

in·se·cu·ri·ty /ɪnsɪkjú(ə)rəṭi, -kjɔ́ː-/ 名 ❶ U 不安(定), 危険(性); 不確実: a sense of ~ 不安感. ❷ C 不安な物事.

ins·el·berg /íns(ə)lbə̀ːg, -z(ə)l- | -z(ə)lbə̀ːg/ 名 《地》島山, 島状丘, インゼルベルク 《平原上に孤立してそびえ立つ山》. 〖G〗

in·sem·i·nate /ɪnsémənèɪt/ 動 他 ❶ 〈種を〉まく, 植えつける. ❷ 〈雌・女性を〉(人工的に)受精させる. 〖L; in-², semen〗

in·sem·i·na·tion /ɪnsèmənéɪʃən/ 名 U.C 受精: artificial ~ 人工授精.

in·sém·i·nà·tor /-t̬ə | -tə/ 名 (家畜などの)人工授精を施す人.

in·sen·sate /ɪnsénseɪt⁻/ 形 ❶ 感覚力のない. ❷ 非情の; 無情[残忍]な: ~ brutality 残忍非道. ❸ 理性を欠いた; 無分別な, ばかげた: ~ anger 我を忘れるほどの怒り. ~·ly 副

in·sen·si·bil·i·ty /ɪnsènsəbíləṭi/ 名 ❶ U 〖また an ~〗 **a** 無神経, 無感覚: (an) ~ *to* pain 痛みを感じないこと. **b** 鈍感, 冷淡: his ~ *to* the feelings of others 他人の感情に対する彼の無関心. ❷ U まひ, 無意識, 人事不省.

in·sen·si·ble /ɪnsénsəbl⁻/ 形 ❶ P 〖痛みなどを〗感じなくて, 無感覚で; 鈍感で, 感受性がなくて: be ~ *to* pain 苦痛を感じない / He's ~ *to* beauty. 彼は美に鈍感だ. ❷ 感覚を失った, 人事不省の: be ~ *from* cold 寒さで感覚を失っている / be knocked ~ 殴られて気絶する. ❸ P 意識しないで, 気づかないで: He was ~ *of* the danger. 彼はその危険に気づかなかった. ❹ 目に見えないほどの, 気づかないほどの: by ~ degrees きわめて徐々に. **-bly** /-səbli/ 副 ❶ 目に見えぬほど(徐々に), 少しずつ.

†**in·sen·si·tive** /ɪnsénsəṭɪv⁻/ 形 ❶ 無感覚な, 感受性のない: an ~ heart 鈍感な心 / be ~ *to* light [beauty] 光[美]を感じない. ❷ 《人・発言など》無神経な, 人の気持がわからない: an ~ remark 無神経な言葉 / It's ~ *of* you *to* mention that. = You're ~ *to* mention that. それのことを口にするとは君もあんまりだ. ~·ly 副 **in·sen·si·tiv·i·ty** /ɪnsènsəṭívəṭi/ 名

in·sen·ti·ent /ɪnsén ʃ(i)ənt⁻/ 形 知覚のない; 生命のない, 非情の.

in·sep·a·ra·bil·i·ty /ɪnsèp(ə)rəbíləṭi/ 名 U 不可分性.

†**in·sep·a·ra·ble** /ɪnsép(ə)rəbl⁻/ 形 分けることができない, 分離できない: ~ friends 親友同士 / Rights are ~ *from* duties. 権利は義務と切り離すことができない. — 名 〖複数形で〗離れがたいもの[人]; 親友(同士). **-ness** 名

in·sép·a·ra·bly /-rəbli/ 副 不可分に, 密接に.

***in·sert** /ɪnsə́ːt | -sə́ːt/ 動 他 ❶ 〈ものを〉〈…に〉差し込む, 挿入する〖*in, into*〗: ~ a coin *in* a vending machine 自動販売機に硬貨を入れる. ❷ **a** 〈言葉などを〉書き入れる, 差しはさむ〖*in, between*〗: ~ a clause *in* a sentence 文中に節を書き入れる. **b** 〈…を〉掲載する: ~ an ad *in* a newspaper 新聞に広告を掲載する. — /⌒⌐/ 名 ❶ **a** 差し入れるもの, 差し入れたもの. **b** (新聞などの)折り込み広告. ❷ 《映画》挿入面 《大写しで画面間に差し込む字幕など》. 〖L< IN-²+serere, sert- つなぐる (cf. series)〗

in·sert·ed /ɪnsə́ːṭɪd | -sə́ː-/ 形 差し込んだ; 《解》(筋肉の一端などに)付着した.

in·ser·tion /ɪnsə́ːʃən | -sə́ː-/ 名 ❶ U 挿入, 差し込み. ❷ C 挿入物: **a** 書き込み. **b** 新聞折り込み広告. **c** (レースや縫い取りなどの)はめこみ布. ❸ =injection 4.

in-sérvice 形 A 現職(中)の: ~ training 現職教育, 社内研修.

†**in·set** /ɪnsét/ 動 (**in·set**, **in·set·ted**; **in·set·ting**) 他 〈ものを〉〈…に〉挿入する, 差し込む〖*in, into*〗; 〈ものに〉〈…を〉はめ込む, 差し込む〖*with*〗. — /⌒⌐/ 名 ❶ (書物の)挿入紙. ❷ 折り込み広告; 挿入画[図, 写真]. ❸ (服に縫い込んだ)はめ込み.

in·shal·lah /ɪnʃǽlə/ 間 アラーのおぼしめしならば (if Allah wills it). 〖Arab〗

†**in·shore** 副 ❶ 海岸近く, 沿海に, 近海に (↔ offshore). ❷ 海岸に向かって. **inshóre óf**…より海岸に近く. — 形 A 海岸近くの, 沿海の, 近海の; 海岸に向かう: an ~ fishery 沿海の漁場 / ~ fishing 近海[沿岸]漁業.

‡**in·side** /ɪnsáɪd, ⌒⌐/ (↔ outside) 名 ❶ **a** 〖単数形で; 通例 the ~〗内部, 内側: *the* ~ *of* the arm 腕の内側 / lock a door on *the* ~ ドアの内側から鍵をする. **b** 〖the ~〗(歩道などの)車道から遠い部分, 内側, 家寄り: *the* ~ *of* a sidewalk 歩道の内側. ❷ 〖the ~〗a 内部事情, 内幕: She's on *the* ~. 彼女は内部事情に通じている / (内部で)信頼を受けている / He learned the trade from *the* ~. 彼はこの職を内部から学んだ. **b** 人の心, 本性: know *the* ~ *of* a person 人の心の中[本心]を知る. ❸ 〖複数形で〗《口》おなか, 腹: have a pain in one's ~s おなかが痛い. **inside óut** 〖副詞的に〗❶ 裏返しに, 引っくり返して: turn ~ *out* 裏返しにする; 混乱させる / The wind has blown my umbrella ~ *out*. 風で傘がおちょこになった. (2) 裏の裏まで, すっかり: I know London ~ *out*. ロンドンなら何から何まで[隅から隅まで]知っている. — 形 (比較なし) ❶ 内側にある, 内部の, 内側の: the ~ edge (of a skate) (スケート靴の)内側の刃[エッジ] / the ~ pocket of one's coat コートの内ポケット. ❷ 秘密の, 内情に通じた: ~ information [knowledge] 内情, 内幕 / the ~ story 内幕 / an ~ man 内情をスパイする人. — 副 (比較なし) ❶ **a** 内部に, 内側に, **b** 屋内へ[で]: go [stay] ~. 屋内に行く[とどまる]. ❷ 心の中で: I was miserable ~. 心の中ではみじめな気持だった. ❸ 《英俗》刑務所に入って. **gèt inside** (動+副) (1) 屋内に入る. (2) (組織などの)内部に入る. (3) 内情に通じる. **inside of**… 《口》(1) ~ の内 1. (2) = 前 2: He'll be back ~ *of* a week. 彼は 1 週間以内に帰ってくるだろう. — /⌒⌐, ⌒⌐/ 前 ❶ …の内部に[へ], の内側に: I was ~ the tent. 私はテントの内にいた. ❷ …以内に (within): ~ a month 1か月以内に.

ínside jób 名 《口》内部の者の犯行, 内部犯行.

ínside lég 名 (人・ズボンの)股下(寸法).

***in·sid·er** /ɪnsáɪdə | -də/ 名 (↔ outsider) ❶ 内部の人; 会員, 部員. ❷ 《口》内幕に明るい人, 消息通.

ínsider déaling 名 =insider trading.

ínsider tráding 名 《株式》インサイダー取引 《内部関係者による違法の株式売買》

ínside tráck 名 ❶ (陸上競技のトラックの)内側走路, インコース. ❷ 《口》有利な立場. **hàve** [**be on**] **the ínside tráck** (1) 走路の内側を走る. (2) 《口》有利な地位にある.

†**in·sid·i·ous** /ɪnsídiəs/ 形 ❶ こうかつな, 陰険な, 油断のならない: ~ wiles 悪だくみ. ❷ 《病気などが》知らぬ間に進行する, 潜行性の: the ~ advance of age 知らぬ間に寄る年波. ~·**ness** 名 〖L<待ち伏せする〗

in·sid·i·ous·ly 副 ❶ ずるく, こうかつに. ❷ (病気が)知らぬ間に進行して, 潜行的に.

***in·sight** /ɪnsàɪt/ 名 U.C 洞察(ᵏᵃ)(力), 眼識, 識見

in·sight·ful /ínsàitf(ə)l/ 形 洞察に満ちた. **~·ly** 副

in·sig·ni·a /insígniə/ 名 (~, ~s) 記章, 勲章;(職務などの)しるし: a school ~ 校章.【L】

in·sig·nif·i·cance /ìnsɪɡnífɪkəns/ 名 U ❶ 取るに足らないこと. ❷ 無意味; 卑しい身分.

in·sig·nif·i·can·cy /-k(ə)nsi/ 名 = insignificance.

†**in·sig·nif·i·cant** /ìnsɪɡnífɪkənt˺/ 形 ❶ 取るに足らない, つまらない, ささいな: an ~ person〈身分の低い〉つまらない人 / His influence is ~. 彼の影響力は大したことない. ❷〈語句·身ぶりなど〉(ほとんど)意味のない. **~·ly** 副

in·sin·cere /ìnsɪnsíə | -síə˺/ 形 言行不一致の, 本音を言わない; 偽善的な: an ~ compliment 口先だけの賛辞. **~·ly** 副

in·sin·cer·i·ty /ìnsɪnsérəti/ 名 ❶ U 言行不一致. ❷ C 言行不一致[ふしぎ]な言動.

in·sin·u·ate /insínjuèɪt/ 動 他〈…ということを遠回しに言う,ほのめかす,当てこする: He ~d 〈to〉my fiancée that I was already married. 彼は(私の婚約者に)私がすでに結婚しているとほのめかした. ❷〈思想などを〉人の心などに徐々に[巧みに]入り[しみ]込ませる: ~ Christianity into a person's mind キリストの教えによって人を感化する. ❸ [~ oneself] **a** 徐々に入り込む: Slang ~s itself into a language. 俗語は気づかぬうちに言語の中に入り込む. **b** 巧みに取り入る: ~ oneself into a person's favor 人の好意にうまく取り入る. **in·sin·u·a·tor** /-tə | -tə/ 名【L=入り込ませる;⇒ in-¹, sinus】(名 insinuation)【類語】⇒ suggest.

in·sin·u·at·ing /-tɪŋ/ 形 ❶ 当てこすりの, それとなくほのめかす: an ~ remark ほのめかしの言葉. ❷ うまく取り入る, こびるような: in an ~ voice 猫なで声で. **~·ly** 副 ほのめかすように, 遠回しに, こびるように, 迎合的に.

in·sin·u·a·tion /ìnsɪnjuéɪʃən/ 名 ❶ a てこすり C 当てこすること, ほのめかすこと: by ~ 遠回しに, ほのめかしに: make ~s about [against] a person's honesty 人の正直さにあてこすりを言う. ❷ U 徐々に[こっそり]入り込むこと, うまく取り入ること. (動 insinuate)

in·sin·u·a·tive /insínjuèɪtɪv/ 形 = insinuating. **~·ly** 副

in·sip·id /insípid/ 形 ❶〈食物が〉風味のない, まずい, 気の抜けた. ❷ 無味乾燥な, おもしろみのない: ~ conversation 退屈な会話. **~·ly** 副 **~·ness** 名

in·si·pid·i·ty /ìnsɪpídəti/ 名 U 無味, 気の抜けた味, 平凡, 無味乾燥.

†**in·sist** /insíst/ 動 自 ❶ (反対されても)〔…に〕主張する, 力説する, 強調する: He ~ed on the need for prisons [secrecy]. 彼は刑務所[秘密厳守]の必要性を強調した /“Let me pay.”“No, I ~.”「私に払わせてください」「だめですよ, 私が払います」/“Let's call him up.”“OK, I say ~.”「彼に電話してみよう」「君がどうしても言うなら, いいよ」. ❷〔…を〕強要する, 要求する: He ~ed on his right to cross-examine the witness. 彼は証人を反対尋問する権利を強く要求した / He ~ed on my repaying him then. 彼は私にその時返金するようにと言い張った. ── 他〈…と〉言い張る, 強く主張する: [+(that)] She ~ed that he (should) be invited to the party. 彼女は彼をパーティーに招待すべきだと主張した / He ~ed that I was wrong. 彼は私が間違っていると言い張った.【L=の上に立つ IN-²+sistere 置く, 立つ (cf. consist)】(名 insistence, 形 insistent)

*__in·sis·tence__ /insístəns/ 名 ❶ U 主張, 強調: *on* one's innocence 無罪と言い張ること[を主張すること] / at a person's ~ 人が言い張るので. ❷ 無理強い, 強要: *on* obedience 服従の強要 / with ~ 執拗(しつよう)に. (動 insist)

in·sís·ten·cy /-tənsi/ 名 = insistence.

*__in·sis·tent__ /insístənt/ 形 ❶〈人が…を〉主張して, しつこく言って; 執拗(しつよう)で; せかすて, 強要して: He was ~ *on* walking home. 彼は歩いて家に帰ると言って聞かなかった / [+that] He was ~ that he was innocent. 彼は無罪だと主張した / He was ~ that I (should) go alone. 彼は私が一人で行くべきだと主張した. ❷ 強要する, しつこい: an ~ demand 執拗(しつよう)な要求 / an ~ knocking at the door しつこくドアをたたくこと[音]. ❸〈音などが〉執拗に続く[鳴り響く]. **~·ly** 副 強情に, あくまで, しつこく. (動 insist)

in si·tu /ìn sáɪt(j)uː | -tjuː-/ 副 本来の場所で[に], もとの位置に.【L=in (the) site】

in·so·bri·e·ty /ìnsəbráɪəti/ 名 U 不節制, 暴飲.

in·so·far as /ìnsəfɔ́ːrəz/ 接 …する限りにおいて〔(比較)(英)では in so far as が一般的〕: He's innocent ~ I know. 私の知る限りでは彼は無罪だ.

in·so·la·tion /ìnsoʊléɪʃən/ 名 U ❶ 日光にさらすこと, 日干し; 日光浴. ❷ [医] 日射病.

ín·sole 名 靴の中底; 靴の敷革[中敷].

in·so·lence /ínsələns/ 名 U ❶ 横柄, 傲慢(ごうまん), 尊大. **b** [the ~] 無礼[生意気]にも…すること ⟨*to do*⟩: He had the ~ to tell me I was insensitive. 彼は無礼にも私が鈍感だと言った. ❷ C 横柄[傲慢]な言動.

in·so·lent /ínsələnt/ 形 横柄な, 無礼な, 生意気な〔用法〕主に目下の人に対して述べる時に用いる]: an ~ young man 生意気な若者 / He's ~ *to* his customers. 彼は客に対して横柄だ. **~·ly** 副【L=慣れていない, 異常な】【類語】⇒ impertinent.

in·sol·u·bi·lize /insɑ́ljubəlàɪz | -sɔ́l-/ 動 他 溶けにくくする, 不溶(性)化する.

in·sol·u·ble /insɑ́ljubl | -sɔ́l-/ 形 ❶〈水などに〉溶解しない, 不溶解性の. ❷〈問題など〉解決[説明, 解釈]できない. **-bly** /-bli/ 副

in·sol·v·a·ble /insɑ́lvəbl | -sɔ́l-/ 形 = insoluble.

in·sol·ven·cy /insɑ́lvənsi | -sɔ́l-/ 名 U【法】支払い不能, 債務超過, 破産(状態).

in·sol·vent /insɑ́lvənt | -sɔ́l-/ 形【法】支払い不能の(↔ solvent). ❷ 破産した (bankrupt). ── 名 支払い不能者; 破産者.

†**in·som·ni·a** /insɑ́mniə | -sɔ́m-/ 名 U 眠れないこと; 不眠症.【L く IN-¹+*somnus* 睡眠】

in·som·ni·ac /insɑ́mniæ̀k | -sɔ́m-/ 名 不眠症患者[の人]. ── 形 不眠症の.

in·so·much /ìnsəmʌ́tʃ/ 副 …する程度まで, …ほど: The rain fell in torrents ~ *that* we were soon drenched. 雨がどしゃ降りだったので私たちはすぐにずぶぬれになった. insomuch as... = inasmuch as.

in·sóu·ci·ance /-əns/ 名 U 無頓着, のんき.

in·sou·ci·ant /insúːsiənt/ 形 無頓着な, のんきな, 平然とした. **~·ly** 副

*__in·spect__ /inspékt/ 動 他 ❶〈…を〉検査する, 点検する: ~ a machine 機械を点検する / He ~ed the car *for* defects. 彼は欠陥がないかどうか車を念入りに調べてみた. ❷〈…を〉(公式·正式に)視察する, 査察[検分, 検閲]する: These factories are periodically ~ed by government officials. これらの工場は政府の担当官が定期的に査察することになっている.【L く IN-²+*specere, spect-* 見る (cf. spectrum)】(名 inspection)【類語】⇒ examine.

*__in·spec·tion__ /inspékʃən/ 名 U,C ❶ 検査, 精査, 点検;(書類の)閲覧: on first [the first] ~ 一見した[一応調べた]ところでは / on closer ~ より詳しく調べてみると. ❷ (公式·正式の)〈…の〉視察, 査察, 監察, 検閲 〈*of*〉: an ~ tour 視察旅行. **~·al** 形 (動 inspect)

*__in·spéc·tor__ /inspéktə | -tə/ 名 ❶ 検査官[係], 査察官, 監査人, 検閲官[者];《英》視学官: a ticket ~ 《英》検札係. ❷《米》警視正;《英》警部補 (⇒ police 解説).

†**in·spec·tor·ate** /inspéktərət, -trət/ 名 ❶ 検査官[警視正, 警部補など]の職[地位, 任期, 管轄区域]. ❷ [集合的; 単数または複数扱い] 検査官[警視官, 警部補など]の一行; 視察団.

inspéctor géneral 名 (複 **inspectors géneral**)【軍】監察官; 検閲総監.

inspéctor·shìp [名] =inspectorate 1.

*__in·spi·ra·tion__ /ìnspəréɪʃən/ [名] ❶ **a** [U] **霊感**, インスピレーション. **b** [C] 霊感による着想, 天来の妙想. **c** [C] (急にわいた)うまい思いつき: have an ～ 名案が浮かぶ. ❷ **a** [U] 鼓吹, 鼓舞, 激励. **b** [C] 鼓舞させる人[事], 激励となる人[事]〔*for*〕. ❸ [U] (有力筋からの)示唆, 内意: The misleading report was published at the ～ ***of*** the government. その誤解を招くような報告は政府の意を体して発表された. ❹ [U] 吸気, 息を吸い込むこと (↔ expiration). ❺ [U] 〘キ教〙 神霊感応. (【動】 inspire)

⁺**ìn·spi·rá·tion·al** /-ʃ(ə)nəl⁻/ [形] ❶ 霊感の[を与える]. ❷ 鼓舞する.

in·spir·a·to·ry /ɪnspáɪ(ə)rətɔ̀ːri | -təri, -tri/ [形] 吸息の[を助ける, に用いる].

*__in·spire__ /ɪnspáɪə | -spáɪə/ [動] [他] ❶ 〈人を〉**鼓舞する, 激励する**, 発奮させる, 触発する, 〈…に〉刺激を与える (encourage): His bravery ～*d* us. 彼の勇敢な行為は我々を鼓舞した / Her assurance ～*d* him ***to*** renewed effort. 彼女が安心させたので彼は新たに努力する気になった / 〔+目+***to*** **do**〕 His brother's example ～*d* him *to* try out for the football team. 彼は兄の例に刺激されフットボールチームの選抜テストを受ける気になった. ❷ **a** 〈人に〉〈ある感情・思想を〉**起こさせる**: His conduct ～*d* us ***with*** distrust. 彼のふるまいを見て我々は不信を感じだした / The sight of blood ～*d* horror in her. 彼女は血を見ると恐怖を覚えた. **b** 〈ある感情・思想を〉〈人に〉吹き込む, 鼓吹する 〔*in, into*〕: He ～*d* self-confidence ***in*** his pupils. 彼は生徒たちの心に自信を奮い起こさせた. ❸ 〈人に〉霊感を与える (cf. inspired 1). ❹ 〈行動などを〉教唆する, けしかける; 〈うわさなどを〉(けしかけて)広げる: The rumor was ～*d* by a misunderstanding. そのうわさの発端は誤解であった. ❺ 〈ある結果を〉引き起こす, 招く, 招来する: Honesty ～*s* respect. 正直は人に尊敬の念を起こさせる. ❻ 〈…を〉吸う, 吸い込む (↔ expire). ── [自] 息を吸い込む. 〖F＜L＝吹き込む＜IN-²+*spirare, spirat-* 息をする, 吹き込む (cf. spirit)〗

in·spíred [形] ❶ **a** 霊感(のようなもの)に触発されて; 霊感によって書かれた: an ～ poet 天来の詩人. **b** (発想などが豊かで)実に見事な, すばらしい: make an ～ guess すばらしい推測をする. ❷ 〈報道・記事など〉他から吹き込まれた, (その筋の)内意を受けた.

⁺**in·spír·ing** /-spáɪ(ə)rɪŋ/ [形] 人を元気づける, 鼓舞する, 感激させる (stirring): an ～ sight 勇ましい光景 / His pitching wasn't too ～. 彼の投球は(チームメンバーを)引っ張っていくほどのものではなかった.

in·spir·it /ɪnspírɪt/ [動] [他] =inspire 1.

in·spis·sate /ɪnspíseɪt/ [動] [他] (沸騰・蒸発させて)濃く[濃厚に]する, 濃縮する, 濃化する. **-sa·tor** /-ṭə | -tə/ [名] **in·spis·sa·tion** /ìnspɪséɪʃən/ [名]

in·spís·sat·ed /-ṭɪd/ [形] 濃厚な, 濃縮した: ～ gloom 深い憂鬱.

inst.¹ /ínstənt/ 《略》 ⇨ instant [形] 4.

inst.² 《略》 instrument; instrumental.

⁺**in·sta·bil·i·ty** /ìnstəbíləṭi/ [名] [U] ❶ 不安定(性): political ～ 政情不安定. ❷ (心の)不安定, 変わりやすさ, 移り気.

*__in·stall__ /ɪnstɔ́ːl/ [動] [他] ❶ 〈装置などを〉**取り[据え]付ける**; 〘電算〙〈ソフトを〉インストールする: ～ a heating system ***in*** a house 家に完全暖房設備を取り付ける. ❷ (式などを行なって)〈役職者を〉**就任させる**, 任命する: ～ a chairperson 議長を任命する / The new college president was ～*ed last week*. 新学長は先週就任した / ～ a person ***in*** office 人を(官)職に任用する / ～ a person ***as*** chairman 人を議長に就任させる. ❸ 〈人を〉〔席・場所などに〕着ける, 落ち着かせる: ～ a visitor ***in*** the best seat 客をいちばんいい席に着かせる / She ～*ed herself* [*was* ～*ed*] *in* an armchair. 彼女はひじかけいすにどっかり腰を下ろした[下ろしていた]. 〖L＝任命する＜IN-²+*stallum* 聖職者席〗 (【名】 installation, installment)

*__in·stal·la·tion__ /ìnstəléɪʃən/ [名] ❶ **a** [U] 取り付け, 据え付け, 設置; 〘電算〙 インストール. **b** [C] 設備, 装置. ❷ [C] 軍事施設[基地]. ❸ **a** [U] 就任. **b** [C] 任命式, 任官式. ❹ 〘美術〙 インスタレーション 《特定の空間に様々なオブジェや装置を配して行なう創作(の作品)》. (【動】 install)

⁺**in·stall·ment,** 《英》 **in·stal·ment** /ɪnstɔ́ːlmənt/ [名] ❶ 分割払い(の 1 回分), 分割払いの払込金: by [in] monthly [yearly] ～*s* 月[年]賦で / pay in monthly ～*s* of ten dollars 10 ドルの月賦で支払う. ❷ (双書・連載物などの)1 回分, 1 冊 (episode): the first ～ of a new encyclopedia 新しい百科事典の第 1 回分 / a serial in three ～*s* 3 回の連載物. ── [形] [A] 分割払い方式の: ～ buying [selling] 月賦購入[販売]. (【動】 install)

instállment plàn [名] [the ～] 分割払い式購入(法): on *the* ～ 分割払いで, 月賦で.

‡**in·stance** /ínstəns/ [名] ❶ [C] **例, 実例**, 事例, 実証 〔*of*〕: He cited many ～*s*. 彼は多くの実例を挙げた. ❷ [C] 場合, 事実; 段階: in this ～ この場合(には). **at the ínstance of**…の依頼[要請]により. **for ínstance** たとえば. **in the fírst ìnstance** 第一に, まず. ── [動] [他] 〈…を〉例に引く[挙げる]; 例証する. 〖F＜L＝現在, 緊急＜*instare*; ⇨ instant〗 **【類義語】 instance** 一般的な説明や主張の根拠となる個別的な事例. **case** 同種類の出来事一般を説明するのに適した典型的な例; 適用範囲の広い語. **example** 一般的原則・事例などを具体的に示すための代表的な実例. **illustration** 比較したり具体的に示したりなどして理解の助けとなるようなもの.

in·stan·cy /ínstənsi/ [名] [U] 強要; 緊迫, 切迫.

*__in·stant__ /ínstənt/ [名] ❶ **a** [C] **瞬間**, 瞬時 (moment): for an ～ ほんのちょっとの間, 瞬間 / in an ～ すぐさま, たちまち. **b** [the [this, that] ～] (特定の)時点, 時: at *that* ～ ちょうどその時に / on *the* ～ たちどころに, 即刻. **c** [this [that] ～; 副詞的に] 今[その時]すぐに, 今この場で[すぐその時]: Come *this* ～! 今すぐ来なさい! / I went *that* ～. すぐその時出かけた. **d** [the ～; 接続詞的に] …した[する]瞬間に, …するやいなや (minute) 《[用法] ～ の後に that を伴うことがある》: Let me know *the* ～ she comes. 彼女が来たらすぐ知らせてくれ. ❷ [U] インスタント[即席]食品[飲料]; (特に)インスタントコーヒー: a cup of ～ インスタントコーヒー 1 杯. **nót for an ínstant** ちょっとの間も…ない; 少しも…ない: *Not for an* ～ did I believe him. 私は彼(の言うこと)を少しも信じなかった. ── [形] (比較なし) ❶ **即時の**, 即座の (immediate): an ～ reply 即答 / ～ glue 瞬間接着剤. ❷ [A] **緊急の**, 差し迫った: be in ～ need of help 速やかな救助を要する. ❸ [A] **インスタントの**, 即席(料理用)の: ～ mashed potatoes インスタントマッシュポテト / ～ coffee [food(s)] インスタントコーヒー[食品]. ❹ 《古》 〘商〙 [日付の後に用いて] 今月の 《略 inst.; cf. proximo, ultimo》: on the 15th *inst.* 本月 15 日に. 〖F＜L＝緊急の; 傍らに立っている＜IN-²+*stare* 立つ cf. stay, instance〗

⁺**in·stan·ta·ne·ous** /ìnstəntéɪniəs⁻/ [形] 瞬間の, 即時の, 即座の, たちどころの, てきめんの (immediate): ～ death 即死 / an ～ reaction 瞬間的反応. **～·ly** [副] 即座に, たちどころに. **～·ness** [名]

ínstant bóok [名] インスタントブック 《事件後すぐに発行される本》.

ínstant cámera [名] インスタントカメラ, ポラロイドカメラ.

in·stan·ter /ɪnstǽnṭə | -tə/ [副] 《英古・戯言》 直ちに, やにわに, すぐさま.

in·stan·ti·ate /ɪnstǽnʃièɪt/ [動] [他] 〈…の〉具体例[実例]となる; 〈…を〉具体例で表わす. **in·stan·ti·a·tion** /ɪnstæ̀nʃiéɪʃən/ [名]

⁺**in·stant·ly** /ínstəntli/ [副] (比較なし) ❶ 直ちに, 即座に: be killed ～ 即死する / recognize a person ～ すぐにだれであるかわかる. ❷ [接続詞的に] …するが早いか: *I*～ he saw me he called my name. 私を見るやいなや彼は私の名前を呼んだ.

ínstant méssaging [名] [U] 〘電算〙 インスタントメッセージ(サービス) 《ネットワークに接続中のユーザーに画面上からリアルタイムでメッセージを送ること》. **ínstant méssage** [名]

ínstant repláy [名] (スポーツ中継での)スローモーション即時再生 (《英》 action replay).

in·star /ínstɚ | -ɑː/ 名 動 齢, 令 [節足動物, 特に昆虫の脱皮と脱皮の中間段階].

in·state /ɪnstéɪt/ 動 他 〈人を〉〈地位などに〉任ずる, つかせる 〔*in*〕.

in sta·tu pu·pil·la·ri /ínstæːtuː pjùːpəlé(ə)raɪ/ 副 形 ❶ 保護の下で[の]. ❷ 学生の身分で[の]; 修士号をもたない(で).

in·stau·ra·tion /ìnstɔːréɪʃən/ 名 Ư 回復, 再興, 復興. **in·stau·ra·tor** /-tə/ -tɔː/ 名.

*‡**in·stead** /ɪnstéd/ 副 (比較なし) その代わりとして; それよりも: Give me this ~. 代わりにこれをください. **instéad of** ... [前置詞的に] (1) …の代わりに: Let's buy this one ~ *of* that (one). あれ[それ]の代わりにこれを買いましょう / I went ~ *of* him. 彼の代わりに私が行った. (2) …しないで, …するのではなく: He sent his brother ~ *of* coming himself. 彼は自分は来ないで弟をよこした.

ín·stèp 名 ❶ 足の甲. ❷ 靴(下)の甲.

†**in·sti·gate** /ínstəgèɪt/ 動 他 ❶ 〈政策・公的な行動など〉を始める, 開始する: ~ an investigation 調査に着手する / ~ legal action 法的措置を取る, 訴訟を起こす. ❷ 〈反乱などを〉引き起こす, 〔…に〕起こさせる: ~ change 変化を引き起こす / ~ a riot 暴動を扇動する. ❸ 〈人を〉けしかける: He ~d them *to* take action. 彼は彼らを扇動して行動を起こした. 《L=けしかける》

in·sti·ga·tion /ìnstəgéɪʃən/ 名 U 始めること, 開始; (行動などへの)呼び掛け, はたらきかけ; 扇動, 教唆(きょうさ): at [by] the ~ of …にそそのかされて, …の扇動で.

ín·sti·gà·tor /-tə/ -tɔː/ 名 扇動者.

*†**in·still**, 〔英〕**in·stil** /ɪnstíl/ 動 他 ❶ 〈思想・感情など〉〈人・心に〉吹き込ませる, 徐々に教え込む 〔*in*, *into*〕 (implant): ~ confidence [solid values] *in* a person 人に自信[しっかりした価値観]を植えつける / He ~ed respect for his honesty *in* everyone he met. 彼は会う人どれにも彼の正直さに対して尊敬の念を抱かせた. ❷ 〈液体を〉〔…の中に〕一滴ずつたらす, 点滴する 〔*in*, *into*〕. 《L; ⇒distill》

in·stil·la·tion /ìnstəléɪʃən/ 名 Ư (思想などを)教え込むこと 〔*of*〕.

in·still·ment /-mənt/ 名 Ư 滴下, 点滴; 徐々に教え込むこと.

*‡**in·stinct** /ínstɪŋ(k)t/ 名 U.C. ❶ 本能: animal ~s 動物本能 / the ~ of self-preservation 自己保存の本能 / an ~ for survival 生存本能 / ⇒ herd instinct / by [from] ~ 本能的に; 勘で / on ~ 本能のままに / 〔+*to* do〕 an ~ *to* protect oneself 自己防衛の本能. ❷ 直感, 勘 (intuition): an experienced businessperson's ~ *for* a good deal もうかる取引かどうかをかぎ分ける経験豊かな実業家の直感 / A camel has a sure ~ *for* finding water. ラクダは水を発見する的確な勘がある. ── /ɪnstíŋ(k)t/ 形 P いっぱいになって, みなぎって, しみ込んで: Her face was ~ *with* benevolence. 彼女の顔は慈愛に満ちていた. 《L=衝動, 刺激》 (形 instinctive).

*‡**in·stinc·tive** /ɪnstíŋktɪv/ 形 本能的な; 直感的な: Birds have an ~ ability to fly. 鳥は本能的に飛ぶ能力がある. **~·ly** 副 本能的に; 直感的に. (名 instinct) 【類義語】⇒ spontaneous.

in·stinc·tu·al /ɪnstíŋ(k)tʃuəl | -tjuəl/ 形 = instinctive.

*‡**in·sti·tute** /ínstətjùːt | -tjùːt/ 動 他 ❶ 〈制度・習慣など〉を設ける, 制定する: ~ a welfare system 福祉制度を設立する. ❷ 〈調査を〉始める; 〈訴訟を〉起こす, 開始する: They ~d a search of the house. 彼らは家宅捜索を行なった. ❸ 〈人を〉任命する: ~ a person *to* [*into*] a position 人をある地位に任命する. ── 名 ❶ (学術・美術の)学会, 協会, 研究所; (その)会館: a medical research ~ 医学研究所. ❷ **a** (理工系の)専門学校, 大学: an ~ of technology (理)工科大学, 工業大学. **b** (大学付属の)研究所. **c** (教員などの)講習会, 集会: an adult ~ 成人講座 / a teachers [teaching] ~ 教員講習[研修]会. ❸ 原則, 慣例. 《L＜IN-²+*statuere*, *statut*- 建てる》(cf. statute)》 (名 institution).

*‡**in·sti·tu·tion** /ìnstətjúːʃən | -tjúː-/ 名 ❶ C **a** 団体, 協会, 機関: a charitable ~ 慈善団体 / an educational ~ 教育機関. **b** (福祉関係の)施設: an ~ for the aged 老人施設. ❷ C 制度, 法令, 慣例. ❸ U 設立, 設定, 設置: the ~ of civil rights laws 市民的権利に関する法律の設定. ❹ C 〔口〕おなじみの人, 名物, 評判者: He's an ~ around here. 彼はこの界隈(かいわい)の名物男だ. (動 institute, 形 institutional).

*†**in·sti·tu·tion·al** /-ʃ(ə)nəl/ 形 ❶ 団体の, 機関の, 施設の. ❷ 制度上の. ❸ 《米》広告・宣伝の(直接販売の目的よりも)企業イメージのための. (名 institution, 動 institutionalize).

in·sti·tu·tion·al·ism /-ʃ(ə)nəlìzm/ 名 Ư 制度[組織]尊重主義; 公共[慈善]機関の組織; (困窮者に対する)施設などでの世話[生活].

*†**in·sti·tu·tion·al·ize** /-ʃ(ə)nəlàɪz/ 動 他 ❶ 〈慣習などを〉制度化する: ~ customary laws 慣習法を成文化する. ❷ 〈精神病者・非行少年などを〉施設に収容する. (形 institutional).

in·sti·tu·tion·al·ized 形 ❶ 制度[組織]化された, 慣行[日常茶飯事]となった, (根強く)はびこった, 大手をふってまかり通る〈悪習・差別など〉. ❷ (しばしば社会適応力を失うほど長期間)病院[刑務所]内に収容された[慣れ切った].

ín·stóre 形 (百貨店などの)店内の, 店内での.

*‡**in·struct** /ɪnstrʌ́kt/ 動 他 ❶ 〈人・クラスなどを〉(特定の分野について)〈系統立って〉教える, 教育する: Mr. Brown ~s our class *in* Latin. ブラウン先生は私たちにラテン語を教えてくださっている. ❷ 〈人に〉…するように(細かな点まで)いちいち)指図する, 命じる: 〔+目+*to* do〕 a notice ~*ing* visitors *to* remove their shoes 参観者に靴を脱ぐように指示してある掲示 / I ~ed him *to* buy the house for us. 私は彼に我々の代理としてその家を購入するように言いつけた. ❸ 〈人に〉〈…だと〉知らせる, 通告する, 報告する: 〔+目+(*that*)〕 I'm ~ed by the chairman *that* they have been expelled from the society. 会長からの通告によれば彼らは協会から除名されたことである / 〔+目+*wh*.〕 I will ~ you *when* we are to start. 君たちに我々の出発時間を知らせる / I will ~ you *when* to start. いつ出発すべきかを君たちに知らせる. 《L=築き上げる, 教える＜IN-²+*struere*, *struct*- 建てる; cf. structure, instrument》 (名 instruction, 形 instructive) 【類義語】(1) ⇒ teach. (2) ⇒ order.

*‡**in·struc·tion** /ɪnstrʌ́kʃən/ 名 ❶ Ư 教授, 教育, 教え: give [receive] ~ *in* French フランス語の教授をする[受ける]. ❷ C [しばしば複数形で] 命令, 訓令, 指令, 指図: follow ~s 指示に従う / 〔+*to* do〕 He gave his men ~s *to* start at once. 彼は部下たちに直ちに出発するように命じた / 〔+*that*〕 be under ~s *that* …という命令を受けている. ❸ C [通例複数形で] (製品などの)使用[取り扱い]説明書 (direction): Show me the ~s *for* this video recorder. このビデオデッキの取り扱い説明書を見せてください. ❹ C [しばしば複数形で] 〖電算〗命令 (機械に一定の作業を行なわせるための機械語). **~·al** /-ʃ(ə)nəl/ 形 (動 instruct) 【類義語】⇒ education.

instrúction mànual 名 使用説明書, マニュアル.

instrúction sèt 名 〖電算〗命令セット(あるコンピューターで使用可能なすべての基本命令).

*†**in·struc·tive** /ɪnstrʌ́ktɪv/ 形 (more ~; most ~) 教育的な; 啓蒙的な, ためになる: an ~ discussion ためになる討論 / Those little hints were very ~ to me. そのちょっとしたヒントは私にとって非常に啓蒙的だった. **~·ly** 副 (動 instruct).

*‡**in·struc·tor** /ɪnstrʌ́ktə/ -tə/ 名 ❶ 指導員, 教官, インストラクター. ❷ 《米》(大学の)専任講師 (⇒ professor 解説): an ~ in English at a university 大学の英語の講師.

*‡**in·stru·ment** /ínstrəmənt/ 名 ❶ **a** (精密な)器具, 器械, 道具: surgical ~s 外科用器具. **b** 計器: nautical ~s 航海計器 / fly on ~s 計器飛行をする. ❷ 楽器: musical ~s 楽器. ❸ 手段, 方便; (人の)手先, 道具, ロボット: an ~ *of* the Mafia マフィアの手先 / The nuclear

bomb is a terrifying ~ of death. 核爆弾は人を殺す恐ろしい手段である. ❹ 法律文書《証書・契約書・協定書など》. 〖F<L=(築く際の)手段, 道具<*instruere*; ⇨ instruct〗 〖類語〗 **instrument** 細かな仕事, または医療・学術・芸術などに用いられる複雑で, 精密な器具. **implement** ある目的や仕事のために用いられる道具を指す最も意味の広い語; 特に農業・建築現場などにつかうような道具. **tool** 職人が使う道具など, 小さくて手で動かすようなもの. **appliance** 日常生活で使う動力で動かす道具.

*in·stru·men·tal /ìnstrəméntl⁻/ 形 ❶ ⓟ 手段になって, 助けになって: His father was ~ *in* getting him the job. 彼がその職を見つけるのには父親の助けがあった. ❷ 器械[を用いる]: ~ errors 器械誤差. ❸ 楽器(用)の (↔ vocal): ~ music 器楽. (名 instrument)

in·stru·mén·tal·ìsm /-təlìzm/ 名 〖哲〗 器具[道具]主義, インストルメンタリズム《思想や観念は環境支配の道具としての有用性によって価値が決まるとする》.

in·stru·mén·tal·ist /-təlist/ 名 楽器家.

in·stru·men·tal·i·ty /ìnstrumntǽləti/ 名 ❶ ⓤ 媒介, 助け, 尽力: by [through] the ~ of ...によって, ...の尽力で. ❷ ⓒ a 手段(となるもの[人])(*of*). b (政府などの代行)機関(*of*).

ìn·stru·mén·tal·ly /-təli/ 副 ❶ 手段として, 間接に. ❷ 器械で. ❸ 楽器で.

†**in·stru·men·ta·tion** /ìnstrəməntéiʃən/ 名 ⓤ ❶ 〖楽〗楽器法; 管弦楽法. ❷ 器具[機械]使用. ❸ 器具類.

ínstrument bòard 名 (自動車・飛行機などの)計器板.

ínstrument flýing 名 〖空〗 計器飛行 (cf. contact flying).

ínstrument lànding 名 ⓤ 〖空〗 計器着陸.

ínstrument pànel 名 =instrument board.

in·sub·or·di·nate /ìnsəbɔ́ɚdənət | -bɔ́ː-⁻/ 形 従順でない, 反抗する, 反抗的の. ── 名 不従順な人, 反抗者. ~·**ly** 副

in·sub·or·di·na·tion /ìnsəbɔ̀ɚdənéiʃən | -bɔ̀ː-/ 名 ⓤ 不従順, 反抗 (disobedience).

in·sub·stan·tial /ìnsəbstǽnʃəl⁻/ 形 実体のない, 空虚な, 想像上の: the ~ product of one's imagination 空虚な想像の産物. ❷ 実質[中身]のない; 〔議論など〕内容のない, 薄弱な: an ~ meal 中身のとぼしい食事.

in·suf·fer·a·ble /ìnsʌ́f(ə)rəbl⁻/ 形 ❶ 〈人・物事が〉我慢ならない: a ~ grumbler うんざりするほどの不平家. ❷ 〈人が(我慢ならぬほど)〉横柄な, うぬぼれた, しゃくにさわる: an ~ fool (うぬぼれていて)鼻もちならん愚か者. -**a·bly** /-rəbli/ 副

in·suf·fi·cien·cy /ìnsəfíʃənsi/ 名 ❶ **a** ⓤ 〖また an ~〗 不十分, 不足: an ~ of proof 証拠不十分. **b** ⓤ 不適任: the ~ of a person for a job 人がある仕事に向いていないこと. ❷ ⓒ 〖しばしば複数形で〗 不十分な点, 欠点: He admitted to his *insufficiencies*. 彼は至らぬ点を認めた. ❸ ⓤ 〖医〗(心臓などの)機能不全: cardiac ~ 心不全. (形 insufficient)

*in·suf·fi·cient /ìnsəfíʃənt⁻/ 形 ❶ 不十分な, 不足している (inadequate): an ~ supply of fuel 燃料の供給不足 / ~ evidence 証拠不十分 / There're ~ doctors. 医者が不足している / be ~ *in* quantity 量的に不足している / The water supply is ~ *for* the city's needs. その給水量では市の需要を満たすには不十分だ / 〖+*to* do〗 My salary is ~ *to* support my family. 私の給料は家族を支えるのに十分ではない. ❷ 能力のない; ~な仕事で: He's ~ *for* the job. 彼はその仕事に不適任だ. ~·**ly** 副 〖IN-¹+SUFFICIENT〗 (名 insufficiency)

in·suf·flate /ìnsəflèit/ 他 ❶ 〈気体・液体・粉末を〉吹き込む[吹き付ける] (*into, onto*); 〈体内などに〉...を吹き込む[吹き付ける] (*with*); 〖医〗 〈鼻などを〉吸入[通気]法で治療する. ❷ 〖キ教〗 〈洗礼用の水・受洗者に〉(悪魔払いに)息を吹きかける. **in·suf·fla·tion** /ìnsəfléiʃən/ 名

ín·suf·flà·tor /-tə | -tə/ 名 ❶ (薬品などの)吸入[吹付け]器. ❷ (粉末散布による)指紋検出器.

in·su·la /ínsələ, -sju-/ 名 (複 **-lae** /-lìː, -lài/) 〖解〗 (脳・膵臓の)島. ❷ (古代ローマの)町の一区画, 集合住宅, インスラ. 〖L=島〗

in·su·lant /ínsələnt | -sju-/ 名 〖英〗 絶縁体, 絶縁材 (insulation).

in·su·lar /ínsələ, -sju-, -sjulə/ 形 ❶ 島の, 島国性の; 島民の. ❷ 島国根性の, 狭量な (narrow-minded): ~ prejudices 島国的偏見. 〖L<*insula* 島; cf. isle〗

in·su·lar·ìsm /-lərìzm/ 名 ⓤ 島国根性, 狭量.

in·su·lar·i·ty /ìnsəlǽrəti, -sjə-, -sjú-/ 名 ⓤ ❶ 島(国)であること, 島国性. ❷ 島国根性, 狭量.

†**in·su·late** /ínsəlèit, -sju- | -sjulèit/ 他 ❶ 〈...を〉(...から)隔離する, 孤立させる (*from*) (shield). ❷ **a** 〖電〗 〈...を〉絶縁する: ~d wire 絶縁電線. **b** 〈...を〉〈...から〉断熱[遮音, 防音]する; 〈...を〉〈音・音から〉遮断する (*from, against*): ~ a studio *from* noise スタジオを遮音する. 〖L *insula* 島+-ATE²〗 (名 insulation)

†**in·su·là·ting tàpe** /ínsəlèitiŋ-, -sju- | -sjulèit-/ 名 ⓤ 絶縁テープ.

†**in·su·la·tion** /ìnsəléiʃən, -sju- | -sju-/ 名 ⓤ ❶ 隔離, 孤立. ❷ **a** 〖電〗 絶縁; 絶縁体, 絶縁物, 絶縁材, 碍子(がいし). **b** (建物などの)断熱, 遮[防音]; 断熱[遮音, 防音]材. (動 insulate)

ín·su·là·tor /-tə | -tə/ 名 ❶ 隔離者[物]. ❷ **a** 〖電〗 絶縁体[物, 材], 碍子(がいし). **b** (建物などの)断熱[遮音, 防音]材.

†**in·su·lin** /ínsəlin, -sju- | -sju-/ 名 ⓤ 〖医〗 インシュリン, インスリン《膵臓(ぞう)ホルモン; 糖尿病治療薬》. 〖L *insula* 島; 膵臓のランゲルハンス島から分泌されることから〗

ínsulin shòck 名 〖医〗 インシュリンショック《インシュリンの過剰投与による低血糖症; 冷汗・痙攣・昏睡を生ずる》.

*in·sult /ínsʌlt/ 名 ❶ **a** ⓤ 侮辱, 無礼に: They treated him with cruelty and ~. 彼らは彼に残酷で侮辱的な仕打ちをした. **b** ⓒ 侮辱行為, 無礼なこと: She showered ~s on him. 彼女は彼に侮辱的な言葉を雨あられと浴びせた / It's an ~ *to* your dignity. それはあなたの品位を傷つけるものだ. ❷ ⓤ 損傷. **àdd ínsult to ínjury** ひどい目にあわせたうえにまた侮辱を加える, ふんだりけったりする. ── /-́-́/ 動 他 〈人を〉**侮辱する**, 〈人の〉自尊心を傷つける: He ~*ed* her by refusing her offer of help. 彼は彼女からの援助の申し出を断わって彼女を侮辱した. 〖L=跳びかかる<IN-²+*saltare* 跳ぶ (cf. result)〗

†**in·sult·ing** /ìnsʌ́ltiŋ⁻/ 形 侮辱の[的な], 無礼な (offensive): an ~ disregard for etiquette 礼儀作法を無礼にも無視すること. ~·**ly** 副

in·su·per·a·ble /ìnsúːp(ə)rəbl⁻/ 形 〈障害・困難など〉打ち勝てない, 克服できない (insurmountable). **in·su·per·a·bil·i·ty** /ìnsùː(p)ərəbíləti | -s(j)ùː-/ 名 -**a·bly** /-rəbli/ 副

in·sup·port·a·ble /ìnsəpɔ́ɚtəbl | -pɔ́ː-⁻/ 形 ❶ 耐えられない, 我慢できない (intolerable): ~ pain [rudeness] 耐えられない痛み[無礼]. ❷ 支持できない, (十分な)根拠のない. -**a·bly** /-bli/ 副

in·sur·a·ble /inʃú(ə)rəbl | -ʃúər-, -ʃɔ́ːr-/ 形 保険がつけられる, 保険に適する: ~ property 被保険財産.

*in·sur·ance /inʃú(ə)rəns | -ʃúər-, -ʃɔ́ːr-/ 名 ❶ **a** ⓤ 保険; 保険業 (cf. assurance 4): accident ~ 傷害保険 / fire ~ 火災保険 / health ~ 健康保険 / marine ~ 海上保険 / unemployment ~ 失業保険 / automobile [car] ~ 自動車保険 / life ~ 生命保険 / sell ~ 保険のセールスをする / take out ~ 保険に加入する / I have ~ *on* my car. 私は車に保険をかけている. **b** ⓤ 保険金(額); 保険料: pay one's ~ 保険料を払う. **c** =insurance policy. ❷ ⓤ 保険証券, 保険証書. ❸ 〖また an ~〗 保険手段, 備え; put money away *as (an)* ~ *against* bad times 不況に備えて貯金をする. ── 形 Ⓐ 保険の: an ~ agent 《英》 保険代理人 / an ~ company [firm] 保険会社 / an ~ agent 保険勧誘員 / ~ money 保険金. (動 insure)

insúrance bròker 名 保険仲介人, 保険ブローカー.

insúrance càrrier 名 保険会社.

insúrance pòlicy 名 保険証券.

insúrance stàmp 名 《英》 保険印紙 《一定額を国民保険に払っていることを証明する印紙》.

in·sur·ant /ɪnʃʊ́(ə)rənt | -ʃʊ́ər-, -ʃɔ́ːr-/ 图 保険契約者; 被保険者.

***in·sure** /ɪnʃʊ́ər | -ʃʊ́ə, -ʃɔ́ː/ 動 ⑪ ❶ 〈人・家などに〉保険をかける: ~ one's property *against* fire 所有物に火災保険をかける / ~ oneself [one's life] *for* £5000 5千ポンドの生命保険をかける. ❷〈保険業者が〉生命・損害などに対してX...の〉保険を引き受ける (*against*). ❷ 〘米〙 = ensure. 【ENSURE の別形】 (图 insurance)

in·súred 圈 ❶ 保険に加入した, 保険付きの. ❷ [the ~; 名詞的に] 保険契約者, 保険受取人, 被保険者 《用法 1 人の時には単数, 2 人以上の時には複数扱い》.

***in·súr·er** /ɪnʃʊ́(ə)rər | -ʃʊ́ərə, -ʃɔ́ːrə/ 图 保険者, 保険業者[会社].

in·sur·gence /ɪnsə́ːdʒəns | -sə́ː-/ 图 =insurgency.

***in·sur·gen·cy** /-dʒənsi/ 图 ⓤⓒ 反乱 (rebellion).

***in·sur·gent** /ɪnsə́ːdʒənt | -sə́ː-/ 圈 Ⓐ ❶ 反乱を起こした: ~ troops 反乱軍. ❷〈波が〉打ち寄せる. ── 图 [しばしば複数形で] ❶ 反乱兵 (rebel). ❷ 〘米〙(政党の)反対分子. 【L=起き上がる; ⇒ in-, surge】

in·sur·mount·a·ble /ìnsəmáʊntəbl | -sə(ː)-/ 圈〈障害などが〉打ち勝ちがたい (insuperable): ~ difficulties 乗り越えられない難局. **-a·bly** /-təbli/ 副 **-ness** 图

***in·sur·rec·tion** /ìnsərékʃən/ 图 Ⓤ.ⓒ 暴動, 反乱. 【L; INSURGENT と同語源】

ìn·sur·réc·tion·àry /ìnsərékʃənèri | -ʃ(ə)nəri/ 圈 暴動の, 謀叛の; 暴動を誘発する. ── 图 暴徒, 暴民, 反徒.

ìn·sur·réc·tion·ist /-ʃ(ə)nɪst/ 图 反徒, 反徒; 暴動[反乱]扇動者.

in·sus·cep·ti·ble /ìnsəséptəbl/ 圈 ❶ a 容れないで, 受け付けないで: a disease ~ *of* treatment 治療できない病気. **b** 影響されないで: a physique ~ *to* disease 病気を寄せつけない体格. ❷ 感じない, 無神経な: a heart ~ *of* [*to*] pity 情けを知らない心, 血も涙もない心. **in·sus·cep·ti·bil·i·ty** /ìnsəsèptəbíləti/ 图

int. 〘略〙 interest; interior; interjection; internal; international; intransitive.

***in·tact** /ɪntǽkt/ 圈 Ⓟ そこなわれていなくて, (もとのまま) そっくりそのままで, 手をつけてなくて, 完全に: keep one's pride ~ 自尊心をそこなわず保つ / The castle has remained ~ *over* the centuries. その城は何世紀にもわたってそのまま残っている. 【L=触れられていない〈IN-¹+*tangere*, *tact*- 触れる (cf. tax)】

in·ta·glio /ɪntǽljoʊ, -tάː-/ | -tάːliòʊ, -tǽl-/ (⑭ ~s) ❶ a ⓒ 陰刻, 沈み彫り (cf. relief² 1): carve a gem in ~ 宝石に模様を彫りこむ. **b** Ⓒ 彫り込み模様. **c** Ⓒ 彫り込み宝石 (cf. cameo 2 b). ❷ Ⓤ 〘印〙 凹(版)刻印刷. ── 動 ⑭ ❶ 陰刻する, 沈み彫りで彫る. ❷〈模様を〉彫り込む. 【It=切り込む】

***in·take** /ɪ́nteɪk/ 图 ❶ a [単数形で] 摂取(量), 吸い込み(量): What is your daily ~ *of* calories [alcohol]? 毎日のカロリー[アルコール]摂取量はどれくらいですか / an ~ *of* breath (驚いて)息を飲むこと[音]. **b** [通例単数形で] 採用者, 受入れ人員. ❷ Ⓒ (水・空気などの)取り入れ口 (↔ outlet).

***in·tan·gi·ble** /ɪntǽndʒəbl⁺/ 圈 ❶ 触れることのできない; 実体のない. ❷〈資産などが〉無形の: ~ assets 無形資産. ❸ (雲をつかむように)つかみどころがない, ぼんやりした; 不可解な: an ~ awareness of danger 漠然たる危険意識.
── 图 触れることのできないもの; 無形財産. **-bly** /-bli/ 副

in·tan·gi·bil·i·ty /ɪntæ̀ndʒəbíləti/ 图 【IN-¹+TANGIBLE】

intángible próperty 图 Ⓤ 無体[無形]財産 (特許権・著作権・商標権など).

in·tar·si·a /ɪntάːsiə | -tάː-/ 图 Ⓤ ❶ (ルネサンス期の)寄木象眼, インタルシア. ❷ インターシャ《ニッティングで別色で染імана入れて模様を編み込むこと》. 【G or It】

in·te·ger /ɪ́ntɪdʒər/ 图 ❶ 完全体[なもの]. ❷ 〘数〙 整数 (⇒ fraction 2 a). 【L=完全な, 手で触れられていない】 (圈 integral)

in·te·gra·ble /ɪ́ntɪɡrəbl/ 圈 〘数〙 積分可能な, 可積分の. **in·te·gra·bil·i·ty** /ɪ̀ntɪɡrəbíləti/ 图

***in·te·gral** /ɪ́ntɪɡrəl, ɪntéɡ-/ 圈 Ⓐ ❶ (完全体をなすのに)不可欠な, 必須の (fundamental): an ~ part なくてはならない部分. ❷ 完全な. ❸ 〘数〙 **a** 整数の. **b** 積分の. ── 图 ❶ 全体. ❷ 〘数〙 積分. (图 integer)

íntegral cálculus 图 Ⓤ 〘数〙 積分学.

in·te·grand /ɪ́ntɪɡrænd/ 图 被積分関数.

in·te·grant /ɪ́ntɪɡrənt/ 圈 完全体を構成する, 構成要素の; 必要欠くべからざる, 必須の: an ~ part 構成要素.
── 图 (不可欠な)要素, 成分.

***in·te·grate** /ɪ́ntɪɡrèɪt/ 動 ⑭ ❶ **a** 〈要素, 部分を〉統合する, 統一する, まとめる: The theory ~s his research findings. その理論は彼の研究結果をまとめたものである / ~ former mental patients *into* society 以前に精神病患者であった人々を社会に溶け込ませる / He ~d the committee's suggestions *into* his plan. 彼は委員会の提案をまとめて計画を立てた. **b** 〈部分・要素を〉(他のもの と)合体させる, 調和させる: ~ blacks *with* whites 黒人を白人と融合させる. ❷〈学校・公共施設などでの〉人種的[宗教的]差別を廃止する, 統合する;〈人種に対する〉差別を廃止する. ❸ **a**〈温度・風速・面積などの〉絶対[平均値]を示す. **b**〘数〙〈...を〉積分する. ── ⓘ ❶ 統合される. ❷〈学校などが〉人種的[宗教的]差別を廃止する. ❸ 各部分がそろっている. ❹ 完全な. 【L=完全にする〈INTEGER〉 (图 integration)

ín·te·gràt·ed /-tɪd/ 圈 ❶ 統合[合成]した, 完全な. ❷ 人種的[宗教的]差別をしない学校 (↔ segregated): an ~ school 人種的差別をしない学校. ❸ 〘心〙〈人格が〉統合[融和]した: an ~ personality (肉体・精神・情操共に均衡のとれた)統合[融合]した人格.

íntegrated círcuit 图 〘電子工〙 集積回路 (略 IC; cf. large-scale integration).

***in·te·gra·tion** /ɪ̀ntɪɡréɪʃən/ 图 Ⓤ ❶ **a** 統合; 完成: racial ~ 人種統合. **b** 調整. ❷ (学校などの)人種[宗教]的差別の廃止. ❸ 〘数〙 積分. (動 integrate)

***in·te·grá·tion·ist** /-ʃ(ə)nɪst/ 图 人種[宗教]的差別廃止主義者.

ín·te·gra·tive /-tɪv/ 圈 完全にする, 集成的な, 統合的な.

ín·te·gra·tor /-tə/ 图 ❶ 集成[統合]する人[もの]. ❷ 〘数〙積分器, 求積器; 〘電算〙積分器; 〘電算〙積分回路網.

***in·teg·ri·ty** /ɪntéɡrəti/ 图 Ⓤ ❶ 高潔, 誠実, 清廉: a person of ~ 高潔な人, 人格者. ❷ 完全な状態, 無傷: relics of their ~ 完全な姿の遺物. 【F<L=健全, 完全〈INTEGER〉】 【類義語】 ⇒ honesty.

in·teg·u·ment /ɪntéɡjumənt/ 图 ❶ 〘解・動・植〙外皮 (皮膚・皮殻など). ❷ おおい, 外皮. **in·teg·u·men·ta·ry** /ɪntèɡjuméntəri, -tri/ 圈

***in·tel·lect** /ɪ́ntəlèkt/ 图 ❶ Ⓤ (意志・感情に対して)知性, 知力; 理知: human ~ 人間の知力 / a person of ~ 知性豊かな人. ❷ Ⓒ 知識人, 識者; [the ~(s)] 知識人たち, 識者たち: the ~(s) of the age 当代の知識人たち / the whole ~ of the country 全国の全知識階級. 【F<L=理解, 洞察 〈*intellegere*; ⇒ intelligent〉】 (圈 intellectual)

in·tel·lec·tion /ɪ̀ntəlékʃən/ 图 知力をはたらかせること, 思惟作用, 思考.

in·tel·lec·tive /ɪ̀ntəléktɪv⁺/ 圈 ❶ 知力の, 知性の, 知力を要する. ❷ 知力のある, 聡明な.

***in·tel·lec·tu·al** /ɪ̀ntəléktʃuəl, -tʃʊl⁺/ 圈 (**more** ~; **most** ~) ❶ (意志・感情に対して)知的な, 知力の: the ~ faculties 知能. ❷〈職業など〉知力を要する, 頭を使う: an ~ occupation 知的職業 / lead an ~ life 知的生活を送る. ❸〈人など〉知性のすぐれた, 理知的な: an ~ person 理知的な人 / the ~ class 知的知識階級. ❹ 知識人, 識者. **-ly** /-tʃuəli, -tʃʊli/ 副 (图 intellect, intellectuality) 【類義語】**intellectual** 人間のみ用いる語で, 鋭い知性に加えて, 高度な知識・抽象的な分野に対する興味と能力に富み; 実際的な行動力においてすぐれた能力があることを意味するものではない. **intelligent** 生来持っている全般的な理解力がすぐれていて, 賢明さ・洞察力に加え, 経

験から何かを学んだり，新しい事態に適切に処する能力のある; 人間だけでなく動物などにも用いられる.

in·tel·léc·tu·al·ìsm /-əlìzm/ 名 ❶ 知性の行使, 知的研究, 知性偏重. **-ist** /-ɪst/ 名 ❶哲❒主知主義.
in·tel·lec·tu·al·i·ty /ìntəlèktʃuǽləṭi/ 名 Ｕ知的であること, 知性.
in·tel·léc·tu·al·ize /-əlàɪz/ 動 ❷知的にする; (感情面を無視して)知的に説明[処理]する.
intelléctual próperty ríght 名知的所有権(特許・実用新案・商標・著作権).

*__in·tel·li·gence__ /ɪntéləʤəns/ 名 ❶ Ｕ **a** 知能, 理解力, 思考力: human ~ 人知. **b** 知性, 聡(ｿｳ)明な, (すぐれた)知恵: a man of low ~ 知性の低い人 / have a look of ~ 聡明に見える. **c** [the ~] (…する)機転, 知恵, 賢明にも(…する)こと[力]: [+to do] He had the ~ to put the fire out with a fire extinguisher. 彼はよく頭を働かせて消火器で火を消した. ❷ [しばしば I~] Ｕ 知性的存在; 天使: the Supreme *I*- 神. ❸ Ｕ **a** (特に, 重要な事柄の)報道, 諜(ﾁｮｳ)報: We have secret ~ of the enemy's plans. 我々は敵の計画の機密情報を握っている. **b** 諜報機関: He's in [works for] ~. 彼は諜報機関に(勤めて)いる. ─形Ａ 情報の, 諜報の: an agent 諜報部員, スパイ / an ~ office 情報局. (形 intelligent)

intélligence depártment 名(軍の)情報[諜報]部.
intélligence quòtient 名Ｃ 知能指数(精神年齢を100倍して生活年齢で割った数; 略 IQ).
in·tél·li·genc·er 名 ❶ スパイ, 間諜, 内通者. ❷ 通報者, 情報提供者, 伝達者.
intélligence tést 名 心 知能検査[テスト].

*__in·tel·li·gent__ /ɪntéləʤənt/形 (*more* ~; *most* ~) ❶ 理解力のある, (高度な)知性のある (↔ unintelligent): Is there ~ life on other planets? 他の惑星にも知能のある生物がいますか. ❷ 聡明(ｿｳﾒｲ)な, ものわかりのよい, 利口な(行為など)気のきいた: an ~ man 聡明な人 / an ~ reply 気のきいた返事 / Be a bit more ~! もう少し気を使いなさい. ❸ 電算 **a** 情報処理機能をもつ, スマートな. **b** (建物から集中コンピューターで管理される, インテリジェントな: an ~ building インテリジェントビル. **-ly** 副 〘Ｌ=理解する <INTER-+*legere*, *lect*- 選ぶ, 集める, 読む; cf. lecture, intellect〙 (名 intelligence) 〘類義語〙 ⇒ intellectual.

in·tel·li·gen·tsi·a, -tzi·a /ɪntèləʤéntsiə, -gén-/ 名Ｕ [(the ~; 集合的; 単数または複数扱い] 知識階級, インテリ層. 〘Russ; INTELLIGENT と同語源〙

in·tel·li·gi·bil·i·ty /ɪntèləʤəbíləṭi/ 名Ｕ理解できること, わかりやすさ, 明瞭.
in·tél·li·gi·ble /ɪntéləʤəbl/形 理解できる, 明瞭な, わかりやすい (↔ unintelligible): an ~ explanation 理解できる説明 / The book is ~ *to* anyone. その本はだれにでも理解できる. **-bly** /-ʤəbli/ 副 わかりやすく, 明瞭に. 〘Ｌ; INTELLIGENT と同語源〙

In·tel·sat /ɪntelsæt/ 名 ❶ Ｃ インテルサット, 国際商業衛星通信機構. ❷ Ｃ インテルサット通信衛星. 〘*International Tel*ecommunications *Sat*ellite Consortium〙
in·tem·per·ance /ɪntémp(ə)rəns/ 名Ｕ ❶ 不節制, 放縦, 過度 (excess). ❷ 飲酒癖, 暴飲, 大酒.
in·tem·per·ate /ɪntémp(ə)rət/形 ❶ (人・言動など)不節制な, 過度の. ❷ 酒におぼれる; 大酒癖の(ある). **-ly** 副 〘IN-¹+TEMPERATE〙

*__in·tend__ /ɪnténd/ 動 ❶ 〈行為などを)意図する, もくろむ; 〈…する)つもりである, 〈…しようと)めざす: He seemed to ~ no harm. 彼は何も悪意を抱いていないようだった / [+*to do*] I ~ *to* leave tomorrow. 私は明日出発するつもりです / He had ~ed *to* become a lawyer. 彼は弁護士になることをめざしていた / [+*doing*] I still ~ed paying the bill. まだ勘定を払うつもりでいた 〘用法〙 [+*to do*] とほぼ同義だが, それよりあとに表現で, 特に意図している行為を強調する時に用いる〙 / [+*that*] We ~ *that* the money (should) last a week. そのお金で1週間に間に合わせようと考えてい

る 〘用法 一般的でない表現〙 / [+目+*to do*] I ~ my daughter *to* take over the business. 私は娘にこの商売を引き継いでもらおうと思っている. ❷ **a** <人>に<ある目的に>向けようとする (★通例受身で用い,「(…のつもりである」の意になる): We ~ this house *for* you. この家を君に使ってもらうつもりだ / The present *was* ~ed *for* me. それは君への贈り物だった. **b** 〈…を>〈…(である)と)意図する, <…が>〈…を表わすつもりとする(★通例受身で用い,「〈…の)つもりである」の意になる): This portrait *is* ~*ed to be* her. この肖像画は彼女を描いたものなのだ / [+目+*as*名] It *was* ~*ed as* a stopgap. それは穴埋めのつもりだった. ❸ 〈…を>意味する: What do you ~ *by* that remark? その発言はどんな意味ですか.

〘Ｆ<Ｌ=気持ちを向ける <IN-²+*tendere, tens-* 伸ばす, 広げる (cf. tend)〙 (名 intent², intention)
〘類義語〙**intend** 何かをしようと心の中で強く思っている. **aim** (米口)で intend と同義. **mean** intend ほど明確に具体的な目的を持っているわけではないが, 何らかの目標を持つ. **plan** 計画などを考える. **design** 特に入念な計画を考える; 密かに行なうことを意味することがある. **propose** 意図したことを公言と表明する; 他の意見・承認を求めたり, 意図が明確であることを示す.

in·ten·dant /ɪnténdənt/ 名 監督者, 管理者.

*__in·ténd·ed__ ❶意図された, もくろんだ, 故意の; 予定された, 所期の: the ~ purpose 所期の目的 / His remark had the ~ effect. 彼の言葉はねらっていた効果をあげた. ❷ いいなずけの. ─名Ｃ [one's ~] (口) 婚約者.

in·ténd·ment /-mənt/ 名Ｕ 〘法〙(法律上の)真意, (法の)真意解釈.

*__in·tense__ /ɪnténs/ 形 (**in·tens·er**; **-est**) ❶ 〈光・温度など〉激しい, 強烈な: ~ heat 酷暑. ❷ **a** <感情など〉熱烈な, 強烈な; 極端な: ~ desire 強烈な欲望. **b** <人の熱情的な: an ~ person 熱情家. **c** Ｐ[(…に)しきりに, 懸命に (*in, about*): ~ *in* one's studies 一心不乱に勉強して. **~·ly** 副 **~·ness** 名 〘Ｆ<Ｌ=一点に向けられた<*intendere;* ⇒ intend〙 (動 intensify, 名 intension, intensity)

in·ten·si·fi·ca·tion /ɪntènsəfɪkéɪʃən/ 名Ｕ強めること, 強化, 増大.
in·tén·si·fi·er 名 ❶ 強める[増強する]もの. ❷ 文法 =intensive 2.
*__in·tén·si·fy__ /ɪnténsəfàɪ/ 動 他 〈…を〉強める, 強化する, 激しくする (heighten): ~ one's efforts なおいっそう努力する. ─自 強くなる, 激しくなる. (形 intense)

in·ten·sion /ɪnténʃən/ 名 ❶ (精神的)緊張, 努力. ❷ 強さ, 強度. ❸ 強化, 増強. ❹ 論 内包 (↔ extension). (形 intense)
in·ten·sion·al /-ʃ(ə)nəl/形 論 内包的な.

*__in·ten·si·ty__ /ɪnténsəṭi/ 名Ｕ ❶ 強烈, 激烈, 猛烈, 激しさ; 熱烈: I was surprised by the ~ of his anxiety. 彼があまりにも心配しているのでびっくりした. ❷ 強さ, 強度: the degree of ~ 強さの度合い. (形 intense)

*__in·ten·sive__ /ɪnténsɪv/ 形 ❶ **a** 強い, 激しい. **b** 徹底的な, 集中的な: an ~ investigation 徹底的な調査 / ~ reading 精読. **c** [複合語で] …集中的な: calorie-*intensive* カロリー集中的な / labor-*intensive* 労働集約的な. ❷ 文法 強意の, 強調の. ❸ 論 内包的な. ❹ 農 集約的な (↔ extensive): ~ agriculture [farming] 集約農業. ─名 文法 強意語(たとえば very, awfully など). **~·ly** 副 〘INTENSE+-IVE〙

*__inténsive cáre__ 名Ｕ 医 集中治療.
inténsive cáre ùnit 名 医 集中治療室 (略 ICU).

*__in·tent__¹ /ɪntént/ 形 (*more* ~; *most* ~) ❶ Ｐ 〈…に>一心になって, 集中して, 没頭して: He's ~ *on* his work [*on* doing his best]. 彼は仕事に余念がない[一心に全力を尽くそうとしている]. ❷ <目・心など)熱心な, 真剣な: an ~ look 真剣なまなざし. **~·ly** 副 **~·ness** 名 〘Ｆ<Ｌ *intendere;* ⇒ intend〙

†__in·tent__² /ɪntént/ 名 [通例無冠詞で] 意思, 故意, 決意; 意企; 〈…する)意図, 目的: with evil [good] ~ 悪[善]意をもって / [+*to do*] I had no ~ *to* deceive you. あなたをだますつもりはなかった. **to [for] áll inténts and púr·**

poses どの点から見ても, 事実上. (動 intend) [類義語] ⇒ intention.

*in·ten·tion /ɪnténʃən/ 名 ❶ U 意図, 意向: by ~ 故意に / without ~ 故意でなく, 何心なく / He returned with the ~ of spending Christmas with his family. 彼はクリスマスを家族と一緒に過ごすつもりで帰ってきた / I have no ~ of ignoring your rights. あなたの権利を無視するつもりはない / [+to do] His ~ to close the deal was satisfactory to us. 契約を結ぼうという彼の意向に私たちは満足だった. ❷ C 意図するもの, 目的: Her ~ was to depart a week earlier. 彼女の考えはもう1週間早く出発しようというものだった / What was your ~ in doing that? どういう意図でそれをしたのか / I did it with good ~s. よかれと思ってそうしたのだ (★ しばしば不本意な事態が起こった場合にいう). ❸ [複数形で] (交際中の女性に対する男性の)結婚の意志: He has honorable ~s. 彼は正式に結婚するつもりでいる. (動 intend, 形 intentional) [類義語] intention 心の中にいだいている計画・考え; 一般的な語. intent 前者よりも意図が明確なことを暗示する; やや形式ばった語で主として法律用語. purpose はっきりと心に決めた意図・計画・目的. aim 特に意図していることで, それに向かってひたすら努力しなくてはならないことを示す. end 達成したいと思っている最終的な目標; means (手段) に対する語. object ある欲望, 必要性などから生じる目標, 願わしい状態.

*in·ten·tion·al /ɪnténʃ(ə)nəl/ 形 意図的な, 故意の (deliberate; ↔ unintentional): an ~ insult 故意の侮辱. ~·ly /-nəli/ 副 (名 intention)

in·tén·tioned 形 [通例複合語で] (…の)つもりの: a well-intentioned lie 好意的なうそ / ill-intentioned 悪意でした.

inténtion trèmor 名 [医] 企図震顫(²⁾) (随意運動をしようとするときに生ずる震え).

in·ter /ɪntə́ː | -tə́ː-/ 動 (in·terred; in·ter·ring) 〈遺体を〉埋葬する. 《F < L < IN-²+terra 地》

in·ter- /ɪntə | -tə-/ 接頭 「中・間・相互」: intercollegiate, intersect. 《L inter》

*in·ter·act /ìntəǽkt | -tə(r)ǽkt/ 動 相互に作用する, 互いに影響し合う: Children learn by ~ing with one another. 子供は互いに影響し合って学ぶ. 《INTER-+ACT》 (名 interaction, 形 interactive)

*in·ter·ac·tion /ìntəǽkʃən | -tə-/ 名 U.C 相互作用, 相互の影響: the ~ between man and his environment=the ~ of man with his environment 人間と環境との相互作用. -al /-ʃ(ə)nəl/ 形 (動 interact)

in·ter·ác·tion·ism /-ʃənɪzm/ 名 U [哲] 相互[交互]作用説 (心と身体は独立の実体で, 相互に作用し合うとする説). -ist /-ɪst/ 名 形

*in·ter·ac·tive /ìntəǽktɪv | -tə(r)ǽk-/ 形 相互に作用する, 相互作用の. (動 interact)

ìnteractive télevision [TV] 名 U 双方向テレビ (略 ITV, iTV).

ìn·ter·ágency 形 (政府)諸機関間の[で構成する], 省庁間の.

ìn·ter a·li·a /ìntəéɪliə | -tə(r)-/ 副 なかんずく, 特に. 《L=among other things》

ìnter á·li·os /-éɪliòʊs/ 副 (人について)なかんずく, なかでも. 《L=among other people》

ìnter·állied 形 同盟国間の, 連合国側の 《第一次大戦で》.

ìnter·artícular 形 [解] 関節間の.

ìnter·atómic 形 原子(相互)間の.

ìnter·béd·ded 形 [地質] 異質の地層にはさまれた.

ìnter·bréed 動 〈動植物を〉異種交配させる. — 自 雑種を作る[生ずる], 雑種繁殖する.

in·ter·ca·lar·y /ɪntə́ːkələri | -tə́ːkələri/ 形 A ❶ 〈日・月・年などの間(⁾)の: an ~ day 閏日(⁾) (2月29日) / an ~ year 閏年. ❷ 差し込んだ, 間に入れた.

in·ter·ca·late /ɪntə́ːkəlèɪt | -tə́ː-/ 動 ❶ 〈1日を〉暦に入れる. ❷ 差し込む, 間に入れる, 挿入する. in·ter·ca·la·tion /ɪntə̀ːkəléɪʃən | -tə̀ː-/ 名

in·ter·cede /ìntəsíːd | -tə-/ 動 自 〈人に〉〈…のことを〉とりなす, 仲裁する 〔with〕 〔on behalf of, for〕: He ~d (with them) on behalf of his son. 彼は(彼らに)息子のことをとりなした. 《L < INTER-+cedere 行く (cf. cease)》 (名 intercession)

ìnter·céllular 形 [生] 細胞間の.

in·ter·cen·sal /ìntəsénsəl | -tə-/ 形 国勢調査と国勢調査との間の.

†in·ter·cept /ìntəsépt | -tə-/ 動 ❶ 〈人・ものを〉途中で捕らえる[奪う], 横取りする. ❷ 〈通信を〉傍受する: ~ a message 通信を傍受する. ❸ 〈光・熱などを〉…からさえぎる 〔from〕. ❹ [軍] 〈敵機などを〉迎撃する, 要撃する: missiles that ~ missiles ミサイル迎撃用のミサイル. ❺ [スポ] 〈パスしたボールを〉途中で奪う, インターセプトする. ❻ [数] 〈…を〉2点[線]間にはさみ取る. — /́ーー/ 名 ❶ 遮断, 妨害. ❷ [スポ] インターセプト. 《L < INTER-+capere, capt-, -cept- 取る (cf. capture)》 (名 interception)

in·ter·cep·tion /ìntəsépʃən | -tə-/ 名 U.C ❶ 途中で捕らえる[奪う]こと, 横取り. ❷ (通信の)傍受. ❸ 遮断; 妨害. ❹ [軍] 迎撃, 要撃. ❺ [スポ] インターセプション.

in·ter·cep·tive /ìntəséptɪv | -tə-/ 形 阻止する, さえぎる.

in·ter·cep·tor /-tə- | -tə-/ 名 ❶ 横取りする人[もの]. ❷ さえぎる人[もの]. ❸ [軍] 迎撃[要撃]機.

in·ter·ces·sion /ìntəséʃən | -tə-/ 名 ❶ U 仲裁, 調停, あっせん, とりなし: one's ~ (with the authorities) in an affair ある事件における(当局者への)とりなし. ❷ U.C 〔宗〕 (神への)とりなし(の祈り). (動 intercede)

in·ter·ces·sor /ìntəsésə | -təsə/ 名 仲裁者, 調停者, あっせん者.

in·ter·ces·so·ry /ìntəsésəri | -tə-́-/ 形 仲裁の.

*in·ter·change /ìntətʃéɪndʒ | -tə-́/ 動 ❶ 〈二つのものを〉互いに取り替える, 交換する, 取り交わす: ~ gifts [letters] 贈品[手紙]のやり取りをする. ❷ 〈…を〉交替させる, 交互にする: ~ labor with leisure 労働と余暇を交互に交える. ❸ 〈二つのものを〉置き換える, 入れ替える. — 自 入れ替わる, 交替する. — /́ーー/ 名 ❶ U.C a 交換, やり取り (exchange): an ~ of insults 互いに侮辱し合うこと. b 交替. ❷ C (高速道路の)立体交差(点), インターチェンジ. 《INTER-+CHANGE》

*in·ter·change·a·ble /ìntətʃéɪndʒəbl | -tə-́/ 形 交換できる, 置き[入れ]替えできる; 交替できる: These models have ~ engine parts. これらの型の(自動車の)部品には交換可能なエンジンの部品がある / 'Problem' and 'question' are sometimes ~. 'problem' と 'question' はどちらを用いてもよいことがある (同じ意味のことがある) / That car's engine parts are ~ with those of this one. あの車のエンジンの部品はこの車のエンジンの部品と取り替えられる. -a·bly /-dʒəbli/ 副 交換して; 交互に. in·ter·change·a·bil·i·ty /ìntətʃèɪndʒəbíləti | -tə-/ 名

ìnter·cíty 形 A 都市間の[を結ぶ]: an ~ train インターシティートレイン.

ìnter·collégiate 形 大学間の, 大学連合[対抗]の: an ~ football game 大学対抗のフットボールの試合.

ìnter·colónial 形 植民地間の. ~·ly 副

ìnter·columniátion 名 U [建] 柱間, 柱の内法(²); 柱割様式 (柱の基部直径の倍数によって柱と柱の間隔を決める様式).

in·ter·com /ɪ́ntəkɑ̀m | -təkɔ̀m/ 名 [口] (社内・航空機内などの)内部通話(装置), インターホン: over [on] the ~ インターホンで. 《INTERCOM(MUNICATION SYSTEM)》

ìnter·commúnicate 動 自 〈…と〉相交わる; 通信し合う 〔with〕. ❷ 〈部屋などが〉互いに通ずる: The dining room ~s with the kitchen. 食堂は台所とドア続きです.

ìnter·communicátion 名 U 相互の交通, 交際, 連絡 〔between, with〕.

ìntercommunicátion sỳstem 名 = intercom.

ìnter·commúnion 名 U 相互の交際[連絡].

ìnter·connéct 動 〈…を〉相互に連絡する. — 自 相互に連絡する.

ìnter·connécted 形 ❶ 相互に連結[連絡]した. ❷ 相

in·ter·continental 形 大陸間の: an ~ ballistic missile 大陸間弾道ミサイル《略 ICBM》.
in·ter·conversion 名 相互交換[転換, 変換].
in·ter·convert 動 他 相互交換[転換, 変換]する.
　inter·convertible 形
in·ter·costal 形〔解〕肋間(ろっかん)の: ~ neuralgia 肋間神経痛. ~·ly 副
*__in·ter·course__ /íntəkɔ̀ːs | -təkɔ̀ːs/ 名 ⓤ ❶ 性交, 肉体関係《用法 現在ではこの意味にするのが普通で, 2, 3 には誤解のないようにする必要がある》: sexual ~ 性交. ❷ 交通, 交際: commercial ~ 通商(関係) / diplomatic ~ 外交 / social ~ 社交 / have [hold] ~ with... と交際する. ❸ 霊的交通, 霊交. 〖F<L; ⇒ inter-, course〗
in·ter·crop 動 他〔農〕〈作物を〉間作する. ── 名 /´−ˌ−/ 間(作)作物.
in·ter·cross 動 他 交雑させる, 交雑種を作る[生ずる]. ── 名 /´−ˌ−/ 交雑; 交雑種.
in·ter·crural 形〔解〕脚間の.
in·ter·cultural 形 (異)文化間の: ~ communication 異文化間のコミュニケーション. ~·ly 副
in·ter·current /ɪntəkə́ːrənt | -təkár-/ 形〔医〕介入性の: an ~ disease 介入疾患, 併発症.
in·ter·cut 〔映·テレビ〕動 他 〈対照的なショットを挿入する, インターカットする〉; 〈シーンに〉対照的なショットを挿入する. ── 自 カットして対照的なショットを交互させる.
in·ter·denominational 形 諸宗派間の.
in·ter·departmental 形 部局間の; 各学部間の.
in·ter·depend 動 自 相互依存する.
in·ter·dependence 名 ⓤ 相互依存: the ~ *of* labor and capital 労資の相互依存 / ~ *between* European nations ヨーロッパ諸国家間の相互依存.
in·ter·dependency 名 =interdependence.
in·ter·dependent 形 互いに依存する, 相互依存の. ~·ly 副
in·ter·dict /ɪntədíkt | -tə-/ 動 他 ❶ 〈...を〉(命令によって)禁止する. ❷ 〈空爆などにより〉〈輸送路などを〉絶つ, はばむ. ── 名 /´−ˌ−/ ❶ 禁制(命令), 禁令, 禁止. ❷ 〔カト〕聖務禁止. 〖F<L<INTER-+*dicere*, *dict*- 言う〗
in·ter·diction /ɪntədíkʃən | -tə-/ 名 ⓤ 禁制, 禁制.
in·ter·digital 形〔解〕指間の, 趾間の.
in·ter·digitate 動 自 組み合わせた両手の指のように固く組み合う, かみ合う, 互いに入り込む.
in·ter·disciplinary 形 〈研究など〉諸学提携の, 多分野にまたがる, 学際的な; 〈異なった分野相互間の〉協同(研究)の: ~ research 学際的な研究 / an ~ conference 協同研究会議.
*__in·ter·est__ /íntərəst, -tərèst, -trɪst/ 名 A ❶ ⓤⓒ 興味, 関心: take (an) ~ *in*... に〈興味[関心]〉をもつ / He takes a great ~ *in* sport(s). 彼はスポーツに非常な興味をもっている / I read the story with great ~. その話を大変おもしろく読んだ / have little [(a) great] ~ *in* politics 政治にほとんど興味をもたない[大いに興味をもつ] / lose ~ *in* one's work 仕事に興味を失う / He has no ~ *in* art. 彼は芸術に関心がない / She showed a keen [deep] ~ *in* the new research. 彼女は新しい研究に熱烈な[深い]関心を示した.
❷ ⓒ 興味を起こさせるもの, 関心事, 趣味: a person with wide ~s 多趣味の人 / a businessman with no outside ~s 仕事以外に何の関心事もない実業家 / Her greatest ~ in life seems to be clothes. 人生における彼女の最大の関心事は衣服らしい.
❸ ⓤ 興味をそそる力, おもしろさ, 興趣: a subject of general ~ *to* farmers 農業経営者たちにとって一般的に興味のある問題 / places of no ~ 名所でない所 / It's of no ~ to me. それは私にとって何の興味もない / His story holds [has] little ~ *for* me. 彼の話にはあまり興味がない《★「彼の話は私にとって大して役に立たない」[重要性がない]の意にもなる》.
❹ ⓤ 重要(性), 重大(性): It's a matter of no little ~ (*to* us). それは(我々にとって)重大事だ.

── B ❶ ⓒ a 利害関係; (法律上の)権利, 利権, 利益: ⇒ vested interest / I have an ~ *in* the business. その事業に利害関係[出資]がある / have an ~ *in* an estate 地所に権利を持つ / declare an ~ (事柄や人物と)利害関係があることを申し述べる. b (持ち)株: buy an ~ *in*... の株を買う.
❷ a ⓒ 〔しばしば複数形で〕利益, 利害(関係), ため: public ~s 公益 / know one's own ~(s) 私利に抜け目がない / look after one's own ~s 私利を図る / I have always had your (best) ~s at heart. 私はいつも君のためになるよう気づかってきた. / It's in your ~ to go. 行くのが君のためだ. b ⓤ 私益, 私利.
❸ ⓤ a 利息, 利子, 金利; 利率: ~ at 5% 5 分利 / on a loan 借金[ローン]の利息 / an ~ rate 金利, 利率 / annual [simple] ~ 年利[日歩] / simple [compound] ~ 単[複]利 / at high [low] ~ 高[低]利で / borrow at 9 percent ~ 9 分利で金を借りる. b おまけ, 余分, 利息.
❹ ⓒ 〔通例 the ~s〕(同じ利害の関係者, 同じ主張の)一派: *the* banking [iron] ~ 銀行[製鉄]業者 / *the* landed ~ 地主連 / *the* brewing ~ 酒造業(者連) / *the* Protestant ~ 新教派 / *the* Mitsui ~ 三井財閥 / *the* big business ~s 大事業家連.

__in the ínterest(s) of__ ...のために: *in the* ~(s) *of* the country [truth] 国[真理]のために.

__with ínterest__ (1) 興味をもって《⇒ A1》. (2) 〔口〕利息をつけて, おまけをつけて: pay someone back *with* ~ いっそう強く仕返しをする.

── 動 他 ❶ 〈人に〉興味を起こさせる, 関心をもたせる《★この語義の受身は be ~*ed* by...; cf. interested 1》: The story did not ~ me. その話はおもしろいと思わなかった / This is the book which first ~*ed* me *in* English literature. これが私に初めて英文学に関心をもたせてくれた本です / I began to ~ *myself in* politics. 政治がおもしろくなり始めた.
❷ 〈人を〉関係させ(ようとす)る, 引き入れる: Can I ~ you *in* a game of bridge? ブリッジを一番やる気はありませんか / The agent tried to ~ him *in* (buying) the house. 周旋業者は彼にその家を買わせようと持ちかけてきた / I ~*ed myself in* the enterprise. 私はその事業に関与[関係]した.
〖F<L=間に存在する, 関係する INTER-+*est*, *esse* 存在する(テン語源): cf. entity)〗

*__in·ter·est·ed__ /íntərəstɪd, -tərèst-, -trɪst-/ 形 (**more** ~; **most** ~) ❶ 興味をもった; 興味の色を浮かべた, 興味深げな《cf. interested 他 1》: an ~ look 興味ありげな顔つき / I'm very (much) ~ *in* music. 音楽にとても興味があります《用法 I'm *much* ~ *in* music. のように much を単独に用いるのは今では形式ばった表現》/ I'm ~ *in* learning French. フランス語を習いたいものです / [+*to do*] I should be ~ *to* hear how the play ended. その劇がどんな結末だったか知りたいのです / I'm ~ *in* learning French. フランス語を習いたいと思っている / [+*that*] He's ~ *that* she plays golf. 彼は彼女がゴルフをやることに関心をもっている. ❷ 利害関係をもつ: ~ parties (事件の)利害関係者, 当事者 / the person [people] ~ 関係者 / He's ~ *in* the enterprise. 彼はその事業に関係している《比較 この意味では He has an interest *in* the enterprise. とするほうが一般的》/ Every employee is ~ *in* the fate of the company. 従業員はすべて社運に関与している. ❸ ⓐ 私利に動かされた, 私心のある《↔ disinterested》: ~ motives 不純な動機.

in·ter·est·ed·ly 副 ❶ 興味をもって. ❷ 自分のためを考えて; 私心をもって.
interest-frée 形 副 利息なしの[で], 無利子の[で].
ínterest gròup 名 利益集団, 圧力団体.

*__in·ter·est·ing__ /íntərəstɪŋ, -tərèst-, -trɪst-/ 形 (**more** ~; **most** ~) 興味を起こさせる, おもしろい: an ~ book おもしろい本 / The story is very ~ (to me). その話は(私には)とてもおもしろい / It's ~ *to* study people's expressions. 人の表情を注意して見るとかは興味のあることだ / It is ~ *that* no one remembers his nationality. だれも彼の国籍を覚えていないのはおもしろい.

⁺**ín·ter·est·ing·ly** 副 ❶ 〔文修飾〕おもしろい[興味深い]ことには: I~ (enough), he was only seven when he composed the sonata. 興味深いことには、彼がそのソナタを作曲した時わずか 7 歳でした. ❷ おもしろく, 興味深く.

⁺**ínter·fàce** 名 ❶ **a** (二者間の)境界面, 接点《between》. **b** 共通の問題. ❷ 〔電算〕インターフェイス《電算システムにおけるハードウェア同士の接点または接点となるプログラム; 人間と電算システムとの接点, また接点となるプログラムや機器》. ─ 動 他 〈...を〉〈...と〉インターフェイスで接続する《with》. ─ 自 ❶ 〔人と〕交流する, (特に仕事のうえで)接する《with》. ❷ 〔...と〕インターフェイスで連結する《with》.

ínter·fácial 形 二面間の; 界面の.
ínter·fácing 名 Ｕ (襟などの)芯(ﾆ)地.
ínter·fáith 形 異宗教間の; 異教徒間の.

*ín·ter·fére /ìntɚfíɚ | -təfíə/ 動 自 ❶ **a** 〈人・物事が〉妨げる, じゃまをする: I shall come if nothing ~s. 都合がつけばうかがいます / The bad weather ~d with our plans. 悪天候で我々の計画は支障をきたした / Don't ~ with other people's pleasures. 他人の楽しみを妨害してはいけない. **b** (勝手に)いじくる (★受身可): Don't ~ with my papers. 私の書類をやたらにいじるな. **c** 〔子供に〕(性的な)いたずらをする《with》. ❷ **a** 〈人が〉干渉する, 口出しする: You should not ~ in their private affairs. 彼らの私事に口出しするものではない. **b** 〔ある事に〕乗り出す, 仲裁[調停]する《in》. ❸ 〔理〕〈電波などが〉干渉する《with》; 〔放送〕混信する. ❹ 〔競技〕〈相手の競技者を〉(不法に)妨害する《with》. 〔F=殴り合う〕 (名) interference.

〖類義語〗interfere 余計な口出しや手出しをしてじゃまをする. meddle 自分が口を出す権利がないことや頼まれもしないことに余計なおせっかいをする.

*ín·ter·fér·ence /ìntɚfí(ə)rəns | -tə-/ 名 ❶ Ｕ 干渉; 口出し, じゃま《in, with, between》: government ~ in private enterprises 民間企業への政府の干渉 / He hates ~ with his work. 彼は仕事のじゃまをされるのをひどく嫌う. ❷ 〔競技〕不法妨害, インターフェア《with》. ❸ 〔理〕(光波・音波・電波などの)干渉. ❹ 〔無線〕妨害, 混信 (cf. static). **rún interférence for...** (1) 〔...のために〕やっかいな問題をあらかじめ処理する. (2) 〖アメフト〗〔ボールキャリアーについて走り〕敵のタックルを阻止する. (動) interfere.

ìn·ter·fér·ing /-fí(ə)rɪŋ/ 形 干渉[口出し]する, おせっかいな. **~·ly** 副

ìn·ter·fér·o·gram /ìntɚfí(ə)rəɡræm | -tə-/ 名 〔光〕インターフェログラム《干渉光強度の変化の写真記録図》.

ìn·ter·fe·róm·e·ter /ìntɚfərɑ́mətɚ | -təfərɔ́mətə/ 名 〔光〕干渉計. -**fer·om·e·try** /-fərɑ́mətri | -rɔ́m-/ 名 干渉計使用[構成]法, インターフェロメトリー. -**fer·o·mét·ric** /-fɚ(ə)rəmétrɪk/ ⁻/ 形

ìn·ter·fer·on /ìntɚfíɚrɑn | -təfíərɔn/ 名 Ｕ,Ｃ 〔生化〕インターフェロン《ウイルスの感染に応じて生じその成長を抑制する物質》. 〖INTERFERE からの造語〗

ínter·file 動 綴じる, 綴じ込む.
ìn·ter·flúve /ìntɚflúːv | -tə-/ 名 河間地域《隣接する川にはさまれた地域》.

ìn·ter·fúse /ìntɚfjúːz | -tə-/ 動 他 にじみ込ませる; 混合させる; 〈...を〉〔...と〕混ぜる; 〔...を〕〈...に〉にじみ込ませる《with》. ─ 自 混ざる, 混合する.

ìn·ter·fú·sion /ìntɚfjúːʒən | -tə-/ 名 Ｕ 混入, 混合.
ìnter·galáctic 形 銀河系間(空間)の; 宇宙の: ~ gas 銀河間ガス.
ìn·ter·gen·er·a·tion·al /ìntɚdʒènəréɪʃ(ə)nəl | -tə-/ ⁻/ 形 世代間の, 複数の世代にまたがる.
ìnter·géneric 形 属間の.
ìnter·glácial 形 間氷期の.
ìnter·governméntal 形 政府間の.
ìnter·gradátion 名 (一連の段階・形式を経ての)遷移, 変移, 移行; 遷移の段階. **-al** 形
ìnter·gráde 動 自 〈種などが〉漸次に他に移り変わる. ─ 名 /⎯⎯/ 間の段階[形式, 程度].
ìnter·grów 動 自 相互に交わって生長する, 〈数種の結晶が〉連絡共生する[連晶をなす].
ínter·gròwth 名 互いに交わって生長したもの; 〔鉱〕連晶

《数種の結晶が一定の法則によって直接共生しているもの》.

*ín·ter·im /íntərɪm/ 形 Ａ 当座の, 臨時の, 仮の, 暫定(ﾂﾞ)的な: an ~ certificate 仮証書 / an ~ dividend [report] 中間配当[報告] / an ~ policy 暫定的な政策. ─ 名 〔the ~〕合間, しばらく: in the ~ その間に. 〖L= in the meantime〈inter 中に, 間に〉〗

*ìn·te·ri·or /ìntí(ə)riɚ | -tí(ə)riə/ 形 (**more ~; most ~**) ❶ (比較なし) 内の, 内部の; 内側の (↔ exterior): an ~ wall 内壁 / an ~ angle 内角. ❷ (比較なし) 海岸から遠ざかった, 内陸の, 奥地の. ❸ (比較なし) 政務などが国内の, 内国の (↔ foreign). ❹ 内面的な, 精神的な; 隠された, 秘密の, 内密の (inner): one's ~ life 隠された生活. ─ 名 ❶ **a** 〔the ~〕内部, 内面: the ~ of a Japanese house 日本家屋の内部. **b** 〔the ~〕室内. **c** Ｃ 室内図, 室内写真; 室内場面[セット]. ❷ 〔the ~〕内地, 奥地《of》. ❸ 〔the ~〕国内の政務; 内政: the Department [Secretary] of the I- (米国の)内務省[長官]. ❹ 〔the ~〕内心, 本性《of》. 〖L; ⇒ inter-, -ior¹〗

⁺**intérior design [decorátion]** 名 Ｕ 室内装飾.
⁺**intérior desígner [décorator]** 名 Ｕ 室内装飾家.
ìn·te·ri·or·i·ty /ìntì(ə)riɔ́ːrəti | -ɔ́r-/ 名 Ｕ 内面性, 内部性; 実質, 内身.
ìn·té·ri·or·ìze /-ràɪz/ 動 他 内なるものとする, 内面化する.
ìn·té·ri·or·ly 副 ❶ 内に, 内部に. ❷ 内面的に.
intérior mónologue 名 〖文芸〗内的独白.
intérior-sprúng 形 〔英〕スプリング入りの((米) innerspring): an ~ mattress スプリング入りマットレス.
interj. (略) interjection.
ìn·ter·jéct /ìntɚdʒékt | -tə-/ 動 他 〈問いなどを〉(話し半ばに)不意にさしはさむ. ─ 自 言葉を不意にさしはさむ. 〖L= 投げ込む〗

ìn·ter·jéc·tion /ìntɚdʒékʃən | -tə-/ 名 ❶ **a** Ｕ (言葉・叫びなどを)不意にさしはさむこと, 不意の発声 (exclamation). **b** Ｃ 不意にはさまれた言葉[叫び声]. ❷ Ｃ 〖文法〗間投詞, 感嘆詞《Ah!, Oh!, Dear me!, Bless me! など; ★この辞書では 間 という記号を用いている》.
ìn·ter·jéc·tion·al /-ʃ(ə)nəl/ ⁻/ 形 間投詞[感嘆]詞の; 間投詞的な. **~·ly** /-nəli/ 副
ìn·ter·jéc·to·ry /ìntɚdʒéktəri, -tri | -tə-/ ⁻/ 形 間投[感嘆]詞の(ような); 不意にさしはさんだ.
ìn·ter·láce /ìntɚléɪs | -tə-/ 動 他 ❶ 〈糸・指・枝などを〉組み合わせる: ~ one's fingers 指を組み合わす / One makes baskets by interlacing reeds or fibers. かごはアシや繊維を組み合わせて作る / She ~d her fingers with mine. 彼女は私の指と組み合わせた. ❷ 〈...に〉...を織り交ぜる: The narrative was ~d with anecdotes. その物語には逸話が織り交ぜてあった. ─ 自 組み合わさる, 織り交ざる.

ínter·lànguage 名 中間言語《第 2 言語習得の過程で発達するとされる母語と目標言語の中間の言語体系》.
ìn·ter·lárd /ìntɚlɑ́ːd | -təlɑ́ː-/ 動 他 〈話・文章などに〉交ぜる: The speaker ~ed his speech with amusing anecdotes. 講演者は講演の所々におもしろい逸話を織り交ぜた.
ìnter·láy 動 他 〈...の〉中間に入れる《with》; 〖印〗〈...に〉中取りする. ─ 名 /⎯⎯/ 〖印〗中張り紙《版面の高さの調節などのために, 版と台木の間に張り込む》.
ínter·lèaf 名 間(ｶﾞ)紙《本の中に差し込んだ(白)紙》. ─ /⎯⎯/ 動 他 =interleave.
ìnter·léave 動 他 ❶ 〈本に〉間(ｶﾞ)紙(など)をとじ込む. ❷ 〈...に〉〈...を〉(さし)はさむ: She ~d the weeks of hard work with short vacations. 彼女は何週間ものつらい仕事の合間に短い休暇をいくつかはさんだ.

ìn·ter·leu·kin /ìntɚlúːkɪn | -tə-/ 名 〔生化〕インターロイキン《リンパ球・マクロファージ・単球によって産生放出され免疫システム制御機能をもつ低分子量化合物; 略 IL》.
ínter·library 形 図書館相互間の.
ìn·ter·líne¹ 動 他 ❶ 〈文書の〉行間にさしはさむ: The manuscript was ~d with his corrections. その原稿に

は行間に彼の訂正が書き込まれていた. ❷ 〈字・語句などを〉書き込む[印刷する]: The teacher ~d corrections *on* the pupils' compositions. 教師は生徒たちの作文の行間に訂正を書き込んだ.

ìnter・líne² 動 他 〈衣服の表と裏地の間に〉裏打ちをする.

in・ter・lin・e・ar /ìntɚlíniɚ | -təlíniə⁻/ 形 行間に書いた[印刷した]: an ~ gloss 行間注解 / ~ translation 行間翻訳.

ìnter・língua 名 ❶ 中間言語《機械翻訳のための人工言語で, 原言語を解析して言語に依存しない表現に変換したもの》. ❷ [I~] インターリングア (International Auxiliary Language Association が提唱した, 英語と主なロマンス語の要素を基にした人工国際語).

ìnter・língual 形 ❶ 言語間の: an ~ dictionary. ❷ 中間言語 (interlingua) の.

ínter・lìning 名 芯地, インターライニング《衣服の表地と裏地の間に入れる布地》.

ìnter・lóbular 形 〖解〗小葉間の.

ínter・lóck 動 ❶ 連結する, 結合する, 組み合う. 〖鉄道〗〈信号機などが〉連動装置で動く: ~*ing* signals 連動式信号, 連鎖信号. ── 他 〈…を〉連結させる, 組み合わせる《★ 通例受身》. ── /━─━/ 名 ❶ 連結, 連動. ❷ Ⓒ 連動装置.

ìn・ter・lo・cu・tion /ìntɚləkjúːʃən | -tə-/ 名 ⓊⒸ 対話, 問答.

ìn・ter・loc・u・tor /ìntɚlákjʊtɚ | -təlɔ́kjʊtə/ 名 対話[対談]者.

ìn・ter・loc・u・to・ry /ìntɚlákjʊtɔ̀ːri | -təlɔ́kjʊtəri, -tri/ 形 対話(体)の, 問答体の.

ìn・ter・lope /ìntɚlóup | -tə-/ 動 ❶ (不法に)侵入する. ❷ 他人のことに干渉する, 他人事に立ち入る.

ìn・ter・lóp・er 名 ❶ (不法)侵入者 (intruder). ❷ 干渉する人, おせっかい(人).

†**ìn・ter・lude** /ìntɚlùːd | -tə-/ 名 ❶ a 幕間(ま̀く). b 幕間の演芸, 合い狂言. c (15-16 世紀ごろの)中間劇《喜劇の前身》. ❷ 〖楽〗間奏曲. ❸ 合間; 合間の出来事. 〖L < INTER-+*ludus* 遊び, 演技〗

ìnter・márriage 名 ❶ 異なる人種・階級・氏族間の結婚. ❷ 近親結婚.

ìnter・márry 動 ❶ 〈異族などが〉〈…と〉結婚する〔*with*〕. ❷ 〈…と〉近親結婚をする〔*with*〕.

ìnter・méddle 動 〈…に〉おせっかいをする, しゃしゃばる〔*with*, *in*〕.

ìn・ter・me・di・a・cy /ìntɚmíːdiəsi | -təmíːdi-/ 名 Ⓤ ❶ 仲介, 仲裁, 仲立ち. ❷ 中間(性).

†**ìn・ter・me・di・a・ry** /ìntɚmíːdièri | -təmíːdiəri⁻/ 形 ❶ 中間の; 中継の: an ~ stage 中間段階 / an ~ post office 中継郵便局. ❷ 仲介[媒介]の: an ~ agent 仲介業者. ❸ 仲介者[物], 仲裁人 (go-between): act as an ~ 仲介(者として)の労をとる. ❷ 媒介, 手段.

*__**ìn・ter・me・di・ate**__ /ìntɚmíːdiət | -təmíːdi-⁻/ 形 (比較なし) 中間の: (an) ~ level 中級 / an ~ stage 中間段階 / an ~ range ballistic missile 中距離弾道弾《略 IRBM》. ── /ìntɚmíːdièit | -təmíːdi-/ 動 ❶ 中型車. ❷ 〈…との間の〉仲介をする, 仲立ちをする〔*between*〕. ~**・ly** 副

〖形態: L=中間のく INTER-+*medius* 中間の; 動: INTER-+MEDIATE〗

ìntermédiate schóol 名《米》中学校 (junior high school).

ìntermédiate technólogy 名 Ⓤ 中間技術《小規模・簡単・自足を旨とし, 環境と資源の保護との両立を唱える科学技術(観)》.

ìn・ter・me・di・a・tion /ìntɚmìːdiéiʃən | -təmíːdi-/ 名 Ⓤ 仲介, 媒介, 仲裁.

ìn・ter・mé・di・a・tor /-tɚ | -tə/ 名 仲介[媒介]者.

in・ter・ment /intɚ́ːmənt | -tɔ́ː-/ 名 ⓊⒸ 埋葬, 土葬.

in・ter・mer・cial /ìntɚmɚ́ːʃəl | -təmɔ́ː-/ 名 〖電算〗ページ間広告《インターネット上のリンクを選択したとき, 目的のページとは別に表示される広告画面》.

ìnter・mésh 動 自 他 かみ合う, かみ合わせる (interlock).

ìn・ter・mez・zo /ìntɚmétsou | -təmédzou, -mets-, -mez-mét-, -mezi/-métsi/, ~s) ❶ 〔劇・歌劇などの〕幕間(ま̀く)演芸. ❷ 〖楽〗間奏曲. 〖It; INTERMEDIATE と同語源〗

†**in・ter・mi・na・ble** /intɚ́ːmənəbl | -tɔ́ː-/ 形 果てしない, 限りない; 長たらしい, だらだらと続く (endless): a book of ~ length だらだらと続く本. -**na・bly** /-nəbli/ 副

ìnter・mìngle 動 ❶ 〈…を〉混ぜ合わせる. ❷ 〈…、…を〉混ぜる: The photographs are ~d *with* the text. 写真が本文にはさまれている. ── ❶ 入り混じる. ❷ 混ざり合う: Shadow ~d *with* sunlight beneath the leafy tree. 葉の茂った木の下に日陰が日差しと入り交じった.

in・ter・mis・sion /ìntɚmíʃən | -tə-/ 名 ❶ ⓊⒸ 休止, 中断: work with a short ~ at noon 正午に少し休憩して働く / without ~ 休憩なしに. ❷ Ⓒ 〔芝居などの〕幕間(ま̀く), 休憩時間.

in・ter・mit /ìntɚmít | -tə-/ 動 (**in・ter・mit・ted; -mit・ting**) 他 〈…を〉一時止める, 中絶[中断]させる. ── ❶ 一時止まる, 中絶する, 中休みする. ❷ 〖医〗〈脈拍が〉結滞する.

ìn・ter・mit・tence /ìntɚmítəns, -tns | -tə-/ 名 Ⓤ 中断, 断続, とぎれ.

†**in・ter・mit・tent** /ìntɚmítənt, -tnt | -tə-⁻/ 形 時々とぎれる, 断続する, 間欠性の (sporadic): an ~ spring 間欠泉 / ~ fever 〖医〗間欠熱, マラリア熱 / ~ wipers《自動車の》間欠ワイパー / cloudy with ~ rain 曇時々雨. ~**・ly** 副

ìnter・míx 動 = intermingle.

ìnter・míxture 名 ❶ Ⓤ 混合. ❷ Ⓒ 混合物.

ìnter・módal 形 共同[複合]一貫輸送の: a 全輸送区間を通じて, トラックと鉄道のように 2 つ以上の異なる形態の手段を使う輸送. b その輸送に使われる.

ìnter・molécular 形 分子間の.

ìn・ter・n¹ /intɚ́ːn, -⁻ | intɔ́ː-/ 動 他 〈捕虜・危険人物などを〉〈一定の区域内に〉拘禁する, 抑留する. ── /━⁻/ 名 被抑留者. 〖F; INTERNEE と同語源〗

in・ter・n² /íntɚːn | -tɔːn/ 名《米》❶ インターン, 医学研修生《英》houseman)《病院住み込みの医師・医学生; cf. resident 3, extern》. ❷ 教育実習生, 教生. ── 動 自 インターンとして勤務する. 〖↑〗

*__**in・ter・nal**__ /intɚ́ːn(ə)l, ìn-, -⁻ | -tɔ́ː-/ 形 (比較なし) ❶ **a** 内(部)の (↔ external): an ~ line 内線電話. **b** 体内の: ~ organs 内臓 / ~ bleeding 内出血 / ~ medicine 内科(学). **c** 〖薬〗内服用の, 経口の: medicines for ~ use 内服薬. ❷ 内面的な, 内在的な, 本質的な: ~ evidence 内的証拠《外物によらず物自体に備わる証拠》. ❸ 国内の, 内政の (domestic): ~ debts [loans] 内国債 / ~ trade 国内貿易 / an ~ flight 国内(飛行)便. ── 名 ❶ 〔事物の〕本質, 実質. ❷ [複数形で] 内臓. 〖L < *intenus* 内部のく *inter* 中に, 間に; cf. inter-〗

intérnal-combústion 形《機》内燃の: an ~ engine 内燃機関.

intérnal éxile 名 Ⓤ 国内流刑.

in・ter・nal・ize /intɚ́ːnəlàiz | -tɔ́ː-/ 動 他 ❶ 〈思想などを〉自分のものにする, 内面的にする, 内面化する. ❷ 〈文化・習慣などを〉吸収する, 習得する. **in・ter・nal・i・za・tion** /intɚ̀ːnəlìzéiʃən | -tɔ̀ːnəlaiz-/ 名

in・tér・nal・ly /-nəli/ 副 ❶ 内部で, 内面的に. ❷ 国内で.

intérnal márket 名 域内市場 (single market).

intérnal révenue 名 [the ~]《米》内国税収入 (《英》inland revenue).

Intérnal Révenue Sèrvice 名 [the ~]《米》国税庁《略 IRS》.

intérnal rhýme 名 〖詩学〗中間韻《詩行の行中語とその行の行末語または次行の行中語とのなす韻》.

*__**ìn・ter・na・tion・al**__ /ìntɚnǽʃ(ə)nəl | -tə-⁻/ 形 (**more**

~; most ~) 国際(上)の, 国際間の, 国際的な, 万国の: an ~ airport 国際空港 / the *I*~ Code (船舶の)国際(旗)信号 / an ~ conference 国際会議 / an ~ exhibition 万国博覧会 / an ~ driver's [driving] license 国際運転免許証 / ~ trade 国際貿易 / ~ exchange 国際為替, 外国為替 / ~ games 国際競技 / an ~ language 国際語 / ~ law 国際(公)法. ── [名] ❶ **a** 国際競技会出場者. **b** 国際競技会, 国際スポーツ大会. ❷ [I~] インターナショナル 《社会・共産主義者の国際的団体》: the First *I*~ 第 1 インターナショナル (1864–76) / the Second *I*~ 第 2 インターナショナル (1889–1914) / the Third *I*~ 第 3 インターナショナル (1919–43). 〖INTER-+NATIONAL〗

Internátional Baccaláureate [名] 国際バカロレア 《国際的な大学入学資格試験; 合格者には加盟国の大学の入学[受験]資格が与えられる; 略 IB》.

Ínternational Cívil Aviátion Organizàtion [名] [the ~] 国際民間航空機関 《略 ICAO》.

Ínternational Cóurt of Jústice [名] [the ~] 国際司法裁判所 《略 ICJ》.

ínternational dáte lìne [名] [the ~] (ほぼ 180° の子午線に沿って太平洋の中央を通過する)国際日付変更線.

In·ter·na·tion·ale /ìnṭənæ̀ʃənǽl, -nάːl | -tə-/ [名] [the I~] インター(ナショナル)の歌 《共産主義者・労働者間に歌われる革命歌》.

Ínternational Énergy Àgency [名] [the ~] 国際エネルギー機関 《略 IEA》.

ìn·ter·ná·tion·al·ìsm /-ʃ(ə)nəlìzm/ [名] [U] ❶ 国際主義. ❷ 国際性.

in·ter·ná·tion·al·ist /-ʃ(ə)nəlɪst/ [名] ❶ 国際主義者. ❷ 国際法学者.

in·ter·na·tion·al·i·za·tion /ìnṭənæ̀ʃ(ə)nəlɪzéɪʃən | -tənæ̀ʃ(ə)nəlaɪz-/ [名] [U] ❶ 国際化. ❷ 国際管理化.

in·ter·na·tion·al·ize /ìnṭənǽʃ(ə)nəlàɪz | -tə-/ [動] [他] ❶ 国際化する. ❷ 国際管理下に置く.

Ínternational Lábor Organizàtion [名] [the ~] 国際労働機関 《1919 年設立, 46 年国連の機関として新たに発足; 略 ILO》.

ínternational láw [名] [U] 国際法.

ìn·ter·ná·tion·al·ly /-nəli/ [副] 国際的に, 国際上.

Ínternational Mónetary Fùnd [名] [the ~] 国際通貨基金 《国連の専門機関; 1945 年設立; 略 IMF》.

Internátional Olýmpic Commìttee [名] [the ~] 国際オリンピック委員会 《略 IOC》.

Internátional Phonétic Álphabet [名] [the ~] 国際音標文字 《略 IPA》.

Internátional Phonétic Associátion [名] [the ~] 国際音声学協会 《1886 年設立; 略 IPA》.

+**internátional relátions** [名] [複] ❶ 国際関係. ❷ [単数扱い] 国際関係論.

Ínternational Stándard Bóok Nùmber [名] [the ~] 国際標準図書番号 《左から国別記号・出版社記号・書名記号・チェック数字の四つから成っている; 略 ISBN》.

Ínternational Stýle [名] [U] [the ~] 国際様式 《1920–30 年代にヨーロッパ・米国で発展し, 20 世紀半ばの西洋建築の主流をなした合理主義的造形様式》.

Ínternational Sýstem of Únits [名] 国際単位系 《略 SI》.

ínternational únit [名] 国際単位 《ビタミンやホルモンなどの量・効果を測定するための国際的に認められた単位》.

in·terne /íntəːn | -təːn/ [名] =intern².

in·ter·ne·cine /ìnṭəníːsiːn, -nés-, -s(ə)n | -tə́níːsaɪn←/ [形] ❶ 互いに殺し合う, 〈戦争など〉(両者に)多数の死傷者を出す, 血なまぐさい. ❷ 内部抗争の.

in·tern·ee /ìnṭəːníː | ìntəː-/ [名] 被収容者, 被抑留者.

ìnter·négative [名] 〔写〕 中間ネガ, インターネガ 《スライドなどポジ像を普通の印画紙やプリントフィルムに焼き付けるとき, まずフィルムに焼き付けて作るネガ》.

*__In·ter·net__ /íntənèt | -tə-/ [名] [the ~] **インターネット** 《専用回線や電話回線でつないだ世界規模のコンピューターネットワーク》: use the ~ インターネットを利用する / get information from [on] the ~ インターネットで情報を得る / He is not on the ~. 彼はまだインターネットを利用していない / The information is not on the ~. その情報はインターネット上にない / audio and video streaming over the ~ インターネットでの音声および画像のストリーミング. 〖INTER-+NET(WORK)〗

Ínternet bànking [名] [U] インターネットバンキング 《インターネットを介した振込・振替・残高照会などの銀行サービス》.

Ínternet Càfe [名] インターネットカフェ 《有料でインターネットが利用できる設備を備えたカフェ》.

Ínternet Explòrer [名] 〔電算・商標〕 インターネットエクスプローラー 《米国 Microsoft 社製のブラウザー》.

Ínternet Pròtocol [名] インターネットプロトコル (⇨ IP).

Ínternet sérvice provìder [名] 〔電算〕 インターネット(サービス)プロバイダー (略 ISP; cf. service provider).

ìnter·nétworking [名] 〔電算〕 インターネットワーキング 《複数のネットワークの相互接続》.

ìnter·néuron [名] 〔解〕 (中枢神経系内部の)介在ニューロン. **inter·neu·ron·al** /ìnṭən(j)ʊ́(ə)rən(ə)l, -n(j)ʊ(ə)róʊ- | -njʊ́ərə-, -njuəróʊ-/ [形]

in·ter·nist /íntəːnɪst | -təː-/ [名] 内科(専門)医.

in·tern·ment /ɪntə́ːnmənt | -tə́ːn-/ [名] [U,C] 留置, 抑留, 収容: an ~ camp 抑留所, 捕虜[強制]収容所.

ínter·nòde [名] 〔解・植〕 節間 《節と節との間の部分》. **ìnter·nódal** [形]

íntern·shìp [名] インターン (intern²) の地位[身分], 病院実習(期間) (cf. residency 2).

ìnter·núclear [形] ❶ 〔生〕 核間の. ❷ 〔理〕 原子核間の.

in·ter·nun·ci·al /ìnṭənʌ́nʃ(i)əl | -tə-←/ [形] 〔解〕 介在の, 連絡の 《神経中枢間などに介在する》.

ìnter·oceánic [形] 大洋間の.

in·ter·o·cep·tive /ìnṭəroʊséptɪv/ [形] 〔生理〕 内受容の, 内受容性の.

in·ter·o·cep·tor /ìnṭəroʊséptə | -tə/ [名] 〔生理〕 内受容器 《体内に発生する刺激に感応する; cf. exteroceptor》.

ìnter·óffice [形] 各部局間の, 社内の.

ìnter·óperable [形] 相互運用が可能な, 相互運用性のある. **ìn·ter·op·er·a·bíl·i·ty** /-ὰp(ə)rəbíləṭi/ [名]

ìnter·ósseous [形] 〔解〕 骨間の.

in·ter·pel·late /ìnṭəpéleɪt | ɪntə́ːpəleɪt/ [動] [他] (議会で議事日程を狂わす目的で)〈大臣に〉質問する, 質問して日程を妨害する. **in·ter·pel·la·tion** /ìnṭəpəléɪʃən | ɪntə̀ː-pəléɪ-/ [名]

ìnter·pénetrate [動] [他] 〈…に〉浸透する, しみ込む. ── [自] 〈二物が〉互いに貫き合う. **ìnter·penetrátion** [名]

+**ìnter·pérsonal** [形] 人間相互間の; 対人関係の: ~ relations 対人関係.

ínter·phàse [名] [U] 〔生〕 間期, 分裂間期 《細胞周期において, 分裂期から次の分裂期までの間》.

in·ter·phone /íntəfòʊn | -tə-/ [名] 《米》 (船舶・航空機・建物内などの)内部[構内]電話, インターホン.

ìnter·plánetary [形] 〔天〕 惑星間の.

ìnter·plánt [動] [他] 〈作物を〉間作する; 〈木を〉間植[混植]する.

ínter·plày [名] [U] 相互作用 (interaction): the ~ *of* light and shadow 光と影の交錯. ── /ˌ－－́/ [動] [自] 相互に作用し合う.

in·ter·plead·er /ìnṭəplíːdə | ìntəplíːdə/ [名] 〔法〕 競合権利者確認手続き.

In·ter·pol /íntəpὰl, -pòʊl | -təpɔ̀l/ [名] インターポル 《the International Criminal Police Organization (国際刑事警察機構; 略 ICPO)の通称; 本部はリヨン》. 〖*Inter*national *pol*ice〗

in·ter·po·late /ɪntə́ːpəlèɪt | -tə́ː-/ [動] [他] ❶ **a** 〈本・写本に〉修正語句を書き込む, 改竄(かいざん)する. **b** 〈修正語句などを〉〈…に〉書き入れる 〔*in*〕. **c** 〈意見などを〉(話し中に)さしはさむ. ❷ 〔数〕 〈中間項を〉級数に挿入する. ── [自] ❶ 挿入[書き入れ]を行なう. ❷ 〔統〕 内挿[補間]法を行なう (↔ extrapolate). 〖L=手を加えて新しくする＜INTER-+*polire* to polish〗

in·ter·po·la·tion /ɪntə̀ːpəléɪʃən | -tə̀ː-/ [名] ❶ **a** [U]

I

書き入れ, 改竄(%%). **b** ⓒ 書き入れられた語句[事項]; ~s in a text 原文の改竄(%%)個所. ❷ Ⓤⓒ 《統》補間法, 内挿法.

in・ter・pose /ìntəpóuz | -tə-/ 動 他 ❶ 間にはさむ[置く]; 〈...を〉〈...の間に〉置く, 挿入する: ~ a translucent body *between* a source of light and the eye 光源と目の間に半透明体を置く. ❷ a 〈異議などを〉さしはさむ. b (会話の途中に)〈言葉・意見を〉さしはさむ. ── 自 ❶ 〈...の(間の)〉仲裁に入る: ~ *between* two claimants 主張し合う二人の仲裁をする. ❷ 口出しする; じゃまする.

in・ter・po・si・tion /ìntəpəzíʃən | -tə-/ 名 ❶ Ⓤ a 介在(の位置). b 仲裁. c 干渉; 妨害. ❷ ⓒ 挿入物.

*****in・ter・pret** /ɪntɜ́:prɪt | -tə́:-/ 動 他 ❶ 〈...を〉解釈する, 説明する; 〈夢を〉判断する: How do you ~ this sentence? 君はこの文をどう解釈しますか / He ~ed those symbols for me. 彼はその符号を私に解釈してくれた. b 〈...を〉〈...の意味と〉理解する: 〔+目+*as*補〕They ~ed her silence *as* concession. 彼らは彼女の沈黙を譲歩の意に解した. ❷ 〈外国語を〉通訳する. ❸ 〈自己の解釈に基づいて〉〈音楽・演劇などを〉演奏[演出]する. ── 自 ❶ 通訳する. **~・a・ble** /-tbəl/ 形 〖F<L; 原義は「二者間の仲介人となる」〗 (名 interpretation)

*****in・ter・pre・ta・tion** /ɪntɜ̀:prətéɪʃən | -tɜ̀:-/ 名 Ⓤⓒ ❶ a 解釈, 説明; (夢・なぞなどの)判断 〖*of*〗: put an ~ on events 一連の事件に説明を加える. b 通訳. ❷ 〖芸術〗(自己の解釈に基づく)演出, 演技, 演奏. (動 interpret, 形 interpretative)

in・ter・pre・ta・tive /ɪntɜ́:prətèɪtɪv, -tətɪv | -tɜ́:-/ 形 解釈(用)の, 解釈[説明]的な; 解釈上の. **~・ly** 副

*****in・ter・pret・er** /ɪntɜ́:prətə | -tɜ́:prɪtə/ 名 ❶ 通訳(者): hire an ~ 通訳を雇う. ❷ 解釈者, 説明者 〖*of*〗. ❸ 〖電算〗インタープリター, 解釈プログラム.

in・ter・pre・tive /ɪntɜ́:prətɪv | -tɜ́:-/ 形 =interpretative. **~・ly** 副

intérpretive cènter 名 (観光地・史跡などの)資料館.

ìnter・províncial 形 州の間の[にある], 州間の.

ìn・ter・rácial 形 異人種の, 異人種が混合した.

in・ter・reg・num /ìntəɪrégnəm | -tə-/ 名 (複 ~s, -na /-nə/) ❶ a (帝王の崩御・廃位などによる)空位期間. b (内閣更迭などによる)空白期間. ❷ 休止[中絶]期間. 〖L<INTER-+*regnum* reign〗

in・ter・re・late /ìntəɪrɪléɪt | -tə-/ 動 他 〈物事を〉相互に関連づける: ~ the functions of government offices 官庁の機能を相互に関連させる. ── 自 相互関係を持つ: His research project ~s *with* mine. 彼の研究課題は私のと相互に関係している.

in・ter・re・lat・ed /-tɪd/ 形 相互に関係のある.

ìnter・reláti・on 名 Ⓤⓒ 相互関係: the ~(s) *between* law and custom 法律と慣習との相互関係.

interrelátion・shìp 名 Ⓤⓒ 相互関係 〖*of*〗.

interrog. (略) interrogation; interrogative(ly).

†**in・ter・ro・gate** /ɪntérəgèɪt/ 動 他 〈人に〉(系統立った組織的な)質問を行なう; 〈人を〉尋問[審問]する: The policeman ~d him *about* the purpose of his journey. 警官は彼に旅行の目的について尋問した. 〖L<INTER-+*rogare* to ask, 求める〗 (名 interrogation, 形 interrogative) 【類義語】⇒ ask.

†**in・ter・ro・ga・tion** /ɪntɜ̀rəgéɪʃən/ 名 Ⓤⓒ ❶ 質問, 尋問, 審問, 取り調べ (questioning); 疑問: undergo (an) ~ 尋問取り調べを受ける. (動 interrogate)

interrogátion màrk [**pòint**] 名 〖印〗 疑問符 (?).

in・ter・rog・a・tive /ɪntərágətɪv | -rɔ́g-−/ 形 (比較なし) ❶ a 疑問の, 質問の. b 物を問いたげな: an ~ tone of voice 何か問いたげな口調. ❷ 〖文法〗疑問の: an ~ adverb 疑問副詞 (when?, where?, why?, how? など) / an ~ pronoun 疑問代名詞 (what?, who?, which? など) / an ~ sentence 疑問文. ── 名 〖文法〗 ❶ 疑問詞; (特に)疑問代名詞. ❷ 疑問文. **~・ly** 副 疑問に思って, 何か問いたげに. (動 interrogate)

in・tér・ro・gà・tor /-tə | -tə-/ 名 質問者, 尋問[審問]者.

in・ter・rog・a・to・ry /ɪntərágətòri | -rɔ́gətəri, -trı̆-/ 形 疑問の, 質問の, 疑問を表わす. ── 名 ❶ 疑問, 質問; 尋問, 審問. ❷ 〖法〗 (被告・証人などに対する)尋問調書, 質問書.

*****in・ter・rupt** /ìntərʌ́pt/ 動 他 ❶ 〈...を〉さえぎる; 中断する: The view was ~ed by a high wall. 眺めは高い塀でさえぎられていた / ~ one's holiday 休暇を中途で切り上げる. ❷ a 〈話などの〉腰を折る: A strange sound ~ed his speech. 妙な物音が彼の話の腰を折った. b 〈人の〉中断する: A phone call ~ed me *during* [*in* (the middle of)] my supper. 電話が(かかってきて)私の夕食を中断した. ❸ 阻止する, 中断する: It's rude to ~ when someone else is speaking. 人が話をしている時さえぎるのは失礼である. 〖L<INTER-+*rumpere*, rupt- 破る (cf. rapture)〗 (名 interruption)

in・ter・rúpt・er 名 ❶ さえぎるもの[人]. ❷ 〖電〗 (電流) 断続器.

†**in・ter・rup・tion** /ìntərʌ́pʃən/ 名 Ⓤⓒ 中断, 妨害; 中絶, 不通: ~ of electric service 停電 / without ~ 間断なく, 引き続いて. (動 interrupt)

in・ter・rúp・tor 名 =interrupter.

ìnter・scholástic 形 (中等)学校間の, 対校の.

in・ter se /ìntəɪséɪ | -tə-/ 副 形 彼らだけの間で[の].

in・ter・sect /ìntəɪsékt | -tə-/ 動 他 〈...を〉 (線・面などが)交差する, 相交わる. 〖L=切り離す, 分ける<INTER-+*secare*, sect- 切る (cf. section)〗 (名 intersection)

†**in・ter・sec・tion** /ìntəɪsékʃən | -tə-/ 名 ❶ Ⓤ 交切, 交差, 横断. ❷ ⓒ (道路の)交差点. ❸ ⓒ 〖幾〗 交点, 交線. (動 intersect)

ìnter・séptal 形 〖生・解〗 隔膜[隔壁]間の.

ìnter・séssion 名 Ⓒ,Ⓤ (米) (大学の)学期と学期の間.

ìnter・séxual 形 ❶ 異性間の. ❷ 〖生〗間性の. **-sexuality** 名

in・ter・space /―́―̀/ 名 Ⓤ (二つの物の間の)空間, 合間, 中間. ── /―̀―́/ 動 他 ❶ 〈...の〉間に空間を置く[残す]. ❷ 〈...の〉間の空所を占める.

ìnter・specífic 形 〖生〗 種間の: an ~ hybrid 種間雑種.

in・ter・sperse /ìntəɪspə́:s | -təspə́:s/ 動 他 ❶ 〈もの・人を〉〈場所に〉まき散らす, 散布させる, 散りばらせる 〖*in*, *among*, *throughout*〗 〖★ しばしば受身〗: Bushes *are* ~d *among* the trees. やぶが木々の合間に散在している. ❷ 〈場所に〉点在させる; 〈...を〉点々と飾る, 〈...に〉ところどころに置く 〖★ しばしば受身〗: He ~d the text *with* explanatory diagrams. 彼は本文のところどころに説明用に図表を載せて〔で変化をつけた〕 / The meadow *was* ~d *with* stands of trees. 牧草地には木立が点在していた. 〖L; ⇒ inter-, sparse〗

in・ter・sper・sion /ìntəɪspə́:ʒən | -təspə́:ʃən/ 名 Ⓤ 散布; 散在, 点在.

in・ter・sta・di・al /ìntəɪstéɪdɪəl | -tə-/ 名 〖地〗 亜間氷期 (氷床の成長と縮小の間の休止期).

†**in・ter・state** 形 A (米国・オーストラリアなどで)各州間の (cf. intrastate): ~ commerce 州間通商 / an ~ highway 州間街道. ── /―́―̀/ 名 [しばしば I-~] (米) 州間高速自動車道.

Ínterstate Cómmerce Commíssion 名 [the ~] (米) 州間通商委員会 (略 ICC).

ìnter・stéllar 形 A 星と星の間の, 惑星間の: ~ space [dust] 恒星間空間[塵].

in・ter・stice /ɪntɜ́:stɪs | -tɪs-/ 名 [通例複数形で] 隙間, 割れ目, 裂け目 〖*of*, *between*, *in*〗.

ìnter・subjéctive 形 ❶ 〖哲〗間主観的な. ❷ 客観的な. **~・ly** 副 **-subjectivity** 名

in・ter・tex・tu・al・i・ty /ìntəɪtèkstʃuéləti | -tə-/ 名 間[相互]テキスト性 (あるテキストが他の(複数の)テキストとの間に有する関係; 引喩・翻案・翻訳・パロディー・パスティーシュ・模倣などをいう). **in・ter・téx・tu・al** /-tékstʃuəl−/ 形

ìnter・tídal 形 潮間帯の, 間潮の.

ìnter・tríbal 形 〈異〉種族間の.

in・ter・tri・go /ìntəɪtráɪgoʊ | -tə-/ 名 Ⓤ 〖医〗 間擦疹 (首のしわ・乳房下などこすれ合う部分の表在性皮疹).

†**ìn·ter·twíne** 動 他 ⟨…を⟩からみ合わせる, 編み[織り]合わせる, 織り込む (interweave): The fence was ~d with ivy. その柵(さく)にはツタがからんでいた. ── 自 からみ[もつれ]合う (entwine).

ìn·ter·twíst 動 他 ⟨…を⟩⟨…と⟩からみ[もつれ]合わせる (with). ── 自 からみ[もつれ]合う.

ìn·ter·úrban 形 ⓐ 都市間の: ~ railways [highways] 都市間鉄道[公道].

*__in·ter·val__ /íntəvəl | -tə-/ 名 ❶ (時間の)間隔, 合間; (場所の)間隔, 距離: after an ~ of five years 5年おいて / at ~s of fifty feet [two hours] 50フィート[2時間]の間をおいて / at long [short] ~s 時たま[しばしば] / at regular ~s 一定の時間[間隔]をおいて / in the ~ その間に. ❷ (英) (芝居・音楽会の)幕間(まくあい), 休憩時間 ((米) intermission). ❸ 〖楽〗音程. ❹ とびとび, とびとびに, ここかしこに; 時々, 折々. 〖F ⟨ L ⟨ INTER-+vallum 累壁〗

ìn·ter·va·lom·e·ter /ìntəvəlάmətə | ìntəvəlɔ́mɪtə/ 名 〖写〗インターバロメーター (一定時間の間隔でシャッターがきれる装置).

*__in·ter·vene__ /ìntəví:n | -tə-/ 動 自 ❶ ⟨…に⟩介入する, 干渉する; ⟨…を⟩仲裁する, 調停する: The UN ~d in the civil war. 国連がその内戦に介入した / between (two) quarreling parties 仲たがいしている双方の仲裁に入る / ~ in a dispute 紛争の調停に立つ. ❷ ⟨年月・時間・出来事・場所などが⟩⟨…(の間)に⟩入る, はさまる; 介在する; ⟨無関係なことが⟩起こる (between, in): during the years that ~(d) その間の年月に / A week ~s between Christmas and New Year's (Day). クリスマスと正月の間には1週間ある / an intervening river その間を流れる川 / I will see you tomorrow, should nothing ~. 支障が生じなければ明日お目にかかります. 〖L=間に入る ⟨ INTER-+venire, vent- 来る (cf. venue)〗 (名 intervention).

†**in·ter·vén·ing** 形 ⓐ ❶ (時間・物理的に)間にある[起こる], はさまる, 介在する: in the ~ period (二つの出来事の間の)時期か / the ~ space (二つのものの)間の[介在する]空間. ❷ 〈人が〉介入する; 仲裁する.

*__in·ter·ven·tion__ /ìntəvénʃən | -tə-/ 名 ⓤⓒ ❶ 〈…に〉入ること, 介入, 干渉; 調停, 仲裁: armed ~ 武力干渉 / government [military] ~ 政府[軍]の介入 / ~ in another country 他国への(内政)干渉. ❷ 間にあること, 介在. (動 intervene)

in·ter·vén·tion·ism /-ʃənìzm/ 名 ⓤ 干渉主義[政策].

†**in·ter·vén·tion·ist** /-ʃ(ə)nɪst/ 名 干渉主義者. ── 形 干渉主義(者)的な (↔ laissez-faire).

ìn·ter·vértebral 形 ⓐ 〖解〗椎間(ついかん)の. -ly 副

‡**in·ter·view** /íntəvjù: | -tə-/ 名 ❶ 会見, 対談; (入社などの)面接: a job =an ~ for a job 求職者の面接 / have [hold] an ~ with …と会見する / He will give an ~ to the delegation. 彼は代表団に会見するだろう. ❷ a (記者などの)取材訪問, インタビュー. b 訪問[会見]記事. ── 動 ❶ 〈人と〉会見する, 面接する: ~ job candidates 就職希望者と面接する. ❷ 〈記者が〉〈人を〉取材訪問する, インタビューする. ── 自 面接する, インタビューする. 〖F; ⇒ inter-, view〗

in·ter·view·ee /ìntəvju:í: | -tə-/ 名 面接を受ける人, インタビューされる人.

in·ter·view·er /íntəvjù:ə/ 名 会見者, 面談[面接]者; 訪問記者.

in·ter vi·vos /íntəváivous | -távi:vɔs/ 副 形 〖法〗(贈与・信託など)生存者間に[の].

ìnter·wár 形 ⓐ 戦争と戦争の間の, (特に)両大戦間の (1918–39年).

†**ìn·ter·weave** /ìntəwí:v | -tə-/ 動 他 (in·ter·wove /-wóuv/, ~weaved; in·ter·wo·ven /-wóuvən/, ~wove, ~weaved) ❶ 〈ものを〉⟨…と⟩織り交ぜる[込む]; 編み合わせる (intertwine): ~ polyester with cotton ポリエステルを綿と織り交ぜる. ❷ ⟨…と⟩織り交ぜる: ~ truth with fiction 真実と虚構とを織り交ぜる.

ìn·ter·wínd /-wáɪnd/ 動 他 巻き合わせる, より合わせる.

ìnter·wórk 動 自 〖電算〗⟨プログラム同士・プログラムとシステムなどが⟩連繋して動作する.

in·tes·ta·cy /ɪntéstəsi/ 名 ⓤ 無遺言死亡.

in·tes·tate /ɪntéstert, -tət/ 形 無遺言の[による]: die ~ 無遺言で死亡する / an ~ estate 無遺言の財産. ── 名 無遺言死亡者.

†**in·tes·ti·nal** /ɪntéstənl/ 形 腸の: an ~ disorder 腸の障害[疾患] / ~ worms 回虫(など). (名 intestine)

intéstinal fórtitude 名 (米) 勇気, 度胸, 根性 (guts に代えた婉曲的表現).

†**in·tes·tine** /ɪntéstɪn/ 名 [通例複数形で] 〖解〗腸: the large ~ 大腸 / the small ~ 小腸. ── 形 ⓐ 内部の; 国内の: an ~ war 内乱. 〖L=内側にある(もの)〗 (形 intestinal; 関形 enteric).

in·ti·fa·da /ìntɪfɑ́:də/ 名 [時に I~] インティファーダ (イスラエルのガザ地区とヨルダン西岸の占領に反対したパレスチナ人の抵抗). 〖Arab=蜂起〗

in·ti·ma /íntəmə/ 名 (複 -mae /-mì:/, ~s) 〖解・動〗内膜, (特に)血管内膜. in·ti·mal /-m(ə)l/ 形

in·ti·ma·cy /íntəməsi/ 名 ❶ ⓤ 親密, 親交; 親戚関係 (with). 〖用法〗2の意味に用いられることが多いので注意が必要; 普通はintimate friendshipの形で親密性を表現する. ❷ ⓤ (異性との)肉体関係, 情交, ねんごろな間柄 (★ sexual relations [intercourse] の婉曲表現). b ⓒ [しばしば複数形で] 親密を示す行為 (抱擁・キスなど). (形 intimate¹)

†**in·ti·mate**¹ /íntəmət/ 形 (more ~; most ~) ❶ 親密な, 懇意で (with). 〖用法〗5の意味に用いられることが多いので, 通例 close または good が用いられる: an ~ friendship 親交 / be ~ friends 親友である / He was ~ with many of the greatest minds of his day. 彼は当時の多くの優れた知識人たちと親しく交際していた. ❷ 一身上の, 個人的な: one's ~ affairs 私事 / one's ~ feelings 心の奥に秘めた感情. ❸ 〈知識など〉詳細な, 深い: have an ~ knowledge of the facts その件を熟知している. ❹ 〈部屋など〉(静かで)くつろげる, 落ち着ける: an ~ restaurant くつろげるレストラン. ❺ 男女の肉体関係にある (with). be on íntimate térms with … (1) …と親しい仲である. (2) …と肉体関係にある. ── 名 親友 (cf. 形 1 用法): She's an ~ of mine. 彼女は私の親友です. ~·ness 名 〖L ⟨ intimus 最も内側の〗 〖類義語〗 ⇒ familiar.

in·ti·mate² /íntəmèrt/ 動 他 ❶ ⟨…を⟩⟨…に⟩それとなく知らせる, 暗示する (hint): ~ one's wish (to a person) (人に)自分の望みをそれとなく知らせる. ❷ ⟨…ということを⟩それとなく知らせる, ほのめかす, 暗示する: She ~d (to me) that she intended to marry him. 彼と結婚するつもりだということを彼女は(私に)ほのめかした. 〖L ↑〗 (名 intimation).

in·ti·mate·ly /-mət-/ 副 親密に; 心の奥底から.

in·ti·ma·tion /ìntəmérʃən/ 名 ⓤⓒ ⟨…という⟩ほのめかし, 暗示 (that). (動 intimate²)

*__in·tim·i·date__ /ɪntímədèɪt/ 動 他 ❶ (暴力的な脅しで)〈人を〉怖がらせる, 脅す, 威嚇(いかく)する, 〈人を〉脅して〈…〉させる: He was ~d into silence. 彼は脅されて黙ってしまった. ❷ 〈人を〉威圧する, 畏縮させる: He was ~d by her ability. 彼は彼女の力量に一目置いた. 〖L IN-²+timidus timid〗 〖類義語〗 ⇒ threaten.

†**in·tim·i·dat·ed** /-tɪd/ 形 [通例 ⓟ] 怖がって, おびえて, 畏縮して.

†**in·tim·i·dat·ing** /-tɪŋ/ 形 恐ろしい, 威嚇する(ような); 威圧する[畏縮]させる(ような).

in·tim·i·da·tion /ɪntìmədéɪʃən/ 名 ⓤⓒ 脅し, 威嚇, 脅迫: surrender to ~ 脅迫に負ける.

in·tim·i·da·tor /-tə-/ 名 威嚇者, 脅す人.

in·tinc·tion /ɪntíŋ(k)ʃən/ 名 ⓤⓒ 〖教会〗インティンクション (聖餐のパンをぶどう酒に浸すこと).

in·tit·ule /ɪntítju:l | -tjú:l/ 動 他 (英) 〈法案・書物など〉に名称[題名]を与える (entitle).

intl. (略) international.

‡**in·to** /(子音の前) íntu, (母音の前) íntu, (主に文尾) íntu:/ 前 ❶ a [内部へ向かう運動・方向を表わして] …の中に

intolerable

[へ], …に[へ] (↔ out of): come ~ the house 家に入る / go ~ a room 部屋に入る / look ~ a viewfinder (カメラの)ファインダーをのぞく / inquire ~ a matter 事件を調査する / get ~ difficulties 困難に陥る / get [run] ~ debt 借金をする / go ~ teaching 教職につく / He was well ~ his fifties. 彼は50歳をかなり超えていた。 **b** [時間の推移を表わして] …まで: far [well] ~ the night ずっと夜ふけまで。 **❷** [変化・結果を表わして] …に(する, なる) 《用法》通例ある物が別の物に形や状態を変えることを表わす: turn water ~ ice 水を氷に変える / make flour ~ bread 小麦粉をパンにする / burst ~ tears [laughter] わっと泣き[笑い]出す / translate English ~ Japanese 英語を日本語に訳す / The rain changed ~ snow. 雨が雪に変わった / A caterpillar turns ~ a butterfly. 毛虫はチョウに変わる / frighten [reason] a person ~ compliance 人を脅して[説いて]承服させる。 **❸** [衝突を表わして] …に突き当たって: The car ran ~ a wall. 車が塀にぶつかった。 **❹** [割り算に用いて]《数》…を割る: 2 ~ 6 goes 3 times [equals 3]. 6割る2は3(が立つ)。 **❺** (口) …に熱心になって, …に夢中になって: She's ~ aerobics. 彼女はエアロビクスに凝っている / What are you ~? 何に興味を持っていますか。 **❻** (米俗)〈人に〉借金をして: How much are you ~ him for? 彼にいくら借金があるんだ。 《OE IN+TO》

†in·tol·er·a·ble /ɪntɑ́l(ə)rəbl | -tɔ́l-/ 形 (more ~; most ~) 耐えられない, 我慢できない: an ~ humiliation 耐えがたい屈辱 / ~ heat 耐えがたい暑さ. 《IN-¹+TOLERABLE》

in·tol·er·a·bly /-rəbli/ 副 耐えられないほど, 我慢できないくらい.

†in·tol·er·ance /ɪntɑ́l(ə)rəns | -tɔ́l-/ 名 U **❶** 雅量のないこと, 狭量, 不寛容: racial ~ 人種的不寛容. **❷** 耐えられないこと. **❸** 【医】(薬物・食品などに)耐性がないこと, 不耐性: lactose ~ 乳糖不耐性.

in·tol·er·ant /ɪntɑ́lərənt | -tɔ́l-/ 形 **❶** 狭量な, 偏狭な, 不寛容な; 〈人が〉〈異説などを〉受け入れないで, 認めないで: an ~ person [society] 偏狭な[不寛容な]人[社会] / He's ~ *of* criticism. 彼は批判を受け入れない. **❷** […に]耐えられないで [*of*]. **❸** 【医】〈薬物・食品などに対して〉耐性がない, 有害反応が起きる 〈*of*〉; 〈生態〉動植物が〈特定の環境などに〉耐えられない, 生育できない. **~·ly** 副

in·to·nate /ɪ́ntənèɪt/ 動 他 = intone.

in·to·na·tion /ɪ̀ntənéɪʃən/ 名 **❶** U.C 《音声》イントネーション, (声の)抑揚, 音調, 語調 (cf. stress 4). **❷** U 《楽》音高[ピッチ]の正確さ. **❸** U 読唱, 詠唱, 吟唱.

~·al /-ʃ(ə)nəl/ 形.

†in·tone /ɪntóʊn/ 動 他 **❶** 〈…を〉[と](重々しく)抑揚なく[単調に]言う[話す, 唱える]. **❷** 〈祈禱文〉を吟唱する, 詠唱する. **❸** 〈声に〉抑揚をつける. —— 自 詠唱する (chant).

in to·to /ɪntóʊtoʊ/ 副 全部(で), そっくり. 《L》

in·tox·i·cant /ɪntɑ́ksɪkənt | -tɔ́k-/ 名 酔わせるもの (麻薬・酒など). —— 形 酔わせる.

in·tox·i·cate /ɪntɑ́ksəkèɪt | -tɔ́k-/ 動 他 **❶** 〈人を〉酔わせる, 酩酊させる (cf. intoxicated 1): Too much drink ~d him. 彼は酒を飲み過ぎて酔ってしまった. **❷** 〈物事が〉〈人を〉興奮させる, 夢中にさせる (⇒ intoxicated 2). 《L =毒を入れる; ⇒ in-², toxic》 名 intoxication)

in·tox·i·cat·ed /-ṭɪd/ 形 **❶** 酩酊した 〈*with*, *by*〉: an ~ person 酔った人 / be [get] ~ 酔っている[酔う]. **❷** 興奮した, 夢中になった, うきうきした; […に]興奮して, 夢中になった (cf. intoxicate 2): They were ~ *with* victory [*by* success]. 彼らは勝利[成功]に酔いしれた. 【類義語】 ⇒ drunk.

in·tox·i·cat·ing /-ṭɪŋ/ 形 **❶** 酔わせる, 酩酊させる: ~ drinks 酒類. **❷** 夢中にさせる, うきうきさせる: an ~ charm うっとりするほどの魅力. **~·ly** 副

in·tox·i·ca·tion /ɪntɑ̀ksɪkéɪʃən | -tɔ̀ks-/ 名 U **❶** 酔い. **❷** 興奮, 夢中. (動 intoxicate)

in·tox·i·me·ter /ɪntɑ́ksɪmìːṭə | -tɔ́ksɪmìːtə/ 名 イントキシメーター(吐気(いき)による酒酔い度測定機). 《商標》

intr. (略)《文法》intransitive.

in·tra- /ɪ́ntrə/《接頭》「内に」「内部[内方]に」《★ 主に学術用語に用いる》: *intra*vascular.

ìn·tra·céll·u·lar 形 細胞内の.

ìn·tra·cráni·al 形 頭蓋内の. **~·ly** 副

in·trac·ta·bil·i·ty /ɪntræ̀ktəbíləṭi/ 名 U **❶** 手に負えないこと, 強情. **❷** 取り扱い[処置]にくいこと.

†in·trac·ta·ble /ɪntrǽktəbl⁻/ 形 **❶** 〈人・動物・気質など〉御しにくい, 手に負えない, 強情な. **❷ a** 〈物事が〉処理[扱い]にくい. **b** 〈病気が〉治りにくい. **❸** 〈金属の加工に〉くい. **-·bly** /-bli/ 副 《IN-¹+TRACTABLE》

in·tra·dos /ɪ́ntrədɑ̀s | ɪntréɪdɒs/ 名 (徳 ~, ~es) 《建》 (アーチの)内輪(うちわ), 内弧面.

in·tra·mu·ral /ɪ̀ntrəmjʊ́(ə)rəl⁻/ 形 A (↔ extramural) **❶** 〈スポーツ・授業など〉学内だけの: an ~ track meet 学内陸上競技大会 / ~ residence 《英》学内居住. **❷** 城壁内の, 都市内の; 建物内の: ~ burial 教会内の埋葬.

ìn·tra·mús·cu·lar 形 筋肉内の. **~·ly** 副

ín·tra·nèt 名 《電算》イントラネット, 構内[企業内, 学内]家庭内]ネットワーク.

†in·tran·si·gence /ɪntrǽnsədʒəns/ 名 U 妥協しないこと; 非妥協(的態度). (形 intransigent)

in·tran·si·gen·cy /-dʒənsi/ 名 = intransigence.

in·tran·si·gent /ɪntrǽnsədʒənt/ 形 〈人・行為が〉(主義主張のために)非妥協的な; タカ派的な (stubborn). —— 名 非妥協的な人, タカ派的な人. **~·ly** 副 《F＜Sp (形 intransigence)

in·tran·si·tive /ɪntrǽnsəṭɪv, -zə-| -træn-, -trɑ́ːn-/ 《文法》形 自動(詞)の (↔ transitive): an ~ verb = a verb ~ 自動詞 (略 vi., v.i.; ★ この辞書では 自 の記号を用いている). —— 名 自動詞. **~·ly** 副 《IN-¹+TRANSITIVE》

in·tra·pre·neur /ɪ̀ntrəprənə́ː, -n(j)ʊ́ə | -nə́ː/ 名 社内起業家. **in·tra·pre·neur·i·al** /ɪ̀ntrəprənə́ːriəl, -nj(ʊ)́(ə)riəl | -nə́ːriəl/ 形 《INTRA-+(ENTRE)PRENEUR》

ìn·tra·specíf·ic, ìn·tra·spécies 形《生》同一種内の.

ìn·tra·státe 形 《米》州内の (cf. interstate): ~ commerce 州内通商.

in·tra·the·cal /ɪ̀ntrəθíːk(ə)l/ 形 《解》(脳脊)髄膜の下にある[への]: an ~ injection くも膜下注入. **~·ly** /-kəli/ 副

ìn·tra·úter·ine 形 子宮内の: an ~ device 《医》子宮内避妊器具 (略 IUD).

ìn·tra·váscu·lar 形 血管内の.

ìn·tra·vé·nous 形 《医》静脈内の; 静脈注射(用)の: an ~ injection 静脈注射 / ~ feeding 点滴栄養補給. **~·ly** 副

ín·tray 名 《英》未決書類入れ (↔ out-tray).

in·trench /ɪntréntʃ/ 動 他 = entrench.

†in·trep·id /ɪntrépɪd/ 形 〈人・行為が〉勇猛な, 大胆な (fearless): ~ courage 剛勇. **~·ly** 副 《L＜IN-¹+*trepidus* 不安な》

in·tre·pid·i·ty /ɪ̀ntrəpídəṭi/ 名 **❶** U 大胆, 剛勇, 恐れ知らず. **❷** C 大胆(不敵)な行為.

in·tri·ca·cy /ɪ́ntrɪkəsi/ 名 **❶** U 複雑(さ); 錯綜(さくそう). **❷** C [しばしば複数形で] 複雑な細部[事情].

†in·tri·cate /ɪ́ntrɪkət/ 形 入り組んだ, 複雑な; 難解な (↔ simple): an ~ jigsaw puzzle 複雑なジグソーパズル / an ~ problem 難問. **~·ly** 副 《L=もつれさせる; ⇒ in-², trick》 【類義語】 ⇒ complex.

in·tri·gant /ɪ́ntrɪɡɑ̀ːnt | ɪ́ntrɪɡənt/ 名 陰謀家, 策略家, 策士.

†in·trigue /ɪntríːɡ, ˈ-ˌ/ 名 U.C **❶** 陰謀, 策謀. **❷** 不義, 密通. —— 動 自 〈人と〉…に対して陰謀をたてる, 術策をめぐらす (★ ~ against は受身可): They ~d *with* him *against* me. 彼らは私に対して彼と陰謀をたくらんだ. —— 他 〈人の〉好奇心[興味]をそそる: The shapes of clouds ~ me. 雲の形が私の興味をそそる. 《It; INTRICATE と同語源》

in·trígued [形] [通例 [P]] (もっと知りたいと思うほど)興味をそそられて: She *was* ~ *by* [*with*] the apparent contradiction. 彼女は一見矛盾と思われるところに興味をそそられた / I'm ~ *to* hear that your boyfriend likes bananas. あなたのボーイフレンドはバナナが好きだって聞いたんだけど面白いね(だからもっと話を聞かせて) / I would be ~ *to* know more about it. そのことについてもっと知ったらおもしろいと思う, (そうしたらおもしろいと思うので)そのことについてもっと知りたい.

in·trígu·er /-gɚ | -gə/ [名] 陰謀者.

*__in·trígu·ing__ /-gɪŋ/ [形] 好奇心[興味]をそそる, おもしろい, おつな (fascinating). **~·ly** [副]

⁺**in·trin·sic** /ɪntrínzɪk, -sɪk/ [形] 〈価値・性質など〉本来備わっている, 固有の, 本質的な (↔ extrinsic): the ~ value of gold 金の本来価値 / the beauty ~ *to* [*in*] a work of art 芸術作品の本質をなす美. **-si·cal·ly** /-kəli/ [副] 〘F＜L＝内部の〙

in·tro /íntroʊ/ [名] 《口》 ＝introduction; (特にポピュラー音楽などの)序奏, イントロ.

in·tro- /íntrə/ [接頭] 「内へ」: *intro*duce, *intro*vert.

intro(d). 《略》 introduction; introductory.

‡**in·tro·duce** /ìntrəd(j)úːs | -djúːs/ [動] [他] ❶ **a** 〈人を〉(別の人に)**紹介する**, 引き合わせる: Mrs. White, may I ~ Mr. Green? ホワイトさん, グリーンさんをご紹介いたします / Allow me to ~ myself. 自己紹介をさせていただきます / The hostess of a party should ~ strangers *to* each other. パーティーの女主人は初めての人たちを互いに紹介しなければならない. **b** 〈若い女性を〉〔社交界に〕出す, 紹介する: ~ a girl *into* [*to*] society 女の子を社交界にデビューさせる. **c** 〈新製品を〉〔市場などに〕売り出す, 紹介する: ~ a new product *into* the market 新製品を市場に売り出す. ❷ 〈新しい考え・流行・外国のものなどを〉**取り入れる, 導入する; 持ち込む**, 初輸入する, もたらす: ~ a new method 新しい方法を伝える[取り入れる] / Bread was ~*d* ***into*** Japan ***from*** Portugal. パンはポルトガルから日本へ伝えられた / The rainbow trout was ~*d* ***to*** Japan ***from*** the US. ニジマスは合衆国から日本へ移入された. ❸ 〈人に〉〔…を〕初めて経験させる, 〔…の〕手ほどきをする: ~ people from abroad ***to*** the tea ceremony 外国人に茶の湯の手ほどきをする. ❹ 〈議案などを〉〔…に〕提出する: ~ a bill ***into*** Parliament 法案を議会に提出する. ❺ **a** 〈アナウンサーなどが〉〈番組などの〉導入[紹介]をする; 〈…の〉導入[前置き]部分になる. **b** 〈談話・文章などを〉〔…で〕始める 〔*with, by*〕: ~ a topic ***with*** an anecdote ある逸話を前置きにしてある話題を話し始める. ❻ 〈ものを〉〔…に〕差し込む, 入れる: ~ a key *into* a lock 錠にかぎを差し込む. ❼ 〘文法〙〈接続詞などが〉〈節を〉導く. **in·tro·dúc·er** [名] 〘L＝導き入れる＜INTRO-＋*ducere, duct-* 導く (cf. duct)〙 ([名] introduction, [形] introductory) 【類義語】 **introduce** 他の人や集まりなどへ正式に紹介する. **present** 高い身分の人に儀式ばって人を紹介する; いかめしい感じの語.

*__in·tro·duc·tion__ /ìntrədʌ́kʃən/ [名] ❶ [U,C] **紹介**(すること): a letter of ~ 紹介状 / arrange the ~ ***of*** A ***to*** B A を B に紹介する段取りをする / I'm sure he needs no ~. 彼は紹介するまでもないでしょう. ❷ [U] **導入**(すること), 初輸入, 初体験, 伝来〔*of*〕〔*to, into*〕: the ~ ***of*** robots ***to*** the production line 流れ作業へのロボットの導入 / her ~ *to* the movies 彼女の初めての映画出演; 彼女が初めて映画を見る[知る]こと. ❸ [C] **a 序論**, 序説, 前置き. **b 入門**(書), 序説: an ~ ***to*** economics 経済学入門. ❹ [U] 〔議案などの〕提出 〔*of*〕. ❺ [U] 差し込み, 挿入〔*into*〕. ❻ [C] 〘楽〙 序奏, 前奏曲. ([動] introduce) 【類義語】 **introduction** conclusion に対する語, 本論を導くための説明; 本体の一部をなす. **preface** 本論とは別個の部分をなし, introduction よりも前に置かれ, その本の成り立ち・目的などを述べる. **foreword** 簡単な preface; 特に, 著者以外の人が書くもの.

⁺**in·tro·duc·to·ry** /ìntrədʌ́ktəri, -tri/ [形] 紹介の, 前置きの, 序説の, 入門的な; 予備の: ~ remarks 序言 / an ~ course 入門課程. ([動] introduce)

in·tro·gres·sion /ìntrəgréʃən/ [名] [U] 〘生〙 遺伝子移入.

in·tro·it /íntroʊɪt | íntrɔɪt/ [名] [C] ❶ 〘カト〙 入祭文[唱]. ❷ 〘英国教〙 聖餐(せいさん)式前に歌う聖歌. 〘F＜L＝入ること＜INTRO-＋*ire, it-* 行く〙

in·tro·jec·tion /ìntrədʒékʃən/ [名] 〘心〙 投入, 採り込み, 採り入れ, 摂取 《対象の属性を自己のもとに同化すること》. **in·tro·ject** /ìntrədʒékt/ [動] [他] [自]

in·tro·mis·sion /ìntrəmíʃən/ [名] 挿入; (性交時の)挿入(時間).

in·tro·mit·tent órgan /ìntrəmɪ́tənt-, -tnt-/ [名] 〘動〙 挿入器官 《特に両性個体の雄性交接器官》.

in·tron /íntrɑn | -trɔn/ [名] 〘生化〙 イントロン, 介在配列 《遺伝子中で EXON² の間に介在して, その遺伝子の最終産物として発現しないポリヌクレオチド配列》.

in·trorse /ɪntrɔ́ɚs | -trɔ́ːs/ [形] 〘植〙 内向きの, 内旋[内開]の (opp. *extrorse*). **~·ly** [副]

in·tro·spect /ìntrəspékt/ [動] [自] 内省する.

in·tro·spec·tion /ìntrəspékʃən/ [名] [U] 内省, 内観, 自己反省.

in·tro·spec·tive /ìntrəspéktɪv/ [形] 内省的な, 内観的な, 自己反省の: an ~ nature 内省的な性質. **~·ly** [副] **~·ness** [名]

in·tro·ver·sion /ìntrəvə́ːʒən | -və́ːʃən/ [名] [U] (↔ extroversion) ❶ 内向, 内省. ❷ 〘医〙 内転, 内反. ❸ 〘心〙 内向性. **in·tro·ver·sive** /ìntrəvə́ːsɪv | -və́ː-/ [形]

in·tro·vert /íntrəvə̀ːt | -və̀ːt/ (↔ extrovert) [名] 〘心〙 内向性の人, 内省的な人. ― [形] ❶ 内へ曲がった, 内向きの. ❷ 〈人が〉内向的な. ― /⌐—⌐, ⌐—⌐/ [動] [他] ❶ **a** 〈…を〉内へ向ける[曲げる]. **b** 〈心・考えを〉内へ向ける, 内向させる. ❷ 〘動〙 〈器官を〉内反させる.

ín·tro·vèrt·ed /-tɪd/ [形] ＝introvert.

⁺**in·trude** /ɪntrúːd/ [動] [自] ❶ **a** 〔話などに〕割り込む, じゃまをする, 〔場所に〕押しかける 〔*into, on*〕: I hope I'm not *intruding*. おじゃまではないでしょうね. **b** 〔他人の事に〕立ち入る, ; 〔人・生活などの〕じゃまをする, 〔…を〕乱す, 侵害する; 〈よくないものが〉〔…に〕入り込む 〔*into, on*〕: I don't like to ~ ***on*** your privacy. 君の私事に立ち入りたくはない 《[用法] ~ your privacy は不可》. ❷ 〔…に〕押し入る, 侵入する: ~ ***into*** a private property 私有地に侵入する. ― [他] 〈意見などを〉〔…の中に〕(無理に)押し入れる, 割り込ませる 〔*into*〕. 〘L＝押し込む＜IN-²＋*trudere, trus-* 押す (cf. protrude)〙 ([名] intrusion, [形] intrusive)

in·trúd·er /-dɚ | -də/ [名] 侵入者; 乱入者, じゃま者, でしゃばり.

⁺**in·tru·sion** /ɪntrúːʒən/ [名] ❶ (話などへの)割り込み, じゃま; 〔私事への〕立ち入り; 〔生活などを〕乱す[侵害する]こと[もの]; (よくないものの)侵入 〔*into, on*〕: an ~ ***on*** a person's privacy 人の私事への立ち入り. ❷ 〔場所への〕侵入〔*into*〕; 〘法〙 (無権利者の)土地侵入, 不法占有. ([動] intrude)

⁺**in·tru·sive** /ɪntrúːsɪv/ [形] ❶ 生活[平穏(など)]を乱す[じゃまする](ような); 侵入する, 侵入的な; うっとうしい, ずうずうしい; ずけずけとした: an ~ question 立ち入った質問. ❷ 〘音声〙 嵌入(かんにゅう)的な: an ~ r 嵌入的 r 音 《英音の India office /índiərɔ́fɪs/の /r/の音》. **~·ly** [副] **~·ness** [名] ([動] intrude)

in·trust /ɪntrʌ́st/ [動] [他] ＝entrust.

in·tu·bate /ínt(j)ubèɪt | -tju:-/ [動] [他] 〘医〙 〈喉頭など〉に挿管する.

in·tu·ba·tion /ìnt(j)ubéɪʃən | -tju:-/ [名] 〘医〙 挿管(法).

in·tu·it /ɪnt(j)úːɪt | -tjúː-/ [動] [他] 〈…を〉直観[直感]する. ― [自] 直観[直感]で知る. 〘INTUITION からの逆成〙

⁺**in·tu·i·tion** /ìnt(j)uíʃən | -tju-/ [名] ❶ [U] 直観, 直感, 直覚, 勘 (instinct): by ~ 直観的に, 勘で. ❷ [C] **a** 直観的な行為[知識], 勘. **b** 〈…という〉直観[直感]による知識: He had an ~ *that* there was something wrong. 何かおかしいなと彼は直感した. 〘L; ⇨ in-², tuition〙 ([形] intuitive)

ìn·tu·í·tion·al /-ʃ(ə)nəl/ [形] 直観[直感]の[的な]. **~·ly** [副] /-nəli/

in·tu·í·tion·ìsm /-nìzm/ [名] [U] 〘哲〙 直観主義[論] 《真

理の認識は直観によるものとする); 〔倫〕直観主義《道徳的価値判断は直観によるものとする); 〔数〕直観主義《数学は特別な直観に基づくものとする). -ist 名

†**in·tu·i·tive** /ɪntjúːətɪv | -tjúː-/ 形 直観[直感]の, 直観[直感]的な: an ~ person 直観能力のある人 / an ~ response 直覚的な反応. **~·ly** 副 **~·ness** 名 (= intuition)

in·tu·mesce /ɪnt(j)uːmés | -tjuː-/ 動 (熱などで)はれ上がる, 膨張する. **in·tu·mes·cence** /ɪnt(j)uːmésns | -tjuː-/ 名

in·tus·sus·cep·tion /ɪntəsəsépʃən/ 名 ❶ [U,C] 〔医〕重積(症), 腸重積(症). ❷ [U] 〔生〕 (細胞壁の)挿入(生長). **-cép·tive** 形

In·u·it /ínjuɪt/ 名 (複 ~s, ~) ❶ a [the ~(s)] イヌイット族, イニュイット族《グリーンランド・カナダに住むエスキモー; ⇨ Eskimo》. b C イヌイット族の人. ❷ [U] イヌイット語. 【Inuit=人々】

In·uk /ínʊk/ 名 (= **In·u·it** /ínjuːɪt/) イヌイット族の一員).

I·nuk·ti·tut /ínʊktətùt/ 名 [U] イヌクティトット語 (Inuit の一方言; カナダ極北地方で話されている).

in·u·lin /ínjuːlɪn/ 名 〔生化〕 イヌリン《ダリアの塊根やキクイモの塊茎に含まれる貯蔵多糖類の一種》.

in·unc·tion /ɪnʌ́ŋ(k)ʃən/ 名 [U] 塗油 (anointing); 〔医〕 (軟膏剤などの)塗擦(療法).

†**in·un·date** /ínəndèɪt/ 動 ❶ 〈人・ものが〉(大水のように)〈場所に〉押し寄せる, 殺到する; 〈場所をいっぱいにする, あふれさせる (swamp) 《★通例受身》: a Place ~d with visitors 来訪者が殺到する場所 / The publisher was ~d with orders. 出版社は注文であふれた. ❷ 〈水が〉〈土地を〉氾濫(はん)させる, 水浸しにする (flood) 《★通例受身》: The valley was ~d with [by] flood water. その平地は洪水で水浸しになった. 〖L <IN-²+undare 波うつ; cf. surround〗

in·un·da·tion /ìnʌndéɪʃən, ìnən-/ 名 [U,C] ❶ 氾濫, 浸水. ❷ 殺到, 洪水: an ~ of letters 手紙の殺到.

in·ured /ɪn(j)ʊəd | ɪnjúəd/ 形 [P] 困難などに慣れて, 強くなって: be ~ to hardship 苦労に慣れている.

in·urn /ɪnə́ːn | ɪnə́ːn/ 動 骨壺 (urn) に納める. **~·ment** 名

in u·ter·o /ɪnjúːtəròʊ/ 副 形 子宮内で[の] (in the uterus), 生まれる前で[の].

inv. 《略》invented; inventor; invoice.

in vac·u·o /ɪn vǽkjuòʊ/ 副 真空中に (in a vacuum). ❷ 事実とは無関係に, 現実から遊離して.

*‡**in·vade** /ɪnvéɪd/ 動 ❶ 〈他国を〉侵略する: The enemy ~d our country. 敵はわが国に攻め入った. ❷ 〈大勢の人が〉〈...に〉押し寄せる: Italy is annually ~d by tourists from all parts of Europe. イタリアには毎年ヨーロッパ中の各地から観光客が押し寄せてくる. ❸ 〈権利などを〉侵害する: ~ a person's privacy 人の私事に立ち入る. ❹ 〈病気・寄生虫が〉〈体を〉侵す, 〈体内に〉広がる. ─ 動 ❶ 侵入する. ❷ 大勢押しかける. 〖L=入り込む〗 名 invasion, 形 invasive

†**in·vad·er** /ɪnvéɪdə | -də/ 名 侵略者, 侵入者, インベーダー; 侵略軍.

in·vag·i·nate /ɪnvǽdʒənèɪt/ 動 〔発生・医〕 〈管・器官などの一部分を〉陥入させる.

in·vag·i·na·tion /ɪnvæ̀dʒənéɪʃən/ 名 ❶ [U] 〔発生・医〕 陥入. ❷ 陥入部.

†**in·va·lid**¹ /ínvəlɪd | -lìːd, -lɪd/ 名 (病気・けがで)体の不自由な人, 病人, 病弱者. ─ 形 (比較なし) ❶ 体の不自由な, 病弱な, 病身の: my ~ wife 病身の妻. ❷ 病人向きの: an ~ chair 病人用のいす, 車いす / an ~ diet 病人向きの食事. ❸ (英) 〈...を〉(病人・傷病兵として)退役[送還]する《★通例受身》: be ~ed out (of the army) 傷病兵として免役される. ❷ 〈けが・病気が〉〈人の〉体を不自由にする《★通例受身》. 〖IN-¹+VALID〗

†**in·val·id**² /ɪnvǽlɪd⁻/ 形 ❶ 〈行為・文書など〉法的に無効な[効力のない]. ❷ 〈議論など〉論拠[説得力]のない, 妥当性を欠く, 論理的に矛盾した. ❸ 〔電算〕〈命令・データなど〉無効な, 仕様に合わない. **~·ly** 副

in·val·i·date /ɪnvǽlədèɪt/ 動 〈...を〉無効にする. **in·val·i·da·tion** /ɪnvæ̀lədéɪʃən/ 名

in·va·lid·ism /ínvəlɪdìzm/ 名 ❶ 病弱, 病身. ❷ 人口に対する病人の比率.

in·va·lid·i·ty /ìnvəlídəti/ 名 [U] ❶ 無効. ❷ 体の不自由, 病弱.

in·val·u·a·ble /ɪnvǽljuəbl, -ljuː-/ 形 評価できないほどの, 非常に貴重な《★ valuable の強意語): He's an ~ asset to the firm. 彼は会社にとって非常に貴重な存在だ. **-bly** /-bli/ 副

In·var /ɪnvɑ́ː | -vɑ́ː/ 名 [U] 〔商標〕 インバール, アンバー《鋼とニッケルの合金; 熱膨張係数がきわめて小さいので科学器械に用いる》.

in·var·i·a·bil·i·ty /ɪnvè(ə)riəbíləti/ 名 [U] 不変(性), 一定不変.

in·var·i·a·ble /ɪnvé(ə)riəbl⁻/ 形 ❶ 変わらない, 変化しない, 一定不変の. ❷ 〔数〕 一定の, 常数の. ❸ 〔屈折語の名詞が〕(単複で)不変化の. ─ 名 ❶ 不変のもの. ❷ 〔数〕 常数, 不変量. 〖IN-¹+VARIABLE〗

*‡**in·var·i·a·bly** /ɪnvé(ə)riəbli/ 副 (比較なし) 変わることなく, 常に, いつも: His intuition is ~ correct. 彼の直感は常に正しい / I~, sales go up at Christmas. クリスマスには必ず売り上げが伸びる.

in·var·i·ance /-əns/ 名 [U] 不変(性).

in·var·i·ant /ɪnvé(ə)riənt/ 形 変化しない, 不変の, 一様の (invariable). ─ 形 〔数〕不変式, 不変量.

*‡**in·va·sion** /ɪnvéɪʒən/ 名 [U,C] ❶ a 侵入, 侵略: make an ~ upon...; ...を襲う. b 〈...の〉殺到, 大群[大量]が押し寄せること [of] 《不快・手に負えないことを強調する》. ❷ 〈権利などの〉侵害: ~ of privacy プライバシーの侵害 《用法 ~ to [into] は不可》. ❸ 〔医〕 浸潤 《癌(が)細胞などによる隣接組織などへの侵入》. 動 invade

*‡**in·va·sive** /ɪnvéɪsɪv, -zɪv/ 形 ❶ 侵入する, 侵略的な, 侵害の入り込んでくる; 立ち入ってくる. ❷ 〈癌が〉浸潤性の, 侵襲性の.

in·vec·tive /ɪnvéktɪv/ 名 [U] 毒舌, 非難, ののしり(の言葉), 悪口. ─ 形 悪口の, 非難の, ののしりの.

in·veigh /ɪnvéɪ/ 動 〈...を〉痛烈に非難する, ののしる, 〈...に〉悪口を言う [against].

in·vei·gle /ɪnvéɪgl/ 動 ❶ 〈人を〉〈ある場所に〉誘い込む; 〈人をだまして〉[甘言で]〈...するようにさせる〉: The salesman ~d the girl into buying the ring. 店員は娘を言いくるめてその指輪を買わせた. ❷ [~ oneself [one's way] で] だまして[おだてて]〈...に〉入り込む [into]. 【類義語】⇨ lure¹.

*‡**in·vent** /ɪnvént/ 動 ❶ 〈...を〉発明する, 創案する: Watt ~ed the steam engine. ワットは蒸気機関を発明した. ❷ 〈作り話・言い訳などを〉でっちあげる, 捏造(ねつ)する: ~ an excuse 言い訳をこしらえる. 〖L=出くわす, 見つける <IN-²+venire 来る (cf. venue)〗 名 invention, 形 inventive 【類義語】 **invent** 新しいもの・役に立つもの[考え]を初めて作り出す. **discover** すでに存在しているがそれまで知られていないものを見つける. **coin** 新しい単語や表現を作り出す.

*‡**in·ven·tion** /ɪnvénʃən/ 名 ❶ [U] a 発明, 創案: Lawn tennis is English ~. ローンテニスは英国で発明されたものである / Necessity is the mother of ~. (諺) 必要は発明の母. b 発明[くふう]の才, 発明力 (creativity). ❷ [C] 発明品, 新案: Cell phones are a recent ~. 携帯電話は近年発明されたものです. ❸ [C] 捏造(ねつ), こしらえ事, 作り事 (fabrication): a newspaper full of ~s 捏造記事に満ちた新聞. **the Invéntion of the Cróss** 聖十字架発見の祝日 《西暦 326 年 5 月 3 日 Constantine 大帝の母 St. Helena が Jerusalem で十字架を発見した記念日》. 動 invent

*‡**in·ven·tive** /ɪnvéntɪv/ 形 発明の(才のある), 独創的な (creative): He has an ~ genius. 彼は発明の才に恵まれている. **~·ly** 副 **~·ness** 名 動 invent

*‡**in·ven·tor** /ɪnvéntə | -tə/ 名 発明家, 案出者.

*‡**in·ven·to·ry** /ínvəntɔ̀ːri | -tri, -tori/ 名 〔商品・財

産などの目録, 棚卸し表; (詳しい)表. ❷ Ⓤ 《米》在庫品調べ, 棚卸し; 在庫品(全体) (stock). **tàke [màke] (an) ínventory of**... (1) …の目録を作る. (2) 〈在庫品などを〉調べる. (3) 〈技能・性格などの〉評価をする. ── 動 ❶ 〈…の〉(完全な)目録を作る; 〈家財・商品などを〉目録に記入する. 〖INVENT+-ORY〗〖類義語〗⇨ list¹.

In·ver·ness /ínvərnés | -nə-/ 名 ❶ インバネス《スコットランド北西部の町; Highland 地方の中心地》. ❷ 〔しばしば i-〕インバネス, とんび《袖の代わりにゆったりとしたケープがついたコート》.

in·verse /ɪnvə́ːs, ìn- | -və́ːs⁺/ 形 ▲ 逆の, 反対の, 転倒した: in ~ proportion [relation] to…と反(逆)比例して. ── 名 ❶ 〔the ~〕逆; 〖数〗逆数. ❷ Ⓒ **a** 逆〔反対〕のもの. **b** 〖数〗逆関数. (動 invert)

ínverse fúnction 名 〖数〗逆関数.

in·vérse·ly 副 逆に, 反対に; 逆比例して.

ínverse rátio 名 〖数〗逆比, 反比.

ínverse-squáre láw 名 〖理〗逆二乗則《万有引力やクーロンの力のように物理量が定点からの距離の 2 乗に逆比例して変化すること》.

in·ver·sion /ɪnvə́ːʒən | -və́ːʃən/ 名 Ⓤ,Ⓒ ❶ 逆, 倒置. ❷ 〖文法〗語順転倒, 倒置(法). ❸ 〖楽〗転回. ❹ 〖音声〗反転. ❺ 〖医〗(性対象)倒錯. (動 invert)

in·ver·sive /ɪnvə́ːsɪv | -və́ː-/ 形 逆の, 反対の, 倒置の.

⁺**in·vert**¹ /ɪnvə́ːt | -və́ːt/ 動 ⓣ ❶ 〈…を〉逆にする, 反対にする, 転倒させる: ~ a glass グラスを伏せる. ❷ 〖楽〗〈…を〉転回させる. ❸ 〖化〗〈…を〉転化する. ── ⓘ ❶ 〖建〗逆アーチ. ❷ 〖化〗転化体. ❸ 〖医〗(性対象)倒錯者; 同性愛者. 〖L＜IN-²+vertere, vers- 回転する turn (cf. verse)〗 (名 ínverse, ínversion)

in·vert² /ɪnvə́ːt | -və-/ 名 〖口〗 =invertebrate.

in·vert·ase /ɪnvə́ːteɪs, -teɪz | -və́ː-/ 名 Ⓤ 〖生化〗蔗糖酵素, 転化酵素, インベルターゼ《蔗糖の加水分解を触媒する酵素》.

in·ver·te·brate /ɪnvə́ːtəbrət, -brèɪt | -və́ː-⁺/ 名 ❶ 〖動〗無脊椎(ツ)動物. ❷ 骨なし(㋿)の人. ── 形 ❶ 〖動〗脊椎〔背骨〕のない, 無脊椎の. ❷ 気骨がない, 弱々しい, 優柔不断な.

in·vert·ed cómma /-tɪd-/ 名 ❶ 〖印〗逆コンマ(' または"). ❷ 〔通例複数形で〕《英》引用符 (⇨ quotation marks).

invérted snób 《英》偽悪的スノッブ《庶民であることを誇り, 庶民に共感をもつことを誇り, 教育程度が高く有能な人々や上流階級を毛嫌いする者》. **invérted snóbbery** 名

in·vert·er /-tə | -tə/ 名 ❶ 〖電〗変換装置〔機〕, インバーター; 〖電算〗インバーター, 反転回路.

ínvert súgar 名 Ⓤ 転化糖《蔗糖(とう)の加水分解で得られる》.

⁺**in·vest** /ɪnvést/ 動 ⓣ ❶ 〈資本・金を〉投資する: I have no money to ~. 投資しようにも金がない / He ~ed his money in stocks and bonds. 彼は株と証券に投資した《用法》~ on [to] は不可》. ❷ 〈時間・精力などを〉…に使う, 費やす: ~ time and energy in one's study 研究に時間と精力を注ぎ込む. ❸ 〈人に〉勲章・権力・性質などを〉帯びさせる, 授ける, 付与する《★しばしば受身》: The bishop ~ed the king with the crown. 司教は王に王冠をかぶらせた / I ~ed my lawyer with complete power to act for me. 弁護士に代行の全権を委任した. ❹ 〖古〗**a**〈…を〉おおう, 包む. **b**〖軍〗〈…を〉包囲する. ── ⓘ ❶ 投資する: ~ in stocks 株に投資する. ❷ 〖口〗〈出費として見合うものを〉買う: ~ in a new car 新車を買う. 〖L=装う; ⇨ in-², vest〗 (名 investment)

⁂**in·ves·ti·gate** /ɪnvéstəɡèɪt/ 動 ⓣ 〈…を〉調査する, 捜査する, 取り調べる, 研究する: We are investigating the cause of the accident. その事故の原因を調査中である 〔+wh.〕They sent me to ~ what had happened. 何が起きたのかを調査するために私が派遣された. ── ⓘ 調査する, 捜査する, 取り調べる. 〖L=調べる, 探る〗 (名 investigation, investigative) ⇨ examine.

⁂**in·ves·ti·ga·tion** /ɪnvèstəɡéɪʃən/ 名 Ⓤ,Ⓒ 調査, 取り調べ, 捜査; 研究, 考究: It's under ~. それは調査中である / on [upon] ~ 調べてみると, 調査の結果 / make an ~

959　　**inviolacy**

into…を調査する. (動 investigate)

⁺**in·ves·ti·ga·tive** /ɪnvéstəɡèɪtɪv, -ɡət-/ 形 調査の: ~ reporting 調査報道《犯罪などの公的調査が遅れているときにジャーナリズムが独自の調査をして行なう報道》 / an ~ new drug 治験薬《臨床試験中の薬》. (動 investigate)

⁂**in·ves·ti·ga·tor** /ɪnvéstəɡèɪtə | -tə/ 名 調査者, 研究者; 捜査員〔官〕.

in·ves·ti·ture /ɪnvéstətʃə, -tʃʊə | -tʃə/ 名 ❶ Ⓤ (官職・聖職などの)授与, 任命, 叙任. ❷ Ⓒ 授与式, 任官[認]式. ❸ Ⓤ 着せること; 着用.

⁂**in·vest·ment** /ɪnvés(t)mənt/ 名 ❶ **a** Ⓤ,Ⓒ 投資, 出資: make an ~ in…に投資する. **b** Ⓒ 投下資本, 投資金. ❷ Ⓒ 投資の対象, 投資物件: a good [bad] ~ 有利〔不利〕な投資(物件) / Education is an ~. 教育は(一種の)投資である. ❷ Ⓤ,Ⓒ (時間・労働力などの)投入. ❸ Ⓒ 〖軍〗包囲, 封鎖. (動 invest)

invéstment bánk 《米》投資銀行《株式・社債の引き受け・販売を行なう業者; 多くは合併・買収の斡旋なども行なう》; 英国の merchant bank と業務内容が重なる.

invéstment bónd 《英》投資証券, インベストメント・ボンド《保険料一時払いの生命保険で, 保険料のうち一定額が証券などに投資され節税効果のある縁のもの》.

invéstment cásting 名 Ⓤ 〖治〗焼流し精密鋳造(法), インベストメント鋳造(法)《蝋の原型に耐火物をかぶせ, これが固まったときに蝋を溶出させて代わりに溶融金属を流し込む精密鋳造法》.

invéstment clúb 名 投資クラブ《互いに資金を出し合って合議で投資を行なう個人投資家のグループ》.

invéstment còmpany [trùst] 名 投資信託会社.

⁺**in·ves·tor** /ɪnvéstə | -tə/ 名 **投資者**, 投資家.

in·vet·er·a·cy /ɪnvétərəsi, -trə-/ 名 Ⓤ ❶ (習慣・病気などの)根深いこと, がんこ, 慢性. ❷ (感情の)執念深いこと.

in·vet·er·ate /ɪnvétərət, -trət/ 形 ▲ **a** 〈人が〉常習的な, 根からの; 病みつきの: an ~ smoker 常習喫煙者. **b** 〈習慣・病気など〉常習の, 癖となった, 慢性の: an ~ habit 常習. ❷ 〈感情など〉根深い; 執念深い: an ~ dislike of foreign customs 外国の慣習に対する根深い反感. ~·ly 副 〖L=古くなった〗

in·vid·i·ous /ɪnvídiəs/ 形 ❶ 〈言動など〉(人に)不快な感情〔ねたみ〕を起こさせる, しゃくにさわる: in an ~ position 人にいやがられる立場にあって. ❷ 不当に差別する, 不公平な: an ~ distinction 不当な区別. ~·ly 副 ~·ness 名

in·vig·i·late /ɪnvídʒəlèɪt/ 動 ⓘ 《英》試験監督をする. **in·víg·i·là·tor** /-tə | -tə/ 名

in·vig·or·ate /ɪnvíɡərèɪt/ 動 ⓣ 〈人に〉元気を出させる, 〈…を〉活気づける, 鼓舞する: His confidence ~d his workers. 彼の自信が彼の下で働く人たちを元気づけた. 〖F; ⇨ in-², vigor〗

⁺**in·vig·or·at·ing** /-tɪŋ/ 形 元気づける, 激励の; 爽快にさせる: an ~ speech 激励的な演説 / an ~ climate さわやかな気候. ~·ly 副

in·vin·ci·bil·i·ty /ɪnvìnsəbíləti/ 名 Ⓤ 無敵.

⁺**in·vin·ci·ble** /ɪnvínsəbl⁺/ 形 ❶ 征服できない, 無敵の (unbeatable): She is ~ in argument [at tennis]. 議論〔テニス〕で彼女に勝る者はいない. ❷ 〈信念など〉変えがたい, 抜きがたい; 揺るぎない, 不動の. ❸ 〈障害など〉克服できない, 頑強な. -**bly** /-səbli/ 副 〖F＜L＜IN-¹+vincibilis 勝ち目のある (＜vincere 勝つ; cf. victor)〗

Invíncible Armáda 名〔the ~〕(スペインの)無敵艦隊 《1588年英国海軍に破られた》.

in vino veritas /ɪnvíːnoʊvérɪtæs, -víːnoʊ-/ 酒の中に真実はある《★真理があらわれるの意》.〖L〗

in·vi·o·la·bil·i·ty /ɪnvàɪələbíləti/ 名 Ⓤ 神聖さ, 不可侵(性), 不可侵権.

in·vi·o·la·ble /ɪnváɪələbl⁺/ 形 犯すことのできない, 不可侵の, 神聖な: ~ principles 破ることのできない原則. -**bly** /-bli/ 副 〖IN-¹+VIOLABLE〗

in·vi·o·la·cy /ɪnváɪələsi/ 名 Ⓤ 犯されて〔冒涜されて〕い

in·vi·o·late /ɪnvάɪəlɪt/ 形 犯されていない; 神聖なままの, 汚れのない: the ~ spirit of the law 法律の神聖な精神. **-ly** 副 **-ness** 名

in·vis·cid /ɪnvísɪd/ 形 粘度がゼロの, 無粘性の; 無粘液の.

in·vis·i·bil·i·ty /ɪnvìzəbíləti/ 名 ⓤ 目に見えないこと, 隠れていること, 不可視性.

*__in·vis·i·ble__ /ɪnvízəbl⁻/ 形 (比較なし) ❶ 目に見えない: an ~ man (SFなどで)透明人間 / Germs are ~ to the naked eye. 細菌は肉眼では見えない. ❷ (国の収支など)貿易外の; (統計・目録などの)財務諸表に出ない: an ~ asset 目録にのらない財産. ❸ 正当に認められていない, 不当に扱われている, 無視されている. ❹ 顔を見せない, 姿を現わさない: He remains ~ when out of spirits. 彼は気分がすぐれない時は人に会わない. ── 名 ⓤ 目に見えないもの. ❷ [複数形で]《主に英》(融資・観光などのサービス収支. ❸ [the ~] 霊界. ❹ [the I~] 神. **-bly** /-bli/ 副 **~·ness** 名 〖IN-¹+VISIBLE〗

invísible éxports 名 貿 貿易外輸出品, 無形輸出品(特許料・サービス料など).

invísible ímports 名 貿 貿易外輸入品, 無形輸入品(特許料・サービス料など).

invísible ínk 名 ⓤ 隠顕[あぶり出し]インク.

*__in·vi·ta·tion__ /ɪnvətéɪʃən/ 名 ⓒⓤ 招待, 勧誘: a letter of ~ 招待状 / an ~ to a dance ダンスパーティーへの招待 / admission by ~ only 入場は招待客に限る / at [on] the ~ of ...の招きにより / go to a party on ~ 招待されてパーティーに行く / [+to do] decline [accept] an ~ to give a lecture 講演してくれという招待を断わる[受ける]. ❷ ⓒ 招待[案内]状: send out ~s to a party パーティーへの招待状を出す / [+to do] send out ~s to dine with one 食事をご一緒しようという招待状を出す. ❸ ⓒ 誘引[誘発]するもの, 誘引; 魅力, 誘惑; 誘発: A bicycle left unlocked is an ~ to theft. かぎのかかっていない自転車は自転車泥棒を誘発する / [+to do] Tyranny is often an ~ to rebel. 圧政はしばしば反逆を招く[誘発する]. (動 invite)

in·vi·ta·tion·al /ɪnvətéɪʃ(ə)nəl⁻/ 形 招待者[客]だけの.

invitátion càrd [tìcket] 名 招待状[券].

*__in·vite__ /ɪnvάɪt/ 動 他 ❶ (通例副詞(句)を伴って)《人を》(...に)招く, 招く: They ~d me to the wedding. 彼らは私を結婚式に招待してくれた / They have been ~d out to dinner. 彼らは晩餐(ばん)に招待されて出かけています / He ~d me in [over] for a drink. 家に入って[家にやってきて]一杯やりませんかと彼は私を誘った / When we went to the lake, we ~d our neighbors along. 湖に行く時, 近所の人達も誘った / They ~d us back later. 彼らはあとでお返しに[今度は向こうから], 再び私たちを招いてくれた. ❷ 〈人の意見・質問などを〉(丁重に)求める, 請う: We ~ questions. 遠慮なく質問してください(★ 形式ばった表現) / Suggestions are ~d. ご提案をお聞かせください(★ 形式ばった表現) / [+目+to do] ~ a person to be chairman 人に議長になるように要請する / The audience were ~d to express their opinions. 聴衆は意見を述べてほしいと求められた. ❸ 〈物事が〉...を誘う, 引きつける, (心などを)誘う: The heat of a summer afternoon ~s sleep. 夏の午後の暑さは眠気を誘う. ❹ 〈非難・危険などを〉もたらす, 招く: ~ criticism 批判を招く / His rudeness ~d an angry retort. 彼の無礼が腹立ち紛れの口答えを招いた. ── /ɪnvάɪt/ 名 《口》招き, 招待: Thanks for your ~. お招きありがとう. 〖L=声をかける〗 (名 invitation)

in·vi·tee /ɪnvɑɪtíː, -vɪ-/ 名 招待された人.

*__in·vit·ing__ /-tɪŋ/ 形 ❶ 誘惑的な, 心を奪う: an ~ smile 魅力的な微笑. ❷ けっこうな, うまそうな: an ~ dish おいしそうな料理. **-ly** 副

in vi·tro /ɪnvíːtroʊ/ 形 副 試験管[ガラス器]内の[で], 生体外の[で]: ~ fertilization 試験管内受精, 体外受精(略 IVF).

in vi·vo /ɪnvíːvoʊ/ 形 副 生体内の[で].

in·vo·ca·tion /ɪnvəkéɪʃən/ 名 ❶ ⓤ (神への)祈り, 祈願 (to). ❷ ⓒ (詩の初めの)詩神の霊感を求める言葉; 悪魔を呼び出すための呪文, まじない (to). ❸ ⓤⓒ (法の)発動, 実施. (動 invoke)

†__in·voice__ /ɪnvɔɪs/ 名 商 送り状[仕切り状](による送付), インボイス (bill): write out an ~ for ...の送り状を書く. ── 動 他 ❶ 〈貨物などの〉送り状を作る. ❷ 〈人に〉送り状を送る. 〖F=送ること, 送られたもの; envoy と同語源〗

†__in·voke__ /ɪnvóʊk/ 動 他 ❶ a 〈法・権威などに〉訴える, 頼る, 〈...を〉発動する: ~ martial law 戒厳令を敷く. b 〈議論などを補強するために〉〈...を〉援用する, 引用する, 引き合いに出す. ❷ a 〈...を〉(心に)浮かび上がらせる, 連想させる, 〈感情などを〉喚起する, 呼び起こす (evoke). b 〈もの・事を〉もたらす, 引き起こす: Human error ~d the disaster. 人間の過失がその惨事を引き起こした. ❸ a 〈神などに〉救いを求めて呼びかける. b 〈神の慈悲などを〉祈る, 祈願する. c 〈...を〉切に願う, 念ずる: ~ the protection of ...の保護を求めて[祈る]. ❹ (魔法・呪文によって)〈霊などを〉呼び出す. 〖F<L<IN-²+*vocare* 呼ぶ (cf. vocation)〗 (名 invocation)

in·vo·lu·cre /ɪnvəlùːkɚ | -kə/ 名 ❶ 解 被膜, 包被. ❷ 植 (花序・果実の基部の)総苞.

in·vol·un·tar·i·ly /ɪnvὰləntérəli | -vɔ́ləntərəli, -trə-/ 副 ❶ 思わず知らず. ❷ 不本意に, 心ならずも.

†__in·vol·un·tar·y__ /ɪnvάləntèri | -vɔ́ləntəri, -tri⁻/ 形 ❶ (自分の意志からではなく)思わず知らずの, 無意識な, 不可抗力の; 故意でない: an ~ movement (驚いた時などの)無意識[反射的]な動作 / ~ manslaughter 法 過失致死(罪). ❷ 不本意の, 気の乗らない. ❸ 不随意の (↔ voluntary): ~ muscles 不随意筋. **-tàr·i·ness** 名 〖IN-¹+VOLUNTARY〗 【類義語】 ⇨ spontaneous.

in·vo·lute /ɪnvəlùːt/ 形 ❶ 複雑な, 込み入った. ❷ a 動 〈貝殻などが〉らせん状に巻いた. b 植 〈葉など〉内側にまくれた, 内巻きの. ── 名 数 伸開線.

in·vo·lu·tion /ɪnvəlùːʃən/ 名 ❶ ⓒ 複雑; 混乱. ❷ ⓤ 巻き込むこと, もつれ. ❸ ⓤⓒ 巻き込み; 内巻き.

*__in·volve__ /ɪnvάlv | -vɔ́lv/ 動 他 ❶ a 〈人を〉(議論・事件などに)巻き込む, 巻き添えにする (cf. involved 1a): His mistake ~d me *in* a great deal of trouble. 彼が間違いをしたために私は大変な面倒に巻き込まれることとなった. b 〈人を〉〈警察・犯罪者などと〉掛かわり合いをもたせる, 関係させる *(with)* (⇨ involved 1 b). ❷ (必然的結果として)〈...を〉伴う (entail); 意味する, 必要とする: An accurate analysis will ~ intensive tests. 正確な分析には徹底的な検査が必要だろう / Persistent efforts were ~d in completing the work. その仕事の成就には不断の努力が必要だった / [+*doing*] It would ~ *living* apart from my family. そうなると私は家族と離れて住まなければならないことになる. ❸ [~ *oneself*] 〈...に〉熱中する, 夢中になる (*in, with*) (cf. involved 2): You shouldn't ~ *your*-*self with* (the likes of) him. 彼のような男に夢中になるべきではない. ❹ 〈...に〉影響を及ぼす, 関係する: The implications of the discovery ~ us all. その発見の意味合いは我々すべてに関連[影響]をもつ. ❺ 〈物事を〉複雑にする. 〖L=転がす, 包む IN-+*volvere* 巻く (cf. volume)〗 (名 involvement) 【類義語】 (1) **involve** は込み入って面倒な[厄介で困った]事態に人を巻き込む. **implicate** 人を犯罪行為・信用失墜につながることに関係させる. (2) ⇨ include.

†__in·volved__ /ɪnvάlvd/ 形 ❶ a ⓟ 〈...に〉巻き込まれて, 首を突っこんで *(in, with)*: He's ~ *in* debt [*in* a conspiracy]. 彼は借金で首が回らない[陰謀に巻き添えにされている]. b ⓟ 〈...に〉(深く)関与[関係]して, かかわりあって *(in, with)*: He got ~ *with* a motorcycle gang. 彼は暴走族と掛かり合いをもつようになった. c 〈人と〉深い[性的, 恋愛]関係にあって *(with)*. ❷ ⓟ 〈...に〉熱中して, 夢中になって *(in, with)*: He's very ~ *in* his work. 彼はすっかり仕事に熱中している. ❸ 〈ものが〉~d (必然的に)伴って, 必要で, 関係があって: the time ~ *in* processing orders 注文を処理するのに必要な時間. ❹ a 入り組んだ, 複雑な; 〈文体など〉難解な: an ~ sentence (構造の)複雑な文 / The plot

gets more ~. 筋がますます込み入ってくる. **b** 混乱した. ❺ 〈事件などに〉関係のある; 〈主義・運動に〉打ち込んだ, 参加した: the people ~ 関係者たち. 【類義語】⇨ complex.

*in·vólve·ment /-mənt/ 名 ❶ ⓊⒸ 巻き込まれること, 関与すること, 掛かり合い; ⓊⒸ (特に不倫の)抜き差しならない関係: avoid ~ *in* an affair [*with* a person] 事件[人]と掛かり合いをもつのを避ける. ❷ Ⓤ 熱意, 熱中; 傾倒, 愛着. (動 involve)

in·vul·ner·a·ble /ɪnvʌ́ln(ə)rəbl⁻/ 形 ❶ 傷つけられない, 不死身の; 難攻不落の. ❷〈議論など〉論破できない: an ~ argument 論破できない議論. -a·bly /-rəbli/ 副 in·vul·ner·a·bil·i·ty /ɪnvʌ̀ln(ə)rəbíləṭi/ 名

†**in·ward** /ínwəd | -wəd/ 副 (比較なし) ❶ 内部へ[に], 内で (↔ outward): The door opens ~. そのドアは内側へ開く. ❷ 内心に, 心中へ: turn one's thoughts ~ 内省する. ── 形 (比較なし) ❶ **a** 内の, 内部の: on the ~ side 内側に[で]. **b** 内側への (↔ outward): an ~ curve 内側への湾曲. ❷ 内的な, 心中の. ❸〈声が〉(腹の中で言うように)低い. ── 名 /ínəd | ínəd/ 名 [複数形で]〘口〙腸, はらわた. 《IN- + -WARD》

ínward invéstment 名 Ⓤ 対内投資《外国から国内への投資》.

inward-lóoking 形 内側[内部]ばかりに目を向けた, 他をかえりみない, 狭量な.

ín·ward·ly 副 ❶ 内部[内側]に[で]. ❷ 心の中に[で] (↔ outwardly): laugh ~ (心の中で)ひそかに笑う. ❸ 小声で: speak ~ 小声で言う.

ín·ward·ness 名 Ⓤ ❶ 本質, 真意. ❷ 内的[精神的]なこと; 霊性.

in·wards /ínwədz | ínwədz/ 副 =inward.

in·wrought /ìnrɔ́ːt⁻/ 形 Ⓟ〘文〙〈織物など〉(模様などを)縫い[縫い]込んだ, 刺繍(ｼｭｳ)した (*with*).

in-your-fáce 形 〖口〗人を人とも思わない, 傍若無人な, 挑発的な, 露骨な.

I·o /áɪoʊ/ 名《ギ神》イオ (Zeus に愛されたが, Hera にねたまれて白い雌牛に変えられた女).

Io (記号) ionium. **I/O** (略) input / output. **IOC** /áɪoʊsíː/ (略) International Olympic Committee.

i·o·date /áɪədèɪt/ 名 Ⓤ〘化〙ヨウ素酸塩.

i·ód·ic ácid /aɪɑ́dɪk- | -ɔ́d-/ 名 Ⓤ〘化〙ヨウ素酸.

i·o·dide /áɪədàɪd/ 名 Ⓤ〘化〙ヨウ化物.

i·o·di·nate /áɪədənèɪt/ 動 他〘化〙ヨウ素で処理する, ヨウ素化する. **i·o·di·na·tion** /àɪədəneɪ́ʃən/ 名

†**i·o·dine** /áɪədàɪn, -dɪn | -diːn/ 名 ❶ Ⓤ ヨウ素, ヨード (記号 I): an ~ preparation ヨード剤 / tincture of ~ ヨードチンキ. ❷ ヨードチンキ.

i·o·dism /áɪədìzm/ 名〘医〙ヨード中毒.

i·o·dize /áɪədàɪz/ 動 他〘化〙ヨードで処理する, ヨウ素化する. **i·o·di·za·tion** /àɪədɪzéɪʃən | -daɪz-/ 名

i·o·do- /aɪóʊdoʊ | -ɔ́d-/ 〔連結形〕「ヨウ素」.

i·o·do·form /aɪóʊdəfɔ̀əm | -ɔ́dəfɔ̀ːm/ 名 Ⓤ〘化〙ヨードホルム (主に防腐剤; 劇薬).

i·o·do·phor /aɪóʊdəfɔ̀ə | -ɔ́dəfɔ̀ː/ 名〘化〙ヨードフォア《界面活性剤を担体とするヨウ素剤》.

IOM (略) Isle of Man.

†**i·on** /áɪən/ 名〘理・化〙イオン: a positive ~ 陽イオン / a negative ~ 陰イオン. 《Gk = going; 英国の物理学者 M. Faraday の命名》

-ion /-iən, -ʒən, (/ʃ, ʒ, ʧ, ʤ/ の後では) -ən/ 接尾 形容詞・動詞から「状態」「動作」を表わす名詞を造る: un*ion*, pot*ion*; reg*ion*, relig*ion*; miss*ion*.

Io·nes·co /jənéskoʊ, ìːə- | jɔ-/, **Eugène** 名 イヨネスコ (1912–94): ルーマニア生まれのフランスの劇作家; 不条理劇の旗手).

íon exchànge 名 Ⓤ〘化〙イオン交換.

íon exchànger 名 イオン交換体.

íon exchànge résin 名 Ⓤ ⓒ イオン交換樹脂.

I·o·ni·a /aɪóʊniə | -njə/ 名 イオニア《小アジア西海岸一帯と付近の島々; 古代ギリシア人が植民した》.

I·o·ni·an /aɪóʊniən, -njən/ 名 イオニア人. ── 形 イオニア(人)の.

961   Iraq

Iónian móde 名〘楽〙イオニア旋法《教会旋法の一つ; 現在のハ長調音階に相当》.

Iónian Séa 名 [the ~] イオニア海《地中海中部, イタリア半島南東部とギリシアにはさまれた海域》.

i·on·ic /aɪɑ́nɪk | -ɔ́n-/ 形〘理〙❶ イオン (ion) の. ❷ イオンを含む[による]. -**i·cal·ly** /-kəli/ 副

I·on·ic /aɪɑ́nɪk | -ɔ́n-/ 形 ❶ イオニア(人)の. ❷〘建〙イオニア式の: the ~ order〘建〙イオニア様式.

i·o·ni·um /aɪóʊniəm/ 名 Ⓤ〘化〙イオニウム《放射線ウランの同位元素; 記号 Io》.

i·on·i·za·tion /àɪənɪzéɪʃən | -naɪz-/ 名 Ⓤ〘化〙イオン化, 電離.

i·on·ize /áɪənàɪz/ 動 他 イオン化する, 電離する.

í·on·ìz·er 名 マイナスイオン式空気清浄機.

í·on·ìz·ing radiátion 名 Ⓤ〘理〙電離放射線.

i·on·o·phore /aɪɑ́nəfɔ̀ə | -ɔ́nəfɔ̀ː/ 名〘生化〙イオン透過担体, イオノフォア.

i·on·o·sphere /aɪɑ́nəsfìə | aɪɔ́nəsfìə/ 名 [the ~] イオン圏, 電離層《電離層上部; 無線電波が反射される》.

i·on·o·spher·ic /aɪɑ̀nəsférɪk | -ɔ̀n-⁻/ 形

i·on·to·pho·re·sis /aɪɑ̀ntoʊfəríːsɪs | -ɔ̀n-/ 名 Ⓤ〘医〙イオン導入法《イオン浸透法の一つ; イオン化した薬剤などを電流によって体組織に入れる》. -**pho·rét·ic** /-rétɪk⁻/ 形

-i·or¹ /-iə, -jə | -iə, -jə/ 接尾 ラテン系形容詞の比較級を造る: jún*ior*, sén*ior*, infér*ior*, supér*ior*.

-i·or², (英) **-iour** /-iə, -jə | -iə, -jə/ 接尾 [名詞語尾]: behávi*or*, sáv*ior*.

i·o·ta /aɪóʊṭə/ 名 ❶ ⓒ イオタ《ギリシア語アルファベットの第9字 Ι, ι; 英字の I, i に当たる; ⇨ Greek alphabet 表》. ❷ ⓒ [単数形で; 否定文で] 微少, みじん: *not an* [one] ~ (*of* ...) (…が)少しもない.

IOU /áɪòʊjúː/ 名 (複 ~**s**, ~'**s**) 借用証書. 〘I owe you の発音づづり〙

-iour ⇨ -ior².

-i·ous /iəs/ 接尾 = -ous.

IOW (略) Isle of Wight.

I·o·wa /áɪəwə/ 名 アイオワ州《米国中部の州; 州都 Des Moines /dɪmɔ́ɪn/; 略 Ia., 〘郵〙IA; 俗称 the Hawkeye State》. 〘N-Am-Ind = 眠い人〙

I·o·wan /áɪəwən/ 形 アイオワ州の(人).

IP /áɪpíː/ (略)〘電算〙Internet Protocol《ルーターやゲートウェイなどの機器によりコンピューターをインターネットに直接接続するプロトコル》. **IPA** /áɪpíːéɪ/ (略) International Phonetic Alphabet [Association].

ip·e·cac /ípɪkæ̀k/, **ip·e·cac·u·an·ha** /ìpɪkækjuænə/ 名 ❶ ⓒ トコン, イペカック《南米原産のアカネ科の低木》. ❷ 吐根《トコンの根で, 吐剤・下剤用》.

IPMS (略)〘英〙Institution of Professionals, Managers, and Specialists. **IPO** (略) initial public offering 新規株式公開, 株式新規公開.

ip·se dix·it /ípsidíksət/ 名 独断(の言). 〘L〙

ip·sis·si·ma ver·ba /ɪpsísəmə və́ːbə | -vɔ́ː-/ 名 (ある人が)言った)まさにそのとおりのことば. 〘L〙

ip·so fac·to /ípsoʊfǽktoʊ/ 副 事実[それ]自体によって, 事実上. 〘L〙

Ips·wich /ípswɪtʃ/ 名 イプスウィッチ《イングランド南東部 Suffolk 州の州都》.

*IQ** /áɪkjúː/ (略) intelligence quotient (cf. AQ).

Ir (記号)〘化〙iridium. **Ir.** (略) Ireland; Irish.

ir- /ɪ-, ɪ/ 接頭〘r の前にくる時の〙in-¹,² の異形: *ir*rational.

IRA /áɪɑ́ːrèɪ | -àː-/ (略)〘米〙individual retirement account 個人退職勘定; Irish Republican Army アイルランド共和軍《全アイルランドの統一共和国樹立を目指す北アイルランドのカトリック系過激派組織》.

I·ran /ɪrǽn, ɪrɑ́ːn/ 名 イラン《アジア西部の共和国; 首都 Teheran》.

I·ra·ni·an /ɪréɪniən, ɪrɑ́ː-/ 形 ❶ ⓒ イラン人. ❷ Ⓤ イラン語.

I·raq /ɪrɑ́ːk, ɪrǽk/ 名 イラク《アジア南部の共和国; 首都 Baghdad》.

I·ra·qi /ɪrάːki, ɪrǽki/ 形 ❶ イラク(人)の. ❷ アラビア語イラク方言の. ── 名 (複 ~s) ❶ C イラク人. ❷ U アラビア語イラク方言.

i·ras·ci·bil·i·ty /ɪræsəbíləti/ 名 U 怒りっぽさ, 短気, かんしゃく.

i·ras·ci·ble /ɪrǽsəbl/ 形 〈人・性質など〉怒りっぽい, かんしゃく持ちの, 短気な. ‑**bly** 副 /‑bli/ 副

i·rate /aɪ(ə)réɪt/ 形 《文》ひどく怒った: an ~ citizen (不正を)憤る市民 《★ 新聞用語》. ~**·ly** 副 【IRE+‑ATE¹】

IRBM /άɪàəbìːém/ (略) intermediate range ballistic missile (cf. ICBM).

IRC (略) International Red Cross 国際赤十字社.

ire /áɪə | áɪə/ 名 U 《文》怒り, 憤り.

Ire. (略) Ireland.

ire·ful /άɪəf(ə)l | áɪə‑/ 形 《文》❶ 怒って(いる), 憤った. ❷ 怒りっぽい, 短気な. ~**·ly** 副 /‑fəli/ 副

*__Ire·land__ /άɪələnd | áɪə‑/ 名 ❶ アイルランド(島) 《英国諸島中の島; アイルランド共和国 (the Republic of Ireland) と英国に属する北部の北アイルランド (Northern Ireland) に分かれる》. ❷ アイルランド(共和国) 《首都 Dublin》. 【OE=アイルランド人 (Irish) の土地】

I·rene /aɪríːn | aɪ(ə)ríːn/ ❶ /aɪ(ə)ríːni/ 《ギ神》エイレネ《平和の女神》.

i·ren·ic /aɪ(ə)rénɪk, aɪ(ə)ríː‑/ 形 平和的な, 協調的な.

i·rén·ics 名 U 融和[平和, 和協]神学.

ir·i·des 名 iris の複数形.

ir·i·des·cence /ìrədés(ə)ns/ 名 U にじ色, 玉虫色.

ir·i·des·cent /ìrədés(ə)nt~/ 形 にじ色の, 真珠光沢の, 玉虫色の. ~**·ly** 副

i·rid·i·um /ɪrídiəm/ 名 U 《化》イリジウム《金属元素; 記号 Ir》.

ir·i·dol·o·gy /ìrədάlədʒi | ‑dɔ́l‑/ 名 U 《医》虹彩学. ‑**gist** /‑dʒɪst/ 名

†**i·ris** /άɪ(ə)rɪs/ 名 ❶ (複 ~·es, ir·i·des /άɪ(ə)rədìːz, ír‑/) 【解】(眼球の)虹彩(こうさい); (写) iris diaphragm. ❷ (複 ~es) 【植】アイリス《アヤメ属の植物; アヤメ・イチハツ・ハナショウブなど》. 【L<Gk=にじ】

I·ris /áɪ(ə)rɪs/ 名 ❶ アイリス《女性名》. ❷ 《ギ神》イリス《にじの女神》.

íris díaphragm 名 (写) (レンズの)虹彩[アイリス]絞り.

*__I·rish__ /άɪ(ə)rɪʃ/ 形 アイルランド(人, 語)の. ── 名 ❶ U アイルランド語; アイルランド英語 (略 Ir.). ❷ [the ~; 複数扱い] アイルランド国民; アイルランド軍. 【OE *íra* アイルランド人】

Irish-American 形 名 アイルランド系米国人(の).

Írish búll 名 =bull³.

Írish cóffee 名 U アイリッシュコーヒー《ホットコーヒーに砂糖・ウイスキーを加え, ホイップクリームを浮かせたもの》.

Í·rish·ism /‑ìzm/ 名 ❶ U.C アイルランド語法, アイルランドなまり; アイルランド風[気質]. ❷ =Irish bull.

Í·rish·man /‑mən/ 名 (複 -men /‑mən/) アイルランド人.

Írish móss 名 ❶ 《海藻》トチャカ (carrageen). ❷ 乾燥したトチャカ[イカノアシ]《ゼリーなどの原料》.

Írish potáto 名 C.J (sweet potato と区別して)ジャガイモ.

Írish Renáissance 名 [the ~] アイルランド文芸復興《19 世紀末に Yeats などの起こした民族の文芸運動》.

Írish Séa 名 [the ~] アイルランド海《アイルランドとイングランドとの間の海》.

Írish sétter 名 アイリッシュセッター(犬)《黒茶色のセッター種の犬》.

Írish stéw 名 U.C アイリッシュシチュー《羊肉とジャガイモとタマネギのシチュー》.

Írish térrier 名 アイリッシュテリア(犬)《赤毛の中型犬》.

Írish whískey 名 U.C アイリッシュウイスキー《大麦の麦芽で造るアイルランド産ウイスキー》.

Írish wólfhound 名 《犬》アイリッシュウルフハウンド《大型の, 粗くかたい被毛の猟犬》.

Írish·wòman 名 (複 -women) アイルランドの女性.

i·ri·tis /aɪ(ə)ráɪṭəs/ 名 《医》虹彩炎.

irk /ə́ːk | ə́ːk/ 動 [通例 it を主語として] 〈人を〉うんざり[あきあき]させる: *It* ~s me to find spelling errors. つづりの誤りを見つけるのはうんざりする.

irk·some /ə́ːksəm | ə́ːk‑/ 形 あきあきする, うんざりする, 退屈な. ~**·ly** 副 ~**·ness** 名 【IRK+‑SOME】

Ir·kutsk /ɪəkúːtsk | əːkútsk/ 名 イルクーツク《シベリアの中心都市; Baikal 湖の西に位置する》.

i·ro·ko /ɪróʊkoʊ/ 名 (複 ~s) 【植】イロコ《アフリカ西部熱帯産のクワ科の落葉大高木; 材はチークの代用にされる》.

*__i·ron__ /áɪən | áɪən/ 名 ❶ U 鉄; 鉄分《金属元素; 記号 Fe; cf. steel》: cast [pig, wrought] ~ 鋳[銑, 錬]鉄 / Strike while the ~ is hot. ⇨ hot 1 a. ❷ C 鉄製の器具[道具]: **a** C アイロン, 火のし, こて: ⇨ curling iron. **b** (ゴルフ) アイアン《頭部が鉄製のクラブ; cf. wood 4 b》. **c** [複数形で] 足[手]かせ: be (put) in ~s 足[手]かせをかけられる. **d** C (口) ピストル, 拳銃. **e** 鋲(びょう). ❸ U 鉄のようなかたさ[強さ], 強固: a man of ~ 意志の強い人; 冷酷な人 / muscles of ~ 筋金入りの筋肉 / a will of ~ 鉄の(ような)意志.

an íron hánd [físt] in a vélvet glóve 外面的優しさの下に隠されたかたさ[きびしさ, 苛酷さ]. **hàve (tòo) mány írons in the fíre** 一度にいろいろな仕事に手を出している《画家 かじ屋の仕事ぶりから》. **púmp íron** 《口》バーベルを挙げて練習する, 重量挙げをする. **rúle with an íron hánd =rúle with a ród of íron** ⇨ rod 成句.

── 形 A ❶ 鉄の, 鉄製の. ❷ 鉄の(ような), 鉄のように堅い[強い]: an ~ will 鉄の(ような強固)意志. **b** 冷酷な: an ~ hand 冷酷な支配, 圧政.

── 動 ❶ 〈衣類・布などに〉アイロンをかける (press); アイロンをかけて〔...から〕しわを〕取る (out of): ~ a shirt シャツにアイロンをかける.

íron óut (他+副) (1) 〈衣類に〉アイロンで〈しわなどを〉のばす: ~ out the wrinkles [creases] in a skirt アイロンをかけてスカートのしわをのばす. (2) 〈困難・問題などを〉除く, 解消する: The problem has a few problems that need to be ~ed out. その計画には解決しなければならない問題が 2, 3 ある.

【OE; 原義は「(青銅に対して)強いもの」】 形 **irony²**, 関 **ferric, ferrous**》

Íron Àge [the ~] ❶ 《時に i‑ a‑》《ギ・ロ神》鉄の時代《伝説の四時代中の最後の最も堕落した時代; cf. golden age 2》. ❷ 《考古》鉄器時代.

íron-bòund 形 ❶ 鉄張りの. ❷ 硬い, 曲げられない. ❸ 〈海岸など〉岩の多い.

íron-clád 形 ❶ 甲鉄の, 装甲の《★ 主に 19 世紀後半の軍艦についていう; cf. armored》. ❷ 〈規約・約束など〉破ることのできない, 厳しい. ── 名 (19 世紀後半の)装甲艦.

Íron Cúrtain 名 [the ~] 鉄のカーテン《かつての東欧共産圏と西欧諸国とを政治的・思想的に隔てた障壁》.

í·ron·er 名 ❶ アイロンを使う[かける]人. ❷ =mangle².

íron-gráy [-gréy] 形 鉄灰色の《かすかに緑がかった灰色》.

íron hórse 名 《詩・文》(蒸気)機関車.

*__i·ron·ic__ /aɪrάnɪk | ‑rɔ́n‑/, **i·rón·i·cal** /‑nɪk(ə)l/ 形 皮肉な, 皮肉を言う; 反語の, 反語的な: an ~ turn of events 事件の皮肉な展開. 名 irony¹》

*__i·ron·i·cal·ly__ /‑kəli/ 副 ❶ 〔文修飾〕皮肉なことには, 皮肉にも: *I*~ (enough), the murderer was killed with his own gun. 皮肉にも殺人者は自分の銃で殺された. ❷ 皮肉に; 反語的に.

í·ron·ing 名 U ❶ アイロンかけ: do the ~ アイロンかけをする. ❷ アイロンをかける[た]衣類[布].

íroning bòard 名 アイロン台.

i·ro·nist /áɪ(ə)rənɪst/ 名 皮肉屋; アイロニーを用いる作家.

i·ro·nize /áɪ(ə)rənaɪz/ 動 皮肉っぽくする, ...に皮肉をこめる.

íron lúng 名 鉄の肺《小児まひ患者などに用いる鉄製呼吸補助装置》.

íron máiden 名 鉄の処女《中世に使われたといわれる拷問具; 女性の形をした箱の内側に多数の釘が出たもの》.

íron mán 名 ❶ 頑張り屋の[タフな]選手, 鉄人. ❷ 苛酷な多種競技, (特に)トライアスロン (triathlon), 《豪》鉄

人競技《水泳・サーフィン・競走などを競う》.

íron·màster 名 鉄器製造業者, 製鉄業者, 鉄工場主.
íron mòld 名 Ⓤ 《布などについた鉄さび, インクのしみ》.
íron·mònger 名《英》金物屋《《米》hardware dealer》: an ~'s 金物店.
íron·mòngery 名《英》❶ Ⓤ 金物類, 工具, 園芸用品. ❷ Ⓤ 金物業. ❸ Ⓒ 金物店.
íron-òn 形 アイロンでつけられる.
íron óxide 名 Ⓤ 【化】酸化鉄.
íron pýrites [**pýrite**] 名 Ⓤ 【鉱】黄鉄鉱 (pyrite).
íron rátions 名 徴 非常用携帯口糧.
íron·sìdes 名 [通例単数扱いで] 勇猛果敢な人.
íron·stòne 名 Ⓤ 鉄鉱(石).
íron·wàre 名 Ⓤ 鉄器, 金物《特に台所用品》.
íron·wòod 名 ❶ Ⓤ 《硬質樹木の》硬質木材《カバノキ科のシデ類・アサダなど》. ❷ Ⓒ 硬質樹木.
íron·wòrk 名 Ⓤ《構造物の》鉄製部分; 鉄製品.
íron·wòrker 名 鉄工, 鉄骨組み立て工.
íron·wòrks 名 (徴 ~) 製鉄[鉄工]所.

***i·ro·ny**[1] /áɪ(ə)rəni/ 名 ❶ **a** Ⓤ《ユーモアを含んだ穏やかな皮肉, 当てこすり (cf. sarcasm)》: with ~ 皮肉に[調子で]. **b** Ⓒ 皮肉な言葉: an illuminating ~《相手を》なるほどと思わせるような皮肉. ❷ Ⓤ **a** 反語. 【修】反語法. ❸ Ⓒ《運命などの》皮肉な結果, 奇妙な成り行き: life's little *ironies* 人生の小さな皮肉《の巡り合わせ》/ the ~ of fate [circumstances] 運命の皮肉[いたずら] / dramatic irony, Socratic irony. 《F<L<Gk=知らないふりをすること》（形 ironic, ironical）

i·ron·y[2] /áɪəni / áɪrəni/ 形 鉄の, 鉄製の; 鉄のような.
Ir·o·quoi·an /ìrəkwɔ́ɪən⁻/ 名 Ⓤ イロコイ語族. ❷ Ⓒ イロコイ族の人. ──形 イロコイ族[語]の.
Ir·o·quois /írəkwɔɪ/ 名 (徴 ~ /-(z)/) **a** [the ~] イロコイ族《元は New York, Wisconsin 両州に残っている北米先住民》. **b** Ⓒ イロコイ族の人. ❷ Ⓤ イロコイ語.
ir·ra·di·ance /ɪréɪdiəns/ 名 Ⓤ 光輝.
ir·ra·di·an·cy /-diənsi/ 名 =irradiance.
⁺**ir·ra·di·ate** /ɪréɪdièɪt/ 動 ❶ ⟨...に⟩放射線を照射する; ⟨...を⟩放射線で治療する; ⟨...を⟩被曝(ひばく)させる; ⟨食品を⟩放射線処理する. ❷ ⟨...を⟩照らす, 明るくする. ❸ ⟨心・問題などに⟩光明を与える, 啓発する. ❹ ⟨喜び・微笑などが⟩⟨顔などを⟩輝かす. 《IR-+RADIATE》（名 irradiation）
ir·ra·di·a·tion /ɪrèɪdiéɪʃən/ 名 Ⓤ ❶ 放射, 放射線治療(法); 被曝: food ~ 食品放射線処理. ❷ 発光; 照射. ❸ 啓蒙, 啓発.
⁺**ir·ra·tion·al** /ɪrǽʃənəl⁻/ 形 ❶ 理性に基づかない, 不合理な, ばかげた. ❷ 理性のない; 分別のない, 道理のわからない. ❸【数】無理の. ──名【数】無理数. ~·ly /-ʃ(ə)nəli/ 副 《IR-+RATIONAL》【類義語】⇒ illogical.
ir·ra·tion·al·ism /-lìzm/ 名 Ⓤ ❶《思想・行動の》無分別, 不合理, 背理. ❷ 【哲】非合理主義《非合理的・神秘的なものが宇宙を支配するとして直観・本能などを重視する》. **-ist** /-lɪst/ 名
ir·ra·tion·al·i·ty /ɪræ̀ʃənǽləti/ 名 ❶ Ⓤ 不合理, 不条理. ❷ Ⓒ 不合理な考え[言動]. ❸ Ⓤ 理性のないこと.
Ir·ra·wad·dy /ìrəwɑ́di / -wɔ́di/ 名 [the ~] イラワジ川《ミャンマーを南流して Bengal 湾に注ぐ大河》.
ir·re·but·ta·ble /ɪrəbʌ́təbl/ 形【法】反証[反駁]できない.
ir·re·claim·a·ble /ɪrɪkléɪməbl⁻/ 形 ❶ 取り返しのつかない, 回復[矯正]できない. ❷ 開墾できない; 埋め立てできない. **-a·bly** /-məbli/ 副
ir·rec·on·cil·a·ble /ɪrèkənsáɪləbl, ⌄⌄⌄⌄⌄⌄⌄/ 形 ❶ 人などが和解できない, 妥協できない. ❷《思想・意見などが》調和[両立]しない; [...と]矛盾した: ~ opinions 相いれない意見 / The theory is ~ *with* the facts. その理論は事実と一致しない. ──名 非妥協派の人; 両立しないもの.
ir·re·cov·er·a·ble /ɪrɪkʌ́v(ə)rəbl⁻/ 形 ❶ ⟨損害・借金など⟩取り戻せない; 取り返しのつかない. ❷ ⟨病気など⟩不治の, 直せない. **-a·bly** /-rəbli/ 副
ir·re·cu·sa·ble /ɪrɪkjúːzəbl⁻/ 形 ⟨証拠などが⟩排除[拒否]できない. **-bly** /-bli/ 副
ir·re·deem·a·ble /ɪrɪdíːməbl⁻/ 形 ❶ 買い戻しので

irrepressible

きない. ❷ ⟨人が⟩矯正できない, 救済しがたい. ❸ ⟨国債など⟩償還されない; ⟨紙幣などが⟩兌換(だかん)されない: ~ bank notes 不換紙幣. **-a·bly** /-məbli/ 副
ir·re·den·tism /ɪrɪdéntɪzm/ 名 Ⓤ ❶ [通例 I~]《イタリア》未回収地回復運動, イレデンティズモ《Tirol などイタリア民族が居住していながらイタリア王国に属さぬ地方 (Italia irredenta) の併合をもちろうとする運動; 19 世紀末より第一次大戦まで展開された》. ❷《一般に》民族統一主義. **-tist** /-tɪst/ 名 形
ir·re·duc·i·ble /ɪrɪd(j)úːsəbl⁻, -djúː-⁻/ 形 ❶《一定以上》単純化できない, [...に]帰す[還元する]ことができないで: ~ *to* rule 規則にまとめ上げることのできない. ❷ 減らされない, 削減できない. ❸【数】約せない, 既約の. **-i·bly** /-səbli/ 副
ir·ref·ra·ga·ble /ɪréfrəgəbl/ 形 論駁できない, 争う余地のない, 確かな;《法律など》犯す[動かす]ことのできない. **-bly** /-bli/ 副
ir·ref·ut·a·ble /ɪrɪfjúːtəbl⁻/ 形 反駁(はんばく)できない. **-a·bly** /-təbli/ 副
ir·re·gard·less /ɪrɪɡɑ́ːdləs, -ɡɑ́ːd-⁻/ 形《非標準》=regardless.
***ir·reg·u·lar** /ɪréɡjələ / -lə⁻/ 形 (more ~; most ~) ❶ 不規則な, 変則の: an ~ heartbeat 心臓の不規則な鼓動. ❷ ⟨形・配置など⟩ふぞろいな, 不同の, 不整の;⟨道・表面など⟩でこぼこした: ~ teeth 歯並びの悪い歯 / an ~ shape ふぞろいな形. ❸《手続きなど》反則の, 不法な;《法律上》無効の: ~ procedure 反則の手続き. ❹《行為など》不規律な, 乱れた, だらしない. ❺【軍】正規でない: ~ troops 不正規軍. ❻《比較なし》【文法】不規則(変化)の: ~ conjugation《動詞の》不規則活用 / ~ verbs 不規則動詞. ❼《米婉曲》便秘で. ──名 ❶ [通例複数形で]【軍】《ゲリラなどの》不正規軍[兵]. ❷ [通例複数形で] 規格はずれの商品, 二級品. ~·**ly** 副 《IR-+REGULAR》
ir·reg·u·lar·i·ty /ɪrèɡjulǽrəti/ 名 ❶ Ⓤ 不規則, 変則. ❷ Ⓤ 不整, ふぞろい. ❸ Ⓒ 不規則な事(物); 反則, 不法: There's an ~ in your application. 君の申込書には不備な点がある. ❹ Ⓒ [複数形で] 不正行為, 不正事件; 不品行. ❺ Ⓒ [複数形で]《道の》でこぼこ. ❻ Ⓤ《米婉曲》便秘.
ir·rel·a·tive /ɪrélətɪv/ 形 関係[関連]のない ⟨*to*⟩; 絶対的な; 縁故のない; 見当違いの. ~·**ly** 副 ~·**ness** 名
ir·rel·e·vance /ɪrélɪvəns/ 名 ❶ Ⓤ 無関係, 不適切, 見当違い. ❷ Ⓒ 見当違いの言葉, 的はずれの質問(など).
ir·rel·e·van·cy /-vənsi/ 名 =irrelevance.
***ir·rel·e·vant** /ɪrélɪvənt⁻/ 形 ❶ 関連(性)のない, 無関係の, 不適切な, 見当違いの, 的はずれの: an ~ argument 的はずれの議論 / His remarks are ~ *to* the subject under discussion. 彼の発言は議論中の問題と無関係である. ❷ 重要でない, 無意味な. ~·**ly** 副 《IR-+RELEVANT》
ir·re·li·gion /ɪrɪlíʤən/ 名 Ⓤ 無宗教, 無信仰, 不信心; 反宗教, 不敬.
ir·re·li·gious /ɪrɪlíʤəs⁻/ 形 ❶ 無宗教の. ❷ 反宗教的な. ❸ 宗教心のない, 不信心な. ~·**ly** 副
ir·re·me·di·a·ble /ɪrɪmíːdiəbl⁻/ 形 ❶ 治療できない, 不治の. ❷ 取り返しのつかない, 回復できない: an ~ error 取り返しのつかない過ち. **-a·bly** /-əbli/ 副
ir·re·mis·si·ble /ɪrɪmísəbl⁻/ 形 ❶ ⟨罪など⟩許しがたい. ❷《義務から》免れられない.
ir·re·mov·a·ble /ɪrɪmúːvəbl⁻/ 形 ❶ ⟨ものなど⟩移せない, 動かせない; 除去できない. ❷ ⟨人を⟩免官できない, 終身官の. **-a·bly** /-vəbli/ 副
⁺**ir·rep·a·ra·ble** /ɪrép(ə)rəbl⁻/ 形 修繕[回復]できない, 取り返しのつかない: ~ damage 回復不能の損害. **-bly** /-bli/ 副 《IR-+REPARABLE》
ir·re·place·a·ble /ɪrɪpléɪsəbl⁻/ 形 ⟨人・ものが⟩代わりのない, 取りかえられない; またと得難い, 掛けがえのない. **-bly** /-bli/ 副
ir·re·press·i·ble /ɪrɪprésəbl⁻/ 形 ⟨人・感情など⟩抑え[制し]きれない, こらえられない. **-i·bly** /-əbli/ 副

ir·re·proach·a·ble /ɪrɪpróʊtʃəbl/ 形 〈人・行為など〉非難の余地がない、落ち度のない、申し分のない: ~ honesty 申し分のない実直さ. **-a·bly** /-əbli/ 副

*__ir·re·sist·i·ble__ /ɪrɪzístəbl/ 形 ❶ 〈力など〉抵抗しがたい、逆らえない: an ~ force 不可抗力. ❷ 〈感情など〉抑えられない、禁じえない: an ~ urge 抑えきれない衝動. ❸ 〈人・ものなど〉に抗しがたい、魅力的な: (an) ~ charm 悩殺的な魅力. 〖IR-+RESISTIBLE〗

ir·re·sist·i·bly /-təbli/ 副 抗しがたく、いやおうなしに.

ir·res·o·lute /ɪrézəlùːt⁻/ 形 決断力のない、優柔不断な、ぐずぐずした、にえきらない. **~·ly** 副

ir·res·o·lu·tion /ɪrèzəlúːʃən/ 名 U 不決断.

ir·re·sol·va·ble /ɪrɪzάlvəbl | -zɔ́l-⁻/ 形 解決できない; 分析[分離, 分解]できない.

*__ir·re·spec·tive__ /ɪrɪspéktɪv⁻/ 形 ★次の成句で. **irre·spéctive of...** [前置詞的に] ...にかかわりなく (regardless of): ~ of sex [age] 性[年齢]に関係なく、男女[老若]の別なく / It must be done, ~ of cost. 費用の多少にかかわらずしなければならない / The idea is a good one ~ of who may have submitted it. その考えはだれが出したにせよいい考えだ. 〖IR-+RESPECTIVE〗

ir·re·spon·si·bil·i·ty /ɪrɪspὰnsəbíləti | -spɔ̀n-/ 名 U 責任を負わないこと, 無責任.

*__ir·re·spon·si·ble__ /ɪrɪspάnsəbl | -spɔ́n-⁻/ 形 ❶ 責任感のない、無責任な; 当てにならない; 責任[権限][無責任な父親[行為]] / It was ~ of you not to lock the door.=You were ~ not to lock the door. ドアにかぎをかけなかったとは君も無責任だった. ❷ 責任の負えない人. **-bly** /-səbli/ 副 無責任に, 責任感なく. 〖IR-+RESPONSIBLE〗

ir·re·spon·sive /ɪrɪspάnsɪv | -spɔ́n-/ 形 応答しない, 反応[手ごたえ]のない [to]. **~·ness** 名

ir·re·triev·a·ble /ɪrɪtríːvəbl⁻/ 形 回復できない, 取り返しのつかない: an ~ loss 取り返しのつかない損失. **-a·bly** /-vəbli/ 副

ir·rev·er·ence /ɪrév(ə)rəns/ 名 ❶ U 不敬, 不遜(ᐟᐟ). ❷ C 不敬[不遜]な言動.

*__ir·rev·er·ent__ /ɪrév(ə)rənt⁻/ 形 不敬な, 不遜な (↔ deferential). **~·ly** 副

*__ir·re·vers·i·ble__ /ɪrɪvə́ːsəbl | -vɔ́ː-⁻/ 形 ❶ 逆に[裏返し]できない; 逆転[逆行]できない: an ~ change 逆行できない変化. ❷ 〈決議など〉撤回できない, 取り消し[変更]できない. **-bly** /-səbli/ 副

*__ir·rev·o·ca·ble__ /ɪrévəkəbl⁻/ 形 ❶ 呼び戻せない. ❷ 取り消せない: an ~ loss 取り返しのつかない損失. ❸ 改変[変更, 廃止]できない.

ir·ri·ga·ble /ɪ́rɪgəbl/ 形 〈土地の〉灌漑(ᐟᐟ)できる.

*__ir·ri·gate__ /ɪ́rəgèɪt/ 動 他 ❶ 〈土地に〉水を注ぐ[引く], 灌漑(ᐟᐟ)する. ❷ 〈医〉〈傷口などを〉洗浄[灌注]する. — 自 ❶ 灌漑する. ❷ 〈医〉洗浄法. **ír·ri·gà·tor** /-ţə~ | -tə/ 名

ir·ri·ga·tion /ɪ̀rəgéɪʃən/ 名 U ❶ 灌漑(ᐟᐟ); 灌水: an ~ canal [ditch] 用水路. ❷ 〈医〉洗浄法.

ir·ri·ta·bil·i·ty /ɪ̀rəţəbíləti/ 名 U 怒りっぽいこと, 短気; いらいら. ❷ 過敏; 興奮性.

ir·ri·ta·ble /ɪ́rəţəbl/ 形 ❶ 怒りっぽい, 短気な; いらいらする: She's feeling ~ today. 彼女はきょうは虫の居所が悪い. ❷ 〈体・器官などが〉〈刺激に〉敏感な, 興奮性の. **-bly** /-bli/ 副 〖irritate〗

írritable bówel sỳndrome 名 U 〈医〉過敏性腸症候群 《慢性下痢もしくは下痢便秘の反復・腹痛などを呈する; 略 IBS》.

*__ir·ri·tant__ /ɪ́rəţənt, -tnt/ 形 刺激する, 刺激性の. — 名 C 刺激剤, 刺激物.

*__ir·ri·tate__ /ɪ́rətèɪt/ 動 他 ❶ 〈人を〉いらいらさせる, じりじりさせる, 怒らせる, じらす (annoy) (cf. irritated 1): My son's foolish questions ~d me. 息子のばかげた質問に腹がたった. ❷ 〈器官を〉刺激する, 〈...に〉炎症を起こさせる, 〈...に〉ひりひりさせる. 〖L=興奮させる, 刺激する〗 (形 irritable, 名 irritation) 【類義語】 **irritate** 気にさわるような言動で人をいらいらさせる, 怒らせる; 相手がかっとなることもあるが何とか我慢できる程度. **exasperate** 相手が我慢しきれなくなって我を忘れるほど激しく怒らせる. **provoke** いやなことをしつこくやって, 人を非常にいらいらさせて憤慨させたりする.

*__ir·ri·tat·ed__ /-ţɪd/ 形 ❶ 〈人が〉いらいらした, 怒った: He was ~ *with* you. 彼はあなたを怒っていた / She was ~ *by* his carelessness. 彼女は彼の不注意にいらいらした / Don't be ~ *at* his odd behavior. 彼の奇行に気をもまないでくれ 〖用法〗 人には with, 物事には at, by を用いる). ❷ 〈皮膚・目などが〉炎症を起こした, ひりひりする, 荒れた: an ~ throat ひりひり痛むのど.

*__ir·ri·tat·ing__ /-ţɪŋ/ 形 腹立たしい; いらいらさせる (annoying): He has an ~ habit of giggling. 彼のくすくす笑う癖はいらいらさせる. **~·ly** 副

*__ir·ri·ta·tion__ /ɪ̀rətéɪʃən/ 名 ❶ a U いらだち, 激昂(ᐟᐟ), 立腹 (annoyance). b C いらいらさせる[じれったい]もの, 原因(するもの). ❷ U a 〈生・医〉刺激(状態). b 炎症, かぶれ, 痛み: eye [throat] ~ 眼[のど]の炎症. (動 irritate)

ir·ri·ta·tive /ɪ́rətèɪţɪv/ 形 刺激性の.

ir·rupt /ɪrΛ́pt/ 動 自 ❶ 〈...に〉突入[侵入]する, 飛び込む [*into*]. ❷ 〈動物が〉急激に増加する, 大量発生する.

ir·rup·tion /ɪrΛ́pʃən/ 名 U.C 突入, 侵入, 乱入 [*into*].

ir·rup·tive /ɪrΛ́ptɪv/ 形 突入[乱入, 侵入]する. **~·ly** 副

IRS /áɪάːés | -ɑ́ː(r)-/ 略 《米》 Internal Revenue Service.

Ir·ving /ə́ːvɪŋ | ə́ː-/, John 名 アービング (1942– ; 米国の小説家).

Ir·ving /ə́ːvɪŋ | ə́ː-/, Washington 名 アービング (1783–1859; 米国の作家; Rip Van Winkle の作者).

Ir·win /ə́ːwɪn | ə́ː-/ 名 アーウィン《男性名》.

*__is__ /(弱形) ɪz, (/z, ʒ, ʃ, dʒ 以外の有声音の次》, z, (/s, ʃ, tʃ/ 以外の無声音の次》 s; (強形) íz/ 動 be の 3 人称・単数・直説法・現在形.

Is. (略) (聖) Isaiah; Island; Isle. **Isa.** (略) (聖) Isaiah.

ISA (略) /áɪsə/ 《英》 individual savings account; /áɪèsèɪ/ 《電算》 Industry Standard Architecture (IBM 互換パソコンのバスアーキテクチャー).

I·saac /áɪzək/ 名 ❶ アイザック《男性名; 愛称 Ike》. ❷ (聖) (Abraham の子, Jacob と Esau の父).

Is·a·bel /ɪ́zəbèl/ 名 イザベル《女性名; Elizabeth の異形; 愛称 Bell》.

Is·a·bel·la /ɪ̀zəbélə/ 名 イザベラ《女性名; Elizabeth の異形; 愛称 Bell》.

Isabella I 名 イザベル (1451–1504) 《カスティリャ女王 (1474–1504), アラゴン女王 (1479–1504), 通称 '~ the Catholic'; 夫 Ferdinand 5 世とカスティリャ・アラゴンを共同で統治した》.

i·sa·gog·ics /àɪsəgάdʒɪks | -gɔ́dʒ-/ 名 序論の研究, (特に)聖書序論《聖書の文献学的研究》, 聖書入門. **i·sa·gog·ic** /àɪsəgάdʒɪk | -gɔ́dʒ-⁻/ 形

I·sa·iah /aɪzéɪə | -záɪə/ 名 ❶ イザヤ《ヘブライの大預言者, 紀元前 720 年ごろの人》. ❷ イザヤ書《旧約聖書中の一書; 略 Is(a).》.

i·sa·tin /áɪsətɪn/ 名 U 《化》イサチン《黄赤色柱状晶; 染料用》.

-i·sa·tion /ɪzéɪʃən | aɪz-/ 接尾 《英》 =-ization.

ISBN /áɪèsbìːén/ (略) International Standard Book Number.

Is·car·i·ot /ɪskǽrɪət/ 名 (聖) イスカリオテ《キリストを裏切った Judas の姓》.

is·che·mi·a, 《英》 **-chae-** /ɪskíːmɪə/ 名 (医) 虚血, 乏血《局所的血液不足》. **-mic** /-mɪk/ 形

is·chi·um /ɪ́skɪəm/ 名 (過 **is·chi·a** /ɪ́skɪə/) (解) 坐骨. **is·chi·al** /-kɪəl/ 形

ISDN /áɪèsdìːén/ (略) (通信) integrated services digital network 総合デジタル通信網.

-ise /⁻áɪz/ 接尾 《英》 =-ize.

is·en·tro·pic /àɪsentróʊpɪk | -trɔ́p-⁻/ 形 (理) 等エントロピーの.

-ish¹ /ɪʃ/ 腰尾 [形容詞語尾] ❶「…の」「…に属する」「…性の」: Engl*ish*, Ir*ish*. ❷「…のような」「…じみた」: fool*ish*, child*ish*. ❸「やや…の」「…がかった」「…ぎみの」「どちらかと言えば…の」: whit*ish*, cold*ish*. ❹ (口)「およそ…ごろ」「…がらみの」: 4.30-*ish* 4 時半ごろ / thirty-*ish* 30 がらみの.

-ish² /ɪʃ/ 腰尾 動詞を造る: abol*ish*, aston*ish*, bland*ish*.

Ish·ma·el /íʃmeɪəl, -miəl/ 名 ❶ 《聖》 イシマエル (Abraham の子; 母親は正妻 Sarah に仕えるエジプト人の女で, Sarah の子 Isaac が生まれると, 母親と共に追放された; 伝承ではアラブ民族の祖). ❷ C 世ののけ者, 世にたてつく者, 社会の敵.

Ish·ma·el·ite /íʃmiəlàɪt, -meɪə-/ 名 ❶ イシマエル (Ishmael) の子孫. ❷ =Ishmael 2.

i·sin·glass /áɪz(ə)nglæs, -zɪŋ- | -zɪŋglɑːs/ 名 ❶ 《U》 にべ (魚の浮き袋から造る膠(にかわ)). ❷ 《鉱》 雲母.

I·sis /áɪsɪs/ 名 イシス 《古代エジプトの豊饒(ほうじょう)の女神; Osiris の妻》.

isl. (略) island; isle.

*****Is·lam** /ɪzlɑːm, ís-/ 名 ❶ U イスラム教. ❷ 全イスラム教徒; 全イスラム教国. 《Arab=(神の意志への)服従》

Is·lam·a·bad /ɪslɑ́ːməbɑ̀ːd | ɪzlɑ́ːməbæd/ 名 イスラマバード 《パキスタン北東部にある同国の首都》.

*****Is·lam·ic** /ɪslɑ́ːmɪk, ɪz-, -læm-/ 形 イスラム教の.

Is·lam·ism /ɪslɑ́ːmɪzm, ɪz- | ízləmìzm/ 名 U イスラム教.

Is·lam·ite /ɪslɑ́ːmaɪt, ɪz- | ízləmàɪt/ 名 イスラム教徒.

Is·lam·ize /ɪzləmàɪz/ 動 他 イスラム (教)化する, (人)にイスラム教を信奉させる. **Is·lam·i·za·tion** /ɪzləməzéɪʃən | -maɪz-/ 名

*****is·land** /áɪlənd/ 名 ❶ 島 (略 Is.): an uninhabited ～ 無人島 / live on [in] an ～ 島に住む / in the Hawaiian *Islands* ハワイ諸島で / a volcanic ～ 火山の噴火によってできた島. ❷ **a** 島に似たもの, 孤立した丘. **b** (路上の)安全地帯: ⇒ traffic island; safety island. **c** 孤立したもの [場所, 集団]: an ～ of quiet 騒々しい中の静かな一隅. ❸ A 島の: an ～ country 島国 / an ～ platform 《鉄道》 島式ホーム, 両側[面]ホーム 《上り下り両線の発着に併用》. ― 動 他 ❶ 孤立させる. ❷ (島のように)取り囲む. 《OE; 原義は「水に囲まれた土地」》 (関形 insular)

ís·land·er /áɪləndər/ 名 島の住民, 島民, 国民.

⁺**isle** /áɪl/ 名 (詩) 島, 小島 《★ 散文では固有名詞の一部としてだけ用いる》. **the Isle of Mán** ⇒ Man. **the Isle of Wight** ⇒ Wight. 《F<L *insula* 島》

is·let /áɪlət/ 名 ❶ 小島. ❷ 隔絶された場所. ❸ [複数形で] =islets of Langerhans.

íslets of Lán·ger·hans /-lɑ́ːŋəhɑ̀ːnz | -læŋəhænz/ 名 《解》ランゲルハンス島 《膵臓中にあってインシュリンを分泌する細胞群》.

isls. (略) Islands.

ism /ízm/ 名 (口) 主義, 学説, イズム.

-ism /⎯ − ìzm, ⎯ ɪzm/ 腰尾 [名詞語尾] ❶「行動・状態・作用」: barbar*ism*, hero*ism*. ❷「体系・主義・信仰」: Darwin*ism*, Calvin*ism*. ❸「(言語・慣習などの)特性・特徴」: American*ism*. ❹「病的状態」: alcohol*ism*. ❺ -ize で終わる動詞の名詞形: bapt*ism*, ostrac*ism*.

Is·ma·i·li /ìsmɑːíːli, ìz-/ 名 イスマーイール派の信徒 《イスラム教シーア派の第 6 代イマームの長子で, 後継者として任命された Ismail を第 7 代イマームであると唱えたシーア派の分派》.

Is·nik /íznɪk/ 名

⁕**is·n't** /íz(ə)nt/ ❶ is not の短縮形. ❷ [Isn't it …の形で修辞疑問文に用いて] …ではないですか: *I～ it* beautiful! すごく美しいではないですか.

ISO /áɪesóʊ/ (略) International Organization for Standardization 国際標準化機構.

i·so- /áɪsoʊ/ [連結形]「等しい, 同じ」(↔ heter(o)-): *iso*chronism 等時性 / *iso*dont 同形歯の.

i·so·bar /áɪsəbɑ̀ə- | -bɑ̀ː/ 名 《気》 等圧線.

i·so·bar·ic /àɪɪsəbǽrɪk⁺-/ 形 ❶ 等圧線の. ❷ 等圧の,

---

isomeric

定圧の.

i·so·cheim /áɪsəkàɪm/ 名 《気》 等寒線.

iso·chromátic 形 《光》 等色の.

i·so·chron /áɪsəkrɑ̀n | -krɔ̀n/, **-chrone** /-kròʊn/ 名 《地理》 等時線, アイソクロン 《ある現象が同時に起こった点あるいは電信・交通機関などで等時間に達しうる地点を結ぶ地図上の線》.

i·so·cli·nal /àɪsəklàɪn(ə)l⁻/ 形 等傾斜の; 等伏角の; 《地》 等斜褶曲の: an ～ valley 等斜谷.

i·so·cli·nic líne /áɪsəklíːnɪk-/ 名 《地理》 等伏角線, 等傾線 《地磁気伏角の等しい地点を結んだ線》.

iso·cýanide 名 《化》 イソシアン化物, イソシアニド.

iso·dynámic 形 《地理》 等磁力の.

iso·eléctric 形 《化》 等電の.

ísoeléctric fócusing 名 U 《生化》 等電点電気泳動 《たんぱく質を分類するために pH 勾配の存在下で行なう電気泳動法》.

iso·electrónic 形 《理》 《原子・イオンが》同数の電子をもつ, 等電子の.

iso·énzyme 名 《生化》 イソ酵素 《化学的には異なるが同一の触媒反応を行なう酵素群の一つ》.

i·so·gam·ete /àɪsəɡǽmiːt, -ɡəmíːt/ 名 《生》 同形配偶子.

i·sog·a·mous /aɪsɑ́ɡəməs, -sɔ́ɡ-/ 形 《生》 同形配偶子によって生殖する (↔ heterogamous). **i·sog·a·my** /aɪsɑ́ɡəmi, -sɔ́ɡ-/ 名 U 同形配偶子生殖, 同形配偶.

i·so·gloss /áɪsəɡlɑ̀s | -ɡlɔ̀s/ 名 《言》 等語線 《言語的特徴の異なる二地方を分ける地図上の境界線》.

i·so·gon·ic /àɪsəɡɑ́nɪk | -ɡɔ́n-⁻/ 形 ❶ (地磁気が)等偏角の. ❷ 《生》 等生長の.

i·so·hel /áɪsəhèl/ 名 《気》 等日照線.

i·so·hy·et /àɪsəháɪət/ 名 《気》 等降水量線.

iso·kinétic 形 ❶ 等速の. ❷ 《生理》 《筋収縮などが》等運動性の.

i·so·la·ble /áɪsələbl/, **i·so·làt·a·ble** /-lèɪtəbl/ 形 分離[隔離]できる.

*****i·so·late** /áɪsəlèɪt/ 動 他 ❶ 〈…を〉〈…から〉孤立させる, 隔離する, 分離する (cut off): ～ oneself *from* society 世間との交際を絶つ / The people with cholera were ～*d* immediately. コレラに感染した人は直ちに隔離された. ❷ 《電》 〈…を〉絶縁する. ❸ 《化》 〈…を〉単離させる, 遊離させる; 〈細菌などを〉分離する. **í·so·là·tor** /-tə- | -tə-/ 名 《↓から分離させる(名分成)》 (名 isolation)

*****i·so·làt·ed** /áɪsəlèɪtɪd/ 形 ❶ **a** 孤立した: an ～ house (ぽつんと建っている)一軒家. **b** 《人が》孤独な, 孤立した: feel ～ 孤独感を抱く. **c** 隔離された: an ～ patient 隔離患者. ❷ (事例などが)単独の, 単発的な, まれな: an ～ case (of cholera) (コレラの)孤立した症例. ❸ 《電》 絶縁した. ❹ 《化》 単離した. 《It =(島のように)離れた<L *insula* 島》

í·so·làt·ing lànguage /-tɪŋ-/ 名 《言》 孤立(言)語 《中国語・ベトナム語など》.

*****i·so·la·tion** /àɪsəléɪʃən/ 名 U ❶ 孤立, 孤独; 隔離, 分離 *from*. ❷ 《電》 絶縁の. ❸ 《化》 単離. **in isolation** (1) 《他の際など》独立して, 別個に, 切り離して. (2) 孤立して, 分離して; 隔離して[されて]. **in spléndid isolátion** 光輝ある孤立のうちにあって; 《しばしば戯言》 孤独を楽しんで. (動 isolate)

isolátion hòspital 名 隔離病院.

i·so·la·tion·ism /-ʃənìzm/ 名 U 孤立主義.

i·so·la·tion·ist /-ʃ(ə)nɪst/ 名 孤立主義者. ― 形 孤立主義(者)の.

isolátion pèriod 名 (伝染病患者の)隔離期間.

isolátion wàrd 名 隔離病棟.

iso·léucine 名 U 《生化》 イソロイシン 《カゼインの中にある必須アミノ酸》.

i·so·mer /áɪsəmə- | -mə-/ 名 《化》 異性体.

i·som·er·ase /aɪsɑ́mərèɪs | -sɔ́m-/ 名 《生化》 異性化酵素, イソメラーゼ.

i·so·mer·ic /àɪsəmérɪk⁻/ 形 《化》 異性体の.

i·som·er·ism /aɪsámərìzm | -sóm-/ 名 U ❶ 《化》《化合物などの》異性《同種同数原子からなり, 構造配列が異なること》. ❷ 《理》《核種 (nuclide) の》核異性《同原子番号同質量で, エネルギー準位と半減期が異なる》.

i·som·er·ize /aɪsáməràɪz | -sóm-/ 動 自他 《化》異性体になる[する], 異性化する. **i·som·er·i·za·tion** /aɪsàməriːzéɪʃən | -sòməraɪz-/ 名 U 異性化.

i·som·er·ous /aɪsámərəs | -sóm-/ 形 《植》《花など》各部分が等数の, 同数の.

i·so·met·ric /àɪsəmétrɪk⁻/ 形 等大[同大, 等長, 等角, 等容]の.

ì·so·mét·ri·cal /-trɪk(ə)l⁻/ 形 =isometric.

i·so·met·rics /àɪsəmétrɪks/ 名 《単数または複数扱い》アイソメトリックス《壁・机など動かないものをじっと強く押す[引く]ことによる筋肉強化トレーニング》.

i·som·e·try /aɪsámətri | -sóm-/ 名 U 《数》等長変換.

i·so·morph /áɪsəmɔ̀:rf | -mɔ̀:f/ 名 《化》《異種》同形体[物]. **i·so·morphous** /àɪsəmɔ́:rfəs | -mɔ́:-⁻/ 形

i·so·mor·phic /àɪsəmɔ́:rfɪk | -mɔ́:-⁻/ 形 ❶ 同形の, 同一構造の; 等晶形の. ❷ 《数》同型の.

i·so·mor·phism /àɪsəmɔ́:rfɪzm | -mɔ́:-/ 名 U ❶ 類質同形, 同形; 《生》《異種》同形. ❷ 《数》同型《写像》.

i·so·mor·phous /àɪsəmɔ́:rfəs | -mɔ́:-⁻/ 形 =isomorphic.

i·so·ni·a·zid /àɪsənáɪəzɪd/ 名 U 《薬》イソニアジド《抗結核薬》.

i·so·óctane 名 U 《化》イソオクタン《ガソリンの耐爆性判別の標準に用いる一種の炭化水素》.

i·so·phote /áɪsəfòʊt/ 名 《光》等照線.

i·so·pleth /áɪsəplèθ/ 名 《数・気・地理》等値線.

i·so·pre·na·line /àɪsəprénəlìn/ 名 U 《薬》イソプレナリン (isoprotenerol).

i·so·prene /áɪsəprì:n/ 名 U 《化》イソプレン《人造ゴムの原料》.

i·so·pro·pa·nol /àɪsəpróʊpənɔ̀:l | -nɔ̀l/ 名 U 《化》イソプロパノール (isopropyl alcohol).

ìso·própyl 名 《化》イソプロピル《基》.

isopropyl alcohol 名 《化》イソプロピル・アルコール《不凍剤・消毒用アルコール》.

i·so·pro·ter·e·nol /àɪsəprouterənɔ̀:l | -nɔ̀l/ 名 U 《薬》イソプレテノール《ぜんそく治療薬》.

i·sos·ce·les /aɪsásəlìːz | -sɔ́s-/ 形 《幾》二等辺の: an ~ triangle 二等辺三角形.

i·so·seis·mal /àɪsəsáɪzməl⁻/ 形 《地質》等震の. **-seis·mic /-sáɪzmɪk⁻/** 形

ìso·spìn /áɪsəspìn/ 名 《理》荷電スピン, アイソスピン《陽子と中性子を区別する属性》.

i·sos·ta·sy /aɪsástəsi | -sós-/ 名 U ❶ 《力の》平衡. ❷ 《地》《地殻の》平衡, 均衡, アイソスタシー. **i·so·stat·ic** /àɪsəstǽtɪk⁻/ 形

i·so·there /áɪsəθìə(r) | -θìə/ 名 《気》等夏温線, 等暑線《夏の平均温度が同じ地点を結ぶ》.

i·so·therm /áɪsəθə̀:rm | -θə̀:m/ 名 《気》等温線.

i·so·therm·al /àɪsəθə́:rm(ə)l | -θə́:-⁻/ 形 《気》等温《線》の. — 名 等温線.

i·so·ton·ic /àɪsətánɪk | -tɔ́n-⁻/ 形 ❶ 《生理》《溶液が》等浸透圧の, 等張(性)の. ❷ 《生理》《筋収縮が》等(緊)張[等張力]性の. **-i·cal·ly /-kəli/** 副 **i·so·to·nic·i·ty /àɪsətəníːsəti/** 名

†**i·so·tope** /áɪsətòʊp/ 名 《化》同位体[元素], アイソトープ: a radioactive ~ 放射性同位体. 《ISO-+Gk topos 場所 (cf. topic)》

i·so·tron /áɪsətràn | -trɔ̀n/ 名 《理》アイソトロン《同位体の電磁分離器の一種》.

i·so·trop·ic /àɪsətróʊpɪk | -trɔ́p-⁻/ 形 《理》等方性の.

i·so·zyme /áɪsəzàɪm/ 名 《生化》アイソザイム (isoenzyme).

ISP /áɪèspíː/ 名 《電算》Internet service provider.

Isr. 《略》Israel; Israeli.

Is·ra·el /ízriəl, -reɪ(ə)l/ 名 ❶ イスラエル《国》《1948年に建設されたアジア南西部, 地中海に臨むユダヤ人の共和国; 首都 Jerusalem》. ❷ 《聖》イスラエル《ヤコブ (Jacob) の別名》: the children of ~ ヘブライ人, ユダヤ人. ❸ 《複数扱い》イスラエル人, ユダヤ人; 神の選民, キリスト教徒.

Is·rae·li /ɪzréɪli/ 名 《複 ~s, ~》イスラエル《国》人. — 形 イスラエル《国》の.

Is·ra·el·ite /ízriəlàɪt, -rer(ə)l-/ 名 ❶ 《古代》イスラエル人, ユダヤ人 (Jew). ❷ 神の選民. — 形 《古代》イスラエル人, ユダヤ《人》の.

Is·sa·char /ísəkàə(r) | -kə/ 名 《聖》イッサカル, イサカル《Jacobの9番目の息子; イスラエル12支族の一つの祖》.

Is·sei /iːséɪ, —/ 名 《時に i~》《複 ~》一世《ユダヤ人で移住した日本人の一代目; ⇒ Japanese-American 関連》

ISSN /áɪèsèsèn/ 《略》International Standard Serial Number 国際標準逐次刊行物番号《逐次刊行物に与えられる国際的コード》.

is·su·a·ble /íʃuːəbl | íʃu:-, íʃju-/ 形 ❶ 発行できる, 振り出せる. ❷ 《法》訴訟上の争点となりうる.

is·su·ance /íʃuːəns | íʃu:-, íʃju:-/ 名 U ❶ 配給, 給与 ❷ 発行, 発給 (cf.). 《ISSUE+-ANCE》

*‡**is·sue** /íʃuː | íʃu:, íʃju:/ 名 ❶ C 重要な点, 論(争)点; 問題(点): an ~ of fact [law] 事実[法律]上の問題点 / debate [raise] an ~ 問題を論じる[提起する] / The real ~ is how to call in the best brains. 本当に重要な点はいかにして最良の人材を獲得するかである / What's the big ~? (口)何が大問題なの《大したことではない》. ❷ U 《出版物などの》発行; 《命令・布告・免許証などの》発布, 交付: the ~ of commemorative stamps [a newspaper] 記念切手[新聞]の発行 / the day of the ~ 発行日. b C 発行物; 《雑誌・新聞などの》...号, ...版, ...刷: today's ~ of The Times きょう発行のタイムズ紙 / the eightieth-anniversary ~ of the magazine その雑誌の発行80周年記念号. c C 《通例単数形で》配給物(品): a daily ~ of bread and milk to schoolchildren 学童に対する毎日のパンと牛乳の配給. ❸ C 《法》子, 子女: die without ~ 子を持たずに死ぬ. ❹ a U [また an ~] 流出: an ~ of blood 出血. b C 流出物; 排出物. ❺ C 《通例単数形で》結果, 結末《古風》《論》《論争点》として, 係争[論争]中で[の]; 未解決で[の]: the point [question] at ~ 係争点[問題]. **have issues (with...)** 《口》《...に対して》異議《文句》がある. **make issue (out) of...** を《あえて》問題にする, 《わざわざ》論争点として取り上げる. **take [join] issue (with...)** 《...と》論争する, 《意見が》対立する (argue): I must take ~ with you on that point. その点については君に異議を唱えざるをえない.

— 動 他 《出版物などを》出す, 刊行する, 出版する; 《命令・布告・免許証などを》発行する, 発布する: The commander ~d several orders. 司令官はいくつかの命令を発した / Stamps are ~d by the government. 切手・印紙は政府が発行する / When was your driver's license ~d to you? あなたの運転免許証はいつ発行されましたか. ❷ 《血・煙などを》出す: ~ smoke 煙を出す. ❸ 《政府などが》《人などに》《ものを》支給する, 交付する: They ~d each soldier with an extra blanket. 各兵士に毛布を一枚ずつ余分に配給した. — 自 ❶ 《...から》出る, 発する, 流出する, 噴出する 《out, forth》: A stream ~s from the lake. ひと筋の小川がその湖から流れ出ている / Smoke ~d (forth) from the volcano. 煙が火山口から吹き出ていた. ❷ 《...に》由来する, 《...から》起こる: The trouble ~d from her lack of knowledge. 不幸は彼女の無知から起こった. 《F<L exire go out; ⇒ exit》《類義語》⇒ question.

ís·su·er 名 発行人, 振り出人.

-ist /ɪst/ 腰尾「...する人」「...を奉ずる人」「...主義者」「...家」: cyclist, novelist, socialist, pianist, pessimist.

Is·tan·bul /ìstənbúːl | -tǽn-⁻/ 名 イスタンブール《トルコの都市; 旧名 Constantinople》.

isth·mi·an /ísmiən | ís(θ)m-/ 形 ❶ 地峡 (isthmus) の. ❷ [I~] **a** コリント地峡の. **b** パナマ地峡の: the I~ Canal Zone パナマ運河地帯.

isth·mus /ísməs/ 名 《複 ~·es, -mi /-maɪ/》 ❶ 地峡. ❷ 《解・植・動》峡部; 地峡.

ISV /áiɛsvíː/ 《略》International Scientific Vocabulary 国際科学用語.

‡it[1] /(弱形) ɪt, ət | ɪt; (強形) ít/《代》《題形》所有格 **its**, 目的格 **it**, 複合人称代名詞 **itself**; ⇒ **they**; it の所有代名詞はない》 ❶ [3 人称単数中性主格] それは[が]《用法》すでに言及した無生物・物・性別が不明またはそれを考慮しない場合の幼児・動物をさす): "Where is my dog?" "*It* is in the yard." 「私の犬はどこにいますか」「庭にいます」.

❷ [3 人称単数中性目的格] **a** [直接目的語] それを《用法 1 に同じ》: I saw *it*. 私はそれを見た / I gave *it* him. 彼にそれを与えた《用法》I gave him a book. が通例の語順だが、間接目的語が代名詞の時には I gave him it. とはならないで、その語順が逆になるが、一般的には I gave it to him. となる). **b** [間接目的語] それに: I gave *it* food. 私はそれに食物を与えた. **c** [前置詞の目的語]: I gave food to *it*. 私はそれに食物を与えた.

❸ [心中にあるかまたは問題になっている人・もの・事情・出来事・行動などをさして]: Go and see who *it* is. だれが行って見てごらん / It's me. 《口》(それは)私です《比較》It's I. でもよいが, 形式ばった表現》/ *It* says, "Keep to the left." 「左側通行」とある / *It* says in the Bible that…. 聖書に…と書いてある / *It* says in the papers that… と新聞で言っている.

❹ **a** [形式主語としてあとにくる事実上の主語の不定詞句・動名詞句・that 節などを代表して]: *It*'s impossible *to* master English in a month or two. 1,2 か月で英語に熟達するのは不可能だ / *It* will be difficult *for* him *to* come so early. 彼がそんなに早く来るのは困難だろう / *It*'s kind *of* you *to* give me a present. 贈り物をくださってどうもありがとう / *It*'s no use try*ing*. やってみたってむだだ / *It* isn't certain *whether* we shall succeed. 私たちが成功するかどうかは確かでない / *It*'s strange *that* he says so. 彼がそう言うのは変だ / *It*'s said *that* the universe is finite. 宇宙は有限であると言われている. **b** [形式目的語としてあとにくる事実上の目的語の不定詞句・動名詞句・that 節などを代表して]: I make *it* a point *to* get up early. 朝早く起きることにしている / They considered *it* impossible *for* us *to* attack during the night. 彼らは我々が夜襲をすることは不可能だと考えた / You will find *it* very nice tak*ing* a walk early in the morning. 朝早く散歩することはとてもすばらしいことだとわかるでしょう / I think *it* necessary *that* you (should) do it at once. 君がすぐそれをやることが必要だと思う / I take *it* (*that*) you wish to marry her. 君は彼女と結婚したいと思っているんだろう. **c** [後続の語句をさして]: *It*'s a nuisance, this delay. 本当に迷惑だね, こう遅れるのは (★ It is this delay をさしている).

❺ [非人称動詞 (impersonal verb) の主語として]《用法》特にさすものなく、従って訳さないで文の形式的主語となる》 **a** [天候・寒暖を漠然とさして]: *It*'s raining. 雨が降っている / *It*'s getting hot. 暑くなってきた / *It* looks like snow. 雪になりそうだ. **b** [時間・日時を漠然とさして]: *It* will soon be New Year. じきに正月になる / *It*'s Friday (today). きょうは金曜日だ / How long does *it* take from here to the park? ここから公園までどのくらい(時間が)かかりますか / *It* takes time *to* get used to new shoes. 新しい靴に慣れるには時間がかかる. **c** [距離を漠然とさして]: *It*'s 2 miles to the station. 駅まで 2 マイルだ. **d** [明暗を漠然とさして]: How dark *it* is! なんて暗いでしょう. **e** [事情・状況を漠然とさして]: How goes *it* with you today? きょうはご機嫌いかがですか / Had *it* not been for you, what would I have done? 君がいなかったら私はどうしただろう. **f** [seem [appear, happen, *etc.*] that…の主語として]《用法》*that* は略されることがある: *It* seems (*that*) he has failed. 彼は失敗したらしい / *It* happened (*that*) he was not present. たまたま彼は出席していなかった.

❻ 《口》 **a** [ある種の動詞の無意味な形式上の目的語として]: Let's walk *it*. 歩いていこう / Damn *it* (all)! ちくしょう! / You'll catch *it* from your father. おとうさんにお目玉をくらうぞ! / Give *it* (to) him! やつをとっちめてやれ! **b** [名詞を臨時動詞とした後に無意味な形式上の目的語として]: If we miss the bus, we'll have to foot *it*. バスに遅れたら歩くほかない / cab *it* 《米》タクシーで行く / lord *it* ⇒ **lord** ⓥ / king *it* ⇒ **king** ⓥ 2 / queen *it* ⇒ **queen** 動成句. **c** [前置詞の後に無意味な形式上の目的語として]: I had a good time *of it*. 愉快な時を過ごした / Let's make a night *of it*. ひと晩飲み明かそう.

❼ [it is [was]…that [who, whom, which, *etc.*] の構文で文の主語・(動詞または前置詞の)目的語・副詞語句を強調して]《用法》この it の次にくる be の時制は通例 clause 内の動詞の時制と一致し, clause 内の動詞の人称は直前の名詞・代名詞に一致する》: *It*'s I *that* [*who*] am to blame. 悪いのは私です / *It*'s the price *that* frightens him. 彼が驚くのはその値段だ / *It was* Franklin *who* wrote "God helps them that help themselves." 「天は自ら助くる者を助く」と書いたのはフランクリンだった / *It was* Mary (*that*) we saw. 我々が見たのはメアリーだった 《用法》しばしば that などの関係詞が略される》/ *It was* peace *that* they fought *for*. 彼らが戦ったのは平和のためだった / *It* was in this year *that* the war broke out. 戦争が勃発(ぼっぱつ)したのはこの年だった / *It* was beer (*that*) you drank, not water. =*It* was beer, not water, (*that*) you drank. 君が飲んだのはビールで, 水ではなかった.

have hád it ⇒ **have**[1] 成句.
《OE hit から; 後に h が落ちた》

it[2] /ít/ 名 ⓤ ❶ (鬼ごっこなどの)鬼. ❷ 《口》 **a** 極致, 至上, 理想: In that blue dress she was *it*. 彼女があのブルーのドレスを着た姿は天下一品だった / As a Christmas gift, this is really *it*. クリスマスの贈り物としてはまさに理想的だ. **b** 重要人物, 第一人者: Among physicists he is *it*. 物理学者の中で彼は第一人者だ. ❸ 《俗》 性的魅力; セックス. **Thàt's it.**《口》(1) (問題は)そこだ.(2) それだ, それでよい.(3) それでおしまい, それだけだ: *That's it* for today. きょうはここまで(でおしまい). **Thìs is it.**《口》さあいよいよだ, 果たせるかな. **with it** (1) 時代に遅れないで, 流行に通じた, 現代的で: get *with it* 時代に遅れないようにする.(2) 理解が早い; 抜け目のない, 用心深い.《IT[1] の転用》

it[3] /ít/ 名 ⓤ 《英口》(甘味の)イタリアンベルモット: gin and *it* ジンとイタリアンベルモットのカクテル.《*Italian vermouth*》

*IT /áitíː/ 名 ⓤ 情報(科学)技術, IT.《*information technology*》

It., Ital. 《略》Italian; Italy. **ital.**《略》italic(s).

*I·tal·ian /ɪtǽljən/ 形 ❶ イタリア(人)の. ❷ イタリア語の. —— 名 ❶ ⓒ イタリア人. ❷ ⓤ イタリア語.《ITALY + -AN》

I·tal·ian·ate /ɪtǽljənət, -èit/ 形 イタリア化した, イタリア風の.

I·tál·ian·ism /-nìzm/ 名 ❶ ⓒ イタリア風; イタリア魂, イタリア人かたぎ; イタリア語法. ❷ ⓤ イタリアびいき[好み], 親イタリア主義. **-ist** 名

I·tal·ian·ize /ɪtǽljənàɪz/ 動 ⓥ イタリア風にする[なる], イタリア化する. **I·tal·ian·i·za·tion** /ɪtæljənɪzéɪʃən | -naɪz-/ 名

i·tal·ic /ɪtǽlɪk/ 形 イタリック(体)の, 斜体の.
—— 名 ❶ [複数形で] イタリック体, 斜字体《用法》新聞雑誌名・書名・船名などのほか, 強調のため方法; 英語からみて外国語の表記にも用いる; 手記・タイプする際は一本の下線で示す): in ~s イタリック体で / He said, "I'll come on Wednesday *afternoon*." (~s mine). 彼は「水曜日の午後に」と言った(イタリック体は筆者). ❷ 《印》 イタリック[斜字]体: print in ~ イタリック体で印刷する. 《イタリア人 Aldus Manutius が考案したことから》

i·tal·i·cize /ɪtǽləsàɪz/ 動 ❶ イタリック体[斜字体]で印刷する. ❷ ⟨…に⟩(イタリック体を指示する)下線を施す.
—— 自 イタリック体を使用する.

I·tal·o- /ɪtǽlou/ 《連結形》「イタリアの」「イタリアと…の」: *Italo*-American イタリアとアメリカの, 伊米の.

*It·a·ly /ítəli/ 名 イタリア (ヨーロッパ南部の共和国; 首都 Rome).

ITC 《略》 Independent Television Commission 《英国の商業テレビ放送の監督規制を行なう委員会》.

+**itch** /ítʃ/ [動] [自] ❶ かゆい, むずがゆい: My back ~*es.* 背中がかゆい. ❷ [通例進行形で] 〈…したくて〉むずむず[うずうず]する; 〔…が〕〈…することを〉待ち望む; 〔…が欲しくて〕むずむずする〔*for*〕: She *was* ~*ing to* know the secret. 彼女はその秘密が知りたくてたまらなかった / She's ~*ing for* her boyfriend *to* come. 彼女はボーイフレンドが来るのを待ちかねている. — [名] ❶ **a** [an ~] かゆみ: I have *an* ~ *on* my back. 背中がかゆい. **b** [the ~] 〖医〗 皮癬(ひせん), 疥癬(かいせん): have *the* ~ 皮癬にかかっている. ❷ [単数形で] むずむずするようなものほしさ, 切望〔*for*〕; 〈…したくて〉むずむずする気持ち: He had an ~ *to* get away for a vacation. 彼は休暇に出かけたくてじっとしていられない気持ちだった.

ítching pòwder [名] [U] かゆみ粉 《襟首などに入れてかゆがらせる; いたずら用》.

ítch mìte [名] 皮癬の虫, (特に)ヒゼンダニ.

itch·y /ítʃi/ [形] (**itch·i·er**; **-i·est**) ❶ **a** かゆい. **b** 皮癬(ひせん)[疥癬(かいせん)]にかかった. ❷ **a** ほしくてむずむずする: ~ feet どこかへ出かけたくてたまらない気持ち. **b** (待ちかねて) いらいら[そわそわ]する. **ítch·i·ness** [名]

‡**it'd** /ít̬ʊd/ **it had, it would** の短縮形.

-ite /ˊ–(-)àɪt, ˊ–aɪt/ [接尾] ❶ [名詞·形容詞語尾] 「…の[に住む]人(の)」「…の信奉者(の)」: Israel*ite*, Sem*ite*. ❷ 化石·塩類·爆薬·商品などの名称: ammon*ite*, dynam*ite*, ebon*ite*.

‡**i·tem** /áɪt̬əm/ [名] ❶ **個条, 項目, 条項, 種目, 品目, 細目**: ~*s* of business 営業種目. ❷ (新聞·テレビの記事[ニュース]の)**一項**: an ~ of news ＝a news ~ 一つの記事 / local ~*s* (新聞の)地元記事, 地元だね. ❸ 《口》 恋人同士: They're an ~. 彼らはできてる. **ítem by ítem** 一項目ずつ, 逐条的に. 〖L＝「同様に」の意〗 ([動] itemize)

i·tem·ize /áɪt̬əmàɪz/ [動] [他] 〈…を〉個条書きにする, 項目別にする, 明細にしるす. **í·tem·ìzed** [形] 項目別にした, 明細にした: an ~*d* account 勘定明細書.

it·er·ate /ít̬ərèɪt/ [動] [他] 〈…を〉繰り返す.

it·e·ra·tion /ìt̬əréɪʃən/ [名] [U] 繰り返し, 反復.

it·er·a·tive /ít̬ərèɪt̬ɪv, -rət̬-/ [形] 反復の: the ~ aspect 〖文法〗 反復相.

Ít gìrl [名] 《口》 イットガール 《リッチかつ美貌で今をときめく若い女性》.

Ith·a·ca /íθəkə/ [名] ❶ イタケー 《ギリシアの西方イオニア諸島の島; 神話の Odysseus [Ulysses] の故郷》. ❷ イサカ 《New York 州中南部の市; Cornell 大学の所在地》.

I·ti /áɪt̬i/ [名] (複 **I·ties** /áɪt̬iz/) ＝Eyetie.

i·tin·er·an·cy /aɪtín(ə)rənsi, ɪtín-/ [名] [U] ❶ 巡回, 巡歴, 遍歴. ❷ 巡回制度.

i·tin·er·ant /aɪtín(ə)rənt, ɪtín-/ [形] [A] ❶ 巡回する, 巡歴の, 遍歴中の: an ~ trader 旅商人, 行商人. ❷ 地方巡回の: an ~ judge [library] 巡回裁判官[図書館] / an ~ preacher (メソジスト教会の)巡回説教[布教]師. — [名] ❶ 遍歴者: **a** 巡回説教[布教]師. **b** 巡回判事. **c** 旅商人. **d** 旅役者, 旅見世物師(など). ❷ 放浪者.

+**i·tin·er·ar·y** /aɪtínərèri, ɪtín- | -n(ə)rəri/ [名] ❶ 旅行日程(表), 旅行計画. ❷ 旅行記, 旅日記. ❸ 旅行案内書. — [形] [A] 旅行の; 旅程の.

i·tin·er·ate /aɪtínərèɪt, ɪtín-/ [動] [自] ❶ 巡回する, 巡遊する. ❷ 巡回説教[裁判]をする. 〖L＝旅する〗

-i·tis /áɪt̬ɪs/ [接尾] [名詞語尾] ❶ 〖医〗「…炎」: bronch*itis*. ❷ 《口》「…熱, …狂」: golf*itis* ゴルフ狂 / telephon*itis* 電話狂.

-i·tive /ət̬ɪv, ɪt̬-/ [接頭] ＝-ive.

‡**it'll** /ít̬l/ **it will** の短縮形.

ITN /áɪtì:én/ 《略》 《英》 Independent Television News 《ITV や他の民放にニュースや報道番組を供給する会社》.

‡**its** /(弱形) ɪts, əts | ɪts; (強形) íts/ [代] [it の所有格] **それの**, あれの, その (⇨ it[1] 1 [用法]): The child lost ~ way. その子は道に迷った.

‡**it's** /ɪts/ **it is, it has** の短縮形 (cf. 'tis).

‡**it·self** /ɪtsélf/ [代] 《★ it[1] の複合人称代名詞; ⇨ oneself [用法]》 ❶ [強調に用いて同格的に] **それ自身**, そのもの: The rectory burned but the church ~ was spared. 牧師館は焼けたが教会そのものは火災を免れた / She's beauty ~. 彼女は美そのものだ 《とても美しい》. ❷ /ˊ–ˋ/ [再帰的に用いて] **それ自身を[に]**: **a** [再帰動詞の目的語に用いて]: A good opportunity presented ~. 好機が現われた. **b** [一般動詞の目的語に用いて]: The hare hid ~. ノウサギは隠れた. **c** [前置詞の目的語に用いて] 《★ 他に成句を参照》: The cell is reproductive *of* ~. 細胞は再生する. ❸ [be の補語に用いて] いつものそれ, 正常なそれ: My dog is not ~ today. うちの犬はきょうはいつもと違う. **by itsélf** (1) それだけで, 単独で, 他と離れて: The house stands *by* ~ on the hill. その家は丘の上に一軒だけ立っている. (2) ひとりでに, 自然に: The machine works *by* ~. その機械は自動的に動く. **for itsélf** (1) 独力で, 単独に. (2) それ自身のために, そのものを: I value honesty *for* ~. 正直そのものを愛する. **in itsélf** それ自体で; 本来は, 本質的に(は): Advertising in modern times has become a business *in* ~. 現代の広告はそれだけで一つの事業となっている. **of itsélf** ＝by ITSELF [成句] (2). **to itsélf** それ自身に[のものとして]: The magazine got the market all *to* ~. その雑誌は市場を独占した.

it·sy-bit·sy /ítsibítsi˝/ [形] [A] 《口》 ちいさい, ちっぽけな: an ~ puppy dog ちっちゃい子犬.

it·ty-bit·ty /ít̬ibít̬i˝/ [形] ＝itsy-bitsy.

ITU /áɪtì:jú:/ 《略》 International Telecommunication Union (国連)国際電気通信連合.

-i·tude /ˊ–ət(j)ù:d | ˊ–ɪtjù:d/ [接尾] ⇨ -tude.

+**ITV** /áɪtì:ví:/ 《略》 Independent Television 《英国の民間テレビ放送網の一つ; Channel 3 とも呼ばれる》.

ITV, iTV 《略》 interactive television.

-i·ty /ˊ–ət̬i/ [接尾] 「状態」「性質」を示す抽象名詞語尾: prob*ity*, par*ity*.

IU 《略》 international unit.

IUD /áɪjù:dí:/ 《略》 intrauterine device.

-i·um /ˊ–iəm, -jəm/ [接尾] ❶ ラテン語系名詞語尾: prem*ium*. ❷ 金属元素名の語尾: rad*ium*.

IUPAC 《略》 International Union of Pure and Applied Chemistry 国際純粋·応用科学連合.

IV /áɪví:/ [名] 静注(器具), 点滴(装置). 〖i(ntra)v(enous)〗

IV 《略》 intravenous(ly).

I·van III /áɪvən-/ [名] イワン 3 世 《1440–1505; モスクワ大公 (1462–1505); 通称 the Great (大帝)》.

Ivan IV [名] イワン 4 世 《1530–84; モスクワ大公 (1533–84); 通称 the Terrible (雷帝)》.

‡**I've** /aɪv/ **I have** の短縮形.

-ive /ˊ–ɪv/ [接尾] [形容詞語尾] 「…の傾向のある」「…の性質をもつ」: nat*ive*, fest*ive*, sport*ive*, mass*ive*.

i·ver·mec·tin /àɪvəméktɪn | -və-/ [名] [U] 〖薬〗 イベルメクチン 《動物·ヒトの寄生虫駆除薬》.

Ives /áɪvz/, **Charles** [名] アイブズ 《1874–1954; 米国の作曲家》.

IVF /áɪvì:éf/ 《略》 in vitro fertilization.

i·vied /áɪvid/ [形] ツタ (ivy) の茂った, ツタでおおわれた; Ivy League の大学の.

I·vor·i·an /aɪvɔ́:riən/ [形] [名] コートジボワール (Ivory Coast) の(人).

***i·vo·ry** /áɪv(ə)ri/ [名] ❶ [U] **象牙(ぞうげ)** (cf. tusk): artificial ~ 人造象牙. ❷ [C] [しばしば複数形で] 象牙製のもの: **a** 《口》 (ピアノの)キー: tickle the *ivories* ピアノをひく. **b** (玉突きの)玉; さいころ. **c** 象牙細工. ❸ [複数形で] 《俗》 歯: show one's *ivories* 《戯言》 歯をむき出す. ❹ [U] 象牙色. — [形] [A] 象牙製の; 象牙のような. 〖F<L＝象牙〗

ívory bláck [名] [U] アイボリーブラック 《象牙·動物の骨を焼いた黒色顔料》.

Ívory Cóast [名] [the ~] ＝Côte d'Ivoire.

ívory nùt [名] ゾウゲヤシの果実 (cf. vegetable ivory).

ívory tówer [名] 象牙の塔 《現実社会から遊離した学問·思想·芸術または夢想の世界》.

†**i・vy** /áɪvi/ 图 ⑪ 〖植〗セイヨウキヅタ, イングリッシュアイビー; ツタ: a house covered all over with ~ ツタの生い茂った家 / ⇒ poison ivy. ── 形 Ⓐ アイビーリーグ(出身)の, 有名[名門]校(式)の. 〘OE; 原義は「よじ登るもの」〙

Ívy Léague 《米》图 [the ~] ❶ アイビーリーグ《解説》米国北東部にある名門8私立大学の総称; これらの大学にはivy (ツタ)でおおわれた古い建物が構内にある; その卒業生は米国の政財界の重要な地位を占めている; Yale, Harvard, Princeton, Columbia, Pennsylvania, Cornell /kɔːnél | kɔː-/, Dartmouth /dáːtməθ | dáːt-/, Brown の8校). ❷ アイビーリーグ運動競技連盟. ── 形 Ⓐ ❶ アイビーリーグ(出身)の, 有名[名門]校(式)の: an ~ college アイビーリーグ大学. ❷ [また ivy-league] アイビーリーグ風の《ブレザーの上着に細身のズボンなど》: an ~ suit アイビースーツ.

Ívy Léagu・er /-líːɡɚ | -ɡə/ 图 《米》Ivy League の大学生[卒業生].

IWA 《略》International Whaling Agreement 国際捕鯨協定. **IWC** 《略》International Whaling Commission 国際捕鯨委員会. **IWW** 《略》Industrial Workers of the World 世界産業労働者組合.

ix・i・a /íksiə/ 图 〖植〗イキシア《南アフリカ原産アヤメ科の植物》.

I・yar, Iy・yar /íːjɑɚ | -ɑː/ 图 〖ユダヤ暦〗イッヤル《政暦の第8月, 教暦の第2月; 現行太陽暦で4-5月》.

-i・za・tion /ɪzéɪʃən | arz-/ 腰尾 [-ize に終わる動詞に対応する名詞語尾]《綴り》《英》では -isation ともつづる》: civili*zation*, organi*zation*.

-ize /-ˉ-(-)àɪz/ 腰尾 [動詞語尾] 「…にする」「…化する」《★《英》では -ise も用いる》: civil*ize*, critic*ize*, organ*ize*, Japan*ize*.

Iz・mir /ɪzmíɚ | -míə/ 图 イズミル《トルコ西部, エーゲ海の入江イズミル湾に臨む港湾都市; 旧称 Smyrna》.

Iz・nik /ɪznɪk/ 形 Ⓐ イズニック陶器の《元来 15-17 世紀にトルコで作られた色あざやかな陶器・タイルおよびそれを模倣した製品についていう》. 〘*Iznik* 製造地〙

Iz・ves・ti・a /ɪzvéstiə/ 图 イズベスチヤ《ロシアの新聞; 旧ソ連の政府機関紙; cf. Pravda》. 〘Russ=news〙

J j

j, J[1] /ʤéɪ/ [名] ([複] **js, j's, Js, J's,** /~z/) ❶ [CU] ジェイ《英語アルファベットの第 10 字》. ❷ [U] (連続したものの)第 10 番目(のもの). ❸ [U] (ローマ数字の) I の異形《[用法] 最後にくる I を J として示すことが多く, 処方箋(せん)などで用いられる》: II*J* [ii*j*]=3 / VI*J* [vi*j*]=7.

J[2] /ʤéɪ/ [名] ([複] **J's, Js** /~z/) ❶ J 字形(のもの): a *J* pen ジェイペン《J 字の印のついた幅広ペン先》. ❷ 《米俗》 マリファナたばこ《★ joint の頭文字》.

J 《記号》 joule(s). **J.** 《略》 Journal; Judge; Justice.

⁺**jab** /ʤǽb/ [動] (**jabbed; jab·bing**) [他] ❶ **a** 〈とがったもので〉〈…を〉ぐいと突く; ずぶりと突き刺す (stab): He *jabbed* the steak ***with*** a fork. 彼はフォークでステーキを突き刺した. **b** 〈とがったものを〉〔…に〕突きつける, ぐいと突っ込む: He *jabbed* his gun ***into*** my neck. 彼は私の首に銃を突きつけた. ❷ **a** (こぶしなどで)〈…を〉すばやく突く. **b** 〈人の〉〔体の一部を〕すばやく突く《[用法] 体の部分を表わす名詞の前に the を用いる》: He *jabbed* me ***in the*** stomach. 彼は私の腹部にすばやい一撃を加えた. **c** 〘ボク〙〈相手に〉ジャブを出す. ── [自] ❶ (ひじ・とがったものなどで)〔…を〕突く, 突き刺す〔*at*〕《★ 受身可》. ❷ 〘ボク〙〔相手に〕ジャブを出す〔*at*〕《★ 受身可》. ── [名] ❶ (急激な)突き. ❷ 《口》 皮下注射; 接種. ❸ 〘ボク〙 ジャブ. 〘擬音語〙

jab·ber /ʤǽbɚ | -bə/ [動] [他] ぺちゃくちゃしゃべる: ~ French フランス語を早口にしゃべる / ~ ***out*** one's prayers お祈りを早口にぶつぶつ唱える. ── [自] 早口でわけのわからないことを言う, ぺちゃくちゃしゃべる: They were ~*ing away* in French. 彼らはフランス語で何やらぺちゃくちゃしゃべっていた. ── [名] [U] [また a ~] 早口の[わけのわからない]おしゃべり. **~·er** /-bərɚ | -rə/ [名] 〘擬音語〙

jab·ber·wock·y /ʤǽbɚwὰki | -bəwɔ̀ki/ [名] [U] わけのわからない言葉, ちんぷんかんぷん.

jab·i·ru /ʤæ̀bərú:/ [名] 〘鳥〙 ❶ ズグロハゲコウ《熱帯アメリカ産》. ❷ トキ(イロ)コウ《アフリカ・インド産》. ❸ クラハシコウ《アフリカ産》. ❹ セイタカコウ《アフリカ・インド・オーストラリア産》.

jab·o·ran·di /ʤæ̀bərǽndi/ [名] ヤボランジ: **a** [C] 〘植〙 ブラジルのミカン科の低木. **b** [U] その乾燥葉から採る利尿・発汗剤.

ja·bot /ʒæbóʊ | ⌐─/ [名] ジャボ《ブラウス・シャツなどのレースの胸ひだ飾り》. 〘F〙

ja·cal /həká:l/ [名] ([複] **-ca·les** /-ká:leɪs/) 《米》 ハカール《メキシコや米南西部地方の柱間を粘土で固めたわらぶき小屋》.

jac·a·mar /ʤǽkəmὰɚ | -mὰ:/ [名] 〘鳥〙 キリハシ《キツツキ目キリハシ科の鳥の総称; 熱帯アメリカ産》.

ja·ca·na, ja·ça·na /ʤəká:nə/ [名] 〘鳥〙 レンカク《熱帯地方産》.

jac·a·ran·da /ʤæ̀kərǽndə/ [名] 〘植〙 ジャカランダ《ノウゼンカズラ科ジャカランダ属の各種の樹木; 熱帯アメリカ原産》.

ja·cinth /ʤéɪsɪnθ/ [名] [U] 〘宝石〙 ヒアシンス石, 風信子石.

***jack**[1] /ʤǽk/ [名] ❶ [通例 J~] [C] 男, やつ, 少年 (cf. Gill) 《★ 現在では次の表現で用いる》: every man *J*~=every *J*~ one (of them) だれもかれも / *J*~ and Gill [Jill] 若い男と女 / *J*~ of all trades, (and) master of none. 《諺》 何でもやれる人に優れた芸はない, 「多芸は無芸」, 「器用貧乏」. ❷ [C] ジャッキ《ねじジャッキ・水圧ジャッキ・自動車用ジャッキなど》. ❸ [C] 〘電〙 ジャック《plug の差し込み口》. ❹ [C] 〘トランプ〙 ジャック (*knave*): *the ~ of diamonds* ダイヤのジャック. ❺ =jackstone. ❻ [C] 船首旗《国籍を示す小旗》. ❼ [U] 《米俗》 金(かね). ❽ [C] 《英俗》 警官; 刑事. **jáck** (**shít**) 《米俗》 全然…ない: He knows ~ (*shit*) about computers. 奴はコンピューターは何もわかっちゃいねえ. **on one's jáck** 《英俗》 独力で. ── [動] [他] ❶ 〈車などを〉ジャッキで上げる[起こす] 〈*up*〉. ❷ 《俗》 カージャックする (carjack). **jáck aróund** 《[他]+[副]》 《米俗》 〈人を〉ごまかす, からかう, いじめる, 鼻であしらう. **jáck ín** 《[他]+[副]》 《英俗》〈仕事などを〉やめる, よす. **jáck óff** 《[自]+[副]》 《米卑》 自慰をする. **jáck úp** 《[他]+[副]》 (1) 〈…を〉ジャッキで上げる (⇨ [他] 1). (2) 《口》 〈値段・賃金などを〉つり上げる. (3) 《英俗》 〈仕事・計画を〉投げ出す, 放棄する. 〘Jack の転用〙

jack[2] /ʤǽk/ [名] ❶ (中世の歩兵の)革製袖なし上着. ❷ (革製のビールの)ジョッキ.

Jack /ʤǽk/ [名] ジャック《男性名; John [時に James, Jacob] の愛称; ⇨ jack[1] 1》. **I'm àll rìght, Jáck.** 《英》 (人のことは知らないが)自分は大丈夫だ.

jack·al /ʤǽk(ə)l, -kɔ:l/ [名] ❶ 〘動〙 ジャッカル《アフリカ・インド産の野生のイヌ》. ❷ 下働き, お先棒, 人に使われて悪事を働く人. 〘2: jackal はライオンのために獲物をあさると信じられたことから〙

jackal

jack·a·napes /ʤǽkənèɪps/ [名] ([複] ~) [通例単数形で] ❶ (サルのように)生意気な[こしゃくな]やつ; うぬぼれ屋. ❷ こましゃくれた子供.

Jáck and Jíll pàrty [名] 《米》 (客を招いて行なう)結婚間近のカップルのためのパーティー.

jáck·àss [名] ❶ 雄のロバ (cf. donkey). ❷ まぬけ, ばか, とんま.

jáck·bòot [名] ❶ [C] [通例複数形で] **a** (17–18 世紀の騎兵用のふくらはぎまである)軍隊靴. **b** (ひざ上まである漁夫などの)長靴. ❷ [the ~] 強圧的な態度 [支配].

jáck·bòot·ed [形] 長靴(ちょうか)を履いた; 容赦なく強圧的な.

jáck-by-the-hédge [名] 〘植〙 アリアリア《木立ややぶに生えるアブラナ科のニンニク臭のある野草; 花は白》.

jáck·dàw [名] 〘鳥〙 コクマルガラス《欧州産; 鳴き声がやかましいのと盗癖で知られる; ⇨ crow[1] [解説]》.

***jack·et** /ʤǽkɪt/ [名] ❶ **a** (そで付きの短い)**上着, ジャケット**《coat より短い男女の上着; 一般に替え上着をさすことが多い》: ⇨ Norfolk jacket, Eton jacket, dinner jacket. **b** 上半身をおおうもの: ⇨ life jacket, straitjacket. ❷ (ジャケット状に)上をおおうもの, 被覆物: **a** (本の)カバー (dust jacket) 《[比較] 日本語の「カバー」は英語の jacket に相当する; cover は表紙のこと》. **b** 《米》 (レコードの)ジャケット (《英》 sleeve). **c** (エンジンなどの過熱を防ぐ)水ジャケット. ❸ 《英》 ジャガイモの皮 《★ 通例次の句で》: potatoes baked in their ~*s* 皮ごとオーブンで焼いたジャガイモ. ── [動] [他] ❶ 〈人に〉ジャケットを着せる. ❷ 〈…を〉被覆する; 〈本に〉カバーをかぶせる. 〘F; ⇨ jack[2], -et〙

jácket potàto [名] 皮つきのまま焼いたジャガイモ.

jáck·fìsh [名] 〘魚〙 カワカマス(に似た perch).

Jáck Fróst [名] 霜, 厳寒《擬人化; cf. General Winter》: before ~ comes 寒期到来前に.

jáck·frùit [名] 〘植〙 パラミツ, ナンカ, ジャックフルーツ《南インド原産のクワ科の大樹; 材は有用, 巨大な果実 (5–40 kg) は食用》.

jáck·hàmmer [名] (圧搾空気による)手持ち削岩機.

jáck-in-òffice [名] もったいぶった小役人.

jáck-in-the-bòx [名] [時に J~] ([複] **~·es, jacks-in-the-box**) びっくり箱《★ 《米》 では jack-in-a-box ともいう》.

jáck·knìfe [名] ❶ ジャックナイフ《丈夫な折りたたみのできる大型ナイフ》. ❷ 〘泳〙 ジャックナイフ《えび型飛び込み》: do a ~ えび型飛び込みをする. ── [動] [他] 〈…を〉折り曲げる. ── [自] ❶ **a** (ジャックナイフのように)折れ曲がる. **b** (えび型飛び込みをする時)体を折り曲げる. ❷ 〈トレーラーが〉(運転ミスや事故で)連結部で急角度に曲がる.

jáck·knife dìve [名] =jackknife 2.

jáck·lèg 《米俗》 [形] [名] 未熟な(やつ); 破廉恥な(やつ); 間に合わせの, いいかげんな, いかさまの.

jàck-of-áll-trádes 图 [時に J~] (復 jacks-of-all-trades) よろず屋, 何でも屋 (cf. jack¹1).

jack-o'-lan·tern /dʒǽkəlæntən|-tən/ 图 [時に J~] (復 ~s) ❶ カボチャちょうちん (解説 Halloween の祭に用いるもので、ふつうオレンジ色の大カボチャ (pumpkin) の くりぬいて目・鼻・口をつけ, 日が暮れると中にろうそくをともして窓辺などに飾る). ❷ 鬼火, きつね火.

jáck pìne 图〖植〗バンクスマツ《北米北部産; パルプ材用》.

jáck pláne 图〖木工〗荒仕上げかんな, 荒かんな.

jáck plùg 图〖電〗ジャック用差込み[プラグ].

†**jáck pòt** 图 ❶ (bingo, slot machine の)積み立て掛け金[賞金]; (クイズで正解者にたまった)多額の賞金. ❷ (思いがけない)大当たり, 大成功. ❸ 〖トランプ〗(ポーカーの)積み立て掛け金. **hit the ~ pot** (1) 積み立て掛け金[賞金]を手に入れる. (2) 大当たりをとる; 大成功する.

jáck·ràbbit 图〖動〗ジャックウサギ《北米西部産の野ウサギ; 耳と後脚が長い》.

Jáck Róbinson 图 ★次の成句で. **befòre you can sày Jáck Róbinson** あっという間に, たちまに; 急に.

Jáck Rússell (térrier) 图 ジャックラッセル《小型のテリア犬》.《John Russell この品種を飼育した英国の聖職者》

jacks /dʒǽks/ 图 =jackstone 2.

jáck·scrèw 图 ねじジャッキ.

jack·sie /dʒǽksi/ 图《俗》おしり, けつ(の穴), おいど.

jáck·snìpe 图〖鳥〗コシギ.

Jack·son /dʒǽks(ə)n/, **Andrew** 图 ジャクソン《1765-1845; 米国第 7 代大統領 (1829-37)》.

Jackson, Bo /bóʊ/ 图 ジャクソン《1962- ; 米国の野球・アメフトの選手》.

Jackson, Jesse (Louis) 图 ジャクソン《1941- ; 米国の聖職者; 黒人公民権運動などの指導者》.

Jackson, Reggie 图 ジャクソン《1946- ; 米国の野球選手》.

Jackson, Thomas Jonathan 图 ジャクソン《1824-63; 南北戦争時の南軍の将軍; 通称 Stonewall Jackson》.

Jack·so·ni·an /dʒæksóʊniən/ 形 A. Jackson (流民主主義)の. ── 图 ジャクソンの支持者. 〖JACKSON+-IAN〗

jáck stàff 图〖海〗船首旗竿ざお.

jáck·stòne 图 ❶ ⓒ 小石または金属製の小玉《遊戯用》. ❷ [~s で; 単数扱い] ジャックストンズ《jackstone を用いる一種の遊戯》.

jáck·stràws 图 Ⓤ ジャックストロー《木片・骨片などを積んだ山から, 他を動かさないで一つずつ抜き取る積木落としの一種》.

jack·sy /dʒǽksi/ 图 =jacksie.

jáck·tár, Jáck tár 图 水夫, 水兵.

Jáck-the-Lád 图《俗》威勢のいいやつ, 目立ちたがり, (かっこいい)あんちゃん.

Jáck the Rípper 图 切り裂きジャック《英国の London で 1888 年に少なくとも 7 人の売春婦を殺した正体不明の殺人鬼》.

jáck-up rìg (海底油田の)ジャックアップ式の石油掘削装置《浮き船体を支えるやぐら状の脚のついた移動可能の掘削装置》.

Ja·cob /dʒéɪkəb/ 图 ❶ ジェイコブ《男性名》. ❷〖聖〗ヤコブ (Isaac の次男で Abraham の孫). 〖L<Gk<Heb=かかとをつかむ者〗

Jac·o·be·an /dʒækəbíːən-/ 形 英国王 James 1 世時代 (1603-25)の. ── 图 James 1 世時代の人《作家・政治家など》. 〖*Jacobus* (James のラテン語形)から〗

Jac·o·bin /dʒǽkəbɪn/ 图 ❶ ジャコバン党員《フランス革命の過激共和主義の政党員; Paris にあったドミニコ会の修道院で会合した; cf. sansculotte》. ❷ 過激政治家.

Jac·o·bin·ic /dʒækəbínɪk-/, **-i·cal** /-k(ə)l/ 形 ジャコバン党[主義]の. ❷ 過激な.

Jac·o·bin·ism /-nìzm/ 图 Ⓤ ❶ ジャコバン主義. ❷ (政治の)過激急進主義.

Jac·o·bite /dʒǽkəbàɪt/ 图 形 (英国の) James 2 世派の人(の); Stuart 王家支持者(の).

971　**jail**

Jácob's ládder 图 ❶〖聖〗ヤコブが夢に見た天まで届くはしご(★聖書「創世記」から). ❷ ⓒ〖海〗縄ばしご.

Já·cob·son's órgan /dʒéɪkəbs(ə)nz-/ 图〖解剖〗ヤコブソン[ヤコブソン]器官《鼻腔にある一対の嚢状器官; ヘビ類・トカゲ類では主要な嗅覚器官》. 〖L. Jacobson デンマークの解剖学者〗

Jácob's stáff 图《測量器の》支柱; 距離[高度]測定器.

jac·o·net /dʒǽkənet/ 图 Ⓤ ジャコネット《薄地の白綿布; 片面つやつや出し染色綿布》.

jac·quard /dʒǽkɑːd/ 图 ⓒ〖紡〗ジャカード《模様に応じて穴あけられた紋紙により柄を織り[編み]出す織機》. Ⓤ ジャカード織り《紋織地》. 〖J. M. Jacquard 発明したフランス人〗

jac·que·rie /ʒɑːkəríː, ʒæk-/ 图 百姓一揆, 農民暴動.

jac·ti·ta·tion /dʒæktətéɪʃən/ 图 ❶〖医〗輾転(てんてん) 反側. ❷ [~ of marriage で]〖法〗婚姻詐称《ある人と結婚しているとの偽りの主張を行なう》.

†Ja·cuz·zi /dʒəkúːzi/ 图《商標》ジャクージ《噴流式気泡ぶろ》.

†**jade**¹ /dʒéɪd/ 图 Ⓤ ❶ ひすい, 玉(ぎょく). ❷ ひすい色《青緑から黄緑まである各種の緑色》. ── 形 ❶ ひすいで作った. ❷ ひすい色の, 緑色の. 〖F<Sp=わき腹(の石)<L; 疝痛にきくと考えられた〗

jade² /dʒéɪd/ 图 ❶ (こき使われて)疲れ切った馬, やせ馬. ❷ あばずれ女.

†**jád·ed** /-dɪd/ 形 ❶〈人・表情など〉疲れ切った; すさんだ. ❷ 飽き飽きした.

jáde gréen 图 =jade¹ 2.

jade·ite /dʒéɪdaɪt/ 图 Ⓤ〖鉱〗ジェード輝石, ひすい輝石, ジェダイト, 硬玉.

jáde plánt 图〖植〗クラッスラ《ベンケイソウ科》.

j'a·doube /ʒædúːb/ 图〖チェス〗コマをそろえているのだ《動かすつもりはなくコマに手を触れるとき相手にいう言葉》. 〖F=I adjust〗

jae·ger /jéɪɡə, dʒéɪ-|-ɡə/ 图《米》〖鳥〗トウゾクカモメ.

Jaf·fa¹ /dʒǽfə/ 图 ジャファ《イスラエル産の形の大きいオレンジ》.

Jaf·fa² /dʒǽfə, jǽfə|dʒǽfə/ 图 ヤッファ《イスラエル西部の海港; 1950 年 Tel Aviv と併合される》.

jag¹ /dʒǽɡ/ 图 ❶ (岩石などの)鋭い角(かど); (のこぎりの歯のような)ぎざぎざ. ── 動 (**jagged; jag·ging**) ❶〈端・表面〉ぎざぎざをつける, ❷ かぎ裂きにする. 〖擬音語〗

jag² /dʒǽɡ/ 图《俗》❶ (活動の)ひとしきり; go on a crying ~. ひとしきり泣く.

Jag /dʒǽɡ/ 图《英口》ジャガー (Jaguar).

†**jag·ged** /dʒǽɡɪd/ 形 (**~·er; ~·est**) 〈岩・線などの〉のこぎりの歯のような, ぎざぎざの: a ~ line ぎざぎざの線. **~·ly** 副 **~·ness** 图

jág·ger 图 ぎざぎざをつけるもの; 菓子の装飾切り用の柄付きの歯[波型]回転小輪; 歯形のみ.

jag·ger·y /dʒǽɡəri/ 图 Ⓤ ジャッガリー《特にココナツヤシの樹液から採る粗黒砂糖》.

jag·gy /dʒǽɡi/ 形 (**jag·gi·er, -gi·est**) =jagged.

jag·uar /dʒǽɡwɑː|-ɡjuə/ 图 ❶〖動〗ジャガー《中・南米産のヒョウ》. ❷ [J~]《商標》ジャガー《英国製の高級乗用車》.

jag·ua·run·di /dʒæɡwərúndi/ 图〖動〗ジャグアランディ《中米産の長尾短期のヤマネコ》.

Jah /jɑ́ː, dʒɑ́ː/ 图 (Rastafarianism の)神.

jai a·lai /háɪlaɪ, háɪəlaɪ|hàɪəláɪ, haɪláɪ/ 图 Ⓤ ハイアライ《主にスペイン・中南米で行なわれるスカッシュに似た球技》. 〖Sp<Basque=*jai* 祭り+*alai* 陽気な〗

*****jail** /dʒéɪl/ 图《英》では公用語として gaol とつづる》 ❶ ⓒ 刑務所 (prison) 《特に, 米国では未決囚や軽犯罪囚を拘留する所》. ❷ Ⓤ 拘置, 投獄, 刑務所生活: be in ~ 拘置されている, 刑務所に入っている / put a person in ~ 人を投獄する / be sent to ~ 拘置[刑務所]所に送られる / break (out of) [escape from] ~ 脱獄する. ── 動《他》〈人を投獄する, 拘置する. 〖F<L<*cavea* ほら穴, おり; cf. cage〗

jáil·bàit 图《米俗》ムショ行きを誘うような人《性的同意年齢未満の人; 性行為の相手とすると犯罪となることから》.

jáil·bìrd 图《口》❶ 常習犯. ❷ 囚人.

jáil·brèak 图 脱獄.

jáil delívery 图《特に暴力による》囚人解放.

jail·er, jail·or /dʒéɪlə | -lə/ 图《拘置所·刑務所の》看守.

jáil·hòuse 图《米》=jail 1.

Jain /dʒáɪn/ 图 ジャイナ教徒. ── 形 ジャイナ教の.

Jain·ism /dʒáɪnɪzm/ 图 Ⓤ ジャイナ教《紀元前6世紀ごろインドに興った, 禁欲主義と真理についての相対主義を特徴とする宗教》.

Jai·pur /dʒáɪpʊə | dʒaɪpúə/ 图 ジャイプール《インド北西部の市》.

Ja·kar·ta /dʒəkáətə | -káː-/ 图 ジャカルタ《インドネシア共和国の首都》.

jake /dʒéɪk/ 形《米俗》よろしい, けっこうな, 満足のいく: It's ~ with me. こっちはオーケーだ.

jakes /dʒéɪks/ 图《屋外》便所, トイレ.

jal·ap /dʒǽləp/ 图 Ⓤ ヤラッパ根《メキシコ産サツマイモ属のつる性多年草からとる下剤》.

ja·la·pe·ño /hà:ləpéɪnjoʊ/ 图 (圈 ~s) (また **jalapéño pépper**) ハラペニョ《メキシコの濃緑色の極辛のトウガラシ》.

ja·lop·y /dʒəlápi | -lɔ́pi/ 图《口》ぼろ(ぽんこつ)自動車.

jal·ou·sie /dʒǽləsi | -dʒəluːziː/ 图 板すだれのブラインド[シャッター], ベネチアンブラインド.

*__jam__¹ /dʒǽm/ 图 Ⓤ ❶ ジャム《解説 ジャムの材料となる主な果物はイチゴ (strawberry), アンズ (apricot), クロイチゴ (blackberry), プラム (plum), キイチゴ (raspberry) などがある》: bread and ~ /brédn-/ ジャム付きのパン. ❷《英口》愉快な[楽な]もの. **jam tomórrow**《英口》《ジャム だけの》明日の楽しみ, 絵に書いた餅(å). **móney for jám** = money 成句.

*__jam__² /dʒǽm/ 图 動 (jammed; jam·ming) 他 ❶《もの·人を〈狭い場所に〉》〈きっしり詰め込む, 無理に押し込む: ~ various things *into* a box 箱にいろいろなものを詰め込む / I was *jammed in* (at the back of the bus). (バスの後部で)ぎゅうぎゅう押し込められた. ❷ a《場所をふさぐ, 〈…に〉詰めかける《★ しばしば受身用い, 「場所がいっぱいである」の意になる; 前置詞は *by*, *with*》: The parade *jammed (up)* traffic. その行列は交通をまひさせた / The street *was jammed with* people. 通りは人で動きがとれなかった. b [通例受身で]〈電話が〉(一時に殺到して)電話回線をパンクさせる. ❸〈指などを〉〈…に〉はさむ, 押しつぶす: ~ one's finger *in* the door ドアに指をはさむ / get one's finger *jammed in* the door ドアに指をはさまれる. ❹〈ものを〉強く押す, 押しつける: ~ *on* the brakes = ~ the brakes *on* ブレーキを強く踏む / ~ *down* the accelerator アクセルをぐっと踏む / He *jammed* the receiver *down on* the cradle. 彼は受話器をガチャンと受け台に置いた. ❺〈機械(の一部)を〉動かなくする: The copying machine is *jammed (up)*. その複写機は(用紙が詰まって)動かない. ❻《無線》〈周波数の近い電波を送って〉〈放送·通信を〉妨害する. ── 自 ❶〈人·ものが〉狭い場所に〉きっしり詰まる, 押し込まれる: We all *jammed into* the car. 全員が車に無理やり乗り込んだ. ❷〈機械などが〉〈物が詰まって〉動かなくなる, つかえる: The door has *jammed*. ドアが動かなくなった / His rifle has *jammed*. 彼のライフル銃(の装置)が故障した. ❸《口》《ジャズ》〈自由に集まったメンバーで〉即興的に演奏する. ── 图 ❶ 込み合い, 雑踏, 混雑: a traffic ~ 交通まひ[渋滞]. ❷《コピー機の紙詰まり, 〈機械の〉停止. ❸《口》窮地, 困難: be in [get (oneself) into] a ~ 窮地にある[陥る]. ❹ = **jam session**. 〖ジャズ〗ラップ[ロック]の曲. **kíck óut the jáms** エネルギッシュに演奏をする.

Jam.《略》Jamaica;《聖》James.

Ja·mai·ca /dʒəméɪkə/ 图 ジャマイカ《西インド諸島にある英連邦の島国; 首都 Kingston》.

Ja·mai·can /dʒəméɪkən/ 形 图 ジャマイカ(島)の(人).

Jamáica pépper 图 =allspice.

jamb /dʒǽm/ 图 ❶《建》《戸口·窓などの》わき柱, 抱(å)き

(cf. doorjamb). ❷《暖炉の》抱き石. 〖L=脚〗

jam·ba·lay·a /dʒʌmbəláɪə, dʒʌm-/ 图 Ⓤ ジャンバラヤ《ハム·エビ·タマネギ·トマト·香辛料を加えた, たき込みご飯; クリオール (Creole) 料理》. ❷ Ⓒ《口》(いろいろなもの)のごたまぜ.

jam·bo·ree /dʒæmbərí:/ 图 ❶ 陽気な騒ぎ[会合, 宴会]. ❷ a 《政党·競技連盟などのお祭り騒ぎの》余興付き大会. b ジャンボリー《特に全国的·国際的なボーイスカウトの大会; cf. camporee》.

jam·cam /dʒǽmkæm/ 图 渋滞チェックカメラ《交通状況を見せる webcam》.

James /dʒéɪmz/ 图 ❶ ジェイムズ《男性名; 愛称 Jim, Jimmy, Jimmie》. ❷ [St. ~]《聖》a《聖》ヤコブ《キリスト十二使徒の一人で Zebedee /zébədi/ の子; ★ 2 b のヤコブと区別するため St. James the Greater《大ヤコブ》と呼ばれる》. b《聖》ヤコブ《キリスト十二使徒の一人, ★ 2 a のヤコブと区別するため St. James the Less《小ヤコブ》と呼ばれる》. ❸《聖》ヤコブの手紙《新約聖書中の一書; 略 Jam.》. **James I** ジェイムズ 1世 (1566-1625; Stuart 家初代のイングランド国王 (1603-25), ジェイムズ 6世と称してスコットランド王 (1567-1625); 治世中に Authorized Version が完成, 読み方 James the first). **James II** ジェイムズ 2世 (1633-1701; イングランド国王, およびジェイムズ 7世と称してスコットランド王 (1685-88); 名誉革命で王位を追われフランスに亡命した; 読み方 James the second). 〖L *Jacomus* Jacob の別形〗

James, Henry 图 ジェームズ (1843-1916; 米国の小説家).

James, Jesse 图 ジェームズ (1847-82; 米国の無法者).

James, William 图 ジェームズ (1842-1910; 米国の心理学者·哲学者; Henry James の兄).

James·town /dʒéɪmztaʊn/ 图 ジェイムズタウン《米国 Virginia 州の James 河口の廃村; 北米最初の英国人定住地 (1607)》.

jám·jàr 图《ガラス製の》ジャム入れ瓶, ジャムジャー.

Jám·mu and Káshmir /dʒʌmu:-/ 图 ジャンムー·カシミール《インド北西部, ヒマラヤ山脈の西端に位置する州》.

jam·my /dʒǽmi/ 形 (jam·mi·er; -mi·est) ❶ ジャムでべたつく. ❷《英口》a 容易な. b《人をあきれさせるほど》幸運な, 運のよい; もうかる. 〖JAM³+-Y²〗

jám-páck 動《口》ぎゅうぎゅうに詰める, すし詰めにする.

jám-pácked 形《口》ぎゅうぎゅう詰めの: a ~ train 満員列車 / The hall was ~ *with* people. ホールは人ですし詰めだった.

jám sèssion 图《口》即興ジャズ演奏会.

Jan.《略》January.

Jan·á·ček /dʒǽnə(t)ʃek, já:-/, **Le·oš** /léɪoʃ | -ɔʃ/ 图 ヤナーチェク (1854-1928; チェコの作曲家).

Jane /dʒéɪn/ 图 ❶ ジェイン《女性名; 愛称 Janet, Jenny》. ❷ [j~] Ⓒ《俗》女, 女の子.

Jáne Dóe 图 Ⓒ Ⓤ《法》ジェインドウ《裁判文書などで用いる身元不明の女性の仮名; cf. John Doe 1 b》.

Jan·et /dʒǽnɪt/ 图 ジャネット《女性名》.

*__jan·gle__ /dʒǽŋgl/ 图 動 ❶ じゃんじゃん鳴る: ~ *on* a person's ears 耳に障る. ❷ 騒々しく言う, わめく; けんか[口論]する. ── 他 ❶《鐘などを〉じゃんじゃん鳴らす. ❷〈神経を〉極度にいらだたせる: The noise ~*d* my nerves. その騒音で神経がひどくいらだった. ── 图 ❶ [単数形で]《鐘などの》乱調子, 調子はずれの騒音; 騒がしさ. ❷ けんか, 口論. 〖JINGLE と関連語〗

ján·gly /-gli/ 形 騒々しい, 耳ざわりな, 調子はずれの.

Jan·ice /dʒǽnɪs/ 图 ジャニス《女性名》.

jan·is·sar·y, jan·i·zar·y /dʒǽnəsəri, /-səri/, -zəri | -zəri/ 图 ❶《史》新軍, イェニチェリ《トルコの近衛騎兵; 1826 年廃止》. ❷ 忠実な部下[支持者].

jan·i·tor /dʒǽnəṭə | -tə/ 图 ❶《米》《ビルなどの》管理人. ❷ 門番, 玄関番. 〖L; ⇒ JANUS〗

ján·i·gler 图【JINGLE と関連語】

jan·kers /dʒǽŋkəz | -kəz/ 图 Ⓤ《英俗》《軍規違反者に対する》罰.

Jan·sen·ism /dʒǽnsənɪzm/ 图 Ⓤ《カト》ヤンセン主義, ジャンセニズム《17-18 世紀の教会改革運動》. ❷《性などに対する》厳格な考え[態度]. **-ist** 形 图 **Jàn·sen·ís·tic**

/dʒǽnsənístɪk‐/ 形 《C. Jansen 16–17 世紀のオランダの神学者》.

Jan·u·ar·y /dʒǽnjuèri | ‑njuəri/ 名 1月 (略 Jan): in (early [mid, late]) ~ ((of) 1998) (1998年)1月の[上旬[中旬, 下旬]]に / They first met on (Monday,) ~ 3(rd) (, 1998). 彼らは(1998年)1月3日(月曜日)に初めて会った《★(1) 前置詞に注意: 日を伴うときは on; (2) 英米の違いに注意: [書くとき] 《米》では通例 January 3(rd), 1998; 《英》では 3(rd) January(,) 1998 のほかに 《米》式も用いる; [数字だけの表記] 《米》1.3.98 または 1/3/98; 《英》3.1.98 または 3/1/98; [話すとき] 《米》では通例 January (the) third, nineteen-ninety-eight; 《英》では通例 January the third, nineteen-ninety-eight または the third of January, nineteen-ninety-eight》/ We leave (on) ~ 20. 1月20日に発ちます《★前置詞 on は省略可》/ We moved here last ~. この前の1月に引っ越してきました《★月名は last, next, that, this, this coming, the following, every などが先行するときは前置詞 in は不要》/ I haven't seen her since last ~. この前の1月から会っていない / during the month of ~ 1月の間に / in the year to ~ 15 1月15日までの1年の間に / We're moving at the end [at the beginning, in the middle] of ~. 1月末[初め, 半ば]に引っ越します / in ~ (of) last [next, this] year 去年[来年, 今年]の1月 / Come ~, we'll be in our new house. 1月になると新しい家に入ります / It was one of the coldest Januaries ever. 今まででも指折りの寒い1月だった / in last January's election この前の1月の選挙で / on a fine ~ morning よく晴れた1月の朝. 《L=Janus 神の月; 旧年と新年と両方にまたがる月であることから》

Ja·nus /dʒéɪnəs/ 名 《ロ神》ヤヌス《頭の前と後ろに顔をもった神; 物事の初めと終わりをつかさどり, 戸口・門を守護した》.

Jánus-fàced 形 ❶ (Janus のように)顔の二つある. ❷ 二心のある, 人を欺く.

Jap /dʒǽp/ 名 《俗・軽蔑》日本人. ― 形 日本人(の). 《JAPANESE の省略形》

JAP /dʒǽp/ 名 《米俗》(金持ちで甘やかされた)ユダヤ系のお嬢さま. 《J(ewish) A(merican) P(rincess)》

ja·pan /dʒəpǽn/ 名 ❶ 漆. 漆器. ― 形 漆(塗り)の, 漆器の. ― 動 他 (**ja·panned; ja·pan·ning**) …に漆を塗る, 漆でつやを出しする. 《JAPAN から》

Ja·pan /dʒəpǽn/ 名 日本. **the Séa of Japán** 日本海. 《Malay<Chin》

Japán Cúrrent 名 [the ~] 日本海流, 黒潮《赤道付近から本州の太平洋岸を北上する暖流》.

Jap·a·nese /dʒæpəníːz‐/ 形 ❶ 日本の: a ~ lantern ちょうちん / ~ paper 和紙. ❷ 日本人[語]の: the ~ language 日本語. ― 名 (複 ~) ❶ [C] 日本人: a (一人の)日本人 / the ~ 日本人(全体)《★複数扱い》. ❷ [U] 日本語. 《JAPAN+-ESE》

Japanése-Américan 形 日米(間)の; 日系米人の. ― 名 日系米人《関連 移住第 1 代目の日本人は Issei (一世), その子は Nisei (二世), 孫は Sansei (三世)という》.

Jápanese béetle 名 《昆》マメコガネ《農作物に害を与える》.

Jápanese cédar 名 《植》スギ(杉).

Jápanese cýpress 名 《植》ヒノキ(檜).

Jápanese persímmon 名 《植》カキ(の木・実).

Jápanese quínce 名 《植》ボケ.

Jap·a·nesque /dʒæpənésk‐/ 形 日本式[風]の.

Já·pan·ìsm /‑nìzm/ 名 [U] 日本(人)の特質, ジャポニズム. ❷ 日本愛好, 日本びいき.

Jap·a·nize /dʒæpənàɪz/ 動 他 日本風にする[なる], 日本化する. **Jap·a·ni·za·tion** /dʒæpənɪzéɪʃən | ‑naɪz‐/ 名 [U]

Jap·a·nol·o·gy /dʒæpənálədʒi | ‑nɔ́l‐/ 名 [U] 日本学《日本の事物の科学的研究》.

jape /dʒéɪp/ 名 ❶ 冗談. ❷ いたずら. ― 動 自 ❶ 冗談を言う. ❷ いたずらをする.

Jap·lish /dʒǽplɪʃ/ 名 [U] 日本英語; 英語の多く混じる日本語. 《JAP(ANESE)+(ENG)LISH》

ja·pon·i·ca /dʒəpánɪkə | ‑pɔ́n‐/ 名 《植》❶ ツバキ. ❷ ボケ.

jar¹ /dʒɑ́ː | dʒɑ́ː/ 名 ❶ (広口の)瓶, つぼ, ジャー《比較 日本では広口の魔法瓶のことを「ジャー」と呼んでいるが, 英語にはこの意味はない): ⇒ jamjar. ❷ 瓶[つぼ] 1 杯(の量): a ~ of jam 1 瓶のジャム. ❸ 《英口》ビール一杯. 《F<Arab=土器》

jar² /dʒɑ́ː | dʒɑ́ː/ 動 (**jarred; jar·ring**) 自 ❶ (ギーギー)きしる; ガタガタ震動する, ギーギー揺れる; (きしるような音を立てて)ぶつかる (against, on). ❷ 〈音が〉(耳・神経などに)障る (on) (⇒ jarring). ❸ 〈陳述・行動などが〉…と衝突する, 食い違う 〈色などが〉…と調和しない (with) (clash). ― 他 ❶ 〈…を〉(ギーギー・ガタガタ)震動させる, 打つ, ふるわせる. ❷ 人を〈(突然の打撃などで)ぎくりとさせる, 人にショックを与える. ― 名 ❶ [単数形で] ❶ (神経に障る)きしる音, (耳障りな)雑音. ❷ 激しい震動, 衝撃; (身体・精神への)ショック, 障り. ❸ (意見などの)不調和, 衝突, 口論. 《擬音語》

jar³ /dʒɑ́ː | dʒɑ́ː/ 名 ★ 次の成句で. **on the jár** 〈ドアが〉少し開いて.

jar·di·nière /dʒɑ̀ːdəníə, ʒɑ̀ː‐ | dʒɑ̀ːdɪníeə/ 名 ❶ (植木鉢を入れる)装飾用のポット; 花台. ❷ (肉料理の)野菜の添え物, ジャルディニエール. 《F=(原義)女性の庭師》

jar·ful /dʒɑ́ːfùl | dʒɑ́ː‐/ 名 (複 ~s) 瓶[つぼ] 1杯(の量) (of).

jar·gon /dʒɑ́ːɡən | dʒɑ́ː‐/ 名 [U] ❶ (普通の人にはわからない)専門語, 職業語, 通語, 隠語, 専門語だけの話[言葉]: critics' ~ 批評家用語 / business [medical] ~ 商業[医学]用語. ❷ a わけのわからない言葉, ちんぷんかんぷん; たわごと. b ひどい方言; 野蛮な言葉. ― 動 わけのわからない言葉を[で]話す. 《F; 擬音語》

jarl /jɑ́ːl | jɑ́ːl/ 名 《北欧史》(王の次に位する)族長, 首長, 貴族.

Jarls·berg /jɑ́ːlzbəːɡ | jɑ́ːlzbəːɡ/ 名 [U] ヤールスバーグ《ノルウェー産の硬質チーズ》.

jar·ring /dʒɑ́ːrɪŋ/ 形 〈音など〉耳障りな, 神経に障る. ❷ 〈意見など〉食い違う; 〈色など〉不調和な.

JAS /dʒéɪèɪés/ 《略》Japanese Agricultural Standard 日本農林規格. **Jas.** 《略》James.

jas·mine /dʒǽzmɪn/ 名 ❶ [U,C] 《植》ジャスミン, ソケイ《インド原産の常緑低木; 花から香水を採る》. ❷ [U] ジャスミン香水. 《F<Arab<Pers》

jásmine téa 名 [U] ジャスミン茶《乾燥したジャスミンの花を入れたお茶》.

Ja·son /dʒéɪs(ə)n/ 名 ❶ ジェイスン《男性名》. ❷ 《ギ神》イアソン《遠征して「金の羊毛」(the Golden Fleece) を獲得した勇士; cf. Argonaut》. 《L<Gk=いやす人》

jas·pé /dʒæspéɪ/ 形 碧玉 (jasper) 状の; (特に)さまざまな色縞〔〕などを入れた, ジャスプの綿織物の.

jas·per /dʒǽspə | ‑pə/ 名 [U] 《鉱》碧玉《ｷﾞｮｸ》(不純物を含む石英の一種; 宝石に用いる).

Ja·ta·ka /dʒɑ́ːtəkə/ 名 ジャータカ《閻陀伽》, 本生《ﾎﾝｼﾞｮｳ》経《仏陀の前世を物語った説話集》.

jaun·dice /dʒɔ́ːndɪs, dʒɑ́ːn‐ | dʒɔ́ː‐/ 名 [U] 黄疸《ｵｳﾀﾞﾝ》. ❷ ひがみ, 偏見. ― 動 〈人に〉偏見を抱かせる.

jáun·diced 形 ❶ 黄疸《ｵｳﾀﾞﾝ》にかかった. ❷ ひがんだ, 偏見をもった: take a ~ view of...についてひがんだ見方をする[偏見を抱く].

jaunt /dʒɔ́ːnt, dʒɑ́ːnt | dʒɔ́ː‐/ 名 (近距離の)遠足, 遊山旅行: go on a weekend ~ 週末の小旅行に行く. ― 動 遠足[遊山旅行]する.

jáunt·ing càr /‑tɪŋ‐/ 名 軽装二輪馬車《横側に背中合わせに 4 人座る; もとアイルランドで用いられた》.

jaun·ty /dʒɔ́ːnti, dʒɑ́ːn‐ | dʒɔ́ː‐/ 形 (**jaun·ti·er; ‑ti·est**) ❶ a 〈人・態度など〉陽気な, 朗らか(そう)な. b 元気のいい, はつらつとした; 気取った: his hat cocked at a ~ angle 帽子を気取って斜めにかぶって. ❷ 服装がいきな, スマートな. **jáun·ti·ly** /‑ṭəli/ 副 **‑ti·ness** 名 《F *gentil* gentle》

Ja·va¹ /dʒɑ́ːvə/ 名 ❶ ジャワ《インドネシア共和国の主島;

Java 974

首都 Jakarta). ❷ Ⓤ a ジャワ産のコーヒー. b 《通例 j~》《俗》コーヒー.

Ja·va[2] /dʒɑ́ːvə/ 名 《商標》ジャヴァ《多様なシステムを含むインターネットのようなネットワークで, プログラムの授受を電子メール感覚の容易さで実現するプログラミング言語》.

Jáva màn 名 Ⓤ 《人》ジャワ原人 (1891 年ジャワで発掘された化石人類).

Já·van /-vən/ 形 =Javanese. ── 名 ジャワ(島)人.

Ja·va·nese /dʒæ̀vəníːz-ˈ/ 形 ❶ ジャワの. ❷ ジャワ島人の. ❸ ジャワ語の. ── 名 (複 〜) ❶ Ⓒ ジャワ島人. ❷ Ⓤ ジャワ語.

Jáva spárrow 名《鳥》ブンチョウ (文鳥) 《ジャワ島産》.

†**jav·e·lin** /dʒǽv(ə)lɪn/ 名 ❶ Ⓒ 投げ槍(ゃり) (⇨ lance [比較]). ❷ [the 〜]《競技》槍投げ.

ja·ve·li·na /hàːvəlíːnə/ 名 《キャンディー》=peccary.

*__**jaw**__ /dʒɔ́ː/ 名 ❶ Ⓒ あご 《歯のついた上下顎骨(がく)の一つ》: the lower [upper] 〜 下[上]あご / a square 〜 角ばったあご / He dropped his 〜 at that. 彼はそれを見て[聞いて] (驚いて)口をぽかんとあけた. ❷ 《複数形で》《動物の》口《上下顎骨(がく)と歯を含める》. ❸ 《複数形で》a 《谷などの》狭い入り口. b 《はさみ道具の》あご. c 《文》死などに脅かされた状態: She was snatched from the 〜s of death [despair]. 彼女は死地[絶望]から救い出された. ❹ Ⓤ.Ⓒ 《古風》《つまらない》おしゃべり: We had a long 〜. むだ話をいつまでもした. ── 動 《口》(長々と)しゃべる. 【関連】gnathic, maxillary].

jáw·bòne 名 顎骨(がく); (特に) 下顎骨. ── 動 《大衆に訴えて》X…に)説得工作をする.

jáw·brèaker 名 ❶ 《口》非常に発音しにくい(舌をかむような)語. ❷ 《米》非常に大きくて固いキャンディー.

jawed /dʒɔ́ːd/ 形 あごのある; 《複合語で》…のあごをした.

jaw-jaw /dʒɔ́ːdʒɔ́ː/ 《英俗》動 ⓘ 長々としゃべる《議論する》. ── 名 Ⓤ 長々しゃべること, 長談義, 長話.

jáw·line 名 下あごの輪郭.

Jáws of Lífe 名 ⓘ [the 〜]《商標》ジョーズ・オブ・ライフ《大破した乗物などから閉じ込められた人を救出するこじあけ機》.

jawed /dʒɔ́ːd/ 形 あごのある.

†**jay**[1] /dʒéɪ/ 名 ❶《鳥》カケス, カシドリ. ❷《口》 a おしゃべり, よくしゃべる男.《L; もとは役立たず》.

jay[2] /dʒéɪ/ 名《米俗》マリファナたばこ.

Jay /dʒéɪ/, **John** ジェイ (1745-1829; 米国の法律家・政治家; 合衆国最高裁判所初代首席判事 (1789-95)).

jáy·bìrd 名 =jay[1].

Jay·cee /dʒéɪsíː/ 名《米口》青年(商業)会議所会員《米国の経済団体の一つ》.

Jáy·hàwk·er Státe /dʒéɪhɔ̀ːkə | -kə/ 名 [the 〜] ジェイホーカー州 (Kansas 州の俗称).

jay·vee /dʒéɪvíː/ 名 =junior varsity.

jáy·wàlk 動 ⓘ 《口》交通規則や信号を無視して街路を横切る. 〜·er 名

*__**jazz**__ /dʒǽz/ 名 Ⓤ 《楽》ジャズ; ジャズ風のダンス音楽. **and áll that jázz**《俗》などなど: He likes drinking, dancing, and all that 〜. 彼は飲むとか踊るとかそういったことが好きだ. ── 名 Ⓐ ジャズの, ジャズ式の, ジャズ的な: a 〜 band ジャズバンド / a 〜 fan ジャズファン / 〜 music ジャズ音楽 / a 〜 singer ジャズ歌手. ── 動 ⓘ ❶ 《…を》ジャズ風に演奏[編曲]する《up》. ❷ 《口》《音楽・パーティーなどを》はでやかにする, 活気づける: Let's 〜 the party *up*, shall we? 少しパーティーをにぎやかにしようじゃないか.

Jázz Áge [the 〜] ジャズエイジ《ジャズが流行した米国の 1920 年代》.

jazz·bo /dʒǽzbou/《米俗》名 (複 〜s) ❶ ジャズプレーヤー[シンガー]. ❷ 黒人男.

jazzed /dʒǽzd/ 形 Ⓟ《口》興奮して, おもしろがって.

jazz·er·cise /dʒǽzəsàɪz, -zə-/ 名 Ⓤ ジャズ体操《ジャズダンスに合わせて行なう美容体操の一種》. 《JAZZ+EXERCISE》

jázz·màn 名 (複 〜men) ジャズ演奏家.

†**jazz·y** /dʒǽzi/ 形 (**jazz·i·er, -i·est**) ❶ ジャズ的な, ジャズ風の. ❷ 活気のある; 派手な, けばけばしい. **jázz·i·ly**

/-zəli/ 副 -i·ness 名 《名 jazz》

J.C.《略》Jesus Christ; Julius Caesar.

JCB /dʒéɪsìːbíː/ 名《商標》JCB《英国製の掘削・建設機械》.

JCL《略》《電算》job control language.

J-cloth /dʒéɪ-/ 名《商標》J クロス《家庭用使い捨てぞうきん》.

JCS《略》《米》Joint Chiefs of Staff.

JD juvenile delinquency; juvenile delinquent.

Je.《略》June.

*__**jeal·ous**__ /dʒéləs/ 形 (**more 〜; most 〜**) ❶ しっと深い, やきもちを焼く: a 〜 lover [husband] しっと深い恋人[夫] / He's 〜 of her achievements. 彼は彼女の業績をねたんでいる. ❷ a (疑い深いまでに)油断のない: watch with a 〜 eye 油断なく見守る. b Ⓟ 権利などを守ろうとして; (自分のものを)取られまいと用心して: 〜 of one's rights 権利を失うまいと用心怠りない. 〜·ly 副 《F<L zelos ZEALOUS》(名 jealousy)

*__**jeal·ous·y**__ /dʒéləsi/ 名 ❶ a Ⓤ しっと, やきもち, ねたみ. b Ⓒ (特定の)ねたみ(の感情), ねたみの仕打ち[言葉]. ❷ Ⓤ 油断のない配慮, 警戒心: the people's 〜 of entrusting too much power to the State 国家に権限をゆだねすぎまいとする国民の警戒心. (形 jealous) 【類義語】**jealousy envy** より個人的な感情で優越者をねたみ憎悪する感情. **envy** 他人の持っているものを自分も持ちたいとうらやむ気持ち.

jean /dʒíːn/ 名 Ⓤ デニム, ジーン(ズ)《jeans やジージャン用の布地》.《元は「ジェノバ (Genoa) 産の(織物)」の意で語形は L Janua (ジェノバ)にさかのぼる》

Jean /dʒíːn/ 名 ジーン: ❶ 女性名. ❷ 男性名. 《F; 1 は Jane, 2 は John に対応する》

Jeanne d'Arc /ʒɑ́ːndɑ́ːk | ʒɑ́ːndɑ́ːk/ ⇒ Joan of Arc.

*__**jeans**__ /dʒíːnz/ 名 ⓘ ジーンズ, ジーパン, ジーン布[デニム]製のズボン 《[比較] 「ジーパン」は jeans と pants を組み合わせた和製英語》: a pair of 〜 ジーンズ 1 着 / She was in 〜. 彼女はジーンズをはいていた.《⇨ jean》

jeb·el /dʒéb(ə)l/ 名《中東地域の》山《しばしばアラビアの地名に用いられる》.

Jed·da(h) /dʒédə/ 名 =Jidda(h).

jeep /dʒíːp/ 名 ❷ ジープ《(簡便で)堅牢な小型自動車; 商標名 Jeep》: by 〜 ジープで《★無冠詞》.

jée·pers (crée·pers) /dʒíːpəz | -pəz/, 間《驚き・強調などを表わして》へえ, おや, まあ.

jeep·ney /dʒíːpni/ 名 (フィリピンの)ジプニー《ジープを改造したバス》.

jeer /dʒíə | dʒíə/ 動 ⓘ 《人・事柄を》あざける, ばかにする《at》. ── ⓘ ひやかす, やじる, からかう. ── 名 あざけり, からかい. 〜·ing /dʒí(ə)rɪŋ/ 形 あざけるような. 〜·ing·ly 副 あざけって, ばかにして.

jeez /dʒíːz/ 間 おや, まあ, たまげた《驚き・発見を表わす》.

Jef·fer·son /dʒéfəs(ə)n | -fə-/, **Thomas** 名 ジェファソン (1743-1826; 米国の独立宣言の起草者で第 3 代大統領 (1801-9)).

Jéfferson Cíty 名 ジェファソンシティ《米国 Missouri 州の州都》.

Jef·fer·so·ni·an /dʒèfəsóuniən | -fə-ˈ/ 形 Jefferson(流民主主義)の. ── 名 Jefferson の崇拝者.

Jeff·rey /dʒéfri/ 名 ジェフリー《男性名》.

je·had /dʒɪhɑ́ːd | -hǽd/ 名 =jihad.

Je·ho·vah /dʒɪhóʊvə/ 名 《聖》エホバ《旧約聖書の神; ヘブライ語原典の誤読に基づく呼称; cf. Yahweh》.

Jehóvah's Wítnesses 名 ⓘ エホバの証人, ものみの塔《19 世紀後半米国でつくられたキリスト教系の新宗教; キリストの再臨を信じ絶対平和主義を奉じる》.

je·hu /dʒíːhjuː/ 名 ❶ スピードを出す運転手. ❷ 御者.

je·june /dʒɪdʒúːn/ 形 ❶ 未熟な, 子供っぽい. ❷ 無味乾燥な, 興味の乏しい. ❸ a 栄養分の貧弱な. b 《土地が》不毛な. 〜·ly 副 〜·ness 名《L=断食の》

je·ju·num /dʒɪdʒúːnəm/ 名 [単数形で] 《解》空腸. **je·jú·nal** 形 《L》

Je·kyll /dʒék(ə)l, dʒíːk-/, **Dr.** ジキル博士 (R. L. Stevenson 作の二重人格を取り扱った小説 *The Strange Case of Dr. Jekyll and Mr. Hyde* の主人公; 薬を飲むと極悪人な Hyde 氏となり, 解毒剤を飲むと善良なジキル博士に戻る). **Jékyll and Hýde** 二重人格者: He's a real ~ *and Hyde*. 彼はまったくの二重人格者だ.

jell /dʒél/ 動 ❶ ゼリー状になる. ❷ 〈計画・意見などが〉固まる: Wait till my plans ~ a bit. 計画が少々固まるまで待ってくれ. ― 他 ❶ ゼリー状にする. ❷ 〈計画・意見〉などを固める. 【JELLY からの逆成】

jél·lied 形 ❶ ゼリー状になった. ❷ ゼリーでおおった.

jel·li·fy /dʒéləfàɪ/ 他 ゼリー(状)にする; 軟化[弱化]させる. ― 自 ゼリー(状)になる. **jel·li·fi·ca·tion** /dʒèləfɪkéɪʃən/ 名

Jell-O /dʒélou/ 名 U 《米》《商標》ジェロー, ゼロー《各種の果実の味・色・香りをつけたデザート用ゼリー》.

†**jel·ly** /dʒéli/ 名 ❶ **a** UC 《英》 ゼリー, ジェリー. **b** U ゼリージャム《果汁に砂糖を入れて煮詰めた透明なジャム; パンにつける》. ❷ U 〔また ~〕ゼリー状[類似]のもの. ❸ 〔複数形で〕《英口》ゼリーシューズ[サンダル]《ゴム・軟質プラスチック製の女子用靴で, 多様であざやかな色が選べる》. ❹ 〔複数形で〕《英口》ジェリー(ズ) 《鎮静催眠薬 temazepam の錠剤》. **sháke like (a) jélly** 《口》《怖くて》ぶるぶる震える. ― 他 ❶ 〈…を〉ゼリー(状)にする. ❷ 〈料理した食品を〉ゼリーに入れる. ― 自 ゼリー(状)になる[固まる], 煮こごる. 【<L < *gelare* 凍らせる; cf. gelatin】

jélly bàby 名《英》赤ん坊の形をしたゼリー《菓子》.

jélly bàg 名 ゼリー濾(ご)し袋《通例 寒冷紗・フランネル製》.

jélly bèan 名 ゼリービーンズ《豆状のゼリー菓子; 色と風味がついている》.

jélly·fish 名 (徳 ~, -es) ❶ **a** C 《動》クラゲ. **b** U 〔食べ物としての〕クラゲ. ❷ C 《口》意志の弱い人.

jélly-like 形 ゼリー状の.

jélly ròll 名 CU ゼリーロール《カステラにゼリーを塗って巻いたケーキ》.

jem·my /dʒémi/ 名《英》=jimmy.

je ne sais quoi /ʒənəséɪkwá:/ 名 名状しがたいもの, 何か《特に好ましいもの》. 【F=I do not know what】

Jen·ghiz [Jen·ghis] Khan /dʒéŋgɪskà:n/ 名 = Genghis Khan.

Jen·ner /dʒénə | -nə/, **Edward** ジェンナー (1749-1823; 英国の医師; 種痘(ら)の考案者).

jen·net /dʒénɪt/ 名 ❶ スペイン種の小馬. ❷ 雌ロバ.

Jen·ni·fer /dʒénəfə | -fə/ 名 ジェニファー《女性名》.

jen·ny /dʒéni/ 名 ❶ 自動起重機. ❷ 紡績機:⇒ spinning jenny. 【JENNY の転用】

Jen·ny /dʒéni/ 名 ジェニー《女性名; Jane の愛称》.

jénny wrèn 名 ミソサザイ《子供などの用いる俗称》.

†**jeop·ar·dize** /dʒépədàɪz | -pə-/ 他 危うくする, 危険にさらす (endanger): He ~d his life for me. 彼は私のために生命を危険にさらした.

†**jeop·ar·dy** /dʒépədi | -pə-/ 名 U 危険《比較 danger よりも形式ばった語》: ⇒ double jeopardy. **in jéopardy** 危険にさらされて (at risk): Their lives were put *in* ~. 彼らの命は危険にさらされていた. 【F=五分五分のゲーム】

Jer.《略》Jeremiah; Jeremy; Jersey.

jer·bo·a /dʒəbóuə | dʒə(:)-/ 名《動》トビネズミ.

jer·e·mi·ad /dʒèrəmáɪəd/ 名 (長い間の)悲嘆; 恨みごと.

Jer·e·mi·ah /dʒèrəmáɪə/ 名 ❶《聖》エレミヤ《ヘブライの預言者》. ❷《聖》エレミヤ書《旧約聖書中の一書; 略 Jer.》. ❸ C 《未来についての》悲観論者.

Jer·e·my /dʒérəmi/ 名 ジェレミー《男性名; 愛称 Jerry》.

Jer·i·cho /dʒérɪkòʊ/ 名《聖》エリコ《パレスチナの古都》.

jerboa

*jerk¹ /dʒə́:k | dʒə́:k/ 動 ❶ C 〔急に〕ぐいと引くこと, 急に押す[ひねる, 突く, 投げる, 持ち上げる, 止まる]こと: He gave (it) a ~. 彼は(それを)ぐいと引いた / The car started with a ~. その車はぐいと動き出した. ❷ C 〔筋肉や関節の〕反射運動, けいれん: ⇒ knee jerk. ❸ U 《重量挙げで》ジャーク《胸から頭の上まで腕を伸ばして持ち上げること》. ❹ C 《俗》まぬけ, とんま, 世間知らず. ― 他 ❶ **a** 〔副詞(句)を伴って〕〈…を〉ぐいと動かす, ぐいと引く[押す, 突く, ねじる], ひょいと投げる: He ~ed out the file drawer. 彼はファイル用引き出しをぐいと引いて開けた / They ~ed him *up into* the boat. 彼らは彼をボート(の中)に押し[引っぱり]上げた. **b** 〈人の〉〈体・衣服の一部を〉ぐいと引っぱる《用法 体・衣服部分を表わす名詞の前に ~ を伴う》: He ~ed her *by* the arm. 彼は彼女の腕をぐいと引いた. **c** 〈…をぐいと動かして[押して], 突いて, 引いて〈…の状態に〉する: 〔+目+補〕 ― a window open 窓をぐいと押し開ける. ― 自 **a** 〔副詞(句)を伴って〕ぐいと動く, ガタガタと揺れながら進む; ぴくぴくする: The bus ~ed along [*to* a stop]. 私たちのバスはガタガタ揺れて進み[がくんと止まった]. **b** ぐいと動く〈…の状態になる: 〔+補〕 The door ~ed open. ドアがぐいと開いた. **jérk aróund** 《口》〈人を〉ごまかす, 困らす, 手間どらす. **jérk óff** 自慰をする. 【擬音語】

jerk² /dʒə́:k | dʒə́:k/ 動 他 〈牛肉を〉《薄く細長にして》干し肉にする. ― 名 U =jerky².

jer·kin /dʒə́:kɪn | dʒə́:-/ 名 ジャーキン: **a** 《16-17 世紀の男子用の》短い上着《主に革製》. **b** 《男性用・女性用の》そでなしの短い胴着.

jérkin·hèad 名《屋根の》半切妻.

jérk·wàter 形 A 《米口》へんぴな, いなかの: a ~ town いなか町. 【ローカル線の列車がボイラーが小さく, しょっちゅう給水用の水を運んでいたことから】

†**jerk·y¹** /dʒə́:ki | dʒə́:-/ 形 (**jerk·i·er; -i·est**) ❶ ぴくぴくと動く, 引きつるような, ぎくしゃく動く. ❷ 〈話などが〉きれとぎれの. ❸ 《米俗》〈人・行動が〉愚かな, ばかげた. **jérk·i·ly** -kɪli/ 副 **-i·ness** 名

jerk·y² /dʒə́:ki | dʒə́:-/ 名 U 《細長く裂いた》干し肉;《特に》干し牛肉, ビーフジャーキー.

jer·o·bo·am /dʒèrəbóʊəm/ 名 ジェロボーアム《約 3 リットル入りの, 特にシャンパン用の大瓶》.

Je·rome /dʒəróum/ 名 ジェローム《男性名》.

jer·ry /dʒéri/ 名《英俗》室内便器, おまる.

Jer·ry /dʒéri/ 名 ❶ ジェリー: **a** 男性名《Jeremy, Jerome, Gerald の愛称》. **b** 女性名《Geraldine の愛称》. ❷ 《英俗》ドイツ人; ドイツ兵.

jérry-builder 名 安普請大工.

jérry-building 名 ❶ U 安普請. ❷ C 安普請の建物.

jérry-built 形 安普請の; 急造[間に合わせ]の.

jer·ry·man·der /dʒèrimǽndə | -də/ 動 =gerrymander.

*jer·sey /dʒə́:zi | dʒə́:-/ 名 ❶ **a** C 《運動選手・水夫の着る》セーター, シャツ, ジャージー. **b** U ジャージー《伸縮性のある服地》. **c** U 毛糸編み[メリヤス]下着. ❷ 〔J-〕C ジャージー種の乳牛. 【↓; 最初の製造地】

Jer·sey /dʒə́:zi | dʒə́:-/ 名 ジャージー島《Channel Islands 中最大の島》.

Je·ru·sa·lem /dʒəǔ:s(ə)ləm, dʒe-/ 名 エルサレム《中東パレスチナの都市; 1949 年アラビア地区とユダヤ地区に分割され, 前者はヨルダンに属し後者はイスラエル共和国の首都となったが, 1967 年イスラエルが前者を占領; キリスト教・ユダヤ教・イスラム教の聖地》.

Jerúsalem ártichoke 名 CU 《植》キクイモ《その塊茎は食用》.

Jes·per·sen /jéspəs(ə)n | -pə-/, **Otto** 名 イェスペルセン (1860-1943; デンマークの言語学者).

jess /dʒés/ 《狩》名《タカ・ハヤブサの》足緒. ― 他 〈タカ・ハヤブサに〉足緒をつける.

jes·sa·mine /dʒésəmɪn/ 名 =jasmine.

Jes·se /dʒési/ 名 ジェシー《男性名》.

Jes·si·ca /dʒésɪkə/ 名 ジェシカ《女性名》.

jes·sie /dʒési/ 名《英口》めめしい男, ホモ.

Jes·sie /dʒési/ 名 ジェシー《女性名》.

†**jest** /dʒést/ 名 ❶ 冗談, しゃれ, 戯れ: make [drop] a ~

冗談[しゃれ]をとばす. ❷ 笑いぐさ, もの笑いの種: make a ~ of...を笑い者にする / It's a standing ~ between them. それは彼ら2人のお決まりの笑いぐさだ. **in jést** ふざけて, 冗談に. ❸ 《古》 冗談を言う, ふざける, ちゃかす [*about, at*]; [人を]おちょくる, からかう (★ ~ **with** は受身可): He's not a man to ~ **with.** 彼は冗談の通じない男だ. 【F＜L＝てがら〔話〕】【類義語】⇨ **joke**.

jést・er 图 ❶ 冗談を言う人. ❷ (特に, 中世王侯・貴族に雇われた)道化師.

jést・ing 形 冗談好きな; こっけいな: in a ~ manner ふざけて. **~・ly** 副

†**Jes・u・it** /dʒéʒuɪt | -z(j)u-/ 图 ❶ イエズス会 (the Society of Jesus) に属する修道士, イエズス会員. ❷ [しばしば j~] 陰険な人; 策謀家. 【JESUS から】

Jes・u・it・ic /dʒèʒuítɪk | -z(j)u-⁻/ 形 ❶ イエズス会修道士の, イエズス会の. ❷ [時に j~] 陰険な, 腹黒い.

Jès・u・ít・i・cal /-ít(ɪ)k(ə)l⁻/ 形 =Jesuitic.
~・ly /-kəli/ 副

*****Je・sus** /dʒíːzəs/ 图 イエス(キリスト). **Jésus (Christ)!** 《俗》これは驚いた!, ちくしょう!《驚き・怒りを表わす》. **the Society of Jésus** イエズス会《カトリック教会の修道会; 1534 年創設; 略 SJ》. 【L＜Gk＜Heb=Yahweh は救い(主)】

Jésus fréak 图 《軽蔑》熱狂的なキリスト教信者.

*****jet¹** /dʒét/ 图 ❶ a (液体・ガスなどの小孔からの)噴射, 噴出: a ~ of water [gas] 水[ガス]の噴出. b 噴出物《ガス・液体・蒸気・炎など》. ❷ 噴出口, ふき出し口. ❸ 《口》ジェット機: a passenger ~ ジェット旅客機 / by ~ ジェット機で(★ 無冠詞). b =jet engine. ── 形 Ⓐ ジェット式の, ジェット機(で)の: ~ travel ジェット機の旅 / a ~ pilot ジェット機操縦士 / a ~ fighter ジェット戦闘機. ── 動 **(jét・ted; jét・ting)** ❶ 射出する, 噴出する *⟨out⟩*. ❷ [副詞(句)を伴って] 《口》ジェット機で行く[運ぶ]: ~ *from* Tokyo *to* New York 東京からニューヨークまでジェット機で行く / ~ *off* to Jamaica ジャマイカまでジェット機で飛ぶ. ── 他 ⟨...を⟩噴出させる *⟨out⟩*. 【F＜L＜*jacere, jact-, -ject-* 投げる; cf. adjective, conjecture, eject, object, project, reject, subject】

jet² /dʒét/ 图 Ⓤ ❶ 黒玉(くろ), 貝褐炭(かったん)《真っ黒な石炭》. ❷ 黒玉色, 漆黒. ── 形 Ⓐ 黒玉(製)の. ❷ 黒玉色の, 漆黒の.

jét-bláck 形 漆黒の.

jét éngine 图 ジェットエンジン.

jét fóil 图 ジェットフォイル《ジェットエンジン装備の水中翼船》.

†**jét lág** 图 Ⓤ (ジェット機旅行の)ジェット機病, 時差ぼけ: recover from ~ 時差ぼけが治る.

jét・lìn・er 图 ジェット旅客機.

jét pláne 图 =jet¹ 3 a.

jét・pòrt 图 ジェット機用空港.

jét-propélled 形 ❶ ジェット[噴射推進]式の. ❷ 《口》すごく速い.

jét propúlsion 图 Ⓤ ジェット推進.

jet・sam /dʒétsəm/ 图 Ⓤ ❶ 投げ荷《遭難の際船体を軽くするため海中に投じる貨物》. ❷ =flotsam 2. **flótsam and jétsam** ⇨ **flotsam** 成句.

jét sèt 图 [the ~; 集合的; 単数または複数扱い] ジェット族《ジェット機などで優雅に遊び回る富裕な有閑階級》.

jét sètter 图 ジェット族の一人.

jét-skì 图 《商標》ジェットスキー《水上バイク》. ── 動 ジェットスキーに乗る.

jét strèam 图 [the ~] ❶ 《気》ジェット気流. ❷ 《空》ジェット噴流.

†**jet・ti・son** /dʒétəs(ə)n/ 图 Ⓤ ❶ 投げ荷(行為; cf. jetsam). ❷ 放棄(物). ── 動 ❶ (船から)⟨貨物⟩を投げ荷する; (航空機から)⟨爆弾・貨物・燃料など⟩を(投げ)捨てる. ❷ ⟨じゃま物など⟩を捨てる (discard); ⟨考えなど⟩を放棄する (abandon).

†**jet・ty¹** /dʒéti/ 图 ❶ a 突堤; 防波堤. b 桟橋. ❷ (建物の)張り出し. ── 動 ⟨建物の一部などが⟩張り出す, 突き出る. 《F＝突き出した(構造物)＜*jeter* 投げる; ⇨ jet¹, -y³》

jet・ty² /dʒéti/ 形 **(jet・ti・er; -ti・est)** 漆黒 (jet²) の.

Jét・wày 图 《商標》ジェットウェイ《旅客機とターミナルビルを連絡する伸縮筒式の乗降用通路》.

jeu d'es・prit /ʒɔ̀ːdespríː/ 图 《複 **jeux d'es・prit** /~/》機知に富んだことば, 気のきいたしゃれ, 秀句, 警句. 《F＝play of wit》

*****Jew** /dʒúː/ 图 ユダヤ人; ヘブライ人; イスラエル人. 《F＜L＜Gk＜Heb=Judah の人》(形 Jewish)

*****jew・el** /dʒúːəl/ 图 ❶ a 宝石. b (宝石入りの)装身具. ❷ 《時計》石《軸受けに使うルビーなど》. ❸ 貴重な人[もの], 宝: a ~ of a boy 大切な男の子. **the jéwel in the crówn** 肝心要の(箇所), 貴重な部分, 最良の長所, 白眉. ── 動 **(jéw・eled, 《英》 -elled; jéw・el・ing, 《英》 -el・ling)** ⟨...⟩を宝石で飾る; ⟨...⟩に珠玉をちりばめる (cf. jeweled): The sky *was* ~*ed with* stars. 空には宝石のような星がちりばめられていた. 《F》

jéwel bòx [càse] 图 宝石箱.

jéw・eled 形 宝石を飾った: a ~ ring 宝石入りの指輪.

†**jéw・el・er, 《英》 jéw・el・ler** /dʒúːələ, dʒúəl- | -lə/ 图 ❶ 宝石細工人. ❷ 宝石商人, 貴金属商.

jéwelers' róuge 图 Ⓤ 高級ベンガラ《レンズ・金属の研磨に用いる酸化第二鉄の粉末》.

jéwel fish 图 《魚》ジュエルフィッシュ《アフリカ原産の色あざやかなカワスズメ科の熱帯魚》.

*****jew・el・ry, 《英》 jew・el・ler・y** /dʒúːəlri, dʒúəl-/ 图 Ⓤ 宝石類, (宝石入りの)装身具類. 《JEWEL＋-RY》

Jew・ess /dʒúːəs/ 图 ユダヤ女《用法 しばしば軽蔑的に用いる》.

Jéw・fish 图 《魚》 ❶ ハタ科の大魚《イシナギなど》. ❷ ニベ科の大型食用魚.

*****Jew・ish** /dʒúːɪʃ/ 形 ❶ ユダヤ人の, ユダヤ人特有の[らしい]. ❷ ユダヤ教の. (图 Jew)

Jewish Community Centers Association 图 ユダヤ地域社会センター, JCC《ユダヤ系教育・スポーツ施設を運営する米国の団体》.

Jew・ry /dʒúːri, dʒ(ə)əri/ 图 Ⓤ ユダヤ人(全体).

Jéw's-èar 图 《植》キクラゲ《食用キノコ》.

Jéw's-[Jéws'-]hàrp 图 ジューズハープ, 口琴《口にくわえて持つ楽器》.

Jez・e・bel /dʒézəbèl/ 图 ❶ 《聖》イゼベル《イスラエルの王アハブの邪悪な妻》. ❷ [しばしば j~] Ⓒ 恥知らずな女, 悪女.

J.F.K., JFK 《略》John Fitzgerald Kennedy.

jib¹ /dʒíb/ 图 ❶ 《海》ジブ, 船首三角帆《第2斜檣(しょう) (jib boom) の支索に揚げる》: ⇨ **flying jib**. ❷ 《機》ジブ《起重機の突き出した回旋腕(うで)》. ── 動 **(jibbed; jib・bing)** 《海》⟨帆・帆げた⟩を舷側から舷側へ回す. ── 他 ⟨帆⟩がくるりと回る.

jib² /dʒíb/ 動 **(jibbed; jib・bing)** ❶ ⟨馬が⟩(横にそれたりあとずさりして)進もうとしない; ⟨機械が⟩ぴたりと止まる. ❷ ⟨人が⟩⟨考え・提案など⟩に二の足を踏む, しりごみする *⟨at⟩*.

jib・ba, -bah /dʒíbə/ 图 ジバ《イスラム教徒の丈の長い長袖のコート》.

jib・ber /dʒíbə/ 图 しりごみする[進もうとしない]人[馬].

jíb bòom 图 《海》ジブブーム《船首第2斜檣》.

jibe¹ /dʒáɪb/ 動 =gibe.

jibe² /dʒáɪb/ 動 ⓘ 《米》[...と]調和する, 一致する *⟨with⟩* (correspond).

ji・ca・ma /híːkəmə/ 图 ⓊⒸ クズイモ《熱帯アメリカ原産マメ科のつる性多年草; 塊茎はサラダ用》.

Jid・da(h) /dʒídə/ 图 ジッダ《サウジアラビア西部の, 紅海に臨む港湾都市; Mecca の外港》.

jiff /dʒíf/ 图 =jiffy.

jif・fy /dʒífi/ 图 [a ~] 《口》瞬間: I'll be there in *a* ~. すぐそこへ行きますよ. **Júst a jíffy!** ⇨ **just** 成句.

Jíf・fy bàg /dʒífi-/ 图 《英》《商標》ジフィーバッグ《柔らかい詰め物をした郵送用の封筒》.

*****jig** /dʒíɡ/ 图 ❶ a 《ジグ《テンポの速い活発なダンス》. b ジグ舞曲. ❷ 上下への急激な動き. ── 動 **(jigged; jig・ging)** ⓘ ❶ ジグを踊る. ❷ 急激に上下[前後]に動く: He *jigged up and down* to warm himself. 彼は体を温めよ

うとしてぴょんぴょんはねた. ── 他 〈...を〉急激に上下[前後]に動かす: ~ a child on one's knee 子供をひざの上に(上下に)揺り動かす. **jíg abòut** (自+副) そわそわする, もじもじする.

jig·a·boo /dʒígəbùː/ 名 (~s) 《米俗・軽蔑》黒人.
jig·ger[1] /dʒígə | -gə/ 名 ❶ 《米》ジガー《カクテルなどを作る時に使う小型計量カップ》; その容量《通例 1½ オンス》. ❷ 《俗》奇妙な物, 小さい物(しろ)もの. ❸ 《ゴルフ》ジガー《ヘッドの小さいアプローチ用のアイアンクラブ; cf. iron 名 2 b》. ❹ 《海》補助帆; 小型漁船.
jig·ger[2] 名 《昆》スナノミ.
jig·gered /dʒígəd | -gəd/ 形《英口》=damned (⇒ damn 動《成句》: Well, I'm ~. まさか / I'll be ~ if I do it! だれがそんなことをするものか.
jig·ger·y-po·ker·y /dʒíg(ə)ripóuk(ə)ri | -póuk-/ 名 U《英口》ごまかし, いんちき.
jig·gle /dʒígl/ 動 ● 軽く揺する〈about〉. ── 自 軽く揺れる〈about〉. ── 名(軽く)揺さぶり.《JIG の反復形》
jig·gly 形 揺れる, 不安定な.
jig·gy /dʒígi/ 形〈人の成句で. **gèt jíggy**《米俗》ポップ音楽に合わせて激しく踊る.
jig·saw 名 ❶ 細帯鋸(おびのこ)《雲形などの曲線ひき用》. ❷ =jigsaw puzzle. ── 動 (~ed; -sawn | -sɔ́ːn/, 《米》 ~ed) 細帯鋸でひく[切る].
†**jigsaw pùzzle** 名 ジグソーパズル《切り抜き絵》.
ji·had /dʒihɑ́ːd/ 名 ❶ 《しばしば J-》《イスラム教徒の》聖戦. ❷ 《主義・信仰などの》狂信的擁護[反対]運動.《Arab=戦い》
Ji·lin /dʒíːlín/ 名 ❶ 吉林(きつりん)(省); 省都長春(Changchun). ❷ 同省中部の工業都市.
jill /dʒíl/ 名 ❶ 《軽蔑》娘, (若い)女. ❷ 雌のケナガイタチ.
Jill /dʒíl/ 名 ジル《女性名》.《GILL の異形》
jil·lion /dʒíljən/ 名 《口》膨大な数.
jilt /dʒílt/ 動 他 〈愛人を〉(突然)振る, 捨てる.
Jim /dʒím/ 名 ジム《男性名; James の愛称》.
Jím Crów /-króu/《米》《時に j- c-》名 ❶ ©《軽蔑》黒人《解説 もともと黒人を crow (カラス)とよぶことはあったが, コメディアンの Thomas D. Rice が 1835 年に Jim Crow という歌をつくり顔を黒く塗って踊ったのが始まり》. ❷ U 黒人差別《匯蹙 Jim Crowism のほうが一般的》. ── 形 U 黒人(専用)の; 黒人差別待遇の: ~ laws 黒人差別法 / a ~ car 黒人専用車.
Jím Crówism /-króuɪzm/《時に j- c-》名 U《米》黒人差別主義.
jím-dándy《米口》形 すばらしい(もの), すてきな.
jim·jams[1] /dʒímdʒæmz/ 名 複 [the ~] ❶ 《口》ぞっとする感じ, ひどい神経過敏. ❷ 《俗》=delirium tremens.
jim·jams[2] /dʒímdʒæmz/ 名 複《英口》=pajama.
Jim·mie, Jim·my /dʒími/ 名 ジミー《男性名; James の愛称》.
jim·my /dʒími/ 名 《米》かなてこ, バール《《英》jemmy》《侵入用具》. ── 動 〈ドア・窓などを〉かなてこでこじ開ける.《JIMMY の転用》
jím(p)son wèed /dʒím(p)s(ə)n-/ 名 U《植》シロバナヨウシュチョウセンアサガオ.
†**jin·gle** /dʒíŋgl/ 名 ❶ チリンチリン[リンリン]と鳴る音[もの]《鈴など》. ❷ **a** 同音[類似音]の繰り返し: the ~ of a piano ピアノの単調な音の繰り返し. **b** ただ調子よく響く短い詩. **c**《広告などの》調子よく配列した言葉. **d**《テレビなどの》コマーシャルソング. ── 動 ❶ チリンチリン[リンリン]と鳴る. ❷ 〈詩句が〉調子よく響く, 押韻する. ── 他 〈...を〉チリンチリン[リンリン]と鳴らす: She ~d her keys. 彼女はかぎをジャラジャラ鳴らした.《擬音語》
jíngle bèll 名 チリンチリン鳴る鈴[ベル]; そりの鈴.
jíngle shèll 名《貝》ナミマガシワガイ《の貝殻》.
jin·gly /dʒíŋgli/ 形 チリンチリンと鳴る; 調子[響き]のよい.
jin·go /dʒíŋgou/ 名 (~es) 主戦論者, 盲目的愛国者. **By jíngo!**《驚き・侮言などを強意的に表わして》まったく! 本当に! ── 間 A (感情的な)対外強硬の, 主戦論の.《Jesus の婉曲表現》
jin·go·ism /-gouɪzm/ 名 U (盲目的な)愛国主義, 主戦

論.
jín·go·ist /-gouɪst/ 名 盲目的愛国主義者, 強硬外交論者.《JINGO+-IST》
jin·go·is·tic /dʒìŋgouístɪk⁻/ 形 (盲目的な)対外強硬主義(者)の, 主戦論者(の).
jink /dʒíŋk/ 自 ❶ さっと身をかわす[向きを変える], 身をかわして逃げる. ── 名 身をかわすこと; うまく相手をかわすこと.
jinks /dʒíŋks/ 名 複 どんちゃん騒ぎ.
jinn /dʒín/ 名 複《イスラム伝説》霊魔, ジン《人間や動物に変身する精霊; 益も害もなす》.
jin·nee, jin·ni /dʒíniː, dʒíni/ 名 (複 jinn)=jinn.
jin·rik·i·sha, jin·rik·sha /dʒɪnríkʃɔː | -ʃə/ 名 人力車.
jinx /dʒíŋks/《口》名 縁起の悪いもの[人]; 不運, 不吉, ジンクス《匯蹙 日本では良いことにも使われるが, 英語では本来縁起の悪いものだけに使われる》: put a ~ on.... に不幸をもたらす / break the ~ ジンクスを破る. ── 動 〈人に〉不運をもたらす; 〈...にうちをつける (★ しばしば受身). ── 間 まねすな, ジンクス!《人と同じことを同時に言ってしまったときの子供のかけ声》.《L<Gk; 魔術に用いた鳥の名から》
JIS /dʒéɪeɪés/《略》Japanese Industrial Standard 日本工業規格.
jism /dʒízm/ 名 U《卑》精液, ザーメン.
jis·som /dʒísəm/ 名 U《卑》精液 (jism).
JIT《略》just-in-time.
jit·ney /dʒítni/ 名《米俗》(低料金の)小型乗合バス《代用の車》.
†**jit·ter** /dʒítə | -tə/ 動 自 神経質である, いらいらする. ── 名 [the ~s] 神経過敏, 落ち着かないこと; 恐慌(状態): have the ~s いらいら[こわごわ]している.
jit·ter·bug /dʒítəbʌ̀g | -tə-/ 名 **a** ジルバ《スウィングに合わせて踊る奔放なダンス》. **b** ジルバを踊る人, ジャズ狂. ❷ 神経質な人. ── 動 自 ジルバを踊る.
†**jit·ter·y** /dʒítəri/ 形 神経過敏な (jumpy).
jiu·jit·su /dʒuːdʒítsuː/ 名=jujitsu.
jive /dʒáɪv/ 名 ❶ **a** U ホットなジャズ, スウィング. **b** C スウィングに合わせて踊るダンス《ジルバなど》. ❷ U《米俗》いかがわしい話. ── 形《米俗》偽の, いんちきな. ── 動 ❶ スウィングを演奏する; スウィングに合わせて踊る. ❷《米俗》からかう (kid). ── 他《米俗》〈人を〉からかう, ばかにする.
jíve tàlk 名 U (特に 黒人ジャズミュージシャンが用いるような)わけのわからない隠語, 最新の流行語, 特殊用語.
jizz[1] /dʒíz/ 名 U《卑》精液 (jism).
jizz[2] /dʒíz/ 名《口》(動植物の観察時に種別の手がかりとなる)特徴的印象[外観], 目印.
Jnr., jnr.《略》junior. **jnt.**《略》joint.
Jo /dʒóu/ 名 ジョー: ❶ 女性名 (Josephine の愛称). ❷ 男性名 (Joseph の愛称).
Joan /dʒóun/ 名 ジョーン《女性名》.《JOHN の女性形》
jo·an·na /dʒouǽnə/ 名《俗》ピアノ (piano).
Jo·an·na /dʒouǽnə/ 名 ジョアナ《女性名》.
Joan of Arc /dʒóunəvɑ́ːk | -ɑ́ːk/ 名 ジャンヌダルク (1412-31; 百年戦争で国難を救ったフランスの農夫の娘; 英軍に捕らわれ火刑となる; 1920 年聖人に列せられ St. Joan とよばれる》.

‡**job**[1] /dʒɑ́b | dʒɔ́b/ 名 ❶ 仕事; 手間[賃]仕事: a bad ~ 割りの悪い仕事; 失敗, だめ (cf. 4) / do odd ~s 半端仕事をする / a ~ of work《英古風》《果たすべき仕事》/ get [be] on the ~ 仕事にとりかかる[とりかかっている] / He gave Tom the ~ of washing the car. 彼はトムに自動車洗い《という仕事》をさせた / He gave his car a paint ~. 彼は車にペンキを塗った. ❷ 職, 勤め口, 地位: apply for a ~ 職に応募する / hold a steady ~ 定職につく / a ~ at [in, with] an office 会社での職[仕事] / lose one's ~ 失業する / He got a part-time ~ as a waiter. 彼は給仕のパートタイムの仕事についた. ❸ **a**《単数形で》任務, 役目, 機能: It's my ~ to lock up at night. 夜戸締まりをするのは私の務めだ / You did a good [great] ~. よくやった (cf. 4). **b** [a ~]《口》大変難しいこと: It will be *a* ~

job 978

to do it in a day. それを1日でやるのは大変だろう. ❹ [a good [bad] ～で]《英口》事, 事件; 運: a good [bad] ～ けっこうな[困った]事態; 幸運[不運] (cf. 1, 3) / He didn't come; and a good ～, too. 彼は来なかったが, かえってよかった. ❺《俗》犯罪; (特に)盗み: pull a ～ 盗みを働く ⇒ inside job. ❻ [連例単数形で] 《英口》製品, 品 《特に, すぐれた機械・乗り物など》: a nice little ～ よい品 / Look at that Italian ～ parked over there. あそこに停めてあるのイタリア車を見ろよ. ❼ 《電算》ジョブ《処理させる作業単位》. (And a) good jób, tóo. ⇒ 形 4. dó a jób on... 《俗》(1)〈人〉をこっぴどくやっつける;〈ものを〉ぶち壊す. (2)〈人〉をだます. hàve a jób《口》(1)…するのに大変な目にあう[+doing] I had a ～ finding this house. この家を探すのに苦労した. (2) (…で)苦労する《with》. jóbs for the bóys《英口》(仲間うちでのコネによる)有利な就職[仕事]. lìe dówn on the jób まじめに働かない. màke a bád jób of it《口》下手にやる, 仕損じる. màke a cléan jób of...《口》…を徹底的にする. màke a góod jób of it《英》りっぱにやってのける. màke the bést of a bád jób ⇒ best 成句. on the jób《口》(1) (忙しく)働いて; 勤務中[に]. (2)〈機械など〉作動中で. (3)《英俗》性交中で. òut of a jób 失業して. (Thát's) júst the jób《口》(それは)ちょうど[あおつらえ向きの]ものだ. 〜の仕事の, 職業の; 半端(仕事)の: ～ printing 端物(ﾞ)の印刷.
── 動 (jobbed; jobbing) 自 ❶ 賃[手間]仕事をする. ❷ (…の)仲買いをする 《in》. ❸ (公職を利用して)不正の金もうけをする. ── 他 ❶ a (英)〈株式〉を売買する. b 仲買いする, 卸売りする. ❷〈公職〉を不正な金もうけに利用する. ❸〈仕事〉を〈数人の人に〉請け負わせる, 割り当てる. ❹《米》〈人〉をだます, ごまかす. 〔関形 vocational〕

job² /dʒáb | dʒɔ́b/ 動 他 (jobbed; jobbing)〈とがったもの〉を突きつける; 突き刺す, つつく.

Job /dʒóub/ 图 〔聖〕 ❶ ヨブ《「ヨブ記」の主人公である義人; あらゆる試練に遭い, 神への信仰を失わない; 忍苦・堅忍の典型》. ❷ ヨブ記《旧約聖書中の一書》. the pátience of Jób ⇒ patience 成句.

jób àction 图《ストライキ・順法闘争などの》抗議行動.

jób bànk 图《米》オンライン式職業紹介所.

job·ber /dʒɑ́bə | dʒɔ́bə/ 图 ❶ 《米》卸し商《安い品を大口に買って小売業に売る》. ❷ 賃[請負で]仕事をする人. ❸ (1986年までの)〈取引所の〉場内仲買人 (《米》broker). ❹ 公職を利用して私利を図る人, 政商.

job·ber·y /dʒɑ́b(ə)ri | dʒɔ́b-/ 图 Ⅱ (公事に)不正なもうけをすること, 汚職; 利権あさり.

jób·bing 形 A《英》手間[臨時]仕事をする: a ～ gardener 臨時雇いの植木屋.

jób cèntre 图《英》公共職業安定所.

jób clùb /dʒɑ́b- | dʒɔ́b-/ 图《英》ジョブクラブ《1985年国の援助を受けて設立された失業者支援団体》.

jób contròl lànguage 图《電算》ジョブ制御言語.

jób descríption 图 職務内容説明書, 職掌範囲規定.

jób·hòlder 图《米》❶ 定職のある人. ❷ 公務員.

jób·hòp 動 自 職を転々と替える.

jób·hòpper 图 職を転々と替える人.

jób·hùnt 動 自《口》職[仕事]を探す.

jób·hùnt·er 图 求職者.

*jób·less /dʒɑ́bləs | dʒɔ́b-/ 形 ❶ 仕事のない, 失業(中)の (unemployed): ～ college graduates 就職先のない大卒者 / a [the] ～ rate 失業率. ❷ [the ～; 名詞的に; 複数扱い] 失業者. ～·ness 图

jób lòck 图《口》(退職すると医療保険がなくなるための)退職不安.

jób lòt 图 ❶ ひと山いくらの(格安)品. ❷ くだらないものの寄せ集め.

Jobs /dʒábz | dʒɔ́bz/, **Steve** ジョブズ《1955- ; 米国の実業家; アップルコンピュータ社を設立》.

Jób's còmforter /dʒóubz-/ 图 ヨブの慰安者《慰めようとしてかえって悩みを深める人; ★聖書「ヨブ記」から》.

jób-sèeker 图《英》求職者.

jób-seeker's allówance 图 Ⅱ《英》求職者[失業]手当.

jób shàre 图 Ⅽ =job sharing.

jób-shàring 图 Ⅱ ワークシェアリング.

jób shòp 图 注文生産専門工場[メーカー].

Jób's téars /dʒóubz-/ 图 〔植〕ジュズダマ《イネ科; その種子に紐(ﾞ)を通して首飾りなどにする》.

jobs·wòrth /dʒɑ́bz- | dʒɔ́bz-/ 图《英俗》融通のきかない小役人[職員].

jób·wòrk 图 Ⅱ 賃仕事.

Jo·cas·ta /dʒoukǽstə/ 图 〔ギ神〕イオカステ《Oedipus の母; わが子と知らずに Oedipus と結婚したが, 近親相姦の事実を知って縊死(ﾞ)した》.

jock /dʒɑ́k | dʒɔ́k/ 图《口》❶ a =jockey 1. b =disc jockey. ❷ a =jockstrap. b《米》運動選手. ❸《口》熱中者: a computer ～ コンピューター狂.

Jock /dʒɑ́k | dʒɔ́k/ 图《英俗》スコットランド人.

*jock·ey /dʒɑ́ki | dʒɔ́ki/ 图 ❶ (専門の)騎手, ジョッキー. ❷《俗》乗り物・機械を操作する人: a truck ～ トラック運転手 / a video ～ ビデオ(操作)係. ── 動 他 ❶ 騎手として〈馬に〉乗る. ❷《米口》〈乗り物・機械など〉をうまく操縦[操作]する; うまく動かす. ❸〈人〉をだます;〈人〉をだまして遂げる《away》: George was ～ed into buying the land. ジョージは詐欺にかかってその土地を買わされた / He ～ed me out of a chance for the job. 彼は私をだましてその仕事を得る機会を奪った. ── 自 ❶ 騎手として馬に乗る. ❷ 詐欺を働く. ❸ […を得ようと]策略を用いる, うまく立ち回る: ～ for power 権力を得ようと画策する. jóckey for posítion (1) 〔競馬〕相手を押しのけて前に出る. (2) 〔ヨット〕巧みに操縦して好位置に出ようとする. (3) 有利な立場に立とうと(画策)する. 〔Jock (Jack の異形)の指小形〕

jóckey càp 图 騎手帽.

jóckey clùb 图 競馬クラブ.

Jóckey shórts 图 複《商標》ジョッキーショーツ《男性用ブリーフ》.

jóck ìtch 图 Ⅱ《米口》(股間・陰部の)たむし, いんきん.

jóck·stràp 图《男子運動選手などの用いる》局部用サポーター《比較 athletic supporter よりも口語的で一般的》.

jo·cose /dʒoukóus/ 形《人/柄》かこっけいな, おどけた, ふざけた. ～·ly 副 ～·ness 图 〔類義語〕⇒ humorous.

jo·cos·i·ty /dʒoukɑ́səti, -kɔ́s-/ 图 ❶ Ⅱ おもしろおかしいこと, こっけい. ❷ Ⅽ おどけた言行.

joc·u·lar /dʒɑ́kjulə | dʒɔ́kjulə/ 形《人・事》おどけた, こっけいな, おかしい, ひょうきんな. ～·ly 副 〔L <jocus (⇒ joke)+-ULAR〕 〔類義語〕⇒ humorous.

joc·u·lar·i·ty /dʒɑ̀kjulǽrəti, dʒɔ̀k-/ 图 ❶ Ⅱ おどけ; おもしろおかしいこと. ❷ Ⅽ おどけた言葉[行為].

joc·und /dʒɑ́kənd, dʒɔ́k-/ 形《文》陽気な, 快活な, 楽しげな. ～·ly 副

jo·cun·di·ty /dʒoukʌ́ndəti/ 图《文》❶ Ⅱ 陽気, 快活. ❷ Ⅽ 陽気な言葉[行為].

jodh·purs /dʒɑ́dpəz | dʒɔ́dpəz/ 图 複 ジョドパーズ《上部がゆったりして, ひざから足首までがきっちりした乗馬ズボン》. 〔製造地のインドの地名から〕

joe /dʒóu/ 图 Ⅱ《米俗》コーヒー.

Joe /dʒóu/ 图 ❶ ジョー《男性名; Joseph の愛称》. ❷ [名前を知らない人にその与える呼び掛けに用いて] やあ, 君. ❸ [しばしば j～] Ⅽ《米口》a 男, 人, やつ: He's a good ～. 彼はいいやつだ. b (米国の)兵隊, 兵士. c 《…を代表する》典型的な米国人男性: J～ College 米国の典型的な男子大学生.

Jóe Blóggs /-blɑ́gz | -blɔ́gz/ 图《英口》普通の人[男], 一般人.

Jóe Blów《米口》平均的な市民, 普通の人[男], だれか.

Jo·el /dʒóuəl/ 图 〔聖〕 ❶ ヨエル《ヘブライの預言者》. ❷ ヨエル書《旧約聖書中の一書》.

Jóe Públic《口》一般的な[平均的な]人, 一般大衆.

joe-pye wèed /dʒóupái-/ 图 Ⅱ 〔植〕(北米産の)ヒヨドリバナ属の多年草.

Jóe Síx-pàck 图《米俗》普通のアメリカ人[男, 労働者], そこらの男, 何某.

Jof·frey /dʒɑ́fri | dʒɔ́f-/, **Robert** 图 ジョフリー《1930-88;

米国の舞踏家・振付師》.

⁺**jog** /ʤág, ʤɔ́ːg | ʤɔ́g/ [動] (**jogged**; **jog·ging**) [他] ❶〈…を〉そっと押す[突く], 揺すぶる; (注意を促すため)ちょっと突く: He *jogged* me [my elbow]. 彼は私を[私のひじを]つついた / The rider *jogged* the reins. 騎手は手綱をちょっと揺すった. ❷〈記憶を〉促す, 呼び起こす: He tied a string on his finger to ～ his memory. 彼は(ある事を)忘れないように指にひもをゆわえた. ── [自] ❶ [副詞(句)を伴って] ゴトゴト[トコトコ]進む; 揺られていく: The cart *jogged along* (*down* the narrow lane). 荷車は(狭い道を)ゴトゴトと通っていった. ❷ (健康のために)ゆっくり走る, ジョギングする: I ～ five miles a day. 1日に5マイルジョギングする. ❸〈人が〉どうにかやっていく; 〈事が〉どうにか運ぶ[進む] 〈*along*, *on*〉. ── [名] ❶ 軽い揺れ; 軽い押し, 突き. ❷ (馬・人の)ゆるやかな速歩, ジョグ(トロット). ❸ (1回の)ジョギング: go for a ～. ジョギングに行く. 〘擬音語〙

jóg·ging [名] [U] ジョギング《健康のための, 歩行を交えたゆっくりしたランニング; cf. jog [自] 2》.

jógging sùit [名] ジョギング[スエット]スーツ.

jog·gle[1] /ʤágl | ʤɔ́gl/ [動] [他] 軽く揺すぶる. ── [自] 軽く揺れる. ── [名] 軽い揺れ. 〘JOG の反復形〙

joggle[2] /ʤágl | ʤɔ́gl/ 〘建・機〙[名] だぼ[ほぞ, ジョッグル](による接合). ── [動] [他] だぼ[ほぞ]を用いて組む[継ぐ, 接合する].

jóg tròt [名] ❶ ＝jog 2. ❷ 単調な生活[やり方].

Jo·han·nes·burg /ʤouhǽnəsbə̀ːg | -bə̀ːg/ [名] ヨハネスバーグ, ヨハネスブルク《南アフリカ共和国北東部にある市》.

john /ʤán | ʤɔ́n/ [名]《米》❶《口》便所, 便器: Where's the ～? トイレはどこ. ❷《俗》売春婦の客.

John /ʤán | ʤɔ́n/ [名] ❶ ジョン《男性名; 愛称 Johnny, Jack》. ❷ ＝John the Baptist. ❸ [St. ～]〘聖〙(聖)ヨハネ《キリスト十二使徒の一人; 伝承的には新約聖書のヨハネ伝(福音書)・三書簡・黙示録の著者といわれる》. ❹〘聖〙**a** ヨハネによる福音書, ヨハネ伝《新約聖書中の一書》. **b** ヨハネの手紙, ヨハネ書《新約聖書中の書; ヨハネの第一[第二, 第三]の手紙の一つ》. ❺ ジョン王《1167?–1216; 英国の王 (1199–1216), 1215年 Magna Carta に署名した; しばしば John Lackland /lǽklənd/(ジョン欠地王)と呼ばれる》. 〘L＜Gk＜Heb＝Yahweh は恵み深い〙

Jóhn Bárleycorn [名] ビール, ウイスキー, 大麦《大麦擬人化》.

Jóhn Bírch Socìety /-bə́ːtʃ- | -bə́ːtʃ-/ [名] [the ～] ジョンバーチ協会《米国の反共極右団体》.

jóhn·bòat [名]《米》(1人こぎの)小型平底ボート.

Jóhn Búll [名] ジョンブル《典型的なイングランドまたは英国人のあだ名; ⇨ Uncle Sam [解説]》. 〘英国人医師・作家 John Arbuthnot が書いた風刺文 *The History of John Bull* (1712) に登場する主人公の農夫の名前から〙

Jóhn Dóe [名] ❶ [C,U]〘法〙ジョンドウ: **a** 英国でもと土地占有回復訴訟において用いた原告の身元不明の名. **b** 訴訟などの一方の男性名 (cf. Jane Doe). ❷ [C]《米》普通の人, 平均的な人.

Jóhn Dóry /-dɔ́ːri/ [名] ([複] **Jóhn Dó·ries**)〘魚〙マトウダイ, ニシマトウダイ.

Jóh·ne's disèase /jóunəz-/ [名] [U]〘獣医〙ヨーネ病《パラ結核菌による家畜の慢性腸炎》.

Jóhn Hán·cock /-hǽnkɑk | -kɔk/ [名]《米口》自筆の署名: Put your ～ on that line. その線の上に署名しなさい. 〘アメリカ独立宣言の署名で, John Hancock の肉太の署名がひときわ目立ったことから〙

Jóhn Hénry [名] ジョンヘンリー《1870年代に活躍したと伝えられる米国の伝説的な超人的黒人鉄道線路作業員》.

John·ny /ʤáni | ʤɔ́ni/ [名] ❶ ジョニー《John の愛称》. ❷ [C]《英口》男, やつ, 少年. ❸ [j～]《米俗》＝john 1.

Johnny Ap·ple·seed /ǽplsìːd/ [名] ジョニーアプルシード《1774–1845; 米国の開拓者; 本名 John Chapman; リンゴの種子や苗子を辺境に配って歩いたという伝説がある》.

jóhnny·càke [名] [U]《米》(フライパンで焼いた)トウモロコシパン, コーンケーキ.

jóhnny-còme-látely [名]《口》新参者, 新米.

Jóhnny-on-the-spót [名]《口》待ってましたとばかり何でもする人, 突発[緊急]事態にすぐ対処できる人.

John o'Groats [**o'Groat's**] /ʤánəgróuts | ʤɔ́nə-/ [名] ジョンオグローツ《スコットランドの, すなわち Great Britain 島の最北端とみなされていたところ; cf. Land's End》. **from Jóhn o'Gróats to Lánd's Énd** 英本国の果てから果てまで (cf. from MAINE to California [成句]).

Jóhn Pául II [名] ヨハネパウロ2世《1920– ; ポーランドの聖職者; ローマ法王 (1978–)》.

Jóhn Q. Públic [名]《米》平均的[典型的]米国市民.

Johns /ʤánz | ʤɔ́nz/, **Jasper** [名]《1930– ; 米国の画家》.

john·son /ʤáns(ə)n | ʤɔ́n-/ [名]《卑》一物, ちんぽこ.

John·son /ʤáns(ə)n | ʤɔ́n-/, **Lyn·don Baines** /líndən béɪnz/ [名] ジョンソン《1908–73; 米国第36代大統領》.

Johnson, Samuel [名] ジョンソン《1709–84; 英国の文人・辞書編集家; 通称 Dr. Johnson》.

John·son·ese /ʤɑ̀nsəníːz | ʤɔ̀n-ˊ/ [名] [U] ジョンソン (Dr. Johnson) 流の文体《ラテン系の語が多用された荘重な文体》.

John·so·ni·an /ʤɑnsóuniən | ʤɔn-/ [形]〈文体など〉Dr. Johnson (風)の. ── [名] ジョンソンの模倣[崇拝]者, ジョンソン学者.

Jóhn the Báptist [名] [St. ～]〘聖〙バプテスマのヨハネ, 洗礼者ヨハネ《ヨルダン川でキリストに洗礼を施した》.

joie de vi·vre /ʒwáːdəvíːvr(ə)/ [名] [U] 生の喜び. 〘F＝joy of living〙

⁑**join** /ʤɔ́ɪn/ [動] [他] ❶〈…を〉結合する, 接合する,〈あるものを〉〔別なものに〕つなぐ, 結びつける, 合わせる: He ～*ed* their hands ***together***. 彼は二人に互いに手を取らせた / ～ (***up***) two sheets of metal by soldering 2枚の金属板をはんだで接合する / ～ one pipe ***to*** another 1本のパイプを他のパイプにつなぐ / The minister ～*ed* them ***in*** marriage. 牧師は二人を結婚させた. ❷ **a**〈人・団体に〉加わる, 加入する,〈…の〉仲間になる;〈所属部隊・本船に〉帰任する: ～ the army 軍隊に入る / ～ a church 教会の信者になる / Won't you ～ us ***in*** a game of bridge? ブリッジに加わりませんか / Will you ～ me ***for*** a cup of coffee? 一緒にコーヒーをいかがですか / My husband ～*s* me ***in*** congratulat*ing* you. 夫も(私)同様お祝い申し上げております. **b**〈(待っている)人と〉一緒になる,〈…と〉会う: Wait there, and I'll ～ you soon. そこで待ってなさい, 私もじきに合流するから. ❸〈支流・小道が〉〈川・大道に〉合する, 合流する: The stream ～*ed* the river just below the bridge. 流れは橋のすぐ下手(しもて)の所で川に合流していた. ❹〈戦争を〉交える: ～ battle 交戦する. ❺〈二点を〉((直)線で)結ぶ. ── [自] ❶ (…で)合する;〈地所などが〉接続する: *Where* do those two roads ～? その2本の道路はどこで交わっていますか / The rivers ～ ***at*** [***above***] St. Louis. それらの川はセントルイスで[の上(かみ)のほうで]合流する. ❷ **a**〔競争・娯楽・会話などに〕参加する: ～ ***in*** the election campaign 選挙運動に加わる / I'll ～ *in* if you need another player. 1人足りないのなら私が加わるとしよう. **b**〔…で〕〔…と〕行動を共にする, 一緒になる: ～ ***with*** another ***in*** an action 人と一緒にある行動に加わる / ～ *with* a person *in* his sorrow 人の悲しみを共にする. **jóin fórces** ⇨ force [名] [成句]. **jóin hánds** ⇨ hand [名] [成句]. **Jóin the clúb!** ⇨ club [名] [成句]. **jóin úp** ([自]+[副]) (1)〔…と〕連携する〔*with*〕. (2) 入隊する (enlist). ── [名] 接合個所[点, 線, 面], 継ぎ目. 〘F＝つなぐ＜L *jungere*, *junct-* つなぐ (cf. junction)〙 ([名][形] joint) 【類義語】⇨ unite.

jóined-úp [形] ❶〈書き文字が〉続け書きの. ❷《英》〈考え・システム・組織などが〉一貫性のある, 連携[統一]のとれた, 成熟した.

jóin·er [名] ❶ 結合者[物]. ❷ 指物(さしもの)師, 建具屋. ❸《口》いろいろな会に加入する人.

join·er·y /ʤɔ́ɪnəri/ [名] [U] ❶ **a** 指物[建具]職. **b** 指物師[建具業者]の技術[仕事]. ❷ 建具類.

⁑**joint** /ʤɔ́ɪnt/ [名] ❶ **a** 接合個所[点, 線, 面], 継ぎ目. **b**〘木工〙(木材の)差し口, 仕口. **c**〘機〙継ぎ手, ジョイント: ⇨ universal joint. **d**〘植〙(枝・葉の)ふし, 付け根. **e**〘地〙節理《岩石中の割れ目》. ❷ (指などの)関節. ❸《英》大きな

J

肉の塊, 大きな切り身《通例骨付き肉; 料理して食卓で切り分ける》. ❹《口》**a** 飲食店, 安酒場(など). **b**《俗》[the ~] 刑務所. ❺《俗》マリファナたばこ. ―《口》…製作の／レコード[映画]. **cáse the jóint** ⇨ case² 動 成句. **óut of jóint** (1) 脱臼(だっきゅう)して, 関節がはずれて. (2) 乱れて, 混乱して. **pùt a person's nóse òut of jóint** ⇨ nose 成句. ― 形 ❶ 共同の; 合同の, 合弁の, 共有の; 連帯の: ~ authors 共著者／a ~ committee (議会の)両院協議会; 合同委員会／a ~ maneuvers 合同演習／~ ownership 共有権／a ~ resolution (両院などの)合同決議／~ responsibility [liability] 合同責任, 連帯責任／a ~ session [meeting] (両院の)合同会議／a ~ statement 共同声明／a ~ trial (複数の被告の)合同裁判／during their ~ lives〘法〙二人[全部]が生きている間. **the Jóint Chíefs of Stáff**《米》統合参謀本部《陸軍参謀総長と海軍作戦部長で編成; 略 JCS》. ― 動 他 ❶〈...を〉継ぎ合わせる; 〈...の〉継ぎ目をしっくいで塗る. ❷〈肉を〉切り目で切る, 関節で切る.

jóint (bànk) accóunt 名〘銀行〙(2人以上の, 特に夫婦の)共同預金口座.

jóint cústody 名 Ⓤ〘法〙(離婚・別居した両親による)共同親権.

jóint·ed /-ṭɪd/ 形 継ぎ目[関節]のある: a ~ fishing rod 継ぎざお.

jóint·er /-ṭə| -tə/ 名 ❶ 接合者[器], 接合工. ❷《木工》長かんな《板の接合面を仕上げる》. ❸《石工》目地(めじ)ごて, 目地棒.

jóint·less 継ぎ目なしの, 無関節の.

jóint·ly 副 共同で; 連帯的に.

jóint resolútion 名《米議会》(両院の)合同決議《大統領の署名または大統領拒否権に抗する両院の 2/3 以上の多数決で法的効力が発生》.

joint-ress /dʒɔ́ɪntrəs/ 名〘法〙寡婦給与(jointure)を有する婦人.

jóint stóck 名 Ⓤ 株式資本, 共同出資, 合資.

jóint-stóck còmpany 名《英》株式会社《米》stock company).

join·ture /dʒɔ́ɪntʃə| -tʃə/ 名 寡婦給与《夫の死後妻の所有に帰するよう定められた土地財産》.

jóint vénture 名 ❶ ジョイントベンチャー《共同で技術・財産などを出し合って一つの有限事業を営むこと》. ❷ 合弁事業(会社).

joist /dʒɔ́ɪst/ 名 Ⓒ(床板や天井を支える)梁(はり), 根太(ねだ).

jo·jo·ba /hoʊhóʊbə/ 名 ❶ Ⓒ〘植〙ホホバ《北米南西部産のツゲ科の常緑低木》. ❷ Ⓤ (また **jojóba òil**)ホホバ油《その種子から採る油》.

__joke__ /dʒóʊk/ 名 ❶ **a** 冗談, ジョーク: make [《口》crack] a ~ about a thing [person] ...について冗談を言う／have a ~ with a person 人と冗談を交わす／see [get] a ~ 冗談がわかる／take a ~ (怒らずに)冗談と受けとめる, 冗談が通じる／tell a ~ 冗談を言う／as a ~ 冗談として／for a ~ 冗談のつもりで／...'s idea of a ~《口》(笑い事ではないのに)...だけ面白がっている(悪質な)冗談. **b** 悪ふざけ, いたずら: ⇨ practical joke / play a ~ on a person 人をからかう. ❷《口》笑い話, 笑いぐさ, もの笑いの種: He's the ~ of the town. 彼は町中の笑い者だ. **be [gó, gét] beyónd a jóke**《口》笑い事ではない[なくなる]. **máke a jóke of** ...〈深刻な事を〉笑い飛ばす, かわす. **nó jóke**《口》冗談[笑い事]じゃない, 大変な事だ(cf. no 形 1 d): It's *no* ~ being broke. お金がないからしゃれにならない. **the jóke's on** ...《口》...の方が笑われ[の]身に返ってくる, 人を笑い物にしようとして逆に...が恥をかく. ― 動 自〈...について〉ジョーク[しゃれ]を言う(★ ~ about は受身可): I'm just *joking*. ほんの冗談だよ／You're *joking*!=You must be *joking*! ご冗談でしょう／~ *about* a person's mistake 人の過ちをからかう. ― 他〈人を〉からかう (kid). **jóking apárt** [**asíde**]《口》冗談はさておき[抜きにして], まじめに言って.〚L *jocus* 冗談; cf. jocular〛【類義語】**joke** 人をどっと笑わせるためのおどけ・冗談・いたずら. **jest** やや改まった語で, in jest として用いることが多い; おかし

み・皮肉を意味する.

__jók·er__ 名 ❶ 冗談を言う人, おどけもの. ❷《口》**a** やつ. **b** 取るに足らない[いやな, 嫌な]人. ❸《トランプ》ジョーカー《番外の札; しばしば最高の切り札》.

jók·ey /dʒóʊki/ 形 =joky.

jók·ing·ly 副 冗談に, しゃれて.

jok·y /dʒóʊki/ 形 冗談好きな.

Jo·li·et /dʒòʊliét, dʒə́- | dʒóʊli-, dʒɔ́l-/, **Louis** /lúːi/ 名 ジョリエ《1645-1700; フランス系カナダ人の探検家; Mississippi 川流域を探検》.

Jo·liot-Cu·rie /ʒoʊljoʊkjʊ(ə)ri, I·rène /iːrén/ 名 ジョリオキュリー《1897-1956; Curie 夫妻の長女, Frédéric の妻; フランスの物理学者; 夫と共に Nobel 化学賞(1935)》.

Joliot-Curie, (Jean-)Fré·dé·ric /(ʒáːn)frèdəríːk/ 名 ジョリオキュリー《1900-58; フランスの物理学者; Nobel 化学賞(1935)》.

jol·li·fi·ca·tion /dʒɒ̀ləfɪkéɪʃən | dʒɔ̀l-/ 名 ⓊⒸ 歓楽, 浮かれ騒ぎ.

jol·li·fy /dʒɒ́ləfàɪ | dʒɔ́l-/ 動 自(飲んで)陽気になる; 陽気にさんで)陽気にさせる.

jol·li·ty /dʒɒ́ləṭi | dʒɔ́l-/ 名 ❶ Ⓤ 陽気. ❷ Ⓒ 浮かれ騒ぎ, 宴会.

__jol·ly__ /dʒɒ́li | dʒɔ́li/ 形 (**jol·li·er; -li·est**) ❶ 愉快な, 陽気な: a ~ fellow (つき合っておもしろい)愉快な男／the ~ god 陽気な神様《Bacchus のこと》. ❷《古風》気持ちのよい, 楽しい: a ~ party 楽しいパーティー. ― 副 (比較なし)《英口》とても, すごく (very): have a ~ good time とてもおもしろい目を見る／You're ~ late. 君はずいぶん遅いね. **jólly wéll**《英口》(1) とても元気で. (2) どうも: I know him ~ *well*. 彼をよく知っています. (3)〘動詞を強調して〙確かに, 本当に: You should ~ *well* help him. 確かに彼を助けねばなるまい. ― 動 他《英口》❶〈人をうれしがらせる, おだてる: I was *jollied* along and agreed to join in the work. おだてにおだてられてその仕事に加わることに同意した／He *jollied* her *into* helping with the work. 彼は彼女をおだててその仕事を手伝わせた. ❷〈場所を〉明るく楽しくする ⟨*up*⟩. ― 名 ❶〖複数形で〗《米口》楽しい興奮, スリル. ❷《英古風》パーティー, 祝賀会.〚F〛

jólly bòat 名 (船舶付属の)雑用艇.

Jólly Róg·er /-rádʒə | -rɔ́dʒə/ 名 [the ~] 海賊旗《黒地に頭蓋(ずがい)骨と2本の骨の組み合わせを白く染め抜いた旗; cf. SKULL and crossbones 成句》.

__jolt__ /dʒóʊlt/ 動 他 ❶〈...を〉(急激に)揺さぶる. ❷〈人に〉ショックを与えて〈...の状態に〉する〈*into*, *out of*〉: The news ~*ed* him *out of* his reverie. 彼はその知らせで楽しい空想にふけっていられなくなった／〔~+目+補〕The mention of her name ~*ed* him awake. 彼女の名前が挙がると彼ははっとして目をさました. ― 自 ガタガタ揺れる, 揺れながら行く: The cart ~*ed along* (*over* the country road). その荷車は(いなか道を)ガタガタと揺れていった. ― 名 ❶ 激しい上下動, 急激な動揺. ❷ 精神的衝撃, ショック; 驚き. ❸《強い酒などの》ひと口, ひと飲み: have a ~ of whiskey ウイスキーをぐいと1杯飲む.〚擬音語〛

jolt·y /dʒóʊlti/ 形 (**jolt·i·er; -i·est**) 動揺の激しい, ガタガタ揺れる.

Jo·nah /dʒóʊnə/ 名 ❶〘聖〙**a** ヨナ《ヘブライの預言者》. **b** ヨナ書《旧約聖書中の一書》. ❷ Ⓒ 凶事・不幸をもたらす人[もの].

Jon·a·than /dʒɒ́nəθən | dʒɔ́n-/ 名 ❶ ジョナサン《男性名》. ❷〘聖〙ヨナタン《ダビデ (David) の親友》.

jones /dʒóʊnz/ 名《米俗》強い欲求, 習慣的渇望, (麻薬などの)中毒. **gét one's jónes** 欲してやまないものを手に入れる, したくてたまらないことをする. ― 動 自〈...が〉欲しくてたまらない, ...に夢中になる〈*for*, *on*〉.

Jones /dʒóʊnz/, **Daniel** 名 ジョーンズ《1881-1967; 英国の音声学者》.

Jones, John Paul 名 ジョーンズ《1747-92; スコットランド生まれの米国の海軍将校; 独立戦争の英雄》.

Jones, Le Roi /líːrɔɪ/ 名 ジョーンズ《Amiri Baraka の本名》.

Jones·es /dʒóunziz | dʒúnz-/ 图 徳 [the ~] ★通例次の句で用いて。**kèep úp with the Jóneses** 近所の人に負けまいと見えを張る 〖画乗〗米国の連載漫画から〗.《世間にあり知られた名から》

jon·gleur /ʒáŋglə | ʒɔːŋɡlə́ː/ 名《中世の》旅芸人, 吟遊詩人.

jon·quil /dʒáŋkwəl | dʒɔ́ŋ-/ 名〖植〗キズイセン(⇒ daffodil さし絵).

Jon·son /dʒáns(ə)n | dʒɔ́n-/, **Ben** 名 ジョンソン(1572-1637; 英国の劇作家・詩人).

Jop·lin /dʒáplin/, **Scott** 名 ジョプリン(1868-1917; 米国のラグタイムピアニスト・作曲家).

Jor·dan /dʒɔ́ədn | dʒɔ́ː-/ 名 ❶ [the ~] ヨルダン川《Palestine にある川; 洗礼者ヨハネがキリストに洗礼を授けた式》. ❷ ヨルダン《中東の王国; 公式名 the Hashemite Kingdom of Jordan(ヨルダン・ハーシミ王国); 首都 Amman》.

Jor·dan /dʒɔ́ədn | dʒɔ́ː-/, **Michael** 名 ジョーダン(1963- ; 米国のプロバスケットボール選手).

jo·rum /dʒɔ́ːrəm/ 名《大型の, 特にパンチ用の》ボウル形のグラス.

Jo·seph /dʒóuzif/ 名 ❶ ジョーゼフ《男性名; 愛称 Jo, Joe》. ❷ a 〖聖〗ヨセフ《ヤコブの子》. b 〖C〗志操堅固な男. ❸ [St. ~]〖聖〗聖ヨセフ《キリストの母マリアの夫でナザレの大工》. ❹ [~ of Arimathea /-əramə́θi:ə/]〖聖〗アリマタヤのヨセフ《はりつけ後のキリストの遺体を引き取り墓に納めたユダヤ議会議員; 中世伝説では, 聖杯(Holy Grail)をイングランドに運んだとされる》. ❺ [Chief ~] ジョーゼフ(1840?-1904; 北米先住民ネズパース(Nez Percé)族の族長; 米国政府軍と戦った).

Jo·se·phine /dʒóuzəfiːn/ 名 ジョーゼフィン《女性名; 愛称 Jo, Josie》.

Jo·se·phine /dʒóuzəfiːn/, **Empress** 名 ジョゼフィーヌ(1763-1814; Napoleon 1 世の最初の皇后).

Jó·seph·son jùnction /dʒóuzifs(ə)n-/ 名〖理〗ジョセフソン接合《超電導体を用いた回路素子の一種》.

josh /dʒáʃ | dʒɔ́ʃ/ 名《米》他《悪意なく》からかう. ── (…に)《悪意なく》冗談を言う. ── 名《悪意のない》からかい, 冗談.

Josh.《略》〖聖〗Joshua.

Josh·u·a /dʒáʃuə, dʒáʃ-ː | dʒɔ́ʃ-/ 名 ❶ ジョシュア《男性名》. ❷〖聖〗**a** ヨシュア《イスラエル民族の指導者, Moses の後継者》. **b** ヨシュア記《旧約聖書中の一書; 略 Josh.》. 〖Heb; ⇒ Jesus〗

Jóshua trèe 名〖植〗ヨシュアノキ《北米南西部の砂漠に生育するユッカの一種》.

Jo·si·ah /dʒousáiə/ 名 ジョサイア《男性名》.

Jo·sie /dʒóuzi, -si/ 名 ジョージー《女性名; Josephine の愛称》.

joss /dʒás | dʒɔ́s/ 名《中国人の祭る》神像, 偶像.

joss·er /dʒásə | dʒɔ́sə/ 名《英俗》❶ ばか者, まぬけ. ❷ 人, やつ.

jóss hòuse 名《中国の》寺院.

jóss stìck 名《中国人が joss の前でたく》線香.

jos·tle /dʒásl | dʒɔ́sl/ 動 他 ❶ 〈…を〉(乱暴に)押す, 突く, 〈…を〉〈…から〉押しのける 〈*away*〉〔*from*〕; [~ one's way で] 副詞(句)を伴って] 押しのけて進む: He ― *d his way out of the hall.* 彼はホールから人を押しのけて出ていった. ❷ 〈人・家などと〉隣接する. ── 自 ❶ 〈…を〉押す, 突く, 押し合う〈*against*〉;〈…に〉押し分けて進む〈*through, into*〉. ❷ 競う, 争う; 〈人と〉争って〈ものを〉奪い合う (compete): The people ―*d with* one another *for* the best seats. 人々は互いに押し合いへし合いしていちばんよい席に座ろうとした. ── 名 押し合い, 込み合い; 衝突.〖ME < joust, -le〗

jot /dʒát | dʒɔ́t/ 名 [a ~; 通例否定文で] ❶ わずか, 少し: There's *not* a ~ *of* truth in it. そこにはひとかけらの真実味もない. ❷ [副詞的に] 少しも(…ない): I *don't* care *a* ~ what she thinks. 彼女が何を思おうと私はちっともかまわない. ── 動 他 (jot·ted; jot·ting)〈…を〉(走り書きで) メモする[書き留める]〈*down*〉.〖L < Gk IOTA〗

jo·ta /hóutə/ 名 ホタ《スペインの民族舞踊の一つ; その 3/4 拍子の曲》.

981 **jowl**

jot·ter /dʒátə | dʒɔ́tə/ 名 ❶ メモをする人. ❷ メモ帳.

jót·ting /-tiŋ/ 名 [通例複数形で] メモ, 控え.

joual /ʒwæl, ʒwɑːl/ 名〖言〗(フランス系カナダ人の)無教養な人の話すフランス語, ひどくくずれたフランス語方言.

joule /dʒúːl, dʒául/ 名〖理〗ジュール《仕事またはエネルギーの SI 組立単位; = 10 million ergs; 記号 J》.〖J. P. Joule 英国の物理学者〗

Jóule's láw 名〖理〗ジュールの法則《導線に流れる電流による発熱(ジュール熱)の量は電流の 2 乗および抵抗に比例する》.

Jóule-Thómson effèct 名 U〖理〗ジュール-トムソン効果《低圧の容器中に気体を断熱的に流出させるとき, 気体の温度が変化する現象》.

jounce /dʒáuns/ 動 ❶ (上下に)ガタガタ揺れる, がたつく. ❷ ガタガタ揺れながら進む. ── 他〈…を〉ガタガタ揺する. ── 名(上下の)動揺.〖JUMP + BOUNCE〗

*****jour·nal** /dʒɔ́ːnl | dʒɔ́ː-/ 名 ❶ **a** C 日誌, 日記《比較通例 diary より文学的なものをいう》: keep a ~ 日記をつける. **b** [the Journals] 国会議事録. ❷ C **a** 雑誌, 定期刊行物: a monthly ~ 月刊雑誌. **b** (学術団体などの)機関誌. ❷ C 〖新聞〗新聞. ❸ C 〖海〗航海日誌 (logbook). ❹ C 〖簿〗仕訳(わけ)帳.〖F < L < daily < *diurnus*; ⇒ journey〗

jour·nal·ese /dʒɔ́ːnəlíːz | dʒɔ̀ː-/ 名 U《軽蔑》新聞語法[文体, 口調], 新聞[報道]用語.

*****jour·nal·ism** /dʒɔ́ːnəlìzm | dʒɔ́ː-/ 名 U ❶ ジャーナリズム; 新聞雑誌界; 報道[マスコミ](関係). ❷ (新聞雑誌的)雑文, 新聞雑誌(記事)(全体).

*****jour·nal·ist** /dʒɔ́ːnəlist | dʒɔ́ː-/ 名 ジャーナリスト; 新聞雑誌記者[寄稿家, 業者], 新聞報道関係者.

*****jour·nal·is·tic** /dʒɔ́ːnəlístik | dʒɔ̀ː-/ 形 ジャーナリスティックな, 新聞雑誌的な, 新聞雑誌記者流の. **-ti·cal·ly** /-kəli/ 副

jóur·nal·ìze /-làɪz/ 動 他 日誌[帳簿]に記す, 日記[帳簿]をつける.

*****jour·ney** /dʒɔ́ːni | dʒɔ́ː-/ 名 ❶ (通例陸上の比較的長い)旅行: a ~ around the world 世界一周旅行 / a ~ of three months = a three months' ~ = a three-month ~ 3 か月間の旅行 / a ~ into the country いなかへの旅 / be (away) on a ~ 旅に出ている / go [start, set out] on a ~ (to...) (…へ)旅行に出かける / make [take] a ~ 旅行をする / break one's ~ 途中下車する / A pleasant ~ to you! = I wish you a good [happy] ~. では道中ご無事で! ❷ **a** 旅程, 行程: a day's ~ from here 当地から 1 日の行程. **b** (人生などの)行路, 遍歴. **one's jóurney's énd** (1) 旅路の果て. (2) (人生)行路の終わり. ── 動 自《文》旅をする, 旅行する.〖F = 一日の《旅》< L *diurnus* 一日の < *dies* 日; cf. journal〗【類義語】⇒ travel.

jóur·ney·man /-mən/ 名 (徳 -men /-mən/) ❶ (徒弟奉公を済ませた一人前の)職人 (cf. apprentice 1). ❷ (一流ではないが)しっかりした腕前の人: a ~ artist 腕のたしかな芸術家.

jour·no /dʒɔ́ːnou/ 名《英口》= journalist.

joust /dʒáust/ 名《中世騎士の》馬上槍(衫)試合. ── 自 馬上槍試合をする; 試合[競技]に出る[参加する] 〈*with*〉.

Jove /dʒóuv/ 名 = Jupiter. **By Jóve!**《英口》神かけて, 誓って, 本当に; とんでもない!《驚き・賛成などを表わす》.

jo·vi·al /dʒóuviəl/ 形 陽気な, 楽しい, 愉快な. **-ly** 副 〖JOVE + -IAL〗占星術で木星 (Jove) のもとに生まれた人は幸福になると考えられたことから〗

jo·vi·al·i·ty /dʒóuviǽləti/ 名 U 楽しさ, 愉快, 陽気.

Jo·vi·an /dʒóuviən/ 形 ❶ Jove 神の; (Jove 神のように)堂々とした. ❷ 木星の.〖JOVE + -IAN〗

jowl¹ /dʒául/ 名 ❶ [通例複数形で] ❶ あご骨; あご. ❷ ほお. **chéek by jówl** ⇒ cheek 成句.

jowl² /dʒául/ 名 ❶ (豚・牛・鳥の)のどの垂れ肉. ❷ (太った人の)二重あごの垂れ肉.

jowled /dʒáuld/ 形 二重あごの (jowly); 《複合語で》…なあご[の]と袋をもつ.

jowl·y /dʒáuli/ 形 (more ~, most ~; jowl·i·er, -i·est) 二重あごの; (二重あごの)垂れ肉の大きい: a ~ old man 二重あごのたるんでいる老人. 《JOWL²+-Y³》

*__joy__ /dʒɔ́ɪ/ 名 ❶ ⓤ 喜び, うれしさ: to my ~ 私には [/with ~ 喜んで /dance [jump] for ~ うれしくて小躍りする /I give you ~! おめでとう! /I wish you ~. お喜び申しあげます, おめでとう /Oh ~! ああ, うれしい. ❷ ⓒ 喜びの種[もと]: the ~s and sorrows of life 人生の喜びと悲しみ, 苦楽 /She was a great ~ to her parents. 彼女は両親にとって非常な喜びのもとであった /A thing of beauty is a ~ for ever. 美しいものは滅びてこの喜びは憶えている限り続く《★Keats の詩 *Endymion* から》. ❸ ⓤ [否定・疑問文で] 《英口》うまくいくこと, 成功, 満足: I've asked lots of people to help, but I *haven't* had any ~ [I got *no* ~] yet. 多くの人に援助を求めたが今のところうまくいっていない. **wish a person jóy of** … 《しばしば皮肉に用いて》…をたっぷりお楽しみになるよう(にと人にいう): He's stolen my fiancée, and I *wish* him ~ of her. 彼が私のフィアンセを横取りしたことで満足できるなら, そうすればよい. —— 自 (…を)喜ぶ: ~ *in* a friend's success 友の成功を喜ぶ. 《F<L gaudium 喜び; cf. enjoy》 形 joyful 【類義語】◇ pleasure.

Joyce /dʒɔ́ɪs/ 名 ジョイス《女性名・男性名》.

Joyce /dʒɔ́ɪs/, **James** 名 ジョイス (1882-1941; アイルランドの小説家).

†**joy·ful** /dʒɔ́ɪf(ə)l/ 形 (more ~; most ~) 喜ばしい, うれしい, 楽しい: a ~ heart 喜びにあふれた心 /~ news うれしい知らせ /a ~ look うれしそうな顔[目]つき. ~·**ly** /-fəli/ 副 ~·**ness** 名 《joy》

jóy·less 形 喜びのない, わびしい. ~·**ly** 副 ~·**ness** 名

Joy·ner /dʒɔ́ɪnər/, **Florence Griffith** 名 ジョイナー (1959-98; 米国の女性陸上短距離走者).

†**joy·ous** /dʒɔ́ɪəs/ 形 =joyful. ~·**ly** 副 ~·**ness** 名

jóy pàd 《テレビゲーム用の》ジョイ[ゲーム]パッド.

jóy·ride 名 《口》 ❶ (特に, 向こう見ずなスピードを出したり盗んだ自動車を乗り回すおもしろ半分のドライブ. ❷ (費用や結果を考えぬ)奔放な行動. —— 自 (**joy·rode**; **joy·rid·den**) (盗んだ車で)おもしろ半分ドライブする. **jóy·rid·er** 名

jóy·stick 名 ❶ 《空》操縦桿 ❷ (各種機械・ビデオゲームなどの)操作レバー. 《英俗》「ペニス」の意; その位置が操縦者の両膝の間にあることから》

JP /dʒéɪpíː/ (略) = Justice of the Peace.

JPEG /dʒéɪpèɡ/ 名 ⓤⓒ 《電算》JPEG 《ジェーペグ》 《静止画像データ圧縮方式の一つ》. 《*J*oint *P*hotographic *E*xperts *G*roup》

JPG /dʒéɪpí:dʒí:/ 名 = JPEG.

JPN (略) Japan. **Jr., jr., Jr, jr** (略) junior.

JST (略) Japan Standard Time 日本標準時.

Juan Car·los I /(h)wɑːnkɑ́ːrloʊs-/, -kɑ́ːlɒs-/ 名 フアン カルロス1世 (1938- ; スペイン王《1975- 》).

Juá·rez /(h)wɑ́ːrəs/, **Be·ni·to (Pa·blo)** /bení:tou pɑ́:blou/ 名 フアレス (1806-72; メキシコの革命家・政治家; 大統領 (1861-65, 67-72)).

ju·bi·lance /dʒú:bələns/ 名 ⓤ 歓喜.

†**ju·bi·lant** /dʒú:bələnt/ 形 (歓声をあげて)喜ぶ, 歓喜に酔って(いる). ~·**ly** 副 《L=叫ぶ》

ju·bi·late /dʒú:bəlèɪt/ 自 歓喜する, 歓呼する.

Ju·bi·la·te /dʒù:bəlɑ́:teɪ, dʒù:-/ 名 [単数形で] ユビラーテ 《聖書の詩篇第100の楽曲》.

ju·bi·la·tion /dʒù:bəléɪʃən/ 名 ❶ ⓤ 歓喜, 大喜び. ❷ ⓒ [通例複数形で] 慶祝, 祝祭. 《L<*jubilare* 喜びで叫ぶ》

†**ju·bi·lee** /dʒú:bəlì:, ~ ~ ~ ~/ 名 ❶ ⓒ 《25年・50年・60・75年などの》記念祭, 祝祭, 祝典: ⇒ silver jubilee, golden jubilee, diamond jubilee. ❷ ⓤ 歓喜. ❸ 《聖》ヨベル[安息]の年《ユダヤ民族が Canaan に入った年から起算して50年ごとの年》. ❹ ⓒ 《カト》聖年, 特赦の年.

《F<L<Gk<Heb=(祝祭用の)雄羊の角笛; jubilation の語源と混同された》

Ju·dae·a /dʒu:dí:ə, -díːə/ 名 =Judea.

Ju·dae·o- /dʒudí:oʊ, -déɪ-/ 《連結形》=Judeo-.

Ju·dah /dʒú:də/ 名 ❶ ユダヤ《パレスチナの古い王国》. ❷ ユダ《男性名》. ❸ 《聖》ユダ《Jacob の第4子》.

Ju·da·ic /dʒu:déɪɪk/ 形 ユダヤ(民族)の, ユダヤ人[風]の.

Ju·da·i·cal /dʒu:déɪɪk(ə)l/ 形 =Judaic. ~·**ly** 副

†**Ju·da·ism** /dʒú:deɪìzm, -dɪ-/ 名 ⓤ ❶ ユダヤ教(義). ❷ ユダヤ主義, ユダヤ人気質, ユダヤ文化.

Jú·da·ist /-ɪst/ 名 ユダヤ教徒; ユダヤ主義者.

Ju·da·ize /dʒú:deɪaɪz, -dɪ-/ 他 ユダヤ人風にする, ユダヤ式にする; ユダヤ教化する. —— 自 ユダヤ人風[式]になる, ユダヤ教になる.

Ju·das /dʒú:dəs/ 名 ❶ 《聖》ユダ (Judas Iscariot; キリスト十二使徒の一人, 後にキリストを裏切って銀30枚でキリストを祭司長に売った). ❷ ⓒ (友情を装った)裏切り者 (traitor).

júdas hòle (ドアなどの)のぞき穴.

Júdas kìss ❶ ユダの接吻(訟); 《友情を装ったキス; [解説] ユダは「私のキスする人がキリストだからその人をつかまえろ」とあらかじめ知らせておきキリストにキスをしたという; 聖書「マタイ伝」から》. ❷ うわべだけの好意.

Júdas trèe 《植》ユダの木 《セイヨウ(ハナ)ズオウの俗称》. 《キリストを裏切ったユダがこの木で首をつって死んだという伝説から》

jud·der /dʒʌ́dər/ -də/ 《英》 自 ❶ (機械などが)激しく振動する. ❷ (ソプラノの声が)激しく震動する. —— 名 激しい振動.

Jude /dʒú:d/ 名 ❶ ジュード《男性名》. ❷ 《聖》**a** [St. ~] 《聖》ユダ《十二使徒の一人; 祝日10月28日》. **b** ユダの手紙, ユダ書 《新約聖書中の一書》.

Ju·de·a /dʒu:díːə/ 名 ユダヤ《パレスチナ南部の古代ローマ領》.

Ju·de·an /dʒu:dí:ən, -díːən/ 形 古代ユダヤ(人)の. —— 名 古代ユダヤ人.

ju·den·rein /dʒu:dnráɪn/ 形 《特にナチスドイツ時代》《地域・組織などが》ユダヤ人のいない, ユダヤ人を排除した.

Ju·de·o- /dʒudí:oʊ, -déɪ-/ 《連結形》「ユダヤ人[教]の[に関する]」「ユダヤと…」

Judg., Judg (略) Judges.

*__judge__ /dʒʌ́dʒ/ 名 ❶ [しばしば J~] ⓒ 裁判官, 判事: a preliminary [an examining] ~ 予審判事 /the chief ~ 裁判長, 裁判所長 /a ~ of the High Court [[英]]高等法院裁判官. ❷ ⓒ (競技・討論などの)審判者; 審査員: Mr. A was a ~ at the Cannes Film Festival. A 氏はカンヌ映画祭の審査員を務めた. ❸ ⓒ 鑑識眼のある人, 鑑定家: He's no [a poor] ~ of art. 彼には芸術を見る目がない[あまりない] /He considered himself a good ~ of people [character]. 彼は自分で人[人物]を見る目が肥えていると思っていた. ❹ 《聖》**a** ⓒ 士師(し)《古代イスラエルでヨシュアからサウルの時まで約400年間の民衆の指導者たち》. **b** [Judges; 単数扱い] 士師記 《旧約聖書中の一書; 略 Judg.》. **(as) sóber as a júdge** 酔っていらふらなくて; きわめて冷静で[まじめで].

—— 他 ❶ 《…を》裁判する, 審理する; 《…を》裁断する, 《…に》判決を下す: ~ a case 訴訟事件を審理する /Only God can ~ him. 神のみが彼を裁くことができる /The defendant was ~d guilty. 被告は有罪の判決を受けた. **b** 《人を》批判する, 非難する. ❷ 《…を》審判する; 審査する, 鑑別[判定]する: ~ a race [contest] 競走[コンクール]の審査員を務める /Who will ~ the dogs at the contest? 品評会でだれが犬の審査をしますか /[+目+補] She was ~d Miss America. 彼女はミスアメリカに選ばれた. ❸ 《…を》判断する, 見積もる: It's difficult to ~ character. 人物を判断するのは難しい /~ a person *by* his looks [*from* his accent] 人を顔つき[口調]で判断する /We ~d the altitude of the helicopter *at* a hundred feet. 我々はヘリコプターの高度は100フィートであると判断した /[+目+ (*to be*)補] He ~d it better to put off his departure. 彼は出発を延ばしたほうがよいと判断した /I ~d her (*to*

be) about forty. 私は彼女は40歳くらいだと見当をつけた / [〔+(*that*)]] I ~ (*that*) he was wrong. 彼は間違っていたと思う / [+*wh.*]] I cannot ~ *whether* he's honest or not. 彼が正直かどうかの判断がつかない / It's difficult to ~ *what to* do in such circumstances. そのような場合何をすべきかを判断するのは難しい. ― ⓐ ❶ 裁判する; 判決を下す. ❷ 〔…を〕審判する; 〔…で〕審査員となる: Mrs. White will ~ *at* the flower show. ホワイト夫人がフラワーショーで審査員をします. ❸ a 判断を下す: be quick to ~ 判断が早い / Don't ~ *of* a man by his education. 教育で人を(あれこれ)判断してはならない (〖比較〗 *of* の形より ❸ の読みが一般的). b (判断によって)〔二つのうちのよしあしを見分ける[決める]〕: We must ~ *between* two applicants. 二人の志願者の中から一人を選ばなければならない. **judging from [by]**…から判断して, …から察すると: *Judging from* what you said, he must be a very good man. 君の言ったことから察すると彼は非常に善良な人に違いない.
〘F＜L *judex, judic-* 裁く人＜*jus* 法律＋*dicere* 言う; cf. dictation; judicial, judicious, jury, justice; injury, prejudice〙 (名) judg(e)ment.

júdge ádvocate 名 (徾 ~s) 〖軍〗 法務官, (軍法会議の)判事.

júdge ádvocate géneral 名 (徾 judge advocates general) 〖米〗陸[海, 空]軍法務部長, (国防省の)法務総監; 〖英〗陸[空]軍法務総監.

júdges' rúles 名 〖英法〗 裁判官の規制 (警察官が容疑者・逮捕者に対する場合の行為を規制するもの).

*__júdg・ment, júdge・ment__ /dʒʌ́dʒmənt/ 名 ❶ ⓤ判断(すること), 審査; (判断の結果による)意見: in my ~ 私の判断[考え]では / make a ~ 判断をする / form a ~ *on* [*of*] a question 問題について考えをまとめる / [+*that*] They accepted his ~ *that* they had better put off their departure. 彼らは出発を延期したほうがよいという彼の判断を受け入れた. ❷ ⓤ 判断力, 批判力, 思慮分別: an error of ~ 判断の誤り / a man of sound ~ 健全な判断力の持ち主 / show ~ *in* doing… …することに分別を示す. ❸ ⓤⓒ 判決, 裁判, 審判: pass ~ *on* a person [case] 人[事件]に判決を下す / It's the ~ of this court that… …というのが本法廷の判決である. ❹ a [(the) (Last) J~] 〖神学〗 最後の審判. b ⓒ 〔…への〕〔…に対する〕(神の)裁きとしての〕災い: It's a ~ *on* you *for* getting up late. それは君の朝寝の天罰だ. **against one's bétter júdgment** 心ならずも, 不本意ながら. **sit in júdgment** (一方的に)人・行為(のよしあし)に判断を下す, …を批判する〔*on, over*〕.〘judge〙

judg・men・tal /dʒʌdʒméntl/ 形 ❶ 判断にかかわる. ❷ すぐに厳しい判断をしたがる.

júdgment càll 名 (正否を決しがたい事柄などに対する)自主的[個人的]な判断[結論].

Júdgment Dày 名 [(the) ~] (神の)裁きの日 《この世の終わり》.

ju・di・ca・to・ry /dʒúːdɪkətɔ̀ːri / -təri, -tri/ 形 裁判の, 司法上の. ― 名 ❶ ⓒ 裁判所. ❷ ⓤ 司法行政.

ju・di・ca・ture /dʒúːdɪkətʃə, -tjuə/ |-tʃə/ 名 ❶ ⓤ 司法(権), 裁判(権). b 司法行政. ❷ ⓤ 裁判官の権威[職権]. ❸ ⓒ [集合的に] 単数または複数扱い] 裁判官, 裁判所. the Supréme Cóurt of Júdicature 〖英〗 最高法院 《高等法院 (High Court of Justice) と控訴院 (Court of Appeal) とで構成される》.

*__ju・di・cial__ /dʒuːdíʃəl/ 形 ❶ 司法の, 裁判の; 裁判官の, 裁判による: the ~ branch (of government) (政府の)司法府[部門] / the ~ bench 判事たち[一同] / a ~ district 裁判管轄区 / ~ police 司法警察 / ⇒ judicial separation. ❷ a 裁判官のような[にふさわしい]. b 公正な, 公平な. 〘L＜*judex, judic-* (⇒ judge)＋-IAL〙

ju・di・cial・ly 副 ❶ 司法上; 裁判によって. ❷ 公正に.

judícial revíew 名 ⓤ 司法審査(権), 違憲立法審査.

*__ju・di・ci・a・ry__ /dʒuːdíʃièri / -ʃ(i)əri/ 名 ❶ [the ~] 司法部, 司法組織. ❷ [the ~; 集合的に; 単数または複数扱い] 裁判官. 〘L＜*judex, judic-* (⇒ judge)＋-ARY〙

*__ju・di・cious__ /dʒuːdíʃəs/ 形 思慮分別のある, 賢明な (wise; ↔ injudicious): a ~ decision 思慮深い決定. **~・ly** 副. **~・ness** 名. 〘L＜*judex, judic-* (⇒ judge)＋-OUS〙

Ju・dith /dʒúːdɪθ/ 名 ジューディス 《女性名; 愛称 Judy》.

*__ju・do__ /dʒúːdou/ 名 ⓤ 柔道: practice ~ 柔道をする. 〘Jpn〙

jú・do・kà /-kàː/, **jú・do・ist** /-ɪst/ 名 柔道家.

Ju・dy /dʒúːdi/ 名 ジューディー. ❶ 女性名 《Judith の愛称》. ❷ Punch and Judy Show の女主人公.

*__jug__ /dʒʌ́g/ 名 ⓒ ❶ a (広口で取っ手の付いた)水差し (pitcher) 〘比較〙「(ビールの)ジョッキ」はこの語のなまったもの; 英語では mug という》. b 〖米〗 (コルクのふたのついた細口の)陶器[金属, ガラス]製水差し. ❷ ⓒ 水差し1杯 〔*of*〕. ❸ ⓤ [(the) ~] 〖俗〗 刑務所: in (the) ~ 刑務所に入って. ❹ [複数形で] 〖米俗〗 (女の)乳房, おっぱい.
― 動 (jugged; jug・ging) ❶ (ウサギの肉などを)陶製の器に入れて煮込む (★しばしば過去分詞で形容詞的に用いる): *jugged* hare (陶器の器で)煮込んだウサギ肉のシチュー料理. ❷ 〖俗〗 人を)刑務所に入れる. 〘Joan の愛称形から〙

juga /dʒúːgə/ jugum の複数形.

ju・gal /dʒúːg(ə)l/ 形・動 形 頬骨の.

júg bànd 名 〖米〗 ジャグバンド (水差しや洗濯板のような普通の楽器でないものを使ってジャズ・フォークなどを演奏する》.

júg・èared 形 大きく突き出した耳の.

Ju・gend・stil /júːgəntʃtɪ̀ːl/ 名 ⓤ 〖美〗 ユーゲントシュティール (art nouveau のドイツ語名》.

jug・ful /dʒʌ́gfʊl/ 名 ❶ 水差し1杯(の量) 〔*of*〕. ❷ 大量, たくさん.

Jug・ger・naut /dʒʌ́gənɔ̀ːt | -gə-/ 名 ❶ 〖インド神話〗 ジャガンナート, ジャガノート 《クリシュナ (Krishna) 像; 〖解説〗 この像を載せた車にひかれて死ぬと極楽往生ができると信じられた》. ❷ [しばしば j~] 〔(人間の盲目的服従や恐ろしい犠牲を強いる)絶対的な力[主義, 制度など]〕, 不可抗力的なもの. ❸ [j~] ⓒ 〖英口〗 (他車の脅威になるような)長距離大型トラック.

jug・gins /dʒʌ́gɪnz/ 名 〖俗〗 まぬけ, ばか, (詐欺の)カモ.

*__jug・gle__ /dʒʌ́gl/ 動 ❶ 〈ボール・ナイフ・皿などを〉次々に空中に投げ上げて受ける曲芸をする: ~ *with* two balls 2つのボールでお手玉のような芸をする. ❷ 〔数字・事実などを〕ごまかす, いじる〔*with*〕 (★受身可). ― 他 ❶ 〈ボール・ナイフ・皿などを〉次々に空中に投げ上げて受ける曲芸をする. ❷ 〈仕事などを〉巧みに処理する, 上手にやりくりする: She ~*d* the roles of business executive and mother. 彼女は(会社の)重役と母の役割を巧みにこなした. ❸ 〈数字・勘定などを〉工作する, ごまかす: He ~*d* the figures to hide his embezzlement. 彼は使い込みを隠すために(帳簿の)数字をごまかした. ❹ 〖野〗 (ボールを)あぶなっかしい手つきで取る, お手玉する, ジャッグルする. ― 名 ❶ (投げ物の)曲芸. ❷ 詐欺, ごまかし. ❸ 〖野〗 ジャッグル. 〘F＜L＝冗談をする〔*jocus*; ⇒ joke〙

júg・gler /dʒʌ́glə/ 名 ⓒ a (投げ物の)曲芸師. b 手品師. ❷ ごまかし屋, ぺてん師.

jug・gler・y /dʒʌ́gləri/ 名 ⓤ a (ボール・ナイフ・皿などを手玉に取る)曲芸, 投げ物. b 手品. ❷ ごまかし, ぺてん.

Ju・go・slav・i・a /jùːgouslá̀ːviə/ 名 ＝Yugoslavia.

jug・u・lar /dʒʌ́gjələ / -lə/ 形 ❶ 頸(%)部の; 咽喉部の. ❷ 頸静脈の. ― 名 ❶ ＝jugular vein. ❷ [the ~] (相手の)最大の弱点: have a person by *the* ~ 人の急所を押さえる / go for the ~ 急所を攻める. 〘L＝鎖骨〙

júgular véin 名 [通例単数形で] 頸静脈.

ju・gu・late /dʒʌ́gjəlèɪt/ 動 〈…の〉のどを切って殺す.

ju・gum /dʒúːgəm/ 名 (徾 ju・ga /-gə/, ~s) 〖昆〗 繁垂 (ジ(%)), 翅垂(%).

*__juice__ /dʒúːs/ 名 ❶ ⓤⓒ (果物・野菜・肉などの)ジュース, 汁 (★ジュースは100％のものをさす》: a glass of orange ~ オレンジジュース1杯 / a mixture of fruit ~ ミックスジュース. ❷ ⓤⓒ [通例複数形で] 分泌液; 体液: gastric [digestive] ~*s* 胃液[消化液]. ❸ ⓤ 〖口〗 電気;

juice box ガソリン, 石油, (その他の)液体燃料. ❹ 〖複数形で〗やる気, 元気, 活力, 意欲. ❺ 〖米口〗酒. ❻ [the ~] うわさ〔裏〕話, 興味ある話, スキャンダル〘about, on〙. **stéw in one's ówn júice** 〖口〗自業自得で苦しむ: Let him *stew in his own ~*. 彼は自分が悪いのだからほっておけ. ── 動 他〈果物などから〉ジュースを搾る. **júice úp** 他+副〖米口〗〈物事を〉活気づける, さらにおもしろくする. 〖F<L; 原義は「混ぜ合わす」〗(形 juicy).

júice bòx 名〖ストロー付き〗紙パック入りジュース.

juiced 形〖米俗〗酔った, 酔っぱらった; 〖口〗興奮した, 気合の入った〘*up*〙.

júice hèad 名〖米俗〗大酒飲み, のんべえ.

júice·less 形 汁のない.

júic·er ❶ 果汁〔菜汁〕搾り器, ジューサー. ❷ 〖米俗〗大酒飲み.

†**juic·y** /ʤúːsi/形 (juic·i·er; -i·est) ❶ 水分の多い, 汁の多い: a ~ orange 水分の多いオレンジ. ❷ 〖口〗〈うわさ話などが〉とてもおもしろい, 真に迫る, きわどい: ~ *gossip* 興味津々のうわさ話. ❸ 〖口〗〈契約・取引などが〉もうけの多い, うまみのある. **júic·i·ly** -səli/ 副 **-i·ness** 名 U (juice)

ju·jit·su /ʤuːʤítsuː/名 U 柔術, やわら. 〖Jpn〗

ju·ju[1] /ʤúːʤuː/名 ❶ 〖西アフリカで〗護符, まじない, 呪物〙, 魔よけ (cf. fetish 1). ❷ U 〖呪物による〗魔力.

ju·ju[2] /ʤúːʤuː/名 U〖楽〗ジュジュ〖ギターと, トーキングドラムの使用を特徴とするナイジェリアの音楽〙.

ju·jube /ʤúːʤuːb/名 ❶ a 〖植〗ナツメ〖木〗. b ナツメの実. ❷ (ナツメなどの香味をつけた)小さなキャンデー, ジェリードロップ〖時に咽喉痛用の薬が入っている〗.

ju·jut·su /ʤúːʤʌtsuː/名 = jujitsu.

juke[1] /ʤuːk/動 他〖米口〗〖フットボールなどで〗見せかけの動きで欺く, かわす, フェイントする.

juke[2] /ʤuːk/ 〖米口〗 名 = juke joint. ── 動〖ジュークボックスなどにあわせて〗踊る, ダンスをする.

júke bòx 名 ジュークボックス.

júke jòint 名 ジュークボックスを置いた店〔酒場〕〖飲食ができ, 音楽をかけてダンスもできる〗.

Jul. (略) July.

ju·lep /ʤúːləp/ 名〖米〗ジュレップ〖ウイスキーに砂糖・はっかなどを加えたカクテル〙 (mint julep).

Ju·li·a /ʤúːljə, -liə/ 名 ジュリア〖女性名〗.

Ju·lian /ʤúːljən, -liən/ 名 ジュリアン〖男性名〗. ── 形 Julius Caesar の.

Ju·li·an·a /ʤùːliǽnə | -áːnə/ 名 ジュリアナ〖女性名〗.

Júlian cálendar 名 [the ~] ユリウス暦〖Julius Caesar が定めた旧太陽暦; cf. Gregorian calendar〗.

Ju·lie /ʤúːli/ 名 ジュリー〖女性名〗.

ju·li·enne /ʤùːlién, ʒùː-/[F] 形〖野菜が千切りになった〗. ── 名 U ❶ 千切り野菜. ❷ 千切り野菜の入った澄ましスープ.

Ju·li·et /ʤúːliət, liét/ 名 ジュリエット: ❶ 女性名. ❷ Shakespeare 作「ロミオとジュリエット」の女主人公.

Júliet càp 名 ジュリエットキャップ〖花嫁などが後頭部にかぶる網目の縁なし小型婦人帽〗.

Ju·lius Cae·sar /ʤúːljəs síːzə | -zə/ 名 ⇒ Caesar.

※**Ju·ly** /ʤulái/ 名 7月 (略 Jul.; 用法は ⇒ January): *the Fourth of* ~ 7月4日〖米国の独立記念日〗. 〖Julius Caesar の生まれた月で, その名から〗

ju·mar /ʤúːmɑː/ 名〖登山〗ユマール〖ザイルにセットして使う自己吊り上げ金具〗. ── 動 ユマールを使って登る.

†**jum·ble** /ʤámbl/ 動 他〈書類・衣服・考えなどを〉乱雑にする, ごちゃまぜにする〘*up, together*〙. ── 自 ❶ ごたまぜになる: *Memories tend to ~ together*. 記憶は混同しがちだ. ❷ うろつき回る: The children ~*d* out of the bus. 子供たちはバスから入り乱れて出てきた. ── 名 ❶ [a ~] a ごちゃまぜ(のもの), 寄せ集め: *a ~ of toys* ごちゃまぜのおもちゃ. b 混乱 (muddle): *fall into a ~* 混乱する. ❷ U がらくた. 【類義語】⇒ confusion.

júmble sàle 名〖英〗がらくた市; (特に)慈善市〖〖米〗rummage sale〗.

†**jum·bo** /ʤámboʊ/ 名 (複 ~s)〖口〗❶ 大きなもの, でっかいもの, ジャンボ; 巨漢, 巨獣. ❷ = jumbo jet. ── 形 ❹ 大きい, でっかい, 特大の (giant). 〖19世紀末に米国のサーカスで人気をよんだゾウの名から〗

júmbo jét 名 ジャンボジェット機.

Jum·bo·Tron /ʤámboʊtrɑːn | -trɒn/ 名〖商標〗ジャンボトロン〖スタジアムなどで用いる特大スクリーン〗.

‡**jump** /ʤámp/ 動 自 ❶ a 〖通例副詞(句)を伴って〗〈人・動物が〉とぶ, 跳ぶ, 跳び上がる, 跳びはねる: ~ *aside* 跳びのく / ~ *in* 跳び込む / ~ *off* 跳び出る; 飛び降りる / ~ *for joy* うれしくて小躍りする / I ~*ed up out of the chair*. いすから跳び上がった / ~ *over a fence* 塀を跳び越える / ~ *into a taxi* タクシーに飛び乗る / ~ *on* [*off*] *a bus* バスに飛び乗る[から飛び降りる] / ~ *on to a table* テーブルの上に飛び乗る / ~ *to one's feet* 跳び上がる, また起きる. b パラシュート〖落下傘〗で飛び降りる. ❷ **a** 〖…に〗飛びかかる: The dog ~*ed at* the man('s throat). 犬はその男の(のど)をめがけて飛びかかった. b 〖申し出・機会・結論などに〗飛びつく, 喜んで応じる: ~ *at* an *invitation* 招待に飛びつく / ~ *to* a *conclusions* 速断する, 早合点する. c 〖…に〗早速加わる, 飛び込む: ~ *into* a *fight* [*an argument*] (人の)けんか[議論]に飛び込んでいく. ❸ **a** 〖…から…に〗急にとび移る: ~ *from* job *to* job 転々と職を変える / He ~*ed from* one topic *to* another. 彼は次々と急に話題を変えていった. b 〈話題が〉急に変わる, 飛躍する〘*about*〙. ❹〈人・心が〉〖…に〗びっくり[はっ]とする: The explosion made me ~. その爆発音は私をどきどきさせた / Our hearts ~*ed* with joy and anticipation. 歓喜と期待で私たちの胸は躍った / I ~*ed at* her sudden appearance. 彼女が突然現われてびっくりした. ❺〈数量・値段などが〉〖…まで〗急に上がる: The price of oil has ~*ed to* $30 a barrel. 原油価格は1バレル30ドルに急騰した. ❻ **a** 〖…に〗急に飛びかかる, 〖…を〗突然襲う〘*on*〙. b〈人・欠点・過ちなどを〉激しく非難[攻撃]する, こっぴどくしかる: Miss Black ~*ed on* a nodding pupil. ブラック先生はこっくりこっくりしている生徒を不意にしかりつけた[指名した]. ❼〖機械が〗変な作動をする.

── 他 ❶ **a** 〈…を〉跳び越える: The boy ~*ed* the ditch. 少年は溝を跳び越えた. b〈列車が〉軌道をはずれる: The train ~*ed* the tracks. 列車が脱線した. ❷〈中間〉をとばして先に進む: ~ *a chapter* 1章とばして読む. ❸ **a** 〈…に〉跳び越えさせる: He managed to ~ his horse *over* the hurdle. 彼は馬にそのハードルを跳び越えさせることができた. b〈価格を〉つり上げる. c〖米〗中間をとばして〈人〉を〖…に〗昇進させる: They ~*ed* him *into* the chief executive position *over* the heads of the others. 彼らは一足飛びに彼を社長に昇進させた. ❹〖口〗〈信号〉を先に飛び出す: The taxi ~*ed* the light. タクシーは信号を無視して走りだした. ❺〖口〗**a**〈人に〉急に飛びかかる, 突然襲う: I was ~*ed* in the dark. 私は暗やみで突然襲われた. b〈権利などを〉横領する: ~ *a claim* 他人の土地〖鉱山〗を横領する. ❻〖口〗**a**〈乗り物に〉飛び乗る; 急いで乗る: ~ *a plane* to New York 急いで飛行機に飛び乗ってニューヨークへ行く. b〈列車に〉無賃乗車する. ❼〖米〗〈バッテリーの上がった車を〉他の車につないでエンジンをかける (jump-start). ❽〖卑〗〈人と〉やる, セックスする.

be júmping 〖口〗生き生きしている, 活気づいている.

júmp àll óver a person〖口〗〈人〉をひどく非難する, やっつける.

júmp báil ⇒ bail[1] 名 成句. **júmp a person's bónes** ⇒ bone 成句. **júmp shíp** ⇒ ship 名 成句. **júmp the gún** ⇒ gun 名 成句.

júmp tó it 〖通例命令法で〗〖口〗すばやくやる, 急ぐ.

── 名 ❶ **a** 跳ぶこと, 跳びはね, 跳躍; 〖びくっ〔きょっ〕とした〗突然の動作. b〖スポ〗ジャンプ競技: the long [broad] ~ 幅跳び / the high ~. (走り)高跳び. ❷ パラシュート〖落下傘〗降下: make a ~ パラシュートで飛び降りる. ❸〖話題の〗飛躍; 議論などの)急転回. ❹〖価格・相場などの〗急騰: a ~ *in exports* 輸出急増. ❺ [the ~s]〖口〗落ち着きのなさ, 落ち着かないこと: have the ~*s* そわそわする.

gèt [hàve] the júmp on a person〖口〗〈人〉の機先を制する, (早く始めたので)〈人〉より優勢である. **óne júmp ahéad**

《口》〔相手より〕先手をとって，先回りして: The firm has stayed one ~ ahead of its competitors. その会社は競争相手の他社に一歩先んじている. **on the júmp**《米口》忙しく駆け回って，忙しい〔く〕，暇なしで: My job keeps me on the ~. 仕事の年中暇なしだ. **tàke a rúnning júmp** ⇒ running jump 成句.

【擬音語】【類義語】**jump** ある場所から空間へ跳び上る；最も一般的な語. **leap** jump よりもっと大きく跳ぶ動作に用いられることが多く；また比喩的・文語的にも使われる. **spring** 突然にすばやく〔激しい勢いで〕jump または leap す.

júmp báll 名《バスケ》(試合開始[再開]の)ジャンプボール.
júmp càbles 名《複》(バッテリー用)ブースターケーブル.
†**júmped-úp** 形 A《俗》(社会的地位が昇進したことから)思い上がった；成り上がりの.
*jum·per[1] /dʒʌ́mpə | -pə/ 名 ❶《米》(婦人・女児用の)ジャンパードレス[スカート]《《英》pinafore dress》. ❷ (ブラウスの上に着る)プルオーバー，セーター. ❸ ジャンパー(水夫用ズック布製のまたは労働者などの作業用上着)《訳注》日本語の「ジャンパー」に当たるものは windbreaker または jacket.

júmp·er[2] /dʒʌ́mpə | -pə/ 名 ❶ a 跳躍する人. b 跳躍選手. ❷ 跳びはねる虫(ノミなど). ❸ 障害馬.
júmper càble 名〔通例複数形で〕《米》ブースターコード《自動車などの上がってしまったバッテリーに充電するとき用いる》.
júmp·ing bèan(メキシコ)トビマメ《メキシコ産トウダイグサ科メキシコトビマメ属およびナンキンハゼ属の植物の種子；中にいるハマキガの幼虫の動きによってはねる》.
júmping jáck 名 ❶ ジャンピングジャック, 挙手跳躍運動《気をつけの姿勢と開脚で両手を頭上で合わせる姿勢を跳躍をさえぎに交互に繰り返す準備運動の一つ》. ❷ (手足や胴が連結されていて, それについているひも[棒]を引っ張ると跳んだりはねたりする)踊り人形. ❸ ねずみ花火.
júmp·ing-óff plàce [pòint] 名 ❶ (旅行・事業の)出発点, 手始め《for》. ❷ 人里離れた場所；さいはて.
júmp jèt 垂直離着陸ジェット機(cf. VTOL).
júmp lèad 名《英》=jumper cable.
júmp-òff 名《馬》障害馬飛越(ぎっ)の(同点)決勝ラウンド.
júmp ròpe 名 ❶ U なわとび《《英》skipping rope》. ❷ C なわとびのなわ.
júmp sèat 名 (自動車・飛行機の)折りたたみ式の飛び出し補助席.
júmp shòt 名《バスケ》ジャンプショット.
júmp stárt 名 ❶《車》ジャンプスタート《エンジンを, ブースターケーブルを使って他車のバッテリーとつなぐことにより, または車を押したり坂道に走らせたりしながら始動させること》. ❷《口》(停滞した状態などの)活性化.
júmp-stárt 動 ❶ ジャンプスタートで《車(のエンジン)を》始動させる. ❷《動こうとしないものを》何とか始動させる, 活性化する.
júmp·sùit 名 ❶ 落下傘降下服. ❷ ジャンプスーツ《落下傘降下服に似た上下つなぎの服》.
jump·y /dʒʌ́mpi/ 形 (**jump·i·er; -i·est**) ❶ 跳んだりはねたりする. ❷ (乗り物がガタガタ揺れる. ❸ (急激な)変化に富む. ❹ (病的に)びくびくする, 興奮しやすい, 神経過敏な.
jun.《略》junior. **Jun.**《略》June; Junior.
jun·co /dʒʌ́ŋkou/ 名 (複 ~s, ~es)《鳥》ユキヒメドリ(snowbird)《ホオジロ科；北米産》.

*junc·tion /dʒʌ́ŋ(k)ʃən/ 名 ❶ C 接合点；交差点；(川・道路の)合流点, ジャンクション, 連絡[乗換]駅: There is a post office at the ~ of Main and South streets. 大通りと南通りの交わったところに郵便局がある. ❷ U 接合, 連接, 連絡.《L=つなげること<jungere, junct- つなぐ；cf. conjunction; adjoin, join, rejoin; junta》
júnction bòx 名《電》接続箱.
junc·ture /dʒʌ́ŋktʃə | -tʃə/ 名 ❶ U 接続, 連結, 接合. ❷ C 接合点, 連結個所. ❸ C (危機をはらむ)情勢；転機, 場合: at this ~ この重大時に, この際(ﾎ)に. ❹ C [言] 連接(語・音・節などの境目に現れる音声上の特徴で, 息のとぎれの感じ；たとえば a name /əném/ と an aim /əném/ は連接の位置の差で区別される).《L=接合点

985　**junior college**

<jungere, junct- ⇒ junction)+-URE》
※**June** /dʒúːn/ 名 6月《略 Jun.；用法は ⇒ January；《解説》June は英米ともに結婚式が多く, その花嫁は June bride とよばれる；結婚シーズンであるのはローマ神話の結婚をつかさどる女神 Juno にちなむからという説もあるが, June はちょうど学校卒業後で気候がよいことにもよる.《F<L=Juno の(月)》
Ju·neau /dʒúːnou/ 名 ジュノー《米国 Alaska 州の州都》.
Júne·bèr·ry /-bèri | -b(ə)ri/ 名《植》(北米産の)ザイフリボク(の実)《バラ科》.
Júne bùg 名《昆》コフキコガネ《総称》.
Júne·téenth 名 ジューンティーンス《テキサスの奴隷解放を記念して 6月 19日に祝う黒人の祭り》.
Jung /júŋ/, **Carl Gus·tav** /káːl gústaːf | káːl gústaːv/ 名 ユング(1875-1961；スイスの精神分析学者).
Jung·frau /júŋfrau/ 名 [the ~] ユングフラウ《スイス南部のアルプス中の高峰；海抜 4158 m》.
Jung·i·an /júŋiən/ 形 ユング(の理論)の[に関する].
── 名 ユングの理論の信奉者.

*jun·gle /dʒʌ́ŋgl/ 名 ❶ a [(the) ~](インド・マライ半島などの)ジャングル, 叢林(ﾌﾞｿ), 密林: deep [thick] ~ 深いジャングル / the law of the ~ ジャングルのおきて《弱肉強食》/ We cut a path through the ~. 私たちはジャングルの中に道を切り開いた. b C 密林地帯. ❷ C 混乱, 錯綜(ﾂﾞ): the red-tape ~ 複雑な役所の手続き / the ~ of patent laws 複雑な特許法. ❸ C a (大都会など)入り組んで物騒な場所: New York is a ~ after dark. ニューヨークは暗くなったら危険な場所だ. b 非情な生存競争の場. ❹《米俗》浮浪者の集まる所. ❺ U(また **júngle mùsic**) ジャングル《高速ビートのドラムとベースの音色を極端に強調したダンス音楽》.《Hindi=原野, 原生林<Skt=砂漠》
jún·gled 形 ジャングルにおおわれた.
júngle féver 名 U 密林熱, ジャングル熱(熱帯, 特にマレー諸島のマラリア熱病).
júngle fówl 名《鳥》ヤケイ《東南アジア産；鶏の原種とされる》.
júngle gỳm 名 ジャングルジム.
júngle jùice 名 U《俗》(特に自家製で安物の)強い酒, 密造酒.
júng·list 名 ジャングル(jungle)の演奏家, ジャングリスト.
jún·gly 形 ジャングルの, 密林の.

*ju·nior /dʒúːnjə | -niə, -njə/ (↔ senior) 形 (比較なし) ❶ 下位の, 下級の；経験[責任]の少ない, 下級の；後輩の, 後進の《to》: a ~ partner 下級の共同経営者 / the ~ service《英》(海軍に対し)陸軍. ❷ A 年少者向けの；[J] ジュニアの: a ~ book 若い人向きの本. b 《服などジュニア(サイズ)[若い女性向き]の. ❸ A a《米》(4年制大学の)3年級の；(2年制大学の)1年級の；(3[4]年制の高校の)2[3]年級の: ~ prom 卒業学年より1級下の学生のダンスパーティー. b《英》7歳から11歳の学童(のもの). ❹ 年少のほうの《用法》特に《米》では同姓同名の親子などのうちの息子など, また同姓の二人の同じうちの年少者を示すために, そのあとにつける): Smith(,) ~ 年下のほうのスミス《用法》親子などでは通例 Jr., jr., Jun., jun. などと略して John Smith(,) Jr.(息子のほうのジョンスミス)の形をとる；女性には Jr. のこの用法はない). ❺ 叙 […]より年下で《★ than は用いない》: She's three years ~ to me. = She's ~ to me by three years. 彼女は私より3歳年下だ. b (制度・任命など…より)新しくて《to》.

── 名 ❶ [one's ~] a 年少者, 年下: He was three years my ~. 彼は私より3つ年下だった. b 後輩, 後進者, 下役. ❷ C a《米》(4年制大学の)3年生；(2年制大学の)1年生；(3[4]年制高校の)2[3]年生《⇒ freshman 解説》. b《英》junior school の児童. ❸ [しばしば J-] C《米口》息子；お前. ❹ a C 若い人 [呼びかけに用いて] お若いの, 君.《L=younger<juvenis young, JUVENILE+-IOR》

júnior cóllege 名 CU《米》ジュニアカレッジ《解説 2年制の短期大学；職業につく人を対象に high school 以上の高度の訓練の機会を与える目的で設立された；内容は col-

junior common ròom 图 (大学の)学部学生社交室.

júnior hígh (schòol) 图 C|U 《米》ジュニアハイスクール, 中学校 《解説》6-3-3 制の制度の場合, 小学校の 6 年間に続く 3 年間を junior high school という; その上の 3 年間は senior high school; ⇒ high school 《解説》.

ju·nior·i·ty /dʒuːnjɔ́(ː)rəṭi, -njár- | dʒùːniɔ́r-/ 图 U 年下であること, 年少(の身), ジュニア; 後進[後輩]の身; 下級, 下位.

júnior líghtweight 图 U|C ジュニアライト級(のボクサー).

júnior míddleweight 图 U|C ジュニアミドル級(のボクサー).

júnior schòol 图 C|U 《英》ジュニアスクール, 上級小学校 《解説》infant school を終えた 7-11 歳の児童に後期初等教育を行なう; 多くは infant school を併設しているが, 独立しているものもある.

júnior techníician 图 《英空軍》兵長.

júnior vársity 图 《米》(大学・高校の) 2 軍チーム 《略 JV》.

†**ju·ni·per** /dʒúːnəpə | -pə/ 图 U|C 《植》ビャクシン属の常緑樹; (特に)ヨウシュネズ, セイヨウネズ《常緑高木; 実は薬用, ジンの味つけ用》.

*junk¹ /dʒʌ́ŋk/ 图 U ❶ がらくた, くず物《古물・ほごなど》. ❷ 《口》くだらないもの. ❸ 《俗》麻薬; (特に)ヘロイン. ❹ =junk food. ❺ 《口》がらくたの, くずの; 安っぽい: ~ jewelry 安物の装身具. ━ 動 他 《...を》(がらくたとして)捨てる.

junk² /dʒʌ́ŋk/ 图 ジャンク《シナ海付近の平底帆船》.

júnk árt 图 U 《米》ジャンクアート, 廃物美術.

†**júnk bònd** 图 ジャンクボンド《高利回りだがリスクも高い債券》.

junk·er /dʒʌ́ŋkə | -kə/ 图 《米口》おんぼろ車.

Jun·ker /jʊ́ŋkə | -kə/ 图 (ドイツの)貴族の子弟, 青年貴族, 貴公子; ユンカー《(東部)ドイツの地主貴族》. ~·**dom** 图 U ユンカー階級[社会]. ~·**ism** 图 U ユンカー政体[政策, 主義].

jun·ket /dʒʌ́ŋkɪt/ 图 ❶ C (公費による)大名旅行, 遊山; 宴会. ❷ U|C ジャンケット《凝乳 (curds) に甘味をつけた食品》. ━ 動 自 《口》(公費で)大名旅行する, 遊山する; 宴会をする.

júnk fòod 图 U|C ジャンクフード《カロリーは高いが栄養価の低い若者好みのスナック食品など》.

†**junk·ie** /dʒʌ́ŋki/ 图 ❶ (麻薬[ヘロイン])常習者. ❷ ...信奉者, 熱中者: a football ~ フットボール狂. ❸ (あるものを)すごく欲しがる人: a sweets ~ 大の甘党.

júnk màil 图 U ジャンクメール, がらくた郵便物《宣伝目的のダイレクトメールなど頼みもしないのに送られてくる郵便物・電子メールなど》.

júnk·màn 图 (-men) くず屋, 廃品回収業.

júnk shòp 图 (安物の)中古品販売店, ジャンクショップ.

junk·y /dʒʌ́ŋki/ 图 =junkie.

júnk·yàrd 图 (古鉄・古自動車などの)廃品置き場[売り場].

Ju·no /dʒúːnoʊ/ 图 ❶ 《ロ神》ユノ《Jupiter の妻で女性 (特に結婚生活)の保護神; ギリシャ神話の Hera に当たる》. ❷ C 気品の高い美人. ❸ 《天》ジュノー《第 3 小惑星; cf. asteroid 1》.

Ju·no·esque /dʒùːnoʊésk/ 形 《女性が》(Juno のように) 背が高く堂々として美しい. 〖JUNO+-ESQUE〗

†**jun·ta** /húntə, dʒʌ́n-/ 图 ❶ (クーデター後の)軍事政権, 臨時政府. ❷ (スペイン・南米等の)議会, 会議. ❸ =junto. 〖Sp=集会, 結社, 評議会〈L *jungere, junct-* つなぐ; cf. junction〗

jun·to /dʒʌ́ntoʊ/ 图 (複 ~s) 政治上の秘密結社, 徒党.

Ju·pi·ter /dʒúːpəṭə | -tə/ 图 ❶ 《ロ神》木星. ❷ 《ロ神》ジュピター, ジュピテル《神々の王で天の支配者; ギリシャ神話の Zeus に当たる》. 〖L; 原義は「父なる神」〗

ju·ral /dʒʊ́(ə)rəl/ 形 ❶ 法律(上)の, 司法(上)の. ❷ 権利・義務に関する.

Ju·ras·sic /dʒʊréæsɪk/ 《地》形 ジュラ紀[系]の: the ~ period ジュラ紀《中生代中期の時代》. ━ 图 [the ~] ジュラ紀[層]. 〖F〈*Jura* フランス・スイス国境の山脈〗

ju·rat /dʒʊ́(ə)ræt/ 图 ❶ (フランスや Channel Islands などの)(名誉[終身])治安判事. ❷ 《法》(宣誓供述書の)結びの句《末尾につける宣誓の場所・日時および宣誓立会官氏名の記載》.

ju·rid·i·cal /dʒʊrɪ́dɪk(ə)l/ 形 ❶ 司法[裁判]上の: ~ days 裁判日, 開廷日. ❷ 法律上の: a ~ person 法人. -**ly** /-kəli/ 副.

ju·ried /dʒʊ́(ə)rid/ 形 審査員団が選定した, 審査制の《美術展など》.

ju·ris·con·sult /dʒʊ(ə)rɪskənsʌ́lt/ 图 《法(律)》学者 (jurist) 《特に国際法[民法]についていう》.

*ju·ris·dic·tion /dʒʊ(ə)rɪsdɪ́kʃən/ 图 ❶ U a 司法権, 裁判権; 支配(権); 管轄, 権限 (authority): have [exercise] ~ over... を管轄する. b 管轄権. ❷ C 管轄区, 管区. 〖L〈*juris* 法の《*jus, jur*- 法律; ⇒ judge)+DICTION〗

ju·ris·pru·dence /dʒʊ(ə)rɪsprúːdəns, -dns/ 图 U 法学, 法理学: medical ~ 法医学. 〖L; 原義は「法をよく知ること」〗

ju·ris·pru·dent /dʒʊ(ə)rɪsprúːdənt, -dnt⁺/ 形 法律[法理]に精通した. ━ 图 法律専門家 (jurist).

ju·rist /dʒʊ́(ə)rɪst/ 图 法学者; 法学生. ❷ 法律専門家《裁判官・弁護士など》. 〖F〈L 〈*jus, jur*- 法律, 正義〉+-IST; ⇒ judge〗

ju·ris·tic /dʒʊrɪ́stɪk/, -**ti·cal** /-tɪk-/ 形 ❶ 法学者的な, 法学徒の. ❷ 法学の, 法律上の. -**ti·cal·ly** /-kəli/ 副.

ju·ror /dʒʊ́(ə)rə | -rə/ 图 ❶ 陪審員 (jury) の一人. ❷ 宣誓者. ❸ (競技・コンテストなどの)審査員. 〖F〈L=(法の下で)誓った人《*jurare* ↓〗

*ju·ry¹ /dʒʊ́(ə)ri/ 图 ❶ 陪審(団) 《解説》通例民間から選定された 12 名の陪審員からなり, 被告の有罪 (guilty) か無罪 (not guilty) かを評決して, 裁判長に答申する: a coroner's ~ 検死陪審 / grand jury, petty jury / (a) trial by ~ 陪審(による)裁判. ❷ (競技・コンテストなどの)審査員会[団] (panel). **be** [**sit, sérve**] **on a júry** 陪審員である[となる], 務める. 〖F〈L=*jurare* (法のもとで)誓う 〈*jus, jur*- 法律; ⇒ judge〗

ju·ry² /dʒʊ́(ə)ri/ 形 《海》(緊急時などの)仮の, 応急の.

júry bòx 图 (法廷の)陪審員席.

júry dùty 图 U 陪審員としてのつとめ(の期間)[義務].

jú·ry·màn /-mən/ 图 (榎 -men /-mən, -mèn/) 陪審員.

júry-rìgged 形 《海》仮帆装の, 応急装備的で, 一座をしのぐための. **-rìg**

júry·wòman 图 (榎 -women) 女性陪審員.

jus /dʒuːs, dʒuːs/ 图 U 汁, 肉汁.

jus·sive /dʒʌ́sɪv/ 《文法》形 命令を表わす.

*just /(弱形) dʒəs(t), (強形) dʒʌ́st/ 副 ❶ まさに, ちょうど, まさしく (exactly): ~ then = ~ at that time ちょうどその時 / ~ as you say いかにもおっしゃるとおり / ~ as it is [was] そのままで / ~ there ちょうどその所で, そらあそこ / It's ~ 12 o'clock. ちょうど 12 時だ / It's ~ too bad. まったく運が悪いね[残念だ] / That's ~ the thing. それこそだ / 《待っていました》そうだよ; そこが問題だ / I should ~ think so. そうとも, もちろん, 無理はないよ / *J*~ like that. それだけのことだ《あっさりしたものだ》 / I ~ don't know what to do. 何をすればよいのか(自分でも)よく分からない, お手上げだ.

❷ a [完了形・過去形とともに用いて] ほんの今 (...したばかり) (cf. JUST NOW (成句) (2)) 《用法》過去形とともに用いるのは 《米》だが, 現在では 《英》でも用いることがある》: He *has* ~ come. 彼はほんの今来た(ばかりだ) / The letter ~ came [*has* ~ come]. 手紙はきたばかりだ. **b** [進行形とともに用いて] ...しかかって: She *was* ~ phon*ing*. 彼女はちょうど電話をかけていた. **c** [進行形・状態を示す動詞などとともに用いて] ...しかかって: The train *is* ~ start*ing*. 列車は今出発するところだ / We *are* ~ off. これから出

かけるところだ / The work is ~ about to end. その仕事はまもなく終わるところだ.

❸ [しばしば only を伴って] ようやく, やっと: *only* ~ enough food やっと[かろうじて]足りる程度の食料 / I was (*only*) ~ in time for school. やっと(のことで)学校に間に合った.

❹ /dʒəst/ ただ, ほんの (only): ~ a little ほんの少し / I came ~ because you asked me to come. 君が来てくれと言ったからこそ来たのだ.

❺ まったく, 本当に (simply): I'm ~ starving. まったく餓死しそうだ / It's ~ splendid. とてもすばらしい.

❻ [否定・疑問文に用いて; 反語的に] [英口] あきれた, 大変: "Do you like beer?" "*Don't* I, ~!" 「ビールは好きですか」「好きなんのって(大好きです)」!.

❼ /dʒəst/ [依頼や否定などの発言の強さをやわらげて] まあちょっと: J~ look at this picture. ちょっとこの絵をごらんなさい / Will you ~ listen to me? 黙って聞きなさい / I ~ don't want to do it. とにかくやりたくないんだ.

❽ たぶん: He ~ might pass the exam. 彼はもしかしたら試験に合格するかもしれない.

❾ [疑問詞の前に置いて] 正確に言って: J~ *what* [*who, why*] it is I don't know. それがはっきり何であるか[だれであるか, どうして(そう)なのか]わからない.

jùst abóut [口] だいたい, ほとんど; まずどうやら, かろうじて: "Are you finished?" "Yes, ~ *about*." 「終わったの?」「うん, だいたいね」 / With my salary we can ~ *about* get through the month. 私の給料で何とか毎月の生活が賄える.

Júst a móment [**jíffy, sécond, tíck**]! ちょっと待ってください (hold on).

jùst as wéll ⇒ well¹ 副 成句.

júst hàve to dó [口] …しさえすればよい.

just in cáse ⇒ case¹ 成句.

júst like thát ⇒ like¹ 副 成句.

jùst nów (1) [状態を示す動詞の現在形とともに用いて] ちょうど今: I'm very busy ~ *now*. 今ちょうどとても忙しい / Mother *is* not here ~ *now*. 母はちょうど今ここ[家]にいません. (2) [主として動作を示す動詞の過去形とともに用いて] 今しがた, ついさっき (cf. just 副 2 a): He came back ~ *now*. 彼は今帰ってきたばかりだ. (3) [時に未来形とともに用いて] やがて, すぐ: I'm coming ~ *now*. すぐ参ります.

jùst òn [英口] 今ちょうど…になりかけて, かれこれ…: It was ~ *on* 3 o'clock. かれこれ 3 時だった.

jùst só (1) まったくそのとおり: J~ *so*. 本当にそのとおり(だ). Everything happened ~ *so*. 万事ちょうどそのようにいった. (2) (物事)がきちんと(して), 整理されて: She likes everything ~ *so*. 彼女は何でもきちんとして[片づいて]いるのが好きだ.

jùst yét [否定語を伴って] とてもまだ(…しない): I can't leave the office ~ *yet*. まだとても退社できない.

── /dʒʌst/ (*móre* ~, *most* ~; [時に] ~·*er*, ~·*est*)
❶ ⟨人・行為など⟩正しい, 公正な, 公明正大な (↔ unjust): a ~ man 公明正大な人 / a ~ law 公正な法律 / Nobody could be *more* ~ than he. 彼ほど公明正大な人はありえまい / He tried to be ~ *to* [*with*] all the people concerned. 彼は関係者全員に対して公平にしようと努めた / She's fair and ~ *in* judgment. 彼女の判断は公正である. ❷ ⟨要求・報酬など⟩正当な, 当然な: a ~ reward 当然の報酬 / It's only ~ that he should claim it. 彼がそれを要求するのは当然というほかはない. ❸ ⟨考えなど⟩十分根拠のある: a ~ opinion もっともな意見. ❹ a 適正な, 適切な: ~ *in* proportions 適当な割合で, 過不足なく. b 正確な: a ~ balance 正確なはかり.

[F<L *justus* 正当な] [類義語] ⇒ fair¹.

juste-mi·lieu /ʒú:stmi:ljá:/ 名 黄金の中庸. 〖F〗

＊**jus·tice** /dʒʌ́stɪs/ 名 ❶ Ⓤ 正義; 公正; 公平; 公明正大 (↔ injustice): social ~ 社会正義. ❷ Ⓤ 正当, 妥当, 当否 (legitimacy): with ~ 正当に, 当然 / I see the ~ of his remark. 彼の言うことが正しいことはわかる. ❸ Ⓤ 司法, 裁判: the Department of J~ [米] 司法省 / bring a person to ~ 人を裁判にかけて処罰する. b [Ⓒ] 司法[裁判]官; 治安判事; [英] 高等法院判事: Mr. J~

987 **Justinian**

Marshall [呼び掛けに用いて] マーシャル判事殿 / the Chief J~ 裁判(所)長; [米] 最高裁判所長官. ❹ Ⓤ (当然の)応報, 報い; 処罰: ⇒ poetic justice. ❺ [J~] 正義の女神 (両手にはかりと剣を持ち目隠ししている).

dò· **jústice=dò jústice to…** (1) (認めるべき点は認めて)…に正当な取り扱いをする, 人[もの]を公平に評する: It's impossible to *do* ~ *to* the subject in a short article. 短い論評でその問題を十分に扱うことはできない / To *do* him ~, we must say that…. 公平に評すれば彼は…だ. (2) …を実物どおりに表わす: This picture does not *do* her ~. 彼女のこの写真は実物どおりとれていない(実物に劣る). (3) 〈戯言〉⟨ものを⟩腹いっぱい食べる, 満喫する: I *did* ample ~ *to* the dinner. ごちそうをたっぷりいただいた.

dò onesélf jústice (持ち前の)技量[真価, 才能]を十分に発揮する.

in jústice to a person ⟨人⟩を公平に評すれば.

jústice of the péace 治安判事 (magistrate) 〘軽微な事件を扱い, 重大事件の予審も行なう裁判官; 結婚・宣誓の立ち会いもする. 略 JP〙.

[F<L *justus* JUST]

jústice·shìp 名 Ⓤ 裁判官の資格[地位, 職].

jus·ti·ci·a·ble /dʒʌstíʃ(i)əbl/ 形 裁判に付せるべき; 法的に[裁判で]決着をつける.

jus·ti·ci·ar /dʒʌstíʃiə, -ʃiɑ̀ː, -ʃiàː/ 名 〘史〙 最高法官 〘ノルマン王朝およびプランタジネット王朝の政治上・司法上の大官〙; 司法官.

jus·ti·ci·ar·y /dʒʌstíʃièri, -ʃi(ə)ri/ 名 Ⓤ Ⓒ ❶ judiciary の役目[権限]. ❷ 〘史〙 =justiciar. ❸ (上級裁判所の)判事(の裁判権).

jus·ti·fi·a·bil·i·ty /dʒʌ̀stəfàɪəbíləti/ 名 Ⓤ 正当と認められること, 当を得ていること.

＊**jus·ti·fi·a·ble** /dʒʌ́stəfàɪəbl, ˏ─ˏ─ˏ─/ 形 正当と認められる, 筋の通った, もっともな (legitimate): ~ homicide (執行官による死刑執行・正当防衛などによる)正当と認められる殺人, 正当な殺人. [JUSTIFY+-ABLE]

júst·i·fi·a·bly 副 正当に; 当然に, 当然なこととして.

＊**jus·ti·fi·ca·tion** /dʒʌ̀stəfɪkéɪʃən/ 名 ❶ Ⓤ Ⓒ (行為の)正当化, 〈正当であるとする〉弁明; 正当化する根拠[理由]. ❷ Ⓤ 〘印〙 (行の)両端そろえ, ジャスティフィケーション. ❸ Ⓤ 〘神学〙 (神によって)正しいとされること, 罪なしとされること. **in justification of**…の正当な理由として, …を弁護して. [動 justify]

jus·ti·fi·ca·to·ry /dʒʌ́stɪfɪkətɔ̀ːri; dʒʌstɪ́fɪkèɪtəri, -tri/ 形 正当化する(力のある); 弁解[弁明]の, 弁解となる.

＊**jus·ti·fied** /dʒʌ́stəfàɪd/ 形 ❶ 正当化される[て], 正しいくて], もっともなことで: He was fully ~ *in* leaving the matter untouched. 彼がその問題に触れずにいたのはもっともなことだ. ❷ 〘印〙 行の両端をそろえた[がそろった]. ❸ 〘神学〙 神によって正しいとされた.

jús·ti·fi·er /dʒʌ́stəfàɪə/ 名 弁明者, 弁解者. ❷ 〘印〙 **a** (とびらなど余白の多い組版の余白を埋める)ジョス, (語間を埋め, 行を整頓する)スペースバンド. **b** 製版者.

＊**jus·ti·fy** /dʒʌ́stəfàɪ/ 動 ❶ a 〈人の行為・言葉などを〉正しいとする, 正当だと理由づける, 正当性を示す: ~ one's action 自己の行動を弁明する / ~ one's conduct *to* others 他人に自分の行動が正しいと述べる. **b** [~ one*self* で] 自分の行為を弁明する, 身のあかしを立てる. ❷ ⟨…の⟩正当な理由となる, ⟨事情が⟩⟨行為を⟩正当化する: The benefit *justifies* the cost. 利益があれば費用はかまわないことになる / The end *justifies* the means. 〖諺〗 目的さえよければ手段は選ばない, 「うそも方便」 / [+*doing*] His rudeness does not ~ your hit*ting* him. 彼が無礼を働いたからといって君が彼を殴ってもよいという理由にはならない.

❸ 〘神学〙 ⟨神が⟩⟨罪人を⟩正しいとする, 罪がないとして許す. ❹ 〘印〙 〈行間・字間を揃える〉〈文章・行などの両端を揃える. ── 自 ❶ 〘法〙 (自己のなした行為に対して)十分な根拠を示す, 免責事由を示す. ❷ 〘印〙 (行間などが)きちんとそろう[整う]. [F<L <= just, -ify]

Jus·tin·i·an /dʒʌstíniən/ 名 ユスティニアヌス 1 世 (483-565; 東ローマ帝国皇帝 (527-565); 「ユスティニアヌス法典」

just-in-time (the Justinian Code)を作る).

júst-in-tíme 形 [通例 A] 〖経営〗ジャストインタイムの《材料・部品などの必要量の直前納入により在庫費用の最小化をはかるとともに品質管理意識を高める生産システム; 略 JIT》.

jus・tle /dʒʌ́sl/ 動 名 =jostle.

júst・ly 副 正しく, 正当に, 妥当に, 公正に: He has been ~ rewarded. 彼は正当な報酬を得ている / She ~ said so. 彼女がそう言ったのは正しかった.

júst・ness 名 ⓤ ❶ 正しさ, 公正. ❷ 妥当, 正当.

†**jut** /dʒʌ́t/ 動 ⓘ (**jut・ted; jut・ting**) (…から工…に)突き出る《*out, forth*》: The pier *jutted out* (*from* the shore) *into* the sea. 突堤が(岸から)海に突き出ていた. ── 名 突起, 突出部, 突端. 〖JET¹ の変形〗

jute /dʒúːt/ 名 ⓤ ❶ 〖植〗ジュート, ツナソ, コウマ(黄麻). ❷ ジュートの繊維, ジュート《帆布・南京袋の材料》.

Jute /dʒúːt/ 名 ❶ [the ~s] ジュート族《5-6 世紀に Angles, Saxons とともに英国に侵入したゲルマン族》. ❷ ジュート人.

Jut・land /dʒʌ́tlənd/ 名 ユトランド《デンマークの大部分を成す半島》.

jút・ting /-tɪŋ/ 形 A 突き出た: a ~ chin 突き出たあご.

ju・ve・nes・cence /dʒùːvənés(ə)ns/ 名 ⓤ 若さ, 青春.

ju・ve・nes・cent /dʒùːvənés(ə)nt/ 形 青年になる, 青春期に近づく; 若々しい.

***ju・ve・nile** /dʒúːvənàɪl/ 形 ❶ a 少年[少女]の, 青少年の, 若い: ~ crime 青少年犯罪 / ⇒ juvenile delinquency. **b** 子供らしい; 子供じみた (childish): ~ behavior 子供っぽい行動 / a ~ part [role] 子役. ❷ 少年[少女]向きの: a ~ book 少年少女向きの本 / ~ literature 児童文学. ❸ A (青)少年(特有)の, (青)少年にありがちな. ── 名 ❶ 少年, 少女, 青少年. ❷ 児童向き図書. ❸ 〖劇〗子役. 〖L=若者の<*juvenis* 若い(人); cf. junior〗

júvenile cóurt 名 少年裁判[審判]所.

júvenile delínquency 名 ⓤ (青)少年犯罪[非行].

júvenile delínquent 名 非行(青)少年.

júvenile diabétes 名 〖医〗若年性糖尿病.

júvenile hórmone 名 〖昆〗幼若ホルモン, 幼生ホルモン.

ju・ve・nil・i・a /dʒùːvəníliə/ 名 複 ❶ (作家の)青年期の作品. ❷ 子供向け図書. 〖L=youthful〗

ju・ve・nil・i・ty /dʒùːvəníləti/ 名 ❶ ⓤ 年少, 少々; 若々しさ; 幼稚. ❷ [複数形で] 未熟[幼稚]な言葉[行為].

ju・ve・nil・ize /dʒúːvənəlàɪz/ 動 ⓗ 〖昆〗<幼虫の>成虫化を阻止する, 幼若化する.

jux・ta・pose /dʒʌ́kstəpòʊz/ 動 ⓗ 並べる, 並列する, 並置する. 〖JUXTAPOSITION からの逆成〗

†**jux・ta・po・si・tion** /dʒʌ̀kstəpəzíʃən/ 名 ⓤ 並列, 並置. 〖L<*juxta* 傍らに+POSITION〗

JV /dʒéɪvíː/ (略) joint venture; junior varsity.

Jy. (略) July.

K k

k, K¹ /kéɪ/ 图 (履 ks, k's, Ks, K's /~z/) ❶ C|U ケイ《英語アルファベットの第 11 字; cf. kappa》. ❷ U (連結したもの の)第 11 番目(のもの).

K² /kéɪ/ 图 (履 K's, Ks /~z/) K 字形(のもの).

k (略) kilo-. K (記号) kelvin(s); (化) potassium (ラテン語 *kalium* から); (野) strikeout. **k.,** **K.** (略) karat; kilogram(s); king(s); knight; knot(s). **K.** (略) (楽) Köchel number ケッヘル(番号) (Mozart の年代順作品番号): *K.* 49 ケッヘル 49 番.

ka /káː/ 图 第二霊, 魂, カ《古代エジプト宗教における, 生命を生み維持する根源》.

Kaa·ba /káːbə/ 图 [the ~] カーバ神殿《Mecca にあるイスラム教徒が最も崇拝する石造りの方形の神殿; 東の隅に聖なる黒石がはめ込まれる》. 〖Arab=四角な家〗

ka·bad·di /kəbádi/ 图 U カバディー《2 組に分かれて争うインドのゲーム; 相手の陣地にはいり, 敵に触れて味方の陣地に戻ることを競う; その間一度も息をつがずに 'kabaddi kabaddi...'と声を出し続けなければならない》.

kab·ba·la(h) /kəbáːlə/ 图 = cabala.

ka·bob /kəbáb | -bɔ́b/ 图 = kebob.

ka·boom /kəbúːm/ 間 ドドーン, ドッカーン《雷鳴・大爆発など》.

ka·bu·ki /kəbúːki/ 图 U 歌舞伎. 〖Jpn〗

Ka·bul /káːbʊl, kəbúl | káːbl/ 图 カーブル《アフガニスタンの首都》.

ka·chi·na /kətʃíːnə/ 图 (履 ~s, ~) ❶ カチナ《Pueblo インディアンの守護神[祖先の霊]で雨の神》. ❷ (雨乞いなどのため)カチナに扮する踊り手. ❸ (また **kachína dòll**) カチナ人形《カチナをかたどった(木彫りの)人形》.

kad·dish /káːdɪʃ | kádɪʃ/ 图 (履 **kad·di·shim** /ka:díʃɪm | kádɪ-/) [しばしば K~]《ユダヤ教》カディッシュ《毎日シナゴーグの礼拝で唱えるアラム語の祈り; 特に親または近親者の死後 11 か月間毎日および朝に礼拝で唱える祈り》.

kaf·fee·klatsch /káːfɪklæːtʃ/ 图 [しばしば K~] コーヒーを飲みながらのおしゃべり会. 〖G〗

Kaf·fir /kǽfə|-fə/ 图 (履 ~s, ~)《南ア・軽蔑》アフリカ黒人.

Káffir líly 图 ❶ シゾスティリス(コッキネア)《南アフリカに自生するアヤメ科の緋赤色の花をつける多年草; 観賞用に栽培》. ❷ クンシラン《ヒガンバナ科; 南アフリカ原産》.

kaf·fi·yeh /kəfi:(j)ə/ 图 カフィエ《アラビア遊牧民などが着用する四角い布; 頭から肩にかけてかぶる》.

Kaf·ir /kǽfə|-fə/ 图 (履 ~, ~s) ❶ a [the ~(s)] カフィール族《アフガニスタン北東部に住む》. b カフィール族の人. ❷ = Kaffir.

Kaf·ka /káːfkə, kǽf-/, **Franz** /fráːnts/ 图 カフカ《1883-1924; オーストリアの作家》.

kaf·tan /kǽftæn/ 图 = caftan.

ka·goul(e) /kəɡúːl/ 图 = cagoule.

ka·gu /káːɡuː/ 图 カグー, カンムリサギモドキ《New Caledonia 産; 国際保護鳥》.

Kah·lo /káːloʊ/, **Fri·da** /fríːdə/ 图 カーロ《1907-54; メキシコの画家》.

ka·hu·na /kəhúːnə/ 图 ❶《ハワイ先住民の》祈禱師. ❷《米口》重要人物.

kail /kéɪl/ 图 = kale.

kai·nite /káɪnaɪt, kéɪ-/ 图 U 《鉱》カイナイト《砕いて肥料とするカリ塩》.

kai·ros /káɪrɔs | -rɔs/ 图《主に神学》カイロス, 好機《決定的時点》.

kai·ser /káɪzə|-zə/ 图 [時に K~; the ~] 皇帝, カイゼル《ドイツ帝国 (1871-1918)・オーストリア帝国 (1804-1918)・神聖ローマ帝国 (962-1806)の皇帝の称》. 〖G; L CAESAR の転訛〗

káiser ròll 图 カイザーロール《サンドイッチに使ったりする皮の堅い大型のロールパン》.

ka·ka /káːkə/ 图《鳥》カカ《ニュージーランド産のミヤマオウムの一種》.

ka·ka·po /kàːkəpóʊ/ 图 (履 ~s)《鳥》フクロウオウム《ニュージーランド産; 国際保護鳥》.

ka·la·a·zar /kàːləəzáː | kæ̀ləəzáː/ 图 U《医》黒熱病, カラ・アザール《原虫ドノバンリーシュマニア感染症; 発熱・肝脾腫大・痩衰・貧血などを伴う》.

Kal·a·ha·ri /kàːləháːri | kæ̀l-/ 图 [the ~] カラハリ砂漠《アフリカ南部ボツワナに広がる砂漠》.

kal·an·cho·e /kælənkóʊi/ 图《植》カランコエ《ベンケイソウ科リュウキュウベンケイ属[カランコエ属]の各種の多肉植物; 主に観賞用》.

ka·lash·ni·kov /kəlǽʃnɪkɔ:f | -kɔf/ 图 [時に K~] カラシニコフ《ロシア製のライフル銃兼軽機関銃》.

kale /kéɪl/ 图 U ❶ ケール, ハゴロモカンラン《キャベツとは違い結球しない》. ❷《米俗》金(☆). 〖COLE の異形〗

ka·lei·do·scope /kəláɪdəskòʊp/ 图 ❶ 万華鏡(ﾏﾝｹﾞｷｮｳ). ❷ [通例単数形で] 絶えず変化するもの: the ~ **of** life 人生の万華鏡. 〖Gk *kalos* 美しい+*eidos* 形+SCOPE; 発明者による造語〗

ka·lei·do·scop·ic /kəlàɪdəskápɪk | -skɔ́p-/ 形 A 〈景色・色など〉万華鏡(のような); 〈効果・印象など〉変幻自在の.

ka·lei·do·scóp·i·cal /-pɪk(ə)l-/ 形 = kaleidoscopic. ~**·ly** /-kəli/ 副

kal·ends /kǽləndz/ 图 = calends.

Ka·li /káːli/ 图《ヒンドゥー教》カーリー《Siva 神の妃 Devi の邪悪な側面の一つで, 死と破壊の女神》.

ka·lim·ba /kəlímbə, ka:-/ 图 カリンバ《アフリカ Bantu 族の民族楽器で, 親指ピアノ (thumb piano) の一種》.

kal·mi·a /kǽlmiə/ 图《植》カルミア《ツツジ科カルミア属の花木の総称》.

ka·long /kǽlɔŋ, -lɔŋ/ 图《動》オオコウモリ《東南アジア産》; カロン《ジャワオオコウモリ》.

kal·pa /kálpə/ 图《ヒンドゥー教》劫(ｺｳ), カルパ《劫波》《きわめて長い時間の単位》.

Ka·ma Su·tra /kàːməsúːtrə/ 图 [the ~] 『カーマスートラ』《古代インドの性愛論書》. 〖Skt *kāma* 愛+*sūtra* 規則, 糸〗

Kam·chat·ka /kæmtʃǽtkə/ 图 カムチャツカ半島《オホーツク海とベーリング海の間の半島》.

ka·meez /kəmíːz/ 图 カミーズ《パキスタン・バングラデシュで, ゆったりしたズボンに合わせて着るゆったりしたチュニック[シャツ]》.

ka·mi·ka·ze /kàːməkáːzi/ 形 向こう見ずな, 自殺的な, 無謀な. 〖Jpn〗

Kam·pa·la /ka:mpáːlə | kæm-/ 图 カンパラ《ウガンダの首都》.

kam·pong /káːmpɔːŋ | kæmpɔŋ/ 图《マレーシアの》小村落, 部落, カンポン.

Kam·pu·che·a /kæmpʊtʃíːə/ 图 カンプチア《1976-89 年の Cambodia の旧称》.

Kan. (略) Kansas.

Ka·na·ka /kənáːkə, -nǽkə/ 图 カナカ人《ハワイおよび南洋の島々の原住民》.

Kan·chen·jun·ga /kàːntʃəndʒúŋɡə | kæ̀n-/ 图 カンチェンジュンガ《ヒマラヤ山脈にある世界第 3 の高峰 (8598 m)》.

Kan·din·sky /kændínski/, **Was·si·ly** /váːsəli/ 图 カンディンスキー《1866-1944; ロシア生まれの画家; 抽象画の創始者の一人》.

⁺**kan·ga·roo** /kæ̀ŋɡərúː/ 图 (履 ~s /-z/, ~)《動》カンガルー. 〖Austral〗

kángaroo clósure 图 U《英議会》カンガルー式討論終

kángaroo cóurt 名 (口) 私的裁判, いかさま裁判, (リンチ式の)人民裁判, つるし上げ. 《その裁判の進行状態がカンガルーの歩行のように不規則で飛躍的だから》

kangaroo mòuse 名[動]ヒメカンガルーマウス《北米産》.

kangaróo pàw 名[植]カンガルーポー《オーストラリア原産; 長い花筒部がゆるやかに湾曲し, 花被片の外側に赤いベルベット状の短毛がある》.

kangaróo ràt 名[動]カンガルーネズミ《北米西部・メキシコ産》.

Kang·chen·jun·ga /kàːŋtʃəndʒúŋgə | kæn-/ 名 = Kanchenjunga.

Kans. (略) Kansas.

Kan·san /kǽnz(ə)n/ 形 カンザス州の(人).

Kan·sas /kǽnzəs/ 名 カンザス州《米国中部の州; 州都 Topeka; Kan(s)., (郵) KS; 俗称 the Sunflower State》. 《北米先住民の部族名から》

Kánsas Cíty 名 カンザスシティー: a Missouri 州西部 Missouri 川と Kansas 川の合流地点にある市. b Kansas 州北東部の市; 上記合流点をはさんで前者の西に隣接する》.

Kant /kænt/, **Immanuel** 名 カント (1724–1804; ドイツの哲学者).

Kant·i·an /kǽntiən/ 形 ❶ カントの. ❷ カント派哲学の. ── 名 カント学派の人.

Kánt·i·an·ìsm /-nìzm/ 名 ⓤ カント哲学.

ka·o·lin /kéiəlin/ 名 ⓤ [鉱] カオリン《高陵土・(白)陶土やそれと近似の粘土鉱物》.

ka·olin·ite /kéiəlinàit/ 名 ⓤ [鉱] 高陵石, カオリナイト《カオリンの主成分》.

ká·o·lin·ìze /-nàiz/ 動 高陵土化する, カオリン化する.

ka·on /kéiɑn | -ɔn/ 名 [理] ケーオン, K 中間子 (K-meson).

Ka·pell·meis·ter /kəpélmàistə, kɑː- | -tə/ 名 [しばしば k~] (複 ~) カペルマイスター《ドイツ王侯の礼拝堂付きの音楽指揮者》; (合唱団・管弦楽団・楽隊の)指揮者, 楽長.

ka·pok /kéipɑk | -pɔk/ 名 ⓤ カポック《熱帯産の高木パンヤノキ (kapok tree) の種子を包む綿; 糸に紡げないのでまくら・救命具の詰め物用》. 《Malay》

Ká·po·si's sarcóma /kəpóusiz-/ 名 ⓤ カポジ肉腫《エイズにでる症状》. 《M. Kaposi オーストリアの皮膚科医》

kap·pa /kǽpə/ 名 C|U カッパ《ギリシア語アルファベットの第 10 字 $K, κ$; 英語の K, k に当たる; ⇒ Greek alphabet 表》.

ka·put(t) /kəpút/ 形 P (俗) やられて, だめになって, ぶち壊されて: The TV seems to have gone ~. テレビがいかれたようだ. 《G<F》

kar·a·bi·ner /kǽrəbiːnə | -nə/ 名 =carabiner.

Ka·ra·chi /kərɑ́ːtʃi/ 名 カラチ《パキスタンの都市・海港》.

Ka·ra·jan /kɑ́ːrəjɑn | kǽrə-/, **Herbert von** /vɑn | vɔn/ 名 カラヤン (1908–89; オーストリアの指揮者).

Ka·ra·ko·ram /kɑ̀ːrəkɔ́ːrəm | -/ 名 [the ~] カラコルム [カラコラム] (山脈) (Kashmir 地方北部の山脈; 世界第 2 の高峰 K2 がある).

kar·a·kul /kǽrəkəl/ 名 ❶ C|U [しばしば K~] [動] カラクール《中央アジア原産の羊》. ❷ ⓤ カラクールの毛皮.

ka·ra·o·ke /kæ̀rióuki/ -rə-/ 名 ⓤ|形 A カラオケ(の): a ~ machine カラオケ装置. 《Jpn》

kar·at /kǽrət/ 名 ❶ (米) カラット, 金位《(英) carat》《純金を 24 karats として純金含有度を示す単位; 略 k., kt.》: gold 18 ~s fine 18 金. ❷ = carat 1. 《CARAT の異形》

†**ka·ra·te** /kərɑ́ːti/ 名 ⓤ 空手(術). 《Jpn》

Kar·en /kǽrən, kéːr-, kɑː-/ 名 カレン《女性名》.

†**kar·ma** /kɑ́ːmə, kɔ́ː- | kɑ́ː-, kɔ́ː-/ 名 ❶ [仏教・ヒンドゥー教] カルマ, 業(ごう), 因縁(いんねん). ❷ 宿命. ❸ (人・物から発する)感化力, 雰囲気. 《Skt = 行為》

Kar·na·ta·ka /kɑənɑ́ːtəkə | kɑːnɑ́ːt-/ 名 カルナタカ《インド南部のアラビア海に臨む州; 州都 Bangalore; 旧称 Mysore》.

kar·ri /kǽri/ 名 [植] カリ《オーストラリア西部原産のユーカリノキ; その赤黒い堅材はオーストラリアの重要輸出品》.

karst /kɑːst | kɑːst/ 名 [地] カルスト《石灰岩が雨水に溶食された地形》. 《G; スロベニア西部の石灰岩からなる台地の石》

kart /kɑːt | kɑːt/ 名 ゴーカート《一人乗り・無蓋の簡単なレース用自動車》. 《(GO-)KART》

kárt·ing /-tɪŋ/ 名 ⓤ ゴーカートレース.

kar·y·o- /kǽriou/ [連結形]「細胞核」「核」.

kàr·yo·kinésis /-/ 名 [生] 有糸核分裂.

káryo·tỳpe /-/ 名 [遺] 核型(がた). **kàryo·týpic** 形

kas·bah /kǽzbɑ, kɑːz-/ 名 =casbah.

ka·sha /kɑ́ːʃə, kǽʃ-/ 名 カーシャ: a 東欧料理のそば[小麦]がゆの一種. b 調理前のそば[小麦]の穀粒.

Kash·mir /kæʃmíə, kɑːʃ-/ 名 ❶ カシミール《インド北部とパキスタン北東部の国境地方で, 1947 年以来両国の係争地》. ❷ /kǽʒmɪə, kæʃ- | kæʃmíə/ [k~] = cashmere.

Káshmir gòat 名 [動] カシミヤヤギ《被毛から cashmere を織る》.

kash·rut(h) /kɑːʃrúːt, -rúːθ/ 名 ⓤ [ユダヤ教] 適法; 食事戒律.

kat·a·bat·ic /kæ̀təbǽtɪk/ 形 [気] 《風・気流が》下降する, 下降気流によって生ずる (↔ anabatic).

ka·tab·o·lism /kətǽbəlìzm/ 名 = catabolism.

Kate /kéit/ 名 ケイト《女性名; Catherine, Katherine の愛称》.

kath·ak /kɑ́ːtək/ 名 ⓤ [しばしば K~] カタック《インド四大舞踊の一つ; 北インドで生まれ, ムガル時代宮廷の保護をうけて発達した》.

ka·tha·ka·li /kɑ̀ːtəkɑ́ːli/ 名 ⓤ [しばしば K~] カタカリ《インド四大舞踊の一つ; 南インドに伝わる伝統舞踊; 題材はヒンドゥー文学に探ることが多い》.

ka·tha·re·vu·sa, -vou- /kæ̀θərévuːsɑː/ 名 [時に K~] カタレブザ《現代ギリシア語の文章体というべきもの; cf. demotic》.

Kath·a·rine, Kath·e·rine /kǽθ(ə)rɪn/ 名 キャサリン《女性名; 愛称 Kate, Kitty》.

Kath·man·du, Kat- /kɑ̀ːtmændúː, kæ̀t-/ 名 カトマンズ《ネパールの首都》.

Kath·y /kǽθi/ 名 キャシー《女性名》.

ka·tsi·na /kɑːtʃíːnɑː/ 名 =kachina.

kát·su·ra (trèe) /kɑ́ːtsərə-/ 名 [植] カツラ《米国では観賞用に栽培》.

ka·ty·did /kéitidid/ 名 [昆] 《米国産の》キリギリス.

Kau·ai /kɑ́ʊɑi, kɑʊɑ́ːi | kɑʊɑ́ːi/ 名 カウアイ《Hawaii 州 Oahu 島の北西にある火山島》.

Kauf·man /kɔ́ːfmən/, **George** 名 コーフマン (1889–1961; 米国の劇作家).

kau·ri, kau·ry /kɑ́ʊ(ə)ri/ 名 [植] カウリマツ《ニュージーランドに自生するナンヨウスギ科の常緑高木; 樹脂 (カウリコパール) を採る》.

ka·va /kɑ́ːvə/ 名 ❶ C [植] カバ《ポリネシア産のコショウ科の大型草本》. ❷ ⓤ カバ《カバの根をしぼって造る麻酔性の飲料》.

ka·wa·ka·wa /kɑ́ːwəkɑ̀ːwə/ 名 [植] カワカワ《ニュージーランド産コショウ科の低木; 葉に芳香がある》.

Ka·wa·sá·ki disèase /kɑ̀ːwəsɑ́ːki-/ 名 [医] 川崎病《乳幼児に発生する原因不明の急性熱性疾患》. 《川崎富作博士が 1961 年に発見》

kay·ak /kɑ́iæk/ 名 カヤック: ❶ エスキモーの皮張りの小舟 (cf. umiak). ❷ 競技用の一人乗り両舷漕ぎ小艇. 《Inuit》

kay·o /kéiou/ (米) 名 ノックアウト. ── 動 〈人を〉ノックアウトする.

Ka·zakh·stan /kɑ̀ːzɑːkstɑːn, kæ̀zækstǽn/ 名 カザフスタン《中央アジア北西部カスピ海からアルタイ山脈に至る地域を占める共和国; 首都 Astana》.

Ka·zan /kəzǽn -zɑ́ːn/, **Elia** 名 カザン (1909– ; トルコ生まれの米国の演出家・映画監督).

ka·zíl·lion /kəzíljən/ -ljɔn, -liən/ 名|形 (口) 厖大な数(の) (gazillion).

ka·zoo /kəzúː/ 名 (複 ~s) カズー (筒に腸線か紙を強く張り, 声を共鳴させて鳴らすおもちゃの楽器). 【擬音語】

kb (略) kilobase; **KB** (略) 【電算】kilobyte(s); 【英】King's Bench. **Kbps** (略) 【通信】kilobits per second. **kbyte, KByte** (略) 【電算】kilobyte(s). **KC** (略) King's Counsel (★ Sir John Brown, KC のように固有名詞の後につける; cf. QC).

ke·a /kíːə, kéɪə/ 名 [鳥] ミヤマオウム, ケア (ニュージーランド産; 雑食性で死肉も食い, 時には羊を攻撃し腎臓の脂身を食う).

Keats /kíːts/, **John** 名 キーツ (1795-1821; 英国の詩人).

ke·bab /kəbáb/ | -bæb/, **ke·bob** /kəbáb/ -bɔ́b/ 名 C,U カバブ (肉と野菜の串焼き料理). 【Arab=あぶり肉】

kecks /kéks/ 名 (複) 【KICKS】

ked /kéd/ 名 [昆] ヒツジシラミバエ.

kedge /kédʒ/ 【海】 動 他 小錨(びょう)の索をたぐって〈船を〉移動させる[〈船が〉移動する]. — 名 (また **kédge ànchor**) 小錨.

ked·ger·ee /kédʒəriː, ー‐ー/ 名 U ケジャリー: **a** 米·割豆·タマネギ·卵·香辛料入りのインド料理. **b** 〔燻製(にした〕魚·米·堅ゆで卵·香辛料などをクリームで煮た料理. 【Hindi<Skt】

*****keel** /kíːl/ 名 ❶ (船) 竜骨 (船首から底を通って船尾まで貫通し船を支える材). ❷ (詩) 船. **on an éven kéel** (1) 【海】船首·船尾の喫水が一様で, 等喫水で. (2) なだらかに [で], 安定して: put [keep] the economy *on an even* ~ 経済を安定させる[させておく]. — 動 他 ❶ 〈船をひっくり返す〈*over*〉. ❷ 突然倒れる, 卒倒する〈*over*〉.

kéel·bàck 名 [動] キールバック (水辺に生息するナミヘビ科ヒバカリ属の無害なヘビ; オーストラリア産).

kéel·bòat 名 キールボート (竜骨のある平底船; 米国西部の河川の貨物運送船).

kéel·hàul 動 他 ❶ 【海】〈人を〉綱に縛って船底をくぐらせる (昔行なわれた水夫の罰). ❷ 〈人を〉ひどくしかる, しかりつける.

keel·son /kéls(ə)n, kíːl-/ 名 [造船] 内竜骨, ケルソン.

*****keen**¹ /kíːn/ 形 (~·er; ~·est) ❶ **a** 〈感覚·洞察力など〉鋭い, 鋭敏な; 〈刃物など〉よく切れる: a ~ sense of hearing 鋭い聴覚 / a ~ wit 鋭い機知 / ~ powers of observation 鋭い観察力 / a ~ brain 切れる頭 / a ~ observer of the political scene 鋭い政情観察者. **b** 〈先端·刃物など〉鋭い, 鋭利な ⇔ dull, blunt) (匹較) 現在では sharp のほうが一般的). ❷ **a** 〈風·寒さなど〉厳しい, 身を切るような. **b** 〈苦痛·競争など〉強烈な, 激しい: ~ competition 激しい競争. **c** 〈言葉·議論など〉しんらつな, 痛烈な: ~ sarcasm 痛烈な皮肉. ❸ 〈感情·興味が〉強い: have a ~ interest in.... に強い関心をもつ. ❹ (主に英) [P] 〔…に〕熱中して; 〔…に〕熱望[切望]して; 〔…したがって〕: He's ~ *on* his work [*on* collecting stamps]. 彼はとても仕事に熱心だ[切手集めに夢中だ] / They're ~ *for* independence. 彼らは独立を熱望している / [+*to do*] He's very ~ *to* go abroad. 彼は大変海外へ行きたがっている / [+(*for*+)代名+*to do*] She's ~ *for* her son *to* enter college. = [+*that*] She's ~ *that* her son should enter college. 彼女は息子が大学に入るのを切望している (★ that 節を用いることができるのは, 通例主節の主語と that 節の主語が異なる時). **b** 熱心な, 気合の入った: a sportsman スポーツに熱心な人. ❺ [P] (口)〈人を〉熱愛して: He's ~ *on* Helen. 彼はヘレンにのぼせている. ❻ (英)〈値段が〉競争的な, 格安の: a ~ price 格安値段. ❼ (口) すてきな, すばらしい. (**as) kéen as mústard** ⇒ mustard (成句). ~·**ly** 副 ❶ 鋭く, 鋭敏に. ❷ 激しく; 痛烈に. ❸ 熱心に. ~·**ness** 名 U ❶ 鋭さ, 鋭敏. ❷ 激しさ, 激烈. ❸ 熱心さ. 【OE=勇敢な, 賢明な】【類義語】(1) ~ sharp. (2) ~ eager.

keen² /kíːn/ 名 (アイルランドの, 死者に対する泣き叫びを伴う)哀歌, 泣き悲しむこと. — 動 自 〈死者に対して〉泣き叫ぶ; 泣き声を立てる. — 他 〈人の〉死を泣き悲しむ. ~·**er** 名

※**keep** /kíːp/ (**kept** /képt/) ❶ [副詞(句)を伴って] **a** (ある場所·位置に)とどまる, いる: ~ *at* home ずっと家にい

991 **keep**

る / ~ *to* the right = ~ *right* 右側通行をする / The children *kept* indoors. 子供たちは家にとどまっていた. **b** 進み[動き]続ける: *K*~ straight *on*. そのまままっすぐ行きなさい / *K*~ *along* this road for two miles or so. この道を2マイルほど行きなさい.
❷ **a** ずっと〈…の状態〉である: [+補] Please ~ quiet [silent]. どうぞ静かにしてください (匹較) ⊕ B 7) / He *kept* awake. 彼はずっと目をさましままでいた / We should ~ in touch with scientific advances. 常に科学の進歩に遅れないようにすべきだ. **b** ずっと…し続ける: [+補] He *kept* saying the same thing over and over again. 彼は何度も同じことを言い続けた. **c** [how, well などとともに進行形で] (口) 調子[体調]が〈…〉である: "How are you ~*ing* these days?" "(I'm ~*ing*) very well, thank you." 「最近調子はどう?」「とてもいいです, ありがとう」.
❸ **a** 〈食物が〉(腐らないで)もつ: This milk won't ~ till tomorrow morning. この牛乳はあすの朝まではもたないだろう. **b** 〈話·仕事などが〉(すぐ話さなくても[処置されず])後まで とっておかれる: The matter will ~ till morning. その事 (を処置するの)は朝になってからでもよい.

— 動 他 ❶ 〈ものを〉取っておく, 捨てないでおく; ずっと持っている: She has *kept* all her letters from him. 彼女は彼から来た手紙をすべてずっと持っている / *K*~ the change. 取っておきなさい[おつりはいい] / (★ おつりをチップとして渡す時の決まり文句) / One should ~ film *in* a dark and cool place. フィルムは冷暗所にしまっておくべきだ / I'll ~ this *for* future use. これを将来のために取っておこう / [+目+目] Will you ~ me this book [~ this book *for* me]? I'll come later. この本を取っておいてくれませんか, あとで来ますから.
❷ **a** 〈約束·規則などを〉守る; 〈法律·規則などに〉従う: ~ a promise [one's word] 約束を守る. **b** 〈生活上の時間を〉守る: ~ keep early [late, regular] HOURS (成句). **c** 〈時計が〉〈時間を〉(正しく)守る: This watch ~s good time. この時計は時間が正確である. **d** 〈儀式·習慣などを〉行なう, 祝う: ~ the Sabbath 安息日を守る / ~ Christmas [one's birthday] クリスマス[誕生日]を祝う. **e** 〈秘密を〉守る: He cannot ~ a secret. 彼は秘密が守れない.
❸ **a** 〈人を〉引き留めておく; 缶詰にしておく: His teacher *kept* him after school. 彼の先生は放課後も彼を引き留めて家へ帰さなかった. **b** 〈人を〉〈…の状態に〉引き留めておく [+目+補]: The snow *kept* them indoors. 雪のために彼らは家の中に閉じ込められた / I won't ~ you long. 長いことお時間は取らせません / The suspect was *kept* in custody for a week. 容疑者は1週間拘留された. **c** (口) 〈人を〉遅らせる, 足留めにする: What *kept* you so long? どうしてこんなに遅くなったんだい.

— 動 ❶ **a** 〈人を〉保護する; 〈ゴールを〉守る: ~ goal (フットボールなどで)ゴールキーパーをやる / God ~ you! 神があなたを守ってくださるように!, お大事に! / ~ a person *from* danger 危害のないように守る.
❷ 〈ものを〉〈…のために〉保管する; 〈金を〉預ける; 〈食品などを〉保存する: Banks ~ money *for* us. 銀行は我々のために金を保管する / Will you ~ this jewel *for* me? この宝石を保管しておいてくれませんか / Meat can be *kept* by drying [smoking]. 肉は乾燥させて[燻製(くんせい)にして]保存することができる.
❸ 〈家·庭などを〉(よい状態に)維持する, 手入れする: This garden is always *kept* well. この庭園はいつも手入れが行き届いている. **b** 〈商店·学校などを〉経営する, 管理する: ~ a shop 店を経営する. **c** [~ *oneself* で] 自活する.
❹ **a** 〈家族を〉養う, 扶養する: He ~s a large family. 彼は大家族を養っている. **b** 〈家畜·犬·種などを〉飼う, 飼育する: ~ a dog [bees, cows] 犬[蜜蜂, 牛]を飼う. **c** 〈人を〉雇い続ける, 雇っておく〈*on*〉. **d** 〈女を〉囲う.
❺ 〈ものを〉〔…を〕(売って)いる: That store ~s *imported* cheeses. あの店では輸入チーズを売っている / We don't ~ silver plate in stock. 銀の食器類は在庫がございません.

keep

❻ **a** 〈日記・帳簿などを〉(続けて)つける: ~ a diary (習慣として)日記をつける / ~ books [accounts] 帳簿をつける. **b** 〈時間を〉記録する.
❼ 〈ある状態・動作を〉続ける: ~ silence 沈黙を続ける(《比較》keep silent のほうが一般的) / ~ watch 見張りを続ける.
❽ 〈…を〉ずっと〈…の状態に〉しておく, 保つ; 〈…を〉〈…させ〉続ける, 続けて〈…させる〉: 〔+目+補〕I kept myself warm by walking about. その辺を歩き回って体が冷えないようにした / K~ your body [yourself] clean. 体を清潔にしておきなさい / K~ your head down. (危険だから)頭を低くして[引っ込めて]いなさい / They kept the back door locked. 裏口は錠をおろしたままにしておいた / Let's ~ it a secret. それを秘密にしておこう / He always ~s his room in order. 彼はいつも自分の部屋を整頓しておく 〔+目+doing〕K~ the stove burning. ストーブをたき続けておきなさい / I'm sorry I have kept you waiting so long. 長いことお待たせしてすみませんでした.
❾ **a** 〈…を〉離れないでいる: Please ~ your seat. 席を離れないでください. **b** [~ one's way で]ずっとはずれずに進む. **c** 〈部屋に〉閉じこもる; 〈ベッドに〉とどまる.
❿ [~ company で]友だちと交わる, 交際する 〔with〕.

kéep áfter... (1) 〈犯人などを〉追い続ける; 〈女などを〉追い回す(★受身可). (2) 〔…について〕〈人に〉しつこく言う[しかる] 〔about〕. (3) 〈人に〈…するように〉しつこく言う[せがむ]: 〔+ to do〕~ after a person to clean his room 人に部屋を掃除するようにうるさく言う.

kèep ahéad 他人より先んじている; 〈相手・追跡者〉より先に行く: He kept (one step) ahead of his rivals. 彼は競争相手より(一歩)先んじていた.

kéep át (《他+前》…at…〕(1) 〈人に〉〈仕事・勉強などを〉続けてやらせる: I'm going to ~ them at their task. 彼らには続けて仕事をやらせるつもりです. — [[《自+前》~ at …]] 〈仕事・勉強などを〉続けてやる, 熱心にする: K~ at it! 続けてやれ, がんばれ. (3) = KEEP on at…. 成句.

kèep awáy (《他+副》(1) 〈人・ものを〉〔…に〕近づけない, 触れさせない: What kept you away last night? 何の用で昨夜あなたは来られなかったのですか / K~ the matches away from the children. 子供たちがいる所にマッチを置かないようにしなさい. — 〔《自+副》~ awáy (fróm...)〕 (2) 〔…に〕近づけない, 〈…を〉遠ざける: K~ away from my daughter. 私の娘に手を出すな. (3) 〈飲食物を〉口にしない: K~ away from fatty foods. 油っこい食べ物は口にするな.

kèep báck (《他+副》(1) 〈人・くしゃみなどを〉押しとどめておく, 制する: The mob was kept back by the police. 暴徒は警察によって制圧された / I couldn't ~ a sneeze [a smile]. くしゃみ[笑い]を抑えることができなかった. (2) 〈ものの一部を〉〔…のために〕取って[しまって]おく (reserve): ~ back some tickets for a friend 友人のために切符を取っておく. (3) 〈金などを〉〔…から〕差し引く: He always ~s back ten dollars from his wages. 彼は給料からいつも10ドルを差し引く. (4) 〔~+目+back〕秘密・情報などを〉〔…から〕隠しておく: I suspect he's ~ing something back from me. 彼は私に何か隠しているのではないかと思う. — (《自+副》(5) 離れている, 引っ込んでいる: K~ back (from the fire). (火から)離れていなさい.

kèep dówn (《他+副》(1) 〈反乱・暴徒などを〉鎮める: ~ down a mob 暴徒を抑える. (2) 〈声・音を〉低くする: She could not ~ down her excitement. 彼女は興奮を抑えることができなかった. (3) 〈経費・価格・数量などを〉小さくおさえる: ~ down extra expenses 余計な出費を抑える. (4) 〔~+目+down〕〈住民・国などを〉抑圧する; 〈人などを〉抑えつけておく: You can't ~ a good man down. 《諺》有能な人を抑えつけておくわけにはいかない (有能な人は必ず頭角を現すものだ). (5) 〈飲食物などを〉(胃から)戻さないでおく: The patient can't ~ anything down. その患者は何も受けつけない (みな吐いてしまう). — (《自+副》(6) 身を低くしている, 身を伏せる. (7) 〈風が〉静まる.

kéep one's féet ⇒ foot 名 成句.

kéep fróm (《他+前》(1) 〈人・物が〉〈…するのを〉妨げる, させないでおく: 〔+doing〕Keep the milk from boiling over. 牛乳が沸騰してこぼれないようにしなさい / What is ~ing you from helping her? なぜ彼女をまだ助けてやっていないのですか / She could not ~ herself from crying. 彼女は泣かないではいられなかった / What kept you (from coming)? どうして手間どったのか (《用法》from 以下が略されることがある). (2) 〈物事を〉〈人から〉隠す: You are ~ing something from me. 君は私に何か隠しているね. (3) [通例 can [could] not ~ で]〈…するのを〉差し控える; 〈…を〉控える: She couldn't ~ from crying. 彼女は泣かないではいられなかった / Try to ~ from alcohol. 酒を控えなさい.

kèep ín (《他+副》(1) 〈感情を〉抑える (restrain): I could not ~ my indignation in. 私は憤りを抑えられなかった. (2) 《主に英》 〔~+目+in〕〈…を〉〈家の中などに〉閉じ込める; (罰として)〈生徒を〉とどめておく. (3) 《英》 〔~+目+in〕〈火を〉燃やしておく. 火を燃やし続ける. — (《自+副》中[家]に入ったままでいる, 引きこもる. (5) 《英》〈火が〉燃え続ける.

kèep ín with... (《自+前》(通例自分の都合のために)〈上司などと〉仲よくしている(★受身可).

kèep it úp 《口》がんばる, がんばり続ける: K~ it up! よしその調子でがんばれ!

keep óff 〔(《他+副》~ óff〕(1) 〈敵・災害などを〉防ぐ, 近づけない: K~ off the dog. その犬を近づけるな / K~ your hands off. 手を触れるな / She kept her eyes off. 彼女は目をそむけた. — 〔(《他+副》~ …óff…〕 (2) 〈…を〉…から離しておく, …に近づけないでおく, …に立ち入らせないでおく: K~ your dirty hands off me. 汚い手で私にさわらないでください / He ~s the snow off the sidewalk. 彼は歩道の雪をいつも取り除いておく. (3) 〈人に〉〈飲食物などを〉口にさせない: The doctor kept him off cigarettes. 医者は彼にたばこをやめさせた. — 〔(《他+副》~ óff〕(4) 離れている, 近寄らない; 〈雨・雪などが〉降らないでいる, やんでいる: If the rain ~s off, … もし雨がこのまま降らないければ…. — (《自+前》~ óff…〕(5) …から遠ざかる, …に立ち入らない: K~ off the grass. 掲示 芝生に立ち入るな. (6) 〈飲食物などに〉手を出さないでいる: ~ off hard liquor 強い酒を控える. (7) 〈話題などに〉触れないで, …を避ける(★受身可): try to ~ off a ticklish subject 微妙な問題を避けようとする.

kèep ón (《自+副》(1) 進み続ける (⇒ 自 1 b). (2) 〔…のことを〉しゃべり続ける, 言い続ける (go on): He kept on about his job. 彼は仕事の話をしゃべり続けた. (3) 〈…を〉〔+doing〕She kept on making the same mistake. 彼女は同じ間違いをし続けた《用法》keep doing (cf. 自 2 b) では中断・継続を表わすが, keep on doing は前者よりも強調的で反復, しばしば執拗さを暗示する). — (《他+副》(4) 〈人を〉雇い続ける, 雇っておく (⇒ 他 B 4 c). (5) 〔~+目+on〕〈衣服を〉つけたままでいる: ~ one's shoes on 靴をはいたままでいる. (6) 〈家・車などを〉所有[借用]し続ける.

kèep ón at... 〈人に〉うるさく言う[せがむ], …にがみがみ小言を言う: 〔+ to do〕His son kept on at him to buy a new car. 彼の息子は彼に新車を買えとうるさくせがんだ.

kèep óut (《他+副》(1) 〈…を〉中に入れない, 締め出す: ~ a dog 犬を中に入れない / Shut the windows and ~ the cold air out. 窓をみんな締めて冷たい空気が入らないようにしなさい. — (《自+副》中に入らない, 外にいる: Danger! K~ out! 掲示 危険! 立ち入り禁止.

keep óut of... 〔(《他+副》~…óut of…〕(1) 〈…を〉…の中に入れない, …から締め出す: The fence ~s dogs out of our garden. 垣根のおかげで犬が庭に入らない. (2) 〈雨・寒気などを〉…の中に入れない: The blinds ~ the sun out of the room. ブラインドで陽光が部屋に入らない. (3) 〈…を〉〈太陽・危険などに〉さらさないでおく: K~ those plants out of the sun. その植物を日に当てないでください / He tried to ~ his name out of the papers. 彼は自分の名前を新聞に出ないようにした. (4) 〈…を〉〈けんかなどに加わらせないようにする: She kept her child out of his way [group]. 彼女は子供が彼のじゃまにならないようにした[彼の

仲間に加わらないようにした]. ── [(⾃+前) ～ óut of...] (5) ...の外にいる,...に入らない: ～ *out of* a private room 私室に入らない. (6) 〈太陽・危険などに〉身をさらさないで: ～ *out of* the sun 日なたを避ける. (7) 〈けんかなどに〉加わらないでいる: Try to ～ *out of* his way. 彼のじゃまをしないようにしなさい.

kéep onesélf to onesélf ひとりぼっちでいる, 人とのつき合いを避ける.

keep to [(⾃+前) ～ to...] (1) 〈道・進路などから〉離れない,...に沿って進む: K~ *to* this road. この道に沿って行きなさい. (2) 〈本論・話題などから〉離れない[脱線しない] (★受身可). (3) 〈計画・予定・約束などを〉守る;〈規則・信念などを〉固守する. (4) 〈家などに〉閉じこもる: ～ *to* one's bed (病気で)寝ている. ── [(他+前) ～...to...] (5) 〈...を〉〈場所・進路などから〉離れないようにする. (6) 〈...を〉〈ある限度〉に保つ: ～ one's remarks *to* a [the] minimum 発言を最小限に抑える. (7) 〈人に〉〈計画・約束などを〉守らせる: ～ a person *to* his word [promise] 人に約束を守らせる.

kèep togéther (⾃+副) ─ [～＋副＋together] (1) 〈二つ以上のものを〉まとめる, 一緒にする: ～ Christmas cards *together* クリスマスカードをひとまとめにする. (2) 〈集団を〉まとめる, 団結させる: ～ one's class *together* クラスを団結させる. ── [(自+副) (3) 〈ものが〉くっついている, 一緒になる. (4) 〈...において〉協力する, 団結する (*in, on*): We must ～ *together in* our opposition. 私たちは団結して反対しなければならない.

keep to onesélf (⾃+前) (1) 人とつき合わない, ひとりぼっちでいる. ── [(他+前) (2) 〈ものを〉他に与えない, ひとり占めする: He kept the money *to himself*. 彼はその金をひとり占めした. (3) 〈情報・意図などを〉他に知らせない: He often ～s his opinions *to himself*. 彼は自分の意見を人に言わないことがよくある / K~ your silly remarks *to yourself*! ばかな話など言わないで.

keep únder [(他+副) ～ únder] [～＋他+under] (1) 〈ものを〉下に置く. (2) 〈人を〉抑える, 制する; おとなしくさせる, 服従させる. (3) 〈価格・水準などを〉上げたままにしておく. (4) 〈火などを〉鎮圧する; 〈感情・みけを〉抑える: We managed to ～ the fire *under*. やっとのことで火の勢いを抑えることができた. ── [(他+前) ～...under...] (4) 〈ものを〉...の〈保護・監視のもと〉におく: ～ one's jewelry *under* lock and key 宝石を錠をおろして厳重に保管する / ～ a suspect *under* constant surveillance 容疑者を絶えず監視する.

kèep úp (他+副) ─ (1) 〈...を〉(上に)あげておく, 沈まないようにする: ～ oneself *up* in the water 水中で体を浮かせておく. (2) 〈価格・水準などを〉上げたままにしておく. (3) 〈体面・元気などを〉保持する: K~ *up* your spirits. (最後まで)気力を失うな / ～ *up* appearances 体面を保つ. (4) 〈活動・状態などを〉継続する, 持続する: ～ *up* the same pace 同じ歩調を保っていく / ～ *up* an attack 攻撃を続ける / ～ *up* one's German ドイツ語の勉強を続ける. (5) 〈家屋・車などを〉維持する (maintain): ～ *up* a large house 大きな家を維持する. (6) 〈人を〉夜起こしておく: The noise *kept* me *up* till late. その騒音で夜遅くまで寝つけなかった. (7) 〈勇気・元気などが〉くじけない, 衰えない; がんばり通す. (8) 〈値段などが〉高いままである: Prices will ～ *up*. 物価は下がらないだろう. (9) 〈天気・雨などが〉続く: If the weather ～s *up*... 天気が続けば... (10) 夜起きている. (11) 〈人・勉強などに〉遅れないでついていく. (12) 〈活動などが〉続く; 〈授業などが〉続く.

kèep úp on... (口) 〈事情などに〉通じているようにする.

kèep úp with... (1) 〈人・時勢などに〉遅れない, 負けないでついていく: It's rather difficult for an old man to ～ *up with* the times. 老人が時勢に遅れずについていくことは難しいことだ. (2) 〈人と〉(交通の)接触を保つ, 交際を続ける. (3) 〔支払いなどを〕(定期的に)続ける.

You can kéep... (口)...なんかいらない.

── 名 ❶ Ⓤ 生活必需品; 生活費, 食いぶち (★通例次の句で): earn one's ～ 食いぶちをかせぐ. ❷ Ⓒ (昔の城の)本丸, 天守閣.

for kéeps (口) (1) いつまでも, 永久に: You may have this *for ~s*. これはあなたにあげます(返さないでよい). (2) 勝ち取った物は返さない約束で; 本気で: She's a business-person who plays *for ~s*. 彼女は生半可な実業家ではない.

《OE＝見守る, 守る》

〖類義語〗**keep** ある物を持ち続ける, 最も一般的な語. **retain** 改まった感じの語で, しっかり保持して失うまいとする気持ちを暗示する. **withhold** 保持していて, 差し出す[与える]のを断わる気持ちを表わす. **reserve** 保留する, または将来のために取っておく.

kéep・a・ble /-pəbl/ 形 (長く)保存がきく, 保存可能な; (長く)もち続けるに値する, 保持したい.

kéep-awáy 名 Ⓤ (米) 子供のボール取り(遊び)《ボールを投げ合う2人の間の子供がそのボールを横取りする》.

***kéep・er** /kí:pɚ | -pə/ 名 ❶ 守る人; 番人, 看守, 付き添い人: I'm not his ～. (口) 私は彼のお守りではない, 彼のことに(まで)責任はもてない. ❷ ⓐ 管理人, 保管者. ⓑ (店などの)経営者, 持ち主: ⇨ innkeeper, shopkeeper. ⓒ (博物館などの)館長 (curator). ❸ ⓐ 飼い主; 飼育係: ⇨ beekeeper. ⓑ (英) 猟場番人: ⇨ gamekeeper. ❹ 守備者, キーパー: ⇨ goalkeeper, wicketkeeper. ❺ (結婚指輪などの)留め指輪. ❻ [通例修飾語を伴って] 貯蔵に耐える果物[野菜]: a good [bad] ～ 長く取っておける[おけない]果物[野菜]. ❼ 〖釣〗釣り上げてよい大きさの魚. **the Kéeper of the Prívy Séal** ⇨ Privy Seal.

✝**kéep-fít** 名 Ⓤ フィットネス運動[体操].

kéep・ing /kí:pɪŋ/ 名 Ⓤ ❶ 維持, 保持, 保育, 保存, 貯蔵. ⓑ 管理, 保管, 保護: in good [safe] ～ よく[安全に]保存[保管]されて / have the ～ of...を保管して[預かって]いる. ❷ ⓐ 規則などを守ること, 遵守 (*of*). ⓑ 〔儀式などを〕行なうこと, 執行 (*of*). ❸ 扶養, 飼養; 扶持, 飼料, 食糧. ❹ 調和, 一致, 相応. **in a person's kéeping** 人が管理保護した. The papers are *in my ～*. 書類は私が預かっている. **in [òut of] kéeping with**...と調和[一致]して[しなくて].

kéep-nét 名 〖釣〗フラシ《針金の輪のついた網びく》.

kéep・sàke 名 記念品, 形見 (memento).

kees・hond /kéɪshɔ̀(:)nd | -hɔ̀nd/ 名 (複 ～s, -hon・den /-dən/) 〖イヌ〗 ケースホンド 《オランダ原産の中型犬》.

kee・ster /kí:stɚ | -stə/ 名 ＝keister.

kef /kéf, kí:f, kéɪf | kéf/ 名 Ⓤ 喫煙用麻薬《マリファナ・ハシーシ・アヘン》.

kef・fi・yeh /kəfí:(j)ə/ 名 ＝kaffiyeh.

keg /kég/ 名 小たる《通例容量5–10ガロン; くぎの場合は50キロあまり; 略 kg; ⇨ barrel 比較》: a ～ of beer [brandy] ビール[ブランデー]ひとたる.

kég bèer 名 Ⓤ (金属製のたるに入った)生ビール.

kég・ger /kégɚ | -gə/ 名 (米俗) ビールコンパ《飲み会》.

kég・ler /kéglɚ | -lə/ 名 (米口) ボウリングをする人, ボウラー.

kei・re・tsu /keɪrétsu:/ 名 (企業の)系列.《Jpn》

keis・ter /kí:stɚ, káɪ- | -tə/ 名 (米俗) ❶ かばん, スーツケース. ❷ お尻, けつ.

ke・lim /kɪ·lɪ:m/ 名 ＝kilim.

Kel・ler /kélɚ | -lə/, **Helen (Adams)** 名 ケラー (1880–1968; 米国の女性作家; 幼時からの盲聾唖(もうろうあ)の三重苦を克服して平和社会運動に貢献した).

Kel・logg /kélɔ(ː)g, -lɑːg | -lɔg/, **Will K(eith)** 名 ケロッグ (1860–1951; 米国の実業家・慈善家; cereal を製造販売するケロッグ社を創立).

Kel・ly /kéli/ ケリー《男性名》.

Kel・ly /kéli/, **Gene** 名 ケリー (1912–96; 米国のダンサー・俳優; ミュージカル映画で活躍).

ke・loid /kí:lɔɪd/ 名 〖医〗ケロイド.

ke・loi・dal /kɪːlɔ́ɪdl/ 形 ケロイド(状)の.

kelp /kélp/ 名 Ⓤ ❶ ケルプ, コンブ《大型の褐色の海藻》. ❷ ケルプ[海藻]灰《ヨードを採る》.

kel・pie /kélpi/ 名 〖スコ伝説〗水魔《馬の姿で出現し, 人を水死に誘いまた水死を予報する》.

kel・son /kéls(ə)n/ 名 ＝keelson.

kelt /kélt/ 名 やせぼそり, ほっちゃり《産卵直後のやせた親サケ[マス]》.

kel·vin /kélvɪn/ [名]〔理〕ケルビン《熱力学的温度の SI 基本単位; 記号 K》. 〖↓〗

Kel·vin /kélvɪn/, **William Thomson,** 1st Baron [名] ケルビン《1824–1907; 英国の数学者・物理学者》.

Kélvin scàle [名] [the ~]〔理〕ケルビン(絶対温度)目盛り《温度の始点は −273.15°C; 0°C は 273.15 K に当たる》.

kemp /kémp/ [名]〔畜〕死毛《羊毛からよりのけた粗毛》. **kémpy** [形]

Kempis, Thomas à [名] ⇨ Thomas à Kempis.

kempt /kém(p)t/ [形]〈髪など〉ちゃんとくしを入れた;〈家など〉こぎれいな.

ken /kén/ [名] [U] 知力の範囲; 理解; 視界: Abstract words are beyond [outside, not within] the ~ of children. 抽象的な言葉は子供には理解しがたい. ── [動] [他]《スコ・北英》知っている; わかる. 〖OE=知らせる〗

Ken /kén/ [名] ケン《男性名; Kenneth の愛称》.

Ken.《略》Kentucky.

ke·naf /kənǽf/ [名] [U] ケナフ, ボンベイ麻《アフリカ原産のフヨウ属の一年草の茎から採る繊維; ロープや粗布の原料》. 〖Pers〗

Kén·dal gréen /kéndḷ-/ [名] [U]〔織〕ケンダルグリーン: **a** ツイードに似た緑色の紡毛織物. **b** この織物の緑色.

Kéndal mínt càke [名] [U] ケンダルミントケーキ《長方形の板の形をしたハッカ味の堅い砂糖菓子》.

ken·do /kéndoʊ/ [名] [U] 剣道. 〖Jpn〗

Ken·ne·dy /kénəḍi/, **Cape** [名] ケープケネディ《Cape Canaveral の旧称》.

Ken·ne·dy /kénəḍi/, **John F(itzgerald)** [名] ケネディ《1917–63; 米国第 35 代大統領(1961–63); Texas 州の Dallas で暗殺された》.

Kennedy, Joseph P(atrick) [名] ケネディ《1888–1969; 米国の実業家・外交官; Kennedy 兄弟の父》.

Kennedy, Robert F(rancis) [名] ケネディ《1925–68; 米国の政治家; John F. Kennedy の弟; 暗殺された》.

Kénnedy (Internátional) Áirport [名]《ニューヨーク市にある)ケネディー(国際)空港.

Kénnedy Spáce Cènter [名]《米》ケネディー宇宙センター《Florida 州東海岸 Cape Canaveral にある NASA のロケット発射基地》.

+**ken·nel** /kén(ə)l/ [名] ❶ 犬小屋 (《米》dog house). ❷ [複数形で]犬の飼育場; 犬の預かり所. ❸ みすぼらしい家. ── [動] [他] (**ken·nel(l)ed; ken·nel·(l·)ing**)〈犬を〉犬小屋に入れる[で飼う]. 〖F＜L *canis* 犬; cf. canine〗

Kén·nel·ly(-Héav·i·side) làyer /kénəlihévisàɪd-/ [名]〔通信〕ケネリー(ヘビサイド)層 (E layer).

kénnel·man /-mən/ [名] ([複] **-men** /-mən/) 犬舎のオーナー[管理者], 犬の飼育者[世話人]《★ 女性形は **kénnel·màid**》.

Ken·neth /kénɪθ/ [名] ケネス《男性名; 愛称 Ken》.

ken·ning /kénɪŋ/ [名]〔修〕婉曲代称法, ケニング《主に古英詩や Edda にみられる一種の隠喩表現; たとえば heofon-candel (=heaven candle) で 'sun' の意》.

Ken·ny /kéni/, **Elizabeth** [名] ケニー《1886–1952; オーストラリアの看護婦; 小児麻痺患者のリハビリテーション技術を開発》.

ke·no /kíːnoʊ/ [名] [U] キーノ《ビンゴ (bingo) に似たカード賭博》.

ke·no·sis /kɪnóʊsɪs/ [名] [U]〔神学〕(キリストの)謙虚《キリストが人間の形をとることによる神性放棄; ★ 聖書「ピリピ人への手紙」から》. **ke·not·ic** /kənáṭɪk | -nɔ́t-/ [形]

Kén·sing·ton Gárdens /kénzɪŋtən-/ [名] [複] [しばしば単数扱い] ケンジントンガーデン《英国 London の Hyde Park の西隣にある大公園》.

Kent /ként/ [名] ケント州《イングランド南東部の州; 州都 Maidstone /méɪdstən/》. **Ként·ish** /-tɪʃ/ [形]

ken·te /kénṭi/ [名] ❶ [U] (また **kénte clòth**) ケンテ《派手な色のガーナの手織り布》. ❷ [C] ケンテで作ったトーガ.

kén·ti·a pàlm /kénṭiə-/ [名]〔植〕ヒロハケンチャヤシ《オーストラリア原産のケンチャヤシ属のヤシ; 葉柄は長く, 葉はほとんど湾曲しない; 観賞用として主に鉢植え栽培される》.

Kéntish glóry [名]〔昆〕カバガ《ヨーロッパ産の大型の蛾》.

Ken·tuck·i·an /kəntʌ́kiən | ken-, kən-/ [形] [名] Kentucky 州の(住民); Kentucky 生まれの(人).

Ken·tuck·y /kəntʌ́ki | ken-, kən-/ [名] ケンタッキー州《米国中東部の州; 州都 Frankfort; 略 Ky.; Ken; 〔郵〕KY; 俗称 the Bluegrass State》. 〖N-Am-Ind=平原〗

Kentúcky Dérby [名] [the ~] ケンタッキー競馬《Kentucky 州 Louisville で毎年 5 月に行なわれる; cf. classic races》.

Ken·ya /kénjə, kíːn-/ [名] ケニア《東アフリカの中東部にある英連邦内の共和国; 首都 Nairobi》.

Ken·ya /kénjə, kíːn-/, **Mount** [名] ケニア山《ケニアのほぼ中央に位置する死火山; アフリカ大陸第 2 の高峰 (5199 m)》.

Ken·yan /kénjən, kíːn-/ [形] ケニア(人)の. ── [名] ケニア人.

ke·pi /kéɪpi, képi/ [名] ケピ帽《フランスの軍帽; 頂部が扁平(へんぺい)》. 〖G=《方》帽子〗

Kep·ler /képlə | -lə/, **Jo·han·nes** /joʊhǽnɪs/ [名] ケプラー《1571–1630; ドイツの天文学者》.

‡**kept** /képt/ [動] **keep** の過去形・過去分詞. ── [形] 金銭上の援助を受けている: a ~ woman めかけ.

Ker·a·la /kérələ/ [名] ケララ《インド南西端のアラビア海に面する州》.

ker·at- /kérət/ [連結形] (母音の前にくる時の) kerato- の異形.

ker·a·tec·to·my /kèrətéktəmi/ [名] [U]〔医〕角膜切除(術).

ker·a·tin /kérətən, -tn | -tɪn/ [名] [U]〔化〕ケラチン, 角質《つめ・毛髪・角・羽毛などに含まれる硬たんぱく質の一種》.

ker·a·tin·ize /kérəṭənàɪz/ [動] [他] [自]〔生化〕ケラチン状にする[なる], 角質化する. **ker·a·tin·i·za·tion** /kèrəṭənɪzéɪʃən | -naɪz-/ [名]

ke·rat·i·no·cyte /kərǽṭənəsàɪt/ [名]〔生化〕ケラチン生成細胞《表皮細胞にある》.

ke·rat·i·nous /kərǽṭənəs/ [形] ケラチン(質)の, 角質の.

ker·a·ti·tis /kèrətáɪṭɪs/ [名] [U]〔眼〕角膜炎.

ker·at·o- /kérətoʊ-/ [連結形]「角」「角質」「角膜」. 〖Gk *keras, kerat-* horn〗

kérato·plàsty [名] [U]〔眼〕角膜移植[形成](術).

ker·a·to·sis /kèrətóʊsɪs/ [名] ([複] **-ses** /-siːz/)〔医〕(皮膚の)角化症.

ker·a·tot·o·my /kèrətáṭəmi | -tɔ́t-/ [名] [U]〔医〕角膜切開(術).

kerb /kə́ːb | kə́ːb/ [名]《英》=curb 1.

kérb-cràwling [名] [U]《英》縁石沿いに車をゆっくり走らせて人を誘うこと. **kérb-cràwler** [名]

kérb drìll [名]《英》(道路横断の時に)左右を見ての注意.

kérb·stòne [名]《英》=curbstone.

kérb wèight [名]《英》(車の)装備重量, 車両重量.

ker·chief /kə́ːtʃɪf, -tʃiːf | kə́ː-/ [名] ❶ カーチフ, ネッカチーフ《婦人が髪押さえにかぶり, 端をあごの下で結ぶ》. ❷《詩》ハンカチ. 〖F＜*couvrir* to cover+*chef* head〗

Ke·ren·sky /kərénski/, **A·lek·san·dr** /ælɪgzǽndə | -záːndə/ [名] ケレンスキー《1881–1970; ロシアの革命家; 臨時政府首相 (1917); のち米国に住んだ》.

kerf /kə́ːf | kə́ːf/ [名] ❶ (おのなどでの)切り口, 切り溝, (のこの)挽き目. ❷ (切り倒した木の)木口, 切り口.

ker·fuf·fle /kəfʌ́fl | kə-/ [名] [単数形で]《英口》騒動, 言い争い〔*about*〕(commotion). 〖Sc〗

ker·mes /kə́ːmiːz | kə́ː-/ [名] ([複] ~) ❶ [U] ケルメス: **a** カーミンカイガラムシの雌を乾燥させたもの. **b** a から採る鮮紅色の染料. ❷ [C] (また **kérmes òak**)〔植〕ケルメスナラ, アカミガシ《地中海沿岸産の常緑低木; これにカーミンカイガラムシがつく》.

ker·mis /kə́ːmɪs | kə́ː-/ [名] (オランダなどの)祭の市(いち);《米》にぎやかな慈善市.

kern[1] /kə́ːn | kə́ːn/ [名]〔印〕飾りひげ《イタリック体文字の *f* の上端と下端, *y* の下端など活字ボディーから突き出した部分》. ── [動] [他] [自] (…に) 飾りひげを使う[つける];〈文字の〉間隔を調整する.

kern², kerne /kə́ːn | ká:n/ 图 ❶ (古代アイルランドの)軽歩兵(隊)《剣と投げ槍だけを持った》. ❷《古》百姓.

ker·nel /kə́ːnl | káː-/ 图 ❶ (ウメ・モモなどの果実の核の中にある)仁(じん). ❷ (小麦などの)穀粒 (grain). ❸ [the ~]《問題などの》核心, 眼目, 心髄 (core): the ~ of a matter [question] 事件[問題]の核心. ❹《電算》カーネル (OSの中枢部).

†**ker·o·sene, ker·o·sine** /kérəsìːn, ‐‐‐/ 图 Ⓤ《米》灯油,《英》paraffin): a ~ lamp 石油ランプ / a ~ heater 石油ストーブ. 《Gk=ろう》

Ker·ou·ac /kéruæk/, **Jack** 图 ケルアック《1922–69; 米国のビート世代の代表的作家》.

Ker·ri·a /kériə/ 图 《植》ヤマブキ《中国・日本原産のバラ科の落葉低木》.

Ker·ry /kéri/ 图 ❶ ケリー《アイルランド南西部 Munster 地方の県, 県都 Tralee /trǽli:/; 山岳地域で湖沼が多い》. ❷ [しばしば k~] ケリー種《の黒牛》《良種の小型乳牛》.

Kérry blùe (térrier) 图 ケリーブルー(テリア)《アイルランド原産の猟犬・愛玩犬》.

Kérry Híll ケリーヒル種《の羊》《Wales や Midlands で飼育される短毛の羊》.

ker·sey /kə́ːzi | káː-/ 图 《‐s, ker·sies》 ❶ Ⓤ カージー織《粗いラシャ》. ❷ [複数形で] カージー織のズボン.

ker·sey·mere /kə̀ːzimíə | kə̀ːzimíə/ 图 Ⓤ カージーミア《良質梳毛糸のあや織りの服地》.

kes·trel /késtrəl/ 图 《鳥》チョウゲンボウ; ヒメチョウゲンボウ《アメリカチョウゲンボウ《小型のハヤブサ)》.

ket·a·mine /kíːtəmìːn/ 图 《薬》ケタミン《非バルビタール系の速効全身麻酔薬; 幻覚剤として使われることがある》.

ketch /kétʃ/ 图 《海》ケッチ《二本マストの沿岸用帆船》.

*__ketch·up__ /kétʃəp, -tʃʌp/ 图 ケチャップ.

ke·tone /kíːtoun/ 图 Ⓤ Ⓒ 《化》ケトン.

kétone bòdy 图 ケトン体.

ke·to·ne·mi·a /kìːtəníːmiə/ 图 《医》ケトン血(症).

ke·to·nu·ri·a /kìːtən(j)ú(ə)riə | ‐njúər-/ 图 《医》ケトン尿(症).

ke·to·sis /kitóusəs/ 图 《医》ケトン症, ケトーシス《糖尿病に伴うことが多い》. **ke·tot·ic** /kitátik | ‐tɔ́t-/ 形

*__ket·tle__ /kétl/ 图 ❶ やかん, 湯沸かし: put the ~ on やかんを火にかける《お湯を沸かす》: ⇒ teakettle. ❷ =kettle hole. **a different kèttle of físh**《口》別問題, 別の事柄. **a prétty [fíne, níce] kéttle of fìsh**《口》困った事, いざこざ, 紛糾《*pretty, fine, nice* は反語》.《OE<L=深なべ》

kéttle·drùm 图 《楽》ケトルドラム《2個または3個一組の kettledrums を timpani といい, その演奏者を timpanist という》.

kéttle hòle 图 《地》甌穴(おうけつ).

kev·el /kév(ə)l/ 图 《海》大型索留め, ケベル.

Kev·lar /kévlɑə | ‐lɑ:/ 图 Ⓤ 《商標》ケブラー《ナイロンより軽く鋼鉄の5倍の強度をもつとされ, タイヤコード・ベルト・防弾服などに用いられる繊維》.

Kéw Gárdens /kjúː-/ 图《しばしば単数扱い》キュー植物園《英国 London の西郊 Kew にある国立植物園》.

Kew·pie /kjúːpi/ 图 《米》《商標》キューピー《人形》.《Cupid の変形》

⋆**key¹** /kíː/ 图 ❶ Ⓒ **a** かぎ, キー《比較 日本語の場合はかぎに「錠」は含まない; cf. lock¹1》: a house [room] ~ 家[部屋]のかぎ / lay [put] the ~ under the door ドアの下にかぎを置く《★ 死をたたかえだらしない》/ turn the ~ on a person《ドアにかぎをかけて人を出られ[逃げられ]ないようにする. **b**《時計のねじを巻くための》かぎ. ❷ Ⓒ かぎ形のもの《バッジ・紋章など》. ❸ [the ~] 要所, 関門: Gibraltar, the ~ to the Mediterranean 地中海の入り口を守る要害のジブラルタル. ❹ Ⓒ **a**《問題・事件などの》解答, 解決のかぎ[手がかり]; 《成功などの》秘訣(ひけつ): the ~ to a mystery [riddle] なぞを解くかぎ / a ~ to victory 勝利の秘訣 / the ~ to (solving) a problem 問題解決のかぎ. **b**《外国語の書物の》直訳本; 《問題[練習]問題の》解答書, とらの巻《*to*》. **c**《地図・辞書などの》記号解《*to*》. **d**《暗号》の作成[解読]書《法》《*to*》. **e**《動植物の》検索表《*to*》. ❺ Ⓒ **a**《タイプライター・コンピューターなどの》キー. **b**

995   **Keynesian**

《電》電鍵(でんけん). **c**《オルガン・ピアノ・吹奏楽器の》鍵(けん). ❻ Ⓒ **a**《声の》調子: speak in a high [low] ~ 高い[低い]調子で話す / all in the same ~ すべて同じ調子で, 単調に. **b**《思想・表現などの》基調, 様式. **c** =keyword. **d**《楽》《長短の》調: ⇒ major key, minor key. ❼ Ⓒ《絵の》色調. ❽ Ⓒ《植》《カエデ・トネリコなどの》翅果(しか), 翼果. **in kéy**《…と》調和して, 《…に》適切に《*with*》. **òut of kéy**《…と》不調和で, 《…に》不適切で《*with*》.

—— 形 限 基本的な, 重要な: a ~ color 基本色 / a ~ position [issue, factor] 重要な地位[問題, 要因] / a ~ currency 基軸通貨, 国際通貨 / ⇒ key industry.

—— 動 ⊕ ❶ 〈…を〉キーボードで入力する《*in*》. ❷ [副詞(句)を伴って]〈…に〉…を固定する《★ 通例受身》. ❸〈楽器を〉調律する. ❹〈…を〉〈状況・雰囲気などに〉合わせる, 調和させる, 調節する《*to, in(to), with*》《★ 通例受身》. ❺《米》《しっくりなじのりをするために》《表面を粗くする. ❻《広告に》記号(など)を入れる《複数の雑誌に同じ広告を掲載した時などに, どの雑誌の読者から反応があったかを知るためのもの》. ❼ Ⓤ〈…と〉ついて〉…の重要な要因となる. ❽〈車の塗装を〉《かぎなどで》引っかいてはがす. —— ⊕ （キーボードで入力して）〈システムなどに〉入る《*into*》. **(àll) kéyed úp**《…に》〈ひどく〉興奮[緊張]して: They are all ~ed up *about* an exam. 彼らは試験のことでとても緊張している.

kéy úp《⊕+副》(1)〈…の〉調子を上げる, 音締めをする: ~ a piano up to concert pitch ピアノを合奏調に高める. (2) 緊張[興奮]させる; 鼓舞する《⇒ (all) keyed up 成句》: The coach ~*ed up* the team *for* the game. コーチはその試合を控えてチームの気分を盛り上げた. (3)〈要求などの〉調子を強める.

《OE》

key² /kíː/ 图《米国 Florida 州沖などの》低い小島, 州島, サンゴ小島 (cf. Key West).

*__key·board__ /kíːbɔ̀əd | ‐bɔ̀ːd/ 图 ❶ 鍵盤; キーボード. ❷ 電子鍵盤楽器, キーボード《エレクトーンなど》. ❸《ホテルなどの》受付で客室のかぎを下げる板, キーボード. —— 動 ⊕ ❶〈コンピューターなどの〉キーを打つ. ❷ コンピューターなどにキーを押して〈情報を〉入れる (enter).

kéy·bòard·er /‐də | ‐də/ 图 キーボード入力[操作]者, キーオペレーター.

kéy·bòard·ist /‐dɪst/ 图 鍵盤楽器[キーボード]奏者.

kéy càrd 图 カード(型)キー.

kéy chàin 图《多くのかぎを束にして通す》キーホルダー.

kéy clùb 图 キークラブ《キーを渡された会員だけのナイトクラブ》.

keyed /kíːd/ 形 ❶ 有鍵の: a ~ instrument 有鍵楽器《ピアノ・オルガンなど》. ❷ Ⓟ〈状況・雰囲気などに〉合わせて《*to*》《⇒ key¹ 動 4》. ❸《楽》〈特定の〉調に合わせた.

kéy gríp 图 キーグリップ《映画・テレビの制作でカメラや背景を移動させたり組み立てたりして行なわれる技術者》.

kéy·hòlder 图《商店・工場などの》鍵を預けられている人, 鍵保管人.

kéy·hòle 图 かぎ穴: peek through [listen at] a ~ かぎ穴からのぞき込む[盗み聞きする]. —— 形 報道などの機微に触れる; 〈記者が〉内幕を書きたがる.

kéyhole sàw 图 挽(ひ)き回し, 穴挽きのこ.

kéyhole sùrgery 图《英口》キーホールサージャリー《ファイバースコープを利用して, きわめて小さい切開部から小型の手術器具を差し入れて行なわれる手術》.

kéy índustry 图 基幹産業.

kéy·less 形 かぎのない[いらない].

kéy lìght 图《写真の被写体を照らす》主光線.

Kéy líme 图《植》キーライム《酸味よりも苦味のある黄色のライム》.

kéy máp 图 輪郭地図, 概念図.

kéy mòney 图 ❶ Ⓤ《借家人が入居前にかぎと引き換えに払われる》権利金. ❷《米》敷金;《家を借りるためにこっそり払われる》手付け金, キーマネー.

Keynes /kéɪnz/, **John May·nard** /méɪnəd | ‐nəd/ 图 ケインズ《1883–1946; 英国の経済学者》.

Keynes·i·an /kéɪnziən/ 形 ケインズ(学説, 学派)の,

── [名] ケインズ学徒.

+**kéy·nòte** [名] ❶ (演説などの)要旨, 要点; (行動・政策・性格などの)基調, 基本方針; 〔…の〕主要な特徴: give the ~ to…の大方針を定める / strike [sound] the ~ *of*…の基調に触れる[を探る]. ❷ 〘楽〙 主音 《音階の第 1 音》.
── [動] [他] 《口》 ❶ 〈政党大会などで〉基調演説をする. ❷ 〈ある考えを〉強調する.

kéynote addréss [spéech] [名] (政党などの)基本方針[基調]演説.

kéy·pàd [名] キーパッド 《プッシュホン・小型電卓などの小型パネル》.

kéy·pàl [名] 《口》 電子メールを交換し合う友だち, メル友.

kéy·pùnch [名] 〘電算〙 キーパンチ, 鍵盤穿孔(せんこう)機 (cf. card punch). ── [動] [他] ❶ 〈パンチカード・紙テープに〉キーパンチで穿孔する. ❷ 〈データなどを〉キーパンチで〔紙テープなどに〕打ち込んでおく 〔*onto, into*〕.

kéy·pùncher [名] キーパンチャー.

kéy rìng [名] (多くのかぎを束にして通す)かぎ輪 《[比較]「キーホルダー」は和製英語》.

kéy sìgnature [名] 〘楽〙 調号 《五線譜の最初に記した ♯ (sharp), ♭ (flat) の記号》.

kéy·stòne [名] [通例単数形で] ❶ 〘建〙 (アーチの頂上の)かなめ石, くさび石. ❷ 要旨, 根本原理 〔*of*〕.

Kéystone Stàte [名] [the ~] キーストーン州 《米国 Pennsylvania 州の俗称; 独立当時 13 州の中央部に位置したことによる》.

kéy·stròke [名] (タイプライター・植字機・コンピューターなどの)キー打ち.

kéy·wày [名] 〘機〙 キー溝(みぞ).

Key West /kíːwést/ [名] キーウェスト: ❶ 米国 Florida 州の南西端の島 (cf. key²). ❷ Key West 島の海港; 米国最南端の都市.

kéy·wòrd [名] ❶ キーワード: **a** 考え方などの要点を表わす重要な語. **b** 暗号などを読み解くかぎとなる語. **c** 情報検索で手がかりとなる語. ❷ (つづり・発音などの説明に用いられる)例語.

kg 《略》 keg(s); kilogram(s).

KG 《略》 Knight of (the Order of) the Garter.

KGB /kéɪdʒìːbíː/ [名] 国家保安委員会 《旧ソ連の秘密警察; 1991 年解体》. 〘Russ *Komitet Gosudarstvennoi Bezopasnosti* Committee for State Security の略語〙

khad·dar /kάːḍə | -də/, **kha·di** /kάːḍi/ [名] [U] カダール織り 《インドの手織り木綿》. 〘Punjabi < Hindi〙

+**kha·ki** /kǽki | kάː-/ [形] ❶ カーキ色[茶褐色, 黄褐色]の. ❷ カーキ色布の. ── [名] ❶ [U] カーキ色. ❷ [U] **a** カーキ色服地. **b** [しばしば複数形で] カーキ色の軍服[(制)服]; カーキ色のズボン: in ~(*s*) カーキ色の軍服を着て[た]. 〘Hindi＝ほこり(色) < Pers＝ほこり〙

kham·sin /kæmsíːn | kǽmsɪn/ [名] 〘気〙 ハムシン, カムシン 《春に Sahara 砂漠からエジプトへ吹く乾熱風》.

khan¹ /kάːn/ [名] [しばしば K~] 〘史〙 汗(かん), ハーン: **a** 中央アジア諸国の統治者[大官]の尊称. **b** モンゴル・トルコ地方の君主の称号. **khán·ate** /-èɪt, -ət/ [名] 汗の領土, ハーン国, 汗国; 汗の地位.

khan² /kάːn/ [名] (トルコなどの)隊商宿.

Khar·toum, Khar·tum /kɑətúːm | kɑː-/ [名] ハルトゥーム 《白ナイルと青ナイルの合流点にあるスーダンの首都》.

kha·zi /kάːzi/ [名] 《英俗》 便所, トイレ, 厠.

khe·dive /kədíːv/ [名] (1867–1914 年の)エジプト副王. **khe·dív·i·al** /-díːviəl/, **-dív·al** /-díːv(ə)l/ [形]

Khmer /kméə | kméə/ [名] (複 ~, ~s) ❶ **a** [the ~(s)] クメール族 《カンボジアの先住民族》. **b** [C] クメール族の人. ❷ [U] クメール語.

Khmér Repúblic [名] [the ~] クメール共和国 《Cambodia の旧公式名 (1970–75)》.

Khmér Róuge /-rúːʒ/ [名] [the ~] クメールルージュ 《カンボジアの共産主義勢力; Pol Pot に率いられて 1975 年政権を掌握》. 〘F＝red Khmer〙

Khoi·khoi(n) /kɔ́ɪkɔɪ(n)/ [名] (複 ~, ~s) コイコイ(ン)族(の人) 《アフリカ南西部のナミビアに住む民族; Hottentot と呼ばれることもあるが, その呼称は現在では軽蔑的とされる》.

Khoi·san /kɔɪsάːn, -sǽn/ [名] (複 ~, ~s) ❶ [C] コイサン族(の人) 《Khoikhoi(n) と San の総称》. ❷ [U] コイサン語族 《吸着音を特徴とするアフリカ南部の一語族》.

Kho·ja /kóʊdʒə/ [名] 〘イスラム〙 ホジャ 《インドおよび東アフリカのニザール派(イスマーイール派の一派)のイスラム教徒; 裕福な商人階級》. 〘Pers〙

Kho·mei·ni /kouméɪni | kɔ-/, **Ruhollah** [名] ホメイニ 《1900?–89; 通称 Ayatollah Khomeini; イランのイスラム教シーア派指導者; イランイスラム共和国の最高指導者 (1979–89)》.

Khru·shchev /krúːʃtʃef, -tʃɔːf | krústʃɔf, -tʃef/, **Ni·ki·ta** /nɪkíːtə/ [名] フルシチョフ 《1894–1971; 旧ソ連の政治家; 首相 (1958–64)》.

Khu·fu /kúːfuː/ [名] クフ 《紀元前 26 世紀のエジプトの王; Giza の大ピラミッドを建設》.

khur·ta /kɚ́ːṭə | kɚ́ː-/ [名] ＝kurta.

khus·khus /kΛ́skəs | -kʊs/ [名] 〘植〙 クスクス 《インド産のヒメアブラススキ; 根から採れる油は香料》.

Khý·ber Páss /káɪbə- | -bə-/ [名] [the ~] カイバル峠 《アフガニスタンとパキスタンとの国境, Hindu Kush 山脈中の峠; 古来西アジアとインドを結ぶ交通上の難所》.

kHz 《略》 kilohertz.

ki /kíː/ [名] 〘中国哲学〙 気 (chi).

KIA 《略》 killed in action 戦死した.

ki·ang /kiάːŋ | -ǽŋ/ [名] 〘動〙 キヤン 《チベット・モンゴル産の野生ロバ》.

kib·ble¹ /kíbl/ [動] [他] 〈穀物などを〉粗くひく. ── [名] [U] 粗びきの穀物 《ドッグフードなど》.

kib·ble² /kíbl/ [名] キブル 《鉱石・石を吊り上げるバケット》.

kib·butz /kɪbʊ́ts/ [名] (複 **kib·but·zim** /kìbʊtsíːm/) キブツ 《イスラエルの集団農場》. 〘Heb＝集会〙

kibe /káɪb/ [名] (かかとの)あかぎれ, しもやけ.

kib·itz /kíbɪts/ [動] [自] 《口》 ❶ (トランプなどの)ゲームをそばで見物(して余計な口出しを)する. ❷ 余計なことに口出しをする. **~·er** [名] 〘Yid < G＝でしゃばり〙

kib·la(h) /kíblə/ [名] 〘イスラム〙 キブラ 《礼拝[サラート]の方向; メッカの Kaaba の方角; モスクでは mihrab によって示される》. 〘Arab〙

ki·bosh /káɪbɑʃ | -bɔʃ/ [名] [U] 《俗》 たわごと, ナンセンス.
pùt the kíbosh on… 〈計画など〉をだめにする, 妨げる.

‡**kick**¹ /kík/ [動] [他] ❶ **a** 〈…を〉ける: ~ a ball ボールをける / ~ a person in the stomach 人の腹をける. **b** [通例副詞(句)を伴って] けって(…に)する, けって動かす: ~ *off* one's shoes 靴をけって脱ぐ / ~ a dog *off* 犬をけって追っ払う / ~ *over* a chair いすをけってひっくり返す / ~ *up* a stone 石をけ上げる / ~ *up* a cloud of dust ほこりをもうもうとけ立てる / ~ a person *to* death 人をけり殺す / 〔+目+補〕 He ~*ed* the door open.＝He ~*ed* open the door. 彼はドアをけって開けた. ❷ 〈足を〉けるように動かす, ける: ~ one's [the] right leg up [in the air] けるように右足を高く上げる. ❸ 〘サッカーなど〙 〈ゴールに〉ボールをけって入れる, 〈得点を〉あげる. ❹ [通例 ~ the habit で] 《口》 〈麻薬・たばこなど(の習慣)を〉やめる.
── [自] ❶ **a** 〔…を〕ける; 足をけるように動かす: ~ ***at*** a person [a thing] 人[もの]を目がけてける / The child was ~*ing* and screaming. その子は足でけって泣きわめいていた. **b** 〈馬が〉はねる. ❷ (発射の時)〈銃などが〉はね返る.

kíck abóut ＝KICK¹ around [成句].

kíck agàinst…に強く抗議[反対, 抵抗]する, 怒り[不満]を表わす: The farmers ~*ed against* the government's measure. 農民たちは政府の措置に苦情を申し立てた.

kíck agàinst the prícks ⇨ prick [名] [成句].

kíck a mán when he's dówn (1) 倒れた者をける. (2) 人の弱みにつけ込んでひどいことをする.

kick around 《口》 [(《他+副》) ~…aróund] (1) 〈提案などを〉あれこれ話し合う[検討してみる]. (2) 〈人・ものを〉酷使する; 粗末に扱う; いじめる. ── [(《自+副》) ~ aróund] (3) 〈ものが〉放っておかれて[気づかれずに]ある[いる]; 入手できる, ある. (4) 〈人が〉さまよう; (まだ)生きている. ── [(《自+前》) ~ aròund…] (5) …を転々と旅行する, うろつき回る, 放浪する.

kíck báck(《他＋副》)(1)《米口》ゆったりする、くつろぐ．━━(《他＋副》)(2)《口》〈金の一部をリベートとして払う．

kíck ín(《他＋副》)(1)〈ドアなどを〉けり破る: ~ the door *in* [*in* the door] ドアをけり破る. (2)《口》〈分担金などを〉払う; 〈金を〉寄付する; 〈分担された役割を果たす. (3)〈ものを〉けって中へ入れる．━━(《自＋副》) (4)《口》働きはじめる、効果を表わしはじめる; 結果が出はじめる. (5) 分担金(など)を払う, 寄付に加わる; 役割分担を守る.

kíck a pérson ín the téeth ⇒ **tooth** 成句.

kíck óff(《他＋副》)(1)《口》〈会合などを〉始める: We ~*ed off* the party with a toast. 乾杯をしてパーティーを始めた. (2) けって〈…を〉脱ぐ．━━〈…をけって〉追い払う(⇒ 自 1 b). (3)《口》《サッカーなど》キックオフする; キックオフで試合を開始する[再開する]. (4)《口》〈会合などが〉始まる. (5)《口》〈人が〉〈会合などを〉始める(⇒ 自 1 b). (7)《英口》〈…について〉怒り出す, 不平を言い出す, 批判をはじめる.

kíck óut(《他＋副》) (1)〈人を〉(けって)追い出す．━━(《自＋副》) (2)《サッカーなど》ボールをライン外にけり出す.

kíck óver(《他＋副》) (1)〈ものを〉けり倒す. (2)《米口》〈金を〉出す, 払い込む．━━(《自＋副》) (3)《口》〈エンジンが〉始動する.

kíck onesélf 悔しい思いをする, 自分を責める.

kíck úp(《他＋副》)〈…をけり上げる (⇒ 自 1b). (2) 〈騒動・混乱などを〉巻き起こす: She ~*ed up* a row [fuss, ruckus, shindy, stink] over it. 彼女はそのことでひと騒動を引き起こした[大騒ぎした].

kíck a pérson upstáirs《口》〈人を〉閑職に祭り上げる.

━━ 名 **❶ ⓒ a** けること, 飛ばし: give a person [thing] a ~ 人[物]をけり飛ばす. **b**《サッカーなど》(ボールの)けり, キック;《英》けり手: free kick, penalty kick, placekick / a good ~ よく飛んだキックボール; キックのうまい選手. **c** 発射時の銃などの)はね返り, 反動. **❷ ⓒ**《口》反対, 拒絶, 抗議; 不平, 文句 (*against*, *at*). **❸** [the ~]《口》解雇: get [give a person] *the* ~ 解雇される[する]. **❹ ⓒ**《口》刺激, 興奮, 痛快味, スリル: (just) for ~*s* (ただ)刺激[スリル]を求めて / He gets a ~ out of (playing) practical jokes. 彼は悪ふざけを(して)とてもおもしろがる. **❺ Ⓤ** [また a ~]《口》(酒などの)刺激性, 酔わせる力: This vodka has a lot of ~ in it. このウオッカはぐっとくる. **❻ Ⓤ**《口》反発力, 元気.

a kíck in the pánts [téeth]《口》思わぬ仕打ち[非難, 拒絶].

【?ON】

kick² /kík/ 名《瓶の》上げ底, キック.

kíck-àss 形 [A]《米俗》荒々しい, パワフルな, 元気のある.

†**kíck-báck** 名 ⓒ,Ⓤ **❶** 不当な謝礼[手数料, 割り戻し金], 賄賂, キックバック. **❷** (強い)反動, はね返り.

kíck-báll 名 ⓒ キックボール(野球に似た子供のボール遊びでバットの打つ代わりに足で大きなボールを打つ).

kíck-bòxing 名 Ⓤ キックボクシング.

kíck-dòwn 名《車》キックダウン.

kíck drùm 名《楽》キックドラム(ペダルを踏んで演奏するバスドラム).

kíck-er 名 **❶ a** ける人. **b**《フットボールなど》けり手, キッカー. **c** けり癖のある馬. **❷**《米口》**a** 意外な結末. **b** 思わぬ不利な点[障害]. **❸**《口》(ボートの)小型船外モーター.

kíck·ing /kíkɪŋ/, **kíck·in'** /kíkɪn/ 形《俗》すてきな, いかす, かっこいい, すごい.

kícking stràp 名 **❶** けり止め革, はかま革(馬車馬がけるのを止める). **❷**《海》帆のブーム (boom) が上がるのを防ぐ副索.

†**kíck-òff** 名 ⓒ **❶**《サッカーなど》キックオフ(試合開始・再開・ゴール後の placekick あるいは dropkick). **❷**《口》始め, 開始: for a ~ 始めに, まず第一に.

kíck plàte 名《建》蹴板(けり)(ドアの下のかまちに張る金属板).

kíck plèat 名《服》キックプリーツ(歩きやすいように細身のスカートの後ろに入れるひだ).

kick·shaw(s) /kíkʃɔ̀(z)/ 名 **❶** 無用な飾り; (奇抜なだけで)くだらないもの, おもちゃ. **❷** [通例軽蔑的]《古》(前菜として出る)凝った料理, 珍味.

kíck·sòrt·er 名《理》波高分析器, キックソーター.

kíck·stànd 名 (自転車・オートバイの)(キック)スタンド.

†**kíck-stárt** 動 他 **❶**〈中止・停滞していたものを〉再開する, 再始動する, 〈…に〉はずみをつける. **❷**〈オートバイをペダルを踏んで始動する, キックスタートする．━━名 **❶** 再開, 再始動[スタート], はずみ(をつけること). **❷ a** キックスターター(オートバイなどの足けり式始動装置). **b** キックスタート(すること).

kíck stàrt·er 名 =kickstart 2 a.

kíck tùrn 名《スキー》キックターン.

kick·y /kíki/ 形《米俗》すてきな, おもしろい, 刺激的な, 最新の.

***kid**¹ /kíd/ 名 **❶ ⓒ**《口》子供; 若者, 青年(男・女): I have three ~*s*. 子供が3人いる. **❷ a ⓒ** 子ヤギ. **b Ⓤ** 子ヤギの肉. **c Ⓤ** 子ヤギの革, キッド革. **d** [複数形で] キッドの手袋[靴]. **néw kíd on the blóck** [しばしば the ~] 新入り, 新人, 新米．━━形 [A] **❶**《口》年下の: one's ~ brother [sister] 弟[妹]. **❷** 子ヤギの革製の, キッドの.
【ON】

***kid**² /kíd/ 動 **(kid·ded; kid·ding)**《口》**❶**〈人を〉からかう, かつぐ: You're *kidding* me! 冗談でしょう / She *kidded* him *on* until he got serious about her. 彼女は彼が本気になるまでからかい半分に彼と付き合った. **❷** [~ oneself で] 甘い考え方をする, うぬぼれる: He's *kidding himself* if he thinks he can learn to do it in a day. それを一日でできるようになると思っているなら彼の考えは甘い．━━ 自 からかう, かつぐ: You're *kidding*! 冗談だろう! / Are you *kidding*? ご冗談を, まさか / No *kidding*! 冗談ではない, 本当のことだ; まさか. **kíd·der** 名.

kid³ /kíd/ 名 (水夫の)配食用の手桶.

Kidd /kíd/ 名, **William** キッド (1645?-1701; スコットランド生まれの海賊; 通称 Captain Kidd).

Kid·der·min·ster /kídəmìnstə | -dəmìnstə/ 名 **❶** キッダーミンスター(イングランド中西部 Worcestershire の市). **❷** (また **Kidderminster càrpet**) キッダーミンスターじゅうたん.

kid·die /kídi/ 名《口》子供.

Kíddie càm /-kæm/ 名 子供監視カメラ(ベビーシッターや託児所に預けた子供の様子を親が見ていられるように設置された webcam).

kid·di·wink /kídɪwìŋk/ 名《口》小さな子, ちびちゃん.

kid·dle /kídl/ 名 (川に仕掛けた)簗(やな); (浜辺の)杭に網を張った魚を捕るための仕掛け.

kid·do /kídoʊ/ 名《主に米口》きみ, おまえ(★ 特に年少者への親しい呼びかけ): Hello, ~. やあきみ.

kid·dush /kídəʃ/ 名《ユダヤ教》キドゥシュ(次の安息日[祝祭日]の聖なることを宣べる金曜日[前夜]の夕食前の祈り).

kid·dy /kídi/ 名 = kiddie.

kíd glóve 名 [通例複数形で] 子ヤギ皮の手袋. **hándle [tréat]…with kíd glóves** ⇒ **glove** 成句.

***kid·nap** /kídnæp/ 動 他 **(kid·napped, -naped; kid·nap·ping, -nap·ing)**〈人を〉誘拐(ゆうかい)する, 拉致する, さらう (abduct).━━ⓒ,Ⓤ 誘拐, 拉致 (abduction).【KID¹+(古俗) nap ひったくる】

kid·nàp·(p)er 名 誘拐[拉致]者, 人さらい.

kid·nàp·(p)ing 名 誘拐, 拉致.

***kid·ney** /kídni/ 名 **❶ ⓒ**《解》腎臓(じんぞう). **❷ Ⓤ,ⓒ** (牛・羊・豚などの)腎臓. **❸** [単数形で]《文》気質, 種類, 型. (関形 renal, nephritic).

kídney bèan 名 インゲンマメ.

kídney dìsh 名 インゲンマメ形の皿.

kídney machìne 名 人工腎臓.

kídney-shàped 形 腎臓形の, インゲンマメ形の.

kídney stòne 名 腎臓結石.

ki·dol·o·gy /kɪdάlədʒi | -dɔ́l-/ 名 Ⓤ《英口》おかしな[笑うべき, けったいな, 滑稽なもの); ごまかし, まやかし.

kíd·skin 名 Ⓤ 子ヤギの革, キッド革.

kíd stùff 名 Ⓤ **❶** 子供用品. **❷** ごく簡単なこと.

kid·ult /kídʌlt/ 名 子供にも大人にも喜ばれるような娯楽(を楽しむ人), 趣味が子供とも大人ともつかない人.

Kiel /kíːl/ 名 キール《ドイツ北部バルト海に臨む港町・軍港》.

kiel·ba·sa /kiːlbάːsə, kɪl-, -bǽsə/ 名 U.C (複 ~s, -ba·sy /-si/) キールバーサ《ポーランドの燻製ソーセージ》.

Kier·ke·gaard /kíəkəgàː(d), -gɔ̀ː/, **Søren (Aabye)** 名 キルケゴール《1813-55; デンマークの哲学者》. **Kier·ke·gaard·i·an** /kìəkəgάːdiən, -gɔ̀ː-/ | /kìəkəgɔ̀ː-, -gɔ̀ː-/ 形.

kie·sel·gu(h)r /kíːz(ə)lgùə/ | -gùə/ 名 U《地》(多孔質の)珪藻土 (cf. tripoli).

Ki·ev /kíːev, kíːev/ 名 キエフ《ウクライナの首都》.

kif /kíf/ 名 =kef.

Ki·ga·li /kɪgάːli/ 名 キガリ《ルワンダの首都》.

kike /káɪk/ 名《米俗・軽蔑》ユダヤ人; ユダヤ教の人.

ki·koi /kíːkɔɪ/ 名 U キーコイ《アフリカ東部で身に着ける色縞(ぢ)の綿布》. 《Swahili》

Kil·dare /kɪldéə/ 名 キルデア《アイルランド東部 Leinster 地方の県; 県都 Naas /néɪs/》.

kil·der·kin /kíldəkɪn | -də-/ 名 中樽(一樽)《16-18 ガロン入り》.

ki·lim /kiːlíːm/ 名《時に K~》キリム《トルコや Kurdistan などで織られる模様入りのパイルなしじゅうたん》. 《Turk < Pers》

Kil·i·man·ja·ro /kìləmənʤάːrou/, **Mount** 名 キリマンジャロ山《タンザニア北部の火山; アフリカ第1の高峰 (5895 m)》.

Kil·ken·ny /kɪlkéni/ 名 キルケニー: **a** アイルランド南部 Leinster 地方の県. **b** その県都.

*__kill__ /kíl/ 動 他 ❶ **a** 〈生き物を〉殺す, 死なせる: ~ animals 動物を殺す / He was ~ed in the war. 彼は戦争で死んだ. **b** [~ oneself で] 自殺する;〈口〉無理をする. **c** 霜などが〈植物を〉枯らす: The frost ~ed the buds. 霜で芽が枯れた. ❷ **a** 〈病気・風などの〉勢いをそぐ,〈...を〉静める: ~ the pain *with* a drug 薬で痛みを静める. **b** 〈...の〉効果を弱める;〈色などを〉中和する;〈味・香りを〉消す: That scarlet curtain ~ed the room. あの赤いカーテンは部屋の色の効果をそいでいた / The trumpets ~ the strings. トランペットで弦楽の音がかき消される. **c** 〈愛情・希望などを〉消滅させる, 破壊する, つぶす, 失わせる. ❸〈時間をつぶす〉: ~ time 暇をつぶす. ❹ **a** 〈計画・行動などを〉つぶす,〈...の〉継続を妨げる,〈議案・申し出を〉退ける, 握りつぶす. **b**《電算》〈処理などを〉中止[中断, 停止]する, 止める. **c** 〈会話などを〉ぶち壊す, 台なしにする. **d** 《米口》〈新聞記事などを〉没にする,〈a story ネタを〉没にする. **e** 《口》〈行・パラグラフなどを〉削る, 除く. **f** 《口》〈...の〉スイッチを切る,〈エンジンなどを〉止める. **b** 〈音・においを〉消す. ❺ 《口》**a** 〈服装・様子が〉〈人を〉悩殺する,〈人を〉悩殺させる,うっとりさせる. **b** 〈患部が〉〈人に〉ひどい苦痛を与える: My feet are ~*ing* me. 足が痛くてしようがない. **c** 〈人をへとへとに疲れさせる, 消耗させる. ❻《口》〈人に〉激怒する,〈人を殺しかねないほど怒っている. ❼《口》〈話などが〉〈人を〉おかしくてたまらなくさせる;〈観客を〉大いに楽しませる. **b** [~ oneself で] 笑いこける. ❾《口》〈飲食物を〉たいらげる;〈酒瓶を空(きい)にする. ❿《テニス》〈ボールを〉〈相手が〉打ち返せないように打つ.《サッカーなど》〈ボールを〉止める.

—— 自 ❶ **a** 殺す, 人を殺しをする: Thou shalt not ~. なんじ殺すなかれ, 人を殺してはならない《★聖書「出エジプト記」から》. **b** 〈植物が〉枯れる. ❷ 〈口〉人を悩殺する[圧倒]する (cf. killing 形 3 b): She was dressed [got up] to ~. 彼女はうっとりさせるようなかっこうをしていた.

if it kílls a pèrson たとえ死んでも(...する[...だ]): I'm going to solve this problem *if it* ~*s* me. 死んでもこの問題を解決してみせる.

...**wòn't kíll a pèrson**《口》...で死ぬことない, ...には(思ったほど)たいへんな[たいしたこと]ではない: Give it a try! It *won't* ~ you. やってごらんよ. 死にはしないから.

kíll òff(複+団) 〈多数の人・動物などを〉死なせる, 葬り去る: Poachers have ~*ed off* most of the elephants. 密猟者が(そこの)ほとんどのゾウを殺してしまった.

kíll a pèrson with kíndness 〈人を〉ひいきの引き倒しをする, 世話を焼きすぎてだめにする.

— 名 ❶ [the ~]《狩りで獲物を》仕止めること. ❷ [単数形で] (狩りの)獲物.

be ín at the kíll (1) 獲物が殺される時いあわせる. (2) 最後を見届ける.

kíll or cúre [通例限定的に用いて] 〈治療が〉一か八かの).【ME; QUELL と同じ関連語から】

【類義語】kill「命を絶つ」の意の最も一般的な語で, 人間・動植物だけでなく, 無生物についても比喩的に用いられる. murder 計画的にまたは残虐な手段で人を殺す; 残忍・冷酷・非道の感じを伴う. assassinate 政治的な暗殺をする. slay 新聞などでは kill, murder と同じ意味に用いられるが, 普通は文語.

kill·deer /kíldɪə | -dɪə/ 名 (複 ~, ~s)《また **kílldeer plóver**》《鳥》フタオビチドリ《北米温帯産》.

*__kill·er__ /kílə | -lə/ 名 ❶ 殺人者; 殺し屋; 殺すもの. ❷ 〈口〉驚異的なもの, すごいもの, すばらしいもの. **b** 愉快な冗談. **c** 決定的な打撃, 痛打. —— 形 A 厳しい: a ~ cold 厳寒 / a ~ winter 厳しい冬.

kíller àpp /-æp/ 名《また **kíller applicátion**》《電算》 パソコン購入の決め手となる)目当てのソフト,《一般に新技術を導入する動機となる)決め手;《新時代を拓く)決定版, 究極のソフト.

kíller bée 名 ❶《昆》攻撃性の強いセイヨウミツバチ. ❷ [しばしば複数形で]《米俗》会社乗っ取りを阻止するための援護勢力《投資銀行・弁護士・PR 会社など》.

kíller ínstinct 名 [単数形で] (土壇場での)てごわさ, 負けん気, 情け容赦のなさ: He doesn't have the ~. 彼は大事な時にひるんでしまう.

kíller whàle 名《動》シャチ, サカマタ.

kil·lick /kílɪk/ 名 ❶ 錨(いか)代わりの石; 小型いかり. ❷《英口》(英海軍の)一等兵 (leading seaman)《いかり形の記章をつけているところから》.

kil·li·fish /kílifɪʃ/ 名《魚》タップミノー, カダヤシ《メダカ目タップミノー科の各種》.

*__kill·ing__ /kílɪŋ/ 名 ❶ U 殺害, 殺人; 屠殺(ど―). ❷ [a ~]《口》(金銭上の)大当たり, 大もうけ: make *a* ~ *on* the stock market 株でひと山当てる. ❸ U (狩猟での)全獲物. —— 形 ❶ 殺す, 致死の, 枯らす: ~ power 殺傷力 / a ~ frost 植物を枯死させる霜. ❷ 死にそうな; 消耗させる; 耐えがたい. ❸ **a** 〈日画〉おかしくてたまらない, 悩殺的な, うっとりさせる. **~·ly** 副.

kílling bòttle 名《昆虫採集の》毒瓶.

kílling fíeld 名 [通例複数形で] 殺戮の場所, 大勢が虐殺された場所.

kílling zòne 名 ❶ 戦死者が集中して出る戦闘地域. ❷ (弾丸[矢]があたれば致命的となる)体の致命部位.

kíll·joy 名 座興をそぐ人, 興ざめの(人).

kíll switch 名 停止スイッチ.

kíll zòne 名 =killing zone.

⁺**kiln** /kɪln, kɪl/ 名 かま, 炉《陶器を焼いたりホップを乾燥させたりするもの》: a brick [lime] ~ れんが[石灰]がま / a hop ~ ホップ乾燥がま.【OE < L *culina* 台所; cf. culinary】

kiln-drỳ 動 他 〈木材などを〉かまで乾かす, 人工乾燥する.

Kíl·ner jàr /kílnə- | -nə-/ 名《商標》キルナー瓶《食物保存用のガラス容器》.

*__ki·lo__ /kíːlou/ 名 (複 ~s) キロ.【KILO(GRAM), KILO(METER)】

ki·lo- /kíːlou/ [連結形]「1000」(⇒ metric system 解説).

kílo·báse /ｰ/ キロベース《DNA, RNA などの核酸連鎖の長さの単位: base pair 1000 個と同じ; 略 kb》.

kílo·bít 名《電算》キロビット《=1000 [1024] bits》.

kílo·býte 名《電算》キロバイト《=1000 [1024] bytes; 略 KB, kb》.

kílo·cálorie 名 キロカロリー《1000 カロリー》.

kílo·cỳcle 名《電》キロサイクル《周波数の単位; 略 kc.; ★現在は kilohertz を用いる.

⁺**ki·lo·gram,**《英》**ki·lo·gramme** /kíləgræm/ キログラム《質量の SI 基本単位; =1000 grams; 略 kg》.

kílogram cálorie 名 =calorie a.

kílo·hèrtz 名 (複 ~)《電》キロヘルツ《周波数の単位; =1000 hertz; 略 kHz》.

kílo・jòule 名【理】キロジュール《=1000 joules; 略 kJ》.

kílo・lìter, 《英》**kílo・lìtre** 名 キロリットル《メートル法の容量の単位; =1000 liters; 略 kl》.

*__ki・lo・me・ter__, 《英》**ki・lo・me・tre** /kilámətə, kilə-mìːtə | kiləmiːtə/ 名 キロメートル《メートル法の長さの単位; =1000 meters; 略 km》.

kílo・tòn 1000トン; キロトン《TNT1000トンに相当する原・水爆などの爆発力; 略 kt.》.

kílo・vòlt 名【電】キロボルト《電圧の単位; =1000 volts; 略 kV》.

kílo・wàtt 名【電】キロワット《電力の単位; =1000 watts; 略 kW》.

kílowatt-hóur 名【電】キロワット時《エネルギー・電力量の単位; 略 kWh》.

kilt /kílt/ 名 ❶ キルト《解説》スコットランド高地人男子・軍人が着用する民族衣裳で, 格子じまで縦ひだの短いスカート; 特別の行事の時に着用する; その模様は各氏族により決まっており, ポケットがないので革袋 (sporran) を前につける》. ❷ キルト風のスカート, キルトスカート. ── 動 ❶ 《スカートに》縦ひだをとる. ❷ 《スカートを》はしょる, からげる. 【ON】

kílt・ed 形 ❶ キルトを着けた. ❷ 《スカートが縦ひだのある.

kil・ter /kíltə | -tə/ 名 (U) 好調《通例次の句で》: out of ~ 不調で.

kílt・ie, kílt・y /kílti/ 名 キルト (kilt) をはいた人; スコットランド高地人連隊の兵.

Kim・ber・ley /kímbəli | -bə-/ 名 キンバリー《南アフリカ共和国の都市; ダイヤモンドの産地》.

kim・ber・lite /kímbəlàɪt | -bə-/ 名 (U)【鉱】キンバーライト《橄欖(かんらん)石・金雲母を主成分とする, ダイヤモンドなどを含む斑状火成岩》.

Kim・ber・ly /kímbəli | -bə-/ 名 キンバリー《女性名》.

kim・chi, kim・chee /kímtʃi/ 名 (U) キムチ《朝鮮料理における漬物》. 【Korean】

Kim Dae Jung /kímdèɪdʒúŋ, -dʒʌ́ŋ/ 名 金大中(キムデジュン)《1925– ; 韓国の政治家・大統領 (1998–2003)》.

Kim Johng Il /kímdʒɔ̀ː-níːl | -dʒɔ̀ŋ-/ 名 金正日(キムジョンイル)《1942– ; 北朝鮮の政治家・朝鮮労働党総書記 (1997–)》.

ki・mo・no /kəmóʊnə, -nou | -nou/ 名 (復~s) ❶《日本の》着物. ❷ キモノ《着物をまねた女性・幼児用の化粧着》. 【Jpn】

kin /kín/ 名 (U) 血族, 親族, 親類: be no *kin to*... と血族[親族]関係にない / We're ~ to the President. 私たちは大統領と近親です. *néar of kín* 近親で. *néxt of kín* (復~) (1) 《複数扱い》近親者. (2) 《通例 the ~》【法】最近親《無遺言死亡の時に財産を相続する血縁者》. *of kin* (復) 《...と》同族で 《to》, 《...と》同類に. ── 形《...と》血族で, 親族で, 同《種》類で: He's (not) ~ to me. 彼は私の親類である[ではない]. 【OE=種類, 種族】

-kin /kɪn/ 接尾 (復)「...の小さいもの」「小...」: lambkin; Simkin (<Simon, Samuel). 【Du】

kin・aes・the・si・a /kìnəsθíːʒ(i)ə, kàɪ- | -ziə/ 名 = kinesthesia.

ki・nase /káɪneɪs, -neɪz/ 名 (U)【生化】キナーゼ《リン酸化反応の触媒となる酵素》.

Kin・chin・jun・ga /kìntʃɪndʒúŋɡə, -dʒʌ́ŋ-/ 名 = Kanchenjunga.

kin・cob /kínkɒb | kíŋkɔb/ 名 (U) 《金銀糸で刺繍した》インド錦.

*__kind__[1] /káɪnd/ 名 ❶ a (C) 種類: a ~ *of* apple [metal] リンゴ[金属]の一種 (⇒ a KIND[1] *of* 成句) / a new ~ *of* lighter 新しい種類の[新式の]ライター / the best *kind of* its ~ 同種の本の中で最良のもの / this [that] ~ *of* book =a book *of* this [that] ~ こう[そう]いう種類の本 / this ~ *of* metal=metal *of* this ~ この種の金属 / This ~ *of* stamp is rare.=Stamps *of* this ~ are rare. =《口》These ~ *of* stamps are rare. この種の[こういう]切手は珍しい《用法》These ~ *of* は不可とする人も多い》 / all [different, many] ~*s of* people すべての[いろいろな, 多くの]種類の人々 / These ~*s of* stamps are valuable.=Stamps of these ~s are valuable. これら幾種

類かの切手は貴重だ / What ~ *of* (a) man is he? 彼はどんな人ですか《用法》 ~ *of* に続く単数形の (C) に a(n) をつけるのは口語的で, 感情的色彩を帯びる場合に多い》 / What ~(s) *of* trees are there? これ(ら)は何という種類の木ですか《用法》話し手が同一種類の木と考える時は kind を, 2種類以上と考える時は kinds を用いる》 / I'll do nothing of the ~. そんな事は絶対にしない. / I wanted something of the ~, but not that one. 大体そのようなものはしかったのですが, それではありません. **b** [the ~; 関係詞節または *to do* を伴って] He's not the ~ *of* person *to do* [*who does*] things by halves. 彼は物事を中途はんぱにやるような[そんな種類の]人ではない. **c** [a person's ~] 《人の》性に合った人: She's not my ~. 彼女は私の性に合った人ではない. ❷ (C) 《動植物などの》類, 族, 種, 属: the cat ~ ネコ属 / ⇒ mankind 1. ❸ (U) 本質, 性質, 質: The two differ in ~, not in degree. 両者は性質が違うのであって, 程度が違うのではない. ❹ (C)《*the* ~》聖餐(せいさん)の一品《パンまたはぶどう酒》.

a kind of... (1) 一種の... (⇒ 1 a). (2) 大体...といえる[...に近い]; ...のような (cf. KIND[1] *of*, *of a* KIND[1] 成句): She's a ~ *of* emotional counselor for me. 彼女は私に《心の》相談役のような人です.

áll kinds of... (1) すべての種類の, ありとあらゆる (⇒ 1 a). (2) 多数[多量]の...: all ~*s of* money 多額の金.

fíve of a kínd《ポーカーの》ファイブカード《同位札 4 枚と wild card を加えた手; ⇒ poker[2] 解説》.

fóur of a kínd《ポーカーの》フォーカード《同位札 4 枚の手; ⇒ poker[2] 解説》.

in a kínd ある程度は, 幾分か; いわば.

in kínd (1) 本来の性質が, 本質的に (cf. 3). (2) 《支払いに金銭でなく》物品で: payment *in* ~ 現物給与 / an allowance *in* ~ 現物給付. (3) 《返報など》同種のもので: I repaid his insult *in* ~. 彼の侮辱に対してこちらも侮辱で仕返しをしてやった.

kínd of 《口》《副詞的に形容詞・動詞の前に用いて》 ほとんど, 大体, やや, どちらかと言えば《意》 特に《米》 ではしばしば /káɪndə/ となまって発音され, kind o', kind a', kinda, kinder と書かれることがある; cf. SORT of 成句》: It's ~ *of* good. ちょっとよい / I ~ *of* expected it. 少しは予想していた, たった一つだなと思った / ~ *of* unlikely. ありそうもないんだって.

of a kínd (1) 同じ種類の: all *of a* ~ みな同じ種類の, みな一様な. (2) 《軽蔑》《あれでも》一種の, 名ばかりの, 怪しげな, まずい 《*of a sort*; cf. a KIND[1] *of* 成句》: a gentleman *of a* ~ でも紳士 / coffee *of a* ~ まずいコーヒー.

óne of a kínd 独特な[他に類を見ない, 唯一無二]のもの[人], たった一つ[一人しかいない]もの[人].

one's (ówn) kínd 同類, 同じタイプの人々[もの《全体》]《★単数扱い》: mix with *one's own* ~ 自分と同じタイプの人々と交際する.

thrée of a kínd《ポーカーの》スリーカード《同位札 3 枚の手; ⇒ poker[2] 解説》.

【OE; 原義は「生まれ, 種族」kind[2] と同語源】

【類義語】**kind** 共通の同じような性質・外観を有し, 同類と扱えるもの. **sort** kind と同じ意味にも用いられるが, 普通は kind より古めかしい. **type** 非常にはっきりした共通の特色を持つグループまたはその型.

*__kind__[2] /káɪnd/ 形 (~・er; ~・est) ❶ 親切な, 優しい, 思いやりのある (↔ unkind, nasty): a ~ gentleman 親切な紳士 / ~ words 優しい言葉 / Would you be ~ *enough* to write [be so ~ *as to* write] your address for me? どうかあなたの住所をここに書いていただけませんでしょうか / You were very ~ *to* us. 私たちにとても親切にしてくださいました / [+*of*+(代)名] (*+to do*)/*+to do*] It's *very* [*so*] ~ *of* you [You're very ~] *to* let me have the book. ご本をお貸しくださってまことにありがとうございます / That's ~ *of* you. どうもご親切に 《★ *to do* を略した口語的表現》. ❷ a (P)《商品などが》...にやさしい: Natural cotton is ~ *to* skin. 天然の綿は肌に優しい. **b** 《天候など》穏やかな. ❸ 《ものが》...にとってよさを引き立てる, 実物よりよく見せる《*to*》(flattering). ❹ 《手紙などで用いて》心からの: Give my ~

kinda 1000

regards to your brother. お兄さんによろしく / with ~ regards 敬具 (手紙の結尾).《OE; 原義は「生まれつき親切な」; KIND¹と同語源》【類義語】kind, kindly 共に他人に対して優しく思いやりのある, 親切なことを意味し, 同義に用いられるが, kind は思いやりの心を持っていること, あるいは行為に表わされた優しい気持ちを強調する; kindly は人の性格として親切である. あるいは行為に親切さのある, 優しそうな.

kind·a /káində/, **kind·er** /káində, -də|-də/ 圖《口》⇒ KIND¹ of 成句.

†**kin·der·gar·ten** /kíndəgàːtn|-dəgàː-/ 图 CU ❶《米》幼稚園 (解説) 小学校入学前の 4-6 歳児を対象とした学校; 教育期間は 1 年から 2 年で小学校に付設されている場合が多い; 大半は公立; cf. nursery school, infant school; ★用法は school (学校)に準じる. ❷《英》= nursery school.《G; 原義は「子供の庭」》

kin·der·gar·ten·er, -gart·ner /kíndəgàːtnə-|-dəgàːtnə/ 图 ❶《米》幼稚園児. ❷《米》幼稚園の教員[保母].

kínd·héarted 形〈人・行為が〉親切な, 心の優しい, 思いやりのある. **~·ly** 圖 **~·ness** 图

kin·dle¹ /kíndl/ 動 ⓣ ❶ a〈火を〉つける; 燃やす. b 明るくする, 輝かせる. ❷〈情熱などを〉燃え立たせる; あおる: The lecturer ~d my interest. 講師は私の興味をあおった. ― ⓘ〈感情が〉燃え上がる, かき立てられる, わき上がる;〈人が〉興奮する, 激する.

kin·dle² /kíndl/ 動 ⓘ〈ウサギが〉子を産む.

kínd·less 形 ❶ 不親切な, 思いやりのない, つれない. ❷ 不自然な.

kínd·li·ness 图 ❶ a U 親切, 温情. b C 親切な行為. ❷ U〈気候の〉穏やかさ.

kín·dling 图 燃し付け材料.

***kind·ly** /káindli/ 圖 (**kind·li·er, -i·est**) ❶ 親切に(も), 心温かく, 優しく: Speak ~ to children. 子供には優しく話しかけなさい / He treated me ~. 彼は私を優しくしてくれた / She ~ helped me. 彼女は私にも力を貸してくれた / look ~ on...を好意的に受け止める / to put it ~ あえて良く言えば.《★親切にしてくれたら》 ❷ どうぞ (…てください): Will [Would] you ~ shut the door? どうぞドアを閉めていただけませんか / Would you ~ stop talking! おしゃべりはやめていただきたいほどです(★ please より皮肉となることが多い) / K~ fill out [in] the form. 用紙にご記入ください. ❸ 快く; 心から: take a person's advice ~ 人の忠告を快く受け入れる / Thank you ~. 本当にありがとう / I would take it ~ if you would speak to him about this. このことを彼に話していただけたらありがたいのですが.

take kíndly to 〔通例否定文で〕…を快く受け入れる; …を好む, …になじむ: He doesn't *take* ~ *to* criticism. 彼は批判をすんなりとは受け入れない.

― 形 (kind·li·er, -li·est) ❶ A〈人が〉親切な, 〈言行が〉思いやりのある, 優しさのある: a ~ smile 優しい笑顔 / He gave me some ~ advice. 彼は私に思いやりのある忠告をしてくれた. ❷〈気候・環境が〉快い, 快適な; 適した〔…に〕向いて, 合って〔*for*〕. ❸《古》土着の, 生え抜きの.《KIND² + -LY¹》【類義語】⇒ kind².

***kind·ness** /káin(d)nəs/ 图 ❶ U 親切, 優しさ, いたわり: ~ of heart 心の優しさ / Thank you for your ~. ご親切にありがとう. ❷ C 親切な行為: Will you do me a ~? ひとつお願いがあるのですが / He has done [shown] me many ~es. 彼は私にいろいろ親切にしてくれた. **kíll a person with kíndness** ⇒ kill 動 成句. **òut of kíndness** (利害のためでなく)親切心から.《KIND² + -NESS》

kin·dred /kíndrəd/ 图 U ❶ 血縁, 血族関係: claim ~ *with*...と血縁だと主張する. ❷〔複数扱い〕親族, 親類 (の人々), 親族縁者: All (of) his ~ are dead. 彼の親族はみなくなっている. ― 形 A (比較なし) ❶ 血縁の. ❷ 同性質の: a ~ spirit 気の合った人, 同趣味の人. ❸ 同種[質]の, 同類の.《ME <KIN + -red「状態・条件」の意の名詞語尾》

kin·e·mat·ic /kìnəmǽtɪk¹/ 形 《理》運動学的[上]の.

kin·e·mat·i·cal /-tɪk(ə)l¹/ 形 = kinematic.

kin·e·mat·ics /kìnəmǽtɪks/ 图 U《理》運動学《力の概念を用いずに物体の運動を記述する力学の分野》.《Gk =動き; ⇒ cinema, -ics》

kinemátic viscósity 图《理》(粘性流体の)動粘性率, 動粘度《記号 ν》.

kin·e·mat·o·graph /kìnəmǽtəgrǽf|-grɑ̀ːf/ 图 = cinematograph.

kin·e·scope /kínəskòup/ 图《米》《テレビ》キネスコープ《ブラウン管の一種》; キネスコープ映画.

ki·ne·sics /kìníːsɪks/ 图 U《心・言》動作学《身ぶりと思想伝達の関連を研究する学問》.

ki·ne·sis /kəníːsɪs, kaɪ-/ 图 U C (他 -ses /-siːz/)《生理》無定位運動, キネシス.

kin·es·the·si·a /kìnəsθíːʒ(ɪ)ə, kàɪ-|-ziə/ 图 U《生理》運動(感)覚, 筋覚. **kin·es·thet·ic** /kìnəsθétɪk, kàɪ-/ 形 運動感覚(性)の.

ki·net·ic /kɪnétɪk, kaɪ-/ 形 ❶ 運動(学上)の: ~ art 動く芸術 / ~ energy《理》運動エネルギー. ❷ 活動的な, 動的な.《Gk =動く》

ki·net·ics /kɪnétɪks, kaɪ-/ 图 U《理》動力学《物体が運動している状態での物理的因果関係を論じる学問; cf. statics》.

kinétic théory 图 U (また **kinétic théory of gáses**)《理》気体分子運動論.

ki·ne·tin /káɪnətɪn/ 图 U《生化》キネチン, カイネチン《細胞分裂刺激作用のある植物ホルモン》.

ki·net·o·chore /kɪnétəkòə, kaɪ-|-kòː/ 图 = centromere.

ki·net·o·scope /kɪnétəskòup/ 图 キネトスコープ《光源の上を一連の写真を動かして拡大レンズを通して見る初期の映画》.

kin·folk, kín·fòlks 图《米》= kinsfolk.

***king** /kíŋ/ 图 ❶〔時に K~〕C 王, 国王, 君主: the K~ of Sweden スウェーデン国王 / K~ George VI 国王ジョージ 6 世 (⇒ 巻末付録; 読み方 King George the sixth と読む) / He became ~ (of England) in 1936. 彼は 1936 年に(英国)王になった. ❷ a C 大立者; …王 (cf. lord 5); 最高の[最もすぐれた, 影響力のある]もの[人]: the ~ of Hollywood character actors ハリウッド性格俳優の帝王 / the ~ of beers 最高のビール, ビールの王様 / Content is ~. 内容[中身]が一番重要である. b C [しばしば the ~] 王にたとえられる動物[植物(など)]: the ~ *of beasts* 百獣の王《ライオン》 / the ~ *of birds* 百鳥の王《ワシ》 / the ~ *of the forest* 森の王《オーク》 / the ~ *of the jungle* ジャングルの王《トラ》. ❸ C《トランプ》キング: the ~ of spades スペードのキング. ❹ C《チェス》キング, 王将《★ どの方向にもひとますずつ自由に進むことができる》: put the ~ in check キングを詰める. ❺〔Kings; 単数扱い〕《聖》列王紀《旧約聖書中の一書; 上下二書から成る》. **the King of Árms**《英》紋章院長官. **the King of Héaven** 神. **the King of Kíngs** (1) 神; イエスキリスト. (2) 王者中の王者, 皇帝《昔東方諸国の王の称号》. **the King of Térrors**《聖》死神. **the King of the Cástle** (1) お山の大将ごっこ《山の上から突き落とし合う遊戯》. (2) 〔(the) k~ of the castle〕組織[グループ]中の最重要[中心]人物. ― 動 他 ❶《古》…を〈…に〉王位につける. ❷《古戯》〔通例 ~ it で〕〔…に対して〕王のようにふるまう, 君臨する; いばる〔*over*〕.《OE; 原義は「(高貴な)種族の子孫」》(形 kíngly, royal)

King /kíŋ/, **BB** 图 キング《1925- ; 米国のブルース歌手・ギタリスト; 本名 Riley B. King》.

King, Billie Jean 图 キング《1943- ; 米国の女子テニス選手》.

King, Martin Luther, Jr. 图 キング《1929-68; 米国の黒人解放運動の指導者; 暗殺される》.

kíng·bird 图《鳥》タイランチョウ《北米産; ヒタキに似る》.

kíng·bòlt 图《機》キングボルト《自動車の前輪軸を前車軸に連結する; 鉄道車両の台車を他の部分と連結する》.

Kìng Chárles spániel 图 キングチャールズ スパニエル《犬》《英国原産の愛玩犬》.

kíng cóbra 图《動》キングコブラ《インド原産の毒蛇》.

kíng cráb 名［動］❶ カブトガニ. ❷ タラバガニ.
kíng·craft 名 ⓤ 《王の》国を治める術, 統治手腕.
kíng·cùp 名 =buttercup.
***king·dom** /kíŋdəm/ 名 ❶ ⓒ 王国: the K~ of England イングランド王国 / ⇨ United Kingdom. ❷ [the [thy] ~] 《宗教》神の国: the ~ of heaven [God] 神の国, 天国 / *Thy* ~ come. 御国(みくに)が来ますように（★聖書「マタイ伝」から）. ❸ ⓒ 《生》(動植物分類上の)界 (cf. classification 1 b): the animal [plant] ~ 動[植]物界. ❹ ⓒ **a** 支配している場所. **b** 《学問・芸能などの》世界, 領域: the ~ of science 科学界. **còme into one's kíngdom** 権力[勢力]を得る. 〖KING+-DOM〗
kíngdom cóme 名《口》来世, 天国: gone to ~ あの世へ行って, 死んで / blow [send] a person to ~ 《爆発物・暴力を用いて》人を殺す. **till kíngdom cóme** 《口》いつまでも, 永遠に.
Kíng Édward 名 キングエドワード《ジャガイモの一品種; 楕円形大型で皮に赤みがかった斑点がある》.
kíng·fish 名 《俊》 ~es, ~》❶ 大きな魚《サンカクニベ属の魚やアカマンボウ (opah) など》. ❷《口》大立物, 巨頭.
kíng·fisher 名［鳥］カワセミ《羽毛の美しい鳥》.
kíngfisher blúe 名 ⓤ 瑠璃(るり)色, 鮮やかな緑がかった青.
kíng·hòod 名 ⓤ 王たること, 王の身分, 王位 (kingship).
Kíng Jámes Vérsion [Bíble] 名［the ~］= Authorized Version.
king·klip /kíŋklɪp/ 名［魚］キングクリップ《南アフリカのウナギに似たアシロ科の海産魚; 食用魚として重要》.
Kíng Kóng /-kɔ́ːŋ | -kɔ́ŋ/ 名 キングコング《米国の SF 小説に登場する巨大なゴリラ》.
Kíng Léar /-líə | -líə/ 名 リア王《Shakespeare 作の四大悲劇の一つ; またその主人公》.
king·let /kíŋlət/ 名 ❶ 小王, 小国の王［君主］. ❷《米》［鳥］キクイタダキ.
kíng·ly 形 (king·li·er; -li·est) ❶ 王の, 王者の. ❷ 王者にふさわしい, 王らしい (regal): a ~ bearing 王者らしい態度. 《 king 》
kíng·màker 名《特に政治の要職の人選に影響を与える》実力者.
kíng·pìn 名 ❶［ボウリング］ヘッドピン, 《または》❺ 番ピン. ❷《複雑な組織の中の》中心人物; 重要な［かなめとなる］もの.
kíng pòst 名［建］真束(しんづか).
kín gròup 名 =kinship group.
kíng sálmon 名［魚］マスノスケ, キングサーモン《北太平洋産の最大種のサケ》.
Kíng's Bénch 名［the ~］《英法》王座部《高等法院 (the High Court of Justice) の一部門; 略 KB; 女王治世のときは Queen's Bench》.
Kíng's Cóunsel 名《俊》 ~s》《英》勅選弁護士《略 KC》《★女王治世の時は Queen's Counsel》.
Kíng's Énglish 名［the ~］キングズイングリッシュ, 純正［標準］英語《★女王治世の時は Queen's English》.
Kíng's évidence 名《英法》共犯者に対する公訴の証人 (cf. state's evidence)《★女王治世のときは Queen's evidence》: turn ~ 共犯者に不利な証言をする.
kíng's évil 名［the ~］《古》癩瘍(るいれき)《リンパ節の病気; 昔王に触れられると治ると考えられた》.
kíng·shìp 名 ⓤ ❶ 王の身分[位], 王位, 王権. ❷ 王の尊厳.
kíng·sìde 名《チェス》(白からみて)チェス盤の右半分《コマを並べたときキングを含む側》.
kíng-size, kíng-sìzed 形 Ⓐ キングサイズの: ❶ 普通より長い［大きい, 多いなど］, 特大の: a ~ cigarette キングサイズのたばこ. ❷《ベッドが最大型の》 (cf. queen-size).
kíng's ránsom 名 莫大な金.
Kíng's Spéech 名［the ~, 時に the K~］《英》議会開会の際の勅語《首相または閣僚が執筆し, 政府の新年度の方針・新たな法案の概略を述べる; 女王治世のときは Queen's Speech》.
Kings·ton /kíŋ(k)stən, kíŋz-/ 名 キングストン《ジャマイカの首都》.
Kíngston upòn Húll 名 キングズ アポン ハル《Hull の公式名》.
Kíngs·tòwn 名 キングスタウン《西インド諸島の St. Vincent and the Grenadines の首都》.
ki·nin /káɪnɪn/ 名 ⓤⓒ 《生化》キニン《ペプチドの一種; 植物の細胞分裂を刺激し, 動物の平滑筋を収縮させる》.
kink /kíŋk/ 名 ❶《糸・綱・髪・鎖などの》よれ, よじれ: a ~ *in* a rope ロープのよじれ. ❷ **a** 気まぐれ. **b**《口》変態. ❸《肩などの》凝り;《筋肉の》引きつり, けいれん. ❹《計画などの》欠陥; 支障. ── 動 ⾃《綱などが》(ひどく)もつれる, ねじれる. ── 他《綱などを》(ひどく)もつれさせる, ねじらせる.
kin·ka·jou /kíŋkədʒùː/ 名［動］キンカジュー《中南米産アライグマ科の小獣》.
kink·y /kíŋki/ 形 (kink·i·er; -i·est) ❶ **a** ねじれた, よれた. **b**《髪がちぢれた. ❷《口》❹《性格・行動など》変な, 気まぐれな. **b** 変態の, 性的に倒錯した.
kin·ni·kin·nic(k), -**nik** /kìnɪkənɪ́k, -ー-ー/ 名 ❶ キニキニック《乾かした葉や樹皮の混合物で, 昔インディアンや開拓者が(タバコを混ぜて)吸った》. ❷ ⓒ キニキニックに用いた植物《クマコケモモ・アメリカミズキなど》.
ki·no /kíːnoʊ/ 名 ⓤ《また kíno gúm》キノ樹脂, 赤膠(せき).
-kins /kɪnz/ 接尾 =-kin.
Kin·sey /kínzi/, **Alfred Charles** 名 キンゼー (1894-1956; 米国の動物学者; 1948, 51 年にそれぞれ男と女の性行動に関する研究報告 (Kinsey Reports) を発表).
kíns·fòlk ［複数扱い］親戚, 親類《用法》《米》では通例 kinfolk というが, kinsfolk, kinfolks ともいう》.
Kin·sha·sa /kɪnʃáːsə, -ʃǽsə/ 名 キンシャサ《コンゴ民主共和国 (旧 Zaire) の首都》.
kín·shìp 名 ⓤ ❶ 親戚関係, 血族関係《with》. ❷［また a ~］《性質などの》類似, 近似《with, between》.
kínship gròup 名［人］親族集団.
kins·man /kínzmən/ 名 (⾦ -men /-mən/) ❶ 血族[親戚]の男. ❷ 同族[同国]の人.
kíns·wòman 名 (⾦ -women) ❶ 血族[親戚]の女. ❷ 同族[同国]の女.
†**ki·osk** /kíːɑsk | -ɔsk/ 名 ❶ キオスク《駅前・広場・公園などにある新聞・雑誌・たばこなどの売店》. ❷《米》公衆電話ボックス (telephone booth). ❸《古》《トルコなどの》あずまや. 〖F < Turk < Pers =あずまや〗
kip[1] /kíp/ 名 ⓒ キップ皮《幼獣または小獣の皮》; ⓤ キップなめし革.
kip[2] /kíp/ 《英口》名 ❶ ⓤ［また a ~］睡眠: have *a* ~ ひと眠りする. ❷ ⓒ 寝床, 寝床. ── 動 ⾃ (kipped; kipping) 眠る; 寝る《*down*》.
Kip·ling /kíplɪŋ/, **Rud·yard** /rʌ́djəd | -jəd/ 名 キプリング (1865-1936; インド生まれの英国の小説家; Nobel 文学賞 (1907)).
kip·per /kípə | -pə/ 名 ❶ キッパー《開いて塩漬けにして乾燥させ燻製(くんせい)にした魚, 特にニシン; 英国人が朝食によく食べる》; cf. bloater. ❷ 産卵期またはその後の雄ザケ［マス］. ── 動 ⾃《ニシンなどを》キッパーにする《★通例過去分詞の形容詞用法で》: a *~ed* herring 燻製ニシン.
kípper tíe 名 あざやかな色の幅広のネクタイ.
kir /kíə | kíə/ 名 ⓤ しばしば K~ キール《crème de cassis を白ワインで割った食前酒》. 〖C. F. Kir 考案者とされるフランス, ディジョンの市長〗
kír·by grìp /kɔ́ːbi- | kɔ́ː-/ 名 カービーグリップ《スプリングが付いたヘアピン》.
Kir·ghi·zi·a /kɪəgíːʒ(i)ə | kəɡíːzɪə/ 名 キルギス《Kyrgyzstan の旧称》.
Ki·ri·ba·ti /kìrɪbáːti, -bǽs/ 名 キリバス《太平洋中西部の共和国; 首都 Tarawa》.
Ki·rin /kìːrín/ 名 =Jilin.
kirk /kɔ́ːk | kɔ́ːk/ 名 ❶《スコ・北英》教会, 《the Kirk (of Scótland)》スコットランド教会. 〖ON < OE; church と同語源〗
kírk sèssion 名《スコットランド長老教会および他の長老教会の》最下級長老会議.
Kirk·wall /kɔ́ːkwɔːl | kɔ́ːk-/ 名 カークウォール《スコットランド北部 Orkney 諸島の行政中心地》.

Kír·li·an photógraphy /kə́:liən- | kə́:-/ 名 Ｕ キルリアン写真(術)《(生物の)被写体を電場に置くことによってその物体から放射される発光をフィルムに記録する方法》. 〖S. D. Kirlian, V. K. Kirlian 旧ソ連の発明家〗

kirsch /kíəʃ | kíəʃ/ 名 Ｕ,Ｃ 桜桃酒, キルシュ《ドイツ産サクランボのブランデー》. 〖G=サクランボ〗

kish /kíʃ/ 名 Ｕ 〖冶〗キッシュ黒鉛.

Ki·shi·nev /kíʃənef, -nɔ̀:f | -nɔ̀f, -nev/ 名 キシニョフ《Chişinău の旧称》.

kish·ke /kíʃkə/ 名 ❶ キシュカ《ユダヤ料理の腸詰の一種》. ❷ [~s]《米俗》はらわた, 勇気, 肝っ玉 (guts).

kis·ka·dee /kískədi:/ 名 キバラオオタイランチョウ《熱帯アメリカ産》.

Kis·lev /kíslɑf/ 名《ユダヤ暦》キスレウ《政暦の第3月, 教暦の第9月; 現行太陽暦で 11-12 月》.

kis·met /kízmet, kís-/ 名 Ｕ 宿命, 運命. 〖Turk<Pers<Arab=配分〗

***kiss** /kís/ 動 他 ❶ ⟨…に⟩キスする, くちづけ[接吻(ｾｯﾌﾟﾝ)]する; ⟨人に⟩×キスをする…のキスをする: ~ a person's lips [cheek]=~ a person *on* the lips [cheek] 人の唇[ほお]にキスをする/ [+目+目] Father ~ed us good-by(e) [good morning]. 父は私たちにさよなら[おはよう]のキスをした. ❷ ⟨微風・波などが⟩…に軽く触れる. — 自 ❶ キス[接吻]する: ~ and make up キスして仲直りする. ❷ 〖玉突〗2 つの球が接触する. **kiss a person's áss**《卑》⟨人に⟩こびへつらう. **kiss awáy**《他+副》⟨涙・心配・怒りなどを⟩キスして取り去る: She ~ed *away* the child's tears. 彼女は子供にキスして泣くのをやめさせた. **kiss** *good*-**bý**(*e*) ⟨…に⟩さよならのキスをする [to] (⇒ 他 1). (2)《口》⟨…を⟩捨て去る, あきらめる: You can ~ your bicycle *good*-*by*(*e*) if you don't lock it. かぎをかけておかないと自転車はなくなっちゃうよ. **kiss óff**《他+副》(1) [命令形で]《米口》あっちへ行け, 消えてきれ, 出て行け; うるさい, 余計な[くだらない, ひどい] ことばかり言うな. — 《他+副》(2)《米口》⟨物事を⟩なくなったものと思う[あきらめる]. (3) キスをして⟨相手の口紅などを⟩落としてしまう. — 名 ❶ キス, くちづけ, 接吻《愛情・あいさつ・尊敬などのしるし》: give a ~ to… …にキスする / She gave him a ~ on the lips [cheek]. 彼女は彼の唇[ほお]にキスをした / blow a ~ to… …に投げキスをする; ⇒ French kiss. ❷ **a**《微風などが⟩軽く触れること. **b**《玉突》球への軽い接触. **c**《ホイル (foil) に包んだ⟩小さな糖菓: a chocolate ~ キスチョコレート. **the kíss of déath**《口》⟨一見親切そうで⟩命取りの[危険な]行為《由来 聖書からキリストを裏切ったキスから》. **the kíss of life**《主に英》(1) 口移し式人工呼吸(法). (2) 起死回生策. **kíss of péace**《礼拝式・聖餐式の》親和[平和]の接吻《実際には握手の形式を示す》. 〖OE; もとは擬音語〗

kiss·a·ble /kísəbl/ 形《口》唇などキスしたくなるような.

kíss-and-téll 形 情事暴露のゴシップもの.

kíss-àss 形 Ａ《米卑》こびへつらう, よいしょの.

kíss cùrl 名《英》キスカール《《米》spit curl》《額に軽くかかる髪のカール》.

kíss·er 名 ❶ キスをする人. ❷《古風》口; 唇; 顔.

kíss·ing bùg 名《昆》(オオ)サシガメ.

kíssing cóusin 名 ❶《会えばキスし合う程度の》親戚. ❷ ごく類似したもの, 似たもの同士.

Kis·sin·ger /kísindʒə | -dʒə/, **Henry Alfred** 名 キッシンジャー (1923-); 米国の政治家・国際政治学者).

kíssing gàte 名《英》小開き門《1 人ずつ通す》.

kíssing kín 名 Ｕ《会えばキスし合う程度の》親類.

kíss-óff 名 [the ~]《主に米・俗》お払い箱, 首 (dismissal), 縁切り, 手切れ, おさらば.

kis·so·gram /kísəɡræm/ 名 キス付き電報《祝辞》《派手な服装をした若い女性の配達人が受取人にキスをするサービスがつく電報・メッセージ》.

kiss·y /kísi/ 形《口》キスしたがる, キスで愛情を表現する⟨ような⟩, 甘ったるい; キスする⟨ような⟩⟨唇⟩.

kist /kíst/ 名 =cist.

***kit**[1] /kít/ 名 ❶ Ｃ 道具一式, キット; (旅行・運動などの)用具一式; 道具箱[袋]: a first-aid ~ 救急箱[かばん] / a promotion [sales] ~ 販売促進(資料・見本)セット. ❷ Ｃ《模型飛行機などの》組立て用部品一式. ❸ Ｕ《英》**a**《その》(武器以外の)装具. **b**《特定の活動のための》装備, 服装: in hunting ~ キツネ狩り(など)の服装で. **the whóle kít (and cabóodle)**《口》何もかも[だれも彼も]皆. — 動 他《英》⟨…に⟩⟨…の⟩装備をつけさせる ⟨*out*, *up*⟩ ⟨*with*⟩.

kit[2] /kít/ 名 ❶ 子猫. ❷《キツネ・フェレットなどの》子. 〖KIT(TEN)〗

Kit /kít/ 名 キット: ❶ 男性名《Christopher の愛称》. ❷ 女性名《Catherine, Katherine の愛称》.

kít bàg 名《英》(軍人・旅行者などの)雑嚢(ﾉﾉ).

kít-càt (pórtrait) 名 半身より小さいが両手を含む肖像画 (36×28 インチ=91×71 cm).

***kitch·en** /kítʃən/ 名 ❶ Ｃ 台所, キッチン, 調理場, 厨房(ﾁｭｳﾎﾞｳ)《[誤用]「ダイニングキッチン」は和製英語》. ❷ Ｕ,Ｃ [通例修飾語を伴って] …料理. ❸ Ｃ キッチン[厨房]で働く人たち, 配膳係. ❹ Ｃ《口》(オーケストラの)打楽器部門. — 形 Ａ 台所(用)の: a ~ chair [table] 台所用いす[テーブル] / a ~ knife 包丁 / a ~ stove 台所[料理]用レンジ. ❷《言葉かの教育を受けていない人の》現地の. 〖OE< L *coquinus* 料理の<*coquere* 料理する; cf. cook〗《関形 culinary》

kítchen càbinet 名《大統領などの》私的顧問団, ブレーングループ.

kítchen·er 名《英》料理かまど, レンジ (range).

kitch·en·ette /kìtʃənét/ 名 小さい台所; (アパートなどの)簡易台所.

kítchen gàrden 名 家庭菜園.

kítchen màid 名 台所の下働きの女中.

kítchen mìdden 名《考古》貝塚.

kítchen políce 名《米軍》❶ Ｕ 炊事勤務《時に微罪の罰として課せられる; 通例略語 KP を用いる》: be on KP duty 炊事勤務についている. ❷ [複数扱い] 炊事(勤務)兵《全体》.

kítchen sínk 名 台所の流し(台). **éverything [áll] but the kítchen sínk**《戯言》《必要以上に)たくさんのもの, 何でもかんでも, いっさいがっさい.

kítchen-sínk 形《英》《ドラマなど》台所調の《労働者階級の家庭生活をリアリスティックに描いたものいう》. ❷《米》あらゆるものを投入する[素材にする]: a ~ ad campaign 手段を選ばぬ[あの手この手の]宣伝戦.

kítchen·wàre 名 Ｕ 台所用品《なべ・かま類》.

\+**kite** /káit/ 名 ❶ 凧(ﾀｺ): let out [draw in] a ~ 凧を揚げる[降ろす]. ❷《鳥》トビ. ❸《口》融通手形, 空手形. ❹《英古風》飛行機. ❺《幾》凧形. **(as) hígh as a kíte**《口》酔っぱらって, 薬物が効いていて, 《酒・薬物のために》ハイで. **flý [sénd úp] a kíte**《口》(1) 凧を揚げる. (2)《口》人気試しに探りを入れる, (世論などの)反応を試す. **Gó flý a kíte!**《米俗》あっちへ行け, つまらぬことを言うな. — 動 自 ❶《米口》《商》空手形を作る. ❷ 凧を揚げる. ❸《トビなどが》軽(ﾔ)やかに動く《走る》. — 他《商》《手形を》空手形として使う. 〖OE; もとは擬音語か〗

kíte ballóon 名《ソーセージ形の》軍事観測用係留気球.

kíte-flýing 名 Ｕ ❶ 凧(ﾀｺ)揚げ. ❷ 世論の反応試し.

Kíte·mark /káitmàːk | -màːk/ 名 [the ~]《英》カイトマーク《英国規格協会 (BSI) 検査証》.

kíte sùrfing 名 カイトサーフィン《サーフボードに乗りながら大凧を操縦し, その飛力力を借りて水上を滑走する》.

kít fóx 名《動》キットギツネ《米南西部・メキシコ産》.

kith /kíθ/ 名 ★ 次の成句で. **kíth and kín** (1) 知己と親戚. (2) 親類縁者.

\+**kitsch** /kítʃ/ 名 Ｕ 俗うけをねらったもの[作品], 趣味の悪い物, 俗悪なもの. — 形 俗うけをねらった, 俗悪な, 趣味の悪い. **kítsch·y** /kítʃi/ 形 〖G〗

\+**kit·ten** /kítn/ 名 子猫 (⇒ cat 関連). **hàve kíttens**《口》ひどく神経質になって[やきもきして, いらいらして]いる. 〖?F<*chat cat*〗

kítten héel 名 キトンヒール《婦人靴の stiletto heel の低いもの》.

kit·ten·ish /-tnɪʃ/ 形 ❶ 子猫のような, じゃれる. ❷〈娘がいちゃつく, あだっぽい.

kit·ti·wake /kíṭiwèɪk/ [名]〘鳥〙ミツユビカモメ.

kit·ty[1] /kíṭi/ [名]《小児》(子)猫, ねこちゃん (⇨ cat [関連]). 〘KIT[2]+-Y[2]〙

kit·ty[2] /kíṭi/ [名] ❶〘トランプ〙勝負事の賭け金の総額. ❷ 共同積立金.

Kit·ty /kíṭi/ [名] キティ《女性名; Catherine, Katherine の愛称》.

kít·ty-còrner /kíṭi-/ [形][副] =kitty-cornered.

kítty-còrnered [形][副] 斜め向かいの[に], 対角線上の[に].

Kit·ty Lit·ter /kítilìṭɚ | -tə/ [名][U]〘商標〙キティーリター《ペット, 特に猫用トイレに敷く吸湿剤》.

ki·va /kíːvə/ [名] キーバ《Pueblo インディアンの(半)地下の大広間; 宗教儀式·会議·その他に用いる》.

Ki·wa·ni·an /kɪwɑ́ːniən/ [名] キワーニスクラブ (Kiwanis) の会員.

Ki·wa·nis /kɪwɑ́ːnɪs/ [名] キワーニスクラブ《1915 年米国に創設された実業家の社交団体で, 世界各地に支部を持つ; cf. service club》.

+**ki·wi** /kíːwiː, -wi/ [名] ❶〘鳥〙キーウィ《New Zealand にすむ尾も翼もない走鳥で小型のダチョウの類》. ❷ [K~]《口》ニュージーランド人. ❸ =kiwi fruit. 〘Maori〙

kiwi 1

kíwi frùit [名] キウイ(フルーツ)《中国原産; 果肉が緑色の果物》.

kJ 《略》kilojoule(s).

KJV 《略》King James Version.

KKK /kéɪkèɪkéɪ/ 《略》Ku Klux Klan.

kl 《略》kiloliter(s).

Klan /klǽn/ [名] [the ~]=Ku Klux Klan.

Klans·man /klǽnzmən/ [名] ([複] **-men** /-mən/) Ku Klux Klan の団員.

Kláns·wòman [名] Ku Klux Klan の女性団員.

klatch, klatsch /klǽʧ/ [名]《米口》雑談会, だべり会.

Klax·on /klǽks(ə)n/ [名]〘商標〙クラクション《自動車の警音器; [比較] 日本語では「警音器, 警笛」の意で「クラクション」というが, 英語では horn》.

kleb·si·el·la /klèbziélə/ [名][U]〘菌〙莢膜桿菌(きょうまくかんきん), クレブシエラ.

Klee /kléɪ/, **Paul** [名] クレー《1899–1940; スイスの画家》.

Kleen·ex /klíːneks/ [名][U]〘商標〙クリネックス《ティッシュペーパーの一種》.

Kléin bòttle [名]〘数〙クラインの瓶[管]. 〘F. Klein ドイツの数学者〙

klepht /kléft/ [名] [しばしば K~]〘史〙クレフト《ギリシアがトルコに征服された時各地に立てこもって抵抗を続けたゲリラ隊員》; (一般に)山賊. **kléph·tic** /-tɪk/ [形]

klep·to- /kléptoʊ/ [連結形]「盗み」. 〘Gk=泥棒または盗む〙

klep·to·ma·ni·a /klèptəméɪniə/ [名][U] (病的)盗癖.

klep·to·ma·ni·ac /klèptəméɪniæk←/ [形] 盗癖のある, 窃盗狂の. ── [名] 窃盗狂の人.

klèpto·párasite [名]〘動〙盗み寄生者《常習的に他の種から食物を奪う鳥[昆虫, 動物]》. **-parasític** [形] **-párasitism** [名]

klez·mer /klézmɚ | -mə/ [名] ([複] **klez·mo·rim** /klèzməríːm/, ~, ~s) ❶ [C] クレズマー《東欧のユダヤ人の民族音楽奏者; 婚礼の際などに数人の楽団で演奏した》. ❷ [U] (また **Klézmer mùsic**) クレズマーの演奏する音楽.

klick, klik /klík/ [名]《米軍俗》1 キロメートル.

klíeg (lìght) /klíːg-/ [名] クリーグライト《映画撮影用のアーク灯》.

Klimt /klímt/, **Gus·tav** /gʊ́stɑːv/ [名] クリムト《1862–1918; オーストリアの画家》.

Klíne·fel·ter's sỳndrome /kláɪnfeltɚz- | -təz-/ [名][U]〘医〙クラインフェルター症候群《男性の性染色体異常を主徴とする先天性疾患; 矮小睾丸·不妊などを伴う》. 〘H. F. Klinefelter 米国の医師〙

klip·spring·er /klípsprɪ̀ŋɚ | -ŋə/ [名]〘動〙クリップスプリンガー《アフリカ南部山岳地産の小型のレイヨウ》.

Klon·dike /klɑ́ndaɪk | klɔ́n-/ [名] [the ~] クロンダイク《カナダ Yukon 川流域の金産地》.

klong /klɔ́(ː)ŋ | klɔ́ŋ/ [名] (タイ国の)運河, クロング.

kloof /klúːf/ [名] (南アフリカの)峡谷 (ravine).

kludge, kluge /klúːʤ, klʌ́ʤ/《電算俗》[名] クラッジ《不調和な構成素からなる(コンピューター)装置》. ── [形][A] 不細工な, 工夫も何もない. ── [動][他]〈…の〉設計上の不備を取り除く, 〈…の〉機能上の欠点を解決する.

klutz /klʌ́ts/ [名]《米口》❶ 不器用な人. ❷ ばか.

klutz·y /klʌ́tsi/ [形] (**klutz·i·er; -i·est**)《米口》❶ 不器用な. ❷ ばかな.

klys·tron /kláɪstrɑ̀n, klís- | -trɔn/ [名]〘電子工〙速度変調管, クライストロン.

km 《略》kilometer(s).

Ḱ-méson /kéɪ-/ [名]〘理〙K 中間子 (kaon).

+**knack** /nǽk/ [名] [単数形で]《口》❶〔…の〕技巧, 巧みなわざ; こつ: get the ~ こつを覚える / There's a ~ ***in*** do*ing* it. それをやるにはこつがある[いる] / You can do it when you get the ~ ***of*** it. こつがわかれば君にだってできる / He has a ~ ***for*** [the ~ ***of***] teach*ing* mathematics. 彼は数学を教えるこつを心得ている. ❷ 癖, 傾向; 特異な才[技量]. 〘擬音語〙

knack·er[1] /nǽkɚ | -kə/《英》[名] ❶ 廃馬畜殺業者. ❷ 古家[廃船]買い入れ業者. ── [動][他]《口》❶ ひどく疲れさせる 〈*out*〉. ❷ 〈ひじ·手などを〉痛める.

knack·er[2] /nǽkɚ | -kə/ [名] [複数形で]《俗·卑》きんたま.

knack·ered /nǽkɚd | -kəd/ [形][P]《英口》❶ くたくたに疲れて. ❷ 完全に壊れて, ぼろぼろで.

knácker's yàrd [名]《英》廃馬屠殺場: ready for the ~ 古くて使いものにならない.

knack·wurst /nɑ́kwə̀ːst, -wʊ̀əst | nǽkvʊ̀əst/ [名] クナックブルスト《frankfurter より短く太い香辛料の効いたドイツソーセージの一種》.

knag /nǽg/ [名] 木の節, 枝の付け根; 生育が止まった[枯れた]短い枝.

knap /nǽp/ [動] (**knap·ped; knap·ping**) [他]〈石を〉(打ち)砕く, 槌で割る.

knáp·per [名] 砕く人; 石割り槌.

knap·sack /nǽpsæ̀k/ [名] ナップザック, 背嚢(はいのう), リュックサック. 〘?LG or Du < *knappen* 食べる+*zak* 袋〙

knáp·wèed [名][U]〘植〙ヤグルマギク《総称》.

knar /nɑ́ɚ | nɑ́ː/ [名] 木の節, 木こぶ.

knave /néɪv/ [名] ❶ 悪党, ならず者. ❷〘トランプ〙ジャック.

knav·er·y /néɪvəri/ [名] ❶ [U] ごまかし, 悪党根性. ❷ [C] 不正行為.

knáv·ish /-vɪʃ/ [形] ❶ 悪党のような, ならず者の. ❷ 不正な, ふらちな. **~·ly** [副]

knead /níːd/ [動][他] ❶ **a** 〈練り粉·粘土などを〉こねる, 練る. **b** 〈パン·陶器を〉こねて作る. ❷ 〈筋肉などを〉もむ, あんまする. ❸ 〈人格などを〉練る, 磨く. 〘OE; 原義は「丸く押し固める」; cf. knob, knot〙

***knee** /níː/ [名] ❶ **a** (人間の)ひざ, ひざがしら, 膝(しつ)関節 (cf. lap[1]): draw up one's ~*s* ひざを立てる / fall [go] on a ~ 片ひざをつく / rise on one's [the] ~*s* ひざで立つ / on one's ~*s* (祈りなどのために)ひざまずいて / up to the ~*s* in water ひざまで水につかって / He was down on his ~*s*. 彼はひざをついていた. **b** (座った時の)ももの上側, ひざ (lap): hold a child on one's ~(*s*) 子供をひざにのせている. **c** (衣服の)ひざ. ❷ **a** (動物の)ひざ, (特に, 馬·犬などの前足の)ひざ (↔ hock). **b** (鳥類の)脛骨(けいこつ). ❸ ひざに似たもの: **a** 腕木, ひじ材. **b**〘木工·機〙受けひざ. **at one's móther's knée** 母のひざ元で, 子供の時に: I learned it *at* my *mother's* ~. 私は小さい時にそれを母のもとで教わった. **bénd [bów] the knée to [befòre] a person** (1) 〈人〉にぬかずく, 〈人〉を拝む. (2) 〈人〉に屈従[屈服]する. **bríng a person to his knées** 〈人を〉屈従させる, ひざまずかせる. **fáll [gò (dówn)] on one's knées** (1) ひざまずく. (2) ひざまずいて嘆願する; ひざまずいて拝む. **knée to knée** (1) ひざを突き合わせて. (2) ぴったり隣り合って. **on bénded knée(s)** ⇨ bended [成句]. **on one's knées** (1) ひざまず

K

knee-bend

いて (⇒ 图 1); 低姿勢で. (2) 《会社などが》つぶれる寸前で, 〈経済など〉弱って, 〈人など〉疲れ果てて. **wéak in [at] the knées** ⇒ weak 成句. ── 動 他 (**kneed**) 〈…〉をひざで打つ[押す, 触れる]: She ~*d* him in the crotch. 彼女は彼の股間をひざで蹴り上げた. 【OE】

knée-bènd 图 ひざの屈伸運動.

knee-bòard 图 ニーボード: **a** ひざの上に渡してテーブルとする板. **b** ひざをついた姿勢で行なうサーフィンや水上スキー用の短いボード. -**er** 图 -**ing** 图

knee brèeches 图 (ひざのところで締まった)半ズボン.

knée-càp 图 **❶** ひざのさら, ひざ小僧, 膝蓋(ﾊﾞ)骨. **❷** ひざ当て. ── 動 他 (罰として)〈人〉のひざをねらい撃つ.

knee-déep 形 **❶** ひざまでの深さの; ひざまで没して: **a** ~ flood ひざまである大水 / The snow lay ~. 雪はひざまで積もっていた. **❷** P **a** 〈水などに〉ひざまでつかって: be ~ *in* water ひざまで水につかっている. **b** 〈借金・困難などに〉動きがとれなくて: ~ *in* debt 借金で首が回らなくて / ~ *in* work 仕事で動きがとれなくて.

knee-hígh 形 ひざまでの高さの. ── 图 [通例複数形で] ひざ下である靴下. **knée-hìgh to a grásshopper** 〈古風〉幼くて小さい, 非常に小さい.

knée-hòle 图 ひざ空間(机の下などの両ひざを入れる余地).

knee jèrk 图 膝(ｾﾞ)反射(脚気(ｶｯ)の診断などに利用する).

knée-jèrk 形 图 **❶** 反応に反射的な. **❷** 〈人〉の型にはまった行動[反応]をする: **a** ~ conservative お決まりの行動をとる保守主義者.

knee jòint 图 **❶** 膝(ﾋｻﾞ)関節. **❷** 機 膝(ﾋｻﾞ)継ぎ手.

kneel /níːl/ 動 (**knelt** /nélt/, ~**ed**) ひざを曲げる, ひざまずく: ~ *in* prayer ひざまずいて祈る / He knelt before the altar. 彼は祭壇の前にひざまずいた / She knelt *down* to pull a weed from the flowerbed. 彼女は花壇から雑草を引き抜くためにひざまずいた. ~-**er** 图 【OE; KNEE と同語源】

knée-lèngth 形 A 〈服・ブーツなど〉ひざまでの(長さの).

knée-pàd 图 ひざ当て.

knée-pàn 图 = kneecap 1.

knees-ùp 图 〈英口〉元気のいいパーティー.

knée-trèmbler 图 〈俗〉立位での性交.

knell /nél/ 图 **❶** 弔鐘の音, 鐘声; 弔(ﾄﾑﾗ)いの鐘. **❷** 事の終末を示すもの; 兆候. **rìng [sóund, tóll] the knéll of** … (1) …の弔いの鐘を鳴らす. (2) …の廃止[没落]を告げる. ── 動 **❶** 〈弔いの鐘が〉鳴る; 悲しげな音を発する. **❷** 不吉に響く. ── 他 〈凶事などを〉報じる. 【OE】

knelt /nélt/ 動 kneel の過去形・過去分詞.

Knés·set, -seth /knéset/ 图 [the ~] クネセト 《イスラエル国会》.

knew /n(j)úː | njúː/ 動 know の過去形.

Knick·er·bock·er /níkɚbɑ̀kɚ | -kəbɔ̀kə/ 图 **❶** New Amsterdam (今の New York 市)のオランダ移民の子孫. **❷** ニューヨーク人. 【Diedrich Knickerbocker; W. Irving が『ニューヨーク史』を書いた時の筆名】

Knickerbocker Glóry 图 [時に k- g-] ニッカーボッカーグローリー《アイスクリーム・ゼリー・クリーム・フルーツなどを背の高いグラスに入れたもの》.

knick·er·bock·ers /níkɚbɑ̀kɚz | -kəbɔ̀kəz/ 图 複 ニッカーボッカーズ《ひざの下でくくるゆるい半ズボン》.

+**knick·ers** /níkɚz | -kəz/ 图 複 **❶** 〈米〉= knickerbockers. **❷** 〈英〉女性[女児]用下着(パンティー). **hàve [gèt] one's knickers in a twist** 〈英〉怒る; まごつく; 気をもむ. ── 間 〈英口〉ばかな!《軽蔑を表わす》.

knick·knack /níknæ̀k/ 图 〈口〉 **❶** (装飾的な)小物, 小さい装身具, 小間物. **❷** (装飾的な)骨董(ﾄｳ)品. 【KNACK の反復原から】

knick·pòint /ník-/ 图 〔地〕遷移点(川や谷の縦断勾配が急に変化する地点).

*****knife** /náif/ 图 (複 **knives** /náivz/) **❶** C ナイフ, 小刀; 包丁《関連 台所で使う包丁は kitchen knife, 肉切り包丁は carving knife, パン切り包丁は bread knife》: Europeans eat with (a) ~ and fork. ヨーロッパ人はナイフとフォークで食べる《★ 対句のため通例無冠詞》. **❷** C 短刀, メス (scalpel). **b** [the ~] 〈口〉 外科手術: have a horror of *the* ~ 手術が大嫌いである. **❸** C 機 (切断器の)刃. **befòre you can sáy knífe** 〈口〉あっという間に. **gèt [hàve] one's knífe ìnto [in] a pérson** 〈口〉人に敵意を示す[を敵意をもって扱う]. **like a knífe through bútter** 楽々と, 簡単に. **nót be the shárpest knife in the dráwer** 〈戯言〉頭が特に切れるほうではない. **ùnder the knífe** 手術を受けて: go [come] *under the* ~ 手術を受ける / The patient died *under the* ~. 患者は手術中に死んだ. **you could cút a knífe with a knífe** いやな雰囲気が感じとれる, だれにでもはっきりわかる. ── 動 **❶** 〈人を〉ナイフ[短刀]で刺す, 刺し殺す; 〈ものを〉ナイフで刺す: She ~*d* him in the back. 彼女は彼の背中をナイフで刺した. **❷** 〈口〉〈人を〉(陰険な手段で)敗北に陥れようとする. ── 自 [副詞(句)を伴って] 〈波などを〉切って進む: ~ *through* the waves 波を切って進む. 【OE】

knife blòck 图 (刃を差し込む形式の)包丁立て.

knife-bòard 图 ナイフとぎ台.

knife-èdge 图 **❶** ナイフの刃. **❷** [登山] やせ尾根. **on a knìfe-èdge** (1) 〈事の成否〉がきわどい状態で. (2) 〈人が〉事の成否をひどく心配して [*about*].

knife grìnder 图 研ぎ師[屋].

knife·man /-mən/ 图 (複 -**men** /-mən/) ナイフを武器とする犯罪者, ナイフ男.

knife plèat 图 服 ナイフプリーツ《同じ方向へきっちり折り目をつけた幅の狭いひだ》.

knife-pòint 图 ナイフの先. **at knìfe-pòint** ナイフで脅されて; 最急通牒を突きつけられて.

knife rèst 图 (食卓の)ナイフ置き.

+**knight** /náit/ 图 **❶** (中世の)騎士 【解説】 封建時代に名門の子弟が page から squire に昇進し武功を立てて knight となった; ナイトに就任する儀式を accolade といい, 土地と黄金の拍車 (spurs) が下賜された. **b** (昔, 貴婦人に付き添った)騎士. **❷** 〈英〉ナイト爵, 勲爵士 【解説】 baronet の次位で一代限りの栄爵; Sir の称号を許され, Sir John Jones (略式には Sir John) と呼ばれ, 妻は Lady Jones (正式には Dame Mary Jones) と呼ばれる. **❸ a** 〈英〉(勲章によって勲爵士団 (Orders of Knighthood) の一つに属する)勲爵士 (cf. companion[1] 5): **a** ~ *of the* Bath [Garter] バス[ガーター]勲爵士. **b** (友愛・慈善団体などの)会員. **❹** (主義などに献身的に尽くす)勇士, 義人; 女性に献身的な人. **❺** 〈チェス〉ナイト《将棋の「桂馬」に似た動きをする》. **knìght of the róad** (1) 追いはぎ. (2) 行商人, セールスマン. (3) 浮浪者. (4) トラック[タクシー]の運転手. **Knights of Colúmbus** [the ~] コロンブス騎士会《米国の男性カトリック信徒の国際的友愛組織》. **Knights of the Róund Táble** [the ~] 円卓騎士団 (⇒ Round Table). ── 動 〈人を〉ナイト爵に叙[列]する (cf. dub[1] 2). 【OE=少年, 召し使い】

knight báchelor 图 (複 **knights bachelors, knights bachelor**) 〈英〉(どの勲爵士団にも属さない)最下級の勲爵士 (knight 2 の正式名).

knight commánder 图 (複 **knights commanders**) 〈英〉(バス勲爵士団などの)中級勲爵士.

knight-érrant 图 (複 **knights-errant**) **❶** (中世の)武者修業者, 遍歴の騎士. **❷** 義俠(ｷｮｳ)の士; ドンキホーテ的人物.

knight-érrantry 图 U **❶** 武者修業. **❷** 義俠的[ドンキホーテ的]行為.

knight·hòod 图 **❶ a** U 騎士である身分. **b** 〈英〉CU ナイト爵位, 勲爵士の位: the Orders of K- 勲爵士団 / receive a ~ ナイト爵位を受ける. **❷** U 騎士かたぎ; 騎士道. **❸** [the ~] 勲爵士団 [連].

knight·ly (knight-li-er, -li-est) 形 **❶** 騎士の; 勲爵士の. **❷** 騎士にふさわしい; 義俠(ｷｮｳ)な.

knight márshal 图 〔英史〕宮内司法官.

knight [knìght's] sèrvice 图 〔史〕騎士の奉公[義務]《封建君主から土地を与えられた代償としての軍務》.

knish /kníʃ/ 图 〈ユダヤ〉クニッシュ《ジャガイモ, 肉などを包んで焼いた, ダンプリング状のユダヤ料理》.

*knit /nít/ (knit・ted, knit; knit・ting) 他 ❶ 〈…を〉編む, 編んで〈ものを〉作る; 〈…を〉表編み[平編み, プレーンニッティング]で編む 〈編み目を編む: ~ cloth by machine 織物を機械編みする / ~ gloves out of wool 毛糸で手袋を編む / ~ wool into gloves 毛糸で手袋を編む /［+目+目］~ a person a sweater =~ a sweater for a person 人にセーターを編んであげる. ❷ 〈…を〉(相互の利益・結婚などで)強く結びつける: The two families were knitted together by marriage. 両家は縁組みで結ばれた. ❸ 〈まゆを〉寄せる[ひそめる］: ~ the (one's) brows まゆをひそめる.
── 自 ❶ 編み物をする: I've been knitting since morning. 朝からずっと編み物をしている. ❷ 結合する, 密着する: The broken bones knitted (together) nicely. 折れた骨は(元どおりに)つながった. knít úp (他+副) (1) 〈折れた骨などを〉くっつく, 癒合(ご)する. (2)［well などの様態の副詞を伴って］〈毛糸などが〉編み物に向く. ── (他+副) (1) 〈…を〉編み上げる[繕う]. (2) 〈議論などを〉結ぶ, まとめる. ── ❸ ［通例複数形で］ニット(製品), 編み物.
【類義語】knit 毛糸・織物を編む. braid 頭髪を編む.
knít・bòne 名 =comfrey.
knít・ted /-tɪd/ 形 編んだ, 編み物の, ニットの, メリヤスの: a ~ article ニット製品 / hand-[machine-]knitted 手[機械]編みの / ~ work 編み物.
knít・ter /-tə | -tə/ 名 ❶ 編む人, メリヤス工. ❷ 毛糸編み機.
+knít・ting /-tɪŋ/ 名 U ❶ 編むこと. ❷ 編み細工; 編み物: do one's ~ 編み物をする. ❸ ニット地, メリヤス地.
knítting machìne 名 編み機; メリヤス機械.
knítting nèedle [pìn] 名 編み針[棒].
knít・wèar 名 U ニットウェア《編んだ衣類の総称》.
knives /náɪvz/ 名 knife の複数形.
+knob /náb | nɔ́b/ 名 ❶ a (ドア・引き出しなどの)握り, 取っ手. b (旗などの)球; (建)柱飾り; (らんかんの)擬宝珠(ぎぼし). c (電気器具の)つまみ, ノブ: Turn the ~ to the right. つまみを右に回しなさい. d (木の幹などの)こぶ, ふしこぶ. ❷ (孤立した)丸い丘, 小山. ❸ (砂糖・バター・石炭などの)(丸い)小さなかたまり (of). ❹ (卑) 陰茎, ペニス. with knóbs òn (英口) それに輪をかけて, もっとひどく, ずっと. (And) (the) same to you with (brass) ~ on. 《いやみな言い返しに用いて》お前のほうこそ輪をかけてそうじゃないか. 《OE; 原義は「丸いもの」cf. knead》
knobbed 形 ❶ ふしこぶのある. ❷ (先端が)こぶのようになった, 握りのついた.
knob・ble /nábl | nɔ́bl/ 名 小さいこぶ, いぼ.
knob・bly /nábli | nɔ́bli/ 形 (knob・bli・er, -bli・est) (英) =knobby.
knob・by /nábi | nɔ́bi/ 形 (knob・bi・er, -bi・est) ❶ ふし[こぶ]の多い; ふしくれだった: a ~ hand ふしくれだった手. b こぶのような: a ~ nose 丸い鼻 / ~ knees 骨ばったひざ. ❷ 丸い丘[小山]の多い.
knób・kèr・rie /-kèri/ 名 ノップケリー《アフリカ南部の原住民が武器に用いる頭にこぶのついた棍棒》.
knób・stick 名 ❶ =knobkerrie. ❷ (英古) スト破り.
⁑knock /nák | nɔ́k/ 動 他 ❶ a 〈…を〉強く打つ; 〈…を〉強く打って(…)にする; 〈くぎなどを〉…に打ち込む; 〈強く打って〉〈穴を〉開ける, へこみ・くぼみをつくる: Someone ~ed me on the head. だれかが私の頭を殴った / The bat ~ed him on the head. バットが彼の向こうずねに当たった /［+目+補］~ a person flat 人を打ち倒す / The blow ~ed him senseless [unconscious]. その一撃で彼は気絶した / The boxer ~ed his opponent to the canvas. ボクサーは相手をキャンバスに打ちのめした / ~ a nail into a wall 壁にくぎを打ち込む. b 〈あることを〉人にたたき込む, 教え込む (into). ❷ 〈人・ものを〉ぶつける: He ~ed his head against [on] the wall. 彼は頭を壁にぶつけた. ❸ 《複数の部屋などを》（壁などを払って）一つにする (into, together). ❹ 〔人から〕〈…を〉奪う, 失わせる: ~ the stuffing out of a person 人から自信を奪う. ❺ (口) 〈…を〉こきおろす, けなす, 非難する. ❻ (口) 〈ある年齢に〉近づく.

── 自 ❶ (こぶしや固いもので)音をたててたたく, ノックする: Who's ~ing? ノックしているのはだれだ / Someone was ~ing at [on] the door. だれかがドアをたたいていた《用法 at は行為の対象を, on は打撃の場所を強調するが, ただし(米)

1005　knock

では on を多く用いる傾向がある). ❷ a 〔…に〕突き当たる, ぶつかる (against, into): He ~ed into the table. 彼はテーブルにぶつかった. b 〈人に〉偶然出会う: I ~ed into him on the street. 彼と通りで偶然出会った. ❸ 〈エンジンが〉ノッキングを起こす. ❹ (口) 悪口を言う, けちをつける, あら探しをする.

knock aróund [abóut] (他+副) (1) [~+目+aróund [abóut]]〈人・ものを〉打ちまくる, こづき回す; 手荒く取り扱う: He was ~ed around [about] by the demonstrators. 彼はデモ参加者たちにさんざんこづき回された. (2) 〈…について〉話し合う, 一緒に考える. ── [(自+副)+aróund [abóut]] (3) 放浪する; ぶらつく, ぶらぶらする: He ~ed around in India for a year. 彼は1年間インドをあちこち旅行して回った. (4) [進行形で]〈ものがころがっている; ほうっておかれる, 放置されている. (5) (口) 〈人と〉連れ立っている; 〈異性と〉つき合っている (together (with). ── [(自+前)~ aróund [abóut]…] (6) 〈…を〉(気ままに)巡る, 放浪する; ぶらつく, ぶらぶらする: ~ around Europe ヨーロッパを放浪する.
knóck báck (他+副) (口) (1) 〈酒を〉がぶがぶ飲む; 〈食物を〉ぱくつく. (2) [~+目+back+目] (英) 〈買い物が〉〈人に〉〈…を〉〈受身不可〉: This TV set ~ed me back 500 pounds. このテレビは500ポンドかかった. (3) [~+目+back] (英) 〈人を〉びっくりさせる; ろうばいさせる: The sight ~ed him back. その光景は彼をびっくりさせた. (4) [~+目+back] (英) 〈…の〉進行[改善, 回復]を妨げる.
knóck a person cóld (口) (1) 〈人を〉打って気絶させる. (2) 〈人を〉ひどく仰天させる.
knóck a person déad (米口) 〈人を〉強く感動させる, 悩殺する: She ~ed the audience dead with that song. 彼女はその歌で聴衆をうっとりさせた.
knóck dówn (他+副) (1) 〈人を〉打ち[殴り]倒す; 〈車などが〉〈人を〉はねとばして打ち倒す (run over): The man was ~ed down by a bus. その男はバスにはねとばされた / You could [might] have ~ed me down with a feather. 私は卒倒するほど驚いた 《★「羽毛一本で私を殴り倒せたであろう」の意から》. (2) 〈建物を〉取り壊す (demolish). (3) 〈輸送などのために〉〈機械などを〉分解[解体]する. (4) 〈議論などを〉打ち破る, たたきつぶす. (5) (口) 〈値段を〉下げる; 〈人を〉値切り倒す: They have ~ed down the price. 値段を下げさせた / We ~ed him down 5 percent. 彼に5パーセント値引きさせた / We ~ed him down to 3000 yen. 値切って彼に3千円まではさせた. (6) 〈競売で〉〈品物を〉〈人に〉〈いくらで〉〈売り〉落とす, 落札させる: The picture was ~ed down to Mr. A for $150. その絵は150ドルでA氏の手に落ちた.
knóck héll òut of… =BEAT (the) hell out of… 成句.
knóck hóme (他+副) [~+目+home] (1) 〈くぎなどを〉しっかり打ち込む. (2) 〈議論などを〉徹底的にやっつける.
knóck…into sháp⇒ shape 成句.
Knóck it óff! (口) よせ, 黙れ! (Cut it out!).
knóck óff (他+副) (1) 〈…から〉〈ある値段を〉割り引く: ~ off 10 cents from the price 10セントの値引きをする. (2) 〈全体から〉ある数量を減らす. (3) (米口) 〈相手を〉打ち破る, やっつける, 負かす. (4) (口) 〈人を〉殺す. (5) (口) 〈…を〉剽窃(ごぎ)する. (6) (口) 〈仕事・作品などを〉手早く仕上げる[書き上げる]. (7) (英口) 〈…を〉盗む. (8) (英口) 〈…と〉性交する. (9) [~+off+目] 〈…から〉〈払いのけ, 打ち落とす. ── (自+副) (10) (時間が来て)仕事をやめる[終える, 中断する]: We ~ off at 6. (毎日)仕事は6時に終わる.
knóck…on the héad (1) 〈人の〉頭を殴る (⇒ (他) 1 a). (2) 〈計画・希望などを〉打ち壊す, つぶす.
knóck óut (他+副) (1) 〈薬などで〉〈人を〉気絶させる, 気を失わせる. (2) (ボク) 〈相手を〉ノックアウトする (cf. knock-out). (3) 〈チームなどを〉負かして脱落させる, 敗退させる; (野) 〈投手を〉ノックアウトする. (3) (口) 〈すばらしくて〉〈人を〉驚かせる, 参らせる. (4) 〈…を〉破壊する; 〈…を〉不通に[不能に, 役に立たなく]する. (5) [~+目+out] (口) 〈人を〉疲れさせる; [~ oneself out で] 疲れる. (6) (口) 〈…を〉急いでぞんざ

いに作る, やっつける / 《曲などを》(ピアノで)たたき出す. (7) 《ものを》たたき出す; 《パイプを》たたいて灰を落とす.

knóck óver 《他＋副》(1) 《ものを》ひっくり返す. (2) 《米口》〈…〉に強奪に入る; 〈…を〉奪い取る. (3) 〈乗り物などが〉〈人を〉押し倒す. (4) 〈人を〉びっくり仰天させる.

knóck a person sídeways 〈人を〉どぎまぎさせる; 驚かせる.

knóck the bóttom òut of… ⇒ bottom 成句.

knóck spóts óff a person ⇒ spot 名 成句.

knóck togéther (《自＋副》(1) ぶつかり合う. ── 《他＋副》(2) 〈二つ(以上)のものを〉ぶつけ合う. (3) 〈ものを〉急いで作る[組み立てる]. (4) ⇒ 他 3.

knóck únder 《自＋副》〔…に〕屈する 〔to〕.

knóck úp (《他＋副》(1) 〈…を〉大急ぎで作る: They were ~ing up hotels all over the city. 町中に大急ぎでホテルを建てていた. (2) [~＋目＋up] 《米卑》〈女を〉はらませる, 妊娠させる. (3) 《英口》〈ドアをたたいて〉〈人を〉起こす. (4) [~＋up＋目] 《スポ》《英口》〈点を〉たたき出す. (5) [~＋目＋up] 《俗》〈人を〉疲れさせる, へとへとにする. (6) 《英口》〈金を〉稼ぐ; もうける. (7) 《ボールなどが》〈…に〉当たる. ── 《自＋副》(8) 《英口》《テニスなどで》〈双方の選手が〉《試合開始前に》練習の打ち合いをする.

knóck·a·bout 形 ❶ 騒々しい. ❷ 《芝居などが》どたばたの: a ~ comedy どたばた喜劇. ❸ 《服など》乱暴に扱える, 荒仕事用の. ❸ 《口》うろうろ回る, 放浪の. ── 名 ❶ a 《口》どたばた喜劇. b 《口》どたばた喜劇の役者. ❷ 〔C〕《米》ノッカバウ 《一本マストで操作の簡単な小型ヨット》.

knóck·dòwn 形 A ❶ 《価格が》とても安い, 廉価の; 値引きの; 最低の: a ~ price とても安い値段; 《競売の》最低価格. ❷ 圧倒的な: a ~ blow 大打撃, 大ショック. ❸ 取りはずしのできる; 組み立て[折りたたみ]式の. ── 名 ❶ 打ち倒すこと, ノックダウン. ❷ 値引き, 割引.

knóck·dòwn-drág-óut 形 容赦しない, 徹底的な: a ~ fight 容赦なしの戦い.

knóck·er 名 ❶ 戸口のたたき金, ノッカー 《来訪者が合図のため握ってかちかち鳴らす金具》. ❷ 《口》あら探しをする人, けなし屋. ❸ 《通例複数形で》《卑》乳房, おっぱい. ❹ 《英口》戸別訪問のセールスマン. **on the knócker** (1) 《英口》戸別訪問[販売]して. (2) 《豪口》〈支払いが〉ただちに, 要求があり次第.

knóck·er-úp 名 《英》早朝の仕事に出る人を起こしに行く人, たたき起こし屋.

knóck for knóck agrèement 名 《保》ノックフォアノック協定 《自動車保険会社間の協定, たとえばA社との契約車とB社との契約車の間で事故が生じた場合, その損害保障はそれぞれの会社が負担し, 互いに相手会社への求償はしないとしたもの》.

knócking shòp 名 《英俗》売春宿.

knóck knee 名 《複数形で》X 脚.

knóck-knéed 形 X 脚の.

knóck-knóck jòke 名 ノックノックジョーク 《knock knock で始まる問答式のだじゃれジョーク; 例: 'Knock, knock'—'Who's there?'—'Ken'—'Ken who?'—'Ken (=can) I come in?'》

knóck-òff 名 安価なコピー商品, まがいもの.

knóck-òn 名 《ラグビー》ノックオン(すること).

†**knóck-ón effèct** 名 《英》 (一つのことが次々に波及する)ドミノ効果, 連鎖反応, 将棋倒し.

†**knóck·òut** 名 ❶ ノックアウト(略 KO): ⇒ technical knockout. ❷ 強烈なパンチ, 強打. ❸ 《口》圧倒的なもの: **a** すばらしいもの[人]: He has a ~ of a girlfriend. 彼にはすばらしい美人のガールフレンドがいる. **b** 大当たり. ❹ 《英》=knockout competition. ── 形 A ❶ 〈打撃が〉ノックアウトする(ような), 決定的な, 強烈な: a ~ blow 猛烈な一撃. ❷ 〈人が〉すばらしい: a ~ performance 目を見張らせる演技 / a ~ girl すごい美人. ❸ 《薬物など人を》気絶[意識喪失]させる(ための): ⇒ knockout drops.

knóckout competìtion 名 《英》 《スポーツなどの》勝ち抜き式競技, トーナメント.

knóckout dròps 名 複 こっそり飲み物に入れる麻酔液.

knóck·úp 名 《英》《テニスなどで》試合開始前の練習, ウォーミングアップ.

knóck·wurst /nákwə̀ːst, -wʊ̀əst │ nɔ́kvʊ̀əst/ 名 =knackwurst.

knoll /nóul/ 名 小山, 円丘; 塚.

knop /náp │ nɔ́p/ 名 《ガラス器などの装飾的な》握り; 《編み糸などの装飾用の》結びこぶ, (ループ糸の)ループ.

Knos·sos /násəs │ knɔ́sɔs/ 名 クノッソス 《エーゲ文明の中心として栄えた Crete 島の古都》.

*__knot__¹ /nát │ nɔ́t/ 名 ❶ 結び(目): a ~ in a rope [(neck)tie] なわ[ネクタイ]の結び目 / make [tie] a ~ 結び目を作る. ❷ (装飾用の)結びひも; ちょう[花]結び; (肩章などの)飾り結び. ❸ 《文》《人などの》群れ, 集団, 一派: a ~ of people 人の群れ / gather in ~s 三々五々集まる. ❹ (緊張で)締めつけられる感覚: feel a ~ in one's [the] stomach (緊張で)胃がキリキリする. ❺ a (筋肉の)こぶ. b (樹幹の)節, こぶ; 板の節. ❻ 《海》a 測程線の結節. b ノット(時速約 1852 m). ❼ 難事, 難局, 難題 (cf. Gordian knot). ❽ 縁, きずな. **at a ráte of knóts** 《英口》すばやく. **cút the knót** =cut the GORDIAN KNOT 成句. **tíe the knót** 結婚する. **tíe a person (úp) in [ìnto] knóts** 〈人を〉〔…に〕当惑[心配]させる: He tied himself *into* [*up in*] ~s trying to argue his point. 彼は意見を論じようとひどく頭を悩ました. ── (**knot·ted**; **knot·ting**) 他 ❶ 〈…を〉結ぶ; 〈…に〉結び目を作る, 〈…を〉結びつける: ~ a parcel 小包をゆわえる. ❷ 〈ふさ飾りで〉〈…を〉作る; 〈ひもなどを〉結んでふさ飾りにする. ❸ 〈…を〉もつれさせる. ❹ 〈眉を〉締め付ける, キリキリさせる. ── 自 ❶ 結び目ができる, もつれる (tangle). ❷ 〈胃が〉(緊張で)締めつけられる, キリキリする. 〖OE; 原義は「丸くなったもの」; cf. knead〗

knot² /nát │ nɔ́t/ 名 (複 ~, ~s) 《鳥》コオバシギ.

knót gàrden 名 (花やハーブの)凝った造りの装飾庭園.

knót·gràss 名 U 《植》ミチヤナギ 《世界中にみられるタデ科の雑草》. ❷ 茎がふしくれだった草, (特に)キシュウスズメノヒエ.

knót·hòle 名 (板の)節穴.

knót·less 形 結び目のない; 結節[ふしこぶ]のない.

knót·ted /-tɪd/ 形 ❶ a 節のある, 節くれだった. b 結び目付きの. ❷ もつれた; 困難な. **Gèt knótted!** 《英俗》《軽蔑・不本意・不信などを表わして》いやだね!, まっぴらだ!, ばか言うな!

knót·ter /-tə/ 名 結ぶ人[もの, 機械]; 結び目を解く人.

knót·ting /-tɪŋ/ 名 U ❶ 編み細工, 組糸飾り, 結びひも細工. ❷ (塗装の)節止め.

knót·ty /náti │ nɔ́ti/ 形 (**knot·ti·er; -ti·est**) ❶ 結節の(ある), 節こぶだらけの; 結び目の多い. ❷ 《問題など》紛糾した, (解決)困難な: a ~ question 難問.

knót·weed 名 U 《植》タデ属の各種草本, (特に)ミチヤナギ (knotgrass).

knót·wòrk 名 U 組み糸飾り, 結びひも細工.

knout /náut/ 名 むち 《昔ロシアで革を編んで作った刑具》. ── 動 〈人に〉むち打ちの刑を加える.

*__know__ /nóu/ 動 (**knew** /n(j)úː │ njúː/, **known** /nóun/) 他 ❶ a 〈…を〉知る, 知っている, わかっている (特に動作を表わす時以外, 進行形しない): He ~s the truth of the matter. 彼は事の真相を知っている / I ~ all about that. そのことならちゃんと知っている 《百も承知です》/ You ought to ~ your place. 身のほどを知るべきだ《《目上の人に》礼儀をわきまえなければいけない》/ He ~s all the answers. 彼は答えをすべて知っている / He ~s nothing about that. 彼はそのことを何にも知らない(みたいだ), 何でもお見通しだ / The world as Homer *knew* it is gone forever. ホメロスが知っていたような世界は永久に過去のものだ / [＋*(that)*] Did you ~ *that* she was once a singer? 彼女がかつては歌手だったことは知っていましたか / [+**wh.**] Please let us ~ *when* you are coming. いつおいでになるのかお知らせください / There's no ~*ing what* may happen to them. 彼らにどんなことが起こるか知るすべもない / She doesn't ~ *what* she's talking about. 彼女は自分の言うことがわかっていない《物事を理解せずに話している》/ I didn't ~ *whether* [*if*] I were [was] coming or going. 私は(すっかりあわてて)何がどうなっているのかわからなかった / Do you ~ *how to* drive a car? 車の運転の仕方を知っていますか / I just didn't ~ *which* way *to* turn [*who to* turn to]. どちらを向いたら[だれに頼ったら]よいものやら途方に暮れた / [+目+to *be* 補] I ~ him *to be* a great reader. 彼が大の読書家だということはわかっている (変換 I ~ (*that*) he's a great reader. と書き換え可能だが，やや文語的)/ [+目+*as* 補] BSE is also known *as* "mad cow disease". BSE はまた狂牛病としても知られている. **b** [I don't ~ (*that*…) で] 《口》「...だと思えない，...でいいと思う」 / I *don't* ~ *that* I can attend the party. パーティーに出席できないと思う.

❷ 〈人と〉知り合いである，懇意である，交際している: I ~ her by sight [by name, to speak to]. 彼女は顔は[名前は，会うと声をかける程度には]知っている / I have known him since he was a child. 彼は小さい時からの知り合いです / They ~ each other very well. 彼らは懇意の仲だ / She didn't ~ anyone in Paris. 彼女はパリに知り合いはいなかった.

❸ **a** 〈...を〉熟知している，〈...に〉精通している: She ~s French. 彼女はフランス語を知っている / He ~s his business. 彼は仕事に精通して[手慣れて]いる. **b** [何度も行って]〈場所を〉(よく)知っている: I ~ the place well. そこはよく知っている. **c** [せりふなどを]覚え込んでいる: An actor must ~ his lines. 役者はせりふをしっかり覚えなければならない.

❹ [完了形または過去形で用いて]〈...が...するのを〉見た[聞いた]ことがある: [+目+to *do*] I never knew her *to* come on time. 彼女が時間どおりに来たのを見たことがない / Rules have been known *to* be broken. 規則はとかく破られるものだ / I have never known him tell a lie. (私の知るところでは)彼はうそをついためしがない (用法 [+目+原形] は《英》で多く用いられる; 受身では to 不定詞を用いる).

❺ **a** 〈幸・不幸などを〉経験する，経験して知っている，味わう，〈...に〉出合う: She knew much sorrow in her early life. 彼女は若い時分にいろいろ悲しい目にあった / I have seldom known such foul weather. こんなひどい天気にはまず出くわしたことがない. **b** 〈何かを〉(経験で)知っている: [+*wh.*] He ~s *what* it is to go hungry. 彼はひもじい思いをするとはどんなことかを知っている. **c** [通例否定文で; 無生物を主語にして] 〈...を〉経験する: The country has known no war for many centuries. その国には何世紀も戦争がない.

❻ 〈...を〉見分ける，見て〈...と〉わかる; 区別[識別]する: I knew him at once. すぐ彼だとわかった / I ~ a good singer when I hear one. 私は上手な歌手は一度聞けばわかる / You'll ~ him *by* his red hair. 赤毛で彼であることがわかるでしょう / I didn't ~ the real one *from* the fake ones. 私は本物と偽物の区別がつかなかった / She did not ~ fact *from* fiction [right *from* wrong]. 彼女には事実と虚構[善と悪]の区別がつかなかった.

❼ [通例否定文で] 〈野心・欲望・好奇心などが〉限界・例外などを〉知る: His ambition ~s no bounds. 彼の野心には限りがない.

— ⓐ ❶ **a** 知っている: I wouldn't ~. 知るもんか，知らないよ / How should I ~? 私が知るはずないでしょう! **b** [相手の発言に応じて] (確かに)承知している: "Tomorrow's a holiday." "I ~." 「あすは休日だ」「知っているよ」. ❷ […のことを〉知っている，聞いている: Do you ~ *about* him? とかくのうわさのことをご存じですか (cf. Do you know him? ⇒ ⓑ ❷).

❸ (直接ではないが)〈...のことを〉間接的に知って[聞いて]いる: I ~ *of* him, but I don't know him (personally). 彼

1007   **know**

のうわさは聞いて(間接的に知って)いるが(個人的に)知り合ってはいない (★ あとの know は ⓑ 2 の意味) / This is the best method I ~ *of*. 私の知るところではこれがいちばんよい方法だ.

áll one knóws (1) 全力: I did *all* I *knew*. 私は全力を尽くした. (2) 一生懸命に.

and I dòn't knòw whát [whó] (élse) その他多くの[いろいろの]もの[人].

befóre one knóws whére one ís 《口》 あっという間に，いつのまにか.

Dòn't I knów it! 《口》 そんなことわかってるよ.

dòn't you knów = you KNOW 成句.

for àll I 〈文〉**àught** 〈...〉**knòw** (よくは知らないが)多分，ろくに知らないけども: He may be a good man *for all* I ~. 彼は案外よい人かもしれない (よくはわからない).

Gód [Héaven] knòws (1) 〈...〉かは神のみぞ知る，だれも知らない: [+*wh.*] *God* ~s *where* he's gone. 彼がどこへ行ってしまったかだれも知らない / The man has gone *God* ~s *where*. 彼はいずこともなく立ち去った. (2) 知らない: "Where has he gone?" "Heaven [God] ~s."「彼はどこへ行ってしまったの」「知りません」. (3) 〈...ということを〉神が知っている，誓って，〈...〉は確かに…: [+(*that*)] *God* ~s *that* it is true. それは神に誓って本当だ.

I don't knòw (1) /⌒⌒/ よくわからないね; さあね; [遠回しの不賛成を表して] さあ，どうでしょうか. (2) /⌒⌒/ [驚き・怒りを表わして] えーっ，まさか.

I dòn't knòw abòut thát (1) そのことは詳しくは知らない. (2) [遠回しの不賛成を示して] さあ，それはどうかね.

I knéw it! そうなることはわかっていたんだ.

Í knòw whát ⇒ what 代 成句.

knów a thíng or twò 知り才がない，抜け目がない.

knów…báckward (and fórward) ⇒ backward 副 成句.

knòw bétter (他の者より) ものをよく知っている，知識がある.

knòw bétter (than thát) もっと分別がある: You ought to ~ better. 君も無分別だね《年がいもない，ばかだなあ》.

knòw bétter than to dó… しないくらいの分別はある: I ~ better than to quarrel with a policeman. 警官とけんかするようなばかではない / I should have known better than to argue. その場合議論などすべきではなかった.

knòw nò bétter それくらいしか知恵がない，せいぜいそれくらいの頭だ.

lèt a person knów 〈人に〉伝える: Please let me ~ when you'll start. いつご出発か教えてください.

màke knówn (1) 〈物事を〉〈...に〉知らせる，宣言する: He *made* it *known to* the party that he was willing to run for the election. 彼は立候補の意志のあることを党に宣言した. (2) 〈人を〉〈...に〉引き合わせる，紹介する: I was too shy to *make* myself *known to* her. 恥ずかしくて彼女に自己紹介をする気になれなかった.

Nòt if I knów it! 《英口》 だれがそんなことするものか，まっぴらだ，とんでもない.

nòt knów a person **from Ádam** ⇒ Adam 成句.

Nòt that I knów òf 《口》 私の知る限りそうではない (⇒ that B ❷e): "Has he been ill or something?" "*Not that I* ~ *of*."「彼は病気か何かだったのですか」「そんなことはないと思いますが」.

(Wèll,) whát do you knów (abòut thát)! 《口》それ[これ]は知らなかった, (それは)驚いた, まさか!

whó knóws? 何とも言えないが，ことによったら: *Who* ~s, this book may become a best seller? ひょっとするとこの本はベストセラーになるかもしれない.

you knów 《口》(1) [単に間をもたせるために用いて] (...)ね，よ，さ: He's a bit, *you* ~, crazy. 彼はちょっとね頭がおかしいんだ. (2) [念を押すためにしばしば文末付加して] 何しろ...だから: He's angry, *you* ~. 彼は怒ってるんね.

You knów sómething [whát]? 聞いてもらいたいことがあるんだが，ちょっと話があるんだが.

you néver knów 《口》先のことはわからない; さあどうだか，ひょっとしたら: "Do you think he will agree with us?"

knowable 1008

"*You never* ~." 「彼は賛成してくれるだろうか」「ひょっとしてだね」.

── 名 ★ 次の成句で.

in the knów 《口》(機密などを)よく知って(いる), (内部の)事情に通じて(いる): He's *in the* ~. 彼は内情に詳しい.

〖OE; can と関連語〗 (名 knowledge)

know·a·ble /nóuəbl/ 形 ❶ 知ることのできる, 認識できる. ❷ 近づきやすい, 知りやすい. ── 名 ことのできる事物.

know-àll 名《英》=know-it-all.

knów·er 名 知る人, 理解する人.

*__know-how__ /nóuhàu/ 名 Ｕ《口》実際的[専門的]知識, 技術情報, ノウハウ; (製造などの)技術; こつ: business ~ 商売のこつ / the ~ of space travel 宇宙旅行の技術.

knów·ing 形 ❶ もの知りの, 聡明な; 鋭い, 洞察力のある. ❷ 物事を心得た;《まじまじなど》了解[承知](していること)を示す. ❸ 知りながらの, 故意の.

+**knów·ing·ly** 副 ❶ 心得顔に, 了解[承知](していること)を示すように. ❷ 承知のうえで, 故意に (deliberately): She has never ~ hurt anybody. 彼女は人の感情も故意に傷つけたことはない / ~ kill 〖法〗故殺する.

knów·ing·ness 名 Ｕ 勘のよさ, 物わかりのよさ; 抜け目なさ; 心得顔.

knów-it-àll 名《口》知ったかぶりをする人.

‡**knowl·edge** /nálɪdʒ | nɔ́l-/ 名 Ｕ [また a ~] ❶ 知る[知った]こと, 知識, 認識: the ~ *of* good and evil 善悪の認識 / a ~ *of* the truth 事実の理解 / The matter came [was brought] to my ~. その事はあとになって私にわかった / He left for Paris without the ~ *of* his friends. 彼は友人にも知らせずパリへ旅立った / 〔+that〕 He took over the post in the (full) ~ *that* the responsibilities were grave. 彼は責任が重大であることを(十分)承知のうえでその職を引き受けた. ❷ 〔…についての〕知識, 認識; 熟知, 精通: That's now common ~. それは今では周知の事実である《常識だ》/ His general ~ is considerable. 彼の(各科にわたる)全般的な知識は相当なものである / She has a (good) ~ *of* English. 彼女は英語をよく知っている[がほとんどわからない]. ❸ 学識, 見聞, 学問: beyond human ~ 人知の及ばない / *K*~ is power. 〖諺〗知は力なり / A little ~ is a dangerous thing. 〖諺〗生兵法は大けがのもと / Literature is a branch of ~. 文学は学問の一分野である.

cóme to a pèrson's knówledge (人の)知るところとなる, (人に)知れる. **of one's ówn knówledge** (また聞きなどではなく)自分の知識として, 直接に: *Of your own* ~, do you know who did it? だれがそれをしたのか(間違いなく)あなた自身として存じなのですか. **to (the bést of) my knówledge** 自分の知っている限りでは, 確かに, 間違いなく: I never saw her *to my* ~. 確かに彼女には会ったことがない / *To the best of my* ~, what he said is true. 私の見る限りでは彼の言ったことは事実だ. (動 know; 関形 epistemic) 【類義語】**knowledge** 研究・観察・経験などに基づく知識, それに対する理解. **information** 読書・観察・伝聞などで得た事実または知識; 必ずしも確実性または有用性の観念を含まず, また相互に関係のないばらばらの知識を暗示することもある. **learning** 長年の研究, 特に人文科学などの勉強によって得た knowledge を指すことが多い.

+**knowl·edge·a·ble** /nálɪdʒəbl | nɔ́l-/ 形 ❶ 知識のある; もの知りの; 〔…について〕よく知っていて (well-informed): She's very ~ *about* music. 彼女は音楽のことにとても詳しい. ❷ 見識のある; 聡明な. **-a·bly** 副 豊富な知識をもって.

knówledge mànagement 名 Ｕ 知識管理[経営], ナレッジマネジメント.

knówledge wòrker 名 知識労働者《情報を扱う[利用する]職業の人》.

‡**known** /nóun/ 動 know の過去分詞.

── 形 (比較なし) ❶ Ａ (一般に)知られている; 既知の: a ~ criminal 公認の犯人 / ~ bugs 〖電算〗(プログラムなどの)既知のバグ[欠陥] / ⇨ known QUANTITY. ❷ Ｐ (名を)知られて (cf. well-known): He is ~ *to* the public [the police]. 彼は世間[警察]に名を知られている / He was ~ *as* a reliable man. 彼は信頼できる人として知られた / 〔+*to* do〕 This change is *known to* occur at high temperatures. この変化は高温で起こることが知られている.

know-nòthing 名 何も知らない人, 無学文盲の人.

Knox /náks | nɔ́ks/, **John** 名 ノックス (1514?–72; スコットランドの宗教改革家).

*__knuck·le__ /nákl/ 名 ❶ a (特に, 指のつけ根の)指関節. b [通例 the ~s] (こぶしの)指関節部, げんこつ. ❷ a Ｃ (四足獣の)膝(ひざ)関節突起. b Ｕ.Ｃ (子牛・豚の)膝関節の肉. ❸ (機)(ちょうつがいの)つぼ金, ひじ. **nèar the knúckle** 《英口》きわどい, 露骨な. ── 動 〈人をげんこつでこつんと打つ, 指のふしで打つ[押す, こする]. **knúckle dówn** (自+副) (1) 〈仕事などに〉真剣に[精力的に]とりかかる 〔*to*〕. (2) =KNUCKLE under 成句. **knúckle únder** ((自+副) 〔…に〕屈服[降服]する, 〔…の〕意のままになる 〔*to*〕 (give in) (★ 受身可).

knúckle-báll 名 〖野〗ナックルボール. ~**·er** 名 ナックルボール(を得意とする)ピッチャー.

knúckle-bòne 名 ❶ 指関節の骨 (cf. knuckle 名 1 a). ❷ (四足獣の)趾骨(しこつ).

knúckle-dùster 名 拳銃(けんじゅう), メリケン《握りこぶしにはめる帯状金属》.

knúckle-hèad 名 《米口》ばか, のろま.

knúckle jòint 名 ❶ 指関節. ❷ 〖機〗ナックル継手.

knúckle sándwich 名 《口》口へのげんこつ[パンチ].

knurl /nə́ːl | nə́ːl/ 名 ❶ (木の幹の)節, こぶ. ❷ (金物の表面の)つぶ; (硬貨・竜頭などの)ぎざぎざ.

KO /kèɪóʊ/ 名 Ｃ (ボク) 〖ボク〗図 (動 ~'s) ノックアウト. ── 動 (~'s; ~'d; ~'ing) 〈人〉をノックアウトする. 〖k(nock) o(ut)〗

ko·a /kóuə/ 名 ❶ Ｃ 〖植〗コア《アカシア属の高木, ハワイ産》. ❷ Ｕ コア材《木目が美しい家具用赤材》.

ko·a·la (bèar) /kouáːlə(-)/ 名 〖動〗コアラ《オーストラリア産》.

kob /káb | kɔ́b/ 名 〖動〗コブ《waterbuck と近縁のアフリカのレイヨウ》.

ko·bold /kóubald, -bɔːld; -bòuld; kóbould/ 名 〖ドイツ伝説〗小鬼, 小魔物; 地の精.

Koch /kɔːk | kɔ́x/, **Robert** 名 コッホ (1843–1910; ドイツの細菌学者・医師; Nobel 生理学医学賞 (1905)).

Köch·el nùmber /kɔ́ːkl-, -ʃəl- | -kl-/ 名 〖楽〗ケッヘル番号《Mozart の全作品を年代順に整理した作品番号; cf. K.》. 〖L. von Köchel オーストリアの植物学者でモーツァルトの研究者〗

Ko·dak /kóudæk/ 名 〖商標〗コダック《小型カメラなどの商品名》.

Kó·di·ak (bèar) /kóudiæk-/ 名 〖動〗コディアックヒグマ, アラスカヒグマ《Alaska 産地上最大の肉食獣》.

ko·el /kóuəl, kóɪl/ 名 〖鳥〗オニカッコウ《インド・オーストラリア産》.

kof·ta /káftə | kɔ́f-/ 名 コフタ《インドのスパイス入り肉[魚]だんご》.

Ko·hen /kóu(h)ən/ 名 (複 **Ko·ha·nim** /kóu(h)əním/) =Cohen.

Koh·i·noor /kóuənùə- | kòuɪnúə/ 名 [the ~] コーイヌール《1849年以来英国王室所蔵のインド産の大きなダイヤモンド》. 〖Pers=光の山〗

kohl /kóul/ 名 コール《アラビア人女性などがアイシャドーに用いるアンチモニーなどの粉末》. 〖Arab; ALCOHOL と同語源〗

Kohl /kóul/, **Hel·mut** /hélmuːt/ 名 コール (1930– ; ドイツの政治家; 西ドイツ首相 (1982–90), 統一ドイツ首相 (1990–98)).

kohl·ra·bi /koulráːbi/ 名 Ｃ.Ｕ (複 ~**es**) 〖植〗キュウケイカンラン《球茎甘藍》, コールラビ. 〖G *Kohl* キャベツ+ *Rübe* カブ〗

Koi·ne /kɔɪnéɪ | ー-/ 名 ❶ Ｕ [the ~; 時に the k~] コイネー《紀元前4世紀後半から後6世紀半ごろにかけて地中海東部の国々で使われた標準ギリシャ語; 新約聖書はこれで書かれた》. ❷ Ｃ [k~] (特定方言[言語]が広い地域で用

koi·no·ni·a /kɔɪnóunɪə/ 名 Ū《神学》(キリスト教徒相互間あるいはキリストとの)交わり.

ko·la /kóulə/ 名 ❶ コーラ, ヒメコーラ《熱帯アフリカ原産のアオギリ科の常緑高木; 種子 (kola nut) を飲むために熱帯で栽培される》. ＝cola¹. 〖COLA の異形〗

kóla nùt 名 コーラナッツ《コーラ[ヒメコーラ]の種子; カフェイン・テオブロミンを含む; 清涼飲料や刺激剤用》.

ko·lin·sky /kəlínski/ 名 ❶ Ć(動) チョウセンイタチ. ❷ Ū チョウセンイタチの毛皮.

Kol·ka·ta /kálkəːṭə | kɔ́l-/ 名 コルカタ, カルカッタ《インド北東部の河港都市; West Bengal 州の州都; 旧称 Calcutta》.

kol·khoz /kɑlkɔ́ːs | kɔlkɔ́z, -kɔ́ːz/ 名《ロシアの》集団農場, コルホーズ. 〖Russ〗

Kol Ni·dre /kòulnídreɪ | kɔː-l/ 〖ユダヤ教〗「コル・ニドレイ」(Yom Kippur の前夜の聖歌; 神への誓いのうち果たさぬものを打ち消し, あらゆる罪を許したまえと祈る》.

ko·mat·ik /kou mǽtɪk/ 名 エスキモーの雪ぞり.

Ko·mó·do drágon [lízard] /kəmóudou-/ 名(動) コモドオオトカゲ《インドネシア産; 現生する最大のトカゲ》.

Kom·so·mol /kámsəmɔ̀ːl | kɔ̀msəmɔ́l/ 名 〖ソ連〗 コムソモール (1918–91)《全連邦的レーニン共産主義青年同盟》.

koo·doo /kúːduː/ 名(複 ~s, ~)(動)クーズー《ウシ科の大型のレイヨウ; アフリカ南部産》.

kook /kúːk/ 名《俗》変人.

kook·a·bur·ra /kúkəbəːrə | -bÀrə/ 名〔鳥〕ワライカワセミ《オーストラリア産》.

kook·y, kook·ie /kúːki/ 形 (**kook·i·er**; **-i·est**)《俗》変人の, 変な, ばかげた, 狂気じみた.

ko·peck, ko·pek /kóupek/ 名 ❶ コペイカ《ロシアの通貨単位, =¹⁄₁₀₀ ruble; 略 K., kop.》. ❷ 1コペイカ銅貨.

ko·ra /kɔ́ːrə/ 名 〖楽〗コーラ《リュートに似た, アフリカ起源の 21 弦の楽器》.

⁺**Ko·ran** /kɔrǽn, -ráːn | kɔráːn, kɔː-/ 名 [the ~] コーラン《イスラム教の聖典》. ~**·ic** /kərǽnɪk/ 形 〖Arab＝暗誦〗

⁂**Ko·re·a** /kɔríːə | -ríə, -ríːə/ 名 朝鮮; 韓国; ⇒ North [South] Korea. 〖Korean Koryo 高麗〗

⁂**Ko·re·an** /kɔríːən | -ríən, -ríːən/ 形 ❶ 韓国の, 朝鮮の. ❷ 韓国人の, 朝鮮人の. ❸ 韓国語の, 朝鮮語の. — 名 ❶ Ć 韓国人, 朝鮮人. ❷ Ū 韓国語, 朝鮮語.

Koréan Wár 名 [the ~] 朝鮮戦争 (1950–53).

Koréa Stráit 名 [the ~] 朝鮮海峡.

kor·ma /kɔ́ːmə | kɔ́ː-/ 名 コールマー《ヨーグルトに漬けた肉を香辛料や野菜と共に煮込んだ高級インド料理》.

Ko·ror /kɔ́ːrɔr | -rɔː-/ 名 コロール《パラオ共和国の首都》.

Kór·sa·koff's psychòsis [sỳndrome] /kɔ́ːsəkɑ̀fs- | -sɔ̀kɔ́fs-/ 名(医) コルサコフ精神病[症候群]《慢性アルコール中毒者に典型的にみられる健忘症症候群》. 〖S. Korsakoff ロシアの精神科医〗

Kos·ci·us·ko /kɑ̀sɪˈʌ́skou | kɔ̀s-/, **Mount** 名 コシアスコ山《オーストラリア New South Wales 州南東部, Great Dividing Range の山 (2230m); 最高峰》.

Kos·ci·us·ko /kɑ̀sɪˈʌ́skou | kɔ̀s-/, **Thad·de·us** /θǽdiəs/ 名 コシチューシュコ (1746–1817)《ポーランドの愛国の軍人; アメリカ独立革命で活躍》.

ko·sher /kóuʃər | -ʃə/ 形 ❶《食べ物, 特に肉類が》適法の, 清浄な《ユダヤ教のおきてに従って料理されている》. ❷《店などが適法の[清浄な]食品を販売[使用]する. ❸《口》純粋の, 本物の, 正しい, ちゃんとした, 合法の. — 動 ❶ Ć 適法食品[料理]. ❷ Ć 適法料理店. 〖Heb＝正しい〗

kósher sàlt 名 Ū コーシャーソルト, 清浄な塩《ユダヤ教の法にかなったもの, 粒が大きい》.

Ko·so·vo /kóusəvòu | kɔ́s-/ 名 コソボ《セルビア南部の, アルバニアとマケドニアに接近する地方; 住民の9割がアルバニア系; 中心都市 Prishtina》. **Ko·so·var** /kóusəvɑ̀ː | kɔ́səvɑ̀ː-/ 形 名

ko·to /kóutou/ 名 琴. 〖Jpn〗

kou·miss /kúːmɪs/ 名 Ū クミス, 乳酒《アジアの遊牧民が馬乳または牛乳から作る酒》. 〖Russ〗

kou·prey /kúːpreɪ/ 名(動) ハイイロヤギュウ, コープレイ《カンボジア・タイ・ベトナムの森林にすむ野生のウシ; 絶滅が心配されている》.

kour·bash /kúəbæʃ | kúə-/ 名 ＝kurbash.

kow·hai /kóuaɪ/ 名〔植〕ハネミエンジュ《マメ科の常緑低木》.

Kow·loon /kàulúːnˈ/ 名 九竜(キュウリュウ)《中国南東部, Hong Kong 島の対岸の半島; Hong Kong 行政区の一部》.

kow·tow /kàutáu/ 名 《昔の中国流の》叩頭(コウトウ)の礼. — 動 自 ❶ 《人に》叩頭する《to》. ❷ 《人に》卑屈に追従(ツイショウ)する, ぺこぺこする, 三拝九拝する《to》(★ 受身可). 〖Chin〗

KP /kéɪpíː/《略》 kitchen police. **kph**《略》kilometer(s) per hour. **Kr**《記号》(化) krypton;《略》krona [kronor, kronur]; krone(r).

kraal /kráːl, kráːl/ 名 ❶ 《アフリカ南部の垣をめぐらした》村落. ❷ 《家畜の》おり.

kraft /krǽft | kráːft/ 名 Ū ＝kraft paper.

kráft pàper 名 Ū クラフト紙《褐色で丈夫な包装用紙で, セメント袋やショッピングバッグなどに用いる》. 〖Swed < kraft 強さ+papper 紙〗

krait /kráɪt/ 名(動) アマガサヘビ《コブラ科の夜行性猛毒ヘビ》.

Krak·a·to·a /krækətóuə/ 名 クラカトア, クラカタウ《Java と Sumatra の間にあるインドネシアの火山島; 1883 年に大噴火》.

kra·ken /krɑ́ːkən/ 名(動) クラーケン《ノルウェー沖に現われるという伝説的怪物》. 〖Norw〗

Kra·ków /krǽkau/ 名 クラクフ《ポーランド南部の Vistula 川に臨む市, 大学町》.

kraut /kráut/ 名 [しばしば K~]《俗》《通例軽蔑的に》ドイツ人.

Krébs cỳcle /krébz-/ 名 〖生化〗 クレブス回路《生物の細胞内物質代謝において最も普通のトリカルボン酸回路》. 〖Hans A. Krebs ドイツ生まれの英国の生化学者〗

⁺**Krem·lin** /krémlɪn/ 名 [the ~] クレムリン宮殿《Moscow にある旧皇居; 現在はロシア連邦の大統領府がある》. 〖F or G < Russ＝砦(トリデ)〗

krep·lach /krépla:k/ 名 クレプラハ《小麦粉の皮に肉やチーズを餃子式に包んだものを煮るか揚げかしてスープにして出すユダヤ料理》. 〖Yid〗

Krieg·spiel /kríːgspiːl/ 名 [しばしば k~] 兵棋《将校の戦術指導用の, 盤上の戦争ゲーム》.

krill /krɪl/ 名(複 ~) Ū オキアミ.

krim·mer /krímə | -mə/ 名 Ū クリミア地方産子羊の毛皮.

kris /kríːs, krís/ 名《刀身が波形をした》マレー[インドネシア]人の短剣.

Krish·na /kríʃnə/ 名 〖インド神話〗クリシュナ (Vishnu 神の第八化身). 〖Skt＝黒い(人)〗

Kriss Krin·gle /krískríŋgl/ 名《米》＝Santa Claus.

kro·na /króunə/ 名 ❶ **a**《複 -nor /-nə/ | -nə/》クローナ《スウェーデンの通貨単位, ＝100 öre; 略 Kr.》. **b**《複 -nur /-nə | -nə/》クローナ《アイスランドの通貨単位, ＝100 aurar; 略 Kr.》. ❷ 1クローナ貨. 〖Swed Ĺ＝冠〗

kro·ne /króunə/ 名 ❶ 《複 -ner /-nə | -nə/》クローネ《デンマーク・ノルウェーの通貨単位, ＝100 øre; 略 Kr.》. ❷ 1クローネ貨. 〖Dan or Norw ↑〗

kro·nor 名 krona 1a の複数形.

kro·nur 名 krona 1b の複数形.

kru·ger·rand /krúːgərænd | -gə-/ 名 クルーガーランド《南アフリカ共和国の1オンス金貨》.

krumm·holz /krúmhoults | krǽmhɔlts/ 名 Ū〖生態〗高山屈曲林《世界限界線の低木林》.

krumm·horn /krúmhɔ̀ːn, krǽm-, -hɔ̀ːn/ 名(楽) クルムホルン《ステッキを逆にした形の古代の木管楽器》.

kryp·ton /kríptan/ 名 Ū(化) クリプトン《希ガス類元素, 記号 Kr》. 〖Gk＝隠れている〗

KS《略》《米郵》Kansas.

Kshat·ri·ya /kʃǽtriə/ 名 クシャトリヤ《インド四姓の第2

階級; 王侯と武士; ⇒ caste)．
kt. 《略》karat [carat]; kiloton(s); knot.
Kt. 《略》knight.
K-12 /kéɪtwélv/ 形 《米》幼稚園から高校終了までの．
K2 /kéɪtúː/ 名 K2(ｹｲﾂｰ)峰《インドのカラコルム山脈中の最高峰 (8611 m); Everest に次ぐ世界第 2 の高峰》．
Kua·la Lum·pur /kwáːləlúmpʊə | -puə/ 名 クアラルンプール《マレーシアの首都》．
Ku·blai Khan /kúːblaɪkɑːn, -blaɪ-/ 名 フビライハーン(忽必烈汗)(1216?-94; 元の初代皇帝 (1259-94))．
Ku·brick /kjúːbrɪk/, **Stanley** 名 キューブリック (1928-99; 米国の映画監督)．
ku·chen /kúːkən/ 名 (徴 ~) クーヘン《ドイツ風のコーヒーケーキ》．【G; CAKE と関連語】
+**ku·dos** /k(j)úːdɑs | kjúːdɔs/ 名 U 名声, 栄誉, 威信; 称賛．【Gk】
ku·du /kúːduː/ 名 =koodoo.
kud·zu /kúdzuː/ 名 U 〔植〕クズ．【Jpn】
Ku·fic /kúːgɪfɪk/ 形 クーファ体(の)《原典コーランの書かれたアラビア文字の書体》．【*Kufa* イラクの町・元イスラム諸学の中心地】
ku·gel /kúːg(ə)l/ 名 U クーゲル《ヌードルまたはジャガイモ・米などで作るユダヤ料理のプディングまたはパイ》．
Ku Klux Klan /kjúːklʌkskléən/ 名 [the ~] クークラックスクラン, 3K 団《略 KKK》: **a** 米国で南北戦争後, 黒人や北部人を威圧するため南部諸州に結成された秘密結社. **b** 黒人・ユダヤ人・カトリック教徒などを排斥する秘密結社 (1915 年米国で結成).
kuk·ri /kúkri/ 名 クックリ刀《ネパールの Gurkha 人が使う広刃の剣》．
ku·lak /kuːláːk, -lǽk | kúːlæk/ 名 (徴 ~s, **ku·la·ki** /-ki/) 《ロシア》クラーク, 富農《資産・資本を有した上層農民; 社会主義革命後の農業集団化の過程で消滅》．
ku·lan /kúːlən/ 名 〔動〕クーラン《キルギス草原産の野生のロバ》．
kul·cha /kúlfə/ 名 クルチャ《インドの小さな円い薄パン; 通例肉または野菜を詰めてある》．
Kul·tur·kampf /kʊltúːkɑːm(p)f | -túːkæmpf/ 名 《ドイツ史》(Bismarck 時代の対カトリック教会の)文化闘争．【G〈*Kultur* 文化+*Kampf* 闘争〉】
ku·miss /kúːmɪs/ 名 = koumiss.
kum·kum /kúmkʊm/ 名 クムクム《ヒンドゥー教徒が吉祥の印として額につける赤い粉》．【Skt=サフラン】
küm·mel /kím(ə)l | kúm-, kím-/ 名 U キュンメル《バルト海地方名産のキャラウェーなどで香りをつけたリキュール》．
kum·quat /kámkwɑt | -kwɔt/ 名 〔植〕キンカン《木, 実》．【Chin 広東方言】
kun·da·li·ni /kʊndəlíːni, kʌn-/ 名 U 〔ヨガ〕クンダリニー《脊柱の基部にとぐろを巻いているとされる生命の力》．【Skt; 原義は「蛇」】
kung fu /kʌ́ŋfúː, kùŋ-/ 名 U カンフー《空手に似た中国の拳法》．【Chin 拳術】
Kun·lun /kùːnlúːn/ 名 崑崙(こんろん)(山脈)《中国西部 Pamirs 高原からチベットの北縁を通って青海省南西部に至る大雪山山脈》．
kunz·ite /kúntsaɪt/ 名 U 〔鉱〕クンツァイト《動(さ)輝石の一種》．
Kuo·min·tang /kwòʊmɪntǽŋ/ 名 [the ~] 国民党 (1911 年孫文が結成した中国の政党; 1949 年中華人民共和国の成立に伴い台湾に拠点を移した)．
Kúpf·fer cèll /kúpfə- | -pfə/ 名 〔解〕クップファー細胞《肝臓の洞様血管壁にある細網内皮細胞》．【K. W. von Kupffer ドイツの解剖学者】
kur·bash /kúəbəʃ | kúə-/ 名 (トルコ・エジプトで用いた)革むち．
Kurd /kúəd, kə́ːd | kə́ːd, kúəd/ 名 クルド人．
Kúrd·ish /-dɪʃ/ 形 クルド人[語]の． — 名 U クルド語．
Kur·di·stan /kùədəstǽn | kə̀ːdɪstɑ́ːn/ 名 クルジスタン《アジア南西部のトルコ・イラン・イラクなどにわたる高原地帯; 住民は主にクルド人》．

kur·gan /kʊəgáːn, -gǽn | kʊə-/ 名 《東ヨーロッパ・シベリアの》墓塚, クルガン．【Russ; トルコ系言語起源】
Kú·ril(e) Íslands /kjʊ́(ə)riːl- | k(j)ʊríːl-/ 名 徴 [the ~] 千島列島．【Russ】
Ku·ril(e)s /kjʊ́(ə)riːlz | k(j)ʊríːlz/ 名 徴 [the ~] =the Kuril(e) Islands.
kur·ra·jong /kúːəzɑːŋ | kárəʤɔŋ/ 名 〔植〕オーストラリア産のアオギリ科の樹木, (特に)トックリノキ《樹皮から丈夫な繊維を採る》．
kur·saal /kúəzɑːl, kɔ́ː- | kɔ́ː-, kʊə-/ 名 《ドイツなどの温泉場などにある》保養[逗留]者のための公共の建物《音楽・ダンスなど楽しめる》．
kur·ta /kúə:tə | kəː-/ 名 クルター《裾が長くゆるやかで襟のないインドのシャツ》．
kur·to·sis /kəːtóʊsɪs | kəː-/ 名 U 〔統〕(度数分布の)尖度, とがり．
ku·ru /kú(ə)ruː/ 名 U 〔医〕クールー (New Guinea 高地人にかつてよくみられた, 伝染性で致死性の海綿状脳症; プリオンが病原体とされる)．
Ku·wait /kuwéɪt | k(j)ʊ-/ 名 クウェート《アラビア北東部ペルシャ湾に臨む国; 首都 Kuwait》．
Ku·wai·ti /kuwéɪti | k(j)ʊ-/ 形 クウェート(人)の．
— 名 クウェート人．
kvass /kvɑːs | kvæs/ 名 クワス《ロシア・東欧の甘酸っぱい弱アルコール性飲料; ライ麦や大麦の粉やパンに酵母を入れて作る》．【Russ】
kvell /kvél/ 動 《米俗》大いに楽しむ; 自慢[満足]げに喜ぶ．
kvetch /kvétʃ/ 《米俗》動 いつも不平を言う． — 名 不平．
kW 《略》kilowatt(s).
Kwang·chow /kwɑ̀ːŋtʃóʊ | kwǽŋ-/ 名 =Guangzhou.
Kwang·tung /kwɑ̀ːŋdúŋ | kwæŋtǎŋ/ 名 =Guangdong.
Kwan·zaa, -za /kwɑ́ːnzə/ 名 クワンザ《12 月 26 日から元日までの 7 日間に行なうアフリカ系アメリカ人の祝祭》．
kwash·i·or·kor /kwɑ̀ʃíɔəkɔə, -kə- | -ɔ́ːkɔː, -kə/ 名 U クジオルコル《アフリカの小児病で, トウモロコシ偏食によるたんぱく質欠乏性の栄養失調》．
Kwa·Zu·lu-Na·tal /kwɑːzúːluːnətǽl, -tɑ́ː/ 名 クワズールー・ナタール《南アフリカ共和国東部の州》．
kwe·la /kwéɪlə/ 名 U クウェラ《アフリカ南部の Bantu 族の間で行なわれる一種のビート音楽》．
kWh, kwh, kwhr 《略》kilowatt-hour(s).
KY 《略》《米郵》Kentucky. **Ky.** 《略》Kentucky.
ky·a·nite /káɪənaɪt/ 名 U 〔鉱〕藍(ぁぃ)晶石, カイアナイト．
ky·a·nize /káɪənaɪz/ 動 徴 昇汞(しょうこう)溶液で木材を防腐する．
ky·bosh /káɪbɑʃ | -bɔʃ/ 名 =kibosh.
ky·lin /kìːlín/ 名 麒麟(きりん)《中国の想像上の動物》．【Chin】
ky·lix /káɪlɪks/ 名 (徴 **ky·li·kes** /káɪlɪkìːz/)《古代ギリシアの》浅い脚付き酒杯．
ky·loe /káɪloʊ/ 名 カイロー牛《スコットランド高地産の小型で角の長い肉牛》．
ky·mo·graph /káɪməgræf | -grɑ̀ː/ 名 〔医〕動態記録器, キモグラフ《脈拍・血圧・筋肉の動きなどを波動曲線として記録する機器》．【Gk *kyma* 波】
ky·pho·sis /kaɪfóʊsɪs/ 名 U 〔医〕(脊柱)後湾(症)．**ky·phót·ic** /-fát- | -fɔ́t-/ 形．【Gk】
Kyr·gyz·stan /kìəɡɪstǽn, -stɑ́ːn | kìə-/ 名 キルギスタン《中央アジア東北部の共和国; 首都 Bishkek》．
ky·ri·e e·le·i·son /kýrièɪɪlérəsɑ̀n | -sɔn-/ 名 ❶ [the ~; 時に K- E-]《キ教》キリエエレイソン, 求憐(ぐれん)誦《カトリック・ギリシア正教・英国国教会の祈禱句》．❷ C《楽》キリエ(エレイソン)《求憐誦につけた音楽》．【Gk=主よ憐れみ給え】

L l

l, L[1] /él/ 图 (徳 ls, l's, Ls, L's /~z/) ❶ [U.C] エル (英語アルファベットの第12字; cf. lambda). ❷ [U] (連続したもの)第12番目(のもの). ❸ [U] (ローマ数字の)50: LVI [lvi]=56 / LX [lx]=60.

L[2] /él/ 图 (徳 L's, Ls /~z/) ❶ [C] a L字形(のもの). b 〖機〗L字管. c〖建〗L字翼, そで. ❷ [the ~] (米口) 高架鉄道 (曲束 elevated railroad の略; cf. el).

L (略) large; Latin; libra(e) (⇨ £); lira, lire; low.

l. (略) land; latitude; league; left (fielder); length; libra(e); line; lira, lire; liter(s).

L. (略) Lady; Lake; Latin; Law; Left; Liberal; Licentiate; Lord; Low.

£ (略) libra(e) (ラテン語 =pound(s) sterling).

la /láː/ 图 (徳 ~s) [U.C] 〖楽〗(ドレミファ唱法の)「ラ」(全音階的長音階の第6音; cf. sol-fa).

La (記号) 〖化〗lanthanum. **LA** (略) 〖米郵〗Louisiana. **La.** (略) Louisiana. **L.A., LA** /éléi/ (略) Los Angeles.

*__lab__ /lǽb/ 图 〖口〗実験室: a language ~ 語学実習室, LL 教室. 〖LAB(ORATORY)〗

Lab. (略) Labour; Labourite; Labrador.

lab·a·rum /lǽbərəm/ 图 (後期ローマ帝国の)軍旗, (特に Chi-Rho のしるしのある) Constantine 大帝の軍旗; (行列などに立てて歩く)旗, のぼり.

lab·da·num /lǽbdənəm/ 图 [U] ラブダナム (各種のハンニチバナ(半日花)から採った天然樹脂; タバコ・せっけんなどの香料にする).

*__la·bel__ /léib(ə)l/ 图 ❶ はり紙, 荷札, ラベル, レッテル: affix a ~ ラベルをはる. ❷ (衣料品などの)商標(名), ブランド(名); (レコードの)レーベル, (特定レーベルの)レコード(会社). ❸ a (人・流派などの)形容辞, レッテル. b (辞書などで用法・専門語などを示す)表示, レーベル (たとえば〖口〗〖植〗など). ── 働 働 (la·beled, 〖英〗-belled; la·bel·ing, 〖英〗-bel·ling) ❶ (…に)はり紙[荷札, ラベル]をつける: baggage ~ed for Paris パリ行きの荷札をつけた手荷物 / 〖~+目+補〗 The bottle was ~ed "For external use only." 瓶には「外用のみ」とラベルがはってあった. ❷ (…を…として)分類する; 〈…を…と〉呼ぶ: 〖+目+補〗 They ~ed him (as) a demagogue [a liar]. 彼らは彼を扇動政治家だと呼んだ[うそつきと言った]. 〖F=切れはし〗

la·bel·lum /ləbéləm/ 图 (徳 -la /-lə/) 〖植・昆〗唇弁(ぽん).

labia labium の複数形.

la·bi·al /léibiəl/ 形 ❶ 〖解・動〗くちびる(形)の, 口唇の. ❷ 〖音声〗唇音の: a ~ sound 唇音. ❸ 〖音声〗唇音の (/p, b, m, f, v/ など). ── ·ly /-biəli/ 副 〖L; =la·bium〗

la·bi·al·ize /léibiəlàiz/ 動 ❶ 〖音声〗唇音化する; 〈母音を〉円唇化する.

la·bi·a ma·jo·ra /léibiə məd͡ʒɔ́ːrə/ 图 徳〗大陰唇.

lábia mi·nó·ra /-minɔ́ːrə/ 图 徳〗小陰唇.

la·bi·ate /léibiət, -èit/ 形 ❶ 〖植〗唇形花冠(等)の; 〖動〗唇形の, 唇状の, 唇状物のある. ❷ 〖植〗シソ科の. ── 图 〖植〗シソ科植物.

la·bile /léibail, -bəl| -bail/ 形 ❶ 変わりやすい, (情緒) 不安定な, 応変の. ❷ 〖理・化〗化学変化を起こしやすい, 不安定な. **la·bil·i·ty** /leibíləti| lə-/ 图.

la·bi·o- /léibiou/ (連結形)「唇 (labium, lip)」.

làbio-déntal 〖音声〗形 唇歯音の: a ~ sound 唇歯音. ── 图 唇歯音 (/f, v/ など).

làbio-vélar 形 〖音声〗軟口蓋音の (/w/ のように唇と軟口蓋が同時に関与して発音される音).

la·bi·um /léibiəm/ 图 (徳 labia /-biə/) ❶ 〖動〗(昆虫・甲殻類などの)下唇 (cf. labrum), (腹足類の)内唇. ❷ 〖植〗(唇形花冠の)下唇弁. 〖L=くちびる〗

lab·lab /lǽblæb/ 图 [U] 〖植〗フジマメ(若莢と豆は食用).

*__la·bor__ /léibər| -bɔː/ 图 ❶ [U] (賃金を得るための)労働, 勤労; money gained by [from] one's ~ 労働によって得た金 / manual ~ 手仕事, 肉体労働 / mental [physical] ~ 頭脳[肉体]労働 / hard ~ (刑)罰の苦役, 重労働. ❷ [U] (肉体的・精神的な)骨折り, 苦心, 労苦, 労力: with ~ 骨折って / lost ~ むだ骨. ❸ [C] 仕事: a ~ of love 好きでする仕事, 好意でする仕事 (★ 聖書「テサロニケ人への第一の手紙」から) / the twelve ~s of Hercules ヘラクレスの12大業. ❹ [U] 〖集合的; 単数または複数扱い〗(資本家・企業に対して)労働者; 労働者階級 (cf. capital[1] 4): ~ and capital 労働者と資本家, 労資 / a shortage of ~ 労働力の不足 / the Department [Secretary] of L~ (米国の)労働省[長官] / cheap ~ 安い労働力 / skilled ~ 熟練労働者, 熟練工. ❺ [通例 Labour] 〖英〗労働党 (略 Lab; cf. conservative 2 b). ❻ [U] 〖また a ~〗出産, 分娩(ぐん), 陣痛: go into ~ 陣痛が始まる / She had a difficult ~. 彼女は難産だった / She was in ~ for ten hours. お産に10時間かかった.

── 图 〖労働(に関する)で〗: a ~ dispute 労働争議 / the ~ market 労働市場. ❷ 〖通例 Labour〗(英国の)労働党の (cf. conservative 2): ⇒ Labour Party. ❸ お産の: ~ pains 陣痛.

── 動 ❶ a 働く, 労働する, 精を出す[して働く]: ~ in the fields 畑で働く / ~ in [for] a great cause 大義のために尽力する / ~ at a task 仕事に精を出す. b 骨折る, 努力する: ~ after wealth 富を得ようと努力する / Let us ~ for a better future. よりよき未来のために努めよう / 〖+to〗 He ~ed to complete the task. 彼はその仕事を完成させようと骨折った. ❷ 〖副詞(句)を伴って〗骨折って進む, やっと進む: An old woman ~ed up (the hill). 老婆が骨折りながら(丘を)登っていた / The ship ~ed in [through] (the) heavy seas. 船は荒海の中で難航を続けた. ❸ 産みの苦しみをする, 産気づく. ── 働 〈…を詳説する, くどくど論ずる〉: ~ the argument [point] 論点[問題点]を必要以上に詳説する.

lábor òver …を苦心して書く: I spent the whole night ~ing over my report. 一晩中苦心してレポートを書いた.

lábor ùnder… (1) 〈病気などに〉悩む, 苦しむ: ~ under a persistent headache がんこな頭痛に悩む. (2) 〈誤解・錯覚などを〉している: ~ under the illusion that…という幻想を抱いて[思い違いをして]いる / He's ~ing under a grave misapprehension. 彼は重大な心得違いをしている.

lábor one's wáy 困難を冒して進む.

〖F<L=苦労, 仕事〗 (形 laborious) 【類義語】 ⇨ work.

*__lab·o·ra·to·ry__ /lǽb(ə)rətɔ̀ːri| ləbɔ́rətəri, -tri/ 图 ❶ a 実験室, 試験所. b (薬品などの)製造所[工場]. ❷ a (教育・社会科学などで設備の備わった)実験室, 演習室, 研究室: ~ language laboratory. b (学校などで)の演習, 実習. ── 图 [A] 実験室(用)の: a ~ rat 実験用ラット. ❸ 実習の, 演習の: a ~ course 実習コース. 〖L =仕事場 < laborare 働く < LABOR〗

lábor càmp ❶ (囚人に強制労働をさせるための)強制収容所. ❷ 移住労働者収容施設.

Lábor Dày 〖米・カナ〗労働の日 《解説》9月の第1月曜日で法定休日; ヨーロッパの May Day に当たる; 労働組合の集会や行進もあるが, むしろ働く人のレクリエーションの日で, ピクニックやスポーツなどで楽しく過ごす; 多くの子供たちにとっては夏休み最後の休日で, 翌日から新学期が始まる).

*__lá·bored__ 形 ❶ 〈文章など〉苦心の跡のある; 無理な, こじつけの, 不自然な: a ~ style (無理にこじつけた)ぎこちない文体. ❷ 〈動作・呼吸など〉困難な, 苦しい; ののろした.

*__lá·bor·er__ /-b(ə)rə| -rə/ 图 (力仕事をする)労働者, 人夫.

*__lábor fòrce__ 图 労働力, 労働人口 (workforce).

lábor-inténsive 形 大きな労働力を要する, 労働集約的な (cf. capital-intensive).

la·bo·ri·ous /ləbɔ́ːriəs/ 形 ❶ 〈仕事など〉骨の折れる, 困難な, 面倒な: a ~ journey 大変な旅行. ❷ 〈文体など〉苦心の跡の見える; ごつごつした, ぎこちない. **~·ly** 副 骨折って, 苦心して. **~·ness** 名 〖名〗 labor〗

la·bor·ism /léɪbərɪzm/ 名 ❶ 労働党の政策[基本方針]. ❷ 労働者優先[擁護]体制.

la·bor·ist /léɪbərɪst/ 名 労働党支持者; 労働党員.

La·bor·ite /léɪbəràɪt/ 名 =Labourite.

†**lábor màrket** 名 [the ~] 労働市場.

lábor móvement 名 [the ~] 労働運動.

lábor reláationships 名 労使関係.

lábor-sáving 形 労力節約の; 省力(化)の: a ~ device [appliance] 労力節約装置[器具] / ~ innovations 省力化革新.

lábor théory of válue 名 U 労働価値説《商品の価値はそれを生産するために投下された労働量によって決定されるとする説》.

lábor únion 名 《米》労働組合《英》trade union.

⁑**la·bour** /léɪbə/ -bə-/ 名 動 《英》=labor.

lá·boured 形 《英》=labored.

lá·bour·er /-b(ə)rə/ -rə/ 名 《英》=laborer.

Lábour Exchànge 名《英》公共職業安定所《★現在の正式名称は Employment Service Agency》.

La·bour·ite /léɪbəràɪt/ 名 労働党員《略 Lab.》.

†**Lábour Pàrty** 名 [the ~]《英》労働党《〖解〗非公式には the Socialist Party, the Socialists《社会党》とよばれることがある; 略 L.P.》.

labra labrum の複数形.

Lab·ra·dor /lǽbrədɔ̀ː/ -dɔ̀/ 名 ❶ ラブラドル半島《カナダ東部 Hudson 湾と大西洋との間の半島》. ❷ ラブラドル地方《半島東部》. ❸ =Labrador retriever [dog].

lab·ra·dor·ite /lǽbrədɔ̀ːràɪt, 〰〰〰̀/ 名 曹灰長(そうかいちょう)石, ラブラドライト《斜長石の一種》.

Lábrador retríever [dóg] 名 ラブラドルレトリーバー《犬》《ニューファンドランド (Newfoundland) から持ち込まれた英国原産の猟犬; 盲導犬にも用いる》.

Lábrador téa 名 〖植〗ラブラドルティチャ《イソツツジ属の低木; 時に葉の浸出液をお茶がわりに飲む》.

la·bret /léɪbrət/ 名《一部の文化圏での》唇飾り《貝殻・木片など》.

la·brum /léɪbrəm/ 名《-bra /-brə/》動 上唇《昆虫・甲殻類などの口器の一部; cf. labium》.

la·brus·ca /ləbrǽskə/ 名 U アメリカブドウ; ラブルスカ《アメリカブドウでつくったワイン》.

la·bur·num /ləbɜ́ːnəm/ -bɜ́ː-/ 名 U.C〖植〗キングサリ, キバナフジ《マメ科の低木; 黄色い花が咲く; しばしば復活祭の飾り用》.

⁑**lab·y·rinth** /lǽbərɪnθ/ 名 ❶ a C 迷宮, 迷路;《庭園などの》迷路園. b [the L-] 〖ギ神〗ラビュリントス (Daedalus が Crete 王の Minos のために造った Minotaur を監禁するための迷路》. ❷ C《街路・建物などの》複雑に入り組んだもの (maze): get lost in a ~ of winding streets 迷路のように入り組んだ街路に迷う. ❸ C 複雑な関係, こと: a ~ of relationships ややこしい関係. ❹ [the ~] 〖解〗内耳. 〖L<Gk〗

lab·y·rin·thi·an /lǽbərínθiən/, **lab·y·rin·thine** /-θɪn, -θaɪn/ 形 ❶ 迷宮[迷路]の(ような). ❷ 入り組んだ, 複雑な: a ~ problem 複雑な問題.

lac /lǽk/ 名 U ラック《ワニスなどの原料》. 〖Hindi〗

La·can /ləkɑ́ːn/ lækɑ́n/ 名, Jacques ラカン (1901-81), フランスの精神分析学者. **La·ca·ni·an** /ləkéɪniən/ 形

lac·co·lith /lǽkəlɪθ/ 名 〖地〗餅盤(へいばん), ラコリス《餅状の岩体》.

⁑**lace** /léɪs/ 名 ❶ U レース: ~ for a dress ドレス用のレース. ❷ C《靴などを締める》ひも, 打ちひも, 組みひも: shoelace. ❸ U《軍服などを飾る》モール《圧類》braid のほうが一般的》: gold [silver] ~ 金[銀]モール. ── 動

❶《…を》ひもで縛る[締める]: ~ up one's shoes 靴のひもを結ぶ. ❷《ひもなどを》通す: ~ a shoestring *through* the eyelets (of a shoe)《靴の》ひも穴に靴ひもを通す. ❸ a《…を》レースで飾る. b《モール・レースなどで》《…に》縁飾りをつける《★ 通例受身》: cloth ~d with gold 金モールで飾られた布. ❹《…を》組み合わせる: He ~d her fingers *in* his. 彼は彼女の指を自分の指に組み合わせた. b 刺繍(ししゅう)する《★ 通例受身》: a handkerchief ~d *with* green thread 緑の糸で刺繍したハンカチ. c《…を》しまをつける《★ 通例受身》: a white petunia ~d *with* purple 紫のしまのある白いペチュニア. ❺《飲物に》風味を加える《しばしば受身》: coffee ~d *with* brandy ブランデーを少し入れたコーヒー. ❻〘口〙《…を》《むち》打つ. ── 自 ひもで結ばれる. 〖F<L=わな, 輪なわ〗

láce bùg 名 〖昆〗グンバイムシ《グンバイムシ科の小型カメムシの総称; 体は扁平で, 胸部・翅にレース状の模様がある》.

laced 形 ❶ ひものついた[した], レースで飾った. ❷《コーヒーなど》少量のアルコール分を加味した.

Lac·e·dae·mo·ni·an /lǽsədəmóʊniən/ 形 名 スパルタ (Sparta) の, スパルタ人の.

láce pìllow 名 レース編み台《レース編みをするときにひざの上に置くクッション》.

lac·er·ate /lǽsərèɪt/ 動 他 ❶《顔・腕などを》《つめやガラスの破片などで》引き裂く, 切り裂く. ❷《心・感情などを》苦しめる, 傷つける. ── /-rət, -rèɪt/ 形 ❶ 引き裂かれた, ずたずたに裂けた: a ~ wound 裂傷. ❷〖植〗《葉などへりに》不規則な深いぎざぎざのある. 〖L=引き裂く〗

lac·er·a·tion /lǽsəréɪʃən/ 名 ❶ U a かき切り[裂き]. b《感情などを》傷つけること, 苦悩. ❷ C 裂傷, 裂け口.

láce-úp 名《通例複数形で》編み上げ靴.

láce·wìng 名 〖昆〗クサカゲロウ, ヒメカゲロウ.

láce·wòod 名 U《特に柱目(はしらめ)に挽(ひ)いた》スズカケノキ材.

láce·wòrk 名 U レース《細工》; すかし細工.

lach·es /lǽtʃəz, léɪ-/ 名 〖法〗懈怠(けたい), 遅滞《権利主張や訴訟提起のその怠り》,《衡平法上では法的救済を受けられないための》消滅時効.

Lach·e·sis /lǽkəsɪs/ 名 〖ギ神〗ラケシス《運命の三女神の一人, 人間の生命の糸の長さを決める; ⇒ fate 3》.

lach·ry·mal /lǽkrəm(ə)l/ 形 ❶ 涙の. ❷ =lacrimal. 〖LACRIMAL の異形〗

láchrymal vàse 名 涙つぼ (lachrymatory).

lach·ry·ma·tion /lǽkrəméɪʃən/ 名 =lacrimation.

lach·ry·ma·tor /lǽkrɪmèɪtə/ -tə/ 名 U 催涙物質, 催涙ガス.

lach·ry·ma·to·ry /lǽkrəmətɔ̀ːri | lǽkrɪmèɪtəri, -tri/ 形 涙の, 涙を催させる: ~ gas [shells] 催涙ガス[弾]. ── 名 涙つぼ《古代ローマ時代に送葬者の涙を入れたという》.

lach·ry·mose /lǽkrəmòʊs/ 形 ❶ 涙もろい. ❷ 涙を催させる. **~·ly** 副

lac·ing 名 ❶ U レースをつけること; 縫い取り. ❷ U《靴・コルセットなどの》ひも類; レース《の縁》; モール. ❸ [a ~] 〘口〙殴り; むち打ち.

la·cin·i·ate /ləsíniət, -èɪt/, **-at·ed** /-èɪtəd/ 形《植・動》細長い裂け目になった, ぎざぎざ[切れ込み]のある.

lác ìnsect 名 〖昆〗ラックカイガラムシ《成虫は粗ラックを分泌する; 南東アジア産》.

⁑**lack** /lǽk/ 名《また a ~》欠乏, 不足, ないこと: ~ *of* sleep [exercise] 睡眠[運動]不足 / We have no ~ *of* fuel. 燃料には事欠かない. ❷ C 不足[欠乏]するもの. **for [through] láck of**...: …がないために: It cannot be discussed here *for* ~ *of* space. それは紙面がないためここでは論じられない. ── 動 他《進行形・受身不可》《…を》欠く, …がない: He ~s common sense. 彼は常識がない / I ~ed the money with which to finish it. それを仕上げる金に事欠いた. ── 自《…が》足りない: The vote ~ed three *of* (be)ing a majority. 投票は過半数に3票足りなかった. **láck for**... …に欠けて[不足して]いる《用法》通例否定文で用いる; be lacking の代わりに用いる》: ~ for nothing 何も不足していない / They did *not* ~ for customers. 彼らは得意先に事欠くことがなかった. 〖Du; cf. leak〗 〖類義語〗 lack, need, want いずれも何かが欠けて

いることを示すが, lack は単に欠けているという事実を意味するのに対して, あとの 2 語は欠けていて緊急にそれを補うことが必要という意味合いである.

lack·a·dai·si·cal /lækədéɪzɪk(ə)l/ 形 気力のない, 意欲のない; 怠惰な. **~·ly** /-kəli/ 副 〖alackaday(《古》=Alas!)の一方の消失から〗

lack·ey /læki/ 名 ❶《お仕着せを着た》下男, 従僕. ❷《へいこらする》子分; おべっか使い.

†**láck·ing** 形 ❶ 足りなくて: Capital is ~ *for* investment. 投資するには資金が足りない. ❷ 欠けて, 不足して: She's [I found her] ~ *in* common sense. 彼女は常識が欠けている.

†**láck·lùster,**《英》**láck·lùstre** 形 ❶〈目など〉輝きのない, どんよりした. ❷ 活気のない: a ~ performance 精彩を欠く公演〖演奏, 演技〗.

la·con·ic /ləkɑ́nɪk | -kɔ́n-/ 形 ❶ 簡潔な, 簡明な. ❷〈人が〉めった口をきかない. **-i·cal·ly** /-kəli/ 副 〖Laconia /ləkóʊniə/(=Sparta)の人は簡潔な表現を好むといわれたことから〗

la·con·i·cism /ləkɑ́nɪsìzm | -kɔ́n-/ 名 =laconism.

lac·o·nism /lǽkənìzm/ 名 ❶ U (表現の)簡潔さ. ❷ C 簡潔な言葉.

†**lac·quer** /lǽkɚ | -kə/ 名 ❶ U,C a ラッカー, ラック. b 漆. c ヘアスプレー (hair spray). ❷ =lacquer ware. ── 動 他 ⟨…に⟩ラッカー〖漆〗を塗る; ⟨髪に⟩ヘアスプレーをかける. 〖F<Port<Arab<Hindi=LAC〗

lác·quer·er /lǽkərɚ | -rə/ 名 漆屋, 塗物師.

lácquer trèe 名 〖植〗 ウルシ.

lácquer wàre 名 U 漆器(類).

lac·ri·mal /lǽkrəm(ə)l/ 形 〖解〗 涙液を分泌する: a ~ duct [gland, sac] 涙管[腺, 嚢(ﾉｳ)]. 〖L<涙の〗

lac·ri·ma·tion /lækrəméɪʃ(ə)n/ 名 涙を流すこと, 泣くこと; 〖医〗 流涙.

lac·ri·ma·tor /lǽkrɪmèɪṭɚ | -tə/ 名 =lachrymator.

lac·ri·ma·to·ry /lǽkrəmətɔ̀ːri | lǽkrɪmétəri/ 形 =lachrymatory.

la·crosse /ləkrɔ́ːs | -krɔ́s/ 名 U ラクロス《双方 10 人(女子は 12 人)ずつで行なう hockey に似た球技; 北米先住民の遊びから起こった; カナダでは特に盛んで国技となっているが, 米国でも夏のスポーツとして学校やクラブで人気がある》. 〖F《カナダ》<la the+*crosse* hooked stick〗

lac·ry·mal /lǽkrəm(ə)l/ 形 =lachrymal.

lact- /lækt/《母音の前にくる時の》lacto- の異形.

lac·tam /lǽktæm/ 名 〖化〗 ラクタム《環式分子内アミド》.

lac·tase /lǽkteɪs, -teɪz/ 名 U 〖生化〗 ラクターゼ《乳糖分解酵素》.

lac·tate /lǽkteɪt/ ─┤─ 動 自 乳を分泌する.

lac·ta·tion /læktéɪʃ(ə)n/ 名 U ❶ 乳の分泌(期). ❷ 授乳(期間).

lac·te·al /lǽktɪəl/ 形 ❶ 乳の, 乳汁の; 乳状の: a ~ gland 〖解〗 乳腺. ❷ ⟨リンパ管が⟩乳糜(ﾉ ʊ)を送る[入れる]: the ~ vessels 乳糜管.

lac·tes·cent /læktés(ə)nt/ 形 乳汁状の, 乳白色の; 乳液を生ずる[分泌する]; 乳汁液を分泌する.

lac·tic /lǽktɪk/ 形 A 乳(汁)の; 乳汁から採る.

láctic ácid 名 U 乳酸.

lac·tif·er·ous /læktíf(ə)rəs/ 形 乳汁[乳汁液]を生ずる, 乳汁分泌性の; 〖植〗 乳液を含む[出す].

lac·to- /lǽktoʊ/ 《連結形》「乳」「乳酸」「乳糖」. 〖L *lac*, *lact-* 乳〗

làcto·bacíllus 名 〖菌〗 乳酸桿菌《乳酸を産生する乳酸桿菌属の細菌の総称》.

lac·tom·e·ter /læktɑ́məṭɚ | -tɔ́mətə/ 名 乳脂計, 乳比重計.

lac·tone /lǽktoʊn/ 名 〖化〗 ラクトン《エステルの官能基を環内に含む化合物》. **lac·ton·ic** /læktɑ́nɪk/ 形.

làcto·prótein 名 U 〖生化〗 乳汁蛋白, 乳蛋白.

lac·tose /lǽktoʊs/ 名 U 〖化〗 ラクトース, 乳糖.

làcto-vegetárian 名 乳菜食主義者《チーズなどの乳製品は認める菜食主義者》.

la·cu·na /ləkjúːnə | -kjúː-/ 名 (徴 **la·cu·nae** /-niː/, ~s) ❶ a 〈原稿・書物などの〉脱落(部分), 脱文, 欠字; 〖引用文で〗原文の省略部分 〈*in*〉. **b** 〈知識などの〉空欄(ｹｯ), 空白, 欠陥: There were numerous *lacunae* in his argument. 彼の議論には数々の欠陥があった. ❷〖解〗小窩(ﾆ), 裂口, くぼみ. **la·cú·nar** /-nɚ | -nə/ 形 〖L=溝(ﾐｿ), 池〗

la·cus·trine /ləkʌ́strɪn | -traɪn/ 形 ❶ 湖水の. ❷ 湖水にすむ; 湖上に生活する.

lac·y /léɪsi/ 形 (**lac·i·er**; **-i·est**) レース (lace) の(ような): a ~ blouse レースのブラウス.

*†**lad** /læd/ 名 ❶(口・古風) 若者, 少年, 若いの, にいちゃん (↔lass); [the ~s](英口) ⟨男の⟩仕事仲間, (遊び)仲間, 男(連中), 野郎ども: my ~s 諸君, 君たち. ❷(英口) 元気のいい男, 〈女好きな⟩マッチョ男★しばしば次の句で: a bit of a ~ なかなか威勢のいい大胆な, 気力絶倫の[男], 強者(ﾂ ﾜﾓ), 猛者(ﾓ ｻ). ❸《英》(競馬場の)厩務員.

La·dakh /lədɑ́ːk/ 名 ラダック《インド北西部・パキスタン・中国の接する山岳地域; インダス川の水源地》. **La·da·khi** /ladɑ́ːki/ 形 名

lad·a·num /lǽdənəm, -dn-/ 名 =ladanum.

*†**lad·der** /lǽdɚ | -də/ 名 ❶ はしご 〖解説〗 はしごの下を通るのは不吉であるという迷信があるが, これは昔, はしごが絞首刑や火刑の道具の一つとして使われ, 死を暗示したことによるといわれる: climb (up) [down] a ~ はしごを登る[下りる]. ❷ 手づる, 手段; [通例 the ~] ⟨身分・地位などの⟩段階: a ~ *to* [*of*] success 成功の手段 / move up the social [corporate] ~ 社会[会社]の出世階段を上る. ❸《英》(ストッキングの)ほつれ, 伝線 (《米》 run). **kick down the ládder** 出世の手助けとなった友人[職業など]を捨てる. **stárt at the bóttom of the ládder** ⇨ bottom 成句. **the tóp of the ládder** ⇨ top¹ 名 成句. ── 動 自 ⟨英⟩ ⟨ストッキングが⟩伝線する (《米》 run). ── 他 ⟨ストッキングに⟩伝線を作る. 〖OE; 原義は「斜めに立てかけたもの」; cf. lean¹〗

ládder-bàck 名 はしご状の背の椅子.

ládder stìtch 名 〖刺繍〗 はしご状[ラダー]ステッチ.

lad·die, lad·dy /lǽdi/ 名 ⟨スコ⟩ 若い人 (↔lassie).

lad·dish /lǽdɪʃ/ 形 《英》マッチョ的な若者の, 不良〖硬派, タフガイ〗気取りの, 男っぽい. **~·ness** 名

lad·dism /lǽdɪzm/ 名 U 《英》マッチョ的な若者のふるまい, laddishな態度[姿勢].

†**lade** /léɪd/ 動 (**lad·ed**; **lad·en** /léɪdn/, **lad·ed**) ❶ ⟨船・車などに⟩⟨貨物・荷を⟩積む, 積み込む ⟨*with*⟩; ⟨貨物・荷を⟩⟨船・車に⟩積む ⟨*on*⟩ (load). ❷ (ひしゃくなどで)⟨液体を⟩くみ出す. ── 自 ❶ 荷を積む. ❷ 液体をくみ出す.

†**lad·en** /léɪdn/ 動 lade の過去分詞. ── 形 ❶ **a** 荷を積んだ, 貨物を積載した (↔unladen): a ~ ship 荷を積んだ船 / a hay-*laden* cart 干し草を積んだ荷車 / a traffic-*laden* street 交通量の多い通り. **b** たくさん持って[つけて], 十分帯びて: trees ~ *with* fruit 実がたくさんなっている木 / The table was ~ *with* maps, charts, and books. テーブルには地図や海図や本がいっぱい載っていた. ❷ P 苦しんで, 悩んで: a woman ~ *with* grief 悲しみに悩む女性 / a debt-*laden* man 負債に苦しんでいる人 / famine-*laden* districts 凶作地方.

la·dette /lædét/ 名《英》若い男がするようなことが好きな若い女性, 野郎ギャル, 威勢のいい[男っぽい]ねえちゃん, あねご.

la·di·da /lɑ̀ːdiːdɑ́ː/ 《口》 形 ❶ 気取った, きざな. ❷ 見えを張る. ── 名 ❶ 気取り屋. ❷ 気取り, きざなるふるまい.

La·dies, La·dies' /léɪdɪz/ 名 (徴 ~) [通例 the ~]《英》女性用の, (公衆)トイレ (《米》ladies' room; cf. Gents).

ládies' fíngers 名《英》=lady's fingers.

ládies' mán 名 女好きでもてる男.

ládies' níght 名《英》女性が男性のクラブにゲストとして参加を許される特別の夜. ❷《米》女性が割引料金で催し物に出席できる夜.

ládies' róom 名 [時に L- r-]《米》(ホテル・劇場などの)女性用トイレ《英》the Ladies; cf. men's room).

ládies' trèsses 名 [通例単数扱い] 〖植〗 ネジバナ属の

ladify 1014

ラン(総称); しばしば ねじれた花序をもつた地生ラン).

la・di・fy /léɪdɪfàɪ/ 動 他 貴婦人扱いする; Lady の称号で呼ぶ.

lád・ing /-dɪŋ/ 名 U ❶ 荷積み, 積載, 船積み. ❷ 船荷, 貨物. bill of lading ⇒ bill¹ 成句.

la・di・no /ladíːnoʊ, -diː-/ 名 (複 ~s) [植] ラジノクローバー (シロツメクサの一変種; 飼料としても栽培される).

la・dle /léɪdl/ 名 ひしゃく. — 動 他 ❶ ⟨…を⟩ひしゃくでくむ; ~ (out) soup スープをすくう / ~ soup out of a pot 深なべからスープをすくう / ~ soup into a soup plate スープ皿にスープをよそう. ❷ ⟨金・贈り物などを⟩無差別に[やたら]に与える: ~ out praise 賛辞を浴びせかける. **lá・dler** 名 《OE=くみ出す (ladle) もの》.

la・dle・ful /léɪdlfʊl/ 名 ひしゃく 1 杯 (of).

lád màg 《英》 男性誌 (若い男性向けの雑誌).

*‡**la・dy** /léɪdi/ 名 ❶ a 《woman に対するていねいな代用語として》 女性, 婦人: Ladies first. レディーファースト / Ladies and gentlemen (紳士淑女の) 皆さん 【用法】 女性だけの場合は Ladies のみ). b [呼び掛けに用いて] 奥方, 奥様, お嬢様 【用法】 しばしば性差別的とみなされるので, 次のような少し改まった言い方を除けば madam のほうが一般的): my ~ 奥様, お嬢様 (特に Lady の称号をもつ婦人に対する召し使いの言葉) / your dear [good] ~ 奥様 (女主人に対して用いる言葉) / young ~ お嬢さん. ❷ C 貴婦人, 上品な女性: You've become quite a young ~ 《gentleman》: You've become quite a young ~. すっかりりっぱなお嬢さんになりましたね. ❸ [L~] 《英》 レディー: a [姓または領地名の前につけて] 女侯爵[女伯爵, 女子爵, 女男爵]または侯爵[伯爵, 子爵, 男爵]夫人 (夫の略式の敬称). b [本人の洗礼名の前につけて] 公爵[侯爵, 伯爵]令嬢への敬称. c [夫のフルネームの前につけて] Lord という優遇爵位 (courtesy title) をもつ人[貴族の次男以下]への敬称. d [姓名の前につけて] 准男爵[勲爵士]夫人[未亡人]への敬称. ❹ C a 妻; 夫人: the general's ~ 将軍の夫人 / ⟨古⟩ old lady. b ⟨俗⟩ 愛人, 恋人. **lady of the bédchamber** 《英》 (貴族の家の出の)女王[王妃]付き女官. **lády of the níght** ⟨俗⟩ 夜の女, 売春婦. **Our Lády** 聖母マリア. **the fírst lády (of the lánd)** ⇨ first lady. **the lády of the hóuse** 主婦, 女主人, 奥さん. — 形 女(流)…, 女性… 【比較】 この用法では woman のほうが普通; female は主に動物用いられる: a ~ pilot 女性飛行操縦士. 《OE; 原義は「パン (loaf) をこねる者」; cf. lord》 【類義語】 lady 礼儀をわきまえたしとやかな婦人のことであるが, 最近ではこの意味としてはあまり用いられなくなっている. **woman** 女性を表わす一般的な語. **female** 性の区別に重点をおいた語で, 人間に用いるときは軽蔑的な意味を含むことがある.

lády・bird (bèetle) 名 [昆] テントウムシ (《英》 ladybug).

lády・bùg 《米》 [昆] テントウムシ (解説) 米国では縁起のよい虫で殺してはならないとされ, 指輪やブローチのデザインによく使われる).

Lády Chàpel 名 聖母(小)礼拝堂 (通例大きな教会堂の大祭壇の背後にある).

Lády Dày 名 (聖母マリアの)お告げの祝日 (3月25日; イングランド・ウェールズ・北アイルランドでは quarter day の一つ; cf. Annunciation Day).

lády fèrn 名 [植] メシダ.

lády・fìnger 名 レディーフィンガー (細長い指の形をしたスポンジケーキ).

lády・hòod 名 U 貴婦人[淑女]の身分[品位]; 貴婦人連, 淑女たち.

lády-in-wáiting 名 (複 ladies-in-waiting) (女王・王女の)侍女, 女官.

lády-killer 名 ⟨口⟩ 女たらし, 色男, レディーキラー.

lády・like 形 ❶ ⟨女が⟩貴婦人らしい; 上品な; しとやかな. ❷ 《英》 ⟨男が⟩めめしい, 柔弱な.

Làdy Máyoress 名 《英》 (London などの大都市の)市長夫人.

Làdy Múck 名 《英口》 気取り屋夫人, 偉そうにふるまう女.

lády's bèdstraw 名 [植] カワラマツバ (ユーラシア産アカネ科の多年草; 昔はマットレスの材料にした).

lády's compànion 名 針道具入れ, 婦人用小物入れ (小さなケースや袋).

lády's fìngers 名 (複 ~) [植] オクラ (okra).

lády・shìp 名 [しばしば L~; your ~(s), her ~, their ~s で] レディーの尊称をもつ女性の敬称 (↔ lordship) (★ 《英》では皮肉で普通の人にも用いる): your ~(s) 奥様(方), ご令嬢(方) 【用法】 you に代用する呼び掛けに用いる) / her ~ 奥様, ご令嬢 【用法】 she, her に代用する) / their ~s 奥様方, ご令嬢(方) 【用法】 they, them に代用する).

lády's màid 名 (女性の着付けや化粧などの世話をする)小間使い, 女中.

lády's màn 名 =ladies' man.

lády's-màntle 名 [植] ハゴロモグサ (バラ科).

lády's-smòck 名 [植] ハナタネツケバナ (cuckooflower).

lády trèsses 名 =ladies' tresses.

lae・vo- /líːvoʊ/ [連結形] =levo-.

laev・u・lose /lévjʊlòʊs, -lòʊz/ 名 =levulose.

La・fay・ette /làːfiét, -fe- | làːfaɪét/, **Marquis de** 名 ラファイエット侯(爵) (1757-1834; フランスの軍人・政治家).

Láf・fer cùrve /læfɚ-|-fə-/ [the ~] [経] ラッファー曲線 (税率と税収[経済活動]の相関を示す右曲り曲線; 最適税率で税収の極値を示す放物線になる). 《A. B. Laffer 米国の経済学者》

La・fitte /læfíːt/, **Jean** /ʒɑ́ːn/ 名 ラフィット (1780?-?1826; 1812 年の米英戦争で米国に味方したフランスの海賊).

La Fon・taine /là:fɑntéɪn | -fɔn-, læfɑntéɪn/, **Jean de** /ʒɑ́ːn də/ 名 ラ・フォンテーヌ (1621-95; フランスの詩人; 『寓話集』 (1668-94)).

*‡**lag¹** /læg/ 動 (lagged; lag・ging) ❶ a のろのろ歩く, ぐずつく. b 遅れる: He lagged behind in the race. 彼は競走で皆から遅れた / We should not ~ behind other nations in the exploration of space. 宇宙開発の点で他国に遅れをとってはならない. ❷ ⟨熱意・関心などが⟩弱まる, 衰える: My interest began to ~. 私の関心は薄れ始めた. — 名 ❶ ⟨…より⟩遅れる, 遅延: ~ time lag, cultural lag, jet lag. ❷ [機・電] 遅れ, 遅滞(量).

lag² /læg/ 動 他 (lagged; lag・ging) ⟨ボイラー・パイプなどを⟩保温材・外套(がいとう)板でおおう (with).

lag³ /læg/ 動 他 (lagged; lag・ging) ❶ ⟨人を⟩投獄する. ❷ ⟨人を⟩逮捕する. — 名 ❶ 囚人; 前科者: an old ~ 常習犯. ❷ 服役期間.

lag・an /lǽgən/ 名 U [海法] (海難時の)浮標付き投げ荷 (他目的の品物など浮標を付け海中へ投げ込まれたもの).

†**la・ger** /láːgɚ | -gə/ 名 ❶ U ラガー(ビール) (低温で冷蔵して熟成させる). ❷ C ラガー 1 杯[1 本]. 《G Lagerbier 貯蔵室のビール < Lager 貯蔵室+Bier ビール》

láger bèer 名 =lager.

láger lòut 名 《英口》 ビールを飲んで不作法なふるまいをする若者.

lag・gard /lǽgɚd | -gəd/ 名 のろま, ぐずぐずする人[もの]. — 形 のろまの, ぐずぐずする; ⟨…に⟩ぐずぐずして (in, about). ~・ly 副 《LAG¹+-ARD》

lág・ger 名 遅れる[遅れがちな]人[もの] (laggard).

lág・ging 名 U ❶ [機] ラギング (ボイラー・パイプなどを保温材[外套(がいとう)板]でおおうこと). ❷ 保温材, 被覆材, 外套板.

La Gioconda 名 =Mona Lisa.

la・gniappe, la・gnappe /lǽnjæp, -ˈ/ 名 ❶ (買い物客への)おまけ, 景品. ❷ 心付け, チップ.

†**la・goon** /ləgúːn/ 名 ❶ a 潟(かた) (湾口などが砂州(さす)でふさがれてできた浅い水面). b 《米》 (川・湖水などに通じる)沼, 池. ❷ 礁湖 (環礁 (atoll) に囲まれた海面). 《F & It ⟨L lacus 池, 湖; cf. lake》

La・gos /léɪgɑs | -gɔs/ 名 ラゴス (ナイジェリア南西部, ギニア湾に臨む市・旧首都).

La・gráng・i・an pòint /ləgráːndʒiən-, -grǽn- | -gréɪn-/ 名 [天] ラグランジュ点 (共通の重心の周囲を回る 2 つの天体の軌道面にあって, 微小な第三の天体が平衡状態にある 5 つの点の一つ).

La Guár・di・a Áirport /ləgwáːdiə- | -gwáː-/ 名 ラ

ガーディア空港 《New York 市にある国際空港; コード名 LGA》.
lah /láː/ 图 =la.
la·har /láːhɑːr | -hɑː/ 图 《地》 ラハール (火山灰泥流).
lah-di-dah /làːdidáː-ˊ/ 厖 图 =la-di-da.
La·hore /ləhɔ́ːr | -hɔ́ː/ 图 ラホール 《パキスタン北東部 Punjab の州都》.
la·ic /léiik/ 厖 (聖職者でない)信者の, 俗人の. ── 图 (聖職者でない)信者, 俗人. 〖L<Gk; ⇒ lay³, -ic〗
la·i·cal /léiik(ə)l/ 厖 =laic.
la·i·cism /léiəsìzm/ 图 Ⓤ 世俗主義 《政治を聖職者ではなく俗人の手にゆだねる制度》.
la·ic·i·ty /leiísəti, -ˋ/ 图 Ⓤ 俗人社会 (laity) による支配[影響].
la·i·cize /léiəsàiz/ 動 ⓗ ❶ 〈人を〉還俗(ﾋｬ)させる. ❷ 俗化させる. ❸ 〈制度などを〉俗人支配に置く.
‡**laid** /léid/ 動 **lay¹** の過去形・過去分詞.
†**láid-báck** 厖 〘口〙〈人・態度などが〉くつろいだ, リラックスした: a ~ life style のんびりした暮らしぶり.
láid páper 图 Ⓤ 簀(ﾉ)の目紙 《簀の目状の透かしがある紙》.
‡**lain** /léin/ 動 **lie¹** の過去分詞.
lair /léər | léə/ 图 ❶ (野獣の)巣, 穴. ❷ 隠れ場, 隠れ家.
lair·age /léə(r)iʤ/ 图 牛[羊]を途中で休ませること[場所, 小屋].
lair·y /lé(ə)ri/ 厖 〘英俗〙えらそうな, 強引[生意気]な, ずうずうしい, 態度のでかい.
lais·sez-al·ler /léisezəléi, léi- | -ˋ ˋeler/ 图 Ⓤ なげやり, 無頓着; だらしなさ.
†**lais·sez-faire, lais·ser-faire** /lèisefèə, lès- | -féə/ 图 Ⓤ 無干渉主義, (自由)放任主義の政策 《特に経済活動に政府が介入しないことにいう》. ── 厖 無干渉主義の, (自由)放任主義の. 〖F=let do〗
lais·sez-pas·ser /lèisεpɑːséi, léi-, -pæ- | -pɑ́ːsei/ 图 通行券, 通過証, 入場券.
lais·sez vi·brer /léiseivibréi, léi- | -ˊ ˋ -ˊ/ 图 〘楽〙レセビレ 《楽器の振動を制することなく, 自然に弱まっていくにまかせるという指示》.
†**la·i·ty** /léiəti/ 图 [the ~; 複数扱い] ❶ (聖職者に対して)一般信徒たち, 俗人 (↔ clergy). ❷ しろうとたち, 門外漢. 〖LAY³+-ITY〗
Lai·us /léiəs, lái-/ 图 《ギ神》 ライオス 《テーベの王で Oedipus の父; 父と知らぬオイディプスに殺される》.
‡**lake¹** /léik/ 图 ❶ 湖, 湖水 (略 L.; ⇒ pond 比較): *L*- Biwa 琵琶湖 / the *Lakes*=Lake District / ⇒ Great Lakes. ❷ (公園などの)人工池. **Gò (and) júmp in the láke!** 〘口〙 出ていけ, あっちへ行け, じゃまするな. 〖L *lacus* 池, 湖; cf. lagoon〗
lake² /léik/ 图 Ⓤ ❶ **a** レーキ (顔料). **b** =crimson lake. ❷ 深紅色.
láke·bèd 图 湖底.
Láke Dìstrict [Còuntry] 图 [the ~] (イングランド北西部の)湖水地方 《Cumbria の湖水を中心とした風光明媚(ﾒｲ)な地方; cf. Lake Poets》.
láke dwèller 图 (特に有史以前の)湖上生活者.
láke dwèlling 图 (特に有史以前の)湖上家屋[住居].
láke·frònt 图 湖岸, 湖畔.
Láke·land térrier /léikland-/ 图 レークランドテリア (犬) 《Lake District 原産の毛のかたい小型のテリア》.
láke·let /-lət/ 图 小湖水.
Láke Pòets 图 [the ~] 湖畔詩人 《19 世紀初頭にイングランドの Lake District に住んだ Wordsworth, Coleridge など》.
lak·er /léikər | -kə/ 图 ❶ (特にマスなどの)湖水魚, lake trout. ❷ 湖水運航船.
láke·shòre 图 =lakefront.
láke·sìde 图 [the ~] 湖畔, 湖岸.
láke tròut 图 〘魚〙湖水産のマス[サケ], (特に)レークトラウト 《北米原産イワナ属の大型食用魚》.
lak·sa /læksɑ | léik-, -sə/ 图 〘マレーシア料理〙ビーフン料理.
Lak·shmi /lʌ́kʃmi/ 图 〘ヒンドゥー教〙ラクシュミー 《幸運と美の女神で, ビシュヌ神の妃; 仏教の吉祥天に当たる》.
lá-la lànd /lɑ́ːlɑː-/ 图 〘米〙 夢の国 《しばしばロサンゼルスやハリウッドを指す》.

La·lique /lɑːlíːk/, **Re·né** /rənéi/ 图 ラリック (1860-1945; フランスのガラス工芸デザイナー).
lal·la·pa·loo·za /làləpəlúːzə/ 图 =lollapalooza.
lal·la·tion /læléiʃən/ 图 Ⓤ 〘音声〙 r 音を l 音の(ように)発音すること; 子供の(ような)不完全な話しぶり[発音].
lal·ly·gag /láligæg/ 图 ⓘ 〘米口〙❶ ぶらぶらする. ❷ いちゃつく, 抱き合う.
lam¹ /lǽm/ 動 (**lammed; lam·ming**) 〘俗〙 ⓗ 〈…を〉(杖などで)殴る. ── ⓘ 打つ, たたく, 襲う (*into*).
lam² /lǽm/ 〘米口〙 動 (**lammed; lam·ming**) すばやく逃げる, 逃走する. ── 图 [the ~] 逃走 《★ 通例次の成句》. **on the lám** 〘米口〙 (警察などから)逃走中で. **tàke it on the lám** 〘米口〙 一目散に逃げ出す.
Lam. (略) 《聖》 Lamentations (of Jeremiah).
la·ma /lɑ́ːmə/ 图 ラマ僧. **the Dálai Láma** ダライラマ 《チベットのラマ教の教主》.
Lá·ma·ism /-ìzm/ 图 Ⓤ ラマ教 《チベット仏教》.
Lá·ma·ist 图 ラマ教徒.
La·marck /ləmɑ́ːrk | -mɑ́ːk/, **Jean Bap·tiste de Monet de** /ʒɑ́ːn bætíst də mounéi də | -mónei-/ 图 ラマルク (1744-1829; フランスの博物学者; 進化論者; ⇒ Lamarckism).
La·marck·i·an /ləmɑ́ːrkiən | -mɑ́ː-/ 图 ラマルク説の. ── 图 ラマルク学徒.
La·márck·ism /-kizm/ 图 Ⓤ ラマルク説, 用不用説, ラマルキズム 《Lamarck の進化説; 外界の影響によって獲得した形質が遺伝するという》.
la·ma·ser·y /lɑ́ːməseri | -səri/ 图 ラマ教の僧院, ラマ寺.
La·máze mèthod /ləmɑ́ːz-/ 图 [the ~] ラマーズ法 《独特な呼吸法や心身の条件付けなどによる無痛分娩法》. 〖F. Lamaze フランスの医師〗
‡**lamb** /lǽm/ 图 ❶ Ⓒ 子羊 《[解説] 子羊は臆病な動物で従順の象徴とされ, 昔から神のけにえとなる動物の代表; キリストは「神の小羊」(the Lamb of God)ともよばれる; ⇒ sheep 関連): One may [might] as well be hanged for a sheep as (for) a ~. ⇒ sheep 图 1. ❷ Ⓤ 子羊の肉, ラム (cf. mutton). ❸ Ⓒ **a** 無邪気な人, 柔和な人. **b** 親愛な者: my ~ よい子, 坊や, お嬢ちゃん. **like a lámb (to the sláughter)** (身の危険も知らずに)柔順に, おとなしく 《★ 聖書「イザヤ書」から》. **the Lámb of Gód** 神の小羊, キリスト. ── 動 ⓘ 〈羊が〉子羊を産む. ── ⓗ 〈産期の雌羊の世話をする人; 産期の雌羊. 〖OE; 原義は「淡黄褐色の(動物)」〗
Lamb /lǽm/, **Charles** 图 ラム (1775-1834; 英国の随筆家・批評家; 筆名 Elia /íːliə/).
lam·ba·da /lɑːmbɑ́ːdə | læm-/ 图 ❶ ランバダ 《ブラジル起源の急速でエロチックな踊り》. ❷ ランバダの曲.
lam·bast /læmbǽst/ 動 =lambaste.
lam·baste /læmbéist/ 動 ⓗ 〘口〙❶ 〈…を〉殴る. ❷ 〈…を〉こきおろす, 非難する.
lamb·da /lǽmdə/ 图 Ⓤ.Ⓒ ラムダ 《ギリシャ語アルファベットの第 11 字 Λ, λ; 英字の L, l に当たる; ⇒ Greek alphabet 表》.
lam·ben·cy /lǽmb(ə)nsi/ 图 Ⓤ ❶ (炎・光の)ゆらめき. ❷ (目・空などの)輝き. ❸ (機知などの)軽妙さ.
lam·bent /lǽmb(ə)nt/ 厖 ❶ 〈炎・光が〉ゆらめく, 淡く光る. ❷ 〈目・空など〉柔らかく輝く. ❸ 〈機知が〉軽妙な. ~·ly 副.
lamb·er /lǽmər | -mə/ 图 産期の雌羊の世話をする人; 産期の雌羊.
lam·bert /lǽmbərt | -bət/ 图 〘光〙ランベルト 《輝度の cgs 単位》.
Lam·beth /lǽmbəθ/ 图 ランベス 《Thames 川南岸にある London の一区》.
Lámbeth Pálace 图 ランベス宮殿 《London 滞在時の Canterbury 大主教の居館》.
lamb·ing /lǽmiŋ/ 图 Ⓤ.Ⓒ (羊の)出産; (羊の)出産の世話.
lamb·kin /lǽmkin/ 图 ❶ 子羊. ❷ [愛称に用いて] かわいい子, よい子.
lámb·like 厖 ❶ 子羊のような; おとなしい, 柔和な, 優し

い. ❷ 柔順な; 無邪気な.
lam·bre·quin /lǽmbəkɪn, -brɪ- | -brɪkɪn/ 名 ❶《米》(窓・戸などの)たれ飾り. ❷ (中世の騎士が用いた)かぶとずきん.
Lam·brus·co /læmbrúːskou | -brús-/ 名 Ⓤ ランブルスコ(イタリア中部で生産される微発泡性赤ワイン).
lámb's éars 名《植》[通例単数扱い]《植》ワタチョロギ.
lámb's frý 名 Ⓤ (フライ・揚げ物にする)子羊の睾丸[臓]物].
lámb·skìn 名 ❶ Ⓒ 子羊の毛皮(装飾用). ❷ Ⓤ 子羊のなめし革.
lámb's léttuce 名 Ⓤ《植》ノヂシャ(食用).
lámb's-quàrter(s) 名 Ⓤ Ⓒ《植》シロザ, シロアカザ(世界中に広く分布するアカザ科の一年草; 耕地・荒地・路傍に生える雑草).
lámb's tòngue 名《植》=lamb's ears.
lambs·wool /lǽmzwùl/, **lámb's wòol** 名 Ⓤ 子羊の毛(織物), ラムズウール.
†**lame** /léɪm/ 形 (lam·er, -est; more ~, most ~) ❶ 足が不自由な 《比較》やや軽蔑的に感じられることもあるので disabled を用いる): a ~ old man 足の不自由な老人 / He's ~ in one leg. 彼は片足が不自由だ. ❷《話》(言い訳・弁解などが)不十分な, まずい: Oversleeping is a ~ excuse for being late. 朝寝ぼうは遅刻の言い訳にならない. ❸〈韻律・詩が〉不完全な: a ~ meter 変てこな韻律. ── 動 ❶ 〈…の〉足を不自由にする: be ~d for life 一生不具になる. ❷〈物事を〉くじく, だめにする. **~·ly** 副 **~·ness** 名《OE》
la·mé /lɑːméɪ/ ─ / 名 Ⓤ ラメ(金銀糸などを織り込んだ金襴(えど)の一種): a gold ~ dress 金糸のドレス.《F=laminated》
láme bràin 名《米口》ばか者, 愚か者.
láme dúck 名 ❶ 役に立たない[立たなくなった]人[もの], だめな人間. ❷《米》(再選に失敗した, または任期中の)落選議員. ❸ (株式取引所の)債務不履行者. ❹ 財政危機の会社. **láme-dúck** 形
la·mel·la /ləmélə/ 名 (複 ~s, -mel·lae /-mélìː/) 薄板[層, 膜]. **la·mel·lar** /ləmélə- | -lə-/, **lam·el·late** /ləmélət, lǽmèlɪt/ 形《L》
la·mel·li·form /ləméləfəm | -fə:m/ 形 薄板の形をした, うろこ状の, 鰓葉状の.
†**la·ment** /ləmént/ 動 ❶ 〈…を〉嘆き悲しむ, 哀悼する: We all ~ed the death of our friend. 我我は皆友の死を悼んだ / She ~ed having lost this golden opportunity. 彼女はこの絶好の機会を失ったことを嘆いた. ❷ 〈…を〉嘆かわしく思う, 悔いる: ~ a person's absence 人のいないことを残念に思う. ── 悲しむ, 嘆く: ~ for the death of a friend 友の死を嘆き悲しむ / ~ over one's loss 自分の損失をくよくよと嘆き悲しむ. **the láte laménted** 故人; (特に)亡友. ── 名 ❶ 悲嘆, 嘆き 〔for, over〕. ❷ 哀悼の詩[歌], 哀歌.《F＜L=泣く》
lam·en·ta·ble /lǽməntəbl, ləmén-/ 形 ❶ 遺憾な, 嘆かわしい: the ~ state of our highways 我我の幹線道路の嘆かわしい状態. ❷ 悲しい, 悲しむべき. **-bly** /-blɪ/ 副
lam·en·ta·tion /læ̀məntéɪʃən/ 名 ❶ Ⓤ 悲嘆, 哀悼. ❷ Ⓒ 悲嘆の声; 哀歌. ❸ [Lamentations; 単数扱い]《聖》エレミヤの哀歌 (旧約聖書中の一書; 略 Lam.).
la·ment·ed /-tɪd/ 形 〔特に the late ~〕 哀悼される, 惜しまれる〈死者に対し慣習的に用いる〉, 故…, (今は)亡き….
lame·o /léɪmoʊ/ 名《俗》ぐず, どじ, のろま, さえないやつ.
la·mi·a /léɪmiə/ 名 (複 -mi·as, -mi·ae /-mìːiː/)《ギリシャ神》ラミアー(上半身が女体で下半身が蛇の化け物; 人を食い小児の血を吸う).
lam·i·na /lǽmənə/ 名 (複 lam·i·nae /-nìː/, ~s) 薄皮, 薄片, 薄層, 薄膜. **lam·i·nal** /-nəl/ 形
lam·i·na·ble /lǽmənəbl/ 形 薄片[薄板]に延ばしうる.
lam·i·nate /lǽmənèɪt/ 動 ❶ 〈…を〉薄片に切る. ❷ 〈金属を〉薄板に打ち延ばす. ❸ 〈…に〉薄板をかぶせる.
── /-nət/ 形 =laminated. ── /-nət/ 名 Ⓤ Ⓒ 積層物, 積層プラスチック.《LAMINA+-ATE¹》
lám·i·nàt·ed /-nèɪtɪd/ 形 ❶ 薄板状の. ❷ 薄層からなる, 層状に張り合わせた: ~ paneling 積層鏡板.
lam·i·na·tion /læ̀mənéɪʃən/ 名 ❶ Ⓤ 薄板[薄片]にする[なる]こと; 薄片状. ❷ Ⓒ 積層, 積層構造物.
lam·i·nec·to·my /læ̀mənéktəmi/ 名《医》椎弓切除(術) (脊椎の後弓の切除).
lam·i·ni·tis /læ̀mənáɪtɪs/ 名 Ⓤ《獣医》(馬の)蹄葉(ていよう)炎《過労・過食が原因》.
Lam·mas /lǽməs/ 名 ラマス, 収穫祭《昔イングランドで8月1日に祝った; スコットランドの quarter day の一つとしては8月28日 (1991年より)》.《OE (LOAF¹+MASS)》
Lámmas Dày 名 =Lammas.
lam·mer·gei·er, -gey·er /lǽməgàɪə | -məgàɪə/ 名《鳥》ヒゲワシ《欧州で最大の猛禽》.
*__lamp__ /lǽmp/ 名 ❶ **a** (電気・ガス・灯油などの)ランプ, 明かり; 電気スタンド: a desk [reading] ~ 卓上[読書用]電気スタンド / ⇒ gas lamp, pilot lamp, spirit lamp / turn off a ~ 明かりを消す. **b** (医療用などの)電灯; 灯火: an infrared ~ 赤外線電灯 / ⇒ sunlamp. ❷ (心・知識などの)光明. ❸《詩》(太陽・月・星など光を出す)天体: the ~s of heaven 天体; 星, 星. ❹ [one's ~s で]《米俗》目. **sméll of the lámp**《文章・作品などが》夜ふけまで苦心して作った跡が見える.《F＜L＜Gk=たいまつ lampein 輝く, 照らす; cf. lantern》
lam·pas /lǽmpəs/ 名《獣医》(馬の)口蓋腫.
lámp·blàck 名 Ⓤ 油煙; 黒色絵の具.
lámp chìmney 名 ランプのほや.
lam·pern /lǽmpən | -pən/ 名《魚》ヨーロッパカワヤツメ(河川に産卵する欧州産のヤツメウナギ).
lámp·lìght 名 Ⓤ ランプ[街灯]の明かり, 灯火: read by ~ 灯火の下で読書する.
lámp·lìghter 名 ❶ (街灯の)点灯夫. ❷《米》点灯具《つけ木・ねじり紙など》.
lam·poon /læmpúːn/ 名 風刺文[詩], 落首. ── 動 〈…を〉風刺文[詩]で風刺する. **~·er**, **~·ist** /-nɪst/ 名《F》
lámp·pòst 名 街灯柱.
lam·prey /lǽmpri/ 名《魚》ヤツメウナギ.
lam·pro·phyre /lǽmprəfàɪə | -fàɪə/ 名 Ⓤ《岩石》ランプロファイヤ, 煌斑(こうはん)岩(黒雲母などを含む塩基性火山岩の総称).
lámp·shàde 名 ランプの笠など (shade).
lámp shèll 名 腕足動物, 腕足類(シャミセンガイなど).
lámp stàndard 名 =lamppost.
LAN /lǽn/ /èɪ·èn·én/ 名《電算》local area network.
la·nai /lənáɪ/ 名 ベランダ.
Lan·ca·shire /lǽŋkəʃə | -ʃə/ 名 ランカシャー州《イングランド北西部の州; 州庁所在地 Preston /préstən/; 略 Lancs.》.
Láncashire hót pòt 名《料理》ランカシャー風ホットポット《羊[子羊]の肉とジャガイモのシチュー》.
Lan·cas·ter /lǽŋkəstə | -tə/ 名 ❶ ランカスター《イングランド Lancashire 州の都市》. ❷ ランカスター家の人. **the Hóuse of Láncaster** ランカスター家(1399-1461年間の英国王朝; 王は Henry IV, Henry V, Henry VI; cf. the Wars of the Roses (⇒ war 成句)).
Lan·cas·tri·an /læŋkǽstriən/ 形 ❶ (イングランド)Lancaster 市の; ランカシャー州の. ❷ **a**《英のバラ戦争時代の》ランカスター家の. **b** ランカスター[赤バラ]党の. ── 名 ❶ **a**《イングランド》ランカスター[赤バラ]州の住民. **b** ランカスター家の人. ❷ ランカスター[赤バラ]党員《バラ戦争中, ランカスター家を支持した; cf. Yorkist》.
lance /lǽns | lɑ́ːns/ 名 ❶ **a** (昔槍(やり)騎兵が用いた)槍(やり)《比較 spear は武器としてのふつうの槍; javelin は槍投げ競技の槍》. **b** 槍騎兵. ❷ (魚・クジラなどを突く)やす. ❸ ランセット. **bréak a lánce** 〈…と〉試合[議論, 競争]する 〔for, with〕. ── 動 〈腫(は)れものなどを〉ランセットで切開する.《F＜L; LAUNCH¹ と同語源》
Lance /lǽns | lɑ́ːns/ 名 ランス《男性名》.

lánce bombardíer 名 〖英陸軍〗(砲兵隊の)上等兵, 上等砲兵.

lánce córporal 名 ❶ 〖英陸軍〗下級伍長(ごちょう)《下士官の最下位》. ❷ 〖米海兵隊〗兵長.

lance・let /lǽnslət/ 名 〖動〗頭索動物, ナメクジウオ.

Lan・ce・lot /lǽnsəlɑt, láː-nsəlɔt/ 名〖アーサー王伝説〗(湖の)ランスロット《円卓の騎士の中でも最もすぐれた騎士; 王妃Guinevere と不倫の恋に落ちる》.

lan・ce・o・late /lǽnsiəlèɪt, -lət, -lɑːn-/ 形 〖動・植〗槍先状の, 槍形の,〈葉が〉披針状の.

lanc・er /lǽnsə | láː-nsə/ 名 槍騎兵.

lánce sèrgeant 名 〖英陸軍〗軍曹(ぐんそう)勤務伍長.

lan・cet /lǽnsɪt | láː-n-/ 名 〖外科〗ランセット, ひらき針. 〖F; ⇒ lance, -et〗

láncet árch 名 尖頭(せんとう)アーチ.

láncet window 名 尖頭窓.

lánce・wòod 名 槍の柄・車軸・弓・棹などに用いる強い木材; 槍用材を産ずる木《バンレイシ科の高木など》.

Lancs. /lǽŋks/ 略 Lancashire.

‡**land**[1] /lǽnd/ 名 ❶ ①(海などに対して)陸, 陸地《比較 空に対する時には earth; ⇔ sea》: travel by ~ 陸路で行く / clear the ~ 〈船が〉陸を離れる, 沖に出る / close with the ~ 〈船が〉陸に接近する / make ~ = sight ~ 〈船が・水夫が〉陸を認める, 陸地の見える所へ来る. ② ① a 〔通例修飾語を伴って〕 (地味・耕作の適否からみた)土地, 地面《比較 通例 earth, soil は作物の生える土地をさす》; (特に)地表をいう意味する): arable [barren] ~ 耕[不毛]地 / forest ~ 森林地帯 / agricultural ~ 農地 / ⇒ wasteland. b 〈農地としての〉土, 土壌: work the ~ 耕作に従事する / plow the ~ 土地を耕す / go on the ~ 農夫となる / There was not much ~ to cultivate in the village. その村には耕作する土地が少なかった. ❸ ① 〔しばしば複数形で〕 (所有物としての)土地, 地所: private [public] ~ 私[公]有地 / houses and ~s 土地家屋 / lease ~ 土地を借りる[賃借りする] / He owns ~(s). 彼は土地持. ❹ ① 国, 国土《比較 country のほうが一般的》: one's native ~ 故国 / foreign ~s 外国 / About this time of year many visitors come here from all ~s. 毎年今時分には各国から大勢の観光客が当地を訪れる. b (特定の地域の)住民, 国民. ❺〔the ~〕領域, ...の世界: the ~ of dreams 夢の国; 理想郷 / the ~ of the dead 冥(めい)土, あの世. ❻〔the ~〕(都会に対して)田園, いなか: Back to the ~! 田園へ帰れ.

(back) in the lánd of the líving 〈戯言〉まだ生きていて, (病気・事故などを経て)姿婆(しゃば)に戻ってきて; [普通に].

sée [find óut] hòw the lánd líes (前もって)形勢を見きわめる.

the lánd of Nód (1) 〖聖〗ノドの地《Cain が Abel を殺して逃れたエデンの園の東の地》. (2) 〈戯言〉夢の国, 眠り《由来 nod のジョークから》.

the Lánd of Prómise = Promised Land.

── 動 ❶ 〔通例副詞(句)を伴って〕上陸する: UN troops ~ed in Saudi Arabia. 国連軍はサウジアラビアに上陸した. ❷ a 〈飛行機・宇宙船が〉着陸する, 着水する(↔ take off); 〈船が〉着く: ~ on the moon 月面に着陸する / The cruise ship ~ed at the pier. 巡航客船は桟橋に着いた. b (乗物から)降りる: ~ from a boat 船から降りる. ❸ a 〈...に〉(やっと)到着する, 着く: We ~ed up at a motel in the middle of nowhere. 私たちは人里離れたモーテルにやっと着いた. b 〈ある状態に〉なる, 陥る (end up): After traveling in Asia, I ~ed up in Japan teaching English. アジアを旅行したあげくに私は日本で英語を教えることになった. ❹ 〈跳んで〉降りる, 地面に着く[落ちる]: ~ on one's head (逆さに落ちて)頭を地面につける. ❺〔副詞(句)を伴って〕予期しない[やっかいな]ことが舞い込む: A lot of complaints ~ed on my desk. たくさんの苦情が私のところへ舞い込んだ.

lánd on one's féet ⇒ foot 成句.

── 他 ❶〔副詞(句)を伴って〕〈積荷・船客を〉上陸させる, 陸揚げする;〈乗客などを〉下車させる: ~ goods from a ship 船から荷物を陸揚げする / ~ troops in Northern Ireland 北アイルランドに軍隊を上陸させる / The taxi ~ed me at the airport just in time for my flight. そのタクシーは私が乗る便にちょうど間に合うように私を空港に降ろしてくれた. ❷〈飛行機・宇宙船を〉着陸させる, 着水させる: The pilot ~ed the airplane in a field. 操縦士は機体を畑に着陸させた. ❸ a〈人を〉困った状態などに陥らせる: It ~ed me in great difficulties. そのために彼は非常に困った羽目になった / He ~ed himself in jail for that. 彼はそれで刑務所に入れられる羽目になった. b〈...に〉〈負担を〉負わせる〔with〕. ❹ a〈魚を〉(捕らえて)引き[釣り]上げる. b〈仕事などを〉ものにする, 獲得する: He ~ed a job with IBM. 彼は IBM への就職口をものにした. ❺〈口〉(人に)打撃などを加える: I ~ed him one [a blow] on the nose [in the face]. = I ~ed a blow on his nose [in his face]. 私は彼の鼻[顔]にがんと一撃をくらわした. **lánd on a pérson**《米口》人を厳しく[激しく]批判[非難]する.

〖OE; lawn と同語源〗 〖関形 terrestrial〗

land[2] /lǽnd/ 間〔投詞的に用いて〕《米・カナダ口》主, キリスト《★婉曲的に軽いのろいや驚きに用いる》: Good ~! まあ!, おや!, ほんと!. 〖lord の別形〗

Land /lɑːnd, lǽnd | lǽnd, lɑːnt/ 名 (複 **Län・der** /léndə | -də/) 〈ドイツ・オーストリアの〉州, ラント.

Land /lǽnd/, **Edwin Herbert** 名 ランド (1909-91) 《米国の科学者; ポラロイドカメラを発明した》.

lánd àgent 名 ❶ 土地売買周旋業者, 不動産業者. ❷〈英〉地所差配[管理]人.

lan・dau /lǽndɔː, -daʊ/ 名 ランドー馬車《幌(ほろ)が前後に別々に開き座席が前後で2つある4輪馬車》. 〖ドイツの町の名から〗

lan・dau・let /lændɔːlét/ 名 ランドーレット: **a** 小型ランドー馬車. **b** (昔の)折りたたみ式の幌付きのランドーレット型自動車.

lánd bànk 名 土地(担保貸付)銀行.

lánd brèeze 名〖気〗陸風《夜に陸から海へ吹く; ↔ sea breeze》.

lánd brìdge 名 2つの土地をつなぐ土地; 地峡.

lánd cràb 名 オカガニ《海辺の蟹》.

lánd dràin 名 ランドレーン《小孔が多数あいているパイプでできた排水管で, 砂利を詰めた溝の中に埋設し下層土の排水をはかる》.

lánd・ed 形 ④ ❶ 地所持ちの: a ~ proprietor 地主 / the ~ classes 地主階級 / the ~ interest 地主側[たち]. ❷ 地所の[から成る]: ~ estate [property] 地所, 所有地, 不動産.

lánd・er 名 (月面などへの)着陸船.

Länder 名 Land の複数形.

lánd・fall 名 ❶ a (長い航海・飛行後の)陸地初見: make a good [bad] ~ 予測どおりに[と違って]陸地が見える[見つかる]. b (船の)陸地接近[上陸]. ❷ 地すべり, 山くずれ (landslide).

‡**lánd・fìll** 名 ❶ ごみ埋め立て地. ❷ ① 埋め立てごみ処理.

lándfill sìte 名 = landfill 1.

lánd fòrces 名 ⑨ 陸上部隊.

lánd fòrm 名 地形, 地勢.

lánd gìrl 名〈英〉(第2次大戦中の)婦人農耕部隊員.

lánd・gràb 名 土地横領[収奪].

lánd grànt 名〈米〉(大学・鉄道建設などのための政府による)公有地の供与.

land・grave /lǽn(d)grèɪv/ 名 (1806年までのドイツの)方伯《皇帝直属で公爵と同格の領主》.

lánd・hòlder 名 ❶ 土地所有者, 地主. ❷ 借地人.

lánd・hòlding 名 ① 形 土地所有(の).

‡**land・ing** 名 ❶ ① 陸揚げ; [空] 着陸, 着水 (touchdown; ↔ takeoff): make [effect] a ~ 上陸する; 着陸する / a lunar [moon] ~ 月[月面]着陸 / an emergency ~ 緊急着陸 / a forced ~ 不時着 / a soft ~ 軟着陸 / a belly landing, crash landing. ❷ ① 上陸場, 陸揚げ場, 波止場. ❸ ② 階段頂上[底部]の床面; (階段途中の)踊り場. **Háppy lándings!**〈口〉乾杯!

landing charge 图《商》荷揚げ費用.
landing craft 图 (優 ~)《海軍》上陸用舟艇.
landing field 图《空》着陸場.
landing gear 图 ❶《空》(飛行機・宇宙船などの)着陸[着水]装置(車輪・着水フロートなど).
landing net 图 (釣った魚をすくい上げる)たも(網).
landing pad 图 ヘリポート.
landing stage 图 (浮き)桟橋.
landing strip 图《空》(仮設)滑走路 (airstrip).
†**land・la・dy** /lǽn(d)lèidi/ 图 ❶ (旅館・下宿などの)女主人, おかみ. ❷ 女家主. ❸ 女地主.
lánd làw 图 (通例複数形で) 土地法.
länd・ler /léndlə/ 图 レントラー(南ドイツ・オーストリア高地地方の 3 拍子のダンス, ワルツの前身).
land・less 圏 ❶ a 土地のない, 土地をもたない. b [the ~; 名詞的に; 複数扱い] 土地をもたない人々. ❷ 陸地のない.
land・line 图 陸上通信線, 陸線.
land・locked 圏 ❶《国・海など》陸地に囲まれた, 海に接していない. ❷《魚が》陸封された, 淡水にすむ.
*__land・lord__ /lǽn(d)lɔ̀əd | -lɔ̀ːd/ 图 ❶ (旅館・下宿などの)主人. ❷ 家主. ❸ 地主.
land・lord・ism /-dìzm/ 图 Ⓤ 地主制度.
land・lubber 图《海》海に慣れていない水夫; 陸(上)者.
~・**ly** 圏.
*__land・mark__ /lǽn(d)mɑ̀ək | -mɑ̀ːk/ 图 ❶ (陸上の)目印(となるもの), 陸標(木・建物など; cf. seamark 1). ❷ (土地の)境界標. ❸ 歴史上などの顕著[画期的]な事件[出来事]: a ~ in literary criticism 文学批評における画期的な出来事[作品]. ❹ (保存のために指定された)歴史的建造物.
land・mass 图 広大な土地; 大陸.
lánd mìne 图 ❶ 地雷. ❷ パラシュート爆弾.
lánd òffice 图《米》公有地管理局.
lánd-òffice búsiness 图《米口》にわか景気の仕事, 大繁昌: do a ~ in a product ある製品で大繁昌する.
†**lándowner** 图 土地所有者, 地主.
landowner・ship 图 Ⓤ 地主であること, 地主の身分 (landowning).
land・own・ing 图 Ⓐ 土地を所有する, 地主の. ── 图 Ⓤ 土地所有.
lánd-pòor 圏《米》(税金が高いまたは役に立たないため)土地をたくさんもちながら金がない, 土地倒れの.
land・race /lǽndrèɪs/ 图《畜》ランドレース《北欧, 特にデンマーク産のベーコン用長身白豚》.
lánd ràil 图《鳥》ウズクイナ.
lánd refórm 图 ⓊⒸ 農地改革.
lánd règistry 图《英》不動産[土地]登記所.
Lánd Róver 图《商標》ランドローバー(英国製の頑丈な四輪駆動車).
Lan・dry /lǽndri/, **Tom** 图 ランドリー(1924-2000; 米国のアメリカンフットボールのコーチ).
Land・sat /lǽn(d)sæ̀t/ 图 ランドサット《米国の地球資源探査衛星》. 《LAND+SAT(ELLITE)》
*__land・scape__ /lǽn(d)skèɪp/ 图 ⓊⒸ a (田園風景など一目で見渡せる)景色, 風景, 見晴らし, 眺望: a mountainous ~ 山々の風景. b 情勢, 状況: the political ~ 政治情勢. ❷ a Ⓒ 風景画. b Ⓤ 風景画法. ❸ (印刷で)横置きの (↔ portrait). ── 動 他《住宅地などを》(造園術で)美化[緑化]する. 《Du; -scape は -SHIP と同語源》
lándscape àrchitect 图 景観設計家.
lándscape àrchitecture 图 Ⓤ (建物・街路などの配置を計画設計する)景観設計, 風致的な都市計画術.
lándscape gàrdener 图 庭師, 造園家.
lándscape gàrdening 图 Ⓤ 造園術[法].
lándscape pàinter 图 風景画家.
lánd-scàp・er /lǽn(d)skèɪpə/ 图 造園家, 庭師.
lánd-scàp・ist /lǽn(d)skèɪpɪst/ 图 風景画家; 造園家, 築庭家, 庭師.

Land's End /lǽndzénd/ 图 [the ~] ランズエンド《イングランド Cornwall 州の南西端の岬; イングランドの最西端; cf. John o'Groats》.
lands・knecht /lɑ́ːntskənèkt | lǽnts-/ 图 (16-17 世紀ドイツなどの)雇われ歩兵, 傭兵.
†**lánd・slìde** /lǽn(d)slàɪd/ 图 ❶ 地すべり, 山くずれ (landfall). ❷ (選挙の)圧倒[地すべり]的勝利: a ~ victory 地すべり的勝利.
lánd・slìp 图《主に英》地すべり, 土砂くずれ.
Lands・mål /lɑ́ːntsmɔːl/ 图 Ⓤ ランスモール (Nynorsk).
lánds・man /lǽn(d)zmən/ 图 (優 -men /-mən/) ❶ 陸上生活者. ❷ 图《海》新米水夫[船員].
Land・stei・ner /lǽn(d)stàɪnə | -nə-/, **Karl** 图 ラントシュタイナー(1868-1943; ウィーン生まれの米国の免疫学者・病理学者; Nobel 生理学医学賞(1930)).
lánd tàx 图 Ⓤ 地租(英国では 1963 年廃止).
lánd tìe《土木》地つなぎ材(地中の控え板と擁壁・外階段などをつなぐ柱や鎖).
lánd-to-lánd 圏 Ⓐ《ミサイルなど》地対地の.
land・ward /lǽn(d)wəd | -wəd/ 圏 副 陸のほうに[へ].
lánd・wards /-wədz | -wədz/《英》=landward.
lánd yàcht 图 (車輪つき)砂上ヨット, ランド[サンド]ヨット.
*__lane__ /léɪn/ 图 ❶ a (生け垣・家などにはさまれた)小道, 路地, 細道. b abling = 袋小路, 行き止まり / It's a long ~ that has no turning. 《諺》曲がりのない道はない, 「待てば海路のひよりあり」. b [L-; 街路名] ...通り, ..横町. ❷ (道路の)車線, レーン: a four-lane highway 4 車線の幹線道路 / a passing ~ =《英》an overtaking ~ 追い越し車線 / change ~s 車線変更する / ⇒ bus lane. ❸ (船・飛行機の)規定航路: ⇒ air lane, sea-lane. ❹ (プール・トラックの)コース《匪 この意味での「コース」は和製英語》: swim in ~ 3 第 3 コースを泳ぐ. ❺《ボウリ》レーン. 《OE》《類義語》→ path.
Lange /lǽnʤ/, **Dorothea** 图 ラング, ランジュ (1895-1965; 米国の写真家).
láng・lauf /lɑ́ːŋlàʊf/ 图《スキー》長距離レース.
Lang・ley /lǽŋli/, **Samuel Pierpont** 图 ラングリー (1834-1906; 米国の天文学者; 航空機製作の先駆者).
lan・gouste /lɑːŋúːst | lɑːŋgúːst, --/ 图《動》イセエビ.
lan・gous・tine /lǽŋgəstiːn/ 图《動》ヨーロッパアカザエビ (食用; 北大西洋産).
lang syne /lǽŋzáɪn, -sáɪn/ 副 图 Ⓤ《スコ》昔: ⇒ auld lang syne.
*__lan・guage__ /lǽŋgwɪʤ/ 图 ❶ Ⓤ (音声・文字による)言語; spoken ~ 話し言葉, 音声言語 / written ~ 書き言葉, 文字言語 / ⇒ computer language. ❷ Ⓒ (一国・一民族などの)国語, ...語: a foreign ~ 外国語 / the Japanese [English] ~ 日本[英語]語《 Japanese, English よりも硬い表現》. ❸ Ⓤ 専門用語, 術語: the ~ of science=scientific ~ 科学用語. ❹ Ⓤ 語法, 文法, 言葉づかい, 言い回し: fine ~ 美しく飾った言い回し, 美文体 / in the ~ of ...の言葉を借りて言えば. ❺ Ⓤ a (音声・文字を用いない, 花言葉・身ぶり言語などの)言葉, 言語: ⇒ sign language / body [gesture] ~ / the ~ of flowers 花言葉. b (鳥獣などの)鳴き声. ❻ Ⓤ 語学, 言語学. ❼ Ⓤ 下品な言葉, 悪態, ののしり: bad ~ 下品な言葉(づかい) / strong ~ 激しい言葉《冒瀆雑言 (ばくげん)》. **mínd [wátch] one's lánguage** 言葉づかいに気をつける. **spéak [tálk] the sáme lánguage** 考え方(など)が一致している, 気持ちが通い合う. 《F<langue 言葉, 舌 <L lingua) +-AGE》
lánguage enginèering 图 Ⓤ 言語工学(言語認識・言語合成・機械翻訳などの目的で行なう自然言語のコンピューター処理).
lánguage làb 图 =language laboratory.
lánguage làboratory 图 語学実習室, LL 教室,「ラボ」.
langue /lɑ́ːŋ/ 图 Ⓤ《言》ラング, 知識言語(ある言語社会の成員によって共有されている抽象的な言語体系; cf. parole 2). 《F; ⇒ language》
langue de chat /lɑ́ːŋdəʃɑ́ː | lɔ́ŋ-/ 图 ラングドシャ(指形などの薄いクッキー・チョコレート). 《F=cat's tongue》

langue d'oc /lɑ́ːŋdɔ́ːk | lɔ́ŋ-/ 名 ((中世)南フランスの)オック語《現代プロバンス語へと発達した》.

langue d'oïl /lɑ́ːŋdɔɪ́(l) | lɔ́ŋ-/ 名 オイル語《中世フランス北部に行なわれたロマンス語; 今のフランス語》.

†**lan·guid** /lǽŋgwɪd/ 形 ❶ a 元気[気力]のない, 力のない, もの憂い, だらけた, 不活発な: with a ~ gesture けだるそうな身ぶりで. ❷ 気乗りのしない, 無関心な. **~·ness** 名 〖L; cf. languish〗

lán·guid·ly 副 けだるく; もの憂げに.

†**lan·guish** /lǽŋgwɪʃ/ 動 ⓐ ❶ a だれる, 元気[生気]がなくなる, 弱る, 衰える. b しぼむ, しおれる: The trees are ~ing from lack of rain. 木々が雨不足で枯れかかっている. ❷ 思い[恋い]焦がれる: She ~ed for a kind word. 彼女は優しい言葉に飢えていた. ❸ 〈逆境などに〉苦しむ, 悩み暮らす《under, in》: The company ~ed under his direction. その会社は彼の管理下で難渋(なんじゅう)した. 〖F<L; cf. languid〗

lán·guish·ing 形 ❶ 次第に衰える. ❷ 〈表情など〉思い悩む, 思い焦がれている(ような), 悩ましげな. ❸ 〈病気など〉ぐずぐずした, 長引く. **~·ly** 副

lan·guor /lǽŋɡə(r) | -ɡə/ 名 ❶ (け)だるさ, (心地よい)疲労感; 無気力. ❷ うっとうしさ; もの憂い静けさ, 活気のなさ: the ~ of a deepening evening in summer 深まりゆく夏の宵のもの憂い静けさ.

lan·guor·ous /lǽŋɡərəs | -ɡə-/ 形 ❶ だるい, もの憂い, うっとうしい. ❷ もの憂げな思いを誘う. **~·ly** 副

lan·gur /lʌŋɡúə | -ɡúə/ 名 〖動〗ラングール《東南アジアの森のやせ型のサル》.

lan·iard /lǽnjəd | -njəd/ 名 =lanyard.

lank /læŋk/ 形 ❶ やせた; ひょろ長い. ❷ 〈頭髪が〉(縮れていないで)長く柔らかい. **~·ly** 副 **~·ness** 名 〖OE; 原義は「曲げる」〗

lank·y /lǽŋki/ 形 (lank·i·er, -i·est) 〈人・手足などが〉ひょろ長い. **lánk·i·ly** /-kɪli/ 副 **-i·ness** 名

lan·ner /lǽnə | -nə/ 名 〖鳥〗ランナーハヤブサ《南欧・南西アジア・アフリカ産, 特に鷹狩り用の雌》.

lan·ner·et /lǽnərət/ 名 〖鳥〗ランナーハヤブサ(lanner)の雄《雌より小さい》.

lan·o·lin /lǽnəlɪn/ 名 ハダカロウソ《精製羊毛脂; 軟膏(なんこう)・化粧品原料》.

lan·o·line /lǽnəliːn, -lɪn/ 名 =lanolin.

Lan·sing /lǽnsɪŋ | lɑ́ːn-/ 名 ランシング《米国 Michigan 州の州都》.

lans·que·net /lǽnskənèt/ 名 ❶ 〖史〗(16-17 世紀ごろのドイツなどの)歩兵, 傭兵. ❷ ランスケネット《ドイツ起源のトランプくちの一種》.

lan·ta·na /læntéɪnə, -tɑ́ː-/ 名 〖植〗コウオウカ, ランタナ《クマツヅラ科ランタナ属の低木・草本の総称; 鑑賞用に栽培される種もある》.

†**lan·tern** /lǽntən | -tən/ 名 ❶ 手さげランプ, 角灯, カンテラ: a Chinese [Japanese] ~ ちょうちん. ❷ 幻灯機. ❸ (灯台の)灯室. ❹ 〖建〗明かり窓, 頂塔. 〖F<L<Gk=たいまつ *lampein*; ⇒ lamp〗

lántern fìsh 名 〖魚〗ハダカイワシ《主に深海性の発光魚》.

lántern flỳ 名 〖昆〗ビワハゴロモ《半翅目ビワハゴロモ科の昆虫の総称; 頭頂の突出部が発光すると考えられていた》.

lántern-jàwed 形 《人がほおがこけてあごが突き出た. 《ほおがこけた顔が角灯に似ていることから》

lántern slìde 名 《映写用の》スライド.

lántern whèel 名 〖機〗ちょうちん歯車.

lan·tha·nide /lǽnθənàɪd/ 名 〖化〗ランタニド, ランタン系列元素.

lan·tha·num /lǽnθənəm/ 名 Ⓤ〖化〗ランタン《金属元素; 記号 La》.

la·nu·go /lənjúːɡoʊ | -njúː-/ 名 Ⓤ (動物の胎児の)うぶ毛, 毳毛(ぜいもう), 生毛.

lan·yard /lǽnjəd | -jəd/ 名 ❶ (水夫などがナイフや笛などをつるす)首ひも. ❷〖海〗締めなわ. ❸〖軍〗(大砲発射用の)引き縄.

La·o·co·ön /leɪɑ́kouàn | -ɔ́kouən/ 名 〖ギ神〗ラオコーン《Troy の Apollo 神殿の祭司; Troy 戦争でギリシア軍の木馬の計略を見破り, 市民に警告した罰として二人の息子

1019　**laparoscopy**

とともに Athena 女神が送った 2 匹の海ヘビに殺された》.

La·od·i·ce·an /leɪɑ̀dəsíːən | lèɪə(ʊ)-/ 形 名 《宗教[政治]に》関心の薄い[不熱心な](人).《*Laodicea* 古代小アジアの都市; 聖書「黙示録」3:14-16 に記されたその地の教会の姿勢から》

lao·gai /làʊɡáɪ/ 名 [the ~] 〖中国〗労改, 労働改造《政治犯などが, その思想を矯正するために強制労働をさせる収容所システム》.

Laoighis, Laois /líːʃ/ 名 リーシュ《アイルランド中部 Leinster 地方の県》.

Laos /láʊs, léɪɑs | láʊs, láːɔs/ 名 ラオス《インドシナ北西部の共和国; 首都 Vientiane》.

La·o·tian /leɪóʊʃən, láʊʃən | láʊʃ(i)ən/ 名 ❶ Ⓒ ラオス人. ❷ Ⓤ ラオス語.

La·o-tzu, La·o-tse, La·o-tze /làʊtsúː-/ 名 老子(604?-531 B.C.; 中国の哲学者; cf. Taoism).

*†**lap**¹ /læp/ 名 ❶ a ひざ《座った時の腰からひざ頭までのももの上の部分全体をいい, 子供や物をのせる場所; cf. knee》: hold a child in [on] one's ~ 子供をひざにのせる / sit on [in] a person's ~ 人のひざに乗る. b (スカートなどの)ひざの部分, ひざ; たれ下がり. ❷ a 〈子供をのせる母親のひざのような〉ほぐれた環境, 育てる場所, 安楽な場所: in the ~ of Fortune=in Fortune's ~ 幸運に恵まれて. b 保護, 管理《of》: drop [fall] into one's ~ 思うとおりになる, とんとん拍子にいく / drop [dump]...in a person's ~ ...を人に押しつける[任せる]. ❸ (山間のひざ状の)くぼ地, くぼみ; 面. ❹ (二つの物の)重なり合い, 重なり(の部分) (cf. dewlap).

in the láp of lúxury ぜいたくざんまいに.

in the láp of the góds 〈事件など〉人力の及ばない.

── 動 (lapped; lap·ping) ⓑ ❶ 〈...を〉(包むようにして)囲む, 取り巻く; a 《通例受身》: a beautiful valley *lapped in* hills 丘に囲まれた美しい谷 / *be lapped in* luxury ぜいたくにふける. ❷ a 〈...を〉巻きつける, 巻く《*around*, *round*, *over*》: She *lapped* the bandage *around* and pinned it. 彼女は包帯を巻いてピンで留めた. / She *lapped* the blanket *around* herself. 彼女は体に毛布を巻きつけた[毛布にくるまった]. b 〈赤ちゃんなどを〉包む, くるむ: She *lapped* her baby *in* the blanket. 彼女は赤ん坊を毛布にくるんだ. / The old man *lapped* himself [*was lapped*] *in* a warm blanket. 老人は暖かい毛布で体をくるんだ[くるまっていた]. ❸ 〈...を〉一部重ねる: ~ one shingle *over* another 屋根板を重ね並べる.

── ⓘ ❶ 折り重なる. ❷ 《通例受身》: The shingles of the roof *lapped over* neatly. 屋根板がきれいに重なり合っていた. ❷ 《境界を越えて》広がる, 及ぶ; 《会・時間》が《定時を過ぎて》延びる: Its effects *lapped over into* the next administration. その影響は次期政権にまで及んだ. 〖OE=たれ下がり, 重なり〗

lap² /læp/ 名 ❶ 〖競技〗(走路の)一周,(競泳路の)一往復, ラップ: a ~ of honor (勝者の)名誉の一周 / on the last ~ 最後の一周で[に]. ❷ (糸・なわなどの)ひと巻き. ❸ (行程の)一区分, 段階(leg). ── 動 〖競技〗相手を...一周[往復](以上)抜く: He *lapped* the other cars. (オートレースで)彼は他の車を一周(以上)リードした. ── ⓘ 〖競技〗一周する, 一往復する. 〖↑〗

lap³ /læp/ 動 (lapped; lap·ping) ⓑ ❶ 〈犬・猫などが〉...をなめる, しゃぶる; 〈酒などを〉ぐいぐい飲み干す: The cat *lapped up* all the milk in the saucer. 猫は皿のミルクをなめ尽くした. ❷ 〈波などが〉〈岸を〉(穏やかに)洗う, 〈...に〉寄せる. ── ⓘ ❶ 〈水などが〉さざ波のような音を立てる: The lake *lapped* with low sounds *against* the shore. 湖水が岸辺でぴちゃぴちゃ低い音を立てていた. ❷ 〈波などが〉ひた, ひたと寄せる: A wavelet *lapped over* the sand. さざ波が砂浜にひたひたと打ち寄せた. **láp úp** (~ + 動) (1) 〈犬・猫などが〉...をなめる (⇒ ⓑ 1). (2) 〈お世辞などを〉真に受ける, 〈情報などを〉うのみにする. ── 名 ❶ Ⓒ なめること; 飲み込み. ❷ 音; 〈岸などの〉さざ波の音. ❸ Ⓤ 〈犬に与える〉流動食. ❹ Ⓒ 弱い酒, 酒.

lap·a·ro·scope /lǽpərəskòʊp/ 名 〖医〗腹腔鏡.

lap·a·ros·co·py /læ̀pəráskəpi | -rɔ́s-/ 名 腹腔鏡検査

(法) 腹腔鏡を用いる手術. **lap·a·ro·scop·ic** /lˌæpərəskɑ́pɪk | -skɔ́p-/ 形

lap·a·ro·to·my /lˌæpərɑ́təmi | -rɔ́t-/ 名 〖医〗 腹壁切開 (特に側腹部切開), 開腹(術).

La Paz /ləpάːz | -pǽz/ 名 ラパス 《ボリビアの首都; 標高 3300-4100 m の高地にある; cf. Sucre》.

láp bèlt 名 腰の部分を締めるシートベルト.

láp bòard 名 (テーブル代わりに)ひざにのせる平たい板.

láp dànce 名 ラップダンス《ヌードダンサーが客の面前で, また客のひざにひっかぶさりかかさりかかさったりして踊るエロチックなダンス》. **láp dàncer** 名 **láp dàncing** 名

láp dòg 名 (ひざにのせてかわいがる)愛玩(がん)用小犬.

†**la·pel** /ləpél/ 名 (上着・コートなどの)襟の折り返し, 折り襟: wear a flower in one's ~ 襟に花をつけている. 〖LAP¹+-el (指小辞)〗

lap·ful /lǽpfʊl/ 名 (スカートの)ひざ一杯, 前掛け一杯(*of*).

lap·i·dar·y /lǽpədèri | -dəri, -dri/ 形 A ❶ 宝石細工の, 玉彫りの, 玉みがきの. ❷ 石に刻まれた[彫った]. ❸ 碑文(体)の, 碑銘体に適する. —名 ❶ C 宝石細工人. ❷ C 宝石商. ❸ U 宝石細工術. 〖L; ⇨ lapis〗

la·pil·li /ləpílaɪ/ 名 〖地〗 火山礫(ǎき) 《直径 1/4-1 1/2 インチの火山砕屑(ぎ)片》.

lap·is /lǽpɪs/ 名 =lapis lazuli. 〖L *lais, lapid-* 石〗

lápis láz·u·li /-lǽzəli, -ʒu- | -lǽzjuli, -làɪ/ 名 ❶ U,C (鉱)るり. ❷ U るり色, 群青(ぐんじょう)色.

láp jòint 名 〖建〗重ね継ぎ, 重ね張り.

La·place /ləplάːs/, **Pierre-Simon de** 名 ラプラス (1749-1827), フランスの天文学者・数学者; 称号 Marquis de Laplace).

Lap·land /lǽplænd/ 名 ラップランド《ヨーロッパ最北部の地域》.

Láp·land·er /-ə/ 名 ラップ人, ラップランド人.

Lapp /lǽp/ 名 =Sami.

lap·pet /lǽpɪt/ 名 ❶ (衣服・帽子などの)垂れ飾り, 垂れ. ❷ a (肉・膜などの)垂れ. b (七面鳥などの)肉垂(にくすい). c 耳たぶ. 〖LAP¹+-ET〗

láp ròbe 名 《米》ひざ掛け 《《英》 rug》 《そりに乗る時やスポーツ観戦の時などに用いる》.

Lap·sang sou·chong /lά:psɑːŋsúːʃɔ́ːŋ | lǽpsæŋsúːʃɔ́ŋ/ 名 ラプサンスーチョン 《中国産の松の木で燻(く̨ん)して香りをつけたお茶》.

†**lapse** /lǽps/ 名 ❶ (記憶・言葉などの)(ちょっとした)間違い, しくじり: a ~ *of* the pen [tongue] 筆[言い]違い / a ~ *of* memory 度忘れ. ❷ a 経過, 推移: a long ~ *of* time 長い時の流れ / after a ~ *of* two minutes 2 分が過ぎて. b (慣習などの)ない期間, 時間. ❸ a (自信などの)喪失; (習慣などの)衰退, 廃止: a ~ *of* conscience 良心の喪失 / a momentary ~ *from* one's customary attentiveness いつもの注意深さを一時的に失うこと. b [正道から]一時的にそれること, 一時の誤ち: a ~ *from* faith 背信. c (罪悪などに)陥ること, 堕落: a ~ *into* crime 罪を犯すこと. ❹ 〖法〗 (権利・特権の)消滅, 失効. —動 ❶ ◉ 《罪悪などに》陥る, 堕落する; (ある状態に)なる: ~ *into* idleness 怠惰へと堕落する / ~ *into* silence [unconsciousness] 黙りこくりこむ[意識を失う] / ~ *into* ruin 荒れ果てる. b [正道から]逸脱する: ~ *from* good manners だんだん行儀が悪くなる. ❷ 〈時が知らぬ間にたつ[経過する]: The days ~d *away*. 知らぬ間に日が過ぎさった. ❸ 〖法〗 **a** (条件または相続人などを欠くために)権利・財産などが(人手に渡る (*to*). **b** 失効[消滅]する, (任期が)切れる. 〖L *labi*, *laps-* 滑る; cf. collapse, elapse, relapse〗

lapsed 形 A ❶ 堕落した, 信仰を失った. ❷ 〈慣習など〉廃れた, 廃れた. ❸ 〖法〗〈権利・財産が〉失効した, 人手に渡った.

lápse ràte 名 U,C 〖気〗 気温逓減(ていげん)率 《高度に比例して気温の下がる率; ふつう 100 m につき 0.6°C くらい》.

láp stràke 形 重ね張り[よろい張り]の(船).

lap·sus ca·la·mi /lǽpsəskǽləmàɪ/ 名 (後 ~) 筆のすべり, 筆の誤り.

lap·sus lin·guae /lǽpsəslíŋgwiː, -gwaɪ/ 名 (後 ~) 舌のすべり, 失言.

láp tìme 名 〖競技〗 ラップタイム 《トラックのひと回り, または競泳コースの一往復に要する時間》.

láp tòp 形 A 〈コンピューターが〉(ひざの上に載る程度の)小型で携帯可能な, ラップトップの. —名 = a computer ラップトップコンピューター. —**láp·top còmputer**.

La·pu·tan /ləpjúːtn/ 形 ❶ ラピュタ島の. ❷ 空想的な, 雲をつかむような. —名 ❶ ラピュタ島人. ❷ 空想家. 〖*Laputa* (Swift 作の *Gulliver's Travels* 中に出る浮島)+-AN; その住民は空想的な計画にふけっていたことから〗

láp·wing 名 〖鳥〗 タゲリ (田計里) (peewit).

lar·board /lάːbəd, -bɔːd | lάːbəd, -bɔːd/ 名 〖海〗 左舷(port⁴).

lar·ce·ner /lάːsənə | lάːsənə/ 名 =larcenist.

lar·ce·nist /-nɪst/ 名 窃盗犯人, 盗人.

lar·ce·nous /lάːsənəs | lάːsə-/ 形 窃盗の; 窃盗を働く, 手癖の悪い. **~·ly** 副 (larceny)

lar·ce·ny /lάːsəni | lάːsə-/ 名 ❶ U,C 窃盗, 盗み. ❷ U 〖法〗 窃盗罪〖犯〗 《用法 英法では theft を用いる》. 〖<L=追いはぎ〗

larch /lάːʧ | lάːʧ/ 名 ❶ C 〖植〗 カラマツ. ❷ U カラマツ材.

lard /lάːd | lάːd/ 名 U ラード, 豚脂 《豚の脂肪から精製した半固体の油; cf. fat 名 2 b》. —動 他 ❶ 〈…に〉ラードを塗る. ❷ 〈風味を加えるため料理肉に〉赤身肉または豚の肉(ベーコン)の小片をはさむ. ❸ 〈話・文章などを〉(不必要に)飾る: His prose is ~ed *with* pompous expressions. 彼の散文は大げさな表現で飾られている. 〖<L〗

lárd·àss 名 《米卑・軽蔑》でぶ, のろくさい役立たず, ぼんくら.

lar·der /lάːdə | lάːdə/ 名 ❶ 食料品室, 食料置き場[戸棚] (cf. pantry). ❷ 貯蔵食料.

lar·don /lάːdn | lάːd-/, **-doon** /lάːdúːn | lάːˈ-/ 名 豚肉やベーコンの細片 《風味を加えるために赤身肉に差し込む[る]》.

lard·y /lάːdi | lάː-/ 形 ラード状の.

lárdy cáke 名 U,C ラーディケーキ 《ラード・干しブドウなどを入れたケーキ》.

lar·es /lé(ə)riːz, lάːriːz/ 名 後 〖古ロ〗 ラーレス, ラールたち 《家庭・道路・海路などの守護神》.

‡**large** /lάːʤ | lάːʤ/ 形 (**larg·er**; **-est**) (↔ small, little) ❶ **a** 〈形など〉大きい, 大型[大型]の, (面積など)広い; 大きいサイズの, L サイズの: a ~ dog 大型犬 / a ~ nose 高い[大きい]鼻 / a ~ area [room] 広い地域[部屋]. **b** 〈数・量・額〉大きい, 多くの; 多数の, 多額の: a ~ amount of money 多額の金 / a ~ population 多数の人口 / a ~ income 多額の収入 / How ~ is the population of Tokyo? 東京の人口はいくつか. **c** (範囲・規模など)大きい, 広大な, 大規模な: ~ powers 広大な権限 / a *larger* view もっと広い視野 / on a ~ scale 大規模に. ❷ 大げさな, 誇張した: ~ talk 大げさな話, 大言壮語 / speak in a ~ way 大げさに話す. ❸ 〖海〗 順風の. **(as) lárge as lífe** ⇨ life 成句. —副 (**larg·er**; **-est**) ❶ 大きく: Print ~. 活字体で大きく書きなさい. ❷ 自慢して, 誇大に: talk ~ 大言壮語する. **bý and lárge** ⇨ by¹ 副 成句. **writ [written] lárge** ⇨ write 成句. —名 ★次の成句で. **at lárge** (1) 〈犯人・動物などが〉捕らわれていないで, 逃走中で, 自由で: The murderer is still *at* ~. 殺人犯人は今なお捕らわれていない. (2) [名詞の後に置いて] 全体として, 一般の, あまねく: the public *at* ~ 社会全般. (3) 《米》〈議員が〉(分割された選挙区ではなく)全州[郡]から選出された. **in lárge** (1) 大仕掛けに, 大規模に (cf. in LITTLE 成句). (2) 概して, 一般に. —名 ★次の成句で. **lárge it (úp)** 《英俗》遊びまくる, どんちゃん騒ぎをする, パーッと派手に楽しむ. 〖F<L *largus* 豊富な〗〖類義語〗⇨ big.

lárge-càp 名 形 《米》大(資本)会社の株.

lárge-héarted 形 心の広い; 情け深い, 寛大な.

lárge intéstine 名 [the ~] 〖解〗大腸 (cf. small intestine).

‡**large·ly** /lάːʤli | lάːʤ-/ 副 (more ~; most ~) ❶ (比較なし) 主として, 大部分(は): Fear of the dark is found

~ among children. 暗やみを怖がるのはたいてい子供たちだ. ❷ 大量に, 豊富に, 気前よく. ❸ 大きく, 大規模に.

lárge-mínded 形 度量の大きい, 寛容[寛大]な.
~·ly 副 ~·ness 名

lárge·ness 名 U ❶ 大きさ, 広大さ. ❷ 大げさ, 誇張.

lárger-than-lífe 形 とても堂々とした, 英雄的な: a ~ politician 英雄的な政治家.

***large-scale** /láɑdʒskéɪl/ 形 ❶ 大規模な (↔ small-scale). ❷ 〈地図が〉大縮尺の〈縮尺分母が小さいもる〉.

lárge-scàle integrátion 名 U 【電子工】 大規模[高密度]集積回路 《略 LSI》.

lar·gess, lar·gesse /lɑɑʒés, -dʒés | lɑ:-/ 名 (地位・身分の高い人からの)気前のよい施し[贈り物, 援助]; (多分の)祝儀: spread [scatter] ~ 援助金(など)をあちこちに気前よく出す. 《F=largeness》

lar·ghet·to /lɑɑgétou | lɑ:-/《楽》形 ラルゲット, ややおそい[く] (ラルゴよりやや速い; cf. largo) [楽章, 楽節]. ―― 名 (複 ~s) ラルゲットの曲[楽章, 楽節]. 《It; LARGOの指小形》

lárg·ish /-dʒɪʃ/ 形 やや大きい[広い].

lar·go /lɑ́ɑgou | lɑ́:-/《楽》形 [副] ラルゴの[に]. ―― 名 (複 ~s) ラルゴの曲[楽章, 楽節]. 《It = 幅広い, ゆったりした〈L largus; ⇒ large〉》

lar·i·at /lǽriət/ 名 ❶ 輪なわ, 投げなわ. ❷ つなぎなわ.

***lark**[1] /lɑ́ɑk | lɑ́:k/ 名 【鳥】ヒバリ (skylark) 《晨春, 朝早くから空高く舞い上がり美しく鳴く鳥として知られる; 夜明けを告げる鳥, 自由の象徴として詩歌に歌われる》.
(as) háppy as a lárk 非常に楽しい. ríse [be úp, gèt úp] with the lárk 早起きする.

lark[2] /lɑ́ɑk | lɑ́:k/ 名 ふざけ, 戯れ, 冗談, 愉快: have a ~ いたずらをする, ふざける / up to one's ~s いたずらに夢中で / for [as] a ~ 戯れに / What a ~! まあおもしろい! **Blów [Sód] thàt for a lárk!** 《英俗》うんざりだ, ふざけるな. ―― 動 戯れる, ふざける, 浮かれる 《about, around》 (fool about): Children are ~ing about on the street. 子供たちが路上でふざけ回っている.

Lar·kin /lɑ́ɑkɪn | lɑ́:-/, **Philip** 名 ラーキン (1922-85; 英国の詩人).

lárk·spur /lɑ́ɑkspəː/ 名 【植】 ヒエンソウ.

lark·y /lɑ́ɑki | lɑ́:-/ 形 ふざけた, ひょうきんな; 冗談(半分)の. **lárk·i·ness** 名

larn /lɑ́ɑn | lɑ́:n/ 《口・戯言》 自 =learn. ―― 他〈人〉に教えるしかえをする, わからせる.

Lar·ry /lǽri/ 名 ラリー《男性名; Laurence, Lawrence の愛称》.

lar·va /lɑ́ɑvə | lɑ́:-/ 名 (複 **lar·vae** /-viː/) ❶ 【昆】幼虫 (cf. pupa, imago). ❷ 【生】幼生 (オタマジャクシなど).
lár·val /-v(ə)l/ 形 〈L=仮面〉

lar·vi·cide /lɑ́ɑvəsàɪd | lɑ́:-/ 名 殺幼虫剤.

la·ryn·ge·al /lərínʤ(i)əl, lærɪnʤiːəl/ 形 【解】 喉頭(部) (larynx) の.

lar·yn·gi·tis /lærɪnʤáɪṭɪs | -ʤáɪt-/ 名 U 【医】 喉頭炎.

la·ryn·go- /lərɪŋgoʊ/ 《連結形》 「喉頭」.

lar·yn·gol·o·gy /lærɪŋgɑ́lədʒi | lærɪŋgɔ́l-/ 名 U 【医】喉頭科学. **-gist** 名

la·ryn·go·scope /ləríŋgəskòʊp/ 名 【医】 喉頭鏡.

lar·yn·gos·co·py /lærɪŋgɑ́skəpi | lærɪŋgɔ́s-/ 名 U 【医】 喉頭鏡検査(法).

lar·ynx /lǽrɪŋ(k)s/ 名 複 **la·ryn·ges** /lərínʤiːz/, ~·es) 【解】 喉頭 (voice box). 《Gk=のど》

la·sa·gna, la·sa·gne /ləzɑ́ːnjə | -zǽn-/ 名 U.C ラザーニャ《薄く板状のパスタ》. 《It》

La Salle /ləsǽl/, **(René-)Robert Cavelier, Sieur de** 名 ラサール (1643-87; フランスの北米探検家; Louisiana 植民地を建設した).

La Sca·la /ləskɑ́ːlə/ 名 《ミラノの》スカラ座.

las·car /lǽskə/ 名 《インド・東南アジアの》水夫.

Las·caux /læskóʊ/ 名 ラスコー《フランス中南西部の, 旧石器時代の壁画で有名な洞窟のある地》.

las·civ·i·ous /ləsíviəs/ 形 ❶ みだらな, 好色な. ❷ わいせつな, 扇情的な. **~·ly** 副 **~·ness** 名

lase /léɪz/ 動 自 レーザー(光線)を放出する.

***la·ser** /léɪzə/ -zə/ 名 レーザー《分子[原子]の固有振動を利用して光を放出させる装置; cf. maser》: a ~ beam レーザー光(線). 《light amplification by stimulated emission of radiation (誘導放出による光の増幅)》

láser dìsc [dísk] 名 レーザーディスク《円盤上に記録してある音声・画像をレーザーを用いて再生する》.

láser pòinter 名 レーザーポインター《会議や教室で用いる, レーザービームを発するペン型の指示棒》.

láser prìnter 名 【電算】 レーザープリンター.

***lash**[1] /lǽʃ/ 名 ❶ a [C] むちひも, むちのしなやかな部分. b むち打ち: He was given 20 ~es. 彼は 20 回むちで打たれた. c [the ~] むち打ちの刑. ❷ [the ~] 激しい衝突: the ~ of rain on the roof 屋根に激しく打ち当たる雨. ❸ 激しい非難. ❹ [C] [通例複数形で] まつ毛 (eyelash).
―― 動 他 ❶ 〈...〉をむちで打つ, 打ちすえる. ❷ 〈雨・風・波など〉〈...〉に打ち当たる: The wind ~ed the sea (into a fury). 風が海を激しく打って荒れ狂わせた / Heavy rain ~ed the roof. 激しい雨が屋根にうちつけていた. ❸ a 〈...〉を激しく叩める, 非難する: ~ a person with a cutting remark 人を辛辣な言葉で皮肉る. b 〈人〉を刺激して〈...の状態にする〉: ~ a person into a fury 人を激怒させる / ~ oneself into a rage 激怒する. ❹ 〈...〉を前後に激しく動かす, 振る: The crocodile ~ed its tail. そのワニはさっと尾を振った. ―― 自 ❶ a 激しく打つ, 〈雨・波などが〉降り注ぐ: The waves ~ed against the shore. 波が激しく岸辺に打ち寄せた. b 〈...〉に襲いかかる: The cobra ~ed at its prey. そのコブラは獲物にさっと襲いかかった. ❷ 激しく[さっと]動く[動き回る]. ❸ 非難する《out》《against》. **lásh óut** 《自 + 副》 (1) 激しく襲いかかる. (2) 非難 [暴言]を浴びせる: She ~ed out at him with a sharp retort. 彼女は彼に激しい口答えをした. (3) 《英口》〈飲食物・ぜいたく品などに〉金をつぎこむ, 散財する《on》. 《+ 副》 (4) 《口》〈飲食物・ぜいたく品などに〉金をつぎこむ, 〈ごちそう〉に《...に》金をつぎこむ《on》. 《ME; 擬音語》

***lash**[2] /lǽʃ/ 動 他 〈綱・ひもなどで〉〈...〉を縛る, 結ぶ: They ~ed logs *together* to make a raft. 彼らは丸太を縛り合わせていかだを組んだ / ~ a thing *on* [*down*] あるものを結び付ける[留める] / ~ (up) a hammock ハンモックを張る / ~ one pole *to* another 二本の棒を結び付ける / We ~ed his ankles *with* cord. 彼の足首をひもで縛った. 《F; LACE と同語源》

lashed /lǽʃt/ 形 ❶ まつ毛のある, まつ毛が...の: long-lashed. ❷ 《英俗》 酔っぱらった, べろべろ[ぐでんぐでん]の.

lásh·er[1] 名 むちで打つ人.

lásh·er[2] 〈綱・ひもなどで〉縛る人; 〈海〉締め綱.

lásh·ing[1] 名 ❶ [C] むち打ち; 痛烈な非難: He gave the movie a ~. 彼はその映画をこきおろした. ❷ [複数形で] 《英口》 たくさん: ~s *of* drink たくさんの飲み物.

lásh·ing[2] 名 ❶ U ひもで縛ること. ❷ [C] ひも, なわ.

lash-úp 名 《主に英》 ❶ 急ごしらえのもの. ❷ 即席の取り決め[案].

†**lass** /lǽs/ 名 《スコ》 ❶ 若い女, 少女, お嬢さん (lassie; ↔ lad). ❷ 恋人《女》.

Lás·sa fèver /lǽsə-/ 名 U ラッサ熱《特にアフリカで発生するウイルスによる急性伝染病》.

Lás·sen Péak /lǽs(ə)n-/ 名 ラッセンピーク《カリフォルニア州北部の活火山》.

las·si /lǽsi/ 名 《インド》 ラッシー《発酵させたバターミルク; 砂糖や香料などを加え冷やして飲む》.

las·sie /lǽsi/ 名 《スコ》 娘, 少女; お嬢さん (↔ laddie). 〈LASS + -IE〉

las·si·tude /lǽsət(j)ùːd | -tjùːd/ 名 U だるさ, 倦怠, 疲労; 気乗りのしないこと.

las·so /lǽsoʊ, lǽsùː | ləsùː-, lǽsoʊ/ 名 (複 ~s, ~es) 輪なわ, 投げなわ《先が輪になる長いなわ》. ―― 動 他 〈家畜・馬などを〉輪なわ[投げなわ]で捕らえる. 《Sp; LACE と同語源》

***last**[1] /lǽst | lɑ́:st/ A ❶ [通例 the ~] 《時間・順序で》最後の, 終わりの, 最終の (↔ first): the ~ page of the book その本の最終ページ / the ~ Monday of every month 毎月の最後の月曜日 / the ~ two [three, four] days 最後の 2[3, 4]日《[用法] 数字とともに用いる時には数字の前におく》/ *the* second [third] to ～ page＝ *the* ～ page but one [two] 最後から 2[3]番目のページ. ❷ **a 最後に残った**, おしまいの: one's ～ hope [chance] 最後の望み[機会] / He drank the bottle to the ～ drop. 彼はボトル(の酒)を最後の一滴まで飲んだ[飲み干した] / She spent her ～ cent. 彼女は最後の 1 セントまで使い果たした / the ～ half 後半. **b** [通例 the ～, one's ～] **最終の**; 生涯の終わりの, 臨終の; 終末の: in one's ～ hours [moments] 死にぎわに, 死に臨んで / one's ～ days (人の)晩年. ❸ [the ～] **a** [*to* do または関係詞節を伴って] **最も…しそうもない**, まさか…しまいと思われる: He's *the* ～ man (in the world) I want to see. 彼は私のいちばん会いたくない人だ / You're *the* ～ person I expected to see here. こんな所で君に会うとは思ってもいなかった. **b** 最も不適当[不相応]な: She's *the* ～ person to ask *for* advice. 彼女は助言を求めるには最もふさわしくない人だ. ❹ [the ～] 最下位の, 最低の: *the* ～ person in the class クラスでびりの人. ❺ [the ～] 最上の, この上ない: It is of *the* ～ importance. それが最も重要なことである. ❻ 決定的な, 最後的な, 究極の: She has the ～ word. 決定的な発言権は彼女にある / ⇨ last word.

── **B** ❶ [時を表わす名詞の前に用いて] **すぐ[この]前の, 昨…, 去る…, 先…**《[用法] 副詞句[節]にも用いる; cf. next [形] 1 a》: ～ night 昨夜, ゆうべ《[用法] last day, last morning, last afternoon とはいわないで, その時は yesterday, yesterday morning, yesterday afternoon を用いる》/ ～ year 去年《[比較] the year before その前の年》/ ～ Monday＝on Monday ～ この前の月曜日に《[比較] 前者のほうが一般的用法》/ ～ January＝in January ～ 去る 1 月に / ～ summer 過ぐる夏《去年の夏; 今年の終わった夏》/ He looked very happy (the) ～ time I saw him. 彼はこの前会った時にはとても幸福そうだった / in [during] the ～ century 前世紀に[間に] / in the ～ fortnight この 2 週間に / for the ～ week ここ 1 週間. ❷ [通例 the ～, one's ～] **最近の**《★ 後の名詞を略すと last は名詞; ⇨ [名] 2》: *The* ～ (news) I heard… 最近の消息では… (cf. [名] [成句]) / Have you received my ～ (letter)? この前の手紙は届きましたか. ❸ [the ～] **最新(流行)の**: *the* ～ thing in hats 最新型の帽子.

for the lást tíme ⇨ time [成句]. **in the lást plàce** ⇨ place [名] 10. **on one's [its] lást légs** ⇨ leg [成句]. **(the) lást thìng** ⇨ thing [成句]. **to the lást mán** ⇨ man [成句].

── [副] ❶ **a** (時間・順序が)**最後に**, いちばん終わりに: come ～ in the race 競走でびりになる / They came ～. 彼らは最後に来た. **b** (しめくくりとして)最後に: *L*～, I must emphasize this. 最後に当たってこれから言うことを強調しておかねばならない. ❷ **この前, 前回に, 最近に**: It has [It is] been two years since I saw you ～ [I ～ saw you]. この前君に会ってから 2 年がたつ. **lást but nòt léast** 最後に述べるが決して軽んずべきでない(もの[こと]であるが), 大事なことをひとつ言い残したが《★ Shakespeare「ジュリアスシーザー」から》. **lást of áll** 最後に.

── [名] ❶ [通例 the ～; 単数または複数扱い] **最後のもの[人]**: Elizabeth I was *the* ～ of the Tudors. エリザベス 1 世はチューダー王家最後の君主だった /〔＋*to* do〕He was the first to come and *the* ～ *to* leave. 彼は最初に来て最後に帰った. ❷ [the ～, one's ～, this [etc.] ～] 最後に挙げた人[もの]; 最近のもの《便り・冗談・子供など》: *These* ～ are my associates at work. これら最後に挙げた人たちが私の仕事仲間です / *This is the* ～ I received from him. これが彼からの最後の消息だ. ❸ **a** [the ～] 最後, 結末: to [till] *the* ～ 最後まで; 死ぬまで. **b** [one's ～] 最期, 臨終: I thought every moment would be my ～. 今にも死ぬかと思った. ❹ [one's ～] 最後の動作《[用法] 形容詞用法の last の後に breath [look] が略されていると解され, 一種の同族目的語とされる》: breathe one's ～ 息を引き取る, 死ぬ / look one's ～ (on…) (…の)見納めをする.

at (lóng) lást 最後に, とうとう (finally): *At* ～ we found it. とうとう我々はそれを見つけた. **…befòre lást** 一昨…, 先々…: the night [month, year, *etc.*] *before* ～ 一昨夜[先々月, おととし, など]. **héar the lást of**…の聞き納めをする: I don't think we've *heard the* ～ *of* it. この件についてはそのうちにまた(先方が)何とか言ってくるだろう. **sée the lást of**…の見納めをする: That was *the* ～ we *saw of* her. それが彼女の見納めだった. **the lást…héard** …の最新情報によると: I don't know the latest news but *the* ～ I *heard* he was still sick. 今はどうなっているか知らないが私が聞いた最新情報では彼はまだ病気だそうだ.

〖OE; LATE の最上級 からで, LATEST と同語源〗

【類義語】**last** 連続したものの一番最後の; 以後何も来ないことを表わすが一連の物事の完了・終結を示すほど強い意味はない. **final** 一連のものの絶対的な終わりとなる, 最終決定のための. **ultimate** 一連のもの, または過程の最終的な限界・目標・到達点にあって, それ以上は続かないことを表わす; やや改まった語.

‡**last**² /lǽst | lɑ́ːst/ [動] [自] ❶ [通例副詞(句)を伴って] (時間的に)**続く; 持続する**, 存続する: while our money ～*s* お金の続く限り / *How* long [much longer] will the performance ～? 芝居[演奏]はどのくらい[これからあとどのくらい]かかりますか / The lecture ～*ed* (*for*) two hours. 講演は 2 時間続いた. ❷ **耐える**, そこなわれない, 衰えない; 長もちする: His patience won't ～ much longer. 彼の我慢の限界であろう / The car will ～ (*out*) till we get to Oxford. オックスフォードに着くまで車(のガソリン)はもつだろう. ── [他]《★ 受身不可》❶ 〈ものが〉〈ある期間だけ〉**間に合う**: The food will ～ two (more) days. 食料は(さらに) 2 日間もつだろう /〔＋目＋目〕These groceries will ～ me (*for*) a week. これだけの食料品があれば 1 週間もつだろう. ❷ 〈…の〉終わりまで生きながらえる[もちこたえる]: The company ～*ed out* the recession. その会社は(一時的)不景気を乗り切った / My salary doesn't ～ *out* the month. 私の給料は 1 か月もたない. 〖OE＝後に続く; 原義は「(足跡に)従う」〗 【類義語】⇨ continue.

last³ /lǽst | lɑ́ːst/ [名] (木・金属・プラスチック製の)靴型. **stíck to one's lást** 自分の本分を守る, いらぬ口出しをしない《[由来]《[諺] The cobbler should stick to his last. (⇨ cobbler¹ 1)から》. 〖OE＝足の裏, 足跡〗

lást cáll [名]《米》ラストオーダー (《英》last orders).

⁺**lást-dítch** [形] [A] 最後までがんばる, 死力を尽くしての: make a ～ effort (これで最後だと)惜しまず力を振り絞る.

Lást Frontíer [名] [the ～] 最後のフロンティア《Alaska の俗称》.

lást-gásp [形] 最後になされる, どたんばに行なわれる.

lást hurráh [名]《米》最後の努力[仕事], 花道.

*__last·ing__ /lǽstɪŋ | lɑ́ːst-/ [形] **永続的な, 永久(不変)の**; 長もちする (↔ transient, temporary): a ～ friendship 変わらぬ友情 / a ～ peace 永遠の平和. **～·ly** [副] **～·ness** [名] 〖LAST²＋-ING〗

Lást Júdgment [名] [the ～] 最後の審判《[解説] この世の終わりに神が行なう審判; この時には死者もよみがえり, すべての人が「命の書」(the book of life)に基づいて裁かれ, 生前善行を積んだ人は天国へ入れ, そうでない人は地獄へ落ちるという》.

⁺**lást·ly** [副] [文頭で用いて] (列挙して)最後に, 終わりに (finally).

lást-mínute [形] 最後の瞬間の, どたん場での: make a ～ change 最後のどたん場で変更する.

last nàme [名]《米》姓 (⇨ name [解説]).

lást órders [名] [複]《英》ラストオーダー (《米》last call).

lást póst [名]〔英軍〕消灯らっぱ; 葬儀におけるらっぱの吹奏.

lást rítes [名] [複] [the ～] 臨終の人への最後の秘跡(ひせき).

lást stráw [名] [the ～] ついに耐えきれなくなる負担[行為, 事情]: His laughing was *the* ～. 彼が笑ったのでもう我慢ならなくなった / Her sitting up all that night was *the* ～. あの晩(彼女が)徹夜したのがたたった. (彼女はついにまいってしまった.) **Thát's the lást stráw!** もうがまんができない, もうたくさんだ.

Lást Súpper [名] [the ～] 最後の晩餐(ばんさん)《処刑の前夜キリストが 12 人の弟子と共にした; この時キリストはパンを自分の体, ぶどう酒を自分の血として弟子たちに与えた; このこと

lást wórd 名 ❶ **a** [one's ~s] 最期の言葉; 遺言. **b** [the ~] 決定的な言葉; 決定権: The boss has *the ~ on* the proposal. 提案には社長が最終判断を下す / He always tries to get in *the ~*. 彼はいつも最後のひと言を言おうとする. ❷ [the ~] **a** 完全な[申し分のない]もの: His research is *the ~ in* microbiology. 彼の研究は微生物学では最高権威のものだ. **b** (口) 最新流行品[発明品]; *the ~ in* sports cars 最新流行型のスポーツカー.

Las Ve·gas /lɑːsvéɪɡəs/ 名 ラスベガス《米国 Nevada 州南東部の都市; 賭博(##)で有名》.《Sp *las* 'the'+*vegas* 肥沃(##)な土地》

lat /lǽt/ 名 [通例複数形で] (口) 広背筋 (latissimus dorsi).

lat. (略) latitude. **Lat.** (略) Latin.

†**latch** /lǽtʃ/ 名 (ドア・門などの)掛け金, ラッチ: set the ~ 掛け金をかける / on the ~ (施錠せずに)掛け金だけをかけて / off the ~ 掛け金をはずして; 少し開いて. ── 動 《...に)掛け金を降ろす[掛ける]. ── 自 掛け金が締まる.
látch ón to [**ónto**]... (口) (1) …をしっかり握る, つかんで離さない. (2) 〈ものを〉手に入れる. (3) 〈人に〉くっついて離れない; 親しく付き合う: She ~*ed on to* him when they were students. 学生時代に彼女は(すでに)彼と親しく付き合っていた. (4) …を理解する.《OE=つかむ》

látch·kèy 名 (ドアの)掛け金のかぎ, ナイトラッチ用のかぎ.
látchkey chìld 名 かぎっ子.

***late** /léɪt/ 形 (lat·er, lat·ter /lǽtə/ -tə/, lat·est /-tɪst/, last /lǽst/)《用法》later, latest は「時」の, latter, last は「順序」の関係を示す(各項参照)**A** (↔ early) ❶ (ある時刻に)遅れた, 遅い, 遅刻した: a ~ arrival 遅刻者 / a ~ bloomer 大器晩成の人 / a ~ sleeper 朝寝坊の人 / The bus was an hour ~. バスは1時間遅れた / It's never too ~ to mend.《諺》改めるに遅すぎることはない /「過ちては改むるにはばかることなかれ」/ I was very ~ *for* work this morning. けさ仕事に大変遅れた /「(+*in*+*doing*) Spring is ~ *in coming* this year. 今年は春の来るのが遅い / Don't be ~ *(in)* filing your report. 遅れずに報告書を提出しなさい《用法》*doing* の前の前置詞は *in* は (口) ではしばしば省かれる》. ❷ (時刻が)遅い; 夜ふけた; 時候[時節]遅い; 後期の, 末期の: a ~ breakfast [supper] 遅い朝食[夕食] / keep ~ hours 夜ふかしをする / a ~ show (テレビの)深夜劇場 / (a) ~ marriage 晩婚 / ~ spring 晩春 / the ~ period of the eighteenth century 18世紀末 / the ~ period of one's life 晩年 / (a boy) in his ~ teens ハイティーンの(少年).

── **B** ❶ **A** (比較なし) 最近の, 近ごろの, このごろの: in ~ years 近年(は). ❷ **A** (比較なし) **a** [the ~, one's ~] 最近死んだ, 故…: my ~ father 亡父 / *the ~* Mr. Brown 故ブラウン氏. **b** 先の, 前の《用法 **a** の意味と紛らわしいときは避けたほうがよい》: the ~ prime minister 前[元]首相.
of láte yéars 近年, この数年間.
(ràther [vèry]) láte in the dáy 〈事が〉遅すぎて, 遅れて; 遅まきに; 好機を逸して.

── 副 (lat·er; lat·est, last) **A** (↔ early) ❶ 遅れて, 時に合わないで: The train arrived two hours ~. 列車は2時間遅れて到着した / Better ~ than never.《諺》遅くともしないよりまし. ❷ **a** (時刻が)遅く, 夜ふけて, 遅くまで: sit [stay] up ~ 遅くまで起きている / stay out ~ 遅くまで外出している / go to bed ~ 夜ふけてから寝る / dine ~ 遅い正餐(##)をとる / ~ in the morning [at night] 朝[夜]遅く. **b** (時期が)遅く; 遅い(ripen] ~ 〈花《実》が)遅い / They were married ~ in life. 二人は晩婚だった. **c** (時期の)終わりに近いころ: ~ in the eighteenth century 18世紀末に.

── **B** (比較なし) ❶ 最近, 近ごろ (★次のような場合のほかは《詩》): as ~ as last month つい先月. ❷ 前は, 最近まで: Mr. Smith, ~ of the UN Secretariat もと[最近まで]国連事務局勤務のスミス氏.

── 名 ★次の成句で. **of láte** 最近 (lately, recently)《普通完了形とともに用いられる》. **till láte** 遅くまで: stay [sit] up *till* ~ 遅くまで起きている.
~·ness 名 《OE=のろい, (時刻が)遅い; cf. let¹,²》

láte-brèaking 形 〈ニュースなどが〉放送[印刷]間際に入った.

láte·còmer 名 遅れて来た人, 遅刻者, 遅参者〈*to*〉.

la·teen /lətíːn/ 名 (海) 大三角帆の: a ~ sail 大三角帆《特に地中海で用いられる》.

Láte Látin 名 ⓤ 後期ラテン語 (2–6世紀ごろ).

***late·ly** /léɪtli/ 副 最近, 近ごろ (recently) (1) 通例現在完了形と共に用いる. (2) 特に (英) では通例否定文・疑問文で用いられ, 肯定文では文頭に置かれるか only ~ または as ~ の形になることが多い》: I haven't seen him ~. 最近彼に会っていない / Has he been here ~? 彼は最近ここに来ましたか / She was here *only* ~ *[as ~ as* last Sunday]. 彼女はつい最近[先週の日曜日]にここへ来た.
till látely 最近まで.《LATE 形 B+-LY¹》

la·ten·cy /léɪtnsi, -tn-/ 名 ⓤ 隠れていること; 潜伏, 潜在.

látency pèriod 名 潜伏期間.

***láte-nìght** 形 **A** 深夜の.

†**la·tent** /léɪtnt, -tn-/ 形 ❶ 隠れている, 見えない: ~ powers 潜在(能)力 / dangers ~ *in* the situation その事態の底に潜む危険. ❷ (医) 〈病気の〉潜伏性[期]の: the ~ period (病気の)潜伏期. **~·ly** 副 《L=潜む》《類義語》 latent 現実に存在しているが, 今は隠れて外からは見えない. potential 今は可能性としてだけ存在しているが, 順調にいけば将来必ず実現されるような. dormant 以前は活動していたが今は眠っているように外見上は静かである.

látent héat 名 ⓤ (理) 潜熱.

látent ímage 名 (写) 潜像 (現像すれば見えてくる像).

***lat·er** /léɪtə/ -tə/ 形 もっと後の, もっと後の (⇒ late 形 **A**): in ~ years 後年に / in one's ~ years 晩年に / Let's take a ~ bus. もっと後のバスにしよう. ── 副 後で, 後に: two years ~ それから2年後に / He ~ became a scientist. 後に彼は科学者になった. **láter ón** 後ほど (=*earlier on*): I'll tell it to you ~ *on*. 後で話しましょう. **nò** [**nót**] **láter than…** 遅くとも…までに: Applications must be received *no ~ than* September 1. 申し込み書は9月1日までに届かなければいけない.

-la·ter /lèɪtə/ -tə/ 《名詞連結形》「崇拝者」

†**lat·er·al** /lǽtərəl, -trəl/ 形 ❶ 横(の方)への, 横からの; 側面の (cf. longitudinal 2). ❷ (植) 〈花・芽が〉側生の. ❸ (音声) 側音の: a ~ consonant 側音 (/l/). ── 名 ❶ 側部; 側部にあるもの, 側面から生ずるもの. ❷ (植) 側生所生枝. ❸ (音声) 側音. **~·ly** /-rəli/ 副 《L<*latus*, *later*-横, 側》

lat·er·al·i·ty /lǽtərǽləti/ 名 ⓤ 左右差, 偏側性《大脳・手など左右一対の器官のある左右の機能分化》.

lat·er·al·ize /lǽtərəlàɪz, -trə-/ 動 《通例受身で》機能を左脳・右脳のー方が支配する; (医) 〈病変などを〉左脳・右脳のー方にあると診断する. **láteral·izátion** /lǽtərəlɪzéɪʃən, -trə-/ -laɪz-/ 名 (大脳の)左右の機能分化《機能・病変の)ー側化》.

láteral líne 名 (魚) 側線.

láteral thínking 名 ⓤ 水平思考《これまでの思考法にとらわれず自由に考え新しい解決法を求める》.

láteral véntricle 名 (解) 側脳室.

*lat·est /léɪtɪst/ 形 [通例 the ~, one's ~] ❶ **A** 最新の, 最新の: *the ~* fashion 最新の流行 / *the ~* news 最新のニュース / his ~ novel 彼の最新の小説. ❷ いちばん遅い, 最後の: He arrived ~. 彼は最後にやってきた. ── 名 [the ~] 最新のもの[流行]. **at the látest** 遅くとも: Be here at 9 *at the ~*. 遅くとも9時にはここにいなさい.《LATE+-EST¹; LAST¹ と同語源》

lat·er·ite /lǽtəràɪt/ 名 (地) 紅土, ラテライト《熱帯地方で岩石の風化でできた鉄・アルミ分の多い土壌》. **lát·er·ít·ic** /-rítɪk-/ 形

la·tex /léɪteks/ 名 (徳) ~·es, lat·i·ces /lǽtɪsìːz/, léɪtɪ-/ ⓤⓒ ❶ (ゴムの木などの)乳液, ラテックス. ❷ ラ

テックス《合成ゴム・プラスチックなどの粒子が水中に懸濁した乳濁液；塗料・接着剤に用いる》．

lath /lǽθ | lɑ́ːθ/ 图 〈複 ~s〉 ① C,U 《建》木摺(ずり)、木舞(こまい)、ラス: ~ and plaster 木摺としっくい。② C a 薄い木片。b やせた人。(as) thín as a láth やせこけて[た]。— 他 〈天井・壁などに〉木摺[ラス]を張る。

†**lathe** /léið/ 图 旋盤。— 動 〈…を〉旋盤にかける。

lath·er /lǽðə | láː·ðə/ 图 U [また a ~] ① せっけんの泡。② 〈馬の〉泡汗。(áll) in a láther (1) 汗びっしょりで。(2)《口》興奮して、逆上して。gét [wórk oneself] into a láther 《英》つまらないことで怒る、むやみにあせる。— 他 ① 〈…に〉せっけんの泡を塗る〈up〉: ~ one's face 顔にせっけんを塗る。②《口》〈…を〉ひどく打つ、ぶん殴る。— 自 ① せっけんの泡立つ。② 〈馬が〉泡汗だらけになる。

la·thi /láːti/ 图 木[竹]に鉄のたがをはめた棍棒《インドで警官が武器にするもの》。

latices latex の複数形。

lat·i·fun·di·um /lætəfʌ́ndiəm/ 图 〈複 -di·a /-diə/〉《ローマ史》ラティフンディウム《地主が奴隷を使って耕作させた広大な所有地》。

****Lat·in** /lǽtn, -tin | -tin/ 形 ① a ラテン語の；ラティウム(Latium)の: the ~ Church ラテン式典礼の教会、ローマカトリック教会。b ラテン系［民族］の: the ~ cultures ラテン系の諸文化《フランス・スペイン・ポルトガル・イタリア・ルーマニアなどの諸文化》。② ラテン語の。— 图 ① U ラテン語《古代ローマ帝国の言語；略 L》[解説] 中世に地方により分化して、今日のイタリア語、フランス語、スペイン語、ポルトガル語、ルーマニア語などとなった: classical ~ 古典ラテン語《およそ 75 B.C.–175 A.D.》/ modern ~ 近代ラテン語《1500年以後》/ ⇒ Vulgar Latin. ② C ラテン系の人；古代ローマ人。③ C （東方教会の信徒と区別して）（ローマ）カトリック教徒。《L=LATIUM》

La·ti·na /lətíːnə, læ-/ 图 （米国在住の）ラテンアメリカ系女性。

†**Látin América** 图 ラテンアメリカ《スペイン語・ポルトガル語の話される中南米地方》。

Látin Américan 图 ラテンアメリカ人。

Látin-Américan 形 ラテンアメリカ(人)の。

Lat·in·ate /lǽtənèit, -tn-/ 形 ラテン語の、ラテン語に由来する[似た]。

Látin cróss 图 ラテン十字、長十字形。

Lát·in·ism /-tənìzm/ 图 U,C ラテン語風[語法]。

Lát·in·ist /-nist/ 图 ラテン語学者。

La·tin·i·ty /lətínəti, læ-/ 图 U ラテン語使用（能力），ラテン語風［語法］；ラテン的特徴、ラテン性。

Lat·in·ize /lǽtənàiz/ 動［時に l~］他 ① ラテン語風にする；ラテン語化する；ラテン語に訳す。② 古代ローマ風にする；ローマカトリック風にする。— 自 ラテン語法を用いる。

Lat·in·i·za·tion /lætənizéiʃən | -naiz-/ 图 《LATIN+IZE》

†**La·ti·no** /lætíːnou/ 图 （米国に住む）ラテンアメリカ人。

Látin Quárter 图 [the ~] (パリの)カルチェラタン《Seine 川の南岸で学生・芸術家が多く住む地区; フランス革命期までラテン語が通用していた》。

Látin squáre 图《数》ラテン方陣、ラテン方格《n 種の数字[記号など]を n 行, n 列に各 1 回ずつ現われるように並べたもの; 統計分析用》。

lat·ish /léitiʃ/ 形 副 やや遅い[く]、やや遅れた[て]。

la·tis·si·mus (dor·si) /lətísəməs(dɔ́ːsai), -dɔ́-/ 〈複 la·tís·si·mi (dórsi) /lətísəmai(-)/〉 [解] 広背筋。

†**lat·i·tude** /lǽtət(j)ùːd | -tjùːd/ 图 ① U 《地理》緯度《略 lat.; cf. longitude 1》: north [south] ~ 北[南]緯 / at ~ 18°N. 北緯 18 度の地点で / The ship is at thirty degrees twenty minutes [30°20′] north [north ~ 30°20′], and longitude thirty degrees ten minutes [30°10′] west [west longitude 30°10′]. 船は北緯 30 度 20 分, 西経 30 度 10 分の位置にある 《読み方》30°20′ [10′] は thirty degrees twenty [ten] minutes と読む》。b 《天》黄緯。② C [通例複数形で] (緯度からみた時の)地方: cold ~s 寒帯地方 / high ~s（極地に近い）高緯度地方 / low ~s（赤道に近い）低緯度地方。③ U（思想・行動などの）自由範囲、自由: limit [restrict] a person's ~ in doing ... 人が...するのを制限する / One should permit [give, allow] a scientist a lot of ~ in his research. 科学者には十分な研究の自由を許す[与える]べきだ。《L=広さ, 幅 <latus 幅の広い+-I-+-TUDE》

lat·i·tu·di·nal /lætət(j)ùːdənl | -tjùː-/ 形 《地理》緯度の。

làt·i·tú·di·nal·ly /-nəli/ 副 緯度からいって[みて]。

lat·i·tu·di·nar·i·an /lætət(j)ùːdənɛ́(ə)riən | -tjùː-/ 形 ① 〈思想・行動など〉寛容な、自由主義的な。② 《K 教》教義［信条］にとらわれない、広教派の。— 图 ① 自由主義者。② 《K 教》広教派の人。

La·ti·um /léiʃiəm/ 图 ラティウム《今のローマの南東にあった古国》。

lat·ke /láːtkə/ 图 《ユダヤ料理》ラートケ《特にすりつぶしたジャガイモで作るホットケーキ》。

la·tria /lətráiə/ 图 U 《カト》ラトリア《神のみにささげる最高の礼拝》。

la·trine /lətríːn/ 图 （掘込み）便所《兵営・野営地の》。

-la·try /-lətri/ 《名詞連結形》「崇拝」。

lat·te /láːtei, lǽt-/ 图 C,U カフェラッテ (caffè latte).

lat·ten /lǽtn/ 图 U （昔 教会用器具に多く用いた）黄銅の合金板。

****lat·ter** /lǽtə | -tə/ 形 ① [the ~, this ~, these ~] a （時間的に）後のほうの、終わりの、末の、後半の: the ~ half 後半部 / the ~ 10 days of May 5 月下旬。b 近ごろの、昨今の: in these ~ days 近来は、当今は。② [the ~; 前者 (the former) に対して対句的に用いて] a 後者の: I prefer the ~ picture to the former. 前者の絵より後者の絵のほうがいい。b [代名詞的に用いて] 後者《[用法] 単数名詞を受ける場合には単数扱い、複数名詞を受ける場合には複数扱い》: Of the two, the former is better than the ~. 二者のうち前者より後者はよい。《LATE の比較級》

†**látter-dáy** 形 ① 近代の、現代の、当世の。② 後の、次期の。

Látter-dày Sáint 图 末日聖徒《モルモン教徒 (Mormon) の正式の名》。

lát·ter·ly 副 ① 近ごろ、このごろ、最近。② 後期に、末期に。

lat·tice /lǽtis/ 图 ① 格子(ごうし)。② =latticework. — 動 〈…に〉格子をつける；〈…を〉格子模様にする。

lát·ticed 形 格子造りの、格子をつけた。

láttice fràme [gìrder] 图《建》ラチス梁(はり)、格子桁。

láttice wìndow 图 格子窓。

láttice·wòrk 图 U ① 格子造り[細工]. ② 格子。

Lat·vi·a /lǽtviə/ 图 ラトビア《バルト海沿岸の共和国；首都 Riga》。

Lat·vi·an /lǽtviən/ 形 ラトビア(人・語)の。— 图 ① C ラトビア人。② U ラトビア語。

lau·an /lúːɑːn, lauán/ 图 U ラワン(材)。

†**laud** /lɔ́ːd/ 動 他 〈…を〉ほめたたえる、賛美する《★ 主に新聞用語》。《L=ほめる》

laud·a·ble /lɔ́ːdəbl/ 形 称賛するに足る、見上げた、あっぱれな。**-a·bly** /-əbli/ 副。**-ness** 图

lau·da·num /lɔ́ːdnəm, -də-/ 图 U あへんチンキ《あへんのアルコール溶剤; かつての鎮痛剤》。

lau·da·to·ry /lɔ́ːdətɔ̀ːri | -təri, -tri/ 形 賛美の、称賛の。

****laugh** /lǽf | láːf/ 動 自 （声を立てて）笑う: ~ heartily 心から笑う / ~ silently to oneself 一人こっそり(心の中で)笑う / ~ aloud [out loud] 声を出して笑う / Don't make me ~! （口）笑わすなよ（ばかげている）/ He ~s best who ~s last.=He who ~s last ~s longest. （諺）最後に笑う者が最もよく笑う《うっかり他人を笑うな、あまり早まって喜んではならない》。② 〈水などが〉笑い声のような音を出す: a ~ing brook さらさら流れる小川。③ [進行形で]（口）うれしそうである、満足［幸せ］な状態にある。— 他 ①

[通例修飾語を伴った同族目的語を従えて]〈…の〉笑い方をする: He ~ed a long, bitter *laugh*. 彼は長くにがにがしく笑った. ❷ 笑って〈同意・軽蔑などを示す〉: He ~ed his assent. 彼は笑って同意を示した. ❸〈人を〉笑って〔ある状態〕に至らせる: He tried to ~ her *out of* her conviction. 彼は笑って彼女にその信念を払いのけさせようとした / They ~ed him *out of* his nervousness. 彼らは笑って彼の不安を解いた / He ~ed himself breathless [silly, helpless]. 彼は笑いが止まらなくなった[どうにもしようがなくなった] / He ~ed himself *to* death [*into* convulsions]. 彼は死ぬ[腹の皮がよじれる]ほど笑いこけた.

be láughing áll the wáy to the bánk もうかって笑いが止まらない.

láugh abóut… について笑う: It's nothing to ~ *about*. それは笑い事ではない / Someday you'll be able to ~ *about* it. (今は苦しいだろうが)振り返って見て笑える日がつかきっと来るだろう.

láugh at…《他+前》(1)…を見て[聞いて]笑う: ~ *at* a funny story こっけいな話を聞いて笑う. (2)…をあざ笑う, 冷笑する: Nobody likes to be ~ed *at*. だれだって人に笑われたくない / People ~ed *at* him for being so naive. 人々は彼があまりにうぶなのでばかにした. (3)〈困難・危険・脅しなどを〉ものともしない, 無視する: ~ *at* one's troubles 心配事をものともしない.

láugh awáy《他+副》(1)〈…を〉一笑に付す; 笑って払いのける: He ~ed my fears [doubts] *away*. 彼は私の恐れ[疑い]を一笑に付した. 《自+副》(2) 笑い続ける: They were still ~ing *away*. 彼らはなお笑い続けていた.

láugh dówn《他+副》〈…を〉笑って黙らせる, 笑い消す: ~ a speaker *down* 笑って弁士を黙らせる / ~ a proposal *down* 提案を一笑に付する.

láugh in a pérson's fáce 面と向かって人をあざける.

láugh like a dráin ⇨ drain〖成句〗

láugh óff《他+副》〈…を〉笑って退ける, 一笑に付する: ~ *off* a threat 笑って脅しを退ける.

láugh on the wróng [óther] síde of one's fáce [〖米〗móuth] 笑っていたのが急にしょげる.

láugh…óut of cóurt ⇨ court〖成句〗

láugh óver…〈…を〉考えて[見ながら, 読みながら]笑う.

láugh úp one's sléeve ⇨ sleeve〖成句〗

You're [You'll be] láughing!（心配がなく）幸せになるよ.

—图 ❶ 笑い; 笑い声 (⇒ laughter)《比較》give a ~ 笑い声を立てる / raise a ~ 笑いを起こさせる, 笑わせる / burst [break] into a ~ ふき出す / have a good [hearty] ~ at [about, over]…に大笑いする, 存分に笑う. ❷ [a ~]《口》笑いぐさ(の種), おかしいこと, おもしろい人: That's a ~. それはお笑いだ〖用法〗しばしば相手の言ったことなどが信じられない気持ちを表わす.

dó…for a láugh [láughs] 〈…を〉〔冗談のつもりで〕…する.

hàve the lást láugh〈人を〉最後に笑い返してやる; 負けていても最後に勝つ〔*on*〕.

hàve [gèt] the láugh on… を笑い返してやる.

The láugh is on…が笑われる番だ: The ~ *is on us* [them] this time. 今度は我々[彼ら]が笑われる番だ.

〖OE; 原義は「音を立てる」〗（图 laughter）

〖類義語〗**laugh** 声を立てて笑う; 最も一般的な語. **giggle** 子供や若い女性などが, くすくす笑う. **titter** 失礼にならないようにおかしさをこらえてしのび笑いする. **chuckle** 口を開けずに低い声で, 満足げに静かに笑う; しばしば独り笑いなどをするときにいう. **smile** 声を立てないで顔だけが笑いの表情になる. **grin** smile よりも口を大きくあけて, 歯を見せて声を立てずに顔だけが笑う.

†**laugh·a·ble** /læfəbl | lɑ́ːf-/ 形 ❶ おかしい, おもしろい. ❷ ばかばかしい, ばかげた: a ~ attempt (*at*…) (…をしようという)ばかげた試み〔くわだて〕. -**a·bly** /-fəbli/ 副 ~**ness** 图〖類義語〗⇨ funny.

láugh·er 图 ❶ 笑う人. ❷《口》楽勝試合.

láugh·ing 形 ❶ 笑っている, 笑っているような; うれしそう, 陽気な: in a ~ mood 笑いたい気分で. ❷ 笑うべき, おかしい: It's no ~ matter. 笑い事ではない. —图 U 笑い化ガス. ~**·ly** 副

láughing gàs 图 U 笑気《nitrous oxide（亜酸化窒素, 一酸化二窒素）の俗称》.

láughing hyéna 图〖動〗ブチハイエナ《ほえ声が悪魔の笑い声にたとえられる》.

láughing jáckass 图〖鳥〗ワライカワセミ.

láughing-stòck 图 もの笑いの種, 笑いぐさ[者]: He was [made himself] the ~ of the office. 彼は会社のもの笑いの種だった[になった].

láugh lìnes 图 複 笑いじわ.

*****laugh·ter** /læftə | lɑ́ːftə/ 图 U 笑い; 笑い声《比較》laugh より長く続くものを, 笑う行為と音声とを重く見る語》: gales [peals] of ~ 大笑い / roar with ~ 大笑いする / burst [break out] into (a fit of) ~ ふき出す / *L*~ is the best medicine. 笑いは最良の薬.《⇨ laugh》

láugh tràck 图 U,C（喜劇番組に付ける）録音された笑い声.

Launce·lot /lænslət | lɑ́ːnslət/ 图 =Lancelot.

*****launch**[1] /lɔːntʃ, lɑːntʃ | lɔ́ːntʃ/ 動 他 ❶ **a**〈ミサイルなどを〉発射する, 発進させる, 打ち上げる / 〈矢・やりなどを〉放つ: ~ a communications satellite [a space shuttle] 通信衛星[スペースシャトル]を打ち上げる. **b**〈打撃を加える; 非難などを〉浴びせる〔*against*, *at*, *on*〕: ~ an offensive (*against* the enemy)（敵に対して）攻勢に出る. ❷ **a**〈新造船を〉進水させる: A new ship was ~ed from the dry dock. 新しい船が乾ドックから進水した. **b**〈ボートなどを〉水面におろす. ❸〈事業・会社などを〉始める, 起こす;〈新製品を〉売り出す: ~ an inquiry 調査を始める / ~ a new novel 新しい小説を出す / ~ a new model 新しいモデルを売り出す. ❹〈人を〉送り出す, 乗り出させる: ~ one's son *into* politics 息子を政界に送り出す / He ~ed himself *on* a business career. 彼は実業界に乗り出した / He's ~ed *on* a new enterprise. 彼は新しい事業に着手している. ❺〖電算〗〈プログラムを〉ロードして実行する, 起動する.

— 自〈事業・仕事などに〉勢いよく乗り出す;〔…を〕開始する: ~ *out into* a new life 新しい人生に乗り出す / UN troops ~ed *on* [*into*] an attack against the guerrillas. 国連(軍)はゲリラに対する攻撃を開始した.

—图 [単数形で; 通例 the ~]（新造船などの）進水, (ミサイル・ロケット・宇宙船などの)発進, 発射.
〖F; LANCE と同語源〗

launch[2] /lɔːntʃ, lɑːntʃ | lɔ́ːntʃ/ 图 ❶ ランチ, 汽艇《遊覧用など》. ❷ ランチ《艦載の大型ボート》.

láunch·er 图〖軍〗❶ 発射筒[機]. ❷《ミサイル・宇宙船などの》発射装置, カタパルト.

láunch·ing pàd 图 ❶《ミサイル・ロケット・宇宙船などの》発射台. ❷《飛躍をうかがう者の》足がかり,「登竜門」.

láunching sìte 图《ミサイル・ロケット・宇宙船などの》発射場.

láunch pàd 图 =launching pad.

láunch vèhicle 图《宇宙船などの》打ち上げ用ロケット.

láunch wìndow 图《宇宙船などの》打ち上げ可能時間帯.

†**laun·der** /lɔ́ːndə, lɑ́ːn- | lɔ́ːndə/ 動 ❶〈…を〉洗濯する; 洗濯してアイロンをかける: have one's clothes ~ed 衣服を洗濯にだす. ❷《口》〈不法な金を〉（出所を偽装したりして）合法的に[きれいな金に]見せる. — 自 ❶ [well などの様態の副詞を伴って] 洗濯がきく: This material ~s well. この生地は洗濯がきく. ❷ 洗濯をする.〖F=洗濯する人〗L=洗い物〈*lavare* 洗う; cf. lavatory〗

láun·der·er /-dərə | -rə/ 图 洗濯人[屋].

laun·der·ette /lɔ̀ːndərét, lɑ̀ːn- | lɔ̀ːn-/ 图《英》コインランドリー.

laun·dress /lɔ́ːndrəs, lɑ́ːn- | lɔ́ːndrəs, -drəs/ 图 洗濯女.

laun·drette /lɔ̀ːndrét, lɑ̀ːn- | lɔ̀ːn-/ 图 =launderette.

Laun·dro·mat /lɔ́ːndrəmæt, lɑ́ːn- | lɔ́ːn-/ 图《サービスマーク》《米》ロンドロマット《コインランドリー》.〖LAUNDR(Y)+(AUT)OMATIC〗

†**laun·dry** /lɔ́ːndri, lɑ́ːn- | lɔ́ːn-/ 图 ❶ C **a** 洗濯屋, クリーニング店. **b** 洗濯場. ❷ U 洗濯物 (washing): send out the ~ 洗濯物を出す. 〖F=洗濯する人; ⇨ laun-

der, -ry〛

láundry bàsket [名] (洗濯物を入れる)洗濯かご.

láundry lìst [名] 長々としたリスト.

láundry·man /-mən/ [名] ([複] **-men** /-mən/) 洗濯屋《洗濯物の集配をする人》.

láundry ròom [名] 洗濯室.

láundry·wòman [名] ([複] **-women**) 洗濯女.

Lau·ra /lɔ́ːrə/ [名] ローラ《女性名》.

lau·re·ate /lɔ́ːriət/ [形] ❶ (名誉のしるしの)月桂(げっけい)冠をいただいた. ❷ [しばしば名詞の後に置いて]〈詩人が〉名誉[栄冠]を受けた: ⇨ poet laureate. ── [名] ❶ 栄冠を受けた人, 受賞者: a Nobel prize ~ ノーベル賞受賞者. ❷ 桂冠詩人. ([名] laurel)

láureate·shìp [名] [U] 桂冠詩人の地位[職].

⁺**lau·rel** /lɔ́ːrəl | lɔ́r-/ [名] ❶ [U,C] 〘植〙 **a** ゲッケイジュ(月桂樹)《[解説] ギリシア神話では Daphne が Apollo の愛の追跡を逃れるため変身したものが月桂樹とされた; 古代ギリシア人が Apollo の祭に行なうピシア競技の勝利者にこの木の枝で編んだ冠を与えた》. **b** 《米》カリフォルニアゲッケイジュ. ❷ [複数形で] (栄誉・勝利のしるしとしての)月桂樹の葉; 月桂冠; 名誉, 栄冠; 勝利: win [gain, reap] ~*s* 栄誉を得る, 称賛を博する. **lóok to one's láurels** 名声[地位]を失わないように心がける. **rést [sít] on one's láurels** 成功[栄誉]の上にあぐらをかく. ── [動] [他] 〈…に〉月桂樹[名誉, 栄冠]を授ける. 〚F＜Prov＜L＝月桂樹〛

Lau·rence /lɔ́ːrəns | lɔ́r-/ [名] ローレンス《男性名; 愛称 Larry》.

lav /lǽv/ [名] 《英口》トイレ; 洗面所. 〚LAV(ATORY)〛

⁺**la·va** /lɑ́ːvə/ [名] [U] ❶ (流動状の)溶岩. ❷ (凝固した)溶岩, 焼石 (cf. pumice). 〚It〛

láva làmp [名] ラーバランプ《色付きの粘液塊を透明容器内に封じ込め, それが浮き沈みするのを照らし出すインテリアランプ》.

la·va·tion /leɪvéɪʃ(ə)n/ [名] [U,C] 洗うこと, 洗浄, 清め.

lav·a·to·ri·al /lævətɔ́ːriəl←/ [形] 〈ジョークなど〉便所に関する.

⁺**lav·a·to·ry** /lǽvətɔ̀ːri | -təri, -tri/ [名] ❶ **a** 洗面所, 手洗い所, トイレ. **b** 水洗便器. ❷ 《米》(壁に取り付けた)洗面台. 〚L＝洗う場所＜*lavare* 洗う; cf. dilute; launder; lavish; lotion〛

lávatory pàper [名] [U] トイレットペーパー (toilet paper).

lave /léɪv/ [動] [他] 《文》❶ 〈…を〉洗う. ❷ 〈水が〉〈岸を〉洗う. 〚L＝洗う〛

⁺**lav·en·der** /lǽvəndə | -də/ [名] [U] ❶ 〘植〙 **a** ラベンダー《芳香のあるシソ科の植物》. **b** ラベンダーの花[茎, 葉]《干して衣類の虫よけにする》. ❷ ラベンダー色, 薄紫色, 藤色. ── [形] 藤色の, 薄紫の.

la·ver¹ /léɪvə | -və/ [名] [U] 〘植〙 アマノリ《アマノリ属の食用海藻; アサクサノリなど》.

la·ver² /léɪvə | -və/ [名] 〘聖〙 洗盤(せんばん)《ユダヤの祭司が洗手・洗足に用いた青銅のたらい》; 《古》洗礼盤, (手など洗うための)洗盤, たらい.

láver brèad [名] [U] レイバー[ラーバー]ブレッド《乾燥したアマノリを煮詰めてその中にオートミールを入れていためたウェールズの食べ物》.

lav·ish** /lǽvɪʃ/ [形] (**more ~; most ~**) ❶ 〈人が〉物惜しみしない, 気前のよい, おおまかな: a ~ uncle 気前のよいおじ / Rich people can be ~ ***with their money. 金持ちは金の使い方におおまかでいられる / She was ~ ***in*** her gifts [*in* her spend*ing*]. 彼女は気前よく贈り物をした[金を使った]. ❷ ぜいたくな, 豪華な: give a ~ party 豪華なパーティーを開く. ❸ 豊富な, 十分な, あり余る; 多すぎる, むやみな: ~ chestnut hair 豊かな栗色の髪 / ~ expenditure 浪費. ── [動] [他] 〈…を〉惜しまず[気前よく]与える; 浪費する: ~ care ***upon*** one's children 子供を大事に世話する / ~ praise *upon* a person 人をほめそやす. **~·ly** [副] **~·ness** [名] 〚F＝どしゃ降り＜L *lavare* 洗う; cf. lavatory〛
【類義語】**lavish, profuse** 無制限・寛大に, 時として不当に大まかに[気前よく]与える; *lavish* の方が意味が強い. **extravagant** 金銭などを不当に多く浪費する. **prodigal** 先のことを考えないで浪費が過ぎる.

La·voi·sier /ləvwɑ́ːzièɪ/, **An·toine-Lau·rent** /ɑːn-twɑːnlɔːrɑ́ːŋ/ [名] ラボアジエ《1743–94; フランスの化学者; 近代化学の父》.

⁑**law** /lɔ́ː/ [名] ❶ **a** [U] 法, 法律: by ~ 法律によって, 法律的に / ~ and order 法と秩序, 治安 / ⇨ common law, natural law / His word is ~. 彼の言葉は法律だ《絶対服従を要求する》/ Necessity [Hunger] knows [has] no ~. 《諺》必要[飢え]の前に法律はない. **b** [the ~] (法律・法規の全体としての)法, 国法: *the* ~ of the land 国法 / Everybody is equal before *the* ~. 法の前では万人平等である / break the ~ 法を破る / obey the ~ 法に従う / enforce the ~ 法を施行する. **c** [C] (個々の)法律, 法規: a ~ against environmental pollution 環境汚染防止法 / a ~ on [for] equal opportunity in employment 雇用機会均等に関する[のための]法律. **d** [U] (分立する特殊な)…法: commercial [criminal] ~ 商[刑]法 / private [public] ~ 私[公]法 / international ~ 国際法. ❷ **a** [U] 法律学, 法学: study [read] ~ 法律(学)を勉強する. **b** [U] [通例 the ~] 法律業, 弁護士の職, 法曹界: He's learned [versed] in *the* ~. 彼は法律に通じている / follow *the* ~ 法律を業としている, 弁護士をする. ❸ [U] 法律的手段[手続き], 訴訟, 起訴: be at ~ 訴訟中である / contend at ~ 裁判[法廷]で争う. ❹ [C,U] **a** (守るべき)おきて, 習わし; 慣例, 慣習: moral ~ 道徳律 / a basic ~ of good business 商売に成功する原則. **b** (宗教上の)おきて, 戒律, 律法: the ~*s* of God 神の法 / the new [old] ~ 〘聖〙新[旧]約 / the *L*~ (of Moses) モーセの律法. **c** (科学・哲学上の)法則, 理法, 原理: Newton's ~ of gravitation ニュートンの引力の法則 / the ~ of mortality 生者必滅のおきて / the ~*s* of motion (Newton の)運動の三法則 / the ~ of nature 自然の法則 / the ~ of self-preservation 自己保存の本能 / the ~*s* of logic 論理的推論の法則 / the ~ of the jungle ⇨ jungle 1 a / ⇨ Gresham's law, Parkinson's law. **d** (技術・芸術上の)原則, 法: the ~*s* of painting 画法 / the ~*s* of meter 韻律法. **e** (運動競技の)規則, 規定: the ~*s* of tennis テニスのルール. ❺ [U] [the ~; 集合的; 単数または複数扱い] 《口》警官, 警察: *the* ~ in uniform 制服の警官 / get into trouble with *the* ~ 警察沙汰を起こす. **be a láw ùnto [to] onesélf** 自分の思うとおりにする, 慣例を無視する《★ 聖書「ローマ人への手紙」から》. **gó to láw with [agàinst]**…＝**hàve [tàke] the láw on**…… を起訴[告訴]する. **láw of áverages** [the ~] 〘統〙 平均の法則. **láw of exclúded míddle** [the ~] 〘論〙 排中律《互いに排反な命題の一方が偽であるならば, 他方は真でなければならないという原理》. **láw of máss áction** [the ~] 〘化〙 質量作用の法則《化学反応の速度は反応物質の濃度に比例するという法則》. **láw of nátions** [the ~] 国際法. **láw of pársimony** [the ~] 〘哲〙 節減の原理. **láy dówn the láw** 命令[独断]的な言いかたをする, 命令的に言う. **tàke the láw ìnto one's ówn hánds** (法律の力を借りずに)勝手に制裁を加える; リンチを加える. **There's nó láw agàinst**… 《口》…をしちゃいけないなんて法律はない, …してもかまわない. 〚ON; 原義は「置かれたもの」; lay¹ と関連語〛 ([形] lawful, lawless; [関形] legal) 【類義語】**law** 「法律」を示す一般的な語; 権力によって定められ, 服従の義務があることを意味する. **statute** 立法機関によって制定された成文の法律. **rule** 権力による強制の有無に関わらず特定の秩序・機能を維持するため, または個人的な事柄などで相互に守るべき決まり. **regulation** 集団・組織などの統制のために上から決められた規定, 条例.

⁺**láw-abìding** [形] 法を守る, 遵法の: ~ people [citizens] (法律をよく守る)良民. **~·ness** [名]

láw·brèaker [名] 法律違反者, 違法者.

láw·brèaking [名] [U] 違法. ── [形] 違法の.

láw cèntre [名] 《英》法律相談所.

láw còurt [名] 法廷, 裁判所. ([関形] judicial, juridical)

⁺**láw enfòrcement** [名] [U] 法の執行.

láw enfòrcement àgent [名] 《米》法執行官, 警察官.

láw fìrm [名] 法律[弁護士]事務所.

law·ful /lɔ́:f(ə)l/ 形 (比較なし) ❶ 合法の, 適法の, 正当な (↔illegal, unlawful): a ~ marriage 正式の結婚 / a ~ transaction 合法の取引. ❷ a 法律の認める, 法律上有効な, 法定の: ~ age 法定年齢, 成年 / ~ money 法定貨幣, 法貨. b 〈子供が〉嫡出の. ❸ 法を守る, 治安のいい. ~·ly 副 ~·ness 名 【類義語】 lawful 法律の意図・精神に合っている; 広い意味では法律に抵触しないことを意味する専門的な語. legal 実際の法律の字句に一致する, 法律の条文に規定されているまたは法律に関する. legitimate 資格または権利が法律や社会通念などによって正当と認められた.

láw·gìver 名 立法者, 法律制定者.

lawk(s) /lɔ́:k(s)/ 間 《英俗》 おやっ, たいへん 《驚きを表わす》.

law·less 形 ❶ 〈国・土地など〉法律のない, 無法の: a ~ town 無法の町. ❷ 非合法的な, 不法な. ❸ 〈人が〉無法な, 理不尽な, 手に負えない: a ~ man 無法者. ~·ly 副 ~·ness 名

láw·màker 名 立法者, (国会)議員.

láw·màking 名 Ｕ 立法. ── 形 立法の.

láw·man /-mən/ 名 (働 -men /-mən/) 《米》 法執行官 (marshal, sheriff, policeman など).

lawn¹ /lɔ́:n, lɑ́:n | lɔ́:n/ 名 《公園・家の周囲などにある, きれいに刈り込まれた》芝生 《解説》芝生を植えた庭を 《米》 では yard という; 西洋芝は生長が速く, 芝刈りは 《米》 では男性がする仕事と考えられている: a tennis ~ テニス用芝生コート / mow the ~ 芝を刈る. 〖F; LAWN と関連語〗

lawn² /lɔ́:n, lɑ́:n | lɔ́:n/ 名 ローン, 紗《ごく薄い上質の麻布または綿布; 英国国教会で主教 (bishop) の法衣のそで (sleeves) に用いる》.

láwn bòwling 名 Ｕ ローンボウリング (bowls) 《木球を芝生の中であらかじめ決めた的球になるべく近づけようとする競技》.

láwn chàir 名 芝生用椅子, ローンチェア.

láwn mòwer, láwn-mòwer 名 芝刈り機.

láwn pàrty 名 園遊会.

láwn tènnis 名 Ｕ ❶ ローンテニス 《芝生コートでするテニス; cf. court tennis》. ❷ 庭球, テニス (tennis).

láw òffice 名 《米》 法律[弁護士]事務所.

Law·rence /lɔ́:rəns | lɔ́r-/ 名 ローレンス, ロレンス 《男性名; 愛称 Larry》. 〖LAURENCE の別形〗

Lawrence, D(avid) H(erbert) ロレンス (1885-1930; 英国の小説家・詩人).

Lawrence, T(homas) E(dward) ロレンス (1888-1935; 英国の考古学者・軍人・作家; 通称 Lawrence of Arabia).

law·ren·ci·um /lɔ:rénsiəm | lɔr-/ 名 Ｕ 《化》ローレンシウム《放射性元素; 記号 Lr》.

láw schòol 名 ＣＵ ロースクール 《米国の大学院レベルの法律家養成機関》.

law·suit /lɔ́:sù:t/ 名 《民事》訴訟 (suit): file [bring] a ~ against... に対して訴訟を起こす.

láw tèrm 名 裁判開廷期.

law·yer /lɔ́:jɚ, lɔ́ɪə | lɔ́ɪə, lɔ́ɪɚ/ 名 弁護士; 法律家: a criminal ~ 刑事弁護士 / He's a good [a poor, no] ~. 彼は法律に明るい[暗い]. 〖LAW+-YER〗 【類義語】 lawyer一般的な弁護士をいう. 《米》 counselor, 《英》 barrister, 《スコ》 advocate 法廷で訴訟事件を扱う権限のある法廷弁護士を, 《米》 attorney, 《英》 solicitor 依頼人のために契約書の作成や財産の処分などの事務を代行する弁護士; 法廷弁護士と訴訟依頼人の間に立って裁判事務を扱う.

law·yer·ing /lɔ́:jəɪŋ, lɔ́ɪə-/ 名 Ｕ 弁護士[法律家]の職[地位], 法実務, 法務.

lax /læks/ 形 ❶ a 〈規律・人など〉厳しくない, 手ぬるい, だらしなくて: He's morally ~. 彼は素行がだらしない / He's ~ in his morals. 彼は素行がだらしない. ❷ a 〈綱など〉ゆるい. b 〈織物など〉目のつんでない. c 力の弱い. ❸ 正確でない, あいまいな. ❹ 〈腸が〉ゆるんでいる. b 〈人が〉下痢を起こしている. ❺ 《音声》 弛緩《ん》 の (cf. tense¹ 3): a ~ vowel 弛緩母音 (/ɪ/ など). ~·ly 副 ~·ness 名 〖L laxus ゆるんだ; cf. relax; lease〗

LAX /élèks/ 略 Los Angeles International Airport ロサンゼルス国際空港.

lax·a·tive /læksətɪv/ 形 便通を促進する, 通じをつける.

── 名 緩下剤, 通じ薬.

lax·i·ty /læksəti/ 名 Ｕ.Ｃ ❶ 締まりのないこと, だらしなさ, 放縦さ. ❷ (話しぶり・文体などの) 不正確さ, あいまいさ.

lay¹ /léɪ/ 動 (lay /léɪd/) (屁 自動詞 lie¹ (横たわる) と対応する; ★ lie¹ の過去形 lay と混同しないように注意) ❶ [副詞句を伴って] a 〈...を〉〈...に〉横たえる, 置く 《用法通例ある場所を表わす副詞(句)とともに用い, down を付加的に用いる》: He laid his bag on the table. 彼はテーブルの上にかばんを置いた / She laid her baby (down) in the crib. 彼女は赤ちゃんをベビーベッドに寝かせた / She laid her hand on her son's shoulder. 彼女は息子の肩に手をかけた / He laid himself down on the ground. 彼は地面に横たわった. b 〈人を〉〈×〉葬る, 埋める: ~ a person's bones in Westminster Abbey ウェストミンスター寺院に埋葬する / ~ a person to rest [sleep] 人を葬る.

❷ a 〈物などを〉きちんと置く, 据える, 積む; 敷く, 敷設する: ~ bricks れんがを積む / ~ a pavement 舗道を敷く / ~ a railroad track 鉄道を敷設する / ~ a carpet on a floor = ~ a floor with carpeting 床にじゅうたんを敷く / The wind laid the garden with leaves. 風が庭に木の葉をまき散らした. b 〈基礎などを〉据える: ~ the foundation(s) of a building [theory] 建物[理論]の基礎を置く / He laid a future course for himself. 彼は将来進む道を築いた. c 〈わななどを〉しかける: ~ a snare [trap] for... を取ろうとわなをしかける.

❸ a 《主に英》 〈食卓・食事の席などを〉用意する, 整える 《《米》 set》: ~ the table for breakfast 朝食のための食卓の用意をする. b 〈計画を〉準備する, 案出する, 工夫する: ~ one's plans 計画を立てる / ~ a conspiracy 陰謀を企てる. c 〈暖炉の火などをたく〉用意をする.

❹ 〈鳥・昆虫が〉〈卵を〉産む: This hen ~s an egg every day. この鶏は毎日卵を産む / a newly laid egg 産みたての卵.

❺ a 〈信頼・強勢などを〉置く: ~ one's hopes on a person 人に希望を置く / In his lecture Mr. Smith laid great emphasis [stress] on the need for world peace. スミス氏は講演の中で世界平和の必要性を大いに強調した. b 〈重荷・義務・罰を〉課する: ~ duties [punishment] on a person 人に義務[罰]を課する / Heavy taxes are laid on alcohol and tobacco. 酒とたばこに重税が課せられている. c 〈非難・告発などを〉...に帰する; 〈罪・過失を〉...に帰する: ~ a charge 非難[告発]をする / She laid the blame on me. 彼女は責任を私に負わせた / ~ a crime to a person's charge 罪を人の責任に帰する. d 〈物語の場面を〉置く (★ 通例受身): The scene (of the story) is laid in London in the nineteenth century. (その話の)場面は19世紀のロンドンに置かれている.

❻ 〈...を〉〈...の状態に〉置く, する: [+目+補] ~ one's feelings [heart] bare 心情を吐露する / The war laid the country waste. その戦争でその国は荒廃した.

❼ 〈...を〉打ち倒す, 打ちのめす: A single blow laid him on the floor. たった一発で彼は床に倒れた / [+目+補] The storm laid all the crops flat. 暴風のため作物はみななぎ倒された.

❽ 〈ほこりなどを〉静める; 〈心配・恐れ・不安・亡霊などを〉静める, 抑える: A shower has laid the dust. ひと雨でほこりが収まった / ~ a person's fears [doubts] to rest 人の心配[疑惑]を静める.

❾ a 〈~ claim to〉〈...の〉権利を〉主張する: ~ claim to an estate 地所の権利を主張する. b 〈考え・問題などを〉(...に)提示する, 提出する: ~ a matter before a committee 問題を委員会の(審議)にかける / He laid his troubles before me. 彼は私に苦い胸のうちを打ち明けた.

❿ 〈賭に〉...を賭ける: She laid $1000 on the horse. 彼女はその馬に千ドル賭けた / [+目+目+that節] I'll ~ (you) ten dollars that he will win. 10ドル賭けてもよいが, 絶対に彼は勝つよ.

⓫ 《俗》 〈人と〉セックスをする.

── 自 ❶ 〈鳥・昆虫が〉卵を産む: This hen ~s well. この鶏はよく卵を産む. ❷ 賭ける, 賭けをする.

gèt láid 《俗・卑》性交する.

láy abóut... 《英》(1) [~ about one で] (自分の周りの)〔武器を用いて〕四方八方を打ちまくる: He *laid about* him *with* a stick. 彼はめちゃくちゃに棒を振り回した. (2) 〈人を〉激しく攻撃[非難]する: He *laid about* them *with* his hands. 彼は彼らに素手でめちゃくちゃに打ちかかった.

láy asíde 《他＋副》(1) 〈ものを〉(一時的に)かたわらに置く: ~ a bag *aside* かばんを横に置く; 〈ものを〉しまって[取って]おく, たくわえる: He ~s *aside* Sundays for golf. 彼は毎日曜をゴルフに取っておく[当てている]. (3) 〈...を〉捨てる, やめる, 放棄する.

láy...at a person's dóor 〈罪・過失などを〉人のせいにする: He always ~s his mistakes *at* my *door*. 彼はいつも自分の間違いを私のせいにする.

láy awáy 《他＋副》(1) 〈...を〉しまっておく; 〈金を〉貯蓄する. (2) 〈...を〉埋葬する.

láy báck 《自＋副》《米俗》リラックスする.

láy bý = LAY¹ aside 《成句》(2).

láy dówn 《他＋副》(1) 〈...を〉(...に)横たえる, 下に置く (⇨ 他 1). (2) 〈ものを〉据える; 建造する, 敷設する: ~ *down* a cable 〔海底電線〕を敷く. (3) 〈ぶどう酒などを〉(地下室に)貯蔵する. (4) 〈規則・原則などを〉規定する, 定める; 〈...と〉〈独断的に強く〉主張する, 断言する 《★ しばしば受身》: ~ *down* rules 規則を定める / ~ it *down* as an axiom that... 次の事を自明の理として主張する[自明の理とする] / The Act ~s it *down* that... = It is laid *down* in the Act that... その条例に規定されている. (5) 〈武器・命などを〉捨てる, なげうつ; 〈仕事・義務などを〉やめる: The rebels *laid down* their arms and surrendered. 反逆者たちは武器を捨てて降服した / ~ *down* one's life 一命をなげうつ / He would not ~ *down* his work until it was finished. 彼は仕事を し終えるまではやめようとしなかった. (6) 〈作物を〉植える: ~ *down* cucumbers キュウリをまく[作る]. (7) 〈畑に〉〈作物を〉植える, まく: ~ *down* the land *in* [*to*, *under*, *with*] grass その土地に牧草を植える, 土地を牧草地にする. (8) 〈ポピュラー音楽を〉録音する.

láy dówn the láw 《自》law 《成句》.

láy for... 《米口》〈人を〉待ち伏せる.

láy ín 《他＋副》〈ものを〉(買い)たくわえる, 仕入れる (lay up).

láy ínto... 《口》〈人を〉(こぶしまたは言葉で)攻撃する; ...をしかる, 非難する, ...をしのぐ.

láy it ón (thíck) ひどく誇張する; やたらにほめる, むやみにお世辞を言う; ひどくしかる[けなす] 〔由来〕「こってり塗る」の意から).

láy lów ⇨ low¹ 《形》《成句》.

lay óff 《他＋副》《口》(1) (不況のため)〈従業員を〉一時解雇する, 帰休させる, レイオフする. (2) 《米》〈コートなどを〉脱ぐ. (3) 〈土地を〉区画する, 区分する. —《自＋副》... óff... 》(4) 〈従業員を〉一時解雇する: Three hundred people were *laid off* work. 300人が一時解雇になった. —［《自》＋《副》~ óff...] (5) 《口》やめる, よす. (6) 仕事を休む, 休養する. —［《自》＋《副》~ óff...]（7) 《口》〈酒・たばこなどを〉やめる, 絶つ: ~ *off* alcohol 酒をやめる / *L- off* teasing. からかうのはよしなさい. (8) 《口》[命令法で] 〈人に〉かまうな, 放っておけ: *L- off* me. ひとりにしておいてくれ.

láy ón 《他＋副》(1) 〈打撃などを〉思い切り与える. (2) 〈ペンキなどを〉塗る. (3) 〈税・罰などを〉課する; 〈命令などを〉与える. (4) 《英》〈ガス・電気などを〉引く, 敷設する 《★ しばしば受身》: How soon will gas and water *be laid on*? ガスと水道はいつごろまでに引いてもらえますか. (5) 《英》〈催し・料理などを〉用意する, 準備する: They *laid on* a concert for the guests. お客のために音楽会を用意した.

láy óut 《他＋副》(1) 〈もの・食物などを〉広げる; 〈光景などを〉展開する: ~ *out* a map 地図を広げる / A glorious sight was *laid out* before our eyes. 壮麗な光景が目の前に繰り広げられた. (2) 〈都市などを〉設計する, レイアウトする; 〈書物などの〉割り付け[レイアウト]をする: ~ *out* a garden 庭造りをする. (3) 《口》〈人を〉気絶させる, 打ちのめす[倒す]: The boxer was *laid out* with a blow on the chin. ボクサーはあごに一撃をくらってどさっと倒れた. (4) 《口》〈金を〉(大量に)使う, 投資する: He *laid out* his life's savings on a new house. 彼は一生かけてためた金を新しい家につぎこんだ. (5) 〈遺体の〉埋葬準備をする. (6) 〈仕事などを〉綿密に企画する, 段取りを決める; 〈案・考えなどを〉提示する, 述べる. (7) 《口》〈人を〉非難する.

láy óver 《他＋副》(1) 《米》〈会などを〉延期する 《★ 通例受身》: The party *was laid over* for a week. パーティーは1週間延期された. (2) 〈...に〉かぶせる, 飾る 《★ 通例受身》: The cover *is laid over with* gold. ふたには金がかぶせてある. —《自＋副》(3) 《米》(飛行機などで)途中下車する, 立ち寄る: I *laid over* for a night *in* Chicago. 一晩シカゴに立ち寄った.

láy onesélf óut to dó 《口》〈...しようと〉骨折る, 乗り出す: She *laid herself out to* make her guests comfortable. 彼女はお客をくつろがそうと精いっぱい努めた.

lay to [《自＋副》~ tó] (1) 《海》(船首を風に向けて)停船する. —《他＋副》(2) 〈...に〉勢いよく取りかかる: The crew *laid to* their oars. 乗組員たちは勢いよくオールを手に取った.

láy togéther 《他＋副》〈...を〉ひと所に寄せる: We *laid* our heads *together* to come up with an advertising slogan. 私たちは額を集めて広告の標語を考え出した.

láy úp 《他＋副》(1) 〈ものを〉たくわえておく, 蓄える (lay in): ~ *up* a supply of food 食糧を蓄える. (2) 〈やっかい事を〉しょい込む: He's ~*ing up* trouble *for* himself. 彼は自分があとで困るようなことをしている. (3) 〈病気が〉〈人を〉動けなくし, 引きこもらせる 《★ 通例受身》: I *was laid up with* a cold. かぜで床についていた. (4) 《海》〈船を〉(修理のために)係船する 《★ 通例受身》.

—名 ❶ Ｕ [しばしば the ~] (ものの置かれた)位置, 地形, 方向; 形勢, 状態: the ~ of the land 地勢; 情勢, 形勢, 事態. ❷ Ｃ 《米俗》性交の相手(の女); 性交.

in láy 〈鶏が〉産卵して, 産卵期に入って.

〖OE; LIE¹ の使役形; cf. law〗 【類義語】 ⇨ put.

*lay² /léɪ/ 《動》lie¹ の過去形.

*lay³ /léɪ/ 《形》 Ａ ❶ (聖職者に対して)平信徒の, 俗人の (↔ clerical): a ~ sermon 俗人説法 / a ~ brother [sister] 平修道士[女], 労働修士[女], 助修士[女] (聖職者ではないが宗教生活をして一般労働に従事する) / a ~ clerk 教区書記 / ⇨ layman, lay reader. ❷ しろうとの, 本職でない: a ~ opinion しろうとの意見. 〖F < L < Gk = 人民の〗 《名》laity.

lay⁴ /léɪ/ 《名》❶ (歌うための)物語詩. ❷ 《詩》歌. 《F》

láy・abóut 《名》のらくら者, 怠け者.

láy・awáy 《名》Ｕ 《米》(予約割賦販売商品の)留め[取り]置き (品物が代金完納時に引き渡される購入契約).

láy・awáy plan 《名》[the ~]《米》(予約割賦販売商品の)留め置き方式, 予約割賦制.

láy-bý 《英》❶ 《道路の》待避所 (《米》 turnout). ❷ (鉄道の)待避線.

*láy・er /léɪr | léɪə/ 《名》❶ 層, 重なり, 積み, 塗り: A ~ of dust covered the floor. ほこりが積もって床をおおっていた / the ozone — オゾン層 / the ~s of meaning 意味の重なり, 重層的な意味. ❷ [通例複合語で] 重ねる[積む, 敷く]人; ⇨ bricklayer. ❸ 産卵鶏: a good [bad] ~ よく卵を産む[産まない]鶏. ❹ 《園》取り木.

—《他》 ❶ 〈...を〉層にする; 重ねる: ~ a vest *over* a blouse ブラウスの上にベストを重ね着する. ❷ 〈髪を〉段[レイヤード]カットにする. ❸ 《園》〈植物を〉取り木する. —《自》《園》〈植物が〉(枝から)根付く. 〖LAY¹ から〗

láyer cáke 《名》ＵＣ レーヤーケーキ (各層の間にジャムやクリームなどをはさんだスポンジケーキ).

†lay・ered 《形》層をなした, 層状の; [複合語で] ...層の[から成る].

láyer-óut 《名》《他》 láyers-òut《古風》埋葬のため遺体を整える人.

lay・ette /leɪét/ 《名》新生児用品一式 (産着(うぶぎ)・おしめ・布団類).

láy fígure 《名》 ❶ (彫刻家・画家が着衣の効果を見るために使う関節のある人体模型, モデル人形 (cf. mannequin 1). ❷ でくのぼう, 個性のない人.

láy·man /-mən/ 名 (複 **-men** /-mən/) ❶ (聖職者に対して)平信徒; 俗人. ❷ しろうと, 門外漢 (↔ expert): He's a ~ in politics. 彼は政治にはしろうとだ. 【LAY³+-MAN】

láy·òff 名 (一時的)解雇(期間), 一時帰休, レイオフ.

láy·òut 名 ❶ ⓒ a (都市·庭園などの)地取り, 設計. b 設計図, 配置図, 見取り図. ❷ ⓊⒸ (新聞·雑誌·書物の)割り付け, レイアウト. ❸ ⓒ (工夫を凝らして)並べたてたもの; ごちそう. ❹ ⓒ (米口)(大きな建造物の)構え; 邸宅, 工場.

láy·òver 名 (米) 途中下車, (旅行中の)立ち寄り (stopover).

láy·pèrson 名 (複 lay people, lay·persons) 平信徒, しろうと.

láy rèader 名 (キ教) (英国国教会·米国聖公会などの)平(信徒)読師, 信徒奉事者.

láy shàft 名 (機) 添え軸.

láy·wòman 名 (複 -women) 女性平信徒, しろうとの女性.

laz·ar /lǽzə, léɪzə | -zə-/ 名 (古) 病気の乞食, (特に)らい病やみ(の乞食).

laz·a·rette /læ̀zərét/ 名 ❶ (海) (船尾または甲板の間の)(食料)貯蔵室, 倉庫. ❷ =lazaretto.

laz·a·ret·to /læ̀zərétoʊ/ 名 (複 **~s**) (昔の)隔離病院, (特にらい)病院; 検疫所[船]; 軍[刑務所]診療所.

Laz·a·rus /lǽzərəs/ 名 a イエスが死からよみがえらせた男. b イエスのたとえ話に出る病気の乞食.

laze /léɪz/ 動 ⾃ 怠ける; のらくら暮らす 《about, around》: He ~s about all day. 彼は一日中のらくらする. — 他 怠けて⟨時を⟩過ごす: ~ away the afternoon 午後をのらくらして過ごす. — 名 [a ~] のらくら過ごす時間, くつろぎ. 【LAZY からの逆成】

laz·u·rite /læ̀zəràɪt, læ̀ʒʊ- | lǽzjʊ-/ 名 Ⓤ (鉱) 青金石 (lapis lazuli の主要素).

*__la·zy__ /léɪzi/ 形 (**la·zi·er, -zi·est**) ❶ 怠惰な, 不精な (↔ diligent, hardworking): a ~ person 怠け者 / a ~ correspondent 筆不精な人. ❷ 眠気を誘う, もの憂げな: a ~ summer afternoon けだるい夏の午後. ❸ 動き[流れ]ののろい: a ~ river ゆったり流れる川. **lá·zi·ly** /-zəli/ 副 **-zi·ness** 名 Ⓤ. [類義語] lazy 働くことをきらい, また働いていても熱意がない; 普通悪い意味で軽蔑的に使う. **idle** 怠惰なために, または周囲の事情で(この場合には悪い意味はない)活動して[働いて]いない.

lázy·bònes 名 (複 ~) (口) 怠け者, 不精者.

lázy éye 名 弱視; 斜視(の子).

lázy Súsan 名 (米) 回転盆[台] (英) dumbwaiter (食卓に置いて料理や調味料などを載せるもの).

lázy tòngs 名 (複) 不精ばさみ (遠方の物を取るのに用いる).

lb, lb. (略) libra(e). **LBO** (略) leveraged buyout. **lbs.** (略) pounds. **lbw** /élbìːdʌ́bljuː/ (クリケ) leg before wicket. **lc, l.c.** (略) (印) lowercase. **LC** (米) landing craft; (米) Library of Congress. **L/C, l/c** (略) letter of credit. **l.c.** (略) loco citato.

LCC (略) London City [County] Council ロンドン市議会. **LCD** (略) liquid crystal display. **LCD, lcd** /élsìːdíː/ (略) (数) lowest [least] common denominator. **L.C.J.** (略) Lord Chief Justice. **LCM, lcm** (略) (数) lowest [least] common multiple. **Ld.** (略) Lord. **L'd.** (略) limited. **ldg** (略) landing; loading.

LDL /élsìːél/ 名 Ⓤ 低密度リポたんぱく質 (いわゆる「悪玉コレステロール」). 《**l**ow **d**ensity **l**ipoprotein》

L-do·pa /éldóʊpə/ 名 Ⓤ (生化) エルドーパ (パーキンソン病の治療に用いる). 《L levo- 左旋性の》

L-driv·er /-/ 名 (英) (教官同乗の自動車の)仮免許運転練習者 (通常車の前後に L プレート (L-plate) をつける). 《L(EARNER) DRIVER》

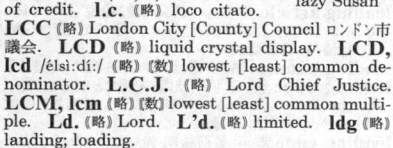

lazy Susan

1029　　lead

-le /l/ 接尾 ❶ [名詞語尾] 「小さい」: icicle. ❷ [名詞語尾]「…する人[道具]」: beadle. ❸ [動詞語尾]「反復」: sparkle.

lea /líː/ 名 (詩) 草原, 草地, 牧草地.

LEA /élìːéɪ/ (略) (英) Local Education Authority.

leach /líːtʃ/ 動 他 ❶ ⟨液体を⟩こす. ❷ ⟨可溶物を⟩×…からこし取る, 浸出する 《out, away》 《from》. — ⾃ こされる, 溶解する 《out, away》. — 名 Ⓤ a こすこと. b こした液, こし灰. c ⓒ 濾過(⽔)器, こし器.

leach·ate /líːtʃeɪt/ 名 Ⓤ 浸出液.

✽**lead¹** /líːd/ 動 (**led** /léd/) 他 ❶ a [副詞(句)を伴って] ⟨人を⟩(…に)導く, 案内する: ~ a visitor in [out, back] 客を中まで[外まで, またもとへ]案内する / ~ a person on a tour of… 人を案内して回る / He led us to the hotel. 彼は我々をホテルまで案内してくれた. b ⟨人·動物を⟩(手を取って)連れていく, (綱などとられて)引いていく: ~ an old man by the hand 老人の手を引く / She led the child across the street. 彼女はその子の手を取って通りを渡っていった / He led the horses into the yard. 彼は馬を引いて囲いに入れた. ❷ a [副詞(句)を伴って] ⟨道路などが…を⟩(ある場所に)導く, もたらす, 運ぶ: This street will ~ you to the station. この通りを行けば駅に着きます / The road ~s traffic into [away from] the center of town. この道路を走れば車は町の中心部に入る[から離れていく]. b ⟨…を⟩…の状態·結果へ導く: A chance idea led him to the discovery. まぐれの思いつきから彼はその発見に至った / Unwise investments led the firm into bankruptcy. 愚かな投資がもとで会社は破産に追い込まれた / [＋目＋to do] Nervousness led me to make mistakes. 私はあがってしまったのでいくつか間違いをした / [＋目＋into＋doing] She led him into believing that she was innocent. 彼女は無実だということを彼に信じ込ませた. ❸ ⟨…を⟩**先導する**, 指揮する, ⟨…の先頭に立つ⟩; ⟨…を⟩率いる: ~ an army [a search party] 軍[捜索隊]を指揮する / ~ a party in an election 選挙で党を率いる / A baton twirler led the brass band. バトンガールがブラスバンドの先に立っていた. ❹ **首位を占める**: She ~s the company in sales. 彼女は売り上げでは会社の一番である / ~ the world in space technology 宇宙技術で世界のトップである. ❺ a ⟨ある種の人生を⟩過ごす, 送る: He led a life of poverty for many years. 彼は何年も貧乏暮らしをした. b ⟨人に×ある人生を⟩送らせる: [＋目＋目] His wife led him a miserable life. 妻のために彼は悲惨な生活を送った. ❻ (トランプ) (ゲームの一巡で)初めの人が×ある札を最初の手として出す, 打ち出す: He led a heart. 彼は最初にハートの札を出した.

— ⾃ ❶ a 先に立って行く; 案内役[先導]を務める: The green car is ~ing. 緑の車が先頭を走っている. b 指揮する; 指揮者となる. ❷ [副詞(句)を伴って] ⟨道路などが⟩(…に)至る, 通じる, (…を)通る: All roads ~ to Rome. ⇒ Rome 1 / I found a narrow track ~ing down to the river. 細い小道があった(下っていくと)川に通じていた / This door ~s into my room. このドアから私の部屋に入れるようになっている / This road ~s through the forest. この道は森を通り抜けている. b (結果として): That will only ~ to trouble. そんなことをすれば面倒なことになるだけだ / The experiments led to great discoveries. その実験は偉大な発見をもたらした. ❸ 先頭に立つ, リードする: The horse led easily until the homestretch. その馬はホームストレッチまで楽々とリードして走った. ❹ I ~ in French. フランス語では私が一番だ. ❹ (トランプ) 最初に札を出す.

léad ánywhere [否定文で] ⇒ LEAD nowhere 成句.

léad a person a (prétty [jólly, mérry]) dánce ⇒ dance 名 成句.

léad astráy (他＋副) (1) ⟨人を⟩誤った方向に導く, 道に迷わす: I was led astray by bad directions. いいかげんな道案内を聞いて道に迷ってしまった. (2) ⟨人を⟩邪道に導く, 堕落させる: His friends led him astray. 彼は友だちに誘われて非行に走った.

léad a pérson (aróund) by the nóse ⇒ nose 名 成句.
léad nówhere 何にもならない，むだに終わる: This work may ~ nowhere. (=This work may not ~ anywhere.) この仕事は結局むだに終わるかもしれない．
léad óff (他＋副) (1) 〈...を〉連れていく: The police led him *off* to jail. 警察は彼を留置所にぶちこんだ. (2) 〈...を〉始める，〈...の〉口火を切る[皮切りをする]: The band led the concert *off with* a hard-rock number. そのバンドはコンサートの皮切りにハードロックの曲を演奏した. (3)【野】〈回の〉先頭打者となる: He led *off* (the inning for the Yankees). 彼は(その回のヤンキースの)先頭打者になった.
── (自＋副) (4) 始める，口火を切る (start off): He led off by announcing his intentions. 彼はまず意図を明らかにすることから始めた.
léad ón (他＋副) [~＋目＋on] (1) 〈人を〉(続けて)案内する. (2) [口] 〈人を〉だます; 〈人をだまして(...するように)しむける: You're ~ing me on! うそでしょう，からかんでいるんでしょう / I was led on *into* buying rubbish. だまされてがらくたを買ってしまった / They led him *on* to steal it for them. 彼らは彼にそれを盗むようにしむけた. ── (自＋副) (3) (続けて)先に立って行く[案内する].
léad a pérson ùp the gárden páth ⇒ garden 名 成句.
léad úp to... 次第に...に至る; 徐々に...に話を向ける: The book chronicles events ~*ing up to* the war. その本は戦争に至るまでの事件を年代順に記録してある / What is she ~*ing up to*? 彼女は話をどこにもっていこうとしているのだろうか．
── 名 ❶ ⓒ 先導，指導; 手本，模範: follow a person's ~ 人に(手本として)ならう. ❷ a [the ~] (競走などでの) 先頭，首位; 第一位，一等: He was in *the* ~. 彼は先頭に立っていた / take [have] *the* ~ in a race レースで首位に立つ[立っている]. b [a ~] 勝ち越し(の差) 〈距離・時間など〉, リード; 優勢: He had [held] a ~ *of* three laps *over* the second-place car at the finish. 彼はゴール地点で2位の車よりも3周リードしていた / They have a ~ *over* the rest of the world in technology. 彼らは科学技術の点で世界に一歩先をいく出ている. ❸ ⓒ [問題解決の]きっかけ，手がかり: So far there're no firm ~s as to who the hit-and-run driver is. 今のところひき逃げ犯人を割り出す確かな手がかりがつかめていない. ❹ [the ~]【演劇】立て役，主役; 主役俳優，立て役者: play *the* ~ 主役を演じる / *the* juvenile ~ 若い立て役者. ❺ ⓒ (新聞記事などの)書き出し，冒頭; トップ記事. ❻ ⓒ (犬などの)引き綱 (leash): have [keep] a dog on a ~ 犬をひもにつないでおく. ❼ [単数形で; 通例 the ~]【トランプ】打ち出し(の権利); 打ち出し番の人. ❽ ⓒ【電】導線(アンテナなどの)引き込み線.
táke the léad (1) 先頭に立つ，先導する. (2) 率先する: He *took the* ~ *in* (carrying out) the project. 彼は率先してその計画(の遂行)に当たった.
── 形 ❶ 先導する，先を行く: the ~ car 先導車. ❷ (新聞・ラジオ・テレビの)主要記事の，トップの: a ~ editorial 論説 / a ~ story トップニュース.
〖OE; 原義は「行かせる」; load と関連語〗
〖類義語〗**guide** 道を途中などを知っている者が人に同行して案内する. **lead** 先に立っていて後から来る人を導く. **conduct** やや格式ばった様子で人を案内し，また手助けするために同行する.

***lead²** /léd/ 名 ❶ Ⓤ【化】鉛 (金属元素; 記号 Pb); ⇒ red lead, white lead. ❷ Ⓤ,ⓒ 鉛筆の芯(しん): a soft [hard] ~ 柔らかい[硬い]鉛筆の芯. ❸ [米古風] ⓒ (鉛の)弾丸 (bullets). ❹ a (船から水深を測るために用いる)測鉛: cast [heave] *the* ~ 水深を測る. b [複数形で] [英] 屋根ふき用の鉛板; トタン屋根. c [複数形で] (窓ガラスの)鉛枠 〈ステンドグラスの窓に用いる〉. ❺ ⓒ【印】差し鉛，インテル(行間をうめる鉛片). **gét the léad óut** [米俗] 急ぐ.
── 名 鉛(製)の: ~ pipe 鉛管.
── 動 ❶ a 〈...を〉鉛でおおう[ふく]. b 〈...に〉鉛を詰める. ❷ 〈...に〉鉛化合物を入れる. ❸【印】〈...に〉インテルを入れる.

〖Celt; 原義は「流れる」で鉛が溶けやすいことから〗
léad ácetate /léd-/ 名 Ⓤ【化】酢酸鉛.
léad crýstal /léd-/ 名 =lead glass.
lead·ed /lédid/ 形 ❶ 鉛の枠のついた，鉛でおおわれた，鉛を詰めた. ❷ 〈ガソリンなど〉有鉛の (↔ unleaded).
léaded gás 名 Ⓤ 有鉛ガソリン.
lead·en /lédn/ 形 ❶ 鉛製(の). ❷ 鉛色の: a ~ sky 鈍(にび)色の空. ❸ 重苦しい，鈍い，だるい: a ~ heart 重く沈んだ心. ❹ 無気力な，不活発な. **~·ly** 副 **~·ness** 名
〖LEAD² ＋ -EN²〗
léaden séal 名 封鉛 (物を縛った針金の端を留める刻印した鉛片).

‡**lead·er** /líːdə | -də/ 名 ❶ ⓒ 指導者，リーダー: a political — 政治指導者 / a spiritual — 精神的[宗教的]指導者. b 首領，主将; 指揮官. ⓒ (競技などで)先頭[首位]に立っている者; ヒット商品，トップ企業: the ~ in the field of electronics エレクトロニクス分野のトップ企業. ❷ [英] 主任弁護人，(法廷)裁判の第一席弁護士. ❸【楽】a [英] (オーケストラの)コンサートマスター [米] concertmaster《首席第一バイオリン奏者》. b [米] (バンド・オーケストラの)指揮者. ❹ [英] (新聞の)社説，論説 ([米] editorial). ❺ (馬車の)先頭の馬 (↔ wheel horse). ❻ (客寄せの)特価品，目玉商品: ⇒ loss leader. ❼ ⓒ (機械の)主動輪，主動滑車; ⓒ (水道などの)導管. ❽ ⓒ【植】若枝. ❾ [複数形で]【印】リーダー(表や目次を見やすくする点線または破線). ❿ (映画・テレビ)リーダー (フィルムやテープの先端の部分). ⓫ [米]【釣】はりす(釣り針を結びつける細糸). **Léader of the Hóuse of Cómmons** [Lórds] [the ~]【英議会】下院[上院]院内総務 (議事進行をつかさどる). **Léader of the Oppositión** [the ~] [英下院] 野党第一党党首.
léader·bòard 名 (ゴルフなど) (トーナメントで順位を書く)スコアボード.
léader·less 形 指導者のない.
*****lead·er·ship** /líːdəʃìp | -də-/ 名 ❶ Ⓤ 指導(権); 指導(力), 統率力: under the ~ of...の指揮[指導]のもとで / show good [poor] ~ すばらしい[おそまつな]指導力を発揮する[示す]. ❷ Ⓤ 指導者の地位[任務]. ❸ ⓒ [集合的; 単数または複数扱い] 指導者層，指導者層.
léad-fóoted /léd-/ [米口] 形 ❶ のろまな，ぐずの，間の抜けた. ❷ 〈ドライバーが〉やたらに飛ばす.
léad-frée /léd-/ 形 無鉛の: ~ gasoline [[英] petrol] 無鉛ガソリン.
léad gláss /léd-/ 名 Ⓤ 鉛ガラス《光学ガラス用》.
léad-in /léd-/ 名 ❶ a (読者・聴衆の注意を引くための)導入部，前奏. b (テレビ・ラジオ) (コマーシャルの)導入部 [*in*]. ❷【電】(アンテナなどの)引込線.
‡**lead·ing¹** /líːdɪŋ/ 形 (比較なし) ❶ 先導する，指導[指揮]する: the ~ car 先導車. ❷ 一流の，すぐれた: a ~ university 一流大学 / the ~ countries of Europe (主に経済・軍事面で) ヨーロッパの一流国. ❸ 主要な，主な; 主役の，主演の: play the ~ part [role] 主役を演じる; 主要な役割を務める.
lead·ing² /lédɪŋ/ 名 Ⓤ ❶ (窓ガラス用の)鉛の枠. ❷ (屋根ふき用の)鉛板.
léading áircraftman /líː-dɪŋ-/ 名 [英空軍] 二等兵.
léading áircraftwoman 名
†**léading árticle** 名 a [英] 社説，論説 ([米] editorial). b [米] 主要記事 ([英] lead). c [英] [商] 客寄せの特価品，目玉商品.
léading cóunsel 名 (弁護団の)首席弁護士[弁護人].
léading édge 名 ❶ Ⓤ (技術・発展などの)最前線，先端: the ~ of technology 科学技術の最前線. ❷ ⓒ (翼・プロペラの)先端，前縁.
léading-édge 形 A 最前線の，先端の: ~ technology 先端技術.
léading lády 名 主演女優.
léading líght 名 ❶ 指導的影響力をもつ人 [*of, in*]. ❷ (船の出入港に目印となる)導灯.
léading mán 名 主演男優.
léading nóte 名 [楽] =leading tone.
léading quéstion 名 誘導尋問.

léading séaman 名《英海軍》一等水兵.
léading stríngs [réins] 名 ⓟ ❶ (幼児の歩行を支える)手引ひも. ❷ 厳しい指導[しつけ]; 束縛《★ 通例は ~ で用いる》: be *in* ~ まだ一本立ちできない / keep a person *in* ~ 人を厳しくしつけている.
léading tóne 名《楽》導音(音階中の第7度音).
léad-òff /léd-/ 形《野》(打順が)一番の; (回の打席が)先頭の: the ~ batter 先頭打者.
léad péncil /léd-/ 名 鉛筆.
léad-pìpe cínch /léd-/ 名 [a ~]《米俗》❶ ごく簡単にできる仕事, 朝飯前の仕事. ❷ 確かなこと.《鉛のパイプは曲がりやすいことから》
léad pòisoning /léd-/ 名 Ⓤ 鉛中毒.
léad shót /léd-/ 名 Ⓤ 鉛弾, 散弾.
†**léad sínger** 名 リードボーカル.
léad tetraéthyl /léd-/ 名《化》四エチル[テトラエチル]鉛 (tetraethyl lead).
léad tìme 名 リードタイム《製品の企画から完成までの所要時間》.
léad-ùp /lí:d-/ 名 [the ~] 準備段階, 前哨戦 (run-up) [*to*].
léad-wòrt /léd-/ 名《植》ルリマツリ.

***leaf** /lí:f/ 名《ⓟ **leaves** /lí:vz/》❶ Ⓒ 葉; 木の葉, 草の葉: dead *leaves* 枯れ葉 / a ~ of *tea* tea leaf / shake like a ~(恐くて)震える. ❷ Ⓤ 葉, 群葉: come into ~ 葉を出す[開き始める]. **b**(商品としての)葉; (特に)茶[たばこ]の葉: Virginia ~ バージニアタバコの葉. ❸ Ⓒ **a**(書物の)1枚, 1葉, 2ページ. **b** (折りたたみ式テーブルの)自在板. **c** (折戸などの)一枚: a folding screen with 6 *leaves* 6枚びょうぶ. ❹ Ⓤ (金属の箔(はく))《比較 foil より薄い》: gold ~ 金箔. **in léaf** 葉が出て. **táke a léaf from [óut of] a person's bóok** 人の例にならう, 人のまねをする. **túrn óver a néw léaf** 改心する, 生活を一新する.
── 動 ❶(植物)の葉が出る[を出す]《*out*》. ❷ ⟨書物などの(ページ)⟩をめくる. **léaf thróugh** 〔書物などの(ページ)〕をぱらぱらとめくる: ~ *through* (the pages of) a book 本のページをめくってみる.
《OE; 原義は「樹皮をはぐ」》(形) leafy; 類形 foliate)
leaf·age /lí:fɪdʒ/ 名 Ⓤ《集》葉, 群葉.
léaf béetle 名《昆》ハムシ《ハムシ科の甲虫の総称》.
léaf búd 名 葉芽(ようが).
léaf-cùtter ànt 名《昆》ハキリアリ《熱帯アメリカ産》.
léaf-cùtter bèe 名《昆》ハキリバチ.
leafed 形《通例複合語で》= leaved.
léaf fàt 名 Ⓤ 葉状脂肪《特に豚の腎臓の周囲にある脂肪で, ラード製造に使われる》.
léaf grèen 名 Ⓤ リーフグリーン《濃い黄緑色》.
léaf-hòpper 名《昆》ヨコバイ.
léaf ìnsect 名《昆》コノハムシ《ナナフシ目コノハムシ科の昆虫の総称; 南アジア・東南アジアに多く, 羽は木の葉に似ている》.
léaf·less 形 葉のない. ~·**ness** 名

***léaf·let** /lí:flət/ 名 ❶ ちらし, ビラ, 折りたたみ印刷物: pass out ~*s* ビラを配る. ❷ **a** 小さい葉, 若葉. **b** 《植》小葉《複葉の一片》. ── 動 ⟨…に⟩ちらし[ビラ]を配る.《LEAF + -LET》
léaf mìner 名 葉もぐり虫《幼虫時代に葉の柔組織を食す各種の昆虫》.
léaf mòld 名 Ⓤ 腐葉土.
léaf mònkey 名《動》リーフモンキー《アジアの森林にすむリーフモンキー属のサル; 葉を食べる; ラングールの近縁種》.
léaf ròll 名 Ⓤ《植》(特にジャガイモの)葉巻き病.
léaf ròller 名《昆》ハマキムシ《葉を巻いて巣を作るハマキガなどの幼虫》.
léaf spríng 名《機》板ばね.
léaf stàlk 名《植》葉柄(ようへい).
léaf wàrbler 名《鳥》ムシクイ《旧世界産ヒタキ科ウグイス亜科メボソムシクイ属の小鳥の総称; 木の葉にいる虫を捕食する》.
†**leaf·y** /lí:fi/ 形 (**leaf·i·er**; **-i·est**) ❶ **a** 葉の多い, 葉の茂った. **b** 葉から成る, 葉を作る: in the ~ shade of a tree 木陰に[で]. ❷ 広葉の; 葉状の. **léaf·i·ness** 名

1031　lean

(名 leaf)

***league**[1] /lí:g/ 名 ❶ 同盟, 連盟, リーグ; 盟約. ❷ 連盟参加者[団体, 国]《全体》. ❸《野球などの》競技連盟: a baseball ~ 野球リーグ. ❹ 《口》(同質の)グループ, 仲間, 部類: He's not in the same ~ with [as] her. 彼は彼女ほどの腕前ではない. **in léague** 〔…と同盟[連合]して; 結束して〕《*with*》. **Léague of Wómen Vóters** 女性投票者連盟《男女平等のための女性の投票を促進する米国の組織》. **the Léague (of Nátions)** 国際連盟《1920-46年; 現在の United Nations の前身》. ── 形 リーグの: a ~ match リーグ戦. ── 他《二国を》同盟[連盟, 盟約]させる; 団結[連合]させる《★ しばしば受身》: The two countries *were* ~*d together*. その両国は同盟を結んでいた. The two countries *were* ~*d with* each other. その両国は互いに同盟を結んでいた. ── 自 同盟[連盟]する, 団結する《*together*》.《F < It < L *ligare* 縛る; cf. oblige, rely》
league[2] /lí:g/ 名 リーグ《昔の距離の単位; 英米では約3マイル》.

léagu·er /lí:gə/ -gə/ 名《米》❶ 連盟加入者[団体, 国]. ❷《野》連盟の選手.
léague tàble 名《英》(スポーツの)連盟参加団体成績順一覧表, (一般に)成績[実績]対上一覧表, 順位, 席次.

***leak** /lí:k/ 動 自 ❶ **a** ⟨船・屋根などが⟩漏る: The roof is ~*ing*. 屋根が漏っている. **b** ⟨水・ガス・光などが⟩漏れる; しみ出る, 水漏れがする: The rain began to ~ *in*. 雨が漏ってきた / Light is ~*ing out*. 光が漏れている. ❷《秘密などが⟩漏れる: The secret has ~*ed out*. 秘密が漏洩(ろうえい)した. ── 他 ❶⟨水・空気などを⟩漏らす: The tank is ~*ing* oil. そのタンクは石油が漏れている. ❷⟨秘密などを⟨…に⟩漏らす: He ~*ed* the news *to* the press. 彼は記者たちにそのニュースを漏らした. ── 名 ❶ Ⓒ 漏れ口[穴], 漏れ. ❷ Ⓒ **a** 漏れ水, 漏出蒸気[ガス]: a gas ~ ガス漏れ. **b** 〔通例単数形で〕漏出量. **c**《電》漏電, リーク. ❸ Ⓒ 《秘密・情報などの》漏洩, リーク. ❹ Ⓒ [a ~] 放尿, 放便: have [take] *a* ~ 小便をする. **spring a léak**《船・容器などが⟩漏れ穴を生じる, 漏れ始める.
《ON にたたる》(名 leakage, 形 leaky)

leak·age /lí:kɪdʒ/ 名 ❶ Ⓤ **a** 漏れ, 漏出: radioactive ~ 放射能漏れ. **b**《秘密などの》漏洩(ろうえい)《*of*》. ❷ Ⓒ **a** 漏れ高, 漏出量. **b**《商》漏損. ❸ Ⓒ 漏れるもの, 漏出物. (動 leak)

leak·y /lí:ki/ 形 (**leak·i·er**; **-i·est**) ❶ 漏れ穴のある, 漏る, 漏れやすい / a ~ faucet [《英》 tap] 水の漏れている蛇口. ❷ 秘密を漏らしやすい. **léak·i·ness** 名 (名 leak)

***lean**[1] /lí:n/ 動 (**leaned** /lí:nd | lí:nd, lént/, 《英》**leant** /lént/) 自 ❶ 〔副詞(句)を伴って〕(まっすぐな姿勢から)上体を曲げる, かがむ, そり返る; 体を乗り出す《建物などが⟩傾く, 傾斜する: ~ *forward* as one walks 前かがみに歩く / ~ *over* to catch every word 1語も聞きもらさないように身を乗り出す / ~ *back* in one's chair 上体をそらしていすに座る / Don't ~ *out* (of the window). (窓から)体を乗り出さないでください / The tower ~*s* (*to* the north). 塔は(北に)傾いている. ❷ もたれる, 寄り[もたれ]かかる. An old woman came along the road ~*ing on* her cane. 一人の老婆がつえにすがりながら道をやってきた / He ~*ed against* the wall [*over* the railing]. 彼は壁にもたれすりから身を乗り出した]. ❸ 頼る, すがる: ~ *on* one's friends for advice 友の忠告に頼る. ❹《人・関心などが⟩〔…に〕傾く, …に傾向がある: His interest ~*s toward* politics. 彼の関心は政治に傾いている. ── 他 ❶ ⟨…を⟩もたせかける, 立てかける: He ~*ed* his back *against* the wall. 彼は壁に背をもたせかけていた / He ~*ed* his elbows *on* the desk. 彼は机にひじを突いた. ❷〔副詞(句)を伴って〕⟨…に⟩傾ける, かしげる: He ~*ed* his head *forward* [*to* the side]. 彼は頭を前[横]に曲げた.
léan on (1) …にもたれる《⇒ 自 ❷》. (2) …に頼る《⇒ 自 ❸》. (3)《口》⟨人・会社など⟩に圧力をかける, …を脅す.
léan óver báckward ⇒ backward 副. ── 形 [a ~] 傾き, 傾倒, かたより, 曲がり: a tower with *a* slight ~ 少し傾いている塔 / a ~ *of* 30° 30度の傾斜.

lean² /líːn/ 形 (~・er; ~・est) ❶ 〈人・動物が〉(ぜい肉がなく引き締まって)やせた, 細い (↔flabby). ❷ 〈肉の〉脂肪のない[乏しい], 赤身の (↔fat). ❸ **a** 収穫の少ない, 不作の: ~ crops 凶作, 不作 / a ~ year 凶年. **b** 栄養分のない. **c** 中身のない, 貧弱な. **d** 〈土地が〉やせた, 不毛の. ❹ 〈燃料の混合気が〉薄い, リーンな《空気が多く燃料の割合が少ない; ↔rich). ── U [しばしば the ~] 脂肪のない肉, 赤肉 (↔fat). 【類義語】⇒ thin.
〖OE; cf. ladder〗

léan-búrn 形 《車》希薄燃焼の〈エンジン〉《燃費向上や排ガス対策のため, エンジンに送る混合ガスにおける燃料の対空気比率を小さくする方式のエンジン〉.

lean・ing 形 傾向, 性癖; 好み, 偏愛 《to, toward》: a man with literary ~s 文学趣味の人 / have [show] a ~ toward study 学問に向いている.

Léaning Tówer of Písa 名 [the ~] ピサの斜塔 (⇒ Pisa).

leant /lént/ 動 《英》lean¹ の過去形・過去分詞.

léan-tò 形 A 差し掛けの: a ~ roof [shed] 差し掛け屋根[小屋]. ── 名 (複 ~s) 差し掛け小屋[屋根].

‡leap /líːp/ 動 (**leaped** /líːpt | lépt, líːpt/, **leapt** /líːpt, lépt | lépt/) 《語形》《米》では leaped, 《英》では leapt が一般的) 自 ❶ **a** [通例副詞(句)を伴って] 跳ぶ, はねる, 跳躍する: ~ up [down, aside] とび上がる[降りる, のく] / ~ over a fence 垣根を跳び越える / ~ to one's feet (驚いて)跳び上がる, さっと立ち上がる / She ~ed for [with] joy at the news. 彼女はその知らせに小踊りして喜んだ / My heart ~ed into my mouth. びっくり仰天した / Look before you ~. 《諺》「転ばぬ先のつえ」. **b** 〈心・胸が〉躍る, 躍動する: My heart leapt at the sound of her voice. 彼女の声を聞いて私の心は躍った. ❷ **a** [副詞(句)を伴って] 飛ぶように行く[行動する]; さっと走る[起こる]: ~ to the phone 電話機のところへ飛んで行く / ~ to a conclusion 速断する / A good idea ~ed into my mind. いい考えがひらめいた. **b** 急に変わる[なる]: ~ into [to] fame にわかに有名になる / ~ from one topic to another 話題を次々と変える / He was quick to ~ to my defense. 彼はすばやく私を弁護した. ── 他 《文》 ❶ 〈…を〉跳び越える: ~ a ditch 溝を跳び越える. ❷ 〈…に〉〈…の上を〉跳ばせる, 跳び越させる: The hunters ~ed their horses over the fence. 狩人たちは馬をその柵を跳び越させた. **léap at** 〖機会・申し出などに〗飛びつく, 応じる《★ 受身可》: He ~ed at the chance [offer]. 彼はその機会[申し出]に飛びついた. **léap óut** (自+副) 目に留まる[つく]: The report of his accident ~ed out at her from the newspaper. 彼が事故にあったという新聞の記事が彼女の目に飛び込んできた. ── 名 ❶ **a** 跳ぶこと, 跳躍; with a ~ 一足飛びに / take a ~ 跳ぶ. **b** ひと飛びの距離[高さ]. ❷ 飛躍, 躍進: a ~ of imagination 想像力の飛躍 / There has been a big ~ in sales. 売り上げが飛躍的に伸びた. **a léap in the dárk** 向こう見ずな行動, 暴挙. **a léap of fáith** (不確かでも運を天に任せるよう気持ちで)思い切ってやってみること, 信念[信仰]の飛躍. **by** [**in**] **léaps and bóunds** とんとん拍子に, うなぎ登りに.
〖OE=走る, 跳ぶ〗 【類義語】⇒ jump.

léap dày 名 (うるう年の) 2月29日.

léap・er 名 ❶ 跳ぶ人. ❷ はねる馬.

léap-fròg 名 U 馬跳び: play ~ 馬跳びをする. ── 動 (-**frogged; -frog・ging**) 自 〈…〉を飛び越える. ❷ 〈障害物を〉避ける, 逃れる.

léap sècond 名 U 〖うるう秒〗 挿入する)うるう秒 《6月あるいは 12月末の最終の最終日に必要に応じて加えられる》.

‡leapt /líːpt, lépt | lépt/ 動 leap の過去形・過去分詞.

léap yèar 名 U.C うるう年.

léap-yèar 形 A うるう年の: the ~ day うるう年の2月29日 / a ~ proposal 女性からの結婚申し込み《うるう年にだけ許されるとされる》.

Lear /líə | líə/, **King** 名 ⇒ King Lear.

Lear・jet /líədʒèt | líə-/ 名 《商標》リアジェット《ビジネスジェット機》.

‡learn /ləːn | ləːn/ 動 (**learned** /ləːnd, ləːnt | ləːnd, ləːnt/, **learnt** /ləːnt | ləːnt/) 《語形》《米》では learned が一般化[用いられる, 《英》では learnt も普通であるが, 特に過去分詞としては形容詞としての learned /ləːnid | ləː n-/と区別するために好まれることがある》 他 ❶ 〈勉強・練習などにより〉〈知識・技術などを〉学ぶ, 身につける, 習得する: She's ~-ing French. 彼女はフランス語を勉強している / [+wh.] Has he ~ed how to skate? 彼はスケート(の仕方)を覚えましたか / [+to do] He has ~ed to drive (a car). 彼は(車の)運転を覚えた. ❷ 〈経験などによって〉〈…を〉身につける, 覚える《★ 悪い習慣にもいう》: ~ patience 忍耐を学ぶ / ~ (the importance of) good manners 礼儀作法の重要性)をわきまえる / bad habits 悪癖を身に付ける /[+to do] He has finally ~ed to think before he speaks. 彼はついには口に出す前に考えることを覚えた / You must ~ to be more patient. もっと辛抱強くならなければいけない. ❸ 〈…を〉暗記する, 記憶する (memorize): L~ this poem by heart [rote] by tomorrow. あすまでにこの詩を暗記しなさい. ❹ 〈…を〉(聞いて)知る, 聞く: I've learnt it from him. そのことは彼から聞いた / [+that] I ~ed (from her) that he had failed in the examination. 彼が試験に失敗したことを(彼女から聞いた / [+wh.] I ~ed from her why her son did it. 彼女の息子がなぜそれをしたかを彼女から学んだ / ~ from one's experience [one's failures] 体験[自分の失敗]から学ぶ. ❷ (聞いて)知る: He ~ed of her marriage from a friend. 彼は友人から彼女の結婚のことを聞いた. ── 自 ❶ 学ぶ, 習う, 覚える: He ~s fast [slowly]. 彼はもの覚えが早い[遅い] / ~ by watching 見習う / I ~ed about bees by reading about them. 本を読んで学んだ / ~ from experience [one's failures] 体験[自分の失敗]から学ぶ. ❷ (聞いて)知る: He ~ed of her marriage from a friend. 彼は友人から彼女の結婚のことを聞いた. 〖OE; 原義は「道を見つける」〗
【類義語】**learn** 学んで身につける. **study** 努力して学ぶ過程を表わす; 従って I study English very hard [every day]. は言えても, I learn English very hard [every day]. とは言えない.

‡learned¹ /ləːnd, ləːnt | ləːnd, ləːnt/ 動 learn の過去形・過去分詞. ── /ləːnd, ləːnt | ləːnd, ləːnt/ 形 学習[経験]によって獲得した: a ~ response 学習によって得た反応.

‡learn・ed² /ləːnɪd | ləː n-/ 形 ❶ 学問[学識]のある, 博学な, 知識ある: a ~ man 学者 / my ~ friend 《英》 博学なる友《下院・法廷などで議員・弁護士が相手議員・弁護士に対して用いる敬称》) / He looks very ~. 彼はいかにも学者らしい風貌(ホシ)をしている / She's ~ in the law. 彼女は法律に通じている. ❷ 〈書〉 学問(上)の, 学問[学究]的な (scholarly): a ~ book [journal] 学術書[雑誌] / the ~ professions 学問的職業《神学・法学・医学の3職業》/ a ~ society 学会. ──**・ly** 副. ──**・ness** 名.

léarned hélplessness /ləːnd-, ləːnt | ləːnd, ləːnt/ 名 U 〖心〗 学習性無力感.

‡learn・er /ləːnə | ləːnə/ 名 ❶ 学習者, 初学者, 初心者: a ~'s [~s] dictionary 学習辞典 / an advanced [上級の学習者 / He's a quick [slow] ~. 彼はもの覚えが早い[遅い]. ❷ =learner driver.

léarner drìver 名 《英》 仮免許運転練習者《★ 通例 L-driver と略して用いられる》.

léarner's pèrmit 名 《米》 (自動車の)仮免許証.

‡learn・ing /ləːnɪŋ | ləːn-/ 名 ❶ U 学ぶこと, 学習. ❷ U [また a ~] 学問, 学識, 知識; 博学: a man of ~ 学者 / a seat of ~ 学問の府 / A little ~ is a dangerous thing. 生兵法は大けがのもと《少しばかりの学問は危いものだ; A. Pope の詩から》. 【類義語】⇒ knowledge.

léarning cùrve 名 学習曲線.

léarning dìfficulties 名 学習困難《特に精神障害や認識障害のため年齢相応の知識や技術の習得が困難であること》.

léarning disabílity 名 学習障害.

léarning-disàbled 形 学習障害の: a ~ child 学習困難症の児童.

‡learnt /ləːnt | ləːnt/ 動 learn の過去形・過去分詞.

‡lease /líːs/ 名 ❶ 借地[借家]契約, 賃貸借(契約), リース: take a furnished house on a ~ of ten years=take a ten-year ~ of [《米》on] a furnished house 10 年契約で家具付きの貸家を借りる. ❷ 賃貸権; 借用[賃貸借]期間. **by** [**on**] léase [賃貸借]: take the land on ~ 土地を賃借する. **tàke** [**gèt**, **hàve**] **a néw** [**frésh**] **léase of** [《米》**on**] **lífe** (1) (持病が全快したりして)寿命が延びる; (事態が好転したりして)幸せな生活が送れる. (2) (修理などして)ものがもっと長もちするようになる. — 動 他《土地・家屋を》賃貸[賃借]する.〖F<L=ゆるめる<*laxus* ゆるい; cf. lax〗

léase·báck 名 U.C 賃貸借付き売買 (reversion).

léase·hòld 名 U.C 借地; 土地賃借権; 定期不動産権. — 形 借地の, 租借中の.

léase·hòlder 名 借地人.

leash /líːʃ/ 名 ❶ C (犬などをつないでおく)革ひも[鎖] (lead): on a ~ 革ひもにつないで. ❷ [a ~] 〈猟犬・キツネ・ウサギなどの〉3 頭[匹](ひと組). ❸ C 束縛. **hóld** [**háve**] **…in léash** (1) 〈犬などを〉革ひもにつないでおく. (2) 〈…を〉束縛[支配]する. **stráin at the léash** (1) 〈猟犬などが〉革ひもを引っぱる. (2) 自由を渇望する. — 動 他 ❶ 〈…を〉革ひもでつなぐ. ❷ 〈…を〉抑える.〖F; LEASE と同語源〗

*least /líːst/ 形 [(↔most)] [little の最上級] [通例 the ~, U の名詞を修飾して] 最も小さい[少ない]: *the ~* amount 最少量 / without *the ~* shame 少しも恥じることなく / He has *the ~* time of us all. 我々皆のうちで彼にはいちばん時間がない. **nòt the léast** (1) 最少の…もない, 少しも…でない: In summer there isn't *the ~* rain in that part of the country. 夏になるとその地方にはちっとも雨が降らない / He hadn't *the ~* understanding of it. 彼はそのことをちっとも理解していなかった. (2) [*not* に強勢をおいて] 少なからぬ: There's *not the ~* danger. 少なからぬ危険がある.

— 副 [little の最上級] [時に the ~] 最も少なく: This is *the ~* difficult problem to solve. これは解決が最も難しくない問題だ / She came when we ~ expected her. 彼女は当てにしていなかった時にやってきた / *L−* said, soonest mended. ⇒ mend 他 2 a. **léast of áll** 最も…でない, とりわけ…しない: I don't like animals, ~ of all snakes. 私は動物, とりわけヘビが嫌いだ. **nòt léast** 《文》特に 《普通悪いことを言うのに使う》: The typhoon caused great damage all over country, *not ~* to its capital. 台風はその国中に大きな被害を与え, その首都も例外ではなかった. **nòt the léast** 少しも…ない: I'm *not the ~* afraid of him. 私は彼のことを少しも恐れない.

— 代 [通例 the ~; 単数扱い] 最少(量); 最小(量): That's *the ~* you could do. 君にもそれくらい(のこと)はできるはずだ. **at léast** (1) [通例数詞の前に用いて] 少なくとも; せめて (↔at most): These eggs will cost *at ~* two pounds. これらの卵は少なくとも 2 ポンドするだろう / You should *at ~* listen to what he says. せめて彼の言うことは聞くべきだ. (2) (前より正確に言い直して)少なくとも: It is good, *at ~* I think it is. それはよい, 少なくとも私はそう思う. (3) ともかく, それでも: He is not very clever, but *at ~* he's reliable. 彼はあまり頭は良くないが, 頼りになる. **at the (véry) léast** 少なくとも, 最低限. **nót in the léast** 少しも…しない, ちっとも…でない: It doesn't matter *in the ~.* そんなことはちっともかまわない / "Am I disturbing you?" "No, *not in the ~.*"「おじゃまでしょうか」「いいえ, ちっともそんなことありません」. **to sáy the léast (of it)** いくら控えめに言っても.

〖OE; LITTLE とは別語源; 元来 LESS の最上級〗

léast cómmon denóminator 名 [the ~] 《数》最小公分母(略 LCD, lcd).

léast cómmon múltiple 名 [the ~] 《数》最小公倍数(略 LCM, lcm).

léast signíficant bít 名《電算》最下位[桁]のビット(略 LSB).

léast squáres 名 U《統》最小二乗法.

léast·wìse 副《口》少なくとも.

*leath·er /léðə/ -ðə/ 名 U (毛を取り除いてなめした)革, なめし革《比較》模造革の「レザー」は imitation leather または leatherette という; cf. skin 2 a, hide² 1): a ~ dresser 革職人 / ⇒ patent leather. ❷ C 革製品: **a** (野球・クリケット・フットボールの)ボール. **b** [複数形で] 革製のゲートル[乗馬ズボン]; (ライダーの着る)革の服. — 形 革(製)の: a ~ jacket 革のジャケット. — 動 他〈…を〉打つ《*with*》.〖OE〗

léather-bóund 形《本が革装の, 革製[とじ]の.

léather-clòth 名 U レザークロス《皮革に似せた布地》.

leath·er·ette /lèðərét/ 名 U 模造革, レザー《製本・家具用》; ⇒ leather《比較》.

léather·nèck 名《米口》海兵隊員.

leath·er·y /léð(ə)ri/ 形 ❶ 〈皮膚など〉革のような, かさがさの. ❷ 〈牛肉など〉ひどく硬い.

*leave¹ /líːv/ 動 (**left** /léft/) 他 **A** ❶ 〈場所を〉去る, 出る, 出発する;〈飛行機などから〉降りる: People had to ~ their towns and villages. 人々は自分の町や村をあとにしなければならなかった / We ~ London tomorrow. 明日ロンドンをたちます / Don't worry, I won't ~ your side. 心配しないであなたのそばを離れないから.

❷ 〈業務などをやめる;〈学校を〉退学する;《英》卒業する;〈雇い主から〉暇を取る;〈会などから〉脱退する: ~ one's job for another 仕事をやめ別の職に移る / ~ school 退学[卒業]する / ~ a club 脱会する / His secretary has *left* him without notice. 彼の秘書が予告なしにやめた.

❸ 〈人・ものを〉捨てる, 見捨てる: He *left* his wife for another woman. 彼は妻を見捨てて別の女に乗りかえた.

— **B** ❶ **a** [副詞(句)を伴って] 〈人・ものを〉〈…に〉置いていく; 置き忘れる; 置き去りにする (★ 文脈によって副詞(句)が略されることもある; cf. forget 他 2 用法): Where did you ~ your umbrella? 傘をどこに置いてきたのですか / I *left* it *on* [*in*] the train. 列車の中に忘れてきました / I've *left* my textbooks at home. 教科書を家に忘れてきた / You may ~ your personal effects *in* that locker. 手回り品はそのロッカーに入れておけばよい / She *left* her purse *on* her desk. 彼女は財布を机の上に置きっ放しにした. **b** 〈郵便配達人が〉〈郵便物を〉配達する: The postman has *left* this letter for you. 郵便屋さんがあなたにこの手紙を持ってきてくれた. **c** 〈仕事などを〉放置する: ~ the dishes [the washing] 皿洗い[洗濯]しないでおく / Don't ~ this job till tomorrow. この仕事を明日まで残すな.

❷ 〈人・ものを〉〈…の状態に〉しておく;〈…する〉ままにしておく: [+目+補] You have *left* the door open. 君はドアをあけっぱなしにした / Her beauty *left* me momentarily speechless. 彼女の美しさに私は一瞬言葉も出なかった / He *left* the remark unnoticed. 彼はその発言を気にも留めずにいた / He ~s nothing undone. 彼は何事もせずにはおかない / She *left* the work unfinished. 彼女は仕事を未完成にしていた / It would have been better *left* unsaid. 言わぬが花というところだった / *L−* things as they are. このままにしておきなさい / [+目+*doing*] Somebody has *left* the water run*ning*. だれかが水を出しっぱなしにしたままだ / I *left* him read*ing* a book. 彼を本を読んでるままにしておいた / [+目+*to do*] Let's ~ her *to* solve the problem. その問題を解くのは彼女に任せておこう / *L−* him *to* his foolish dreams. 彼にはたわいのない夢を見させておくがよい.

❸ **a** (人に)〈…を〉残す: [+目+目] He *left* her nothing. =He *left* nothing *for* her. 彼は彼女に何も残さなかった / I was left *with* no choice.=I was left no choice.=No choice was *left* (*for*) me. 私にはほかに選ぶべき道が残されていなかった / *L−* a bone for the dog. 犬に骨を残してやれ / The payment *left* me *with* only one dollar. 支払ったら 1 ドルしか残らなかった. **b** 〈…を〉(余りとして)残す, かす残す (★しばしば受身): Two from four ~s two.=Four minus two ~s two. 4 引く 2 は 2 / There was little coal *left*. 石炭はもうほとんど残っていなかった / We have only a few minutes *left*. あと数分しか残っていない / You can ~ the soup if you don't like it. スープが口に合わなければ残してもよい. **c**〈人・…する[しない]ことを〉残す: [+目+*doing*] She was *left* stand*ing* there. 彼女は取り残されてそこに立っていた. **d** (遺憾な点として)〈…を〉残

leave 1034

す(★通例次の句で): It ~s something [much, nothing] to be desired. 遺憾な点が少々ある[たくさんある, 全然ない].

❹ **a** (副詞(句)を伴って) 〈人に〉〈もの・判断などを〉任せる, 預ける, 託す: L~ it to me. 私に任せてください / I [I'll] ~ the choice of his occupation *to* him. 職業の選択は彼自身に任せておこう (cf. B 4 c) / I [I'll] ~ it *to* you to decide. = I'll ~ the decision *to* you. 決定は君に任せます. **b** 〈もの・ことを〉〈…に〉託す, 預ける: ~ a message *on* an answering machine [*with* a secretary] 留守番電話にメッセージを入れる[秘書に伝言を頼む] / I *left* my bags *with* a porter. かばんを赤帽に預けた. **c** [+目+*to do*] 〈人に〉…することを任せる, 委ねる: I'll ~ him *to choose* his occupation. 職業の選択は彼に任せて自分でしてもらおう (cf. B 4 a) / You'd better ~ them *to do* as they like. 彼らに好きなようにさせておいたほうがよい. **d** 〈人に〉〈…〉にする: [+目+原形] L~ him *be*. そっとしておきなさい 《用法》原形のところに be を用いる以外は非標準的な用法》.

❺ **a** 〈人に〉〈財産を〉残す: [+目+目] He *left* his wife 3 million pounds. = He *left* 3 million pounds *to* his wife. 彼は妻に 300 万ポンドを残して死んだ. **b** 〈妻子・財産・名声・記録などを〉残して死ぬ, (後に)残す《進行形なし》: She died, *leaving* three children (*behind*). 彼女は 3 人の子供を残して亡くなった.

❻ **a** 〈傷跡・感情・疑問などを〉残す: ~ a space 余白を残す, 間隔を開ける / The wound *left* a scar. その傷は跡になって残った / An ink stain was *left* on the desk. 机にインクのしみが残っていた / His explanation still ~s many doubts. 彼の説明はまだ多くの疑問を残している. **b** 〈人に〉〈感情などを〉残す; 〈人に〉〈責任などを〉負わせる《通例受身》: I was *left* with some misgivings [a feeling of sadness]. 多少の不安[悲しい気持ち]が後に残った.

—— 圓 ❶ 去る; 出発する: It's time for us to ~. もう行かなければならない時間です / ~ early to take the train その電車に乗るために早い時間に出発する / I'm *leaving for* Liverpool next Monday. 来週の月曜日にリバプールに立ちます. ❷ **a** 仕事をやめる, 退職する. **b** 退学する. **c** (英) 卒業する. ❸ 見togeru.

léave…alóne ⇨ alone 形 成句.

léave aside ((他+副)) 〈問題・費用などを〉別にする, 考慮に入れない.

leave behind [((他+副)) ~ behínd] (1) 〈…を〉置き忘れる, 置き去りにする; (通例受身で) 引き離す, 負かす: I found that the parcel had been *left behind*. その包みはだれかが忘れていったものであることがわかった. (2) 〈…を〉残す 《⇨ 5 b)》. —— ((他+副)) ~…behind…] (3) 〈名声・記録・被害などを〉…のあとに残す: He *left* a great name *behind* him. 彼は大きな名声を残して世を去った.

léave a person cóld [cóol] 〈人に〉感激を起こさせない, 見て[聞いて]もおもしろいと思わせない: The news *left* me *cold*. その知らせを聞いても私は何も感じなかった[平気だった].

léave gó [hóld] (of…) (英口) 〈…から〉手を放す: Don't ~ *go* (*of* it) until I tell you. 私が言うまで手を放すな.

léave ín 他+副 〈…を〉その[入れた]ままにしておく, 残す.

léave a person in the lúrch ⇨ lurch 成句.

léave it at thát ((口)) 事をそのくらいにしておく, そのへんで切り上げる: Let's ~ *it at that*. (議論など)そのへんで[そういうことに]しておこう.

Léave it óut! 《英》やめろ; うそ言うな.

léave nó stóne untúrned あらゆる手段を講ずる.

léave óff (1) 〈…を〉脱いだ[切ったままでいる: ~ the switch *off* スイッチを切ったままにする. —— ((他+前)) (2) ((口)) 〈…を〉…からはずす: ~ the name *off* the list その名前をリストからはずす. —— ((他+副)) (3) ((口)) やめる; 雨がやむ: Where did we ~ *off* last time? この前はどこでやめましたか. —— ((他+副)) (4) ((口)) …をやめる (stop): He has *left off* work. 彼はもう仕事をやめた / L~ *off* bit*ing* your nails. つめをかむのをやめよ.

léave ón ((他+副)) 〈…を〉着た[つけた, おいた]ままにしておく: L~ your jacket *on*. 上着を着たままでいてください / L~ the lights *on*. 電灯をつけたままにしておいてください.

léave óut ((他+副)) 〈…を〉省く; 除外する: You've *left out* the most important part. いちばん重要な所を抜かしてますよ. (2) [~+目+*out*] 〈…を〉無視する, 忘れる (★通例受身): I feel *left out*. 仲間はずれにされているような気がする.

léave…óut of… (1) 〈…を〉…から除外する, 省く: ~ his name *out of* the list リストに彼の名を記入しない. (2) 〈…を〉〈考慮〉から除く: …*out of* account … I was *left out of* the decision-making process. 私はその決定の過程に関与できなかった.

léave óver ((他+副)) (1) 〈食物などを〉残す, 余す [*from*] (★受身で): Nothing was *left over*. (食物など)何も残らなかった. (2) [~+目+*over*] 〈仕事などを〉先に延ばす, 繰り延べる, 延期する.

léave a person to himsélf [to his ówn devíces] 〈人を〉一人にしておく; 好きなようにさせておく, 放任する.

whát is léft of… …の残したもの[残り]: I was thinking about *what was left of him* in the room. 私は部屋の中の彼の遺体[遺留品]のことを考えていた.

〖OE=とどまらせる〗【類義語】⇨ go.

*leave² /líːv/ 名 ❶ **a** U (特に官公吏・軍人がもらう)休暇の許可: maternity ~ 産休 / ask for ~ (of absence) 休暇を願い出る / ~ sick leave. **b** U,C (願いによる)休暇(期間): take (a) six months' ~=take (a) ~ of absence for six months 6 か月の休暇を取る / We have two ~s a year. 休暇が年に 2 回ある. ❷ U 許し, 許可 (permission) (★ 形式ばった語): by [with] your ~ 《古》ご免をこうむって, 失礼ですが / Don't go without (my) ~. (私の)許可なしで行くな / [+*to do*] You have my ~ *to go* home. (私が許しますから)家に帰ってもよろしい / He asked ~ to adopt the boy as his son. 彼はその少年を養子にさせてほしいと願い出た. **on** léave 休暇をもらって, 休暇で: She's away *on* ~. 彼女は休暇で留守です. **take Frénch léave** ⇨ French leave. **tàke** (one's) **léave** (of…) (…)にいとまごいする, あいさつして(…と)別れる(★形式ばった言い方): I took my ~ (*of* them) and went out. (彼らに)別れを告げて外へ出た. **tàke léave of one's sénses** ⇨ sense 名 成句. **without** (sò múch as) **a bý a person's léave** 《古風》無礼に(も); 人の許可なく. 〖OE=許可; LOVE と関連語〗

leave³ /líːv/ 自 〈植物が〉葉を出す, 葉が出る. (名 leaf)

leaved /líːvd/ 形 [通例複合語で] ❶ …の葉のある; 葉が…枚の: a four-*leaved* clover 四つ葉のクローバー. ❷ 〈扉などが〉枚付きの: a two-*leaved* door 二枚戸.

leav·en /lévən/ 名 ❶ U **a** (次のパン種として使うために取っておく)発酵した練り粉. **b** パン種, イースト, 酵母. **c** ベーキングパウダー. ⇨ [刺激]を与えるもの. —— 動 他 ❶ (パン種を入れて)練り粉などをふくらませる, 発酵させる. ❷ 活気づける, おもしろくする. 〖F<L=持ち上げる, 軽くする〗

leav·en·ing /lévənɪŋ/ 名 ❶ U パン種, ふくらし粉 (leaven). ❷ U,C 活気を与えるもの, おもしろくするもの.

leav·er /líːvə | -və/ 名 去る[捨てる]人; ⇨ school-leaver.

‡leaves /líːvz/ 名 leaf の複数形.

léave-tàking 名 U,C いとまごい, 告別.

leav·ings /líːvɪŋz/ 名 残り物, くず, かす.

Leb·a·nese /lèbəníːz/ 形 レバノン(人)の. —— 名 (∼) レバノン人.

Leb·a·non /lébənən | -nən/ 名 レバノン 《アジア南西部, 地中海東岸の共和国; 首都 Beirut》.

Lébanon cédar 名 【植】レバノンスギ (cf. cedar).

Le·bens·raum /léɪb(ə)nzrau̇m/ 名 U [しばしば l~] 《ナチスの理念だった》生活圏; (一般に)生活圏. 〖G=living space〗

lech /létʃ/ 名 ((口)) ❶ [通例単数形で] 情欲, 好色. ❷ 好色な男. —— 動 好色漢のようにふるまう; 〈…を〉追い回す [*after*].

Le Châ·te·lier's prìnciple [làw] /ləʃɑ́ː:təljèɪz-
-ʃætéljeɪz-/ 名 U 【理・化】ルシャトリエの原理《平衡状態に

ある系にそれを乱す影響を与えるとその効果を弱める方向に系の状態が変化するというもの》.〖H. L. Le Châtelier フランスの化学者〗

lech·er /létʃɚ | -tʃə/ [名] 好色漢.

lech·er·ous /létʃ(ə)rəs/ [形] ❶ 〈男が〉好色な, 淫乱(いんらん)な. ❷ 色情をそそる, 挑発的な. **～·ly** [副] **～·ness** [名]

lech·er·y /létʃ(ə)ri/ [名] ❶ [U] 好色; 色欲. ❷ [C] 淫乱(いんらん)な行為.

le·chwe /líːtʃwi/ [名] (複 ～, ～s)〘動〙 **a** リーチュエ《南アフリカの氾濫原にすむレイヨウ; ウォーターバック (waterbuck) と近縁》. **b** ナイルリーチュエ《スーダン・エチオピアの Nile 川流域にすむ》.

lec·i·thin /lésəθ(ə)n/ [名] [U] レシチン《卵黄・大豆などに含まれている燐脂質》.

Le Cor·bu·sier /ləkɔ̀ɚbuːzjéɪ | -kɔː b(j)úːzièɪ/ [名] ルコルビュジエ《1887–1965; スイス生まれのフランスの建築家》.

lec·tern /léktɚ(ː)n | -tə(ː)n/ [名] ❶ (教会の)聖書台 (podium). ❷ 講義[演説]台.

lec·tin /léktɪn/ [名]〘生化〙 レクチン《動植物から抽出されるたんぱく質で, 抗体ではないが, 凝集・沈降反応その他特異抗体反応に類似した現象を引き起こすもの》.

lec·tion·ar·y /lékʃənèri | -ʃ(ə)nəri/ [名]〘教会〙 日課表, 聖句集.

lec·tor /léktɚ, -tɔɚ | -tɔː/ [名] ❶ 〘教会〙 聖句を読む人, 読師. ❷ (主にヨーロッパの大学の)講師 (lecturer), (特に外国人の)外国語教師. **～·shìp** [名]

lec·trice /lektríːs/ [名] (大学の)女性の lector.

lec·ture** /léktʃɚ | -tʃə/ [名] ❶ **講義, 講演**, レクチャー〔to〕: give [deliver] a ～ ***on [***about***] literature 文学の講義をする. ❷ 説諭, 小言, 訓戒〔*on, about*〕: give a person a ～ 人にお説教をする[小言を言う] / have [get] a ～ from …からお説教される. **──** [動] [自]〔…に〕〔…の〕講義[講演]をする: ～ ***to*** a class ***on*** chemistry [***in*** halogens] ある学級に化学の[ハロゲンの]講義をする. **──** [他] ❶〔…のことで〕〈人に〉お説教する, 〈人を〉訓戒する, しかる〔*on, about*〕. ❷ 〈人に〉講義をする: ～ an audience *on* freedom 聴衆に自由についての講演をする. 〖F＜L＝読むこと＜*legere, lect-* 読む, 集める, 選ぶ＋-URE; cf. collect, elect, intellect, select; diligent, intelligent; legend, legion, lesson〗

léc·ture háll [名] 講堂, 大教室.

lec·tur·er** /léktʃ(ə)rɚ | -rə/ [名] ❶ **講演者**; 訓戒者. ❷ 《英》(大学の)講師 (⇨ professor [解説]): a ～ ***in history at Oxford University オックスフォード大学歴史学講師.

lécture·shìp [名] 講師の職[地位].

lécture thèater [名] 階段教室.

lec·y·thus /lésɪθəs/ [名] (複 **-thi** /-θàɪ/)〘古ギ〙 レキュトス《細首のつぼ》.

‡**led** /léd/ [動] **lead**[1] の過去形・過去分詞.

LED /éliːdíː/《略》 light-emitting diode.

Le·da /líːdə/ [名]〘ギ神〙 レーダー《Sparta の王妃; 白鳥に姿を変えた Zeus と交わり, Clytemnestra, Helen などの母となった》.

le·der·ho·sen /léɪdɚhòuz(ə)n | -də-/ [名] [複] (バイエルン (Bavaria) などの)ひざまでの革ズボン.

⁺**ledge** /léʤ/ [名] ❶ (壁・窓から突き出た)棚: on a window ～ 窓の棚に. ❷ (岩壁側面や, 特に岸に近い海中の)岩棚. **ledg·y** /léʤi/ [形]

ledged [形] 棚のある.

led·ger /léʤɚ | -ʤə/ [名] ❶ 〘会計〙 元帳: a ～ balance 元帳残高. ❷ 〘建〙 布丸太《足場の横木》. ❸ (墓の)平石, 台石. ❹ ＝ledger line.

léd·ger lìne [名]〘楽〙 (五線譜の)加線.

***lee** /líː/ [名] [the ～] ❶ **風や悪天候を避けられる場所, 物陰** (shelter): in *the* ～ of…の陰に. ❷ 〘海〙 風下 (↔ windward): in [on, under] *the* ～ 風下に. **hàve the lée of…** (1) …の風下にある. (2) …より劣位にある, …より不利である. **──** [形] [A]〘海〙 風下の (↔ weather, windward): the ～ side [shore] 風下[風下の海岸].

Lee /líː/ [名] リー《男性名》.

Lee, Harper [名] リー《1926– ; 米国の小説家; *To Kill a Mockingbird* (1960)》.

Lee, Robert E. [名] リー《1807–70; 米国の軍人; 南北戦争時の南軍の総司令官》.

lée·bòard [名]〘海〙 リーボード, せかせ《帆船中央部両舷に取り付けた板; 風に流されないように風下側の板を水中に降ろす》.

⁺**leech**[1] /líːtʃ/ [名] ❶ 〘動〙 ヒル. ❷ **a** 吸血鬼, 高利貸し. **b** 《口》 取り巻き, 腰ぎんちゃく. **stíck [clíng] lìke a léech** 〔…に〕吸いついて離れない〔*to*〕. **──** [動] [他] ❶ 〈人に〉ヒルをつけて血を取る. ❷ 〈人・財産を〉食いものにする. **──** [自] 〔人・財産に〕食いついて離れない〔*onto*〕.

leech[2] [名]〘海〙 リーチ《縦帆の後縁(こうえん)または横帆の縦縁》.

Leeds /líːdz/ [名] リーズ《イングランド北部の工業都市》.

lée gàuge [名]〘海〙 (他船に対し)風下の位置.

⁺**leek** /líːk/ [名]〘植〙 リーキ, ニラネギ, セイヨウネギ《★ daffodil と共にウェールズの象徴》.

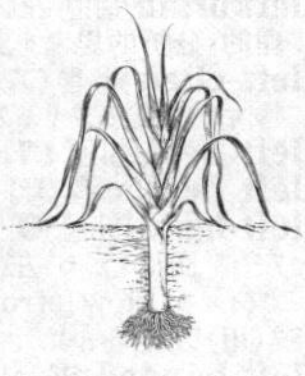
leek

⁺**leer** /líɚ | líə/ [名] 横目, いやらしい目つき《好色・悪意などの表情》. **──** [動] [自] 〔…を〕横目でにらむ, いやらしい目つきで見る〔*at*〕《☆ 受身可》.

leer·ing /lí(ə)rɪŋ/ [形] [A] ❶ 〈人が〉横目を使う, いやらしい目つきの. ❷ 〈目つきが〉いやらしい: with ～ eyes いやらしい目つきで. **～·ly** [副]

leer·y /lí(ə)ri/ [形] (**leeri·er; -i·est**) [通例 [P]]《口》〔…を〕用心して, 疑って〔*of, about*〕(wary): He's ～ ***of*** our proposal. 彼は我々の提案にすぐ乗らない.

lees /líːz/ [名] [複] [通例 the ～] (ワインなどの)おり, かす.

lée shòre [名] 本船の風下側の海岸《あらしの際に船にとって危険なものとなる》.

Leeu·wen·hoek /léɪvənhùk/, **Antonie van** [名] レーウェンフック《1632–1723; オランダの博物学者; 顕微鏡を制作し, 赤血球・細菌などを発見した》.

lee·ward /líːwɚd | -wəd; 〘海〙 lúːɚd | -əd/ [名] [U] 風下 (↔ windward): on the ～ of…の風下の側に / to ～ 風下に向かって. **──** [形] 風下の. **──** [副] 風下に[へ]. 〖LEE＋-WARD〗

Léeward Íslands [名] [複] [the ～] リーワード諸島《西インド諸島の小アンチル諸島北部の島群; Guadeloupe, Antigua, St. Kitts-Nevis, Montserrat を含む》.

lée wàve [名]〘気〙 風下波.

⁺**lée·wày** [名] [U] [また a ～] ❶ **a** (空間・時間・活動・支出などの)余地, 余裕; 許容量: We have an hour's ～ to catch [make] the express. その急行に乗る[間に合う]のに1時間の余裕がある. **b** (自由な)行動の余地, 行動の自由: He gave the boy a lot of ～. 彼はその子にたっぷり自由を与えた. ❷ **a** 〘海・空〙 (風圧などのため船・航空機の)針路が風下にずれること, 横へのずれ; (船の)風圧角; (航空機の)偏流角. **b** (船の)風圧量《船が風下に押し流される横距離》; (航空機の)偏流量. **hàve léeway** (1) 風下が広い. (2) 活動(など)の余地がある. **màke úp léeway** 《英》 (1) 遅れを取り戻す. (2) 苦境を切り抜ける.

‡**left**[1] /léft/ (↔ right) [形] (**～·er, ～·est; more ～, most ～**) ❶ [A] (比較なし) **左の; 左方の**, 左側の, 左手の: the [one's] ～ hand 左手; 左側, 左方 / the ～ bank (川の)左岸《川下に向かって》/ ⇨ left fielder / on the ～ side of…の左側に. ❷ [しばしば L～] (政治上で)左翼の, 左派の. **hàve twó léft féet** ⇨ foot [名] [成句]. **──** [副] (比較なし) **左に, 左方に**, 左側に: turn ～ 左に向く / Keep ～. 左側通行 / *L～*! 〘米海〙 取りかじ! **Léft fáce [túrn]!** 左向け左! **léft, ríght and céntre** 《英》 ＝《米》 RIGHT[2] and left [成句] (2). **──** [名] ❶ [the ～, one's ～] **左, 左方, 左側**; 左折; 左側の道: sit on a person's ～ 人の左側に座る / to *the* ～ of…の左の方に(当たって) / on [from] *the* ～ of…の左(側)に[から] / turn to *the* ～ 左に曲がる / Keep to *the* ～. 左側通行. ❷ [U] [しばしば the L～; 集合的; 単数または複数扱い]〘政〙 議長席左側の議員たち; 左翼, 左派, 革新派, 急進党《[解説] フランス革命後保守的な人が議長の右側に, 急進派のジャコバン党が左側の席を占め

L

たことから; 公式の席では賓客がホストの右側に座るのがルールで, 議会でも貴族が右に座り, 結局右側が保守の人の席になった; cf. right² [名] 2, center [名] 4): sit on *the L~* 左派[革新派]の議員である. ❸ 〘野〙 **a** [U] 左翼, レフト《位置》: He plays ~. 彼は左翼を守る. **b** [C] 左翼手, レフト. ❹ [C] 〘ボク〙 左手; 左打ち, レフト. **háng a léft** ⇨ hang [動] [成句]. 〘OE; 原義は「弱い, 価値のない」か〙 ([関形] sinistral)

‡**left²** /léft/ [動] **leave¹** の過去形・過去分詞.

léft báck [名] 〘サッカー・ホッケーなど〙 レフトバック《レフトのフルバック》.

Léft Bánk [名] [the ~] (Paris の Seine 川の)左岸, リーブゴーシュ《芸術家・学生が多い南岸》.

léft bráin [名] [U] 左脳《大脳の左半球; 身体の右半分と論理的・分析的思考を支配する》.

léft-clìck [動] [自] 〔アイコンなどを〕左クリックする〔*on*〕. ── [他] 〈マウスを〉左クリックする; 〈アイコンなどを〉左クリックする.

léft fíeld [名] [U] 〘野〙 左翼, レフト.

léft fíelder [名] 〘野〙 左翼手, レフト.

***léft-hánd** [形] [A] ❶ **a** 左(手, 側)の: ~ drive (自動車の)左ハンドル(式). **b** 左(側)への: a ~ turn 左折. ❷ 左手でする: a ~ blow [stroke] 左手の強打[ストローク]. ❸ 左きき(用)の; 左巻きの.

⁺**léft-hánded** [形] [A] ❶ **a** 左ききの (cf. right-handed 1): a ~ pitcher 左腕投手. **b** 〈道具など〉左手[左きき]用の: a ~ baseball glove 左きき用の野球のグローブ / ~ scissors 左きき用のはさみ. ❷ **a** 〈機械が〉左回りの; 〈ドア・錠など〉左手[左回し]の, 〈ねじが〉左巻きの: a ~ screw 左ねじ. **b** 〈ロープなど〉左撚(よ)りの. ❸ 不器用な, 下手な. ❹ 疑わしい, あいまいな, どちらにも解される; 誠意のない: a ~ compliment 両様に解される称賛; うわべの称賛. ── [副] 左手で[を使って]. **~·ly** [副] **~·ness** [名]

⁺**léft-hánder** [名] ❶ 左ききの人; 左腕投手. ❷ 《口》 左打ち.

left·ie /léfti/ [名] =lefty.

léft·ish /-tɪʃ/ [形] 左翼的傾向の, 左がかった.

léft·ism /-tɪzm/ [名] [U] 左翼主義.

⁺**léft·ist** /-tɪst/ [名] [しばしば L~] [C] 左翼[左派]の人; 急進派の人, 過激主義者 (↔ rightist). ── [形] 左翼[左派]の, 急進的な.

léft lúggage [名] ❶ [U] 《英》 預けた手荷物. ❷ =left luggage office.

léft lúggage òffice [名] 《英》 手荷物一時預かり所 (《米》 checkroom, baggage room).

léft·mòst [形] いちばん左の.

léft-of-cénter [形] 中道左派の.

⁺**léft·òver** [名] ❶ [複数形で] (食事の)残り物, 残飯: a meal of ~*s* 残り物の食事. ❷ [C] (時代などの)遺物, なごり; 後遺症. ── [形] [A] 残りの, 余りの, 食べ残しの.

léft·ward, 《英》 **-wards** [形] [副] 左側の[に]; (政治的に)左(へ)の[左に].

léft wíng [名] ❶ [通例 the ~; 集合的; 単数または複数扱い] (政党などの)左翼, 左派, 急進派 (↔ right wing). ❷ 〘競技〙 [C,U] (フットボールなどの)左翼.

***léft-wíng** [形] **左翼の, 左派の.**

⁺**léft-wínger** [名] 左翼[派]の人.

left·y /léfti/ [名] ([複] **left·ies**) 《口》 ❶ 左ききの人; 左腕投手. ❷ 左派の人.

‡**leg** /lég/ [名] ❶ [C] **a** 脚(あし) 《★ もものつけ根から足首まで; 時にひざから足首まで; (動物の)脚, 足: stand on one ~ 片足で立つ / cross one's ~*s* 脚を組む / He was shot in the ~. 彼は脚を撃たれた / *have nice ~s* きれいな脚をしている / an artificial ~ 義足. **b** [通例複数形で] (衣服の)脚の部分, 脚部: the ~*s* of a pair of trousers ズボンの脚. ❷ [C,U] (動物・鳥の)脚肉: a ~ *of* mutton [lamb] 羊[子羊]の脚《特に後ろ足のひざから上の長三角の部分》. ❸ [C] **a** (いす・机・コンパスなどの)脚; (建物などの)支持部, 支柱〔*of*〕. **b** 直角三角形の斜辺以外の辺. ❹ [C] (競技・旅行などの全行程中の)ひと区切り; 《英》 (サッカーの)ひと試合: I ran the second ~ *of* the relay. リレーの第 2 区間を走った. ❺ [U] [時に the ~] 〘クリケ〙 打者の左後方: (*the*) long [short] ~ 三柱門から遠い[近い]野手(の守備位置).

as fást as one's légs can cárry one 全速力で.

be áll légs ひょろ長い足をしている.

féel [fínd] one's légs=find one's feet (⇨ foot [成句]).

gét one's lég òver 《英卑》 〈男が〉セックスする.

gíve a person a lég úp ⇨ leg up.

hàve a lég to stánd on [否定文で] 《口》 〈議論が〉成り立たない, 立証できない: Any claim against her would*n't have a* legal ~ *to stand on.* 彼女にどんな請求をしてみてもそれには法的根拠はないだろう.

hàve légs 《主に米口》 〈映画・番組などが〉人の興味を(長く)引きつけている; 成功する.

hàve the légs [否定文で] 《口》 〈ゴルフボールなどが〉目標に達するほどの勢いがない.

kéep one's **légs** (倒れずに)立ち続ける (《[比較]》 《米》 では keep one's feet (⇨ foot [成句])が一般的).

lég befòre wícket 〘クリケ〙 〈打者が〉足で球を受け止めて《反則; 略 lbw》.

on one's (hínd) légs (1) 《英口》 (演説するために)立ち上がって. (2) 歩き回れるほど元気で.

on one's [its] lást légs (1) 《口》 衰退して; 死にかかって. (2) 弱り[困り, 疲れ]果てて. (3) 《口》 こわれかかって.

púll a person's lég 《口》 人をからかう, かつぐ, ばかにする (cf. leg-pull) (《[比較]》 日本で比喩的に言う「足を引っ張る」の意味はない): He's *pulling* our ~*s*. 彼は我々をかついでいるんだ.

sháke a lég 《古風》 (1) 踊る. (2) [通例命令法で] 急ぐ.

shów a lég 《英口》 (寝床から)起きる.

strétch one's légs (長い間座っていた後などで)散歩に出る, 脚を伸ばす.

táke to one's légs 一目散に逃げ出す (《[比較]》 take to one's HEELS [成句] のほうが一般的).

── [動] [他] (**legged; leg·ging**) [~ it で] 《口》 歩く; 走る, 逃げ出す: We *legged it* for 10 miles. 私たちは 10 マイル歩いた[走った].

〘ON〙 ([関形] crural)

leg. 《略》 legal; legislative; legislature.

***leg·a·cy** /légəsi/ [名] ❶ **遺産,** 遺贈(財産): come into a ~ 遺産を相続する. ❷ 受け継いだもの, 遺物: a ~ of hatred 祖先伝来の恨み. ❸ 身内が在籍したことのある組織[学校(など)]に入る[入学する]人. ── [形] 〘電算〙 〈プログラムなど〉古くて機能的には劣るが普及していて入れ替えられない.

‡**le·gal** /líːg(ə)l/ [形] (比較なし) ❶ [A] **a 法律(上)の,** 法律に関する: a ~ adviser 法律顧問 / the ~ profession 法職, 法曹 / a ~ system 法制度 / a ~ offense 法律上の罪 / ~ separation (判決に基づく)夫婦別居. **b** (equity に対して)コモンロー (common law) 上の (cf. equitable 2). ❷ [A] 法律の要求[指定]する, 法定の: ⇨ legal holiday / ~ interest 法定利子[歩合] / ~ tender 法貨 / the ~ age for marriage=the ~ marriage age 結婚してよい法定年齢 / the ~ limit (運転時血中アルコール濃度などの)法的制限値. ❸ 適法の, 合法的な, 正当な (↔ illegal): make it ~ 《口》 結婚する / It's his ~ right to appeal. 控訴するのは彼の正当な権利だ. 〘L < *lex, leg-* 法律+-AL; cf. legislation, legitimate〙 ([名] legality, [動] legalize) 【類義語】 ⇨ lawful.

légal áction [名] [U,C] 法的措置, 訴訟 (legal proceedings).

⁺**légal áid** [名] [U] 〘法〙 司法扶助《貧困者に対する訴訟費用の援助》.

légal béagle [名] 《口》 =legal eagle.

légal clínic [名] 《米》 (法律扶助による)法律相談所.

légal éagle [名] 《口》 弁護士 (lawyer), (特に)すご腕[やり手]の弁護士.

le·gal·ese /lìːgəlíːz/ [名] [U] (難解な)法律用語.

légal fíction [名] 法律上の擬制, 法的擬制《会社を人格化して法人とするなど》.

légal hóliday [名] 《米》 法定休日 (《英》 bank holiday) (《[解説]》 New Year's Day (元日), Martin Luther King Day (キング牧師の記念日), Washington's Birthday (ワシントン誕生日), Memorial Day (戦没将兵記念日),

Independence Day (独立記念日), Labor Day (労働の日), Columbus Day (コロンブス記念日), Veterans Day (復員軍人の日), Thanksgiving Day (感謝祭), Christmas Day (クリスマス) の10日で, 休日となる].

lé·gal·ism /-gəlìzm/ 名 ① (法律の字義にこだわる)法律尊重主義; 規則一点張り, お役所的形式主義.

lé·gal·ist /-gəlìst/ 名 法律尊重主義者.

lé·gal·is·tic /lìːgəlístɪk/ 形 法律尊重主義の.

†**le·gal·i·ty** /lɪɡǽləti/ 名 Ⓤ 適法, 合法, 正当さ. (形 legal)

lè·gal·i·zá·tion /lìːgəlɪzéɪʃən /-laɪz-/ 名 Ⓤ 適法化, 合法化, 公認.

†**lé·gal·ize** /líːgəlàɪz/ 動 ❶ ⟨...を⟩法律上正当と認める; 公認する. ❷ ⟨...を⟩法律化する. (形 legal)

lé·gal·ly /líːgəli/ 副 法律的に, 法律上; 合法的に.

légal médicine 名 法医学 (forensic medicine).

légal pád 名 法律用箋, リーガルパッド (22×36 cm (8½×14インチ)大の黄色罫線綴り)

légal pérson 名 【法】法人.

légal procéedings 複 訴訟手続き; 法的措置, 訴訟 (legal action).

légal-size 形 《米》(紙が)法律文書に用いる大きさの, リーガルサイズの (22×36cm).

leg·ate /léɡət/ 名 ❶ ローマ教皇特使. ❷ 使節. 〖F<L=派遣する〗

légate a láte·re /-ɑːlɑ́ːtəreɪ|-lǽt-/ 名 教皇全権特使.

leg·a·tee /lèɡətíː/ 名 【法】遺産受取人.

leg·a·tine /léɡətìːn, -tàɪn|-tàɪn/ 形 教皇特使の(率いる).

le·ga·tion /lɪɡéɪʃən/ 名 ❶ Ⓒ 公使館 (cf. embassy 1). ❷ Ⓒ 公使館員 [全員]. ❸ Ⓤ 使節派遣.

le·ga·to /lɪɡɑ́ːtoʊ/ 副 形 【楽】レガートで, (音と音をつなげて)なめらかな[に]. 〖It=つながれた〗

leg·a·tor /lɪɡéɪtə/ -tə/ 名 遺贈者; 遺言人.

*l**eg·end** /lédʒənd/ 名 ❶ ⒞Ⓤ 伝説, 言い伝え: the ~s of King Arthur and his knights アーサー王とその騎士たちの伝説 / 〖It+that〗L~ has it that...という伝説がある. ❷ Ⓤ (民族などの)説話, 伝説: famous in ~ 伝説上有名な. ❸ Ⓒ 伝説[神話]的人物; 語りぐさ: a ~ in one's own lifetime=a living ~ 生きているうちからの伝説的人物. ❹ Ⓒ a (地図・図表などの)凡例 (説明部分). b (メダル・貨幣面などの)銘. 〖L=読まれるべきもの ⟨legere 読む; cf. lecture〗 (形 legendary)

*l**eg·end·ar·y** /lédʒəndèri|-dəri, -dri/ 形 ❶ (伝説になるほど)有名な, 伝説的な (fabled). ❷ 伝説(上)の. ― 名 ❶ 伝説集; (特に)聖徒伝. ❷ 伝説[聖徒伝]作者. (名 legend)

Lé·ger /leɪʒéɪ, Fer·nand /feənɑ́ː| feə-/ 名 レジェ (1881-1955; フランスの立体派の画家).

leg·er·de·main /lèdʒədəméɪn|-dʒə-/ 名 Ⓤ ❶ 手品 (の早わざ). ❷ ごまかし, 虚偽, こじつけ. 〖F〗

lég·er líne /lédʒə-|-dʒə-/ 名 【楽】(五線譜の)加線.

legged /léɡ(ɪ)d/ 形 ❶ 脚[足]のある. ❷ 〖通例複合語で〗脚[足]の...の: four-legged 四つ足の / → long-legged.

†**lég·ging** 名 〖通例複数形で〗 ❶ レギンス (主に女性・小児用の足先まで包み込むズボン). ❷ きゃはん, すね当て.

lég guàrd 名 〖通例複数形で〗〖スポ〗すね当て, レガース.

leg·gy /léɡi/ 形 (**leg·gi·er; -gi·est**) ❶ ⟨子供・子馬などの⟩脚のひょろ長い. ❷ ⟨口⟩⟨女性の⟩脚のすらっとしている, 脚のきれいな: a ~ model 脚のすらっとしたモデル. ❸ 茎のひょろ長い. **lég·gi·ness** 名

leg·horn /léɡ(h)ɔːn|-ɡɔːn/ 名 〖時に L~〗レグホーン種の鶏 (卵用種).

leg·i·bil·i·ty /lèdʒəbíləti/ 名 Ⓤ (筆跡などの)読みやすさ.

leg·i·ble /lédʒəbl/ 形 ⟨筆跡・印刷が⟩読みやすい (readable; ↔ illegible). **-i·bly** /-əbli/ 副. **~·ness** 名

†**le·gion** /líːdʒən/ 名 ❶ Ⓒ a 軍隊, 軍団; ⇒ Foreign Legion. b 在郷軍人会: the American [British] L~ 米国[英国]在郷軍人会. ❷ 〖古口〗レギオン, 軍団 (少数の騎兵を含む 3000~6000 の兵員から成る歩兵軍; cf. century 3). ❸ 〖a ~ または複数形で〗多数, 多勢: a ~ [~s]

of difficulties 多くの難点. ― 〖P〗多数で, 無数で: Anecdotes about him are ~. 彼に関する逸話は実に多い. 〖F<L<legere 選ぶ〗

le·gion·ar·y /líːdʒənèri|-dʒ(ə)nəri/ 〖古口〗形 ❶ 〖軍団〗の[から成る]. ― 名 軍団兵.

le·gion·el·la /lìːdʒənélə/ 名 Ⓤ レジオネラ菌 (⇒ Legionnaires' disease).

le·gion·naire /lìːdʒənéə|-néə/ 名 〖古口〗軍団兵. ❷ フランス外人部隊の隊員.

Legionnáires' diséase 名 【医】在郷軍人病 (レジオネラ菌による重度の集団性肺炎). 〖米在郷軍人会大会の発生が最初に確認されたものであることから〗

leg·i·ron 名 〖通例複数形で〗足かせ.

†**leg·is·late** /lédʒɪslèɪt/ 動 ❶ 法律を制定する: ~ against monopolistic business practices 法律で独占的取引慣行を禁止する / ~ for the conservation of the environment 自然環境保護の法律を定める. (名 legislation)

*l**eg·is·la·tion** /lèdʒɪsléɪʃən/ 名 ❶ 法律, 法令; 法案: enact ~ 法律を制定する / introduce ~ 法案を提出する, 新しい法律を導入する. ❷ 立法, 法律制定. 〖L=法案の提出⟨lex, leg- 法律; cf. legal〗 (動 legislate, 形 legislative)

*l**eg·is·la·tive** /lédʒɪslèɪtɪv, -lət-/ 形 A ❶ 法律を制定する, 立法の; 立法権のある: a ~ body [organ] 立法府[機関] / ~ power(s) 立法権 / a ~ proposal 法案. ❷ 立法府の. ― 名 立法府. **~·ly** 副 (名 legislation)

†**leg·is·lā·tor** /-tə|-tə/ 名 法律制定者, 立法者. ❷ 立法府議員, 国会議員.

*l**eg·is·la·ture** /lédʒɪsleɪtʃə|-dʒə/ 名 立法部[府]; 議会: a bicameral ~ 二院制の立法府[議会].

le·git /lɪdʒít/ 形 〖口〗= legitimate.

le·git·i·ma·cy /lɪdʒítəməsi/ 名 Ⓤ ❶ a 合法性, 適法. b 嫡出(性), 正統, 正系. ❷ 道理にかなっていること, 妥当性. (形 legitimate)

*l**e·git·i·mate** /lɪdʒítəmət/ 形 (**more ~; most ~**) ❶ 合法の, 法的の, 法的に正しい (↔ illegitimate): (a) ~ business 合法的な事業[商売] / a ~ government 合法(的)政府. ❷ 道理にかなった, 筋の通った, 合理的な, 妥当な (valid): a ~ argument 筋道の通った議論. ❸ 【法】嫡出の: a ~ child 嫡出子. ❹ 【劇】(笑劇・メロドラマ・映画・テレビなどに対して)本格的な, 正統な; 舞台劇の, 正劇の (★やや古い表現): the ~ theater 演劇, 正劇. **~·ly** 副 〖L=法で定められた⟨lex, leg- 法律; cf. legal〗 (名 legitimacy, 動 legitimatize) 〖類義語〗⇒ lawful.

le·git·i·ma·tize /lɪdʒítəmətàɪz/ 動 = LEGITIMIZE.

le·git·i·mist /lɪdʒítəmɪst/ 名 〖しばしば L~〗正統主義者 (特にフランスでブルボン王家を擁護していた人). ~·**ism** 名 正統主義. **le·git·i·mism** /-mɪzm/ 名 正統主義.

†**le·git·i·mize** /lədʒítəmàɪz/ 動 ❶ ⟨...を⟩合法と認める; 正当化する. ❷ ⟨庶子を⟩嫡出と認める. **le·git·i·mi·za·tion** /lɪdʒìtəmɪzéɪʃən|-maɪz-/ 名 (動 legitimate)

lég·less 形 脚のない. ❷ 〖P〗〖英口〗泥酔して.

lég·màn 名 (@-men) 《米》 ❶ 取材[探訪]記者 (取材はするが記事は書かないこともある). ❷ 取材係; (調査のための)情報収集者.

Leg·o /léɡoʊ/ 名 〖商標〗レゴ (プラスチック製組立てブロック玩具).

lég-of-mútton 形 A ❶ 〈婦人服のそでが〉⟨羊の足形のように⟩肩の部分がふくらんでいて手首の方へ細くなっている, レッグオブマトンの. ❷ 〈ヨットなどの帆が〉長三角形の.

lég·pùll 名 〖口〗からかい, 悪ふざけ.

lég·rèst 名 (病人用の)足かけ.

lég·ròom 名 Ⓤ (座席の)足もとの広さ: I have no ~. (狭くて)脚が伸ばせない.

lég shòw 名 〖古風〗脚線美を見せるショー.

le·gume /léɡjuːm/ 名 ❶ 【植】マメ科植物. ❷ (マメ科植物の)さや (家畜の食糧).

le·gu·mi·nous /lɪgjúːmənəs/ 形 ❶ 【植】マメ科の. ❷〈植物が〉豆のなる.

lég ùp 名 [単数形で] (口) (馬などに乗ったり, 障害物を越えたりするときに)脚を持って人を上げてやること; 支援, 手助け, 援助: give a person a ~ 脚を持って人を上げてやる; 人を助けて障害を乗り越えさせる, 支援する.

lég wàrmer 名 [通例複数形で] レッグウォーマー (脚の保温のために用いる).

lég·wòrk 名 ❶ (口) (取材・調査などで)歩き回ること; 探訪. ❷ (刑事の)聞き込み捜査.

Le·hár /léɪhɑː | leɪháː/, **Franz** /frɑ́ːnts/ 名 レハール (1870-1948; ハンガリーのオペレッタ作曲家).

Le Ha·vre /ləhɑ́ːvr(ə) | -(h)ɑ́ː-/ 名 ルアーブル (フランス北部の海港).

le·hu·a /leɪhúːɑː/ 名 【植】 レフア (ハワイ諸島産の赤い花をつけるオフトモモ属の堅木).

lei /léɪ, léɪiː/ 名 (ハワイ諸島で首にかける)レイ, 花輪.

Leib·niz /láɪbnɪts/, **Gottfried Wilhelm** ライプニッツ (1646-1716; ドイツの哲学者・数学者). **Leib·niz·i·an** /laɪbnítsiən/ 形

Lei·ca /láɪkə/ 名 (商標) ライカ (ドイツ製カメラ).

Leices·ter /léstə/ | -tə/ 名 ❶ レスター (英国 Leicestershire の州都). ❷ Ⓒ レスター種の羊.

Leices·ter·shire /léstəʃɪə/ | -ʃə/ 名 レスターシャー州 (イングランド中部の州; 州都 Leicester; 略 Leics.).

Leics. (略) Leicestershire.

Leif Eriks·son /líːf érɪks(ə)n/ 名 レイフエリクソン (1000年ころのノルウェーの探検家; ヨーロッパ人として最初に北米海岸に到達したといわれる; Leif Eric(s)son ともつづる).

Leigh /líː/ 名 リー (男性名; Lee の異形).

Lein·ster /lénstə | -stə/ 名 レンスター (アイルランド共和国東部の地方).

Leip·zig /láɪpsɪɡ/ 名 ライプツィヒ (ドイツ中東部 Saxony 州の市).

leish·man·ia /liːʃmǽniə, -méɪniə/ 名 (複 ~, ~s, -man·i·ae /-méɪniiː/) 【動】 リーシュマニア: **a** 鞭毛虫. **b** これに似た原生動物.

leish·man·i·a·sis /lìːʃmənáɪəsɪs/ 名 (複 -a·ses /-əsiːz/) 【医】 リーシュマニア症 (leishmanias による疾患).

leis·ter /líːstə | -stə/ 名 (魚を突く)やす. ── 動 やすで突く.

*__lei·sure__ /líːʒə, léʒə/ ʒə/ 名 Ⓤ 余暇, 自由な時間, 暇 (な時間)《仕事から解放されて休息・レクリエーションに使う時間; 匹鼓 日本語の「レジャー」には余暇を利用して楽しむことの意味があるが, leisure にはその意味はない》: a life of ~ 暇な生活 / a person of ~ (戯言) 有閑人 / I have no ~ *for* sport. ゆっくりスポーツをする暇がない / [+*to do*] I have no ~ *to* read. ゆっくり本を読む暇がない. **at léisure** (1) 暇で, 手すきで. (2) ゆっくりして, 余裕をみって. **at one's léisure** 暇な時に, 都合のよい折に: You can do it *at* your ~. 暇な時にそれをしてよろしい. ── 形 A 暇な, 手すきの, 用事のない: ~ time 余暇 / the ~ business レジャー産業 (全体) / ~ activities 余暇活動. 【F<L *licere* 許されている; cf. license】 (形 leisurely)

léisure cèntre 名 (英) レジャーセンター (さまざまな娯楽・スポーツ施設やレストランなどを備えた場所; 通例 地方自治体が経営).

léi·sured 形 ❶ 暇のある, 用事のない, 有閑の: the ~ classes 有閑階級. ❷ =leisurely.

léisure·less 形 暇のない, 多忙な.

†**léi·sure·ly** 形 ❶ 暇の多い, 気の長い, 急がない (leisured): He drove at a ~ pace. 彼はゆっくり車を運転した[走らせた]. ── 副 ゆるゆると, ゆっくりと, 悠長(ちょう)に. **léi·sure·li·ness** 名 【類義語】 ⇨ slow.

léisure·wèar 名 Ⓤ 遊び着, レジャーウェア.

leit·mo·tif, leit·mo·tiv /láɪtmoʊtìːf/ 名 ❶ 【楽】 示導動機, ライトモチーフ. ❷ **a** (行為などに一貫して見られる)主な動機, 主目的. **b** 中心思想[テーマ]. 【G=leading motive】

Lei·trim /líːtrəm/ 名 リートリム (アイルランド北西部 Connacht 地方の県; 県都 Carrick on Shannon /kǽrɪkənʃǽnən | -kɔn-/).

Leix /léɪʃ, líːʃ/ 名 =Laoighis.

lek /lék/ 名 レック (クロライチョウなどの鳥が集まって求愛行動をする場所). ── 動 ⓘ (lekked; lek·king) 〈鳥が〉レックに集まる.

LEM /lém/ (略) lunar excursion module 月着陸[探査]船.

Le Mans /ləmɑ́ːŋ/ 名 ルマン (フランス北西部の市; 毎年 6月に自動車の 24 時間耐久レースが行なわれる).

lem·ma /lémə/ 名 (複 ~s, -ta /-tə/) ❶ 補助定理, 補題, 副命題. ❷ (文章の表題などに用いる)テーマ, 主題; (注解などの)題句. ❸ (語彙集などの)見出し語.

lem·me /lémi/ =let me.

lem·ming /lémɪŋ/ 名 レミング, タビネズミ (解説 極地付近にすむハタネズミの一種; 繁殖しすぎると集団で移動し, その過程で大量の溺死がみられることもあるが, これは俗に考えられているような集団自殺ではない; しばしば群集心理に駆り立てられる愚民のたとえに用いられる).

*__lem·on__ /lémən/ 名 ❶ Ⓒ,Ⓤ レモン(の実); Ⓒ 【植】 レモンの木 (解説 レモンは日本のように「さわやか」というイメージはなく,「酸っぱいもの」としてあまり好感はもたれない; ⇨ 4, 5). ❷ Ⓤ (紅茶などに入れる)レモンの風味); (英) レモン飲料: a slice of ~ with [in my] tea. 紅茶にはレモンを入れたのがお好きだ. ❸ Ⓤ レモン色, 淡黄色. ❹ Ⓒ (主に米口) できそこない, 欠陥車: This car's a real ~. この車はまったくの欠陥車だ. ❺ Ⓒ (英口) ばか, まぬけ. ── 形 ❶ A レモン入りの. ❷ レモン色の, 淡黄色の. 【F<Arab<Pers】

*__lem·on·ade__ /lèmənéɪd/ 名 ❶ Ⓤ レモネード (1 杯): **a** (米) レモンの汁に砂糖と水を加えた清涼飲料. **b** (英) =lemon soda. **c** (英) =lemon lime. ❷ (英) =lemon squash. 【LEMON+-ADE】

lémon bàlm 名 Ⓤ 【植】 セイヨウヤマハッカ, メリッサ, レモンバーム (シソ科のハーブ; 葉にレモンの香りがある).

lémon cúrd [chéese] 名 Ⓤ (英) レモンカード[チーズ] (砂糖・卵・バター・レモン汁を一緒に調理したもの; パンの上につけて食べる).

lémon gràss 名 Ⓤ 【植】 レモングラス (イネ科オガルカヤ属の多年草; シトラールを含む精油を採る).

lémon láw 名 (米) 欠陥商品法 (欠陥商品の修理・交換・返金を製造会社に要求できる法; cf. lemon 4).

lémon líme 名 Ⓤ,Ⓒ (米) レモンライム (無色透明な炭酸飲料).

lémon sóda 名 Ⓤ,Ⓒ (米) レモンソーダ (レモンの味の炭酸飲料).

lémon sóle 名 【魚】 ババガレイ属の一種 (大西洋産).

lémon squásh 名 Ⓤ,Ⓒ (英) レモンスカッシュ (レモンの果汁に砂糖を加えて濃縮した清涼飲料; 水などを加えて飲む).

lémon squéezer 名 レモン搾り器.

lémon thýme 名 【植】 ヨウシュイブキジャコウソウ (葉はレモンの香りがする).

lémon verbéna 名 【植】 ボウシュウボク (南米原産クマツヅラ科の低木; 葉はレモンの香りがする).

lem·on·y /lémənɪ/ 形 レモンのような.

lémon yéllow 名 =lemon 3.

le·mur /líːmə | -mə/ 名 キツネザル.

Le·na[1] /líːnə/ 名 リーナ (女性名).

Le·na[2] /líːnə, léɪ-/ 名 [the ~] レナ川 (シベリア中東部の川; Baikal 湖の西の山中に発し, 北に流れて北極海に注ぐ).

*__lend__ /lénd/ 動 (lent /lént/) ⓣ ❶ (銀行などが)〈人〉に〈金〉を貸し付ける: *L*- your money and lose your friend. (諺) 金の貸借は友情の破綻(はん) / ~ money *to* a person at five-percent interest = [+目+目] ~ a person money at five-percent interest 5分の利子をとって人に金を貸し付ける. ❷ (人)〈ものを〉貸す (↔ borrow): [+目+目] Will you ~ me

lemur

your bicycle?=Will you ~ (*out*) your bicycle *to* me? 自転車を貸してくれませんか. ❸ (…に)援助を与える (give): ~ (one's) assistance [support] (*to*…) (…に)援助の手[支援]を差し述べる / a willing ear (*to*…) 進んで(…に)耳を貸す[(…を)聞いてやる] / [+目+目] ~ a person a (helping) hand (with…) / (口) (…の件で)人を手伝う. ❹ [~ *oneself* で] a (物事が…に)役立つ, 適している: The incident seemed to ~ *itself* to dramatization. その事件は劇化に適しているように思えた. b (人が〔…に〕力を尽くす, 乗り出す: You should not ~ *yourself to such a transaction*. そのような取引に加わってはいけない. ❺ (…に)X[特色・気品など]を添える, 加える: This fact ~s credence *to his report*. この事実から見ると彼の報告(書)は信用できる / [+目+目] The ragged scar on his face *lent* him a sinister look. 顔のぎざぎざの傷跡が彼に凶悪な人相を与えた. ── ⓸ (金を)貸す[*to*]. 《OE; 語尾のdは非歴史的で, LOANと同語源》

*lénd·er 图 ❶ 貸す人, 貸し方 (↔ *borrower*). ❷ 金貸し, 高利貸し.

lénd·ing library 图 ❶ 貸し本屋 《(米)では rental library ともいう》. ❷ (英) a (公立図書館の)館外貸出部(係). b 公立図書館.

†lénding ràte 图 貸し出し金利.

L'En·fant /láːnfɑːnt, —́-/, Pierre /pjéɚ│pjéə/ ランファン (1754–1825; フランス生まれの米国の技術者・建築家; Washington, D.C. の都市計画を担当した).

‡length /léŋ(k)θ/ 图 ❶ a U.C (端から端までの)長さ; (縦横の)縦; 丈(仁): the ~ of a pool [rope] プール[綱]の長さ / 3 meters in ~ 長さ3メートル / This river has a ~ of 100 kilometers. この川は長さ100キロある (愛換) This river is 100 kilometers long. と書きかえられる (口) この方が一般的. b [the ~] (ものの)端から端までの部分: swim the ~ *of the lake* その湖の端から端まで泳ぐ / The fresco runs the ~ *of the wall*. そのフレスコ壁画は壁の端から端まである. ❷ a U.C (時間的な)長さ, 期間; (文章・映画などの)長さ; (音声・楽)(音の)長さ, 音量: an hour in ~ 長さ(にして)1時間 / the ~ *of a speech* [*vacation*] 演説[休暇]の長さ / a journey *of some* ~ かなり長い旅行 / if you want to stay here for any ~ *of time* ここに少しでも長くいたければ / the ~ *of a sentence* 文の長さ / a story *of some* ~ かなりの長さの物語. b U (時間・距離などの)長いこと[状態]: The ~ *of the meeting* tired me. 会合が長くて疲れた. ❸ C [ものの]特定[標準]の長さ: a ~ *of rope* ロープ1本 / a skirt ~ *of silk* スカート丈の絹 / two ~s *of pipe* 2本のパイプ. ❹ C (ボートレース)艇身; (競馬)馬身: win by a ~ 1艇身[1馬身]の差で勝つ. ❺ C (泳ぎの距離の単位としての)プールの長さ.

at fúll léngth (1) 手足を伸ばして, 大の字に(して). (2) 十分に, 詳しく. at gréat léngth (1) 長々と, くどくどと. (2) 詳細に. at léngth (1) ついに, ようやく (比較 at last より形式ばった句): I have *at* ~ *accomplished what I have been hoping*. 望んでいたことをやっと成し遂げた. (2) 十分に, 詳細に. (3) 長い間, 長々と. at sóme léngth 少し長く[詳しく]. gó to gréat [ány] léngths どんなことでもする; 何でもしかねない. méasure one's léngth 〔…の上に〕大の字なりに倒れる〔*on*〕. (óver [thróugh]) the léngth and bréadth of…の全体を, くまなく: travel the ~ *and breadth of a country* 国中くまなく旅行する. (形 long¹, léngthy)

†léngth·en /léŋ(k)θən/ 動 ⓷ (…を)長くする, のばす (↔ *shorten*): I want to have this coat ~*ed*. このコートの寸法を長くしてもらいたい / ~ a runway 滑走路を延長する / ~ (*out*) one's speech 演説を長々と引き延ばす. ── ⓸ 長くなる, のびる: The days ~ in spring. 春には日脚がのびる / The shadows ~*ed* across [over] the lawn. 影は芝生に長くのびていた. 《LENGTH+-EN³》 (形 long¹) 〖類義語〗 lengthen 時間的・空間的に長くする. extend 現在の(時間的・空間的な)点または限界・範囲を引っ張って伸ばす. enlarge 大きさ, 範囲の拡大を意味することもある. prolong 時間について予定の[正常な・適当な期間[日時]を延長する.

léngth·wàys 副 =lengthwise.

1039 Leo

léngth·wìse 副 縦に, 長く (↔ *widthwise*): Measure it ~. 縦に測りなさい. ── 形 縦の, 長い.

*léngth·y /léŋ(k)θi/ 形 (léngth·i·er; -i·est) [通例Ⓐ] ❶ (時間的に)長い, 長々しい. ❷ 〈演説・書き物など〉冗長でくどくした. léngth·i·ly /-θɪli/ 副 -i·ness 图

le·ni·en·cy /líːniənsi/, le·ni·ence /-niəns/ 图 U 寛大さ; 哀れみ, 慈悲(深さ).

*le·ni·ent /líːniənt/ 形 〈人・罰に〉寛大な; 慈悲深い, 情け深い; 大目に見る, 甘い〔*with, to, toward*〕: a ~ *judge* 寛大な判事 / He's ~ *with his children*. 彼は子供に甘い. 《L=鎮める》

Len·in /lénɪn/, Vla·di·mir I·lich /vládəmɪr ılítʃ│-ɪmɪə-/, レーニン (1870–1924; ロシア革命の指導者).

Len·in·grad /léningræd/ 图 レニングラード 《ロシア北西岸の都市; 現在名 St. Petersburg》.

Len·in·ism /-nìzm/ 图 U レーニン主義.

Lén·in·ist /-nɪst/ 图 レーニン主義者. ── 形 レーニン主義(の).

*le·nis /líːnɪs, léɪ-/ 图 (複 le·nes /líːniːz, léɪ-/) (音声) 軟音 (/b, d, g/ など; cf. FORTIS). ── 形 軟音の.

le·ni·tion /lɪnɪ́ʃən/ 图 (音声) 軟音化.

len·i·tive /lénətɪv/ 形 (古) 鎮痛の, 緩和する. ── 图 (医) 鎮痛剤, 緩和剤.

len·i·ty /lénəti/ 图 (文) U.C 慈悲(深いこと), 寛大さ, 優しさ.

le·no /líːnou/ 图 U.C (複 ~s) レノ 《からみ組織の目の粗い一種のガーゼ織物》.

*lens /lénz/ 图 ❶ レンズ: grind ~es レンズを磨く. ❷ (解) (眼球の)水晶体: the ~ *of the eye* 目の水晶体. ❸ (口) コンタクトレンズ (contact lens). 《L=レンズマメ (lentil); 形の類似から》

léns·man /-mən, -mèn/ 图 (複 -men /-mən, -mèn/) (口) 写真家 (photographer).

*lent /lént/ 图 /動 lend の過去形・過去分詞.

Lent /lént/ 图 (キ教) 四旬節, 大斎節, 受難節, レント 《解説 Ash Wednesday から Easter Eve までの日曜日を除く40日間; 荒野のキリストを記念して節食や断食またはさんげを行なう; Lent 期間中の第5日曜日を Passion Sunday, 最後の日曜日を Palm Sunday といい, Easter 前の一週間が Holy Week で金曜日が Good Friday》. 《OE; LONG¹ と関連語; 春になると日が長くなることから》

Lent·en /léntən, -tn/ 形 ❶ 四旬節の, 四旬節の食事のような[に]肉食いうの; 質素な, 貧相な: ~ fare 精進料理.

Lénten róse 图 (植) レンテンローズ, ハルザキクリスマスローズ 《小アジア原産キンポウゲ科の常緑多年草》.

len·tic /léntɪk/ 形 (生態) 静水の[にすむ], 静水性の (↔ *lotic*).

len·ti·cel /léntəsèl/ 图 (植) 皮目(♀); (樹皮面にあるレンズ状の斑点, 気孔の役をする).

len·tic·u·lar /lentɪ́kjulɚ│-lə-/ 形 ❶ (両凸)レンズ状の. ❷ (眼球の)水晶体の; レンズの.

len·ti·form núcleus /léntəfɔːm-│-fɔː-/ 图 (解) レンズ核 《大脳半球の深部で視床の外側に存在する大きな灰白質》.

len·ti·go /lentáɪgou/ 图 (複 len·tig·i·nes /-tídʒəniːz/) (医) (小さい)ほくろ.

†len·til /léntl/ 图 (植) ヒラマメ, レンズマメ 《食用》. 《F<L; cf. lens》

lén·ti·virus /léntə-/ 图 (医) レンチウイルス 《ウイルスの一群; 進行が遅いがしばしば致命的な動物の病気の原因となる; ヒト免疫不全ウイルスなど》.

len·to /léntou/ 形/副 (楽) レント, 遅い[く] (↔ *allegro*). 《It》

lent·toid /léntɔɪd/ 形 両凸レンズ形の.

Lént tèrm 图 U [通例 the ~] (英) 春学期 《クリスマス休暇後に始まり復活祭ごろ終わる》; ⇒ term (解説).

*Le·o /líːou/ 图 ❶ a リオ (男性名). b レオ (13名のローマ教皇の名). ❷ (天) 獅子(ϩ)座. ❸ (占星) a しし座, 獅子宮 (cf. the signs of the ZODIAC 成句). b C しし座生まれの人. 《L=LION》

Leon·ard /lénəd | -nəd/ 图 レナード《男性名》.

Le·o·nar·do da Vin·ci /liːənáːdoudəvíntʃi, lèɪə- | -náː-/ 图 レオナルドダビンチ《1452-1519; イタリアの画家・彫刻家・建築家・科学者》.

Le·on·berg /líːɔnbəːg | -bəː·g/, **-berg·er** /-bəː·gə | -bə·gə/ 图 レオンバーグ《犬》《Saint Bernard と Newfoundland との交配でできた大型の犬種の犬》.

Le·o·ni·an /líóuniən/ 图 しし座生まれの(人).

Le·o·nid /líːənɪd/ 图 (⑱ ~s, **Le·on·i·des** /liánɪdìːz | -ɔn-/) [the ~s] [天] 獅子座流星群.

le·o·nine /líːənaɪn/ 形 ❶ ライオンの(ような). ❷ 堂々とした, 勇猛な.

Le·o·no·ra /lìːənɔ́ːrə/ 图 レオノーラ《女性名; 愛称 Nora》.

⁺leop·ard /lépəd | -pəd/ 图【動】ヒョウ (cf. panther). *A leopard never changes [cannot change] its spots.* 性格は直らない《★聖書「エレミア書」から》. 〖F<L<Gk *leōn* lion+*pardos* pard, panther〗

léopard càt 图【動】ベンガルヤマネコ《東南アジア・東アジア産のヤマネコ; 体毛は黄褐色の地に黒っぽい斑紋がある》.

léopard fròg 图【動】ヒョウガエル《北米産》.

léopard sèal 图【動】ヒョウアザラシ《南氷洋産》.

Le·o·pold /líːəpòʊld/ 图 レオポルド《男性名》.

le·o·tard /líːətàːd | -tàː·d/ 图 《米》でしばしば ~s レオタード《体操や軽業・バレエ練習用の上下続きのスポーツウェアの一種》. 〖J. Leotard フランスの曲芸師〗

LEP /lép/ 图 《米》LEP の, (生徒など)英語力の不足している《英語を母語としない学習者についていう》: a class for ~ students LEP 生徒のクラス. 〖*limited English proficient*〗

lep·er /lépə | -pə/ 图 ❶ ハンセン病患者; [聖] 皮膚病の人. ❷ (道徳的・社会的理由で)世間からのけ者にされる人《★差別的な表現》. 〖F<L<Gk〗

le·pid·o·lite /lɪpídəlàɪt, lépə-/ 图 U [鉱] リシア雲母.

lep·i·dop·te·ran /lèpədáptərən | -dɔ́p-/ [昆] 形 鱗翅目の, 鱗翅類の. —— 图 (⑱ ~s, **-ter·a** /-rə/) 鱗翅目の昆虫, 鱗翅類《チョウ・ガ》.

lep·i·dop·ter·ist /lèpədáptərɪst | -dɔ́p-/ 图 [昆] 鱗翅類研究家[学者].

lep·i·dop·ter·ous /lèpədáptərəs | -dɔ́p-⁻/ 形 [昆] 鱗翅(ʰ⁰)目の, 鱗翅類をもった (lepidopteran).

le·o·rine /lépəràɪn/ 形 ウサギ (hare) の(ような).

lep·re·chaun /léprəkɔ̀ːn/ 图 《アイル》レプレコン《小さい老人の姿をした妖精; 主婦の手伝いをする》.

le·prom·a·tous /ləprámətəs, -próʊ- | -próʊ-/ 形 [医] 瘤腫の(みられる).

lep·ro·sar·i·um /lèprəsé(ə)riəm/ 图 (⑱ ~s, **-i·a** /-iə/) ハンセン病療養所.

lep·ro·sy /léprəsi/ 图 U ❶ ハンセン病 (Hansen's disease); [聖] 皮膚病. ❷ (道徳的)腐敗《★差別的な表現》.

lep·rous /léprəs/ 形 ハンセン病にかかった.

lep·tin /léptɪn/ 图 U [生化] レプチン《脂肪細胞が作るたんぱく質; 体脂肪の蓄積を調節すると考えられている》.

lep·to- /léptoʊ/ [連結形] 「細い」「薄い」「細かい」. 〖Gk *leptos* 細かい, 薄い〗

lep·to·me·nin·ges /lèptəmənín(d)ʒiːz/ 图 [解] 軟髄膜, 軟膜《クモ膜と軟膜のこと》. **-men·in·ge·al** /-mènəndʒíːəl | -mɪníndʒɪəl⁻/ 形.

lep·ton /léptɑn | -tɔn/ 图 [理] 軽粒子, レプトン《電子・ニュートリノなど》. **lep·ton·ic** /leptánɪk | -tɔ́n-/ 形.

lépton nùmber 图 [理] 軽粒子数《存在する軽粒子の数から反軽粒子の数を減じて得た数》.

lep·to·spi·ro·sis /lèptəspaɪróʊsɪs/ 图 U [医・獣医] レプトスピラ症《スピロヘータ科の一属に属するレプトスピラ菌による人畜の感染症》.

lep·to·tene /léptətìːn/ 图 [生] 細糸期, レプトテン期《減数分裂の第一分裂前期における最初期》.

Ler·ner /ləː·nə | ləːnə/, **Alan Jay** 图 ラーナー《1918-86; 米国の劇作家・脚本家; 作曲家 Frederick Loewe と共同でミュージカル *My Fair Lady* (1956) などをヒットさせた》.

Ler·wick /léː·wɪk | lə́ː-/ 图 ラーウィック《スコットランド北部 Shetland 諸島の Mainland 島にある町で, 行政の中心地》.

⁺les·bi·an /lézbiən/ 图 同性愛の女性, レズビアン. —— 形 (女性間の)同性愛の, レズビアンの (cf. gay 1, homosexual). 〖「(エーゲ海の) Lesbos /lézbəs | -bəs/ 島の」の意; この島に住んでいた女性詩人 Sappho が同性愛者だったという伝説から〗

les·bi·an·ism /-nɪzm/ 图 U 女性の同性愛 (cf. homosexuality 1).

les·bo /lézboʊ/ 图 (⑱ ~s) 《俗・軽蔑》レズビアン (lesbian).

lèse maj·es·té /líːzmæʒəsteɪ | léɪzmǽdʒəsteɪ/ 图 = lese majesty.

lése májesty /líːz- | -/ 图 U ❶ [法] 不敬罪, 大逆罪. ❷ 《口》不敬行為; 侮辱. 〖F=*injured majesty*〗

Le Shuttle /lə-/ 图 ルシャトル《英仏海峡トンネル列車》.

⁺le·sion /líːʒən/ 图 ❶ 傷害; 精神的傷害. ❷ [医] (組織・機能の)障害, 病変. 〖F<L=傷〗

Le·so·tho /ləsóʊtoʊ, -súːtuː/ 图 レソト《南アフリカ共和国に囲まれた王国; 首都 Maseru》.

⁑less /lés/ 形 [little の比較級] ❶ [U の名詞を修飾して] (量・程度が)より少ない → より少ない (↔ more; cf. lesser): eat (far) ~ meat 食べる肉の量を(うんと)減らす / spend ~ and ~ money on food ますます食費を減らす / *L- noise, please!* もう少し静かにしてください / *More haste, ~ speed.* 〖諺〗急がば回れ / He had ~ money *than* I thought. 彼は思ったほど金を持っていなかった. ❷ [集合名詞, Ⓒ の複数形名詞を修飾して] 《口》(より)より少ない《★非標準的用法; fewer を用いるほうが一般的》: *L-* people go to church *than* to the theater. 劇場よりも教会へ行く人が少ない. —— 副 [little の比較級] ❶ [形容詞・副詞を修飾して] より少なく, もっと少なく, …ほどでなく (↔ more): I'm ~ concerned about it *than* I was. 私はそのことを以前ほど心配していない. 〖用法〗話し言葉では less (...than) の構文よりも not...so...(as) の構文のほうが好まれる: I'm *not so* concerned about it *as* I was. ❷ [動詞を修飾して] より少なく: He's ~ talked of *than* before. 彼のことは以前ほど話題にされない / He was ~ scared *than* surprised. 彼はおびえたというよりむしろ驚いた / ~ said the better. 口数は少ないほどよい.

èven léss =**much LESS** 副 [成句]

léss and léss ますます少なく (↔ more and more): I'm ~ *and* ~ happy with his work. 彼の仕事にますます満足できなくなっている.

léss than... 決して...でない (↔ more than): It's ~ *than* honest not to mention that. それに言及しないのはちっとも正直でない.

little léss than... とほとんど同じだけ.

móre or léss ⇨ more 副 [成句]

mùch léss [否定的語句の後に用いて] いわんや[なおさら]...でない: I do *not* say that he's careless, *much* ~ that he's dishonest. 彼が投げやりだとは言っていない, まして不誠実などとは.

nò léss (1) (数量・程度が)同じだけ, 同様に; (実に)...ほども 〖用法〗しばしば数量の大きいのに驚きを示す場合に用いる): It's ~ *no* ~ *good*. これも同様にりっぱだ / He won $500, *no* ~, at the races. 彼は競馬で実に 500 ドルももうけた. (2) まさしく, 確かに《★しばしば反語》: It's the Queen herself, *no* ~. まさしく女王様(御自身)だ / He gave me $100. And in cash, *no* ~. 彼は私に 100 ドルくれた, しかも間違いなく現金で.

nò léss a pérson than... その人にほかならない: It was *no* ~ *a* person *than* the senior vice president. それはだれあろう副社長その人であった.

nò léss than... (1) ...に劣らず, ...と同様に (cf. no LESS ...than 成句): She likes music *no* ~ *than* I. 彼女は私に劣らず音楽好きだ. (2) [数詞を伴って] ...も (as many as): He gave me *no* ~ *than* $500. 彼は私に 500 ドルもくれた 〖比較〗He gave me *no more than* $10. 彼は私に 10 ドルしかくれなかった 》 / My father has *no* ~ *than* two thousand books. 父には2千冊もの本がある《比較 同じ意味の no fewer than...は「数」にだけ用いる》.

nò léss...than...に劣らず...、...と同じほど...: She's *no* ~ beautiful *than* her sister. 彼女は姉に劣らず美しい.

nòne the léss それでもなお.

nót...àny (the) léss 同じくらい[あいかわらず]...である.

nòthing léss than... (1) 少なくとも...くらいは: We expected *nothing* ~ *than* an abject apology. 我々は平身低頭の謝罪が当然くるものと思っていた. (2) ...にほかならない,...ほどの: It's *nothing* ~ *than* fraud. それは詐欺も同然だ.

nòt léss(...)than... (1) ...にまさるとも劣らない (cf. no less than...成句): You're *not* ~ capable *than* he. きみは彼にまさるとも劣らぬ有能さだ. (2) 少なくとも... (cf. no less than...成句(2)): It could *not* have cost ~ *than* $100. 少なくとも100ドルはしたはずだ.

still léss =much LESS 成句.

—代 ❶ より[もっと]少数[量, 額]: Butter is fattening, so I am using ~ and ~. バターは太るので使う量をだんだん減らしている / spend ~ of one's money on clothes 洋服に使うお金を減らす / He should eat a lot ~. 彼はうんと小食にすべきだ / *L*~ *than* 20 of them remained. その中で残っているものは20人[個]もなかった. ❷ [Less of...で]...を控えよ, 慎め: *L*~ *of* your nonsense! ばかも休み休み言え.

in léss than nó time ⇒ time 成句.

thínk (àll) the léss of... ⇒ think 成句.

—前...を減じた (minus): a year ~ three days 1年に3日足りない日数 / Five ~ two is three. 5-2=3 / He received full wages ~ the withholding tax. 彼は賃金から源泉税(分)を差し引いた金額を受け取った.

《OE; LITTLE とは別語源; LEAST と関連語》 (動 lessen)

-less /ləs, lɪs/ 接尾 [形容詞語尾] ❶ 名詞について「...のない, ...を欠く」: endless. ❷ 動詞について「...しえない, ...しがたい」: ceaseless.

les·see /lesíː/ 名 [法] 賃借人, 借地人, 借家人 (↔ lessor).

*‡**less·en** /lés(ə)n/ 動 ⓣ〈...を〉少なく[小さく]する, 減らす (↔ increase): The final scene ~s the effect of the film. 最後の場面がその映画の効果を下げている. —ⓘ 少なく[小さく]なる, 減る. (形 less) 【類義語】⇒ decrease.

*‡**less·er** /lésɚ|-sə/ 形 ⓐ 小さい[少ない, 劣った]ほうの; [the ~] 少ない[劣った]ほう 《用法 主に価値・重要さについて用いられ, than は直後には伴わない》: a ~ man より劣った男 / to a ~ extent [degree] より程度は小さいが / My work is of ~ importance than his. 私の仕事の~彼ほど重要でない / the ~ of two evils=the ~ evils 2つの悪いもののうちましなほう. —副 [通例複合語で] より少なく; *lesser*-known あまり有名でない. 《LITTLEの二重比較級》

Lésser Antílles 名 [the ~] 小アンチル諸島《西インド諸島の Greater Antilles 諸島の東端からベネズエラ北岸沖にかけて連なる, Virgin, Leeward, Windward の各諸島を含む島群》.

lésser pánda 名 [動] レッサーパンダ《ヒマラヤ・ネパールにすむ猫よりやや大きいアライグマ科の動物》.

Les·sing /lésɪŋ/, **Doris** レッシング (1919- ; 英国の小説家).

*‡**les·son** /lés(ə)n/ 名 ❶ ⒜ [複数形で] (連続する)授業, けいこ, レッスン (*in, on*): give ~s *in* music [piano] 音楽[ピアノ]を教える / take [have] ~s *in* French フランス語を習う. ⒝ ⓒ (主に英) 学課, 課業: Shall we begin our ~? 勉強[授業, けいこ]を始めましょうか. ❷ ⓒ 教訓, 訓戒; ~を戒しめ: teach a person a ~ 人を訓戒する, 人に教訓を与える / Let that be a ~ *to* you. 今度のことを教訓にしよう (これに懲りて今後はそのようなことをやめなさい). ❸ ⓒ (教科書中の)課: *L*~ 2 第2課 (読み方 *L*ésn tú:-). ❹ ⓒ [*K*教] 日課 (朝夕の祈りの時読む聖書の一部分): the first ~ 第1日課 (旧約聖書の一部) / the second ~ 第2日課 (新約聖書の一部). **léarn one's lésson** 経験で教えられる[悟る]: I think he's *learned* his ~. 彼はもう懲りただ

ろう. 《F<L *lectio* 読むこと<*legere, lect-* 読む; cf. lecture》

les·sor /lésɔr, -´-|lesɔ́ː, -´-/ 名 貸地人, 貸家人 (↔ lessee).

†**lest** /lést/ 接 《文》 ❶ ...しないように, するといけないから (in case): Hide it ~ he (should) see it. 彼に見られるといけないからそれを隠さない 《変換 Hide it so he doesn't see it. と書き換え可能であり, 一般的》. ❷ [fear, be afraid, be frightened などに続いて]...しはすまいかと: I was afraid ~ he (should) come too late. 彼の来るのが遅すぎないかと心配した 《変換 I was afraid that he would [might] come late. と書き換え可能であり, そのほうが一般的》. 《OE<LESS》

*‡**let**[1] /lét/ 動 (let; let·ting) ⓣ **A** ❶ [容認・許可を表わして] ⒜ 〈人・ものなどに×...〉〈人・ものなどに×...すること〉を許す《★受身なし》: [+目+原形] He won't ~ anyone enter the room. 彼はだれひとりその部屋に入れようとしない / He's *letting* his hair grow. 彼は髪を伸ばしているところだ / The children wanted to stay up but their mother wouldn't ~ them. 子供たちは(夜遅くまで)起きていたかったがおかあさんが許さなかった《用法 前後関係から明白な時には 原形 の部分が略されることがある; ここでは stay up が略されている》. ⒝ [命令法で] 〈人・ものなどに×...〉させてください 《比較 Bの用例と混同してはならない》: *L*~ me go! 私に行かせてください; 離してよ! / *L*~ me do it (by) myself, will you? 私だけでそれをやらせてくれませんか / Jane, ~ him have the toy. ジェーン, そのおもちゃを彼におれ[貸し]なさい / "Don't ~ anyone enter the room." "No, I won't."「だれも部屋に入れないようにしてください」「はい, 入れません」/ *L*~ there be no mistake about it. そのことで間違いのないようにしよう; そのことで誤解のないようにしよう / *L*~ me help you. お手伝いいたしましょう / Shut up and ~ me finish. 黙って最後まで話させてくれ / *L*~ me have the report tomorrow. 明日その報告書を私に提出してください / *L*~ me be. 私をかまわないでください / *L*~ it be. それをほっておいてください; そのままにしておきなさい / *L*~ it be done at once. すぐにそれがなされるようすは 《用法 Do it at once. の受身の形で改まった言い方》. ⒞ [命令法で; 3人称の目的語を伴い, 警告・脅し・あきらめなどを表わして] 〈...に×...して〉みるがよい, 〈...は×...〉すればよい: Just ~ him try to stop me! 止められるものなら止めてみるがよい. ⒟ [命令法で; 3人称の目的語を伴い, 仮定・譲歩を表わして] 仮に〈...しよう〉, たとえ〈...に×...〉しようとも: ~ us suppose that...と考えよう / *L*~ 2*x* equal *y*. 2*x* は *y* に等しいとしよう / *L*~ him say what he likes. I don't care. 彼が何を言おうとも私はかまいません.

❷ [使役を表わして] ⒜ 〈人に〉(働きかけて)〈...〉させる: [+目+原形] *L*~ me hear from you. 私にご連絡ください 《用法 原形 は know, hear, see などに限られる》 / *L*~ us know whether you are going to [intend to] join us. あなたも参加なさるか知らせてください. ⒝ [副詞(句)を伴って] 〈...〉〈...に〉行か[来さ]せる, 通す, 動かす; [~ *oneself* で] 〈...に〉入る, 出る《★副詞(句)の前に原形の go, come, pass などを補って解釈することができる》: *L*~ the blinds *down*! ブラインドを下ろしてくれ / He ~ me *into* his study. 彼は私を書斎に通した / I ~ *myself into* the house with my key. かぎを使って家の中に入った. ⒞ 〈人・もの〉を〈...の状態に〉しておく: [+目+補] Don't ~ that dog loose. その犬を放すな / *L*~ me alone. 私はほっておいてくれ.

❸ [主に英] (金を取って)〈家・土地など〉を貸す, 賃貸する (《米》 rent): This house is to ~ [to be ~]. この家は貸家です / House [Room] to ~. 《掲示》 貸家[貸間]あり 《用法 単に "To *L*~." と書くこともある》 / They ~ (*out*) the upstairs room *to* a student. 二階の部屋を学生に貸した.

❹ 〈仕事を〉請け負わせる: ~ a contract 請け負わせる / ~ some work *to* a carpenter 大工に仕事を請け負わせる.

❺ 〈液体・気体を〉出させる, 漏らす: ~ blood (人の)血を取る, 放血する.

—**B** /lét/ 《★ A 1 b の場合の Let us /létəs/ go. と違って

let

/léts/が普通）[通例 let's, 時に let us で勧誘・提案を表わして]…しよう(ではないか)《此較Ａ１ｂの場合と混同しないように》: *Let*'s play cards. トランプをしよう / OK, *let*'s get to work! よし(仕事・勉強に)かかれ《★ 上司・先生などが言う言葉》/ Now, *let*'s go out and eat, shall we? さあ食事に出かけよう《用法 Let's…の付加疑問には shall we? を用いる》/ "Shall we go for a swim?" "Yes *let*'s. [No, *let*'s not.]" 「泳ぎに行こうか」「ええ行こう[いや, やめにしよう]」/ *Let*'s not be late. 遅れないようにしよう《用法》《英口》ではしばしば Don't *let*'s be late. また《米口》では時に *Let*'s don't be late. も用いられる》/ *Let*'s see your new car. 新しい車を見せよう / *Let*'s see if it works. うまく動く[行く]かどうか見てみよう.

—— /lét/ 自 貸される, 借り手がある: This house ~s for 180,000 yen a month. この家の家賃は月 18 万円だ.

lèt alóne ⇨ alone 形 成句.

lèt dówn 《他＋副》(1) 〈人を〉気落ちさせる, 失望させる: He has been (badly) ~ *down*. (みんなに見離されて)彼は苦しいめにあって[ひどく困って]いる. (2) 〈評価[効率]を下げる: It's a good essay, but the ending ~s it *down*. よい作文なのに結末が見劣りがしない. (3) 〈…〉を下に下ろす ⇨ 他 A 2 b. (4) 〈主に英〉〈タイヤ・気球などから〉空気を抜く (deflate). (5) 〈衣服を〉〈縫い上げを下ろして〉長くする (↔ take up). (6) 〈人を〉〈飛行機が高度を下げる. (7)《米口》努力をゆるめる; 調子を落とす.

lèt a person dówn géntly (屈辱を感じさせないよう)〈人を〉穏やかにさとす.

lèt drive at… ⇨ drive 動 成句.

lèt fáll [dróp] (1) 〈…を〉〈…に〉落とす: ~ a cup *fall* [~ *fall* a cup] *on* the floor 茶わんを床に落とす. (2) 〈言葉を〉うっかり[わざと]しゃべる[漏らす]: ~ drop a hint ヒントをもらす / He ~ (it) drop that he'd gotten a new job. 彼は新しい仕事を見つけたことを何げなく[うっかり]しゃべった.

lèt flý ⇨ fly¹ 成句.

lèt…gó (1) 〈…を〉行かせる (⇨ 他 A 1 b). (2) 〈持ったものを〉放す: He ~ *go* (of the rope). 彼は握っているのを[ロープを]放した. (3) 〈…を〉解放[放免]する: *L*~ them *go*. あの人たちを釈放してください. (4) 〈婉曲〉〈人を〉解雇する, 〈人に〉暇を出す. (5) [~ one*self* *go*で]感情[自分]を解放する, 思った通りに[自由に]やる[言う]; 身なりを構わない.

lèt…gó for… 《口》〈…を〉…の(価格)で売る.

lèt gó of… 〈つかまえているものを〉放す; 思い切る: He ~ *go* of the rope. 彼はロープを放した.

lèt a person háve it 《口》〈人を〉ひどくしかる[とっちめる], 殴る; 銃で撃つ.

let ín [《他＋副》] ~ **ín** 〈…を〉入れる, 通す: Please ~ me *in*. 中に入れてください / Open the window and ~ *in* some fresh air. 窓をあけて新鮮な空気を入れなさい.

lèt a person ín for… 〈人に〉…に陥らせる.

lèt a person ín on… (1) 《口》〈人に〉×秘密などを打ち明ける. (2) 〈人を〉×企てなどに加える: *L*~ me *in on* the plan. その計画に私も入れてください.

lèt…ínto… (1) 〈…を〉…に通す (⇨ 他 A 2 b). (2) 《口》〈人に〉×秘密などを知らせる: I was ~ *into* the secret. 私にはその秘密が知らされていた. (3) [通例受身で] 〈建〉〈窓などを〉×壁などにはめ込む.

lèt it gó (at thát) それ以上問題にしない[論じない]こととする, で終わりにする[よい]とする.

lèt lóose ⇨ loose 形 成句.

Lèt me sée [thínk]. 《口》〈疑い・思索などを示しいて〉はてな, ええと.

lèt me téll you 言っておきますが, いいですか 〈強い感情を表わして〉.

let óff [《他＋副》] ~ **óff** (1) 〈軽い処罰だけで〉〈人を〉放免する: She was ~ *off with* a reprimand. 彼女は訓戒だけで放免された. (2) 〈乗客を〉降ろす: Please ~ me *off* at the next stop. 次のバス停で降ろしてください. (3) [仕事中などから]〈人を〉解放する, 〈人に〉〈仕事などを〉免除する: ~ a person *off from* working overtime 人を超過勤務から免除する / be let off LIGHTLY 成句. (4) 〈銃砲を〉撃つ, 放つ; 〈爆薬などを〉爆発させる: ~ *off* fireworks 花火を上げる. (5) 《英口》〈蒸気などを〉放出する: ~ *off* a fart [belch] おならを[げっぷ]をする / let off steam=BLOW¹ off steam 成句. —— [《他＋副》] ~…**óff**… (6) 〈乗客を〉〈乗り物から〉降ろす. (7) 〈人に〉〈罰・仕事などから〉免除する, 許す: I ~ him *off* washing the dishes. 彼に食器洗いを免除してやった / ~ a person *off* the hook (⇨ off the HOOK 成句).

lèt ón 《自＋前》《口》[通例否定文で] 〈…について〉告げ口する, 秘密を漏らす; 〈…を〉漏らす: Don't ~ *on about* that. そのことについては口外するな / I didn't ~ *on that* he had been seeing her. 彼が彼女と付き合っていたのを私は黙っていた / [+*wh.*] Don't ~ *on who* did it. だれがそれをやったか黙っていなさい. (2) 〈…という〉ふりをする 〈*that*〉. —— 《他＋副》(3) 〈人を〉（車に）乗せる.

lèt óut 《他＋副》(1) 〈…を〉出して[放して]やる: He ~ himself *out* by the front door. 彼は表玄関から出た. (2) 〈水などを〉流出させる, こぼす; 〈光・香りなどを〉出す: He ~ *out* the water in the sink. 彼は流し[洗面台]の水を流した. (3) [~+out+名] 〈呼び声などを〉あげる; 〈怒りなどを〉発する: ~ *out* a cry [scream] 叫び声[金切り声]を発する. (4) 〈衣服を〉広げる, ゆるめる, 伸ばす (↔ take in). (5) 《英》〈部屋などを〉貸し出す 《米 rent out》. (6) 〈秘密などを〉もらす, 口外する; 〈…を〉漏らす: [+*that*] He ~ *out that* he was going to be married. 彼は近く結婚することを口外した. (7) 〈人を〉無罪にする, 放免する. —— 《自＋副》(8) 《米》〈学校・会・練習などが〉終わる, 解散する: School ~s *out* at 3. 学校は 3 時に終了する.

lèt…òut of… 〈…〉…から出す[放す]: *L*~ the bird *out of* the cage. 小鳥をかごから出してやりなさい. (2) 〈人を〉〈義務・仕事などから〉解放する. (3) 〈水などを〉…から流出させる; 〈空気を〉×タイヤから抜く.

lèt…páss ⇨ pass¹ 他 10 a.

lèt…ríde 《口》〈事態などを〉そのままにする: ~ it *ride* そのままにする[任せる].

lèt ríp 《口》(1) 〈車などを〉全速力で走らせる: Step on the gas and ~ her *rip*. アクセルを踏んでぶっとばせ. (2) 〈事態などを〉成り行きに任せる.

Lèt's be háving you. 急ぎ立ち退きください.

lèt oneself ín for… 《口》〈われ知らず, または進んで〉…に巻き込まれる.

lèt slíde 〈事態などを〉成り行きに任せる: ~ things *slide* 事態が悪化するのをほうっておく[するに任せる] / He's begun to ~ his work *slide*. 彼は仕事をそっちのけにしだした.

lèt slíp (1) 〈機会などを〉逃す: She ~ the chance *slip* by (through her fingers). 彼女はその機会を逃した. (2) 〈秘密を〉うっかり漏らす: He ~ it *slip* that he did it. 彼は自分がやったと漏らした.

lèt's sée=LET¹ me see 成句.

let through 《他＋副》~ **thróugh** (1) 〈人・ものを〉通過させる. (2) 〈誤りなどを〉見逃す. —— [《他＋前》] ~…**thróugh**… (3) 〈…に〉×場所を通過させる.

lèt úp 《自＋副》(1) 〈仕事の手を〉休める, やめる: work without *letting up* ひと休みもしないで働く. (2) 〈あらしなどが〉静まる; 〈雨が〉小やみになる: The rain never ~ *up* all night. 雨は一晩中やまなかった.

lèt úp on… 《口》(1) 〈人・ものに〉もっと寛大にする, 大目に見る. (2) 〈努力などを〉ゆるめる.

lèt wéll (enóugh) alóne ⇨ alone 形 成句.

néver lèt…gò bý withòut… …せずに…を過ごすことはない.

To Lét 《主に英》貸家[貸室]あり (⇨ A 3) 《米》For Rent》.

—— /lét/ 名 《主に英》貸すこと, 貸し付け, 賃貸; 貸家[部屋].

《OE, 原義は「疲れてほったらかしにする」》

【類義語】let 口語的な語で, 積極的に同意・許可を与えるという以外に, 反対や禁止・妨害はしないの意で用いられることが多い; また時には不注意や怠慢でそうなるにまかせるという意味を表わす. allow, permit 共に権限[権力]のある人が, 同意・許可を与える意だが, allow は禁止しない, あるいは黙認するという意味で, let とほぼ同義. permit は積極的に

let² /lét/ 名 《テニス》レット《ネットに触れて入ったサーブなど》. **without lét or híndrance** 《口》何の障害もなく. 〖OE; 原義は「遅くする」; cf. late〗

-let /lət, lɪt/ 接尾〖名詞語尾〗「小…」: ring*let*, stream*let*.

letch /létʃ/ 動《米》=lech.

lét-dòwn 名 ❶ (速度・分量などの)減少, ゆるみ; 衰え, スランプ. ❷ 失望 (disappointment): The movie was a ~. その映画は期待はずれだった. ❸ (航空機の着陸に先立つ)降下.

*__le·thal__ /líːθ(ə)l/ 形 ❶ 死の[を招く]; 致死の, 致命的な (deadly): ~ ash 死の灰《核爆発による》 / a ~ dose 致死量 / ~ weapons 凶器; 死の兵器《核兵器のこと》. ❷ 《口・戯言》おそろしく危険な《酒юの中のアルコール分の強い》: a combination 悪い[とても危険な]組み合わせ. **~·ly** /-θəli/ 副 〖L=死の〗【類義語】⇒ mortal.

*__le·thar·gic__ /ləθάːrdʒɪk | -θάː-/ 形 無気力な, 不活発な (↔ energetic): The hot weather made me feel ~. 暑くて無気力になった. **-gi·cal·ly** /-kəli/ 副 名 lethargy)

leth·ar·gy /léθərdʒi | -θə-/ 名 〖U〗 無気力, 不活発. 〖F<L<Gk *lēthē* ↓〗形 lethargic)

Le·the /líːθi/ 名 ❶ 《ギ神》レテ, 忘却の川《よみの国 Hades にあり, その水を飲むと生前のいっさいを忘れる》. ❷ 〖U〗忘却. **Le·the·an** /líːθɪən, lɪθíːən/ 形. 〖Gk=忘却〗

lét-òut 名《英口》逃げ道.

LETS /léts/ 名 LETS, レッツ《現金なしの地域通貨で商品やサービスを交換する経済システム》.〖*local exchange trading system*〗

*__let's__ /léts/ **let us** の短縮形 (⇒ let¹ B).

*__let·ter__ /létə/ |-tə-/ 名 ❶〖C〗手紙, 書簡; (はがきに対する)封書《用法 集合的には mail を用いる》: write a ~ to (...) (...)に手紙を書く / mail 《英》post] a ~ 手紙を投函する / by ~ 手紙で, 書面で《★無冠詞》/ ⇒ business letter, dead letter. ❷〖C〗字, 文字: the 26 ~s of the English alphabet 英語アルファベット 26 文字 / an initial ~ 頭文字 / a capital [small] ~ 大[小]文字. ❸〖C〗《米》学校の頭文字《優秀な運動選手などが用いることが許される; cf. numeral 2》: win a baseball ~ (学校の)優秀野球選手になる. ❹〖複数形で〗文学;《古》知識, 学識; 文筆業: English ~s 英文学 / arts and ~s 文芸 / a man of ~s 文学者, 著述家 / the world of ~s 文学界, 文壇. ❺〖C〗[しばしば複数形で]証書, 免状, ...証[状]: a ~ of attorney 委任状 / a ~ of credit 信用状 (L/C, l/c) / ~(s) of credence (大[公]使に与える)信任状 / ~s **patent**. ❻ 〖印〗〖C〗活字;〖U〗字体. **kéep [stíck to, adhére to] the létter of the láw**《しばしば軽蔑》(真意・精神を無視して)法文[契約]の条件を字義どおりに履行する. **létter of cómfort** =comfort letter. **létter of inténnt** (売買などの)同意書, 仮取り決め. **létters of administrátion**〖法〗遺産管理状《遺言者が遺言執行人を指定していなかった場合に, 裁判所がある個人を遺産管理人として任命して, 遺産の管理処分の資格・権限を付与する書面. **létters of márque** 他国[敵国]船拿捕〖免許状《国家が市民一個人に与えた免許状で, 他国の商艦の拿捕・押収を認めたもの》. **to the létter** 字義どおりに; 厳密に: follow a person's instructions *to the* ~ 人の指図を厳守する. ── 動 自《米》(学校の)頭文字の紋章をもらう. ── 他 ❶〈...に〉文字を記す[入れる]; 〈...に〉標題を入れる. ❷〈...〉を印刷字体で書く. 〖F<L *lit(t)era* 文字〗形 lit-eral; 関形 epistolary)

létter bòmb 名 手紙爆弾.

létter-bòx, létter-bòxed 形 レターボックスフォーマットの《ワイドスクリーン映画をそのままの縦横比でテレビに映す方式; 画面上下に黒のマスクが入る》. **lét-ter-bòx·ing** 名.

létter bòx 名《英》❶ 郵便箱[受け] (《米》mailbox); (ドアなどの)郵便受け口 (《米》mail slot). ❷ 郵便ポスト (《米》mailbox).

létter-càrd 名《英》封緘(かん)はがき, 簡易書簡.

létter càrrier 名《米》郵便集配人 (mail carrier).

lét·tered 形 ❶ 読み書きできる; 学問[教養, 文学の素養]

1043 **Levantine**

のある (↔ unlettered). ❷ 文字入りの.

létter·hèad 名 ❶〖C〗レターヘッド《書簡紙頭部に会社名・所在地・電話番号・電信略号などを刷り込んだもの》. ❷〖U〗レターヘッドを刷り込んだ書簡紙.

lét·ter·ing /-tərɪŋ/ 名〖U〗❶ 文字を書く[刻む]こと, レタリング《文字の図案化》. ❷ 書いた[刻んだ]文字, 銘; (書いたり刻んだりした)文字の配置[体裁], 字体.

létter·less 形 無教育の, 無学の.

létter·man /-mən/ 名 《米 -men /-mən/》学校[大学]対抗試合で優秀選手として母校の頭文字をつける資格を得た人.

létter míssive 名《他 létters míssive》(上位者から発せられる)命令[勧告, 許可]書; (国王から教会に発する)監督候補者指名書.

létter òpener 名《米》レターオープナー (paper knife).

létter-pérfect 形《米》❶《俳優・生徒などが》せりふ[学科]をよく覚えている (word-perfect). ❷《文書・校正など》完全な.

létter prèss 名〖U〗❶ **a** 凸版(おう)印刷(方式). **b** 凸版印刷物. ❷《英》(書物のさし絵などに対して)本文.

létter-quálity 形 書簡品質の《最高品質の印字について いう》.

létter-sèt 名〖U〗レターセット印刷(法)《版に凸版を用いるオフセット印刷》.

létter-síze 形《米》(紙が)レターサイズの (22×28cm).

létters pátent 名《他》《英》専売特許証.

let·ting /létɪŋ/《英》名 ❶〖U〗賃貸. ❷〖C〗貸し家, 貸しアパート.

let·tuce /létəs, -tɪs/ 名 ❶ **a**〖C〗〖植〗レタス, サラダ菜, チシャ. **b**〖U〗(食用としての)レタス(葉): shred ~ for a salad サラダ用にレタスをちぎる. ❷〖U〗《俗》紙幣. 〖F<L *lac*, *lact-* milk; 茎からミルク状の液が出るころから〗

lét·ùp 名〖U〗《また *a* ~》《口》停止, 休み; 減少, 減速(など). **without (a) létup** 絶え間なく.

leu·cine /lúːsiːn/ 名〖化〗ロイシン《α-アミノ酸の一種; 白色結晶》.

leu·co- /lúːkou/ [連結形] =leuko-.

leucocyte etc. ⇒ leukocyte etc.

leu·co·plast /lúːkəplæst/ 名〖植〗無色体, 白色体.

*__leu·ke·mi·a, -kae-__ /luːkíːmiə/ 名〖U〗〖医〗白血病. **leu·ke·mic, leu·kae·mic** /luːkíːmɪk/ 形. 〖LEUKO-+ -EMIA〗

leu·ke·mo·gen·e·sis, -kae- /luːkìːmədʒénəsɪs/ 名〖U〗〖医〗白血病誘発[発生]. **-gen·ic** /-dʒénɪk⁻/ 形

leu·ko- /lúːkou/ [連結形]「白」「白血球」「白質」. 〖Gk *leukos* 白い〗

leu·ko·cyte, -co- /lúːkəsàɪt/ 名〖生理〗白血球.

leu·ko·cy·to·sis, -co- /lùːkousaɪtóʊsɪs/ 名〖U〗〖医〗白血球増加(症) (cf. leukopenia).

leu·ko·der·ma, -co- /lùːkədə́rmə | -dó-/ 名〖U〗〖医〗白斑.

leu·ko·ma, -co- /luːkóʊmə/ 名〖医〗白斑, 角膜白斑.

leu·ko·pe·ni·a, -co- /lùːkəpíːniə/ 名〖U〗〖医〗白血球減少(症) (cf. leukocytosis). **-pe·nic** /-píːnɪk⁻/ 形

leu·kor·rhe·a, -cor- /lùːkəríːə/ 名〖医〗白帯下(ホミ), 帯下(ホミ), こしけ. **-rhe·al** /-ríːəl | -ríəl⁻/ 形

leu·ko·sis, -co- /luːkóʊsɪs/ 名〖U〗〖医〗白血病 (leukemia), (特に)鶏(いつ)白血病.

leu·kot·o·my, -cot- /luːkάtəmi | -kɔ́t-/ 名〖U,C〗〖医〗白質切除(術) (lobotomy).

leu·ko·tri·ene, -co- /lùːkoutráɪiːn/ 名〖生化〗ロイコトリエン《ぜんそくにおける気管支の収縮などのアレルギー反応に関与する一群の生理活性物質》.

Lev. 〖略〗Leviticus.

le·vant /ləvǽnt/ 動《英古》借金を払わずに逃げ出す.

Le·vant /ləvǽnt/ 名 ❶ [the ~] レバント《地中海東部および その島と沿岸諸国》. ❷ [l-]《古》(もとレバントに産したヤギ・ヒツジ・アザラシなどの)上等モロッコ革.

Lev·an·tine /lévəntàɪn, -tìːn/ 形 レバントの. ── 名 レバント人.

Levánt stórax 名 Ｕ 蘇合香(そごう) (storax).

le·va·tor /lɪvéɪtə | -tə/ 名 (徴 lev·a·to·res /lévətɔ́:ri:z/, ~s) 【解】挙筋.

lev·ee¹ /lévi/ 名 ❶ a (川の)堤防, 土手 (cf. bank² 1). b 沖積(ちゅうせき)堤. ❷ (川の)波止場.

lev·ee² /lévi/ 名 ❶ (君主またはその代理者が昼過ぎに男子だけに行なう)謁見(えっけん)の儀. ❷ (米)大統領の接見会.

lev·el /lév(ə)l/ 形 名 動 ❶ a Ｃ Ｕ (地位・能力・品質などの)段階, 水準, 程度, レベル: stress ~s ― ~s of stress ストレスの程度 / people of various ~s of culture さまざまな文化水準の人たち / on an international ― 国際的水準で / rise to a higher ~ 水準が高くなる / on a personal [practical] ~ 個人的には[実用面で] / atmospheric ~s of ozone 大気中のオゾン濃度. b Ｕ 同等の地位[水準]: a conference at cabinet ~ 閣僚級[レベル]の会議 / students at college ~ 大学程度の学生. ❷ Ｕ Ｃ 水平, 水平面, 平面, 水平線;(水平面の)高さ, 高度; Ｃ (建物などの)階; Ｃ 平地, 平原: a [the] water ~ 水位 / below ground ― 地表面下に, 地下に / at eye ~ = at the ~ of one's eyes 目の高さに / to shoulder ~ 肩まで / At the glasses were filled with water, each one at a different ~. コップはそれぞれ異なった高さまで水が入れてあった / a dead ~ まったく高低のない平地 / ~ sea level. ❸ Ｃ 水準器, (測量用)レベル: ⇒ spirit level / take a ~ 水準器で測定する. **find one's (ówn) lével** (1) 〈液体が〉水平の場所に落ち着く: Water finds [seeks] its own ~. 水は低きにつく. (2) それ相当の地位を得る, それ相当の所に落ち着く. **lével of attáinment** 《英教育》(10段階の)到達水準. **on a lével with** ~ (1) …と同じ高さで. (2) …と同格で: His pronunciation is *on a ~ with* that of a native speaker. 彼の発音は母国語者の発音に引けを取らない. **on the lével** 《口》 (1) 公平で; 正直で, 信頼できて (on the up and up); 本当で: Is the account *on the ~*? その話は信用できるか. (2) 公平に; 正直に: Let me tell you *on the ~* that I'm very pleased. 私はとても喜んでいると正直に言わせてください. (3)《文修飾》《米》正直に言って.
― 形 (~·er, ~·est; 《英》lev·el·ler, lev·el·lest) ❶ 平らな, 平坦(へいたん)な; 水平の: He found a ~ site to build the cabin. 彼は小屋を建てるための平坦な敷地を見つけた. ❷ (比較なし) 同じ水準[高さ, 程度]の, 互角の: a ~ race 互角の競走 / finish ~ 同点で終わる / draw ~ *with*… 追いつく, …と対等になる / a ~ playing field 公平な競争の場 / The upstairs windows are ~ *with* the tops of the trees. 2階の窓は木々のてっぺんと同じ高さである. ❸ 〈口調など〉平板な, 一様な, むらのない; 落ち着いた; 〈判断など〉冷静な: answer in a ~ tone [voice] 落ち着いた口調[声]で答える / keep [have] a ~ head (危機の際にも)冷静でいる. ❹ 盛り切り一杯の: two ~ tablespoonfuls of sugar 大さじですり切り2杯分の砂糖. **dò one's lével bést** 《口》全力[最善]を尽くす: He *did* his ~ *best* to please his father. 彼は父親を喜ばすよう最善を尽くした.
― 動 (lev·eled, 《英》-elled; lev·el·ing, 《英》-el·ling) 他 ❶ a 〈…を〉平らにする, ならす; 水平にする: ~ (*off* [*out*]) a plot for a house 宅地をならす / ~ the score 《英》同点にする. b 〈…を〉一様な, 平等にする: ~ (*off* [*out*]) all social distinctions あらゆる社会的区別をなくす. ❷ 〈…を〉一様な高さの[標準]にする: ~ incomes *up* [*down*] 所得を上げて[下げて]均一にする. ❸ 〈建物などを〉倒す, くつがえす: ~ a building *to* the ground 建物を倒す. ❹ 〈非難・風刺などを〉…に浴びせる [★ しばしば受け身]: His criticisms *were* ~*ed against* [*at*] society as a whole. 彼の批判は社会全般に向けられたものだった. ❺ 〈銃などを〉ねらいをつける: ~ one's pistol *at* a target ピストルを的に向けてねらいをつける. ― 自 ❶ 水平になる, 平らになる 〈*out*, *off*〉; 飛行機・ロケットなどが水平飛行になる 〈*off*, *out*, *out*〉; 〈物価などが〉横ばいになる 〈*off*, *out*〉: The plane ~ *ed off* at 5000 m. その飛行機は高度5千メートルで水平飛行に移った. / Prices are ~ *ing off*. 物価が横ばいとなっている. **lével with**… 《口》 …と率直に話す, …に打ち明ける:

I'll ~ *with* you. 君には本当のことを言おう.
~·ly 副 ~·ness 名
【Ｆ < Ｌ < *libra* (水平) はかり】
【類義語】**level** 表面が水平であることを意味する. **flat** 表面一帯に大きな凹凸や, はなはだしい突起などがない; ただし表面 ~ even 表面に高低がなく一平らであるかまたは水平であることを意味する. **plane** 幾何学の定義において平らな.

lével cróssing 名 《英》(鉄道と道路などの)平面交差, 踏切 (《米》grade crossing, railroad crossing).

lév·el·er, 《英》 **lév·el·ler** 名 ❶ a 水平にする人. b (高低をならすもの[機械]. ❷ 平等主義者, 階級打破運動者.

lével-héaded 形 穏健な, 冷静な, 分別のある. ~·ly 副 ~·ness 名

lév·el·ing, 《英》 **lév·el·ling** 名 Ｕ ❶ 平ら[水平]にすること; 地ならし. ❷ (社会の)平等化[階級打破]運動.

lével pégging 名 《英》(得点・成績などの)同点.

†**lev·er** /lévə, líː- | líːvə/ 名 ❶ 【機】てこ, レバー; (機械類の)操作棒, レバー (cf. simple machine). ❷ (目的達成のための)手段, てこ. ― 動 《通例副詞(句)を伴って》〈…を〉てこで動かす: ~ a stone *out* てこで石を取り除く / ~ *up* a rock てこで岩を持ち上げる / ~ open a door ドアをてこでこじ開ける. ― 自 てこを使う. 【Ｆ < Ｌ = 持ち上げる〈*levis* 軽い; cf. alleviate, elevate, levy, relieve】

le·ver·age /lév(ə)rɪdʒ, líː- | líː-/ 名 Ｕ ❶ てこの力[作用], てこを使うこと. ❷ てこ装置. ❸ (目的達成のための)効力, 影響力: Do you have any ~ with the Senator? あなたはその上院議員に顔がききますか. ❸ (米)(商)てこ率 (《英》gearing) (自己資本に対する借入資本の比率). ― 動 ❶ 外部資金を調達して〈…に〉投資する[投資を行なう, 企業を買収する]; 〈外部資金を〉調達する. ❷ 〈…に〉てこ入れをする.

lév·er·aged 形 自己資本[株主資本]に比べて高い割合の借入金がある.

léveraged búyout 名 レバレッジドバイアウト《借り入れ金をてこにしての会社買収; 略 LBO》.

léver escápement 名 (時計の)レバー式脱進機.

lev·er·et /lév(ə)rɪt/ 名 (動) 子ウサギ, 当歳のウサギ.

Le·vi /líːvaɪ/ 名 【聖】レビ (Jacob の息子; ★聖書「創世記」から).

lev·i·a·ble /léviəbl/ 形 〈税など〉賦課できる; 〈貨物など〉課税すべき, 課税対象となる.

le·vi·a·than /lɪváɪəθən/ 名 ❶ [しばしば L~]【聖】レビヤタン《旧約聖書の海獣; cf. behemoth 1). ❷ Ｃ 巨大なもの; (特に)鯨; 巨船.

lev·i·gate /lévəgèɪt/ 動 他 ❶ すりつぶす, 糊(微粒子)状にする. ❷ 〈細かな粒子を〉粗い粉などと液体中で選別する, 水簸(すいひ)する. **lev·i·ga·tion** /lèvəgéɪʃən/ 名

lev·i·rate /lévərət, líː-, -rèɪt | líː-, lév-/ 名 [通例 the ~] レビレート《死者の兄弟がその未亡人と結婚する慣習》. **lev·i·rat·ic** /lèvərǽtɪk, líː-ˈ-/ 形

Le·vi's /líːvaɪz/ 名 徴 (商標) リーバイス 《ジーンズ》.

Lé·vi-Strauss /léviːstráʊs | lévi-/, **Claude** /klɔːd/ 名 レヴィストロース《1908- ; フランスの社会人類学者; 構造主義の主導者》.

†**lev·i·tate** /lévətèɪt/ 動 自 他 (重力に反して)空中に浮揚[させる]. **lev·i·ta·tion** /lèvətéɪʃən/ 名 (徴) levity

Le·vite /líːvaɪt/ 名 レビ族の人, レビ人 (Levi の子孫, 特にユダヤの神殿で祭司を補佐した者).

Le·vit·i·cal /lɪvítɪk(ə)l/ 形 ❶ レビ族の. ❷ 【聖】レビ記中の律法の[に定められた].

Le·vit·i·cus /lɪvítɪkəs/ 名【聖】レビ記《旧約聖書中の一書; 略 Lev.》.

lev·i·ty /lévəti/ 名 Ｕ 軽率; 軽薄, 気まぐれ, 不謹慎 (frivolity). 【Ｌ = 軽いこと; ⇒ lever】 (徴) levitate)

le·vo- /líː-, vou/ 《連結形》「左(側)の」「(化) 左旋性の」

lèvo·dópa 名 = L-dopa.

le·vo·nor·ges·trel /liːvoʊnɔːdʒéstrəl | -nɔ́ː-/ 名 Ｕ (薬) レボノルゲストレル《経口避妊薬・皮下埋め込み式避妊薬として用いられる合成黄体ホルモン》.

lèvo·rotátion 名 Ｕ (光・化) 左旋.

lev·u·lose /lévjulòus/ 名 U《化》左旋糖, レブロース, 果糖 (fructose).

*****lev·y** /lévi/ 動 他 ❶《税などを》《...に》課する,《...から》《税を》徴収する, 取り立てる: ~ a tax *on* tobacco たばこに税を課する. ❷ 《古》《...に対して》《戦争を始める》《*upon, against*》. ❸ 《古》《兵隊を》召集する, 徴集[徴用]する. ── 自《法》《...を》差し押さえる《*on*》. ── 名 ❶（税の）賦課, 課税, 徴収;（課される）税, 徴収（額）: a capital ~ 資本課税. ❷ 差し押さえ物件［物品, 財産］. ❸ 召集, 召集令, 召集人員, 徴募兵数.《F＜L＝持ち上げる; ⇒ lever》

lewd /lú:d/ 形 みだらな, わいせつな (obscene): a ~ gesture みだらなしぐさ. **~·ly** 副 **~·ness** 名

lew·is /lú:ɪs/ 名《石工》(先が鳩尾状に広がった)つりくさび.

Lew·is /lú:ɪs/ 名 ルイス (男性名; Louis の異形).

Lewis, Carl ルイス (1961– ; 米国の陸上競技の選手; オリンピックで総計 9個の金メダルを獲得した).

Lewis, C. S. ルイス (1898–1963; 英国の小説家・批評家).

Lewis, Mer·i·weth·er /mérəwèðə- | -ðə/ 名 ルイス (1774–1809; 米国の探検家; William Clark と共に陸路によって初めて太平洋岸北西地区に至る探検を行なった(1804–06)).

Lewis, Sinclair 名 ルイス (1885–1951; 米国の小説家; Nobel 文学賞 (1930)).

Léwis ácid 名《化》ルイス酸（結合する相手から電子対を受けて共有結合をつくる物質）.《G. N. Lewis 米国の化学者》

Léwis and Hárris 名 ＝Lewis with Harris.

Léwis báse 名《化》ルイス塩基（電子対を与えて共有結合をつくる物質）.

Léwis gùn 名 ルイス式軽機関銃（第一次大戦で使用された）.《I. N. Lewis 米国の軍人・発明家》

lew·is·ite /lú:ɪsaɪt/ 名 U《化》ルイサイト（糜爛(びらん)性毒ガス; 第一次世界大戦で使用された）.

Léwis with Hárris 名 ルイスウィズハリス（スコットランドの北西にある Outer Hebrides 諸島最北・最大の島; 北の Lewis と南の Harris に分かれる; 中心地は Stornoway）.

lex·eme /léksi:m/ 名《言》語彙項目, 語彙素. **lex·em·ic** /léksi:mɪk/ 形

lex·es 名 lexis の複数形.

lex fo·ri /léksfɔ́:raɪ/ 名 U《法》法廷地法（訴訟が行なわれる国の法律）.

lex·i·cal /léksɪk(ə)l/ 形 ❶ (特定の著者または一国語の)語彙(ごい)の. ❷ 辞書(編集)の. ❸《文法》辞書的な (cf. grammatical 1).（名 lexicon）

lex·i·cog·ra·pher /lèksəkágrəfə- | -kɔ́grəfə/ 名 辞書編集者.

lex·i·co·graph·ic /lèksɪkougrǽfɪk | -kə-́/, **-i·cal** /-fɪk(ə)l/́ 形 辞書編集上の. **-i·cal·ly** /-kəli/ 副

lex·i·cog·ra·phy /lèksəkágrəfi | -kɔ́g-/ 名 U 辞書編集(法).〖LEXICON＋-GRAPHY〗

lex·i·col·o·gy /lèksəkálədʒi | -kɔ́l-/ 名 U 語彙(ごい)論（語の形態と意味を研究する言語学）.〖LEXICON＋-LOGY〗

lex·i·con /léksəkàn | -sɪkən/ 名 ❶（特にギリシア語・ヘブライ語・アラビア語などの）辞書. ❷（特定の言語・作家・作品・分野などの）語彙(ごい); 語彙集. ❸《言》語彙目録.〖Gk＝語彙(集)〗（形 lexical）

lex·i·gram /léksəgrǽm/ 名 単語文字（単一の語(義)を表わす図形[記号]）.

lex·is /léksɪs/ 名 (徳 **lex·es** /-siːz/) ❶ C（特定の言語・作家などの）語彙 (vocabulary). ❷ U レクシス, 語彙論.

lex lo·ci /lékslóusaɪ/ 名 U《法》(できごとのあった)場所の法, 契約地法.

lex ta·li·o·nis /lèkstæ̀lióunɪs/ 名 U（被害と同じ手段による）復讐法, 同害刑法.

ley[1] /leɪ/ 名 ＝lea.

ley[2] /leɪ, li:/ 名《また léy line》《英》レイ（ライン）（先史時代の遺跡を結ぶ仮想の直線）.

Léy·den jàr [vìal] /láɪdn-/ 名 ライデン瓶（初期のコン

1045　**lib.**

デンサー[蓄電器]）.

léy fàrming 名 U 穀草式輪作農法（穀草などと牧草を交互に栽培する）.

Léy·land cýpress /léɪlənd-/ 名《植》レイランドヒノキ（生長の速い交配種のヒノキ; 生垣・公園樹として広く植栽される）.《C. J. Leyland 英国の園芸家》

lez /lez/ 名 (徳 **lez·zes** /lézɪz/)《俗・軽蔑》同性愛の女性, レズ.

lez·zie /lézi/ 名《俗》＝lez.

LF 《略》left field(er); left forward;《電》low frequency. **LG** 《略》Life Guards. **lg.** 《略》large. **LGV** 《略》《英》large goods vehicle 大型貨物自動車. **LH** 《生化》luteinizing hormone. **LH, l.h.** 《略》left hand《楽》左手(使用) (cf. RH, r.h.).

Lha·sa /láːsə, lǽsə/ 名 ラサ(拉薩)（チベット (Tibet) の中心都市）.

Lha·sa ap·so /láːsəæ̀psou, lǽsə-/ 名 (徳 ~s) [しばしば L- A-] ラサアプソ（チベット産の小型の犬種の犬; 被毛は長くかたい直毛, 冠毛が目をおおうようにたれさがる）.

LHC 《略》Lord High Chancellor.

li /liː/ 名 (徳 **li, lis** /liːz/)《中国》里（約 600 m）.

Li 《記号》《化》lithium. **LI** 《略》Light Infantry 軽(装)歩兵隊; Long Island.

*****li·a·bil·i·ty** /làɪəbíləti/ 名 ❶ U 責任のあること, 責任, 義務: limited [unlimited] ~ 有限[無限]責任; ~ for a debt 債務 / ~ *for* military service 兵役の義務 / [＋*to do*] ~ to pay taxes 納税の義務 / ⇒ product liability. ❷ C [通例複数形で] 負債, 債務 (↔ asset). ❸ C [通例単数形で]（口）不利(になる物, 人), マイナス (↔ asset): Shyness is a ~ in business. 内気は商売に不利である. ❹ U《文》(…の)傾向にあること;（…にかかり[陥り]やすいこと: ~ *to* error 間違いやすいこと / one's ~ *to* disease 病気にかかりやすいこと.（形 liable）

*****li·a·ble** /láɪəbl/ 形 [P]《more ~; most ~》❶ a〈...しがちで, とかく...しやすげで [用法] 通例望ましくないことに用いる]: [＋*to do*] Difficulties are ~ to occur. めんどうな事は起こりがちだ / He's ~ to get angry. 彼は腹を立てやすい. **b** [病気などにかかりやすくて, よくない...に遭いやすく]: AIDS patients are ~ *to* a variety of diseases. エイズ患者はいろいろな病気にかかりやすい. ❷（...に対して)(法律上)責を負うべきで《*for, to*》,《...する》責任があって: You're ~ *for* any damage [military service]. あなたに損害賠償の全責任[兵役の義務]がある / [＋*to do*] You are ~ to pay all debts accrued with this credit card. あなたはこのクレジットカード（の使用）で生じたすべての借金を支払う責任がある. ❸《法》服すべき: All citizens are ~ *to* jury duty. すべての市民は陪審の義務に服すべきである / He's ~ *to* a fine. 彼は罰金を払わねばならない.〖?F＜L *ligare* 縛る〗（名 liability） 〖類義語〗likely.

*****li·aise** /liéɪz/ 動 自《...と》連絡をつける[とる], 話し合う, 協力関係を築く, 協力する《*with*》;（...の間の)連絡役を果たす[となる].《↓からの逆成》

*****li·ai·son** /líːəzàn, lièɪzɑ́n | liéɪzn/ 名 ❶ **a** U [また a ~]（部門間の）連絡, 接触《*between, with*》. **b** C（連絡役[係]: act *as* (a) ~ *between* A and B A と B 間の連絡役を務める (★ *as* は しばしば無冠詞）. ❷ C (男女間の)私通, 密通《*between, with*》 (affair). ❸ C《音声》連結発音, 連声, リエゾン（特にフランス語で, 前の語尾音の子音と次の語の頭母音とを続ける発音; また英語で r 音を次の語の頭母音と続ける発音）. ❹ U《料理》とろみ材, つなぎ.〖F＜*lier* 縛る＜L; cf. league〗

liaison ófficer 名 連絡将校.

†**li·ar** /láɪə-/ 名 うそつき: You're a ~. うそつきめ (★ 強い非難の意をもつ侮辱の言葉).〖LIE[2]＋-AR〗

li·at·ris /laɪǽtrɪs/ 名《植》リアトリス（北米原産キク科の一年草）.

*****lib** /lɪb/ 名 U [修飾語を伴って](口) 解放運動: ⇒ women's lib.〖LIB(ERATION)〗

lib. 《略》*liber* (ラテン語＝book); librarian; library.

Lib. 《略》Liberal; Liberia(n).
li·ba·tion /laɪbéɪʃən/ 名 ❶《古ギ・ロ》(神への)献酒; (ささげた)酒, 神酒(ﾐﾜ). ❷《戯言》おみき, 酒; 飲酒.
lib·ber /líbɚ/ 名《口》男女同権論者: a women's ～ ウーマンリブの人.
Lib Dem /líbdém/ 名《英口》自民党員 (Liberal Democrat).
*__li·bel__ /láɪb(ə)l/ 名 ❶ ⓊⒸ《法》文書誹毀(ﾋ)(罪)《文字・絵画による侮辱; cf. slander 2》; Ⓒ 名誉毀損(ｷｿﾝ)(文), 中傷(文): sue a person for ～ 文書誹毀で人を訴える. ❷ Ⓒ《口》侮辱(不名誉)となるもの, 侮辱: This photograph is a ～ *on* him. この写真では本人が泣く. ━━ 動 (libeled, 《英》belled; bel·ing, 《英》bel·ling) ❶《人を中傷(侮辱)する. ❷《法》〈人の〉名誉毀損文書を公にする. ～·er, 《英》ler; ～·ist, 《英》list /-lɪst/ 名《F〈L=小冊子〈*liber* 本; cf. library》《libelous》
li·bel·ous,《英》**li·bel·lous** /láɪb(ə)ləs/ 形 ❶ 誹毀(ﾋ)の, 名誉毀損(ｷｿﾝ)の: a ～ statement 中傷的な陳述.
❷〈人が〉好んで人を中傷する. ～·ly 副
*__lib·er·al__ /líb(ə)rəl/ 形 (*more* ～; *most* ～) ❶ 《通例 A》寛大な, 度量の大きい, 開放的な, 偏見のない: a ～ view 偏見にとらわれない(自由な)考え. ❷《通例 A》自由主義的な; 進歩的な: ～ democracy 自由民主主義. **b** [L~]《英国・カナダなどの》自由党の. ❸ 気前のよい, 大まかな (generous): be ～ *of* 人に～を気前よくものを与える人; be ～ *with* one's money 気前よく金を出す / be ～ *of* one's compliments やたらに人をほめる. ❹《教育など》幅広いにふさわしい, 教養を広めるための: (a) ～ education《大学教育課程の》一般教育 / ⇒ liberal arts. ❺ たくさんの, 豊富な: a ～ supply 豊富な供給. ❻ 字義にとらわれない: a ～ translation 字義にとらわれない訳. ━━ 名 ❶ 偏見にとらわれない人; 自由主義者, 進歩主義者. ❷《通例 L~》《英国・カナダなどの》自由党員. 《F〈L=自由人の〈*liber* 自由な +-AL》《liberality, liberate, liberalize》
【類義語】⇒ progressive.
líberal árts 名 ❶《主に米》《大学で》一般教養科目《専門科目に対し, 哲学・歴史・文学・自然科学・語学など》: a ～ college 教養学部. ❷《中世の自由七科《文法, 修辞学, 弁証法, 算術, 幾何, 天文, 音楽》.
Líberal Démocrat 名《英》[the ~s] 自由民主党《1989年, 前年に自由党と一部の社会民主党員が結成した社会自由民主党 (Social and Liberal Democrats) を経て自由民主党に》; Ⓒ 自由民主党員.
†__lib·er·al·ism__ /-lìzm/ 名 Ⓤ 自由主義.
líb·er·al·ist /-lɪst/ 名 自由主義者. ━━ 形 自由主義的な.
lib·er·al·is·tic /lìb(ə)rəlístɪk˜/ 形 自由主義的な.
lib·er·al·i·ty /lìbɚǽlətɪ/ 名 Ⓤ 気前のよさ, 物惜しみしないこと. ❷ 寛大, おうような; 公平無私. 《形 liberal》
lib·er·al·i·za·tion /lìb(ə)rəlɪzéɪʃən | -laɪz-/ 名 Ⓤ 自由化 (relaxation).
*__lib·er·al·ize__ /líb(ə)rəlàɪz/ 動 〈規則などを〉ゆるやかにする, 緩和する;〈貿易・商品などを〉自由化する. ━━ 自 ゆるやかになる; 自由化される. 《形 liberal》
lib·er·al·ly /líb(ə)rəli/ 副 ❶ 気前よく, 寛大に; 大量に: give ～ おうように与える. ❷ 教養目的で: a ～ educated person 教養教育を受けた人.
Líberal Pàrty 名 [the ~]《英》自由党.
líberal stúdies 名《通例単数扱い》《英》《科学・技術などを専攻する学生のための》一般教養課程.
*__lib·er·ate__ /líbɚèɪt/ 動 ❶〈奴隷・囚人などを〉自由にする, 釈放する;〈占領地などを〉解放する: ～ slaves 奴隷を解放する / ～ a person *from* second-class citizenship 人を二級市民の身分から解放する. ❷ 〈化〉〈ガスなどを〉遊離させる. ❸ 《口》盗む. 《L》 《形 liberal, liberation》【類義語】⇒ free.
lib·e·rat·ed /-tɪd/ 形 ❶〈人が〉(偏見から)解放された; 通念からの, 進歩的な (emancipated). ❷〈場所・人が占領(束縛)などから〉解放された, 自由になった.
lib·er·a·tion /lìbɚéɪʃən/ 名 Ⓤ ❶ 解放, 釈放. ❷ 解

放運動 (cf. lib). ❸ 〈化〉遊離. 《動 liberate》
lib·er·á·tion·ist /-ʃ(ə)nɪst/ 名 解放運動家.
liberátion theólogy 名 Ⓤ 解放の神学《教会は社会的政治的圧迫からの解放のために働いてきたとする》.
líb·er·à·tor /-tɚ | -tə/ 名 解放者, 釈放する人.
Li·be·ri·a /laɪbí(ə)rɪə/ 名 リベリア《アフリカ西部の共和国; 首都 Monrovia》.
Li·be·ri·an /laɪbí(ə)rɪən/ 形 リベリアの. ━━ 名 リベリア人.
li·be·ro /líːbəròʊ | 名《複 ~s》《サッカー》リベロ (sweeper). 《It=自由な》
†__lib·er·tar·i·an__ /lìbɚté(ə)rɪən | -bə-/ 形《思想・行動などの》自由を主張する, 自由論の; 《哲》自由意志論の.
━━ 名 自由論者; 《哲》自由意志論者.
━·ism /-nìzm/ 名 Ⓤ《哲》自由意志論; 自由論.
lib·er·tin·age /líbətìːnɪdʒ | -bə-/ 名 Ⓤ =libertinism.
lib·er·tine /líbətìːn | -bə-/ 名 放蕩(ﾀｳ)者, 道楽者.
━━ 形 ❶ 放蕩な. ❷《宗教上》自由思考の. 《L=解放奴隷; ⇒ liberal, -ine[1]》
lib·er·tin·ism /-nìzm/ 名 Ⓤ 放蕩, 道楽.
*__lib·er·ty__ /líbɚtɪ | -bə-/ 名 ❶ Ⓤ《束縛のない》自由; 解放, 釈放: individual ～ 個人の自由 / natural ～ 天賦の自由権《自然律にのみ服する状態》/ ～ of conscience 良心の自由 ⇒ civil liberty. ❷ Ⓤ《行動の》自由, 権利: ～ of action [choice] 行動[選択]の自由 (+*to* do) grant a person ～ *to* go out 人に外出する自由を許す.
❸ 《単数形で》勝手, 気ままな(ふるまい): take [be guilty of] a ～ 勝手[失礼]にする / I take the ～ *of* tell*ing* you this. 失礼ですがあなたにこのことをお話ししたいます / What a ～! 何と身勝手な! ❹《複数形で》《許可・時効で得た》特権《自治権, 選挙権, 参政権など》: ⇒ civil liberty. **at líberty** (1) 解放されて, 自由に: set a person *at* ～ 人を自由にしてやる, 人を放免する. (2) 勝手に 〈…〉できて; (+*to* do) You're *at* ～ *to* choose. 自由にお選びになってけっこうです. (3)〈人が〉暇で;〈ものが〉使われていなくて. **táke líberties** (1) […に]勝手なことをする, […を]勝手に変える, [事実を]曲げる (*with*). (2) […に]なれなれしくする (*with*). 《F〈L=(市民としての)自由》《形 liberal》【類義語】⇒ freedom.
Líberty Bèll 名 [the ~] 自由の鐘《米国 Philadelphia の Independence Hall のそばのパビリオンにあり, 米国の独立を象徴する鐘》.
líberty càp 名 自由の帽子《自由を象徴する三角ずきん》.
líberty hàll 名 《しばしば L~H~》《口》やりたいように行動できる場所[状況], (特に)無礼講が許される家.
líberty hòrse 名《サーカスの》乗り手なしで芸をする馬.
Líberty Ísland 名 リバティーアイランド《米国 New York 港の入り口にある小島; 自由の女神像 (the Statue of Liberty) がある》.
líberty màn 名《英》上陸許可を得ている船員.
Líberty shíp 名 リバティー船《第二次大戦中に米国で建造された約 1 万トンの規格輸送船》.
li·bid·i·nal /lɪbídən(ə)l/ 形 リビドー (libido) の. ～·ly /-nəli/ 副
li·bid·i·nous /lɪbídənəs, -dn-/ 形 ❶ 好色な, 肉欲的な, みだらな; 扇情的な. ❷ リビドー (libido) の. ～·ly 副 ～·ness 名
li·bi·do /ləbíːdoʊ/ 名《複 ~s》ⓊⒸ《精神分析》リビドー《すべての行為の隠れた動機をなす根元的な欲望》. ❷ 性的衝動, 性欲. 《L=喜び, 欲求》
†__li·bra__ /líːbrə/ 名 ❶ [L~]〈天〉天秤(ﾃﾝ)座. ❷ 〈占星〉**a** [L~] てんびん座, 天秤宮 (cf. the signs of the ZODIAC 成句). **b**《通例 L~》てんびん座生まれの人. ❸ Ⓒ 重量ポンド《略 l b., 1 b》: 5 *lb*(*s*) 5 ポンド. ❹ Ⓒ 通貨ポンド《略 £, l;》⇒ pound[1] ア【解説】読み方】: £5 5 ポンド. 《L=てんびん》
Li·bran /líːbrən, lái- | líːb-, líb-/ 形 てんびん座生まれの(人).
†__li·brar·i·an__ /laɪbré(ə)rɪən/ 名 司書; 図書館員.
librárian·shìp 名 Ⓤ 図書館員の地位[職務].
*__li·brar·y__ /láɪbreri | -brərɪ/ 名 ❶ ⓐ 図書館, 図書室;

public ～ 公立図書館 / ⇨ lending library, reference library. **b** (個人の)書庫; 書斎, 読書室. ❷ **蔵書**, 文庫; (映画・レコードなどの)コレクション; ソフトウェアライブラリー《複数のソフトウェアを集めたパッケージ製品やウェッブサイトなど》. ❸ (出版社が同じスタイルで出版する)双書, 文庫: a Shakespeare ～ シェイクスピア双書. **the Líbrary of Cóngress** 〘米〙(連邦)議会図書館《ワシントン (Washington, D.C.) にある; 略 LC》. 〖F＜L＝本屋＜*liber, libr-* 本＋-ARY〗

líbrary edìtion [名] ❶ 図書館版《図書館用に丈夫な装丁にした特製版; cf. trade edition》. ❷ (同一装丁の)双書版, 全集版.

líbrary scíence [名] [U] 図書館学.

li·bra·tion /laɪbréɪʃən/ [名] 〘天〙(月などの)秤動(ひょうどう).

li·bret·tist /lɪbrétɪst/ [名] 歌劇の台本作者.

li·bret·to /lɪbrétou/ [名] ([複] **～s, -bret·ti** /-ṭiː/) (歌劇の)歌詞, 台本.

Li·bre·ville /líːbrəvìl/ [名] リーブルヴィル《ガボンの首都; ガボン川河口の港町》.

Lib·ri·um /líbriəm/ [名] 〘商標〙リブリウム《クロルジアゼポキシド (chlordiazepoxide) 製剤; 鎮静薬》.

Lib·y·a /líbiə/ [名] リビア《アフリカ北部の共和国; 首都 Tripoli》.

Lib·y·an /líbiən/ [形] リビア(人)の. ── [名] リビア人.

Líbyan Désert [名] [the ～] リビア砂漠《サハラ砂漠の一部》.

⁺**lice** [名] louse の複数形.

*__li·cense, li·cence__ /láɪs(ə)ns/ (《[綴り]》《英》では名詞は licence が一般的だが, 動詞は《英》でも license のほうが一般的) [名] ❶ [C] **免許状, 認可書**, 鑑札 (permit); [U,C] 認可, 免許: lose one's ～ 資格を失う; 免停になる / a dog ～ 犬の鑑札 / a ～ *for* the sale of alcoholic drinks 酒類販売認可書 / under ～ 認可を受けて / 〔＋*to* do〕 a ～ *to* practice medicine 医師開業免状 / a ～ *to* hunt 狩猟免許状 / ⇨ driver's license, special licence. ❷ [U] [また a ～] (行動の)自由: ～ of speech 言論の自由 / 〔＋*to* do〕 He has ～ *to* do as he pleases. 彼には好きなようにする自由がある. ❸ [U,C] 放縦, 気まま, 放埒(ほうらつ). ❹ [U] (文芸作品で許される)破格, 逸脱, 許容: ⇨ poetic license. **(a) lícense to prínt móney** 《口・軽蔑》ぼろもうけできる商売. ── [動] [他] 〈…を〉**認可する**《★ 通例受身》: 〔＋目＋*to* do〕 He has been ～*d to* practice medicine. 彼は開業医としての免許を受けている. 〖F＜L＝自由, 許可＜*licere* 許されている; cf. leisure〗 【類義語】(1) ⇨ freedom. (2) **license** (しばしば規制を目的として)人[事業]に対し法律上の正規の許可[資格]を与える. **authorize** 法的権限などあることを自由裁量で行なえる権限を与える.

⁺**lí·censed** [形] 認可された, 免許を受けた; (特に)酒類販売の免許を受けた: a ～ house 酒類販売免許の店《飲食店・旅館など》.

lícensed práctical núrse [名] 《米》有資格看護師《略 LPN》.

lícensed víctualler [名] 《英》酒類販売免許の飲食店主; 宿屋[居酒屋]の主人.

lícensed vocátional núrse [名] 《米》《California, Texas 州で》＝licensed practical nurse《略 LVN》.

li·cens·ee /làɪs(ə)nsíː/ [名] 免許[認可]を受けた人, 鑑札を受けた人; (特に)酒類販売被免許者.

lícense nùmber [名] 《米》(自動車の)登録番号 (《英》 registration number).

lícense plàte [名] 《米》(自動車などの)ナンバープレート (《英》 number plate).

li·cen·ti·ate /laɪsénʃiət/ [名] 免(許)状所有者, (開業)有資格者 〔*in*〕: a ～ *in* medicine 医師開業有資格者.

li·cen·tious /laɪsénʃəs/ [形] 放蕩(ほうとう)な, みだらな; (性的行動が)放縦な. **～·ly** [副] **～·ness** [名]

⁺**li·chen** /láɪkən/ [名] [U] ❶ 〘植〙地衣(類)《岩や木につくこけ》. ❷ 〘医〙苔癬(たいせん). **～·ous** /láɪkənəs/ [形] 〖L＜Gk〗

lí·chened [形] 地衣[こけ]の生えた[におおわれた].

li·chen·ol·o·gy /làɪkənáləʤi | -nɔ́l-/ [名] [U] 地衣類学.

lich-gate /líʧgèɪt/ [名] ＝lych-gate.

Lich·ten·stein /líktənstàɪn/, **Roy** [名] リクテンスタイン《1923–97; 米国の画家; ポップアーティスト》.

lic·it /lísɪt/ [形] 合法の, 正当な (↔ illicit).

*__lick__ /lík/ [動] [他] ❶ 〈…を〉(舌で)なめる; なめて(ある状態に)する: ～ one's lips 舌なめずりする / The dog ～*ed* my hand. 犬は私の手をなめた / The dog ～*ed up* the spilt milk. 犬はこぼれたミルクをなめ尽くした / The baby ～*ed* the jam *off* (the spoon). 赤ん坊はジャムを(スプーンから)なめて食べた / 〔＋目＋補〕 He ～*ed* the spoon clean. 彼はスプーンをきれいになめた. ❷ 《口》〈相手を〉打ち負かす; 〈…に〉勝る (beat); 〈問題などを〉解決する: have (got) the problem ～*ed* 問題を克服している. ❸ 《文》〈波・炎が〉〈…を〉かすめる, なめる: The shadows of passersby ～*ed* the hedge. 通行人の影が垣根をかすめていった. ❹ 《口》〈人などを〉(むち・棒・手などで)打つ, 殴る: ～ a bad boy いたずらっ子をたたく. ── [自] ❶ (舌で)なめる. ❷ [副詞(句)を伴って] 《文》〈波・炎などが〉〔…を〕なめるように動く, ゆらめく 〔*at, against*〕. ── [名] ❶ [C] [通例単数形で] なめること, ひとなめ: have a ～ (of…) (…を)ちょっとなめ(てみ)る. ❷ **a** [C] [通例単数形で] 《口》ひと塗り[ふき, 掃き]: give the wall a ～ *of* paint 壁をひと塗りする / give the room a quick ～ 部屋をさっと掃く. **b** [a ～] 《古風》少し: I don't care *a* ～ of it. そんなことなんかまったく無関心だ《どうでもいいと思っている》. ❸ [C] 《口》殴りつけること: give (a person) a ～ on the ear (人の)横つらをぶん殴る. ❹ 《口》(ジャズ・ロックなどの)短い楽句[フレーズ, ソロ]. ❺ [U] [また a ～] 《主に英口》速力, 速さ: at *a* great [hell of a] ～ ものすごいスピードで. **give…a líck and a prómise** (1) 《米》〈仕事などを〉いいかげんにする. (2) 《英》〈顔などを〉大急ぎで洗う.

lick·er·ish /líkərɪʃ/ [形] 好色な, 淫乱な, みだらな (lustful). **～·ly** [副] **～·ness** [名]

líck·e·ty-splít /líkəṭi-/ [副] 《口》全速力で.

líck·ing [名] 《口》 ❶ 惨敗 (thrashing): get [take] a ～ 惨敗する. ❷ 殴りつけること: give a person a good ～ 人をさんざんに殴る.

lick·spit·tle /líkspìṭl/ [名] おべっか使い.

lic·o·rice /lík(ə)rɪs, -rɪʃ/ [名] ❶ [U,C] **a** 〘植〙カンゾウ, 甘草. **b** カンゾウの根[エキス]《薬・糖菓などの風味料》. ❷ [U,C] リコリス《カンゾウ風味のキャンデー》.

lic·tor /líktə | -tə/ [名] 〘古ロ〙リクトル《束桿 (fasces) を携えて執政官の先駆となり犯人の捕縛などに当たった官吏》.

*__lid__ /líd/ [名] ❶ 〔容器などの〕ふた 〔*of*〕 (top¹). ❷ [通例複数形で] まぶた (eyelid). ❸ 《口》帽子; (バイク用)ヘルメット. **flíp one's líd** 《口》すごく怒る[立腹する]; 《戯言》頭がおかしくなる. **kéep a [the] líd on…** 《口》…を禁止[規制]する; …を抑える. **pùt a líd on…** (1) ＝keep a [the] LID on…. (2) …を妨げる, くじく, …のじゃまをする. **pùt a líd on it** [命令・依頼で] だまる, 静かにする. **pùt the (tín) líd on…** 《英口》(1) …をだめ[ぺちゃんこ]にする. (2) …にとどめを刺す. **tàke [blów] the líd òff…＝líft the líd on…** 《口》〈醜聞・内幕など〉を暴露する, …の真実をあばく.

li·dar /láɪdɑə | -dɑː/ [名] [U] ライダー《マイクロ波の代わりにパルスレーザー光を出すレーダーに似た装置》.

lid·ded /líḍɪd/ [形] ❶ ふたつきの. ❷ [通例複合語で] まぶたが…の.

líd·less [形] ❶ ふたのない. ❷ まぶたのない. ❸ 《古》まんじりともしない; 警戒している.

li·do /líːḍou/ [名] [U] 《英》 ❶ 一流の海浜保養地. ❷ 屋外水泳プール.

li·do·caine /láɪḍəkèɪn/ [名] [U] 〘化〙リドカイン《塩酸塩を局部麻酔薬・抗不整脈薬として用いる結晶化合物》.

*⁺__lie¹__ /láɪ/ [動] [自] (**lay** /léɪ/; **lain** /léɪn/; **ly·ing**) (《[比較]》他動詞 lay¹ (横たえる)と対応する; ★ lie の過去形 lay と他動詞 lay¹ と混同しないように注意) ❶ **a** [副詞(句)を伴って] 〈人・動物が〉**横たわる, 横になる**: He *lay down on* the bed. 彼はベッドに横になった / She *lay down on* her bed for half an hour. 彼女は 30 分ばかりベッドに横になった / *L～ down*, Rover! ローバー, 伏せ! 《★ 犬に対する命令》. **b** 〈…の状態で〉**横になっている**: 〔＋補〕 ～ asleep 横になって眠っている / ～ ill (in bed) 病気で寝ている / ～ dead 死んでいる

L

/ She closed her eyes and *lay* quiet. 彼女は目を閉じて静かに横たわっていた / They *lay* in ambush [wait] for us. 彼らは我々を待ち伏せていた. ❷ **a** 〔副詞(句)を伴って〕〈ものが〉横たわっている, 置かれてある: There was a letter for me *lying on* the desk. 私宛ての手紙が机の上に置いてあった / A heavy fall of snow *lay on* the ground. 地面には大量に降った雪が積もっていた. **b** 〈…の状態で〉ある(remain): 〔+補〕Leaves *lay* thick in the lane. 小道には落ち葉が厚く積もっていた / The field was *lying* fallow. その畑は休閑中だった / The problem ~s open to re-examination. その問題は再検討にさらされている / The whole town *lay* spread out before me. 町全体が眼前に展開していた. **c** 〈…の状態で〉放ってある, ほうってある, 眠っている, 遊んでいる: let it ~ 放っておく / Don't leave the tools *lying around*. 道具をそこらじゅうにほったらかすな / unsold goods *lying on* the shelf 棚ざらしになっている売れ残りの商品. ❸ 〔副詞(句)を伴って〕**a** 〈…に〉位置する, ある: Mt. Fuji ~s *west of* Tokyo. 富士山は東京の西方にある / The village *lay across* the river. 村は川の向こう側にあった. **b** 〈前途などが〉広がっている, 展開している: A fine career in business ~s *before* you. 実業家としてのりっぱな一生が待って[約束されて]いる. ❹ 〔副詞(句)を伴って〕**a** 〈原因・力・本質などが〉〈…に〉ある, 存する: The greatest charm of traveling ~s *in* its new experiences. 旅のいちばんの魅力はその新しい経験にある / All their hopes ~ *in* me. 彼らの望みはすべて私にかかっている / There ~s the difficulty. そこが難しいところだ / The choice ~s *between* death and dishonor. 死か恥か二つに一つを選ばねばならない. **b** 〈物事が〉〈…の上に〉(重く)のしかかる; 〈食物が〉〈胃に〉(重く)もたれる〔on, upon〕: The problem *lay* heavy *on* my mind [me]. その問題は私に重くのしかかった. ❺ 《主に英》〈競争で〉…位である: ~ (in) third (place) 3 位である. ❻ 《法》〈訴権・控訴権などが〉成立する, 理由がたつ. ❼ 〔C〕〈死体などが〉〈…に〉葬られる, 地下に眠る: the poets *lying in* Westminster Abbey ウェストミンスター寺院に眠る詩人たち / Here ~s.... ここに…眠る. ❽ 〔副詞(句)を伴って〕《古》宿泊する.

as fár as in me líes 自分の力の及ぶ限り: I'll do it *as far as in me* ~s. 力の及ぶ限りやります.

If you lie dówn with dógs, you gèt úp with fléas. 悪い連中とかかわるとろくなことがない.

lie abóut 〔≡LIE[1] around 〔成句〕.

lie ahéad 〔≡自+副〕〈事が〉待ち受けている.

líe aróund 〔口〕(1) 〈ものが〉ちらかっている, ほったらかしてある. (2) のらくらしている, ぶらぶらしている.

lie at a person's dóor 〈責任・非難などが〉人にある: The responsibility doesn't ~ *at* your *door*. その責任はあなたにはない.

líe báck 〔自+副〕あおむけになる; 後ろにもたれる; 休息する: She *lay back* in bed [against her pillows]. 彼女はベッドであおむけになった[上半身をまくらにもたれた状態で置いた].

lie behínd ... (1) …の背後にある. (2) …の理由となっている: I wonder what ~s *behind* his objections to our plan. 彼が我々の計画に異議をとなえたことの理由は何なのだろうか.

líe dówn 〔自+副〕横になる(⇨ 自 1 a).

lie ín 〔自+副〕《英》いつもより遅くまで寝床にいる (sleep in).

lie lów ⇨ low[1] 〔形〕成句.

lie óff 〔自+副〕(1) しばらく仕事を休む, 休息する. (2) 《海》(陸地または他船から)少し離れている.

lie óver 〔自+副〕延期になる, 保留される.

lie tó 〔自+副〕《海》(船首を風上に向けて)ほとんど止まっている.

líe úp 〔自+副〕(1) 休息する; 〈病気で〉寝ている. (2) 《英》隠れる, 人に気づかれないでいる. (3) 《海》〈船が〉ドックに入る, 係船している〔at〕.

lie with ... (1) 〈責任・過失などが〉…にある, 帰せられる; 〈決定(権)・選択(権)などが〉…の手にある, …にかかっている: The responsibility ~s *with* you. その責任は君にある / It ~s *with* us to decide the matter. その事柄を決定するのは我々にかかっている. (2) 《古》…と寝る, 同衾(%?)する.

táke...lýing dówn 〔通例否定で〕〈…に〉屈服[屈従]する, …を甘んじて[おとなしく]受け入れる: He doesn't *take* criticism *lying down*. 批判を甘んじて受けていられない.

── 名 ❶ 〔U〕〔通例 the〕《英》(ものの置かれた)方向, 位置, 向き; 状態, 形勢: *the ~ of the land* 地勢; 形勢, 事態(≪米≫ the lay of the land). ❷ 〔C〕《ゴルフ》(ボールの)位置, ライ. ❸ 〔C〕(動物の)すみか, 巣, 穴.

*lie[2] /láɪ/ 名 うそ, 偽り, 虚偽 (↔ truth): tell a ~ [~s] うそを言う[つく] (★ say [speak] a ~ [~s] は不可) / a ~ (行為)うそをつく, 欺く / a white ~ 罪[悪気]のないうそ / a barefaced [bald-faced] ~ 厚顔無恥なうそ / a pack of ~s うそ八百 / a tissue of ~s うその固まり.

give the lie to... 〈事実・言動などが〉…の偽りである[誤っている]ことを示す: This fact *gives* the ~ *to* your contention. この事実はあなたの主張が誤っていることを示す. **I téll a líe** (英口) 〔前文を訂正する時に用いて〕間違いました: I met him yesterday ── no, *I tell a* ~ ── it was the day before yesterday. 昨日彼に会いました ── いや間違えた ── 一昨日でした. **líve a líe** 〔通例進行形で〕偽りの生活を送る. **náil a líe to the cóunter** うそを(突き止めて)あばく 〔商業〕店主がうそ代金を勘定台にくぎづけにして戒めた昔の習慣から〕. ── 動 (~d; ly·ing) 〔★ lie[1] の変化と混同しないように注意〕自 ❶ 〈人が〉うそをつく: You're *lying to* me. 君はぼくにうそを言っている / He *lied about* his age (to get the job). 彼は(その職につくために)自分の年齢を偽った. ❷ 〈ものが〉人を欺く[惑わす]〔★ 進行形なし〕: These figures don't ~. この数字(から読み取れるゆき)には間違いの余地がない. ── 他 ❶ 〈…〉とうそを言う. ❷ 〔~ one's way で〕うそをついて〔…から〕脱する〔*out of*〕; うそをついている状態に〔*into*〕: He ~*d* himself [his way] *out of* the accusation. 彼はうそをついて非難を免れた. **líe through one's téeth** まっかなうそをつく. 〔関連〕 mendacious. 〔類義語〕 lie 事実と反することを承知の上で, 他人を欺いたり傷つけたりすることを言うこと; 道徳的な非難の気持ちが含まれる. falsehood 悪意の有無に関わらず事実と異なることを言うこと. fib 気軽なうそを言うこと.

Lieb·frau·milch /líːbfraʊmɪlk/ 名 〔U〕リープフラウミルヒ《ドイツ Rhine 地方産の白ワイン》.

Liech·ten·stein /líktənstàɪn/ 名 リヒテンシュタイン《ヨーロッパ中部, オーストリアとスイスにはさまれた公国; 首都 Vaduz》.

lied /liːt, liːd/ 名 (複 **lie·der** /líːdə | -də/) 《楽》リート, 歌曲. 〔G=歌〕

líe detèctor 名 《口》うそ発見器 (polygraph): give a person a ~ test うそ発見器で調べる.

líe-dówn 名 《英口》うたた寝.

lief /liːf/ 副 (**lief·er**) 《古》喜んで, 快く〔★ 次の構文に用いて〕: *would* [*had*] *as* ~...(*as*...)(...より)...したほうがまし[よい] / I *would* [*had*] ~*er* cut my throat *than* do it. それをするくらいならっそのどを切って死んだほうがましです.

liege /liːdʒ/ 名 ❶ (封建制度下の) 君主, 領主: My ~! 〔呼び掛けで〕わが君, 殿. ❷ (封建制度下の)家臣: His Majesty's ~s 陛下の臣下. ── 形 〔A〕 ❶ 君主たる, 至上の: a ~ lord 領主. ❷ (封建制度下の)臣下たる, 臣従の: ~ homage 臣下としての礼 / a ~ subject 臣下.

líege man, líege·man /-mən/ 名 (複 **-men** /-mən/) ❶ 忠節を誓った臣下. ❷ 忠実な従者[部下, 支持者].

líe-ín 名 ❶ 《口》(反戦デモなどでの)寝転び[座りこみ]. ❷ 《英口》朝寝: have a ~ 朝寝をする.

li·en /líː(ə)n/ 名 《法》先取特権, 留置権〔on〕.

li·erne /liə́ːn | -ə/ 名 《建》(丸天井の)つなぎ骨, 枝リブ(勒く), 枝リブ.

lieu /lúː/ 名 〔U〕★ 次の成句で. **in lieu (of**...) (…の)代わりに (in place of). 〔F〕

Lieut. (Col.) 《略》Lieutenant (Colonel).

*lieu·ten·ant /luːténənt | leftén-/ 名 (略 Lieut., 複数語の場合は Lt.) ❶ **a** 《米海軍》大尉. **b** 《英陸軍》中尉. ❷ 《米》**a** (警察の)警部補 (⇨ police 〔解説〕). **b** (消防署の)隊長補佐. ❸ 上官代理, 副官. 〔F…の代わりになる

人;⇒ LIEU, TENANT》

lieuténant cólonel 图《米陸空軍・海兵隊・英陸軍》中佐.
lieuténant commánder 图《海軍》少佐.
lieuténant géneral 图《米陸空軍・海兵隊・英陸軍》中将.
lieuténant góvernor 图 ❶《米》(州の)副知事. ❷《英》(植民地・カナダの)副総督, 総督代理.
lieuténant júnior gráde 图《⑱ lieutenants junior grade》《米海軍》中尉.

＊**life** /láif/ 图《⑱ **lives** /láivz/》 ❶ **a** 〖Ⓒ Ⓤ〗生涯, 一生, 寿命: a long [short] ～ 長命[短命] / all one's ～＝in one's ～ 一生のうちに, これまでに(このかた) / in early ～ 若いころ / late in ～ 晩年に / all one's ～ (through)＝throughout one's ～ 終世ずっと / He spent the rest of his ～ in Hawaii. 彼は残りの人生[余生]をハワイで過ごした. **b** 〖Ⓒ〗 (通例単数形で) (機械・政府などの)寿命: the ～ of a machine [battery] 機械[バッテリー]の寿命 / The issue ended the ～ of her government. その問題で彼女の政権は終わった. **c** 〖Ⓤ〗《口》終身刑 (life imprisonment): get ～ 終身刑に処せられる. ❷ **a** 〖Ⓤ〗 (通例修飾語を伴って) 生活(状態): city [town] ～ 都会生活 / rural [country] ～ 田園生活 / married [single] ～ 結婚[独身]生活 / private [social] ～ 私生活[社会生活] / everyday [daily] ～ 日常生活 / a way of ～ 生活様式 / in real ～ 実生活では. **b** 〖Ⓒ〗 (通例単数形で) (具体的な)生活, 暮らし方: live [lead] a happy ～ 幸福な生活を送る, 幸福に暮らす / He led an exemplary ～. 彼は模範的な生活を送った. ❸ 〖Ⓒ〗 (個人の)命, 生命: save a person's ～ 命を救う / risk one's ～ 命を賭ける / give one's ～ 命を捧げる / seek the ～ of (文) ...の命をねらう / lose one's ～ 一命を落とす / take one's (own) ～ 自殺する / take a person's ～ 人を殺す / A cat has nine *lives*. ⇒ cat 1 a. ❹ 〖Ⓤ〗生命; 人命: the origin of ～ 生命の起源 / the struggle for ～ 生存競争 / a matter of ～ and death 生死にかかわる重大問題, 死活問題 / There were no signs of ～. 生存者[生き物]のいるようすがなかった / at the sacrifice of ～ 人命を犠牲にして / While there is ～, there is hope.《諺》命のある間は望みがある,「命あっての物種」. ❺ 〖Ⓤ〗生き物, 生物: animal [vegetable] ～ 動[植]物 / bird ～ 鳥類 / There's no ～ on Mars. 火星には生物は存在しない. ❻ 〖Ⓤ〗人生; 世間, この世; [one's ～] 生きがい: the next [future] ～＝the ～ to come＝～ after death あの世, 来世 / eternal [everlasting, immortal] ～ 永遠の生命, 来世 / see ～ 世間を見る / get on in ～ 立身出世する / His work is *his* (whole) ～. 仕事が彼の人生だ; 彼は仕事以外には何もない人だ. ❼ 〖Ⓤ〗元気, 精力, 活気, 生気: full of ～ 元気いっぱいで (full of beans); 《町などにぎやかで》活気のある / Put some ～ into your work. 勉強[仕事]に少し身を入れなさい. ❽ 〖Ⓤ〗実物, 本物; 実物大(の形): a drawing sketched from ～ 写生画 / true to ～ 実物そっくりの / paint [draw] a person to the ～ 人を本物そっくりに描く / paint [draw]...from ～ ...を写生する. ❾ 〖Ⓒ Ⓤ〗伝記, 言行録 (biography): Boswell's *L*～ *of Johnson* ボズウェル著『ジョンソン伝』.

(as) lárge [bíg] as life (1) 実物(等身)大の. (2) 間違いなく, 本当に, まぎれもなく, 自身で《来るなど》: There he was, (*as*) *large as* ～. そこにはまぎれもなく彼本人がいた.
bét one's life ⇒ bet 成句.
bríng...to life (1) 〈...〉を生き返らせる, 〈...の〉意識を回復させる: She was *brought back to* ～ from the brink of death. 彼女は死の瀬戸ぎわから蘇生(き。)した. (2) 〈...を〉活気づける. (3) 〈...を実物のようにする, 生き生きさせる: A few final touches *brought* the drawing *to* ～. 2, 3の仕上げの筆を加えるとその絵は実に生き生きしてきた.
còme to life (1) 生き返る, 意識を回復する; 《文》《機械などが》突然動き出す. (2) 活気づく, 活気を呈する. (3) 真に迫る; 現実のものになる.
for déar life 《口》命がけで, 全力を尽くして: hold [hang] on *for dear* ～ 必死になって[しがみ]つく / run *for dear* ～ 死に物狂いで走る.
for life 《ある時から死ぬまでの》一生(の), 終身の, 無期の

1049　　　　　　　　　**life history**

[で]: an official appointed *for* ～ 終身官.
for one's life ＝for dear LIFE 成句.
for the life of òne [通例否定文で]《口》どうしても: I *can't for the* ～ *of* me understand it. 私にはどうしてもそれがわからない.
fríghten [scáre] the life òut of a person 人をびっくりさせる, ぎょっとさせる.
Gét a life! 《口》つまらないぞ, ちゃんとやれ, ばかなことはよせ.
hàve the tíme of one's life とても楽しく過ごす.
in life (1) 存命中, 生前: late *in* ～ 晩年に. (2) [all, noなどを強めて] まったく, 本当に: *Nothing in* ～ will induce him to change his plans. どんなものも彼に計画を変更させることはできないだろう.
láy dówn one's life 《文》命を捧げる.
life and límb 生命と身体, 五体: risk ～ *and limb* 身体生命の危険を冒す.
Life gòes ón. (問題などがあっても)日々の生活は続く.
life is chéap《軽蔑》人命は二の次である.
life is tòo shórt (for...[to dó...])《...に》時間を使って人生を無駄にするわけにはいかない,《...には》人生は短すぎる.
màke life dífficult [éasier] (for...) 《...の》生活を苦しく[楽しく]する, 迷惑をかける[かけない].
Nót on your (swéet) life! [前文を受けて]《口》とんでもない, まっぴらだ.
...of one's life 人生で一番[最高]の...: the race *of his* ～ 彼の人生で最高のレース.
on your life 《まれ》必ず, ぜひとも.
rún a person's life 《口》人の生活に干渉する[あれこれ指図する];《もの・ことが》人の生活を支配する[に影響を与える].
séll one's life déar [déarly] ⇒ sell 成句.
stárt [màke] a néw life 新しい生き方を始める.
táke one's life in one's (ówn) hánds (危険と知りながら)命がけでやる (★ 聖書「士師(し)記」から).
Thát's her life! それが人生, 仕方がない.
the chánge of life ⇒ change 成句 1 b.
the life of Rí-ley /-ráili/《口》気楽でぜいたくな生活.
the life (の英) and sóul (of the párty)《口》陽気で社交的な人, 座を明るく[楽しくする]人.
the mán [wóman] in one's life《口》恋人; 愛人.
the wáter of life ⇒ water 名 成句.
This is the life! 満足満足!
to sáve one's life [通例否定文で]《口》どうしても(できない).
Whát a life! 何たる人生だ!, 情けない!
―― 形 Ⓐ ❶ 一生の, 生涯の, 終身の: a ～ member 終身会員 / ～ imprisonment 終身禁固. ❷ 生命の: ⇒ life span. ❸ 生命保険の: a ～ policy 生命保険証券 / ⇒ life office. ❹ 実物[本物]の: a ～ class 本物をモデルに使う絵画の授業.
〖OE; 原義は「生存」〗 (動 live; 関形 vital)
life-affírming 形 人生に対して肯定的[前向]

life-and-déath 形 Ⓐ 死活にかかわる, きわめて重大な: a ～ situation 死活にかかわる事態.
life assúrance 图《英》＝life insurance.
life bèlt 图 救命(浮)帯.
life·blòod 图 Ⓤ ❶ 重要[不可欠]なもの, 活力[元気]のもと, 活力: Foreign trade is the ～ of the country. 外国との貿易はその国の原動力である. ❷ 生き血.
＊**life·bòat** 图 ❶ 救命艇. ❷ 救助艇, 救難船.
life bùoy 图 救命浮標[浮輪, ブイ].
＊**life cỳcle** 图〖生〗生活環, ライフサイクル.
life expéctancy 图 Ⓒ Ⓤ 平均余命《ある年齢の人が今後生存を予想される年数》.
life-fórm 图〖生物〗生活形《成熟した生物の種の特徴を示す形態》; 生き物, 生物.
life-gíving 形 生命[生気]を与える.
life·guàrd 图 ❶ 《水泳場などの》救護員, 見張り人 (lifesaver). ❷ 護衛, 親衛隊.
Life Guàrds 图《the ～》《英》近衛騎兵連隊 (cf. Horse Guards 1 b).
life hístory 图 ❶〖生〗生活史《発生から死に至るまでの

生活過程. ❷ 人の一生の歴史; 伝記, 一代記.
†**life insurance** 图 Ⓤ 生命保険.
life jàcket 图 Ⓒ 救命胴衣.
†**life·less** 形 ❶ **a** 生命のない, 死んだ. **b** 生命をもたない, 無生物の (inanimate). **c** 気絶した: fall ~ 気絶する. ❷ 〈惑星など〉生物のすんでいない. ❸ 活気のない, 気の抜けた: a ~ story 精彩を欠いた物語. **~·ly** 副 **~·ness** 图
†**life·like** 形 生きているような; 真に迫った.
†**life·line** 图 ❶ 生命線; 頼みの綱. ❷ 救難索, 救命索; (潜水夫の)命綱. ❸ [手相] 生命線.
†**life·lòng** 形 一生の, 終生の: a ~ friendship [bachelor] 終生続く友情[独身で通す男].
life màsk 图 ライフマスク(生きている人の顔面; cf. death mask).
life nèt 图 (消防用の)救命網(建物などから飛び降りた人を受けとめる).
life òffice 图 《英》 生命保険会社[事務所].
life-or-déath 形 =life-and-death.
life péer 图 《英国の》一代(限り)の貴族.
life presèrver 图 ❶ 救命具. ❷ 《英》(護身用の重い)こん棒.
lif·er /láɪfə/ -fə/ 图 ❶ 終身刑囚. ❷ 《米》職業軍人. ❸ 仕事に一生をかけた人.
life ràft 图 (ゴム製の)救命ボート.
life·sàver 图 ❶ 人命救助家 (lifeguard). ❷ 《口》 苦境を救ってくれる人[もの], 救い主.
†**life·sàving** 形 Ⓐ 人命救助の: ~ first-aid techniques 救命応急技術.
life science 图 [通例複数形で] ライフサイエンス, 生命科学(医学・生物学・生化学・動植物学など生命過程を扱う科学の総称).
†**life séntence** 图 終身刑, 無期懲役.
life-size 形 実物[等身]大の.
life-sízed 形 =life-size.
life spàn 图 (生物・ものの)寿命.
*__life·style__ /láɪfstàɪl/ 图 ⒸⓊ 生活様式, ライフスタイル.
lifestyle drùg 图 生活改善薬, ライフスタイルドラッグ(生命にかかわる病気を治療するよりは生活の質を向上させるための薬品; 発毛剤, 勃起不全・肥満の治療薬など).
life suppòrt 图 ❶ Ⓤ[医] 生命維持. ❷ Ⓒ《口》生命維持装置.
life-suppòrt 形 Ⓐ 生命維持の(ための): a ~ system [machine] 生命維持装置[機械].
life tàble 图 生命表 (mortality table).
life-thréatening 形 生命[命]を脅かすに危険をもたらす可能性の[ある].
*__life·time__ /láɪftàɪm/ 图 [通例単数形で] ❶ 生涯(ﾉょ): during one's ~ 生涯の間に / the chance [experience] of a ~ 生涯にまたとない好機[経験] / Did you know her in her ~? あなたは生前の彼女をご存じでしたか. ❷ (ものの)寿命, 存続期間. **nót in this lifetime** 《口》決して[金輪際]…ない (never). —— 形 Ⓐ 生涯の, 終生の: ~ employment 終身雇用.
life vèst 图 =life jacket.
life·wòrk 图 [単数形で; 通例 one's ~] 一生の事業[仕事], ライフワーク.
*__lift__ /líft/ 動 他 ❶ **a** [しばしば副詞(句)を伴って] 〈ものを〉持ち[引き]上げる; 抱き上げる: ~ a barbell バーベルを上げる / ~ (up) both hands 両手を上げる / ~ the phone to one's ear 受話器をはずして耳に当てる / ~ a baby out of its bed ベッドから赤ちゃんを抱き上げる / He ~ed me up so that I could reach the apple. そのリンゴに手が届くように彼は私をかかえ上げた. **b** 〈…を〉〈…から〉(いったん持ち上げてから)取って下ろす: I ~ed the child *down from* the tree. その子どもを木から抱き上げて下ろした. **c** 〈目・顔などを〉上げる: ~ (*up*) one's eyes 見上げる, 仰ぎ見る / ~ one's head from the morning paper 朝刊から顔を上げる. **d** 〈封鎖・禁止などを〉解く: ~ a siege 包囲を解く / ~ a tariff 関税を廃止する / ~ the import ban on… の禁輸措置を解除する. ❸ [通例副詞(句)を伴って] 〈荷・乗客などを〉空輸する; 運ぶ, 乗せていく: ~ freight *to* Chicago 貨物をシカゴに運ぶ. ❹ **a** [副詞(句)を伴って] 〈人の〉地位[境遇]を高める: Hard work ~ed him (*up*) out of poverty. 一生懸命働いたおかげで彼は貧困から抜け出した. **b** 〈元気・気力を〉引き立てる: ~ (*up*) one's heart [spirits] 元気を出す. ❺ 《口》〈ものを〉〈…から〉盗む; 〈他人の文章などを〉盗む, 剽窃(ﾋょぅせつ)する: She had her purse ~ed. 彼女はハンドバッグを盗まれた / These lines are ~ed *from* Wordsworth. これらの詩句はワーズワースから盗用されたものである. ❻ 〈数量などを〉ふやす; 〈程度などを〉上げる: ~ interest rates 利率を上げる. ❼ 〈文〉〈声を〉あげる, 〈叫び声を〉上げる: ~ (*up*) one's voice in song 歌声を高くする. ❽ 〈農作物を〉掘り上げる. ❾ 《米》〈負債・抵当金などを〉支払う, 皆済する. ❿ 〈整形手術で〉〈顔の〉しわを取る[除く]: She had her face ~ed. 彼女は〈整形手術で〉顔のしわを取った.
—— 自 ❶ (持ち)上がる: This lid won't ~. このふたは上がら[あか]ない. ❷ **a** 〈雲・霧・雨などが〉晴れる, 上がる: The fog soon ~ed. 霧はまもなく晴れた. **b** 〈気持ち・表情が〉晴れる. ❸ 〈数量などが〉ふえる; 〈程度などが〉上がる. **líft a fínger** [**hánd**] [通例否定文で]《口》〈…する〉わずかの労をとる: [+*to do*] He didn't ~ a finger to help me. 彼は私を助けるためのわずかな手間すらかけてくれなかった. **líft óff** (自+副)〈宇宙船・飛行機などが〉離陸する; 離昇[発進]する (take off): The space shuttle ~ed off without a hitch. そのスペースシャトルは順調に発進した. **líft…pást**…〈試合などで〉…を~に得点で上回らせ[勝たせる].
—— 图 ❶ Ⓒ [通例単数形で] 〈歩行者を〉車に乗せること (ride): give a person a ~ 人を車に同乗させる. ❷ Ⓒ (精神の)高揚, (感情の)高潮: One drink gave me a ~. 一杯やっただけでいい気分になった. ❸ Ⓒ (物価・景気などの)上昇; **a ~ in** prices 物価の上昇. ❹ [単数形で] 持ち[引き]上げること; 揚げること: the proud ~ of her head 彼女の高慢な顔の上げよう. ❺ Ⓒ **a** 《英》エレベーター, 昇降機 (《米》elevator): take the ~ to the top floor エレベーターで最上階まで行く. **b** (身障用)リフト; (スキー)リフト: ⇨ ski lift. ❻ Ⓤ 揚力. ❼ Ⓒ 盗み; 剽窃(ﾋょぅせつ). ❽ Ⓒ [通例単数形で] 〈飛行機の自重を除いた〉最大離陸重量. 《ON=(空中に)持ち上げる〈*lopt* 空; cf. loft》
【類義語】**lift** 物を低い所から高い位置に努力して上げる. **raise** lift と同義だが, 特に一方の端を持ち上げてそれが本来あるべき姿[高い位置]にする. **heave** 非常に重い物を苦労して持ち上げる. **hoist** 重い物をゆっくりと機械などで持ち上げる. **elevate** lift, raise と同義で使われることもあるが, やや格式ばった語で, 主として地位・精神・道徳などを高める, 向上させる意味に用いる. なお, elevate 以外の語も同じ意味でしばしば比喩的に用いられる.

líft-bòy 图 《英》エレベーターボーイ.
líft·er 图 ❶ 持ち上げるもの[人]. ❷ 《俗》泥棒, 万引き (人) (cf. shoplifter).
líft·màn 图 (働 -men) 《英》エレベーター運転係.
†**líft-òff** 图 《空》 ❶ (ロケット・宇宙船などの)発進, 打ち上げ. ❷ 離昇時点.
lig /líg/ 《英口》動 (**ligged**; **lig·ging**) 自 (特に 芸能界関係の催しなどで)ただで飲み食いする[楽しむ], たかる. —— 图 ただで飲み食いできる機会[パーティーなど]. **líg·ger** /-gə/ -gə/ 图
†**lig·a·ment** /lígəmənt/ 图 ❶ [解] 靱帯(ｼﾞん). ❷ きずな. 《L<*ligare* 縛る+-MENT》
li·gand /lígənd, láɪ-/ 图 [化] 配位子, リガンド.
li·gase /láɪgeɪs, -geɪz/ 图 [生化] 合成酵素, リガーゼ (synthetase).
li·gate /láɪgeɪt/ 動 他 [医] 〈出血する動脈などを〉縛る, くくる, 結紮(ｹっさつ)する.
li·ga·tion /laɪgéɪʃən/ 图 ❶ Ⓤ [医] (動脈などの)結紮(法). ❷ [生化] (核酸の)連結反応.
lig·a·ture /lígətʃə, -tʃʊə/ -tʃə, -tʃʊə/ 图 ❶ Ⓤ くくる[縛る]こと. ❷ Ⓒ **a** ひも, 帯. **b** [外科] (血管などの)結紮(ｹっさつ) 糸. ❸ [楽] スラー, タイ. ❹ Ⓒ [印] 合字, 抱き字 (œ, ff など). —— 動 他〈…を〉縛る, くくる. 《LIGAMENT と同語源》

li・ger /láɪgə/ -gə- 图 ライガー《ライオンの雄とトラの雌との交配によるあいのこ; cf. tigon》.

＊light¹ /láɪt/ 图 ❶ a ⓤ光, 光線; (目に映る)明るさ, 光輝, 輝き; 明るい所: a beam of ～ 一筋の光 / in ～ 光を受けて, 照らされて / He read the letter by the dim ～ of a candle. 彼はろうそくの薄暗い明かりでその手紙を読んだ / come into the ～ 明るい所に出る / The ～ is better by the window. 窓ぎわのほうが明るい. b ⓤ〖また a ～〗《文》(喜び・幸福などを表す)目の輝き; 目つき (glint): She had a certain ～ *in* her eyes. 彼女の目にはある輝きがあった. ❷ Ⓒ 灯火, 明かり; 〖通例複数形で〗(信号の)光, 交通信号灯; (車などの)表示ランプ: ⇒ traffic light / turn [switch, put] on [off] the light(s) 電気をつける[消す] / dim [turn down] a ～ 明かりを暗くする / wait for the ～s to change 信号待ちをする / jump the ～ (s) 信号を無視する / stop at [go through, run] a red ～ 赤信号で止まる[を無視して進む] / Bring me a ～. 明かりを持ってきてください / The ～s went out [off]. 明かりが消えた / The ～s turned green. 青信号になった / The ～ is [comes, goes] on. 明かりがついている[つく]. ❸ Ⓒⓤ〖単数形で〗(発火を助ける)火, 点火物(マッチなど); 〖比喩〗この意味に fire は用いない》: get a ～ 火をもらう / strike a ～ (マッチなどで)火をすり[打ち]出す / Will you give me a ～? (たばこ)の火を貸してくれませんか. ❹ ⓤ a 〖通例 the ～〗日光; 昼, 白昼: *the* ～ of day 日中の光 (cf. see the LIGHT) 〖成句〗 / before *the* ～ fails 日の暮れないうちに. b《文》夜明け: He left home at first ～. 彼は夜が明け始めたころ家を出た. ❺ Ⓤ 見方, 見解, 様相: see something in a new ～ 新しい見方をする / He saw it in a favorable [good] ～. 彼はそれを有利な[よい意味に]取った. ❻ Ⓒ 指導的な人物, 大家, 権威者〖*in*〗: a leading ～ in our group《口》我々のグループの中心人物. ❼ Ⓒ 窓; 採光口, 明かり取り. ❽ Ⓒ 〖画〗明るい部分 (↔ shade); ⇒ highlight 2 b. ❾ ⓤ 〖法〗日照権, 採光権. ❿ ⓤ a 《キ教》天光, 霊光, 光 (of). b《聖》栄光, 福祉.

according to one's [a person's] líghts 自分[その人]の見解[能力]に応じて, 自分[その人]なりに: He was an honest man *according to* his ～s. 彼は彼なりに正直者だった.

be in a person's líght = stand in a person's LIGHT¹ 〖成句〗.

bring...to líght ...を明るみに出す[暴露する].

by the light of náture 直感で, 自然に.

cást (a) líght on... = throw a LIGHT¹ on 〖成句〗.

cóme to líght 明るみに出る, 露見する, ばれる.

hàve one's náme in líghts《口》(舞台・映画などで)脚光を浴びる.

híde one's líght únder a búshel 謙遜(ﾋﾞｿﾝ)して自分の才能を隠し, 内気で自分の善行を隠す《★聖書「マタイ伝」から》.

in ((英) the) líght of...に照らして, ...を考慮して[すれば]; ...の観点から: *in* (*the*) ～ *of* my experience 私の経験に照らして, 私の経験から / He explained the phenomenon *in the* ～ *of* recent scientific knowledge. 彼はその現象を最近の科学の知識に照らして説明した.

óut like a líght《口》(1) ぐっすり寝入る; 気を失う.

pùt [pláce]...in a góod [bád] líght (1) 〈ものを〉明かりの具合のよい[悪い]所におく. (2) 〈ものを〉具合よく[悪く]見えるようにする, 有利[不利]に見せる.

sée the líght (1) 生まれ出る; 世に出る: His book of poetry will *see the* ～ (of day) before long. 彼の詩集はまもなく日の目を見ることになろう. (2)〖しばしば戯言〗理解する: Now I *see the* ～. それで納得がいきます. (3)《口》〈宗教的に〉悟る; 改宗する.

sée the light at the énd of the túnnel (苦難の後で)行く手に光が見えてくる, 見通しが出てくる.

sèt líght to...《主に英》=set a LIGHT1 to (for).

shéd (a) líght on... = throw (a) LIGHT¹ on 〖成句〗.

stánd in a person's líght (1) 人の明かりの先に立つ. (2) 人のじゃまになる: *stand in* one's own ～ 自分で自分の

1051　light

じゃまをする, 自ら不利益を招く.

the líght dàwns 突然分かる[理解する, 気づく]〖on〗.

the líght of one's life [éyes]《戯言》気に入った物, 最愛の人.

the lights are ón but nóbody's hóme《戯言》明かりはついているが, 家には誰もいない《理解の悪い人やうわの空の人に対して用いる》.

thrów (a) light on...に光明を投ずる, ...の(解明の)手がかりを与える.

── 形 (～・er; ～・est) (↔ dark) ❶ 明るい: a ～ room 明るい部屋 / It's getting ～. 明るくなってきた. ❷〈色が〉淡い, 薄い: ～ brown 淡褐色, 薄茶色 / ～ hair 明るい色の髪.

── 動 (light・ed, lit /lɪ́t/) 〖語形〗特に過去分詞形容詞としては lighted を用いる》 ❶ a 〈...に〉火をつける, 点火する, ともす: an ～ed candle 火のついたろうそく / a candle ろうそくに火をつける / a cigarette (口)たばこに火をつける. b〈火を〉たきつける, 燃やす: We lit a fire in the fireplace. 暖炉に火をつけた. ❷〈...に〉灯火をつける, 照らす; 明るくする (illuminate) 《★通例受身》: a well [poorly] lit road 照明が十分な[不十分な]道路 / a ～ed room 明かりのついた部屋 / The moon is *lit up* by the sun. 月は太陽に照らされる / The town is brightly *lit up*. 町にはこうこうと電灯がついている. ❸《古風》〖副詞(句)を伴って〗明かり[灯火]をつけて〈人を〉道案内する: a ～ a person *downstairs* 明かりをつけて人を階下へ案内する / He ～ed the way for me with a flashlight. 彼は懐中電灯で私の道案内をしてくれた. ❹〈微笑などが〉〈顔を〉輝かす; 晴れ晴れさせる, 活気づかせる: A smile *lit up* his face. 彼の顔はにこやかに輝いた. ── 自 ❶ a 火がつく, 燃える: These matches ～ easily. このマッチは火がつきやすい. b (口) たばこ[パイプ]の火をつける. ❷ 明るくなる, 輝く, 照る: The streetlights began to ～ *up*. 街灯がつき始めた. ❸〈顔・目が〉輝く 〖*with*〗: Her face *lit up* when she saw me. 私を見ると彼女の顔は明るくなった.

〖OE; 原義は「輝く, 白い」〗(動 lighten¹; 関芸 photic)

＊light² /láɪt/ 形 (～・er; ～・est) (↔ heavy): a 普通の重さ以下の, 軽い: a ～ overcoat 軽いオーバー / The suitcase was ～ to carry. そのスーツケースは軽々と運べた. b 重さが足りない, 規定量以下の: The race car was 15 pounds ～. そのレース車は(規定より) 15 ポンド軽かった. c (比較なし) 〖通例 Ⓐ〗軽荷用の, 軽便な; 積載量の少ない: a ～ truck 軽トラック / ⇒ light railway / a ～ freighter 軽貨物船 / a ～ bomber 軽爆撃機. d 軽装備の: ～ cavalry 軽騎兵(隊). e 比重の小さい, 軽い: a ～ metal 軽金属. ❷ (程度が)軽微な; 軽い, 少ない: The traffic [smog] is ～ today. 今日は交通量[スモッグ]が少ない / a ～ sound 静かな音 / a ～ sleep [sleeper] 浅い眠り[眠りの浅い人] / a ～ smoker [drinker] タバコ[酒]を少し吸う[飲む]人 / a ～ rain [snow] 小雨[雪] / a ～ wind そよ風 / ～ trading 軽い商い / ⇒ light air, light breeze. b 〈罰などが〉軽い, ゆるやかな, 寛大な (lenient): a ～ sentence 軽い刑. c〈足どりが〉軽快な: a ～ kiss on the cheek ほおへの軽いキス / with ～ footsteps 軽快な足どりで / She's ～ *on* her feet. 彼女は足どりが軽い. ❸〖通例 Ⓐ〗〈仕事など〉容易な, 楽な. b〈読み物・音楽など〉肩のこらない, 娯楽的な: a ～ novel 軽い小説, 娯楽小説 / ～ music 軽音楽. ❹ a 量が少ない, 軽い: a ～ supper 軽い夕食. b〈酒などアルコール分の少ない〉: a ～ cocktail 弱いカクテル. c カロリーの少ない: 脂肪[コレステロール]値の低い: ～ beer (カロリーの少ない)弱いビール / ⇒ light wine. d〈食物が〉消化のよい, あっさりした: ～ foods 消化のよい食べ物. e〈パンなどふんわりした〉: ～ bread 軽くてふんわりしたパン. f〖理〗同位体が通常よりも軽質量の《化合物が軽質量の同位体を含む. ❺ a 〖通例 Ⓐ〗楽しげな, 屈託のなさそうな; 快活な, 浮き浮きする: ～ laughter 屈託のない笑い / in a ～ vein [vein] もっと気楽な調子で / with a ～ heart《文》いそいそと, 快活に. b 〈建物などが〉ほっそりした, すらりとした, 優美な. ❻〈頭が〉ふらふらする, めまいがする: feel ～ in the head めまいがする; 変な気がする. ❼ 〈土の〉砕けやすい, 砂の多い. ❽ 〖音声〗強勢のない, 弱音の. ❾ 〖古〗浮気な, 不品行な. (as) light as áir [a féather] とても軽い. light on ... (口) ...が不足して, 不十分で: His report was ~ on hard facts. 彼の報告書には厳然たる事実が不足していた. make light of... 〈物事・人〉を軽視する, 軽んずる (★受身可). with a light tóuch [hánd] 器用に, 手際よく. —副 (~・er; ~・est) 荷物を持たずに, 軽装で: travel ~ (荷物など持たずに)身軽に旅行する. —名 〔複数形で〕⇒ lights. 〖OE; lung と関連語〗 〖動 lighten²〗

light³ /láɪt/ 動 (light・ed, lit /lít/) ❶ 〈...〉にふと出会う, 〈...〉を偶然見つける; 〈品物・手がかりなど〉を偶然手に入れる: My eyes ~ed on [upon] a beautiful shell. 美しい貝殻がふと目に留まった. ❷ 〖古〗 a 〈乗り物などから〉降りる 〈down〉〔from〕. b 〈鳥などが〉〈...に〉止まる 〔on, upon〕. c 〈打撃・運命などが〉〈...に〉急に降ってくる 〔on, upon〕. light ínto... (口) (1) ...に襲いかかる. (2) ...をしかりつける, ...を攻撃する. light on one's féet [légs] 〖比喩〗 land on one's feet (⇒ foot 成句)の一般的) (1) (落ちた時倒れずに)両足で立つ. (2) 幸運である, 成功する. light óut (自+副) (口) 〈...に向かって〉急いで行く, さっさと出ていく 〔for〕. 〖OE(馬術などで)軽くする; 降りる〗

líght áir 名〖気〗至軽風 (⇒ wind scale 表).
líght áircraft 名 軽飛行機.
líght ále 名 Ⓤ ライトエール《通例瓶詰の薄いビール》.
líght bòx 名 ライトボックス《内部に電灯を入れ, 外側にすりガラスなどを用いて均一な光が得られるようにした箱型器具. ネガを見るときなどに使う》.
líght bréeze 名〖気〗軽風 (⇒ wind scale 表).
light búlb 名 白熱電球 (bulb).
light-emítting díode 名 〖電子工〗発光ダイオード《略 LED》.

†líght・en¹ /láɪtn/ 動 ❶ 〈...〉を明るくする, 照らす: The white wallpaper ~ed the room. 白い壁紙で部屋が明るくなった. ❷ 〈顔〉を晴れやかにする; 〈目〉を輝かせる: ~ one's tone of voice 声の調子を(もっと)明るくする. ❸ 〈...の〉色を薄く[淡く]する, 〈...の〉影を薄くする. —自 ❶ 明るくなる. ❷ 〈顔・目などが〉明るく[晴れやかに]なる. ❸ [it を主語として] (まれ)稲妻が光る. (形 light¹)

†líght・en² /láɪtn/ 動 ❶ ❶ 〈雰囲気など〉をやわらげる, 〈...の〉緊張[退屈(など)]を軽減する, 〈...〉を楽にする. ❷ 〈心・気分など〉を元気づける, 喜ばせる: The news ~ed her heart. その知らせに彼女の心ははずんだ. ❸ 〈負担・責任などを〉軽くする, 軽減する; 〈苦痛・税・罰など〉を緩和[軽減]する. ❹ a 〈...の荷〉[積み荷]を軽くする. b 〈...〉を軽くする. —自 (緊張などが)やわらぐ, 〈気・心〉が楽になる. líghten úp (自+副) 厳しくなくなる, 手かげんする. (形 light²)

líght éngine 名 〖鉄道〗(車両を牽引していない)単行機関車, 単機.

light-en・ing /láɪtnɪŋ/ 名 〖医〗下降感, 軽減感《分娩に先立って胎児が骨盤腔に下降するとき, 妊婦が感じる腹部膨張感の軽減》.

†líght・er¹ /-tɚ | -tə/ 名 ❶ 灯をつける人[もの]; 点灯夫. ❷ 点火[点火]器, ライター (cigarette lighter).

lígh・ter² /láɪtɚ | -tə/ 名 はしけ.
ligh・ter・age /láɪtərɪdʒ/ 名 Ⓤ ❶ はしけ運搬. ❷ はしけ賃.
lighter-than-áir 形 ❶ 〈気球・飛行船など〉空気より軽い. ❷ 軽飛行機の.

líght・fàce 名 Ⓤ 〖印〗肉細活字(体), ライトフェイス (↔ boldface).
líght・fáced 形 〖印〗〈活字が〉肉細の, 肉細活字(体)の (↔ boldfaced).
líght・fàst 形 耐光性の, 光で色のさめない. ~・ness 名
líght-fíngered 形 ❶ (器楽の演奏などで)手先の器用な. ❷ (口) 手癖の悪い.
líght flýweight 名 Ⓒ ライトフライ級のボクシングの選手《48 kg 以下》.

líght-fóoted 形 足の速い[軽い]; 敏速な. ~・ly 副 ~・ness 名
light gún 名 〖電算〗ライトガン《ゲーム機でプレーヤーが画面を "撃つ"(射撃信号を入力する)ための銃形の機器》.
líght-hánded 形 ❶ 手先の器用な, 手際のよい. ❷ 手ぶらの. ❸ 〈工場などで〉人手不足の.
líght-héaded 形 ❶ (飲み過ぎまたは熱で)頭がふらふらする. ❷ 思慮の足りない. ~・ly 副 ~・ness 名
†líght-héarted 形 気楽な, 快活な; 陽気な. ~・ly 副 ~・ness 名
líght héavyweight 名 Ⓒ 〖ボク〗ライトヘビー級の(選手) (cruiserweight).
líght-hórseman 名 (優 -men) 軽騎兵.
*líght・hòuse 名 灯台.
líghthouse kéeper 名 灯台守.
light índustry 名 Ⓤ.Ⓒ 軽工業 (↔ heavy industry).
*líght・ing /-tɪŋ/ 名 Ⓤ ❶ a 照明(効果): direct [indirect] ~ 直接[間接]照明. b 照明設備. ❷ ステージライト. ❸ 点火, 点灯.
líghting-úp tìme 名 Ⓤ (英) (道路・車の)点灯時刻.
líght・ish¹ /láɪtɪʃ/ 形 〈色が〉やや明るい, いくらか明るい.
líght・ish² /láɪtɪʃ/ 形 やや軽い, 軽めの.
*líght・ly /láɪtli/ 副 (more ~; most ~) ❶ a 軽く, そっと, 静かに: ~ armed soldiers 軽装備の兵士 / She kissed him ~ on the cheek. 彼女は彼のほおに軽くキスした. b 少しばかり, ちょっと: eat [sleep] ~ 軽く食べる[少しだけ眠る]. ❷ 軽率に, むとんちゃくに; 軽々しく, 軽視して: think ~ of...を軽視する / He took the setback ~. 彼は敗北を問題としなかった / You shouldn't speak ~ of his efforts. 彼の努力をけなすべきではない. ❸ 陽気に, 快活に; 平気で: He accepted the loss ~. 彼はその損失を気軽に受けとめた. ❹ 敏捷(びんしょう)に, すばしこく: He stepped ~ over the puddle. 彼は水たまりをちょいとまたいで通った. ❺ (厳しくなく)穏やかに, 温和に. ❻ 容易に, たやすく, 楽に: L- come, ~ go. (諺) 得やすきは失いやすし, 「悪銭身につかず」. gèt óff [be lèt óff, escápe] líghtly (口) 大した罰[被害]を受けずに済む.
light méter 名 照度計; (カメラの)露出計.
líght míddleweight 名 Ⓒ ボク ライトミドル級の選手.
líght-mínded 形 軽率[軽薄]な. ~・ly 副 ~・ness 名
líght・ness¹ 名 Ⓤ ❶ 明るいこと; 明るさ. ❷ (色の)薄い[淡い]こと, 薄白さ.
líght・ness² 名 Ⓤ ❶ 軽いこと, 軽さ. ❷ 敏速, 機敏. ❸ 手際のよさ. ❹ 軽率; ふまじめ; 不身持ち. ❺ 陽気さ, 屈託のなさ.
*líght・ning /láɪtnɪŋ/ 名 Ⓤ 稲光, 電光, 電妻: forked [chain(ed)] ~ 折[鎖]電 / ⇒ sheet lightning / a bolt [flash] of ~ 〔一光の〕稲妻 / The house was struck by ~. その家に雷が落ちた. Líghtning néver strìkes twíce (in the sáme pláce). (諺) 雷は二度同じ場所には落ちない, 同じ不運に二度見舞われることはない. líke (gréased [a stréak of]) líghtning 電光石火のように, 猛スピードで. —形 Ⓐ 稲妻の(ような); 非常に速い: a ~ strike [attack] 抜き打ちテスト[電撃攻撃] / at [with] ~ speed 電光石火の速さで, たちまち. 〖LIGHTEN¹+-ING〗〖類義語〗⇒ thunder.
líghtning arrèster 名 (電気器具などの)避雷器.
líghtning bùg 名 (米) 〖昆〗ホタル (firefly).
líghtning ròd [condúctor] 名 ❶ 避雷針. ❷ 代わりに批判[攻撃]の矢面に立たされる[立つ]人[もの].
líght-o'-lóve, líght-of-lóve /láɪtəláv/ 名 ❶ 恋人. ❷ 売春婦.
líght ópera 名 Ⓒ.Ⓤ 軽歌劇, オペレッタ (operetta).
líght pén 名 〖電算〗ライトペン《表示スクリーンの上に特定の点や字を書いたりするペン型の入力装置》.
líght pollútion 名 Ⓤ 光害《天体観測を妨げる都会の過剰照明公害》.
líght-próof 形 光を通さない.
líght-ráil 名 ライトレール《高性能の路面電車による市街鉄道》.
líght ráilway 名 (英) 軽便鉄道, LIGHT-RAIL.
líght reàction 名 ❶ Ⓒ [the ~] 〖生化〗明反応《光合

成の第 1 段階; cf. DARK REACTION》. ❷ [U]〘生理〙(光に対する)照射反応.

lights /láɪts/ [名] [複] 家畜の肺臓《犬・猫などの食物にする》.

líght-sénsitive [形]〈物質が〉感光性の;〘生〙〈細胞・器官など〉光感覚[光覚]のある.

líght·shìp [名]〘海〙灯船, 灯台船《航行危険個所に係留される》.

líght shòw [名](多彩な光を用いる)ライトショー.

light·some[1] /láɪtsəm/ [形] ❶ 光る. ❷ 明るい. **~·ly** [副] **~·ness** [名] 〘LIGHT[1]+-SOME〙

light·some[2] /láɪtsəm/ [形]《文・詩》❶ 軽快な, 敏速な. ❷ 上品な, 優雅な. ❸ 快活な, 陽気な. ❹ 軽薄な. **~·ly** [副] **~·ness** [名] 〘LIGHT[2]+-SOME〙

líghts·óut [名] [U] (寮・軍隊などの)消灯時間.

líght vèssel [名] =lightship.

líght wáter [名] [U]〘化〙軽水: **a** 重水 (heavy water) に対する普通の水. **b** 過フッ化炭化水素の界面活性剤の水溶液《消火剤》. **líght-wáter** [形]

líght·wèight [名] ❶ 標準体重以下の人[動物]. ❷〘ボク・レスなど〙ライト級の選手. ❸《口》つまらない[取るに足らない]人. **—** [形] ❶ 軽量の. ❷ ライト級の. ❸ まじめでない; つまらない, たいしたこと[力量]でない.

líght wèll [名]〘建〙(建物内[間]に光を導く)光井(こうせい), 光庭(こうてい), ライトウェル.

líght wélterweight [名] ライトウェルター級のボクサー《アマチュアの 60 kg を超え 63.5 kg 以下》.

líght wíne [名] [CU] ライトワイン《食卓用の軽いワイン》.

+**líght-yèar** [名] ❶〘天〙光年《光が 1 年間に達する距離》: ten ~*s* away [distant] 10 光年離れた. ❷ [複数形で] 非常に長い時間: ~*s* ago ずっと昔に.

lig·ne·ous /lígniəs/ [形]〘植〙〈草が〉木のような, 木質の.

lig·ni- /lígnə/ [連結形] =ligno-.

lig·ni·fy /lígnəfàɪ/ [動] [他] [自] (…を)木質化する.

lig·nin /lígnɪn/ [名] [U]〘植〙リグニン, 木質素.

lig·nite /lígnaɪt/ [名] [U] 亜炭, 褐炭.

lig·no- /lígnoʊ/ [連結形]「木」「リグニン」. 〘L *lignum* 木〙

lig·no·caine /lígnəkèɪn/ [名] [U]《英》〘化〙リグノカイン (lidocaine).

lìgno·céllulose [名] [U]〘植〙リグノセルロース《木質組織の主要素》. **lìgno·cellulósic** [形]

lígno·tùber [名]〘植〙木瘤《ユーカリ類などの樹幹の地下または地表部にある木質のこぶ; 休眠芽や養分を含み, 火災などで上部が失なわれると, そこから発芽する》.

lig·num vi·tae /lígnəmváɪṭi/ [名] ([複] ~s) ❶〘植〙ユソウボク, グアヤク (guaiacum)《熱帯アメリカ原産の堅木》. ❷ ユソウボク材, グアヤク材.

lig·ro·in /lígroʊɪn/ [名] [U]〘化〙リグロイン《石油エーテルの一種で, 主に 溶剤として用いる》.

lig·u·la /lígjʊlə/ [名] ([複] **-lae** /-lìː/)〘昆〙唇舌《下唇の末端部分》.

lig·u·late /lígjʊlət, -lèɪt/ [形]〘植〙❶ 舌状の (tonguelike): the ~ corolla 舌状花冠. ❷ 小舌[舌状花冠]を有する.

lig·ule /lígjuːl/ [名]〘植〙小舌, 葉舌《イネ科植物の葉身の基部になる小片》; (キク科植物の)舌状花冠.

Li·gu·ria /lɪgjʊ́(ə)riə/ [名] リグリア《イタリア北西部, リグリア海 (the Ligurian Sea) に臨む州; 州都 Genoa》. **Li·gu·ri·an** /lɪgjʊ́(ə)riən/ [形] [名]

+**lik·a·ble, like·a·ble** /láɪkəbl/ [形]〈人が〉好ましい, 感じのよい: a ~ person 感じのいい人.

like[1] /làɪk/ [前]《★[形]または[副]とも考えられる》❶ **a** …のような, …に似た: What is she ~? 彼女はどんな人ですか / He's very [not at all] ~ his father. 彼は父親にたいへん似ている[全然似ていない] / He doesn't know what it is ~ being [to be] poor. 彼は貧困がどんなものか知らない / There are none ~ it left. そのようなものは何も残っていない. **b** …らしく, …同様に: treat a person ~ a child 人を子供扱いする / run ~ the wind すごく速く走る / look ~ new 新品同様に見える / Do it ~ this. このようにしなさい / I can't do it ~ you. 君のようにはできない. ❷ …にふさわしい, …の特徴を表わしている: It's not ~ you to be jealous. やきもちを焼くなんて(いつもの)君らしくないよ. ❸ (たとえば)…のような (such as): fruits, ~ apples and pears たとえばリンゴやナシのような果物. **ánything lìke…** [通例否定文で] …などはとうてい, とても, 決して: I do*n't* want *anything* ~ a fuss over it. そのことで気をもむのはまっぴらだ. **féel lìke…** ⇨ feel [動] [成句]. **júst lìke thát** やすやすと, あっけなく. **lìke ánything [crázy, mád, the dévil, blázes]**《口》激しく, 盛んに, ひどく; きわめて: sell ~ *crazy* [*mad, the devil*] すごい勢いで[猛烈に]売れる / He praised me ~ *anything.* 彼は私をひどくほめた. **lóok lìke…** ⇨ look [動] [成句]. **mòre líke…**《口》[more ~ it で] 十分な, 満足できる (⇨ That's more LIKE[1] it. [成句]). **móre lìke…** むしろ…みたいな; [数字の前において] むしろ…に近い. **nóthing lìke…** (1) …に及ぶものはない: There's *nothing* ~ travel by air. 空の旅ほどいいものはない. (2) 少しも…でない: That book is *nothing* ~ as [so] good as this one. あの本はこの本の足もとにも及ばない. **sómething lìke(…)** (1) ほとんど, 約, かれこれ: They walked *something* ~ 5 miles. 彼らは約 5 マイルも歩いた. (2) 幾分…のような, 多少…に似た: A blimp is shaped *something* ~ a cigar. 飛行船は幾分葉巻きに似た形に造られている. **Thát's mòre líke it!**《口》そのほうがよい[ありがたい]!, よしよし!

— /láɪk/ [名] ❶ [the ~, one's ~; 通例疑問・否定文で] 似た人[もの]; 同様な人[もの]; 同類: We shall *not* see his ~ again. 彼のような人はまたとないだろう / I've never seen *the* ~*s* (*of* it). そのようなものは見たことがない. ❷ [C] [通例 the ~s]《口》同種類のもの[人]; 〔…の〕ような人たち: *the* ~*s of* me 私のような(卑しい)者たち, 私風情(ふぜい)の者 / *the* ~*s of* you あなたのような(偉い)方々; お前みたいな嫌なやつ[連中]. **and the lìke** その他同種類のもの《[比較] and so forth [on] などよりも形式ばった言い方》: Wheat, oats *and the* ~ are cereals. 小麦, オート麦その他は穀類である. **compáre líke with líke** 同じようなもの同士を比べる. **or the lìke** またはそのような[その種の他の]もの.

— /làɪk/ [接]《口》❶ まるで…のように, あたかも…らしく (as if)《★非標準的用法》: It looks ~ he means to go. 彼は行くつもりらしい. ❷ …の(する)ように (as): ~ I said 言ったように / I can't do it ~ you do. 君のするようにはできない.

— [副]《口・非標準的》❶ [be 動詞のあとで; 人の言葉や感情表現を引用して]《米》…と言う, 言うには…: And I was ~, "No." そして私は「いいや」と言った / They were ~, huh? 彼らは, 何だってと言った(彼らは驚いたようすだった). ❷ [ほとんど意味のないつなぎの言葉として, 例示・説明などに用いて] まあ, その; いってみれば, 大体, ちょっと: *L~*, let's go, man. おい, とにかく行ってみようや / He was, ~, really mad. 彼は, その, かんかんに怒っていましたよ / He looked angry ~. 彼はちょっと怒ってるみたいだった / It's queer ~. どうも変なのです. ❸ 約, およそ: I'm going away, ~, a week. 一週間ぐらい留守にするつもりだ. ❹ [as の代用] …のように. **(as) like as nót** = **lìke enóugh** = **móst [véry] like**《古風》おそらく, 多分.

— /láɪk/ [形] (**more** ~, **most** ~;《詩》**lik·er, -est**) ❶ [A] (比較なし) (外見・量など)同様な, 類似の: of (a) ~ mind (about…)《文》(…について)同じような考えで / in ~ manner 同様に / *L~* father [mother], ~ son [daughter].《諺》似たもの親子, この親にしてこの子あり. ❷《古》〈…〉しそうな〈*to* do〉. **(as) líke as twó péas (in a pód)** よく似て, うり二つで.

〘OE=同様な〙

like[2] /láɪk/ [動] [他] ❶〈…を〉好む,〈…が〉好きである《★通例受身・進行形なし》: get to ~ …を好きになる / Do you ~ fruit? 果物はお好きですか / People ~ you for your openness. 君は率直なので人から好かれている / I don't ~ it when she's unhappy. 彼女が不幸そうにしているのはつらい / what I ~ about… (私が)…の[について]好きなところ / Which do you ~ better, tea or coffee? 紅茶とコーヒーとどちらが好きですか《[用法] like を修飾する副詞は通例 very much, better, best, more, most; 能動態で well を

用いるのはまれ》/ You're well ~d by everybody. みんなから好かれている《用法 動作主が特定の人の時は受身は通例用いない; したがって Baseball is ~d by me. は間違い; ただし上例のように動作主が不特定多数の人の場合には受身が可能》/ [+*to do* / +*doing*] I ~ *to* play [play*ing*] tennis. テニスをするのが好きだ《用法 この二つの文型は通例区別なく用いられることが多いが, [+*doing*] は特に一般的的な場合や習慣的な行為について用いる》/ I don't ~ *to* disturb you when you're so busy. そんなにお忙しい時にお じゃまをしたくない / I don't ~ disturb*ing* others. ほかの人をじゃまするのが嫌いだ / I like my tea hot. お茶は熱いのが好きだ / I don't ~ toast burnt. トーストのこげたのは好きではない / [+目+補] I ~ people *to be* cheerful. 人は陽気なのが私は好きだ / I don't ~ my children *to* smoke. 自分の子供たちがたばこを吸うのは嫌いだ / [+目[所有格]+*doing*] I don't ~ you [your] go*ing* out alone at night. あなたが夜一人歩きをするのを好みません.

❷ [would [should] ~ で] **a** [ていねいな口調で] 《…を》ほしいと思う; I *would* [*should*] ~ a bath. ひとふろ浴びたいものです《用法 1 人称に用いる should は《英》, ただし《英》でも would を用いることが多い; 《英》《米》とも話し言葉ではI'd ~ a bath. となる》/ What kind of dressing *would* you ~ on your salad? サラダにはどんなドレッシングがよろしいでしょうか / *Would* you ~ another helping? お代わりいかがですか. **b** (できたら)《…したいと思う: [+*to do*] I'd ~ *to* see her. 彼女にお会いしたいのです《★ I want to see her. より丁寧な表現》/ I'd ~ *to* see you do it. やれるものならやって見せてもらいたいものだ《★ しばしば皮肉な口調を帯びる》/ *Would* you ~ *to* wait a minute? ちょっと待っていただけませんか / He would ~d *to* (have) come alone. 彼は(できたら)一人で来たかったのだが《★ 果たせなかった願望を表わす》. 用法 b の文型では [+*doing*] は不可. **c** 《…が》…してくほしいと思う: [+目+*to do*] I'd ~ you *to* do it for me. 私の代わりにそれをやってほしい / *Would* you ~ us *to* help (you)? お手伝いいたしましょうか / [+*for*+代名+*to do*] I would ~ *for* you *to* read this. 《米》これを読んでいただきたいのです / I'd ~ 《…を》 《…でもらいたい: [+目+補] I'd ~ my coffee sweet. コーヒーは甘くしてもらいたい. **e** 《…を》《…して》もらいたい: [+目+過分] I'd ~ the eggs boil*ed*, please. この卵はゆでてもらいたい《変形 I'd ~ *to* have the eggs boiled, please. と書き換え可能》/ I'd ~ the money return*ed* soon. 近いうちにお金を返してほしい.

── 自 気に入る, 気が向く: "I'm afraid I'm going to marry him instead of you." "As you ~." 「悪いけど, あなたじゃなくて彼と結婚するよ」「勝手にどうぞ」.

Hów do you líke…? (1) …は好きですか, どうですか: *How do you* ~ *my new dress?* 私の新調のドレスは気に入りました / *How did you* ~ *the movie?* 映画はどうでしたか. (2) 《…は》いかがしましょうか, どうしますか: *How do you* ~ *your eggs?* 卵はどのように(料理)するのがよろしいですか. (3) [予期せぬ結果に対する驚きなどを表わして] 《口》…には驚いた[感心した, 腹が立った]: (Well,) *how do you* ~ *that!* これはこれは!

Hów would you líke…? (1) …はどうですか; …しませんか: *How would you* ~ *a cup of coffee?* コーヒーはいかがですか / *How would you* ~ *to* go to China next summer? 今度の夏に中国に行きませんか. (2) …はどうしましょうか: *"How would you* ~ *your steak?" "Rare, please."* 「ステーキの焼き具合はいかがいたしましょうか」「レアにしてください」.

Hów would you líke…dóing? もし, …が, …したらどうしますか.

Hów would you like it if…? もし…したらどう思いますか.

if you [you'd] like (1) よろしかったら: Come *if you* ~. よろしかったらいらっしゃい. (2) (そうしたいなら)そうしましょう《不本意な同意を表わす》: "Let's wait for him a few minutes." "*If you* ~." 「少し彼を待ちましょう」「そうしましょう」. (3) そう言いたければ: I'm a baseball fan. A fanatic, *if you* ~. 私は野球ファンです. 野球狂と言われてもしかたありません.

I[I'd] líke to thínk [believe]… (1) …だと思いたいね《個人的な希望》. (2) (多分)…でしょう《控え目な表現》.

(Well,) I líke thát! 気に入ったよ; 《英古風》ああ驚いた!, あきれた! それはないよ!

(whether you) líke it or nót 《口》好むと好まざるとにかかわらず, いやが応でも: L- it or not, we've entered a new era. いやが応でも我々は新しい時代に入った.

── 图 [複数形で], 嗜好(ﾃ), 《★ 通例次の句で》: one's ~s and dislikes 自分の好きなものと嫌いなもの. 《OE=…の気に入る》.

【類義語】**like** は「好き」「好む」という一般的な語で, 感情的な強い気持ちを表わさない. **love** 強い愛情の観念を表わす.

-like /làik/ 接尾 名詞に自由につけて「…のような,…らしい」の意の形容詞を造る: gold*like*, woman*like*.

líke・a・ble /láikəbl/ 形 =likable.

*líke・li・hood** /láiklihùd/ 图 U [また a ~] ありそうなこと, 見込み, 可能性 (probability): There was no ~ *of* his win*ning*. 彼が勝つ見込みはまったくなかった / There's a strong ~ *that* the matter will soon be settled. 事態を速やかに解決する可能性が強い. **in áll likelihood** 多分, 十中八九. 《LIKELY+-HOOD》

líke・li・ness /-nəs/ 图 =likelihood.

*líke・ly** /láikli/ 形 (**more** ~, **most** ~; **like・li・er**, **-li・est**)
❶ ありそうな; 本当らしい, もっともらしい (↔ unlikely): a ~ consequence 起こりそうな結果 / the fugitive's most ~ hiding place 逃亡者が最も隠れそうな場所 / the least ~ possibility およそありそうにないこと. ❷ P 《…し》そうで,《…》らしくて: [+*to do*] It's ~ *to* be cold there in November. あそこは 11 月は寒くなりそうだ / There's not ~ *to* be much traffic tonight. 今晩は交通も激しくあるまい / He's ~ *to* come.=It is ~ (*that*) he will come. 彼はやってきそうだ / It is not ~ *that* he should have written it. どうも彼がそれを書いたとは思えない. ❸ 適当な, あつらえ向きの: I called at every ~ house. 心当たりの家は皆訪ねた / He looked a ~ man *for* the job. 彼はその仕事にはつらえ向きの男のように思えた / [+*to do*] I could not find any ~ place to fish near there. その辺に釣りのできそうな所が見当たらなかった. ❹ 見込みのある, 有望な: a ~ young man 頼もしい青年. **A líkely stóry!** 信じられないな!, まさか! **móre than líkely** ほぼ確実で, 十中八九. ── 副 たぶん, おそらく《英》では通例 quite, more, most, very を伴う;《米》では副詞を伴うほかに, 単独での用法もある》: She has *most* ~ lost her way. 彼女はどうも道に迷ったようだ / He'll *very* ~ be (at) home tomorrow. 彼はおそらくあすは家にいるでしょう. **(as) líkely as nót** おそらく, 多分, どうやら…しそう: He'll fail, *as* ~ *as not*. おそらく彼は失敗するだろう / *L- as not*, her estimate won't be very good. どうやら彼女の評価はあまりよくなさそうだ. **Nòt líkely!** 《口》とんでもない, まさか.

【類義語】(1) **likely** 将来, 当然のこととして予想される, 起こる見込みのある. **liable** 場合によってはある事態になる; 普通は好ましくないことの警告・注意なにに用いられる. **apt** 主として人が, 生来(習慣的)にある傾向をもっている. **prone** 主に人が, 好ましくないことへの強い傾向を持っている. (2) ⇒ **probable**.

†**líke-mínded** 形 同じ心[意見, 趣味]の, 同士の: We're ~ on that. その点で私たちは同意見だ.
~・ly 副 **~・ness** 图

*lík・en** /láikən/ 動 《…を》《…に》たとえる, なぞらえる (compare): Life is often ~*ed to* a journey. 人生はしばしば旅にたとえられる. 《LIKE[1]+-EN[3]》

†**líke・ness** /láiknəs/ 图 ❶ **a** U 似ていること, 類似 《*to, between*》: There's some ~ *between* him and his cousin. 彼と彼のいとこは幾分似たところがある. **b** C 似たもの; 類似点: a family ~ 親子兄弟の似寄り. ❷ C a 肖像, 似顔, 写真: a good [bad, flattering] ~ よく似た[似ていない, 実物よりよくできた] 肖像[写真]. **b** 酷似した [もの]: She's the living ~ of Madonna. 彼女はマドンナの生き写しだ. ❸ [in the ~ of で] 外観, 見せかけ: an

enemy *in the* ~ *of a friend* 味方と見せかけた敵. 《LIKE¹+-NESS》【類義語】**likeness** 外観・性質などが似ていることを示す一般的な語. **similarity likeness** ほどの類似性はないが部分的に重要な共通点があること. **resemblance** 見た目に似ていることを強調. **affinity** 起源・体験・心情などが共通するために生じた類似性.

***like・wise** /láikwàiz/ 副 ❶ 同様に, 同じように(similarly): Go and do ~. 行って同じようにしなさい / *L~* (for me). (口)(私も)同様[同感]です. ❷ そのうえ;また: He's our friend and ~ our leader. 彼は我々の友人であり, そのうえ我々の指導者でもある. 《LIKE¹+WISE》

†**lik・ing** /láikiŋ/ 名 ❶ [a ~] 好み, 愛好: have a ~ *for* …を好む / take a ~ *to*…=conceive [develop] a ~ *for*…が気に入る, …を好きになる; …になつく. ❷ [one's ~] 趣味: (not) to one's ~ 気に入る(いない), 趣味に合って(いない) / Is it to your ~? お気に入りましたか.

†**li・lac** /láilək/ 名 ❶ **a** C《植》ライラック, リラ. **b** U ライラック(リラ)の花: a spray of ~ ひと房のライラックの花. ❷ U ライラック色, 薄紫色. ── 形 ライラック色の. 《F<Arab<Pers<Skt=あい色》

lil・i・a・ceous /lìliéiʃəs/ 形 ユリ(のような);《植》ユリ科の.
lil・ied /lílid/ 形 ユリの多い;《古》ユリのような, 白い.
Lil・li・put /líləpʌt, -pət/ 名 リリパット(島)《Swift作 *Gulliver's Travels* の中の小人国》.
Lil・li・pu・tian /lìlipjúːʃən/ 形 ❶ リリパット[小人国]の. ❷ [時に l-] とても小さい; 狭量な. ── 名 ❶ リリパット人. ❷ [時に l-] 小人.
Li-Lo /láilou/ 名《英》《商標》ライロー《空気マットレス; 海水浴・キャンプなどで用いる》.
Li・long・we /liːlɔ́ŋwei | -lɔ́ŋ-/ 名 リロングウェ《マラウィの首都》.
lilt /lílt/ 名 ❶ [a ~] 陽気で軽快な調子[ふし, 動作]: sing with a ~ 軽快なリズムで歌う / She has a ~ to her voice. 彼女は声に軽快な抑揚がある. ❷ C 陽気で軽快な歌. ── 動 ⓘ 歌に[活発に]歌う[しゃべる]. ❷ 軽快に動く. ── ⓗ 〈歌〉を軽快なリズムで歌う.
lílt・ing 形 Ⓐ〈声・歌などが〉軽快な(リズムのある),浮き浮きした. ~**ly** 副

*lil・y /líli/ 名 《植》ユリ《ユリ科; 《解説》キリスト教ではユリは純潔の象徴とされ, Easter にはキリスト復活のしるしとして用いられる; また葬儀の花でもある》; ⇒ tiger lily, water lily. ❷ 純粋な人; 純白なもの. ❸ [通例複数形で] (フランス王家の)ユリの紋(cf. fleur-de-lis ②). **gild** [**paint**] **the lily** すでに完璧なものに余計な手を加える《★Shakespeare「ジョン王」から》. **lily of the valley** (植 **lilies of the valley**)《植》スズラン. ── 形 Ⓐ ユリの, ユリの花のような; 純白な, 清純な. 《L *lilium* ユリ》

Lil・y /líli/ 名 リリー《女性名; Elizabeth の愛称》.
líly-lìvered 形 臆病な.
líly pàd 水に浮かんだ大きなスイレンの葉.
líly-trótter 名《鳥》レンカク《蓮角》《同科の鳥の総称》.
líly-white 形 ❶ ユリのように白い; ~ skin 真っ白な肌. ❷ 純白の; 潔白の. ❸《米口》黒人排斥派の, 黒人参政反対の. ── 名 黒人排斥派の人.
Li・ma /líːmə/ 名 リマ《ペルーの首都》.
lí・ma bèan /láimə- | líːmə-/ 名 ❶《植》アオイマメ, ライマビーン. ❷ アオイマメ[ライマビーン]の豆《食用》.

***limb¹** /lím/ 名 ❶《人・動物の胴体・頭部と区別して》手足(の1本), 肢(¹)《腕・脚・ひれ・翼など; cf. trunk 5 a, head 1 a》. ❷《木の》大枝. ❸ […の]突き出た部分: the ~ *s of* a cross 十字架の手 / a ~ *of the sea* 入り江. ❹ 手先, 子分: a ~ *of the devil* [*of Satan*] 悪魔の手先; いたずらっ子. **life and limb** ⇒ life 名《成句》. **óut on a limb** 孤立無援の状態で《《画面》「枝先に乗り出して」の意から》. **sóund in wind and limb** ⇒ wind¹《成句》. **téar ~s limb from limb** 〈動物などを〉八つ裂きにする, ばらばらに引き裂く. 《OE; LIMIT と無関係》【類義語】⇒ branch.
limb² /lím/ 名 ❶《天》《太陽・月などの》へり, 周縁. ❷《植》**a**(葉の)へり, 葉片. **b**(花弁の)拡大部. 《L; LIMP² と同族語源》
limbed 形 [通例複合語で]〈…の〉肢(¹), 枝, 翼》のある: a long-*limbed* person 手足の長い人.

lim・ber¹ /límbə | -bə/ 形 ❶〈筋肉が〉しなやかな, 柔軟な. ❷ 軽快な. ── 動 他〈体・筋肉を〉《激しい運動などの前に》ほぐす: *L~* *yourself up* before swimming. 水泳の前に柔軟体操をしなさい. ── ⓘ 準備[柔軟]体操をする(warm up).《LIMP² と関連語》
lim・ber² /límbə | -bə/ 名《軍》《砲架の》前車. ── 他〈砲架に〉前車をつなぐ. ── ⓘ 砲と前車をつなぐ.
límber-nèck 名 U《獣医》軟頸症, リンバーネック《ボツリヌス菌で汚染された食物による, ニワトリ・アヒルなどの病気で, 首の筋肉が麻痺して, 餌が食べられなくなる》.
límber pìne《植》ロッキーマツ《北米西部産のマツ; 材質は軽くて軟らかく, 地方によっては枕木・柱・燃料などに用いる》.
lim・bic /límbik/ 形《大脳》辺縁系の: the ~ system 大脳辺縁系《自律神経機能・情動などをつかさどる部分》.
limb・less /límləs/ 形 手足のない; 枝のない.

***lim・bo¹** /límbou/ 名 Ⓤ [しばしば L~] リンボ, 地獄の辺土《地獄と天国の間にあり, キリスト教以前の義人, 洗礼を受ける前に死んだ小児などが住む所》. ❷ 忘却; 無視された状態: The reform proposal remains in ~. その改革案は無視されている.《L=ヘリ; LIMP² と同語源》
lim・bo² /límbou/ 名 Ⓤ リンボーダンス》《踊りながらだんだん低くなっていく横木を体をそらせてくぐる西インド諸島の踊り》.
lim・bus /límbəs/ 名(~**・es**, **-bi** /-bai/)《眼》角膜縁.

***lime¹** /láim/ 名 形 ❶ C《植》ライム《ミカン科の小木》. ❷ C ライムの実. ❸ Ⓤ **a** =lime juice. **b** ライムグリーン(lime green), 黄緑色(の).《F<Sp<Arab》

lime² /láim/ 名 Ⓤ 石灰: slaked ~ 消石灰. ❷ 鳥もち: ⇒ birdlime. ── 他 ❶ **a** 〈…に〉石灰をまく,〈…〉を石灰で消毒する(処理する). **b**〈生皮などを〉石灰水に浸す. ❷ **a**〈…に〉鳥もちを塗る. **b**〈鳥などを〉鳥もちで捕まえる.《OE》

lime³ /láim/ 名《植》シナノキ, ボダイジュ(linden).《LINDEN の異形》

lime・ade /laiméid/ 名 ❶ Ⓤ ライムエード《ライムジュースに砂糖・ソーダ水を入れた飲み物》. ❷ C ライムエード1杯.
líme gréen 名 Ⓤ ライムグリーン色.
líme jùice 名 Ⓤ ライムジュース《ライムの果汁》.
líme・kìln 名 石灰焼きかまど.

†**lime・light** /láimlàit/ 名 ❶ Ⓤ ライムライト, 石灰光《石灰製の棒または球を酸水素炎に当てた時生じる強烈な白光; 昔の舞台照明に用いた》. ❷ [the ~] 注目の的, 人目につく立場(cf. spotlight 1 b): in *the* ~ 脚光を浴びて, 目立って, 人目を引いて.

li・men /láimen/ 名(桱 ~**s**, **lim・i・na** /límənə/)《心》閾(以)(threshold).
†**lim・er・ick** /lím(ə)rik/ 名《詩学》リメリック《弱弱強格5行の戯詩; 1, 2, 5 行と3, 4 行がそれぞれ押韻する》.
Lim・er・ick /lím(ə)rik/ 名 リメリック: **a** アイルランド南西部 Munster 地方の県. **b** その県都.
†**líme・stòne** 名 Ⓤ 石灰岩.
líme trèe 名 =lime¹·³.
líme・wàsh 名《壁塗り用の》石灰塗料, のろ. ── 動 他〈…に〉石灰塗料を塗る.
líme・wàter 名 Ⓤ 石灰水.
lim・ey /láimi/ 名(桱 ~**s**)《米俗》❶ 英国水兵[水夫]. ❷ 英国人.《もと英国水兵に壊血病予防のためライムジュースを与えていたことから》
lim・i・nal /límən(ə)l/ 形 ❶《心》閾(以)(limen) の; 知覚できるかできないかの. ❷ 境界の; 敷居の, とばロの.

***lim・it** /límit/ 名 ❶ Ⓤ 極限, 限度, 限界(線); 制限: an upper [lower] ~ 上[下]限 / a speed ~ 制限速度 / to the ~ 限界まで / go to any ~ どんなことでもする / to the utmost ~ 極限まで / out of all ~s 法外に / over the ~ 限度を超えている;《運転のアルコール許容量を超えている》/ reach the ~ *of one's patience* 我慢の極限に達する, 堪忍袋の緒が切れる / the ~ *s of one's abilities* 能力の限界 / set a ~ *to*…を制限する / know [have] no ~s 際限がない / There is a ~ *to everything*. 何事にも

限度がある / You really are the ～! もう我慢できない. ❷ a [C] [しばしば複数形で] 境界. b [複数形で] 範囲, 区域 (confines): within the ～s of…の範囲内で / ⇨ off-limits. ❸ [the ～] 《口》 我慢できないほど腹立たしい人[もの]: That's [He's] *the* ～. これは[やつは]我慢がならない. ❹ [C] a (捕獲などの)最大量; (賭けの)最大額. b 〘数〙 極限; (定積分の)端(たん). c 〘商〙 指値(さしね). **The ský is the límit.** ⇨ sky [成句]. **withìn límits** 適度に, ほどほどに. **withòut límit** 限り[際限]なく, 無制限に. ── [動] [他] 〈…を〉〔…に〕限る, 限定する, 制限する: I was told to ～ the expense *to* $20. 費用を20ドル以内に抑えるようにと言われた / I ～ myself to five cigarettes a day. たばこは1日5本に制限している. 〘F＜L＝境界〙 ([名] limitation)

【類義語】 **limit** これ以上は越えられない空間・時間・程度などの最大[高]限度をあらかじめ定めて制限する. **restrict** 拡がりをもつものあるいは行動するものについて, その可能な範囲を限定し, 制限する.

*__lim·i·ta·tion__ /lìmətéɪʃən/ [名] ❶ [U] 限ること, 限定, 制限: the ～ *of* nuclear weapons 核兵器の制限. ❷ [C] a [しばしば複数形で] 制限するもの: ～s *on* imports 輸入制限 / because of ～s *of* space 紙数に制限があるので. b [通例複数形で] (知能・能力などの)限界, 弱み, 不利なこと: know one's ～s 自分の限界を知っている. ❸ [U,C] 〘法〙 出訴期限, 時効: a [the] statute of ～s 出訴期限法. ([動] limit)

lim·i·ta·tive /límətèɪṭɪv, -tət-/ [形] 制限的な.

*__lim·it·ed__ /límɪṭɪd/ [形] ❶ 限られた, 有限の; わずかな, 狭い: a ～ edition (書籍などの)限定版 / a ～ war 局部[局地]戦 / ～ ideas 偏狭な考え / a person of ～ means [imagination] 資力[想像力]の乏しい人 / The resources were very ～. 資源が非常に少なかった. ❷ 《米》 〈列車など〉特別の: a ～ express 特急(列車). ❸ 《英》 〈会社が〉有限責任の: a *limited*(-liability) company 有限(責任)会社 《[用法] 社名の後に Limited または略字 Ltd. を付記する; cf. 《米》 incorporated》. ── [名] 《米》 特別(急行)列車[バス]. **～·ly** [副]

límited liabílity [名] [U] (株主・船主などの)有限責任.

límited pártnership [名] 有限責任組合, 合資会社.

lím·it·er /-ṭə | -tə/ [名] 制限する人[もの]; 〘電〙 リミッター 《振幅制限回路》; (車両の)速度制限装置.

lím·it·ing /-ṭɪŋ/ [形] ❶ 制限する, 限定する. ❷ 〘文法〙 制限的な.

⁺**límit·less** [形] 無限の; 無制限の; 無期限の; 広々とした: have ～ possibilities 無限の(発展)可能性をもつ. **～·ly** [副]

limn /lím/ [動] [他] 《文》 描写する; くっきりと輪郭を描く. **lim·ner** /lím(n)ə | -m(n)ə/ [名]

lim·nol·o·gy /lɪmnáləʤi | -nɔ́l-/ [名] [U] 陸水学; (もとは)湖沼学.

lim·o /límoʊ/ [名] 《米口》 ＝limousine.

Li·moges /lɪmóʊʒ/ [名] 《フランス中西部の都市; 陶磁器製造で有名》.

lim·o·nene /límənìːn/ [名] [U] 〘化〙 リモネン 《種々の精油中に含まれるテルペンの一種; レモン香がある》.

li·mo·nite /láɪmənàɪt/ [名] [U] 〘鉱〙 褐鉄鉱.

Li·mou·sin /lìːmuːzǽŋ/ [名] ❶ リムーザン 《フランス中部の地方・旧州》. ❷ 〘畜〙 リムザン 《フランスで作出された頑健な肉用種の牛》.

⁺**lim·ou·sine** /líməzìːn, ⌐―⌐/ [名] リムジン: a 旅客送迎用空港バス (⇨ bus [関連]). b 運転台と客席の間に(可動の)ガラス仕切りのある箱形自動車. 〘フランスの旧州名から; もとはその州で着用されたケープ付きマントのこと〙

*__limp__[1] /límp/ [動] [自] ❶ (歩行が不自由で)足を引きずる; 足を引きずって歩く. ❷ (故障などで)〈船・飛行機などが〉のろのろ進む; 〈仕事・景気などが〉進まない, もたつく 〈*along*〉. ❸ 〈詩歌の〉韻律[抑揚]が乱れる. ── [名] [a ～] 片足を引きずって歩くこと, 足の不自由: have [walk with] *a* ～ 片足を引きずって歩く. 〘OE; LIMB[2]と関連語〙

limp[2] /límp/ [形] ❶ a 柔軟な, しなやかな. b ぐにゃぐにゃした. ❷ a 弱々しい, 元気のない; 気の抜けた. b 疲れた. **～·ly** [副] **～·ness** [名]

lim·pet /límpɪt/ [名] ❶ 〘貝〙 カサガイ. ❷ 地位にかじりついている役人(など). **hóld ón [háng ón, clíng, stíck] lìke a límpet** 〔…に〕固くくっつく, くっついて離れない 〔*to*〕.

lim·pid /límpɪd/ [形] ❶ 〈液体が〉澄んだ, 透明な. ❷ 〈文体が〉明快な. **～·ly** [副] **～·ness** [名]

lim·pid·i·ty /lɪmpídəṭi/ [名] [U] ❶ 透明, 清澄. ❷ 明快.

limp·kin /lím(p)kɪn/ [名] 〘鳥〙 ツルモドキ 《米国南東部・中南米産》.

Lim·po·po /lɪmpóʊpoʊ/ [名] [the ～] リンポポ川 《南アフリカ共和国に発し, ボツワナとジンバブウェの国境沿いを経てモザンビークに流れる》.

límp wrìst [名] 《米軽蔑》 ホモ.

límp-wrísted [形] 《米軽蔑》 ❶ めめしい, ホモの. ❷ 柔弱な, 弱々しい.

lim·y /láɪmi/ [形] (**lim·i·er; -i·est**) ❶ 石灰質の; 石灰でおおわれた; 石灰を含んだ. ❷ 鳥もちを塗った; ねばねばする.

lin·ac /línæk/ [名] 〘理〙 ＝linear accelerator.

lin·age /láɪnɪʤ/ [名] [U] ❶ (印刷物の)行数. ❷ (原稿料の)行数払い.

linch·pin /líntʃpìn/ [名] ❶ (荷車などの)輪止めくさび[ピン]. ❷ (物事の)結合に欠かせないもの, 要 〔*of*〕.

Lin·coln /líŋkən/ [名] リンカン: a 米国 Nebraska 州の州都. b イングランド東部の都市; Lincolnshire の州都.

Lin·coln /líŋkən/, **Abraham** [名] リンカン 《1809–65; 米国の第16代大統領 (1861–65)》.

Líncoln gréen [名] [U] リンカングリーン 《昔イングランドの Lincoln で織った明るい黄緑色のラシャ; Robin Hood の一党がこれを着た》; 黄緑色.

Líncoln réd [名] 〘畜〙 リンカンレッド 《イングランド Lincolnshire の在来牛にショートホーンを交配させて作出された赤色の乳肉兼用種の牛》.

Líncoln's Bírthday [名] リンカン誕生日 《2月12日; 米国の多くの州で法定休日》.

Lin·coln·shire /líŋkənʃə | -ʃə/ [名] リンカンシャー州 《イングランド東部の州; 州都 Lincoln; 略 Lincs.》.

Lincs. /líŋks/ 《略》 Lincolnshire.

linc·tus /líŋ(k)təs/ [名] [U] 〘薬〙 (のどの痛み止めの)シロップ薬.

Lin·da /líndə/ [名] リンダ 《女性名》.

lin·dane /líndeɪn/ [名] [U] 〘化〙 リンデン 《殺虫剤》.

Lind·bergh /lín(d)bəːg | -bəːg/, **Charles Augustus** [名] リンドバーグ 《1902–74; 初めて大西洋の無着陸単独横断飛行をした (1927) 米国の飛行家》.

⁺**lin·den** /líndən/ [名] 〘植〙 リンデン (lime) 《ボダイジュ・シナノキの類; cf. whitewood 1》. 〘OE〙

Lind·say /líndzi/, **Va·chel** /véɪtʃəl/ [名] リンジー 《1879–1931; 米国の詩人》.

‡**line**[1] /láɪn/ [名] ❶ [C] 線: a (点と点とをつなぐ)線; 〘数〙 (直)線: draw a ～ 線を引く / a straight [curved] ～ 直[曲]線 / parallel ～s 平行線 / a broken [dotted] ～ 破[点]線 / (as) straight as a ～ 一直線で. b (溝・色帯・割れ目などの)筋, 縞(しま), 線: ～s of color in stratified rock 成層岩の色筋. c (絵画などの)描線, 輪郭線: the ～ of beauty 美の線 《S字状曲線》. d (顔・手などの)しわ (wrinkle): a face with deep ～s 深いしわのある顔. e (手相の)線: the ～ of life [fortune] 生命[運命]線. f 縫い目. g 〘理〙 線: the ～ of flow 流線 / the ～ of force 力線, 磁力線. h 〘楽〙 (五線 (staff) 紙の)線. ❷ [C] (細くて強い)綱: a ひも, なわ, 糸(など): a hemp ～ 麻ひも. b 物干し綱: hang the clothes on the ～ 服を物干し綱につるす. c 釣り糸: fish with rod and ～ 釣りをする / wet one's ～ 釣り糸をたれる / throw a good ～ 釣り(糸の投げ込み)が上手だ. d (測量手・大工などの)測線: ⇨ plumb line, sounding line. ❸ [C] 列: a (連続したものの)線, 並び (row); 《米》 (順番を待つ)行列 (《英》 queue): a ～ of trees 並木 / in a ～ 一列に(なって) / get in (a) ～ 列に並ぶ. b 〘軍〙 横隊 (cf. column 4 a): form into ～ 整列する 《★ 無冠詞》 / form ～ 横隊を作る 《★ 無冠詞》. c 流れ作業(列): ⇨ assembly line. ❹ 行: a [C] (文字の)行: read between the ～s 行間を読む. b [C] 一筆, 短信:

drop [send] a person a ~ [a few ~s] 人に一筆書き送る. **c** ⓒ (詩の)1行. **d** [複数形で] 短詩. **e** [複数形で]《英》問課(生徒に筆写暗唱させるラテン語の持ちよ). **f** [複数形で]《英口》結婚証明書: ⇨ marriage lines. **g** [複数形で] (役者の台詞(#)): blow one's ~s 台詞を忘れる. **h** ⓒ《口》偽りの[大げさな]話: He gave [《英》shot] me a ~ about what a success he was. 彼はどれほど出世したか私にほらをふいた. ❺ ⓒ **a** [しばしば the ~] 進行しているものの方向, 道筋: *the* ~ *of march* 行軍(進)路. **b** (鉄道・バスなどの)線, 路線, 線路, 軌道: the main ~ 本線 / a branch ~ 支線 / the up [down] ~ 上り[下り]線 / the Tokaido *L*~ 東海道本線. **c** (通例複合語をなして) (定期)航路, 航空路: the ocean ~ 大洋航路 / an airline. **d** [通例 Lines で; 単数扱い] 航空[運輸]会社. **e**《米》パイプライン, 導管. ❻ ⓒ **a** 針金; (電力)線; 電話線; 電話: on a direct ~ 直通電話で / The ~s are crossed. 電話が混線している / hot line / clear the ~ (待っているほかの人のために)通話を切る / The ~ is busy.《米》[電話]お話し中です(匹敵《英》The ~ is engaged.) / Hold the ~, please. [電話]切らずに[そのまま]お待ちください. **b** [しばしば複数形で] (政策・行為などの)方針, 主義; 傾向, 方向: on economical ~s 経済的な方針で / follow the party ~ 党路線に従う / go on the wrong ~s 方針を誤る / take a strong [firm] ~ on [over]...に強硬な措置をとる / take [keep to] one's own ~ 自分の進路を行く; 自分の道を守る / Along what ~s is the report written? どのような方針でその報告書は書かれていますか. ❽ ⓒ **a** [しばしば複数形で] 輪郭, 外形: The ~s of his face are good. 彼は顔の輪郭が整っている. **b** [通例複数形で] (計画などの)概略. **c** [しばしば複数形で] (ドレスなどの)スタイル, シルエット: a dress cut on the princess ~ プリンセスラインのドレス. ❾ ⓒ **a** 系列, 歴代; 血統, 家系: a long ~ of kings 歴代の王 / the male ~ 男系 / come of a good ~ 家柄がよい / in a [the] direct ~ 直系で[の]. **b** (動物の)種族, 血統. **c** (命令などの)系統: the ~ of command 命令系統. ❿ ⓒ **a** [しばしば one's ~] 好み, 趣味; 専門: in [out of] one's ~ ~性に合う[合わないで]; 得意[不得意]で / It is not in my ~ to interfere. 干渉するのは私の柄ではない. **b** 商売, 職業: in the banking ~ 銀行関係の仕事をして / What ~ (of business) are you in? =《口》What's your ~? ご商売は何ですか. **c** ⓒ (…についての)情報: get a ~ *on*...に関する情報を入手する / have a ~ *on*...について情報を持っている[知っている]. ⓬ ⓒ (区画を示す)線, 境界線;《米》(州と州との)境界線: cross the ~ into Mexico 国境を越えてメキシコに入る. ⓭ ⓒ《軍》[しばしば複数形で] 戦列, 陣形; 布陣: a ~ of battle 戦列, 戦線 / the front ~s 前線. **b**《英》野営のテントの列. **c**《米》宿営(区域). **d** [複数形で]《英》境遇, 運, 運命(⇨ hard lines. ⓮ ⓒ《商》(商品の)種類, 口, 手; 在庫品, 仕入れ(品). ⓯ ⓒ《米》~ *ed* in [英》 shoes 靴の新製品. ⓰ [the ~] **a** 《英陸軍》歩兵, 正規兵《近衛(??)兵と砲兵以外の全部》. **b**《米陸軍》戦闘部隊. ⓱ [the ~, しばしば *L*~]《地》赤道: cross the ~ 赤道を通過する. ⓲《アメフト》スクリメージライン(⇨ line of SCRIMMAGE 成句). ⓳ 《テレビ》走査線. ⓴ ⓒ ライン(長さの単位; 1インチの 12分の1).

áll alòng the líne (1) (勝利など)全線にわたって. (2) 至る所で, ことごとく: Our stocks have gone up *all along the* ~. 我々の株の値はすべてあがった.

alòng the línes of... =on the LINES of....

bríng...ìnto líne (1) 〈…を〉整列させる, 一列にする. (2) 〈…を〉(…と)一致[協力]させる(*with*).

còme ìnto líne (1) 一列に並ぶ. (2) (…と)一致[協力]する(*with*).

dówn the líne《米口》(1) 町の中心へ (downtown). (2) 完全に, 全部; 徹底的に. (3) いつか, そのうち, 将来.

dráw the [a] líne (1) 一線を画する, 区別をつける: *draw the [a]* ~ *between* right and wrong 善悪のけじめをつける (2) (…に)限界を決める, (…までは)やらない: One must *draw the* ~ somewhere. 我慢にも限度があり, 許せることと許せないことがある / He knows where [when] to *draw*

1057 line

the ~. 彼は身のほどを知っている / *draw the* ~ *at* (using) violence 暴力を用いたりはしない.

fáll [gét] ìnto líne =come into LINE¹ (2).

gíve a person líne enòugh《口》〈人をしばらく自由にさせておく, 泳がせておく《画来》釣りで, かかった魚に糸を十分くり出すことから〉.

háve [gét] one's línes cróssed 電話が混線する; 誤解する.

hít the líne《アメフト》(ボールを持って)敵側ラインの突破を試みる; 勇敢に事に当たる.

hóld the líne (1) 電話を切らずにそのまま待つ (⇨ 6 b). (2) 立場[方針]を守る, 後には引かない. (3)《アメフト》相手チームの(ボールの)前進をはばむ.

in líne (1) 一列になって, (…を)求めて]列をなして; 横隊になって: stand *in* ~ 横隊を作る; 列を作る / wait *in* ~ [《英》queue] *for* tickets 切符を求めて一列になって待つ / draw up *in* ~ 横隊になる. (2) (…と)一致して, 調和して; (…に)従って: fall *in* ~ (*with*...) (…と)一致する / It's not *in* ~ *with* our policy. それは私たちの方針と一致しない. (3) 抑制して, 制御して: keep one's feelings *in* ~ 感情を抑える. (4) 〈地位などを〉得る見込みで: He's *in* ~ *for* the presidency. 彼は次に社長になる順番だ.

in (the) líne of dúty 勤務中で.

júmp the líne《米》(1) (順番を無視して)列に割り込む. (2) 順番を待たずに物を手に入れようとする.

láy...on the líne (1) 〈…を〉率直に話す(★ しばしば it を目的語に用いる): I'll *lay it on the* ~ for you. この際君のためにはっきり言っておこう. (2) 〈生命・地位・名声などを〉賭(*)ける: *lay* one's life *on the* ~ for L... の…をするために命を賭する. (3) 〈金を〉全額即金で払う.

líne of báttle (軍隊・艦隊の)戦列.

líne of crédit 借款; 貸付け, 信用供与; 最大貸付け[掛け売り]額.

líne of fíre 砲撃[射撃]にさらされる所, 射線.

líne of fórce《理》(電場・磁場などの)力線(??).

líne of vísion [síght] 視線.

líne(s) of communicátion(s) (1)《軍》(基地との後方)連絡線, 兵站(②)線. (2) 通信(の手段).

néxt in líne (for...) (…への順番で)次に控えて.

òff líne (1)《電算》ネットワーク[コンピューター]につながっていないで, オフラインで. (2) 流れ作業から離れて. (3) 〈機械が〉作動していないで.

on a líne 同じ平面[高さ]で[に]; 平均して.

on líne (1)《電算》ネットワーク[コンピューター]につながっているで, オンラインで. (2) 流れ作業にのって. (3) 〈機械が〉作動中で.

on the líne (1) 〈絵など〉(観覧者の)目の高さに: hang paintings *on the* ~. 絵を目の高さにかける. (2) どっちつかずで. (3) 即座に: pay cash *on the* ~ 即座に現金を払う / ⇨ lay...on the LINE¹ 成句 (3). (4) 〈生命・地位・名声などが〉賭けられて; 危うくて: ⇨ lay...on the LINE¹ 成句 (2). (5) 電話に出て: come *on the* ~ 電話に出る / "He is *on the* ~," his secretary said. 「先方が電話にお出になりました」と彼の秘書が言った.

on the línes of... (1) (…の)線[方針]に沿って[た]. (2) (…に)似た: something *on the* ~s *of* a sari サリーに似たもの.

òut of líne (1) 列になっていない. (2) 一致していない. (3) 規則などを守らない; 思いあがった.

pút...on líne =lay...on the LINE¹ 成句.

stép òut of líne ⇨ step 動 成句.

tóe the líne (1) 統制[命令, 党規]に服する, 習慣に従って守る. (2) (競走などで)スタートラインにつま先をつけて立つ.

── 動 ❶ **a** (…に)沿って(人・ものを)並べる; (…に)沿って並ぶ: ~ a street *with* crowd barriers 通りに群衆よけの柵を並べる / a street ~*d with* trees 並木道 / L~ the boxes *up along* the wall. 壁に沿って箱を一列に並べなさい / Cars ~*d* the curb. 車が歩道の縁に並んでいた. **b** 〈…を〉一列に並べる: She ~*d up* the students. 彼女は生徒を一列に並べた. ❷ (…に)線[罫(?)]を引く; (…を)線で描く. ❸ 〈顔などに〉しわを寄せる(★ しばしば過去分詞で形容詞的に用いる): a face ~*d by* [*with*] age [pain] 老齢[苦

痛]でしわの寄った顔. — [自] ❶ 並ぶ: The soldiers *~d up* for inspection. 兵士たちは閲兵のため一列に整列した. ❷ 〘野〙ライナーを打つ: ~ to right (field) ライトにライナーを打つ.

líne óut (《他+副》) (1) 〈設計図·絵の〉大体を写す. (2) 〈…に〉線を引いて抹消する. (3) 《口》〈歌を〉歌う; 〈…を〉演じる. — (《自+副》) (4) 〘野〙ライナーを打ってアウトになる.

líne úp (《他+副》) 〈行事などを〉準備する; 〈出演者などを〉確保する: We've *~d up* a buyer for your house. あなたの家の買い手を見つけました. — (《自+副》) 行列する; 勢揃いする.

líne úp agàinst…に反対して結束する.

líne úp behìnd…を結束して支援する: ~ *up behind* a new leader 新しい指導者を皆で支援する.

〘L *linea* 線, ひも, 綱 < *linum* 亜麻; cf. linen〙 ([形] lineal, linear)

line[2] /láɪn/ [動] [他] ❶ **a** 〈…に〉〔…の〕裏をつける, 〈…を〉〔…で〕裏打ちする (★ しばしば過去分詞で形容詞的に用いる): ~ a dress ***with*** silk ドレスに絹裏をつける / a coat *~d with* fur 毛皮の裏地のついたコート. **b** 〈…の〉裏地となる; 一面をおおう: Bookshelves *~d* the walls. 本棚が壁面をおおっていた. ❷ 〈ふところ·胃袋などを〉〔…で〕満たす, 肥やす: He *~d* his pockets [purse] ***with*** bribes. 彼は収賄でしこたま私腹を肥やした. 〘LINEN; 裏打ちの材料に用いたことから〙

lin·e·age[1] /líniɪdʒ/ [名] [U] [また a ~] 血統, 系統; 家柄 (ancestry): a man of good ~ 家柄のよい人 / She was of (an) aristocratic ~. 彼女は貴族の血を引いていた. 〘LINE[1]+-AGE〙

line·age[2] /láɪnɪdʒ/ [名] =linage.

lin·e·al /líniəl/ [形] ❶ 直系の, 正統の (direct) (cf. collateral 1 b): a ~ ascendant [descendant] 直系尊属[卑属]. ❷ 先祖からの. ❸ 線(状)の. **~·ly** /-əli/ [副] ([名] line[1])

lin·e·a·ment /líniəmənt/ [名] [通例複数形で] ❶ **a** 顔[目鼻]だち, 人相: His face has the *~s* of his grandfather. 彼の顔は祖父の顔だちだ. **b** (体の)外形, 輪郭. ❷ 特徴. 〘F < L; ⇨ line[1]〙

+**lin·e·ar** /líniə | -niə/ [形] ❶ **a** 線の, 直線の. **b** 線状の, 線型の, 直線的な, 順序立った. ❷ 長さの[に関する]. ❸ 〘数〙一次の: a ~ equation 一次方程式. ❹ 〘植·動〙糸状の. ([名] line[1])

línear accélerator [名] 〘理〙線形加速器.

línear álgebra [U] 〘数〙線形代数.

lin·e·ar·ize /líniəràɪz/ [動] [他] 線[線状, 線形]にする.

línear méasure [名] [U] 長さの単位, 尺度法.

línear mótor [名] 〘電〙リニアモーター《直線形の動きをするモーター; 浮上式鉄道などに用いる》.

línear prógramming [名] [U] 〘数〙線形計画法.

lin·e·a·tion /lìniéɪʃən/ [名] ❶ [U] 直線を引くこと, 線で区切ること. ❷ [C] 輪郭 (outline). ❸ [C] 線状の配列. ❹ [U] (詩行などの)改行(の仕方).

líne·bàcker [名] 〘アメフト〙ラインバッカー《防御ラインの直後を守る》.

lined[1] [形] 線[罫(けい)]を引いた; 筋のある: ~ paper 罫紙.

lined[2] [形] 裏(地)のついた (⇨ line[2] 1 a).

líne dàncing [名] [U], **líne dànce** [名] [C,U] ラインダンス《踊り手たちが横一列に並んで同じステップで踊る》. **líne-dànce** [動] [自] **líne dàncer** [名]

líne dràwing [名] (ペン·鉛筆などの)線画.

líne dríve [名] 〘野〙ライナー.

line fèed [名] [U,C] 〘電算〙ラインフィード, 行送り, 改行.

líne·man /-mən/ [名] ([複] **-men** /-mən/) ❶ 架線[保線]工夫. ❷ 〘測〙測線手. ❸ 〘アメフト〙ラインマン《攻撃線·防御線にいる選手》.

líne mànagement [名] [U,C] (生産·販売など企業の基本的活動を担当する)ライン管理(部門), ライン管理職.

líne mànager [名] (企業の)ライン管理者; [one's ~] (自分の)直属の上司.

***lin·en** /línɪn/ [名] [U] ❶ **a** 亜麻布, リンネル, リネン. **b** 亜麻糸. ❷ リネン類[製品]《ワイシャツ·シーツ·テーブル掛け·下着など; キャラコなどで代用したものが多い》; 《古》(主に白の)下着類: ⇨ bed linen, table linen / change one's ~ 下着を取り替える. **wásh one's dírty línen in públic** 内輪の恥を外にさらけ出す. — [形] [A] リンネル(製)の; リンネルのような: a ~ handkerchief 麻のハンカチ. 〘L=亜麻; cf. line[1]〙

línen bàsket [名] よごれたリネン類を入れるかご, 洗濯かご.

línen clòset [名] リネン戸棚《タオル·シーツなどを納める》.

línen dràper [名] 《英》リンネル[シャツ類]商(人).

líne-òut [名] 〘ラグビー〙ラインアウト.

líne prìnter [名] 〘電算など〙行印字機, ラインプリンター《1行ずつまとめて印字する高速度印字機》.

***lin·er**[1] /láɪnə | -nə/ [名] ❶ **a** 定期船《特に大洋航海の大型快速船》: an ocean ~ 大洋航路船. **b** 定期(航空)便. ❷ **a** 線を引く道具. **b** =eyeliner. ❸ =line drive. 〘LINE[1]+-ER[1]〙

lin·er[2] /láɪnə | -nə/ [名] ❶ 裏地をつける人. ❷ **a** 裏につけるもの, 裏地. **b** (コートの裏に取りはずしのできる)ライナー. ❸ (摩滅止め)はさみ金, ライナー. ❹ (解説つきのレコードの)ジャケット. 〘LINE[2]+-ER[1]〙

líner nòtes [名] [複] 《米》ライナーノーツ (《英》 sleeve notes) 《CD·レコードについている解説》.

líner tràin [名] (コンテナ輸送用の)快速貨物列車.

+**línes·man** /-mən/ [名] ([複] **-men** /-mən/) ❶ 《英》保線工手. ❷ 〘球技〙線審, ラインズマン.

***line-up** /láɪnʌ̀p/ [名] [通例単数形で] ❶ ラインアップ《試合出場選手》; 参加者, 顔ぶれ; 陣容: the starting ~ 先発メンバー. ❷ (テレビ·ラジオの)番組(構成); (続いておこる)一連の出来事. ❸ **a** 人の列; (試合開始の際の)整列. **b** 《米》(警察で面(めん)通しのために並ばせた)容疑者の列 (《英》 identification parade).

ling[1] /líŋ/ [名] [U] 〘植〙ギョリュウモドキ《荒地に生える普通のヘザー(heather)》.

ling[2] /líŋ/ [名] ([複] **~s, ~**) 〘魚〙クロジマナガダラ, リング《北ヨーロッパ産のタラ科の食用海産魚》.

-ling /lɪŋ/ [接尾] ❶ 名詞につく指小辞; しばしば軽蔑の意を表わす: duck*ling*; prince*ling*. ❷ 名詞·形容詞·副詞につけて「…に属する[関係のある]人·もの」の意を表わす: dar*ling*; under*ling*.

lin·gam /líŋgəm/, **-ga** /-gə/ [名] 〘ヒンドゥー教〙リンガ《インドで Siva 神の表象として礼拝する男根像; cf. yoni》.

lin·ger** /líŋgə | -gə/ [動] [自] ❶ **a** (なごり惜しそうに)居残る, いつまでもいる 〈*on*〉. **b** [副詞句を伴って] 後に残っている: We *~ed at* the table after dinner was over. 私たちは食事が済んでからも食卓にとどまっていた. ❷ **a** 〈冬·疑念·思い出·習慣などが〉なかなか去らない[消えない, 廃れない]: The belief still *~s **on among them. その信仰は彼らの間に今なお残っている. **b** 〈病人が〉生きながらえる: ~ ***on*** in a coma for two weeks 昏睡(こんすい)状態で 2 週間生きながらえる. ❸ 〔…を〕見続ける; だらだらと続ける 〔*over, on, upon*〕: She *~ed **over*** her work till late at night. 彼女は夜遅くまでだらだらと仕事を続けた. **~·er** /-gərə | -rə/ [名] 〘OE=長びかせる; long と関連語〙 【類義語】 ⇨ stay[1].

+**lin·ge·rie** /lɑ̀:nʒəréɪ, -rí: | lǽnʒəri/ [名] [U] (主に女性·子供用の)肌着類, ランジェリー. 〘F < *linge* 亜麻 < L; ⇨ linen〙

lín·ger·ing /-g(ə)rɪŋ/ [形] ❶ 長引く, ぐずぐずする: a ~ illness 長わずらい. ❷ ためらう, なごり惜しそうな, 未練そうな. **~·ly** [副] ❶ 長引いて, ぐずぐずして. ❷ 未練そうに.

lin·go /líŋgoʊ/ [名] ([複] **~es**) ❶ 外国語. ❷ 術語, 専門語. 〘L=言語; ⇨ language〙

ling·on·ber·ry /líŋənbèri | -b(ə)ri/ [名] コケモモ.

lin·gua fran·ca /líŋgwəfrǽŋkə/ [名] ([複] **~s, lin·guae fran·cae** /líŋgwi:frǽŋki:/) ❶ [C] **a** 共通語. **b** (混成)通商語 (pidgin English など). ❷ リンガフランカ《もと主に地中海東部沿岸で通商などに用いられたイタリア語·フランス語·スペイン語·アラビア語などの混成語》. 〘It=Frankish language〙

lin·gual /líŋgwəl/ [形] ❶ 舌の. ❷ 言葉の, 言語の. ❸ 〘音声〙舌音の. — [名] 〘音声〙舌音, 舌音字《t, d, th, s, n, l, r). **~·ly** /-gwəli/ 副 〖L<*lingua* 舌, 言語; ⇨ language〗

lin·gui·ne, -ni /lɪŋgwíːni/ 图 リングイーネ《平打ちのパスタ; それを用いたイタリア料理》.

†**lin·guist** /lɪ́ŋgwɪst/ 图 ❶ 諸外国語に通じた人, 語学者: a good [bad, poor] ~ 語学の達者[不得手]な人 / He's no [a good] ~. 彼は語学が不得意[得意]だ. ❷ 言語学者. 〖L *lingua* 舌, 言語 (⇨ language)+-IST〗

†**lin·guis·tic** /lɪŋgwɪ́stɪk/ 形 ❶ 言葉の, 言語の. ❷ (言)語学(上)の. **-ti·cal·ly** /-tɪkəli/ 副

linguístic átlas 图〖言〗言語地図.

linguístic geógraphy 图 U 言語地理学.

lin·guis·tics /lɪŋgwɪ́stɪks/ 图 U 言語学: comparative [descriptive, general, historical] ~ 比較[記述, 一般, 歴史]言語学.

lin·gu·late /lɪ́ŋgjʊlət, -lèɪt/ 形 舌状の.

lin·i·ment /lɪ́nəmənt/ 图 C,U 〖医〗(痛み・こり用の)塗布薬: rub on (a) ~ 塗布薬をこすりつける.

*__lin·ing__ /láɪnɪŋ/ 图 ❶ U 裏張り, 裏打ち, 裏付け. ❷ a C (衣服などにつける)裏(地): a fur ~ 毛皮裏 / Every cloud has a silver ~. ⇨ cloud 图 1. b U 裏張り[裏打ち]の材料, 裏地. 〖LINE²+-ING〗

*__link¹__ /lɪ́ŋk/ 图 ❶ つながり; 関連, 因果関係; 結びつけるもの[人]; the ~ *between* smoking and lung cancer 喫煙と肺がんとの関連 / These photos are my ~ *with* my past. これらの写真は私と私の過去を結びつけるものだ / ⇨ missing link. ❷ **a** (通信の)接続: a satellite ~ with Stockholm ストックホルムとの衛星中継. **b** 接続路(線): a rail ~ *from* London *to* Hastings ロンドンからヘイスティングスへの連絡路線. ❸ a (鎖の)環(%), 輪. b (編み物の)目. **c**(通例複数形で)カフスボタン《比較「カフスボタン」は和製英語》: ⇨ cuff links. **d** (鎖状につながれたソーセージの)一節: a ~ of sausage ソーセージ一節. ❹ 〖電算〗リンク (hyperlink). ❺ 〖機〗連結, 連接かん, 連動装置; 〖化〗結合. **a** [the] wéak línk (計画・チームの)弱点: The forwards are our team's *weak* ~. フォワードが私たちのチームの泣き所だ. ― 動 ⊕ 〈…を〉〈…と〉つなぐ, 関連づける 〈*with*〉; 〈二つのものを〉つなげる, 結合する 〈*up, to, together*〉: ~ smoking *to* [*with*] lung cancer 喫煙と肺がんを関連づける / ~ two theories (*together*) 二つの理論を結合する / These are closely ~ed. これらは密接に関連している. ― ⊕ 連結する, 結合する, 提携する 〈*up, together*〉: The facts finally ~ed *together*. ついに事実が結びついた(全貌が明らかになった) / We've ~ed *up with* a British company. わが社は英国の会社と提携した. 〖ON〗 linkage 〖類義語〗⇨ unite.

link² /lɪ́ŋk/ 图 昔のたいまつ.

†**link·age** /lɪ́ŋkɪdʒ/ 图 U,C ❶ 結合, 連鎖, 連係, つながり. ❷ (国際交渉での)リンケージ《異なる政治問題を結びつけて解決に導く方法》. 〖動〗link〗

link·er /lɪ́ŋkə | -tə/ 图 link する人, 連結係, 接続係. ❷〖電算〗リンカー《別々にコンパイルされたオブジェクト(モジュール)を結合し, またシンボリックアドレスを実アドレスに変換して実行形式のプログラムを作るプログラム》.

link·ing 形 ❶ 連結する, つなぐ. ❷ 〖音声〗⟨r 音のつなぎ⟩《イギリス標準英語などで, 母音の連続が生じる場合に挿入される r 音についていう》; 例 far away /fɑ́ː.rəwéɪ/.

línking [línk] vèrb 图〖文法〗連結動詞 (copula) (be, become, seem など).

**linking [so, by the way] 图 つなぎ語《文と文をつなぐ副詞(句); so, by the way など》.

línk·màn 图 (働 **-men**)(英) (テレビ・ラジオなどの)総合司会者(男性).

links /lɪ́ŋks/ 图 ❶ [単数または複数扱い] ゴルフ場: on a ~ ゴルフリンクで / ⇨ golf links. 〖OE=斜面〗

links·lànd 图 海岸の砂丘地帯.

†**línk·ùp** 图 ❶ 結合, 連結. ❷ 結合[連結]点.

línk·wòman 图 (働 **-women**)(英) (テレビ・ラジオなどの)総合司会者(女性).

Lin·nae·an, -ne·an /lɪníːən/ 形 リンネ (Linnaeus) の, リンネ式動植物分類法の, リンネ式二名法の.

Lin·nae·us /lɪníːəs/, **Car·o·lus** /kǽrələs/ 图 リンネ (1707-78; スウェーデンの植物学者; 動植物分類の二名法を確立した).

lin·net /línɪt/ 图〖鳥〗ムネアカヒワ.

li·no /láɪnoʊ/ 图 (英) U リノリウム (linoleum).

li·no·cut /láɪnoʊkʌ̀t/ 图 U,C リノリウム版画(技法).

lín·o·le·ic ácid /láɪnəlíː.ɪk-/ 图 U〖化〗リノール酸《乾性油・半乾性油に多く含まれる不飽和脂肪酸》.

li·no·le·um /lənóʊliəm/ 图 U リノリウム《床の仕上げ材》.

Li·no·type /láɪnətàɪp/ 图〖印〗❶ C〖商標〗ライノタイプ《行単位に活字を鋳植する機械》. ❷ U ライノタイプによる印刷(法).

lin·sang /línsæŋ/ 图〖動〗リンサン《ジャコウネコ科の夜行性の動物》.

lin·seed /línsìːd/ 图 U〖植〗アマ (flax) の種子, 亜麻仁(あまに).

línseed càke 图 U 亜麻仁かす《家畜の飼料》.

línseed òil 图 U 亜麻仁油(ゆ).

lin·sey(-wool·sey) /línzi(wúlzi)/ 图 U 綿[麻]毛交織織物.

lin·stock /línstɑ̀k | -stɔ̀k/ 图 (大砲の点火に用いた)道火桿(かん).

lint /línt/ 图 U ❶ リント《リンネル (linen) の片側を起毛した柔らかい布; 今は湿布用など》. ❷ (繰り綿の)綿くず《布などのほつれた糸くず, けば (fluff)》.

lint·el /líntl/ 图〖建〗❶ 楣(%)《入り口・窓などの上の横木》. ❷ 楣石.

lint·er /líntə | -tə/ 图 ❶ 糸くずを除く機械. ❷ [複数形で] 糸くず.

lint·y /línti/ 形 (**lint·i·er**; **-i·est**) けば[繰り綿, 糸くず] (lint) でいっぱいの, けば[繰り綿]のような.

*__li·on__ /láɪən/ 图 ❶〖動〗ライオン《解説 その勇姿から the King of Beasts (百獣の王)とよばれ, 古くから王家の象徴としての紋章をなしてきた》. ❷ ライオンのような(勇猛な)人. ❸ 有名人, 流行児, 名士, 寵児: political ~s 政界の名士 / the ~ of the day 当時[現代]の花形[人気者] / make a ~ of a person 人をもてはやす. ❹ 〖紋〗獅子(じ)(印紋): the ~ and unicorn ライオンと一角獣《英国王室の紋章を捧持する》 / ⇨ the lion RAMPANT. ❺ [the L~] 〖聖書〗 béard the líon in his dén 怖い人に捨て身で立ち向かう《*聖書「サムエル記上」から; 由来「ほら穴の中のライオンのひげをつかむ」の意から》. thrów [tóss] …to the líons …を危険な目に遭わせる, 見殺しにする. 〖F<L<Gk *leōn* ライオン〗(形) leonine.

Li·o·nel /láɪən(ə)l/ 图 ライオネル《男性名》.

li·on·ess /láɪənəs, -nès, -nəs/ 图 雌ライオン.

líon·héarted 形 勇猛な.

li·on·ize /láɪənàɪz/ 動 ⊕〈人を〉かつぎあげる, 名士扱いにする: be ~d by the media (マス)メディアにもてはやされる. **li·on·i·za·tion** /làɪənɪzéɪʃən | -naɪz-/ 图

Líons Clùb 图 ライオンズクラブ《実業家・専門職業人から成る国際的社会奉仕団体「ライオンズクラブ国際協会 (Lions International)」の支部》. 〖*Liberty, Intelligence and our Nation's Safety* の頭字語から〗

líon's dén 图 [the ~] 恐ろしい相手のいるところ, 危険な場所.

líon's páw 图〖貝〗コブナデシコガイ《イタヤガイ科; 分厚い赤みをおびた扇形の貝殻をもつカリブ海産の大型二枚貝》.

líon's sháre 图 [the ~] いちばんいい[大きい]部分《*of*》《★ Aesop 物語から》: take *the* ~ いちばん大きな分け前を取る, 甘い汁を吸う.

líon tàmarin 图〖動〗ライオンタマリン《黄金色または黒と黄金色の毛皮をもち, 直立したたてがみのあるタマリン; ブラジルに生息する》.

*__lip__ /lɪ́p/ 图 ❶ **C a** 唇: the upper [lower, under] ~ 上[下]唇 / bite one's ~(s) (怒り・苦悩・笑いなどを抑えて)唇をかむ / curl one's ~(s) (軽蔑して)唇[口]をゆがめる / lick one's ~s 舌なめずりする / smack one's ~s 舌鼓を打つ《期待・堪能を表わし, 日本語の「舌なめずりする, よだれをたらす」に相当することもある》 / put [lay] one's fingers to

lipase

one's ~s〔声を出すなと〕唇に指をあてる. **b** 唇の周辺;〔特に鼻の下(のあたり)〕: Beads of sweat formed on her upper ~. 彼女は鼻の下に玉の汗をかいた. ❷ [複数形で](発声器官としての)口: open one's ~ 口を開く, しゃべる. ❸ C 唇状のもの: **a** 〔水差しなどの〕注ぎ口〔*of*〕. **b** 〔茶わん・穴などの〕縁, へり〔*of*〕(rim). **c** 〔楽〕(吹奏楽器の)吹き口. ❹ [~s]〔口〕〔ロ〕でしゃばり; (cheek): None of your ~! 生意気言うな! **bútton (úp) one's líp(s)**〔俗〕[しばしば命令形で] おしゃべりをやめる, 黙る. **kèep** [**cárry, hàve**] **a stíff úpper líp** (窮地にあって)勇敢にがんばる, 動じない. **My lips are sealed.**〔そのことについては話さないつもりだ. **on éveryone's líps** 誰もが話題にしている. **páss one's líps**〔秘密が〕人の口から漏れる;〔飲食物が〕人の口に入る[飲み食いされる]. **Réad my líps.**〔口〕よーく聞け.
── 形 A ❶ **a** 唇の; 唇用の: ~ ointment 唇用軟膏(ﾅﾝｺｳ). **b** 〔音声〕唇音の. ❷ 口先だけの: ⇨ lip service.
── 動 (lipped; lip·ping) ❶〈…に〉唇を当てる[触れる]; ささやく. ❷〈水・波が〉海岸を〉洗う (lap). ❸〔ゴルフ〕〈カップの縁を〉なめる;〈ボールが〉カップの縁に当たる(が入らない).〖OE〗 〖形 labial〗

li·pase /láɪpeɪs/ 名〔生化〕リパーゼ, 脂肪分解酵素.
líp bàlm 名 C U リップクリーム.
li·pe·mi·a /lɪpíːmiə/ 名〔医〕(高)脂肪血(症).
líp glòss 名 U C (リップ)グロス《唇に光沢を与える化粧品》.
lip·id /lípɪd/ 名〔生化〕脂質.
lip·i·do·sis /lìpədóʊsɪs/ 名 (-ses /-siːz/)〔医〕脂質〔蓄積〕症, リピドーシス《細胞の先天的脂質代謝障害》.
líp·line 名 唇の輪郭, リップライン.
líp·liner 名 リップライナー《唇の輪郭をかくペンシル型の化粧品》.
li·po- /lípoʊ, láɪ-/〔連結形〕「脂肪」.〖Gk *lipos* 脂肪〗
lipo·genesis 名 U〔生理〕脂質[脂肪]生成. **-gén·ic** /-ʤénɪk/ 形
lip·oid·o·sis /lìpɔɪdóʊsɪs/ 名 (®·-o·ses /-óʊsiːz/)〔医〕類脂症, リポイド代謝異常.
li·pol·y·sis /lɪpɑ́ləsɪs, -pɔ́l-/ 名 U〔化〕脂肪[脂質]分解, リポリシス. **lip·o·lyt·ic** /lìpəlítɪk, làɪ-/ 形
li·po·ma /lɪpóʊmə, laɪ-/ 名 (-ma·ta /-tə/, ~s)〔医〕脂肪腫. **li·pó·ma·tous** /-mətəs/ 形
lipo·próteín 名〔生化〕リポたんぱく(質)《脂質とたんぱく質の複合体》.
lip·o·some /lípəsòʊm/ 名〔化〕リポソーム《リン脂質の懸濁液に超音波振動を加えてできる微細な被膜粒子》.
lipo·súction 名 U 脂肪吸引法, リポサクション《皮下脂肪を真空ポンプで吸引する整形外科法》.
lipped 形 ❶ 唇[注ぎ口]のある: a ~ jug 注ぎ口のある水差し. ❷ [通例複合語で] (…の)唇をした: red-lipped 赤い唇をした.
lip·pie /lípi/ 名〔英口〕=lipstick.
lip·py /lípi/〔口〕形 ❶ なまいきな. ❷ おしゃべりな.
── 名〔英〕=lipstick.
líp-rèad /líprìːd/ 動 ⊕ ⊜ (**lip-read** /-rèd/)〈…を〉読唇術で解する, 読唇する.
líp-rèading 名〔聴覚障害者の〕読唇術, 視話.
líp·sàlve 名 U ❶ 唇用軟膏(ﾅﾝｺｳ). ❷ お世辞.
†**líp sèrvice** 名 U 口先だけの好意, から世辞: pay ~ to...〈人〉に口先だけのお世辞を言う.
*‡**lip·stick** /lípstɪk/ 名 U C リップスティック, (棒)口紅: use [wear] ~ 口紅を使う[つける] / She had two ~s in her purse. 彼女のハンドバッグには口紅が 2 本入っていた.
lípstick lésbian 名〔軽蔑〕リップスティック レズビアン《女っぽい身なりをしたレズビアン》.
líp sỳnc(h) /lípsìŋk/〔映・テレビ〕(歌などの)口パク. ── 動 ⊜ (…の)口パクをする.〖*lip synchronization*〗
liq.(略) liquid; liquor.
li·quate /láɪkweɪt/ 動 ⊕〔冶〕〈合金・混合物などを〉溶解する, 溶離する. **li·qua·tion** /laɪkwéɪʃən/ 名 U 溶離.
liq·ue·fac·tion /lìkwəfǽkʃən/ 名 U 液化, 溶解.
líq·ue·fied nátural gàs 名 U 液化天然ガス《略 LNG》.

líquefied petróleum gàs 名 U 液化石油ガス, LP ガス《略 LPG》.
liq·ue·fy /líkwəfàɪ/ 動 ⊕〈…を〉溶かす; 溶解させる; 液化する. ── ⊜ 溶ける; 溶解する, 液化する.〖F<L〗
li·ques·cence /lɪkwésəns/ 名 U 液化(状態).
li·ques·cent /lɪkwésənt/ 形 ❶ 液化しやすい. ❷ 液化状態の.
†**li·queur** /lɪkə́ːr, -k(j)ʊ́ər | -kjʊ́ər/ 名 U C リキュール《米cordial》《香料・甘味入りの強い酒; 主に食後に小さなグラスで飲む》.〖F=liquor〗
*‡**liq·uid** /líkwɪd/ 名 ❶ U C 液体 (cf. fluid, gas¹ 1, solid 1 a). ❷ C〔音声〕流音 ([l] や [r] など). ── 形 (比較なし) ❶ 液体の, 液状の; 流動体の: ~ nitrogen 液体窒素 / ~ food = a ~ diet 流動食《病人用》 / ~ medicine 水薬 (⇨ medicine 2 関連) / a ~ lunch 飲み物[酒]が中心の昼食. ❷ 流動性の, 動きやすい, 不安定な: ~ market conditions 不安定な市況. ❸〈資産・担保など〉現金に換えやすい: ~ assets [capital] 流動資産[資本]. ❹ **a** 〈空気など〉透明な, 澄んだ. **b** 〈目が〉澄んだ, 涼しい. ❺〈音・詩など〉流れるような;〈動作などが〉なめらかな, 優美な: the ~ movements of a dancer ダンサーの優美な動き. ❻〔音声〕流音の. ~·ly 副 ~·ness 名〖F<L<*liquere* 液体である〗
†**liq·ui·date** /líkwədèɪt/ 動 ⊕ ❶ **a** 〈負債などを〉清算する, 弁済する. **b** (倒産などで)〈会社の負債・資産などを〉整理する: ~ assets 資産を整理する.〈証券を〉現金化する: ~ one's stocks 持ち株を換金する. ❷ 好ましくないものを〉廃止する, 一掃する. ❹〈人を〉粛清する, 殺害する, 「消す」. ── ⊜ ❶ 整理する, 清算する. ❷〈会社などが〉(負債などで)倒産する.〖L; ⇨ liquid, -ate²〗
liq·ui·da·tion /lìkwədéɪʃən/ 名 ❶ 清算, 整理; 弁済. ❷ 一掃, 除去, 打破. ❸ 粛清, 殺害.
†**líq·ui·dà·tor** /-tər | -tə/ 名〔法〕清算人.
líquid crýstal 名 U 液晶.
líquid crýstal displày 名 液晶表示《略 LCD》.
*‡**li·quid·i·ty** /lɪkwídəti/ 名 ❶ U 流動性. ❷ **a** U 流動資産の換金能力. **b** [複数形で] 流動資産.〖L; liquid, -ity〗
liq·uid·ize /líkwədàɪz/ 動 ⊕〈果物・野菜などを〉液状にする.
liq·uid·iz·er 名〔英〕(台所用)ミキサー 《米 blender》.
líquid méasure 名 ❶ U 液量《液体の体積の計量単位; cf. dry measure》. ❷ C 液量単位.
líquid óxygen 名 U〔化〕液体酸素.
Líquid Páper 名 U〔商標〕リキッドペーパー《文字修正液》.
líquid páraffin 名 U〔英〕〔化〕流動パラフィン《無色・無味・無臭に精製した石油; 医薬用・下剤》.
líquid stórax 名 U 蘇合香(ｿｺﾞｳｺｳ) (storax).
liq·ui·fy /líkwəfàɪ/ 動 ⊕ ⊜ =liquefy.
*‡**liq·uor** /líkər | -kə/ 名 ❶ U C〔米〕酒類《特に蒸留酒》《〔英〕spirits》: the ~ traffic 酒類販売 / ⇨ malt liquor / ~ spirituous ~(s) 蒸留酒, 火酒 (brandy, gin, rum, whiskey など). ── 酒に酔っている / hold one's ~ well 酒に強い / under the influence of ~ 酒に酔って, 酒の勢いで. ❷ U〔英〕[しばしば食品を煮たあとの]汁, 煮汁, 肉汁. ❸ C〔薬〕水薬; 溶液. ── 動 ⊕〔米口〕〈人に〉酒を飲ませる[勧める]〈*up*〉. ── ⊜〔米口〕大酒を飲む〈*up*〉.〖F<L〗
liq·uo·rice /lík(ə)rɪ, -rɪs/ 名〔英〕=licorice.
li·quor·ish /-kərɪʃ/ 形 ❶ 酒好きな, 酒の欲しそうな; アルコール性の. ❷〔古〕=lickerish. ~·ly 副 ~·ness 名
líquor stòre 名〔米〕酒類小売店, 酒屋.
*‡**li·ra** /lí(ə)rə/ 名 (li·re /-reɪ/, ~s) リラ《イタリアの旧通貨単位=100 centesimi; 記号 L, Lit.》.〖It<L LIBRA〗
lis /líːs/ 名〔法〕訴訟, 係争事件.
Li·sa /líːsə, -zə, láɪzə/ 名 リーサ, リーザ, ライザ《女性名; Elizabeth の愛称》.
Lis·bon /lízbən/ 名 リスボン《ポルトガルの首都》.
lisle /láɪl/ 名 U リール糸, レース糸《固よりのもめん糸》.
lísle thrèad 名 =lisle.

lisp /lísp/ 動 ⓘ 舌足らずに発音する《six /síks/ を /θíkθ/ と言うなど》. ── 他 まわらぬ舌で〈…〉を話す《out》. [a ~] 舌たらず[な発音]: speak with a ~ 舌足らずに話す.

LISP /lísp/ 名 〖電算〗リスプ, LISP《記号ストリング操作用の高水準言語》. 〖*list* processor [processing]〗

lisp·ing·ly 副 舌もつれの発音で.

Lis·sa·jous figure /líːsəʒùː-/ 名 〖理〗リサジュー図形《互いに垂直な方向に振動する2つの単振動を合成して得られる運動の軌跡; 普通はオシロスコープ上で見る》. 〖J. A. Lissajous フランスの物理学者〗

lis·som, lis·some /lísəm/ 形 ❶ 〈体が〉柔軟な, しなやかな. ❷ 〈人など〉敏捷(びんしょう)な. **~·ly** 副 **~·ness** 名

*__list__¹ /líst/ 名 ❶ 一覧表, 表, リスト; 目録, 名簿, 明細書, 価格表: a ~ of members 会員名簿 / on [in] the ~ 名簿[表]に載って / draw up [make] a ~ 表[目録]を作る / at the top [bottom] of the ~ 一番(上)[一番下, びり]で, 最も重要な[でない] / ⇨ blacklist, waiting list, danger list. ❷ 表示価格: ⇨ list price. ❸ 上場株式名簿. ── 動 ❶ 〈…の〉一覧表を作る, 〈…を〉表にする《比較》日本語で「リストアップ」というが, 英語では list のみ》. ❷ 〈…を〉名簿に載せる; 記録する: be ~ed *under*…という名(目)で載っている. 〈病院かに〉…の容体だと〉公表する: The victim was ~ed *in* critical condition. 被害者は危篤状態だと発表になった. ── 自 〈商品がカタログに〉…の値段で〉載っている: The motorcycle ~s *at* [*for*] $ 1000. そのオートバイはカタログでは千ドルの値がついている. 〖F〗《類義語》**list** は最も包括的な広い語. **catalogue** 商品・陳列品などの表や図書館のカードのようにアルファベット順やアイウエオ順などのように一定の順序に従って配列された, 詳細な, 印刷物. **inventory** 物品の細かな項目別の list, 目録. 特に商業関係のたな卸し表. **register** 名前や事件などを正式に記録として残すための帳簿式のもの. **roll** ある団体[組織]のメンバーの氏名の一覧表で, 出席[点]簿に使われる.

list² /líst/ 名 ❶ ⓒ 布のへり, 織りぶち, 織りべり. ❷ ⓤ へり地, 織物の耳. ❸ ⓒ 《米》〈畑の〉うね, あぜ. ❹ [the ~s] **a** 《中世の槍試合場の周囲に作った〉柵, **b** 試合場; 論争[競争]の場. **énter the lísts** 挑戦する; 挑戦に応じる.

list³ /líst/ 動 自 《船などが〉傾く, かしぐ: The ship ~ed seven degrees to port [starboard]. 船は左舷[右舷]に7度傾いた. ── 他 《船などを》傾ける. ── 名 [a ~] 傾くこと, 傾斜.

list⁴ /líst/ 動 (~·ed, ~; ~·ed; 3人称単数現在) ~, ~·eth /-əθ/) 《古》《ものが》人の気に入る; 〈人が〉…する ことを欲する, 欲する《to do》. ── 自 望む: The wind bloweth where it *listeth*. 風は思いのままに吹く《★聖書「ヨハネによる福音書」から》.

lís·ted 形 ❶ 《一覧)表[名簿, リスト]に記載された. ❷ 《英》〈建物が〉文化財に指定された. ❸ 〖証券〗上場された: ~ securities 上場証券.

*__lis·ten__ /lísn/ 動 自 (= 他) ❶ (意識して)聞く, 聞こうとする: *L*~! What's that noise? 聞いてごらん, 何の音だろう / He ~ed to me [*to* the music]. 彼は私の言葉に[その音楽に]耳を傾けた / [+*to*+代名+*doing*] We ~ed *to* his band play*ing*. 彼のバンドが演奏しているのを聞いた / [+*to*+原形] She liked to ~ *to* children talk. 彼女は子供たちが話すのを好きだった. / [〈…に〉耳を傾け, 従う: ~ *to* reason 道理に従う; 人の言うことを聞き分ける / *L*~ *to* her advice. 彼女の忠告に従いなさい. ❸ 《予期して〈…に〉聞き耳を立てる: We ~ed closely *for* his footsteps. 彼の足音がせぬかと聞き耳を立てた. ❹ 〖相手の注意を促すために間投詞的に用いて〗まあ聞きなさい, あのねえ《look》.

lísten ín 《自+副》(1) 電話・他人の話を盗聴[立ち聴き]する《*on, to*》.(2) ラジオを聴取する《*to*》.

lísten óut 〖《米口》**úp**〗 《自+副》〖通例命令法で〗〈…〉をよく注意して聞く: *L*~ *out for* your name to be called. あなたの名前が呼ばれるのを聞き逃さないようにしなさい. [a ~] 聞くこと: Take [Have] *a* ~. 聞きなさい. 〖OE; cf. *loud*〗 ➾ *hear*.

lís·ten·a·ble /-nəbl/ 形 聞いて楽しい, 聞きやすい《*to*》.

*__lis·ten·er__ /lísnər | -nə/ 名 聞く人, 傾聴者: a good ~ 聞き上手. ❷ 《ラジオの〉聴取者, リスナー.

lís·ten·ing device 名 盗聴器.

lístening pòst 名 《軍》聴音哨; 《政治・経済上の》情報収集拠点.

líst·er¹ 名 ❶ リスト[目録]を作る人. ❷ 《米》税額査定者.

list·er² 名 《米》あぜ作り機《農具》.

Lis·ter /lístər | -tə/, **Joseph** 名 リスター《1827-1912; 英国の外科医; 殺菌消毒法の完成者; 称号 1st Baron of Lyme Regis /láim régis/》.

lis·te·ri·a /lìstí(ə)riə/ 名 ⓤ 〖菌〗リステリア《リステリア属のグラム陽性小桿菌の総称; ヒト・哺乳類・鳥類にリステリア症《listeriosis》を引き起こすものがある》.

lis·te·ri·o·sis /lìstì(ə)rióusis/ 名 ⓤ 〖獣医・医〗リステリア症《リステリア属の小桿菌の一種によって野生の哺乳類・家畜・鳥類, 時にヒトに起こる危険な病気》.

*__list·ing__ /lístiŋ/ 名 ⓒ 一覧表;(表の)項目, 記載事項: make a ~ *of*…の一覧表を作る. ❷ 〖複数形で〗《新聞などに載る〉イベント一覧表, 番組《予定》表. ❸ ⓤ 作表《*of*》. **b** 一覧表への記入[記載]《*of*》. ❹ 〖電算〗リスティング《データをプリントしたもの》. 〖LIST¹+-ING〗

*__list·less__ 形 気のない, 熱のない, 無関心な. ❷ もの憂げな, 大儀そうな: feel ~ 〈からだが〉だるい. **~·ly** 副 **~·ness** 名 〖LIST⁴+-LESS〗

list príce 名 表示価格, 定価.

LISTSERV /lístsə:v | -sə:v/ 名 〖商標〗LISTSERV《メーリングリストを管理・運営するソフトウェア》.

list sýstem 名 〖比例代表制選挙〗の名簿式.

Liszt /líst/, **Franz** /frá:nts/ 名 リスト《1811-86; ハンガリーの作曲家・ピアニスト》.

*__lit__ /lít/ *light*¹,³ の過去形・過去分詞. ── 形 Ⓟ《俗》酔って《*up*》.

lit. 《略》literal; literally; literary; literature; liter(s).

*__lit·a·ny__ /lítəni, -tni/ 名 ❶ 〖宗教〗連祷《連祷》. **a** [the L~] 〖聖職者の唱える祈祷に会衆が唱和する形式〗. **b** [the L~] 〖英国教〗(祈祷書中の)嘆願. ❷ ⓒ 長々とした《繰り返しの》話《*of*》.

li·tchi /líːtʃi: | laitʃíː/ 名 ❶ 〖植〗レイシ, ライチー《中国産の果樹》. ❷ レイシの実.

lite /láit/ 形 ❶ 〖《米口》カロリー[アルコール分, ニコチンなど]の少ない《light》. ❷ 《米口》内容のない, 軽い: ~ beer ライトビール. ── 名 ⓤ 低カロリーのライトビール.

*__li·ter__ /líːtər | -tə/ 名 ⓒ リットル《メートル法の容積の単位; =1000 cc; 略 l., lit.》. 〖F<L<Gk; 元来お金の単位〗

lit·er·a·cy /lítərəsi, lítrə-/ 名 ⓤ 読み書きの能力《↔ *illiteracy*》. 〖形〗*literate*》.

lit·er·ae hu·ma·ni·o·res /lítəriː hju:mæniːóːriːz/ 名 〖単数扱い〗人文学《humanities》《特に Oxford 大学の古典研究》.

lit·er·age /lítəridʒ/ 名 《容積》リットル数, 《総》リットル数.

*__lit·er·al__ /lítərəl, -trəl/ 形 (*more* ~; *most* ~) ❶ 《比較なし》文字(上)の: a ~ error 誤字, 誤植. ❷ **a** 文字[字義]どおりの; 言葉本来の意味の《↔ *figurative*》: in the ~ sense of the word その語の字義どおりの意味に[で]. 一語一語の, 逐語的な《↔ *free*》; **a** ~ translation 直訳, 逐語訳. **❸** 《文字どおり》正確な, 誇張なしの; 字義どおりにまったくの. ❹ 《人・考え方など》字句・事実にこだわって》融通のきかない, 想像力のない. ❺ 〖印〗誤字, 誤植. **~·ness** 名 〖F<L=文字の〈*lit*(*t*)*era* LETTER》〗

lit·er·al·ism /-lìzm/ 名 ⓤ ❶ 文字どおりに解すること; 直解[直訳]主義. ❷ 《美・文学》直写主義.

lit·er·al·ist /-list/ 名 ❶ 直解[直訳]主義者.

lit·er·al·ize /lítərəlàiz, -trə-/ 動 他 《…を》文字どおりに解釈する.

*__lit·er·al·ly__ /lítərəli, -trə-/ 副 (*more* ~; *most* ~) ❶ **a** 文字[字義]どおりに: interpret a person's order ~ 受けた命令を文字どおりに解釈する / take a person (*too*) ~ 人の言うことを文字どおりに取る(すぎる). **b** 逐語的に: translate ~ 直訳する. ❷ 《比較なし》文字通り, 誇張なしに, 本当に, まったく.

lit・er・ar・i・ly /lìtərérəli | lítərərəli, -trə-/ 副 文学上で; 文学的に.

*__lit・er・ar・y__ /lítərèri | lítərəri, -trə-/ 形 (**more ~; most ~**) ❶ 文学の, 文学上の, 文筆の, 文芸の: ~ works [writings] 文学作品, 著作物 / ~ criticism 文学[文芸]批評 / ~ property 著作権. ❷ 文語の, 文語的な: a ~ style 文語体. ❸ Ⓐ (比較なし) 文学に通じた[を研究する]; 文学愛好の; 文筆業の: a ~ person 文学者, 学者, 著作家.《書くことに関する<*lit(t)era* LETTER+-ARY》

líterary exécutor 名 《法》(故人の遺言による)遺書[著作権]管理者.

†**lit・er・ate** /lítərət, -trət/ 形 ❶ 読み書きできる(↔illiterate). ❷ 教養のある, 博学の, 物識の. ── 名 ❶ 読み書きできる人. ❷ 学者. **~・ly** 副《L＝学識のある *lit(t)era* LETTER》(名 literacy)

lit・e・ra・ti /lìtərάːtiː/ 名 ⓟ 知識階級; 文学者たち.

lit・e・ra・tim /lìtəréɪtɪm, -rάː-/ 副 一字一字, 逐字的に, 文字どおりに.《L》

*__lit・er・a・ture__ /lítərətʃə, -trə-, -tʃə/ 名 Ⓤ ❶ 文学, 文芸(作品): English [French] ~ 英[仏]文学 / study comparative ~ 比較文学を研究する / polite ~ 優雅な文学 / popular ~ 大衆文学 / a doctor of ~ 文学博士. ❷ 文学研究; 著述, 文筆業: follow ~ 文筆を業とする. ❸ [また a ~] 文献: the ~ *on* Japan in English 日本に関する英文の文献 / There's *an* extensive ~ *on* witch-hunting. 魔女狩りについて広範な文献がある. ❹ (広告・宣伝用などの)印刷物.《F<L＝書法, 書物<*lit(t)era* LETTER+-URE》

-lith /lɪθ/《連結形》「石」.《Gk *lithos* 石》

lith・arge /lɪθάːdʒ | -ɑːdʒ/ 名 Ⓤ《化》リサージ, 密陀僧(ﾐｯﾀｿｳ) (一酸化鉛の別称; 黄色または黄褐色の粉末).

lithe /láɪð/〈人・ものが〉しなやかな, 柔軟な. **~・ly** 副 **~・ness** 名

lithe・some /láɪðsəm/ 形 ＝lithe.

lith・i・a /líθiə/ 名 Ⓤ《化》酸化リチウム.

li・thi・a・sis /lɪθάɪəsɪs/ 名 (ⓟ **-ses** /-siːz/) 《医》結石症.

lith・ic /líθɪk/ 形 石の, 石質の, 石製の; 石器の; 《医》結石の; 《化》リチウムの. **-i・cal・ly** /-kəli/ 副

lith・i・fi・ca・tion /lìθəfəkéɪʃən/ 名 Ⓤ《地》石化作用(堆積物や石炭の組成が岩石に変化すること).

lith・i・fy /líθəfàɪ/ 動 自 他 石化する.

lith・i・um /líθiəm/ 名 Ⓤ《化》リチウム(最も軽い金属元素; 記号 Li).

lith・o /láɪθoʊ/ 名 (ⓟ **~s**)《口》❶ ＝lithograph. ❷ ＝lithography.

lith・o- /líθoʊ/《連結形》「石」.《Gk; ⇒ -lith》

lith・o・graph /líθəgrǽf | -grὰːf/ 名 石版(画), リトグラフ. ── 動 〈…を〉石版で印刷する.

li・thog・ra・pher /lɪθάgrəfə | -θɔ́grəfə/ 名 石版工; 石版画家.

lith・o・graph・ic /lìθəgrǽfɪk⁻/ 形 石版術の. **-i・cal・ly** /-kəli/ 副

li・thog・ra・phy /lɪθάgrəfi | -θɔ́g-/ 名 Ⓤ 石版術, 石版印刷.《LITHO-+-GRAPHY》

lith・ol・o・gy /lɪθάlədʒi | -θɔ́l-/ 名 Ⓤ 岩石学, 岩質. **lith・o・log・ic** /lìθəlάdʒɪk | -lɔ́dʒ-⁻/, **-i・cal** /-ɪk(ə)l⁻/ 形 **lith・o・lóg・i・cal・ly** /-kəli/ 副

lith・o・phyte /líθəfàɪt/ 名《生態》岩生植物(地衣類・コケ類). **lith・o・phyt・ic** /lìθəfítɪk⁻/ 形

lith・o・pone /líθəpòun/ 名 Ⓤ《化》リトポン(白色顔料). **~・er**

lith・o・sphere /líθəsfìə | -sfìə/ 名 (地球などの)(上部)岩石圏, 岩圏, リソスフェア(↔hydrosphere). **lith・o・spher・ic** /lìθəsférɪk⁻/ 形

li・thot・o・my /lɪθάtəmi | -θɔ́t-/ 名 Ⓤ《医》(泌尿器系の結石の)切石[砕石]術. **li・thot・o・mist** /-mɪst/ 名 切石手術者.

lithótomy stírrups 名 ⓟ《医》あぶみ(stirrups).

lith・o・trip・sy /líθətrɪpsi/ 名 Ⓤ《医》砕石術, 切石術(泌尿器系の結石を衝撃波あるいは機械的手段で粉砕すること).

litho・trip・ter, -tor /líθətrìptə | -tə/ 名《医》(特に衝撃波による)砕石器, 切石器.

Lith・u・a・ni・a /lìθ(j)uéɪniə⁻/ リトアニア(バルト海沿岸の共和国; 首都 Vilnius).

Lith・u・a・ni・an /lìθ(j)uéɪniən⁻/ 形 リトアニア(人・語)の. ── 名 ❶ Ⓒ リトアニア人. ❷ Ⓤ リトアニア語.

lit・i・gant /lítɪgənt/ 形 訴訟している, 係争中の: ~ parties 訴訟当事者. ── 名《法》訴訟当事者(原告または被告).

lit・i・gate /lítɪgèɪt/ 動 他 訴訟を起こす. ── 自〈問題を〉法廷で争う.《L＝言い争う》(名 litigation)

†**lit・i・ga・tion** /lìtɪgéɪʃən/ 名 Ⓤ 訴訟: in ~《事件など》訴訟[係争]中で.(動 litigate)

li・ti・gious /lɪtídʒəs/ 形 ❶〈人が〉訴訟好きな. ❷ 訴訟できる[すべき]. ❸ 訴訟(上)の. **~・ly** 副 **~・ness** 名

lit・mus /lítməs/ 名 Ⓤ《化》リトマス(紫色色素).

lítmus pàper 名 Ⓤ《化》リトマス試験紙.

lítmus tèst 名 ❶《化》リトマス試験. ❷ 《…の》試金石《*for*》.

li・to・tes /láɪtətìːz, lαɪtóʊtiːz/ 名《修》緩叙(法)(たとえば *not bad* (＝pretty good) のように反意語の否定を用いて強い肯定を表わす言い方).《Gk＝平易なこと》

*__li・tre__ /líːtə | -tə/ 名《英》＝liter.

Litt. D. /lítdíː/《略》litterarum doctor (ラテン語＝Doctor of Letters [Literature]) 文学博士.

*__lit・ter__ /lítə | -tə/ 名 ❶ a Ⓤ (散らばなど公共の場所の)散らかしたもの, がらくた, ごみ, くず (garbage, rubbish, trash): No ~, please.《掲示》ごみを捨てないでください. **b** [a ~] 乱雑, 《…の》山: in a ~ 取り散らかして. ❷ Ⓤ (動物の)寝わら; (植物の)敷きわら(ペットのトイレに敷く)砂(状のもの). ❸ Ⓒ [集合的; 単数または複数扱い](犬・豚などの)ひと腹の子: a ~ of pigs (puppies) ひと腹の子豚[子犬] / at a [one] ~ ひと腹に(5匹産む, など). ❹ Ⓒ **a** 担架. **b** (昔, 人を運んだ)担ぐいかご. ── 動 他 ❶ a〈部屋・道路などを〉ごみで〉散らかす: The yard was ~*ed with* bottles and cans. 中庭には瓶や缶が散らかっていた / Don't ~ (*up*) the kitchen. 台所を散らかさないようにしなさい. **b**〈ごみを〉散らかす: ~ papers *about* (a room) (部屋中に)書類を散らかす. **c** [受身形で]《…》だらけである: Your essay is ~*ed* with grammatical errors. あなたの作文は文法的なまちがいだらけだ. ❷〈動物に〉寝わらを敷く;〈植物に〉敷きわらをする《*down*》. ── 自〈犬・豚などが〉子を産む.《L＝ベッド; ベッド代わりにわらを敷いたことから》

lit・te・ra・teur /lìtəratɚ́ː, -trə- | -táː/ 名 文学者, 文士.

lítter・bàg 名《米》(自動車の中で用いる)ごみ袋.

lítter・bàsket 名《英》(公園などの)ごみ入れ(《米》trash can).

lítter・bìn 名《英》＝litter-basket.

lítter・bùg 名 所かまわずごみを捨てる人.

lítter・lòut 名《英》＝litterbug.

*__lit・tle__ /lítl/ 形 Ⓐ〈Ⓒの名詞, people などの集合名詞を修飾して〉《用法》比較変化は形状を表わす場合には普通 **smaller; smallest** を代用する; **lit・tler; lit・tlest** は《米》で用いられるが, 《英》では《砕》の方》 ❶ 〈lɪ́tl, lɪ́t̬l/(↔ big, large) Ⓐ **a** (形状・規模の)小さい, (小さくて)かわいらしい, ちっちゃい(《比較》small よりも感情の要素が入る): a ~ bird 小鳥 / a ~ village 小村 / ⇒ little toe, little finger, little people. **b** (比較なし) 若い, 年少の (young): (my) ~ man [呼び掛けに用いて] 坊や《《用法》しばしば母親が用いる》/ my ~ ones うちの子供たち / the ~ Smiths スミス(家)の子供たち / one's ~ brother [sister] 弟[妹] / ⇒ little woman / She's too ~ to go out alone. 彼女は小さいから一人で外出はできない. ❷ **a** ささいな, 大したことのない; けちな, 卑劣な: a ~ [lesser] mind 狭量 / We know his ~ ways. 彼のけちなやり口はわかっている /*L*~ things please (amuse) ~ minds.《諺》小人はつまらないことに興ずる. **b** [the ~; 名詞的に; 複数扱い] 重要でない[権力のない]人々. ❸ Ⓐ (比較なし)〈時間・距離など〉短い (↔long): our ~ life 我々の短い生涯 / go but a ~ way to…へなかなか届かない, …に不十分である / He'll be back in a ~ while. 彼はもうすぐ戻ってくる

でしょう / I'll go a ~ way with you. 少しお供しましょう.
— **B** [U] 《名詞を修飾して》《用法》比較変化は less; least] Ⓐ ❶ [a をつけないで否定的用法で] 少しはない,ほとんどない (much) (cf. few 形 1): There's ~ hope. 希望はまずない / have (very) ~ snow 雪が(実に)少ない / I have but ~ money. お金が少ししかない / Office jobs require ~ physical effort. オフィス勤めには肉体的な労力はほとんど必要でない.

❷ [a をつけて肯定的用法で] 少しは(ある), わずかながら(ある) (cf. few 形 2): I can speak a ~ French. フランス語を少し話せる / There's a ~ hope. 希望が少しある.

> 語法 (1) a little と little との相違は気持ちの問題で, 前者は「有」, 後者は「無」の観念を強調する (cf. few 形 語法).
> (2) 時に儀礼の形式として some の代用: May I have *a* ~ coffee? コーヒーを(少し)いただけますか / Let me give you *a* ~ mutton. マトンを(少し)差しあげましょう / May I have *a* ~ money? (少し)お金をいただけませんか.

❸ [the ~ (that) または what ~ で] なけなしの: I gave him *the* ~ money (*that*) I had. =I gave him *what* ~ money I had. なけなしの金を全部彼にやった.
líttle…, if ány =líttle or nó…あったとしてもほんの少し, ほとんどない: I have ~ hope, *if any*, of succeeding. =I have ~ *or no* hope of succeeding. 成功する見込みはまずない. **nòt a líttle =nò líttle** 少なからぬ, 多くの: You've been *no* ~ help (to me). おかげで(私は)少なからず助かりました. **quìte a líttle** 《米口》たくさんの, かなりの: He saved *quite a* ~ pile (of money). 彼は(お金を)どっさり蓄えた. **sòme líttle** かなりの量の, 多少の: There was *some* ~ cash left. 現金はかなり残っていた.

— 副 (less; least) ❶ [~ で肯定的用法で; しばしば比較級の形容詞・副詞に伴って] 少し, 少しは: I can speak French *a* ~. フランス語を少し話せる / She seemed to be *a* ~ wary of him. 彼女はちょっと彼を警戒しているようだった / He's *a* ~ better. 彼は(体の具合が)少しはよくなった / A ~ more [*less*] sugar, please. 砂糖をもう少し増やして[減らして]ください.

❷ [a をつけないで否定的用法で] **a** ほとんど…しない: They see each other very ~. 彼らはめったに会うことがない. **b** [know, think, care, suspect などの動詞の前に用いて] まったく…しない (not at all): I ~ *knew*. 少しも知らなかった / *L*~ did I *dream* (that) a letter would come from him. 彼から手紙が来ようとは夢にも思わなかった.
líttle léss [bétter] than…とほとんど同様に大きい[悪い], …も同然で: It's ~ *better than* robbery. それは泥棒も同然だ. **líttle móre than**…とほとんど同様に少ない[短い]もの, …ぐらいで: It costs ~ *more than* a dollar. それは 1 ドルそこそこだ. **nòt a líttle** 少なからず, かなり: He was *not a* ~ perplexed. 彼は少なからず当惑した.

— 代 (less; least) ❶ [a ~ で肯定的用法で] **a** (程度・量が)少し(はある): He drank *a* ~ of the water. 彼はその水を少し飲んだ / Every ~ helps. 《諺》ごく少しずつが力になる. 「ちりも積もれば山となる」《米》ではまた Every *bit* helps.). **b** (時間・距離的に)少しの間, しばらく 《用法》副詞的にも用いる): after *a* ~ しばらくして(から) / Stay for *a* ~. しばらく(の間)とどまりなさい / Wait *a* ~. 少し待て / Move *a* ~ to the right. 右に少々動いてください.

❷ [a をつけないで否定的用法で] (程度・量が)ほんの少し(しか…ない), 少量, 少々 《用法》日本語に訳す時には否定的である): He has seen ~ of life. 彼は世間知らずだ / *L*~ remains to be said. 言い残したことはもうほとんどない / There's ~ to choose between them. どちらも似たり寄ったりだ / Knowledge has ~ to do with wisdom. 知識は知恵とあまり関係がない.

> 語法 本来形容詞であるため代名詞用法でも very, rather, so, as, too, how などの副詞に修飾されうる《同じことは few 代 1 についてもいえる》: *Very* ~ is known about him. 彼についてはほとんど知られていない / I got *but* [*very, rather*] ~ out of him. 彼からほとんど得る

ところがなかった.

❸ [the ~ (that) または what ~ で] なけなしのもの: I did *the* ~ that I could. =I did *what* ~ I could. 微力ながら全力を尽くした.
in líttle 《文》小規模に[の]; 縮写[縮小]して[た] (cf. in LARGE 成句). **líttle by líttle** 少しずつ, だんだん. **líttle if ánything** (仮にあるとしても)ほとんど…しない. **líttle or nóthing** =LITTLE if anything 成句. **màke líttle of**… (1) …を軽蔑する. (2) …をほとんど理解できない: I could *make* ~ *of* what he said. 彼の言ったことがほとんど理解できなかった. **nòt a líttle** 少なからず, 大いに: He lost *not a* ~ on the races. 彼は競馬で少なからぬ金をすった. **quìte a líttle** 《米口》多量, たくさん, 豊富: He knew *quite a* ~ about Chopin. 彼はショパンについてかなりくわしかった.

~·ness 名 〖OE〗【類義語】⇨ small.
Líttle América 名 リトルアメリカ《南極にある米国の探検基地》.
líttle áuk 名〖鳥〗ヒメウミスズメ (dovekie).
Líttle Béar 名 [the ~] 〖天〗小ぐま座 (cf. Great Bear; ⇨ dipper 4 b).
Líttle Bíghorn 名 [the ~] リトルビッグホーン川《米国 Montana 州を流れる川; 1876 年, 流域で Custer 中佐率いる部隊が Sioux 族, Cheyenne 族連合軍と戦って全滅》.
Líttle Dípper 名 [the ~] 《米》〖天〗小北斗七星 (⇨ dipper 4 b).
Líttle Dóg 名 [the ~] 〖天〗小犬座.
líttle énd 名 《英》〖機〗=small end.
Líttle Éngland·er 名 小英国主義者《英本国の利益は英帝国の領土的発展に待つよりも本国自身に努力を集中すべきだと主張する一派》.
†**líttle fínger** 名 小指 (pinkie).
líttle gréen mán 名 《口》小さな緑色人《宇宙人》.
líttle hóurs 名複 〖しばしば L~ H~〗〖カト〗小時課《通例 prime, terce, sext および none をいう》.
Líttle Léague 名 [the ~] 《米》リトルリーグ《8–12 歳の少年野球連盟》.
líttle magazíne 名 同人雑誌.
líttle ówl 名〖鳥〗コキンメフクロウ《旧北区産》.
líttle péople 名 ❶ [the ~] 《米》小妖精たち. ❷ 子供たち. ❸ 一般庶民.
Líttle Réd Ríding Hóod 名 [the ~] 赤ずきんちゃん (Grimm 童話の主人公の少女).
Líttle Rhód·y /-róudi | -róudi/ 名 [the ~] リトルローディー《米国 Rhode Island 州の俗称》.
Líttle Róck 名 リトルロック《米国 Arkansas 州の州都》.
Líttle Rússia 名 小ロシア (Ukraine 地方の別称; 現在ではこの呼称はすたれ). **Líttle Rússian** 名
líttle slám 名 =small slam.
líttle théater 名 《米》❶ C 小劇場《しろうとの実験的な演劇を上演する》. ❷ U 小劇場向きの劇.
líttle tóe 名 (足の)小指.
líttle wóman 名 [the ~] 《口》家内, 女房, うちのやつ(★ 時に軽蔑的と言われる).
lit·to·ral /lítərəl/ 形 ❶ 海岸の, 沿海の. ❷〖生態〗海岸にすむ, 水辺に生ずる. — 名 沿海地方: the Mediterranean ~ 地中海沿岸地方.
li·tur·gic /litə́ːdʒik | -tə́ː-/ 形 =liturgical.
li·tur·gi·cal /litə́ːdʒik(ə)l | -tə́ː-/ 形 ❶ 礼拝式の, 礼拝式[用]に用いられる, 典礼を好む. **~·ly** /-kəli/ 副
li·tur·gics /litə́ːdʒiks | -tə́ː-/ 名 U 典礼学[論], 礼拝学.
lit·ur·gist /lítədʒist | -tə-/ 名 典礼学者; 典礼式文編者[作者]; 典礼式厳守者; 礼拝式司祭[司会牧師].
lit·ur·gy /lítədʒi | -tə-/ 名 ❶ C 礼拝式; 祈祷(きとう)式文. ❷ [the 英国国教会の〗祈祷書. ❸ [the L~] 聖餐(さん)式. 〖F < L < Gk = 公務〗
liv·a·bil·i·ty /lìvəbíləti/ 名 U (家畜・家禽の)生存率;

liv·a·ble /lívəbl/ 形 ❶〈家・気候など〉住むに適する, 住みよい, (どうにか)住める[暮らしていける] (habitable). ❷〈生活などが〉生きがいのある. ❸〈人が〉一緒に暮らしていける, つきあいやすい;〈行為などが〉人に我慢できて: He's not (a man) ~ with. 彼は一緒に暮らしていける相手ではない.
(人の)住みやすさ, 居住適性.

live[1] /lív/ 動 ― A ❶ a 住む〔場所を表わす副詞(句)を伴う〕: *Where* do you ~? お住まいはどちらですか / Mr. Smith ~*s at* 3 Barrack Road. スミス氏はバラックロード3番地に住んでいる / She ~*s in* Toronto. 彼女はトロントに住んでいる / This is a comfortable place to ~ *in*. ここは住むのに快適な場所だ〔用法〕*in* を略してもよい〕/ She ~*s away from* her parents. 彼女は両親から離れて住んでいる. **b**〔進行形で〕住んでいる〔用法〕一時的住所を言う場合, 主観的感情を込めて述べる場合, 継続の意を明示する場合に用いる〕: He's *living in* London. (以前は別の所にいたが)彼は今ロンドンに住んでいる / I'm now *living in* a very pleasant apartment. 今とても快適なアパートに住んでいます. ❷ **a**〔...と同居する〕, ...に寄宿[下宿]する: He ~*s with* his parents. 彼は両親と一緒に住んでいる. **b**〔特定の部屋などに〕平生使う〔★ しばしば受身で用いる〕: This room does not seem to *be* ~*d in*. この部屋はふだん人が使っていないようだ.

― B ❶ **a**〔しばしば時の副詞(句)を伴って〕生きる, 生存する; 生きている: He ~*d* in the 18th century. 彼は18世紀の人だ / Once upon a time there ~*d* a king. 昔々一人の王様がいました / as [so] long as I ~ 私の生きている限り / We cannot ~ without air. 空気なしでは生きられない / He still ~*s*. 彼はまだ生きている〔比較〕この表現より He is still alive [living]. のほうが一般的である〕. **b**〔...を〕常食とする, 常食とする: Carnivores ~ *on* meat. 肉食動物は肉を常食とする. ❷〔...を〕生き長らえる: ~ long 長生きする / ~ to (the ripe old) age of ninety 90歳まで生きる / Long ~ the Queen! 女王陛下万歳! **b** 〈...するまで〉生き長らえる〔+*to do*〕He ~*d* to see his grandchildren. 彼は長生きして孫たちの顔を見た. ❸ **a**〔様態の副詞(句)を伴って〕...生活する, 暮らす: ~ honestly 正直に暮らす / ~ fast すさんだ生活をする, 放蕩にふける / ~ hard 放埒な生活をする / ~ high ぜいたくに暮らす / ~ well 裕福に暮らす; 立派な生活をする / in ease 楽に[ラクに]暮らす. **b**〔...で, ...に頼って〕暮らしを立てていく: ~ *on* a small income ささやかな収入で生活を送る / ~ *on* [*off*] one's wife('s earnings) 妻の稼ぎで暮らす / Most people ~ *by* working. たいていの人は働いて暮らしている. **c**〈...な〉生活をする:〔+補〕 ~ single 独身生活をする / ~ free from care 気苦労のない生活をする / He ~*d* and died a bachelor. 彼は生涯独身で通した. ❹ 人生を楽しむ, おもしろく暮らす: Let us ~ while we may. 命のあるうちに楽しくやろうよ. ❺ **a**〈思い出などが〉(もとのまま)残る, 存続する: His memory ~*s*. 彼の思い出は今なお生きている. **b**〈小説中の人物などが〉生き生きしている: The characters ~ in this novel. この小説では人物が生き生きと描かれている.

― 他 ❶〔~ a+形容詞+life で〕〈...の〉生活をする: ~ a happy [*a simple*, *an idle*] *life* 幸福な[簡素な, 怠惰な]生活を送る / ~ a double *life* (表と裏の)二重生活をする / He ~*d* a rich and comfortable *life* in the country. 彼はいなかで豊かで快適な生活を送った. ❷〈生活の中で〉〈...を〉示す, 実行する: ~ one's faith [*philosophy*] 自分の信仰[哲学]を生活の中で実行する / ~ a lie 虚偽の生活をする.

As I líve and bréathe! ⇨ breathe 動 成句.
(as súre) as I líve きわめて確かに.
líve and léarn 〔通例 you, we, one を主語として〕長生きはするものだ〔★ 予期しないことや新しい事実を見聞きした時に驚きを表わして言う言葉〕.
líve and lèt líve 自分も生き他も生かす, 互いに許しあって生きていく, 我慢する; 自分は自分は人, 人には人それぞれの生き方がある.
líve by one's **wíts** ⇨ wit[1] 成句.

líve dówn 《他+副》〔通例否定文で〕〈不名誉・罪過などを〉後の行為で償う.
live for... (1) ...を生きがいにする, ...が何よりも大事である: "Does your son like swimming?" "Oh, yes, he ~*s for* it." 「お子さんは水泳がお好きですか」「ええもう, それしかないと言ってもいいくらいです」. (2) ...を待ち望んでいる[望んで生きている]〔★ 通例 ~ *for* the day when...の句で用いる〕: He ~*s for the day when* he can go abroad. 彼は外国へ行ける日を待ち望んで生きている.
líve from hánd to móuth ⇨ hand 名 成句.
líve ín 《自+副》住み込みで勤める;〈学生が〉寮に住む (cf. LIVE[1] out 成句) (1).
líve in sín ⇨ sin 成句.
líve in the pást 昔のことばかり考えて暮らす, 過去に生きる.
líve it úp (口) 人生をおおいに楽しむ; (パーティーなどで)にぎやかに楽しむ: Let's ~ *it up* while our money lasts. お金が続くかぎり豪華に暮らそう. **líve óff** (1) ...によって[をもとにして]生きる: ~ *off* the land 〈農夫などが〉農作物で生活する / He ~*s off* his earnings as an artist. 彼は芸術家としての稼ぎで生活している. (2) ...で暮らしを立てていく (⇨ B 3 b). **b** ...を常食とする (⇨ B 1 b).
líve ón 《自+副》生き続ける (⇨ B 1 b, 3 b).
líve on bórrowed tíme ⇨ borrow 成句.
líve óut 《自+副》(1) 通いで勤める, 寮に住む (cf. LIVE[1] in 成句). ― 《他+副》(2) 〈一生〉を生き延びる;〈病人が〉ある時期をもち越す: ~ *out* one's natural life 天寿をまっとうする / I didn't expect to ~ *out* the night. その夜を無事に切り抜けるとは思わなかった. (3) 〈信念・夢などを〉実践する.
líve óut of a súitcase ⇨ suitcase 成句.
líve óver agáin 《他+副》(1) 〈経験などを〉もう一度思い起こす;〈過去の追憶にふける. (2) 〈人生を〉やり直す.
live through... を生き延びる, 切り抜ける: He's not likely to ~ *through* the winter. 彼の命はこの冬もつまい.
líve togéther 《自+副》同居する; 同棲する.
live úp to... (1) 〈主義などに従って[に恥じない]行動をする: I found it hard to ~ *up to* my ideals. 理想に従って行動することは難しいとわかった. (2) 〈期待・責任などに〉添う, こたえる: ~ *up to* a person's expectations 人の期待にこたえる.
live with... (1) ...と同居する (⇨ A 2 a). (2) 〈...と〉同棲する. (3) 〈いやなことを〉耐え忍ぶ, 我慢して受け入れる: You must ~ *with* your sorrow. 君は悲しみに耐えて生きていかねばならない / I don't see how he can ~ *with* himself. (あんなことをして)どうして平気で生きていられるのかわからない; まったくひどいやつ.

〔OE; 原義は「戦いで生き残る」〕 名 life, 形 live[2], lively〕

live[2] /láiv/ 形 (比較なし) ❶ Ⓐ **a** 生きている (↔ dead): ~ bait (釣りの)生き餌(エ) / a ~ shark 生きているサメ. **b** [real ~] (口) (にせものではなく)本物の: a *real* ~ burglar 本物の強盗. ❷ **a**〈放送・演奏など〉録音でない, 生(キ)の, ライブの (cf. canned 2); 実演の: a ~ broadcast 生放送 / a ~ program (放送)番組. **b**〈観客など〉目の前にいる, 実際の. ❸ **a** 火のついた, 燃えている: a ~ coal 燃えている石炭 / a ~ cigarette 火のついたたばこ. **b**〈火山が〉活動中の: a ~ volcano 活火山. ❹〈機械など〉運転する, 働く: a ~ axle 活軸. **b**〈電線・回路など〉電気が流れている (↔ dead) ⇨ live wire 1. **c**〈弾丸などが〉爆発しない: a ~ bullet 実弾 / a ~ bomb 実爆弾; 不発弾. **d**〈マッチが〉まだすられていない: a ~ match すってない(まだ使える)マッチ. **e**〈水などが〉泡だちのある, 澄明の (cf. canned 2);〔とした; 活動的な, 威勢のある. **b** 抜け目のない, 時勢に遅れない. ❻ Ⓐ〔問題など〕引き続いて[いまだに]重要な[意味のある], 現在にもあてはまる. ❼〈色が鮮明な, 鮮やかな: Red is a ~ color. 赤は鮮やかな色だ. ❽〈岩などが〉天然のままの, 地に根ざした. ❾〔スポ〕試合中の, インプレーの, 生きた (↔ dead): a ~ ball 生きたボール. ― 副 (比較なし)〔ラジオ・テレビ〕生で, 実況で: be broadcast ~ 生放送される. **~·ness** 名

〔(A)LIVE〕 名 life, 動 live[1]〕〔類義語〕⇨ living.

live·a·bil·i·ty /lìvəbíləṭi/ 名 =livability.
live·a·ble /lívəbl/ 形 =livable.
live áction /láiv-/ 名 Ⓤ〔映〕(アニメやコンピュータ効果

líve-bèarer /-láɪv-/ 图 胎生魚.
live-bèar·ing /láɪv-/ 形 胎生の (viviparous).
-lived /láɪvd, lívd | láɪvd/ 形 [通例複合語で] (…の)命の(ある): long-[short-]*lived* 長命[短命]の.
*****live-in** /lívɪn-/ 形 A 住み込みの; 同樓(就)中の: a ~ maid 住み込みのメイド / one's ~ lover 同棲中の愛人.
†líve·li·hood /láɪvlihùd/ 图 [通例単数形で] 暮らし, 生計 (living): earn [gain, get, make] a [one's] ~ by writing 文筆業で生計を立てる / pick up a scanty ~ 細々とした苦しい生活をする. 《OE=生涯; 生活様式》
líve lòad 图 《土木・建》(橋・床などの)活荷重, 積載荷重 (↔ dead load).
líve·lòng /lív-, láɪv-/ 形 A 《詩》《時が長い; …中: the ~ day 一日中, 終日.
*****live·ly** /láɪvli/ 形 (live·li·er; -li·est) ❶ a 元気な, 活発な: a ~ youth 活動的な青年 / a ~ discussion 活発な議論. b 《町などが》にぎやかな, 活気のある: The streets were ~ *with* shoppers. 町は買い物客でにぎわっていた. ❷ 〈感情が〉強い, 激しい: a boy with a ~ imagination 想像力が豊かな少年. ❸ a 〈色彩・印象などが〉鮮やかな, 強烈な. b 〈描写など〉真に迫った, 生き生きした: give a ~ description of...を生き生きと描写する. ❹ 〈ボールが〉よくはずむ. ❺ 〈風が〉爽快な, 心地よい. ❻ 《戯言》落ち着きのない; 〈人を〉はらはらさせるほど》やっかいな, 困った, 人騒がせな: have a ~ time (of it) はらはらする / make things [it] ~ for a person 人を困らせる. **Look [Step] lívely!** 《口》早くしろ！, 何をぼやぼやしてる！ — 副 (live·li·er; -li·est) 元気よく, 生き生きと. **líve·li·ly** /-ləli/ 副 **-li·ness** 名 《OE=生きている》 (名 lífe, 動 líven)
liv·en /láɪvən/ 動 《口》〈…を〉陽気[快活]にする, 活気づける 《*up*》. — 陽気[快活]になる, 活気づく 《*up*》. 《LIFE+-EN³》
*****liv·er¹** /lívɚ | -və/ 图 ❶ C 《解》肝臓: a ~ complaint=~ trouble 肝臓病. b 《古》(昔感情の源と考えられた)肝臓: a hot ~ 熱情; 多情 / ⇨ lily-livered. c U (牛・豚・鶏などの)肝臓, レバー《食用》: a piece of ~ レバーひと切れ. ❷ U 肝臓色, 茶褐色. — 形 肝臓の, レバーの; 茶褐色の. ~ extract 肝臓エキス《貧血症の薬》/ ~ oil 肝油. 《OE》 (関形 hepátic)
liv·er² /lívɚ | -və/ 图 ❶ [通例修飾語を伴って] (…の)生活をする人: a fast ~ 道楽者 / a good ~ 有徳者; 美食家 / a plain ~ 質素な生活をする人. ❷ 住人, 居住者. 《LIVE¹+-ER¹》
líver chéstnut 图 栗毛の馬《黒っぽい栗毛》.
líver flùke 图 肝吸虫《肝臓ジストマ, 肝蛭(なね)など》.
liv·er·ied /lívə(ə)rid/ 形 お仕着せ[制服]を着た: ~ servants お仕着せを着た召し使いたち.
lív·er·ish /-vəriʃ/ 形 ❶ 肝臓が悪い. ❷ 気難しい.
Liv·er·pool /lívɚpù:l | -və-/ 图 リバプール《イングランド北西部 Merseyside 州の州都》.
Liv·er·pud·li·an /lìvɚpʌ́dliən | -və-⁻/ 形 リバプール(人)の. — 图 リバプールの人.
líver ròt 图 《獣医》《肝蛭》病[症]《肝蛭などの吸虫の肝寄生による羊と牛の疾患》.
líver sàlts 图 《英》胃弱・胆汁症用のミネラル塩剤.
líver sàusage 图 《主に英》(肝臓で作った)レバーソーセージ.
líver spòts 图 肝斑(な), しみ.
líver·wort 图 《植》苔(ご)類のコケ植物《ゼニゴケなど》.
liv·er·wurst /lívɚwə̀:st | -vəwə̀:st/ 图 U 《米》レバーソーセージ. 《G》
†liv·er·y¹ /lív(ə)ri/ 图 ❶ a U,C お仕着せ, おそろいの服; (同業組合員の着る)制服: in ~ お仕着せ[制服]を着て / out of ~ 〈召し使いが〉平服を着て. b 《詩》(特殊な)装い: the ~ *of* grief [woe] 喪服 / the ~ *of* spring 春の装い. ❷ a U 貸し馬車業. b =livery stable. ❸ U 《米》貸しボート[自転車]業(など). 《F=下賜(か)されたもの》
liv·er·y² /lív(ə)ri/ 图 =liverish.
lívery còmpany 图 《英》(London の)同業組合《以前組合員は制服を着た》.
lívery·man /-mən/ 图 《衆 -men | -mən/》❶ 《英》

1065 **Lizard**

(London の)同業組合員. ❷ 貸し馬車業者; レンタル業者.
lívery stàble 图 《米》貸し[貸馬車]屋, 馬預り所.
‡lives /láɪvz/ 图 life の複数形.
*****líve·stòck** /láɪv-/ 图 U 《複数扱い》(牛・馬・羊などの)家畜 (cf. deadstock).
líve wíre /-láɪv-/ 图 ❶ 電気の通っている電線, 活線. ❷ 《口》活動家, 精力的な人.
liv·id /lívɪd/ 形 ❶ 鉛色の, 土色の; 〈傷など〉青黒い: ~ bruises 青黒いあざ[傷あと] / His face was ~ *with* anger [cold]. 彼の顔は怒って[寒さで]土色になった. ❷ 《口》ひどく怒った (furious). ~·ly 副
*****liv·ing** /lívɪŋ/ 形 (比較なし) ❶ a 生きている (↔ dead): all ~ things 生きとし生けるもの / a ~ model 生きた見本 / (a) ~ proof 生き証人 / the ~ dead 自分を見失った人々. b [the ~; 名詞的に; 複数扱い] 生者, 生存者: in the land of the ~ (この世に)生きて, 存在して (★ 聖書 「ヨブ記」から). ❷ 現存の, 現代の: ~ English 生きた英語 / a ~ language 現用語 / a ~ institution 現行制度 / within [in] ~ memory 今の人々の記憶にある. ❸ 生気発な, 活気のある. b 〈感情・信仰など〉強烈な, 強い. c 〈空気・太陽など〉生命[活気]を与える. ❹ 〈肖像が〉生き写しの: the ~ image of his father 父にそっくりの息子. ❺ a 〈水など〉流れてやまない: ~ water 流水. b 〈炭などが〉燃えている. ❻ 〈岩など自然のままの, 未採掘の. ❼ a 生活; 暮らし方[向き]: good ~ ぜいたくな生活 / plain ~ and high thinking 質素な生活と高遠な思索, 暮らしは低く思いは高く 《★ Wordsworth から》/ a high [low] standard of ~ 高い[低い]生活水準 / the art of ~ 生活技術. b [形容詞的に] 生活(のための): ~ expenses 生活費 / ~ conditions 生活状態 / ~ quarters (軍隊などの)居住区, 宿所. ❷ [a ~, one's ~] 生計, 暮らし (livelihood): earn [gain, get, make, obtain] *a* ~ as an artist 画家として生計を立てる / What does he do for a ~? 彼は何をして生活しているのか. ❸ C 《英国教》聖職禄(?). 【類義語】 living, live, alive 生きている, 元気で活動[活躍]していることを示す最も普通の語. alive は叙述的にだけ用いる. animate 死んだもの[無機物]あるいは植物に対して, 生命のある活動している有機体をいう. animated 命のないものが生命を得た(れたように)動いている, あるいは生き生きとした, 比喩的に用いる.
lìving déath 图 [a ~] 生きた屍(セーฟ)の状態, 絶望の状態.
lìving fóssil 图 生きた化石《カブトガニ・イチョウなど》.
*****lìving róom** 图 居間 《《英》sitting [lounge] room》 《語釈》家族がくつろぐ一家の中心となる部屋; 客をもてなす応接間としても使われる》.
lìving spáce 图 U ❶ 生活圏. ❷ 生活空間.
lìving stàndard 图 生活水準.
Liv·ing·stone /lívɪŋstən/, **David** 图 リビングストン 《1813–73; スコットランドのアフリカ探険家》.
lìving stóne 图 《植》リトープス 《アフリカ南部原産の多肉植物; 外観が小石に似ている》.
lìving wáge 图 [a ~] (最低生活ができるだけの)生活賃金.
lìving wíll 图 《米》リビングウィル, 生前の意思表示, 死亡選択遺言 《生命維持装置による延命処置よりも尊厳死を希望することを意思決定能力のある間に表明した文書》.
Liv·y /lívi/ 图 リウィウス 《59 B.C.–A.D. 17; ローマの歴史家; ラテン語名 Titus Livius》.
lix·iv·i·ate /lɪksíviɪèɪt/ 動 他 《化》(混合物から)可溶物質を溶液として分離する, 浸出する. **lix·iv·i·a·tion** /lɪksìviéɪʃən/ 图 U 浸出.
Liz /líz/ 图 リズ 《女性名; Elizabeth の愛称》.
Li·za /láɪzə/ 图 ライザ 《女性名; Elizabeth の愛称》.
*****liz·ard** /lízɚd | -zəd/ 图 ❶ C 《動》トカゲ 《トカゲ・ヤモリ・カナヘビなど》. ❷ U トカゲの革. 《F<L》 (関形 saurian)
Liz·ard /lízɚd | -zəd/ 图 [the ~] リザード半島 《イングランド南西部, Cornwall 州南部のイギリス海峡に突き出た半島》.

Liz·zie, Liz·zy /lízi/ 图 リジー《女性名; Elizabeth の愛称》.

Lju·blja·na /lu:bljá:nə/ 图 リュブリャナ《スロベニアの首都》.

ll. (略) leaves; /láimz/ lines.

'll /l/ 助 will [shall] の略: I'll; he'll; that'll.

lla·ma /láːmə/ 图 ❶ ⓒ 動 ラマ, アメリカラクダ《南米産》. ❷ Ⓤ ラマの毛で織ったラシャ. 《Sp < S-Am-Ind》

lla·ne·ro /la:né(ə)rou/ 图 (@ ~s) llano の住人.

lla·no /láːnoʊ/ 图 (@ ~s) リャノ《メキシコ以北の樹木のまばらな大草原》. 《Sp < L planus PLAIN》

LLB /éllbí:/ (略) Legum Baccalaureus (ラテン語= Bachelor of Laws) 法学士. **LLD** /éllldí:/ (略) Legum Doctor (ラテン語= Doctor of Laws) 法学博士. **LLM** /éllém/ (略) Legum Magister (ラテン語= Master of Laws) 法学修士.

Lloyd /lɔ́ɪd/ 图 ロイド《男性名》.

Lloyd's /lɔ́ɪdz/ 图 ロイズ《London にある世界最大の保険業者団体》.

Llóyd's Régister 图 ❶ ロイズ船級協会《正式名 Lloyd's Register of Shipping》. ❷ ロイズ船舶登録簿.

lm (記号) 〔光〕 lumen(s). **ln** /lɔ́ːn/ lane; natural logarithm. 〔数〕 自然対数. **LNB** /élènbí:/ low noise blocker《衛星放送用パラボラアンテナの突起部にある》低騒音炭波装置. **LNG** /élènd͡ʒí:/ (略) liquefied natural gas.

⁺**lo** /lóʊ/ 間 (古) よし!, そら!, それ!《★ 今は次の戯言的な成句で用いる》. **Ló and behóld!** (戯言) いや(はや)これは驚いた. 〔OE lā 《感嘆詞》〕

lo·a /lóʊə/ 图 (@ ~, ~s) ロア《ハイチの voodoo 教における神》.

loach /lóʊtʃ/ 图 〔魚〕 ドジョウ.

*__load__ /lóʊd/ 動 ⓣ ❶ **a** 〈輸送物を〉〈車·船などに〉積む《down, up》(↔unload): ~ coal **into** [**onto**] a ship 船に石炭を積み込む / ~ a ship **with** coal 船に石炭を積み込む / ~ a plane (**up**) **with** passengers 飛行機に乗客を乗せる. **b** 〈ものを〉〈テーブルに〉どっさり載せる; 〈内容などを〉〈人に〉どっさり詰め込む; 〈果実などを〉〈木に〉たわわにならせる; 〈賛辞·侮辱などを〉〈人に〉浴びせる《★ しばしば受身》: a table ~ed **with** food 食物をいっぱい載せたテーブル / A book ~ed **with** illustrations イラストのたくさん入った本 / The tree was ~ed **with** fruit. 木にはいっぱい実がなっていた. ❷ **a** 〈苦悩·責任などを〉〈人を〉悩ます, 圧迫する《★ しばしば受身》: a man ~ed (**down**) **with** cares 心配に悩む人. **b** 〈仕事などを〉〈人に〉背負わせる: He ~s too many duties **on** his assistant. 彼は助手に多くの仕事を負わせすぎる. ❸ 〔電算〕 〈ディスクなどから〉〈プログラムを〉〈本体の主記憶に〉ロードする, 読み込む《from》;〈本体の主記憶に〉プログラムなどを〉ロードする, 読み込む《into》. ❹ ⓐ 〈銃砲に〉弾丸を込める, 装填(てん)する;〈人の銃を〉装填する: It's ~ed. これには弾が込めてある. **b** 〈カメラに〉フィルムを入れる;〈フィルムを〉〈カメラに〉入れる《up》. **c** 〈さいころ·ステッキなどに〉鉛などを詰める (cf. LOADED dice). ❺ (野)〈塁を〉満塁にする: His hit ~ed the bases. 彼のヒットで満塁になった. ― ⓘ ❶ 荷〔積載〕を積み入れる;《乗客を》積み込む: The bus was ~ing. バスは人を詰め込んでいるところだった. ❷ 〈人が〉…に乗り込む: They ~ed **into** the bus. 彼らはバスに乗り込んだ. ❸ 〈人が〉装填する;〈銃砲が〉装填である. **lóad the díce agàinst…** ⇒ dice 图 ⓐ句.
lóad úp on… を補充する.
― 图 ❶ ⓒ (運ばれる·輸送されるものの意で) 荷(物), 積み荷: a heavy [light] ~ 重い〔軽い〕荷 / carry [bear] a ~ on one's shoulders 荷をになう. ❷ ⓒ (通例複合語をなして) 積載量; 一荷, 一車, 一車分: a truck-*load*-of hay トラック 1 台分の干し草 / ⇒ carload. ❸ (精神上の) 重荷, 重圧; 苦労, 心配: a ~ of care [grief] 心にかかる重荷〔悲しみ〕/ take ~ off one's mind 安心する. ❹《人·機械に割り当てられた》**仕事量**; 負担: a heavy [light] work ~ 多い〔少ない〕仕事量 / two ~s of laundry 洗濯機 2 回分の洗濯物. ❹ ⓒ (火薬·フィルムなどの) 装填(てん), 装弾. ❺

[~s (of…) または a ~ (of…) で]《英口》どっさり, 多数: ~s [a ~] of people [money] たくさんの人〔金〕/ ~s to eat たくさんの食べ物 / a ~ of rubbish まったくくだらないこと. ❻ 〔商〕 手数料, 付加料. ❼ [a ~]《米俗》酔う程度の酒量; 酔い: have a ~ on 酔っている. ❽ ⓒ 〔理·機·電〕 荷重, 負荷,《発電所の》出力: a peak ~《発電所の》ピーク《絶頂》負荷. **gèt a lóad of…** [しばしば命令法で]《俗》…に注目する, …をよく見る〔聞く〕: *Get a ~ of that*! ほら, あれをよく見なさい. **Whàt a lóad of (óld) cóbblers!** ⇒ cobbler¹ 成句.
〔OE = 道, 運ぶこと; cf. lead¹, lode〕【類義語】**load** 運ぶ荷物のこと; 比喩的には心の重荷となっているもの〔こと〕. **burden** 普通は心身の重荷となる悲しみ·義務·労働などをさす.

*__load·ed__ /lóʊdɪd/ 形 ❶ **a** 荷を積んだ〔負った〕 《*with*》;〈乗り物が〉満員の: a ~ bus 満員のバス. **c** (野) 満塁の: two out, bases ~ 2 アウト満塁. ❷ **a** 〈銃砲の〉装填された. **b** 〈カメラが〉フィルムの入った, 装填した. ❸ **a** 鉛などを詰めた: a ~ cane [stick] 先の方に鉛を詰めて重くしたステッキ / ~ dice《特定の目が出るように鉛を詰めた》不正さいころ. **b** 〈陳述·議論などが〉一方に有利な〔不利な〕,〈質問が〉隠された意図のある, 誘導的な, 含みのある. ❹ Ⓟ《俗》**a**《酒に酔って》: get [be] ~《酒に酔って》〔酔っぱらっている〕. **b**《米》麻薬に酔って. **c** 大金持ちの.

lóad·er /-də/ |-də/ 图 ❶ 荷を積む人; 積み込み機, 載貨機, ローダー;《装填者[係]. ❷〔複合語で〕…装銃砲〕: breech*loader*.

lóad fàctor 图《旅客機の》座席利用率《座席数に対する乗客の割合》.

lóad fùnd 图 ロードファンド《販売手数料込みの価格で売られるオープンエンド型投資信託》.

lóad·ing /-dɪŋ/ 图 ❶ 荷積み, 船積み, 荷役. ❷ 荷, 積み荷. ❸ 装薬; 装填, 充填. ❹ 付加保険料.

lóading dòck 图《トラック·貨車などの》積み卸し用のドック〔プラットホーム〕.

lóading gàuge 图《貨車の》貨物積載限界〔ゲージ〕.

lóad lìne 图〔海〕満載喫水線.

lóad·màster 图〔空〕機上輸送係, ロードマスター.

lóad-shédding 图 Ⓤ《全面停電を避けるために意図的に行なう》部分的送電停止.

lóad·stàr /lóʊd-/ 图 = lodestar.

lóad·stòne /lóʊd-/ 图 = lodestone.

⁺**loaf¹** /lóʊf/ 图 (@ **loaves** /lóʊvz/) ❶ ⓒ《一定の大きな型に》焼いたパンのかたまり, ローフ《⇒ bread 関連》: a ~ of bread パン ひとかたまり / Half a ~ is better than no bread. (諺) 半分でもないよりはまし. ❷ Ⓤ.ⓒ ローフ《ひき肉や魚肉などとパン粉·卵などをパンに似せて蒸し焼きにしたもの》: (a) meat ~ ミートローフ. ❸ ⓒ《英俗》頭; 頭脳《★ 通例次の句で》: use one's ~ 頭を使え, 考えろ. 〔OE *hlāf* パン; cf. lady, lord〕

loaf² /lóʊf/ 動 ⓘ ❶ のらくら遊び暮らす; ぶらつく: She works while he ~s **around** at home. 彼女は家でぶらぶらしている間に彼女が働く.《仕事などを》だらだらやる《on》. ― ⓣ《時を》遊んで過ごす《*away*》.

lóaf·er 图 ❶ 怠け者; 浮浪者. ❷ [L~; 通例複数形で] ローファー《つっかけ型の浅い靴》.

lóaf sùgar 图 円錐型砂糖.

loam /lóʊm/ 图 Ⓤ ❶ 壌土, ローム《砂と粘土が混ざり合った柔らかい土》. ❷ へな土, まね《砂·泥·おがくず·わらなどの混合物; れんが·しっくいなどを作る》.

loam·y /lóʊmi/ 形 (**loam·i·er**; **-i·est**) ローム〔質〕の.

***loan** /lóʊn/ 图 ❶ ⓒ 貸付金; 公債, 借款: a $10,000 ~ = a ~ of $10,000 1 万ドルの貸付金 / take out a ~ 金を借りる / a low-interest home ~《米》低金利の住宅ローン / domestic and foreign ~s 内国債と外国債 / public [government] ~s 公〔国〕債 / raise a ~ 公債を募集する. **b** 貸借物. ❷ Ⓤ **a** 貸し付け, 貸すこと, ローン: I asked them for the ~ of the money. 彼らにその金の貸し付けを頼んだ / She has a piano on ~ from a friend. 彼女は友人からピアノを借りている / May I have the ~ of your car? あなたの車をお借りしてもよいでしょうか

《[比較] May I borrow…? のほうが一般的》. **b** (会社の)出向: on ～ 出向で. ❸ [C] **a** 外来の風習(など). **b** 借用語. ― [動] 《米》 [他] 〈人に〉〈…を〉貸す, 貸し付ける: 〔+目+目〕 I ～*ed* him 100 dollars. =I ～*ed* 100 dollars ***to*** him. 彼に 100 ドルを貸してやった. ― [自] 金を貸す. 〘ON; cf. lend〙

lóan càpital [名] [U] 借入資本.

lóan collèction [名] (展覧会のために)借り集めた美術品.

lóan·er [名] 貸付者, 貸与者; (修理期間中客に貸し出す)代替品 《代車など》.

lóan·hòlder [名] ❶ 債権者. ❷ 抵当権者.

lóan shàrk [名] 《口》 高利貸し.

lóan translàtion [名] 借用翻訳語(句), 翻訳借入語.

lóan·wòrd [名] 借用語, 借入語, 外来語.

+**loath** /lóʊθ, lóʊð | lóʊθ/ [形] [P] 〈…するのが〉気が進まない: He was ～ *to* be left alone. 彼はひとりぼっちにされるのをいやがった. **nóthing lóath** いやどころか, 喜んで. 〘OE〙 ([動] loathe) 【類義語】⇨ reluctant.

loathe /lóʊð/ [動] [他] ❶ 〈…を〉ひどく嫌う, 〈…が〉いやで胸が悪くなる: He ～*s* the sight of crabs. 彼はカニを見ただけでも胸が悪くなる / I ～ wash*ing* dishes. 皿洗いは大嫌いだ. ❷ 《口》 〈…は〉好かない, いやだ: I ～ wine. ワインは好かない. 【類義語】⇨ hate.

+**loath·ing** /lóʊðɪŋ/ [名] [U] 大嫌い: be filled with ～ いやでたまらない.

loath·some /lóʊðsəm, lóʊθ-/ [形] いやでたまらない, いまわしい; 胸の悪くなるような. **～·ly** [副] **～·ness** [名]

+**loaves** [名] **loaf**[1] の複数形.

+**lob** /lάb | lɔ́b/ [動] (**lobbed; lob·bing**) [他] ❶ 〈ボールを〉弧を描くよう投げる. ❷ 〘テニス〙 **a** 〈ボールを〉(コートの隅に落ちるように)高くゆるく送る, ロブする. **b** 〈相手に〉ロブを送る. ❸ 〘クリケ〙 〈ボールを〉下手投げでゆるく投げる. ― [自] 〘テニス〙ロビングする, ロブを上げる[で返す]. ― [名] ❶ 〘テニス〙ロブ, 高くゆるい球. ❷ 〘クリケ〙 下手投げのゆるい球. 〘ME; 原義は「だらりと垂れ下がる」〙

lo·bar /lóʊbə | -bə/ [形] ❶ 〘植〙 裂片の. ❷ 〘医〙 (脳・肺・肝)葉性の. ([名] lobe)

lo·bate /lóʊbeɪt/ [形] lobe のある[に似た, の形をした].

lo·ba·tion /loʊbéɪʃən/ [名] [U] lobe のあること.

lob·by** /lάbi | lɔ́bi/ [名] ❶ **a** ロビー, (玄関)広間 (foyer) 《休憩室・応接間などに用いる廊下・ホール》: a hotel ～ ホテルのロビー. **b** ロビー 《議員が院外者との会見に用いる》. **c** 《英》 (採決の時の)投票者控え廊下 (cf. cloakroom 2). ❷ [集合的; 単数または複数扱い] 院外団の人たち, ロビイストたち; 院外団 《議会のロビーに出入りして議員に陳情・嘆願をする圧力団体》: the tobacco ～ たばこロビー 《たばこの宣伝・販売を禁止しようとする動きなどに対抗する圧力団体》. ― [動] [自] ❶ (議会のロビーで)〔…に賛成[反対]の〕運動[ロビー活動]をする, 圧力をかける: ～ ***for [***against***] a bill 議案に賛成[反対]の運動をする. ❷ 裏工作をする. ― [他] ❶ 運動[ロビー活動を]して〈議案を〉〔議会などで〕通過させ(ようとす)る: ～ a bill *through* Congress 運動して議会で議案を通過させる. ❷ 〈議員に〉圧力をかける. 〘L=柱廊, 玄関〙

lóbby correspòndent [名] 《英》 議会詰め記者, 政治記者.

lób·by·ing [名] [U] (院外の)議案通過[否決]運動(をすること), 陳情運動(をすること).

lób·by·ìsm /-biìzm/ [名] [U] 議案通過[否決]運動, 陳情運動.

+**lób·by·ist** /-biɪst/ [名] 議案院外陳情者, ロビイスト.

+**lobe** /lóʊb/ [名] ❶ 丸い突出部. ❷ 耳たぶ: ⇨ earlobe. ❸ 〘解〙 葉 《脳葉・肺葉・肝葉など》. ❹ 〘植〙 (葉などの)裂片. **lobed** /lóʊbd/ [形] 〘F＜L＜Gk=耳たぶ, (豆の)さや〙

lo·bec·to·my /loʊbéktəmi/ [名] [U] 〘医〙 肺葉切除(術), 肺切, 葉切.

lo·be·li·a /loʊbí:liə/ [名] 〘植〙 キキョウ科ミゾカクシ[ロベリア]属の植物 《サワギキョウなど》.

lób·lol·ly píne /lάblɑ̀li- | lɔ́blɔ̀li-/ [名] 〘植〙 テーダマツ 《米国南部原産のマツ; 材は建築材などとして重要》.

lo·bo /lóʊboʊ/ [名] ([複] **～s**) 〘動〙 =timber wolf. 〘Sp＜L=オオカミ〙

lo·bo- /lóʊboʊ/ [連結形] 「葉 (lobe)」.

lo·bo·la /ləbóʊlə/**, -lo** /-loʊ/ [名] ([複] **～s**) (アフリカ南部の, Bantu 語族諸集団の)婚資 (bride-price).

lo·bo·pod /lóʊbəpὰd | -pɔ̀d/ [名] =lobopodium.

lo·bo·po·di·um /lòʊboʊpóʊdiəm/ [名] ([複] **-di·a** /-diə/) 〘動〙 (有爪(ゆうそう)動物の疣足(いぼあし)状の)葉足, 葉脚; (アメーバの)葉状仮足.

lo·bot·o·mize /loʊbάtəmàɪz | -bɔ́t-/ [動] [他] 〘医〙 …にロボトミーを施す; 《口》 活力[気力, 生気]を奪う.

lo·bot·o·my /loʊbάtəmi | -bɔ́t-/ [名] [C,U] 〘外科〙 脳葉切除, ロボトミー. 〘LOBO-+-TOMY〙

lob·scouse /lάbskὰʊs | lɔ́b-/ [名] [U] 肉・野菜・堅パンなどの煮込み 《船員の料理》.

+**lob·ster** /lάbstə | lɔ́bstə/ [名] ([複] **～, ～s**) ❶ [C] 〘動〙 **a** ウミザリガニ, ロブスター. **b** イセエビ. ❷ [U] ロブスター[イセエビ]の身 《食用》. 〘L *locusta* バッタ; cf. locust〙

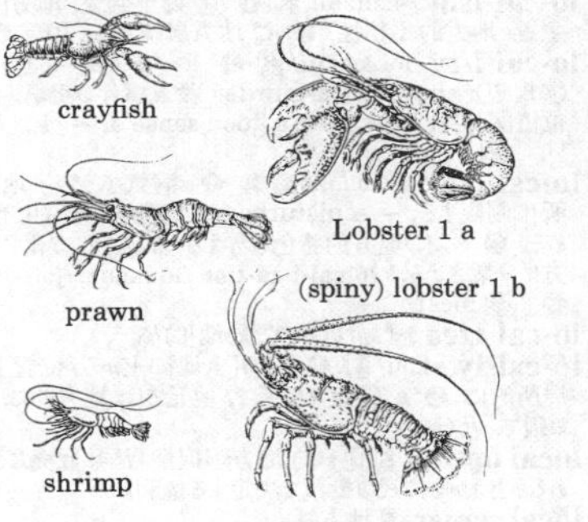
crayfish
Lobster 1 a
prawn
(spiny) lobster 1 b
shrimp
lobsters

lóbster·man /-mən/ [名] ロブスター捕獲業者[漁師].

lóbster Néw·burg /-n(j)ú:bə:g | -njú:bə:g/ [名] [U] ニューバーグ風ロブスター 《ロブスターの肉をクリーム・卵黄・シェリーのソースにつけて煮込んだ料理》.

lóbster pòt [名] エビ取りかご.

lóbster thér·mi·dor /-θə́:mədɔə | -θə́:mɪdɔ:/ [名] [U] ロブスターテルミドール 《ロブスターの肉・マッシュルームなどをクリームソースであえてその殻に戻し, チーズをかけて焼き目をつけた料理》.

lob·u·late /lάbjulèɪt | lɔ́b-/**, -lat·ed** /-lèɪṭɪd/ [形] lobule からなる[のある].

lob·ule /lάbju:l | lɔ́b-/ [名] ❶ 小裂片. ❷ 〘解〙 小葉. **lob·u·lar** /lάbjulə | lɔ́bjulə/ [形]

lób·wòrm /lάb- | lɔ́b-/ [名] (釣餌に使う)土中の虫, (特に)タマシキゴカイ.

‡**lo·cal** /lóʊk(ə)l/ [形] (**more ～; most ～**) ❶ (比較なし) 場所の, 土地の. ❷ **a** (特定の)地方の, 地元の, 地域特有の 《[比較] 首都に対するいわゆる「地方」の意には provincial を用いる; 首都もまた「一地方」なので local である》: the ～ press 地方新聞 / a ～ custom 地元の習慣 / a ～ tax 地方税. **b** 特定の地方向けの: a ～ line 地方鉄道. ❸ 〈病気など〉局所[局部]的な: a ～ pain 局所的な痛み / ～ anesthesia [a ～ anesthetic] 局所麻酔[麻酔薬]. ❹ (比較なし) 〘鉄道・バス〙 (急行などに対して)各駅停車の: a ～ train 普通列車. ❺ (比較なし) **a** 《英》 同一区内の, 「市内配達」の 《封筒に書く注意書き》. **b** 〈電話が〉市内の, 特定地域内の: a ～ call 市内通話. ❻ **a** 〘数・物〙 局所的な. **b** 〘電算〙 〈機器が〉ローカルの 《network を通さず使えるよう直接本体とつながっている》: a ～ printer ローカルプリンター. ― [名] ❶ 普通列車[バス](など), ローカル. ❷ [しばしば複数形で] (特定の)土地の人, 地元住民. ❸ (新聞の)地方記事. ❹ 《米》 労働組合支部. ❺ [通例複数形で] 地方チーム[球団]. ❻ [the ～, one's ～] 《英口》 地元[近所]のパブ, 行きつけのパブ. ❼ 局所麻酔薬. **～·ness** [名] 〘F＜

lo-cal 1068

L<*locus* 場所 (cf. locate)+-AL] 名 locality, 動 localize.

lo-cal /lóukəl/ 形 =low-cal.

lócal área nétwork 名 [電算] 構内ネットワーク, ローカルエリアネットワーク《一建物内や一ブロック内など比較的狭い地域に限定されたコンピューターネットワーク; 略 LAN》.

lócal authórity 名《英》地方自治体《《米》local government》.

lócal cólor 名 ① 地方[郷土]色.

lócal dérby 名 同地区のチーム同士の試合.

lo-cale /loukǽl | -ká:l/ 名 ① [事件などの]現場, 場所 *of*. ② [物語などの]場面, 背景 *of*. 《F=LOCAL》

Lócal Educátion Authórity 名 [しばしば l- e- a-で]《英》地方教育局《略 LEA》.

*__lócal góvernment__ 名 ① ① 地方自治; 地方行政. ② 《米》地方自治体.

lócal hístory 名 ① 地方史. **lócal históri·an** 名.

ló-cal-ism /-kəlìzm/ 名 ① ① 郷土偏愛, 地方[郷党]主義; 地方的偏狭性. ② ⓒ 地方風[なまり], 国言葉.

*__lo-cal-i-ty__ /loukǽləti/ 名 ① (ある事件などの)現場(の周辺): the ~ of a murder 殺人事件の現場. ② ① 位置関係, 土地勘: have a good sense of ~ 土地勘がよい. (形 local)

*__lo-cal-ize__ /lóukəlàiz/ 動 ① ① [病気などを]一地方[局所]に制限する: ~ a disturbance 動乱を局部的に食い止める. ② 〈…に〉地方的特色を与える; 〈…を〉地方化させる, 地方に分散させる. **lo-cal-i-za-tion** /lòukələzéiʃən | -laiz-/ 名 (形 local)

ló-cal-ized 形 局所[局部, 局地]的な.

ló-cal-ly /-kəli/ 副 ① 場所[土地]の上から, 位置上. ② 局所的に. ③ a 特定の場所で, 地元では; 地方的に. b この辺で, 近くに.

lócal óption 名 ①《米》地方選択権《酒類販売などを認めるかどうかを住民の投票で決定する権利》.

lócal páper 名 地方紙.

lócal préacher 名《英》(メソジスト派の)地方説教師《平信者で地方伝道が許された人》.

*__lócal tìme__ 名 ① 地方時, 現地時間 (cf. standard time 解説).

*__lo-cate__ /lóukeit, -́-|-́-/ 動 ① 〈…の〉位置を突き止める; 〈…の〉場所[位置]を示す[確認する]: Please ~ the nearest emergency exit. 最寄りの非常口の位置を確認して下さい《ホテルなどの掲示》. ② 〈建物・工場などを〉〈…に〉設置する, 設立する, 構える (cf. located): *Where is the new school to be ~d?* 新しい学校はどこに建てることになっていますか / They ~d their new office *on* Main Street. 彼らは新しい事務所を大通りに構えた. ③《米》〈…に〉居所を定める, 事務所[店舗]を構える.《L= 置く, 据える。<*locus* 場所 (cf. allocate, collocate, dislocate; local)+-ATE²》 (名 location).

*__lo-cat-ed__ /lóukeitid, -́- | -́-/ 形 P 〈…に〉位置した (*in*, *on*) (situated): The island is ~ *in* the northern part of the Atlantic. その島は大西洋の北部にある.

*__lo-ca-tion__ /loukéiʃən/ 名 ① ⓒ 位置, 場所, 所在地 (position, setting): It's a good ~ for the new school. それは新しい学校に好適の場所だ. ② [映] ⓒ① 野外撮影地《★撮影自体は location [outdoor] shooting という》: on ~ ロケ中(で) / The scene was shot on ~ in Rome. その場面はローマでロケ撮影された. ③ ① a 位置の選定, 所在の探索 *of*. b (土地の)区画; 測量. ④ [電算] 記憶場所[位置], ロケーション. (動 locate)

lóc·a·tive /lákətiv | -15k-/ 形 [文法] 位置を示す, 所格の. — 名 所格[位格]の(語).

ló-ca·tor /lóukeitər/ 名 ② 位置探査装置, 聴音機, レーダー.

loc. cit. /láksít | 15k-/ 略 loco citato.

loch /lák, láx | 15k, láx/ 《スコ》 ① 湖; L~ Ness (⇒ Ness). ② 細長い入り江.《Gael; LAKE と関連語》

lo-chi-a /lóukiə/ 名 [医] 悪露《産褥(``)排泄物》. **ló·chi·al** /-kiəl/ 形.

loci 名 locus の複数形.

*__lock¹__ /lák | 15k/ 名 ① ⓒ (かぎ(key)で開閉する)錠, 錠前, かぎ(⇒ key 比較): Please check the ~. かぎがかかっているか調べてください. ② ⓒ a 銃止め. b 銃の発射装置《安全装置 (safety lock)》. ③ ⓒ a (運河の)閘(ごう)門《高低差の大きい運河などで船舶を昇降させるための装置》. b 気閘. ④ ⓒ [レス] ロック, 固め: an arm ~ アームロック. b《米》(交通などの)身動きもできない状態; (車の混雑, 雑踏: a ~ of cars at the intersection 交差点での車の渋滞. c 身動きできなくさせるもの (*on*). ⑤ ⓒ a 独占: have a ~ *on* computer sales コンピューターの販売を独占する. b《米口》(成功)確実な人[もの]. ⑥ ① ⓒ [U またはS + 形] (ハンドルを端から端まで回した時の)前輪の最大回転角. ⑦ ~ = lock forward. **kéep [pláce]…ùnder lóck and kéy** (1) 〈…に〉錠をかけておく; 〈…を〉厳重にしまっておく. (2) 〈人を〉投獄する. **lóck, stóck, and bárrel** 全部, どれもこれも《画釈「銃の各部分な」の意から》. **pìck a lóck** [かぎ以外のもので]錠をあける; *pick a lock with* a hairpin ヘアピンで錠をあける. — 動 ① 〈ドア・引き出しなどに〉錠を下ろす, かぎをかける; (錠を下ろして)〈…を〉閉める, 閉じる: ~ a door [suitcase] ドア[スーツケース]にかぎをかける / He ~*ed up* the shop and went home. 彼は店を閉めて帰宅した. ② 〈ものを〉〈…に〉(かぎをかけて)しまい込む: ~ *up* [*away*] the documents (*in* [*into*] the safe). 彼は書類を(金庫に)しまい込んだ. ③ a 〈人を〉刑務所などに〉閉じ込める, 監禁する: ~ the prisoners *up in* their cells 囚人を独房に入れる / He ~*ed* him *out of* my room. 彼は私の部屋から締め出した. b [~ oneself] 〈…に〉閉じこもる: ~ *oneself in* one's study. 一人で書斎に閉じこもる / ~ *oneself away* 閉じこもる. ④ 〈…を〉動けなくする; 動けなくする: The ship was ~*ed in* ice. 船は氷にとざされて動けなくなった / Traffic was ~*ed up at* the intersection. 交差点で交通が渋滞していた. ⑤ a 〈手などを〉しっかりと組み合わせる: ~ one's fingers *together* 指をしっかりと組む. b 〈…に〉組みつける, 抱き締める: be ~*ed in* an embrace 抱きあっている / She ~*ed* her arms *about* his neck. 彼女は両腕をぎゅっと彼の首に回した. c 〈…と〉とっくみ合う: The two countries are ~*ed in* battle. その二つの国は交戦中である. ⑥ a (運河などに)閘(ごう)門[せき]を設ける. b (船に)閘門を通過させる (*up, down*). ⑦ 〈資本を〉固定させる: He had all his capital ~*ed up* in the business. 彼はその事業に全資本を投資していた. b《米口》〈成功[勝利]を〉確実なものにする: We have the election ~*ed up*. 選挙はほぼこっちのものだ. — 自 ① 錠[かぎ]がかかる, 閉ざされる: The door ~*s* automatically. そのドアは自動的にかぎがかかる / This suitcase won't ~. このスーツケースはどうしてもかぎがかからない. ② ギヤなどがかみ合う; 動かなくなる, 連動がロックする. ③ 〈船が〉閘門を通過する. **lóck hórns** ~ horn 名 成句. **lóck ón** (自 + 副) 〈レーダー・ミサイルなどが〉〈目標を〉自動追跡[追尾]する (*to*). **lóck óut** (《他 + 副》) (1) (争議中に)〈労働者を〉(職場から)締め出す (cf. lockout). 〈人などを〉…から締め出す (*of*). (3) [~ oneself で] (かぎを失ったりして)中に入れなくなる, 締め出される: I ~*ed* myself *out*. かぎがなくて入れなくなった.《OE; 原義は「閉じるもの」》

lock² /lák | 15k/ 名 ① a ⓒ 髪の房(``); (ひと房の)巻き毛, ひとかたまり. b [複数形で] 頭髪. ② ⓒ (羊毛・綿花の)ひと房.《OE》

lock·age /lákidʒ | 15k-/ 名 ① 閘門設備; 閘門の構築[使用, 開閉]; 閘門の通過[通過税].

lóck·dòwn 名《米》(囚人の監房内への)厳重な監禁.

Locke /lák | 15k/, **John** 名 ロック《1632-1704; 英国の経験論哲学者》.

*__lock·er__ /láko· | 15lə/ 名 ① 錠を下ろす人[もの]. ② (錠前付きの)仕切り小戸棚, ロッカー. b [海] (荷物や個人の所持品などを入れる)荷物室, 戸棚, 箱.《LOCK¹+-ER¹》

*__lócker ròom__ 名 ロッカールーム.

lócker-ròom 形 (ロッカールームで交わされる会話のような)卑猥(いわい)な, 下品な.

lock·et /lákit | 15k-/ 名 ⓒ ロケット《小型写真・毛髪・形見の品などを入れて時計鎖や首飾りにつける装飾を施した小さなケース》.《LOCK¹+-ET》

lóck fórward 名 《ラグビー》ロックフォワード《スクラムの第2列目の選手》.

lóck gáte 名 水門, 閘(こう).

lóck-in 名 変更不能になる[動かなくなる]こと, 固定化; 束縛, 制約.

lóck·jàw 名 《医》破傷風(の初期)《けいれんで口が開かなくなる》.

lóck·kèeper 名 閘(こう)門管理人.

lóck·nùt 名 ロックナット, 止めナット.

lóck·òut 名 ❶ 工場閉鎖, ロックアウト. ❷ 締め出し.

lóck·smìth 名 錠前師[作り], かぎ屋.

lóck·stèp 名 [U] (前者との間隔をつめて進む)密集行進(法); 決まりきった[融通のきかない]やり方. ── 形 堅苦しい, 融通のきかない.

lóck·stìtch 名 ロックステッチ, 二重縫い《上糸と下糸をからませるミシンのステッチ》.

lóck-ùp 名 ❶ 留置場, 拘留所. b 《口》刑務所. ❷ 〔C〕貸し車庫. ❸ [U] 一時監禁. ── 形 〔A〕錠のかかる[かかった].

Lock·wood /lάkwud | 15k-/, **Bel·va** /bélvə/ 名 ロックウッド (1830-1917) 《米国の弁護士; 女性参政権運動家》.

lo·co¹ /lóukou/ 名 (複 ~s, ~es) ❶ 〔C〕《植》ロコ草《米国西部・中部産のマメ科ゲンゲ属およびオヤマノエンドウ属の有毒植物数種の総称; 家畜の中毒を引き起こす》. ❷ [U] ロコ草中毒《= ~ disease》. ❸ 〔C〕《俗》狂人. ── 動 ロコ草で中毒させる, 《俗》...の気を狂わせる. ── 形 《俗》気の狂った. 〔Sp = 気の狂った〕

lo·co² /lóukou/ 名 形 (複 ~s) 《口》機関車 (locomotive) (の).

lo·co ci·ta·to /lóukousaɪtéɪtou | lóukousitá:tou/ 副 その引用文中に, 上記引用文中《略 l.c., loc. cit.》. 〔L = in the place cited〕

lóco disèase 名 [U] ロコ草病《ロコ草中毒による家畜の神経系統の病気》.

lo·co·mo·tion /lòukəmóuʃən/ 名 [U] 運動(力); 移動(力); 運転(力).

*__lo·co·mo·tive__ /lòukəmóutɪv⁻'−/ 名 ❶ 機関車: a steam [an electric] ~ 蒸気[電気]機関車. ❷ 推進[原動]力. ❸ 《米》ロコモーティブ《最初はゆっくりでだんだんにテンポを速めていく応援団の機関車式声援》. ── 形 (比較なし) 運動の, 移動する, 機関車の; 運転の; 旅行の, 旅行するきな; 景気を刺激する: a ~ engine 機関車; a ~ engineer 《米》機関手. 〔L loco 場所から (<locus; ⇒ locate) + motivus 動ける (⇒ motive)〕

lo·co·mo·tor /lòukəmóutə | -tə⁻'/ 形 《生》運動[移動]の.

lo·co·mo·to·ry /lòukəmóutəri⁻'−/ 形 運動[移動]する[に関する]; (体)の運動器官の.

lóco·wèed 名 = loco.

loc·u·lar /lάkjulə | lókjulə/ 形 《生・解》室[房] (loculus) の; [しばしば複合形で] (...の) 室[房]のある: bilocular 二室[房]の.

loc·ule /lάkju:l | 15k-/ 名 《生・解》= loculus, (特に) 《植》(子房・葯の)室. **lóc·uled** 形

loc·u·lus /lάkjuləs | 15k-/ 名 (複 -li /-laɪ/) 《生・解》室, 房, 小室, 小腔.

lo·cum /lóukəm/ 名 = locum tenens.

lócum té·nens /-tí:nenz, -tén-/ 名 (複 **locum te·nen·tes** /-tɪnénti:z/) 臨時代替医師[牧師]. 〔L = holding the place〕

lo·cus /lóukəs/ 名 (複 **lo·ci** /lóusai, -kai/) ❶ 場所, 位置. ❷ 《遺》座, 遺伝子座《染色体中にある遺伝子が占める位置》. ❸ 《数》軌跡. 〔L = 場所〕

lócus clás·si·cus /-klǽsɪkəs/ 名 (複 **loci clas·si·ci** /lóusiklǽsəsài, lóukaiklǽsɪsìsài/) 典拠のある句, 標準句. 〔L = standard passage〕

lócus stán·di /-stǽndi-/ 名 (複 **loci standi**) 認められた立場; 《法》提訴権, 告訴権. 〔L = place of standing〕

†**lo·cust** /lóukəst/ 名 ❶ 《昆》バッタ, イナゴ《特に大群をなして移動し農作物に害を与える》. ❷ 《米》《昆》セミ. ❸ 《植》a = locust tree. b = locust bean. 〔L; 原義は「跳びはねるもの」; cf. lobster〕

1069

lócust bèan 名《植》イナゴマメ (carob).

lócust trèe 名 《植》ニセアカシア, ハリエンジュ.

lo·cu·tion /loukjú:ʃən/ 名 ❶ [U] 話しぶり, 言い方; 語法, 言葉づかい, 言い回し. ❷ 〔C〕(特定の地方・集団などの)特有語法.

lo·cu·tio·nar·y /loukjú:ʃəneri, -ʃ(ə)nəri/ 形 《言》発語の 《陳述の効果や意図は別にして発話の物理的行為に関することにいう》.

lode /lóud/ 名 ❶ 鉱脈. ❷ 豊庫, 源泉 〔of〕. 〔OE = 道; LOAD と同語源〕

lo·den /lóudn/ 名 [U] ローデン《外套用の厚手の防水純毛地》; 暗緑色.

lóde·stàr /lóud-/ 名 ❶ a 〔C〕道しるべとなる星. b [the ~] 北極星 (the Pole Star). ❷ 〔C〕目標, 指標; 指針, 指導原理 〔of〕.

lóde·stòne /lóud-/ 名 ❶ [U.C.] 天然磁石. ❷ 〔C〕人を引きつけるもの 〔of〕.

*__lodge__ /lάdʒ | lɔ́dʒ/ 名 ❶ a (狩猟期・スキーなど特別のシーズンに一時的に使用する)小屋, ロッジ: a ski ~ スキーロッジ. b 《米》(行楽地などの)旅館, (観光)ホテル. ❷ (大邸宅・公園・大学・工場などの)番小屋, 守衛所, 門衛詰所. ❸ 《英》(Cambridge 大学などの)学寮長公舎 (cf. lodging 3). ❹ a (共済組合・秘密結社などの)地方支部(の集会所). b [集合的; 単数または複数扱い] 支部会員. ❺ [the L~] (Canberra にある)オーストラリア首相公邸. ❻ (北米先住民の)住居, テント小屋 (⇒ wigwam). ❼ ビーバー[カワウソ]の巣.
── 動 他 ❶《訴状・申告書などを〈...に〉提出する, 差し出す; 〈反対などを〈...に〉申し立てる: ~ an accusation 告訴する, 訴えを起こす / I ~ a complaint against him with the police. 彼を警察に訴えた. ❷ a 〈人を〉(一時的に)宿泊させる, 泊める: ~ a person for the night ひと晩人を泊める. b 〈人を〉寄宿[同宿]させる: Can you board and ~ me? 下宿させてくださいませんか. ❸ 〈弾丸などを〉(...に)撃ち込む; 〈矢を〈...に〉突き立てる: He ~d his arrow in the bull's-eye. 彼は矢を標的の真ん中に当てた. ❹ 〈金などを〉銀行・人などに〉預ける: ~ money in a bank [with a person] 金を銀行[人]に預ける. ❺〈権能などを〉...〉ゆだねる: ~ power in [with, in the hands of] a person 人(の手)に権限をゆだねる. ❻ 〈風・雨が〉〈作物を〉倒伏させる. ── 自 ❶ a (一時的に)〈...に〉宿泊する, 泊まる: ~ at a hotel ホテルに泊まる / We ~d there that night. その晩そこに泊まった. b 《英》〈...に〉下宿[寄宿]する: He's lodging at Mrs. Wilson's [with Mrs. Wilson]. 彼はウィルソン夫人の所に下宿している 《「家」の時には at を, 「人」の時には with を用いる》. ❷〈弾丸などが〉体内に止まる, 入る; 〈矢などが〉〈...に〉突き刺さる; 〈骨が〉〈喉に〉留まる: The bullet has ~d in his left lung. 弾(たま)が彼の左肺に入った. ❸〈作物などが〉〈風で〉倒れる. 〔F = 小屋〕

lódge·ment /-mənt/ 名 《英》= lodgment.

lódge·pòle píne 名 《植》❶ コントルタマツ, ヨレハマツ(北米西部原産). ❷ ロッジポールマツ, ヒロヨレハマツ(Rocky 山脈産; ヨレハマツの変種).

†**lódg·er** /lάdʒə | lɔ́dʒə/ 名 宿泊人, 下宿人, 同居人, 間借り人: take in ~s 下宿人を置く.

†**lodg·ing** /lάdʒɪŋ | lɔ́dʒ-/ 名 ❶ [U] a (一時的な)宿泊: ask for a night's ~ 一夜の宿を頼む. b 下宿: board and ~ まかない付きの下宿. ❷ a 〔C〕宿所, 宿: find a ~ for the night 一夜の宿を見つける《にありつく》. b [複数形で] 貸間, 下宿: live in [at private] ~s 間借りしている / take (up) [make] one's ~s 下宿する. ❸ [複数形で] 《英》(Oxford 大学の)学寮長公舎 (cf. lodge 名 3).

lódging hòuse 名 下宿屋 (《米》rooming house) 《比較》boardinghouse より格が下》.

lodg·ment /-mənt/ 名 ❶ a 〔C〕宿泊. ❷ 宿舎. ❸ 〔軍〕陣地, 沈殿物. ❹ 〔C〕〔軍〕占領, 占拠; 拠点. ❺ [U] (抗議などの)申し入れ, 訴え: the ~ of a complaint 苦情の申し立て.

lod·i·cule /lάdəkjù:l | lɔ́dɪ-/ 名 《植》鱗被(りんぴ)《イネ科植

loess /lés, lás | lóues, lɔ́:s/ 名 ① 【地】黄土, レス《北米·ヨーロッパ·アジアなどの黄土》.

Loewe /lóu/, **Frederick** 名 ロー (1901–88; 米国の作曲家; Alan Jay Lerner の台本に作曲, 多くのミュージカルを成功させた).

lo-fi /lóufáɪ⁻/ 形 ハイファイでない, ローファイの. ─ 名 ① ローファイの再生, ローファイ録音. 〖*low-fidelity*〗

†**loft** /lɔ́:ft | lɔ́ft/ 名 ① **a**〈物を収納する〉屋根裏 (attic). **b** (納屋·馬屋の) 二階《わら·干し草などを蓄える》. **c** (教会堂·講堂などの) 中二階 (cf. gallery 4 a): ⇨ choir loft, organ loft. **d** (倉庫·工場などの) 上階《を改造したアパート》, ロフト (スペース). ② ハト小屋. ③ 【ゴルフ】 **a** (クラブの) ロフト《クラブ頭部の後方傾斜》. **b**〈ボールの打ち上げ, ロフトる. ② 【ゴルフ】〈球·クリケ〉〈ボールを高く打ち上げる. ② 〈ロケットなどを〉高く打ち上げる. ─ 自 ① (ボールを) 高く打ち上げる. ② 空高く舞い上がる[打ち上げる]. 〖ON=上の部屋, 空; cf. lift〗

lóft·er 名 【ゴルフ】 ロフター《打ち上げ用のアイアン; ⇒ iron 2 b》.

†**loft·y** /lɔ́:fti | lɔ́fti/ 形 (**loft·i·er**, **-i·est**) ① 〈目的·主義など〉高尚な, 高遠な. ② 〈態度など〉高慢な: ~ contempt [disdain] 高慢ちきな軽蔑 / in a ~ manner 高慢な態度で. ③ 〈文〉〈山など〉非常に高い, そびえ立つ: a ~ peak そびえ立つ峰. **lóft·i·ly** /-təli/ 副 **-i·ness** 名 〖LOFT-Y³〗

*†**log**¹ /lɔ́:g, lág | lɔ́g/ 名 ① 丸太: truck ~s to a lumbermill トラックで丸太を製材所へ運ぶ. ② **a** 【海·空】 航海[航空] 日誌: keep a ~ 航海日誌をつける. **b** 旅行日記. **c** (エンジン·ボイラーなどの) 工程日誌. **d** (実験·業務などの) 使用に関する時間推移記録). ③ 【海】 測程器《航海中の船の速力を測る》. sleep like a log ぐっすり眠る. ─ 形 A 丸太で作った: a ~ cabin 丸太小屋. ─ 動 (**logged; log·ging**) ① **a**〈海·空〉〈...の航程を記入する, 〈...を〉航海[航空] 日誌に記入する. **b**〈コンピューターの使用などの〉〈...を〉 (ログに) 記録する (record). ② 〈船·飛行機が〉〈...の〉速度を出す. **b**〈...の〉記録を出す. ③〈木を〉切って丸太にする; 〈森林などの木を〉伐採する. 〖函 =副〗 **log in** [**on**] 〈自 +副〉 ログイン[オン]する《所定の手続きを経てコンピューターの使用を開始したりネットワークに接続する》. **log off** [**out**] 〈自 +副〉 ログオフ[アウト]する《所定の手続きを経てコンピューターの使用やネットワークへの接続を終える》.

log² /lɔ́:g, lág | lɔ́g/ 名 =logarithm.

log., log (略) logarithmic; logic (al), logistic.

-log /⎯lɔ̀:g, ⎯lɑ̀g | ⎯lɔ̀g/ 〖連尾〗《米》 =-logue.

Lo·gan /lóʊgən/, **Mount** 名 ローガン山 (カナダ北西部 Yukon 準州南西端にある山; カナダ最高峰, また北米第2の高峰 (6050 m)).

lo·gan·ber·ry /lóʊgənbèri | -b(ə)ri/ 名 【植】 ローガンベリー《の実》《キイチゴの一種》.

Lógan Internátional Áirport /lóʊgən⎯/ 名 ローガン国際空港 (Boston にある空港; コード名 BOS).

lóg·an (**stòne**) /lǽgən(-) | lɔ́gən(-)/ 名 【地】 =rocking stone.

log·a·rithm /lɔ́:gərìðm, lág- | lɔ́g-/ 名 【数】 対数: a table of ~s 対数表.

log·a·rith·mic /lɔ̀:gərɪ́ðmɪk, làg- | lɔ̀g-⎯/ 形 【数】 対数の. **-mi·cal·ly** /-kəli/ 副

lóg·bòok 名 ① 航海[航空] 日誌. ② 業務日誌.

loge /lóʊʒ/ 名 (劇場の) ます, 特別席.

†**lóg·ger** 名《米》① きこり (《英》lumberjack). ② 丸太運搬トラクター.

lóg·ger·hèad 名 =loggerhead turtle. **at lóggerheads with a person** 《...のことで》人と仲たがいして《over》.

lóggerhead túrtle 名 【動】 アカウミガメ.

log·gi·a /láʤ(i)ə, lóʊ- | lóʊʤə, láʤ-/ 名 【建】 ロジア《片側に壁のない柱廊》. 〖It =lodge〗

lóg·ging 名 U ① 材木切り出し (業). ② 伐木量.

logia 名 logion の複数形.

*†**log·ic** /láʤɪk | lɔ́ʤ-/ 名 ① **a** [また a ~] 論理, 論法: special ~ (ある特別の事物についての) 特別論法 / (an) indisputable ~ 争う余地のない論法. **b** 道理, もっともな考え方, 筋: specious ~ もっともらしい理屈 / There's no ~ in his argument. 彼の議論は筋が通らない. ② 論理学: deductive [inductive] ~ 演繹(えんえき)[帰納] 論理学. ③ 理詰め, 必然性, 有無を言わさぬ力: the ~ of events 事件の必然的な成り行き. ④ 【電算】 ロジック《演算を実行するための論理回路の相互接続法》. 〖F<L<Gk **lo·ī·cā** [思考] の (技術) / *logos* 言葉, 理性〗 形 *logical*)

*†**log·i·cal** /láʤɪk(ə)l | lɔ́ʤ-/ 形 (**more** ~; **most** ~) ① 論理的な, 筋の通った (↔ illogical): His argument seems ~. 彼の議論は筋が通っているように思える. ② (比較なし) 論理学 (上) の, 論理 (上) の: ~ analysis 論理上の分析. ③ (論理上) 必然の, 不可避の: That's the ~ result. それは当然の結果だ. **~·ness** 名 〖logic〗

lógical átomism 名 U 【哲】 論理的原子論《すべての命題は独立した単一の要素に分析できるとする》.

log·i·cal·ly /-kəli/ 副 ① 論理的に, 論理上. ② 必然的に.

lógical necéssity 名 U 論理的必然 (性).

lógical pósitivism [**empíricism**] 名 U 【哲】 論理実証主義, 論理計算の新実証論, 論理的経験論. **lógical pósitivist** 名

lógic bòmb 名 【電算】 論理爆弾, ロジックボム《一定の条件が満たされたときに実行されるように仕掛けられた, システムに破壊的な結果をもたらす命令群; Trojan horse, virus, worm など》.

lo·gi·cian /loʊʤíʃən/ 名 ① 論理学者. ② 論法の巧みな人.

lo·gi·on /lóʊʤàn | lɔ́ʤìɔn/ 名 (圈 **lo·gi·a** /-ʤɪə/, ~s) (聖書に採録されていない) イエスのことば; [複数形で] (福音書の資料とされる) イエスの語録, ロギア.

-lo·gist /⎯lə(ʊ)ʤɪst/ 〖連結尾〗「...学者」「...研究者」「...理論の信奉者」: geology>geo*logist* / philology>philo*logist*. 〖-LOGY+-IST〗

†**lo·gis·tic** /loʊʤɪ́stɪk/, **-ti·cal** /loʊʤɪ́stɪk(ə)l | lə-/ 形 ロジスティックス [兵站(へいたん)] 学の.

lo·gis·tic² /loʊʤɪ́stɪk/ 形 記号論理学の; 【数】 ロジスティックの: a ~ curve ロジスティック曲線《人口などの統計に用いる》.

lo·gis·tics /loʊʤɪ́stɪks | lə-/ 名 U 物流総合管理活動, ロジスティックス; 【軍】 兵站 (へいたん) 学《輸送·宿営·糧食などに関する軍事学の一部門》. 〖F =宿泊する (lodge)〗

lóg·jàm 名 ① (川の一か所に集まった) 丸太の渋滞. ② (米) 行き詰まり, 渋滞.

lòg·nórmal /lɔ̀:g⎯, làg-/ 形 【数】 対数正規 (型) の《変数の対数が正規分布する》. **~·ly** 副 **lòg·normálity** 名

*†**lo·go** /lóʊgoʊ/ 名 (圈 ~s) (口) ロゴ《社名·商品名などの意匠文字》. 〖LOGO(TYPE)〗

LO·GO /lóʊgoʊ/ 名 【電算】 ロゴ《主に教育用のプログラミング言語》.

lò·go·cén·tric /lɔ̀:gəséntrɪk, làg-/ 形 【哲】 (特に従来の西洋形而上学に対して批判的に) ロゴス中心主義の, 言語中心主義の. **lò·go·cén·trism** /-séntrɪzm/ 名

log·o·gram /lɔ́:gəgræm, lág- | lɔ́g-/ 名 表語文字 [記号], 語標 (dollar を示す $ などや速記用の文字). **log·o·gram·mat·ic** /lɔ̀:gəgræmǽtɪk, làg- | lɔ̀g-⎯/ 形

log·o·graph /lɔ́:gəgræf, lág- | lɔ́gəɡrɑ:f/ 名 =logogram. **log·o·graph·ic** /lɔ̀:gəgrǽfɪk, làg- | lɔ̀g-⎯/ 形 **log·o·gráph·i·cal·ly** /-kəli/ 副

log·o·phile /lɔ́:gəfàɪl, lág- | lɔ́g-/ 名 言葉好きの (人), 単語の虫.

log·or·rhe·a, (英) **-rhoe·a** /lɔ̀:gərí:ə, làg- | lɔ̀gərí:ə/ 名 U 【医】 言葉もれ, 語漏《過度の饒舌な支離滅裂な病的な饒舌》. **log·or·rhe·ic** /lɔ̀:gərí:ɪk, làg- | lɔ̀g-⎯/ 形

lo·gos /lóʊgɑs, lóʊgɔs/ 名 ① [L~] 【聖】 ② 神の言葉. **b** (三位一体の第二位たる) キリスト. ② 【哲】 理性, ロゴス. 〖Gk =言葉, 理性; cf. logic, -logy〗

log·o·type /lɔ́:gətàɪp, lág- | lɔ́g-/ 名 ① 連字活字 (fi など 2 字を一つにした活字). ② =logo.

lóg·ròll 動 《米》俚 〈議案を〉協力して通す〔through〕. — 動 (なれあいで)助け[ほめ]合いをする.

lóg·ròlling 名U ❶ a 丸太ころがし《協力して丸太を集めること、または川にころがし込むこと》. b 丸太乗り. ❷《米》《特に政治上での》協力、助け合い. b 〈作家仲間などの〉ほめ合い.

lóg rùnner 名《鳥》オチドリ《チメドリ族；豪州産》.

-logue /ˌlɔːg, -lɑ̀g | -lɔ̀g/ 接尾 [名詞連結形]「談話」「言葉」《(米)は-log》: catalogue, prologue.〖F<L<Gk; ⇒ -logy〗

lóg·wòod 名《植》ロッグウッド、アカミノキ《マメ科の常緑小高木；染料を採るために栽培される；西インド諸島・中央アメリカ産》.

lo·gy /lóugi/ 形《米》活力[気]のない、のろまな.

-lo·gy /ˌlədʒi/ [名詞連結形] ❶「言うこと、言葉、談話」: eulogy; tautology. ❷「学問, …論, …学」: geology; philology.〖F<L<Gk *logos* 言葉；cf. logic〗

⁺loin /lɔ́in/ 名 ❶ 〈複数形で〉腰、腰部. ❷《獣類の》腰肉. **gird (úp) one's lóins**《特に戦いに備えて》気を引き締める；《気を引き締めて》待ち構える《★聖書「列王紀」から》.〖F<L *lumbus* 腰; cf. lumbar〗

lóin·clòth 名 腰布.

Loire /lwɑ́ː | lwɑ́ː/ 名 [the ~] ロアール川《フランス中部を流れる同国最長の川》.

loi·ter /lɔ́itə- | -tə/ 動 自 ❶《通例副詞(句)を伴って》道草を食う、ぶらぶら歩く: ~ *outside* a door [*on* a street corner] 戸外[町角]でぶらぶらする. ❷ ゆっくり時間をかけて旅行する[行く]. — 他 〈時などを〉ぶらぶら暮らす、のらくら過ごす: They ~*ed away* the afternoon. 彼らは午後をのらくらと過ごした. **lóiter with inténtt** 犯行目的でうろつく. 〖Du=ゆるんでいる〗

lói·ter·er /-tərə- | -rə/ 名 ぶらつく人、のらくら者.

lói·ter·ing /-tərɪŋ, -trɪŋ/ 名《法》うろつき、滞留《路上売春などの違法行為に関係するものとみなして処罰の対象となる》.

LOL, lol《略》laughing out loud 大笑い《電子メールなどで用いる》.

Lo·li·ta /loulíːtə | lə-/ 名 ロリータ《Nabokov の同名の小説 (1955) に登場する性的に早熟な少女》; 《一般に》性的に早熟な少女.

loll /lɑ́l | lɔ́l/ 動 自 ❶〈舌などが〉だらりとたれる《*out*》. ❷ [副詞(句)を伴って] a だらりと寄りかかる (lounge): ~ *in* a chair [*on* a sofa, *against* a wall] いすに[ソファーに、壁に]ぐったりと寄りかかる. b のらくらする: They ~*ed about* on the grass. 彼らは草原でのんびり休んだ. — 他〈舌を〉だらりとたらす《*out*》. 〖Du; 擬音語〗

lol·la·pa·loo·za /lɑ̀ləpəlúːzə | lɔ̀l-/ 名《米俗》極めつけの[とびきりの]もの[人]；異常なもの[人]: He had a ~ of a hangover. 彼はひどい二日酔いになった.

Lol·lard /lɑ́lə-d | lɔ́lə-d/ 名 ロラード派の信徒《14-15世紀における Wycliffe 派；宗教改革の先駆となった》. **~·ìsm** /-dìzm/, **~·ry**, **~·y** /-di/ 名 ロラード主義.

lol·li·pop /lɑ́lipɑ̀p | lɔ́lipɔ̀p/ 名 ❶ 棒の先につけたキャンディー、ロリポップ、ぺろぺろキャンディー 《(英) sucker, (英) lolly》. ❷《英口》(lollipop (wo)man が持つ)ロリポップ形の「止まれ」の標示棒.

lóllipop màn [wòman] 名《英口》(ロリポップ形の「止まれ」の標識を持った)交通係《比較 日本の「緑のおばさん」に当たる》.

lol·lop /lɑ́ləp | lɔ́l-/ 動 自《口》よたよた歩く.

lol·lo ros·so /lɑ́lourɑ́sou | lɔ́lourɔ́s-/ 名U ロロロッツ《イタリア原産のレタスの一種；やや苦味があり、葉の先端が赤い》.

lol·ly /lɑ́li | lɔ́li/ 名 ❶《英口》=lollipop. ❷《俗》金(金).

lol·ly·gag /lɑ́ligæ̀g | lɔ́li-/ 動 自 =lallygag.

lol·ly·pop /lɑ́lipɑ̀p | lɔ́lipɔ̀p/ 名 =lollipop.

Lom·bard /lɑ́mbə-d, -bəd | lɔ́mbəd, -bɑːd/ 名 ❶ ランゴバルド(人)《6世紀にイタリアを征服したゲルマン民族》. ❷《イタリアの》ロンバルディア人. ❸ 金貸し、銀行家、質屋. — 形 ロンバルディア(人)の.

Lom·bar·di /ləmbɑ́ːdi | -bɑ́ː-/, **Vince** /víns/ 名 ロン

1071　**long**

バルディ (1913-70; アメリカンフットボールの名コーチ).

Lómbard Strèet 名 ❶ ロンバード街《ロンドンの銀行街; cf. Wall Street 1》. ❷ a ロンドンの金融界. b 金融界[市場].

Lóm·bar·dy póplar /lɑ́mbə-di- | lɔ́mbə-/ 名《植》セイヨウハコヤナギ.

Lo·mé /loumér | ‒‒/ 名 ロメ《トーゴの首都・港町》.

lo·ment /lóumənt/ 名《植》節莢果(せっきょうか)《マメ科植物の果実で、種と種との間に隔壁のあるもの》. **~·like** 形

lo·men·tum /louméntəm/ 名《複 ~s, -ta /-tə/》《植》= loment.

Lo·mond /lóumənd/ 名 [Loch ~] ローモンド湖《スコットランド西部 Clyde 川河口の北にある湖; Great Britain 島最大の湖》.

lon.《略》longitude.　**Lond.**《略》London.

***Lon·don** /lʌ́ndən/ 名 ロンドン《イングランド南東部 Thames 河畔の大都市；イングランドと英国の首都》.

Lon·don /lʌ́ndən/, **Jack** 名 ロンドン (1876-1916; 米国の作家).

Lóndon Brídge 名 ロンドン橋《Thames 川にかかる橋；昔はロンドン唯一の橋》.

Lóndon bróil 名《料理》ロンドンブロイル《牛の脇腹肉を焼いたステーキ；斜めに薄く切って供する》.

Lóndon cláy 名《地》ロンドン粘土(層)《イングランド南東部の始新世初期の広大な海成層》.

Lon·don·der·ry /lʌ́ndəndèri, ‒‒‒‒/ 名 ロンドンデリー《北アイルランド北東端の州; その州都》.

Lón·don·er /-nə/ 名 ロンドン人《の住民》.

Lóndon pláne 名《植》カエデバスズカケノキ《街路樹にされる》.

Lóndon príde 名《植》ヒカゲユキノシタ.

***lone** /lóun/ 形 A《文》 ❶ 一人の、孤独の: a ~ flight 単独飛行 / ~ lone wolf. ❷ 人跡絶えた. ❸ 孤立した. ❹《主に女性が》単独で育児をする: a ~ mother シングルマザー / ⇒ single parent.　**pláy a lóne hánd** (1)《トランプ》(仲間 (partner) がおりたあと)一人で勝負を続ける. (2) 単独で行動する、一人で(仕事を)やる. 〖(A)LONE〗

⁺lóne·li·ness /lóunlinəs/ 名U 孤独、寂しさ: live in ~ 一人寂しく住む、孤独な生活を送る. (形 lonely)　**loneliness** 仲間や連れがいない一人ぼっちで寂しい気持ちを表わす. **solitude loneliness** がもつ寂しい気持ちは含まれない.

***lone·ly** /lóunli/ 形《lone·li·er; -li·est》 ❶ 孤独な、ひとりぼっちの: a ~ man 孤独な人. ❷《孤独のために》寂しい、心細い: She felt ~. 彼女は寂しかった. ❸《場所が》人里離れた.　〖LONE〗　(名 loneliness) 【類義語】⇒ alone.

lónely héarts 形 恋人[連れ合い]を求めている.

⁺lon·er /lóunə- | -nə/ 名《口》(他人と交わらないで)一人で行動[生活]する人、「一匹狼」.

lone·some /lóunsəm/ 形《more ~; most ~》 ❶ 寂しい、心細い: feel ~ 寂しい. ❷《場所が人里離れた》; ぽつんとある. ❸ 次の成句.　**(áll) by [on] one's lónesome**《口》ただ一人で；一人ぼっちで. **~·ly** 副　**~·ness** 名 〖LONE+-SOME〗 【類義語】⇒ alone.

Lóne Stár Stàte 名 [the ~] 一つ星州《米国 Texas 州の俗称》.《州旗の一つ星から》

lóne wólf 名《口》一人で行動する人、「一匹狼」.

***long¹** /lɔ́ːŋ | lɔ́ŋ/ 形《**-er** /-ɔ́ːŋgə- | -ɔ́ŋgə/; **-est** /-ɔ́ːŋgɪst | -ɔ́ŋg-/》《⇔ short》 ❶《⇔ long》: a《もの・距離などが》長い、長めの《用法 ものの長さを尋ねる時は How long(...)? で、距離の長さを尋ねる時は通例 How far(...)? を用いる》: a ~ train 長い列車 / a ~ hair 長髪 / a long face/long robe ⇒ robe 名 2 / How ~ is that ladder? そのはしごはどれくらいの長さですか / We (still) have a ~ way to go. まだ道のりは長い. b《時間・過程・行為などが》長い、長期にわたる《用法 時間の長さを尋ねる時は How long(...)? を用いる; ⇒ long¹ 副 1 a, how 成句》: a ~ run 長期興行 / ~ years 多年 / ~ years of ~ standing 長くからの、長い間の / wait (for) a ~ time 長く[長い間]待つ / a ~ memory《特に悪いことをいつまでも覚えている》長期の記憶 / It is [has been] a ~ time since I saw you last. この前お会

long

いしてからずいぶんたちましたね, 久しぶりですね / How ~ is the interval [《米》intermission]? 幕間(慧)はどれくらいですか / It will be [not be] ~ before we know the truth. 真相はなかなかわかるまい[まもなくわかるだろう]. **c** 〖P〗〔…するのに〕長くかかって: Spring is ~ (in) coming this year. 今年はなかなか春が来ない《用法: は通例省略される》/ I won't be ~ dressing. したくをするのに長くはかからないでしょう / He wasn't ~ getting ready. 彼はまもなく用意ができた. **d** (比較なし) 〔通例数量を示す名詞群に伴って〕(長さ・距離・時間など)(…の)長さで, 長さが(…で): It's three feet [minutes] ~. 3フィート[3分]の長さだ / The play is five acts ~. その劇は5幕(物)だ. **e** (形が)長めの, 深いグラスに入れて出す: a ~ cold drink 深いコップに出される冷たい飲み物. **f** 〘口〙人の背が高い. ❷〈時間・行為など〉長く感じられる, 長ったらしい, 退屈な: a ~ pause 長ったらしい中断 / a ~ face 不機嫌な顔 ⇒face 2 a / Today was a ~ day. きょうは一日長く感じた. **b** 〖P〗…にぐずぐずして, 手間取って: Don't be ~! ぐずぐずするな / He's ~ about [over] his work. 彼は仕事に手間取る / He's not ~ for this world. 彼はもう長くはないだろう. ❸〈視力・聴力・見識・ヒットなど〉遠くまで届く: a ~ sight 遠視 / a ~ hit 〘野〙長打, ロングヒット / take a [the] ~ view 長い目で見る, 遠い将来のことを考える. ❹ a たっぷりの, …以上に; a ~ hour 1時間以上 / a ~ mile たっぷり1マイル / ⇒ long dozen. **b** 〔リスト・勘定書など項目の多い…〕: bill 長いつけ, たくさんたまった勘定. ❺〖P〗〘口〙〔…を〕十分持って: He's ~ on common sense. 常識が豊かだ. ❻ **a** 〈賭け等の〉圧倒的な差のある. **b** 〈成算の見込み薄の〉: It's a ~ chance that we'll win. 私たちが勝つ見込みは薄い. ❼〘音声〙長音の: a ~ vowel 長母音. ❽〘商〙(値上がりを予想して)買いに出ている, 強気の. ❾ a (飲み物が)深いグラスに入って出てくる《ジュースなどアルコールを含まない弱い》ものに対して使う》. **b** (アルコール飲料が)ソーダなどで割った. **as broad as it is long** ⇒ broad 〖形〗〖成句〗. **at (the) longest** (時間的に)長くて(も), せいぜい. **by a long chalk** ⇒ chalk 〖名〗〖成句〗. **by a long way** ⇒ way[1] 〖成句〗. **How long is a piece of string?** 《英口》知るもんか, さあねえ《答えがまったく分からない時にユーモラスに言う表現》. **in the long run** ⇒ run 〖名〗〖成句〗. **long in the tooth** ⇒ tooth 〖名〗〖成句〗.

——〖副〗 (~·er; ~·est) ❶ a 長く, 長い間, 久しく: People didn't live ~ in those days. 当時人々は長生きしなかった / "How ~ have you been in the army?" "Not very ~." 「軍隊に入ってどのくらいになりますか」「そう長くはありません」. **b** 〔時を表わす副詞または接続詞の前に用いて〕(ある時より)ずっと(前または後に): ~ ago ずっと昔 / ~ since ずっと前[昔]に / ~ before ずっと前に (cf. before long (⇨ 〖成句〗)). ❷〔期間を表わす名詞に all を伴って〕…中ずっと: all day [night] ~ 一日[晩]中 / all summer ~ ひと夏中. **as long as...** (1) …だけずっと: Stay here as ~ as you want. 好きなだけここにいてください. (2) …でさえすれば, …する限り〔条件を表わす〕: Any book will do as [so] ~ as it's interesting. おもしろくさえあれば[おもしろければ]どんな本でもけっこうです. **no longer = not any longer** もはや…しないで[でない]: I could wait for him no ~er. = I could not wait for him any ~er. もう彼を待てなかった / A trip to the moon is no ~er a fantastic dream. 月への旅行はもはや遠方ない夢ではない. **So long!** ⇒ so long. **so long as** ⇒ as long as (2).

——〖名〗❶ 〖U〗長い間: It will not take ~. 長くはかからない《用法: 主に疑問文・否定文で用いる》. ❷ [the ~] 《英口》長期休暇. ❸〘モールス信号の〉長い方の信号, 長符号; 〘音声〙長母音, 長音節. ❹ 〔複数形で〕長ズボン. ❺ 〔複数形で〕長期公債. **before long** まもなく (cf. long before (⇨ 1 b)): We shall know the truth *before* ~. 近いうちに真相がわかるでしょう. **for long** [主に否定・疑問文または従属節で] 久しく《用法: これらの句における long は形容詞の独立用法であるため, その前に very などの副詞を置くことができる》: He won't be away *for* very ~. 彼は大して長く行ってはいないでしょう.

the long and (the) short of it 要するに, つまり: *The ~ and (the) short of it* is that the plan was a failure. つまり計画は失敗していた.

〖OE〗 〖名〗length)

***long**[2] /lɔ́ːŋ | lɔ́ŋ/ 〖動〗〖I〗❶ 〔…を〕思いこがれる, 熱望〔切望〕する: They ~ *for* peace. 平和を待ちこがれている. ❷〈…したいと〉**熱望する**;〈…が〉〈…することを〉熱望する: 〔+*to do*〕He ~*ed to* meet her. 彼は彼女にとても会いたがった / 〔+*for*+〖代名〗+*to do*〕He ~*s for* you to write him a letter. 彼はあなたが手紙を書いてくれることを切に願っている. 〖OE=…には長く思える〗

long. (略) longitude.

lóng-agó 〖形〗昔の: in ~ days 昔に.

lon·gan /lɔ́ŋɡən | lɔ́ŋ-/ 〖名〗〘植〙リュウガン《中国原産ムクロジ科の常緑高木》; 竜眼《その果実》.

lóng-and-shórt wòrk 〖名〗〖U〗〘建〙(粗石積みの隅をきめる)長短積み.

†**lóng-awáited** 〖形〗待望の.

Lóng Bèach 〖名〗ロングビーチ《米国 California 州 Los Angeles 南方の都市・海水浴場》.

lóng-bòard 〖名〗ロングボード《長いサーフボード》.

lóng-bòat 〖名〗(昔, 帆船に積載した)大型ボート.

lóng-bòw /-bòʊ/ 〖名〗大弓, 長弓.

lóng-càse clóck 〖名〗= grandfather clock.

lóng-dáted 〖形〗〈手形など〉長期の.

lóng-dáy 〈植物が〉長日性の.

†**lóng dístance** 〖名〗〖U〗長距離電話: by ~ 長距離電話で.

lóng-dístance 〖形〗〖A〗❶ 長距離の: a ~ call 長距離電話の通話 (↔ a local call) / a ~ flight [runner] 長距離飛行[走者]. ❷ 〘英〙〈天気予報が〉長期的な. ——〖副〗長距離電話で: call ~ 長距離電話をかける.

lóng división 〖名〗〖U〗〘数〙長除法.

lóng dózen 〖名〗[a ~] 13.

lóng-dráwn 〖形〗= long-drawn-out.

lóng-dràwn-óut 〖形〗長く引いた[引き伸ばした]; 長ったらしい.

longe /lʌ́ndʒ, lɔ́ːndʒ/ 〖名〗調馬索; 円形調馬場. ——〖動〗〖T〗調馬索[円形調馬場]で調教する.

lóng-éared 〖形〗❶ 長い耳をもった. ❷ ロバのような, ばかな.

†**lónged-fòr** = long-awaited.

lon·ge·ron /lɑ́ndʒərɑ̀n | lɔ́ndʒərən/ 〖名〗〘空〙(飛行機胴体の)縦通材.

lon·gev·i·ty /lɑndʒévəti | lɔn-/ 〖名〗❶ 長生き, 長命. ❷ 寿命, 生涯. 〖L< *longus* 長+*aevum* 年齢+-ITY〗

lóng-expécted 〖形〗前々から予定[期待]されていた, ようやく実現した.

lóng fáce 〖名〗❶ 長い顔. ❷ (通例気取った)悲しそうな[陰気な]顔(つき): with a ~ 浮かぬ顔をして / pull [make] a ~ 浮かぬ顔をする / wear a ~ 浮かぬ顔をしている.

lóng-fáced 〖形〗❶ 顔の長い. ❷ 悲しそうな, 陰気な(顔の).

Long·fel·low /lɔ́ːŋfeloʊ | lɔ́ŋ-/, **Henry Wads·worth** /wádzwə(ː)θ | wɔ́dzwə(ː)θ/ 〖名〗ロングフェロー《1807-82; 米国の詩人》.

lóng-háir 〖名〗❶ 長髪の人. ❷ **a** インテリの人, 知識人. **b** クラシック音楽愛好家[演奏家]. ❸ ヒッピー. ——〖形〗= longhaired.

lóng-háired 〖形〗❶ 長髪の. ❷ **a** 知識階級の, インテリの. **b** (ジャズなどより)クラシック音楽を好む[演奏する]. ❸ 若くて反社会的な, ヒッピー的な.

lóng-hánd 〖名〗〖U〗(速記やタイプでなく)普通の手書き (cf. shorthand): in ~ 普通の手書きで.

lóng hául 〖名〗[a ~] ❶ 長距離輸送. ❷ 長期にわたる仕事[苦労].

†**lóng-hául** 〖形〗長距離輸送の (↔ short-haul): a ~ truck 長距離輸送トラック.

lóng-héaded 〖形〗❶ 長頭の. ❷ 先見の明がある; 賢い. ~·**ness** 〖名〗

lóng-hórn 〖名〗(テキサス)ロングホーン《米国南西部の角の長い牛; 今はほとんどまれ》.

lónghorn béetle 〖名〗〘昆〙カミキリムシ.

lóng·hòuse 图 (特に北米先住民・東南アジアなどの)共同[集合]住宅, ロングハウス, 長大家屋.

lòng húndredwèight 图 =hundredweight b.

lon·gi·corn /lάŋɡəkɔ̀ːrn | lɔ́ŋɡikɔ̀ːn/ 图《昆》カミキリムシ (longhorn beetle).

Lon·gines /lɑnʤíːn | lɔnʤíːn, ⎯⎯́/ 图《商標》ロンジン (スイス製の時計).

+lóng·ing /lɔ́ːŋɪŋ | lɔ́ŋ-/ 图 [U,C] ❶ あこがれ, 思慕: She has a great ～ *for* home. 彼女は故郷を非常に恋しく思っている. ❷ 〈…したいという〉切望, 熱望: His ～ *to* see his native country became stronger. 故国を見たいという彼の願いはますます強まった. ——形 切望[熱望]する, あこがれの: a ～ look あこがれのまなざし. **～·ly** 副 《LONG²》

lóng·ish /-ɪʃ/ 形 やや長い, 長めの.

Lòng Ísland 图 ロングアイランド《米国 New York 州の東南部にある島; 西端が New York City の一部をなす》.

lon·gi·tude /lάnʤət(j)uːd | lɔ́nʤɪtjùːd/ 图《地理》経度, 経線 (略 lon(g).; cf. latitude 1 a): east [west] ～ 東[西]経. 《天》黄経. 《L=長さ*longus* 長い+-I-+-TUDE》

lon·gi·tu·di·nal /lὰnʤət(j)úːdənl | lɔ̀nʤɪtjúː-⎯́/ 形 ❶ 経度の, 経線の. ❷ 縦の; 長さの (cf. lateral 1). **～·ly** /-nəli/ 副

longitúdinal wáve 图《理》縦波(なみ), 疎密波.

lóng jòhns 图《口》ズボン下, ももひき.

lóng júmp 图 [the ～] 走り幅跳び《《米》broad jump》.

+lóng-lást·ing /lɔ́ːŋlǽstɪŋ | lɔ́ŋlάːst-⎯́/ 形 長続きする, 長もちする.

lóng-légged 形 ❶ 足の長い. ❷ 足の速い.

lóng-lífe 形 〈牛乳など〉日持ちする.

lóng·lìne《漁業》延縄(はえなわ).

lóng·lìner 图 延縄漁船.

lóng-líved /-lívd, -lάɪvd | -lívd⎯́/ 形 ❶ 長命の. ❷ 永続する.

lóng-lóst 形 長い間行方不明[音信不通]だった.

lóng méasure 图 =linear measure.

lóng méter 图《詩学》長律(弱強格 4 脚 4 行連句; 奇数行と偶数行が各押韻).

lóng pìg 图 (食人種の食用としての) 人肉.

lóng plày 图 エルピー盤レコード (略 LP).

lóng plàyer 图 LP 盤レコード; LP (レコード)プレーヤー.

lóng-pláying 形 〈レコードが〉長時間演奏の, エルピーの (cf. LP): a ～ record LP盤レコード.

***long-range** /lɔ́ːŋréɪnʤ | lɔ́ŋ-⎯́/ 形 ❶ 長距離の (↔ short-range): a ～ gun [missile, flight] 長距離砲[ミサイル, 飛行]. ❷ 遠大な, 長期の: ～ plans 長期計画 / a ～ economic forecast 長期経済予想.

lóng-rún 形 長期にわたる, ロングランの.

+lóng-rún·ning /lɔ́ːŋrʌ́nɪŋ | lɔ́ŋ-⎯́/ 形 長期間[ロングラン]の, 〈番組が〉長寿の.

lóng s /-és/ 图《印》長い s 《古い s の書体; f, ʃ》.

lóng·shìp 图 (北欧で使われた)ガレー船に似た細長い船, ヴァイキング船.

lóng·shòre 形 沿岸の, 沿岸で働く: ～ fishery 沿岸漁業.

lóngshore drìft 图 [U]《地》沿岸漂移[漂流] (波が海岸に斜めに作用するときの, 堆積物の海岸線に沿った移動).

lóngshore·man /-mən/ 图 (圈 -men /-mən/)《米》港湾労働者《《英》docker》.

lóng shòt 图 ❶《映》遠写し (↔ close shot). ❷ [a ～]《口》大胆な[望みの薄い, 困難な]企て; (競馬などで)勝目のない大穴. **nòt by a lóng shòt** ⇒ shot¹ 成句.

lóng síght 图 遠視.

lóng·síghted 形 遠目のきく; 遠視の.

lóng-sléeved 形 長そでの.

lóng·spùr 图《鳥》ツメナガホオジロ《全北区北部に分布》.

***lóng-stánd·ing** /lɔ́ːŋstǽndɪŋ | lɔ́ŋ-⎯́/ 形 長年の, 積年の; 長続きする: a ～ feud 積年の確執.

lóng stòp 图 ❶《クリケ》 a [U] ロングストップ《捕手の後方に位置する》. b [C] ロングストップの野手. ❷ [C]《英》最後の手, 奥の手.

1073　look

+lóng-súffering 形 辛抱強い, 我慢強い. ——图 [U] 我慢強さ; 忍苦. **～·ly** 副

lóng sùit 图 ❶ [C]《トランプ》4 枚以上のそろった持ち札. ❷ (one's ～]《口》長所, 得手で.

lóng-tàiled tít 图《鳥》エナガ《欧州・アジア北部産》.

***lóng-térm** /lɔ́ːŋtə́ːm | lɔ́ŋtə́ːm-⎯́/ 形 長期の, 長期にわたる (↔ short-term): ～ loans 長期貸付金 / the ～ effects of cocaine use コカイン常用の長期的にみた影響.

***lóng-tíme** /lɔ́ːŋtάɪm | lɔ́ŋ-⎯́/ 形 長年の(にわたる): a ～ friendship [customer] 長年の友情[顧客].

lóng tón 图 英トン, 大トン《=2240 pounds, 1016.1 kg; ⇒ ton 1 a》.

lon·gueur /lɔːŋɡə́ː | -ɡə́ː/ 图 [C,U] (圈 ～s /-(z)/)(本・劇・音楽作品などの)長たらしく退屈な個所[一節], 長ったらしさ, 冗長さ.

lóng únderwèar 图 [U]《米》ズボン下, ももひき.

lóng vác 图《口》=long vacation.

lóng vacátion 图《英》(法廷・大学などの)夏期休暇《通例 8, 9, 10 月の 3 か月》.

lóng wáist 图 (衣服などの)低いウエスト(ライン). **lóng-wáisted** 形

lóng·wàll 形《鉱》長壁法の《採掘面を長くとる方式》.

lóng wáve 图 [U]《通信》長波《波長 1000 m 以上; cf. shortwave 1, medium wave》.

lóng·wàys 副 縦に, 長さで.

lóng·wéaring 形《米》〈布など〉よくもつ, 長もちする《《英》hardwearing》.

lóng-wínd·ed /-wíndɪd⎯́/ 形 ❶ 息の長く続く. ❷ 長たらしい, くどい (verbose). **～·ly** 副 **～·ness** 图

lóng·wìse 副 =longways.

lo·nic·er·a /lounísərə | lɔn-/ 图《植》スイカズラ属, ニンドウ《スイカズラ属の総称》.

Lóns·dale bélt /lάnzdeɪl- | lɔ́nz-/ 图 [the ～] ロンズデールベルト《英国のボクシングのチャンピオンベルト; 1909 年創設; 同一階級で 3 回これを受けると自分のものになる》.《Earl of Lonsdale 創設当時の全英スポーツクラブ会長》

loo¹ /lúː/ 图 (圈 ～s)《英》便所, トイレ.

loo² /lúː/ 图 [U]《トランプ》ルー《罰金が賭け金にプールされるゲーム》.

loo·fah /lúːfə/ 图 ❶《植》ヘチマ. ❷ ヘチマの海綿状の繊維《体のあかすり用など》.

loo·gie /lúːɡi/ 图 痰(たん).

***look** /lúk/ 動 A ——圓 ❶ 見る: a (注意して)〈…を〉見る, 眺める, 注視する (*at*) 《各成句を参照》: She ～ed but didn't see it. 彼女は見たが目にはそれが入らなかった / I ～ed everywhere, but couldn't find it. あちこち捜したけれども見つからなかった / *L*～ before you leap. ⇒ leap 圓 1 a. b [*L*～!で, 間投詞的に相手の注意を促すのに用いて] ほら!, お い!: *L*～, there he is! ほら, そこに彼がいるよ / *L*～ here! おい, これ! いいかい! / *L*～ you! いいかい!《★「よく聞けよ」の意のきつい挑発的な言葉》. ❷〈家などが〉〈…に〉向いている, 面している: My house ～s (*to* the) south. 私の家は南向きだ / The window ～s *on* the river. その窓は川に面している.
—— 圓 ❶ a 顔つき[様子]が〈…〉だ; 〈…に〉見える, 〈…と〉思われる: [+圕] You ～ pale. 顔色が悪いよ / This ～s very good. これはなかなかよさそうだ / He was surprised, and he ～ed it. 彼はびっくりしたが, はた目にもそう見えた / He ～s his age. 彼は年輩だけにはみえない / He ～s a good man. 彼はよい人らしい《用法 通例 look like を用いるが, like を省くのは主に《英》; ⇒ LOOK like... 成句》/ [+*to be*圕] The pole ～ed (*to be*) about eight feet tall. そのポールは見たところ高さ 8 フィートぐらいだった 《用法 appear に準じた文型で主に《米》). b [～ oneself で](様子が)いつもと変わっていない: You're not ～*ing* quite *yourself*. どういうわけか君のようじゃないね (具合が悪いんじゃないか). c 《まるで…であるかのように》見える: [+*as if*] He ～ed *as if* he hadn't heard. 彼は聞こえなかったように見えた / He ～ed *as though* he knew it. 彼はそれを知っているような様子だった. ❷ [it ～s *as if* で]〈…に〉なるらしい, 〈…と〉思われる《用法 as if [though] の代わりに like

を用いるのは米では《口》, 英では非標準的》: *It* doesn't ～ *as if* we shall succeed. どうもうまくいくとは思えない / *It* ～*s like* we made it. 間に合った[うまくいった]ようだ.

── [動] [他] ❶ 〈人などの〉〔顔・目などを〕じっと見る, 熟視する《[用法] 名詞の前に the を用いる》: ～ a person ***in*** the eye(s) 人の目をじっと見る. ❷ 〈…かを〉確かめる, 調べてみる: 〔+*wh.*〕 *L～ what* you've done. 自分のしたことを見てごらん《★ 相手を軽く非難する時の言葉》 / *L～ who*'s talking. えらそうな口をきくなよ / 〔+***that***〕 *L～ that* the work is done properly. 仕事がきちんとなされるように注意してください《[用法] look to it *that*… (⇨ LOOK to… [成句] (3))の to it を略した形で, 自動詞とも考えられる; [比較] look to it that… よりも look that… のほうが一般的》. ❸ **a** 〈…の〉目つき[顔つき]をする, 目つき[顔つき]で〈…を〉表わす: She ～*ed* her thanks. 彼女は感謝の気持ちを目で示した. **b** 〈人を〉見つめて[にらんで]〔…〕させる〔*to, into*〕: The policeman ～*ed* him ***into*** silence. 警官は彼をじろりと見て黙らせた. ❹ 〈…することを〉期待する: 〔+***to do***〕 I'm ～*ing to* get a job with them. 彼らのところに就職することになればよいと思っている.

Dón't [Néver] lóok a gíft hòrse in the móuth ⇨ gift horse [成句].

look about [《[自]+[副]》 ⌒ abóut] (1) (周囲を)見回す: He ～*ed* all *about* to see what had happened. 彼は何が起こったのかとあたり一帯を見回した. ── [《[自]+[前]》 ⌒ abóut…] (2) …のあたりを見回す. (3) …の身辺に注意する, …を用心する. (4) …のことを慎重に考える.

lóok abóut for…を見回して探す: ～ *about for* a job あちこちと仕事を探して回る.

lòok áfter… (1) …の世話をする, …に気をつける (take care of…) 《★ 受身可》: I'll ～ *after* your baby while you're out. 外出中赤ちゃんを見てあげよう / I can ～ *after* myself. 大丈夫です, ご心配なく / *L～ after* yourself! お大事に!; お体に気をつけて!; お元気で!; さようなら! (2) …の後を見送る: We ～*ed after* her. 私たちは彼女を見送った. (3) 〔利益などを〕求める.

lóok ahéad 《[自]+[副]》 (1) 前方を見る. (2) 未来のことを考える; 将来に備える: ～ *ahead* ten years 10年先のことを考える.

Lóok alíve! ⇨ alive [成句].

look around [《[自]+[副]》 ⌒ **aróund**] (1) 見回す. (2) (見ようとして)振り向く. (3) (買い物をする前など)よく調べる, 見て回る: I'm just ～*ing around*. I haven't decided what to buy. ただ見て回っているところです, 何を買うか決めていないので. (4) 見物して回る, 訪問する: Would you like to ～ *around*? 見物してみませんか. ── [《[自]+[前]》 ⌒ aròund…] (5) …の周りを見る. (6) …を見て回る, 調べる.

lóok aróund for…を見回して探す, 探して回る.

lóok at… (1) …を見る, 眺める, 熟視する (cf. [自] A 1 a) 《★ 受身可》: *L～ at* our schedule. 私たちの予定表を見なさい / The hotel is not much to ～ *at*. そのホテルは見たところ大したものではない[あまりぱっとしない]. (2) 〈…が〉〈…している[する]のを〉眺める: He ～*ed at* the rain com*ing* down. 彼は雨が降ってくるのを眺めた / *L～ at* the dolphin jump. イルカがジャンプするのをごらん. (3) [To ～ at…で] …の様子から(判断)すると: *To* ～ *at* him, you'd never think he is a millionaire. 外見からは彼が百万長者だとは決して思えないだろう. (4) 〈医師・技師などが〉…を検査する《★ 受身可》: The doctor ～*ed at* his throat. 医者は彼ののどを診た. (5) …を考察する《★ 受身可》: ～ *at* a problem from all sides あらゆる面から問題を考察する. (6) …を〔…と〕みなす: They are ～*ed at* ***as*** competitors. 彼らは競争相手とみなされている. (7) [will not, won't, wouldn't に伴って] …を顧みない, 相手にしない《★ 受身可》: He *wouldn't* ～ *at* my proposal. 彼は私の提案には一顧も与えようとはしなかった. (8) [命令法で] …を見て教訓[戒め]としなさい, …のことを忘れないで: *L～ at* John. He worked himself to death. ジョンを見て, 彼は過労で死んだんだよ.

lóok báck 《[自]+[副]》 (1) 振り返って見る. (2) 〔…を〕回顧する, 追憶する〔*on, upon, to, at*〕《★ 受身可》: He ～*ed back* fondly ***on*** his school days. 彼は学生時代を懐かしく追憶した. (3) [しばしば never, not を伴って] しりごみする; うまくいかなくなる, 後退する: You must *not* ～ *back* at this stage. ここまできて後に引いてはいけない / Since that time the company has *never* ～*ed back*. あの時以来その会社は決して後退したことがない.

look down [《[自]+[副]》 ⌒ dówn] (1) 見おろす; 下を見る: She ～*ed down* in embarrassment. 彼女は当惑してうつむいた / She ～*ed down* ***at*** her shoes. 彼女は自分の靴を見おろした. ── [《[自]+[前]》 ⌒ dówn…] (2) …を見おろす: ～ *down* a well 井戸を見おろす.

lóok dówn on [upòn]… (1) …を見下す, 軽蔑する《★ 受身可》: They ～*ed down on* him as a fool (for doing it). 彼らは(そんなことをしたので)彼をばかだと軽蔑した. (2) …を見おろす《★ 受身可》: From there we can ～ *down on* the village. そこからは村を見おろすことができる.

lóok for… (1) …を探す; …を得ようと求める《★ 受身可》 (search): ～ *for* a job 職を探す / She ～*ed* in her bag *for* her house key. 彼女はバッグをあけて家のかぎを捜した / They're ～*ing for* excitement. 彼らは興奮の種を求めている. (2) [通例進行形で] 《口》 〈めんどうなこと〉を招きそうである: You*'re* ～*ing for* trouble if you drive that fast. そんなに車をとばすとやっかいなことになるぞ. (3) …を期待する, 待ち受ける《★ 受身可》: I'll ～ *for* you about two o'clock. 2時ごろお待ちしています.

lóok fórward to…を(楽しみにして)待つ, 期待する《★ 受身可》: Grandma is ～*ing forward to* the new baby. おばあちゃんは赤ちゃんの生まれるのを楽しみに待っている / I'm ～*ing forward to* seeing you. お会いするのを楽しみにしています《[比較] look forward to see you は間違い》.

Lóok hére! [注意を促して] いいかい!, あのね!

look in [《[自]+[副]》 ⌒ ín] (1) 中をちょっとのぞいて見る. (2) 〔場所に〕ちょっと立ち寄る; 〔人を〕ちょっと訪ねる: Please ～ *in* ***on*** me ***at*** my office tomorrow. 明日オフィスに私を訪ねてください. (3) 《口》 テレビを見る〔*at*〕. ── [《[自]+[前]》 ⌒ in…] (4) …の中をのぞき込む: He ～*ed in* the shopwindow. 彼は店のウインドーをちょっとのぞいてみた. (5) 〈本など〉をざっと調べてみる: "What's his address?" "*L～ in* the phone book." 「彼の住所は?」「電話帳を見てごらん」.

lóok a person **in the fáce** ⇨ face [名] [成句].

look into… (1) [⌒ ínto…] …を調べる, 研究する《★ しばしば受身で》 (investigate): The police promised to ～ *into* the matter. 警察はその件を調査すると約束した. (2) [⌒ ìnto…] …をのぞき込む: ～ *into* shopwindows 店のウインドーをのぞき込む / He ～*ed* deep *into* my eyes. 彼は私の目をじっと見入った. (3) [⌒ ínto…] ＝LOOK in [成句] (5).

lóok lìke… (1) …のように見える, …に似ている: Penguins ～ *like* men in [with] tailcoats. ペンギンは燕尾(えんび)服を着た人間のように見える / It ～*s like* fun. おもしろそうだ / Let me tell you a little of what this university town ～*s like*. この大学町はどんなふうなところか少しばかり話させてもらいましょう. (2) …になりそうだ: It ～*s like* rain. 雨になりそうだ / He ～*s like* a winner [《英》 He ～*s like* winn*ing*]. 彼は勝ちそうだ. (3) …になるらしい (⇨ [自] B 2).

Lóok lívely! ⇨ lively [成句].

look on [《[自]+[副]》 ⌒ ón] (1) 傍観する, 見物する: You all play and I'll ～ *on*. 君たちみんなでやりたまえ, ぼくは見ている. (2) (本などを)〔…と〕一緒に見る: You can ～ *on* ***with*** me. 一緒に見てもいいよ. ── [《[自]+[前]》 ⌒ on…] (3) …に面している (⇨ [自] A 2). (4) …を〈…と〉みなす, 考える《★ 受身可》: We ～ *on* him ***as*** an impostor. 彼を詐欺師と考えている. (5) …を見る《[比較] look at… より文語的》: He always ～*s on* the bright [sunny] side of things. 彼はいつも物事の明るい面を見ている. (6) 〔ある感情で〕…を眺める《★ 受身可》: She ～*ed on* me ***with*** apprehension. 彼女は私のことを心配そうに見た.

lòok ónto…に面する: The study ～*s onto* the garden. 書斎は庭園に面している.

lóok óut 《[自]+[副]》 (1) [通例命令法で] 注意せよ, 用心せよ;

〈…するように〉注意しなさい (watch out): *L~ out*! The tree is falling. あぶない, 木が倒れるぞ / *L~ out that* you don't catch cold. かぜをひかないように気をつけてください. (2) **外を見る:** ~ *out at* the window 窓の所から外を見る (cf. at 1). (3) (外の)〔…を〕**見る:** I was *~ing out at* the view. 外の景色を見ていた. (4) 〈建物・窓などが〉〔…に〕面している, 〔…〕向きである〔*on, upon, over*〕: The room *~s out on* the sea. その部屋は海に面している (⇨ [自] A 2). ― 《[他]+[副]》 (5) 《英》〈…を〉調べて選ぶ: She *~ed out* some old clothes for the bazaar. 彼女はバザーのために古着を選んだ.

lóok óut for… (1) …を見張っている, 用心する, 注意する《★ 受身可》: *L~ out for* crocodiles. ワニに気をつけろ. (2) …を捜す《★ 受身可》: ~ *out for* him at the station 駅で彼を捜す.

lóok óut (**of**)…から外を見る《[用法] of を省くのは《米》》: ~ *out* (*of*) the window 窓から外を見る.

look over [《[自]+[副]》 ∽ óver] (1) **見渡す.** ― [《[自]+[前]》 ∽ óver…] (2) …に(ざっと)目を通す, …を調べる; 〈場所〉を視察する《★ 受身可》: ~ *over* a new campus 新しいキャンパスを視察する. (3) …越しに見る: ~ *over* a person's [one's] shoulder 人の肩越しに[振り返って]見る. ― [《[他]+[副]》 ∽ óver] (4) 〈…を〉(詳しく)調査する, 点検する: Please ~ *over* the papers before you submit them. 提出する前に書類に目を通してください.

look round ＝LOOK around [成句].

lóok róund for… ＝LOOK around for… [成句]. **lòok shárp** ⇨ sharp [副] [成句]. **lòok smáll** ⇨ small [形] [成句]. **lòok smárt** ⇨ smart [成句].

look through 《[自]+[前]》 (1) [∽ thróugh…] 〈本・引き出しなど〉を**ひと通り調べる, 調べ直す**《★ 受身可》: ~ *through* a book 本をざっと調べる. (2) [∽ through…] …**を通して見る**《★ 受身可》: ~ *through* a telescope 望遠鏡で[を]のぞく. (3) [∽ thróugh…] 〈人〉を見て見ぬふりをする: She *~ed* right *through* me. 彼女は私を見てまったく知らんふりをした. (4) [∽ thróugh…] …を見抜く. ― [《[他]+[副]》 ∽ thróugh] [~+目+through] (5) 〈…を〉十分に調べる, 詳しく点検する: Have you *~ed* the papers *through* already? もう書類を調べてしまったのですか.

lóok to… (1) …に[…を]頼る, 当てにする; 〈…することを〉…に頼る《★ 受身可》: I ~ *to* him ***for*** help [*to* help me]. 彼の援助を当てにしている. (2) …に気をつける; …を見守る: *L~ to* your tools [valuables]. 道具[貴重品]に気をつけなさい / ~ *to* one's laurels ⇨ laurel [成句]. (3) [~ to it that で] 〈…するように〉注意する: *L~ to it that* you don't make that mistake again. その間違いを二度としないように注意しなさい (cf. [他] 2). (4) 〈建物などが〉…に面する: a hothouse that *~s to* the south 南向きの温室 (⇨ [自] A 2).

lóok towàrd… (1) …のほうを見る: ~ *toward* the castle 城のほうを見る. (2) …のほうを向く, …に面する: a window *~ing toward* the east 東に面している窓 (⇨ [自] A 2). (3) …に傾く, …を目ざす: All the signs ~ *toward* a good year for the economy. あらゆる兆候からみて経済が活況を呈する年になりそうだ.

lóok úp 《[自]+[副]》 (1) **見上げる,** 目を上げる: ~ *up at* the stars [into the sky] 星[空]を見上げる / He *~ed up* from his work. 彼は仕事から目を上げた. (2) 〈景気などが〉よくなる, 上向く (improve). ― 《[他]+[副]》 (4) 〔辞書などで〕〈単語などを〉**調べる:** *L~ up* the word ***in*** your dictionary. その語を辞書で調べてごらん. (5) 〈人を〉(探して)訪ねる, 訪問する: She told me to ~ her *up* if I came to New York. ニューヨークに来たら訪ねていらっしゃいと彼女は言ってくれた.

lóok úp and dówn 《[他]+[副]》 [~+目+up and down] (1) 〈人を〉じろじろ見る: She *~ed* me *up and down*. 彼女は私をじろじろ見た. ― 《[自]+[副]》 (2) 〔…を〕くまなく捜す: I *~ed up and down for* it. 私はそれをくまなく捜した.

lóok upòn ＝LOOK on [成句].

lóok úp to…を尊敬する《★ 受身可》 (admire, respect): They all *~ed up to* him ***as*** their leader. 皆彼を指導者と仰いでいた.

― [名] ❶ [C] [通例単数形で] **一見, ひと目:** give a person a quick ~ 人をちらりと見る / Have a ~ *at* him. ちょっと彼を見てごらん / Let me have a ~. ちょっとぼくにも見せて. ❷ **a** [C] [通例単数形で] **目つき, 顔色; 様子, 外観:** the ~ in his eye(s) [face] 彼の目つき[顔色] / a ~ that could kill 人を縮みあがらせる目つき / the ~ of the sky 空模様 / He turned to me with a puzzled ~. 彼はけげんそうな顔をして私のほうを向いた / A ~ of relief came over her face. 彼女の顔に安堵(あんど)の色が浮かんだ. **b** [複数形で] **顔つき, 容貌**(ようぼう), ルックス: have good *~s* 美貌(びぼう)である, 器量がよい / You can't judge a person by *~s* alone. 人は顔つきだけで判断できない. ❸ [C] (流行などの)型, 意匠, ルック: a new ~ in women's fashions 女性ファッションの先端を行く型 / the military ~ ミリタリールック. **by the lóok**(**s**) **of it** [**him, her**] その[彼の, 彼女の]様子から判断して: We are going to have snow, *by the ~ of it*. どうも雪になりそうな気配がする.

【類義語】(1) **look, watch** ものを注意して見るという行為を表わすが, look は静止しているものについて, watch は動いているものについて用いるのが普通. **see** 単にものが見えるということ. **gaze** 驚嘆・興味などの気持で, 熱心にじっと見つめるあるいは何か他の考え事をしていてぼーっと見つめる. **stare** まばたきもせずじっと見る; 時には無作法な行為となる. **behold** 文語的な語で, see より強くしばらくじっと見つめている. **view** 調査などのため注意して観察する. (2) ⇨ appear.

lóok·alìke [名] よく似た人[もの], うり二つ, そっくりさん: my ~ 私に似た人. ― [形] 似たもの同士の, 類似した.

lóok-and-sáy [名] [U] 一目(ひとめ)読み方式《音とつづりの結びつきよりもむしろ語全体を視覚的に認識させようとする読み方教授法》.

lóok·er [名] ❶ (…の)容貌の人: a good ~ 美人. ❷ 《口》美しい女, 美人.

lóoker-ón [名] (複 **lookers-on**) 傍観者, 見物人: *Lookers-on* see most of the game. 《諺》「岡目(おかめ)八目」.

lóok-ìn [名] [a ~] ❶ **a** ひとのぞき: have *a* ~ ちょっとのぞいてみる. **b** 短い訪問: Let's give Jack *a* ~. ちょっとジャックを訪れてみよう. ❷ 《英口》 [通例否定文で] 参加する機会; 成功の見込み: There're so many qualified applicants that I do*n't* get *a* ~. 適任の志願者が多くて私には合格の見込みがない.

lóok·ing [形] [通例複合語をなして] …に見える, …そうな顔をした: angry-*looking* 怒ったような顔つきの.

lóoking glàss [名] ❶ [C] 鏡, 姿見. ❷ [U] 鏡ガラス.

lóok·ism /lʊ́kɪzm/ [名] 《口》 (人を容姿や服装で判断する)外見主義, 容姿差別. **lóok·ist** /lʊ́kɪst/ [名] [形]

look·it /lʊ́kɪt/ [間] 《口》 おい, ちょっと(見て), あのな, いいか.

+**look·out** /lʊ́kàʊt/ [名] ❶ [単数形で] 見張り, 用心, 警戒: keep a ~ (*for*…) (…を)見張る, 気をつける, 警戒する / on the ~ *for*…に目を光らせて, …を捜して. ❷ [C] **a** 見張り所, 望楼. **b** 見張り人[番]; 見張り船: You two be the *~s*. お前たち二人が見張り(番)だ. ❸ [a ~] **a** 《英》 見込み, 前途: It's *a* bad ~ for him. 彼の前途が心配だ. **b** 眺望, 見晴らし: a hill with *a* fine ~ 見晴らしのよい丘. ❹ [one's ~] 《口》 任務, 仕事: That's my ~. それは自分で始末する《おせっかい無用》 / It's [That's] your (own) ~. それは君(自身)の責任だ.

lóok-òver [名] [a ~] ざっと調べること, ざっと目を通すこと: I gave the papers *a* ~. 書類をざっと調べた.

lóok-sée [名] [a ~] 《口》 さっと見渡すこと, 一見; 視察: have *a* ~ at…をさっと見る.

loom**[1] /lúːm/ [動] [自] ❶ [通例副詞句を伴って] **ぼんやりと現われる, ぼうっと見える:** The iceberg *~ed* (*up*) *out of* the fog. 氷山は霧の中からぼんやりと現われた / The dark outline of a jet *~ed* (down***) *out of* the mist. ジェット機の黒ずんだ輪郭が霧の中からぼうっと(降りて)現われてきた. ❷ **a** 〈危険・心配などが〉気味悪く迫る: Dangers were *~ing* ahead. 危険が不気味に迫っていた. **b** [通例 ~ large で] 〈危険・心配などが〉大きく[のしかかるよう]迫る[立ちはだかる]: That worry *~ed large* in our minds. その心配が我々の心の中に大きく立ちはだかった. ― [名] [a

loom ~] ぼんやりと現われること.
loom² /lúːm/ 名 織機,機(は).
loon¹ /lúːn/ 名 (鳥) アビ 《水に潜って魚を食べる》.
loon² /lúːn/ 名 ❶ ばか. ❷ 気の狂った人 (loony).
loon³ /lúːn/ 動 《英》 はしゃぐ, ふざける, ばかをやる.
lóon pànts 名 (また **loons** /lúːnz/) ひざから下が広がったぴっちりしたふだん用ズボン.
+**loo·ny, loo·ney** /lúːni/ 《口》名 狂人 (loon²). ── 形 (loo·ni·er; -ni·est) 狂気の; まぬけの, ばかな.
lóony bìn 名 《口・差別》精神病院.
*__loop__ /lúːp/ 名 ❶ **a** (糸・ひも・リボンなどで作った)輪, ループ. **b** 輪穴; 引き結び. **c** (環で作った)輪《カーテンをしぼって留める》輪どめ. **d** ベルトを通す輪; ボタンをかける輪. **c** (旗ざおなどを通す)乳(ち). **d** (制服などの)輪飾り. **e** (金属製の)取っ手. ❷ 輪の形をしたもの: a ∼ loop line. **b** (道路・川などの)湾曲(部). **c** (筆記体のe, l, hなどの)渦巻きの輪. **d** 避妊リング. **e** (映画用の)エンドレスフィルム; (録音したエンドレステープ. **f** (スケート)結び目形, ループ. ❸ 《空》宙返り(飛行): loop the ∼ 宙返り(飛行)をする. ❹ 《電算》ループ《プログラム中で繰り返して実行できるようになっている一群の命令》. ❺ [the L-] Chicago市の中心商業地区. ❻ [the ∼] 《米》(権力の中枢にいる)側近グループ: be in [out of] the ∼ on a decision ある決定をする側近グループの一員である[ない]. **knóck** [**thrów**] **a pèrson for a lóop** 《米口》《人を》ぼう然とさせる, 驚かせる. **lóop of Hén·le** /-hénli/ 解 ヘンレ係蹄(ばい) 《腎細管の髄質部にあるU字形の屈曲》. ── 動 ❶ **a** 《ものを》輪にする. **b** 《ものを》輪で囲む. **c** 《ものを》《輪に》くくる[結ぶ, 束ねる]: ∼ up one's hair 髪を(リボンで)束ねる / ∼ up [back] a curtain カーテンをひもで輪どめで留める / ∼ letters together 手紙を輪で束ねる. ❸ 《…に》《ひもなどを》巻きつける: L- the tree with the rope.=L- the rope around the tree. その木にロープを巻きつける. ❹ (飛行機で)宙返りをする: loop the loop 同4. ── 自 ❶ 輪を作る, 輪になる. ❷ 宙返り(飛行)する.
lóop diurétic 名 《薬》係蹄(ごい)利尿薬 《ヘンレ係蹄 (loop of Henle) のナトリウム再吸収を抑制する作用をもつ利尿薬》.
looped 形 ❶ 輪になった. ❷ 《米俗》**a** 酔った. **b** 変わった, 狂った. **c** [...に] 熱中して [on].
lóop·er 名 ❶ 輪を作る人[機械]. ❷ 昆 シャクトリムシ.
+**lóop·hòle** 名 ❶ 銃眼, はざま. ❷ (壁などにあけた)小穴《通風・採光・観察用など》: look through a ∼ 小穴からのぞく. ❸ (法律などの)抜け穴, 逃げ道: a ∼ in the tax laws 税法の抜け穴.
lóop line 名 (路線の)環状線, ループ線《本線と分かれてまた一緒になるもの; cf. belt line》.
lóop stitch 名 ⓤ 服 ループかがり.
loop·y /lúːpi/ 形 (loop·i·er; -i·est) ❶ 輪のある. ❷ 《俗》**a** 変わった, 狂った. **b** 混乱した, ばかな.
*__loose__ /lúːs/ 形 (loos·er; loos·est) ❶ **a** (比較なし) 放たれた, 自由な: a ∼ dog 野放しの犬 / set a bird ∼ 鳥を放つ / shake oneself ∼ 身を振りほどく / She shook my arm ∼. 彼女は私の腕を振り払った. **b** P 束縛・拘束から解放されて, 解き放たれて [of, from]: I'm finally ∼ of her. ついに彼女から逃れられた. ❷ (比較なし) **a** 結んでない, 離れている: come ∼ 〈結び目・ねじなどが〉ゆるむ, 解ける. **b** 束ねて[閉じて]ない, 包装していない, ばらの: ∼ coins [cash, change] ばら銭, 小銭 / a ∼ leaf とじてない[抜き差し自在の]紙, ルーズリーフ / ∼ tea (包装していない)ばら売りのお茶 / sell chocolates ∼ チョコレートをばらで売る / I keep my money ∼ in my pocket. 金をばらのままポケットに入れている. ❸ **a** 〈ひも・結び目などが〉ゆるんだ, 締まりのない (↔ tight); **b** 〈ロープが〉張っていない (↔ taut). **b** 〈衣服などが〉だぶだぶの, ゆるい (baggy; ↔ tight): a ∼ coat だぶだぶのコート / This dress is a bit ∼ on me. このドレスは私には少々大きめです. **c** 〈ドア・歯・機械の部分などが〉ゆるい, がたがたの, ぐらぐらの (↔ fast). ❹ **a** 〈織物などの〉目の粗い: a ∼ weave 目の粗い織り. **b** 〈土など〉ほろほろの, もろい: ∼ shale もろい泥板岩. **c** 〈隊形など〉散開した: in ∼ order 軍 散[疎]開 隊形で. ❺ **a** (肉体的に)締まりのない, (筋肉の)たるんだ, でぶでぶの: a ∼ frame 締まりのない体格. **b** 〈腸やおなかが〉下痢気味の: ∼ bowels [stools] 下痢 / I'm ∼ in the bowels. 下痢している. ❻ (通例 A) **a** 〈人や(精神的に)締まりのない; 〈文体が〉散漫な. **b** 〈言葉・考えなど〉厳密でない, 不正確な: ∼ talk 散漫な話 / a ∼ translation 不正確[ぞんざい]な翻訳 / in a ∼ sense 漠然とした意味で. **c** 抑制力[節度]がない: have a ∼ tongue おしゃべりな / ∼ lips sink ships 《古》口はわざわいの元. ❼ 〈人・言動が〉(道徳的に)ずぼらな, 身持ちない《比較 日本語の「ルーズ」は生活態度のだらしなさについて, 英語の loose は道徳的な意味に用いる》: a ∼ person 身持ちの悪い人 / lead a ∼ life だらしない生活をする / ∼ morals 不品行. ❽ 《仏》遊離した.
at a lóose énd=at lóose énds ⇒ **loose end** 成句.
bréak lóose 束縛から脱する, 自由の身になる; [...から]逃げ出す: break ∼ from prison 脱獄する / All hell will break ∼. 大混乱に陥るだろう. **cást lóose** 〈人・船などを〉解き放つ[はずす]. **cút lóose** 他 (1) 〈...を〉〈...から〉切り[解き]放つ: cut a boat ∼ from its moorings 船をもやい綱から解き放す. (2) [...から]自由の身となる, 関係を断つ [from]. (3) 《口》遠慮なくやり[言い]出す. **háng lóose** 《米俗》〈ことに〉くつろいでいる, 心配しないでいる. **lèt lóose** 他 (1) 〈人・動物などを〉解き放つ, 自由[野放し]にする, 〈人の〉扱いを任せる, 好きなようにさせる [on]. (2) 〈怒り・笑いなどを〉爆発させる: let ∼ one's anger かんしゃく玉を爆発させる. ── 自 (1) 《口》思う存分しゃべる[行動する]. (2) 《口》〈空〉雨を降らせる. **sít lóose** (1) [...に]無関心である, とらわれない [to]. (2) 〈物事が〉〈人に〉こたえない, 重荷にならない: Patriotism sat ∼ on them. 愛国心など彼らにとってどうでもよかった. **stáy lóose**=hang LOOSE 成句. **téar lóose** [...から]自由になる [from]. **túrn [sét] lóose**=let LOOSE 成句 (1) (2).
── 副 (loos·er; loos·est) ゆるく: work ∼ 〈ねじなどが〉ゆるむ. **pláy fást and lóose** ⇒ fast¹ 成句.
── 名 ★次の成句で. **gíve (a) lóose to...** 《英》〈感情・空想を〉走るに任せる. **on the lóose** (1) 《犯人などが》まだつかまらないで, 逃亡中で. (2) 《口》羽目をはずして; 浮かれ気味で.
── 動 《比較 1と3の意味では loosen のほうが一般的》 ❶ 〈結び目などを〉解く. ❷ 〈悪いものを〉[...から]解き放つ, 自由[野放し]にする, のさばらす, [...への]蹂躙[暴虐]を許す [on, upon]. ❸ 〈...を〉ゆるめる, 離す: ∼ one's hold [of [on] ...) 〈...から〉手をゆるめる. ❹ 〈矢・鉄砲を〉放つ, 撃つ 〈off〉.
∼·**ly** 副 ∼·**ness** 名
《ON; 原義は「切り離された, 放たれた」》 (動 loosen)
lóose·bòx 名 《英》放し飼い馬屋.
lóose cánnon 名 《勝手なことを言ったりしたりして》周囲に混乱を起こす者, 何を言い出すか[しでかすか]わからないやつ, 手に負えない問題児.
lóose cóver 名 《英》(いす・ソファーなどの)取りはずしのできるカバー 《米》slip cover.
+**lóose énd** 名 《通例複数形で》❶ (ひもなどの)結んでない端. ❷ 仕事のやり残り, (問題などの)未解決の部分: tie [clear] up (the) ∼s 〈残っている〉こまごました事柄を片づける.
at a lóose énd=**at lóose énds** (1) (定職がなく)ぶらぶらして. (2) 何もすることがなくて, 手持ちぶさたで.
lóose-fítting 形 〈衣服が〉ゆるい, 体形にぴったりしていない.
lóose-fóoted 形 《海》〈縦帆が〉帆の下端がブームに留められていない.
lóose fórward 名 《ラグビー》ルースフォワード《スクラムの後部のフォワード》.
lóose héad 名 《ラグビー》ルースヘッド《スクラム最前列のフッカーの左側のプロップ》.
lóose-jóinted 形 ❶ 関節[継ぎ目]のゆるい. ❷ 自由[自在]に動く. ❸ 体に締まりのない.
lóose-knít 形 大きなゆるいステッチで編んだ; 〈つながり・連合などが〉まとまりの弱い.
lóose-léaf 形 (ページの抜き差し自在の)ルーズリーフ式の: a ∼ notebook ルーズリーフのノート.

lóose-límbed 形 〈運動選手など〉手足の柔軟な.

***loos·en** /lúːs(ə)n/ 動 他 ❶ a 〈結び目などを〉ゆるめる (↔ tighten): ~ a screw which is loose to ゆるめる / He ~ed his collar and tie. 彼はカラーとネクタイをゆるめた. b 〈規律などを〉ゆるめる (relax): ~ one's hold [grip] on... に対する引き締めを緩和する. ❷ a 〈固定したものを〉解く, 離す; 放つ: ~ a boat (もやい綱をはずして)ボートを解き放す. b 〈物事が〉舌を自由に動くようにする: That ~ed his tongue. そのため彼は口が軽くなった. ❸ 〈土などを〉ほぐす. ❹ 〈土などをつけて〉〈腹をゆるめる,〈...に〉通じをつける: ~ the bowels 通じをつける. b 〈せきを〉静める. ── 自 ❶ ゆるむ, たるむ. ❷ ほぐれる. **lóosen úp** (口) (試合などの前に)筋肉をほぐす. (2) くつろぐ: L- up! リラックスしなさい. (3) (米)けちけちしないで金を出す, 気前よく払う. (4) (米)打ち解けて話す. ── (他+副) (5) 〈規則などを〉ゆるめすぎる. (6) [~ oneself up で] (運動などの前に)体をほぐす. (形 loose)

lóose scrúm 名 《ラグビー》ルーススクラム《レフリーの指示によるクラムは, 競技中にボールのまわりに形成されるスクラム; モールまたはラック》.

lóose-strífe /植 ❶ オカトラノオ属の草本, (特に)ヒロハクサレダマ《サクラソウ科》; マメ科のレダマに似る》. ❷ ミソハギ, (特に)エゾミソハギ属の草本.

lóose-tóngued 口の軽い, おしゃべりな.

loos·ey-goos·ey /lúːsigúːsi/ 形 (米俗) とても落ちついた, くつろいだ, ゆったり[のんびり]した, たるんだ, だらけた.

⁺loot /lúːt/ 名 U ❶ 戦利品, 略奪品; 盗品. ❷ 略奪 (行為). ❸ (公務員などの)不正利得. ❹ (俗)金(?). ── 動 他 ❶ a 〈物品を〉分捕る. b 〈都市・家などから〉略奪する (plunder). ❷ 〈...を〉不正取得する, 横領する. ── 自 ❶ 略奪を行なう. ❷ 横領する. **~·er** /-tə | -tə/ 名 《Hindi》

lop¹ /láp | lɔ́p/ 動 (**lopped; lop·ping**) ❶ 〈枝を〉切り取る 〈*off, away*〉; 〈木から〉枝を切り払う 〈*off*〉; 〈木から〉枝を下ろす, 刈り込む. ❷ 〈首・手足などを〉切る (chop off); 〈余分なものとして〉〈...を〉〈...から〉削る 〈*away, off*〉 〈*off*〉. ── 名 切り枝.

lop² /láp | lɔ́p/ 動 (**lopped; lop·ping**) ❶ (だらりと)垂れる, ぶら下がる 〈*down*〉: His hair *lopped* over his ears. 彼は髪の毛が耳の所まで垂れていた. ❷ のらくらする 〈*about, around, round*〉. ── 名 耳の垂れたウサギ.

lope /lóup/ 動 〈動物が〉大股(憲)で走る. ── 名 [a ~] (動物の)大股の駆け足.

lóp-éared 形 〈犬など〉垂れ耳の.

lo·per·a·mide /louperəmàɪd/ 名 U 《薬》 ロペラミド《止瀉薬として用いる》.

lop·o·lith /lápəlɪθ | lɔ́p-/ 名 《地》 盆額, 盆状岩体, ロポリス《中央部がくぼんだ貫入岩体》.

lóp-síded 形 ❶ 〈ものが〉一方に傾いた, いびつな. ❷ 〈物事が〉不均衡な, 偏った. **~·ly** 副 **~·ness** 名

loq. (略) =loquitur.

lo·qua·cious /loukwéɪʃəs/ 形 ❶ 多弁な, おしゃべりな (talkative). ❷ 〈小鳥・水音など〉騒がしい. **~·ly** 副 **~·ness** 名

lo·quac·i·ty /loukwǽsəti/ 名 U 多弁, おしゃべり.

lo·quat /lóukwɑt | -kwɔt/ 名 《植》 ビワ(の実).

lo·qui·tur /lákwɪtə/ 動 〈だれそれ〉話す, 言う 《役者名のあとにつける舞台指示語》.

lor /lɔː | lɔː/ 間 (英俗) ああ!, あら! 《驚き・ろうばいを表わす》.

lo·ran /lɔːræn, -ran/ 名 U ローラン《船舶・航空機が二つの無線局から受ける電波の到着時刻差を測定して自分の位置を割り出す装置; cf. shoran》. 《*long-range navigation*》

***lord** /lɔ́ːd | lɔ́ːd/ 名 ❶ C a 主人, 支配者, 首長. b (封建時代の)領主, 君主: New ~s, new laws. 《諺》地頭が変われば掟(望)も変わる / one's ~ and master 《戯言》上役, 亭主, 夫 (⇒ lady 4). ❷ [通例 the L-] 神; [通例 our L-] わが主, キリスト: ⇒ Lord's day | Lord's Prayer, Lord's Supper / in the year of *our* L- 1986 西暦 1986 年に / L- knows who [where] he is. 彼がだれであるか[どこにいるか]神のみぞ知る《だれもわからない》. b [通例 L-] 神への呼び掛け・誓言・感嘆文に用い

1077 **lordship**

て]: (Good) L-!=L- bless me [us, you, my soul]!=L- have mercy! ああ!, おお《驚きの発声》/ Oh [O], L-! ああ! 《驚きの発声》/ L-, how we laughed! まあなんと笑ったことか! / (古) (古) L- willing (古) 明白ぶりを発揮している. be e- over. あんたに殿様顔をさせてはかない. 《OE; 原義は「パン(loaf)を守る(ward)もの」; cf. lady》

Lórd Chámberlain [the ~ (of the Household)] (英) 宮内[式部]長官.

Lórd Cháncellor =Lord High Chancellor.

Lórd Chíef Jústice [the ~ (of England)] (英) 主席裁判官《高等法院の王[女王]座部 (King's [Queen's] Bench)の長官; 略 L.C.J.》.

Lórd Commissióner 名 ❶ (英) (海軍省・大蔵省などの)最高執行委員. ❷ (スコットランド教会総会での)国王代理.

Lórd Gréat Chámberlain 名 [the ~ (of England)] (英) 式部長官《英国国務大臣の一人》.

Lórd Hígh Cháncellor 名 [the ~] (英) 大法官 《上院議長で, 国璽(1%)を保管し, 裁判官としても最高の官職; 略 LHC》.

Lórd Hígh Tréasurer 名 =Lord Treasurer.

Lórd Jústice (of Appéal) 名 (英) 控訴院裁判官.

Lórd Lieuténant 名 (複 **Lords Lieutenant**) [the ~] ❶ (英) 統監《州における王権の主席代表; 現在ではほとんど名誉職》. ❷ アイルランド総督 (1922年まで).

lord·ling /lɔ́ːdlɪŋ | lɔ́ːd-/ 名 小君主; 小貴族.

lórd·ly 形 (**lord·li·er, -li·est**) ❶ 君主[貴族]にふさわしい. ❷ a 威厳のある, 堂々たる, 豪奢(②)な. b 尊大な, 横柄な (haughty). **-li·ness** 名

Lórd Máyor 名 [the ~] (英) (London など特定の大都市の)市長《にロンドン市長《名誉職で任期は1年》: ~'s Day ロンドン市長就任式日《11月第2土曜日》/ the ~'s Show ロンドン市長就任披露行列.

Lórd Múck 名 (英口) 殿様気取りの[お偉ぶる]男, 偉そうな旦那.

lor·do·sis /lɔːdóusɪs | lɔː-/ 名 U 《医》 (脊柱)前湾(症).

lor·dot·ic /lɔːdɑ́tɪk | lɔːdɔ́t-/ 形

Lórd Prívy Séal 名 [the ~] (英) 王璽(おう)尚書.

Lórd Protéctor 名 [the ~ (of the Commonwealth)] (英史) 護国卿, 護民官《共和政時代 Cromwell 父子の称号》.

Lórd Próvost 名 [the ~] (スコットランドの大都市の)市長 《Edinburgh, Glasgow などの市長.

Lórd's Crícket Gróund 名 ローズクリケット競技場 《London 北西部にある英国のクリケットの本部; 単に Lord's ともいう》.

Lórd's Dáy 名 [the ~] 主の日, 主日, 日曜日.

lórd·shìp 名 ❶ a 〈貴族[君主]であること, 君臨. b U (封建領主の)権力; 支配 (*of*). ❷ [L-] (英) 閣下 《公爵を除く貴族および裁判官の尊称; ⇒ lord 4》: his [your] L- 閣下《★ lord

Lord spiritual

に対し，または戯言的に普通の人にもいう).

Lòrd spíritual 图 (働 Lords spiritual) [英] 聖職の上院議員 (bishop または archbishop).

Lórd's Práyer 图 [the ~] [キ教] 主の祈り (★ Our Father who art in heaven…で始まる祈り).

Lórd's Súpper 图 [the ~] [プロ] 聖餐(式)(式);[カト] 聖体拝傘.

Lòrd témporal 图 (働 Lords temporal) [英] 貴族の上院議員.

Lòrd Tréasurer 图 [the ~] [英史] 大蔵卿.

lórd·y /lɔ́ːdi | lɔ́ː-/ 圖 ああ，おお! (驚き・狼狽などを表わす).

†**lore¹** /lɔ́ː | lɔ́ː/ 图 ① ① (特定分野の，または特定集団の持つ)学問，知識: animal ~ 動物に関する知識. ② 伝説(集)，(民間の)伝承:⇒ folklore. 【OE=教えること】

lore² /lɔ́ː | lɔ́ː/ 图(働) 目先《鳥の目と上くちばしの間や蛇・魚の目と鼻孔の間》.

Lo·re·lei /lɔ́ːrəlài/ 图 [ドイツ伝説] ローレライ《ライン河岸の岩頭に出没して美しい歌声で船人を誘惑し難破させたという水の精》.

Lórentz(-Fitzgérald) contráction 图 [理] ローレンツ(-フィッツジェラルド)収縮《特に光速度に近い速度で動く物体が運動方向にいつでも一定の割合で縮めて見える現象》.

Ló·rentz fòrce /lɔ́ː-rents- | lɔ́ː-/ 图 [理] ローレンツ力《磁場中を運動する荷電粒子に作用する力》.

lo·res /lóuréz/ 图 低解像度の.

lor·gnette /lɔːnjét | lɔːnjét/ 图 ① 柄付きの眼鏡[双眼鏡]. ② (柄付きの)オペラグラス. 【F=横目で見る】

lo·ri·ca /lɔːráikə/ 图(働 -cae /-siː/) ① [史] 胸当て. ② [動] 被甲，被殻，ロリカ.

lor·i·cate /lɔ́ːrəkət, -kèit | lɔ́ːri-/ 圖 被甲 (lorica) をもつ.

lor·i·keet /lɔ́ːrəkìːt | lɔ́ːri-/ 图 [鳥] ヒインコ科の小型のインコ《主にニューギニア原産; セイガイインコ属，イロドリインコ属など》.

lo·ris /lɔ́ːrəs | -rɪs/ 图 [動] ノロザル，ロリス《ロリス科の数種の霊長類; 夜行性で，動作が鈍い; スレンダーロリスやスローロリスなど》.

lorn /lɔ́ːn | lɔ́ːn/ 圖 [詩] 孤独な，寄るべのない，寂しい，わびしい. **~·ness** 图 【LOSE の古い過去分詞形】

*lor·ry** /lɔ́ːri | lɔ́ri/ 图 ① [英] トラック (= truck). ② トロッコ (cf. truck¹ 3 b). ③ (車体が低く長い)四輪馬車.
fáll óff the báck of a lórry [英口] ⇒ fall (動 成句.

Los Al·a·mos /lɔ̀ːs ǽləmous, -, -éngə- | lɔ̀sǽnəlɑ̀li·z/ 图 ロスアラモス《米国 New Mexico 州の町; 世界で初めて原子爆弾・水素爆弾を開発した原子力研究所の所在地》.

*Los An·ge·les** /lɔ̀ːs ǽndʒələs, -, -énga- | lɔ̀sǽndʒəli·z/ 图 ロサンゼルス，ロスアンジェルス《米国 California 州西南部の港市で，米国第2の都市; 略 LA》.

※**lose** /lúːz/ 動 (lost /lɔ́ːst | lɔ́st/) ④ ① a (うっかりして一時的に)(ものを)失う，なくす; 置き忘れる，遺失する (mislay, misplace): He has lost his keys. 彼はかぎをなくした. b (…を)(事故などで永久に)失う，なくす: ~ one's life [job] 命[職]を失う. She lost her only son in a car accident. 彼女はひとり息子を自動車事故で失った. c (…を)(維持できず)失う: ~ one's balance 平衡を失う / ~ color 色を失う，青ざめる / ~ face 面子を失う，顔をつぶす / ~ one's health 健康を損なう / ~ heart 落胆する / (one's) patience 我慢しきれなくなる / ~ one's reason [senses] 理性を失う / ~ one's temper [《口》 cool] 冷静でなくなる，かっとなる / She has lost her sense of direction. 彼女は方向がわからなくなってしまった. d 《…を，…に)迷う: The traveler lost his way in the mountains. 旅行者は山中で道に迷った. ❸ a (勝負などに)負ける (↔ win): ~ a race (to) (…に)競走で負ける. b (賭けなどを)もらいそこなう. ❹ a (…を)見[聞き]そこなう，わからなく(人を)混乱させる: His last few words were lost in the roar of the crowd. 彼の話のうち最後の数語は群衆のどよめきにかき消されて聞き取れなかった. b (口) (そこなえる)がよくわからないんだ. b (機会を逃がす): ~ a sale 売り出しに遅れる. ❺ [~ oneself] a (…

に)夢中になる (⇒ lost 6): He lost himself in thought [a comic book]. 彼は思索にふけっていた[漫画本に夢中になっていた]. b (道に迷う，途方に暮れる: He lost himself in the woods. 彼は森の中で道に迷った. c (…の中に)姿を消す，隠れる《★ また受身でも用い，「見えなくなる」の意になる): Soon the moon lost itself in the clouds. やがて月は雲に隠れた / He was quite lost in the crowd. 彼は人込みの中に入ってまったく見えなくなった. ❻ a (時間・努力などを)浪費する: There's not a moment to ~ [to be lost]. 一刻も猶予がならない. b (…することで)(…)をむだにする: I lost no time (in) telling him. さっそく彼に告げた (用法 in はしばしば略される) / No time should be lost in looking into the problem. 今すぐその問題の調査にとりかかるべきだ. ❼ (事態が)(人に)(勝利・職業などを)失わせる: [+目+目] This lost them the victory. このため彼らは勝利を失った / The bet lost me £100. その賭(か)けで100ポンド損をした / His nonchalance lost him the sale [contract]. 彼はのんきなためだから販売[契約]のチャンスを失った. ❽ (…を)滅ぼす，破壊する《★ 通例受身; cf. lost 5 b》: The ship and its crew were lost at sea. 船も乗組員も海のもくずと消えた / We are lost! もうだめだ. ❾ a (興味・恐怖などから)逃れる: I have lost (my) interest in it. 私はそれについての興味を失った / ~ one's fear 怖くなくなる. b (体重などを)減らす: He's trying to ~ weight. 彼は減量しようとしている. ❿ (時計が)(ある時間)遅れる (⇒ gain): This clock ~s five minutes a day. この時計は1日に5分遅れる.

— ❷ ① (…に)負ける: I'm afraid our team will ~. どうやら我々のチームは負けそうだ / He didn't want to ~ to me. 彼は私に負けたくなかった. ② (…で)損害を受ける，損をする 《★受身可): You've lost by your honesty. 君は正直のためかえって損をしている / He lost on the contract. 彼はその契約で損をした. ③ (時計が)遅れる (⇒ gain): This watch is apt to ~. この時計は遅れ気味だ. ❹ (…が)衰える，弱る: ~ in speed [popularity] 速力[人気]が衰える. ❺ (話が)おもしろくなる: The account does not ~ in the [its] retelling. その話は何回繰り返しても話しがい[おもしろ味]がある.
lóse it 平静を失う，かっとなる. **lóse sléep óver [abóut]** … ⇒ sleep 图 成句. **lóse óut** (働)(口)(1) (…に)(不運にも)負ける; (…に)おくれをとる: I lost out to her for the job. 就職を争って彼女に負けた. (2) (取引などで)(大)きな損失を(…で)被る[もらいそこなう): ~ out on the chance of a lifetime 生涯にまたとない好機を取り逃がす.
【OE; 原義は「切り離す」】 (图 loss, 圖 lost)

*los·er** /lúːzə | -zə/ 图 ① 敗者 (↔ winner): a good [bad, sore, poor] ~ 負けて悪びれない[ぶつぶつ言う]人 / The ~ gets nothing. 敗者は何ももらえない / Losers are always in the wrong. [諺]「勝てば官軍負ければ賊軍」. ❷ 失敗者，損失者，遺失者，「負け犬」(↔ gainer; failure): You shall not be the ~ by it. そのことで君に損はさせない.

lós·ing 圖 ④ 勝ち目のない; 敗北をもたらす (↔ winning): a ~ game [pitcher] 負け試合[投手] / fight a ~ battle (with a weight problem) (減量と)勝ち目のない[負け]いくさをする.

※**loss** /lɔ́ːs | lɔ́s/ 图 ❶ ⓤ.ⓒ 喪失，紛失，遺失 (↔ gain): the ~ of one's eyesight 失明 / ~ of memory = memory ~ 記憶喪失 / The flood caused a great ~ of life. その洪水で多くの人が死んだ. ❷ ⓒ 損失; 損害 (to) (↔ profit): The ~ to me was minimal [great]. 私の損失は最小限ですんだ[多大であった]. ❸ 損失額[高]. ❸ ⓤ [また a ~] a (量・程度の)低下，減損: ~ in weight=weight ~ 目方の減り，減量. b (時間・労力などの)浪費: without (any) ~ of time 時を移さず，直ちに. ❹ ⓤ 得そこなうこと，敗北: the ~ of an election [a battle] 落選[敗北]. ❺ [複数形で] 死傷(者数)，損害: suffer great [heavy] ~es 大損害をこうむる. ❻ ⓒ [保] 死亡，傷害，損害. ❻ 損失額. **at a lóss** (1) (…に)困って; 当惑して，途方に暮れて: I was so surprised that I was quite at a ~ for words. あまりの驚きに言葉に詰まった / I'm at a ~ to make sense of it. 私はそのわけがわからなくて困っている / She is at a ~ (as to [about]) *what* to do. 彼女はどうしてよいのやら途方に暮れている《用法》通例前置詞を略す). (2) 〖...の〗損をして,赤字を出して: The goods were sold *at* ~ (*of* £50). その品物は(50 ポンドの)赤字を出して売られた. **be a déad lóss**《口》まるっきり損だ; まったく価値がない, まるで役に立たない. **cút** one's **lósses** 損する前に損する事業[取引]を中止する.（動 lose)

lóss adjùster 名《保》損害査定人.

lóss lèader 名《商》原価を割った)客寄せ商品, 目玉(商品).

lóss·less 形 ❶《電》無損失の(電気[電磁]エネルギーを散逸させない). ❷《電算》〈画像[音声データ]の圧縮の〉損失のない.

*lost /lɔ́:st | lɔ́st/ 動 lose の過去形・過去分詞. ── 形 (比較なし) ❶ 失われた, 遺失した, 失った; 行方不明の: ~ territory 失地 / ~ memory 失われた記憶. b P〖物事から…から〗消え去って: She was ~ *to* sight. 彼女は視界から消えた / Hope was ~ *to* him. 彼から希望がなくなってしまった / His social position will be ~ *to* him. 彼の社会的地位は失われるだろう. ❷ 負けた, 取りそこなった, 敗北した: a ~ game 負け試合 / ⇒ lost cause. ❸ a 浪費した, むだにした(waste): ~ labor むだ話, 徒労. b P〖人に〗ききめがなくて, きかなくて(cf. lose 6 b): My advice was not ~ *on* her. 私の忠告は彼女にむだではなかった(彼女は私の忠告を聞いてくれた). ❹ 道に迷った; 当惑した: a ~ child 迷い子 / ~ sheep 迷える羊〖正道を踏みはずした人; ★聖書「マタイ伝」から〗 / a ~ look 途方に暮れた[放心したような]顔つき / get ~ 道に迷う, 迷い子になる; 途方に暮れる(⇒ 成句) / be ~ for words (驚いて)言葉を失う. ❺ a 死んだ; 破滅した: ⇒ lost soul / give up for ~ 死んだものとあきらめる. b 滅びた(cf. lose 他 8). ❻ P〖考えなどに〗夢中になって, ふけって(cf. lose 5): be ~ *to* the world (夢中で)回りに目もくれない / He was ~ *in* reverie [thought]. 彼は空想[もの思い]にふけっていた. ❼ P〖人が…の〗影響を受けないで, 〖…に〗感じないで: He was ~ *to* pity [shame]. 彼は何の同情[恥ずかしさ]も感じなかった. **gèt lóst** (1) 道に迷う (⇒ 4). (2) 《通例命令文で》《俗》失せろ!, 出て行け! **the lóst and fóund**《米》遺失物取扱所(《英》lost property).

lóst cáuse 名 失敗に終わった[成功の見込みのない]運動[主義].

Lóst Generátion 名 ❶〖時に l~ g~; the ~〗失われた世代《第一次大戦時代の社会混乱に幻滅し, 人生の方向を失った世代》. ❷ C〖集合的; 単数または複数扱い〗失われた世代の人たち: You're all a ~. あなたがたは失われた世代の人たちです.

lóst próperty 名 U 遺失物: a ~ office 《英》遺失物取扱所(《米》lost and found).

lóst sóul 名 永遠の断罪をうけた[地獄落ちの]魂[人]; 《戯言》日常生活をうまくやっていけない人, どうしたらよいか途方に暮れている人.

*lot /lɑ́t | lɔ́t/ 名 **A** [a ~; しばしば ~s] **a** P《口》《用法》数にも量にも用いられ, 通例疑問文や否定文では用いられず, many, much がこれに代わる; cf. deal[1] A): There're ~s *of* [a ~ *of*] nice parks in San Francisco. サンフランシスコにはりっぱな公園がいくつもあります / We always have *a* ~ of rain in June. 6月にはいつも例年雨が多い / Sometimes (we have) very little snow, sometimes we have *a* ~. 時には雪はほんの少ししか降りませんが, 時にはたくさん降ることもあります / What *a* ~! なんとたくさんだ / She has *a* ~ on her mind. 彼女は悩みをたくさんかかえている / I have *a* ~ on my plate. 私にはやるべきことがたくさんある / He has *a* ~ (going) on. 彼はやることがたいへん忙しい / She has *a* ~ going for her. 彼女には(うまくやっていく)素質が十分にある. **b**〖副詞的に用いて〗大いに, ずいぶん, どっさり: I want *a* ~ [~s] more. もっとどっさりほしい / Thanks *a* ~ ! どうもありがとう / You've changed *a* ~. あなたはずいぶん変わりましたね. ❷〖the ~〗《口》全部, なにもかも: *the* whole [all *the*] ~ of you 君たち全部 / That's *the* ~. それで全部だ / I Take the (whole) ~. なんでもかんでもみな持っていく. **b** [a whole lot で; 副詞的に] 大いに, ずいぶん. ❸ C a (商品などの)ひと口, ひと山. **b** (人・物の)群れ, 組;

a tough ~ of people 不屈の精神を持った人たち. ── **B** ❶ **a** C くじ: draw [cast] ~s くじを引く, くじで決める / draw ~s for a prize 一つの景品を求めてくじを引く / The ~ fell on [to, upon] him. そのくじが彼に当たった. **b** U くじ引き, 抽籤: by ~ くじで. ❷ C 分け前: one's ~ of an inheritance 遺産の分け前. ❸ C 運, 運命: a hard ~ つらい運命 / It falls to one's ~ to do…= It is one's ~ to do…= The ~ falls to [on] one to do… 人が…する巡り合わせになっている. ❹ C **a**《米》土地の1区画, 地所, 地区, 敷地: a parking ~《米》駐車場. **b** 映画撮影場, スタジオ. ❺ C (商品・競売品の)品目番号: L~ 30 fetched £1000. 品番30番のものは千ポンドで落札された. ❻ C〖a ~〗やつ, しろもの: a bad ~ 悪者, たちの悪いやつ. **a fát lót** ⇒ fat 成句. **thrów ín** one's **lót with**…と運命を共にする. ── 動 (**lot·ted; lot·ting**)〈土地などを〉区分する; 〈…の〉分け前をやる 〈*out*〉. 〖OE=割り当て〗

Lot /lɑ́(:)t | lɔ́t/ 名《聖》ロト《Abraham の甥; Sodom 滅亡の時, 彼と家族だけは助かることができたが, 逃げる途中, 妻が神の言いつけに背いて後ろを振り返ったため塩の柱になる).

loth /lóuθ/ 形 =loath.

Lo·tha·ri·o /louθéə(ə)riou, -θɑ́:r-/ 名 (⑰ ~s) 女たらし, 蕩児, 色事師. 〖Nicholas Rowe, *The Fair Penitent* 中の人物〗

lo·tic /lóutɪk/ 形《生態》動く水[流水]の[に住む], 動水性の (↔ lentic).

*lo·tion /lóuʃən/ 名 U.C 外用水薬, 洗い薬; 化粧水, ローション: (a) skin [suntan] ~ スキン[日焼け止め]ローション. 〖F<L=洗濯<*lavare* 洗う〗

lot·sa /lɑ́tsə/ ~s of (⇒ lot A 1).

lot·ter·y /lɑ́təri, -tri | lɔ́t-/ 名 ❶ C くじ引き, 富[宝]くじ, 福引き; 抽籤: a ~ ticket くじ引き券 / hold a ~ 抽籤会を開く. ❷ [a ~] 運次第のもの, 運: Marriage is a ~. ❸《諺》結婚は運次第. 〖Du<*lot* 分け前; cf. lot〗

Lot·tie, Lot·ty /lɑ́ti | lɔ́ti/ 名 ロッティー《女性名; Charlotte の愛称》.

lot·to /lɑ́tou | lɔ́t-/ 名 U ロットー《ビンゴゲームの一種》.

lo·tus /lóutəs/ 名 ❶ C《植》スイレン, ハス(蓮): a ~ bloom ハスの花. ❷《ギ神》ロートス, ロートスの実(その実を食べると浮世の苦しみを忘れ楽しい夢を結ぶと考えられた想像上の植物》. 〖L<Gk<?Heb〗

lótus-èater 名 ❶《ギ神》ロートスの実を食べて浮世の憂さを忘れた人. ❷ 安逸をむさぼる人.

lótus position 名《ヨガの》蓮華座《両足先を各反対側のひざの下にさし入れてすわる瞑想の姿勢》.

louche /lú:ʃ/ 形 いかがわしい, うさんくさい.

*loud /láud/ 形 (~·er; ~·est) ❶ 〈声・音などが〉高い, 大声の, 音が高い (↔ small): in a ~ voice 大声で / with a ~ noise 大きな音を立てて. ❷ 騒々しい: a ~ party 騒々しいパーティー. ❸ 熱心な; うるさい: ~ cheers 盛んな声援 / He was ~ *in* his demands [*in* denouncing it]. 彼はうるさいほど要求を続けた[それを非難した]. ❹ **a**〈衣服・色など〉派手な (↔ quiet): ~ summer shirts けばけばしい夏物のシャツ. **b**〈態度など〉俗悪な, 下品な; 無遠慮な. ❺《米》臭気などが〉きつく, 臭い. ── 副 (~·er; ~·est) 声高く, 大声で (↔ low): *Louder*! もっと大きな声で言いなさい! / She played the CD ~. 彼女は CD を音量を上げてかけた. **loud and cléar** はっきりと, 明瞭に. **òut lóud** 声を出して[立てて]: laugh [read] *out* ~ 声を出して笑う[読む] / think *out* ~ 考え事を口に出して言う. 〖OE; 原義は「聞こえる」; cf. listen〗

loud·en /láudn/ 動 ❶ 声高になる[する], 騒々しくなる[する].

lóud·hàiler 名《英》メガホン, 拡声器 (《米》bullhorn; ≒megaphone).

*loud·ly /láudli/ 副 (more ~; most ~) ❶ 声高に, 大声で (cf. loud). ❷ 派手に, けばけばしく: She was ~ dressed. 彼女はけばけばしい服装をしていた.

lóud·mòuth 名 おしゃべり(人).

loud·mouthed /-máuðd, -máuθt⁻/ 形 大声の; 騒々しい, うるさい.

⁺**lóud·ness** 名 Ⓤ やかましさ, 騒々しさ, 大声, 騒音; 派出.

***loud·speak·er** /láudspí:kɚ | -spí:kə, ˏ-spì:-/ 名 拡声器, (ラウド)スピーカー (speaker).

Lóu Géhrig's disèase /lú:-/ 名 〔医〕ルー・ゲーリッグ病 (筋萎縮性側索硬化(症)のこと).《*Lou Gehrig* がこの病気で死んだことから》

Lou·is /lú:ɪs | lú:i/ 名 ルイ(ス) (男性名).

Lou·is /lú:ɪs/, **Joe** 名 ルイス (1914–81; 米国のボクサー; 世界ヘビー級チャンピオン (1937–49)).

Louis IV 名 ルイ 14 世 (1638–1715; フランス王 (1643–1718); 絶対王政絶頂期のフランスに君臨し, 太陽王 (the Sun King) と呼ばれる).

Lou·i·sa /lui:zə/ 名 ルイーザ (女性名; Louis の女性形).

Lou·ise /lui:z/ 名 ルイーズ (女性名; Louis の女性形).

Lou·i·si·an·a /luì:ziǽnə, lù:-əzi- | luì:zi-, lù:ɪzi-⁻/ 名 ルイジアナ州 (米国南部の州; 州都 Baton Rouge; 略 La., 〘郵〙LA; 俗称 the Pelican State).《フランス王ルイ 14 世 (Louis XIV)にちなむ》

Louísiana Púrchase 名 [the ~] 〘米史〙ルイジアナ購入地 (1803 年米国がフランスから購入した Mississippi 川と Rocky 山脈の間の広大な地域 (約 214 万 km²)).

Lou·is·ville /lú:ivìl | -ɪvɪl/ 名 ルイビル (米国 Kentucky 州北部の市, ダービー競馬の開催地).

***lounge** /láundʒ/ 動 ⓐ ❶ [通例副詞句を伴って] ぶらぶらする: There were some men and women *lounging about* (on the front steps).（玄関の上がり段で）数人の男女がぶらぶらしていた. ❷ [...に]もたれかかる, ゆったり横になる (*against, over, in*) (loll): The men were *lounging against* the bar [*in* armchairs]. 男たちはバーの酒場のカウンターにもたれかかって[ひじかけいすに横になって]いた. ── ⓣ 〈時などを〉のらくらして過ごす[暮らす]: He ~*d away* the time. 彼はぶらぶらして過ごした. ── 名 ❶ [a ~] ぶらぶら歩き, 漫歩. ❷ Ⓒ a (ホテルなどの)社交室; (トイレ・喫煙室などのある)休憩室, ラウンジ. b 〘英〙居間 (sitting room, 〘米〙living room). c (空港などの)待合室. d ＝cocktail lounge.

lóunge bàr 〘英〙(パブの中の)高級バー (saloon, 〘米〙lounge).

lóunge chàir 名 ラウンジチェア, 安楽椅子.

lóunge lizard 名 〘口〙社交界をぶらつく男, 遊び人.

lóunge mùsic 名 Ⓤ (1940–50年代の)軽音楽 (ピアノやジャズなど).

lóung·er 名 ❶ ぶらぶら歩く人. ❷ 怠け者. ❸ (日光浴用)長椅子 (sunlounger).

lóunge sùit 〘英〙背広 (〘米〙business suit).

loupe /lú:p/ 名 ルーペ (宝石細工・時計職用の拡大鏡).

lóup·ing íll /láupɪŋ-/ 名 〘獣医〙(綿羊の)跳躍病.

lour /láuɚ | láuə/ 動 名 ＝lower³.

Lourdes /lúɚd | lúəd/ 名 ルルド (フランス南西部の町; 1858 年ここの地で 14 歳の少女が聖母マリアの幻を体験して以来カトリックの巡礼地となっている).

lour·ing /láu(ə)rɪŋ/ 形 ＝lowering.

⁺**louse** /láus/ 名 (優 **lice** /láɪs/) ⓐ 〘昆〙シラミ. b (鳥・魚・植物などの)寄生虫. ⓒ (優 **lous·es**) 〘俗〙下劣なやつ, ろくでもないやつ. ── /láus | láuz/ 動 ⓣ ❶ 〈...から〉シラミをとる. ❷ 〘俗〙〈...を〉だめにする, 台なしにする, めちゃくちゃにする 〈*up*〉. 〘OE〙

lóuse flỳ 名 〘昆〙シラミバエ (生涯の大部分を同一の宿主の体で過ごす扁平な吸血バエ; 翅は退化している).

⁺**lous·y** /láuzi/ 形 (**lous·i·er; -i·est**) ⓐ ❶ シラミ (louse) のたかった. ❷ 〘口〙不潔な, 汚らしい. b いやな, ひどい: ~ weather ひどい天気. c 卑劣な, あさましい, しみったれた, けちくさい. ❷ 〘口〙[...がたっぷりあって]: He's ~ *with* money. 彼は金がわんさとある.

lout /láut/ 名 不作法者, いなか者.

lóut·ish /-tɪʃ/ 形 ぶこつな, 粗野な.

lou·var /lú:vɚ | -vɚ/ 名 〘魚〙アマシラ (暖海産の大魚).

lou·ver, lou·vre /lú:və | -və/ 名 〘建〙❶ よろい張り, よろい窓. ❷ (中世建築の)越し屋根; ルーバー. **lóu·vered** 形

lóuver bòard 名 [しばしば複数形で] よろい板, 羽(ǎ)板.

Lou·vre /lú:vr(ə)/ 名 [the ~] (パリの)ルーブル博物館.

⁺**lov·a·ble** /lʌ́vəbl/ 形 愛すべき, 愛らしい, かわいい, 魅力的な. **-a·bly** /-vəbli/ 副 **-ness** 名

lov·at /lʌ́vət/ 名 (ツイードの生地などの)くすんだ緑色.

‡**love** /lʌ́v/ 名 ❶ Ⓤ a 〔家族・友人・祖国などに対する〕愛, 愛情〔*for, of, to, toward*〕: (one's) country 愛国心 / ~ *for* one's children 子供に対する愛情. b [通例 one's ~] (よろしくという)あいさつ: Give [Send] my ~ to.... によろしく(お伝えください) / Mother [My mother] sends her ~. 母もよろしくとのことです（★手紙の文句）. ❷ Ⓤ 〔異性に対する〕恋愛, 愛情〔*of, for, to, toward*〕: (one's) first ~ 初恋 / free ~ 自由恋愛(論) / ~ at first sight ひと目ぼれ / *L*~ is blind.〘諺〙恋は盲目. b Ⓤ 性欲, 色情; 性交. c Ⓒ 情事, 恋愛. ❸ Ⓤ [また a ~] 〔物・事に対する〕好み, 愛好, 興味〔*of, for*〕: a ~ *of* learning 好学心 / have a ~ *of* nature 自然を愛好する / a labor of ~ ⇨ labor 名 3. b Ⓒ 好きなもの[事]: Golf is one of his great ~*s*. ゴルフは彼の大好きなものの一つだ. ❹ ⓐ Ⓒ (通例男から見た)恋人 (cf. lover 1). b [my ~ で夫婦間などの呼び掛けに用いて] ねえさん, あなた (dear). c [英口] (女同士または女・子供への呼び掛けに用いて] ねえ; あなた, おまえ: Yes, ~ ええ, あなた [おまえ]. ❺ [L~] 恋愛の神, キューピッド. ❻ Ⓤ (神の)愛, 慈悲; (神に対する)敬愛, 崇敬: the ~ *of* God＝God's ~ *of* God 神への愛. ❼ Ⓒ 〘英口〙愉快な人, きれいなもの[人]: What a ~ *of* a dog! まあ何とかわいい犬だろう! ❽ Ⓤ 〘テニス〙0 点, 無得点, ラブ: ~ all ラブオール《0対 0》.

be in lóve (with...) (...に)ほれている, (...を)恋している. **fáll in lóve (with...)** (...に)ほれる, (...を)恋する. **for lóve or [nor] móney** [否定文に用いて] 〘口〙義理ずくでも金ずくでも(...ない), どうしても(...ない): It *can't* be had *for ~ or money*. それは絶対に手に入らない. **for the lóve of...** のために, ...のゆえに. **for the lóve of Héaven [Gód, your children,** etc.] お願いだから. **máke lóve** (1) 〔...と〕性交する〔*to, with*〕. (2) 〘古〙 〔...に〕求愛する; 〔...を〕愛撫する 〔*to*〕. **òut of lóve** 愛の心から, 好きだから 〔*for*〕. **Thère is nó lóve lòst betwèen them.** 〘口〙二人は仲が悪い.

── 動 ⓣ ❶ a 〈人などを〉愛する, かわいがる, 大事にする; 恋する, ほれ(てい)る 〘用法〙感情をこめた強意表現以外では通例進行形にしない: They ~*d* each other. 彼らは愛し合っていた / *L*~ me, ~ my dog. ⇨ dog 1. 〈神などを〉敬愛する, 崇敬する. c 〈人を〉愛撫する; 〈人と〉性交する. ❷ 〈...を〉好む, 愛好する, 〈大いに〉好きだ: Most children ~ ice cream. 子供はたいていアイスクリームが好きだ / I ~ you in that dress. そのドレスを着ているあなたが好きだ [＋*to do*／＋*doing*]: She *is* much ~*d* [is ~*d being*] admired by young men. 彼女は若い男にちやほやされるのが好きだ 〘用法〙like の場合と同様に [＋*to do*] と [＋*doing*] はしばしば区別なく用いられるが, [＋*doing*] はより一般的な場合か習慣的な行為について用いる; 女性の好む表現): "Will you join us?" "I'd ~ *to*." 「ご一緒しませんか」「喜んで」／ [＋目＋*to do*] I ~ you to dress well. 君がりっぱな服装をすると実によい ／ [＋*for*＋(代)名＋*to do*] I'd ~ *for* you to come with me. 〘口〙あなたに一緒に来てほしいんです. ❸ 〈動植物が〉...を好む, 必要とする: Some plants ~ shade. 植物の中には日陰を好む[に育つ]ものもある. ── ⓘ 愛する, 恋をする. **I lóve it!** 〘口〙こりゃおもしろい[傑作だ, おみごと, すごい]! **I must lóve you and léave you.** 〘口〙そろそろおいとましなければ. **Lórd lóve you!** [他人の間違いなどに対する驚きを表わして] まあ!

〘OE〙 〘形〙**lovely**; 〘関連〙**amatory**, 〘類義語〙 (1) **lóve** かわいいと思う気持ちまたは深い献身; 特に様々の対象に対するおさえ難いばかりの強い気持ちを強調する. **affection** 暖かい優しい感情, 普通は love ほど強く [深く] はないが長く続くもの; 普通は人間に限られる. **attachment** 人や物に引きつけ[結びつけ]られている気持ち, 愛着. (2) 動 ⇨ **like²**.

love·a·ble /lʌ́vəbl/ 形 =lovable.

†**love affáir** 名 ❶ 恋愛(関係); 浮気, 情事《with》(relationship). ❷ 熱中: have a ~ with tennis テニスに熱中している.

love àpple 名 《古風》トマト.

love·bird 名 ❶ [C]《鳥》ボタンインコ《雄と雌はほとんど離れることがない》. ❷ [複数形で]《口》仲のいい恋人同士, おしどり夫婦.

love·bite 名 愛咬のあと, キスマーク.

love child 名 《婉》(love children) 私生児.

loved úp 形 《俗》(エクスタシー(Ecstasy)で)ラリった[ハイになった].

love fèast 名 愛餐, アガペー(agape²); 《メソジスト派などのこれを模した》愛餐会.

love-fèst /lʌ́vfèst/ 名 《わざとらしいほど》和気あいあいの(野合)関係,(仲良しクラブめいた)にこやか[なごやか]な場.

love gàme 名 《テニス》ラブゲーム《一方が1ポイントも得点できないゲーム》.

love hándles 名 《婉》《口》お腹のまわりの贅肉.

love-háte 形 愛憎の: ~ relationship 愛憎関係.

love-ín 名 《俗》ラブイン《ヒッピーなどの愛の集会》.

love-in-a-míst 名 《植》クロタネソウ, ニゲラ《ヨーロッパ・アフリカ産キンポウゲ科の一年草》.

love interest 名 [U]《(映画・小説などのテーマや挿話としての)恋愛, ロマンス; [C]それを演じる俳優[役者].

love knòt 名 (愛のしるしの)縁[恋]結び.

love·less 形 ❶ 愛(情)のない: a ~ marriage 愛のない結婚. ❷ 愛されない, かわいげのない. ~·ly 副

love lètter 名 文, ラブレター.

love-lies-bléed·ing /-làɪz-/ 名 《植》ヒモゲイトウ.

†**love life** 名 [U,C] 性生活, 異性関係.

love·lòck 名 《女性の》愛らしい(垂らし)毛. ❷ 《昔, 上流社会の男子が》耳の所で結んで下げた頭髪.

love·lòrn 形 失恋した; 恋に悩む.

*__love·ly__ /lʌ́vli/ 形 (**-li·er; -li·est**) ❶ 《目も心も引きつけるような》美しい, かわいらしい, 快い; 愛嬌(きょう)のある: a ~ child かわいらしい子. ❷ 《口》すばらしい, 愉快な: ~ weather とてもいい天気 / We had a ~ time together. 一緒に楽しい時を過ごした. ❸ [~ and+形容詞] すごく, とっても: These vegetables are ~ and fresh. この野菜はとっても新鮮だ. ── 名 《口》美人; 美しいもの. **lóve·li·ness** 名 =beautiful.

love·màking 名 [U] ❶ 性行為. ❷《古》求愛.

love mátch 名 恋愛結婚.

love nèst 名 愛の巣《男女の密会の場所》.

love pòtion 名 ほれ薬.

*__lov·er__ /lʌ́vɚ/ [-və-] 名 ❶ 恋人, 愛人, [複数形で]恋人同士《用法 単数の時は通例男; 現在では2の意に用いられることが多い; 比較 「(…の)恋人」は男であれば one's boyfriend, one's boy, 女であれば one's girlfriend, one's girl というのが一般的; love や sweetheart を用いるのはやや古風》. ❷ **a** (女が深い仲にでいる, 夫以外の)愛人《男性》, 情夫; (時に)情婦. **b** [複数形で](通例深い仲の)愛人同士. ❸ 《芸術などの》愛好者: a ~ of music=a music ~ 音楽愛好者.

love sèat 名 ロマンスシート.

love sèt 名 《テニス》ラブセット《一方が1ゲームも得点できないセット》.

love·sìck 形 恋に悩む[やつれた].

love·sìckness 名 あやや煩い, 恋わずらい.

love·some /-səm/ 形《詩・文》愛らしい, かわいい, 美しい.

love sòng 名 恋歌, ラブソング.

†**love stòry** 名 恋愛小説.

love triangle 名 《口》三角関係.

love·wòrthy 形 愛するに足る.

lov·ey /lʌ́vi/ 名《口》愛する者, いとしい人; ねえ, あなた.

lov·ey-dov·ey /lʌ́vidʌ́vi⁺/ 形 ほれた, のぼせた; 感傷的な, 甘ったるい.

*__lov·ing__ /lʌ́vɪŋ/ 形 (**more ~; most ~**) ❶ [A]愛情のあ, 愛のこもった, 愛情を表わした: a ~ look 愛情のこもったまなざし / Your ~ friend あなたの親友より《手紙の結びの句》. ❷ [しばしば複合語で](…を)愛する: a peace-loving people 平和を愛する国民.

lóving cùp 名 ❶ 親愛の杯《2個(以上)の取っ手がついた銀の大杯; 宴の終わりに回し飲みする》. ❷ 優勝杯.

lóving-kíndness 名 [U] (神の)慈愛. ❷ 思いやり, 親愛, 情け.

lóv·ing·ly 副 愛情をこめて, かわいがって, 優しく: Yours ~. [手紙の結びに用いて]あなたの親愛なるものより《子供から親などへ》.

*__low¹__ /lóʊ/ 形 (**~·er; ~·est**) ❶ **a** (高さが)低い《↔ high》(用法「背が低い」は short); a ~ brow [forehead] 狭い額 / a ~ hill 低い山[丘]. **b** 《地上・床から》遠く離れていない, 低い: a ~ ceiling 低い天井 / a ~ sky 雲の低く垂れた空. **c** 《土地の》低い所にある: ⇒ lowland. **d** 《緯度が低い》赤道に近い: ~ latitudes 低緯度(地方). **e** 《水の減っている, 水位の低い; 干潮の: ⇒ low tide / The Blue Nile is ~ in the winter months. 青ナイルは冬期には水位は低い[減水する]. **f** 《服の襟が低い, 襟ぐりの深い: a ~ dress 襟元のあいたドレス. **g** 《お辞儀などが低く頭をかがめた: a ~ bow 腰の低いお辞儀. ❷ 《程度・数量・価値などが低い: **a** 《値段が安い; 《税が軽い; 標準以下の: a ~ mark [《米》grade] (成績・テストなどで)悪[低]い点 / ~ wages 低賃金, 薄給 / ~ prices 安い物価 / a man of ~ intelligence 知性の低い人. **b** 《温度・熱・圧力・光などが》弱い, 低い: The temperature is in the ~ 30s. 気温は30度台前半だ / ~ blood pressure 低血圧. **c** 《評価が低い: I have a ~ opinion of him. 私は彼を高く評価しない. **d** 《音・声が》小さい, 低調の, 低音の: speak in a ~ voice 低い声[小声]で話す. **e** [A] 栄養に乏しい, 粗末な, 貧弱な: a ~ grade of rice 米の劣等種. ❸ [P]元気のなくて, ふさぎ込んで: feel ~ 気力[元気]がない, 意気消沈している. ❹ (階級・位置などが)低い, 卑しい ~ / of ~ class 身分の低い / of ~ birth 生まれの卑しい. **b** 育ち[柄]の悪い, 粗野な, 卑劣な; 下等な, 低級な, 下品な; わいせつな: ~ behavior 粗野なふるまい / a ~ person 下等な人 / a ~ rascal 卑劣漢 / ~ tastes 低級な趣味 / ~ talk 下品な話. ❺ 《生物が》未発達の, 単純な, 未開の. ❻ **a** 《燃料・金などが》不足した, 乏しい: Our fuel oil is getting ~. 燃料が不足してきた / run ~ 欠乏する. **b** [P] 《物が》底をついて, 不足して: He's ~ on wit. 彼は機知に欠けている / He's ~ in pocket. 彼はふところが苦しい. ❼ [主に比較級で]最近の: of (a) ~er date もっと近年の. ❽ (比較なし)《音声》《母音が》舌の位置が低い: ~ vowels 低母音《/a/, /ɑ/, /ɔ/ など》. ❾ 《車》低速の, ローの: ~ low gear. ❿ [通例L~] (比較なし)《英》低教会派の: ⇒ Low Church.

bríng lów (1) 《富・健康・位置などを》減ずる, 衰えさせる, おちぶれさせる: His greed brought him ~. 欲の深さが彼を没落させた. (2) 《人を》辱める. **fáll lów** 堕落する. **láy lów** (1) 《…を》滅ぼす; 殺す. (2) 《…を》打ち倒す. (3) 《…を》辱める. **líe lów** (1) うずくまる; 倒れている; 死んでいる. (2) 恥じ入っている. (3) (ほとぼりがさめるまで)身を隠す. (4) 目立たぬようにする, じっとしている. (5) 時機をうかがう. ── 副 (**~·er; ~·est**) ❶ 低く: fly ~ 低空飛行する. ❷ 安く: buy and sell high 安く買って高く売る. ❸ 低い調子で, 小声で《↔ loud》: speak ~ 低い声で話す. ❹ 卑しく, 卑劣に; 堕落して; 《位・身分などが》低く. ❺ わずかな賭(か)け金で: play ~ はした金で賭けばかる. **high and lów** ⇒ **high** 成句. **lów dówn** (1) ずっと下に: He's ~ down in the pecking order. 彼の序列はずっと下のほうだ. (2) 卑しめて, 冷酷に.

── 名 ❶ [C] 最低水準[記録, 数字], 最低価格: an all-time ~ 史上の最低(記録) / hit [drop to] a new ~ 新低値[最低記録]に達する[下落する]. ❷ [U] 《車》最低速ギヤ, ロー(ギヤ)《略 L; cf. high ❻ 6》: in ~ ローで / go [put it] into ~ ローに切り替える. ❸ 《気象》低気圧(の地域) 《cf. high ❼》. **híghs and lóws** 好不調(の波), 浮き沈み, 絶頂と奈落. **the lówest of the lów** 下の下, 人間のクズ; 下民, 賤民, 下々.

~·**ness** 名 【ON】 (動 lower¹) 【類義語】 ⇒ mean².

low² /lóʊ/ 動 〈牛が〉モーと鳴く. ── 他 〈…を〉うなるように言う. ── 名 (牛の)モーという鳴き声.

Low /lóu/, **Juliette** 名 ロウ (1860–1927; 米国のガールスカウトの創始者).

lów·báll 名 ❶ (c) 故意に安い価格[見積もり]を提示すること; 安い価格, 非現実的な安い見積もり. ❷ (c) 《野》《打者のひざより下の》低めの球, ローボール.

lów béam 名《車》ロービーム《近距離用の下向きのヘッドライト光線; cf. high beam》.

lów·bórn 形 生まれの卑しい.

lów·bòy 名《米》脚つきの低いたんす (cf. highboy).

lów·bréd 形 育ち[しつけ]の悪い, 柄の悪い.

lów·brów /-bràu/ 名 形 (A)《口》教養[知性]の低い(人) (↔ highbrow).

lów·cál /-kæl-/ 形《米口》低カロリーの.

lów cámp 名 (U)《芸術的に》陳腐な素材の無意識の使用 (cf. high camp).

Lów Chúrch 名 [the ~] 低教会派《英国国教の一派で, 聖職の権威や形式などをあまり重視しないで, 福音を強調する》. **Lów-Chúrch** 形

Lów Chúrchman 名 (複 -men) 低教会派の人.

lów·cláss 形 下層階級の.

lów cómedy 名 低俗な喜劇, 茶番.

Lów Cóuntries 名 [the ~] 低地帯《今のベルギー・オランダ・ルクセンブルクが占める地域》.

lów-cút 形 =low-necked.

lów-dénsity lipoprótein 名 (U)《生化》低密度リポたんぱく質《動脈硬化症との関連で"悪玉"とされるコレステロール》.

lów·dòwn 名 [the ~]《口》実情, 内幕: get [give a person] *the ~ on*...の内幕を知る[人に知らせる].

lów-dówn 形 (A)《口》卑しい, 下劣[卑劣]な.

Low·ell /lóuəl/, **Amy** 名 ローウェル (1874–1925; 米国の詩人・批評家).

Lowell, James Russell 名 ローウェル (1819–91; 米国の詩人・随筆家・外交官).

Lowell, Robert, Jr. 名 ローウェル (1917–77; 米国の詩人; Amy Lowell のいとこ).

lów-ènd 形 低価格帯の, 割安[安物]の.

***lów·er**[1] /lóuə | lóuə/ 動 他 ❶ a 〈...を〉低くする, 下げる (↔ heighten): *~ the blood pressure* 血圧を下げる / *~ one's eyes* 目を伏せる. **b** 〈ボートなどを〉降ろす. ❷ a 〈価値・程度などを〉落とす, 低下させる: *~ a nation's standard of living* 国の生活水準を下げる / *infant mortality* 幼児の死亡率を下げる / 〈物価などを〉安くする, 下げる. ❸ a 〈...を〉押さえる, くじく, へこます: *~ a person's pride* 人の誇りをくじく. **b** [~ *oneself*; 通例否定文で] 我を折る, 身を屈する: He wouldn't *~ himself* to apologize. 彼はどうしても我を折ってわびようとしなかった. ❹〈食事などが〉〈力・体力などを〉減らす, 弱める: A poor diet has *~ed* his vitality. 粗食のため活力が衰えた. ❺〈音声を下げる〉: He *~ed* his voice to a whisper. 彼は声を下げてささやき声にした. ── 自 ❶ 下がる, 低くなる. ❷ 減る, 下落する. ❸〈物価などが〉下落する. **lower awáy**(自+副) [しばしば命令法で]《海》ボート[帆, 帆げた]を降ろす. 《↓》(匿 low[1])

***lów·er**[2] /lóuə | lóuə/ 形 (A)(比較なし) (↔ upper) ❶ a 〈場所・地位などが〉より低い: a *~ shelf* 低いほうの棚. **b**〈対になっているものの〉下のほうの: the *~ lip* 下唇. **c**〈地上に対して〉地下の: ⇒ lower world. ❷ a〈地位・階級など〉下位の, 下級の, 下部の, 下層の: a *~ position in society* 社会的に低いほうの地位. **b**〈動物が〉下等の: the *~ animals* 下等動物. **c**《二院制議会の》下院の: ⇒ Lower House. ❸ a 下手の, 下流の: the *~ reaches of a river* 川の下流区域. **b**《米》南部の: a town in *~ Missouri* ミズーリ州南部のある町. ❹ [L-]《地質》前期の (↔ Upper): the *L~ Devonian* 前期デボン紀. **the lówer 48** /fɔ́ətɪéɪt | fɔ́ː t iː -/ (státes) (Alaska, Hawaii を除く)米国本土 48 州. 《LOW[1]+-ER[2]》

lów·er[3] /láuə | láuə/ 動 自 ❶ 〈...に〉顔をしかめる 〔at, on, upon〕. ❷ 〈空が〉険悪になる; 〈雷雨がきそうである〉(lour). ── 名 ❶ (c) しかめつら, 渋い顔. ❷ (U) 険悪(な模様).

lówer cáse 名 [通例 the ~]《印》ロウアーケース《小文字・数字・句読点などを入れる下段の活字ケース; cf. upper case》.

lówer·cáse《印》名 小文字 (略 lc, l.c.); 形 =upper-case. ── 形 小文字の[で印刷された]. ── 動 他 ❶〈...を〉小文字で印刷する. ❷〈大文字を〉小文字に替える.

Lówer Chámber 名 =Lower House.

lówer cláss 名 [the ~(es); 集合的; 単数または複数扱い] 下層階級(の人々) (↔ upper class).

lówer-cláss 形 下層階級の.

lówer·cláss·man /-mən/ 名 (複 -men /-mən/) =underclassman.

lówer cóurt 名 下級裁判所.

lówer críticism 名 [the ~] 下層批評《聖書諸写本を対象とした本文(ほんもん)批評》.

lówer déck 名 ❶ (c) 下(^)甲板. ❷ (U) [the ~; 集合的; 単数または複数扱い]《英海軍》下士官・水兵たち.

lówer-énd 形 =low-end.

Lówer Hóuse 名 [the ~] 下院 (Lower Chamber; cf. Upper House).

low·er·ing /láu(ə)rɪŋ/ 形 ❶〈空模様が〉険悪な, 今にも降りそうな, 曇った. ❷ 不機嫌な, 陰鬱(うっ)な: ~ *looks* 不機嫌な顔つき. **~·ly** 副 《LOWER[3]》

lówer·mòst 形〈高さ・価格など〉の, どん底の.

lówer órders 名 (複) [the ~]《古風》庶民, 下々, 平民 (ども).

lówer wórld [région] 名 [the ~] ❶ 地下界, あの世. ❷ 《天界に対して》地上, 現世.

lów·est 形 ❶ 最下の, 最低の. ❷ 最も安い. **at (the) lówest** 少なくとも, 低くとも.

lówest cómmon denóminator 名 [the ~]《数》最小公分母.

lówest cómmon múltiple 名 [the ~]《数》最小公倍数.

lów-fát 形 低脂肪の: ~ *milk* 低脂肪ミルク.

low-fi /lóufáɪ-/ 形 =lo-fi.

lów-flýing 形 低空を飛ぶ.

lów fréquency 名《電》低周波;《通信》長波 (30–300 キロヘルツ; 略 LF).

lów géar 名 (U)《車》ローギヤ, 低速ギヤ (cf. high gear): He put the car in ~. 彼は車(のクラッチ)をローギヤに入れた.

Lów Gérman 名 (U) 低地ドイツ語 (略 LG).

lów-ímpact 形《体・環境などに》負担をかけない, 影響の少ない.

lów-kéy 形 =low-keyed.

lów-kéyed 形 低音の, 弱調の; 調子を抑えた, 控えめの.

low·land /lóulənd/ 名 ❶ (c) [通例複数形で] 低地 (↔ highland). ❷ [the Lowlands] スコットランド低地地方《スコットランドの南東部; cf. highland 2》. ── 形 ❶ 低地の. ❷ [L~] スコットランド低地地方の.

lów·land·er 名 ❶ 低地人. ❷ [L~] スコットランド低地人.

Lów Látin 名 (U) 低ラテン語《中世以降のラテン語》.

lów-lével 形 ❶ 下級の, 下層(部)の (↔ high-level): a ~ *officer* 下級職員. ❷ 低空の: ~ *bombing* 低空爆撃.

lów·lìfe 名 (複 ~s) ❶ いかがわしい人, 犯罪者. ❷ いかがわしい人のいる社会層; 下層階級. **lów-life** 形

lów·lìght 名 ❶ [複数形で]《明るい色の髪の中の》暗いすじ, 濃く染めた部分. ❷ 特に悪い[不快な, ぱっとしない]できごと[部分].

lów·lòader 名 低荷台トラック.

[+]**lów·ly** 形 (low·li·er; -li·est) ❶ a 地位の低い. **b** 身分の低い. ❷ a 謙虚な. **b** 謙遜した. ❸ 小声で. **lów·li·ness** 名

lów-lýing 形 ❶〈土地が〉低い, 低地の. ❷ 低くたなびく: ~ *clouds* 低くたなびく雲.

Lów Máss 名 (C)(U)《カト》読唱ミサ《音楽なしのミサ; 司祭は祈りを歌わず, 読唱する》.

lów-mínded 形 心の卑しい, あさましい, 下劣な.

lów-nécked 形 ⟨婦人服など⟩襟ぐりの大きい, ローネックの (cf. high-necked).

†**lòw-páid** 形 ⟨労働者が⟩賃金の, 給料の安い.

lów-páy·ing 形 ⟨仕事が⟩かせばない, 低賃金の.

lów-pítched 形 ❶ ⟨音・声⟩の調子の低い (↔ high-pitched). ❷ ⟨屋根など⟩傾斜のゆるい.

lów póint 名 [通例単数形で] ⟨活動などの⟩どん底, 最悪の時期.

lów-pówer 形 ⟨テレビ局・ラジオ局が⟩低出力の ⟨ラジオなど⟩ =low-powered.

lów-pówered 形 馬力の弱い, 低性能の.

lów-préssure 形 Ⓐ ❶ 低圧の. ❷ のんびりした, ゆっくりした (↔ high-pressure).

lów prófile 名 [通例単数形で] 目立たない態度, 控えめな態度, 低姿勢 (cf. high profile): keep [present] a ~ 低姿勢でいる.

lów relíef 名 Ⓤ.Ⓒ 浅浮き彫り.

lów-rént 形 安物の, 粗悪な.

lów-ríder 名 ローライダー ⟨車高を低く改造した車⟩; ローライダーに乗る人.

lów-ríse 形 Ⓐ ⟨建物・アパートが⟩低層の.

lów-rísk 形 危険性[度]の低い, 低リスクの.

lów séason 名 Ⓤ [通例 the ~] ⟨英⟩ ⟨商売・仕事・旅行客などの⟩閑(散)期, 暇な時期 (⟨米⟩ off season; ↔ high season).

lów-slúng 形 低めの[に作られた], 地面[床面など]に比較的近い, 車から低い.

lów-spírited 形 元気のない, 憂鬱な, 意気消沈した. ~·ly 副 ~·ness 名

Lów Súnday 名 低日曜日 ⟨復活祭 (Easter) の後の第 1 日曜日⟩.

lów-téch 形 低科学技術の (↔ high-tech).

lów technólogy 名 Ⓤ 低度技術 ⟨比較的高度でない技術⟩.

lów tíde 名 (↔ high tide) ❶ Ⓤ.Ⓒ 干潮(時): at ~ 干潮時に[で]. ❷ Ⓒ [通例単数形で] 最低点, どん底 ⟨of⟩.

lów wáter 名 (↔ high water) ❶ Ⓤ 干潮(時); ⟨川・湖などの⟩低水位: at ~ 干潮(時)に[で]. ❷ 貧窮状態: be in ~ 金に困っている.

lów-wáter márk 名 ❶ 干潮標, 低水位標. ❷ 最低の状態, どん底 ⟨of⟩.

Lów Wéek 名 復活祭の週の次の週.

lox¹ /láks | lɔ́ks/ 名 Ⓤ ⟨化⟩ 液体[液化]酸素. ⟨*liquid oxygen* から⟩

lox² /láks | lɔ́ks/ 名 Ⓤ サケの燻製, スモークサーモン.

lox·o·drome /láksədròum | lɔ́k-/ 名 ⟨海⟩ 航程線 (rhumb line).

lox·o·drom·ic /làksədrámɪk | lɔ̀ksədrɔ́m-/ 形 ⟨海⟩ 航程線の, 斜航法の.

__loy·al__ /lɔ́ɪəl/ 形 (**more ~**; **most ~**) ❶ ⟨人が⟩忠実な, 忠義な, 義理堅い: a ~ friend 忠実な友人 / a ~ subject 忠臣 / He was ~ *to* his country [friends, principles]. 彼は国家[友人, 主義]に忠実だった. ❷ ⟨行為など⟩誠実な, 忠実な. ~·ly /lɔ́ɪəli/ 副 ⟨F⟨L *legalis* LEGAL⟩ 名 loyalty⟩ [類義語] ⇒ faithful.

loy·al·ism /lɔ́ɪəlìzm/ 名 忠義; (特に 反乱時の)勤王主義.

†**loy·al·ist** /-əlɪst/ 名 ❶ 勤王家, 忠臣. ❷ (動乱の時などの)政府[体制]支持者.

__loy·al·ty__ /lɔ́ɪəlti/ 名 ❶ Ⓤ 忠実, 忠誠, 忠節, 忠義, 勤王 ⟨*to*⟩. ❷ Ⓒ [通例複数形で] (しばしば相反する)忠誠, 「義理」. (形 loyal)

lóyalty càrd 名 ご愛顧カード, 'ポイントカード' ⟨自動読取り式磁気カードで, 同一店での購入額に応じて記録・累積された点数を将来の購入代金に充当したり割引の基礎にしたりするもの⟩.

Loyola (L) ⇒ Ignatius of Loyola.

loz·enge /láz(ə)ndʒ | lɔ́z-/ 名 ❶ ひし形 (diamond). ❷ **a** ひし形の糖菓. **b** 甘味入りの錠剤 (せき止めなど; もとひし形をしていた). **c** ひし形窓ガラス. **d** (宝石の)ひし形の面. ❸ ⟨紋⟩ ひし形の紋章図形.

†**LP** /élpí:/ エルピー(盤) ⟨収録時間を増加した毎分 33

1083   **Lucifer**

1/3 回転のレコードについていう; cf. EP⟩. ⟦**LONG-PLAYING** の略⟧.

L.P. ⟨略⟩ Labour Party.

LPG /élpìːdʒíː/ ⟨略⟩ Ⓤ liquefied petroleum gas.

LP gás /élpìː-/ 液化石油ガス, LP ガス. ⟦*liquefied petroleum gas*⟧

L-pláte /él-/ 名 ⟨英⟩ L プレート ⟨仮免許運転練習中を表わす L と書いたプレート⟩; ふつう自動車の前後につける; cf. L-driver⟩. ⟦*L(earner)-plate*⟧

LPN ⟨略⟩ licensed practical nurse.

Lr ⟨記号⟩ ⟨化⟩ lawrencium.

LRP /élàəpí: | -à:-/ 名 Ⓤ ⟨英⟩ LRP ⟨通常は有鉛ガソリンを使う古いタイプの車に用いられる特殊な無鉛ガソリン⟩. ⟦*lead replacement petrol*⟧

LSAT /élsæt/ ⟨略⟩ ⟨商標⟩ Law School Admissions Test ⟨law school への入学希望者が受ける試験⟩.

LSB ⟨略⟩ least significant bit.

†**LSD, LSD-25** /élèsdíː(twéntifáɪv)/ 名 Ⓤ エルエスディー ⟨幻覚剤の一種; *lysergic acid diethylamide* の略⟩.

l.s.d., L.S.D. /élèsdíː/ = £.s.d.

£.s.d. /élèsdíː/ ⟨英国旧通貨制度の⟩ポンド・シリング・ペンス ⟨★ 通常の句読点は £5 6s. 5d.⟩. ❷ ⟨英⟩ 金銭; 富: a matter of ~ 金銭の問題, 金さえあればできること. ⟦L *librae, solidi, denarii* (=pounds, shillings, pence) の略⟧

LSI /élèsáɪ/ ⟨略⟩ large-scale integration 大規模集積回路. **LT** ⟨略⟩ letter telegram 書信電報. **Lt.** ⟨略⟩ Lieutenant. **Ltd.** /límɪtɪd/ ⟨略⟩ Limited (⇒ limited 3). **LTP** ⟨略⟩ ⟨生化⟩ long-term potentiation (シナプス伝達の)長期増強. **Lu** ⟨記号⟩ ⟨化⟩ lutetium.

Lu·an·da /lu:ǽndə/ 名 ルアンダ ⟨アンゴラの首都⟩.

lu·au /lú:aʊ/ 名 ルーアウ ⟨余興も伴うハワイの野外宴会⟩.

lub·ber /lábə | -bə/ 名 ❶ (図体の大きな)ぶこつ者, のろま. ❷ 新米水夫.

lúb·ber·ly 形 副 ぶこつな[に], ぶさまな[に], 不器用な[に].

lúbber('s) líne 名 ⟨海・空⟩ 方位基線.

lube /lúːb/ 名 Ⓤ ⟨米口⟩ 潤滑油. ⟦[↓ の短縮形]⟧

†**lu·bri·cant** /lúːbrɪkənt/ 名 ❶ Ⓤ.Ⓒ 潤滑油, (潤)滑剤. ❷ Ⓒ 物事を円滑にするもの, 「潤滑油」. ── 形 潤滑性[用]の, なめらかにする.

†**lu·bri·cate** /lúːbrəkèɪt/ 動 ❶ ⟨機械などに⟩油をさす[塗る]. ❷ **a** ⟨皮膚などを⟩なめらかにする. **b** ⟨物事を⟩円滑に運ぶようにする. ❸ ⟨俗⟩ ⟨人を⟩買収する. ── 動 潤滑剤の用をなす. ⟦L=滑りやすくする; ⇒ lubricious⟧

lu·bri·ca·tion /lùːbrəkéɪʃən/ 名 Ⓤ なめらかにすること, 潤滑; 注(油)法.

lu·bri·ca·tive /lúːbrəkèɪtɪv/ 形 潤滑性の.

lú·bri·cà·tor /-tə | -tə/ 名 ❶ なめらかにする人[もの]. ❷ 潤滑装置; 注油器, 油差し.

lu·bri·cious /lu:bríʃəs/ 形 みだらな, わいせつな, 好色な. ~·ly ⟦L=滑りやすい⟧

lu·bric·i·ty /lu:brísəti/ 名 Ⓤ みだら, わいせつ, 好色.

lu·bri·cous /lúːbrɪkəs/ 形 =lubricious.

Lu·can /lúːkən/ 形 ルカ (Luke) の; ルカによる福音書の.

luce /lúːs/ 名 ⟨古⟩ カワカマスの成魚.

Luce /lúːs/, **Henry** ルース (1898-1967; 米国の編集者; *Time* 誌の創刊者).

lu·cent /lúːs(ə)nt/ 形 ❶ 光る, 輝く. ❷ 透明な.

lu·cern(e) /luːsə́ːn | -sə́ːn/ 名 ⟨英⟩ ⟨植⟩ ムラサキウマゴヤシ (alfalfa).

†**lu·cid** /lúːsɪd/ 形 ❶ 澄んだ, 透明な. ❷ 頭脳明晰(ｾｷ)な. ❸ わかりやすい, 明快な (clear): a ~ explanation 明快な説明. ❹ ⟨精神病患者が⟩意識のはっきりした, 平静な, 正気の. ❺ ⟨詩⟩ 輝く. ~·ly 副 ~·ness 名 ⟦F⟨L=透明な, 明るい⟨*lucere* 輝く; cf. translucent⟧

lu·cid·i·ty /luːsídəti/ 名 Ⓤ ❶ 清澄, 透明. ❷ 明瞭, 明晰(ｾｷ). ❸ (精神病患者の)平静, 正気: periods of ~ 平静期.

Lu·ci·fer /lúːsəfə | -fə/ 名 ❶ 魔王. ❷ ⟨詩⟩ 明けの明

lúcifer màtch 图 黄燐(%)マッチ.

Lu·cite /lúːsaɪt/ 图 Ⓤ 《商標》ルーサイト《メタクリル酸メチル樹脂；(半)透明合成樹脂》.

*****luck** /lʌ́k/ 图 Ⓤ ❶ 運，運勢，巡り合わせ: bad [ill, hard] ~ 不運 / Bad ~ to you [him]! この[あの]ばち当たりめ! / by good ~ 幸運にも / L~ was with him, and he found a job at once. 運がよくて彼はすぐに仕事を見つけた / Good ~ (to you)!＝I wish you (good) ~. ご幸運を祈ります；がんばって！ごきげんよう! / You never know your ~. 運はわからぬものだ《今に運が向くかもしれない》 / Better ~ next time. 今度はもっと幸運がありますように《★ 不運な人を励ます常套句》/ the ~ of the draw《くじ運のような》全くの偶然《運》. ❷ 幸運: in [off, out of] ~ ついていて[いなくて] / I had the ~ of seeing her there.＝I had the ~ to see her there. 幸いそこで彼女に会えた / Did you have any ~ finding a present (for Mary)? 《メアリーにいいプレゼントが見つけられましたか》/ Betty had bad ~ with her children. ベティは子供に恵まれなかった / This time my ~ was out. 今度は運が向いていなかった，今度はついていなかった / I'm afraid you're out of ~. 《客などに向かって》残念ですが，もうありません[できません] / It was a stroke of ~ that you happened to see her there. 君がたまたまそこで彼女に会えたのは本当に幸運でした.

Àny [Nò] lúck? 《うまくいったかどうかを聞いて，どうだった[だめだった]. **as lúck would háve it** 運よく[悪く] 《用法 luck の前に good, ill などを用いることもある》. **crówd one's lúck** ＝push one's LUCK 成功. **dówn on one's lúck** 運が悪くなって，落ちぶれて. **for lúck** 縁起をかついで，運がいいように: I bought [kept] it *for* ~. それを縁起をかついで買[とってお]いた. **Júst my lúck!** 《口》《反語的に》なんたる運だ！，まったくついてないなあ! **Nó sùch lúck!** 《口》運悪くできません!，残念でした! **púsh [préss] one's lúck** 《口》調子[図]に乗る[乗って危ないことをする]. **Sóme pèople hàve àll the lúck!** 運のいい人もあるもんだ. **trý one's lúck** 運を試す；いちかばちか…をやってみる《*at*》. **with (àny) lúck** 運がよければ: *With* ~, the patient will recover. 運がよければ病人は回復するだろう. **wórse lúck** 《挿入句で》《口》あいにく，運悪く．
— 图 《米口》 ❶ 《人が運よく…[向く]》: He ~*ed out* and found a seat. 彼は運よく席が見つかった. ❷ 運よく《…に》成功する，《…を》探し当てる《*on, onto, into*》: ~ *out on* an examination 運よく試験に合格する.
《Du》《形 lucky》

*****luck·i·ly** /lʌ́kɪli/ 副 ❶ 運よく. ❷《文修飾》幸運にも: *L*~ I was at home when he came. いいあんばいに彼が訪ねてきた時私は家にいました.

lúck·less 形 運の悪い，不幸な，不運な.　~**·ly** 副

Lúck·now /lʌ́knaʊ/ 图 ラクナウ《インド北部の市》.

*****luck·y** /lʌ́ki/ 形 (**luck·i·er; -i·est**) ❶ 運のよい，幸運な: one's ~ day 運のよい日，吉日 / a ~ guess [hit, shot] まぐれ当たり / by a ~ chance 運よく，幸運にも / It was ~ (that) we could find a room for the night. 一夜の宿にありつけたのは幸運だった / That was ~ of you. それは幸運でしたね / You should be so ~! 《口》おおいにくさま《そんなことがあるはずがない》/ You'll be ~! 《口》その見込みはなさそうだね》うまくいくといいね / *L*~ you [her, him, etc.]! 《口》運がいいね，うらやましいな / You ~ devil! 《口》君はしあわせ者だ. **b** Ⓟ 運のよい: You're ~ *in* whatever you undertake. 何をやっても君は運がいい / He was ~ *to* escape being killed in the accident. あの事故にあわないで無事だとは彼は運がよかった / You were ~ (*that*) you met him then. あの時彼に会えて君は運がよかった / Third time ~. 今回は三度目の正直でうまくいく. ❷ 幸運をもたらす: a ~ penny 《けがで時計の鎖などにつける》幸福のペニー《銅貨》. **lúck·i·ness** 图 (~ luck)《類義語》⇒ happy.

lúcky bág 图 ＝grab bag.

lúcky bèan 图《植》トウアズキ.

lúcky díp 图《英》宝探し袋，福袋《《米》grab bag》.

*****lu·cra·tive** /lúːkrətɪv/ 形 もうかる，有利な: a ~ job 金になる仕事.　~**·ly** 副

lu·cre /lúːkə | -kə/ 图 Ⓤ《軽蔑》利益，もうけ；金銭: filthy ~ 不正利得，悪銭.

lu·cu·brate /lúːkjuːbreɪt/ 動 自 じっくりと考えてきたことを論述[著述]する；労作をなす.　**-brà·tor** /-tə | -tə/ 图

lu·cu·bra·tion /lùːkjuːbréɪʃən/ 图 ❶ Ⓤ 研鑽，黙想，著述；❷ Ⓒ 《通例複数形で》《仰々しい》著作，労作，著述.

lu·cu·lent /lúːkjʊlənt/ 形 ❶ 明快な，よくわかる. ❷ 明るい，輝く.　~**·ly** 副

Lu·cul·lan /luːkʌ́lən/ 形《食べ物が》豪勢な，ぜいたくな.

Lu·cy /lúːsi/ 图 ルーシー《女性名》.《L＝光》

lud /lʌ́d/ 图 [my ~, m' ~ /mɪlʌ́d/]＝lord《弁護士の判事に対する呼びかけ》.

Ludd·ite /lʌ́daɪt/ 图 ラッダイト《英国産業革命期の 1811–12, 16 年に機械破壊の暴動を起こした職工団員》；機械化[合理化]反対者. **Lúdd·ism** /lʌ́dɪzm/, **Lúdd·it·ism** /lʌ́daɪtɪzm/ 图

lude /lúːd/ 图《俗》＝Quaalude.

lu·dic /lúːdɪk/ 形 遊びの.

†**lu·di·crous** /lúːdəkrəs/ 形 ばかげた，こっけいな，笑うべき: a ~ remark ばかげた意見.　~**·ness** 图《L＝戯れのく *ludus* 遊び》

lú·di·crous·ly 副 ばかげたほど，とても: ~ tight jeans おかしいほど体にぴったりしたジーパン.

lu·do 《英》 /lúːdoʊ/ 图 Ⓤ ルードー《数取りと盤を用いる，主に英国式のゲーム》.

lu·es /lúːiːz/ 图 Ⓤ《医》(また *lúes ve·né·re·a* /-vɪníː(ə)riə/) 梅毒；疫病，ペスト. **lu·et·ic** /luːétɪk/ 形

luff /lʌ́f/ 图 ❶《縦帆の前ぶち《マストに接する部分》. ❷《英》船首の湾曲部. — 動 自 船首をさらに風上に向ける《*up*》. — 他《ヨット競走で》《相手の風下に出る.

Luft·waf·fe /lʊ́ftvɑ̀ːfə | -wæ̀fə/ 图《通例 the ~》Ⓐ ドイツ空軍の.

†**lug**[1] /lʌ́ɡ/ 動 (**lugged; lug·ging**) 他 ❶ 《…を》力まかせに引く；引きずる，無理に連れていく (drag): He *lugged* his suitcases *along*. 彼はスーツケースをぐいぐいと引っぱった / I *lugged* the box *into* [*out of*] the room. その箱を引きずるようにして部屋に入れた[から出した]. ❷《無関係な話などを》持ち出す: He *lugged* the subject *in*. 彼はその話題を取ってつけたように持ち出した / He *lugged* the subject *into* his speech. 彼はその話題を無理に講演の中に持ち出した. — 图 ❶ 图 ❷ 《…を》ぐいと引っぱる 《*at*》. — 图 ❶ Ⓒ《通例単数形で》強く引くこと. ❷ Ⓒ《米俗》《政治》献金の要求. ❸ 《複数形で》《米》体裁，気取り: put on ~s 気取る.《Scand》

lug[2] /lʌ́ɡ/ 图 ❶《英口》耳 (lughole), 耳たぶ. ❷ **a** 突起，突出部. **b** 取っ手，柄，つまみ: a ~ bolt 耳付きボルト. ❸《俗》やぼなやつ，のろま.

lug[3] /lʌ́ɡ/ 图 ＝lugsail.

lug[4] /lʌ́ɡ/ 图 ＝lugworm.

luge /lúːʒ/ 图 リュージュ《スイス起源の一人または二人乗りの競技用そり》.

Lu·ger /lúːɡə | -ɡə/ 图《商標》ルガー《ドイツ製の半自動拳銃》.

*****lug·gage** /lʌ́ɡɪʤ/ 图 Ⓤ 旅行かばん，手荷物 (baggage): three pieces of ~ 3 個の手荷物.《LUG[1]＋-AGE;「引きずるような重い荷物」の意から》

lúggage ràck 图《英》《列車などの》網棚；《米》《自動車の》ルーフラック.

lúggage vàn 图《英》《列車の》手荷物車《《米》baggage car》.

lug·ger /lʌ́ɡə | -ɡə/ 图《海》ラガー (lugsail をつけた小型帆船).

lúg·hòle 图《俗》耳《の穴》(lug[2]).

lúg nùt 图《車輪などを取り付ける》大型ナット.

lug·sail /lʌ́ɡsèɪl, 《海》-s(ə)l/ 图《海》ラグスル《四辺形の帆の一種》.

lu·gu·bri·ous /luːɡ(j)úːbriəs/ 形 いかにも悲しげな，哀れな，憂鬱な. ~**·ly** 副 ~**·ness** 图

lúg·wòrm 图《動》《釣りえさにする》ゴカイ.

Luke /lúːk/ 图 ❶ ルーク《男性名》. ❷ [St. ~] 聖ルカ

†**luke・warm** /lúːkwɔ̀ːm, ˋˊ | lúːkwɔ́ːm, ˊˋ/ 形 ❶ 〈液体が〉なまぬるい (tepid). ❷ 微温的な, 気乗りしない, 不熱心な: a ~ response なまぬるい反応. **~・ly** 副 **~・ness** 名 【"luke [廃] なまぬるい" + WARM」でなまぬるい温度を表わした】

†**lull** /lʌ́l/ 動 他 ❶ a 〈小児などを〉なだめる, あやす, すかす. b 〈...を〉なだめて〔...の状態にする, 寝つかせる〔to, into〕: She ~ed her crying child to sleep. 彼女は泣く子をあやして寝つかせた. ❷ 〈疑惑・恐怖などを〉もみ消す; 〈痛みなどを〉やわらげる: ~ a person's fears 人の不安を消す. — 自 〈風・音などが〉静まる, やむ, 凪(な)ぐ: The wind suddenly ~ed. 風は急に静まった. — 名 [a ~] 凪(な); 小やみ, 小康: a ~ in the wind 凪 / There was a ~ in the conversation. その会話はちょっととぎれた.

lul・la・by /lʌ́ləbài/ 名 子守歌. — 動 他 子守歌を歌って〈子供を〉寝つかせる.

lu・lu /lúːluː/ 名《俗》すばらしい人 [もの].

lum・ba・go /lʌmbéigou/ 名 U 腰痛.

lum・bar /lʌ́mbə/ -bə/ 形《解》腰(部)の. 〖L < *lumbus* 腰; cf. LOIN〗

lúmbar púncture 名《医》腰椎穿刺.

*__lum・ber__¹ /lʌ́mbə | -bə/ 名 ❶ U《米・カナダ》ひき材, 材木, 板材 《英》 timber). ❷ U《英》(しまってある)物置きの不用品 [家具など], がらくた: a ~ room (不用な家具などを置く)物置〔がらくた〕部屋. — 動 他 ❶《英口》〈人に〉〔面倒な責任などを〕押しつける, 〔...で〕やっかい〔迷惑〕をかける (★ 通例受身): We were ~ed with their kids for the weekend. その週末彼らの子供というやっかいなものを預かった. ❷《米》〈山林から〉材木を切り出す, 樹木を伐採する. — 自 木材を切り出す; 製材する.

lum・ber² /lʌ́mbə | -bə/ 自 どしんどしんと歩く, 重々しく動く: The locomotive ~ed along [by, past]. 機関車がごうごうと通り過ぎていった.

lúm・ber・er /-bərə | -rə/ 名《米・カナダ》材木切り出し人, 木材伐採人.

lúm・ber・ing¹ /-b(ə)riŋ/ 名 U 材木伐採業, 製材業.

lúm・ber・ing² /-b(ə)riŋ/ 形 A がたぴしで[重そうに]進む: a ~ gait 重い足どり. **~・ly** 副

lúmber jàck 名《米》 = lumberman.

lúmber jàcket 名 ランバージャケット 《きこりの仕事着をまねた腰丈の上着》.

lúm・ber・man /-mən/ 名 (複 -men /-mən/)《米・カナダ》材木切り出し人; 製材業者.

lúmber・mìll 名《米》製材所.

lúmber・ròom 名《英》物置部屋, 納戸.

lúmber・some /-səm/ 形 ぶかっこうで[かさばって]扱いにくい, 手に負えない.

lúmber・yàrd 名《米・カナダ》材木置き場, 木場《英》timber yard).

lu・men /lúːmən/ 名 (複 ~s, -mi・na /-mənə/)《光》ルーメン《光束の SI 組立単位; 記号 lm》. 〖L = 光〗

lu・mi・naire /lùːmənéə | -néə/ 名 (電灯・傘・ソケットなどの一式になった)照明器具.

lu・mi・nance /lúːmənəns/ 名 U 輝き;《理》輝度.

†**lu・mi・nar・y** /lúːmənèri | -nəri/ 名 ❶《文》発光体《特に太陽・月》. ❷ (知的)指導者, 有名人. 〖F < L *lumen, lumin*- 光; cf. luminous〗

lu・mi・nesce /lùːmənés/ 動 自 (熱を伴わず)発光する, 冷光を発する.

lu・mi・nes・cence /lùːmənés(ə)ns | -mɪ-/ 名 U《理》(熱を伴わない)発光, 冷光.

lu・mi・nes・cent /lùːmənés(ə)nt−/ 形 発光性の, 光る: ~ creatures 発光生物.

lu・mi・nif・er・ous /lùːmənɪ́f(ə)rəs−/ 形 光を発する, 発光性の.

lu・mi・nos・i・ty /lùːmənɑ́səṭi | -nɔ́s-/ 名 ❶ U 光輝, 光明; 光度. ❷ C 発光物[体].

†**lu・mi・nous** /lúːmənəs/ 形 ❶ 光を発する, 光る, 輝く; 明るい: a ~ body 発光体 / a ~ watch 夜光時計 / ~

1085　　　　　　　　　　　　　　**lunar eclipse**

paint 夜光塗料 / ~ intensity 光度. ❷《作品・作家が》明快な, 理解しやすい. **~・ly** 副 **~・ness** 名 〖F < L *lumen, lumin*- 光; cf. luminary〗 (名 luminosity) 【類義語】⇒ bright.

lum・me /lʌ́mi/ 間《英俗》おお!, あれ!, まあ! 《★ 驚き・関心を表わす》.

lum・mox /lʌ́məks/ 名《米口》のろま.

*__lump__¹ /lʌ́mp/ 名 ❶ C (不定形の)かたまり: a ~ of clay ひとかたまりの粘土 / He's a ~ of selfishness. 彼は利己心のかたまりのような男だ. b 角砂糖 1 個 (sugar lump): a ~ of sugar 角砂糖(1 個) / How many ~s in your coffee, Tom? トム, コーヒーに砂糖何個(入れる)? ❷ C こぶ, 腫(は)れもの: get a ~ on the forehead 額にこぶができる. ❸ C《英口》ずんぐりした人; まぬけ, のろま. ❹ [a ~]《俗》たくさん, どっさり: a ~ of money たくさんの金. ❺ [複数形で] (体に)批判; 罰; get [take] one's ~s ひどく批判される; ひどい罰を受ける. ❻ [the ~]《英口》(飯場などの)臨時雇いの労働者集団. **all of a lúmp** (1) ひっくるめて, ひとかたまりになって, どっさりと. (2) 一面に腫れあがって. **in a [óne] lúmp** ひとまとめに, 一括して, 一度に. **in the lúmp** ひっくるめて, 全体で. **lúmp in the [one's] thróat** ぐっと胸にこみ上げるもの: I had [felt] a ~ in my *throat* at the sight. (= The sight brought a ~ to my throat.) その光景に胸が一杯になった. — 形 A ❶ かたまりの: ~ sugar 角砂糖 ⇒ lump sum. ❷ ひとまとめの: ~ work ひとまとめにした請負仕事. — 動 他 ❶ 〈...を〉かたまりにする. ❷ (差異を無視して)ひとまとめにする: ~ several things *under* one name 数個の事をひとつの名目のもとに一括する / All the phenomena were ~ed together as religious superstition! その現象はすべて十把ひとからげに宗教的迷信とされた / ~ an item *with* another ある項目を他の項目と一緒にまとめて扱う. — 自 ❶ ひとかたまり[一団]になる, ふくれてかたまりになる. ❷ a 重苦しく[のっしのっしと]〔along〕. b どしんと腰を下ろす〔down〕. 〖ME〗 (形 lumpy)

lump² /lʌ́mp/ 動 [~ it で]《口》我慢する: If you don't like it, you'll have to ~ *it*. それが気にくわなくても我慢するしかないだろう. **Líke it or lúmp it!** いやもおうもない, つべこべ言うな.

lump・ec・to・my /lʌmpéktəmi/ 名《医》乳腺腫瘤摘出(術).

lum・pen /lʌ́mpən, lúm-/ 形 〈労働者が〉階級意識に乏しい. — 名 = lumpenproletariat.

lúmpen・proletáriat 名 [単数または複数扱い] ルンペンプロレタリアート 《階級意識に乏しく革命勢力たりえない浮浪(労働)者層》.

lump・er /lʌ́mpə | -pə/ 名 ❶ 沖仲仕, 荷物積み降ろし作業員. ❷ (生物分類上の)併合派の分類学者 《分類群を少数にまとめようとする》.

lúmp・fish 名《魚》ダンゴウオ《北大西洋産》.

lump・ish /lʌ́mpɪʃ/ 形 ❶ かたまりのような; ごろごろして重い. ❷ 鈍重な, のろまな. **~・ly** 副 **~・ness** 名

†**lúmp súm** 名 一時払い(の金額); 一時金: pay in a ~ 一時払いにする.

lump-súm 形 一時払いの, 一時金の.

lump・y /lʌ́mpi/ 形 (**lump・i・er**; **-i・est**) ❶ かたまり[こぶ]だらけの. ❷ ずんぐりしてのろのろした. ❸ 〈水面が〉風で小波が立つ. **lúmp・i・ly** /-pəli/ 副 **-i・ness** 名

Lu・na /lúːnə/ 名《ロ神》ルナ《月の女神; ギリシア神話の Selene に当たる; cf. Diana 1》. 〖L = 月〗

lu・na・cy /lúːnəsi/ 名《古風》精神異常, 狂気; 愚行, 狂気のさた. (形 lunatic)

†**lu・nar** /lúːnə | -nə/ 形 (比較なし) ❶ 月の; 月で使用する; 月の作用による《cf. solar》. b ~ (excursion) module 月着陸船《略 LEM》. ❷ a 月に似た. b 三日月形の. 〖L = 月の; ⇒ Luna, -ar〗

lúnar cálendar 名 太陰暦.

lúnar cýcle 名《天》太陰周期.

lúnar dáy 名 太陰日《約 24 時間 50 分》.

lúnar eclípse 名《天》月食.

lúnar mónth 图 太陰月《約29日12時間44分; 俗には4週間》.

lúnar nóde 图〖天〗(月の)交点《黄道と白道の交点》.

lúnar observátion 图〖海〗月(2)距離法《月距を観測して行なう航法》.

lúnar yéar 图 太陰年《月の運行による; 12か月で solar year より約11日短い》.

lu·nate /lúːneɪt/ 形 新月[三日月]状の.

lu·na·tic /lúːnətɪk/ 图 ❶ 精神異常者, 狂人. ❷ 変人, 愚人. ― 形 (more ~; most ~) ❶ 精神異常(用)の. ❷〈行動など〉狂気じみた, ばかげた.《F＜L 月に影響された; ⇒ Luna, -atic; 昔は月から発する霊気に当たると気が狂うとされたことから》(图 lunacy)

lúnatic asýlum 图 精神病院《比較 今では psychiatric [mental] hospital [institution] という》.

lúnatic frínge 图《通例 the ~; 集合的; 単数または複数扱い》(社会・政治運動などの)少数過激派[熱狂者たち].

lu·na·tion /luːnéɪʃən/ 图 月期《新月から次の新月までの期間; 平均29日12時44分》.

lunch /lʌntʃ/ 图 ❶ ⓒⓊ (dinner を夕食にする人のとる)昼食, ランチ (cf. dinner 解説): an early ~ 早めの昼食 / a light ~ 軽い昼食 / have [eat] ~ 昼食をとる《用法 この意味には現在 take ~ とはあまりいわない》/ be at [外で]昼食中である / go to ~ 昼食を食べに行く / I had a ham sandwich for ~. 昼食にハムサンドを食べた. ❷ ⓒ 軽食, スナック. ❸ ⓒ 弁当: a picnic ~ ピクニックのお弁当 / take ~ [one's ~, a ~] with one 弁当を持っていく.
óut to lúnch《口》気が変になって. ― 動 ⓘ《副詞句を伴って》昼食[ランチ]を食べる: ~ **in** [**at**] **home**《家で昼食をとる / ~ **on** soup and sandwiches スープとサンドイッチの昼食をとる. ❷ 外で昼食をとる〈out〉. ― 働〈人に昼食を食べさせる[ごちそうする]. 〖LUNCH(EON)〗 -**er** 图

lúnch bòx 图 弁当箱.

lúnch brèak 图 昼食時間, 昼休み.

lúnch còunter 图《米》❶ 軽食用カウンター. ❷《カウンター式》軽食堂.

lun·cheon /lʌntʃən/ 图 ⓒⓊ 昼食(会), 午餐, ランチ《比較 lunch より形式ばった語》. ― 動 ⓘ 昼食を食べる.《ME nunchen 正午の飲み物, 軽食》

lúncheon bàr 图《英》= snack bar.

lun·cheon·ette /lʌntʃənét/ 图 軽食堂, スナックバー.

lúncheon mèat 图 Ⓤ ランチョンミート《包装したスナック用加工肉》.

lúncheon vòucher 图《英》昼食券.

lúnch hòur 图 = lunchtime.

lúnch mèat 图 = luncheon meat.

lúnch pàil 图 (昔の)手桶型弁当入れ.

lúnch ròom 图《米》❶ 簡易食堂, 軽食堂. ❷ (学校・工場などの)食堂.

lunch·time /lʌntʃtaɪm/ 图 Ⓤ 昼食の時間, ランチタイム: at ~ 昼食時に.

Lund /lúnd/ 图 ルンド《スウェーデン南部の学園都市》.

lune /lúːn/ 图 月形《平面上で2つの円弧または球面上で2つの大円にはさまれた三日月型の部分》.

lu·nette /luːnét/ 图 ❶ **a** 新月形のもの. **b**〖カト〗三日月形聖体納器. ❷ **a**〖建〗弓形明かり採り(窓). **b** ルネット《丸天井が壁に接する部分の半円形の壁間》. **c**〖軍〗眼鏡堡《尖頭アーチ形の堡塁》.

lung /lʌŋ/ 图 肺, 肺臓. ― 動 Ⓐ 肺の: ~ cancer 肺がん.《OE; LIGHT[2] と同語源》《関連 pulmonary》

lunge[1] /lʌndʒ/ 图 ❶ (フェンシングなどの)突き. ❷ 突っ込み, 突進. ― 動 ⓘ (...を)突く, (...に)突出[突進]する, 突っ込む〈out〉〈at, against〉. ― 働〈刀・指などを〉突き出す.

lunge[2] /lʌndʒ/ 图 動 = longe.

lunge[3] /lʌndʒ/ 图《口》= muskellunge.

lunged /lʌŋd/ 形 肺がある; 〖複合語で〗肺が...な, ...の肺がある.

lúng·fish 图（輿 ~, -es)〖魚〗肺魚.

lung·ful /lʌŋfʊl/ 图 肺[胸]一杯.

lúng·pòwer 图 Ⓤ 発声力, 肺力.

lúng·wòrm 图 (哺乳類の)肺[気道]を冒す線虫, 肺線虫.

lúng·wòrt 图〖植〗❶ ヒメムラサキ属の植物. ❷ ハマベンケイソウ属の植物.

lu·ni·sólar /lùːnə-/ 形 月と日の, 月と太陽の.

lunk /lʌŋk/ 图 = lunkhead.

lun·ker《米》/lʌŋkə | -kə/ 图《口》大きなもの, (特に釣り魚の)大物.

lúnk·hèad 图《米俗》ばか者, うすのろ.

lu·nu·la /lúːnjʊlə/ 图（輿 -**lae** /-liː/) 三日月形のもの[模様], (爪)半月. **lú·nu·lar** /-lə- / 形 三日月形の.

lu·nu·late /lúːnjʊlèɪt/ 形 三日月形の斑紋のある; 三日月形の.

lu·nule /lúːnjuːl/ 图 = lunula.

lu·pa·ra /lupɑ́ːrə/ 图 銃身を短く切った散弾銃.

lu·pin, lu·pine[1] /lúːpɪn/ 图〖植〗ハウチワマメ《マメ科ハウチワマメ属の植物》.

lu·pine[2] /lúːpaɪn/ 形 ❶ オオカミ(のような). ❷ (オオカミのように)獰猛(な)な; がつがつした.

lu·poid /lúːpɔɪd/ 形 狼瘡 (lupus) 様の.

lu·pus /lúːpəs/ 图 ❶〖医〗狼瘡(2)《皮膚結核》. ❷ [L-]〖天〗狼座.

lúpus er·y·the·ma·tó·sus /-èrəθiːmətóʊsəs/ 图 Ⓤ〖医〗紅斑性狼瘡, エリテマトーデス《赤い鱗状斑のできる慢性皮膚病》.

lur /lúə/ 图 ルール《スカンジナビアで発見されている青銅器時代のホルン》.

lurch[1] /lə́ːtʃ | lə́ːtʃ/ 图 ❶ (船・車などが)急に傾くこと: The bus gave a ~. バスは急に傾いた. ❷ よろめき.
― 動 ⓘ 急に傾く; よろめく, よろめきながら進む: The boat ~ed about in the storm. 小舟はあらしの中でぐらりぐらりと揺れた / The drunk ~ed **into** [**(along) toward**] me. その酔っぱらいはよろめきながら私にぶつかってきた[私のほうへよろめいてきた].

lurch[2] /lə́ːtʃ | lə́ːtʃ/ 图 ❶ 次の成句で. **léave a pèrson in the lúrch**〈困っている人を〉見捨てる, 見殺しにする.

lurch·er /lə́ːtʃə | lə́ːtʃə/ 图 ❶《古》こそ泥, 詐欺師. ❷《英》ラーチャー《密猟用に仕込んだ雑種犬; 特にコリーとグレーハウンドとの交配種》.

lure[1] /lúə | ljʊə, ljɔ́ː/ 图 ❶ 〖単数形で〗誘惑するもの, 魅惑, 魅力: the ~ **of** adventure [Paris] 冒険[パリ]の魅力 / Cities have a ~ for young people from the country. 都会にはいなか出の青年を引きつける魅力がある. ❷ ⓒ **a** おとり《鷹匠がタカを呼び戻すのに用いる鳥形の作り物》. **b**〖釣〗擬似餌, ルアー. ― 動 働 ❶ **a**〈人を〉誘惑する: Money ~d him **on**. 彼は金に誘惑されていった. **b**〈人を...に〉誘い込む, おびき寄せる〈into, to〉: The desire for quick profits ~d them **into** questionable dealings. 彼らはすぐに利益があることに目がくらんでいかがわしい取引に手を出した. **c**〈人・動物を〉(...から)誘い出す: I was ~d **away from** my study. 誘惑に負けて勉強を怠った / They ~d the suspect **out of** hiding. 彼らは容疑者を隠れ家からおびき出した. ❷〈タカを〉(おとりを使って)呼び戻す. 【類義語】**lure** 欲望・好奇心などをかきたてるものを用いて, 抵抗しがたいほど誘惑する; 多くの場合悪いことに引き込むことをいう. **entice** うまい手段やうまい口先で誘惑し, そそのかしたりする; 特に強い行為ではなく, また良い意味にも悪い意味にも用いられる. **seduce** 悪事や道徳に反するようなことへさそい込む, 特に弱い立場の人を性的に誘惑する. **tempt** 相手が良識や判断力を失い, 断り[逆らい]きれないほど強く誘惑する. **inveigle** だましたり機嫌をとったりして, 人をそそのかしたり人から何かをかすめとる. **decoy** おとりや策略を使い, 特に外観を巧みに偽って, 相手を誘い出す[込む], またはわなに陥れる.

lure[2] /lúə | ljʊə, ljɔ́ː/ 图 = lur.

lu·rid /lúərɪd | l(j)ʊər-, ljɔːr-/ 形 ❶〈空・風景・電光・雲など〉燃えるように赤い, 赤く輝く: a ~ sunset 燃えるように赤い夕焼け. ❷〈色〉気味の悪い, 毒々しい: the ~ cover of a paperback ペーパーバックのあくどい表紙. ❸ 不気味な, 恐ろしい, ぞっとするような: a ~ story ぞっとするような話 / cast a ~ light on the facts [a person's character] 事実[人の性格]を不気味に見せる. ~・ly 副 ~・ness 名

†**lurk** /lə́ːk/ 動 自 ❶ (…に)潜む; 待ち伏せる, 潜伏する: Some uneasiness still ~ed in my mind. ある不安がまだ私の頭に潜んでいた. ❷ こっそり[そこそこ]歩き回る, うろつく. ❸ 《電算》(チャットルームなど情報交換の場で自分では発言せず)もっぱら読んでばかりいる. ~・er 名

Lu·sa·ka /luːsάːkə/ 名 ルサカ《ザンビアの首都》.

†**lus·cious** /lʌ́ʃəs/ 形 ❶ (甘くて)おいしい; 香りがよい. ❷ とても心地よい, 快適な; 甘美な. ❸ 《口》肉感的な, 官能的な. ~・ly 副 ~・ness 名 [?〈DELICIOUS〉]

†**lush**¹ /lʌ́ʃ/ 形 ❶ a 《草など》青々とした, みずみずしく茂った (verdant). b 青草の多い. ❷ 豪勢な, 豪華な (luxurious); 豊富な.

lush² /lʌ́ʃ/ 名 《米俗》❶ ⓤ 酒. ❷ ⓒ 大酒飲み (alcoholic). ── 動 自 酒を飲む. 他 酒を飲む.

Lü·shun /lùːʃʊ́n/ 名 旅順(りょじゅん)《中国の遼東半島南端の市・港町; 今は大連市の一区; Port Arthur の名でも知られる》.

lu·so·phone /lúːsoʊfoʊn/ 形 ポルトガル語を話す.

†**lust** /lʌ́st/ 名 ⓤⓒ ❶ 強い欲望, 切望, 渇望 (desire): a ~ for power [money] 権勢[金銭]欲 / the ~ of conquest 征服欲. ❷ [しばしば複数形で] 色情, 肉欲: the ~s of the flesh 肉欲 / driven by ~ 肉欲に駆られて. ❸ 《古》色欲. 守銭奴はあくどく金を貯めこむ. ── 動 自 ❶ (…に)切望[渇望]する《★受身可》: A miser ~s after [for] gold. 守銭奴はあくどく金を貯めこむ. ❷ (…に)色情[性欲]を催す《after, for》. [OE=喜び]

lus·ter /lʌ́stə | -tə/ 名 ⓤ ❶ [また a ~] 光沢, 光彩, つや. ❷ 輝き, 栄誉: shed [throw] ~ on ... に栄誉を与える. ... の名声を高める. ❸ 《陶磁器の》うわ[つや]薬. [L=輝く]

lust·ful /lʌ́stf(ə)l/ 形 好色な, みだらな. ~・ly /-fəli/ 副 ~・ness 名

lustra lustrum の複数形.

lus·tral /lʌ́strəl/ 形 清めの, 祓(はら)いの.

lus·trate /lʌ́streɪt/ 動 他 祓い清める. **lus·tra·tion** /lʌstréɪʃən/ 名 ⓤⓒ 浄化, 祓い.

lus·tre /lʌ́stə | -tə/ 名 《英》=luster.

lus·trous /lʌ́strəs/ 形 光沢のある, ぴかぴかする. ~・ly 副 [類義語] ⇨ bright.

lus·trum /lʌ́strəm/ 名 (徴 **lus·tra** /-trə/, ~s) 《古・詩》 五年間, 5 年間.

lust·y /lʌ́sti/ 形 (**lust·i·er**; **-i·est**) ❶ 頑健な, 丈夫な. ❷ 《声など》元気いっぱいの, 高い. ❸ 性欲の旺盛な, 好色な. **lúst·i·ly** /-təli/ 副 **-i·ness** 名

lu·sus na·tu·rae /lúːsəsnətjʊ́(ə)riː | -tjʊ́ər-/ 名 自然の気まぐれ, 造化の戯れ; 奇形児, 奇形物.

lu·ta·nist /lúːṭənɪst, -tn-/ 名 リュート奏者 (lutenist).

lute¹ /lúːt/ 名 リュート《14-17 世紀ごろに盛んだったギターに似た弦楽器》.

lute² /lúːt/ 名 ⓤ 封泥(ふうでい) 《粘土または粘性物質で作り空気の漏出を防ぐ》; 目塗り; ⓒ 《瓶詰めなどの密閉用の》(ゴム)パッキン. ── 動 他 (…に)封泥を塗る, パッキンを用いて密封する.

lu·te·al /lúːṭiəl/ 形 《解》 黄体の.

lu·te·in /lúːtɪn/ 名 《生化》 ルテイン《黄体などに存する赤橙色柱状晶の色素》.

lú·te·in·iz·ing hórmone /lúːṭiənaɪzɪŋ-/ 名 ⓤ 《生化》 黄体形成[黄体化]ホルモン.

lu·te·nist /lúːṭənɪst, -tn-/ 名 =lutanist.

lù·te·o·fúlvous /lùːṭioʊ-/ 形 《灰色がかった》橙黄色の.

lú·te·o·tróp·ic hórmone /lúːṭiətrάːpɪk- | -trɔ́p-/ 《また **lú·te·o·tróph·ic hormone** /-troʊfɪk-/》 ⓤ 《生化》 黄体刺激ホルモン.

lu·te·ous /lúːṭiəs/ 形 緑[茶色]がかった黄色の.

lu·te·tium /luːtíːʃ(i)əm/ 名 ⓤ 《化》 ルテチウム 《金属元素; 記号 Lu》.

Lu·ther /lúːθə | -θə/, **Martin** 名 ルター, ルーテル《1483-1546; ドイツの宗教改革者》.

lute¹

Lu·ther·an /lúːθ(ə)rən/ 形 名 ルターの, ルター派の(信者).

Lútheran Chúrch 名 ルター派教会.

Lú·ther·an·ism /-nɪzm/ 名 ⓤ ルター主義.

lu·thi·er /lúːṭiə | -ṭiə/ 名 弦楽器[リュート]製作者.

lut·ing /lúːṭɪŋ/ 名 =lute².

lu·ti·no /luːtíːnoʊ/ 名 (徴 ~s) 黄化個体, ルチノー《セキセイインコなどかごに飼う鳥で, 羽毛の黄色がその種の標準色より多いものをいう》.

lutz /lʌ́ts/ 名 《フィギュア》 ルッツ《一方のスケートのアウターエッジから跳び上がり, 空中で 1 回転して他方のスケートのアウターエッジで着氷する》.

luv /lʌ́v/ 名 =love.

luv·vie, luv·vy /lʌ́vi/ 名 《英口》 ❶ =lovey. ❷ 《感情を表に出す[気取った]》俳優.

lux /lʌ́ks/ 名 (徴 ~, ~·es) ⓒ 《光》 ルクス 《照度の SI 組立単位; 記号 lx》. [L=光]

lux·ate /lʌ́kseɪt/ 動 他 《医》 関節などをはずす, 脱臼させる. **lux·a·tion** /lʌkséɪʃən/ 名 ⓤⓒ 脱臼.

luxe /lʌ́ks, lʊ́ks, lúːks/ 名 ⓤ 華美な, ぜいたく. ⇨ de luxe.

Lux·em·bourg, Lux·em·burg /lʌ́ksəmbəːɡ | -bəːɡ/ 名 ルクセンブルク《ベルギー・フランス・ドイツに囲まれた大公国; その首都》.

Lux·em·burg /lʌ́ksəmbəːɡ | -bəːɡ/, **Rosa** 名 ルクセンブルク (1871-1919; ドイツの社会主義者).

Lúx·em·bùrg·ish /-ɡɪʃ/ 名 ⓤ ルクセンブルク語《ルクセンブルクのドイツ語方言》.

Lux·or /lʌ́ksɔːr | -sɔː/ 名 ルクソル《エジプト南部 Nile 川に臨む市; 古代 Thebes の南部にあたり, 古代神殿がある》.

lux·u·ri·ance /lʌɡʒʊ́(ə)rɪəns, lʌkʃʊ́(ə)rɪ- | lʌɡʒʊ́ər-, lʌkʃʊ́ər-, -ʒɔ́ːr-, -ʃɔ́ːr-/ 名 ⓤ ❶ 繁茂, 豊富. ❷ 《文体の》華麗.

lux·u·ri·ant /lʌɡʒʊ́(ə)rɪənt, lʌkʃʊ́(ə)rɪ- | lʌɡʒʊ́ər-, lʌkʃʊ́ər-, -ʒɔ́ːr-, -ʃɔ́ːr-/ 形 ❶ a 《植物が》繁茂した: ~ foliage よく茂った木の葉. b 《ひげなど》豊かに生えた. ❷ 才能など豊富な: a ~ imagination 豊富な想像力. ❸ 《文体など》華やかな; 華々しい: ~ prose 美文. ~・ly 副

lux·u·ri·ate /lʌɡʒʊ́(ə)rieɪt, lʌkʃʊ́(ə)rɪ- | lʌɡʒʊ́ər-, lʌkʃʊ́ər-, -ʒɔ́ːr-, -ʃɔ́ːr-/ 動 自 ❶ (...を)のんびり楽しむ, (...に)ふける 《in》: ~ in the sunshine 日光浴を楽しむ. ❷ 《植物が》繁茂する, はびこる. 名 luxury.

†**lux·u·ri·ous** /lʌɡʒʊ́(ə)rɪəs, lʌkʃʊ́(ə)rɪ- | lʌɡʒʊ́ər-, lʌkʃʊ́ər-, -ʒɔ́ːr-, -ʃɔ́ːr- (more ~; most ~)/ 形 ❶ a ぜいたくな, 豪華な (↔ Spartan). b とても気持ちのよい, 快適な. ❷ 官能にふける, 快楽を楽しむ. ~・ly 副 ~・ness 名

*luxury /lʌ́kʃ(ə)ri, lʌ́ɡʒ(ə)- | lʌ́kʃ(ə)ri/ 名 ❶ ⓤ ぜいたく, おごり: live in ~ ぜいたくに暮らす. ❷ ⓒ ぜいたく品, 高級品: It's a ~ for me to be able to sleep this late. こんなに朝寝ができるのは私にはぜいたくなことです. ── 形 Ⓐ ぜいたく(品)の, 高級(品)の: ~ foods 高級食品 / a ~ hotel 豪華なホテル / a ~ liner [car] 豪華船[高級車]. [F〈L=過多, 豊富]〉 luxurious, 動 luxuriate.

Lu·zon /luːzάn | -zɔ́n/ 名 ルソン島《フィリピン諸島最大の島》.

LVN /élviːén/ 《略》 licensed vocational nurse.

LW 《略》 long wave. **LWV** 《略》 low-water mark.

lx 《記号》《光》 lux.

*-**ly**¹ /li, (-l で終わる語では) i/ 腰屋 形容詞・分詞につけて副詞を造る: bold*ly*, smiling*ly*.

-**ly**² /li, (-l で終わる語では) i/ 腰屋 名詞に自由につけて次の意の形容詞を造る: ❶ ...らしい, ...の性質を有する: king*ly*, man*ly*. ❷ 繰り返し起こる: dai*ly*, month*ly*.

Ly·all·pur /láɪəlpʊ̀ə | làɪəlpʊ́ə/ 名 ライルプル《Faisalabad の旧称》.

ly·ase /láɪeɪs, -eɪz/ 名 《生》 脱離酵素, リアーゼ.

ly·can·thrope /láɪkənθroʊp/ 名 おおかみ男, おおかみ憑(つ)き (werewolf).

ly·can·thro·py /laɪkǽnθrəpi/ 名 ⓤ 《伝説・物語上の》

lycée 1088

人間が魔法によりオオカミに変身すること[能力]; おおかみ憑き, 狼狂(ﾛｳｷｮｳ), 狼狂妄想《自分がオオカミなどの野獣だと信ずる精神病》. **-throp·ic** /làikənθrápik | -θrɔ́p-/ 形

ly·cée /lìːséi | ́−−/ 名 リセ《フランスの国立中等学校; 大学進学校》. 【F<L ↓】

ly·ce·um /laisíːəm/ 名 ❶ [the L~] a リュケイオン《アリストテレス (Aristotle) が哲学を教えたアテネの園》. b アリストテレス学派. ❷ C a 学院; 文化会館《講堂・図書館などを有する》. b 講堂, 公会堂. ❸ =lycée. 【L<Gk】

ly·chee /líːtʃiː | laitʃíː/ 名 =litchi.

lých·gàte /lítʃ-/ 名《教会墓地入り口の》屋根付き墓地門.

lych·nis /líknɪs/ 名《植》センノウ《ナデシコ科センノウ属の草本の総称》.

ly·co·pene /láikəpìːn/ 名 U《生化》リコピン《トマトなどの赤色色素》.

Ly·cra /láikrə/ 名 U《商標》ライクラ《下着・水着・アスレチックウェアの素材》.

lydd·ite /lídait/ 名 U リダイト《高性能爆薬》.

Lyd·i·a /lídiə/ 名 リュディア《古代小アジア西部, エーゲ海岸にあった国》.

Lyd·i·an /lídiən/ 形 Lydia の; リュディア人[語]の.
── 名 CU リュディア人[語].

Lýdian móde 名 U リディア旋法.

lye /lái/ 名 U《木灰から作った》あく, アルカリ液《せっけんの原料・洗剤用》.

*__ly·ing__[1] /láiɪŋ/ 動 lie[1] の現在分詞. ── 動 横たわること. **lýing in státe**《公的人物の埋葬前の》遺体の正装安置. ── 形 横たわっている: low-*lying* land 低地.

*__ly·ing__[2] /láiɪŋ/ 動 lie[2] の現在分詞. ── 形 うそをつく; 偽りの: a ~ rumor 根も葉もないうわさ. ── 名 U うそをつくこと; 偽り.

lýing-ín 名《複 lyings-in, ~s》[通例単数形で] 出産の床につくこと; 分娩(ﾍﾞﾝ). ── 形 A 産科の: a ~ hospital 産院《比較》現在では maternity hospital のほうが一般的》.

lyke·wake /láikwèik/ 名《英》通夜.

Lýme disèase /láim-/ 名 U ライム病《シカのマダニの媒体によるとされる発熱と皮膚の赤斑を伴う関節炎. 《この病気が初めてヒトの間で流行した米国の Connecticut 州の地方名から》

lymph /límf/ 名 U ❶《生理》リンパ, リンパ液. ❷《医》痘苗. 《L=湧き水; LIMPID と同語源》 形 lymphatic).

lymph- /límf/《母音の前にくる時の》lympho- の異形.

lymph·ad·e·ni·tis /lìmfædənáitis/ 名 U《医》リンパ節炎.

lymph·ad·e·nop·a·thy /lìmfædənápəθi | -nɔ́p-/ 名 U《医》リンパ節障害[疾患], リンパ節症.

lym·phan·gi·tis /lìmfændʒáitis/ 名 U《医》リンパ管炎.

lym·phat·ic /limfǽtik/ 形 ❶ リンパ(液)の; リンパを通じる[分泌する]. ❷ a リンパ性(体質)の《筋肉は弱く, 顔色は青白く, 活動が不活発な人にいう; 昔リンパ液過剰のせいだとされた》: a ~ temperament リンパ質. b 鈍重な, 遅鈍な. ── 名《解》リンパ管.《⇒ lymph》

lymphátic sỳstem 名《解》リンパ系.

lýmph nòde [glànd] 名《解》リンパ節 [腺].

lym·pho- /límfou/《連結形》「リンパ」.

lym·pho·blast /límfəblæ̀st/ 名《解》リンパ芽球《リンパ球に発育する母細胞》. **lym·pho·blas·tic** /lìmfəblǽstɪk/ 形

lym·pho·cyte /límfəsàit/ 名《解》リンパ球.

lymph·oid /límfɔid/ 形 リンパ(球)の.

lym·pho·kine /límfəkàin/ 名《免疫》リンフォカイン《抗原により感作されたリンパ球 (T 細胞) が放出する可溶性のたんぱく伝達物質の総称; 細胞媒介免疫などに関与する》.

lym·pho·ma /limfóumə/ 名《複 ~s, -ma·ta /~tə/》CU《医》リンパ腫.

lỳmpho·retícular 形《解》リンパ網内性の.

*__lynch__ /líntʃ/ 動《他》《人を》私刑[リンチ]によって殺す. 《W. Lynch 違法に刑を執行した米国 Virginia 州治安判事》

lyn·chet /líntʃit/ 名《英》《有史前の耕作の跡である丘陵地の》段地.

lýnch làw 名 U 私刑, リンチ法《絞首などによる非合法な処刑》.

lýnch mòb 名 人を非合法に絞首刑にする暴徒の一団.

lynch·pin /líntʃpìn/ 名 =linchpin.

Lynn /lín/, **Lo·ret·ta** /lərétə/ 名 リン《1935- ; 米国のカントリー歌手》.

lynx /lí(ŋ)ks/ 名《複 ~·es, ~》❶ a C《動》オオヤマネコ. b U オオヤマネコの毛皮. ❷ [the L~]《天》やまねこ座.【L<Gk】

lýnx-éyed 形 目の鋭い.

lyon·naise /làiənéɪz | lìː-́−/ 形《料理》《特にジャガイモか》タマネギといっしょに炒めた, リヨン風の.

Ly·ons /líː(ː)ŋ | líː(ː)ŋ/, **Lyon** /líː(ː)ŋ/ 名 リヨン《フランス中東部の河港都市》.

ly·o·phil·ic /làiəfílik ́−/ 形《化》親液性の《膠質と液体との親和性の強い》.

ly·oph·i·lize /laiáfəlàiz, -ɔ́fɪ-/ 動《他》凍結乾燥する. **ly·oph·i·li·za·tion** /laiàfəlizéiʃən | -ɔ̀fɪlaɪz-/ 名

ly·o·pho·bic /làiəfóubik ́−/ 形《化》疎液性の《膠質と液体との親和性を欠いた》.

Ly·ra /lái(ə)rə/ 名《天》琴座.

ly·rate /lái(ə)reit, -rət/ 形《生》竪琴形の.

lyre /láiə | láiə/ 名 ❶ C リラ《古代ギリシアの竪琴》. ❷ [the L~]《天》琴座. 【F<L<Gk】

lýre·bìrd 名 C《鳥》コトドリ《オーストラリア産》.

*__lyr·ic__ /lírɪk/ 形 ❶ 叙情の, 叙情詩(的)の: a ~ poet 叙情詩人 / ~ poetry 叙情詩. ❷ 音楽的な, オペラ風の: ~ drama 歌劇. ❸ =lyrical 1. ── 名 ❶ 叙情詩 (cf. epic 1). ❷ [複数形で]《ポピュラーソング・ミュージカルなどの》歌詞. 【F<L<Gk;⇒ lyre, -ic】形 lyrical)

*__lyr·i·cal__ /lírɪk(ə)l/ 形 ❶ 叙情詩調の; 叙情的な. b 感情豊かな, 興奮的な; [...に] 熱狂的で; ひどく感激して [*over, about*]: She was ~ *over* my new hairdo. 彼女は私の新しい髪型に興奮した. ❷ =lyric 1, 2. ~·ly /-kəli/ 副 (形 lyric)

lyr·i·cism /lírəsìzm/ 名 U ❶ 叙情味, リリシズム; 叙情詩調. ❷ 感情の誇張, 熱狂.

lyr·i·cist /-sɪst/ 名 ❶《ポピュラーソングなどの》作詞家. ❷ 叙情詩人.

lyr·ist[1] /lírɪst/ 名 叙情詩人.

lyr·ist[2] /lái(ə)rɪst/ 名 リラ (lyre) 弾奏者.

ly·sate /láɪseɪt/ 名《生化》《細胞などの》溶解[分離]物.

lyse /láis/ 動《免疫・生化》溶解[分解]する[させる].

ly·sér·gic ácid /laisə́ːdʒɪk- | -sə́ː-/ 名 UC《化》リセルグ酸《LSD の原料》.

lysérgic ácid di·eth·yl·ám·ide /-daretəlǽmaid/ 名 U《化》リセルグ酸ジエチルアミド《LSD の正式名》.

ly·sin /láis(ə)n/ 名《生化》《細胞》溶解素, ライシン.

ly·sine /láisiːn/ 名 U《生化》リシン, リジン《必須アミノ酸の一つ; L-リシンはほとんどすべての蛋白質の構成成分》.

ly·sis /láisis/ 名 U《生》《細胞・細胞の》溶解, 溶菌, リーシス.

-ly·sis /−́lərsɪs/ 《複 -ly·ses /-sìːz/》[名詞連結形] 「分解」: ana*lysis*, electro*lysis*.

Ly·sol /láisɔ:l | -sɔ̀l/ 名 U《商標》ライソール《クレゾール石鹸液; 殺菌消毒薬》.

ly·so·some /láisəsòum/ 名《生化》リソソーム《細胞質内にある顆粒で, 多くの加水分解酵素を含む》. **ly·so·som·al** /làisəsóum(ə)l ́−/ 形

ly·so·zyme /láisəzàim/ 名 U《生化》リソチーム《卵白・鼻粘液・涙液などに存在する酵素で, 細菌の細胞壁に作用して溶菌を引き起こす》.

lyt·ic /lítɪk/ 形 細胞を溶解する; LYSIS の. **lýt·i·cal·ly** /-kəli/ 副

-lyt·ic /lítɪk/《腰尾》[形容詞語尾] 「分解の」「分解する」: hydrolytic.

LZ /èlzí:/《略》landing zone 着陸場[地帯].

M m

m, M[1] /ém/ 图 (榎 ms, m's, Ms, M's /-z/) ❶ [C|U] エム (英語アルファベットの第13字; cf. mu). ❷ [U] (連続したものの)第13番目(のもの). ❸ [U] (ローマ数字の) 1000: *MCMXCVI* =1996. ❹ [C] 〖印〗エム, 全角.

M[2] /ém/ 图 (榎 ms, Ms /-z/) M字形(のもの).

m, m. 〖略〗male; mare; mark(s); married; masculine; 〖理〗mass; medium; meridian; meter(s); midnight; mile(s); million; million(s); minute(s); month.

M, M. 〖略〗Majesty; Mark(s); Marquis; Marshal; Master; 〖医〗medium; Member; middle; 〖化〗molar モル...; Monday; Monsieur; 〖英〗motorway: (the) *M* 25 高速25号線 (★ロンドンの外郭環状線).

‡'m[1] 〖口〗/m/ am の短縮形 ✦ 文末では用いない).

'm[2] 〖口〗/(ə)m/ = ma'am: Yes'*m* はい奥様 / No'*m* いいえ奥様.

M'- /mə, mæ/ 〖接頭〗=Mac-.

†ma /má:/ /má:/ 图 〖通例呼び掛けで〗〖口〗おかあちゃん (★〖米〗では pa 同様古風になってきている; cf. pa).

MA 〖略〗〖米郵〗Massachusetts; Master of Arts; 〖心〗mental age; Military Academy.

Máa·lox mòment /méɪlɑks- | -lɔks-/ 图 〖米戯言〗マーロックスの欲しい時間, 緊張で胃の痛い時間 〖米国製の胃薬 Maalox のテレビコマーシャルでの台詞より〗.

†ma'am /〖強形〗mǽm, mɑ́:m; 〖弱形〗məm, (ə)m/ 图 ❶ 〖女性に対する丁寧な呼び掛けで〗〖米口〗奥様, お嬢さん, 先生: Yes, ~. はい奥様, 先生). ❷ 〖mæm, mɑ́:m/ 〖Ir〗〖女王, 貴族夫人などに対する呼び掛けで〗〖英〗女王様, 奥方様, 上官様. 〖MADAM の中間の d が省略されたもの〗.

má-and-pá 形 =mom-and-pop.

maar /má:/ /má:/ 图 (榎 ~s, maare /má:rə/) (火山頂の)マール (噴火でできた平底円形の(水をたたえた)火口).

Máas·tricht Trèaty /má:strɪkt-/ 图 〖the ~〗マーストリヒト条約 (1992年オランダのマーストリヒトで調印された欧州連合条約).

Ma·bel /méɪb(ə)l/ 图 メイベル 〖女性名〗.

mac /mǽk/ 图 〖英口〗=mackintosh 1.

Mac[1] /mǽk/ 图 ❶ 〖米〗〖知らない男に対する呼び掛けで〗ねえ, 君: Hey, ~. おい, 君. ❷ 〖英〗スコットランド人.

Mac[2] /mǽk/ 图 マック 〖男性名〗.

Mac[3] /mǽk/ 图 〖商標〗マック (Macintosh).

Mac- /mǽk, mək/ 〖発音 k, g の前では /mə, mæ/〗〖接頭〗〖スコットランド・アイルランド系の姓につけて〗「...の息子」(Mc-, Mc, M' とも書く; cf. O', Fitz-): *Mac*Donald, *Mc*Millan. 〖Ir=息子; 苗字がない頃, 父親の名前を用いて「...の息子」と呼ばれた; 英語の Jackson, Johnson などの -son も同様〗.

ma·ca·bre /məkɑ́:br(ə)/ 形 (死を連想させるような)気味の悪い, ぞっとする. 〖F=*danse macabre* dance of death の後半部だけが残った〗

mac·ad·am /məkǽdəm/ 图 ❶ [U] マカダム舗装 (砕石を敷き, タールまたはアスファルトで固める). ❷ [U] 〖マカダム道路用の〗砕石, 割り石. ❸ =macadam road. 〖J. L. McAdam マカダム工法の発明者のスコットランド人〗

mac·a·da·mi·a /mækədímiə/ 图 ❶ 〖植〗マカダミア, クイーンズランドナットノキ (オーストラリア原産の常緑高木). ❷ 〖また **macadámia nùt**〗マカダミアナッツ (1 の堅果; ハワイが主要生産地). 〖J. Macadam オーストラリアの化学者〗

mac·ad·am·ize /məkǽdəmaɪz/ 動 〈道路を〉砕石舗装する, マカダム道路にする.

macádam ròad 图 マカダム(舗装)道路.

Ma·cao /məkáʊ/ 图 マカオ (中国南東部 Hong Kong の対岸にある都市; 1887-1999 はポルトガル領).

ma·caque /məkǽk- | -kɑ́:-/ 图 〖動〗マカク(ザル) (主にアジア産の短尾のサル; アカゲザル・クロザル・ニホンザルなど).

mac·a·ro·ni /mækəróuni/ 图 ❶ [U] マカロニ. ❷ (榎 ~, -ro·nies /-niz/) (18世紀英国で)大陸風のしゃれた男. 〖It; SPAGHETTI 同様元来は複数形〗

mácaroni (and) chéese 图 [U] マカロニチーズ (マカロニにチーズ入りベシャメルソースをかけて焼き上げた料理).

mac·a·ron·ic /mækərɑ́nɪk | -rɔ́n-/ 形 (現代語ラテン語(の語尾)を加えた)雅俗混交(体)の(狂詩); 二種類の言語が混ざり合っている(文章[言葉]).

mac·a·roon /mækərú:n/ 图 マカロン (卵白, 砂糖, つぶしたアーモンドなどで作った菓子).

Mac·Ar·thur /məkɑ́:ɚ- | -ɑ́:θə/, **Douglas** マッカーサー (1880-1964; 米国の陸軍元帥, 連合国軍総司令官として日本占領にあたった (1945-51)).

Ma·cás·sar (òil) /məkǽsə- | -sə-/ 图 [U] マカッサル油 (調髪用; 19 世紀によく用いた).

Ma·cau·lay /məkɔ́:li/, **Thomas Bab·ing·ton** /bǽbɪŋtən/ 图 マコーレー (1800-59; 英国の歴史家・政治家).

ma·caw /məkɔ́:/ 图 〖鳥〗コンゴウインコ (熱帯アメリカ原産).

Mac·beth /məkbéθ, mæk-/ 图 マクベス (Shakespeare 作の四大悲劇の一つ; その主人公, スコットランド王).

Mac·ca·be·an, -bae·an /mækəbí:ən, -béi-/ 形 マカベア[マカバイ]家 (Maccabees) の.

Mac·ca·bees /mǽkəbi:z/ 图 榎 ❶ 〖the ~〗マカベア家, マカバイ家 (紀元前2世紀のユダヤの祭司一族). ❷ 〖単数扱い〗〖聖〗マカベア書, マカバイ書 (旧約聖書外典最後の書; 第一・第二の 2 書からなる; 略 Mac., Macc.).

mace[1] /méɪs/ 图 ❶ **a** 矛〖矛型〗状の権標 〖英国の市長・大学総長などの職権の表象〗 〖匹敵〗王・女王が持つ「笏」は scepter). **b** 英国下院議長の権標 (議事棒). ❷ 鎚矛 (武) 〖中世の騎士が武器として用いた一種の矛; 先端にかぎくぎ (spikes) がある〗.

mace[2] /méɪs/ 图 [U] メース (ニクズク (nutmeg) の外皮を乾燥させた香味料).

Mace /méɪs/ 图 [U] 〖商標〗メース (めまい・吐き気を起こす催涙ガス; 暴徒・痴漢撃退用). — 動 〖また m~〗〈人に〉メースをかける, メースで撃退する.

ma·cé·doine /mǽsədwɑ:n/ 图 マセドワーヌ (刻んだ野菜・果物の混ぜ合わせたもの; サラダ・カクテル・付け合わせなどにする).

Mac·e·do·ni·a /mæsədóuniə/ 图 ❶ マケドニア (古代ギリシア北方, Balkan 半島の古代王国; Alexander 大王の生地). ❷ マケドニア (現代ギリシア北東部の地方). ❸ マケドニア共和国 (Balkan 半島中南部の内陸国; 旧ユーゴスラビア連邦の一つ; 首都 Skopje).

Mac·e·do·ni·an /mæsədóuniən/ 图 ❶ マケドニア(人, 語)の. — 图 ❶ マケドニア人. ❷ [U] マケドニア語.

mac·er·ate /mǽsəreɪt/ 動 〈水〉に浸して柔らかにする. — 働 ❶ 〖水〗に浸って柔らかくなる. ❷ 〖絶食, 心配などで〗やせ衰える. **mac·er·a·tion** /mæsəréɪʃən/ 图.

mac·far·lane /məkfɑ́ɚlən | -fɑ́:-/ 图 マクファーレン (ケープが付き, 前部のウエストのあたりに 2 つスリットがあるコート).

Mach /mɑ́:k/ 图 [U] 〖理〗マッハ (流体中の物体の速度と音速との比; Mach one [1] は音速に等しい速度): at ~ 2 マッハ 2 で. 〖E. Mach オーストリアの物理学者〗

mâche /mɑ́:ʃ/ 图 〖料理〗ノヂシャ.

mach·er /mɑ́:xə-, -xɚ | -kə, -xə/ 图 〖米〗〖しばしば軽蔑的〗大立者, 大将.

ma·che·te /məʃéti/ 图 〖中南米原住民が伐採用や武器に用いる〗長刀のなた, マチェーテ.

Mach·i·a·vel·li /mækiəvéli/, **Nic·co·lò** /níkoulóʊ/ 图 マキャベリ, マキャベッリ (1469-1527; イタリア Florence の外交官・政治家; 政治行動の非倫理的性格を論じた).

Mach·i·a·vel·li·an /ˌmækiəvéliən/ 形 (目的のためには手段を選ばない)マキアベリ流の, 策謀政治の, 権謀術数的な. ━ 名 マキアベリ主義者, 策謀家.

Mach·i·a·vél·li·an·ism /-nìzm/ 名 ⓤ マキアベリ主義 《政治目的のためには手段を選ばない》.

ma·chic·o·late /məˈtʃikoʊlèɪt/ 動 《築城》〈…に〉石落としをつける. **-làt·ed** 形

ma·chic·o·la·tion /məˌtʃikoʊléɪʃən/ 名 《築城》 石落とし 《城門・城壁などの突き出た部分とその壁に設けた穴; 敵の攻撃から石・熱湯などを落としたり矢を射た》.

ma·chín·a·ble /məˈʃiːnəbl/ 形 機械加工[処理]がきく[に適した]. **ma·chin·a·bíl·i·ty** 名

mach·i·nate /ˈmækənèɪt, ˈmæʃ-/ 動 (自) 策謀する.
━ (他) 〈陰謀を〉たくらむ.

mach·i·na·tion /ˌmækəneɪʃən/ 名 [通例複数形で] 陰謀, たくらみ, 策謀.

__ma·chine__ /məˈʃiːn/ 名 ⓒ ❶ a 機械, 機械装置: the age of the ~ 機械時代 / *Machines* save a lot of labor. 機械のおかげで大変な労力が省ける. b 自動販売機: a soft-drink ~ 清涼飲料自動販売機. ❷ (口) オートバイ; 自動車; 飛行機. ❸ a (複雑な)機構, 組織: the bureaucratic ~ 官僚機構. b (政党·組織などの)幹部連: the party ~ 政党の幹部連. ❹ (無感情·無思考で)機械的に働く[動く]人 (automaton). **by machine** 機械で. **like a wéll-óiled machíne** きわめて順調に能率よく. ━ 形 Ⓐ ❶ 機械の[による, 用の]: ~ parts 機械部品. ❷ コンピューターの[による, 用の]: ⇒ machine translation. ━ 動 働 ❶ 〈…を〉機械で作る[仕上げる], 機械にかける. b 〈…を機械で〈…に〉作る[仕上げる]: [+目+補] ~ the surface smooth 機械で〈物の表面を〉滑らかにする. c 〈…に〉ミシンをかける. ❷ 《工具を使って〉〈ものを〉規定の寸法どおりに削っていく 〈*down*〉. 《F < L < Gk = 工夫, 装置》

machine códe 名 = machine language.

__machíne gùn__ 名 機関銃, マシンガン.

machíne-gùn 動 働 (-gunned; -gun·ning) 〈…に〉機銃掃射を浴びせる. **machine gùn** 名 機関銃(の).

machíne héad 名 (機械)ねじ式糸巻き 《金属製ギアを用いたギターなどの調弦部》.

machine lànguage 名 ⓒⓤ 《電算》機械(言)語 《電算機が直接理解できるプログラムの集合》.

machine·líke 形 機械のような; 正確な.

machíne-màde 形 機械製の (↔ handmade).

machíne-réadable 形 〈データなど〉機械可読の, コンピューターで読みとることができる.

__ma·chín·er·y__ /məˈʃiːnəri/ 名 ⓒⓤ ❶ 機械(類): a lot of ~ たくさんの機械類 / a piece of ~ 機械 1 台. ❷ (機械の)可動部分; 機械装置, からくり: the ~ of a metronome メトロノームの可動部分. ❸ 《社会·政治などの》機構, 組織, 機関: the ~ *of* government 政府機構 / What is the ~ *for* processing correspondence? 通信を処理する機関はどれですか.

machíne scréw 名 《機》 (機械部品を締めつける)小ねじ.

__machíne tòol__ 名 工作機械, 工具.

machíne-tòoled 形 ❶ 工作機械で作られた[ような], 機械仕上げの. ❷ 正確な, 非常に精巧な.

machíne translàtion 名 ⓤ 機械翻訳 《コンピューターによる翻訳; 略 MT》.

machíne-wàsh 動 洗濯機で洗う.

machíne-wáshable 形 洗濯機で洗える.

__ma·chín·ist__ /-nɪst/ 名 機械工; 機械運転者; 機械製作[修理]工; (特に)ミシン工.

ma·chis·mo /mɑːˈtʃiːzmoʊ, mæˈfiːz-/ 名 ⓤ 男らしさ, 男っぽさ; 男らしさの誇示. 《Mex-Sp < MACHO + -*ismo* -ism》

Máchmèter 名 (音速に対する相対速度を計る)マッハ計.

Mách nùmber 名 《理》マッハ数 (⇒ Mach).

+**ma·cho** /ˈmɑːtʃoʊ/ 形 男らしい, 男っぽい, マッチョな.
━ 名 (働 ~s /-z/) ❶ ⓒ 男らしい人. ❷ ⓤ 男らしさ. 《Mex-Sp = 男》

má·cho màn 名 男っぽさをひけらかす人, マッチョ.

Mách('s) prìnciple 名 《理》マッハの原理 《絶対空間の存在を否定し, 慣性系は宇宙全体の物質分布に準拠して定まるとする》.

macht·po·li·tik /ˈmɑːxtpoʊˌliːtiːk, ˈmɑːxt-/ ⓤ [しばしば M-] 武力政治, 強権政治 (cf. realpolitik).

Ma·chu Pic·chu /ˌmɑːtʃuː ˈpiːktʃuː/ 名 マチュピチュ 《ペルー中南部の Andes 山中にある, 古代インカの要塞都市遺跡》.

mac·in·tosh /ˈmækɪntɒʃ/ | -tɒʃ/ 名 = mackintosh.

Mac·in·tosh /ˈmækɪntɒʃ/ | -tɒʃ/ 名 《商標》マッキントッシュ 《米国 Apple 製のパソコン》.

mack /mæk/ 名 《英口》 = mackintosh.

Mac·ken·zie /məˈkɛnzi/ 名 [the ~] マッケンジー川 《カナダ北西部 Great Slave 湖に発し, 北西に流れて北極海に注ぐ同国最長の川》.

+**mack·er·el** /ˈmækərəl/ 名 (働 ~, ~s) 《魚》 ❶ ⓒ サバ. ❷ ⓤ サバ(の身).

máckerel shàrk 名 《魚》アオザメ, (特に) = porbeagle.

máckerel ský 名 さば[いわし, うろこ]雲 《一面に広がった空》.

Mack·i·naw /ˈmækənɔː/ | -kɪ-/ [また m-] 《米》 ❶ マキノー地, 《厚手で重い毛織, 通例格子じま》. ❷ (また **Máckinaw còat [jácket]**) マキノーコート 《マキノー地で, ベルト付きのダブルのショートコート》.

Máckinaw tròut 名 《魚》 レイクトラウト 《北米産イワナ属の淡水魚》.

mack·in·tosh /ˈmækɪntɒʃ/ | -tɒʃ/ 名 ⓒ 《英》マッキントッシュ, レインコート. ❷ ⓤ 防水加工した生地. 《C. Mackintosh 考案者のスコットランド人》

mack·le /ˈmækl/ 名 《印》 (紙じわ·活字ずれによる)二重刷り, 刷りむら[くもり]; しみ.

Máck trùck /mæk-/ 名 ❶ 《商標》マックトラック 《米国の大型トラック》. ❷ 《米俗》 頑丈な大男, 巨漢.

ma·cle /ˈmækl/ 名 《鉱》 ❶ = chiastolite. ❷ 双晶.

mac·ra·mé /ˈmækrəmeɪ/ | məˈkrɑːmi/ 名 ⓤ マクラメ 《結び目を作りながら太糸で編むレース·房飾り(の手芸)》. 《F < Arab = 刺繍を施したヴェール》

+**mac·ro** /ˈmækroʊ/ 名 (働 ~s) 《電算》マクロ(命令).
━ 形 ❶ 大規模な. ❷ 包括的な, 全体的な. ❸ 〈レンズなど〉拡大用の.

mac·ro- /ˈmækroʊ-/ [連結形] 「大きい」「長い」 (↔ micro-). 《Gk *macros* 大きい, 長い; 原義は「長くて薄い」で,「薄い」方の意から meager が生まれた》

màc·ro·bi·ót·ic 形 マクロビオティックの, 長寿食の: ~ food マクロビオティック食品.

màc·ro·bi·ót·ics 名 ⓤ マクロビオティック 《正しい食物をとることも含めた宇宙の生命観に基づく生活法[理論]》.

mac·ro·car·pa /ˌmækrəˈkɑːrpə/ | -kɑː-/ 名 《植》モントレーイトスギ, モントレーサイプレス 《California 州西部原産の常緑高木; 庭木·生垣·防風林として植えられる; 球果が大きい》.

màc·ro·céph·a·lous, -ceph·ál·ic 形 〈頭蓋骨が〉異常に大きい.

màc·ro·céph·a·ly 名 ⓤ 《医》大頭(蓋)症.

mac·ro·cosm /ˈmækrəˌkɑːzm/ | -kɔːzm/ 名 ❶ [the ~] (大)宇宙 (↔ microcosm). ❷ (小धκ体を含む)全体系, 総体, 全体. **mac·ro·cos·mic** /ˌmækrəˈkɑːzmɪk/ | -kɔːz-/ 形

màc·ro·cýc·lic 形 《化》 大環状の 《通例 15 個以上の原子からなる大きな環構造をもつ》.

+**màc·ro·ecọnóm·ic** 形 巨視的[マクロ]経済学の.

màc·ro·ecọnóm·ics 名 ⓤ 巨視的[マクロ]経済学 《集団としての消費者·生産者·企業などの経済行為を対象とする; ↔ microeconomics》.

màc·ro·écon·o·my 名 マクロ経済 《経済社会全体の総体的な大規模な経済システム》.

màc·ro·evolútion 名 ⓤ 《生》大進化 《種レベルよりはるかに大きな, 門の分化など》. **-tionary** 形

màc·ro·instrúction 名 《電算》マクロ命令 (macro).

màcro lèns 名 《写》マクロレンズ 《被写体を至近距離から

màcro·molécule 名 〖化〗高分子; 巨大分子. **-molécular** 形

ma·cron /méɪkrɑn, mǽk- | -rɔn/ 名〖音声〗(母音の上につける)長音記号, マクロン〈¯; 例: ā, ē, ō; cf. breve 1〉.

màcro·nútrient 名 多量養素《植物の生長に多量に要する元素; 炭素・水素・酸素・窒素》.

màcro·phàge 名〖解〗大食細胞, 食食細胞, 大食細胞, マクロファージ,(特に)組織球 (histiocyte).

màcro·phótography 名 Ⓤ (低拡大率の)拡大写真(術).

màcro·phỳte 名〖生態〗大型水生植物.

màcro·pòd 名〖動〗カンガルー類《カンガルー・ワラビーを含むカンガルー科の有袋動物》.

mac·ro·scop·ic /mækrəskɑ́pɪk | -skɔ́p-`/ 形 肉眼で見える; 巨視的な. **mac·ro·scóp·i·cal·ly** /-kəli/ 副

màcro·strúcture 名 マクロ構造[組織]《拡大なしで肉眼で見える金属・身体の一部など》. **mac·ro·strúctural** 形

mac·u·la /mǽkjʊlə/ 名 (愛 **-lae** /-liː/, **-lài**/, **~s**) 〖解〗❶ (皮膚の)あざ, 斑, 斑紋. ❷ =macula lutea. **mác·u·lar** 形

mácula lútea /-lúːtɪə/ 名 (愛 **máculae lú·te·ae** /-tiː, -tiài/)〖解〗(網膜の)黄斑(ｵｳﾊﾝ).

mac·u·late /mǽkjʊlət/ 形 斑点のある; 不潔な, よごれた. ── 動 /-lèɪt/《古・文》〈…に〉斑点をつける; よごす.

mac·u·la·tion /mæ̀kjʊléɪʃən/ 名 (チョウなどの)斑点; しみ, 斑.

mac·ule /mǽkjuːl/ 名〖解〗(皮膚の)斑点 (macula).

ma·cum·ba /məkúːmbə/ 名 Ⓤ マクンバ《ブラジルにおけるアフリカ的な濃い心霊主義的習俗宗教》.

*__mad__ /mǽd/ 形 (**mád·der**; **mád·dest**) ❶ 〈人が〉気の狂った (insane, crazy): a ~ person 気の狂った人 / go [become] ~ 発狂する / drive a person ~ 人の気を狂わせる. ❷ ばかげた, 無謀な, 無分別な (crazy, frantic): in a ~ rush めちゃくちゃに急いで / make a ~ dash for …へ向かって一目散に突進する / She's full of ~ ideas. 彼女はばかげた考えで頭がいっぱいだ 〚*of*+代名 (+*to do*) / +*to do*〛It was ~ *of* you *to do* that.＝You were ~ *to do* that. そんなことをしたなんて君も無分別だった. ❸ Ⓟ 〔口〕立腹して,〔…に;…のことで〕腹を立てて〔*at, with*〕〔*for, about*〕: make [get, drive] a person ~ 人を立腹させる《★ drive を用いるのは《英》》She was ~ *at* her husband *for* forgetting her birthday. 彼女は夫が自分の誕生日を忘れたというのでひどく腹を立てた / He was ~ *about* being woken up so early. 彼はそんなに早く起こされたことにひどく腹を立てた. ❹ Ⓟ〔口〕 ~〔…で〕狂わんばかりで, ひどく興奮して: He was ~ *with* joy [excitement]. 彼は狂喜[興奮]した / He was ~ *with* pain. 彼は痛みで頭がどうかしそうだった. b〔…に〕熱狂して, 夢中になって, のぼせあがって《★ この意味では複合語をなすこともある》: She's ~ *about* [《口》*for*] him [dancing]. 彼女は彼[ダンス]に夢中になっている / She's ~ *on* that tall boy. 彼女はその背の高い男の子に熱を上げている / He's opera-mad. 彼はオペラ狂だ. ❺〈犬が〉狂犬病にかかった.

(as) mád as a (Márch) háre [as a hátter] ⇒ hare, hatter 成句. **gò mád** (1) 発狂する (⇒ 1);《口》気が狂わんばかりになる. (2)《口》〈群衆などが〉熱狂する. (3)《口》激怒する. **líke máad**《口》(狂ったように)猛烈に; 必死になって: run *like* ~ 猛烈に走る. **mád kéen**〔英口〕〔…に〕熱中して, 夢中で〔*on*〕.

── 名 [a ~]《米》怒り, 立腹. **hàve a mád ón**〔…に〕腹を立てる〔*at*〕.

── 動 他《古》〈人を〉怒らせる.

〚OE; ⇒ madden〛

Mad·a·gas·car /mæ̀dəgǽskə | -kə/ 名 マダガスカル《アフリカ南東海岸沖の島で共和国; 首都 Antananarivo, 旧称 the Malagasy Republic》.

*__mad·am__ /mǽdəm/ 名 (愛 **mes·dames** /meɪdɑ́ːm | meɪdɑ́m/) **a** [また M~] [通例既婚・未婚の別なく女性への丁寧な呼び掛けで] 奥様, お嬢様 (cf. sir 1 a): May I help you, ~? 何かご用がございますか〈店員が女性客に向かって言う〉/ Would *M*~ like another glass? 奥様もう

一杯いかがでしょうか. **b** [M~] [官職などにある女性への呼び掛けで] …殿, …閣下 (cf. Mr. 1b): *M*~ President 大統領殿. **c** [Dear M~] 拝啓《★〈未知の〉女性あての手紙の書き出しに用いる》. ❷《口》〈一家の〉主婦, 妻. ❸ [通例単数形で; 通例 little などの修飾語を伴って]《英口》生意気な(若い)女, 横柄な小娘. ❹ 売春宿のおかみ《既絞 日本語でいうバーなどの「マダム」の意はない》. 〚F *ma* my+*dame* lady; ⇒ ma'am, madame〛

ma·dame /mədǽm, mǽdəm | mǽdəm/ 名 (愛 **mes·dames**) (仏国の)夫人, 奥様《フランスで通例既婚女性に, 英国で外国人女性に対する呼び掛け; 単独でまたはその姓・称号の前につけて用いる; 略 Mme., 愛 Mmes.; cf. Mrs.): *M*~ Curie キュリー夫人 〚F; ⇒ madam〛

Màdame Tus·saud's /-tʊsóʊz | -sɔ́ːdz/ 名 (London の)タッソー蝋(ﾛｳ)人形館 (⇒ CHAMBER of Horrors 成句).

mad·a·ro·sis /mæ̀dəróʊsɪs/ 名 Ⓤ〖医〗睫毛・眉毛脱落症.

mád·càp 形 ❶ 向こう見ずな, 血気にはやる, 衝動的な (reckless). ── 名 向こう見ずな人.

†**mádców disèase** 名 Ⓤ〖獣医〗狂牛病, ウシの海綿状脳症 (BSE).

†**mad·den** /mǽdn/ 動 他 ❶〈人を〉発狂させる. ❷〈人を〉激怒[逆上]させる (infuriate). 〖配 mad〗

mad·den·ing 形 ❶ 気を狂わすような; 猛烈な: (a) ~ pain 猛烈な痛み. ❷ ひどく(いらいらさせる)[腹立たしい]: ~ delays on the highway いらいらさせられる幹線道路での遅延. **~·ly** 副

mad·der /mǽdə | -də/ 名 ❶ Ⓒ〖植〗アカネ. ❷ Ⓤ あかね(染料), 人造あかね染料.

mád·ding 形〔古〕気を狂わすような; 狂気の, 狂乱の: far from the ~ crowd 狂乱の俗界を遠く離れて.

*__made__ /méɪd/ 動 make の過去形・過去分詞. ── 形 (比較なし) ❶ [通例複合語で] **a** 体つきが…の: a delicately-made person きゃしゃな人. **b** …作りの, …製の: American-made cars 米国製自動車 / home-made jam 自家製のジャム / ready-made clothes 既製服. ❷ Ⓐ **a** 作られた, 人工の, 人造の: ~ fur 人工毛皮. **b** いろんな材料で調理した: a ~ dish 取り合わせ料理. ❸ Ⓐ《米》でっちあげの: a ~ excuse にわか作りの言い訳. ❹ 成功間違いなしの: Now (that) he's got his PhD, he is a ~ man. 彼は博士号をとったからもう成功は間違いないのだ. ❺ Ⓟ〔…に〕適して, うってつけで (cf. make A 3 a, c): a day ~ *for* a picnic ピクニックにうってつけの日 / They are ~ *for* each other. 彼らは一緒になるために生まれてきたようなものだ. **hàve it máde**〔口〕成功間違いなしである.

máde of móney ⇒ money 成句.

Ma·dei·ra /mədíərə/ 名 ❶ マデイラ: **a** アフリカ北西海岸沖 Canary 諸島の北方にあるポルトガル領の島; 中心都市 Funchal. **b** (また **Madéira Íslands**) 同島を主島とする群島. ❷ Ⓤ マデイラ《マデイラ島産の薄色のデザートワイン》.

Madéira càke 名 Ⓤ.Ⓒ 《英》マデイラケーキ《甘いカステラ風のケーキ》.

mad·e·leine /mǽdəlɪn, -lèɪn/ 名 Ⓤ.Ⓒ マドレーヌ《小型のカップケーキの一種》. 〚Madeleine Paulmier 19 世紀フランスの菓子職人〛

ma·de·moi·selle /mæ̀dəmwəzél, -dm-`/ 名 (愛 **mes·de·moi·selles** /mèɪdəmwəzél, -dm-`/) ❶ [フランス語圏の女性の呼び掛けで] お嬢さん. ❷ [M~] …嬢, 令嬢 (Miss に当たるフランス語の敬称; 略 Mlle., 愛 Mlles.). 〚F *ma* my+*demoiselle* young lady〛

máde-to-méasure 形 Ⓐ〈衣服が〉寸法に合わせて作った, あつらえの, オーダーメイドの (↔ off-the-peg[-rack]).

máde-to-órder 形 Ⓐ ❶〈衣服などが〉あつらえて作った, オーダーメイドの (↔ ready-made). ❷ ぴったり合う, 快適な.

*__máde-úp__ 形 ❶ 作った, でっちあげた, こしらえた (invented; ↔ real): a ~ story 作り話. ❷ 化粧した, メー

Madge

キャップした: a heavily ~ woman 厚化粧をした女性. ❸ a 仕上がった, すっかりでき上がった: a ~ bed 〔シーツなどを取り替えて〕すっかり整ったベッド. b 〈道路が〉舗装した.

Madge /mǽdʒ/ 图 マッジ《女性名》.

mád・house 图 ❶ 〔通例単数形で〕《口》混乱[大騒ぎ]の場: The office is a ~. うちのオフィスは実に騒々しい(所だ). ❷《古風・軽蔑》精神病院.

Mad・i・son /mǽdəs(ə)n, **James** マディソン (1751-1836; 米国の第4代大統領).

Madison 图 マディソン《Wisconsin 州の州都》.

Mádison Ávenue 图 ❶ マディソンアベニュー《New York 市にある米国広告業の中心地》. ❷ Ⓤ《米国の》広告業界(のやり方[考えかた]).

†**mád・ly** 副 ❶ 気が狂って, 気が狂ったように. ❷《口》猛烈に, すごく (extremely, wildly): I'm ~ in love with you. ぼくは君が死ぬほど好きだ.

mád・man 图 (働 -men) 狂った男, 狂人; 血迷った人.

mád mòney 图 Ⓤ《口》不時の出費[衝動買い]に備えてためる金, へそくり, 好きに使える金, おこづかい.

†**mad・ness** 图 ❶ 狂気; 狂気じみた行い (insanity). ❷ 熱狂, 狂喜, 夢中で: love a person to ~ 人を熱愛する. ❸ 激怒.

†**Ma・don・na** /mədɑ́nə | -dɔ́nə/ 图 ❶ [the ~] 聖母マリア. ❷ [また m~] 聖母マリア像. 〚It *ma donna my lady*〛

Madónna líly 图《植》マドンナリリー, ニワシロユリ《花は純白; ★ 処女の象徴とされる》.

†**Mad・ras** /mǽdrəs, mədrǽs/ 图 ❶ マドラス《インド南東部の都市; タミル語名・公式名 Chennai》. ❷ [m~] Ⓤ マドラス木綿(さら).

ma・dra・sa, -sah /mədrǽsə/ 图《イスラム》(学者・指導者 (ulama) を養成するための)高等教育施設.

mad・re・pore /mǽdrəpɔ̀ː | -pɔ̀ː/ 图《動》イシサンゴ《サンゴ礁を造る; 熱帯海洋産》.

Ma・drid /mədríd/ 图 マドリード《スペインの首都》.

mad・ri・gal /mǽdrɪg(ə)l/ 图《楽》マドリガル《16-17世紀の通例5声部無伴奏の合唱(曲)》. 〚It=無伴奏の簡単な歌〛

mad・ri・lene /mǽdrəlèn, -léɪn/ 图 Ⓤ マドリレーヌ《トマトを入れたマドリード風コンソメ》.

Mad・ri・le・ño /mæ̀drəlénjou/ 图 (働 ~s) マドリード生まれの人, マドリード市民.

ma・dro・ña /mədróunjə/, **-ño** -njou/, **-ne** -nə/ 图 (働 ~s)《植》=arbutus 1.

mád・wòman 图 (働 -women) 狂女.

Mae・ce・nas /miːsíːnəs/ 图 文学・芸術の後援者. 〚*Gaius Maecenas* 古代ローマの政治家で文芸のパトロン〛

mael・strom /méɪlstrəm/ 图 ❶ 大渦巻き《匠 whirlpool の大きいものをいう》. ❷〔通例単数形で〕大動揺, 大混乱: a ~ of traffic 交通の大混乱 / the ~ of war 戦乱. ❸ [the M~]《ノルウェー西海岸》モスケンの大渦巻き. 〚Da〈Du〛

mae・nad /míːnæd/ 图 ❶ 〔しばしば M~〕マイナス《酒神 Bacchus の巫子(なぎ)》. ❷ 狂乱[逆上]した女.

mae・sto・so /maɪstóʊsoʊ/ 形 副《楽》荘厳な[に], マエストーソ. 〚It=majestic〛

†**mae・stro** /máɪstroʊ/ 图 (働 ~s, -tri -triː/) ❶ 大音楽家[作曲家], 名指揮者[演奏家]. ❷ (芸術の)巨匠; 大家. 〚It=master〛

Mae・ter・linck /méɪtərlɪŋk | -tə-/, **Maurice** 图 メーテルリンク (1862-1949; ベルギーの劇作家).

Mae West 图 水難救命チョッキ. 〚豊満な乳房をした米国女優の名から〛

*****Ma・fi・a, Maf・fi・a** /mɑ́ːfiə, mǽf-/ 图〔集合的; 単数または複数扱い〕 ❶ [the ~] マフィア《19世紀に Sicily 島で結成された犯罪秘密結社; またそれに由来する米国やイタリアなどの犯罪組織》. ❷ 〔通例 m~〕秘密支配組織, 〔表面に現われない有力者集団〕. ❸ 下手な取さ, 大胆さ》

maf・ic /mǽfɪk/ 形《鉱》苦鉄質(岩)の.

ma・fi・o・so /mɑ̀ːfióʊsoʊ, mæ̀f-/ 图〔時に M~〕(働 -o・si /-siː/, ~s) マフィアの一員.

mag[1] /mǽg/ 图《口》雑誌: a movie ~ 映画雑誌. 〚MAG(AZINE)〛

mag[2] /mǽg/ 图《口》=magneto.

mag.《略》magazine; magnetism; magnitude.

*****mag・a・zine** /mǽgəzìːn, ˌ-ˈ-/ 图 ❶ 雑誌: a woman's [hobby] ~ 女性[趣味]の雑誌 / *Time M~* タイム誌《★ 無冠詞》. b テレビ[ラジオ]マガジン, 情報[バラエティー]番組〔雑誌のようにさまざまな時事的話題や出来事, 人物などを扱うテレビ[ラジオ]番組). ❷ a (連発銃の)弾倉. b (カメラ・映写機などの)フィルム巻き取り枠, マガジン. ❸ (軍用の)倉庫; (特に)弾薬庫, 火薬室. 〚F 雑誌 < 情報の倉庫 < Arab 倉庫〛

mágazine prógram 图 =magazine 1b.

Mag・da・len /mǽgdəlɪn/ 图 ❶〔通例 the ~〕《聖》マグダラのマリア (⇒ Mary Magdalene). ❷ [m~]《古》更生した売春婦.

Mag・da・lene /mǽgdəlìːn | mǽgdəlíːni, mǽgdəlìːn/ 图 =Magdalen.

Mag・da・le・ni・an /mæ̀gdəlíːniən/ 形《考古》(ヨーロッパの後期旧石器時代の最後のマドレーヌ文化(期)の. ― 图 [the ~] マドレーヌ文化(期).

Mág・de・burg hémisphere /mɑ́ːgdəbɜ̀ːg-, mǽg-/ 图《理》マグデブルク半球.

Ma・gel・lan /mədʒélən | -gél-, -dʒél-/, **Fer・di・nand** /fə́ːdənænd | fə́ː-/ 图 マゼラン (1480?-1521; ポルトガルの航海者). **the Strait of Magéllan** マゼラン海峡《南米の南端にあり大西洋と太平洋を結ぶ》.

Ma・gen Da・vid /mɑ́ːgənd(ə)víːd/ 图 ダビデの星[盾]《三角形を2つ組み合わせた星形 ✡; ユダヤ教の象徴とされ, イスラエル国旗にも用いられている》.

ma・gen・ta /mədʒéntə/ 图 Ⓤ ❶ マゼンタ《赤紫色のアニリン染料》. ❷ 赤紫色. ― 形 赤紫色の.

Mag・gie /mǽgi/ 图 マギー《女性名; Margaret の愛称》.

*****mag・got** /mǽgət/ 图 ❶ 蛆(うじ). ❷ 気まぐれ, 奇想.

mag・got・y /mǽgəti/ 形 ❶ 蛆のわいた. ❷ 蛆だらけの.

Ma・ghreb /mɑ́ːgrəb | -greb/ 图 [the ~] マグレブ《アフリカ北西部, モロッコ・アルジェリア・チュニジア・リビアを含む地域》.

Ma・gi /méɪdʒaɪ/ 图 (働 -gus /-gəs/) ❶ [the (three) ~]《聖》東方の三博士《キリスト降誕の時贈り物を持ってきた》. ❷ [m~] magus の複数形. (⇒ magic)

Ma・gi・an /méɪdʒiən/ 形 Magi の. ― 图 =Magus.

*****mag・ic** /mǽdʒɪk/ 图 Ⓤ ❶ 魔法, 魔術: ⇒ black magic, white magic / do [practice, work] ~ 魔法を使う. ❷ 奇術, 手品, マジック (conjuring): I can do some ~. 手品が少しできる. ❸ 魔力《★ よい意味で》; 魅力: her natural ~ 彼女がもつ生まれながらの魅力 / the ~ *of* (the) opera オペラの魔力. **as (if) by ~=like mágic** 魔法を使ったように, 不思議に, たちどころに: I thought of him and *as if by* ~ he appeared at the door. 彼のことを考えたら不思議にも彼は戸口に姿を現わした / I took an aspirin, and it worked *like* ~. アスピリンを1錠飲んだら効果てきめんだった.

― 形 ❶ 魔法の, 魔法のような, 不思議な: the ~ arts 魔法 / the ~ word 決定的な[効力のある]ことば / There is no ~ formula for losing weight. (努力もせに)楽々と減量する秘策はない. ❷ Ⓐ 奇術の, 奇術による: do a ~ trick 手品をする《★「マジックショー」は a conjuring show という》. ❸ Ⓐ (不思議な)魅力のある. ❹ Ⓟ《英口》すばらしくて, すてきで (great): She's ~. 彼女はすてきだ.

― 動 (**mag・icked** /-dʒɪkt/; **mag・ick・ing**) ❶ 魔法[魔術]で〈...〉を出す[変える]. ❷〈...〉を魔法で消す*away*>. 〚F < L < Gk=魔法の力のある; 原義は「力を有するもの」; ⇒ Magi, Magus〛

*****mag・i・cal** /mǽdʒɪk(ə)l/ 形 ❶ 魔法のような, 不思議な: The effect was ~. 効果はてきめんだった. ❷ 魅力的な, 神秘的な: a ~ smile 魅力的な微笑. **~・ly** -kəli/ 副.

mágical réalism 图 =magic realism.

mágic búllet 图 ❶ 特効薬, 妙薬. ❷ (問題解決の)妙案.

mágic cárpet 图 (空飛ぶ)魔法のじゅうたん.

Mágic Círcle 名 [the ~] マジックサークル《英国の奇術師・手品師の協会》.

mágic éye 名 [時に M- E-] マジックアイ《光電装置やラジオなどが受信電波に同調しているかを示す装置》.

mágic fígure 名 =magic number.

†**ma·gi·cian** /məʤíʃən/ 名 ❶ 魔法使い (sorcerer). ❷ 奇術師, 手品師 (conjurer). ❸ [比喩的] 名手,「魔術師」.

mágic lántern 名《昔の》幻灯機《今の projector》.

Mágic Márker 名《商標》マジックマーカー, マジックペン.

mágic múshroom 名《植》幻覚をおこさせるシビレタケ属のキノコ.

mágic númber 名 ❶ 重要な[事態を決する]数字[数値]. ❷《野》マジックナンバー.

mágic réalism 名 U 魔術的リアリズム《超現実的・空想的な情景などを刻明な写実主義でもって描いた絵画[文芸]の(様式)》. **mágic réalist** 名

mágic squáre 名 魔方陣《横・縦・斜めに加えた数字の和が常に等しい配列表》.

mágic wánd 名 魔法の杖. **wáve a mágic wánd** 問題をたちどころに解決する.

ma·gilp 名 =megilp.

mag·is·te·ri·al /mæʤəstí(ə)riəl⁻/ 形 ❶ A 行政長官の, 治安判事の. ❷ a 厳然とした, 権威のある. b 《態度など》高圧的な. **~·ly** /-riəli/ 副 厳然として; 高圧的に, 横柄に.

mag·is·te·ri·um /mæʤəstí(ə)riəm/ 名 U《カト》教導権《教会が真理を教える権威; 教皇と司教により行使される》.

mag·is·tra·cy /mæʤəstrəsi/ 名 U ❶ 長官・治安判事の職[任期, 管区]. ❷ [the ~;集合的;単数または複数扱い] 長官, 治安判事.

mag·is·tral /mæʤəstrəl, məʤís-/ 形《古》教師の; 権威的な.

*__mag·is·trate__ /mæʤəstrèit, -trət/ 名 ❶ 微罪判事[裁判官]《治安判事 (justice of the peace), 警察裁判所判事 (police magistrate) など下級の司法官》. ❷《司法権を持つ》行政長官: **the chief** [**first**] ~ 最高行政官《大統領・知事・市長で; ⇨ master》. 〖L=長官; ⇨ master〗

mágistrates' cóurt 名 (magistrate が比較的軽微な犯罪の裁判や予備審問・家事事件などを担当する)治安判事裁判所.

mag·is·tra·ture /mæʤəstrètʃər/ -strətʃə/ 名 =magistracy.

Mag·le·mo·si·an, -se·an /mæɡləmóusiən⁻/ 形《考古》(北欧中石器時代前期の)マグレモーゼ文化(期)の. —名 [the ~] マグレモーゼ文化(期). 〖Maglemose 石器が発掘されたデンマークの地名〗

mag·lev /mǽɡlev/ 形 [しばしば M-] U 磁気浮上式高速鉄道. 〖**MAG**(NETIC) **LEV**(ITATION)〗

mag·ma /mǽɡmə/ 名 U《地》岩漿(ﾅﾏ), マグマ. 〖Gk=こねて作った軟膏; cf. make〗

mag·ma·tism /mǽɡmətìzm/ 名 U《地》火成活動《マグマの活動》.

Mag·na Car·ta [**Char·ta**] /mǽɡnə káətə/ | -káː-/ 名 ❶ U 大憲章, マグナカルタ《1215 年英国の John 王が国民の権利と自由を保証したもの; 英国憲法の基礎》. ❷ C 権利を保障する憲章 《of》. 〖L=great charter〗

mág·na cum láu·de /mɑ́ːɡnə-/ 副形《米》(第二)優等で(の)《卒業証書などに用いる句; ⇨ cum laude》. 〖L=with great praise〗

mag·na·nim·i·ty /mæ̀ɡnəníməti/ 名 ❶ U 雅量(に富むこと), 腹の太いこと. ❷ C 雅量のある言動.

mag·nan·i·mous /mæɡnǽnəməs/ 形 度量の大きい, 太っ腹の, 雅量のある (generous). **~·ly** 副 〖L=
magn(us)
large+*anim*(us) 心+-OUS〗

†**mag·nate** /mǽɡneit, -nət/ 名《業界などの》有力者, 大物, 大立者, …王 (tycoon): **an oil** ~ 石油王.

mag·ne·sia /mæɡníːʒə, -ʃə/ 名 U《化》マグネシア, 酸化マグネシウム: **milk of** ~ マグネシア乳《緩下剤・制酸剤》.

mag·ne·site /mǽɡnəsàit/ 名 U《鉱》菱(ﾘｮｳ)苦土鉱, マグネサイト《耐火材・セメント用》.

†**mag·ne·si·um** /mæɡníːziəm/ 名 U《化》マグネシウム《金属元素; 記号 Mg》.

magnésium fláre 名 =magnesium light.

magnésium líght 名《写》(夜間撮影用)マグネシウム光.

†**mag·net** /mǽɡnit/ 名 ❶ 磁石; 電磁石; 天然磁石, 磁鉄鉱《比較》方位磁石は compass という》: **a bar** ~ 棒磁石 / **a horseshoe** ~ 馬蹄(ﾃﾞｲ)形磁石. ❷ 人を引きつける人[もの] 《*for*, *to*》. 〖Gk<*Magnesia* 産の(石); *Magnesia* はトルコ西部の *Manisa* の古名で, そこに産する石に磁力があったことから; MAGNESIUM も同語源〗

*__mag·net·ic__ /mæɡnétik/ 形 (more ~; most ~) ❶ 磁石の; 磁気の(を帯びた): ~ **force** 磁力 / **a** ~ **head** 磁気ヘッド / ~ **induction** 磁気誘導 / **a** ~ **needle** 磁針 / **(a)** ~ **recording** 磁気録音. ❷ 魅力のある, 人を引きつける: **a** ~ **personality** 魅力的な人柄[人物]. **-i·cal·ly** /-kəli/ 副 磁気によって; 磁力に引かれるように. 《⇨ magnet》

magnétic cómpass 名 磁気コンパス, 磁気羅針儀.

magnétic equátor 名 [通例 the ~]《理》磁気赤道.

†**magnétic fíeld** 名 磁場, 磁界.

magnétic inclinátion 名《地物・測》(磁)伏角.

magnétic levitátion 名 U 磁気浮上(式高速鉄道) (cf. maglev).

magnétic média 名 U 磁気媒体《データ記録用のテープ・ディスクなど》.

magnétic míne 名《海軍》磁気機雷《海底に敷設》.

magnétic móment 名《電》磁気モーメント.

magnétic nórth 名 U 磁北.

magnétic póle 名 磁極: **the North** [**South**] *Magnetic Pole* 北[南]磁極.

magnétic résonance ímaging 名 U《医》磁気共鳴映像法《略 MRI》.

magnétic stórm 名 磁気あらし.

magnétic tápe 名 U.C 磁気テープ.

magnétic variátion 名《地物》磁気偏差[偏角].

mag·net·ism /mǽɡnətìzm/ 名 U ❶ **a** 磁気, 磁性, 磁気作用: **induced** ~ 誘導磁気 / **terrestrial** ~ 地磁気. **b** 磁気学. ❷ (知的・道徳的な)魅力: **He has great personal** ~. 彼には強い人間的魅力がある.

mag·net·ite /mǽɡnətàit/ 名 U《鉱》磁鉄鉱.

mag·ne·ti·za·tion /mæ̀ɡnətizéiʃən, -taiz-/ 名 U 磁化.

mag·net·ize /mǽɡnətàiz/ 動 他 ❶《鉄などに》磁気を与える, (…に)磁化[磁性]する: **become** ~**d** 磁気を帯びる. ❷《人を》引きつける, 魅する.

mag·ne·to /mæɡníːtou/ 名 (鬱 ~s)《特に内燃機関の》高圧磁石発電機.

magneto- /mæɡníːtou/《連結形》「磁力」「磁気, 磁性」「磁電気」「磁気圏」

mag·ne·to·elec·tric /mæɡnì:touiléktrik⁻/ 形 磁電気の.

magnéto·gráph 名 記録磁力計; 磁力記録.

magnéto·hýdro·dynámics 名 U 磁気[電磁]流体力学. **-dynámic** 形

mag·ne·tom·e·ter /mæ̀ɡnətámətə | -tɔ́mətə/ 名《理》磁気計, 磁力計.

magnéto·mótive fórce 名 U《理》起磁力, 動磁力.

mag·ne·ton /mǽɡnətàn | -tɔ̀n/ 名《理》磁子.

magnéto·páuse 名 [通例 the ~] 磁気圏界面《磁気圏の外側の境界》.

magnéto·resístance 名 C,U《理》磁気抵抗. **-resístive** 形

mag·ne·to·sphere /mæɡníːtəsfìə | -sfìə/ 名 [the ~]《地物》磁気圏《太陽風の圧力により限定されている, 地球の磁力がおよぶ範囲》. **mag·ne·to·sphér·ic** /mæɡnì:təsfí(ə)rik, -sfér-/ 形

magnéto·táil 名《地物》磁気圏尾《磁気圏のうち太陽風により地球から遠ざかる方向に長く延びた部分》.

mag·ne·tron /mǽɡnətràn | -trɔ̀n/ 名 磁電管, マグネトロン.

mágnet schòol 名《米》マグネットスクール《優れた設備・

Magnificat 1094

教育課程等で地域社会全体から生徒を集め，人種差別などのない教育を企図する公立学校).

Mag·nif·i·cat /mægnífɪkæt/ 图 ❶ a 《キ教》マリアの賛歌，マニフィカト《晩課 (Vespers) で歌われる》. b [m~] 頌歌(しょうか).

mag·ni·fi·ca·tion /mægnəfɪkéɪʃən/ 图 ❶ a 拡大; 誇張. b ⓒ 拡大図. ❷ ⓒⓊ 《光》(レンズなどの)倍率: high ~ 高い倍率 / binoculars of 10 ~s 倍率10 の双眼鏡 / step up the ~ of a microscope 顕微鏡の倍率を徐々に高める.

mag·nif·i·cence /mægnífəsns/ 图 Ⓤ 壮大, 雄大, 荘厳, 壮麗; 豪華 (splendor): live in ~ 豪奢(ごうしゃ)な生活をする. ❷ 《口》すばらしさ, 見事さ, りっぱさ.

*__mag·nif·i·cent__ /mægnífəsnt/ 圏 (more ~; most ~) ❶ 壮大な, 雄大な; 豪華な (splendid). ❷ 《口》すばらしい, 見事な. ❸ 《表現・思想などが格調の高い, 崇高な. ~·ly 副 【類義語】⇒ grand.

mag·nif·i·co /mægnífəkòʊ/ 图 (働 ~es, ~s) 《昔のベネチア共和国の》貴族; (一般に)貴人, 高官, 大立者.

mág·ni·fi·er 拡大するもの[人]; (特に)拡大鏡, 虫眼鏡.

†__mag·ni·fy__ /mǽgnəfàɪ/ 働 ❶ ⟨…を⟩…に⟩拡大する, 拡大して見せる (enlarge): Loudspeakers *magnify* the human voice. スピーカーは人間の声を拡大する / an insect *with* a lens レンズで昆虫を拡大する. ❷ ⟨物事を⟩大げさに言う, 誇張する (exaggerate): Don't ~ the danger. その危険性を誇張するな. ❸ 《古》称賛する. 《L *magni-* 大きい+-FY》 图 magnification, 圏 magnificent》

mágnifying glàss 图 拡大鏡, 虫眼鏡.
mágnifying pòwer 图 Ⓤ (レンズなどの)倍率.
mag·nil·o·quence /mægníləkwəns/ 图 Ⓤ ❶ 大言壮語, ほら. ❷ 《文体などの》誇張.
mag·nil·o·quent /mægníləkwənt/ 圏 ❶ 大言壮語する, 誇張した, 誇大な. ~·ly 副

†__mag·ni·tude__ /mǽgnət(j)ùːd/ ❶ 大きいこと, 巨大さ: the ~ of the enterprise その企画の壮大さ. b 大きさ, 大小: an area of great ~ とてつもなく広い地域. ❷ Ⓤ 重大さ, 重要さ: the ~ of the problem 問題の重大さ. ❸ Ⓤ 《天》(恒星の)光度, (光度による)等級 (1-6 等星までが肉眼で見える). ❹ ⓒ マグニチュード《地震の規模を表わす単位; cf. Richter scale》: an earthquake of ~ 8.6 マグニチュード 8.6 の地震 《★ 数値は後に置く》. **of the first mágnitude** (1) 1 等星の. (2) きわめて重要な; 第一級の. 《L *magni-* 大きい+-TUDE》

mag·no·lia /mægnóʊljə, -liə/ 图 ❶ 《植》モクレン《モクレン・コブシ・タイサンボクの類》. ❷ Ⓤ ピンク[赤紫]がかった白.

Magnólia Stàte 图 [the ~] モクレン州 《Mississippi 州の俗称》.

mag·nox /mǽgnɑks/ -nɔks/ 图 Ⓤ 《時に M~》マグノックス《英国で開発された原子力発電被覆材用のマグネシウム合金》: ~ reactor マグノックス炉.

mag·num /mǽgnəm/ 图 ❶ マグナム瓶《ワインなどの酒用瓶; 約 1.5 l 入り》. ❷ マグナム弾《拳銃》《普通の拳銃より大きくて強力》. 《L=大きい物 (neut)《*magnus* 大きい》

mágnum ópus 图 ❶ 《文学・芸術の》大作, 最高傑作; 《芸術家の》代表作. ❷ 大事業. 《L *magnus* great+*opus* work》

†__mag·pie__ /mǽgpàɪ/
图 ❶ 《鳥》カササギ《黒白の羽毛で, 鳴き声がやかましく, さまざまな光るものを巣に集めてくる》. ❷ 《口》 **a** 《がらくたで》もなんでも集めたがる人. **b** おしゃべりな人.

mágpie mòth 图 《昆》スグリシロエダシャク.

magpie 1

Ma·gritte /məɡríːt/, **Re·né** /rənéɪ/ 图 マグリット《1898-1967; ベルギーのシュールレアリスムの画家》.
ma·guey /məɡéɪ/ 图 《植》リュウゼツラン; (特に)マゲイ.
Ma·gus /méɪɡəs/ 图 ❶ Magi の単数形. ❷ [m~] 《動》
ma·gi /méɪdʒaɪ/) 魔法使い.

mág whèel 图 マグホイール《マグネシウム製の自動車用ホイール; 高価》.

Mag·yar /mǽɡjɑːr/ |-gjɑː/ 图 ❶ ⓒ マジャール人《ハンガリーの主要民族》. ❷ Ⓤ マジャール語, ハンガリー語. ―圏 マジャール人の, マジャール語の, ハンガリー語の.

Ma·ha·bha·ra·ta /məhɑ́ːbɑ́ːrətə/ 图 [the ~] 『マハーバーラタ』《古代インドの大叙事詩で, 文化・政治の根本聖典の一つ; cf. Ramayana》.

ma·ha·ra·ja(h) /mɑ̀ːhərɑ́ːdʒə/ 图 (昔のインドの)大王, マハーラージャ. 《Skt *mahā* great+*rājan*- king》

ma·ha·ra·ni, -nee /mɑ̀ːhərɑ́ːni/ 图 maharajah の妻.

Ma·ha·rash·tra /mɑ̀ːhərɑ́ːʃtrə/ 图 マハラシュトラ《インド中西部の州; 州都 Bombay (Mumbai)》.

ma·ha·ri·shi /mɑ̀ːhəríːʃi/ 图 (ヒンドゥー教の)導師.

ma·hat·ma /məhɑ́tmə, -hǽt-/ 图 ❶ 《ⓒ》(インドの)聖者, 賢者. ❷ [M~] インドで高貴な人の名に添える敬称] マハトマ, 聖: *M*~ Gandhi マハトマガンジー. 《Skt *mahā* great+*ātman*- soul 「偉大な魂を持ったもの」の意》

Ma·ha·ya·na /mɑ̀ːhəjɑ́ːnə/ 图 《仏教》大乗 (↔ Hinayana): ~ Buddhism 大乗仏教. 《Skt *māha* great+*yāna*- vehicle 「大きい乗り物」の意》

Mah·di /mɑ́ːdi/ 图 ❶ 《イスラム》(この世の終末の前に現われるという)救世主, マフディー. ❷ マフディー自称者.
Mah·dism /mɑ́ːdɪzm/ 图 Ⓤ Mahdi 降臨の信仰. **-dist** 图

Ma·hi·can /məhíːkən/ 图 (働 ~, ~s) ❶ a [the ~(s)] マヒカン族《もと Hudson 川上流域に住んだ北米先住民》. b ⓒ マヒカン族の人. ❷ Ⓤ マヒカン語.

mah-jongg, mah-jong /mɑ̀ːʒɑ́ŋ/ |-dʒɔ́ŋ/ 图 Ⓤ 麻雀, マージャン. 《Chin=雀; 麻雀牌の索子(そうず)の 1 には雀の絵が描かれている》

Mah·ler /mɑ́ːlər/ |-lə/, **Gus·tav** /ɡʊ́stɑːf/ 图 マーラー《1860-1911; オーストリアの作曲家》.

máhl·stick /mɔ́ːl-/ 图 =maulstick.

*__ma·hog·a·ny__ /məhɑ́ɡəni/ |-hɔ́ɡ-/ 图 ❶ ⓒ 《植》マホガニー. ❷ Ⓤ マホガニー材. ❸ Ⓤ マホガニー色 (赤褐色).

Ma·hom·et /məhɑ́mɪt/ |-hɔ́m-/ 图 =Muhammad.
ma·hout /məhɑ́ʊt/ 图 (インド・東インド諸島の)象使い.
mah·seer /mɑ́ːsɪər/ |-sɪə/ 图 《魚》マハシア《インド産コイ科の大型淡水食用魚》.

ma·hua, -hwa /mɑ́ː(h)wə/ 图 《植》マーワ《インド・東南アジア産カテツギの樹木; 花と実が食用》.

*__maid__ /méɪd/ 图 ❶ メード, お手伝い, 女中 《解説 maid を雇えるのはよほど裕福な家庭であり, 一般の家庭では必要な時 baby-sitter などを雇むのが普通; 通いでのお手伝いは help》: ⇒ chambermaid, housemaid, lady's maid. ❷ 《古·文》娘, 少女; 処女: ⇒ old maid. **máid of hónor** (1) 《女王·王女に仕える未婚の》侍女. (2) 《米》花嫁付き添い役の未婚女性. (3) 《英》カスタードパイの小さなもの. 《MAID(EN)》

mai·dan /maɪdɑ́ːn/ 图 (インド・パキスタンなどの)広場; 閲兵場.

†__maid·en__ /méɪdn/ 图 Ⓐ ❶ a 処女の, 未婚の《女性》: a ~ aunt (年輩の)未婚のおば / a ~ lady (年輩の)未婚女性. b 処女らしい, 初々(ういうい)しい: ~ innocence 初々しい無邪気さ. ❷ 初めての: a ~ flight 処女飛行 / a ~ voyage 処女航海 / a ~ speech (特に議会での)初演説. ❸ 《競走馬を》一度も勝ったことのない, 未勝利の; 〈レースを〉未勝利馬の. ――图 ❶ 《古·詩》少女, 乙女, 処女. ❷ 一度も勝ったことのない馬. 《OE 以来の単語で, 古くは男女両方に使われていたが, 次第に女性にだけに限られるようになった; ⇒ maid》

máiden·hàir 图 Ⓤ 《植》ホウライシダ, クジャクシダの類.
máidenhair trèe 图 《植》イチョウ.
máiden·hèad 图 ❶ Ⓤ 《古風》処女膜. ❷ Ⓤ 処女性.
máiden·hòod 图 Ⓤ ❶ 処女性, 純潔. ❷ 乙女時代.

máid・en・ly 形 処女[娘]らしい; 優しい, つつましい, 内気な: ~ grace 乙女らしいしとやかさ.

máiden náme 名 旧姓《女性の結婚前の姓; cf. née》.

máid-in-wáiting 名 (複 maids-in-waiting)《女王・王女に仕える》未婚の侍女.

máid・sèrvant 名 お手伝い, 女中 (cf. manservant).

ma・ieu・tic /meɪˈjuːtɪk, maɪ-/ 形【哲】(Socrates の)産婆術の《人の心中の漠然とした考えを問答によって引き出し, それを明確にする意識させる方法》.

mai・gre /méɪɡrə/ 形〔カト〕❶《食物・料理が》肉類を含まない. ❷ 精進の〈日〉.

＊mail¹ /méɪl/ 名 ❶ Ⓤ 郵便, 郵便制度《《英》post》: domestic [foreign] ~ 国内[外国]郵便 / first-[second-]class ~ 第1[第2]種郵便 / by ~《米》郵便で / send a book by surface ~ 本を(鉄道便・船便などの)普通郵便で送る. ❷ Ⓒ a 郵便物(全体); (1回の便で集配される)郵便物(《英》post); 電子メール(e-mail): direct ~ ダイレクトメール / open one's [the] ~ 郵便物を開封する / Is there any ~ for me this morning? けさ私に郵便が来ていますか. b (1回の)郵便物集配《《英》post》: When does the ~ leave [come]? つぎの便はいつ出ますか[来ますか]. ❸ Ⓒ 郵便列車[船, 飛行機, 配達人]: a night ~ 夜行郵便列車. ❹ [M~] [新聞名に用いて] ...新聞: The *Daily Mail* デイリーメイル(新聞). ── 形 郵便の: a ~ boat 郵便船 / a ~ car《米》郵便車両 / a ~ service 郵便事業 / a ~ train 郵便列車 / a ~ van 郵便集配トラック. ── 他 ❶《主に米》(人に)手紙・小包などを郵便で出す, 郵送する《《英》post》; 〈人・家庭などに〉(物を)郵送する《with》: ~ an important document 重要書類を郵送する /〔C+目+目〕~ a person a parcel = ~ a parcel *to* a person 人に小包みを郵送する. ❷ 〈メッセージなどを〉電子メールで送る; 〈人に〉電子メールを送る. **máil óut** (他+副)《郵便を出す同時に》(人に)手紙・小包を出す, 郵送する.〔F=袋;「郵便物を入れる袋」を経て「郵便」の意〕

mail² /méɪl/ 名 Ⓤ 鎖かたびら[よろい]: ⇒ COAT of mail 成句.

mail・a・ble /méɪləbl/ 形 郵送できる.

máil・bàg 名 ❶ (輸送用の)郵袋(ぶくろ). ❷《米》(郵便配達人の)郵便かばん《《英》mailpouch》.

máil bòmb 名 ❶ 郵便(手紙)爆弾. ❷ メール爆弾《システムに支障をきたすほど大量の電子メールが送られること》.

***máil・box** /méɪlbɑ̀ks, -bɔ̀ks/ 名 ❶《公共用の》郵便ポスト, ポスト《《英》postbox, pillar-box, letter box》: put a letter in a ~ 手紙をポストに入れる. ❷ (個人用の)郵便受《《英》postbox, letterbox》《【解説】近くに郵便ポストのない米国のいなかでは, 郵便受けに赤い旗のようなものがついており, 出したい郵便物がある時にはその旗を上げておくと郵便配達人はその旗を目印に郵便物を集め, 終えたら旗を下げておく》.

máil cárrier 名《米》郵便集配人[配達人]《letter carrier, mailman;《英》postman》.

máil còach 名《英》❶ 郵便車両. ❷ (昔の)郵便馬車.

máil・dròp 名 ❶《米》(居所と別の)郵便専用住所. ❷《米》郵便受け. ❸《英》郵便[宣伝用パンフレット(など)]の配達.

mailed /méɪld/ 形 かたびら[よろい]を着けた.

máiled físt 名 [the ~] 腕力; 武力(行使).

máil・er 名 ❶《米》郵送係. ❷《米》(破損しやすいものを郵送する時に使う)封筒[容器]. ❸〔商〕《米》(通信文と共に送る)宣伝リーフレット. ❹〔電算〕メイラー, 電子メール送受信ソフト[プログラム].

Mai・ler /méɪlə | -lə/, **Norman** 名 メイラー (1923– ; 米国の作家).

Mail・gram /méɪlɡræm/ 名 Ⓤ.Ⓒ〔商標〕メールグラム《郵便局に送られた電報が配達人によって届けられる》.

máil・ing 名 ❶ Ⓤ.Ⓒ 郵送. ❷ Ⓒ 郵便物; 1回分の発送郵便.

máil・ing lìst 名 郵送先名簿; (電子メールの)メーリングリスト.

mail・lot /maɪoʊ/ 名 マイヨ: **a** レオタード; (バレー・体操用などの)タイツ, スパッツ; 体にぴったりした運動着. **b** 女性用ワンピース水着.〔F〕

1095 **mainly**

***máil・màn** 名 (複 -men) = mail carrier.

máil・mèrge 名 Ⓤ〔電算〕メールマージ《文書中にシンボルで記入された宛名・住所などを別ファイルからの実際のデータと置換して文書を完成させる機能》.

***máil òrder** 名 ❶ Ⓤ 通信販売; 通信による注文. ❷ Ⓒ [通例複数形で] 通信販売による注文品.

máil-òrder 形 通信販売の: a ~ firm [catalog] 通信販売会社[カタログ].

máil・shòt 名《英》メールショット《ダイレクトメールによる宣伝パンフレット類; その送付数》.

máil・tràin 名 郵便列車.

⁺**maim** /méɪm/ 動 他 ❶ (生涯不具になるほど)〈人を〉傷つける; 不具にする: He was badly ~*ed* in the accident. 彼はその事故でひどい不具になった. ❷ 〈人の〉感情を傷つける.

Mai・mon・i・des /maɪmɑ́nədìːz | -mɔ́n-/ 名 マイモニデス (1135–1204; スペイン生まれのユダヤ人哲学者・医師・律法学者).

***main**¹ /méɪn/ 形 Ⓐ (比較なし) 主な, 主要な; 主要部をなす: the ~ body (書類・演説などの)本文 / the ~ office 本社, 本店 / the ~ part 主要部分 / the ~ plot (劇などの)本筋 / a ~ road 主要道路; 本街道; 本線 / a ~ street 主要街路, 大通り (⇒ main street) / the ~ event of the evening 夜のメーンイベント / He was my ~ reason for leaving. 彼がいたのが私が帰った[去った]主な理由だった. **the máin thíng**《口》肝心なこと. ── 名 ❶ **a** (水道・下水・ガス・電気などの)本管, 幹線: a gas [water] ~ ガス[水道]本管. **b** [the ~s] (建物へ引き込む水道・下水・ガス・電気などの)本管, 本線: turn the gas and water off *at the* ~*s* ガスと水道を元栓で止める. ❷ [the ~] (詩) 大海原. ❸ 〔海〕**a** = mainsail. **b** = mainmast. **in the máin** 概して (in general, on the whole); 大部分は; 主に. **with [by] míght and máin** ⇒ might² 成句. 〔OE=力;「力がある」から「主要な」の意となった; 元来の意は成句 with [by] might and main「力いっぱい」に残っている〕〔類義語〕⇒ chief.

main² /méɪn/ 名 ❶ 唱え数《さいころ賭博でさいを振る前に予言する5から9までの任意の数》. ❷ 闘鶏.

Main /méɪn/ 名 [the ~] マイン川《ドイツ中南部の川; Bavaria 州北東部に発し, 西流して Rhine 川に合流する》.

máin bráce 名〔海〕大檣(だいしょう)転桁(てんこう)索.

máin chánce 名 [the ~] 自己の利益, 私利.

máin cláuse 名〔文法〕主節.

máin cóurse 名 ❶ 主要料理, メーン. ❷〔海〕主帆.

máin cròp 名 [品種](早生や晩生と区別して)出盛りの時期にとれる作物[品種].

máin déck 名 [the ~]〔海〕正[主]甲板, メーンデッキ.

máin drág 名〔俗〕(町の)大通り, 中心街.

Maine /méɪn/ 名 メイン州《米国 New England にある州; 州都 Augusta; 略 Me., 〔郵〕ME; 俗称 the Pine Tree State》. **from Máine to Califórnia** 米国全土を通じて (cf. from JOHN O'GROATS to Land's End 成句). 〔New England の mainland の意から〕

Máine cóon [cát] 名 メインクーン《アメリカ産の被毛がふさふさした, 尾の長い家猫》.

⁺**máin・fràme** 名 Ⓒ〔電算〕メインフレーム《汎用の大型コンピューター; 中央処理装置》.

***main・land** /méɪnlænd, -lənd/ 名 [the ~] (付近の島や半島と区別して)本土: *the* Chinese ~ 中国本土.

máin・lànder 名 本土人.

máin・lìne 形 ❶ 本線の, 幹線沿いの: a ~ station 本線の駅. ❷ 主流派の, 体制側の (mainstream). ── 動 他 ❶ (麻薬を)静脈注射する.

máin líne 名 ❶ **a** (鉄道の)本線, 幹線. **b**《米》幹線道路[ルート]. ❷〔俗〕(麻薬を打つ)静脈.

máin・lìner 名 ❶ 幹線を運行する乗物. ❷〔俗〕麻薬を静脈注射する者.

***main・ly** /méɪnli/ 副 (比較なし) ❶ 主に, 主として (primarily): The book is ~ about Scotland. その本は主と

してスコットランドを扱っている. ❷ 大概は, 大部分は (mostly).

máin mán 图《米口》❶ 中心人物, 主力選手, 大黒柱, 親分, ボス. ❷ 男の親友. ❸ ボーイフレンド.

máin・màst 图《海》メ(ー)ンマスト, 大檣(しょう).

máin pláne 图《空》主翼.

máin・sail /-sèɪl, 《海》-sl/ 图《海》メ(ー)ンスル, 大檣(しょう)の大帆, 主帆.

máin séquence 图《天》《ヘルツシュプルング-ラッセル図の》主系列.

máin・shèet 图《海》メーンシート《メーンスル (mainsail) の帆脚索(ほきゃく)》.

máin・spring 图 ❶ (時計の)主ぜんまい. ❷ [通例単数形で] 主因, 推進力 (of).

†**máin・stày** 图 [通例単数形で] ❶ 頼みの綱, 大黒柱: the ~ *of* the family 一家の大黒柱. ❷《海》大檣(しょう)支索.

máin stèm 图《米》(川の)本流; 《米俗》大通り.

***máin・strèam** 图 ❶ [the ~] 《活動・思想などの》**主流**, 主潮, 大勢 (*of*): join the ~ 主流に乗る, 大勢にさおをさす. ❷ (川の)本流. —— 厖 Ⓐ 主流の (↔ marginal): ~ political beliefs 大勢を占めている政治信念. —— 動《米》〈障害児を〉普通学級に入れる.

máin strèet 图《米》(小都市の)大[本町]通り.

***main・tain** /meɪntéɪn, mən-/ 動 ❶《…を》**持続する**, **維持する** (preserve): ~ diplomatic relations with foreign countries 外国と外交関係を維持する / ~ a speed of 60 kph. スピードを時速60キロに維持する. ❷〈道路・建物などを〉(補修管理によって)よい状態にしておく, **整備する, 保全する**: ~ the roads 道路を保全する / a well-*maintained* park 手入れの行き届いた公園. ❸〈人・家族を〉**養う, 扶養する** (provide for): ~ a family 家族を養っていく. b〈生命・体力などを〉維持する: ~ life one's strength] 生命[体力]を維持する. c [~ oneself で] 自活する. ❹〈権利・立場などを〉**支持する, 擁護する**: ~ one's rights [ground] 自分の権利[立場]を守る. ❺《(他の同意がなくても)強く…と》**主張する, 固執する**: I ~*ed* my innocence. 身の潔白を主張した. b〈…だと主張する, 言い張る (claim): [+(*that*)] He ~*ed that* people were [are] not always equal. 人は必ずしも平等ではないと彼は主張した / [+目+*to be* 補] He ~*ed* the theory *to be* wrong. 彼はその理論は間違いだと言い張った. 【<L =手で保つ <L manus 手+tenere 持つ; cf. manual, contain】图 maintenance 【類義語】⇒ support.

maintáined schóol 图《英》公立学校《公的機関の援助を受ける学校; State school ともいう; cf. independent school》.

main・táin・er 图 ❶ maintain する人. ❷ =maintainor.

main・táin・or 图《法》訴訟幇助者.

***main・te・nance** /méɪntnəns, -tən-/ 图 Ⓤ ❶ **持続**; **維持**: the ~ *of* peace [public order] 平和[公共秩序]の維持. ❷ **補修管理, 整備, 保全**, メンテナンス: car ~ 車の整備 / the ~ *of* a building 建物[ビル]の管理. ❸ **扶養**, 生計; 扶助料, 生活費. —— 厖 A 補修管理の: a ~ man メンテナンス係(人). 【F; ⇒ maintain】

máintenance fèe 图《建物などの》維持費, 管理費.

máintenance òrder 图 扶養命令《裁判所による妻子の扶養費の支払い命令》.

máin・tòp 图《海》大檣(しょう)楼.

màin・tópmast 图《海》大檣(しょう)の中檣.

main vérb 图《文法》本動詞, 主動詞《普通の動詞を助動詞と区別する名称》.

máin yárd 图《海》大檣(しょう)の下桁(げ).

ma・io・li・ca /məjɑ́lɪkə | -jɔ́l-/ 图 =majolica.

mai・son・ette, mai・son・nette /mèɪzənét, -sə-/ 图《英》複式アパート《duplex apartment》《通例1居住単位から上下2階からなる》. 【F=小さな家 <maison 家 +-ette (指小辞)】

mai tai /máɪtáɪ/ 图 マイタイ《ラム・キュラソー・オルジェー (orgeat)・ライム・果汁のカクテル; 氷を入れて飲む》.

maî・tre d' /mèɪtr(ə)dí:/ 图(覆 ~**s** /-z/)《口》=maître d'hôtel.

maî・tre d'hô・tel /mèɪtr(ə)doutél/ 图 (覆 **maî・tres d'hô・tel** /~/) ❶ (レストランの)給仕長, ボーイ長. ❷ (ホテルの)支配人, 主人. 【F= master of (the) hotel】

***maize** /méɪz/ 图 Ⓤ ❶ **トウモロコシ(の実)**《★ 米国・カナダ・オーストラリアでは通例 corn》. ❷ とうもろこし色, 薄黄色.

Maj. 《略》Major.

***ma・jes・tic** /mədʒéstɪk/ 厖 (more ~; most ~) **威厳のある, 荘厳な, 堂々とした**, 雄大な. -**ti・cal・ly** /-tɪkəli/ 副 【F<L; ⇒ majesty】【類義語】⇒ grand.

***maj・es・ty** /mǽdʒəsti/ 图 ❶ Ⓤ **威厳**; **荘厳**. ❷ Ⓤ **主権**, 王権; the ~ of the law 法の至上主権. ❸ Ⓒ [M~; 代名詞の所有格を伴って] **陛下** (cf. highness): Her M~ the Queen 女王陛下《用法 エリザベス女王陛下のように名前をつける時は Her M~ Queen Elizabeth II のようにする》 / His [Her] (Imperial) M~ 皇帝[皇后]陛下《略 HIM, HM》/ Their (Imperial) *Majesties* 両陛下《略 TIM, TM》/ Her M~ 陛下《呼び掛け》. His [Her] **Májesty's Sérvice** 英国官用《郵便広印刷; 略 HMS》. **His [Her] Májesty's Shíp** 英国軍艦《略 HMS》. 【F<L=偉大, 威厳; major と同語源; 原義は「大きいこと」】厖 majestic.

maj・lis /mædʒlís/ 图《北アフリカ・西南アジアの》集会, 協議会, 法廷, 特にイランの)国会.

ma・jol・i・ca /mədʒɑ́lɪkə | -jɔ́l-, -dʒɔ́l-/ 图 Ⓤ ❶ マジョリカ焼き《イタリア産の色彩と装飾の多い陶器》. ❷ マジョリカ風の焼き物. 【It で Majorca 島の古名 Majolica から】

***ma・jor** /méɪdʒɚ | -dʒə/ (↔ minor) 厖 (比較なし) ❶ A **a**〈大きさ・数量・程度など他のものと比較して〉**大きいほうの**, **より大きい**《用法 than とともには用いない》: the ~ part of the town 町の大部分. **b** 過半(数)の, 多数の. ❷ A **a**〈地位・重要性などが〉よりすぐれた, より重要な; 主要な, 一流の (⇒ 1a 用法): a ~ problem 重大な問題 / a ~ company 大手会社 / the ~ industries 主要産業. **b**《効果・範囲などが〉大きい, 目立った: a ~ alteration 大きな変更[改造, 改変] / a ~ improvement 全面的な改良 / a ~ operation (危険を伴う)大手術. ❸《米》〈大学の科目が〉専攻の: one's ~ field of study 専攻分野. ❹ A《楽》長音程の; [また記号の後で] 長調の: a ~ interval 長音程 / a ~ third 長3度 / the ~ scale 長音階 / ⇒ major key. ❺ (法律上)成年に達した, 大人の. ❻ [姓の後で]《英》《男子 public school などで生徒・兄弟のうちの》年上の, 長兄の: Jones ~ (いちばん)上[年上]のジョーンズ. —— 图 ❶ **a**《陸軍・米海兵隊・米空軍》**少佐**. **b**《軍楽隊の(部門の)》長. ❷《米》**a**《大学で学位をとるための》**主専攻科目** (cf. minor 1a): What's your ~? 君の主専攻科目は何ですか. **b** 主専攻学生: a fine arts ~ 美術の主専攻学生. ❸《法》**成年者**, 成人《★ 米国では通例21歳以上, 英国では18歳以上》. ❹《楽》**長調**, 長音階: in A ~ イ長調で《⇒》. ❺ [the ~s] =major league. —— 動《米》(大学で)《…を》主専攻する (《英》specialize, read): He ~*ed in* history. 彼は歴史を専攻にした. 【L *magnus*「大きい」の比較級】图 majority)

Ma・jor /méɪdʒɚ | -dʒə/, **John** メイジャー (1943-   ; 英国の政治家; 首相 (1990-97)).

májor áxis 图《通例 the ~》《数》(楕円の)長軸.

Ma・jor・ca /mədʒɔ́ɚkə | -jɔ́:-/ 图 マリョルカ, マジョルカ《地中海西部のバレアレス諸島 (Balearic Islands) 最大の島で, 保養地; 中心都市 Palma》. **Ma・jór・can** 厖 图

ma・jor・do・mo /mèɪdʒɚdóʊmoʊ/ 图 (覆 ~**s**) ❶ 《特にイタリア・スペインの王家・大貴族の》家令, 執事長. ❷ 召使頭, 執事.

ma・jor・ette /mèɪdʒərét/ 图 バトンガール 《匕較「バトンガール」は和製英語》.

***májor géneral** 图《米陸空軍・海兵隊・英陸軍》少将.

ma・jor・i・tar・i・an /mədʒɔ̀:rət(ə)riən | -dʒɔ̀r-/ 图 厖 多数決主義(者)(の). ~・ism 图 Ⓤ 多数決主義.

***ma・jor・i・ty** /mədʒɔ́:rəti | -dʒɔ́r-/ 图 (↔ minority) ❶

Ⓤ [通例 the ～, 時に a ～; 単数または複数扱い] **大多数, 大部分, 大半**: in *the* ～ *of* cases 大多数の場合, たいてい / ～ silent majority / *The* ～ *of* people prefer(s) peace to war. 大多数の人は戦争より平和を好む / *The* ～ *of* its members are women. メンバーの大部分は女性だ (用法) のの次に） の複数形がくる時は通例は複数扱いが普通) / A ～ voted against the bill. 大多数の法案に反対投票した / The great [vast] ～ approved the policy. 大多数の人がその政策に賛同した. ❷ Ⓒ [集合的; 単数または複数扱い] **多数党, 多数派**: The ～ was [were] determined to push through its [their] proposal. 多数派はその提案を押し通そうと決心していた. ❸ Ⓒ [通例単数形で] **a 過半数, 絶対多数**: win a ～ 過半数を得る. **b** (勝ち越しの)**得票差** (cf. plurality 4): by a large [narrow] ～ 大差をつけて[僅差で] / by [with] a ～ of...の差で / Mr. Hogg was elected by an overwhelming ～. ホッグ氏が圧倒的大差で当選した / A ～ of fifty votes is all we need to win. 50票の得票差がありさえすれば勝てる (★動詞は単数扱い). ❹ Ⓒ [通例単数形で] (法律上の)**成年, 丁年**: reach [attain] one's ～ 成年に達する. ❺ Ⓒ [通例単数形で] **陸軍[(米) 海兵隊, (米) 空軍]少佐の階級[職]. in the [a] majórity** 過半数を占めて[の仲間で]. **jóin the (gréat) majórity** (1) 多数派に加わる. (2) (婉曲) 亡(な)き人の数に入る, 死ぬ. ── 形 Ⓐ **大多数の; 多数派による; 大多数の合意に達した**: ～ opinion 大多数の意見. (形 májor)

majórity lèader 名 (米議会)多数党院内総務(多数党により選出された議会活動責任者).

majórity rùle 名 Ⓤ 多数決原理.

majórity vérdict 名 (陪審員の過半数による)多数評決.

májor kéy 名 (楽) 長調.

májor léague 名 ❶ **a** メージャーリーグ, 大リーグ (米国プロ野球連盟の National League または American League; cf. minor league). **b** [the ～s] (National League と American League を合わせた)メージャーリーグ, 大リーグ. ❷ (米) (各種プロスポーツの)主要リーグ.

májor léaguer 名 (野) メージャー[大]リーグの選手.

májor·ly 副 (口) きわめて, 重大に.

májor píece 名 (チェス) 大ゴマ (クイーンおよびルークのこと; cf. minor piece).

májor plánet 名 (天) 大惑星 (minor planet に対して太陽系の9惑星の一つ).

májor prémise 名 (論) (三段論法の)大前提.

Májor Próphets 名 [the ～] ❶ (旧約聖書の)大預言書 (Isaiah, Jeremiah, Ezekiel, Daniel の4書; cf. Minor Prophets). ❷ [時に m~ p~] (大預言書の書名となっている)大預言者.

májor súit 名 (ブリッジ) スペード[ハート]のそろい札 (得点が大きい; cf. minor suit).

Ma·ju·ro /mədʒúrou/ 名 マジュロ (マーシャル諸島共和国の首都).

ma·jus·cule /mədʒʌ́skjuːl / mǽdʒəskjùːl/ 名 Ⓤ.Ⓒ (古写本の)大文字(体) (頭文字または uncial 文字; cf. minuscule). **ma·jús·cu·lar** 形.

*__make__ /méɪk/ 動 (**made** /méɪd/) 他 **A ❶** (創造して)作る, 造る: **a** 〈ものを〉**作る, 造る, 製作[製造]する, 組み立てる, 建設[建造]する**; 〈映画・テレビを〉作る; 〈詩・文章などを〉**創作する**, 〈者を〉〈人に〉〈ものを〉作[創]**ってやる**: ～ sandwiches サンドイッチを作る / ～ a garden 造園する / ～ a film 映画を作る / ～ a poem 詩を作る / 〔+目+目〕 My father *made* me a model airplane.=My father *made* a model airplane *for* me. 父は私に模型飛行機を作ってくれた. 〈A から〉〈B を〉作る, 造る (*out of, from*)(★しばしば受身で用いる; (用法) (out) of は通例材料の形が原形作に とどまっている場合, from は通例材料・原形が変化して元の形をとどめていない場合に用いる): He *made* a little statue (*out*) *of* clay. 彼は粘土で小さな像を作った / What *is* your dress *made of*? あなたのドレスの素材は何ですか / We can ～ synthetic fibers *from* petroleum. 石油から合成繊維を作ることができる / Wine *is made from* grapes. ぶどう酒はブドウから造る. **c** 〈材料で〉〈...に〉

1097 **make**

作る, 造る, 加工する; 〈...を〉〔...に〕作り替える: Barley can be *made into* beer. 大麦からビールが造られる / We're *making* our kitchen *into* a dining room. うちでは台所を食堂に改造しているава作中. **d** 〔材料 B を入れて〕〈A などを〉作る: Mother *made* a stew *with* vegetables. 母は野菜を入れてシチューを作った 《用法》材料は野菜以外にもある; **b** と **c** では材料はそこで述べられたものに限られる). **e** 〈法律などを〉**制定する**; 〈文書を〉**作成する**: ～ a will [contract] 遺書[契約書]を作成する / ～ a law 法律を制定する.

❷ (傷つけたり, 壊したりして)**作る, こしらえる**: He has *made* a dent in the back of my car. 彼はぼくの車のうしろをへこましてしまった.

❸ **a** 〈人を〉**創造する, 運命づける** (★しばしば過去分詞で形容詞的に用いる; ⇒ made 5): God *made* man. 神は人間を造りもうた / I'm not *made* that way. 私はそういうたちにできていない. **b** 〈人を〉〈...に〉**ならせる** (★通例受身) : 〔+目+to do〕 She *was made to* be an actress. 彼女は天性の女優だった. **c** 〈...を〉〔...に〕**適させる** 〔*for*〕 (★過去分詞で形容詞的に用いる; ⇒ made 5).

❹ 〈...を〉**整える, 整備する**; 〈人に〉〈...を〉**用意してやる**: ～ the bed (シーツを伸ばしたりカバーをかけ直したりして)ベッドの用意をする, 床をとる / ～ tea 茶をいれる / 〔+目+目〕 He *made* her a cup of tea. =He *made* a cup of tea *for* her. 彼は彼女にお茶を1杯いれてあげた.

❺ **a** 〈...を〉**生じさせる, ...の原因となる**: ～ a noise 音を立てる (cf. noise うるさくする) / ～ trouble 騒ぎを起こす / ～ an impression 印象を与える / ～ a fuss 騒ぎ立てる / ～ war on [against]...に対して戦争を起こす / It doesn't ～ any difference how old you are. 年齢は問題ではない. **b** 〈火を〉**おこす**: ～ a fire 火をたく[おこす].

❻ **a** 〈金を〉**もうける**, 〈財産を〉**作る**; 〈利益・生計・友などを〉**得る**: ～ money 金をもうける / ～ a fortune 身代を築く, 金持ちになる / ～ a living 生計を立てる / I ～ 500,000 yen a month. 月に50万円稼ぐ / He has *made* a new friend. 彼は新しい友を得た (cf. make FRIENDS with... 成句). **b** 〈人に〉〈...を〉**得させる**: 〔+目+目〕 His cold attitude *made* him many enemies. 彼は冷たい態度のため多くの敵をつくった.

❼ [通例修飾語付きの目的語を伴って] **a** 〈...に〉なる (★自動詞と考える人もいる): He will ～ an excellent scholar. 彼はりっぱな学者になるだろう / Fir ～ s good building material. モミ材は良質の建築材料になる. (〈人にとって〉), 〔+目+目〕 He will ～ her a good husband.=He will ～ a good husband *for* her. 彼は彼女のよい夫になりますよ.

❽ **a** 〈...を構成分子が〉〈...に〉**構成する, 〈...と〉等しくなる**: Two and two ～ (s) four. 2と2で4になる / One hundred pence ～(s) a pound. 100ペンスで1ポンドになる. **b** 〈...番目の(人・もの)になる〉: This ～ s the third time I've been here. ここへ来たのはこれで3度目だ. **c** 〈チーム・クラブのメンバー[会員]になる〉: Did you ～ the team? チームに入れましたか. **d** (米) **昇進して**〈...になる〉: ～ colonel 大佐になる.

❾ **a** 〈...を構成するのに〉**十分である**; 〈...に〉**役にたつ**: One swallow does not ～ a summer. ⇒ swallow² / This book ～s good reading. この本はよい読み物になる. **b** 〈人に〉〈...を作るのに〉十分である: 〔+目+目〕 This length of cloth will ～ you a suit. これだけの長さの布地なら君の服が1着できるだろう.

❿ **a** 〈...を〉作り[築き]上げる, **発達させる**: ～ a life of one's own 自分で生活方針を決める. **b** 〈人・ことを〉**成功させる**, 〈人・ことの〉**出世[成功]を確実なものにする**: This performance could ～ you. この演技がうまくいけば君の成功は間違いない.

⓫ **a** 〈...を〉...と思う, 考える, 理解する: What am I to ～ *of* his behavior? 彼の行為をどう考えるべきであろうか / I don't know what to ～ *of* it. それをどう考えたらよいかわからない. **b** 〈...を〉〈...と〉思う, みなす, 見積もる: 〔+目+補〕 What time do you ～ it? (君の時計だと)いま何時ですか / I ～ it five miles [dollars]. それは5マイル[ドル]だと思う.

⓬ a 《口》〈…に〉〈なんとか〉着く: Can we ~ the airport in 30 minutes? 30分で空港に着けるかな. b 《口》《…に》間に合う: If you hurry, you can ~ the party [the next train]. 急げばパーティー[次の列車]に間に合いますよ. c 《距離》を進む, 行く; 〈ある速度〉を出す: We have *made* 200 kilometers today. 今日は200キロ進んだ / The ship was *making* thirty knots. その船は30ノットで航行していた.

⓭ 〈新聞・リストなどに〉載る, 〈ニュースなどに〉間に合う: The story *made* the front page [the nine o'clock news]. その話は第一面に載った[9時のニュースで報道された] / ~ the headlines ⇒ headline.

⓮ 《俗》〈異性を〉ものにする, 〈女性と〉セックスする.

⓯ 《クリケ》〈点数を〉得点する: ~ a run 1点を入れる.

── B ❶ [目的語に動作名詞を伴って, 動詞と同じ意味をなして]〈…を〉する, 行なう; もつ (★同じ意味の動詞より, この表現のほうが1回だけの行為が強調される): ~ arrangements 準備をする / ~ an effort 努力する / ~ a judgment on…を判断する / ~ a mistake 間違う / ~ a pause 止まる / ~ progress 進歩する / ~ a rude reply [answer] 無礼な返事をする / ~ a search 捜索する / ~ a speech 演説する / ~ a suggestion 提案する / ~ a telephone call 電話をかける.

❷ 〈人に〉〈…を〉する: [+目+目] ~ a person an offer＝~ an offer *to* a person 人に申し出をする.

── C ❶ a 〈…を〉〈…に〉する; 〈…を×…に〉見せる: [+目+補] Flowers ~ a room more cheerful. 花は部屋を明るくする / My answer *made* him angry. 私の返事は彼を怒らせた / I'll ~ him my secretary. 彼を秘書にしよう / He *made* it clear that he agreed to the plan. 彼はその計画に賛成であることをはっきりさせた. 〈…を〉する, 変える: He *made* a lawyer *of* his son. 彼は息子を弁護士にした 〖変換 の構文で He made his son a lawyer. と書き換え可能〗/ ~ a habit *of doing* …するのを習慣にする / make a man of… ⇒ man 1 f.

❷ 〈…を×…〉させる[してもらう]: [+目+過分] I *made* myself *understood* in English. 英語で自分の意志を通じさせた / He couldn't ~ his voice *heard* across the room. 彼は声を部屋のうしろまで届かすことができなかった.

── D (強制的にも非強制的にも)〈…に〉〈…〉させる 〖正案 日本語で同じ「…させる」とあっても「許す」の意味を含む場合は make ではなく let を用いる〗: [+目+原形] I *made* him go. 彼を(無理に)行かせた / He was *made* to go. 彼は行かされた 〖用法 受動態の後には不定詞に to が用いられる〗/ Can't you ~ the car go any faster? 車をもっと速く走らせられないのか / What ~s you think so? どうしてそんなことを考えるんだね / She didn't want to go, but I *made* her (go). 彼女は行きたがらなかったが私が行かせた 〖前後関係から明らかな場合は 原形 省略可〗.

── 〘自〙 ❶ a (通例急いで)〈…に〉進む, 向かっていく (head) [*for, toward*]: He *made for* home. 彼は家に向かった / We *made for* the nearest port. 我々はいちばん近い港を目ざして進んだ. b 〈…に〉襲いかかる: The dog *made* straight *at* him. その犬はまっしぐらに彼に襲いかかった.

❷ 〈…しかかる, 〈…し〉ようとする (★他動詞と考える人もいる): [+to do] He *made* to leave and then hesitated. 彼は席を立とうとしたがためらった.

❸ 〈潮〉が満ちる, さしこみ始める.

❹ [補語になる形容詞を伴って]〈…に〉なる: ⇒ make merry, make sure, make (so) bold (as) to do 成句.

máke agàinst…に不利になる.

máke as if [as though] to dó 《口》〈…のように〉ふるまう; 〈…するような〉ふりをする: He *made as if* [*as though*] *to* strike me. 彼は今にも私を殴ろうとするような身ぶりをした.

máke awáy ＝MAKE off 成句.

máke awáy with…《★受身可》(1) …を盗む, 持ち逃げする: The thief *made away with* their diamonds. 泥棒は彼らのダイヤモンドをかっぱらって逃げた. (2) …を殺す: ~ *away with* oneself 自殺する.

máke belíeve 〈…と〉見せかける, ふりをする: [+*that*] The boys *made believe* (*that*) they were explorers. 少年たちは探検家ごっこをした / She *made believe* she was a fashion model and swung her hips. 彼女はファッションモデルのふりをして腰を振って歩いた / Let's ~ *believe that* we're Indians. インディアンごっこをしよう.

máke dó […で](不十分なもの)で間に合わせる, 済ます: This suit seems rather tight but I'll ~ *do* until next year. このスーツはややきついようだけど来年まで間に合わせよう / There was nothing in the fridge, so I had to ~ *do with* instant noodles. 冷蔵庫に何もなかったのでインスタントヌードルで間に合わせなければならなかった.

máke dó withòut…なしで済ます: We had to ~ *do without* a telephone for a while. しばらく電話なしで我慢しなければならなかった.

máke for…《★受身可》(1) …に進む (⇒ 自 1). (2) …に役立つ, …を促進する: The Olympic Games ~ *for* good relations between nations. オリンピックは国との友好関係に寄与する / Anxiety about one's job doesn't ~ *for* a happy family life. 仕事に心配事があると楽しい家庭生活は送れない.

máke it (1) 《口》うまくやり遂げる; 成功[出世]する: She *made* *it* as a pianist. 彼女はピアニストとして成功した. (2) 間に合う: You will ~ *it* if you hurry. 急げば間に合いますよ. (3) 都合をつける: Can you ~ *it*? 都合がつきますか. (4) 病気・困難などを切り抜ける, 生き延びる (*through*). (5) 《俗》〈…と〉セックスする (*with*).

máke it úp (1) 〈…と〉仲直りする, 和解する. (2) 〈…の〉埋め合わせを〈人に〉する: There's no way I can ~ *it up to* you *for* my impoliteness. あんな無礼なことをしてしまってつぐないようがない.

máke líke…《米口》…のかっこう[ふり]をする, …をまねる: He *made like* he loved her. 彼は彼女に恋しているようなふりをした.

máke óff 〘自〙急いで去る, 逃げ去る.

máke óff with…＝MAKE away with … 成句 (1).

máke or bréak [már]〈…の〉運命を左右する, 〈…の〉成否を決める.

máke óut 〘他+副〙 (1) 〈表・書類などを〉作成する, (記入して)書き上げる, 書く: ~ *out* a list of members 会員名簿を作成する / ~ *out* a check [《英》cheque] 小切手を切る / ~ *out* a form 申込書に書き入れる. (2) [通例 can, could とともに]〈…を〉ようやく見分ける[判読する, 聞き分ける]: He *could* just barely ~ *out* the shape of what seemed to be an island through the haze. かすみのかなたに島らしい物影がかすかに認められた. (3) [~+目+out] 《口》〈人の〉考え[性格(など)]を理解する: I can't ~ her *out*. 彼女が何を考えているのか見当がつかない. (4) 〈…かを〉理解する: [+*wh.*] I can't ~ *out what* he wants. 彼が何を欲しているのかさっぱりわからない. (5) 〈…を〉主張する, 立証する, 結論づける: ~ *out* a case for [against]… ⇒ case[1] 6 b / How do you ~ *that out*? どうやってそういう結論が出せるのですか. (6) 《口》(間違えていながら)〈…だと〉言う (claim): [+*that*] She *made out that* she was a friend of mine. 彼女は私の友だちだと言い張った. (7) 〈人が…だと〉もっともらしく言う[見せる], うそぶく: [+目+(*to be*) 補] He ~s himself *out* (*to be*) richer than he really is. 彼は実際以上に自分を金持ちに見せようとしている. (8) [well などの様態の副詞を伴って] 《米口》(商売・生活などうまくやっていく (get on); なんとか切り抜ける: His store is *making out* very well. 彼の店は非常に繁盛している / How are you *making out* in your job? お仕事はうまくいっていますか. (9) 《口》〈…と〉いちゃつく, セックスする (*with*).

máke óver 〘他+副〙〈…を×…に〉譲渡する, 移管する: When we married, my wife *made over* all her property *to* me. 結婚したとき妻はすべての財産を私に譲渡した. (2) 改造する, 仕立て[直す]: ~ *over* an old overcoat 古いオーバーを仕立て直す.

máke úp 〘他+副〙 (1) 〈…を〉〈…に〉取りまとめる: ~ *up* a parcel 小包を作る / ~ these things *up into* a parcel, please. ここにある物を荷物にまとめてください. (2) 〈…を〉作成する, 起草する: ~ *up* a list (of…) (…)の表を作る. (3)

〈薬を〉調合する,〈注文書・処方箋に従って〉用意[調剤]する: ~ up a prescription〈薬を調合して〉処方薬をつくる. (4)〈ベッド・弁当などを〉用意する,ととのえる,〈部屋を〉片づける. (5)〈火・ボイラーなどに〉燃料を追加する. (6)〈部分が〉〈全体を〉構成する (constitute, compose, form)〈★[同族]受身形 be made up of を伴って〈全体が〈種々の部分から〉構成されている,成り立つ」の意となる〉: Morse code *is made up of* dots and dashes. モールス符号は点と線から成り立っている. (7)〈話・口実などを〉うまくごまかして作る,でっちあげる;〈物語・歌などを〉(即興で)作る: I don't believe him; he *made* it all *up*. 彼は信用できない. あの話もみんなでっちあげだ. (8) 化粧する,メーキャップする;扮装(芒)する(★しばしば受身): The actor *made* himself *up* for his part. 俳優はその役のために扮装した / They *made* her *up* as an old woman. 彼らは彼女に老女の扮装をさせた. (9)〈...を〉埋め合わせる,〈補って〉完全にする: We need one more person to ~ *up* the number. 数を満たすのにもう一人必要だ / We must ~ *up* the loss next month. 来月は損失を取り返さなければならない. (10)《米》〈聴講科目・試験を受け直す,〈...の〉追試験を受ける. (11)〈紛議などを〉丸くおさめる, 解決する, 〈人と〉〈けんかの〉仲直りをする: We had a serious quarrel but now we have *made* ~ *up*. 我々はひどいけんかをしたが今は仲直りしている. (12)〈生地を〉(〈衣服に〉)仕立てる (*into*). (13)〈印〉欄・ページを組む,整版する,メーキャップする. ——《自+副》(14)〈人と〉仲直りする (*with*). (15) 化粧する,メーキャップする;扮装する.

màke úp for...を埋め合わせる, 取り返す (compensate for) (★ 受身可): ~ *up for* lost time 遅れた分の時間を取り戻す.

màke úp to...〈人に〉取り入ろうとする (★ 受身可).

máke with...〈米口〉〈...を〉する (MAKE のあとの名前にthe がつく): ~ *with* the jokes 冗談を言う / Stop *making with the* wise cracks. 冷やかしはもうやめろ.

——名 U ❶ ~ 製, 形式, 種類 (brand): a car of Japanese ~ = a Japanese ~ of car 日本製の車 / What ~ of computer do you use? どの型[どこ製]のコンピューターを使っていますか. b [修飾語句を伴って], つき: I'm going to buy a bicycle of a stronger ~ next time. 今度はもっと丈夫な作りの自転車を買うつもりだ. ❷ 体格; 性格, 気質. ❸《電》(回路の)接続 (↔break).

on the máke《俗》(1) 金もうけ[出世]に熱中して. (2) 異性をものにしようとして.

〘OE 以来の語で,原義は「こねて作る」; ⇒ magma, mass, mingle〙

〘類義語〙**make**「作る, 生じさせる」の意味の最も一般的な, 形式ばらない語. **form** はっきりとした輪郭・構造・設計を与える. **shape** 切ったり, 型を用いたりしてある特定の形の容器[体積]を持ったものを作る. **fashion** 特に才能・技術をもって作ることを暗示する. **construct** 設計に基づき, 整然たる過程を経て作る. **manufacture** 創造性や技術よりも, 普通は機械を使って大規模に製造する. **fabricate** 規格の部品を集めて組立てる.

máke·beliève 名 U 見せかけ, 偽り, 作り事, 空想 (cf. MAKE believe 成句). ——形 A 偽りの, 見せかけの: You live in a ~ world. 君は虚構の世界に住んでいるんだ.

máke·dò 名 ~s 間に合わせのもの.

máke·gòod 名 [通例複数形で] メークグッド《予定どおりに行なわれなかった広告の代わりとして無料で提供される広告時間枠・スペース》.

máke-or-breák 形 A 運命を左右する: a ~ decision 運命を左右する決定.

máke·òver 名 ❶ 作り変え, 改造, 改装. ❷ (化粧・ヘアスタイルなどの) イメージチェンジ.

màkeover TV 名 U《庭や家》の模様替えのこつを教えるテレビ番組.

mak·er /méɪkɚ│-kə/ 名 ❶ a [しばしば複合語で] (...を)作る人, ...製作者: dress*maker*, shoe*maker*, trouble*maker*. b [しばしば複数形で] 製造元[業], メーカー (manufacturer) (★ 日本語の「メーカー」のように有名とか一流の意味合いはない). ❷ [the [our, one's] M~] 造物主. gó to [mèet] one's Máker《戯言》死ぬ.

1099　**mala fide**

máke-shìft 形 間に合わせの, 当座しのぎの (〖比較〗 stop-gap より軽蔑的意味合いを含む): a ~ bookcase 間に合わせの本箱 / The plan is very ~. そのプランはほんの当座しのぎにすぎない. ——名 間に合わせのもの, 当座しのぎ.

*****máke-up, make-up** /méɪkʌp/ 名 ❶ a U [また a ~] (俳優などの) メーキャップ, 扮装(芒), (女の)化粧: apply [put on] ~ メーキャップする / wear ~ メーキャップをしている / What nice [(a) clever] ~! なんとよい[うまい]メーキャップだろう. b U (俳優・女の)化粧品; 扮装具: She uses too much ~. 彼女は化粧をしすぎる. ❷ C [通例単数形で] a 組み立て, 構成, 構造: the ~ of a committee 委員会の構成. b (人の) 性格, 個性 (personality). ❸ C《米口》追[再]試験. ❹ C [通例単数形で]《印》組み版, 整版, メーキャップ.

máke·wèight 名 ❶ 目方を増すために加えるもの. ❷ 不足を補うためのつまらない人[もの], 補欠, 埋め草的存在.

máke·wòrk 名 U 形《米》(労働者を遊ばせないための, または失業対策の)不要不急の仕事(の).

*****mak·ing** /méɪkɪŋ/ 名 ❶ U [しばしば複合語で] 作ること, 製造(法): ⇒ dressmaking, filmmaking / paper ~ 製紙 / the ~ of wine ワインの製造(法). ❷ [the ~] 成功[進歩]の原因[手段]: Hard work was *the* ~ *of* her. 勤勉が彼女の成功のもととなった. ❸ [the ~s] 要素, 素質: He has *the* ~s *of* an artist. 彼には芸術家の素質がある. ❹ [複数形で] 原料, 材料 *for*. ❺ a C 製作物; 1回の製造高. b [複数形で] 稼ぎ; 利益, もうけ.

in the máking (1) 製造中の, 発達中の, 修業中の: a doctor *in the* ~ 医者の卵. (2)《富などが》用意されている, もたらされる. of one's ówn máking 自分自身がつくり出した, 自業自得の (★ 抽象的なことで芳しくないことに用いるのが普通): Problems like this are all *of your own* ~. こういうトラブルはすべて君自身がつくり出した[招いた]ことなのだ / This war was not *of our own* ~. この戦争は我々自身が起こしたのではない.

ma·ko /méɪkoʊ/ 名 (また máko shàrk) (複 ~s)《魚》アオザメ.

Mal.《略》〖聖〗Malachi.

mal- /mǽl/ [連結形] ❶「悪, 不良」(↔bene-): *mal*treat. ❷「不」: *mal*content. ❸「不完全な」: *mal*formation. 〘L *malus* 悪い〙

Mál·a·bàr Cóast /mǽləbàɚ│-bàː-/ 名 [the ~] マラバル海岸《インド南西部, アラビア海に臨む海岸》.

Ma·la·bo /mɑːláːboʊ/ 名 マラボ《赤道ギニアの首都》.

Ma·lac·ca /məlǽkə/ 名 マラッカ《Malay 半島の西岸にあるマレーシアの一州; その州都》. **the Stráit of Malácca** マラッカ海峡.

malácca cáne 名 マラッカ杖(ℤ)《マラヤ産の籐(とう)で作ったステッキ》.

Mal·a·chi /mǽləkàɪ/ 名 〖聖〗 ❶ マラキ《ユダヤの小預言者》. ❷ マラキ書《旧約聖書の書; 略 Mal.》.

mal·a·chite /mǽləkàɪt/ 名 U 〘鉱〙くじゃく石《緑色の銅鉱; 装飾用》.

mal·a·co- /mǽləkoʊ/ [連結形]「柔軟」.

mal·a·col·o·gy /mǽləkɑ́lədʒi│-kɔ́l-/ 名 U〘動〙軟体動物学. **-gist** 名 **màl·a·co·lóg·i·cal** 形

màl·adápted 形 不適合の, 不適応の.

màl·adáptive 形 適応不良の, 不適応の. **-adáption** 名

màl·adjústed 形〘心〙環境に適応できない, 適応障害の, 不適応の (↔well-adjusted): a ~ child 環境不適応児.

màl·adjústment 名 U〘心〙適応障害, 環境不適応.

màl·adminíster 動 他《特に》〈公務を〉下手[不正]に行なう. ❷〈政治・経営を〉やりそこなう.

màl·administrátion 名 U 失政, 悪政.

mal·a·droit /mǽlədrɔ́ɪt⁺/ 形 不器用な, 不手際な. **~·ly** 副 **~·ness** 名

mal·a·dy /mǽlədi/ 名 ❶ 病弊, 弊害 (ill): a social ~ 社会の弊害. ❷ 病気: a fatal ~ 不治の病. 《F=悪い体調》〘類義語〙⇒ illness.

ma·la fi·de /méɪləfáɪdi│-fáɪ-/ 副 形 不誠実に[な], 悪意

mala fides で[の]. 《L=in bad faith》

ma・la fi・des /méɪləfíːdiːz | -fáɪ-/ 名 U 不誠実, 悪意.

Ma・la・ga /mǽləgə/ 名 U マラガ《スペイン産の甘口のワイン》.

Mal・a・gas・y /mæ̀ləɡǽsi⊢, -gas-ies/ ❶ C マダガスカル(Madagascar)(共和国)人. ❷ U マダガスカル語. ── 形 マダガスカル(人, 語)の.

Malagásy Repúblic 名 [the ~] マラガシ共和国(Madagascar の旧称).

ma・la・gue・na /mæ̀ləgéɪnjə, màː-/ 名 マラゲーニャ(fandango に似たスペイン地方の民謡・舞踊).

†mal・aise /mæléɪz, mæ-/ 名 U 《また a ~》 ❶ (特定の病気ではなく)何となく気分がすぐれないこと, 不快(感), 不調: I feel (a certain) ~. 何となくもやもやした気がする. ❷ 活気のない状態, 沈滞: a general economic ~ 経済の全般的沈滞. 《F < MAL-+aise ease》

Mal・a・mud /mǽləməd, -mùd/, **Bernard** 名 マラマッド(1914-1986; 米国のユダヤ系小説家).

mal・a・mute /mǽləm(j)ùːt/ 名 エスキモー犬, (特に)アラスカンマラミュート《そり犬》.

mal・a・prop /mǽləprɑ̀p | -prɔ̀p/ 名 =malapropism.

mal・a・prop・ism /mǽləprɑ̀pɪzm | -prɔ̀p-/ 名 CU 言葉のこっけいな誤用《例: allusion「ほのめかし」を illusion「錯覚」のように誤用される》. ❷ C こっけいに誤用される言葉. 《Sheridan の劇 The Rivals 中の Mrs. Malaprop の言葉のこっけいな誤用癖から》

mal・ap・ro・pos /mæ̀ləprəpóu/ 副 時宜を得ないで, 折悪しく; 不適当で. ── 形 時宜を得ない, 場違いの; 不適当な. ── 名 《ふ ~》 不適当な発言[行為].

ma・lar /méɪlɚ | -lə/ 名 〖解〗ほおの; 頰部の; 頰骨の. ── 名 《また málar bòne》頬骨.

ma・lar・i・a /məlé(ə)riə/ 名 U 〖医〗マラリア. 《It mala aria bad air; 以前マラリアの原因は沼からの悪い空気だと信じられていた》

†ma・lar・i・al /məlé(ə)riəl/ 形 マラリア(性)の; マラリアにかかった.

ma・lar・i・ol・o・gy /məlè(ə)riɑ́lədʒi | -ɔ́l-/ 名 U マラリア研究, マラリア学. **-gist** 名

ma・lar・key /məlɑ́ːki | -láː-/ 名 U 《口》でたらめな話, たわごと.

mal・ate /mǽleɪt/ 名 UC 〖化〗リンゴ酸塩[エステル].

mal・a・thi・on /mæ̀ləθáɪən | -ɔn/ 名 U マラチオン《低毒性の有機燐系殺虫剤》.

Ma・la・wi /mɑ́ːləwi/ 名 ❶ マラウィ《アフリカ南東部にある英連邦内の共和国; 首都 Lilongwe; 旧称 Nyasaland》. ❷ [Lake ~] マラウィ湖《アフリカ南東部の大湖; マラウィ, モザンビークおよびタンザニアにまたがる; 別称 Lake Nyasa》. ── **an** /-wɪən/ 形

†Ma・lay /məléɪ, méɪleɪ | məléɪ/ 形 ❶ マレー半島の. ❷ マレー人[語]の. ── 名 ❶ C マレー人. ❷ U マレー語.

Ma・la・ya /məléɪə, mæ- | mə-/ 名 ❶ マレー半島. ❷ マラヤ《マレー半島南部を占めるマレーシアの一地方》.

Ma・lay・an /məléɪən, mer- | mə-/ 名 マレー人. ── 形 =Malay.

Maláyan [**Maláy**] **béar** 〖動〗マレーグマ.

Maláy Archipélago 名 [the ~] マレー諸島《インドネシア, フィリピン, さらに New Guinea を含む島群》.

Ma・la・yo- /məléɪoʊ/ 〖連結形〗「マレー人[語]」.

Maláy Península 名 [the ~] マレー半島《北部はタイ, 南部はマレーシアに属する》.

Ma・lay・si・a /məléɪʒ(i)ə, -ʃə | -ziə, -ʒ(i)ə/ 名 マレーシア《Malaya 南部の西マレーシアと Borneo 北部の東マレーシアからなる英連邦内の立憲君主国; 首都 Kuala Lumpur》.

***Ma・lay・si・an** /məléɪʒ(i)ən, -ʃən | -ziən, -ʒ(i)ən/ 名 マレーシア人. ── 形 マレーシア(人)の.

Mal・colm X /mǽlkəmḗks/ 名 マルカムエックス (1925-65; 米国の黒人の公民権運動指導者; 暗殺された).

mal・con・tent /mǽlkəntént⊢/ 名 (現状・体制などに)不満な不平家[分子], 造反者. ── 形 (現状・体制などに)不満な, 造反的な, 反抗的な.

màl・conténted 形 =malcontent.

mal de mer /mǽldəméə | -méə/ 名 U 船酔い.

Mal・dives /mɔ́ːldaɪvz, mɔ́ːl-, -dɪvz | mɔ́ːldɪv, -drv/ 名 [the ~] モルジブ《インド洋中北部の環礁群(the Maldive Islands)からなる英連邦内の共和国; 首都 Male》.

Mal・di・vi・an /mældíːviən, mɔː-, -díːv- | -díːv-, -dív-/ 形 モルジブ(人)の. ── 名 モルジブ人.

***male** /méɪl/ (↔ female) 名 ❶ a (女性に対して)男性, 男子, 男: the average Japanese ~ 平均的日本人男性. b (動物の)雄. ── 形 (比較なし) ❶ a (女に対して)男の, 男性の, 男子の: the ~ sex 男性. b 雄の: a ~ dog 雄犬. ❷ a 男からなる, 男ばかりの. b 男らしい, 男性的な. ❸ 〖植〗雄性の, おしべだけをもつ. ❹ 《部品》雄の: a ~ screw 雄ねじ. 《F<L=masculus 男の》〖類義語〗 ⇒ masculine.

Ma・le /mɑ́ːliː/ 名 マレ《モルジブの首都》.

mal・e- /mǽlə/ 〖連結形〗「悪」「不良」(↔ bene-). 《L=悪い》⇒ mal-》

ma・le・ate /méɪlièɪt/ 名 UC 〖化〗マレイン酸塩[エステル], マレアート.

mále bónding 名 U 男同士のきずな[仲間意識].

mále cháuvinism 名 U 男性優越主義.

mále cháuvinist 名 男性優越主義者. ── 形 男性優越主義の.

mále cháuvinist píg 名 《軽蔑》男性優越主義者のブタ(野郎)(略 MCP).

mal・e・dic・tion /mæ̀lədík ʃən/ 名 呪(のろ)い(の言葉); 悪口, 中傷.

***mále-dóminated** 形 男性支配の, 男性優位の.

male・fac・tion /mæ̀ləfǽkʃən/ 名 UC 悪事, 犯罪.

male・fac・tor /mǽləfæ̀ktə | -tə/ 名 悪人, 犯罪者.

mále férn 〖植〗オシダ《根茎は駆虫剤用》.

ma・lef・ic /məléfɪk/ 形 《魔術などが》害をなす, 有害な; 悪意のある.

ma・lef・i・cent /məléfəsnt/ 形 《文》❶ 有害な(to). ❷ 犯罪的な, 悪事を行なう. **ma・léf・i・cence** /-s(ə)ns/ 名

má・le・ic ácid /məlíːɪk-, -léɪ-/ 〖化〗マレイン酸.

mále ménopause 名 [通例 the ~] 男性更年期《年齢による性的能力の衰えなどで悩み始める男性の中年後期》.

mal・e・mute /mǽləm(j)ùːt/ 名 =malamute.

mále・ness 名 U 男性(らしさ).

ma・lev・o・lence /məlévələns/ 名 U 悪意, 悪心.

†ma・lev・o・lent /məlévələnt/ 形 悪意のある(↔ benevolent); 他人の不幸を喜ぶ. **~・ly** 副

mal・fea・sance /mælfíːz(ə)ns/ 名 ❶ U 悪事. ❷ C 〖法〗(特に官公吏の)不法[不正]行為(cf. misfeasance).

màl・formátion 名 ❶ C 奇形, 奇形部分(deformity). ❷ U 奇形(であること).

màl・fórmed 形 奇形の, ぶかっこうな.

†màl・fúnction 名 (臓器・機械などの)機能不全, 故障. ── 動 (臓器・機械などが)正常に働かない, 動かない.

Ma・li /mɑ́ːli/ 名 マリ《アフリカ西部の共和国; もとの仏領スーダン; 首都 Bamako》. **Ma・li・an** /-liən/ 名 形

Mal・i・bu /mǽləbùː/ 名 マリブ《California 州南部, Los Angeles 西方の海浜リゾート地・高級住宅地》.

Málibu (bòard) 名 マリブボード《3 m ぐらいの軽量のサーフボード》.

má・lic ácid /mǽlɪk-/ 名 U リンゴ酸.

***mal・ice** /mǽlɪs/ 名 U 《相手を傷つけようとする意図的な》悪意, 敵意, 恨み: I bear no ~ toward you for what you have done. 君がしたことに対して私は何の敵意[恨み]ももっていない. **with málice afórethought** 〖法〗予謀の故意をもって《★ 謀殺についていう》. 《F<L=悪意》 形 **malicious**

†ma・li・cious /məlíʃəs/ 形 悪意[敵意]のある, 意地の悪い: a ~ rumor 意地の悪いうわさ. **~・ly** 副 **~・ness** 名 《名 **malice**》

†ma・lign /məláɪn/ 形 ❶ 《影響など》有害な. ❷ 悪意のある. ── 動 他 《人の悪口をいう, ⋯を中傷する, そしる. **~・ly** 副 《F<L=性格が悪い; L malus「悪い」と関係ある語》

ma·lig·nance /məlígnəns/ 图 =malignancy 1.
ma·lig·nan·cy /məlígnənsi/ 图 ❶ 〖医〗 a ⓊⒽ(病気の)悪性. b ⓒ 悪性腫瘍;悪性疾患. ❷ Ⓤ 強い悪意, 敵意.
⁺**ma·lig·nant** /məlígnənt/ 形 ❶ 〖医〗《病気が》悪性の (↔ benign): a ~ tumor 悪性腫瘍. ❷ 悪意[敵意]のある: cast a ~ glance at …を悪意に満ちた目でちらっと見る. ❸ 《影響など》きわめて有害な. ~·ly 副 悪意[敵意]をもって.
malígnant pústule 图 Ⓤ 〖医〗悪性膿疱.
ma·lig·ni·ty /məlígnəti/ 图 ❶ Ⓤ 悪意, 怨恨(ぇん). ❷ ⓒ 悪意のある言動.
ma·lin·ger /məlíŋgə | -gə-/ 動 ⓐ (勤務を逃れるために)仮病を使う. ~·er /-gərə | -rə/ 图
⁺**mall** /mɔːl/ 图 ❶ a (主に米) 屋根続きで冷暖房付きの大ショッピングセンター: ⇒ shopping mall. b 歩行者専用の商店街. ❷ a 木陰のある遊歩道. b /mæl/ [the M-] 《英》 マル (London 中心部で公園の北側を走る, バッキンガム宮殿とトラファルガー広場を結ぶ大通り).
mal·lard /mǽləd | -ləd/ 图 (働 ~s, ~) 〖鳥〗 マガモ.
Mal·lar·mé /mǽləmér | mǽlɑːmèɪ/, **Stéphane** マラルメ (1842-98; フランス象徴派の詩人).
mal·le·a·ble /mǽliəbl/ 形 ❶ 《金属など》鍛えられる, 打ち延ばしのできる: ~ iron 可鍛(ん)鉄. ❷ 《人・性質など》柔順な, 順応性のある. **mal·le·a·bil·i·ty** /mæliəbíləti/ 图
mal·lee /mǽli/ 图 ❶ ⓒ 〖植〗 マリー (オーストラリアの乾燥地帯に生育するユーカリ属の常緑低木). ❷ Ⓤ マリーのやぶ, 《人のほとんど住んでいない》灌木地帯.
mal·le·o·lus /məlíːələs/ 图 (働 **-li** /-làɪ/) 〖解〗 くるぶし.
mal·let /mǽlɪt/ 图 ❶ 木槌(つち). ❷ 《polo や croquet の打球槌, マレット. ❸ 《木琴などを打奏する》マレット.
mal·le·us /mǽliəs/ 图 (働 **-le·i** /-làɪ/) 〖解〗 (中耳内の)槌骨(つち).
mall·ing /mɔːlɪŋ/ 图 Ⓤ ❶ ショッピングモールをぶらつくこと. ❷ ショッピングモール化.
mal·low /mǽloʊ/ 图 〖植〗 アオイ科の植物; 《特に》ゼニアオイ.
máll ràt 图 《米口》ショッピングセンターに入りびたる[をぶらつく]若者.
malm·sey /mɑ́ːmzi/ 图 Ⓤ マームジー (Madeira 酒の中で強くていちばん甘い).
màl·nóurished 形 栄養失調[不良]の (undernourished).
⁺**màl·nutrítion** 图 Ⓤ 栄養失調[不良].
⁺**màl·occlúsion** 图 Ⓤ 〖歯〗 不正咬合(こう).
màl·ódor 图 悪臭.
màl·ódorous 形 悪臭を放つ.
ma·lo·lác·tic /mǽloʊ-/ 形 《ワインにおける》細菌によるリンゴ酸から乳酸への転化の[に関する]. 图 Ⓤ マロラクティック発酵, リンゴ酸-乳酸発酵.
Mal·píghian láyer /mælpígiən-/ 图 〖解〗 (表皮の)マルピーギ層.
Mal·píghian túbule 图 〖動〗 マルピーギ管 (クモ・昆虫などの老廃物排出器官).
⁺**mál·práctice** 图 ⒸⓊ ❶ (医師の)医療過誤. ❷ 〖法〗背任行為.
màl·presentátion 图 Ⓤ 〖医〗 (分娩時の胎児の)胎位異常.
Mal·raux /mælroʊ/, **André(-Georges)** マルロー (1901-76; フランスの小説家・美術史家).
⁺**malt** /mɔːlt/ 图 ❶ Ⓤ 麦芽, モルト (大麦・ライ麦などを水に漬けて発芽させ乾燥させたもの; ビール・ウイスキーの醸造に用いる). ❷ ⒸⓊ (口) ビール; モルトウイスキー. ❸ = malted milk. — 形 《モルトの[で造った]: ~ whiskey モルトウイスキー / ~ sugar 麦芽糖. — 動 @ 《大麦などをモルトにする. — @ 《大麦などがモルトになる. 〖OE; MELT と同語源で「やわらかいもの」; 大麦を水に漬けるとやわらかくなることから〗
Mal·ta /mɔ́ːltə/ 图 ❶ マルタ(島) 《地中海 Sicily 島南部の島》. ❷ マルタ(共和国)《マルタ島を中心とする島群

1101 **mammary**

(Maltese Islands)からなる独立国; 首都 Valletta》.
Málta féver 图 〖医〗 マルタ熱, 波状熱.
malt·ase /mɔ́ːlteɪs/ 图 〖生化〗 マルターゼ (マルトースをグルコース2分子に分解する酵素).
málted mílk 图 ❶ 麦芽乳 (麦芽入りの粉ミルク). ❷ ⓒ (麦芽乳を溶かした)麦芽入りミルク1杯.
Mal·tese /mɔːltíːz˙/ 图 マルタ(島)の. ❷ マルタ人[語]の. — 图 ❶ ⓒ マルタ人. ❷ Ⓤ マルタ語. ❸ =Maltese cat. ❹ =Maltese dog.
Máltese cát 图 ロシアンブルー, マルチーズ《青灰色短毛の猫》.
Máltese cróss 图 マルタ十字 (⇒ cross さし絵).
Máltese dóg 图 マルチーズ (spaniel の一種).
málthouse 图 麦芽製造所.
Mal·thus /mǽlθəs/, **Thomas Robert** 图 マルサス (1766-1834; 英国の経済学者).
Mal·thu·sian /mælθ(j)úːʒən | -ziən/ 形 マルサス(主義)の 《人口増加は幾何級数的で, 食糧増産は算術級数的であり, 戦争・飢饉・疫病などが人口を抑制するとする》. — 图 マルサス主義者. ~·ism 图 Ⓤ マルサス主義[学説] 《特にその人口論》.
málting 图 [また ~s で]《英》 =malthouse.
málted líquor 图 ⒸⓊ 麦芽醸造酒 (ale, beer, porter など).
mal·to·déx·trin /mɔːltoʊ-/ 图 〖生化〗 マルトデキストリン 《麦芽糖を含んだデキストリン; 食品添加物》.
malt·ose /mɔ́ːltoʊs/ 图 〖化〗 マルトース, 麦芽糖.
màl·tréat 動 @ 虐待[酷使, 冷遇]する (abuse, illtreat, mistreat): ~ a child [pet] 子供[ペット]を虐待する.
màl·tréatment 图 Ⓤ 虐待, 酷使, 冷遇: ~ of children 児童虐待.
malt·ster /mɔ́ːltstə | -tə/ 图 麦芽(酒)製造[販売]人.
malt·y /mɔ́ːlti/ 形 麦芽の味の; 麦芽の(ような).
mal·va·si·a /mælvəziːə, -siːə/ 图 Ⓤ [しばしば M~] 〖園〗 マルバシアブドウ (malmsey を造る).
mal·ver·sa·tion /mælvəseɪʃən | -və(ː)-/ 图 Ⓤ 《まれ》汚職, 背任, 収賄(しゅう).
mal·voi·sie /mǽlvwəzí/ 图 Ⓤ マルバシアブドウ.
mam /mǽm/ 图 《英口・方言》 ママ, おかあさん《★主に小児語》.
⁺**ma·ma** /mɑ́ːmə, məmɑ́ː | məmɑ́ː/ 图 ❶ 《米口》 ママ, おかあさん《★主に小児語》. ❷ a 《米俗》 女. b 女房.
máma's bòy 图 《米口》 マザコン男[坊や].
mam·ba /mɑ́ːmbə, mǽm- | mǽm-/ 图 〖動〗 マンバ (アフリカ南部産のコブラ科の毒ヘビ).
mam·bo /mɑ́ːmboʊ | mǽm-/ 图 (働 ~s) マンボ (Cuba の民族音楽にジャズの要素を取り入れたダンス・ダンス曲). — 動 マンボを踊る.
mam·ee /mæmíː/ 图 =mammee.
mam·e·lon /mǽmələn/ 图 乳頭状のふくらみ[突起].
Mam·et /mǽmət/, **David (Alan)** 图 マメット (1947- ; 米国の劇作家).
ma·mey /mæmíː/ 图 =mammee.
mamilla, **-lary** ⇒ mammilla, -lary.
mam·luk /mǽmluːk/ 图 〖史〗 マムルーク朝人 《エジプトおよびシリアを支配したトルコ系イスラム王朝 (1250-1517) の人》.
mam·ma[1] /mǽmə/ 图 (働 **-mae** /-miː/) 哺乳(ほにゅう)器官, 乳房(ぼう). 〖L=乳房〗
mam·ma[2] /mɑ́ːmə, məmɑ́ː | məmɑ́ː/ 图 《米口》 =mama.
⁺**mam·mal** /mǽm(ə)l/ 图 哺乳(ほにゅう)動物. 〖L=乳を飲ませるもの《関連》⇒ mamma[1]〗
mam·ma·li·an /məmeɪliən/ 形 哺乳類の.
mam·ma·lif·er·ous /mæmelíf(ə)rəs/ 形 〖地〗《地層が》哺乳動物の化石を含む.
mam·mal·o·gy /məmǽlədʒi, mæ-/ 图 哺乳類[動物]学. **-gist** 图
mam·ma·ry /mǽməri/ 形 Ⓐ 乳房(ぼう)の: a

mammee 1102

gland 〖解〗乳腺.

mam·mee /mæmíː/ 名 〖植〗 ❶ (また **mammée ápple**) マンメア, マミー (美味な実を結ぶ熱帯アメリカ原産の木; その果実). ❷ 熱帯アメリカ産のアカテツ科の木 (材は堅材, 果実は食用).

mám·mi·fòrm /mǽməˌ-/ 形 乳房[乳頭]状の.

mam·mil·la, ma·mil·la /məmílə, mæ-/ 名 (-lae /-liː/) 〖解〗乳頭, 乳首; 乳頭様突起.

mam·(m)il·lar·y /mǽmələri | mæmíləri/ 形 ❶ 〖解〗乳頭(様)の. ❷ 〖鉱〗乳房状の.

mam·(m)il·late /mǽmələ̀t/, **-lat·ed** /-lèɪtəd/ 形 乳頭(様突起)のある.

mam·mo·gram /mǽməgrǽm/ 名 〖医〗乳房X線像[造影図].

mam·mog·ra·phy /mæmɑ́ɡrəfi | -mɔ́ɡ-/ 名 Ｕ 〖医〗乳房X線撮影(法), マモグラフィー.

mam·mon /mǽmən/ 名 Ｕ ❶ (悪徳としての)富. ❷ [M~] 富の神, マモン《人が崇拝するもの, 人を左右するものとしての「富」の擬人化》: worshipers of M~ 拝金主義者たち.

mám·mon·ìsm /-nìzm/ 名 Ｕ 拝金[黄金万能]主義.

†**mam·moth** /mǽməθ/ 名 ❶ 〖動〗マンモス (氷河時代の巨象). ❷ 巨大なもの. ―― 形 ❸ 巨大な, 膨大な. 〖Russ＜Tatar＝土; 最初シベリアの土中から見つかったことから〗

mam·my /mǽmi/ 名 〖古〗 ❶ ママ, おかあさん, おかあちゃん (★ 主に小児語). ❷ (昔の白人家庭の)黒人のばあや.

‡**man** /mǽn/ 名 Ｃ (複 **men** /mén/) ❶ Ｃ (成人の)男, 男子 (↔woman): *men* and women 男と女 / a man's ~ 男に好かれる男. **b** Ｕ 〖無冠詞で総称的に〗(女と対比して)男; *M~* envies the power of woman to create life. 男性は女性の命を産み出す力をうらやましがる (cf. woman 2★). **c** Ｃ 〖修飾語句を伴って〗(特定の仕事・性格などの)男性: an advertising ~ 広告マン / a medical ~ 医療に携わる男性 / a gambling ~ ギャンブル好きの男 / a ~ of letters 文学者, 著述家 / a ~ of action 活動家 / a ~ of science 科学者 / a ~ of affairs 事務家; 実務家 / a ~ of all trades なんでも屋 / a ~ of the world 世慣れた男, 世故にたけた男 / a ~ of honor 信義を重んずる男. **d** [the (very) ~, a person's ~] うってつけの男, (まさに)適任の男: He's *the* (*very*) ~ for the job. 彼こそその仕事の適任者だ / If you're looking for somebody strong, I'm your ~. 力の強い者を探しているならこの俺こそ適任者だ. **e** [the ~] 〖口〗あいつ, やつ 〖用法〗好ましくない男性を指して he や him の代わりに使うり: I hate *the* ~. あんなやつ大嫌いだ. **f** 〖通例単数形で〗一人前の男, 男らしい男: Be a ~. 男らしくしろ, 勇気を出せ / make a ~ (out) of a person 〈苦労などが〉人を男にする / act like a ~ 男らしくふるまう.

❷ **a** Ｕ 〖無冠詞で総称的に〗(動物と区別して)人, 人間 〖用法〗近年, この意味では humans, the humankind などを用いる人が増えている: *M~* is mortal. 人は死を免れない / *M~* cannot live by bread alone. 人はパンだけで生きるものではない (★ 聖書「ルカ伝」から). **b** Ｃ (男女を問わず一般に)人, 人間 (★ この意味では person などを用いるのが一般的): All *men* must die. (すべての)人は死を免れない / What can a ~ do in such a case? こんな場合どうすればよいのだろうか. **c** [a ~, a person's ~] (会社・組織などの)代理人 (★ 現在では representative のほうが一般的): our ~ in Havana わが社のハバナ駐在の代理人 / We have a ~ in Calcutta. わが社はカルカッタに代理人がいる. **d** (先史時代の)原人: Peking ~ 北京(ﾍ)原人.

❸ 〖Ｃ〗 **a** [通例 ~ and wife で] 夫, 亭主: They're [They became] ~ *and wife.* 彼らは夫婦になった[となった]. **b** 〖口〗恋人, 愛人, 彼氏.

❹ 〖Ｃ〗 **a** [通例複数形で] 労働者, 従業員, 使用人 (★ 現在では workers のほうが一般的): The *men* accepted their employer's offer. 従業員は雇用者の提案を受け入れた. **b** [通例複数形で] 兵, 水兵, 下士官兵: officers and *men* 士官と兵, 将兵. **c** 〖古風〗手下; 召し使い, 下男: master and *man* 主人と召し使い.

❺ 〖Ｃ〗 (大学の)(男性)在校生, 学生; 出身者: an Oxford ~ オックスフォード大学(卒業)生.

❻ [the ~, the M~] 〖俗〗 **a** 権力者(たち). **b** 警察(官).

❼ 〖Ｃ〗 (チェス・チェッカーなどの)こま.

❽ 〖口〗 [呼び掛けで] 君, おい, こら 〖用法〗状況に応じて怒り・いらだちなどを示すこともある; cf. 〖圏〗: Hey ~! Leave me alone おい! ほっといてくれ! / Hurry up, ~! それ[おい]急げ! / Oh, ~! こいつは困った.

as óne mán 〖文〗全員一致で 《★ 普通は as one と言う》.

be mán enòugh 十分な力量[度胸]がある: *Are* you ~ *enough for* [*to do*] the job? おまえにその仕事ができるだけの力量[度胸]があるのかね (★ 女性の場合は woman; 言い換えの表現として Are you big enough...? などを用いる).

be one's ówn mán (1) 他人の支配を受けない, みずからをたのむ, 自立[独立]している. (2) 気が確かである, 自制できる. ★ (1) (2) とも be one's own person ともいう.

Évery mán for himsélf. 誰もが人に頼らずに自分の利益[安全]を守らなければならない(状況) 《★ 現在では Everyone for themselves. のほうが一般的》.

mán abòut tówn 社交家, 遊び人.

mán and bóy [副詞句として] 少年時代からずっと: I've lived here, ~ *and boy,* for nearly 60 years. 子供の時からかれこれ60年ここに住んでいる.

mán for mán 一人一人比較すると 《★ 場合によっては woman for woman》: *M~ for ~* our team is better than theirs. 一人一人比較すると我々のチームのほうが彼らのチームより上だ.

mán of Gód (1) 聖職者, 牧師. (2) 聖人.

mán of the clóth 聖職者.

mán of the hóuse 家長, 世帯主.

mán of the péople 普通の考えを持った人.

mán of the wórld ⇒ world 名 4.

mán's mán 男付き合いを大切にする男; (女性より)男性に人気のある男.

mán to mán 正直に, 腹を割って (cf. man-to-man).

of áll mén ⇒ of 〖成句〗.

the mán in the móon 月の住人, 架空の人物 《★ 英米では月面の斑点(ﾊﾝﾃﾝ)を人の顔と考える伝承がある》: I know no more about it than *the* ~ *in the moon.* そんなことは全然知らない.

the mán in the stréet (1) 普通の人; しろうと. (2) 普通の人の考え; 世論.

to a mán 〖文〗 (1) 一人の例外もなく, 満場一致で. (2) 最後の一人まで. ★ (1) (2) とも to a person ともいう.

to the lást mán 〖文〗最後の一人まで 《to the last person ともいう》.

yóu the [da] mán! ＝**yóu're the mán** 〖米俗〗でかした! やったなあ! 《男性に対する賞賛を示す》.

―― 動 〖Ｃ〗 (**manned; man·ning**) ❶ **a** (任務・防御のため)〈部署〉に人[人員, 兵, 警官(など)]を配置する: ~ the oars (ボートの)クルーをオールにつかせる / *M~* the guns! 砲につけ! **b** 〈宇宙船など〉に人を乗り組ませる: ~ a space shuttle スペースシャトルにクルーを乗り組ませる. ❷ [~ oneself で] 〔...に対して〕奮起する, 心構えをする: She *manned herself for* the ordeal. 彼女はその試練に耐えようと気を引きしめた.

―― 間 〖米口〗 [驚き・熱狂などを表わして] これは, なんとまあ: *M~*, what a place! いやはや, なんたる所だ!

〖OE; 原義は「考える者」か〗 (形 **manly**; 関形 **male, virile**)

Mán /mǽn/, **the Ísle of** 名 マン島 (英国の Irish Sea の島; 政治的には自治区域; 首都 Douglas; 略 IOM; cf. Manx).

-man /mən, mæn/ (複 **-men** /mən, mèn/) 《★ 発音は単数形 /mən/ の時は複数形は /mən/, 単数形 /mæn/ の時は複数形は /mèn/ が一般的》 [名詞連結形] ❶ 「...国人」「...に住む男」: English*man*; country*man*. ❷ 「職業・身分」などを表わす (cf. -woman): chair*man*, police*man* 〖用法〗この意味では性差別を避けるために, 男女共通の連結形を用いて chair*person* といったり, police officer の

ma・na /máːnə/ 名 U 《人》マナ《自然界に内在し、発現して宇宙の秩序を維持する超自然力; 人間に具現して権威・魔力となる》.

man・a・cle /mǽnəkl/ 名 [通例複数形で] 手錠; 手かせ; 足かせ. ── 動 他 ❶ [通例受身で] 〈人〉に手錠をかける、足かせをつける. ❷〈人など〉を束縛する.

*__man・age__ /mǽnɪdʒ/ 動 他 ❶ どうにかして〈…〉する, うまく〈…〉する; (反語) 愚かにも〈…〉する: [+*to do*] I ～*d to* get out at the right station. どうにか目的の駅で降りられた / He ～*d to* make a mess of it. (反語) やつめ見事に大へまをしやがった. **b** [しばしば can, could に伴って] 首尾よく〈…〉をする;〈会合などの〉時間をなんとか都合する、〈休暇などを〉なんとかとる、都合をつける;〈笑い・態度などを〉なんとか作る: *Can* you ～ 2 p.m. on Wednesday? 水曜日の午後2時に時間がとれますか / ～ a smile 作り笑いをする. **c** [しばしば can, could に伴って]〈…〉を処理する; 食べる: ～ one's own affairs 自分のことは自分で処理する /*Can* you ～ a few more cherries? さくらんぼをもうすこし食べられますか. ❷〈事業などを〉**経営する, 管理する** (run);〈家事などを〉切り盛りする;〈金・時間などを〉上手に使う[やりくりする];〈チームなどを〉統率する: ～ a business 事業を経営する / ～ the finances 財政を管理する / ～ a household 一家を切り盛りする. ❸〈人など〉を**上手に扱う, うまくあしらう**;〈馬などを〉御する;〈機械などを〉操縦する, 扱う. ── 自 ❶ [しばしば can, could に伴って] どうにかやっていく (cope): ～ *on a* small pension わずかな年金でどうにか暮らしていく / ～ *with* poor tools 粗末な道具でなんとか間に合わせる / ～ *without* help 助けなしでなんとかやっていく / I can [I'll] ～. 自分でなんとかやります[します]. ❷ 事を処理する, 経営する, 管理する. 《It=thus で扱う, 馬をならす; ⇒ manual》 (名 management) 【類義語】**manage** 権限や経営能力を持った人が巧みに人を使って, 細かな所まで気を配ってある目的を達する, またはある事業を行なう. **conduct** 管理・経営の手腕や知識を使い周到な計画に基づいて, 団体を指揮監督する. **direct** 事の円滑な実施のため大局的見地から指示・忠告をする. **control** 規則に従って[制約を加えて]人や物を支配する.

+**man・age・a・ble** /mǽnɪdʒəbl/ 形 扱いやすい; 御しやすい, 従順な; 処理しやすい (↔ unmanageable). **man・age・a・bil・i・ty** /mænɪdʒəbíləṭi/ 名《↑+-ABLE》

mán・aged cáre 名 U 管理医療《特に雇用主の医療費負担を抑制する目的で, ある患者集団の医療をある医師集団に請け負わせる健康管理方式; health maintenance organization などがその例》.

mánaged cáre províder 名《米》管理医療提供医師[病院].

mánaged cúrrency 名《経》統制貨幣, 管理通貨.

mánaged ecónomy 名 管理経済《政府によって管理された経済》.

mánaged fúnd 名 (管理) 運用資金, マネッジドファンド《保険会社などが投資家に代わって運用する投資資金》.

*__man・age・ment__ /mǽnɪdʒmənt/ 名 ❶ U 経営, 管理, 経営力; 経営の方法: The company's success was the result of good ～. 会社の成功はみごとな経営手腕の結果だった. ❷ C,U [集合的; 単数または複数扱い] 経営陣, 経営者側: between labor and ～ 労使間で / under new ～ 新経営陣のもとで / The ～ refused to come to terms. 経営者側は妥協を拒絶した / Successful business requires (a) strong ～. 事業が成功するには強力な経営陣が必要だ. ❸ U **a** 取り扱い, 制御, 統制, 操縦. **b** やりくり; 手腕よさ. ❹ U《医》(患者の) 管理. ── 形 A 経営の; 経営者が処理する: a ～ consultant 経営コンサルタント / a ～ job 管理職の仕事. (動 manage)

mánagement accóunting 名 U《会計》管理会計《経営管理に役立つ資料を提供するための会計, 特に cost accounting》.

mánagement búyout 名 マネジメントバイアウト《経営陣が自社株を買い取り, 株式を非公開にすること》.

mánagement còmpany 名《投資信託の資産運用を行う》管理会社.

---

mánagement informátion sỳstem 名《電算》経営情報システム《略 MIS》.

*__man・ag・er__ /mǽnɪdʒə | -dʒə/ 名 ❶ **a** 支配人, 経営者; 管理者; (銀行の支店長; 部長, 局長; 幹事, 主事. **b**《芸能人・興行団体などの》マネージャー, 興行人. **c**《スポーツチームなどの》監督. ❷ [通例修飾語を伴って] やりくりをする人: a good [bad] ～ やりくり上手な[下手な]人. ❸ [複数形で] 《英議会》両院協議会委員. ❹《電算》マネージャー《周辺装置・処理過程などを管理するプログラムやシステム》.

man・ag・er・ess /mǽnɪdʒərəs | mænɪdʒərés, ━━━━/ 名《まれ》女性の manager.

+**man・a・ge・ri・al** /mænədʒí(ə)riəl/ 形 A ❶ 支配人[経営者, 管理者]の: a ～ error 管理者(側)の過失. ❷ 経営(上)の, 管理(上)の.

man・a・gér・i・al・ist /mænədʒí(ə)rɪst/ 名 管理政策信奉者, 統制主義者. **-ism** 名

mán・ag・ing 形 A ❶ 経営の, 管理の: ⇒ managing director. ❷ 切り回しむきの, 取り仕切る.

+**mánaging diréctor** 名 専務[常務]取締役, 社長, 《英》業務執行取締役; 最高業務責任者.

mán・ag・ing éditor 名《新聞社・出版社などの》編集(局)長.

Ma・na・gua /mənáːgwə | -nǽg-/ 名 マナグワ《ニカラグアの首都》.

man・a・kin /mǽnəkən/ 名《鳥》マイコドリ《明るく美しい羽色をした小鳥; 中南米産》.

Ma・na・ma /mənáːmə/ 名 マナマ《バーレーンの首都》.

ma・ña・na /mənjáːnə/ 副 明日に; いつかそのうち. ── 名 U 明日.《Sp=明日》

Ma・nas・seh /mənǽsə/ 名《聖》マナセ《Joseph の長子で, イスラエルの 12 支族の一つの祖》.

mán-at-árms 名《徹 men-at-arms》(特に中世の) 重騎兵.

man・a・tee /mǽnəṭìː, ━━━━ / ━━━━/ 名《動》マナティー《マナティー属の3種の水生哺乳動物の総称; 草食獣で, 西インド諸島・メキシコ湾・アマゾン川・アフリカ西岸にいる》.

Man・ches・ter /mǽntʃestə, -tʃɪs- | -tə/ 名 マンチェスター《イングランド北西部の商工業都市》.

Mánchester térrier 名 マンチェスターテリア《イングランドで作出された, 小型で被毛が短く, 黒地に茶褐色の斑のある犬種の犬》.

Man・chu /mæntʃúː / 名 (徹 ～, ～s) ❶ C 満州人. ❷ U 満州語. ── 形 満州族[語]の.

Man・chu・ri・a /mæntʃú(ə)riə/ 名 満州《中国東北部の旧称》. **Man・chur・i・an** /mæntʃú(ə)riən/ 形 名

man・ci・ple /mǽnsəpl/ 名《大学・修道院などの》食品仕入人, 賄い方.

Man・cu・ni・an /mænkjúːniən/ 名 マンチェスター(の住民, マンチェスターの住民.

-man・cy /━━mænsi/ [名詞連結形]「…占い」: necromancy.

M&A (略) mergers and acquisitions.

Man・dae・an /mændíːən/ 名 ❶ C マンダ教徒《Tigris, Euphrates 川下流域のグノーシス主義の一派》. ❷ U マンダ語《アラム語に属する》. ── 形 ❶ マンダ教(徒)の. ❷ マンダ語の.

man・da・la /mǽndələ, mʌ́n-/ 名《ヒンドゥー教・仏教》曼陀羅(まんだら). 《Skt=輪》

man・da・mus /mændéɪməs/ 名 U《法》職務執行令状《公的職務を負っている者[機関]がその職務を行なわないときに, その執行を命ずる上級の裁判所の令状》.

+**man・da・rin** /mǽndərɪn, -drɪn/ 名 ❶ [M-] 北京語《中国の標準語》. ❷ C《中国清朝時代の》官吏, 役人. ❸ C《時に反動的・秘密主義的な》政府高官, 官僚;《知識・文芸界の, 時に反動的な》大立者, ボス, 実力者. ❹ C《植》マンダリン《ミカン類の植物》. ── 形 ❶〈衣服の襟が〉中国風の《幅の狭いスタンドカラーにいう》: a ～ collar マンダリンカラー. ❷〈文体・趣味など〉凝りすぎた.

man・da・rin・ate /mǽnd(ə)rənèɪt/ 名 U,C 高級官僚の職[地位]; 高級官僚(全体); 高級官僚政治.

mándarin dúck 名【鳥】オシドリ.
man・da・rine /mǽnd(ə)ræn/ 名 =mandarin 4.
mándarin jácket 名 マンダリンジャケット《マンダリンカラーの付いたジャケット》.
mándarin órange 名 =mandarin 4.
mándarin sléeve 名 マンダリンスリーブ《中国服の広いゆったりとした袖》.
man・da・tary /mǽndətèri | -təri, -tri/ 名【法】命令を受けた人; (国際連盟の)委任統治国; 受任者[国]; 代理人[国].

*__man・date__ /mǽndeɪt/ 名 [通例単数形で] ❶ (選挙民が議会などへ与える)権限, 負託: The party has a ~ to implement these policies. その政党はこれらの政策を実施する権限を負託されている. ❷ 命令, 指令; 任務. ❸ (首相などの)任期. ❹ (上級裁判所から下級裁判所への)職務執行命令. ❺ 委任統治(領). ── 動 ⓣ ❶ ⟨…に⟨…する⟩権限を与える; 《米》…を[…するように]命じる. ❷ ⟨領土を⟩⟨…の⟩委任統治に指定する⟨to⟩. 〖L=手にゆだねる⟨manus 手+dare, dat-与える⟩; cf. command, commend, demand⟩ (名 mandatory)

mán・dat・ed /-t̬ɪd/ 形 委任統治に指定された: a ~ territory 委任統治領.

†**man・da・to・ry** /mǽndətɔ̀:ri | -təri, -tri/ 形 ❶ (特に法律・規則により)義務的な, 強制の, 必須の (obligatory, compulsory): a ~ clause 必須条項 / Attendance is ~. 出席は必須. ❷ 〖刑〗刑罰が決定の. ❸ 命令の. ❹ 委任の, 委任された. (名 mandate)

man・dáy 名 人日⟨ﾋﾞ⟩⟨1人1日の仕事量⟩.
Man・de・an /mǽndi:ən/ 名 =Mandaean.
Man・de・la /mændelə/, **Nelson Ro・lih・lah・la** /rò:li:lɑ:lə/ マンデラ《1918– ; 南アフリカ共和国の黒人運動指導者; 最初の黒人大統領(1994-99); ノーベル平和賞(1993)》.

Mán・del・brot sét /mǽndəlbròʊt-/ 名【数】マンデルブロー集合《フラクタル図形の一つ; 左右自己相似の複雑な図形で, コンピューターにより容易に描くことができる》. 《B. B. Mandelbrot ポーランド生まれの米国の数学者》

ḿ and ǵ =meet-and-greet.
man・di・ble /mǽndəbl/ 名 ❶【解・動】下あご, 下顎⟨ﾀﾞ⟩骨. ❷ (節足動物の)大顎(あご).
man・do・la /mændóʊlə/ 名【楽】マンドーラ: ❶ 大型マンドリン. ❷ (また **man・do・ra** /-d́ɔ:rə/) マンドリンの初期のタイプのリュート属の古楽器.
man・do・lin /mǽndəlɪn, ⌐⌐/ 名【楽】マンドリン. ~・ist 名
man・do・line /mǽndəli:n/ 名 マンドリーヌ《野菜を薄切り・千切りにする調理具》.
man・dor・la /mɑ́:ndɔəlɑ̀: | -dɔ:-/ 名【美】(キリストなどの)全身を包む後光.
man・drag・o・ra /mændrǽgərə/ 名 =mandrake.
man・drake /mǽndreɪk/ 名【植】マンドレーク, マンドラゴラ《地中海地方原産のナス科の有毒植物; 根は昔催眠剤などに用いられ, 媚薬になるとも信じられた》.

Man・drax /mǽndræks/ 名 U【商標】マンドラックス《鎮静剤・睡眠薬; 乱用の恐れがあり生産をとりやめている国も多い》.

man・drel, man・dril /mǽndrəl/ 名 ❶ (旋盤などの)心棒, 主軸. ❷ (鉱夫の)つるはし.
man・drill /mǽndrɪl/ 名【動】マンドリル《西アフリカ産のヒヒ》.
man・du・cate /mǽnd̬ʊkeɪt | -djʊ-/ 動【文】咀嚼⟨ｿｼｬｸ⟩する, かむ, 食べる. **mán・du・ca・to・ry** /-kətɔ̀:ri | -kèitəri, -tri/ 形 咀嚼の, 咀嚼用の, 咀嚼に適した. **màn・du・cá・tion** 名

†**mane** /meɪn/ 名 ❶ (馬やライオンの)たてがみ. ❷ ふさふさした長い髪の毛, 長髪.

mán・èater 名 ❶ 人食い動物⟨トラ・ライオン・サメなど⟩. ❷ 人食い⟨人⟩, 食人種. ❸ 《俗》男を手玉に取って次々と捨てる女; 次々と男に迫る女.

mán・èating 形 Ⓐ 人肉を食う: a ~ tiger 人食いトラ / a

~ shark 人食いサメ; ホオジロザメ.
maned 形 たてがみ (mane) のある.
ma・nège, ma・nege /mænéʒ, -nérʒ/ 名 ❶ U 馬術, 調馬術. ❷ Ⓒ 馬術練習所, 乗馬学校. ❸ U 調教馬の動作[歩調]. 〖F=manage〗

ma・nes /mǽni:z, mɑ́:neɪs/ 名 ⓟₗ [しばしば M~] マネス《ローマ人の信仰で死者の霊魂, 特に先祖の御霊⟨ﾐﾀﾏ⟩と冥界の神々.

Ma・net /mænéɪ, ⌐⌐/, **É・douard** /eɪdwɑ́ːə, ⌐⌐dwɑ́:/ マネ(1832–83; フランスの印象派画家).

*__ma・neu・ver__ /mən(j)ú:və | -nú:və/ 名 ❶ (窮地を逃れたり, 相手をだましたりするための)巧妙な処置, 策略, 工作 (ploy): a business ~ 経営戦略 / a political ~ 政治工作 / room for ~ 再考の余地. ❷ (船・自動車・飛行機などの)巧みな操縦. ❸【軍】a 《軍隊・艦隊などの》(作戦), 戦術的展開. b [しばしば複数形で] 大演習, 機動演習: be on ~s 大演習を展開している. ── 動 ⓘ [しばしば副詞(句)を伴って] ❶ 巧みに操縦して⟨…を⟩⟨…させる; 巧みに操縦して⟨…を⟩⟨…から⟩出す: He ~ed his car *into* the garage. 彼は車をうまく運転して車庫に入れた / She ~ed her car *out of* the narrow street. 彼女は巧みに運転して狭い通りを抜け出した / We ~ed the boat *away from* the shoals. 我々はボートをうまく浅瀬から離れた. ❷ **a** ⟨人⟩を巧みに扱う, 操作する (manipulate). **b** 〈人をうまく導く; [~ oneself で] 巧みに行動する: He ~ed himself *out of* this difficult situation. 彼はこの困難な状況から巧みに脱出した / She ~ed herself *into* a promotion. 彼女はうまく昇進にこぎつけた. ❸【軍】〈軍隊〉を演習させる, 〈部隊〉に軍事行動をとらせる. ── ⓘ [しばしば副詞(句)を伴って] ❶【軍】演習する, 軍事行動をする: The soldiers ~ed along to the hilltop. 部隊は丘の頂上へ向かって軍事行動を起こした. ❷ ⟨…するために⟩策略を用いる: Politicians are ~ing for position. 政治家たちは有利な地位につくため互いに画策している.
〖F⟨L=手を使って働く⟨manus 手+operari 働く⟨L opera⟩〗

ma・neu・ver・a・ble /mən(j)ú:v(ə)rəbl | -nú:-/ 形 機動性のある; (特に)〈自動車など〉操縦しやすい. **ma・neu・ver・a・bil・i・ty** /mən(j)ù:v(ə)rəbíləʈi | -nù:-/ 名
ma・néu・ver・er /-v(ə)rə | -rə/ 名 策略家, 策士.
ma・néu・ver・ing 名 U 策略(的行動).
mán Fríday 名 (ⓟₗ men Friday(s)) (男の)忠実な召し使い[助手]; 右腕, 腹心の部下 (cf. girl Friday). 《*Robinson Crusoe* の従僕の名から》
man・ful /mǽnf(ə)l/ 形 男勇しい, 果断な, 断固たる.
mán・ful・ly /-fəli/ 副 勇ましく, 断固として.
man・ga・bey /mǽŋgəbi | -beɪ/ 名【動】マンガベイ《西アフリカ産オナガザル科マンガベイ属の尾の長いサル》.
man・ga・nate /mǽŋgənèɪt/ 名 U,C【化】マンガン酸塩[エステル].
man・ga・nese /mǽŋgəni:z/ 名 U【化】マンガン《金属元素; 記号 Mn》.
mánganese nódule 名【地】マンガン団塊.
man・gan・ic /mæŋgǽnɪk/ 形【化】3 [6] 価のマンガンの[を含む].
man・ga・nite /mǽŋgənàɪt/ 名【鉱】水マンガン鉱.
man・ga・nous /mǽŋgənəs/ 形【化】2 価のマンガンの[を含んだ].
mange /meɪndʒ/ 名 U【獣医】(犬・牛などの)皮癬⟨ｾﾝ⟩, 疥癬⟨ｶｲｾﾝ⟩《ダニの寄生による皮膚病》.
man・gel /mǽŋɡ(ə)l/ 名 =mangel-wurzel.
man・gel-wur・zel /mǽŋɡ(ə)lwə̀:zl | -wə̀:-/ 名 《英》【植】飼料用ビート《肥大した根は家畜飼料用》.
man・ger /méɪndʒə | -dʒə/ 名 かいばおけ, まぐさおけ.
mange-tout /mɑ̀:nʒtú: | ⌐⌐/ 名 =snow pea.
man・gey /méɪndʒi/ 形 =mangy.

†**man・gle**[1] /mǽŋɡl/ 動 ⓣ ❶ ⟨…⟩をめった切りにする, 切りさいなむ: The body was found horribly ~d. その死体はむざんにめった切りにされて発見された. ❷ (間違いや不適切な引用などで)〈文章など⟩をわからなくする, めちゃくちゃにする; 〈演奏など⟩を台なしにする, ぶちこわす.

man·gle[2] /mǽŋgl/ [名] (洗濯物仕上げ用)圧搾ローラー, ローラー式プレス機, マングル; 《英》 (洗濯物の)水絞り機. ― [動] [他] 〈洗濯物などを〉圧搾ローラー[水絞り機]にかける.

+**man·go** /mǽŋgoʊ/ [名] ([複] ~es, ~s) ❶ [C] 〔植〕マンゴー 《ウルシ科の常緑高木》. ❷ [C,U] マンゴーの果実. ❸ [C] 〔鳥〕 マンゴーハチドリ. 〘Port < Malay < Tamil＝fruit-tree〙

mán·gold-wùrzel /mǽngoʊld-/ [名] ＝mangel-wurzel.

man·go·nel /mǽŋgənèl/ [名] (中世の軍用の)大投石機.

man·go·steen /mǽŋgəstìːn/ [名] ❶ 〔植〕マンゴスチン《マレー半島原産の常緑果樹》. ❷ マンゴスチンの果実 《熱帯果物の女王と称される》.

man·grove /mǽŋgroʊv/ [名] マングローブ 《熱帯の河口・海辺に生える森林性の常緑低木・高木; 主にヒルギ科・クマツヅラ科など》.

mang·y /méɪndʒi/ [形] (mang·i·er; -i·est) ❶ **a** 〈動物などが〉皮癬(ひぜん) (mange) にかかった; (皮癬にかかって)毛の抜けた. **b** 〈カーペットなど〉毛の抜けた, すり切れた. ❷ 不潔な, みすぼらしい. **máng·i·ly** [副] **máng·i·ness** [名]

mán·hàndle [動] [他] ❶ 〈人・ものを〉手荒く扱う, 虐待する. ❷ 〈ものを〉人力で動かす[運転する].

Man·hat·tan /mænhǽtn, mən-/ [名] ❶ **a** マンハッタン島 《米国 New York 市の島》. **b** マンハッタン区 《同島を中心とする New York 市の行政区 (borough)》. ❷ [しばしば m~] マンハッタン 《ウイスキー・ベルモット・ビターズなどのカクテル》.

mán·hòle [名] マンホール.

+**man·hood** /mǽnhʊ̀d/ [名] [U] ❶ **a** 男であること; 男らしさ (cf. womanhood): be in the prime of ~ 男盛りである. **b** (男性の)性的能力, 精力; [単数形で] 《文・婉曲》 男性のシンボル (penis). ❷ (男子の)成人, 丁年, おとなの時代: arrive at [come to] ~ 成人する. ❸ 《文》 (一国の)成人男子 《全体》. ❹ 《古》 人間であること, 人間性.

mán-hóur [名] ([複] ~s) 人時(にんじ) 《1 人 1 時間の仕事の量》.

mán·hùnt [名] (組織的な)犯人捜査 〔*for*〕.

+**ma·ni·a** /méɪniə, -njə/ [名] ❶ [C] 熱狂, …熱[狂], マニア 〔*for*〕 《[比較] 日本語の「マニア」のように「人」の意は表わさないことに注意; cf. maniac》: a ~ *for* collect*ing* stamps 切手収集熱. ❷ [U] 〔医〕 躁病(そうびょう). 〘L < Gk＝madness〙

-mania /méɪniə, -njə/ [連結形] ❶ …狂: klepto*mania*. ❷ 熱狂的性癖: biblio*mania*. 〘↑〙

+**ma·ni·ac** /méɪniæ̀k/ [形] 狂気の, 狂乱の. ― [名] ❶ 狂人. ❷ 《口》 熱中者, …狂 (freak): a fishing ~ 釣りマニア / a homicidal ~ 殺人狂.

ma·ni·a·cal /mənáɪək(ə)l/ [形] ＝maniac. **~·ly** /-kəli/ [副]

+**man·ic** /mǽnɪk/ [形] ❶ 〔医〕 躁病(そうびょう)の[にかかった]. ❷ 〈熱意・ペースなど〉狂躁的な, 狂気じみた. **man·i·cal·ly** /-kəli/ [副]

mánic-depréssion [名] [U] 躁鬱(そううつ)病.

mánic-depréssive 〔医〕 [形] 躁鬱病の. ― [名] 躁鬱病患者.

Man·i·chae·an, -che- /mæ̀nəkíːən⁻/ [形] マニ教(徒)の; マニ教信仰の. ― [名] マニ教徒; マニ教的二元論の信奉者. **~·ìsm** [名] ＝Manichaeism.

Man·i·ch(a)e·ism /mǽnəkiːìzm/ [名] [U] マニ教 《ペルシア人 Mani が 3 世紀ごろ唱えた二元論的宗教》; (カトリックで異端とされる)マニ教的二元論.

+**man·i·cure** /mǽnəkjʊ̀ə | -kjʊ̀ə/ [名] [C,U] マニキュア, 美爪(びそう)術: have a ~ マニキュアをしてもらう. ― [動] [他] ❶ 〈手・つめに〉マニキュアを施す. ❷ 〈芝生・生け垣を〉刈り込む: neatly ~*d* lawns きれいに刈り込まれた芝生. 〘F＝手の手入れ; ⇨ manual, cure〙

mán·i·cùr·ist /-kjʊ̀(ə)rɪst/ [名] マニキュア師.

***man·i·fest** /mǽnəfèst/ [形] (比較なし) (目・心に)明白な, 判然とした, はっきり表われた (obvious, patent): a ~ lie 見えすいたうそ / His anger was ~. 彼の怒りがはっきり見てとれた / It's ~ to all of us. それは我々のだれにもはっきりわかることだ. ― [動] [他] ❶ 〈ことが〉〈物事を〉明らかにする; 証明する (demonstrate): This ~*s* the truth of his statement. これは彼の陳述が真実であることを証明する. ❷ 〈人が〉〈感情・関心などを〉示す (show): ~ displeasure [impatience, contentment] 不快[いらだち, 満足]を顔に出す / ~ interest *in*…に関心を示す. ❸ [~ one*self* で] 〈兆候・幽霊などが〉現われる: The tendency ~*ed itself* in many ways. その傾向はいろいろな形で現われた. ❹ 〔商〕 〈積み荷を〉積み荷目録に記載する. ― [名] 〔商〕 (船舶・航空機の)積み荷目録; 乗客名簿: on [in] the ~ 積み荷目録[乗客名簿]に載っている. **~·ly** [副] 〘L＝はっきりわかる < 手でつかめる; ⇨ manual〙

+**man·i·fes·ta·tion** /mæ̀nəfəstéɪʃən/ [名] ❶ **a** [U] 明示, 表明. **b** [C] 現われ, しるし, 兆候 〔*of*〕. ❷ [C] (政治的効果をねらった)示威行動. ❸ [C] (霊魂の)出現.

Mánifest Déstiny [名] [U] 《米》 明白な運命(説) 《19 世紀中ごろの, 米国は北米全土に拡大する運命を与えられているとの主張》.

***man·i·fes·to** /mæ̀nəféstoʊ/ [名] ([複] ~s, ~es) (政党などの政策に関する)宣言(書), 声明(書): issue a ~ 宣言書を発表する. 〘It < L; ⇨ manifest〙

man·i·fold /mǽnəfòʊld/ [形] ❶ 多数の, 多くの. ❷ 種々の, 多方面にわたる. ― [名] 〔機〕 (内燃機関の吸排気をする)マニホールド, 多岐管. **~·ly** [副] **~·ness** [名] 〘OE〙

man·i·kin /mǽnɪkɪn/ [名] ❶ ＝mannequin. ❷ **a** 人体解剖模型. **b** (美術家・衣装店の)人体模型. ❸ 小人(こびと). 〘Du＝little man; -kin は指小辞〙

Ma·nil·a /mənílə/ [名] ❶ マニラ 《フィリピンの首都; Luzon 島南西部 Manila 湾に臨む》. ❷ [また m~] [U] **a** マニラ麻. **b** (マニラ麻から作った丈夫な)マニラ紙.

Maníla hémp [名] ＝Manila 2 a.

Maníla páper [名] ＝Manila 2 b.

ma·nil·la /mənílə/ [名] (西部アフリカ先住民の)金属製の指輪[腕輪, 足輪], マニラ 《貨幣として用いる》.

Ma·nil·la /mənílə/ [名] ＝Manila 2.

man·i·oc /mǽniɑ̀k/ [名] 〔植〕 マニオク (cassava).

man·i·ple /mǽnəpl/ [名] ❶ 腕帛(わんぱく) 《カトリックの司祭が左腕につける》. ❷ 〔古ロ〕 歩兵中隊 《120 人または 60 人からなる》.

ma·nip·u·la·ble /mənípjʊləbl/ [形] 扱うことのできる, 操縦[操作]できる. **ma·nìp·u·la·bíl·i·ty** [名]

ma·nip·u·lar /mənípjʊlə | -lə/ [形] 〔古ロ〕 歩兵中隊 (maniple) の[に関する].

***ma·nip·u·late** /mənípjʊlèɪt/ [動] [他] ❶ 〈機械・道具などを〉(手で)巧みに扱う, 操縦[操作]する: ~ the levers of a machine 機械のレバーを操縦する. ❷ **a** 〈市場・市価・世論・人などを〉巧みに操作する, 操る; 〈人を〉操って(…)させる (maneuver) 〔*into*〕: ~ stocks [public opinion] 株式[世論]を操作する. **b** 〈問題・事件などを〉巧みに処理する. ❸ 〈計算・帳簿などを〉ごまかす, 小細工をする: ~ figures 数字を操作する / ~ accounts 計算をごまかす. ❹ 〈ねんざした骨などを〉手を使って整骨する.

+**ma·nip·u·la·tion** /mənɪ̀pjʊléɪʃən/ [名] [U,C] ❶ 巧妙な取り扱い, 操作, 操縦. ❷ 〔商〕 市場操作. ❸ ごまかし, 小細工. ❹ (手を使っての)整骨.

+**ma·níp·u·là·tive** /-lèɪtɪv, -lət-/ [形] 巧みに扱う, 操る: He is very ~. 彼は人を操るのが上手だ.

ma·níp·u·là·tor /-ṭə | -tə/ [名] ❶ 手で巧みに扱う人; 操縦者. ❷ 操る人, 操作者. ❸ (核物質などを処理する)遠隔操縦機, マニピュレーター, マジックハンド.

Man·i·to·ba /mæ̀nətóʊbə/ [名] マニトバ州 《カナダ中部の州; 州都 Winnipeg》.

man·i·tou, -tu /mǽnətùː/, **-to** /-tòʊ/ [名] ([複] ~s) (北米先住民の)神(の像), マニトゥー.

+**man·kind** /mǽnkáɪnd/ [名] [U] ❶ 人類, 人間 《★ この意味では性差別を避けるために humankind を用いる傾向がある》: all ~ 全人類 / love for ~ 人類愛 / *M*~ owes immense benefits to Jenner. 人類はジェンナーに莫大な恩恵を受けている. ❷ /⁻⁻/ 男性; 男子 (↔ womankind). 〘MAN＋KIND[1] 種類〙

M

man·ky /mǽŋki/ 形 《英口》だめな; きたない.
mán·less 形 人のいない[不足した]; 男[夫]のいない女.
mán·like 形 ❶ 人のような(形をした). ❷ 男らしい, 男性的な.
mán·li·ness 名 U 男らしさ.
†**mán·ly** /mǽnli/ 形 (**man·li·er**; **-li·est**) ❶ 男らしい, 雄々しい; 男性的な: ~ behavior 男らしいふるまい. ❷ 〈女が〉男のような, 男まさりの. (名 man) 【類義語】⇒ masculine.
†**mán-máde** 形 ❶ 人造の, 人工の (artificial; ↔ natural): a ~ lake 人造湖. ❷ 合成の: (a) ~ fiber 合成繊維. ❸ 人為の: a ~ disaster 人災.
Mann /máːn, mǽn/, **Thomas** 名 マン (1875-1955; ドイツの小説家; Nobel 文学賞 (1929)).
man·na /mǽnə/ 名 U ❶ a 《聖》マナ 《昔イスラエル人がアラビアの荒野で神から恵まれた食物》. b 神与の食物, 霊の糧. ❷ 思いがけない好事[利益など]. ❸ マンナ (manna ash などの樹から出る分泌液). **mánna from héaven** (思いがけない) 天の恵み.
mánna àsh 名 《植》マンナの木, マンナトネリコ 《南欧・小アジア産; 甘い液を分泌する》.
manned 形 《宇宙船など》人間を乗せた, 有人の (↔ unmanned): a ~ spacecraft 有人宇宙船. 【MAN+-ED ...を有する】
man·ne·quin /mǽnɪkɪn/ 名 ❶ マネキン人形, マヌカン (cf. model 4 c, lay figure 1). ❷ マネキン, ファッションモデル (model). 〖F<Du; ⇒ manikin〗
*****man·ner** /mǽnə | -nə/ 名 ❶ [通例単数形で] 方法, 仕方: in this ~ こういうふうに / after the ~ of... …流の[に]. ❷ [a ~, one's ~] 態度, 物腰, 様子, 挙動: an awkward ~ ぎこちない態度 / He was businesslike in his ~. 彼の態度は事務的だった. ❸ [複数形で] 行儀, 作法: good ~s よい作法 / mind one's ~s 行儀に気をつける / have no ~s 行儀が悪い / Where are your ~s? お行儀はどうしたの 《★ 行儀の悪い子供などに言う》 / It's bad ~s to speak with your mouth full. 口をいっぱいにしてしゃべるのは行儀が悪い. ❹ [複数形で] 風習, 習慣: Victorian ~s ビクトリア朝の風習 / ~s and customs 風俗習慣. ❺ 《文学・芸術の》流儀, 様式 (style): painted in the ~ of Picasso ピカソ風に描かれた. ❻ [単数形で]《文》種類: What ~ of man is he? 彼は(一体)どんな人ですか.
áll mánner of... あらゆる種類の…: *all* ~ *of* knives あらゆる種類のナイフ.
(as [as if]) to the mánner bórn (仕事・地位・振舞いなどに)生まれつき適して[慣れて]いる(かのように) 《★ Shakespeare「ハムレット」から》: a gentleman *to the* ~ *born* 生まれながらの紳士.
by áll mánner of méans 必ず, どうしても.
by nó mànner of méans 決して…でない[しない].
in a mánner ある意味で; いくぶんか.
in a mánner of spéaking 《口》いわば, ある意味では (in a way).
nó mànner of... 少しの…もない.
nòt by àny mànner of méans=by no MANNER of means (成句).
〖F<L=手での扱い方; ⇒ manual〗
【類義語】(1) ⇒ method. (2) **manner** 人の習慣的な、または特色となっている態度・行動・話し方. **bearing** 行動や言動において特徴的な身体的・精神的「姿勢」. **carriage** bearing の中, 特に身のこなし方を強調する. **demeanor** 人の態度や特徴を示す言動.
†**mán·nered** 形 ❶ [通例複合語で] 行儀が…な: well-[ill-]*mannered* 行儀のよい[悪い]. ❷ 気取った, きざな, もったいぶった.
mán·ner·ism /-nərɪzm/ 名 ❶ C (話し方・身ぶり・動作などの) 独特の[きざな]癖. ❷ U マンネリズム, マンネリ 《文学・芸術の表現手段が型にはまって新鮮みがないこと》. ❸ [M-] U 《美》マニエリスム.
mán·ner·ist /-rɪst/ 名 ❶ マンネリズム作家. ❷ [M-] マニエリスムの芸術家. ❸ (特異な)癖のある人.

man·ner·is·tic /mæ̀nərístɪk⁻/ 形 ❶ 癖のある. ❷ マンネリズムの, 型にはまった. ❸ マニエリスムの.
mánner·less 形 不作法な, 礼儀知らずの.
mán·ner·ly 形 礼儀正しい, ていねいな, 行儀よい.
man·ni·kin /mǽnɪkɪn/ 名 =manikin.
mán·nish /-nɪʃ/ 形 《軽蔑》❶ 〈女が〉男のような, 女らしくない, 男っぽい (↔ womanish): She has a ~ walk. 彼女は男みたいな歩き方をする. ❷ 〈服装など〉男[男性]風の. 【類義語】⇒ masculine.
man·ni·tol /mǽnətɔ̀ːl | -nɪtɔ̀l/ 名 U 《化》マンニトール (manna などの中の糖アルコール).
man·nose /mǽnous/ 名 《生化》マンノース 《マンニトールを酸化して得られる発酵性単糖類》.
mano a mano /máːnouː máː noʊ | mǽnoʊə mǽnoʊ/ 副 対決して, 一対一で. 〖Sp=hand to hand〗
†**ma·noeu·vre** /mən(j)úːvə | -núːvə/ 名 動《英》=maneuver.
mán-of-wár 名 (徴 **men-of-war**) ❶ (昔の)軍艦. ❷ [動] =Portuguese man-of-war.
màn-of-wár bìrd 名=frigate bird.
ma·nom·e·ter /mənámətə | -nɔ́mətə/ 名 ❶ (気体・液体の)圧力計. ❷ 血圧計.
ma non trop·po /máːnàntrúpou | -nɔ̀ntrɔ́p-/ 副 《楽》しかし過度にではなく.
†**man·or** /mǽnə | -nə/ 名 ❶ (土地付きの)大邸宅 (manor house). ❷ 《英》(封建時代の)荘園, 領地: the lord of the ~ 領主 / the lady of the ~ 領主夫人. ❸ 《英口》 a (警察の)管轄区. b (住んでいたり働いていたりしてよく知っている所, なわばり. 〖F=住居<L; ⇒ remain〗
†**mánor hòuse** 名 荘園領主の邸宅, 館(½ミ).
ma·no·ri·al /mənɔ́ːriəl/ 形 A 荘園 (manor) の: a ~ court 荘園(領主)裁判所.
mán-o'-wár /-nə-/ 名 =man-of-war.
mán·pòwer, mán pówer 名 U (軍事・産業などの動員できる) 有効総人員, 人的資源, 労働力: How much ~ do we need? どのくらいの人員[労働力]が必要か.
man·qué /maːŋkéɪ / 形 [名詞の後に置いて] (成ろうとして)成りそこなった: a poet ~ 詩人の成りそこない.
man·sard /mǽnsəəd | -sɑːd/ 名 《建》二重勾配(½ミ)屋根, マンサード屋根 (cf. curb roof). 〖F, Mansart フランスの建築家〗
mánsard ròof 名 =mansard.
manse /mǽns/ 名 (特にスコットランド長老教会の)牧師館.
mán·sèrvant 名 (徴 **men·servants**) 下男 (cf. maidservant).
Mans·field /mǽnsfiːld/, **Katherine** 名 マンスフィールド (1888-1923; ニュージーランド生まれの英国の女流小説家).
-man·ship /-mənʃɪp/ [名詞連結形] 「…の才[腕]」: sports*manship*, states*manship*.
*****man·sion** /mǽnʃən/ 名 大邸宅, 館(½ミ) 《解説》個人の豪壮な大邸宅をいう; 日本でいう「マンション」に相当する英語は 《米》 apartment, 《英》 flat; 高級分譲マンションは 《米》 condominium; 高層マンションは high-rise apartment). 〖F<L=滞在場所, 住居〗
mánsion hóuse 名 ❶ (領主・地主の)邸宅. ❷ [the M- H-] ロンドン市長公邸.
Mán·sions 名 (徴) 《英》[アパートなど固有名の一部で] …マンション: Flat 15, Kew ~ キューマンション, フラット15号.
mán-size, mán-sizèd 形 A 《口》大人用の, 大人向きの; 大型の.
mán·sláughter 名 U ❶ 殺人. ❷ 《法》故殺(罪) 《一時の激情などにより計画的な殺意なくして故意に人を殺害した罪; ㊟比較 計画的な殺人罪は murder; cf. homicide》.
man·ta /mǽntə/ 名 ❶ マンタ (スペイン・中南米で着る外套[肩掛け]). ❷ 《魚》(熱帯産の)イトマキエイ, マンタ.
mánta rày 名 =manta 2.
man·teau /mæntóʊ / 名 ゆるい外套, マント.
man·tel /mǽntl/ 名 =mantelpiece.
man·tel·et /mǽntəlèt/ 名 ❶ 短いマント. ❷ 《軍》防盾

《携帯用弾丸よけの盾(紮)》; (昔 城攻めの際に兵士が身をかくした)移動式の遮蔽物.

man·tel·let·ta /mæntəléṭə/ 图《カト》マンテレッタ《枢機卿・司教・大修道院長などの袖なしでひざまでの上衣》.
mántel·pìece 图 マントルピース, 炉棚.
mántel·shèlf 图 《-shelves》=mantelpiece.
mántel·trèe 图 炉額《炉口前面の横材》.
man·tic /mǽntɪk/ 形 占いの; 預言的な, 預言力のある.
man·ti·core /mǽntɪkɔ̀ːr/ 图 -kɔ̀ː/ 图 マンティコラ, マンティコア《頭は人間, 胴体はライオン, 尾は竜またはサソリの怪物》.
man·tid /mǽntɪd/ 图 《昆》 カマキリ《mantis》.
man·til·la /mæntílə, -tíːə/ 图 -tílə/ 图 マンティラ《スペイン・メキシコなどの女性が頭から肩に掛ける大きなスカーフ》.
man·tis /mǽntɪs/ 图 《昆》 カマキリ.
man·tis·sa /mæntísə/ 图 《数》 仮数《常用対数の正の小数部分》.
†**man·tle** /mǽntl/ ❶ the ~ 《…の》重い役割, 責任: take on [assume, inherit] the ~ of …の重責を担う[引き継ぐ]. ❷ 《袖なしの》マント, 外套(紮) 《cloak》. ❸ おおい隠すもの《layer》; 《of》 a ~ of darkness [snow] 夜のとばり[一面の雪]. ❹ 《ガス灯の》マントル. ❺ 《鳥》 《他の部分と色の異なる》羽・肩羽・背面. ❻ 《生》 外套《膜》. ❼ 《地》 マントル《地殻と中心核の中間部, 地下約35-2900kmの部分》.
── 動 ❶ 《ものをおおい, 包む, 隠す. The roofs were ~d in [with] snow. 屋根は一面に雪でおおわれた. ❷ 《古》 《血がく人・ほおを》紅潮させる. ── 動 ❶ 《古》 紅潮する. ❷ 《液体の》上皮を生じる. 【L=外套】
mántle·piece 图 =mantelpiece.
mant·let /mǽntlət/ 图 =mantelet.
mán·to·mán 形 ❶ 《論議など》率直な, 腹蔵のない《比較》 日本語の「マンツーマンの指導」 は one-to-one teaching [training] と言う》: a ~ talk 腹を割った話し合い. ❷ 《スポーツの防御など》 一対一の, マンツーマンの: man-to-man guarding [《英》 marking] マンツーマンのマーク.
── 副 率直に, 腹を割って.
mán·to·mán defénse 图 《スポ》 マンツーマンディフェンス《cf. zone defense》.
Man·toux tèst /mæntúː-/ 图 《医》 マントゥー反応《テスト》, ツベルクリン《皮内》反応《結核検査の一種》. 《C. Mantoux 19-20 世紀フランスの医師》.
man·tra /mǽntrə, máːn-/ 图 《ヒンドゥー教・密教などの》マントラ, 真言《《略》 《神秘的な威力をもつという》言葉, 《略》 《Skt》
mán·tràp 图 人捕りわな《構内への侵入者や密猟者を捕らえる》.
*** man·u·al** /mǽnjuəl, -njuːl/ 形 《比較なし》 ❶ 手の, 手先の: ~ dexterity 手先の器用さ. ❷ 手でする, 手動の: a ~ gearshift 《自動車の》手動変速機 / ~ labor 手仕事, 肉体労働 / a ~ worker 肉体労働者. ❷ 《小冊子の》便覧, 案内書, 手引き, マニュアル: a teacher's ~ 《教科書の》教授資料書. on mánual 手動で: operate a machine on ~ 機械を手動で操作する. ~·ly -njuəli, -njuli/ 副 《F<L 手のmanus 手》
mánual álphabet 图 《聾唖(紮)者用の》指話アルファベット《アルファベットの一字一字を指の組み合わせで表わす》.
mánual tráining 图 Ｕ 《学校教育の》手工《科》.
ma·nu·bri·um /mənjúːbriəm, -njúː-/ 图 《《複》 ~s, -bria /-briə/》 ❶ 《解・動》 柄状部. ❷ 《解・動》 胸骨柄. ❸ 《動》 《クラゲの》口柄. **ma·nú·bri·al** 形
*** man·u·fac·ture** /mæ̀njʊfǽktʃər, -njuːfǽktʃə/ 動 ❶ 《機械を使って大規模に製造するという意味で》製造《製作》する《produce》: ~ goods in large quantities 商品を大量に製造する. ❷ 《うその話・口実などを》捏造(紮)する, でっちあげる《fabricate》. ── 图 ❶ 《大規模な》製造, 製作: the ~ of pet foods ペットフードの製造. b 製造業, 製造工業: steel ~ 製鋼業. ❷ Ｃ 《通例複数形で》 製造品《product》. 《F<L=手で作られること; ⇒ manual, fact》 《類義語》 ⇒ make.
*** man·u·fac·tur·er** /mæ̀njʊfǽktʃərər, -njuːfǽktʃərə/ 图 《大規模な》 製造業者《会社》, メーカー: a car [computer] ~ 自動車[コンピューター]メーカー.
†**màn·u·fác·tur·ing** /-ɪŋ/ 图 Ｕ 製造《工業》.
── 形 製造《業》の: a ~ industry 製造産業.

1107 **many**

ma·nu·ka /máːnəkə/ 图 《植》 ギョリュウバイ《オーストラリア・ニュージーランド原産フトモモ科ネズモドキ属の花木; 葉はお茶になる》.
man·u·mis·sion /mæ̀njumíʃən/ 图 Ｕ《奴隷・農奴の》解放.
man·u·mit /mæ̀njumít/ 動 他《man·u·mit·ted; -mit·ting》《奴隷・農奴を》解放する.
†**ma·nure** /mənjúər, -njúə/ 图 Ｕ 肥料, 肥やし《cf. fertilizer》: artificial ~ 人造肥料 / barnyard [farmyard] ~ 厩肥(紮)［堆肥］ / green manure.
── 動 他 《土地に》肥料を施す. **ma·nu·ri·al** /mənjúəriəl, -njúə-/ 形
ma·nus /méɪnəs/ 图 《《複》 ~》 《解》 《脊椎動物の》前肢末梢部, 手.
*** man·u·script** /mǽnjuskrɪpt/ 图 ❶ 原稿, 手稿《手書きまたはタイプしたもの; 略 MS., 《複》 MSS.》: an unpublished ~ 未発表原稿 / edit a ~ 原稿を編集する. ❷ 写本《印刷術発明以前の手書きのもの》. **in mánuscript** 原稿の形で, 印刷されていない: The book is still in ~. その本はまだ原稿のままだ［未発表だ］. ── 形 Ａ 手書きの: a ~ copy 手書きの写し. 《L=手で書かれたもの; ⇒ manual, script》
mánuscript pàper 图 Ｕ 《楽譜を書き込むための譜表の》五線紙.
Manx /mǽŋks/ 形 Man 島《生まれ》の; マン島語の.
── 图 ❶ 《the ~; 複数扱い》 マン島人《★一人一人は Manxman という》. ❷ Ｕ マン島語.
Mánx cát 图 マンクス《尾がない猫》.
Mánx·man /-mən/ 图 《《複》 -men /-mən/》 マン島人《★女性形は **Mánx·wòman** 《-women》》.
Mánx shéarwater 图 《鳥》 マンクスコミズナギドリ《大西洋東北部産の小型のミズナギドリ》.

Manx Cat

*** man·y** /méni/ 形 《more /mɔ́ːr/ mɔ́ː/; most /móʊst/》 ❶ 《複数名詞の前で; 通例否定・疑問文で》 多数の, たくさんの《↔ few》《cf. much》 《語法》 (1) 話し言葉では, 肯定文の時には通例代わりに a lot of, lots of, a great [good] many, a (large) number of, plenty of などの句を用いる傾向にある; (2) 肯定文では主語の修飾語として, または too, so, as, how とともに用いる》: M~ people die of cancer. 癌(紮)で死ぬ人が多い / How ~ eggs are there in the refrigerator? 冷蔵庫に卵がいくつありますか / Too ~ cooks spoil the broth. ⇒ cook 图 1. ❷ 《many a [an] に単数形の名詞・動詞を伴って; 単数扱い》 数々の, 多数の: M~ a person has failed. 失敗した人は数多い / ~ a time また, しばしば / ~ and ~ a time 何度も何度も.

a gòod mány… かなり多数の…, 相当な数の…《cf. a good FEW…, a great MANY…》 《成句》

a grèat mány… 非常にたくさんの…, 多数の…《《比較》 a good MANY… より強意的》.

as mány… 同数の…: There were ten accidents in as ~ days. 10 日間に 10 件の事故があった.

as mány as… [数詞を伴って] …もの数の…: As ~ as 500 people may have been killed in the attack. 500 人もの人がその攻撃で殺されたかもしれない.

as mány…as… : I have as ~ friends as you do. ぼくにも君と同じくらいたくさんの友人がいる / He has only half [a third] as ~ books as you. 彼は君の半分[3 分の 1]だけの本を持っていない. (2) …するだけの数の…: You can have as ~ stamps as you want. 君が欲しいだけ切手をあげますよ.

be óne tòo mány 一人［一つ］多すぎる, 余計(紮)である

many-sided 1108

《用法》one is two, three などになることがある》: There *was* one too ~. 一つ[一人]多すぎた.

be (óne) tòo mány for...《英古風》〈人〉にまさる.

Mány's [Mány is] the tíme (that [when])... したことがたびたびある, しばしば...したものだ: *Many's the time* I've seen them together. 彼らがいっしょにいるのをたびたび見た.

só mány∴ (1) そんなにたくさんの: I can't eat *so* ~ pastries. そんなにたくさんのパイ[ケーキ]は食べられない. (2) 同数の..., ...と同数の...: *So* ~ men, *so* ~ minds. 《諺》十人十色 / Three hours went by like *so* ~ minutes. 3時間が3分間のように早く過ぎた.

──代《複数扱い》多数(の人, もの): *M*~ (*of us*) were tired. 《我々の》多くは疲れていた / How ~ are there? いくつありますか.

a góod mány かなり多数, 相当な数.

a grèat mány 非常にたくさん, 多数《既義 a good MANY より強意的》: There're *a great* ~ of them. そういうのは非常にたくさんある.

as mány それと同じ数.

as mány agáin さらに同じ数だけ, 2倍の数: There were three of us and *as* ~ *again* of them. 我々は3人だが彼らはその倍の6人いた.

as mány as... (1) ...と同数のもの: I have *as* ~ *as* you. 君と同じ数だけ持っている. (2) ...するだけの数のもの, ...に全部: You can take *as* ~ *as* you like. 君の欲しい《数》だけ取ってよいです.

hàve óne tòo mány 《口》飲みすぎる.

só mány (1) そんなにたくさんのもの: You shouldn't eat *so* ~. そんなにたくさん食べてはいけません. (2) ある一定数: I can only make *so* ~ a day. 1日にはある一定の数しか作れない. (3) [sò mànỳ] いくいくつ: They sell apples at *so* ~ (for) a pound. リンゴは1ポンドいくつというように売られている.

──名 [the ~; 複数扱い] 大多数の人たち, 大衆, 庶民 (↔the few).

《OE》

mány-sìded 形 ❶ a 多方面の[にわたる]. b 多芸の, 多才な. ❷ 多辺の. ~**ness** 名

man·za·nil·la /mæ̀nzəní:(j)ə, -ní:lə/ 名 ⓤ マンサニリャ《スペイン産の辛口のシェリー》.

Mao /máu/ 形《衣服が》中国式[スタイル]の, 人民服の: a ~ cap [jacket, suit] 人民帽[服]. 《*Mao Zedong*》

MAO《略》monoamine oxidase.

MAOI《略》〔生化〕monoamine oxidase inhibitor.

Mao·ism /máuɪzm/ 名 ⓤ 毛沢東主義. **-ist** /-ɪst/ 名 毛沢東主義《信奉》者. ──形 毛沢東主義の.

Mao·ri /máuri/ 名 (複 ~, ~s) ❶ ⓒ マオリ族の人《ニュージーランド先住民》. ❷ ⓤ マオリ語. ──形 ❶ マオリ人の. ❷ マオリ語の.

mao-tai /màutái, -dái/ 名 ⓤ 茅台(マオタイ)酒《小麦とコウリャンを原料とした強い蒸留酒; 中国貴州省産》.

Mao Ze·dong /máuzədúŋ, -dzə-/ 名 毛沢東 (1893-1976; 中国共産党中央委員会主席, 中華人民共和国国家主席).

*****map** /mǽp/ 名 ❶ 〈1枚の〉地図: a road [street] ~ 道路[市街]地図 / a large-scale ~ of Japan 大縮尺の日本地図 / draw [read] a ~ 地図を描く[読む]. ❷ 天体図, 星座図. ❸ 図解, 図表. ❹ 〔生〕遺伝(子)地図. ❺ 〔数〕写像 (mapping). **óff the máp**《口》(1) 辺境の, 最果ての. (2) 重要でない, 問題でない. **pút...on the máp**《口》〈人・町などを〉有名にする. **wípe...òff the máp**《口》〈人・町などを〉全滅[消滅]させる, 消し去る. ──動 他 (mapped; map·ping) ❶ 〈...の〉地図を作る (chart): The area has not been *mapped*. その地域はまだ地図になっていない. ❷ 〈...を〉〈...に〉関連づける, 結びつける (on(to), to). ❸ 〔生〕〈遺伝子・DNA 切片の染色体上での位置を特定する[示す]. ❹ 〔数〕写像する. **máp óut** (他+副) (1) 〈計画などを〉精密に立てる: ~ *out* one's ideas 自分の考えを精密にまとめる. (2) 〈...の〉計画を精

に立てる: ~ *out* one's future career 自分の将来の仕事について詳しい計画を立てる. 《F<L *mappa* (*mundi*) (世界を描いた)布》【類義語】map 一枚一枚の地図. **atlas** 地図帳. **chart** 海図・航空図など.

⁺ma·ple /méɪpl/ 名 ❶ 〔植〕カエデ. ❷ ⓤ カエデ材.

máple léaf 名 ❶ カエデの葉《Canada のシンボルマークであるサトウカエデ (sugar maple) の葉》.

máple súgar 名 ⓤ カエデ糖.

máple sýrup 名 ⓤ カエデ糖みつ, メープルシロップ.

máp·per 名 地図製作下絵.

máp·ping 名 ⓤ ❶ 地図作成. ❷ 〔数〕写像, 関数.

máp-rèader 名 地図の読める人.

maple 1, maple leaf

máp-rèading 名 ⓤ 地図を読み取ること, 読図.

máp rèference 名 地点表示《地図上の地点を示すための数字と文字の組合わせ》.

Ma·pu·to /məpúːtou/ 名 マプト《モザンビークの首都; 同国の主要港; 旧称 Lourenço Marques》.

ma·quette /mækét/ 名《影像や建築》の準備ひな形[スケッチ], 下絵.

ma·qui·la·do·ra /mækələdóːrə/ 名 マキラドーラ《外国企業《特に米国企業》がメキシコに設立した組立て工場》.

ma·quil·lage /màːki(j)áːʒ ǀ mæk-/ 名 ⓤ メーキャップ, 化粧(品).

ma·quis /mɑːkíː/ 名 (複 ~(-z)) ❶ ⓤ マキー《地中海地方の低木の密生《地帯》; しばしばゲリラ・逃亡者などの隠れ場所》. ❷ **a** [the M~] マキ《第2次大戦中のフランスの反独遊撃隊》. **b** ⓒ Maquis の一員.

ma·qui·sard /màːkiːzáː(d) ǀ -záː-/ 名 [しばしば M~] Maquis の一員.

***mar** /mɑ́ə ǀ mɑ́ː/ 動 他 (**marred; mar·ring**) 〈外観などを〉そこなう; そこなう, 台なしにする (ruin, spoil): Nothing *marred* the unanimity of the proceedings. 議事は何の滞りもなく満場一致になった. **máke or már** ⇒ make 動 成句.

mar.《略》marine; maritime; married.

Mar.《略》March.

mar·a·bou, mar·a·bout¹ /mǽrəbùː/ 名 ❶ ⓒ 〔鳥〕アフリカハゲコウ《コウノトリの一種》. ❷ **a** ⓤ アフリカハゲコウの羽毛. **b** ⓒ アフリカハゲコウの羽毛で作った装飾品.

mar·a·bout² /mǽrəbùː/ 名 ❶ 〔イスラム〕❶ [しばしば M~]《特に北アフリカの》修道士, 隠者, 聖者《超自然的力をもつと信じられている》. ❷ 修道士の墓所(祠).

ma·ra·ca /mərɑ́ːkə ǀ -rǽkə/ 名《通例複数形で》マラカス《キューバ起源のリズム楽器》.

Mar·a·cai·bo /mærəkáɪbou/ 名 ❶ マラカイボ《ベネズエラ北西部の市》. ❷ [Lake ~] マラカイボ湖《ベネズエラ北西部, ベネズエラ湾の南の湾入部; 同国の石油生産の中心》.

mar·an·ta /mərǽntə/ 名 〔植〕クズウコン, マランタ.

mar·a·schi·no /mæ̀rəskíːnou, -ʃíː-/ 名 ❶ ⓤ マラスキーノ(酒)《野生サクランボから造るリキュール》. ❷ =maraschino cherry.

maráschino chérry 名 マラスキーノチェリー《マラスキーノに漬けたサクランボ; ケーキ・カクテルなどの飾りに添える》.

ma·ras·mus /mərǽzməs/ 名 ⓤ 〔医〕消耗(症), 衰弱. **ma·rás·mic** 形 衰弱性の, 消耗症の.

Ma·rat /mərɑ́ː ǀ mæːrɑ́ː/, **Jean-Paul** 名 マラー (1743-93; スイス生まれの, フランス革命の指導的政治家).

***mar·a·thon** /mǽrəθɑ̀n ǀ -θən/ 名 ❶ [しばしば M~] マラソン《競走》《標準距離は 26 マイル 385 ヤード (42.195 km)》. **b** 長距離競走. **b** 《各種の》耐久コンテスト[レース]: a dance ~ 《持続時間を競う》ダンスマラソン. ──形 A ❶ マラソンの: a ~ runner マラソン選手[走者]. ❷《口》長時間に及び忍耐を必要とする: a ~ job マラソンのよ

うに骨の折れる仕事 / a ～ speech 延々と続くスピーチ, 長広舌. 〖490 B.C. に, ギリシアの Marathon でアテネ軍がペルシア軍を破った時, 使者がアテネまで走って戦勝を知らせたことから〗

már·a·thòn·er [名] マラソン選手.

ma·raud /mərɔ́:d/ [動] [自] [他] 略奪する. **～·er** [名] 略奪[襲撃]者.

ma·ráud·ing [形] [A] 〈人・動物が〉略奪[襲撃]する: ～ soldiers 略奪をほしいままにする兵隊たち.

*__mar·ble__ /máəbl | má:-/ [名] ❶ [U] **大理石** 《★ しばしば冷酷無情なものにたとえられる》: a heart of ～ 冷酷[無情]な心. ❷ [C] [通例複数形で] (個人・博物館所蔵の) 大理石彫刻物. ❸ **a** [～s として [U]] ビー玉遊び: a game of ～*s* ビー玉遊び / play ～*s* ビー玉遊びをする. **b** [C] (ビー玉遊びの)ビー玉. ❹ [複数形で] 《口》 分別; 理性: lose one's ～*s* 気が狂う / I've aged, but I still have all my ～*s*. 年はとっても判断力はまだある. **(as) hárd [cóld] as márble** (大理石のように)冷酷無情な. ── [形] [A] ❶ **大理石(製)**の; 大理石まがいの[のような]: a ～ statue 大理石像. ❷ **a** 堅い, 冷ややかな, 無情な: a ～ heart 冷酷無情な心. **b** なめらかな; 白い. 〖F < L < Gk＝輝く石〗 ([形] marmoreal)

márble càke [名] [U,C] マーブルケーキ 《チョコレートで大理石模様がつけてある》.

már·bled [形] ❶ 大理石[墨流し]模様の: a book with ～ edges 小口(こぐち)が大理石模様の書物. ❷ 〈食肉が〉霜降りの: ～ meat 霜降り肉.

márbled whíte [名] 〖昆〗 セイヨウ[ヨーロッパ]シロジャノメ.

mar·ble·ize /máəbəlàɪz/ [動] [他] 大理石模様にする.

már·bling [名] [U] 大理石[墨流し]模様(の着色[染め分け]).

már·bly [形] ❶ 大理石のような. ❷ 堅い, 冷たい.

Már·burg disèase /máəbəːg- | má:bʊəg-/ [名] [U] 〖医・獣医〗 マールブルグ病 《死亡率の高いヒト・サルの出血熱の一種; 1967 年ドイツ Marburg で西アフリカ産ミドリザルが媒介して流行した》.

Márburg vìrus [名] マールブルグウイルス 《マールブルグ病の原因となる, RNA アルボウイルス》.

marc /máək | má:k/ [名] [U] ❶ (ブドウなどの)搾りかす. ❷ マール(酒) 《ブドウなどの搾りかすから蒸留して造ったブランデー》.

Mar·can /máəkən | má:-/ [形] 聖マルコ (St. Mark) の.

mar·ca·site /máəkəsàɪt | má:-/ [名] [U] 〖鉱〗 白鉄鉱.

mar·ca·to /maəká:ṭoʊ | ma:-/ [形] [副] 〖楽〗 はっきりしたアクセントの[をつけて], マルカートの[で].

mar·ces·cent /maəsés(ə)nt/ [形] 〖植〗 〈植物のある部分が〉落ちないで枯れる[しおれる], 枯凋(こちょう)[凋萎]する. **mar·cés·cence** [名] [U] 枯凋(性).

*__march__[1] /máəʧ | má:ʧ/ [動] [自] ❶ **a** 行進する, 堂々[悠々]と歩く; 進軍[行軍]する; (決然とした足取りで)足早に歩く: ～ *by* [*in, out, off*] 行進して通り過ぎる[入る, 出て行く, 去る] / He ～*ed out of* the room in anger. 彼は憤然として部屋から出ていった / The soldiers had ～*ed* 30 km by sunset. 兵隊たちは日没までに 30 キロ進軍した. **b** デモ行進する (demonstrate): ～ for peace 平和のためのデモ行進をする. ❷ 〈事件・学問・時・仕事などが〉進展する, 進む, はかどる. ── [他] ❶ 〈軍隊などを〉進ませる, 行軍させる: They ～*ed* the troops to the front. 兵士たちを前線へ行進させた. ❷ 〈人を〉引っぱっていく: He was ～*ed off* [*away*] *to* jail. 彼は刑務所へ連れていかれた. **márch pást** 分列行進する (cf. march-past). ── [名] ❶ **a** [U] 行進, 行軍: the line of ～ 〖軍〗 行進路. **b** [C] (種々の形の)行進, 行軍; デモ行進 (demonstration): an hour's ～ 1 時間の行軍 / an antiwar ～ 反戦デモ行進 / make a forced ～ 強行軍をする. **c** [C] 行軍[行進]距離: a ～ of ten miles 10 マイルの行軍. ❷ [the ～] 進み, 進展, 発達: *the* ～ *of* time 時の経過 / *the* ～ *of* civilization 文明の進歩. ❸ [C] 〖楽〗 マーチ, 行進曲: a funeral [military, wedding] ～ 葬送[軍隊, 結婚]行進曲. ❹ [単数形で] 行進の歩調, (並足・駆け足などの)足: at a quick [slow, double] ～ 速足[並足, 駆け足]で. **Dóuble márch!** 〖号令〗 駆け足進め! **on the márch** (1) 行進[行軍]中で. (2) 発展[進展]中で. **Quíck márch!** 〖号令〗 速足進め! **stéal a márch (on...)** (...を)出し抜く. 〖F < Frank＝足跡をつける〗

march[2] /máəʧ | má:ʧ/ [名] ❶ (特に紛争中の)国境, 辺境. ❷ [the Marches] 《英》 (イングランドとスコットランドまたはウェールズとの)境界地方.

‡**March** /máəʧ | má:ʧ/ [名] **3 月** 《略 Mar.; 用法は ⇨ January》. 〖F < L＝軍神 Mars の月〗

márch·er[1] [名] (徒歩)行進者; デモ行進者: peace ～*s* 平和行進者[運動推進デモ参加者].

márch·er[2] [名] 国境地方の住民.

Márch háre [名] (さかりのついた)三月のウサギ: (as) mad as a March HARE.

márch·ing bánd [名] パレード[行進]のバンド.

márch·ing òrder [名] [U] 《英》 行進の装備[隊形], 行軍装備.

márching òrders [名] [複] ❶ 進軍命令. ❷ 《口》 解雇通告, (恋人などへの)別れ言葉, 三下り半.

mar·chio·ness /máəʃ(ə)nɪs | mà:ʃənés, má:ʃ(ə)nɪs/ [名] ❶ 侯爵夫人[未亡人]. ❷ 女侯爵 (⇨ nobility).

Márch of Dímes [名] [the ～] 〖米〗 小児麻痺救済募金運動.

márch-pàst [名] 分列行進.

Mar·ci·a·no /mɑ̀əsiǽnoʊ | mà:siá:n-/, **Rocky** [名] マルシアノ 《1923–69; 米国のヘビー級ボクサー》.

Mar·co·ni /maəkóʊni | ma:-/, **Gu·gliel·mo** /gu:ljélmoʊ/ [名] マルコーニ 《1874–1937; イタリアの電気技術者; 無線電信の発明者》.

Márco Pólo [名] ⇨ Polo.

mar·cot·tage /maəkáṭɪʤ | ma:kɔ́t-/ [名] [U] 〖園〗 (取り木の)高取り法 《節の下に切り目を付けてミズゴケなどの厚い層でおおい, 発根後切り離す繁殖法》.

Mar·cus Au·re·li·us /máəkəsɔ:rí:liəs | -má:-/ [名] マルクスアウレリウス 《A.D. 121–180; ローマ皇帝 (161–180); 五賢帝の最後》.

Mar·cu·se /maəkú:zə | ma:-/, **Herbert** [名] マルクーゼ 《1898–1979; ドイツ生まれの米国の哲学者》.

Mar·di Gras /máəḍigrà: | má:digrá:/ [名] マルディグラ, 懺悔(ざんげ)火曜日 《謝肉祭 (carnival) が最高潮に達する最終日, 四旬節 (Lent) の始まる前日》. 〖F＝fat Tuesday; Lent の断食前にたっぷり肉を食べることから〗

⁺**mare**[1] /méə | méə/ [名] (完全に成長した馬・ロバなどの)雌; (特に)雌馬 (⇨ horse [関連]). 〖OE〗

ma·re[2] /má:reɪ/ [名] ([複] **ma·ri·a** /má:riə/) 〖天〗 (月・火星の)海 《表面の暗黒部分》. 〖L＝海〗

ma·re clau·sum /má:reɪkláusəm, -klɔ́:-/ [名] (内海など外国船の入れない, 狭義の)領海.

má·re lí·be·rum /-lí:bərʊ̀m/ [名] 〖国際法〗 自由海, 海洋の自由; 公海.

ma·rem·ma /mərémə/ [名] ([複] **-rem·me** /-rémi:/) (イタリアなどの)海岸湿地[沼池].

máre's-nèst /méəz- | méəz-/ [名] ❶ (大発見と見えて実は)見かけ倒しの事[もの], 期待はずれ, 幻の大発見. ❷ 錯綜(さくそう)[混乱]した状態, ごたごた.

máre's tàil [名] ([複] **～s, máres' tàils**) ❶ [複数形で] 馬尾雲 《細くたなびく巻雲 (cirrus) の通称》. ❷ 〖植〗 スギナモ.

Ma·ré·va injùnction /mərí:və-/ [名] 〖英法〗 マレヴァ型差し止め命令 《裁判所が被告の財産(処分)を一時的に凍結する》.

Már·fan('s) sỳndrome /máəːfæ̀n(z)- | má:-/ [名] [U] 〖医〗 マルファン症候群 《四肢や指の異状伸長を主徴とし, しばしば 眼球や心血管系の異状を伴う遺伝性疾患》. 〖A. B. J. Marfan 19–20 世紀フランスの小児科医〗

Mar·ga·ret /máəg(ə)rət | má:-/ [名] マーガレット 《女性名; 愛称 Maggie, Meg, Peg, Peggy》. 〖F < L < Gk＝真珠〗

mar·ga·rine /máəʤ(ə)rɪn, -ʤərì:n | mà:ʤərí:n, -gər-/ [名] [U] マーガリン, 人造バター. 〖F＝真珠色の (↑)〗

mar·ga·ri·ta /mɑ̀əgərí:ṭə | mà:-/ [名] マルガリータ 《テキーラにライム[レモン]果汁とオレンジ風味のリキュールを加え

M

たカクテル). 〖Sp=Margaret〗

mar·gay /máɚgeɪ | máː-/ 图 〖動〗マーゲイ《オセロットに似た斑点のある小型のヤマネコ; Texas 州南部からアルゼンチンに分布》.

marge /máɚdʒ | máːdʒ/ 图〖英口〗=margarine.

*__mar·gin__ /máɚdʒɪn | máː-/ 图 ❶ (ページなどの)余白, 欄外, ヘリ: write in the ~ 余白に書き込む / a note on the ~ of a page ページの欄外の注 / justify the ~ 欄外をまっすぐに整える. ❷ a (時間・経費・活動などの)余裕 (leeway): a ~ of 5 minutes 5分の余裕 / leave a good safety ~ 安全であるために十分な余裕をとっておく. b (誤りなどの)余地: allow for a ~ of error ある程度の誤差を見込む. ❸ (時間の)差; (得票などの)票差: by a ~ of 0.53 second (zero point five three seconds) 0.53秒の差で / by a huge [2-to-1] ~ 大差[2対1の票差]で. ❹ 縁, へり, 端(edge); 岸: at the ~ of the river 川の縁に. ❺ [the ~(s)] (社会・情勢などの)周辺部, 重要でない位置 (fringes): people who have been pushed to *the ~s* of society 社会の周辺へ押しやられた人々. ❻ 下限, 限界(に近い状態): the ~ of cultivation 耕作の限界. ❼〖商〗元値と売り値の開き, 利ざや, マージン: a large [narrow] ~ 大幅[微細]な利ざや / a low profit ~ 小さな利ざや / ~s on liquors 酒類販売の利ざや. **by a nárrow márgin** 僅差で, きわどいところで, かろうじて. **by a wíde márgin** 大差で, かなりの得点で, 余裕で. ━ 動 〈ページに〉余白[欄外]を設ける: a generously ~ed page 充分に余白をとったページ. 【L=境界, 端】 形 mar·gin·al) 類義語 ⇒ border.

__mar·gin·al__ /máɚdʒɪn(ə)l | máː-/ 形 ❶ a 〈問題など〉周辺的な; あまり重要でない: a matter of ~ importance to us 我々にはさして重要でない事柄. b ~に相違などわずかな. ❷ 社会的に周辺的な, 主流でない (↔mainstream): a ~ group 非主流の集団. ❸ A 欄外に書いた: ~ notes 欄外の注. ❹ 限界の, 限界内の, 最低の: ~ cost [profits, utility]〖経〗限界費用[収益, 効用]. ❺〖英〗〈国会の議席・選挙区など〉(勝敗が)わずかな得票差で決まる, 僅差(^(2))の, 接戦の: a ~ seat [constituency] 僅差席[選挙区]. ❻〈土地が〉生産性が低い(ほとんどない). 〖《英》僅差[接戦]の議席[選挙区]. 图 margin)

mar·gi·na·lia /mɑ̀ɚdʒənéɪliə | màː-/ 图 欄外の注[書き込み].

†**mar·gin·al·ize** /máɚdʒɪn(ə)lɑ̀ɪz | máː-/ 動〈人・もの〉を重要視しない, 無用のものとして扱う, 軽んじる. **mar·gin·al·i·za·tion** /mɑ̀ɚdʒɪn(ə)lɪzéɪʃən | mɑ̀ː-/ 图

*__mar·gin·al·ly__ /-nəli/ 副 ほんのわずか, すこしばかり (slightly): It's much more expensive but only ~ better. それはずっと値が張るが, ほんのちょっぴりいいだけだ.

mar·gin·ate /máɚdʒənèɪt | mɑ̀ː-, -nət/動 〈…に〉へりをつける. ━ -nət, -nèɪt/ 形 (…の)ある. **mar·gin·a·tion** /mɑ̀ɚdʒənéɪʃən | mɑ̀ː-/ 图

márgin call 图〖証券〗追い証の請求〖取引証券会社からの顧客に対する追加証拠金の要求〗.

Mar·got /máɚgoʊ | mɑ́ː-/ 图 マーゴー《女性名》.

mar·gra·vate /máɚgrəvèɪt | mɑ̀ː-/, **-vi·ate** /-vièɪt, -vièɪt | mɑː-/ 图 margrave の領地, 侯爵[辺境伯]領.

mar·grave /máɚgreɪv | mɑ́ː-/ 图〖史〗(神聖ローマ帝国の)侯爵《ドイツの辺境伯》. **-gra·vine** /máɚgrəvìːn | mɑ̀ː-/ 图 侯爵[辺境伯]夫人.

mar·gue·rite /mɑ̀ɚgərít | mɑ̀ː-/ 图〖植〗マーガレット, モクシュンギク. 〖Gk=真珠〗

ma·ri·a 图 mare² の複数形.

Ma·ri·a /məríːə, -rɑ́ɪə | mə-/ 图 マリア《女性名》.

ma·ri·a·chi /mɑ̀ːrìáːtʃi/ 图 マリアッチ: **a** U メキシコのダンス音楽の一種. **b** C メキシコの町の楽隊(の一員).

mar·i·age blanc /mɑ̀ːrìáːblɑ̃ːblɑ̃ː/ 图 (@ *mar·i·ages blancs*/~/) 未完成な結婚, 性行為を伴わない結婚. 〖F< white marriage〗

Mar·i·an /mé(ə)riən/ 图 マリアン《女性名》. ━ 形 ❶ 聖母マリアの. ❷ Mary I の; Mary Stuart の.

Már·i·an·a Íslands /mériənə-/ 图 [the ~] マリアナ諸島《Philippine 諸島の東方にある群島; 米国領の Guam 島と米国の自治連邦北マリアナ諸島 (the Northern Mariana Islands) からなる》.

Máriana Trénch 图 [the ~] マリアナ海溝《Guam 島の南東から Mariana 諸島の北西に延びる世界最深の海溝》.

mári·cùlture /mérə- | mérə-/ 图 U (自然環境を利用した)海洋[海中]牧場, 海中養殖[栽培].

Ma·rie /məríː | məríː, máːriː/ 图 マリー《女性名》.

Ma·rie An·toi·nette /məríː æ̀ntwənét/ 图 マリーアントワネット《1755-93; フランス王 Louis 16世の妃; フランス革命で処刑された》.

Marie Róse 图〖料理〗マリーローズ《マヨネーズとトマトピューレで作る冷たいソース; エビなど魚介料理に添える》.

*__mar·i·gold__ /mérəgòʊld/ 图〖植〗マリゴールド《キク科マンジュギク属の一年草または多年草; 主に観賞用》.

*__mar·i·jua·na__, **mar·i·hua·na** /mèrə(h)wáːnə/ 图 U ❶〖植〗インド大麻(^(たい)). ❷ マリファナ《インド大麻の葉と花を乾燥させて作る麻薬; 主に喫煙用, @ bhang, cannabis, hashish》: smoke ~ マリファナを吸う. 〖Am-Sp; 現地語と人名 Maria Juana (=Mary Jane) との混成〗

Mar·i·lyn /mérəlɪn/ 图 マリリン《女性名》.

ma·rim·ba /mərímbə/ 图 マリンバ《木琴の一種; 音板の下に共鳴管[器]を備えたタイプのものを指す》.

†**ma·ri·na** /məríːnə/ 图 マリーナ《ヨットやモーターボートなどを係留する港》. 〖It & Sp<L=海の; ⇒marine〗

†**mar·i·nade** /mèrənéɪd, -́--/ 图 UC マリネード《酢・ワイン・油・香辛料などを加えた漬け汁; 肉や魚を漬ける》. ❷ C マリネ《マリネードに漬けた肉や魚》. ━ 動 =marinate.

ma·ri·na·ra /mɑ̀ːrənɑ́ːrə/ 图 UC 〖イタリア料理〗マリナラ《トマト・タマネギ・ニンニク・香辛料で作るソース》.

†**mar·i·nate** /mérənèɪt/ 動〈肉・魚〉をマリネードに漬ける, マリネにする. ━ 自 マリネになる.

*__ma·rine__ /məríːn/ 形 A (比較なし) ❶ 海の, 海洋の; 海にすむ, 海産の: a ~ cable 海底電線 / a ~ laboratory 臨海実験所 / ~ products 海産物 / ~ life 海洋生物 / ~ biology 海洋生物学. ❷ 海事の, 海運(業)の; 船舶の; 海上貿易の: ~ affairs 海事 / a ~ court 海難審判所 / ~ law 海(上)法 / ~ insurance 海上保険 / a ~ policy 海上保険証券 / ~ transport(ation) 海運. ❸ 海上勤務の; 海軍の: ~ power 海軍力 / ⇒ Marine Corps. ━ 图 ❶ 海兵隊員《米国の the Marine Corps または英国の the Royal Marines の一員》. ❷ [the M~s] a =Marine Corps. **b** =Royal Marines. **Téll thát to the marínes [hórse marines]!** 《口》そんなことをだれが信じるものか, うそをつけ. 〖F<L=海の<*mare* 海〗

†**Marine Córps** 图 [the ~; 集合的; 単数または複数扱い] 米国海兵隊 (cf. Royal Marines).

marine iguána 图〖動〗ウミイグアナ《Galápagos 諸島産, 海岸の岩礁にいて, 干潮時に海に潜って海藻を食う》.

†**mar·i·ner** /mérənɚ | -nə/ 图 ❶ 海員, 水夫. ❷ [M~] マリナー《米国の惑星探査用無人宇宙船》.

marine snów 图 U マリンスノー, 海雪《海底に降り注ぐプランクトンの死骸など》.

marine stóre 图 ❶ 船具店. ❷ [複数形で] 船具類, 船舶用物資.

Ma·ri·no /məríːnoʊ/, **Dan** 图 マリーノ《1961- ; 米国のフットボール選手; クォーターバック》.

Mar·i·ol·a·try /mèriáːlətri | -ɔ́l-/ 图 U (過度の)聖母崇拝, マリア崇拝.

Mar·i·ol·o·gy /mèriáːlədʒi | -ɔ́l-/ 图 U〖教〗処女マリア信仰; (聖母)マリア論(学). **Màr·i·o·lóg·i·cal** 形

mar·i·o·nette /mèriənét/ 图 操り人形, マリオネット (cf. puppet 1).

Mar·is /méɪrɪs/, **Roger** 图 マリス《1934-85; 米国の野球選手; 1961年61本のホームランを打ち Babe Ruth の記録を破った》.

Már·is Píper /méris-/ 图〖園〗マリスパイパー《ヨーロッパ

で栽培されるジャガイモの一品種》.

Mar・ist /mǽrɪst/ 图 [カト] マリスト会会員 《マリスト会は1816年ごろ Jean Claude Colin たちによって Lyons 近辺に創立された, 外国伝道・少年教育を目的とするマリア修道会》.

†mar・i・tal /mǽrətl/ 形 A 結婚の; 夫婦(間)の: ~ problems 夫婦間の問題. ~・ly /-təli/ 副 〖F or L〗

márital státus 图 U 婚姻関係の有無 《既婚・未婚・離婚などの区別》.

†mar・i・time /mǽrətàɪm/ 形 A ❶ 海の, 海事の, 海に関する: a ~ association 海上保険 / ~ law 海(事)法, 海商法 / a ~ museum 海事博物館 / a ~ power 海国, 海運[海軍]国. ❷ 海岸近くに住む, 沿海の. ❸ 〈気候などが〉海洋性の. 〖F or L=海の(近くの); ⇒ marine〗

máritime píne 图〖植〗カイガンショウ.

Máritime Próvinces 图 徼 [the ~] 沿海州 《カナダ南東部, 大西洋に臨む Nova Scotia, New Brunswick, Prince Edward Island の3州》.

mar・jo・ram /má́ːdʒərəm | má:-/ 图 U〖植〗マヨラナ, マージョラム《シソ科の植物; 薬用・料理用》.

Mar・jo・rie /má́ːdʒ(ə)ri | má:-/ 图 マージョリー《女性名; スコットランドに多い》.

＊mark¹ /má́ːk | má:k/ 图 ❶ a 《本来の形や色を傷つけたりよごしたりする》跡, 傷跡; しみ, 汚点: grease ~s 脂(*ラ̌ʐ)のしみ / scratch ~s ひっかき傷 / make a ~ with a knife ナイフで傷をつける. **b** 斑点, 《体の》あざ, しみ: ⇒ birthmark, strawberry mark. ❷ **a** 《通例修飾語を伴って》マーク, 記号, 符号; 刻印, 検印: punctuation ~s 句読(✧̀)点 / ⇒ question mark, trademark, postmark. **b** 《字の書けない者が署名の代わりに書く》×印(の署名): make one's ~ on a document 書類に×の署名をする. **c** [M~; 数字を伴って]《特別様式の武器・飛行機などの》型式記号, マーク: ...型, マーク: a Jaguar M~ II ジャガーマークツー. ❸ **a** 目印, 目標, 標識; 標的, 的: put a ~ on a map 地図に目印をつける / miss one's ~ 的の中心[い]狙い目的を逸する / hit the ~ 的中する; 目的を達する. **b** 《口》《嘲笑の》的; 《米口》だまされやすい相手, かも: an easy ~ いいかも. ❹ **a** 《性質・感情などの》表われ, しるし (indication, sign): a ~ of advancing age 老齢のしるし / as a ~ of (one's) respect 敬意のしるしとして. **b** 特色, 特徴: a ~ of Roman influence ローマの影響を示す特色. ❺ 《英》《成績の》評点; 成績(点); 《米》grade: a good [bad] ~い[悪い]点数[成績] / ⇒ black mark / get 80 ~s [a ~ of 80] in English 英語で 80 点をとる / I gave him full ~s for trying. 私は彼の努力に満足を与えた[努力を高く評価した]. ❻ [the ~] **a** 《重要な》段階, 水準, 限界: Unemployment was well over *the* one million ~. 失業者は100万人の段階を優に超えていた. **b** 標準: above *the* ~ 標準以上で / below [beneath] *the* ~ 標準に達せずに / overstep *the* ~ 度を過ごす, やり過ぎる. ❼ [しばしば *the* ~]《競技》出発点, スタートライン.

besìde the márk (1) 的をはずれて. (2) 見当違いで; 要領を得ないで.

clóse to the márk =near the MARK¹ 成句.

gèt óff the márk (1) スタートを切る. (2) 着手する.

(Gód) bléss [sáve] the márk! 《驚き・嘲笑などを表わして》いやはや!, おやまあ!

léave one's márk on ...に足跡[大きな影響]を残す.

máke one's márk 成功する, 《...に》名を残す (*on*).

néar the márk (1) ほぼ当たって, 大体本当で. (2) 《冗談・批評など》痛い所[急所]を突いて.

óff the márk =beside the MARK¹ 成句.

of márk 有名な: a man of ~ 著名な人.

on the márk (1) 正しくて, 正確で, 的[正鵠(ẽɪ̈ɔ)]を射て. (2) 出発の準備ができていて.

òn your márk(s) 《競技》位置について! (cf. 7): *On your* ~(*s*)! Get set! Go! 位置について, 用意, ドン! 《《英》Ready, steady, go! ともいう》.

quíck óff the márk のみこみの速い, 頭の回転が速い.

shórt of the márk (1) 的に達せずに. (2) 標準に達しない.

slów óff the márk のみこみが遅い, 頭の回転が遅い.

1111 **Mark**

ùp to the márk 《通例否定文で》(1) 標準に達して, 申し分のない (up to scratch). (2) 《健康が》よくて, 元気で: I'm *not* feeling *up to the* ~. 気分がすぐれない.

wíde of the márk =beside the MARK¹ 成句.

── 動 ❶ ⟨...にしるしをつける; ⟨...に⟩しるし・スタンプ・刻印などをつける, 押す ⟨*with*⟩, ⟨...に×⟩しるしなどを押す, つける ⟨*on*⟩; ⟨...に⟩...としるしをつける: ~ sheep 羊に所有のしるしをつける / ~ the date その日付に覚えのしるしをつける / Dogs urinate to ~ their territory. 犬は自分のなわばりを示すために小便をする / ~ one's clothes *with* one's name= ~ one's name *on* one's clothes 衣服に名前を入れる / The prices are ~*ed on* the goods. 定価は商品に表示されております / ⟨+目+補⟩ ~ students present or absent 生徒に出席・欠席のしるしをつける / The door is ~*ed* John Smith. ドアにはジョン スミスという表札が掛かっている. ❷ ⟨...に⟩⟨斑点(など)の⟩跡[模様]をつける (cf. marked 3): Be careful. Hot dishes will ~ the table. 注意して. 熱いお皿はテーブルに跡がつくぞ. ❸ **a** ⟨...を⟩⟨符号・点など⟩で⟨...に⟩⟨地図など⟩に示す; ⟨...に⟩⟨計器・事柄など⟩⟨ある程度数・水準⟩を示す, 記録する: X ~*s* the spot. X 印がその地点をよく示している / ~ an all-time high 最高水準を記録する, 最高記録を示す. **b** 《感情・意向などを》表わす: ~ one's approval by nodding うなずいて同意を表わす. ❹ ⟨答案などを⟩採点する; ⟨学生の得点を⟩記録する: ~ exam papers 試験の答案を採点する. ❺ **a** ⟨...を⟩特色づける, 目立たせる; ⟨...を×⟩...と特色づける (characterize): He has all the qualities that ~ a good surgeon. 彼にはりっぱな外科医を特徴づけるすべての特質が備わっている / ⟨+目+*as* 補⟩ He was ~*ed as* an enemy of society. 彼は社会の敵というレッテルをはられた. **b** 《時の区切り・記念すべき事柄などを》示す: This year ~*s* our 26th wedding anniversary. 今年は我々が結婚して 26 年目になる. ❻ 《古風》⟨...に⟩注意を払う, 注目する: M~ my words. 私の言うことをよく注意して聞きなさい / ⟨+wh.⟩ M~ *what* you do [*what* I want you to do]. 何をすべきか[私が君に何をしてほしいと思っているか]よく考えてみなさい. ❼ 《英》《スポ》⟨相手を⟩マークする. ── 自 しるしをつける; 跡[しみ]がつく: This table ~*s* easily. このテーブルはすぐ跡がつく.

márk dówn 《他+副》(1) ⟨...を⟩書き付ける[留める]. (2) ⟨商品を⟩値下げする (reduce; ↔ mark up): ~ *down* books by 10%. 本を10 パーセント安くする. (3) ⟨生徒などの⟩点数を下げる. (4) ⟨人を⟩...と認める, 見なす: ⟨+目+*as* 補⟩ I ~*ed* her *down as* a Russian. 私は彼女をロシア人だと思って(い)た.

márk óff 《他+副》(1) 《線を引いて》⟨土地を⟩区画する: ~ *off* a boundary 境界線を引く. (2) 《リストで》⟨...に⟩線を引いて[しるしをつけて]消す: ~ *off* certain items on a list 一覧表のある項目を線で消す. (3) ⟨人・ものを×⟩...から区別する: What ~*s* her *off from* her brother is her concentration. 彼女を兄と区別するものは彼女の集中力です.

márk óut 《他+副》(1) 《競技場などの》線を引く: ~ *out* a racecourse 競走路のラインを引く. (2) ⟨人を⟩特徴づける, 目立たせる. (3) ⟨人を⟩...に抜擢(Ⅰ̈ʈ)する: The company ~*ed* him *out for* promotion. 会社は彼を抜擢して昇進させることに決めた.

márk úp 《他+副》(1) ⟨品物を⟩値上げする (increase; ↔ mark down). (2) ⟨生徒・答案などの⟩点数を上げる. (3) 《原稿などに》手を入れる, 《指示・メモなどを》書きこむ; 〖電算〗《文章をマークアップする《テキストファイルに段落や文字の大きさなど文章の構造を示すタグ[しるし]を入れる》.

márk you いいかね(君), よく聞きたまえ (mind you) 《★ 相手に念を押すために用いる》.

〖OE=境界, 境界を示すしるし〗

mark² /má́ːk | má:k/ 图 ❶ マルク 《ドイツの旧通貨単位; ⇒ Deutsche mark》. ❷ マーク 《昔のイングランド・スコットランドの通貨単位》. ❸ マルク 《昔のヨーロッパの金・銀の重量単位》.

Mark /má́ːk | má:k/ 图 ❶ マーク 《男性名》. ❷ [St.

márk・dòwn 名 ❶ 値下げ: a substantial ~ 大幅な値下げ. ❷ 値下げ額.

***marked** /mάːkt | mάːkt/ 形 ❶ 著しい, 目立つ, 明白な (noticeable): a ~ difference [change] 著しい相違[変化] / in ~ contrast to... と著しい対照をなして. ❷ A 注意[注目, マーク]されている: a ~ man 目をつけられて[いる]人. ❸ P 有標の (↔ unmarked): a face ~ with smallpox あばたのある顔 / A leopard is ~ with black spots. ヒョウには黒い斑点がある. ❹ しるしのある, 記号のついた. ❺ 〖言〗有標の (↔ unmarked). **márk・ed・ness** /-kɪd-/ 名 〖MARK¹+-ED〗

márk・ed・ly /-kɪd-/ 副 著しく, きわだって, 明らかに.

⁺**márk・er** 名 ❶ a しるし[マーク]をつける[記す]道具]. b マーカー, マジックペン: a felt-tipped ~ サインペン. c (トランプなどの)数取り. ❷ a 目印, 指標; (物質や性質などの)存在を示すもの]し, マーカー, 標識. b しおり. c 墓標, 石碑, 記念碑(など): a stone ~ 石碑. ❸ 里程標. ❸ a しるし[マーク]をつける人. b 得点記録係. c (試験・競技などの)採点者. ❹ 〖米俗〗約束手形, 借用証. ❺ 〖言〗標識. ❻ =genetic marker.

***mar・ket** /mάːkɪt | mάː-/ 名 ❶ C 市(ɪ̀); 市(場)〖ば). 〖用法〗売買を目的にする時にはしばしば無冠詞で用いられる): ⇒ black market, flea market / The farmer took his pigs to ~. その農夫は豚を(売るために)市に連れていった / She goes to ~ every morning. 彼女は毎朝市場に(買い物)に行きます. b =market day. ❷ C (通例, 特定の)食料品店, マーケット: a meat [fish] ~ 肉[魚]屋 / a hypermarket, supermarket. ❸ [the ~] (特定の物品・地域の)売買市場(ばょう), 株式市場 (stock market); 取引, 売買: the car [housing] ~ 自動車[住宅]市場 / the job [labor] ~ 労働市場 — 株式市場 / This product doesn't appeal to the foreign [home] ~. この製品は外国[国内]市場には受けない. ❹ U [また a ~] 需要, はけ口, 販路 (demand): find a new ~ for... の新販路[市場]をひらく / There's a good ~ for used cars. 中古車の需要が多い. ❺ C 市況; 市価, 相場: a slack [brisk] ~ 沈滞[活発]市況 / The ~ has risen [fallen]. 相場が上がった[下がった]. **cóme ònto the márket** 〈商品が〉売りに出る. **in the márket for** 〈人・会社が〉…を求めて, 買いたいと望んで: He's in the ~ for a good used car. 彼はいい中古車を求めている. **on the márket** 市場に出て(いる), 売りに出て: go on the ~ 〈商品が〉市場に出回るようになる / bring [put] ... on the ~ = put goods on the ~. 商品を売りに出す. **on the ópen márket** 〈商品が〉市販されて, 自由に手に入る. **pláy the márket** 株式の投機をする. **príce... óut of the márket** ⇒ price 成句. — 動 〈品物を〉市場に出す; 売る: ~ a new-model car 新型車を売りに出す / We are trying to ~ American beef in Japan. 我々はアメリカの牛肉を日本で売り込もうとしている. — 〖米〗買い物をする: go ~ing 買い物に行く. 〖F<L=商業〗

mar・ket・a・bil・i・ty /mὰːkɪtəbíləti | mὰː-/ 名 U 売り物になること, 市場性.

⁺**mar・ket・a・ble** /mάːkɪtəbl | mάː-/ 形 市場向きの, 売れる.

márket cròss 名 〖英〗市場十字(架) 〖中世のころ市場に立てられた十字架, または十字形や多角形の建物; ここで代官の発した布告が読み上げられた〗.

márket dày 名 定期市の立つ日, 市日(ɪ̀ь).

márket-driven 形 =market-led.

márket ecónomy 名 市場経済.

⁺**mar・ke・teer** /mὰːkətíə | mὰː・kətíə/ 名 ❶ 市場商人. ❷ 〖修飾語を伴って〗…市場主義者[擁護者, 提唱者, 支持者]; ...市場で活動する人: a free ~ 自由市場主義者 / ⇒ black marketeer.

márk・et・er /-tə | -tə/ 名 市場で売買する人[会社].

⁺**márket fórces** 名 〖復〗(価格などを決める)市場実勢, 市場要因, 市場勢力.

márket gárden 名 《英》(市場向けに栽培する)野菜園.
márket gárdener 名 市場向け野菜栽培業者.
márket gárdening 名 U 市場向け野菜栽培(業).

⁺**márket・ing** /-mάːkɪtɪŋ | mάː-/ 名 ❶ 〖経〗マーケティング 〖市場調査・流通経路・広告なども含む製造計画から最終販売までの全過程). b (会社の)マーケティング部門. ❷ 市場で売買すること.

márk・et・i・za・tion /mὰːkɪtəzéɪʃən | mὰːkɪtaɪ-/ 名 U 自由経済市場への移行, 市場化.

márket lèader 名 〈ある製品の市場で〉首位を占める会社[商品].

márket-lèd 〈経済が〉市場原理による, 〈商品など〉需要先導[主導]の.

márket màker 名 〖証券〗マーケットメーカー 〖特定の銘柄の在庫をもち, 常にその銘柄について売り・買い双方の気配値を公表して取引単位 (round lot) の売買を自己勘定で行う任意の有意な証券業者〗.

⁺**márket・plàce** 名 ❶ 市場(ɪ̀б). ❷ [the ~] 市場(ばょう); 経済[商業]界: the international ~ 国際市場.

márket price 名 市場価格, 市価, 相場.

⁺**márket resèarch** 名 U 市場調査, マーケットリサーチ.

⁺**márket shàre** 名 U 市場占有率.

márket squáre 名 =marketplace 1.

márket tòwn 名 市(:)の立つ町.

márket vàlue 名 U 市場価値, 市価 (↔ book value): at ~ 市価で.

mar・khor /mάːkɔə | mάːkhɔː/ 名 (復 ~s, ~) 〖動〗マーコール 〖カシミール・トルキスタンなどの山岳地方の野生ヤギ〗.

⁺**márk・ing** 名 ❶ U a しるし[マーク]をつけること. b 採点. ❷ C 〖復数形で〗a (航空機などの)シンボルマーク. b (鳥獣の皮・羽などの)斑紋(½½), 模様, しま. ❸ 〖スポ〗(ディフェンスでマーク(すること).

márking ìnk 名 U (洗っても落ちない衣類用の)不変色インク.

Márks & Spéncer 名 マークスアンドスペンサー 〖イギリスの代表的なチェーンストア; 食料・衣料品などを扱う〗.

⁺**márks・man** /-mən/ 名 (復 -men /-mən/) ❶ 射撃[弓]の名人; 〖狙撃(ఎɪ́)兵, 射手. ❷ 《口》(サッカーの)ポイントゲッター, エースストライカー.

márksman・shìp 名 U 射撃技量; 射撃術, 弓術.

Mark Twáin /mάːktwéɪn | mάːk-/ 名 マークトウェーン (1835-1910; 米国の作家; 本名 Samuel Langhorne Clemens /klémənz/).

márk・ùp 名 ❶ C 値上げ. ❷ C 値上げ額. ❸ C 〖米〗法案の最終折衝. ❹ U a (原稿に書き込む)指定 《文字種など組版用の指示》. b 〖電算〗(テキストの)マークアップ 《段落・文字種など文章の構造や体裁の, タグ (tag) による指定〗.

márkup lànguage 名 U.C 〖電算〗マークアップ言語 〖テキストに段落や文字種など文章の構造・体裁を指定するための記号体系; HTML, SGML, XML など〗.

marl¹ /mάːl | mάːl/ 名 U 泥灰土, マール (肥料にする).
marl² /mάːl | mάːl/ 名 U 〖紡〗マール 《多色の混紡糸; それから作った繊維》.

Mar・ley /mάːli | mάː-/, **Bob** 名 マーリー (1945-81; ジャマイカのレゲエ歌手).

mar・lin¹ /mάːlɪn | mάː-/ 名 (復 ~, ~s) 〖魚〗マカジキ, マーリン 《釣りの対象となる大型の食用魚; 体長 4 m 以上, 体重 500 kg に及ぶものもある〗.

mar・line, mar・lin² /mάːlɪn | mάː-/ 名 U 〖海〗マーリン (二つよりの細い麻縄).

márli(e)・spìke 名 〖海〗綱通し針, マーリンスパイク 《綱をさばいたり, 細綱を他に通すのに用いる鉄針》.

Mar・lowe /mάːloʊ | mάː-/, **Christopher** 名 マーロー (1564-93; 英国の劇作家・詩人).

⁺**mar・ma・lade** /mάːməleɪd | mάː-/ 名 U マーマレード (オレンジ・レモンなどの皮で作ったジャム); マーマレードをつけたトースト. — 形 オレンジ色の: a ~ cat オレンジ色の猫. 〖F<Port<L<Gk=sweet apple〗

mar・mite /mάːmaɪt | mάː-/ 名 マルミット 〖陶製[金属

Mar·mite /mάɚmaɪt | mάː-/ 名 U 《商標》マーマイト《酵母エキスと野菜エキスから作られるうまみのある黒っぽいペースト; パンに塗ったりして食べる》.

mar·mo·re·al /mɑɚmɔ́ːriəl | mɑː-/ 形 《詩》大理石の(ような); 白い, 冷たい, なめらかな.

mar·mo·set /mάɚməsèt, -zèt | mά:-/ 名 《動》キヌザル, マーモセット《熱帯アメリカ産》.

mar·mot /mάɚmət | mά:-/ 名 《動》マーモット《リス科マーモット属の総称; 比較 日本でモルモットとよばれる動物は guinea pig で, marmot とは別もの》.

Marne /mάɚn | mά:n/ 名 [the ~] マルヌ川《フランス北東部を西流して Paris の近くで Seine 川と合流する; 第1次大戦でドイツ軍がフランス側の反撃にあって撤退させられた地(1914–18)》.

marmot

mar·o·cain /mǽrəkèɪn/ 名 U マロケーン《絹などの重いクレープ服地》.

Mar·o·nite /mǽrənàɪt/ 名 《キ教》マロン派の人《主にレバノンに住み, アラム語のマロン典礼を用いる帰一教会一派; 1182年ローマカトリック教会と正式の交流関係にある》.

⁺ma·roon¹ /mərúːn/ 名 ❶ U くり色, えび茶色. ❷ C (船舶・鉄道などの警報用の)花火. ── くり色の, えび茶色の. 《It <F=栗の色》

ma·roon² /mərúːn/ 動 ❶ 《通例受身》a 座礁させる(strand). b 孤立させる: I was ~ed among strangers. 知らない人ばかりの中で私は一人ぼっちだった. ❷ 〈人を〉島流しにする.

marque¹ /mάɚk | mά:k/ 名 =LETTERS of marque 戚印.

⁺marque² /mάɚk | mά:k/ 名 (スポーツカーなどの)型, 車名, モデル.

⁺mar·quee /mɑɚkíː/ 名 ❶ (主に英) (園遊会などの)大テント. ❷ 《米》(劇場・ホテルなどの)入り口のひさし《解説 劇場の場合は上映中の映画や芝居の題目が掲げられる》. ── 形 〈スポーツ選手など〉一流の, 秀でた, 人気・実力とも別格の.

Mar·que·san /mɑɚkéɪz(ə)n, -s(ə)n | mɑː-/ 形 マルケサス諸島(人)の; マルケサス語の. ── 名 C マルケサス諸島人; U マルケサス語《ポリネシア語群に属する》.

Mar·qué·sas Islands /mɑɚkéɪzəs-, -səz- | mɑː-/ 名 [the ~] マルケサス諸島《南太平洋のフランス領 Polynesia に属する火山諸島群; Tahiti 島の北東に位置する》.

mar·quess /mάɚkwɪs | mά:-/ 名 《英》=marquis.

mar·que·try, mar·que·te·rie /mάɚkətri | mά:-/ 名 U 寄せ木[はめ木]細工, 木象眼工.

Mar·quette /mɑɚkét | mɑː-/, **Jacques** 名 マルケット(1637–75; フランスのイエズス会宣教師; Louis Jolliet と Mississippi 川を探検).

⁺mar·quis /mάɚkwɪs | mά:-/ 名 (英国以外の) 侯爵, ... 侯 (★ 英国では通例 marquess を用いる; ⇒ nobility).

mar·quise /mɑɚkíːz | mɑː-/ 名 ❶ 〈s /-kíːz(ɪz)/》 ❶ 《英》(外国の)侯爵夫人[未亡人] (cf. marchioness) | 女侯爵. ❷ 水雷形, マーキーズ《先のとがった長円形の宝石, 特にダイヤモンド; その石をちりばめた指輪》. ❸ 《古》=marquee.

mar·qui·sette /mὰːrk(w)əzét/ 名 U マーキゼット《綿・絹・レーヨンなどの薄い透けた織物; 洋服・カーテン・かやなどを作る》.

Mar·ra·kech, -kesh /mὰrəkéʃ⁻/ 名 マラケシュ《モロッコ中西部 Atlas 山脈北麓の市》.

⁎mar·riage /mǽrɪdʒ/ 名 ❶ a C,U 結婚; (an) early ~ 早婚 / (a) late ~ 晩婚 / a ~ of convenience 政略結婚 / an uncle by ~ 妻[女]のおじ, 義理のおじ. b U 結婚生活: His second ~ lasted only a year. 彼の2度目の結婚生活は1年しか続かなかった. ❷ C 結婚式; per-form a ~ 結婚式を行なう. ❸ U,C 密接な結合: the ~ of intellect with good sense 知性と良識との結合. gíve...in márriage 〈...を〉〈...に〉嫁にやる〔to〕. táke...in márriage 〈...を〉嫁にとる. 《関連 bridal, conjugal, marital, matrimonial》 《動 marry》 《類義語》 marriage 結婚(式)の一般語. wedding 結婚式またはその祝宴. matrimony 形式ばった語で, 特に結婚に伴う宗教的・精神的な権利や義務を強調する.

mar·riage·a·ble /mǽrɪdʒəbl/ 形 婚期に達した, 年ごろの; (be of) ~ age 婚期に達している[いる] / a ~ daughter 年ごろの娘. **mar·riage·a·bil·i·ty** /mὰrɪdʒəbíləti/ 名

márriage certìficate 名 婚姻証明書.
márriage guìdance 名 U 結婚生活ガイダンス.
márriage lìcense 名 結婚許可証.
márriage lìnes 名 《英口》=marriage certificate.
márriage pòrtion 名 《法》(新婦の)持参財産, 結婚持参金, 嫁資.
márriage vòws 名 複 結婚の誓約.

⁎mar·ried /mǽrɪd/ 形 (比較なし) ❶ a 結婚している, 妻[夫]のある (↔ single, unmarried) (cf. marry 動 ❷): a ~ couple 夫婦(者) / a ~ man 妻のある男 / Are you ~ or single? あなたは結婚しているのですか, それとも独身ですか / They have been ~ two years. 二人は結婚してから2年になる / He's ~ with three children. 彼は結婚していて3人の子供がいる. b 〔to ...〕と結婚している: She's ~ to a diplomat. 彼女は外交官と結婚して[にいる]. ❷ A 結婚の, 夫婦(間)の: ~ life 結婚生活 / ~ love 夫婦愛 / one's ~ name 結婚して名のる姓 (cf. maiden name). **be márried to** ...〈仕事など〉と結婚しているようなもので, ...に入れこんで. **gèt márried** 〔...と〕結婚する〔to〕(★ marry より口語的): I'm [We're] getting ~ next month. 私[私たち]は来月結婚します. ── 名 C 《通例複数形で》《口》既婚者: young ~s 若大婦.

mar·ron gla·cé /mǽrouŋlæséɪ | mǽrəŋglæseɪ/ 名 (複 **mar·rons gla·cés** /~/) マロングラッセ《クリをシロップで煮込み砂糖衣でおおった菓子》. 《F=glazed chestnut》

⁺mar·row /mǽrou/ 名 ❶ U 《解》髄, 骨髄 (bone marrow): (a) bone ~ transplant 骨髄移植. ❷ [the ~] 真髄, 精華, 核心: the ~ of a speech 演説の核心. ❸ [the ~] 力, 活力. ❹ C,U 《英》ペポカボチャ《《米》squash). **to the márrow** 《英》骨の髄まで, すっかり: be chilled to the ~ 体のしんまで冷え込む.

márrow·bòne 名 髄入りの骨《料理用》.
márrow·fàt 名 《植》マローファット《青実性エンドウの一品種》.
mar·row·y /mǽroʊi/ 形 髄のある; 内容のある; 簡潔で力強い.

⁎mar·ry /mǽri/ 動 他 ❶ 〈人と〉結婚する (★ 受身不可): John asked Grace to ~ him. ジョンはグレースに結婚を申し込んだ. ❷ a 〈親・保護者が〉〈子・娘を〉...と結婚させる (⇒ married 1 a): She has married all her daughters. 彼女は娘をみんな嫁に出してしまった / He married his son to an architect's daughter. 彼は息子を建築家の娘と結婚させた. b 〈牧師・登記所が〉公式かどかと...の結婚式を行なう: The minister married them. 牧師が彼らの結婚式を行なった. ❸ 〈...を〉〔...と〕結合させる〔with, to〕: ~ traditional morality to the latest technology 伝統的な道徳観を最新の科学技術と融和させる. ── 自 ❶ 結婚する, 嫁ぐ: ~ for love 恋愛[金目当ての]結婚をする / We married early [late] (in life). 私たちは早婚[晩婚]でした / M~ in haste, and repent at leisure. あわてて結婚ゆっくり後悔. ❷ 〔...で〕結婚する: 〔+補〕 He married very young. 彼はいぶん若い時に結婚した. **márry ìnto** ...結婚して《ある家族》の一員となる, 〈他家〉に嫁ぐ: ~ into a rich family 金持ちの家に嫁ぐ. **márry òff** 《他・副》〈親が〉〈娘・息子を〉〔...に〕嫁[婿]にやる〔to〕. 《F<L maritare 結婚する》

már·ry·ing /mǽriɪŋ/ 形 結婚したがる, 結婚したがっている: He's not the ~ kind. 彼は結婚しそうなタイプではない.

Mars /mάɚz | mά:z/ 名 ❶ 《天》火星. ❷ 《ロ神》マルス

Marsala

(軍神; ギリシア神話の Ares に当たる; cf. Bellona 1).

Mar·sa·la /maərsáːlə | maː-/ 名 U マルサーラ《Sicily 産のアルコール度を強くしたテーブルワイン》.

Mar·seil·laise /mɑ̀ərseɪéɪz, -seɪéɪz | mɑ̀ːseɪjéɪz, -jéz/ 名 [通例 La ~] ラ・マルセイエーズ《フランス国歌》.

Mar·seilles /mɑːrséɪ, -séɪlz | mɑː-/ 名 ❶ マルセイユ《地中海北岸のフランスの港市》. ❷ /-séɪlz/ [時に m~] U マルセイユ織り《丈夫なあぜ織り木綿》.

†**marsh** /mɑ́ərʃ | mɑ́ː-/ 名 C,U 沼地, 湿地(帯), 沼沢地(帯). 《OE》 [関形 paludal].

***mar·shal** /mɑ́ərʃəl | mɑ́ː-/ 名 ❶《軍》元帥(秋), 軍の高官: a *M*~ of France フランス陸軍元帥 / a *M*~ of the Royal Air Force 英国空軍元帥. ❷《米》a 連邦執行官《連邦裁判所の職員; 郡保安官と同等》. b 《ある州で》警察署長, 消防署長. ❸ a 儀式係, 進行係, 司会者. b 司法秘書官. —— 動 他 (**mar·shaled**, 《英》-**shalled**; **mar·shal·ing**, 《英》-**shal·ling**) ❶ a 《人・軍隊を》結集[配列]する, 隊を組む: ~ one's forces for war 軍勢を配列して戦いに臨む. b 《書類・考えなどを》整頓(整理)する (organize): ~ one's arguments before debating 討論を行なう前に論点を整理する. c 《人・力・資源などを》結集[動員]する, まとめ上げる, 組織(化)する: ~ popular support 人々の支持を結集する. ❷ (儀式ばって)《人を》(…に)案内する, 先導する: They were ~*ed before* [*into* the presence of] the Queen. 彼らは女王の御前に案内された. 《F<Gmc; 英語では初めは馬丁の意で, のちに意味が向上した》

Mar·shall /mɑ́ərʃəl | mɑ́ː-/, George Catlett 名 マーシャル(1880-1959; 米国の軍人・政治家; 第 2 次大戦中は参謀総長, 戦後国務長官 (1947-49) として Marshall Plan を実施; Nobel 平和賞 (1953)).

már·shal·ling yàrd 名《英》《鉄道》(特に貨車の)操車場 (《米》switchyard).

Már·shall Íslands /mɑ́ərʃəl- | mɑ́ː-/ 名 復 [the ~] マーシャル諸島《西太平洋 Micronesia 東部の 34 の島からなる諸島, またそれらからなる共和国; 米国との自由連合; 首都 Majuro》.

Márshall Plàn 名 [the ~] マーシャルプラン《米国国務長官 George C. Marshall の提案になる第 2 次大戦後の欧州復興計画(1948-52)》.

Mar·shal·sea /mɑ́ərʃəlsi | mɑ́ː-/ 名《英史》❶ [the ~] 王座部監獄, マーシャルシー監獄 (London の Southwark にあった監獄; 王座部(King's Bench)の管轄で, 債務不履行者収容所として有名だ; 1842 年廃止》. ❷ 宮廷裁判所 (1849 年廃止).

Mársh Árab 名《イラク南部の)湿地帯のアラブ人.

mársh fèver 名 U マラリア.

mársh gàs 名 U 沼気, メタン.

mársh hàrrier 名《鳥》❶ チュウヒ《欧州・アジア産》. ❷《米》ハイイロチュウヒ.

mársh hàwk 名《鳥》❶ ハイイロチュウヒ. ❷ チュウヒ.

mársh·lànd 名 湿地(帯), 沼沢地.

marsh·mal·low /mɑ́ərʃmèlou, -mæl- | mɑːʃmǽl-/ 名 U,C マシュマロ《でんぷん・シロップ・砂糖・ゼラチンなどで作った菓子》.

mársh màrigold 名《植》リュウキンカ.

mársh trèader 名《米》《昆》イトアメンボ.

marsh·y /mɑ́ərʃi | mɑ́ː-/ 形 (**marsh·i·er**; -**i·est**) ❶ 湿地(帯)の. ❷ 沼沢地の多い. ❸ 沼沢地に生じる.

mar·su·pi·al /mɑːrsúːpiəl | mɑːs(j)úː-/ 《動》 名 有袋(鬢)目の哺乳動物《オポッサム・コアラ・カンガルーなど》. —— 形 A 有袋目の.

mar·su·pi·um /mɑːrsúːpiəm | mɑːs(j)úː-/ 名 (復 -**pia** /-piə/) 《動》 (特に有袋動物の)育児嚢, (甲殻類・魚類の)卵嚢.

mart /mɑ́ərt | mɑ́ːt/ 名 市場, 市場(㍭); [M~; 店の名に用いて] …マート.

mar·ta·gon /mɑ́ərtəɡən | mɑ́ː-/ 名 《また **mártagon lily**》《植》マルタゴンリリー.

Mar·tél·lo (tòwer) /mɑərtélou- | mɑː-/ 名《イングラ ンド》の南東海岸の)円形砲塔.

mar·ten /mɑ́ərtn | mɑ́ːtɪn/ 名 ❶ C《動》テン. ❷ U テンの毛皮.

mar·tens·ite /mɑ́ərtenzaɪt | mɑ́ː-/ 名 U《冶》マルテンサイト《焼入れ鋼の組織の一》. **màr·ten·sít·ic** /-zít-, -sít-/ 形

Mar·tha /mɑ́ərθə | mɑ́ː-/ 名 ❶ マーサ《女性名; 愛称 Mat, Matty, Pat, Patty》. ❷《聖》マルタ (Lazarus と Mary の姉で, 接待に心を配る女性).

***mar·tial** /mɑ́ərʃəl | mɑ́ː-/ 形 A ❶ 戦争の[に適する]; 軍の, 軍隊の: ~ music 軍楽 / a ~ song 軍歌. ❷ 勇ましい, 好戦的な: a ~ people 好戦的な国民. **~·ly** 副 《F or L=軍神 Mars の》

†**mártial árt** 名 [しばしば the ~s] (日本・中国などの)武道, 武術《空手・柔道・剣道など》.

mártial éagle 名《鳥》ゴマバラワシ《家畜をも襲う大型ワシ; アフリカ産》.

†**mártial láw** 名 U 戒厳令: be under ~ 戒厳令下にある.

Mar·tian /mɑ́ərʃən | mɑ́ː-/ 名 (SF 小説などで)火星人. —— 形 火星(人)の. 《L=火星 (Mars) の》

mar·tin /mɑ́ərtn | mɑ́ːtɪn/ 名《鳥》ツバメ科の数種の鳥の総称(特にイワツバメ (house martin)《ユーラシア産》.

Mar·tin /mɑ́ərtn | mɑ́ːtɪn/ 名 ❶ マーティン《男性名》. ❷ [St. ~] 《聖》マルティヌス《316?-397; フランスの聖職者, トゥール (Tours) 司教(371); フランスの守護聖人; 祝日 11 月 11 日》.

mar·ti·net /mɑ̀ərtənét | mɑ̀ː-/ 名 規律のやかましい人, やかましや. 《J. Martinet フランスの軍人》

mar·tin·gale /mɑ́ərtɪŋɡèɪl | mɑ́ː-/ 名 ❶ C《馬具》むながい, 下げ綱, マーチンゲール. ❷ U マーチンゲール(負けるたびに賭金を 2 倍にする賭け).

mar·ti·ni /mɑːrtíːni | mɑː-/ 名 ❶ C,U マティーニ《ジンとベルモットのカクテル》. ❷ [M~]《商標》マルティーニ《イタリア Martini and Rossi 社のベルモット (vermouth)》.

Mar·ti·nique /mɑ̀ərtənɪ́ːk | mɑ̀ː-/ 名 マルティニク《西インド諸島南東部 Lesser Antilles 諸島の島; フランスの海外県; 中心都市 Fort-de-France》.

Mártin Lùther Kíng Dày 名《米》キング牧師の記念日《1 月第 3 月曜日; 彼の誕生日(1 月 15 日)を記念する祝日; cf. King》.

Mar·tin·mas /mɑ́ərtnməs | mɑ́ːtɪn-/ 名 聖マルタン祭《11 月 11 日; スコットランドの quarter day の一つとしては 11 月 28 日(1991 年より)》.

mar·tyr /mɑ́ərtər | mɑ́ː-/ 名 ❶ a (特にキリスト教の)殉教者. b (信仰・主義などに)殉ずる人, 殉難者, 犠牲者: die a ~ to [in] the cause of social justice 社会正義の大義に殉ずる / play the ~ 殉教者ぶる. ❷ (病気などに)絶えずひどく悩む人, 受難者: He's a ~ to gout. 彼は痛風に苦しんでいる. **màke a mártyr of onesèlf** (同情・称賛などを得るために)受難者ぶる. —— 動 他 [通例受身]《人を》信仰[主義]のために殺す. ❷《人を》迫害する, 苦しめる. 《L<Gk=(信仰の)証人》

mártyr·dom /-dəm/ 名 U 殉教, 殉難; 殉死.

már·tyred 形 A 《身ぶり・表情・話し方が》(同情・称賛などを得ようと)いかにも苦しげな, 大仰な.

mar·tyr·ize /mɑ́ərtəraɪz | mɑ́ː-/ 動 他 殉教者として殺す, 犠牲にする; 苦しめる. —— 自 殉教者となる; 殉教者のごとくふるまう. **màr·tyr·i·zá·tion** /mɑ̀ərtərɪzéɪʃən | -raɪz-/ 名

mar·tyr·ol·o·gy /mɑ̀ərtərálədʒi | -ról-/ 名 ❶ U 殉教史(学). ❷ C 殉教者列伝; 殉教録. **-gist** 名 殉教史学者; 殉教者列伝記者. **màr·tyr·o·lóg·i·cal** 形

mar·tyr·y /mɑ́ərtəri | mɑ́ː-/ 名 殉教者の墓所[礼拝堂].

†**mar·vel** /mɑ́ərvəl | mɑ́ː-/ 名 ❶ 驚異, 不思議, 驚くべきこと[人]: the ~s of modern technology 現代科学技術の驚異 / It's a ~ to me that… 私にとって不思議なのは…ということだ / a ~ of beauty 絶妙な美人 / He's a ~ with children. 彼は子供のだれとでもうまい. ❷ dò [wórk] márvels《薬などが》驚くほどよく効く. —— 動 (**mar·veled**, 《英》-**velled**; **mar·vel·ing**, 《英》-**vel·ling**)

[自] 〔…に〕驚き入る, 驚嘆する《★ 受身可》: I can only ~ *at* your skill. あなたの技には驚嘆するばかりです. ── [他] 〈…ということに〉驚く; 〈…と〉驚嘆して言う: 〔+*that*〕 I ~ *that* he succeeded against such odds. 彼がそのような不利な条件のもとで成功したのには驚嘆する / 〔+[引用]〕 "My God," he ~*ed*. "You're a genius." 「これは驚いた. 君は天才だ」と彼はびっくりして言った. 〖F＜L＝驚くべきこと〗 ([形] marvelous)

Mar·vell /máəv(ə)l | máː-/, **Andrew** [名] マーベル《1621–78; 英国の形而上詩人》.

márvel-of-Perú [名] 〔植〕 オシロイバナ.

*__mar·vel·ous,__ 《英》 **mar·vel·lous** /máəv(ə)ləs | máː-/ [形] (**more** ~; **most** ~) ❶ 《口》 すばらしい, すてきな: a ~ dinner [suggestion] すばらしいディナー[提案] / It's ~ to have a day off. 1日休みが取れるとはすてきだ. ❷ 驚くべき, 不思議な, 信じられない: ~ power 不思議な才能. **~·ly** [副] ❶ 《口》 すばらしく. ❷ 驚くほど. ([名] marvel)

Marx /máəks | máːks/, **Karl** /káəl | káːl/ [名] マルクス《1818–83; ドイツの経済学者・哲学者・社会主義者》.

Márx Bròthers [名] [複] [the ~] マルクス兄弟《米国のコメディアン・映画俳優の兄弟; 特に Groucho ~ (1890–1977), Harpo ~ (1888–1964), Chico ~ (1891–1961)》.

⁺**Márx·ism** /-sɪzm/ [名] [U] マルクス主義《Marx の歴史・経済・社会学説》. **-ist** /-sɪst/ [名] マルクス主義者. ── [形] マルクス主義(者)の.

Márxism-Léninism [名] [U] マルクスレーニン主義.

Márxist-Léninist [名] マルクスレーニン主義者. ── [形] マルクスレーニン主義(者)の.

Mar·y /mé(ə)ri/ [名] ❶ メアリー, メリー《女性名; 愛称 Moll, Molly, Polly》. ❷ 聖母マリア. ❸ (ベタニアの)マリア《Martha の妹で Lazarus の姉》.

Mary I [名] メアリー1世《1516–58; 英国女王 (1553–58); 新教徒を迫害したので Bloody Mary ともいわれる; [読み方] Mary the First》.

Mary II [名] メアリー2世《1662–94; 英国女王 (1689–94); 名誉革命によって William 3世と共同即位した; [読み方] Mary the Second》.

Mar·y·land /mérələnd | méərɪ-/ [名] メリーランド州《米国東部大西洋岸の州; 州都 Annapolis; 略 Md; 〔郵〕 MD; 俗称 the Old Line State》. 〖英国王 Charles 1世の妃 Henrietta Maria の名から〗

Már·y·land·er [名] メリーランド州の人.

Máry Mág·da·lene /-mǽgdəlìːn, -mæ̀gdəlíːni/ [名] 〔聖〕 マグダラのマリア《キリストによっていやされた女性》.

Máry Stúart [名] メアリー スチュアート《1542–87; スコットランドの女王 (1542–67); 英国女王 Elizabeth 1世に対する陰謀に加担したとして処刑された》.

mar·zi·pan /máətsəpæ̀n, -pæ̀n | máːzɪ-/ [名] [U] マジパン《挽(ʰ)いたアーモンドと砂糖・卵とを練り合わせたもの》.

Ma·sai /mɑːsáɪ | máːsaɪ/ [名] ([複] ~s, ~) ❶ **a** [the ~(s)] マサイ族. **b** [C] マサイ族の人. ❷ [U] マサイ語.

ma·sa·la /məsáːlə/ [名] 《インド》 マサーラー, マサラ《インド料理の混合スパイス》.

masc. 《略》 masculine.

⁺**mas·car·a** /mæskǽrə | -káːrə/ [名] [U] マスカラ, まつ毛染め. 〖It＝mask〗

mas·car·po·ne /mæ̀skəpóuneɪ | -kə-/ [名] [U] マスカルポーネ《イタリア産の軟らかいクリームチーズ》.

mas·con /mǽskɑn | -kɔn/ [名] 〔天〕 マスコン《月・惑星の地表下の非常に濃密な物質の凝縮》.

⁺**mas·cot** /mǽskɑt | -kɔt/ [名] マスコット, 縁起のよい人[動物, もの]; 開運のお守り. 〖F＜Prov＜L＝魔女〗

⁺**mas·cu·line** /mǽskjulɪn/ (↔ feminine) [形] (**more** ~; **most** ~) ❶ 男性的な, 男らしい, 力強い, 勇ましい; 男(性)の. ❷ 〈女が〉男のような, 男まさりの. ❸ (比較なし) 〔文法〕 男性の (cf. feminine 2, neuter 2): the ~ gender 男性 / a ~ noun 男性名詞. ❹ (比較なし) 〔詩学〕 男性行末の, 男性押韻の: ⇨ masculine ending. ── [名] 〔文法〕 ❶ [the ~] 男性. ❷ [C] 男性形. 〖F＜L＜*masculus* male〗 ([名] masculinity) 【類義語】 **masculine** 人だけに用い, 男性的な性質に重点をおく. **male** 男性も含めて生物の雄を指す一般的な語. **mannish** 男性的な性質を女性が持っていることに対して批判的に言う. **manly** 男性的な美点を言う.

másculine énding [名] 〔詩学〕 男性行末《詩の行の最終音節に強勢をおくもの; cf. feminine ending》.

másculine rhýme [名] 〔詩学〕 男性韻《行の最終音節に強勢がおかれ, それが韻を踏むこと; cf. feminine rhyme》.

más·cu·lin·ist /-nɪst/ [名] 男権主義者. ── [形] 男権主義の.

⁺**mas·cu·lin·i·ty** /mæ̀skjulínəṭi/ [名] [U] 男らしさ; 雄性 (↔ femininity). ([形] masculine)

mas·cu·lin·ize /mǽskjulənàɪz/ [動] [他] 〈女性を〉(ホルモン投与などで)男性化する, 男性的にする.

ma·ser /méɪzə | -zə/ [名] メーザー《マイクロ波エネルギーの増幅[発振]器; cf. laser》.

Mas·e·ru /mǽzərùː | məsíəruː/ [名] マセル《レソト (Lesotho) の首都》.

⁺**mash** /mǽʃ/ [名] ❶ [U] 《英口》 マッシュポテト: sausages and ~ ソーセージとマッシュポテト. ❷ [U] ふすま・ひき割りなどを湯でといた牛馬などの飼料. ❸ [U] マッシュ《すりつぶした麦芽を湯に浸したもの; ウイスキー・ビールの原料》. ❹ [U] [また a ~] すり[ひき]つぶしたどろどろのもの[状態]. ── [動] [他] ❶ 〈ジャガイモなどを〉すりつぶす 〈*up*〉: ~*ed* potatoes マッシュポテト. ❷ 〈…を〉押しつぶす.

MASH /mǽʃ/ [名] (陸軍)移動外科病院. 〖*m*obile *a*rmy *s*urgical *h*ospital〗

mashed /mǽʃt/ [形] 《俗》 (酒・麻薬に)酔って.

másh·er [名] (ジャガイモ)つぶし器.

mash·ie /mǽʃi/ [名] 〔ゴルフ〕 マシー《iron の5番》.

másh nòte [名] 《口》 短い恋文, (熱烈な)ラブレター.

mas·jid /mʌ́sʤɪd/ [名] マスジッド (mosque).

*__mask__ /mǽsk | máːsk/ [名] ❶ **a** (変装用の)仮面, 覆面, 面: a stocking ~ (強盗などの)ストッキングの覆面. **b** (保護用の)マスク: ⇨ gas mask / an oxygen ~ 酸素マスク / a surgical ~ 外科医がつけるマスク. **c** 石膏面: ⇨ death mask. **d** 美顔用パック (face pack). ❷ [通例単数形で] おおい隠すもの, 偽装, 見せかけ; かこつけ, 口実: under a ~ of kindness 親切を装って / Her tears were only a ~. 彼女の涙はそら涙にすぎなかった. ❸ 〔写〕 (写真・映像の大きさ[光量など]を決める)マスク; 〔電算〕 マスク《あるビットパターンの特定部分を保持・抽出または削除するために用いるビットパターン》. **assúme [pùt ón] a másk** 仮面をかぶる; 正体を隠す. **remóve [púll óff] a person's másk** 人の仮面をはぐ; 人の正体を暴く. **remóve [thrów óff, tàke óff, púll óff, dróp] one's másk** 仮面を脱ぐ; 正体を現わす. ── [動] [他] ❶ 〈…を〉仮面でおおう[隠す]: The robbers ~*ed* their faces with stockings. 強盗は顔をストッキングで隠していた. ❷ 〈感情などを〉〔…で〕隠す, 紛らす (hide); 〈味・におい・音などを〉隠す, 目立たなくする: He ~*ed* his anger ***behind*** [***with***] a smile. 彼は怒りを笑顔で紛らした. 〖F＜It＜Arab＝おどけ者〗

⁺**masked** [形] ❶ 仮面をかぶった, 変装した: a ~ ball 仮面舞踏会 / All the robbers were ~. 強盗はみな覆面をしていた. ❷ 〈真相・真意など〉隠された; 隠れた: Keep your intentions ~. 意図は隠しておきなさい.

másk·er [名] ❶ 覆面者. ❷ **a** 仮面舞踏会参加者. **b** 仮面劇役者.

másk·ing tàpe [名] [U] マスキング[保護]テープ《絵画などで着色する時不必要な部分を保護する粘着テープ》.

mas·ki·nonge /mǽskənɑ̀nʤ | -nɔ̀nʤ/ [名] ＝muskellunge.

⁺**mas·och·ism** /mǽsəkìzm, -zə-/ [名] [U] ❶ 自己虐待, 被虐的傾向. ❷ 〔精神医〕 マゾヒズム, 被虐性愛《異性に虐待されることに快感をもつ; cf. sadism 1》. 〖Leopold von Sacher-Masoch オーストリアの小説家〗

más·och·ist /-kɪst/ [名] マゾヒスト, 被虐性愛者.

mas·och·is·tic /mæ̀səkístɪk, -zə-⁻/ [形] 被虐性愛(者)の. **-ti·cal·ly** /-tɪkəli/ [副]

⁺**ma·son** /méɪs(ə)n/ [名] ❶ **a** 石工. **b** れんが[コンクリート]職人. ❷ [M~] フリーメーソン団の組合員. ── [動] [他] 石[れんが]で作る[強化する].

máson bèe [名]〔昆〕ハキリバチ科の蜂など砂などで巣を作る単生の蜂.

Má·son-Díx·on lìne /méɪs(ə)ndíksn-/ [名] (また **Máson and Díxon lìne**) [the ～] メーソンディクソン線《[解説] 米国 Maryland 州と Pennsylvania 州の境界紛争を解決するために英国の測量技師 Charles Mason と Jeremiah Dixon が定めた境界線; 南北戦争以前は北部の自由州 (free states) と, 南部の奴隷州 (slave states) との境になり, 伝統的に南部と北部の境界とされている》.

Ma·son·ic /məsάnɪk | -sɔ́n-/ [形] フリーメーソン(主義)の.

Ma·son·ite /méɪsənὰɪt/ [名] [U]〔商標〕メゾナイト《断熱用硬質繊維板》.

Máson jàr [名] [しばしば m~] メーソンジャー《食品保存用の広口密閉式ジャー; 家庭用》.

ma·son·ry /méɪs(ə)nri/ [名] [U] ❶ 石工[れんが, コンクリート]職; 石[れんが, コンクリート]工術. ❷ 石[れんが, コンクリート]工事; 石造[れんが, コンクリート造り]建築. ❸ [しばしば M~] フリーメーソン団の主義[制度, 慣行].

máson's màrk [名] 石工の銘.

máson wàsp [名]〔昆〕ドロバチ科の蜂など粘土などで巣を作る単生の蜂.

masque /mǽsk | mά:sk/ [名] 仮面劇(の脚本)《16–17 世紀に英国で流行した》.

⁺**mas·quer·ade** /mæ̀skəréɪd/ [名] ❶ [C,U] 見せかけ, 虚構: Their apparent friendliness was a ～. 彼らは一見親しそうだがそれは見せかけだ. ❷ [C] 仮面[仮装]舞踏会. ── [動] [自] ❶ 〈…に〉変装する; 〈…の〉ふりをする: superstition *masquerading as* science 科学を装った迷信. ❷ 仮面[仮装]舞踏会に参加する. **mὰs·quer·ád·er** /-dɚ | -də/ [名]

‡**mass** /mǽs/ [名] ❶ [C] (一定の形のない)**大きなかたまり**; 密集, 集団, 集まり: a ～ *of* rock 岩のかたまり, 大きな岩 / great ～*es of* clouds 巨大な雲のかたまり. ❷ [a ～; 《口》 ～es] **多数, 多量**; 大衆, 群衆, 群: *a ～ of* letters たくさんの手紙 / ～*es of* books 本の山 / *a ～ of* blond hair ふさふさとした金髪 / ～*es of* food [time] たくさんの食べ物[時間]. ❸ [the ～] **大部分, 大半** (majority): *The* (great) ～ *of* modern people are swayed by advertising. 現代人の大部分は広告に左右される. ❹ [the ～es] (エリートに対して)**大衆, 庶民**, 労働者階級: The true makers of history are *the* ～*es*. 歴史の真の作り手は大衆である. ❺ **a** [C] 大きさ, 量, かさ: Among mammals whales have the greatest ～. 哺乳動物の中ではクジラがいちばん巨大である. **b** [U]〔理〕質量. ❻ [C]〔美〕マ(ッ)ス《作品中で相当量を占める, 一つのまとまりと感じられる色や光のまとまり》: ～*es* of light and shadow 光と影の広がり. **be a máss of**…だらけである: The hillside *was a* ～ *of* flowers. 山腹は一面の花だった. **in the máss** 全体として, 概して. ── [形] [A] ❶ 大衆の[による], 大衆向けの: ～ action 大衆行動 / a ～ meeting 大衆集会. ❷ 大量の, 大規模な; 集団の: ～ murder 大量殺人 / ～ unemployment 大量失業. ── [動] [他] ❶ 〈…を〉ひとかたまり[一団]にする. ❷ 〈軍隊などを〉集結させる, 集める (gather). ── [自] ❶ ひとかたまりになる. ❷ 集合する. 〘F＜L＜Gk＝大麦をこねて作ったケーキ〙 ([形] massive; [関形] molar)

Mass /mǽs/ [名] [時に m~] ❶ [C,U]〔カト〕ミサ; ミサ聖祭: High [Solemn] *M*~ 荘厳ミサ《聖歌隊を伴い香を用いる》/ ⇨ Low Mass, Black Mass / a ～ for the dead 死者のための, 鎮魂ミサ / attend [go to] ～ ミサに参列する / read [say] ～ 〈聖職者が〉ミサを行なう[捧げる]. ❷ [C] ミサ曲. 〘L *missa*; ミサ終了後の神父の決まり文句 *Ite, missa est* (行きなさい, (ミサは)終わりました)から〙

Mass. 《略》 Massachusetts.

Mas·sa·chu·setts /mæ̀sətʃú:sɪts, -zɪts/ [名] マサチューセッツ州《米国北東部の州; New England にある; 州都 Boston; 略 Mass., 〔郵〕 MA; 俗称 the Bay State》. 〘N-Am-Ind＝「大きな丘(に住む人々)」〙

mas·sa·cre /mǽsəkɚ | -kə/ [名] ❶ 大虐殺, 皆殺し. ❷ 《口》(競技などの)完敗. **the Mássacre of the Ínnocents** 無辜(むこ)児の虐殺《Bethlehem で行なわれた Herod 王の男の幼児大虐殺; 聖書「マタイ伝」から》. ── [動] [他] ❶ 〈多数の人・動物を〉虐殺する. ❷ 《口》 (試合などで)〈相手に〉圧勝する. 〘F〙

mas·sage /məsά:ʒ | mǽsɑ:ʒ/ [名] [U,C] マッサージ, あんま, もみ療治: give a person (a) ～ マッサージをする / have (a) ～ マッサージを受ける. ── [動] [他] ❶ 〈…に〉マッサージをする. ❷ 〈数字・証拠などを〉不正に直す, 改竄(かいざん)する. 〘F＜Arab＝to touch〙

masságe pàrlor [名] マッサージパーラー《客にマッサージを行なう店; 実態はたいていソープランドや性感マッサージの店》.

mássage thèrapist [名] マッサージ師[療法師, セラピスト]. **mássage thèrapy** [名]

mas·sa·sau·ga /mæ̀səsɔ́:gə/ [名]〔動〕ヒメガラガラヘビ, マサソーガ《米国東南部の小型のガラガラヘビ》.

Mas·sa·soit /mæ̀səsɔ́ɪt/ [名] マサソイト《1580?–1661; 北米先住民 Wampanoag 族の族長; Plymouth 植民地との友好関係を保った》.

máss communicátion [名] [U] [または複数形で] (新聞・放送などによる)大量[大衆]伝達, マスコミュニケーション: the power of ～*(s)* 大量伝達の力.

máss cúlture [名] [U] (主にマスコミによって伝達される)大衆文化, マスコミ文化.

máss dèfect [名]〔理〕(原子の)質量差, 質量欠損.

mas·sé /mæséɪ | mǽsi/ [名]〔玉突〕マッセ《キューを垂直に立てて突く》.

massed [形] ❶ 〈植物など〉密集した, 群生した. ❷ 〈人・ものが〉一団となった, 結集した.

máss énergy [名] [U]〔理〕質量エネルギー.

mas·se·ter /məsí:ṭɚ | -tə/ [名]〔解〕咬筋(こうきん), 咀嚼(そしゃく)筋.

mas·seur /mæsɚ́: | -sɔ́:/ [名] マッサージ師, あんま. 〘F; ⇨ massage〙

mas·seuse /mæsɚ́:z/ [名] 女性のマッサージ師, 女性のあんま. 〘MASSEUR の女性形〙

mas·si·cot /mǽsəkὰt | -sɪkɔ̀t/ [名] [U]〔鉱〕金密陀, マシコット《一酸化鉛からなる黄色の鉱物; 顔料・乾燥剤用》.

mas·sif /mæsí:f/ [名] 中央山塊《山脈の中心となる峰》.

*__mas·sive__ /mǽsɪv/ [形] (**more** ～; **most** ～) ❶ **大きくて重い[堅い]**; どっしりした: *M*~ beams support the roof. どっしりした梁(はり)が天井を支えている. ❷ 〈頭・体格・容貌(ようぼう)など〉**大きい, がっちりした**: ～ hips どっしりと大きなヒップ / a ～ man がっちりした体格の男. ❸ 大規模な, 大きな, 大量の; 重症の: ～ layoffs 大量の一時解雇 / on a ～ scale 大規模に / a ～ heart attack 重症の心臓発作. ❹ 広く行きわたった: There was ～ resentment. 多くの人が憤慨していた. ❺ 《英俗》 すばらしい. ── [名] 《英口》(ヒップホップなどに共通の関心をもつ同一地域出身の)若者グループ. **～·ness** [名] 〘F〙 ([名] mass) 【類義語】⇨ heavy.

mássive·ly [副] どっしりと; 大規模に; 非常に, はなはだしく.

máss·less [形]〔理〕質量のない, 質量ゼロの.

máss márket [名] 大量市場, マスマーケット《大量生産された製品の市場》. **máss-márket** [形] 大衆市場の, 大量販売用[向き]の.

⁺**máss média** [名] [複] [the ～] 大衆伝達の媒体, マスメディア, マスコミ《新聞・雑誌・放送など; [用法] 集合体と考える時は単数扱い; 日本語の「マスコミ」は mass media に相当することが多い》: *The* ～ have changed the nature of politics. マスメディアは政治の性格を変えた.

máss nòun [名]〔文法〕質量名詞《数えられない名詞; 物質名詞と抽象名詞を含む; ★ この辞書では [U] (uncountable) と表示している》.

máss nùmber [名]〔理〕質量数《原子核内の陽子と中性子との総数; 記号 A》.

máss observátion [名] [U] 《英》 世論[世情]調査.

⁺**máss-prodúce** [動] [他] [自] (…を)大量生産する.

máss-prodúced [形] 大量生産された: cheap ～ goods 大量生産された安い商品.

máss prodúction [名] [U] 大量生産, マスプロ.

máss psychólogy [名] [U] 群集心理.

máss spéctrograph [名]〔理〕質量分析器.

máss spectrómeter [名]〔理〕質量分析計.

máss spéctrum 名〖理〗質量スペクトル.

máss tránsit 名 U《米》大量輸送交通機関.

máss vólume vértical drínking 名 U《英》(混雑したバーでの若者たちの)酒の大量立ち飲み《警察などが使う表現》.

†**mast**¹ /mǽst | mάːst/ 名 ❶〖海〗帆柱, マスト. ❷ マスト状の柱《旗ざお・アンテナの鉄塔など》. **before the mást**〖海〗水夫として《由来 帆船時代には水夫は前檣(ぜんしょう)の前の船首楼に居住したことから》.

mast² /mǽst | mάːst/ 名 U オーク・ブナ・クリなどの実《特に豚の飼料》.

mas·ta·ba(h) /mǽstəbə/ 名 マスタバ: ❶ 古代エジプトの石・煉瓦で造った墳墓. ❷ イスラム諸国の家屋に作り付けの石などのベンチ.

mást cèll 〖生〗マスト細胞, 肥満細胞, 肥胖細胞.

mas·tec·to·my /mæstéktəmi/ 名〖外科〗乳房〔乳腺〕切除(術).

mást·ed 形〔通例複合語で〕…マストの: a four-*masted* ship 4本マストの帆船.

*__mas·ter__¹ /mǽstə | mάːstə/ 名 ❶ **a** 主人, 雇い主: ~ and man 主人と召し使い《★ 対句のため無冠詞》. **b** (一家の)家長, 主人 (↔ mistress). **c** 支配者, 主君. **d** (奴隷の)所有主, (犬の)飼い主. **e** (商船の)船長. ❷ **a** (特殊な技芸の)師匠: a music [dancing] ~ 音楽[ダンス]教師. **b** (職人の)親方, マイスター. **c** 巨匠, 大家, 名人. **d** (宗教的・精神的)指導者: a Zen ~ 禅の老師. **e** [the M~] キリスト. ❸ 〈…を〉自由に使いこなせる人, 熟練者, 精通者, 名人《用法 補語になる時には通例無冠詞》: the ~ *of* one's trade 自分の職業の熟練者である. **b** 相手に勝てる[勝った]人, 勝者. ❹〔しばしば M~〕〖英〗修士(号): master's degree / a M~ *of* Arts 文学修士《略 MA, 《米》AM》/ a M~ *of* Science 理学修士《略 MS, MSc》. ❺〖英〗(男の)教師, 先生 (↔ mistress)《用法 現在は teacher のほうが一般的》: a Latin ~ ラテン語教師 / ⇒ schoolmaster. ❻ **a** (Oxford, Cambridge などの大学の)学寮長. **b** (各種団体の)会長, 団長, 院長. ❼ 〔しばしば M~〕〖召し使いが主家の少年に対する敬称で用いて〕坊ちゃん, 若だんな: M~ Davy デイビー坊ちゃま. ❽ **a** (写真の)原板, (レコード・テープ・ディスクなどの)原盤. **b** 親装置.

be máster in one's **ówn hóuse** 一家のあるじである, 他人の干渉を受けない.

be máster of…(1)…を自由にすることができる: *be ~ of* oneself 自制する / She's ~ *of* the situation. 彼女は状況を掌握している. (2)…に通じている: He's ~ *of* several languages. 彼は数か国語を自由に使いこなせる. (3) …を所有している: He's ~ *of* a hundred million dollars. 彼は1億ドル持っている.

be one's **ówn máster** 他人の束縛を受けない.

máke oneself **máster of** …に熟達する, 自分の思いどおりにできる, …を自由に使いこなす.

máster of céremonies [しばしば M~ of Ceremonies] (1)(集会・余興・ショーなどの)司会者, 進行係《略 MC》. (2)《英》(宮中宴会などの)式部官.

Máster of the Rolls [the ~]〖英法〗記録長官《大法官を補佐した記録保管官; 現在は控訴院の最上位の裁判官》.

sérve twó másters [しばしば cannot を伴って]二君に仕える; 二つの相反する主義を信じる.

── 形 ❶ 名人の, 熟練した; すぐれた, きわ立った: a thief 大泥棒 / a ~ touch すぐれた筆致 / ~ stroke. ❷ 親方の: a ~ carpenter 大工の親方, 棟梁(とうりょう). ❸ 支配的の, 主な: a [one's] ~ passion 支配的感情 / ~ master plan. ❹ (複製の元となる), 親の, マスター…: a ~ master copy [key, tape].

── 動 ❶ 〈…に〉熟達する, 〈…を〉十分に習得する, マスターする: ~ a foreign language [driving a car] 外国語[車の運転]を習得する. ❷ 情欲・感情などを抑制する: ~ one's anger 怒りを抑える. ❸ 〈困難などに〉打ち勝つ, 克服する, 乗り切る. ❹ 〈…の〉マスターテープ[レコード, ディスクなど]を作る.

〖L *magister* master, chief〗

mást·er² /mǽstə | mάːstə/ 名〔通例複合語で〕…本マス

1117 **masthead**

トの船: a four-*master* 4本マストの船.

máster áircrew 名〖英空軍〗准尉.

máster-at-árms 名 (働 masters-at-arms)〖海軍〗先任警衛系曹[員長](略).

máster bédroom 主寝室(いちばん大きな寝室で主に夫婦用).

máster búilder 名 ❶ 建築請負師; (大工の)棟梁(とうりょう). ❷ すぐれた建築家.

Mas·ter·Card /mǽstəkὰːd | mάːstəkὰːd/ 名〖商標〗(米国のクレジットカード(システム)).

máster càrd 名 最後の切り札: play one's ~ 最後の切り札を出す.

máster chíef pétty òfficer 〖米海軍・海兵隊・米沿岸警備隊〗上級上等兵曹.

máster-clàss 名 (一流音楽家などが優秀な生徒を指導する)上級特別クラス, マスタークラス.

máster còpy 名 (すべてのコピーの元となる)親コピー, 原本.

mas·ter·ful /mǽstəf(ə)l | mάːstə-/ 形 ❶ (特に男性などの)命令的な, 高圧的な; 状況を掌握している, 自信に満ちた, 上に立つ力量[風格]がある; 横柄な. ❷ 熟練[熟達]した, 技量のすぐれた. **-ly** /-fəli/ 副 **~·ness** 名

Máster Gúnnery Sèrgeant 名〖米海兵隊〗上級曹長.

máster-hánd 名 ❶ 名手, 名人: be a ~ *at* carpentry 大工仕事の名人である. ❷ U 名人, 名人, 専門家の手腕.

máster kèy 名 (種々の錠に合う)親かぎ, マスターキー.

máster·less 形 主人のいない.

*__mas·ter·ly__ /mǽstəli | mάːstə-/ 形 名人[大家]にふさわしい; 熟達した, 見事な: a ~ performance of Beethoven's 9th Symphony ベートーベン作曲の第9交響曲の見事な演奏. **más·ter·li·ness** 名

máster máriner 名 (商船の)船長.

†**máster·mìnd** 動 ❶ 偉大な知能(の持ち主). ❷ (計画などの)指導者, 立案者; (悪事の)首謀者. ── 動 ❶ (計画などを)巧妙に)立案指導する; 〈悪事の〉首謀者を務める.

*__master·piece__ /mǽstəpìːs | mάːstə-/ 名 傑作, 名作, 代表作; 優れた例, 模範, 見本, 最たるもの.

máster plán 名 基本計画, 総合計画, マスタープラン.

Mas·ters /mǽstəz | mάːstəz/, **William Howell** 名 マスターズ(1915- ; 米国の産婦人科医・性科学者; 盟友学者 Virginia E. Johnson (1925-)との人間の性行動に関する共同研究で知られる).

máster's degrée 名 修士号《口)では単に master's ともいう》.

máster sérgeant 名〖米陸軍・海兵隊〗曹長;〖米空軍〗1等軍曹.

máster·shìp 名 ❶ **a** U master であること. **b** U master の職[地位]. ❷ U 支配(力), 統御 〈*over*〉. ❸ U 練達, 手腕, 精通 〈*of, in*〉.

Más·ters Tóurnament /mǽstəz- | mάːstəz-/ 名 [the ~]〖ゴルフ〗マスターズトーナメント《世界4大トーナメントの一つ; 毎年米国 Georgia 州 Augusta National Golf Club で行なわれる》.

máster·stròke 名 見事な手腕[措置], 神技: That idea was a ~. それは妙案の思いつきだった.

máster swìtch 親[マスター]スイッチ.

máster tàpe 名 親テープ, マスターテープ.

máster·wòrk 名 傑作, 名作 (masterpiece).

†**mas·ter·y** /mǽstəri | mάːs-/ 名 U ❶ 〔また a ~〕熟達, 精通: have a ~ *of* French [the piano] フランス語[ピアノ]に熟練した手腕がある. ❷ 支配, 統御, 制覇: (the) ~ *of* the air [seas] 制空[海]権 / gain ~ *over* the whole land 全土を制圧する. ❸ 勝利, 征服; 優越, 優勢 〈*of, over*〉: gain ~ *over* one's opponent 相手に勝つ.

〖F; ⇒ master, -y¹〗

mást·hèad 名 ❶〖海〗マストの先, 檣頭(しょうとう)《檣頭見張り台 (crow's nest) がある》: fly a flag at the ~ 檣頭に旗を掲げる. ❷ (新聞・雑誌名の名称・発行社・編集者・所在地などを記載した)発行人欄. ❸ (新聞・雑誌などの)第一面(表紙(など))の標題, 紙名, 誌名.

mas·tic /mǽstɪk/ 名 ❶ ⓒ 【植】 コショウボク (ウルシ科の高木). ❷ ⓤ マスチック, 乳香 (コショウボクから採る樹脂; 香料・ワニス用). ❸ ⓤ (防水・充塡用の)しっくい.

mas·ti·cate /mǽstəkèɪt/ -tə-/ 動 他 〈食物などを〉咀嚼(そしゃく)する, かむ, かみこなす 《比較》 chew のほうが一般的).

mas·ti·ca·tion /mæ̀stəkéɪʃən/ 名 ⓤ 咀嚼(そしゃく).

mas·ti·ca·tor /-tə-/ -tə/ 名 咀嚼する人[もの].

mas·ti·ca·to·ry /mǽstəkətɔ̀ːri | -təri, -tri/ 形 咀嚼[に適した]; 咀嚼器官[筋]の[に関する].

mas·tiff /mǽstɪf/ 名 マスチフ(犬)《大型で短毛の犬; 番犬用》.

mástiff bàt 名【動】オヒキコウモリ, ウオクイコウモリ.

mas·ti·tis /mæstáɪtɪs/ -tɪs/ 名 ⓤ 【医】乳腺炎.

mas·to·don /mǽstədàn | -dɔ̀n/ 名 【古生物】マストドン 《漸新世から更新世にかけて生息した象に似た動物》.

mastiff

mas·toid /mǽstɔɪd/ 名 ❶ ⓒ 【解】乳様突起. ❷ [〜s; 単数扱い] 【医】 = mastoiditis.

mas·toid·i·tis /mæ̀stɔɪdáɪtɪs/ 名 ⓤ 【医】乳様突起炎.

mástoid prócess 名 【解】乳様突起.

⁺**mas·tur·bate** /mǽstərbèɪt/ -ta-/ 動 自 マスターベーション[オナニー, 自慰]をする. — 他 〈…の〉性器を刺激する.

⁺**mas·tur·ba·tion** /mæ̀stərbéɪʃən/ -ta-/ 名 ⓤ マスターベーション, 自慰, 手淫. 《L=to defile with the hand》

mas·tur·ba·to·ry /mǽstərbətɔ̀ːri | mæ̀stərbéɪtəri, -tri/ 形 マスターベーションの.

⁺**mat**¹ /mǽt/ 名 ❶ a マット, むしろ, ござ, 畳. b (運動用の)マット《詰め物をした厚い敷き物》. c 【電算】マウスパッド. ❷ 靴ぬぐい, ドアマット; バスマット: Wipe your boots on the 〜. ドアマットで靴の底をぬぐいなさい. ❸ a (花瓶・皿などの)下敷き, コースター; a beer 〜 ビアマット. b (写真・絵画などの)台紙, 飾り縁. ❹ [a 〜] (毛・雑草などの)もつれ (tangle): a tangled 〜 of hair もつれ髪 / a 〜 of weeds もつれるように生えている雑草. **on the mát** 《口》処罰され て, しかられて 《由来 罪に問われた兵士が中隊事務室のマットの上に立たされたことから》. — 動 (**mat·ted**; **mat·ting**) 他 ❶ 〈…を〉マットでおおう; 〈…に〉マットを敷く (⇒ matted 2). ❷ 〈髪など〉をもつれさせる. — 自 もつれる.

mat² /mǽt/ 形 色[つや]の鈍い, 光らない, つや消しの.

mat³ 名 《口》 = matrix 2.

Mat /mǽt/ 名 ❶ マット《男性名; Matthew の愛称》. ❷ マット《女性名; Martha の愛称》.

mat·a·dor /mǽtədɔ̀ː/ 名 マタドール (bullfighter) 《剣で牛を殺す主役の闘牛士; cf. picador, toreador》. 《Sp=killer》

Ma·ta Ha·ri /máːtəháːri/ 名 マタハリ (1876–1917; オランダ生まれのダンサー; 第一次世界大戦中ドイツ側のスパイとして活動したとみられる).

ma·tai¹ /máːtaɪ/ 名 【植】ニュージーランド・オーストラリア産のマキ.

ma·tai² /mətáɪ/ 名 《俗》 〜) マタイ 《サモア諸島の大家族または氏族で家長として選ばれた人》.

*__**match**__¹ /mǽtʃ/ 名 ❶ マッチ (1本): a box of 〜es マッチ 1 箱 / a safety 〜 安全マッチ / light [strike] a 〜 マッチをする. ❷ (昔, 銃砲の発火に用いた)火縄, 導火線. 《F〈L=ろうそくの芯(しん)》

*__**match**__² /mǽtʃ/ 名 ❶ (通例二人[二組]でやる)試合, 競技 (⇒ game 匹敵); a 〜 between A and B A と B の試合 / play a 〜 試合をする. ❷ [a 〜, one's 〜] 競争相手, 好敵手: meet [find] one's 〜 好敵手を得る / I'm no 〜 for her. 私は彼女にはとうていかなわない. / He's more than a 〜 for me. 彼は私の手にはあまる相手だ. **b** (対の一方・相手として)ふさわしい人[もの], 似合いの人[もの]; (色彩・図案などの)調和のとれたもの, 好一対: This tie is a perfect 〜 for that suit. このネクタイはあのスーツにぴったりだ / These colors are a good [bad] 〜. これらの色はよく似合う[似合わない]. ❸ (通例単数形で; 修飾語を伴って) **a** (格好な)配偶者, 夫婦: She will make a good 〜 for any man. 彼女はどんな男性にもよい配偶者となるだろう. **b** 縁組み, 結婚: ⇒ love match / She [He] has made a good 〜. 彼女[彼]は良縁を得た.

— 動 他 ❶ **a** 〈…と〉調和する, 〈…に〉似合う (↔ clash): A red tie will 〜 that jacket. その上着には赤いネクタイが合うでしょう / I'm looking for a hat to 〜 a brown dress. 茶色のドレスに合う帽子を探しています. **b** 〈…を〉〈…に〉調和させる, 釣り合わせる: 〜 the words **with** the music 歌詞を曲に合わせる / 〜 one's actions **to** one's words 言ったとおりに実行する. **c** 【電子工】 (最大のエネルギー伝達を得るために)2 つの交流回路のインピーダンスを一致する. ❷ 〈…では〉〈…に〉匹敵する; 〈…の〉(よい)相手となる (equal): **For** wine, no country can 〜 France. ワインにかけてはフランスに太刀打ちできる国はない / I cannot 〜 him **at** [**in**] cooking. 料理では彼にかなわない. ❸ 〈…と〉似合うものを見つける[得る]: Will you 〜 this cloth? この布地に合う品を見つけてくれませんか. ❹ 〈…を〉対戦[対抗]させる 〔against, with〕: I was 〜ed **against** a formidable opponent. 大変な相手と取り組まされ(てい)た. ❺ 〈…と〉同額の資金を出す. — 自 ❶ 釣り合う: The curtains and the wallpaper don't 〜. カーテンと壁紙とは調和がとれていない. ❷ 〈…と〉調和する, 釣り合う, 似合う: These ribbons don't 〜 **with** your hat. このリボンはあなたの帽子に似合わない.

mátch úp (自 + 副) (1) 〔話などが〉〈…と〉一致する (tally) 〔with〕. — (他 + 副) (2) 〈…を〉合わせて完全なものに仕上げる: 〜 up the two ends 両端をそろえる. **mátch úp to**... [通例 否定文で] 〈予想したもの・ことと〉一致する; …の期待どおりになる (measure up to...): His new novel didn't 〜 up to my expectations. 彼の新作は私の期待にこたえてくれなかった. **to mátch** [名詞の後に置いて] (前述のものにぴったり合った, そろいの: a coat and a hat **to** 〜 コートとそれによく合った帽子.

match·a·ble /-ʃəbl/ 形 匹敵する, 釣り合った, 似合う, 対等の.

mátch·bòard 名 【木工】 さねはぎ板.

mátch·bòok 名 ブックマッチ (はぎ取り式紙マッチ用ケース).

mátch·bòx 名 マッチ箱.

⁺**mátched** 形 ❶ 調和のとれた: They are a well-*matched* [an ill-*matched*] couple. お二人は似合いの[不釣り合いの]夫婦だ. ❷ 同等の力を持った, 互角の: John and Tom are evenly 〜. ジョンとトムは全く互角だ.

⁺**mátch·ing** 形 圓 〈色・外観など〉調和する, ぴったり合った, そろいの.

mátch·less 形 無双の, 無比の: a girl of 〜 beauty 絶世の美人. 〜**·ly** 副 〜**·ness** 名

mátch·lòck 名 火なわ銃.

mátch·màker 名 ❶ 結婚の仲人; 結婚斡旋(あっせん)人. ❷ (ボクシングなどの)試合の対戦者の組み合わせを決める人.

mátch·màking 名 ⓤ ❶ 結婚の仲介, 縁結び. ❷ (対戦の)設定.

mátch plày 名 ⓤ 【ゴルフ】マッチプレー《勝ったホール数により勝者を決める; cf. stroke play》.

mátch point 名 【球技】マッチポイント 《テニス・バレーボールなどで試合の勝敗を決める最後の 1 点; cf. game point, set point》.

mátch·stìck 名 マッチ棒(のようなもの).

mátch·wòod 名 ⓤ ❶ マッチの軸材木. ❷ 木端(こっぱ): The house was smashed to 〜. その家はこっぱみじんになった.

⁺**mate**¹ /méɪt/ 名 ❶ **a** 《英口》仲間, 友達, 相棒 (《米口》 buddy): have a drink with one's 〜s 仲間と一杯やる. **b** [複合語で] 仲間, 相棒, 友: ⇒ classmate, flatmate, roommate, workmate. **c** [特に 男性間の親しい呼びかけで] 《英口》兄貴, 兄弟: OK, 〜. わかったよ, 兄貴. ❷ **a** (鳥・動物の)つがいの一方. **b** 《口》 (性的関係の)相手, 恋

人, 愛人; 配偶者の一方 (partner)《夫または妻》. **c** 2つ一組の片方. ❸《職人などの》助手, 見習い. ❹ **a**《海》（商船の）航海士: the chief [first] ～ 1等航海士. **b**《米海軍》兵曹: a boatswain's ～ 掌帆兵曹 / a gunner's ～ 掌砲兵曹. ── 動 他〈鳥・動物などを〉〈...と〉つがわせる. ── 自〈鳥・動物が〉〈...と〉つがう, 交尾する;〈戯言〉〈...と〉結婚する, 性的関係をもつ《with》.《LG=食べ物を分け合う者》

mate[2] /méɪt/《チェス》名 王手詰め (checkmate; cf. stalemate 2). ── 間 [M～] 詰み! ── 動〈...を〉王手詰めにする.

ma·té /máːteɪ/ 名 U マテ茶.

ma·te·las·sé /màːtəlɑːséɪ/ 名 U 形 マテラーセ織り(の)《浮模様のある一種の絹毛交ぜ織り》.

mate·lot /mǽtloʊ/ 名《英口》水夫, マドロス.

mat·e·lote /mǽtəloʊt/ 名《料理》マトロート《ワインブドウで作ったソースで煮込んだ魚料理》.

ma·ter /méɪtə | -tə-/ 名《英口》[戯言または気取って] おっかさん, おふくろさん.

ma·ter·fa·mil·i·as /mèɪtəfəmíliəs | -tə-/, **ma·tres-** /màːtreɪs-/ 名 母親, 主婦 (cf. paterfamilias).

‡**ma·te·ri·al** /mətí(ə)riəl/ 名 ❶ U C **a** 原料, 材料: building ～s 建築材料 / ⇒ raw material. **b**《服などの》生地 (fabric): There's enough ～ for two suits. スーツ2着分の生地が十分にある. ❷ U 資料, データ: collect ～ for a dictionary 辞書のために資料を集める. ❸ [複数形で] 用具, 道具: writing ～s《ペン・インク・紙などの》文房具, 筆記用具. ❹ U 人材: She is potential executive ～. 彼女は将来の幹部職員と見込まれている人材だ. ── 形 (more ～; most ～) (比較なし) ❶ 物質 (上)の, 物質的な; 有形の, 具体的な (↔ spiritual, immaterial): ～ civilization 物質文明 / ～ possessions 物質的な所有物. **b**〈精神に対して〉肉体上の; 感覚[官能]的な: ～ comforts 肉体的な安楽をもたらすもの. ❷ 重要な, 大切な, 不可欠な: ～ evidence《法》（決め手になる）重要証拠 / These facts are ～ to the investigation. これらの事実は捜査にとって欠かせない. ❸《哲・論》質料的な, 実体上の (↔ formal).《F < L》名 matter)【類義語】～ matter.

materialise ⇒ materialize.

†**ma·té·ri·al·ism** /-lìzm/ 名 U ❶ 物質主義, 実利主義. ❷《哲》唯物論[主義] (↔ idealism, spiritualism).

†**ma·té·ri·al·ist** /-lɪst/ 名 物質主義者; 唯物論者. ── 形 物質主義的な; 唯物論(者)的な.

ma·te·ri·al·is·tic /mətì(ə)riəlístɪk/ 形 物質主義(者)の; 唯物論(者)的な. **-ti·cal·ly** /-kəli/ 副

ma·te·ri·al·i·ty /mətì(ə)riǽləti/ 名 ❶ U 実質性, 具体性. ❷ C 有形物, 有形物.

ma·te·ri·al·i·za·tion /mətì(ə)riəlɪzéɪʃən | -laɪz-/ 名 U C 具体化, 体現, 具現.

‡**ma·te·ri·al·ize**《英》**-lise** /mətí(ə)riəlàɪz/ 動 ❶〈願望・計画などが〉実現する: Nothing ～d from his suggestion. 彼の提案からは何も実現しなかった. ❷〈霊が〉肉体的な形をとって現われる. ❸ 急に現われる: A black car ～d out of the mist. 黒い自動車が霧の中からぬっと現れた. ── 他 ❶〈...を〉具体化[実現]する. ❷〈霊的なものを〉肉体[具体]的に表わす. ❸〈...を〉出現させる.《形 material》

ma·té·ri·al·ly /-riəli/ 副 ❶ 実質的に; 大いに, 著しく. ❷ 物質的に; 肉体的に. ❸《哲・論》質料的に, 実質的に (↔ formally).

matérial nóun 名《文法》物質名詞 (water, gas など).

ma·te·ri·a méd·i·ca /mətí(ə)riəmédɪkə/ 名 U ❶ [複数扱い] 医薬品. ❷ [単数扱い] 薬物学.《L=medical material》

ma·te·ri·el, ma·té·ri·el /mətì(ə)riél/ 名《軍隊などの》設備, 施設; 軍需品.

†**ma·ter·nal** /mətə́ːnl | -tə́ː-/ 形 ❶ 母の, 母らしい (motherly; cf. paternal 1): ～ love 母性愛 / She's a warm, ～ person. 彼女は心の温かい母のような人だ. ❷ （特に妊娠中あるいは育児期の）母親の: ～ abuse 母親による（幼児）虐待 / ～ smoking （特に妊娠中の）母親の喫煙.

1119　matriarchy

❸ Ⓐ 母方の: on the ～ side 母方の / one's ～ grandmother 母方の祖母. ❹《遺伝など》母親からの: ～ immunity 母児[先天性]免疫 / ～ inheritance 母性遺伝. **-ly** /-nəli/ 副《F or L < mater mother; cf. matter》

‡**ma·ter·ni·ty** /mətə́ːnəti | -tə́ː-/ 名 U ❶ 母であること, 母性, 母性 (motherhood; cf. paternity 1). ❷ 産科病棟. ── 形 妊産婦の（ための）: a ～ dress 妊婦服, マタニティードレス / a ～ ward [hospital] 産科病棟[病院] / ～ leave 出産休暇, 産休 (cf. paternity leave).《F < L ↑》

máte·ship 名 U 仲間であること, 仲間としての連帯[親睦, 協力], 仲間意識, 仲間の友情.

mat·ey /méɪti/《英口》形 (**mat·i·er; -i·est**) 親しい, 気さくな: He was very ～ with us. 彼は我々ととても親しくしていた. ── 名《通例呼び掛けに用いて》仲間, 相棒.

*****math** /mǽθ/ 名 U《米口》数学《英》maths.

math.《略》mathematical; mathematician; mathematics.

*****math·e·mat·i·cal** /mæ̀θəmǽtɪk(ə)l/ 形 (more ～; most ～) ❶ (比較なし) 数学(上)の, 数学[数理]的な: ～ formula 数学の公式[問題] / ～ instruments 数学用器具《コンパス・分度器など》/ have a ～ mind 数理に明るい. ❷ 非常に正確な: with ～ precision 数学的厳密さで / a ～ certainty 絶対確実なこと. ❸ ありそうもない: a ～ chance《数学的には可能だが》ありそうもない（名 mathematics）

màth·e·mát·i·cal·ly /-kəli/ 副 数学的に: solve a problem ～ 問題を数学的に解決する.

*****math·e·ma·ti·cian** /mæ̀θəmətíʃən/ 名 数学者; 数学[計算]の得意な人.

*****math·e·mat·ics** /mæ̀θəmǽtɪks/ 名 ❶ U 数学: applied [pure] ～ 応用[純粋]数学. ❷ [one's ～ などを伴って; 複数または単数扱い] 数学の運用, 運算, 計算: My ～ are [is] weak. 数学の計算に弱い.《F or L < Gk 学ばれたこと》（形 mathematical）

math·e·ma·ti·za·tion /mæ̀θəmətəzéɪʃən | -taɪz-/ 名 U 式化. **math·e·ma·tize** /mǽθəmətàɪz/ 動

Math·er /mǽðə, mǽθ- | mǽðə/, **Cotton** 名 マザー (1663-1728); アメリカの会衆派牧師; Increase の子).

Mather, Increase 名 マザー (1639-1723); アメリカの会衆派牧師; Harvard 大学学長 (1685-1701)).

maths /mǽθs/ 名 U《英口》数学《米》math.

Ma·til·da /mətíldə/ 名 ❶ マティルダ《女性名; 愛称 Matty, Pat, Patty》. ❷ C U《豪》（未開地の徒歩旅行者・放浪者などの）手まわり品の包み.

mat·i·nee, mat·i·née /mǽtəneɪ | mǽtɪnèɪ/ 名《演劇・音楽会などの》昼興行, マチネー (cf. soiree).《F= morning》

matinée còat [jàcket] 名《英》ベビー用の短いコート.

matinée ìdol 名《古風》（女性に人気の）二枚目俳優.

mát·ing /-tɪŋ/ 名《交配[交尾]（期).

mat·ins /mǽtnz | -tɪnz/ 名 [単数または複数扱い] ❶《カト》朝課《時刻》(1日7回の祈祷の時 (canonical hours)の真夜中または夜明けの祈り). ❷《英国教》朝の祈り, 早禱. ❸《詩》（鳥の）朝の歌.

Ma·tisse /mətíːs/, **Hen·ri** /ɑːnríː/ 名 マティス (1869-1954); フランスの野獣派の画家・彫刻家).

ma·tri- /métrə, métrɪ/《連結形》「母」 (cf. patri-).《L mater, matr- mother》

ma·tri·arch /méɪtriɑ̀ːk | -ɑ̀ːk/ 名 女家長, 女族長 (cf. patriarch 1a).《↑ +-ARCH》

ma·tri·ar·chal /mèɪtriɑ̀ːk(ə)l | -ɑ̀ː-/ 形 女家長の, 母権制の: a ～ culture [society] 母権文化[社会].

ma·tri·ar·ch·ate /méɪtriɑ̀ːkət, -kèɪt | -ɑ̀ːk-/ 名 女を家長[族長]とする社会形態, 母権社会[家族] (matriarchy).

ma·tri·ar·chy /méɪtriɑ̀ːki | -ɑ̀ː-/ 名 ❶ U C 女家長制; 母権制 (cf. patriarchy 1). ❷ C 母権社会.《L; ⇒ matriarch, -y[1]》

ma・tric /mətrík/ 形 《英口》 =matriculation.

ma・tri・ces 名 matrix の複数形.

mat・ri・cide /mǽtrəsàɪd, méɪ-/ 名 ❶ Ⓤ 母親殺し(行為). ❷ Ⓒ 母親殺し(犯人) (cf. patricide 2). 【MATRI-+-CIDE】

ma・tric・u・late /mətríkjulèɪt/ 動 自 〔大学に〕入学する〔at, in〕. ― 他 〈人に〉大学への入学を許可する. 【L<*matrix* 登録】

ma・tric・u・la・tion /mətrìkjuléɪʃən/ 名 ⓊⒸ 大学入学許可.

màtri・fócal 形 母親中心の.

mat・ri・lin・e・al /mǽtrəlíniəl, mèɪ-ˉ/ 形 母系(制)の, 母方の: a 〜 society 母系社会.

màtri・lócal 形《人》母方居住の《夫婦が妻の家族または親族と共にあるいはその近くに居住する; cf. patrilocal》.

mat・ri・mo・ni・al /mǽtrəmóʊniəlˉ/ 形 結婚の, 夫婦の: a 〜 agency 結婚紹介所 / adjudicate 〜 disputes 夫婦間のいさかいを裁く.

mat・ri・mo・ny /mǽtrəmòʊni | -məni/ 名 Ⓤ ❶ 結婚, 婚姻: enter into 〜 結婚する / unite two persons in holy 〜 二人を正式に結婚させる. ❷ 夫婦関係, 結婚生活.【F<L=母であること<*mater* ↓】【類義語】⇒ marriage.

⁺**ma・trix** /méɪtrɪks/ 名 (-tri・ces /-trəsìːz, mǽtrə-/, 〜・es) ❶ (ものを生み出す)母体, 基盤, 発生源. ❷ a 鋳型 (mold). b 〘印〙(活字鋳造の)字母; 母型. c (レコード複製のための)原盤. ❸ 〘鉱山〙母岩(宝石・鉱物などを含んでいる); 石基. ❹ 〘数〙行列, マトリックス. ❺ 網目状のもの (network). ❻ 〘電算〙マトリックス〘入力導線と出力導線の回路網〙.【L=子宮, 母体<*mater* mother; cf. matter】

⁺**ma・tron** /méɪtrən/ 名 ❶ a 寮母, 保母; (公共施設の)家政婦長, (女子従業員の)女監督. b 《米》(刑務所などの)女性看守. c 《英》(昔の)看護婦長《★最近は通例 senior nursing officer という》. ❷ (年配の太った)既婚女性, 夫人.　**mátron of hónor**《米》花嫁介添役の既婚女性.【F or L *mater* ↑】

má・tron・ly 形《女性が》(太って)貫禄(%)のある, 落ち着いた《★中年で太り気味の女性について用いる婉曲語》.

mat・ro・nym・ic /mǽtrənímɪkˉ/ 名 母親[母系祖先]の名から採った(名前) (cf. patronymic).

matt /mǽt/ 形 =matt².

Matt /mǽt/ 名 マット(男性名; Matthew の愛称).

Matt. 〘略〙〘聖〙Matthew.

matte¹ /mǽt/ 形 《米》=matt².

matte² /mǽt/ 名 ❶ 〘冶〙鈹(ボ) 《銅やニッケルの硫化物を精錬するときに生ずる半製品》. ❷ Ⓒ 〘映〙マット《背景や前景の一部をマスクしてプリント時に別の背景などと置き換えられるようにする技法》.

mát・ted /-tɪd/ 形 ❶ マットを敷いた. ❷ 〈髪などが〉もつれた, もじゃもじゃの (cf. mat¹ ❷ 2): 〜 hair もじゃもじゃの髪.

⁎**mat・ter** /mǽtᵊ | -tə/ 名 ❶ Ⓒ 問題, 事, 事柄 (affair): a 〜 *of* life and death 死活問題 / a 〜 *of* the greatest importance きわめて重要な事柄 / a 〜 *of* opinion 見解の[異論のある]問題 / the 〜 in hand 当面の問題 / That's quite another 〜. それは全く別の問題だ / That's the end of the 〜. それが(この問題の)結末だ / It's just a 〜 *of* time. それはただ時間の問題だ / It's a 〜 *of* public concern 社会的関心事 / He's careless about money 〜*s*. 彼は金のことにむとんちゃくだ. b (原因となる)事柄,〔…の〕理由: a 〜 *for* [*of*] regret that…. と遺憾である / It's no laughing 〜. それは笑い事ではない. **c** 〘法〙(立証される)事項(となる陳述内容), 主要[基礎, 争点]事実, 実体, 事件. ❷ 〘複数形で〙(漠然と)物事, 事態 (things): take 〜*s* light-heartedly [seriously] 物事を安易[真剣]に考える / *Matters* went from bad to worse financially. 事態は財政的にだんだん悪化していった / That simplifies 〜*s*. そうすれば物事は簡単になる / to make 〜*s* worse そのうえ悪いことには. ❸ [the 〜] 困ったこと, やっかいなこと《★主語にはならない》: "What's the 〜?" "Nothing [Nothing's *the* 〜]."「(君)どうしたの」「どうもしないよ」/ Is there anything *the* 〜 with the car? 車がどうかしたんですか / He stopped his car to see what was *the* 〜. 彼は何事かと車を止めてみた. ❹ Ⓤ 《精神界と対照して目に見える世界を構成している》物質, 物体: M〜 can exist as a solid, liquid, or gas. 物質は固体, 液体, 気体として存在しうる. **b** 〘修飾語を伴って〙…質, …素, …体, …物: organic [inorganic] 〜 有機[無機]物 / coloring 〜 色素 / solid 〜 固体 / waste 〜 老廃[排泄]物 / ⇒ gray matter, white matter. ❺ Ⓤ a 印刷物: printed 〜 印刷物 / ⇒ reading matter. **b** 郵便物: postal 〜 郵便物. ❻ Ⓤ (形式と区別して, 論文・書物などの)内容, 本体: ⇒ subject matter / His speech contained very little new 〜. 彼のスピーチには新しい内容がほとんどなかった. ❼ Ⓤ [通例 否定で用いて] 重要なこと: It is [makes] *no* 〜 whether he comes or not. 彼が来ようが来るまいがどうでもよいことだ / "She's not here." "*No* 〜."「彼女がいないんだが」「かまわない」. ❽ Ⓤ (はれもの・傷などの)膿(²).

a mátter of⋯ (1) …の問題 (⇒ 1 a): It's simply *a* 〜 *of* asking him. それは単に彼に聞きさえすればよいことだ. (2) およそ…, せいぜい, …くらいのところ: in *a* 〜 *of* weeks 数週間のうちに / The fine will only be *a* 〜 *of* ten dollars or so. 罰金はせいぜい 10 ドルちょっとでしょう.

(as) a màtter of cóurse 当然[もちろん]のこと(として): Freedom of speech is now taken *as a* 〜 *of course*. 言論の自由は今や当然のことと考えられている.

as a màtter of fáct 実際のところ: *As a* 〜 *of fact*, he was pretending to be ill. 実を言うと彼は仮病を使っていたのだ.

for thát màtter その事なら(…もやはり), そういうことならついでに《用法》前に述べた事に関連して言い足す時に用いる》: He's very clever. So is his sister, *for that* 〜. 彼はとても頭がいい. そういうことなら姉もそうだ.

in the màtter of… …に関して(は): He was very strict *in the* 〜 *of* money. 彼は金銭のことには実にやかましかった.

mátter of fáct (1) 〘法〙事実問題 (cf. MATTER of law). (2) 事実, 実際, 現実: ⇒ as a MATTER of fact 〘成句〙.

mátter of láw 〘法〙法律問題 (cf. MATTER of fact).

mátter of récord (1) 〘法〙記録事項《法廷記録に残されていて, その提出により証明されるべき事実または陳述》. (2) 記録された[明らかな]事実.

nò mátter whát どんなことがあっても: I'll finish the work today *no* 〜 *what*. なんとしてもきょう中に仕事を終える.

nò mátter whát [which, whó, whére, whén, whý, hów] …たとえ何[どれ, だれ, どこ, いつ, いかなる理由で, いかに]…でも: *No* 〜 *what* he says, don't go. 彼が何と言おうとも行くな / You'll never be in time, *no* 〜 *how* fast you run. どんなに速く走っても絶対に間に合いませんよ.

tàke mátters into one's ówn hánds 問題を自分で解決[処理]しようとする, 自分で事を運ぶ.

The fáct [trúth] of the mátter is (that)… 実は[事の真相は]…だ.

nót mínce mátters ⇒ mince 〘成句〙.

Whát mátter? それでどうだと言うのか(かまうものか).

― 動 自 ❶ [しばしば否定・疑問文で] 問題となる, 重要である《用法》進行形・命令文にはならない》: What does *it* 〜? それがどうしたと言うのだ(かまうものか) / *It* doesn't 〜 a bit if we are late. 遅くなっても少しもかまわない / "I'm afraid there's no cream." "*It* doesn't 〜."「申し訳ないがクリームを切らしているんですが」「なくても別にかまいませんけど」/ *You* 〜 a lot *to* me. 君はぼくにとってとても大事だ / All that 〜*s* is that you are well. 大切なのは君が健康であることだけだ. ❷ 《古》〈傷が〉うむ.

【F<L=(原義) 新しい生命を生み出す木の内部 <*mater* mother】【類義語】**matter** 物理的にある空間を占める物体[物質]. **material** ある物が作られる原料となる物質. **substance** 性質・機能の点から見た物質.

Mat・ter・horn /mǽtᵊhɔ̀ən | -təhɔ̀ːn/ 名 [the 〜] マッターホルン《Pennine Alps 中の高峰; 4478 m》.

mátter-of-cóurse 形 当然の, もちろんの.

mátter-of-fáct 形 事務的な, 事もなげな; 事実に即した; 淡々とした: a ~ attitude to death 死に対する淡々とした態度. **~·ness** 名

mátter-of-fáct·ly 副 事務的に, 事もなげに; 淡々と: "No," she answered ~. 「ノー」と彼女は事もなげに答えた.

Mat·thew /mǽθju:/ 名 ❶ マシュー《男性名; 愛称 Mat(t)》. ❷ [St. ~]《聖》《聖》マタイ《キリスト十二使徒の一人; 新約聖書の「マタイによる福音書」の著者》. ❸《聖》マタイによる福音書, マタイ伝《新約聖書中の一書; 略 Matt.》.

mat·ting /mǽtɪŋ/ 名 ❶ マット材料. ❷ マット(類), 畳, ござ.

mat·tins /mǽtnz | -tɪnz/ 名 《英》 = matins.

mat·tock /mǽtək/ 名 《つるはしに似た》根掘りくわ.

⁺mat·tress /mǽtrəs/ 名 《寝台の》マットレス, 敷きぶとん. 《< It < Arab = 寝るために床に投げ出されたもの》

Mat·ty /mǽti/ 名 マティー《女性名; Martha, Matilda の愛称》.

mat·u·rate /mǽtʃʊrèɪt/ 動 (自) 化膿する.

mat·u·ra·tion /mǽtʃʊréɪʃən/ 名 ❶ U 成熟(期), 円熟(期). ❷ (医) 化膿.

***ma·ture** /mətʃ(j)ʊ́ə, -tʃʊ́ə | -tʃʊ́ə, -tjʊ́ə, -tʃɔ́ː/ 形 (**ma·tur·er**, **-est**; **more ~**, **most ~**) ❶ 〈人・動物が〉完全に[十分]に発育した; 円熟した, 分別のある (↔ immature): a ~ student (英国の大学で25歳を超える)成人学生 / (of) ~ years「熟年」(の) / He's fairly ~ for his age. 彼は年の割にはけっこう分別がある. ❷ **a** 〈ワイン・チーズなど〉熟成した. **b** 〈果物などが〉熟した, 熟れた. ❸〈計画・考えなど〉熟慮した, 賢明な; 慎重な: a ~ scheme ぬかりのない計画 / ~ consideration 熟慮. ❹《商》〈手形など〉満期の. ━━ (自) ❶ 成熟する, 円熟する; 熟れる: She had ~d into a sensible woman. 彼女は賢明な婦人に成長していた. ❷《商》〈手形などが〉満期になる. ━━ (他) ❶ 《…を》成熟させる; 熟成させる: His painful experiences ~d him [his character]. つらい経験によって彼の人格は円熟した. ❷〈計画などを〉完成する, 練り上げる. **~·ness** 名 《L = 時を得た》 【類義語】 ⇨ ripe.

ma·ture·ly 副 分別深く, 大人のように.

***ma·tu·ri·ty** /mətʃ(j)ʊ́(ə)rəti, -tʃ(ʊ́ə)r- | -tjʊ́ər-, -tʃɔ́ː·r-/ 名 ❶ U 成熟(期), 円熟(期); 完全な発達[発育]: reach [come to] ~ 成熟[円熟]する, 完全に成長する. ❷ U,C 《商》〈手形などの〉満期: at ~ 満期に. 【L】(形 mature)

ma·tu·ti·nal /mətʃ(j)ú:tənl, mæ̀tʃʊtáɪ- | mæ̀tʃʊtáɪ-, mətʃú:tɪ-/ 形 朝の, 早朝の, (朝)早い: ~ exercises 早朝練習.

mat·y /méɪti/ 形 = matey.

mat·za(h) /mǽtsə/ 名 (-zas /~z/) = matzo.

mat·zo, -zoh /má:tsə, -tsoʊ/ 名 (-zoth /-tsòʊt/, -zos, -zohs /-tsəz, -tsəs, -tsoʊz/) 種なしパン, マツォー《パン種をふくらせずに焼いた平たいクラッカー; ユダヤ人は過越しの祝い (Passover) の間, 普通のパンの代わりにこれを食べる》.

mau·by /mɔ́:bi/ 名 U モービー《東カリブ海でクロウメモドキ科ヤエヤマハマナツメ属の木の樹皮から採る苦い飲料》.

maud·lin /mɔ́:dlɪn/ 形 ❶〈本・映画など〉感傷的な (soppy, mawkish). ❷ 酒を飲んで泣き出す, 泣き上戸の. 《(MARY) MAGDALENE マグダラのマリア《しばしば泣いている姿で描かれる》》

Maugham /mɔ́:m/, **William Som·er·set** /sʌ́məsèt | -mə-/ モーム (1874-1965; 英国の作家).

Maui /máʊi/ 名 マウイ《Hawaii 島の北西にある火山島》.

⁺maul /mɔ́:l/ 名 大木槌(ぢ), かけや. ━━ 動 (他) ❶〈獣などが…を〉爪や牙で傷つける. ❷ a 殴る, 打ちのめす; 袋だたきにする, ひどいめにあわせる: He got badly ~ed in a fight. 彼はけんかでこてんぱんにひどく殴られた. **b**〈物を手荒く扱う. **c**(手荒に・いやらしく)さわる, いじる. ❸〈…を〉酷評する.

mau·la·na /maʊlá:nə | mɔː-/ 名 マウラーナー《特にインドで深い学識をもつイスラムの学者; 称号ともなる》.

mául·er /ˈmɔ́ːlə/ 名 《口》 手, こぶし.

mául·stick 名 《画家の》腕づえ《細部を描く時, 絵筆を持つ手をその先にのもう一方の手で支える》.

1121　**maximum**

Mau·na Kea /máʊnəkéɪə/ 名 マウナケア《Hawaii 島中北部の死火山 (4205 m)》.

Máu·na Lóa /-lóʊə/ 名 マウナロア《Hawaii 島中南部の活火山 (4169 m)》.

maun·der /mɔ́:ndə | -də/ 動 (自) ❶《…について》だらだら〔とりとめなく〕話す, 不満をたらたら言う〔on〕. ❷ ぶらつく, ほんやり歩き回る 〈about, along〉.

Maun·dy /mɔ́:ndi/ 名 《キ教》洗足式《昔 王侯・貴族などが Maundy Thursday に貧民の足を洗った儀式; Maundy money の給付はそのなごり》.

Máun·dy mòney 名 U《英》洗足日救済金 《解説》 Maundy Thursday に, 王室が選んだ恵まれない人々に与えられる特殊な銀貨》.

Máun·dy Thúrsday 名 《キ教》洗足木曜日, 聖木曜日《Good Friday の前日, すなわち Easter 直前の木曜日; Last Supper を記念する》.

Mau·pas·sant /móʊpəsà:nt | -sàː, ŋ/, **Guy de** /gí:də/ 名 モーパッサン (1850–93; フランスの作家).

Mau·riac /mɔ̀ːriá:k | mɔ́ːriæ̀k/, **François** 名 モーリヤック (1885-1970; フランスの作家; Nobel 文学賞 (1952)).

Mau·rice /mɔ́ːrɪs, mɔːrɪs | mɔ́rɪs/ 名 モーリス《男性名》.

Mau·ri·ta·ni·a /mɔ̀ːrətéɪniə/ 名 モーリタニア《アフリカ北西部の共和国; 首都 Nouakchott》.

Mau·ri·tian /mɔːríʃən/ 形 Mauritius の(人).

Mau·ri·ti·us /mɔːríʃəs/ 名 ❶ モーリシャス島《Madagascar 東方インド洋の火山島》. ❷ モーリシャス《同島と属島からなる英連邦内の独立国; 首都 Port Louis》.

mau·so·le·um /mɔ̀ːsəlí:əm/ 名 (働 **-le·a** /-líːə/, **~s**) 壮大な墓, 霊廟(ﾚｲ), みたまや, みささぎ. 《L < Gk; 本来, 小アジアの Caria の王 Mausolus (353? B.C.) のために, その妃が建てた大霊廟を言った》

mauve /móʊv/ 名 U ふじ色, モーブ色《薄い青みがかった紫》. ━━ 形 ふじ色の, モーブ色の.

ma·ven, ma·vin /méɪv(ə)n/ 名 《米口》専門家, 達人, 通.

⁺mav·er·ick /mǽv(ə)rɪk/ 名 ❶《米》焼き印のない牛. ❷ (政党などの)無所属の人, 異端者, 「一匹おおかみ」. 《S. A. Maverick 米国 Texas の開拓者; 所有する子牛に焼き印を押さなかったことから》

ma·vis /méɪvɪs/ 名《鳥》ウタツグミ (song thrush).

maw /mɔ́:/ 名 ❶《動物の》胃. ❷《口》《がつがつした人の》胃袋.

mawk·ish /mɔ́:kɪʃ/ 形 ❶ いやに感傷的な (soppy, maudlin). ❷《古》甘くて鼻につくような(味の); 吐き気を催すような. **~·ly** 副 **~·ness** 名

max /mǽks/ 名《米俗》最大★次の成句で. **to the máx** 最高に, 完全に, すっかり. ━━ 動 ★次の成句で. **máx óut** 動 (自)+副) (1) 限界[限度]に達する; 全力を尽くす. (2) 限界までいかせる; 目いっぱい使う. 《MAXIMUM から》

Max /mǽks/ 名 マックス《男性名》.

max, max. (略) maximum.

max·i /mǽksi/ 名 《口》マキシ《丈がくるぶしまでのスカート[コートなど]》; cf. mini, midi).

max·i- /mǽksi/《連結形》特大の, マキシの: a **maxi**-coat マキシコート. 《⇨ maximum》

max·il·la /mæksílə/ 名 (働 **-lae** /-liː/) 《解》上あご, 上顎(ﾋｮｳ)骨. **max·il·lar·y** /mǽksəlèri | mæksɪ́ləri/ 形

⁺max·im /mǽksɪm/ 名 格言, 金言. 《L maxima propositio largest proposition》 【類義語】⇨ proverb.

max·i·ma /mǽksəmə/ 名 maximum の複数形.

max·i·mal /mǽksəm(ə)l/ 形 A 最大限の, 極大の (↔ minimal).

máx·i·mal·ist /mǽksəməlɪ́st/ 名 妥協を排して最大限の要求をする人, 過激主義者.

⁺max·i·mize /mǽksəmàɪz/ 動〈…を〉最大限度にする, 極大化する (↔ minimize). **max·i·mi·za·tion** /mæ̀ksəmɪzéɪʃən | -maɪz-/ 名

***max·i·mum** /mǽksəməm/ (↔ minimum) 形 A (比

maxiskirt

較なし) 最大の, 最高の, 最大[最高]限度の: the ~ dose 《医》極量 / the ~ load 最大積載量. ── 图 (徽 ~s, -ma /-mə/) ❶ 最大限[量], 最高点: a ~ of ten years in prison 最高 10 年の刑 / at the ~ 最大限に / to the ~ 最大限まで, 最高に. ❷《数》極大. ── 副 最大限, 最高: twice a week ~ 最大限週 2 回.《F<L=greatest; L *magnus* great の最上級》

máxi·skirt 图 マキシスカート.

ma·xi·xe /məʃíːʃ∂/ 图 (徽 **ma·xi·xes** /-ʃɪz/) マシーシュ《two-step のようなブラジル起源のダンス》.

max·well /mækswel, -wəl/ 图《理》マクスウェル《強度 1 gauss の磁場 1 cm² を通過する磁束の単位; 略 Mx》.

Máxwell-Bóltz·mann distribùtion /-bóʊltsmən-/ 图《理》(古典力学に従う理想気体の)マクスウェル=ボルツマン分布.《J. C. Maxwell スコットランドの物理学者, L. Boltzmann オーストリアの物理学者》

Máxwell dèmon 图《理》マクスウェルの魔物《熱力学第 2 法則に反する仮想上の存在; 隔壁の一方への分子を通過させる番人の役をする》.

*__may__ /mèɪ, méɪ/ 助動 [否定形] may not, may·n't, 過去形 might, [否定形] might not, might·n't] ❶ **a** [許可を表わして] …してもよい, …してもさしつかえない《用法》(1) 否定には「不許可」の意味の may not と「禁止」の意味の must not が用いられる. (2)(口)では may の代わりに can を用いることがよくある. (3) 間接話法は別として,「許可」の意の過去形に might は用いられないので was allowed to などが用いられる. すぐそこへ行ってよろしい / "*M~* I smoke here?" "Yes, you ~ (smoke)." 「ここでたばこを吸ってもかまいませんか」「ええ, (吸って)かまいません」《用法》"Yes, you ~." は目上の人が目下の人に言うようなぶっきらぼうな答え方なので, 普通は "Yes, certainly [of course]." とか "Sure." または "Why not?" (ええ, どうぞ)のように言う) / "*M~* I use your car?" "No, you ~ not." 「車をお借りしてもいいですか」「いえ, いけません」《用法》may not もぶっきらぼうな答え方なので, 普通は "I'm sorry." とか "I'm afraid you cannot." のように言う) / "*M~* I see your passport, please." "Here you are." 「(税関で)旅券を拝見いたします」「はいどうぞ」《語法》命令文に近い意味ではピリオドがくこともある; 答えもこのように言う) / I'll have another biscuit, if I ~. よろしかったらもう 1 枚ビスケットをいただきます《★ 文脈から自明の時は may の次の動詞は略される) / Visitors ~ not take photographs.《博物館などで》写真撮影はご遠慮ください. **b** [しばしば ~ well, 認容を表わして] …してもさしつかえない, …するのはもっともだ《★ この意味の否定は cannot》: You ~ *well* think so. 君がそう考えるのももっともだ.

❷ [不確実な推量を表わして] **a** …かもしれない, おそらく…であろう《★ この意味の否定は may not》: He ~ come, or he ~ *not*. 彼は来るかもしれないし来ないかもしれない《用法》この意味の may は疑問文には使えない; 代わりに Is he likely to [Do you think he will] come? のような言い方をする). **b** [It may be that…で] おそらく…かもしれない: *It* ~ *be that* he will come tomorrow. 彼はあるいはあす来るかもしれない. **c** [may have+過去分詞で, 過去のことについて不確実な推量を表わして] …した[だった]かもしれない: He ~ *have* said so. 彼はあるいはそう言ったかもしれない / It ~ *not have been* he [(口) him] who did it. やったのは彼ではなかったのかもしれない.

❸ [疑問文において] **a** [不確実の意を強めて] (一体・だれ・何・どうして)…だろう, …かしらん: Who ~ you be? どなたでしたかしら《★ 失礼な言い方》. **b** [表現を和らげて] …だろうか, …かしら: What ~ I do for you? どんなご用事でしょうか.

❹ [譲歩を表わして] **a** [後に等位接続詞 but などを従えて] …かもしれない(が), …といってもいい(が): He ~ be rich *but* he is not refined. 彼は金持ちかもしれないが洗練されていない / You ~ call him a genius, *but* you cannot call him a man of character. 彼は天才だといえても人格者とはとてもいえない. **b** [譲歩を表わす副詞節において] (たとえ)…であろうとも: Don't believe it, whoever ~ say so [no matter who ~ say so]. だれがそう言おうとそれを信じるには及ばない《用法》《口》ではしばしばこの may を用いないで, whoever *says* so [no matter who *says* so]…のように言う).

❺ [妥当性や可能を表わして] …できるかもしれない, …できよう《用法》この用法は改まった言い方で, can より控えめな表現に: as best one ~ できるだけ, どうにかこうにか / Enjoy life while you ~. できるうちに人生を楽しみなさい / Life ~ be compared to a voyage. 人生は航海にたとえることができる.

❻ [目的・結果を表わす副詞節において] …するために, …できるように《用法》《口》ではしばしばこの may の代わりに can を用いる): The design is being improved *so that* we ~ avoid any further disasters. これ以上惨事を起こさないように設計に改善が加えられている.

❼ [祈願・願望・のろいを表わして] 願わくは…ならんことを, …させたまえ《用法》may は常に主語の前に置く》: *M~* you succeed! ご成功を祈る《用法》形式ばった表現で, 普通は I hope you will succeed. のように言う》.

bé that as it máy それはともかく, いずれにせよ; それにもかかわらず (nevertheless). cóme what máy 何事があろうとも. ~ máy [míght] (jùst) as wéll dó (as…) ⇒ well¹ 副 成句. mày wéll dó ⇒ well¹ 副 成句.
《OE》

*__May¹__ /méɪ/ 图 ❶ 5 月《用法は ⇒ January》. ❷ [m~]《英》U《植》サンザシ(の花) (cf. mayflower). the Quéen of (the) Máy = May queen. 《F<L=ローマの女神 *Maia* の月》

May² /méɪ/ 图 メイ《女性名》.

ma·ya /máːjə, máːjɑ/ 图 U《ヒンドゥー教》マーヤー《現象の世界を動かす原動力》; 幻影《としての現象の世界》.

Ma·ya /máːjə, máːjɑ/ 图 (徽 ~, ~s) ❶ **a** [the ~(s)] マヤ族. **b** ☐ マヤ族の人. ❷ ☐ マヤ語.

Ma·yan /máːjən, máːjɑn/ 形 マヤ族[人, 語]の: ~ civilization マヤ文明. ── 图 ❶ ☐ マヤ人. ❷ ☐ マヤ語.

máy·apple 图 [時に M~]《植》アメリカミヤオソウ, ポドフィルム《5 月に黄色をおびた卵形の実を結ぶ》.

*__may·be__ /méɪbi/ 副 [通例文頭に置いて] ことによると, たぶん, もしかしたら: *M~* it will rain. ことによると雨が降るかもしれない / "Will you be there?" "*M~*." 「あそこへ行きますか」「たぶん」/ I think ~ I'll stay for a day or two. もしかしたら一日, 二日滞在するかもしれない / *M~* you could open the window. 窓を開けていただけませんか 婉曲な依頼の仕方》. …and I dón't mèan maybe! [文尾に置いて]《米口》…いいかね, ことによると[冗談を言ってるん]じゃないんだ.《類義語》⇒ perhaps.
《it may be から》

May bèetle [**bùg**] 图《昆》コフキコガネ.

†**May Dày** 图 ❶ 五月祭《5 月 1 日; 春の訪れを祝う伝統的祭日》. ❷ メーデー, 労働祭《英国では 5 月の第 1 月曜日; bank holiday の一つ; cf.《米》Labor Day; ヨーロッパでは 5 月 1 日》.

may·day 图 [時に M~] メーデー《船舶・航空機の発する無線電話による遭難信号》: send (out) a ~ (signal) メーデー(の信号)を発する.《F; (*venez*) *m'aider* (come) help me から》

May·er /méɪə˞ | méɪə/, **Louis B(urt)** 图 メイヤー《1885-1957; ロシア生まれの米国の映画制作者; MGM 創設者の一人》.

may·est /méɪɪst/ 助動 [thou ~]《古》may の二人称単数形.

May·fair /méɪfeə˞ | -feə/ 图 メイフェア《London の Hyde Park 東側の高級住宅地》.

máy·flòwer 图《植》5 月に花の咲く草木;《特に》《英》サンザシ (hawthorn), キバナノクリンザクラ (cowslip), リュウキンカ (marsh marigold),《米》イワナシ (arbutus), アネモネ (anemone).

May·flòwer 图 [the ~] メイフラワー号《1620 年 Pilgrim Fathers を英国から米国へ 66 日かけて運んだ船》.

máy·flỳ 图 ❶《昆》**a** カゲロウ. **b**《英》トビケラ. ❷《カゲロウに似せた》毛針.

may・hem /méihem/ 名 Ⓤ ❶ 大混乱, 大騒ぎ《比較 chaos も「大混乱」を表わすが mayhem は特に恐怖・興奮からくる混乱の意》: create ~ 大混乱を引き起こす. ❷ 〖法〗身体傷害(罪).

máy・ing 名 Ⓤ [時に M-] 五月祭の祝い(に参加すること).

may・n't /méint, méiənt/ 《まれ・英口》 may not の短縮形.

ma・yo /méiou/ 名 =mayonnaise.

May・o /méiou/ ❶ メイヨー《アイルランド北西部 Connacht 地方の県; 県都 Castlebar》. ❷ メイヨー《米国の医師一家; Mayo Clinic の基礎を築いた William Worral (1819–1911) とその息子 William J(ames) (1861–1939), Charles (Horace) (1865–1939) など》.

Máyo Clínic 名 [the ~] メイヨークリニック《Minnesota 州 Rochester にある世界最大級の医療センター》.

⁺may・on・naise /méiənèiz, ⌒⌒⌒/ 名 Ⓤ ❶ マヨネーズ. ❷ マヨネーズをかけた料理.《F; スペイン Baleares 諸島 Minorca 島の港 Mahon にちなんだソースの意》

⁎may・or /méiə, méə | méə/ 名 市長, 町長《★男性・女性にもいう》.《F < L major greater (magnus great の比較級)》 ⇨ mayoral》

may・or・al /méiərəl, mé(ə)r- | méərəl/ 形 市長[町長] (mayor) の.

may・or・al・ty /méiərəlti, mé(ə)r- | méər-/ 名 Ⓤ 市長[町長]の職[任期].

may・or・ess /méiərəs, mé(ə)r- | meərés, ⌒⌒/ 名 市長[町長]夫人; 女性市長[町長].

Ma・yotte /ma:jɔ́:t/ 名 マヨット《インド洋の Comoro 諸島にある島; フランスの海外領土》.

máy・pòle 名 五月柱, メイポール《花・リボンなどで飾り, 五月祭 (May Day) にその周囲で踊る》.

Máy quèen [Quèen] 名 [the ~] 五月の女王《五月祭 (May Day) の女王に選ばれた少女; 花の冠をかぶる》.

Mays /méiz/, **Willie** 名 メイズ (1931– ; 米国の野球選手).

mayst /meist, méist/ 助動 《古》 may の直説法 2 人称単数現在形: thou ~ =you may.

máy・wèed 名 〖植〗 カミルレモドキ《キク科; 悪臭がある》.

⁺maze /méiz/ 名 ❶ 迷路, 迷宮 (labyrinth); 迷路のように複雑なもの, 複雑でわかりにくい考え方[規則(など)]: a ~ of streets [bureaucratic red tape] 迷路のように入り組んだ街路[官僚的形式主義]. ❷ [a ~] 当惑, 困惑: in a ~ 当惑して. 《(A)MAZE》

ma・zer /méizə | -zə/ 名 《脚付き銀縁の木[金属]製の大杯.

ma・zu・ma /məzúːmə/ 名 Ⓤ《米俗》金, 現ナマ.

ma・zur・ka /məzə́ːkə | -zə́ː-/ 名 ❶ マズルカ《ポーランドの軽快なダンス》. ❷ マズルカの曲.

maz・y /méizi/ 形 (maz・i・er; -z・i・est) 迷路のような, 曲がりくねった; 込み入った.

maz・zard /mǽzəd | -zəd/ 名 〖植〗 セイヨウミザクラ.

mb《略》millibar(s). **Mb**《略》〖電算〗 megabyte(s).

MB《略》 Bachelor of Medicine. **MBA**《略》 Master of Business Administration 経営学修士.

Mba・bane /əmbɑːbɑ́ːnei/ 名 ムババネ《スワジランドの首都》.

mba・qan・ga /əmbəkǽŋgə/ 名 ムバカンガ《南アフリカ都市部のポピュラー音楽》.

mbi・ra /əmbíːrə/ 名〖楽〗 ムビラ, エンビラ《木・金属の細長い板を並べて一端を留め, 他端をはじいて鳴らすアフリカの楽器; cf. thumb piano》.

MBWA《略》〖経営〗 management by walking around 歩き回り管理《管理者が部下の仕事の現場をしばしば歩き回る管理方式》.

MC《略》❶ /émsíː/《⇨ MCs 成句》 ❶ =master of ceremonies (⇨ master 成句). ❷ (ラップグループの) MC《ラッパー》. —— 動 (Mc'd; Mc'ing) 自 (ラップの) MC を努める.

mc《略》megacycle(s).

MC《略》Member of Congress; Military Cross.

Mc-, Mᶜ /mək, mæk/ 接頭 =Mac-.

1123   **Mead**

MCAT /émkæt/《略》Medical College Admissions Test 医大入学テスト.

Mc・Car・thy・ism /məkáːθiìzm | -káː-/ 名 Ⓤ 極端な反共運動, マッカーシー旋風.《米国の共和党上院議員 J. R. McCarthy (1908–57) から》

Mc・Cor・mick /məkɔ́əmɪk | -kɔ́ː-/, **Cyrus Hall** 名 マコーミック (1809–84; 米国の発明家・実業家; 刈取り機を発明, 企業化して生産した).

Mc・Coy /məkɔ́i/ 名 [the real ~ で]《口》(高品質の)本物, 実物;《まぎれもない》本人.

Mc・Don・ald's /məkdɑ́nldz | -dɔ́n-/ 名《商標》❶ マクドナルド《米国最大のハンバーガーのチェーン店》. ❷ マクドナルドのハンバーガー.

Mc・Guf・fin /məɡʌ́fən/ 名 マ(ク)ガフィン《映画や小説などでプロットに真実味やスリルを与えるために取り入れた, それ自体はほとんど意味のない(思いせずの)しかけ・小道具・設定》.《Alfred Hitchcock の造語》

Mc・In・tosh /mǽkɪntɑ̀ʃ | -tɔ̀ʃ/ 名《また **McIntosh Réd**》(園) 旭(☆)(☆)《カナダ Ontario 州原産の濃紅色リンゴ》.

Mc・Job /mækdʒɑ́b | -dʒɔ́b/ 名 (サービス業などの)単調で給料の安い仕事, しょうもない[将来性のない]仕事.

Mc・Kin・ley /məkínli/, **Mount** 名 マッキンリー山《米国 Alaska 州南部にある北米の最高峰; 6194 m; 別名 Denali》.

Mc・Kin・ley /məkínli/, **William** 名 マッキンリー (1843–1901; 米国第 25 代大統領 (1897–1901); 暗殺された).

Mc・Náu(g)h・ten Rùles /məknɔ́ːtn-/ 名 複 [the ~]〖法〗マクノートンルール《精神障害という理由で被告人を弁護するには, 犯行時に行為の性質を認識しなかったか, 当該行為に関して正邪の判断がなかったかのいずれかを被告人側が立証せねばならないとするもの》.

m-còmmerce 名 Ⓤ M コマース《携帯端末を利用した電子取引》.《*m-* < MOBILE》

MCP《略》 (口) male chauvinist pig.

Md《記号》〖化〗 mendelevium. **MD**《略》〖米郵〗 Maryland; Doctor of Medicine; Managing Director; muscular dystrophy. **Md.**《略》Maryland.

MDT《略》〖米〗mountain daylight time.

me¹ /(弱形) mi; (強形) míː/ 代 ❶ [I の目的格]: **a** [直接目的語] 私を: They know *me* very well. 彼らは私を非常によく知っている. **b** [間接目的語] 私に: Father gave *me* a book. 父は私に本をくれた. **c** [前置詞の目的語]: She spoke to *me*. 彼女は私に話しかけた. ❷ **a** [be の補語に用いて; ⇨ I³比較] (口) 私(だ, です) (I): It's *me*. 私です. **b** [as, than, but の後に用いて] (口) 私(だ, です) (I): You're as tall as [taller than] *me*. 君は背がぼくと同じだ[ぼくより高い].《用法》as [than] の次に動詞がくる時には as [than] I am となる) / Nobody went but *me*. 私のほかにはだれも行かなかった. **c** [慣用的に]: "I want to see the movie." "*Me*, too."「私はその映画を見たい」「ぼくも」/ "Say, who are you?" "*Me*?"「おい, 君はだれだい」「ぼく(のこと)ですか」. ❸ (口) [動名詞の意味上の主語として] 私の: My parents are proud of *me* having done it alone. 私が一人でやりとげたことを誇りに思っている. ❹ /míː/ [感動・驚きなどを表わして間投詞的に]: Dear *me*! おやおや! ❺ [再帰的に動詞の間接目的語で]《米口・非標準》私自身に: I bought *me* a new computer. 新しいコンピュータを買った. **betwèen yóu and mé** ⇨ between 成句. **mé and míne** 私と私の家族[一族]: He was kind to *me and mine*. 彼は私や私の家族に親切だった.

me² /míː/ 名〖楽〗《英》=mi.

ME《略》 Maine; Middle English;〖医〗myalgic encephalomyelitis. **Me.**《略》Maine.

me・a cul・pa /méiɑːkúlpɑː/ 名 自分の誤りを認めること. —— 間 わが過失なり[により].

mead¹ /míːd/ 名《詩・古》=meadow.

mead² /míːd/ 名 Ⓤ はちみつ酒.

Mead /míːd/ 名 [Lake ~] ミード湖《Arizona 州と

Nevada 州の境にある, Colorado 川に Hoover ダムを建設してできた世界最大級の人造湖).

Mead, Margaret 图 ミード (1901-78; 米国の人類学者).

+**mea·dow** /médou/ 图 ❶ (特に低地帯の干し草を作る)牧草地, 草地. ❷ 川辺の草の生えた低地. 【OE=刈られた土地】【類義語】⇒ pasture.

méadow·lànd 图 牧草地.

méadow-làrk 图 [鳥] マキヒバリ (北米産).

méadow pìpit 图 [鳥] マキバヒバリ (ヨーロッパ産).

méadow rùe 图 カラマツソウ.

méadow sàffron 图 [植] イヌサフラン.

méadow·swèet 图 [植] シモツケソウ.

méad·ow·y /-doui/ 形 草地性の, 牧草地の, 草地の多い.

+**mea·ger,** 《英》**mea·gre** /míːgɚ | -gə/ 形 ❶ 貧弱な, 乏しい, 不十分な; 豊かでない: a ~ meal [salary] 乏しい食事[給料]. ❷ やせ (衰え) た. ~·**ly** 副 ~·**ness** 图 【F<L=thin; cf. macro-】

‡**meal**[1] /míːl/ 图 ❶ 食事, 食事時間 【解説】 朝食は breakfast, 昼食は lunch, 夕食は dinner; ⇒ dinner 【解説】: at ~s 食事の時に / cook [make, prepare, 《米》 fix] a ~ 食事のしたくをする / have [eat, take] a ~ 食事をする / eat between ~s 間食をする / eat a ~ out 外食する. ❷ 1食(分): have [take] a light [big] ~ 軽い[十分な]食事をする. **màke a méal (òut) of**... (1) 《口》〈仕事などを〉実際以上に大げさに見せかける; ...に必要以上の時間[労力]をかける. (2) ...を食べる. **méals on whéels** 《英》 (老人・病人への)食事宅配サービス. 【OE=決まった食事の時間】

meal[2] /míːl/ 图 U ❶ (穀物のふるいにかけない)あら粉, ひき割り[つぶし]粉 (cf. flour 1). ❷ 《米》ひき割りトウモロコシの粉. 【OE】 (形 mealy)

méal bèetle 图 [昆] ゴミムシダマシ, (特に) チャイロコメゴミムシダマシ.

méal tìcket 图 ❶ 食券. ❷ 《口》 生計のよりどころ 《人・もの》.

méal·tìme 图 C,U [通例複数形で] 食事時間: at ~(s) 食事の時[時間]に.

méal·wòrm 图 [昆] ゴミムシダマシ[(特に)チャイロコメゴミムシダマシ]の幼虫 《植物性食品の害虫》.

meal·y /míːli/ 形 (méal·i·er; -i·est) ❶ 粉状の, あら粉の; 粉(ﾞ)を吹いた: ~ potatoes (ゆでてほかほかした)粉吹きジャガイモ. ❷ 水けがなくてぱさばさした. (图 meal[2])

méaly·bùg 图 [昆] コナカイガラムシ 《果樹などの害虫》.

méaly-móuthed 形 婉曲な言い方をする, 遠回しに言う.

‡**mean**[1] /míːn/ 他 (meant /ménɪ/) ❶ a 〈ことばなどが〉...の意味を表わす; ...ということを示す (signify): What does this phrase ~? この句はどういう意味ですか / 〔+that〕 This sign ~s that cars must stop. この標識は車は停止しなければならないということを示している. b 〈事が〉〈...することを〉意味する; 〈...することに〉等しい: 〔+doing〕 Success does not ~ merely passing examinations 成功とは単に試験に合格することを意味するのではない / 〔+to do〕 To be rich ~s to feel rich. 豊かであることは豊かであると感じることだ. c 〈...で〉〈...〉を意味する, 〈...の〉意味で言う: What do you ~ by that suggestion? どういうつもりでそんな提案をするのか / What did he ~ by 'coward'? 彼が「臆病者」と言ったのはどういう意味だったろうか / "It's Mickey Mouse." "What do you ~, Mickey Mouse?"「ミッキーマウスだよ」「何だって, ミッキーマウスだって?」〔用法〕相手の発言にいらだち, 反対や反問をする; この場合しばしば by を用いないことがある. d 〈...に〉...を意図する: I meant this portrait as hers. この絵は彼女を描いたつもりだ.

❷ a 〈...の〉つもりで言う; 〈...だと〉言う(つもりである): He said Saturday, but he meant Sunday. 彼は土曜日だと言ったが日曜日のつもりだったのだろう / I ~ it [what I say]. (冗談でなく)本気で言っているんだ / I know what you ~. 君の言っている意味はわかる (もう) わかったよ; 同感だ / 〔+(that)〕 I don't ~ that you are a liar. 君がうそつきだと言っているのではない. b 〈...を〉〈...の〉つもりで言う: I meant it [for] a joke. 冗談のつもりで言ったのです.

❸ 〈...〉〈人に〉...させるつもりである: 〔+to do〕 She ~s to be a scientist. 彼女は科学者になろうと志している / What do you ~ to do with your life? あなたは人生をどうしようと[どう生きようと]するつもりですか / Sorry, I didn't ~ to interrupt. すみません, 口をはさむつもりはなかったのですが / He had meant to bring an umbrella. 彼は傘を持ってくるつもりだった(が忘れた) / Do you ~ to say you've lost it? まさかそれをなくしたと言うつもりでは(ないでしょうね) / 〔+目+to do〕 I certainly ~ him to come. もちろん彼に来てもらうつもりだ. b 〈...を〉〈ある目的に〉予定する, 当てる; 〈親・運命などが〉〈人が〉...になるように意図する 《★しばしば受身》: This champagne was meant for tomorrow. このシャンパンはあした飲む予定だった / 〔+目+to do〕 This book is not meant to be read by children. この本は子供向けではない / I wasn't meant to be wealthy. もともと金持ちにはなれないように生まれていた. c 〈...を〉〈人に〉与えるつもりである: Is this present meant for me or for you? この贈り物は私に来たのかそれともあなたに来たのですか.

❹ 〈人にとって〉〈...の〉意味をもつ, 〈ある〉重要性をもつ: It ~s nothing [everything] to me. それは私には何でもない[とても大切な]ことだ / Money ~s everything to him. 彼にとっては金がすべてだ.

❺ a (結果的に)〈...(すること)を〉引き起こす, 生じさせる: A breakdown in the negotiations will ~ war. 交渉の決裂はすなわち戦争ということになる / 〔+doing〕 Missing the train will ~ having to spend a night in a hotel. 列車に乗り遅れると1晩ホテルに泊まらなければならなくなるだろう. b 〈...の〉前兆である: Those clouds ~ rain. あの雲は雨の前兆だ.

❻ 〈...に〉〈感情などを〉抱く, 〈害などを〉加えるつもりである: ~ mischief 悪意を抱く, 腹に一物がある / 〔+目+目〕 I ~ you nothing but good. ただ君によかれと思っているだけだ / He meant you no harm.=He meant no harm to you. 彼は何も君に害意があったわけではない.

— 自 ❶ 〔well を伴って〕 善を意図する, よかれと思ってする〔言う〕: Nevertheless, he meant well in doing what he did. そうは言っても彼がそうしたのは善意からだった / It's not enough to ~ well. 善意を心に抱くだけでは十分でない. ❷ 〔副詞句で〕 〈...に〉〈好意を〉抱いている: He meant well by [toward, to] you. 彼は君に好意をもっていた.

be méant to dó 〈人が〉...することになっている; ...しなければいけない (cf. 他 3 b): We are meant to be back by 9.00 p.m. 9時までに帰ることになっている.

I mean /ə míːn/ [挿入的に用いて, 話の補足や訂正を示して] つまり, いやもう: My old lady—my wife I ~—is out right now. うちのかみさん, つまり家内のことですが, 今留守にしています / I'm completely disinterested—I ~ uninterested—in baseball. 私は全く野球には私心, いやつまり, 関心がない.

I méan to sáy(!) (1) 要するに, つまり; [しばしば批判的に] 言っとくけど, はっきり言って: Something has come up. I ~ to say, I can't meet you for lunch today. ちょっと用事ができちゃった. つまり, 今日はお昼を一緒にできないんですよ / Champagne? Don't be ridiculous! I ~ to say, this is no time for merrymaking. シャンパンなんてとんでもない. 言っとくけど今は浮かれている時じゃないんだ. (2) [英口] [相づちとして] ひどい(話だ), 困ったこと[人]だ, 全くだって, こりゃ驚いた: "She drank the champagne I'd been saving," "Well, I ~ to say!"「とっておきのシャンパンを彼女に飲まれてしまった」「それはひどい」.

méan búsiness ⇒ business 成句.

you mèan? (?) [文末に添えて, 詳しい説明を求めて] 〈...〉と言う意味[こと]ですか: "Could you help me?" "Financially, you ~?"「助けてもらえないだろうか」「資金的に, という意味でかい」.

【OE】 (图 meaning) 【類義語】⇒ intend.

*mean[2] /míːn/ 形 (~·er; ~·est) ❶ 〈人・行為など〉意地悪な, 不親切な; 卑劣な, さもしい: a ~ trick 卑劣なやり口

/ He was ~ *to* his wife. 彼は妻にひどいことばかりした / [+ *of*+(代名)(+*to*+do) / +*to* do] It was ~ *of* him *to* tell you a lie.=He was ~ *to* tell you a lie. 君にうそをつくとはいつも卑劣なやつだ.
❷《米》《人・動物が》たちの悪い, 不機嫌な, 攻撃的な, 凶暴な: He sometimes gets ~ when he drinks. 酒を飲むと彼はたちが悪くなることがある.
❸《英》《人が》けちな, しみったれな (stingy, 《米》cheap; ↔ generous);〈量のわずかなばかりの〉a ~ person けちな人 / He's ~ *about* [*over, with*] money. 彼は金のことに汚い / [+*of*+(代名)(+*to*+do) / +*to* do] It was ~ *of* him not *to* give her a tip.=He was ~ not *to* give her a tip. 彼女にチップもやらないとは彼もしみったれた男だ.
❹ 気がひける, 恥ずかしい: I feel ~ for not doing more for my son. 息子に大した事がしてやれなくて肩身の狭い思いがする.
❺ Ⓐ《口》とてもいい, すばらしい, 巧みな: mix a ~ cocktail すばらしいカクテルを作る / He throws a ~ curve ball. 彼はいいカーブを投げる.
❻〈建物など〉みすぼらしい, むさ苦しい: a ~ area of the city 町のさびれた区域.
❼ Ⓐ 才能など見劣りする, 平凡な: It's obvious to a person of the ~*est* intelligence. それは最も知能の劣る人にさえ明白だ.
❽《古》《身分が》低い, 卑しい.

hàve a méan opínion of... ...をさげすむ, ...を軽蔑する.
nó méan なかなかりっぱな, 大した; 容易ならぬ: *no* ~ feat なかなかの快挙 / He's *no* ~ poet. りっぱな詩人だ.
~·ness 名 《ME=共通の》
【類義語】mean 品行が狭量・卑劣で軽蔑すべき. low 下品で粗野な, 堕落して下劣な.

+**mean**³ /míːn/ 名 [通例単数形で] ❶《数》平均; 平均値 (average). ❷ 中間; 中庸 ᙉ ❶ — 形 Ⓐ 平均の; 中間の; 中庸の: a ~ water level 平均水面 / The ~ temperature was 28℃. 平均温度セ氏28度だった. / ⇒ Greenwich (Mean) Time. 《F<L *medianus* 中間の》

+**me·an·der** /miǽndɚ | -də/ 動 自 ❶〈川・道が〉曲がりくねって流れる[続く]: The brook ~*ed through* [*across*] the meadow. その小川は草地をくねくねと流れていた. ~ あてもなくさまよう: ~ *here and there* [*around*] the village あちこちで[村のまわりを]ぶらつく. ❸〈話が〉とりとめなく進む 《*on, along*》. — 名 =meandering. 《L<Gk *Maiandros* 小アジアの古代 Phrygia の曲がりくねった川》

me·án·der·ing /-dərɪŋ/ 形 ❶ 曲がりくねった. ❷ とりとめのない: a ~ account とりとめのない説明. — 名 ❶〈川の曲がりくねり; うねり路. ❷ 漫歩, そぞろ歩き. ~·ly 副

mean·ie /míːni/ 名《口》意地悪な人; けちな人.

*****mean·ing** /míːnɪŋ/ 名 Ⓤ Ⓒ ❶ 意味, わけ, 趣意: a word with several ~*s* いくつかの意味を持つ言葉 / There isn't much ~ in this passage. この一節にはあまり意味はない / She doesn't know the ~ of the word 'despair'. 彼女には「絶望」がどんなものかわかっていない. 彼女は決して愛想などしない. ❷ 意義, 重要性: the ~ of life 人生の意義 / This law has no ~ for us. この法律は我々にとって何の意味もない[全く重要でない]. ❸ 目的, 意図: a glance full of ~ 意味深長な視線 / What's the ~ of this? これはどういうつもりだ《★怒って相手の説明を求める言い方》. ❹ [通例複合語で] ...する考え[つもり]の: well-[ill-]*meaning* 善意[悪意]の. ~·ly 副 《MEAN¹+-ING》 《関形》 semantic, 《類義語》 **meaning** 言葉・絵・記号・行為などにより表され, 人に理解されるように意図されたもの, 最も一般的な語. **sense** 特にある語句の持つ個別的な意味. **import** 文章・述べられた考え, ある言葉や行為に含まれる意味全体. **significance** 表面または公然と表明された意味に対して, 語句・記号・行為などの背後に隠された微妙な含み.

***mean·ing·ful** /míːnɪŋf(ə)l/ 形 ❶ 意義のある, 有意義な: a ~ outcome 有意義な結果 / make a person's life ~ 人の人生を意義のあるものにする. ❷ 意味ありげな; 意味

1125　　　　　　　　　　　　**measure**

深長な: a ~ glance 意味ありげな視線. ~·ly /-fəli/ 副 有意義に; 意味深く, 意味ありげに. ~·ness 名

*****méaning·less** 形 意味のない, 無意味な; つまらない: a ~ discussion 意味のない議論 / The new taxes made the pay raise ~. その新税で昇給も形なしだった. ~·ly 副 ~·ness 名

méan·ly 副 ❶ 意地悪く; 卑劣に. ❷ けちけちして.

*****means** /míːnz/ 名 (複 ~) ❶ Ⓒ 方法, 手段: a ~ *to* an end 目的達成の一手段 / a ~ *of* communication [transport] 通信[交通]手段 / a ~ *of* making a living 生計の手段 / as a ~ *of improving* the traffic situation 交通事情改善の方策として / The end justifies the ~. 《諺》目的は手段を正当化する,「うそも方便」/ [+*to* do] We have the ~ *to* prevent the disease but not *to* cure it. その病気を予防する手段はあるが, それを治す方法はない. ❷ [複数形で]〔「生活の手段」の意〕 資力, 収入, 財産, 富: a person of ~ 資産家 / a person of small ~ 資産の少ない人 / live within [beyond] one's ~ 収入以内[以上]の生活をする / [+*to* do] I don't have the ~ *to* buy a house. 家を購入する資金がない.

by áll méans [許可・承諾・同意などを表わして] よろしいとも, どうぞ, ぜひ: "May I come?" "*By all* ~." 「伺ってもよろしいですか」「どうぞどうぞ」/ *By all* ~ tell me about it. (遠慮なく)ぜひそのことを話してください.

by ány méans [否定文で] 決して(...ない): He's *not by any* ~ poor. 彼は決して貧乏ではない / He's *not by any* ~ likely to be persuaded. どんなにしても彼を説得できないでしょう.

by fáir méans or fóul (正当でも不当でも)手段を選ばないで, 是が非でも.

by méans of... ...によって, ...を用いて, ...で: We express our thinking *by* ~ *of* words. 私たちは言葉によって思想を表現する.

by nó mànner of méans ⇒ manner 成句.

by nó méans 決して...しない[でない]: It is *by no* ~ easy to satisfy everyone. 皆を満足させることは決して容易ではない.

by sóme méans or óther 何とかして, どうにかして. 《MEAN³》

méan séa lével 名 ⒸⓊ 平均海面《海抜基準》.

méan sólar tíme 名 Ⓤ《天》平均太陽時, 平均時間.

méan·spírit·ed 形 けちくさい, 狭量な; 卑劣な, さもしい.

méans tèst 名《公共扶助査定のための》資力[家計]調査.

méan sún 名 [通例 the ~]《天》平均太陽《天球の赤道を平均した角速度で動く仮想太陽》.

*****meant** /mént/ 動 mean¹ の過去形・過去分詞.

*****mean·time** /míːntàɪm/ 名 [the ~] 合間. **for the** **meantime** 差し当たり, 当座は (for the moment). **in the méantime**（2つのことが起こる）その間に; それまでは (meanwhile (副)). — 副 =meanwhile.

méan tìme 名《天》❶ =mean solar time. ❷ = Greenwich Mean Time.

*****mean·while** /míːn(h)wàɪl/ 副 ❶ (2つのことが起こる)の間に; (次のことが始まる)それまでは. ❷ (一方)その間, そうしている間に. ❸ 話変わって(一方). ~ [the ~] = meantime. **in the méanwhile** =in the MEANTIME 成句.

*****mea·sles** /míːzlz/ 名 Ⓤ また the ~] ❶《医》はしか: ⇒ German measles / catch [have] ~ はしかにかかる[かかっている]. ❷《獣医》（牛・豚などの）囊虫(ﾉｳﾁｭｳ)症. 《Du= spots (on the skin)》 形 measly)

mea·sly /míːzli/ 形 (**mea·sli·er; -sli·est**) ❶《口》貧弱な, ちっぽけな, わずかな. ❷ はしかにかかった.

+**mea·sur·a·ble** /méʒ(ə)rəbl, méɪʒ- | méʒ-/ 形 測定できる(ほどの); ある程度の: ~ progress ある程度の進歩. **within a méasurable dístance of...** ...に近づいて, ...に際して: *within a* ~ *distance of* completion 完成間近で.

méa·sur·a·bly /-rəbli/ 副 ある程度, かなり.

*****mea·sure** /méʒɚ, méɪʒɚ | méʒə/ 動 他 ❶ **a**〈...を〉測定する, 測る: ~ a piece of ground 土地を測量する / ~

measured 1126

the distance from A to B AからBまでの距離を測る / A thermometer ~s temperature. 温度計は温度を測る. **b**《…のために》《…の》寸法を取る: M~ me *for* a new suit. 新調の服の寸法を取ってください. ❷ **a**《人物などを》…に基づいて》評価する; 判断する (assess): ~ one's success by how high one rises 出世を尺度に人の成功をはかる. **b**《他人・ものと比べて》《…の》優劣をはかる: It's important to ~ your accomplishments ***against*** someone else's. 自分の業績を他人の業績と比べることは重要なことだ. ❸《人を》じろじろ見る: ~ a person from top to toe with one's eyes 人を頭の先からつま先までじろじろ見る. ❹《古・詩》《ある距離を》行く, 歩く, 遍歴する
― 圁 ❶《ものが》長さが[幅, …が]…である:〔+補〕The boat ~s 20 feet. そのボートは長さ20フィートである / The room ~d eight feet by five. その部屋は間口が8フィートで奥行が5フィートあった. ❷ 測定する.

méasure óff《他+副》《…を》測って切る, 区画する: ~ *off* a yard of silk 絹を1ヤール切り取る.

méasure óut《他+副》《…を》量って分ける: ~ *out* ten pounds of flour to each person めいめいに小麦粉10ポンドを量って分配する.

méasure úp《他+副》(1)《人の》《…の》寸法を(きちんと)計[取]る: She was ~*d up for* a new dress. 彼女は新しいドレスの寸法を取ってもらった. (2)《可能性などを》推定する. ―《自+副》(3)《主に米》(4) 必要とされるだけの資格[能力]がある: We tried him in the position, but he didn't ~ *up*. 彼をその部署で試してみたが, その器(うつわ)ではなかった.

méasure úp to... (1) 長さが[幅, 高さ(など)が]…に及ぶ: The river ~s *up to* 100 meters across. その川は幅が場所によって幅100メートルに及ぶ. (2)《通例 否定・疑問文で》《希望・理想・標準などにかなう, 達する (match up to...): The work did not ~ *up to* our expectations. その作品は我々の期待にじゅうぶんに達しなかった.

― 圁 A ❶ **a**《U》計量法, 度量法: cubic [solid] ~ 体積, 容積 / dry [liquid] ~ 乾量[液量] / square ~ 面積. **b**《C》量の単位: weights and ~s 度量衡 / A meter is a ~ of length. メートルは長さの単位である. **c**《C》量計測器具, 計量器, 物差し: a tape ~ 巻き尺. ❷《U》(測定された)大きさ, 寸法, 量目: give full [short] ~ 十分な[不足な]計り方をする, たっぷり[少なめに]計る / by ~ 寸法を取って, 計って. ❸《C》(評価・判断などの)尺度, 基準;《…を》示すもの: War is a ~ of human despair. 戦争は, 人類の絶望の尺度である. ❹《U》適量, 適度;《適当な》限界, 限度: above ~=beyond MEASURE 成句 / within (without) ~ 過度に; 過度に) / [また a ~] 分量, 程度 A (degree); [a ~ of として] ある程度の, かなりの: in a [some] ~ 多少, いくぶん / in (a) great [large] ~ 大いに, だいぶ / There's a ~ of truth in what he said. 彼の言ったことはある程度本当だ. ❺ **a**《U》《詩学》韻律. **b**《詩》曲, 旋律. ❼《音楽》**a**《C》小節. **b**《C》拍子. ❽《C》《通例 the ~, one's ~》《印》ページ幅[行, 段]幅. ❾《数》約数.

― 圁 B ❶《C》《しばしば複数形で》手段, 処置, 方策: an emergency [a safety] ~ 緊急[安全]処置 / take [adopt] ~s 処置をとる, 策を講じる / Strong [Hard] ~s should be taken against wrongdoers. 悪事を働いた者に対しては厳しい措置をとるべきだ /〔+*to do*〕take ~s *to* preserve order 秩序維持の方策を講じる. ❷ 法案; 法令, 条令: adopt [reject] a ~ 法案を可決[否決]する.

beyónd méasure 過度に, はなはだしく.

for góod méasure さらにそのうえに, おまけに.

máde to méasure《英》《衣服が》あつらえで作った; 《…に》おあつらえ向きの《*for*》.

méasure for méasure しっぺい(い)返し.

táke [gét, have] a person's méasure = **tàke [gèt] the méasure of** a person 人の力量[性格]を見きわめる.

to méasure 寸法に合わせて, あつらえて: The dress was made *to* ~. そのドレスはあつらえで作った.

《F<L=測る》 (圁 measurement)

méa·sured 圂 ❶ 熟慮した, 慎重な: speak in ~ terms 言葉を選んで[慎重に]言う. ❷ 整然とした, 拍子のそろった: walk with ~ steps ゆっくり歩調を整えて歩く.

méasure·less 圂 計り知れない(ほどの), 無限の.

*__mea·sure·ment__ /méʒəmənt, méɪʒ- | méʒə-/ 圁 ❶《U》測量, 測定: M~ of such distances is extremely difficult. そのような距離の測定はきわめて困難だ. ❷《C》**a**(測定して得た)寸法, 大きさ, 広さ, 長さ, 厚さ《*of*》: inside [outside] ~(*s*) 内(外)寸(法). / The ~s of the room are eight feet by five. 部屋の寸法[広さ]は間口8フィート, 奥行5フィートです. **b**《通例複数形で》体のサイズ (バスト・ウエスト・ヒップなどの寸法): take a person's ~s 人の寸法をとる / What are her ~s? 彼女のスリーサイズはいくつですか. (画 measure)

méasurement tón 圂 容積トン (⇨ ton 3 c).

méa·sur·er /-ʒərər/ -rə/ 圁 ❶ 計る人. ❷ 計量器.

méas·ur·ing /-ʒ(ə)rɪŋ/ 圂 A (目盛りのついた)計量用の: a ~ cup [spoon, jug]《英》計量カップ[スプーン, ジャグ] / a ~ tape 巻き尺, メジャー.

méasuring wòrm 圂《昆》シャクトリムシ.

*__meat__ /míːt/ 圁 ❶《U,C》肉《鳥肉 (poultry, fowl), 魚肉 (fish) と区別して食用とする動物の肉》《匼囝 食用を問わないで一般的に動物の肉をさす時は flesh): chilled ~ 冷蔵肉《米》/ ground《米》minced《英》~《肉》/ eat a variety of ~(s) いろいろな肉を食べる / grill 《米》broil]~ 肉を焼く / There's not much ~ on that bone. その骨にはあまり肉がついていない. **b** (魚肉以外の各種の種類の)肉; ⇨ white meat, red meat. ❷《U,C》(カニ・エビ・貝・卵・殻のある木の実などの)食用部分, 果肉, 身(み): crab ~ カニの身. ❸《U》中身, 実質: a talk full of ~ 内容の充実した講演. ❹《古》(飲み物と区別して)食べ物; 食事: One man's ~ is another man's poison.《諺》甲の薬は乙の毒, 人により好き嫌いは違う. **be méat and drínk to a person**《人》にとって無上の楽しみである. **the méat and potátoes**《米》主要部分, 基本部分《*of*》.《OE=食物》 (圂 meaty)

meat-and-potátoes 圂 A《米》基本的な, 主要な.

méat and twó vég《英》❶《U》(肉と2種類の野菜からなる)普通の食事. ❷ [one's ~] 男性性器.

méat·ball 圁 ❶ 肉だんご, ミートボール. ❷《米俗》無能な人, まぬけ; 不器用な人.

méat grìnder 圂 肉ひき器.

méat·head 圂《俗》ばか, 愚か者, あほう, 鈍物.

méat·less 圂 肉の付かない[入っていない]《料理》.

méat lòaf 圂《U,C》ミートローフ《ひき肉に野菜などを混ぜ, 食パンなどの塊にして焼いたもの》.

méat màrket 圂 ❶ 肉の市場. ❷《俗》セックスの相手を求める人が集まるバー[ナイトクラブ].

méat·pàck·ing 圂《U》《屠殺から加工・卸売りまでを行なう》精肉業. **-pàck·er** 圂

méat pie 圂 肉入りパイ, ミートパイ.

méat sàfe 圂《昔の》肉を入れておく戸棚, 蝿帳(はいちょう).

méat spàce 圂《U》《cyberspace に対して》現実空間, 現実世界.

me·a·tus /míeɪtəs/ 圁《複 ~·es, ~》《解》道《開口または通路》: the external auditory ~ 外耳道.

meat·y /míːti/ 圂 (**meat·i·er**; **-i·est**) ❶ 肉のたくさん入った. ❷ 肉付きのよい; がっしりした, 筋骨たくましい; 《果物など》実がたっぷりした. ❸ 内容の充実した. ❹《ワインが》こくのある, 芳醇な. **méat·i·ness** 圂

+**Mec·ca** /mékə/ 圂 ❶ メッカ《サウジアラビア西部の都市; ムハンマド (Muhammad) の誕生地, イスラム教の聖地》. ❷ [しばしば m~]《C》多くの人が訪れる所; 多くの人の憧れの地, メッカ《*of, for*》: St Andrews is a m~ *for* golfers. セントアンドルーズはゴルファーのメッカだ.

mech.《略》mechanical; mechanics.

*__me·chan·ic__ /mɪkénɪk/ 圁 機械工, 修理工, 整備工: a car ~ 自動車整備工.《F<L<Gk=機械の;⇨ machine》

*__me·chan·i·cal__ /mɪkénɪk(ə)l/ 圂 (**more ~; most ~**) ❶《比較なし》**a** 機械の; 機械製の; 機械仕掛けの: ~ power 機械力 / a ~ device 機械装置. **b**《人が機械に

明るい. ❷ 機械的な, 無意識の, 自動的な: a ~ style of writing 型にはまった文体. ❸ 機械学の, 力学の, 物理(学)的な, 力学的な. ~·ly /-kəli/ 副 機械(仕掛け)で; 機械的に; 無意識に, 自動的に. 〘↑〙

mechánical advántage 名 ⓒⓊ〘機〙機械的拡大率, メカニカルアドバンテージ（てこ・滑車・水圧器などの器機による力の拡大率）.

mechánical dráwing 名 Ⓤ,Ⓒ 機械製図.
mechánical enginéer 名 機械工学者; 機械技師.
mechánical enginéering 名 機械工学.
mechánical péncil 名 〘米〙シャープペンシル 〘英〙propelling pencil〙〘匹較〙「シャープペンシル」は和製英語〙.
mech·a·ni·cian /mèkəníʃən/ 名 機械技師, 機械工.
me·chan·ics /mɪkǽnɪks/ 名 ❶ Ⓤ 力学; 機械学: applied ~ 応用力学. ❷ 〘通例 the ~ 〙〘複数扱い〙a （決まりきった）手順, 方法; 技巧: The ~ of cooking are attained through rigorous training. 調理法は厳しい修練によって得られる. b 機能的構造, 詳細.
mech·a·nise /mékənàɪz/ 動 〘英〙＝mechanize.
*mech·a·nism /mékənɪzm/ 名 ❶ Ⓒ 機械（装置), 機械仕掛け. ❷ Ⓒ 機構, 仕組み, からくり, メカニズム: the complex ~ of a living cell 生きている細胞の複雑な仕組み. ❸ Ⓒ（操作の）手順, 方法, 過程: There is no ~ for changing the policy. その方針を変える方法はない. ❹ Ⓒ〘心〙心理過程; 機制: ⇨ defense mechanism, escape mechanism. ❺ Ⓤ〘哲〙機械論.
mech·a·nist /-nɪst/ 名〘哲〙機械論者, 唯物論者.
mech·a·nis·tic /mèkənístɪk⁻/ 形 機械論的な; 機械的な. **-ti·cal·ly** /-tɪkəli/ 副
mech·a·ni·za·tion /mèkənɪzéɪʃən | -naɪz-/ 名 Ⓤ 機械化.
*mech·a·nize /mékənàɪz/ 動 ❶〘...を〙機械化する: Office work is increasingly ~d. 事務仕事がますます機械化されている. ❷〘軍〙〘軍隊を〙機甲化する: a ~d unit 機甲部隊.
mech·a·no- /mékənoʊ/〘連結形〙「機械（の）」.
mèchano·recéptor 名〘生・生理〙物理的刺激の受容器, 機械【動き】受容器. **-recéptive** 形
mech·a·tron·ics /mèkətrɒ́nɪks | -trɔ́n-/ 名 Ⓤ メカトロニクス（機械工学と電子工学とを結びつけた学問分野）.
Mech·lin /méklɪn/ 名（また **Méchlin láce**）Ⓤ メクリンレース（模様入りのボビンレース）.〘Mechelen ベルギー北部の市〙
me·co·ni·um /mɪkóʊniəm/ 名 Ⓤ〘医〙（新生児の）胎便.
med /méd/ 形 〘口〙医学の.
Med /méd/ 名〘the ~〙〘英口〙地中海（地方）.
med.〘略〙medical; medicine; medieval; medium.
mé·dail·lon /mèɪdɑɪjɔ́ːn/ 名〘料理〙メダイヨン（肉などを円形にしたもの）.
*med·al /médl/ 名 メダル; 勲章, 記章: ⇨ gold medal. **the Médal for Mérit** 〘米〙功労章（一般市民に授与; 1942年制定）. **the Médal of Frée dom**〘米〙自由勲章（国防その他の分野のすぐれた功績に対して大統領より与えられる勲章; 1945年制定）. **the Médal of Hónor**＝the CONGRESSIONAL MEDAL (of Honor) 成句. ── 動 (med·aled, 〘英〙-alled; med·al·ing, 〘英〙-al·ling)（オリンピックで）メダルを獲得する〘in〙.〘F＜It＜L＝金属で作られたもの; metal と同語源〙
*méd·al·ist /-dəlɪst/ 名 ❶ メダル受領者, メダリスト: a gold [silver] ~ 金[銀]メダル獲得者. ❷ メダル製作[意匠, 彫刻]家.
me·dal·lic /mədǽlɪk/ 形 メダルの[に関する, に描かれた].
me·dal·lion /mədǽljən, -lɪən/ 名 ❶ a 大メダル. b メダルのペンダント[首飾り]. ❷（肖像画などの）円形浮き彫.
méd·al·list /-dəlɪst/ 名〘英〙＝medalist.
médal pláy 名 ＝ stroke play.
+**med·dle** /médl/ 動 ❶〘…に〙おせっかいする, 干渉する〘in, with〙〘※受身可〙: Don't ~ in other people's affairs. 他人のことにおせっかいするな. 〘他人のものをいじくり回す〙〘※受身可〙: I don't want you to ~ with my camera. ぼくのカメラをいじくり回してもらいたくな

1127 medical

いな.〘F＜L＝混ぜる〙〘類義語〙⇨ interfere.
méd·dler 名（うんざりするほどの）おせっかい屋, いらぬ世話を焼く人 (busybody).
méd·dle·some /médlsəm/ 形（うんざりするほど）おせっかいな. **~·ness** 名
méd·dling 名 Ⓤ（よけいな）干渉, おせっかい: No more of your ~, please. 頼むからもうおせっかいはやめてくれ. ── 形 Ⓐ おせっかいな, 干渉する.
Mede /míːd/ 名 メディアの住民, メディア人. **the láw of the Médes and Pérsians**〘聖〙変えがたい制度[慣習]〘★「ダニエル書」から〙.
Me·de·a /mədíːə/ 名〘ギ神〙メーデイア〘Jason の金の羊毛 (the Golden Fleece) 獲得を助けた女魔法使い〙.
med·e·vac /médəvæ̀k/ 名 ❶ Ⓤ 傷病者[医療]後送. ❷ Ⓒ 医療後送用ヘリコプター, 救急ヘリ. ── 動 （-vácked; -vack·ing）救急ヘリで輸送する.〘*medical evacuation*〙
méd·fly /-/〘しばしば M-〙＝ Mediterranean fruit fly.
*me·di·a¹ /míːdiə/ 名〘the ~, 単数または複数扱い〙マスメディア, マスコミ (cf. mass media): I think the ~ are [is] biased. マスコミは偏向していると思う. ❷ medium の複数形.
me·di·a² /míːdiə/ 名（複 **-di·ae** /-diìː/）〘解〙（血管壁などの）中膜.
Me·di·a /míːdiə/ 名 メディア（現在のイランの北西部にあった古代王国）. **-di·an** /-diən/ 形
*me·di·ae·val /mìːdíːvəl, mèd- | mèd-⁻/ 形 ＝ medieval.
média evènt 名 マスコミに大きく取り上げられる（ことをねらった）事件[出来事, 催し].
mèdia·génic 形 〘米〙マスメディア［（特に）テレビ］向きの, マスコミうけする.
me·di·al /míːdiəl/ 形 Ⓐ ❶ 中間の: a ~ consonant 中間子音. ❷ 平均の, 並みの. **~·ly** /-əli/ 副 名 medium〙
+**me·di·an** /míːdiən/ 名 ❶〘統〙中央値〘数〙中数, 中点, 中線. ❷ Ⓒ（道路の）中央分離帯（〘米〙central reservation）: Keep off M~〘掲示〙中央分離帯乗り入れ禁止. ── 形 Ⓐ 中央の[にある, を通っている]: the ~ line [point]〘数〙中線[点].〘F or L; MEAN³ と同語源〙
médian stríp 名 ＝ median 2.
me·di·ant /míːdiənt/ 名〘楽〙中音（音階の第3度の音）.
me·di·as·ti·num /mìːdiəstáɪnəm/ 名（複 **-na** /-nə/）〘解〙（両肺間の）縦隔. **-tí·nal** 形
média stùdies 名 Ⓤ マスコミ研究.
*me·di·ate /míːdièɪt/ 動 ❶〘…の間を〙調停[仲裁]する, 和解させる〘between〙;〘紛争などで〙調停する〘in〙: ~ between the two parties [A and B] 当事者双方[AとB]の調停をする. a〘争議などを〙調停する, 仲裁する. b〘協定などを〙（調停で）成立させる: ~ a treaty 調停して条約を結ぶ. ❷〘通例受身で〙〘…の媒介となる[をする], …に〙影響する, 左右する. ❸〘贈物・情報などを取り次ぐ〙. ── 形 仲介[介在]の, 間接の.〘L＝中間にある *medius* 中間の; cf. medium〙
me·di·a·tion /mìːdiéɪʃən/ 名 Ⓤ 調停, 仲裁; 媒介.
me·di·a·tor /-tə⸱/ 名 仲裁人, 調停者〘between〙; 媒介者.
me·di·a·to·ry /míːdiətɔ̀ːri | -təri/ 形 仲裁の, 調停の.
med·ic /médɪk/ 名 〘口〙a 医者. b 医学生; インターン生. ❷〘米〙衛生兵.
med·i·ca·ble /médɪkəbl/ 形 治療できる.
Med·ic·aid /médɪkèɪd/ 名〘時に m-〙Ⓤ〘米〙メディケード（低額所得者のための国民医療保障（制度））.〘MEDICINE＋AID〙
*med·i·cal /médɪk(ə)l/ 形 Ⓐ（比較なし）❶ 医学の, 医療の: ~ care 医療 / ~ jurisprudence 法医学 / ~ equipment 医療器具 / a ~ checkup 健康診断 / a ~ social worker 医療ソーシャルワーカー / ~ science 医学 / under ~ treatment 治療中で[の]. ❷ 内科の (cf. surgical): a ~ case 内科の患者 / a ~ ward 内科病棟.

──名《口》健康診断, 身体検査: have [get, be given] a ~ 健康診断を受ける. **~·ly** /-kəli/ 副 医学的に. 《L=医療の, 医者の *medicus* 医者 <*mediari* 治療する; cf. remedy》

médical certíficate 名 (健康)診断書.
médical examinátion 名 健康診断.
médical exáminer 名 ❶ (米)検死官, 監察医. ❷ (生命保険加入の際の)健康検査医.
med·i·cal·ize /médikəlàɪz/ 動 <医学外の問題に>医学的方法を適用する, 医療[治療]対象とする[みなす]. **med·i·cal·i·za·tion** /mèdikəlɪzéɪʃən | -laɪz-/ 名.
médical ófficer 名 ❶ 保健所員[長], 診療所員, 保健[医療]責任者 (cf. MOH). ❷ 軍医 (略 MO).
médical práctitioner 名 医師, 開業医.
médical schòol 名 C,U 医学校, (大学の)医学部.
médical stúdent 名 医学生.
me·dic·a·ment /mədíkəmənt, médɪk-/ 名 薬, 薬剤, 薬品.
Med·i·care /médɪkèə | -kèə/ 名 U (米) メディケア (65歳以上を対象とした医療保障(制度)).
med·i·cate /médəkèɪt/ 動 働 [しばしば受身で] <人に>薬を投与する, <人を>薬で治療する; <病状を>薬で改善[治療]する.
med·i·cat·ed /-tɪd/ 形 薬の入った, 薬用の: a ~ bath 薬湯 / a ~ soap 薬用せっけん.
*__med·i·ca·tion__ /mèdəkéɪʃən/ 名 ❶ C,U 薬, 薬品類: prescribe (a) ~ 薬を処方する. ❷ U 薬物治療: be on ~ for cancer がんで薬物治療を受けている.
Med·i·ce·an /mèdətʃíːən/ 形 メディチ家の.
Med·i·ci /médətʃiː/ 名 [the ~] メディチ家 《15-18世紀イタリア Florence の財閥》ルネサンス芸術・文化の保護者》.
*__me·dic·i·nal__ /mədísənl/ 形 薬に用いられる, 医薬の, 薬効のある, 治療力のある: a ~ herb 薬草 / ~ substances 薬物 / ~ virtues 薬効. ── 名 医薬品, 薬物. **~·ly** /-nəli/ 副.
*__med·i·cine__ /médəsn/ 名 ❶ U 医学, (特に)内科(医学), 内科的治療 (cf. surgery 1 a): clinical ~ 臨床医学 / preventive ~ 予防医学 / practice ~ <医者が>開業している / I'm *in* ~. 私は医学にたずさわっています. ❷ U,C 薬, (特に)内服薬 《関連》 粉末は powder, 錠剤は tablet, 丸薬は pill, 水薬は (liquid) medicine, カプセルは capsule; 外用薬は application, 軟膏は ointment, 湿布薬は poultice, 座薬は suppository とよぶ》: (a) patent [an over-the-counter] ~ 売薬 / (a) good ~ for a cough せき止めの良薬 / prescribe (a) ~ 薬を処方する / take (a) ~ for a cold かぜ薬を飲む. ❸ U (米先住民の)まじない, 魔法. **gíve a pérson a dóse [táste] of his ówn médicine** 《口》<人に>同じ手口で仕返しする. **táke one's médicine** (当然の)罰を受ける; (身から出たさびとして)いやなことを忍ぶ. 《F<L=治療の技術<*medicus*; ⇒ medical》 (1: 形 medical; 2: 形 medicinal; 関連 pharmaceutical)
médicine bàll 名 メディシンボール《体を鍛える運動に使う大きな革の重いボール》.
médicine cábinet 名 (洗面所の)常備薬戸棚.
médicine chèst 名 (家庭用の)薬箱, 救急箱.
médicine màn 名 (北米先住民などの)呪術医, 祈禱師, まじない師.
med·i·co /médɪkòʊ/ 名 (複 ~s) (口) ❶ 医者. ❷ 医学生.
med·i·co- /mèdɪkoʊ/ [連結形] 「医療の」「医学の」「医療と…」.
*__me·di·e·val__ /mìːdíːvəl, mèd-| mèd-/ 形 (*more* ~; *most* ~) (比較なし) 中世の; 中世風の, 《口》非常に古い, 古風な, 旧式の. 《L=中間の時代<MEDIUM+*aevum* age》
medieval hístory 名 U 中世史《5世紀から15世紀まで》.
mè·di·é·val·ism /-lìzm/ 名 U ❶ 中世時代精神[思潮], 中世的慣習. ❷ 中世趣味.
mè·di·é·val·ist /-lɪst/ 名 ❶ 中世研究家, 中世史学者. ❷ (芸術・宗教などの)中世賛美者.
mè·di·é·val·ize /-làɪz/ 動 働 中世風にする. ── 働 中世の研究をする; 中世の理想[習慣など]に従う.
Mediéval Látin 名 U 中世ラテン語《およそ 600-1500年間》.
Med·i·gap /médɪɡæp/ 名 U (米) メディギャップ (Medicaid などの受給者に対して医療費の不足分を補填する民間健康保険).
me·di·na /mədíːnə/ 名 [時に M~] (北アフリカ諸都市の)旧地区.
Me·di·na /mədíːnə/ 名 メディナ《サウジアラビアの都市; ムハンマド (Muhammad) の墓があり, イスラム教の聖地》.
*__me·di·o·cre__ /mìːdióʊkə | -kə-/ 形 並の, 平凡な; 凡庸な, 二流の (second-rate).
*__me·di·oc·ri·ty__ /mìːdiákrəti | -ɔ́k-/ 名 ❶ U 平凡, 並, 凡庸. ❷ C 平凡な人, 凡人, 凡才.
Medit. (略) Mediterranean.
*__med·i·tate__ /médətèɪt/ 動 ❶ [...について]黙想する, 静思する, 熟慮する: He ~*d on [upon]* death for many days. 彼は何日も死について黙想した. ❷ (宗教的・精神修養のために)瞑想(然)する: ~ *deeply* 深く瞑想する. ── 働 <...を>もくろむ; <...することを>計画する: ~ an attack 攻撃を企てる / I am *meditating* retiring. 引退しようと思っている. 《L》
*__med·i·ta·tion__ /mèdətéɪʃən/ 名 ❶ U (宗教的・精神修養の)瞑想(然); 沈思黙考, 黙想 (contemplation): deep *in* ~ 瞑想にふけって. ❷ C [しばしば複数形で] 瞑想録 [*on, upon*].
med·i·ta·tive /médətèɪtɪv, -tət-/ 形 ❶ 瞑想(然)的な. ❷ 瞑想にふける; 沈思黙考する. **~·ly** 副 《類義語》 ⇒ pensive.
med·i·tà·tor /-tə- | -tə-/ 名 黙想[瞑想(然)]する人.
*__Med·i·ter·ra·ne·an__ /mèdətəréɪniən-/ 形 A ❶ 地中海の; 地中海沿岸の. ❷ 地中海沿岸住民(特有)の. ── 名 [the ~] = Mediterranean Sea. 《L=陸の中間にある<*medius* 中間の+*terra* 土地, 陸》
Mediterránean clímate 名 [気] 地中海性気候《夏季に乾燥温暖で冬季に湿潤の気候》.
Mediterránean frúit flỳ 名 [昆] チチュウカイミバエ《幼虫が果樹に大害を与える》.
*__Mediterránean Séa__ 名 [the ~] 地中海.
*__me·di·um__ /míːdiəm/ 名 (複 ~s, -di·a /-diə/) ❶ (伝達・通信・表現などの)手段, 媒体, 機関: an advertising ~ 広告媒体 / news *media* 報道機関 / an important ~ *of* communication. 重要な伝達手段 / ⇒ mass media. ❷ 媒介物, 媒質, 媒体: by [through] the ~ of ...の媒介で, ...を通して, によって / Is water a ~ *for* sound? 水は音の媒体ですか. ❸ **a** 中位, 中間, 中庸 ⇒ happy medium. **b** 中間物. **c** (口) M サイズの衣服: Do you have a ~ in this color? この色の M サイズはありますか. ❹ (生物の)生活環境, 生活条件. ❺ (生) 培地, 培養基; (保存用の)保存液. ❻ (美) 表現手段; 材料; 展色剤, 溶剤. ❼ (複 ~s) みこ, 霊媒. ── 形 ❶ A 中位 [中等, 中間]の; 並の平均な (average): ~ size 中型, 中判 / a man of ~ height 中背の人. ❷ <ステーキか>中くらい焼けの, ミディアムの. 《L=中間(の)》 (形 medial)
médium drý 形 <シェリー酒・ワインが>中くらいに辛口の.
médium fréquency 名 [通信] 中波(帯) (ラジオの AM 放送や船舶通信に用いる; 300-3000 キロヘルツ; 略 MF, M.F., m.f.).
me·di·um·is·tic /mìːdiəmístɪk-/ 形 巫女の, 霊媒の.
médium-ship 名 U 霊媒の能力[役割, 職].
*__médium-sìzed__ 形 中型の, 中判の, M サイズの.
*__médium tèrm__ 名 [単数形で] 中期《長期と短期の間》: in the ~ 中期的に(は). **médium-térm** 形
médium wàve 名 [通信] 中波 (波長 100-1000 m; cf. long wave, shortwave 1).
med·i·vac /médəvæk/ 名 = medevac.
med·lar /médlə | -lə/ 名 [植] セイヨウカリン(の果実).
*__med·ley__ /médli/ 名 ❶ 寄せ集め, ごった混ぜ (mixture): a ~ *of* furniture, Japanese and Western 和洋雑多な

家具類. ❷【楽】接続曲, 混合曲, メドレー. ❸〔水泳の〕メドレー.〔F<L=混ぜ合わせたもの; ⇒meddle〕

médley ràce 名 メドレー競争[競泳].
médley rèlay 名〔陸上競技・水泳の〕メドレーリレー.
Me·doc /míːdɑk | médɔk/ 名 U メドック《フランス南西部 Bordeaux 地方の Medoc 産の赤ワイン》.
me·dre·se /medréseɪ/ 名 =madrasa.
méd schòol 名《口》=medical school.
méd stùdent 名《口》=medical student.
me·dul·la /mədʌ́lə/ 名 (~s, -lae /-liː/) ❶ 【解】髄質; 骨髄, 延髄. ❷ 【植】髄.
medúlla ob·lon·gá·ta /-àblɔːŋɡáːtə | -òblɔŋ-/ 名 【解】〔脳の〕延髄.
Me·du·sa /məd(j)úːsə, -zə | -djúː-/ 名 ❶ 【ギ神】メドゥーサ《Gorgons の一人; ⇒Perseus 1》. ❷ [m~] 名 (徳 ~s, -sae /-siː/) 【動】クラゲ.
me·du·soid /məd(j)úːsɔɪd | -djúː-/ 形 クラゲのような. ── 名 ❶ クラゲ. ❷ ヒドロ虫のクラゲ形の芽体, クラゲ状体.
meed /míːd/ 名 [単数形で] 《古》報酬.
meek /míːk/ 形 ❶〔不平を言わず〕しとて我慢する, おとなしい, 柔和な. ❷ 服従的な, いくじのない. (**as**) **méek as a lámb** きわめておとなしい[従順な]. **méek and míld** (1) おとなしい, 従順な. (2) 文句を言う気力もない, いくじのない. **~·ly** 副 **~·ness** 名 〔ON=柔らかい〕【類義語】⇒humble.
meer·kat /míɚkæt, míə-/ 名 ミーアキャット, スリカタ (suricate)《南アフリカ砂漠地帯にすむマングース科の小動物; 二本足で立つ姿勢で知られる》.
meer·schaum /míɚʃəm, míə-/ 名 ❶ U 海泡(ホウ)石, メアシャム. ❷ C メアシャムパイプ.〔G 海の泡〕

*__meet__[1] /míːt/ 動 (**met** /mét/) ❶ 会う《★通例受身なし》. **a**《…が方向から来た人・ものと》出会う; 《…に》出くわす, …とすれ違う: I *met* him by chance. 彼に偶然出会った / I *met* her on [in] the street. 彼女に通りで会った. **b**《約束して》会う, 落ち合う;《折衝などのため人と》面会[会見]する: They often *met* each other. 彼らはたびたび会った / He *met* his employees at his office. 彼は彼の事務室で従業員と会見した / M~ me again at seven. 7時にまた会おう. **c**《紹介されて初めて》人と)知り合いになる: I have already *met* Mr. Smith. スミスさんにはすでにお目にかかったことがあります / I'm glad to ~ you. =It's nice [Nice,《英》Pleased] to ~ you. 初めまして, よろしく / Mr. Smith, I want you to ~ Mrs. Jones. スミスさん, ジョーンズ夫人をご紹介いたします / M~ my wife Helen. [親しい人に]家内のヘレンです.
❷《…を》出迎える: I'll ~ your train. 君の列車を迎えにいくよ / You will be *met* at the station by my secretary. 駅まで秘書がお迎えに参ります《用法 受身ではやや事務的な感じがする》.
❸《通例受身なし》**a**《道・川・線などが》別なものと》交わる, 合する: Where does this road ~ the expressway? この道はどこで高速と合流しますか. **b**《物理的に》《…と》接触する, ぶつある, 触れる: His mouth *met* hers. 彼の口が彼女の口に触れた / The two cars *met* each other head-on. その2台の車は互いに正面衝突した. (cf. ❸ 3a). **c**《もの》耳・目・耳などに》触れる, 届く: ~ the eye [ear] 目[耳]に触れる, 見える[聞こえる] / There's more in [to] it than ~s the eye. それには目に見える以上のものがある《秘めた事実・理由・困難などがある》. **d**《視線・凝視など》: He *met* my glance with a smile. 彼は私と視線を合わせるとにっこりとした. **e**〔乗り物が〕《…に》連絡する.
❹ **a**《…に》対戦[会戦]する: Keio *met* Waseda in the finals. 決勝戦で慶応は早稲田と対戦した. **b**《…に》積極的に〕直面[対抗]する, 対処する: ~ abuse calmly 悪口を平然と受け流す / *met* the crisis with confidence. 彼女の危機に自信をもって対処した.
❺ **a**《必要・義務・要求などに》応じる,《…を》満たす (satisfy): ~ a person's wishes [demands] 人の希望[要求]に応じる / ~ one's obligations 義務を果たす. **b**《目的・目標などを》達成する: ~ a target 目標に達する. **c**《負債・勘定などを》支払う, 弁済する: ~ one's bills [debts, monthly payments] 勘定[借金, 月賦]を支払う / The traveling expenses will be *met* by the company. 旅費は会社が払ってくれる. **d**《人に》同意する.
❻《…を》経験する,《…を》経験する (encounter)《比較 この意味では meet with のほうが一般的》: She *met* her death in a traffic accident. 彼女は交通事故で死亡した / He *met* misfortune on the return journey. 彼は帰途不幸な[な]目にあった.
── 自 ❶ **a**《複数の人が》会う; 出会う; 会合する: When shall we ~ again? 今度いつお会いしましょうか / They ~ *together* once a year. 彼らは年に一度集まっている. **b**《紹介されて初めて》知り合いになる: We first *met* at a party. 私たちは最初パーティーで知り合った.
❷《集会・授業などが》開かれる: Congress will ~ next month. 国会は来月開かれる / The class will not ~ today. 本日は休講.
❸ **a**《複数のものが》接触する: The two cars *met* head-on. その2台の車は正面衝突した (cf. ❸ 3 b) / Their eyes *met*. 二人の目が〔両腕が〕一緒になる, 接し合う: He's grown so fat that the two ends of his belt no longer ~. 彼はとても太ったのでベルトの両端が合わなくなった.
❹ 対戦する, 会戦する.

méet a pérson hálfwày ⇒ halfway 成句.
méet úp 自(+副)《口》《人に》会う;《偶然に》出くわす,〔動物などに〕出くわす《★受身可》: I hope we ~ *up* (*with* each other) again. またどこかでお会いできればいいですね.
méet with... (1) …を経験する, 味わう, 受ける《★受身可》: ~ *with* kindness (人から)親切にされる / ~ *with* success 成功する / ~ *with* opposition 反対される. (2)〔不慮の事態・不幸などに〕遭遇する《★受身可》: ~ *with* an accident 事故にあう《比較 日常語では have an accident のほうが一般的》/ ~ *with* misfortune 不幸な[な]目にあう. (3)《人》会う,《約束して》人と,…と会見する, …と会談する (cf. ❶ 1 b): ~ *with* union leaders 組合幹部と話し合う. (4)《人に》《偶然に》出会う.

── 名 ❶《米》《スポーツの》競技会, 大会 (《英》meeting): an athletic ~ 運動会. ❷《英》《キツネ狩り出発前の》勢ぞろい. ❸【幾】交点, 交線.
〔OE〕

meet[2] /míːt/ 形 《古》《…に》適当で, ふさわしい《*for*》.
méet-and-gréet 名 ❶《有名人の》ファンの集い, 懇親会. ❷《空港などの》歓迎員派遣サービス. ❸《親と教師の》個人面談.
*__meet·ing__ /míːtɪŋ/ 名 ❶ **a** C《討議などの特別な目的の》会, 集会, 会議, 大会: a political ~ 政治集会 / call a ~ 会を招集する / hold a ~ 会を催す. C《英》競技会 (《米》meet): an athletics ~ 陸上競技会. **c** [the ~] 会の参加者, 会衆: address *the* ~ 会の参加者たちにあいさつする. ❷ C《通例単数形で》**a** 出会い, 面会, 遭遇. **b** 集合, 会合. **c** 会戦, 対戦. **d**《意見の》一致. ❸ C 接合〔連結, 交差, 合流〕点. ❹ C《特にクエーカー教徒の》礼拝会.【類義語】meeting 討論・取り決めなどを目的とする会. **party** 社交を目的とする集まり. **conference** 特定の問題について意見を交換し討議するための会議. **gathering** 非公式で主として社交的な打ち解けた集会.
méeting gròund 名 共通の知識[関心]の領域.
méeting hòuse 名 ❶《クエーカー教徒の》礼拝堂. ❷ プロテスタントの礼拝堂.
⁺**méeting plàce** 名 集合[待ち合わせ]場所.
mef·lo·quine /méflɔkwiːn/ 名 U メフロキン《キノリンのフッ素化誘導体からなる抗マラリア薬》.
Meg /méɡ/ 名 メグ《女性名; Margaret の愛称》.
meg·a /méɡə/ 形 《口》とても大きい, 巨大な, たくさんの, すごい. ── 副 ものすごく.
meg·a- /méɡə/ [連結形] ★ 母音の前では meg- ❶「大きい」: *mega*phone. ❷【理】「100万(倍)の」: *mega*watt.〔Gk=大きい〕
méga·bìt 名【電算】メガビット: **a** 100万ビット. **b** 1,048,576 (2²⁰) ビット.

méga·bùck 名《米俗》❶ 100万ドル. ❷ [複数形で] 大金.

†**méga·bỳte** 名 メガバイト, 100万バイト.

méga·cỳcle 名 メガサイクル《現在はmegahertzという》.

méga·dèath 名 100万人の死者《核戦争での死者の単位》.

méga·fàuna 名 C|U《生態》(一地域の)大型動物相《肉眼で確認できる地上動物群》.

méga·flòp 名《電算》メガフロップ《コンピューターの演算能力を表わす単位: 1秒間に100万回の浮動小数点演算を行なう計算能力》.

méga·hèrtz 名 (複 ~) 《電》メガヘルツ《周波数の単位; 100万ヘルツ; 略 MHz》.

méga·hìt 名 超ヒット作品《映画など》.

meg·a·lith /mégəlìθ/ 名《考古》(先史時代の遺物の)巨石. 《MEGA-+-LITH》

meg·a·lith·ic /mègəlíθik⁻/ 形 ❶ 巨石の[で造った]: a ~ monument 巨石記念碑. ❷ 巨石文化の.

meg·a·lo- /mégəlou/ [連結形]「大きい」「巨大な」「誇大な」.

mégalo·blàst 名《生》巨(大)赤芽球.

meg·a·lo·ma·ni·a /mègəloumémiə/ 名 U ❶ 誇大癖. ❷《医》誇大妄想(症).

meg·a·lo·ma·ni·ac /mègəlouméiniæk⁻/ 名 ❶ 誇大癖の人. ❷ 誇大妄想患者. — 形 誇大妄想的な.

meg·a·lop·o·lis /mègəlápəlis, -lɔ́p-/ 名 巨大都市, メガロポリス.

meg·a·lo·pol·i·tan /mègəloupálətn, -pɔ́l-⁻/ 形 巨大都市の(住民).

meg·a·lo·saur /mégələsɔ̀ːr | -sɔ̀ː-/ 名《古生》メガロサウルス《メガロサウルス属の肉食性巨竜》.

Meg·an /még(ə)n/ 名 メガン《女性名》.

meg·a·phone /mégəfòun/ 名 メガホン, 拡声器. — 動 他 固 (…の話を)メガホン[拡声器]で告げる, 大声で告げる. 《MEGA-+-PHONE》

meg·a·plex /mégəplèks/ 名 メガプレックス《多数の映画館が入った建物》.

mega·pode /mégəpòud/ 名《鳥》ツカツクリ《南洋・オーストラリア産の鶏に似た地上性の鳥》.

meg·a·ron /mégərɑ̀n, -rɔ̀n/ 名 (複 -ra /-rə/) 《建》メガロン《古代ギリシアの, ポーチ, 前室, 炉のある主室からなる形式》.

méga·spòre 名《植》大胞子.

méga·stàr 名《口》大スター.

méga·stòre 名 超大型店.

méga·tòn 名 ❶ 100万トン. ❷ メガトン《TNT 100万トンに相当する爆発力; 水爆などの威力に用いる単位》.

méga·vòlt 名《電》メガボルト, 100万ボルト《略 MV》.

méga·wàtt 名 メガワット, 100万ワット《略 MW》.

mé generátion 名 [the ~, しばしば the M- g~] ミージェネレーション《人びとが個人的幸福と満足の追求に取りつかれた1970年代と1980年代の世代》.

Meg·ger /mégə/ | -gə/ 名《商標》メガー《メグオーム計の商品名》.

Me·gil·la(h) /məgílə/ 名 ❶ (複 ~s, -gil·loth /məgilɔ́ːt/) 《聖》メギラ《雅歌 (the Song of Solomon), ルツ記 (the Book of Ruth), 哀歌 (the Lamentations of Jeremiah), 伝道の書 (Ecclesiastes) またはエステル記 (the Book of Esther) の入った巻物; 特にエステル記のもの; プリム祭 (Purim) のときユダヤ教会で読まれる》. ❷ (複 ~s) [しばしば the whole m~] 《米口》長々しい[ややこしい]話[こと].

me·gilp /məgílp/ 名 U メギルプ《油絵用の揮発性の溶き油》.

még·òhm 名 メガオーム (100万オーム).

me·grim /míːgrim/ 名 ❶ 空想, 気まぐれ. ❷ [複数形で] 憂うつ.

mei·bó·mi·an glánd /maibóumiən-/ 名《眼》眼瞼板(がんけんばん)腺, マイボーム腺《まぶたの中の結膜の下にある小さな皮脂腺》.

mei·o·sis /maióusis/ 名 (複 mei·o·ses /-siːz/) U|C ❶ 《生》(細胞核の)減数[還元]分裂 (cf. mitosis). ❷ =litotes.

Me·ir /meiáː | -iá/, **Gol·da** /góuldə/ 名 メイア (1898-1978; イスラエルの女性政治家; 首相 (1969-74)).

Meis·sen /máisən/ 名 マイセン《ドイツ中東部 Saxony州の市; 磁器produits で知られる》. 名 マイセン磁器.

meis·ter /máistə/ | -tə/ [しばしば複合語で] 専門家, …屋.

Mei·ster·sing·er /máistəsìŋə, -ziŋ- | -təsìŋə, -zìŋə/ 名 (複 ~, ~s) (14-16世紀のドイツの)職匠歌人, マイスタージンガー.

meit·ne·ri·um /maitníə(ə)riəm/ 名 U《化》マイトネリウム《記号 Mt》.

Me·kong /mèikɔ́ːŋ | mì:kɔ́ŋ/ 名 [the ~] メコン川《中国南部に発し, 南シナ海に注ぐ東南アジア最大の川》.

mel·a·mine /méləmìːn/ 名 U メラミン(樹脂).

mel·an- /mélən/ [連結形] (母音の前にくる時の) melano- の異形.

mel·an·cho·li·a /mèlənkóuliə/ 名 U《古風》鬱(う)(状態)の; 《医》 melancholia 《現在では depressionという》.

mel·an·chol·ic /mèlənkálik | -kɔ́l-⁻/ 形《文》憂鬱(ゆううつ)な; 鬱病の. — 名 憂鬱な人; 鬱病患者. (名 melancholy)

†**mel·an·chol·y** /méləŋkàli | -kəli/ 名 U 憂鬱(ゆううつ), ふさぎ込み. — 形 ❶ 憂鬱な, 陰気な, もの悲しい: a ~ smile 愁(う)いに沈んだ笑み / feel ~ 憂鬱である. ❷ 憂鬱にさせる: a ~ piece of news 気がめいる知らせ. 《F<L <Gk=黒い胆汁; この体液 (humor) が多いと憂鬱になると考えられた》(形 melancholic)

Mel·a·ne·sia /mèləníːʒə | -ziə/ 名 メラネシア《オーストラリア大陸北東方の群島; cf. Polynesia》. 《MELANO-+Gk nēsos 島; ⇒ Polynesia》

Mel·a·ne·sian /mèləníːʒən | -ziən⁻/ 形 メラネシア(人, 語派)の. — 名 ❶ C メラネシア人. ❷ U メラネシア語言語.

mé·lange /meilɑ́ːŋʒ/ 名 [通例単数形で] 混合物, ごたまぜ; 寄せ集め (mixture) (of). 《F=混ぜ合わせたもの》

mel·a·nic /məlǽnik/ 形 =melanotic.

mel·a·nin /mélənin/ 名 黒色素, メラニン.

mel·a·nism /mélənìzm/ 名 U《動》黒化, 黒色素[メラニン]沈着[形成], メラニズム.

me·la·no- /məléinou, mélə-/ [連結形]「黒い」「メラニン」. 《Gk melas melan- 黒い》

meláno·cỳte /-sàit/ 名《動》メラニン(形成[色素])細胞, メラノサイト《哺乳類・鳥類の黒色素胞》.

mel·a·no·ma /mèlənóumə/ 名 (複 ~s) 《医》黒色腫《通例 皮膚の悪性腫瘍; メラニン産生細胞の癌化が原因》.

mel·a·no·sis /mèlənóusis/ 名《医》黒色症, 黒色素沈着症, メラノーシス.

mel·a·not·ic /mèlənátik | -nɔ́t-⁻/ 形 黒色の.

mel·a·to·nin /mèlətóunin/ 名 U《生化》メラトニン《松果腺から分泌されるホルモンの一種》.

Mél·ba sáuce /mélbə-/ 名 U [しばしば m~] メルバソース《raspberryの砂糖煮; アイスクリームなどの上にかける》. 《オーストラリアのソプラノ歌手 N. Melbaの名から》

Mélba tòast 名 C メルバトースト《かりかりに焼いたごく薄いトースト》.

Mel·bourne /mélbən | -bən/ 名 メルボルン《オーストラリア南東部の港市; Victoria州の州都》.

Mel·chite /mélkait/ 名《キ教》メルキ(ト)教徒, メルキタイ《シリア・エジプトのキリスト教徒でキリスト単性論を排した皇帝派; 現在は Uniateの一派》.

meld¹ /méld/ 動 他 固 混合[結合, 融合]させる[する]. — 名 混合[混成]物.

meld² /méld/ 動《トランプ》他〈札を〉見せて得点を宣言する. — 名 得点になる札の組合わせ.

me·lee, mê·lée /méilei | mél-/ 名 [通例単数形で] ❶ 乱戦, 混戦; a fist-swinging ~ 殴り合いの乱闘. ❷ ごった返しの群衆; 混乱, 混雑.

mel·ic¹ /mélik/ 形 歌の, 歌唱用の (抒情詩)《特に紀元前7-5世紀の伴奏を伴う精巧なギリシア抒情詩についていう》.

mel·ick, mel·ic² /mélɪk/ 名〖植〗コメガヤ, ミチシバ《イネ科コメガヤ属の草本の総称》.

mel·i·lot /méləlɑ̀t | -lɔ̀t/ 名〖植〗シナガワハギ属の各種, 《特に》セイヨウエビラハギ, メリロート.

me·lio·rate /míːljərèɪt/〖文〗動 改良する, 改善する. ━ 良くなる.

me·lio·ra·tion /mìːljəréɪʃən/ 名 U 改良, 改善.

me·lio·rism /míːljərìzm/ 名 U 改善説, メリオリズム《人間の努力によって世界が改善されるとする説》.

me·lis·ma /məlízmə/ 名 ⦅複⦆ **-ma·ta** /-tə/〖楽〗メリスマ《1 音節に多数の音符を当てる装飾的声楽様式》. **mel·is·mat·ic** /mèlɪzmǽtɪk/ 形

Me·lis·sa /məlísə/ 名 メリッサ《女性名》.

Mel·kite /mélkaɪt/ 名 = Melchite.

mel·lif·er·ous /məlífərəs/ 形 蜜を生ずる.

mel·lif·lu·ence /məlíflu·əns | -fluəns/ 名 なめらかさ, 流暢.

mel·lif·lu·ent /-flu·ənt | -fluənt/ 形 = mellifluous.

mel·lif·lu·ous /məlífluəs/ 形〖文〗〈声·音楽などが〉なめらかな, 流暢(ﾘﾕｳﾁﾖｳ)な, 甘美な. ~·**ly** 副 ~·**ness** 名

Mel·lon /mélən/ 名, **Andrew W(illiam)** メロン (1855–1937; 米国の実業家·財政家; 財務長官 (1921–32)).

mel·lo·phone /méləfòʊn/ 名〖楽〗メロフォーン《簡単にしたフレンチホルン; ダンスバンドで使う》.

Mel·lo·tron /mélətrɑ̀n | -trɔ̀n/ 名〖商標〗メロトロン《シンセサイザーの一種》.

⁺**mel·low** /mélou/ 形 (~·**er**; ~·**est**) ❶ **a**〈光·色·声·音などが〉柔らかで美しい, 豊潤な. **b**〈石·れんが·建物が〉《時代がかって》柔らかでなめらかな. ❷〈人間が〉円熟した, 練れた, 穏健な; 落ち着いた. ❸⦅口⦆《酒を飲んで》いい気持ちになった, 一杯機嫌で; 気分がほぐれた, くつろいだ: feel ~ ほろ酔い機嫌になる. ❹ **a**〈果物が〉熟している. **b**〈酒が〉芳醇(ﾎｳｼﾞﾕﾝ)な. ❺〈土が〉〈地味の柔らかくて肥えた, よく肥えた. ━ 他⦅自⦆ ❶ 円熟させる[する], 穏やかにする[なる]. ❷ リラックスさせる[する], 気分をほぐす[気分がほぐれる]. ❸ 熟させる[熟す], 豊潤にする[なる]. **méllow óut**《⦅他⦆⦅自⦆》⦅米口⦆ゆったりする[させる], リラックスする[させる]. ~·**ly** 副 ~·**ness** 名 【類義語】⇨ ripe.

me·lo·de·on /məlóʊdɪən/ 名〖楽〗❶ メロディオン《アコーディオンの一種》. ❷ = American organ.

⁺**me·lod·ic** /məlɑ́dɪk | -lɔ́d-/ 形 ❶ (主)旋律の. ❷ 調子のある.

me·lod·i·ca /məlɑ́dɪkə | -lɔ́d-/ 名 メロディカ《ピアノ様鍵盤の付いたハーモニカに似た楽器》.

melódic mínor (scále) 名 旋律(的)短音階.

me·lo·di·on /məlóʊdɪən/ 名〖楽〗= melodeon.

me·lo·di·ous /məlóʊdɪəs/ 形 旋律の美しい, 音楽的な (musical). ~·**ly** 副 ~·**ness** 名 melody)

mél·o·dist /-dɪst/ 名 ❶ 旋律を作る人, 作曲者. ❷ 歌手.

⁺**mel·o·dra·ma** /mélədrɑ̀ːmə, -drӕ̀mə | -drɑ̀ːmə/ 名 ❶ メロドラマ《感傷的な通俗劇; cf. soap opera》. ❷ メロドラマ的な事件, 芝居がかった言行. 〖F = musical drama〗

⁺**mel·o·dra·mat·ic** /mèlədrəmǽtɪk/ 形 メロドラマ的の; 芝居がかった. **-i·cal·ly** /-kəli/ 副

mèlo·dra·mát·ics /-ɪks/ 名 ⦅複数扱い⦆メロドラマ的な行為[作品].

mèlo·drá·ma·tìze 動 メロドラマ風に仕立てにする.

⁎**mel·o·dy** /mélədi/ 名 ❶ C **a** メロディー, 旋律, ふし: a haunting ~ いつも心に浮かぶメロディー. **b** 主旋律. ❷ C 曲, 歌, 調べ. ❸ U 美しい音楽(性), 快い調べ. 〖F < L < Gk = song〗 (形 melodious)

⁺**mel·on** /mélən/ 名 ❶ C (マスク)メロン: a slice of ~ メロンひと切れ. ❷ C ウリ科の植物: ⇨ watermelon. 〖F < L < Gk = (うれた)りんご〗

Mel·pom·e·ne /melpɑ́məniː | -pɔ́m-/ 名〖ギ神〗メルポメネ《悲劇の女神; Muses の一人》.

⁎**melt** /mélt/ 動 (~·**ed**; ~·**ed**, ⦅古⦆**mol·ten** /móʊltn/)《⭐ molten は今は 形 としてのみ用いる》 ❶ ⦅他⦆⦅自⦆〈熱で〉溶ける, 溶解する: Ice ~s at zero degrees Celsius. 氷はセ氏 0 度で溶ける. **b**〈固体〉になる: The candy ~ed into a sticky pool. キャンディーが溶けてべとべと

1131　**membrane**

としたかたまりになった. ❷〈感情などが〉やわらぐ;〈人が〉哀れみの情を起こす;〈勇気などが〉弱る: Her heart [anger] ~ed at this sight. この光景に彼女の心[怒り]もやわらいだ. ❸ 次第に［...］に溶け込む, 徐々に［...］へ移り変わる; 知らぬ間に［...］の中に消える: At the horizon the sea seemed to ~ *into* the sky. 水平線の所で海が空に溶け込んでいるように見えた / ~ *into* the crowd 群衆の中に姿を消す. ❹〔しばしば進行形で〕⦅口⦆ 溶ける[うだる]ほど暑い: I'm simply ~*ing*. 暑くてうだりそうだ. ━ ⦅他⦆ ❶〈熱で〉〈固体を〉溶かす, 溶解する: Heat ~s ice. 熱は氷を溶かす. ❷〈感情などを〉やわらげる, 感動させる: Pity ~ed her anger. 哀れみの情で彼女の怒りはやわらいだ.

mélt awáy《⦅自⦆+副》(1) **次第に消える[立ち去る]**: The snow ~*ed away*. 雪は消え去った / His anger ~*ed away*. 怒りが消えていった / The crowd gradually ~*ed away*. 群衆は徐々に立ち去っていった. ━ ⦅他⦆+副 (2)《…を》散らす, 消散させる;〈次第に〉消失させる.

mélt dówn《⦅他⦆+副》(1)〈地金などを〉溶かす, 鋳つぶす: Cans can be ~*ed down* and recycled. 缶は溶かして再利用できる. ━ ⦅自⦆+副 (2) 溶ける, 溶解する.

mélt in one's móuth〈食物が〉〈口当たりがよくて〉おいしい. ━ 名 U.C 溶解; 溶解[溶融, 融解]物; 雪解け(時期). ❷ C 溶解量. ❸ C 〔通例修飾語を伴って〕メルト《溶けたチーズを使った料理; サンドイッチなど》.

〘OE〙【類義語】**melt** 熱を加えて固体を徐々に溶かす. **dissolve** 固体を液体あるいは溶剤などの中に入れて溶かす. **thaw** 凍ったものに熱を加えて元の状態に戻す.

mélt·dòwn 名 ❶ U.C (原子炉の)炉心溶融. ❷ U ⦅口⦆(株·相場の)急落, 暴落; (組織などの)崩壊.

mélt·ed 形 溶けた, 溶解した (⇨ **molten**〖用法〗): ~ butter [chocolate] 溶けたバター[チョコレート].

mel·tem·i /meltémi/ 名 メルテミ《ギリシアで夏に吹く涼を呼ぶ北風》.

mélt·ing 形 ❶〈心·顔つきなどが〉ほろりとした, 感傷的な: (in) the [a] ~ mood 感傷的な気持ちで(の). ❷〈声·言葉など〉優しい; 感動的な, ほろりとさせる. ~·**ly** 副

mélting pòint 名 融解点 (cf. boiling point 1, freezing point 1).

mélting pòt 名 ❶ るつぼ. ❷ るつぼ《人種·文化などの種々の異なった要素が融合·同化されて(いる)所·国·状態など》: a ~ of many races 多くの人種のるつぼ.

in the mélting pòt 固定していないで, 流動的に.

mel·ton /méltən/ 名 U〖織〗メルトン《オーバー用などの厚地の紡毛織物》.

mélt·wàter 名 U 氷[氷河]が溶けた水; 雪解け水.

Mel·ville /mélvɪl/, **Her·man** /hə́ːmən | hə́ː-/ 名 メルビル (1819–91; 米国の小説家; *Moby Dick* (1851)).

⁎**mem·ber** /mémbə | -bə/ 名 ❶ **a**《集団の》**一員**, メンバー; 仲間, 会員, 社員: a life ~ 終身会員 / a ~ of a committee [family] 委員会[家族]の一員. **b** 加盟国: a ~ of the EU EU の加盟国. **c** [M~] 《英国·米国下院の》議員: a *M*~ of Parliament⦅英⦆下院議員 (略 **MP**) / a *M*~ of Congress⦅米⦆下院議員 (略 **MC**). ❷⦅古⦆(身体の)一部, 一器官;《特に》手·足: a ~ of Christ キリストの手足, キリスト教徒. **b** ペニス, 男根: the male [virile] ~ 男根. ❸〖数〗要素, 項;《等式などの左右の》辺. ❹〖建築〗部材, 構成材. ━ 形 加盟した: ~ countries 加盟国. 〖F < L =体の一部〗

mém·bered 形〔複合語で〕…の member を有する,《化》…員の.

⁎**mem·ber·ship** /mémbəʃɪp | -bə-/ 名 ❶ U 会員[社員, 議員]であること, 会員の地位[資格], 会員権: apply for ~ 会員に応募する. ❷ C〔集合的; 単数または複数扱い〕全会員: The entire ~ opposes the plan. 全会員がその案に反対している. ❸ C〔通例単数形で〕会員数: have a ~ of 100 100 名の会員を有する / have a large ~ 多数の会員を有する.

mem·bra·na·ceous /mèmbrənéɪʃəs⁺/ 形 = membranous.

⁺**mem·brane** /mémbreɪn/ 名 U.C ❶〖解〗膜; 細胞膜;

生体膜; 膜組織. ❷ (薄)膜. ❸《化》半透膜.
mem·bra·ne·ous /mèmbréɪniəs/ 形 =membranous.
mem·bra·nous /mémbrənəs, membréɪ-/ 形 膜(状)の; 膜を形成する.
mémbranous lábyrinth 名《解》(内耳の)膜迷路.
meme /míːm/ 名 ミーム《生物の遺伝子のような再現・模倣を繰り返して受け継がれていく社会習慣・文化》.
†**me·men·to** /məméntoʊ/ 名 (優 ~s, ~es) 記念の品, 形見; 思い出の種《of》. 【L=remember (命令形)】
meménto móri /-mɔ́ːri/ 名 (優 ~ /-/) 死の象徴《頭蓋骨など人間の死を思い出させるもの》. 【L=remember that you must die】
*__mem·o__ /mémoʊ/ 名 (優 ~s) (社内・組織内での)連絡通信, 回覧, メモ, 覚え書き. 【MEMO(RANDUM)】
mem·oir /mémwɑːr, -wɔːr | -wɑː/ 名 ❶ a [複数形で] (筆者自身の)思い出の記, 回顧[回想]録. b〈知人縁者による〉伝記, 略伝. ❷ ❸ 覚え書き, 備忘録, メモ. ❸ 研究論文[報告]. b [複数形で] (学会の)論文集, 学会誌, 紀要. 【F=memory】
*__me·mo·ra·bil·i·a__ /mèmərəbíliə/ 名 ❶ 記念[思い出]の品. ❷ 記憶に値する事柄.
mem·o·ra·bil·i·ty /mèmərəbíləti/ 名 U 記憶に残ること; C 記憶に値するもの[人].
*__mem·o·ra·ble__ /mém(ə)rəbl/ 形 (more ~; most ~) 記憶すべき, 忘れられない: a ~ speech 記憶に残る演説 / The place was ~ for its beauty. その場所は美しかったので忘れられない. -**bly** /-rəbli/ 副 忘れられない[記憶に残る]ほどに. ~·**ness** 名
*__mem·o·ran·dum__ /mèmərǽndəm/ 名 (優 ~s, -da /-də/) ❶ (社内の)連絡通信, 回覧. ❷ 覚え書き, 備忘録, メモ. ❸ (外交上の)覚え書き. ❹《法》(契約用の)覚え書き, 摘要書; (会社の)基本定款. 【L=記憶されるべきもの】
*__me·mo·ri·al__ /məmɔ́ːriəl/ 名 ❶ a 記念物, 記念館, 記念碑《to》. b 記念行事[祭, 式典]. ❷ [通例複数形で] 記録, 覚え書き. — 形 A 記念の, 追悼の: a ~ tablet 記念牌[碑]; 位牌 / a ~ service 追悼式. (名 memory, 動 memorialize)
Memórial Dày 名《米》戦没将兵記念日《解説》もとは南北戦争戦没者の記念日で Decoration Day と呼ばれたが, 今はあらゆる戦没者の追悼記念の日で, 戦死者の墓を花などで飾る; 少数の州を除き法定休日; 今は 5 月の最後の月曜日; cf. Remembrance Sunday】.
me·mo·ri·al·ist 名 言行録作者, 回顧録作者.
me·mo·ri·al·ize /məmɔ́ːriəlàɪz/ 動 他 〈…のために〉記念式を行なう, 記念する.
memórial párk 名《米》共同墓地.
mem·o·rise /méməràɪz/ 動《英》=memorize.
mem·o·ri·za·tion /mèm(ə)rɪzéɪʃən | -raɪz-/ 名 記憶, 暗記.
†__mem·o·rize__ /méməràɪz/ 動 他〈…を〉記憶する, 暗記する (learn by heart);《電算》メモリーに入れる, 記憶する.
‡__mem·o·ry__ /mém(ə)ri/ 名 ❶ CU 記憶; 記憶力: commit a poem to ~ 詩を暗記する / lose one's ~ 記憶(力)を失う / if (my) ~ serves me right [correctly, rightly] 記憶に間違いがないなら / I have no ~ of my mother. 私には母親の記憶がない / The incident stuck in my ~. この事件は私の記憶にずっと残っていた / He has a good [bad, poor] ~ for names. 彼は名前の記憶がよい[悪い]. ❷ C 思い出, 追憶: my earliest memories 私のいちばん幼いころの思い出 / I have warm memories of her. 彼女の心温まる思い出がある. ❸ [単数形で; しばしば the ~] 記憶に残る期間, 記憶の範囲: beyond [within] the ~ of men [man] 有史以前[以後]の / within my ~ 私が記憶している限りでは / the coldest winter in ~ 記憶している限りではいちばん寒い冬. ❹ U 死後の名声: of blessed [happy, glorious] ~ 故…《死んだ王侯・聖人・名士の名の後につけるおきまりの頌辞(ふ)の詞》 / His ~ lives on. 彼の名声はまだ生き続けている. ❺《電算》 a 記憶装置, メモリー: a built-in ~ 内蔵メモリー[記憶装置]. b U 記憶(力); 記憶容量: require 64 megabytes of ~ 64 メガのメモリーを必要とする.
from mémory 記憶をもとに, 記憶を頼りに: recite from ~ 暗誦する, そらで言う.
in líving mémory =within living MEMORY 成句.
in mémory of …の記念に, …を記念して: They erected a statue in ~ of Lincoln. リンカーンを記念して[しのんで]像が建てられた.
tàke a stróll [tríp, wálk] dòwn mémory láne 昔を懐かしく思い出す.
to the bést of one's **mémory** …の記憶している限りでは: To the best of my ~, he wore glasses. 私の記憶によれば彼は眼鏡をかけていた.
to the mémory of… =**to a person's mémory** 人の霊にささげて, …をしのんで: The library will be dedicated to the ~ of her husband. その図書館は彼女の亡夫の霊にささげられる《記念図書館となろう》.
within líving mémory (1) 今生きている人の記憶に(まだ)残っている. (2) 今の人が記憶している限りでは.
【F<L<memor 心に留めて, 記憶して; cf. remember】 名 memorial, 動 memorize)
《類義語》memory 覚えておく, または思い起こす力, 記憶(力). remembrance 出来事を再び思い起こすこと, またはそれを記憶にとどめておくこと, 思い出[忘れられるべき]ものごと. recollection 記憶の片隅に残っているものごと. reminiscence 過去の事件や経験を静かに思い出す[語る]こと, またそうして話されるものごと.
mémory bànk 名《コンピューターの》記憶装置.
mémory bòok 名《米》スクラップブック.
mémory hòg 名 ❶《電算》メモリをたくさん食うプログラム. ❷ ネットワーク上でメモリ食いソフトを使用して他人に迷惑をかけるユーザー.
mémory-hòg·ging 形《電算》メモリを大量に食う.
Mem·phis /mémfɪs/ 名 ❶ メンフィス《古代エジプトの都市; 現在の Cairo の南方, Nile 川の流域に遺跡がある》. ❷ メンフィス《米国 Tennessee 州南西部 Mississippi 川に臨む市》.
‡**men** /mén/ 名 man の複数形.
†**men·ace** /ménəs/ 名 ❶ UC 脅威, 威嚇, 脅し: a ~ to society 社会に対する脅威 / demand money with ~《英》恐喝して金を要求する / There was ~ in his eyes. 彼の目には威嚇の色が見てとれた. ❷ C a 危険なもの. b やっかい人[もの], 困り者 (nuisance): That boy's a little ~. あの子には手を焼いています. — 動 他〈…で〉〈…を〉威嚇する, 脅す: ~ a person (with a knife)《ナイフで》人を脅す / Smoking ~s the health of your family. 喫煙は家族の健康をおびやかす. 【F<L=おおいかぶさっている, 突出する, 《災難などが》差し迫る】《類義語》⇨ threaten.
†**men·ac·ing** 形 おびやかすような, 威嚇[脅迫]的な: a ~ attitude 威嚇的な態度 / The sky looks ~. 一荒れ来such空模様だ. ~·**ly** 副 おびやかすように, 威嚇[脅迫]的に.
me·nage, mé·nage /meɪnɑ́ːʒ/ 名《文》家庭, 世帯 (household). 【F<L=dwelling】
ménage à trois /-ɑː trwɑ́ː/ 名 (優 ménages à trois /~/) 性的関係のある三人所帯, 「三角関係」.
me·nag·e·rie /mənǽdʒ(ə)ri, -nǽʒ-/ 名 ❶ a 見世物用に集めた動物群. b《サーカスなどの》動物園. ❷ 異色の面々, 風変わりな人々. 【F=家畜小屋<農場経営】
men·a·qui·none /mènəkwɪnóʊn/ 名 U《生化》メナキノン《ビタミン K₂》.
men·ar·che /ménɑːki | -nɑ́ː-/ 名 U 初経, 初潮.
Men·ci·us /ménʃ(i)əs/ 名 孟子《372?–?289 B.C.; 中国の哲学者》.
Menck·en /méŋkən/, **H(enry) L(ouis)** 名 メンケン《1880–1956; 米国の著述家・編集者》.
†**mend** /ménd/ 動 ❶ 他 a〈…を〉直す, 修理する: a broken doll 壊れた人形を直す / I had my shoes ~ed. 靴を修理してもらった. b〈衣服を〉(繕って)繕う: ~ one's skirt スカートを繕う. ❷ a〈行状などを〉改める: ~ one's ways [manners] 行ないを改める[作法をよくする] / Least said, soonest ~ed.《諺》言葉少なければ災い少な

し,「口は災いのもと」. **b** 〈…を〉改善する, 改良する: Crying won't ~ matters. 泣いたって事態は改善されないだろう. ❸ 〈弱くなった火を〉起こす[盛んにする], 〈火に〉薪[炭(など)]を継ぐ. ── 圓 ❶ 〈病人・骨折が〉快方に向かう, よくなる (recover): I'm ~ing gradually. 私の健康は回復しつつある. ❷ 〈事態が〉好転する. ❸ 改心する (★次の諺で): It's never too late to ~. (諺) 過ちを改めるにはばかることなかれ. 修繕, 修繕[修理]個所. **on the ménd** (1) 〈病人など〉快方に向かって, 治りかけて. (2) 事態が好転して. 《(A)MEND》【類義語】 **mend** 大した技術を要しないものを修理する. **repair** mend よりも構造が複雑で, 多少とも技術を要するものを修理する. **patch** 穴・裂け目・傷んだ所に同じ質のものをつぎ足して直す; あるいは, 一時しのぎにまたは不器用に直す.

men·da·cious /mendéɪʃəs/ 形《文》❶〈話など〉虚偽の, 偽りの: a ~ report 虚偽の報道. ❷〈人が〉うそつきの.
men·dac·i·ty /mendǽsəti/ 名 Ｕ《文》うそをつくこと [癖, 性格], 虚偽(性).
Men·del /méndl/, **Greg·or Jo·hann** /grégər jouhá:n | -gɔr-/ 名 メンデル (1822–84; オーストリアの修道士・植物学者; 遺伝学の創始者).
men·de·le·vi·um /mèndəlí:viəm/ 名 Ｕ《化》メンデレビウム (放射性元素; 記号 Md).
Men·de·le·yev /mèndəléɪəf | -ev/, **Dmi·try I·va·no·vich** /dmí:tri i:vɑ́:nəvɪtʃ/ 名 メンデレーエフ (1834–1907; ロシアの化学者; 周期律を発見 (1869)).
Men·de·li·an /mendí:liən/ 形《生》メンデル(の法則)の.
Mén·del·ism /-dəlìzm/ 名 Ｕ メンデル説, メンデリズム (メンデルの遺伝学説).
Méndel's láws 名 複 メンデルの(遺伝)法則.
Men·dels·sohn /méndlsn/, **Fe·lix** /féɪlɪks/ 名 メンデルスゾーン (1809–47; ドイツの作曲家).
ménd·er 名 ❶ 修繕をする人, 修理人. ❷ 改良[改善]者.
men·di·can·cy /méndɪkənsi/ 名 Ｕ ❶ こじき(生活). ❷ 托鉢(たくはつ); 物乞い.
men·di·cant /méndɪkənt/ 形 ❶ こじきをする. ❷ 托鉢(たくはつ)の: a ~ friar 托鉢修道士. ── 名 ❶ こじき, 物もらい. ❷ 托鉢修道士.
men·dic·i·ty /mendísəti/ 名 Ｕ こじき(生活).
ménd·ing 名 Ｕ ❶ 繕い仕事; 修繕. ❷ 繕い物.
Men·e·la·us /mènəléɪəs/ 名《ギ神》メネラオス (スパルタ王; Helen の夫, Agamemnon の弟).
mén·folk 名 複 扱い 〔一家族・一地方など)の男連中, 男たち (用法 この語の複数形は《米口》では -s の形を用いることもある; cf. womenfolk).
men·hir /ménhɪə | -hɪə/ 名《考古》立石(たていし), メンヒル (古代の柱状の巨石).
me·ni·al /mí:niəl/ 形 ❶〈仕事など〉つまらない, 卑しい. ❷ 卑しい仕事をする: a ~ servant 召し使い. ── 名 ❶ 召し使い, 奉公人. ❷ 卑屈な人, 陰で働く人. ~·ly /-əli/ 副.
Mé·nière's sỳndrome [disèase] /meɪnjéəz- | méniəz-/ 名 Ｕ《医》メニエール症候群, メニエール病 (アレルギー性迷路水症; 聾(ろう)・めまい・耳鳴りなどを伴う). 《Prosper Ménière フランスの医師》
me·nin·ge·al /mənɪndʒiəl, mènɪndʒí:əl↑/ 形 髄膜の.
meninges 名 meninx の複数形.
men·in·gi·tis /mènɪndʒáɪtɪs/ 名 Ｕ《医》髄膜炎.
me·nin·go·coc·cus /mənɪŋgoukɑ́kəs | -kɔ́k-/ 名 (複 -coc·ci /-kɑ́k(s)aɪ | -kɔ́k-/) 髄膜炎菌. **-cóc·cal** /-k(ə)l/, **-cóc·cic** /-kɑ́k(s)ɪk | -kɔ́k-/ 形.
me·ninx /mí:nɪŋks/ 名 (複 me·nin·ges /məníndʒi:z/) (通例複数形で)髄膜.
me·nis·cus /mənískəs/ 名 (複 me·nis·ci /-nískaɪ/, ~·es) ❶《理》メニスカス (円筒内の液体が表面張力によって凹または凸状になる現象). ❷《光学》凹凸レンズ. ❸ 膝 (関節内の)半月(板).
Men·non·ite /ménənàɪt/ 名 メノー派教徒 (キリスト教プロテスタントの一派; 幼児洗礼を認めず, 国家組織を排し, 兵役を拒否することなどを特色とする). 《オランダの宗教家 Menno Simons (1496–1561) の名から》
me·no /méɪnou/ 副《楽》より少なく.

1133　　　　　　　　　　　　　　　　**mental block**

me·no- /méɪnou/《連結形》「月経(期間)」.
me·no mos·so /méɪnoumóːsou | -móːs-/ 副 形《楽》より少なく動いて (less rapid), メーノモッソ.
†**men·o·pause** /ménəpɔ̀ːz/ 名 通例 the ~ 《生理》月経閉止(期), 閉経(期), 更年期 (cf. the change of life (CHANGE 名 1 b)). **men·o·páu·sal** /mènəpɔ́ːzl⁻/ 形.
me·no·rah /mənɔ́ːrə/ 名《ユダヤ教》❶ (儀式に用いる) 7 本枝の燭台. ❷ (Hanukkah 祭に用いる) 9 [8] 本枝の燭台.
men·or·rha·gia /mènərérdʒ(i)ə/ 名 Ｕ《医》月経過多(症).
men·or·rhea, -rhoea /mènərí:ə/ 名 Ｕ《医》(正常な)月経.
Me·not·ti /mənɑ́ti | -nɔ́ti/, **Gian Car·lo** /dʒá:n ká:lou | -ká:-/ 名 メノッティ (1911– ; イタリア生まれの米国の作曲家).
Men·sa /ménsə/ 名 メンサ (知能テストで全人口の上位 2% に与える人の(国際)社会組織; 本部 London).
mensch /ménʃ/ 名 複 **men·schen** /-ʃən/, ~**es**) 《米俗》りっぱな人, 高潔な人, 一目置かれる人物.
men·ses /ménsi:z/ 名 複 〔しばしば the ~; 時に単数扱い〕《生理》月経, 生理.
Men·she·vik /ménʃəvìk/ 名 (複 ~**s**, **Men·she·vi·ki** /mènʃəvíːki/) 〔the Mensheviki〕メンシェビキ (ロシア社会民主労働党の少数派・穏健派; cf. Bolshevik 1 a). ❷ Ｃ メンシェビキの一員.
mén's móvement 名《米》男性解放運動 (男性をその社会での伝統的見方から解放しようとする運動).
mens re·a /ménzrí:ə/ 名 Ｕ《法》犯意, 故意.
*__**mén's róom** 名 (公衆便所の)男子用トイレ (★ MEN と掲示してあることが多い; cf. ladies' room).
†**men·stru·al** /ménstruəl/ 形 月経の, 生理の: the ~ cycle 月経周期 / ~ cramps 生理痛 / a ~ periods 月経. 《L=毎月の》.
*__**men·stru·ate** /ménstruèɪt/ 動 圓 月経[生理]がある.
men·stru·a·tion /mènstruéɪʃən/ 名 ＵＣ ❶ 月経, 生理 (cf. period 5). ❷ 月経期間.
men·stru·ous /ménstruəs/ 形 月経の(ある).
men·stru·um /ménstruəm/ 名 (複 ~**s**, **-stru·a** /-struə/) Ｃ 溶媒, 溶剤. ❷ Ｕ《生理》月経, 生理.
men·su·ra·ble /ménʃ(υ)rəbl, -s(ə)r-/ 形《数》測定できる.
men·su·ral /ménʃ(υ)rəl, -s(ə)r-/ 形 ❶ 度量に関する. ❷《楽》定量の.
men·su·ra·tion /mènʃυréɪʃən, -sər-/ 名《数》❶ 計量, 測定. ❷ 測定法, 測量法, 求積法.
méns·wèar, **mén's wèar** 名 Ｕ 男子用衣類, メンズウェア, 紳士服.
-ment 接尾 ❶ /mənt/ 〔動詞(まれに形容詞)から結果・状態・動作・手段などを表わす名詞を造る〕: movement, payment. ❷ /mènt/ 〔同形の名詞の動詞〕: compliment, experiment.
*__**men·tal** /méntl/ 形 (比較なし) ❶ 心の, 精神(的)の (⇔ physical): ~ activity 精神活動 / a ~ disorder 精神障害 / ~ effort (〉精神的努力 / ~ health 精神上の健康 / ~ hygiene 精神衛生 / (a) ~ illness [disease] 精神病 / one's ~ state 精神状態. ❷ 知能の, 知力の: a ~ test 知能テスト. ❸ そら[頭の中]でする: ~ arithmetic 暗算 / make a ~ note of…を覚えておく / build up a ~ image of Paris パリの心像を作り上げる. ❹ Ａ 精神病の[を扱う] (匿殺) この意味では psychiatric を用いる方が望ましい): a ~ patient 精神病患者 / a ~ hospital [institution] 精神病院. ❺ Ｐ《口》気が狂って, 頭がおかしくて (crazy, mad): He must be ~. 彼は頭がどうかしているにちがいない. 《F or L 心の <*mens*, *ment-* 心》 (名 mentality)
méntal áge 名《心》精神年齢 (略 MA; cf. chronological age).
méntal blóck 名 精神的ブロック (感情的要因に基づく思考・記憶の遮断).

méntal crúelty 名 U 精神的虐待.
méntal deféctive 名 精神薄弱者.
méntal deféciency 名《心》精神薄弱, 精神的[知的]欠陥 (★現在では mental retardation という).
méntal hándicap 名 精神障害, 知的障害 (★現在では learning difficulties という).
méntal héalth dày 名《口》心の健康日, 休日.
mén·tal·ism /-təlìzm/ 名 ❶《哲》唯心論, 精神主義. ❷《心·言》心理主義, メンタリズム (cf. behaviorism).
mén·tal·ist 名 ❶ 唯心論者. ❷ 読心術師.
†**men·tal·i·ty** /mentǽləti/ 名 ❶ C 考え方, ものの見方, 精神構造: a childish ～ 子供っぽい物の考え方. ❷ U 知力, 思考力; 知性: people of weak [average] ～ 知力の弱い[普通の]人々.
†**mén·tal·ly** /-təli/ 副 ❶ 精神的に; 知的に: ～ handicapped 精神に障害のある. ❷ 心の中で, 心では.
méntal retardátion 名 U《心》精神遅滞.
men·ta·tion /mentéɪʃən/ 名 U《機能》精神作用, 知的活動(性); 心意過程, 精神状態.
men·thol /ménθɔːl | -θɔl/ 名 U《化》メントール, はっか脳 (薬品·化粧品·たばこなどに用いる).
men·tho·lat·ed /ménθəlèɪtɪd/ 形 メントールを含んだ.
‡**men·tion** /ménʃən/ 動 他 ❶《...のことを》(口頭または文書で)話などのついでに)簡単に述べる, ...を話に出す, ...に言及する; (人に)...することをちょっと話す[述べる]: That is worth ～*ing*. そのことは言っておく価値がある / He ～s you in his book. 彼は著書の中であなたのことに触れているよ / I ～ed your name *to* him in my letter. あなたのお名前を手紙で彼に言っておきました /［+*doing*］He ～ed having met me. 彼に私に会ったことがあると言った /［+*that*］She ～ed (to me) *that* she knew you. 彼女は(私に)あなたを知っていると言った /［+*wh.*］He didn't ～ *what* it was. 彼はそれが何であるかは言わなかった. ❷ (功績などをたたえて)...の名をあげる(★しばしば受身): His name is sometimes ～ed in the newspapers. 彼の名が時々新聞に出る.
Don't méntion it. どういたしまして (お礼·おわびに答えて言う; ★ You are welcome. のほうが口語的).
nòt to méntion ... =without méntioning ..., ...は言うまでもなく, ...に加えて: We can't afford a car, *not to* ～ the fact that we have no garage. 車庫がないのはもちろん, うちは自動車を買う余裕もない.
— 名 ❶ a U 言及, 陳述, 記載: at the ～ of...の話が出ると, ...のことを言えば / make ～ of...をあげる, ...に言及する, ...を取り立てて言う / M～ was made of it. それは出した. b C《通例単数形で》《口》寸評. ❷ C《通例単数形で》(名をあげての表彰, 顕彰: He received an honorable ～. 彼は賞状(ょょう)をもらった[等外佳作にあげられた].
〖F<L=思い出させること〗
men·to /méntoʊ/ 名 U,C《音》～s)メント(2拍子の伝統的ダンスリズムに基づいたジャマイカのフォークミュージック).
†**Men·tor** /méntɔə | -tɔː/ 名 ❶《ギ神》メントル (Odysseus がその子の教育を託した良指導者). ❷ [m～] C 良き指導[助言]者; 指導教師. — 動 ⊕ [m～] 助言[指導, 教育, 教授]する.
men·tor·ing /méntɔrɪŋ/ 名 U (職場などでの)経験を積んだ人による指導体制.
*__men·u__ /ménjuː, méɪ- | mén-/ 名 ❶ (レストランなどの)献立表, メニュー: What is on the ～ today? 今日はメニューに何がありますか. ❷ 料理; 食事: a light ～ 軽い料理[食事]. ❸《コンピュータの》メニュー《操作·機能などの選択肢の一覧表》.〖F=詳細なリスト<L *minutus* 細かい; ⇒ minute[1,2]〗
ménu bàr 名《電算》メニューバー《ウインドー上部のメニューを表示した領域》.
ménu-drìven 形《電算》《ソフトウェアなど》メニュー選択方式の.
ménu òption 名《電算》メニュー選択肢.
me·ow /miáʊ/ 名 ニャー《猫の鳴き声; ⇒ cat 関連》. — 動 ⊕《猫が》鳴く.〖擬音語〗
MEP《略》Member of the European Parliament 欧州議会議員.
me·per·i·dine /məpérədìːn/ 名 U《薬》メペリジン《合成麻薬; 塩酸塩を鎮痛薬·鎮静薬·鎮痙薬とする》.
Meph·is·to·phe·le·an /mèfɪstəfíːliən⁻/ 形 メフィストフェレス(のような); 悪魔的な, 陰険な; 冷笑的な.
Meph·is·toph·e·les /mèfɪstáfəlìːz | -tɔ́f-/ 名 メフィストフェレス (Faust 伝説, 特に Goethe 作の *Faust* 中の悪魔》.
me·phit·ic /məfítɪk/ 形 悪臭[毒気]のある.
-mer /mə | mə/《名詞連結形》《化》「特定部類に属する化合体」: iso*mer*, meta*mer*, poly*mer*.
me·ran·ti /məránti/ 名 U メランチ材《インドネシア·マレーシア産のフタバガキ科サラノキ属などの種々の常緑高木から得られる比較的軽軟な良材》.
mer·ca·do /məːkáːdoʊ | məː-/ 名 (~s) 市場.
†**mer·can·tile** /məːkəntìːl, -tàɪl | məːkəntàɪl/ 形 ❶ 商業の; 商人の: ～ law 商法. ❷《経》重商主義の.〖F<It<L=商人の〗
mércantile maríne 名 =merchant marine.
mér·can·til·ism /-lìzm/ 名 U ❶ 重商主義. ❷ 商業主義; 商人根性. -**ist** /-lɪst/ 名
mer·cap·tan /məːkǽptæn | məː(:)-/ 名《化》メルカプタン (thiol の別称).
Mer·cá·tor('s) projéction /məːkéɪtə(z)- | məː(:)-kéɪtə(z)-/ 名 メルカトル投影図法《地図作製法の一種; G. Mercator 16 世紀フランドルの地図学者》.
†**mer·ce·nar·y** /məːsənèri | məːsən(ə)ri/ 形 金銭[欲得]ずくの, 報酬目当ての: ～ motives 金銭上の動機. — 名 傭兵; 雇われ人.〖L=報酬のために働く〗
mer·cer /məːsə | məː-/ 名《英》絹物商人.
mer·cer·ize /məːsəràɪz | məː-/ 動 他《木綿を》マーセル法で処理する《苛性アルカリで処理をしてつや出しする; ★通例過去分詞で形容詞的に用いる》: ～*d* cotton つや出し木綿.
mer·cer·y /məːs(ə)ri | məː-/ 名《英》❶ U 高級服地. ❷ U 服地店; 服地取引.
*__mer·chan·dise__ /məːtʃəndàɪz, -dàɪs | məː-/ 名 U 商品《全体》: general ～ 雑貨. — 動 ❶《商品を》売買[取引]する. ❷《商品·サービスの》販売を計画·促進する;《商品を》広告宣伝する.〖F; ⇒ merchant〗
mérchandise mìx 名 商品構成, 品ぞろえ.
†**mer·chan·dis·ing** /məːtʃəndàɪzɪŋ/ 名 U 商品化計画, マーチャンダイジング《販売促進·宣伝などを含めた商品マーケティング》.
mer·chan·dize /məːtʃəndàɪz | məː-/ 動 =merchandise.
*__mer·chant__ /məːtʃənt | məː-/ 名 ❶ 商人;《特に》貿易商人: a wholesale ～ 卸売商人. ❷《米》小売商人, 商店主《通義》《英》でも扱う商品の名前がつく時は「小売商人」の意味になることもある: a wine ～ ワインの店の主人.《修飾語を伴って》《口》...狂: a speed ～ (自動車の)スピード狂. Mérchant of déath 死の商人, 軍需産業資本家. The Mérchant of Vénice「ベニスの商人」(Shakespeare 作の喜劇). — 形 商船の; 商業の; 商人の: a ～ prince 豪商 / a ～ seaman 商船船員, 海員 / a ～ ship [vessel] 商船.〖F<L=商人 L *merx*, *merc-* 商品〗 mercantile).
mér·chant·a·ble /-təbl/ 形 市場向きの, 売れる.
mérchant bánk 名《英》マーチャントバンク《外為手形の引き受けや海外証券の発行などを行なう金融機関》.
mérchant·man /-mən/ 名 (徴 -men /-mən/) 商船.
mérchant maríne 名 [the ～; 集合的]《米》❶ (一国の)全(保有)商船. ❷ (一国の)商船員.
mérchant návy 名《英》=merchant marine.
Mer·cia /mə́ːʃ(i)ə | mə́ː-/ 名 マーシア《6 世紀イギリス中部にあったアングル族の古王国》. **Mér·cian** /-ʃ(i)ən/ 形 ❶ マーシアの. ❷ マーシア人[方言]の. — 名 ❶ C マーシア人. ❷ U (古英語の)マーシア方言.
†**mer·ci·ful** /məːsɪf(ə)l | məː-/ 形 ❶ 慈悲深い, [...に]情け深い: a ～ person 慈悲深い人 / He's ～ *to* others. 彼は他人に対して情け深い. ❷ (苦しみ·不幸に終止符を

打ってくれて)幸福な, 幸いな: a ~ relief [release] (苦しみからの)ありがたい解放 / a ~ death (苦しみから解放してくれる)ありがたい死. **‒ness** 名 【MERCY+-FUL²】

†**mér·ci·ful·ly** /-fəli/ 副 ❶ [文修飾可] ありがたいことに(は), 幸いに(も) (thankfully): M~, the weather held up. ありがたいことに天気がもってくれた. ❷ 情け深く, 寛大に.

†**mér·ci·less** 形 無慈悲な, 無情な, 残酷な (cruel); 〔…に〕情け容赦のない, 冷酷な 〔to〕. **‒·ly** 副 無慈悲にも, 無情にも.

mer·cu·ri·al /mə(ː)kjú(ə)riəl | məː-/ 形 ❶ a 変わりやすい, 気まぐれな, 移り気の (volatile) 《(由来) 水星の影響を受けると変わりやすい性格になると信じられたことから》: a ~ character 気まぐれな性格 / She is absolutely ~ in her moods. 彼女はまったくのお天気屋だ. b 敏活な, 機知に富む; 陽気な, 快活な: a ~ wit 機知縦横の人. ❷ 水銀の, 水銀を含む. ❸ [M-] a メルクリウス神の. b 水星の. ❹ 〖薬〗 水銀製剤の. **‒·ly** /-riəli/ 副 (⇔ mercury).

mer·cú·ri·al·ism /-lɪzm/ 名 Ⓤ 水銀中毒.

mer·cu·ri·al·i·ty /mə(ː)kjù(ə)riǽləti | məː-/ 名 敏活, 快活, 興奮性; 移り気; 機知に富むこと.

Mer·cu·ri·an /mə(ː)kjú(ə)riən | məː-/ 形 = mercurial 3.

mer·cu·ric /mə(ː)kjú(ə)rɪk | məː-/ 形 Ⓐ 〖化〗 水銀の[を含む]; (特に)2価の水銀を含む: ~ chloride 塩化第2水銀, 昇汞(しょうこう).

mer·cu·rous /məːkjʊrəs | məː-/ 形 〖化〗 1価の水銀の, 第1水銀の.

†**mer·cu·ry** /mə́ːkjʊri | məː-/ 名 ❶ Ⓤ 〖化〗 水銀 《金属元素; 記号 Hg》. ❷ [the ~] (気圧計・温度計の)水銀柱. ❸ 〖植〗 ヤマアイ(山藍) (トウダイグサ科) 《L; ローマ神話 Mercury のように「動きの速いもの」の意から》.

Mer·cu·ry /mə́ːkjʊri | məː-/ 名 ❶ 〖天〗 水星. ❷ 〖神〗 メルクリウス, マーキュリー 《神々の使者, 雄弁家・職人・商人・盗賊の守護神; ギリシア神話の Hermes に当たる》.

mércury-vápor làmp 名 水銀灯.

*****mer·cy** /mə́ːsi | məː-/ 名 ❶ a Ⓤ 慈悲, 情け, 容赦 《生殺与奪の権を握られている罪人などに対して罰しないで許そうとすること》: have ~ on [upon]…=show ~ to…に慈悲をたれる, …にあわれみをかける / throw oneself on a person's ~ …の情けにすがる / the Sisters of M~ ⇒ sister 5 b. b [è形容詞的に] 救援[救助, 人助け]のための, 人道的な: ⇒ mercy flight. ❷ Ⓒ [通例単数形で] (不運の中の)幸運(なこと), 恵み: That's a ~! そいつはありがたい / It was a ~ that he wasn't killed in the accident. 彼はその事故で死なずに済んだのは不幸中の幸いだった. ❸ [驚き・恐怖を表わす感嘆詞として] おや, まあ: M~ upon us! おや, まあ!

at the mércy of…. …のなすがままに: His life was [lay] at the ~ of the terrorists. 彼の命はテロリストたちの手中にあった / The ship was at the ~ of the wind and the waves. 船は風と波に翻弄(ほんろう)されていた.

be gráteful [thánkful] for smáll mércies 現状よりさらに悪くならないことをありがたく思う, 不幸中の幸いだと思う.

be léft to the (ténder) mércies [mércy] of… …のなすがままにされる, …にひどいめにあわされる.

for mércy's sàke どうぞお願いですから.

《L < L = 報酬, 神によって与えられるあわれみ》

mércy flight 名 救急飛行 《遠隔地の病人を飛行機で運ぶこと》.

mércy kìlling 名 Ⓤ,Ⓒ 安楽死 (euthanasia).

*****mere¹** /mɪə/ | mɪə/ 形 Ⓐ (比較なし; ただし強調的に **mer·est**) ほんの, 単なる, まったく…にすぎない: She's a ~ child. 彼女はまだほんの子供だ / M~ words are not enough. 言葉[口で言う]だけでは足りない / The ~ sight of land reassured the sailors. 陸地を見ただけで船乗りたちは安心した / That's the *merest* folly. それこそ愚の骨頂だ. 《F < L 純粋な》

mere² /mɪə/ | mɪə/ 名 〔詩・方言〕 湖, 池 《★ しばしば地名の一部に用いる; 例: Gras*mere*》.

mere³ /mɪə(ri)/ 名 《マオリ族の, 特に緑色岩製の》戦闘用の

棍棒, 戦斧(ふ).

Mer·e·dith /mérədɪθ/, **George** 名 メレディス (1828-1909; 英国の小説家).

*****mere·ly** /mɪəli | mɪə-/ 副 (比較なし) 単に(…にすぎない) 〔[圧較] *only* より形式ばった語〕: I ~ wanted to see it. ただそれを見たかったにすぎない / She's ~ a child. 彼女はまだほんの子供だ ⇒ NOT merely…but (also)…成句.

me·ren·gue /mərɛ́ŋɡeɪ/ 名 Ⓤ メレンゲ 《ドミニカ・ハイチの踊り[リズム]》.

mer·e·tri·cious /mèrətríʃəs⁻/ 形 〔文〕 ❶ 見せかけだけの; 実(じつ)[誠意]のない; もっともらしい, 見えすいた. ❷ (装身・文体などが)俗悪な, けばけばしい. **‒·ly** 副 **‒·ness** 名.

mer·gan·ser /məːɡǽnsə | məːɡǽnsə/ 名 (慟 ~ s, ~) 〖鳥〗 アイサ属(など)の潜水カモ (カワアイサ・ウミアイサなど).

*****merge** /məːdʒ | məːdʒ/ 動 ❶ 他 〈…を〉 〔(2つ以上のものを)〕 合併する: ~ the two [A and B] (*together*) その二つ[A と B]を合併する / ~ a subsidiary *with* its parent company 子会社を親会社と合併する. b 〈…を〉 〔(2つ以上のものに)〕…にする: The companies were all ~ *d into* one giant conglomerate. 会社は全部合併して巨大な複合企業になった. ❷ 〈…を〉 溶け合わせる ― ❶ 〔(2つ以上のものが)〕合併する, 併合する 〔together〕: The immigrants soon ~ d *with* the other citizens. 移民たちはまもなく他の市民たちと融合した. ❷ 〔(2つ以上のものに)〕溶け合う: The sea and the sky ~ d (*together*). 海と空(の色)が溶け合っていた. b 〔…に〕溶け込む, 没入する: Dawn ~ d *into* day. あけぼのの薄明りが次第に昼の明るさに移っていた. ❸ 〔二つの道路の交通が〕合流する. **mérge into the báckground** 〔口〕 (人が)周囲に溶け込む, 目立たぬように静かにふるまう. 〖類義語〗 ⇒ mix.

mer·gee /məːdʒíː | məː-/ 名 (吸収)合併の相手(会社).

*****merg·er** /mə́ːdʒə | məː-/ 名 ❶ Ⓒ (特に会社・事業の)合併, 合同: ~s and acquisitions (会社の)合併と買収 《略 M&A》 / form a ~ with…と合併する. ❷ Ⓤ [時には] 〖法〗 混同: (a) ~ of estates 不動産権[財産権]の混同. b 吸収: (a) ~ of offenses 犯罪の吸収.

me·rid·i·an /mərídiən/ 名 ❶ 子午線, 経線: the prime ~ 本初子午線 《経度 0 度の線; 英国の Greenwich を通過する》. ❷ (栄光・人生などの)絶頂, 極点, 全盛期: the ~ of life 働き盛り, 壮年期. ❸ 〔漢方で〕経絡. ― 形 Ⓐ ❶ 子午線の: the ~ altitude 子午線高度. ❷ 正午の: the ~ sun 正午の太陽. ❸ 頂点の, 全盛の. 〖F < L = the middle of the day < *medi-* middle + *dies* day; ⇒ A.M., P.M.〗

merídian círcle 〖天〗 子午環 《天体観測用器械》.

me·rid·i·o·nal /mərídiənl/ 形 ❶ 南の, 南方の. ❷ 南欧(人)の; (特に)南フランス人の. ❸ 子午線の. ― 名 南国の住民, 南欧人; (特に)南フランス人.

†**me·ringue** /mərǽŋ/ 名 ❶ Ⓤ メレンゲ 《砂糖と卵白などを混ぜて焼いたもの》. ❷ Ⓒ (それで作った)メレンゲ菓子.

me·ri·no /mərí:noʊ/ 名 (~ s) ❶ Ⓒ メリノ羊 《スペイン原産》. ❷ Ⓤ メリノ毛織物; メリノ(毛)糸.

meríno shéep 名 (慟 ~) = merino 1.

mer·i·stem /mérəstèm/ 名 〖植〗 分裂組織. **-ste·mat·ic** /mèrəstəmǽtɪk⁻/ 形.

*****mer·it** /mérɪt/ 名 ❶ Ⓤ (称賛に値する)価値: a painting of no ~ 何の価値もない絵 / This has the ~ of being easy to find. こっちのほうが見つけやすいというメリットがある. ❷ Ⓒ 長所, 取り柄, 美点 (↔ demerit): the ~s and demerits (of…) (事柄の)長所と短所, 功罪, 是非 / judge a thing [person] on its [his, her] (own) ~s もの[人]を(感情を交えずに)その真価[実力]によって判断する. ❸ Ⓒ [通例複数形で] 手柄, 勲功, 功績, 功労. ❹ [複数形で] 〖法〗 (請求の)実態, 基本, 本案. ❺ 〔賞・罰・感謝・非難などに〕値する (deserve) 《★ 進行形なし》. 〖L = 報酬〗

mérit góods 名 〖経〗 価値財, メリット財 《消費者の選好とは無関係に政府が消費を促進したいと考える財・サービス; 義務教育・定期健康診断など》.

mer·i·toc·ra·cy /mèrətákrəsi | -tɔ́k-/ 名 ❶ Ⓒ,Ⓤ 秀

meritorious 1136

才[エリート]教育制度; 実力[能力]主義社会. ❷ [the ~] エリート階級, 実力者層.

mer·i·to·ri·ous /mèrətɔ́:riəs‑/ 形《文》称賛に値する, 価値[功績, 効力]のある: ~ service 勲功. **~·ly** 副. **~·ness** 名.

mérit sýstem 名 [the ~]《米》(任用・昇進における)実力本位制度.

mer·lin /mə́:lɪn | mə́:-/ 名〔鳥〕コチョウゲンボウ《ハヤブサの一種》.

Mer·lin /mə́:lɪn | mə́:-/ 名 マーリン《Arthur 王物語に出てくる魔法使いの老人で予言者》.

mer·lon /mə́:lən | mə́:-/ 名〔城〕銃眼間の凸壁.

mer·lot /mɛəlóʊ | mə́:lou/ 名 U [また M~] メルロー《Bordeaux 原産のブドウの品種(を原料にした赤ワイン)》.

⁺**mer·maid** /mə́:mèɪd | mə́:-/ 名《女の》人魚. 〖MERE² + MAID〗

mérmaid's púrse 名 サメ[エイ]などの卵嚢.

mer·man /mə́:mæn | mə́:-/ 名 (@-men /-mèn/)《男の》人魚.

mer·o- /mérou/ [連結形]「部分」「部分的」

-mer·ous /‑məɹəs/ [形容詞連結形]《植・昆》「…に分かれた」「…の部分からなる」: pent*amerous*.

Mer·o·vin·gi·an /mèrəvɪ́ndʒ(i)ən‑/ 形 名《史》メロビング朝 (486–751) の人[支持者]の.

mer·ri·ly /mérəli/ 副 楽しく; 陽気に, 愉快に.

mer·ri·ment /mérɪmənt/ 名 U 陽気さ, 楽しい騒ぎ, おもしろがって笑うこと; 歓楽. (形 merry)

⁺**mer·ry** /méri/ 形 (**mer·ri·er; -ri·est**) ❶ a 陽気な, 笑いさざめく: a ~ voice 陽気な声. b《古》楽しい (pleasant). ❷ 笑い楽しむ: I wish you a (very) ~ Christmas. =(A) M~ Christmas to you!=M~ Christmas! クリスマスおめでとう. ❸ P《英口》ほろ酔い機嫌で (tipsy): get [feel] ~ ほろ酔い機嫌になる[である]. **máke mérry**《古風》《飲んだり食べたりして》浮かれ騒ぐ, 陽気に騒ぐ[遊ぶ]. *The Mérry Wíves of Wíndsor*「ウィンザーの陽気な女房たち」(Shakespeare 作の喜劇). *The móre the mérrier.* 多ければますます愉快; 多々ますます弁ず. 〘OE =短い; 現在の意味は楽しいと時間が短く感じられることから〙(名 merriment)〘類義語〙⇒ happy.

mérry·àndrew 名 ❶ 道化師, おどけ者. ❷ 大道薬売りの手下.

Mérry Éngland 名《楽しいイングランド》イングランド人の自国に対する呼び名《この meerry には深い意味はない》.

mérry-go-rònd 名 ❶ 回転木馬, メリーゴーラウンド (《米》carousel, 《英》roundabout): go on [have a ride on] a ~ 回転木馬に乗る. ❷《仕事などの》めまぐるしさ, てんてこまい.

mérry·màker 名 浮かれ騒ぐ人.

mérry·màking 名 U《文》歓楽, 大浮かれ, お祭り騒ぎ.

mérry thòught 名《英》《鳥の胸の》叉骨(ᶻ).

Mer·sey /mə́:zi | mə́:-/ 名 [the ~] マージー川《イングランド北西部を西に流れて Liverpool の近くで Irish 海に注ぐ》.

Mer·sey·side /mə́:zisàɪd | mə́:-/ 名 マージーサイド州《イングランド北西部の州; 州都 Liverpool》.

me·sa /méɪsə/ 名《米》メサ《米国南西部の台地; 頂上は butte より広い》.〖Sp < L =テーブル〗

mé·sal·li·ance /mezǽliəns | mez-/ 名 身分の低い者との結婚.

mes·cal /meskǽl/ 名 ❶ C ウバタマ《烏羽玉》《サボテンの一種; 食べると幻覚症状を起こす》. ❷ a U リュウゼツラン. b U メスカル《酒》《リュウゼツランの樹液から造る蒸溜酒》.

mes·ca·lin /méskəlɪn/ 名 =mescaline.

mes·ca·line /méskəli:n, -lɪn/ 名 U メスカリン《ペヨーテ (mescal) から採取する幻覚作用のある粉末; 興奮剤》.

mes·clun /mésklən/ 名 U メスクラン《チコリー・タンポポなどの柔らかな若葉を使った南仏起源のグリーンサラダ》.

mes·dames /meɪdɑ́:m | meɪdǽm/ 名 madam, madame または Mrs. の複数形《用法 肩書きに用いる時には略 Mmes.》.〖F=our ladies〗

mes·de·moi·selles /mèɪdəmwəzél, -dm-/ 名 mademoiselle の複数形.

me·sem·bry·an·the·mum /məsèmbriǽnθəməm/ 名〔植〕メセンブリアンテマ, メセン《マツバギクなど》.

mès·en·céph·a·lon 名〔解〕中脳. **-en·ce·phálic** 形

mes·en·chy·mal /məzéŋkəm(ə)l | sén-/ 形〔発生〕間充織(ᵏᵃⁿʲɪˢʰᵘ)の, 間葉性の. **mes·en·chyme** /méz(ə)n-kàɪm | més-/ 名 U〔発生〕間充織, 間葉.

mes·en·ter·on /meséntərən, -rɒn/ 名 (@-**en·ter·a** /-rə/)〔解〕中腸.

mes·en·tery /méz(ə)ntèri, més- | més(ə)ntəri, -tri/ 名〔解〕腸間膜. **mes·en·ter·ic** 形

⁺**mesh** /méʃ/ 名 ❶ a U 網目の織物[編み物], メッシュ. b C 網細工, 網. ❷ C U 網の目: a net of fine ~*es* [with fine ~*es*] 目の細かい網. ❸《通例複数形で》a《人を捕らえる》網, わな: be caught in the ~*es* of the CIA CIA のわなに引っかかる. b 複雑な機構: the ~*es* of the law 法網. **in mésh**《歯車のかみ合って》. ‑‑‑‑ 形《考え・性格などが》《…と》うまく合う[調和する]: My schedule doesn't ~ *with* yours. 私の予定は君の予定とはうまく合わない. ❷《歯車などが》《…と》かみ合う《*together*》《*with*》. ‑‑‑‑ 他 ❶《考えなどを》うまくかみ合わせる《*with*》. ❷《魚などを》網にかける.

meshed /méʃt/ 形 網目のある.

me·shu·ga /məʃúgə/ 形《米口》気が狂った (crazy).

me·si·al /mí:ziəl/ 形〔解〕近心の《distal》. **~·ly** 副

mes·ic¹ /mézɪk | mí:-/ 形〔生態〕中湿[適湿]性の, 中位の.

mes·ic² /mézɪk | mí:-/ 形〔理〕中間子の.

mes·mer·ic /mezmérɪk/ 形 催眠術の.

⁺**mes·mer·ism** /mézmərìzm, més-/ 名 U ❶ 催眠術. ❷ 魅力, 引きつける力. 〖F. A. Mesmer 18‑19 世紀オーストリアの医師〗 (動 mesmerize)

mes·mer·ize /mézməràɪz/ 動 ❶ [しばしば受身]《人を》魅惑する: The audience *was* ~*d* by her acting. 聴衆は彼女の演技にうっとりとした. ❷《…に》催眠術をかける. (名 mesmerism)

mesne /mí:n/ 形〔法〕中間の.

mésne lórd 名〔史〕中間領主.

mésne prófits 名複《法》中間利得.

me·so- /mésou-, mí:-, -sou/ [連結形]「中, 中央」《★母音の前では通例 mes‑》: *meso*sphere, *mes*encephalon. 〖Gk =middle〗

méso·blàst 名〔発生〕中胚葉母(⁻⁻)細胞;《広く》中胚葉.

me·so·carp /mézəkὰəp, -sə- | -kà:p/ 名〔植〕中果皮 (⇒ pericarp).

mèso·cephálic 形《人》中頭の.

me·so·derm /mézədə̀:m, -sə- | -dò:m/ 名〔生〕中胚葉 (cf. ectoderm, endoderm).

mèso·gástri·um /-gǽstriəm/ 名 (@ **-gas·tri·a** /‑triə/)〔解〕中腹部; 胃間膜. **-gástric** 形

Me·so·lith·ic /mèzəlɪ́θɪk, -sə-‑/ 形〔考古〕中石器時代の (cf. Neolithic): the ~ era 中石器時代.

me·som·er·ism /məsάmərìzm, -zám- | -sɔ́m-/ 名〔理〕メソメリズム《量子化学的共鳴現象[状態]》.

méso·mòrph 名《心》中胚葉型の人.

mèso·mórphic 形《心》中胚葉型の《筋肉型; cf. ectomorphic, endomorphic》.

me·son /mézɑn, méɪ-/ 名〔理〕中間子.

méso·pàuse 名〔気〕中間圏界面, メソポーズ《mesosphere と thermosphere の遷移帯; 地表から約 80‑85 km》.

mèso·pelágic 形〔生態〕中深海水層の《漂泳区の区分で, 水深 200 m‑1000 m の層》.

méso·phỳll 名 U〔植〕葉肉《通例 葉緑素を含む》.

méso·phỳte 名〔生態〕中湿植物, 中生植物 (cf. hydrophyte, xerophyte). **mèso·phýt·ic** /-fít-/ 形.

Me·so·po·ta·mi·a /mèsəpoʊtéɪmiə/ 名 メソポタミア《アジア南西部 Tigris, Euphrates 両河に挟まれた地域の呼称; 現在のイラクの国土に含まれる; 人類最古の文明が栄えた》.〖Gk =川と川の間の(土地)<MESO- + *potamos* 川〗

Me·so·po·ta·mi·an /mès(ə)pətéimiən⁻/ 形 メソポタミアの. ── 名 メソポタミアの住人.

méso·scàle 形 《気》 中規模の《水平方向に数十から数百キロメートルの気象現象についていう》.

méso·sphère 名 [the ~] 中間層《成層圏(stratosphere)と熱圏(thermosphere)の中間の層》.

mèso·thel·i·ó·ma /-θi:lióumə/ 名 U 《医》 中皮腫.

mèso·thé·li·um /-θí:liəm/ 名 U,C 《解·発生》 体腔上皮 [上皮], 中皮. **-thé·li·al** 形

Me·so·zó·ic /mèzəzóuιk, -sə-⁻/ 《地》 形 中生代の: the ~ era 中生代. ── 名 [the ~] 中生代.

mes·quite /məskí:t/ 名 **①** 《植》 メスキート《米国南西部·メキシコ産のマメ科の低木》. **②** U メスキートの材《肉などを焼くときに使う》.

*__mess__ /més/ 名 **❶ a** U [また a ~] 混乱, めちゃくちゃ, ちらかっていること: Your room is a ~. Tidy it up. お前の部屋はめちゃくちゃだ. 片づけなさい. **b** [a ~] 雑然としたもの; 《外見·考えなど》乱れている人: This report is a real ~. この報告書は支離滅裂だ / What a ~ you are! 何てだらしないなりをしているんだ. **❷** [a ~] 《口》 困惑, 困窮, 窮地: get into a ~ 人々に困ったことになる /《事が混乱[紛糾]する / Our business is in a (fine, terrible) ~. 商売は(とても)ひどい[困った]状態にある. **❸** U [また a ~] 《こぼしたりした》汚いもの; 《特に犬·猫の》糞(ふん),《人の》嘔吐物: Mop up the ~. こぼしたものをふきとりなさい / make a ~ on the street 〈犬や猫が〉糞をする; 〈人が〉道で吐く《(する)と》. ── B C **❶** 《集合的; 単数または複数扱い》《軍隊の食堂で食事を共にする》会食者. **❷** 《軍隊などの》食堂《建物》.

a méss of... 《米口》 たくさんの....

in a méss 《口》 (1) 取り散らかして, めちゃくちゃになって: His hair is in a ~. 彼の髪の毛はくしゃくしゃだ. (2) 困って(⇨ A 2).

màke a méss of... 《口》 (1) ...をよごす: make a ~ of one's room 部屋をよごす. (2) ...を台なしにする: make a ~ of the job その仕事をめちゃくちゃにしてしまう.

séll one's bírthright for a méss of póttage ⇨ birthright 成句.

── 動 ⨀ **❶** 《動物などが》糞をする. **❷** 《軍隊などで》会食する.

méss aróund [abóut] 《口》 《⨀+副》(1) ぶらぶらする, 無為に過ごす, だらだらやる. (2) ばかなことを言う[する] (foul around). (3) 〈...〉をちょっとやってみる: ~ around with politics 政治に手出しをする. (4) 〈...〉を〈おもちゃなどに〉かかわる: She was ~ing around with her laptop. 彼女はノートパソコンをいじくり回していた. (5) 〈...〉といちゃつく; 性的関係を持つ《with》. ── 《⨁+副》(6) [~+目+around] 《英》 〈人〉をいいかげんに扱う.

méss úp 《口》 《⨁+副》(1) 〈...〉を乱雑にする, よごす; 台なしにする (spoil): The late arrival of the train ~ed up all our plans. 列車が遅れたため我々の計画はすっかりちゃめちゃになった / Her hair was [got] ~ed up. 彼女の髪の毛は乱れていた[くしゃくしゃになった]. (2) 《テストなどに》しくじる: I ~ed up the test. テストにしくじった. (3) 〈人〉を悩ます; 《主に米》 〈人〉をぶん殴る, やっつける: She ~ed him up pretty badly. 彼女は彼をひどく悩ませた / They waylaid him in an alley and ~ed him up. やつらが彼を路地で待ち伏せしてやっつけた. ── 《⨁+副》(4) 〈...〉にしくじる: I ~ed up on the entrance exam. 入学試験にしくじった.

méss with [in]... 《⨁+副》 [しばしば否定命令文で] 《口》 ...に手を出す, 干渉する, かかわる: start ~ing with drugs 麻薬に手を出し始める / Don't ~ with me. 余計な口出しをしないでくれ.

《F<L=(食卓に)置かれる(食物); 現在の意は「乱れた置き方」から》 形 messy)

*__mes·sage__ /mésidʒ/ 名 **❶** 《口頭·文書·信号などによる》通信, メッセージ; 伝言, ことづけ; 電報, 書信: a congratulatory ~ 祝電, 祝辞 / an oral [a verbal] ~ 口頭による伝言 / an e-mail ~ e メール / leave a ~ with a person 人に伝言を頼んでおく 《+to do》 I got a phone ~ to return at once. すぐ戻れという電話を受けた / 《+that》 His secretary brought him the ~ that someone wanted to see him. 秘書が来て面会者が会いに来ている旨彼に伝えた. **❷ a** 《公式の》メッセージ, 書状: the President's ~ to Congress 議会への大統領教書. **❸ a** 《文学作品·音楽·演劇などの》主旨, 意図, ねらい, 教訓: The ~ of the book is that life has no meaning. その本の主旨は人生は無意味だということだ. **b** 《預言者·宗教家が伝える》お告げ, 神託, 宣託. **❹** 《生化》 メッセージ《遺伝暗号の単位》. **gét the méssage** 《口》 《相手の》真意[含み(など)]がわかる: I got the ~ that she didn't like me. 私のことが嫌いだということが彼女から伝わった. **kéep to the méssage** 党の方針に従う《政治家の使う表現》. ── 動 ⨁ 〈...〉を message として送る, 通信[電子メールなど]で送る; 〈...〉に通信[伝言, メッセージ]を送る. 《F<L=送られたもの》

méssage bòard 名 《電算》《ウェブサイト上の》メッセージボード, 電子掲示板.

méssage stick 名 《オーストラリア先住民が身分証明用に持ち歩く》表象の彫り刻みである棒.

més·sag·ing /-ιdʒιŋ/ 名 U 《電算》《電子メールなどによる》メッセージ送信.

messeigneurs 名 monseigneur の複数形.

†__mes·sen·ger__ /mésəndʒə | -dʒə/ 名 **❶** 使いの者, 使者: dispatch a ~ 使者を送る. **❷** 《電報などの》配達人.

shóot [bláme, kíll] the méssenger 《当事者ではなく》悪いしらせ[ニュース]を伝えた人を怒る[責める].

méssenger RNÁ 名 《生化》 メッセンジャー[伝令] RNA《核中の DNA 遺伝情報をリボソームに運ぶ RNA; 略 mRNA》.

méss hàll 名 《軍隊·工場などの》食堂.

†__Mes·si·ah__ /məsáiə/ 名 **❶** [the ~] 救世主: **a** 《ユダヤ教》《ユダヤ人が待望する》メシア. **b** 《キリスト教》 キリスト. **❷** [m~] C 《被圧迫者·国家の》救世主, 解放者. **mes·si·an·ic** /mèsiánιk⁻/ **mes·sí·a·nism** /-nιzm/ 名

mes·sieurs /meɪʃɜːz | -ʃáz/ 名 （★ 《英》 monsieur /məsjə:ː | -sjá | 諸君, 各位,...御中《用法 肩書きに用いる時には略 Messrs. /mésəz | -səz/》.

Mes·si·na /məsí:nə/ 名 メッシーナ海峡《イタリア本土と Sicily 島の間》.

méss kìt 名 携帯用食器セット.

méss·màte 名 《軍隊などの》会食仲間.

†__Messrs.__ /mésəz | -səz/ 名 《英》 形 messieurs の略 《用法 Mr. の代用複数形; 複数人の人名のついた社名や列挙した男性名の前に用いる》: ~ J. P. Brown & Co. J. P. ブラウン商会御中.

méss·tìn 名 飯盒(ごう), 携帯食器.

mes·suage /méswιdʒ/ 名 《法》 家屋敷《付属の建物や周辺の畑地なども含む》.

méss-ùp 名 《口》 混乱; 失敗, 失策: a bit of a ~ ちょっとしたミス[手違い].

†__mess·y__ /mési/ 形 (**mess·i·er**; **-i·est**) **❶ a** 取り散らかした, 乱雑な. **b** 汚い, よごれた. **c** 〈人が〉だらしない, 小汚い. **❷** 〈仕事など〉やっかいな, 面倒な, 体をよごす(ような): a ~ situation やっかいな事態. **méss·i·ly** /-səli/ 副 **-i·ness** 名 《名》 mess)

mes·ti·za /mestí:zə/ 名 メスティーサ (mestizo の女性形).

mes·ti·zo /mestí:zou/ 名 (⨁ ~s, ~es) メスティーソ《特にスペイン人と米先住民との混血》.

*__met__[1] /mét/ 動 meet[1] の過去形·過去分詞.

met[2] /mét/ 《口》 形 **❶** =meteorological. **❷** =metropolitan. ── 名 [the M~] **❶** 《英》 =Met Office. **❷** 《英》 ロンドン警視庁. **❸** 《米》《ニューヨークの》メトロポリタンオペラハウス. **❹** 《米》《ニューヨークの》メトロポリタン美術館.

met·a- /métə/ [連結形] after, beyond, with, change などの意: metaphysical.

†__met·a·bol·ic__ /mètəbálιk | -ból-⁻/ 《生》 代謝の.

†__me·tab·o·lism__ /mətǽbəlιzm/ 名 U 《生》 代謝(作用)

(cf. catabolism). 〖Gk *metabolē* 変化〗

me·tab·o·lite /mətǽbəlàɪt/ [名]〘生化〙代謝産物; 新陳代謝に必要な物質.

me·tab·o·lize /mətǽbəlàɪz/ [動] [他]〘生〙代謝で変化させる, 代謝する.

met·a·car·pal /mèṭəkáəp(ə)l | -ká:-←/〘解〙[形] 中手の. ── [名] 中手骨.

met·a·car·pus /mèṭəkáəpəs | -ká:-/ [名] ([複] **-pi** /-paɪ/)〘解〙中手; (特に)中手骨.

méta·cènter [名]〘理〙(浮力の)傾心, メタセンター.

mèta·céntric [形]〘理〙傾心の.

mèta·chró·sis /-króusəs/ [名] [U]〘動〙(カメレオンなどの)体色変化, 変色能力.

méta·dàta [名] [複] [単数または複数扱い]〘電算〙メタデータ《データの作成者·目的·保存形式など, データ本体に関する情報》.

mèta·fíction [名] [U]〘文芸〙メタフィクション《伝統的な小説作法そのものが意識的に問題にされているフィクション》. **~·al** [形]

met·age /mí:ṭɪʤ/ [名] [U] ❶ (公けの機関で行なう積荷の)検量, 計量. ❷ 検量税.

mèta·génesis [名] [U]〘生〙真正世代交代.

‡**met·al** /méṭl/ [名] ❶ **a** [U,C] **金属**: made of ~ 金属製の / a worker in ~*s* 金属細工師 / base ~*s* 卑金属《銅·鉄·鉛など》/ heavy [light] ~*s* 重[軽]金属 / noble [precious] ~*s* 貴金属《金·銀など》. **b** [C]〘化〙金属元素. ❷ [the ~s]《英》軌条, レール. ❸ =road-metal. ❹ [U] **a** 溶融ガラス. **b** (溶解中の)鋳鉄. ── [形] [A] **金属(製)の**: a ~ door 金属製のドア. ── [動] [他] ❶ 〈…に〉金属をかぶせる; 〈…を〉金属で補強する. ❷ 〈道路に〉割り石を敷く. 〖F < L < Gk=鉱山, 鉱物〗 ([形] metallic)

méta·lànguage [名] [C,U] メタ言語《ある言語を分析·記述するのに用いる高次の言語[記号]体系》.

met·al·de·hyde /mətǽldəhàɪd/ [名] [U]〘化〙メタアルデヒド《針状·板状晶農薬や携帯用ストーブなどの燃料とする》.

métal detèctor [名] 金属探知機.

mé·taled,《英》**mé·talled** [形] [A] 割り石を敷いた: a ~ road 砕石を敷いた道路.

métal fatìgue [名] [U] 金属疲労.

métal·hèad [名]《俗》ヘビメタ音楽ファン.

mèta·linguístic [形] metalanguage の; metalinguistics の.

mèta·linguístics [名] [U] 後段言語学《言語と言語以外の文化面との関係を扱う》.

⁺**me·tal·lic** /mətǽlɪk/ [形] (**more ~; most ~**) ❶ (比較なし) 金属の; 金属製の: a ~ element〘化〙金属元素. ❷ **a** 〈音·声が〉金属性の, きんきん響く: a ~ voice 金属性の[きんきん]声. **b** 〈色·光沢が〉金属のような: a ~ finish 金属のような感じの仕上げ. **c** 〈味が〉金属的な, 金臭(かなくさ)い. **-li·cal·ly** /-kəli/ [副] ([名] metal)

met·al·lif·er·ous /mèṭəlíf(ə)rəs←/ [形] 金属を含む[産する].

met·al·lize, -al·ize /méṭəlàɪz/ [動] [他] 金属被覆する, 金属化する, 溶射する. **mèt·al·li·zá·tion** /mèṭ(ə)lɪzéɪʃən | -laɪz-/ [名]

met·al·log·ra·phy /mèṭəlágrəfi | -lɔ́g-/ [名] [U] 金属組織学, 金相学. **met·al·lo·graph·ic** /mətæ̀ləgrǽfɪk←/, **-i·cal** [形] **-i·cal·ly** /-ɪkəli/ [副]

met·al·loid /méṭəlɔ̀ɪd/ [名]〘化·鉱〙メタロイド, 半金属《砒素·珪素など金属と非金属の中間》.

mét·al·lùr·gist /-ʤɪst/ [名] 冶金家; 冶金学者.

met·al·lur·gy /méṭələ̀:ʤi | metǽlə-/ [名] [U] 冶金(術, 学). **met·al·lur·gi·cal** /mèṭələ́:ʤɪk(ə)l | -lə́:-←/ [形]

métal·wàre [名] [U] [また複数形で] 金属製品《特に台所用の》.

métal·wòrk [名] [U] ❶ 金属細工品. ❷ (学科としての)金属加工, 金工.

métal·wòrker [名] 金属細工師, 金属工.

méta·mère /-mìə | -mìə/ [名]〘動〙体節.

met·a·mer·ic /mèṭəmérɪk←/ [形] ❶〘動〙体節の[からなる], 体節制の. ❷〘化〙構造[同族]異性の. **-i·cal·ly** [副]

me·tam·er·ism /mətǽmərɪzm/ [名] [U] ❶〘動〙体節形成[構造], 体節制. ❷〘化〙構造[同族]異性, メタメリズム.

méta·mèssage [名] メタメッセージ《非言語的に伝達されるメッセージ; 通例 真意を表わし, ことばで表明された内容と逆のことがある》.

met·a·mor·phic /mèṭəmɔ́əfɪk | -mɔ́:-←/ [形] 変形の; 変態の;〘地〙〈岩が〉変成の.

met·a·mor·phism /mèṭəmɔ́əfɪzm | -mɔ́:-/ [名] [U]〘地〙変成(作用).

met·a·mor·phose /mèṭəmɔ́əfouz | -mɔ́:-/ [動] [他] 〔…に〕変形[変容]させる, 一変させる: The poet ~*s* the everyday *into* the universal. 詩人は日常的な事柄を普遍的なものに変えてしまう. ── [自] 〔…に〕変態する; 変形[変容]する, 一変する: A caterpillar ~*s into* a butterfly. いも虫はチョウに変態する.

met·a·mor·pho·sis /mèṭəmɔ́əfəsɪs | -mɔ́:-/ [名] ([複] **-pho·ses** /-sì:z/) [U,C] (魔力·超自然力による)変形(作用); 変質, 変容;〘動〙変態: undergo a ~ 変形[変容]する / the ~ of tadpoles *into* frogs おたまじゃくしのカエルへの変態.

met·a·nal·y·sis /mèṭənǽləsɪs/ [名] ([複] **-y·ses**/-si:z/) [U,C]〘文法〙異分析《語(群)が語源と異なったふうに分析されること; 中期英語 *a* napron から現代英語 *an* apron ができたなど》. 〖META-+ANALYSIS; デンマークの言語学者 O. Jespersen の用語〗

me·ta·noi·a /mèṭənɔ́ɪə/ [名] [U] 回心, 改宗.

méta·phàse [名] [U]〘生〙(有糸分裂の)中期 (⇨ prophase).

*__met·a·phor__ /méṭəfɔ̀ə, -fə | -fə/ [名] [C,U]〘修〙**隠喩**(いんゆ), メタファー《A is as…as B, A is like B の形式ではなく, A is B の形式で比喩を表現する修辞法; 例: All nature *smiled*. 万物はみな微笑した; cf. mixed metaphor, simile》.

⁺**met·a·phor·i·cal** /mèṭəfɔ́:rɪk(ə)l | -fɔ́r-←/ [形] 隠喩の; 比喩的な. **~·ly** /-kəli/ [副] 隠喩で, 比喩的に: ~*ly* speaking たとえで言えば.

mèta·phósphate [名]〘化〙メタリン酸塩[エステル].

méta·phosphòric ácid [名] [U]〘化〙メタリン酸, 無水リン酸.

méta·phràse [名] 直訳, 逐語訳. ── [動] [他] 逐語訳する; 〈…の〉字句[言葉づかい]を変える. **meta·phras·tic** /mèṭəfrǽstɪk/ [形] 直訳的な, 逐語訳的な.

met·a·phys·ic /mèṭəfízɪk←/ [名] 形而上(けいじじょう)学の体系[理論].

⁺**met·a·phys·i·cal** /mèṭəfízɪk(ə)l←/ [形] ❶ 形而上(けいじじょう)学の; 哲学的な. ❷ きわめて抽象的な, 難解な. ❸ [しばしば M~] 〈詩人が〉形而上派の: the ~ poets 形而上派詩人《17 世紀初期の英国で比喩や機知に技巧をこらした知性派の詩人》. ── [名] [the Metaphysicals] 形而上派詩人たち. **~·ly** /-kəli/ [副]

met·a·phy·si·cian /mèṭəfɪzíʃən/ [名] 形而上学者.

met·a·phys·ics /mèṭəfízɪks/ [名] [U] ❶ 形而上(けいじじょう)学《物理現象を越えた存在·本質を純粋思考で探求する学問》. ❷ (難解な)抽象的議論; 机上の空論.

met·a·pl·a·sia /mèṭəpléɪʒ(i)ə | -ziə/ [名] [U]〘生·医〙化生, 変質形成《すでに分化した組織·細胞が他種の組織·細胞へと変化すること》. **mèt·a·plas·tic** /-plǽstɪk/ [形]

mèta·psychólogy [名] [U] メタ心理学《Freud の心理学の理論的側面》. **-psychológical** [形]

mèta·sequóia [名]〘植〙メタセコイア《落葉性の針葉高木》.

mèta·stáble [形]〘理·化·冶〙準安定の. **-stabílity** [名] 準安定性[度].

me·tas·ta·sis /mɪtǽstəsɪs/ [名] ([複] **-ta·ses** /-sì:z/) [U,C]〘医〙(がんなどの)転移.

me·tas·ta·size /mətǽstəsàɪz/ [動] [自]〘医〙転移する.

méta·tàg [名]〘電算〙メタタグ《ホームページに関する情報を埋め込むためのタグ》.

met·a·tar·sal /mèṭətáəsl | -tá:-←/ [形] 中足の. ── [名] 中足骨.

met·a·tar·sus /mèṭətáəsəs | -tá:-/ [名] ([複] **-tar·si** /-saɪ/)〘解〙中足; 中足骨.

M

me·tath·e·sis /mɪtǽθəsɪs/ 名 (複 -e·ses /-siːz/) U.C 〖文法〗音位転換 (語中の音が入れかわること; 例: 古期英語 brid > 現代英語 bird).

met·a·zo·an /mètəzóuən/ 名〖動〗後生動物(門の) (cf. protozoan).

⁺**mete** /míːt/ 動 ❶ 〈文〉〈罰などを〉(人に)割り当てる, 与える〈out〉〈to〉. ❷ 〈古〉計る.

met·emp·sy·cho·sis /mətèm(p)sɪkóusɪs, mètəmsaɪ- | mètəm(p)saɪkóu-/ 名 (複 -cho·ses /-siːz/) U.C 霊魂の再生, 輪廻(りんね).

⁺**me·te·or** /míːtiə, -tiɔː | -tiə, -tiɔː/ 名 ❶ 流星 (shooting star); 隕石(いんせき). ❷ (稲妻・虹・降雪など)の大気現象. 〖L<Gk=空中高くあげられたもの〗

me·te·or·ic /mìːtiɔ́ːrɪk | -ɔ́r-/ 形 ❶ 流星の: ~ iron [stone] 隕鉄(いんてつ)[隕石]. ❷ 流星のような; 一時的に華々しい: a ~ rise to stardom あっという間にスターの座にのし上がること. ❸ 大気の, 気象上の. **mè·te·ór·i·cal·ly** /-kəli/ 副

⁺**me·te·or·ite** /míːtiərὰɪt/ 名 隕石. 〖METEOR+-ITE〗

me·te·or·oid /míːtiərɔ̀ɪd/ 名 流星体, 隕星(いんせい)体.

me·te·or·o·log·i·cal /mìːtiərəládʒɪkəl | -lɔ́dʒ-/ 形 気象(学上)の: a ~ balloon 気象観測気球 / a ~ observatory 気象台 / the M~ Office 〈英〉気象庁 / a ~ satellite 気象衛星. **~·ly** /-kəli/ 副

mè·te·or·ól·o·gist /-dʒɪst/ 名 気象学者.

me·te·or·ol·o·gy /mìːtiərάlədʒi | -rɔ́l-/ 名 U 気象学. 〖METEOR+-OLOGY〗

méteor shòwer 名 流星雨.

＊**me·ter**[1] /míːtə | -tə/ 名 メートル (長さの SI 基本単位; =100 cm; 記号 m). 〖F<Gk=measure〗

⁺**me·ter**[2] /míːtə | -tə/ 名 ❶ 〖詩学〗**a** C 韻律. **b** U 歩格 (韻律の単位). ❷ 〖楽〗拍子. 〖↑↑〗

me·ter[3] /míːtə | -tə/ 名 [しばしば複合語で] (自動)計器, 計量器, メーター: a gas ~ ガス計量器 / ⇒ parking meter. 〖-METER?〗

-me·ter[1] /ーmətə | -tə/ [形容詞・名詞連結形]〖詩学〗「...歩格の」: pentameter. 〖METER?〗

-me·ter[2] /ーmətə | -tə/ [名詞連結形]「...計[器]」: barometer, speedometer. 〖F or L<Gk=measure〗

méter màid 名〈米〉駐車違反取り締まりの女性警官.

meth /méθ/ 名〈米俗〉❶ =methamphetamine. ❷ =methadone.

mèth·ácrylate /-/ 名 U.C 〖化〗メタクリル酸塩[エステル].

méth·acrỳlic ácid /-/ 名 U 〖化〗メタクリル酸.

meth·a·done /méθədòun/, **-don** /-dàn | -dɔ̀n/ 名 U 〖薬〗メタドン (モルヒネ・ヘロインに似た麻酔・鎮静薬で, モルヒネ[ヘロイン]中毒治療において代用麻薬として用いる).

mèth·amphétamine /-/ 名 U 〖薬〗メタンフェタミン (中枢神経系興奮薬, 日本の一商品名ヒロポン; 俗に meth, speed ともいう).

meth·a·nal /méθənæ̀l/ 名 U 〖化〗メタナール (formaldehyde の別称).

⁺**meth·ane** /méθeɪn/ 名 U 〖化〗メタン, 沼気.

meth·a·no·gen /méθǽnədʒən/ 名〖生〗(発生的にバクテリア・動植物細胞とは異なる)メタン生成微生物.

méth·a·nòic ácid /méθənòuɪk-/ 名 U 〖化〗メタン酸 (formic acid).

me·tha·nol /méθənɔ̀ːl | -nɔ̀l/ 名 U 〖化〗メタノール, メチルアルコール.

Meth·e·drine /méθədrìːn, -drɪn/ 名 U 〖商標〗メセドリン (methamphetamine の商品名).

me·theg·lin /məθéglɪn/ 名 U メテグリン (スパイス[薬用物]入りの蜂蜜酒).

mèt·hémoglobin /mèt-/ 名 U 〖生化〗メトヘモグロビン (3 価の鉄を含み, 可逆的に酸素と結合ができない血色素).

met·he·mo·glo·bi·ne·mia /mèthìːməglòubəníːmiə/ 名 U 〖医〗メトヘモグロビン血症.

meth·i·cil·lin /mèθəsílən/ 名 U 〖薬〗メチシリン (ペニシリン分解酵素を産生するブドウ球菌に効果の半合成ペニシリン).

me·thinks /mɪθíŋks/ 動 自 (過去 **me·thought** /mɪθɔ́ːt/) 〈古〉〈...と〉(私には)思われる〈that〉. 〖ME me

---

1139   **meticulous**

thinks it seems to me〗

me·thi·o·nine /məθάɪəniːn, -nɪn/ 名 U 〖生化〗メチオニン (必須アミノ酸の一つ).

＊**meth·od** /méθəd/ 名 ❶ **a** C (論理的で組織立った)方法, 方式〈of, for〉: this ~ of electing the chairperson 議長を選ぶこの方法. **b** U (一定の)順序, 筋道, 秩序: work with [without] ~ 順序立てて[方式を定めず]仕事をする. ❷ U 規則正しさ, きちょうめん: a man of ~ きちょうめんな人 / There's ~ in his madness. 彼は狂っている割に筋道が立っている, 見かけほど無謀でない. 〖★Shakespeare「ハムレット」から〗. ❸ U [しばしば M~]〖劇〗メソッド (役者が内面的にその演じる役柄になりきろうとする演技手法). 〖F<L<Gk=道に従うこと《meta after+hodos way (cf. episode)》〗【類義語】 method 何をを行なうための順序立った体系の[理論]的方法. way やり方, 方式を表わす意味の広い, ややぼく然とした語. manner 個人的な独得のやり方, 流儀.

mé·thode cham·pe·noise /meɪtóudəʃα:mpənwά:z/ 名 U シャンパン法 (発酵の最終段階を瓶内で行なわせるスパークリングワイン製造法); シャンパン法で造られたワイン.

⁺**me·thod·i·cal** /məθάdɪk(ə)l | -θɔ́d-/ 形 ❶ (規則正しく論理的・組織的な)方法によった, (理路)整然とした, 系統的な. ❷ 〈人・行動など〉規則正しい, きちょうめんな.

me·thód·i·cal·ly /-kəli/ 副 ❶ 整然と, 系統的に. ❷ きちょうめんに, 念入りに.

Meth·od·ism /méθədìzm/ 名 U 〖キ教〗メソジスト派(の教義).

⁺**Méth·od·ist** /-dɪst/ 名 メソジスト教徒. — 形 メソジスト派の: the ~ Church メソジスト教会.

meth·od·ize /méθədàɪz/ 動 他 方式化する, 順序[組織]立てる.

meth·od·o·log·i·cal /mèθədəládʒɪk(ə)l | -lɔ́dʒ-/ 形 方法論の[的な]. **~·ly** /-kəli/ 副

⁺**meth·od·ol·o·gy** /mèθədάlədʒi | -dɔ́l-/ 名 U.C 方法論. 〖METHOD+-OLOGY〗

meth·o·trex·ate /mèθətréksèɪt/ 名 U 〖薬〗メトトレキサート (葉酸代謝拮抗薬; 急性白血病の治療に用いる).

methought 動 methinks の過去形.

meths /méθs/ 名 U 〈英口〉変性アルコール (methylated spirits).

Me·thu·se·lah /məθ(j)úːz(ə)lə | -θjúː-/ 名 ❶ 〖聖〗メトセラ (ノアの洪水以前のユダヤの族長で 969 歳まで生きたといわれる長命者; エノクの子;★聖書「創世記」から). ❷ C 長命者. ❸ [m~] C (ワイン用の)ミシューゼラー瓶 (普通の瓶の 8 本分).

meth·yl /méθɪl/, 〖化〗 méθaɪl | míː-/ 名 U 〖化〗メチル基.

méthyl álcohol 名 U 〖化〗メチルアルコール (cf. ethyl alcohol).

meth·yl·ate /méθəlèɪt/ 動 他 〖化〗〈アルコールに〉メタノールを混ぜる (飲用に不適にし, 課税を免れる目的で); メチル化する. **mèth·yl·átion** 名 U 〖化〗メチル化.

méth·yl·at·ed spírits 名 U 変性アルコール (アルコールランプ・燃料用).

mèth·yl·bénzene 名 U 〖化〗メチルベンゼン (toluene の別称).

méthyl cýanide 名 U 〖化〗シアン化メチル (acetonitrile の別称).

meth·yl·ene /méθəliːn, -lɪn/ 名 U.C 〖化〗メチレン(基) (2 価の基).

mèth·yl·phén·i·date /-fénədèɪt/ 名 U 〖薬〗メチルフェニデート (中枢神経系興奮薬; 鬱病(うつびょう)や注意欠陥多動障害などの治療に用いる).

met·ic /métɪk/ 名 (古代ギリシアで市民としての多少の権利を認められていた)外国人居住者, メトイコス.

＊**me·tic·u·lous** /mətíkjuləs/ 形 細かいことによく気を配る, きちょうめんな, 非常に注意深い〈in, about〉: a ~ account 詳細(すぎる)説明 / a ~ carpenter 凝り性の大工 / He's ~ in his work. 彼は仕事にはきちょうめんだ. **~·ly**

métier 1140

副 ~·ness 名 《L＝怖がりの》
mé·tier /méɪtjeɪ | méɪtiéɪ/ 名《文》職業; 専門(分野); 専門技術; 得手. 《F＜L＝奉仕》
Mé·tis /meɪtí:(s)/ 名 (~ /‑meɪtí:(s), ‑tí:z/ 白人〔特にフランス系カナダ人〕と北米先住民の混血の人.
Mét Òffice 名 〔the ~〕《英口》気象庁.
me·tol /mí:tɔːl | ‑tɔl/ 名 U メトール《写真現像主薬》.
Me·tón·ic cýcle /mətɔ́nɪk | ‑tɔ́n‑/ 名《天》メトン周期《月が同じ位相を繰り返す19年の周期》. 《Gk *Meton* 紀元前5世紀のアテナイの天文学者》
met·onym /métənɪm/ 名《修》換喩語.
me·ton·y·my /mətɑ́nəmi | ‑tɔ́n‑/ 名 U.C《修》換喩(法)《ものを表すのにそれと密接な関係のあるものや属性で表現する修辞法; king の代わりに crown を用いるなど; cf. synecdoche》.《L＜Gk＝名を変えること*meta* other + *onyma* name》
me-too /mí:tú:/ 形 A《米口》模倣した, 人まねの右.《me too 《私もまた》から》
mé-to·ism /‑ɪzm/ 名 U 模倣主義, 大勢順応主義.
met·o·pe /métəpi, métoup/ 名《建》メトープ《ドーリス式で2個のトリグリフ (triglyph) にはさまれた四角い壁面》.
⁺me·tre /mí:tə | ‑tə/ 名《英》＝meter¹,².
⁺met·ric /métrɪk/ 形 ❶ メートル(法)の: go ~ メートル法を採用する. ❷ 《数》距離の. ── 名 ❶ 測定法[規準]. ❷ 《数》距離. 《名 meter¹》
-met·ric /métrɪk/, **-met·ri·cal** /métrɪk(ə)l/ 〔形容詞連結形〕「計量器の[で計った]」「計量の」: barometric(*al*), thermometric(*al*).
met·ri·cal /métrɪk(ə)l/ 形 ❶ 韻律の, 韻文の. ❷ 測定[測量](用)の. ~·ly /‑kəli/ 副
met·ri·cate /métrɪkèɪt/ 動 他 メートル法にする. ── 自 メートル法を採用する.
met·ri·ca·tion /mètrɪkéɪʃən/ 名 U《度量衡の》メートル法換算.
métric húndredweight 名 50キログラム《単位》.
met·ri·cize /métrəsàɪz/ 動 他 メートル法に換算する.
met·rics /métrɪks/ 名 U 韻律学, 作詩法.
métric sỳstem 名 〔the ~〕メートル法《解説》単位をそれぞれ meter, liter, gram とする度量衡法; 10進法によりギリシア語系の deca‑, hecto‑, kilo‑ はそれぞれ 10倍, 100倍, 1000倍を, ラテン語系の deci‑, centi‑, milli‑ は $^{1}/_{10}$, $^{1}/_{100}$, $^{1}/_{1000}$ を表わす》.
métric tón 名 (⇒ ton 1 c).
me·tri·tis /mətráɪtɪs/ 名 U《医》子宮(筋膜)炎.
⁺met·ro /métrou/ 名 〔時に M~; the ~〕《ワシントン・パリなどの》地下鉄, メトロ: by ~ ＝on the ~ 地下鉄で.
Me·tro·lin·er /métroulàɪnə | ‑nə/ 名《米》メトロライナー《Washington, D.C. と New York 間を結ぶ Amtrak の高速列車》.
me·trol·o·gy /metrɑ́lədʒi | ‑trɔ́l‑/ 名 U 度量衡学.
met·ro·ni·da·zole /mètrounáɪdəzòul/ 名 U《薬》メトロニダゾール《膣トリコモナス症の治療に用いる》.
met·ro·nome /métrənòum/ 名《楽》メトロノーム.
met·ro·nom·ic /mètrənɑ́mɪk | ‑nɔ́m‑/ 形 メトロノームの(ような); 《機械的に》規則正しい
me·tro·nym·ic /mì:trənímɪk, mètrə‑/ 形 名 ＝matronymic.
me·tro·pole /métrəpòul/ 名 本国, 内地.
⁺me·trop·o·lis /mətrɑ́pəlɪs | ‑trɔ́p‑/ 名 ❶ **a** 首都. **b** 〔the M~〕《英》ロンドン. ❷ 主要都市; 中心地.《L＜Gk＝mother city《*mētēr* mother + *polis* city》》《形 metropolitan》
*met·ro·pol·i·tan /mètrəpɑ́lətən | ‑pɔ́l‑/ 形 《比較なし》❶ 首都の; 大都市の; 首都[大都市]的な: the ~ area 首都圏. ❷ [M~] 《英》ロンドンの: the *M*~ Police ロンドン警視庁《★ the Met と略す》. ❸ 《植民地に対して》本国の《★ 主にフランス, スペインをさす》. ❹ 首都大司教[大主教, 大監督](管区)の, 府主教(管区)の. ── 名 ❶ 首都大司教[大会都]の住民, 都会人. ❷ ＝metropolitan bishop. 《名 metropolis》

metropólitan bíshop 名《キ教》首都大司教[大主教, 大監督], 《東方正教会》府主教.
metropólitan cóunty 名《英》大都市圏州《イングランドの大都市を中心とした6つの州; 1974年行政単位として設立されたが, 大都市圏州議会は86年廃止》.
metropólitan mágistrate 名《英》《有給の》ロンドン市治安判事.
me·tror·rha·gi·a /mì:trərédʒ(i)ə, mètrə‑/ 名 U《医》子宮出血.
-me·try /‑mətri/ 〔名詞連結形〕「測定法[学, 術]」: geometry.
met·tle /métl/ 名 U 勇気, 根性, 気概: show [prove] one's ~ 気概を示す / test a person's ~ 人の根性を試す. **on** [**upòn**] **one's méttle** 奮起して: put [set] a person *on* his [her] ~ 人を発奮させる.
met·tle·some /métlsəm/ 形《文》元気のある, 威勢のよい.
meu·nière /mə‑:)njéə | ‑njéə/ 形《魚がムニエルの《小麦粉をまぶしてバターで焼いた》.《F (*à la*) *meunière* 粉をまぶした》
Meur·sault /məsóu | ‑sou/ 名 U.C ムルソー《フランス Burgundy 地方の Meursault で生産される辛口の白ワイン》.
Meuse /mjú:z/ 名 〔the ~〕ムーズ川《フランス北部からベルギーを通り, オランダで北海に注ぐ》.
MEV, Mev, mev /mév/《略》million electron volts 100万電子ボルト.
⁺mew¹ /mjú:/ 動 自《猫・ウミネコ・カモメなどが》ニャーニャーと鳴く. ── 名 ニャーニャー(の鳴き声)(⇒ cat 関連).《擬音語》
mew² /mjú:/ 名《鳥》カモメ.
mew³ /mjú:/ 名《鷹》(羽毛の抜けかわる間入れる). ── 動 他 ❶ 〈鷹を〉籠に入れる. ❷ 閉じ込める 《*up*》.
mewl /mjú:l/ 動 自 〈赤ん坊が〉弱々しく泣く.
mews /mjú:z/ 名 pl.《英》❶ 〔複〕《昔, 路地裏の両側に建てた》馬屋. ❷ 《それを改造した》アパート; 《そのようなアパートのある》路地, スクエア《★ しばしば Mews で地名に用いる》.
Mex. 《略》Mexican; Mexico.
Mex·i·can /méksɪk(ə)n/ 形 メキシコ(人)の. ── 名 メキシコ人.
Méxican júmping bèan 名 ＝jumping bean.
Méxican Spánish 名 U メキシコスペイン語.
Méxican wáve 名 人間の波, 《メキシカン》ウェーブ, ウェービング《1986年サッカーのワールドカップのメキシコ大会の試合が放映されて広まった》.
Mex·i·co /méksɪkòu/ 名 メキシコ《北米南部の共和国; 首都 Mexico City; 略 Mex.》. **the Gúlf of México** メキシコ湾.《メキシコ先住民のナワトル語の戦いの神の名から》
México Cíty 名 メキシコシティー《メキシコの首都》.
me·ze /méɪzeɪ/ 名《ギリシア・中近東地域で, 特にアペリチフをのせて出される》オードブル, メゼ.
me·ze·re·on /məzí(ə)riən/ 名《植》ヨウシュジンチョウゲ, セイヨウオニシバリ《花には芳香がある》.
me·zu·za(h) /məzú:zə/ 名《猶 ‑zu·zot /‑zout/, ‑zoth /‑zouθ/, ~s》《ユダヤ教》メズーザー《申命記の数節を記した羊皮紙小片; ケースに収め戸口にかけておく》.
mez·za·nine /mézənì:n/ 名 ❶《建》中二階《通例, 一階と二階の間》. ❷《劇場》**a**《米》中二階桟敷席(の前部). **b**《英》舞台下. ── 形《金融》〈資金調達〉《メザニン(型)の《劣後債などによる資金調達について言い, 新株発行と負債の中間にあたる》
mez·za vo·ce /métsə:vóutʃer, médzə:‑/ 副《楽》中位の声で[の], メザヴォーチェで[の]《略 mv》.
mez·zo /métsou, médzou/ 副《楽》適度に: ~ **forte** やや強く《略 *mf*》/ ~ **piano** やや弱く《略 *mp*》. ── 名《~s》《口》＝mezzo-soprano 2.《It＝half》
méz·zo-re·líe·vo /‑rɪlí:vou/ 名《~s》U.C 半肉彫り, レリーボ (cf. alto-relievo, bas-relief).《It; ⇒ ↑, RELIEF²》
méz·zo-so·práno 名《~s》《楽》❶ **a** U メゾソプラノ, 次高音《soprano と alto との中間》. **b** C メゾソプラノ

の声. ❷ Ⓒ メゾソプラノ歌手. 《It;⇒ mezzo, soprano》

méz·zo·tint 名 ❶ Ⓤ メゾチント彫法《明暗の調子を主とした銅版術》. ❷ Ⓒ メゾチント版画.《It *mezzotinto* 半分色をつけたもの》;⇒ mezzo, tint》

mf 《略》《楽》mezzo forte. **MF** 《略》《通信》medium frequency; Middle French 中期フランス語. **MFA** 《略》《米》Master of Fine Arts 美術修士. **mfd** 《略》manufactured. **MFN** 《略》most-favored nation. **mfr.** 《略》manufacture; 《働 mfrs》manufacturer. **Mg** 《記号》《化》magnesium. **mg., mg** 《略》milligram(s). **mgr** 《略》manager. **Mgr** 《略》Monsignor; manager. **MHC** 《略》《生》major histocompatibility complex 主要組織(適合)遺伝子複合体.

mho /móu/ 名《傚 ～s》《電》モー《電気伝導率の単位; ohm の逆数; 記号 ℧》.

MHR 《略》Member of the House of Representatives 下院議員.

MHz, Mhz 《略》《電》megahertz.

mi /míː/ 名《傚 ～s》 Ⓤ Ⓒ 《楽》(ドレミファ唱法の)「ミ」《全音階的長音階の第3音; cf. sol-fa》.

MI 《略》《米》Michigan; 《英》Military Intelligence (cf. MI 5, MI 6). **mi.** 《略》mile(s).

MIA 《略》missing in action 戦闘での行方不明兵士.

Mi·am·i[1] /maiǽmi/ 名《the ～(s)》マイアミ族《Wisconsin 州, Indiana 州北部などに居住していた北米先住民》; Ⓒ マイアミ族の人.

Miami[2] 名 マイアミ《米国 Florida 州南東部海岸の都市, リゾート》.

mi·aow /miáu/ 動名《英》=meow.

mi·as·ma /maiǽzmə, mi-/ 名《傚 ～·ta /-tə/, ～s》《文》 ❶ 《沼沢地などから発生する》毒気, 瘴気(しょうき). ❷ 不快なにおい. ❸ 悪影響を与える雰囲気.

mi·as·mal /maiǽzm(ə)l, mi-/ 形 ❶ 毒気(のような). ❷ 有害な.

mi·as·ma·ta 名 miasma の複数形.

mi·aul /miául, miɔ́ːl/ 動 名 =meow.

mic /máik/ 名 マイク (microphone).

Mic. 《略》《聖》Micah.

mi·ca /máikə/ 名 Ⓤ 《鉱》雲母(うんも).

mi·ca·ceous /maikéiʃəs/ 形 雲母(状)の, 雲母を含んだ.

Mi·cah /máikə/ 名《聖》 ❶ ミカ (Hebrew の預言者). ❷ ミカ書《旧約聖書中の一書; 略 Mic.》.

míca schist 名 Ⓤ 《鉱》雲母片岩〔粘板岩〕.

*****mice** /máis/ 名 mouse の複数形.

mi·celle /məsél, mai-/ 名《理·化·生》膠質(こうしつ)粒子, ミセル. **mi·cél·lar** 形

Mich. 《略》Michaelmas; Michigan.

Mi·chael /máik(ə)l/ 名 マイケル《男性名; 愛称 Mickey, Mike》. [St. ～]《聖》大天使ミカエル.

Mich·ael·mas /mík(ə)lməs/ 名 ミカエル祭(日)《解説》大天使ミカエル (St. Michael) の祝日, 9月29日; イングランド・ウェールズ・北アイルランドでは quarter day の一つ》.

Míchaelmas dáisy 名《植》(ミカエル祭のころに咲く)シオン属の植物《ウラギクなど》.

Míchaelmas tèrm 名 Ⓤ Ⓒ [通例 the ～]《英》秋学期《第1学期;⇒ term 解説》.

Mi·chel·an·ge·lo /màɪkəlǽndʒəlòu/ 名 ミケランジェロ《1475–1564; イタリアルネサンス期の彫刻家・画家・建築家・詩人》.

Mich·i·gan /míʃɪɡən/ 名 ❶ ミシガン州《米国中北部の州; 州都 Lansing; 略 Mich., 《郵》MI; 俗称 the Wolverine State, the Great Lake State》. ❷ [Lake ～] ミシガン湖《五大湖 (the Great Lakes) の一つ》. 《N-Am-Ind=great water》

mick /mík/ 名 [時に M~]《英俗·軽蔑》 ❶ アイルランド人. ❷ ローマカトリック教徒. 《*Michael* アイルランド人に多い名》

mick·ey /míki/ 名 ★通例次の成句で. **tàke the míckey (òut of…)** 《英口》(…)をからかう, ばかにする.

Mick·ey /míki/ 名 ミッキー《男性名; Michael の愛称》.

Mickey (Fínn) /-fín/ 名《古風·俗》ミッキー(フィン)《麻薬または下剤をこっそり入れた強い酒》.

1141 microenvironment

+Mickey Móuse 名 ミッキーマウス (Walt Disney の漫画のキャラクターの名). ── 形[時に m~ m~] Ⓐ ❶ つまらない, くだらない. ❷ ありふれた, 陳腐な.

mick·le /mík/ 名 [a ～]《古·スコ》多量, 多額: Many a little makes *a* ～. 《諺》ちりも積もれば山となる.

mick·y /míki/ 名 =mickey.

Mic·mac /míkmæk/ 名《傚 ～, ～s》 ❶ a [the ～(s)] ミクマク族《カナダ東部の先住民》. b Ⓒ ミクマク族の人. ❷ Ⓤ ミクマク語.

MICR /émaksìːáː/ -áː/ 《略》magnetic ink character recognition [reader] 磁気インク文字認識[読取装置].

mi·cra 名 micron の複数形.

mi·cro /máɪkrou/ 名《傚 ～s》《古風》 ❶ マイクロコンピューター. ❷ マイクロプロセッサー.

mi·cro- /máɪkrou/ [連結形]「小…」「微…」; 《電》「100万分の1…」(↔ macro-): *micro*chip, *micro*gram. 《Gk=小さい》

micro·análysis 名《傚 -y·ses》 Ⓤ Ⓒ 《化》微量分析.

mi·crobe /máɪkroub/ 名 微生物, (特に)病原菌 (cf. virus).《F<MICRO-+Gk *bios* life》

micro·biólogist 名 微生物学者.

micro·biólogy 名 Ⓤ 微生物学. **-biológical** 形

micro·bi·ó·ta /-baɪóutə/ 名 Ⓤ 微生物相.

micro·brèw 名 小口醸造ビール, 地ビール.

micro·brèwery 名 小規模[小口]ビールメーカー, 地ビール醸造所[業者]《しばしば brewpub を併設している》.

micro·bùrst 《気》マイクロ[ミクロ]バースト《特に4km以内の範囲に起こる小型の下降気流》.

micro·bùs 名 マイクロバス, 小型バス.

micro·céllular 形 微小な細胞を含む[から成る].

micro·céphaly 名《医》小頭(蓋)症, 矮小脳症. **-cephálic** 形 **-céphalous** 形

+micro·chìp 名《電子工学》マイクロチップ《集積回路をプリントした半導体小片》.

micro·círcuit 名 超小型回路, 集積回路.

micro·circulátion 名 Ⓤ 《生理》微小循環《身体の細動脈·毛細血管·細静脈の血液循環》. **micro·círculatory** 形

micro·clìmate 名《気》小気候《一局地の気候》. **micro·climátic** 形 **-climátically** 副

micro·clìne /-klàɪn/ 名《鉱》微斜長石《磁器に用いる》.

micro·còde 名 Ⓤ 《電算》マイクロコード (microprogramming に伴うコード).

micro·compúter 名《古風》マイクロコンピューター, 超小型電算機 (cf. micro).

micro·còpy 名 縮小複写, マイクロコピー《書籍·印刷物を microfilm で縮写したもの》.

mi·cro·cosm /máɪkrəkàzm | -kɔ̀zm/ 名 ❶ 小宇宙, 小世界《↔ macrocosm》. ❷ a 縮図《*of*》. b (宇宙の縮図としての)人間(社会). **in microcosm** 小規模に[の]. **mi·cro·cos·mic** /màɪkrəkázmɪk | -kɔ́z-/ 形

microcósmic sált 名 Ⓤ 《化》燐塩.

micro·crédit 名 Ⓤ Ⓒ マイクロクレジット, 小額融資《発展途上国の小さい新企業に低金利で少額の金を貸すこと》.

micro·crýstalline 《晶》微晶質の.

mi·cro·cyte /máɪkrəsàɪt/ 名《医》小赤血球. **mi·cro·cýt·ic** /-sítɪk/ 形

micro·dòt 名 ❶ マイクロドット《文書などの極小写真》. ❷ 《俗》LSD の小さなビル[カプセル].

micro·económic 形 微視的[ミクロ]経済学の.

micro·económics 名 Ⓤ 微視的[ミクロ]経済学《個々の消費者·生産者·企業などの経済行為を対象にする; ↔ macroeconomics》.

micro·electrónics 名 Ⓤ マイクロエレクトロニクス《電子回路の集積技術などを扱う》.

micro·engineéring 名 Ⓤ 《工》マイクロエンジニアリング, 小型部品《機械》工学. **micro·enginèer** 名 マイクロエンジニア, 小型部品《機械》工学者.

micro·environment 名《生態》微環境.

micro・evolútion 名 ⓤ 【生】小進化《普通の遺伝子突然変異の累積による種内の分岐》. **-tionary** 形

mícro・fàrad 名 【電】マイクロファラド (100万分の1 (10⁻⁶) farad; 記号 μF).

mìcro・fáuna 名 ⓤ 【生・生態】微小動物相: **a** たとえば土壌中の微生物などの動物相. **b** microhabitat の動物相.

mícro・fiber 名 ⓒⓙ マイクロファイバー《直径数ミクロン程度の超極細合成繊維》.

mi・cro・fiche /máɪkroufi:ʃ, -fiʃ/ 名 (複 ~, ~s) ⓤⓒ マイクロフィッシュ《書籍などの何ページかを写したシート状のマイクロフィルム》: keep documents on ~ 書類をマイクロフィッシュにして保存する.《< MICRO-+ *fiche* small card》

mi・cro・filária 名 【動】糸状虫子虫, ミクロフィラリア《血液中に寄生するフィラリアの幼虫》.

mícro・film 名 ⓤⓒ マイクロフィルム《文書などの縮小撮影フィルム》: a ~ reader マイクロリーダー / put...on ~ をマイクロフィルムに収める. —動 他 マイクロフィルムにとる.

mìcro・fínance 名 ⓤ 小型融資制度, マイクロファイナンス《貧困の人々に小ビジネスを始められるように小額融資を行なう制度》.

mícro・flóra 名 ⓤ 【生・生態】微小植物相: **a** 肉眼では見えないような微小な植物の植物相. **b** microhabitat の植物相.

mícro・fòrm 名 ⓤ マイクロフォーム《縮刷印刷(法)または縮小複写》.

mícro・fóssil 名 【古生】微(小)化石《有孔虫・放散虫・コッコリス・花粉などの微小動植物の化石》.

mícro・fúngus 名 【植】極微菌, ミクロ菌.

mi・crog・li・a /maɪkrɑ́gliə, -króg-/ 名 (複)【解】小(神経)膠細胞. **mic・róg・li・al** 形

mícro・gràm 名 マイクログラム (100万分の1グラム).

mi・cro・graph /máɪkrəɡræf | -ɡrɑ̀:f/ 名 顕微鏡写真[図].

mìcro・gráphics 名 [単数扱い] (microform を用いた) 微小縮製.

mi・crog・ra・phy /maɪkrɑ́ɡrəfi, -krɔ́ɡ-/ 名 顕微鏡観察物の撮影[描写, 研究](法); 顕微鏡検査. **mi・cro・gráph・ic** 形

mícro・grávity 名 ⓤ 《宇宙空間などの》微小[無]重力状態.

mícro・gròove 名 LP 盤の狭い針溝(ど).

mícro・hábitat 名 【生態】微小生息域, ミクロハビタット《草の茂り, 岩の間など微小な生物の生活の場として特有な環境条件をそなえた場所》.

mícro・injéction 名 【生】《顕微鏡下で細胞などに行なう》顕微[微量]注射, ミクロ注入, マイクロインジェクション. **-inject** 動

mìcro・instrúction 名 【電算】マイクロ命令《microprogramming の命令》.

mìcro・kérnel 名 【電算】マイクロカーネル《機能を必要最小限に絞り込んだ, OS の基本部分》.

mícro・lìght 名 超軽量飛行機.

mícro・lìter 名 マイクロリットル《100万分の1リットル; 記号 μl》.

mi・cro・lith /máɪkrəlɪθ/ 名 【考古】細石器.

mic・ro・lith・ic /mÀɪkrəlíθɪk/ 形 【考古】細石器の《ような》; 細石器文化の, 細石器時代人の.

mícro・lòan 名 小型融資, マイクロローン《特に貧困の人々に, 小ビジネスを始められるように政府機関による小額融資》.

mìcro・mánage 動 他 細部に至るまで[こと細かに]管理[指図]する.

mícro・mèsh 名 ⓤ 《ストッキング用の》ごく細かい網目の材料《ナイロンなど》.

mi・crom・e・ter¹ /maɪkrɑ́mətə | -krɔ́mətə/ 名 マイクロメーター, 測微計; 測微カリパス.

mícro・mèter² マイクロメートル《100万分の1メートル; 記号 μm》.

mi・crom・e・try /maɪkrɑ́mətri | -krɔ́m-/ 名 ⓤ 測微法[術].

mìcro・míni 形 = microminiature. —名 ❶ 超小型のもの. ❷ 超ミニスカート.

mìcro・míniature 形 超小型の.

mìcro・miniaturizátion 名 ⓤ 超小型化.

mi・cron /máɪkrɑn | -krɔn/ 名 (複 ~s, mi・cra /-krə/) ミクロン《100万分の1メートル; 記号 μ》.

Mi・cro・ne・sia /mÀɪkrəní:ʒə/ 名 ❶ ミクロネシア《太平洋北西部の群島; Mariana, Caroline, Marshall の諸群島を含む; cf. Polynesia》. ❷ ミクロネシア連邦 (Federated States of Micronesia)《フィリピン東方, 西太平洋上の島々からなる独立国》. 《MICRO-+Gk *nēsos* 島》

Mi・cro・ne・sian /mÀɪkrəní:ʒən⁻/ 形 ミクロネシア(人, 語群)の. —名 ❶ ⓒ ミクロネシア人. ❷ ⓤ ミクロネシア語群.

mi・cron・ize /máɪkrənàɪz/ 動 (ミクロン程度の)微粉にする. **mìcron・izátion** 名

mìcro・nútrient 名 【生化】微量元素; 微量栄養素《ビタミンなど健康で足りる必要栄養》.

⁺**mícro・órganism** 名 微生物《バクテリアなど》.

mi・croph・a・gous /maɪkrɑ́fəɡəs, -krɔ́f-/ 形 【動】食微性の, 微細食性の《体よりかなり小さな餌を食う》.

⁺**mícro・phòne** /máɪkrəfòun/ 名 マイクロフォン, マイク (cf. mike¹): a concealed [hidden] ~ 隠しマイク. 《MICRO-+-PHONE》

mícro・phótograph 名 マイクロ写真, 縮小写真.

mícro・phýsics 名 ⓤ 微視的物理学《分子・原子・原子核などの研究》. **-phýsical** 形

mícro・pòre 名 微視[微細]孔. **mìcro・pórous** 形 **mìcro・porósity** 名

mícro・prìnt 名 ⓤ 縮小写真복印.

mícro・pròbe 名 【化】マイクロプローブ《電子ビームによって試料の微量分析を行なう装置》.

⁺**mícro・prócessor** 名 マイクロプロセッサー, 超小型処理装置《CPU (中央処理装置) の機能を1個のチップに収めた集積回路》.

mícro・prògram 名 【電算】マイクロプログラム《マイクロプログラミングで使うルーチン》.

mìcro・prógramming 名 ⓤ 【電算】マイクロプログラミング《基本命令をさらに基本動作に分析して基本命令をプログラムすること》.

mìcro・propagátion 名 ⓤ 【植】微細繁殖, マイクロプロパゲーション《植物を栄養繁殖させて大量のクローンをつくる技術》.

mi・crop・ter・ous /maɪkrɑ́ptərəs, -krɔ́p-/ 形 【動】小翅をもつ; 小さなひれをもつ.

mi・cro・pyle /máɪkrəpàɪl/ 名 ❶ 【動】(卵膜の)卵門. ❷ 【植】(胚珠先端の)珠孔.

mícro・réader 名 マイクロリーダー《マイクロフィルムの拡大投射装置》.

⁺**mi・cro・scope** /máɪkrəskòup/ 名 顕微鏡: a binocular ~ 双眼顕微鏡 / an electron ~ 電子顕微鏡 / focus the ~ 顕微鏡の焦点を合わせる. **ùnder the microscope** 詳細な[綿密な]検査[調査, 吟味]のもとに. 《MICRO-+-SCOPE》

⁺**mi・cro・scop・ic** /mÀɪkrəskɑ́pɪk | -skɔ́p-⁻/ 形 ❶ 顕微鏡の[による]: a ~ examination 顕微鏡検査. ❷ **a** 顕微鏡でなければ見えないような, 微小な, 微細な: a ~ organism 微生物. **b** ⓛ ごく小さい, 超小型の. ❸ 〈研究など〉微に入り細にわたる; 微視的な.

mi・cro・scóp・i・cal /-pɪk(ə)l⁻/ 形 =microscopic. **-ly** /-kəli/ 副

mi・cros・co・py /maɪkrɑ́skəpi | -krɔ́s-/ 名 ⓤ 顕微鏡使用(法); 顕微鏡検査(法).

mícro・sècond 名 マイクロセカンド《100万分の1秒》.

mícro・sèism 名 【地物】脈動《地震以外の原因による地殻の微弱な振動》. **mìcro・séismic** 形

Mi・cro・sóft /máɪkrəsɔ̀:ft | -sɔ̀ft/ 名 マイクロソフト(社) (~ Corp.)《米国のソフトウェア会社; 1975年設立》.

mícro・sòme /-sòum/ 名 【生】ミクロソーム《細胞質内の

微粒体). **mì·cro·só·mal** 形

mìcro·spécies 名(複 ~)【生】微細種《同じグループの他のものとは些細な特徴において異なる種；普通 分布範囲は限られる》.

mícro·sphère 名【生化】微小球, ミクロスフェア.

mìcro·sporángium 名【植】小胞子嚢(⁰).

mícro·spòre 名【植】小胞子.

mícro·stàte 名 極小(独立)国家《時にアフリカの新興小国》.

mícro·strùcture 名 微(細)[ミクロ]構造《顕微鏡を使わなければ見えない生物(組織)・金属・鉱物などの構造》.

mìcro·sùrgery 名 ① 顕微鏡(下)手術, マイクロサージャリー《顕微鏡を使って行なう微細な手術》.

mícro·switch 名 マイクロスイッチ《自動制御装置の高感度スイッチ》.

mìcro·technólogy 名 Ⓤ マイクロ工学《microelectronics など》.

mícro·tòme /-tòum/ 名 ミクロトーム《生体組織などの検鏡用切片をつくる機器》.

mìcro·tòne 【楽】微分音. **mìcro·tónal** 形 **-tónally** 副 **-to·nál·i·ty** /-nǽl-/ 名

mìcro·túbule 名【生】微小管《細胞の原形質にみられる微細な管》.

mìcro·váscular 形【解】微小血管の.

mìcro·víl·lus /-vílǝs/ 名【生】微絨毛(じゅう), 細絨毛, 細毛膜突起. **-víl·lar** /-víl-/ 形

__mí·cro·wàve__ /máikrǝwèiv/ 名 ❶ 電子レンジ(microwave oven). ❷【通信】マイクロ波, 極超短波《おおよそ波長1mm-30cmのもの》. ── 他《食物を》電子レンジで調理する. **-wa·va·ble, -wave·a·ble** /máikrǝwéivǝbl⁻/ 形 電子レンジで調理できる.

microwave bàckground 名【天】マイクロ波背景放射《宇宙のあらゆる方向からやってくるマイクロ波の放射》.

__microwave òven__ 名 電子レンジ.

mi·crur·gy /máikrǝːdʒi | -krǝ-/ 名 Ⓤ《顕微鏡を用いて微細なものを扱う》顕微鏡操作(法),【生・医】顕微鏡解剖.

míc·tu·rate /míktʃʊrèit| -tju-/ 動 ® 排尿する.

mid¹ /míd/ 形 A 中央の, 中部の, 中間の: in ~ May 5月中ごろに / in ~ spring 春の中ごろに.

mid², **'mid** /míd/ 前《詩》=amid.

mid.《略》middle.

mid- /míd/《連結形》「中間の, 中央の中間部分の」: *mid*night, *mid*summer.

mìd·afternóon 名 Ⓤ 午後の中ごろ《3·4時ごろ》. ── 形 A 午後の中ごろの: a ~ rest 午後の休息.

mìd·áir 名 Ⓤ 空中: in ~ 空中[中空]に[で]. ── 形 A 空中の: a ~ collision 空中衝突.

Mi·das /máidǝs/ 名【ギ神】ミダス(Dionysus により, 触れるものをみな黄金に変える力を与えられた Phrygia 王).

Mídas tòuch [the ~] 何でも金(ホ)にしてしまう能力, 投機的事業を成功させる能力.

Mìd-Atlántic 形 ❶ a 大西洋の中間[中央]の. b《言葉・態度など》英国風と米国風が混じり合った. ❷《米国の州が》大西洋岸中部にある: the ~ States=the Middle Atlantic States.

míd·bràin 名【解】中脳.

míd·còurse 名 ❶ コースの中間点. ❷《ロケットの》中間軌道.

⁺**míd·dày** /mídɛ́i⁻/ 名 Ⓤ 正午, 真昼(noon): at ~ 正午に. ── 形 A 正午の, 真昼の: ~ dinner 午餐 / the ~ meal 昼食.

míd·den /mídn/ 名 ごみ[ふん]の山: ⇒ kitchen midden.

__míd·dle__ /mídl/ 形 A《比較なし》❶ a 真ん中の, 中央の: the ~ point of our journey 旅の中間点 / in one's ~ fifties (年齢が)50代半ばで. b 中位の, 中流の, 並の: a ~ income 中間層の所得 / a ~ height 中背の / of ~ size 並寸法[中型]の / ~ middle course. ❷ [M-]《言語史で》中期の: ⇒ Middle English. ❸【文法】中間態の, 中動相の.

── 名 ❶ [the ~] 中央, 真ん中: *the ~ of* the room 部屋の真ん中 / *in the ~ of* a line of customers 買い物客の列の真ん中あたりに / *in the ~ of* the night 真夜中に. ❷ [the ~, one's ~]《口》(人体の)胴, ウエスト部. ❸【文法】中間態[中動相]の(語形).

dòwn the míddle 半分に; 真っ二つに (in half): The class was divided [split] *down the ~* on the issue. クラスはその問題で真っ二つに分かれた.

in the míddle of... (1) …の真ん中に: ⇒ 名 1. (2) …の中ごろに: *in the ~ of* May 5月中ごろに. (3) …の最中に: *in the ~ of* a discussion 討論の最中に / I'm *in the ~ of* studying. ぼくは勉強中だ.

in the míddle of nówhere《口》人里はるか離れたところに.

pláy bóth énds agàinst the míddle ⇒ end 名 成句.
【関形】medial, median 【類義語】**middle** あるものの周辺部分, 末端から等距離にある点[部分]; また「時間[期間]にも用いる. **center** 物体など周囲との境界が明確なものにおいてその境界から厳密に等距離にある点.

⁺**míddle áge** 名 Ⓤ 中年(通例40-60歳).

⁺**míddle-áged** 形 ❶ 中年の. ❷《行動・興味など》中年らしい[のような], 保守的な.

míddle-àge(d) spréad 名 Ⓤ《腰の回りの》中年太り.

míddle-áger 名《米》中年の人.

⁺**Míddle Áges** 名 徽 [the ~] 中世(紀)《ヨーロッパ史の古代と近世の間; 西ローマ帝国の滅亡 (476年) から文芸復興 (the Renaissance) の始まる15世紀まで; または前半の暗黒時代 (the Dark Ages) を除いた1000年ごろから15世紀まで》.

Míddle América 名 Ⓤ ❶ 米国の中産階級《政治的には保守派》. ❷ 米国の中西部. ❸ 中部アメリカ《メキシコおよび中米アメリカ; 時に西インド諸島も含む》.

Míddle Atlántic Státes 名 徽 [the ~] ミドルアトランティックステーツ, 中部大西洋岸諸州《New York, New Jersey および Pennsylvania 3州; Delaware と Maryland を含めることもある》.

míddle·bròw 名 知識[学問, 教養(など)]の中くらいの人. ── 形 A 知識[教養]が中くらいの.

míddle C 名 [単数形で]【楽】中央ハ《ピアノ鍵盤のほぼ中央にあり, ト音譜表の下第1線に記されるハ音》.

__míddle cláss__ 名 [the ~ (es); 集合的で; 単数または複数扱い] 中流[中産]階級(の人々): *the* upper [lower] ~ *(es)* 中流の上の[下の]階級.

__míddle-cláss__ 形 中流[中産]階級(風)の.

míddle cómmon ròom 名《Oxford 大学などの, 特別研究員 (fellows) 以外の研究員・大学院生のための》一般研究員社交室.

míddle cóurse 名 [単数形で] 中道, 中庸: follow [take, steer] a ~ 中道[中庸]をとる.

míddle dístance 名 ❶【競技】中距離《特に800-1500メートル》. ❷【画】中景 (cf. background 2, foreground 1).

míddle-dístance 形 A 中距離の.

Míddle Dútch 名 Ⓤ 中期オランダ語《12-15世紀》.

míddle éar 名 [しばしば the ~]【解】中耳.

__Míddle Éast__ [the ~] 中東《リビア, スーダン, エジプトからアラビア半島諸国, トルコ, イランまでを含む地域》.

⁺**Míddle Éastern** 形 中東の.

míddle éight 名 ミドルエイト《32小節からなるポップソングの3番目の対比的な8小節》.

Míddle Éngland 名 イングランドの保守的中産階級.

Míddle Énglander 名

Míddle Énglish 名 Ⓤ 中(期)英語《1100年ごろ-1500年ごろの英語; 略 ME; cf. Old English》.

míddle fínger 名 中指.

míddle gróund 名 Ⓤ [通例 the ~; また a ~] 中間の立場, 妥協点: find a ~ 妥協点を見出す / take the ~ 中間の立場をとる.

Míddle Hígh Gérman 名 Ⓤ 中(期)高(地)ドイツ語《12-15世紀; 略 MHG》.

Míddle Lów Gérman 名 Ⓤ 中(期)低(地)ドイツ語《12-15世紀; 略 MLG》.

⁺**míddle·màn** 名(複 -men) ❶ 仲買人, ブローカー《生産者と小売商または消費者との仲立ちをする》: cut out the

~ 仲買人なしの取引をする. ❷ 仲人, 媒介者 (go-between): act as a ~ in negotiations 交渉で仲介の労をとる.

middle mánagement 名 ❶ Ⓤ (企業の)中間管理職. ❷ [the ~; 集合的; 単数または複数扱い] 中間管理者たち.

middle mánager 名 (企業の)中間管理者.

middle·mòst 形 (いちばん)真ん中の.

middle náme 名 ❶ ミドルネーム《たとえば George Bernard Shaw の Bernard; ⇒ name[解説]》. ❷ [one's ~]《口》(人の)著しい特徴, 目立つ性格: Modesty is her ~. 謙虚なのが彼女の特徴だ.

middle-of-the-róad 形《政策・政治家など》中道の, 中庸の, 無難な, 平凡な;《音楽など》万人うける(略 MOR).

middle-of-the-róad·ism 名 Ⓤ 中道主義.

middle pássage 名 [しばしば the M~ P~]《史》(アフリカ西岸と西インド諸島を結ぶ)中間航路《奴隷貿易でよく利用した》.

middle schòol 名 Ⓤ.Ⓒ ミドルスクール《[解説] 米国では通例 11-14 歳(5-8 学年)の学校; 英国では 9-13 歳の公立学校》.

Mid·dle·sex /mídlsèks/ 名 ミドルセックス州《イングランド南東部, London の北西部を含んだ旧州; 1965 年 Greater London に編入; 略 Middx.》.

middle-sized 形 中型の, 並の寸法の.

Míddle Státes 名⦅米⦆ =Middle Atlantic States.

middle·wàre 名 Ⓤ《電算》ミドルウェア《制御プログラムと応用プログラムの中間的なタスクをするためのソフトウェア》.

middle wátch 名《海》夜半直《午前 0 時から 4 時までの夜警員》.

middle wáy 名 [単数形で] 中庸, 中道.

middle·wèight 名 《ボクシングなど》ミドル級の選手.
—形 ミドル級の.

†**Míddle Wést** 名 [the ~]《米》中西部《アパラチア山脈の西, ロッキー山脈の東, Ohio 州, Missouri 州, Kansas 州以北の地域》.

†**Míddle Wéstern** 形《米》中西部の.

Míddle Wésterner 名《米》中西部の住民.

mid·dling /mídlɪŋ/ 形 ❶ a 中くらいの, 普通の (average): a ~ performance まずまずの演技[出来ぐあい]. b 二流の, 中等の. ❷ Ⓟ《口》健康状態がまずまずで, まあ元気で. **fáir to míddling** ⇒ fair[1] 形[成句]. —副 [~s; 単数または複数扱い] ミドリングズ《飼料用とする小麦製粉副産物で, 製品となる小麦粉以外のあらゆる残余物を含むもの》.

Middx.《略》Middlesex.

mid·dy /mídi/ 名 ❶《口》=midshipman. ❷ = middy blouse.

míddy blòuse 名 ミディーブラウス《セーラー服型の襟のゆったりしたオーバーブラウス》.

Míd·east [the ~] =Middle East.

Míd·eastern 形 中東の.

mid·field Ⓤ《サッカー競技場などの》ミッドフィールド, 中盤(の選手)《全体》.

mid·field·er 名《サッカー》ミッドフィルダー《フォワードとバックスの間の選手》.

midge /mídʒ/ 名 ❶ ブヨなどの小虫; ユスリカ《スコットランドの高地地方に多い》. ❷ 小さい人.《OE》

midg·et /mídʒɪt/ 名 ❶《軽蔑》こびと, 侏儒(ピッ)《[比較] dwarf と異なり, 背が低い以外は均斉のとれた体型の人》. ❷《口》[時に軽蔑的] 小さい人[もの]. —形[限定]《類義語》⇒ dwarf.

Míd Gla·mór·gan /–glæmɔ́əɡ(ə)n | –mɔ́ː-/ 名 ミッドグラモーガン(州)《Wales 南東部の旧州(1974-96); 州都 Cardiff》.

míd·gùt 名《発生》中腸.

mid·héaven 名 [また M~]《占星》中天《人の誕生など特定の場所・時刻に子午線と交叉する黄道上の点》.

mid·i /mídi/ 名 ミディスカート《ドレス, コートなど》《丈がふくらはぎまでのもの; cf. maxi》.

MIDI /mídi/ 名 Ⓒ.Ⓤ(⦅複⦆~s)《電算》MIDI, ミディ: a 音楽データを電子楽器やコンピューターなどの間で伝送するための国際規格. b その規格にのっとった音楽データ作成・編集用ソフト.《M(usical) I(nstrument) D(igital) I(nterface)》

mi·di·nette /mìdɪnét/ 名 (Paris の服飾店の)女店員, 女子縫製者, ミディネット.

míd·ìron 名《ゴルフ》ミッドアイアン (iron の 2 番).

mídi-skìrt 名 ミディスカート.

mídi sỳstem 名《英》ミディシステム《コンパクトハイファイ装置》.

***mid·land** /mídlənd/ 名 ❶ [the ~] 中部地方, 内陸部. ❷ [the Midlands] イングランド中部地方. —形 Ⓐ ❶ 中部地方の, 内陸の. ❷ [M~] イングランド中部地方の.

Mídland díalect 名 [the ~] ❶ イングランド中部地方方言《このうち London を含む東中部方言が近代英語の標準となった》. ❷ 米国中部方言.

míd·lìfe 名 Ⓤ 中年.

mídlife crísis 名 Ⓤ 中年の危機《中年期に起こる自信喪失・価値観への不安など》.

míd·lìne 名 (身体などの)中線.

Mid·lo·thi·an /mɪdlóʊðɪən/ 名 ミドロジアン: a スコットランド南東部の旧州; 州都 Edinburgh. b Edinburgh 市の南に隣接する行政区; 中心都市 Dalkeith.

míd·mòst 形 Ⓐ (ど)真ん中の. —副 真ん中に.

***mid·night** /mídnàɪt/ 名 Ⓤ 真夜中《午前 0 時》: at ~ 真夜中に. —形 真夜中の: the ~ hours 真夜中の時間 / a ~ snack 夜食. **búrn the mídnight óil** ⇒ oil 名[成句].

mídnight blúe 名 Ⓤ 濃いダークブルー(色).

mídnight féast 名 《寄宿舎の生徒などが》深夜にこっそり食べるもの.

mídnight sún 名 [the ~] 真夜中の太陽《両極地の真夏に見られる》.

míd·òcean rídge 名《地》中央海嶺.

míd·pòint 名 [通例単数形で] 中心点, 中央, 中間(点)《of: the ~ 中心[中間, 中央]に》.

mid·rash /mídrɑ̀ːʃ/ 名 (⦅複⦆ -ra·shim /mìːdrəʃíːm/) ❶ (古代ユダヤの rabbi による)聖書注釈[注解]. ❷ [the M~] ミドラシュ《古代ユダヤの聖書注解書》. **mid·rash·ic** /mɪdrɑ́ːʃɪk | –drǽʃ–/ 形

míd·rìb 名《植》(葉の)中央脈, 中肋(ちゅうろく), 主脈.

míd·rìff [the ~, one's ~] ❶ 胴体の中部. ❷《解》横隔膜.

míd·sèction 名 (もの·胴体などの)中央部分.

míd·shìp [the ~]《海》(船の)中央部.

mid·ship·man /mídʃɪpmən/ 名 (⦅複⦆ -men /–mən/) ❶《米》海軍兵学校生徒 (cf. cadet 1). ❷《英》海軍士官候補生.

mid·ships /mídʃɪps/ 副 =amidship(s).

míd·shòt 名《写》ミッドショット, 中距離撮影(写真).

míd·sìze 形 Ⓐ 中型の.

***midst** /mídst, mítst/ 名 [通例 the ~, one's ~] ❶ 真ん中, 中央, 中《★ 特に人々に囲まれた中にあることや, ある状況の中にあることを示す; cf. middle): in the ~ of us [you, them]=in our [your, their] ~ 私たち[君たち, 彼ら]の中に. ❷ さなか, 最中: in the ~ of perfect silence しーんと静まり返った中で. —前《詩》=amidst.

míd·strèam 名 Ⓤ a 流れの中ほど, 中流. b (物事の)途中: change one's course in ~ 途中で方針を変える. ❷ (期間の)中ごろ: the ~ of life 人生の半ば. **chánge hórses in midstréam** ⇒ horse 名[成句].

†**míd·sùmmer** 名 Ⓤ ❶ 真夏. ❷ 夏至(ピ)《6 月 21 日または 22 日》. **A Midsummer Níght's Dréam**「夏の夜の夢」《Shakespeare 作の喜劇》.

Mídsummer Dáy, Mídsummer's Dáy 名 洗礼者ヨハネの祭日《6 月 24 日; イングランド・ウェールズ・北アイルランドでは quarter day の一つ》.

mídsummer mádness 名 Ⓤ 底抜けの狂乱《[画来] 満月と真夏の暑さによると想像された》.

míd·tèrm 形 Ⓐ (学期・任期などの)中間(期)の: a ~ examination 中間試験 (⇨ examination 関連) / a ~ election (米)中間選挙(大統領の任期の中間に行われる上・下両院議員の選挙). ― 名 ❶ Ⓤ (学期・任期の)中間(期), 半ば. ❷ Ⓒ 中間試験.

míd·town (米) 名 形 中間地区[ミッドタウン](の)(uptown と downtown との間の区).

míd-Victórian 形 ビクトリア朝中期の. ― 名 ❶ ビクトリア朝中期の人. ❷ ビクトリア朝中期の思想[趣味]をもつ人; 旧式[謹厳]な人.

†**míd·way** /╱╱/ 副 形 中途に[の], 中ほどに[の](halfway): lie ~ between A and B A と B の中間にある. ― /╱╱/ 名 [しばしば the M~] (博覧会・カーニバルでの)娯楽場や見せ物が並んでいるにぎやかな中道(^{なかみち}).

Míd·way Íslands /mídweɪ-/ 名 [the ~] ミッドウェー諸島 (太平洋中部にある米領の島で, 環礁および礁内の 2 小島からなる).

†**míd·wéek** 名 Ⓤ 形 週の半ば(の)(★火水木曜日をさすが, 特に水曜日をさす).

†**Míd·wést** 名 [the ~] (米)=Middle West.

†**Míd·wéstern** 形 (米)=Middle Western.

†**míd·wife** /mídwàɪf/ 名 (働 **-wives**) ❶ 助産婦, 産婆. ❷ (事の成立に骨折る)産婆役の人[もの].

mid·wife·ry /mìdwíf(ə)ri/ 名 Ⓤ 助産術, 産婆術, 助産婦学.

mídwife tóad 名 動 サンバガエル (ヨーロッパ南西部産; スズガエル科; 雄が後足に卵をまきつけて保護する).

míd·wín·ter 名 Ⓤ ❶ 真冬. ❷ 冬至 (12月21日または 22日).

míd·yèar 名 ❶ Ⓤ 1 年の中ごろ; 学年の中間. ❷ Ⓒ [しばしば 働] (米口)中間試験 (⇨ examination 関連). ― 形 Ⓐ 1 年の中ごろの; 学年の中間の.

mien /míːn/ 名 物腰, 態度, 様子; (顔の)表情: a man of gentle ~ = a man with a gentle ~ 物腰[表情]のやさしい男.

Mies van der Ro·he /míːz vǽn dərόʊə, míːz- | -də-/, **Ludwig** 名 ミース・ファン・デル・ローエ (1886–1969; ドイツ生まれの米国の建築家・デザイナー). **Mies·i·an** /míːziən, -siən/ 形

mi·fep·ris·tone /mɪfépristòʊn/ 名 Ⓤ 薬 ミフェプリストン (RU 486 の別称).

miff /míf/ 名 [a ~] むっとすること; むかっ腹: in a ~ むっとして.

miffed /míft/ 形 Ⓟ [...にむっとして (at)]: She was ~ at his coolness. 彼女は彼の冷淡さにむっとした.

MI5 (略) (英) Military Intelligence, section five 軍事情報部第 5 部 (国内・英連邦を担当).

MIG, Mig /míɡ/ 名 ミグ (旧ソ連製ジェット戦闘機).

***might**[1] /màɪt, mάɪt/ 助動 *may* の過去形. **A** (直説法過去) ❶ [主に間接話法の名詞節中で, 時制の一致により] **a** /màɪt/ [不確実な推量を表わして] ...かもしれない: He said that it ~ rain. 彼は雨が降るかもしれないと言った (変換 He said, "It may rain." と書き換え可能) / I thought she ~ come [~ have missed the bus]. 彼女が来るかもしれない[バスに乗りそこなったかもしれない]と思った. **b** [許可を表わして] ...してもよろしい: I told him that he ~ go. 彼に行ってもよいと言った (変換 I told him, "You may go." と書き換え可能). **c** [疑問文において不確実の意を強めて] (一体)...だろう: She asked what the price ~ be. 彼女はその価格は一体どのくらいかと尋ねた (変換 She said, "What may the price be?" と書き換え可能).

❷ [時制の一致により副詞節中で] (...するために, ...できるように): He ran fast *so that* he ~ catch the train. 彼は電車に間に合うように速く走った (cf. may 6).

❸ [譲歩を表わす副詞節中において] たとえ...であったにしても: Whoever ~ have said it [No matter who ~ have said it], she didn't believe it. だれがそう言おうとも彼女はそんなことを信じなかった.

― **B** (仮定法仮定) ❶ [現在の仮定または仮定の結果を表わす節で]: **a** /màɪt/ [現在の推量を表わして] ...するかもしれない(のだが); [might have+ 過分 で; 過去のことの推量を表

わして] ...したかもしれなかった(のだが): You ~ fail the next exam if you are [were] lazy. 怠けていると次の試験に落ちるかもよ (cf. if A) / I ~ do it if I want to. したければするかもしれないのだが(実はしたくないのでしない) / I ~ *have done* it if I had wanted to. したければしたかもしれなかったのだが(実はしたくなかったのでしなかった). **b** [許可を表わして] ...してもよい: I would like to ask your advice if I ~. もし差し支えなければ君の助言を求めたいのですが.

❷ [条件節の内容を言外に含めた主節だけの文で]: a /màɪt/ [現在の推量を表わして] ...するかもしれない《用法 may とほとんど同様に用いる》; [might have+*pp* で; 過去の推量を表わして] ...したかもしれない: Take an umbrella, It ~ rain. 傘を持っていきなさいよ, 雨がふるかもしれないから / Don't do that again! You ~ have been killed. 二度とあんなことするな. 死んでたかもしれないところだった / It's so quiet (that) you ~ hear a pin drop. ピン 1 本落ちても聞こえそうなほど静かだ. **b** [might...but... の形で; 譲歩を表わして] ...かもしれないが: He ~ be rich *but* he's not refined. 金持ちかもしれないが洗練されていない. **c** [打ち解けた提案・軽い依頼を表わして] ...してくれないか, ...したらどうだろう: We ~ meet again soon. またすぐ集まったらどうだろう / You ~ post this for me. これをポストに入れてくれないか. **d** [非難・遺憾の意を表わして] ...してもよさそうなものなのに: You ~ at least apologize. せめて悪かったぐらいは言ってもよさそうなものだが / I ~ have been a rich man. (なろうと思えば)金持ちになれたものを(もう遅い). **e** [許可を表わして] ...してもよい; [疑問文で, 疑問文で改まった許可を求めて] (英)...してもよい(ですか): Do you think I ~ borrow your telephone? お電話を借りてもよろしいでしょうか / M~ I ask your name? 失礼ですがどちらさまでしょうか / "M~ I come in?" "Yes, certainly." 《古風》「入ってもよろしいでしょうか」「ええ, どうぞ」(★答えには might は用いない). **f** [疑問文で, 不確実な気持ちを表わして] 《古風》(一体)...だろうか: How old ~ she be? 彼女は一体いくつだろうか (★ しばしばおどけ・皮肉などを含意する).

as might be [*have been*] *expécted* (1) [文修飾] 案の定: As ~ *be expected*, the results are poor. 案の定結果はよくない. (2) 期待していたとおり: She is as well *as ~ be expected*. 彼女は期待していたとおりに元気だ.

might (jùst) as wéll dó (as...) ⇨ well[1] 副 成句.

†**might**[2] /màɪt/ 名 Ⓤ 力, 勢力, 権力, 実力; 腕力; 優勢: by ~ 力[腕]ずくで / M~ is right. (諺)力は正義なり, 「勝てば官軍」. **with áll one's míght** = **with [by] míght and máin** 力いっぱいに, 一生懸命で, 全力を尽くして (比較 with all one's *power*) のほうが口語的な). 《OE》形 mighty) 《類義語》⇨ power.

míght-have-bèen 名 [通例 the ~s] (口)過去にあったらよかったのにと思うこと, 心残り.

might·i·ly /màɪṭəli/ 副 ❶ 非常に. ❷ (力)強く, 激しく.

might·i·ness 名 Ⓤ 強大, 強力.

***míght·n't** /màɪtnt/ (口) might[1] not の短縮形.

***míght·'ve** /màɪtəv/ (口) might[1] have の短縮形.

***might·y** /màɪṭi/ 形 (**míght·i·er; -i·est**) ❶ (文)(人・ものが)力強い, 強力な, 強大な; 巨大な: a ~ ruler 強力な支配者 / a ~ blow 力いっぱいの一撃. ❷ (口)すばらしい, 非常な: a ~ hit 大当たり / make a ~ bother 大変やっかいなことをしでかす. ❸ (比較なし) (主に米口)非常に: He was ~ hungry. 彼はとても腹が減っていた. (名 might)

mig·ma·tite /mígmətàɪt/ 名 地 混成岩, ミグマタイト.

mi·gnon·ette /mìnjənét/ 名 ❶ Ⓤ Ⓒ 植 モクセイソウ. ❷ Ⓤ 薄灰緑色.

***mi·graine** /máɪɡreɪn | míː-, máɪ-/ 名 Ⓤ Ⓒ 偏頭痛: suffer from ~ 偏頭痛に悩む / I have (got) a ~. 偏頭痛がする.

***mi·grant** /máɪɡrənt/ 名 ❶ 移住者; 季節(農場)労働者. ❷ 渡り鳥. ― 形 Ⓐ 移住する; (特に)入鳥の移住性の: ~ farm laborers 移動[季節]農場労働者.

*mi·grate /máɪgreɪt, -¹/ 動 ⓐ ❶ 〈鳥・魚など〉定期的に移動する, 渡る, 回遊する〔from〕〔to〕: Some birds ~ to warmer countries in (the) winter. 鳥のなかには冬には暖かい地方へ渡るものがいる. ❷ ａ 〈特に大勢で〉移住する: ~ from the Northern to the Southern States 北部の州から南部の州へ移住する. ｂ 〈物が移る〔to, into〕. ❸ 〔電算〕〈あるシステムから〉他に移る, 移行する〔from〕〔to〕. ── ⓗ 〔電算〕〈データ・ソフト・ハードを〉あるシステム[コンピューター]から他に移す, 移行する〔from〕〔to〕. 【L=場所を変える】【類義語】migrate 人・動物が一地方から他地方へ移住する. emigrate 人が(他国へ)移住する. immigrate 人が(他国から)移住する.

†mi·gra·tion /maɪgréɪʃən/ 图 ❶ Ｕ|Ｃ 移住, 転住; 渡り, 回遊. ❷ Ｃ 移住者群, 移動動物群.

mí·grat·or /-tər/ | -tə/ 图 ❶ 移住者. ❷ 渡り鳥.

mi·gra·to·ry /máɪgrətɔ:ri | -təri, -tri/ 形 ❶ 移住する, 移住性の (↔ resident): a ~ bird 渡り鳥 / a ~ fish 回遊魚. ❷ 漂浪[放浪]性の.

mih·rab /míːrɑb/ 图 〔建〕 ミヒラブ, ミフラーブ《イスラム寺院で Mecca の Kaaba に向いた壁龕(へきがん)》.

mi·ka·do /məkάːdou/ 图 (⑱ ~s) 〖時に M~, 通例 the ~〗みかど 〖帝, 外国人が日本の天皇に対して用いた敬称〗. 【Jpn 帝(みかど)】

mike¹ /máɪk/ 〖口〗 图 マイク: ~ fright マイク恐怖症《マイクの前に立つ時の気おくれ》. ── 動 ⓗ 〈人〉にマイクをつける[近づける] ⟨up⟩ 〖MICROPHONE の短縮形〗

mike² /máɪk/ 〖英古風〗 動 ⓐ 怠ける, サボる. ── 图 Ｕ 怠け, ずる, サボり.

Mike /máɪk/ 图 マイク《男性名; Michael の愛称》.

mil /míl/ 图 ❶ ミル (1000 分の 1 インチ). ❷ =milliliter. 【L mille thousand】

mi·la·dy /miléɪdi/ 图 ❶ 〖しばしば M~; 昔, ヨーロッパ人が英国貴婦人に対する呼び掛けまたは敬称に用いて〗奥方, 夫人 (cf. milord). ❷ 〖米〗上流婦人. 【F⟨my lady⟩】

mil·age /máɪlɪdʒ/ 图 =mileage.

Mi·lan /mɪlǽn, -lάːn/ 图 ミラノ《イタリア北部の都市》.

Mil·a·nese /mìləníːz⁻/ 形 ミラノの. ── 图 (⑱ ~) ミラノ人.

milch /mílʧ/ 形 〖古〗〈家畜が〉乳を出す, 搾乳用の: a ~ cow 乳牛.

*mild /máɪld/ 形 (~·er; ~·est) ❶ 〈人・性質など〉温厚な, 優しい, おとなしい: a ~ nature [disposition] 優しい気質 / a ~ person 温厚な人 / He's ~ of manner [countenance]. 彼は態度の温厚な[顔つきが優しい]人だ. ❷ 〈気候など〉温暖な, おだやかな: The weather was ~ in January. 1月は気候が穏やかだった. ❸ ａ 〈食物・飲み物など〉刺激性の弱い, 当たりのよい: a ~ cheddar cheese 口当りのよいチェダーチーズ / a ~ curry 甘口のカレー. ｂ 〈たばこなど〉軽い, 柔らかい: a ~ cigarette 軽いたばこ. ｃ 〈ビールなど〉苦みの少ない. ｄ 〈せっけん・洗剤など〉肌にやさしい(↔ harsh): a ~ skin cream 肌にやさしいスキンクリーム. ❹ ａ 〈刑罰・規則など〉寛大な, ゆるい: ~ punishment 軽い罰. ｂ 〈抗議・試みなど〉過激でない, 穏やかな〈人が多くない〈彼女は不満を2, 3 やんわりともらした. ❺ ａ 〈病気が軽い〉: a ~ case of measles 軽いはしか / ~ symptoms of measles はしかの軽い症状. ｂ 〈薬など〉効き目のゆるやかな, 刺激性の少ない: a ~ medicine 刺激の少ない薬. ❻ 〈驚きなどちょっとした, 軽い (slight): in ~ astonishment ちょっと驚いて, 軽い驚きで. méek and míld ⇒ meek 成句. ── 图 Ｕ 〖英〗苦みの少ないビール: A pint of ~, please. 《パブで》マイルド 1 パイントください. 【OE】

mil·dew /míldju | -djuː/ 图 Ｕ ❶ 〈革・衣類・食物などに生える〉白かび (cf. mold²). ❷ 〖植〗べと病, うどん粉病(菌). 【OE=honey dew 蜜のしずく; ME で意味が変化した】

mil·dewed 形 ❶ 〈白〉かびの生えた. ❷ 〈植物が〉べと病になった, うどん粉病になった.

míld·ly 副 ❶ 温和に, 優しく, 穏やかに. ❷ いささか,

少々: He was ~ surprised. 彼はちょっと驚いた. to pút it míldly 〖文修飾〗控えめに言えば[言っても].

míld-mánnered 形 温厚な, 物腰の柔らかい.

míld·ness 图 Ｕ 温厚, 穏やかさ; 温暖.

míld stéel 图 Ｕ 軟鋼.

*mile /máɪl/ 图 ❶ ａ マイル《距離の単位; 1760 yards, 約 1.6 km; 略 mi.; 正式名 statute mile》: a distance of 10 ~s 10 マイルの距離. ｂ =nautical mile. ❷ 〖複数形で; しばしば副詞的に〗何マイルも, 遠い距離[ところ(に)]; はるか(に), ずっと: for ~s (and ~s) 何マイルにもわたって / ~s from anywhere [nowhere] 〈町などから〉ずっと離れたところ(に) / Her house is ~s away from our home. 彼女の家は(ここから)とても遠くです / It's ~s better. = It's better by ~s. そのほうがはるかによい. ❸ 〖the ~〗1 マイル競走: run a four-minute ~ 1 マイルを 4 分で走る.

be míles awáy 〖主に英口〗〈人が〉ぼんやりしている, 上の空である.

be míles óut 〖英口〗〈推測・計算など〉全くの的はずれである.

gó the éxtra míle (いとわずに)一層の努力をする, さらに力を尽くす 〖★ 聖書「マタイ伝」から〗.

míss by a míle 〖口〗全然的をはずれる, 大失敗をする.

rún a míle 〖口〗(恐ろしかったりいやだったりして)さっさと逃げる, できるだけ避ける.

sée [téll] . . . a míle óff [awáy] 〖口〗すぐ[容易に] . . . であるとわかる: You can see it a ~ off that he's a fraud. 彼が詐欺師だということはすぐわかるよ.

stánd [stíck] óut a míle 〖口〗(他と違って)目立つ; きわめて明らかである.

tálk a míle a mínute 早口でまくしたてる.

【L milia (passum) thousand (of paces) 千(歩)】

*míle·age /máɪlɪdʒ/ 图 ❶ Ｕ 〖また a ~〗(一定時間内の)総マイル数, 走行[飛行]距離: What sort of ~ has the car done? その車は走行距離がどのくらいいっていますか. ｂ (燃料ガロン当たりの)走行マイル数, 燃費: What ~ does your car do per gallon? 君の車は 1 ガロンで何マイル走りますか / I get a very good ~ out of my car. ぼくの車は燃費が実にいい. ❷ Ｕ 〖また a ~〗(自分の車での)マイル当たり旅費. ❸ Ｕ 利益, 有用性, 恩恵: She didn't get much ~ out of her friendship with the president. 彼女は社長と友人なのに大して得しなかった / There is no ~ any more in supporting him. もはや彼を支持しても何の利益もない. 【MILE+-AGE】

míleage allówance 图 =mileage 2.

mile·om·e·ter /máɪlάmətə | -lɔ́mətə/ 图 《車両の》マイル走行距離計.

míle·pòst 图 《主に米》 ❶ マイル標, 里程標. ❷ =milestone 1.

mil·er /máɪlə | -lə/ 图 〖口〗1 マイル競走の選手[競走馬].

†míle·stòne 图 ❶ 〈歴史・人生の〉画期的[重大]な事件〔in〕. ❷ 〈石の〉マイル標, 里程標.

mil·foil /mílfɔɪl/ 图 〖植〗 ❶ ノコギリソウ. ❷ フサモ.

milia 图 milium の複数形.

mil·i·ar·i·a /mìliéə(ə)riə/ 图 Ｕ|Ｃ 〖医〗汗疹, あせも; 粟粒(ぞくりゅう)疹.

mil·i·ar·y /míliéri | -liəri/ 形 〖医〗粟粒(性)の; キビの実のような.

*mi·lieu /miːljɜ́ː, -ljúː | míːljɜː/ 图 (⑱ ~x /-z/, ~s /-z/) 〖通例単数形で〗環境, ミリュー. 【F=中間】

mil·i·tan·cy /mílətənsi/ 图 Ｕ 闘争性, 闘志.

*mil·i·tant /mílətənt/ 形 《主義・運動などの達成を目ざして》戦闘的な, 闘争的な: a ~ demonstration 戦闘的な示威運動. ── 图 戦闘的な人, 闘士. ~·ly 副.

mil·i·tar·i·a /mìlətéə(ə)riə/ 图 (歴史的価値をもつ)軍需品コレクション, ミリタリア《武器・軍服・記章など》.

mil·i·ta·rism /mílətərìzm/ 图 Ｕ ❶ 軍国主義. ❷ 軍国の精神.

míl·i·ta·rist /-tərɪst, -trɪst/ 图 軍国主義者.

mil·i·ta·ris·tic /mìlətərístɪk⁻/ 形 軍国主義の, 軍国的な. mìl·i·ta·rís·ti·cal·ly /-kəli/ 副.

mil·i·ta·ri·za·tion /mìlətərɪzéɪʃən | -raɪz-/ 图 Ｕ 軍国化; 軍国主義化.

mil・i・ta・rize /mílətəraɪz/ 動 ❶〈地域などに〉軍隊を配備する; 武装化[軍事化]する (↔ demilitarize) ❷〈…に〉軍国主義を吹き込む. ❸ 軍隊化[軍隊的に]する. ❹ 軍用化する.

***mil・i・tar・y** /mílətèri | -təri, -tri/ 形 (比較なし) ❶ Ａ 軍の, 軍隊の; 軍人の, 軍人の[に適した] / ～ action 軍事行動 / ～ aid 軍事援助 / a ～ band 軍楽隊 / ～ forces (一国の)軍隊; 兵力, 軍事力 / (a) ～ government 軍事政権 / ～ law 軍法 / ～ training 軍事訓練. b 軍人の[に適した]; 軍人らしい: a ～ man 軍人 / a ～ look 軍人風 / He has a ～ bearing. 彼はふるまいが軍人らしい. (⇔ naval). ❷ [the ～; 集合的; 通例複数扱い] 軍隊; 軍, 軍部: He was in the ～. 彼は軍隊にいた / The ～ were called out to put down the riot. 暴動を鎮めるために軍隊の出動が求められた. **mil・i・tar・i・ly** /mìlətérəli | mílətèrəli, -trə-/ 副 **-i・ness** 名

military academy 名 ❶ [the M- A-] 陸軍士官学校: *the U.S. M- A-* 米国陸軍士官学校 (West Point にある) / *the Royal M- A-* 英国陸軍士官学校 (Berkshire の Sandhurst /ｓǽndhɜːst | -hɑːst/ にある). ❷ Ｕ.Ｃ (米) 軍隊式(私立)高等学校 (軍隊の訓練を受ける男子の私立予備学校).

military attaché /-ætəʃéɪ | -ətæʃeɪ/ 名《外国の首都にある》大使[公使]館付き陸軍武官.

Military Cross 名 [しばしば the ～]《英陸軍》戦功十字章 (略 MC).

military honours 名（英）(士官の埋葬等の際の部隊による)軍葬の礼.

military-industrial complex 名 軍産[産軍]複合体 (利害関係で結びついたとみなされる軍部と軍需産業).

Military Intelligence 名《英》軍事諜報部 (略 M I).

⁺**military police** 名 [the ～; しばしば M- P-; 複数扱い] 憲兵隊 (略 MP). **military policeman** 名 [しばしば M-P-] 憲兵 (略 MP).

military school 名 =military academy.

military science 名 Ｕ 軍事科学.

military service 名 兵役: do ～ 兵役に服する.

mil・i・tate /mílətèɪt/ 動《文》…に不利に作用[影響]する: Circumstances ～*d against* his success. 周囲の状況が彼の成功を妨げた.

***mi・li・tia** /məlíʃə/ 名 [通例 the ～; 集合的] ❶ 民兵, 市民軍 (定期的に訓練を受け, 非常時に兵役に服する). ❷《米》国民軍. ❸《武装)武装[テロ]組織, ミリシャ (しばしば連邦政府・銃規制に敵対).

⁺**militia・man** /-mən/ 名（@ -men /-mən/) 市民兵, 民兵.

mil・i・um /míliəm/ 名（@ **mil・ia** /míliə/)《医》粟粒(ぞくりゅう)腫.

***milk** /mílk/ 名 Ｕ ❶ a 牛乳, ミルク《関連 脂肪分を抜き取っていない全乳は whole milk, 脱脂乳は skim(med) milk, 練乳は condensed milk, 無糖練乳は evaporated milk, 粉乳は dry [dried] milk): cow's ～ 牛乳 / a glass of ～ 牛乳１杯 / tea with ～ ミルクティー. b 母乳, 乳 (breast milk): She doesn't have enough ～. 彼女は母乳が十分に出ない. ❷《植物の》乳液: coconut ～ ココヤシの乳液, ココナツミルク. ❸ 乳剤: ～ of magnesia マグネシヤ乳 (緩下剤(かんげざい)・制酸剤). **a land of milk and honey** よく肥えた土地 (★ 聖書「出エジプト記」から; cf. Canaan). **cry over spilt milk** 取り返しのつかないことを嘆く: It's no use *crying over spilt milk*. (諺) 過ぎ去ったことをくよくよしてもしかたがない, 「覆水盆に返らず」. **in milk**〈牛が)乳を出している(状態で). **milk and water**《英》(水で割った牛乳のように)内容の乏しいもの. **the milk of human kindness**《文》生まれながらの人情, 心の優しさ《★ Shakespeare「マクベス」から). — 動 ❶〈牛・ヤギなどから〉搾乳する. ❷〈ヘビ・木などから〉毒[汁]を抜き取る. ❸ a 〈…から得利益)をしぼり取る, …を搾取する. b〈金・情報などを〉〈…から〉しぼり取る [*from, out of*];〈人から〉〈金などを〉引き出す [*of*]: ～ information *from* [*out of*] a person = ～ a person *of* information

1147 **mill**

人から情報を引き出す. — 自 ❶ 乳をしぼる. ❷ 乳を出す. **milk…dry**〈人・状況などから〉利益[情報]をしぼり取る, …を徹底的に搾取する.《OE》《関形》dairy, lacteal, lactic).

milk-and-water 形 Ａ 内容の乏しい, つまらない.

milk bar 名 ミルクスタンド《牛乳やアイスクリームを売る店・カウンター;《比較》「ミルクスタンド」は和製英語).

milk chocolate 名 Ｕ ミルクチョコレート.

milk cow 名 乳牛.

milk・er 名 **a** 搾乳者. **b** 搾乳器. ❷ 乳牛(など): a good ～ よく乳を出す牛.

milk fever 名 Ｕ ❶《産婦の》授乳熱. ❷《獣医》《牛・ヤギの》乳熱.

milk・fish 名 (@ ～, ～・es)《魚》サバヒー《東南アジア海域産の食用魚).

milk float 名《英》牛乳配達車《通例小型の電気自動車).

milk glass 名 乳白ガラス.

milking cow 名 =milk cow.

milking machine 名 搾乳機.

milking parlor 名《農場の》搾乳所.

milking stool 名《半円形座部付き三脚の》搾乳腰掛け.

milk leg 名《医》《産後の》有痛(性)白股(はくこ)腫.

milk loaf 名 (@ milk loaves) ミルクパン《甘味入り白パン).

milk・maid 名 乳しぼりの女, 酪農場で働く女.

milk・man /-mæn, -mən | -mən/ 名 (@ -men /-mèn, -mən | -mən/) 牛乳屋, 牛乳配達人《男性).

milk powder 名 Ｕ 粉ミルク, 粉乳.

milk product 名 乳製品.

milk pudding 名 Ｕ.Ｃ ミルクプディング《牛乳に米・砂糖・香料を加えて焼いたプディング).

milk round 名《英》❶ **a** 牛乳配達人の配達路. **b** いつもの決まったコース[旅路]. ❷ [the ～]《企業の》新卒者採用のための大学回り.

milk run 名《口》❶《米》各駅停車する列車便, 各地に寄る飛行便; ❷ 旅[歩き]慣れた道.

milk・shake 名 Ｕ.Ｃ ミルクセーキ.

milk・sop 名《古風》腰抜け, 弱虫.

milk stout 名 Ｕ ミルクスタウト《ラクトースを加えて甘みをつけたクリーミーなスタウト).

milk sugar 名 Ｕ 乳糖, ラクトース.

milk thistle 名《植》❶ ノゲシ, ❷ オオアザミ.

milk toast 名《米》ミルクトースト《熱いミルクに浸したトースト).

milk-toast《米》形 弱々しい, 無力な. — 名 = milquetoast.

milk tooth 名 乳歯 (⇒ tooth 解説).

milk train 名 早朝に牛乳を積み込むためほとんど各駅に停車する普通列車.

milk truck 名《米》牛乳配達車.

milk vetch 名《植》レンゲ, ゲンゲ.

milk・weed 名 Ｕ.Ｃ《植》白い乳液を出す植物.

milkweed butterfly 名《昆》=monarch butterfly.

milk-white 形 乳白色の.

milk・wort 名 Ｕ.Ｃ《植》ヒメハギ《ヒメハギ属の植物の総称).

⁺**milk・y** /mílki/ 形 (**milk・i・er**; **-i・est**) ❶ **a** ミルクのような, 乳白色の. **b** 液体が白濁した. ❷ 牛乳をたくさん入れた[含んだ]: a cup of ～ coffee 牛乳がたっぷり入った１杯のコーヒー. ❸《植物の》乳液を分泌する. **milk・i・ly** 副 **-i・ness** 名

⁺**Milky Way** 名 [the ～]《天》天の川, 銀河 (the Galaxy).

***mill**¹ /míl/ 名 ❶ 製粉所, 水車小屋: ⇒ windmill, water mill. ❷ **a** 粉砕器 (grinder): ⇒ coffee mill, pepper mill. **b** 製粉機 (grinder): The ～s of God grind slowly.《諺》天の報いは遅いが免れる悪事も必ず罰せられる, 「天網恢々(かいかい)疎(そ)にして漏らさず」. ❸ **a**《製造》工場, 製作所: a cotton [paper, steel] ～ 紡績[製紙, 製鋼]工場. **b**〈人・ものを〉機械的に作り上

mill 1148

げる所[施設]: ⇨ diploma mill.　**through the mill** 苦しい経験をして, 厳しく鍛えられて: go *through the* ~ 苦しい経験[厳しい訓練]を経る / be put *through the* ~ 厳しく鍛えられる / He has been *through the* ~. 彼は厳しい訓練を経てきた. ── 動 ㊀ ⓐ 〈穀物〉を製粉機にかける: ~ grain 穀類を製粉する. ⓑ 〈粉を製粉機で作る: flour 製粉する. ❷ ⓐ 〈…〉を機械にかける; 機械で作る: ~ paper 製紙する. ⓑ 〈鋼鉄〉を圧延する, プレスする. ⓒ 〈毛織物〉を縮充(ﾆゅｳ)加工[仕上げ]する. ❸ 〈硬貨の縁にぎざぎざをつける《しばしば受身で用いる》: A dime *is* ~*ed*. 10セント硬貨にはぎざぎざがついている. ㊁ 〈人・家畜〉が(群れをなして)やたらに動き回る, うろちょろ[右往左往, おたおた]する《*about, around*》. 〖OE〗〖類義語〗⇨ factory.

mill² /míl/ 名 《米》ミル《貨幣の計算単位; ¹/₁₀₀₀ ドル, ¹/₁₀ セント》.

Mill /míl/, **John Stuart** 名 ミル (1806-73; 英国の経済学者・哲学者; cf. utilitarianism).

Mil·lay /mɪléɪ/, **Edna St. Vincent** 名 ミレー (1892-1950; 米国の詩人).

míll·bòard 名 Ⓤ ボール紙, 厚紙, 板紙《製本用; cf. cardboard, paperboard, pasteboard》.

míll·dàm 名 ❶ 水車堰(ｾき). ❷ 水車用用池.

milled /míld/ 形 MILL¹ で加工した; 〈硬貨等が縁がぎざぎざ[溝など]のついた.

mille-feuille /míːfœ̀ːjə, -fwìː | -fɔ̀ɪ, -fɔ̀ːjə/ 名 Ⓤ.Ⓒ ミルフィーユ《クリームなどを幾層にもはさんだ細長いパイ》.〖F=千枚の葉〈*mille* thousand+*feuille* leaf〗

mil·le·fi·o·ri /mìləfíɔ́ːri/ 名 Ⓤ モザイクガラス, ミッレフィオーリ《各種の彩色ガラス棒の溶融ガラスをいろいろな形・大きさに横切って組み合わせ, (花)模様などを描いた装飾ガラス》.

mille·fleurs /míːlflɜ̀ː | -flɜ̀ː/ 形 〈タペストリー・陶磁器など〉総花柄の.

mil·le·nar·i·an /mìlənéə(ə)riən/ 形 〖キ教〗至福千年[千年王国] (millennium) 説を信じる人. ── 形 至福千年の[を信じる].

millenárian·ìsm /-nìzm/ 名 Ⓤ 〖キ教〗至福千年[千年王国]説(の信仰), (一般に)至福の時代の到来を信じること.

mil·le·nar·y /mílənèri, mɪlénə- | mɪlénəri/ 形 ❶ 千年(間)の. ❷ 千年祭. ── 名 ❶ 千年間. ❷ 千年祭 (cf. centenary).

mil·len·ni·al /mɪléniəl/ 形 千年間[期]の.

millénnial·ìsm /-ìzm/ 名 Ⓤ =millenarianism.

millénnial·ist /-lɪst/ 名 形 =millenarian.

⁺**mil·len·ni·um** /mɪléniəm/ 名 (複 ~s, **-ni·a** /-niə/) ❶ Ⓒ 千年間, 千年期. ❷ Ⓒ 千年祭. ❸ [the ~] 至福千年, 千年至福, 千年王国《キリストが再臨してこの世を統治する千年間》. ❹ Ⓒ (特に, 正義と幸福の行き渡る)理想的)黄金時代. 〖L=千年〈*mille* thousand+*-ennium* (〈*annus*) year〗

millénnium bùg [pròblem] 名 [the ~] 〖電算〗2000年問題《年号を下 2 桁で処理する多くのシステムについて, 西暦 2000 年を期して誤作動が予想される問題》.

Millénnium Màn 名 新世代人, 2000 年紀の人.

mil·le·pede /míləpìːd/, **míl·le·ped** /-pèd/ 名 = millipede.

mil·le·pore /míləpɔ̀ː | -pɔ̀ː/ 名 〖動〗アナサンゴモドキ.

⁺**mill·er** /mílə | -lə/ 名 粉屋, 水車屋, 製粉業者: Every ~ draws water to his own mill. 《諺》「我田引水」.

Mil·ler /mílə | -lə/, **Arthur** (1915- ; 米国の劇作家).

Mil·ler /mílə | -lə/, **Henry (Valentine)** (1891-1980; 米国の作家).

míller's-thúmb 名 〖魚〗カジカ (淡水魚).

mil·les·i·mal /mɪlésəm(ə)l/ 形 千分の 1 の.
 ~·ly 副

⁺**mil·let** /mílɪt/ 名 Ⓤ ❶ 〖植〗キビ《イネ科の植物》. ❷ キビ・アワ・ヒエの穀粒.

Mil·let /mɪːéɪ, mɪléɪ | mɪː(j)er/, **Jean Fran·çois** /ʒáːnfraːnswáː/ 名 ミレー (1814-75; フランスの画家).

míll hànd 名 製粉工; 職工, 紡績工.

mil·li- /mílə, -lɪ/ [連結形]「…の 1000 分の 1」(⇨ metric system); *milli*bar, *milli*gram. 〖L *mille* 千〗

mìlli·ámmeter 名 〖電〗ミリアンペア計.

mìlli·ámp 名 =milliampere.

mìlli·ámpere 名 〖電〗ミリアンペア (¹/₁₀₀₀ アンペア; 記号 mA, ma).

mil·liard /mílj əd | -ljɑːd/ 《英》10 億, 10⁹《★ 現在は billion を用いるほうが普通》.

mil·li·bar /mílə bɑ̀ː | -bɑ̀ː/ 〖気〗ミリバール《気圧指度の単位; ¹/₁₀₀₀ バール; 1 バールは水銀柱750 mmの高さの圧力; cf. hectopascal》.

⁺**mílli·gràm,** 《英》**mílli·gràmme** 名 ミリグラム《メートル法の重量の単位; ¹/₁₀₀₀ グラム; 略 mg》.

mílli·liter, 《英》**mílli·litre** 名 ミリリットル《メートル法の容積の単位; ¹/₁₀₀₀ リットル; 略 ml》.

⁺**mílli·meter,** 《英》**mílli·metre** /míləmìːtə | -tə/ 名 ミリメートル《メートル法の長さの単位; ¹/₁₀₀₀ メートル; 略 mm》.

mil·li·ner /mílənə | -nə/ 名 婦人用帽子屋: a ~'s shop 婦人用帽子店. 〖*Milaner* ミラノ製のもの; 中世ミラノ以織物が盛んであったことから〗

mil·li·ner·y /míləneri | -n(ə)ri/ 名 Ⓤ ❶ 婦人帽子類. ❷ 婦人帽子業.

míll·ing 名 Ⓤ ❶ (碾臼(ｳｽ)で)ひくこと, 製粉. ❷ (硬貨の周辺の)ぎざぎざ(をつけること).

⁕**mil·lion** /míljən/ 名 Ⓒ [数詞または数を示す形容詞を伴う時の複数形は ~, 時に ~s]《基数の》100万, 10⁶; 100 万ドル[ポンド(など)]: a ~ and a half =one and a half ~(s) 150 万 / two ~(s) and a quarter =two and a quarter ~(s) 225 万 / He made a ~ [two ~]. 彼は 100[200]万(ドル, ポンドなど)もうけた. ❷ [複数形で] 数百万, 多数, 無数: ~*s of* cars 数百万台の自動車. ❸ [the ~(s)] 大衆, 民衆.

a [óne] chánce in a míllion 千載一遇のチャンス).
in a míllion 《口》最高の: a man *in a* ~ 最高の男 / one *in a* ~ 最高の人[もの].
──代 [複数扱い] 100 万個[人]: There're a [one] ~. 100 万[何人もいる].
──形 Ⓐ ❶ 100 万の: a [three] ~ people 100 [300]万人 / several ~ people 数百万人. ❷ [通例 a ~] 多数の: a ~ questions 無数の問題.
like a míllion dóllars [búcks]《米口》(1) とても元気[よい気分]で: feel *like a* ~ *dollars* 気分が最高である. (2)〈人・ものが〉かっこうとして, すてきで: You look *like a* ~ *dollars*. 君は実にすばらしく見える.
〖F〈It=大きい千〈*mille* (〈L) thousand+*-on* 大きいを意味する語尾〗

⁕**mil·lion·aire** /mìljənéə | -néə/ 名 百万長者, 大富豪 (cf. billionaire).

mil·lion·air·ess /-néə(ə)rəs/ 名《古風》millionaire の女性形.

míllion·fòld 形 副 100 万倍の[に].

mil·lionth /míljənθ/ 形 ❶ [通例 the ~] 第 100 万(番目)の. ❷ 100 万分の 1 の. ── 名 ❶ Ⓤ [通例 the ~] (序数の)第 100 万. ❷ Ⓒ 100 万分の 1. ── 代 [the ~] 第 100 万番目の人[もの].

mil·li·pede, mil·le·pede /míləpìːd | -pìːd/ 名 〖動〗ヤスデ (cf. centipede). 〖ラテン語「千の足」の意〗

mílli·rèm 〖理〗ミリレム (¹/₁₀₀₀ rem; 記号 mrem).

mílli·sécond 名 ミリセカンド (¹/₁₀₀₀ 秒; 記号 ms).

mílli·vòlt 〖電〗ミリボルト (¹/₁₀₀₀ ボルト; 記号 mV, mv).

míll·pònd 名 水車用貯水池.
like a míllpond 〈海など〉(鏡のように)静かな.

míll·ràce 名 水車用流水; 水車用用水路.

Mills bòmb [grenáde] /mílz-/ 名 卵形手榴弾.〖Sir W. Mills 19-20 世紀英国の発明家〗

míll·stòne 名 ❶ 石臼(ｳｽ), 碾臼(ｵｽ). ❷ (責任の)重荷.
a millstone aróund [róund] a person's néck 重荷, 悩みの種《★ 聖書「マタイ伝」から》.

míllstone grít 名 Ⓤ 〖地〗ミルストングリット《イングランド Pennine 地方などの上部石炭系下部の堅い珪質岩》.

míll·strèam 名 流水を水車に利用する小川; =mill-race.

míll whèel 名 (水車場の)水車.

míll·wòrk 名 U ❶ (ドア・窓枠などの)木工製品. ❷ 水車場[製造所]での仕事.

míll·wright 名 水車[風車]大工.

Milne /míln/, **A(lan) A(lexander)** 名 ミルン (1882–1956; 英国の作家; cf. Winnie-the-Pooh).

mi·lo /máɪlou/ 名 (複 ~s) 〖植〗ミロ (キビに似たモロコシ類の植物).

mil·om·e·ter /maɪlɑ́mətə | -lɔ́mətə/ 名 〖英〗(車両の)マイル走行距離計.

mi·lord /mɪlɔ́ːd/ | -lɔ́ːd/ 名 [しばしば M~; 昔ヨーロッパ人が英国貴族に対する呼び掛けまたは敬称用いて] 御前(さん), だんな (cf. milady). 〖F<E *my lord*〗

Mi·lo·se·vic /mɪlóusəvɪtʃ | mɪlɔ́ʃəvɪtʃ/, **Slo·bo·dan** /slə:bó:dɑːn/ 名 ミロシェビッチ (1941– ; セルビアの政治家; セルビア共和国大統領 (1989–97), ユーゴスラビア連邦共和国大統領 (1997–2000)).

milque·toast /mílktòust/ 名 [しばしば M~] (米古風) 臆病な人, 気の弱い人, 腰抜け.

milt /mílt/ 名 U (雄魚の)魚精, 白子(しらこ).

Mil·ton /míltn/, **John** ミルトン (1608–74; 英国の詩人; *Paradise Lost* (1667, 改訂版 1674)).

Mil·to·ni·an /mɪltóunɪən/ 形 =Miltonic.

Mil·ton·ic /mɪltɑ́nɪk | -tɔ́n-/ 形 ❶ ミルトンの. ❷ ミルトン[風]の; (ミルトンの文体のように)荘厳な, 雄大な.

Mílton Kéynes /-kiːnz/ 名 ミルトンキーンズ (イングランド中南部の new town; Open University の本部がある).

Mil·wau·kee /mɪlwɔ́ːki/ 名 ミルウォーキー (米国 Wisconsin 州東南部, ミシガン湖畔の港市).

†**mime** /máɪm/ 名 ❶ U.C 身ぶり, 手ぶり, ものまね: We managed to communicate in [by] ~. 私たちはどうにか身ぶりで意思を伝達した. ❷ C (無言の)ものまね芝居, (パント)マイム: a ~ artist (パント)マイム役者. ❸ C ものまね芝居役者, (パント)マイムの名手. ― 動 他 ❶ (パント)マイム風に演じる; <…の>ものまねをする, まねる. ❷ a 無言の身ぶりで表す. b <…するように>身ぶりで示す <*that*...>. 〖L<Gk=まねをする人, 役者〗

MIME /máɪm/ 名 (略) 〖電算〗Multipurpose Internet Mail Extensions 多目的インターネットメール拡張(仕様) (電子メールで画像・音声データなどをやり取りするための通信規約).

mim·e·o·graph /mímɪəɡræf | -ɡrɑ̀ːf/ 名 ❶ 謄写版, ガリ版. ❷ 謄写版印刷物. ― 動 他 謄写版[ガリ版]で印刷する.

mi·me·sis /mɪmíːsɪs/ 名 U ❶ 〖生〗擬態. ❷ 〖修〗模擬, 模倣.

mi·met·ic /mɪmétɪk/ 形 ❶ 〖生〗擬態の. ❷ 模倣の. ❸ 〖医〗擬症の.

†**mim·ic** /mímɪk/ 動 他 (**mim·icked; -ick·ing**) ❶ (笑わせるために)<人・ものを>まねる; まねしてばかにする. ❷ <ものを><…に>似る. ❸ 〖生〗<…に>似せて擬態する. ― 名 ❶ ものまねをする人[動物], 鳥; (特に)ものまね師: She's a good ~. 彼女はまねが実に上手だ. ❷ C 模擬, 偽の; ものまねの: a ~ battle 模擬戦. ❷ 擬態の: ~ coloring (動物の)擬態色. 〖MIME + -IC〗 〖類義語〗⇒ imitate.

mim·ic·ry /mímɪkri/ 名 ❶ U まね, ものまね. ❷ C 模造品. ❸ U 〖生〗擬態.

mi·mo·sa /mɪmóusə, -zə/ 名 C.U ❶ 〖植〗温帯地方原産のマメ科オジギソウ属の植物の総称; ネムノキ, アカシア, ミモザ. ❷ ミモザ (シャンパンをオレンジジュースで割ったカクテル). 〖L=動物のようにするもの; さわると生き物のように反応することから; ⇒ mime〗

mim·sy /mímzi/ 形 (英口) とりすました, しかつめらしい.

Min /mín/ 名 ❶ (中国語の)閩(ぶ)方言, 閩語 (福建省・台湾などで用いられる).

min. (略) mineralogy; minim(s); minimum; mining; minor; minute(s). **Min.** (略) Minister; Ministry.

min·a·ble /máɪnəbl/ 形 =mineable.

Mi·na·má·ta disèase /mìːnəmáːtə-/ 名 U 水俣(みなまた)病. 《日本の熊本県の地名から》

1149 **mind**

min·a·ret /mìnərét, ⌣⌣⌣́/ 名 (イスラム教寺院の)ミナレット, 光塔 (cf. muezzin).

min·a·to·ry /mínətɔ̀ːri | -təri, -tri/ 形 〖文〗威嚇的な, 脅迫的な.

*†**mince** /míns/ 動 他 ❶ <肉などを>細かく切り刻む, ひき肉にする: ~*d* beef 牛肉のひき肉. ― 自 気取って小またに歩く. **nót mínce mátters** [**one's wórds**] 遠慮なくはっきり言う. ― 名 ❶ (英) 細かく切った物, ひき肉, ミンチ. ❷ (米) =mincemeat. 〖F<L=細かくする〗

mínce·mèat 名 U ❶ ミンスミート (干しぶどう・砂糖・リンゴ・スパイス・スエット (suet) などを混ぜたもの; mince pie の中身). ❷ ひき肉 (minced meat).

máke míncemeat of... (1) (議論などで) <信仰・意見・議論など>をたたきつぶす. (2) <人>をこてんぱんにやっつける.

mínce píe 名 ミンスパイ (mincemeat 入りの丸い小型のパイ; クリスマスにつきものの菓子).

mínc·er 名 肉ひき機.

mínc·ing 形 ❶ <言葉・態度など>気取った, もったいぶった. ❷ 気取って小またに歩く. **-ly** 副

*‡**mind** /máɪnd/ 名 ❶ U.C (身体と区別して, 思考・意識などの働きをする)心, 精神: ~ and body 心身 (★ 対句で無冠詞) / a state [frame] of ~ (一時的な)気持ち, 気分 / a turn [cast] of ~ 気だて / apply [bend] one's ~ to... 心を用いる / give one's (whole) ~ to... 心を傾ける, 専念する / go over... [turn...over] in one's ~ ...(のこと)をよく考える / have...in ~ ... を心に思っている (cf. 3) / have [keep] one's ~ on... を思い続けている, ... に専念している / open [close] one's ~ to... 心を開く[閉じる] / put [set, turn] one's ~ to... 心を傾注する, 専心する / set one's ~ on doing... をしようと心に決める / take a person's ~ off... から人の心をそらす / ... のことを人に忘れさせる / My ~ was on other things. 私の心はほかの事を考えていた / My ~ has gone blank. 頭の中が真っ白になった, 何ももわからなくなった / It's all in the [your] ~. それは想像にすぎない[気のせいだ] / A sound ~ in a sound body. ⇒ sound².

❷ a U (感情・意志と区別して, 理性を働かせる)知性, 知力 (intellect): a person of sound ~ 健全な知性の有る人 / He has *a* very good [sharp] ~. 彼は頭が非常によいくよく切れる]. b U 精神の正常な状態, 正気: lose one's ~ 発狂する, もうろくする / be of sound ~ 《法》正気で / No one in their right ~ would do such a terrible thing. 正気の人間ならだれもそんな恐ろしいことはしないだろう.

❸ U 記憶, 回想: bear [keep]...in ~ ... を記憶に留めておく / bring [call]...to ~ ... を思い出す, 思い浮かべる / come into a person's ~ ... 人の心に浮かぶ, 思い出される / come [spring] to ~ <事が>心[頭]に浮かぶ / cross [enter] one's ~ <事・考えなどが>心に浮かぶ / flash across [rush upon] one's ~ 急に思いつく / have...in ~ ... を記憶している (cf. 1) / put a person in ~ of... 人に... を思い出させる / at [in] the back of one's ~ ... が頭の片隅に残っている / stick in a person's ~ <事が>人の頭にこびりついて離れない / Out of sight, out of ~. ⇒ sight 3.

❹ C [通例修飾語を伴って] (...の)心[知性]の持ち主, 人: a great ~ 偉人 / No two ~s think alike. 同じ考え方をする人は二人とはいないものだ / Great ~s think alike. (諺) 賢人は皆同じように考えるものだ (『私も君と同意見だ』の意味で戯言的に用いる).

❺ U [通例単数形で] **a** 意見, 考え; 意向: the popular ~ 世人の心, 人心 / the public ~ 世論 / in [to] my ~ 私の考えでは / change one's ~ (about...) (...について)考えを変える, 考え直す / speak [say, tell] one's ~ 意見を言う, (率直に)考えを述べる / have a ~ of one's own 自分なりの考えがある / have an open [a closed] ~ (about...) (...について)考え方が柔軟である[ない] / read a person's ~ ... 人の心を読み取る / be of one [a, like] ~ <二人以上の人が>意見が一致している / I am of the same ~. 私は同じ考えです 〖(以前と同じ; 人と同じ)〗 / So many men,

mind

so many ~s. ⇒ SO MANY...成句 (2). **b** [+*to do*] 〈...する〉意向, つもり; 希望: She has a [no] ~ *to* enter politics. 彼女には政界に入りたいという気がある[ない] / I had a good [great] ~ *to* strike him. よっぽど彼をぶん殴ってやろうかと思った。

ábsence of mínd ⇒ absence 成句.

blów a person's mínd (1) 〈人を〉ひどく興奮させる. (2) 《口》〈麻薬が〉人を陶酔させる; 人に幻覚を起こさせる.

gíve a person a píece of one's mínd 《口》〈人に〉直言する, 〈人を〉しかる.

hàve hálf a mínd [a góod mínd] to dó (よほど)...しようか[...してやろうか]なと思う 《時に軽い脅しに用いる》: I had half a ~ *to* throw up the work. その仕事はいっそやめようかと思った.

hàve it in mínd to dó ...しようと思っている, ...するつもりである.

in twó mínds 《英》= of two minds.

knów one's ówn mínd [しばしば否定文で] はっきりした自分の意見を持っている, 定見がある.

màke úp one's mínd (1) 決心する (decide): Have you *made up* your ~ yet? もう決心がつきましたか. (2) 〈...しようと〉**決心する**: [+*to do*] I've *made up* my ~ *to* get up earlier in the morning. 朝はもっと早起きしようと決心した. (3) 〈...かを〉**心に決める**: [+*wh.*] Early in life, he *made up* his ~ *what* he wanted to be. まだ子供の時分に彼は何になりたいかを心に決めた / I couldn't *make up* my ~ *which* to choose. どれを選んだらいいか決めかねた. (4) 〈...だと〉**決めこむ, 判断する**: [+*that*] She *made up* her ~ *that* she was not going to get well. 彼女は自分の病気がもうよくなるまいと思いこんだ.

mínd òver mátter 物体[肉体]に勝る精神(力), 気力, 念力: It's just (a case of) ~ *over* matter. それは実に気力の問題だ.

of twó mínds 《米》〈...について〉心がぐらついて; 〈...かを〉決断できなくて: He was *of two* ~*s about* it [*how to* deal with the problem]. 彼はそのことについて[その問題をどう処理してよいか]迷った.

on one's mínd 心[気]にかかって, 心を悩まして; 考えて, 心にあって: He seems to have a lot *on* his ~. 彼には気がかりなことがたくさんあるようだ / Changing his jobs is the last thing *on* his ~. 転職なんて彼がもっとも考えそうにないことだ.

òut of one's mínd (1) 発狂して, 気が狂って: go *out of* one's ~ 発狂する, 頭にくる. (2) [...で]狂気のようになって: He was *out of* his ~ *with* anxiety. 彼は心配のあまり気が狂ったようだった. (3) 〈事が〉忘れられて: be [go, pass] *out of* a person's ~ /slip a person's ~ 〈事が〉人に忘れられる / get [push, put] ...*out of* one's ~ ...を考えないことにする, 忘れる.

with∴in mínd ...を心[念頭]に置いて, 考慮に入れて: Politicians must act *with* their constituents *in* ~. 政治家は自己の選挙区民を念頭に置いて行動しなくてはならない.

— 動 ⓣ ❶ [通例否定・疑問文で]〈...を〉いやがる, いやだと思う: I don't ~ hard work, but I do ~ insufficient pay. どんなきつい仕事も平気だが, 給料が少ないのはいやだ / I wouldn't ~ a bath. ひとふろ浴びるのも悪くはない. **b** 〈...することを〉**迷惑がる**: 〈人・物が〉〈...することを〉いやがる: [+*doing*] I don't ~ explain*ing* again. (わからなかったら)もう1度説明してもいいですよ / Do [Would] you ~ shutt*ing* the door? ドアを閉めていただけますか 《用法》would を用いるほうがていねい; この疑問文の答えは ⓣ ❶ の Do [Would] you ~ if...? の答えの部分を見よ) / [+*所有目的格*+*doing*] I don't ~ your [you] smok*ing* here. ここでたばこをお吸いになってもかまいません 《用法》目的格を用いるのは 《口》 / if you don't ~ my [me] say*ing* so もし私に言わせていただけば / [+*目*+*doing*] Do you ~ the window be*ing* closed? 窓を閉めておいてもいいですか / [+*目*+*補*] I don't ~ my beer a little tepid. ビールは少し生ぬるくてもかまいません / Do you ~ your steak underdone? ステーキが生焼けでもかまいませんか.

❷ [通例否定・疑問文で] 〈...を〉心にかける, 〈...に〉気をもむ: *Never* ~ the expense. 費用のことなど気にかけるな / [+*that*] We ~ed very much *that* she had not come. 我々は彼女が来なかったことをたいへん心配した / [+*wh.*] I don't ~ *which* of them comes. 彼らのうちだれが来ようとかまわない.

❸ [通例命令法で] **a** 〈...に〉注意する; 用心する (watch): M~ the door. (車掌が)[閉まる]ドアにご注意ください / M~ the step. 段にご用心ください / M~ your step. 足もとにご用心ください / M~ your back! 後ろにご注意ください / M~ your head. 頭に気をつけください, 頭上注意 / M~ your own business! 大きなお世話だ. **b** 〈...するように〉気をつける, 心がける: [+(*that*)] M~ you don't spoil it. それを台なしにしないように気をつけなさい (《用法》通例 that は略される) / [+*wh.*] M~ *where* you put it. それをどこへ置くかを注意しなさい.

❹ 〈...の〉世話をする, 番をする: M~ the house [children] while I'm out. 私の留守中家[子供]の番をしてくれ / Would you ~ my bags for a few minutes? ちょっと私のかばんを見ててくださいませんか.

❺ **a** 〈人の命令に〉**従う**: You should ~ your parents. 両親の言うことを聞きなさい. **b** 〈命令などを〉**守る, 従う**: M~ the rules. 規則を守れ.

— ⓘ ❶ [通例否定・疑問文で] いやと思う, 気にする, 反対する: if you don't ~ もしよかったら, 差しつかえなければ / It was raining, but we didn't ~. 雨が降っていたが我々は気にしなかった / "Do [Would] you ~ if I open [opened] the window?" "No, I don't [wouldn't]." 「窓を開けても差しつかえないでしょうか」「かまいません」《用法》返事としては No, not at all. / Certainly not. / Of course not. などを用いるほうが一般的 / "Do you ~ if I smoke?" "Yes, I dó (~)." 「たばこをすってもいいですか」「いや, 困ります」.

❷ 注意する, 用心する: M~ now. It's too early to be certain. 言っておくけど, まだ確信するには早すぎる.

Dòn't mínd mé. 私のことは気にしないでください, ご自由に, おかまいなく (★反語的に用いられることもある).

Do you mínd! 《口》 [反語的に] やめてもらえないかな(やめてくれ): *Do you* ~! We're studying. (図書館などで)(話などを)やめてもらいたい. 私たちは勉強中なんだ.

Í dòn't mínd (どちらでも)かまいません: "Tea or coffee?" "*I don't* ~." 「紅茶それともコーヒー」「どっちでもけっこう」/ "Cigarette?" "Alright, *I don't* ~." 「たばこはどうですか」「いいね, かまわないよ」.

I dòn't mínd if I dó 《口》(食べ物や飲み物を勧められた時)いただきます.

méeting of (the) mínds 合意, 意見の一致; 心の通い合い, 相互理解.

Mínd how you gó! 《英口》じゃ気をつけて (★別れる時のあいさつ).

mínd óut (ⓘ+副) [しばしば命令法で] 《英》〈...に〉気をつける, 注意する: M~ *out for* the traffic. 交通に気をつけなさい.

mínd one's p's and q's ⇒ p 成句.

mind (you)! (1) いいかい(君), いいかい, よく聞きたまえ: This is confidential ~. これは秘密だよ, いいかい / He's a nice fellow, ~ you, but I can't trust him. 彼はいい男だよ, ねえ君, だけどどうも信用できないんだ. (2) とは言うものの, しかし: I like him, ~ you, I don't like the color. これ気に入った. でも, 色が気にくわない.

néver mínd (1) [通例命令法で]《口》〈...のことは〉**気にしない, 心配するな, 大丈夫**: "I'm sorry." "*Never* ~." 「ごめんなさい」「何でもないよ」. (2) 《口》...は言うまでもなく, ...どころではなく (let alone): These rules are confusing enough to members, *never* ~ to outsiders. これらの規則は部外者にはもちろん会員にもわかりにくい.

néver you mínd [通例命令法で]《口》余計なお世話だ; 〈...に〉**かまうことはない**: [+*wh.*] *Never you* ~ *what* we are talking about. 我々が何を話していようとお前には関係のないことだ.

〔OE＝思考, 記憶〕 〖関形〗 mental, noetic, psychological)
【類義語】 **mind** 特に思考や記憶などの頭の働きをさす. **heart** 感情・情緒を意味する心.

Min·da·nao /mìndənáu/ 〖名〗 ミンダナオ《フィリピン諸島第2の大島》.

mínd·bènd·er 〖形〗《口》幻覚剤.

mínd·bènding 〖形〗《口》❶ ＝mind-blowing. ❷ わけがわからない, 不可解な.

mínd·blówing 〖形〗《口》❶《薬が》幻覚を起こさせる. ❷ びっくりするような, ショッキングな.

mínd·bòg·gling 〖形〗《口》びっくりさせる, 肝がつぶれるような.

mínd càndy 〖名〗〖U〗《口》おもしろいが頭を使う必要のない娯楽.

mínd·ed 〖形〗❶〖P〗〈…したい〉気があって (inclined): He would help us if he were ~ to do so. 彼にその気えあれば助けてくれるだろう. ❷〖副詞と併用して〗〈…に〉興味のある, 〈…の〉考え方をする: I'm not mathematically ~. 私は数学には興味がない[数学的な考え方ができない]. ❸〖複合語で〗**a** …の心[考え]の; commercially-*minded* 商魂たくましい / narrow-*minded* 心の狭い. **b** …に熱心な; sports-*minded* スポーツ好きの / ⇒ air-minded.

mínd·er 〖名〗《英》❶〖通例複合語で〗世話をする人, 番人: baby-*minder*. ❷ ボディーガード (bodyguard).

mínd-expànd·ing 〖形〗《口》〈薬が〉意識を拡大させる, 幻覚を起こさせる.

⁺**mind·ful** /máin(d)f(ə)l/ 〖形〗〖P〗〈…(であること)〉を心に留めて, 忘れないで (conscious) 〖of〗〈that〉: He's ~ of his duties. 彼は自分の務めを大事にする. **~·ness** 〖名〗

mínd gàme 〖名〗〖しばしば複数形で〗心理操作[戦術], 心理戦.

⁺**mind·less** 〖形〗❶ **a** 思慮[考え]のない, 心ない (senseless): ~ vandalism 心ない破壊行為. **b**〈仕事など〉頭を使わない, 単調な, 退屈な (dull). ❷〖P〗〈…に〉無関心で, うっかりしていて, 不注意で: He's ~ of his appearance. 彼は身なりを気にしない. **~·ly** 〖副〗 **~·ness** 〖名〗

mínd·nùmb·ing 〖形〗うんざりさせる, 頭がぼうっとするほどの気が遠くなるような. **~·ly** 〖副〗

mínd rèader 〖名〗人の心を読みとる人, 読心術を行なう人《★しばしば戯言的》.

mínd rèading 〖名〗〖U〗読心術.

mínd·sèt 〖名〗《習性となった》考え方, 思考態度[傾向].

mínd's éye 〖名〗心の目, 心眼, 想像: in one's ~ 心のうちに, 想像やに.

mínd·shàre 〖名〗〖U〗マインドシェア《製品[ブランド]についての消費者の認識(度); cf. market share》.

mínd-your-òwn-búsiness 〖形〗〖植〗ソレイロソレイロリー《地中海地方原産イラクサ科の地被植物》.

⁎**mine¹** /máin/ 〖代〗《㊁ ～》[I に対応する所有代名詞]❶ **a** 私のもの《〖用法〗さす内容によって単数または複数扱いとする; cf. hers, his 2, ours, theirs, yours》: This umbrella is yours, not ~. この傘は君ので, ぼくのではない / M~ is an old family. 私のうちは古い家柄だ《〖比較〗My family is an old one. より文語的》/ Your eyes are blue and ~ (are) black. あなたの目は青く, 私のは黒い / The game is ~. 私の勝負は私のものだ. **b** 私の家族[身内, 仲間]: Have you received ~ of the fifth? 5日付の私の手紙を受け取りましたか / It's ~ to protect him. 《文》彼を保護するのは私の務めだ. ❷〖máin/〗[of ~ で]私の《〖用法〗my は a, an, this, that, no などと並べて名詞の前に置けないから my of mine として名詞の後に置く》: a friend of ~ 私の友人 (cf. friend 1 〖用法〗) / this book of ~ 私のこの本. ❸ [I の所有格; 母音または h で始まる名詞の前に置いて]〖古・詩〗私の: ~ eyes 私の眼. **mé and míne** ⇒ me¹ 〖成〗. **The pléasure is míne.** ⇒ pleasure 〖成〗.

⁎**mine²** /máin/ 〖名〗❶〖軍〗 **a** 地雷; 機雷, 水雷: a submarine ~ 敷設水雷 / lay a ~ 地雷[機雷]を仕掛ける. **b**《敵地の下まで掘り進める》坑道《しばしば修飾語を伴って》. ❷ 鉱山, 鉱坑; 《英》《特に》炭鉱: a diamond ~ ダイヤモンド鉱山 / ⇨ coal mine, gold mine. ❸ [a ~] 豊かな資源, 宝庫: a ~ of information 知識の宝庫.

──〖動〗㊉ ❶〈…に〉地雷[機雷]を敷設する; 〈…を〉地雷[機雷]で爆破する《★通例受身》: The road is ~d. 道路には地雷が仕掛けられている. ❷ **a**〈鉱石・石炭などを〉〈…から〉採掘する: ~ iron ore *from* under the sea 海底から鉄鉱石を採掘する. **b**〔鉱石・石炭などを〈採掘するために〉…に〉坑道を掘る: ~ a mountain *for* gold 金を採るために山を掘る. ❸〈…の下に〉坑道を掘る. ❹〈…に〉地雷[機雷]をしかける. ㊀〈…を〉採掘する〖*for*〗. **míne óut** (㊉＋㊁)〈鉱山などを〉採掘し尽くす《★通例受身》. 〖F〗

mine·a·ble /máinəbl/ 〖形〗採掘できる, 掘ることができる.

míne detèctor 〖名〗地雷[機雷]探知機.

míne dispòsal 〖名〗〖U〗地雷[機雷]処理.

⁺**míne·field** 〖名〗❶〖軍〗地雷[機雷]敷設面, 地雷[機雷]原. ❷〖単数形で〗隠れた危険の多い場所[事柄].

míne·hùnt·er 〖名〗機雷掃討艇.

míne·lày·er 〖名〗〖海軍〗機雷敷設艦[機].

⁎**min·er** /máinə | -nə/ 〖名〗坑夫; 炭坑夫.

⁎**min·er·al** /mín(ə)rəl/ 〖名〗❶ 鉱物 (cf. animal 1, plant 1) **b** 鉱石. **c** 無機物. ❷〖U〗《栄養素として》の鉱物質, ミネラル. ❸〖複数形で〗《英》＝mineral water 2. ──〖形〗鉱物(性)の; 鉱物を含む; 無機の: ~ ores 鉱石 / ~ resources 鉱物資源 / the ~ spring 鉱泉 / the ~ kingdom 鉱物界. 〖F＜L〗

min·er·al·ize /mín(ə)rəlàiz/ 〖動〗㊉〈…に〉鉱化する, …に鉱物を含ませる; 無機物化する. **min·er·al·i·za·tion** /mìn(ə)rəlizéiʃən | -lai-/

min·er·al·o·cór·ti·coid /mìn(ə)ralouˈ-/ 〖生化〗電解質[鉱質, ミネラル]コルチコイド《電解質と水分の代謝に関与する副腎皮質ホルモン》.

min·er·al·og·i·cal /mìn(ə)rəládʒik(ə)l | -lɔ́dʒ-/ 〖形〗鉱物学(上)の, 鉱物学的な.

min·er·al·o·gy /mìnəráladʒi, -rǽl- | -rǽl-/ 〖名〗〖U〗鉱物学. **-o·gist** /-dʒist/ 〖名〗鉱物学者.

míneral óil 〖名〗〖U〗〖C〗鉱油 《鉱物から採る油; 石油など》.

míneral spírit 〖名〗〖通例複数形で〗ミネラル[石油]スピリット《white spirit の別称》.

⁺**míneral wàter** 〖名〗〖U〗〖C〗❶ 鉱泉, 鉱水, ミネラルウォーター. ❷《英》炭酸水, 《炭酸入りで味をつけた》清涼飲料《★通例 瓶詰》.

míneral wòol 〖名〗〖U〗鉱物綿《防音・耐火用の建築用詰め材; 石綿・グラスウールなど》.

Mi·ner·va /miná:və | -ná:-/ 〖名〗〖ロ神〗ミネルバ《知恵と技芸の女神; ギリシア神話の Athena に当たる》.

min·e·stro·ne /mìnəstróuni/ 〖名〗ミネストローネ《野菜・パスタ・バーミセリなどを入れた具が多くとろみのあるスープ》. 〖It＝スープ〗

míne·swèeper 〖名〗掃海艇《機雷を探知・除去する》.

míne·swèeping 〖名〗〖U〗掃海作業.

míne wòrker 〖名〗鉱山労働者, 鉱員.

Ming /mín/ 〖名〗《中国の》明(ん), 明朝 (1368–1644).

ming·ing /míŋiŋ/ 〖形〗《英口》汚ならしい, 非常に不潔な.

⁺**min·gle** /míŋgl/ 〖動〗㊀ ❶〈二つ(以上)のものを〉混ぜる, 一緒にする〈*together*〉: The two rivers ~d their waters there. 二つの川はそこで合流していた. ❷〈…を〉〈…と〉混ぜる, 一緒にする《★通例受身》: My pleasure was ~d *with* some regret. 私の喜びには残念さも多少混じっていた. ──㊁ ❶〈二つ(以上)のものが〉入りまじる, 混ざる; 一緒になる: Sorrow and anger ~d (*together*) in his face. 彼の表情には悲しみと怒りが入りまじっていた. ❷〈人が〉〈他の人と〉つき合う, 交際する; 〈社交などに〉加わる: A good hostess ~s *with* her guests. よいホステス役はお客と親しく交わるものである. 【類義語】≒ mix.

min·gy /míndʒi/ 〖形〗 (**min·gi·er; -gi·est**)《英口》❶ けちな, けちくさい《*about*, *with*》. ❷ 小さな, ちっぽけな.

min·i /míni/ 〖名〗《口》❶ ミニスカート[ドレス, コートなど] (cf. maxi). ❷〖しばしば M～〗小型自動車, ミニカー. ❸ 小型コンピューター, ミニコン.

min·i- /mínə, -ni/ 〖連結形〗「非常に小さい」「小型の」: *mini*bus, *mini*skirt.

⁎**min·i·a·ture** /mín(i)ətʃə, -tʃùə | -tʃə/ 〖名〗❶〖C〗縮小

miniature golf 1152

[小型]模型, ミニチュア, 縮図 (of). ❷ a ⓒ (通例象牙板・羊皮紙などに, 描かれた人物像などの)細密画, 小画像. b Ⓤ 細密画法. ❸ ⓒ (中世の写本の)彩飾(画, 文字). **in miniature** (1) 細密画で. (2) 小規模に[の]. ━ 形 ❶ 小型の, 小規模な: a ~ camera 小型カメラ / a ~ railway (遊園地などにある)小型鉄道. ❷ 細密画の. 〖It ＜ L 鉛丹で色づけられた〗

miniature gólf 名 Ⓤ (米) ミニチュアゴルフ, ベビーゴルフ ((英) crazy golf) (putter だけでする).

miniature pín·scher /-pínʃə | -ʃə/ 名 ミニチュアピンシェル(犬) (体型がドーベルマンに似た小型愛玩犬).

mín·i·a·túr·ist /-tʃərɪst, -tʃʊ(ə)r- | -tʃər-/ 名 細密画家.

min·i·a·tur·ize /mín(i)ətʃəraɪz/ 動 ⑫ 小型化する: ~ a computer コンピューターを小型化する. **min·i·a·tur·i·za·tion** /mìn(i)ətʃərɪzéɪʃən | -raɪz-/ 名.

míni·bàr 名 (ホテルの客室などの)ミニバー, 酒類常備用冷蔵庫[キャビネット].

míni·bìke 名 小型バイク, ミニバイク.

*†**míni·bùs** 名 小型バス, ミニバス (⇒ bus 関連): by ~ ミニバスで (★ 無冠詞).

míni·càb 名 (英) 小型[ミニ]タクシー.

Mini·cam /mínikæm/ 名 (商標) ミニカム (テレビカメラ).

míni·càr 名 ❶ 小型自動車, ミニカー. ❷ (おもちゃの)ミニカー.

míni·compùter 名 ミニコンピューター (mainframe と personal computer の中間程度の規模のコンピューター).

Min·i·Disk /mínidìsk/ 名 (商標) ミニディスク, MD (CD より小型のデジタル記録媒体).

míni·drèss 名 ミニドレス (ミニスカートのドレス).

míni·gòlf 名 =miniature golf.

min·i·kin /mínɪkɪn/ 形 小さい, ちびの.

min·im /mínɪm/ 名 ❶ (英) (楽) 2分音符 (米) half note). ❷ (液量の最小単位; 1/60 fluid dram; 略 min.; (米) 0.0616 cm³, (英) 0.0591 cm³). ❸ (書き文字で)下に下ろす線.

min·i·ma 名 minimum の複数形.

*†**min·i·mal** /mínəm(ə)l/ 形 最小[最少](限度)の; 極小[極少]の, 極微の (↔ maximal). ~·**ly** /-məli/ 副.

mínimal árt 名 Ⓤ ミニマルアート (形態・色彩の簡素化と非個性化を特徴とする現代抽象造形芸術).

mín·i·mal·ìsm /-lìzm/ 名 Ⓤ ❶ =minimal art. ❷ ミニマリズム (最小限の素材と手法によって芸術効果を上げようとする). -**ist** /-lɪst/ 名 ミニマリズム芸術家, ミニマリスト, ミニマリズムの支持者. ━ 形 ミニマリズムの[による].

míni·màrt 名 ミニマート, コンビニ.

mini-max /mínimæks/ 名 ❶ (数) ミニマックス (ある一組の極大値の中の最小値). ❷ ミニマックス (ゲームの理論で, 推定される最大限の損失を最小限にする手(の値)). ━ 名 ミニマックスの[に基づいた].

*†**min·i·mize** /mínəmàɪz/ 動 ⑫ ❶ ⟨...を⟩最小[最少](限度)にする, 最小[最少]化する, 極小化する (↔ maximize). ❷ ⟨...を⟩最小に見積もる[評価する], 見くびる. (形 名 minimum)

*†**min·i·mum** /mínəməm/ (↔ maximum) 形 Ⓐ (比較なし) 最小[最少, 最低]の, 最小[最少, 最低]限の: a ~ thermometer 最低温度計 / the ~ essentials 最小限必要な物[こと, 事柄], 必要最小限 (⇒ -ma /-mə/) ❶ 最小[最少, 最低]限(度), 最少量: a [the] ~ of comfort 最低限の安楽 / at the ~ 最低限度 / reduce [keep] waste to a ~ むだを最低限にまで減らす[最小限に抑える]. ❷ (数) 極小. ━ 副 (口) 最小[最少, 最低]限: twice a month ~ 最低月2回. 〖L=最も小さい; ⇒ minor〗 (動 minimize)

mínimum secúrity prìson 名 (米) 軽警備刑務所 ((英) open prison) (比較的緩やかな警備[監視]体制を敷く刑務所).

mínimum wáge 名 最低賃金.

*†**mín·ing** 名 ❶ Ⓤ 鉱業; 採鉱: coal ~ 炭鉱業. ❷ [形容詞的に] 鉱業の, 鉱山の: a ~ engineer 鉱山技師 / ~ engineering 鉱山工学 / the ~ industry 鉱業 / ~ rights 採掘権 / a ~ town 鉱山町.

min·ion /mínjən/ 名 ❶ 手先, 手下, 子分 (underling). ❷ お気に入り; 寵臣(ちょうしん).

míni·pìll 名 ミニピル (薬量の少ない経口避妊薬).

míni rúgby 名 Ⓤ ミニラグビー (1チーム9名で行なう単純化したラグビー).

min·is·cule /mínɪskjuːl/ 形 =minuscule.

míni·sèries 名 (米) 短期連続テレビ番組.

míni·skì 名 (~s) ミニスキー (普通のスキーより短くて初心者などが用いる).

míni·skìrt 名 ミニスカート.

míni·stàte 名 =microstate.

*†**min·is·ter** /mínɪstə | -tə/ 名 ❶ (英国・日本などの)大臣 (★ 米国では Secretary (長官)を用い, 英国では Secretary of State を多く用いる; cf. secretary 3): the Prime M~ 総理大臣 / the Foreign M~=the M~ of [for] Foreign Affairs 外務大臣 / the M~ without Portfolio 無任所大臣. ❷ 公使; 外交使節 (ambassador の下位): the Japanese M~ in Egypt エジプト駐在日本公使. ❸ (プロテスタント教会の)聖職者, 牧師 (解説) 英国では非国教会派と長老派の聖職者をいう). **Mínister of Státe** (英) 担当大臣 (省大臣の次位で内閣には属さない). **mínister of the Crówn** (英) 大臣 (国王勅任で多くは閣僚). ━ 動 ⓘ (文) ⟨...に⟩仕える; ⟨...の⟩役に立つ: ~ *to* the sick 病人の世話をする / ~ *to* the needs of... の必要にこたえる. ❷ 聖職者の仕事をする; (礼拝式の)司式をする. ❸ (⁂) ⟨サクラメントなどを⟩とり行なう. (古) ⟨必要な・役立つものを⟩与える. 〖F＜L＝召し使い, 人に奉仕する者 ＜ MINUS 低い地位の者〗

*†**min·is·te·ri·al** /mìnəstí(ə)riəl/ 形 ❶ 大臣の; 内閣の; 政府側の, 与党の: ~ changes 内閣改造 / the ~ party 与党. ❷ 聖職者の, 牧師の. ~·**ly** /-əli/ 副.

mínistering ángel /-tərɪŋ-, -trɪŋ-/ 名 救いの天使 (親切な看護婦など; ★ しばしば戯言的).

min·is·trant /mínɪstrənt/ 形 奉仕する, 補佐役の. ━ 名 奉仕者, 補佐役.

min·is·tra·tion /mìnəstréɪʃən/ 名 ❶ [通例複数形で] 奉仕, 援助; 世話; 看護. ❷ Ⓤ 聖職者としての務め; (礼拝式などの)司式.

*†**min·is·try** /mínɪstri/ 名 ❶ [通例 M~] **a** (英国・日本などの)大臣 (minister) が管轄する[省庁] 英国は Ministry のほかに Department, Office などを用い, 米国では Department を用いる): the M~ *of* Defence (英国の)国防省. **b** 省の建物. ❷ (the M~) 内閣; 諸大臣; (the M~ has resigned. 内閣は総辞職した. **b** [通例単数形で] 大臣の任務[任期]. ❸ [the ~] **a** 聖職者の職[仕事], 牧師の職: enter the ~ 牧師になる / be called to the ~ 聖職につく. **b** [集合的; 単数または複数扱い] 聖職者(たち).

míni·vàn 名 (米) (8人乗りの)小型バン, ワゴン車.

min·i·ver /mínəvə | -və/ 名 白の毛皮 (貴族などの礼装用).

*†**mink** /mínk/ 名 (~s, ~) ❶ ⓒ 動 ミンク (イタチ類). ❷ **a** Ⓤ ミンクの毛皮. **b** ⓒ ミンクのコート[襟巻き(など)].

mínke (whále) /míŋkə(-)-/ 名 動 ミンククジラ.

Minn. (略) Minnesota.

Min·ne·ap·o·lis /mìniǽp(ə)lɪs/ 名 ミネアポリス (米国 Minnesota 州東部の都市).

min·ne·o·la /mìniólə/ 名 (植) ミネオーラ (タンジェロ (tangelo)の一種).

min·ne·sing·er /mínəsìŋə, -zìŋ- | -ŋə/ 名 中世ドイツの恋愛[抒情]詩人; 宮廷歌人.

Min·ne·so·ta /mìnəsóutə/ 名 ミネソタ州 (米国中北部の州; 州都 St. Paul; 略 Minn., (郵) MN; 俗称 the North Star State). 〖N-Am-Ind＝milky blue water〗

Min·ne·so·tan /mìnəsóutn/ 形 ミネソタの. ━ 名 ミネソタ州の人.

min·now /mínou/ 名 (~s, ~) ❶ (魚) ミノウ, ヒメハヤ (コイ科の小魚). ❷ **a** 小魚, 雑魚. **b** つまらない[力の

ない, 小さい)人[組織(など)], ざこ. **Tríton amòng the mínnows** ⇒ Triton (成句).

Mi·no·an /mɪnóʊən/ 形 ミノス[(古代)クレタ]文明の: the ~ civilization ミノス文明 (3000–1100 B.C. ごろ Crete 島に栄えた青銅器文明).

*mi·nor /máɪnɚ/ 形 (→ major) 形 (比較なし) ❶ a (大きさ・数量・程度など他のものと比較して)小さいほうの, より少ない (用法 than とともには用いない). b 少数派の. ❷ a (地位・重要性などが)比較的重要でない, 大したことのない, 二流の (⇒ 1 a 用法): a ~ poet 二流の詩人, 小詩人 / a ~ officer 下級官吏. b (効果・範囲などが)小さい, 目立たない; (病気が)軽い, 軽症の: a ~ change 小さな変更 / ~ differences ささいな違い / a ~ operation (危険を伴わない)ちょっとした手術. ❸ (米)《大学の科目の)副専攻の: a ~ subject 副専攻科目. ❹ (楽) 短音程の; (また記号の後で) 短調の: a ~ third 短 3 度 / ⇒ minor key / in G ~ ト短調で[の]. ❺ (法律上)未成年の. ❻ (姓の後で) (英・古風)(男子の public school などで年長・兄弟のうちの)年下の, 弟のほうの, 2 番目の: Jones ~ 年下(弟)のほうのジョーンズ. —— 名 ❶ (米) a (大学の)副専攻. b 副専攻学生: a history ~ 歴史副専攻学生. 〘法〙未成年者 (★ 米国では通例 21 歳, 英国では 18 歳未満): No ~s. (掲示)未成年者入るべからず. ❸ (楽) 短調; 短音階. ❹ [the ~s] (米) = minor league. ——動 ⓘ (米) (大学で) 〈…〉を副専攻にする: She ~ed in French. 彼女はフランス語を副専攻にした. 〘L = less, smaller〙 (名 minority)

mínor áxis 名 [通例 the ~] 〘数〙(楕円の)短軸.

Mi·nor·ca /mənɔ́ɚkə | -nɔ́ː-/ 名 ミノルカ《地中海西部のバレアレス諸島 (Balearic Islands) 中の島; 中心都市 Mahón》. **Mi·nór·can** 形

mínor cánon 名 《キ教》(大)聖堂準参事会員, 小カノン.

*mi·nor·i·ty /maɪnɔ́rəti, mar- | -nɔ́r-/ 名 (→ majority) ❶ C [通例単数形で; 集合的で; 単数または複数扱い] a 少数: a small ~ of the population 住民のごく少数. b 少数派: They were in the [a] ~. 彼らは少数派だった. ❷ C [通例複数形で] (人種・宗教上などの)少数派の一員, 少数民族の人: ethnic minorities 少数(派)民族. ❸ 〘法〙未成年, 未成年期 (nonage). in a minority of óne 孤立無援で, 同調者がなくて(★ 時に戯言的). —— 形 Ⓐ ❶ 少数派[党]の: a ~ government 少数党政府 / a ~ opinion [party] 少数意見[党] (cf. minor 2 a): a ~ group 少数者集団; 少数民族. ❷ 少数民族の: ~ languages [rights] 少数民族の言語[権利]. (形 minor)

minórity lèader 名《米議会》少数党院内総務《少数党により選出された議会活動責任者》.

mínor kéy 名 〘楽〙短調. **in a minor key** (1) 〘楽〙短調で. (2) 陰気な調子で[の].

mínor léague 名 マイナーリーグ《米国の major league より下位のプロ野球[アメリカンフットボールなど]の連盟; cf. major league》. **mínor-léague** 形

mínor léaguer 名 《米》マイナーリーグの選手.

mínor órder 名 [通例複数形で](カト・東方正教会)下級聖品[聖職] 《侍祭・読師・祓魔(ふっ)師または守門》.

mínor párty 名 少数政党.

mínor píece 名 〘チェス〙小ゴマ (bishop または knight).

mínor plánet 名 〘天〙小惑星.

mínor prémise 名 〘論〙(三段論法の)小前提.

Mínor Próphets 名 覆 [the ~] ❶ (旧約聖書中の)小預言者 《Hosea から Malachi までの十二預言書; cf. Major Prophets》. ❷ (また m- p-) (小預言書の書名となっている)小預言者.

mínor súit 名 〘ブリッジ〙ダイヤ[クラブ]のそろい札《得点が小さい, cf. major suit》.

Mi·nos /máɪnəs | -nɒs/ 名 〘ギ神〙ミノス《クレタ (Crete) 島の王》.

Min·o·taur /mínətɔ̀ɚ, máɪ- | máɪnətɔ̀ː/ 名 [the ~] 〘ギ神〙ミノタウロス《人身牛頭の怪物; Theseus に殺された》.

mínotaur bèetle 名 〘昆〙ミツノセンチコガネ《ユーラシア産センチコガネ科の腐食性の黒い甲虫; 胸部に 3 本の角をもつ》.

1153 minute

mi·nox·i·dil /mənɑ́ksədìl/ 名 Ⓤ 〘薬〙ミノキシジル《高血圧症治療用の末梢血管拡張経口薬, またプロピレングリコール溶液を軽い脱毛症用の毛髪再生薬として局所的に使用する》.

Minsk /mínsk/ 名 ミンスク《ベラルーシの首都》.

min·ster /mínstɚ | -tə/ 名 (英) ❶ 修道院付属教会堂. ❷ [通例大教会の名前の一部として] 大聖堂, 大寺院: York M~ ヨーク大聖堂 / ⇒ Westminster.

†**min·strel** /mínstrəl/ 名 ❶ (中世の)吟遊楽人, ミンストレル《諸国を遍歴してハープやリュートに合わせて詩や歌を吟じた》. ❷ a [通例複数形で] ミンストレルショー《通例黒人に扮した白人が黒人の歌や踊りなどを演じるショー》. b ミンストレルショーの芸人《歌手・ダンサー》. 〘F < L = 召し使い; MINISTER と同語源〙

mínstrel shòw 名 = minstrel 2.

min·strel·sy /mínstrəlsi/ 名 Ⓤ 吟遊楽人の芸[詩歌].

mint[1] /mínt/ 名 ❶ Ⓤ 〘植〙ハッカ, ミント. b ハッカの香味料. ❷ Ⓒ ミンツ《食後用のハッカの糖果》. 〘L < Gk〙

mint[2] /mínt/ 名 ❶ 造幣局. ❷ [a ~] (口)巨額, 多大: a ~ of money 巨額の金. **in mínt condítion [státe]** 〈貨幣・切手・書籍など〉真新しい, 新品同様の. —— 動 ⓔ ❶ 〈貨幣を〉鋳造する. ❷ 〈新語・新製品などを〉造り出す (⇒ minted[2]). —— 形 新しい, 新品の, こわれて[汚れて]いない, 元のままの, 新品同様の. 〘L moneta 貨幣〙

mint·age /míntɪdʒ/ 名 Ⓤ ❶ 貨幣鋳造. b (同時に鋳造される)貨幣, 鋳貨. c 造幣費. ❷ Ⓒ 造幣刻印.

mint·ed[1] /-tɪd/ 形 ハッカ[ミント] (mint) で風味をつけた.

minted[2] /-tɪd/ 形 〈語・アイデア・製品など〉新たに造られた, 創出された: a freshly ~ term 新たに造られた用語.

mínt júlep 名 (米) ミントジュレップ《バーボンウイスキーに砂糖とハッカを入れたカクテル》.

Min·ton /mínt(ə)n/ 名 Ⓤ ミントン(焼き)《18 世紀末から Stoke-on-Trent で焼かれている高級磁器》.

mínt sàuce 名 Ⓤ ミントソース《砂糖・酢にハッカの葉を刻み込んだソース; 小羊の焼肉料理に用いる》.

mint·y /mínti/ 形 ハッカ入りの; ハッカ味[香り]のする.

min·u·end /mínjuènd/ 名 〘数〙被減数, 引かれる数 (↔ subtrahend).

min·u·et /mìnjuét/ 名 ❶ メヌエット, ミニュエット《3 拍子の優雅な舞踊》. ❷ メヌエットの曲.

*mi·nus /máɪnəs/ (↔ plus) 形 (比較なし) ❶ Ⓐ マイナスの, 負の: ~ two マイナス 2, -2 / a ~ quantity 負量, 負数 / a ~ charge 〘電〙負電荷. ❷ [成績評価の後で] …の下(ゖ), …に少し劣る: A ~ 優 [A] の下《★ A-と書く》. ❸ Ⓐ 不利な, マイナスになる: a ~ factor 好ましくない要因. —— 前 ⓑ ❶ …を引いた: Eight ~ three is [leaves, makes] five. 8-3=5. ❷ 氷点下…, 零下…: The temperature is ~ ten (degrees). 温度は零下 10 度だ. ❸ (口)…がない[なく] (without): He came back ~ his coat. 彼は上着なしで帰ってきた. —— 名 ❶ 負量, 負数: Two ~es make a plus. マイナスが二つ重なるとプラスになる. ❷ = minus sign. ❷ (口)不足, 欠損, 不利な点 (drawback): consider the pluses and ~es of ... のプラス面とマイナス面を考慮する. 〘L=less, smaller; MINOR の中性・単数形〙

mi·nus·cu·lar /mɪnʌ́skjulɚ | -lə/ 形 = minuscule.

min·us·cule /mínəskjùːl/ 形 ❶ 非常に小さい[少ない]: a ~ quantity ごく少量 / a ~ room ちっぽけな部屋. ❷ 小文字で[書かれた]. —— 名 Ⓤ Ⓒ (古写本の)小文字(書体). 〘F < L; ⇒ minus, -cule〙

mínus sìgn 名 マイナス記号, 負符号 (- の記号).

*min·ute[1] /mínɪt/ 名 ❶ (時間の単位としての)分《1 時間の 1/60; 記号 ′; cf. hour 1a, second[2] 1》: It's 5 ~s to [before, (米) of] six. 6 時 5 分前です / 10 ~s past [(米) after] five 5 時 10 分過ぎ / within [in a few] ~s 数分間で, すぐに / per ~ 1 分間につき《★ 無冠詞》/ He enjoyed every ~ of the trip. 彼は旅行を存分に楽しんだ. ❷ (口) a [単数形で] 瞬間《用法副詞的にも用いる》: in a ~ すぐに / I'll write the letter this (very) ~. 今すぐ手紙を書きます / Do you have a ~

[(英) Have you got a ~]? ちょっと(お話をして)よろしいですか. **b** [a ~; 副詞的に] ちょっと(の間): Wait [(代) Hang on] *a* ~.=Just *a* ~. ちょっとお待ちください. **c** [the ~; 接続詞的に]…したしする]瞬間に、いっさいなや (moment) 《用法》 that を伴うことがある]: I recognized him *the* ~ (*that*) I saw him. 見たとたんにすぐ彼だとわかった. ❸ (角度の単位としての)分 (=¹⁄₆₀ 度; 記号 ′; minute of arc ともいう; cf. degree 1; second² 3): 12°10′=twelve degrees and ten ~s 12度10分. ❹ [複数形で] 議事録: take the ~*s* of a meeting 会議の議事録をとる. ❺ 覚え書き,控え: make a ~ *of*…の控えをとる.

(at) ány mínute (nòw) いつ何時,今すぐにも; 今か今かと.
at the lást mínute ぎりぎりになって、どたん場で.
by the mínute =minute by minute 1分ごとに; 一刻一刻.
nót for a [óne] mínute 少しも…ない (not for a moment): I don't believe it *for a* ~. 少しもそれを信じない.
óne mínute (1) [one minute…the next… で] 一時…で [だと思えば]、次には[突然、もう]…だ: One ― he was radical reformist, the next he has begun to stand out as a tough conservative. 一時過激な改革派だったのが、たちまち強硬な保守派として頭角を現わしてきた. (2) [副詞的に] ちょっとの間.
to the mínute かっきり(その時間)に.
úp to the mínute 最新で (cf. up-to-the-minute): The technology is *up to the* ~. その科学技術は最新だ.
―― 動 ⊕ 〈…を〉議事録に書く.

《F<L=小さく分けた部分》

⁺mi·nute² /maɪn(j)úːt | -njúːt/ (**mi·nut·er**, -**est**) ❶ 微小な, 微細な: ~ particles 微粒子. ❷ 詳細な, 精密な, 厳密な, 細心の: ~ researches 綿密な研究 / in ~ detail ごく詳細に / with ~ attention 細心の注意を払って. ❸ ささいな, つまらない: He worries too much about ~ differences. 彼はささいな違いにこだわりすぎる. **~ness** 名 《F<L=little, small; ⇒ ↑ と同語源》

mínute bòok 名 議事録.
mínute gùn 名 分時砲 (国王や将官などの葬儀または遭難信号として1分ごとに鳴らす号砲).
mínute hànd 名 (時計の)分針, 長針.
min·ute·ly¹ /mínɪtli/ 副 1分おきに, 1分ごとに. ―― 形 (古) 1分ごとに起こる, ひっきりなしの.
mi·nute·ly² /maɪn(j)úːtli | -njúːt-/ 副 ❶ 詳細に, 精密に. ❷ 細かく, 小さく. ❸ ごくわずかに.
min·ute·man /mínɪtmæ̀n/ 名 [時に M~] (複 -**men** /-mèn/) (米国独立戦争の折、即座に出動できる準備をしていた)民兵, ミニットマン.
mínute stèak 名 ミニッツステーキ (すぐ焼ける薄切りのステーキ).
mi·nu·ti·ae /mɪn(j)úːʃìː, maɪ-, -ʃiàɪ | -njúː-/ 名 (複) ささいな[細かい]点, 細目 (*of*).
minx /mínks/ 名 (古風または戯言) 生意気娘, おてんば娘.
min·yan /mínjən/ 名 (複 **min·ya·nim** /mìnjɑːníːm/, **~s**) 《ユダヤ教》 ミニヤン (正式礼拝構成に必要な定足数の人員; 13歳以上の男性10人).
Mi·o·cene /máɪəsìːn/ 名 (地) [the ~] 形 中新世(の).
mi·o·sis /maɪóʊsɪs/ 名 (生理) 縮瞳, 瞳孔縮小.
mi·ot·ic /maɪátɪk | -ɔ́t-/ 形 (生理) 縮瞳の.
MIPS, **mips** /míps/ 名 (電算) 100万命令/秒 (演算速度の単位). 《million instructions *per* second》
Mir /míə | míə/ 名 ミール (1986年に打ち上げられた旧ソ連の多目的宇宙ステーション). 《Russ =peace》
mir·a·belle /mírəbèl/ 名 ❶ 《植》 インシチチアスモモ (ヨーロッパ東南部・アフリカ北部・西アジア産). ❷ ○ ミラベル (これから造る無色のブランデー).
mi·ra·bi·le dic·tu /mərɑ́ːbɪlɪdíktuː/ 副 語るも不思議な.
mir·a·cid·i·um /mìrəsídiəm/ 名 (複 -**cid·i·a** -sídiə/) (動) ミラキディウム (吸虫類の二生類の卵殻内に生ずる幼生の第一代).
⁺mir·a·cle /mírəkl/ 名 ❶ 奇跡: work [perform, do, accomplish] a ~ 奇跡を行なう 《★ 比喩的にも用いられる》. ❷ 不思議なもの[こと], 驚異; 偉業: a ~ *of* skill 驚異的な熟練 / a ~ *of* modern science 現代科学の偉業 / It's a ~ that… というのは奇跡だ / His recovery is a ~. 彼の回復は奇跡だ. 《F<L=驚くべきもの》 形 **miraculous**)
míracle drùg 名 特効薬.
míracle plày 名 奇跡劇 (聖人・殉教者の事績・奇跡を仕組んだ中世劇; cf. mystery play).
⁺mi·rac·u·lous /mɪrǽkjʊləs/ 形 奇跡的な, 不思議な. **~ly** 副 奇跡的に, 不思議なことに, 不思議なくらい 《★ 文修飾可). 《F<L》 名 **miracle**)
mi·ra·dor /mírədɔ̀ː | -dɔ̀ː/ 名 (スペイン建築に特有の)展望塔, (展望用の)露台, 張出し窓.
mi·rage /mɪráːʒ | míráːʒ/ 名 ❶ 蜃気楼(しんきろう), 逃げ水. ❷ はかない夢, 実現不可能な希望[願望]. 《F<L (鏡に映ったもの)》
Mi·ran·da /mɪrǽndə/ 名 ミランダ (女性名).
mire /máɪə | máɪə/ 名 ❶ a ○ (文) 泥土(ど), 泥沼. b ○ 温地(帯); 泥炭地(帯). ❷ ○.○ 泥沼の状況, 苦境. **drág a pérson [a pérson's náme] through the míre** 人の名を汚す, 人の顔に泥を塗る. **gèt stúck in the míre** 苦境に陥る. ―― 動 [通例受身] ❶ 泥の中にはまらせる, 泥にこごす. ❷ 〈人などを〉苦境に陥らせる (*in*). ―― ⊕ 泥にはまる.
mire·poix /mɪəpwɑ́ː | mɪə-/ 名 (⊕) 《料理》 ミルポワ (ニンジン・タマネギ・セロリなどを煮込んだもの; 肉の煮込み・ソース用).
Mir·i·am /míriəm/ 名 ミリアム (女性名).
mir·id /mírɪd, mír-/ 名 (昆) メクラカメムシ科の昆虫の総称; 植物の害虫が多い).
mirk /mə́ːk | mə́ːk/ 名 =murk.
mir·li·ton /mə́ːlətɑ̀n, -tòʊn/ 名 (楽) ミルリトン (薄膜を振動させて鼻にかかったような音を出す楽器; kazoo に似ている).
Mi·ró /mɪróʊ/, **Jo·an** /hoʊɑ́ːn/ 名 ミロ (1893-1983; スペインのシュールレアリスムの画家).
⁺mir·ror /mírə | -rə/ 名 ❶ 鏡; 反射鏡: She looked at herself in the ~. 彼女は鏡に自分の姿を映して見た. ❷ 忠実に[ありのままに]映し出すもの: a ~ *of* the times 時勢を反映するもの. ❸ (電算) ミラー(サイト) (mirror site).
―― 動 ⊕ 〈…を〉〈鏡のように〉映す, 反射する (reflect): The still water ~ed the trees along the bank. 静かな水面は岸辺の木々の影を映し出していた. ❷ 〈…を〉反映[表示]する: His letter ~ed his concern. 彼の手紙は彼の心配を映し出していた. ❸ (電算) 《ファイル・サイトなどを》別のサーバー(など)に複製して置いておく, ミラーする; 〈サイト・ホームページなどが〉〈他の〉ミラー(サイト)となっている. 《ラテン語「驚く」←「鏡を映す驚き」の意》
mírror bàll 名 ミラーボール (ダンスホールなどの天井からつるす多数の小さい鏡を貼った回転式の飾り球).
mírror càrp 名 (魚) コイ(鯉), 鏡鯉.
mír·rored 形 鏡のある[付いた]; (鏡に)映った, 反射された.
mírror fínish 名 (機・工) 鏡面仕上げ.
Mírror Gròup 名 [the ~] ミラーグループ (英国の大手新聞社; *Daily Mirror*, *People*, *Sunday Mirror*, *Sporting Life* などを発行).
⁺mírror ímage 名 (左右逆の)鏡像; よく似たもの, 正反対の[左右逆の]もの (*of*).
mírror sìte 名 ミラーサイト (混雑回避などのため元になるサイト[サーバー]の内容を複製して置いてあるサイト[サーバー]).
mírror sýmmetry 名 ○ 鏡面対称.
mírror wríting 名 ○ (鏡に映すと普通の文字になるように書く)逆書き, 鏡映文字, 鏡文字.
mirth /mə́ːθ | mə́ːθ/ 名 ○ (文) 楽しい笑い, 歓喜, 陽気気.
mirth·ful /mə́ːθfəl | mə́ːθ-/ 形 笑いさざめく, 陽気な にぎやく. **~ly** -fəli/ 副. **~ness** 名.
mirth·less 形 (文) 楽しそうでない, 陰気な. **~ly** 副 **~ness** 名.
MIRV /mə́ːv | mə́ːv/ 名 多弾頭独立目標再突入ミサイ

ル. 〖*m*ultiple *i*ndependently targeted *r*eentry vehicle〗

mir・y /máɪri/ 形 (**mir・i・er; -i・est**) ❶ ぬかる, 泥沼のような. ❷ 泥まみれの; 汚い.

MIS 《略》 management information system.

mis-[1] /mɪs/ 接頭 〖動詞・形容詞・副詞などにつく〗❶「誤って[た]…」「悪く[に]…」「不利に[な]…」: *mis*read. ❷「不…」; *mis*trust.

mis-[2] /mɪs/ 〖連結形〗「嫌悪」.《⇨ MISO-》

mìs・advénture 名 《文》U.C 不運(な出来事), 災難: by ~ 運悪く, 誤って. **déath by misadvénture** 《英》《法》偶発事故による死, 事故死.

mìs・alígned 形 調整[取付け]不良. **-algn・ment** 名

mìs・alliance 名 ❶ 不適当な結合. ❷ (特に身分違いによる)不釣り合いな結婚.

mis・an・dry /mísændri/ ━ ━/ 名 U 男嫌い (cf. misogyny).

mis・an・thrope /mís(ə)nθròʊp/ 名 《文》人間嫌いの人, つき合い嫌いの人.

mìs・an・throp・ic /mìs(ə)nθrɑ́pɪk/, -θrɔ́p-/ 形 《文》人間嫌いの, 厭世(えんせい)的な.

mìs・an・thróp・i・cal /-k(ə)l/ 形 《文》= misanthropic. **~・ly** /-kəli/ 副

mis・án・thro・pist /-pɪst/ 名 《文》《⇨ MISO-》= misanthrope.

mis・an・thro・py /mísænθrəpi/ 名 U 《文》人間嫌い, 厭世(えんせい).

mìs・applý 動 〈…の〉適用を誤る, 誤用する; 不正に使用する. **mìs・application** 名 U.C 誤用, 悪用; 不正使用 《of》.

mìs・apprehénd 動 他 思い違いする, 誤解する.

mìs・apprehénsion 名 U 誤解, 思い違い. **ùnder a misapprehénsion** 思い違いをして.

mìs・apprópriate 動 他 ❶〈他人の金を〉着服する, 横領する (embezzle). ❷ 悪用[不正流用]する.

mìs・appropriátion 名 U 着服, 横領 《of》; 悪用.

mìs・arránge 動 他 〈…の〉配列[手配]を誤る, 並べ違える. **~・ment** 名

mìs・becóme 動 他 (**-became; -become**) 〈…に〉似合わない, 適さない.

mìs・begótten 形 ❶ A a 〈計画・考えなど〉できの悪い, できそこないの. b 〖文または戯言〗〈人〉軽蔑すべき, 無価値な. ❷ 《古》庶出の, 私生児の.

mìs・beháve 動 無作法にふるまう; 不品行なことをする; 〈機械など〉正常に動かない, 誤動作する. ── 他 〖~ oneself で〗不品行なことをする.

mìs・behávior 名 U 無作法; 不品行; 誤動作.

mìs・belíef 名 間違った信仰[考え].

mìs・belíever 名 誤信者; 異端の信者.

misc. 《略》 miscellaneous; miscellany.

*⁺**mìs・cálculate** 動 他 〈…の〉計算[見込み]違いをする, 誤算をする.

mìs・calculátion 名 C.U 計算[見込み]違い, 誤算.

mìs・cáll 動 ❶ 誤った名で呼ぶ; 〈…を×と…〉呼び違える. ❷ 《古・方》〈人を〉ののしる.

*⁺**mis・cárriage** 名 C.U ❶ 流産: have a ~ 妊婦が流産する. ❷ 失敗; 失策, 誤り. ❸ 〈品物などの〉配達違い, 不着. **miscárriage of jústice** 《法》誤審.

mìs・cárry 動 ❶ 妊婦が流産する. ❷ 〈人・計画などが〉失敗する, 不成功に終わる. ❸ 《英》〈手紙などが〉届かない, 不着になる.

mìs・cást 動 他 (**mis-cast**) 〖通例受身〗❶〈俳優を×という不適当な役に割り当てる〉: She *was* somewhat ~ (*as* Lady Macbeth). 彼女は(マクベス夫人という)いくぶん不適な役をふり当てられた. ❷〈劇の配役を誤る〉: The play *was* ~. その劇はミスキャストだった. b 〈役に不適当な俳優をつける, ミスキャストをする〉.

mis・ceg・e・na・tion /mɪsèdʒənéɪʃən, mɪsədʒ-/ 名 U 《文》異種族混交, 雑婚.

mis・cel・la・ne・a /mìsəléɪniə/ 名 複 〖しばしば単数扱い〗(特に文学作品の)雑集, 雑録.

*⁺**mis・cel・la・ne・ous** /mìsəléɪniəs⁻/ 形 A ❶ 種々雑多な(ものから成る): ~ business [goods, news] 雑務[雑貨, 雑報]. ❷ 多方面の. **~・ly** 副 **~・ness** 名 〖L= 混ざった〗

mis・cel・la・ny /mísəlèɪni | mɪsélǝni/ 名 ❶ 寄せ集め 《of》. ❷ 文集, 雑録.

mìs・chánce 名 U.C 不幸, 不運, 奇禍: by ~ 運悪く.

*⁺**mis・chief** /místʃɪf/ 名 ❶ U a (悪意はないが人に迷惑をかける)いたずら, わるさ: get into ~ いたずらをする / out of (pure) ~ (ほんの)いたずらに / keep a child out of ~ 子供にいたずらをさせないようにする / be up to ~ いたずらをして[たくらんで]いる. b 〈子供の〉ちゃめ(っ気); 生気: The boy looked at me with eyes full of ~. 少年はちゃめっ気たっぷりの目で私を見た. ❷ U (人またはその他の要因による)損害, 被害; 害悪, 悪影響: mean ~ 害心を抱いている, 胸に一物ある / The storm did a lot of ~ to the crops. あらしは作物に大きな損害を与えた. ❸ C a 害を与える物, しゃくの種. b いたずら者, (特に)いたずらっ子. **dò a person a míschief** 《英口》〈人に〉危害を加える; 〈人を〉殺す. **dò onesèlf a míschief** 《英口》けがをする. **màke míschief (betwèen…)** (…の間に)不和の種をまく, 水を差す. 〖F= 不幸な結果〗

míschief-màker 名 人の仲を裂く[に水を差す]人.

*⁺**mis・chie・vous** /místʃɪvəs/ 形 ❶ a 〈子供が〉いたずら好きな, わんぱくな (impish). b 〈目・笑いなど〉ちゃめっ気のある, いたずらっぽい. ❷〈大人・言動など〉悪意のある, 人を傷つけるような: a ~ troublemaker 悪い魂胆でもんちゃくを起こす人 / a ~ rumor 人を傷つけるようなうわさ. **~・ly** 副 **~・ness** 名 〖MISCHIEF+-OUS〗

mísch mètal /míʃ-/ 《冶》名 U ミッシュメタル(希土類金属の混合物からなる合金; ライターなどのフリントにも用いる).

mìs・ci・ble /mísəbl/ 形 混和できる 《with》; 《化》〈流体が〉混和性の. **mis・ci・bil・i・ty** /mìsəbíləti/ 名 U.C 混和性.

mìs・communicátion 名 U 誤った伝達[連絡], 伝達[連絡]不良.

mìs・concéive 動 他 思い違いをする, 〈…について〉考えを誤る, 誤認する, 誤解する. **-concéiver** 名

mìs・concéived 形 〈計画・方法など〉見当違いの, 間違っている, 誤解している.

*⁺**mìs・concéption** 名 C.U 思い違い, 誤解; 誤った考え: A common [popular] ~ about the Internet is that all information on it is free. インターネットについてよくある考え違いはその上の情報はすべてただというものだ.

*⁺**mis・con・duct** /mìskɑ́ndʌkt, -dəkt | -kɔ́n-/ 名 U ❶ 非行, 不行跡; 違法[不正]行為, 職権乱用, 職業倫理に反する行為. ❷ 〈企業などの〉誤った管理[経営] 《of》. ❸ 不義, 密通. ── /mìskəndʌ́kt/ 動 他 ❶ 〈事務などの処置を〉誤る, やりそこなう. ❷ 〖~ oneself で〗品行が悪い, 不正な[職業倫理に反する]行為をする.

mìs・constrúction 名 U.C 《文》意味の取り違え, 誤解: be open to ~ 言葉など〉誤解を招きやすい.

mìs・construe 動 他 《文》〈言葉などの〉解釈を誤る; 〈人・行為などの(意図)を×と…〉誤解する 《as》.

mìs・cópy 動 他 写し間違える.

mìs・count 動 他 〈…を〉数え違える, 誤算する. ── 名 数え違い, 誤算.

mis・cre・ant /mískriənt/ 名 《文》悪党. ── 形 極悪な, 邪悪な.

mis・cue[1] 名 ❶ 《玉突》突きそこない. ❷ (スポーツでの)エラー(捕りそこない・蹴りそこないなど). ── 動 ❶ 突きそこなう.

mis・cue[2] 名 ❶ 間違い, ミス(テイク): make a ~ 間違いをする. ❷ 〈芝居で〉キューで[せりふのきっかけ]を受けそこなうこと; 〈テキストの〉読み間違い. ── 動 ❶ 間違う, ミスする. ❷ 〈芝居で〉キューを受けそこなう. ── 他 〈芝居で〉×に)間違ったキューを与える.

mìs・dáte 動 他 ❶ 〈手紙・書類などの〉日付を誤る. ❷ 〈歴史上の事件などの〉年代を誤る.

mìs・déal 〖トランプ〗動 (**-dealt**) 他 自 〈札を〉配り違える. ── 名 〈札の〉配り違い.

mìs・déed 名 悪事, 悪行, 犯罪.

mis・de・mean・or /mìsdɪmíːnɚ | -nə/ 名 ❶ 非行, 不

品行. ❷《法》軽罪 (cf. felony).
mis・describe 動 他 〈…の〉誤った記述[描写]をする.
mis・description 名 不備な記述, (契約の)誤記.
mis・diagnose 動 他 [通例受身] 誤診する. **mis・diagnósis** 名 誤診.
mis・dial 動 他 電話番号を間違ってダイヤルする.
mis・diréct 動 他 [通例受身] ❶〈精力・才能などを〉誤った方向に向ける, 〈…の〉向け方を誤る. ❷〈人に〉〈場所・道順を〉間違って教える. ❸〈手紙・小包などのあて名を〉誤る. ❹《法》〈判事が〉〈陪審員に〉誤った説示を与える. **mis・diréction** 名.
mis・dó 動 他 (-did; -done) 間違ってやる, やりそこなう.
mis・doing 名 悪事, 非行, 犯罪.
mis・éducate 動 他 …の教育を誤る. **-education** 名.
mise-en-scène /míːzɑːnsén/ 名 (複 ~s /-/) ❶《劇》(役者・道具などの)配置, 舞台装置. ❷ (事件などの)周囲の状況. 〖F=setting on the stage〗
mis・emplóy 動 他 〈…の〉使い方を誤る, 悪用する.
mi・ser /máɪzə | -zə/ 名 けちんぼ, しみったれ (skinflint); 守銭奴.
*****mis・er・a・ble** /mízərəbl/ 形 (more ~; most ~) ❶〈人が〉〈貧困・不幸・病弱などのために〉みじめな, 不幸な, 哀れな: ~ sinners 哀れな罪人(たち) (litany 中のことば) / feel ~ みじめな思いをする / I was ~ with [from] hunger. 空腹のためとても苦しかった. ❷〈物事が〉みじめな気持ちにさせる, 悲惨な, 哀れな (depressing): a ~ life [failure] みじめな生活[失敗] / a ~ house みすぼらしい家 / a ~ cold いやな風邪 / The weather was ~ and cold. 天気はひどくてまったく寒かった / It's ~ having to [have to] stay at home. 家にいなければならないなんて殺生した. ❸ Ⓐ〈ものが〉不十分な, 哀れな, 貧弱な: a ~ meal (粗末な)わずかばかりの食事 / ~ pay 乏しい給料. ❹ Ⓐ〈人が〉気むずかしい, むっつりした, 不機嫌な, 愛想がない. ❺ Ⓐ〈人が恥知らずの, 見下げはてた, 卑劣な: a ~ coward 情ない臆病者. ~**ness** 名 misery.
mís・er・a・bly /-rəbli/ 副 みじめに, 悲惨に; みじめな[悲惨な]ほど; ひどく.
Mi・se・re・re /mìzəríːreɪ, -riː/ 名 ❶ **a**《聖》ミゼレーレ《詩篇第 51 篇; Douay 版では第 50 篇》. **b** ミゼレーレの楽曲. ❷ [m~] 哀願. ❸ [m~] =misericord 1.
mi・ser・i・cord, -corde /məzérəkɔːd | -kɔːd/ 名 ❶ ミゼリコード《教会の唱歌隊席のたたみ込み椅子の裏に取り付けた突起》; 起立の際に支えとなる. ❷ (修道院の)免税室《特免を受けた修道士の使う部屋》. ❸ (中世の)とどめ用の短剣.
mí・ser・ly 形 しみったれた, 欲深い (mean); (給与など)わずかの (paltry). **-li・ness** 名.
*****mis・er・y** /mízəri/ 名 ❶ Ⓤ みじめさ, 悲惨; 窮状, 困窮, 貧困 (poverty, deprivation): live in ~ みじめな生活をする. ❷ **a** Ⓤ (精神的・肉体的な)苦痛, 苦しみ, 苦悩: suffer ~ from (a) toothache 歯がひどく痛む. **b** Ⓒ [しばしば複数形で] (many の)苦難, 不幸, 苦しみ: the miseries of life 人生の苦難 / She makes my life a ~. 彼女のおかげで私はみじめな生活を送っている. ❸ Ⓒ《英口》不平家, ぐちを言う人: ~ guts 不平屋. **pút...óut of its [his, her] mísery** (1) 〈苦しんでいる動物を〉ひと思いに殺す; 〈ひどく苦しんでいる病人などを〉苦しみから解放してやる. (2)《口》〈どっちつかずで〉気をもんでいる人に〉本当のことを話して気を楽にさせる. 〖F←L=哀れさ〗(形) miserable.
mis・fea・sance /mɪsfíːzns/ 名 Ⓤ《法》不法[失当]行為, 職権濫用.
mis・field《クリケ・ラグビー》動 自〈ボールの〉フィールディングミスをする, エラー[ファンブル]する. —— 名 フィールディングミス, エラー.
mis・file 動 他〈書類などを〉間違えて[誤ったところに]綴(と)じ込む.
mis・fire 動 自 ❶ **a**〈銃砲が〉不発になる. **b**〈内燃機関が〉着火[点火]しない. ❷〈しゃれ・計画がうまくいかない, ポシャる. —— 名 ❶ 不発, 不着火. ❷ 不首尾, 失敗.
+**mís・fit** 名 ❶ (環境・仕事・社会などに)順応できない人: a

social ~ 社会に順応できない人. ❷《古風》合わない服[靴(など)].
misfit stréam 名《地理》不適合河流, 無能河川《その川が侵食してつくった谷と考えるには小さすぎる河流》.
+**mis・for・tune** /mɪsfɔːtʃən | -fɔː-/ 名 ❶ Ⓤ (大きな)不幸, 不運: by ~ 不幸にも, 運悪くも / When I was very young, I had the ~ to lose my father. 幼い時分に不幸にも父をなくした. ❷ Ⓒ 不幸[不運]な出来事, 災難: Misfortunes never come single [singly].《諺》不幸は続くもの,「弱り目にたたり目」.
mis・gíve 動 他《詩・文》〈心が〉(mind, heart) が〈人に〉恐れ[疑い, 不安など]を起こさせる.
+**mis・gív・ing** /mɪsgívɪŋ/ 名 Ⓤ [また Ⓒ; 通例複数形で] (未来のことについての)不安, 疑い, 気づかい, 心もとなさ: a heart full of ~(s) 不安に満ちた心 / have some ~s about… について多少の疑念[不安]を抱く.
mis・góvern 動 他〈…の〉支配[統治]を誤る,〈…に〉悪政を施く. **~・ment** 名 Ⓤ 失政, 悪政.
mis・gúidance 名 Ⓤ,Ⓒ 誤った指導.
mis・gúide 動 他 間違って指導[案内]する.
+**mis・gúided** 形〈人・行為などが〉判断を誤った, 心得違いの, 見当違いの: ~ young people 心得違いをしている若者たち / ~ efforts 的外れな努力 / I was ~ enough to invest all my money in the stocks. うかつにも全財産をその株に投資してしまった. **~・ly** 副. **~・ness** 名.
mis・hándle 動 他 ❶〈ことの〉処理[扱い]を誤る (mismanage); 〈ものを〉手荒く[誤って]取り扱う. ❷〈人を〉虐待[酷使]する.
+**mís・hap** /míshæp, ⌣⌣/ 名 Ⓤ,Ⓒ (軽い)事故, 災難, 不幸な出来事: without ~ 無事に / They met with a (slight) ~ on the way. 途中(ちゅうと)とした)事故にあった.
mis・héar 動 他 (-heard) 聞き違える, 聞いて誤解する. —— 自 聞き違える.
mis・hít /⌣⌣/ 動 他 (mis・hít; -hít・ting)《球技で》〈ボールを〉打ち[蹴り]そこなう. —— /⌣⌣/ 名 打ち[蹴り]そこない, 凡打.
mish・mash /míʃmæʃ/ 名 [a ~]《口》ごたまぜ, 寄せ集め: a strange ~ of objects 奇妙なものごたまぜ.
Mish・nah, -na /míʃnɑː/ 名 [the ~] ミシュナ《紀元 200 年ころに編纂されたユダヤ教の口伝律法で, Talmud を構成する》. **Mish・na・ic** /mɪʃnéɪɪk/ 形.
mis・idéntify 動 他. **-idéntification** 名.
mis・infórm 動 他 [通例受身]〈人に〉〈…について〉誤った事柄を伝える; 誤解させる: I was ~ed about the date. 私は日時を間違って知らされた.
mis・informátion 名 Ⓤ (特に意図的な)誤報, 誤伝.
+**mis・intérpret** 動 他〈…を〉誤解する; 誤訳する; 〈…を〉誤って解釈する (misconstrue): She ~ed my silence as consent. 彼女は私の無言を承諾と勘違いした.
mis・interpretátion 名 Ⓤ,Ⓒ 誤解, 誤訳, 誤った解釈.
MI6《英》Military Intelligence, section six 軍事情報部 6 部《国外活動を担当》.
+**mis・júdge** 動 他 ❶〈…の〉判断を誤る;〈人物などを〉見そこなう. ❷〈…を〉誤審する. **mis・júdgment, mis・júdgement** 名 Ⓒ,Ⓤ 誤った判断, 誤審.
mis・kéy 動 他〈語・データを〉間違って入力する.
mis・kíck 動 他〈ボールを〉ミスキックする. —— 名 ミスキック.
mis・láy 動 他 (mis-laid)〈ものを〉置き忘れる (misplace): ~ one's umbrella 傘を置き忘れる.
+**mis・léad** /mɪslíːd/ 動 他 (-led /-léd/) ❶〈人を〉誤解させる, 迷わす, 欺く;〈人を〉誤った[…]させる: You should not be misled by a person's appearance. 人の見かけにだまされてはだめだ / Her gentle manner misled him into trusting her. 彼女の優しい態度に惑わされて彼は彼女を信頼してしまった. ❷〈人を〉誤って導く[案内する].
+**mis・léading** /mɪslíːdɪŋ/ 形 人を誤らせる, 誤解させる, 惑わせる, 紛らわしい (deceptive): ~ TV commercials 人を惑わせるテレビ広告 / Your words were rather ~. 君の言葉にはちょっと誤解を招きそうなところがあった. **~・ly** 副.
mis・mánage 動 他〈…の〉管理[処置]を誤る, 不当に[まず

く])処置する, やりそこなう (mishandle).

⁺mis·mánagement 名 U 誤った管理[処置], 不始末, やりそこない.

mis·match /́-́-́/ 動 〈もの・人の組み合わせを誤る;〈人に〉不釣り合いな縁組みをさせる: a ~ed couple (性格的に)釣り合わぬ夫婦. —/́-́-́/ 名 不適当な取り合わせ(のもの[試合]); 不釣り合いな縁組み.

mis·méasure 動 〈…の〉計測[寸法]を間違える.

mis·náme 動 〈…を〉miscall.

mis·no·mer /mìsnóumə- | -mə/ 名 誤った名称, 不適切な名前, 誤称.

miso- /mísou/ [連結形] 「嫌悪」.【Gk misos 嫌悪】

mi·sóg·a·mist /-mɪst/ 名 結婚嫌いの人.

mi·sóg·a·my /mɪsɑ́gəmi, -sɔ́g-/ 名 U 結婚嫌い.【Gk〈MISO-+-GAMY〉】

mi·sóg·y·nist /-nɪst/ 名 形 女嫌いの(人). **mi·sog·y·nis·tic** /mɪsàdʒənɪ́stɪk, -sɔ̀dʒ-/ 形

mi·sóg·y·ny /mɪsɑ́dʒəni, -sɔ́dʒ-/ 名 U 女嫌い (cf. misandry, philogyny).【Gk〈MISO-+gynē 女〉】

mis·pick·el /míspɪk(ə)l/ 名 U 硫砒鉄鉱.

mis·pláce 動 他 〔しばしば受身で〕❶ 置き忘れる (mislay): ~ one's glasses 眼鏡を置き忘れる. ❷ 置き違える: ~ an accent アクセントの置き場所を誤る.

mis·pláced 形 ❶〈信用・愛情など〉見当違いの, 相手を間違えた: ~ confidence 誤った[見込み違いの]信頼. ❷ 置き場所を間違えた; 位置の違った. ❸ A 置き忘れた.

mis·pláce·ment 名 U 置き違え[忘れ] 〈of〉. ❷ 見当[見込み]違い 〈of〉.

mìs·pláy 名 (競技・ゲーム・演奏などの)やりそこない. —動 他 ❶〈競技などを〉やりそこねる. ❷〈球技で〉〈ボールを〉処理しそこなう, ミスする.

mis·print /́-́-́/ 名 ミスプリント, 誤植: 'Off' is a ~ for 'of'. off は of の誤植である. —/́-́-́/ 動 他 〈…を…と〉誤植する: ~ 'of' *as* 'off' of を off と誤植する.

mis·pri·sion /mìsprɪ́ʒən/ 名 U 【法】❶ (公務員の)職務怠慢, 怠慢. ❷ 犯罪隠匿: ~ of felony [treason] 重罪犯[反逆犯]隠匿.

mìs·pronóunce 動 他 〈…の〉発音を誤る, 誤って発音する.

mìs·pronunciátion 名 CU 誤った発音.

mìs·quotátion 名 CU 間違った引用(句).

mìs·quóte 動 他 〈…を〉間違って引用する.

mìs·réad /-ríːd/ 動 他 (-read /-réd/)〈…を…と〉読み違える; 誤解する (misinterpret)〈as〉. **~·ing** 名

mìs·repórt 動 他 誤って報告する. —名 CU 誤報.

⁺mìs·represént 動 他 ❶〈…を〉不正確に述べる, 〈…の〉説明を誤る. ❷〈…を…と〉誤り[偽り]伝える〈as〉.

mis·representátion 名 CU ❶ 誤り[偽り]伝えること, 不正確な説明〈of〉. ❷ 【法】不当表示, 偽りの陳述.

mis·rúle 名 U ❶ 失政, 悪政. ❷ 無秩序, 無政府状態. —動 他 〈…の〉統治を誤る, 〈…に〉悪政を行なう.

‡miss¹ /mís/ 動 他 ❶〈ねらい・的などを〉当てそこなう, はずす;〈弾などが〉〈…から〉それる;〈ボールを〉捕らえそこなう: ~ one's aim ねらいをはずす / ~ the target 的に当てそこなう / His punch ~ed the mark. 彼のパンチはねらいがはずれた / I only ~ed the other car by inches. もう一方の車に数インチのところでぶつかるところだった. ❷ 見[聞き落]とす, 〈…に〉気付かない: The house is opposite the church; you can't ~ it. その家は教会の向かい側にあって見逃しっこありません[すぐにわかりますよ]. ❸〈…を〉理解しそこなう, 〈…がわからない〉: I ~ed the point of his speech. 彼の演説の要点が理解できなかった / You cannot ~ it. わからないことはないよ, 理解できますよ. ❹〈機会など〉を捕らえそこなう, 逃す, 逸する〈…〉しそこなう[しない]: ~ a chance to see a movie 映画を見る機会を逃す / The offer is too good to ~. その申し出は逃すには惜しい / ~ one's breakfast 朝食を食べない[食べそこなう] / ~ a [one's] period 〈女性が〉生理がない / [+doing] I ~ed hearing Madonna. マドンナを聞きそこねた / He never ~es going to the pub. 彼はパブへ行くのを欠かすことがない[必ず出かける]. ❺〈会合・行事・学校などに〉行きそこなう[行かない], 出席[参加]しそこなう, 休む: Don't ~ your

classes. ちゃんと授業に出なさいよ / ~ a recital 音楽会を聞きそこなう / find an excuse for ~*ing* a party パーティーに出ない口実を見つける / I wouldn't ~ it for the world.《口》(機会を逃さずに)必ず行き[見]ます. ❻ 時間に遅れて〈…〉をのがす[乗りそこなう, 会いそこなう(など)]; 〈…の〉時間[期日]に間に合わない (cf. catch 他 7): I ~ed the train by 3 minutes. 3 分差で列車に乗り遅れた. / The bus was late and I ~ed the appointment. バスが遅れたので約束が守れなかった. ❼ a 〈…がない[いない]のを惜しむ, ない[いない]ので寂しく思う[困る]: He wouldn't ~ $50. あの人なら 50 ドルぐらい何とも思うまい / We shall ~ you badly. 君がいないとどんなに寂しいことだろう. b (人が)〈…することができなくて残念に思う〉: 〔+doing〕 She ~es *living* in the country. 彼女はいなかに住めなくて残念に思っている. / 〔+目+doing〕 I ~ you *serving* tea at the tea breaks. お茶の時間になっても君がお茶を入れてくれないなんて悲しいな. ❽〈…がない[いない]のに気付く: I ~ed you in yesterday's class. きのうの授業に君がいなかったな / When did you ~ your umbrella? 傘のないのにいつ気がつきましたか. ❾ (特に意図的に)いやなことを免れる, 避ける: go early to ~ the traffic jam 交通渋滞を避けるために早出する / We barely ~ed *having* a crash. からうじて衝突を免れた / 〔+doing〕 He ~ed *going* to jail. 彼は刑務所行きを免れた. —名 ❶ 的をはずす; 弾などがあたはずれる(医図 日本語の「ミスする」の意味はない): I fired twice but ~ed both times. 2 回撃ったが 2 回とも的をはずれた. ❷〈内燃機関の〉点火しない (misfire).

míss óut《自+副》(1)《口》機会を失う; 〈…の〉好機を逃す (lose out): I ~ed out *on* the picnic. せっかくのピクニックに行きそこねた. —《他+副》(2)《英》〈…を〉省略する, 抜かす (leave out): Don't ~ my name *out (of* your list). (君のリストの中から)私の名を抜かさないでください.

miss the bóat [**bús**] =miss 自 +副 bus 成句.

nót miss múch《口》抜けがない.

—名 打ち[当て]そこない, 的はずれ (医図 日本語のミスのような「間違い」の意味はない): ⇒ near miss / **A ~ is as good as a míle.**《諺》少しのはずれでも はずれにはちがいない.《英》やっと逃れたのも楽に逃れたのも逃れたことに変わりはない.

gíve...a míss《英口》〈…を〉避ける; 〈…に〉行かない; 〈…に〉会わない: I'll *give* the meeting *a* ~ tomorrow. あすは会には出ないことにする.

【OE=失う】

‡miss² /mís/ 名 (他 ~·es) ❶ a [M-; Lady または Dame 以外の未婚女性の姓・姓名の前につけて] …嬢, …さん.《口》(1) 姉妹を一緒にいう時は《文》では the *Misses* Brown,《口》では the *Miss* Browns. (2) ⇒ Ms. **b** [M-; 地名などにつけてその美人コンテストの優勝者の称号に用いて] ミス…: M~ Japan [Universe] ミス日本[ユニバース]. **c** 《英》〔しばしば M-; 生徒から女性教師への呼び掛けで〕先生: Good morning, ~! 先生おはようございます. **d**《古風》〔しばしば M-; 若い女性の(客)への呼び掛けで〕お嬢さん. ❷《英古風・軽蔑・戯言》少女, 娘, 未婚女性(医図「オールドミス, ハイミス」は和製英語): school ~es (遊び好きな)女生徒.【MISTRESS の短縮形】

Miss.《略》Mississippi.

mis·sal /mísl/ 名 〔しばしば M-〕【カト】ミサ典書.

mís·sel thrùsh /mísəl/ 名 【鳥】=mistle thrush.

mìs·sénd 動 他 間違って送る.

mìs·sháp̄e 動 他 ゆがめる, 歪曲する, ぶかっこうにする, 奇形にする. —/́-́-́/ 名 (安く売られる)形の悪い菓子[ビスケット].

mis·shap·en /mì(s)ʃéɪp(ə)n/ 形 奇形の, 不格好な, できそこないの.

‡mis·sile /mísl | -saɪl/ 名 ❶ ミサイル: a nuclear ~ 核ミサイル / ⇒ cruise missile, guided missile. ❷ 飛び道具[矢・弓矢・石など]. —/́-́-́/ 名 A 〔用の, に関した, による〕: a ~ attack ミサイル攻撃 / a ~ silo [site, launcher] ミサイル地下格納庫[基地, 発射装置] / a ~ warhead ミサイル弾頭.【L=飛ばすもの; ⇒ MISSION】

mis·sile·ry /mísəlri/ 名 ❶ (誘導)ミサイル《集合的》. ❷ ミサイル学《ミサイルの設計・製作・用法などの研究》.

*__miss·ing__ /mísiŋ/ 形 ❶ ある[いる]べき所にない[いない], 見つからない, 紛失している, 抜けている (lost): the ~ papers 紛失した書類 / He's always ~ when I need him. 彼は必要な時はいつもいない / Two pages are ~ from this book=This book has two ~ pages. この本は2ページの落丁がある. ❷ a 〈人が〉行方不明で: ⇒ missing person. b [the ~, 名詞的に]〈集合的扱い〉行方不明者たち. ❸ P (戦闘などで)行方不明で: go ~ (in action) (戦闘中に)行方不明になる / Their yacht has been reported (as) ~. 彼らのヨットは行方不明と報道されている.

míssing línk 名 ❶ C 系列を完成するのに欠けているもの 《in, between》. ❷ [the ~] 《生》失われた環[鎖], ミッシングリンク《類人猿と人間との中間にあったと仮想される動物》.

míssing pérson 名 ❶ 失踪者, 行方不明者. ❷ [M~ P~] (警察の)失踪者捜査課.

*__mis·sion__ /míʃən/ 名 ❶ a 使命, 任務, 役目: be sent on a ~ 使命を帯びて派遣される. b 天職, 使命: a sense of ~ 使命感 (★ a は無冠詞) / one's ~ in life 人の一生の使命. ❷ a [集合的; 単数または複数扱い]《通例外国への》使節団, 派遣団: a trade ~ to China 中国への貿易使節団. b 在外大使[公使]館. ❸ a (軍) 特命; (空軍) 特命飛行: fly a ~ 特命飛行をする. b (宇宙船による)[…への]特務飛行: a space ~ 宇宙特務飛行 / a ~ to the moon 月への特務飛行. ❹ a (特に外国への)伝道, 布教. b 伝道[布教]団体(本部). **Míssion accómplished** 任務無事完了. —— 形 A 伝道[布教]団体の[が運営する]: a ~ hospital 伝道団体が運営する病院 / a ~ school ミッションスクール. 《L<*mitto, miss-* 送る cf. admit, commit, emit, intermit, omit, permit, remit, submit, transmit; dismiss, missile, promise》

†**mis·sion·ar·y** /míʃənèri | -nəri/ 名 ❶ (外国へ派遣される)伝道師, 宣教師. ❷ (ある主義の)宣伝者. —— 形 伝道の, 布教(師)の; 伝道師のような: a ~ zeal 非常な熱意.

míssionary posítion 名 [the ~] (口) (性交体位の)正常位.

míssion contról (cènter) 名 (地上の)宇宙(飛行)管制センター.

míssion crèep 名 U (米) 任務目的の漸次変化《もともとの目的が, 徐々に起こる未定の変化が重なって, 別のものになってしまうこと》.

míssion státement 名 (会社・組織の)使命宣言.

mis·sis /mísiz/ 名, -SIS | -SIZ- / 名 =missus.

miss·ish /mísɪʃ/ 形 少女のように気取った, ました.

Mis·sis·sip·pi /mìsəsípi⁻/ 名 ❶ ミシシッピー州《米国中南部の州; 州都 Jackson; 略 Miss., 郵 MS; 俗称 the Magnolia State》. ❷ [the ~] ミシシッピー川《米国中部の大河》. 《N-Am-Ind=big river》

Mis·sis·sip·pi·an /mìsəsípiən⁻/ 形 ❶ ミシシッピー州(の人)の. ❷ ミシシッピー川の. —— 名 ミシシッピー州の人.

mis·sive /mísɪv/ 名 (文) (長い)手紙, 信書; (特に)公文書 (★ しばしば戯言的).

Mis·sou·ri /mɪzʊ́(ə)ri/ 名 ❶ ミズーリ州《米国中部の州; 州都 Jefferson City; 略 Mo., 郵 MO; 俗称 the Show Me State》. ❷ [the ~] ミズーリ川《Mississippi 川の支流》. 《N AmInd=people of the big canoes》

Mis·sou·ri·an /mɪzʊ́(ə)riən/ 形 ミズーリ州(人)の. —— 名 ミズーリ州の人.

mis·spéll 動 他 (-spelt, -spelled)〈…の〉つづりを間違える.

mis·spélling 名 C|U つづり違い, 誤ったつづり.

mis·spénd 動 他 (-spent)〈時間・金銭などの〉使い方を誤る, 浪費する (waste): a [one's] *misspent* youth 無為に過ごした青春 (★ しばしば戯言的).

mis·státe 動 他〈事実などを〉述べ誤る; 偽って申し立てる.

mis·státement 名 C|U 誤った陳述; 虚偽の申し立て.

mis·stép 名 踏み誤り[はずし]; 失策, 過失.

mis·sus /mísəz, -səs | -sɪz/ 名 ❶ [the ~] (口) 女房, 細君. ❷ [女性に対する呼び掛けで] (英口) あんた, 奥さん. 《MISTRESS の別形》

miss·y /mísi/ 名 若い娘; お嬢さん. 《MISS+-Y²》

*__mist__ /míst/ 名 ❶ U.C かすみ, もや, 霧: (a) thick [heavy] ~ 濃霧 / Scotch mist / valleys hidden [shrouded] in ~ 霧に隠れた[包まれた]谷. b (米) 霧雨. ❷ U (また ~) a (ガラスなどの)曇り. b (涙による)かすみ. c (スプレーの香水などの)噴霧. d (寒い日の白い息. ❸ [通例複数形で] 判断[理解, 記憶, 意味]をぼんやりさせるもの: the ~*s of* prejudice 偏見の曇り / be lost in the ~*s of* time 事実・原因などが時を経て分からなくなる[忘れられる]. —— 動 他 〈植物などに〉霧を吹きかける; 〈…を〉かすませる[霧]; 曇らせる, ぼんやりさせる 《up, over》: Tears ~ed her eyes. 涙で彼女の目は曇った / Steam ~ed up the mirror. 蒸気で鏡がすっかり曇ってしまった. ❷ 〈…を〉曇らせる: The glass was ~ed with steam. ガラスが蒸気で曇っていた. —— 自 ❶ かすみ[霧]がかかる; 曇る 《up, over》; 〈目が〉涙でかすむ 《over》 《with》: The windshield ~ed over. 車のフロントガラスはすっかり曇った. ❷ [it を主語として] a (米) 霧雨が降る: It's ~ing. 霧雨が降っている. b (英) 霧がかかる 《up, over》. 《OE=darkness, mist》 [派] míst·y

【類義語】mist 視界を妨げる空気中のもや, 霧; 普通 haze より濃く fog より薄い. haze 薄もや, かすみ; 湿気によるものだけでなく, 乾いた煙や炎熱によるものもいう. fog 視界をさえぎる厚い霧. smog 大都会・工業地帯に現われる煤煙(ばいえん)や排気ガスが空に立ちこめたもの.

mis·tak·a·ble /mɪstéɪkəbl/ 形 間違いやすい, 紛らわしい, 誤解されやすい. **-a·bly** /-kəbli/ 副 間違いやすく, 紛らわしく.

*__mis·take__ /mɪstéɪk/ 名 C|U ❶ 間違い, 誤り, ミス; 思い違い, 誤解: grammatical ~*s* 文法上の誤り / learn from one's ~*s* 誤りから学ぶ / make a ~ 誤りを犯す, ミスをする / There's no ~ about it! それは確かだ / There must be some ~. 何か誤認があるに違いない / It was a ~ to trust him. 彼を信用したのは間違いだった / I made the ~ of having a second coffee. コーヒーをおかわりして失敗した (眠れなくなってしまったなど) / We all make ~*s*. (口) 誤りは誰もが犯すものだ《だからよくするな》. ❷ 《法》錯誤, **and nó mistáke** (口) [前の言葉を強めて] 間違いなく: You're a fool *and no* ~! お前はまったくばかだよ. **beyònd mistáke** 間違いなく, 確かに. **by mistáke** 誤って: I have taken someone's umbrella *by* ~. それは誤って人の傘を持ってきてしまった. **in mistáke for** …と間違えて. **màke nó mistáke (abòut it)** (口) 間違いなし, 確かに: *Make no* ~ *about it*, you have to do it. いいかね, どうしてもしなければいけないよ / This is of vital importance, *make no* ~. これはとても大事なんだ, 勘違いするなよ. —— 動 (mis·took /-tʊ́k/; mis·tak·en /-téɪk(ə)n/) 他〈…を〉間違える, 誤る; 誤解する,〈…の〉解釈[判断]を誤る: I *mistook* the house. 家を間違えた / She has *mistaken* me [my meaning]. 彼女は私の言葉[言った意味]を誤解している / There was no *mistaking* what he meant by it. 彼がそのことで言おうとしたことは誤解のしようがなかった. / *+wh.* You're *mistaking* how far the responsibility goes. 君は責任の範囲を誤解している. ❷〈を〉〈…と〉見間違える, 取り違える, 思い違いをする: You can't ~ it. それはすぐわかる[見間違えるはずはない] / I *mistook* the stick *for* a snake. その棒切れをヘビと間違えた. 《ON; ⇒ mis-, take》【類義語】⇒ error.

*__mis·tak·en__ /mɪstéɪk(ə)n/ *mistake* の過去分詞. —— 形 (**more** ~; **most** ~) ❶ P (比較なし) 〈人が〉間違えて, 思い違いをして, 誤解して (wrong): Unless I'm (very much) ~=If I'm not ~ もし私が(とんでもなく)間違っていないとすれば / I was ~ *about* it. 私はそのことで間違っていた / You were ~ *in* assuming it. 君がそうと決めてかかった[そう思い込んだ]のは間違っていた. (★ in のあとには *doing* がくることが多い). ❷ A 判断を誤った, 間違った: ~ kindness 誤った親切 / (a case of) ~ identity 人違い. ~·**ly** 副 誤って, 誤解して.

†**mís·ter** /místə/ | -tə/ 名 ❶ [M~; 男性の敬称に用いて] …さん (⇒ Mr.): Don't call me ~; it's very distant. 「さん」づけはよしてくれ, よそよそしいよ. ❷ [名前を知らない男性に呼び掛けて]《米口》もし, あなた《★《英》では非標準的用法》: Good morning, ~. だんな, おはようございます.《MASTER の別形》

Míster Chárlie 名《米俗》白人.

mìs·tíme 動 ❶ 〈…の〉時機を誤る, タイミングを間違える. ❷ 不適当な時にする[言う].

mìs·títle 動 〈…の〉タイトル[名前]を誤って示す.

mís·tle thrùsh /mís(ə)l-/ 名《鳥》ヤドリギツグミ（ヨーロッパ主産）.

mís·tle·toe /mísltòu/ 名 U《植》ヤドリギ（広葉樹に生育する寄生植物; クリスマスの装飾用; 解説 クリスマスの飾りのヤドリギの下にいる少女にはキスしてもよいという習慣がある）.

***mis·took** /mistúk/ 動 mistake の過去形.

mis·tral /místrɑ:l, místrəl/ 名 [the ~] ミストラル（フランスなどの地中海沿岸地方に吹く寒冷な北西風）.

mìs·translàte 動 誤訳する.

mìs·translátion 名 C|U 誤訳.

mìs·tréat 動 虐待する, 酷使する (ill-treat, maltreat). **~·ment** 名 U 虐待, 酷使.

***mis·tress** /místrɪs/ 名 ❶ 情婦, めかけ, 愛人. ❷ (↔ master) **a**《古風》（一家・使用人の）主婦, 主婦. **b**《英古風》女教師. **c**（ペットの）女性の飼い主, 女主人. ❸ **a** 〔事態などを〕支配[左右]する女性: (the) ~ of her own actions 自分の行動をみずからの意志で決する女性. **b** 「…の分野で最もすぐれた女性, 女流名人: a ~ of comedy 喜劇の女王. **c** 女王, 支配者（である女性）: the ~ of the night 夜の女王（月）/ the ~ of the Adriatic アドリア海の女王（ベニスの俗称）. ❹《詩》（求愛される）恋人. ❺ [M~]《古》…夫人. **be one's ówn místress**〈女性が〉他人の束縛を受けない, 自由の身でいる.

místress of céremonies 女性司会者. **the Místress of the Róbes** （英国王室の）女官長（女王の衣裳管理係）.《MISTER + -ESS》

mìs·tríal 名《法》❶ （手続き上の過誤による）無効審理. ❷《米》（陪審員の意見不一致による）未決定審理.

†**mis·trust** /mistrʌ́st/ 動 〈…を〉信用しない, 疑う, 危ぶむ: I ~ his motives. 彼の動機に疑念をもっている. ── 名 U [また a ~] 不信（感）, 疑念 (suspicion) 〔of〕.《類義語》⇒ distrust.

mis·trust·ful /mistrʌ́stf(ə)l/⁻ 形 疑い深い, 信用しない: He's ~ of my motives. 彼は私の動機を信用していない. **~·ly** /-fəli/ 副

†**mist·y** /místi/ 形 (**mist·i·er; -i·est**) ❶ **a** かすみのかかった, 霧の深い[立ちこめた]: a ~ morning 霧の深い朝. **b**〈雨か霧のように〉〈目が〉涙や〈老衰で〉かすんだ. ❷ 〈考え・記憶など〉薄ぼんやりとした, 不明瞭な, 漠然とした. ❸ 〈色が〉霧のかかったように淡い. **mist·i·ly** /-təli/ 副 **mist·i·ness** 名 U 霧の深いこと.

místy-èyed 形〈目が（涙で）かすんだ, うるんだ.

mìs·týpe 動 間違ってタイプする.

†**mis·un·der·stand** /mìsʌndəstǽnd | -də-/ 動 (**-stood** /-stúd/) ❶ 誤解する: Don't ~ me [what I say]. ぼく[ぼくの言うこと]を誤解しないでくれ.

†**mis·un·der·stand·ing** /mìsʌndəstǽndɪŋ | -də-/ 名 U|C ❶ 誤解, 考え違い: have a ~ 誤解する / There's a ~ *about* [*of*] the situation. 状況について誤解がある. ❷ C （ちょっとした）不和, 意見の相違〔*between, with*〕.

†**mis·un·der·stood** /mìsʌndəstúd | -də-/ 動 **misunderstand** の過去形・過去分詞.

mìs·úsage 名 U|C《古》❶ 誤用, 悪用. ❷ 虐待, 酷使.

†**mìs·úse** /-jú:s; 名 -jú:s/ 動 ❶ 誤用する, 悪用[乱用]する〔*of*〕. ❷ 虐待[酷使]する.

MIT /émàití-/《略》Massachusetts Institute of Technology マサチューセッツ工科大学.

Mitch·ell /mítʃəl/ 名 ミッチェル（男性名）.

mite¹ /máɪt/ 名《動》ダニ.《OE》

†**mite²** /máɪt/ 名 ❶ 《口》小さな子供[もの]. ❷ [通例単数形で]（少額ながら）奇特な寄付, 貧者の一灯: the widow's ~ 貧者の一灯（★ 聖書「マルコ伝」から）. ❸ [a ~] **a** 少量 (a little, a bit): a ~ *of*…《古風》わずかの…. **b** [副詞的に]《口》少し, ちょっぴり: He is *a* ~ taller than I am. 彼は私よりちょっぴり背が高い. **nòt a míte**《口》少しも…でない.

mi·ter /máɪtə | -tə/ 名 ❶《カト》司教冠. ❷ = miter joint. ── 動《機》留め継ぎにする[なる]. **mí·tered** 形 司教冠をかぶった.

míter blòck 名《木工》留めを作るための溝つき角材.

míter bòx 名《木工》（のこを適当な斜角に固定するための）留め継ぎ箱, 留め切り盤.

míter jòint 名《木工》留め, 留め継ぎ.

míter whèels 名《機》マイターホイール（互いに斜めになった面をもつ cogwheels）.

mi·tral /máɪtrəl/ 形《解》僧帽弁の.

mi·tre /máɪtə | -tə/ 名《英》= miter.

mitt /mít/ 名 ❶《野》（捕手・一塁手用の）ミット. ❷ **a**（婦人用の）長手袋（絹またはレース製で指先は出して前腕までおおうもの）. **b** = mitten: an oven ~ オーブン用の手袋. ❸ [通例複数形で]《俗》手.《↓の短縮形》

mit·ten /mítn/ 名 ❶ ミトン（親指だけ離れているふたまた手袋）.《F = 半手袋》

mítten cràb 名《動》チュウゴクモクズガニ（柔毛でおおわれたはさみをもつ, イワガニ科の緑がかったオリーブ色のカニ; アジア原産で, 他の地方にも移入された）.

Mit·ter·rand /mí:tərɑ:n(d) | -rà:ŋ/, **Fran·çois** /frɑ:nswá:/ 名 ミッテラン（1916-96; フランスの政治家; 大統領 (1981-95)）.

mitz·vah /mítsvə, -va:/ 名《猶》(**-voth** /-vòut/, **~s**)《ユダヤ教》聖書[律法会律]の戒律; （戒律に従った）善行で; （広く）りっぱな行ない, 善行.

***mix** /míks/ 動 ❶ 混ぜる: **a** 〈二種類（以上）のものを〉混合[混和]する: ~ colors 絵の具を混ぜ合せる / Don't ~ your drinks. 酒をちゃんぽんにして飲まないように / Many different races are *~ed together* in the U.S. 合衆国では多くの異なった人種が混ざっている. **b** 〈…とに〉混ぜ（合わせる）: ~ cement *with* sand セメントに砂を混ぜる / ~ an egg *into* batter 卵を練り粉に混ぜる / It's wise of you to ~ business *with* pleasure. 仕事と楽しみを結びつけるのは賢明だ. **c** 〈…を〉混ぜて〔…に〕作る: ~ the ingredients *into* a paste 材料を混ぜて練り粉にする. ❷ **a** 〈カクテルなどを〉混合して作る, 調合する: ~〈材料を混ぜ合わせて〉サラダなどを〉作る: ~ a cocktail カクテルを混ぜて作る / ~ a salad サラダを作る. **b** （人に）（ものを）混合して作ってやる: **〔+目+目〕** She ~*ed* him a drink. = She ~*ed a* drink *for* him. 彼女は彼に飲み物を1杯つくってやった. ❸ 〈複数の音声・映像を効果的に調整する, ミキシングする.
── 自 ❶ 混合する; 混ざる: Oil and water don't ~. 油と水とは混ざらない / Oil doesn't ~ *with* water. 油は水と混ざらない. ❷ 〈人が〉仲よくやっていく; 〈人が〉他の人たちと親しくする, 交際する (socialize): She ~*es* well in any company. 彼女はどんな仲間とも仲よくやっていける / They didn't ~ *with* the natives there. 彼らはそこの土地の人々とつきあわなかった. ❸ （パーティーなどで）〈人が〉（間

を回りながら)〈客などと〉話をする: She ~ed with the guests. 彼女は客に混じって話をして回った.
be [gét] míxed úp《口》(1)〈好ましくない事・人に〉関係がある, かかり合う (be involved): Unfortunately he *was* ~*ed up in* the affair. 彼は不幸にもその事件に巻き込まれて(い)た.: Don't *get* ~*ed up with* those people. あの人たちとはかかり合いにならないようにしなさい. (2) 頭が混乱する, 何だかわからなくなる.
mix and match〈衣服などの〉異質な組み合わせを(して似合うか)試す.
míx ín《他+副》(1)〈食物・飲み物を作る際に〉〈他のものを〉入れて混ぜ合わせる. ——《自+副》(2) 他の人たちと仲よくやっていく〈パーティーなどで〉皆とうちとける. (3)〔他の人たちとつき合う〕〔*with*〕.
mix it (úp)《口》〔…と〕けんかする, 殴り合う〔*with*〕.
mix like óil and wáter〈人・物事が〉水と油の関係である, しっくり調和しない.
míx úp《他+副》(1)〈ものを〉よく**混ぜ合わせる**; ごちゃまぜにする: Don't ~ *up* these papers. この書類は混ぜないでください. (2)〈…を〉**混乱させる, わけがわからなくさせる**(★ しばしば受身で): I *get* ~*ed up* when you speak too fast. 君があんまり速く話すと私は混乱してしまう. (3)〈…を〉…と**混同する** (confuse): I often ~ her *up with* her sister. 私はよく彼女を妹と間違える.
—— 名 ❶ 〖U.C〗《通例複合語で》(いろいろな材料を混ぜたインスタント食品の)素(もと): (an) ice-cream ~ アイスクリームの素 / (a) cake ~ ケーキの素. ❷ 〖C〗混合(物): a strange ~ of people 妙な顔ぶれの寄り集まり.
《L misceo mixt- 混ぜ合わせる》 (名 mixture)
【類義語】**mix** 「混ぜる」の意味ではもっとも一般的な語で, 結果的に各要素が識別できるできないにかかわらず, (大体)一様なものになる時に用いる. **mingle** 分離して識別できる要素を混ぜ合わせる. **merge** 混合して各要素が区別できなくなる, またはひとつのものを他の中に吸収する. **blend** 異種のものを混ぜ合わせて新たな質のものを作り出す.

míx·a·ble /-əbl/ 形 混合できる.

*mixed /míkst/ 形 ❶ **a** いろいろなものが混ざった, 混合の, 雑多な: ~ cookies クッキーの取り合わせ / a ~ drink 混合酒(カクテルなど) / ~ motives 複合した動機. **b** 相反する[相容れない]要素の混ざった: get ~ reactions (賛否両論)さまざまな反応を得る / feel ~ about… =have ~ feelings about…について複雑な[相反する]感情を抱く. ❷ (比較なし) **a** 男女混合の; 男女共学の (co-educational): in ~ company 男女が同席している時に / a ~ school 共学学校. **b**〖楽〗混声の: a ~ chorus 混声合唱. ❸ 種々雑多な人種から成る; 異種族[宗教]間の: a ~ marriage 異なった人種[宗教]間の結婚.

míxed abílity 形 A〈教え方・クラスなど〉できる生徒もできない生徒もいっしょの〉能力混成方式の.
míxed bág [a ~]《口》(よい人[物]と悪い人[物]の)寄せ集め, ごたまぜ〔*of*〕.
míxed bléssing 名 [a ~]《口》ありがたいようなありがたくないような[功罪相なかばする]こと[もの].
míxed búnch 名 =mixed bag.
míxed dóubles 名《テニスなど》混合ダブルス.
míxed ecónomy 名 混合経済(資本主義と社会主義の両要素を取り入れた経済).
míxed fárming 名 〖U〗混合農業(農作物・畜産などを混合経営する農業).
míxed gríll 名 ミックスグリル(いろいろな種類の焼き肉の取り合わせ料理).
míxed márriage 名 異なった宗教・人種間の結婚, 混血婚, 異宗[混信]結婚.
míxed média 名 〖U〗 ❶ =multimedia. ❷〖画〗(絵具・クレヨンなど)異なった画材で描いた絵. **míxed-média** 形
míxed métaphor 名《修》混喩(こんゆ)(二つ以上の性質の違う隠喩を混用する比喩).
míxed númber 名〖数〗混数(帯分数および帯小数).
+**míxed-úp** 形《口》頭の混乱した (confused); 情緒不安定な; ノイローゼ気味の.

+**míx·er** 名 ❶ **a**〔通例修飾語を伴って〕混合機, ミキサー: a cement [concrete] ~ コンクリートミキサー. **b**(電動)攪拌(かくはん)器[機], 泡立て器(注意 日本でいうジュースなどを作る時に使う「ミキサー」は《米》blender,《英》liquidizer という). ❷ 酒類と混ぜるソフトドリンク(ジュース, ソーダ水など). ❸《口》交際の…な人: a good [bad] ~ 人と容易になじむ[なじまない]人, 交際上手[下手]. ❹《米古風》懇親(パ)会.〖音声の調整装置[技師], ミキサー.
míx·ing bòwl 名 ミキシングボウル(料理の材料を混ぜ合わせるための大型のボウル).
míxing dèsk 名 ミキシングデスク, 調整卓(レコーディングや放送の際に音信号をそこでミックスするコンソール).
*mix·ture /míkstʃɚ | -tʃə/ 名 ❶〖C〗混合物, 合成品, 調合薬;〖化〗混合液: a cough ~ せき止め調合薬 / an amazing ~ of peoples and tongues 人種と言語の驚くべき混合体 / Air is a ~ of gases. 空気は気体の混合物である. ❷ [a ~](感情の)交錯: with a ~ *of* sorrow and anger 悲しみと怒りが入り混ざって. ❸〖U〗混合(すること), 混和: by ~ 混合して.《MIXの名詞形》
míx-ùp 名《口》手違い, (手違いによる)混乱: a ~ *over* the booking 予約の手違い.
miz·zen, miz·en /mízn/ 名〖海〗❶ ミズンスル(後檣(こうしょう)に張る縦帆). ❷ =mizzenmast: ~ rigging 後檣索具.
mízzen·màst 名〖海〗(三檣(しょう)船の)後檣.
mízzen sàil 名 =mizzen 1
miz·zle[1] /mízl/ 自《英》[it を主語として] 霧雨が降る. ——名〖U〗〖また a ~〗霧雨.
miz·zle[2] /mízl/ 自《英俗》逃亡する.
míz·zly 霧雨の降る; 霧雨のような.

mk, Mk《略》mark[1](車種などを示す; 例 Mk II); mark[2]. **mks**《略》meter-kilogram-second〖理〗MKS(単位)(長さ・質量・時間の基本単位; cf. cgs).
mkt《略》market. **ml**《略》milliliter(s). **MLD**《略》《薬》minimum lethal dose 最小致死量; moderate learning difficulties 中度の学習困難. **MLF**《略》multilateral nuclear force 多角的核戦力.
MLitt《略》Master of Letters. **Mlle.**《略》Mademoiselle. **Mlles.**《略》Mesdemoiselles.
MLR《略》《英》minimum lending rate(イングランド銀行の)最低歩合.
+**mm** /m̩m̩/ 間〖同意・相づちなどを表わして〗ふむ!, ふーん!, うん!(撥音語).
mm《略》millimeter(s). **Mme.**《略》Madame.
Mmes. /meɪdɑ́:m/《略》Mesdames. **mmf** magnetomotive force. **MMR**《略》《医》measles, mumps, and rubella はしか, おたふくかぜ, 風疹(小児に用いる混合ワクチン). **Mn**《記号》《化》manganese.
MN《略》《米郵》Minnesota.
M'Nághten Rùles /məknɔ́:tn-/《略》=McNaughten Rules.
mne·mon·ic /nɪmάnɪk | -mɔ́n-/ 記憶を助ける, 記憶術の: a ~ system 記憶法 / ~ rhymes 覚え歌. ——名 記憶を助ける工夫(公式・覚え歌など). **-i·cal·ly** 副
mne·mon·ics /nɪmάnɪks | -mɔ́n-/ 名〖U〗記憶術.
mo /móu/ 名〖通例単数形で〗《英口》瞬間 (sec): Wait a ~. =Half a ~. ちょっと待って.《MO(MENT)》
Mo《記号》《化》molybdenum. **MO**《略》《電算》magneto-optical; Medical Officer;《米郵》Missouri; modus operandi; money order. **mo.**《略》month(s); monthly. **Mo.**《略》Missouri; Monday.
mo' /móu/《米口》=more(特にラップミュージックで使われる).
-mo /moʊ/ 腰尾〖製本〗「(紙の)…折(判)」の意の名詞語尾: 16mo 16 折(判).
moa /móuə/ 名 モア, 恐鳥(絶滅したニュージーランド産の無翼の巨大な鳥).
*moan /móun/ 名 ❶ **a** 〖C〗(苦痛・悲しみの)うめき(声) (groan). **b** [the ~]《文》(風などの)うなり声, 悲しげな声. ❷《英口》不平, 不満: have a ~ (about) (…のことで)不満を言う. —— 動 ❶ **a** うめく, うなる: ~ with pain

痛みのためにうめく. **b** 〈風が〉うなる. **❷** 《英口》〔…のことで〕不平[ぐち]を言う (whinge): He's always ~*ing* (*about*) his job. 彼は〈仕事のことで〉いつも不平ばかり言っている. **❸** 《口》〈…と〉不平を言う〔+*that*〕: She keeps ~*ing that* she has no time. 彼女は時間がないといつも不平ばかりたらたらだ. **❹** …とうめきながら〈…を〉ようやくに言う〔+圓用〕 "Water!," he ~*ed*. 「水」と彼はようやくに言った. **❸** 《文》〈不幸などを〉嘆く, 悲しむ; 〈死者を〉いたみ悲しむ.

móan·er 图 **❶** うめき声をあげる人. **❷** 《口》不平家.

moan·ful /móunf(ə)l/ 形 悲しげな, 悲嘆に暮れた.

†**moat** /móut/ 图 《都市·城の周りの》堀.

móat·ed /-ɪd/ 形 堀のある.

***mob** /máb | mɔ́b/ 图《集合的に; 単数または複数扱い》 **❶** 回暴徒, やじ馬連: stir up [subdue] a ~ 暴徒を駆り立てる[鎮める]. **❷** [the ~] 《軽蔑》〈理性的でなく, 絶えず意見が変わる〉大衆; 下層民. **❸** 回 **a** 《口》仲間. **b** 《俗》《特に盗賊などの》一団, 仲間, 暴力団: the *M-*=the Mafia. **❹** 《豪·ニュ》〈牛·羊の〉群れ. ── 形 **A** 暴徒[群衆]の: ~ oratory 群衆心理をあおりたてる演説 / ~ psychology 群衆心理 / ~ rule 暴民による支配. **❺** 大衆向けの.
── 動 (mobbed; mob·bing) ⓣ **❶** 〈…を〉群れをなして襲う. **❷** 〈…の〉周りに群がり集まる, 殺到する: The airport counters were *mobbed* by angry tourists. 空港カウンターには怒った観光客が殺到した. 《類義語》**mob** 破壊的行為をしかねない無秩序な群衆; 悪い意味の強い語. **crowd** 大ぜいの人が無秩序に密集したもので, 一人一人の見分けがつかない; 最も一般的な語. **throng** 特に押し合いながら移動する群衆. **swarm** 一緒に絶えず動いている集団.

mób cáp 图 モブキャップ《18-19 世紀に流行した, あご下で結ぶ婦人室内帽》.

mób-hánded 形 《英俗》集団で, 大勢で.

***mo·bile** /móubl, -biːl | -baɪl/ 形 **❶ a** 《比較なし》可動の, 機動[移動]性のある, 移動式の, 車で移動する: a ~ clinic 移動診療所 / a ~ library 移動図書館 / a ~ shop 移動売店 / ~ troops 機動化部隊, 機動隊. **b** 〈人が〉動き回れて, 動きやすい《↔immobile》: I'm not ~ yet. 〈けがが治らず〉まだ自由に動けない. **❷** 〈人·職業·階層が〉流動的な, 移動性のある. **❸** 〈顔の表情が〉豊かな. ── 图 /-biːl | -baɪl/ **❶** 《米》動く彫刻, モビール《抽象派彫刻で金属片をつるして運動を表わしたりする》. **❷** =mobile phone. 《F<L *mobile* movable; ⇒ **move**》 图 mobility

Mo·bile /moubíːl/ 图 モビール《Alabama 州南西部の市; モビール湾北岸にある港町》.

†**móbile hóme** 图 モービルホーム, 移動住宅《定置して住宅としても用いる; 移動するときは別の車で牽引する》.

†**móbile phóne** 图 《英》携帯電話.

mo·bil·i·ty /moubíləti/ 图 回 **❶** 可動性, 機動性. **❷** 流動性, 移動性: job ~ 職業の流動性 / social ~ 階層の流動性. 形 mobile

mobility allówance 图 《英》《身体障害者に国が給付する》交通費手当.

mo·bi·li·za·tion /mòubələzéɪʃən, -laɪz-/ 图 回 動員, 結集: industrial ~ 産業動員. ── 形 **A** 動員の: ~ orders 動員令 / a ~ scheme 動員計画.

***mo·bi·lize** /móubəlàɪz/ 動 ⓣ **❶** 〈ある目的のために〉〈人々を〉動員する, まとめ上げて動かす; 〈支持·資源などを〉総動員する. **❷ a** 〈戦争·非常事態で〉〈人·軍隊などを〉動員する. **b** 〈産業·資源などを〉戦時体制にする. **❸** 〈…を〉動かせる[動くようにする], 〈…に〉可動性[移動性]を持たせる. ── ⓘ 〈人·軍隊が〉動員される.

Mö·bi·us strip /méɪbiəs- | móʊ-/ 图 メビウスの帯《細長い帯を 1 回ひねって一方の端ともう一方の端の裏でつないだもの; この帯は表と裏の区別がなくなる》.

mob·oc·ra·cy /mɑbákrəsi | mɔbɔ́k-/ 图 《口》 **❶** 回衆愚[暴民]政治. **❷** 回《通例 the ~》《支配階級としての》暴民.

mób rùle 图 回 暴民[衆愚]政治, リンチ.

mob·ster /mɑ́bstə | mɔ́bstə/ 图 暴力団の一員[一味] (gangster).

1161　　　**modal**

moc·ca·sin /mɑ́kəsɪn | mɔ́k-/ 图 **❶** 《通例複数形で》 **a** モカシン《北米先住民の鹿革製のかかとのない靴》. **b** モカシンに似た靴. **❷** 《動》ヌママムシ.

mo·cha /móukə | móukə/ 图 回 **❶ a** 《時に M-》モカ《コーヒー》《昔アラビア南西部の海港 Mocha から積み出されていた》. **b**

moccasin 1b

《米》モカ香料《モカ《コーヒー》とチョコレートで作る》. **c** チョコレート色, 暗褐色. **❷** モカ革《エジプトの柔らかい上質の羊皮; 特に手袋用》.

***mock** /mɑ́k, mɔ́ːk | mɔ́k/ 動 ⓣ **❶** 〈人·言動を〉あざ笑う, あざける, ばかにする; 物まねする, 茶化する. **❷** 努力などを失敗に終わらせる; 〈希望などを〉くじく: The high wall ~*ed* his hopes of escape. その高い塀のため彼は逃亡の望みを捨てざるをえなかった. ── ⓘ 〈…を〉あざける〔*at*〕. **móck úp** 〈他+圓〉〈…の〉実物大模型を作る《cf. mock-up》. ── 图 **❶** あざけりの的, 笑いぐさ: He's the ~ of the town. 彼は町の笑いものである. **❷** 《複数形で》《英口》模擬試験. **màke (a) móck of**…《文》〈…を〉あざ笑う. ── 形 **A** まがいの, 偽の, まねごとの: a ~ examination [trial] 模擬試験[裁判] / ~ leather 擬革 / ~ modesty 見せかけの謙遜(けんそん), おすまし / with ~ seriousness まじめくさったふりをして / ~ Tudor 《建》擬似チューダー様式の. ── 副《通例複合語で》擬似…, 偽って: in a *mock*-serious manner 真剣さを装って. 《類義語》(1) ⇒ imitate. (2) ⇒ ridicule.

móck·er 图 あざける[嘲る]人, こっけいにまねる人[もの]. **pùt the móckers on**…《英俗》(1) …を台なしにする; …に不運をもたらす. (2) …を中止させる, 終わらせる, じゃまする.

***mock·er·y** /mɑ́kəri, mɔ́ːk- | mɔ́k-/ 图 (-er·ies) **❶** 回 あざけり, 冷やかし / hold…up to ~ 〈人·ものを〉あざ笑う. **❷** 回あざ笑いの的, 笑いもの: make a ~ of… …をあざ笑う《cf. 4》. **❸** [a ~] にせ[まがい]もの; 《形式的な》まねごと, 茶番: His trial was a mere ~. 彼の受けた裁判は形ばかりのものだった. **❹** [a ~] 骨折り損, 徒労: The rain made *a* ~ *of* our efforts. 雨で我々の努力はむだに終わった《cf. 2》. 形 mock

móck-heróic 形 英雄風を茶化した; 《文芸》くだらないことを壮麗なことばで表わす, モックヒロイックの. ── 图 英雄風を茶化した作品[行動].

†**móck·ing** 形 あざける[ばかにする]《ような》. **~·ly** 副 あざけるように, からかって.

mócking·bird 图 《鳥》マネシツグミ《他の鳥の鳴き声を巧みにまねる; 北米南部産》.

móck móon 图 幻月.

mock·ney /mɑ́kni | mɔ́k-/ 图 回《英》下層の人たちの言葉·発音をまねた話し方. 《*mock*+*cockney*》

móck órange 图 《植》バイカウツギ《バイカウツギ属の各種の低木; オレンジに似た白い花をつける》.

móck sún 图 幻日.

móck túrtle(neck) 图 《米》モックタートルネック: a 《ニットなどで》折り返しのないタートルネック. **b** 折り返しのないタートルネックのシャツ[セーター].

móck tùrtle sóup 图 回 モックタートルスープ《海ガメスープに似せて作る子牛の肉のスープ》.

móck-úp 图 《飛行機·機械類などの》実物大模型《*of*》.

mod[1] /mɑ́d | mɔ́d/ 图 《時に M-》《英口》モッズ族の人《1960 年代に現われた英国の若いビート族; 特に大胆な衣装を気取って着た 10 代の若者》: ~s モッズ族. ── 形 《口》〈服装が〉最新《流行》の. 《MOD(ERN)》

mod[2] /mɑ́d | mɔ́d/ 图 《口》=modulo.

mod[3] /mɑ́d | mɔ́d/ 图 《通例 M-》《Highland のゲール人が毎年開く》音楽と詩歌の集い[コンテスト].

MOD /émòud/ 《略》Ministry of Defence.

mod·al /móudl/ 形 **❶** 形式上の, 形態上の. **❷** 《文法》法の, 叙法の: a ~ auxiliary 法助動詞《may, can, must, would, should など). ❸ [楽] 旋法の, 音階の. ❹ [統] モード[並数, 最頻値]の. ❺ [論] 様相の. ── [名] [文法] 法助動詞. ([名] mode, mood², modality)

mo·dal·ism /móudəlìzm/ [名] [U] ❶ [神学] 様態論 (Trinity の 3 つの位格(父と子と聖霊)は個別のものではなく, 神の 3 つの顕現様態であるとする, 初期教会の異端説). ❷ [楽] 旋法 (mode) に基づくメロディー[ハーモニー]の使用, モード奏法.

mo·dal·i·ty /moudǽləti/ [名] ❶ [U] [文法] 法性. ❷ [U] [楽] 旋法性, モダリティー. ❸ [C,U] [論] 様相. ❹ [C] [心・生] (感覚の)様相, モダリティー, 種類 (五感の一つ). ❺ [C] [通例複数形で] 様式, 方式, 手順, 手続き: the *modalities* of international negotiations 国際交渉の様式. ❻ [C] [医] (治療などの)様式, 形態. ([形] modal)

mod cons /mádkánz | mɔ́dkɔ́nz/ [名] [複] (英口) (売り家広告で)最新設備 (セントラルヒーティングなどの設備): a house with ～ 最新設備付きの家. [*mod*ern *con*veniences]

*__mode__ /móud/ [名] ❶ **a** 方法, 様式, 様態, 流儀: a ～ *of* life 生活様式, 風俗 / a new ～ *of* expression 新しい表現方法. **b** 機能形態, モード: the receiving [transmitting] ～ (通信機器の)受信[送信]モード. ❷ [the ～] (服装・芸術などの)流行(の型), モード: It's all *the* ～. それは大流行だ. ❸ [文法] (動詞の)法 (⇨ mood²). ❹ [楽] 旋法; 音階: the major [minor] ～ 長[短]音階. ❺ [統] モード, 最頻値, 並数. ❻ [論] ＝modality 3. [L *modus* (測定の)方法, 尺度; ⇨ moderate, modest] ([形] modal)
【類義語】⇨ fashion.

ModE, Mod.E. (略) Modern English.

‡**mod·el** /mádl | mɔ́dl/ [名] ❶ **a** 模型, モデル, ひな型: a working ～ 実動模型 / a ～ of a ship 船の模型. **b** (原型の)塑像, 原型: a clay ～ for a statue 粘土の彫像原型. **c** (事象を論理的に単純化・形式化した)モデル: an economical [a statistic] ～ 経済[統計]モデル. ❷ [修飾語を伴って] (服装品・自動車などの)…型: a new ～ ニューモデル / the 2000 ～ of a car 2000 年型の自動車. ❸ (人・ものの)模範, 手本, 鑑(かがみ): on [after] the ～ *of*… を模範として / He's a ～ *of* industry. 彼は勤勉の鑑だ / ⇨ role model. ❹ **a** (画家・写真家などの)モデル. **b** (文学作品などの)モデル. **c** ファッションモデル; (化粧品などの実演販売をする)マネキン(嬢), マヌカン. ❺ (英) (モデルが着用するような有名デザイナーによる)衣服, 衣装.
── [形] [A] (比較なし) ❶ 模型の: a ～ car [train] 模型自動車[列車]. ❷ 模範的な, 典型的な: a ～ school (教授法などの)模範校, モデルスクール / a ～ husband 模範的な夫 / ⇨ model home.
── [動] (**mod·eled,** (英) **-elled; mod·el·ing,** (英) **-el·ling**) [他] ❶ **a** 〈…の〉模型を作る. **b** [粘土などの材料で]〈…を〉作る, かたどる: The children were ～*ing* animals *in* clay. 子供たちは粘土で動物を作っていた. **c** 〈材料を〉[…に]作る; [材料から]〈…を〉形作る: ～ clay *into* a castle 粘土を固めて城にする / ～ a castle *out of* clay 粘土で城を作る. **d** 〈現象・体系などの〉モデルを作る, モデル化する. ❷ […にならって]〈…を〉作る, […を模範にして]〈…を〉形成する: The garden was ～*ed after* the manner of Versailles. その庭園はベルサイユをかたどって作られた / He ～*ed* the play *on* a Greek original. 彼はその劇をギリシア語の原作をもとにして作った / I tried to ～ myself *upon* my teacher. 先生を手本にして自分を形成しようと努めた. ❸ 〈衣装を〉モデルとして着て見せる: He ～*s* ski wear. 彼はスキーウェアのモデルをしている. ── [自] ❶ [粘土などの材料で]模型[ひな形]を作る: ～ *in* clay 粘土で模型を作る. ❷ モデルをする: ～ *for* a painter 画家のモデルになる.
[F < It < L *modus* MODE+*-el* (指小辞)]
【類義語】**model** 人・物がすぐれていて, まねする価値[必要]があると考えられるもの. **example** 善悪にかかわらず人の見本・警告となるような人・行為・物. **pattern** そっくりそのまま模倣されるべき立派[典型的]な見本・方法など. **ideal** 努力の目標となる理想的な人・物; しばしば達成不可能なものを指す.

mód·el·er, (英) **-el·ler** /-dlə | -dlə/ [名] 模型[塑像]製作者.

módel hóme [名] (米) 展示住宅, モデルハウス ((英) show house [home]).

mód·el·ing, (英) **-el·ling** /-dlɪŋ/ [名] [U] ❶ 模型製作. ❷ 造形, 塑像術. ❸ (ファッション)モデル業: do ～ モデルをする. ❹ (形式的)モデル構築, モデル化.

mo·dem /móudem/ [名] [電算] モデム, 変復調装置. ── [動] [他] 〈データを〉モデムで送る. ── [自] モデムで接続する. [*mo*dulator 変調器+*dem*odulator 復調器]

*__mod·er·ate__ /mád(ə)rət, -drət | mɔ́d-/ [形] (**more** ～; **most** ～) ❶ 〈人・行動が〉(極端に走らず)節度のある, 穏健な (↔ extreme): a ～ request 無理のない要求 / ～ political opinions 穏健な政見 / Be ～ *in* eat*ing* and drink*ing*. 飲食は度を越さないようにしなさい. ❷ (比較なし) **a** (量・大きさ・程度・質など)適度の, 中くらいの, 並の (★ しばしば婉曲的に並み以下をさすことがある): people of ～ means 資力[収入]がそう高くない人々 / at a ～ speed ころ合いのスピードで. **b** 〈価格が〉高価でない, 手ごろな, (比較的)安い. ❸ 〈気候など〉穏やかな. ── [名] 穏健な人, 温和主義者. ── /mádərèɪt | mɔ́d-/ [動] [他] ❶ 節制する, やわらげる: ～ one's drinking 酒を控えめにする / ～ one's language 言葉を加減する / ～ one's temper 気を静める. ❷ 〈…の〉調停役[議長]を務める. ❸ [理] 〈中性子を〉(減速剤で)減速する. ── [自] ❶ **a** やわらぐ. **b** 〈風が〉なぐ. ❷ 調停役[なだめ役, 議長]をする. **～·ness** [名] [L＝適当な尺度 (*modus*) 内に抑える; ⇨ mode]

móderate bréeze [名] [気] 和風 (⇨ wind scale 表).

móderate gále [名] [気] 強風 (⇨ wind scale 表).

+**mód·er·ate·ly** [副] ❶ 適度に, ほどよく: a ～ priced car 手頃な値段の車. ❷ 控えめに.

+**mod·er·a·tion** /mɑ̀dəréɪʃən | mɔ̀d-/ [名] [U] ❶ 適度; 穏健, 温和; 節制, 節度. ❷ 緩和, 軽減, 低減; [理] (中性子を)減速すること. ❸ [M～s] (オックスフォード大学の) BA の公式第 1 次試験. **in moderátion** 適度に, ほどよく, 控えめに (↔ to excess): It's OK for you to drink provided you do it *in* ～. ほどほどにやるなら(酒を)飲んでもよろしいですよ.

mod·er·at·ism /mád(ə)rətìzm, -drə- | mɔ́dərə-, mɔ́drə-/ [名] [U] (特に 政治・宗教上の)穏健主義.

mod·er·a·to /mɑ̀dərɑ́ːtou | mɔ̀də-/ [楽] [形] [副] モデラート, ほどよい速さの[で]: allegro ～ 適度に速く. [It]

mód·er·à·tor /-tə | -tə/ [名] ❶ **a** 仲裁者, 調停者. **b** 調節器, 調整器. ❷ **a** (討論会などの)司会者. **b** (米) (町会などの)議長. ❸ [しばしば M～] [キ教] (長老派教会の)教会総会議長. ❹ [理] (原子炉内の中性子の)減速剤.

‡**mod·ern** /mádən | mɔ́d(ə)n/ [形] ❶ [A] (比較なし) **a** 現代の (contemporary); 近世の, 近代の: ⇨ modern history / ～ poetry 現代詩 / ～ times 現代. **b** [M～] (言語史で)近代の: ⇨ Modern English. ❷ 現代式の, 近代的な, 最新の, モダンな (up-to-date): the most ～ surgical techniques 最新の外科技術. ── [名] [通例複数形で] 現代人; 現代的な人: young ～*s* 現代青年. [F < L＝ちょうど今]

módern dánce [名] [U] モダンダンス[バレエ] (伝統的なバレエに対して, より自由な動きと表現を主眼とする 20 世紀初めに生まれた舞踊).

+**módern-day** [形] [A] 現代の, 今日の.

Módern Énglish [名] [U] 近代英語 (1500 年以降の英語; 略 ModE, Mod.E.).

Módern Gréek [名] [U] 近代[現代]ギリシア語 (1500 年ごろから現在まで).

módern hístory [名] [U] 近代史, 近現代史 (ヨーロッパ史ではルネサンス以後).

+**mód·ern·ìsm** /-dənìzm | -dən-/ [名] ❶ [しばしば M～] [U] [キ教] 近代主義 (近代思想の立場から教義を再検討し調和をはかる; cf. fundamentalism 2). ❷ [U] [芸] 現代主義, モダニズム. ❸ [C,U] 現代語法, 現代風のことば.

+**mód·ern·ist** /-nɪst/ [名] 現代主義者, モダニスト. ── [形] 現代主義(者)の, モダニスト[モダニズム]の.

mod·ern·is·tic /mɑ̀dənístɪk | mɔ̀də-ˊ/ [形] ❶ 現代的な. ❷ [芸] モダニズム[モダニスト]の[的な].

M

mo·der·ni·ty /mɑdə́ːnəṭi | mɔdə́ː-/ [名] [U] 現代性, 当世風.

mod·er·ni·za·tion /mὰdənɪzéɪʃən | mɔ̀dənaɪz-/ [名] [U] 現代化, 近代化〔of〕.

*__mod·ern·ize__ /mάḍənàɪz | mɔ́də-/ [動] [他] 〈…を〉現代的[近代的]にする, 現代化[近代化]する, 最新のものにする (update). ―― [自] 現代風になる; 現代化[近代化]する.

módern jázz [名] [U] モダンジャズ《1940 年代から 50 年代にかけて発展した, 特に bebop 以降のジャズ》.

módern lánguages [名] [複] 現代[近代]語《教科としての古典語に対し現在使用されている言語》.

Módern Látin [名] [U] 近代ラテン語《科学方面でほぼ 1500 年以降用いられた》.

módern pentáthlon [名] [通例 the ～] 近代五種競技《馬術, フェンシング, ピストル射撃, 自由型水泳, クロスカントリー》.

*__mod·est__ /mάḍɪst | mɔ́d-/ [形] (～·er; ～·est) ❶ 謙遜(けんそん)な, 謙虚な, 慎み深い (↔ immodest): a ～ person 慎み深い人 / ～ behavior 控えめな態度. / He's ～ ***about*** his achievements. 彼は自分の業績を自慢しない / He's ～ ***in*** his behavior. 彼は態度が控えめだ. ❷ **a** 派手でない, 質素な, 控えめな: a ～ little house こぢんまりした家 / a ～ demand 控えめな要求. **b** (質・量・程度など)あまり多く[大きく]ない: a ～ gift [income] ささやかな贈り物[収入]. ❸ 〈女性など〉しとやかな, 上品な. 〘F＜L＝適当な尺度 (*modus*) を守った; ⇨ mode〙 【類義語】⇨ humble.

mód·est·ly [副] ❶ 謙遜して, 謙虚に. ❷ 控えめに, 穏当に. ❸ しとやかに.

+**mod·es·ty** /mάḍɪsti | mɔ́d-/ [名] [U] ❶ 謙遜(けんそん), 謙虚, 慎み深さ. ❷ 地味, つましさ; 控えめ, 穏当. ❸ しとやかさ. **in áll módesty** 自慢(するわけ)ではないが; 控えめに言って(も).

mod·i·cum /mάḍɪkəm | mɔ́d-/ [名] [a ～] 少量, わずか; 多少, ある程度: *a* ～ *of* sleep わずかな睡眠.

mod·i·fi·ca·tion /mὰḍəfɪkéɪʃən | mɔ̀d-/ [名] ❶ [C] (部分的)変更, 修正. ❷ [U] 緩和, 加減, 調節. ❸ [U,C] 〘文法〙修飾, 限定. ❹ 〘生〙(環境・活動による)(一時)変異《非遺伝的》.

mód·i·fì·er [名] 〘文法〙修飾語句《形容詞・副詞およびそれらの相当語句》.

*__mod·i·fy__ /mάḍəfàɪ | mɔ́d-/ [動] [他] ❶ **a** 〈計画・意見などを〉修正する, (部分的に)変更する (adapt). **b** 〈条件・要求などを〉緩和する, 加減する. ❷ 〈機械・装置などを〉(部分的に)改造する. ❸ 〘文法〙〈語・句を〉修飾[限定]する: Adverbs ～ verbs and adjectives. 副詞は動詞や形容詞を修飾する. 〘F＜L＝尺度 (*modus*) に合わせるを作る, 制限する; ⇨ MODE〙 【類義語】⇨ change.

Mo·di·glia·ni /mòudiːljάːni | mɔ̀dɪ-/, **A·me·de·o** /ὰːmədéɪou/ [名] モディリアニ《1884–1920; イタリアの画家》.

mo·dil·lion /moudíljən/ [名] 〘建〙モディリオン《コリント様式などでコーニス (cornice) の下に設ける装飾用持送り》.

mod·ish /móudɪʃ/ [形] [時に 軽蔑的] はやりの, 当世風の; 流行を追う. ～**·ly** [副]

mo·diste /moudíːst/ [名] 婦人流行服[帽]仕立人[販売人].

Mo·doc /móudɑ(ː)k | -dɔk/ [名] (複 ～, ～s) ❶ **a** [the ～(s)] モドック族《北米先住民の一族》. **b** [C] モドック族の人. ❷ [U] モドック語.

Mods /mάdz | mɔ́dz/ [名] [複] 《英口》＝moderation 3.

mod·u·lar /mάʤulə | mɔ́djulə/ [形] ❶ 基準寸法[モジュール]の[による]: ～ construction モジュール(方)式の建造[建設]. ❷ 組み立てユニットの[による]: ～ furniture 組み立てユニット家具.

mod·u·lar·i·ty /mὰʤulǽrəṭi | mɔ̀djʊ-/ [名] [U,C] 〘工〙モジュール方式《生産に規格化された部品を用いること》; 〘電算〙モジュラリティー《ハードウェア・ソフトウェアのモジュール化の度合い; プログラミング言語がモジュール化をゆるす度合い》.

mod·u·late /mάʤulèɪt | mɔ́djʊ-/ [動] [他] ❶ 〈声・音声・調子などを〉(特に低いほうへ)変える. ❷ 調節する, 調整する. ❸ 〘電子工〙〈搬送波の〉振幅・周波数などを変調する. ―― [自] 〘楽〙〔…から〕〔…へ〕転調する〔*from, to*〕. 〘L＝尺度 (*modus*) に合わせる; ⇨ MODE〙

mod·u·la·tion /mὰʤʊléɪʃən | mɔ̀djʊ-/ [名] [U,C] ❶ 調整, 調音. ❷ (音声・リズムの)抑揚(法). ❸ 〘楽〙転調. ❹ 〘電子工〙変調: ⇨ amplitude modulation, frequency modulation.

mód·u·là·tor /-ṭə | -tə/ [名] 〘電子工〙変調器.

+**mod·ule** /mάʤuːl | mɔ́djuːl/ [名] ❶ **a** (建築材料・家具製作などの)基準寸法, 基本単位, モジュール. **b** (建築材料・家具などの規格化された)組み立てユニット. ❷ 〘英教育〙モジュール《大学で一つのコースの構成単位となる課目》. ❸ 〘宇宙〙モジュール《宇宙船の中で母船から独立して独自の機能を果たすように設計された部分》: the lunar ～ of Apollo 11 アポロ 11 号の月着陸船. ❹ 〘電算〙モジュール. 〘L＜*modus* MODE〙

mod·u·lo /mάʤulòu | mɔ́djʊ-/ [前] [形] 〘数〙…を法として[とした].

mod·u·lus /mάʤʊləs | mɔ́djʊ-/ [名] (複 **-li** /-laɪ, -liː/) ❶ 〘理〙係数, 率. ❷ 〘数〙 **a** (整数論の)法. **b** (複素数の)絶対値.

modus ope·ran·di /móuḍəsὰpərǽndi | -ɔ̀p-/ [名] (複 **mo·di ope·randi** /móudiː-/) (仕事の)やり方, 運用法; (特に犯人の)手口《略 MO》. 〘L＝mode of operating〙

módus vi·vén·di /-vɪvéndiː/ [名] (複 **mo·di vivendi** /móudiː-/) ❶ 生き方, 生活様式. ❷ (共存などのための)暫定協定, 一時的妥協〔*with*〕. 〘L＝mode of living〙

mo·fo /móufou/ [名] 《卑》＝motherfucker.

mog /mάg | mɔ́g/ [名] ＝moggy.

Mo·ga·di·shu /mòugədíːʃuː | -díʃ-/ [名] モガディシュ《ソマリアの首都; インド洋に臨む港湾都市》.

mog·gy, mog·gie /mάgi | mɔ́gi/ [名] 《英俗》猫.

Mo·ghul /móug(ə)l/ [名] ムガル人 (Mogul).

mo·gul /móug(ə)l/ [名] ❶ (スキーの斜面の)雪のこぶ《固められた隆起》. ❷ モーグル《スキーのフリースタイル競技の種目; こぶの多い急斜面でターン・ジャンプ・スピードを競う》.

+**Mo·gul** /móug(ə)l/ [名] ❶ ムガール人《特に, 16 世紀にインドを征服したモンゴル族またはその子孫》: the Great ～ ムガール皇帝. ❷ [m～] 大立者, 実力者: a movie *m*～ 映画界の大立者.

Mógul Émpire [名] [the ～] ムガール帝国《1526 年にムガール族がインドに建てたイスラム帝国; 1857 年英国に滅ぼされた》.

MOH 《略》《英・カナダ》Medical Officer of Health《特定の地域の公衆衛生を担当する医師; 英国では 1974 に廃止》.

mo·hair /móuheə | -heə/ [名] [U] ❶ モヘア《小アジアのアンゴラヤギの毛》. ❷ モヘア織り.

Mo·ham·med /mouhǽməd/ [名] ＝Muhammad.

Mo·ham·med·an /mouhǽmədn/ [形] [名] ＝Muhammadan. ～**·ìsm** /-ḍənìzm/ [名] ＝Muhammadanism.

Mo·ha·ve /mouhάːvi/ [名] (複 ～, ～s) ❶ **a** [the ～(s)] モハーベ族《北米先住民の一族》. **b** [C] モハーベ族の人. ❷ [U] モハーベ語.

Moháve Désert [名] [the ～] ＝Mojave Desert.

Mo·hawk /móuhɔːk/ [名] (複 ～, ～s) ❶ **a** [the ～(s)] モーホーク族《北米先住民の一族》. **b** [C] モーホーク族の人. ❷ [U] モーホーク語. ❸ [C] [しばしば m～] モヒカン刈り.

Mo·he·gan /mouhíːgən/ [名] (複 ～, ～s) ❶ **a** [the ～(s)] モヒガン族《北米先住民の一族》. **b** [C] モヒガン族の人. ❷ [U] モヒガン語.

mo·hel /mɔːhéɪl, móu(h)el/ [名] 〘ユダヤ教〙モヘル《儀式にのっとって割礼を施す者》.

Mo·hi·can /mouhíːk(ə)n/ [名] ❶ ＝Mahican. ❷ ＝Mohegan. ❸ [しばしば m～] モヒカン刈り.

Mo·ho /móuhou/ [名] (複 ～s) 〘地〙モホロビチッチ不連続面, モホ面《地殻とマントルとの間の不連続面; 深さは大陸地域では平均約 35 km, 海洋地域では海水面から約 10 km》.

Móhs' scàle /móuz-/ [名] モーズ硬度《鉱物の硬度を測定する 10 段階の尺度》.

moi·dore /mɔ́ɪdɔə | mɔɪdɔ́ː-/ [名] モイドール《ポルトガルお

M

moiety /mɔ́ɪəti/ 图 [通例単数形で] 〖法〗〔財産などの〕半分 ⟨*of*⟩.

moil /mɔ́ɪl/ 動 ❶ こつこつ[あくせく]働く. ❷ 混乱[動揺]してうろうろする. **toil and moil** ⇨ toil 動 成句.
━━ 图 ❶ 骨折り, 苦役. ❷ 混乱, 動揺, 騒動.

moi·ré /mwɑːréɪ/ ━━ 形 波紋[雲紋]のある. (絹・金属面などの)波紋, 雲紋, モアレ. 〖F〗

†**moist** /mɔ́ɪst/ 形 (~·er; ~·est) ❶ a 湿った, 湿っぽい 〖此較〗damp と違って不快感を伴わない〗: a ~ cloth 湿った布 / grass ~ with dew 露でぬれた草. b ⟨空気・風など⟩湿気を含んだ. c ⟨食物などが適度に水気のある, しっとりした. d ⟨季節・地域など⟩雨の多い. ❷ ⟨目がうるんだ⟩. ❸ 〖医〗湿性の (滲出液などを伴う). ~·ly 副 ~·ness 名
〖類義語〗⇨ wet.

mois·ten /mɔ́ɪsn/ 動 他 湿らせる, 潤す, ぬらす: ~ one's lips [throat] 唇を湿らす[のどを潤す]. ━━ 自 ❶ 湿る, じめじめする. ❷ ⟨目が⟩涙ぐむ ⟨*with*⟩. ~·er 名

*****mois·ture** /mɔ́ɪstʃə | -tʃə/ 名 U 湿気, 湿り, 水分, (空気中の)水蒸気.

†**mois·tur·ize** /mɔ́ɪstʃəràɪz/ 動 他 ⟨...に⟩湿気[潤い]を与える, ⟨肌を⟩しっとりさせる.

†**móis·tur·iz·er** 名 U (肌をしっとりさせる)モイスチャークリーム[ローション].

Mo·já·ve Désert /mouhɑ́ːviː-/ 名 [the ~] モハーベ砂漠 《米国 California 州南部の砂漠》.

mo·jo /móʊdʒoʊ/ 名 (複 ~es, ~s) 《米》魔法, まじない; 魔除け; お守り; 魔力.

moke /móʊk/ 名 《英俗》ロバ; 《豪・ニュz》馬, (特に)駄馬.

mok·sha /móʊkʃə/ 名 《ヒンドゥー教・仏教》解脱.

mol /móʊl/ 名 〖化〗 =mole⁴.

mo·la /móʊlə/ 名 (複 ~, ~s) 《魚》マンボウ.

mo·lal /móʊl/ 形 〖化〗溶液の溶媒 1000 グラムにつき 1 グラム分子の溶質を含む (cf. molar²).

mo·lal·i·ty /moʊlǽləti/ 名 〖化〗重量モル濃度 《溶媒 1000 g 中の溶質のモル数》.

mo·lar¹ /móʊlə | -lə/ 名 形 臼歯(の). 〖L=ひき臼の〗

mo·lar² /móʊlə | -lə/ 形 ❶ 〖理〗質量(上)の. ❷ 〖化〗溶液 1 リットルにつき 1 グラム分子の溶質を含む, モル... (cf. molal).

mo·las·ses /məlǽsɪz/ 名 U 《米》糖蜜 (《英》treacle). ❷ (サトウキビの)糖液. 〖Port < L=蜂蜜に似たもの〗

*****mold¹**, 《英》 **mould** /móʊld/ 名 ❶ a (溶かした材料を入れて形を造る)型; 鋳型. b (料理用の)流し型, ゼリー型(など). ❷ 型に入れて作ったもの, 鋳物, ゼリー(など). ❸ [通例単数形で](性質・性格などの)型, 類型, タイプ; 性質, 性格: a man cast in a heroic ~ 英雄にされた人 / break out of the ordinary ~ いつもの性格から抜け出す / They are all cast in the same ~. 彼らはみんな同じ性質だ.
━━ 動 ❶ ⟨...を⟩型に入れて作る: ~ car bodies 型に入れて車体を作る. ❷ a ⟨...を⟩⟨...で⟩作る: ~ a shape *in* clay 粘土で形を作る. b ⟨...に⟩かたどる: ~ wax *into* candles ろうをろうそくにかたどる. c ⟨...を⟩⟨...から⟩作り上げる: The statue was ~*ed out of* [*from*] clay or bronze. その像は粘土または青銅から作られた. ❸ ⟨...を⟩形成する, ⟨...の⟩形成に大きな影響を与える: ~ one's character 人格を陶冶する / The media ~*s* public opinion. マスコミは世論を形成する. ❹ ⟨服などが⟩⟨体に⟩ぴったりつく. ❺ 〔体に⟩ぴったりつく ⟨*to, round*⟩: My wet clothes ~*ed to my body*. ぬれた衣服が体にぴったりとくっついてしまった. 〖F < L *modulus* MODULE; F で *d* が *l* が転位した〗

mold², 《英》 **mould** /móʊld/ 名 U かび; 糸状菌: blue [green] ~ (パンやチーズにつく)青かび. ━━ 動 自 かびが生える.

mold³, 《英》 **mould** /móʊld/ 名 U 腐植土, 壌土 《有機物を多く含み耕作に適する土》; ⇨ leaf mold.

Mol·da·vi·a /mɑldéɪviə | mɔl-/ モルダヴィア: ❶ ルーマニアの地方・旧公国. ❷ Moldova の旧称 (1940-91). **Mol·da·vi·an** 形 名

mold·er¹, 《英》 **mould·er** /móʊldə/ 動 自 (徐々に)腐る, 朽ちる, 崩壊する ⟨*away*⟩.

mold·er², 《英》 **mould·er** /móʊldə/ 名 型を作る人, 鋳型工.

†**móld·ing** 名 ❶ a U 造型, 塑造, 鋳型(法). b C 塑造[鋳造]物. ❷ C 〖建〗くり形, モールディング (軒じゃばら・抱く) 石・家具などの突出部を装飾する輪郭部).

Mol·do·va /mɑldóʊvə/ 名 モルドバ 《ヨーロッパ南東部, ルーマニアとウクライナにはさまれた内陸国; 首都 Chișinău》.

Mol·do·van /mɑldóʊvən | mɔl-/ 形 モルドバの.
━━ 名 ❶ C モルドバ人. ❷ U モルドバ語 《モルドバの公用語》.

mold·y, 《英》 **mould·y** /móʊldi/ 形 (**mold·i·er**; -i·est) ❶ かびた; かび臭い: go ~ かびる. ❷ 《口》古くさい, 陳腐な: a ~ tradition 古くさい伝統. ❸ 《英口》 a ⟨人⟩かけちな. b 退屈な, つまらない.

†**mole¹** /móʊl/ 名 ❶ 〖動〗モグラ. ❷ 《口》スパイ, 内通者, 二重スパイ. **(as) blind as a móle** ⇨ blind 形 成句.

mole² /móʊl/ 名 ほくろ, あざ. 〖OE=変色したしみ〗

mole³ /móʊl/ 名 (石の)防波堤, 突堤.

mole⁴ /móʊl/ 名 〖化〗モル 《物質量の SI 基本単位; 0.012 kg の炭素 12 に含まれる炭素原子と同数の単位粒子を含む系の物質量》.

mole⁵ /móʊl/ 名 〖医〗奇胎 《子宮内膜にできる妊娠時の変性肉》.

mo·le⁶ /móʊleɪ/ 名 U モ(ー)レ 《トウガラシと甘くないチョコレートを中心に種々の香辛料を加えたメキシコの辛口ソース》.

†**mo·lec·u·lar** /məlékjʊlə | -lə/ 形 A 〖化〗分子の[から成る, による]: a ~ formula 分子式.

†**molécular bíology** 名 分子生物学.

molécular genétics 名 U 分子遺伝学.

molécular síeve 名 〖化〗分子ふるい, モレキュラーシーブ 《均一細孔径をもった吸着媒としての沸石など》.

molécular wéight 名 〖化〗分子量.

*****mol·e·cule** /mɑ́lɪkjùːl | mɔ́l-/ 名 〖理・化〗分子.

móle·hìll 名 モグラが作るモグラ塚. **make a móuntain (òut) of a mólehìll** ⇨ mountain 名 成句.

móle rát 名 〖動〗 ❶ デバネズミ 《アフリカ産》. ❷ メクラネズミ 《地中海東部産》. ❸ オネズミ (bandicoot).

móle·skìn 名 ❶ U モグラの毛皮. ❷ a U モールスキン 《ビロードに似たあや織りの綿織物》. b [複数形で] モールスキンの服.

†**mo·lest** /məlést/ 動 他 ❶ ⟨女性・子供を⟩(性的に)いたずらする, 虐待する (abuse). ❷ 《古風》⟨人・動物を⟩攻めたりして, 意図的にいじめる, 苦しめる, 妨害する. **mo·les·ta·tion** /mòʊlestéɪʃən/ 名

mo·lést·er 名 C ❶ ⟨女性・子供に性的に⟩いたずらをする人, 痴漢. ❷ 悩ます人.

Mol·i·ère /moʊljéə | mɔ́lièə/ 名 モリエール (1622-73; フランスの劇作家).

moll /mɑ́l | mɔ́l/ 名 《俗》 ❶ (ギャングなどの)情婦, 女. ❷ 売春婦.

Moll /mɑ́l | mɔ́l/ 名 モル 《女性名; Mary の愛称》.

mol·lie /mɑ́li | mɔ́li/ 名 《魚》 =molly.

mol·li·fy /mɑ́ləfàɪ | mɔ́l-/ 動 他 ⟨人・感情を⟩和らげる, なだめる, 静める. **mol·li·fi·ca·tion** /mɑ̀ləfɪkéɪʃən | mɔ̀l-/ 名

Mol·li·sol /mɑ́ləsɔ̀ːl | -sɔ̀l/ 名 〖土壌〗モリソル 《腐植やカルシウム・マグネシウムなどの塩基の割合の高い, 砕けやすく黒っぽい土壌》.

mol·lusk, mol·lusc /mɑ́ləsk | mɔ́l-/ 名 〖動〗軟体動物 《イカ・タコ・貝など》. **mol·lús·can**, **-kan** /-kən/ 形 〖L=柔らかい生き物〗

mol·ly /mɑ́li | mɔ́li/ 名 《魚》モーリー 《セルフィンモーリー・ブラックモーリーなど卵胎生メダカ; 観賞用熱帯魚》.

Mol·ly /mɑ́li | mɔ́li/ 名 モリー 《女性名; Mary の愛称》.

mol·ly·cod·dle /mɑ́likɑ̀dl | mɔ́likɔ̀dl/ 名 甘ったれた男[少年], 意気地なし. ━━ 動 他 ⟨男の子⟩などを甘やかす, 過保護にする.

Mo·loch /málək | -lɔk/ 名 ❶ 【聖】モレク《子供を人身御供(ひとみごくう)にして祭ったセム族の神》. ❷ Ⓒ 多大な犠牲を必要とするもの《戦争など》.

Mo·lo·kai /mòulakáɪ | mòu-/ 名 モロカイ《Hawaii の Oahu 島の東隣にある島》.

Mól·o·tov cócktail /málətɔ:f- | mɔ́lətɔf-/ 名 火炎瓶.

⁺molt,《英》**moult** /móult/ 動 ⓘ ❶〈鳥が〉羽の抜けかえをする. ❷ **a**〈動物が〉毛が抜け[生え]変わる. **b**〈昆虫などが〉脱皮をする. — ⓘ〈羽毛・毛などを〉脱ぐ, 落とす: Our dog ~ed hair all over the bed. うちの犬はベッドの至るところに毛を散らした. — 名 Ⓤ.Ⓒ 換羽[脱皮, 換毛](の時期): in ~〈動物が毛[羽]が〉抜け変わるところで.

＊mol·ten /móultn/ 動〈古〉melt の過去分詞. — 形 ❶〈金属などが〉(熱で)溶けた, 融解[溶融]した《用法 金属・ガラスなど硬いものに用い, 柔らかい溶けやすいものには melted を用いる》: ~ ore 溶融した鉱石 / ~ lava《噴き出たままの》溶岩. ❷《溶解して》鋳造した: a ~ image 鋳像.

mol·to /móultou | mɔ́l-/ 副【楽】モルト, 非常に: ~ allegro きわめて速く.

Mo·lúc·ca Íslands /məlÁkə-/ 名 [the ~] モルッカ諸島《インドネシア東部の諸島》. **Mo·lúc·can** /-kən/ 名形.

mo·ly /móuli/ 名 ❶【ギ神】モーリュ《Hermes が Odysseus に与えた白花黒根の魔法の薬草》. ❷【植】キバナノギョウジャニンニク《ネギ属》.

mo·lyb·date /məlíbdeɪt/ 名【化】モリブデン酸塩[エステル].

mo·lyb·de·nite /məlíbdənàɪt/ 名 Ⓤ【鉱】輝水鉛鉱, モリブデン鉱.

mo·lyb·de·num /məlíbdənəm/ 名 Ⓤ【化】モリブデン《金属元素; 記号 Mo.》.

＊mom /mám | mɔ́m/ 名《米口》おかあさん, ママ《《英》mum》: my ~ and dad ぼくのおかあさんとおとうさん.

MoMA〈略〉Museum of Modern Art.

móm-and-póp 形《米口》〈店が〉夫婦[家族]だけでやっている, 小さい: a ~ restaurant 家族経営のレストラン.

Mom·ba·sa /mɑmbɑ́:sə/ 名 モンバサ《ケニア南東部の都市・海港; Mombasa 島と本土とにまたがる》.

＊mo·ment /móumənt/ 名 ❶ **a** 瞬間, 瞬時 (instant): for a ~ ちょっと(の間) / in a ~ 一瞬にして, たちまち / every ~ 一瞬一瞬 / ⇨ psychological moment / It took me a ~ to grasp his meaning. 彼の言っている意味を理解するのにちょっと時間がかかった. **b** [a ~; 副詞的に] ちょっと(の間): (Just) wait a ~. =Half a ~. =One ~(, please). ちょっと待って(ください). **c** [the (very) ~; 接続詞的に] …した[する]瞬間に, …するやいなや《用法 that を伴うことがある》: The ghost vanished the (very) ~ the cock began to crow. 亡霊はおんどりが時を作り始めるやいなや消え去った. ❷ **a**《通例単数形で》《ある特定の》時, 時機, 機会, 場合: in a ~ of danger 危機に当たっては / in a ~ of anger 腹だちまぎれに / at a critical ~ 危機に際して / at that ~ その時に(は). **b**《通例単数形で》[＋to do]〈…する〉時, 場合: This is not the ~ to argue [for argument]. 今は議論などしている時ではない. **c** [the ~] 今, 現在: at the ~ 今, 現在《(匹敵) 過去形の時には「ちょうどその時」の意になる》/ the fashions of the ~ 当今の流行 / the man [woman] of the ~ 目下の立て役者, 時の人. **d** [複数形で] ある時間, ひと時: At odd ~s I'm struck by his resemblance to you. ふと彼が君によく似ていると思わせっとする時がある. ❸ Ⓤ [of ~ で] 重要性: of little [no great] ~ さほど重要でない / affairs of great ~ 重大事(件). ❹《通例単数形で; the ~》[国] モーメント, 能率: ⇨ magnetic moment / the ~ of inertia 慣性モーメント.

(at) **ány móment (nòw)** =(at) any MINUTE (now) 成句. **at évery móment** たえず, いつも. **at móments** 時々, 折々 (cf. 2d). **at the (véry) lást móment** いよいよの時, どたん場で. **at the (véry) móment** (1) 今のところ, 当座は. (2) ちょうど今; ちょうどその時. **at thís móment (in tíme)** 今現在, ちょうど今. **for the móment** さしあたり, 当座は (is now for now)). **hàve one's [its] móments**

1165　monarch

《口》〈ある人・物事が〉珍しく調子のよい[ついている, はぶりのよい]時がある. **Júst a móment.** ⇨ just 副 成句. **jùst this móment** たった今にかた: I received it ~. 今しがたそれを受けとったところです. **nòt for a [óne] móment** 少しも[片時も](…ない): I don't believe for a [one] ~ that he's a liar. 彼がうそつきだとは少しも思っていない. **on [upòn] the spúr of the móment** ⇨ spur 名 成句. **the móment of trúth** (1) 闘牛士がとどめを刺すのに立ち向かう瞬間. (2) 決着の時, 決定的瞬間, 正念場. **the néxt moment** [副詞的に] 次の瞬間に, たちまち: The next ~ he found himself lying on the ground. 次の瞬間彼は自分が地面に倒れているのに気づいた. **this (véry) ~** [副詞的に] 今すぐに, 直ちに: Go this (very) ~. 今すぐ行きなさい. **to the (véry) móment** (時間)ぴったり.
《L momentum 動き》 形 momentary, momentous》

mo·men·ta 名 momentum の複数形.

mo·men·tar·i·ly /mòumənˈterəli | móumənˌtərəli, -trə-/ 副 ❶ 瞬間的に, 一瞬 (briefly): She was ~ puzzled. 彼女は一瞬困惑した. ❷《米》直ちに, すぐ: I'll be there ~. すぐまいります. ❸ 今か今かと: The news was expected ~. その知らせは今か今かと待ち受けられていた.

＊mo·men·tar·y /móumənˌteri | -təri, -tri/ 形《比較なし》瞬間的な, つかの間の; 一時的な: a ~ impulse 一時の衝動 / in ~ confusion ちょっとの間困惑して / The effect was only ~. その効きめはほんのつかの間のものであった. （名 moment 1, 2) 【類義語】 **momentary** 一瞬の, またはごく短い間の. **temporary** 一時の間に合わせの; そのうち変わるに[不用になる]ことを暗示する. **transient** 一時的のもので, すぐ移り変わる. または一時だけでなくなる. **transitory** そのもの本来の性質上遅かれ早かれ終わる[なくなる].

mó·ment·ly 副 ❶ 時々刻々, 刻一刻. ❷ 今か今かと. ❸ 一瞬の間, ちょっとの間.

⁺mo·men·tous /moumentəs/ 形 ❶ 重大な, 重要な: a ~ decision 重大決定. **~·ly** 副 **~·ness** 名 (名 moment 3)

＊mo·men·tum /moumentəm/ 名 (@ -ta /-tə/, ~s) ❶ Ⓤ はずみ, 勢い, 推進力: gain [gather] ~ はずみがつく, 勢いを得る / lose ~ 勢いを失う. ❷ Ⓤ.Ⓒ【理・機】運動量. 《L; ⇨ moment》

⁺mom·ma /mámə | mɔ́mə/ 名《米口》=mamma².

⁺mom·my /mámi | mɔ́mi/ 名《米口》おかあちゃん《《英》mummy》.

mómmy tràck 名 マミートラック《育児などのために出退社時刻・休暇などを弾力的に決定できる女性の変則的就労形態》.

Mon.〈略〉Monastery; Monday.

mon- /mɑn | mɔn/〈連結形〉《母音の前にくる時の》mono- の異形.

Mon·a·co /mánəkòu | mɔ́n-/ 名 モナコ《地中海北岸の公国; 世界最小の独立国の一つ; 首都 Monaco-(Ville) /(-víl)/》. **Mon·a·can** /-kən/ 名.

mon·ad /móunæd/ 名 (@ ~s) ❶ 一, 単体 (unit), 単一体, 個体 (unity). ❷【哲】単子, モナド. ❸【生】単細胞生物, 《特に》鞭毛虫, モナド. **mo·nad·ic** /mounædɪk/ 形.

mon·a·del·phous /mànədélfəs | mòn-/ 形【植】〈雄蕊(ゆうずい)が〉単体の, 〈花が〉単体雄蕊の: ~ stamens 単体雄蕊.

mon·a·dism /móunədìzm/ 名 Ⓤ【哲】単子論, モナド論《特に Leibnitz の》.

mo·nad·nock /mənǽdnɑk | -nɔk/ 名【地】(侵食)残丘, モナドノック《準平原より一段高い切り立った丘陵》.

Mo·na Lí·sa /móunə-, -zə/〈It〉名【美】モナリザ《Leonardo da Vinci 作の微笑をたたえた婦人肖像; La Gioconda とも呼ばれる》. 《It <Mona Madam+Lisa (描かれた婦人の名)》

＊mon·arch /mɑ́nək | mɔ́nək/ 名 ❶《世襲的》君主, 主権者, 帝王: an absolute ~ 専制君主. ❷ =monarch butterfly. **mo·nar·chal** /mənɑ́:k(ə)l | -nɑ́:-/ 形 =monarchical. 【L＜Gk＝一人で支配する者】; ⇒ mono-, -arch】

mónarch bùtterfly 图《昆》オオカバマダラ《アメリカ大陸産の大型チョウ; 長距離の渡りをする》.

mo·nar·chi·cal /mənάːkɪk(ə)l/｜-ná:-/, **mo·nár·chic** /-kɪk/ 形 君主(国)の(らしい); 君主制の(を支持する).

mon·arch·ist /mάnəkɪst｜mónə-/ 图 君主制主義者 (royalist). —— 形 君主制支持の, 君主主義的な.

món·arch·ism /-kɪzm/ 图 Ⓤ 君主(制)主義.

*mon·ar·chy** /mάnəki｜mónə-/ 图 ❶ Ⓤ 〖通例 the ~〗君主政治[政体], 君主制. ❷ Ⓒ 君主国: an absolute ~ 専制君主国 / a constitutional ~ 立憲君主国.

mon·as·te·ri·al /mὰnəstéri(ə)riəl｜mòn-/ 形 修道院の.

†**mon·as·ter·y** /mάnəstèri｜mónəstəri, -tri/ 图《カト》(特に男子の)修道院《匯函 女子の修道院は nunnery, convent》. 【L＜Gk＝一人で暮らすところ】 [関連] cloistral)

mo·nas·tic /mənǽstɪk/ 形 ❶ a 修道院の. b 修道士の: ~ vows 修道誓願. ❷ 修道生活の; 隠遁(いんとん)の, 禁欲的な. —— 图 修道士. **mo·nás·ti·cal·ly** /-kəli/ 副

mo·nás·ti·cism /-təsìzm/ 图 Ⓤ ❶ 修道院生活, 修道[禁欲]生活. ❷ 修道院制度.

mòn·atómic 图 1 原子からなる, 単原子の.

Món·day /mʌ́ndeɪ, -di/ 图 ⒰.⒞ 月曜日《略 M., Mon.; ★用法・用例については ⇒ Sunday》: ⇒ blue Monday. —— 形 Ⓐ 月曜日の. —— 副《口》月曜日に (cf. Mondays). 【OE＝moon's day】

Mónday mórning fèeling 图 [a ~, the ~]《英口》(また仕事の始まる)月曜日の朝の倦怠(けんたい)感.

Mónday mórning quárterback 图《米口》結果論であれこれ文句を言う人《匯函 週末に行なわれた試合について月曜日の朝にあれこれ言う人が多いことから》.

Mon·days /mʌ́ndeɪz, -diz/ 副《口》月曜日に, 月曜日ごとに. 【Mοnday＋-s⁸】

mond·i·al /mάndiəl｜món-/ 形 全世界の.

mon·do /mάndou｜món-/ 形《俗》とんでもない[なく], むちゃくちゃ(な), まったく(の), すごく, すっかり.

Mon·dri·an /mɔ́:ndriən/, **Piet** 图 モンドリアン《1872-1944; オランダの画家; 抽象芸術運動 de Stijl の中心人物》.

Mon·e·gasque /mὰneɪgǽsk, -nɪ-/ 形 モナコの; モナコ人の.

Mo·net /mouneí｜mɔneɪ/, **Claude** /klɔ́ːd/ 图 モネ《1840-1926; フランスの印象派画家》.

mon·e·tar·ism /mάnətərìzm｜mʌ́n-, -mɔn-/ 图 Ⓤ《経》通貨主義, マネタリズム《通貨政策が国の経済方向を決定するという理論》. **món·e·tar·ist** /-ɪst/ 图 通貨主義者, マネタリスト. —— 形 Ⓐ 通貨主義(者)の.

*mon·e·tar·y** /mάnətèri, mʌ́n-｜mʌ́nətəri, mɔ́n-, -tri/ 形 ❶ 貨幣の, 通貨の: the ~ system 貨幣制度 / a ~ unit 通貨単位. ❷ 金銭(上)の; 金融の, 財政(上)の: a ~ reward 金銭的報酬 / in ~ difficulties 財政困難で. 【L】 money) [類義語] ⇒ financial.

mon·e·tize /mάnətàɪz, mʌ́n-｜mʌ́n-, -mɔn-/ 動 他 ❶ 〈金属〉を貨幣に鋳造する; 貨幣[通貨]とする[定める]; 〈公債〉などを貨幣[現金]化する. ❷ 〈社会〉を貨幣の使用に適合させる, 貨幣社会化[する]《★通例過去分詞で形容詞的に用いる》. **mòn·e·ti·zá·tion** 图

*mon·ey** /mʌ́ni/ 图《複 ~s, ~·ies》❶ Ⓤ a 貨幣, 通貨(注): hard ~ 硬貨 / paper ~ 紙幣 / standard ~ 本位貨幣 / ⇒ plastic money / coin (counterfeit) ~ 貨幣を鋳造[偽造]する / Bad ~ drives out good (money). 悪貨は良貨を駆逐する (⇒ Gresham's law). b 金(かね);金

銭; 財産, 富: for ~ 金のために(は) / raise ~ 金を工面する / make ~ 金もうけをする / lose ~ 損をする / put ~ into...〈事業など〉に投資する / spend ~ on...〈もの〉にお金を使う / M~ talks.《諺》金がものを言う / Time is ~.《諺》時は金なり / M~ makes the mare (to) go.《諺》お金は強情な雌馬をも歩かせる, 「地獄のさたも金次第」 / ⇒ pocket money. ❷ Ⓤ《経》交換の媒介物, 貨物貨幣《西アフリカ先住民のタカラガイ (cowrie) など》. ❸ [複数形で]《法》金額, 資金: collect all ~s due 支払い期限のきた金を全部集金する.

for my móney 私の考えでは.

gét one's móney's wòrth《出費・努力などの》元をとる, かかった分を取り戻す.

hàve [gèt] a góod rún for one's **móney** ⇒ run 图《成句》.

hàve móney to búrn《口》いくらでも[うなるほど]金がある.

in the móney《口》(1) 金持ちで, 裕福で. (2)《競馬など》入賞して, 賞金がもらえる.

máde of /-| ə́v/《口》裕福で, 大金持ちで: I'm not made of ~. 私にそんなに金があるわけではない.

márry móney 金持ち(の娘)と結婚する.

móney dówn＝móney òut of hánd [副詞的にも用い]即金(で): pay ~ down 現金で払う.

móney for jám [óld rópe]《英口》ほろい報酬[もうけ, 仕事]《画函 "古いロープを売ってもうける" という意味から》.

móney of account 計算[勘定]貨幣《guinea, pence, mill など計算の基礎として用いる抽象的貨幣単位》.

pùt móney ìnto... に投資する.

pùt one's **móney whère** one's **móuth is**《口》口を出したことには金も出す, 資金を提供したりして公約(など)の裏づけをする.

(ríght) on the móney《米口》(1) ちょうどその場で. (2) ぴったりで.

thrów gòod móney àfter bád 損の上塗りをする, 盗人(ぬすびと)に追い銭(ぜに)をくれる.

thrów one's **móney abòut [aròund]**《金持ちであることを誇示するために》むだに金を使う.

—— 形 Ⓐ 金の, 金銭(上)の: ~ matters 金銭問題 / She had no ~ worries. 彼女には金銭上の心配はなかった. 【F＜L *moneta* 貨幣; Moneta は元米 Juno の異名; その神殿で鋳造されたことから】 [関連] monetary; [関連] pecuniary, numismatic)

móney·báck 形 Ⓐ《商品に不満の場合は客に》金を返す: M~ guarantee if not fully satisfied. 十分ご満足いただけない場合は返金いたします《広告などの注意書き》.

móney·bàg 图 ❶《現金輸送用の》現金行嚢(こうのう). ❷ [~s で単数扱い]《口》金持ち(人).

móney bèlt 图 金入れ仕切りのついたベルト.

móney·bòx 图 貯金箱, 献金箱.

móney chànger 图 ❶ 両替屋. ❷ 両替機.

món·eyed 形 Ⓐ 金のある, 金持ちの: the ~ classes 資本家階級.

móney·grùbber 图《口》金に貪欲(どんよく)な人, 守銭奴.

móney·grùbbing 形 貪欲に金をためる.

móney·lènder 图 金貸し, 金融業者.

móney·less 形 金のない, 無一文の.

móney machine 图 現金自動支払い機.

móney màker 图 ❶ 金もうけのうまい人. ❷ 金もうけになるもの, 「ドル箱」; 大ヒット《映画・本など》《《英》money-spinner》.

móney·màking 图 Ⓤ 金もうけ, 蓄財. —— 形 Ⓐ ❶ 金もうけのうまい. ❷ もうかる.

†**móney màrket** 图 金融市場.

móney òrder 图《郵便》為替《《英》postal order》《略 MO》: a telegraphic ~ 電信為替 / send [cash] a ~ 為替を送る[現金にする].

móney·spìnner 图《英》＝money-maker.

†**móney supply** 图 Ⓤ [通例 the ~]《経》通貨供給量, マネーサプライ.

móney·wòrt 图《植》ヨウシュコナスビ《つる草》.

mon·ger /mʌ́ŋgə｜-gə/ 图 [複合語で] ❶ ...商人, ...屋: ⇒ cheesemonger, ironmonger. ❷《軽蔑》うわさ(など)を広めようとする[あおる]人, ...屋: ⇒ hatemonger, newsmonger, warmonger. 〖OE＝商人〗

Mon·gol /máŋgəl | móŋ-/ 图 ❶ C モンゴル人. ❷ U モンゴル語. ❸ [m~] (軽蔑) ダウン症患者の. —— 形 ❶ モンゴル(人, 語)の. ❷ [m~] (軽蔑) ダウン症の.

Mon·go·li·a /maŋgóuliə | mɔŋ-/ 图 ❶ モンゴル《中央アジア東部の広大な地域; モンゴル国と Inner Mongolia などから成る》. ❷ モンゴル(国) (the State of Mongolia) 《中央アジアの国; 首都 Ulan Bator》. **Ínner Mongólia** 内モンゴル《中国の自治区》. **Óuter Mongólia** 外モンゴル《1924 年までのモンゴル国の旧名; ⇨ 2》.

Mon·go·li·an /maŋgóuliən | mɔŋ-/ 形 モンゴル(人, 語)の. **the Mongólian Péople's Repúblic** モンゴル人民共和国《1991 年までのモンゴル国の旧称》. —— 图 ❶ C モンゴル人. ❷ U モンゴル語.

mon·gó·li·an·ìsm /-ìzm/ 图 [時に M~] ＝mongolism.

mon·gol·ism /máŋgəlìzm | móŋ-/ 图 [時に M~] U (医)(軽蔑) 蒙古(症)症《ダウン症候群 (Down's syndrome) の旧称》.

Mon·gol·oid /máŋgəlɔ̀ɪd | móŋ-/ 形 ❶ モンゴロイド (特有)の; モンゴル人のような. ❷ (軽蔑) ダウン症の. —— 图 ❶ モンゴロイド, 類蒙古人種. ❷ (軽蔑) ダウン症患者. 〖MONGOL＋-OID〗

mon·goose /máŋgu:s | móŋ-/ 图 (圈 mon·goos·es) (動) マングース《毒ヘビの天敵》.

mon·grel /máŋgrəl/ 图 ❶ a 雑種犬. b (動植物の)雑種. ❷ (軽蔑) 合の子, 混血児. —— 形 ❶ 雑種の. ❷ (軽蔑) 合の子の, 混血児の.

mon·grel·ize /máŋgrəlàɪz/ 動 他 雑種にする; (軽蔑) 〈人種・民族の性格を〉雑種化する. **mòn·grel·i·zá·tion** /màŋgrəlɪzéɪʃən | -laɪz-/ 图

mo·ni·al /móuniəl/ 图 (建) ＝mullion.

mon·ic /máŋɪk | mɔ́n-/ 形 (数)《多項式が》主係数が 1 の, モニックの.

mon·ick·er /máŋɪkɚ | mɔ́nɪkə/ 图 ＝moniker.

món·ied 形 ＝moneyed.

món·ies 图 money の複数形.

mon·i·ker /máŋɪkɚ | mɔ́nɪkə/ 图 (口) 名, 名前; あだ名.

mo·nil·i·form /mənílɪfɔ̀əm | -fɔ̀:m/ 形 (植)(動)《茎・根・果実・触覚など》数珠(『ゅ》形の.

mo·nism /móunɪzm/ 图 U (哲) 一元論 (cf. dualism, pluralism 3). **mo·nis·tic** /mounístɪk/, **-i·cal** /-tɪk(ə)l/ 形

mo·ni·tion /mounɪ́ʃən/ 图 C,U ❶ (文) 〈危険などの〉勧告, 警告《of》. ❷ (法) (裁判所の)呼び出し, 召喚.

***mon·i·tor** /máŋətɚ | mɔ́nɪtə/ 图 ● モニター: **a** (ラジオ・テレビ) 放送状態を監視する装置[調整する技術者]. **b** テレビの送信状態の監視用テレビ画面. **c** (電算) システムの作動を監視するソフトウェア[ハードウェア]. **d** 病人の呼吸・脈拍など生理的徴候を観察・記録する装置. **e** (機械・航空機などの)監視[制御]装置. **f** (原子力工場などで危険防止用の)誘導放射能検出器. **g** (有毒)ガス検出器. ❷ 外国放送監視員, 外電傍受者. ❸ **a** (学校の)学級委員, 風紀係. **b** (英) (中高等学校で)監督生. ❹ (動) オオトカゲ (南アジア・アフリカ・オーストラリア産) 《ワニのふるまいを警告するといわれる》. —— 動 他 ❶ 〈…を〉絶えず監視する: ~ a child's progress 子供の進み具合を監視する. ❷ **a** 〈音質・映画を〉モニターを用いて監視する. **b** 〈体の状態などを〉モニターでチェックする: ~ a patient's heartbeat 患者の心拍音をモニターでチェックする. ❸ 〈外国放送・電話などを〉〈政治・犯罪などの目的で〉聴取する, 傍受する. 〖L＝警告者〈*monere* 警告する; ⇨ MONSTER〗

mon·i·to·ri·al /màŋɪtɔ́:riəl | mɔ̀n-/ 形 ❶ ＝monitory. ❷ モニター (として)の, モニターを使った.

mónitor lìzard 图 ＝monitor 4.

mónitor scrèen 图 ＝monitor 1 b.

mon·i·to·ry /máŋɪtɔ̀:ri | mɔ́nɪtəri, -tri/ 形 (文) 勧告の, 警告する. —— 图 (bishop や教皇などが発する)戒告状.

***monk** /máŋk/ 图 修道士 《俗界を捨てて修道院 (monastery) に生活する男子の修道者; cf. nun》. 〖L＝Gk＝一人で暮らす人〗

Monk /máŋk/, **Thelonious (Sphere)** 图 モンク《1920- 82; 米国のジャズピアニスト・作曲家》.

monk·er·y /máŋkəri/ 图 U 修道士生活; (軽蔑) 修道院の制度[習慣].

***mon·key** /máŋki/ 图 ❶ (動) サル《(比較) 通例 ape (類人猿) と区別して小型で尾のあるもの》. ❷ (口) いたずら小僧: Be quiet, you little ~! うるさい, このいたずら小僧. ❸ **a** (英俗) 500 ポンド. **b** (米俗) 500 ドル. ❹ 杭打ち機; その重り. **gèt a person's mónkey úp** (英口) 人を怒らせる. **gèt one's mónkey úp** (英口) 怒る. **hàve a mónkey on one's báck** (米俗) 麻薬中毒になっている. ❷ ひどく困ったことがある. **màke a mónkey (òut) of a person** (口) 〈人〉をばかにする, からかう. **nót give a mónkey's** (俗) 屁とも思わない, 知ったことじゃない. —— 動 自 ❶ 〈…を〉いたずらする, いじくる: ~ *about* [*around*] *with* a machine 機械をいたずらする. ❷ ふざける, ふざけ回る 《*about, around*》.

mónkey bàrs 图 雲梯(含); ジャングルジム.

mónkey bùsiness 图 U (口) ❶ 悪ふざけ, いたずら. ❷ ごまかし, いんちき.

mónkey èngine 图 杭打ち機.

mónkey flòwer 图 (植) ミゾホオズキ(ゴマノハグサ科).

món·key·ish /-kiɪʃ/ 形 猿のような, いたずら(好き)な.

mónkey-nùt 图 (英口) 落花生, ピーナッツ.

mónkey·pòd 图 (植) アメリカネム, アメリカネムノキ (淡紅色の球状花をつけるマメ科の高木).

mónkey púzzle 图 (植) チリマツ《チリ原産のナンヨウスギ科の高木, 鋭い葉が密生しサルも登れないという》.

mónkey·shìne 图 [通例複数形で] (米口) ＝monkey business.

mónkey sùit 图 (口) (かっこわるい)制服《帽子なども含む》; (窮屈な)正装, タキシード.

mónkey trìcks 图 (英) ＝monkey business.

mónkey wrènch 图 モンキーレンチ, 自在スパナ (cf. wrench 1). **thrów a mónkey wrènch ínto...** (米口) 〈計画などの〉じゃまをする, 妨害する.

mónkey-wrènch 動 他 (口) (主に抗議の意思表示として) 破壊[妨害]する.

mónk·fish 图 (魚) ❶ C カスザメ. ❷ C,U アンコウ.

monk·ish /máŋkɪʃ/ 形 修道士の, 修道院の, 修道院めいた, 禁欲的な; [通例軽蔑的に] 坊主臭い. **~·ly** 副 **~·ness** 图

mónk sèal 图 (動) モンクアザラシ《地中海・西インド諸島・太平洋中部産; 頭部と背面が黒い》.

mónks·hòod 图 (植) ヨウシュトリカブト《鑑賞用・薬用》.

Mon·mouth·shire /máŋməθʃɪɚ, -ʃə | -ʃɪə/ 图 モンマスシア《ウェールズ南東部の州》.

⁺mon·o /máŋnov/ 形 ❶ モノラルの. ❷ 単色[白黒, モノクロ]の. —— 图 U ❶ モノラル音, モノラル再生. ❷ ＝mononucleosis.

mon·o- /máŋnov/ 形 (連結形) 「単一…」, (化) 「1 原子を含む」 (cf. uni-, poly-, multi-). 〖Gk *monos* single, alone〗

mòno·amíne 图 (生化) モノアミン《1 個のアミノ基をもつアミン化合物; 神経系の伝達に重要な機能をもつ》.

mònoamine óxidase 图 (生化) モノアミン酸化酵素[オキシダーゼ]《モノアミン類の酸化的脱アミノ反応を触媒する酵素; 略 MAO》.

mònoamine óxidase inhíbitor 图 (薬) モノアミン酸化酵素[オキシダーゼ]阻害薬《モノアミンオキシダーゼの作用を阻害し, 脳内のモノアミン濃度を上昇させる抗鬱薬・血圧降下薬; 略 MAOI》.

mòno·básic 形 (化) 《酸の》一塩基の.

móno·blòc 形 (冶) 一体鋳造の.

mòno·cárpic 形 (植) 《植物が》一生にただ一度開花結実する, 一回結実性の, 一稔(ねん)性の.

mòno·cáusal 形 唯一[単一]原因の.

mòno·chá·si·um /-kéɪʒ(i)əm | -ziəm/ 图 (圈 -sia /-ziə, -ʒ(i)ə/) (植) 単歧(単出集散)花序.

móno·chòrd 图 (楽) 一弦琴, モノコード.

mòno·chromátic 形 ❶ 単色の, モノクロの. ❷ (理)

非常に狭いエネルギー領域の粒子線からなる，単色性の. ❸ 〖医〗一色型色覚, 全色盲の.
mon·o·chro·ma·tism /mànəkróumətìzm|mɔ́n-/ 名 ⓊⒶ 単色[単彩]性. ❷ 〖医〗一色型色覚, 全色盲.
mòno·chró·ma·tor /-króumeɪtə|-tə/ 名 単色光分光器, モノクロメーター.
mon·o·chrome /mánəkròum|mɔ́n-/ 形 ❶ 単色の. ❷〈テレビ・写真など〉白黒の. ── 名 ❶ Ⓒ 単色画; 黒白写真, モノクロ(写真). ❷ Ⓤ 単色画[写真]法: in ~ 単色[白黒]で.
mon·o·cle /mánəkl|mɔ́n-/ 名 片眼鏡, モノクル. ~d 形
mòno·clínal 〖地〗〈地層が〉単斜の; 単斜層の.
mòno·cline 名〖地〗単斜.
mòno·clín·ic /-klínɪk|-/〖晶〗形 単斜晶系の.
mon·o·clo·nal /mànəklóunl|mɔ́n-/ 形〖生〗単クローン(性)の, モノクローナルの《単一細胞に由来する細胞である[からつくられた]》.
mónoclonal ántibody 名〖医・生〗モノクローナル[単クローン(性)]抗体《単一の抗原決定基にだけ反応する抗体》.
móno·coque /-kòuk|-kɔ̀k/ 名 モノコック(構造), 張殻(ば̓ぶ̋): **a** 航空機の胴体で, 外板だけで荷重に耐えるようにした構造. **b** 自動車の車体と車台を一体化した構造.
mon·o·cot·y·le·don /mànəkɑ̀tl̩íːdn|mɔ̀nɔukɔ̀t-/ 名〖植〗単子葉植物.
mo·noc·ra·cy /mənɑ́krəsi|mənɔ́k-/ 名 Ⓤ.Ⓒ 独裁政治.
mon·o·crat /mánəkræt|mɔ́n-/ 名 独裁者; 独裁政治支持者. **mòno·crát·ic** 形
mòno·crýstal 名 形 モノクリスタル(の)《単結晶の強力なフィラメント》. **mòno·crýstalline** 形
mo·noc·u·lar /mənɑ́kjulə|mənɔ́kjulə/ 形 単眼の. ~·ly 副
móno·cùlture 名 ❶ Ⓤ 単一栽培, 単作. ❷ Ⓒ モノカルチャー, 単一文化. **mòno·cúltural** 形
móno·cỳcle 名 一輪車 (unicycle).
mòno·cýclic 形 ❶ 一輪(車)の. ❷〖生態〗単輪廻(りんね)性の. ❸〖化〗単環式の.
mon·o·cyte /mánəsàɪt|mɔ́n-/ 名〖解〗単球《白血球の一種》.
mòno·dáctyl 形〖動〗一指の, 単指の; つめ一本の, 単蹄(ひづめ)の.
mo·nod·ic /mənɑ́dɪk|mɔ-/ 形 monody の.
mòno·dispérse 形〖化〗単分散の《分散質の個々の粒子が均一の大きさである》.
móno·dràma 名 一人芝居, モノドラマ.
mon·o·dy /mánədi|mɔ́n-/ 名 ❶《ギリシア悲劇の》独唱歌. ❷《友の死をいたむ》哀悼詩, 哀歌. ❸ 単旋律の曲. **món·o·dist** /-dɪst/ 名 monody の作者[歌手].
mo·noe·cious /mɪníːʃəs|mɔ-/ 形〖植〗雌雄(異花)同株の;〖動〗雌雄同体の.
mo·noe·cism /mɪníːsɪzm|mɔ-/, **-noe·cy** /-si/ 名〖生〗雌雄同株[同体], 一家花.
móno·fìl /-fìl/, **mòno·fílament** 名 単繊維, モノフィラメント《ナイロンなどの合成繊維のように, 撚(よ)りがない》.
mo·nóg·a·mist /-mɪst/ 名 一夫一婦主義者.
mo·nog·a·mous /mənɑ́gəməs|-nɔ́g-/ 形 ❶ 一夫一婦[単婚]の. ❷〖動〗一雌一雄の. ~·ly 副
mo·nog·a·my /mənɑ́gəmi|-nɔ́g-/ 名 Ⓤ ❶ 一夫一婦(制), 単婚 (cf. polygamy 1, bigamy). ❷〖動〗一雌一雄, 単婚. 〖F<L<Gk; ⇒ mono-, -gamy〗
mon·o·ge·ne·an /mànədʒíːniən|mɔ̀n-/ 名 形〖動〗単生類(の)《単一の宿主(主として魚)に寄生して一生を終える吸虫類》.
mòno·génesis 名 Ⓤ 一元(発生), (言語などの)単一起源説, 単源説, 単発生説; = monogenism.
mòno·génic 形〖遺〗単一遺伝子の[による, に関する]《特に対立遺伝子の一方》. **-i·cal·ly** 副
mo·nog·e·nism /mənɑ́dʒənɪzm|mɔ-/ 名 Ⓤ《人類》祖発生説. **-nist** 名
mo·nog·e·ny /mənɑ́dʒəni|mɔ-/ 名 = monogenesis; = monogenism.
món·o·glòt /-glɑ̀t|-glɔ̀t/ 形 一言語使用の. ── 名 一言語使用者.
mon·o·gram /mánəgræm|mɔ́n-/ 名 組み合わせ文字, モノグラム《氏名の頭文字などを図案化したもの》: a ~ *on* a shirt ワイシャツにつけたモノグラム. **món·o·gràmmed** 形 モノグラムをつけた[刺繍(ししゅう)した].
mon·o·graph /mánəgræf|mɔ́nəgrɑ̀:f/ 名《特定の限られた分野をテーマとする》研究論文, モノグラフ.
mo·nóg·ra·pher /mənɑ́grəfə|-fə/, **-phist** /-fɪst/ 名 モノグラフを書く人, モノグラフ執筆者.
móno·hùll 名〖海〗(catamaran に対して)単船体船, 単胴船 (cf. multihull).
mòno·hýbrid 名〖遺〗一遺伝子雑種《単性雑種, 単因子雑種》.
mòno·hýdrate 名〖化〗一水塩, 一水化物《水1分子を含む水化物》.
mòno·hýdric 形〖化〗一水酸基を有する: ~ alcohol 一価アルコール.
mo·nol·a·try /mənɑ́lətri|-nɔ́l-/ 名 = henotheism. **mo·nól·a·ter, -trist** 名
móno·làyer 名〖化〗単層; 単分子層.
mon·o·lin·gual /mànəlíŋgwəl|mɔ̀n-/ 形 一つの言語だけ用いた; 一言語だけ話す (cf. bilingual, multilingual). ── 名 一言語だけ話す人.
mon·o·lith /mánəlɪθ|mɔ́n-/ 名 ❶《大きな》一本石, 一枚岩. ❷ 一本石の柱[碑]. ❸〖比喩的に〗一枚岩(的なもの)《国家・組織など》.〖F<L<Gk = single stone; ⇒ mono-, -lith〗
mon·o·lith·ic /mànəlíθɪk|mɔ̀n-/ 形 ❶ 一本石[一枚岩]の(ような). ❷〈組織・団結などが〉がっしりとかたまっている, 一枚岩的な, 完全に統制された, 画一主義的な. ❸〖電子工〗〈回路が〉モノリシックの《すべての回路素子が1個のチップに含まれている》.
mon·o·log /mánələ:g|mɔ́nələg/ 名《米》= monologue.
mo·nol·o·gist /mənɑ́lədʒɪst, -gɪst|-nɔ́l-/ 名 独白者; 長談義をする人.
mo·nol·o·gize /mənɑ́lədʒàɪz|-nɔ́l-/ 動 ⓐ 独白する, 独演する; 会話を独占する.
†**mon·o·logue** /mánələ:g|mɔ́nələg/ 名 ❶ 独白, モノローグ; ひとり芝居 (cf. soliloquy, duologue). ❷ 独白形式の詩(朗読). ❸《口》長談義, 会話の独り占め.〖F<Gk; ⇒ mono-, -logue〗
mon·o·lo·guist /mánələ:gɪst|mɔ́nələg-/ 名 = monologist.
mon·o·ma·ni·a /mànəméɪniə|mɔ̀n-/ 名 Ⓤ 偏執狂, モノマニア.
mon·o·ma·ni·ac /mànəméɪniæk|mɔ̀n-/ 名 偏執狂者; 一事に熱狂する[凝り固まる]人.
mon·o·mer /mánəmə|mɔ́nəmə/ 名〖化〗単量体, モノマー (cf. polymer).
mòno·metállic 形《貨幣の》単本位制の (cf. bimetallic 1).
mon·o·met·al·lism /mànoumétəlɪzm|mɔ̀n-/ 名 Ⓤ 〖経〗《貨幣の》単本位制.
mon·o·me·ter /mənɑ́mətə|-tə/ 名〖詩学〗単脚句, 一歩格《一行一詩脚または一つの dipody からなるもの》.
mo·no·mi·al /mounóumiəl|mɔ-/〖数〗形 単項の. ── 名 単項式.
mòno·molécular 形〖理・化〗単分子の.
mòno·morphémic 形〖言〗単一形態素からなる.
mòno·mórphic, -mórphous 形〖生〗単一形の, 同形の, 同一構造の. **-mórphism** 名
mòno·núclear 形〖生〗一核性の, 単核の.
mon·o·nu·cle·o·sis /mànounjù:klióusɪs|mɔ̀nounjù:-/ 名 Ⓤ〖医〗単球増加症, (特に)伝染性単球増加症.
mo·noph·a·gous /mənɑ́fəgəs|mɔnɔ́f-/ 形〖動〗《特に昆虫が》単食性の.

mon·o·phon·ic /ˌmɑnəˈfɑnɪk | ˌmɔn-⁻/ 形 ❶ 〈レコードなどが〉モノラルの (cf. stereophonic). ❷ 【楽】単旋律の, 単声の.

mon·oph·thong /ˈmɑnəfθɔːŋ | ˈmɔnəfθɔŋ/ 名 【音声】単母音 (bit の /ɪ/, mother の /ʌ/ など; cf. diphthong 1, triphthong).

mòno·phylétic 形 【生】同一の祖先型から発生した, 単系[一元性]の (↔ polyphyletic).

Mo·noph·y·site /məˈnɑfəsaɪt | mɔnɔf-/ 名 【神学】キリスト単性論者《キリストは神性と人性とが一体に複合した単一性のものであると説く》. **Mo·nóph·y·sìt·ism** 名 U キリスト単性論.

mon·o·plane /ˈmɑnəˌpleɪn | ˈmɔn-/ 名 単葉(飛行)機 (cf. biplane).

mòno·plégi·a /-ˈpliːdʒ(i)ə/ 名 U 【医】単麻痺《顔面・四肢の単一の筋(群)だけの》. **-plé·gic** /-ˈpliːdʒɪk⁻/ 形

mòno·plóid 形 【生】〈染色体が〉一倍体の.

móno·pòd 名 〈カメラ・釣りざおなどを固定させるための〉一本脚の支柱, モノポッド.

mon·o·di·al /-ˈpoʊdiəl/ 形 【植】単軸[単茎]性の.

móno·pódium 名 【植】単軸.

móno·pòle 名 ❶ 【理】 単極《正または負の単独電荷》; (仮説上の)磁気単極子, モノポール. ❷ 【通信】単極アンテナ.

mo·nop·o·lism /məˈnɑpəlɪzm | -ˈnɔp-/ 名 U 独占[専売]主義[制度], 組織, 行為].

mo·nop·o·list /-lɪst/ 名 独占[専売]者; 独占主義者, 専売論者.

mo·nop·o·lis·tic /məˌnɑpəˈlɪstɪk | -ˌnɔp-⁻/ 形 独占的な, 専売の, 独占主義(者)の. **-i·cal·ly** 副

mo·nop·o·li·za·tion /məˌnɑpələˈzeɪʃən | -ˌnɔpəlaɪz-/ 名 U 独占(化), 専売.

⁺**mo·nop·o·lize** /məˈnɑpəˌlaɪz | -ˈnɔp-/ 動 ❶〈商品・事業などの独占[専売]権を得る; (ほとんど)独占する《…の》圧倒的なシェアを有する. ❷〈ものを独り占めする, 独占する: He ~d the conversation. 彼は会話を独占した.

*mo·nop·o·ly** /məˈnɑpəli | -ˈnɔp-/ 名 ❶ a 〔商品・事業などの〕独占権, 専売権: The company has a ~ of truck production. その会社はトラック製造の独占権をもっている. b 〈…する〉独占権: 〔+ *to do*〕grant a ~ to manufacture [market] a product 製品の一手に製造[販売]する権利を与える. ❷ [a ~] 独占, 専有 《*of*, 《米》*on*》: make a ~ *of*… を独占する. ❸ a 独占品[物]: a government ~ 政府の専売品. b 独占[専売]会社[組合, 企業]. ❹ [M~] (商標) モノポリー《さいころを使うボードゲームの一種》.

mòno·propéllant 名 一元[単元]推進薬, 一液推進薬, モノプロペラント《酸化剤を混入したロケット推進燃料; 過酸化水素・ニトロメタン・酸化エチレンなど》.

mo·nop·so·ny /məˈnɑpsəni | -ˈnɔp-/ 名 【経】(市場の)買手[需要]独占.

mo·nop·te·ros /məˈnɑptərəs | -ˈnɔptərɔs/ 名 【建】モノプテロス《ギリシア・ローマの円形周柱神殿》.

móno·ràil 名 モノレール, 単軌鉄道: by ~ モノレールで.

mon·or·chid /məˈnɔrkɪd | -ˈnɔːk-/ 名 【医】単睾丸(症)の(人). **-chi·dism** 名 単睾丸症.

mono·sé·mous /ˌmɑnəsiːməs | ˌmɔn-⁻/ 形 〔語句など〕単義の. **móno·sè·my** 名 U 単義(性).

móno·skì 名 モノスキー《1 枚に両足で立つ幅広のスキー板》.

mòno·sódium glú·ta·mate /-ˈɡluːtəmeɪt/ 名 U グルタミン酸ソーダ《化学調味料; 略 MSG》.

mòno·sòme 名 モノソーム, モノソーム《1 つ以上の染色体を欠く細胞, または対合するもののない異形染色体》.

mòno·só·mic /-ˈsoʊmɪk⁻/ 形 〈遺〉 一染色体性の. **móno·sò·my** 名

mòno·specific 形 【医】単一特異的な《単一抗原(の受容体部位)に特異的な》.

móno·stàble 形 〔回路・発振器など〕単安定の.

mon·o·syl·lab·ic /ˌmɑnəsɪˈlæbɪk | ˌmɔn-⁻/ 形 ❶ 〈語句が〉単音節の. ❷ a 〈言葉が〉短くてそっけない: a ~ reply そっけない返事. b 〈人がそっけない言葉を使う, ぶっきらぼう

1169 monsoon

な. **-i·cal·ly** /-kəli/ 副

mon·o·syl·la·ble /ˈmɑnəˌsɪləbl | ˈmɔn-/ 名 単音節語 (get, hot など). **in mónosyllables** そっけなく: answer *in* ~s そっけない返事をする.

mòno·synáptic 形 【生】単シナプスの: a ~ reflex 単シナプス反射.

mòno·téchnic 形 単科の〈学校・大学〉. ─ 名 専修[専門]学校[大学], 単科大学.

mon·o·the·ism /ˈmɑnəθiˌɪzm | ˈmɔn-/ 名 U 一神教[論]《キリスト教・イスラム教のように神は唯一とする宗教; cf. polytheism》. **món·o·thè·ist** /-θiːɪst/ 名 一神教信者. **mòn·o·the·is·tic** /ˌmɑnəθiˈɪstɪk | ˌmɔn-⁻/ 形 一神教の, 一神論的な.

Mo·noth·e·lite /məˈnɑθəlaɪt | mɔnɔθ-/ 名 【神学】キリスト単意論者《受肉したキリストの人格は単一の意思を有すると説く》.

móno·tìnt 名 = monochrome.

mon·o·tone /ˈmɑnəˌtoʊn | ˈmɔnə-/ 名 [a ~] ❶ (色彩・文体などの)単調: speak [read] in a ~ 一本調子で話す[読む]. ❷ 【楽】単調(音). ─ 形 単調な, 一本調子の.

mòno·tónic 形 【数】単調音の[で諷唱する]; 【数】単調の. **-ical·ly** 副 **-to·nic·i·ty** /-toʊnɪˈsɪti/ 名

⁺**mo·not·o·nous** /məˈnɑtənəs | -ˈnɔt-/ 形 (**more** ~; **most** ~) ❶ 単調な, 一本調子の: a ~ song 単調な歌. ❷ 変化のない, 退屈な: ~ work 退屈な仕事. **~·ly** 副 **~·ness** 名

mo·not·o·ny /məˈnɑtəni | -ˈnɔt-/ 名 U 単調さ, 変化のなさ, 退屈, 一本調子.

mo·not·ro·py /məˈnɑtrəpi | mɔˈnɔtrə-/ 名 U 【化】単変, モノトロピー《同一物質の結晶系の関係; 一方から他方への転換が一方的に起こるために転移点が存在しない》.

mon·o·type /ˈmɑnəˌtaɪp | ˈmɔn-/ 名 【印刷】❶ モノタイプ, 自動鋳植機《活字を 1 字ずつ鋳植する機械》. ❷ U モノタイプによる印刷(法).

mòno·týp·ic /-ˈtɪpɪk/ 形 【生】〈属〉が単型の, 単一タイプの《それより低い群を一つしか含まない場合》.

mòno·ùn·sáturated 形 【化】〈脂肪(酸)が〉モノ[一価]不飽和の.

mòno·válent 形 【化】一価の. **mòno·válence** 名

mon·ox·ide /məˈnɑksaɪd | mɔˈnɔk-/ 名 U.C 【化】 一酸化物.

Mon·roe /mənˈroʊ, mʌn-/, **James** 名 モンロー (1758-1831; 米国第 5 代大統領).

Monroe, Marilyn 名 (マリリン)モンロー (1926-62; 米国の女優; 本名 Norma Jean Baker).

Monróe Dóctrine [the ~] モンロー主義《1823 年米国の第 5 代大統領 Monroe が教書に示した米国と欧州の相互不干渉の外交方針》.

Mon·ro·via /mənˈroʊviə | mɔn-/ 名 モンロヴィア《リベリアの首都; 同国の主要港》.

mons /mɑnz | mɔnz/ 名 (複 **mon·tes** /ˈmɑntiz | ˈmɔn-/) 【解】恥丘 (mons pubis).

Mons /mɑnz | mɔnz/ 名 モンス《ベルギー南西部の町; 第 1 次世界大戦で最初の英独軍の交戦地》.

Mon·sei·gneur /ˌmɑnseɪˈnjɔr | ˌmɔnseɪnˈjɑː/ 名 (複 **Mes·sei·gneurs** /-(z)/) 殿下, 閣下, 猊下《vn》《王族・枢機卿・(大)司教を呼ぶ敬称; 略 Msgr》.

Mon·sieur /məˈsjɜː | -sjɜː/ 名 (複 **Mes·sieurs** /meɪˈsjɜːz | -sjɜːz/) [英語の Mr., Sir に当たる敬称に用いて] …様, …君, あなた《略 M., 複 MM.》. 〖F *mon sieur my lord*〗

Mon·si·gnor /mɑnˈsiːnjə | mɔnˈsiːnjə/ 名 (複 ~**s**, **Mon·si·gno·ri** /ˌmɑnsiːˈnjɔri/) ❶ 【教皇庁の司教補佐以上への尊称】モンシニョール《略 Mgr.》. ❷ [m~] モンシニョールの尊称を許された人. 〖It〗

⁺**mon·soon** /ˌmɑnˈsuːn | mɔn-/ 名 ❶ [the ~] モンスーン, 季節風《インド洋および南アジアで夏は南西から, 冬は北東に吹く》: *the dry* [*wet*] ~ 冬[夏]季節風. ❷ a [the ~] (インドおよび南アジアの)雨期《4 月から 10 月ころまで》. b (口) 豪雨. 〖Du < Port < Arab = time, season〗

móns pú·bis /-pjúːbɪs/ 图 (圈 **móntes púbis**)〖解〗(特に女性の)恥丘.

***mon·ster** /mánstə | mɔ́nstə/ 图 ❶ **a** (想像上の)怪物, 化け物: the Loch Ness ～ ネス湖の怪獣. **b** 怪奇な形の[巨大な]もの[動物, 植物], 奇形体. ❷ 極悪非道な人, 悪党. **the gréen-eyed mónster** ⇒ green-eyed. Ⓐ 巨大な: a ～ pumpkin おばけカボチャ.〖F＜L=不幸を警告するもの＜*monere* 警告する; ⇒ monitor〗(形 monstrous)

mon·stera /mánztərə | mɔnstíərə/ 图〖植〗熱帯アメリカ産サトイモ科ホウライショウ属の各種の多年草, モンステラ (多くはつる性で, 観葉植物にされる).

mon·strance /mánstrəns | mɔ́n-/ 图〖カト〗〖聖体〗顕示台.

mon·stros·i·ty /manstrásəṭi | mɔnstrɔ́s-/ 图 ❶ Ⓒ 巨大で醜悪なもの, じつに醜い[ひどい]もの: The new city hall is a concrete ～. 新しい市庁舎はコンクリートの醜塊〔いぶつ〕だ. ❷ Ⓤ 怪物, 怪異. **b** (動植物の)奇形.

†**mon·strous** /mánstrəs | mɔ́n-/ 形 ❶ 極悪非道の, 恐るべき: ～ crimes 極悪非道の犯罪. ❷ まったくひどい, けしからぬ: It's ～ that so many people in Africa are starving. アフリカで多くの人々が飢えているということはとんでもないことだ / It's ～ *of* you *to* talk to your teacher like that. 先生にそんな口をきくとは君もまたひどい. ❸ 奇怪な, 巨大な, 怪物のような. ～**·ly** 副 非常に, ひどく: ～*ly* unjust 実に不当な. (图 monster)

móns vé·ne·ris /-vénərəs/ 图〖解〗女性の恥丘.

Mont.《略》Montana.

mon·tage /mantáːʒ | mɔn-/ 图 ❶ Ⓤ モンタージュ(技法)《異なる種々の画面[要素]を並べて一つの画面[作品]にまとめる手法》. ❷ Ⓒ モンタージュによる作品[写真, 映画, 曲(など)].

Mon·ta·gnard /màntənjáː(d) | mɔ̀ntənjáː(d)/ 图 (圈 ～**s**, ～) 山地民(の)《カンボジア国境に接するベトナム南部高地の住民》.

Mon·taigne /mantéɪn | mɔn-/, **Mi·chel Ey·quem de** /miːʃél ekém də/ 图 モンテーニュ(1533-92; フランスの思想家; 〖随想録〗(*Essays*; F *Essais*) の著者).

Mon·tan·a /mantǽnə | mɔn-/ 图 モンタナ州《米国北西部の州; 州都 Helena /héℓənə/; 略 Mont., 〖郵〗MT; 俗名 the Treasure State》. **Mon·tan·an** /mantǽnən | mɔn-/ 形, 图 モンタナ州の(人). 〖Sp=山岳地帯〗

mon·tane /mantéɪn, ⸍⸜ | móntein/ 形〖生態〗山地の, 低山地帯に生育する(動)植物など.

Mon·ta·nist /mántənɪst | mɔ́n-/ 图〖キ教〗モンタノス主義者, モンタノス派(信徒) (2 世紀に Phrygia で預言者モンタノス(Montanus)が始めた一派; 聖霊を重視し終末の預言を行ない, きびしい禁欲を唱えた). **Món·ta·nìsm** /-nìzm/ 图.

Mont Blanc /mɔ̀ːmbláːŋ/ 图 モンブラン《フランス・イタリア国境にある Alps 山系の最高峰, 4807 m》.

mont·bre·tia /man(t)bríːʃ(i)ə | mɔn-/ 图〖植〗アヤメ科モントブレチア属の各種, (特に)ヒメヒオウギズイセン.

mon·te /mánṭi | mɔ́n-/ 图 Ⓤ モンテ《3枚のカードを示してから一くって伏せ, 特定カードをあてさせる賭け》.

Mon·te Car·lo /mànṭikáːɫoʊ | mɔ̀ntikáː-/ 图 モンテカルロ《モナコ公国の保養地; カジノ・カーレースで有名》.

Mónte Cárlo mèthod 图〖統〗モンテカルロ法《乱数を使って数学的・統計的問題の解を得る手法》.

Mon·te·ne·gro /màntənéɪgroʊ | mɔ̀nti-/ 图 モンテネグロ《Balkan 半島西部の共和国; 旧 Yugoslavia の一構成国; 首都 Podgorica》.

Mon·tes·quieu /mànṭəskjúː | mɔ̀ntes-/, **Charles-Louis de Secondat**, **Baron de La Brède et de** モンテスキュー(1689-1755; フランスの法律家・政治哲学者).

Mon·tes·so·ri /mànṭəsɔ́ːri | mɔ̀n-/, **Maria** 图 モンテッソリ (1870-1952; イタリアの女性教育者).

Montessóri mèthod [sỳstem] 图 [the ～] モンテッソリ式教育法《Montessori が唱えた, 子供の自主性の伸長を重視した児童教育法》.

Mon·te·vi·deo /màntəvədéɪoʊ | mɔ̀n-/ 图 モンテビデオ《ウルグアイの首都; 港湾都市》.

Mon·te·zu·ma II /màntəzúːmə- | mɔ̀n-/ 图 モンテスマ (1466-1520; アステカ帝国最後の皇帝 (1502-20); Cortés に滅ぼされた).

Montezúma's revénge 图 Ⓤ〖戯言〗モンテスマのたたり《特にメキシコで旅行者がかかる下痢》.

mont·gol·fi·er /mantgálfiə | mɔntgɔ́lfiə/ 图 モンゴルフィエ式熱気球《下部の火で熱した空気で上昇》.〖*Jacques-Étienne Montgolfier* (1745-99), *Joseph-Michel Montgolfier* (1740-1810) 最初の実用熱気球を作って上昇させた (1783) フランスの発明家兄弟〗

Mont·gom·er·y /man(t)gám(ə)ri | -mən(t)-/ 图 ❶ モンゴメリー(男性名). ❷ モンゴメリー《米国 Alabama 州の州都》.

Mont·gom·er·y /man(t)gám(ə)ri | mən(t)-/, **Lucy Maud** /máːd/ 图 モンゴメリー(1874-1942; カナダの作家).

***month** /mʌnθ/ 图 (圈 ～**s** /mʌ́nθs, mʌ́nts/) ❶ (暦上の)月; 1か月(略 m.; cf. day 1 a, year 1a): this ～ 今月 / last [next] ～ 先月[来月] / the ～ before last 先々月 / the ～ after next 再(ᵃ)来月 / on the third of this ～ 今月の3日に / for ～s 何か月間(も) / ～s ago 何か月も前に / What ～ was he born in? 彼は何月生まれですか. ❷ (妊娠)…か月: She's in her fifth ～. 彼女は妊娠5か月だ. **a mónth agò todáy** 先月のきょう. **a mónth (from) todáy** 来月のきょう. **in [for] a mónth of Súndays** [通例否定文で]〖英口〗非常に長い間 (cf. a WEEK of Sundays〖感名〗): She hasn't come home *in* [*for*] *a* ～ *of Sundays.* 彼女はもうずいぶん長いこと家に帰っていない. **mónth àfter mónth** 毎月(毎月). **mónth by mónth** 月々; 月ごとに. **mònth ín, mònth óut** 来る月も来る月も, 四六時中. 〖OE〗

***month·ly** /mʌ́nθli/ 形 (比較なし) ❶ 月1回の, 毎月の: a ～ magazine 月刊雑誌 / a ～ salary 月給. ❷ 1か月有効の: a ～ pass [season ticket] 有効期間1か月の定期券. ── 副 月1回, 毎月. ── 图 ❶ 月刊刊行物, 月刊誌. ❷ 1か月の定期券.

Mon·ti·cel·lo /mànṭɪsélou, -sél- | mɔ̀n-/ 图 モンティセロ《Virginia 州中部の町 Charlottesville の近くに残る, Thomas Jefferson 自身の設計による屋敷》.

Mont·mar·tre /moːmáːtrə | mɔmmáː-/ 图 モンマルトル《Paris 北部の地区; Seine 川を見下ろす丘にあり, かつては芸術家の集まる地区として知られた》.

Mont·par·nasse /mòːmpaːnáːs; -pa-/ 图 モンパルナス《Paris 中南部の地区; Seine 川の左岸にあり, 20 世紀初め以降前衛芸術家たちが集まった》.

Mont·pe·lier /mantpíːljə | mɔntpélíə/ 图 モントピーリア《米国 Vermont 州の州都》.

Mont·re·al /màntriɔ́ːl | mɔ̀n-⸍/ 图 モントリオール《カナダ南東部 Quebec 州南部にある同国最大の都市》.

Mont·ser·rat /màn(t)sərǽt | mɔ̀n(t)-/ 图 モンセラット《西インド諸島東部 Leeward 諸島の火山島; 英国保護領》.

***mon·u·ment** /mánjumənt | mɔ́n-/ 图 ❶ **a** 記念碑[塔], 記念建造物: put up [erect] a ～ to the memory of ...のための記念碑を建てる. **b** [the M～] (1666 年の)ロンドン大火の記念塔《London Bridge の近くにある大円柱》. ❷ 遺跡, 遺物, 記念物: an ancient ～ 史的記念物, 史跡 / ～ national monument. ❸ **a** 不朽の業績[著作], 金字塔: a ～ *of* learning 学問の金字塔. **b** [反語的にも用いて] 他に類のないもの, 顕著な例: My father is a ～ to industry. 父はまれにみる勤勉家だった. 〖F＜L=思い出させるもの＜*monere* 思い出させる; ⇒ monster〗(形 monumental)

†**mon·u·men·tal** /mànjumén̬ṭl | mɔ̀n-⸍/ 形 ❶ Ⓐ 記念碑の: a ～ inscription 碑の銘文. ❷ Ⓐ (建造物・彫刻などが)(記念碑のように)巨大な, 堂々とした. ❸ Ⓐ〈文学・音楽の作品が〉不朽の, 不滅の: a ～ work 記念碑的な作品. ❹ 途方もない, ひどい: a ～ achievement 大変な業績 / [時間のむだ] / ～ idiocy 途方もない愚かさ. -**tal·ly** /-t̬əli/ 副 途方もなく, ひどく. (图 monument)

mon·u·mén·tal·ìze /-làɪz/ 動 他 記念する, 永久に伝える.

monuméntal máson 名 墓石の石工, 墓石屋.

mon·zo·nite /mánzənàɪt, món-/ 名 Ⓤ モンゾナイト《閃長岩と閃緑岩との中間に位する粒状の深成岩》. **mòn·zo·nít·ic** /-nítɪk/ 形

moo /múː/ 名 《徴 ~s》❶ モー《牛の鳴き声; ⇒ cow¹ 関連》. ❷《英俗》愚かな女. — 動 自《牛が》モーと鳴く. 《擬音語》

mooch /múːtʃ/ 動 自《口》《目的もなく》ぶらつく, うろつく: There were lots of people ~*ing about* [*around*, *about* the streets]. うろうろして[うろつき回って, 街をうろついて]いる人が大勢いた. — 他 ❶《米俗》〔人から×ものを〕ねだる〔*off*, *from*〕. ❷〈ものを〉盗む. — 名 ❶ [単数形で]《英》ぶらぶらすること. ❷《米俗》物乞い; たかり屋. **~·er** 名

móo·còw 名《小児》モーモー, 牛さん.

*__mood__*¹ /múːd/ 名 ❶ Ⓒ a (一時的な)気分, 機嫌: in a laughing [dejected] ~ 陽気で[しょんぼりして] / be in a bad [good] ~ 機嫌が悪い[良い] / His ~s change quickly. 彼の気分はすぐ変わる. b 《…しようとする》気持ち, 意向: I was in the [no] ~ *for* work. 仕事をしようという気がしていた[気にはとてもなれなかった]. c 《…しようとする》気持ち: [+*to do*] I'm not in the ~ *to* read just now. どうも今は本を読みたくない. ❷ [複数形で] 不機嫌; むら気: a person of ~s 気分の変わりやすい人, 気まぐれな人, お天気屋 / Are you in one of your ~*s*? また機嫌を損ねているのかい. ❸ a Ⓒ [通例単数形で]《会合・作品などの》雰囲気, ムード: The ~ of the meeting was hopeful. 会の雰囲気は希望に満ちていた. b [形容詞的に]《特に音楽か》〈特定の〉雰囲気[ムード]を出すための. **in a móod** 不機嫌で. 《OE=精神, 勇気》《形 moody》《類義語》**mood** 一時的な心の状態, 時人の言動を左右するような感情, 気分(しばしば他人の気性から生じる). **humor** 気まぐれによる一時的な心の状態. **temper** 強い感情, 特に怒り.

mood² /múːd/ 名《文法》《動詞の》法, 叙法《動作・状態に対する話者の心的態度を示す動詞の語形変化; cf. indicative 2, imperative 3, subjunctive 2》.《MODE が MOOD¹ の影響で変形したもの》《形 modal》

móod mùsic 名 Ⓤ ムード音楽.

móod swìng 名 気分の著しい変化.

__mood·y__ /múːdi/ 形《**mood·i·er**; **-i·est**》❶ むら気な, 気分屋の, (特に)すぐに不機嫌になる[ふさぎ込む]: Why are you so ~? なぜそんなにふさぎ込んでいるのか. ❷〈映画・音楽など〉独特の情感[気分]のある. **-i·ly** /múːdəli/ 副 むっつりと, 不機嫌に. **-i·ness** /múːdinəs/ 名 Ⓤ むら気; 不機嫌. (名 mood)

Moody ⇒ Wills.

moo·la, -lah /múːlə/ 名 Ⓤ《俗》ぜに, 金 (money).

moo·li /múːli/ 名《野菜》ムーリ《大きくて細長い大根の一種; 東洋料理で用いられる》.

__moon__ /múːn/ 名 ❶ [通例 the ~] 月《用法 月の一様相についていう時には不定冠詞も用いる; 解説 月の陰影はウサギではなく人間の姿と考えられている; 昔は月光にあたると気が狂うと考えられた; cf. lunatic, moonstruck》: a new [a half, a full, a waning] ~ 新[半, 満, 残]月 / The ~ came up [went down]. 月が出た[沈んだ] / There's no ~ tonight. 今夜は月が出ていない / Was *the* ~ *out* that night? その夜は月が出ていましたか / *The* ~ *was* three days old. 月は三日月だった. ❷《惑星の》衛星: Jupiter has at least sixteen ~*s*. 木星には少なくとも 16 の衛星がある. ❸ Ⓒ [通例複数形で]《詩》1 か月: many ~*s* ago 幾月も前に. **báy** (**at**) **the móon** ⇒ bay³ 動 ❶. **crý for the móon** 得られないものをほしがる, できない事を望む. **ónce in a blúe móon**《口》ごくまれに, めったに…ない《由来 空中の砂粒のために, 月が青く見えることから》. **óver the móon** 非常に幸せで; 大喜びで《由来「うれしくてとび上がって月を越えるほど」の意の誇張表現》. **prómise a person the móon**〈人に〉果たせない約束をする. — 動 自 ❶《あてもなく夢心地で》うろつく, ぼんやりする〈*about*, *around*〉. ❷〈…に〉夢中になって〉ぼっーっとする時を過ごす: He's still ~*ing over* her. 彼はまだ彼女のことを

思ってぼんやりと時を過ごしている. ❸《俗》《いたずらや人を侮辱するために》露出した尻を突き出す. — 他 ❶ ぼんやり《時を》過ごす〈*away*〉. ❷《俗》《…に》露出した尻を突き出す.《OE=moon, month》《形 moony, 関形 lunar》

móon·bèam 名《ひとすじの》月光.

móon bòot 名 ムーンブーツ《足首まである防寒・防雪靴》.

móon·càlf 名《徴 **-calves**》❶《生まれつきの》ばか, うすのろ. ❷ あてもなく夢心地でぼんやり時を過ごしている人.

móon·dàisy 名《英》《植》フランスギク.

móon·fàced 形 顔のまんまるい.

móon·fìsh 名 形が円い海産魚《マンボウ・マンダイなど》.

móon·flòwer 名《米》《植》ヨルガオ, ユウガオ.

Moon·ie /múːni/ 名《しばしば軽蔑的で》統一協会信者.《協会の始祖の韓国人 Sun Myung Moon (文鮮明)から》

móon·less 形 月のない: a ~ night 闇夜.

__moon·light__ /múːnlàɪt/ 名 Ⓤ 月光: by ~ 月明かりで / in the ~ 月の光のもとで. — 形 Ⓐ 月光の, 月明かりの: a ~ night 月夜. — 動 自《口》《本来の仕事のほかに, 特に夜間に》副業[アルバイト]をする. **~·er** 名 **~·ing** 名

móonlight flít 名《英口》夜逃げ: do a ~ 夜逃げをする.

móon·lìt 形 月光に照らされた, 月明かりの: on a ~ night 月明かりの夜に.

móon·quàke 名 月震《月の地震》.

móon·ràker 名 ❶《海》ムーンレイカー《軽風の時だけスカイスルの上に掲げる横帆》. ❷《方》Wiltshire 州人.

móon·ràt 名《動》ジムヌラの一種《ハリネズミ科の食虫動物; 東南アジア産》.

móon·rìse 名 Ⓤ,Ⓒ 月の出(の時刻).

móon·ròof 名 ムーンルーフ《自動車の屋根につけられる透明部分; cf. sunroof》.

móon·scàpe 名 ❶ 月面風景. ❷《月面のように》荒涼とした風景[原野].

móon·sèt 名 Ⓤ,Ⓒ 月の入り(の時刻).

moon·shee /múːnʃi/ 名 =munshi.

móon·shìne 名 Ⓤ ❶ ばからしい考え, たわごと. ❷《米口》密造酒《特にウイスキー》.

móon·shìner 名《米口》酒類密造[密売]者.

móon·shòt 名 月ロケットの打ち上げ.

móon·stòmp 名 ムーンストンプ《を踊る》《リズミカルに足を重く踏み鳴らす形式にとらわれないダンス》.

móon·stòne 名 Ⓤ,Ⓒ《鉱》月長石 (⇒ birthstone).

móon·strùck 形 気のふれた, 狂った. 《狂気は月の光によると考えられたことから; cf. lunatic, loony》

móon·wàlk 名 月面歩行; ムーンウォーク《後ろにさがっているのに前に歩いているように見える break dancing の踊り方》. — 動 自 月面を歩く; ムーンウォークを踊る. **~·er** 名

móon·wòrt 名《植》❶ ハナヤスリ属のシダ, (特に)ヒメハナワラビ. ❷ ギンセンソウ.

moon·y /múːni/ 形《**moon·i·er**; **-i·est**》夢心地の, ぼんやりした.《名 動 moon》

⁺**moor**¹ /múə˞ | múə, móː/ 動 他《船などを〈…に〉つなぐ, もやう, 停泊させる: ~ a ship *at* the pier [*to* the buoy] 船を桟橋[ブイ]につなぐ. — 自 船をつなぐ; 〈船が〉停泊する.

⁺**moor**² /múə˞ | múə, móː/ 名 [しばしば複数形で]《英》荒地, 荒野, ムア《イングランドやスコットランドで heather の生えた 通例 泥炭質の土地; 特に, ライチョウ (grouse) の狩猟場》.

Moor /múə˞ | múə, móː/ 名 ❶ ムーア人《アフリカ北西部に住む》. ❷《8 世紀にスペインを征服した》ムーア人: the Conquest of Spain by the ~s ムーア人のスペイン征服.

moor·age /múə(r)ɪdʒ | múə(r)-, móːr-/ 名 ❶ Ⓤ,Ⓒ 係留, 停泊. b 停泊所使用料. ❷ Ⓒ 停泊所.《MOOR¹ +-AGE》

móor·còck 名《鳥》アカライチョウの雄.

Moore /múə˞ | múə, múə/, **Henry** 名 ムーア《1898-1986; 英国の彫刻家》.

Moore, Marianne (**Craig**) 名 ムーア《1887-1972; 米国の詩人》.

móor·fòwl 名 (複 ~) 〖鳥〗アカライチョウ (red grouse).
móor·hèn 名〖鳥〗❶ バン. ❷ アカライチョウの雌.
†**moor·ing** /múərɪŋ | múə(r)-, mɔ́:r-/ 名 ❶ a U 係船, 停泊. b 〔複数形で〕係船所, 停泊地. ❷ C 〔通例複数形で〕 係船設備[装置]. ❸ 〔複数形で〕 精神的なよりどころ[支え]: lose one's ~s 心の支えを失う.
moor·ish /múərɪʃ | múər-, mɔ́:r-/ 形 荒れ地 (moor) の多い, 荒れ地性の.
Moor·ish /múə(r)ɪʃ | múə(r)-, mɔ́:r-/ 形 ムーア人 (Moor) の.
Móorish ídol 〖魚〗ツノダシ《サンゴ礁に生息する硬骨魚》.
móor·land /-lənd/ 名 U 〔しばしば複数形で〕《英》= moor².
móor·y /múəri | múəri, mɔ́:ri/ 形 荒れ地性の; 湿地性の.
†**moose** /mú:s/ 名 (複 ~) 〖動〗(北米産の)ヘラジカ, ムース《雄は掌状の大きい角がある; cf. elk》.
Móose Internatiónal /mú:s-/ 〔the ~〕 ムースインターナショナル《米国の慈善的な友愛組合》.
†**moot** /mú:t/ 動 〈問題〉を議題にのせる, 討論する《★通例受身》: The issue was ~ed on the Senate floor. その問題は上院の議題にのぼった. ── 形 ❶ 〈問題など議論の余地のある, 異論の多い: ⇒ moot point [question]. ❷ 〈不確定で決論が出せないなどのため〉実際的な意味のない, 迂遠な. ── 名 ❶ ~=moot court. ❷ 〖英史〗民会, ムート《アングロサクソン時代の町・州などの自由民の自治集会》. 〖OE=民会; MEET と同語源〗
móot cóurt 名 CU 〖法〗模擬裁判[法廷].
móot pòint [quéstion] 名 〔a ~〕 議論の余地のある問題[論争]点: It's a ~ which issue is most important. どちらの問題がいちばん重要かということ自体議論の余地のある論点である.
†**mop** /máp | mɔ́p/ 名 ❶ モップ, 長柄付きぞうきん. ❷ 〔a ~〕 モップに似た髪: a ~ of hair もじゃもじゃの髪. **give a móp** ... をモップでふく. ── 動 他 (mopped; mopping) ❶ a ~ をモップでふく. b モップでふいて<...>にする: 〔+目+補〕 He mopped the floor dry. 彼は床をモップでふいて水気を取った. ❷ 〈...を〉〈...から〉〈...で〉ぬぐう, ぬぐい去る (wipe) She mopped the sweat from her face with a handkerchief. 彼女はハンカチーフで顔の汗をふいた. **móp úp** (他+副) (1) 〈こぼれた水などを〉ぬぐい取る (wipe up). (2) 〈仕事などを〉し終える, 片づける. (3) 《口》 〈利益などを〉しぼり取る. (4) 〖軍〗 〈残敵を〉掃討する.
móp·bòard 名 《米》 〖建〗 幅木(はばき).
mope /móup/ 動 ❶ ふさぎ込む. ❷ 元気なく[ふさぎ込んで]あてもなく歩き回る《about, around》. ── 名 ❶ ふさぎ屋, 陰気者. ❷ 〔the ~s〕 意気消沈, 憂鬱.
mo·ped /móupèd/ 名〖米〗モペット, エンジン[原動機]付き自転車《小さなエンジンとペダルのついた自転車》.
mo·pery /móupəri/ 名 U 《米俗》軽犯罪.
mop·ey /móupi/ 形 うち沈んだ, ふさぎこんだ.
mop·ish /-pɪʃ/ 形 ふさぎ込んだ, 意気消沈した. **~·ly** 副 **~·ness** 名
mop·pet /mápɪt | mɔ́p-/ 名 《口》 子供, 赤ちゃん.
móp·py 形 《口》 もじゃもじゃの〈髪〉.
móp-úp 名〖軍〗 〈残敵などの〉掃討.
mopy /móupi/ 形 =mopey.
mo·quette /moukét/ 名 U モケット《いす張りなどに用いる毛羽(けば)織物》.
mor /mɔ́:/ 名〖地〗酸性腐植, 粗腐植, モル《特に寒冷地の土壌表面の有機物の堆積》.
MOR 《略》middle-of-the-road.
mo·raine /məréɪn/ 名〖地〗モレーン, 氷堆石(ひょうたいせき)《氷河の運んだ岩屑(がんせつ)からなる堆積物》. **mo·ráin·al, -ráin·ic** 形
*__mor·al__ /mɔ́:rəl | mɔ́r-/ 形 (more ~; most ~) ❶ 〔比較なし〕 a 〈善悪の基準になる〉 道徳(上)の, 倫理学の: ~ character 徳性, 品行 / a code 道徳律 / ~ law 道徳律 / a ~ duty [obligation] 道徳上の義務 / ~ pressure 道義心に訴える説得 / ~ philosophy 道徳哲学, 倫理学 / ~ principles 道義 / one's ~ sense 道徳観念, 道義心. b 道徳を教える, 教訓的な: a ~ lesson 教訓 / a ~ story [tale] 教訓物語, 寓話. ❷ A 〔比較なし〕 善悪の判断のできる, 道義をわきまえた: a person of strong ~ fiber 道義的性格の強固な人 / At what age do we become ~ beings? 我々は何歳になったら善悪の判断ができるようになるのか. ❸ 道徳的な, 品行方正な; 〈性的に〉純潔な, 貞節な (↔ immoral; cf. amoral); 〈行為が〉道徳律に則った, 正しい生き方をする. ❹ A 〔比較なし〕〈法律・慣習ではなく〉徳義に基づいた; 心[精神, 意志]に働きかける, 心の, 精神的な: (a) ~ defeat 精神的敗北 / ~ courage 精神的勇気.
── 名 ❶ 〔複数形で〕 (社会の) 道徳, モラル; 〔特に男女間の〕品行: public ~s 公衆道徳, 風紀 / a person with no ~s 道徳観念のない人. ❷ C 《寓話などの》寓意, 教訓: draw a ~ 〈寓話などから〉教訓を引き出す / point a ~ 〈実例などを引いて〉教訓を与える / There's a ~ to this story. この話には学ぶべきものがある.
〖L=慣習に合った; ⇒ mores〗 名 morality)
【類義語】 **moral** (個人的) 行動や性格が(特に性的なことに関して) 一般に正しいと認められている道徳の基準に合っている. **ethical** 理想的な道徳上の定めにかなった, 特に専門的な職業や事業での倫理を守る. **virtuous** 道徳的にすぐれた性格, 正義・高潔の. **righteous** (怒りなど)道徳的に異論のない, 正義の.
móral cértainty 名 〔a ~〕 まず間違いないと思われること, 強い確信;〖法〗 蓋然的確実性《立証できないが状況からほぼ確実なこと》.
*__mo·rale__ /məræl | -rá:l/ 名 U 〈人・集団の〉士気; 意気込み, 気力: M~ is high [low, falling]. 士気は高い[低い, 低下している]. 〖F<L; ⇒ moral〗
mór·al·ism /-lìzm/ 名 U ❶ 説教癖, 道徳家気取り. ❷ 道徳主義.
mór·al·ist /-lɪst/ 名 ❶ (他人の言動にうるさい) 道徳家 (気取りの人), 説教好きな人, '道学者'. ❷ 道徳を教える人, モラルを省察する人, 道徳家.
mor·al·is·tic /mɔ̀:rəlístɪk | mɔ̀r-/ 形 善悪に対して厳しくて狭い考えをする; 教訓的な, 道学者風の.
*__mo·ral·i·ty__ /məræləti/ 名 U ❶ 〈社会・個人の〉道徳(感), 道義(感): public [sexual] ~ 公衆[性]道徳. ❷ U 〈行為などの〉道徳性, 道義性 〖of〗: the ~ of abortion 妊娠中絶の道義性. ❸ CU 〈特定の〉道徳律, 倫理体系. 〖MORAL+-ITY〗
morálity plày 名 道徳劇《善と悪が擬人化されて登場する; miracle play よりやや遅れて 15–16 世紀に流行した》.
mor·al·ize /mɔ́:rəlàɪz | mɔ́r-/ 動 〔...について〕説教する, 〈えらそうに〉道徳的な意見[判断]を述べる《about, on》. ── 動 ❶ 道徳的に解釈する. ❷ 〈人〉を教化する. **mór·al·iz·er** **mòr·al·i·zá·tion** /mɔ̀:rəlɪzéɪʃən | mɔ̀rəlàɪz-/ 名
mór·al·ly /-rəli/ 副 ❶ 道徳的に[道徳上](正しく), 道徳的にみて: live ~ 正しく生きる / It's ~ right [wrong] to do... することは道徳上良い[悪い]. ❷ 事実上, 恐らく, 間違いなく: It's ~ certain that... であることは恐らく間違いない.
móral majórity 〔the ~; 集合的に〕 保守的な大衆《厳しい道徳観念をもっていると考えられる大多数の民衆》.
Móral Reármament 名 道徳再武装運動《1930 年代米国のルター派の牧師 F. Buchman /búkmən/ が提唱した, 道徳による世界的な精神改造運動; 略 MRA》.
móral scíence 名 道徳学, 倫理学.
móral suppórt 名 U 精神的な支え, モラルサポート.
móral víctory 名 事実上の[精神的な]勝利《現実には敗北しても, 思想・信条の正しさを示したもの》.
mo·rass /mərǽs/ 名 ❶ 沼地, 低湿地. ❷ 〔a ~〕 (脱け出せない) 泥沼, 難局: a ~ of poverty 貧乏の泥沼[どん底].
†**mor·a·to·ri·um** /mɔ̀:rətɔ́:riəm | mɔ̀r-/ 名 (複 ~s, -ri·a /riə/) ❶ 停止, (一時的)禁止(令): declare a ~ on the testing of nuclear weapons 核兵器の実験の一時禁止を宣言する. ❷ 支払い延期; 支払い猶予期間. 〖L=遅延〗
Mo·ra·vi·a /məréɪviə/ 名 モラビア, モラバ《チェコ東部の

歴史的地域名; もとオーストリア領》.

Mo·ra·vi·an /mərévian/ [形] ❶ モラビアの. ❷ モラビア教徒の. ── [名] ❶ [C] モラビア人. ❷ [C] モラビア教徒《15 世紀に Moravia で起こったプロテスタントの一派の人》. ❸ [U] モラビア語《チェコ語の一方言》.

mo·ray /mɔ́:reɪ, məréɪ/ [名]〘魚〙ウツボ.

+**mor·bid** /mɔ́əbɪd | mɔ́:-/ [形] ❶ **a** 〈精神・思想・人など〉病的な, 不健全な: a ~ imagination 病的な想像. **b** 《口》憂鬱な, 陰気な. ❷ 病気に起因する, 病的な: a ~ growth 病的増殖《がん, 腫瘍など》. ~·**ly** [副] ~·**ness** [名]

mórbid anátomy [名] [U] 病理解剖(学).

mor·bid·i·ty /mɔəbídəti | mɔ:-/ [名] ❶ [U] (精神の)病的状態[性質], 不健全. ❷ [U] [また a ~] (特定地区などの)罹病[罹患, 疾病]率《morbidity rate ともいう》.

mor·bif·ic /mɔəbífɪk | mɔ:-/ [形] 病気をひき起こす, 病原性の.

mor·bil·li /mɔəbílaɪ | mɔ:-/ [名] [複]〘医〙麻疹, はしか.

mor·ceau /mɔəsóu | mɔ:-/ [名] ([複] **-ceaux** /~(z)/) (詩・音楽などの)断篇, 断章, 一節, 抜粋.

mor·da·cious /mɔədéɪʃəs | mɔ:-/ [形] 刺すような, 激しい, 〈ことばが〉辛辣な, 痛烈な.

mor·dant /mɔ́ədnt | mɔ́:-/ [形] 〈言葉・機知・人など〉皮肉な, しんらつな: ~ sarcasm 痛烈ないやみ. ── [名] ❶ 媒染剤, 色止め料. ❷ (エッチングなどに用いる)腐蝕液. ── [動] [他] 媒染剤で処理する. ~·**ly** [副]

mor·dent /mɔ́ədnt/ [名]〘楽〙モルデント《主要音から下 2 度の音を経て, すぐ主要音にかえる装飾音》.

Mor·dred /mɔ́ədrəd | mɔ́:-/ [名]〘アーサー王伝説〙モルドレッド《Arthur 王の甥; 王の大陸遠征中にイングランドを託されたが, 王位と王妃をねらって反逆し殺された》.

‡**more** /mɔ́ə | mɔ́:/ [形] [many, much の比較級] ❶ (↔ less, fewer) **a** (数・量・程度など)〈…より〉もっと多い, もっと多数[多量]の 〈*than*〉: He has ~ books [money] *than* you (have). 彼は君よりも多くの本を持っている[金持ちだ] / Seven is ~ *than* five. 7 は 5 より多い[大きい] / Ten is three ~ *than* seven. 10 は 7 より 3 だけ多い. **b** より多くの, もっと多くの: with ~ attention もっと注意して / three or ~ people 3 人かそれ以上の人, 少なくとも 3 人 (cf. MORE than three people; ⇨ [代] 2) / *M~* people are drinking wine these days. 最近はワインを飲む人が増えている. ❷ 余分の, まだほかにある: a few ~ books もう 2, 3 冊の本 / One ~ word. もうひと言だけ(言わせてください) / Take one step ~. もう一歩お進みください / Give me a little ~ butter. もう少しバターをください / Are there *any* ~ problems to discuss? 議論する問題がまだありますか / Would you like *some* ~ tea [cake]? もう少しお茶[ケーキ]をいかがですか / He has a great deal ~ money. 彼ははるかに多くの金をもっている.

(and) whàt is móre おまけに, その上に.

màny móre [[C] の複数形の名詞を伴って] ずっとより多い[く] (cf. MUCH more [副] [成句]): There are *many* ~ sheep than people there. そこには人間の数より羊の数のほうがはるかに多い.

móre and móre ますます多くの (↔ less and less): *M~ and* ~ applicants began to gather. ますます志願者が集まり始めた.

── [代] ❶ [単数扱い] いっそう多くの量[程度, 重要性]: And what ~ do you want? 君はほかに何がほしいのだ《それで十分ではないか》/ *M~* is meant than meets the eye. 言外にもっと深い意味がある / I hope to see ~ *of* her. もっともっと彼女に会いたいものだ / I'd like a little ~ *of* the whisky. そのウイスキーをもう少しください. ❷ [複数扱い] より多くの数のもの[人] (↔ fewer): There're still a few ~. まだ少しはある / ~ than three people 4 人以上の人《[用法] more than three は「3」を越える数; ⇨ [形] 1 b》/ ⇨ MORE than one... [成句] / *M~* (of them) were present than absent. 欠席した者より出席した人のほうが多かった / I want a few ~ of the biscuits. そのビスケットがもう 2, 3 枚欲しい. ❸ それ以上の事[もの]: May I have one ~? もう一ついただけますか / No ~ *of* your jokes. 君のジョークはもうたくさんだ / I don't want any ~. それ[これ]以上は欲しくありません / There's much ~ here. ここにもっとたくさん[どっさり]あります.

and nò móre それだけにすぎない: It's your fancy *and no* ~. それは君の気のせいでそれだけのことだ.

móre and móre ますます多くのもの: We seem to be spending ~ *and* ~. どうも出費がかさんできているようだ.

móre of a... 〈…より〉いっそう 〈*than*〉 (cf. [副] 4): He's ~ *of a* fool *than* I thought (he was). 彼は私が思っていた以上に頭が足りない / America is much ~ *of a* classless society. アメリカはもっとずっと階級のない社会である.

móre than óne... 1 より多くの, 2 つ[2 人]以上の《[用法] この形は意味上は複数だが単数扱い》: *M~ than one* student *has* passed. 2 人以上の[複数の]学生が合格した.

the móre...the móre... すればするほど…だ (cf. [副] [成句], the [副]): *The* ~ he has, *the* ~ he wants. 彼は持てば持つほど(ますます)欲しがる.

── [副] ❶ [much の比較級] (↔ less) **a** 〈…より〉もっと, さらに多く 〈*than*〉: Betty weighs ~ *than* Jack (does). ベティーはジャックより体重がある / Mary dreaded Tom's anger ~ *than* anything (else). メリーは(他の)何よりもトムの怒りを恐れていた / I want ~ *than* anything to meet her. 他の何よりも彼女に会いたい / I think she deserves the prize ~ than anyone. 他のだれよりも彼女がその賞に値すると思う. **b** もっと, より多く: You must work ~. もっと働かなくてはいけない / I couldn't agree (with you) ~. 大賛成だ. ❷ /mɔ̀ə | mɔ̀:/ **a** [主に 2 音節以上の形容詞・副詞の比較級をつくって] 〈…より〉もっと: She's ~ beautiful ***than*** her sister. 彼女は姉よりも美しい. **b** もっと, いっそう: Be ~ careful. もっと注意しなさい / Let's walk ~ slówly. もっとゆっくり歩こうよ. ❸ そのうえ, なおまた: once ~ もう一度 / still ~ なおさら / I can't walk any ~. もうこれ以上歩けない / They won't hate you any ~. 今後[それ以上]はあなたを嫌うようなことはないでしょう. ❹ 〈…より〉むしろ: She's ~ lucky ***than*** clever. 彼女は利口だというよりはむしろ運がよい《[用法] 同じ人[物]についての比較には -er の形は用いない》/ I was ~ surprised ***than*** annoyed. 怒るというよりは驚いた / This is ~ a war movie ***than*** a western. これは西部劇というよりむしろ戦争映画だ / He's ~ like his mother *than* his father. 彼は父親よりはむしろ母親に似ている / They have ~ hindered *than* helped. 彼らは役に立つよりはむしろじゃまをした.

àll the móre [通例 理由や条件の句または節を伴って] なおいっそう, かえってますます (cf. the MORE [副] [成句]): The girl admired him *all the* ~ for his admission of weakness. 彼が弱点を自認しているので少女はますます彼に感心した / His helplessness makes me want to help him *all the* ~. 彼は困っているのでなおさら私は彼を助けてやりたい.

(èven) móre sò [前の形容詞や副詞を受けて] まして[なおさら]そうだ: I find his conversation fascinating, and his books *even* ~ *so* [but (*even*) ~ *so* his books]. 彼の談話は興味深い, また彼の本はなおさらそうだ.

móre and móre ますます, いよいよ (increasingly): His story got ~ *and* ~ exciting. 彼の話はいよいよおもしろくなった / The moon shone ~ *and* ~ brightly. 月はますます明るく輝いた.

móre or léss (1) 多少, いくぶん: I was ~ *or less* drunk. いくぶん酔っていた. (2) 大体, あらまし: The job has ~ *or less* finished. 仕事は大体片づいた / "Are you ready?" "Well, ~ *or less*."「用意できた」「うん, まあね」. (3) 約…, …くらい: He won 50 pounds, ~ *or less*. 彼は約 50 ポンドもうけた.

móre than... (1) …より多い, …を越える (⇨ [代] 2). (2) [名詞・形容詞・副詞・動詞・節を修飾して] …より以上のもの, (…して)余りある: It was ~ *than* an accident. それは単に事故と言って済ませられないものだった / She was ~ *than* pleased. 彼女は十二分に喜んでいた / I'm ~ *than* willing to help. 本当に喜んでお手伝いします / He was dressed ~ *than* simply. 彼は簡素を通り越した(みすぼら

More

しいほどの)服装をしていた / That will ~ than compensate for the trouble. それはその難点を補って余りあるだろう / That is ~ than we can stand. そんなことは我々にはとうてい耐えられない.

móre than a líttle 少なからず, 大いに, とても: He was ~ *than a little* disappointed at the news. 彼はその知らせにたいへん失望した.

móre than éver いよいよ多く(の): She loved him ~ *than ever*. 彼女はますます彼を愛した.

múch móre ⇒ much 副 成句.

nèither móre nor léss (than...) ちょうど..., まさしく...; ...にほかならない: It's *neither* ~ *nor less than* a lie. それはうそ以外の何ものでもない, まったくのうそだ.

nò móre (1) それ以上[もはや, 二度と]...しない: He'll steal *no* ~. 彼は二度と盗みをしないでしょう / *No* ~, thank you. ありがとう, もういりません. (2) 死んで: He is *no* ~. 彼はもうこの世にいない. (3) [否定節に続いて] ...もまた...でない: If you won't do it, *no* ~ will I. 君がやらないならぼくもやらない.

nò móre than... (1) [数詞を伴って] たった..., わずかに... (★ 数・量などの少ないことを表わす; cf. not MORE than... 成句): *no* ~ than five たった[わずか] 5 つ / I'm not sure how long it is, but anyway it's *no* ~ *than* eight inches. どのくらいの長さか確かではないが, とにかく 8 インチない. (2) =nothing MORE than... 成句.

nò móre...than... ...でないのは...でないと同じ: I can *no* ~ swim *than* a hammer (can). かなづち(が泳げない)と同様に私は泳げない / He's *no* ~ a fool *than* you (are). 君(がばかでない)と同様彼もばかではない / He can *no* ~ do it *than* fly. 彼にそれができないのは飛べないのと同じだ.

nòt...àny móre than... でないのは...でないと同じ: I *don't* understand it *any* ~ *than* you do. 君(がわからない)と同様私にも理解できない.

nóthing móre than... とまったく同様, ...にすぎない: He's *nothing* ~ *than* a liar. 彼はうそつきにすぎない.

nòt móre than... [数詞を伴って] ...より多くない, 多くて... (cf. no MORE than... 成句): *not* ~ *than* five 多くて[せいぜい] 5 つ / There were ~ *than* ten people present. せいぜい 10 人しか出席していなかった.

nòt móre...than... ...ほど...でない: I was *not* ~ surprised *than* he (was). 私は(驚くには驚いたが)彼ほどは驚かなかった《用法 単に相手より程度が低いというだけで no MORE...than... と違って両方を否定するのではない》.

nòt [nòne] the móre それでもなお.

or móre あるいはそれ以上, 少なくとも.

Thát's mòre like it. ⇒ like¹ 前 成句.

the móre [通例 理由・条件の句または節を伴って] (それだけ)ますます, なおさら (cf. 副 2, all the MORE 副 成句): I'm *the* ~ interested in his project because he's a friend of mine. 彼は私の友人なのでいっそう彼の企画には関心がある.

the móre...the léss... すればするほど...でなくなる: *The* ~ she thought about it, *the less* she liked it. 考えれば考えるほど彼女はそれがいやになった.

the móre...the móre... すればするほど...だ (cf. 代 成句, the 副): *The* ~ I hear, *the* ~ interested I become. 聞けば聞くほど興味深くなる.

thínk (àll) the móre of... ⇒ think 成句.

〖OE〗

More /mɔ́ə | mɔ́ː/, **Sir Thomas** 名 モア (1478–1535; 英国の政治家・作家; カトリック教会における聖人).

mo·reen /mərí:n | mɔ-/ 名 Ⓤ モリーン (カーテンなどに用いる丈夫な毛織物または綿毛交ぜ織り).

more·ish /mɔ́ːrɪʃ/ 形 〘英口〙〈食べ物が〉おいしくて次々に食べたくなる, もっと食べたくなる.

mo·rel /mərél/ 名 〘植〙アミガサタケ《食用キノコ》.

mo·rel·lo /mərélou/ 名 (複 ~s) 〘植〙モレロ《暗赤色のサクランボの一種》.

***more·o·ver** /mɔːróuvə | -və/ 副 そのうえ, さらに (furthermore, in addition): Cycling is good exercise. *M*~, it doesn't pollute the air. サイクリングはいい運動になる. そのうえ空気をも汚染することもない.

mo·res /mɔ́ːreɪz/ 名 〘社〙モーレス, 習律, 社会的習慣, 習俗. 〖L *mores* (複数形) < *mos* 慣習〗

Mo·ris·co /mərískou/ 形 名 (複 ~s, ~es) =Morisco.

Mo·resque /mɔːrésk, mə-/ 〈建築・装飾が〉ムーア風の.

Mor·gan /mɔ́əgən | mɔ́ː-/ 名 モーガン《男性名》.

Mor·gan /mɔ́əgən | mɔ́ː-/, **J(ohn) P(ierpont)** 名 モーガン (1837–1913; 米国の金融資本家).

mor·ga·nat·ic /mɔ̀əgənǽtɪk | mɔ̀ː-/ 形 〈結婚が貴賎(キセン)相婚の: a ~ marriage 貴賎結婚《王族と身分の低い婦人との結婚; 妻子はその位階財産を継承できない》.

mor·gen /mɔ́əgən | mɔ́ː-/ 名 (複 ~) モルゲン: **a** もとオランダとその植民地の, 今は南アフリカで用いる面積単位: = 2.116 acres. **b** かつてプロイセンやスカンディナヴィアで用いた面積単位; 約 ²⁄₃ acres.

morgue /mɔ́əg | mɔ́ːg/ 名 ❶ **a** 死体保管所, モルグ《身元不明遺体の確認・引取りまたは剖検などが済むまでの》. **b** (埋葬・火葬までの)死体安置所, 霊安室 (mortuary) ❷ **a** (新聞社の)資料室, 調査部. **b** (資料室の)(参考)資料.

⁺**mor·i·bund** /mɔ́ːrɪbʌ̀nd | mɔ́ɾ-/ 形 瀕死の状態にある, 消滅しかけている, 消滅した.

mo·rine /mərí:n | mɔ-/ 名 =moreen.

mo·ri·on /mɔ́ːrìən -rìən/ 名 モリオン (16–17 世紀に特にスペインの歩兵がかぶったかぶと; 高い天頂飾りを特徴とする).

Mo·ris·co /mərískou/ 形 =Moorish. —— 名 (複 ~s, ~es) (特にキリスト教統治下のスペインの)ムーア人.

mor·ish /mɔ́ːrɪʃ/ 形 =moreish.

⁺**Mor·mon** /mɔ́əmən | mɔ́ː-/ 名 モルモン教徒.

Mór·mon·ìsm /-nɪ̀zm/ 名 Ⓤ モルモン教 (1830 年米国の Joseph Smith が始めた; 公称は The Church of Jesus Christ of Latter-day Saints (末日聖徒イエスキリスト教会); 本部は Utah 州 Salt Lake City にある).

morn /mɔ́ən | mɔ́ːn/ 名 〘詩〙 朝, 暁. 〖OE=夜明け, 朝, 翌日; cf. morning〗

mor·nay /mɔənéɪ | mɔ́ːneɪ/ 形 [時に M-] モルネー(ソース)の《チーズを効かせたベシャメルソース》; [名詞の後に置いて] モルネーをつけた.

***morn·ing** /mɔ́əənɪŋ | mɔ́ː-/ 名 ❶ **a** Ⓤ|Ⓒ 朝; 午前《★ 通例夜明けから正午または昼食時まで》: *M*~ dawned [came]. 朝になった / It's already ~. もう朝だ / It's a beautiful ~. すばらしい朝だ / during the ~ 午前中に / early [late] in the ~ 朝早く[午前中遅く]《比較 このほうが in the early [late] ~ より一般的》/ on Sunday [Christmas] ~ 日曜[クリスマス]の朝に《用法 曜日などがつくと無冠詞; 時に on を略することもある》/ on the ~ of the 15th of April [April 15] 4 月 15 日の朝に《用法 特定の日の場合前置詞は on; 時に on を略することもある》/ early in [on] the ~ of the 10th 10 日の朝早くに. **b** [副詞的に] 朝に, 午前に (cf. mornings): She will come back this [tomorrow] ~. 彼女は今日の午前中には[明朝]戻ってくるでしょう / He called on me yesterday ~. 彼はきのうの午前に私を尋ねてきた. ❷ [the ~] 初期: *the ~ of* life 人生の朝, 青年時代. ❸ Ⓤ 〘詩〙 夜明け, 暁.

fírst thíng in the mórning [通例 無冠詞で; 副詞的に] 起きてすぐ(に), 朝一番で (cf. last thing at night ⇒ night 成句). **from mórning till [to] níght** 朝から晩まで. **góod mórning** ⇒ good morning. **in the mórning** (1) 朝のうちに, 午前中に. (2) 明朝(に). **mórning, nóon, and níght** 昼も夜も, 一日中. **of a mórning** 〘文〙(よく)朝のうちに. **towàrd mórning** 朝に近く, 朝方に. —— 形 Ⓐ 朝の, 朝に行なわれる; 朝用いる: ~ coffee モーニングコーヒー / a ~ walk 朝の散歩. 〖MORN に evening の連想から -ing がついたもの〗

mórning áfter 名 (複 mornings after) [the ~] 〘口〙二日酔い.

mórning-áfter pìll 名 事後に服用する経口避妊薬.

mórning còat 名 モーニングコート (cutaway (coat))

(モーニング (morning dress) の上着).

mórning drèss 名 U モーニング (モーニングコート・縞のズボン・シルクハットなどの昼間の礼装).

mórning glòry 名 C,U 〖植〗 アサガオ.

mórning pàper 名 朝刊(紙).

Mórning Práyer 名 〖英国教〗 朝の祈り, 早禱(ᵟᵒᵘ).

mórning ròom 名 (大きな家で午前中用いる)居間 (午前中日が差す位置にある).

morn·ings /mɔ́ːnɪŋz | mɔ́ː-/ 副 《米口》朝は(いつも), 毎朝; 午前中に: I usually take a walk ~. いつも朝に散歩する.〚MORNING+-s³〛

mórning sìckness 名 U 朝の吐き気, つわり (妊娠初期の症状).

mórning stár 名 [the ~] 明けの明星 (日の出前に見え星; 通例 Venus; cf. evening star).

mórning sùit 名 (男性の)昼間の礼装.

Mo·roc·can /mərɑ́k(ə)n | -rɔ́k-/ 形 モロッコ(人)の. ── 名 モロッコ人.

Mo·roc·co /mərɑ́kou | -rɔ́k-/ 名 ❶ モロッコ (アフリカ北西部の王国; 首都 Rabat). ❷ [m~] U モロッコ革 (ヤギのなめし革; 製本・手袋用など).

mo·ron /mɔ́ːrɑn | -rɔn/ 名 ❶ 《口・軽蔑》 ばか, まぬけ (idiot, fool). ❷ 軽愚者 (かつて知能が 8–12 歳の成人を表わした).〚Gk＝foolish, stupid〛

Mo·ro·ni /mərɑ́uni/ 名 モロニ (コモロ (Comoros) の首都).

mo·ron·ic /mərɑ́nɪk | -rɔ́n-/ 形 《口・軽蔑》 《人がばかな, 《行ないなどが》ばかみたいな.

mo·rose /mərɑ́us/ 形 (**mo·ros·er; -est**) 気難しい, 不機嫌な. **~·ly** 副. **~·ness** 名.

morph /mɔ́ːf | mɔ́ːf/ 名 ❶ 〖言〗形態 (形態素の具体的な表われ). ❷ 〖生〗 モーフ, モルフ (同一種内にあってはっきり区別できる, 同所性・同時性を有する互いに交配可能なグループ). **b** (同一種内の)変異型. ── 動 他 (morphing で)変形[変身]させる. ── 自 変身する.

-morph /-ーmɔ̀ːf/ 結合形 [名詞連結形] 「…な形[形態]をしたの」: iso*morph*, pseudo*morph*.

mor·pheme /mɔ́ːfiːm | mɔ́ː-/ 名 〖言〗 形態素 (意味をになう最小の言語単位).

mor·phe·mic /mɔːfíːmɪk | mɔː-/ 形 形態素の; 形態素論の. **-mi·cal·ly** 副.

mor·phe·mics /mɔːfíːmɪks | mɔː-/ 名 U 〖言〗形態素論.

Mor·phe·us /mɔ́ːfiəs, -fjuːs | mɔ́ː-/ 名 ❶ 〖ギ神〗 モルフェウス (夢の神; Hypnos の息子). ❷ 眠りの神. **in the árms of Mórpheus** 《文》眠って.

mor·phi·a /mɔ́ːfiə | mɔ́ː-/ 名 《古》＝morphine.

-mor·phic /mɔ́ːfɪk | mɔ́ː-/ 結合形 [形容詞連結形] 「…の形[形態]をもつ」.

†**mor·phine** /mɔ́ːfiːn | mɔ́ː-/ 名 U 〖化〗 モルヒネ (アヘンから製する麻酔・鎮痛剤).

morph·ing /mɔ́ːfɪŋ | mɔ́ːf-/ 名 U モーフィング (コンピューターグラフィックスで実写映像をアニメーションのように変形させる特殊技術).

mor·phin·ism /mɔ́ːfənɪzm | mɔ́ː-/ 名 モルヒネ中毒.

-mor·phism /-mɔ̀ːfɪzm | -mɔ̀ː-/ 結合形 [名詞連結形] 「…形態」「…形態観」.

mor·pho /mɔ́ːfou | mɔ́ː-/ 名 (複 ~s) 〖昆〗 モルフォ (チョウ) (中南米のモルフォチョウ属の各種の大型の蝶; 青く光る羽で知られる).

mor·pho·gen /mɔ́ːfədʒən | mɔ́ː-/ 名 〖発生〗モルフォゲン (生物の発生過程において, 特に濃度勾配を形成することによって形態形成 (morphogenesis) を制御する拡散性化学物質).

mòrpho·génesis /mɔ̀ːfoudʒénəsɪs | mɔ̀ː-/ 名 U 〖発生〗形態形成[発生]. **-genétic** 形. **-génic** 形.

mor·pho·line /mɔ́ːfəliːn | mɔ́ː-/ 名 U 〖化〗 モルホリン (環状アミンの一種; 染料, 蜜蠟・樹脂の溶媒, 試薬, 乳化剤として用いる粘性液).

mor·phol·o·gy /mɔːfɑ́lədʒi | mɔːfɔ́l-/ 名 U ❶ 〖生〗形態学. ❷ 〖言〗 形態論, 語形論 (cf. syntax). **mor·**

1175　mortar

pho·log·i·cal /mɔ̀ːfəlɑ́dʒɪk(ə)l | mɔ̀ːfəlɔ́dʒ-/ 形.

mor·phom·e·try /mɔːfɑ́mətri | mɔː-/ 名 U 形態[地形]計測 《特に湖沼学の》. **mor·pho·met·ric** /mɔ̀ːfəmétrɪk | mɔ̀ː-/, **-ri·cal·ly** 副.

Mor·ris /mɔ́ːrɪs | mɔ́r-/ 名 モーリス (男性名).

mórris chàir 名 モリス式安楽椅子 (背の傾斜が調節でき, クッションの取りはずしが可能).

mórris dànce /mɔ́ːrɪs- | mɔ́r-/ 名 モリスダンス (英国起源の仮装舞踏の一種; 主に May Day の催し物). **mórris dàncer** 名.

Mórrison shèlter 名 モリソンシェルター (第 2 次大戦中屋内で用いられたテーブル形の移動式防空シェルター).〚H. S. Morrison 導入時の内相〛

mor·row /mɑ́rou, mɔ́ːr- | mɔ́r-/ 名 [the ~] 《文》 ❶ 翌日: (on) *the* ~ その次の日, 翌日. ❷ (事件の)直後: on *the* ~ of…… の直後に.〚*morn* の別形〛

Morse /mɔ́ːs | mɔ́ːs/ 名 ＝Morse code.

Morse /mɔ́ːs | mɔ́ːs/, **Samuel F(inley) B(reese)** 名 モース (1791–1872; 米国の画家・発明家; モールス式電信機を発明した).

Mórse códe [**álphabet**] 名 U 〖通信〗モールス信号 (点と線 (dots and dashes) からなる): in ~ モールス信号で (★ 無冠詞).

mor·sel /mɔ́ːs(ə)l | mɔ́ː-/ 名 ❶ (食物の)ひと口, 一片 (*of*). ❷ [a] 少量, 小片: *a* ~ *of* hope かすかな望み. ❸ あわれな人.

mort /mɔ́ːt | mɔ́ːt/ 名 〖狩〗 獲物の死を報ずる角笛の音.

mor·ta·del·la /mɔ̀ːtədélə | mɔ̀ː-/ 名 U モルタデラ (コショウ・ニンニク入りのソーセージの一種).

*__mor·tal__ /mɔ́ːtl | mɔ́ː-/ 形 (比較なし) ❶ a 死ぬべき運命の (↔immortal): Man is ~. 人間は死ぬべきものである [死を免れない]. **b** A 死の, 死にぎわの, 死に伴う: ~ remains 遺骸(ᵍᵃᵃ) / ~ agony 断末魔の苦しみ. ❷ 致命的な: a ~ blow を与える打撃 / His wound proved to be ~. 彼の傷は致命的であることがわかった. ❸ A 《死ぬべき運命にある》人間の, 人の世の: one's ~ existence この世の生活 / No ~ power can perform it. それは人力ではできないことだ. ❹ A a 永遠の死を招く, 地獄に落ちる, 許されない (↔venial):⇒mortal sin. **b** 生かしておけない; 死ぬまで戦う: a ~ enemy 不倶戴天(ふぐたいてん)の敵 / (a) ~ combat 死闘. ❺ A 《口》 a 《恐怖・危険などが》死ぬほど恐ろしい, ひどい: in a ~ fright [funk] おびえ切って. **b** はなはだしい, 大変な: a ~ shame (穴があったら入りたいような)赤恥(ᵃᵏᵃᵖᵃᵘ) / in a ~ hurry ひどく急いで. **c** 長ったらしい, 死にそうに退屈な: two ~ hours 長い長い[飽き飽きする] 2 時間. ❻ A [every, no などを強めて] 《口》 考えられる: *every*thing ありとあらゆること. ── 名 ❶ [通例複数形で] (普通の)人間 (human (being); cf. immortal 名 2): *Mortals* can't create a perfect society. 人間には完璧(ᶜᵉⁿᵖᵉᵏⁱ)な社会はつくれない. ❷ [通例修飾語を伴って] 《英戯》人: thirsty ~s 酒好きの連中.〚F<L＝死の<*mors*, *mort*- 死〛 〖類義語〗**mortal** 死をもたらすらしいような, 実際に死の原因となった. **fatal** 死の原因となった[なるような]; 死が不可避であることを強調する. **deadly** 死をもたらす可能性のある. **lethal** その性質として, または目的として死をもたらすような.

mor·tal·i·ty /mɔːtǽləti | mɔː-/ 名 ❶ U **a** 死ぬべき運命 (↔immortality). **b** 《死すべき》人間たち, 人類. ❷ U C **a** 死, 死亡, 《特に災害などによる》大量死. **b** 死亡者数, 死亡率: infant ~ 幼児死亡率 / Lung cancer has (a) high ~. 肺癌は高い死亡率である. 〖形 mortal〗

mortálity ràte 名 死亡率 (death rate).

mortálity tàble 名 〖保険〗 死亡率統計表.

mór·tal·ly /-təli/ 副 ❶ ひどに, 致命的に (fatally): be ~ wounded 致命傷を受ける. ❷ 非常に: She felt ~ offended. 彼女はひどく心を傷つけられたと感じた.

mórtal sín 名 C,U 〖カト〗 (地獄に落ちる)大罪.

mor·tar¹ /mɔ́ːtə | mɔ́ːtə/ 名 U モルタル, しっくい. ── 動 他 (…に)モルタルを塗る; 《石・レンガを》モルタルで接合する.

*__mor·tar²__ /mɔ́ːtə | mɔ́ːtə/ 名 ❶ 〖軍〗 臼砲(ᵏᵞᵘᵖᵒᵘ), 迫撃

砲. ❷ 乳鉢(にゅうばち), すり鉢, 小うす: a pestle and ~ 乳棒と乳鉢. —[動][他]〈…を〉臼砲[迫撃砲]で攻撃する.

mórtar·bòard [名] ❶ (モルタルを受けたり運ぶ)こて板. ❷ (大学の)式帽《こて板状の四角で平たい房飾りつき帽子》.

***mort·gage** /mɔ́əgɪʤ | mɔ́ː-/ [名] ❶ [U,C] **a** 抵当, 担保: lend money on ~ 抵当を取って金を貸す / The bank holds a ~ on the land. 銀行はその土地を担保に取っている. **b** 抵当権: take out a ~ on… に抵当権を設定する. ❷ [C] (抵当を入れてする)借金, (特に)住宅ローン: It's difficult to get a ~ these days. このごろは(抵当を入れても)金を借りるのが難しい. ❸ =mortgage rate. —[動][他]〈土地・財産を〉抵当に入れる: ~ one's house *to* a person *for* a million yen 家を抵当に人から100万円借りる. 〘F=死の約束＜*mort* 死んだ+*gage* 約束〙

mort·ga·gee /mɔ̀əgɪʤíː | mɔ̀ː-/ [名] 抵当権者《不動産などをかたに金を貸す方》.

mort·gag·er /mɔ́əgɪʤə | mɔ́ːgɪʤə/ [名] =mortgagor.

mórtgage ràte [名] 抵当貸付金利.

mort·ga·gor /mɔ̀əgɪʤɔ́ə | mɔ̀ːgɪʤɔ́ː/ [名]〘法〙抵当権設定者《不動産などをかたに金を借りる方》.

mor·tice /mɔ́əṭɪs | mɔ́ː-/ [名][動] =mortise.

mor·ti·cian /mɔətíʃən | mɔː-/ [名]《米》葬儀屋 (undertaker).

mor·ti·fi·ca·tion /mɔ̀əṭəfɪkéɪʃən | mɔ̀ː-/ [名] [U] ❶ 屈辱, くやしさ: with ~ くやしくて / to one's ~ くやしかったことには. ❷ 苦行, 禁欲: (the) ~ of the flesh 苦行, 禁欲.

mor·ti·fy /mɔ́əṭəfàɪ | mɔ́ː-/ [動][他] ❶〈人に〉屈辱を感じさせる, くやしがらせる《★しばしば過去分詞で形容詞的に用いる》: He was *mortified* to learn that his proposal had been rejected. 彼は提案が却下されたことを知ってくやしがった. ❷〈情欲などを〉抑制する: ~ the flesh 情欲を抑制する, 苦行[禁欲生活]をする. 〘F＜L=殺す; ⇨ mortal, -fy〙【類義語】⇨ ashamed.

mór·ti·fỳ·ing [形] くやしい, しゃくにさわる: a ~ failure くやしい失敗 / It's ~ that nobody offered to help. だれも援助を申し出てくれなかったのは無念だ.

mor·tise /mɔ́əṭɪs | mɔ́ː-/〘木工〙[名] ほぞ穴《ほぞ (tenon) を差し込む穴》. —[動][他]〈…を〉〔…に〕ほぞ継ぎにする〈*together*〉〔*to, into*〕.

mórtise lòck [名] 彫(ほ)り込み錠《扉のふちなどに彫り込んである箱型の錠前》.

mort·main /mɔ́ətmèɪn | mɔ́ːt-/ [名] [U]〘法〙死手(譲渡)《宗教団体などに寄付された不動産の譲渡不能状態》.

mor·tu·ar·y /mɔ́əʧuèri | -tjuəri/ [名] ❶ (埋葬・火葬までの)死体安置場, 霊安室. ❷《米》=funeral parlor. —[形] [A] 死の, 埋葬の: ~ rites 葬式 / a ~ urn 骨壺. 〘L=死人の; ⇨ mortal〙

mor·u·la /mɔ́ːrʊlə | mɔ́r-/ [名] (複 **-lae** /-lìː/)〘発生〙桑実(そうじつ)(胞)胚, モルラ.

mor·wong /mɔ́əwɔːŋ | mɔ́ːwɔŋ/ [名]〘魚〙形がタイに似たオーストラリア周辺の食用魚, ‘フエダイ’ ‘シロクマダイ’.

mos. 《略》months.

⁺**mo·sa·ic** /mouzéɪɪk/ [名] ❶ [U,C] モザイク(画, 模様). ❷ [C] [通例単数形で] モザイク風のもの[文]: a ~ *of* memories 記憶の断片の寄せ集め. ❸ [U]〘植〙=mosaic disease. ❹ [C]〘生〙モザイク《二つ以上の異なる遺伝子型をもつ細胞から成る個体》. —[形] [A] モザイク(式)の, 寄せ集めの: ~ work モザイク細工 / a ~ pavement モザイク模様の歩道. 〘F＜L=ミューズ神の, 芸術的な〙

Mo·sa·ic */mouzéɪɪk/* [形] モーセ (Moses) の: *M*~ law モーセの律法.

mosáic disèase [名] [U]〘植〙モザイク病《タバコ・ランなどで, 葉の緑色に斑点状の濃淡を生じるウイルス性の病気》.

mosáic gòld [名] [U]〘化〙モザイク金《硫化第二スズを主成分とする鱗片状結晶の黄金色顔料》.

mo·sa·i·cism /mouzéɪəsìzm/ [名] [U]〘生〙モザイク現象《一個体の異なる部分に2つ以上の遺伝的な対照形質が現われる》.

mo·sá·i·cist /-sɪst/ [名] モザイク師; モザイク画商.

mo·sa·saur /móusəsɔ̀ə | -sɔ̀ː/ [名]〘古生〙モササウルス《白亜紀後期にヨーロッパ・北米にいたモササウルス属の海竜》.

mos·ca·to /maskáːtou | mɔs-/ [名] [U] モスカート《イタリアの甘口ワイン; これを造るブドウ》.

mos·cha·tel /màskətél | mɔ̀s-/ [名]〘植〙レンプクソウ, ゴリンバナ.

***Mos·cow** /máskau, -kou | mɔ́skou/ [名] **モスクワ**《ロシア共和国の首都》.

Mo·selle /mouzél/ [名] ❶ [the ~] モーゼル川《フランス北東部からドイツ西部を流れ Rhine 川に注ぐ》. ❷ [時に m~] [U] モーゼル(ワイン)《モーゼル川流域のドイツに産する辛口の白ワイン》.

Mo·ses /móuzɪz/ [名] ❶ モーゼズ《男性名》. ❷ モーセ《ユダヤの建国者・立法者; 神 Jehovah より十戒 (Ten Commandments) を授かり律法を制定》.

Moses, Edwin [名] モーゼズ《1955– ; 米国の陸上選手》.

Moses, Grandma [名] モーゼズ《1860–1961; 米国の画家; 農場生活を描いたプリミティブ画家; 本名 Anna Mary Robertson Moses》.

Móses bàsket [名] =bassinet.

mo·sey /móuzi/ [動][自]《俗》[副詞(句)を伴って] ぶらりと行く; ぶらぶら歩く, ぶらつく.

MOSFET /másfet | mɔ́s-/ [名]〘電子工〙酸化膜半導体電界効果トランジスター. 〘*m*etal-*o*xide-*s*emiconductor *f*ield-*e*ffect *t*ransistor〙

mosh /máʃ | mɔ́ʃ/ [動][自] (激しい勢いで)踊りまくる, モッシュする《ロックコンサートのステージ前で観客が故意にぶつかり合ったりしながら踊る》.

mo·shav /móuʃaːv/ [名] (複 **-sha·vim** /mòuʃəvíːm/) モシャヴ《イスラエルで自営小農の集まった共同農場》.

mósh pìt [名] モッシュピット《ロックなどのコンサートで観客が激しく踊りまくるステージ前の場所》.

Mos·lem /mázləm | mɔ́z-/ [名] =Muslim.

⁺**mosque** /másk | mɔ́sk/ [名] モスク《イスラム教の寺院》. 〘F＜It＜Arab=ひれ伏す場所〙

⁺**mos·qui·to** /məskíːṭou/ [名] (複 **~es, ~s**)〘昆〙カ(蚊). 〘Sp=小さなハエ〙

mosquíto nèt [名] 蚊帳(かや), 蚊除けネット.

⁺**moss** /mɔ́ːs | mɔ́s/ [名] [U,C]〘植〙コケ: A rolling stone gathers no ~. ⇨ rolling stone. 〘OE=沼, 苔〙 ([形] mossy)

Mos·sad /məsáːd | mɔ́sæd/ [名] モサド《イスラエルの秘密諜報機関》.

móss àgate [名] [U]〘鉱〙苔瑪瑙(こけめのう) (Deccan 高原主産).

móss ànimal [名]〘動〙コケムシ.

móss·bàck [名]《米口》極端に保守的な人.

Möss·bau·er effèct /mɔ́ːsbauə- | mɔ́sbauə(r)-/ [名] [the ~]〘理〙メスバウアー効果《結晶内の原子核から反跳を伴わずガンマ線が放出され, 同種の原子核に共鳴吸収される現象》. 〘Rudolf L. Mössbauer (1929–) ドイツの物理学者〙

móss-gròwn [形] ❶ こけむした. ❷ 古風な, 時代遅れの.

mos·sie /mázi | mɔ́zi/ [名]《主に豪口》カ (mosquito).

móss stìtch [名] [U]〘編〙かのこ編み.

móss-tròop·er [名]〘英史〙(17世紀にイングランド・スコットランド国境を荒らした)沼地の盗賊.

moss·y /mɔ́ːsi | mɔ́si/ [形] (**moss·i·er; -i·est**) ❶ こけむした, こけの生えた. ❷ こけに似た[のような]. ❸《米口》古くさい; ひどく保守的な. **móss·i·ness** [名] ([名] moss)

****most** /móust/ [形] ❶ [many, much の最上級; 通例 the ~] (数・量・程度などが)もっとも多い, 最大多数の, 最大量の, 最高の (↔ least, fewest): He won (*the*) ~ prizes. 彼はいちばんたくさんの賞を得た / She made (*the*) ~ profit. 彼女がいちばんの利益をあげた. ❷ [通例無冠詞で] たいていの: in ~ cases たいていの場合 / *M*~ people like apples. たいていの人はリンゴが好きだ. **for the móst pàrt** ⇨ part [名] [成句].

—[副] ❶ [much の最上級; しばしば the ~] 最も, 最も多く (↔ least): He worked (*the*) ~. 彼がいちばん働いた / This troubles me (*the*) ~. 私にはこれがいちばん困る. ❷

M

/móust/ [主に2音節以上の形容詞・副詞の最上級を作って] 最も, いちばん 《用法》副詞の場合には than をつけないことが多い): the ~ beautiful flower 最も美しい花 / She's (the) ~ beautiful of all. 彼女はみんなの中で最も美しい / The storm was ~ violent toward morning. あらしは朝方が最も激しかった 《用法》形容詞に [P] で用いられたり, 同じ人[物]についての比較の最上級を示す場合は the をつけない) / Tom has done the work (the) ~ wonderfully. トムはその仕事を最もすばらしくやった. ❸ /mòust/ 《通例 the を用いないで》はなはだ, 非常に 《用法》この語が修飾する形容詞が名詞の単数形とともに用いられる時は不定冠詞を伴う: この意味の most は話者の形容詞・副詞は話者の主観的感情・判断を表わす): a ~ beautiful woman すごい美人 / He was ~ kind to me. 彼は私に非常に親切にしてくれた / The girl behaved ~ rudely. その女の子はたいそう不作法にふるまった / M~ probably he will be late. 十中八九彼は遅れるだろう. ❹ /mòust/ [all, every, any などを修飾して] 《口語》ほとんど: You can find it ~ anywhere. それはほとんどどこにでも見られます. mòst of áll いちばん, とりわけ.
— 代 ❶ [通例 the ~; 単数扱い] 最多数, 最大量, 最高額; 最大限度: This is the ~ I can do. これが私にできる精いっぱいのところだ / The ~ this room will seat is 50. この部屋が収容できる最大限は 50 人です. ❷ [通例無冠詞; most of...] a [...の]大部分 《用法》of の次の名詞の数によって単数複数扱いが決まる): M~ of the boys [of them] are boarders. 男子生徒は[彼らは]たいてい寄宿生です / M~ of her early life was spent in Paris. 彼女は若いころの大部分をパリで過ごした. b [副詞的に] (...の)大部分は: He has been ill in bed ~ of the term. 彼は今学期の大部分は病気で寝ていた. ❸ [通例無冠詞; 複数扱い] たいてい[多く]の人びと: Life means work for ~. たいていの人には人生は仕事である / A few people were killed in the accident, but ~ were saved. その事故で何人かは死んだが, ほとんどの人は救出された. ❹ [the ~] 《俗》最高のもの[人] 《通例補語として用いる》: That's [She's] the ~. それ[彼女]こそ最高だ. at (the) móst = at the véry móst せいぜい, たかだか, 多くて: She's thirty years old at (the) ~. 彼女はせいぜい 30 歳ぐらいだ. máke the móst of... を最大限に活用する, できるだけ利用する: Make the ~ of your opportunities. 機会は最大限に活用しなさい.
〖OE〗

-most /mòust/ 接尾 [最上級に相当する形容詞をつくる] ❶ [方位の語尾について] 最も...: topmost (最も高級の), rearmost (最後尾の). ❷ [形容詞の語尾について] 「最も...」: in(ner)most (最も奥の), foremost (真っ先の).

móst fávored nátion 名 最恵国 (略 MFN). móst-fávored-nátion 形 A 最恵国(としての): a ~ clause 最恵国条款.

Most Hon. (略) Most Honourable.

*most·ly /móus(t)li/ 副 ❶ 大部分は: Our students are ~ hardworking. うちの学生は大部分はよく勉強する. ❷ たいてい(は): He works ~ at night. 彼はたいてい夜仕事する.

móst significant bít 名 《電算》最上位[最上桁]のビット (略 MSB).

mot¹ /móu/ 名 (❀ ~s /-z/) 警句, 名言. 〖F<L=word〗

mot² /mát/ mót/ 名 《アイル俗》女, 女の子, ガールフレンド.

MOT /émòutí:/ 名 《英》車検 (特定年数を経過した自動車に対して義務づけられている安全性・環境適合性検査).

MOT /émòutí:/ 《略》management of technology 科学技術[テクノロジー]管理; Ministry of Transport.

mote /móut/ 名 《古風》ちり, (ほこりの)微片. a móte in a person's éye 人の目にあるちり[欠点] (自分の大きな欠点は見のがして, 他人の中に見る小さな欠点[過ち]; ★聖書「マタイ伝」から).

+mo·tel /moutél/ 名 モーテル (自動車旅行者の宿泊所). 〖MO(TOR)+(HO)TEL〗

mo·tet /moutét/ 名 《楽》モテット (聖書の文句を歌う声楽曲).

1177　Mother's Day

+moth /mɔ́:θ/ 名 (❀ ~s /-ðz, -θs/) 《昆》ガ (蛾), イガ (衣蛾) 《その幼虫が衣服などを害する》.

móth·bàll 名 [通例複数形で] 防虫剤の玉 (ナフタリン (naphthalene) など). in móthballs くものなどしまいこんで; 〈計画などを〉棚上げして. — 動 ❶ 〈衣服を〉防虫剤と一緒にしまってしまう. ❷ 〈器具・施設などを〉保管[保存]する. ❸ 〈計画などを〉棚上げ[延期], 中止する.

móth-èaten 形 ❶ 〈衣類が〉虫の食った. ❷ 使い古した, 古びた. ❸ 時代遅れの.

*moth·er /mʌ́ðɚ/ 名 ❶ a 母, 母親 (cf. father 1 a): become a ~ 母になる; 子を産む / She was the ~ of three children. 彼女は 3 人の子供の母だった. b [M~] お母さん 《用法》家族間では無冠詞で固有名詞的に用いる): M~ is out. 母は留守です. ❷ a 母のように世話をする婦人: She was a ~ to the poor. 彼女は貧しい人たちの母だった. b [しばしば M~] 女子修道院長, マザー: Teresa マザーテレサ, テレサ女子修道院長. ❸ [the ~] 母性愛: The ~ in her was aroused. 彼女の母性愛がかき立てられた. ❹ [the ~ of] 生み出すもの, 本源, 源: Necessity is the ~ of invention. ⇨ necessity 1. ❺ [M~] 《古・口》おばさん, おばあさん (★ 特に老婦人に対する男性の呼び掛け). at one's móther's knée ごく幼いころに. évery móther's són 《口》だれもかれも, 皆. the móther and fáther of... 《口》最高[最悪]の..., 大変な[すごい]...: They had the ~ and father of all arguments [an argument]. 彼らはすごい口論をした. — 形 ❶ 母の; 母としての [にふさわしい]: ~ earth 母なる大地 / ~ love 母性愛. ❷ 本源の; 生国の, 本国の: the ~ company 本社 / ⇨ mother tongue. — 動 ❶ 母として育てる. ❷ (母のように)過保護に扱う: I don't like being ~ed. 甘やかされるのは嫌いだ. ❸ 生み出す, 生む. ❹ 〈...の〉母だと認める. 〖OE〗 (形 motherly, 関形 maternal)

móther·bòard 名 《電算》(マイクロコンピューターの)主回路基板, マザーボード.

Móther Cárey's chícken /-ké(ə)riz-/ 名 《鳥》ウミツバメ (storm petrel).

móther còuntry 名 ❶ 母国 (motherland). ❷ (植民地からみた)本国.

móther·cràft 名 U 育児法.

móther fìgure 名 母親のように頼りになる人.

móther·fùcker 名 《米卑》見下げてたやつ, いまいましいやつ, とんでもない野郎 《時に賞賛として言う》.

móther·fùcking 形 《米卑》見下げてた; 不快な, あきれた; 困った.

Móther Góose 名 マザーグース 《解説》英国の伝承童謡集 (Mother Goose's Nursery Rhymes 「マザーグース童謡集」の伝説的作者.

Móther Góose rhýme 名 《米》(マザーグース)童謡.

+móther·hòod 名 U 母であること, 母性.

Móth·er·ing Sùnday 名 《英》=Mother's Day.

+móther-in-làw 名 (❀ mothers-in-law, mother-in-laws) 夫[妻]の母, 義母, しゅうとめ.

móther-in-law's tòngue 名 《植》❶ アツバチトセラン, サンセベリア, トラノオ. ❷ ローレンティー, フクリンチトセラン, トラノオ.

+móther·lànd 名 母国, 祖国 (mother country; cf. fatherland).

móther lànguage 名 =mother tongue.

móther·less 形 母のない.

móther·like 形 母のような, 母らしい.

móther lòde 名 《鉱》❶ (一地域・一鉱山の)主脈. ❷ 主たる源泉, 豊かな供給源.

móther·ly 形 母のような; 優しい, 慈悲深い (maternal). -li·ness 名

Móther Náture 名 U 母なる自然.

móther-of-péarl 名 U (貝内面の)真珠層.

móther's bòy 名 《英口》=mama's boy.

Móther's Dày 名 母の日 《米・カナダ》では 5 月第 2 日曜日; 《英》では四旬節 (Lent) の第 4 日曜日; cf. Father's Day).

móther shíp 图 母船, 補給船.

móther's rúin 图 U (英口) ジン(酒).

móther supérior 图 (働 ~s, mothers superior) [通例 M~ S~] 女子修道院長.

móther-to-bé 图 (働 mothers-to-be) 母となる人, 妊婦.

móther tóngue 图 母語: His ~ is Spanish. 彼の母語はスペイン語だ.

móther wít 图 U 生来の知恵, 常識.

móth·proòf 厖 虫のつかない, 防虫(加工)の. ── 動 (世)《...に》防虫加工を施し, 虫よけをする.

moth·y /mɔ́ːθi | mɔ́θi/ 厖 (moth·i·er; -i·est) ❶ ガの多い. ❷ 虫の食った.

⁺**mo·tif** /moʊtíːf/ 图 ❶ a (文学・芸術作品などの)主題, テーマ. b (楽曲の)動機, モチーフ. ❷ (デザインなどの)基調, モチーフ, 中心の模様. ❸ 【生化】モチーフ (DNA やたんぱく質などの一次構造に見られる, アミノ酸の特徴的配列).

mo·tile /móʊtl | -taɪl/ 厖 【生】 (自発)運動能力のある, 運動性の. ── 图 【心】 運動型の人.

mo·til·i·ty /moʊtíləti/ 图 【生理】 (自発)運動性.

*__mo·tion__ /móʊʃən/ 图 ❶ a U (動いている状態・過程を示して)動き, 運動; 動揺; 運行; 作動: the ~ of a top こまの動き / the pitching ~ of a ship 船の縦揺れ / the ~ of the planets 惑星の運行 / ⇒ slow motion / in ~ 動いて; 運転[運行]中で[の] / It had no ~. それは動いていなかった. b U (一つ一つの動作を示して)動き, 運動: Every ~ of the truck threw me against the edge. トラックが揺れるたびにわたしは縁にぶつかった. ❷ C a (体の)動作, 身のこなし: graceful ~s 優美しやかな身のこなし / make circular ~s with one's arms 腕をぐるぐる回す. b 身振り, 手振り, 合図 (gesture): He made a ~ to her to join him. 彼は彼女に来るように合図した. ❸ C 動議, 提議: on [upon] the ~ of …の動議で / adopt [carry, reject] a ~ ある動議を採用[可決, 否決]する / [+to do] make a ~ to adjourn 休会の動議を出す / [+that] The ~ that the meeting (should) be continued has been rejected. 会を継続するようにとの動議は否決された. ❹ (英) a C 便通 (米) 便通がきちんとある. b [複数形で] 排泄物. ❺ 【法】 命令 [裁定]申請.

gó through the mótions of... 〈口〉 (1) ...のしぐさ[身振り]をする. (2) ...をただ型通り[お義理]にする.

pút [sét]...in mótion 〈機械などを〉始動させる; 〈物事を〉始める, ...の火ぶたを切る.

── 動 (世)〈人に〉身振りで合図する: He ~ed me in [to a seat]. 彼は私に入れと[席に着くように]身振りで合図した / [+to do] She ~ed me to enter. 彼女は私に入るように身振りで合図した. ── (自)〈人に〉(手で)合図する: The catcher ~ed to the pitcher. キャッチャーはピッチャーにサインを出した / She ~ed to [for] him to leave. 彼女は外に出て行くように合図した.

〖F<L=動くこと; ⇨ move〗 (関形 kinetic)

mó·tion·al /-ʃ(ə)nəl/ 厖 運動の[に関する]; 運動による; 運動を起こす.

⁺**mótion·less** 厖 動かない, 静止した. ~**·ness** 图

mótion·less·ly 副 動かずに, じっとして.

⁺**mótion pícture** 图 (個々の)映画 (movie).

mótion síckness 图 U 乗り物酔い.

*__mo·ti·vate__ /móʊṭəvèɪt/ 動 (世)《...に》動機[刺激]を与える, 興味を起こさせる〖★ しばしば受身〗: How can we ~ the students? どうすれば学生にやる気を起こさせることができるだろうか / They are only ~d by greed. 彼らは欲にかられているだけだ. ❷〈人に×...する〉動機をもたせる: [+目+to do] What ~d you to do that? 何の動機でそんなことをしたのか. **mó·ti·và·tor** /-t̬ə | -tə/ 图 派 motive, motivation)

mo·ti·vat·ed /móʊṭəveɪt̬ɪd/ 厖 動機づけられた, やる気を与えられた; やる気がある: a financially ~ crime 金目当ての犯罪 / She's highly ~. 彼女はやる気満点だ.

*__mo·ti·va·tion__ /mòʊṭəvéɪʃən/ 图 CU 〈...する〉動機(づけ), 刺激, やる気 [+to do]: He lacks the ~ to work. 彼には働く気がない. (動 motivate)

*__mo·tive__ /móʊt̬ɪv/ 图 ❶ 動機, 真意, 目的: a ~ for murder 殺人の動機 / question a person's ~s 人の動機を疑う / He has his (own) ~s for wanting the affair kept quiet. 彼にはその事情をそっとしておきたいという彼なりの動機がある. ❷ =motif 1. ── 厖 A 起動の, 原動力となる: ~ power (特に機械の)起動力, 原動力, 動力. 〖L=動きの; ⇨ move〗 (動 motivate)

〖類義語〗 **motive** 人にある行動をとらせる内的な衝動. **incentive** ある行動をさせる, あるいはいっそうの努力をうながす刺激となるもの. **inducement** 人に行動をとらせる外部からの誘因, 特に金銭的なもの.

mótive·less 厖 動機のない: a ~ murder 理由なき殺人.

mo·tiv·ic /moʊtíːvɪk/ 厖 【楽】動機[モチーフ]の[に関する].

mot juste /móʊʒúːst/ 图 (働 mots justes /~/) [(the) ~] 適語, 適切的確な表現. 〖F=just word; ⇨ mot〗

⁺**mot·ley** /mátli | mɔ́t-/ 厖 ❶ 雑多な, 混成の: a ~ crew 雑多な連中. ❷ A 衣服が赤色混合した. ── 图 U (昔の道化師の)色まじりの服. **wéar mótley** 道化をやる.

mot·mot /mátmɑt | mɔ́tmɔt/ 图 【鳥】ハチクイモドキ (メキシコ・ブラジル間の熱帯森林地に住む色あざやかなブッポウソウ目の鳥).

mo·to·cross /móʊṭoʊkrɔ̀ːs | -krɔ̀s/ 图 U.C モトクロス (オートバイによるクロスカントリー競走).

〖MOTOR+CROSS(COUNTRY)〗

mò·to·néuron /mòʊṭoʊ-/ 图 【生理】運動ニューロン.

mo·to per·pe·tu·o /móʊṭoʊpəpétʃuòʊ | -peə-/ (働 **mo·ti per·pe·tui** /móʊṭi peəpétʃui | -peə-/) 【楽】=perpetuum mobile.

*__mo·tor__ /móʊṭə | -tə/ 图 ❶ モーター, 電動機, 発動機; エンジン, 内燃機関: a linear ~ リニアモーター / start [turn off] a ~ モーターを始動させる[止める]. ❷ (英) 自動車 (匹較 現在では古めかしく感じられるので car を多用する). ── 厖 A ❶ 自動車(用)の: a ~ vehicle 自動車(総称) / a ~ mechanic 自動車工 / ~ racing モーターレース. ❷ モーターで動く: a ~ mower モーター式芝刈り機. ❸ 【生理】運動(性)の. ── 動 (自) (古風) 自動車に乗る, 自動車で行く: We ~ed across Wales. 自動車でウェールズを横断した. 〖L=動かすもの; ⇨ move〗

mo·tor·a·ble /móʊṭərəbl/ 厖〈道路が〉車で走れる.

mótor bícycle 图 =motorcycle.

⁺**mótor·bìke** 图 ❶ (米口) モーターバイク, 小型軽量オートバイ. ❷ (英口) motorcycle.

mótor bòat 图 モーターボート (⇨ boat 関連).

mo·tor·cade /móʊṭəkèɪd/ 图 自動車行列, 車のパレード.

⁺**mótor·càr** 图 (英古風) 自動車.

⁺**mótor·cỳ·cle** 图 オートバイ, (二輪の)単車 (匹較「オートバイ」は和製英語).

mótor·cỳclist 图 オートバイ乗り(人).

mótor drìve 图 【写】電動部 (電動機とその補助部).

mótor-drìven 厖 モーターで動く.

mótor·dròme 图 (円形の)自動車[オートバイ]レース[試走]場.

mótor gènerator 图 電動発電機.

mótor hòme 图 モーターホーム, キャンピングカー (旅行・キャンプ用の移動住宅車).

mótor hotél 图 =motor inn.

⁺**mó·tor·ing** /-t̬ərɪŋ, -trɪŋ/ 图 U (英) ❶ 自動車運転. ❷ ドライブ, 自動車旅行.

mótor ìnn 图 大型モーテル.

⁺**mó·tor·ist** /-t̬ərɪst, -trɪst/ 图 自動車を運転する人, ドライバー (cf. pedestrian 1).

mo·tor·i·za·tion /mòʊṭərɪzéɪʃən | -raɪz-/ 图 ❶ 動力化. ❷ 自動車化, モータリゼーション.

mo·tor·ized /móʊṭəraɪzd/ 厖 ❶ モーター[エンジン]の付いた: a ~ vehicle 発動機付き乗り物. ❷ 自動車を配備された: a ~ unit 自動車部隊.

mótor lòdge 图 (米) =motel.

mótor·màn /-mən/ 图 (働 -men /-mən/) ❶ 電車[電気機関車]運転手. ❷ モーター係.

mótor·mòuth 图 (米俗) おしゃべりな人.

mótor nèrve 名〘解〙運動神経.
mótor nèuron 名〘生理〙運動ニューロン.
mótor néuron disèase 名 〘U〙〘医〙運動ニューロン疾患《随意運動神経系のみが侵される原因不明の進行性疾患》.
mótor pòol 名《米》モータープール《配車センターに集められた軍用・官庁用自動車群》.
mótor rácing 名 自動車レース.
mótor scòoter 名 (モーター)スクーター.
mótor shìp 名 発動機船, ディーゼルエンジン船.
mótor spòrt 名〘U〙運動スポーツ, 自動車レース.
mótor véhicle 名 自動車両, 自動車.
mótor vòter 名〘U〙《米》モーターヴォーター《運動免許証の申請・更新時に, 同時に選挙人[有権者]登録もすること》.
*__mótor·wày__ 名《英》高速自動車道路《略 M》《米》expressway, freeway): We joined [left] the ~ at junction 11. 私たちはジャンクション 11 で高速道路に乗った[を出た].

Mott /mát | mót/, **Lucretia** 名 モット (1793–1880; 米国の社会運動家).
MOT tèst /émòutí:-/ 名 =MOT.
mot·tle /mátl | mótl/ 名 斑, 斑点; ぶち, まだら, 斑紋.
— 動 (...に)斑点をつける, まだら[ぶち, 斑(はん)入り]にする, 雑色にする.
mót·tled 形 ぶちの, まだらの.
*__mot·to__ /mátou/ 名 (@ ~es, ~s) ❶ 座右の銘, 標語, モットー: a school ~ 校訓. ❷ 金言, 処世訓. ❸ **a**〈書物・各章などの冒頭につける〉題辞, 題句. **b** 〘盾(たて)・紋章の〙題銘. ❹〘楽〙反復楽句.【It<L=word; mot】
mouf·(f)lon /mú:flαn | -flɔn/ 名 〘動〙 ムフロン (Corsica, Sardinia, 西アジアの山岳地帯に産する大型巻毛の野生羊).
mouil·lé /mu:jéɪ/ 形 〘音声〙 湿音の, 口蓋音の《スペイン語の ll /y/, ñ /ɲ/, イタリア語の gl /y/, gn /ɲ/ など, またフランス語の l または ll が y の音 /j/ で発音される場合にいう》.

*__mould__ ⇒ mold[1,2,3].
moulder ⇒ molder[1,2].
mouldy ⇒ moldy.
+__moult__ ⇒ molt.
+__mound__ /máund/ 名 ❶ **a** (土砂・石などの)積み重ね; 土手, 堤. **b** (古代の城の廃墟・墓などの)塚; 古墳. ❷ [the ~] 〘野球〙マウンド: take the ~ 〈投手が〉マウンドに上がる. ❸ (積み上げた)山 (pile): a ~ of letters 手紙の山.
— 動 ❶ 山形に盛る, 盛り上げる 《up》. ❷《古》垣根[柵, 土手(など)]で囲む.
móund bùilder 名〘鳥〙ツカツクリ (megapode).

*__mount[1]__ /máunt/ 動 ❶〈山・階段・王位に〉登る: ~ a hill 小山に登る / ~ a platform 登壇する / ~ the stairs 階段を昇る / ~ the throne 王座に登る, 即位する. ❷〈馬・自転車などに〉乗る, またがる: He ~ed his horse. 彼は馬にまたがった. **b**〈人を〉馬などに〉乗せる《★しばしば受身》: The police were ~ed on horses. 警官たちは馬に乗っていた (cf. mounted 1). **c**〈動物の雄が〉(交尾のため)〈雌に〉乗る. ❸ **a**〈像・大砲などを〉〈...に〉据えつける, 取り付ける: ~ a statue on a pedestal 像を台座に据える. **b**〈写真などを〉〈...には〉る: ~ stamps in an album 切手をアルバムにはる / ~ pictures on paper 写真を台紙にはる. **c**〈宝石などを〉〈...にはめ込む: ~ a ruby in a ring ルビーを指輪にはめ込む. **d**〈標本を〉〈スライドに〉固定する: ~ specimens on a slide 《顕微鏡の》スライドに標本を載せる. **e**〘電算〙〘コンピューター・システムに〙〈ディスク(ドライブ)など〉をマウントする, 認識させる《on》. ❹〈展覧会・展示会などを〉開催する《劇・コンサートなどを〉上演する (put on): ~ a rock concert ロックコンサートを上演する. ❺〈抗議・キャンペーン・戦闘などを〉準備[組織]する, 開始する: ~ an attack on the government 政府に対して攻撃を開始する. ❻〈見張りを〉...に〉立てる《on, round》: ~ sentries on a wall 城壁に見張りを立てる.
— 自 ❶ **a**《...に》上る, 登る: ~ to the top of a tower 塔のてっぺんまで登る. **b**〈血が〉(...に)上る: A flush ~ed to her face. 彼女の顔にさっと赤みがさした. ❷〈馬・自転車などに〉乗る《on》. ❸〈費用などが〉上がる, 増す; 緊張など

1179　　　　　　　　　　Mountain State

か高まる, つのる; 〈問題などが〉増加する: The cost of living is ~ing 《up》. 生活費が(どんどん)上がってきている / His debts ~ed up to a million dollars. 彼は借金がかさんで 100 万ドルに達した[していた] / Social problems are ~ing these days. 最近は社会問題が増加してきている.
móunt guárd ⇒ guard 名 成句.
— 名 ❶ **a**〈写真などの〉台紙. **b**〈宝石などの〉台. **c**〘顕微鏡の〙スライド(グラス). **d**〈装置などの〉取付台, 台座, マウント. **e**〈切手アルバムの〉透明のポケット. **f**〘軍〙砲架. ❷ 乗用馬(など); 乗るのにおとなしくてやさしい馬.【F=山に登る《L mons, mont- ↓》

*__mount[2]__ /máunt/ 名 [M-; 山の名で] ...山《略 Mt.》: M- McKinley マッキンリー山 / Mt. Everest エベレスト山. **the Sérmon on the Móunt** ⇒ sermon 成句.【L mons, mont- 山; cf. mountain】

+__moun·tain__ /máuntn, -tɪn | -tɪn/ 名 ❶ **a** 山, 山岳《用法》通例 hill より高いものにいう; 固有名詞の後に置くことはあるが前には置かない; cf. mount[2]): go up [climb, ascend] a ~ 山に登る / go down [descend] a ~ 山を下りる / We go to the ~s in summer. 夏は山へ行きます. **b** [the...Mountains として]...山脈: the Rocky Mountains ロッキー山脈. ❷ **a** [しばしば複数形で] (山ほどの)多数, 多量: a ~ of difficulties 山ほど多くの[山積した]困難 / have ~s of work 仕事を山ほどかかえている. **b** [複数形で; 副詞的に] (山のように)(高い): The waves are ~s high. 山のような大波だ. ❸ [通例 修飾語を伴って] 《商品の》大量の余剰在庫. **a móuntain to clímb**《英》(目的のために克服しなければならない)離関, 障害, 困難. **máke a móuntain òut of a mólehill** 大げさ[針小棒大]に言う. **móve [remóve] móuntains** (1) 〈山を動かすような〉奇跡を行なう. (2) あらゆる努力をする. — 形 ▲ ❶ 山の: ~ air 山の空気 / a ~ path 山道 / ~ plants 高山植物. ❷ 山に住む: ~ people 山に住む人たち.【F<L=山の(地域) mons, mont- ↓】**móuntainous**(形)

móuntain àsh 名〘植〙ナナカマド (rowan)《キリストの十字架の材料に用いられたといわれる》.
móuntain àvens 名〘植〙チョウノスケソウ《バラ科の匍匐性低木》.
móuntain bèaver 名〘動〙ヤマビーバー《北米産》.
+__móuntain bìke__ 名 マウンテンバイク《オフロード用の頑丈な自転車》.
móuntain bòard 名 マウンテンボード《山の斜面を滑るスポーツで用いる 4 輪の滑降板》. **móuntain bòarding** 名 **móuntain bòarder** 名
móuntain càt 名〘動〙ヤマネコ.
móuntain chàin 名 =mountain range.
móuntain clímbing 名〘U〙登山.
Móuntain Dáylight Tìme 名〘U〙《米国の》山岳夏時間《Mountain Standard Time の夏時間; 略 MDT》.
móuntain dèvil 名〘動〙トゲトカゲ.
móuntain dèw 名〘U〙《米口》密造酒.
moun·tain·eer /màuntəníər | -níə/ 名 ❶ 登山者, 登山家. ❷ 山岳民. — 自 登山をする.
móun·tain·éer·ing /-níərɪŋ | -níər-/ 名〘U〙登山.
móuntain gòat 名〘動〙シロイワヤギ《ロッキー山脈産の野生のヤギ》.
móuntain láurel 名〘植〙アメリカシャクナゲ.
móuntain líon 名〘動〙ピューマ, クーガー (cougar), アメリカライオン.
+__moun·tain·ous__ /máuntənəs, -tn-/ 形 ❶ 山地の, 山の多い: a ~ country 山国. ❷ 山のような, 巨大な: ~ waves 山のような大波. (mountain)
móuntain ràilway 名 登山鉄道.
móuntain rànge 名 山脈, 山系, 連山.
móuntain síckness 名〘U〙高山病.
+__móun·tain·síde__ 名 [the ~] 山腹: on the ~ 山腹に.
Móuntain (Stándard) Tìme 名〘U〙《米国の》山地(標準)時《日本標準時より 16 時間遅い; 略 M(S)T; ⇒ standard time 解説》.
Móuntain Stàte 名 [the ~] 山岳州《Montana 州を

mountaintop

およびWest Virginia 州の俗称).

móun·tain·tòp 图 山頂.

moun·te·bank /máuntəbæŋk/ 图 ❶ いかさま師, にせ医者. ❷ 香具師(ゴ). 【It=台に上がるもの; 台に上がっていかさまな商品を売ったことから】

*__mount·ed__ /-tɪd/ 形 ❶ 馬に乗った, 騎馬の: the ~ police 騎馬警官隊. ❷ 台紙にはった, 台に(据え)付けた.

móunt·er /-tə-/ -tə/ 图 乗せる[据え付ける, 取り付ける]人, 宝石などをちりばめる人, 絵などの表装をする人(など).

Mount·ie /máunti/ 图 (カナダの)騎馬警官隊員.

móunt·ing /-tɪŋ/ 图 ❶ (次第に)強くなってゆく; 増加[増大]してゆく(growing). ── 图 ❶ Ⓤ 乗馬. ❷ Ⓤ 据え付け. ❸ **a** (写真などの)台紙. **b** (宝石などの)台. **c** 〖軍〗砲架, 銃架.

móunting blòck 图 (馬・バスに乗るときの)石の踏台.

Mòunt Vér·non /-vɚːnən | -vɚː-/ 图 マウントバーノン《米国 Virginia 州北東部 Potomac 河岸にある George Washington の広大な住居跡・埋葬地》.

Mount·y /máunti/ 图 =Mountie.

†**mourn** /mɔ́ɚn | mɔ́ːn/ 動 ㊀ ❶ 〈死者・死・損失・不幸に〉対して〉嘆く, 悲しむ, 哀悼する, 弔う(grieve): The people ~ed for [over] their slain leader. 国民は殺害された指導者を悼んだ. ❷ 喪に服する. ── ㊉ 〈死・損失・不幸を〉嘆き悲しむ; 〈人の死を嘆く[悲しむ]〉, 〈死者を〉弔(ﾄﾑﾗ)う, 悼(ﾀﾑ)む.

†**móurn·er** 图 ❶ 嘆く人, 悲しむ者, 哀悼者. ❷ 会葬者: the chief ~ 喪主, 祭主.

†**móurn·ful** /mɔ́ɚnf(ə)l | mɔ́ːn-/ 形 (more ~; most ~) 悲しみに沈んだ, 悲しげな(sorrowful); 悲しみを誘う: the ~ baying of a coyote コヨーテの悲しげな遠吠え.
-ness 图.

móurn·ful·ly /-fəli/ 副 悲しみに沈んで, 悲しげに.

†**móurn·ing** 图 Ⓤ ❶ (特に死に対する)悲嘆, 哀悼. ❷ 喪; 忌中, 喪中の期間: go into [out of] ~ 喪に服す[があける]. ❸ 喪服, 喪章. **in móurning** (1) 喪に服して. (2) 喪服を着て.

móurning bànd 图 (袖や帽子に巻く)喪章.

móurning clòak 图 〖昆〗キベリタテハ.

móurning dòve 图 〖鳥〗ナゲキバト《北米産の悲しげな声で鳴く野バトの一種》.

*__mouse__ /máus/ 图 (傻 mice /máɪs/) ❶ ハツカネズミ, ネズミ, マウス《解説 rat より小さい種類のもの; 関連 鳴き声の「チューチュー」は squeak という; cf. rat》: a house ~ 家ネズミ/ a field [wood] ~ 野ネズミ. ❷ (傻 mous·es, mice) 〖電算〗マウス: click a ~ マウスをクリックする. ❸ おとなしくてびくびくしている人, 臆病者, 内気な者: Come on! Don't be such a ~. さあ来い, そんなにびくびくするな. ❹ 《俗》(打たれてできた)目の周りの黒いあざ. **(as) póor as a chúrch móuse** ⇒ church 成句. **(as) quíet as a móuse**《子供などと》とても静かで. **míce and mén** =móuse and mán あらゆる生き物. **pláy cát and móuse with a person** ⇒ cat 成句. ── /máuz, máus/ 動 ㊀ ❶ 〈猫が〉ネズミを捕まえる[ねらう]. ❷ あさり歩く; うろつく《about》. ── ㊉ 《米》狩り出す; 捜し出す《out》.【OE】 形 mousy, 関形 murine】

móuse·bìrd 图 〖鳥〗 ❶ ネズミドリ. ❷ アメリカオオモズ.

móuse-còlored 形 濃い[茶色がかった]ねずみ色の.

móuse dèer 图 ネズミジカ(chevrotain).

móuse-èar chíckweed 图 〖植〗ミミナグサ.

móuse pàd 图 (また **móuse màt**) 〖電算〗マウスパッド.

móuse potáto 图 《俗》コンピューターばかりいじっているやつ, パソコン狂, マウスポテト.

móus·er /-zɚ, -sɚ | -zə, -sə/ 图 ネズミを捕る猫: a good ~ よくネズミを捕る猫.

móuse·tràp 图 ❶ Ⓒ ネズミ捕り. ❷ Ⓤ 《英口》安物の[質の悪い]チーズ. **build a bétter móusetrap** 《米》より優れた製品を作る. ── 動 ㊉ 《米口》わなにはめる, 陥れる.

mous·ey /máusi/ 形 =mousy.

mous·sa·ka /muːsáːkə/ 图 Ⓤ ムサカ《ひき肉とナスを重ねてチーズソースをかけて焼いたギリシア料理》.

†**mousse** /múːs/ 图 Ⓒ.Ⓤ ❶ ムース: **a** 泡立てた生クリームにゼラチン・砂糖・香料などを加えて凍らせたデザート: chocolate ~ チョコレートムース. **b** 肉や魚のすり身に泡立てた卵白・生クリームを加えて型に入れた料理. ❷ ムース《泡状の整髪料・せっけん》. ── 動 ㊉〈髪に〉ムースをつける; 〈髪を〉ムースで整える.【F=泡】

mous·se·line /mùːsəlíːn | múː·slíːn/ 图 Ⓤ ムスリーヌ《目の細かい薄いモスリン》.

mous·se·ron /mùːsərɑ́n | -rɔ́n/ 图 〖植〗ヒカゲウラベニタケ《平らな白い傘, ピンク色のひだ, 小麦粉のような匂いをもつイッポンシメジ科の食用キノコ》.

mous·seux /muːsǿː/ 形 発泡性の〈ワイン〉. ── 图 Ⓤ.Ⓒ (~) 発泡性ワイン.

†**moustache** ⇒ mustache.

Mous·te·ri·an /muːstí(ə)riən/ 形 〖考古〗(ヨーロッパ中期旧石器時代の)ムスティエ文化(期)の. ── 图 [the ~] ムスティエ文化(期).《Le *Moustier* フランス南西部 Dordogne 地方の洞窟》

mous·y /máusi/ 形 (mous·i·er, -i·est) ❶〈髪が〉ねずみ色の. ❷〈人が〉(ネズミのように)おどおどした, 内気な; おとなしい. ❸ ネズミ色の; ネズミの多い.(图 mouse)

*__mouth__ /máuθ/ 图 (傻 ~s /máuðz/) ❶ 口, 口腔(ｺｳｺｳ): Their ~s dropped open. 彼らは(びっくりして)口をぽかんと開けた / Open your ~ a little wider. 口をもう少し大きく開けて / The medicine is taken by ~. その薬は飲み薬です《★ by ~ は無冠詞》. ❷ 口元, 唇: a pursed ~ きゅっと結んだ口 / with a smile at the corner(s) of one's ~ 口元に笑みを浮かべて / kiss a person on the ~ 人の唇にキスをする. ❸ [通例単数形で] 口状のもの: **a** 入り口; 川(港, 鉱山など)の口: the ~ of a cave ほら穴の入り口 / the ~ of the Thames テムズ川の河口. **b** (瓶・銃・袋などの)口. **c** (吹奏楽器の)口, マウス. ❹ **a** (言語器官としての)口; 言葉, 発言: have [be] a big ~ 《口》おしゃべりである[口が軽い] / He didn't open his ~. 彼は口を開かな[割らな]かった / Shut your ~! 《口》黙れ! / It sounds strange in your ~. 君が言うと妙に聞こえる. **b** 口のきき方: have a dirty [foul] ~ 口が汚い, 口が悪い. ❺ 人の口, うわさ: The scandal was in everyone's ~. そのスキャンダルは世間のうわさになっていた. ❻ (食べさせなければならない), 扶養家族: a useless ~ ごくつぶし / He has ten ~s to feed. 彼には食べさせていかなければならない家族が10人いる.

by wórd of móuth ⇒ word 成句.

dówn in [at] the móuth《口》しょげて, がっかりして.

fóam at the móuth 激怒する, かっかする.

from móuth to móuth〈うわさなど〉口から口へ, 順次に.

from the hórse's móuth ⇒ horse 成句.

give móuth to〈(...を)口に〉出す, 話す《to》: give ~ to a complaint 不平を口に出す. (2) 〈犬が〉ほえる.

kéep one's móuth shút《口》秘密を守る.

líve from hánd to móuth ⇒ hand 图 成句.

máke a person's móuth wáter よだれを出させる; ほしくてたまらなくする.

pút one's móney where one's móuth is ⇒ money 成句.

pút wórds ìnto a person's móuth ⇒ word 成句.

shoót óff one's móuth =**shóot one's móuth óff**《俗》(1) ぺらぺらしゃべる. (2) ぺらぺらしゃべって秘密を漏らしてしまう.

stóp a person's móuth (わいろなどを使って)人の口止めをする.

táke the wórds òut of a person's móuth ⇒ word 成句.
── /máuð/ 動 ㊉ ❶〈言葉を〉(声に出さずに)口を動かしていう, 口の動きで伝える: ~ the words of a song 歌詞を口だけを動かして言う / She ~ed the word yes. 彼女は口だけ動かして「はい」と答えた. ❷〈食物を〉口に入れる. ── 動 ㊀ ❶ 口だけ動かして伝える. ❷ 口をゆがめる, 顔をしかめる.
【OE】 関形 oral, buccal】

mouth·brèed·er, **-bròod·er** 图 〖魚〗口内保育魚, マウスブリーダー[ブルーダー]《卵や稚魚を口の中に入れて養うカワスズメ科などの魚》.

mouthed /máuðd, máuθt/ 形 [通例複合語で] ❶ 口が…の,…口の: wide-*mouthed* 口の大きな. ❷ 言葉[口のきき方]が…の: big-*mouthed* 大言壮語する.

mouth·er /máuðɚ, -ðə | -ðə/ 名 大言壮語する人.

†**mouth·ful** /máuθfùl/ 名 ❶ 〔…の〕一口(の量), ひと口分: have just a ~ of lunch 昼食をほんの少し食べる. ❷ 口一杯: "What?" he said through a ~ of sandwich. 「何だって」彼はサンドイッチをほおばりながら言った. ❸ [a ~](口)長くて発音しにくい語[句]: That's a bit of a ~. それは長くてちょっと発音しにくい. **gíve a person a móuthful**(英口)人をののしる[罵倒する]. **sáy a móuthful**(米口)うまいことを[適切なことを]言う: You said a ~.(相手の発言に対して)まったくその通りです.

móuth òrgan 名〔口〕ハーモニカ (harmonica).

móuth·pàrt 名[通例複数形で](節足動物の)口器.

†**móuth·piece** 名 ❶ **a**(楽器の)歌口, 吹口(ﾞ), マウスピース. **b**(管·パイプの)口にくわえる部分, 吸い口. **c**(電話機の)送話口. **d**(水道管の)蛇口. **e**〖スポ〗マウスピース(ボクシングなどで, 口の中の損傷を防ぐために口にふくむ, ゴム製の用具). ❷ 代弁者, スポークスマン《人·新聞など》〔*of*〕. ❸(俗)弁護士;; 刑事弁護士.

móuth-to-móuth 形 〖〗 人工呼吸法など口移しの: ~ resuscitation(口移し式)人工呼吸法.

móuth·wàsh 名 〖C|U〗 洗口液[剤], うがい薬.

móuth-wàtering 形 ❶〈食物などが〉よだれの出そうな, うまそうな. ❷ 人を引きつける, 魅力的な, 心をそそる.

mouth·y /máuði, -θi/ 形(**mouth·i·er; -i·est**) ❶ おしゃべりの. ❷ 大言壮語の.

mou·ton /mú:tɑn|-tɔn/ 名 〖U〗 ムートン(羊の毛皮をビーバーやオットセイの毛皮の感じを出すように加工したもの).《F=羊; **MUTTON** と同語源》

mov·a·ble /mú:vəbl/ 形 ❶ 動かせる; 移動できる. ❷〖法〗動産の(⇔ real); property 動産. ❸〈祭日·記念日など〉年によって日が変わる(⇔ immovable): a ~ feast 移動祝日(イースター (Easter) など). ― 名[通例複数形で]動産(家具など).

móvable-dó sỳstem /-dóu-/ 名〖楽〗移動ド方式《各調の主音をドとして歌う唱法》.

*****move** /múːv/ 動 ⊕ ❶ **a** 〈…を〉動かす, 移す, 移動させる: ~ a bookcase *aside* 本箱を横に動かす / The police ~*d* us *on*. 警官たちは我々を(止まらせないで)どんどん先に進ませた / He ~*d* his chair *nearer* (*to*)(*away from*) the fire. 彼はいすをもっと火の近くに寄せた[火から遠ざけた] / Could you ~ your car? 車を移動していただけませんか. **b**〈手·足を〉動かす: one's legs 脚を動かす. **c**〈…を〉振る, 揺り動かす: ~ a flag *up* and *down* 旗を上下に振る / The wind ~*d* the branches of the trees. 風は木々の枝を揺り動かした. **d**〈機械·器具を〉動き出させる, 始動させる: That button ~*s* the machine. そのボタンを押すと機械が動く.

❷ **a**〈…を〉引っ越す, 引っ越しする: ~ *house* 引っ越す / The main office was ~*d from* Kyoto *to* Tokyo. 本社は京都から東京に移った. **b**〈人を〉転勤[異動]させる (transfer): He was ~*d around from* one branch office *to* another. 彼は支店から支店へと転勤させられた.

❸〈日時を〉動かす, 変更する.

❹〈人を〉感動させる《★しばしば受身で「感動する」の意》: The actress ~*d* the audience deeply (*with* her performance). その女優は(演技で)深く観客を感動させた / She *was* too ~*d to* speak. 彼女は感動のあまり口もきけなかった / I *was* ~*d to* tears. 感動のあまり涙が出た.

❺〈人を〉動かして〈…させる〉,〈人に〉…する〉気を起こさせる (prompt): [+目+to do] What ~*d you to* do this? どうしようがてこれをする気になったのですか / I felt ~*d to* say something.(腹にすえかねて)ひと言発言したくなった.

❻〈…(すること)を〉動議として提出する, 提議[提案]する: ~ a resolution at a committee meeting 委員会で決議案を提出する / [+*that*] Mr. Chairman, I ~ *that* we (should) adopt this plan. 議長, この案を採択することを提議します.

❼〖チェスなど〗〈こまを〉動かす.

❽〈しみ·よごれを〉取り除く, 除去する.

❾〈商品を〉売る, 売りさばく.

❿〈腸に〉通じをつける.

― ⓥ ❶ **a**[副詞(句)を伴って]動く, 移動する, 移る; 進む, 前進する: ~ *forward* [*backward*] 前進[後退]する / ~ *off* 立ち去る / M~ *on*! 進め, 立ち止まってはいけない! / "M~ *along*, please!" said the bus conductor.「中ほどへお進みください」とバスの車掌が言った / The train ~*d* slowly *into* [*out of*] the station. 列車はゆっくりと駅に入ってきた[を出ていった] / The earth ~*s round* the sun. 地球は太陽の周りを巡る. **b** 体[手, 足(など)]を動かす, 動く: I'm too stiff *to* ~. 体がこわばって動かない / Don't ~.(そこを)動くな / She ~*s* gracefully. 彼女は優美[しとやか]に身をこなす. **c**〈ものが〉動く, 揺れる, 動揺する: Not a leaf ~*d*.(風もなく)木の葉一枚揺るがなかった. **d**〈機械·器具などが〉作動する, 回転する,〈車などが〉速く進む[走る]: This car can really ~.(口)この車は実にスピードが出る. ❷[通例副詞(句)を伴って] **a** 転居する, 引っ越す;〈民族が〉移住する: ~ *in* 新居に引っ越してくる, 新居に入る / ~ *out* 引っ越して出ていく, 引越す / We'll ~ *to* [*into*] the country next month. 来月いなかへ引っ越します. **b**〈…から〉…へ〉(職場·仕事などを)移る, 転職[転勤]する, 異動になる: He has ~*d* (*on*) *to* a new job. 彼は新しい仕事に転勤した. ❸〖特定の社会[集団]で〕活動する, 交際する: ~ *among* cultured people 教養ある人々と交わる / He ~*s in* high [the best] society. 彼は上流社会に出入りしている. ❹ 行動する, 動く,〈…に関して〉措置を講じる: ~ carefully 慎重に行動する / When is the government going to ~ *on* this problem? この問題で政府はいつ手を打つつもりなのか. ❺[副詞(句)を伴って]〈ある方向に〉行動[意見(など)]を変える (shift);〔…へと〕動く;〔…から〕離れる: ~ *toward* a free economy 自由主義経済へと移行する / ~ *away from* nuclear power 原子力発電から脱却する. ❻〈事件·情勢·仕事などが〉進展する, 活気づく: The work is not *moving* as fast as we hoped. 仕事は我々の望みほどの速さでは進展していない. ❼(米)〈…を〉(正式に)要求する, 提議する, 申し込む: I ~ *for* an amendment. 修正案を提議します. ❽ 通じがつく: My bowels haven't ~*d for* days. 何日も通じがない. ❾〈商品が〉動く, 売れる: These articles are *moving* well [very slowly]. この商品はよく出ている[非常に出が悪い]. ❿〖チェスなど〗こまを動かす, 手をさす: It's your turn to ~. 今度は君の番だ.

gèt móving (1) さっさと立ち去る. (2) すぐ行動する.

móve abóut [aróund, róund](ⓥ+副) (1) あちこち動き回る. (2) 転々と住居[職]を変える.

móve alóng(ⓥ+副) (1) 止まらずに進む; どく, 立ち去る. (2)〈仕事などが〉順調に進む, 進捗(ﾞ)する. ―(ⓥ+副) (3) 止まらずに進ませる; 追い払う, 追い散らす, どかす. (4)(順調に)進める.

móve awáy(ⓥ+副) (1) 立ち去る. (2) 引っ越す, 転居する.

móve dówn(ⓥ+副) (1)〈人を〉降格[降等, 格下げ]する. ―(ⓥ+副) (2)(地位などの点で)下がる: That department store ~*d from* first in gross sales *down to* third. そのデパートは総売上高が1位から3位に転落した.

move héaven and éarth〈…する〉最大の努力をする〔*to do*〕.

móve ín… (1) 新居に入る (⇨ⓥ 2a). (2)〔…のところに〕移り住む(*with*): He ~*d in with* Mrs. Betts. 彼はベッツ夫人と同居するようになった. (3)〔…に〕〈忍び寄って〉襲いかかる: The jackals ~*d in on* the wounded gazelle. ジャッカルは傷を負ったガゼルに襲いかかった. ❹〔市場〕などに〕進出する, 参入する: ~ *in on* the computer market コンピューター市場に進出する.

móve ón(ⓥ+副) (1) どんどん進む (⇨ⓥ 1 a). (2) 転職する (⇨ⓥ 2 b). (3)〔新しい話題などに〕移る (go on)〔*to*〕. (4)〈物事が〉進む, 進展する,〈人が〉(経験を積むなどして)成長する. (5)〈月日が〉過ぎていく: as the months ~ *on* 月日が経つに従って. (6)〈…を〉どんどん進ませる (⇨ⓥ 1 a).

móve óut(ⓥ+副) 転居する, 引っ越す (⇨ⓥ 2a); 立ち去

moveable

る; 撤退する; 出発する, 発つ.

móve óver (自+副) (1) 席などを詰める: M~ *over* a little, please. ちょっと詰めてください. (2) (後輩のために)地位を譲る.

móve úp (自+副) (1) 昇進[昇級]する: He ~*d up* in society [in the company]. 彼は出世した[会社で昇進した]. (2) 前進する: M~ *up* to the front. 前へ進んでください. (3) 席などを詰める. ── (他+副) (4) 〈人を〉昇進[昇級]させる.

── 名 ❶ [通例単数形で] 動き, 動作: I don't want a single ~ out of any of you. だれもちょっとでも動いちゃだめだぞ. ❷ a 引っ越し, 転居: a ~ *into* a town 町への引っ越し. b 転勤, 異動, 転職. ❸ 処置, 手段, 動き: a good [bad] ~ うまい[下手な]手 / a ~ *toward* disarmament 軍縮への動き / [+*to do*] a ~ *to* settle a dispute 紛争解決のための処置. ❹ 〔チェスなど〕こまを動かすこと[番], 手: make the first ~ 先手を打つ 《★ 比喩的にも使う》.

gèt a móve òn [しばしば命令法で] (口) (1) 急ぐ (hurry up). (2) 進む, (進み)始める.

màke a móve (口) (1) 立ち去る. (2) 行動する; 手段をとる: The government *made a* ~ *to* increase imports. 政府は輸入増加の処置を講じた.

màke one's móve 行動を起こす.

on the móve (1) (始終)動いて[旅行して](いる). (2) 〈物事が〉進行して(いる); 活動的で: The stock market is *on the* ~. 株式市場は活気づいている. (3) 絶えず活動して, 働きづめで (be on the go).

〖F<L *movēre, mot-* to move; cf. mobile, remove; emotion, motion, motive, promote, remote〗 名 movement〗【類義語】**move** あるものを動かす; 最も意味の広い語. **remove** もとの場所[位置]から新しい[一時的な]場所[位置]に移す. **shift** 位置[場所・方向]を(少し)変更する; しばしば不安や落ち着きのない動くことを表わす. **transfer** 場所・輸送の方法・所有権などを変える.

move·a·ble /múːvəbl/ 形 名=movable.

‡**move·ment** /múːvmənt/ 名 ❶ ⓤ 動くこと, 動き, 運動, 活動: All ~ of the heart had stopped. 心臓の動きはすべて停止していた. ❷ ⓒ a 体の動き, 動作, 身ぶり: a graceful ~ of the hand 手の優美な動き. b [複数形で] 物腰, 態度, 挙措(きょそ): Her ~*s* were very elegant. 彼女の物腰はとても上品だった. ❸ ⓒ [通例複数形で] (人の)行動, 動静: keep track of a person's ~*s* 人の動き[動静]を追う[から目を離さない]. ❹ ⓒ,ⓤ (物資の)移動, (人の)移住, (人口の)動き: the westward ~ of the American people アメリカ人の西部への移動 / Population is [~ are] constant. 人口の移動は恒常的である. b ⓒ 〖軍〗(部隊・艦船の)動き, (作戦)行動. ❺ ⓤ,ⓒ a (時代などの)動向, 傾向, 趨勢(すうせい): There's [a] ~ *toward* reduced dependency on fossil fuels. 化石燃料への依存は減少する傾向にある. b (市場や株価の)活況, 変動, 気配. ❻ ⓒ a (政治的・社会的な)運動: a civil rights' [women's liberation] ~ 公民権[女性解放]運動 / launch [suppress] a political ~ 政治運動を開始[弾圧]する / [+*to do*] a ~ *to* do away with inequality 不平等をなくす運動. b [集合的に; 単数または複数扱い] 運動団体[組織]: He belongs to various ~*s*. 彼はいろいろな運動団体に入っている. ❼ ⓤ (事件・物語などの)展開, 変化, 波乱: a novel lacking in ~ 変化に乏しい小説 / There has been little ~ in Congress since then. 以来議会にはほとんど動きがない. ❽ ⓒ 便通: have a (bowel) ~. 通じがある. ❾ ⓒ 〖機〗(時計の歯車などの)機械装置, 仕掛け. ❿ ⓒ 〖楽〗a (交響曲などの)楽章. b 律動, 拍子, テンポ. 〖関形 kinetic〗

‡**móv·er** 名 ❶ [通例修飾語を伴って] (…と)動く人[動物]: an elegant ~ 動作が優美な人[動物] / a slow ~ 動作がゆっくりした人[動物]. ❷ 発起人; 動議提出者. ❸ [しばしば複数形で] 〖米〗引っ越し業者 (〖英〗remover). ❹ (口) 売れる商品. ❺ 発動力; 発動機: ⇒ prime mover. ❻ 大量に売買される株. **móvers and shákers**

《米口》(政界・実業界などの)有力[実力]者たち.

‡**mov·ie** /múːvi/ 名 (口) ❶ ⓒ a 〖米〗(個々の)映画 《★〖英〗では主に film, picture が用いられる; 〖解説〗〖米〗では X, R (または NC-17), PG (または PG-13), G で, 〖英〗では 18, 15, PG (または 12), U となっている》: a spy [war] ~ スパイ[戦争]映画 / make a ~ of ... = make ... into a ~ ...を映画化する / go to a ~ 映画に行く / I want to see a ~. 何か映画を見たい. b [しばしば the ~] 〖米〗映画館 《★〖英〗では主に the cinema が用いられる》. ❷ [the ~*s*] 〖米〗a (娯楽・芸術としての)映画 《★〖英〗では主に the cinema, the films, 〖口〗the pictures が用いられる》: an evening at the ~*s* 映画の夕べ / be fond of *the* ~*s* 映画が好きである / go to *the* ~*s* 映画に行く / I have seen the place in *the* ~*s*. その場所は映画で見たことがある. b 映画産業, 映画界: She's in *the* ~*s*. 彼女は映画(界)入りしている. ── 形 Ⓐ 〖米〗映画の: a ~ fan 映画ファン / a ~ ticket 映画の切符. 〖MOV(ING PICTURE)+ -IE〗〖関形 cinematic〗

móvie cámera 名 〖米〗=cinecamera.

móv·ie·dom /-dəm/ 名 ⓤ 映画界.

móvie·gòer 名 〖米〗よく映画を見に行く人, 映画ファン (〖英〗filmgoer).

móvie hòuse 名 =movie theater.

móvie·màker 名 映画制作者. -**màking** 名

***móvie stár** 名 〖米〗映画スター.

***móvie thèater** 名 〖米〗映画館.

***mov·ing** /múːvɪŋ/ 形 ❶ 感動させる, 感動的な: a ~ sight 感動的な光景. ❷ Ⓐ a 動く, 動いている; 移動する: ~ parts (機械の)可動部分 / a ~ car 走行中の自動車. b 動かす, 推進する: the ~ spirit 主導者, 中心人物. c 引っ越しの: ~ costs 引っ越しの費用.

【類義語】**moving** 強い感情や情緒を引き起こす意味の一般的な語; 時として哀れみ・同情を誘う. **poignant** 感性に強く訴える; 特に非常に痛ましい感じを与える. **affecting** 感動や悲しみで深く胸を打つ(胸を刺す)苦い気持ちを引き起こす. **touching** 同情・哀れみ・感謝などの優しい感情を引き起こす.

móving-cóil 形 Ⓐ 〖電〗可動コイル型の.

móv·ing·ly 副 感動的に, 感動させるように.

móving pávement 名 (ベルト式の)動く歩道.

móving pícture 名 (個々の)映画.

móving stáircase [stáirway] 名 エスカレーター.

móving ván 名 〖米〗引っ越しトラック (〖英〗removal van).

+**mow**¹ /móʊ/ 動 (mowed; mowed, mown /móʊn/ 《★ mown は 形 Ⓐ で, 特に複合語で用いる; ⇒ ❶ 1 a》) ❶ a 〈草・麦などを〉刈る, 刈り取る: ~ the lawn 芝生を刈る / new-*mown* hay 刈り立ての干し草 b 〈畑・野原などの〉麦[草など]を刈る: ~ a field 畑の麦[草]を刈る. ❷ 〈敵などを〉《砲火などで》《大量に》なぎ倒す, やっつける; 殺す: The students were ~*ed down* by the troops. 学生たちは軍隊によってなぎ倒された. ── 自 刈る, 刈り入れる.

mow² /máʊ/ 名 〖米・英方〗(乾草・穀物の)山; 乾草置場, 穀物小屋.

***mow·er** /móʊɚ | móʊə/ 名 ❶ 芝刈り機 (lawn mower); 草[麦]刈り機. ❷ 草[麦, 穀]刈り人.

mow·ing 名 ❶ ⓤ 草刈り, 刈り取り, 採草. ❷ [~s] 草の刈取り量, 一回に刈り取った乾草, 刈り高.

+**mown** /móʊn/ 動 mow¹ の過去分詞.

MOX /émbʊéks/ 〖原子力〗mixed oxide 混合酸化物燃料.

mox·a /mɑ́ksə | mɔ́k-/ 名 ⓤ 〔灸(きゅう)に用いる〕もぐさ. 〖Jpn〗

mox·i·bus·tion /màksəbʌ́stʃən | mɔ̀k-/ 名 ⓤ 灸, 灸療法.

mox·ie /mɑ́ksi | mɔ́k-/ 名 ⓤ 〖米口〗気骨, 根性, ファイト, 積極性.

Mo·zam·bi·can /mòʊzæmbíːk(ə)n/ 形 モザンビーク(人)の. ── 名 モザンビーク人.

Mo·zam·bique /mòʊzæmbíːk/ 名 モザンビーク 《アフリカ南東部の共和国; もとポルトガル植民地; 首都 Maputo》.

Moz·ar·ab /moʊzǽrəb/ 名 〖史〗モサラベ《ムーア人征服後のスペインでムーア王に服従することを条件に信仰を許されたキリスト教徒》. **Moz·ár·a·bic** 形

Mo·zart /móʊtsɑːt/ -tsá:t/, **Wolf·gang A·ma·de·us** /wʊ́lfɡæŋ ɑ̀məɗéɪəs/ 名 モーツァルト (1756–91; Salzburg 生まれのオーストリアの作曲家).

Mo·zart·e·an, -ti·an /moʊtsɑ́əʃən | -tsá:t-/ 形 モーツァルトの[に関する]; モーツァルト的な. ── 名 モーツァルト信奉者, モーツァルティアン.

moz·za·rel·la /mɑ̀tsərélə | mɔ̀ts-/ Ｕ モツァレラ《白く軟らかいイタリア産チーズ》.

moz·zie /mázi | mɔ́zi/ 名《主に豪俗》＝mossie.

mp 《略》《楽》mezzo piano.

MP /émpíː/ 名 (徽 MPs, MP's /-z/)《英国などの》下院議員.《_Member of Parliament_》

MP /émpíː/ 名 《略》Metropolitan Police; military police(man). **MPAA** 《略》Motion Picture Association of America アメリカ映画協会. **MPC** 《略》multimedia personal computer マルチメディアパソコン[パーソナルコンピューター]. **MPD** 《略》multiple personality disorder.

MPEG /émpèɡ/ 名 Ｕ.Ｃ MPEG《ファイル》(ISO と IEC による動画·音声の圧縮のための規格; またそれを利用したファイル).《_Moving Pictures Expert Group_》

mpg /émpíːdʒíː/ 《略》miles per gallon ガソリン 1 ガロンあたりの走行マイル数: This car does [goes] about 45 ~. この車は 1 ガロンで約 45 マイル走る.

mph /émpíːéɪtʃ/ 《略》miles per hour 時速…マイル: This car goes [does] 160 ~. この車は時速 160 マイル出せる.

MP3 /émpíːθríː/ 名 Ｕ.Ｃ 〖電算〗MP3《ファイル》《音声データ圧縮規格の一つ; またそれを利用したファイル》.《MP(EG-1 layer)3》

MP 3 plàyer 名〖電算〗MP3 プレーヤー《MP3 ファイル再生装置[ソフト]》.

MPV /émpíːvíː/ 名《略》多目的車 (multiple-purpose vehicle)《大型のバンなど》.

＊**Mr., Mr** /místə | -tə/ 名 (徽 **Messrs.** /mèsəz | -səz/) **❶ a** [男の姓·姓名の前につけて] …様, …さん, …殿, …氏, …君, …先生: _Mr._ (John) Smith《ジョン》スミスさん《用法 通例 Mr. John のように Mr. を first name だけにつけることはしない》. **b** [官職名の前につけて呼び掛けて] …殿 (cf. madam 1b): _Mr._ Chairman! 議長! / _Mr._ President 大統領[社長, 学長]殿. **❷** [土地·スポーツなどの名の前につけてその分野の代表的男性を表わして] ミスター: _Mr._ America ミスターアメリカ.《MISTER の短縮形》

〖語法〗(1) 英国では爵位のない男子に, 米国では一般の男子に用いる. (2) 米では英国では Mr の次のピリオドを用いない傾向がある. (3) 同名の人が複数あるときは Mr. Smiths のように姓を複数形にする. 異なる姓の時には Mr. Smith and Mr. Brown という (cf. Messrs.). (4) 夫婦の時には Mr. and [&] Mrs. John Smith という. (5) 一般に堅苦しい感じを与えるので親しい人にはつけないことがある. 特に米国では Mr. をつけることはよそよそしさを避けるために, Call me John と相手に催促することがよくある.

MRA 《略》Moral Rearmament. **MRBM** 《略》medium range ballistic missile 中距離弾道ミサイル. **MRE** 《略》meal ready to eat 《米軍の携帯食などに用いられるレトルト食品》. **mrem** 《略》milliren. **MRI** 《略》magnetic resonance imaging. **mRNA** 《略》messenger RNA.

Mr. Ríght 名《口》理想の男性.

＊**Mrs., Mrs** /mísɪz, -sɪs | -sɪz/ 名 (徽 **Mmes.** /meɪdɑ́m/) **❶ a** [既婚女性の姓または夫の姓名につけて] …夫人, …さん: _Mrs._ (John) Smith《ジョン》スミス夫人《★ John は夫の名; Mrs. Mary のように Mrs. を first name だけにつけることはない; cf. madame》. **b** [既婚女性の姓名につけて] …さん《用法 Mrs. Mary Jones のように用いるのは手紙のあて名や未亡人の場合に限られる. ただし《米》では夫があってもこの形式を用いる人が多い》.

❷ [土地·スポーツなどの名の前につけてその分野の代表的既婚女性を表わして] ミセス…: _Mrs._ Universe ミセスユ

1183 **much**

バース. **❸** [the ~] 《口》《自分の》妻, 《相手の》奥さん (cf. missus).《MISTRESS の略》

〖語法〗(1) 特に英国では Mrs の次のピリオドを用いない傾向がある. (2) Mrs. の複数形は Mmes., Mesdames があるが, 通例 Mrs. を繰り返して用いる. (3) 夫婦の時には Mr. 語法(4). (4) 一般に堅苦しい感じを与えるので, 親しい人にはつけない. ⇨ Mr. 語法(5). ⇨ Ms.

MRSA 《略》〖医〗methicillin-resistant _Staphylococcus aureus_ メチシリン耐性黄色ブドウ球菌《院内感染の主因で, 普通の抗生物質に耐性》.

MS 《略》《米郵》Mississippi; 〖医〗multiple sclerosis.

＊**Ms., Ms** /mɪz/ 名 (徽 **Mses., Ms's, Mss.** /-ɪz/) [未婚 (Miss), 既婚 (Mrs.) に関係なく女性の姓·姓名につけて] …さん: _Ms._ (Alice) Brown《アリス》ブラウンさん.

〖語法〗(1) 未婚か既婚か不明の時またはその区別をする必要のない女性に用いる. (2) 既婚女性でも, 特に職業をもっている人は, 未婚の時の姓名に Ms をつける場合がある. (3) 1970 年代の女性解放運動から生まれた Ms の使用をいやがる人もある.

MS., ms. /émés, mǽnjuskrɪpt/ 《略》manuscript. **MS(c), M.S(c).** 《略》Master of Science. **MSDOS, MS-DOS** /émèsdɑ́s | -dɔ́s/ 〖電算·商標〗Microsoft disk operating system エムエスドス《米国 Microsoft 社のパソコン用オペレーティングシステム》. **MSG** 《略》monosodium glutamate. **Msgr.** 《略》Monseigneur; Monsignor.

MSP /émèspíː/ 名 スコットランド議会議員.《_Member of the Scottish Parliament_》

MSS., mss. /émés, mǽnjuskrɪpts/ 《略》manuscripts. **M(S)T** 《略》Mountain (Standard) Time. **Mt** 《記号》meitnerium. **MT** 《略》machine translation;《米郵》Montana. **mt., mtn.** 《略》mountain. **Mt.** /máʊnt/ 《略》Mount: ~ Everest エベレスト山. **MTB** 《略》mountain bike. **MTBF** 《略》mean time between failures 平均故障間隔. **Mts.** 《略》Mountains; Mounts. **MTU** 《略》〖電算〗maximum transmission unit 最大転送単位.

MTV /émtíːvíː/ 名《商標》MTV《ポピュラー音楽専門の放送局》.《_Music Television_》

mu /mjuː | mjuː/ 名 Ｕ.Ｃ ミュー《ギリシア語アルファベットの第 12 字 M, μ; 英字の M, m に当たる》; ⇨ Greek alphabet 表》.

Mu·bar·ak /muːbáːræk | -bǽr-/, **(Muhammad)** **Hosni** ~ ムバラク (1929– ; エジプトの政治家; 大統領 (1981–).

＊**much** /mátʃ/ 形 (**more; most**) Ｕ の名詞の前; 通例 否定·疑問文で] 多くの, たくさんの; 多量の (↔little; cf. many)《用法》(1)《口》の肯定文では, この語の代わりに a lot of, a good deal of, plenty of, a great quantity of などの句を用いることが多い (cf. many 1 用法). (2) how, too, as, so などとともに用いる時, または主語の一部になる時には肯定文でも much を用いる): I don't drink ~ wine. あまりワインを飲まない / Do you watch ~ television? テレビをよく見ますか / How ~ money do you want? どれくらいお金が要るのですか / You spend too ~ money. お金を使いすぎる / _M_~ effort will be required. たいへんな努力が必要となるだろう / Drink _as_ ~ tea _as_ you like. 好きなだけお茶を飲みなさい.

a bít múch ⇨ bit¹ 成句.

as múch…as… (1) …と同じ量[程度]の: There is _as_ ~ difficulty in doing this _as_ in doing that. これをするのはあれをするのと同じくらい難しい. (2) …するだけの量の…: ⇨ 代.

nót so mùch…as… ⇨ so¹ 成句.

nòt úp to múch 《口》あまりよくない, あまり感心できない.

só múch ⇨ so¹ 成句.

tòo múch (for a pèrson) ⇨ too 成句.

── 代 [単数扱い] **❶** [通例 否定·疑問文で] **多量, たくさ** ん (↔little)《用法 how, too, as, so などとともに用いる時, または主語の(一部)になる時や特定の言い方では肯定文でも

much-heralded 1184

用いる): I don't see ~ of him. 彼にはあまり会わない / How ~ do you need? どれくらい必要ですか / How ~ is this? これ(値段)はいくらですか / M~ has been gained from our research. 我々の研究から多くが得られている / I have ~ to say. 私には言うべきことがたくさんある / We played golf ~ of the day. その日はほとんどゴルフをした. ❷ [be の補語として; 通例 否定文で] 重要な事[もの]: The sight is *not* ~ *to* look at. 大した景色ではない.

as mùch agáin (as...) もうそれだけ, (...の) 2 倍だけ: Take 100 grams today and *as* ~ *again* tomorrow. きょうは 100 グラム, あすは 200 グラムお飲みください / half *as* ~ *again (as...)* (...の)5 割増, 1.5 倍.

as mùch as... (1) ...と同じ(量): I have *as* ~ *as* you. 君と同じだけもっている. (2) ...するだけの量のもの, ...だけ: Take *as* ~ *as* you like. 好きなだけお取りください / He spent *as* ~ *as* 50 pounds. 彼は 50 ポンドも使った.

as mùch as one can dó... 人が(思い切って)...できる精いっぱいのこと: It was *as* ~ *as* he *could do* to keep his temper. 彼は怒りを~るまでの精いっぱいだった.

màke múch of... (1) ...を重んじる, 大事にする: He *makes* too ~ *of* trifling matters. 彼は取るに足らぬことで大騒ぎをする. (2) ...をもてはやす. (3) ...を理解する: I cannot *make* ~ *of* his argument. 彼の議論はよくわからない.

nót múch of a∴ 大した...ではない: He's *not* ~ *of a* poet [drinker]. 彼は大した詩人ではない[あまり酒の飲めるほうではない].

só múch ⇒ so¹ [成句]. **sò múch for∴** ⇒ so¹ [成句].

thát mùch それだけ: I admit *that* ~. そこまでは認めます.

thís [thús] mùch これだけは, ここまでは: *This* ~ is certain. これだけは確かだ.

tòo múch of a góod thíng ⇒ so¹ much as ... [成句].

withòut so múch as... ⇒ so¹ much as ... [成句].

—— /mʌtʃ/ [副] (**more; most**) ❶ [動詞を修飾して] **a** おおいに, たいそう, 非常に: It doesn't matter ~. 大したことではない / I don't like that idea ~. =I don't ~ like that idea. その考え方はあまり好きでない / I have much been talking too ~. あまりしゃべり過ぎた / "How ~ do you love her?" "I love her very ~."「どのくらい彼女を愛しているんだい」「とても愛してます」〖用法〗肯定文では much に very か, too を付けて文尾に置く〗 / I ~ admire his bravery. 私は大いに彼の勇気を称賛する〖用法〗admire, appreciate, enjoy, prefer, regret などは, 肯定文でも much の単独使用可, ただし動詞の直前に置く〗. **b** しばしば: He doesn't go out ~. 彼はあまり外出しない.

❷ [形容詞・副詞の比較級を修飾して] はるかに, ずっと, 断然: It was ~ larger than I had expected. それは思っていたよりははるかに大きかった / This is ~ the best. これずば抜けてよい / I feel ~ better today. 今日は気分がずっとよい.

❸ [過去分詞を修飾して] 大変に, 非常に, 大いに: I was ~ confused. 大いに困惑した / This book is ~ read. この本はよく読まれている / He was not ~ pleased to hear the news. 彼はその知らせを聞いてもあまり喜ばなかった〖用法〗感情を表わす過去分詞 (pleased, surprised) などは very を用いることが多い; なお very との比較は ⇒ very [副] [語法].

❹ [一部の形容詞を修飾して] とても, 非常に: They are ~ *afraid of* dogs. 彼らは犬をとてもこわがっている〖用法〗afraid, alike, aware など P に用いる形容詞や different, like など比較の意味を持つ形容詞を much で修飾するのは形式ばった用法で, 一般的には very を用いる〗.

❺ [too や前置詞句を修飾して] 大いに, 非常に: He's *too* young. 彼は若すぎる / It was ~ *to* my taste. それは私の好みに大いに合っていた.

❻ 「同じ」を意味する語句を修飾して] ほぼ, 大体: They're ~ the same. それらはほとんど同じです / We're ~ *of* an age. 我々はほぼ同年輩です / His answer was ~ as before. 彼の答えは大体前と同じだった.

as múch ちょうどそれだけ, 等しく (so): I thought *as* ~. そうだろうと思ったよ.

as mùch (...) as... (1) ...だけ(多く): Sleep *as* ~ *as* possible. できるだけたくさん眠ってください. (2) ...と同じ程度に(...): That is *as* ~ her fault *as* his. それは彼と同じように彼女のせいでもある. (3) [主動詞の前に用いて] ほとんど, 事実上: They have *as* ~ *as* agreed to it. 彼らはそれに同意したも同然だ.

as mùch as to sày... と言わぬばかりに.

múch as this... はやまのやまなのだが: *M~ as* I'd like to go, I cannot. 行きたいのはやまやまですが, 行けません.

mùch léss [否定文で] まして...ない: He doesn't even let me use his bicycle, ~ *less* his car. 彼は私に自転車さえ貸してくれない, まして車なんかなおさらだ.

mùch móre [肯定文で] (まれ) まして, いわんや: If he can do it well, ~ *more* can you. 彼にそれがうまくできるなら, 君ならなおさらだ.

nòt múch! [相手の問いなどに対して; 反語的に] 〖口〗とんでもない: "He doesn't drink, does he?" "*Not* ~!"「彼は酒はだめなんでしょう」「とんでもない!」

nót sò mùch...as∴ ⇒ só¹ [成句]. **só múch** ⇒ so¹ [成句] 〖OE〗

múch-héralded 形 A 前評判のやかましい, 評判倒れの.
múch·ly 副 《戯言》大いに.
múch·ness 名 U たくさん (★次の成句で). **much of a múchness** 《口》大同小異, 似たり寄ったり.
mu·cho /múːtʃoʊ/ 〖米俗〗形 たくさんの, たっぷりの, ふんだんな. —— 副 とっても, すんごく, めちゃくちゃ.
múch-váunted 形 A 大いに自慢される, 誇示しすぎる.
mu·ci·lage /mjúːsəlɪdʒ/ 名 U 《米》ゴムのり. ❷ 〖動植物の分泌する〗粘液.
mu·ci·lag·i·nous /mjùːsəlædʒənəs⁻/ 形 ❶ ねばねばする. ❷ 粘液を分泌する.
mu·cin /mjúːsɪn/ 名 U 〖生化〗ムチン《動物体の粘性物質, 特に粘液中のムコ蛋白質》.
muck /mʌk/ 名 ❶ 牛馬ふん, 肥やし, 厩肥($きゅう$). ❷ ごみ, 汚物. ❸ 《英口》くだらないもの. ❹ [a ~] 《英口》混乱[ちらかった]状態. **as common as muck** ⇒ common [成句]. **màke a múck of...** (口) (1) ...を不潔にする, よごす. ...をめちゃくちゃにする, ...でへまをやる. —— 動 他 〈畑などに〉肥料を施す. **múck abóut [aróund]** 《自 + 副》 《口》 (1) 〖あてもなく〗ぶらつき回る (mess about [around]). (2) ぶらぶら[だらだら]時を過ごす. (3) 〖...をいじくりまわす, 雑にあつかう〗(*with*). —— 他 + 副 〈人に〉迷惑[やっかい]をかける, 面倒を起こす. **múck ín** 《英》 (1) 〖人と〗仕事を共にする, 協力し合う (*with*). 〖人と〗〖食べ物を〗分け合う, (部屋などを)共有[共用]する (*with*). **múck óut** 《他 + 副》 (1) 〈馬小屋などを〉きれいにする. 〖英〗〖馬小屋の小屋をきれいにする. —— 《自 + 副》 (3) 馬小屋などの掃除をする. **múck úp** 《他 + 副》 《英口》 (1) よごす. (2) 〈計画などを〉台なしにする 〖...ことをめっちゃくちゃにする〗.
muck·a·muck /mʌ́kəmʌ̀k/ 名 《米俗》お偉いさん, 大物.
múck·er¹ 名 ❶ 《英俗》友だち. ❷ 《米俗》下品[粗野]な人.
múck·er² 名 仕事場の廃物を片付ける人夫. **còme a múcker** 《英口》 (1) ドシンと倒れる. (2) 大失敗する.
muck·et·y·muck /mʌ́kətimʌ̀k/ 名 =muckamuck.
múck·hèap 名 堆肥の山.
múck·le /mʌ́kl/ 名 =mickle.
múck·ràke 動 自 (政界などの) 醜聞をあさる[暴露する].
múck·ràk·er 名 醜聞をあさる[暴露する]人; 不正追及[摘発]者.
múck·ràk·ing 名 U 醜聞[汚職]をあばくこと.
múck·swèat 名 U 《英口》大汗.
muck·y /mʌ́ki/ 形 (**muck·i·er; -i·est**) ❶ 肥やしだらけの, 汚い. ❷ 《英口》不快な, 感じの悪い.
múcky-múck 名 《米俗》=muckamuck.
mu·co- /mjúːkoʊ/ 〖連結形〗「粘液 (mucus)」.
mu·coid /mjúːkɔɪd/ 形 粘液様の.
múco·pòly·sáccharide 名 〖生化〗ムコ多糖.
mu·co·sa /mjukóusə, -zə/ 名 (值 **-sae** /-siː, -ziː, -zàɪ/, ~**s**, ~**) 〖解〗粘膜. **mu·có·sal** 形

mu·cous /mjúːkəs/ 形 粘液を分泌する[含む]; 粘液質[性]の. 《MUCUS の形容詞形》

múcous mémbrane 名 粘膜.

mu·cro /mjúːkrou/ 名 (複 **-cro·nes** /mjuːkróuniːz/) 【植・動】(葉の末端などの)微突起, とげ.

mu·cro·nate /mjúːkrənət, -nèıt/ 形【植・動】〈葉・羽などが〉(先端に)微突起[とげ]のある, 微凸[微突]形の.

⁺mu·cus /mjúːkəs/ 名 Ⓤ (動植物の分泌する)粘液.〔L〕(形 mucous)

⁺mud /mʌd/ 名 ❶ Ⓤ 泥; ぬかるみ (匹較 mud は水分を含んでどろどろになった土; earth または soil は土). ❷ 悪意のある非難, 悪口, 中傷, 人身攻撃. (as) cléar as múd 〔口〕〈説明など〉さっぱりわからないで, ちんぷんかんぷん. Hère's múd in your éye! 〔口〕乾盃! One's náme is múd 〔口〕(問題を起こしたりしてひどく嫌われれ, 評判[人気]を落としている. thrów [flíng, slíng] múd at ...の顔に泥を塗る, ...をけなす, 中傷する.《LG》(形 muddy)

MUD (略)【電算】Multi-User Dungeon [Dimension] Game (インターネットで複数のユーザーが同時にアクセスして楽しむ role-playing game のようなゲーム).

múd-bànk 名 泥土堤《海岸・湖岸に沿ってあるいは川の中にできた泥質の隆起》.

múd bàth 名 ❶ 泥ぶろ, 泥浴《リューマチなどに効く; また美容法の一つ》. ❷ 泥まみれ.

⁺mud·dle /mʌ́dl/ 動 他 ❶ ごまぜにする; 〈...を〉〈...と〉混同する, ごっちゃにする (mix up): I often ~ up their names. 彼らの名前はしばしば混同してしまう / Don't ~ my books (up) with his. 私の本を彼の本とごっちゃにしないで. ❷ 〔...で〕〈人を〉混乱させる, まごつかせる: Please don't ~ me with so many questions. あまりいろいろな質問をして私をまごつかせないようにしてください / He was ~d about the route. 彼は道がわからなくなった. ❸〔米〕〈飲み物を〉かきまぜる, 〈...を〉かきまぜて飲み物にとかす. múddle alóng [ón] (自+副) どうにかこうにかやっていく, お茶を濁している. múddle thróugh (自+副) どうやら[なんとか]切り抜ける. ― 名〔通例 a ~〕混乱(状態); 当惑: in a ~ 混乱して, 当惑して / I always get into a ~ trying to work the word processor. ワープロを使おうとすると決まって何がわからなくなってしまう. 《MUD+-LE エ》
【類義語】⇒ confusion.

⁺múd·dled 混乱した, まごついた (confused): a ~ mind 混乱した頭 / She still felt ~ in New York. 彼女はニューヨークに来てまだとまどいを感じていた.

múddle-héaded 形 頭が混乱した; まぬけな.

múd·dler 名 ❶ マドラー《飲み物をかき混ぜる棒》. ❷ でたらめなやり方をする人, お茶を濁す人.

múd·dling 形 混乱させる(ような), まごつかせるような.

⁺mud·dy /mʌ́di/ 形 (**mud·di·er, -di·est**) ❶ a 泥深い, ぬかるみの. b 泥だらけの. c 〈液体が〉濁った. ❷〈光・音・声・色など〉曇った, 鈍い; 〈顔色が〉さえない. ❸〈頭の〉ぼんやりした, 〈考えなど〉混乱した, あいまいな. ― 他 泥でよごす, 濁らせる; 曇らせる. múddy the wáters [íssues] 事態を混乱させる[分かりにくくする]. **múd·di·ly** /-dəli/ 副 **-di·ness** 名 (形 mud)

Mu·dé·jar /muːðéhɑːr | -hàː-/ 名 (複 **-ja·res** /-hɑːrèıs/) ムデハレス人, ムデハル《キリスト教徒に再征服された中世スペインで自分たちの信仰・法・慣習を保ったまま残留を許されたイスラム教徒》. ― 形 ムデハレス人の;【建】ムデハレス様式の.

múd·fìsh 名 (複 ~, ~·es) 【魚】泥魚 (bowfin, killifish など).

múd·flàp 名 =mudguard 2.

múd·flàt 名 〔しばしば複数形で〕(潮で干満で没したり現われたりする, 泥土の)平潮, 干潟(ﾊﾞﾞな).

múd·flòw 名 泥流.

múd·guàrd 名 ❶ (自動車などの)泥よけ, フェンダー. ❷ (車輪の後ろの)泥よけ《ゴムなどの垂れ板》.

múd·làrk 名 (また **múd·làrk·er**) ❶〔英〕(干潮時に)川の泥の中をあさる人. ❷【魚】ドロミノウ(クロワオに近緑).

múd·mìnnow 名【魚】ドロミノウ(クロワオに近緑).

múd·pàck 名 (美容用の)泥パック.

múd pìe 名 (泥んこ遊びで作る)泥まんじゅう.

---

múd pùppy 名【動】マッドパピー《北米のホライモリ》.

mu·dra /mədrɑ́ː/ 名 ムドラー《インド古典舞踊の様式化した象徴的な身振り, 特に手や指の動き》.

múd·skìpper 名【魚】トビハゼ, ムツゴロウ.

múd·slìde 名【地学】泥流.

múd·slìnger 名 (政治などでの)中傷者.

múd·slìnging 名 Ⓤ (政治運動などでの)中傷, 泥仕合.

múd tùrtle 名【動】ドロガメ《米国の泥川にすむ淡水ガメ》.

múd·wòrt 名【植】キタミソウ(ゴマノハグサ科).

mues·li /mjúːzli | -sli/ 名 ミューズリ, ミューズリー (granola に似た朝食用シリアル; 牛乳をかけて食べる).

mu·ez·zin /m(j)uːézın/ 名 (イスラム教の)祈祷(きとう)時刻告知係《光塔 (minaret) から行なう》.

muff¹ /mʌf/ 名 ❶ マフ《婦人用の毛皮製の円筒状のおおい; 保温のために手を両端から入れる; cf. earmuff》. ❷〔卑〕女性の陰部.

muff² /mʌf/ 名 ❶ a へま, やりそこない. b【球技】落球. ❷ 不器用者, とんま. ― 動 他 ❶〈球を〉受けそこなう: ~ a catch 落球する. ❷〔口〕〈事を〉やりそこない, しくじる 〈up〉. b ― it で〕へまをやる, 機会を逃す 〈up〉.

⁺muf·fin /mʌ́fın/ 名 マフィン: a〔米〕カップ形またはロール形に焼いた朝食用の小形パン. b〔英〕円形の平たいパン 〔米〕English muffin〕 (バターをつける).

⁺muf·fle /mʌ́fl/ 動 他 ❶〈音・声などを〉消す, 鈍くする: Snow ~s sound. 雪は物音を消す. ❷〈...を〉〈マフラー・外套などで〉おおう, 包む (★ しばしば受身): She was ~d (up) in a gray overcoat. 彼女はグレーのオーバーに身を包んでいた. ― 名〔通例 形容詞的に〕マッフル炉, 間接炎式炉(窯業(ﾖう)で, 熱源と加熱物の間に隔壁のある炉).

múf·fled 形 音を殺した[鈍くした]: ~ voices (口をおおっているような)くぐもった人声.

muf·fler /mʌ́flə | -lə/ 名 ❶ マフラー, 襟巻き, 首巻き. ❷ a〔米〕(内燃機関の)消音器, マフラー (〔英〕 silencer). b (ピアノの)響き止め.

muf·ti¹ /mʌ́fti/ 名 Ⓤ (軍人などの)平服, 通常服: in ~ 平服で.

muf·ti² /mʌ́fti/ 名 (イスラム教の)法律学者; 法律顧問.

⁺mug¹ /mʌg/ 名 ❶ a マグ, 大型カップ《通例円筒形, 蓋(ふた)なしで取っ手付き; cf. tankard》: a beer ~ ビールのジョッキ / a coffee [tea] ~ コーヒー[ティー]マグ. b マグ[大型カップ] 1杯: a ~ of milk マグ 1杯の牛乳. ❷〔俗〕顔, 口. ❸〔英俗〕(だまされやすい)ばか; だまされやすい人. ❹〔米俗〕悪党, ごろつき, ちんぴら. ― 他 (**mugged; mug·ging**) ❶〈強盗が〉(戸外で)〈人を〉襲う, 人からものを奪う. ❷〔俗〕〈犯罪容疑者の〉写真をとる. ― 自 (カメラ・観客の前で)大げさな表情をする.

mug² /mʌg/ 動 (**mugged; mug·ging**)〔英俗〕他〈学科を〉がり勉する, 詰め込む 〈up〉. ― 自 がり勉する 〈up〉.

múg·ful /mʌ́gfùl/ 名 マグ[大型カップ] 1杯 〔of〕.

múg·ger¹ /mʌ́gə | -gə/ 名 (戸外で人を襲う)強盗 (人).

mug·ger² /mʌ́gə | -gə/ 名【動】ヌマワニ, インドワニ《インド産》.

múg·ging 名 Ⓤ.Ⓒ (戸外で人を襲う)強盗 (行為).

múg·gins /mʌ́gɪnz/ 名 (複 ~, ~·es)〔英口〕ばか, まぬけ (★ 自分に呼び掛けに用いたり, 自分を指しても使う): M~ here left his umbrella in the train. どじなおれ[こいつ]が傘を電車に忘れてきた.

mug·gy /mʌ́gi/ 形 (**mug·gi·er, -gi·est**)〈天候など〉蒸し暑い, うっとうしい. **múg·gi·ness** 名.

Mu·ghal /múːgɑːl/ 名 =Mogul.

múg's gáme 名〔a ~〕ばかしかやらない事, もうかりっこない仕事: Gambling is a ~. ギャンブルなんてばかがやる事だ.

múg shòt 名〔俗〕(犯罪容疑者の)顔写真.

múg·wòrt 名【植】ヨモギ.

mug·wump /mʌ́gwʌmp/ 名〔米〕(政治上)独自の立場をとる人, 一匹狼.

Mu·ham·mad /mouhǽməd/ ムハンマド, マホメット《570?-632; イスラム教の始祖》. **if the móuntain will nòt cóme to Muhámmad, (then) Muhámmad must gó to**

the móuntain 山がマホメットのほうに来ないなら,マホメットが山のほうへ行かなければならない,向こうが来ないならこっちから行こう.

Mu・ham・mad /mʊhǽməd, mu:-/, **Elijah** 图 ムハンマド (1897-1975; 米国の Black Muslim 指導者; 本名 Elijah Poole).

Mu・ham・mad・an /moʊhǽmədn/ 圏 イスラム教の. ― 图 イスラム教徒. **Mu・hám・mad・an・ism** /-dənɪzm/ 图 Ⓤ イスラム教 (Islam).

Muir /mjʊɚ | mjʊə/, **John** 图 ミューア 《1838-1914; スコットランド生まれの米国のナチュラリスト; Yosemite 国立公園の設置運動を推進; 環境保護運動の先駆者》.

mu・ja・hed・in, -hid-, -hed・din, -he・deen /mu:-dʒæhɪdí:n | mù:dʒəhədí:n/ 图 圈 ムジャーヒディーン 《アフガニスタンなどのイスラム教徒ゲリラ(組織)》.《Arab, Pers =聖戦 (jihad) を行なう者たち》

muj・ta・hid /mu:dʒtɑ:hɪd/ 图《イスラム》権威ある法解釈者, ムジュタヒド《アラビア語で「努力する者」の意》.

Muk・den /múkdən/ 图 奉天(ホゥ)《瀋陽 (Shenyang) の旧称》.

muk・luk /mʌ́klʌk/ 图《通例複数形で》マクラク《オットセイ[トナカイ]の毛皮で作った長靴》.

muk・tuk /mʌ́ktʌk/ 图 Ⓤ 食用鯨皮.

mu・lat・to /mʊ(j)ulǽtoʊ/《古風》图 (圈 ~s, ~es)《白人と黒人の》混血児, ムラート. ― 圈 mulatto の.《Sp & Port; ⇒ mule¹》

mul・ber・ry /mʌ́lbèri | -b(ə)ri/ 图 ❶ a (また múlberry tree) 〖植〗クワ. b クワの実. ❷ 濃紫色.

⁺mulch /mʌ́ltʃ/ 图 Ⓤ《また a ~》マルチ《土壌の保湿・保温・流出防止,雑草の抑制などのために植物の根元の地面に敷く腐葉土・バーク・おがくずなど》. ― 動 《…に》マルチを敷く.

mulct /mʌ́lkt/ 動 ❶ 《人から》《金などを》だまし取る 《of》. ❷ 《人を》罰金に処する. ― 图 科料, 罰金.

⁺mule¹ /mjú:l/ 图 ❶ 《動》 ラバ 《雄ロバと雌馬との雑種; cf. hinny》. ❷ 《口》がんこ者, 片意地者. (as) óbstinate [stúbborn] as a múle とてもがんこで[な].

mule² /mjú:l/ 图 《通例複数形で》つっかけ式のスリッパ, ミュール.

múle dèer 图 (圈 ~) 《動》ミュールジカ《北米西部産の耳が長く尾の先が黒いシカ》.

múle skìnner 图《米口》ラバ追い.

mu・le・ta /mju:léɪtə/ 图《闘牛で matador が使う棒につける小型の赤い布》.《Sp=she-mule》

mu・le・teer /mjù:lətíɚ | -tíə/ 图 ラバ追い.

mul・ga /mʌ́lgə/ 图《オーストラリア産のアカシア属の低木》; Ⓤ マルガのやぶ; [the ~]《豪》奥地.

mu・li・eb・ri・ty /mjù:liébrəti/ 图 Ⓤ 女であること; 女らしさ.

mul・ish /mjú:lɪʃ/ 圏 (ラバのように) 強情な. **~・ly** 剾 **~・ness** 图

⁺mull¹ /mʌ́l/ 動 圈 よくよく [ゆっくり] 考える 《over》.

mull² /mʌ́l/ 動 《ワイン・ビールなどを》砂糖・スパイスなどを入れて温める 《★ 通例過去分詞で形容詞的に用いる》.

mull³ /mʌ́l/ 图《スコ》岬.

mull⁴ /mʌ́l/ 图 Ⓤ《織》マル《薄くて柔らかいモスリン》; 《製本》寒冷紗.

mull⁵ /mʌ́l/ 图 Ⓤ (土壌の) 堆積腐植層, ムル).

mul・la(h) /mʌ́lə, múlə/ 图 ムラー, 師, 先生《イスラム教で学者・教師・律法学者への敬称》.

mul・lein /mʌ́lən/ 图《植》モウズイカ,《特に》ビロードモウズイカ.

mull・er /mʌ́lɚ | -lə/ 图 粉砕機;《粉薬・顔料をすりつぶす石の平らな》石の乳棒.

Mül・le・ri・an /mʌlí(ə)riən | mulíər-/ 圏《動》ミューラー擬態の《チョウ・ハチなどの2種以上の動物の警戒色が,相似した毒物・色彩になり,未経験の動物に食われる可能性を低くする場合》.《Fritz Müller 19 世紀ドイツの動物学者》

⁺mul・let¹ /mʌ́lɪt/ 图 (圈 ~, ~s) 《魚》ボラ.

mul・let² /mʌ́lɪt/ 图《通例単数形で》マレット《後ろ髪だけを長くした男性の髪型》.

mul・li・gan /mʌ́lɪgən/ 图 ❶ 《また múlligan stéw》《米口》マリガン《肉・野菜などのごった煮》. ❷ 《ゴルフ》マリガン《非公式試合で(最初の)ティーショットの場合に限りうまくいかなかった時に許される打ちなおし》.

mul・li・ga・taw・ny /mʌ̀lɪgətɔ́:ni/ 图 Ⓤ マリガトーニ 《スープ》《東インドのカレースープ》.

mul・li・on /mʌ́ljən/ 图《建》中方(キミッ)立て,《窓の》縦仕切り. **múl・li・oned** 圏 《建》中方立ての.

múl・ti- /mʌ́lti, -tə/ [連結形] ❶ 「多くの…」「種々の…」 ❷ 「何倍もの…」: *multi*millionaire. 《L *multus* many, much》

... mullions

mùlti-áccess 圏《電算》同時共同利用の, マルチアクセスの.

mùlti-áxial 圏 多軸の[もつ], 多軸性の.

mùlti・cást 動 圈《インターネット》マルチキャストする《インターネット上で,特定の複数の人へ同時に情報を送る》. ― 图 マルチキャスト.

mùlti・céllular 圏 多細胞の.

mùlti・chánnel 圏 多重チャンネルの, マルチチャンネルの.

mùlti・cólored 圏 (また múlti・còlor) 多色の.

mùlti・cúltural 圏 多様な文化が共存[混在]する, 多様文化に対応する, 多文化的な.

mùlti・cúltural・ism 图 Ⓤ 多文化(共存)主義.

mùlti・diménsion・al 圏 多次元の. **mùlti・diménsionálity** 图

mùlti・disciplinary 圏 多くの学問領域にわたる, 学際的な.

multi-ethnic /mʌ̀ltiéθnɪk⁻/ 圏 ❶ 多民族の: (a) ~ makeup 多民族構成. ❷ 民族の異なる両親をもつ.

mùlti・fácet・ed /-tɪd/ 圏 多面的な, さまざまな側面をもつ.

mùlti・factórial 圏 多くの要素からなる, 多元的な, 多因子の.

mùlti・fáith 圏 Ⓐ 多宗教[宗派, 信仰]の.

mùlti・fámily 圏 《住宅の》数家族共用の.

mul・ti・far・i・ous /mʌ̀ltəfé(ə)riəs⁻/ 圏 さまざまな, 雑多な. **~・ness** 图

mul・ti・fid /mʌ́ltəfɪd/ 圏《植・動》多裂の, 多弁の, 多節の: a ~ leaf 多裂葉.

mùlti・filament 圏 多繊維の.

mùlti・flóra (róse) 图《植》ノイバラ《多くの栽培品種の原種; 生垣などに使う》.

mùlti・fócal 圏 ❶ 《レンズが》多焦点の. ❷ 《医》多病巣性の.

mùlti・fòil 圏《建》多葉飾り (6 葉以上).

múlti・fòrm 圏 多形の.

mùlti・fúnction, -fúnction・al 圏 多機能の.

mùlti・gráde 圏《米》《クラスが複数の学年が一緒に学ぶ》. ― 图 ❶ マルチグレードオイル《広い温度範囲で粘性が安定なエンジンオイル》. ❷ 《米》《商標》マルチグレード《感度の異なる 2 種の感光乳剤を用いた印画紙; さまざまのレベルのコントラストをもつプリント作成が可能》.

mùlti・gráin 圏 《パンが》2 種以上の穀物でできた.

mul・ti・grav・i・da /mʌ̀ltəgrǽvədə/ 图《医》経妊婦 《2 回以上妊娠経験のある女性》.

múlti・gỳm 图 《一台で各種の筋肉鍛練ができる》多機能ウェートトレーニング装置[器具], マルチジム.

mùlti・húll 图 《海》多船体船, 多胴船 (cf. monohull).

⁺mùlti・láteral 圏 ❶ 多数国参加の, 多国間の: ~ trade [negotiations] 多国間貿易[交渉]. ❷ 多辺の. **~・ly** 剾

mùlti・láteral・ism 图 Ⓤ 多国間共同政策; 多国間の相互自由貿易(主義). **-ist** 图

mùlti・láyer 圏 多層の, 多層性[式]の. ― 图 多層をな

すもの. **mùlti·láyered** 形

múlti·língual 形 ❶ 多数の言語を用いた (cf. monolingual): a ~ dictionary 多言語辞典. ❷ 多数の言語を話す: a ~ interpreter 多言語通訳者. ― 名 数か国語をしゃべる人, 多言語話者.

mùlti·língual·ìsm 名 多言語使用.

múlti·média 名 Ⓤ マルチメディア: **a** 〘電算〙テキスト・静止画・動画・音声の複合的利用. **b** 〘教育〙教科書のほかに視覚・聴覚教材など, 複数のメディアを利用すること. **c** 広告などで複数のマスメディアを利用すること. ― 形 マルチメディアの[による].

mul·tim·e·ter /mʌltíːmətə | -tə/ 名 マルチメーター 《電気メーターの一種》.

múlti·míllion 形 Ⓐ 数百万ドル[ポンド, 円など]の.

†**mùlti·millionáire** 名 億万長者, 大富豪.

*****múlti·nátional** 形 多国籍の[から成る]; 多国間の: a ~ company [corporation] 多国籍企業 / a ~ force 多国籍軍 / ~ negotiations 多国間交渉. ― 名 多国籍企業.

múlti·nómial 形 =polynomial.

múlti·páck 名 《同一[関連]商品の》 お得用パック.

mul·tip·a·ra /mʌltípərə/ 名 (働 -rae /-riː/) 〘医〙(2人以上子を産んだ)経産婦, (動) 経産雌.

mul·tip·a·rous /mʌltípərəs/ 形 一度に多数の子を産む, 多産の.

múlti·pártite 形 多くの部分に分かれた; 加盟者[国]が多数の.

múlti·párty 形 複数政党の, 多党の.

múlti·pháse 形 〘電〙多相の.

múlti·pláy·er 形 ❶ 〘通例形容詞的に〙《コンピューターゲームが》 マルチプレーヤーの(複数人でプレーする). ❷ 《いろいろなメディアを再生できる》 マルチプレーヤー. ❸ 《数枚のディスクを装填できる》マルチディスクプレーヤー. **múlti·plày** 名

mùltiplayer gáming 名 Ⓤ 〘電算〙多人数参加型のゲームプレー.

*****múl·ti·ple** /mʌ́ltəpl/ 形 Ⓐ (比較なし) ❶ 多数の, 多様な, 複雑な; 多くの部分から成る: a ~ personality 多重人格 / M~ factors are involved. さまざまな要因がからんでいる. ❷ 《電気》 (回路が)並列の; 複合の. ― 名 ❶ 〘数〙 倍数: ⇒ common multiple. ❷ 《英》 =multiple store. 〖F < L; ⇒ multi-〗

múltiple ágriculture 名 Ⓤ 多角経営農業《農作・畜産・果樹栽培などを兼ねる》.

múltiple-chóice 形 〈試験・問題が〉 多肢[多項]選択(式)の.

múltiple frúit 名 〘植〙多花果, 集合果《パイナップル・クワの実など》.

múltiple personálity disórder 名 ⓊⒸ 〘精神医〙多重人格障害.

†**múltiple sclerósis** ⓊⒸ 《神経の》 多発性硬化症 《略 MS》.

múltiple stár 名 〘天〙多重星 《肉眼では1個に見える数個の恒星》.

múltiple stóre 名 《英》チェーンストア ((米) chain store).

mul·ti·plet /mʌ́ltəplət/ 名 〘理〙❶ 《スペクトルの》多重線. ❷ 多重項: **a** 分子・原子・原子核で, 縮退したエネルギー単位の値をもつ量子状態の組. **b** 同じスピンパリティーをもつ素粒子の組.

múltiple únit 名 〘鉄道〙総括制御列車.

mul·ti·plex /mʌ́ltəpleks/ 名/形 Ⓐ ❶ 《通信》 同一回路による多重送信の. ❷ 多様な, 複合の. ❸ 《映画館が複数のスクリーンのある》, マルチプレックスの. ― 名 ❶ 多重送信システム. ❷ マルチプレックスシネマ《一つの施設の中に複数のスクリーンがある映画館》. ― 動 働 多重送信する.

múl·ti·plèx·er, -or /-ksə | -ksə/ 名 多重変換装置 《複数の入力を1つの出力にする装置》.

múl·ti·plèx·ing /-pléksɪŋ/ 名 Ⓤ 多重送信.

mul·ti·pli·able /mʌ́ltəpləɪəbl/, **mul·ti·plic·a·ble** /mʌ́ltəplɪkəbl/ 形 倍増できる.

mul·ti·pli·cand /mʌ̀ltəplɪkǽnd/ 名 〘数〙《掛け算の》被乗数 (⇒ multiplication 1 解説).

mul·ti·pli·ca·tion /mʌ̀ltəplɪkéɪʃən/ 名 ⓊⒸ ❶ 〘数〙

1187　multitude

掛け算, 乗法 〘解説〙 a×b=c の時, a を multiplicand (被乗数), b を multiplier (乗数), c を product (積)という: do ~ 掛け算をする. ❷ 増加; 増殖; 繁殖.

multiplicátion sìgn 名 乗法記号 《×》.

multiplicátion tàble 名 掛け算表, 九九表 〘解説〙1×1 から 10×10 または 12×12 まである; 英語では一般に Three times five is [are, make(s)] fifteen. (3×5=15) などとそのまま文章式に習うか, Once 5 is 5, Two 5s are [is] 10, Three 5s are [is] 15. のように略した言い方で習う.

múl·ti·plí·ca·tive /mʌ̀ltəplíkətɪv/ 形 ❶ 増加する; 掛け算の. ❷ 〘文法〙倍数詞の. ― 〘文法〙倍数詞 (double, triple など).

mul·ti·plic·i·ty /mʌ̀ltəplísəti/ 名 ❶ Ⓤ 多数であること; 多様性. ❷ [a ~] 多数; 多様: a ~ of ideas いろいろな考え / a ~ of uses 多様な用途.

múl·ti·plì·er /-plàɪə | -plàɪə/ 名 ❶ **a** 〘数〙《掛け算の》乗数, 法 (⇒ multiplication 1 解説). **b** 〘経〙(投資)乗数 《投資の増加が国民所得にどの程度の上昇をもたらすかを表わす比率》. ❷ 〘電子工〙電子倍増管, 周波数逓倍(ﾃｲﾊﾞｲ)器. ❸ 増加[増殖]させるもの[人].

*****múl·ti·ply**[1] /mʌ́ltəplaɪ/ 動 働 ❶ 〘数〙《ある数に》ある数を掛ける; 〈数と数を〉 掛け合わせる: M~ 5 by 3, and the product is 15.=5 multiplied by 3 is 15. 5 に3 を掛けると 15 になる (5×3=15) / ~ 5 and 3 **together** 5 と 3 を掛ける. ❷ **a** 増す, ふやす: I could ~ instances. 例はいくらでも出せます. **b** 〈動植物を〉増殖[繁殖]させる. ― 働 ❶ **a** 増す, 増加する: The problems are ~ing. 問題はふえています. **b** 増殖[繁殖]する: Rats ~ rapidly. ネズミは急速に繁殖する. ❷ 掛け算をする. 〖F < L; ⇒ multi-〗 〖類義語〗⇒ increase.

mul·ti·ply[2] /mʌ́ltəpli/ 副 複合的に, 多様に.

múlti·pólar 形 多極(性)の, 多極的な. **-pólarity** 名

múlti·prócess·ing 名 Ⓤ 〘電算〙多重[マルチ]プロセッシング 《同時に複数処理をすること》.

múlti·prócessor 名 〘電算〙多重プロセッサー 《多重プロセッシングができる装置・システム》.

múlti·prógramming 名 Ⓤ 〘電算〙多重プログラミング 《1台のコンピューターによる複数のプログラムの同時実行》.

múlti·púrpose 形 多くの目的に用いる, 多目的の: a ~ dam 多目的ダム.

múlti·rácial 形 多民族の[から成る]: a ~ society 多民族社会.

múlti·séssion 形 〘電算〙マルチセッション(対応)の 《CD 上のデータが何回かの追記を経て記録された; またドライブがそのような記録方式に対応した》.

múlti·skìll·ing 名 Ⓤ 《従業員の》多職種[多技能]訓練.

múlti·stàge 形 ❶ Ⓐ 多段階の, 段階的な. ❷ 《ロケットなど》 多段式の.

múlti·stòrey cár pàrk 名 《英》立体駐車場 ((米) parking garage).

múlti·stòry, 《英》 **mùlti·stórey** 形 Ⓐ 多層の, 高層の: a ~ building 高層建築. ❷ 《英口》 =multistorey car park.

múlti·tàsk 動 同時に複数のことをする. **~·er** 名

múlti·tàsk·ing 名 Ⓤ ❶ 〘電算〙マルチタスキング 《単一の中央演算処理装置 (CPU) によって複数の処理を同時にまたはインターリーブして実行すること》. ❷ 複数の仕事を同時にできること.

mùlti·thréad·ed /-dɪd/ 形 〘電算〙マルチスレッドの 《プログラムが, 制御をいくつかの並行した流れに分けられる》.

mùlti·tráck 形 マルチ[多重]トラックの《録音テープ》. ― 名 マルチ[多重]トラック録音. ― 動 働 マルチトラックで録音する. **-tracked** 形

†**múl·ti·tude** /mʌ́ltət(j)uːd | -tjùːd/ 名 ❶ Ⓒ 大勢, 多数: a ~ of people 大勢の人 / ~s of cares 数々の苦労 / the ~ of his writings 彼の著作のおびただしさ. ❷ [the ~(s)] **a** [集合的に] 単独または複数扱い] 大衆, 庶民: appeal to the ~(s) 大衆に訴える. **b** 群衆, 人込み. ❸ Ⓒ 大勢の人: The disease killed ~s. その病気で大勢の

multitudinous 1188

人が亡くなった. **a noun of multitude** 〖文法〗衆多名詞《集合名詞 (collective noun) の中で構成要素に重点が置かれるものをいう; 従って複数扱いになる; 例: *Cattle* **were** grazing in the field. 牛たちは野原で草をはんでいた / *My family* **are** all well. 私の家族はみな元気です). **cóver [híde] a multitude of sins** 多くの(悪い)事をおおい隠す, (すべてに通ずる)有効な言い訳になる《★聖書「ペテロの第一の手紙」から》. 〖F<L; ⇒ multi-, -tude〗(multitudinous)

mul・ti・tu・di・nous /mÀltət(j)úːdənəs | -tjúː-/ 形 多数の, たくさんの: ~ debts 山なす借金. **~・ly** 副 **~・ness** 名 (名 multitude)

mùlti-úser 形 〖電算〗**❶** 〈コンピューター(システム)が〉マルチユーザーの《多数のユーザーの仕事を同時にこなす》. **❷** 〈ゲームが〉マルチユーザーの《インターネット上などで数人でプレーする》.

múlti-utílity 名 〖英〗マルチユーティリティー《別の業務(特に別の公益事業)も提供するようになった民営化された公益事業会社》.

múlti-válent **❶** 〖化〗多原子価の. **❷** 〖生化〗〈遺伝子が〉多価の. **❸** (一般的に)多面的意義[価値]を有する. **múlti-válence** 名

múlti-válve 形 多弁[多殻]の〈貝など〉.

múlti-váriate 形 (主に統計分析で)独立したいくつかの変数のある, 多変量の: ~ analysis 多変量解析.

múlti-véndor 形 〖電算〗マルチベンダーの《異なるメーカーのものを扱う》.

mul・ti・verse /mÁltəvə̀ːs | -və̀ːs/ 名 多元的宇宙《単一の秩序や, 原理のない宇宙・世界; 特に William James などの多元論で用いられる概念》.

mul・ti・ver・si・ty /mÀltivə́ːsəti | -və́ː-/ 名 マンモス大学《多くの学部や附属の研究所などをもち, しばしばキャンパスを分散している大規模な大学》.

múlti-vítamin 形 多ビタミンの. —— 名 総合ビタミン剤.

múlti-wày 形 複数の回路[通路]をもつ.

mul・tum in par・vo /múltəmɪnpɑ́ːvou | -pɑ́ː-/ 名 小型にして内容豊富; ことば少なにして意義多きこと.

mum¹ /mÁm/ 形 P ものを言わないで: Keep ~ about our surprise party. 不意打ちパーティーのことは黙ってろよ. —— 間 だまって!, しっ! **⇒** 〖次の成句で〗**Múm's the wórd!** 〖口〗ないしょだよ, 黙ってろよ. 《口を閉じた時の音から》

***mum²** /mÁm/ 名 〖英口〗おかあさん, ママ《《米》mom》: your ~ and dad 君のおかあさんとおとうさん.

Mum・bai /mÀmbàɪ | mÙmbáɪ/ 名 ムンバイー(Bombay のマラーティー語名).

†**mum・ble** /mÁmbl/ 動 **❶** 〈祈り・言葉などを〉(口の中で)もぐもぐ[ぶつぶつ, ほそぼそ]言う: ~ a few words 二言三言もぐもぐ言う / The old man ~*d that* he was hungry. その老人は腹がへったともぐもぐ言った / "I'm tired," he ~*d*. 「つかれた」と彼はもぐもぐ言った. **❷** 〈食べ物を〉もぐもぐ...食べる. —— 自 **❶** 〈人に〉もぐもぐ言う(*to*). **❷** 低くはっきりしない言葉[音]: speak in a ~ もぐもぐ話す. **múmbler** 名 〖類義語〗⇒ murmur.

múmble-ty-pèg /mÁmbltipèg/ 名 U 〖米〗ジャックナイフ投げ《刀身が地中にささるように投げる遊び》.

mum・bo jum・bo /mÁmbou dʒÁmbou/ 名 (~s) 〖口〗**❶** U 〖批判的に〗(専門的すぎるなどで)わけのわからない言葉. **❷** U ややこしい無意味な儀式, (人を惑わす)わけのわからない行動. **❸** C **a** (迷信的な)崇拝物. **b** 恐怖の対象. 〖アフリカ西部の黒人の守護神 Mumbo Jumbo から〗

mú-meson 名 = muon.

Mum・ford /mÁmfəd | -fəd/, **Lewis** 名 マンフォード(1895–1990; 米国の文明・社会批評家).

mum-mer /mÁmə | -mə/ 名 《クリスマスなどに演じられる英国の伝統的な》無言劇の役者. 〖古 mum¹〗

múmmer's plày (また múm・ming plày) 仮装無言劇《伝統的なイングランドの民間劇; クリスマスに関連したものが多く, 18 世紀および 19 世紀初期に人気があった》.

mum・mer・y /mÁməri/ 名 **❶** C 《クリスマスなどに演じる》無言劇. **❷** U もったいぶった儀式; 偽善的な見せかけ; 茶番(劇).

mum・mi・chog /mÁməʧɔ̀ːg | -ʧɔ̀g/ 名 = killifish.

mum・mi・fied 形 ミイラにした; ミイラ化した.

mum・mi・fy /mÁməfàɪ/ 動 《通例 受身》ミイラにする《防腐処理して布を巻きつけ保存する》; ミイラ化する. **mum・mi・fi・ca・tion** /mÀməfɪkéɪʃən/ 名

mum・my¹ /mÁmi/ 名 **❶** ミイラ; 干からびたもの[死体]. **❷** やせこけた人.

*†**mum・my²** /mÁmi/ 名 《英小児》おかあちゃん《《米》mommy》.

mumps /mÁmps/ 名 U 〖しばしば the ~〗おたふくかぜ, 流行性耳下腺炎: get [have] (*the*) ~ おたふくかぜにかかる[かっている].

mum・sy /mÁmzi/ 名 おかあさん. —— 形 おかあさんらしい.

mu-mu /múːmuː/ 名 = muumuu.

†**munch** /mÁnʧ/ 動 **❶** 〈あごをよく動かし, 時には音をたてて〉〈食べ物を〉むしゃむしゃ[ばりばり]食う: He ~*ed* it all up. 彼はそれを全部はりはり食べてしまった. —— 自 (...に)むしゃむしゃ食べる: He ~*ed* (*away*) *at* the cookies. 彼はクッキーをむしゃむしゃ食べた.

Munch, Ed・vard /múnk/, /édvəɑːd | -vɑːd/ 名 ムンク(1863–1944; ノルウェーの画家; 愛と死を主題とし, 表現主義的に描いた).

Mún・chau・sen('s) sýndrome /múnʧàuz(ə)n(z)-, mún-/ 名 〖医〗ミュンヒハウゼン症候群《入院治療を受けたくて患者がもっともらしく劇的病状をつくる状態》.

mun・chies /mÁnʧiz/ 名 複 〖口〗**❶** 《急な空腹感, 発作的に食べたくなること. **❷** [the ~] 急な空腹感, 発作的に食べたくなること.

Munch・kin /mÁnʧkɪn/ 名 **❶** マンチキン《米国の童話「オズの魔法使い」に登場するこびとの一族》. **❷** [m-] 《米》こびとのような(かわいらしい)人, おチビちゃん.

†**mun・dane** /mÀndéɪn-/ 形 **❶** 平凡な, ありふれた: a pretty ~ life ごくありふれた人生. **❷** (精神的・宗教的と対比して)現世の; 世俗的な. **~・ly** 副 〖F<L =of world <*mundus* world, universe〗

múng bèan /mÁŋ-/ 名 〖植〗ヤエナリ, 文豆, 緑豆(りょく). 《インゲンマメの一種; 食用・飼料用》.

mun・go /mÁŋɡou/ 名 U マンゴー《縮充した毛製品などのくずから得る, 質の悪い再生羊毛》.

mu-ni /mjúːni/ 名 《米口》市債 (municipal bond).

Mu・nich /mjúːnɪk/ 名 ミュンヘン《ドイツ Bavaria 州の州都》.

*mu・nic・i・pal /mjuːnísəp(ə)l/ 形 (比較なし) 〈自治体を持つ〉都市の, 市[町]の; 市[町]営の; 地方自治体の: a ~ office [officer] 市役所[職員] / a ~ government 市政 / the ~ authorities 市[町]当局 / a ~ corporation 地方自治体 / a ~ hospital [library] 市[町]立病院[図書館]. 〖L=ローマの市民権をもつ都市の〗

municipal bónd 名 〖米〗市債券, 地方債《州・郡・市・町・州政府機関などが発行する債券》.

†**mu・nic・i・pal・i・ty** /mjuːnìsəpǽləti/ 名 **❶** 地方自治体《市・町など》. **❷** 〖集合的に; 単数または複数扱い〗市政機関, 市町当局: The ~ has [have] closed the hospital. 市当局はその病院を閉鎖した.

mu・nic・i・pal・ize /mjuːnísəp(ə)làɪz/ 動 他 **❶** (...に)市制を敷く, 市にする. **❷** 市営にする.

mu・nic・i・pal・ly /-pəli/ 副 **❶** 市政上. **❷** 市(営)によって: *municipally*-owned 市有の.

mu・nif・i・cence /mjuːnífəs(ə)ns/ 名 U 惜しみなく与えること, 気前のよさ.

mu・nif・i・cent /mjuːnífəs(ə)nt/ 形 **❶** 〈人が〉惜しみなく与える, おうような, 気前のよい. **❷** 〈贈り物が〉豪勢な: a gift 豪勢な贈り物. **~・ly** 副

mu・ni・ments /mjúːnəmənts/ 名 複 〖法〗不動産権利証書.

mu・ni・tion /mjuːníʃən/ 名 [複数形で] 軍需品; (特に)武器弾薬, ~ a ~ factory 軍需工場. —— 動 〈...に〉軍需品を供給する.

Mun・ro /mənróu, mʌn-/ 名 (徹 ~s) 〖登山〗(英国の

3000 フィート(約 914 m)級の山 《元来はスコットランドの山について言った; 1891 年スコットランド登山クラブの会報に 3000 フィート級の山のリストを発表した Sir Hugh T. Munro (1856-1919) にちなむ》.

mun·shi /múːnʃi/ 图 《インド人の》書記, 通訳, 語学教師.

Mun·ster /mʌ́nstɚ | -stə/ 图 マンスター 《アイルランド共和国南西部地方》.

munt·jac /mʌ́n(t)dʒæk/ 图 《動》ホエジカ, ムンチャク, キョン 《アジア南東部に住むきわめて小型のシカ》.

Múntz mètal /mʌ́nts-/ 图 Ⓤ 《冶》マンツメタル, 四六黄銅 《ほぼ銅 6, 亜鉛 4 の割合の合金》. 《G. F. Muntz 英国の冶金技術者》.

mu·on /mjúːɑn | -ɔn/ 图 《理》ミューオン, ミュー [μ] 粒子 [中間子].

⁺**mu·ral** /mjú(ə)rəl/ 形 A ❶ 壁の, 壁上の: a ~ painting 壁画 / a ~ painter 壁画家 / a ~ decoration 壁飾り. ❷ 《医》血管壁の; (体腔や胃・心臓など内臓の)壁(⑤)の. ─ 图 《大きな》壁画 (cf. fresco). 《F<L》.

múral crówn 图 城壁冠: **a** 《古く》敵の城壁に一番乗りして頂上に軍旗を押し立てた勇士に与えた胸壁形の金冠. **b** 《紋》都市の城壁を王冠の形で表わしたもので, 際立った軍人や市当局者の持つ盾の上に付ける.

mú·ral·ist /-lɪst/ 图 壁画家.

⁺**mur·der** /mɚ́ːdɚ | mɚ́ːdə/ 图 ❶ ⓊⒸ 殺人; 《法》 謀殺 《殺意をもって人を殺害した罪; cf. homicide》; 殺人事件: (an) attempted ~ 殺人未遂 / commit ~ 殺人の罪を犯す / six ~s in one month 1 か月に殺人事件 6 件. ❷ Ⓤ 《口》ひどく困難[不快, 危険]なこと: The exam was ~! 試験はものすごく難しかった / The rainy weather is ~ for this business. 雨天ではこの商売にとっては死活問題だ. **crý [scréam, shóut] blúe múrder** 《口》大げさな叫び声を出す, 大変だと叫ぶ. **gèt awáy with múrder** 《口》好き勝手なことをしておきながら罰を免れる. **múrder in the fírst degrée** 《米法》第 1 級謀殺 《情状酌量の余地がないもの; 極刑が科される》. **múrder in the sécond degrée** 《米法》第 2 級謀殺 《酌量の余地があるもの; 懲役刑が科される》. ─ 形 A 殺人の[に関係した]: a ~ case 殺人事件 / on ~ charges 殺人罪で / The ~ weapon has not been found. 凶器はまだ発見されていない. ─ 動 ❶ 〈人を〉殺す, 殺害する: He ~ed her (with a knife). 彼は(ナイフで)彼女を殺害した. ❷ 《口》〈言葉・歌などを〉台なしにする, ぶちこわす, だめにする. ❸ 《口》こてんぱんにやっつける, 打ち負かす, 完勝する. ─ ⓘ 人殺しをする, 殺人を犯す. **I could múrder**... …を食べたくて[飲みたくて, 欲しくて]たまらない. 《OE》《形 murderous》【類義語】 ⇒ kill.

⁺**mur·der·er** /mɚ́ːdərɚ, -drɚ | mɚ́ːdərə, -drə/ 图 殺人者: a mass ~ 大量殺人者.

mur·der·ess /mɚ́ːdərəs, -drəs | mɚ́ːdərəs/ 图 女性の殺人者.

⁺**mur·der·ous** /mɚ́ːdərəs, -drəs | mɚ́ːdə-/ 形 ❶ 人殺しの, 殺意のある: a ~ attack 殺人目的の攻撃. ❷ (人・様相が)残忍な, 凶悪な; ひどく怒った, 激怒した: a dictator 残忍な独裁者 / give a person a ~ look 人に激しい怒りの表情を向ける. ❸ 《口》殺人的な, ものすごい: ~ heat 殺人的な[うだるような]暑さ / a ~ precipice 落ちれば命のない絶壁. **~·ly** 副 **~·ness** 图 《動 murder》

Mur·doch /mɚ́ːdək | mɚ́ːdɔk/, **Iris** 图 マードック (1919-99; アイルランド生まれの英国の小説家).

mure /mjúɚ, mjɚː/ 動 他 壁で囲む; 閉じ込める, 幽閉する 〈*up*〉.

mu·rex /mjú(ə)reks/ 图 (働 ~·ices /-rəsiːz/, ~·es) 《貝》アクキガイ, ホネガイ 《ある種のものから古代紫の染料を採る; Triton のほら貝として描かれることが多い》.

mu·ri·ate /mjú(ə)rièɪt, -riət/ 图 ⓊⒸ 塩化物 (chloride).

mú·ri·at·ic ácid /mjú(ə)riǽtɪk-/ 图 Ⓤ =hydrochloric acid.

mu·rine /mjú(ə)ràɪn/ 形 ネズミ科の, ハツカネズミの; ネズミに似た.

murk /mɚ́ːk | mɚ́ːk/ 图 Ⓤ 真っ暗やみ, 暗黒.

⁺**murk·y** /mɚ́ːki | mɚ́ː-/ 形 (**murk·i·er**; **-i·est**) ❶ (黒い雲の層がおおって)暗くて陰気な. **b** 〈やみ・霧が〉濃い. **c** 〈水・川が〉濁っている, よごれた. ❷ 後ろめたい, やましい: a ~ past 後ろめたい過去. ❸ はっきりしない, わかりにくい, 不透明[不明瞭]な. **múr·ki·ly** /-kɪli/ 副 【類義語】 ⇒ dark.

Mur·mansk /mʊɚmɑ́ːnsk | mɔː(ː)-/ 图 ムルマンスク 《ロシア北西端, Barents 海に臨む都市・不凍港》.

⁺**mur·mur** /mɚ́ːmɚ | mɚ́ːmə/ 图 ❶ (連続的な)かすかな音, (低い)ざわめき, (小川・木の葉などのさらさらいう音: the ~ of traffic かすかに聞こえる人や車が往来するざわめき. ❷ ささやき, かすかな人声: a ~ of voices 低い話し声. ❸ 不平[不満]のつぶやき: without a ~ 文句の一つも言わずに / There are ~s of discontent everywhere. あっちでもこっちでも不満の声がささやかれている. ❹ [a ~] 《医》(聴診して聞こえる)心雑音. ─ 動 他 〈...を[と]ささやく, 小声で言う: She ~*ed* a prayer. 彼女は小声で祈った / [+*that*] She ~*ed that* she was tired. 彼女は疲れたとつぶやいた / [+引節] "I'm hungry," she ~*ed*. 「お腹がすいた」と彼女はつぶやいた. ─ ⓘ ❶ 〈低い[かすかな]音を立てる, さらさらいう: The brook ~s over the pebbles. 小川が小石の上をさらさらと流れている. ❷ ささやく, 小声で言う; 〈...のことをぶつぶつ言う 〈*about*〉; ぶつぶつ不平を言う 〈*against*, *at*〉: They ~*ed at* the injustice [*against* the heavy taxes]. 彼らはその不正に[重税に]不満の声を漏らした. 【擬音語】【類義語】**murmur** 同意, 不同意などの内容に関わらずはっきり聞き取れないほど低い声でつぶやく[ささやく]. **mutter** 口をちゃんとあけずに聞き取れないほどの低い声で不機嫌や怒りなどの言葉をぶつぶつ言う. **mumble** ほとんど口をあけずに聞こえないくらい不明瞭な低い声でもぐもぐ言う.

múrmur·ing 图 ⓊⒸ [通例複数形で] 不平などのつぶやき 〈*of*〉; あてこすり, ほめがみ.

mur·mur·ous /mɚ́ːm(ə)rəs | mɚ́ː-/ 形 ❶ ざわめく, さらさらいう, ぶーんという. ❷ つぶやくような; ぶつぶついう.

mur·phy /mɚ́ːfi | mɚ́ː-/ 图 《口》ジャガイモ.

Múrphy bèd 图 《米》マーフィベッド 《折りたたんで押入れにしまえる》. 《W. L. Murphy 米国の発明家》.

Múr·phy's Láw /mɚ́ːfiz | mɚ́ː-/ 图 《戯言》マーフィーの法則 《失敗する可能性のあることは必ず失敗するなど, 経験から生まれたいろいろなユーモラスな知恵》.

mur·rain /mɚ́ːrɪn | mʌ́rɪn/ 图 Ⓤ 《家畜の》伝染病.

Mur·ray /mɚ́ːri | mʌ́ri/ 图 [the ~] マリー川 《オーストラリア南東部の川; New South Wales 南東部にある Kosciusko 山付近に発し, 西流して Adelaide の南東でインド洋に注ぐ》.

Mur·ray /mɚ́ːri | mʌ́ri/, **Sir James (Augustus Henry)** 图 マリー (1837-1915; スコットランド生まれの辞書編集者; *The Oxford English Dictionary* 初版の編集主任).

murre /mɚ́ː | mɚː/ 图 《鳥》 ❶ ウミガラス. ❷ 《口》オオハシウミガラス.

murre·let /mɚ́ːlət | mɚ́ː-/ 图 《鳥》 ウミスズメ 《北太平洋産》.

mur·rey /mɚ́ːri | mʌ́ri/ 图 Ⓤ クワの実色, 暗紅色.

Mur·row /mɚ́ːroʊ | mʌ́r-/, **Edward R(oscoe)** 图 マロー (1908-65; 米国のジャーナリスト).

Mur·rum·bidg·ee /mɚ̀ːrəmbídʒi | mʌ̀r-/ 图 [the ~] マラムビジー川 《オーストラリア南東部 New South Wales 州を西流して Murray 川に合流する》.

mus. museum; music(al).

mus·ca·del, -delle /mʌ̀skədél/ 图 =muscatel.

mus·ca·det /mʌ̀skədéɪ/ 图 [しばしば M~] ミュスカデ 《フランスの Loire 地方産の辛口白ワイン》.

mus·ca·dine /mʌ́skədàɪn/ 图 マスカットブドウの一種 《米国南部原産》.

mus·ca·rine /mʌ́skərìːn/ 图 Ⓤ 《生化》ムスカリン 《ベニテングタケ・腐った魚肉などに含まれるアルカロイドで猛毒》.

mus·ca·rin·ic /mʌ̀skərínɪk⁻/ 形 ムスカリン(様)の 《心拍数の減退, 平滑筋の収縮など, ムスカリンによる副交感神経刺激作用に似た効果についていう》.

mus·cat /mʌ́skæt, -kət/ 图 マスカット 《ワインなどを造る》.

Mus・cat /mΛ́skæt/ マスカット《オマーンの首都; Oman 湾に臨む港町》.

mus・ca・tel /mÀskətél/ 名 ❶ Ⓤ|Ⓒ マスカテル《muscat から造る甘口のデザートワイン》. ❷ =muscat.

*__mus・cle__ /mΛ́sl/ 名 Ⓒ|Ⓤ 筋(肉): the involuntary [voluntary] ~s 不随意[随意]筋 / develop one's ~s 筋肉を発達させる[鍛える] / Most of the tissue here is ~. ここの組織はほとんどが筋肉だ. ❷ Ⓤ 筋力, 腕力: a person with plenty of ~ ものすごく腕力のある人. ❸ Ⓤ 《口》強制, 圧力: military ~ 軍事力 / put ~ into...: ...に力を入れる. **fléx one's múscles** (1)(大きな仕事をする準備に)肩ならしをする. (2) 力を誇示する. **nót móve a múscle** 顔の筋ひとつ動かさない, びくともしない. ── 動 ❶ 《口》〈…を〉〈…に〉押し通す: ~ a bill *through* Congress 法案をごり押しして議会を通す. ❷ [~ one's way で] 強引な[ずうずうしい]やり方で…へ割り込む: He ~d his way in [*into*] the group]. 彼は強引に割り込んできた[グループの中へ入り込んできた]. **múscle in** (《自》+《副》) 〖…に〗(強引に)割り[入り]込む: ~ *in on* a person's territory 人のなわばりを荒らす. 〖F<L=little mouse<*mus* mouse+-CLE; 筋肉の形と動きの連想による〗(派 muscular).

múscle-bòund 形 ❶ (運動過多で)筋肉が発達しすぎて硬くなった. ❷ 〈規則など〉弾力性に欠ける.

mús・cled 形 [通例複合語で] ...の筋肉の, 筋肉が...の: strong-*muscled* 筋肉の強い.

múscle・màn 名 (優 -men) ❶ 筋肉隆々の男. ❷ 《俗》(雇われた)暴力団員, ボディーガード.

mus・cly /mΛ́sli/ 形 筋肉の, 筋肉の発達した.

mus・co・va・do /mÀskəvá:dou, -véi-/ 名《また *músco-vado sùgar*》Ⓤ ムスコバド《糖蜜を取り去ったあとの一種の黒砂糖》.

Mus・co・vite /mΛ́skəvàit/ 形 モスクワ(市民)の. ── 名 モスクワ市民.

Mus・co・vy /mΛ́skəvi/ 名 ❶ モスクワ大公国 (Grand Duchy of Muscovy). ❷ 《古》ロシア.

Múscovy dúck 名〘鳥〙ノバリケン《熱帯アメリカ原産アヒル》. ❷ バリケン, マスコビー, タイワンアヒル《ノバリケンを家禽化したもの》.

*__mus・cu・lar__ /mΛ́skjulə|-lə/ 形 ❶ 筋(肉)の: ~ contraction 筋肉の収縮 / ~ strength 腕力 / the ~ system 筋肉組織. ❷ 筋骨たくましい, 強い: He's more ~ than his father. 彼は彼の父親より筋肉がたくましい. ❸ 〈表現など〉力強い. ~・ly 副 〖L〗 (派 muscle)

múscular Christiánity 名 Ⓤ 筋肉のキリスト教《快活に身体を活動させて生活を送るキリスト教徒の生き方》.

múscular dýstrophy 名 Ⓤ〘医〙筋ジストロフィー, 筋萎縮症.

mus・cu・lar・i・ty /mÀskjulǽrəti/ 名 Ⓤ 筋骨のたくましさ, 強壮, 強健.

múscular rhéumatism 名 Ⓤ 筋肉リウマチ.

mus・cu・la・ture /mΛ́skjulətʃə|-tʃə/ 名 Ⓤ〘解〙筋肉組織, 筋系.

*__muse__ /mjú:z/ 動 ⦿ 熟考する, 思いをめぐらす, 考え込む, 思いにふける [*about, over, on, upon*]: ~ *over* memories of the past 過去の思い出にふける / She ~*d* (*about* it) for some time. 彼女は(そのことについて)しばらく黙想した. ── ⦿ 考え込みながら〈…と〉(心の中で)言う: 〖+節〗"That's strange," he ~d. 「それは変だ」と彼は心の中で思った.

Muse /mjú:z/ 名 ❶〖ギ神〗a ミューズ, ムーサ《詩歌・音楽・舞踊・歴史の芸術・学問をつかさどる九女神 the Nine Muses: Calliope, Clio, Erato, Euterpe, Melpomene, Polyhymnia, Terpsichore, Thalia, Urania) の一人; Zeus の娘》. b [the ~s] 9 人のミューズの女神. ❷ Ⓒ [通例 one's ~, the ~] 詩魂; 詩想, 詩才.

mu・se・ol・o・gy /mjù:ziálədʒi|-ɔ́l-/ 名 Ⓤ 博物館[美術館]学. **-gist** 名 **mu・se・o・log・i・cal** /mjù:ziəlɑ́dʒik(ə)l|-lɔ́dʒ-/

mu・sette /mju:zét/ 名 ❶ ミュゼット《小型のバグパイプ》. ❷ =musette bag.

musétte bàg 名 (兵士などが用いる)小雑嚢(ぞう), 野外携帯袋.

*__mu・se・um__ /mju:zí:əm, mjυ-/ 名 博物館; 記念館; 美術館; 展示館: a science ~ 科学博物館 / ⇒ British Museum / the Burns M~《ロバート》バーンズ記念館 / the *M~* of Modern Art 近代美術館《略 MoMA》. 〖L<Gk=ミューズ (Muse) 神たちの神殿〗

muséum bèetle 名〘昆〙幼虫が博物館などの乾燥標本類を食い荒らす甲虫, (特に)カツオブシムシ.

muséum pìece 名 ❶ **a** (博物館向きの)逸品. **b** (珍しくて)非常に貴重なもの. ❷ 時代遅れのもの[人].

mush¹ /mΛ́ʃ/ 名 Ⓤ ❶ 《米》(トウモロコシの)濃いかゆ. ❷ どろどろしたもの[食物]. ❸ 《口》安っぽい感傷的な文章[言葉など]. ❹ 《俗語》顔, つら; 口. ── 動 (どろどろに)する[ひき]つぶす.

mush² /mΛ́ʃ/ 《米・カナダ》(雪中の)犬ぞり旅行. ── 動 ⦿ (雪中の)犬ぞり旅行をする. ── 間 進め!, それ行け!《犬ぞりの犬に対する発声》.

mush・room /mΛ́ʃru:m, -rυm/ 名 ❶ (主に食用の)キノコ, マッシュルーム. ❷ キノコ形の雲[煙など]: a nuclear ~ 核爆発のキノコ雲. ❸ 急成長した[突然現われた]人[もの]. ── 形 Ⓐ ❶ キノコの(ような): a ~ cloud 核爆発のキノコ雲 / ~ soup キノコのスープ. ❷ 雨後のたけのこ式の, 急成長する: a ~ town 新興都市 / the ~ growth of the suburbs 郊外の急速な発展ぶり. ── 動 ❶ キノコを採る: go ~*ing* キノコ狩りに行く. ❷ 急速に生じる[発展する, 拡大する]: New buildings have ~*ed* in the center of the town. 町の中心部に新しいビルが続々と建った / It ~*ed into* a mass movement. それは急速に大衆運動に発展した. ❸ 〈…に〉キノコ形に広がる〈*up, out*〉〈*into, over*〉: Black smoke ~*ed up over* the warehouse. 黒煙が倉庫の上空にキノコ状に広がった.

mush・y /mΛ́ʃi/ 形 (**mush・i・er**; **-i・est**) ❶ (かゆのように)柔らかな. ❷ 〈ブレーキなど〉よくきかない, 甘い. ❸ 《口》《本·映画などが》甘い, 感傷的な (sentimental).

Mu・si・al /mjú:ziəl/, **Stan** ミュージアル (1920- ; 米国のプロ野球選手).

*__mu・sic__ /mjú:zɪk/ 名 Ⓤ **a** 音楽: He has no ear for ~. 彼は音楽がわからない. **b** 楽曲: compose ~ 作曲する / set a poem to ~ 詩に曲をつける / Play me a piece of ~. 私に 1 曲演奏してくれ. ❷ 楽譜, 譜面: a sheet of ~ 楽譜 1 枚 / without ~ 楽譜なしに / read ~ 楽譜を読む. ❸ 美しい調べ, 気持ちのよい音: the ~ of the birds 鳥の快いさえずり. ❹ 音楽鑑賞力, 音感: He has no ~ in him [his soul]. 彼は音楽を理解する耳[心]がない. **be músic to a person's éars** 〈音[言葉]など〉が…の耳に快く響く. **fáce the músic** 《口》(自分の行為の結果に対して)進んで責を取る, いさぎよく(世間の)批判を受ける. **the músic of the sphéres** 天球の音楽《天球の運行で生ずると Pythagoras が想像した人間には聞こえない霊妙な音楽; cf. sphere 3》. ── 形 Ⓐ 音楽の: a ~ lesson [teacher] 音楽のレッスン[先生]. 〖F<L<Gk=ミューズ (Muse) 神の, 芸術の〗

*__mu・si・cal__ /mjú:zɪk(ə)l/ 形 (**more ~**; **most ~**) ❶ (比較なし) **a** 音楽の: a ~ instrument 楽器 / ~ scales 音階 / a ~ performance 演奏 / ~ talent 音楽の才能. **b** 音楽に合わせた, 音楽入りの: a ~ film ミュージカル映画. ❷ 音楽好きの; 音楽の才能がある (↔ unmusical): I'm not ~. 私は音楽はだめだ / Are you ~? 君は音楽が好きか[わかるか]. ❸ 音楽的な, 調子のよい, 音色のよい (↔ unmusical): a ~ voice 音楽的な[響きのよい]声. ── 名 ミュージカル: stage a ~ ミュージカルを上演する.

músical bóx 名《英》=music box.

músical cháirs 名 ❶ いす取りゲーム《★比喩的に, ある職業や役職で人が次々と入れ替わる状況を表わすのに用いることがある》: play ~ いす取りゲームをすること / The game of ministerial ~ continues in Japan. 日本では閣僚がくるくる変わる状態が続いている.

músical cómedy 名 ミュージカル(コメディー).

músical diréctor 名 =music director.

mu・si・cale /mjù:zɪkǽl/ 名《米》(社交的催しとしての)音

楽会. 《F (*soirée*) *musicale* 音楽の(タベ)》

músical glásses 图 (楽)=glass harmonica.

mu·si·cal·i·ty /mjùːzɪkǽləti/ 图 ⓤ 音楽性; 音楽的才能, 楽才.

mu·si·cal·ize /mjúːzɪkəlàɪz/ 動 (劇などに)音楽をつける, ミュージカル化する.

mú·si·cal·ly /-kəli/ 副 ❶ 音楽的に (★ 時に文修飾): He is ~ talented. 彼は音楽的な才能がある. ❷ 耳に快く, 調子よく.

músical sáw 图 ミュージカルソー (楽器とする洋式のこぎり).

músic bòx 《米》オルゴール (《英》musical box).

músic cènter 图 《英》オーディオセット, システムコンポ.

músic destinàtion 图 【電算】音楽情報サイト (音楽や音楽家の情報が満載で, 曲をダウンロードすることもできるサイト).

músic diréctor 图 音楽監督.

músic dráma 图 ⓤⓒ 楽劇.

+**músic háll** 图 ❶ **a** 《英》ミュージックホール, 演芸場 (《米》vaudeville theater). **b** 《米》音楽会場. ❷ ⓤ ミュージックホールのショー, 演芸.

*****mu·si·cian** /mjuːzíʃən/ 图 **音楽家, (特に)演奏家, ミュージシャン.**

musícian·shìp 图 ⓤ 音楽の演奏[理解]力, 音楽的才能, 楽才.

mu·si·col·o·gy /mjùːzɪkɑ́lədʒi | -kɔ́l-/ 图 ⓤ 音楽学, 音楽理論.

músic pàper 图 五線紙.

músic schòol 图 音楽学校.

músic stànd 图 譜面台, 楽譜台.

músic thèater 图 ⓤ 音楽劇場, ミュージックシアター (伝統的オペラとは異なる現代的な形で音楽と劇を組み合わせたもの; 小人数で演じられることが多い).

músic vídeo 图 音楽ビデオ, ミュージックビデオ (主としてポピュラー音楽のアーティストの演奏・歌をそのアーティストの映像と一体化したビデオ).

mús·ing 形 思いにふける. —— 图 ⓤ 沈思, 黙想. **~·ly** 副

mu·sique con·crète /mjuːzíːkkɔːŋkrét/ 图 ⓤ ミュジックコンクレート (テープなどに録音した音の素材を電子的・機械的に操作・処理して作り上げる音楽).

musk /mʌ́sk/ 图 ⓤ じゃこう [ムスク] (の香り) (雄のジャコウジカから得られる分泌物; 香水の原料).

músk dèer 图 (⺟ ~) 【動】ジャコウジカ (中央アジア産; 雄は腹部からじゃこう (musk) を分泌する).

mus·keg /mʌ́skeg/ 图 一面にミズゴケが発生している北米北部の湿原, 湿地, ミズゴケ湿原.

mus·kel·lunge /mʌ́skəlʌ̀ndʒ/ 图 (⺟ ~, ~s) 【魚】アメリカカワカマス (北米湖川産; 2.5 m, 50 kg にもなる大魚).

mus·ket /mʌ́skɪt/ 图 (昔の)マスケット銃 (rifle の前身で銃腔に施条(ちょう)がない).

mus·ket·eer /mʌ̀skətíə | -tíə/ 图 (昔の)マスケット銃士: *The Three Musketeers*『三銃士』(Dumas (père) の作 (1844)).

mus·ket·ry /mʌ́skɪtri/ 图 ⓤ 小銃射撃(術).

músk mèlon 图 マスクメロン.

músk òx (⺟ **músk òxen**) 【動】ジャコウウシ (グリーンランドや北米の不毛の地にすむ).

músk plànt 图 【植】アメリカ[ジャコウ]ミゾホオズキ, ミムラス (北米産).

músk·rat /mʌ́skræ̀t/ 图 (⺟ ~s, ~) ❶ ⓒ 【動】マスクラット (北米産のビーバーに似たネズミ科の動物). ❷ ⓤ マスクラットの毛皮.

músk ròse 图 【植】マスクローズ (地中海地方原産).

musk·y /mʌ́ski/ 形 (musk·i·er; -i·est) じゃこう (質) の: じゃこうの香りの: a ~ scent じゃこうの香り.

*****Mus·lim** /mʌ́zləm, mʌ́s-, mʊ́z-/ 图 **イスラム教徒, 回教徒.** —— 形 イスラム教(徒)の.

mus·lin /mʌ́zlɪn/ 图 ⓤ モス(リン). 《*Mosul* 綿織物が盛んだったイラクの地名》

mus·o /mjúːzoʊ/ 图 (⺟ **mús·os**) (俗)ミュージシャン.

mus·quash /mʌ́skwɑʃ | -kwɒʃ/ 图 《英》=muskrat.

must

muss /mʌ́s/ 《米口》图 ⓤ 混乱, 乱雑, 混雑. —— 動 (髪の毛・服などを)くしゃくしゃ[ぐしゃぐしゃ]にする, めちゃめちゃにする 《*up*》.

mus·sel /mʌ́sl/ 图 【貝】ムラサキイガイ (食用の海産二枚貝).

Mus·so·li·ni /mùːsəlíːni, mùs- | mùs-/, **Be·ni·to** /bəníːtoʊ/ 图 ムッソリーニ (1883–1945; イタリアのファシスト政治家; 首相 (1922–43)).

Mus·sorg·sky /mʊsɔ́əgski | -sɔ́ː-/, **Mo·dest** /moʊdést/ 图 ムソルグスキー (1839–81; ロシアの作曲家).

Mus·sul·man /mʌ́s(ə)lmən/ 图 (⺟ **~s, -men** /-mən/) イスラム教徒 (Muslim). —— 形 =Muslim.

muss·y /mʌ́si/ 形 (**muss·i·er; -i·est**) 《米口》くしゃくしゃの; 乱雑な: ~ hair くしゃくしゃの髪.

*****must**[1] /(弱形) məs(t), (強形) mʌ́st/ **助動** [語形 無変化; 否定短縮形 **must·n't**] ❶ **a** [必要・義務を表わして] …ねばならない 《語法 この意味の否定には need not または do not have to (必要はない) を用いる; また過去には had to を用いる》: We ~ eat to live. 生きるためには食べねばならない / You ~ obey your parents. 親の言うことは聞かねばならない / I ~ be going now. もうおいとましなければなりません / I'll come home earlier if I ~. 早く帰らなければならないのなら早く帰ってくる / "*M*~ I go there?" "Yes, you ~." ["No, you *need not*."]「私がそちらへ行かなければなりませんか」「ええ行かねばなりません」/「いいえ, 行かなくていいですよ」/ I told him that I ~ go. 私は彼に私が行かねばならないと言った 《語法 間接話法では過去でも must をそのまま用いることができる》. **b** [否定文で禁止を表わして] …してはいけない: You ~ *not* [~*n't*] do it. それをしてはいけない / You ~ *not* talk like that. そんな口のきき方をしてはいけない. **c** [主張・保証を表わして] …しないと承知しない 《must が通例強く発音される》: He ~ always have his own way. 彼はいつも思いどおりにしなければ承知しない / Talk to him yourself if you ~. ぜひにというなら自分で彼と話してみるんだ / She said that she ~ see the manager. ぜひ支配人に会いたいと彼女は言った 《語法 間接話法では過去でも must を用いることができる》. **d** [You must…として勧誘を表わして] ぜひ…してください; [I [We] must…として強い希望を表わして] ぜひ…したい; You ~ come and visit us. ぜひうちへ遊びにきてください / We ~ have you come over again sometime. いつかまたぜひお招きしたいです. **e** [必然を表わして] 必ず…する: All living things ~ die. 生きとし生けるものは必ず死ぬ. ❷ /mʌ́st/ [当然の推定を表わして] **a** …にちがいない, …に相違ない, きっと…だろう 《語法 この意味の must の否定は cannot (…のはずがない); また相手の言葉に対する応答の場合を除いて疑問文はなく, Are you sure? を代用する》: "You ~ know this!" "*M*~ I?"「君はこのことをきっと知っているはずだ」「私がですか (知りませんね)」/ It ~ be hot now in Florida. フロリダは今ごろは暑いにちがいない / War ~ follow. これではきっと戦争になる / He ~ be lying. 彼はうそをついているにちがいない (cf. He *cannot* be telling lies. 彼がうそをついているはずがない). **b** [must have+ pp で過去についての推定を表わして] …したにちがいない: We ~ *have met* each other before. 我々は以前互いに会っていたにちがいない / How he ~ *have hated* me! さぞ彼は私を憎んでいたことだろう / I thought you ~ *have lost* your way. 君は道に迷っているにちがいないと私は思った / That man ~ *have stolen* it! あの男がそれを盗んだにちがいないのだ (cf. That man *cannot* have stolen it! あの男がそれを盗んだはずがない).

❸ [いらだち・腹立たしさなどを表わして] …する必要がある: Why ~ it always rain when we want to have a picnic? どうしてピクニックに出かけたい時はいつも雨が降らなければならないの (いまいましい) / Just when I am [was] busiest, he ~ come for a chat. いちばん忙しい時に彼がだべりにやってくるとは (迷惑なことだ) でた 《語法 must は文脈に応じて過去にも未来にも言及する》.

—— /mʌ́st/ 图 [a ~] (口) 絶対必要なもの, ぜひ見る[聞く]べきもの: A raincoat is a ~ in the rainy season. つゆ時

にはレインコートがぜひ必要だ.
— /mÁst/ 形 A 《口》絶対必要な, ぜひ見る[聞く]べき: a ~ book 必読書.
《OE》

must² /mÁst/ 名 U (発酵前・中の)ブドウ液, 果汁. 《L (vinum) mustum new (wine)》

must³ /mÁst/ 名 U かび臭いこと; かび.

must⁴ /mÁst/ 名 = musth.

⁺**mus·tache,** 《英》**mous·tache** /mÁstæʃ, məstǽʃ | məstɑ́ːʃ, mUs-/ 名 ❶ 口ひげ; 《複数形で》１人１人の口ひげ (⇒ beard 比較): grow [wear] a ~ 口ひげを生やす[生やしている]. **~d** 形 ひげの生えた[のある]. 〖F<L<Gk 上唇, 口ひげ〗

mus·ta·chi·o /məstǽʃiòu, -tɑ́ː-/ 名 (複 ~s) 《通例複数形で》大きな口ひげ. **~ed** 形 大きな口ひげを生やした. 〖It ↑〗

mus·tang /mÁstæŋ/ 名 ムスタング 《メキシコ, Texas 産の小型の半野生馬》. **(as) wíld as a mústang** 《米口》まったく手に負えない.

mus·tard /mÁstəd | -təd/ 名 U ❶ からし, マスタード 《香辛料》: English [French] ~ 練り[酢入り]からし. ❷ 《植》カラシ: black [white] ~ クロ[シロ]ガラシ. ❸ からし色. **(as) kéen as mústard** (1) 非常に熱心な. (2) 理解の速い, のみこみの速い. 〖F<L; ⇒ MUST²; ブドウ液を加えて作られたことから〗

mústard gàs 名 U マスタードガス, イペリット(糜爛(びらん)性毒ガス).

mústard grèens 名 《米》カラシナの葉 《サラダ用》.

mústard plàster 名 U.C からし泥(℡) 《湿布用》.

mústard pòt 名 からし入れ 《食卓用》.

mústard pòwder 名 U 粉がらし粉.

mústard sèed 名 U.C カラシの種子 《つぶしてからしを作る》. **a gráin of mústard sèed** 一粒のからし種, 大きな発展の元になる小さなもの 《★ 聖書「マタイ伝」から》.

⁺**mus·ter** /mÁstə | -tə/ 名 -tə/ 動 他 ❶ 《勇気などを》奮い起こす (summon): ~ (up) all one's strength [courage] ある限りの力[勇気]を奮い起こす / She managed to ~ a feeble smile. 彼女は何とか笑顔を作ってみせた. ❷ 《検閲・点呼に》兵士・船員などを召集する. — 自 《検閲・点呼に》軍隊などが集合する, 集まる. **múster in [out]** 《他+《米》人を入隊[除隊]させる. ❷ 召集, 勢ぞろい; 点呼; 検閲. **páss múster** (検査・試験などを通過して)資格ありと認められる, 合格する. 〖F<L =示す〗

múster ròll 名 (艦船の)乗組員名簿, (軍隊の)隊員名簿.

musth /mÁst/ 形 U 《雄象・雄ラクダの発情して狂暴な(状態): on [in] ~ さかりがついて狂暴な.

⁺**must·n't** /mÁsnt/ must not の短縮形.

múst-réad 名 必読書, 読むべき本.

must·sée 《口》名 必見のもの, 見るべき[見のがせない]もの 《映画など》. — 形 見るべき, 必見の.

must·y /mÁsti/ 形 (**must·i·er; -i·est**) ❶ かび臭い; かびの生えた. ❷ 古くさい, 陳腐な, 時代遅れの: ~ ideas 古くさい考え. **múst·i·ness** 名

mu·ta·bil·i·ty /mjùːtəbíləti/ 名 U 変わりやすさ, 無常.

mu·ta·ble /mjúːtəbl/ 形 変わりやすい, 無常な.

mu·ta·gen /mjúːtədʒən/ 名 《生》突然変異原.

mu·ta·génesis /mjùːtə-/ 名 U 《生》突然変異生成[誘発].

mu·ta·génic /mjùː-/ 形 《生》《化学薬品・放射線などの》細胞外因子が突然変異誘発性の.

⁺**mu·tant** /mjúːtnt/ 形 突然変異体, 変種. 〖L=changing (↓)〗

⁺**mu·tate** /mjúːteɪt, ⸚ ⸚ | ⸚ ⸚ /動 自 ❶ 変化する. ❷ 《生》突然変異する. ❸ 《言》母音変異をする. — 他 ❶ 《生》<...に>突然変異を起こさせる. ❷ 《言》<母音を>変化させる. 〖L=to change〗(名 mutation)

mu·ta·tion /mjuːtéɪʃən/ 名 ❶ U.C **a** 変化, 変更, 転換. **b** 《世の》移り変わり. ❷ 《生》U.C 突然変異 (cf. variation 4). **c** C 突然変異体. ❸ U.C 《言》母音変異 (⇒ umlaut): the ~ plural 変母音複数 《例: goose > geese》. (動 mutate)

mu·ta·tis mu·tan·dis /muːtɑ́ːtɪsmuːtɑ́ːndɪs | -téɪ-/ 副 必要な変更を加えて[加えれば]. 〖L〗

mu·ta·tive /mjúːtətɪv/ 形 変化[異変, 変移]のしがちな.

mu·ta·tor /mjúːteɪtə | mjuːtéɪtə/ 名 《生》突然変異誘発遺伝子, ミューテーター遺伝子 《ほかの遺伝子の突然変異率を増加させる作用をもつ遺伝子》.

***mute** /mjúːt/ 形 (**mut·er; -est**) ❶ **a** 無言の, 沈黙した (silent): ~ resistance 無言の抵抗 / in ~ amazement 驚いて言葉を失って. **b** 口がきけない 《★ しばしば侮辱的表現ととらえられる》. **c** 《法》<被告が>答弁しない, 黙秘する. ❷ 《音声》<文字が>発音されない, 黙字の (silent): a ~ letter 黙字 《knife の k や e など》. — 名 ❶ 《楽》(楽器の)弱音器, ミュート. ❷ 《音声》黙字. ❸ 口のきけない人 《★ ⇒ 形 1b》. — 動 他 ❶ <...の>音を消す[弱める]. ❷ <...の>色調を弱める. **~·ly** 副 **~·ness** 名 〖F<L〗【類義語】⇒ dumb.

mút·ed /-tɪd/ 形 ❶ 黙している, 押さえた: ~ criticism ひかえめの批判 / The nurses spoke in ~ whispers. 看護婦たちはおさえた小さな声で話した. ❷ **a** 《楽》弱音器をつけた; 弱音器をつけて奏した. **b** 色調を抑えた, くすんだ, 鈍い.

múte swán 名 《鳥》コブハクチョウ 《ヨーロッパ・西アジア産》.

⁺**mu·ti·late** /mjúːtəlèɪt/ 動 他 ❶ 《通例 受身》<人の>手足を切断する; <体を>ひどく傷つける. ❷ <ものを>切り裂く, ばらばらにする, 損傷する. ❸ <文書などの>内容などを削って骨抜きにする.

mu·ti·la·tion /mjùːtəléɪʃən/ 名 U.C ❶ (手足などの)切断, 切除. ❷ 不完全にすること, 損傷. ❸ (文書などの)骨抜き.

mu·ti·neer /mjùːtəníə | -níə/ 名 ❶ (軍隊などの)暴動者, 叛徒(ほと). ❷ (権威に対する)抵抗者.

mu·ti·nous /mjúːtənəs, -tnəs/ 形 ❶ (軍隊などで)暴動に加わった[を起こした]. ❷ 反抗的な.

⁺**mu·ti·ny** /mjúːtəni, -tnɪ/ 名 U.C (艦船・軍隊などでの)暴動, 反乱; (権威に対する)反抗. — 動 自 暴動[反乱]を起こす; 反抗する 〖against〗. 〖F<L movere, mot- to move〗

mut·ism /mjúːtɪzm/ 名 U (身体の障害のために)口がきけないこと[状態]; 《精神医》無言症, 緘黙(かんもく)症 《一語も発しない精神運動障害》.

mutt /mÁt/ 名 《俗》❶ あほう, のろま, ばか. ❷ 《軽蔑》犬; 《特に》雑種犬 (mongrel). 〖MUTT(ONHEAD)〗

***mut·ter** /mÁtə | -tə/ 動 自 ❶ (小声で)はっきりしない声でつぶやく: ~ to oneself ぶつぶつひとり言を言う. **b** <...のことで>ぶつぶつ不平を言う 〖about, against, at〗: Everybody was ~ing about the bad food. 食べ物がまずいとみんながぼやいていた. ❷ <雷などが>低い音を立てる: Thunder ~ed in the distance. 遠くのほうで雷がごろごろ鳴った. — 他 <...を>低い声でつぶやく: ~ an oath 呪いをつぶやく / He ~ed a reply. 彼はぶつぶつ低い声で返事をした / 〖+ *that*〗 She ~ed (*to* me) *that* it was too expensive. それは高すぎると彼女は(私に)ぶつぶつ言った / 〖+引用〗 "I don't like him," she ~ed. 「私あの人嫌いだわ」と彼女はつぶやいた. — 名 《単数形で》ぶつぶつ言うこと[声], つぶやき: in a ~ 低い声で, ぶつぶつと. 〖擬音語〗【類義語】⇒ murmur.

mut·ton /mÁtn/ 名 U マトン, 羊肉 (⇒ sheep 関連): roast ~ 焼きマトン / a leg of ~ ⇒ leg 2 / a shoulder of ~ 羊の肩肉. **(as) déad as mútton** ⇒ dead 成句.

mútton dréssed as lámb 《口》若作りの中年の女性. 〖F =羊〗

mútton·bìrd 名 《鳥》ミズナギドリ: **a** ハシボソミズナギドリ 《オーストラリア・ニュージーランド産》. **b** ハイイロミズナギドリ 《ニュージーランド産》.

mútton chòp 名 《通例あばら骨のついた》羊肉片.

mútton-chòps 名 《複》羊の肉片の形をしたほおひげ 《上を細く下を広く刈りそろえたひげ》.

múttonchop whìskers 名 《複》 = muttonchops.

mútton·hèad 名 《口》ばか, のろま.

mútton-hèaded 形 《口》ばかな, のろまな.

mu·tu·al /mjúːtʃuəl, -tʃəl/ 形 ❶ 相互の; 相互に関係のある: ~ aid 相互扶助 / ~ understanding 相互理解 / by ~ consent 相互に同意して / She loves me, and the feeling is ~. 彼女はぼくを愛していて、その思いはぼくも同じだ. ❷ 共同の, 共通の: ~ efforts 協力 / He's a ~ friend of ours. 彼は我々の共通の友人だ. ❸ 〖保険会社·貯蓄銀行·貸付組合などが〗相互会社[銀行, 組合]の. 〖F<L=交換した〗

†**mútual fùnd** 名〖米〗投資信託会社.
mútual indúctance 名 〖U.C〗〖電〗相互インダクタンス.
mútual indúction 名 〖U〗〖電〗相互誘導.
mútual insúrance còmpany 名 相互保険会社.
mu·tu·al·ism /mjúːtʃuəlìzm, -tʃə-/ 名 〖U〗 ❶〖倫〗相互扶助論. ❷〖生態〗(2つの種間の)相利共生, 相利作用. **-ist** /-lɪst/ 名 **mù·tu·al·ís·tic** /mjùːtʃuəlɪ́stɪk, -tʃə-⁺/ 形
mu·tu·al·i·ty /mjùːtʃuǽləṭi/ 名 〖U〗相互関係, 相関.
mu·tu·al·ize /mjúːtʃuəlàɪz/ 動 ⊕ 相互的にする; 〖米〗〈会社〉の普通株を従業員[顧客]との合同所有にする.
mú·tu·al·ly /-tʃuəli, -tʃəli/ 副 相互に, 互いに: The two ideas are ~ contradictory [exclusive]. その2つの考え方は互いに矛盾している[相いれない].
mu·tu·el /mjúːtʃuəl/ 名 =pari-mutuel.
mu·tule /mjúːtʃuːl/ 名 〖建〗《ドーリス式でコーニス (cornice) の下の持送り; 他の柱式の modillion に当たる》.
muu-muu /múːmùː/ 名 ムームー (ハワイの女性が着るゆるやかで長い派手なドレス).
mux /mʌ́ks/ 名 =multiplexer. —— 動 ⊕ =multiplex.
Mu·zak /mjúːzæk/ 名 〖U〗〖商標〗ミューザック (商店·レストランなどで流れるバックグラウンドミュージック).
mu·zhik /muːʒíːk | mjúːzɪk/ 名 〖帝政ロシア時代の〗農民, 百姓.

†**muz·zle** /mʌ́zl/ 名 ❶ a (犬·馬などの)鼻口部, 鼻づら (⇒ nose 関連). b (鼻づらにはめる)はめ口具, 口輪. ❷ 銃口, 砲口. ❸〈動物の口に〉口輪をかける. 〈人に〉口止めする, 〈…を〉沈黙させる (gag): ~ the press 報道を封じる.
múzzle-lòader 名 (昔の)先込め銃[砲].
múzzle velòcity 名 〖U.C〗 (弾丸が銃口を離れる瞬間の)銃口速度, 初速.
muz·zy /mʌ́zi/ 形 (**muz·zi·er**; **-zi·est**) ❶ (病気·飲酒などで)頭がすっきりしない, もうろうとした. ❷ はっきりしない, 鮮明でない. **múz·zi·ly** /-zɪli/ 副 **-zi·ness** 名
MV (略) megavolt(s); motor vessel 発動機船.
MVP (略) 〖米〗most valuable player (スポ) 最優秀選手. **MW** (略) medium wave; megawatt(s). **MX** (略) motocross.

※**my** /maɪ, maí/ 代 ❶ [I の所有格] 私の: my house 私の家 / my teacher (私を教えてくれた)私の先生 / my letter (私が書いた)私の手紙 / my school (私が通っている)私の学校 / her and my father 彼女と私の(共通の)父 / her and my father(s) 彼女と私の父(ら) / I missed my train [flight]. (私が乗ろうとしていた)列車[飛行機]に乗り遅れた. ❷ [呼び掛け語に添えて親しみを表わして]: my boy [friend, man, son, daughter, etc.] / my dear [darling, love, etc.] あなた, おまえ / my dear fellow=my good man お兄 君. ❸ [動名詞や動作を表わす名詞の意味上の主語として] 私は, 私が: Heavy rain prevented my going out. 豪雨で私は外出できなかった. / He insisted on my instant departure. 彼はすぐに出発すべきだと主張した. **my Lórd** ⇒ lord 4. —— /maí/ 間〖驚き·疑念を表わして〗まあ! あら! My! It's beautiful! まあ[やあ], 美しい(なあ)!

my- /maɪ/〖連結形〗(母音の前にくる時の) myo- の異形.
my·al·gia /maɪældʒiə/ 名 〖U〗〖医〗筋(肉)痛. **-gic** /-dʒɪk/ 形 (筋)肉痛(性)の.
myálgic encéphalomyelítis 名 〖U〗〖医〗筋痛性脳脊髄炎.
my·al·ism /máɪəlìzm/ 名 〖U〗 西インド諸島の黒人の間に行なわれる一種の魔術.

Myan·mar /míːənmɑ̀ː | -mɑ̀ː/ 名 ミャンマー《東南アジアの国; 軍事政権による1989年からの Burma の公式名; 首都 Yangon》.
my·as·the·nia /màɪəsθíːniə/ 名 〖U〗〖医〗無力症.
myasthénia grávis /-grǽvɪs, -grɑ́ː-/ 名 〖U〗〖医〗重症(性)筋無力症.
my·ce·li·um /maɪsíːliəm/ 名 (⊕ **-lia** /-liə/) 〖植〗菌糸体. **-li·al** 形
My·ce·nae /maɪsíːniː/ 名 ミュケナイ, ミケーネ《古代ギリシアの都市; ミュケナイ文明の中心地》.
My·ce·nae·an /màɪsəníːən⁺/ 形 ミュケナイ(文明)の: ~ civilization ミュケナイ文明.
-my·cin /máɪsɪn | -sɪn/ [名詞連結形] 「菌類から採った抗生物質」: erythromycin.
myco- /máɪkou/〖連結形〗「菌 (fungus)」「キノコ」.
mỳco·bactérium 名 ミコ[マイコ]バクテリウム《同属の放線菌; 結核菌·癩菌など》. **-bactérial** 形
my·col·o·gy /maɪkɑ́lədʒi | -kɔ́l-/ 名 〖U〗菌類学. **my·cól·o·gist** /-dʒɪst/ 名
mỳco·plásma 名 (⊕ **~s, -ma·ta** /-tə/) 〖生〗マイコプラズマ《細菌とウイルスの中間に位置づけられる微生物》.
mỳco·prótein 名 菌蛋白質《特に人間が消費するため, 菌類から得た蛋白質》.
my·co(r)·rhi·za /màɪkəraɪzə/ 名 (⊕ **-zae** /-ziː/, **~s**) 〖植〗菌根《菌類と高等植物の根との共生》. **-zal** 形
my·co·sis /maɪkóʊsɪs/ 名 (⊕ **-ses** /-siːz/) 〖医〗糸状菌症, 真菌症《たむしなど》; 《身体の一部の》カビ寄生. **my·cot·ic** /maɪkɑ́ṭɪk | -kɔ́t-/ 形
mỳco·tóxin 名 〖生化〗カビ毒素, 真菌毒(素), マイコトキシン.
my·dri·a·sis /mɪdráɪəsɪs, maɪ-/ 名 〖U〗〖医〗散瞳, 瞳孔散大: alternating [paralytic] ~ 交替性[麻痺性]散瞳.
my·e·lin /máɪəlɪn/ 名 〖生化〗ミエリン《髄鞘を組織する脂肪質の物質》.
my·e·lin·at·ed /máɪəlɪnèɪṭəd/ 形 髄鞘を有する, 有髄の.
my·e·li·na·tion /màɪəlɪnéɪʃən/ 名 〖解〗髄鞘形成, 有髄化.
my·e·li·tis /màɪəláɪṭɪs/ 名 〖U〗〖医〗脊髄(炎).
my·e·loid /máɪələɪd/ 形 〖解〗骨髄(性)の; 骨髄(状)の.
my·e·lo·ma /màɪəlóʊmə/ 名 (⊕ **~s, -ma·ta** /-tə/) 〖医〗骨髄腫.
My·lar /máɪlɑ̀ːr | -lɑ̀ː/ 名 〖U〗〖商標〗マイラー《強度·耐熱性に富むポリエステルフィルム; 録音テープ·絶縁膜などに用いる》.
my·lo·nite /máɪlənàɪt/ 名 〖岩石〗マイロナイト, 展砕岩《岩石の構成鉱物が強大な圧砕作用によって完全に破壊され微粒集合体化したもの》.
my·na, my·nah /máɪnə/ 名 〖鳥〗《東南アジア産》ムクドリ科の鳥の総称; 《特に》キュウカンチョウ (九官鳥).
myo- /máɪoʊ/〖連結形〗「筋(肉) (muscle)」.
mỳo·cárdi·al inf́árction /-kɑ́ːrdiəl- | -kɑ́ː-/ 名 〖U.C〗心筋梗塞(ぞ).
mỳo·cardítis 名 〖U〗〖医〗心筋炎.
mỳo·cárdi·um /-kɑ́ːrdiəm | -kɑ́ː-/ 名 〖解〗心筋(層).
my·oc·lo·nus /maɪɑ́klənəs | -ɔ́k-/ 名 〖U〗〖医〗筋間代, ミオ[筋]クローヌス. **my·o·clon·ic** /màɪəklɑ́nɪk | -klɔ́n-/ 形
mỳo·fíbril 名 〖解〗筋原線維.
mỳo·génic 形 〖生理〗筋組織から生じた, 筋原性の.
mỳo·glóbin 名 〖生化〗ミオグロビン《ヘモグロビンに似た, 筋肉の色素蛋白》.
mýo·gràm 名 〖医〗筋運動(記録)図, 筋収縮記録図.
mýo·gràph 名 〖医〗筋運動[筋(収縮)]記録器, ミオグラフ.
my·ol·o·gy /maɪɑ́lədʒi | -ɔ́l-/ 名 〖U〗筋学《筋肉を扱う解剖学の一分野》. **mỳo·lóg·ic, -i·cal** 形
my·op·a·thy /maɪɑ́pəθi | -ɔ́p-/ 名 〖医〗筋疾患. **myo·path·ic** /màɪəpǽθɪk/ 形
my·ope /máɪoʊp/ 名 近視者; 近視眼の人.

†**my·o·pi·a** /maɪóʊpiə/ 名 〖U〗 ❶ 〖医〗近視 (↔ hy-

my·op·ic /maɪάpɪk | -ɔ́p-/ 形 ❶ 近視(性)の (short-sighted). ❷ 近視眼的な (shortsighted): a ~ view 近視眼的な. **my·óp·i·cal·ly** /-kəli/ 副

my·o·sin /máɪəs(ə)n | -sɪn/ 名〖生化〗ミオシン《筋肉の主要な構成蛋白質》.

my·o·sis /maɪóʊsɪs/ 名 =miosis.

my·o·si·tis /màɪəsáɪṭɪs/ 名 Ⓤ〖医〗筋炎, 筋肉炎.

my·o·so·tis /màɪəsóʊṭɪs/ 名〖植〗ワスレナグサ属の草, (特に)ワスレナグサ (forget-me-not).

my·ot·ic /maɪάṭɪk | -ɔ́t-/ 形 =miotic.

my·o·to·ni·a /màɪətóʊniə/ 名〖医〗筋緊張(症), ミオトニー. **my·o·tón·ic** /-tάnɪk | -tɔ́n-/ 形

myr·i·ad /míriəd/ 名 無数(の); 《古》1万: ~s [a ~] of stars 無数の星. —— 形 無数の; 多様な, 多面的な: our *myriad*-minded Shakespeare 万人の心を持ったシェイクスピア《★ S. T. Coleridge の句》. 〚L<Gk〛

myr·me·col·o·gy /mə̀:məkάlədʒi | mə̀:məkɔ́l-/ 名 Ⓤ アリ学. **-gist** 名 **myr·me·co·log·i·cal** 形

myr·me·co·phile /mə́:mɪkoʊfàɪl | mə́:-/ 名〖生態〗蟻巣(ぎそう)生物, 好蟻(こうぎ)生物, 蟻動物《アリと共生する, 特に昆虫》. **myr·me·coph·i·lous** /mə̀:məkάfələs | mə̀:məkɔ́f-/ 形 アリを好む, アリと共生する. **myr·me·coph·i·ly** /mə̀:məkάfəli | mə̀:məkɔ́f-/ 名

Myr·mi·don /mə́:mədən | -mɪdən/ 名《~s, Myr·mid·o·nes /mə:mídəniz | mə:-/》❶〖神話〗ミュルミドン人《Achilles に従ってトロイ戦争に加わった勇猛な Thessaly /θésəli/ の部族の人》. ❷ [m~] 鬼のような手下; 用心棒.

my·rob·a·lan /maɪrάbələn | -rɔ́b-/ 名 ❶ a ミロバラン, 訶梨勒(かりろく)《熱帯アジア産モモタマナの乾燥させた実; 染料・インク・なめし剤の原料》. b〖植〗モモタマナ《実の仁は食用》. —— 〖植〗ミロバランスモモ.

myrrh[1] /mə́: | mə́:/ 名 Ⓤ ミルラ, 没薬(もつやく)《香気のある樹脂; 香料・薬剤用》.

myrrh[2] /mə́: | mə́:/ 名〖植〗ミリス (オドラータ) (sweet cicely).

myr·tle /mə́:ṭl | mə́:-/ 名 ⓊⒸ〖植〗❶ ギンバイカ《フトモモ科の樹木; 愛と美の女神 Aphrodite の神木とされ, 結婚式の花輪などに用いる》. ❷ ヒメツルニチニチソウ.

*__my·self__ /maɪsélf/ 代《★ I の複合人称代名詞; ⇒ oneself》❶ [強調に用いて] 私自身: **a** [I とともに用いて同格的に]: I ~ saw it ＝ I saw it ~. 私は自分でそれを見たのです《暗戯 前者のほうがより強調的》 / I have never ~ been there. 私自身はそこへ行ったことがない. **b** [and ~ で I, me の代わりに用いて]《口》My mother *and* ~ went to the seaside for the summer. 母と私は避暑のため海岸へ行った / They have never invited Margaret *and* ~ to dinner. 彼らはマーガレットと私をディナーに招いてくれたことは1回もない / The special members of the club are Mr. Smith, Mr. Green *and* ~. そのクラブの特別会員とはスミスさんとグリーンさんとこの私です. **c** [as, like, than の後で I, me の代わりに用いて]《口》No one knows more about it *than* ~. それについて私(自身)より知っている者はだれもいない / He's as capable as ~ in handling a computer. コンピューターの操作では彼は私と同様確かです. **d** [独立構文の主語関係を特に示すために用いて]《文》: M~ poor, I understood the situation. 自分も貧乏なので私はその事情はわかった. ❷ /—́—/ [再帰的に用いて] **a** [再帰動詞の目的語に用いて]《★ 再帰動詞とともに全体で自動詞的な意味を表す; 各動詞の項を参照》: I have *hurt* ~. けがをした. **b** [一般動詞の目的語に用いて] 私自身を[に]: I introduced ~ to him. 彼に自己紹介をした / I poured ~ a cup of tea. 自分に紅茶を1杯入れた. **c** [前置詞の目的語に用いて] 《★ 他に oneself 成句を参照》: I must take care *of* ~.《人の世話にならず》自分の世話をしなければならない. ❸ [通例能, feel の補語に用いて]《口》いつもの私, 正常な自分: I wasn't ~ yesterday. きのうは体[頭]の調子が本当でなかった / I'm feeling a little more ~ now. 今は少しよくなりました. ★ 成句は ⇒ oneself.

My·si·a /mí∫(i)ə | -siə/ 名 ミュシア《古代小アジア北西部マルマラ海より南のエーゲ海に臨む地域にあった国》. **Mý·si·an** 形

my·sid /máɪsɪd/ 名〖動〗アミ《アミ目のエビに似た甲殻類》.

My·sore /maɪsɔ́ə | -sɔ́:/ 名 マイソール: **a** インド南部 Karnataka 州南部の市. **b** Karnataka 州の旧称.

mys·ta·gogue /místəgὸ:g | -gɔ̀g/ 名《特に古代ギリシアEleusis の Demeter の》秘儀伝授者, 密教師伝授者. **mýs·ta·gòg·y** /-gὰdʒi | -gɔ̀dʒi/ 名 奥義解明, 秘法伝授.

*__mys·te·ri·ous__ /mɪstí(ə)riəs/ 形《more ~; most ~》❶ 神秘的な, 神秘に包まれた, 不可思議な, なぞの: a ~ event 不可思議な事件 / a ~ smile 神秘的な笑み / The cause of the disease is still ~. その病気の原因はいまだなぞだ. ❷〈人が〉[...のことで]なぞめかした, わけありげな〔*about*〕: Don't be so ~. そんなにわけありそうにするのはやめろ. **~·ness** 名《mystery》【類義語】**mysterious** 好奇心や不思議な気持を起こさせる, 説明の不可能な. **inscrutable** 全く理解・説明の不可能な. **mystical** 他の者には深遠・不可思議な宗教上の儀式などや精神的な経験に用いる.

mystérious·ly 副 ❶ なぞのように; 不可解にも《★ 時に文全体を修飾》. ❷ 神秘的に.

*__mys·ter·y__ /místəri, -tri/ 名 ❶ Ⓒ 神秘的なこと, 不可解なこと, なぞ: The origins of life remain a ~. 生命の起源は依然としてなぞである / It's a ~ (to me) why she left. なぜ彼女が失踪したのか(私には)不可解だ. ❷ Ⓤ 神秘, なぞ: His past is wrapped in ~. 彼の過去はなぞに包まれている. ❸ Ⓒ《小説・映画などの》推理[怪奇]もの, ミステリー. ❹ Ⓒ **a** [しばしば複数形で]《宗教上の》奥義, 秘法, 秘訣(ひけつ). **b** [カト] 秘跡. —— 形 Ⓐ 神秘的な, なぞに包まれた: a ~ guest on TV テレビの《正体不明の》ゲスト / ~ mystery tour. ❷ 推理[怪奇]を主体とした: a ~ novel [story] 推理小説. 〚L<L<Gk=秘儀の儀式〛 **形 mysterious**

mýstery plày 名 奇跡劇《中世に行なわれた miracle play のうち, 特にキリストの生・死・復活を扱ったもの》.

mýstery tòur 名 ミステリーツアー《行先をふせた行楽旅行》.

*__mys·tic__ /místɪk/ 形 ❶《宗教的な》秘法の, 秘伝の: ~ rites 秘法の儀式. ❷ 神秘的な. ❸ 不可解な: a ~ number 神秘的な数《7 など》. ❸ 畏怖を感じさせる: ~ beauty 荘厳な美しさ. —— 名 神秘主義者, 神秘家.

†**mys·ti·cal** /místɪk(ə)l/ 形 ❶ a 神秘的な, 不可解な. **b** 神秘主義的な. ❷ 象徴的な: (a) ~ significance 象徴的意義. **~·ly** /-kəli/ 副【類義語】⇒ **mysterious**.

†**mys·ti·cism** /místəsɪzm/ 名 Ⓤ 神秘主義, 神秘論《究極の真理・神は神秘的直観・体験によってのみ知られるとする説》.

mys·ti·fi·ca·tion /mìstəfɪkéɪʃən/ 名 ⓊⒸ ❶ a 迷わす[煙に]巻くこと. **b**《意図的な》ごまかし. ❷ 神秘化.

mýs·ti·fied 形 迷わされたような: a ~ look 煙に巻かれたような表情.

†**mys·ti·fy** /místəfàɪ/ 動 ❶〈人を〉迷わす, 惑わす, 煙に巻く (baffle): The whole situation *mystifies* me. 状況全体がよくわからない. ❷ 神秘化する.

mýs·ti·fỳ·ing 形 迷わすような, 不可思議な, 不可解な: a ~ problem わかりにくい問題. **~·ly** 副

†**mys·tique** /mɪstí:k/ 名 [通例単数形で]《近寄りがたい》神秘的な雰囲気, 神秘性. 〖F=mystic〗

*__myth__ /míθ/ 名 ❶ **a**《個々の》神話. **b** Ⓤ 神話《全体》: famous in ~ and legend 神話伝説に名高い. ❷ ⓊⒸ 作り話, 《根拠のない》社会的通念, 「神話」: Don't believe it; it is pure ~. そんなこと信じるな. それは全くの作り話だ /〔+*that*〕We must explode the ~ *that* some races were created superior by God. 一部の人種が神によってよりすぐれたものに作られたという神話は打破しなければならない. ❸ Ⓒ 架空の人物: The rich aunt she boasts of is only a ~. 彼女が自慢している金持ちのおばさんというのは架空の人物にすぎない. 〚L<Gk=言葉, 物語〛

myth. 《略》mythological; mythology.
myth・ic /míθɪk/ 形 ❶ **a** 神話の, 神話に関する, 神話のような, 神話的な. **b** 神話化[理想化, 誇張]された, 伝説的な: achieve ～ status 伝説的な地位を得る[築く] / …of ～ proportions 非常に大きい[重要な, 有名な(など)]…. ❷ =mythical 1.
⁺**myth・i・cal** /míθɪk(ə)l/ 形 ❶〈人・物など〉神話に(のみ)現われる, 神話上の, 架空の, 想像上の (fictitious, imaginary): a ～ creature 架空の動物. ❷ =mythic 1. ～・ly /-kəli/ 副
myth・i・cism /míθəsìzm/ 名 Ⓤ 神話的の表釈; 神話主義; 神話の解釈. **-cist** 名
myth・i・cize /míθəsàɪz/ 動 他 神話化する; 神話的に[神話として]解釈する.
myth・o- /míθoʊ/ 〔連結形〕「神話 (myth)」.
my・thog・ra・phy /mɪθágrəfi | -θɔ́g-/ 名 Ⓤ ❶ (絵画・彫刻などにおける)神話(的主題)の表現. ❷ 神話の叙述; 神話集(の編纂); 記述神話学. **my・thóg・ra・pher** 名 神話作家, 神話を収集記録する人.
myth・o・log・i・cal /mìθəládʒɪk(ə)l | -lɔ́dʒ-⁻⁻/ 形 ❶ 神話学(上)の. ❷ =mythical 1. ～・ly /-kəli/ 副
my・thól・o・gist /-dʒɪst/ 名 神話学者[作者].
my・thol・o・gize /mɪθáləʤàɪz | -θɔ́l-/ 動 他 =mythi-

1195 **myxovirus**

cize. **-gìz・er** 名
⁺**my・thol・o・gy** /mɪθáləʤi | -θɔ́l-/ 名 ❶ Ⓤ Ⓒ 神話(集). ❷ =myth 2. ❸ Ⓤ 神話学. 〖L<Gk=架空の話, 伝説; ⇒ myth, -ology〗
mỳtho・má・nia 名 Ⓤ〖精神医〗虚言症. **-mániac** 名 形 虚言症の(人).
myth・o・poe・ia /mìθəpíːə/ 名 Ⓤ 神話作成[生成]. **mỳtho・póe・ic** /-píːɪk⁻⁻/ 形 **-po・ét・ic** /-poʊétɪk⁻⁻/ 形
my・thos /míθɑs, már- | -θɔs/ 名 (徵 **-thoi** /-θɔɪ/) ❶ 神話 (myth); 神話体系 (mythology). ❷〖社〗ミトス《ある集団・文化に特有の信仰様式・価値観》. ❸ (芸術作品の)構想, モチーフ, ミトス.
myx- /mɪks/, **myxo-** /míksoʊ/ 〔連結形〕「粘液」「粘液腫」.
myx・(o)ede・ma /mìksədíːmə/ 名 Ⓤ〖医〗粘液水腫.
myx・o・ma /mɪksóʊmə/ 名 (徵 ～**s**, **-ma・ta** /-tə/)〖医〗粘液腫. **myx・om・a・tous** /mɪksámətəs | -sɔ́m-/ 形
myx・o・ma・to・sis /mìksəmətóʊsɪs/ 名 Ⓤ〖獣医〗(伝染性)粘液腫症《ウサギの致命的疾患》.
mýxo・vìrus 名〖菌〗ミクソウイルス《インフルエンザや流行性耳下腺炎のウイルスなど RNA をもつウイルス》.

N n

n, N[1] /én/ 名 (複 ns, n's, Ns, N's /~z/) ❶ CU エヌ 《英語アルファベットの第14字; cf. nu》. ❷ U 《連続したものの》第14番目(のもの).

N[2] /én/ 名 (複 N's, Ns /~z/) N字形(のもの).

N (記号) 化 newton(s); nitrogen; 電 neutral. **n.** (略) neuter; nominative; noon; note; noun; number. **n., N, N.** (略) north; northern.

'n, 'n' /n/ (口) 接 =and; rock'n'roll.

'n /n/ (口) 接 =than. 前 =in.

-n[1] /-n/ 接尾 =-en[1].

-n[2] /-n/ 接尾 =-en[2].

Na (記号) 化 sodium. 〖L *natrium*〗

n/a (略) (米) (銀行) no account 取引なし; not applicable 適用できない; not available 利用できない, 入手不可.

NA (略) North America(n).

NAACP (略) National Association for the Advancement of Colored People.

Naa·fi, NAAFI /nǽfi/ 名 [the ~] 《英》❶ 陸海空軍厚生機関, ナーフィ. ❷ (ナーフィ経営の)酒保, 食堂 (《米》PX). 〖*Navy, Army and Air Force Institutes*〗

naan /nάːn, nǽn/ 名 =naan[2].

†**nab** /nǽb/ 動 (**nabbed; nab·bing**) (口) ❶ 〈...のかどで〉人を捕らえる, 逮捕する: He was *nabbed for* forgery [*stealing* a car]. 彼は文書偽造の[車を盗んだ]罪でつかまった. ❷ 〈ものを〉ひったくる, 盗む.

nabe /néɪb/ 名 (米俗) 近所 (neighborhood); [通例 the ~s] 近くにある場末の[映画館]劇場; 近所の人.

na·bob /néɪbαb|-bɔb/ 名 ❶ 大金持; 名士. ❷ (ムガール帝国時代の)インド大守. ❸ (18-19世紀の)インド(帰り)の成金.

Na·bo·kov /nəbɔ́ːkəf, nǽbəkɔ̀f/, **Vla·di·mir Vla·di·mi·ro·vich** /vlǽdəmɪə vlædímɪrəvɪtʃ/ 名 ナボコフ (1899-1977; ロシア生まれの米国の小説家).

na·celle /nəsél/ 名 ❶ 空 (飛行機のエンジン収納筒). ❷ (気球の)つりかご.

nach·as, -es /nάːxəs, -kəs/ 名 U 誇らしい満足感.

na·cho /nάːtʃoʊ/ 名 (複 ~s) [通例複数形で] ナチョ (溶けたチーズ・スパイスをのせて焼いたトルティーヤチップス).

nácho chèese 名 U ナチョチーズ《トウガラシ・スパイスを加えたチーズ》.

na·cre /néɪkə|-kə/ 名 U 真珠層.

na·cre·ous /néɪkrɪəs/ 形 真珠層(のような).

na·da /nάːdə/ 名 (口) 何もないこと; 無 (nothing).

Na·der /néɪdə|-də/, **Ralph** 名 ネイダー (1934- ; 米国の消費者保護運動の指導者).

†**na·dir** /néɪdɪə|-dɪə 名 [the ~] ❶ 天 天底 (天頂(zenith)の正反対に位置する点). ❷ 《文》逆境・運命のどん底 (↔ zenith): at *the ~ of* ...のどん底に. 〖F or L ⟨Arab⟩〗

nads /nǽdz/ 名 (複) (米俗) 睾丸(こうがん).

nae·vus /níːvəs/ 名 (複 **nae·vi** /níːvaɪ/) (英) =nevus.

naff /nǽf/ 形 ❶ 流行遅れの, ださい. ❷ 無価値な, くだらない. — 動 ★次の成句で. **náff óff** [通例命令文で] (英口) うせろ.

NAFTA /nǽftə/ 名 (略) North American Free Trade Agreement 北米自由貿易協定.

†**nag**[1] /nǽg/ 動 (**nagged; nag·ging**) 他 ❶ 〈人に〉がみがみ小言を言う: She was always *nagging at* the help. 彼女はお手伝いにいつもがみがみ小言ばかり言っていた. ❷ 〈心配・痛みなどが〉〈人を〉しつこく苦しめる: Doubt *nagged at* me. 疑念が絶えず私を苦しめた. — 自 ❶ がみがみ小言を言う. ❷ 〈人に〉しつこくせがむ: ~ a person for a new car 新車を買ってくれと人にせがむ / She *nagged* him *to* buy her a new coat. 彼女は新しいコートを買ってくれと彼にうるさくせがんだ / He *nagged* her *into* marrying him. 彼は彼女にうるさくせがんで彼女と結婚した. ❸ 〈心配事などが〉人をしつこく苦しめる. — 名 (口) うるさく小言を言う人. **nág·ger** 名. 〖ON *gnaga* かみつく; ⇨ gnaw〗

nag[2] /nǽg/ 名 ❶ (口) 馬; (年をとって)くたびれた馬. ❷ (俗) 競走馬, (特に)駄馬.

na·ga /nάːgə/ 名 〖ヒンドゥー神話〗 ナーガ (蛇・竜を神格化したもので雨・川などの神霊).

nág·ging 形 ❶ しつこい, やっかいな: a ~ pain [worry] なかなか治まらない痛み[心を悩ませ続ける不安]. ❷ 口やかましい. **~·ly** 副

Na·gor·no-Ka·ra·bach /nəgɔ̀ənoʊkὰːrəbάːk, -gɔ́ːnoʊkæ̀rəbǽk/ 名 ナゴルノ・カラバフ《アゼルバイジャン南西部の自治州; 住民はアルメニア人が多い》.

nág·ware 名 U 〖電算俗〗(ユーザー登録が完了するまで毎回警告する)シェアウェア.

Nah. (略) 聖 Nahum.

Na·hum /néɪ(h)əm, -həm/ 名 〖聖〗❶ ナホム (ヘブライの預言者). ❷ ナホム書 (旧約聖書中の一書; 略 Nah.).

nai·ad /néɪæd/ 名 (複 ~s, **nai·a·des** /-dɪːz/) 〖ギロ神話〗ナイアス (川・泉・湖にすむ若い女の姿をした水の精; cf. nymph 関連).

na·if, na·ïf /nɑːíːf/ 形 =naive.

***nail** /néɪl/ 名 ❶ (指・足の)つめ (関連 fingernail は手の指のつめ; toenail は足指のつめ; claw は猫などのかぎづめ; talon は猛禽のつめ): cut [trim] one's ~s つめを切る. **b** (ヘビ・貝類などの)けづめ. ❷ くぎ; 鋲; 釘: drive [hammer] a ~ into a board 板にくぎを打つ. **a náil in a person's cóffin** 寿命を縮めるもの; 破滅を早めるもの; drive [hammer] a ~ *in* a person's *coffin* 〈事態などが〉人の寿命を縮める[破滅を早める]. **(as) hárd [tóugh] as náils** (口) (1) 無慈悲な; 毅然とした. (2) 実に強健な. **bíte [chéw] one's náils** (1) (神経質に)つめをかむ. (2) つめをかんで事の成り行きを案じる. **hít the náil on the héad** (問題の)核心をつく, 図星をさす. **on the náil** (口) (1) (英) 即座に(払われる): pay [cash] *on the* ~ 即金で払う. (2) (米口) 図星で, ずばり. **tóoth and náil** ⇨ tooth 名 成句.

— 動 他 ❶ 〈...を〉〈...に〉くぎ付けにする: He ~*ed* a sign *to* the fence. 彼は板塀に掲示をくぎで打ちつけた. **b** 〈人を〉ある所に動けなくする: Fear ~*ed* him *to* the spot. 彼は恐怖のあまりその場でくぎ付けになってしまった. **c** 〈注意・目を〉〈ある所に〉じっと注ぐ, 向ける 〔*on, to*〕. ❷ **a** (口) 〈...のかどで〉〈...を〉つかまえる, 逮捕する 〔*for*〕 (nab). **b** 〈野走者を〉刺す, 刺殺する. ❸ (口) 〈うそなどを〉すっぱ抜く, 暴く. **náil one's cólors to the mást** ⇨ color 名 成句.

náil dówn (1) 〈...をはっきりさせる, 明確にする (pin down): ~ *down* the cause of the problem 問題の原因を特定する. (2) (米口) 〈...を〉決定的[確実]にする: ~ *down* a new agreement 新しい協定にこぎつける. (3) (口) 〈人を〉〈...に〉同意させる; 〈人に〉〈...を〉はっきり言わせる: Try to ~ him *down to* a price. 彼に値段をはっきりさせるようにしなさい. (4) 〈...をくぎ付けにする: ~ *down* the floorboards 床板をしっかりとくぎ付けする. **náil úp** (壁+壁など) (1) 〈戸・窓などを〉くぎで打ちつけにする; (壁などに)取り付ける (fix). 〖OE〗(関連形 ungual)

náil-bìter 名 ❶ つめをかむ(癖のある)人. ❷ (口) はらはらさせるもの《映画・推理小説など》.

náil-bìting 名 A はらはら[いらいら]させる.

náil bòmb 名 くぎ爆弾《爆発時にくぎが飛び散って殺傷力を高めるよう設計された爆弾》.

náil brùsh 名 つめブラシ.

náil clìppers 名 複 つめ切り.

náil enàmel 名 =nail polish.

náil·er [名] ❶ くぎ製造者. ❷ **a** くぎを打つ人. **b** 自動くぎ打ち機.
náil file [名] つめやすり.
náil·hèad [名] ❶ くぎの頭. ❷ 〘建〙ネールヘッド《くぎの頭状の飾り》.
náil pòlish [名] [U] マニキュア液.
náil scìssors [名] [複] つめ切りばさみ.
náil sèt [pùnch] [名] (大工の)釘締め.
náil vàrnish [名] 《英》 =nail polish.
nain·sook /néɪnsʊk/ [名] [U] ネーンスック《薄地綿布; インド原産》.
Nai·ro·bi /naɪróʊbi/ [名] ナイロビ《ケニアの首都》.
Nai·smith /néɪsmɪθ/, **James** [名] ネースミス《1861–1939; カナダ生まれの米国の体育教師; バスケットボールの創始者》.
*__na·ive, na·ïve__ /nɑːíːv/ [形] ❶ (特に若いために)**世間知らずの; 単純[素朴]な; 純真[うぶ]な**; だまされやすい: 〔+*of*+[代名] (+*to* do) / +*to* do〕 It's ~ *of* you [You're ~] *to* trust everyone. だれでも信用するとは君もうぶだ. ❷ **a** 〈考えなど〉単純な, 甘い, 素朴な. **b** 〘美〙素朴な, 原始的な. ❸ 〈ラットなど〉ラボ実験に使われたことがない; 〈人が〉特定の投薬を受けたことのない. **~·ly** [副] 〘F *naïf* 生まれたままの＜L *nativus* 生まれた; ⇨ native〙 【類義語】**naive** 世俗的知恵や世間ずれがなく, 人の言葉をすぐに信じてしまうような, 愚直で無邪気な. **unsophisticated** naive とほぼ同義であるが, 単に経験不足からくる場合に多く用いる. **ingenuous** 子供のように非常に率直で, ずるさ・打算のない. **artless** 自分の言動が相手にどのように影響するかが実際に[うわべは]わから[考えもし]ないので欺瞞(ぎまん)のない; 時に, 上品さに欠け, 無器用な.
na·ive·té, na·ïve·té /nɑ̀ːiːvtéɪ | ─́─/ [名] ❶ [U] **a** 素朴さ; 単純さ. **b** 信じ[だまされ]やすいこと. ❷ [C] [通例複数形で] 素朴[単純]な行為[言葉]. 〘F＜*naïf* ↑〙
na·ive·ty, na·ïve·ty /nɑːíːvəṭi/ [名] =naiveté.
*__na·ked__ /néɪkɪd/ [形] (**more ~; most ~**) ❶ **a** 〈身体(の一部)が〉**裸の, 裸体の**: ~ to the waist 上半身裸で / go ~ 裸で暮らす. **b** 〈動物の子が〉毛[羽, 殻, うろこなどが]ない. ❷ [A] **a** おおいのない; 〈刀など〉さやを抜いた: a ~ light bulb 裸電球. **b** 〈木など〉葉の落ちた; 〈土地が〉草木の生えていない. ❸ **a** 〈部屋など〉家具類[装飾品]のない. **b** [P] 〔…が〕なくて, 欠けていて: trees ~ *of* leaves 葉の落ちた裸の木. ❹ 〈人・都市など〉無防備の, 無力な (defenseless). ❺ [A] **a** 〈事実・感情など〉飾らない, 赤裸々の, ありのままの (↔ veiled): with ~ anxiety 不安(な様子)をあらわにして / the ~ truth 紛れもない真実. **b** 〈行動・状況など〉露骨な, まったくの (blatant): ~ aggression [exploitation] 露骨な侵略[搾取]. **the náked éye** 肉眼, 裸眼. **~·ly** [副] **~·ness** [名] 〘OE〙 【類義語】⇨ bare.
náked bóys [名] [複]~) 〘植〙 =meadow saffron.
náked lády [ládies] [名] 〘植〙 =meadow saffron.
na·ker /néɪkə/ [名] 〘楽〙 ネイカー (kettledrum).
nal·trex·one /næltréksoʊn/ [名] [U] 〘薬〙 ナルトレキソン《麻薬拮抗薬》.
nam·a·ble /néɪməbl/ [形] =nameable.
na·mas·te /nʌ́məstèɪ/, **na·mas·kar** /nəmʌ́skɑə | -kɑː/ [名] (ヒンドゥー教徒の)合掌して頭を軽く下げるあいさつ.
Na·math /néɪməθ/, **Joe** [名] ネイマス《1943– ; 米国のアメリカンフットボールの選手; クォーターバック》.
nam·by-pam·by /næ̀mbipǽmbi←/ [形] 《口》〈人・話など〉いやに感傷的な; めめしい. **─** [名] ❶ [C] めめしい[柔弱な]人. ❷ [U] 感傷的な話[文章].
‡**name** /néɪm/ [名] ❶ [C] **名, 名称; 名前, 姓名**: a common ~ 通称 / a pet ~ 愛称 / a technical ~ 専門的な名称 / He deserves the ~ of poet. 彼は詩人の名に値する / My ~ is Douglas Brown, but call me Doug. ダグラスブラウンですが, ダグと呼んでください《★ 初対面の自己紹介》/ What ~ shall I say?=What ~, please? お名前は《[用法] 人を取りつぐ時の言葉》/ May I have your ~, please? お名前は何とおっしゃいますか《★ What is your ~? は失礼になることがあり, Who are you? は失礼》/ Tolerance is another ~ for indifference. 寛容は無関心の別名 / Do you know the ~ of this plant? この植物の名前を知ってますか / What's in a ~? 名前に何(の意味)があるのか, 名前なんかどうでもよい《★ Shakespeare「ロミオとジュリエット」から》.

John	Fitzgerald	Kennedy
first name	middle name	《米》 last name
personal name		《英》 surname
《米》 given name		family name
Christian name		
baptismal name		
forename		

[解説] first name—middle name—《米》 last name, [《英》 surname] の形が最も一般的な形式. Christian [baptismal] name は通例聖書から選んだ名. 姓の Kennedy に対するものとして John Fitzgerald を見れば, ふたつひとまとめに first [personal] names となる. また Stephen Andrew Colin Boyd のように middle name が複数ある場合には middle names という. 姓が先にくる日本人などは first name / last name を用いずに given [personal] name / family name を用いるほうが誤解がない.

❷ **a** [a ~] 〔…という〕**評判, 名声** (reputation): *a* good [bad] ~ 名声[悪名], 好評[不評] / get oneself *a* ~ 名をあげる / The restaurant has *a* ~ *for* being cheap and good. あのレストランは安くてうまいという評判だ. **b** [C] [通例 big, great, famous などの修飾語を伴って] 《口》有名な人, 名士 (star): the *great* ~*s* in science 科学界の著名人 / ⇨ big name. ❸ [C] 悪口: call a person names ⇨ [成句] / call a person all the ~*s* under the sun 悪態の限りを尽くす.
by náme (1) 名指しで, 名前で: mention a person *by* ~ 人の名をあげる / I asked for him *by* ~. 彼の名を言って会いたいといった. (2) [しばしば just [only] by ~ で] (面識はないが)名前だけは: "Do you know her?" "*Just by* ~." 「彼女を知っていますか」「名前だけは」.
by the náme of… …という名で[の], …と称する: go [pass] *by the* ~ *of* Jack ジャックの名で通る, 通称ジャック.
cáll a person námes 人の悪口を言う, 人をののしる, 人に悪態をつく.
cléar a person's náme 人の汚名をそそぐ.
gíve…a bád náme …に悪評を与える, …の評判を落とす, 名を汚(けが)す.
gíve one's náme to… 〈場所・団体・商品などに〉自分の名を与える[残す].
in áll but náme (名目上は別として)実質上(の): He's the boss *in all but* ~. 彼が事実上の監督だ.
in Gód's náme (1) 神に誓って; お願いだから. (2) [疑問文を強調して] 《口》一体全体: What *in God's* ~ happened? 一体全体何が起こったのだ.
in a person's náme =in the NAME of… [成句].
in náme (ónly) 名目上(のみの) (nominally): both *in* ~ and in fact 名実ともに.
in one's ówn náme (他人の名義を借りないで)自分の名義で, 独立して: He started a business *in* his *own* ~. 彼は自分名義で[独立して]事業を始めた.
in the náme of… (1) …の名義で: reserve a room *in the* ~ *of* John Smith ジョンスミスの名前で部屋を予約する. (2) …の名において, …の権威に基づいて; …に代わって, …を代表して (on behalf of…): *in the* ~ *of* the law 法の名において. (3) …の名にかけて, …に誓って: *in the* ~ *of* God 神に誓って; お願いだから.
lénd one's náme to… (1) …に名前を貸す. (2) …に自分の名前を冠することを許す. (3) …に対する支持[賛意]を表明する; …を支持する, …に賛同する.
máke one's náme=**máke a náme for onesélf** 名を成す, 有名になる, 評判を高める: He wants to *make his* ~ as a pianist. 彼はピアニストとして名を成したいと思っている.

náme **námes** (特に刑事の関係者などの)名を挙げる, 名を明かす.
nót hàve a pénny to one's náme ⇒ PENNY 成句.
of the name of ⋯ =by the NAME of ⋯ 成句.
pùt a náme to ...の名前を思い出す(★ 通例 cannot, could not を伴う).
pút a pérson's náme dòwn for ... (1) ...への入学[入会, 応募]者として...の名を記入する: I *put* his ~ *down for* membership. 新会員の候補者として彼の名前を記入した. (2) ...の額を寄付することを約束する.
táke a pérson's náme in váin ⇒ in VAIN 成句 (2).
the name of the gáme (口) 最も重要なこと, いちばん肝心な点; (ものの)本質.
ùnder the náme (of) ⋯ という名で, (自ら)...と称して.

── 形 A ❶ (米) 有名な, 一流の: a ~ hotel 一流ホテル / a ~ actor 有名な俳優. ❷ 名前を記入するための: a ~ tape (衣服などに縫い付ける)ネーム.

── 動 ❶ 〈...に〉〈...と〉名をつける, 命名する: a newborn child 生まれた子に名をつける /〔+目+補〕They ~d their son Ronald. 彼らは息子をロナルドと名づけた (★ They ~d their son *as* Ronald. と *as* をつけるのは不可; cf. 4). ❷ 〈...の〉(正しい)名を言う; 名を挙げる [明かす] (identify): Can you ~ this animal? この動物の名を言えますか / The police ~d the suspect. 警察は容疑者の名を公表した. ❸ a 〈...を〉示す, 挙げる (specify): ~ several reasons いくつかの理由を並べる / the people ~d below 下に名を挙げた人々. b 〈...を〉はっきりと指示[明示]する: *N*~ the place. We'll meet you there. 場所を指定してください. そこでお会いするようにします. c 〈日時・値段などを〉指定する: ~ the day (特に結婚式の)日取りを決める / You may ~ your price. 値段はそちらでお決めください. ❹〈人を〉〈仕事・職などに〉任命する, 指名する (appoint): ~ a person for a post 人をある地位に任命する /〔+目+(as)補〕 ~ one's daughter *as* one's successor 娘を後継者に指名する / The Premier ~d him Finance Minister. 首相は彼を財務大臣に任命した.

náme(...)**àfter** [(米) **fòr**] ...の名をとって(...と)命名する: The baby was ~d (Ronald) *after* his uncle. 赤ん坊はおじの名を取って(ロナルドと)名づけられた(★ 英米では長男に自分と同じ名前をつけることがある; cf. senior, junior).
náme and sháme〈悪事を働いた人などを〉名前を明らかにして辱める, 名指しで責任追及する.
to name (but) a féw (ほんの)少し例を挙げれば.
yòu náme it (口)[物の名を列挙したあとに用いて] 何でも, どんなものでも.
〖OE〗 (関連 onomastic)

name·a·ble /néɪməbl/ 形 名づけられる, 命名できる.
náme brànd 图 有名ブランド商品[サービス].
náme-brànd 形 A 有名ブランドの.
náme-càlling 图 U 悪口(を言うこと), 悪口雑言.
náme chèck 图 名前を引用[挙げる]こと: get a ~ 名前を挙げられる. ── 動 他〈...の名を挙げる[引く].
náme chìld 图 (ある人の)名をもらった人 (of).
náme dày 图 ❶ 聖名祝日(当人と同名の聖人の日). ❷ (子供の)命名日.
náme-dròp 動 (口) 有名人の名を挙げて知人のように言いふらす. **~·per** 图
náme-dròp·ping 图 U 有名人の名を挙げて知人のように言いふらすこと.
náme·less 形 ❶ 名のない; 名のついていない: a ~ disease 名のついていない病気. ❷ a 名を明かしていない, 匿名の (anonymous): *a woman who shall be* [*remain*] ~ 名前は伏せておくがある女性. b 世に知られない, 無名の: die ~ 無名名で死ぬ. ❸ a 〈(文〉名状しがたい: ~ fears 名状しがたい不安. b 言語道断の, 言うに忍びない: ~ cruelties 言語道断な残虐行為.
***name·ly /néɪmli/ 副 [名詞句・文などのあとで](いっそう具体的に)すなわち〔(用法) 文頭には用いない; namely も that is to say も前の語句をさらに詳しく説明する時に使うが, namely のほうが, より具体的に示す時に用いられる): two

boys, ~, Peter and Tom 二人の少年, すなわちピーターとトム.
náme·plàte 图 名札, 表札, 標札; ネームプレート.
náme·sàke 图 ❶ (ある人の)名をもらった人. ❷ 同名の人[もの].
náme tàg 图 名札, ネームプレート.
Na·mib·i·a /nəmíbiə/ 图 ナミビア《アフリカ南部の共和国; 首都 Windhoek; 旧称 South-West Africa》.
nan[1] /næn/ 图 (英口) おばあちゃん (gran).
nan[2] /nɑ́ːn/ 图 U ナン, ナーン《インド料理と一緒に食される平たい円形の発酵パン》.
Nan /næn/ 图 ナン《女性名; Ann(e), Anna の愛称》.
nan·a /nǽnə | nɑ́ːnə/ 图《英俗》ばか, うすのろ.
Nā·nak /nɑ́ːnək/ 图 ナーナク《1469–1539; インドの宗教家; シク (Sikh) 教の開祖》.
nance /næns/ 图 =nancy.
nan·cy /nǽnsi/ 图 《俗·軽蔑》ホモの男. ── 形 めめしい.
Nan·cy /nǽnsi/ 图 ナンシー《女性名; Ann(e), Anna の愛称》.
náncy bòy 图 =nancy.
NAND circuit [**gàte**] /nænd-/ 图《電算》否定積回路, NAND 回路〔ゲート〕.
Nan·jing /nændʒíŋ/ 图 南京《中国東部江蘇省の楊子江に臨む都市》.
nan·keen /nænkíːn/ 图 ❶ a U ナンキン木綿. b [複数形で] ナンキン木綿のズボン. ❷ U 淡黄色.
nan·kin /nænkín/ 图 =nankeen.
Nan·king /nænkíŋ/ 图 =Nanjing.
†**nan·ny** /nǽni/ 图 ❶ a 乳母, ばあや. b《英口》=nan[1]. ❷ =nanny goat.
Nan·ny /nǽni/ 图 ナニー《女性名; Ann(e), Anna の愛称》.
nánny càm 图 ベビーシッター監視カメラ.
nánny gòat 图《小児》雌ヤギ (↔ billy goat).
nánny stàte 图 [the ~]《英》過保護国家《福祉国家に対する軽蔑的な表現》.
nan·o- /nǽnə-/〔連結形〕❶「10億分の1 (10⁻⁹)」. ❷「微小」.〖Ｌく Gk *nanos* 小人〗
náno·mèter 图 ナノメートル《10億分の1 (10⁻⁹)メートル; 記号 nm》.
náno·sècond 图 ナノ秒, ナノセカンド《10億分の1 (10⁻⁹) 秒; 記号 ns, nsec》.
náno·technòlogy 图 U ナノテクノロジー《原子·分子を直接操作して超小型コンピューターチップの作製など, ナノメートル単位の加工·製作を目的とする技術》.
náno·tùbe 图《化》ナノチューブ《炭素原子が直径数ナノメートルの円筒をなしたフラーレン (fullerene) のような分子》.
Nan·tuck·et /næntʌ́kət/ 图 ナンタケット《Massachusetts 州東部 Cape Cod の南にある島》.
Na·o·mi /neɪóumi, néɪəmi-/ 图 ❶ ネイオーミ《女性名》. ❷ 〖聖〗ナオミ《Ruth の義母》.
na·os /néɪɑs | -ɔs-/ 图 (榎 **na·oi** /néɪɔɪ/) 〖建〗=cella.
†**nap**[1] /næp/ 图 昼寝, 午睡, (日中の)居眠り, うたた寝 (snooze; cf. catnap, siesta): have [take] a (little, short) ~ (ちょっと)昼寝する, 居眠りする. ── 動 (**napped; nap·ping**) うたた寝する, 昼寝する (doze).
cátch a person nápping《口》(1) 〈人の〉油断につけこむ. (2) 〈人の〉不意をつく.
nap[2] /næp/ 图 U (布·革などの)けば.
nap[3] /næp/ 图《英》❶ ナップ《トランプのナポレオン》. ❷ Ｃ 必勝馬予想. ── 動 他 (**napped; nap·ping**) 〈馬を〉勝ち馬として名指す.
na·pa /nɑ́ːpə/ 图 ナパ《子羊や羊の皮をなめした皮革, またこれに似た柔らかい皮革; 手袋·衣服用》.
Nap·a /nǽpə/ 图 ナパ《米国 California 州中西部の都市; ワインの産地》.
na·palm /néɪpɑːm/ 图 U ナパーム《焼夷(しょうい)弾などに用いる化学物質》. ── 動 他〈...をナパーム弾で攻撃する.
nape /neɪp/ 图 [通例単数形で] うなじ, 首すじ.
na·per·y /néɪpəri/ 图 =table linen; 家庭用リネン製品.
náp hànd 图 (ナップ (nap) で) 5回全勝できそうな手.

Naph·ta·li /néftəlàɪ/ 名《聖》ナフタリ《Jacobの第6子, ヘブライの長老; イスラエル12支族の一つの祖》.

naph·tha /néfθə/ 名 U ナフサ《粗製ガソリン; 石油化学製品の原料》.

naph·tha·lene, -line /néfθəlì:n/ 名 U 《化》ナフタレン.

naph·thol /néfθɔ:l, -næp-|-θɔl-/ 名 U 《化》ナフトール《ナフタレンのモノヒドロキシ誘導体, またヒドロキシ誘導体の総称》.

Na·pi·er /néɪpɪə|-pɪə-/, **John** 名 ネイピア (1550–1617) スコットランドの数学者.

Na·pier·i·an logarithm /nəpí(ə)riən-, neɪ-/ 名《数》ネイピアの対数 (natural logarithm). 《↑》

Népier's bónes 名 ⓐ ネイピアの計算棒《John Napierが発明した対数の原理を応用したポケット型乗除用計算器; 11個の長方形の骨片[木片]からなる》.

†**nap·kin** /népkɪn/ 名 ❶ (食卓用の)ナプキン《食事の 口や指先をふく時は端を使い, 中座する時はいすの上に置く; 食後はあまりきちんとたたまないでテーブルの左手に置く》. ❷《英》おむつ《《米》diaper》. ❸《米》生理用ナプキン《《英》sanitary towel [pad]》. 《F nappe<L mappa 布; -kin は指小辞; cf. map, apron》

nápkin rìng 名 ナプキンリング《各自のナプキンを通しておく金属などの輪》.

Na·ples /néɪplz/ 名 ナポリ《イタリア南部の港市》: See ~ and die.《諺》ナポリを見て死ね.

na·po·le·on /nəpóʊliən, -ljən/ 名 ❶ ナポレオン金貨《フランスの昔の20フラン金貨》. ❷ ナポレオンブーツ《19世紀に流行したトップブーツ; 元来 Napoleonが愛用》. ❸《米》ナポレオン《クリーム[カスタード, ジャムなど]を数層にはさんだ細長いパイ》. ❹《トランプ》ナポレオン.

napkin rings

Na·po·le·on /nəpóʊliən, -ljən/ 名 ナポレオン: ❶ ~ I ナポレオン1世 (1769–1821; フランス皇帝 (1804–15); 本名 Napoléon Bonaparte; 読み方 Napoleon the first). ❷ ~ III ナポレオン3世 (1808–73; 1世的おい, フランス皇帝 (1852–70), 普仏戦争に敗れ英国で死去; 読み方 Napoleon the third).

Na·po·le·on·ic /nəpòʊliánɪk|-ɔ́n-/ 形 ナポレオン1世(時代)の; ナポレオンのような.

nappe /næp/ 名《地》デッケ, ナッペ《原地性基盤をおおう異地性の巨大な岩体》.

napped[1] /næpt/ 形 けば (nap) のある, 起毛した.

napped[2] /næpt/ 形〈食物が〉ソースをかけて供された[出された] 《with》.

náp·per 名《英口》頭.

†**nap·py**[1] /népi/ 名《英》おむつ《《米》diaper》: a disposable ~ 使い捨ておむつ, 紙おむつ.

nap·py[2] /népi/ 形《米口》〈髪の毛が〉短くてきつくカールした, ちぢれた.

náppy ràsh 名 U《英》おむつかぶれ.

narc[1] /nɑ:rk|nɑ:k/ 名《米俗》麻薬取締局[捜査官].

narc[2] /nɑ:rk|nɑ:k/ 名 動 =nark[1].

nar·cism /nɑ́:rsɪzm|nɑ́:-/ 名 =narcissism.

nar·cis·si /nɑ:rsísaɪ|nɑ:-/ 名 narcissus の複数形.

nar·cis·sism /nɑ́:rsəsɪzm|nɑ́:-/ 名 U《精神分析》ナルシ(ス)ズム, 自己陶酔(症), 自己愛.

nar·cis·sist /-sɪst/ 名 自己陶酔者, ナルシスト.

nar·cis·sis·tic /nɑ̀:rsəsístɪk|nɑ̀:-/ 形 自己陶酔的な.

nar·cis·sus /nɑ:rsísəs|nɑ:-/ 名 (@ ~·es, -cis·si /-saɪ/)《植》スイセン《スイセン属の植物の総称》; ⇨ daffodil 《さし絵》.

Nar·cis·sus /nɑ:rsísəs|nɑ:-/ 名《ギ神》ナルキッソス《水に映った自分の姿に恋し, 溺死(ですい)して水仙 (narcissus) の花に化した美青年》.

nár·cist /-sɪst/ 名 =narcissist.

nar·co /nɑ́:rkoʊ|nɑ́:-/ 名 (@ ~s)《米俗》=narc[1].

1199   **narrow**   N

nar·co·lep·sy /nɑ́:rkəlèpsi|nɑ́:-/ 名 U《医》睡眠発作, ナルコレプシー.《narco- NARCOTIC+-lepsy《< EPILEPSY》》

nar·co·sis /nɑ:rkóʊsɪs|nɑ:-/ 名 U《医》(麻酔)薬による昏睡(ぶす)(状態). 《Gk 麻痺》; ⇨ narcotic, -osis》

nàrco·térrorism 名 U 麻薬テロリズム《麻薬取引にかかわる者によるテロ》. **-ist** 名

†**nar·cot·ic** /nɑ:rkátɪk|nɑ:kɔ́t-/ 形 [しばしば複数形で]麻薬, 麻酔剤; 催眠剤; 鎮静剤: smuggle ~s 麻薬を密輸する / a ~s agent 麻薬捜査官. ― 形 ❶〈薬が〉麻酔性の; 催眠性の: a ~ drug 麻薬, 麻酔薬. ❷《米》麻薬の; 麻薬常用者の: a ~ addict 麻薬常用者. 《F<L<Gk narkē 麻痺》

nar·co·tism /nɑ́:rkətìzm|nɑ́:-/ 名 U ❶ 麻酔(状態). ❷ 麻薬中毒.

nar·co·tize /nɑ́:rkətàɪz|nɑ́:-/ 動 他 ❶ 〈…に〉麻酔(ですい)をかける. ❷ 〈…を〉麻痺(ま)させる.

nard /nɑ:rd|nɑ:d/ 名《植》甘松(鈴しょう), ナルド (spikenard).

na·res /né(ə)ri:z/ 名 @ (ⓢ **na·ris** /néris/)《解》鼻孔 (nostrils).

nar·g(h)i·le, -gi·leh /nɑ́:rgələ, -li|nɑ́:-/ 名《近東の》水ギセル.

nar·i·al /né(ə)riəl/ 形《解》鼻孔 (nares) の.

nark[1] /nɑ:rk|nɑ:k/ 名 ❶《俗》(警察の)手先, たれこみ屋《《米俗》stool pigeon》. ❷ 動 他《俗》〈人のことを〉たれこむ, 密告する《on》. ― 他《英俗》〈人を〉怒らせる《★通例受け身》: get ~ed 腹を立てる. **Nárk it!** やめろ!, よせ!

nark[2] /nɑ:rk|nɑ:k/ 名 動 =narc[1].

nark·y /nɑ́:rki|nɑ́:-/ 形《英俗》怒りっぽい, 機嫌が悪い.

†**nar·rate** /néreɪt, -́―|nəréɪt/ 動 他 ❶ 〈…を〉物語る, 話す: The captain ~d his adventures to us. 船長は我々に冒険談をした. ❷〈映画などの語り手[ナレーター]になる[役]を務める. 《L narrare, narrat- 知らせる》

nar·ra·tion /næréɪʃən, nə-/ 名 ❶ U 物語ること, ナレーション. **b** C 物語: a gripping ~ 手に汗を握る物語. ❷ U《文法》話法: ⇨ DIRECT narration, INDIRECT narration.

***nar·ra·tive** /nérətɪv/ 名 ❶ **a** C 物語, 話. **b** U 物語[説話]文学. ❷ U 説話, 話術, 語り口. ❸ U (本の会話の部分に対して)語りの部分. ― 形 ❶ 物語体[風]の: a ~ poem 物語詩 / ~ literature 説話文学. ❷ 説話の, 話術の: ~ skill 話術. **·ly** 副《類義語》⇨ **story**.

nar·ra·tol·o·gy /nèrətáləʤi|-tɔ́l-/ 名 U 物語論. **-gist** 名 **nàr·ra·to·lóg·i·cal** /-təláʤ(ə)k(ə)l|-́―/ 形

nar·ra·tor /néreɪtə, -́―|nəréɪtə/ 名 語り手, ナレーター.

***nar·row** /néroʊ/ 形 (**~·er**; **~·est**) ❶ (長さに比べて)幅の狭い, 細い (↔ broad, wide)《匚幅 面積·体積全体の点で「小さい」という場合は small》: a ~ table 細長い机 / This road is too ~ for cars. この道は車には狭すぎる. ❷ a (範囲が)狭い, 限られた (restricted; ↔ wide): a ~ circle of acquaintances 限られた知人仲間. **b**〈資力·収入など〉限られた, 制限された: in ~ circumstances 窮乏して. ❸〈かろうじての, やっとの〉: a ~ victory 辛勝 / have a ~ escape [《口》squeak] 九死に一生を得る / win by a ~ margin 僅少の得票差で勝つ. ❹ 心の狭い, 狭量な, 偏狭な (↔ broad): a ~ mind 偏狭な心 / That's a very ~ view. それは実に狭い見方だ / He's ~ in his opinions. 彼は見解が狭い. ❺ 精密な, 厳密な: a ~ examination 精密な検査 / in the ~est sense 最も厳密な意味で. ❻《音声》〈音声表記が〉精密な (cf. broad 7 b): a ~ transcription 精密(音声)表記. ― 名 ❶ 狭い道路[山道]. ❷ [複数形で] ⇨ narrows. ― 動 他 ❶ 〈を〉狭[細く]する: ~ one's eyes 目を細くする / ~ the gap between developed and developing areas 発展した地域と発展途上の地域とのギャップを狭める. ― 他 ❷ 狭[細]くなる: The road ~s there. 道路はそこで狭くなっている. **nárrow dówn**《他+副》〈範囲などを〉〈…に〉狭める, 絞る: We ~ed down the candidates to three. 我々は候

補者を3人に絞った. ~・ness 名 〖OE; 原義は「ねじれた」〗

nárrow・bánd 形 《通信》狭(周波数)帯域の《比較的データ送信が遅い》.

nárrow bóat 名 《英》(運河用の)細長い船.

nárrow・càst 動 自 限られた地域[視聴者]に放送する. **nárrow・càst・er** 名

nárrow・càst・ing 名 U ナローキャスティング(限定された地域・視聴者を対象とするラジオ・テレビ放送).

nárrow gáuge 名 《鉄道》狭軌《軌間が1435 mm より狭いもの》.

nárrow-gáuged 形 《鉄道》狭軌の.

nár・row・ly 副 ❶ かろうじて: We ~ escaped death. 我々はかろうじて死を免れた. ❷ 念入りに, 詳しく (= closely, carefully): She watched ~ as I worked. 私が仕事をしている時彼女は入念に見守っていた. ❸ 狭義に, 厳格に: interpret the law ~ 法を狭義に解釈する.

nárrow-mínded 形 狭量な, 偏狭な (↔ broadminded, open-minded). ~・ly 副 ~・ness 名

nárrow móney 名 U 《英》ナローマネー, 狭義の通貨《通貨供給量の尺度のうち最も範囲の狭いもの; 現金通貨に商業銀行の手許現金とイングランド銀行当座預金を加えた額》.

nar・rows /nǽrouz/ 名 複 ❶ 〖しばしば単数扱い〗海峡, 瀬戸; (川・湖などの)狭い部分. ❷ 〖the N~〗ナロー水道《New York港に通じる Long Island と Staten Islandとの間の狭い海峡》.

nar・thex /ná:rθeks/ ná:-/ 名 《建》拝廊, ナルテックス《古代のキリスト教会堂本堂入口前の広間; 懺悔をする人・洗礼志願者のための空間》; ナルテックス《教会堂の入口の間》.

nar・whal, nar・wal /ná:r(h)wəl/ ná:-/ 名 動 イッカク《寒帯の海にすむイッカク科の動物》.

nar・whale /ná:r(h)wèil/ ná:-/ 名 動 = narwhal.

nar・y /né(ə)ri/ 形 《古》少しも…ない.

NASA /nǽsə/ ná:-/ 略 National Aeronautics and Space Administration ナサ, (米国)航空宇宙局.

†**na・sal** /néɪz(ə)l/ 形 A ❶ 鼻(に関する)の: the ~ cavity 鼻腔(びこう). ❷ a 鼻音の, 鼻にかかる. b 《音声》鼻音の: ~ sounds 鼻音《/m, n, ŋ/ など》/ ~ vowels 鼻母音《フランス語の /ɑ̃, ɛ̃, ɔ̃, œ̃/ など》. ❸ 名 《音声》鼻音. ~・ly /-zəli/ 副 〖F or L <nasus nose; ⇒ -al〗

na・sal・i・za・tion /nèɪzəlɪzéɪʃən/ | -laɪz-/ 名 U 《音声》鼻音化.

na・sal・ize /néɪzəlàɪz/ 動 他 《音声》〈…を〉鼻音化する. — 自 鼻音化して発音する.

nas・cent /nǽsənt, néɪ-/ 形 A 発生しようとする; 初期の(budding): a ~ industry 発生期にある産業. **náscence** /-s(ə)ns/ 名

Nas・daq, NASDAQ /nǽzdæk/ 名 《商標》ナスダック《全米証券協会の運営する店頭株式取引市場の相場報道システム, またそれにより形成される市場; 各証券会社がコンピューターネットワークを通じて, それぞれの売買の気配値を他社や投資家に通知する》. 〖*N*ational *A*ssociation of *S*ecurities *D*ealers *A*utomated *Q*uotation System〗

Nash /nǽʃ/, **Ogden** ナッシュ (1902-71; 米国のユーモア詩人).

Nash・ville /nǽʃvɪl/ 名 ナッシュビル《米国 Tennessee 州の州都》.

na・so- /néɪzou/ 〖連結形〗「鼻(の)」.

nàso・gástric 形 《医》鼻から胃に管を通した.

nàso・phárynx 名 《解》鼻咽腔. **nàso・pharýngeal** 形

Nas・sau /nǽsɔ:/ 名 ナッソー《バハマの首都・海港; バハマ諸島中北西部の New Providence 島にある》.

Nas・ser /nǽsər | -sə/ 名 /Lake ~/ ナセル湖《エジプト南部・スーダン北部にまたがる人造湖; 1960 年代の Aswan High Dam 建設によりできる》.

Nas・ser /nǽsər | -sə/, **Gamal Abdel** 名 ナセル (1918-70; エジプトの軍人・政治家; 首相 (1954-56), 大統領 (1956-70)).

nas・tic /nǽstɪk/ 形 《植》傾性運動の[を示す].

nas・tur・tium /nəstɚ́ːʃəm | -tɚ́:-/ 名 《植》ノウゼンハレン, キンレンカ, ナスタチウム《黄・赤の花が咲く園芸植物》.

*‡**nas・ty** /nǽsti/ (**nas・ti・er; -ti・est**) 形 ❶ a 《胸が悪くなるほど》いやな, 不快な, 汚らしい (horrible, unpleasant): live in ~ conditions ぞっとするほど不潔な状況で生活する / a ~ sight ぞっとするいやな光景. b 《天候などが》ひどくいやな, 荒れ模様の: ~ weather とてもいやな天気 / a ~ storm ひどいあらし. ❷ a 意地の悪い, たちの悪い, 卑劣な (malicious; ↔ nice, kind): a ~ remark 不快な言葉 / turn ~ 意地悪な態度に変わる / play a person a ~ trick 人に対して卑劣な手を使う / Don't be so ~ to him. 彼にそんなに意地悪するな. b 怒りっぽい, 不機嫌な: He's in a ~ temper. 彼はかんしゃくを起こしている. ❸ A (道徳的に)いやらしい, みだらな: a ~ book [film] エロ本[いやらしい映画]. ❹ 《問題・病気などが始末に負えない, やっかいな, 難しい: a ~ disease やっかいな病気 / a ~ question 難問 / a ~ road to drive on 運転しにくい道路. **a násty bit [piece] of wórk** 《英口》不愉快なやつ, 卑劣なやつ. **a násty òne** (1) 拒絶, ひじ鉄. (2) ひどい打撃. (3) 困った質問, 難問. **chéap and násty** 安かろう悪かろう. **léave a nàsty táste in the** [a person's] **móuth** ⇒ taste [成句]. —— 名 〖しばしば複数形で〗(口)いやな人[もの]. **nás・ti・ly** /-təli/ 副 **-ti・ness** 名

NAS/UWT 略 《英》National Association of Schoolmasters / Union of Women Teachers 全国女性教員校長組合.

Nat /nǽt/ 名 ナット《男性名; Nathan, Nathaniel の愛称》.

nat. 略 national; native; natural.

Nat. 略 National; Nationalist; Natural.

na・tal[1] /néɪtl/ 形 A 出生[出産, 分娩(ぶんべん)]の: one's ~ day 誕生日.

na・tal[2] /néɪtl/ 形 尻の, 臀部(でんぶ)の.

na・tal・i・ty /neɪtǽləti/ 名 出生(率).

na・tant /néɪtənt, -tnt/ 形 遊泳する; 浮遊性の.

na・ta・tion /neɪtéɪʃən/ 名 U 《文》遊泳; 遊泳術.

na・ta・to・ri・al /nèɪtətɔ́:riəl, nǽt-/ 形 泳ぐのに適した; 泳ぐ習性のある.

na・ta・to・ri・um /nèɪtətɔ́:riəm, nǽt-/ 名 (複 ~s, -ri・a /-riə/) 《米》(屋内の)水泳プール.

natch /nǽtʃ/ 副 《文修飾》《俗》当然, もちろん (naturally).

na・tes /néɪtiːz/ 名 複 《解》尻, 臀部(でんぶ) (buttocks).

NATFHE 略 《英》National Association of Teachers in Further and Higher Education 全国高等教育教員組合.

Na・than /néɪθən/ 名 ネイサン《男性名; 愛称 Nat》.

Na・than・iel /nəθǽnjəl/ 名 ナサニエル《男性名; 愛称 Nat》.

‡**na・tion** /néɪʃən/ 名 ❶ 《通例 the ~; 集合的; 単数または複数扱い》(1つの共通の文化・言語などを有する)国民《全体》: the British ~ 英国民 / the voice of the ~ 国民の声, 世論 / The whole ~ supports [support] him. 全国民が彼を支持している. ❷ C (1つの国からなる)国家: the Western ~s 西欧諸国 ⇒ United Nations. ❸ C 民族, 種族: the Jewish ~ ユダヤ民族 / a ~ without a country 国を持たない民族. ❹ C a (北米先住民の)部族. b (北米先住民が政治的に結成しうる)部族連合. **the Léague of Nátions** ⇒ league[1] [成句]. 〖L=race of people<*natus* born; cf. native, nature〗 〖類義語〗(1) **nation** 経済的利害を共にし, 独立した一つの政府の下に統一された政治的単一体. **people** 共通の文化・言語・利害を持った文化的・社会的な集団. **race** 祖先や肉体的特徴が共通な生物学的な単一の集団. (2) ⇒ country.

Na・tion /néɪʃən/, **Carry (Amelia)** 名 ネーション (1846-1911; 米国の禁酒運動家; 斧で酒場を破壊する活動を行なった).

‡**na・tion・al** /nǽʃ(ə)nəl/ 形 〖通例 A〗 ❶ 国民の; 全国民(共通)の: the Japanese ~ character 日本人の国民性. ❷ a 国家の, 国家的な; 国家全体の: ~ affairs 国務, 国事 / a ~ election 国政選挙 / ~ power [prestige] 国力

[国威]. **b** 全国的な, 全国向けの (nationwide): a ~ organization 全国的な組織. **c** 一国を象徴する, 国民的な: the ~ flag [flower] 国旗[国花]. ❸ 国有の, 国立の, 国定の: a ~ theater 国立劇場. ❹ 国粋的な, 愛国的な.
── 图 ❶ (外国居住の, 特定の国の)国民, 国人, 国籍人: American ~s living abroad 海外在住のアメリカ人. ❷ [しばしば複数形で] (米) (競技などの)全国大会.《〈F L〉 图 nation, nationality, 動 nationalize》 [類義語] ⇨ citizen.

†**nátional ánthem** 图 国歌: the British ~ 英国国歌.
Nátional Assémbly 图 ❶ [the ~] フランス下院. ❷ [the ~]『フランス史』(革命当時の)国民議会 (1789–91).
Nátional Assístance 图 Ⓤ (かつての英国の)国民生活扶助料 (1948–65).
Nátional Associátion for the Adváncement of Cólored Péople 图 [the ~] (米) 全国有色人種向上協会《略 NAACP》.
nátional bánk 图 ❶ 国立銀行. ❷ (米) 国法銀行《連邦政府の認可を受けた商業銀行》.
Nátional Básketball Associátion 图 [the ~] ナショナルバスケットボール協会《米国のプロバスケットボール組織; 略 NBA》.
nátional cémetery 图 (米) (武勲のあった軍人を葬る)国立共同墓地.
Nátional Collégiate Athlétic Associátion 图 [the ~] 全米大学体育協会《略 NCAA》.
nátional convéntion 图 (米) 全国党大会《州党大会または直接予備選挙で選出された代議員から成り, 大統領・副大統領候補者を指名し政綱を決める》.
nátional currículum 图 [the ~, しばしば the N- C ~]《英》ナショナルカリキュラム《イングランドとウェールズの公立学校に適用されているカリキュラム; 必修教科・到達目標などが規定されている》.
nátional débt 图 [通例 the ~] 国債《中央政府の金銭債務》.
Nátional Endówment for the Árts 图 [the ~] 全米芸術基金《略 NEA》.
Nátional Endówment for the Humánities 图 [the ~] 全米人文科学基金《略 NEH》.
Nátional Fóotball Cónference 图 [the ~] ナショナル(フットボール)カンファレンス《NFL 傘下の米国のフットボールリーグ; 略 NFC; cf. American Football Conference, National Football League》.
Nátional Fóotball Léague 图 [the ~] ナショナルフットボールリーグ《米国最大のプロフットボール組織; American Football Conference, National Football Conference を傘下にもつ; 略 NFL》.
Nátional Gállery 图 [the ~] ナショナルギャラリー, 国立美術館 (London の Trafalgar Square にある; 1824 年開設).
Nátional Geográphic 图 [the ~] 『ナショナルジオグラフィック』《米国の月刊誌; 世界各地の珍しい自然や風俗・動物などを写真を中心に紹介する》.
Nátional Geográphic Socíety 图 [the ~] 米国地理学協会.
nátional góvernment 图 (非常時などの)挙国一致政府.
nátional grid 图 [the ~]《英》❶ 全国高圧送電線網. ❷ (地図の)全国距離座標系.
Nátional Gúard 图 [the ~] [通例 the ~; 集合的; 単数または複数扱い] (米国各州の)州兵(軍)《非常時には大統領令で召集される》.
†**Nátional Héalth (Sèrvice)** 图 [the ~]《英》国民健康保険(制度)《略 NHS》: on the ~ 国民健康保険で《★ 〈口〉では Service を略す》.
nátional hóliday 图 国民休日[祝祭日].
nátional íncome 图 Ⓤ《経》(年間の)国民所得.
Nátional Ínstitute on Disabílity and Rehabilitátion Reséarch 图 [the ~] (米) 国立障害リハビリテーション研究所《略 NIDRR》.
Nátional Ínstitutes of Héalth 图 [the ~] (米) 国立衛生研究所《略 NIH》.

1201　　native

†**Nátional Ínsurance** 图 Ⓤ (英) 国民保険(制度)《略 NI》.
***ná·tion·al·ism** /nǽʃ(ə)nəlìzm/ 图 Ⓤ ❶ [しばしば軽蔑的に] **a** 国家主義, 民族主義. **b** 愛国主義, 国粋主義 (jingoism). ❷ 民族自決主義.
***ná·tion·al·ist** /nǽʃ(ə)nəlɪst/ 图 ❶ [しばしば軽蔑的に] 国家[民族, 国粋, 愛国]主義者. ❷ 民族自決主義者.
── 形 Ⓐ ❶ 国家[民族, 国粋, 愛国]主義(者)の[的な]. ❷ 民族自決主義(者)の.
†**na·tion·al·is·tic** /næ̀ʃ(ə)nəlɪ́stɪk⁻/ 形 [しばしば軽蔑的に] 国家[民族, 国粋, 愛国]主義(者)の[的な]. **-ti·cal·ly** /-kəli/
***na·tion·al·i·ty** /næ̀ʃənǽləti/ 图 ❶ Ⓤ Ⓒ 国民であること; 国籍: of Italian ~ イタリア人で[の] / scholars of all *nationalities* 各国の学者たち / I'm British by ~. 国籍は英国人です /"What's his ~?" "He's Japanese."「彼は何国人ですか」「日本人です」. ❷ Ⓒ 民族(グループ) (race). ❸ Ⓤ 国民性. (形 national)
na·tion·al·i·za·tion /næ̀ʃ(ə)nələzéɪʃən/, -laɪz-/ 图 Ⓤ 国有(化), 国営: the ~ of the railroads 鉄道国営(化).
†**na·tion·al·ize** /nǽʃ(ə)nəlàɪz/ 動 他 〈…を〉国有化する, 国営にする (↔ denationalize, privatize): ~ the railroads 鉄道を国有化する. (形 national)
Nátional Léague 图 [the ~] ナショナルリーグ《米国の二大プロ野球連盟の一つ》.
ná·tion·al·ly /-nəli/ 副 ❶ 国家[国民]として, 国家的に. ❷ 挙国一致して. ❸ 国家本位に; 国家的にみて; 公共の立場から. ❹ 全国的に.
nátional mónument 图 (米) 国定記念物《史跡・景勝地・天然記念物など》.
Nátional Organizátion for Wómen 图 [the ~] 全米女性機構《略 NOW》.
***nátional párk** 图 国立公園.
Nátional Párk Sèrvice 图 [the ~] (米) 国立公園局.
Nátional Pórtrait Gàllery 图 [the ~] (London の)ナショナルポートレートギャラリー, 国立肖像画美術館《1856 年開館》.
nátional próduct 图 Ⓤ《経》(年間の)国民生産.
Nátional Rífle Associátion 图 [the ~] 全米ライフル協会《略 NRA》.
nátional secúrity 图 Ⓤ 国家安全保障.
Nátional Secúrity Cóuncil 图 [the ~] (米) 国家安全保障会議《国家安全保障に関する国内・外交・軍事政策について大統領に助言する機関; 略 NSC》.
†**nátional sérvice** 图 Ⓤ 国民兵役 (military service)《英国では 1965 年までに段階的に撤廃; cf. selective service》: do one's ~ 兵役につく.
nátional sócialism 图 Ⓤ [しばしば N~ S~] 国家社会主義.
nátional sócialist 图 [しばしば N~ S~] 国家社会党員.
Nátional Sócialist Párty 图 [the ~]《特に Hitler の統率した)国家社会党, ナチス (⇨ Nazi).
Nátional Trúst 图 [the ~]《英》ナショナルトラスト《英国の自然環境・歴史的環境保護のための民間組織》.
Nátional Wéather Sèrvice 图 [the ~] (米) 国立気象局《もと Weather Bureau》.
Nátional Wíldlife Federátion 图 [the ~] 全米野生生物連盟《自然保護団体》.
ná·tion·hood 图 Ⓤ 国家(としての地位).
Nátion of Íslam 图 [the ~] ネーションオブイスラム《米国の黒人イスラム教団体; 黒人の分離独立を唱える》.
ná·tion-státe 图 民族国家.
***na·tion·wide** /néɪʃənwáɪd⁻/ 形 全国的な, 全国規模の (national): a ~ campaign [network] 全国キャンペーン[放送網]. ── 副 全国的に.
***na·tive** /néɪtɪv/ 形 ❶ Ⓐ **a** 出生地の, 自国の, 本来の: one's ~ land 故郷 / one's ~ language [tongue] 母

Native Alaskan

語, 母国語 / a ~ word (外来語に対して)本来語. **b** 《人がその国[国土]に生まれた》: a ~ New Yorker はえぬきのニューヨーク人. ❷ その地固有の, 土着の; 《動植物などが》原産の, 自生の (indigenous): ~ plants 土着の植物 / in (one's) ~ dress 民族衣装を着て / a plant ~ to North America 北米原産の植物. ❸ 生まれつきの, 生来の; 生得の (innate): a ~ ability 天賦の才 / That cheerfulness is ~ to her. あの快活さは彼女には生まれつき備わっているものだ. ❹《鉱物などが》天然のままの: ~ copper 自然銅, 純銅. ❺ [軽蔑的に] (未開の)原住民の, 土着の: ~ tribes 土着の部族. **gò nátive** 《口》[しばしば軽蔑的に]《在留外国人などが》原住民と同じ生活をするようになる;《旅行者が》現地の人のようにふるまう. ──名 ❶ **a** 《...の》生まれの人: a ~ of London ロンドンっ子. **b** (旅行客と区別して)土地の人 (local). ❷ [しばしば複数形で; 軽蔑的に] (非白人の未開の)原住民, 土着民. ❸ 《...の》土着の動植物 《of》. 《F<L 生まれた(ままの)<natus born》【類義語】⇒ citizen.

Nátive Aláskan 名 =Alaska Native.

⁺**Nátive Américan** 名 形 アメリカ[北米]先住民(の), アメリカ[北米]インディアンの(《★米》では American Indian よりも好ましい言い方とされる).

nátive-bórn 形 その土地で生まれた, はえぬきの (cf. natural-born): a ~ American 生まれながらのアメリカ人.

nátive cát 名《動》フクロネコ《オーストラリア産》.

nátive són《米》その州で生まれた人, 土地っ子.

nátive spéaker 名 母国語話者, ネイティブスピーカー: a ~ of English 英語を母国語とする人.

na·tiv·ism /néɪṭɪvìzm/ 名 Ⓤ ❶ 先住民保護政策. ❷ 〖哲〗先天説, 生得説.

na·tiv·i·ty /nətívəṭi/ 名 ❶ Ⓤ 出生, 誕生. ❷ [the N-] キリストの降誕(祭). ❸ [N-] Ⓒ キリスト降誕の図. ❹ 〖占星〗《人の誕生時の》天宮図.

nativity play [しばしば N- P-] キリスト降誕劇《クリスマスの時期に子供たちが演じる》.

natl.《略》national.

*⁺**NATO, Na·to** /néɪtoʊ/ 名 北大西洋条約機構, ナトー. 〖**N**orth **A**tlantic **T**reaty **O**rganization〗

na·tri·u·re·sis /nèɪtrɪjʊəríːsɪs/ 名 Ⓤ〖医〗ナトリウム排泄増加. **-u·ret·ic** /-rétɪk⁻/ 形

na·tron /néɪtrən | -trən/ 名 Ⓤ ソーダ石, ナトロン《天然のナトリウムの含水炭酸塩鉱物》.

nat·ter /nǽṭə | -tə/《米古風・英口》動 ぺちゃくちゃしゃべる《away, on》《about》. ──名 [a ~] (つまらぬ)おしゃべり; have a ~ (しばらく)おしゃべりする.

nat·ter·jack /nǽṭədʒæk | -tə-/ 名 《また **nátterjack tòad**》〖動〗ナッタージャック《背中に黄条のあるヨーロッパ産のヒキガエル》.

nat·ty[1] /nǽṭi/ 形 (**nat·ti·er; -ti·est**)《口》❶《服装などが》きちんとした, こざっぱりした; いきな. ❷ 設計のよい, 便利な, 使いやすい. **nát·ti·ly** /-ṭəli/ 副 **-ti·ness** 名

nat·ty[2] /nǽṭi/ 形《俗》《髪が》細く束ねて絡ませた.

*⁺**nat·u·ral** /nǽtʃ(ʊ)rəl/ 形 (more ~; most ~) ❶ (比較なし) **a** 自然の, 自然界の: the ~ world 自然界 / ~ beauty 自然美 / ~ forces [phenomena] 自然[現象] / a ~ weapon 天然の武器《つめ・歯など》. **b** 自然のままの, 加工しない (↔ artificial, man-made): ~ rubber 天然ゴム. **c** 自然の過程による, 自然的な: a ~ increase of population 人口の自然増 / the ~ course of events 物事の自然のなりゆき. ❷ Ⓐ 生まれつきの, 生得の: one's ~ life 天寿 / ~ abilities 天賦の才 / a ~ instinct 生まれながらの本能. **b** Ⓟ 《...にとって》普通で, 平常で;《...に》持ちまえの: a manner ~ to a teacher 教師らしい態度 / with the kindness which is ~ to him 彼持ちまえの親切心で. **c** Ⓐ 《人が生来の, 天性の: a ~ linguist [organizer] 生まれながらの語学の達人[まとめ役] / a ~ poet 天成の詩人. ❸ 気取らない, ふだんと変わらない, 飾らない (genuine; ↔ affected, contrived) / ~ behavior あるがままの態度 / one's ~ voice 気取らない[自然]な声. ❹ 当然の[で], もっともな (↔ unnatural, surprising): a ~ mistake もっともな間違い / [+*for*+代名+*to do*] It's ~ *for* him *to* disagree with you.=It's ~ that he should disagree with you. 彼が君に同意しないのも無理はない / It's only ~ *to* worry about your family. 家族のことを心配するのも当然のことだ. ❺《絵など》生き生きの, 真に迫った: This portrait looks very ~. この肖像画は実物そっくりだ. ❻ Ⓐ (比較なし) **a**《家族の人が》生みの, 実の: one's ~ mother 生みの母. **b**《古》庶出の: a ~ son [daughter, brother] 庶出の息子[娘, 兄[弟]]. ❼ (比較なし)《楽》**a** 本位の《シャープ (sharp) もフラット (flat) もつかないこと》; また 本位記号 (♮). **b** [音名のあとで] 本位の: C~ 本位ハ音. **còme nátural to...** 〖成句〗── 名 ❶ (通例単数形で) (口) 生まれつきの名人, 《...に》うってつけの人[もの]: a ~ *at* chess チェスの生まれながらの名人 / a ~ in front of a camera 天性の俳優[テレビタレント] / He's a ~ *for* the job. 彼はその仕事にうってつけの人だ. ❷《楽》本位音, ナチュラル (♮). **b** 本位音. **c** (ピアノ・オルガンの)白鍵(けん). **~·ness** 名 〖F<L〗《名》nature)【類義語】⇒ inborn.

natural-bórn 形 生まれつきの, 生得の (cf. native-born): a ~ citizen 出生によって市民権を有する市民.

nátural chíldbirth 名 Ⓤ.Ⓒ 自然分娩(ᴮᴺ).

nátural déath 名《変死に対し, 病死・老衰などの》自然死: die a ~ 普通の死に方をする.

nátural disáster 名 Ⓤ.Ⓒ 自然災害.

nátural énemy 〖生〗(自然界の)天敵.

nátural fóod 名 Ⓤ.Ⓒ 自然食.

nátural fréquency 〖電・機〗固有振動数[周波数].

⁺**nátural gás** 名 Ⓤ 天然ガス.

nátural históri·an 名 博物学者; 博物誌の著者.

nátural hístory 名 ❶ Ⓤ 博物学《今は動物学・植物学・地学などに分化している》. ❷ Ⓒ 博物誌.

nat·u·ral·ise /nǽtʃ(ʊ)rəlàɪz/ 動 他 (英) =naturalize.

nat·u·ral·ised (英) =naturalized.

nat·u·ral·ism /-lìzm/ 名 ❶ Ⓤ 〖文芸〗自然主義《人生における「真」の客観描写を本領とする写実主義》. ❷〖哲〗自然主義《自然を重視し, すべての現象を科学的法則で説明する主義》. ❸〖神〗自然論《宗教的真理は自然の研究から得られるとする説》.

⁺**nat·u·ral·ist** /-lɪst/ 名 ❶ 自然主義者. ❷ 博物学者.

nat·u·ral·is·tic /nǽtʃ(ʊ)rəlístɪk⁻/ 形 ❶ 自然主義的な. ❷ 博物学(者)的な.

nat·u·ral·i·za·tion /nǽtʃ(ʊ)rəlɪzéɪʃən | -laɪz-/ 名 ❶ **a** (外国人の)帰化. **b** (外国語・外国文化の)移入. **c** (外国産の動植物の)帰化. ❷ 自然化.

nat·u·ral·ize /nǽtʃ(ʊ)rəlàɪz/ 動 他 ❶ [しばしば受身] **a**《外国人を》《...に》帰化させる: Mr. Kohl is a German who has *been ~d in* Britain. コール氏はイギリスに帰化したドイツ人です. **b**《外国語・外国文化などを》《...に》取り入れる《*in, into*》: "Seminar" is a German word that has *been ~d in* English. "seminar" はドイツ語から英語に取り入れられた語です. **c**《動植物を》《...に》移植する, 自然化する. **d**《...を》自然なものにする; 神秘的[因襲的]でなくする. ──自 ❶ 帰化する; 風土に慣れる. ❷ 博物を研究する.

nat·u·ral·ìzed 形 帰化した;《外国で》市民権を与えられた: a ~ American citizen 帰化したアメリカ人 / ~ plants 帰化植物.

nátural kíller cèll 名 〖免疫〗ナチュラルキラー細胞, NK 細胞《免疫的記憶なしに, ある種の腫瘍細胞などを破壊することができるリンパ球》.

nátural lánguage 名 《人工言語・機械言語に対して》自然言語.

nátural láw 名 ❶ Ⓤ.Ⓒ 自然の理法, 自然律[法則], 天理. ❷〖法〗自然法 (cf. positive law).

nátural lógarithm 名 〖数〗自然対数《e を底とする》.

*⁺**nat·u·ral·ly** /nǽtʃ(ʊ)rəli/ 副 ❶ 自然に, 自然の力で: grow ~《植物が》自生する. ❷ 生まれつき: He's ~ clever. 彼は生まれつき賢い. ❸ [文修飾] 当然, もちろん (of course): N~, she accepted the invitation. もちろん彼女は招待に応じた / "Did you like the movie?" "N~!"

《口》「その映画気に入った」「もちろん」. ❹ 気取らないで, ふだんと変わらずに, 飾らないで: Speak and behave ~. ふだんと変わらない調子で話しふるまいなさい. **còme náturally to...** 〈事が人〉にとってすらすらとできる[容易である].

nátural philósophy 名 《古》 自然哲学 《今の natural science》.

nátural relígion 名 Ｕ 自然宗教 《奇跡・啓示を認めず人間の理性に基づく宗教; cf. revealed religion》.

†**nátural résource** 名 《通例複数形で》 天然資源.

nátural scíence 名 Ｃ,Ｕ 自然科学 《生物・化学・物理など》.

nátural seléction 名 Ｕ 《生》 自然選択[淘汰(とうた)] 《cf. the SURVIVAL of the fittest》〘成句〙.

nátural theólogy 名 Ｕ 自然神学 《啓示によらず人間の理性によるもの》.

nátural vírtues 名 徴 《スコラ哲学》 自然徳 《4 つの CARDINAL VIRTUES》.

nátural wástage 名 Ｕ (労働力の)自然損耗.

nátural yéar 名 = tropical year.

†**na·ture** /néɪtʃɚ/ 名 ❶ 〘無冠詞, しばしば N～〙自然, 天然; 自然界; 自然力, 自然現象 《★ しばしば擬人化して女神扱い; Mother Nature「母なる自然」と戯言的にもいう》: the laws of ~ 自然の法則 / the balance of ~ 自然(界)の均衡 / in the course of ~ 自然の成り行きで / destroy [preserve] ~ 自然を破壊[保護]する / N~ is the best physician. 〘諺〙 自然は最良の医師. ❷ a Ｕ,Ｃ (人・動物の)**本性**, 天性, 性質: human ~ 人間性 / one's better ~ 良心 / He has a generous ~. 彼は寛大な性質の持ち主だ / It's not (in) my ~ to be cruel. 残酷なのは私の天性ではない / Habit is second ~. 習慣は第二の天性. **b** [the ~] 〘ものの**本質**, 特質, 特徴: the ~ of love 愛の本質. **c** Ｃ 〘通例修飾語を伴って〙 (...の)性質の人: optimistic ~s 楽天的な人たち. ❸ 〘単数形で; 通例修飾語を伴って〙 種類 (kind, sort): matters *of* this ~ この種のこと / His music is mostly *of* a classical ~. 彼の作る音楽はたいていクラシックな種類に属する. ❹ Ｕ a (文明にゆがめられない)人間の自然の姿: get back to ~ 自然(な生活様式)に戻る / Return to ~! 自然に帰れ. **b** 自然物, 実物: draw [paint] a thing from ~ 自然を写生する / true to ~ 真に迫った. ❺ Ｕ **a** 活力, 体力: enough food to sustain ~ 体力を保つに足る食物. **b** 肉体[生理]的要求: call of nature ⇨ call 〘成句〙 / N~ calls. 便意を催す / ease [relieve] ~ 用便をする.

agàinst náture (1) 不自然な[に]; 不道徳な[に]: a crime *against* ~ ⇒ crime 1 / It's *against* ~ to behave like this to your parents. 両親に対してこんな仕打ちをするのは道徳にもとる. (2) 奇跡的な[に].

áll náture だれもかれも, 何もかも; 万物: *All* ~ looks happy. 万物が陽気に見える, 鳥歌い花笑う.

by náture 生来, 本来: She's artistic *by* ~. 彼女は生まれつき芸術的な素質を持っている.

by one's (véry) náture 本質的に: Medical research is *by its very nature* worthwhile. 医学の研究は本質的にやりがいがある.

cóntrary to náture = against NATURE 〘成句〙 (2).

in a státe of náture (1) 自然[未開, 野蛮な]状態で; 野生のままに. (2) 真っ裸で.

in náture (1) 本質的に: The book is technical *in* ~. その本は本来専門的なものです. (2) 現存で; 事実上: We can do it in the laboratory, but we don't yet know if it happens *in* ~. 実験室でならできるが, それが実際に起こるかどうかはまだわからない. (3) [最上級を強調して] 世界中で, この上なく: Love is *the most wonderful thing in* ~. 愛こそ世界で最もすばらしいものだ. (4) [否定語を強調して] どこにも(...ない): There's *no* everlasting happiness *in* ~. 永続的幸福はどこにも存在しない.

in [of] the náture of...の性質を帯びて, ...に似た: The invitation was *in the* ~ *of* a command. その招待は命令に近いものだった.

in [by, from] the náture of thíngs [the cáse] 道理上, 必然的に, 当然.

lèt náture táke its cóurse 《口》 自然の成り行きに任せる.

or sómething of thát náture あるいはそれに類するもの.

the náture of the béast 人[物]の(変えがたい)本質[特質]. 〘F＜Ｌ *natura* birth, nature ＜ *natus* born〙 〘形〙

Náture Consèrvancy 名 [The ~] 《米》 ネイチャーコンサーバンシー, 自然管理委員会 《自然保護活動を行なう非営利団体; 略 TNC》.

náture cùre 名 Ｕ 自然療法.

ná·tured 形 〘通例複合語で〙 (...な)性質の, 性質が...の: good-*natured* 人のよい, お人よしの / ill-*natured* 人の悪い, 意地悪の.

náture resèrve 名 鳥獣植物保護区, 自然保護区.

náture stùdy 名 Ｕ 自然研究, 理科 《花鳥・鉱石・天候などの観察; 学校の教科にある》.

náture tràil 名 (自然観察のための)自然遊歩道.

náture wòrship 名 Ｕ 自然崇拝.

ná·tur·ism /-tʃərɪzm/ 名 Ｕ ❶ 裸体主義. ❷ = naturalism.

ná·tur·ist /-rɪst/ 名 裸体主義者.

na·tu·ro·path /néɪtʃərəpæθ/ 名 自然療法家.

na·tu·rop·a·thy /nèɪtʃərápəθi | -rɔ́p-/ 名 Ｕ 自然療法 《薬物を用いず自然治癒力による療法》. **na·tu·ro·path·ic** /nèɪtʃərəpǽθɪk/ 形

Nau·ga·hyde /nɔ́:gəhaɪd/ 名 Ｕ 〘商標〙 ノーガハイド (ビニールレザークロス).

naught /nɔ́:t/ 名 ❶ Ｕ 《古》 無, 無価値: all for ~ むだに, いたずらに. ❷ Ｃ 《米》 ゼロ, 零 《此語 この意味では《英》では nought のほうが一般的》. **bríng...to náught** 〈...を〉ぶちこわす, だめにする. **còme to náught** だめにする, 失敗に終わる. **sét...at náught** 〈...を〉無視[軽蔑]する. 〘OE ＜ na no+niht thing〙

†**naugh·ty** /nɔ́:ti/ 形 (naugh·ti·er; -ti·est) ❶ 〘特に子供が〙いたずら(好き)な, わんぱくな, 言うことをきかない (bad; ↔ good) 《★ 大人(のふるまい)に対して用いることもある》: a ~ boy わんぱくな少年 / Don't be ~ *to* her. 彼女にいたずらをしてはいけない. ❷ 《口》 きわどい, みだらな, わいせつな: a ~ book [joke] きわどい本[冗談]. **náugh·ti·ly** /-təli/ 副 **-ti·ness** 名

nau·pli·us /nɔ́:pliəs/ 名 (徴 **-pli·i** /-pliaɪ/) 〘動〙 ノープリウス, ナウプリウス《甲殻類の発生初期の幼生》.

Na·u·ru /nɑ:ú:ru: | nauru:/ 名 ナウル《赤道近くの太平洋上の島; 共和国; 首都 Nauru》.

†**nau·se·a** /nɔ́:ziə, -siə/ 名 Ｕ ❶ 吐き気, むかつき: feel ~ むかつく. ❷ ひどくいやな感じ. 〘Ｌ＜Ｇｋ＝船酔い＜ *naus* ship; ⇒ nautical〙 形 nauseous

nau·se·ate /nɔ́:zièɪt, -ʃi-, -si-, -zi-/ 動 徴 ❶ 〈人に〉吐き気を催させる (sicken; cf. vomit). ❷ 〈人に〉ひどいやな感じを起こさせる: The idea of study ~*s* me. 勉強なんかうんざりだ.

náu·se·àt·ing /-tɪŋ/ 形 吐き気を催させるような; ぞっとするほどいやな: ~ food 胸の悪くなるような食物 / a ~ sight ひどく不愉快な光景. **~·ly** 副

nau·seous /nɔ́:ʃəs, -zɪəs | -sɪəs, -zɪəs/ 形 ❶ むかつく: feel dizzy and ~ 目が回ってむかつく. ❷ 吐き気を催させるような, 不快な (disgusting); ~ cruelty 胸のむかるような残酷さ. **~·ly** 副 **~·ness** 名 (名 nausea)

nautch /nɔ́:tʃ/ 名 (インドの)舞い子が行う踊りのショー.

†**nau·ti·cal** /nɔ́:tɪk(ə)l/ 形 航海(術)の; 海事の, 船舶の; 船員の: a ~ almanac 航海暦 / ~ terms 海事用語, 海語. **~·ly** /-kəli/ 副 〘Ｌ＜Ｇｋ＜ *naus* ship〙

náutical míle 名 海里《航海および航空に使われる距離の単位; 国際単位は 1852 m; 英国では従来 1853.18 m であった》.

nau·ti·lus /nɔ́:tələs/ 名 (徴 ~·**es, -ti·li** /-laɪ/) 〘動〙 ❶ オウムガイ. ❷ アオイガイ(カイダコ類).

nav (略) naval; navigation; navigator.

NAV (略) 〘証券〙 net asset value.

nav-aid /nǽveɪd/ 名 航海[航空]用機器 《レーダービーコンなど》. 〘*navigation aid*〙

Nav·a·jo, Nav·a·ho /nǽvəhòʊ/ 名 (徴 ~, ~(e)s)

❶ a [the ~(e)s] ナバホ族《北米南西部先住民の一主要部族》. b C ナバホ族の人. ❷ U ナバホ語.

*na·val /néɪv(ə)l/ 形《比較なし》❶ 海軍の, 海軍は (↔ military): a ~ base 海軍基地 / a ~ cadet 海軍士官[少尉]候補生 / ~ power 海軍力, 制海権 / a ~ power 海軍国. ❷ 軍艦の[による]: a ~ battle 海戦. 〖F＜L＜navis ship; ⇒navy〗

Nával Acàdemy 图 [the (U.S.) ~] 米国海軍兵学校《Maryland 州 Annapolis にある》.

nával árchitect 图 造船技師.

nával árchitecture 图 U 造船学.

nával ófficer 图 海軍士官.

nával stòres 图 図 海軍需品《針葉樹, 特に松から採れるテレビン油・ピッチ・ロジンなど》.

nav·a·rin /nǽvərɪn/ 图 ナバラン《マトン[ラム]と野菜の煮込み》.

Na·varre /nəvɑ́ər | -vǽ/ 图 ❶ ナバラ: ❶ フランス南西部とスペイン北部にまたがるピレネー山脈西部の地域; かつて王国があった. ❷ スペイン北部の自治州; 州都 Pamplona.

nave /néɪv/ 图 身廊(しんろう), ネーブ《教会堂中央の一般信者席のある部分; ⇒church さし絵》.

na·vel /néɪv(ə)l/ 图 ❶ へそ. ❷ [the ~] 中心(点), 中央〔of〕. cóntemplate [gáze at, stáre at] one's nável (行動を起こさずに)考え込む, 一人内省にふける. (関形 umbilical).

nável-gàzing 图 U《無益な[ひとりよがりの]》内省.

nável òrange 图 ネーブルオレンジ.

nável·wòrt /-wə̀ːrt/ 图 ❶ ギョクハイ(玉盃)《ヨーロッパ産ベンケイソウ科の多年草; 円い葉のまん中にへそ状のくぼみがある》. ❷ ルリソウ属の一種. ❸ チドメグサの一種.

nav·i·ga·bil·i·ty /nævɪɡəbɪ́ləṭi/ 图 U ❶《海・川などが》航行できること, 可航性. ❷《気球の》操縦可能性;《船舶・航空機などの》耐航性.

nav·i·ga·ble /nǽvɪɡəbl/ 形 ❶《川・海など》船の通れる, 航行できる: ~ waters《法》可航水域. ❷《気球など》操縦可能な;《船舶・航空機など》航行可能な.

†nav·i·gate /nǽvəɡèɪt/ 動 他 ❶ a《船舶・航空機など》を操縦する: ~ a tanker [spacecraft] タンカー[宇宙船]を操縦する. b《川・海・空を》航行[航海]する (sail): ~ the Pacific 太平洋を航行する. ❷《口》a《困難な状況・複雑なシステムなど》を切り抜ける, 乗り切る,〈…にうまく対処する. b《人が》《雑踏・通行困難な場所など》をうまく通り抜ける (negotiate): ~ Tokyo's crowded streets 東京の混踏した通りをうまく運転して進む. c [~ oneself [one's way] で] [...を]通り抜ける〔through〕. d《議案などを》《議会などを》通過させる〔through〕. ❸《インターネット・サイトを》見て回る. —（自）❶ a 航海する: ~ by the stars 星を頼りに航海する. b 操縦する. ❷《魚・鳥・昆虫が》《進路を見つけて》移動する. ❸《車の同乗者が》《地図を見ながら》運転者の道案内をする, ナビゲートする: He drove the car while I ~d. 彼が車を運転し, 一方私は地図を見ながら道案内をした. ❸《困難な状況などを》切り抜ける, 乗り切る〔through〕. ❹ インターネット上[サイト内]を見て回る. 〖L navigare, navigat- ＜navis ship〗

†nav·i·ga·tion /nævəɡéɪʃən/ 图 U ❶ 航海, 航空, 航行: inland ~ 内陸航行. ❷ 航海[航空]学[術], 航法. ❸《船舶・航空機などの》交通.

navigátion lìght 图 航海灯,《空》航空灯.

†nav·i·ga·tor /nǽvəɡèɪṭər | -tə/ 图 ❶ a 航海長. b 航空士. ❷《昔の》航海者; 海洋探検家. ❸ a 運転者の道案内をする人. b ナビゲーター《航空機などの進路を自動調整する装置》.

Nav·ra·ti·lo·va /nævrætɪlóʊvə/, Mar·ti·na /mɑːrtíːnə | mɑː-/ 图 ナブラチロワ (1956- ; チェコ生まれの米国のテニス選手).

nav·vy /nǽvi/ 图《英》《道路建設などの》工夫, 人夫.

*na·vy /néɪvi/ 图《しばしば Ｎ-》；集合的; 単数または複数扱い》海軍 (cf. army): the Department of the N-＝the N- Department《米国の》海軍省《国防総省の3部門の一つ》/ the Secretary of the N-《米国の》海軍長官 / ⇒Royal Navy / join the ~ 海軍に入隊する. ❷《詩》艦隊, (商)船隊. ❸ ＝navy blue. 〖F＜L＜navis ship〗

návy bèan 图 白インゲンマメ.

návy blúe 图 U 形 濃紺色(の), ネービーブルー(の).

návy exchànge 图《米》《海軍基地内の》酒保, 海軍 PX《略 NEX》.

návy yàrd 图《米》海軍工廠(こうしょう).

na·wab /nəwɑ́ːb/ 图 太守《インド・パキスタンのイスラム貴族に対する尊称》; ＝nabob.

Nax·os /nǽksəs, -sɒs/ 图 ナクソス島《エーゲ海の Cyclades 諸島最大の島; ギリシャ領》.

nay /néɪ/ 副 ❶ [接続詞的に]《文》そのみならず, それどころか (indeed): It's difficult, ~, impossible. 難しい, いやそれどころか, 不可能だ. ❷《古》否, いや (no; → yea, aye). sáy a pèrson náy《文》《人》を拒絶する,《人》にいけないと言う. — 图 ❶ 反対投票(者) (↔ yea, aye): The ~s have it! (議会で)反対者多数. ❷《古》否(という答え); 拒否.

nay·say·er /néɪsèɪər | -sèɪə/ 图 否定[反対, 拒絶]する人; 否定的[悲観的]な見方をする人. náy·sày 動 他 (-said; -says).

Naz·a·rene /nǽzəriːn | ~/ 图 ❶ ナザレ人(びと). ❷ [the ~] (ナザレ人)キリスト. ❸ C キリスト教徒 (Christian)《ユダヤ教徒・イスラム教徒の側からの呼称》.

Naz·a·reth /nǽzərəθ/ 图 ナザレ《Palestine 北部の小都; キリストが幼年時代を過ごした土地》.

*Na·zi /nɑ́ːtsi, nǽtsi/ 图《徳 ~s》❶ a [the ~s] ナチス, 国家社会主義ドイツ労働者の党員 (1919-45). b C ナチス党員, ナチ. ❷ [しばしば n~] C ナチズム(信奉)者. — 形 ❶ ナチスの: the ~ party ナチ党, ナチス. 〖G Na(tionalso)zi(alist) National Socialist〗

†Ná·zi·ìsm /-tsiìzm/ 图 ＝Nazism.

Naz·i·rite, Naz·a- /nǽzərɑ̀ɪt/ 图 ナジル人(びと)《古代イスラエル人の一人で, 特別の誓願を立てて神に献身し, ぶどう酒を断つ, 髪を切らないなどの規定を守った誓願者》.

†Ná·zism /-tsɪzm/ 图 U ドイツ国家社会主義, ナチズム.

Nb《記号》《化》niobium. NB《略》New Brunswick; North Britain. NB, nb, n.b. /énbíː, nóʊṭəbéni, -bíːni/《略》nota bene. NBA《略》《米》National Basketball Association. NBC《略》National Broadcasting Company《米国の三大テレビネットワークの一つ》. NbE《略》north by east. NBG, nbg《略》《英口》no bloody good. NbW《略》north by west. NC《略》《米郵》North Carolina. NCAA《略》《米》National Collegiate Athletic Association. NCO《略》noncommissioned officer. NC-17《略》《米》《映》No children under 17 (admitted) 17 歳未満お断わりの準成人映画 (⇒ movie 解説). NCT《略》《英》National Childbirth Trust《出産・育児に関する知識の普及をはかり, 自然分娩や母乳による育児の奨励を行なっている団体》. Nd《記号》neodymium. ND《略》《米郵》North Dakota. n.d.《略》no date; not dated.

-nd /nd/ 腰尾 [2 および 2 で終わる数字につけて序数詞にする]《...》2 番目《★ 12 を除く》: 22nd.

N.Dak.《略》North Dakota.

N'Dja·me·na /ɛ̀ndʒəméɪnə/ 图 ヌジャメナ《チャドの首都; 旧称 Fort-Lamy /fɔ̀ərləmíː | fɔ̀ː-/》.

né /néɪ/ 形 ネかつての人名は, 旧名は, 本名は《男子の現在名の後ろ, もとの名の前に置く; cf. née》.

Ne《記号》《化》neon. NE《略》《米郵》Nebraska; New England; northeast; northeastern; Northeastern (London の郵便区). NEA /énìːéɪ/《略》National Endowment for the Arts.

Neagh /néɪ/, Lough /lɑ́x | lɔ́k/ 图 ネイ湖《北アイルランド中部にあるイギリス諸島最大の湖》.

Ne·an·der·thal /niǽndəθɔ̀ːl, -tɑ̀ːl | -də-/ [また n~] 形 ネアンデルタール人の. ❷《考え方のなどが》古くさい, 時代遅れの; 野蛮な. — 图 ❶ ＝Neanderthal man. ❷ 粗野な人; 大柄な醜男(ぶおとこ). ❸ 反動的な人.

Neánderthal màn 图 U《人》ネアンデルタール人 (1856

年ドイツの Neanderthal 川流域で発掘された旧石器時代の欧州原人).

neap /niːp/ 形 名 =neap tide.

Ne·a·pol·i·tan /nìːəpɑ́lətn | -pɔ́l-/ 形 ❶ ナポリの. ❷ [しばしば n~] A ＜アイスクリームがナポリタンの: ⇨ ice cream. 名 ナポリ人. 《L＜Gk＜*Neapolis* Naples ＜*nea* new+*polis* city》

Neápolitan íce crèam 名 U ナポリタン《種々の色と味をつけたアイスクリーム》.

néap tìde 名 小潮, 最低潮《月が上弦・下弦の時の潮》.

‡**near** /níə | níə/ 副 (~·er; ~·est) ❶ (空間・時間的に)近く, 接して: come [go] ~ 近づく, 接近する / Christmas is drawing ~(er). クリスマスが近づいてきた / He drew ~er. 彼は近寄ってきた / Keep ~ *to* me. 私のそばにいていなさい. ❷ **a** [ほとんど《★この意味では特に nearly のほうが一般的, ⇨ near-》: for ~ fifty years ほぼ 50 年間 / I was very ~ dead. 死んだも同然だった. **b** [否定語を伴って] まだまだ[とても]…でない: He's *not* ~ so rich. 彼はとてもそんな金持ちでない.

(as) néar as one can dó…できる限りでは: *As* ~ *as* I can guess, he's about 30 years old. 推測できる限りでは彼は 30 歳ぐらいだろう.

as néar as dámmit [**màkes nò dífference**]《英口》違ってもほとんど同じで: I spent $10,000, *as* ~ *as makes no difference*. 私はほとんど 1 万ドルくらい費した.

be [còme] néar to… もう少しで…するところである: She *was* ~ *to* tears [death]. 彼女はもう少しで泣き出す[死ぬ]ところだった《比較 She was ~ tears [death] のほうが一般的; ⇨ 前 ❷》.

còme néar to dóing =come NEAR doing 成句《⇨ 前》.
fár and néar ⇨ far 成句.
gò néar to dó もう少しで…するところだ.

néar at hánd (1)(空間的に)近くに: She sat ~ *at hand*. 彼女は近くに座った. (2)(時間的に)近々に: The exam is ~ *at hand*. 試験が近づいてきた.

néar bý 近くに(ある)《cf. nearby》: A fire broke out ~ *by*. 近くで火事があった.

nówhere [nòt ánywhere] néar 《口》全然…でない《not nearly》: The bus was *nowhere* [*wasn't anywhere*] ~ full. バスは満員にはほど遠かった.

sò néar and yèt sò fár うまくいきそうでうまくいかない.

── 前 (~·er; ~·est)《用法 もと 形 副 の near to の to が略されたもので, 前置詞でも比較変化がある》❶ [場所・時間などを表わして] …に, …に近く: ~ the station 駅の近くに / ~ the end of the year 年末ごろに / Is there a bookstore ~ here [there]? この[あの]近くに本屋がありますか / Bring your chair ~*er* the fire. いすをもっと火の近くに寄せなさい / Who comes ~*est* her in academic ability? 学才で彼女の次に来る人はだれか. ❷ [ある状態への接近を表わして] …に近く, …しかけて: The work is ~ completion. 仕事は完成に近づいている / She was ~ tears. 彼女は泣き出しそうになった / He's ~ death. 彼は死にかけている.

còme néar dóing もう少しで…するところ: He *came* ~ be*ing* drowned. 彼は危うくおぼれるところだった.

sáil near the wínd ⇨ wind¹ 成句.

── 形 (~·er; ~·est)《場所・時間など近い, 手近の(close; ↔ far): the ~ distance《絵画・眺望などの》近景 / in the ~ future 近い将来に / go ~*er* the ~*est* way いちばん近い道を行く / to the ~*est* ten [hundred] 十[百]の単位で[位まで] / What is the ~*est* station *to* your house? お宅の最寄りの駅はどこですか《用法 (1) the ~*est* station はよいが, the ~ station とは言わない; cf. the nearby station. (2) the ~*est* station *from* your home は間違い》/ Which bus stop is ~*est to* Carnegie Hall? カーネギーホールにいちばん近いバス停はどこですか. ❷ **a**《関係の》近い, 近親の; 親しい《比較 人の関係について言うときは close² のほうが一般的》: one's ~ relatives 近親の人たち / He's one of the people ~*est to* the President. 彼は大統領の側近の一人だ. **b**《利害》関係の深い: That is a very ~ concern of his. それは彼にとって

きわめて関係の深いことだ. ❸ A よく似た, 本物に近い, 代用の: a ~ guess 当たりではないが遠くない推測 / a ~ resemblance 酷似 / ⇨ near miss, near beer / He is the ~*est* thing we have in our university to a world-class scientist. 私たちの大学で世界的な科学者といってもよいのは彼だ. ❹ A **a** やっとの, きわどい: a ~ escape [《英口》go] 危機一髪, きわどいところ / a ~ thing / have a ~ shave 間一髪で助かる. **b** [~*est* で]＜競争相手が＞最強の, 最大の: defeat one's ~*est* rival 最強のライバルを破る. ❺ 吝い《お金に細かくて〔*with*〕. ❻ A (比較なし) 手前の, こちら側の; ＜自動車・馬・馬車の＞左側の, 左手の《★通例馬には左側から乗ること; cf. off》: the ~ wheel 左側の車輪.

néarest and déarest (1)《友・近縁者など》最も親密な. (2) [one's ~ で, 名詞的に] 近親, 家族の者.

── 動 他 ＜…に＞近づく, 接近する《approach》: We were ~*ing* London. 我々はロンドンに近づいているところだ / She's ~*ing* fifty. 彼女は近く 50 歳になる / The task is now ~*ing* completion. 仕事も今や完成に近づいている.

── 自 近づく, 接近する《approach》: The deadline is ~*ing*. 締め切りが近づいてきた.

《OE; 元来 NIGH の比較級》

near- /níə | níə/ [連結形] [形容詞・名詞につけて] ほとんど(almost): *near*-perfect ほぼ完璧な / a *near*-riot ほぼ暴動といえるもの.

néar bèer 名 U.C《米》ニアビア《アルコール分 0.5% 未満の弱いビール; 酒類とはみなされていない》.

néar-by /níəbái | níə-/ 形 (比較なし) 近くの[で, に]《用法《英》では名詞の後に用いる場合また副詞の場合に near by と 2 語にすることもある》: a ~ city 近くの都市 / They live ~. 彼らは近くに住んでいる / *Near by* I heard somebody singing. 近くでだれかが歌っているのが聞こえた.

Nè·árctic /nìː-/ 形《生物地理》新北亜区の《Greenland と北米大陸の北部地方および山岳地帯を含む》.

néar-dèath expérience 名 臨死体験.

Néar Éast 名 [the ~] 近東《アラビア・北東アフリカ・西南アジア・バルカンなどを含む地域》.

Néar Éastern 形 近東の.

‡**near·ly** /níəli | níə-/ 副 ❶ ほとんど, もう少しで (almost) 《⇨ about 1 a 比較》: ~ new ＜中古品が＞新品同様の / We're ~ at the top. もう少しで頂上です / N~ everybody came to the party. ほとんど全員がパーティーに来た. ❷ かろうじて; 危うく: She ~ missed the train. 彼女はすんでのところで電車に乗りそこなうところだった / I was (very) ~ run over by a car. 危うく車にひかれるところだった. ❸《古》密接に, 密接に; the person most ~ concerned 最も関係の深い人. **nòt néarly** 到底[なかなか]…でない (nowhere near): It's *not* ~ so pretty as it was before. 前の美しさには遠く及ばない / Ten dollars is *not* ~ enough. 10 ドルではとても足りない.

nèarly mán 名《英口》《期待されているところへ》あと一歩及ばない人.

néar míss 名 ❶ (爆撃・射撃の)至近弾. ❷ もう一歩のところ, 「いま一歩」. ❸ (航空機などの)異常接近, ニアミス; 危機一髪.

néar móney 名 U 準貨幣《政府債権や定期預金など簡単に現金化できる資産》.

near·ness /níənəs | níə-/ 名 U ❶ 近いこと, 接近. ❷ 似ていること, 類似.

néar·side 名 [the ~]《英》**a**《馬・馬車の》左側. **b**《自動車の道路の端側の》左側. ── 形《英》左側の《↔ offside》.

near-sight·ed /níəsáitid | níə-/ 形《主に米》近視[近眼]の(short-sighted; ↔ long-sighted): I'm a little ~. 私は少し近眼だ. ~·ly 副 ~·ness 名

néar thíng 名 [a ~]《口》きわどいこと[行為]; 接戦; 危機一髪: It was *a* ~, but we got there safely in the end. きわどかったが, ついにそこに無事にたどり着いた.

***neat¹** /níːt/ 形 (~·er; ~·est) ❶ きちんとした; ＜服装など＞こぎれいな, こざっぱりした: keep one's room ~ 部屋をきちんと整頓しておく. **b** ＜人・習慣など＞きれい好きな, 身だしな

みのよい. **c** 整った(形をした), 均整のとれた: a ~ little house こぢんまりした家 / ~ handwriting (きちんとして)きれいな筆跡. ❷ **a** 〈仕事など〉手際のいい, 巧妙な; 〈道具など〉役立つ, 便利な, 簡便な: a ~ solution うまい解決法 / make a ~ job of it 手際よく仕上げる. **b** 〈言葉・文体など〉適切な, 簡潔な. **c** 〈分類など〉〈便宜上の〉大かな, 簡便な. ❸ 《米俗》すてきな, すばらしい: a ~ idea すばらしい考え / What a ~ party! すばらしいパーティーではないか. ❹ (比較なし)〈酒や生(ʰ)の〉, ストレートの(★《米》では straight のほうが普通): drink whiskey ~ ウイスキーをストレートで飲む. **~ness** 图 [F<L; 原義は「輝くような」]

neat² /níːt/ 图 (圈 ~, ~s) 《古》 牛; 〖U〗 畜牛 (cattle).
neat·en /níːtn/ 動 〖〗 〈…を〉きれいにする, きちんとする.
néat frèak 图 《口》 (他人がうるさがるくらい)きれい好きな人.
(')neath /níːθ/ 前 《詩》 =beneath.
*neat·ly /níːtli/ 副 ❶ きちんと, こぎれいに. ❷ 手際よく, 巧妙に; 適切に.
néat's-fòot òil 图 〖U〗 牛脚油(牛の足のすねの骨を煮て採った不揮発性油; 革を柔軟にする).
NEB (略) New English Bible.
Neb. (略) Nebraska.
neb·bish /nébɪʃ/ 图 《米口》 無能で意気地なし(人).
NEbE (略) northeast by east. **NEbN** (略) northeast by north. **Nebr.** (略) Nebraska.
Ne·bras·ka /nəbrǽskə/ 图 ネブラスカ州《米国中西部の州; 州都 Lincoln; 略 Neb(r)., 〖郵〗 NE; 俗称 the Cornhusker State》. 〖N-Am-Ind=flat water〗
Ne·brás·kan /-kən/ 形 ネブラスカ州(人)の. — 图 ネブラスカ州人.
Neb·u·chad·nez·zar /nèbəkədnézə | -bjukədnézə/ 图 ネブカドネザル《ワインを入れる大型の瓶; 容量約 15 リットル》.
Nebuchadnezzar II 图〖聖〗 ネブカドネザル2世《630?-562 B.C.; 新バビロニア王 (605-562 B.C.); エルサレムを破壊して王と住民をバビロニアに幽閉した (586 B.C.)》.
neb·u·la /nébjʊlə/ 图 (圈 -lae /-liː/, ~s) 〖天〗 星雲; 銀河. 〖L=雲〗
neb·u·lar /nébjʊlə/ -lə/ 形 〖天〗 星雲(状)の.
nébular hypóthesis [théory] 图 [the ~] 〖天〗 (太陽系の)星雲説.
neb·u·lize /nébjʊlàɪz/ 動 〖〗 霧状にする; 〈患部に〉薬液を噴霧する. **-liz·er** 图 (医療用の)噴霧器, ネブライザー.
neb·u·los·i·ty /nèbjʊlásəti | -lɔ́s-/ 图 ❶ 〖U〗 星雲状態. **b** 〖C〗 星雲状のもの, かすみ. ❷ 〖C〗 (思想・表現などの)あいまいさ.
neb·u·lous /nébjʊləs/ 形 ❶ 《記憶・表現・意味など》不明瞭な, 漠然とした (vague): a ~ statement あいまいな発言. ❷ 〖天〗 星雲(状)の. **-ly** 副 **~ness** 图
NEC /énìːsíː/ 〔略〕National Executive Committee《英国労働党の全国執行委員会》; National Exhibition Centre 国立展示センター《イングランド Birmingham 市にある》.
né·ces·saire /nèsəséə | -séə/ 图 (小物を入れる)小箱, 化粧品入れ, 裁縫箱.
nec·es·sar·i·an /nèsəséə(ə)riən/ 形 图 =necessitarian. **~ism** 图 〖U〗 =necessitarianism.
*nec·es·sar·i·ly /nèsəsérəli, ——— | nèsəsérəli, nésəs(ə)rəli/ 副 (比較なし) ❶ 必ず, 必然的に (inevitably); 余儀なく: Rights ~ entail duties. 権利は必ず義務を伴う. ❷ 〔否定文で〕 必ずしも(…ない); 〔*部分否定〕: Learned men are not ~ wise. 学者は必ずしも賢明とは限らない / "Can all English teachers speak good English?" "Not ~." 「英語の先生はみな正しい英語が話せるのか」「いや必ずしもそういうわけではない」.
*nec·es·sar·y /nésəsèri | -sèri, -s(ə)ri/ 形 (more ~; most ~) ❶ 必要な, なくてはならない (↔ unnecessary): a ~ thing 必要なもの / It is ~ to prepare for the worst. 最悪の場合に備えることが必要である / Is it really ~ to put on airs like that? 《口》そんなに気取る必要があるのかね(★ 不満を示す) / That won't be ~. そんなこと(をする)必要はありません(★ 申し出に対して言う) / Is it ~ that I (should) go? =〔+for+代名+to do〕 Is it ~ for me to go? 私が行く必要がありますか(★ Am I ~ to go? は間違い) / You may use it again, when(ever) ~. (いつでも)必要な時にまた使ってよろしい / She stayed longer than ~. 彼女は必要以上に長居をしてしまった / Light and water are ~ to plants. 光と水は植物に必要である / Medicine is ~ for treating disease. 病気の治療には薬が必要である. ❷ 〔A〕 (比較なし) 必然の, 避けがたい: ⇒ necessary evil. **if nécessary** (もし)必要ならば: I will go with you, if ~. 必要なら君といっしょに行こう. — 图 ❶ 〔複数形で〕必要な品, 必需品〔比較〕 necessity (⇒ 2)より必要程度が低い: daily **necessaries** 日用品 / the little **necessaries** of life ちょっとした生活必需品. ❷ [the ~] 《英口》必要なもの[行為, お金]: do the ~ 必要なことをする / find [provide] the ~ 先立つものを工面する, 金策に奔走する. 〖L necessārius 〖necesse 譲れない〖ne-not+cēdere, cess-譲る; cf. cease〗〗 图 necessity, 動 necessitate 〖類義語〗 **necessary** 普通絶対に不可欠ではないが, さしあたり必要な. **essential** それがなくてはあるものが(正常な形では)存在し得ない本質的必要性を意味する. **indispensable** ある目的達成のためになくてはならない, しばしば, ひとつのうちの一部として欠くことのできない. **requisite** そのものの本質上必要というよりも外部の状況から必要と思われる.
nécessary condítion 图〖論〗必要条件; (一般に)必要条件.
nécessary évil 避けがたい[やむをえない]悪弊, 必要悪.
ne·ces·si·tar·i·an /nɪsèsəté(ə)riən/ 图 宿命論者. — 形 宿命論(者)の.
ne·ces·si·tar·i·an·ism /-nìzm/ 图 〖U〗 宿命論.
*ne·ces·si·tate /nɪsésətèɪt/ 動 ❶ 〈物事が×…を〉必要とする, 要する: This crisis ~d urgent action. この危機は緊急な行動を必要とした / Your proposal would ~ changing our plans. 君の提案によれば我々の計画を変更しなければならないことになるだろう. ❷ 《米》〈人に〉×…する・余儀なくさせる〔to do〕. 形 necessary)
ne·ces·si·tous /nɪsésətəs/ 形 ❶ 貧しく, 困窮している. ❷ 必然的な, 避けがたい. **~ly** 副
*ne·ces·si·ty /nɪsésəti, -sti | -səti/ 图 ❶ 〖U〗〔また a ~〕必要(性), 緊急の必要: from [out of] (sheer) ~ (まったく)必要に迫られて, やむをえず / in case of ~ 緊急な場合には / N~ is the mother of invention. 〖諺〗必要は発明の母 / be under the ~ of doing …する必要に迫られている, やむをえず…する / Most athletes can see the ~ of [for] continuous training. 運動選手は絶えざる訓練の必要を認めている / 〔+to do / +for+代名+to do〕 Is there any ~ (for her) to do it at once? (彼女が)それをすぐやる必要がありますか. ❷ 〖C〗 必需品, 不可欠のもの(⇒ necessary 图 1〖比較〗: daily necessities 日用(必需)品 / the bare necessities of life なくてはならない生活必需品 / In the United States the automobile is a ~, not a luxury. 米国では自動車は必需品でありぜいたく品ではない. ❸ 〖U,C〗 必然(性); 不可避(性): logical ~ 論理的必然性. ❹ 〖U〗 貧乏, 窮境, 貧困: in great ~ ひどく困って / It was ~ that made him steal. 彼が盗みを働いたのは貧困のためであった. **by necéssity** 必要があって, やむをえず: work not by choice but by ~ 好きではなくやむをえず働く. **màke a vírtue (òut) of necéssity** ⇒ virtue 成句. **of necéssity** 必然的に, 当然に: The deadline must of ~ be postponed for a while. 締め切り日は当然しばらく延期しなければならない. 〖L〗 形 necessary) 〖類義語〗 ⇒ need.

*neck /nék/ 图 ❶ 〖C〗 **a** 首《解説》日本語の「首」は頭部全体をさすことがあるが, 英語の neck は頭部 (head) と肩 (shoulders) をつないでいる部分をいう; neck の前部は throat (のど)で後部は nape (うなじ)): break [wring] a person's ~ 人の首をへし折る / 怒った時や脅しの言葉に用いる). **b** (衣服の)襟, 首回り: My shirt was open at the ~. 私のシャツは襟が開いていた. ❷ 〖C〗 首を思わせる細

い[狭い]もの: **a** (容器などの)頸状部: the ～ of a bottle 瓶の首. **b** (バイオリンなどの)棹(さお), ネック《渦巻きと胴部の中間》. **c** (陸地・海などの)狭い所, 地峡, (小)海峡. **d** 〖解〗(子宮などの)頸部. **e** 〖地〗火山岩頸. **f** 〖建〗柱体の頸部《柱頭のすぐ下の細い部分》. ❸ [U,C] 〔ヒツジなどの〕頸肉(けいにく): (a) ～ *of* mutton マトンの頸肉. ❹ 《英口》厚かましさ, ずうずうしさ: have the ～ *to do* ずうずうしくも…する.

a páin in the néck ⇨ pain [成句].

aròund one's néck 〈責任・借金など〉ついて回って; 負担[心配・悩みの種]となって: with a huge debt hanging *around* the company's ～ 莫大な借金に悩まされて.

be úp to the [one's] néck 《口》 (1) 〔もめ事などに〕すっかり巻き込まれている〔*in*〕. (2) 〔仕事などに〕没頭している〔*in*〕. (3) 〔借金で〕首が回らない〔*in*〕.

bréak one's néck (1) (危険なことをして)首の骨を折って死ぬ. (2) 《口》 大いに努力する, がんばる: I'm *breaking* my ～ *to* finish the work on time. 時間どおりに仕事を終えるようにがんばってます.

bréathe dòwn a person's néck 《口》 (1) (レースなどで)人にぴったり近づく. (2) 人をしつこく監視する.

by a néck 首の差[わずかな差]で: win [lose] *by a* ～ 首の差で勝つ[負ける]; 辛勝[惜敗]する《[由来] 競馬用語から》.

gét it in the néck 《口》 ひどい目にあう; ひどくしかられる.

háng aròund one's néck ⇨ around one's NECK [成句].

néck and néck (1) (競馬で)相並んで. (2) (競技などで)負けず劣らず, 互角で.

néck of the wóods 《口》 地方, 近所: this ～ *of the woods* この界隈.

néck or nóthing 《英》 命がけで, のるかそるかで《[由来] 競馬用語から》.

rísk one's néck 首を賭(か)ける, 命がけでやる.

sáve one's néck 命拾いする.

stíck one's néck òut 《口》 自ら危険な目にあう.

── [動] [自] 《口》 ❶ 〈男女が〉首を抱き合って愛撫する, ネッキングする. ❷ 狭くなる.

〖OE＝うなじ〗 ([関形] cervical, jugular)

néck·bànd [名] ❶ シャツの襟 《カラーをつける部分》. ❷ ネックバンド《瓶などの首の回りにつける飾りひも》.

necked [形] [複合語で] (…の)首の, 首が…の: short-*necked* 首の短い / a V-*necked* sweater Vネックのセーター.

neck·er·chief /nékəʧəf, -ʧìf | -kə-/ [名] ネッカチーフ, 首[襟]巻き.

néck·ing [名] [U] 《口》 首を抱いての愛撫, ネッキング.

⁺**neck·lace** /nékləs/ [名] ネックレス, 首飾り: a pearl ～ 真珠の首飾り.

neck·let /néklət/ [名] 短いネックレス.

néck·lìne [名] ネックライン《ドレスの襟ぐりの線》.

neck·tie /néktàɪ/ [名] 《米》 ネクタイ (《英》 tie).

nécktie pàrty [名] 《米俗》 絞殺のリンチ, つるし首.

néck·wèar [名] [U] 《商用語》 ネックウェア《ネクタイ・スカーフ・カラー類》.

nec·ro- /nékroʊ/ [連結形] 「死」「死体」「壊死(えし)」. 〖Gk *necros* 死体〗

nècro·biósis [名] [U] 〖医〗 類壊死(えし)(症), 死生(しせい)(症). **-biótic** [形]

ne·crol·o·gy /nəkrálədʒi, nek- | -krɔ́l-/ [名] ❶ 死亡者名簿, 過去帳. ❷ 死亡記事《★ obituary のほうが普通》.

nec·ro·man·cer /nékrəmæ̀nsə | -sə/ [名] (死者との交霊による)占い師; 魔術師.

nec·ro·man·cy /nékrəmæ̀nsi/ [名] [U] ❶ 《文》 (死者との交霊による)占い; 魔法. ❷ (特に, 悪い)魔術.

nec·ro·phile /nékrəfàɪl/ [名] 死体愛者, 死姦者.

nec·ro·phil·i·a /nèkrəfíliə/ [名] [U] 死体性愛, 死姦(しかん), 死体嗜好症.

ne·croph·i·lism /nəkráfəlìzm, nek- | -krɔ́f-/ [名] ＝ necrophilia. **-list** [名]

nècro·phóbia [名] [U] 死亡恐怖(症); 死体恐怖(症).

ne·crop·o·lis /nəkrápəlɪs, nek- | -krɔ́p-/ [名] (特に古代都市の)大規模な共同墓地.

nec·rop·sy /nékrɑpsi | -krɔp-/ [名] 〖医〗 検死, 死体解剖, 剖検.

ne·cro·sis /nəkróʊsɪs, nek-/ [名] [U,C] (**-cro·ses** /-si:z/) 〖医〗 壊死.

nec·ro·tiz·ing /nékrətàɪzɪŋ/ [形] 〖医〗 壊死をひき起こす[に関係した], 壊死性の, 壊死を起こしている.

nécrotizing fasciítis [名] [U] 〖医〗 壊死性筋膜炎.

⁺**nec·tar** /néktə | -tə/ [名] [U] ❶ 〖ギ・ロ神〗 ネクタル, 神酒 (cf. ambrosia 1). ❷ おいしい飲み物, 美酒. ❸ 〖植〗 花蜜.

nec·tar·if·er·ous /nèktəríf(ə)rəs⁻/ [形] 〖植〗 蜜を分泌する.

nec·tar·ine /nèktərí:n | ⁻ ─ ⁻/ [名] 〖植〗 ズバイモモ, ネクタリン.

nec·tar·iv·o·rous /nèktərív(ə)rəs⁻/ [形] 花蜜食性の.

nec·tar·ous /néktərəs/ [形] nectar の(ような), 甘美な.

nec·ta·ry /néktəri, -tri/ [名] 〖植〗 蜜腺.

Ned /néd/ [名] ネッド《男性名; Edward, Edmund, Edwin の愛称》.

Ned·dy /nédi/ [名] ❶ ネディー《男性名; Edward の愛称》. ❷ [n～] 《英口》 ロバ.

née, nee /néɪ/ [形] [既婚女性の旧姓につけて] 旧姓は (cf. one's MAIDEN NAME): Mrs. Jones, ～ Adams ジョーンズ夫人, 旧姓アダムズ. 〖F＜*naître* (生まれる)の女性形過去分詞〗

‡**need** /ní:d/ [名] ❶ [U] [また a ～] **必要, 入用,** 要求〔*for, of*〕: as (the) ～ arises 必要な時はいつでも / There was no ～ ***for*** haste. あわてる必要はなかった / There is *a* ～ *for* a more democratic system. より民主的な制度が必要だ / He spoke about the ～ *for* preserv*ing* historical sites. 彼は史跡を保存する必要性について話した / 〔+***to do***〕 You have no ～ *to* be ashamed. 何も恥ずかしがる必要はない / There's no ～ (*for* you) *to* apologize. (君が)謝る必要は何もない《★《口》では Stop apologizing! の意味で用いられることもある》. ❷ [C] [通例複数形で] **必要なもの, ニーズ**: our daily ～*s* 日用品 / meet [fill, answer] the ～*s* of...…のニーズ[必要]を満たす, 要求にこたえる. ❸ [U] **a** まさかの時, 難局: in case of ～ まさかの時に / help a person in his [her] hour of ～ 難儀に際して人を助ける / A friend in ～ is a friend indeed. 《諺》 まさかの時の友こそ真の友 / Good books comfort us in [at] moments of ～. 良書は苦しい時に我々を慰めてくれる. **b** 窮乏, 貧困: He's in great ～. 彼はたいへん困窮している.

hàve néed of…を必要とする: The refugees *have* ～ *of* a regular supply of food. 難民は定期的な食糧の供給を必要としている.

if néed bé 必要があれば, ことによっては (if necessary) 《★《英》では時に if needs be》: *If* ～ *be,* I'll come with you. 必要なら一緒に行きます.

in néed of…を必要として: He's *in* ～ *of* help. 彼は助けを必要としている / The economy stands *in* ～ *of* urgent attention [*in* dire ～ of attention]. 経済状態は緊急のてこ入れを必要としている / My house is *in* ～ *of* redecorat*ing*. 私の家は改装が必要だ.

── [動] [他] ❶ [通例 進行形なし] 〈…を〉**必要とする,** 〈…する〉**必要がある**: I ～ money badly. とても金がいる / I ～ you. 君が必要だ / Your composition ～*s* correction. 君の作文は訂正が必要だ / That's all I ～. 私の必要なのはそれだけだ; [反語的に] これは困った, ごめんこうむる / 〔+***doing***〕 My camera ～*s* repair*ing*. 私のカメラは直さなければならない《[変換] My camera ～*s* to be repaired. と書き換え可能; [用法] do*ing* に相当する動詞は他動詞のみで, doing の意味上の目的語が主語になって, 受身的意味となる》/ This ～*s* no account*ing* for. これには説明の必要はない.

❷ **a** 〈…する〉**必要がある,** 〈…し〉**なければならない** 《★ must と ought の中間の意味》: 〔+***to do***〕 We all ～ *to* work. 我々はみな働かなければならない / You just [only] ～ *to* write a letter. 君は手紙を書きさえすればよい (cf. [助動] 2) / She doesn't ～ *to* be told twice. 彼女には二度繰り返して言う必要はない《[比較] 助動詞 need を用いて She needn't be told twice. と書き換えられるが, 《口》では前者のほう

が一般的) / I didn't ~ to do it. それはする必要がなかった (だからしなかった) (cf. 助動 1 b). **b** 〈人に×…してもらう〉必要がある; 〈…が×…される〉必要がある, 〈…を×…してもらう〉必要がある: [+目+*to do*] I ~ you to push my car. 君に私の車を押してもらわねばならない / [+目+目+*doing*] I ~ my shoes mended [《英》mend*ing*]. 靴を直してもらわねばならない《★ この文型を用いて My shoes ~ mend*ing*. と書き換え可能》.

── /nɪd/ 助動《★ need の助動詞の用法は《米》ではまれ》 ❶《用法》否定文 (hardly, scarcely の文を含む) と疑問文で用いるが, 否定短縮形の needn't 以外《口》ではあまり用いられず, 他動詞を用いるほうが一般的; cf. 動 2 a》**a** …する必要がある: You ~n't have to pay. 君は勘定を払わなくてもいい《★ 助動詞の need は習慣的・一般的必要性について述べる時には用いない;[比較] You don't ~ to leave a tip in most restaurants in Japan. 日本ではたいていのレストランではチップを払う必要がない. ここで You ~n't leave a tip…とは言わない》/ N~ I go at once? すぐ行かなければならないかね? / I ~ hardly say…という必要はまずあるまい / There ~ be no hurry, ~ there? 急ぐ必要はないでしょう / They told him that he ~ *not* answer. 彼らは彼に答える必要がないと言った《用法》助動詞 need は過去形のないまま, 間接話法ではそのまま用いる》. **b** [~ *not* have+過去分詞で] …する必要がなかった(のに): I ~n't have done it. (実際はしてしまったが)それはする必要がなかったのに《cf. 動 2 a》. ❷ [only, all のような限定詞とともに, または比較構文, 間接疑問文で用いて] …する必要がある: You ~ *only* recall his advice. 彼の忠告を思い出しさえすればよい《cf. 動 2 a》/ The average is lower than it ~ be. 平均点は必要以上に低い.

《OE=困窮, 必要》《類義語》(1) **need** 必要なもの, 望むものがないためにそれを欲するしが, necessity よりも感情的だが, 意味は弱い. **necessity** 緊急に欠如を補うことが絶対必要なこと. **exigency** 緊急な事態・危機などによって生じた必要; 緊急であることを強調. **requisite** ある目的の達成のために絶対必要なもの[こと]; exigency と同じく外部の状況からの必要を意味する. (2) ⇨ lack.

néed-blínd 形《米》(大学の入学者選抜の方針について)志願者の学費の支払い能力とはかかわりなく成績のみで判断する.

need·ful /níːdf(ə)l/ 形《古風》必要な, 欠くべからざる.
── 名 [the ~]《英口》❶ 必要な事: do the ~ 必要なことをする. ❷《俗》金: I haven't the ~ right now. 今は金を持ち合わせていない. ~·**ly** /-fəli/ 副

*nee·dle /níːdl/ 名 ❶ ⓒ 針; 縫い針; 編み物針: a ~ and thread 糸と針《★ 単数扱い》/ thread a ~ 針に糸を通す. ❷ ⓒ **a**《外科・注射用などの》針. **b**《米口》注射. ❸ ⓒ **a** レコード針 (stylus); エッチング針. **b** 磁針, 羅針. ❹ ⓒ《植》《マツ・モミなどの》針状の葉. ❺ ⓒ 《鉱》針晶, 針状結晶体. ❻ ⓒ とがったもの: a とがり岩. 方尖塔(ほうせんとう): Cleopatra's Needle クレオパトラの針《古代エジプトのオベリスクで, 現在は London と New York にある》. ❼ [the ~]《口》いらだち, 不機嫌, 怒り: get [give] *the* ~ いらいらする[させる]. ❽ [the ~] 毒のある言葉, 毒舌. **(as) shárp as a néedle** ⇨ sharp 形《成句》. **lóok for a néedle in a háystack** 望みのない捜し物をする, 至難のことをする《画来》「干し草の山の中から針 1 本捜す」の意から》.
── 動 ❶ ⓒ《口》〈人を〉いらいらさせる, いじる, 刺激する: They ~d me about my clothes. 彼らは身なりのことで私をいじった / He ~d his wife *into* getting a driver's license. さんざんつついて奥さんがドライブの運転免許を取った. ❷ 〈…を〉針で縫う; 〈…に〉針を通す. ❸ 針のように刺す.《OE》

needle·còrd 名 Ⓤ ニードルコード《細かいうねのコーデュロイ》.

needle·cràft 名 Ⓤ 裁縫(の技術).

needle exchànge 名《麻薬常用者の》使用済み皮下注射針交換所《エイズなどの蔓延防止対策のひとつとして設けられた》.

needle·fìsh 名《徴 ~, ~es》《魚》ダツ《ダツ科の魚; くちばしが鋭く歯は針のようになっている》.

néedle gàme [màtch] 名《英口》白熱戦, 接戦.
néedle pàrk 名 Ⓤ.ⓒ [しばしば固有名詞的に N~ P~]《米俗》注射針公園《麻薬常用者が集まることで有名になってしまった公園, またはそれに類する場所》.
néedle·pòint 名 ❶ ⓒ 針先. ❷ Ⓤ 針編みレース.
née·dler 名 ❶ needle 突く人;《口》がみがみ言って人をいらだたせる人, あら探し[揚げ足取り]をする人.

*need·less /níːdləs/ 形 不必要な, むだな: ~ work [worry] むだな仕事[心配]. **néedless to sáy** [主例文頭で] 言うまでもなく, もちろん (of course): N~ *to say*, he never came again. もちろん彼は二度と来なかった.
~·**ly** 副 不必要に, むだに, いわれに. ~·**ness** 名

néedle vàlve 名《機》ニードル弁, 針弁.
néedle·wòman 名《徴 -women》針仕事をする女, 裁縫婦, お針子.
néedle·wòrk 名 Ⓤ 針仕事(品); (特に)刺繍(しゅう).

*need·n't /níːdnt/《口》**néed not** の短縮形.

needs /níːdz/ 副《古》[通例 must とともにその前後で用いて] ぜひとも…ねばならない: N~ *must* when the devil drives. ⇨ devil 1. 《OE; ⇨ need, -s³》

néed-to-knów 《★ 次の成句で》 **on a néed-to-knów básis** 必要な時に必要なだけ知らせて.

*need·y /níːdi/ 形 (**néed·i·er**; **-i·est**) ❶ 貧乏な (impoverished). ❷ [the (poor and) ~; 名詞的に; 複数扱い] 貧困者. **néed·i·ness** 名

neem /níːm/ 名《植》インドセンダン.

ne'er /néə | néə/ 副《詩》= never.

ne'er-do-wèll 《古風》名 ろくでなし, 穀つぶし. ── 形 役に立たない, ろくでなしの.

ne·far·i·ous /nɪfé(ə)riəs/ 形《文》極悪な, ふらちな, 非道な. ~·**ly** 副 ~·**ness** 名

neg /nég/ 名 ⓒ《写真の》ネガ (negative).

neg.《略》negative.

*ne·gate /nɪgéɪt/ 動 ❶ 〈…を〉無効にする, 帳消しにする. ❷ 〈…を〉否定[否認]する, 打ち消す.

ne·ga·tion /nɪgéɪʃən/ 名 ❶ Ⓤ.ⓒ 否定, 否認, 打ち消し (↔ affirmation). ❷ Ⓤ 無, 欠如《存在・実在の反対》. ❸ Ⓤ《文法》否定.

*neg·a·tive /négətɪv/ 形 (**more ~; most ~**) ❶《比較なし》(↔ affirmative) **a** 否定の, 否認の, 打ち消しの; 否定的な: a ~ sentence 否定文 / a ~ statement 否定の陳述. **b** 反対の, 拒否の: a ~ vote 反対投票 / give a ~ answer 反対であると答える. **c**《命令など禁止の》. ❷ 積極性を欠いた, 消極[悲観]的な, 控えめな, 弱気な: a ~ attitude 消極的な態度 / ~ evidence (反対の事実がないという)消極的証拠, 《単なる》反証 / Don't be so ~. そんなに控えめにしなくても[悲観的にならなくても]いい. ❸ 効果のあがらない, 役に立たない, 悪い, 有害な: The computer check was ~. コンピューター検査はだめだった[情報が得られなかった]. ❹《比較なし》(↔ positive) **a**《数》負の, マイナスの (minus): a ~ quantity 負数, 負量;《口》無 / the ~ sign 負号 (一). **b**《電》陰電気の, 負の. **c**《医》《反応の結果が》陰性の: The result of the blood test was ~. 血液検査はマイナスだった. **d**《医》〈血液型が〉Rh マイナスの: type AB, Rh ~ Rh マイナスの AB 型. **e**《写》陰画の.
── 名 ❶ 否定(語); 否定命題 (↔ affirmative): ⇨ double negative / Two ~s make a positive. 否定が二つあると肯定になる. ❷ 拒否, 拒絶, 否定(の答え). ❸ (↔ positive) **a**《数》負数. **b**《電》陰電気; (電池の)陰極板. **c**《医》(反応結果の)陰性: a false ~ 偽陰性. **d**《写》原板, 陰画, ネガ: develop a ~ ネガを現像する.
in the négative 否定で[の], 拒否で[の]: answer *in the* ~ 「否」と答える, 否定[拒絶]する.
── 動 ❶ 〈動議・候補などを〉拒否[否決]する. ❷ 〈…を〉反証する, 反論する;〈…を〉無効にする.
《F<L<*negare* 否定する; cf. deny, renegade》《動》**ne·gate**, 名**negation**》

négative équity 名 Ⓤ マイナスのエクイティー, 負の資産《ローンで購入した住宅などの資産価値が低下し, ローンの残額を下回っている状態》.

négative féedback 名 U《電子工》負帰還, 負のフィードバック.

nég・a・tive・ly 副 否定的に; 消極的に; 悪く, マイナスに;《電》負に荷電・帯電した).

négative póle 名 [the ~]❶（磁石の）南極, S 極.❷《電》陰極.

nég・a・tiv・ism /-vìzm/ 名 U ❶ 否定[消極]主義.❷《心》反抗[反対]癖. **-ist** /-vɪst/ 名

ne・ga・tor /-tə/ 名 否定する人;《文法》否定辞.

neg・a・to・ry /négətɔ̀:ri/ -tɔri, tri/ 形 否定する, 反対する.

*__ne・glect__ /nɪglékt/ 動 他 ❶ **a**〈...を〉無視する, 軽視する, 見過ごす: a ~ed child 親の無視[怠慢]でしかるべき養育・保護を受けられない子供 / ~ one's health体を粗末にする / He's not a man to ~ details. 彼は細かい点を見逃すような男ではない. **b**〈義務・仕事などを〉怠る, おろそかにする, 顧みない: Don't ~ your duty. 義務を怠るな. ❷ 怠って〈...〉しない,〈...するのを〉忘れる:〔+to do / +doing〕Don't ~ to pay [paying] her a visit now and then. 時々彼女を訪ねてやることを一般的義務ではない 〔用法:〔+doing〕は義務的ではない). ―名 U（行為・事実としての）怠慢; 軽視, 無視: ⇒ child neglect / ~ of duty 義務を怠ること / The hut is suffering from ~. その小屋はほったらかしなので荒れてきている.《L neglegere, neglect- かまわない; neg- not+legere, lect- 選ぶ; cf. lecture》【類義語】 **neglect** 当然注意を払うべきものを人を無視する; 故意の場合が多い. **disregard** 故意に注意を払わない[軽視]する. **ignore** 明らかなことを認めたくないために無視する.

ne・glect・ful /nɪgléktf(ə)l/ 形 怠慢な, 不注意な, むとんちゃくな;〈...を〉かまわない, ほったらかしの: a ~ father (妻子[を]に)無関心な[ほったらかしの]父親 / He's ~ of his obligations. 彼は義務をちゃんと果たさない. **~・ly** /-fəli/ 副 **~・ness** 名

nég・li・gé, neg・li・gee /nègləʒéɪ, ⌐‐‐⌐/ 名 ❶ C（女性の寝巻きの上にはおる）部屋着, 化粧着《比較》日本でいう「ネグリジェ」は **nightdress, nightgown,**《口》**nightie**). ❷ U 略装, ふだん着: in ~ 略装で, 着流しで.《F＝身なりをかまわないこと, 部屋着; ⇒ neglect》

*__neg・li・gence__ /néglədʒəns/ 名 U ❶（傾向・性質としての）怠慢, 手抜き; 不注意, 手抜かり: ~ of one's duty 職務怠慢 ❷ むとんちゃくさ, 気にしないこと: one's ~ in dress 服装のむとんちゃくさ.❸《法》（不注意による）過失: The accident was caused by ~. その事故は不注意によるものであった.（形 **negligent**)

*__neg・li・gent__ /néglədʒənt/ 形 ❶ 怠慢な, 不注意な: a ~ student 怠慢な学生 / He's ~ of his obligations. 彼は義務怠慢である / She was ~ in carrying out her duties. 彼女は職務の遂行を怠った. ❷ むとんちゃくな, 気にしない (nonchalant): a ~ way of speaking むとんちゃくなしゃべり方 / She's ~ about her dress. 彼女は身なりにかまわない. **~・ly** 副《F＜L＜negligere to NEGLECT +-ENT》（名 **negligence**)

+**neg・li・gi・ble** /néglədʒəbl/ 形 無視してよい; 取るに足らない, つまらない (insignificant): a ~ amount ごく少量. **-gi・bly** /-dʒəbli/ 副 **~・ness** 名

+**ne・go・ti・a・ble** /nɪgóʊʃ(i)əbl/ 形 ❶ 交渉できる, 交渉[協議]の余地がある (↔ non-negotiable). ❷ **a**〈道路など〉通行できる. **b**〈困難など〉切り抜けられる. ❸《商》〈手形など〉譲渡[換金]できる (↔ non-negotiable). **ne・go・ti・a・bil・i・ty** /nɪgóʊʃ(i)əbíləti/ 名

*__ne・go・ti・ate__ /nɪgóʊʃièɪt/ 動 他 ❶〈人と〉（協議して）〈...を〉取り決める, 協定する: ~ a treaty [a loan] (with a person)（人と）条約[貸し付け]を取り決める. ❷ **a**〈道などを〉通り抜ける (navigate): She reduced speed to ~ the turn. 彼女はカーブをうまく抜けるためにスピードを落とした. **b**〈困難・障害などを〉切り抜ける. ❸《商》〈手形・小切手などを〉譲渡する, 金に換える. ―動 自〈人と交渉する (with),〔...を〕折衝する〔for, on, over, about〕: come to the negotiating table 交渉の場につく / They ~d with the management for an improvement in working conditions. 彼らは労働条件の改善を求めて経営者側と交渉した.《L negotium 暇ではないこと, 忙しいこと〈neg-

1209 neighbourhood

not+otium leisure; ⇒ -ate²〕（名 **negotiation**)

*__ne・go・ti・a・tion__ /nɪgòʊʃiéɪʃən/ 名 ❶ C〔しばしば複数形で; 時に U〕交渉, 折衝: peace ~s 和平交渉 / ~s on trade 貿易交渉 / under ~ 交渉中で / enter into [open, start] ~s with... と交渉を始める. ❷ C（道路などの）通り抜け. **b**（困難などの）切り抜け.❸ U《商》（手形などの）譲渡, 流通.（動 **negotiate**)

*__ne・go・ti・a・tor__ /nɪgóʊʃièɪtə | -tə/ 名 ❶ 交渉者, 折衝者.❷（手形などの）譲渡人.

Ne・gress /ní:grəs/ 名《古風・軽蔑》黒人の女.《NEGRO +-ESS》

Ne・gril・lo /nɪgríloʊ/ 名（複 ~s, ~es）ネグリロ《アフリカの熱帯雨林に住む身長の低い黒色人種》.

Ne・gri・to /nəgríːtoʊ/ 名（複 ~s, ~es）ネグリト《東南アジアとその周辺に住む身長の低い黒色人種; アンダマン諸島人など》.

ne・gri・tude /négrətj(j)ùːd | -tjùːd/ 名 ネグリチュード: **a** アフリカの黒人の文化的遺産に対する自覚と自負. **b** 黒人の特質, 黒人性.

+**Ne・gro** /ní:groʊ/ 名（複 ~es）《古風・軽蔑》黒人, ニグロ（★ Black が一般的; cf. black 名 2). ―形 A 黒人の: a ~ spiritual 黒人霊歌.《Sp & Port＜L niger black》

Ne・groid /ní:grɔɪd/ 形〔時に n-〕黒人種に似た, 黒人系の. ―名 U 黒人系の人.〔↑+-OID〕

ne・gro・ni /nəgróʊni/ 名〔しばしば N~〕ニグローニ《ベルモット・ビターズ・ジンから成るカクテル》.

négro・phòbe 名〔しばしば N~〕黒人恐怖者, 黒人嫌いの人. **nègro・phóbia** /-biə/ 名 U〔しばしば N~〕黒人嫌い.

ne・gus /níːgəs/ 名 U ニーガス《ワインに湯と砂糖とレモンと香料を加えた飲み物》.

NEH（略）《米》National Endowment for the Humanities. **Neh.**（略）《聖》Nehemiah.

Ne・he・mi・ah /nìː(h)əmáɪə/ 名《聖》❶ ネヘミヤ《紀元前5世紀ごろのユダヤの指導者》. ❷ ネヘミヤ記 (The Book of Nehemiah)《旧約聖書中の一書; 略 Neh.》.

Neh・ru /néɪ, néɪ- | néɪ(ə)ruː, njóɪ-, **Ja・wa・har・lal** /dʒəwàːhələláːl | -hə-/ 名 ネルー（1889-1964; インドの政治家; 初代首相 (1947-64)).

neigh /néɪ/ 名（馬がいななき（⇒ horse 関連）. ―名（馬のいななき.

*__neigh・bor__ /néɪbə | -bə/ 名 ❶ **a** 隣人, 近所の人: one's next-door ~ 隣の家の人 / a good [bad] ~ 近所づき合いのよい[悪い]人. **b** 隣席の人. **c** 隣国人: our ~s across the Channel（英国で言えば）フランス人. ❷ 隣り合う（同種類の）人〈隣国・隣家など〉.❸ 同胞, 仲間. ❹ A 隣の, 近所の: ~ countries 近隣諸国.―動 自〔...と〕隣り合っている,〔...の〕近くに住んでいる〔on, upon〕. ―動 他 …に隣接する.《OE＝近くに住む人》

*__neigh・bor・hood__ /néɪbəhùd | -bə-/ 名 ❶ C **a**〔修飾語を伴って〕（ある特徴をもつ）地域, 地方 (area): a healthy ~ 健康的な地域. **b**〔しばしば the ~, one's ~〕近所, 近隣(地); 界隈, 周囲 (cf. vicinity): in my ~ 私の住んでいる近く[近所]（に）(は) / Were you born in this ~? このあなたのお生まれですか. ❷（単数形で; 集合的に; 単数または複数扱い）地域[近隣]の人々: This ~ is very friendly. この近所の人たちは親切です. ❸ U 近隣のよしみ, 近隣の親しい間柄. ❹ C《数》近傍. **in the neighborhood of**... (1) ...の近所で[の]. (2) ほぼ...約... (about, approximately): It'll cost in the ~ of £5. 約5ポンドかかる.〔↑+-HOOD〕

néighborhood wàtch 名 U（犯罪防止のための）地域住民による監視[警備].

*__neigh・bor・ing__ /néɪb(ə)rɪŋ/ 形 A 近所の, 近隣の; 隣接した: ~ countries 近隣諸国.

neigh・bor・ly 隣人の[らしい]; 人づき合いのよい. **-li・ness** 名

‡**neigh・bour** /néɪbə | -bə/ 名 形 動《英》＝neighbor.

*__neigh・bour・hood__ /néɪbəhùd | -bə-/ 名《英》＝ neighborhood.

nei・ther /níːðə, náɪ- | náɪðə, níː-/ 形 [単数名詞を修飾して] (二者のうちの)どちらの…も…でない: N~ story is true. どちらの話も本当でない 《用法》 Either story is not true. は間違い; cf. either 2》 / In ~ case can I agree. どちらにしても賛成できない.

—代 [二者の]どちらも…でない 《用法》 neither は both に対応する否定語; 三者以上の否定には none を用いる): I believe ~ (of the stories). どちら(の話)も信じない / N~ of the stories was [were] true. 話はどちらも本当でなかった《用法》 neither は単数扱いを原則とするが,《口》では特に, of の後に複数(代)名詞が続く時には複数扱いにもなる》/ "Which do you want?" "N~, thank you." 「どちらが欲しいですか」「いや、どちらもけっこうです」/ We were ~ of us content with the result. 我々のどちらもその結果に満足しなかった《★同格用法; 変換》 N~ of us was content with the result. と書き換え可能》.

—副 ❶ [neither...nor... で相関接続詞的に用いて] …も…もどちらも…ない[しない]《用法》 neither...nor... は both...and... に対応する否定表現; これが主語になる時は、動詞は単数の時には単数扱いに,複数の時には複数扱いに、人称・数が一致しない時には近いほうの主語に一致する): N~ my wife nor I like the restaurant. 家内も私もあのレストランは好かない《反証》 My wife and I both don't like the restaurant. は部分否定で「家内も私もあのレストランが好きというわけではない」の意》/ N~ you nor Mr. Smith likes [like] baseball. あなたもスミス氏も野球好きではありません《用法》《口》では後の名詞が単数でも複数扱いになることが多い》/ They have ~ knowledge nor understanding of politics. 彼らには政治についての知識も教養もない《用法》 neither...nor... のあとには文法的に同じ品詞または同じ構造の語・語群をもってくる): He ~ bought it nor borrowed it. 彼はそれを買ったのでも借りたのでもない / He ~ gambled, (nor) drank, nor smoked. 彼はギャンブルもせず,酒も飲まず,たばこもすわない《用法》時に三つ以上の語句を共に否定することがある》. ❷ [否定を含む文または節に続いて] …もまた…しない《用法》この用法の neither は常に節または文の先頭に置かれ,そのあとは(助)動詞+主語」の語順となる]: If you cannot go, ~ can I. 君が行けなければ私も行けない / The first isn't good, and ~ is the second. 最初のはよくないが二番目もよくない / "I've never been abroad." "N~ have I." 「私は外国へ行ったことがない」「ぼくもそうです」.

neither móre nor léss than... ⇒ **more** 副 成句.

〖OE=どちらでもない (NO+WHETHER)〗

nek・ton /néktən/ 名 ①《生態》遊泳生物, ネクトン《魚・鯨などのように plankton に比べ遊泳力の強い大型水中動物》. **nek・tón・ic** 形

Nell /nél/ 名 ネル《女性名; Eleanor, Ellen, Helen の愛称》.

Nel・lie, Nel・ly /néli/ 名 ネリー《女性名; Eleanor, Ellen, Helen の愛称》.

nel・ly /néli/ 名 ★次の成句で. **Nót on your nélly!** 《英口》とんでもない! 間違いなくノーだ!

nel・son /néls(ə)n/ 名《レス》ネルソン《首攻めの総称》: ⇒ full nelson, half nelson.

Nel・son /néls(ə)n/, **Horatio** 名 ネルソン(1758–1805; 英国の海将).

ne・mat・ic /nəmǽtɪk/ 形 ネマチックの《液晶で,細長い分子が相互の位置は不規則だがその長軸をすべて一定方向にそろえている相についていう; cf. smectic》.

nem・a・to- /némətou/ 〖連結形〗「線虫」.

nem・a・to・cyst /némətəsɪst/ 名《動》刺胞《刺胞動物が餌を捕えるときに使う刺糸を備えた細胞内小器官》.

nem・a・tode /némətòud/ 名《動》線虫, ネマトーダ.

nem・a・tol・o・gy /nèmətálədʒi | -tɔ́l-/ 名《動》線虫学. **-gist** 名

Nem・bu・tal /némbjutɔːl | -təl/ 名《商標》ネンブタール(ペントバルビタールナトリウム (pentobarbital sodium) 製剤; 鎮静・催眠薬》.

nem con /némkán | -kɔ́n/ 副 一人の反対もなく,満場一致で. 〖L nem(ine) con(tradicente) no one contradicting〗

Nem・e・sis /néməsɪs/ 名 ❶ 〖ギリシ神〗 ネメシス《因果応報・復讐(ʈúɡə)の女神》. ❷ [n~] 《複 nem・e・ses /-siːz/》 **a** ⓤ 天罰: meet one's n~ 天罰にあう. **b** ⓒ 天罰を加える人. **c** ⓒ 強い[勝てない]相手.

ne・ne /nénei/ 名《鳥》ハワイガン《米国 Hawaii 州の州鳥; 国際保護鳥》.

ne・o- /níːou/ 〖連結形〗「新」「復活…」「近代の…」. 〖Gk neos new〗

†**nèo・clássic** 形 =neoclassical.

†**nèo・clássical** 形 新古典主義の.

nèo・clássicism 名 ⓤ 新古典主義《古代ギリシア・ローマの古典様式への回帰を基調とする建築・絵画の様式》.

nèo・colónialism 名 ⓤ 新植民地主義《強国が他国に対し間接的に支配力を保とうとする政策》.

nèo・cón /-kán | -kɔ́n/ 形 名 =neoconservative.

nèo・consérvatism 名 ⓤ 《米》新保守主義《大きな政府に反対し,福祉政策・民主的資本主義を支持する》.

nèo・consérvative 形 名 新保守主義の(人).

nèo・córtex 名 〖解〗(大脳の)新皮質, ネオコルテックス. **nèo・córtical** 形

nèo-Dárwinism 名 ⓤ [しばしば N~] 新ダーウィン主義[説]. **-ist** 名 **-Dárwinian** 形

ne・o・dym・i・um /nìːoudímiəm/ 名 ⓤ 〖化〗ネオジム《希土類元素; 記号 Nd》.

Ne・o・gene /níːədʒìːn/ 形 〖地〗新第三紀の. —名 [the ~] 新第三紀[系].

nèo-impréssionism 名 [しばしば Neo-I~] 新印象主義.

Ne・o・lith・ic /nìːoulíθɪk⁻/ 形 〖考古〗新石器時代の (cf. Paleolithic, Mesolithic): the ~ era 新石器時代. 〖NEO-+-LITH-+-IC〗

ne・ol・o・gism /niálədʒìzm | -ɔ́l-/ 名 ⓒ 新語, 新表現, 新語義. ❷ ⓤ 新語[表現, 語義]の創造[使用].

ne・ol・o・gize /niálədʒàɪz/ 動《使う》新語を造る; 既成語を新しい意味に使う.

ne・o・my・cin /nìːoumáɪsən | -sɪn/ 名 ⓤ 〖生化〗ネオマイシン《放射菌から得られる抗生物質の一種》.

†**ne・on** /níːɑn | -ɔn/ 名 ❶ ⓤ 〖化〗ネオン《希ガス元素; 記号 Ne》. ❷ **a** =neon lamp [light]. **b** =neon sign. ❸ ネオンの; 蛍光性の. 〖Gk neos new の中性形; 発見時に「新しい気体元素」の意で命名〗

ne・o・nate /níːənèɪt/ 名 新生児《生後 28 日以内の幼児》. **ne・o・na・tal** /níːəˈnéɪtl/ 形 新生児の[に関する].

ne・o・na・tol・o・gy /nìːənèɪtálədʒi | -tɔ́l-/ 名 〖医〗新生児学, 新生児科学. **-gist** 名

nèo-Názi 形 ネオナチ(の) (neo-Nazism の信奉者).

nèo-Názism 名 ⓤ (1960 年代から台頭してきた)新ナチズム.

néon lámp [líght] 名 ネオンライト[灯].

néon sígn 名 ネオンサイン.

néon tétra 名 《魚》 ネオンテトラ《南米産カラシン科の熱帯魚》.

ne・o・phyte /níːəfàɪt/ 名 ❶ 初心者, 初学者, 新参者. ❷ **a** 新改宗者. **b** (カトリック教会の)新しい聖職者. **c** カトリック修道院内の修練士.

ne・o・pla・si・a /nìːəpléɪʒ(i)ə | -ziə, -ʒiə/ 名 ⓤ 〖医〗新組織形成, 腫瘍形成.

ne・o・plasm /níːəplæzm/ 名 〖医〗(体内にできる)新生物; (特に)腫瘍(ʃúɡə).

nèo・plástic 形 〖医〗新生物(形成)の; 《米》ネオプラスティシズムの.

ne・o・plas・ti・cism /nìːouplǽstəsɪzm/ 名 ⓤ 《米》新造型主義, ネオプラスティシズム《de Stijl のもとになる理論》.

Nèo・plátonism 名 〖哲〗新プラトン主義. **-nist** 名 新プラトン主義者の. **-platónic** 形

ne・o・prene /níːəprìːn/ 名 ⓤ ネオプレン《クロロプレンを原料とする合成ゴム》.

nèo・réalism 名 ⓤ ❶ 〖哲〗新実在論《20 世紀初めに主に米国の哲学者によって唱えられた表象実在論》. ❷ 《映》ネオリアリズム, ネオレアリズモ, イタリアニズム《第二次大戦直

Ne·o·ri·can /nìːouríːk(ə)n/ 名 形 ❶ プエルトリコ系ニューヨーク市民(の). ❷ ニューヨークで生活している[したことのある]プエルトリコ人(の).

ne·o·stig·mine /nìːəstígmiːn/ 名 U 《薬》ネオスチグミン《臭化物または硫酸メチル誘導体として用いるコリン作用性薬物; 眼科用および重症筋無力症の診断・治療用》.

ne·ot·e·ny /niátəni/ , -ɪt-/ 名 U 《動》幼形成熟, ネオテニー《salamander などの幼生の性的成熟》; 《成虫の》幼態保持. **ne·o·ten·ic** /nìːəténik⊢/, **ne·o·te·nous** /niátənəs/, -ɪt-/ 形 幼形成熟(性)の.

ne·o·ter·ic /nìːətérɪk⊢/ 形 現代の; 新時代の; 最新(発明)の.

Nèo·trópical, -trópic 形 《生物地理》新熱帯区の 《北回帰線以南の新大陸についていう》.

Ne·pal /nɪpɔ́ːl, -páːl/ 名 ネパール 《インドとチベットの間の王国; 首都 Kathmandu》.

Nep·a·lese /nèpəlíːz⊢/ 名 (複 ~) ❶ ネパール人. ❷ = Nepali 1. ── 形 ネパール(人・語)の.

Ne·pal·i /nəpɔ́ːli, -páː-/ 名 ❶ (複 ~, ~s) U ネパール語. ❷ C = Nepalese 1. ── 形 = Nepalese.

ne·pen·the /nəpénθi/ 名 《雅》❶ 《詩》古代人が使った憂いを忘れさせる薬, 消憂薬, ネペンテス《たぶん あへん》; 《一般に》苦痛を忘れさせるもの.

ne·pen·thes /nəpénθiːz/ 名 《雅》❶ 《詩》= nepenthe. ❷ 《植》ウツボカズラ属の植物.

ne·per /nérpə/ , -pə/ 名 《理》ネーパー《減衰の比率を表わす定数》.

neph·e·line /néfəlìːn/ , **-lite** -làit/ 名 U 《岩石》かすみ石.

neph·e·lom·e·ter /nèfəláməṭə/ , -tə/ 名 《菌》懸濁液内バクテリア計量器《化》比濁計.

†**neph·ew** /néfjuː; néfjuː, név-/ 名 甥(おい)《★ 配偶者の兄弟・姉妹の息子を指す; cf. niece》. 《F<L=孫, 子孫, 甥》

ne·phol·o·gy /nɪfɑ́lədʒi/ , -fɔ́l-/ 名 U 《気》雲(うん)学. **-gist** 名

ne·phrec·to·my /nɪfréktəmi/ 名 U,C 《医》腎摘出(術), 腎摘.

ne·phrid·i·o·pore /nɪfrídiəpɔ̀ː/ , -pɔ̀ː/ 名 《動》《無脊椎動物の》外腎門.

ne·phrid·i·um /nɪfrídiəm/ 名 《複 -phrid·i·a -frídiə/)《動》腎管《無脊椎動物の排出器官》. **-phrid·i·al** 形

neph·rite /néfrait/ 名 U 《鉱》軟玉《かつて腎臓病に効くとされた》.

ne·phrit·ic /nɪfrítɪk/ 形 《医》腎炎の; 腎臓の.

ne·phri·tis /nɪfráitɪs/ 名 U 《医》腎炎.

neph·ron /néfrɑn/ , -rɔn/ 名 《解・動》ネフロン, 腎単位.

ne·phro·sis /nɪfróusɪs/ 名 U 《医》ネフローゼ《炎症を伴わない腎臓疾患》. 《Gk nephros 腎臓+-osis 2》

ne plus ul·tra /néɪplʌ̀sʌ́ltrə, néɪplùsúltrə/ 名 [the ~]極致; 極致 《of》. 《L=no more beyond》

nep·o·tism /népətɪzm/ 名 U 《就職の際などの》縁者[知己]びいき, 縁故採用. **nep·o·tis·tic** /nèpətístɪk⊢/ 形

Nep·tune /népt(j)uːn | -tjuː-n/ 名 ❶ 《ギ神》ネプトゥヌス, ネプチューン《海神; ギリシア神話の Poseidon に当たる》. ❷ 《天》海王星.

Nep·tu·ni·an /nept(j)úːniən | -tjúː-/ 形 ❶ 《ギ神》ネプトゥヌスの; 海の. ❷ 海王星の. ❸ [n~] 《地》水成の, 岩石水成論(者)の.

nep·tu·nism /népt(j)uːnìzm | -tjuː-/ 名 《地》水成論. **-ist** 名

nep·tu·ni·um /nept(j)úːniəm | -tjúː-/ 名 U 《化》ネプツニウム 《放射性元素; 記号 Np》.

NERC /éniː əː̀siː; -əː̀-/ (略) 《英》Natural Environment Research Council 自然環境調査局.

nerd /nəːd | nə̀ːd/ 名 ❶ 無能な人, まぬけ. ❷ 趣味や研究にばかり熱中して社会性のない(つまらない)人: a computer ~ コンピューターおたく. **nerd·y** /nə́ːdi | nə́ː-/ 形

Ne·re·id /níːriɪd/ 名 《ギ神》ネレイス《海の精[女神]》.

ne·ri·ne /nəráɪni/ , -rí-/ 名 《植》ヒメヒガンバナ《同属の草本の総称; 南アフリカ原産》.

1211 nervous

ner·ite /ní(ə)raɪt/ 名 《貝》アマオブネガイ科の貝《主に熱帯産》.

ner·it·ic /nɪrítɪk/ 形 《海洋・生態》浅海の, 沿岸性の.

Ne·ro /ní(ə)rou, níː r-| níərɑ-/ 名 ネロ (37-68; ローマの皇帝 (54-68); キリスト教徒迫害の暴君).

nér·o·li (òil) /nérəli(-)/ 名 U 橙花油, ネロリ油(*).

Ne·ru·da /neɪrúːdə/ , **Pa·blo** /páːblou/ 名 ネルーダ (1904-73; チリの詩人・外交官; Nobel 文学賞 (1971)).

ner·va·tion /nəːvéɪʃən | nə̀ː-/ 名 U 《生》脈状, 脈理, 脈系.

*****nerve** /nə́ːv | nə́ːv/ 名 ❶ C 《解》a 神経. b 歯髄;《俗に》《歯の》神経. ❷ [複数形で] **a** 神経過敏(な状態), 神経質, いらいら: a war of ~s 神経戦 / calm [steady] one's ~s 神経を落ち着ける / get on a person's ~s 人の神経にさわる, 人をいらいらさせる / live on one's ~s《英》絶えずいらいら[心配]している / He's all ~s. 彼は非常に神経過敏だ / It's just ~s. それはただの神経だ / I always get ~s before an exam. 試験の前はいつも神経過敏になる. **b** 神経過敏症, ヒステリー. ❸ U 勇気, 度胸 (courage); 気力, 精神力: a man of ~ 度胸のある男 / lose one's ~ 気後れする, うろたえる / It takes (a lot of) ~ to interview somebody on television. 《口》テレビで人にインタビューするには(大いに)勇気がいる 《+to do》 He didn't have enough ~ to mention it to his teacher. 彼はそのことを先生に言うだけの勇気がなかった. ❹ 《-》U [また a ~] ずうずうしさ, 厚かましさ: What (a) ~! 何と厚かましい! / You've got a ~. 君もずうずうしいね. **b** [the ~] ずうずうしさ, 厚かましくも…する(こと)《+to do》He had the ~ to tell me to leave. 彼は厚かましくも私に出て行けと言った. ❺ C 《植》葉脈. **be a búndle [bág] of nérves** 《口》神経過敏である, びりびりしている. **hàve nérves of íron [stéel]** 《口》人の神経が太い, 腹がすわっている. **hít a (ráw) nérve** 痛い所に言及する, 泣き所に触れる. **stráin èvery nérve** 極力努める, 全力を尽くす. **tóuch a (ráw) nérve** =hit a (raw) NERVE 成句. ── 動 ❶《人を〈...のために〉勇気[元気]づける; [~ oneself で] 奮起する: The brandy ~d him for the effort. ブランデーのおかげで彼はふんばりしようという元気が出た / The players ~d themselves for the match. 選手たちは勇躍して試合に向かった. ❷《...するように〉〈人を〉勇気づける; [~ oneself で] 《...するように》奮起する: [+目+to do] The thought ~d me to accept her challenge. そう思うと勇気が出て彼女の挑戦に応じてみようという気になった. 《L=腱(ケン)》[☆ nervous, nervy; 関聯 neural]

nérve blòck 名 U,C 神経ブロック(法) 《局所麻酔法の一つ; 麻酔薬などの注射により, その位置より末梢の神経を麻痺させる》.

nérve cèll 名 《解》神経細胞 (neuron).

nérve cènter 名 ❶ C 《解》神経中枢. ❷ [the ~] 《組織などの》中枢部, 首脳部《of》.

nerved 形 [通例複合語で] 神経が...な: strong-*nerved* 神経の強い, 豪胆な.

nérve ènding 名 [通例複数形で] 《解》《軸索の》神経終末.

nérve fiber 名 《解》神経繊維.

nérve gàs 名 C,U 神経ガス《毒ガス》.

nérve ìmpulse 名 《生》神経インパルス《神経繊維上を伝わってゆく活動電位》.

nérve·less 形 ❶ 勇気のない; 無気力な; 弱い; 感覚を失った. ❷ 冷静な, 落ち着いた (↔ nervous). **~·ly** 副 **~·ness** 名

nérve-ràcking [-wràcking] 形 《不安で》神経をいらいらさせる, はらはらさせる.

ner·vine /nə́ːviːn | nə́ː-/ 形 神経の, 神経の興奮を鎮める, 鎮静性の. ── 名 神経鎮静薬, 鎮経剤.

*****ner·vous** /nə́ːvəs | nə́ː-/ 形 《more ~; most ~》 ❶ 神経質な; くよくよする; いらいらする; びくびくして (↔ nerveless): get ~ そわそわする, あがる / make a person ~ 人を心配させる, 人をいらいらさせる / He has a ~ disposition. 彼は神経質だ / She's ~ of going out at night. 彼

女は夜の外出を怖がっている / I felt ~ ***about*** the result. その結果に不安を感じた. ❷ [A] 神経(性)の, 神経に作用する: a ~ disease [disorder] 神経病 / ~ exhaustion《古風》神経衰弱. **~·ness** [名] ([名] nerve)

+**nérvous bréakdown** [名] ノイローゼ, 神経衰弱: have [suffer] *a* ~ ノイローゼ[神経衰弱]にかかる.

nér·vous·ly [副] 神経質に, びくびくして, いらいらして.

+**nérvous sỳstem** [名] [the ~] 神経系.

nérvous wréck [名] [a ~]《口》神経過敏でぴりぴりした人; 神経がまいって虚脱状態の人.

ner·vure /nɚ́ːvʊɚ | nɚ́ːvjʊə/ [名]〔昆〕翅脈(しみゃく);〔植〕葉脈.

nerv·y /nɚ́ːvi | nɚ́ː-/ [形] (**nerv·i·er; -i·est**) ❶《米口》厚かましい. ❷《英口》神経質な, 神経過敏な.

Nes·ca·fé /néskəfèɪ/ [名]〔商標〕ネスカフェ《Nestlé 社製のインスタントコーヒー》.

nes·ci·ence /néʃ(i)əns | nésiəns/ [名] [U] ❶ 無知. ❷〔哲〕不可知論.

nes·ci·ent /néʃ(i)ənt | nésiənt/ [形] ❶ 無知な. ❷〔哲〕不可知の.

ness /nés/ [名] 岬, 岬角(こうかく), 海角《接尾辞として地名の一部をなすことが多い》.

Ness /nés/, **Loch** [名] ネス湖《スコットランド北西部の湖; 怪獣がすむと伝えられた》.

***-ness** /nəs, nɪs/ [接尾] (複合)形容詞・分詞などにつけて「性質」「状態」などを表わす抽象名詞を造る: kind*ness*, tired*ness*.

nest** /nést/ [名] ❶ (鳥・動物・昆虫などの)巣: a wasps' ~ ハチの巣 / build [make] a ~ 巣を作る. ❷ **a** (居心地のよい)避難所, 休み場所,「ねぐら」. **b**〔悪党などの〕巣窟(そうくつ);〔悪事などの〕温床: a ~ ***of vice 悪の巣. ❸ **a** 巣の中のもの《卵・ひななど》. **b** (虫などの)群れ. **c** (悪者たちの)一味. ❹〔大きさがそれぞれ違い上下重ねられる箱などの〕入れ子, ひと組, ひとそろい, セット;〔電算〕入れ子にされたデータ(など): a ~ ***of*** tables ネストテーブル《入れ子式テーブルセット》. **féather** one's **nést** (通例不正手段で)金持ちになる, 私腹を肥やす《[由来] 鳥が巣に羽を運んでくることから》. **fóul** one's **(ówn) nést** 自家[自党(など)]のことを汚す[悪く言う]. **léave [flý] the nést** 巣を離れる[巣から飛び立つ];《比喩》〈子が〉(親のもとから)巣立つ, 独立する. **—** [動] [自] ❶ 巣を作る, 巣ごもる. ❷ 鳥の巣を探す《★ 通例次の句で》: go ~*ing* 鳥の巣を探しに行く. ❸ ぴったり重なる; 入れ子になる. **—** [他] ❶ **a** 〈…に〉巣を作ってやる. **b** 〈…を〉(巣に入れるように)大事に置く[しまう]. ❷ 〈箱などを〉入れ子にする;〔電算〕〈データなどを〉入れ子にする, ネストさせる《★ 通例過去分詞で形容詞的に用いる; cf. nested》.〘OE=(place for) sitting down〙

nést bòx [名] 巣箱.

nést·ed [形] 入れ子になった.

nést ègg [名] ❶ (不時に備える)用意金, 備蓄. ❷ 抱き卵.

nést·er [名] 巣作りをするもの《鳥など》.

+**nes·tle** /nésl/ [副詞句を伴って] [動] [自] ❶〔…に〕気持ちよく横たわる, 快く身を落ち着ける (snuggle); 寄り添う: She ~*d in* the armchair [*into* bed, *on* the sofa]. 彼女はひじかけいすに[ベッドに, ソファーに]心地よさそうに横たわった[体をうずめた] / She ~*d against* [*up to*] him. 彼女は彼にぴったり寄り添った. ❷ 〈家などが〉〔奥まった所に〕立っている: The farm is ~*d among* rolling hills. その農園はなだらかに起伏する丘に囲まれている. **—** [他] ❶ 〈頭・顔・肩などを〉〔…に〕すりつける: The baby ~*d* its head *on* [*against*] its mother's breast. 赤ちゃんは母親の胸に頭をすり寄せた. ❷ 〈…を〉〔…に〕心地よく落ち着かせる《★ しばしば受身》: The baby *was ~d in* its mother's arms. 赤ちゃんは気持ちよさそうに母親の腕に抱かれていた.〘NEST+-LE〙

Nest·lé /néslеɪ, -sl/ [名] ネスレ《スイスの食品メーカー》.

nest·ling /nés(t)lɪŋ/ [名] (まだ巣立たない)かえりたてのひな.

Nes·tor /néstɚ, -tɔɚ | -tɔː, -tə/ [名] ❶ ネストル《Homer 作 *Iliad* 中の老齢の知将》. ❷ [時に n~] [C] 賢明な老人, 長老.

Nes·to·ri·an /nestɔ́ːriən/ [形] ネストリウスの(教義の); ネストリウス派の《キリストの神性と人性の区別を主張する》. **—** [名] ネストリウス派の信徒. **~·ìsm** [名]

***net**[1] /nét/ [名] ❶ [C] (動物捕獲用の)網, ネット: cast [throw] a ~ 網を打つ / draw in a ~ 網を引く / spread a ~ 網をかける. ❷ [U,C] 網織物; 網物細工; 網レース. ❸ [C] **a** (人を捕らえる)網: ⇨ life net / escape a police ~ 捜査網を逃れる. **b** わな, 落とし穴; 計略: be caught in a ~ of deception ぺてんにかかる. ❹ [C] **a** 連絡網. **b** 通信網. **c** (ラジオ・テレビなどの)ネットワーク, 放送網. **d** [the N~] =Internet. ❺ [C] **a** (競技用の)ネット. **b** (サッカー・ホッケーなどの)ゴール (goal). **c** ネット(ボール)《テニスなどでネットに当たった打球》. **cást one's nét wíde [wíder]** 網を(より)広げる, より多くの可能性を考慮する. **—** [動] (**net·ted; net·ting**) [他] ❶ 〈…を〉網で捕らえる; 〈…を〉うまくつかまえる: ~ a good haul of fish たくさんの魚を一網打尽にする / 〔(+目)+目〕This photograph *netted* (the newspaper) millions of dollars. この写真で(その新聞社は)何百万ドルも得た / This *netted* her a good husband. これによって彼女はいい夫をつかまえた. ❷ 〈果樹などを〉網でおおう. ❸ 〈…を〉編む, 網目にする (cf. netted). ❹ **a** (サッカー・ホッケーなどで)〈ゴールを〉決める, 〈得点を〉取る (score): ~ three goals ゴールを 3 本決める[3 得点する]. **b** (テニスなどで)〈ボールを〉ネットする.〘OE〙

net**[2] /nét/ [形] [A] ❶ **a** 掛け値のない; 正味の (↔ gross): (a) ~ price 正価 / a ~ profit (of £10) 純益(10 ポンド) / (a) ~ weight 正味目方, 純量 / a ~ ton 純トン (⇨ ton 3 b) / It weighs 500g ~. それは正味 500 グラムある《★ 数詞の時は後置する》. **b** 〈価格が〉正価の: $5 ~ 正価 5 ドル. ❷ 〈結果など〉結局の, 最終の (overall): the ~ result (of…) (…の)最終結果. **—** [名] 純量, 正味, 純益; 正価. **—** [動] [他] (**net·ted; net·ting**) ❶ 〈…の〉純益をあげる: He *netted* $20,000 from the transaction. 彼はその取引で 2 万ドルの純益をあげた. ❷ (…に)〈純益を〉得させる:〔+目+目〕The sale *netted* the company several million(s).=The sale *netted* several million(s) ***for the company. その販売で会社は数百万(ドル・ポンドなど)の純益があがった.〘F=clean; NEAT[1] と二重語〙

nét ásset vàlue [名] [U,C]〔証券〕純資産価額.

nét·bàll [名] ❶ [U] ネットボール《1 チーム 7 人で行なうバスケットボールに似た女子の球技》. ❷ [C] (ネットボールで使用する)ボール.

net·ful /nétfʊ̀l/ [名] ([複] ~s) 網一杯(の数量), ひと網.

neth·er /néðɚ | -ðə/ [形] [A]《古・戯言》❶ 下の: the ~ lip 下唇 / ~ garments 下着. ❷ 地下の.

Neth·er·land·er /néðɚlæ̀ndɚ | -ðəlæ̀ndə/ [名] オランダ人《[比較] Dutchman [Dutchwoman] を用いるほうが普通》.

Neth·er·lands /néðɚləndz | -ðə-/ [名] [the ~; 通例単数扱い; 時に複数扱い] ネーデルラント, オランダ《ヨーロッパ北西部の北海に臨む王国; 公式名 the Kingdom of the Netherlands, 俗称 Holland; 首都 Amsterdam, 政府所在地 The Hague; 形容詞は Dutch》. **-land·ish** /-lændɪʃ/ [形]〘Du=低い土地〙

Nétherlands Antílles [名] [複] [the ~] オランダ領アンチル《西インド諸島東部の数島と南部の数島とからなるオランダの自治領》.

néther·mòst [形] [the ~] [A]《文》最下の.

néther régions [名] [複] ❶《戯言》性器. ❷ [the ~] 地獄.

néther·wòrld [名]《文》❶ [通例単数形で] 暗黒街; 貧困と犯罪の蔓延(まんえん)する地域. ❷ [the ~] 地獄 (hell).

net·i·quette /nétɪkət, -kèt/ [名] [U]〔電算〕ネチケット《電子メールやウェブを利用する時などのエチケット》.

net·i·zen /nétɪz(ə)n/ [名]〔電算〕ネチズン, ネット(ワーク)市民《インターネットの習慣的[頻繁な]利用者》.

nét nátional próduct [名] [U]〔経〕国民純生産《略 NNP》.

net·pre·neur /nétprənɚ́ː | -nə́ː/, **net·re·pre·neur** /nètrəprənɚ́ː | -nə́ː/ [名]《口》ネット企業家.〘*net*+en*trepreneur*〙

nét·spèak [名] [U] ネット語, ネット言葉《インターネット上で

nét·sùrfing 名 U ネットサーフィン《インターネット上の情報を見て回ること》.
nett /nét/ 形 動 =net².
net·ted /nétɪd/ 形 網目の, 網状の.
nét·ter /-tə⁻ | -tə/ 名; インターネット利用者.
nét·ting /-tɪŋ/ 名 U ❶ 網, 網細工: wire ~ 金網. ❷ 網すき; 網漁.
⁺nét·tle /nétl/ 名〘植〙イラクサ《イラクサ属の植物; 葉にとげがあって刺すと炎症を起こす》. **grásp the néttle** 断固として困難に立ち向かう. ── 動 ⦅口⦆〈人を〉じらす, いらいらさせる (annoy) 《★通例受身》: I *was* ~*d* by her stubbornness. 彼女の頑固さにいらいらした.
néttle ràsh 名 U〘医〙じんましん (hives, urticaria).
net·tle·some /nétlsəm/ 形 いらだたしい.
nét tón 名 純トン (⇒ ton 3 b).
*****net·work** /nétwə̀ːk | -wə̀ːk/ 名 ❶ C **a** 網状のもの; 連絡網: an intelligence ~ 情報網 / a defense ~ 防衛網 / ⇒ old-boy network / a ~ of railroads 鉄道網 / a ~ *of* blood vessels 網状の血管. **b** 〘ラジオ·テレビ〙放送網, ネットワーク: over a TV ~ テレビ放送網を通じて. **c** 〘電算〙ネットワーク. **d** 〘電〙回路網. ❷ C〈人と人とのネットワーク; 情報交換グループ. ❸ U,C 網細工, 網織物. ── 動 ❶ a〘電算〙〈複数のコンピューターを〉ネットワークで結ぶ, ネットワーク化する. **b** 〈番組を〉ネットワークを通じて放送[放映]する. ❷ 〈…を〉網状組織にする; 網状にしく. ── 自〈人と〉ネットワークを結ぶ (*with*); 情報交換グループの一員になる. **nét·wòrker** 名
⁺nét wòrking 名 U ❶ 〈人との〉ネットワーク作り. ❷ 〘電算〙ネットワーク化, ネットワーク構築.
neume, neum /n(j)úːm | njúːm/ 名〘楽〙ネウマ《中世の plainsong (単旋聖歌) の唱音の高低·律動などを示唆した記号》.
⁺neu·ral /n(j)ú(ə)rəl | njúə-, njɔ́ː-/ 形〘解〙神経(系)の: the ~ system 神経組織.
néural compúter 名〘電算〙人間頭脳型コンピューター, ニューラルコンピューター. **néural compúting** 名
neu·ral·gia /n(j)ú(ə)réldʒə | nju(ə)r-, njɔː-/ 名 U〘医〙(頭部·顔面などの)神経痛. **neu·ral·gic** /n(j)uréldʒɪk | nju(ə)r-, njɔː-/ 形
néural nét(work) 名〘電算〙神経回路網, ニューラルネット(ワーク)《生体の神経系をモデル化してできた超並列の分散処理システム》.
néural túbe 名〘発生〙神経管《脊椎動物の胚において神経板が初期につくる管状体; のちに脳·脊髄に分化する》.
neur·as·the·ni·a /n(j)ùərəsθíːniə | nju̇(ə)r-, njɔː-/ 名 U〘医〙神経衰弱(症). **nèur·as·thé·nic** /-θénɪk⁻/ 形
neu·rec·to·my /n(j)uréktəmi | nju(ə)r-, njɔː-/ 名 U,C〘医〙神経切断(術).
neu·ri·tis /n(j)uráɪtɪs | nju(ə)r-, njɔː-/ 名 U〘医〙神経炎. **neu·rit·ic** /n(j)urítɪk | nju(ə)r-/ 形
neu·ro- /n(j)ú(ə)rou | njúər-, njɔː-/〔連結形〕「神経…」. 〘Gk *neuron* nerve〙
nèuro·anátomy 名 U 神経解剖学.
néuro·bíology 名 U 神経生物学.
néuro·blàst /-blæ̀st/ 名〘解〙神経芽細胞.
nèuro·blas·tó·ma /-blæstóumə/ 名 U〘医〙神経芽(細胞)腫.
nèuro·fíbril 名〘解〙神経原線維. **-fibrillary** 形
nèuro·fibróma /-lépɪk/ 名〘医〙神経線維腫《良性腫瘍》.
nèuro·fi·bro·ma·tó·sis /-faɪbròumətóusɪs/ 名 U〘医〙神経線維腫症《常染色体優勢の遺伝病; 特に皮膚の色素沈着斑, 末梢神経鞘からの神経線維腫などを特徴とするもの》.
nèuro·génesis 名 U 神経(組織)発生.
nèuro·génic 形 神経(原)性の.
nèuro·hórmone 名〘生理〙神経ホルモン.
nèuro·informátics 名 U 神経情報科学.
nèuro·lép·tic /-lépɪk/ 名〘医〙神経抑制[遮断]薬《統合失調症などの治療などに用いる抗精神病薬》. ── 形神経抑制[遮断](性)の.
⁺neu·ro·log·i·cal /n(j)ù(ə)rəládʒɪk(ə)l | njùərəlɔ́dʒ-, njɔ̀ːr-⁻/ 形 神経(病)学の. **-i·cal·ly** /-kəli/ 副
neu·ról·o·gist /-dʒɪst/ 名 神経学者.
neu·rol·o·gy /n(j)uráləgi | nju(ə)rɔ́l-, njɔː-/ 名 U 神経(病)学.
neu·ro·ma /n(j)uróumə | njuər-, njɔː-/ 名 C (複 -ma·ta /-tə/, ~s)〘医〙神経腫.
nèuro·múscular 形〘生理·解〙神経と筋肉の[に関する], 神経筋の.
⁺neu·ron /n(j)ú(ə)rɑn | njúərən, njɔː-/, **neu·rone** /n(j)ú(ə)roun | njúər-, njɔː-/ 名〘解〙神経細胞[単位], ニューロン (nerve cell). 〘Gk=nerve〙
neu·rop·a·thy /n(j)urɑ́pəθi | njuərɔ́p-/ 名 U 末梢神経障害, ニューロパシー.
nèuro·péptide 名〘生化〙神経[ニューロ]ペプチド《神経細胞体で合成され, 神経伝達[調整]物質や神経ホルモンとして機能する》.
nèuro·pharmacólogy 名 U 神経薬理学. **-gist** 名 **-pharmacológical, -ic** 形
nèuro·psychíatry 名 U 神経精神病学. **-psychíatrist** 名 **-psychiátric** 形
nèuro·psychólogy 名 U 神経心理学. **-gist** 名 **-psychológical** 形
nèuro·scíence 名 U 神経科学.
⁺neu·ro·sis /n(j)uróusɪs | nju(ə)r-, njɔː-/ 名 (複 -ro·ses /-siːz/) 神経症, ノイローゼ: have a ~ ノイローゼにかかっている. 〘NEURO-+-OSIS〙
nèuro·súrgery 名 U 神経外科学.
⁺neu·rot·ic /n(j)urɑ́tɪk | nju(ə)r-, njɔː-/ 形 ❶ 神経症[ノイローゼ]にかかった. ❷ 極度に神経質な, 神経過敏な: They're ~ *about* AIDS. 彼らはエイズのことで神経過敏になっている. ── 名 ❶ 神経症[ノイローゼ]の人. ❷ 極度に神経質な人. **-i·cal·ly** /-tɪkəli/ 副
neu·rot·i·cism /n(j)urɑ́təsìzm | -rɔ́t-/ 名 U 神経症的症状.
neu·rot·o·my /n(j)urɑ́təmi | -rɔ́t-/ 名 U,C〘医〙神経切離(術).
nèuro·tóxic 形〘医〙神経毒(性)の. **-toxicity** 名
nèuro·tóxin 名〘医〙神経毒.
nèuro·transmítter 名〘生理〙神経伝達物質.
nèuro·trópic 形〘生理〙神経向性の, 神経親和性の.
nèuro·trópism 名 U 神経向性, 神経親和性《神経組織に対し特別な親和性があること》.
neus·ton /n(j)úːstàn | njúːstɔ̀n/ 名 U〘生態〙水表生物.
neu·ter /n(j)úːtə⁻ | njúːtə/ 形 ❶〘文法〙中性の (cf. masculine 3, feminine 2): the ~ gender 中性 / a ~ noun 中性名詞. ❷ U 無生の. a〘文法〙中性 [the ~] 中性の. **b** C 中性形. ❷ C 無生殖雌虫《働きバチ·働きアリなど》; 去勢動物; 無[無]性植物. ── 動 ❶〈動物を〉去勢する《★通例受身》: a ~*ed* cat 去勢した猫. ❷ ⦅英⦆〈組織などを〉弱体化する《★新聞用語》. 〘L *ne-* not+*uter* either〙
*****neu·tral** /n(j)úːtrəl | njúː-/ 形 (more ~; most ~) ❶ **a** 〈国などが〉中立の, 戦争に参加しない; 中立国の; 当事者[国]でない, 第三者[第三国]の: a ~ nation [state] 中立国 / a ~ zone 中立地帯 / a *neutral*-site game〘スポ〙対戦者のどちらのホームでもない場所で行なわれる試合. **b** 《議論などで》不偏不党の, えこひいきのない: remain ~ 中立を保つ / take a ~ stand 中立的な立場を取る. ❷ **a** 〈言葉·表現が〉中立的な, どっちつかずの, あたりさわりのない. **b** 〈種類·特徴が〉はっきりしない: a ~ smile はっきりしない笑い. **c** 中間色の, くすんだ, 灰色じみた: a ~ tint 中間色. ❸〘機〙〈ギヤなどが〉かみ合っていない, ニュートラルの: Put the gear back into the ~ position. ギヤをニュートラルの位置に戻しなさい. ❹ **a** 〘電〙中性の《陰性でも陽性でもない》. **b** 〘化〙中性の《酸性でもアルカリ性でもない》. **c** 〘音声〙あいまいな: a ~ vowel あいまい母音 /ə/. ❺ (比較なし) 雌雄区別のない. ── 名 ❶ C **a** 中立国(民). **b** 中立者. ❷ U〘機〙〈ギヤの〉中立位置, ニュートラル: put the car into [in] ~ 車のギヤをニュートラルにする. **on néutral gróund** 中立の場所で, どちらにも有利[不利]でないところで, 第三国で. ~**·ly** 副 〘L ↑+-AL〙 名 **neutrality**, 動 **neutralize**〙

néu·tral·ism /-lìzm/ 名 U 中立主義[政策]; 中立(態度, 状態, 表明).

néu·tral·ist /-lɪst/ 名 形 中立主義者(の).

neu·tral·i·ty /n(j)uːtrǽləti | njuː-/ 名 U ❶ 中立(状態); 局外中立; 不偏不党: armed [strict] ~ 武装[厳正]中立 / maintain ~ 中立を維持する. ❷ 《化》中性. (形 neutral)

neu·tral·i·za·tion /n(j)ùːtrəlɪzéɪʃən | njùːtrəlaɪz-/ 名 U ❶ 中立化(状態). ❷ 《化》中和.

⁺neu·tral·ize /n(j)úːtrəlàɪz | njúː-/ 他 ❶ **a** 〈...を〉無効にする, 〈...の〉効力を消す: ~ the effect 効果をなくする. **b** (信管を抜くなどして)〈爆弾などを〉安全化する, 無力にする. ❷ 《化》〈...を〉中和する: a *neutralizing* agent 中和剤 / Alkalis ~ acids. アルカリは酸を中和する. ❸ 〈国・地帯などを〉中立化する. ❹ 《婉曲》(特に軍事行動などで)殺す, 殲滅(ぜんめつ)する; 破壊する: ~ the enemy 敵を掃討する. (形 neutral)

néu·tral·ìz·er 名 中和物[剤].

neu·tri·no /n(j)uːtríːnoʊ | njuː-/ 名 (榎 ~s /~z/) ニュートリノ, 中性微子.

⁺neu·tron /n(j)úːtrɒn | njúː trɒn/ 名 《理》中性子, ニュートロン.

néutron bòmb 名 中性子爆弾.

néutron stàr 名 《天》中性子星.

neu·tro·phil /n(j)úːtrəfɪl | njúː-/ 名 《解》好中球, 中性好性[好中性]白血球(傷や感染部位に最初に到達する).

nèutro·phílic 形 好中性の, 中性親和(性)の.

Nev. (略) Nevada.

Ne·va·da /nəvǽdə, -váː- | -váː-/ 名 ネバダ州《米国西部の州; 州都 Carson City; 略 Nev.; 郵 NV; 俗称 the Silver State)。《Sp (Sierra) *Nevada* (原義) 雪の(山脈)》

Ne·va·dan /nəvǽdən, -váː- | -váː-/ 名 ネバダ州人.
— 形 ネバダ州(人)の.

né·vé /nevéɪ / ---/ 名 U 粒状万年雪《氷河の上層部をなす粒状の半凍雪》.

⁂nev·er /névə | -və/ 副 ❶ いまだかつて...ない, 一度も...ない: He ~ gets up early. 彼は早起きしたためしがない / I have ~ seen a panda. まだパンダを見たことがない / "Have you ever been to London?" "No, I ~ have." 「ロンドンへ行ったことがありますか」「いいえ一度もありません」《用法》 本動詞が省かれるが never is have の前に置く; 従って I have ~. は間違い) / She seldom or ~ scolds her children. 彼女はめったに子供たちをしからない / *N*~ (in all my life) have I heard of such a thing. (口) そんなことは(いまだかつて)聞いたことがない《用法》 never が強調のため文頭に出ると主語と動詞の倒置が起こる) / *N*~ for one moment did I doubt his innocence. 彼の無実を一瞬たりとも疑ったことはない / Better late than ~. 遅くともしないよりまし. ❷ [not よりも強い否定を表わして] (口) 決して...ない: *N*~ mind! 心配するな, 大丈夫だ / *N*~ let him go there. 絶対に彼をそこへ行かせてはならない 《★今ばかりでなくこれからも, という含みがある》/ He ~ takes risks. 彼は決して危険なことはやらない / "Does Susan write to Rodney?" "No, she ~ does (write to him)". 「スーザンはロドニーに手紙を書きますか」「いいえ全然(書きません)」/ She ~ so much as spoke. 彼女はひと言もきかなかった / These shoes will ~ do. この靴はだめだ / She asked me ~ to arrive late. 彼女は私に一回でも絶対に遅刻しないでねと言った 《★ 不定詞の前に置く》. **b** [never ~... の形で] 一つ[一人]も...ない / He spoke ~ *a* word. 彼はひと言もしゃべらなかった. ❸ (口) **a** [疑い・驚きを表わして] まさか...ではあるまい: You have ~ lost the key! 《英》まさかかぎをなくしたのではないでしょうね! / *N*~ tell me. 《英》まさか, 冗談だろう / Well, I ~!=I ~ did! まあ驚いた!, まさか! / "He failed the exam." "*N*~!" 「彼は試験に落ちたよ」「まさか. 本当かい」. **b** ...でない 《★ 過去時制で用いて》: I ~ knew that. それは知らなかった.

néver éver (口) 決して...ない 《★ never の強調》: I'll ~ ever speak to you again. 君とは金輪際口なんかきかないぞ.

Néver sày díe! ⇒ die¹ 成句.

nèver the... (for...) [比較級を伴って] (...だからといって)少しも...ない: I was ~ *the wiser for* the explanation. その説明を聞いてもやっぱりわからなかった. 《OE <*ne* not+EVER》

⁺néver-énding 形 終わりのない, 果てしない (endless).

nèver·móre 副 (詩) 二度と(再び)...しない.

néver-néver 名 [the ~] (英口) 分割払い: on *the* ~ 分割払いで. — 形 (米) 非現実の, 想像上の, 架空の.

néver-néver lànd 名 おとぎの国, 夢の国.

⁂nev·er·the·less /nèvəðəlés | -və-/ 副 それにもかかわらず, それでも (none the less): He was very tired; ~ he went on walking. 彼はとても疲れていたが, それでも歩き続けた / He is very naughty, but I like him ~. 彼はとてもわんぱくだが, それでもやっぱり好きだ.

Nev·il(le) /névɪl/ 名 ネビル《男性名》.

ne·vir·a·pine /nəvíərəpiːn, -pɪn/ 名 U 《薬》ネビラピン《HIV 感染症治療薬; 他の抗 HIV 薬と併用される》.

Ne·vis /níːvɪs/ 名 ネビス島《西インド諸島東部 Leeward 諸島の島》; ⇒ Saint Kitts and Nevis.

ne·vus /níːvəs/ 名 (榎 **ne·vi** /-vaɪ/) 母斑(はん).

⁂new /n(j)uː | njuː/ 形 (~·er; ~·est) ❶ 新しい(↔ old): **a** これまでに存在しなかった, 初めて現われた[見た, 聞いた]: a ~ book 新刊書 / a ~ car 新車 / a ~ drug 新薬 / a ~ high 〔当〕新高値[安値], 新[最低]記録 / a ~ nation 新生国家 / the ~*est* fashion 最近のファッション. **b** (これまで存在していたが)ごく最近知られた, 新発見の: a ~ star 新発見の星, 新星. **c** (比較なし) 新品の; 新型[新式]の: a ~ towel 新品のタオル / It's like ~. それは新品同様だ 《★ the new は名詞的用法》. **d** (比較なし) 新しく手に入れた, 買ったばかりの 《★新品でなく中古品についてもいう》: This is our ~ house. これが新しく買った私たちの家です (cf. 形 2). **e** A (ある地位に)ついたばかりの, 新入の, 新参の: a ~ member of the club クラブの新人 / a ~ boy [girl] 新入生; (口) 新参者; 未経験者. **f** P [...から出てきたばかりで: a car ~ *from* the factory 工場から出てきたばかりの車 / He is ~ *from* the country. 彼はいなかから出て来たばかりだ. **g** A (比較なし) 取れたての, できたての, 新鮮な: ~ potatoes 新じゃが / ~ wine [rice] 新酒[新米] / ~ bread できたてのパン. ❷ (比較なし) 今度の, 今度の: She is the ~ teacher. 彼女が新しく来た先生です / This is our ~ house. これが私たちの今度の家です (cf. 形 1 d). ❸ 新たに始まる; 次の: ⇒ new year/a ~ chapter 次の章 / begin a ~ game 次の試合を始める. **b** (心身が新しくなった; 更生した: lead a ~ life 新生活を送る / feel (like) a ~ man [woman] 生まれ変わったような気持ちがする. ❹ よく知らない, 不案内の, 初めての: visit a ~ place 初めての所を訪ねる / That information is ~ *to me*. その情報は初耳だ / The work is ~ *to* me. その仕事は初めてだ / I'm ~ *to* [*in*] this area. この土地は初めてだ / I'm ~ *to* [*at*] this job. この仕事は初めてだ. ❺ A それ以上の, 追加の: three centimeters *of* snow 新たに3センチの雪. ❻ [the ~] 現代[近代]的な, 新式の, 当世風の; 新しがりの: *the* ~ economics 新経済学 / *the* ~ education 新教育 / *the* ~ woman 新しい[目覚めた]女性. ❼ [the ~; 名詞的に; 単数扱い] 新しいこと[事象]: He always prefers *the* ~ to the old. 彼は常に古いことより新しいことを好む.

as góod as néw 〈中古品・壊れたものなど〉新品同様で.

Whàt's néw? ⇒ what 代 成句.

— 副 [主に過去分詞とともに複合語をなして] 新たに, 新しく: ⇒ newborn, newfound, new-mown.

~·ness 名 [OE] 《類義語》 new old に対する語で, 以前には存在しなかった, または人が以前に経験したことがないという意味の一般語. **fresh** 新しくてまだものとの形・性質・新鮮さが失われていない, 古びていない. **novel** 新しい上に珍しい《奇妙な性質を持った. **original** new または novel で, その種類としては最初の.

⁺Néw Áge 形 ニューエイジの《西欧の伝統的合理主義・物質主義に対し, 精神性・神秘性・自然との調和などを重視す

る): the ~ movement ニューエイジ運動.
Néw Àge músic 名 Ｕ ニューエイジ(ミュージック)《静謐(ﾄﾞｼ)で心の休まるような曲調を特徴とする現代音楽の一分野》.
Néw Àge trávellers 名 複《英》ニューエイジの旅人《現代社会の価値観を拒絶し, トレーラーハウスなどで放浪生活をする人》.
New·ark /n(j)úːək | njúː-/ 名 ニューアーク《New Jersey 州北東部の市; 国際空港がある》.
Néwark Internátional Áirport 名 ニューアーク国際空港《New York 市郊外にある空港; コード名 EWR》.
new·bie /n(j)úːbi | njuː-/ 名《俗》(特にコンピューター・インターネットの)初心者.
néw blóod 名 Ｕ (新しい活力の源泉としての)若い人々, 新手, 新しい血.
†**new·born** 形 Ａ ❶ 生まれたばかりの; 新生の. ❷ 復活した: a ~ baby 新生児. ❸ 新生児.
new bróom 名《英》改革に熱心な新任者 (cf. broom).
Nèw Brúnswick 名 ニューブランズウィック州《カナダ南東部の州; 州都 Fredericton /fréd(ə)rɪktn, -drɪk-/; 略 NB》.
Nèw Caledónia 名 ニューカレドニア《オーストラリア東方の島; 周辺の島々を合わせてフランスの海外領土をなす》.
New·cas·tle /n(j)úːkæsl | njúː sl/ 名 (また **Néwcastle-upon-Týne**) ニューカッスル(アポンタイン)《イングランド北部の港市; 石炭の積み出しで有名》. **cárry** [**táke**] **cóals to Néwcastle** ⇒ coal 成句.
Néwcastle disèase 名 Ｕ 〔獣医〕ニューカッスル病《呼吸器および神経系の症状を主とするウイルス性家禽病》.
*new·com·er /n(j)úːkʌmə | njúː kʌmə/ 名 新来者; 新参者, 新顔, 新人; 新規参入者: a ~ to the big city 大都会に来たての人 / a ~ to politics 政界の新人.
Nèw Cómmonwealth 名 [the ~] 新英連邦《1954 年以降独立して英連邦に加わった国々》.
Nèw Críticism 名〔文学〕新批評《歴史的・伝記的事実より作品の言語分析に基づく批評》.
Nèw Déal 名 [the ~] ニューディール, 新経済政策《1933 年米国大統領 F. D. Roosevelt が始めた社会保障と経済復興をねらいとした革新政策》.
Nèw Délhi 名 ニューデリー《インド共和国の首都》.
néw ecónomy 名 [単数形で; 通例 the ~]〔経〕ニューエコノミー《情報技術の革新に基づいた経済システム》.
— 形 ニューエコノミーの.
new·el /n(j)úːəl | njúː-/ 名〔建〕❶ 親柱《階段の端または曲がり角にあり, 手すりを支える柱》. ❷ 回り階段[らせん階段]の中心となる柱.
néwel pòst = newel 1.
Nèw Éngland 名 ニューイングランド《米国北東部の地方; Connecticut, Massachusetts, Rhode Island, Vermont, New Hampshire, Maine の 6 州から成る》.
Nèw Én·gland·er 名 ニューイングランドの人.
Néw Énglish Bíble 名 [the ~]「新英語聖書」《新約は 1961 年, 旧約と外典は 1970 年に英国で出版; 略 NEB》.
néw·fán·gled /-fǽŋgld◂/ 形《軽蔑》〈思想など〉新しがりの; 最新式の, 流行の.
new·fáshioned 形 新式の, 新流行の.
†**new·fóund** 形 Ａ 新発見の: ~ happiness 新しく見つけた幸福.
New·found·land /n(j)úːfən(d)lənd, -lænd | njúː-/ 名 ❶ **a** ニューファンドランド島《カナダ東方の大きな島》. **b** ニューファンドランド州《同島と Labrador 半島の一部から成る; 州都 St. John's; 略 NF, Nfld.》. ❷《英 njuː fáundlənd/》= Newfoundland dog.
Néwfoundland dóg 名 ニューファンドランド(犬)《大型の作業犬, 水中で泳ぐがうまく黒色が一般的》.
Néw·found·land·er 名 ニューファンドランド人.
Nèw Frontier 名 [the ~] ニューフロンティア《米国大統領 J. F. Kennedy の政策》.
Nèw Guin·ea /n(j)úː gíni | njùː-/ 名 ニューギニア《Australia 北方の島; 略 NG》.
Nèw Hámp·shire /-hǽm(p)ʃə | -ʃə/ 名 ニューハンプ

1215　**news**

シャー州《米国北東部の州; New England にある; 州都 Concord; 略 〔郵〕NH; 俗称 the Granite State》.《この土地を与えられた J. Mason の出身地英国 Hampshire にちなみ命名》
Nèw Há·ven /-héɪv(ə)n/ 名 ニューヘブン《米国 Connecticut 州にある港市; Yale 大学の所在地》.
Nèw Hébrides 名 複 [the ~] ニューヘブリディーズ《Vanuatu の旧称》.
new·ie /n(j)úːi | njuː-/ 名 何か新しいもの.
new·ish /n(j)úːɪʃ | njuː-/ 形 比較的新しい.
New Jer·sey /n(j)ùː dʒəːzi | njùː dʒə́ː-/ 名 ニュージャージー州《米国東部の州; 州都; 略〔郵〕NJ; 俗称 the Garden State》.《この土地を与えられた英国の提督の出身地 Jersey 島にちなむ》
néw lád [しばしば N- L-]《英》新青年《new man とは異なり, 伝統的な価値観に従って男性的にふるまう若者》.
néw-láid 形〈卵が〉生みたての.
Néw Látin 名 Ｕ 新ラテン語《1500 年以後のラテン語; 略 NL》.
Néw Léft 名 [the ~] 新左翼, ニューレフト《1960, 70 年代に激しくなった急進的左翼政治運動[団体]》. ~·ist 名
néw lóok [しばしば the ~]《口》新しい様式[型, 体制(など), ~ in skirts スカートのニュールック. — 形 [new-look] ニュールックの.
*new·ly /n(j)úːli | njúː-/ 副 (more ~; most ~) [通例過去分詞とともに用いて] ❶ 近ごろ, 最近: a ~ discovered vitamin 最近発見されたビタミン. ❷ 新たに, 再び: a ~ painted door (新しく)塗り替えたドア. ❸ 新しいやり方で: ~ arranged books 新しく並べかえた本.
newly-wéd 名 ❶ [複数形で] 新婚夫婦. ❷ 新婚の人. — 形 新婚の.
néw mán [しばしば N- M-]《英》新男性《男女間の関係に対する新しい考え方に基づき料理・育児なども積極的に行なう男性》.
New·man /n(j)úːmən | njuː-/ 名, **John Henry** ニューマン (1801-90; 英国のカトリック神学者・著述家》.
New·mar·ket /n(j)úːmὰːkɪt | njúː mὰː-/ 名 ❶ ニューマーケット《イングランド東部 Suffolk 州の競馬で有名な町》. ❷ [通例 n-] ニューマーケット《19 世紀に着用されたぴったり体に合う外出用の長外套; newmarket coat ともいう》. ❸ [時に n-]《英》ニューマーケット《トランプ遊びの一種》.
néw máth《英》**néw máths** 名 新数学《初等教育における集合論を基礎とする数学(教授法)》.
Nèw Méxican 名 ニューメキシコ州の人.
Nèw México 名 ニューメキシコ州《米国南西部の州; 州都 Santa Fe; 略 N.Mex., 〔郵〕NM; 俗称 the Land of Enchantment》.《Sp *Nuevo Méjico* の翻訳》
néw móney 名 Ｕ ❶ 新興成金. ❷ 最近手に入れた大金.
néw móon 名 ❶ Ｃ **a** 新月, 朔(ﾂｲﾀﾁ). **b**《特に新月直後の細い》三日月. ❷ Ｕ Ｃ 三日月の出る日[期間].
néw-mówn /-móʊn/ 形 刈りたての: ~ hay 刈りたての干草.
néw òne [a ~]《口》〈人にとっての〉初めてのこと 〈*on*〉.
Nèw Ór·le·ans /-ɔ́əlɪənz, -əəlìːnz | -ɔːlìːənz/ 名 ニューオーリンズ《米国 Louisiana 州東南部, Mississippi 河畔の港市》.
nèw pénny《英》新ペニー (⇒ penny 1).
néw-póor 形 ❶ 新貧困層の. ❷ [the ~; 名詞的に; 複数扱い](社会変動などによる)新貧困層.
néw-rích 形 ❶《にわか》成金の. ❷ [the ~; 名詞的に; 複数扱い](社会変動などによる)新富裕層, (にわか)成金連.
Néw Ríght 名 [the ~] 新右翼, ニューライト《1980 年代に起こった新保守主義運動》.
*news /n(j)úːz | njúːz/ 名 Ｕ ❶ **a** 知らせ, 消息; 近況, 消息, 便り《厖密 個々には a piece [a bit] of ~ のように用いる》: Bad ~ travels quickly.《諺》悪事千里を走る / No ~ is good ~.《諺》便りのないのはよい便り / I'm afraid I have some bad ~ for you. あなたに悪い知らせがあるんで

すが / The ~ of [about] how this had happened did not reach him for some time. それがどうして起こったかという知らせはしばらくしてから彼のもとへ届いた / We have received no ~ about [as to] her whereabouts. 彼女の所在については何の消息も聞いていない / [+*that*] The ~ *that* he had been injured was a shock to us all. 彼がけがをしたという知らせに我々はみんなひどく心配した《愛慶》 The ~ of [about] his injury was a shock to us all. と書き換え可). **b** 変わったこと, 興味ある事件, 情報《用法》個々には an item of ~ , an ~ item の形を用いる) : foreign [home, domestic] ~ 海外[国内]ニュース / make the ~ ニュースになる / suppress the ~ of [about] a riot 暴動のニュースを差し止める / *An item of* ~ in the paper caught his attention. その新聞の1つのニュースが彼の注意を引いた. ❷ [the ~] (ラジオ・テレビの)ニュース(番組): *the latest* ~ 最新のニュース / Here is *the* (7 o'clock) ~. (7時の)ニュースをお伝えします / This is a summary of *the* ~. それは10時のニュースの概要です / It was reported in *the* 10 o'clock ~. それは10時のニュースで報道された. ❸ **a** 《口》〔人にとって〕初耳のこと: That's ~ *to* me. それはまったく初耳だ. **b** 変わったこと, ニュース種になること: make ~ ニュース種になるようなことをする / Is there any new ~?=What's the ~ today? (きょうは)何か変わったことがありますか / Madonna is ~ whatever she does. マドンナは何をやってもニュースになる / He's bad ~. 《俗》あいつはやっかいやつだぞ. ❹ [N~; 新聞名に用いて] …新聞: The *Daily N*~ デーリーニュース(紙). 【ME; NEW の名詞用法の複数形】

*néws àgency 图 通信社 (press agency).

†néwsagent 图《英》新聞雑誌販売業者[店]《米》news dealer (★英国のこの店では雑誌・文房具・タバコ・駄菓子・雑貨なども売っている): Is there a *newsagent's* near here? この近くに新聞屋さんありますか.

néws ànalyst 图 ニュース[時事]解説者.

néws blàckout 图 (特定のニュースに対する)報道管制.

néws·bòy 图 新聞売り[人]; 新聞配達人.

néws·brèak 图《米》❶ 緊急ニュース. ❷ ニュース速報.

néws bùlletin 图 ❶《英》短いニュース. ❷《米》(番組途中の)ニュース速報.

*néws·càst 图《米》(ラジオ・テレビの)ニュース放送.

*news·cast·er /n(j)úːzkæ̀stɚ | njúːzkɑ̀ːstə/ 图 (ラジオ・テレビの)ニュースアナウンサー (匹盞 日本の「ニュースキャスター」は anchor(person) [anchorman, anchorwoman]に近い).

néw schòol 图 [A] 《口》(音楽・芸術について)新派の.

néws cònference 图 記者会見 (press conference).

néws còpy 图 [U] (新聞やテレビ・ラジオの)ニュース原稿.

†néws dèaler 图《米》新聞雑誌販売業者[店] 《英》newsagent.

néws·flàsh 图 =newsbreak.

néws·gàther·ing 图 [U] ニュース収集[報道, 調査](のための)).

néws·gìrl 图 女性新聞売り(人), 女性新聞配達人.

néws·gròup 图【電算】(インターネット上の)ニュースグループ.

néws·hàwk 图 《口》=newshound.

néws·hòund 图 《口》(特に積極的な)ジャーナリスト.

†néws·lètter 图 ❶ (会員・社員などへの)会報, 社内報, ニューズレター (bulletin). ❷ (特別購読者向けの)時事通信[解説].

néws·màgazine 图 (通例週刊の)ニュース雑誌, 時事週刊誌 (*Time*, *Newsweek* など).

néws·màker 图《米》ニュースになる[なった]人[物, 事件].

néws·man /-mən/ 图 (徴 -men /-mən/) =newsperson.

néws·mòn·ger /-mʌ̀ŋgɚ | -gə/ 图 うわさ話の好きな人; おしゃべり人.

Néw Sòuth Wáles 图 ニューサウスウェールズ州《オーストラリア南東部の州; 州都 Sydney; 略 NSW》.

‡news·pa·per /n(j)úːzpèɪpɚ, n(j)úːs- | njúːzpèɪpə, njúːs-/ 图 ❶ [C] 新聞 《解説》英国には多くの全国紙があるが, 米国には *USA Today* のみで, あとはすべて地方紙である; また朝刊と夕刊は通例異なる新聞社が発行している; ⇒ tabloid): a morning [an evening] ~ 朝刊[夕刊] / make the ~*s* (口) 新聞に載る / a daily [weekly] ~ 日刊[週刊]新聞 / He reads *the* ~ every day. 彼は新聞を毎日読む / I saw it in *the* ~(*s*). それを新聞で見ました. ❷ [C] 新聞社: She works for a ~. 彼女は新聞社に勤めている. ❸ [U] 新聞紙, 新聞印刷用紙: a sheet of ~ 新聞紙1枚 / She wrapped it in ~. 彼女はそれを新聞紙にくるんだ.

néwspaper·màn 图 (徴 -men) ❶ 新聞記者, 新聞人. ❷ 新聞経営者[発行人].

néwspaper stànd 图 =newsstand.

néwspaper·wòman 图 (徴 -women) ❶ 女性新聞記者[新聞人]. ❷ 女性新聞経営者[発行人].

néw·spèak 图 《しばしば N~》ニュースピーク《政府役人などが世論操作に用いる故意にあいまいな言葉で欺く表現法)). 《G. Orwell の小説 *1984* から》

néws·pèrson 图 ニュースを報道する人, 記者, 特派員, ニュースキャスター.

néws·prìnt 图 [U] 新聞印刷用紙.

néws rèader 图 ❶ 《英》=newscaster. ❷ 【電算】ニュースリーダー《インターネット上のニュースグループメッセージを読んだり投稿したりするプログラム》).

*néws·rèel /n(j)úːzriːl | njúːz-/ 图 短いニュース映画[フィルム].

néws relèase 图 =press release.

†néws·ròom 图 (新聞社・放送局などの)ニュース編集室. ❷ (テレビ・放送局などの)報道室, スタジオ.

néws·shèet 图 (折らない)一枚新聞; 会報, 社報, 公報.

néws·stànd 图 《米》(通りや駅などの)新聞雑誌類販売店.

Néw Stóne Àge 图 [the ~] 新石器時代.

Néw Stýle 图 [the ~] 新暦《グレゴリオ暦 (Gregorian calendar) に基づく; イングランド・ウェールズでは1752年 (スコットランドでは1600年) 新暦に変わった; 略 NS; cf. Old Style).

néws vàlue 图 [U] 報道価値, ニュースバリュー.

néws vèndor 图《英》(街頭の)新聞売り(人).

néws·wèekly 图《米》ニュース週刊誌.

néws wìre 图 ニュースワイヤー《インターネットによるニュースの速報サービス》.

néws·wòman 图 女性記者[リポーター].

néws·wòrthy 形 報道価値のある, 新聞種となる.

néws·wrìter 图 (特にテレビ・ラジオの)記者.

news·y /n(j)úːzi | njúː-/ 形 (news·i·er; -i·est) 《口》ニュースの多い; a ~ letter (うわさなど)いろいろなことの書いてある手紙. néws·i·ness 图 (⇒ news)

newt /n(j)úːt | njúːt/ 图 【動】イモリ.

Néw Tèrritòries 图 徴 [the ~] 新界《香港の大部分を占める九竜市の後背地》.

†Néw Tèstament 图 [the ~] 新約聖書《略 NT; cf. Old Testament)).

new·ton /n(j)úːtn | njúː-/ 图 【理】ニュートン《力のSI組立単位; 記号 N》.

New·ton /n(j)úːtn | njúː-/, Sir Isaac ニュートン (1642-1727; 英国の物理学者・数学者; 万有引力の発見者; 微積分学の創始者).

New·to·ni·an /n(j)uːtóʊniən | njuː-/ 形 ニュートンの; ニュートンの理論[発見]の; ニュートン力学の.

Néwton's rìng 图 【光】ニュートン環《平凸レンズの凸面がガラス平面上に置かれたときの干渉縞(しま)》.

néw tòwn 图 ニュータウン《第二次大戦後, 通例公的な指導・援助のもとで計画的に建設された町》).

néw vàriant CJD /-síːdʒèɪdíː/ 图 [U] 【医】(新)変異型クロイツフェルト-ヤコブ病《ウシ海綿状脳症 (BSE) と同じ病原体によると考えられているクロイツフェルト-ヤコブ病 (CJD); 略 nvCJD).

néw wáve 图 《しばしば the N~ W~》[U] ❶ (芸術・政治などの)新傾向, 新しい波, ヌーベルバーグ. ❷ 【音楽】ニューウェーブ (1970年代後半にパンクから派生したロックミュージック). 《F *nouvelle vague* の翻訳》

***Néw Wórld** 名 [the ～] 新世界《ヨーロッパから見た西半球; 南北米大陸, 付近の島を含む; cf. Old World 1》. — 形 [しばしば n- w-] 新世界の.

***néw yéar** 名 ❶ [the ～] 新年: in *the* ～ 新年に / greet *the* ～ 新年を迎える. ❷ [N- Y-] 元日, 元旦(とそれに続く数日): *New Year*'s greetings [wishes] 新年のあいさつ, 年賀 / a *New Year*'s gift お年玉 / (A [I wish you a]) Happy *New Year*! よいお年を, 新年おめでとう《★元日前後に交わされるあいさつ; その返事には Happy New Year! や Same to you! という》.

Néw Yèar's 名 ❶ =New Year's Day. ❷ =New Year's Eve.

⁺**Néw Yèar's Dáy** 名 元日, 元旦《★ (米·カナダ) ではしばしば Day を省く》[解説] 英米とも休日であるが, New Year's Eve と違って静かに一日を過ごすことが多く, 特別な行事や祭りもない》: on ～ 元日に.

⁺**Néw Yèar's Éve** 名 大みそか《解説》英米ではパーティーをしたり, 大きな広場 (ニューヨークの Times Square やロンドンの Trafalgar Square) に集まって大騒ぎをする》: on ～ 大みそかに.

***Nèw Yórk** /n(j)ùːjɔ́ːk | njuː-/ 名 ❶ ニューヨーク州《米国北東部の州; 州都 Albany; 略, 副》NY; 俗称 the Empire State》. ❷ =New York City.

***Nèw Yórk Cíty** 名 ニューヨーク市《米国 New York 州にある港市, 同国最大の都市; the Bronx, Brooklyn, Manhattan, Queens, Staten Island の 5 自治区 (borough) から成る; 俗称 the Big Apple; 略 NYC》.

Nèw Yórk·er 名 ❶ ⓒ ニューヨーク人[市民]. ❷ [The ～]『ニューヨーカー』《米国の週刊誌; 1952 年創刊》.

Néw Yòrk mínute 名《米俗》非常に短い時間; 瞬間: in a ～ わずかな時間で; 一瞬で.

Nèw Yórk Stóck Exchànge 名 [the ～] ニューヨーク証券取引所《Wall Street にある世界最大の取引所; the Big Board ともいう; 1792 年成立; 略 NYSE》.

***New Zea·land** /n(j)ùːzíːlənd | njuː-/ 名 ニュージーランド《南太平洋の英連邦内の独立国; 南島 (South Island), 北島 (North Island) の 2 島そのほかの島々から成る; 略 NZ; 首都 Wellington》. ～·**er** 名

Nèw Zéaland fláx 名《植》ニューサイラン, ニュージーランドアサ, マオラン《ユリ科》.

NEX《略》navy exchange.

***next** /nékst/ 形 (比較なし) ❶ (時間の) **a** [無冠詞で] (今日あるいは現在の週[月, 年] などを基準にして) (すぐ) 次の, 来…(cf. last¹ B 1): ～ Friday=《英》 on Friday ～=《米》 on Friday ～ week 来週の [来週の] 金曜日は《用法 (1) 前置詞のあとでは名詞の次に置く》; (2) Will you come ～ Friday? という文はあいまいであるので,「次の」が「今週」の意味であれば this Friday on Friday を用いたほうがよい;「来週の金曜日」は (on) Friday next week か a week from (this) Friday /《英》(on) Friday week などという; (3) on ～ Friday は間違い》/ ～ week [month, year] 来週[来月, 来年] / ～ winter 来年の冬《★通例「今年の」の意にはならない》/ I'm going to be busy for the ～ week [year]. あすからの 1 週間[年間] は忙しくなる《用法 the がつくと「来週[来年]で」はなくて,「あしたからの 1 週[1 年間] の意味になる; cf. 1 b》. **b** [通例 the ～](過去・未来の一定時を基準にして) その, 翌…: *the* ～ week [month, year] (その) 翌週[翌月, 翌年] / She visited Kyoto and then went to Nara *the* ～ week. 彼女は京都を訪れ, その翌週奈良へ行った (cf. 1 a). **c** (用例は the ～ one) (順序・配列が) 次の: *the* ～ chapter 次の章 / He was *the* ～ one [person] to come. 次に来たのが彼だった / I get off at *the* ～ station. 私は次の駅で降ります. ❸ **a** [通例 the ～] (場所・位置が) 隣の, 最も近い: *the* ～ house 隣家 / *the* ～ but one [two] 1つ[2つ] おいて次の, 2[3] 番目の. **b** P […に] 接して, […の] 隣で (beside); […に] 次いで (after)《to: cf. NEXT to…》: a vacant lot ～ *to* the house その家に接した[続く] 空き地 / the shop ～ *to* the one at the corner 角から 2 軒目の店 / the person ～ *to* him in rank [age] 位[年齢] 彼に次ぐ人. **as.∴as the néxt gúy [mán, wóman, pérson]**《口》だれにも劣らず…: I'm *as* brave *as the* ～ *guy*. 勇気にかけてはだれにも負けない.

néxt to… (1) […に] 接して (⇒ 3 b). (2) [否定語の前に用いて] ほとんど… (almost): in ～ *to* no time すぐに, たちまち / It's ～ *to* impossible. ほとんど不可能だ / We have achieved ～ *to* nothing. 我々はほとんど何も達成できなかった.

(the) néxt thíng (1) 第二に, 次に. (2) =(the) NEXT thing one knows 成句.

(the) néxt thíng one knóws《口》気がついてみると, いつのまにか: *The* ～ *thing I knew*, I was lying on a stretcher. 気がついてみると担架に横になっていた.

—— 副 (比較なし) ❶ [場所・時間・程度などを表わして] a 次に, 次いで: He's *the* ～ oldest person in the class. クラスでは彼が 2 番めに年長です / *N*～, we drove home. 次いで我々は車で帰宅した / I like this one best and that ～? これがいちばん好きでその次にはあれだ / What comes ～? 次は何をするのか; 今度はどうなるのか. **b** 〜の隣に, […に] 接して: He placed his chair ～ *to* mine. 彼は自分のいすを私のいすの次に置いた. **c** 〜の次に[は]: He loved his dog ～ *to* his own sons. 彼は自分の息子たちの次に犬を愛した. ❷ 今度, この次に[は]: When shall we meet ～? 今度いつお会いしようか.

Whát néxt? ⇒ what 成句.

—— 代 次の人[もの]《★形容詞用法の next の次の名詞が省略された形》: the ～ week [month, year] after ～ 再来週[月, 年] (に) / She was *the* ～ to appear. 彼女がつぎに姿を見せた / I will tell you in my ～. 次の便で申し上げましょう / *N*～, (please)! お次は, 次の方どうぞ / *The* ～ to the youngest son was named Tim. 末から 2 番目の息子はティムという名だった.

néxt of kín ⇒ kin 成句.

—— /nèkst, nèkst, nékst/ 前《口》…の次[隣] の[に], …に最も近い[近く]《用法 形 3 b, 副 1 b, c の next to における ～ に等しい》: sit ～ him 彼の隣に腰かける.

[OE; 元来 NIGH の最上級]

néxt-bést 形 Ⓐ 次に最もよい, 次善の: A good book is the ～ thing to a true friend. 良書は真の友に次いで最もよいものである.

***néxt dóor** 副 […の] 隣の[の], 隣の家[部屋] に: They live ～ *to* us (a restaurant). 彼らは我々[レストラン] の隣に住んでいる《★ … live ～ to our house とは言わない》/ but one 1 軒おいて隣に / the people ～ 隣にいる人々.

néxt dóor to… (1) …に似通った: What you are doing is ～ *to* madness. 君のやっていることはほとんど狂気の沙汰だ. (2) [副詞的に] ほとんど…で: It's ～ *to* impossible. それはほとんど不可能だ. **the bóy [gírl] nèxt dóor** 平凡な [どこにでもいそうな] 人; 親しみやすい人. ～ ⓤ [時に複数扱い]《英口》隣人(たち).

néxt-dòor 形 Ⓐ 隣家の: our ～ neighbors 隣人たち.

néxt tíme ❶ [副詞的に] この次, 今度: I'll visit the place ～. 今度その地を訪れます. ❷ [接続詞的に] この次 [今度] …の時に: Come to see me ～ you are in town. 今度上京したら遊びに来なさい.

néxt wórld 名 [the ～] 来世, あの世.

nex·us /néksəs/ 名 ❶ 連鎖, 結び, 関係; 連結[結合] 体: a causal ～ 因果関係. ❷ 核, 中核, 中心. ❸ 《文法》 ネクサス, 対抗《Dogs bark. / I think *him* honest. の斜体語用などの主語述語的関係の表現》.《L=結ばれたnectere 縛る; cf. connect》

NF《略》《英》National Front 国民戦線《人種差別主義の極右政党》; Newfoundland; Norman French.

NFC《略》《米》National Football Conference.

NFL《略》《米》National Football League. **NFU**《略》《英》National Farmers' Union 全国農業者組合. **NG**《略》National Guard; New Guinea; no good.

ngai·o /náiou/ 名《植》ニュージーランド産ハマジンチョウ属の低木《材質は白色で強い; 実は食用》.

NGO /éndʒiːóu/《略》nongovernmental organization. **NH**《略》《米郵》New Hampshire. **NHL**

《略》National Hockey League ナショナルホッケーリーグ《米国とカナダのアイスホッケーチームの競技連盟》. **NHS** 《略》National Health Service 〖英〗国民健康保険(制度): an ~ patient 国保患者 / get treatment on the ~ 国保によって治療を受ける. **Ni** 〖記号〗〖化〗nickel.

NI 《略》National Insurance; Northern Ireland; [ニュージーランド] North Island.

†**ni·a·cin** /náiəsɪn | -sɪn/ 名 ⓤ =nicotinic acid.

Ni·ag·a·ra /naɪǽg(ə)rə/ 名 ❶ [the ~] ナイアガラ川《米国とカナダ国境の川》. ❷ =Niagara Falls. ❸ [通例 a n- of...で] (...の)洪水, 殺到: a n- of protests 抗議の殺到. 〖北米先住民イロコイ族の町の名から〗

Niágara Fálls 名 ナイアガラ瀑布《用法 通例単数扱いだが, 特に二つの部分から成ることを意識していう時には複数扱い》.

Nia·mey /niá:meɪ/ 名 ニアメー《ニジェールの首都》.

nib /níb/ 名 ❶ ペン先. ❷ (道具などの)とがった先端.

†**nib·ble** /níbl/ 動 ㊀ ❶ 〔食物を〕少しずつかじる〈away, off〉;〔耳たぶなどを〕〈くり〉軽くかむ: the biscuit ビスケットをかじる / Caterpillars are nibbling away the leaves. 毛虫が葉をかじっている. ❷ 〔...を〕少しずつかじって〔穴などを〕作る〈through, in〉: The rabbit ~d a hole **through** the fence. アナウサギが垣根をかじって穴を作った.
— ⓘ ❶ 〔食物などを〕少しずつかじる〔つつく〕; 軽くかむ《★受身可》: The rabbit was nibbling on [at] a carrot. ウサギはニンジンをかじっていた. ❷ 〈財産・貯金などを〉少しずつ使い果たす: Inflation ~d away at his assets. インフレは彼の財産を少しずつ減らしていった. ❸ [申し出などに]気のあるようなそぶりを見せる, 手を出す〔at〕. — 名 ❶ 少しずつかじること: have [take] a ~ at...を少しずつかじる. ❷ a ひとかじりの量. b ほんの少しの[食事]. ❸ 〖電算〗ニブル 《1/2 バイト; 通例 4 ビット》.

níb·bler 名 nibble する人[もの], 〖機〗ニブラー《部分的に重なる穴を連続してあけることによって板材を切断する機械》.

Ni·be·lung·en·lied /ní:bəlʊŋənli:d, -li:t/ 名 [the ~] ニーベルンゲンの歌《13 世紀前半に南ドイツでまとめられた叙事詩; cf. Siegfried》.

nib·let /níblət/ 名 1 個の小さな食べ物《トウモロコシの豆など》.

nib·lick /níblɪk/ 名 〖ゴルフ〗ニブリック《9 番アイアン》.

nibs /níbz/ 名 [通例 his [her] ~ で] 〖古風, 口〗ボスぶる人, うぬぼれ屋, いばる人.

NIC /英〗National Insurance contribution.

ni·cad /náɪkæd, ník-/ 名 ニッカド電池《ニッケルカドミウム電池》.

Ni·cae·a /naɪsí:ə/ 名 ニカイア, ニケア《古代ビザンチン帝国の都市; 現在のトルコ北西部の Iznik 村に当たる; 325 年と 787 年のニカイア会議の開催地; ⇒ Nicene Creed》.

Nic·a·ra·gua /nɪkɑ́:rəgwə | -rǽgjuə/ 名 ニカラグア《中米の共和国; 首都 Managua》.

Nìc·a·rá·guan /-gwən | -gjuən~/ 形 ニカラグア(人)の. — 名 ニカラグア人.

***nice** /náɪs/ 形 (**níc·er**; **níc·est**) ❶ **a** かわいい, 魅力のある: a ~ face かわいい顔. **b** おいしい: ~ cooking おいしい料理 / This smells ~. これはおいしそうなにおいがする. **c** 見事な, あざやかな: a ~ shot 見事な一撃; ナイスショット.
❷ 気持ちのいい, 快い, 快適な, 楽しい (pleasant): very ~ weather for hiking ハイキングにもってこいの天気 / We had a ~ time yesterday. きのうは楽しかった / 〔+**doing**〕 It's ~ being young. 若いということはすばらしい / Nice [It's been ~] seeing [meeting] you. お会いできてよかったです (★ 別れの言葉) / 〔+**to do**〕 How ~ to meet you. 初めまして (★ あいさつの言葉) / She's ~ to work with. 彼女は一緒に仕事をしていて気持ちがいい / This place is ~ to sit in. この場所は座り心地がいい / It's ~ to know (that) you're happy. 君が幸せだと知ってよかったです.
❸ 〔反義 ↔ nasty〕親切な, 優しい: You're the nicest person I know. あなたは私の知っている中でいちばん優しい人だ / I wish I had been nicer to him. 彼にはもっと親切にしてやればよかった / 〔+**to do**〕 〔+**of**+(代名)(+**to do**)〕 You're

~ to invite us to the party.=It's ~ of you to invite us to the party. 私たちをパーティーにお招きくださってありがとうございます 〔用法〕 It's ~ for you...は []. ❹ **a** 微妙な, 難しい; 識別力[精密さ]を要する (subtle): a ~ problem 難問 / ~ distinctions of color 色の微妙な差異 / a ~ point of law 法律の微妙な点. **b** 〈計器など〉精密な.
❺ 〖口・反語〗困った, いやな: Here's a ~ mess. 困ったことになった.
❻ 〖古風〗上品な, 高尚な: She has very ~ manners. 彼女は物腰が実に上品だ / That's a ~ thing to say. [しばしば反語的に] いいこと言ってくれるじゃないか 〖既義〗 You're ~ to say that. そうおっしゃってくださりありがとう; cf. 3].
❼ 謹厳な, きちょうめんな; 〔...に〕難しくて, 好みがやかましくて〔about, in〕: He's too ~ about food. 彼は食い物にはとてもうるさい.
❽ [時に ~ and...で; 形容詞・副詞に先行して; 副詞的に] とても, 十分に: This novel is ~ and long one. この小説は長くてちょうどいい / I like it ~ and sweet. それはうんと甘いのが好きだ / It's ~ and warm today. きょうはとても暖かい《★ 名詞の前では a nice warm day のようにいい, a nice and warm day のようには用いない》.

níce òne! 〖英口〗たいへんよい[うれしい]こと(だ)《★ 間投詞的に用いる》.

níce wórk! 〖英口〗よくやった, でかした, お見事《★ 間投詞的に用いる》.

~**ness** 〖ME=foolish〈F=simple, stupid〈L *nescius* ignorant〈*ne* not+*scire* to know (cf. science); 無知な〉愚かな〉気難しい〉繊細な〉良い, という意味変化を経た; ⇨ nicety〗

Nice /ni:s/ 名 ニース《フランス南東岸の海港・保養地》.

níce-lóoking 形 きれいな, かっこいい.

***nice·ly** /náɪsli/ 副 ❶ (satisfactorily) うまく ❶ 心地よく: a ~ furnished room りっぱな調度品の整っている部屋. **b** きちんと, うまく: She's doing ~ (for herself). 彼女はうまくやっている / She's coming along ~. 彼女は快方に向かっている / It will do ~. それで十分だ[申し分ない]. ❷ 親切に, 丁寧に. ❸ 精密に; きちょうめんに.

Ní·cene Créed /náɪsi:n/ 名 [the ~] ニカイア信条《325 年ニカイア会議で決まった信条》.

níce nélly [Nélly] /-néli/ 名 〖米〗お上品ぶる[婉曲的な物言いをする]人. **nìce-nél·ly[-Nél·ly]** 形.

níce-Nél·ly·ism /-ìzm/ 名 〖米〗❶ お上品, 淑女ぶること. ❷ お上品な言い回し.

ni·ce·ty /náɪsəṭi/ 名 (pl. -ties) ❶ **a** Ⓒ [通例複数形で] 微妙[精妙]な点 (subtlety): I'm not concerned with *niceties*. 細かい点にはこだわりません. **b** Ⓤ 微妙さ, 機微: a point [question] of great ~ 非常に微妙な点[問題]. ❷ Ⓤ 正確さ, 精密さ. ❸ [複数形で] 快適なもの; 上品[優雅]なもの[態度]. **to a nícety** きちんと, 精密に. (形 nice)

†**niche** /nítʃ, ní:ʃ/ 名 ❶ 〖建〗壁龕(^{へきがん})《聖像・花瓶などを置く壁のくぼみ》. ❷ 〈人・ものに〉適した所, 適所: She found [carved, created, made] a ~ **for** herself in this new industry. 彼女はこの新しい産業で適所を得た. ❸ 〖生態〗生態的地位, ニッチ. ❹ 〖商〗市場のすき間; [シェアを高められる]特定市場分野. — 動 ㊀ ❶ 〈ものを〉ニッチに置く. ❷ ~ **one***self* で [隅に]落ち着く. 〖F=nest〗

niche màrket 名 すき間市場, ニッチ市場[マーケット]. — 形 Ⓐ ニッチマーケット(向け)の.

niche màrketing 名 ニッチマーケティング (niche market の開拓, そこでの宣伝・販売).

Nich·o·las /níkələs/ 名 ❶ ニコラス《男性名; 愛称 Nick》. ❷ [Saint ~] 聖ニコラス《ロシア・子供・学者・船員などの守護聖人; cf. Santa Claus》.

Nicholas I 名 ニコライ 1 世 (1796–1855; ロシア皇帝 (1825–55); 反動的専制君主).

Nicholas II 名 ニコライ 2 世 (1868–1918; ロシア最後の皇帝 (1894–1917); 二月革命で退位, 十月革命後銃殺された).

Ni·chrome /náɪkroʊm/ 名 Ⓤ 〖商標〗ニクロム《ニッケル・クロム・鉄)の合金》. 〖NICKEL+CHROME〗

***nick¹** /ník/ 名 ❶ Ⓒ **a** 刻み目, 切り込み. **b** (瀬戸物・刃

などの小さい)欠け目, 傷: a ~ on the fender of a car 車のフェンダーについた傷 / ~s in a razor かみそりの刃こぼれ. ❷ [the ~] (《英俗》) 刑務所: in *the* ~ 刑務所に入って. **in the níck of tíme** ちょうどよい時に; 折よく. ── 動 ❶ 〈…に〉刻み目[切り込み, 欠け目, 傷]をつける. ❷ 《米口》〈人を〉だます(in). ❸ 《英口》 **a** 〈…を〉盗む (pinch). **b** [...のかどで]〈…を〉捕らえる (pick up) [*for*].

†**nick**² /ník/ 名 [in ... ~ で]《英口》調子; 健康状態: My car is secondhand, but (it's) *in* good ~. 車はセコハンだが調子がいい.

Nick /ník/ 名 ❶ ニック(男性名; Nicholas の愛称). ❷ [Old ~] 悪魔.

***nick·el** /ník(ə)l/ 名 ❶ Ⓤ 《化》ニッケル(金属元素; 記号 Ni). ❷ **a** (米国・カナダの) **5 セント貨**(白銅貨; ⇒ coin 解説). **b** 少額の金. 《Ⓐ ニッケルの[を含んだ]. ── 動 (nick·eled, 《英》-elled; nick·el·ing, 《英》-el·ling) 〈…に〉ニッケルめっきする. 《Swed < G *Kupfernickel* copper demon 銅の悪魔; 銅に似ているが銅を含まないことから》

níckel-and-díme 形 《米口》少額の; つまらない, ささいな. ── 動 《米口》 ❶ 〈…への〉金[支出(など)]をけちる;〈問題などを〉過小評価する. ❷ 〈…を〉徐々に弱らせる[弱体化させる];〈…から〉少しずつ巻き上げる.

níckel bàg 名《米俗》5 ドル相当の麻薬.

níckel bráss 名 Ⓤ ニッケル黄銅(銅・亜鉛・ニッケルの合金).

níck·el·ode·on /níkəlóʊdiən/ 名 ❶ 5 セント(映画)劇場. ❷ = jukebox.

níckel pláte 名 Ⓤ ニッケルメッキ.

níckel-pláted 形 ニッケルめっきをした.

níckel sílver 名 Ⓤ 洋銀(亜鉛・銅・ニッケルの合金).

níckel stéel 名 Ⓤ ニッケル鋼(クロムとニッケルの合金; ステンレススティールの一つ).

nick·er /níkə | -kə/ 名 (復 ~) 《英俗》ニッカー(1 ポンド英貨).

Nick·laus /níkləs/, **Jack** 名 ニクラウス (1940-   ; 米国のプロゴルファー).

nick·nack /níknæk/ 名 = knickknack.

***nick·name** /níknèɪm/ 名 ❶ あだ名, ニックネーム, 愛称, 略称 (cf. pet name). ❷ 〈…の〉あだ名をつける. ❸ 〈人・街などを〉…と〉愛称[あだ名, 略称]で呼ぶ: [+目+補] They ~*d* my brother "Specs" because of his glasses. 彼らは私の兄[弟]が眼鏡をかけているので彼に「スペック」とあだ名をつけた / He was ~*d* "Ed". 彼はエドという愛称で呼ばれて(いた). 《ME *an ekename* 付加的な名; *an* の *n* が誤って残った》

ni·çoise /niːswɑːz/ 形 (フランスの)ニース (Nice) 風[様式]の;《料理法が》ニース風の(トマト・アンチョビー・黒オリーブ・ケーパーなどで調味した[が付け合わされた]).

Nic·o·si·a /nìkəsíːə/ 名 ニコシア(キプロスの首都).

nic·o·tin·amide /nìkətínəmaɪd, -tíːn-/ 名 Ⓤ 《生化》ニコチンアミド(ビタミン B 複合体の一つ).

†**nic·o·tine** /níkətìːn/ 名 Ⓤ 《化》ニコチン. 《F < L *nicotiana* (*herba*) Nicot's (herb); たばこをフランスにもたらした J. Nicot にちなむ》

nícotine pàtch 名 ニコチンパッチ(ニコチンを含んだ禁煙用貼り薬).

níc·o·tín·ic ácid /níkətìːnɪk-/ 名 Ⓤ ニコチン酸(ビタミン B 複合体の一つ).

níc·o·tìn·ism /-ìzm/ 名 Ⓤ 《医》ニコチン中毒.

níc·ti·tàt·ing mémbrane /níktətèɪtɪŋ-/ 名 《動》瞬膜(鳥・ワニなどのまぶたの内側にある第 3 のまぶた).

nic·ti·ta·tion /nìktətéɪʃən/ 名 Ⓤ まばたき(すること), 瞬目.

ni·da·tion /naɪdéɪʃən/ 名 Ⓤ (卵の)着床.

nide /náɪd/ 名 (英) (特にキジの)巣, 巣内ひなの群れ.

ni·dic·o·lous /naɪdíkələs/ 形 《鳥》孵化後しばらく巣にいる, 留巣性の (↔ nidifugous).

nid·i·fi·ca·tion /nìdəfɪkéɪʃən/ 名 Ⓤ 営巣.

ni·dif·u·gous /naɪdífjəgəs/ 形 《鳥》孵化後すぐ巣を離れる, 離巣性の (↔ nidicolous).

NIDRR (略) 《米》 National Institute on Disability and Rehabilitation Research.

ni·dus /náɪdəs/ 名 (復 -di /-daɪ/, ~·es) ❶ 繁殖[増殖]の基点となる所;(昆虫などの)巣, 産卵場所;(種子[胞子]の)発芽地; 病巣. ❷ 置き場所, 位置.

niece /níːs/ 名 姪(ᵐᵉⁱ)(★ 配偶者の兄弟・姉妹の娘も指す; cf. nephew). 《F < L = 孫娘, 姪》

ni·el·lo /niélou/ 名 Ⓤ 黒金(ᵏᵘʳᵒᵏᵃⁿᵉ), ニエロ(硫黄に銀・銅・鉛などを加えた濃黒色合金); ニエロ象眼(金属表面にニエロを象眼する技法); ニエロ細工品. **~ed** 形

ni·en·te /niéntei/ 《楽》音がしだいに小さくなって消えるように[な], ニエンテ(で[の]).

Nier·stein·er /níəstaɪnɚ | níəstaɪnə/ 名 Ⓤ ニールシュタイナー(白のラインワイン).

Nie·tzsche /níːtʃə/, **Frie·drich Wil·helm** /fríːdrɪk vílhelm/ 名 ニーチェ (1844-1900; ドイツの哲学者).

Nie·tzsche·an /níːtʃiən/ 形 ニーチェ(哲学)の. ── 名 ニーチェ哲学信奉者. **~·ism** 名 Ⓤ ニーチェ哲学.

niff /níf/ 《英口》名 [a ~] 悪臭. ── 動 悪臭がする.

níff·y /nífi/ 形 (**níff·i·er**; **-i·est**) 《英口》悪臭のする.

nif·ty /nífti/ 形 (**nif·ti·er**; **-ti·est**) 《口》すてきな, すばらしい, 気のきいた, しゃれた, かっこいい, 巧みな, すぐれた.

Ni·ger /náɪdʒə | -dʒə/ 名 ❶ ニジェール(アフリカ中西部の共和国; 首都 Niamey). ❷ [the ~] ニジェール川(アフリカ西部の大河; ギニア西部に発し, マリ, ニジェールを流れてナイジェリアでギニア湾に注ぐ).

Ni·ge·ri·a /naɪdʒí(ə)riə | -dʒíə-/ 名 ナイジェリア(アフリカ中西部にある連邦共和国; 首都 Abuja).

nig·gard /nígəd | -gəd/ 名 けちん坊 (用法) ⇒ niggardly.

níg·gard·ly 形 《用法》語源的には無関係だが《米》nigger との連想で使用は避けられる》 ❶ けちな (stingy); もの惜しみする: a ~ person けちな人. ❷ ごく少しの: ~ aid ごく少しの援助 / a ~ salary わずかばかりの給料. ── 副 けちけちして. **níg·gard·li·ness** 名

nig·ger /nígə | -gə/ 名 《軽蔑》黒人坊 《用法》社会的にタブーな語》. **a nígger in the wóodpile** (困難をひき起こす)隠れた要因[動機] 《用法》社会的にタブーな語》. 《F < Sp *negro* NEGRO》

nig·gle /nígl/ 動 鮱 《口》〈人を〉たえず悩ませる, いらいらさせる (bother). ❷ 〈…に〉疑いながらたえず論ずる, いらいらさせる [*at*]. ❷ 〈つまらない事にこだわる[けちをつける] [*about*, *over*];〈人に〉なんくせをつける (*at*). ── 名 ささいな苦情, 気になる心配事; ちょっとした痛み.

nig·gling /nígəlɪŋ/ 形 Ⓐ ❶ 小さいことによくよする. ❷ 絶えず悩ませる[気になる]; つまらない, ささいな: a ~ suspicion 頭から離れない疑念.

níg·gly 形 = niggling.

†**nigh** /náɪ/ (古・方) 副 形 前 = near. **nígh on** (古風) ほとんど, ほぼ.

***night** /náɪt/ 名 ❶ **a** Ⓤ,Ⓒ **夜, 晩** (↔ day) (★ 日没から日の出まで, 特に暗い間の時間; cf. evening 1 a): *Night* is a good time for thinking. 夜は思考によい時間だ / *Night* came [fell] at last. ついに夜になった / The ~ was fine. その夜は晴れていた / during the ~ 夜の間に / all through the ~ ひと晩中 / in the ~ 夜間に, 夜中に / in the middle of the ~ (真)夜中に / pass a ~ 一夜を過ごす / in a ~ 一夜にして / It was a dark December ~. 暗い 12 月の夜だった / How many ~s are you staying? 幾晩お泊りですか / on the ~ of the 15th of April [of April 15] 4 月 15 日の夜に《用法》特定の日の場合前置詞は on). **b** [副詞的に] 夜に (⇒ nights): last ~ 昨夜 / the ~ before last おととい夜 / the ~ before ~ の前の夜に / Will you come tomorrow ~? 明日の夜に来ますか (★「今夜」は tonight が普通). **c** [the ~; 副詞節を導いて] …の夜に《用法 しばしば伴う》: Mother fell ill (on) *the* ~ (*that*) we arrived in France. 私たちがフランスに着いた夜に母は病気になった. ❷ ⓒ **a** (催しなどの)夜, 夕べ: a ticket for the first ~ 初日の夜(の分)の切符. **b** [通例単数形で; 通例修飾語を伴って] (特別の日の)夜 (cf. eve): on Christmas ~ クリスマスの

夜に. ❸ [間投詞的に]《口》お休みなさい. ❹ Ⓤ a 夜陰, 暗やみ: under (the) cover of ~ 夜陰に乗じて. b 無知 [文盲(の状態)]; 失意[不遇(など)]の時 (of).

áll níght (lóng) ひと晩中, 終夜: I dreamed *all* ~. ひと晩中夢を見た.

(as) dárk as níght 真っ暗[真っ黒]で.

at níght (1) 夜に, 夜間に(↔by day): He works *at* ~. 彼は夜働く / He came *at* ~. 彼は夜分にやって来た / She sat up till late *at* ~. 彼女は夜遅くまで起きていた. (2) 日暮れに; 日が暮れてから《夕方6時から夜半までの間に》: He came home from school at 8 (o'clock) *at* ~. 彼は8時に学校から帰宅した.

at (the) déad of níght 真夜中に.

by níght (1) 夜分は(↔by day): He sleeps by day and works *by* ~. 彼は昼寝て夜働く. (2) 夜に紛れて: attack the enemy *by* ~ 夜陰に乗じて敵を攻撃する.

cáll it a níght その夜は仕事(など)を終わりにする: Let's *call it a* ~. 今夜はこれで終わり[お開き]にしよう.

dáy and níght《口》日夜, 休みなく, 絶えず.

fár ìnto the níght 夜遅くまで.

for the níght 夜の間(は): I stayed there *for the* ~. その晩はそこに泊まった[一泊した].

Góod níght! ⇨ good night.

háve a góod [bád] níght 夜よく眠れる[眠れない].

háve an éarly [láte] níght 夜早く[遅く]寝る.

háve a níght óff〈夜勤の人などが〉ひと晩夜休[休みをとる].

háve a níght óut (1) 一夜を外で遊び明かす. (2)〈召し使いなどが〉(暇をもらって)ひと晩外出する.

in the déad of (the) níght =at (the) dead of NIGHT 成句.

lást thíng at níght [通例 無冠詞で; 副詞的に] 寝る直前に (cf. first thing in the morning ⇨ morning 成句): I brush my teeth *last thing at* ~. 寝る前に歯を磨く.

láte níght 夜更かし(すること): I'm exhausted from too many *late* ~s, recently. ここのところ夜更かしの日が過ぎてくたくただ.

máke a níght of it (ひと晩)飲み[遊び]明かす.

níght àfter níght《口》来る夜も来る夜も, 毎晩, 毎夜.

níght and dáy =day and NIGHT 成句.

níght níght《口》おやすみ《★ 特に 子供にいう).

o' [of] níghts《口》夜に, 夜に時々: I can't sleep *o'* ~*s* for thinking of it. それが気になって夜眠れない.

spénd the níght with ... (1) ...と一緒に夜を過ごす, ...の所に泊まる. (2) ...と夜を共にする, 性的関係をもつ.

spénd the níght togéther〈二人が〉夜を共にする, 性的関係をもつ.

the óther níght 数日前の晩[夜].

túrn níght ìnto dáy (1) (電灯の光で)夜を昼のように明るくする. (2) 昼間すべきことを夜間にする.

—图 ❶ 夜の: ~ air 夜風; 夜気 / a ~ scene 夜の場面, 夜景. ❷ 夜に行われる, 夜間の: a ~ game (野球などの)夜間試合, ナイター《比較 「ナイター」は和製英語》/ a ~ train 夜行列車 / be on ~ duty 夜勤である. ❸ 〈人が〉夜に働く; 〈動物など〉夜行性の: ~ people 夜働く人たち; 夜になると元気[活発]になる人たち / ⇨ nightbird, night nurse.

〖OE〗〖関形 nocturnal〗

níght·bìrd 图 夜出歩く人; 夜盗.

níght-blìnd 形 夜盲の, 夜盲症の.

níght blíndness 图 Ⓤ 鳥目, 夜盲症.

níght·càp 图 ❶ 寝酒: have a ~ 寝酒をやる. ❷《米口》(当日)最後の試合[レース] (特に野球のダブルヘッダーの第2試合). ❸ ナイトキャップ《昔, 寝る時に用いた帽子》.

níght·clóthes 图 複 (パジャマなどの)寝巻き, 夜着.

níght·club /náɪtklʌb/ 图 ナイトクラブ.

níght·clúb·bing 图 Ⓤ ★ 例句次の成句.

gò níghtclubbing ナイトクラブへ(遊びに)行く.

níght cráwler 图 (特に北部地方でいわまる)大ミミズ.

níght depósitory 图 《米》(銀行の)時間外用受け入れ口; 夜間金庫 (《英》night safe).

níght·drèss 图 ❶ =nightclothes. ❷ =nightgown.

níght·fàll 图 Ⓤ 夕方, 日暮れ; たそがれ (dusk): at ~ 夕暮れに.

níght fíghter 图 夜間戦闘機.

níght·gòwn 图 (女性・子供用のゆったりとした長い)寝巻き, ネグリジェ.

níght·hàwk 图 ❶〖鳥〗a アメリカヨタカ《北米産》. b =nightjar. ❷ night owl.

níght héron 图〖鳥〗ゴイサギ《五位鷺》.

níght·ie /náɪti/ 图《口》=nightgown.

níght·in·gale /náɪtɪŋgèɪl, -tɪŋ- | -tɪŋ-/ 图〖鳥〗サヨナキドリ, ナイチンゲール《ツグミに似たヨーロッパ産の小鳥, ウグイスより大型; 雄は春に夕方から夜ふけまで美しい声で鳴く》.〖OE =night-singer〗

Níght·in·gale /náɪtɪŋgèɪl, -tɪŋ- | -tɪŋ-/, **Florence** ナイチンゲール《1820-1910; 英国の看護婦; 近代の看護法の創始者》.

níght·jàr 图〖鳥〗ヨタカ; (特に)ヨーロッパヨタカ.

níght látch 图 ナイトラッチ《外からはかぎで開け, 内からは手で開けられる錠》.

níght·less 形 〔極圏で〕夜のない《時期》.

níght létter 图《米》夜間発送電報《翌朝配達され低料金; 100語以内; cf. day letter》.

níght·lìfe 图 Ⓤ (歓楽街などでの)夜の遊び[楽しみ].

níght líght 图 〈寝室などにつけておく薄暗い〉終夜灯.

níght·lòng 形 A 副《文》徹夜の[で], 夜通しの[で], 終夜の.

†**níght·ly** 形 A ❶ 毎晩の, 毎夜の: ~ performances 毎夜の公演. ❷ 夜の, 夜分の: ~ dew 夜露. —副 ❶ 夜ごとに: pray ~ 毎夜お祈りをする. ❷ 夜に.

níght·mare /náɪtmèə | -mèə/ 图 ❶ 悪夢: have a ~ 悪夢を見る. ❷ 悪夢のような出来事, 不快な人[もの]; 恐怖[不快]感: Life with him was a ~. 彼との生活は惨憺(さんたん)たるものだった / a ~ scenario 悪夢のシナリオ《想定し得る最悪の事態》. ❸ 夢魔《昔, 睡眠中の人を窒息させると想像された魔女; cf. incubus 1, succubus》.

níght·màr·ish /-mèərɪʃ/ 形 悪夢[夢魔]のような (terrifying). **~·ly** 副

níght núrse 图 夜間勤務看護師.

níght ówl 图《口》宵っぱり, 夜働く人.

níght pórter 图 (ホテルの)夜間勤務のボーイ.

níghts /náɪts/ 副《米口》夜にいつも, 毎夜, 夜に: study ~ 夜に勉強する / work ~ 夜なべする.

níght sáfe 图《英》=night depository.

níght schóol 图 Ⓤ Ⓒ (成人を対象とした)夜間学校 (cf. day school 2).

níght·shàde 图 Ⓤ Ⓒ〖植〗ナス属の植物; (特に)イヌホウズキ《有毒》.

níght shíft 图 ❶ Ⓒ (昼夜交替制の)夜間勤務(時間), 夜勤 (cf. graveyard shift): work (*on*) the ~ 夜勤で働く. ❷ [しばしば the ~; 集合的に; 単数または複数扱い] 夜間勤務者[組].

níght·shìrt 图 (男性用の長いシャツ型の)寝巻き.

níght·sìde 图 (地球・惑星の)夜(の)側; 光のあたらない側.

níght sóil 图 Ⓤ 屎尿(しにょう), 下肥(しもごえ).

níght spót 图《口》=nightclub.

níght stánd 图 =night table.

níght stíck 图《米》警棒 (《英》truncheon).

níght táble 图 ナイトテーブル《ベッドわきに置く小卓》.

níght térrors 图 複〖精神医〗夜驚症《小児に見られる睡眠障害; 恐怖にかられたように叫び声を上げて起き上がるなどの症状がある; 翌日本人にはこの記憶が残っていない》.

†**níght·tìme** 图 Ⓤ 夜間 (↔daytime): in the [at] ~ 夜分に.

níght vìsion 名 U 夜間視力; 暗視(視力). ── 形 A ⟨器具が⟩暗視を可能にする.

níght-wàlker 名 (米) 夜間うろつく人 (売春婦・強盗など).

níght wàtch 名 ❶ 夜警(時間). ❷ C [しばしば the ~; 集合的; 単数または複数扱い] 夜番の人. ❸ [通例 the ~es] 夜番交替時間 (もと一夜を三分または四分した).

níght wátchman 名 夜警員, 夜間警備員, 夜番.

níght-wèar 名 U 夜着, 寝巻き.

níght-wòrk 名 U 夜業, 夜なべ.

níght-y /náɪti/ 名 =nightie.

níghty níght 間 (口) =good night.　**gò níghty níght** 寝る.

NIH (略) (米) National Institutes of Health.

ni·hil·ism /náɪ(h)əlìzm, níː-/ 名 U ❶ (哲・神) 虚無主義, ニヒリズム. ❷ 暴力革命[無政府]主義 (社会的・政治的体制を破壊すべきとする19世紀後半のロシアに起こった思想). 〖L *nihil* 無+-ISM ²〗

ni·hil·ist /-lɪst/ 名 ❶ 虚無主義者, ニヒリスト. ❷ 暴力革命[無政府]主義者.

ni·hil·is·tic /nàɪ(h)əlístɪk, nìː-ˈ-ˈ/ 形 ❶ 虚無主義の[的な], ニヒルな. ❷ 無政府主義の[的な].

ni·hil·i·ty /naɪhíləti/ 名 U 虚無, 無, 無価値なもの.

níhil óbstat /-ábstæt | -b-/ 名 (カト) (書物の)無害証明, 出版許可.

NÍH sỳndrome /ènáreɪtʃ-/ 名 =not-invented-here syndrome.

Ni·jin·sky /nɪʒínski, -dʒín-/, **Vas·lav** /vá:tsla:f/ 名 ニジンスキー (1890-1950; ロシアの舞踊家・振付師).

-nik /nɪk/ 接尾 「…を行なう人, …に関係する人」の意の名詞語尾: beat*nik*, peace*nik*.

Ni·ke /náɪki/ 名 (ギ神) ニケ (勝利の女神).

Níkkei índex /níːkeɪ/ 名 U 日経(株価)指数.

*nil /níl/ 名 U ❶ (英) (通例スポーツの得点で)ゼロ, 零 (zero): 4 (goals to) ~ 4 (ゴール)対 0. ❷ 無: The effect was ~. 効果はゼロだった. 〖L *nihil* 無の短縮形〗

nil de·spe·ran·dum /níldèspərǽndəm/ なんら絶望の要なし, 決して絶望するなかれ. 〖L〗

Nile /náɪl/ 名 [the ~] ナイル川 (アフリカ東部を流れる世界第一の長流).　**the Blúe Níle** 青ナイル (エチオピアを流れて Khartoum で本流に合する).　**the Whíte Níle** 白ナイル (水源から Khartoum までの本流).

Níle gréen 名 U 青みがかった薄緑色.

Níle pérch 名 (魚) ナイルアカメ (アフリカ北部・中部淡水産の90kgを超えることもある大型食用魚).

nil·gai /nílgaɪ/ 名 (徴 ~s, ~) (動) ニルガイ (レイヨウの一種, 馬に似てウマカモシカともいう; インド産).

Níl·gi·ri Hílls /nílgəri-/ 名 [the ~] ニルギリ丘陵 (インド南部 Tamil Nadu 州西部の高原).

Ni·lot·ic /naɪlátɪk | -lɔ́t-/ 形 ナイル川(流域)の; ナイル川流域に住む(人々)の.

nil·po·tent /nɪlpóʊtntˈ-/ 形 (数) ⟨行列・元など⟩冪(ベキ)零の.

nim /nɪm/ 名 U ニム (中央に並べた数個の数取り[マッチ棒]の山から交互に引き抜き, 最後に残ったほうを取った[取らせた], あるいは最多[最少]の数取りを取ったほうが勝ちとなるゲーム).

nim·bi 名 nimbus の複数形.

†nim·ble /nímbl/ 形 (**nim·bler; -blest**) ❶ 動きの速い, すばやい, 敏捷な: a ~ climber すばやい登山家 / with ~ fingers 機捷な手先で / be ~ of foot = be ~ on one's feet 足が速い / I'm getting ~ *at* [*in*] *typing*. タイプを打つのが速くなってきた. ❷ (頭の)回転が早い, 鋭敏な (alert): a ~ mind 機敏な頭. **-ness** 名 〖OE=取るが速い〗

ním·bly 副 すばやく, 敏捷に.

nìm·bo·strá·tus /nìmboʊ-/ 名 U (気) 乱層雲 (雨・雪を降らす).

nim·bus /nímbəs/ 名 (徴 ~·es, **nim·bi** /-baɪ/) ❶ 雨雲, 雪雲. ❷ a (美) (聖像の頭部を囲む)後光, 光輪 (halo). b (人・ものなどの周囲に感じられる)輝かしい雰囲気, 後光. 〖L=雲〗

NIM·BY, Nim·by /nímbi/ 名 (徴 ~s) ニンビー (ごみ処理場など不快なものを近所に作ることに反対する人). ── 形 ニンビーの. 〖*n*ot *i*n *m*y *b*ack*y*ard〗

NiMH (略) nickel metal hydride ニッケル水素電池.

nim·i·ny-pim·i·ny /nímənipímənìˈ-ˈ/ 形 (英) 気取った, すました.

Nim·rod /nímrad | -rɔd/ 名 ❶ (聖) ニムロデ (Noah の曾孫で狩りの名人). ❷ [しばしば n-] C 狩猟家.

nin·com·poop /nínkəmpùːp/ 名 (口) ばか者, とんま.

*nine /náɪn/ 形 (基数の9; 序数は ninth; 用法は ⇒ five) ❶ A の, 9個の, 9人の. ❷ [名詞の後に用いて] (一連のものの中の) 第9番目の: Lesson N~ (=The Ninth Lesson) 第9課. ❸ P 9歳の. **níne ténths** 10分の9, ほとんど全部. ── 代 [複数扱い] 9つ, 9個, 9人. **níne tímes ín níne cáses**) **óut of tén** 十中八九, たいてい. ── 名 ❶ **a** [時に C; 通例無冠詞で] **9**. **b** C 9の数字[記号] (9, ix, IX). ❷ U 9時; 9歳; 9ドル[ポンド, セント, ペンスなど]. ❸ C a 9個[人]からなるひと組; 野球チーム, ナイン: the Yankees ~ ヤンキースナイン. **b** [the N-] ミューズの九女神. ❹ C (衣服などの)9号サイズ(のもの). ❺ C (トランプなどの)9. ❻ C (ゴルフ) (18ホールのコースの)9ホール: the front [back] ~ 前半[後半]の9ホール. **dial** (米) **911** (英) **999**] 緊急電話をかける 〖解説〗 日本の110番, 119番に相当する警察・消防署・救急車を呼ぶ緊急番号; 読み方 911 は níne-òne-óne, 999 は níne-nìne-níne と読む. **dréssed** (**úp**) **to the nínes** 盛装して, めかしこんで. **nìne to fíve** [副詞的にも用いて] 朝9時から夕方5時までの勤務時間: We work ~ *to five*. 我々は朝9時から5時まで働く. 〖OE〗

9-11, 9/11 /náɪnɪlévə̀n, -əl-/ 名 9/11 (2001年9月11日, 対米同時多発テロが行なわれた日; イスラム原理主義組織アルカイダ (al-Qaeda) のメンバーによってハイジャックされた4機の航空機が自爆テロ攻撃に使われ, 3千人以上の死者を出した).

níne·fòld 形 ❶ 9倍の, 9重の. ❷ 9部分[要素]のある. ── 副 9倍に, 9重に.

níne·pìn 名 (英) ❶ [~s; 単数扱い] ナインピンズ, 九柱戯 (9本のピンを倒すボウリングに似たゲーム). ❷ C ナインピンズ[九柱戯]用のピン. **gò dówn like nínepins** 将棋倒しに倒れる.

*nine·teen /náɪntíːnˈ-/ 形 (基数の19; 序数は nineteenth; 用法は ⇒ fifth) ❶ A の, 19個の, 19人の: the *nineteen*-eighties 1980年代. ❷ P 19歳の. ── 代 [複数扱い] 19個[人]. ── 名 ❶ **a** [時に C; 通例無冠詞で] **19**. **b** C 19の数字[記号] (19, xix, XIX). ❷ U 19歳; 19ドル[ポンド, セント, ペンスなど]. ❸ C 19個[人]からなるひと組. ❹ C (衣服などの)19号サイズ(のもの). 〖OE; NINE+-*teen* ten〗

*nine·teenth /náɪntíːnθˈ-/ 形 (序数の第19番; ★19th と略記; 基数は nineteen; 用法は ⇒ fifth) ❶ [通例 the ~] 第**19**(番目)の, **19**分の1の. ❷ [通例 the ~] 第19番目の人[もの]. ── 名 ❶ U [通例 the ~] **a** 第19. **b** (月の)19日. ❷ C 19分の1. ❸ =nineteenth hole.

nínetéenth hóle 名 [the ~] (口) ゴルフ場内のクラブハウスのバー. 〖18ホールをプレーしたあとで行く場所の意〗

*nine·ti·eth /náɪntiəθ/ 形 (序数の第90番; ★90th と略記; 用法は ⇒ fifth) ❶ [通例 the ~] 第**90**(番目)の. ❷ 90分の1の. ── 代 [the ~] 第90番目の人[もの]. ── 名 ❶ U [通例 the ~] 第**90**. ❷ C 90分の1.

níne-to-fíve 形 A 副 朝9時から夕方5時までの(の).

níne-to-fív·er 名

*nine·ty /náɪnti/ 形 (基数の90; 用法は ⇒ five) 形 ❶ A 90の, 90個の, 90人の. ❷ [名詞の後に用いて] 90番目の. ❸ P 90歳で. ── 代 [複数扱い] 90個[人]. ── 名 ❶ **a** [時に C; 通例無冠詞で] **90**. **b** C 90の数字[記号] (90, xc, XC). ❷ **a** U 90歳; 90ドル[ポンド, セント, ペンスなど]; 時速90マイル. **b** [the nineties] (世紀の)90年代 (文芸では特に19世紀末の10年間で, 大文字で始め, fin de siècle), (温度が華氏で)90度台. **c** [one's nineties] (年齢の)90代: in *one's nineties* 90代の. 〖OE; ⇒ nine, -ty¹〗

ninety-nine《基数の99》形 ❶ ④ 99の, 99個の, 99人の. ❷ ℗ 99歳で. **nínety-níne tímes òut of a húndred** ほとんどいつも. ── 代〔複数扱い〕99個[人]. ── 名 **a** ⓤ〔時に C; 通例無冠詞〕(基数の) 99. **b** © 99の記号 (99, xcix, XCIX). ❸ ⓤ 99歳; 99ドル〔ポンド, セント, ペンスなど〕.

Nin·e·veh /nínəvə/ 名《古代アッシリアの首都; Tigris 川の流域, 現在のイラク北部に遺跡がある》.

nin·ja /níndʒə/ 名 (優 ~, ~s) 忍者. 《Jpn》

nin·ju·tsu /níndʒútsu:/ 名 ⓤ 忍術. 《Jpn》

nin·ny /níni/ 名《口》ばか者, まぬけ.

ni·non /ní:nɑn | -nɔn/ 名 ⓤ 薄絹《絹・レイヨン・ナイロンなどの薄い織物; 婦人服・カーテン用》.

*****ninth** /náinθ/《序数の第9番; ★しばしば 9th と略記; 基数は nine; 用法は ⇒ fifth》形 ❶〔通例 the ~〕第9(番目)の. ❷ 9分の1の. ── 代〔通例 the ~〕第9番目の人[もの]. ── 副 第9(番目)に. ── 名 ❶ ⓤ〔通例 the ~〕**a** 第9(番目). **b** (月の) 9日(⸜.ca⸝). ❷ © 9分の1. ❸ © 《楽》9度, 9度音程. ❹〔the ~〕《野》第9回.
~·ly 副

Ni·o·be /náiəbì/ 名 《ギ神》ニオベ《Tantalus の娘; 自慢の14人の子供を殺されて悲嘆に暮れ, Zeus に石にされたが, まだ泣きやまなかったという》.

ni·o·bi·um /naióubiəm/ 名 ⓤ 《化》ニオブ《金属元素; 記号 Nb》.

⁺**nip**¹ /níp/ 動 (**nipped; nip·ping**) 他 ❶〈人・ものを〉はさむ, つねる; ぎゅっとかむ: A mantis *nipped* my finger. カマキリが私の指をはさんだ / The dog *nipped* me slightly *on the arm*. その犬は私の腕を軽くかんだ《用法》体の部分を表わす名詞の前に the を用いる》/ I *nipped* my finger *in* a train door. 指を電車のドアにはさんだ. ❷ **a**〈寒風などが〉〈植物を〉枯らす;〈…の〉成長[発達] を阻止する. **b**〈寒風などが〉〈肌などを〉凍えさす: The cold wind *nipped* my ears and nose. 冷たい風で耳や鼻が凍えそうになった. ❸《米口》〈…を〉ひったくる; 盗む. ── 他〔…を〕つねる, はむ, かむ: The dog was *nipping* at me. その犬はしつこく私にかみつこうとした. ❷〔副詞(句)を伴って〕《英口》さっと動く, 急ぐ《英口》pop》: When the door opened, somebody *nipped* in. ドアがあくとだれかがさっと入り込んできた / I'll just ~ *down to* the pub. ちょっとパブに行って来る.
níp ín《英》他&副 (1) 急いで入る; 急に割り込む (⇒ 他 2). ── 他&副 (2)〈服などを〉詰める, 狭くする: ~ the waist *in* ウエストを詰める. **níp... ín the búd** (1)〈植物を〉つぼみの間に摘み取る. (2)〈陰謀などを〉未然に防ぐ. **níp óff** 他&副〈芽などを摘み取る, はさみ取る: ~ *off* the shoots 新芽を摘む. ── 名〔a ~〕 ❶ はさむこと, つねり; 強いひとかみ: have [take] *a* ~ *at*...をはさむ[つねる, かむ]. ❷ 身を切るような寒さ; 霜害: *a* ~ *in* the air《口》身を刺すような寒け, 風味. ❸《米》〈食物などの〉強い味, 風味. ❹ ひとつまみ分; 少し: *a* ~ *of* salt 塩少々. ❺《英口》ひと走り: have *a* ~ out ひとっ走り出かける. **níp and túck**《米口》(1) 美容外科手術. (2)〔副詞的に〕五分五分で[の], 負けず劣らず(の): It was ~ *and tuck* but we won. 互角の勝負だったが私たちが勝った.

nip² /níp/ 名〔通例単数形で〕〈強い酒の〉1杯, 少量. ── 他〈強い酒を〉ちびちび飲む.

Nip /níp/ 名《俗・軽蔑》日本人.

ni·pa /ní:pɑ/ 名 ❶ © ニッパヤシの木. ❷ ⓤ ニッパ酒《ニッパヤシの樹液から作る酒》.

níp·per 名 ❶ © つねる[摘む]人. ❷〔複数形で; cf. scissors 〔用語〕〕**a** © くぎ抜き, やっとこ, ニッパー, ペンチ. **b**《歯科用の)鉗子(ˤᐜ). **c**《カニなどの)はさみ. ❸ © 《米古風・英口》子供; 少年.

níp·ping 形 ④ ❶〈寒風など〉身を切るような. ❷〈言葉など〉痛烈な.

⁺**nip·ple** /nípl/ 名 ❶ (人間の)乳首《〈比較〉動物のものは teat》. ❷《米》(哺乳(ᵇᵢᵘ)瓶の)乳首 (《英》teat). ❸《米》接管《バルブの接合などに用いる》. ❹《機械》ニップル《機械に油を注入するための穴のあいた突起》.《関形 **mammillary**》

Nip·pon /nípɑn | -pɔn/ 名 日本.

Nip·pon·ese /nìpəní:z⁻/ 形 (優 ~) 形 =Japanese.

nip·py /nípi/ 形 (**nip·pi·er; -pi·est**)《口》❶ **a**〈風・寒さなど〉身を切るような, 厳しい: ~ weather 凍(ʸʸ)てつくような天気. **b**〈食物など〉味の強い, ぴりっとした;〈臭いが〉鼻をつく. ❷《英》〈人が〉すばやい, すばしこい. **b**〈車などが〉小型でも力のある, 出足のよい. **níp·pi·ly** 副

NIREX, Ni·rex /náireks/ 名《英》NIREX(ᵗʲʸʸ⁾)《核廃棄物処理を監督する政府後援の団体; 1982年設立》.《**N**uclear **I**ndustry **R**adioactive Waste **Ex**ecutive》

nir·va·na /niəvá:nə | niə-/ 名 ❶〔通例 N~〕 ⓤ《ヒンズー教》ニルバーナ, 生の炎の消滅,《仏教》涅槃(ᵖᵏᵃᴶ). ❷ ⓤɕ (口) 解脱(ᴳᶜ)の境地, 安息[平和]の境地 (paradise). 《Skt=吹き消すこと, 消滅》

Nis·an /ni:sá:n, ー | náisæn/ 名《ユダヤ教》ニサン《政暦7月, 教暦の第1月; 現行太陽暦で3-4月》.

Ni·sei /ni:séi/ 名〔時に n~〕, ~s) 二世 (Issei の子の日系米人; ⇒ Japanese-American 関連). 《Jpn》

ni·si /náisai/ 形〔通例名詞の後で〕《法》仮の《撤回・修正の必要が認められない限り有効な》: an order ~ 仮命令.《L=unless》

Nís·sen hùt /nís(ə)n-/ 名 かまぼこ形兵舎《組み立て式住宅》(cf. Quonset hut). 《P. Nissen 英国の技師》

nit /nít/ 名 ❶ (毛ジラミなどの)卵. ❷《英口》ばか, まぬけ (nitwit, twit).

nite /náit/ 名《口》=night.

ni·ter /náitə | -tə/ 名 ⓤ《化》硝酸カリウム; 硝酸ナトリウム; チリ硝石.

nit·er·y, nit·er·ie /náitəri/ 名《米口》=nightclub.

nít·pìck 動 ⓘ (口)〔…の〕つまらぬあら探しをする《*at*》, 重箱の隅をほじくる.

nít·picker つまらぬあら探しをする人.

nít·picking 名 ⓤ《口》つまらぬあら探し. ── 形 つまらぬあら探しをする.

⁺**ni·trate** /náitreit, -trət/ 名 ⓤɕ《化》硝酸塩; 硝酸(系)肥料《硝酸ナトリウムなどを主な成分とする》. **nitrate of silver** 硝酸銀.

ni·traz·e·pam /naitrǽzəpæm/ 名 ⓤ《薬》ニトラゼパム《催眠・鎮静薬》.

ni·tre /náitə | -tə/ 名《英》=niter.

ni·tric /náitrik/ 形 ④《化》(5価の)窒素(を含む).

nítric ácid 名 ⓤ《化》硝酸.

nítric óxide 名 ⓤ《化》一酸化窒素.

ni·tride /náitraid/ 名《化》窒化物, ニトリド.

ni·tri·fi·ca·tion /nàitrəfikéiʃən/ 名 ⓤ 窒素化合, 硝酸化成作用, 硝化.

ni·tri·fy /náitrəfài/ 動 他 ❶《化》〈…を〉窒素と化合させる; 硝化する. ❷〈土壌に〉硝酸塩をしみこませる.

ni·trile /náitrail, -tril/ 名《化》ニトリル《一般式 RCN で表わされる有機化合物》.

ni·trite /náitrait/ 名《化》亜硝酸塩.

ni·tro- /náitrou/ 名〔連結形〕「硝酸…」「窒素…」.《Gk *nitron* 硝酸カリウム, 窒素》

nìtro·bénzene 名 ⓤ《化》ニトロベンゼン.

nìtro·céllulose 名 ⓤ ニトロセルロース, 硝化綿.

nítro chàlk 名 ⓤ《化》硝安石灰, ニトロチョーク《肥料》.

⁺**ni·tro·gen** /náitrədʒən/ 名 ⓤ《化》窒素《気体元素; 記号 N》.《F; 形容 **nitro-, -gen**》

nítrogen cýcle 名〔the ~〕《生》窒素循環〔サイクル〕.

nítrogen dióxide 名 ⓤ《化》二酸化窒素.

nítrogen fixátion 名 ⓤ《化》窒素固定《生物が空気中の遊離窒素を取り込んで窒素化合物を作る現象》.

nítrogen-fìxing 形 窒素固定にかかわる[を助ける].

nítrogen narcòsis 名 ⓤ 窒素酔い《潜水時などの高圧力下で起こる血中窒素過多による人事不省》.

ni·trog·e·nous /naitrɑ́dʒənəs | -trɔ́dʒ-/ 形 窒素の[を含む]: ~ manure 窒素質肥料.

nítrogen óxide 名《化》窒素酸化物 (NOx)《一酸化窒素 (NO), 二酸化窒素 (NO₂)など; 大気汚染・酸性雨の原因となる》.

nitro·glýcerin, -glýcerine 名 ⓤ〖化〗ニトログリセリン《ダイナマイトの原料; 狭心症治療薬》.
ni·tro·sa·mine /naɪtróʊsəmiːn/ 名〖化〗ニトロソアミン《一般式 RR′NNO で表わされる有機化合物; 一部は強力な発癌物質》.
ni·trous /náɪtrəs/ 形 A 〖化〗(3 価の)窒素の[を含む].
nítrous ácid 名 ⓤ〖化〗亜硝酸.
nítrous óxide 名 ⓤ〖化〗一酸化二窒素, 亜酸化窒素, 笑気《麻酔剤》.
nit·ty /níti/ 形 nit の多い.
nit·ty-grit·ty /nítigríti/ 名 [the ~]《口》(問題の)核心; 基本的事実: get down [come] to *the* ~ 問題の核心に入っていく.
nit·wit /nítwìt/ 名《口》ばか, まぬけ (nit, twit).〖G *nit* (=*nicht*) not+WIT¹ 知恵〗
ni·va·tion /naɪvéɪʃən/ 名 ⓤ〖地〗雪食.
niv·e·ous /níviəs/ 形 雪の, 雪のような.
nix /níks/《俗》 名 ⓤ 無, 皆無. ― 間《米古風》[否定の答えで] いいえ, いや. ― 動〖…を〗拒絶[拒否]する.
nix·ie, nixy /níksi/ 名《米》《宛先が判読不能, 不正確なことによる》配達不能の郵便物.
Nix·on /níks(ə)n/, **Richard Mil·hous** /mílhaʊs/ ニクソン (1913-94; 米国第 37 代大統領).
Ni·zam /nɪzáːm/ 名 ❶ ニザム《インド Hyderabad の君主 (1724-1948); その称号》. ❷ [n~] (個 ~) (昔の)トルコ常備兵.
Ni·za·ri /nɪzáːriː/ 名〖イスラム〗ニザール派の信徒《イスマーイール派の一派》.
Nízh·ny Nóvgorod /níʒni-/ ニジニノブゴロド《ヨーロッパロシア中部 Volga 川に臨む河港都市; 旧称 Gorki (1932-90)》.
NJ《略》《米郵》New Jersey.
NK cèll /énkèɪ-/ 名 =natural killer cell.
NL《略》《野》National League; New Latin. **NLP**《略》natural language processing 自然言語処理; neuro-linguistic programming 神経言語プログラミング. **nm**《記号》nanometer. **NM**《略》《米郵》New Mexico. **N.Mex.**《略》New Mexico. **NMR**《略》〖理〗nuclear magnetic resonance. **NNE**《略》north-northeast. **NNP**《略》net national product. **NNW**《略》north-northwest.

*__no__ /nóʊ/ 形 (比較なし) ❶ [主語・目的語になる名詞の前に用いて] **a** [単数普通名詞の前に用いて] ひとつ[一人]も…ない 《用法 普通の形容詞と違って articles 上記のように文全体を否定する訳でないので注意》: There's *no* book on the table. テーブルの上に本はありません 《比較 There isn't a book on the table. より意味が弱い》 / *No* one is without his [their] faults. どんな人でも欠点のない人はない 《比較 Any one is not without…, Not any one is without… は間違い》 / *No* student was able to solve this problem. 学生はだれ一人この問題を解くことができなかった 《比較 *Not* a student was able to solve this question. の方が意味が強い》. **b** [複数名詞, ⓤの名詞の前に用いて] どんな[少しの]…もない: He has *no* brothers. 彼には兄弟がない 《★ He has no brother. と単数形でも用いる; cf. a》 / There're *no* clouds in the sky. 空には(一片の)雲もない 《比較 There aren't *any* clouds in the sky. より意味が強い》 / I have *no* money on [with] me. 金を持ち合わせていない / There's *no* reason (at all) why he shouldn't attend the meeting. 彼が会合に出席してはいけない理由は(全然)ない. **c** [there is no …*ing* で] …することはできない: There's *no* say*ing* what may happen. どうなることはさっぱりわからない / *There's no* account*ing* for tastes. 趣味を説明することはできない 《「好みに理由なし」/「蓼(たで)食う虫も好き好き」》. **d** [be の補語としての名詞の前に用いて] 決して…でない: She's *no* fool. 彼女はばかどころではない(その反対だ)《変換 She's not a fool. と書き換え可能》 / It's *no* joke. 冗談ごとじゃない, 大変なことだ / I'm *no* match for him. 彼にはとてもかなわない / This is *no* place for a child at night. ここは夜子供なんかの(来る)場所ではありません.

❷ [no+名詞で] …のない 《用法 名詞のみを否定する語否定として》: *No* news is good news. 便りのないのはよい便り 《比較 There's *no* news today. 今日は何の便りもない; cf. 1 a》 / I'm *no* distance (at all) from my house to the bus stop. 私の家からバス停まではすぐです.

❸ [No+名詞, No+…*ing* で] …があってはならない, …反対, 禁止 《用法 掲示 抗議文などで用いる》: *No* militarism [nukes]! 軍国主義[核兵器]反対! / *No* park*ing* 駐車禁止 / *No* dogs 犬を連れて入らないでください / *No* thoroughfare 通行禁止 / Sorry―there's *no* smok*ing* here. すみません. ここは禁煙です.

(It's) nò gó だめだ, うまくいかない, むだだ.
nó one ⇒ no one.
nò óther than [but]… =NONE¹ other than…. 代 成句.

― 副 ❶ **a** [質問・依頼などに答えて] いいえ; [否定の質問に答えて] はい (↔ yes) 《用法 答えの内容が否定なら No, 肯定なら Yes を用いるのを原則とする; 否定の質問の時, Yes, No の訳が日本語では逆になるので注意》: "Do you like carrots?" "*No*, I don't." 「ニンジンは好きですか」「いいえ, 好きではありません」/ "Haven't you been to London?" "*No*, I never have." 「ロンドンへ行ったことはないのですか」「ええ, 一度も行ったことはありません」/ "You don't want it, do you?" "*No*, not at all." 「それ欲しくないのですね」「ええ, ちっとも」. **b** [相手の肯定の陳述に応答して] いいえ; [否定の陳述に応答して] はい: "I'm tired." "*No*, you aren't." 「ああ疲れた」「いや, 君は疲れていない」/ "It's not difficult." "*No*, it's quite easy." 「それは難しくない」「そう, わけなく易しいよ」. **c** [相手の行為に不賛成の意を示して] だめ: *No*, Bill, don't touch it! ビルだめ, それに触れないよ. **d** [驚き・失望などを表わして] まさか: "He's dead." "Oh, *no*!" 「彼亡くなったよ」「えー, まさか」

❷ **a** [前言を訂正して] いや…だ: He sees a doctor once a month, *no*, twice a month. 彼は月に 1 回, いや月に 2 回, 医者にきってもらっている. **b** [not または nor の前に挿入的に用い, 強意の否定を示して] いや, いな: One man cannot lift it, *no*, *not* (even) ten [*nor* ten]. 一人では持ち上げられない, いや 10 人がかりでもだめだ.

❸ **a** [形容詞の前に置き, その形容詞を否定して] 決して…でない: She showed *no* small skill. 彼女はなかなか大した腕をふるった / The job is *no* easy one. その仕事は決してやさしいものではない. **b** [good と different の前で用いて] …でない: I'm *no* good at it. それは得意ではない / His family is *no* different from the average family. 彼の家族は平均的な家庭と異なるところはない. **c** [比較級の前に用いて] 少しも…ない: I can walk *no* further [farther]. もうこれ以上歩けない / She's a little girl *no* bigger than you. 彼女は君とほぼ同じ背丈の女の子です.

❹ […or no で] (…であるのか)ないのか; (…であっても)なくても: I don't know whether or *no* it's true. =I don't know whether it's true *or no*. 事の真偽は知らない / Unpleasant or *no*, it is true. 不愉快であろうとなかろうと事実なのだ.

Nó can dó.《口》そんなことはできない[だめだ].

― 名 (個 noes, ~s /~z/) ❶ ⓤ,Ⓒ 「いいえ」(no) という言葉[返事], 否定, 否認, 拒絶 (↔ yes, ay, aye): say *no*「いいえ」と言う, 否認する / Two *noes* don't make a yes.「いやだ, いやだ」が「はい」ではない / He won't take *no* for an answer. 彼はいやとは言わせないだろう. ❷ Ⓒ [通例複数形で] 反対投票(者) (↔ aye, yes; cf. nay): The *noes* have it [are in a minority]. 反対投票多数[少数]. 〖OE; 「いいえ」の意の副詞 no は *nā* not ever から, 形容詞の no は *nān* NONE¹ の語尾が落ちたもの〗

No /nóʊ | nóʊ/ 名 (個 ~) ❶ 能, 能楽. 〖Jpn〗
No《記号》nobelium, 5 号.
no《略》north; northern.

*__No., Nº, no., no__ /nʌ́mbə | -bə/ (個 Nos., Nºˢ, nos., nos /~z/) 第…番, 第…号 《★ 記号は《米》#》: *No*. 1 番 / Chanel No. 5 シャネルナンバーファイブ / *Room No.* 211 (ホテル・アパートなどの) 211 号室 / *No*. 10 (Downing Street) ⇒ Number Ten. 〖L *numero* in NUMBER〗

nó-account 《米口・古風》形 ④ 取るに足らない, つまらない, 無能な. ― 名 無能な人, ろくでなし.

No·a·chi·an /nouéikiən/ 形 Noah (の時代)の; 遠い昔の, 太古の.

No·ah /nóuə/ 名 ❶ ノア《男性名》. ❷ 〖聖〗 ノア《ヘブライ人の家長; 家族とすべての動物ひとつがいを箱舟 (Noah's ark) に乗せて洪水から救った》.

Nóah's árk 名 U 〖聖〗 ノアの箱舟.

nob[1] /náb | nɔ́b/ 名 《俗》 頭.

nob[2] /náb | nɔ́b/ 名 《英古風》 金持ち, おえら方.

nó báll 名 〖クリケ〗 反則投球.

nob·ble /nábl | nɔ́bl/ 動 他 《英口》 ❶〈人を〉買収(など)によって味方に引き入れる, まるめ込む. ❷〈薬物を与えて〉〈競走馬を〉勝たせないようにする. ❸ 〈計画・機会などを〉だめにする, 妨げる (thwart). ❹〈金などを〉不正手段で手に入れる; 盗む.

nob·by /nábi | nɔ́bi/ 形 《俗》 上流人にふさわしい, 上品な, あかぬけした, しゃれた; 派手な; 一流の.

No·bel /noubél/, **Alfred Bern·hard** /bə́:nhɑəd | bə́:nhɑ:d/ 名 ノーベル (1833–96; スウェーデンの化学者; ダイナマイトの発明者).

No·bel·ist /noubélist/ 名 ノーベル賞受賞者.

no·bel·i·um /noubéliəm/ 名 U 〖化〗 ノーベリウム《放射性元素; 記号 No》.

Nóbel láureate 名 ノーベル賞受賞者.

Nóbel príze 名 ノーベル賞《Nobel の遺言により毎年世界の物理学・化学・医学生理学・文学・平和・経済学に貢献した人々に授与される; 最初の授賞 1901 年 》: the [the] ~ for [in] physiology or medicine ノーベル医学生理学賞 / the [a] ~ for peace ノーベル平和賞 《★ the [a] Nobel peace prize と言う》 / a ~ winner ノーベル賞受賞者.

no·bil·i·ar·y /noubíliəri | -liəri/ 形 貴族の.

†**no·bil·i·ty** /noubíləti/ 名 《通例 the ~; 集合的に 単数または複数扱い》 ❶ 貴族(階級) (aristocracy); 《特に》英国の貴族. ❷ U **a** 高潔さ, 崇高, 尊さ, 壮大さ: the ~ of labor 労働の尊さ. **b** 高貴の生まれた[身分]. 〖F＜L〗 (形 noble) 《英国の貴族には上位順に次の 5 階級がある (男, 女の順): duke, duchess (公爵) / marquess [marquis], marchioness (侯爵) / earl [《英国以外》 count], countess (伯爵) / viscount, viscountess (子爵) / baron, baroness (男爵)》

*****no·ble** /nóubl/ 形 (**no·bler; -blest**) ❶ 高潔な, 気高い, 崇高な; 称賛に値する, りっぱな: a ~ aim 崇高な目的 / a ~ character 高潔な人格 / ~ work りっぱな仕事 /［＋*of*＋代名＋*to do*］ It's ~ *of* her *to* spend her free time helping me. 暇な時に私を手伝ってくれるとは彼女も偉い. ❷ 堂々とした, 壮大な; 見事な, すばらしい (splendid): a monument on a ~ scale 雄大な(規模の)記念碑 / a ~ building [collection] すばらしい建築物[コレクション]. ❸ 高貴な; 貴族の (aristocratic; ↔ base): a ~ family 貴族(の家柄) / a man of ~ birth 高貴の生まれの人, 貴族. ❹ 《比喩に》〈鉱物・金属が〉貴重な; 《特に》腐食しない: ⇒ noble metal. ― 名 貴族 (aristocrat) 《★ 特に封建時代の貴族にいう; cf. commoner 1》. ～·**ness** 〖F＜L＝よく知られた, 高貴な〗

nóble gás 名 C,U 〖化〗 希ガス《周期表 0 族の元素; ヘリウム, ネオン, アルゴン, クリプトン, キセノン, ラドン》.

nóble·man /-mən/ 名 (徳 -**men** /-mən/) 高貴の生まれの人; 貴族, 華族 (aristocrat).

nóble métal 名 C,U 〖化〗 貴金属《金・プラチナなど酸化・腐食しにくい金属》.

nóble-mínded 形 心の高潔な; 心の大きい. ～·**ly** ～·**ness** 名

nóble rót 名 U 貴腐《カビ類により白ブドウの糖分が濃縮される現象》.

nóble sávage 名 《通例 the ~》 高潔な野人《ロマン主義文学の中の理想化された原始人像; ヨーロッパ文明に毒されていない生来の素朴さと徳をもつとされる》.

no·blesse /noublés/ 名 U 高貴の生まれ[身分]; 《特にフランスの》貴族(階級).

no·blésse o·blíge /-əblí:ʒ/ 名 U 高い身分に伴う《徳義上の》義務. 〖F〗

nóble·wòman 名 (徳 -**women**) 高貴の生まれの女性; 貴族の婦人 (aristocrat).

nó·bly 副 ❶ 気高く; りっぱに, 堂々と. ❷ 貴族として: be ～ born 貴族として生まれる.

‡**no·bod·y** /nóubədi, -bàdi | -bədi, -bɔ̀di/ 代 だれ[一人]も…ない 《比較 no one より口語的; 用法 述語動詞は常に単数形であるが, くだけた文体では動詞を they [their, them] で受けることもある; 疑問文には通例用いない; cf. anybody, somebody》: N~ spoke. だれも口をきかなかった 《用法 Anybody didn't speak. や Not anybody spoke. は間違い》/ There was ～ there. そこにはだれもいなかった 《比較 There was *not anybody* there. より意味が強い》 / N~ will be the wiser. だれもわからないだろう / N~ was hurt, were they? だれもけがはなかったろうね 《★ 付加疑問では they が普通》. **nóbody élse** ほかにだれも…ない: N~ *else* lives there now. もうそこにはだれも住んでいない. ― 名 取るに足らない人 (cf. nonentity): I don't want to die a ～. 名もない人で死にたくない.

nó-bràin·er /-brèinə ~ -nə/ 名 《通例単数形で》《米口》 頭を使わなくていいもの, 単純[明白]なもの.

no·ci·cep·tive /nòusiséptiv⁺⁻/ 形 痛みを与えるような 《刺激》; 《レセプター・防御反応などが》痛みを与える刺激の[による]に反応する], 侵害受容の.

no·ci·cep·tor /nòusiséptə | -tə/ 名 〖生理〗 侵害受容器.

nock /nák | nɔ́k/ 名 ❶ 弓筈(ゆはず)《弓の両端の弦を掛ける所》. ❷ 矢筈(やはず)《矢の一端の弓の弦にかける部分》. ― 動 他〈矢を〉つがえる.

nó-cláim bònus 名 《英》 無事故戻し《一定期間車の無事故被保険者に返還される割引保険料》.

no-cónfidence 名 U 不信任: a vote of ～ 不信任投票.

nó cóntest 名 ❶ 〖法〗＝nolo contendere. ❷ 勝負の見えていない[結果の分かりきっている]争い[試合(など)]. ❸ 〖ボク〗 ノーコンテスト[無効試合]の判定.

nó-cóunt 形 名 《古風》＝no-account.

noc·tam·bu·lism /nɔktǽmbjulìzm | nɔk-/ 名 U 夢遊病.

noc·tám·bu·list /-list/ 名 夢遊病者.

noc·ti·lu·ca /nàktəlú:kə | nɔ̀ktəl(j)ú:-/ 名 (徳 ～**s**, -**cae** /-si:/) 〖動〗 ヤコウチュウ属の各種の渦鞭毛虫, 夜光虫.

nóc·ti·lu·cent clóud /nàktəlú:s(ə)nt- | nɔ̀ktəl(j)ú:-/ 名 〖気〗 夜光雲《高緯度地方で高度約 80 km の上空に夜間光って見える巻雲に似た雲》.

†**noc·tule** /náktʃu:l | nɔ́ktju:l/ 名 〖動〗＝pipistrelle.

†**noc·tur·nal** /naktə́:nl | nɔktə́:-/ 形 ❶ 夜(間)の (↔ diurnal). ❷ 〖動〗 夜間活動する, 夜行性の: a ～ animal 夜行性の動物. **b** 〖植〗〈花が〉夜咲きの. ～·**ly** /-nəli/ 副

nocturnál emíssion 名 U,C 夢精.

noc·turne /náktə:n | nɔ́ktə:n/ 名 ❶ 〖楽〗 夜想曲, ノクターン. ❷ 《美》 夜景画. 〖F＜L＜ *nox*, *noct*- night〗

noc·u·ous /nákjuəs/ 形 有害な, 有毒な.

*****nod** /nád | nɔ́d/ 動 (**nod·ded; nod·ding**) 自 ❶ 《承諾・命令などの》意を示して〈人に〉うなずく (*to*, *at*): ～ *in* assent [agreement] 承知[同意]だとうなずく / She *nodded at* me. 彼女は私に向かってうなずいた / ［〈＋動詞＋代名＋*to do*〕I *nodded* （*to* him）*to* show that I agreed. 同意したと（彼に）うなずいて知らせた. ❷ 〔…に〕会釈する: The boy smiled and *nodded to* her. 少年はにっこり笑って彼女に会釈した. ❸ **a** こっくりする, 居眠りする: Tom was *nodding* in class. トムは授業中にこっくりこっくりやっていた. **b** 油断する, うっかりしくじる: (Even) Homer (sometimes) ～**s**. 《諺》 名人も時にはずすことがある, 「弘法にも筆の誤り」. ❹ 《前・後に》揺らぐ, なびく, 傾く: The trees were *nodding* in the wind. 木々は風に吹かれて揺れていた. ― 他 ❶ 《承知・あいさつなどを示して》〈頭を〉うなずかせる: ～ one's head うなずく. ❷ 《承諾などをうなずいて示す》: He *nodded* his consent [approval, thanks]. 彼はうなずいて承知[同意, 感謝]の気持

ちを示した /〔+*that*〕He nodded that he understood. 彼は了解したことをうなずきで示した / 〔+目+目〕They didn't even ~ me goodbye.=They didn't even ~ goodbye *to* me. 彼らは私にわざわざさよならをすることさえしなかった. **nód óff**(自+副)眠り込む, 眠る. **nód through**(他+副)〈…を〉うなずいて承認する.
──名〔通例単数形で〕❶(同意・あいさつ・合図・命令を示す)うなずき; 会釈: give a ~ うなずいてみせる, 同意を与える / A ~ is as good as a wink.〔諺〕うなずきは目くばせと同じ,「一を聞いて十を知る」. ❷ こっくり, 居眠り. **be at a person's nód** 人にあごで使われる, 勝手にされる. **gèt the nód**(米)承認される; 承認される. **give the nód**(口)〔…に〕同意する, 承認する; 選ぶ〔*to*〕. **on the nód**(英口)(1)(議論の)議もせず〕形だけの賛成で. (2)信用で, 掛けで, 顔で. **the lánd of Nód** ⇨ land¹ 成句.
nod·al /nóʊdl/ 形 こぶ[節]の.
nód·ding acquáintance /-dɪŋ-/ 名 [a ~]❶ **a** 会えば会釈する程度の面識: I have *a* ~ *with* him. 彼とは会釈するだけの間柄だ. **b** ちょっとした知人. ❷ ちょっとした知識: I have *a* ~ *with* Chinese. 中国語をちょっとだけ知っている.
nod·dle /nάdl│nɔ́dl/ 名〔古〕頭.
nod·dy /nάdi│nɔ́di/ 名 まぬけ, ばか者.
⁺**node** /nóʊd/ 名 ❶ 結び[瘤]; こぶ, ふくれ. ❷(劇などの)筋のもつれ, 紛糾. ❸(組織などの)中心点. ❹〔植〕節(ξ)《茎の枝や葉の生じる所》. ❺〔医〕結節(cf. lymph node). ❻〔電算〕ノード《ネットワークを構成するサーバー, 個々のコンピューター, プリンターなどのデータ処理を行なう装置》. ❼〔天〕交点. ❽〔数〕結節点《曲線の交わる点》;〔数・言〕〔グラフ・木構造の)節点, ノード. ❾〔理〕波節《振動体の静止点》. **nóde of Ran·vier** /-rὰːnvjéɪ/ 〔有髄神経繊維の髄鞘の〕ランビエ結節〔絞輪〕.〔L *nodus* 結び目〕
nod·i·cal /nάdɪk(ə)l│nɔ́d-/ 形〔天〕交点の.
no·dose /nóʊdoʊs, -´-/ 形 結節(状)の; 節の多い. **no·dos·i·ty** /noʊdάsəti/ 名
nod·u·lar /nάdʒʊlə│nɔ́djʊlə/ 形 ❶ 小さな節(ξ)[こぶ]のある. ❷〔地〕団塊のある. ❸〔植〕節状の.
nod·u·la·tion /nὰdʒəléɪʃən│nɔ̀djʊ-/ 名 Ⓤ〔植〕根粒着生=nodule.
nod·ule /nάdʒuːl│nɔ́djuːl/ 名 ❶ 小さな節(ξ), 小瘤(ὲぶ). ❷〔地〕団塊. ❸〔植〕根粒.
nod·u·lose /nάdʒʊlòʊs│nɔ́djʊ-/, **-lous** /-ləs/ 形 nodule のある.
No·el¹ /nóʊəl/ 名 ノエル《男性名または女性名》.
No·el², **No·ël** /noʊél/ 名 ❶ ノエル, クリスマス. 〔F<L *natalis* 生誕の<*natus* born; ⇒nation〕
noes /nóʊz/ 名 no の複数形.
no·et·ic /noʊétɪk/ 形 知性の, 知性に基づく.
nó·fault(米)名 Ⓤ(自動車保険で)無過失損害賠償責任制度. ──形 Ⓐ ❶ 無過失損害賠償責任制度の. ❷〈離婚が〉両者に結婚解消責任のない, 破綻主義の, 無責の.
nó·flý zòne 名 飛行禁止空域.
nó-frills 形 Ⓐ(米口)実質本位の, 余分なサービスは提供しない.
nog¹ /nάg│nɔ́g/ 名 木くぎ, 木栓(ξ).
nog² /nάg│nɔ́g/ 名 Ⓤ ❶(英)ノッグ《英国 Norfolk 地方産の強いビール》. ❷ =eggnog.
nog·gin /nάgɪn│nɔ́g-/ 名 ❶(古風)小さなコップ〔ジョッキ〕. ❷酒などの少量, 少し《通例 ¼ pint》〔*of*〕. ❸(口)頭.
nog·ging /nάgɪŋ│nɔ́g-/ 名 ❶ Ⓤ(木骨の軸組の間に埋める)詰めれんが; れんが詰めの工事. ❷ Ⓒ(間仕切りの)胴つなぎ.
nó·go 形(口)うまくいっていない, 不調の; ゴー〔進行〕の許可の出ていない; 中止の. ──名(複 ~es)失敗, 不発, 不調, 中止.
nó·go àrea 名(英)❶立ち入り禁止〔危険〕地域. ❷立ち入れない話題.
nó·good 形 だめな, 何の役にも立たない. ──名 能なし, 役立たず〔人〕; 何の取りえもないもの.
Noh /nóʊ/ 名 =No.
nó-hìt, **nó-rùn gáme** 名〔野〕無安打無得点試合.

1225　no-man's-land

nó-hítter 名〔野〕無安打試合.
nò-hòlds-bárred 形 Ⓐ(口)無制限の, 激しい; 徹底的な, 全面的の.
nó-hóper 名(英口)勝つ[成功する]見込みのないもの.
nó·hòw 副〔通例 cannot を伴って〕どうしても[少しも]…ない《★ 非標準的な語》: I *can't* do it ~. どうしてもそれができない.
noil /nɔ́ɪl/ 名(複 ~, ~s)(羊毛などの)短毛《紡毛糸用》.
⁺**noise** /nɔ́ɪz/ 名 ❶ ⒸⓊ(特に, 不快で非音楽的な)音, 物音, 雑音, 騒音; 〔原因不明の〕異音: the ~ of airplanes 飛行機の騒音 / make funny ~s おかしな音を出す / I heard a ~ upstairs. 2階で物音がした / Don't make that ~. そんな音を立てるな / N~ spoils our environment. 騒音は我々の環境を悪くする. ❷Ⓤ(ラジオ・テレビ・電話などの)雑音, ノイズ;(電波・信号などの)乱れ, ノイズ;(情報・統計処理などの)不正[無意味な]データ[情報], ノイズ. **màke a nóise**(1)音を立てる(⇨ 1). (2)…について不平をもらす〔*about*〕. (3)世間の評判になる. **màke nóises**〔通例修飾語を伴って〕〔…について〕考え[意向, 気持ちなど]を口に出す: *make* soothing ~s なだめるようなことを言ってやる / *make* (all) the right ~s もっともらしいことを言う. (2)騒音を起こす. ──動〔古風〕〈うわさなどを〉言いふらす〈*about, around, abroad*〉《★ しばしば受身》: It *was* ~*d about* that his company had gone bankrupt. 彼の会社は倒産しているという話がひろがった.〔F<L<Gk *nausia* 船酔い<*naus* 船; 船酔い>不快さ>不快音, 騒音, という意味変化を経た〕形 noisy)
【類義語】**noise** 不快とされる非音楽的な音, 騒音; 最も普通の語. **din** 途切れのない, または耳を聾(ξ)するようなじゃんじゃん[がんがん]いう音. **racket** どんちゃん騒ぎのように騒々しくて不快な音. (2) ⇨ sound¹.
nóise·less 形 Ⓐ 音のしない, 静かな, 騒音の少ない: a ~ air conditioner 音の低いエアコン. **~·ly** 副 **~·ness** 名. 〔類義語〕⇨ silent.
nóise·màker 名 ❶ 音を立てる人[もの], (お祭り騒ぎの)鳴りもの.
nóise pollùtion 名 Ⓤ 騒音公害.
nóises óff 名 ❶〔劇〕効果音, 背景音《雨音・雷鳴・ひづめの音など, 通例騒々しく大きな音》. ❷ 背景に聞こえる雑音.
noi·sette /nwαːzét/ 名 ❶ ノワゼット《ラムなどの赤身の小さな丸い肉》. ❷ ヘーゼルナッツ入りチョコレート.
nóis·i·ly /-zəli/ 副 大きな音を立てて, 騒々しく.
noi·some /nɔ́ɪsəm/ 形 ❶ 不快な. ❷ 悪臭のする. ❸ 有害な. **~·ness** 名
⁺**nois·y** /nɔ́ɪzi/ 形(**nois·i·er**; **-i·est**)❶ 騒々しい, やかましい, ざわついた(↔ quiet): a ~ engine 大きな音を立てるエンジン / It's too ~ in this room. この部屋はやかましすぎる. ❷〈データ・信号など〉ノイズの入った, ノイズで乱れた. **-i·ness** 名
nó·knòck 形(米)警官の無断[強制]立ち入りの[を認める].
no·lens vo·lens /nóʊlenzvóʊlenz/ 副 いやおうなしに.
nol·le pros·e·qui /nάlɪprάsəkwàɪ│nɔ́lɪprɔ́s-/ 名〔法〕訴訟中止の同意《法廷記録》〔刑事法では起訴猶予; 略 nol. pros.〕.
nó·lòad 形(米)《証券・投資信託など》手数料なしで売られる.
no·lo con·ten·de·re /nóʊloʊkəntɛ́ndəri/ 名 Ⓤ〔法〕不抗争の答弁.
nom. (略) nominal; 〔文法〕nominative.
⁺**no·mad** /nóʊmæd/ 名 ❶ 遊牧の民, 遊牧民. ❷ 放浪者. ──形 =nomadic.〔L<Gk=牧草地を求める遊牧〕
⁺**no·mad·ic** /noʊmǽdɪk/ 形 ❶ 遊牧の, 遊動の: ~ tribes 遊牧[遊動]民族. ❷ 放浪の. **-i·cal·ly** /-kəli/ 副
no·mad·ism /nóʊmædìzm/ 名 Ⓤ 遊牧[遊動, 放浪]生活.
⁺**nó-màn's-lànd**, **nó màn's lànd** 名 ❶ Ⓤ〔軍〕〔敵味方陣地間の〕中間地帯. ❷ [a ~] **a** 主のない土地; 不

nom de guerre /námdəgéə | nómdəgéə/ 图 (後 **noms-** /nám(z)- | nóm(z)-/) 仮名, 変名. 〖F; 元は「戦争中の兵士のあだ名」の意; *nom* name, *de* of, *guerre* war〗

nom de plume /námdəplú:m | nóm-/ 图 (後 **noms de plume** /nám(z)- | nóm(z)-/, **~s** /-(z)/) 筆名, ペンネーム (pen name, pseudonym). 〖↑ にならった英語での造語; F *plume* feather (=pen)〗

nome /nóum/ 图 (古代エジプトの)州.

no·men /nóumen/ 图 (後 **no·mi·na** /nóumənə | nóm-/) 〖古〗第二名 (例 Gaius Julius Caesar の *Julius*).

no·men·cla·tor /nóumənklèɪtə | -tə/ 图 (学名の)命名者; 用語集, (属名の)名称一覧.

no·men·cla·ture /nóuməŋklèɪtʃə | noumṹnkləʧə/ 图 ❶ Ⓤ.Ⓒ (分類上の)学名命名法. ❷ Ⓤ 専門語, 学名, 術語 (全体). 〖L=名を呼ぶこと〈*nomen* name+-*clare* to call〉〗

no·men·kla·tu·ra /nòuməŋklɑ:tú(ə)rə | [the] -/ ノーメンクラトゥーラ: **a** 旧ソ連などで共産党によって承認・任命される要職ポストの一覧表. **b** 特権階級.

*****nom·i·nal** /námən(ə)l | nóm-/ 形 ❶ 名ばかりの, 名無実の: a ~ ruler (実権のない)名ばかりの支配者. **b** わずかな, 申し訳の: a ~ fee わずかな[名目だけの]料金. **c** 〈価格など額面(上)の, 名目の: ⇒ nominal value [wages] / a ~ price 〖商〗名目値段[価格]. ❷ 名名称上の; 名のみ成る: a ~ list 名簿. **b** 〈株式など記名の: ~ shares 記名配当株. ❸ Ⓐ 〖文法〗名詞の. ━ 图 〖文法〗名詞語句 (〈名詞とその相当語句〉). 〖L〈*nomen*, *nomin*- name〉〗

nóminal definítion 图 名目[唯名]定義 (ことばの意味の説明としての定義).

nóm·i·nal·ìsm /-nəlìzm/ 图 Ⓤ 〖哲〗唯名論, 名目論 (↔realism). **-nal·ist** /-lɪst/ 图

nóm·i·nal·ìze /námənəlàɪz | nóm-/ 動 〖文法〗名詞化する. **nòm·i·nal·i·zá·tion** /nàmənəlɪzéɪʃən | nòmənəlaɪz-/ 图

nóm·i·nal·ly /-nəli/ 副 ❶ 名義上(は), 名目上(は). ❷ 〖文法〗名詞的に.

nóminal válue 图 Ⓒ.Ⓤ (株券などの)額面価格, 名目価格.

nóminal wáges 图 後 名目賃金.

*****nom·i·nate** /námənèɪt | nóm-/ 動 後 ❶ 〈…を〉指名する, 推薦する, ノミネートする: He was ~d for President. 彼は大統領候補に指名された / The song was ~d for a Grammy. その歌はグラミー賞にノミネートされた. **b** 〈人を×…するように〉指名する: 〔+目+*to do*〕George Bush was ~d by the Republicans to run against Al Gore. ジョージブッシュはアルゴアの対立候補として共和党に指名された. ❷ 〈人を〉(…に)任命する (appoint): ~ a person *to* a position 人をある地位に任命する / 〔+目+(*as*) 補〕+(*to be*) 補〕The President ~d him (*as* [*to be*]) Secretary of State. 大統領は彼を国務長官に任じた. ❸〈日・場所を×…と〉決める, 指定する. 〖L=名を付ける; ⇨ nominal〗 图 nomination.

*****nom·i·na·tion** /nàmənéɪʃən | nòm-/ 图 ❶ Ⓤ.Ⓒ 指名, 推薦; 任命: accept all the ~s 指名[任命]された者を全員承認する / She received an Oscar ~ for best supporting actress. 彼女はアカデミー賞の最優秀助演女優に推薦[ノミネート]された. ❷ Ⓤ 任命[推薦]権. 動 nominate).

nom·i·na·tive /nám(ə)nətɪv | nóm-/ 形 ❶ 〖米+-nèɪtɪv/ 指名[任命]の. ❷ 〖文法〗主格の: the ~ case 主格. ━ 〖文法〗❶ 〔通例単数形で〕主格. ❷ 主格の名詞; 主語.

nóm·i·nà·tor /-tə- | -tə/ 图 指名[推薦, 任命]者.

*****nom·i·nee** /nàməní: | nòm-/ 图 ❶ 指名[推薦, 任命]された人[もの]. ❷ 受取名義人.

nom·o·gram /náməgræm | nóm-/, **-graph** /-græf/ 图 〖数〗計算図表.

no·mog·ra·phy /noumágrəfi | nɔmɔ́g-/ 图 Ⓤ 計算図表学; 計算図表作図法則. **no·mo·graph·ic** /nòuməgrǽfɪk / 形 **-i·cal·ly** 副

nom·o·thet·ic /nàməθétɪk | nòm-/ 形 立法の, 法律制定の; 法に基づいた; 〖心〗普遍的な[科学的]法則(の研究)の, 法則定立学の.

-no·my / ́-nəmi/ 〖連結形〗「…学」「…法」: astron*omy*, econ*omy*. 〖Gk *nomos* custom, law〗

*****non-** /nán | nón/ 接頭 〔自由に名詞・形容詞・副詞につけて〕「非…」「不…」「無…」〖用法 dis-, in-, un- が積極的な否定や反対を表わすのに対して, non- は単なる否定を示すだけのことがある; また non- のつく形容詞は un- のつくものと違って通例比較変化せず, very, rather などに修飾されない〗. 〖(口) 「その名に値しないほど悪い」: *non*-poem 詩とはとても言えないへぼ詩. 〖〈L *non* not〉〗

non·a- /nánə | nóunə, nóunə, nóna/ 〖連結形〗「9(番目)」. 〖L *nonus* nine〗

nòn·addíctive 形 〈薬など〉依存性[習慣性]のない, 非依存性[習慣性]の.

non·age /nánɪdʒ | nóun-/ 图 Ⓤ ❶ 〖法〗未成年 (minority). ❷ 未熟期, 発達初期.

non·a·ge·nar·i·an /nànədʒənéə(ə)riən | nòunə- ́-/ 图 90歳代の(人).

nòn·aggréssion 图 Ⓤ.Ⓒ Ⓐ 不侵略(の): a ~ pact 不可侵条約.

non·a·gon /nánəgàn, nóu- | nónəgòn, -gən/ 图 九角形, 九辺形.

nòn·alcohólic 形 アルコールを含まない: ~ beverages ノンアルコール飲料.

✝**nòn·alígned** 形 (国際政治で)〈国〉が非同盟の: a ~ nation 非同盟国.

nòn·alígnment 图 Ⓤ (国際政治での)非同盟.

nòn·allergénic 形 アレルギー(反応)の原因とならない.

nòn·allérgic 形 ❶ アレルギー反応によらない, 非アレルギー性の. ❷ =non-allergenic.

no·náme 形 Ⓐ 商標のない, ノーブランドの.

no·nane /nóunein/ 图 Ⓤ 〖化〗ノナン 〖炭素数9のアルカン〗.

nòn·appéarance 图 Ⓤ 〖法〗(法廷への)不出頭, 不出廷.

nòn·assértive 形〈文・節など〉非断定的な 〖疑問・否定文・条件節などにいう〗.

nòn·atténdance 图 Ⓤ ❶ 不参, 欠席. ❷ (義務教育における)不就学.

nòn·attríbutable 形 (原因などに)帰することのできない. **nòn·attríbutably** 副

nón·bánk 形 ノンバンクの, 非銀行(系)の, 銀行以外の金融機関の. ━ 图 ノンバンク, 非銀行(系)金融機関.

nòn·belíever 图 信じない人, 無信仰な人.

nòn·bellígerent 形 非交戦(国)の. ━ 图 非交戦国.

nòn·bínding 形〈票決・仲裁・勧告など〉拘束力のない.

nòn·biodegrádable 形 生物分解できない.

nòn·biológical 形 ❶ **a**〈物質・要因・現象など〉生物によらない[由来しない], 生物の関与しない, 非生物的な. **b** 生物学的でない; 生物学と関係のない. ❷ 〈洗剤が〉酵素を含まない. ❸ 実の[生物学的な]〈親・子〉でない.

nòn·bóok 图 〖米〗ノンブック (文学的・芸術的価値のない材料を編集した本).

nòn·calóric 形 カロリーの(ほとんど)ない, ノンカロリーの.

nòn·cándidate 图 〖米〗非立候補者; 不出馬表明者.

nòn·cápital 形 〖法〗〈罪〉が死刑を科しえない, 非極刑の.

nonce[1] /náns | nɔns/ 图 ★ 通例次の成句で. **for the nónce** (文)その時の, 当分, 臨時に. 〖語・句など〉臨時の, その場限りの: a ~ noun [verb] 臨時名詞[動詞] 〖例: *But* me no *buts*. 「しかし, しかし」はごめんだ; ★最初の But が臨時動詞, あとの buts が臨時名詞〗 / a ~ word 臨時語.

nonce[2] /náns | nɔns/ 图 〖英口〗(児童に対する)性犯罪者.

non·cha·lance /nànʃəlá:ns | nɔ́nʃələns/ 图 Ⓤ (装って見せる)むとんちゃく, 無関心: with (a studied) ~ (わざと)平然と.

✝**non·cha·lant** /nànʃəlá:nt | nɔ́nʃələnt/ 形 むとんちゃくな, 無関心な[に見せる]. **~·ly** 副 〖F=心の温かさがない〗

nòn-Chrístian 形 非キリスト教(徒)の. ── 名 非キリスト教徒.

nòn-cítizen 名 (ある国の)国籍[市民権]を持たない人.

nòn-clássified 形 機密扱いでない.

nòn-clínical 形 ❶ 非臨床的な, (実地の)診療と関連のない. ❷ 他覚症状でない.

nòn-códing 形 〖生化〗〈DNA の領域などが〉たんぱく質をコードしていない, 非コードの.

nòn-collégiate 形 ❶〈(英)大学生が〉学寮に属さない;〈大学が〉学部[学寮]制でない.

non-com /nánkɑ̀m | nɔ́nkɔ̀m/ 名〖軍口〗=noncommissioned officer.

nòn-cómbat 形 A〈任務が〉戦闘(以)外の.

nòn-combátant 名 形 ❶ (軍隊の)非戦闘員(の)《軍医・従軍司祭[牧師]など》. ❷ (戦争時の, または軍人と対比して)非戦闘員(の), 一般市民(の) (civilian).

nòn-commércial 形 非営利的な, 非商業的な. ~・ly 副

nòn-commìssioned ófficer 名〖軍〗(海軍・空軍・海兵隊の)下士官《略 NCO; cf. commissioned officer, petty officer, warrant officer》.

nòn-committal 形 言質(ゲンチ)を与えない, どっちつかずの;《…にあいまいな, 漠然とした《about, on》: a ~ answer 当たり障りのない返事 / He's very ~ *about* that. 彼はその件についてはまったくあいまいだ. ~・ly /-təli/ 副

nòn-compétitive 形 ❶ 競争のない[しない]; 競争を好まない. ❷〈価格など〉競争力のない, (悪い意味で)くらべものにならない, 競争できない. ❸〈商業活動など〉競争を排除した; 競争相手[競合商品(など)]のない, 競争のない.

nòn-complíance 名 U (規則・指示などに)従わない[そむく]こと, 不服従《with》.

non còm·pos mén·tis /nánkɑ̀mpəsméntɪs | nɔ́nkɔ̀m-/ 形 [P]〖法〗心神喪失での〘正常な思考能力または行動の責任能力を欠く状態にいう〙. ↔ *compos mentis*. 〘L=not of sound mind〙

nòn-condúctor 名〖理〗不導体, 絶縁体.

nòn-confórmism 名 = nonconformity.

nòn-confórmist 名 ❶ 一般の社会規範に従わない人. ❷ [しばしば N~]《英》非国教徒 (cf. dissenter). ── 形 ❶ 一般の社会規範に従わない (unconventional). ❷ [しばしば N~]《英》非国教徒の.

nòn-confórmity 名 U ❶ 非協調, 不一致;〈社会規範などに対する〉不服従《to》. ❷ [しばしば N~]《英》一国教を遵奉しないこと, 非国教主義. ❸ 非国教徒《全体》.

nòn-contént 名〖英上院〗反対投票(者).

nòn-contríbutory 形 A〈年金・保険制度など〉無醵出(キョシュツ)の《雇用者が全額を負担する》.

nòn-controvérsial 形 議論の必要[余地]のない, 議論をよばない.

nòn-coöperátion 名 U 非協力《with》.

nòn-coöperative 形 非協力的な.

nòn-cóunt 形〈名詞が〉不可算の (uncountable).

nòn-crédit 形〈教育課程が〉学位[単位]取得を目的としない.

nòn-custódial 形 ❶〈親が〉〈子供の〉保護監督権[養育権, 親権]のない. ❷〈判決・刑などが〉拘禁を内容としない《罰金・保護観察など》.

non-da /nándə | nɔ́n-/ 名〖植〗ノンダ(の実)《オーストラリアQueensland 産の食用になる黄色い実のつくバラ科の木》.

nón-dáiry 形 乳成分を含まない: ~ cream クリームの代用品.

nòn-dedúctible 形 (特に 所得税で)非控除の, 控除されない.

nòn-delívery 名 U 引き渡し不能; 配達不能.

nòn-denominátional 形 特定宗派に属さない.

non-de·script /nɑ̀ndɪskrípt⁻ | nɔ́ndɪskrɪpt/ 形 これといった特徴のない, あまり印象に残らない (dull); 漠然とした. ── 名 これといった特徴のない人[もの].

nòn-destrúctive 形〈検査・試験などが〉検査対象物を破壊したり損傷したりしない, 非破壊の: ~ evaluation [testing] 非破壊評価[検査].

nòn-disclósure 名 U 不開示, 不通知.

nòn-discriminátion 名 U 差別(待遇)をしないこと, 非差別. **nòn-discríminatory** 形

nòn-disjúnction 名 U〖生〗(減数分裂の際の相同染色体の)不分離.

nòn-distínctive 形〖言〗〈音が〉弁別的な, 非示差的な.

nòn-drínker 名 飲酒をしない人.

nòn-dúrable 形 非耐久性の, 長もちしない: ~ goods 非耐久財《食料・衣料などの消耗品》. ── 名 [複数形で] 非耐久財.

***none¹** /nʌ́n/ 代 ❶ [~ of... で] a (…の)いずれも[だれも, 何一つ]…ない〘用法〙 of のあとに U の名詞や単数の代名詞がくる場合は単数扱い; また, this のような限定する語がつく; cf. one [1] 2]: N~ *of* the money was recovered. その金は一銭も取り戻せなかった / You will have ~ *of* this. 君にはこのうちの何もやらない〘比較〙 You won't have *any* of this. より意味が強い. b だれも[どれも]…ない〘用法〙 of のあとに複数の名詞・代名詞がくる場合も単数扱いが原則だが,《口》では複数が多い; cf. neither: N~ *of* those buses goes [go] to Oxford. あのバスはどれもオックスフォードへは行きません〘用法〙 Any of those buses does*n't* go … や Not any of those buses go … は間違い / N~ *of* them lives [live] in my neighborhood. 彼らはだれも私の近所には住んでいません.

❷ [no+先行名詞に代わって] 少しも[決して]…ない〘用法〙 ❶ の 'of+名詞' 中の名詞が文脈から明らかなため省略されたもの; 単数・複数扱い〙: "Is there any sugar left?" "No, there's ~ left." 「砂糖はいくらか残っていますか」「いいえ, 全然残ってません」〘用法〙 この場合 No, there's *nothing* left. は不可 / "Is there any news?" "N~ at all [whatsoever]" 「何か変わったことがありますか」「全然ありません」/ You have been seeing difficulties where ~ exist. 困難な点など何もないのに君はそればかりを探している〘取り越し苦労なんだ〙.

❸ [~ of... で] a 少しも[全然]…ない: N~ *of* this concerns me. これは私には何も関係がない / It's ~ *of* your business. 君の知った事ではない や N~ *of* your impudence [tricks]! 生意気言うな[悪ふざけはよせ] / N~ *of* that! そんなこと(をするの)はよせ / N~ *of* your speeches! お説教はやめてくれ.

❹ だれも…ない《比較 no one や nobody よりも形式ばった語; 用法 現在では複数扱いのほうが一般的》: There were ~ present. だれも出席していなかった / N~ but fools believe it. ばかでなければだれもそれを信じない.

have nóne of… (1) …を持っていない (⇒ 1 a). (2) [will, would のあとで]〈問題・提案など〉を受けつけない, 認めない: I will have ~ *of* it. そんなことはまっぴらごめんだ.

nóne but… (1)《文》…でなければだれも…ない (⇒ 4). (2) …以外は何も…ない: I have ~ *but* fond memories of her. 彼女に対しては甘い思い出しかない.

nóne óther than… にほかならぬ, まさしく…で: He was ~ *other than* the king. 彼は王その人にほかならなかった / "Was it *the* Stephen Hawking you met?" "N~ *other (than* he)." 「君が会ったのはあのスティーブンホーキングか」「まさにそのとおり」.

sécond to nóne ⇒ second¹ 形 成句.

── 副 ❶ [~+the+比較級で] (…だからといって)それだけ…ということはない: She's ~ *the* happi*er* for her wealth. 彼女は金があってもそれだけ幸福というわけではない / He was ~ *the* wis*er* [*better*]. 彼はそれでも少しも悟らなかった[よくならなかった].

❷ [~ too [so]… で] 決して[少しも]…でない: The doctor arrived ~ *too* soon. 医者の到着は決して早すぎはしなかった / The place was ~ *too* clean. その場所は少しも清潔ではなかった.

none the léss = nonetheless.
〘OE nān no one《ne not+ān one》〙

none² /nóʊn/ 名 [しばしば N~]《カト》九時課《古代ローマでは午後 3 時, 現在は正午に行なう祈り》.

nòn-efféctive 形 効力のない.

non·eléctred 形 〈公務員が〉選挙で選ばれたのではない, 選挙によらない.

non·émpty 形 〖数・論〗〈集合が〉空(½)でない.

non·éntity 名 **①** a ⓒ 取るに足りない人[もの] (cf. nobody). b Ⓤ 取るに足りないこと[状態]. **②** a Ⓤ 非実在 [存在]. b ⓒ 存在しないもの, 想像の産物, 作り事.

nones /nóunz/ 名 **①** 〖古ロ〗(3, 5, 7, 10 月の)7日, (その他の月の)5日. **②** 〔しばしば N~〕=none².

non·esséntial 形 非本質的な, 肝要でない.

none·súch 形〔通例単数形で〕〖古〗無比の人[もの], 逸材 [品].

no·net /nounét/ 名 〖楽〗九重唱[奏]; 九重唱[奏]曲[団] (⇒ solo 関連). 〖L=ninth〗

***none·the·less** /nÀnðəlés/ 副 それでもなお, それにもかかわらず (nevertheless).

non·Euclídean 形 非ユークリッドの: ~ geometry 非ユークリッド幾何学.

non·évent 名〔通例単数形で〕前評判ほどでない[期待はずれの]出来事[行事].

non·exécutive 形 Ⓐ 〈取締役など〉執行[経営]権のない.

non·exístence 名 Ⓤ 非存在; 無.

†**non·exístent** 形 存在[実在]しない.

non·fáctive 形 〖言〗非叙実的の《その従属節の内容が事実として前提されていない動詞についていう》believe など》.

non·fát 形 〈乳製品などから〉脂肪(分)を含まない.

non·fáttening 形 〈食物が〉普通に食べても太らない.

non·féa·sance /-fi:zəns/ 名 Ⓤ 〖法〗義務不履行.

non·férrous 形 鉄を含まない, 非鉄の: ~ metals 非鉄金属.

non·fíction 名 Ⓤ ノンフィクション《小説・物語以外の散文文学; 歴史・伝記・紀行文など; ↔ fiction》. **~·al** 形

non·fígurative 形 〖美〗非具象(主義)的な, ノンフィギュラティブの.

non·fínite 形 **①** 限定[制限]されていない; 無限の. **②** 〖文法〗非定形の: a ~ verb 非定形動詞《人称や数を示さない動詞; 英語では不定詞, 分詞をいう》.

non·flám /-flǽm/ 形 =nonflammable.

non·flámmable 形 不燃性の, 燃えない (↔ inflammable, flammable).

non·fulfíllment, 〖英〗**non·fulfílment** 名 Ⓤ 不履行.

non·governméntal 形 非政府の, 政府と無関係の, 民間の: a ~ organization 非政府組織, 民間公益団体《略 NGO》.

non·Hódgkin's lymphóma 名 Ⓤ 〖医〗非ホジキンリンパ腫《ホジキン病 (Hodgkin's disease) 以外の悪性リンパ腫の総称》.

non·húman 形 人間でない, 人類以外の.

non·ímmigrant 名 形 移住目的以外で滞在する外国人(の), 非移民(の)《留学生・旅行者など》.

non·inféctious 形 非感染性の, 非伝染性の.

non·inflámmable 形 =nonflammable.

non-ínsulin-depéndent diabétes 名 Ⓤ 〖医〗インシュリン非依存性糖尿病.

non·interférence 名 Ⓤ 不干渉.

non·intervéntion 名 Ⓤ **①** 不干渉. **②** 〖外交〗内政不干渉, 不介入.

non·invásive 形 〖医〗**①** 〈器具・検査法など〉非侵襲[非観血]的な《切開や管の挿入などを伴わない》. **②** 〈癌(ミ)・細菌などが〉正常組織を侵さない, 〈癌が〉非浸潤(ʤん)性の.

non·íron 形 〈生地・衣類が〉アイロンを要する, ノーアイロンの.

non·íssue 名 取るに足らないこと, 小事, 些事でない.

non·júdgmental 形 主観での判断[批判]を避ける, 決めつけない, 公平な, 偏見のない.

non·júror 名 宣誓拒否者; 〖英史〗宣誓拒否者《1688年の名誉革命後, 新君主 William 3 世および Mary またはその後継者への忠誠義務の誓いを拒んだ国教会聖職者》.

non·línear 形 直線でない, 非線形の.

non·malígnant 形 〈腫瘍など〉非悪性の, 悪性ではない, 良性の.

non·mémber 名 非会員, 非加盟国.

non·métal 名 〖化〗非金属元素.

non·metállic 形 非金属(性)の: ~ elements 非金属元素.

non·mílitary 形 非軍事の[的な].

non·móral 形 道徳に無関係の, 超道徳的な.

non·nátive 形 土地[本国]の生まれでない(人), 外国人(の) (⇒ foreigner 語源); 母語としない(人).

non·négative 形 負でない《正または0の》.

non·negótiable 形 **①** 交渉のできない, 交渉[協議]の余地がない. **②** 〈手形など〉譲渡不能.

non·núclear 形 **①** 核兵器外の. **②** 非核; 非核武装の: a ~ nation 非核(武装)国.

no-nó 名 (優 ~s, ~'s) 〖口〗**①** 《米》(不適切・危険などの理由で)禁じられたもの[こと], 使ってはいけないもの[こと]. **②** 〖野〗無安打無得点試合 (no-hit, no-run game).

non·objéctive 形 **①** 非客観的な. **②** 非具象的な.

non·obsérvance 名 Ⓤ 〔規則を〕守らないこと, 不遵奉; 違反〔of〕.

†**non·nónsense** 形 **①** 率直な, 直截(なっせっ)な; 無駄[虚飾]を嫌う; まじめな, しっかりした. **②** 現実的な, 実際的な.

non·operátion·al 形 現役ではない, 非戦時勤務の; 非運転中の, 非操業中の.

non·orgánic 形 **①** 有機農法でない[によらない]. **②** 非有機, 無機(物)の, 非生物起源の. **③** 〖医〗非器質性の.

non-pa·reil /nànpərél/← | nánpəraːl~/ 形 **①** 無類の, 無比の. — 名 **①** Ⓤ 無比の人[もの]; 逸材, 逸品. **②** 〔形容詞形で〕《米》ノンパレイユ《ケーキなどの装飾に用いる着色した砂糖粒》. **③** 《米》ノンパレイユをまぶしたチョコレート.

non·pártisan 形 党派に属さない, 党人でない, 無所属の: ~ diplomacy 超党派外交. — 名 党派に属さない人.

non·párty 形 無党派の; 政党と関係のない.

†**non·páyment** 名 Ⓤ 不払い, 未納〔of〕.

non·pérson 名 存在しないとみなされている人; (あまり)パッとしない人, さえない人物, 重要要人物, 弱者.

non·phýsical 形 **①** 非物質的な; 非物理的な; 実体のない, 非実体的な. **②** 非身体的な: ~ abuse 非身体的虐待.

non pla·cet /nÀnplíːsət | nɒn-/ 名 (教会・大学などの集会での)異議, 反対投票.

non·plús /nànplás | nɒn-/ 動 他 (**non·plussed; non·plus·sing**) 〈人〉を〈途方に暮れさせる《★通例過去分詞で形容詞的に用いる》: We were ~ed to see two roads leading off to the right. 右に分かれる道が2本あるのを見て途方に暮れてしまった. — 名 〔a ~〕途方に暮れること: at a ~ 困惑して. 〖L non plus not more〗

non·póisonous 形 無毒の, 無害の.

non·polítical 形 非政治的な; 政治に関係しない[関心のない], ノンポリの.

non·pórous 形 小穴のない; 通気性のない.

non pos·su·mus /nánpɒ́suməs | -pɒ́s(j)u-/ 《ある事についての》無能力の申し立て.

non·prescríption 形 〈医薬品が〉処方箋なしで買える.

non·prodúctive 形 **①** 非生産的な. **②** 〈社員など〉直接生産に関係しない, 非生産部門の.

non·proféssional 形 非専門的な, ノンプロの (cf. unprofessional). — 名 しろうと, ノンプロ.

†**non·prófit** 形 Ⓐ 非営利的な: a ~ organization 非営利団体[組織体]《略 NPO》.

non·proliferátion 名 Ⓤ (核兵器の)拡散防止, 非拡散. — 形 拡散防止の: a ~ treaty 核拡散防止条約《略 NPT》.

non·propríetary 形 **①** 〈ソフトウェア・データなど〉非専有の, 公開の, 無料でライセンスされる, 著作権に基づく制限のない[少ない]. **②** 〈薬品名など〉商標[商品]名でない, 一般名の.

non·rácial 形 人種的要素を考慮に入れない, 人種差別(待遇)をしない.

non·réader 名 **①** 読書しない[できない]人. **②** 読み方を覚えるのが遅い子供.

non·refúndable 形 〈料金・乗車券など〉返金不可の, 払い戻しできない.

nòn·renéwable 形 〈資源など〉再生不可能[非再生可能]な.

nòn·representátional 形 非具象的な, 抽象的な.

nón·résidence 名 Ⓤ 非居住者であること[身分].

nòn·résident 形 ❶ (ホテルの)宿泊客以外の; (ある場所・役職などに)居住しない, 不在の; (大学など)学外居住の. ❷ =nonresidential. — 名 ❶ (ホテルの)非宿泊客, 外来客. ❷ 学外居住者.

nòn·residéntial 形 〈地位・職務など〉宿泊する[職場に居住する]必要のない.

nòn·resístance 名 Ⓤ (権力・法律などに対する)無抵抗.

nòn·resístant 形 無抵抗(主義)の. — 名 無抵抗主義者.

nòn·restríctive 形 《文法》非制限的な (↔ restrictive): a ~ relative clause 非制限的関係詞節《例: She has two sons, *who are both teachers*. 彼女には二人の息子があるが, どちらも先生をしている》.

nòn·retúrnable 形 ❶ 〈空き瓶など〉回収[返却]できない. ❷ 〈商品が〉返品できない; 〈手付金など〉返却されない.

nòn·rhótic 形 《音声》語末および子音の前の r が発音されない方言の.

nòn·rígid 形 堅くない;《空》飛行船が軟式の.

nòn·schéduled 形 ❶ スケジュール以外の. ❷ 不定期運行の《路線不定型・遊覧飛行・貸し切り飛行など》: a ~ airline [flight] 不定期航空会社[便].

nòn·scientífic 形 科学(的方法)に基づかない[関係しない], 非科学的な; 非科学者の.

nòn·sectárian 形 どの宗派にも属さない, 無宗派の.

nón·sélf 名《免疫》非自己《生体にとっての異物; ↔ self》.

***nón·sense** /nánsens, -s(ə)ns | nɔ́ns(ə)ns/ 名 ❶《英》また a ~》無意味な言葉, たわごと, ナンセンス: speak [talk] sheer ~ まったくのたわごとを言う. ❷ ばかげた考え[行為], つまらない[くだらない]こと (rubbish): stand no ~ ばかな真似は許さない / There's no ~ about her. 彼女はうわついたところが少しもない / It's ~ to trust him. 彼を信用するなんてナンセンスだ. ❸ ナンセンス詩, 戯詩. **màke (a) nónsense of...** 《英》...をぶち壊す. — 形 Ⓐ 無意味な, ばかげた: a ~ book ナンセンス本《おどけた内容をおどけた言葉でつづったユーモア本》/ (a) ~ verse ナンセンス詩, 戯詩. — 間 ばかな!: N~! よせ, ばかばかしい!

non·sen·si·cal /nɑnsénsɪk(ə)l | nɔn-/ 形 無意味な; ばかげた (absurd). ~·**ly** 副 -i·**káli·ty** 名

non se·qui·tur /nànsékwɪtər | nɔnsékwɪtʊər/ 名 ❶ (前提と連絡のない)不合理な結論 (略 non seq.). ❷ (前言と)無関係な発言.《L=it does not follow》

nòn·séxist 形 非性差別の.

nòn·séxual 形 性に関係のない; 性的でない. ~·**ly** 副

nòn·shrínk 形 〈布など〉洗っても縮まない, 無収縮の.

non-sked /nɑnskéd | nɔn-ˊ-/ 名《口》不定期航空路線[機, 便].

nòn·skíd 形 〈タイヤ・道路など〉滑らない.

nòn·slíp 形 滑らない; 滑り止めのある.

nòn·smóker 名 ❶ たばこを吸わない人. ❷ (列車などの)禁煙車.

nòn·smóking 形 Ⓐ 〈車両など〉禁煙の;〈人が〉たばこを吸わない.

nòn·sócial 形 社会とは無関係の, 非社会的な.

nòn·specífic 形 Ⓐ ❶〈症状・免疫反応など〉非特異性の[的な]. ❷ 明確でない, 特定されない[できない].

nonspecífic urethrítis 名 Ⓤ《医》非特異性尿道炎 (略 NSU).

nòn·stándard 形 ❶ 〈製品など〉標準[規格]外の. ❷ 〈言語・発音など〉標準的でない.

nòn·stárter 名 ❶ [通例単数形で]《口》成功の見込みのない人[考えなど], だめな人[もの]. ❷ レースに出ない人[馬など].

nón·stéroid 形 〈薬品など〉非ステロイド系の.

†**nòn·stíck** 形 〈フライパンなど〉よごれがつきにくい.

†**nòn·stóp** 形 Ⓐ ノンストップの: a ~ flight to London ロンドンへのノンストップ[直行]便. ❷ 連続の, 無休憩の (continuous): ~ talk のべつ幕なしのおしゃべり. — 副 ❶ ノンストップで. ❷ 連続で, 無休憩で.

1229   **noon**

nòn·súch /nʌn-/ 名 =nonesuch.

nòn·súit 《法》名 訴訟の取り下げ[却下]. — 動 他〈...の〉訴えを取り下げる, 却下する.

nòn·suppórt 名 Ⓤ 不支持. ❷《法》扶養不履行.

nón·tàriff bárrier 名 非関税障壁《関税以外の実質的な輸入制限など; 略 NTB》.

nòn·téchnical 形 ❶ 非専門の. ❷ 非技術的な.

nòn·ténured 形 〈大学教授が〉終身在職権のない.

nòn·thréatening 形 脅かさない, 脅威[恐怖(感)]を与えない, 脅迫的でない.

nòn·tóxic 形 毒のない, 無毒性の; 非中毒性の.

nòn·traditional 形 非伝統的な.

nòn·transférable 形 譲渡できない.

nòn·tréaty 形 条約を結んでいない[結ばない], 非条約...; 条約にはない, 条約外の;《米史》〈先住民が〉政府と条約を結んでいない.

nòn·trívial 形 ❶ 些細ではない; 重要な, 意味[意義]のある. ❷《数》自明でない.

non tròp·po /nàntrɑ́poʊ | nɔntrɔ́p-/ 副《楽》ほどよく, 度を過ぎずに.《It》

non-U /nànjúː | nɔn-ˊ-/ 形《英口》〈言葉づかいなど〉上流階級的でない (cf. U³).

nòn·úniform 形 一様[均一]でない, 多様な.

nòn·únion 形 Ⓐ ❶ **a** 労働組合に属さない, 非組合の. **b** 労働組合員を雇用しない. ❷〈製品が〉労働組合非加入者製の.

nòn·únionism 名 Ⓤ 労働組合非加入, 反労働組合(理論, 行動, 主義).

nòn·únionist 名 労働組合反対者; 労働組合に属さない人.

nónunion shóp 名 反労働組合企業《労組と無関係に雇い主が雇用条件を決める; cf. union shop》.

nón·úse 名 Ⓤ 不使用.

nòn·vérbal 形 言葉を用いない[必要としない], 非言語的な: ~ communication 非言語的伝達《身ぶりなど》. ~·**ly** 副

†**nòn·víolence** 名 Ⓤ 非暴力(主義).

†**nòn·víolent** 形 非暴力(主義)の. ~·**ly** 副

nòn·vólatile 形 ❶〈物質が〉非揮発(性)の. ❷《電算》〈メモリーの電源供給停止後もデータを保持する, 不揮発[非揮発]性の.

nòn·vóter 名 ❶ (投票)棄権者. ❷ 投票無資格者.

†**nòn·whíte** 形 名 非白人の(★人種差別的な表現; Apartheid の記述のように差別性を強調することが妥当である場合以外は好ましくないとされる; ⇒ PERSON of color 感);

nòn·wórd 名 無意味な[存在しない, 是認されない]語, 非語.

non·yl /nɑ́nɪl | nɔ́n-/ 名 Ⓤ《化》ノニル《1価の基》.

†**noo·dle**¹ /núːdl/ 名 [通例複数形で] ヌードル《小麦粉と鶏卵で作っためん類》: soup with ~s ヌードル入りスープ.《G *Nudel*》

noo·dle² /núːdl/ 名 ❶《古風》ばか者. ❷《米口》頭.

noo·dle³ /núːdl/ 動 自《米口》[通例副詞(句)を伴って] ❶ 即興で演奏する;(リハーサルなどで, 楽器を適当に鳴らす[弾く]《*around*》. ❷ 考え込む, 思いにふける《*around*》.

noo·gie /núːgi/ 名《口》(他人の)頭を抱えてこぶしでグリグリやること.

nook /núk/ 名 ❶ (部屋などの)隅 (corner). ❷ へんぴな土地. ❸ 人目につかない所.
èvery nòok and cránny あらゆる場所,(特に)隅々: search *every* ~ *and cranny* 隅から隅までくまなく探す.

noo·kie, noo·ky /núːki/ 名 Ⓤ《卑·俗》性交.

*****noon** /núːn/ 名 Ⓤ ❶ 正午, 真昼 (midday): N~ is near. 正午が近い / It's already ~. もう正午だ / at (twelve) ~ (ぴったり)正午に / before [after] ~ 正午前[後]に. ❷ [the ~] 最高点, 全盛期: at *the* ~ *of* one's career 生涯の最盛期で / *the* ~ *of life* 壮年期. **the nóon of níght**《詩》真夜中, 夜半. — 形 Ⓐ 正午の[に行なわれる], 真昼の: the ~ meal 正午の食事.《L *nona* (hora) ninth (hour); 日の出から数えて「9番目の時間」の意で,「3時」を指したが「日中の食事時」を経て「正午」となった〗

nóon·dày 名 U 正午, 真昼. ── 形 A《文》正午の, 真昼の: the ~ sun 真昼の太陽.

***no one** /nóʊwʌn/ 代 だれも…ない (⇒ nobody, none¹ 4 [比較]: *No one* is [*No one's*] there. そこにはだれもいない / *No one* can do it. だれもできない (比較) *Nó óne person* can do it. だれでもひとりではできない) / They saw ~. 彼らはだれにも会わなかった 〖用法〗*of* を伴って *No one of us went to the party* のようにするのは間違いで, *None of us [Not one of us] went to the party.* (我々はだれ一人としてそのパーティーに行かなかった)のようにいう.

nóon·tide 名 ❶ [単数形で] 正午, 真昼. ❷ [the ~] 最盛期, 絶頂: *the ~ of happiness* 幸福の絶頂.

nóon·time 名 =noonday.

⁺**noose** /nú:s/ 名 ❶ **a** (引くと輪が締まる)輪縄, 引き結び; 《比喩》首を締める[苦しめる, 自由を奪う, 窮地に追い込む]もの, くびき. **b** (絞首刑の)首つり縄; [the ~] 絞首刑. **c** わな. ❷ 《戯言》(夫婦などの)きずな. **pùt one's héad in the [a] nóose** 自ら招いて危地に陥る, のっぴきならぬはめに陥る. ── 動 他 ❶ …を輪縄で捕らえる; わなにかける. ❷ 縄に引き結びを作る. 〖F<L *nodus* 結び目〗

no·o·tro·pic /nòʊətróʊpɪk⁻/ 形 精神向性の(認知・記憶改善などと学習促進の). ── 名 向知性薬, 脳機能改善薬.

no·pal /nóʊp(ə)l/ 名 《植》 ❶ ノパレア属のサボテン, ノパル[コチニール]サボテン(メキシコ・中央アメリカ産). ❷ = prickly pear.

⁺**nope** /nóʊp/ 副《米口》いや, いいえ (↔ yep) (⇒ yep [発音]).

nó plàce 副《米口》=nowhere.

***nor** /(強形) nɔ́ə | nɔ́:; (弱形) nə | nə/ 接 ❶ [neither または not と相関的に用いて] …もまた…ない (⇒ neither 接 1 [用法]) (〖用法〗動詞は nor で結ばれた主語がいずれも単数の時は単数扱いに, いずれも複数の時は複数扱いに, 人称・数の一致しない場合は近いほうの主語に一致する): He *neither* drinks ~ smokes. 彼は酒も飲まなければたばこも吸わない / *Not* a man, a woman, ~ a child, is to be seen. 男も女も子供も見えない / I have *neither* money ~ position. 私には金も地位もない / She's *neither* tall ~ short. 彼女は背が高くも低くもない. ❷ [否定の節の後に用いて] …もまた…ない〖用法〗「nor+(助)動詞+主語」の倒置が起きる): He hasn't arrived, ~ has his wife. 彼は着いていないが, 奥さんもまだだ / "I didn't see it anywhere." "*N*~ did I." 「私はそれをどこにも見なかった」「ぼくもだ」/ I'm not going to buy it, ~ is Tom. 私もそれを買うつもりはないし, トムも同様だ 〖用法〗《英》では nor の前に and や but を置くことがある). ❸ [肯定の節・文の後に用いて] そしてまた…ない〖用法〗形式ばった表現): The tale is long, ~ have I heard it out. それは長い話で終わりまで聞いたこともない.

Nor.《略》Norman; North; Norway; Norwegian.

nor' /nɔ́ə | nɔ́:/ 名 形 副《海》=north (特に複合語で: *nor*'wester).

No·ra /nɔ́:rə/ 名 ノーラ《女性名; Eleanor, Leonora の愛称》.

NORAD /nɔ́:ræd/《略》North American Aerospace Defense Command 北米宇宙航空防衛軍, ノーラッド《北米大陸を宇宙・航空攻撃から防衛するための, 米国とカナダの連合組織》; Norwegian Agency for Development and Cooperation ノルウェー開発協力局.

nòr·adrénaline /-ədrénəlin/ 名 U《生化》ノルアドレナリン《副腎髄質でできるホルモン》.

Nor·bert·ine /nɔ́əbətɪn | nɔ́:bə-/ 名 プレモントレ会士 (Premonstratensian). 〖St. Norbert 創立者〗

⁺**Nor·dic** /nɔ́ədɪk | nɔ́:-/ 形 ❶ 北欧(人)の: the ~ countries 北欧諸国 / ~ mythology 北欧神話 / ~ features 北欧人らしい顔だち. ❷〈スキーが〉ノルディック競技の《クロスカントリーとジャンプからなる》. ── 名 北欧人(長身・金髪・青眼・長頭が特徴の白色人種). 〖F<*nord* north〗

nor'east·er /nɔ̀:rí:stə | -stə/ 名《米》北東からの強風 [暴風].

Nor·folk /nɔ́əfək | nɔ́:-/ 名 ❶ ノーフォーク州《イングランド東岸の州; 州都 Norwich》.

Nórfolk jácket 名 ノーフォークジャケット《腰にベルトのあるひだ付きのゆるい上着》.

no·ri·a /nɔ́:riə/ 名 ノリア《スペイン・オリエントの, チェーン状のつるべを動かして水を汲み上げる水車》.

nor·ite /nɔ́:raɪt/ 名 U《岩石》紫蘇(しそ)輝石斑糲(はんれい)岩, ノーライト.

***norm** /nɔ́əm | nɔ́:m/ 名 ❶ **a** [the ~] 標準的な状態: Working women are *the* ~ in that nation. その国では働く女性が標準的. **b** [複数形で](行動様式等の)規範: *the ~s of civilized society* 文明社会の規範. **c** [the ~] 一般(的)水準, 平均(水準), 標準: above [below] *the* ~ 標準以上[以下]で[の]. ❷ ノルマ(労働基準量)(比較) 日本語の「ノルマ」はロシア語からで, 英語ではない). 〖L *norma*(大工の)物差し〗 (形 normal)

Nor·ma /nɔ́əmə | nɔ́:-/ 名 ノーマ《女性名》.

***nor·mal** /nɔ́əm(ə)l | nɔ́:-/ 形 (more ~; most ~) ❶ (↔ abnormal) 普通の, 通常の, 規定の, 標準の: ~ working hours 標準労働時間. **b** 正常の, 常態の, 一般並みの; 平均の: the ~ temperature (人体の)平熱 / It's ~ (for people) to want peace. (人々が)平和を欲するのはあたりまえだ / It's perfectly ~ that you should feel angry. 君が怒りを覚えるのはまったく正常だ. ❷〈人が〉正常な発達をしている, ノーマルな(healthy). ❸ (比較なし)《数》〈線〉が垂直の. ❹ (比較なし)《化》〈溶液が規定の(1リットル中に1グラムの溶質を含む). ── 名 ❶ U 標準, 典型; 常態; 平均; 平熱: above [below] (the) ~ 標準[平熱]以上[以下]で[の] / return [be back] to ~ 常態に復する, 正常に戻る. ❷ C《数》法線, 垂直線. (名 norm) 〖類義語〗**normal** その種類の標準に合うもの, 常識的に考えられる範囲内である. **typical** その種類の典型的形態や特質を持った. **usual** 一般[普通]の慣習に一致する, normal とほぼ同義に用いられるが特に頻度の点において起こる確率が高い. **ordinary** 特殊な要素が含まれていない.

nor·mal·cy /nɔ́əm(ə)lsi | nɔ́:-/ 名 =normality.

nórmal distribútion 名《統》正規分布.

⁺**nor·mal·i·ty** /nɔəmǽləti | nɔ:-/ 名 U 正常; 常態.

⁺**nor·mal·i·za·tion** /nɔ̀əməlɪzéɪʃən | nɔ̀:məlaɪz-/ 名 U 規範化; 正常[常態]化.

⁺**nor·mal·ize** /nɔ́əməlàɪz | nɔ́:-/ 動 他 ❶〈関係・状態などを〉(前の)標準に戻す, 正常化する: ~ relations with China [between the two countries] 中国との[両国間]の関係を正常化する. ❷〈…を〉基準に合わせる, 統一する. ── 自 正常化する. **nór·mal·iz·er** 名

⁺**nor·mal·ly** /nɔ́əməli | nɔ́:-/ 副 (more ~; most ~) ❶ 標準的に, 順当に, 正常に: The engine is working ~. エンジンは正常に動いている. ❷ 普通は, 普段は (★ 時に文修飾): I don't ~ drink at lunch. ふだんは昼食には酒を飲みません.

nórmal schòol 名 U,C《米》師範学校 (★ もと2年制の学校だったが, 現在4年制で teachers college と改称した).

⁺**Nor·man** /nɔ́əmən | nɔ́:-/ 名 (徼 ~s) ❶ **a** [the ~s] ノルマン民族, ノルマン人《もとスカンジナビアに住み, 10世紀に Normandy を征服してそこに定住した Northman》. **b** C ノルマン民族の人. ❷ C ノルマンフランス人(1066年イングランドを征服したノルマン人とフランス人の混合民族). ❸ U ノルマン(フランス)語. ── 形 ❶ ノルマンディー(人)の, ノルマン民族の. ❷〈建築が〉ノルマン様式の: ~ architecture ノルマン建築《ロマネスク風の建築様式; 簡素・壮大・剛健が特色》. 〖F<ON=north man〗

Nórman Cónquest 名 [the ~] ノルマンコンクエスト《William the Conqueror が率いたノルマン人のイングランド征服 (1066)》.

Nor·man·dy /nɔ́əməndi | nɔ́:-/ 名 ノルマンディー《イギリス海峡に面したフランス北西部の地方》.

Nor·man·esque /nɔ̀əmənésk | nɔ̀ː-ˈ-/ 形 〔建〕 ノルマン様式の, ロマネスクの (⇨ NORMAN architecture).

Nórman Frénch 名 U ノルマンフランス語 《ノルマン人の用いたフランス語》.

†**nor·ma·tive** /nɔ́əmətɪv | nɔ́ː-/ 形 ❶ 規範[標準]を立てる: ~ guidelines 基準となるガイドライン. ❷ 規範に従う, 規範的な: ~ grammar 規範文法.

nor·mo·ten·sive /nɔ̀əmoʊténsɪv | nɔ̀ː-ˈ-/ 形 〔医〕 正常血圧の.

Norn /nɔ́ən | nɔ́ːn/ 名 〔北欧神話〕 ノルン 《運命をつかさどる三女神の一人》.

Nor·plant /nɔ́əplænt | nɔ́ːplɑ̀ːnt/ 名 U 〔商標〕 ノルプラント 《合成黄体ホルモンの結晶を短小マッチ棒大のミニカプセルに封入した皮下埋込み式避妊薬》.

Norse /nɔ́əs | nɔ́ːs/ 名 ❶ [the ~; 複数扱い] (古代) スカンジナビア人; 西スカンジナビア人; (古代) ノルウェー人. ❷ U 北ゲルマン語 (Icelandic, Norwegian, Faeroese, Swedish, Danish); 西スカンジナビア語 (Icelandic, Norwegian, Faeroese); ノルウェー語. ── 形 古代スカンジナビア(人・語)の; 西スカンジナビア(人・語)の; (古代) ノルウェー(人・語)の: ~ mythology 北欧神話. [Du=Norwegian]

Nórse·man /-mən/ 名 (複 -men /-mən/) 古代スカンジナビア人; (特に) バイキング.

‡**north** /nɔ́əθ | nɔ́ːθ/ 名 ❶ [the ~] 北, 北方; 北部 (略 N., N.; ↔south; 用法「東西南北」は通例 north, south, east and west という): in the ~ of …の北部に / on the ~ of …の北側に [北に接して] / to the ~ of …の北方に (当たって). ❷ a [the ~] 北部地方. b [the N~] (英) 北部 《ハンバー (Humber) 川以北》. c [the N~] (米) 北部 (諸州) (Ohio, Missouri, Maryland 諸州以北の州). d [the N~] 北側先進諸国. ❸ [the ~] 北半球; (特に) 北極地方. **north by east** 北微東 (略 NbE). **nórth by wést** 北微西 (略 NbW). ── 形 A ❶ 北の, 北にある; 北向きの: a ~ window 北窓. ❷ [しばしば N~] 北の, 北国の: North Africa 北アフリカ. ❸ 〈風が〉 北からの [吹く]: a ~ wind 北風. ── 副 北に, 北へ, 北方に[へ], 北部に[へ]: due ~ 真北に / up ~ (口) 北(の方)へ[に] / go ~ 北へ行く / lie ~ and south 南北に(長く)位置する / The village is [lies] 15 miles ~ of the town. その村は町の北方 15 マイルの所にある. **north by east** 北微東[西]へ (cf. 名). **north of** … (米口) …より北で. 〖OE; 原義は「(日の出に向かって)左」〗 (形 northern; 関松 boreal).

Nórth África 名 北アフリカ (Morocco, Algeria, Tunisia, Libya から成る地域).

Nórth América 名 北アメリカ, 北米.

Nórth Américan 名 北米人(の). ── 形 北米人(の).

Nor·thamp·ton·shire /nɔɔ(h)æm(p)tənʃə | nɔː-(h)æm(p)tənʃə/ 名 ノーサンプトンシャー州 《イングランド中部の州; 州都 Northampton; 略 Northants. /nɔ̀əθænts | nɔ́ː-/》.

Nórth Atlántic Tréaty Organizàtion 名 [the ~] 北大西洋条約機構 《1949 年の北大西洋条約に基づく北米・西欧諸国間の集団防衛体制; 加盟国は英・米・カナダ・フランスなど 19 か国; 本部 Brussels; 略 NATO》.

nórth·bòund 形 北行きの[向け, 回り]の: a ~ train 北行きの列車.

Nórth Brítain 名 北英, スコットランド (の別称) (略 NB).

Nórth Cápe 名 ❶ ノール岬 《ノルウェー北端の岬; 欧州最北端》. ❷ ノース岬 《ニュージーランドの北端》.

Nórth Carolína 名 ノースカロライナ州 《米国南部の州; 州都 Raleigh /rɔ́ːli/; 略 〔郵〕 NC; 俗称 the Tar Heel State》. 〖Charles 1 世のラテン語名 Carolus にちなむ〗

Nórth Carolínian 形 ノースカロライナ州(の人).

Nórth Cóuntry 名 [the ~] ❶ (英) a イングランド北部, 北イングランド. b 大ブリテン(島) (Great Britain) の北部. ❷ (米) アラスカと(カナダの)ユーコン (Yukon) を含む地域.

nórth-cóuntryman 名 (複 -men) (英) イングランド北部の人, 北イングランド人.

Nórth Dakóta 名 ノースダコタ州 《米国中西部の州; 州都 Bismarck; 略 N.Dak., 〔郵〕 ND; 俗称 the Sioux State》. 〖Dakota は N AmInd「同盟者」の意から〗

Nórth Dakótan 名 ノースダコタ州(の人).

‡**north·east** /nɔ̀əθíːst | nɔ̀ːθ-ˈ-; 〔海〕 nɔːríːst/ 名 ❶ [the ~] 北東 (略 NE). ❷ a [the N~] 米国北東部; (特に) ニューイングランド地方. b [the N~] 米国北東部; (特に) ニューイングランド地方. **northeast by éast** 北東微東 (略 NEbE). **northeast by nórth** 北東微北 (略 NEbN). ── 形 (比較なし) ❶ 北東の[にある]; 北東向きの. ❷ 〈風が北東からの[吹く]. ── 副 (比較なし) 北東に[へ], 北東方に[へ], 北東部に[へ].

north·east·er /nɔ̀əθíːstə | nɔ̀ːθíːstə; 〔海〕 nɔːríːstə | -tə/ 名 北東の強風[暴風].

nòrth·éast·er·ly /-təli | -tə-/ 形 ❶ 北東の. ❷ 〈風が〉北東からの. ── 副 北東へ[から]. ── 名 =northeaster.

†**north·éastern** 形 ❶ 北東(部)の[にある]. ❷ [N~] (米) 米国北東部(特有)の. ❸ 〈風が〉北東からの[吹く].

Nórtheast Pássage 名 [the ~] 北東航路 《ヨーロッパ・アジアの北海岸に沿って北大西洋から太平洋に出る航路》.

nòrthéast·ward 副 北東(方)へ[に]. ── 形 北東への; 北東にある.

nòrthéast·ward·ly 形 副 =northeasterly.

nòrthéast·wards 副 =northeastward.

north·er /nɔ́əðə | nɔ́ːðə/ 名 強い北風.

north·er·ly /nɔ́əðəli | nɔ́ːðə-/ 形 ❶ 北寄りの. ❷ 〈風が〉北からの[吹く]. ── 副 ❶ 北の方へ. ❷ 〈風が〉北の方から. ── 名 [しばしば複数形で] 北風.

‡**north·ern** /nɔ́əðən | nɔ́ːðən/ 形 (比較なし; cf. northernmost) ❶ 北の, 北にある; 北向きの: ⇨ northern lights. ❷ [しばしば N~] 北部地方に住む, 北部出の, 北部独特の: 〈風が〉北からの[吹く]. ❹ [N~] (米) a 北部 (諸州)の: the N~ States 北部諸州. b 北部(地方)方言の. ── [通例 N~] ❶ =Northerner. ❷ U (米) 北部(地方)方言. 〖OE; ⇨ north, -ern〗

nórth·ern·er 名 ❶ 北国人, 北部の人. ❷ [N~] (米) 北部(諸州)の人.

Nórthern Hémisphere 名 [the ~] 北半球.

Nórthern Íreland 名 北アイルランド 《アイルランド島の北東部を占める地方; United Kingdom の一部; 州都 Belfast》.

nórthern líghts 名 複 [the ~] 北極光 《北極圏地域のオーロラ; cf. southern lights》.

Nórthern Mariána Íslands 名 [the ~] 北マリアナ諸島 《太平洋西部にある米国の自治連邦; 首都 Saipan》.

nórthern·mòst 形 最北(端)の.

Nórthern Térritory 名 [the ~] ノーザンテリトリー 《オーストラリア中北部の準州; 州都 Darwin》.

Nórth Germánic 名 U 〔言〕 北ゲルマン語(群) (Icelandic およびスカンジナビアの諸語を含む).

north·ing /-θɪŋ, -ðɪŋ/ 名 ❶ U 〔海〕 北距 《前に測定した地点から北寄りのある地点までの緯度差》; 北進, 北航. ❷ C 〔地〕 偏北距離 《東西の基準線から北方に測った距離; cf. easting》, 緯度線.

Nórth Ísland 名 [the ~] 《ニュージーランドの 2 主島の》北島.

Nórth Koréa 名 北朝鮮 《38°線以北; 公式名 the Democratic People's Republic of Korea 《朝鮮民主主義人民共和国》; 首都 Pyongyang》.

nórth·land /-lænd, -lənd | -lənd/ 名 ❶ [しばしば N~] a C 北国; 極北地. b [the ~] 北部地方. ❷ [N~] スカンジナビア半島. **~·er** 名

nórth líght 名 U 北明かり 《アトリエ・工場などで好まれる》.

Nórth·man /-mən/ 名 (複 -men /-mən/) ❶ =Norseman. ❷ (古) (現在の)北欧人, (特に) ノルウェー人.

nòrth-nòrth·éast 名 [the ~] 北北東 (略 NNE). ── 形 副 北北東の[に].

nórth-nòrth·wést 名 [the ~] 北北西 (略 NNW).
— 形 副 北北西の[に].

Nórth Póle 名 [the ~] ❶ (地球の)北極. ❷ [n~ p~] a (天の)北極. b (磁石の)北極, N 極.

Nórth Séa 名 [the ~] 北海 《英国とスカンジナビア半島に囲まれた大西洋の一部》.

Nórth Stár 名 [the ~] 〖天〗北極星 (cf. dipper 4 b).

Nórth Stár Stàte 名 [the ~] 北極星州 《米国 Minnesota 州の俗称》.

Northumb. 《略》Northumberland.

North·um·ber·land /nɔəθʌ́mbələnd|nɔːθʌ́mbə-/ 名 ノーサンバーランド州 《イングランド最北部の州; 州都 Morpeth /mɔ́əpeθ|mɔ́ː-/; 略 Northumb.》.

North·um·bri·a /nɔəθʌ́mbriə|nɔː-/ 名 ノーサンブリア 《イングランド北部の古王国》. 〖OE=ハンバー川の北方 (north of the Humber)〗

North·um·bri·an /nɔəθʌ́mbriən|nɔː-/ 形 ❶ (昔の) Northumbria (人, 方言)の. ❷ Northumberland 州[人, 方言]の. — 名 ❶ a [C] Northumbria 人. b [U] ノーサンブリア方言. ❷ a [C] Northumberland 州の人. b [U] ノーサンバーランド方言.

Nórth Vietnám 北ベトナム 《17 度線以北のベトナム; ベトナム統一前のベトナム民主共和国; 首都 Hanoi》.

†**north·ward** /nɔ́əθwəd|nɔ́ːθwəd/ 副 (比較なし) 北に向かって, 北方へ. — 形 (比較なし) 北向きの, 北方への. — 名 [the ~] 北方: to [from] the ~ 北方から[から]. 〖NORTH+-WARD〗

north·ward·ly 形 ❶ 北向きの. ❷〈風が〉北からの[吹く]. — 副 =northward.

†**north·wards** /nɔ́əθwədz|nɔ́ːθwədz/ 副 =northward.

***north·west** /nɔ̀əθwést|nɔ̀ːθ-ˊ-; 〖海〗nɔ̀əwést|nɔ̀ː-/ 名 ❶ [the ~] 北西 (略 NW). ❷ a [the ~] 北西部[地方]. b [the N-~] 《米》米国北西部 (Washington, Oregon, Idaho の諸州). northwest by nórth 北西微北 (略 NWbN). northwest by wést 北西微西 (略 NWbW). — 形 (比較なし) ❶ [A] 北西(部)の. ❷〈風が北西からの[吹く]. — 副 (比較なし) 北西に[へ], 北西部に[へ].

north·west·er /nɔ̀əθwéstə|nɔ̀ːθwéstə; 〖海〗nɔ̀ə-wéstə|nɔ̀ːwéstə/ 名 北西の強風.

north·west·er·ly /-t(ə)li|-tə-/ 形 ❶ 北西の. ❷〈風が〉北西からの[吹く]. — 副 北西へ[から]. — 名 =northwester.

†**north·wéstern** 形 ❶ 北西の. ❷ [N~] 《米》米国北西部(特有)の. ❸ =northwester.

Nórthwest Pássage 名 [the ~] 北西航路 《北米大陸北岸に沿って大西洋と太平洋を結ぶ航路》.

Nórthwest Térritories 名 《単数扱い》ノースウェストテリトリーズ 《カナダの北部の準州; 州都 Yellowknife /jélənɑ̀ɪf/》.

Nórthwest Térritory 名 [the ~] 〖米史〗北西部領地 《現在の Ohio 川の北 Ohio, Indiana, Illinois, Michigan, Wisconsin および Minnesota の一部を含む地方》.

northwést·ward 副 北西(方)へ[に]. — 形 北西への; 北西にある. — 名 [the ~] 北西(方).

nòrthwést·ward·ly 形副 =northwesterly.

nòrthwést·wards 副 =northwestward.

Nórth Yórkshire 名 ノースヨークシャー州 《イングランド北部の州; 州都 Northallerton /nɔ̀əθǽlətn|nɔ̀ːθǽl-ə-/》.

Norw. 《略》Norway; Norwegian.

Nor·way /nɔ́əweɪ|nɔ́ː-/ 名 ノルウェー 《スカンジナビア半島西部の王国; 首都 Oslo; 略 Nor(w).》. 〖ON Norvegr (原義) north way〗

Nórway lóbster 名 〖動〗ヨーロッパアカザエビ 《ヨーロッパ西部・地中海産でウミザリガニより細く, 食用にする》.

Nórway rát 名 〖動〗ドブネズミ.

Nor·we·gian /nɔəwíːdʒən|nɔː-/ 形 ノルウェーの. — 名 ❶ [C] ノルウェー人. ❷ [U] ノルウェー語 (略 Nor(w).). 〖L Norvegia; ⇒ Norway, -an〗

nor'·west·er /nɔəwéstə|nɔːwéstə/ 名 ❶ =north-wester. ❷ 暴風雨帽 《水夫が用いるつばの広い防水帽》.

Nor·wich /nɑ́rɪtʃ, -rɪtʃ|nɔ́r-/ 名 ノリッジ 《イングランド Norfolk 州の州都》.

Nos., Nos, nos. /nʌ́mbəz|-bəz/ ⇒ No.

***nose** /nóʊz/ 名 ❶ [C] a 鼻 《関連 muzzle は犬・馬などの鼻; snout はブタなどの鼻; trunk はゾウの鼻》: the bridge of the ~ 鼻柱 / a long ~ 高い[長い] 鼻 / a short [flat] ~ 低い鼻 / hold one's ~ (臭いので)鼻をつまむ / blow one's ~ 鼻をかむ[涙を隠すなど] / rub one's ~ 鼻をこする《考え込むときのしぐさ》/ have a runny ~ 鼻をたらしている / pick one's ~ 鼻をほじる / speak through one's ~ 鼻声でしゃべる / Your ~ is bleeding [running]. 鼻血[はな]が出てますよ. b (動物の)鼻口部, 鼻面. ❷ a [a ~] 嗅覚: a dog with a good [poor] ~ 鼻がき[きかない]犬. b [a ~] 《物事をかぎつける》勘, 直覚, 勘: She has a good ~ for a bargain. 彼女には買い得品をうまくかぎつける勘がある / My ~ tells me that he is up to something. 彼は何かたくらんでいる気配を感じる. c [通例単数形で] (ワインの)香り. ❸ [C] 突出部: a (管・筒・銃身などの)先. b 船首; (飛行機の)機首; (自動車(など)の)先端. ❹ [C] 《俗》警察の手先, スパイ.

by a nóse (1) (競馬) 鼻の差で: win by a ~ 鼻の差で勝つ. (2) 僅差[小差]で, かろうじて.

cannot sée beyònd [fúrther than] (the énd of) one's nóse 鼻から先のことはわからない 《想像力・洞察力がなどがない》.

cóunt nóses (出席者・賛成者などの)頭数を数える; 頭数(だけ)でことを決める.

cùt óff one's nóse to spíte one's fáce 短気を起こして不利を招く.

fóllow one's nóse (1) (策を講じたりしないで)自分の本能に従って行動する, (地図などによらず)勘に頼る. (2) [しばしば人に道を教えるのに用いて] まっすぐに行く: Just follow your ~ as far as the corner and turn right. 角までまっすぐ行ってから右へ曲がりなさい.

gèt úp a person's nóse 《英口》人をいらいらさせる, 人の癇(癪)にさわる.

hàve a nóse róund 《英口》あたりを見回す; 探す.

hàve one's nóse in a bóok 読書に余念がない.

hàve [hóld] one's nose in the áir 偉そうにする, 高慢な態度に出る, 傲慢にふるまう.

kèep one's nóse clèan 《口》ごたごた[面倒なこと]に巻き込まれないようにする.

kèep one's nóse óut of... に干渉しない, 余計な口出しをしない.

kéep [hàve, hóld] one's nose to the gríndstone 《口》(1) こつこつ[絶え間なく, 一心不乱に]勉強している[働いている]. (2) [...a person's nose...として] 人をこき使う.

léad a person (aróund) by the nóse 〈人を〉思うままにする[支配する, 牛耳る].

lóok dówn one's nóse (at ...) 《口》(...を)軽蔑する, (...に)見下した態度をとる.

màke a lóng nóse (at...) 《米》(1) (人に)鼻先に親指をあて他の指を扇形に広げてみせる《軽蔑のしぐさ》. (2) (人を)ばかにする.

nóse to táil 《英》〈車が〉(渋滞で)じゅずつなぎになって (bumper-to-bumper).

on the nóse (1) 《米口》きっかり, 正確に. (2) におい[香り]がして, におい[香り]が(...)で: The wine is fruity on the ~. そのワインは鼻にフルーティーだ. (3) 《豪口》いやな, 不快な. (4) (競馬などで)単勝に(賭けて).

páy through the nóse 《口》[...を求めるために]法外な金を払う, ぼられる (for).

pówder one's nóse 《婉曲》〈女性が〉トイレに立つ.

pùt [póke, púsh, stíck, thrúst] one's nóse into... に干渉[口出し]する.

pùt a person's nóse òut of jóint 《口》人の感情を傷つける, 人を当惑させる.

pùt one's nóse to the gríndstone =keep one's NOSE to

the grindstone 成句.
rúb a person's nóse in it 《口》《間違い・過失など》相手のいやがることを(いつも)ずけずけと言う 《由来》犬などをしつける時にその糞尿に鼻をこすりつけることから》.
stick one's nóse in the áir ⇒ have one's NOSE in the air 成句. **thúmb one's nóse (at...)** 《英》=make a long NOSE (at...) 成句.
túrn úp one's nóse (at...) (...を)軽蔑[ばかに]する, 鼻であしらう; 《口》(...に)そっぽを向く, つんとする.
ùnder a person's nóse (1) 人のすぐ面前[目の前]で. (2) 人に構わずに, 公然と, しゃあしゃあと.
with one's nóse in the áir 偉そうに, 高慢な態度で.
── 動 他 ❶ [副詞(句)を伴って] 〈...〉を(注意深く, じりじりと)前進させる: She ~d the car *into* [*out of*] the parking space. 彼女は注意深く車を駐車場所へ入れた[から出した] / The ship ~d its way cautiously *through* the fog. 船は霧の中を用心して進んで行った. ❷ a 〈...〉をかぐ, かぎつける: The cat ~d out a mouse. 猫はネズミをかぎつけた. b 《口》〈...〉をかぎ出す, 捜し出す: He has ~d *out* some interesting information. 彼は何かおもしろいような情報をかぎ出した. ❸ 〈...に〉鼻をこすりつける; 〈...を〉鼻で押す: The dog ~d the box *aside*. 犬は鼻で箱を押しのけた / [+目+補] The dog ~d the door *open*. 犬は鼻でドアを押しあけた.
── 自 [副詞(句)を伴って] ❶ (注意深く)(...を)進む: The boat ~d slowly toward the pier. 船は埠頭へゆっくりと進んだ. ❷ a (...を)かぐ: ~ *at* a bone 〈犬などが〉骨をくんくんかぐ. b 《口》かぎ回る, せんさくする: He's always nosing *about* [*around*] (*for*) news. 彼は《ニュースはないか》いつもうろうろとせんさくして回っている / Stop nosing *into* my affairs. 私のことをせんさくするのはやめてくれ.
nóse dówn [úp] 《自+副》《空》(機首を)下に[上に]向ける.
nóse óut 《他+副》(1) 《口》…をかぎ出す (⇨ ❷). (2) 《競馬》〈相手に〉鼻の差で勝つ. (3) 《米》〈相手に〉僅差で勝つ, 辛勝する.
〖OE *nosu*〗(形 nosy; 関形 nasal, rhinal)
nóse bàg 名 《馬の頭からつるす》かいば袋.
nóse·bànd 名 《馬具の》鼻革.
nóse·blèed 名 《動》鼻血(が出ること): have [stop] a ~ 鼻血が出るのを止める).
nóse cándy 名 U 《米俗》コカイン.
nóse còne 名 ノーズコーン 《ロケットやミサイルの円錐(然)状の頭部》.
nosed /nóuzd/ 形 [通例複合語で] 鼻が...の, ...鼻の: long-*nosed* 鼻が高い.
nóse·dìve 名 ❶ 《飛行機の》急降下: go into a ~ 急降下する. ❷ 《口》《価格・利益などの》暴落, 急低下: take a ~ 暴落する. ── 動 自 ❶ 《飛行機が》急降下する. ❷ 《口》《価格が》暴落する; 《利益が》急に減る (plunge).
no-see-um /noʊsíːəm/ 名 《米》《昆》ヌカカ.
nóse flùte 名 《タイ人・ミクロネシア人などの》鼻笛.
nóse gày 名 《古風》小さな花束.
nóse·guàrd 名 《アメフト》ノーズガード 《オフェンスのセンター正面に位置するディフェンスのラインマン》.
nóse jòb 名 《口》鼻の美容整形(手術).
nóse lèaf 名 《動》鼻葉(ぎっ) 《種々のコウモリの鼻にみられる葉状の皮膚の突起; 空気の振動をキャッチすると考えられている》.
nóse·pìece 名 ❶ a 《眼鏡の》ブリッジ 《鼻に当たる部分》. b 《口》鼻あて. ❷ 《顕微鏡の》対物レンズをつける台. ❸ =noseband.
nóse ràg 名 《俗》ハンカチ.
nóse rìng 名 鼻輪.
nóse tàckle 名 《アメフト》ノーズタックル (noseguard).
nóse·whèel 名 飛行機の前輪.
nos·ey /nóuzi/ 形 《略式》=nosy.
nosh /náʃ | nɔʃ/ 《口》動 他 ❶ (...を)食べる; 飲む. ❷ 《米》(...を)間食する. ── 名 ❶ a U 食べ物. b [a ~] 食べること, 飲食: a quick ~ 大急ぎの食事. ❷ C 《米》間食, 軽食, スナック. ~**·er** 名
nosh·er·y /náʃəri | nɔʃ-/ 名 C 《口》食堂, レストラン.
nó-shów 名 《口》予約しながら(解約もせず)現われない人

1233 **not**

《客・患者など》; 不参客.
nósh·ùp 名 [a ~] 《英口》ごちそう, 豪華な食事.
nó síde 名 U 《ラグビー》試合終了, ノーサイド.
nos·o·co·mi·al /nɒsəkóumiəl | nɔsə-/ 形 《病気など》病院内で起こる, 院内(感染)の: a ~ infection 院内感染 / ~ pneumonia 院内感染(による)肺炎.
no·sol·o·gy /nousɑ́ləʤi | nɔsɔ́l-/ 名 U 疾病分類学.
no·so·log·i·cal /nòʊsəlɑ́ʤɪk(ə)l | nɔ̀s-/ 形
†**nos·tal·gia** /nɑstǽlʤə | nɔs-/ 名 U ❶ 過去を懐かしむ心, 懐旧の念, ノスタルジア (*for*). ❷ 故郷[故国]を思う心, 郷愁, ホームシック (*for*).
†**nos·tal·gic** /nɑstǽlʤɪk | nɔs-/ 形 懐旧[懐郷]の[にふける]. -**gi·cal·ly** /-kəli/ 副
nos·tal·gie de la boue /nàstælʤi:dələbú: | nɔ̀s-/ 名 U 土[泥]への郷愁, 堕落[退廃]願望. 〖F=nostalgia for mud〗
Nos·tra·da·mus /nɑ̀strədɑ́:məs, -déɪ- | nɔ̀strədɑ́:-/ 名 ❶ ノストラダムス (1503–66; フランスの医師・占星家). ❷ C 占星家, 予言者, 易者.
†**nos·tril** /nɑ́strəl | nɔ́s-/ 名 ❶ 鼻の穴, 鼻孔. ❷ 小鼻 《鼻の先のふくらみの一つ》. 〖OE < *nosu* NOSE + *thyrel* hole〗(関形 narial).
nos·trum /nɑ́strəm | nɔ́s-/ 名 ❶ (政治・社会問題などの)解決の妙策. ❷ 《古風》 《俗》鼻薬抜群の宣伝による当てにならない)特効薬, (いわゆる)妙薬, 万能薬.
nos·y /nóuzi | nɔ́u-/ 形 (**nos·i·er; -i·est**) 《口》せんさく好きな, 知りたがりの (inquisitive): a ~ person せんさく好きな人 / Don't be so ~ *about* my affairs. おれのことをそんなにせんさくするな. **nós·i·ly** /-zəli/ 副 **nós·i·ness** 名
Nósy Párker 名 C 《口》おせっかい者, やじ馬.
***not** /nát | nɔ́t; 《変則[定形動詞の後ではまた》 nt/ 副 ❶ a [助動詞は直接, be動詞, have動詞は直接または do を用いて, 一般の動詞は do を用いて否定形を作る] …でない 《語法》しばしば n't と短縮される): This is ~ [*isn't*] a good car. これはよい車ではない / Don't be noisy. 騒ぐな / He *will* ~ [*won't*] come. 彼は来ないだろう / I don't have [I haven't] a house of my own. 私には家がない 《用法》一般に do を用いる》/ You don't have to hurry. 急ぐ必要はない. b [not が転移する場合] 《口》…でない: I don't think he will ~ come. 彼は来ないと思う 《比較》I think he will ~ come. 従属節中の not が主節へ転移; 同類の動詞に believe, expect, imagine, suppose などがある; know, hope などは転移しない: She knows that he isn't a liar. 彼女はそつきでないことを彼女は知っている / She doesn't know that he is a liar. 彼がうそつきであることを彼女は知らない》/ She *doesn't* seem to like fish. 彼女は魚が好きではないようだ 《比較》She seems ~ to like fish. 不定詞を否定する not が述語動詞を否定; 同類の動詞に appear, happen, intend, plan, want などがある》/ She *didn't* expect to win. 彼女は勝てないと思った 《比較》She expected ~ to win.) / It *doesn't* look as if Ben's coming. ベンは来そうもない 《比較》It looks as if Ben isn't coming).

❷ a [述語動詞・文以外の語句を否定して] …でなく 《★通例強勢おき; cf. because 3》: I'm here ~ for sightseeing, but on business. 観光が目的ではなくて仕事でこちらに来ています / He's my nephew, ~ my son. あれは私の甥(ぶ)で, 息子ではない 《変換》He's ~ my son but my nephew. と書き換え可能》/ "Was he a liar?" "No, ~ a liar, just stupid." 「彼はうそつきだった?」「いや, うそつきじゃなかった, ただ愚かだっただけだよ」 b [不定詞・分詞・動名詞の前に置いてそれを否定して] 〈...〉しない: I begged him ~ to go out. 外出しないように彼に頼んだ / I got up early so as [in order] ~ to miss the 7:00 a.m. train. 7時発の列車に乗り遅れないように早く起きた / N~ knowing, I cannot say. 知らないから言えない / He reproached me for (my) ~ having let him know about it. そのことを知らせてくれなかったのが悪いと彼は私を非難した.

❸ [婉曲または控えめ表現で] …なくもない: ~ a few 少なか

らず / ～ a little 少なからず / ～ once or [nor] twice 一度や二度でなく, 再三 / ～ reluctant (いやどころか)二つ返事で / ～ seldom 往々, しばしば / ～ *un*known 知られないではない / ～ too good 大してよくない, かなりまずい / ～ without some doubt 多少の疑念はもちながら / The price is ～ very high. 値段はそんなに高くない / Winning or losing is ～ really important. 勝ち負けは大して重要ではない.
❹ [all, both, every, always などとともに用いて部分否定を表わして] …**とは限らない, 必ずしも…でない[しない]**: *N～ every*one can succeed. 皆が皆成功できるわけではない / I do*n't* know *both*. 両方は知らない《片方だけ知っている》/ *N～ all* the bees go out for nectar. ミツバチは全部が花みつを取りに出て行くわけではない / It's ～ *altogether* good. 全部いいというわけではない / He's ～ *always* present. 彼はいつも出席するというわけではない.
❺ **a** [否定の文・動詞・節などの省略代用語として]: Right or ～, it's a fact. 正しかろうと正しくなかろうと事実だ《★ Whether it is right or ～, … の略》/ Are you coming or ～? 君は来るのか来ないのか《★ …or are you ～ coming の略》/ "Is he ill?" "*N～* at all."「彼は病気ですか」「病気なもんか」《★ He's ～ at all ill. の略》/ "Is she wrong?" "Probably ～."「彼女は間違っているかしら」「たぶん間違ってはいないでしょう」《★ She's probably ～ wrong. の略; 同類の副詞に perhaps, certainly, absolutely, of course などがある》/ "Will he pass?" "I think ～."「彼は合格するだろうか」「合格しないと思うよ」《★ I think he will ～ pass. の略; I don't think so. のほうが一般的; cf. 1b; 同類の動詞に suppose, believe, hope, expect, be afraid などがある》. **b** [前文を否定して]《口》今(言った)のはうそ, なんちゃって.
nòt a ∴ ただ一人[ひとつ]の…も…でない《[用法] no の強調形; not a single はさらに強い形》: *N～ a* single person answered. だれ一人として答えなかった.
nòt at áll (1) 少しも…ない (⇨ at ALL [成句]). (2) [お礼を言われた時の返事に] どういたしまして.
nót…but ⇨ but [接] A 2.
nót but that [what] ⇨ but [接] [成句].
nòt ónly [júst, mérely, símply]…but (àlso)… だけでなくまた…: This merchandise are ～ *only* cheap *but* (*also*) good for the price. これらの品物は安いばかりでなく(また)値段の割によい / *Not only* did he pass the exam, *but* he got a scholarship as well. 彼は試験に合格したばかりか奨学金までもらった《[用法] 強調のため ～ only を文頭に出すとその節は倒置構文になる》/ *Not only* are you happy, *but* we are satisfied. 君たちがうれしいばかりでなく我々も満足だ《[用法] 2つの節の主語が異なる場合は初めの節は必ず倒置構文になる》/ *Not only* he *but also* his wife won (a) first prize. 彼だけでなく奥さんも1等賞を獲得した《[用法] 動詞はあとの主語と呼応する》. [注意] この句についてはいくつかの変異形がある; also の代わりに too, as well を用いることがある: They ～ *only* broke into his office, but they stole some documents (*as well*).＝They didn't just break into his office. They stole some documents too. 彼らは彼の事務所に押し入ったばかりか書類まで盗んでいった《★《口》では後者のような言い方が普通; but をピリオド, セミコロンで代用させることがある》.
nòt quíte ⇨ quite 1 b.
nót that…《口》…といって…というわけではない: What is he doing now? *N～ that* I care. 彼は今何をしているのか, と言ってべつに私は気にかけているわけではないんだが.
〖OE *ne* not+*ōwiht* anything〗

NOT /nát | nɔ́t/ [名]〘電子工〙ノット《否定演算子》.

no·ta be·ne /nóuṭəbéni, -bíːni/ 注意(せよ)《略 NB, nb, n.b.》. 〖L=Note well!〗

no·ta·bil·i·ty /nòuṭəbíləṭi/ [名] ❶ [U] 著名. ❷ [C] 名士.

***no·ta·ble** /nóuṭəbl/ [形] (**more ～; most ～**) **注目に値する, 著しい, 顕著な** (noteworthy); 有名な: a ～ surgeon 著名な外科医 / a ～ event 有名な事件 / This house is ～ *for* its beautiful garden. この家は美しい庭園で有名だ. ── [名] [通例複数形で] 名士, 名望家.

***no·ta·bly** /nóuṭəbli/ [副] ❶ 特に, とりわけ (especially, particularly). ❷ 著しく, 目立つほどに; 明白に (remarkably).

NOTAM, no·tam /nóutæm/ [名]〘空〙(乗組員に対する)航空情報, ノータム. 〖*no*tice *t*o *a*ir*m*en〗

no·taph·i·ly /noutǽfəli/ [名] [U] (趣味としての)銀行券収集.

no·tar·i·al /noutέ(ə)riəl/ [形] 公証人の[によって作成された].

no·ta·rize /nóuṭəràɪz/ [動] [他] [しばしば受身で]《米》〈公証人が〉〈文書を〉認証[証明]する: a ～*d* document 公正証書 / have a document ～*d* 文書を公証してもらう.

no·ta·ry /nóuṭəri/ [名] ＝notary public.

nótary públic [名] ([複] **notaries public, ～s**) 公証人.

no·tate /nóuteɪt | ─ ́/ [動] [他] 記録する, 書き留める;〘楽〙楽譜にしるす.

no·ta·tion /noutéɪʃən/ [名] ❶ [U,C] (特殊の文字・符号などによる)表記(法), 表示(法);〘楽〙記譜法: broad [narrow] phonetic ～〘音声〙簡略[精密]表音法 / decimal ～ 10進法. ❷ [C]《米》注釈; メモ, 記録.

⁺**notch** /nátʃ | nɔ́tʃ/ [名] ❶ V字形の刻み目, 切り目, くぼみ. ❷《米》(山あいなどの)狭い道. ❸《口》段, 級: be a ～ above (the) others 他の者よりひとけた上である. ── [動] [他] ❶《口》〈得点・票などを〉収める, あげる;〈勝利・地位などを〉得させる, 収めさせる: ～ ***up*** a victory [the title] 勝利[タイトルを]得る / We ～*ed* ***up*** many more votes in the next election. 我々はその次の選挙でもっと多くの票を獲得した. ❷〈…に〉刻み目[切り目]をつける.

nótch·bàck [名]〘自動車〙ノッチバック(車)《車体の後部が段になっている, 普通の型の乗用車; cf. fastback 1》.

notched [形] ❶ 刻み目[切り目]のある. ❷〘植・動〙のこぎり歯の形をした.

nótch filter [名]〘電子工〙ノッチフィルター《周波数応答特性に鋭い切り込み (notch) を有するフィルター》.

notch·y /nátʃi | nɔ́tʃi/ [形] ❶ 刻み目[切り目]のある. ❷〈自動車の変速レバーが〉操作しにくい, スムーズに動かない, かたい.

****note** /nóut/ [名] ❶ [C] **a** (短い)**記録**《[比較] 日本語の「ノート, 帳面」(notebook) の意味はない》: make [take] a ～ of…のノートを取る, …を書き留める, 筆記する. **b** [しばしば複数形で] **覚え書き, メモ**; 原稿: take [make] ～*s* メモを取る / speak from ～*s* [without ～*s*] メモを見ながら[見ないで]話す / make ～*s* for one's lecture 講義用のメモ[草稿]を作る.
❷ [C] **a** (略式の)**短い手紙** (message): a thank-you ～ 礼状 / a threatening ～ 脅迫状 / Drop me a ～. 一筆お便りをください. **b** (正式な)文書, 通達: a delivery ～ 配送書 / a diplomatic ～ 外交文書 / a sick ～《英》病気証明書.
❸ [C] (本文の)**注, 注釈** (annotation): a marginal ～ 欄外の注 / ⇨ footnote / ～*s* to the text テキストの注.
❹ [C] **a** [通例金額を示す修飾語を伴って]《英》**紙幣**, 札: a ten-pound ～ 10ポンド紙幣 / pay in ～*s* 紙幣で支払う. **b** 手形; 約束手形.
❺ [C] **a** (楽器の)音, 調子, 音色: The ～ was too high to hear. その(楽器の)音は聞くには高すぎる. **b** (鳥の)鳴き声. **c** [通例単数形で]〔…を示す〕調子, 気配 (tone);〔…の〕特色, 特徴: There was a ～ ***of*** anxiety in his voice. 彼の声には不安な調子が感じられた. **d**〘楽〙音符; (ピアノなどの)鍵(けん), キー: the black [white] ～*s* 黒い[白い]鍵 / strike a ～ on a piano (キーをたたいて)ピアノである音を出す.
❻ [C] (句読点などの)符号, 記号.
❼ [U] 注意, 注目: worthy of ～ 注目に値する / take ～ (of…) (…に)注意[注目]する.
❽ [U] [of ～ で] **a** 著名, 有名: a person *of* ～ 名士. **b** 知られていること, 周知; 重要なこと: a matter *of* (some) ～ (かなり)周知の[大事な]こと.
compáre nótes〔人と〕意見[情報]を交換する; 感想を述べ合う: We *compared* ～*s* (*with* each other) *on* our

English teachers. 私たちの英語教師について(互いに)意見を交換した.

hít the ríght [wróng] nóte =strike the right [wrong] NOTE 成句.

màke a méntal nóte (1) 〔…を〕銘記する, 〔…に〕注意して覚える《*of*》. (2) 忘れがたく…が心がける: He *made a mental ~ to* ask his boss what was wrong. 彼はあとで忘れずに上司に何がいけないのか尋ねてみようと思った.

nóte of hánd 〖商〗約束手形 (promissory note).

sóund [stríke] a nóte of... …を表明する, 唱える: The article *sounded a ~ of* warning about the dangers of rearmament. その記事は再軍備の危険を戒める警告を表明していた.

stríke [sóund] a ∴ nóte [note の前に形容詞をつけて] …の調子である; *strike* [*sound*] *a false ~* 不調子に思える; 見当はずれのことを言う[する] / I was hailed by a voice that *struck* a familiar *~*. 聞き覚えのある声で呼び止められた.

stríke the ríght [wróng] nóte 適切な[不適切な]ことを言う[する].

―― 動 ❶ 〈…を〉書き留める: The students ~d down every word their professor said. 学生たちは教授の言った一語一語を書き留めた. ❷ 〈…に〉注意して心に留める; 特に言及する, 〈…を〉特筆する: N~ what I say. 私の言うことをよく聞いてください / The report ~s an alarming increase in AIDS. その報告はエイズの驚くべき増加を特筆している / 〔+*that*〕N~ *that* the homework must be finished within a week. 宿題は1週間以内に終えなければならないことを忘れないように / 〔+*wh*.〕In the newspaper there isn't ~d *why* this is important. 新聞はなぜこれが重要なのかを特に言及していない / N~ carefully *what* she does. 彼女が何をするかよく注意してください. ❸ 〈…に〉気づく, 〈…を〉認める 〖比較〗notice のほうが口語的): She ~d a change in her behavior. 彼女は彼の態度に変化があることに気づいた / 〔+目+*doing*〕He ~d a numbness creep*ing* into his fingers. 彼は指にしびれが指にくるのに気がついた / 〔+(*that*)〕I ~d *that* there was blood on his clothes. 彼の衣服に血がついていることに気づいた.

〖F<L *nota* しるし〗

***nóte·bòok** /nóʊtbʊ̀k/ 图 ❶ ノート, 筆記帳; 手帳. ❷ (また **nótebook compùter**) ノートブック型パソコン, 小型ラップトップパソコン.

nóte·càrd 图(図柄入りの)二つ折りメッセージカード.

nóte·càse 图〖英〗札入れ ((米) billfold).

nóte clùster 图〖楽〗密集音群[音塊]《ある程度内の多量の音を同時に出す音響》.

***nót·ed** /nóʊtɪd/ 形 (more ~; most ~) 有名な, 著名な: a ~ pianist 有名なピアニスト / Mt. Fuji is ~ *for* its beautiful shape. 富士山はその秀麗な山容で有名である / She's ~ *as* a politician. 彼女は政治家として有名だ. **~·ly** 副 **~·ness** 图 〖類義語〗⇨ famous.

nóte·less 形 ❶ 平凡な, 無名の, 目立たない. ❷ 音調の悪い, 音楽的でない.

note·let /nóʊtlət/ 图〖英〗=notecard.

nóte·pàd 图 はぎ取り式ノート[メモ帳].

nóte·pàper 图〖便箋(%)〗.

nóte·wòrthy 形 注目すべき, 顕著な, 著しい (notable). **-wor·thi·ness** 图

nót-for-prófit 形〖米〗非営利的な.

***noth·ing** /nʌ́θɪŋ/ 代 〖単数扱い〗❶ 何も…ない[しない]: N~ worth doing is easy. やりがいのある事に容易なものはない / 〖形範〗形容詞を後に置く〗I can think of ~ more pleasant. これ以上愉快なことは考えられない / There's ~ to do. することは何もない(退屈だ) / 〖比較〗There is*n't* any*thing* to do. と意味が弱い; また There's nothing to be done. は〔(手を加えて)直しようがない」の意) / N~ matters. 何もかも意味がない〖用法〗Any*thing doesn't* matter. ≠ Not anything matters. い / N~ is sweeter than the smell of a rose. バラの香りほどよい香りのものはない〖変換〗There is ~ as sweet *as* the smell of a rose., The smell of a rose is sweeter than any other thing., The smell of a rose is the sweetest of all. などと書き換え可能) / I have heard ~ from him yet. 彼からまだ何の連絡もない / You will get ~ by breaking the rules. 規則を破っても得るものは何もない / It's ~. (そんなもの[こと]は)なんでもない: お安い御用だ〖★しばしばお礼の言葉に対して用いられる〗 / N~ ventured, ~ gained. ⇨ venture 動 3. ❷ [~ *of*で] 少しも…ない: He has ~ *of* the statesman in him. 彼には政治家の素質はまったくない.

be nóthing to... (1) …には何でもない, 無関係である: She's ~ *to* me. 彼女は私とは無関係だ; 彼女のことなど何とも思っていない. (2) …とは比べものにならない: Your suffering is ~ *to* hers. 君の苦労など彼女の(苦労)とは比べれば何でもない. (3) ⇨ **There is NOTHING to...** 成句.

be nóthing to dó with... =have NOTHING to do with... 成句.

dò nóthing but dó... ⇨ **but** 前 成句.

for nóthing (1) 無料で, ただで (free): expect something *for* ~ ただで何かを手に入れようと安易に期待する / I got this *for* ~. これをただで手に入れた. (2) 理由もなく, いわれなく: cry *for* ~ (at all)=cry (all) *for* ~ わけもなく泣く. (3) 〖否定文で〗むだに, いたずらに: "Her French is very good." "Yes; it is [was] *not for* ~ that she spent all those years studying." 「彼女のフランス語はとても上手ですね」「ええ, だてにあれだけ何年も勉強したわけじゃないってことです」

góod for nóthing 何の役にも立たない.

hàve nóthing ón ⇨ **HAVE**[1] **on** 成句 (1) (2).

hàve nóthing on... ⇨ **have**[1] 成句.

hàve nóthing to dò but [excèpt] dó …する以外やることがない: The children *have* ~ *to do but* watch TV. その子供たちはテレビを見る以外やることがなかった.

hàve nóthing to dó with... ⇨ **do**[1] 動 成句.

in nóthing flát あっという間に, たちまち, すぐに.

lìke nóthing (élse) on éarth この上もなく変で; ひどくみじめで(など): I feel *like* ~ *on earth*. とても変な気分だ.

màke nóthing of... (1) [can [could] を伴って] …を理解できない: I *can make* ~ *of* what you say. 君の言うことが(まるで)わからない. (2) …を何とも思わない: He *makes* ~ *of* his sickness. 彼は病気を何とも思っていない. (3) 平気で〈…〉する: She *makes* ~ *of* walking 10 miles a day. 彼女は一日に10マイル歩くことを何とも思わない. (4) [can [could] を伴って] …を利用できない: He *can make* ~ *of* his talents. 彼は自分の才能を発揮できない.

nóthing but... ただ…のみ, …にほかならない: It's ~ *but* a joke. それはほんの冗談だ; 〖口〗それは何の価値もない / I think of ~ *but* your return. 私はあなたが帰ってくることばかりを思っている.

nóthing dóing 〖口〗(1) [Nothing doing! で] だめだ, まっぴらだ 〖★拒絶する時にいう〗: "I insist that you come with me." "*N~ doing!* I've got plans of my own."「ぜひぼくと一緒に来てほしい」「だめだ, 予定があるんだ」. (2) 許可されない: I was all ready for a nice vacation, but no, ~ *doing*, the airlines have to go on strike. すてきな休暇を過ごそうと準備万端整えていたのに, ああ残念, 航空会社がストなんかに入ってしまうなんて. (3) [there is のあとで] むだである, うまくいかない, だめだ, だめだ.

nóthing (élse) for it but to dó …する以外不可能で: There was ~ *for it but to* go over the fence. 垣根を越えるしか方法はなかった.

nóthing élse than [but]... =NOTHING but... 成句.

nóthing(,) if nòt (1) 〖形容詞の前で〗この上もなく, 非常に: She's ~ *if not* cautious. 彼女は用心深い一方だ. (2) 〖名詞の前で〗まったくの, 典型的の: They're ~ *if not* professionals. 彼らは典型的なプロだ.

nóthing léss than... ⇨ **less** 副 成句.

nóthing móre than... ⇨ **more** 副 成句.

nóthing múch たいしたことはない; 非常に少ない.

nóthing of the kínd [sórt] (1) 〖予想などとは〗まったく違

う人[もの]. (2) [Nothing…! で] [相手に対する返答として] 少しもそんなことはない, とんでもない. (3) [nothing を強調して] そんなものは何も…ない: "You have ruined my life." "Nonsense; I have done ~ *of the sort*. I have simply pointed out what you know already." 「君が私の人生を台なしにしたんだ」「ばかな, 私はそんなことは絶対にしてない. 私はただ君がすでに知っていることを指摘したまでだ」

nóthing óther than… =NOTHING but… [成句].

Thánks for nóthing. ⇨ thank [動] [成句].

There is nóthing for it (but to dó) (…するより)しかたない, ほかにしようがない: *There was* ~ *for it but to* obey. 従うよりほかしかたがなかった.

There is nóthing in… (1) …はまったくうそだ[真実がない]. (2) …は下らないことだ; 何の得にもならない. (3) …は容易なことだ, 造作ない.

There is nóthing lìke… 《口》 …に及ぶ(よい)ものはない.

There is nóthing to… (1) …することに苦労はない: Don't worry! *There's* ~ *to* it. 心配するな, 簡単だよ. (2) = There is NOTHING in… [成句] (1).

wànt nóthing to dó with ⇨ want [成句].

── [名] ❶ [U] 無, 空; 〘数〙 零: come to ~ 無に帰する, 何にもならない / You can't get something out of ~. 《諺》 無から有は[何も]生じない. ❷ [U] 〘数〙 **零**; 《米》 (競技の得点の)**ゼロ, 零点** (《英》 nil): We won the game 8 to ~ [8–0]. 我々は 8 対ゼロで試合に勝った. ❸ [C] **a** つまらない人[もの, 事]: a mere ~ ほんのつまらない事 / the little ~*s* of life この世のささいな事柄 / You'll end up as a ~. (もたもたしてると)つまらない人間で終わってしまうぞ. **b** [通例複数形で] つまらない言葉: whisper sweet ~*s* 恋[睦言(むつごと)]をささやく / murmur a few tactful ~*s* 如才なく当たり障りのないことをつぶやく.

nó nóthing [否定語を並べたあとで] 《口》 まったくない: There is no bread, no butter, no cheese…*no* ~. パンもバターもチーズも…何もかもない.

── [副] ❶ **少しも[決して]…しない**: ~ daunted 少しもひるまず / ~ loath いやどころか, 喜んで / care ~ about…に少しもかまわない / That's ~ short of murder. それはほとんど殺人にも等しい. ❷ [名詞・形容詞のあとに置いてそれを強く否定して] 《口》 …でも何でもない, …だなんてとんでもない: "Is it gold?" "Gold ~; it's plastic!" 「それは金かね」「とんでもない, プラスチックさ」.

nóthing lìke ⇨ like[1] [前] [成句].

〖OE (NO+THING)〗

nóth·ing·ness [名] ❶ [U] 無, 空, 非実在: pass into ~ 消滅する. ❷ [U] 空虚; [U,C] 無価値[意味](なもの). ❸ [U] 人事不省; 死.

‡**no·tice** /nóutɪs/ [名] ❶ **a** [U] **通知, 通報**; 告知: give ~ of…の通知をする / have [receive] ~ of…の通知を受ける / until [till] further ~ 追って通知があるまで / 〔+*that*〕 The letter gave ~ *that* my contract had been terminated. 手紙は私の契約がすでに切れていることを告げていた. **b** [C] 通知書, 告知書: an obituary ~ 死亡告知. ❷ [C] **掲示, はり札**, びら: put up [post] a ~ 掲示を出す / The ~ says, "Beware of pickpockets." 掲示には「すりに注意」と書いてある. ❸ [U] (解雇・解約・退職などの)**予告, 警告**: give a week's ~ 1 週間前に解雇[退職]の通知をする / give [hand] in one's ~ 辞表を出す, 辞意を申し出る / at [on] ten days' [a month's] ~ 10 日[1 か月]の予告で / without (previous) ~ 予告なしに / 〔+*to* do〕 We were given ~ *to* move out. 立ち退きの予告を受けた / He's under ~ (*to* leave). 彼は暇を取ることになっている / 〔+*that*〕 She gave us ~ *that* she would leave on Monday. 彼女は月曜にやめさせてもらいたいと我々に申し出た. ❹ [U] **注意, 注目**: Her odd behavior drew ~ to her presence. 彼女の奇妙なふるまいが彼女の存在に注意を引いた / Her performance in the play has brought her into public ~. その劇での彼女の演技は世人の注目を引いた / It has come to [has not escaped] my ~ that you have arrived late every day this week. あなたが今週は毎日遅刻したことが私の目についた / 〔+*that*〕 Please take ~ *that* your manuscript must be in our hands by January 30. 玉稿を 1 月 30 日までに必ずお送りくださるようご留意願います. ❺ [U] 厚遇, 引き立て, 丁重: I commend her to your ~. 彼女をお見知りおきください. ❻ [C] [通例複数形で] (新聞などの新刊紹介や劇・映画などの) 批評, 短評 (review): The new film got good ~*s*. 新作の映画は好評を得た.

at a móment's nótice すぐに, 即座に.

at shórt nótice 急に, すぐさま: I can't give you an answer *at short* ~. すぐには回答できません.

sìt úp and tàke nótice ⇨ sit [成句].

tàke nótice of…に注意する, 気づく 《★ 受身可》: *Take* no [Don't *take* any] ~ *of* what he says. 彼の言うことなど気に留めないほうがよい / I want to be *taken* ~ *of* occasionally. たまには私も注目されたいものだ / His advice was *taken* little ~ *of*.=Little ~ was *taken of* his advice.=Little ~ *of* his advice was *taken*. 彼の忠告はほとんど注目されなかった.

── [動] [通例進行形なし] [他] ❶ 〈…に〉**気がつく**, 〈…を〉認める; 〈…に〉注目する: She immediately ~*d* a big difference. 彼女はすぐに大きな違いのあるのに気がついた / I sometimes want to get myself ~*d*. 時には注目されたいと思う / 〔+(*that*)〕 When he took off his hat, I ~*d* *that* he was completely bald. 彼が帽子を脱いだ時つるつるにはげているのに気がついた / 〔+*wh.*〕 I didn't ~ *whether* she was there or not. 彼女がそこにいたかどうか気がつかなかった / 〔+目+*doing*〕 I ~*d* a strange man prowl*ing* around. 見知らぬ男がそのあたりをうろうろしているのに気がついた / 〔+目+[原形]〕 Did you ~ anyone go past? だれか通り過ぎるのに気がつきましたか. ❷ **a** 〈…に〉言及する, 〈…を〉指摘する: He began his talk by *noticing* the present situation. 彼は現状のことにふれて講演を始めた. **b** 〈書物・劇・映画などを〉(新聞などで)批評する: The book was favorably ~*d* in literary magazines. その本は文芸雑誌で好評を博した. ── [自] 気をつける, 注意している, 気がつく: "Was she there?" "I didn't ~." 「彼女はいましたか」「気がつかなかったね」.

〖F < L=knowledge, fame < *noscere*, *not-* to know〗

***no·tice·a·ble** /nóutɪsəbl/ [形] **人目を引く, 顕著な**; 注目に値する: 〔+*that*〕 It was ~ *that* she was pregnant. 彼女が妊娠しているということは明らかだった. **-bly** /-səbli/ [副] 目立って; 著しく.

nótice bòard [名] 《英》 掲示板, 告示板, 立て札 (《米》 bulletin board).

no·ti·fi·a·ble /nóuṭəfàɪəbl | ⌐ ─ ─ ─/ [形] 〈病気が〉届け出るべき, 届け出義務のある.

+**no·ti·fi·ca·tion** /nòuṭəfɪkéɪʃən/ [名] [U,C] (正式な)通知(書), 告示(書); 届け(書).

+**no·ti·fy** /nóuṭəfàɪ/ [動] [他] ❶ 〈人に〉(正式に)通知する, 届け出る, 知らせる: If you have any complaints, please ~ the manager. ご不満な点がございましたら, どうぞ支配人にお申し出ください / The President was *notified of* these events. 大統領はこれらの事件を知らされ(てい)た / We have been *notified that* there will be an interview next Monday. 我々は来週の月曜に面接があると通知された. ❷ 《英》 〈…を〉発表する, 公示する. 〖F < L; ⇨ notice〗 【類義語】 ⇨ inform.

nót-invènted-hére sỳndrome [名] [U] 「ここで作られたのではない」症候群 《会社の他部署で開発された製品・アイディアを会社全体の利益を考えて採り入れるよりもむしろ先を越されたとして脅威に感じる態度》.

***no·tion** /nóuʃən/ [名] ❶ **観念, 考え**, 意見: the old ~ *of* men as knights in armor 男性が鎧(よろい)をつけた騎士であるという古い観念 / That's your ~, not mine. それは君の考えでぼくのではない / 〔+*that*〕 She has a strange ~ *that* there will be an earthquake here before long. 彼女は当地に近いうちに地震があるという妙な考えを抱いている / 〔+*wh.*〕 I have no ~ *why* she said that. なぜ彼女がそう言ったか全然わからない. ❷ ばかげた考え, 気まぐれ; 意向: a head full of ~*s* ばかげた考えのいっぱい詰まった頭 / 〔+*to* do〕 She took [had] a sudden ~ *to* go abroad. 彼女は突然海外へ行ってみたくなった / I have no ~ *of* doing that. そんなことをするつもりはまったくありません. ❸ [複数形で]《米》小間物《ボタン・針・リボンなど》. 【L; ⇨ notice】(名) idea.

no·tion·al /nóuʃ(ə)nəl/ 形 ❶ 観念的な, 概念的な. ❷ **a** 抽象的な, 純理的な. **b** 想像的な, 非現実的な. ❸ 《米》気まぐれな. ❹ 《文法》概念を表わす; 概念語の; 意味上の. ～·ly ‐nəli 副 (名) notion.

no·to·chord /nóutəkɔ̀ːd | -kɔ̀ːd/ 名 (動) (原索動物・脊椎動物の)脊索.

†**no·to·ri·e·ty** /nòutəráɪəṭi/ 名 ❶ Ⓤ (通例悪い意味の)評判, 有名, 悪名, 悪評 (cf. fame 1): gain [acquire, 《英》achieve] ～ as a cruel man [for one's cruelty] 残酷な人として[残酷さのために]悪名を得る. ❷ Ⓒ 《英》悪名の高い人. 【L＜】(形) notorious).

*†**no·to·ri·ous** /noutɔ́ːriəs/ 形 (more ～; most ～) (通例悪い意味で)《人・行動・場所などで》有名な, 悪名高い, 名うての: a ～ liar 名うてのうそつき / a ～ scoundrel 札つきの悪党 / The region is ～ for malaria. その地方はマラリアで悪名高い / He was ～ as a liar. 彼はうそつきで評判だった. ～·ly 副 悪名高く; 悪評があるように[とおり]. ～·ness 【L notorius well-known＜notus known; cf. notice】(名) notoriety) 【類義語】⇒ famous.

no·tor·nis /noutɔ́ːnəs /nɔ́t-/ 名 (複) ～) [鳥] ノトルニス《飛力のないクイナ科の近年絶滅した鳥; ニュージーランド産》.

No·tre Dame /nòutrədáːm | -trə-/ 名 ❶ 聖母マリア. ❷ (特に Paris の)ノートルダム大聖堂. 【F=Our Lady】

nó-trúmp /トランプ/ 形 《ブリッジで》切り札なしの勝負, 手》の, ノートラの. — 名 (複 ～, ～s) 切り札なし[ノートラ]の宣言[勝負, 手], ノートラ.

Not·ting·ham /nɑ́tɪŋəm /nɔ́t-/ 名 ノッティンガム《イングランド北中部 Nottinghamshire の州都》.

Nóttingham láce 名 Ⓤ ノッティンガムレース《機械編みの平たいレース》.

Not·ting·ham·shire /nɑ́tɪŋəmʃə | nɔ́tɪŋəmʃə/ 名 ノッティンガムシャー州《イングランド北中部の州; 州都 Nottingham; 略 Notts. /nɑ́ts | nɔ́ts/》.

Nót·ting Híll /nɑ́tɪŋ- | nɔ́t-/ 名 ノッティングヒル《London の Kensington Gardens の西北の地区で, 西インド諸島などからの移民の多い住宅地域; 毎年8月にストリートカーニバルが催される》.

†**not·with·stand·ing** /nàtwɪθstǽndɪŋ, -wɪð- | nɔ̀t-ˈ-/ 前 ...にもかかわらず 【用法】時に(代)名詞のあとに置かれることがある; 形式ばった語: his disapproval ～ 彼の不賛成にもかかわらず. — 副 それにもかかわらず (however, nevertheless): N～, he must be prosecuted. それでもなお彼は起訴されなければならない. — 接 [通例 that を伴って]...だけれど.

Nouak·chott /-ˈ-ˈ-/ 名 ヌアクショット《モーリタニア南西部, 大西洋岸の近くにある市・首都》.

nou·gat /núːgət, -gɑː | -gɑː/ 名 Ⓤ,Ⓒ ヌガー《糖菓》: a piece of ～ ヌガー1個.

nou·ga·tine /nùːgətíːn/ 名 Ⓤ ヌガーティーン《ヌガーを芯にしたチョコレート》.

†**nought** /nɔ́ːt/ 名 ❶ Ⓒ 《英》ゼロ, 零 (zero, 《米》naught): ～ point five 0.5 / point ～ five .05 / A thousand is 1 followed by three ～s. 1000 は 1 に 0 が3つつく. ❷ Ⓤ 《文·古》無: come to ～ 無になってしまう, だめになる. **nóughts and crósses** Ⓤ 《英》三目並べ《《米》ticktacktoe》《○×を五目並べするように3つ続くように並べさせる児童の遊戯》. 【OE nā no+ōwiht anything, aught】

nou·me·non /núːmənɑ̀n | -nən/ 名 (複 -na /-nə, -nà:/) [哲] 本体, 理体《現象の根本をなす実体, 物自体; ↔ phenomenon》. **nóu·me·nal** -n(ə)l/ 形.

*†**noun** /náun/ 《文法》名 名詞《★ この辞書では 名 の記号を用いている》. — 形 名詞の, 名詞用法の: a ～ phrase [clause, group] 名詞句[節, 群] / usage of ～ 名詞の用法. 【F＜L nomen name】

†**nour·ish** /nə́ːrɪʃ /nʌ́rɪʃ/ 動 ❶ **a** ⟨...を⟩養う, ⟨...に⟩滋養物を与える: a well [an under]-nourished child 栄養のよい[不足している]子供 / The baby was ～ed on goat's milk. 赤ん坊はヤギの乳で養われた. **b** ⟨土地に⟩肥料をやる. **c** ⟨芸術などを⟩奨励する, 育成[助成]する. ❷ ⟨人が⟩⟨望み・怒り・恨みなどを⟩抱く. 【F＜L; ⇨ nurse】(名) nourishment)

nóur·ish·ing 形 滋養になる, 滋養分の多い (nutritious).

†**nóur·ish·ment** /-mənt/ 名 Ⓤ ❶ **a** 滋養物, 栄養, 食物. **b** 精神的な糧⟨ᵏᵃᵗᵉ⟩. **c** 栄養状態. ❷ 助成, 育成.

nous /núːs | náus/ 名 ❶ Ⓤ 《英口》常識, 知恵 (common sense): have the ～ to do ...するだけの常識がある. ❷ 名 精神, 理性.

nou·veau /nuːvóu | -ˈ-/ 形 新しく出現[発達]した.

nou·veau riche /núːvuːríːʃ/ 名 (複 **nou·veaux riches** /-ˈ-/) にわか成金. — 形 にわか成金の. 【F=new rich (person)】

nou·véau ro·mán /-rouːmɑ́ːn/ 名 Ⓤ ヌーボーロマン《特に 1960 年代フランスの前衛的な小説》.

nou·velle /nuːvél/ 形 nouvelle cuisine の.

nou·velle cui·sine /nuːvélkwɪzíːn/ 名 Ⓤ ヌーベルキュイジーヌ, 新しい料理《味つけを軽めにし, 新鮮な素材の味を生かし, 美的に盛りつけることを特徴とするフランス料理》. 【F=new cuisine】

nou·velle vague /núːvelvɑ́ːg/ 名 (複 **nou·velles vagues** /-ˈ-/) ヌーベルバーグ《1960 年代のフランスに起こった映画などの前衛的傾向》. 【F=new wave】

Nov., 略 November.

no·va /nóuvə/ 名 (複 ～s, **-vae** /-viː/) [天] 新星《急激に数千[万]倍も明るさを増し, 次第に薄れてもとの明るさに戻る変光星》. 【L nova (stella) new (star)】

no·vac·u·lite /nouvǽkjulàɪt/ 名 岩石 ノバキュライト《硬い白色の珪質砂岩; 砥石用》.

No·va Sco·tia /nóuvəskóuʃə/ 名 ノバスコシア州《カナダ東部の半島および州; 州都 Halifax; 略 NS》. 【L=New Scotland】

*†**nov·el**¹ /nɑ́v(ə)l | nɔ́v-/ 形 (よい意味で)新しい, 新奇な, 奇抜な. 【F＜L novellus (指小辞)＜novus new】 (名 novelty) 【類義語】⇒ new.

*†**nov·el**² /nɑ́v(ə)l | nɔ́v-/ 名 (長編)小説《関連 短編小説は short story: a historical [popular] ～ 歴史[大衆]小説. 【It novella new things (↑)】【類義語】⇨ fiction.

nov·el·ette /nɑ̀vəlét | nɔ̀v-/ 名 中編小説; (感傷的)三文小説.

nov·el·et·tish /nɑ̀vəléṭɪʃ | nɔ̀v-ˈ-/ 形 中編小説風な, (特に)感傷的な, お涙頂戴式の.

*†**nov·el·ist** /nɑ́vəlɪst | nɔ́v-/ 名 小説家.

nov·el·is·tic /nɑ̀vəlístɪk | nɔ̀v-ˈ-/ 形 ❶ 小説の. ❷ 小説的な, 小説によくある.

nov·el·ize /nɑ́vəlàɪz | nɔ́v-/ 動 ⟨映画などを⟩小説化する.

no·vel·la /nouvélə/ 名 (複 ～s, **-le** /-liː/) ❶ 中編小説. ❷ 小品物語. 【It=NOVEL²】

*†**nov·el·ty** /nɑ́v(ə)lti | nɔ́v-/ 名 ❶ Ⓤ 珍しさ, 目新しさ: The ～ will soon wear off. 目新しさなんてすぐに消えていくものだ. ❷ **a** Ⓒ 新しい[珍しい]物[事, 経験]. **b** [複数形で] (おもちゃ・装飾品などで)目先の変わった小物の商品. (形 novel¹)

*‡**No·vem·ber** /nouvémbə, nə- | -bə/ 名 11月《略 Nov.; 用法は ⇒ January》. 【L=9 番目の月; ローマ暦で一年は今の 3 月から始まったことから》

no·ve·na /nouvíːnə/ 名 (カ) (連続)9 日間の祈り.

Nov·go·rod /nɑ́vgərəd | nóvgərəd/ 名 ノブゴロド《ヨーロッパロシア西部の市で, ロシア最古の都市の一つ》.

*†**nov·ice** /nɑ́vɪs | nɔ́v-/ 名 ❶ **a** 初心者; 未熟者 (↔ veteran) ⟨at, in⟩: a political ～ 駆け出しの政治家 / a ～ at skating スケートの初心者. **b** (主要レースの)未勝利馬. ❷ **a** 修練士[女] 《修道誓願を立てていない修練中の人》. **b** 新信者. ❸ Ⓐ 新参の, 駆け出しの: a ～ cook [reporter] 駆け出しのコック[新聞記者]. 【F＜L novus new】

no·vi·tiate, no·vi·ciate /nouvíʃ(i)ət, -ʃièɪt/ 名 Ⓤ

見習い[修練]期間.

No·vo·cain /nóʊvəkèɪn/ 名 U 《商標》ノボカイン《塩酸プロカイン製剤; 局所麻酔薬》.

no·vo·caine /nóʊvəkèɪn/ 名 《薬》=procaine.

***now** /náʊ/ 副 (比較なし) **A ❶** [現在時制の動詞とともに] **a** 今, 現在, 今では[もう], 目下の事情では: any day ~ (今ではもう)いつの日でも, いつ何時 / He's busy (just) ~. 彼はいま今(ちょうど)忙しい / It's over ~. もう済んだ / It's ten years ~ since I met her last. この前彼女に会って以来もう(今では)10年になる (cf. 2). **b** 今すぐに, 直ちに: Do it right ~. 今すぐにやりなさい / You must post the letter ~. その手紙をすぐ投函しなければならない. **❷** [現在完了時制とともに] 今ではもう[すでに]: I have lived here twenty years ~. 今ではもうここに 20 年も住んでいます. **❸** [過去時制の動詞とともに] **a** [通例 just [only] ~ で] たった今, 今しがた (cf. 1a): She was here *just* ~. 彼女は今しがたここにいました《用法 She has been here just now. は誤り》. **b** [物語の中で] 今や, そのとき, それから, 次に: He was ~ a national hero. 彼は今や国民的英雄であった. **❹** [now...now... で相関的に]《文》時には...また時には...: It was ~ hot, ~ cold. 時には暑く, また時には寒かった.

—— **B ❶** [接続詞的に, 話題を変える時などに文頭で用いて] さて, ところで, では: N~(,) listen to me. さて話があるんだがね. **❷** [間投詞的に, 命令・要求・慰め・威嚇などを表わして] そら, さあ, まあ, おい: N~ really!=Really ~! へえ, まさか / You don't mean it, ~. まさか本気で言うのじゃないだろうな / There ~, don't worry. さあもう心配しないで / No nonsense ~! もうくだらないことを言うでない.

cóme nòw (1) [人を誘い促す時に用いて] さあさあ, これ: *Come* ~, we must start. さあ出発しなければならん. (2) [驚き・非難などを表わして] これ, まあ, これこれ: Oh, *come* ~! まあまあ.

(èvery) nów and thén [**agáin**] 時々 (occasionally): He still gave a shiver ~ *and then*. 彼はまだ時々震えていた / N~ *and then* we could see the lake through the trees. 時々木の間から湖が見えた.

(It's) nów or néver! 今こそ好機!《逸すべからず》.

nów for... さて次は...を取り上げる: N~ *for* today's main topic. さて次はきょうのいちばん重要な話題をお伝えしましょう.

Nów, nów [親しみをもって抗議・注意・慰めなどをする時に用いて] これこれ, まあまあ: N~, ~, don't be in such a hurry. まあまあそんなに急ぐんじゃない.

Nów thèn (1) それでは: N~ *then*, who's next? それでは次はだれですか. (2) =Now, now《成句》.

—— 接 [しばしば ~ that で] 今や...であるからには, ...である以上は: N~ (*that*) you are older, you must do it by yourself. もう大きくなったのだから 1 人でやらなくてはならない / N~ (*that*) I've come I may as well enjoy it. せっかく来たのだから楽しまなけりゃ.

—— 名 通例 今, 目下, 現在《用法 例用前置詞の後に用いる》: N~ is the time for action! 今こそ行動の時だ / by ~ 今ごろはもう / as of ~ 現在の(時点では) / till [until, up to] ~ 今までのところ / From ~ on [onward] the store will open at seven o'clock and close at eleven. 本日より当店は 7 時開店, 11 時閉店となります.

for nów 今のところ, さしあたり: Good-bye *for* ~. 今はこれでさようなら(します).

—— 形 A (比較なし) **❶** (口) 現在の, 今の: the ~ government [leader] 今の政府[指導者]. **❷** (口) 最新流行の, ナウな: a member of the ~ crowd 流行の人たちの一人 / the ~ look 流行のスタイル[風貌].

NOW /náʊ/ 《略》《米》National Organization for Women.

NOW accòunt /náʊ-/ 名 CU NOW 勘定, ナウアカウント《米国の当座預金口座の一型で, 小切手が振り出せ, 利子も付くもの》.《negotiable order of withdrawal 譲渡可能支払指示書》

***now·a·days** /náʊədèɪz/ 副 [現在(進行)形の動詞と用いて] 現今では, このごろは (these days): Everything is going up ~. 当節は何でも値上がりする一方だ / Students ~ don't work hard. このごろの学生は一生懸命勉強しない. —— 名 U 現今, 現代: the youth of ~ このごろの青年.

nó·way /-wèɪ/ 副 《口》少しも[決して]...しない (cf. no WAY¹ 成句).

nó·wàys 副 =noway.

***no·where** /nóʊ(h)wèə | -wèə/ 副 どこにも...ない: N~ could I find my passport. =My passport was ~ to be found. 私のパスポートはどこにも見当たらなかった / In the last few years I've gone ~ at all. ここ数年間どこへも行ったことはない. **be** [**còme** (**in**)] **from** ~ (口) (競技・競争で)等外になる. —— 名 U **❶** どの場所も...ない: There is ~ else to go. ほかには行く[行きたい]ところはない. **❷ a** どことも知れぬ所: He came *from* ~. 彼はどこからともなくやってきた. **b** 名もない状態, 無名: come from [out of] ~ 無名から頭角をあらわす. **in the míddle of nó·where**=**míles from nówhere** 人里離れた.

nó-wín 形 A 勝ち目のない: be in a ~ situation 勝ち目のない[八方ふさがりの]状況にある.

nó·wise 副 《古》全く...ない.

nów·ness 名 U 現在性.

nowt /náʊt/ 代 《英方》=nothing.

NOₓ /náks | nɔ́ks/ 名 =nitrogen oxide(s).

nox·ious /nákʃəs | nɔ́k-/ 形 **❶** 有害[有毒]な: ~ chemicals [fumes] 有害な化学物質[ガス]. **❷** (非常に)不快な, いやな (nasty). ～**·ly** 副 ～**·ness** 名

no·yau /nwaɪóʊ/ /-/ 名 UC 《複 ~**yaux** /~z/》ノアヨー《ブランデーにモモやアンズの種の仁で味をつけたリキュール》.

†**noz·zle** /názl | nɔ́zl/ 名 **❶ a** ノズル, 筒口, 先口, 管先; (ガスタービン・ロケットエンジンなどの)噴出口[管]. **b** (ティーポットなどの)口. **❷** 《俗》鼻 (nose). 【NOSE+-LE 1】

Np (記号) 《化》neptunium. **NP** (略) notary public; noun phrase. **n.p.**, **NP** new paragraph. **NPO** (略) nonprofit organization. **NPR** (略) 《米》National Public Radio《全米の非営利ラジオ放送局で番組の提供や技術支援などを行なう組織》. **NPT** (略) nonproliferation treaty. **NPV** (略) 《会計》net present value 正味現在価値, 正味現価. **NR** (略) 《米映》not rated 未評価《映画, ビデオなど Motion Picture Association of America が正式な評価を与えていないことを示し, 18 歳未満は視聴できない》. **nr.**, **nr** (略) near; number. **NRA** (略) 《米》National Rifle Association. **NRC** (略) 《米》Nuclear Regulatory Commission. **NRSV** (略) 《聖》New Revised Standard Version 新改訂標準訳聖書. **ns** (記号) nanosecond. **NS** (略) New Style; Nova Scotia. **n/s** (略) nonsmoker, nonsmoking《個人広告などで用い》. **NSA** (略) 《米》National Security Agency 国家安全保障局. **NSAID**, **Nsaid** /énsèd, -sèɪd/ 名 形 非ステロイド性抗炎症薬. 《*n*onsteroidal *a*nti-*i*nflammatory *d*rug》 **NSB** (略) 《英》National Savings Bank 国民貯蓄銀行. **NSC** (略) 《米》National Security Council. **nsec** (記号) nanosecond. **NSF** (略) 《米》National Science Foundation 米国[全米]科学財団. **NSPCC** (略) National Society for the Prevention of Cruelty to Children 英国児童愛護会. **NSU** (略) 《医》nonspecific urethritis. **NSW** (略) New South Wales. **NT** (略) 《英》National Trust; New Testament (cf. OT); Northern Territory; Northwest Territories; 《トランプ》no trump(s).

***-n't** /nt/ 副 not の短縮形: couldn't, didn't.

NTB (略) nontariff barrier.

nth /énθ/ 形 **❶** 《数》n 番目の; n 乗の: the ~ root of b b の n 乗根. **❷** (口) 何番[度]目かわからないほどの: She smoked her ~ cigarette. 彼女は何本目かわからないほどのたばこをまた吸った. **to the nth degrèe** [**pówer**] (1) (口) 無限に; どこまでも, 極度に. (2) 《数》n 次[乗]まで.

Nth (略) North. **NTP** (略) Normal temperature and pressure 常温正常気圧. **NTSC** (略) 《米》National Television System Committee《テレビ・ビデオなどの規格を定める団体》.

n-tu·ple /ˈɛnt(j)uː/ | -tjuː-/ 【数】 n 項組.

nt.wt. 《略》net weight.

ń-type /ˈɛn-/ 形 【電子工】《半導体・電気伝導体の》n 型の《電気伝導主体[多数キャリヤー]が電子の; cf. p-type》.

nu /n(j)uː | njúː/ 名 ﾆｭｰ《ギリシア語アルファベットの第 13 字 N, ν; 英語の N, n に当たる; ⇒ Greek alphabet 表》.

nu·ance /ˈn(j)uː.ɑːns, —ˊ— | njúː.ɑːns, —ˊ—/ 名 色・音・調子・意味・感情などの微妙な差違, ニュアンス, 陰影; 微妙な色合い: various ~s of meaning 意味のいろいろなニュアンス / emotional ~s = ~s of emotion 感情の陰影 / a fine [subtle] ~ 細かい[微妙な]ニュアンス. 《F》

nub /nʌb/ 名 ❶ [the ~] 要点, 核心: the ~ of the matter 問題の核心. ❷ C 小さなかたまり.

nub·bin /nʌbɪn/ 名 ❶ (鉛筆などの)使い残し, はしくれ. ❷ (トウモロコシの)できそこないの小さい穂.

nub·bly /nʌbli/ 形 = nubby.

nub·by /nʌbi/ 形 こぶのある, 小塊状の;《生地が》節玉がある.

Nu·bi·a /n(j)úːbiə | njúː-/ 名 ヌビア《エジプト南部からスーダン北部に至る Nile 川流域の砂漠地方》.

Nu·bi·an /n(j)úːbiən | njúː-/ 形 ヌビア(人, 語)の. — 名 ❶ a C ヌビア人. b U ヌビア語. ❷ C ヌビアン種のヤギ, エジプトヤギ《アフリカ北部原産の大型乳用ヤギ》.

Núbian Désert 名 [the ~] ヌビア砂漠《アフリカスーダン北東部の砂漠》.

nu·bile /n(j)úː.b(ə)l | njúː.baɪl/ 形 ❶《女性が》《体が発達して》性的魅力のある. ❷《女性が》結婚適齢期の, 年ごろの.

nu·bil·i·ty /n(j)uː.bíləti | njuː-/ 名 U 婚期, 年ごろ.

nu·buck /n(j)úː.bʌk | njúː-/ 名 U ヌバック《肉面をこすってスエード様に短くけば立たせて仕上げた牛革》.

nu·chal /n(j)úː.k(ə)l | njúː-/ 形 【解】うなじ(部)の.

nu·cif·er·ous /n(j)uː.síf(ə)rəs, njuː-/ 形 【植】堅果をつける.

*****nu·cle·ar** /n(j)úː.kliə | njúː-/ 形 《比較なし》 原子核[力]の; 核兵器の[による], を保有する]: the ~ age 核時代 / a ~ bomb 核爆弾 / a ~ bomb shelter 核シェルター / ~ disarmament 核軍縮 / ~ fallout 放射性降下物, 死の灰 / ~ fuel 核燃料 / ~ nonproliferation 核拡散防止 / a ~ power station [plant] 原子力発電所 / a ~ reaction (原子)核反応 / a ~ test 核実験 / a ~ umbrella 核の傘 / a ~ war, ~ warfare 核戦争 / a ~ weapon 核兵器. gò núclear (1) 核保有国となる. (2) 原子力発電を採用する. — 名 ❶ 核兵器. ❷ 核保有国. 《~ nucleus》

núclear detérrence 名 U 核抑止.

núclear énergy 名 U 核エネルギー.

núclear fámily 【社】核家族《夫婦と子供だけの家族; ↔ extended family》.

núclear físsion 名 U 核分裂.

núclear fórce 名 【理】核力《核子間にはたらく強い近距離力》.

núclear-frée 形 A 核兵器や原子力の使用が禁止された; 核脅威のない: a ~ zone 非核武装地帯.

núclear fúsion 名 U 核融合.

núclear ísomer 名 【理】核異性体, 異性核《励起状態の違いにより半減期の異なる原子核》.

núclear magnétic résonance 名 【理】核磁気共鳴《略 NMR》.

núclear médicine 名 U 核医学.

núclear mémbrane 名 C,U 【生】核膜.

núclear phýsicist 名 原子[核]物理学者.

núclear phýsics 名 原子[核]物理学.

núclear pówer 名 ❶ U 原子力. ❷ C 核兵器保有国.

†**núclear reáctor** 名 原子炉.

Núclear Régulatory Commíssion 名 [the ~] 【米】原子力規制委員会.

núclear thréshold 名《戦争などで》核兵器使用に踏み切る[核戦争の勃発する]限界[臨界](点), 核兵器使用への敷居. — 形 潜在的核保有の, 核兵器の開発を行なっていると考えられる: a ~ state 潜在的核保有国.

1239 **nudge**

núclear wáste 名 U 核廃棄物.

núclear wínter 名 核の冬《核戦争によって大気に大量の煙とちりの層ができて太陽光線が地上に達せず, 気温が下し暗黒になるであろうと予想されている期間》.

nu·cle·ase /n(j)úː.klieɪs | njúː-/ 名 U,C 【生化】ヌクレアーゼ《核酸・ヌクレオチド・ヌクレオシドを分解する酵素》.

nu·cle·ate /n(j)úː.kliət | njúː-/ 形 核のある. — /-kliːeɪt/ 動 他 ...を核とする. — 自 核となる.

nu·cle·i 名 nucleus の複数形.

nu·clé·ic ácid /n(j)uː.klíː.ɪk- | njuː-/ U 【生化】核酸 (cf. DNA, RNA).

nu·cle·o- /n(j)úː.klioʊ | njúː-/ [連結形]「核」「核酸」.

nu·cle·o·lus /n(j)uː.klíː.ələs | njuː-/ 名 (@ -o·li /-laɪ/) 【生】核小体, 仁(に)《ほとんどの真核生物の細胞核内にある小球体》. **nu·clé·o·lar** /-lə | -lə/ 形

nu·cle·on /n(j)úː.klɪən | njúː.klɪɒn/ 名 【理】核子《陽子と中性子の総称》.

nu·cle·on·ics /n(j)úː.kliánɪks | njuː.klɪɒn-/ 名 U (原子)核工学.

nu·cle·o·phile /n(j)úː.kliəfaɪl | njúː-/ 名 【化】求核剤[試薬], 求核基[分子].

nu·cle·o·phil·ic /n(j)uː.kliəfílɪk | njuː-ˊ/ 形 【化】求核(性)の.

nùcleo·prótein 名 C,U 【生化】核たんぱく質《核酸とたんぱく質の複合体》.

nu·cle·o·side /n(j)úː.kliəsaɪd | njúː-/ 名 【化】ヌクレオシド《塩基と糖からなる, 核酸の単位》.

núcleoside ánalog(ue) 名 【薬】ヌクレオシド類似体《ウイルスの逆転写酵素を阻害する核酸誘導体系抗ウイルス薬; エイズ治療などに用いる》.

nùcleo·sýnthesis 名 U 【理】元素合成《星などで水素などの軽い原子核から元素が合成される過程》. **-synthétic** 形

nu·cle·o·tide /n(j)úː.kliətaɪd | njúː-/ 名 【生化】ヌクレオチド (nucleoside にリン酸が結合したもの).

†**nu·cle·us** /n(j)úː.klɪəs | njúː-/ 名 (@ **nu·cle·i** /-klìaɪ, ~-es/) ❶《ものの》核, 心(に), 中核, 核心, 中軸; 基点: form a ~ 核心[土台]になる. ❷ 【生】細胞核. ❸ 【理】原子核. 〖L=nut, kernel (指小辞)《nux, nuc- nut》 形 nuclear〗

nu·clide /n(j)úː.klaɪd | njúː-/ 名 【理】核種. **nu·clíd·ic** /n(j)uː.klídɪk | njuː-/ 形

nud·dy /nʌdi/ 名 ★次の成句で. **in the núddy**《英口・豪口》裸体で (cf. in the NUDE 成句).

†**nude** /n(j)uːd | njuːd/ 形 (**nud·er**; **nud·est**) ❶ a 衣類をつけていない, 裸の, 裸体の (naked): a ~ model ヌードのモデル / a ~ statue 裸像. b《比較なし》ヌードの人[ヌーディスト]の[用の, による]: a ~ beach [party] ヌードビーチ[パーティー] / a ~ scene (in a movie) ヌードシーン. ❷ おおいのない, 草木のない, 装飾[家具]のない. — 名 裸体の人; 裸(体)像, 裸体画, ヌード. **in the núde** 裸で: swim *in the* ~ 裸で泳ぐ. ~**·ly** 副 ~**·ness** 名 〖L *nudus* naked〗

†**nudge** /nʌdʒ/ 動 他 ❶ a《注意を引くためひじで》《人を》軽く突く[押す];《人の》《体の一部を軽く突く《*in, on*》《周囲体の部分を表わす名詞の前に the を用いる》: He ~*d* me *in the* ribs. 彼はそっと私のわき腹を突いた. b《...するように》《人を》そっと突く[押す]: She ~*d* me to shut up. 私を(ひじで)突いて黙るように合図した. ❷ [副詞(句)を伴って] a《人・ものを》《ひじで》軽く押して動かす: He ~*d* me *aside*. 彼は私を(ひじで)突きながら脇へ押しやった. b ~ one's way 《ひじで押しながら進む: We ~*d* our way through the crowd. 私たちは人込み(の中)をひじで押し分けながら進んだ. ❸ [通例級句で]《ある数量・レベル・年齢に》近づく (approach): The temperature is nudging 40°C. 温度は 40°C に近づいている. ❹ 何気なく促す, 念を押す: She ~*d* her staff to increase sales. 彼女は部下にいっそう売り上げを増やすよう促した. — 自 [副詞(句)を伴って] (ひじで)軽く突く[押す]. — 名 ひじでの軽いひと突き[押し]; 人を促すもの[こと]: give a person a ~ 人をひじでそっと突

〈. a núdge and a wínk=núdge núdge (wínk wínk)《英口》あれのこと《性的なことをほのめかす表現》. núdg·er 名

nud·ie /n(j)úːdi｜njúː-/《俗》名 ヌード映画[雑誌など]. ── 形 Ⓐ ヌードが売り物の.

nud·ism /n(j)úːdɪzm｜njúː-/ 名 Ⓤ 裸体主義.

núd·ist /-dɪst/ 名 裸体主義者(の), ヌーディスト(の): a ~ camp [colony] ヌーディスト村.

+**nu·di·ty** /n(j)úːdəti｜njúː-/ 名 裸(であること), 裸体; 裸のもの[部分]: There's a lot of ~ in the movie. その映画にはヌードシーンが多い.

nud·nick, -nik /núdnɪk/ 名《米俗》退屈な[うるさい]やつ.

nu·ée ar·dente /njúːeɪɑədáːnt｜ -ɑ-/《地》熱雲(ﾈﾂｳﾝ), ヌエアルダン《過熱水蒸気と小型の火山岩塊からなる密度の大きい高温火砕流》.

nuff /nʌf/ 形《口》=enough.

nu·ga·to·ry /n(j)úːgət̬ɔːri｜njúːgət̬əri, -gətri/ 形 ❶ つまらない, 役に立たない (worthless). ❷ 無効の.

nug·get /nʌ́gɪt/ 名 ❶ **a** (特に, 天然貴金属の)かたまり: a gold ~ 金塊. **b** 一口大の食べ物: chicken ~s チキンナゲット. ❷ 貴重な[興味深い]情報: Where did you pick up that ~ *of* information? その貴重な情報はどこで手に入れたのだ.

nug·get·y, nug·get·ty /nʌ́gət̬i/ 形 ❶ かたまりになった; 塊金の豊富な. ❷《豪口・ﾆｭｰｼﾞ》ずんぐりした, がっしりした.

***nui·sance** /n(j)úːs(ə)ns｜njúː-/ 名 ❶ Ⓒ [通例単数形で] やっかい[有害]なもの[行為], 不快[困った]もの[事], 不快[やっかい, うるさい]人: make a ~ of oneself=make oneself a ~ うるさい者になる, 人に嫌われる / Flies are a ~. ハエはうるさいものだ / What a ~! I've left my umbrella on the train. ああ困った. 電車の中に傘を忘れちゃった / It's a ~ having to go out in the rain. 雨が降ってるのに出かけなければならないなんてめんどくさいな. Ⓒ|Ⓤ《法》(不法)妨害: ⇨ private nuisance, public nuisance. Commit nò núisance!《英》《掲示》(1) 小便無用. (2) ごみ捨て無用.《⟹F=害, 危害》

núisance tàx 名 (消費者が負担する)少額消費税.

núisance vàlue 名 [また a ~]《英》いやがらせの価値[効果]; 妨害効果, 抑制価値.

Nuis-Saint-Georges /nwíːsænʒɔ́əʒ ｜ -ʒɔ́ːʒ/ 名 Ⓤ ニュイ・サン・ジョルジュ《フランスの Burgundy 地方で製造される極上の赤ワイン》.

NUJ《略》《英》National Union of Journalists 全国ジャーナリスト組合.

nuke /n(j)úːk｜njúːk/《口》❶ Ⓒ 核兵器[爆弾]; 原子力潜水艦. ❷ Ⓒ 原子力発電所, 原発. ❸ Ⓤ 原子力. ── 動 他 ❶ 〈…〉を核攻撃する. ❷《米俗》〈食品等〉を電子レンジで調理する[温める].《NUCLEAR の短縮語》

Nu·ku·'a·lo·fa /nùːkuːəlóufə/ 名 ヌクアロファ《トンガの Tongatapu 島にある町, 同国の首都》.

null /nʌ́l/ 形 ❶ (法律上)無効の. ❷ 価値のない. ❸《数》ゼロの, 零の: a ~ set 空集合. **núll and vóid** Ⓟ《法》無効の.《L=not any》

núll cháracter 名《電算》空[ヌル]文字《すべてのビットが0である文字; データ処理における充塡用制御文字》.

núll hypòthesis 名《統》帰無仮説.

nul·li·fi·ca·tion /nʌ̀ləfɪkéɪʃən/ 名 Ⓤ 無効, 破棄, 取り消し 〈*of*〉.

nul·li·fi·er 名 無効にする人, 破棄者.

nul·li·fy /nʌ́ləfàɪ/ 動 他 ❶ 〈…〉を(法的に)無効にする, 破棄する, 取り消す (invalidate). ❷ 〈…〉を無にする, 無価値にする (negate).

nul·lip·a·ra /nʌlípərə/ 名《医》-rae /-riː/) 未産婦.
nul·líp·a·rous /-rəs/ 形 未産の.

nul·li·ty /nʌ́ləti/ 名 ❶ Ⓤ (法律上の)無効: establish the ~ of a marriage 結婚の無効を確定する / a ~ suit 結婚無効訴訟. ❷ 無価値, 無.

NUM《略》《英》National Union of Mineworkers 全国炭鉱労働者組合. **Num.**《略》《聖》Numbers.

+**numb** /nʌ́m/ 形 (~·er; ~·est) ❶ (寒さで)かじかんだ, 凍えた: ~ fingers かじかんだ指 / My fingers were ~ *with* cold. 指が寒さでかじかんでいた. ❷ (悲しみ・疲労などで)ぼうとした, 無感覚になった: a ~ mind まひした心 / She was ~ *with* grief. 彼女は悲しみにぼう然としていた. ── 他〈…の〉感覚をなくする, 〈…を〉凍えさせる; 〈人・心を〉まひさせる, ぼう然とさせる (stun)《★ しばしば受身で用い, 「凍える, まひする」の意になる》: The cold ~*ed* his feet. その寒さで彼の足は凍えた / My lips were ~*ed with* cold. 唇が寒さでまひしていた / Her heart was ~*ed with* grief [*by* the news]. 彼女の心は悲しみ[その知らせ]に打ちひしがれた.

num·bat /nʌ́mbæt/ 名 《動》フクロリクイ《豪州産》.

***num·ber** /nʌ́mbə ｜ -bə/ 名 ❶ **a** Ⓒ (抽象概念の)数: a high [low ~s] 大きい[小さい]数 / an even [odd, imaginary ~] 偶[奇, 虚]数 / ⇨ cardinal number, ordinal number. **b** Ⓤ [しばしば the ~] [人・ものの]総数; 人数, 個数: *The* ~ *of* students [unemployed] has been increasing. 学生[失業者]数は増加してきている.《用法》(1) 単数扱い. (2) the ~ of の後の名は省略される). **c** [複数形で 参加者または全員]総数: visitor [client] ~s 訪問者[顧客]数 / Can you give me some ~s? どのくらいの数か教えていただけますか. **d** Ⓒ《計》計数, 数理: a sense of ~ 数の観念.

❷ **a** [複数形で] 算数: the science of ~s 算数 / be good [poor] at [with] ~s 算数が得意[苦手]である. **b** [複数形で] 《口》(経費などの)金額, 数字. **c** Ⓒ 数字, 数詞.

❸ **a** Ⓒ 番号; 電話番号; 番号札(など): a house ~ 家屋番号, 番地 / a ~ 5 bus 5番のバス / take a ~ (順序を示す)番号札を取る / (The) ~ is engaged. 《英》《電話で》お話し中です / "What ~ are you?" "I'm ~ seven." 「あなたは何番目ですか」「7番目です」. **b** [通例 No., Nº または《米》では # を数字の前につけて]《何》(何)番号, 巻, 番地(など) 《略 No. (Ⓟ Nos.)》: Room *No*. 303 303号室 / in the May ~ 《雑誌の》5月号に (cf. issue 2 b) / ⇨ back number / *No*. 10 Downing Street ⇨ Number Ten, Downing Street / live *at* (No.) 21 Newton Rd ニュートンロード21番地に住む《用法》米国では住所戸番の数字の前に No. を書かない》.

❹ **a** [a ~] 多数(の); 若干(の) 〈*of*〉: ⇨ a NUMBER of… 成句. **b** [複数形で] 多数(の): There're ~*s of* people who believe it. それを信じる人はずいぶん多い / He made ~*s of* experiments. 彼は多くの実験をした. **c** [複数形で] 数の優勢: win by sheer force [weight] of ~*s* 数[人数]の力だけで勝つ / There is strength in ~*s*. 数の多いことは強みだ / There is safety in ~*s*.《諺》数[同類]の多いほうが安全.

❺ Ⓒ 番組の一項目, 出し物の一つ, 一番, 曲目, 演目: the last ~ 最後の曲目, ラストナンバー.

❻ [通例単数形で, 修飾語を伴って] Ⓒ **a** 商品; (特に) (…な)衣料品: a chic [smart] ~ シック[スマート]な服. **b** (一般に)(…な)もの, こと: a cushy ~ たやすい[仕事] / a fast little ~ スピードの出るちゃちなやつ[車]. **c** (…な)人, (特に)女性: ⇨ opposite number / a little blond ~ かわいいブロンド娘.

❼ Ⓒ 仲間, 連中: He's not of our ~. 彼は我々の仲間[味方]ではない / among the ~ of the dead 亡き数に入って, 死んで.

❽ Ⓤ|Ⓒ《文法》数: singular [plural] ~ 単[複]数.

❾ [the ~] =numbers game 1.

❿ [複数形で]《古》音律, 韻律; 語句, 韻文: in mournful ~s 悲しい詩句[で]に託して.

a lárge [gréat, góod] númber of… たくさん[大勢]の… : *A large* ~ *of* cars are parked outside her house. 彼女の家の外にはたくさんの車が止まっている.

a númber of… いくつかの… (several); かなりの…《用法》数の大小を限定するために a large [great] NUMBER of…, a small NUMBER of…, a big [many] ~ of, a little [few] ~ of とは用いない》: There are *a* ~ *of* reasons for this decision. この決定にはいくつもの理由がある《用法》複数扱い》.

ány númber of…がいくらも, どっさり: There're *any* ~ *of* examples. 例ならいくらでもある / We can do it *any* ~ *of* times. 何度でもやれる.
a smáll númber of… 少数の…, わずかな…: He has only *a small* ~ *of* friends. 彼にはほんの少ししか友人がいない.
beyònd númber =without NUMBER [成句].
by númber 番号で[は].
by númbers (1) 数の力で (⇨ 4 c). (2) 《英》 =by the NUMBERS [成句].
by the númbers 《米》 (1) 型[教科書]どおりに, 規則的に. (2) 〘軍〙 呼唱に合わせて; 歩調をそろえて.
dò a númber on… 《米俗》 …をだめに[めちゃめちゃに]する, ぶっこわす.
gèt [**hàve**] **a person's númber** 《口》 人の本心[正体]を見破る[見抜く]: I've *got* his ~. 私は彼の心底を見抜いている.
in númber 数えてみると, 数の上では: The guests were ten *in* ~. 客の数は10人だった / Our army is much smaller *in* ~ than yours. 我々の軍隊は人数では君たちの(軍隊)よりずっと少ない.
in númbers (1) 分冊で, 何回にも分けて. (2) 大勢で; [修飾語を伴って] …の数で: migrate *in* ~*s* 〈動物が〉大挙して移動する / *in* great [small] ~*s* 大勢で[少数で] / *in* round ~*s* 概数で, ざっと. (3) 数が多ければ (⇨ 4 c).
One's númber is [**has còme**] **úp.** 《口》 運の尽きだ, 絶体絶命だ, 年貢の納め時だ, 命もこれまでだ.
númbers of… たくさんの (⇨ 4 b).
to the númber of…の数に達するほど, …だけ: *to the* ~ *of* eighty 80も[まで].
withòut númber [通例名詞の後に用いて] 無数の: times *without* ~ 数え切れないほどたびたび.
— [動] [他] ❶ 〈…に〉番号をつける 《★ しばしば受身》: They ~*ed* the houses. 彼らは家々に番号をつけた / All the pages *are* ~*ed*. 全てのページに番号がついている / 〔+目+補〕 The platforms are ~*ed* 1, 2, 3 and 4. プラットホームには1, 2, 3, 4と番号がついている / ~ the boxes (from) 1 to 10 箱に1から10までの番号をつける 《[用法] from を略すこともある》. ❷ 〈…を〉〔…の中に〕数える, 入れる; 《文》 〈…を〉数える: I no longer ~ him ***among*** my friends. やつなどもう友人の数には入れない / I ~ myself *among* his friends. 私も彼の友人の一人と思っています / ~ the stars 星を数える. ❸ 〈…に〉達する (add up to …); (総数)〈…を〉有する, 含む: We ~ 10 in all. 我々は全部で10人です / The town ~*s* two thousand people. その町には2千人の住民がいる. ❹ 〈…の〉数を限る 《★ 通例受身》: His days *are* ~*ed*. 彼は余命いくばくもない. — [自] ❶ 〔…の〕数に達する, 合計〔…に〕なる: His supporters ~ ***in*** the thousands. 彼の支持者は数千人に達する. ❷ 〔…の中に〕数えられる, 含まれる: That song ~*s **among*** the top ten. その曲はトップテンに入っている.
númber óff 《[自]+[副]》 《英》 〘軍〙 〈兵士が〉(整列して)番号を言う (《米》 count off).
〖F < L *numerus* number; cf. enumerate, numerous〗 ([形] numerical)

númber crùncher [名] 《口》 ❶ 計算屋 《会計士・統計学者など, 数値や計算を多く扱う人》. ❷ (複雑・膨大な計算をする)コンピューター.
númber crùnching [名] [U] 《口》 (複雑・膨大な)数値演算[計算](をすること). **númber-crùnching** [形]
númbered accóunt [名] 番号口座, 匿名口座 《銀行内でも限られた人にした保有者の名前・身元が知らされず, 番号のみで識別される口座》.
núm·ber·ing machìne /-b(ə)rɪŋ-/ [名] 番号印字機, ナンバリング.
númber·less [形] ❶ 《文》 数え切れないほど多い, 無数の (countless, innumerable). ❷ 番号のない.
númber lìne [名] 〘数〙 数直線.
*__númber óne__ 《口》 [名] ❶ **a** [U] 第一人者, 中心人物; 第一級のもの: The company is ~ in plastics. その会社は合成樹脂では一流だ. **b** [C] ヒットチャートのトップ. ❷ [U] (利己的立場から)自分, 自己; 自分の利害: look after [look out for, take care of] ~ 自分の利益のことだけ気をつける, 自分本位の考え方をする. ❸ [U] 《口・小児》 おしっこ, 小便. — [形] [A] ❶ 第一の. ❷ 一流の, 飛び切りの: the ~ rock group 第一級のロックグループ.
+**númber plàte** [名] ❶ 《英》 (自動車などの)ナンバープレート (《米》 license plate). ❷ (家屋の)地番表示板, 番号板.
Num·bers /nʌ́mbəz | -bəz/ [名] [無冠詞; 単数扱い] 〘聖〙 民数紀 《旧約聖書中の一書; 略 Num.》.
númbers gàme [名] ❶ 《米》 数当て賭博. ❷ 数字遊び 《政治家などが統計的数値を引き合いに出すこと; しばしば欺瞞的》.
númber sìgn [名] ナンバー記号 《#》.
Númber Tén, No. 10 [名] 英国首相官邸 (cf. Downing Street).
númber twó [名] [U] ❶ 《口》 第二の存在. ❷ 《口・小児》 うんち, 大便.
númb·ing /-mɪŋ/ [形] [A] 無感覚にする, まひさせる; 頭をぼんやりさせる: a ~ pain 気の遠くなるような痛み.
numb·ly /nʌ́mli/ [副] 凍えて, まひして; 茫然として.
númb·ness [名] [U] 凍え, まひ; 茫然自失.
numb·skull /nʌ́mskʌ̀l/ [名] =numskull.
num·dah /nʌ́mdə/ [名] ❶ [U] インド・ペルシアの厚手のフェルト地. ❷ [C] 厚地フェルトの鞍敷, 刺繍(ししゅう)の柄のある敷物.
nu·men /n(j)úːmən | njúː-/ [名] (複 **nu·mi·na** /-mənə/) (事物に宿るとされる)精霊, 神霊, 守護神.
nu·mer·a·ble /n(j)úːm(ə)rəbl | njúː-/ [形] 数えられる, 計算することのできる.
nu·mer·a·cy /n(j)úːm(ə)rəsi | njúː-/ [名] [U] 数学の基礎知識があること.
nu·me·raire /n(j)ùːməréə | njùːməréə/ [名] 通貨交換比率基準.
*__nu·mer·al__ /n(j)úːm(ə)rəl | njúː-/ [名] ❶ [C] **a** 数字: ⇨ Arabic numerals, Roman numerals. **b** 数詞. ❷ [複数形で] 《米》 (学校の)卒業年度の数字 《運動選手などが用いることを許される; cf. letter 3》. — [形] 数の; 数を表わす. 〖L=of NUMBER〗
nu·mer·ate /n(j)úːmərèɪt | njúː-/ [動] [他] 〈…を〉数える, 計算する. — /n(j)úːm(ə)rət | njúː-/ [形] 数学の基礎知識のある (↔ innumerate).
nu·mer·a·tion /n(j)ùːməréɪʃən | njùː-/ [名] [U,C] 計算; 計算法: (the system of) decimal ~ 十進法.
nú·mer·à·tor /-ṭə | -tə/ [名] ❶ 〘数〙 分子 (⇨ fraction 2 a). ❷ 計算者; 計算機.
nu·mer·ic /n(j)ʊmérɪk | njuː-/ [形] =numerical.
+**nu·mer·i·cal** /n(j)uːmérɪk(ə)l | njuː-/ [形] 数の[に関する], 数字で表わした: ~ data 数字で表わしたデータ / a ~ statement 統計 / in ~ order (1, 2, 3 の)数の順で, 番号順に / We have ~ strength over the enemy. わが方は兵員数で敵よりも勝っている. **~·ly** /-kəli/ [副] 数で, 数の上で(は). 〖F & L; ⇨ number〗
numérical análysis [名] [U] 数値解析 《数値計算を用いて行なう近似法の研究》.
nu·mer·ol·o·gy /n(j)ùːmərɑ́ləʤi | njùːmərɔ́l-/ [名] [U] 数秘学, 数霊術 《誕生日の数字・名前の総字数などで運勢を占う》.
nu·me·ro u·no /n(j)úːməròʊúːnoʊ | njúː-/ [名] 《口》 第一人者, トップ, 最高のもの, 第一のもの.
*__nu·mer·ous__ /n(j)úːm(ə)rəs | njúː-/ [形] ❶ [複数名詞を伴って] 多数の, おびただしい (many): his ~ friends 彼の多数の友人 / Similar instances are ~. 類例は多い. ❷ [単数形集合名詞を伴って] 多数から成る, 大勢の (large): a ~ army [family] 大軍[大家族] / His collection of books is ~. 彼の蔵書は数多い. **~·ly** [副] 〖L; ⇨ number〗
nu·me·rus clau·sus /núːmərusklάusʊs/ [名] (ある人種・階級の志願者などに対する)入学許可定員.
Nu·mid·i·a /n(j)uːmídiə | njuːmíd-/ [名] ヌミディア 《古代北アフリカにあった王国; ほぼ現在のアルジェリアに当たる》.
numina [名] numen の複数形.

nu·mi·nous /n(j)úːmənəs | njúː-/ 形《文》神霊の; 超自然的な.
nu·mis·mat·ic /n(j)ùːməzmætɪk | njùː-⁼-/ 形 ❶ 貨幣の. ❷ 古銭学の.
nu·mis·mat·ics /n(j)ùːməzmætɪks | njùː-/ 名 U 貨幣学, 古銭学《紙幣・メダル類も含む》.
nu·mis·ma·tist /n(j)uːmízmətɪst | njuː-/ 名 貨幣[古銭]学者.
nu·mis·ma·tol·o·gy /n(j)uːmìzmətáləʤi | njuː-mìzmətɔ́l-/ 名 = numismatics.
num·mu·lite /nʌ́mjʊlàɪt/ 名《古生》貨幣石《新世代第三紀始新世にいたとされる大型の有孔虫ヌンムリテスの化石》.
num·nah /nʌ́mnə/ 名《フェルト地または羊の皮の》鞍褥.
num·skull /nʌ́mskʌ̀l/ 名《口》ばか者.
***nun** /nʌ́n/ 名 修道女, 尼僧 (cf. monk).《L=old lady》
nun·a·tak /nʌ́nətæk/ 名《地》ヌナタク《氷河表面から突出した古い母岩》.
Nun·a·vut /núːnəvʊ̀t/ 名 ヌナブット準州《カナダ北部の準州で, イヌイット自治州; 従来の Northwest Territories のほぼ東半分を分割して1999年に設置された; 州都 Iqaluit /ɪkǽluːɪt/》.《Inuit=我々の土地》
Nunc Di·mit·tis /nʌ́ŋkdɪmítɪs, nʊ́ŋk-/ 名《聖》シメオン (Simeon) の賛歌, ヌンクディミッティス《★聖書「ルカ伝」から》.
nun·cha·ku /nʌntʃáːkuː/ 名《通例複数形で》ヌンチャク《2本の棍棒を鎖・革などでつないだ武具》.
nun·ci·a·ture /nʌ́nsiəʧʊ̀ə | -tjʊ̀ə/ 名 nuncio の職[任期, 使節団].
nun·ci·o /nʌ́nsiòʊ/ 名 (複 ~s) ローマ教皇大使.
nun·cu·pa·tive /nʌ́ŋkjʊpèɪtɪv/ 形《遺言などの》口頭の.
nun·ner·y /nʌ́nəri/ 名《文・古風》女子修道院《★ convent のほうが普通; 男子修道院は monastery; cf. cloister 2》.（関形 cloistral）
nuoc mam /nwɔ́ːkmáːm/ 名 U ニョクマム《ベトナム料理で使う魚醤油》.
nup·tial /nʌ́pʃl, -ʃəl/ 形 ❶《古風》結婚《式》の, 婚礼の: a ~ ceremony 婚礼. ❷《動》繁殖期の, 婚姻の: ~ plumage《鳥の婚羽, 羽衣《繁殖期の雄の羽毛》. ── 名《複数形で》《古風》結婚式 (wedding).
nup·ti·al·i·ty /nʌ̀pʃiǽləti, -ʧi-/ 名 U 結婚率.
nu·ra·ghe /núːreɪ/ 名 (複 -ra·ghi /-giː/) ヌラーゲ《Sardinia で発見された青銅器時代のものとされる大型の塔状石造物》.
Nur·em·berg /n(j)ʊ́(ə)rəmbə̀ːg | njʊ́ərəmbə̀ːg/ 名 ニュルンベルク《ドイツ南部 Bavaria 州の市; 1945-46年ナチスドイツの指導者たちに対する国際軍事裁判が行なわれた》.
Nu·re·yev /nʊ́(ə)rièf/, **Rudolf (Hametovich)** 名 ヌレエフ (1938-93; ロシア生まれの舞踊家・振付師).
Nu·ro·fen /n(j)ʊ́(ə)rəfèn | njʊ́-/ 名《商標》ニューロフェン《イブプロフェン製剤; 消炎・鎮痛・解熱薬》.
***nurse¹** /nə́ːs | nə́ːs/ 名 ❶ 看護師《女性にも男性にもいう》; 看護婦[士]《用法》入院患者は受け持ちの看護師のことを無冠詞で固有名詞的な Nurse という》: a hospital ~ 病院看護師 / a male ~ 看護士《★性別の必要がある時にだけ用いるのが望ましい》/ N~ Smith スミス看護師/ registered nurse, licensed practical nurse, practical nurse / Thank you, N~. 看護師さんありがとう. ❷《古風》《授乳しないで幼児の世話をする》保母, 育児婦. **a** = nursemaid. ❸《昆》保母虫《幼虫を保護する幼虫; 働きバチ・働きアリなど》. ── 動 他 ❶ **a**《病人を》看病する: ~ a person back to health 全快させまで看病する / He ~d his old mother. 彼は年老いた母親を看病した. **b**《病気・痛みを》いたわる, 治そうと努める: I went to bed to ~ my cold. かぜを治すために寝た. ❷《★大事そうに抱く, 愛撫》する: ~ a baby [puppy] 赤ん坊[子犬]を抱く. ❸《信念・感情を》抱く, 持ち続ける (harbor): ~ a grudge against a person 人に恨みを抱く. ❹ **a**《植物

などを》育てる, 培養する. **b**《文芸などを》育成する. **c**《才能などを》《大事にしながら》伸ばす. ❺ **a**《酒などを》ちびりちびり飲む. **b**《財産・資源などを》大事に《管理》する; 節約する. **c**《選挙区などをこまめに回って大事にする. ❻ **a**《赤ん坊に》授乳する, 哺乳《する》(suckle). **b**《人を》育てる《★通例受身》: He has been ~d in luxury [poverty]. 彼はぜいたく[貧乏]に育った. ── 倉 ❶ 看護師として勤める; 看護する: She has been *nursing* for thirty years. 彼女は30年間も看護師をしている. ❷ **a**《乳母として》授乳する. **b**《幼児が》乳を飲む (suckle): The baby was *nursing at* its mother's breast. 赤ん坊は母親の乳にすがって乳を飲んでいた.《F<L<nutrire 乳を飲ませる, 養う》; ⇒ nourish》
nurse² /nə́ːs | nə́ːs/ 名《魚》=nurse shark.
nurse·hound /˘-hàʊnd/ 名《魚》ニシトラザメ, マダラトラザメ.
nurse·ling /˘-lɪŋ | nə́ːs-/ 名 =nursling.
nurse·maid /˘-mèɪd/ 名《古風》子守女.
nurse-practitioner /˘-/ 名《米》実地看護師, ナースプラクティショナー《簡単な医師の仕事をする資格をもつ登録看護師》.
***nurs·er·y** /nə́ːs(ə)ri | nə́ːs-/ 名 ❶ **a** 保育所, 託児所; ⇒ day nursery. **b**《古風》子供部屋, 育児室. ❷ **a** 苗床, 苗木畑. **b** 養魚[養殖]場. ❸ **a** 養成所《of, for》. **b**《犯罪などの》温床《of, for》.
núrsery cànnon 名《玉突》クッション付近に寄せた3個の球を打つキャノン《の連続》.
núrsery clàss 名 幼児学級, 幼児科《小学校などに付設のもので, 主に3-5歳児を対象とする》.
núrsery educàtion 名 U《学校入学前《通例3-5歳》の》幼児教育.
núrsery gàrden 名 =nursery 2 a.
núrsery maid 名 =nursemaid.
núrsery·man /-mən/ 名 (複 -men /-mən/) 養樹園主; 苗木[植木]屋.
núrsery nùrse 名《英》保母; 保育士.
núrsery rhỳme 名 童謡, わらべ歌.
⁺**núrsery schòol** 名 U/C 保育所《義務教育以前の3歳から5歳の幼児のための学校; cf. kindergarten》.
núrsery slòpe 名《通例複数形で》《英》《スキー場の》初心者用ゲレンデ《《米》bunny slope》.
núrsery tàle 名 おとぎ話, 童話.
núrse's áide 名 看護助手, 補助看護師《医学の知識を必要としない仕事をする》.
núrse shàrk 名《魚》テンジクザメ《テンジクザメ科のサメの総称》,《特に》コモリザメ, ナースザメ《大西洋の暖海域に分布》.
nurs·ey, nurs·ie /nə́ːsi | nə́ːs-/ 名《幼児・口》=nurse¹.
⁺**núrs·ing** /˘-sɪŋ | nə́ːs-/ 名 ❶《特に職業としての》看護. ❷ 育児[保育]《期間》; 授乳《期間》.
núrsing bòttle 名《米》哺乳(ほにゅう)瓶《《英》feeding bottle》.
⁺**núrsing hòme** 名《特に, 私立の》養護老人ホーム.
núrsing mòther 名 授乳している《乳飲み子の》母親.
núrsing òfficer 名《英》看護師長.
núrsing schòol 名 U/C 看護学校.
nurs·ling /nə́ːslɪŋ | nə́ːs-/ 名 ❶《古風》幼児, 乳飲み子. ❷ 大事に育てられた人[もの], 秘蔵っ子[物].
nur·tur·ance /nə́ːtʃərəns | nə́ː-/ 名 U《米》いつくしみ, いたわり. **-ant** 形
***nur·ture** /nə́ːtʃə | nə́ːtʃə/ 動 他 ❶ **a**《子供を》養育する, 育てる. **b**《植物などを》大事に育てる. ❷ **a**《人を》教育[養成]する, 仕込む. **b**《計画・関係・考えなどを》はぐくむ, 大事に育てる (cultivate): ~ love 愛をはぐくむ. ── 名 U ❶ 養育; 養成, 教育: nature and ~ 氏と育ち. ❷ 栄養物, 食物.《F<L; ⇒ nourish, nurse¹》
NUS《略》《英》National Union of Students 全国学生連合.
***nut** /nʌ́t/ 名 ❶ **a**《堅い殻 (shell) の》木の実, 堅果, ナッツ《クルミ・ハシバミ・クリなどの実》: shell [crack open] a ~ ナッツの殻を割って実を取り出す. **b** 堅果の仁(じん). ❷《機》ナット, 親ねじ. ❸《楽》《弦楽器の》糸受け, 糸枕, 上駒, ナット. ❹《俗》**a**《英》頭. **b** 変わり者; 狂人. **c**《他の名詞を修

飾語として] 熱心な愛好者, ファン, …狂 (cf. nuts 形 2): an aerobics ~ エアロビクス狂 / a vegetarian ~ 熱心な菜食主義者. ❺ [通例複数形で] 《俗》（家庭用の）石炭の小さな塊. ❻ [複数形で] 《俗·卑》睾丸(ぶん), きんたま. a hárd [tóugh] nút (to cráck) 《口》(1) 難問題; 難物. (2) 持て余し者, 手に負えない人. dó one's nút 《英口》すごく怒る; いきりたつ. núts and bólts [the ~] (1) [物事の]基本, 根本 《of》. (2) 実地の運営[経営]. óff one's nút 《英口》気が狂って (★ 4 a から). —動 (nut·ted; nut·ting) ⾃ 《古》木の実を拾う: go nutting 木の実拾いに行く. —他 《英口》〈人に〉頭突きを食らわす. 《OE》

NUT 《略》《英》National Union of Teachers 全国教員組合.

nu·ta·tion /n(j)uːtéɪʃən | njuː-/ 名 Ⓤ ❶ 《天》章動 (地球自転軸の周期的微動). ❷ 《植》（茎の）転頭[生長]運動.

nút-brówn 形 くり色の.

nút·càse 名 《口》狂人.

nút·cràcker 名 くるみ割り器 《用法》《英》では通例複数形で用いる: a pair of ~s くるみ割り器 1 丁.

nút·gàll 名 木の実状の虫こぶ, (特にオークにできる)没食子(ぶん).

nút·hàtch 名 《鳥》ゴジュウカラ.

nút·hòuse 名 《俗》精神病院.

nút·let /-lət/ 名 《植》小堅果.

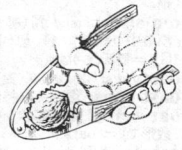

nut cracker(s)

⁺**nút·meg** /-meg/ 名 ❶ Ⓒ a ナツメグ(熱帯産の常緑高木ニクズクの種子; 香料·薬用). b 《植》ニクズク. ❷ Ⓤ ナツメグ（ニクズクの種子を粉末にした香辛料）.

Nútmeg Stàte 名 [the ~] ナツメグ州《米国 Connecticut 州の俗称》.

nu·tra·ceu·ti·cal /n(j)uː·trəs(j)úː·tɪk(ə)l | njùː·trəsjúː-/ 形 = functional food.

nu·tri·a /n(j)úː·triə/ 名 ❶ Ⓒ 《動》ヌートリア(南米原産の水中生活に適応した動物で, ビーバーに似る). ❷ Ⓤ ヌートリアの毛皮.

⁺**nu·tri·ent** /n(j)úː·triənt | njúː-/ 名 栄養になるもの, 栄養素[分]. —形 = nutritious.

nu·tri·ment /n(j)úː·trəmənt | njúː-/ 名 Ⓤ 《まれ》滋養物, (栄)養分, 食物.

⁺**nu·tri·tion** /n(j)uː·tríʃən | njuː-/ 名 Ⓤ ❶ a 栄養摂取[補給], 栄養(作用), 食物. ❷ 栄養学.

nu·tri·tion·al /n(j)uː·tríʃ(ə)nəl | njuː-/ 形 Ⓐ 栄養(上)の[に関する] (nutritive); 栄養学的な[上の]: ~ value 栄養価 / (a) ~ deficiency 栄養不足. **-ly** /-nəli/ 副

⁺**nu·tri·tion·ist** /n(j)uː·tríʃ(ə)nɪst | njuː-/ 名 栄養士[学者].

⁺**nu·tri·tious** /n(j)uː·tríʃəs | njuː-/ 形 滋養分のある, 栄養になる (nourishing). **-ly** 副 **~·ness** 名

nu·tri·tive /n(j)úː·trətɪv | njúː-/ 形 ❶ 栄養の[に関する] (nutritional). ❷ = nutritious.

nuts /nʌts/ 形 Ⓟ 《口》❶ 気が狂って: He's ~. 彼は気が変だ / He went ~. 彼は気が狂った. b 〈こと·ものがかく〉らない, ばかげた: That's ~. そんなのくだらねえ. ❷ 〈人·ものに〉夢中になって, 熱を上げて: He's ~ about her [over his new car]. 彼は彼女[新車]に(ひどく)熱を上げている. —間 《米口》［憎悪·軽蔑·失望·拒絶などを表わして］ばかな, くだらない, ちぇっ: N~ (to you)! ばかを言え, くそくらえ. 《NUT 名 4 b から》

nút·shèll 名 木の実[堅果]の殻. **in a nútshell** きわめて簡潔に[要約して]言えば, 要するに: I will put it in a ~. かいつまんでお話ししましょう / This, in a ~, is the situation. 要するに[簡単に言えば]事情はこうです.

nút·ter /-tə | -tə/ 名 《英口》変わり者; 狂人.

nút·ting /-tɪŋ/ 名 Ⓤ 木の実拾い.

⁺**nut·ty** /nʌti/ 形 (nut·ti·er; -ti·est) ❶ a 木の実の多い: a ~ cake ナッツがたくさん入ったケーキ. b 木の実の風味が

1243 **NZ**

ある. ❷ 《口》気の狂った; ばかげた: a ~ idea ばかな考え / He's a bit ~. 彼はちょっと頭がおかしい. **(as) nútty as a frúitcake** ⇨ fruitcake 成句. **nút·ti·ly** /-ʈəli/ 副 **-ti·ness** /-ʈinəs/ 名 《口》 nut.

Nuuk /núːk/ 名 ヌーク 《Greenland の南西岸にある同島の行政の中心地》.

nux vom·i·ca /náksvámɪkə | -vɔ́m-/ 名 Ⓤ マチン (インド·東南アジア産の高木); ホミカ, 馬銭子(きんし) 《マチンの種子; 数種のアルカロイド, 特にストリキニーネ·ブルシンを含み, 有毒; 少量を薬品として用いる).

NV 《略》《米郵》Nevada. **nvCJD** 《略》new variant CJD. **NVQ** 《略》《英》National Vocational Qualification 全国職業資格認定. **NW** 《略》northwest; northwestern. **NWbN** 《略》northwest by north. **NWbW** 《略》northwest by west. **NY** 《略》《米郵》New York. **NYC** 《略》New York City.

nya·la /njɑ́ːlə/ 名 《動》スジカモシカ, ニアラ 《クーズーの類のレイヨウ; アフリカ南部·東部産》.

Ny·a·sa /naɪǽsə, ni-/ 名 [Lake ~] ニアサ湖 (Malawi 湖の別称).

Nyása·lànd 名 ニアサランド (Malawi の旧称).

nyc·ta·lo·pi·a /nìktəlóʊpiə/ 名 Ⓤ 《医》夜盲(症), 鳥目(ゆ).

nyc·to·pho·bi·a /nìktəfóʊbiə/ 名 Ⓤ 《精神医》暗闇恐怖(症).

⁺**ny·lon** /náɪlɑn | -lɔn/ 名 ❶ Ⓤ ナイロン. ❷ [複数形で] 《古風》ナイロンの靴下: a pair of ~s ナイロンの靴下 1 足. —形 Ⓐ ナイロン(製)の: ~ tights ナイロン製のタイツ.

NYMEX /náɪmeks/ 《略》New York Mercantile Exchange ナイメックス, ニューヨークマーカンタイル取引所.

⁺**nymph** /nímf/ 名 ❶ 《ギ·ロ神》ニンフ 《山·川·森などにすむ美少女の姿をした精霊; 関連 dryad 《木の精》, gnome (地の精), naiad (水の精), oread (山の精), salamander (火の精), sylph (空気の精)などがいる). ❷ 《詩》美少女, 乙女. ❸ [昆]ニンフ 《トンボやバッタなど不完全変態をする昆虫の幼虫》. 《F < L < Gk = 花嫁, 新妻》

nym·phae·um /nɪmfíːəm/ 名 (**-phae·a** /-fíːə/) ニンフを祭った祠; ニンフの祠堂.

nym·phe·an /nímfiən, nɪmfíːən/ 形 ニンフの(ような).

nym·phet /nɪmfét/ 名 《10-14 歳の》性的魅力のある少女.

nym·pho /nímfoʊ/ 名 (® ~s) 《口》 = nymphomaniac.

nym·pho·lep·sy /nímfəlèpsi/ 名 Ⓤ 《ニンフに憑かれた人が陥る古代人が想像した》狂乱状態; 《現実に対する不満などに起因する》感情の激発, 逆上. **-lept** /-lèpt/ 名 **nym·pho·lep·tic** /nìmfəléptɪk/ 形

nym·pho·ma·ni·a /nìmfəméɪniə/ 名 Ⓤ 女子色情症[異常性欲] (cf. satyriasis). 《NYMPH + -O- + -MANIA》

nym·pho·ma·ni·ac /nìmfəméɪniæ̀k/ 名 Ⓤ 女子色情症患者. —形 Ⓤ 女性が色情症の.

Ny·norsk /njúːnɔːsk | -nɔː-/ 名 Ⓤ ニーノシュク 《ノルウェーの方言に基づいたノルウェーの二大公用語の一つ; cf. Bokmål》.

NYSE 《略》New York Stock Exchange.

nys·tag·mus /nɪstǽgməs/ 名 Ⓤ 《医》眼振(恍)(症), ニスタグムス 《眼球の不随意な震動》. **-mic** 形

nys·ta·tin /nístətɪn/ 名 Ⓤ 《薬》ナイスタチン 《病原性糸状菌を阻止する抗生物質》.

NZ, N.Zeal. 《略》New Zealand.

O o

o, O¹ /óu/ 名 (複 os, o's, Os, O's, oes /-z/) ❶ CU オウ《英語アルファベットの第15字; cf. omicron, omega》. ❷ U (連続したものの)第15番目(のもの).
o. (略) 【電】ohm.
O² /óu/ 名 (複 O's, Os /-z/) ❶ O字形(のもの); 円形; 《口》(電話番号などの)零(乳), ゼロ: a round O 円; 零 / 50032=five-double O-three-two. ❷ U (ABO式血液型の)O型.
O³ /óu/ 間 《用法》常に大文字で, 直後にコンマまたは! は用いない; cf. oh》❶ [驚き・恐怖・苦痛・願望などを表わして] ああ!, おお!, おや!: O dear (me)! おやまあ / O for a glass of beer! ああビールが1杯欲しいな! / O that I were young again! ああ, もう一度若くなりたい! ❷ [呼び掛けの名の前に用いて] 《詩》ああ!, おお!: O Lord, help us! おお主よ, 我らを助けたまえ! 《擬音語》
O (略) 【電】ohm; 《記号》【化】oxygen. **O.** (略) Observer; Ocean; October; Ohio; Old; Ontario; Order.
o' /ə/ 前 ❶ =of: a cup o'tea 紅茶1杯 / ⇒ o'clock, jack-o'-lantern. ❷ 《文》=on: o'nights よく夜に.
O' /ou | ou, ə/ 接頭 [アイルランド系の姓の前につけて] 「…の息子」「…の子孫」の意 (cf. Fitz-, Mac-): O'Brien オブライエン, O'Hara オハラ.
o- /ə/ 接頭 (m の前にくる時の) ob- の異形.
-o- /ou, á, ə | ou, ó, ə/ [複合語を造る時の連結辞] ❶ 複合語の第1・第2要素の間に同格その他の関係を示す: Franco-British [=French-British], Russo-Japanese (=Russian-Japanese). ❷ /á/ -cracy, -logy などギリシャ系語尾の派生語を造る: technocracy, technology.
oaf /óuf/ 名 (複 ~s) ばか, うすのろ; 不器用なやつ.
óaf·ish /-fɪʃ/ 形 ばかな, まぬけな. **~·ly** 副 **~·ness** 名
O·a·hu /əɑ́ːhuː/ 名 オアフ島《ハワイ諸島の主島; 南部に Honolulu がある》.
*__oak__ /óuk/ 名 (複 ~, ~s) ❶ CU 【植】オーク《ナラ・カシなどブナ科コナラ属の総称; 英国のものは日本のミズナラ・カシワに近いが, 大木; 材は堅く家具・船などに用いられる; 果実は acorn): From little acorns come great ~s. 《諺》小さなどんぐりから大きなオークが生まれる《大物も初めは小物》. ❷ U a オーク材: an ~ door オーク材のドア. b オーク材の製品(家具など). c 《英》(大学の部屋の)堅固な外扉. ❸ U オークの葉(飾り).
óak àpple 名 かしわ没食子(セ͡ɨtɛ), ふし(五倍子)《オークにフシムシが作ったこぶ; もとインクの材料).
oak·en /óukən/ 形 《文》オーク(製)の.
óak lèaf (lèttuce) 名 CU オークリーフレタス(葉の周囲が粗い鋸歯状の葉レタス; 色は赤または緑で, わずかににがみがある).
Oak·ley /óukli/, **Annie** 名 オークリー(1860-1926; 米国の射撃名手; Buffalo Bill の興行する Wild West Show で活躍した).
Oaks /óuks/ 名 [the ~] オークス競馬《イングランド Surrey 州 Epsom で毎年行なわれる明け4歳牝馬(Ђ͡ɨɛ͡ɨ)の競馬; cf. classic races).
óak trèe 名 =oak 1.
oa·kum /óukəm/ 名 U 【海】まいはだ《古い綱索をほぐしたもの; 甲板などのすきまに詰めて漏水を防ぐ》.
OAP (略) 《英》old-age pensioner.
OAPEC /óueɪpèk/ (略) Organization of Arab Petroleum Exporting Countries アラブ石油輸出国機構.
*__oar__ /ɔ́ː/ 名 ❶ オール, かい, 櫓(ろ)《ボートの側面に固定されたもの; cf. paddle》: back the ~s 逆にこぐ / bend to the ~s 力漕する / pull a good ~ 上手にこぐ. ❷ こぎ手, 漕手(そう͡ɨ). **pùt [shóve, stíck] one's óar in** 《英口》干渉する, 余計な世話を焼く (interfere). **rést [《米》láy] on one's óars** (1) オールを上げてこぐのを休む. (2) ひと休みす

る. **tóss óars** (敬礼として)かいを立てる. —— 動 他 自 船を(オールで)こぐ; こいで[こぐように]進む.
oared 形 オールの付いた: two-*oared* オール2本の.
óar·fish 名 【魚】リュウグウノツカイ《北洋深海に産する扁平な帯状の魚で, 体長7-10 m に達する》.
óar·lòck 名 《米》オール受け《《英》rowlock).
óar·man /-mən/ 名 (複 -men /-mən/) こぎ手.
óarsman·shìp 名 U こぎ手の技量; 漕法.
óar·wòman 名 (複 -women) 女性のこぎ手.
óar·wèed 名 U 【植】大型の褐藻, (特に)コンブ.
OAS (略) Organization of American States 米州機構.
+**o·a·sis** /ouéɪsɪs/ 名 (複 **o·a·ses** /-siːz/) ❶ オアシス《砂漠の中の緑地》. ❷ 憩い[くつろぎ]の場所[期間]. 《L < Gk=肥沃(ɛʊ)な地》
oast /óust/ 名 (ホップ・麦芽などの)乾燥がま.
óast hòuse 名 《英》(特にホップの)乾燥所.
oat /óut/ 名 ❶ 【植】エンバク, カラスムギ, オート麦. ❷ [複数形で] =oats.
óat càke 名 オートケーキ《オート麦製ビスケット》.
óat cèll carcinóma 名 U.C 【医】燕麦(͡ɨ͡ɨ)細胞癌《肺癌の一型》.
oat·en /óutn/ 形 エンバク[カラス麦][から作った].
oat·er /óutə/ 名 《米口》西部劇.
óat gràss 名 U カラス麦に似た雑草(カニツリグサなど); 野生エン麦 (wild oat).
*__oath__ /óuθ/ 名 (複 ~s /óuðz, óuθs/) ❶ 誓い, 誓約, 誓言; (法廷における)宣誓: a false ~ 偽誓 / on one's ~ …を誓って, 確かに / administer an ~ to a person 人に宣誓させる / take the ~ (法廷で)宣誓する / take [swear] an ~ of allegiance 忠誠の誓いをたてる / [+*to do*] He took an ~ to give up smoking [*not to touch* alcohol again]. 彼はたばこをやめる[二度と酒には手を出さない]と誓った. ❷ a (のろい・悪口などでの)神名の濫用 (God damn you! など). b ののしり, 悪口 (curse); ちくしょう呼ばわり: hurl ~s at…をののしる. **be on [ùnder] óath** (法廷で真実を述べると)宣誓している. **pùt [pláce] a person on [ùnder] óath** …を(人に)誓わせる.
oat·meal /óutmiːl/ 名 ❶ U ひき割りオート麦. ❷ 《米》オートミール《ひき割りオート麦に牛乳と砂糖を入れて食べる; 主に朝食用; 《英》porridge).
óatmeal pórridge 名 =oatmeal 2.
+**oats** /óuts/ 名 ❶ オート(麦), エンバク(燕麦), カラス麦《オートミールの原料のほか, 特に馬の飼料となる》: ⇒ wheat 2 比較法: thresh ~ オート麦を脱穀する. ❷ [単数または複数扱い] =oatmeal. **be òff one's óats** 《英口》食欲がない. **féel one's óats** 《米口》(1) 元気いっぱいである. (2) うぬぼれる. **gét one's óats** 《米口》セックスする. **sów one's wíld óats** 若いときに道楽をする.
OAU /óuèɪjúː/ (略) Organization of African Unity アフリカ統一機構.
Ob /óub | ɔ́b/ 名 [the ~] オビ川《西シベリアを北および西に流れ, 北極海のオビ湾に注ぐ大河》.
ob. (略) *obiit* (ラテン語=he *or* she died): *ob.* 1940 1940年没.
ob- /əb, ɑb | əb, ɔb/ 接頭《★ c, f, p の前ではそれぞれ oc-, of-, op-, m の前では o- となる》❶「…に向かって」: *ob*verse. ❷「…に反対して」: *ob*ject. ❸「…の上に」: *ob*scure. ❹「完全に」: *ob*solete.
Obad. (略) 【聖】Obadiah.
O·ba·di·ah /òubədáɪə/ 名 ❶ 【聖】オバデヤ《ヘブライの預言者》. ❷ オバデヤ書《旧約聖書中の一書; 略 Obad.》.
ob·bli·ga·to /àblɪɡɑ́ːtou | ɔ̀b-/ 名【楽】(複 ~s, -ga·ti /-tiː/) (不可欠な)助奏, オブリガート: a song with (a) flute ~ フルート助奏つきの歌曲. 《It》

ob·con·ic /ɑbkɑ́nɪk | ɔb-/, **-con·i·cal** /-k(ə)l/ 形 〖植〗 倒円錐形の.

ob·córdate /ɑb- | ɔb-/ 形 〖植〗 〈葉が〉倒心臓形の.

ob·du·ra·cy /ɑ́bd(j)ʊrəsi | ɔ́bdjʊ-/ 名 Ⓤ ❶ 強情, がんこ. ❷ 冷酷.

ob·du·rate /ɑ́bd(j)ʊrət | ɔ́bdjʊ-/ 形 がんこな, 強情な; 説得を受けつけない (stubborn). **~·ly** 副 **~·ness** 名

o·be·ah /óʊbiə/ 名 Ⓤ [しばしば O-] オビア (西インド諸島・米国南部の黒人間の呪術信仰); オビアに用いる物神 〔呪物〕.

o·be·di·ence /oʊbíːdiəns, əb-/ 名 Ⓤ 服従, 従順 (↔ disobedience): ~ of the military *to* civilian authority 文民の権力に対する軍の服従 / in ~ *to* this advice この忠告に従って / demand [insist on] ~ *from*…に服従を強要する / hold…in ~ …を服従させている. 〖F<L〗 動 obey, 形 obedient

+**o·be·di·ent** /oʊbíːdiənt, əb-/ 形 (more ~; most ~) 従順な; すなおな (↔ disobedient): Are you ~ *to* your parents? あなたは親の言うことをよく聞きますか. Your obédient sérvant ⇒ servant 成句. **~·ly** 副 〖F<L〗 動 obey, 名 obedience. 〖類義語〗 **obedient** 権威ある者・支配するものの命令に(進んで)服従する. **compliant** 何の抵抗をもすることなく他人の希望に従いやすい受動的性格の. **docile** 反抗心がなく非常に御しやすい性格の; compliant よりも黙従的. **amenable** 性格が温和で従順で人に気に入られようと服従する.

o·bei·sance /oʊbéɪs(ə)ns, -biː-, ə-/ 名 ❶ Ⓤ 尊敬, 服従: do [pay, make] ~ *to*…に敬意を表する. ❷ Ⓒ (頭を下げたり体を曲げたりして敬意を表わす)お辞儀: make an ~ *to*…にお辞儀をする.

o·bei·sant /oʊbéɪs(ə)nt, -biː-, ə-/ 形 敬意を表する, うやうやしい.

ob·e·lisk /ɑ́bəlɪsk | ɔ́b-/ 名 ❶ オベリスク, 方尖塔 (はうせんたふ). ❷ 〖印〗 短剣標 (dagger) (†): a double ~ 二重短剣標 (‡). 〖L<Gk=釘, とがった柱〗

ob·e·lize /ɑ́bəlàɪz | ɔ́b-/ 動 〈文に〉 obelus を付ける.

ob·e·lus /ɑ́bələs | ɔ́b-/ 名 (徴 -li /-làɪ, -lìː/) 〖古字本中疑問の語句に付けた〗疑問標 (─または÷); 〖印〗 = obelisk.

O·ber·am·mer·gau /óʊbərɑ̀ːməgaʊ | óʊbəræ̀mərgaʊ/ オーバーアンマーガウ 〔ドイツ南部 Bavaria 州のアルプス山麓にある村; 黒死病の終息に対する感謝として, 17世紀末から10年ごとに村民がキリスト受難劇を演ずる〕.

O·ber·on /óʊbərɑ̀n, -rən, -rɔ̀n, -rən/ 名 ❶ 〖中世伝説〗 オベロン 〔妖精王; ティタニアの夫〕. ❷ 〖天〗 オベロン 〔天王星 (Uranus) の第4衛星〕.

+**o·bese** /oʊbíːs/ 形 (o·be·ser; -est) でっぷり太った, 太りすぎの, 肥満した. 〖L; 原義は「がつがつ食べた」〗

o·be·si·ty /oʊbíːsəti/ 名 Ⓤ 肥満.

****o·bey** /oʊbéɪ, ə-/ 動 (↔ disobey) ❶ 〈人に〉従う, 服従する: You should ~ your parents. 両親の言うことには従わなければならない. **b** 〈命令に〉遵奉する: The orders must be strictly ~ed. 命令は厳に守らなければならない. ❷ **a** 〈法則などに〉, 〈理性などに〉従って行動する: ~ the laws of nature 自然の法則に従う. **b** 〈ものが〉〈力〉の動きのままに動く, 〜の力に動く, 言うことを聞く. 〖F<L *obedire* …に耳を傾ける <ob-+*audire* to hear; cf. audience〗 形 obedient, 名 obedience.

ob·fus·cate /ɑ́bfʌskèɪt, ɑbfʌ́skeɪt | ɔ́bfʌskèɪt/ 動 ❶ **a** 〈心などを〉暗くする; 〈判断などを〉暴らせる. **b** 〈問題などを〉不明瞭にする, わかりにくくする. ❷ 〈人を〉当惑[困惑]させる (★ しばしば受身). **ob·fus·ca·tion** /ɑ̀bfʌskéɪʃən | ɔ̀bfʌs-/ 名

ob/gyn, ob-gyn /óʊbìːdʒìːwàɪɛn/ 名 〖米口〗 ❶ Ⓤ 産婦人科(学). ❷ Ⓒ 産婦人科医. 〖*obstetrics and gynecology*〗

o·bi[1] /óʊbi/ 名 = obeah.

o·bi[2] /óʊbi/ 名 帯.

o·bit /óʊbɪt, ─́─ | ─́─/ 名 〖口〗 死亡記事 (obituary).

o·bi·ter /óʊbɪtə | ɔ́bɪtə/ 副 形 付随的に[な], ついでながら〖の〗. ─ 名 = obiter dictum.

o·bi·ter dic·tum /óʊbɪtə(r)dɪ́ktəm | ɔ́bɪtə-/ 名 (徴 o·bi·ter dic·ta /-tə/) ❶ 〖法〗 (判決時の判事の)付随的意

1245　　**objective**

見. ❷ 折にふれての言説[意見]. 〖L=(something) said by the way〗

****o·bit·u·ar·y** /əbítʃuèri, ə-, | -tʃuəri/ 名 (新聞紙上の)死亡記事, 死亡者略歴. ─ 形 Ⓐ 死亡の, 死者の: an ~ notice 死亡告示. 〖L<*obitus* death〗

obj. (略) object; objective.

****ob·ject** /ɑ́bdʒɪkt | ɔ́b-/ 名 ❶ (知覚できる)物, 物体: ⇒ UFO. ❷ 〔動作・感情などの〕対象: an ~ *of* pity (ridicule) あわれみ[もの笑い]の的 / an ~ *of* study 研究の対象 / become an ~ *for* [*of*]…の(対象)になる. ❸ 目的, 目標: ⇒ sex object / the ~ of the exercise 行動の目的 / for that ~ その趣意で, それを目当てに / The ~ of his visit was to meet her. 彼の訪問の目的は彼女に会うことであった / What was your ~ in saying that? 何をねらってそんなことを言ったのですか. ❹ 〖英口〗 おかしなみじめな, へんてこな, みっともない人[もの]: Look at that sculpture. What an ~! あの彫刻を見てごらん. 何というしろものだ. ❺ 〖文法〗目的語: the direct [indirect] ~ 直接[間接]目的語 / a formal ~ 形式目的語. ❻ 〖哲〗 対象, 客観, 客体 (↔ subject). ❼ 〖電算〗 オブジェクト.
nó object …は問わない: Expense [Distance] (is) no ~. [広告文で] 費用[距離]は問わず 〔お申し越しどおりでけっこうです〕/ Her parents are very rich, so salary is no ~. 彼女の両親は大金持ちだ. だから給料なんか問題じゃない.

── /əbdʒékt/ 動 ❶ 反対する, 異議[不服]を唱える, 抗議する (★ 前置詞を伴う時は受身可): ~ *about* the food in a restaurant 〈客がレストランの食物に文句をつける〉 / If you ask him, he won't ~. 彼に頼めば反対はしないでしょう / What are they ~*ing against* [*to*]? 彼らは何に反対[抗議]しているのか. ❷ 〈…に〉不服である, 反感を持つ, 〈…を〉嫌う 〔進行形なし〕: I ~ *to* waiting another year. もう 1 年待つのはいやだ / Would you ~ *to* my [me] turning on the television? テレビをつけても差しつかえないでしょうか 〔用法〕 me を用いるのは 〖口〗/ I ~. 〖英下院〗 異議あり. ❸ 〈…と〉言って反対する, 反対して〈…だと〉言う: [+*that*] They ~ed [It was ~ed] *that* a new airport would pollute the environment. 新しい空港が環境を汚染するだろうと彼らは反対した[だろうという反対が出た] / [+引用] "But it's too expensive," he ~ed. 「でも高すぎる」と言って彼は反対した. 〖L=前へ投げられたもの<OB-+*jacere, jact-* to throw; cf. jet〗 動 objectify, 名 objection. 〖類義語〗(1) ⇒ intention. (2) **object** 嫌悪の気持ちや意見の相違のために反対する; 広い意味での反対. **protest** 正式に率直な強い反対[抗議]を口頭[文書]でする.

óbject báll 名 〖玉突〗 的球 (まとだま).

óbject chóice 名 〖精神分析〗 対象選択 〔欲動・愛の対象として選ばれた人[もの]〕.

óbject códe 名 = machine language.

óbject gláss 名 = objective 2.

ob·jec·ti·fy /əbdʒéktəfàɪ/ 動 〈…を〉客観化する, 対化する.

****ob·jec·tion** /əbdʒékʃən/ 名 ❶ Ⓤ.Ⓒ 〔…に対する〕反対; 異議, 異論; 異存, 不服: make [raise, voice] an ~ *to* [*against*]…に異議を唱える, 反対する / O~! (議会などで)異議あり! / Have you any ~ *to* my [me] *going* there? 私がそこへ行くのに文句があるかね 〔用法〕 me を用いるのは 〖口〗/ I take great [strong] ~ *to* people borrowing things without permission. 私はものを無断借用する人が大嫌いだ. ❷ Ⓒ 〔…に対する〕反対理由; 難点, 欠点; 差し障り: Her only ~ *to* [*against*] the plan is that it costs too much. その計画に対する彼女の唯一の反対理由は費用がかかりすぎるということだ. 〖L〗 動 object)

ob·jec·tion·a·ble /əbdʒékʃ(ə)nəbl/ 形 不愉快な, いやな (offensive); 異議のある: an ~ manner 不愉快な態度 / That would be ~ *to* her. それは彼女には不愉快でしょう. **-a·bly** /-nəbli/ 副

****ob·jec·tive** /əbdʒéktɪv/ 名 ❶ **a** 目標, 目的: long-range [educational] ~*s* 長期[教育]目標 / attain [gain, win] an ~ 目標を達成する / My ~ is to win the

objective danger 1246

tournament. 私の目標はトーナメントに優勝することだ. **b** 【軍】目標地点; 目的地. ❷ (顕微鏡・望遠鏡などの)対物レンズ. ❸ 【文法】目的格(の語). ── 形 (more ~; most ~) ❶ (↔ subjective) **a** 〈人・意見など〉個人の感情を入れない, 公平な: You must be more ~. 君はもっと客観的に物事を見るようにしないといけない. ❷ 外界の, 実在の: the ~ world 外界, 自然界. ❸ (比較なし) 目的の, 目標の: an ~ point 【軍】目標地点; 目的地点. ❹ (比較なし) 【文法】目的格の (cf. accusative): the ~ genitive 目的語属格 (たとえば father's murderer の father's; cf. SUBJECTIVE genitive) / the ~ complement 目的格補語 (たとえば I found him honest. の honest). 〘L〙 (名 object, objectivity)

objéctive dánger 名 【登山】客観的危険 《落石・なだれのような登山技術と無関係の危険》.

objéctive léns 名 = objective 名 2.

ob·jéc·tive·ly 副 客観的に.

ob·jec·tiv·ism /-ˌvìzm/ 名 Ⓤ 客観主義; 客観論 (↔ subjectivism). **-tiv·ist** /-vɪst/ 名 形 客観主義者(の).

ob·jec·tiv·i·ty /ˌɑbdʒɛktívəti | ˌɔb-/ 名 Ⓤ ❶ 客観性 (↔ subjectivity). ❷ 客観的実在(性). (形 objective)

ob·jec·tiv·ize /əbdʒéktəvàɪz/ 動 ⊕ = objectify. **ob·jèc·ti·vi·zá·tion** 名

óbject lànguage 名 ❶ 【論】対象言語 《言語研究の対象となる言語》. ❷ = target language. ❸ 【電算】 オブジェクト言語 《プログラムがコンパイラーやアセンブラーによって翻訳された言語》.

óbject léns 名 = objective 名 2.

óbject·less 形 目的のない, 無目的の; 目的語を伴わない.

óbject lèsson 名 ❶ 実物教育[教授]. ❷ 〔…の〕(教訓となる)実例 (in): The Swiss are an ~ in how to make democracy work. スイス人は民主主義の運営に関するよい実践例となっている.

ob·jéc·tor /-tə | -tə/ 名 異議を唱える人, 反対者: ⇒ conscientious objector.

ob·jet d'art /ˌɑbʒeɪdάː | ˌɔbdʒeɪdάː/ 名 (⊕ **ob·jets d'art** /~/) (小)美術品; 骨董(ほねとう)品. 〘F = object of art〙

ob·jet trou·vé /ˌɑbʒeɪtruːvéɪ | ˌɔb-/ 名 (⊕ **objets trou·vés** /~/) オブジェ・トルヴェ 《流木など人手を加えない美術品; また本来は美術品でなくて美術品扱いされる工芸品》.

ob·jur·gate /άbdʒɚˌgeɪt | ɔ́bdʒə-/ 動 ⊕ 〈文〉 〈人などを〉 ひどくしかる, 激しく非難する. **ob·jur·ga·tion** /ˌɑbdʒɚgéɪʃən | ˌɔbdʒə-/ 名

ob·jur·ga·to·ry /əbdʒɚ́ːgətɔ̀ːri | ɔbdʒəːgətəri, -tri/ 形 叱責する, ひどく非難する.

ob·last /άblæst, ɔ́b-/ 名 (⊕ ~**s, -las·ti** /-ti/) 《ロシアの》州.

ob·late¹ /άbleɪt, −́−́ | ɔ́bleɪt, −́−́/ 形 【数】 扁円の: an ~ sphere 扁球 / an ~ spheroid 扁球面.

ob·late² /άbleɪt | ɔ́b-/ 名 【カト】 修道会献身者 《修道誓願を立てずに信仰生活に一身をささげる》.

ob·la·tion /əbléɪʃən, oʊ-/ 名 ❶ **a** Ⓤ (神への)奉納, 寄進. **b** Ⓒ 奉納物, 供物 《★キリスト教では主にパンとぶどう酒》. ❷ Ⓤ (教会への)寄進, 寄付.

ob·li·gate /άblɪˌgeɪt | ɔ́b-/ 動 ⊕ 〈人に×…すべき〉(法律・道徳上の)義務を負わせる (⇒ obligated 1): The contract ~s us to finish the construction by the end of the year. 契約によって我々は年末までにこの工事を完了しなければならない. 〘L = 縛られた; ⇒ oblige〙 (名 obligation)

ób·li·gàt·ed /-ˌtɪd/ 形 ❶ 〈人が×…すべき〉義務があって (cf. obligate): Parents are not ~ to support their adult children. 親は成人した子供を養う義務はない. ❷ 〔人に…に対して〕ありがたく思って: I feel ~ to him for his help. 彼の援助に対して彼に感謝している.

*****ob·li·ga·tion** /ˌɑbləgéɪʃən | ˌɔb-/ 名 Ⓤ.Ⓒ 義務; 義

理, 恩義, おかげ: a moral ~ 道徳上の義務, 義理 / a wife's ~ to her husband and children 夫と子に対する妻の義務 / be under an ~ to a person 人に義務[義理]がある; 人に恩を受けている / place [put] a person under an ~ 人に義務を負わせる; 人に恩義を施す / assume [take on] an ~ 義務を引き受ける / fulfill [meet] one's ~s 義務を果たす 〔+to do〕 Civil servants have an ~ to serve the people. 公務員は国民に奉仕する義務がある / Whoever has done the damage is under ~ to pay for it. 損傷を加えた者は弁償する義務がある. ❷ Ⓒ 【法】債務, 債権[債務]関係; 債務証書; 債券, 証券. (動 oblige, obligate) ⇒ duty.

ob·li·ga·to /ˌάblɪgάːtoʊ | ˌɔb-/ 形 名 = obbligato.

†**ob·lig·a·to·ry** /əblígətɔ̀ːri | əblígətəri, -tri/ 形 ❶ 義務としての[ある], 義務的な (compulsory; ↔ optional): an ~ response どうしてもしなければならない返答 / It is ~ for believers to fast during this period. この期間は断食するのが信者の義務だ. ❷ 〈科目など〉必修の: an ~ subject 必修科目. **ob·lig·a·to·ri·ly** /əblìgətɔ́ːrəli | əblígətərəli, -trə-/ 副

*****o·blige** /əbláɪdʒ/ 動 ⊕ ❶ 〈人に×…する〉義務を負わせる, 〈人に×…することを〉余儀なくさせる (⇒ obliged 1): 〔+目+to do〕 The law ~s us to pay taxes. 法律によって税金は払わなければならない. ❷ **a** 〈人に×…で〉恩恵を施す, 〔…によって〕〈人の〉願いをいれてやる: Would you ~ us with a song? ひとつ歌を歌ってくれませんか / Will you ~ me by opening the window? どうぞ窓をあけてください 《★ by の後は doing》. **b** 〈人に〉親切にしてやる: ~ an old lady 老婦人に親切にする. ── ⊜ ❶ 好意を示す, 願いをいれる: Ask John; he will be pleased to ~. ジョンに頼んでみなさい. 彼なら喜んで引き受けてくれるでしょう. ❷ 〔…の〕願いをいれる, 〔…で〕喜ばせる: She ~d with a song. 彼女は歌を歌ってくれた. 〘F < L obligāre, obligāt-; OB- + ligāre 縛る; oblige は L の古典的不定詞から, obligate は過去分詞から英語に入った二重語〙 (名 obligation) ⇒ compel.

o·bliged /əbláɪdʒd/ 形 ⊕ ❶ 〈人が×…〉せざるをえなくて (cf. oblige 動 ⊕ 1): We were ~ to obey him [his orders]. 我々は彼の命令に従わなければならなかった 《用法⑤ (口) では have to を用いるほうが普通. ❷ 〔人に…に対して〕ありがたく思って, 感謝して 《用法 ていねいな感謝の表現》: I would be ~ if you could ~. していただけるとたいへんうれしいのですが / I'm much [deeply] ~ to you for your kindness. ご親切のほど深く感謝いたします / Much ~. -ness 名.

ob·li·gee /ˌɑbləʒíː | ˌɔb-/ 名 【法】債権者 (↔ obligor).

o·blíge·ment /-mənt/ 名 《主にスコ》義務, 恩義; 親切, 好意.

*****o·blíg·ing** 形 よく人の世話をする, 親切な (accommodating): an ~ nature [person] 世話好きな性質[人]. **-ly** 副 〖類義語〗⇒ good-natured.

ob·li·gor /άbləgɔ̀ː | ɔ́bləgɔ̀ː/ 名 【法】債務者 (↔ obligee).

†**ob·lique** /oʊblíːk, əb-/ 形 ❶ 斜めの, はすの: an ~ line [stroke] 斜線 / an ~ glance 横目. ❷ 間接の, 遠回しの (indirect): an ~ comment 間接的な[遠回しの]コメント / an ~ reply to a simple question 簡単な質問に対する回りくどい答え. ❸ 不正な, ごまかしの. ❹ 【数】斜角の; 斜線の, 斜面の: an ~ angle 斜角. ❺ 【植】〈葉など〉不等辺の, ひずみ形の. ❻ 【文法】 斜格の 《主格以外の格》. ── 名 斜線 (/). **~·ly** 副 斜めに, はすに; 間接的に, 遠回しに. **~·ness** 名.

ob·liq·ui·ty /oʊblíːkwəti, əb- | əb-/ 名 ❶ Ⓤ 傾斜(度). ❷ 遠回しの言葉, あいまいな記述. ❸ Ⓤ 不正; Ⓒ 不正行為.

†**ob·lit·er·ate** /əblítərèɪt/ 動 ⊕ ❶ 《痕跡(こんせき)も残らないように》〈...を〉消す, 消し去る: ~ the traces of ...の痕跡を消し去る / The missile would ~ Tokyo completely. そのミサイルは東京を完全に消滅させてしまうだろう. ❷ 《記憶・感情などを》消す; 〈文句などを〉抹消[消去]する; 〈切手などに〉消印(など)を押す. 〘L = 文字を消す; ⇒ letter〙

ob·lit·er·a·tion /əblìtərɛ́ɪʃən/ 名 Ⓤ ❶ 消滅, 消去.

❷ 忘却. ❸ 抹消, 削除; 消印(を押すこと).

ob·liv·i·on /əblíviən/ 名 ⓤ ❶ a 忘れ(られ)ること; 忘れられている状態: be buried in ~ 世に忘れられる. fall [pass, sink] into ~ 世に忘れられる. b 無意識の状態, 人事不省. ❷ 〖法〗大赦: an act of ~ 大赦令. ❸ 壊滅(状態), 消滅. 〖F〈L〉〗(動 oblivious)

ob·liv·i·ous /əblíviəs/ 形 ㋺ ❶ 忘れての: He was ~ *of* his promise. 彼は約束を忘れてしまった. ❷ 〔…に〕気づかないで〔*to*, *of* 〕: I was ~ *to* the noise. その物音に気づかなかった. ~·ly 副 気づかずに, 無意識に. ~·ness 名 〖L〗 (動 oblivion)

ob·long /άblɔːŋ | ɔ́bl-/ 形 ❶ 長方形. ❷ 楕(だ)円形.
— 名 ❶ a 長方形. b 横長. ❷ 楕円形.

ob·lo·quy /άbləkwi | ɔ́b-/ 名 ⓤ ❶ (激しい)悪口, そしり, 誹謗. ❷ 悪評, 汚名, 面目失墜.

ob·nox·ious /əbnάkʃəs | -nɔ́k-/ 形 〈人・ものが〉気に障る, 不快な, いやな: Such behavior is ~ *to* everyone. そんなふるまいはだれにも不快だ. ~·ly 副 不快なほど, あきれるほど. ~·ness 名

o·boe /óʊboʊ/ 名 〖楽〗オーボエ《高音の木管楽器》. **o·bo·ist** /-ɪst/ 名 オーボエ奏者. 〖It〈F *hautbois* high wood〗

óboe d'amó·re /-dɑːmɔ́ːri, -reɪ-/ 名 〖楽〗オーボエ・ダモーレ《オーボエより短3度低い古楽器》.

ob·ol /άbəl | ɔ́b-/ 名 オボロス《古代ギリシアの銀貨; = ¹⁄₆ drachma》.

ob·o·vate /ɑbóʊveɪt | ɔb-/ 形 〖植・動〗葉などが倒卵形(とうらんけい)の.

obs. 〖略〗observation; observatory; obsolete.

ob·scene /əbsíːn/ 形 ❶ 〈思想・書物など〉(性的に)みだらな, 卑猥な: ~ jokes 卑猥なジョーク / ~ literature わいせつ文学 / Don't be ~. いやらしい話はしないでください. ❷ 〔倫理的に〕いやらしい, 我慢ならない, 実に不愉快な〔いやな〕: The war industries make an ~ amount of money every year. 軍需産業は毎年しからぬほど多額の金をもうけている. ❸ 汚らわしい, おぞましい. ~·ly 副 〖F〈L=汚い〗(動 obscenity)

ob·scen·i·ty /əbsénəti/ 名 ❶ ⓤ わいせつ, 卑猥(ひわい). ❷ ⓒ a 〔通例複数形で〕卑猥な言葉, 猥談; 卑猥な行為: scream [yell, shout] *obscenities* at…に卑猥な言葉を浴びせる. b けしからぬ〔我慢ならない〕, 実に不愉快な〕こと. (形 obscene)

ob·scu·rant /əbskjʊ(ə)rənt | əb-/ 名 ❶ 蒙昧(もうまい)〔反啓蒙〕主義者. ❷ 意味をぼかしてものを言う人. — 形 ❶ 蒙昧〔反啓蒙〕主義(者)の. ❷ あいまいにする〔でいう方〕.

ob·scu·rant·ism /əbskjʊ(ə)rəntɪzm | əbskjʊərǽnt-/ 名 ⓤ ❶ 反啓蒙〔蒙昧〕主義, 開化反対. ❷ 故意にあいまいにすること〔でいう方〕.

ob·scú·rant·ist /-tɪst/ 名 ❶ 反啓蒙主義者. ❷ 故意にあいまいにする人. — 形 反啓蒙主義(者)の.

ob·scu·ra·tion /ɑ̀bskjʊréɪʃən | ɔ̀b-/ 名 ⓤ ❶ あいまいにすること. ❷ 暗黒化; もうろう.

***ob·scure** /əbskjʊ́ə, əb- | əbskjʊ́ə, ɔb-, -skjɔ́ː-/ (**ob·scur·er**, **-est**) 形 ❶ a 〈音・形などがはっきりしない, ぼんやりした: an ~ voice かすかな人声 / the ~ outlines of a mountain 山のぼんやりとした輪郭. b 〈意味・内容など〉不明瞭な, あいまいな: an ~ passage 内容不明の一節 / Some parts of the letter are rather ~. その手紙にはくぶん不明瞭なところがある. c 〈複雑すぎて〉あいまいな, 解しがたい: His theory is extremely ~. 彼の理論はとても理解しがたい. ❷ 〈場所など〉人目につかない; へんぴな: live in an ~ area へんぴな所に住む. b 〈人・物など〉世に知られない: an ~ book 世に知られていない本 / an ~ poet 無名の詩人 / a man with an ~ past はっきりしない過去をもつ男. ❸ a (薄)暗い; 暗がりの, (どんよりと)曇った, もうろうとした. b 〈色が〉薄暗い黒い, 鈍い. ❹ 〖音声〗母音があいまいな; あいまい母音の: an ~ vowel あいまい母音《*about, sofa*などの /ə/》. — 動 ㋺ ❶ 〈…を〉おおい隠す (hide); 暗くする, 曇らせる: The clouds ~*d* the moon. 雲で月が見えなくなった. ❷ 〈名声などを〉おおい隠す, 弱める: His son's achievements ~*d* his own. 息子の業績で彼自身は影が薄れた. b 〈人の〉光輝を奪う, 〈顔を〉色なからしめる. ❸

1247 observe

〈物事を〉わかりにくくする, 混乱させる; 〈意味を〉不明確にする; 〈発音などを〉不明瞭にする. ~·ly 副 〖F〈L=おおわれた, 暗い〗(名 obscurity) 〖類義語〗**obscure** あるものが隠されていたり, 表現が不明確であったりするためによくわからない. **vague** 正確・精密でないためよくわからない. **ambiguous** 不適切な表現のために2つ以上の解釈が成り立ち, あいまいである. **equivocal** ambiguous とほぼ同義であるが, 意図的に複数の解釈が与えられている.

ob·scu·ri·ty /əbskjʊ́(ə)rəti, əb- | əb-, ɔb-, -skjɔ́ːr-/ 名 ❶ ⓤ 不明瞭, あいまい; 難解. b ⓒ 不明個所. ❷ ⓤ 世に知られないこと, 無名: live in ~ 世に知られずに暮らす. b ⓤ 低い身分: rise from ~ to fame 卑賤から身を起こして有名になる. c ⓒ 名もない(微賤な)人. ❸ ⓤ 〖文〗暗さ, もうろう. (形 obscure)

ob·se·quies /άbsəkwiz | ɔ́b-/ 名 葬式.

ob·se·qui·ous /əbsíːkwiəs | ɔb-/ 形 〈人・態度などが〉こびへつらう, 追従(ついしょう)的な: an ~ smile 追従笑い. ~·ly 副 ~·ness 名

ob·serv·a·ble /əbzə́ːvəbl | -zə́ː-/ 形 ❶ 観察できる, 目につく〔見える〕: There was no ~ change. 目につくほどの変化はなかった. ❷ 注目すべき. ❸ 〈習慣・規則・儀式などを〉守るべき. **-bly** /-vəbli/ 副 目立って, 著しく.

***ob·ser·vance** /əbzə́ːv(ə)ns | -zə́ː-/ 名 ❶ ⓤ 〈習慣・規則・儀式などを〉守ること, 遵守, 遵奉 (⇔ nonobservance): strict ~ of the rules 規則の厳守. ❷ ⓒ 〔しばしば複数形で〕儀式; 《宗教上の》式典. 〖F〈L〗(動 observe A, B)

ob·ser·vant /əbzə́ːv(ə)nt | -zə́ː-/ 形 ❶ 注意深い; 観察力の鋭い (*about, of*). ❷ 遵奉〔厳守〕する (*of*): an ~ Jew 戒律を遵守するユダヤ教徒. — 名 〖O-〗《フランシスコ会の》原始会則厳修道士. ~·ly 副 (動 observe)

***ob·ser·va·tion** /ɑ̀bzəvéɪʃən, -sə- | ɔ̀b-zə́ː-/ 名 ❶ ⓤⓒ 観察, 注目; 監視: powers of ~ 観察力 / come under police ~ 警察に監視される / Some insects with escape ~ because of protective coloring. 昆虫のなかには保護色のために人目につきにくいものがある. b ⓤ 観察力: a man of ~ 観察力の鋭い男. ❷ ⓤ 〖海〗天体の観測: make ~*s* of the sun 太陽を観測する. b ⓒ 〔しばしば複数形で〕観察〔観測〕の報告, (観察・観測の)結果: publish one's ~ *s on*…に関する観察記録を世に問う. ❸ ⓒ a 〈観察に基づく〉意見, 所見: make an ~ *on* [*about*] …に関して所見を述べる. b 〈…という〉発言, 言葉〔+*that*〕She was correct in her ~ *that* the man was an impostor. その男はペテン師だと言った彼女の言葉は正しかった. ❹ = observance 1. **tàke an observátion** 〖海〗《位置を知るために》天体を観測〔天測〕する. **ùnder observátion** 観察中で〔の〕; 監視中で〔の〕, 監視された: keep [put, hold] a person *under* ~ 人を観察〔監視〕下に置く. (動 observe A) 〖類義語〗⇒ comment.

òb·ser·vá·tion·al /-ʃ(ə)nəl⁻/ 形 ❶ 観察〔観測〕, 監視〕の. ❷ 観察〔観測〕に基づく, 実測的な. ❸ 観察〔観測, 監視〕用の.

observátion ballóon 名 観測気球.
observátion càr 名 〖鉄道〗展望車.
observátion pòst 名 〖軍〗観測所, 展望所.
observátion tòwer 名 監視塔.

***ob·ser·va·to·ry** /əbzə́ːvətɔ̀ːri | -zə́ːvətəri, -tri/ 名 ❶ 観測所; 天文台, 気象台, 測候所: an astronomical [a meteorological] ~ 天文〔気象〕台. ❷ 観測台, 展望台; 監視所. (動 observe A)

***ob·serve** /əbzə́ːv | -zə́ː-/ 動 ㋺ A (cf. observation) ❶ 〈…を〉観察する, 〈敵の行動などを〉監視する; 〈天体などを〉観測する: ~ a person's behavior 人の行動を観察する / 〔+*wh.*〕O~ *how* I do this 〔*how* to do this〕. どうやるか注意して見ていなさい. ❷ a 〈…を〉《観察によって》認める, 目撃する (notice): I ~*d* a flash of lightning in the dark. 暗闇の中でぴかりと稲妻が光るのを見た. b 〈人が〉〈…のするのを〉見る: 〔+目+原形〕We ~*d* him enter the park. 彼が公園に入るのを見た. 〖用法〗受身では to 不定詞を用いる: He was ~*d* *to* enter the park.〕/

[+目+*doing*] I ~*d* a stranger watching the house. 私は見知らぬ人が家をしげしげと見ているのに気がついた 《用法》受身は A stranger was ~*d* watching the house.》. ❷ 〈…ことに〉気づく: [+*that*] He ~*d that* it looked like snow. 彼は雪が降りそうなのに気がついた. ❸ 〈…と〉述べる, 言う: [+引用] "Bad weather," the captain ~*d*. 「悪い天気だ」と船長が言った / [+*that*] He ~*d that* I looked very pale. 顔色が大変悪いですねと彼は言った.
— B (cf. observance) ❶ 〈規則などを〉遵守する, 遵奉する: ~ the traffic regulations 交通法規を守る / silence 沈黙を守る. 〈儀式・祭礼を〉挙行[執行]する, 祝う: ~ Christmas クリスマスを祝う / the Sabbath 安息日を守る.
— 圓 ❶ a 観察する; 注視する, (よく)見る: ~ carefully よく見る. b 観測する: ~ closely 厳密に観測する. ❷ オブザーバーとして出席する. ❸ 〔…について〕所見を述べる, 講評する: No one ~*d on* that. だれもそのことについて意見を述べなかった.
〖F<L observare 監視する <OB-+servare 保つ, 守る; cf. conserve, preserve, reserve, reservoir〗 (名) observance, observation)

*ob·serv·er /əbzə́ːvə | -zə́ːvə/ 名 ❶ a 観察者; 観測者; 監視者, b 専門家, 消息通. c 〈会議の〉オブザーバー (正式代表の資格的なく採決に加わらない). ❷ 立会人, 傍聴人, 第三者. ❸ 〈規則・(宗教)儀式などの〉遵守者: an ~ *of* the Sabbath 安息日を守る人.

ob·sérv·ing 形 注意深い, 油断のない; 観察力の鋭い.

*ob·sess /əbsés, ɑb- | əb-, ɔb-/ 動 〈悪魔・妄想などが〉 〈人に〉取りつく, 〈人を〉悩ます 《しばしば受身》: She *was* ~*ed by* [*with*] fear of death. 彼女は死の恐怖に取りつかれていた / He's ~*ed by* his hobbies. 彼は道楽に病みつきになっている. — 圓 《米》 〔…について〕くよくよ(心配)する, 気に病む 〔*over, about*〕. 〖L=前に座る <OB-+sedere, sess- to sit; cf. session〗 (名) obsession, 形 obsessive)

*ob·ses·sion /əbséʃən, ɑb- | əb-, ɔb-/ 名 ❶ ⓤ 取りつく[取りつかれている]こと〔*about, with*〕: Her ~ *with* comics began years ago. 彼女が漫画に病みつきになったのは何年も前からのことだ. ❷ ⓒ 妄想, 強迫観念, 執念〔*about, with*〕: He has an ~ *about* failing. 彼の頭には寝ても覚めても失敗したらということしかない. (動 obsess)

ob·ses·sion·al /əbséʃ(ə)nəl, ɑb- | əb-, ɔb-/ 形 ❶ 〈考えなど〉強迫的な, 取りついて離れない; 強迫観念[妄想]を引きつかれて (obsessional); 〈人が…について〉妄想を抱いて, 強迫観念に取りつかれて〔*about*〕: He's ~ *about* tidiness. 彼は異常なほどきれい好きだ. ❷ 〈病気が〉強迫観念を伴う: an ~ neurosis 強迫神経症. ~·ly /-ʃ(ə)nəli/ 副 異常なほど(に), 強迫観念的に.

\+ob·ses·sive /əbsésɪv, ɑb- | əb-, ɔb-/ 形 ❶ 〈考えなどが〉取りついて離れない, しつような; 〈人が〉〔…に〕取りつかれて, 執念をもって (obsessional): one's ~ worries about winning 勝つことへの異常な心配事 / He's ~ *about* winning. 彼は勝つことに執着している. ❷ 強迫観念の[を起こさせる, に取りつかれた(ような)]. — 名 強迫観念[妄想]に取りつかれた人. ~·ly 副 (動 obsess)

obsèssive-compúlsive 【精神医】 形 強迫(神経症)の[的な]. 名 強迫(神経症)患者.

ob·sid·i·an /əbsídiən/ 名 ⓤⓒ 【鉱】 黒曜石.
ob·so·lesce /ὰbsəlés/ 動 すたれる; 退化する.
ob·so·les·cence /ὰbsəlésns | ɔ̀b-/ 名 ❶ すたれかけていること; 老朽(化): ⇒ planned obsolescence. ❷ 【生】 (器官の)退行, 萎縮.
ob·so·les·cent /ὰbsəlésnt | ɔ̀b-/ 形 ❶ 〈言葉・習慣などが〉すたれかかった. ❷ 【生】 退行性の.
ob·so·lete /ὰbsəlíːt, ´-`-` | ɔ̀bsəlíːt, ´-`-`/ 形 ❶ a すたれた, もはや用いられない: ~ customs すたれた習慣 / an ~ word 廃語. b 時代遅れの, 旧式の (outdated): an ~ machine 時代遅れの機械. ❷ 【生】 退化している, 痕跡(;)だけの. ~·ly 副 〖L=すり切れた〗

ób·so·lèt·ism 名 ❶ ⓤ すたれていること, 廃用, 時代遅れ. ❷ ⓒ 廃語, すたれた慣習.

*ob·sta·cle /ὰbstəkl | ɔ́b-/ 名 障害(物), じゃま(もの), 妨害: an ~ *to* progress 進歩を妨げるもの / put ~*s* in the way of …の(進展)を妨げる. 《F<L<obstare 立ちはだかる <OB-+stare to stand; cf. stay》 〖類義語〗 obstacle (物理的, 時に比喩的に)人や物の進行の妨げとなるもの. hindrance, impediment 正常な進行を停止はさせないが妨げたり, 遅らせたりするもの. obstruction 進路を(特に物理的に)遮断または妨害するもの. barrier 必ずしも克服できないわけではないが, 克服が非常に困難な obstacle.

óbstacle còurse 名 ❶ 《米軍》 障害物通過訓練場. ❷ 障害の多い場所[立場]; 一連の障害.
óbstacle ràce 名 障害物競走.
ob·stet·ric, -ri·cal /əbstétrɪk, -trɪk(ə)l/ 形 産科の, 助産の. 《L<obstetrix 産婆 <obstare (出産しようとする女性の)前に立つ; ⇒ obstetric》
ob·ste·tri·cian /ὰbstətríʃən | ɔ̀b-/ 名 産科医.
ob·stet·rics /əbstétrɪks | ɔ̀b-/ 名 ⓤ 産科(学).
ob·sti·na·cy /ὰbstənəsi | ɔ́b-/ 名 ❶ a ⓤ がんこ, 強情. b ⓒ がんこな行動[態度]. ❷ ⓤ (病気の)難治.

*ob·sti·nate /ὰbstənət | ɔ́b-/ 形 (*more* ~; *most* ~) ❶ 〈人・態度などが〉がんこな, 強情な: an ~, rebellious child がんこで反抗的な子供たち. ❷ 《通例 A》 〈病気などが〉難治の, 手に負えない; 〈しみなどが〉なかなか取れない: an ~ cough [rash] しつこいせき[吹き出物]. b 〈抵抗などが〉頑強な: ~ resistance 必死の頑強な抵抗. (as) óbstinate as a múle ⇒ mule.[1] 〖成句〗 ~·ly 副 がんこに, しつこく. 〖L=確固たる〗 〖類義語〗 ⇒ stubborn.

ob·strep·er·ous /əbstrép(ə)rəs/ 形 〈人・ふるまいが〉騒ぎたてる, 手に負えない. ~·ly 副 ~·ness 名

\+ob·struct /əbstrʌ́kt/ 動 ⑱ ❶ a 〈入り口・道路などを〉 ふさぐ, 妨害する: The road was ~*ed* by some fallen trees. 木が倒れていて道路が通れなくなっていた. b 〈光・眺めなどを〉さえぎる: The new building will ~ the view. 新しいビルは景観をさえぎることになるだろう. ❷ 〈人・物の進行[活動]を〉妨害する: ~ the police 警察の活動を妨害する / Lack of funds ~*ed* progress with the project. 資金不足でその計画の進行が頓挫(ざ)した. ❸ 〈議事の進行を〉妨害する. — 圓 妨害をする. 《L obstruere, obstruct to build against <OB-+struere, struct- to build; cf. structure》 (名 obstruction, 形 obstructive) 〖類義語〗 ⇒ hinder[1].

\+ob·struc·tion /əbstrʌ́kʃən/ 名 ❶ ⓤⓒ a 妨害; 障害, 支障. b 議事妨害. ❷ ⓒ じゃま物, 障害物: There was an ~ in the pipe [the digestive tract]. パイプ[消化管]が詰まっていた. ❸ ⓤⓒ 【スポ】 オブストラクション. (動 obstruct) 〖類義語〗 ⇒ obstacle.

ob·strúc·tion·ism /-ʃənɪ̀zm/ 名 ⓤ 議事進行妨害.
-ist /-ʃ(ə)nɪst/ 名 議事進行妨害者.
ob·struc·tive /əbstrʌ́ktɪv/ 形 妨害する; じゃま[妨げ]になる: be ~ *to* the progress 進行の妨げになる. — 名 妨害物, 障害. ~·ly 副 ~·ness 名 (動 obstruct)
ob·struc·tor /-tə | -tə/ 名 妨害者, 妨害するもの.
ob·stru·ent /ὰbstruənt | ɔ́b-/ 形 ❶ 【医】 閉塞を起こす. ❷ 【音声】 妨げ音の. — 名 ❶ 【医】 閉塞薬; (体内の)閉塞物 (腎臓結石など). ❷ 【音声】 妨げ音 (閉鎖音・摩擦音・破擦音の総称).

*ob·tain /əbtéɪn/ 動 ⑱ ❶ 〈人が×ものを〉得る, 手に入れる; 獲得する: ~ permission 許可を得る / I ~*ed* my Ph. D. degree in 1993. 私は博士号を1993年に獲得しました / ~ sugar *from* sugarcane サトウキビから砂糖をとる / Knowledge may be ~*ed through* study. 知識は学習によって得られる. ❷ 〈ものが〉〈人に〉〈名声・地位などを〉得させる: [+目+目] His work ~*ed* him great fame. =His work ~*ed* great fame *for* him. 彼は研究によって名声を得た. — 圓 〈制度・慣習などが〉行なわれて[はやって, 通用して]いる (★進行形なし): The custom *still* ~*s*. その慣習は今なお行なわれている. 〖F<L obtinere to take hold of <OB-+tenere to keep; cf. contain〗 〖類義語〗 ⇒ get.

ob·tain·a·ble /əbtéɪnəbl/ 形 得られる, 入手できる: This book is no longer ~. この本はもう手に入りません.

ob·ten·tion /əbténʃən/ 名 U.C 獲得, 入手.

ob·trude /əbtrúːd/ 動 他 ❶ 〈意見などを〉〈人に〉無理に押しつける, 無理強いする (*into*, *on*): He's always *obtruding himself on* us. 彼は我々に対していつもでしゃばる. ❷ 〈物を〉押し出す, 突き出す. —— 自 ❶ 〔…に〕割り込む, でしゃばる (*into*, *on*): I'm sorry to ~ (*on* you) at such a time. こんな時間におじゃまして申しわけありません. ❷ 〈物が〉突き出る. **ob·trúd·er** 名 〖L=前に突き出す〗 (名 obtrusion)

ob·tru·sion /əbtrúːʒən/ 名 U.C 押しつけ(行為), 無理強い; でしゃばり(行為).

ob·tru·sive /əbtrúːsɪv/ 形 ❶ 押しつけがましい; でしゃばりの, 厚かましい: make ~ remarks 差し出がましい口をきく. ❷ 目に余る, 目立ちすぎる: an ~ color 目障りな色. **~·ly** 副 **~·ness** 名

ob·tu·ra·tor /ɑ́btjʊ̀ərətə | ɔ́btjʊərèɪtə/ 名 閉塞物; 閉塞具; 密閉装置; 〖解〗閉鎖筋[孔, 板, 膜, 結節]; 〖植〗(胚珠の)閉鎖組織.

ob·tuse /əbtjúːs | əbtjúːs/ 形 ❶ a 鈍感な, 愚鈍な. b 〈痛み・音などが〉鈍い: an ~ pain 鈍痛. ❷ a 〈刃・角など〉鈍い, とがっていない. b 〖数〗鈍角の (↔ acute): an ~ angle 鈍角. **~·ly** 副 **~·ness** 名 〖L=前に向かって鈍くした〗

ob·tu·si·ty /əbtjúːsəti, əbtjúː-/ 名 U.C 鈍感; 愚鈍; 愚行.

ob·verse /ɑ́bvɚːs, -́ - | ɔ́bvəːs/ 名 [the ~] ❶ (コイン・メダルなどの)表面 (↔ reverse). b 表, 前面. ❷ 反対のもの, 逆: The party was the ~ of a successful evening. パーティーはさんざんだった. 〖L=反対に向いた〗 OB-+*versus* turned; cf. verse〗

ob·ver·sion /əbvə́ːʒən | əbvə́ːʃən/ 名 U.C 別の面を見せること; 別の面を見せているもの; 〖論〗換質法.

ob·vert /əbvə́ːt | əbvə́ːt/ 動 他 (別の面が見えるように)〈…の〉向きを変える; 〈…の〉様相[外観]を変える; 〖論〗〈命題を〉換質する.

ob·vi·ate /ɑ́bvièɪt | ɔ́b-/ 動 他 〈危険・困難などを〉除去する, 予防する; 不要にする. 〖L=to meet in the way; ↓〗

*‡**ob·vi·ous** /ɑ́bviəs | ɔ́b-/ 形 (more ~; most ~) ❶ (疑問の余地がないほど)明らかな, 明白な; すぐにわかる, 理解しやすい: When you have lost something, you often find it in an ~ place. 何か物をなくした時ぞ目につく場所で見つかることがよくあるものだ / It was quite ~ to us all that she didn't understand. 彼女が理解していないことは我々全員にまったく明らかであった. ❷ わかりきった, 見え透いた; 凝ったところのない, 素朴な, 単純な: state the ~ (わざわざ言う必要のない)わかりきったことを言う. **~·ness** 名 〖L=in the way 行く道にある, さらされている OB-+*via* way, cf. via〗 〖類義語〗**obvious** はっきりしていて誰でも知覚[理解]できる. **apparent** 一見してそれとわかるほど, または少し考えればすぐにわかるほど明確な. **evident** 外面的事実や状況から明らかな. **clear** 混乱の余地がないほどすっきりした. **plain** 単純明解である.

*‡**ob·vi·ous·ly** /ɑ́bviəsli | ɔ́b-/ 副 (比較なし) [文修飾] 明らかに; O~, you don't understand me. 明らかに君は私のいうことがわかっていない (変換) It's obvious that you don't understand me. と書き換え可能).

oc- /ɑk, ək ̌ / 接頭 (c の前にくる時の) ob- の異形.

Oc., oc. 〖略〗ocean.

oc·a·ri·na /ɑ̀kərríːnə | ɔ̀k-/ 名 オカリナ (陶土製などの気鳴楽器). 〖It=小さなガチョウ; その形状から〗

O'·Ca·sey /oʊkéɪsi, ə-/, Sean オケーシー (1880-1964; アイルランドの劇作家; 本名 John Casey).

Óc·cam's rázor /ɑ́kəmz | ɔ́k-/ 名 オッカムのかみそり 〖無用な複雑化を避け, 最も簡潔な理論を採るべきという原則〗.

*‡**oc·ca·sion** /əkéɪʒən/ 名 ❶ C a [しばしば on ... の形で] (特定の事が起こった[起こる])時, 場合, 折: on this happy [sad] ~ こめでたい[悲しい]折に / on one ~ かつて, ある時 / on several ~s 何回か / There are ~s when we cannot say no. 「ノー」と言えない時もあるものだ. b 特別の出来事, 行事; 祭典, 儀式 (function): in honor of the ~ その行事に祝意を表するため / Their wedding will be a great ~ [quite an ~]. 彼らの結婚式は盛大なものだろう. ❷ [単数形で] (…のための)機会, 好機 (opportunity): This is no [not an] ~ for laughter. 今は笑ったりする時ではない / [+*to do*] Let me take this ~ *to* thank you. この機会にあなたにありがとうと言わせてください / I have little ~ *to* use my English. 英語を使う機会がほとんどない. ❸ U a 〈事の〉きっかけ, 直接の原因: A chance meeting was the ~ *of* our friendship being renewed. 偶然の出会いがいまたび交友を始めるきっかけとなった. b 〈…する〉理由, 根拠: Is there any ~ *for* anxiety? 何か心配する理由があるか / [+*to do*] There is [You have] no ~ *to* be afraid. 心配する理由は何もない〈心配しないでください〉 / [+*for*+代名+*to do*] There was no ~ *for* her *to* get excited. 彼女が興奮するいわれはなかった. (have) a sénse of occásion 時にふさわしい言動をわきまえた良識 (がある). if (the) occásion aríses 必要が起きたら, 必要とあれば. on occásion 折にふれて, 時折 (occasionally). on the occásion of …の際に, …にあたって. ríse to the occásion 機に臨んでなすべきことをりっぱにする, 臨機応変の処置をとる. táke occásion 〈古風〉〈…する〉機会を利用する (*to do*).
—— 動 他 ❶ 〈…を〉生じさせる, 〈…の〉誘因となる: It was this remark that ~ed the quarrel. 口論が起こったのはこの言葉が原因であった. ❷ 〈人に〉〈心配などを〉かまる, 引き起こす: [+目+目] Our son's behavior ~ed us much anxiety [~ed much anxiety *to* us]. 息子の行状は私たちに非常な心配をかけた. b 〈物事が〉〈人に〉〈…〉させる: [+目+*to do*] Her curt remark ~ed him *to* respond in anger. 彼女のそっけない言葉に彼はかっとなって言い返した. 〖F<L=機会, 好機, *occas*- to fall down; 原義は「落ちること, 降りかかること」; cf. case〗 (形 occasional) 〖類義語〗⇒ opportunity.

*‡**oc·ca·sion·al** /əkéɪʒ(ə)nəl/ 形 A ❶ 時折の, 時たまの: an ~ visitor 時たまの訪問者 / Tokyo will be cloudy, with ~ rain. [天気予報]東京は曇り時々雨でしょう / He smokes the ~ cigarette. 彼はときたまたばこを吸う(変換) He *occasionally* smokes a cigarette. または He is an *occasional* smoker. と書き換え可能). ❷ a 〈詩文・音楽など〉特別な場合のための (*for*). b 〈家具が必要な時に使う, 臨時用の, 予備の. (名 occasion)

*‡**oc·ca·sion·al·ly** /əkéɪʒ(ə)nəli/ 副 時折, 時たまに: I go there ~. 私はときたまそこへ行きます.

occásional táble 名 予備[補助]テーブル.

Oc·ci·dent /ɑ́ksədənt, -dnt | ɔ́k-/ 名 [the ~] 〈文〉西洋, 西欧, 欧米 (cf. orient 1). 〖F<L<*occidere* 落ちる, (日が)沈む (⇒ occasion)+-ENT; 原義は「日が落ちる場所」〗 (形 Occidental)

*†**Oc·ci·den·tal** /ɑ̀ksədéntl | ɔ̀k-́ / 形 西洋(人)の (cf. oriental). —— 名 西洋人.

occidéntal·ism /-təlìzm/ 名 [O~] 西洋人[文化]の特質; 西洋風.

oc·ci·den·tal·ize /ɑ̀ksədéntəlàɪz | ɔ̀k-/ 動 他 [しばしば O~] 西洋[西欧]化する.

oc·cip·i·tal bòne /ɑksípətl- | ɔk-/ 名 〖解〗後頭骨.

occípital lòbe 名 〖解〗後頭葉.

oc·ci·put /ɑ́ksəpʌ̀t | ɔ́k-/ 名 (徳 ~s, oc·cip·i·ta /ɑksípətə | ɔk-/) 〖解・動〗後頭(部) (cf. sinciput).

oc·clude /əklúːd/ 動 他 ❶ 〈通路・すき間などを〉ふさぐ, さえぎる. ❷ 妨げる, じゃまする. ❸ 〖化〗〈固体が〉〈ガスを〉吸蔵する. —— 自 〖歯〗よくかみ合う. 〖L *occludere*, *occlus*- to shut; cf. close〗 (名 occlusion)

occlúded frónt /-dɪd-/ 名 〖気〗閉塞(ふぐ)前線.

oc·clu·sal /əklúːs(ə)l, -z(ə)l/ 形 かみ合わせの, 咬合(ぐぐ)の.

oc·clu·sion /əklúːʒən/ 名 U.C 閉塞(ぐぐ), 閉鎖; 〖化〗吸蔵; 〖歯〗かみ合わせ, 咬合(ぐぐ); 〖気〗閉塞(前線).

oc·clu·sive /əklúːsɪv/ 形 閉塞する, 閉塞性の.

*†**oc·cult** /əkʌ́lt, ákʌlt | ɔkʌ́lt, -́ -/ 形 ❶ 神秘的な, 不思議な; 超自然的な, 魔術的な, オカルトの: ~ arts 秘術 (錬金術・占星術など) / (the) ~ sciences 神秘学. ❷

occultation

[the ~; 名詞的に; 単数扱い] 神秘的なもの, オカルト. **~ism** /-tìzm/ 图 U オカルト信仰. **~ist** /-tɪst/ 图 オカルト信仰者. 〖L=隠された〗

oc·cul·ta·tion /ὰkəltéɪʃən | ɔ̀k-/ 图 U.C ❶ 〖天〗掩蔽(ぇんぺぃ), 星食. ❷ 姿を消すこと, 雲隠れ.

occúlting líght 图〖海〗(灯台などの)明滅灯, 明暗光.

oc·cu·pan·cy /ákjupənsi | ɔ́k-/ 图 ❶ 占有, 領有. ❷ (建物·部屋などの)収容人数; (ホテルなどの)占有率, 稼動率. ❸ 占有期間.

⁺**oc·cu·pant** /ákjupənt | ɔ́k-/ 图 ❶〘土地·家·地位などの〙占有者, 現住者 (occupier) 〔*of*〕. ❷〘乗り物などに〙乗っている人, (部屋などに)いる人: Two of the ~s of the hotel were injured. ホテルの客のうち2人が負傷した.

*__oc·cu·pa·tion__ /ὰkjupéɪʃən | ɔ̀k-/ 图 ❶ C a 職業, 業務: Farming is a good ~. 農業はりっぱな職業だ / He's a writer by ~. 彼は職業は著述家だ(★ by ~ は無冠詞) / Please write down your name, address and ~. 住所氏名とご職業をお書きください / "What is your ~?" "I'm a doctor." 「ご職業は何でしょうか」「医者です」. **b** (楽しみまたは日常生活の一部としての)時間の費やし方, 気晴らし, 従業: Knitting is my favorite ~. 編み物をすることが私の好きな時間の過ごし方だ. ❷ a U〘土地·家屋などの〙占有, 居住; (地位·職などの)保有: No one is yet in ~ of the house. その家にはまだだれも住んでいない. **b** C 占有[在住]期間. ❸ a U 占領, 占拠: an army of ~ 占領軍, 進駐軍 / the ~ of a town by the enemy 敵軍による町の占領. **b** C 占領期間. 〖F<L〗(動 occupy)

〘類義語〙**occupation** 生計をたてるものとしての職業. **profession** 特に弁護士·医師·教師などのように専門的知識を使う職業. **business** 一般の職業·職種·業界, 特に営利を目的とする商業·実業について言う.

⁺**òc·cu·pá·tion·al** /-ʃ(ə)nəl⁻/ 形 A 職業の[から起こる]: an ~ disease 職業病. **~ly** /-nəli/ 副.

occupátional psychólogy 图 U 職業心理学.

óccupational thérapist 图 作業療法士.

óccupational thérapy 图 U〖医〗作業療法《適当な軽い仕事を与えて行なうリハビリテーション》.

oc·cu·pied /ákjupàɪd | ɔ́k-/ 形 ❶ 占領[占拠]された (↔ unoccupied). ❷〈席·トイレなどが〉ふさがった (cf. occupy 1 b): "O-" 「使用中」(トイレ·浴室などの表示). ❸ P〈人が〉〔...に〕従事して: I'm ~ *with* domestic tasks. 家事で手いっぱいです / He's ~ *(in)* writ*ing* a novel. 彼は小説を執筆中だ (★前置詞の前では in のほうが一般的で, the in を略すこともある; cf. occupy 5).

⁺**óc·cu·pì·er** ❶〖英〗占有者; (特に)借家人, テナント (occupant). ❷〘通例複数形で〙(軍事的)占領者, 進駐軍(の一員).

*__oc·cu·py__ /ákjupàɪ | ɔ́k-/ 動 他 ❶ **a** (住人·所有者として)〈場所を〉居住する, 賃借する: She *occupies* a luxurious apartment. 彼女は豪華なマンションに住んでいる. **b**〈部屋·トイレなどを〉使用する, 〈席〉を占める (⇒ occupied 2): The store *occupies* the entire building. その店は建物全体を占めている / Is this seat *occupied*? この席はふさがっていますか. ❷〈...を〉占領する, 占拠する: The army *occupied* the fortress. 軍隊はその要塞を占領していた / The students *occupied* the building. 学生たちはその建物を占拠し(てい)た. ❸〈地位·役を〉占める,〈職〉につく (hold): He *occupies* a high position in the company. 彼は会社で高い地位についている. ❹ **a**〈時·日などを〉費やす;〈注意·心などを〉引く: The journey there *occupied* three hours. そこへ行くのに3時間かかった / The problem *occupied* her mind. その問題で彼女の心はいっぱいだった. **b**〈人の注意[努力など]を〉必要とする: The work will ~ her for the rest of her life. その仕事は彼女にとって生涯にわたるものとなるだろう. ❺ [~ oneself で] 〔...に〕従事する 〔*in*, *with*〕(★また過去分詞で形容詞的に用いる; ⇒ occupied 3; do*ing* の代わりに in が一般的で, the in を略すこともある): He *occupied* himself *(in)* tidy*ing* up the room. 彼は部屋の掃除にとりかかっ(てい)た. 〖F<L *occupare* つかむ<oc-+-*cupare* (<*capere* to seize, CAPTURE)〗(图 occupation)

*__oc·cur__ /əkə́ː | əkə́ː/ 動 ❶〈事などが...に〉起こる, 生じる: if anything should ~ もし何事か起こったら, 万一の場合には / Thunderstorms often ~ in summer. 夏にはよく雷雨が起こる (cf. occurrence 1) / An accident *occurred to* him. 彼の身に事故が起こった. ❷ [occur to ...s...to do, It ~s *that*... の形で]〘(人の心)に〙浮かぶ, 思い出される: Just then a bright idea occurred to me. その時すばらしい考えが私の頭に浮かんだ / Didn't it ~ to you to lock the door? ドアに錠をおろすということを考えつかなかったのですか / I never *occurred to* him *that* she would be so displeased. 彼女があんなに不機嫌になるとは彼は思いもしなかった. ❸〘通例 無生物が〙〔...に〕見出される, 存在する (exist) 〔*in*, *on*〕: Gold only ~s *in* certain kinds of rock. 金は特定の岩石にのみ発見される / The sound 'th' doesn't ~ *in* Japanese. 'th' 音は日本語には存在しない. 〖L=...の方へ走る<oc-+*currere* to run; cf. current〗(图 occurrence) 〘類義語〙⇒ happen.

⁺**oc·cur·rence** /əkə́ːrəns | əkʌ́r-/ 图 ❶ U〘事件などの〙発生: an accident of frequent [rare] ~ しばしば起こる[まれにしか起こらない]事故 / the ~ *of* thunderstorms 大雷雨の発生 (cf. occur 1). ❷ C 出来事, 事件; 現象: the unexpected ~s of life 人生における思いがけぬ出来事. (動 occur)

OCD〖略〗〖医〗obsessive compulsive disorder 強迫性障害.

*__o·cean__ /óʊʃən/ 图 ❶ **a** U〘通例 the ~〙大洋, 海洋; 外洋: a boundless expanse of ~ 限りなく広がる大洋. **b** [the...O~]〘(五大洋のうちの)...洋〙形で: *the* Pacific [Atlantic, Indian] O~ 太平[大西, インド]洋 / *the* Arctic [Antarctic] O~ 北極[南極]海. **c** [the ~] 海: go swimming in *the* ~ 海水浴に行く. ❷ **a** [an ~] (ひろびろとした)広がり, 〔...の〕海: *an ~ of* trees 樹海. **b** [複数形で] たくさん: ~s *of* money [time] 莫大な金[時間]. **a dróp in the ócean** ⇨ drop 图句. 〖F<L<Gk *ōceanos*〖ギ神〗世界を取り巻く大河·大洋〗(形 oceanic)

o·ce·an·ar·i·um /òʊʃənéə(ə)riəm/ 图 (徳 ~s, -i·a /-riə/) (大きな)海洋水族館.

ócean enginéering 图 U 海洋工学.

ócean frónt 图 〘単数形で〙臨海地. ── 形 臨海地の.

ócean-góing 形〈船が〉外洋[遠洋]航行の.

O·ce·an·i·a /òʊʃiǽniə | òʊʃiéɪn-, -ə:n-/ 图 オセアニア, 大洋州. **O·ce·a·ni·an** /òʊʃiǽniən, -éɪn- | -siéɪn-, -á:n-⁻/ 形 图 オセアニアの(住民).

o·ce·an·ic /òʊʃiǽnɪk⁻/ 形 ❶ A 大洋の: an ~ island〖地〗洋島(大洋中にある島). ❷〈気候が〉大洋性の: an ~ climate 海洋性気候《年間を通じて気温の変化が少なく, 温和で雨量が多い》. ❸ 大洋産の, 遠海にすむ. (图 ocean)

oceánic boníto 图〖魚〗カツオ.

O·ce·a·nid /oʊsíːənɪd/ 图 (徳 ~s, -an·i·des /òʊsiǽnɪdì:z/) 〖ギ神〗オケアニス《Oceanus の娘(たち); 大洋の nymph》.

o·cea·nog·ra·pher /òʊʃənágrəfə | -nɔ́grəfə/ 图 海洋学者.

o·cea·nog·ra·phy /òʊʃənágrəfi | -nɔ́g-/ 图 U 海洋学. **ò·cea·no·gráph·ic** /òʊʃənəgrǽfɪk⁻/ 形.

o·cea·nol·o·gy /òʊʃənálədʒi | -nɔ́l-/ 图 U 海洋学(特に海洋資源学·海洋工学). **-gist** 图 **ocean·o·log·i·cal** /òʊʃənəládʒɪk(ə)l | -lɔ́dʒ-⁻/ 形.

O·ce·a·nus /oʊsíːənəs/ 图〖ギ神〗オケアノス《大洋の神》.

o·cel·lar /oʊsélə | -lə/ 形〖動〗単眼[眼点]の;〈岩石の構造が〉眼斑状の.

o·cel·late /ásəlèɪt/, **-lat·ed** /-lèɪtɪd/ 形〈斑点など〉目のような, 目玉模様な; 単眼[眼点]のある.

o·cel·lus /oʊsélɑs | -ɔ́s-/ 图 (徳 -li /-làɪ/) ❶ (昆虫·クモなどの)単眼. ❷ (クジャクの尾, チョウの翅などの)眼状紋, 目玉模様.

oc·e·lot /ásəlàt | ɔ́sələ̀t/ 图〖動〗オセロット《中·南米産の

och /ák, áx | 5k, 5x/ 間《スコ・アイル》=oh¹ 1.

o·cher /óukɚ | -kə/ 名 ❶ ① 黄土《鉄の酸化物を含む黄・赤色の粘土; 絵の具の原料》: ⇒ red ocher, yellow ocher. ❷ オーカー, 黄土色《黄褐色絵の具》. ── 形 黄土色の.

o·cher·ous /óuk(ə)rəs/ 形 黄土のような; 黄土色の.

och·loc·ra·cy /aklákrəsi | ɔklɔ́k-/ 名 ① 暴民支配[政治]. **och·lo·crat** /ákləkræt | 5k-/ 名 暴民政治家. **och·lo·crat·ic** /àklǝkrǽtɪk | 5k-/ 形

o·chre /óukɚ/ 名《英》=ocher.

och·re·a /ákriə/ 名 (復 -re·ae /-rii:/)《植》(タデ科植物の)葉鞘(ﾖｳｼｮｳ).

-ock /ək/ 接尾「小さい...」の意の名詞語尾: bull*ock*, hill*ock*.

Ock·ham's razor /ákəmz- | 5k-/ 名 =Occam's razor.

***o'clock** /əklák | əklɔ́k/ 副 ❶ ~時《用法「...時00分」の時間に用い,「何時何分」の場合には通例 o'clock を略す》: It's ten (minutes) past ten now. いま 10 時 10 分です; at two ~ 2 時に / from two ~ to three 2 時から3 時に(かけて) / the Nine *O*~ News 9 時のニュース / ~ five o'clock shadow / He went by the seven ~ train. 彼は 7 時の列車で行った《(裏り) by the 7:00 train とも書き, 読み方は同じ》. ❷ 《(目標の位置・方角を時計の文字盤の上にあると想定して)...時の位置: a fighter plane approaching at 12 ~ 12 時の方向から接近する戦闘機 / The spokes of the steering wheel are at eight and four ~. ハンドルのスポークは 8 時と 4 時の位置についている.《of (the) clock の省略形; of は古くは by「...によって」も意味した》

O'Con·nor /oukánɚ | -kɔ́nə/, **(Mary) Flannery** 名 オコーナー《1925-64; 米国の小説家・短編作家》.

O'Connor, Sandra Day 名 オコーナー《1930- ; 米国の法律家; 女性初の合衆国最高裁判所陪席判事 (1981-)》.

OCR (略) optical character reader [recognition].

-oc·ra·cy /ákrəsi | 5k-/ 接尾 =-cracy.

-oc·rat /- əkræt/ 接尾 =-crat.

oc·re·a /ákriə | 5k-/ 名 (復 -re·ae /-rii:/)《植》(タデ科植物の)葉鞘(ﾖｳｼｮｳ).

oct. (略) octavo. **Oct.** (略) October.

oct- /akt | ɔkt/, **oc·ta-** /áktə | 5k-/《連結形》「8...」.《Gk *octō* eight》

oc·tad /áktæd | 5k-/ 名 8 個からなる一単位[系列], 八つぞろい; (化) 8 価の元素[基]. **oc·tád·ic** 形

oc·ta·gon /áktəgɑn | 5ktəgən/ 名 ❶ 八角形, 八辺形. ❷ 八角堂[室, 塔].

oc·tag·o·nal /aktǽgənl | ɔk-/ 形 八角形の, 八辺[角]形の.

oc·ta·he·dron /àktəhí:drən | ɔ̀k-/ 名 (復 ~s, -dra /-drə/) 八面体. **oc·ta·he·dral** /àktəhí:drəl | ɔ̀k-/ 形

oc·tal /áktl | 5k-/ 形 八進法の; 8 極の《真空管》. ── 名 (また óctal notátion) ① 八進法.

oc·tam·er·ous /aktǽm(ə)rəs | ɔk-/ 形 8 つの部分に分けられる[からなる]; 《植》《輪生体から》8 つからなる (8-merous とも書く).

oc·tam·e·ter /aktǽmətɚ | ɔktǽmətə/《詩学》名 八歩格(の詩行). ── 形 八歩格の.

oc·tane /áktein | 5k-/ 名 ①《化》オクタン《石油中の無色の液体炭化水素》: ⇒ high-octane.

óctane nùmber [ràting] 名《化》オクタン価《ガソリンのアンチノック性を示す指数》.

oc·tan·gu·lar /aktǽŋgjulɚ | ɔktǽŋgjulə/ 形 八辺[八角]形の.

oc·tant /áktənt | 5k-/ 名 ❶ 八分円 (45° の弧). ❷ 八分儀 (cf. quadrant 2, sextant).

oc·ta·style /áktəstàıl | 5k-/《建》名 八柱式建築. ── 形 (正面または両側に) 8 本の円柱をもつ, 八柱式の.

òcta·válent 形《化》8 価の.

oc·tave /áktiv | 5k-/ 名 ❶《楽》オクターブ; 8 度(音程); 第 8 音. ❷《韻》=octet 2. ❸《フェン》第 8 の構え (⇒ guard 5).《F ‹ L *octavus* eighth ‹ *octo* eight》

1251 odd

Oc·ta·vi·an /aktéiviən | ɔk-/ 名 ⇒ Augustus 2.

oc·ta·vo /aktéivou | ɔk-/ 名 (復 ~s) ① ① 八つ折り判(の本)[紙]《全紙の 1/8 の大きさ; 略 8 vo, 8°, oct.; cf. format 1 b》: in ~ 本が八つ折り判で[の].《L; ⇒ octave》

oc·ten·ni·al /akténiəl | ɔk-/ 形 8 年目ごとに行なわれる[起こる]; 8 年間の.

oc·tet, oc·tette /aktét | ɔk-/ 名 ❶《楽》八重唱[奏]; 八重唱[奏]曲[団]《関連 ⇒ solo》. ❷《韻》8 行の詩; (特に, 十四行詩 (sonnet) の)最初の八行連句. ❸ 8 人[八つ]ひと組, オクテット.

oc·to- /áktou | 5k-/ =oct(a)-.

***Oc·to·ber** /aktóubɚ | ɔktóubə/ 名 10 月 (略 Oct.; 用法は ⇒ January).《L=8 番目の月; ローマ暦では今の 3 月から 1 年が始まったことから》

oc·to·cen·ten·a·ry /àktousenténəri | ɔ̀ktousentí:-/ 名 八百年祭.

oc·to·dec·i·mo /àktədésəmòu | 5k-/ 名 (復 ~s) ① ① 十八折判(の本[紙, ページ]).

oc·to·foil /áktəfɔɪl | 5k-/ 名 形 八つ葉(の).

oc·to·ge·nar·i·an /àktəʤənér(ə)riən | ɔ̀ktou-¯/ 形 名 80 歳[代]の(人).

oc·to·pus /áktəpəs | 5k-/ 名 (復 ~·es) ❶ ⓒ《動》タコ. **b** ① (食用としての)タコの身. ❷ ⓒ 大きな組織を持ち勢力を振るう団体.《L‹ Gk *octō* eight+*pous* foot》

oc·to·roon /àktərú:n | ɔ̀k-/ 名《古風》八分の一混血児《白人と quadroon との混血児; 黒人の血を 1/8 伝えている; cf. mulatto》.

oc·to·syl·la·ble /áktəsìləbl | 5k-/ 名 8 音節の語[詩行]. **oc·to·syl·lab·ic** /àktəsɪlǽbɪk | ɔ̀k-¯/ 形

oc·to·thorp /áktəθɔ̀əp | 5ktəθɔ:p/ 名 ナンバー記号 (#).

oc·troi /áktrɔɪ | 5ktrwa:/ 名《フランス・インドなどの》物品入市税; 物品入市税徴集所(の役人).

oc·tu·ple /ákt(j)upl | 5ktju-/ 形 ❶ 8 重の, 8 倍の; 8 つの部分からなる. ── 動 他 自 8 倍にする[なる].

oc·tup·let /aktáplət | 5ktjup-/ 名 8 つの関連要素からなるもの; 八つ子;《楽》八連符.

oc·tyl /áktl | -tàıl/ 名《化》オクチル《オクタンから誘導されるアルキル基》.

oc·u·lar /ákjulɚ | 5kjulə/ 形 ❶ 目の. ❷ 目による, 視覚による: ~ proof 目に見える証拠. ── 名 接眼鏡[レンズ]. **-ly** 副 《F‹ L *oculus* eye》

oc·u·lar·ist /ákjələrɪst | 5k-/ 名 義眼技工士.

oc·u·list /ákjulɪst | 5k-/ 名 眼科医; 検眼医.

oc·u·lo- /ákjulou | 5k/《連結形》「眼」.

òculo·mótor 形《解》目を動かす, 眼球運動の, 動眼の;《動》眼神経の.

oculomótor nèrve 名《解》動眼神経.

oc·u·lus /ákjuləs | 5k-/ 名 (復 -u·li /-lài/)《建》(ドームなどの頂点の)円形窓, 眼窓; 卵形窓.

OD /óudí:/《俗》名 ❶ 麻薬の過量摂取. ❷ 麻薬の過量摂取者. ── 自《麻薬を》過量摂取する [on].《O(VER)D(OSE)》

OD (略) Officer of the Day;《商》overdraft;《商》overdrawn. **ODA** /óudí:éı/ (略) official development assistance 政府開発援助.

o·da·lisque /óudəlìsk/ 名《昔のイスラム教国での》オダリスク, 女奴隷.

***odd** /ád | 5d/ 形 (~·er; ~·est) ❶ 変な, 風変わりな, 妙な: an ~ man 奇妙な男 / *odd*-looking 奇妙な外見の / His behavior [appearance] is ~. 彼は態度[風采]が変だ / It's ~ (that) the door is not locked. ドアにカギがかかっていないのはおかしい. ❷《比較なし》(二つひと組の)片方の; (一定数の組の)はんぱな: an ~ glove 手袋の片方 / an ~ lot《商》はんぱもの. ❸《比較なし》奇数の (↔ even): an ~ number 奇数 / *O*~ numbers cannot be divided by two. 奇数は 2 で割れない. ❹《比較なし》a ④ 〈金などが〉残りの, 余分の; 〈時間などが〉あいている: If there's

oddball 1252

any ~ money, put it in this box. お金が余ったらこの箱の中に入れなさい / an ~ moment 暇な時. **b** 〖口〗［端数のない数の後に用いるか, ハイフンでつないだ複合形で用いて］端数の, ...余り: three pounds ~ 3ポンド余り / twenty-*odd* years 20 有余年 / 100-*odd* yen 100 余円（120, 130円など）/ 100 yen *odd* 100 円余り. ❺ Ⓐ（比較なし）時々の, 臨時の (occasional); 雑多な: ~ jobs 臨時[片手間]の仕事 / the ~ mistakes たまにする間違い. ❻ Ⓐ ＜場所などがかけ離れた: in some ~ corner どこか人目のつかない片隅に. **b** ＜掘り出した物などが＞思いがけない: I picked up the [an] ~ bargain at this stall. この(屋台)店で思いがけない掘り出し物をした. ── 名 ❶ ［複数形で］⇒ odds. ❷ Ⓒ［ゴルフ］オッド: a（相手より）多い1打. **b**（1ホールのハンディキャップの1打. 〖ON *oddi* 三角形, 奇数（三角形の頂点の数が奇数であることから）<*oddr* 武器のとがった先; 「風変わりな」は他から突出していることから〗名 oddity)
【類義語】⇒ strange.

ódd·ball 〖米口〗名 奇人, 変わり者. ── 形 奇妙な.

Odd Fèllow, Ódd·fèllow 名 オッドフェロー《18世紀英国に創立された一種の秘密共済組合 Independent Order of Odd Fellows (オッドフェローズ独立共済会, 略 IOOF) の会員》.

odd·ish /ádɪʃ | ɔ́d-/ 形 やや風変わりな, ちょっと変わった, 少々奇妙な.

†**odd·i·ty** /ádəti | ɔ́d-/ 名 ❶ Ⓤ 風変わり[奇異]（なこと）〖of〗. ❷ Ⓒ **a** 変人, 奇人. **b** 奇妙な事柄. **c** 妙な[風変わりな]点. 〖形 odd〗

ódd·jób·ber 〖英〗= odd-jobman.

ódd·jób·man /-mæn/ 名（複 -men /-mèn/）〖英〗家事などの半端仕事をする人, 便利屋, よろず屋.

ódd lót 名〖米〗端数（なもの）, ごたまぜ（のもの）〖米〗〖証券〗端株もの, 端株.

†**ódd·ly** 奇妙に, 奇異に［★文修飾可］: She was ~ dressed. 彼女は奇妙な服装をしていた / O~ (enough), he didn't turn up. 妙な話だが彼は姿を現わさなかった.

ódd màn óut 名（複 odd men out）❶ **a** Ⓤ 残り鬼（コイン投げによって人3人以上の中から一人を選び出す方法〖遊戯〗). **b** Ⓒ［通例 the ~］残り鬼で選ばれた人. ❷ Ⓒ **a**（グループの中で）一人[一つ]だけ他と異なっている人[もの], 仲間外れ. **b** 組分けで余った人[もの].

odd·ment /ádmənt | ɔ́d-/ 名 ［しばしば複数形で］残り物, はんぱ物, つまらない物; がらくた.

ódd·ness 名 〖oddity 1.〗

Ódd ónes óut 名（複 odd ones out）= odd man out.

***odds** /ádz | ɔ́dz/ 名 ❶［通例 the ~］**a** 見込み, 可能性, 確率: The ~ are (that) it will rain. たぶん雨が降るだろう. / 〖+*that*〗What are the ~ *that* he'll win? 彼が勝つ見込みはどのくらいあるだろうか. **b** 勝ち目, 勝算: The ~ were against us 〖in our favor〗. 形勢は我々に不利[有利]だった. ❷ **a** 賭(か)け率, 歩(ぶ): at ~ of 7 to 3 七三の賭け率で / long [short] ~ 大差[小差]の賭け率 / lay [give, offer] a person ~ of three to one 相手に3対1の歩で賭ける / 〖+*that*〗The ~ are 4 to 6 *that* Black Beauty will win. ブラックビューティーの（勝つ）オッズは4対6だ. **b** 優劣の差, 開き: make the ~ even 優劣をなくする, 互角にする / fight against heavy [enormous] ~ 圧倒的な優劣の差に抗して戦う. ❸（競技などで弱者に与える）有利な条件, ハンディキャップ: give [receive] ~ ハンディキャップを与える[つけてもらう]. ❹ Ⓤ〖英〗差異: That [It] makes no [little] ~. それは（どちらにしても）大差ない / It makes no ~ how we dress it. 彼女がそれをどんなふうにしようとかまわない. *against áll* (*the*) *ódds* 非常な不利[困難]にもかかわらず. *at ódds* (1)［…のことで］［…と］争って[*about, over, on*]: He's *at* ~ *with* her *over* the matter. その問題では彼は彼女と反目している. (2)［…と］調和[合致]しないで[*with*]. *by áll ódds* 恐らく, 十中八九, 断然. *ends ánd ~ends* = odds *and* ends. **ódds and sóds** 〖英口〗= odds and ends. 感〖口〗雑多な人たち, 有象無象. *òver the ódds* 〖英口〗予想[必要]以上に高く: pay [charge] *over the* ~ *for*... に対して予想以上に高い金を払う[請求する]. *What's the ódds?* 〖英口〗それがどうしたというのか（かまわないじゃないか）.

ódds·màker 名 賭け率を設定する人[業者], オッズ屋.

†**ódds-ón** 形（勝つ）見込みのある, 勝ち目のある: an ~ favorite 有力な本命馬; 当選確実な候補者 / It's ~ that he will come. 彼はたぶん必ず来るだろう.

ode /óʊd/ 名 オード, 頌(しょう), 賦(ふ)（特殊な主題でしばしば特定の人や物に寄せる叙情詩）: O~ *to the West Wind* 西風に寄せる歌 (Shelley の詩). 〖F＜L＜Gk〗

-ode[1] /óʊd/ 〖名詞連結形〗「...のような形状[性状]を有するもの」: ge*ode*, phyll*ode*.

-ode[2] /óʊd/ 〖名詞連結形〗「道」「電極」: an*ode*, electr*ode*, di*ode*.

O·der /óʊdə | -də/ 名 ［the ~］オーデル川《チェコ東部に発し, ポーランド西部を北流して Neisse 川に合流し, さらにポーランド・ドイツ国境を流れてバルト海に注ぐ川》.

O·des·sa /oʊdésə/ 名 オデッサ《ウクライナ南部の黒海に臨む港湾都市》.

Odets /oʊdéts/, **Clifford** 名 オデッツ (1906-63) 米国の劇作家・映画脚本家》.

o·de·um /oʊdíːəm | ɔ́d-/ 名（複 **odea** /-díːə/, ~s）（古代ギリシア・ローマの）奏楽堂,（一般に）音楽堂, 劇場.

O·din /óʊdɪn/ 名〖北欧神話〗オーディン《主神; 知識・文化・軍事などをつかさどる; cf. Woden》. 〖Dan＜ON〗

o·di·ous /óʊdiəs/ 形 憎むべき, 憎らしい; とてもいやな, 不愉快な: an ~ smell 悪臭. ~**·ly** 副 ~**·ness** 名 〖L; ＜↓+ -ous〗

o·di·um /óʊdiəm/ 名 Ⓤ ❶ 憎しみ, 憎悪. ❷ 不評判, 不人気; 非難. 〖L＝憎しみ〗形 odious)

o·dom·e·ter /oʊdámətə | -dɔ́mətə/ 名〖米〗（自動車などの）走行距離計, オドメーター (〖英〗milometer).

o·don·to- /oʊdántoʊ | -dɔ́nt-/〖連結形〗「歯」.

o·don·toid /oʊdántɔɪd | -dɔ́n-/ 形〖解〗歯状の; 歯(状)突起の. ── 名 = odontoid process.

odóntoid pròcess 名〖解・動〗（第二頚椎の前面にある）歯(状)突起.

o·don·tol·o·gy /òʊdantáləʤi | ɔ̀dɔntɔ́l-/ 名 Ⓤ ❶ 歯科学. ❷ 歯科医術.

†**o·dor** /óʊdə | -də/ 名 ❶ **a**（物質のもつ）におい, 臭気（特に）悪臭: ⇒ body odor. **b** 香り; 香気. ❷ ［...の］気味, 気（い）: an ~ *of* antiquity 古風な感じ[趣]. *be in bád* [*góod*] *ódor* [...に] 評判が悪い[良い], 人気がない[ある][*with*]. 〖F＜L〗【類義語】⇒ smell.

o·dor·ant /óʊdərənt/ 名 臭気物質, 着臭剤, 臭気剤（無臭の有毒ガスなどに用いる）.

o·dor·if·er·ous /òʊdəríf(ə)rəs⁻/ 形〖古〗香気を放つ, 香りのよい. ~**·ly** 副 ~**·ness** 名

o·dor·ize /óʊdəràɪz/ 動 ＜...に＞香り[匂い]をつける[出させる], 臭気化する.

ó·dor·less 形 無臭の.

o·dor·ous /óʊdərəs/ 形 ❶〖文〗においのする. ❷ = odoriferous.

†**o·dour** /óʊdə | -də/ 名〖英〗= odor.

Od·ys·se·an /àdəsíːən | ɔ̀d-⁻/ 形 ❶ オデュッセイア（のような）. ❷ 長期冒険旅行の.

O·dys·seus /oʊdísiəs, -sjuːs/ 名〖ギ神〗オデュッセウス《ギリシア西方の小島イタケー（Ithaca）の王; Homer の *Odyssey* の主人公; ラテン語名 Ulysses》.

†**Od·ys·sey** /ádəsi | ɔ́d-/ 名 ❶ ［the ~］オデュッセイア（Homer の作と伝えられる叙事詩; cf. Iliad). ❷ ［時に o~］長期の放浪, 長い冒険（の旅）, 遍歴.

OE（略）Old English.

OECD（略）Organization for Economic Cooperation and Development 経済協力開発機構.

oec·u·men·i·cal /èkjʊménɪk(ə)l | ìːk-⁻/ 形 = ecumenical.

oe·de·ma /ɪdíːmə/ 名 = edema.

oed·i·pal /édəpəl | íːd-/ 形 ［しばしば O~］〖精神分析〗エディプスコンプレックスの.

Oed·i·pus /édəpəs | íːd-/ 名〖ギ神〗オイディプス《Sphinx のなぞを解き, それと知らずに父を殺し母を妻とした Thebes の英雄》. 〖L＜Gk＝腫(は)れた足を持つ者; 羊飼いに拾われ

Oedipus complex [名] [単数形で] 《精神分析》エディプスコンプレックス, 親母複合《息子が母親に対して無意識にいだく性的な思慕; cf. Electra complex》.

OEM [略] original equipment manufacturer 相手先商標による製品の生産者.

oe·nol·o·gy /iːnάlədʒi | -nɔ́l-/ [名] =enology.

oe·no·phile /iːnəfàɪl/ [名] ぶどう酒愛好家.

o'er /ɔːr, ɔə-/ [副] [前] 5; [副] [副] 《詩》 =over.

oer·sted /ə́ːsted | ɔ́ː-/ [名] [理] エルステッド《磁界強度の単位; 記号 Oe》.

oe·soph·a·gus /iːsǽfəgəs | ɪsɔ́f-/ [名] =esophagus.

oestradiol ⇒ estradiol.

oestrogen, oestrus, etc. ⇒ estrogen, estrus, etc.

oeu·vre /ə́ːvr(ə)/ [名] 《文》(一人の作家・芸術家などの) 全作品, 全仕事, 一生の仕事.

*__of__ /(弱形) (ə)v, ə; (強形) ʌ́v, ʌ́v | ɔ́v/ [前] **A** ❶ [所有格の関係・所属を表わして] ...の, ...が, ...の: the legs *of* a table テーブルの足《用法》所有するものが無生物の時, 時間・単位・地名など, また慣用句を除いては所有格を用いないことが多い》/ the wife *of* the professor 教授の奥さん《用法》所有するものが人や生物の時は, 所有格を用いるのが普通; cf. the professor's wife》.

❷ [主格関係を表わして] [動作の行為者, 作品の作者を表わして] ...が, ...の: the plays *of* Shakespeare シェイクスピアの戯曲《用法》*of* が作品すべてを表わす; 一部の場合は by を用いる》/ the arrival *of* a train 列車の到着 / the love *of* a mother for her children 子供に対する母親の愛《変換 a mother's love for her children に書き換え可能》. **b** [it is+形容詞+of+(代)名詞 (+to do) で] ...が(...するのは)...である ここで用いられる形容詞は kind, good, clever, wise, foolish などの人間の性質を表わすもの): It was kind *of* you *to* do that. そうしてくださるとはご親切でした.

❸ [目的格関係を表わして] **a** [しばしば動作名詞または動名詞に伴って] : Columbus's discovery *of* America コロンブスのアメリカ発見《コロンブスがアメリカを発見したこと》/ the love *of* nature 自然愛《自然を愛すること》/ a portrait *of* my father 私の父を描いた肖像画《比較 a portrait *of* my father's 私の父が所蔵している[描いた]肖像画》. **b** [形容詞に伴って] ...を: I'm fond *of* music. 音楽が好きだ / Her look was expressive *of* doubt. 彼女の表情は疑いを表わしていた.

❹ [同格関係を表わして] ...という, ...の, ...である: the city *of* Rome ローマ市 / the fact *of* my having seen him 私が彼に会ったという事実 / the five *of* us 我々5人《用法》この場合 the を省略することもある; cf. B 1 a》/ a friend *of* yours [his, hers] 君[彼, 彼女]の友人《⇒ mine 2) / Look at that dyed hair *of* Tom's. トムのあの染めた髪をごらん / There're about five hundred *of* us. 我々は500人ばかり[居合わせています (cf. B 1 a).

❺ [of+名詞で形容詞句をなして] **a** ...の《用法 年齢・形状・色彩などを表わす時, of を略すことが多い》: a girl *of* ten (years) 10歳の少女 / a man *of* ability [importance] 有能[重要]な人 / a machine *of* no use 全然役に立たない機械 / a man (*of*) about my age 私と同じくらいの年の男 / They're (*of*) the same age. 一彼らは同じ年齢です / This is *of* no importance. これは全然重要でない / It's (*of*) a strange shape. それは奇妙な形をしている《★ この例では *of* を用いるのは文語的》/ I'd like to sleep in a bed (*of*) that size. あのくらいの大きさのベッドに寝たい《★ *of* を用いるのは文語的》. **b** [名詞+of+a+名詞で]《用法 前の部分の名詞+of が形容詞の役割をする》: an angel *of* a boy 天使のような少年 / a mountain *of* a wave 山のような波.

❻ [of+(a(n))+名詞で副詞句を作って] 《古風》[時を表わして] ...に, ...などに: He goes to the pub *of* an evening. 彼は晩になるとよくパブに出かける.

─ B ❶ **a** [部分を表わして] ...の (一部分), ...の中の: the City *of* London ロンドンのシティー (cf. A 4) / a little *of* that bread そのパンを少し / five *of* us 我々のうちの5人 (cf. A 4) / the younger *of* the two 二人の若いほうの人 / Memory is the strangest *of* all human faculties. 記憶は人間の知的能力の中で最も不思議なものである. **b** [日付を表わして] (...の): the 15th *of* March 3月15日.

❷ [分量・内容を表わして; 数量・単位を表わす名詞を前に置いて] ...の: a box *of* chocolates 1箱のチョコレート / a cup *of* coffee 1杯のコーヒー / a pair *of* trousers ズボン1着 / two pounds *of* pork 豚肉2ポンド / a piece *of* furniture 家具1点.

❸ [材料を表わして] ...で(作った), ...から(成る) (cf. from 13, out of 5): made *of* gold [wood] 金[木]製の《★ make...*from* との違いについては make ⓐ A 1 c を参照》/ a house (built) *of* brick れんが造りの家 / make a teacher *of* one's son 息子を教師にする.

❹ [関係・関連を表わして] ...の点において, ...に関して, ...について: He's twenty years *of* age. 彼は20歳だ / It's true *of* every case. それはどの場合にも本当だ / I know *of* him. 彼について[彼の名前, 彼の評判]は(間接的に)知っている 《★ この文は知っていることを意味する》.

❺ **a** [距離・位置・時間を表わして] ...から, ...より: within ten miles [hours] *of* Tokyo 東京から10マイル[時間]以内に / ten miles (to the) north *of* Tokyo 東京の北10マイル / in the north *of* Tokyo 東京北部に《東京内》/ Ireland lies west *of* England. アイルランドはイングランドの西方にある. **b** [時刻を表わして] 《米》...分前 (cf. to A 4 b): at five (minutes) *of* four 4時5分前に / It's five minutes *of* twelve. 12時5分前です.

❻ [分離・剝奪を表わして] **a** [動詞とともに用いて] (...から)...を(...する): deprive a person *of* his rights 人から権利を奪う / get cured *of* a disease 病気が治る. **b** [形容詞とともに用いて] ...から: free *of* charge 無料で / independent *of* ...から独立して.

❼ **a** [起源・出所を表わして] 《文》...から, ...の: be [come] *of* ...の出である / a man *of* California カリフォルニア出身の男. **b** [原因を表わして] ...のため, ...で: be weary *of* life 生きるのがいやになる / die *of* AIDS エイズで死ぬ / smell *of* ...のにおいがする.

of áll mén [péople] (1) だれよりもまず: He, *of* all men, should set an example. だれよりもまず彼が手本を示すべきだ. (2) 人もあろうに: They came to me, *of* all people, for advice. 人もあろうに彼らは私のもとに相談に来た.

of áll thíngs (1) 事もあろうに, よりによって: How could you have forgotten your wallet *of all things*? 何だってよりによって財布を忘れたんだ. (2) 何よりもまず《比較 more than anything などのほうが一般的》.

of cóurse ⇒ course¹ 成句.

OE 《OE; OFF と二重語》

OF 《略》Old French.

of- /əf/ [接頭] (f の前にくる時の) ob- の異形: offensive.

o·fay /óʊfeɪ, -/̂-/ [名] 《米黒人俗》《軽蔑》白人 (foe や oaf の逆読み俗語またはピッグラテン pig Latin 形から).

*__off__ /ɔːf, άf; ɔ́ːf, άf | ɔ́f, ɔ́f/ [前] ❶ [離れた位置・状態を表わして] 《場所》から(離れて, 隔たって), ...を離れて, それて: two miles ~ the main road 幹線道路から2マイル離れて / a street ~ Broadway ブロードウェーの横丁 / Keep ~ the grass. 《掲示》芝生に立ち入るなかれ / His house is just ~ the road. 彼の家はその道路からちょっと入った所にある. **b** ...から それて: get ~ the subject (故意に, またはうっかり)本題からそれる / That's ~ the point. それは主[本]題からそれている. **c** 〈仕事など〉から離れて: ⇒ off-duty / He's ~ work. 彼は仕事を休んでいる. **d** 〈視線など〉 から そらして: I could not take my eyes ~ her. 彼女から目を離すことができなかった. **e** ...の沖に[で]: ~ the Pacific coast of Alaska 太平洋アラスカ沖に.

❷ [固定したものからの分離を表わして] 《固着・付着したものから(離れて)》: wipe sweat ~ one's face 顔の汗をふく / There's a button ~ your coat. コートのボタンが取れている. **b** 〈乗り物など〉から降りて: get ~ a train 列車から降りる / She was thrown ~ her horse. 彼女は馬から投げ出された. **c** ...をはずれて: ~ the hinges ちょうつがい

off. 1254

がはずれて; 心身の調子をくずして. **d** 《口》《本来の状態》からはずれて, 狂って: He's ~ his head. 彼は気が狂っている.
❸ …から割り引いて, …から引いて: take five percent ~ the list price 定価から5パーセント割り引く.
❹ 《口》《人が》…がいやになって, …をやめて: I'm ~ alcohol. アルコールは飲まないことにしている / He's finally ~ gambling [drugs]. 彼はやっとギャンブル[薬(⚡)]をやめた.
── /ɔːf, ɑːf | ɔf/ 副 《比較なし》 **A** ❶ 〘移動・方向を表わして〙**離れて, 去って, 走り出て**: Be ~ (with you!) 行ってしまえ, 出て行け / fly ~ 飛んでいく, 飛び去る / I must be ~ now. もう行かなければならない / The man [He] went ~. その男[彼]は去っていった. 《用法》 この文を強調した文は O- went the man. / O- he went. となる) / They're ~! 各馬[各選手]いっせいにスタートしました.
❷ **a** 〘分離を表わして〙 **分離して, とれて**: come ~ 離れ落ちる; 〈柄などが〉とれる / get ~ 〈馬・乗り物から〉降りる / fall ~ 〈人・ものが〉落ちる / take one's clothes ~ 服を脱ぐ / I bought this at 40 percent ~. これを4割引で買った / You can get 10 percent ~ with a student card. 学生証をもっていくと1割引になる. **b** 〘切断・断絶などを表わす動詞とともに〙 **(断ち)切って, (切り)離して**: bite ~ かみ切る / cut ~ 切り取る[去る] / turn ~ the water [the radio] 水道[ラジオ]を止める.
❸ 〘時間・空間的に離れていることを表わして〙 **隔たって, 離れて, あちらに, 遠くに**: far [a long way] ~ ずっと遠くに / three miles ~ 3マイル離れて / Christmas is only a week ~. クリスマスはたった1週間先だ.
❹ 〘動作の完了・中止などを表わして〙…**してしまう; すっかり, 終わりまで**: drink ~ 飲み尽くす / finish ~ 終えてしまう / I know them ~ by heart. それらをすっかりそらで覚えている. **b** 〘関係が切れたことを表わして〙 **〈…との〉関係が切れて**: She has broken ~ with him. 彼女は彼と縁が切れている.
❺ 〘仕事・勤務などを〙**休みにして**: have [take] a day ~ 一日仕事を休む[休暇を取る].
❻ 〘劇〙 **舞台の陰で** (offstage): noises ~ 舞台の陰で[の]もの音.
──**B** 《用法》形 とも考えられる》 ❶ **はずれて, とれて, 脱げて**: The handle is ~. 柄がとれている.
❷ **非番で, 休みで**: I'm ~ today. きょうは非番[休み]だ.
❸ 《口》 **a** 〈人が〉(調子)狂って: I'm feeling a bit ~ today. きょうは少々(気分)が変だ. **b** 〈食物が〉傷んで: The fish is [has gone] a bit ~. 魚が少々傷んでいる[しまった].
❹ **a** 〈行事・約束など〉**取り消されて**: I'm afraid tomorrow's picnic is ~. 残念ですが明日の遠足は中止です. **b** 〈水道・ガス・電気など〉止まって, オフになって. **c** 〈食堂などで〉料理が品切れで. **d** 〈劇〉上演が終了して.
❺ 〘計算・推測で〙**間違って**: You're way ~ on that point. その点君はかなり間違っている.
❻ 〘well, badly などの様態の副詞を伴って〙 **a** 暮らし向きが…で: He's well [badly] ~. 彼は暮らしが裕福である[苦しい]. **b** 《口》 〘品物などの〙…**の状態で**: How are you ~ for food? 食糧はどのくらいある / We're well ~ for butter. バターは十分にある / They're badly ~ for money. 彼らはお金に困る.
❼ 《英口》 〘人に〙 **失礼な, よそよそしい**: She was a bit ~ *with* me this morning. 彼女は今朝僕に冷たかった.
It's a bit óff 《英口》 それはひどい, そいつは不潔だ: *It's a bit* ~ not apologizing to you. 君に謝らないとはひどいよ.
óff and ón ⇒ on 副 成句.
off ~ of... 《米・俗》 **~から**: He took the book ~ *of* the table. 彼はテーブルから本を取った.
Off with... 〘命令法で〙 (1) 〈帽子・服など〉を取れ, 脱げ: *O- with* your hat! 帽子を取れ. (2) 〈首〉を切れ: *O- with* his head! 彼の首を切れ, 処刑せよ!
Óff with you! 行ってしまえ!, 出て行け!
ón and óff ⇒ on 副 成句.
ríght [stráight] óff 《口》 すぐに, 直ちに.
That's a bít óff = It's a bit OFF 成句.
── /ɔːf, ɑːf | ɔf/ 形 (~・er; ~・est) Ⓐ ❶ 《比較なし》**a** 非番の, 休みの: ⇒ off day / one's ~ hours 休みの[暇な]時間. **b** 季節はずれの, 閑散な; 不況の: ⇒ off-season, off year. ❷ 《比較なし》**a** 遠いほうの, 向こうの: the ~ side of the wall 壁の向こう側. **b** 〈馬車の馬・車輪の〉右側の, 右手の (cf. near 形 6): ⇒ offside 名 1 a / the ~ wheels 右側の車輪. ❸ 《比較なし》 〈機会など〉(とても)ありそうもない: ⇒ off chance.
── /ɔːf, ɑːf | ɔf/ 名 [the ~] ❶ 《競馬の》出走. ❷ 《クリケ》 《打者の》右前方 (↔ on).
── 動 《米》 〘命令法で〙 出て行く, 去る. ── 他 《俗》〈人〉を殺す.
〖OE; 元来 OF の副詞用法〗

off. 〘略〙 office; officer; official.

off- /ɔːf, ɑːf | ɔf/ 接頭 次の意味を表わす: ❶ 「…から離れて」: *off-*street. ❷ 「〈色〉が不十分な」: *off-*white.

óff-áir 形 放送[放送用録音]中以外の, 放送中でない, 放送に乗らない (↔ on-air).

of・fal /ɔːf(ə)l, ɑːf- | ɔf-/ 名 Ⓤ ❶ くず肉, 臓物. ❷ くず, 廃物; ごみ. ❸ 腐肉.

óff・béat 形 ❶ 《口》 風変わりな, とっぴな; 奇異な. ❷ /ーˊー/ 《楽》 オフビート 《4 拍子では第2拍・第4拍に強勢がみられる, など》.

óff-bránd 形 Ⓐ (有名)ブランドものでない, 無名ブランドの. ──/ーˊー/ 名 三流ブランド.

óff-Bróadway 形 副 オフブロードウェーの[で]. ── 名 Ⓤ オフブロードウェー《米国 New York 市の Broadway 以外の劇場またはその(演)劇; 小規模で入場料も安い; cf. Broadway 2, off-off-Broadway》.

óff-cámpus 形 副 大学(敷地)外の[で], 学外の[で].

óff-cénter 形 ❶ 中心をはずれた. ❷ 《米口》人と違う, 一風変わった, 妙な.

óff chánce 名 〘単数形で〙 かすかな見込み[望み] 〈*that*〉: There's only an ~ *of* getting the money back. その金を取り戻せる見込みはごくわずかです. **on the óff chánce** 万一にもと思って 〈*of*〉: I wrote the letter *on the* ~ *that* it might reach him. 彼に届くことをかすかに願いつつその手紙を書いた.

óff-cólor 形 ❶ **a** 顔色の悪い; 気分のすぐれない; (いつもより)調子が悪い: feel ~ 少し気分が悪い. **b** 〈宝石など色の悪い〉; 品質の悪い. ❷ 《性的に》いかがわしい, きわどい: an ~ joke きわどいジョーク.

óff-cùt 名 (紙・木材などの)切れ端.

óff dày 名 ❶ 非番の日, 休みの日. ❷ 不調な日.

óff-drý 形 〈ワインが〉中辛口の, オフドライの.

⁺**óff-dúty** 形 勤務のない, 非番の(時)の (cf. off DUTY 成句): an ~ policeman 非番の警察官.

⁺**of・fence** /əféns/ 名 《英》 = offense.

⁺**of・fend** /əfénd/ 動 他 ❶ 〈人〉**を怒らせる**, 〈人〉の感情をそこなう 《★ しばしば受身で, 「〈人が〉(…に)腹を立てる」の意になる》: I'm sorry if I've ~ed you. お気に障ったらごめんなさい / She was ~ed with him [*by* his remark, *at* being ignored]. 彼女は彼に[彼の言葉に, 無視されたことで]腹を立てた / You're easily ~ed. 君は怒りっぽい / She *was* very ~*ed* that her colleagues forgot her birthday. 彼女は同僚たちが彼女の誕生日を忘れたのでうんと怒った. ❷ 〈もの・ことが〉感覚・正義感などを傷つける, そこなう: ~ the eye 目障りである / The noise ~s the ear. あの音は耳障りだ. ❸ 〈法・規則など〉を犯す, 破る. ── 自 ❶ **a** 罪[過ち]を犯す. **b** 〘法律・礼儀などに〙そむく, 〈法律などを〉犯す 《★ *against* を伴い受身で》: ~ *against* good manners 礼儀に反する, 不作法なことをする 〈*against* the law 法を犯す. ❷ 人の感情をそこなう. 〖F<L *offendere* …を打つ ⟨OF-+-*fendere*, *-fens-* 打つ; cf. defend〗 (名 offense, offensive)

⁺**of・fénd・er** 名 ❶ **a** (法律上の)犯罪者, 違反者 (culprit): a first ~ 初犯者 / an old [a repeated] ~ 常習犯. **b** 〈慣習・規範・良識などに〉背く人, 違反者; 悪事をはたらく[誤ったことをする]人. ❷ 人の感情を害する人[もの], 無礼者.

⁺**of・fénd・ing** 形 Ⓐ 〈もの・ことが〉腹立たしい, 不愉快で; 目[耳]障りの.

⁺**of・fense** /əféns/ 名 ❶ Ⓒ 〘義務・慣習などの〙**違反, 反**

則: commit an ~ *against* decency [good manners] 不作法なことをする. **b** (軽微な)犯罪: a criminal ~ 犯罪 / a first ~ 初犯 / a minor ~ 軽犯罪. ❷ 怒らせること, 立腹; 人を害すること, 無礼, 侮辱: take ~ (*at*...) (...に対して)怒る / That will give [cause] ~ (*to* him). そんなことをしたら(彼は)怒るだろう / I'm sorry; I intended no ~. ごめんなさい. 悪気があったわけではないです / No ~ (*to* you), but I don't like the film. (君の)気分を害するために言うのではないが, ぼくはあの映画は好きじゃない. **b** C 気を悪くさせるもの, 不愉快[迷惑]なもの: an ~ to the ear [eye] 耳[目]障りなもの. ❸ U **a** 攻撃 (↔ defense) (《発音》offense と対照させる時には《米》ではしばしば /ɔ́ːfens, ɔ́ːf-/ と発音される): The best defense is ~. 最善の防御は攻撃である. **b** [スポ] 攻撃: play ~ 攻撃側に立つ. **c** [通例 the ~] 《米》攻撃側[軍] (《英》attack). (動) offend) 【類義語】⇨ crime.
offénse・less 形 ❶ 違反のない, 罪のない. ❷ 攻撃力のない. ❸ 悪気のない, 不快でない.
***of・fen・sive** /əfénsɪv/ 形 ❶ いやな, 不快な: an ~ sight 目障りな光景 / an ~ smell いやなにおい / Tobacco smoke is ~ *to* me. たばこの煙は私にはいやでございます. ❷ 感情を害するような, 無礼な, 侮辱的な: ~ behavior 無礼なふるまい / an ~ remark 人の感情を害するような言葉 / That's ~ *to* women. それは女性にとって侮辱的だ. ❸ A 攻撃的な, 攻勢の; 攻撃側の; 攻撃用の (↔ defensive): an ~ and defensive alliance 攻守同盟 (★ 対照を明確に示すためには /əfénsɪv ən dɪfénsɪv, ɔ́ːf-/ と発音されることもある) / ~ weapons 攻撃用の兵器[武器]. ― 名 ❶ [the ~] 攻撃, 攻撃態勢, 攻勢 (↔ defensive): be on *the* ~ 攻撃に出ている / take [assume, go on, go over to] *the* ~ 攻勢に出る. ❷ (非軍事的な攻勢, (積極的な)活動, 社会運動: start an ~ *against* organized crime 組織犯罪の一掃に乗り出す. **~・ly** 副 **~・ness** 名 (形 offend)

✻of・fer[1] /ɔ́ːfə, áf- | ɔ́ːfə/ 動 ❶ (人に)〈物・援助などを〉提供する, 申し出る, 差し出す: ~ information [service] 情報[奉仕]を提供する / This university ~s a course in business administration. この大学は経営学の課程を設けている / [+目+目] He ~ed me a drink.=He ~ed a drink *to* me. 彼は私に一杯飲まないかと申し出た / We ~ed her a better position. 彼女にもっとよい地位についてもらおうと申し出た. ❷ (こうしたらどうかと)〈意見・案などを〉提案する, 申し出る: ~ advice 忠告する / a suggestion 提案する / [+to *do*] I ~ed *to* lend her the money. 彼女にお金を貸してあげようと言った. ❸ **a** 〈ものを〉(...の値で)売り出す: The store is ~*ing* special bargains this week. その店は今週は特別奉仕品を提供している / He ~ed the car *for* $1000. 彼はその車を千ドルで売りに出した / [+目+目] I ~ed him the car *for* $1000. 彼に千ドルでその車を売ろうと申し出た. **b** (人に)〈...の金額を〉〈...に対して〉売り出す: He ~ed $1000 *for* the car. 彼はその車に千ドル出そうと言った / [+目+目] I ~ed him $1000 *for* the car. 彼に千ドルでその車を買おうと申し出た. ❹ **a** 〈ものが〉〈...を〉呈示する, 表わす: No country in the world ~s such wild, impressive beauty as Norway does. 世界中でノルウェーほど野生味のあふれた印象的な美観を呈している国はない. **b** [~ oneself で] チャンスなどが現われる, 生じる, 起こる: till a good chance ~s *itself* よい機会が現われるまで. ❺ 〈祈りをささげる〉〈いけにえを〉供える (*up*) : ~ a sacrifice いけにえを供える / ~ (*up*) prayers to God 神に祈りをささげる. ❻ 〈暴力・危害などを〉加えようとする; 〈抵抗などの〉気勢を示す: ~ battle 戦いをいどむ.
― 自 〈ものが〉現われる, 起こる: as occasion ~s 機会ある時に / Take the first opportunity that ~s. どんな機会もあったら逃がすな.
― 名 ❶ 申し出, 提供, 提案: a job ~ 求人 / an ~ of food 食料の提供 / accept [refuse, decline, turn down] an ~ of support 後援の申し出を受ける[断わる] / make a person an ~=make an ~ to a person 人に提案[提供]する / [+to *do*] He rejected her ~ *to* help. 彼は彼女の援助しようという申し出を断わった. ❷ **a** (売品の)提供, オファー: a special ~ 特価提供. **b** 申し込み値段, 付け値 (bid): He made an ~ of $10,000 for the car. 彼はその車に1万ドルの付け値をつけた. ❸ 結婚の申し込み.
be ópen to óffers (値段など)相手の相談に応じる.
on óffer (安くしたりして)売り物に出て(いる).
únder óffer 《英》〈売り家が〉買い手がついている.
~・er 《L=...の方へ運ぶ OF-+*ferre* 運ぶ; cf. transfer》

of・fer[2], **OFFER** /ɔ́ːfə, áf- | ɔ́ːfə/ 名 《英》オファー (民営化された電力供給事業を監督し, 価格統制を行なう政府機関). (*Office of Electricity Regulations*)

óffer dòcument 名 (企業買収が目的の)株式公開買付け公示文書.

***of・fer・ing** /ɔ́ːf(ə)rɪŋ, áf- | ɔ́ːf-/ 名 ❶ **a** (神への)奉納, 献納. **b** 奉納物, 供物. ❷ (教会への)献金; 贈り物. ❸ U 申し出; 提供. ❹ C 売り出し. **b** C 提供物; 売り物. ❺ C 講義課目.

óffer price 名 (資産の)売り出し値.

of・fer・to・ry /ɔ́ːfətɔːri, áf- | ɔ́fətəri, -tri/ 名 ❶ [しばしば O~] [キ教] **a** (パンとぶどう酒の)奉納. **b** 奉納文[唱]. ❷ (教会での)献金. ― 形 献金の: an ~ box 献金箱.

óff-gàs 名 発生気体, オフガス 《化学反応の際に排出される気体》. ― 動 自 オフガスを発生する.

óff-guárd 形 P 警戒を怠った, 油断した: catch [take] a person ~ 人の不意をつく.

óff・hánd 形 即座に, 即席で, ただちに. ❷ ぞんざいに, ぶっきらぼうに; むぞうさに; 何気なく. ― 形 ぞんざいな, ぶっきらぼうな; むぞうさな; 何気ない: in an ~ manner むぞうさに, そっけない態度で / She was ~ with us. 彼女は私たちに対してぞんざいだった.

óff・hánded 形 =offhand. **~・ly** 副 **~・ness** 名

✻of・fice /ɔ́ːfɪs, áf- | ɔ́f-/ 名 ❶ C **a** [しばしば複数形で] (工場と区別して, 事務員・店員などが勤めに出る)事務所, オフィス, 会社: a head [branch] ~ 本社[支社] / go to the ~ 事務所[会社]に行く / He works in an ~. 彼は事務所[会社]に勤めている / The company moved to new ~s last year. その会社は去年新しいオフィスへ引っ越した. **b** (弁護士などの)事務室, 執務室. **c** 《米》診療室, 医院 (《英》surgery): a dentist's ~ 歯科医院 / a doctor's ~ 医院. **d** 《米》大学教員の研究室. ❷ C [通例修飾語を伴って] ...所, ...取扱所: an information [inquiry] ~ 案内所, 受付 / booking office, box office, left luggage office, post office, ticket office. ❸ U [the ~; 単数扱い] (事務所などの)全職員, 全従業員. ❹ C [通例複合語で] **a** 《米》(省 (department) 以下の機構の) ...局, ...部: the Patent O~ 特許局. **b** 《英》...省, ...庁 (⇨ department) (2): the Foreign and Commonwealth O~ 外務省 / the Home O~ 内務省. ❺ C 官職, 役職: be [stay] in ~ 在職する; (政党が)政権を握っている / enter (《英》upon) ~ 公職につく / go [be] out of ~ 政権を離れる[離れている] / hold [fill] (public) ~ (公職に)在職する / leave [resign from] ~ (公職を)辞する, 辞任する / retire from ~ (公職から)引退する / take (public) ~ (公職に)就任する. ❻ U,C 職務, 任務, 役目: the ~ *of* chairman 議長の任務 (《用法》of の次の名詞 C に通例冠詞を用いない) / do the ~ of ...の役目をする / purely honorary ~ まったくの名誉職. ❼ C [通例複数形で] 尽力, 斡旋(ホン): by [through] the good [kind] ~s of... ...の好意[斡旋]で / count on a person's good ~s 人の好意を当てにする. ❽ C **a** [the ~, one's ~] (宗教的)儀式, 礼拝式; 《カト》職務日課; 《英国教》朝夕の祈り: say *the* [*one's*] *divine* ~ 《カト》聖務日課(の祈り)を唱える. **b** [the last ~s で] 葬儀: perform *the last* ~s *for* the deceased 故人の葬儀を行なう. ❾ [複数形で] 《英》台所, 家事室, 物置(など). ❿ [the ~] 《米俗》合図, 暗示: give *the* ~ ...へヒントを与える. **the óffice of árms** 紋章局 《英国の College of Arms あるいは他国のこれに相当する機関》. 《F < L *officium* 奉仕, 仕事 < *opus* 仕事+-*fic* < *facere*

...をする); cf. fact, operate) (形) official) 【類義語】
(1) ⇒ position. (2) ⇒ function.

óffice automátion 名 U (オートメーションの活用による)事務・業務の自動[効率]化.
óffice-bèarer 名 《英》 =officeholder.
óffice blòck 名 《英》 =office building.
óffice bòy 名 《古風》(会社などの)雑用係の少年.
óffice building 名 《米》 オフィスビル.
óffice gìrl 名 《古風》(会社などの)雑用係の女性.
óffice-hòlder 名 公職にある者, 役人; 役職者.
óffice hòurs 名 執務時間, 営業時間; 《米》診察時間; 《米》(大学教員の)オフィスアワー《研究室で学生が教員と面談できる時間》.
óffice pàrty 名 オフィスパーティー《クリスマス休暇の直前に行なわれる職場のパーティー》.

‡**óf·fi·cer** /ɔ́ːfisɚ, ɑ́f‑ | ɔ́fisə/ 名 ❶ (陸・海・空軍の)将校, 士官 (cf. soldier 1 b): an ~ in the army 陸軍将校 / a military [naval] ~ 陸[海]軍将校 / the ~ of the day [week] 日直[週番]士官. ❷ a [しばしば修飾語を伴って](…)役人, (…)官, (…)吏: a customs ~ 税関吏 / an executive ~ 行政官 / a press ~ 報道官 / a public-relations ~ 広報官. b (会社などの)役員, 幹部: a company ~ 会社役員. ❸ a [呼び掛けにも用いて] 警官: O~! おまわりさん! b 《米》巡査《最下級の警察官; ⇒ police 解説》 ❹ a (商船の)オフィサー, 士官《船長・航海士・機関長・事務長・船医など; cf. sailor 1》: an ~ on a steamer 汽船のオフィサー / the chief ~ 一等航海士 / a first [second, third] ~ 《海》一[二, 三]等航海士. b (飛行機で, 機長をはじめとする)運航乗務員. **ófficer of árms** 紋章官《the KING of arms, herald, pursuivant など》.

óffice wòrker 名 会社員.

‡**of·fi·cial** /əfíʃ(ə)l/ 形 (more ~; most ~) ❶ Ⓐ (比較なし) a 職務上の, 公務上の, 官の, 公の: ~ affairs [business] 公務 / ~ funds 公金 / an ~ position 公職 / one's ~ life 公生活 ⇒ official secret. b 官公職にある, 官選の: an ~ residence 官舎, 官邸, 公邸. ❷ 公式の, 公認の: ~ documents 公文書 / an ~ record 公認記録 / an ~ visit [reception, statement] 公式訪問[接待, 声明(書)] / The news is not ~. その報道は公式のものではない. ❸ (理由・説明など表向きの, 公式的な: That's only the ~ explanation. それは表向きの説明にすぎない. ❹ (比較なし) 薬局方の[による]. ── 名 ❶ a 公務員, 役人, 官公吏: a government [public] ~ 官吏 [公吏] / a city ~ 市の役人 / a high ~ 高官 / a local ~ 地方公務員. b (労働組合の)役員: a union ~ 組合の役員. ❷ 《スポ》 競技役員《審判員・記録員など》. 〖F<L〗 (名) office.

official birthday 名 [the ~] 英国国王[女王]の公式誕生日《6月の第2土曜日》.
of·fi·cial·dom /‑dəm/ 名 U ❶ [けなして] 官公吏社会, 官界. ❷ 公務員, 役人《全体》.
of·fi·cial·ese /əfìʃəlíːz/ 名 U [けなして] (回りくどく難解な)官庁語(法).
of·fi·cial·ism /‑ʃəlìzm/ 名 U ❶ 官庁制度. ❷ (役所式の)形式主義, 官僚主義.
of·fi·cial·ize /‑əlàɪz/ 動 ❶ 役所風[官庁式]にする; 官庁の管轄下に入れる; 公表する.

*of·fi·cial·ly /əfíʃəli/ 副 ❶ a 公式に, 正式に: The hotel was ~ opened last month. そのホテルは先月正式にオープンした. b 公務上, 職掌(しきごう)柄, 公式の資格で. [文修飾] 表向きは, 公式的には: O~ the president retired, but actually he was dismissed. 正式には社長は引退したことになっているが, 実際は解任されたのだ.

official recéiver 名 [しばしば O~ R~; the ~] 《法》(破産)管財人, 収益管理人.
official sécret 名 《英》公職秘密, 政府機密.
Official Sécrets Àct 名 [the ~] 《英》公職秘密法《公職者の守秘義務を定めた法律》.
of·fi·ci·ant /əfíʃiənt/ 名 (宗教的儀式の)司祭者, 祭司.
of·fi·ci·ate /əfíʃièɪt/ 動 ❶ 《聖職者が》式をつかさどる; (式の)司祭を務める 〔at〕. ❷ 〈…の〉職務を行なう, 役目を務める. ❸ 《米》《スポ》審判(員)を務める.

of·fic·i·nal /əfísənl/ 形 ❶ 《薬》の薬局常備の; 薬局方の. ❷ 《薬草》の薬用の. ~·ly /‑nəli/ 副
of·fi·cious /əfíʃəs/ 形 ❶ あれこれ指図する, 横柄[尊大]な; おせっかいな, おせっかいましい: ~ interference おせっかいな干渉. ❷ 《外交》非公式の: in an ~ capacity 非公式の資格で. ~·ly 副 ~·ness 名

of·fie /ɔ́ːfi, ɑ́fi | ɔ́fi/ 名 《英俗》酒類販売免許(店) (off-licence).

off·ing /ɔ́ːfɪŋ, ɑ́f‑ | ɔ́f‑/ 名 [the ~] 沖, 沖合. **in the óffing** 近い将来に, やがてやってき[起こり]そうな: Trouble is in the ~. ごたごたが起こりそうだ.

off·ish /ɔ́ːfɪʃ, ɑ́f‑ | ɔ́f‑/ 形 《口》よそよそしい, つんとした. ~·ly 副 ~·ness 名

óff-kéy 形 ❶ 調子はずれの[に, で], 音程の狂った. ❷ 変則的な[に], 異常な[に].
óff-kìlter 形 ❶ (少し)斜めの, 傾いた; 均斉[バランス]のとれていない. ❷ 普通でない, 変わった; 調子が狂った.
óff-lìcence 名 《英》(店内で飲酒は許さない)酒類販売免許(の店).
óff-límits 形 立ち入り禁止の, オフリミットの: The zone is ~ to us. その一帯は我々には立ち入り禁止となっている.
óff-líne 形 《電脳》オフライン(式)の[で] (cf. on-line): a データ処理で主コンピューターとは直結されている. b ネットワーク[コンピューター]につながっていない.
óff-lóad 動 ❶ 〈余計なもの・厄介な人を(...に)押しつける 〔on, onto〕: He ~ed the work onto me. 彼はその仕事を私に押しつけた. ❷ 〈...の〉荷を降ろす.
óff-méssage 形 副 《政治家が》党の公式路線からはずれた[で].
óff-òff-Bróadway 形 副 オフオフブロードウェーの[で]. ── 名 ① オフオフブロードウェー《New York 市の小ホール・喫茶店などで上演される超前衛演劇; cf. off-Broadway》.
óff-péak 形 Ⓐ 副 ピーク時でない(時に); 閑散時の[に].
óff-píste /‑piːst/ 形 副 (スキーが)通常(滑降)コース外の[で], オフピステの[で].
óff-pítch 形 ピッチがずれた[狂った], 調子が外れた.
óff-prínt 名 (紀要などの論文の)抜き刷り.
óff-plán 形 副 《建物などの売買が》建前で設計図だけが見られる段階で[の].
óff-príce 形 Ⓐ 副 《米》割引の[で], 値引きの[で].
óff-pútting 形 当惑させる; いやな感じを起こさせる. ~·ly 副
óff-rámp 名 《米》(高速道路から一般道路への)退出路.
óff-ròad 形 Ⓐ 未舗装道路や荒地を走る, 公道以外を走るための: an ~ vehicle オフロード車《雪上車・砂上車など; 略 ORV》.
òff-ròading 名 =off-road racing.
óff-ròad ràcing 名 U オフロード競走.
óff-sàle 名 [しばしば複数形で] 《米》持ち帰り用酒類販売.
óff-scréen 形 映画[テレビ]に映らない所で(の); 実生活で(の).
óff-séason 名 (活動の鈍い)閑散期, シーズンオフ (low season; ↔ high season) 《比較「シーズンオフ」は和製英語》: travel in the ~ シーズンオフに旅行する. ── 形 副 閑散期の[に], シーズンオフの[に]: an ~ ticket シーズンオフ用の切符.

*off·set /ɔ́ːfsèt, ɑ́f‑ | ɔ́f‑/ 動 他 (off·set; off·set·ting) ❶ 〈…を〉差引勘定する, 相殺(ᴛᴀɪᴋᴀɪ)する 〔against〕: This will ~ the loss. これで損失が埋め合わされる / Domestic losses were ~ by developing foreign markets. 国内での損失は外国での市場開発によって相殺された. ❷ 〈...を〉オフセット刷りにする. ── /‑‑‑/ 名 ❶ a 《植》側枝, 横枝. b (山の)支脈. ❷ 相殺するもの, 埋め合せ, (負債などの)差引(勘定). ❸ 《印》オフセット(印刷法). ── /‑‑‑/ 形 副 中心(線)をはずれた[で], 斜めに[に], ずれた[で].

óff-shóot 名 ❶ 《植》側枝, 横枝. ❷ (氏族の)分かれ, 分家. b 支脈, 支流, 支線; 派生的な結果, 派生物.

*off·shore /ɔ́ːfʃɔ̀ː, ɑ́f‑ | ɔ́fʃɔ́ː‑/ 副 (↔ inshore) ❶ 沖(合)に. ❷ 沖に向かって. ── 形 ❶ 沖(合)の: ~ fish‑

ery 沖合[近海]漁業[漁場] / an ~ oil field 海底油田. ❷〈風が〉(海岸から)沖に向かう: an ~ wind 沖へ吹く風. ❸〈商品・技術など〉海外の, 国外での, オフショアの: an ~ fund 海外投資信託 / ~ manufacture of car parts 自動車部品の国外製造.

+**óff·síde** [名] ❶ [the ~]《英》**a** (馬・馬車の)右側. **b** (自動車の)道路の中央側 (↔ nearside). ❷ [U]〘スポ〙オフサイド, 反則の位置. ── [形] [副] ❶ 右側の[に]; 反対側の[に]. ❷〘スポ〙オフサイドの[に], 反則の位置の[に] (cf. onside).

óff-síte [形][副] (ある特定の場所から)離れた[て], 敷地[用地]外の[で].

+**óff·sprìng** [名] (複 ~, ~s) ❶ [集合的にも用いて] (人・動物の)子; 子孫. ❷ 生じたもの, 所産, 結果〔of〕.

óff·stáge [形] [副] ❶〘劇〙舞台の陰の[で]. ❷ 私生活の[では]; 内密の[に], 非公式の[に].

óff-stréet [形] [A] 大通りから離れた, 横町の, 裏通りの.

óff-the-bóoks [形] 会計簿に載らない, 帳簿外の; 課税収入にならない.

óff-the-cúff [形][副]《口》準備なしの[に], 即席の[に]: an ~ speech 即席の演説.

óff-the-pég [形]《英》=off-the-rack.

óff-the-ráck [形]〈衣服が〉出来合い[レディーメード]の, 既製の: ~ clothes 既製服.

óff-the-récord [形] [副] 記録に留めない[で], 非公開の[で], オフレコの[で].

óff-the-shélf [形] ❶ 在庫品の. ❷ 既製の.

+**off-the-wáll** [形]《口》風変わりな, ありきたりでない, とっぴな; 頭の変な[おかしい].

óff·tráck [形]《米》競馬場外の: ~ betting (競馬の)場外賭博(とばく)《略 OTB》.

óff-whíte [名] [U] [形] わずかに灰色[黄色]がかった白(の).

offy /ɔ́:fi, ɑ́fi | ɔ́fi/ [名] =offie.

óff yèar [名]《米》❶ 大統領選挙のない年. ❷ (農作・商業・スポーツなどの)不作[不出来]の年.

óff-yèar [形] [A]《米》大統領選挙のない年の: an ~ election 中間選挙.

Of·sted, OFSTED /ɔ́:fsted, ɑ́f- | ɔ́f-/ [名]〘英〙オフステッド《各学校を定期的に視察し, 教育水準を監視する政府機関》.〘*Of*fice for *St*andards in *Ed*ucation〙

oft /ɔ́:ft, ɑ́ft | ɔ́ft/ [副] [しばしば複合語で]《古・文》しばしば, たびたび: *oft*-quoted しばしば引用される.〘OE; OFTEN はこの語から〙

⁑**of·ten** /ɔ́:f(ə)n, ɑ́f-, -ft(ə)n | ɔ́f(ə)n, -ft(ə)n/ [副] (~·er, ~·est; more ~, most ~) ❶ しばしば, たびたび; よく (↔ seldom)《[用法] 文中の位置は通例動詞の前, be の定形および助動詞の後に置く; 疑問文・否定文では文末も可; 命令文では通例文末に置く; cf. frequently》: I ~ visit him. よく彼を訪れる / He has ~ thought about it. 彼はよくそのことについて考えた / She used to come ~*er* [more ~]. 彼女は昔はもっとよく来たものだ / It isn't ~ (that) taxis come this way. タクシーがこちらに来ることはめったにない / How ~ did you see her last year? 去年は彼女に何回会いましたか. ❷ [複数形の名詞・代名詞とともに用いて] 多くの場合, よくあることだが: Children ~ dislike carrots. 子供はニンジンが嫌いなことが多い / *O*~ enough, the newspapers are overtaken by events. 新聞が事態の変化に振り回される[ついていけない]のは別に珍しい話ではない (⇨ overtake [成句]).

áll tòo óften よく, しばしば《★ 良くないことについて用いる》.

as óften as... (1) ...するたびごとに: He failed *as* ~ *as* he tried. 彼はやるたびに失敗した. (2) ...回も: She visits Paris *as* ~ *as* ten times in a year. 彼女は1年に10回もパリを訪れる.

as óften as nót《口》(どちらかと言えば)しばしば, たびたび《★ 頻度は少なくとも50%ほどはという場合》: *As* ~ *as not*, he forgets to bring something. しばしば彼は何か(必要な)ものを持ってくるのを忘れる.

évery sò óften ⇨ every [成句].

mòre óften than nót《口》たいてい, 通例《★ 頻度は50%以上の場合》: You can find him in his office *more* ~ *than not*.《口》彼はたいてい事務所にいますよ.

ónly tòo óften =all too OFTEN [成句].

〘ME; OFT の別形〙

óften·tìmes, óft·tìmes [副]《古・文》しばしば.

og·am /ɑ́gəm, ɔ́:g- | ɔ́g-/ [名] =ogham.

o·gee /óʊʤi:, ─́─/ [名] ❶ 反曲線, 葱花(そうか)線, オジー《S を裏返した形の曲線》. ❷〘建〙オジー《∽ 形の繰形》. ❸ (また **ógee árch**)〘建〙オジーアーチ《上部がねぎぼうず形》. ── [形] 葱花線形[S 字形]の〈線・繰形〉.

Ó·gen (mèlon) /óʊgen(-)/ [名]〘植〙オーゲンメロン《皮は緑色, 果肉はうす緑色で甘い小型のメロン》.

og·ham /ɑ́gəm, ɔ́:g- | ɔ́g-/ [名] [U,C] オガム文字《古代ブリテン・アイルランドで用いられた文字》; [C] オガム碑銘.

o·give /óʊʤàɪv, ─́─/ [名] ❶〘建〙オジーブ《丸天井の対角線リブ; とがりアーチ》; オジー (ogee). ❷〘統〙累積度数分布図. **ogi·val** /oʊʤáɪv(ə)l/ [形]〘建〙オジーブの; オジー形の.

o·gle /óʊgl/ [動] [他] [自] (...に)色目を使う. ── [名] [通例単数形で] 色目.

OGM《略》outgoing message 留守番電話応答用メッセージ.

Ó gràde /óʊ-/ [名] [C,U]〘スコ教育〙普通級《SCE 試験のうち15-16歳で受験する下級試験》.〘O は *O*rdinary の略〙

o·gre /óʊgə | -gə/ [名] ❶ (童話などの)人食い鬼. ❷ 鬼のような人. ❸ 恐ろしい事.

ó·gre·ish /-g(ə)rɪʃ/ [形] 鬼のような. **~·ly** [副]

o·gress /óʊg(ə)rəs/ [名] ogre の女性形.

⁑**oh**[1] /óʊ/ [間]《[用法] しばしば直後にコンマや！などを従える; cf. O[3]》❶ [驚き・恐怖・苦痛・願望・反応・了解などを表わして] ああ!, おお!, おや!: *Oh*, yes! ええ, そうですとも / *Oh*, no! まあ, そんなこと(ありません) / *Oh*, I almost forgot! ああ, もう少しで忘れるところだった / *Oh*! How do you know that? おや, どうしてそれを知っているのです / *Oh*? Are you sure? ええ? ほんと? / "Can I help you?" "*Oh* thanks."「手を貸しましょうか」「やあ, すいません」. ❷ [呼び掛けの名の前に用いて] おい!, ねえ!: *Oh* Tom, get it for me. トム, お願いだからそれを取ってください. ❸ [ちゅうちょを表わしたり, 言葉がつかえた時などに] ええ, ああ: I went with George and Bill, *oh*, and Jim. ジョージとビル, ああ, それからジムとも一緒に行きました. **Óh for**...! ...があるといいな: *Oh for* a cup of tea! お茶が一杯欲しいものだな. **Òh, yéah?** へえそうかい《不信の表現》.〘擬音語; ⇨ O[3]〙

oh[2] /óʊ/ [名] ゼロ (zero): My number is double *oh* seven two. (電話番号などを言うとき)こちらの番号は0072です.

OH《略》〘米郵〙Ohio.

O'Háre Áirport /oʊhéə- | -héə-/ [名] オヘア空港《米国 Chicago にある国際空港》.

O. Hen·ry /óʊhénri/ [名] オーヘンリー《1862-1910; 米国の短編作家; 本名 William Sydney Porter》.

O·hi·o /oʊháɪoʊ/ [名] ❶ オハイオ州《米国北東部の州; 州都 Columbus; 略〘米郵〙OH; 俗称 the Buckeye State》. ❷ [the ~] オハイオ川《米国中東部, Mississippi 川の支流》.〘N-Am-Ind=きれいな[大きな]川〙

O·hi·o·an /oʊháɪoʊən/ [形] オハイオ州(人)の. ── [名] オハイオ州の人.

ohm /óʊm/ [名]〘電〙オーム《電気抵抗の SI 組立単位; 略 O, o., 記号 Ω》. **óhm·ic** /-mɪk/ [形]
〘G. S. Ohm ドイツの物理学者〙

óhm·mèter [名] オーム計, 電気抵抗器.

OHMS《略》On His [Her] Majesty's Service.

Óhm's láw [名]〘電〙オームの法則《導体を流れる電流の強さは, 電圧に比例, 抵抗に反比例する》.

óh-nó-sècond [名]《俗》〘電算〙(ボタンの押し間違いなどの)自分のミスに気づいた瞬間.

o·ho /oʊhóʊ/ [間] [驚き・愚弄(ぐろう)・歓喜などを表わして] おほー!, ほーっ!, おや!.

-o·hol·ic /əhɔ́:lɪk | əhɔ́l-/ [連結形] =-aholic: chocoholic.

OHP /óʊèɪtʃpí:/《略》overhead projector.

oi /ɔɪ/ [間]《口》オイ《hoy[2] の下品な発音で, 人の注意をひく発声》. ── [名] [U] やかましい[うるさい]パンクロック[ポップミュージック].

-oid /ɔɪd/ [接尾]「...のような(もの)」「...状の(もの)」「...質の」

の意の形容詞・名詞語尾: humanoid.

o·id·i·um /ouídiəm/ 名 (複 -ia /-iə/) 〖菌〗 ❶ オイディウム属のウドンコカビの総称. ❷ 分裂子.

OIEO 〘英略〙 offers in excess of... を超える付け値〘広告用語〙.

oik /ɔik/ 名 〘英俗〙 下品なやつ, いやなやつ. ~·**ish** 形

‡**oil** /ɔil/ 名 ❶ **a** 油: machine ~ 機械油 / various ~s 種々の油 / ~ and vinegar [water] 油と酢[水] (互いに相いれないもの; 「水と油」). **b** ⓤ 石油 (petroleum); 原油. ❷ **a** [複数形で] 油絵の具: paint in ~s 油絵をかく. **b** ⓒ 〘口〙 油絵. ❸ [複数形で] =oilskin 2. **búrn the mídnight óil** 深夜まで勉強する[働く]. **míx like óil and wáter** ⇒ mix 動 〘成句〙. **óil of vítriol** ⇒ vitriol 〘成句〙. **óil of túrpentine** ⇒ turpentine. **póur óil on the fláme(s)** (1) 火に油を注ぐ. (2) 扇動する. **póur óil on the wáters** [**tróubled wáters**] 風波を静める《画果波立つ水面に油を投じて波を静めたことから》. **stríke óil** (1) 油脈を掘り当てる. (2) 〘投機で〙山を当てる; 〈新企業などが〉当たる. —— 名 Ⓐ 油を用いる: an ~ heater [lamp, stove] 石油ヒーター[ランプ, ストーブ]. —— 動 ⓣ 〈...に〉油を塗る; 油を差す; 油を引く; オイル[燃料油(など)]を補給する; 油でよごす[汚染]する: ~ a bicycle 自転車に油を差す. 〖F<L<Gk=オリーブオイル〗 〘形〙 oily)

óil-bàsed 形 〈塗料など〉油性の.
óil-bèaring 形 〘土地が〙含油の.
óil bèetle 名 〘昆〙 ツチハンミョウ 〘油状の液を分泌する〙.
óil bìrd 名 〘鳥〙 アブラヨタカ 〘南米北部産; ひなどりから食用油・灯用油を採る〙.
óil càke 名 ⓤ 油かす 〘家畜の飼料・肥料〙.
óil càn 名 〘注ぎ口の突き出た〙油差し.
óil clòth 名 ❶ ⓤ 〘厚手の綿の〙油布, 防水布. ❷ ⓒ 〘テーブル掛けなどの〙オイルクロス.
óil còlor 名 C,U 〘通例複数形で〙 油絵の具.
óil drùm 名 〘石油の〙ドラム缶.
óiled /ɔild/ 形 ❶ 油にまみれた; 油の（たくさん）ついた; 〈土地など〉石油(など)で汚染された. ❷ [well oiled で] 〘英口〙酔っぱらった.
óil èngine 名 石油発動機[エンジン].
óil·er 名 ❶ 給油器, 油差し. ❷ =oil tanker. ❸ [複数形で] 〘米〙 =oilskin 2. ❹ 〘米〙 =oil well.
†**óil fìeld** 名 油田.
óil-fìred 形 油[石油]を燃料とする: ~ central heating 石油使用のセントラルヒーティング.
óil glànd 名 脂肪分泌腺, 脂腺, (特に水鳥の)尾腺.
óil làmp 名 石油ランプ.
óil·màn 名 (複 -men) ❶ 石油企業家. ❷ **a** 石油業者. **b** 油屋〘人〙.
óil mèal 名 ⓤ 〘粉末の〙油かす.
óil pàint 名 C,U 〘油性塗料, ペンキ. ❷ =oil color.
óil pàinting 名 ❶ ⓤ 油絵画法. ❷ ⓒ 油絵.
nó óil pàinting 〘英口・戯言〙 美しくない人.
óil pàlm 名 〘植〙 アブラヤシ 〘アフリカ産でその実からパーム油 (palm oil) を採る〙.
óil pàn 名 〘内燃機関の〙油受, オイルパン.
óil pàper 名 油紙, 桐油油紙[紙].
óil pàtch 名 〘口〙油田[産油]地帯. ❷ 石油産業. ❸ 〘流出事故後などの〙石油のたまり.
óil plàtform 名 〘海洋上の〙石油掘削用プラットホーム.
óil prèss 名 搾油器.
óil-prodùcing 形 石油を産する: ~ countries 産油国.
óil-rìg 名 油田掘削装置[プラットホーム].
óil sànd 名 ⓤ 油砂, オイルサンド.
óil sèed 名 〘油が採れる〙油料種子.
óilseed rápe 名 〘植〙 セイヨウアブラナ, ナタネ (rape).
óil shàle 名 ⓤ 〘鉱〙 油母頁岩(ゆうぼけつがん), 油頁岩.
óil·skìn 名 ❶ ⓤ 油布, オイルスキン 〘防水布〙. ❷ ⓒ オイルスキンのコート[上着]; [複数形で] オイルスキンの防水服 〘一式〙.
†**óil slìck** 名 〘水面上の〙油膜, 油の海.
óil·stòne 名 油砥石(あぶらといし) 〘油を引いて用いる〙.

óil strìke 名 油脈発見.
†**óil tànker** 名 ❶ 油送船, 油槽船, タンカー. ❷ 油運搬車, タンクローリー.
†**óil wèll** 名 油井(ゆせい).
†**oil·y** /ɔ́ili/ 形 (oil·i·er; -i·est) ❶ **a** 油質の, 油性の. **b** 油を塗った. **c** 油っこい; 油だらけの. **d** 〈肌か〉脂性の. ❷ やけに愛想のよい, こびる[へつらう](ような).
óil·i·ness 名 (名 oil)
oink /ɔíŋk/ 名 ブーブー 〘豚の鳴き声〙. —— 動 ⓘ 〈豚か〉ブーブーいう.
†**oint·ment** /ɔ́intmənt/ 名 U,C 軟膏(なんこう).
OJ 〘略〙 〘米口〙 orange juice.
O·jib·wa, -way /oudʒíbwei/ 名 (複 ~, ~s) ❶ **a** [the ~(s)] オジブウェー族 《Algonquian 語族に属する北米先住民の大部族》. **b** ⓒ オジブウェー族の人. ❷ ⓤ オジブウェー語.

‡**OK, O.K.** /òukéi, ＿＾|＾＿/ 〘口〙 形 [通例 Ⓟ] よろしくて, だいじょうぶで, オーケーで; 申し分なくて; 問題なくて, まあまあで: (Is that) OK? いいか, わかったか / Are you OK? だいじょうぶですか; けがはないですか / You're OK [an OK guy]. あんたはなかなかいい人だ / Everything will be OK. すべてうまくいくだろう / It's OK for you to leave now. もう行っていいですよ / It's OK with [by] me. 私はオーケーだ / an OK movie あまりよくない映画.

—— 副 好調に, うまく, ちゃんと: The machine is working OK. 機械は好調に動いている / We're doing OK. 我々は順調でやっている.

—— 間 ❶ [同意・許可などを表わして] いいよ, 分かった, オーケー: "Will you call me up later again?" "OK."「後でもう一度電話してくれないか」「いいよ」❷ [話を確認して先に進む時, あるいは話題を変える時などに用いて] よし, それでは, さて: OK, now, let's move on to the next agenda. さて, それでは次の議題に移りましょう. ❸ [疑問文で, 相手の理解と同意を確認するために用いて] いいか, いいね: You should find a solution by yourself, OK? 自分で解決策を見つけなきゃだめだよ, いいね. ❹ [相手の議論・批難をさえぎる時などに用いて] わかったよ; はいはい: OK, OK, I went too far. わかったわかった, 僕がやり過ぎたよ.

—— 名 (複 OK's, O.K.'s) 〈...する〉承認, 許可: [+to do] He gave me the OK to go ahead. 彼は私に〈事を〉先に進めてよいというオーケーを出してくれた / We're hoping for a prompt OK from the head office. 我々は本社が早々に承認してくれることを期待している.

—— 動 (OK'd, O.K.'d; OK'ing, O.K.'ing) ❶ 〈...に〉OK を出す 《校了のしるしとして用いる》. ❷ 〈...を〉承認する: The boss OK'd it. 社長はそれを承認した.
〔all correct をわざと oll korrect と書いたことから; Van Buren 大統領の再選運動 (1840) であだ名の Old Kinderhook 〘その生誕地から〙を OK として用いて広まった〕

OK 〘略〙 〘米郵〙 Oklahoma.
o·ka·pi /oukáːpi/ 名 (複 ~s, ~) 〖動〗 オカピ 〘アフリカ中部産; giraffe に似ているがそれより小さい〙. 〖W- Afr〗
‡**o·kay** /òukéi, ＿＾|＾＿/ 形 副 名 動 =OK.
O'Keeffe /oukíːf/, **Georgia** オキーフ (1887–1986; 米国の画家; 花・白骨・砂漠などを配した幻想的な作風で知られる).
O·ke·fe·nó·kee Swámp /òukəfənóuki-/ 名 [the ~] オーキフェノーキー湿地 〘米国 Georgia 州南東部と Florida 州北東部にまたがる〙.
o·key-doke /òukidóuk/ 形 副 〘口〙 =OK.
o·key·do·key /òukidóuki/ 形 副 〘口〙 =OK.
O·khotsk /oukátsk|-kɔ́tsk/, **the Sea of** 名 オホーツク海.
O·kie /óuki/ 名 ❶ 〘米俗〙 オクラホマ州の人. ❷ 〘軽蔑・俗〙 移動農業労働者; (特に)1930 年代のオクラホマ出身の放浪農民.
Okla. 〘略〙 Oklahoma.
O·kla·ho·ma /òukləhóumə/ 名 オクラホマ州 《米国南部の州; 州都 Oklahoma City; 略 Okla., 〘郵〙OK; 俗称 the Sooner State》. 〖N- Am- Ind=red people〗
Oklahóma Cíty 名 オクラホマシティー 《米国 Oklahoma 州の州都》.

O·kla·ho·man /òukləhóumən/ 形 オクラホマ州(人)の. ――名 オクラホマ州の人.
o·kra /óukrə/ 名 ❶ [C][植] オクラ(アオイ科の植物; さやはスープなどに使う). ❷ [U] オクラのさや(食用). 《W- Afr》

*__old__ /óuld/ 形 (~·er; ~·est) 《用法》兄弟姉妹の長幼の順の時は《英》では elder, eldest も用いるが, 《米》では通例 older, oldest を用いる; cf. brother, sister 《解説》 ❶ a 年取った, 老いた, 老年の (↔ young): grow [get] ~ 老いる, 年を取る / He looks ~ for his age. 彼は年の割にふけて見える / be ~ enough to be a person's father [mother] 父親[母親]といってもいいくらい年上である; 《口》(結婚相手などとして)年が不相応に離れすぎている. **b** [the ~; 名詞的に; 複数扱い] 老人たち (★ elderly people, senior citizens のほうが好ましい表現).

❷ (満)…歳[か月(など)]の[で] (cf. 名, age A1a): a six-month-*old* baby (生後)6か月の赤ん坊 / a ten-year-*old* boy 10歳の男の子《変換》a boy of ten (years) と言い換え可能; cf. 名 / She's 50 years ~. 彼女は50歳です / "How ~ is he?" "He's ten (years ~)."「彼は何歳ですか」「10歳です」(★ *4 a* 用法 参照) / He's five years ~*er* than I (am). 彼は私より5つ年上だ.

❸ [比較級・最上級で用いて] 年長の, 年上の (★ 兄弟姉妹関係については1の前の 用法 参照): one's ~*er* [~*est*] sister 姉[長姉] / He's the ~*est* boy in the class. 彼は組でいちばん年長の生徒だ.

❹ a 古い; 古びた, 使い古した (↔ new): an ~ model 旧型, 旧式 / an ~ school 古い学校 / an ~ wine 古酒 / ~ clothes 古着 / an ~ pupil of mine 私の古い教え子 / rocks 100 million years ~ 1億年前の岩石 / in the ~ days 昔は, かつては / This house is about fifty years ~. この家は築50年くらいになる(用法 人の年齢を示す場合のように years old を省略することはできない). **b** [A] (なつかしい)昔の, 元の; 古い旧う, 旧…: one's ~ job 元の仕事 / one's ~ school 母校 / the good [bad] ~ days (あの)なつかしい[いやな]昔のころ / (the) ~ England [London, Paris] なつかしの英国[ロンドン, パリ] / 昔の(名残)をなつかしむいう / the ~ year 旧年. **c** 旧式な, 時代遅れの, 古くさい: an ~ joke 古いジョーク / a gentleman of the ~ school 古いタイプの紳士. **d** [the ~; 名詞的に; 単数扱い] 古いもの, 昔のもの.

❺ [A] (比較なし) **a** 古くからの, 昔なじみの: an ~ friend 旧友 / an ~ enemy 宿敵 / the ~ familiar faces 昔なじみの人々. **b** いつもの, 例の: It's one of his ~ tricks. 彼のいつもの[例の]手口だ / It's the ~ story. よくある話[事]だ.

❻ [A] (比較なし) **a** 古代の, 前時代の: an ~ civilization 古代文明. **b** [O-] (言語史で)古期の, 古代の: ⇒ Old English.

❼ (比較なし)老練な, 老巧な; こうかつな: an ~ offender 常習犯 / an ~ sailor 老練な船乗り / ~ in crime [diplomacy] 罪を重ねている[外交経験の老練な].

❽ (比較なし) [親愛の情や軽蔑を表わし, また呼び掛けにも用いて] 親しい: good ~ Jim ジムのやつ / ~ fellow 《英》ねえ君, おい, なあ / ~ chap ねえ君, おい, なあ / (my dear) ~ thing ⇒ thing 2 b / ⇒ old boy 1 b, old man 3.

❾ [A] (比較なし) [通例形容詞の後につけて強意的に] 《口》すばらしい, すごい: We had a fine [high] ~ time. とても愉快だった.

ány òld …《口》どんな…でも: *Any* ~ thing will do. どんなものだってかまわない / Come *any* ~ time. いつでもいいから来たまえ / This is not just *any* ~ painting. It's a Picasso. これはそんじょそこらの絵じゃない. ピカソだぞ.

the [a person's] sáme òld .. ありきたりの[陳腐な, お決まりの]…: *the same* ~ excuses また繰り返される同じ言い訳.

――名 […-year-old の形で] …歳の人[動物]: a twenty-year-*old* 20歳の人 (★ 被修飾語の名詞が省略されて生まれた表現だった; cf. 形 2).

of óld (1) 昔の: men *of* ~ 昔の人 / in days *of* ~ 昔は, 以前に. (2) [副詞句をなして] 古くから: I know her *of* ~. 昔から彼女を知っている.

1259 old growth

《OE; 原義は「成長した」》
【類義語】 **old** 年を取ったの意の一般的な語; 失礼な響きがあるのでしばしば避けられる. **aged** old よりもさらに高齢であることを示す語. **elderly** old の婉曲語であるが, 「弱っている」という含みも少しはある.

†**óld áge** 名 [U] 老年, 老齢. 《関形 gerontic》
óld-áge pénsion 名 《英》老齢年金 (★ retirement pension の別称).
óld-áge pénsioner 名 《英》老齢年金受給者 (略 OAP).
Óld Bái·ley /-béɪli/ 名 [the ~] (London の)中央刑事裁判所 《俗称》. 《the name から》
óld bát 《英口・軽蔑》もうろくした[不愉快な]老人, じじい, ばばあ.
Óld Bíll 名 [通例 the ~; 単数または複数扱い] 《英俗》警察(官).

†**óld bóy** 名 ❶ **a** 《英口》老人; 中年の男性. **b** [親愛の呼び掛けで用いて] 《英》ねえ君, おい, なあ. ❷ 《英》(男子校の)卒業生, オービー, 校友 (cf. old girl 2). ❸ /ーーー/ old-boy network の一員.

óld-bòy nétwork 名 [the ~] (富裕階級出身者・同級生などによる)排他的な利益供与組織網, 閥.
Óld Chúrch Slávic [Slavónic] 名 [U] 古(期)教会スラブ語 (9世紀に聖書翻訳に用いられた).
Óld Cólony 名 [the ~] Massachusetts 州の俗称.
óld còuntry 名 [the ~] (移民の)本国, 故国; (特に, 英国植民地人からみた)英本国; (米国から見た)ヨーロッパ.
Óld Domínion 名 [the ~] Virginia 州の俗称.
olde /óuldi/ 形 《古》= old.
óld ecònomy 名 [単数形で用いて] [経] オールドエコノミー, 旧型経済 (new economy に対して, 鉄鋼・エネルギー・機械産業などに基づく経済システム). ――形 オールドエコノミーの.
old·en /óuld(ə)n/ 形 [A] 《古·文》昔の: in (the) ~ days = in ~ times 昔(に).
Ol·den·burg /óuld(ə)nbə̀ːg | -bə̀ːg/, **Claes** /klɔ́ːs, klúːs/, **klɔ́s** /klɔ́s/ 名 オルデンバーグ 《1929- ; スウェーデン生まれの米国の彫刻家》.
Óld Énglish 名 [U] 古期英語 (約700-1100年の英語; 略 OE; cf. Middle English, Modern English).
Óld Énglish shéepdog 名 オールドイングリッシュシープドッグ(犬) (目の上までおおう長毛で尾は短い英国原産の大型牧羊犬).

ol·de worl·de /óuldi-wə́ːld(i)/ 形 《英戯言》わざと古風にした, 古めかしさを強調した; 古風な, 古めかしい. 《old world の古めかしいつづり》

Old English sheepdog

*__old-fash·ioned__ /óuld-fǽʃənd/ 形 ❶ [時に軽蔑的に] 古風な, 旧式の, 流行遅れの: an ~ word 古風な[古めかしい]語 / ~ clothes [ideas] 流行遅れの服[考え] / He's very ~. 彼は実に古風[旧式]だ. ❷ [A] 《英古》〈目つき・表情などを〉とがめだてするような: give a person an ~ look 人をとがめだてするような目で見る. ――名 《米》オールドファッションド (ウイスキーで作るカクテルの一種).

óld fláme 名 昔の恋人.
óld fógy [**fógey**] 名 《口》頑固な時代遅れの人.
óld fólks, óld fólk 名 お年寄り, 老人たち.
óld fólks' hòme 名 《口》老人ホーム.
Óld Frénch 名 [U] 古期フランス語 (800-1400年のフランス語; 略 OF).
Óld Frísian 名 [U] (13-16世紀の)古(期)フリジア語.

†**óld gírl** 名 ❶ 《英口》**a** 年配の女性. **b** [女性への親しみの呼び掛けで用いて] ねえ君. ❷ /ーーー/ 《英》(女子校の)卒業生, 校友 (cf. old boy 2).
Óld Glóry 名 《米》米国国旗, 星条旗.
óld góld 名 [U] 古金色 (光沢のない黄色).
óld gròwth 名 [U][C] 原生林, 原始林, 処女林. **óld-**

grówth 图

+**óld guárd** 图 [the ~; 集合的; 単数または複数扱い] 保守派, 守旧派.

óld hánd 图 老練家, 熟練者: an ~ *at* hunting [cheating] 狩猟[いかさま]の名人.

Óld Hárry 《英古風》悪魔.

óld hát 图 [P] 《口》❶ 時代遅れで, 古くさくて. ❷ 平凡で, 陳腐で.

Óld Hígh Gérman 图 (1100年ころまでの)(古)(期)高地ドイツ語.

Óld Icelándic 图 U (9-16世紀の)(古)(期)アイスランド語 (Old Norse と同義に用いられることがある).

+**óld·ie** /óuldi/ 图 《口》❶ ひと昔前の流行歌[映画], 懐ロ: an ~ but goodie 古くてもよいもの. ❷ 年配者.

Óld Írish 图 U 古(期)アイルランド語《7世紀から950 [1000] 年ころまでアイルランドで用いられた Gaelic》.

óld·ish /-dɪʃ/ 图 やや年取った; 古めかしい.

óld lády [one's ~, the ~] 图 ❶ /ㅡㅡ/《俗》かみさん; おふくろ; ガールフレンド《★ 軽蔑的な表現とみる女性も多い》.

the **Óld Lády of Thréadneedle Strèet** 《英》イングランド銀行《俗称; 画英 イングランド銀行は London のシティーの中心 Threadneedle Street にあることから》.

óld lág 《英古風》刑務所に入った前科者.

Óld Látin 图 古代ラテン語《古典派以前, およそ75 B.C. まで》.

óld-líne 图 《米》❶ 保守的な, 伝統派の. ❷ 伝統的な, 体制的な.

Óld Líne Stàte 图 [the ~] オールドライン州《Maryland 州の俗称》.

Óld Lów Gérman 图 U (1100年ころまでの)(古)(期)低地ドイツ語.

óld máid 图 ❶ C 《軽蔑》オールドミス, 老嬢《匿哭 オールドミスは和製英語》. ❷ C 《口》きちょうめんでやかましい人《男にも女にもいう》. ❸ U 《トランプ》ばば抜き.

óld-máid·ish /-dɪʃ-+/ 图 オールドミスの(ような); きちょうめんでやかましい, 小うるさい.

+**óld mán** 图 ❶ [one's ~, the ~] 《口》**a** 亭主. **b** おやじ. **c** ボーイフレンド. ❷ [the ~] 《俗》**a** 親方, 大将, ボス. **b** 船長, 隊長(など). ❸ 《英口》《親愛の呼び掛けに用いて》ねえ君, おい, なあ.

+**óld máster** 图 ❶ (特に13-17世紀のヨーロッパの)大画家. ❷ 大画家の作品.

óld móney 图 U (特に社会的地位を築いた一族で)継承されてきた富[財産], 世襲の富[財産]; そのような富を有する人[一族]. **óld-móney** 图

óld móon 图 満月を過ぎた月; 下弦と朔(さく)との間の細い月.

Óld Níck 图 《英古風》悪魔.

Óld Nórse 图 U 古ノルド語《アイスランド・スカンジナビア半島・ユトランド半島で8-14世紀に用いられたゲルマン語》.

Óld Nórth Stàte 图 [the ~] 古北部州《North Carolina 州の俗称》.

óld òne 图 [an ~] よく知られたジョーク[しゃれ].

Ol·do·wan /áldəwən | ɔ́l-/ 图 《考古》オルドバイ文化(期)の《Olduvai Gorge を標準遺跡とする世界最古とされる石器文化》. —— 图 [the ~] オルドバイ文化(期).

Óld Páls Àct 《英戯言》旧友法《友人を引き立てたり, 互いに助け合ったりすること》.

óld péople's hòme 图 《英》老人ホーム (retirement house).

Óld Pérsian 图 U (紀元前7-4世紀の)(古)(期)ペルシャ語.

Óld Prússian 图 U (古)(期)プロイセン語《印欧語族 Baltic 語派の一つ; 17世紀中に消滅した》.

óld sált 图 《古風》経験豊かな船乗り[水夫].

Óld Sáxon 图 U (古)(期)サクソン語《ドイツ北部でサクソン人が9-10世紀に用いた低地ゲルマン語の方言; 略 OS》.

óld schóol 图 ❶ [one's ~] 母校. ❷ [the ~] 保守派; 伝統支持者: people of *the* ~ 保守派の人々. **óld-schóol** 图 保守派の, 時代遅れの.

óld schóol tìe 图 《英》❶ (パブリックスクールの出身者が着ける)母校のネクタイ. ❷ [the ~] (パブリックスクールなどの)同窓生のつながり; 学閥.

óld sóldier 图 ❶ 老兵. ❷ その道の経験者, つわもの.

old-stáger 图 《口》経験者, 老練家.

old-ster /óuldstə | -stə/ 图 《口》老人.

Óld Stóne Àge 图 [the ~] 旧石器時代.

óld stóry 图 よくある事, ありふれた話: the (same) ~ 例のよくある話[事], いつもの言いわけ.

Óld Stýle 图 U [the ~] 旧暦《ユリウス暦 (Julian calendar) に基づく; 英国では1752年に新暦 (New Style) に切り替えられた; 略 OS》.

+**Óld Téstament** 图 [the ~] 旧約聖書《略 OT; cf. New Testament》.

óld-tíme 图 A ❶ 昔の, 昔からの. ❷ 昔風の.

óld-tímer 图 ❶ 古参, 古顔. ❷ 《米口》老人.

Ol·du·vai Górge /ɔ́:ldʊvaɪ- | ɔ́l-/ 图 オルドバイ峡谷《タンザニア北部にある谷; 前期旧石器文化の遺跡がある》.

Óld Víc /-vík/ 图 [the ~] オールドビック(座) 《London の Thames 川南岸の劇場; Shakespeare 劇の上演で有名》.

Óld Wélsh 图 U (1150年ころまでの)(古)(期)ウェールズ語.

óld wíves' tàle (老婆の話のような)ばかげた話, 愚かな迷信《★ 聖書「テモテ書」から》.

óld wóman 图 《俗》❶ [one's ~] **a** かみさん. **b** おふくろ. ❷ (老婆じみて)じくじくした男. **óld-wóman·ish** /-nɪʃ-+/ 图 《英俗》〈男が〉老婆じみて, 小うるさい.

Óld Wórld 图 [the ~] ❶ 旧世界 (cf. New World). ❷ 東半球; (特に)ヨーロッパ(大陸).

óld-wórld 图 A ❶ [Old-World] 旧世界の; (特に)ヨーロッパ(大陸)の. ❷ 現代的でない, 古風な, 古めかしい.

ole /óʊl/ 图 =old《一部の人の発音に基づくつづり》.

OLE /óʊelíː/ 《略》《電算》object linking and embedding オブジェクトの連結と埋め込み.

o·lé /oʊléɪ/ 間 《闘牛・フラメンコダンスなどでの》オーレイ, いいぞ, よし《賛成・喜び・激励》.

-ole /oʊl, ɔːl | oʊl, ɔl/ 《連結形》《化》❶ 「複素環式の五員環化合物」: pyrrol*e*. ❷ 「水酸基を含まない化合物」《特にエーテル類の名をつくる》.

o·le·ag·i·nous /òʊliǽdʒənəs-+/ 图 ❶ 油質の, 油性の. ❷ お世辞たらたらの, 追従的な.

o·le·an·der /óʊliændə | òʊliǽndə/ 图 C U 《植》セイヨウキョウチクトウ《地中海地方産の有毒植物; 白・桃色・紫の芳香性の花をつける》.

o·le·as·ter /óʊliæstə | òʊliǽstə/ 图 《植》グミ, (特に)ホソバグミ.

o·le·ate /óʊlièɪt/ 图 《化》オレイン酸塩[エステル], 油酸塩, オレアート.

o·lec·ra·non /oʊlékrənàn | -nɔ̀n/ 图 《解》肘頭《ちゅうとう》《尺骨上端の突起》.

o·le·fin /óʊləfɪn/, **-fine** /-fən, -fiːn/ 图 《化》オレフィン《エチレン列炭化水素》. **òle·fín·ic** /-fín-/ 图

o·lé·ic ácid /oʊlíːɪk-/ 图 U 《化》オレイン酸《不飽和脂肪酸》.

o·le·if·er·ous /òʊlíf(ə)rəs-+/ 图 油を出す, 含油….

o·le·o- /óʊlioʊ/ 《連結形》「油」.

o·le·o·graph /óʊliəgræf | -grɑ̀:f/ 图 油絵風の石版画.

òleo·márgarine 图 U 《米》マーガリン.

òleo·résin 图 含油樹脂, オレオレジン. **~·ous** 图

Oles·tra /oʊléstrə/ 图 U 《商標》オレストラ《食用油の代用とする合成油; 体内で消化・吸収されない》.

ole·um /óʊliəm/ 图 《化》発煙硫酸, オレウム.

Ó lèvel /óʊ-/ 图 《英教育》❶ U (GCE の)普通級. ❷ C 普通級(で受験する)科目. 《O は ordinary の略》

ol·fac·tion /alfǽkʃən | ɔl-/ 图 U 嗅覚《きゅうかく》.

ol·fac·tive /alfǽktɪv | ɔl-/ 图 =olfactory.

ol·fac·tom·e·ter /àlfæktɑ́mətə | òlfæktɔ́mətə/ 图 嗅覚計, オルファクトメーター. **ol·fac·tóm·e·try** 图

ol·fac·to·ry /alfǽktəri, -tri | ɔl-/ 图 嗅覚の, 嗅覚器の.

olfáctory nèrve 图 《解》嗅神経.

o·lib·a·num /oʊlíbənəm, ə-/ 图 =frankincense.

ol・ig- /álɪg | ɔ́l-/ [連結形] (母音の前にくる時の) oligo- の異形.

ol・i・garch /álɪgɑ̀ːrk | ɔ́lɪgɑ̀ːk/ 名 寡頭(ホッ)政治における支配者. 《Gk; ⇒ ↑, -arch》

ol・i・gar・chy /álɪgɑ̀ːrki | ɔ́lɪgɑ̀ː-/ 名 ❶ a U 寡頭政治, 少数独裁政治. b C 寡頭独裁国. ❷ C [集合的; 単数または複数扱い] 少数独裁者グループ. **o・li・gar・chic** /àlɪgɑ́ːrkɪk | ɔ̀lɪgɑ́ː-/, **ò・li・gár・chi・cal** /-kɪk(ə)l-/ 形

ol・i・ge・mia, (英) ol・i・gae・mia /àlɪgíːmiə/ 名 [医] 血液減少(過少)(症), 貧血(症).

ol・i・go- /álɪgoʊ | ɔ́l-/ [連結形]「少数」「少」「不足」. 《Gk *oligos* 少数の》

Ol・i・go・cene /álɪgoʊsìːn | ɔ́l-/ [地] 形 漸新世[統]の. ―名 [the ~] 漸新世[統].

óligo・clase /-klèɪs/ 名 U [鉱] 灰曹(ハテ)長石.

òligo・déndro・cỳte 名 [解] 乏[寡]突起(神経)膠細胞.

òligo・den・dróg・li・a /-dendrɑ́gliə | -dendrɔ́gliə/ 名 [解] 乏[寡]突起(神経)膠細胞. 乏[寡]突起(神経)膠組織. **-dróg・li・al** /-əl-/ 形

o・lig・o・mer /əlígəmər | ɔlígoʊmə/ 名 [化] 低重合体, オリゴマー. **o・lig・o・mer・i・za・tion** /əlìgəmərɪzéɪʃən | ɔlɪ-gəməraɪ-/ 名

ol・i・gom・e・rous /àlɪgámərəs | ɔ̀lɪgɔ́m-/ 形 [植] 減数性の.

òligo・núcleotide 名 [生化] オリゴヌクレオチド 《ヌクレオチドが 2-10 個つながったもの》.

òligo・péptide 名 [生化] オリゴペプチド 《10 個未満のアミノ酸から構成される》.

ol・i・gop・o・ly /àlɪgɑ́pəli | ɔ̀lɪgɔ́p-/ 名 U.C 売り手寡占(ホッ) 《少数の売り手(企業)による市場独占; それによる市場価格・市場要求への影響》. **òl・i・gòp・o・lís・tic** /-gɑ̀pə-lístɪk | -gɔ̀p-/ 形 《OLIGO+(MONO)POLY》

ol・i・gop・so・ny /àlɪgɑ́psəni | ɔ̀lɪgɔ́p-/ 名 U.C 買い手寡占(ホッ) 《少数の買い手による市場独占》. **òl・i・gòp・so・nís・tic** /-gɑ̀psə-nístɪk | -gɔ̀p-/ 形

òligo・sáccharide 名 [生化] 少糖, オリゴ糖.

ol・i・go・sper・mia /àlɪgoʊspə́ːmiə | -spɔ́ː-/ 名 U [医] 精子過少[減]症.

ol・i・go・tro・phic /àlɪgoʊtróʊfɪk | ɔ̀lɪgoʊtrɔ́f-/ 形 [生態] 《湖沼・河川の》貧栄養の. **ol・i・got・ro・phy** /àlɪ-gɑ́trəfi | ɔ̀lɪgɔ́trə-/ 名 U 貧栄養.

ol・i・gu・ri・a /àlɪgjʊ́(ə)riə | ɔ̀l-/ 名 U [医] 尿量過少[減少]症, 乏尿(症).

o・lin・go /oʊlíŋɡoʊ/ 名 (複 ~s) [動] オリンゴ 《中南米産のアライグマ科の肉食獣》.

o・li・o /óʊliòʊ/ 名 (複 ~s) ❶ U オリオウ 《肉と野菜のごった煮》. ❷ C ごたまぜ; 雑録集.

ol・i・va・ceous /àləvéɪʃəs | ɔ̀l-/ 形 オリーブ状[色]の.

ol・i・var・y /álɪvèri | -vəri/ 形 オリーブの形をした, 卵形の; [解] オリーブ体の: an ~ nucleus オリーブ核.

***ol・ive** /álɪv | ɔ́l-/ 名 ❶ C **a** [植] オリーブ (★ 平和・勝利・喜び・純潔などの象徴; cf. olive branch, olive crown). **b** オリーブの実 《ピクルスなどにする》. ❷ U オリーブ色, 薄緑色. ―形 オリーブ(色)の; (肌の色・顔色が)黄褐色の. 《F < L < Gk》

olive 1 a, b

ólive brànch 名 [通例単数形で] (平和・和解の象徴としての)オリーブの枝 《由来 ノアの箱舟 (Noah's ark) から放ったハト (dove) がオリーブの枝をくわえてきたという旧約聖書の故事から》. 《解説 国連旗にはオリーブの枝がデザイン化されており, アメリカの国章 bald eagle は右足にオリーブの枝を持っている》. **óffer [hòld óut, exténd] an [the] ólive brànch**

1261 **ombre**

和議[和解]を申し出る.

ólive crówn 名 (勝利の象徴としての)オリーブの冠 《★ 昔ギリシアで勝利者にオリーブの葉の冠が与えられたことから》.

ólive dráb 名 ❶ U 濃青緑色. ❷ [複数形で][米陸軍] (濃青緑色の)冬期用軍服.

ólive gréen 名 U (未熟の)オリーブ色, 薄緑色. **ólive-gréen** 形

***ólive òil** 名 U オリーブ油.

Ol・i・ver /áləvə | ɔ́lɪvə/ 名 オリバー (男性名).

Ol・ives /álɪvz | ɔ́l-/, **the Mount of** 名 [聖] オリブ山, 橄欖(カン)山 《エルサレム東方の小山; キリストがローマ人に引き渡された所》.

ólive shèll 名 [貝] マクラガイ(の貝殻).

ólive trèe = olive 1 a.

O・liv・i・a /əlíviə/ 名 オリビア (女性名).

O・liv・i・er /oʊlíviè, ə-/, **Laurence (Kerr)** 名 オリビエ (1907-89; 英国の俳優・演出家).

ol・i・vine /álɪvíːn | ɔ̀l-/ 名 U.C [鉱] 橄欖(カン)石.

ol・la po・dri・da /áləpədríːdə/ 名 (複 **~s, ól・las po・dri・das** /-də(z)/) (スペイン・南米の)肉と野菜の煮込み; ごたまぜ, 寄せ集め (hodgepodge).

olm /óʊlm/ 名 [動] ホライモリ 《南欧の洞窟にすむ》.

-ol・o・gist /álədʒɪst | ɔ́l-/ 腰尾「…学者」「…論者」の意の名詞語尾: geologist, zoologist.

-ol・o・gy /álədʒi | ɔ́l-/ 腰尾「…学」「…論」の意の名詞語尾: geology, zoology. 《-O-+-LOGY》

o・lo・ro・so /oʊlərόʊsoʊ/ 名 U オロローソ 《スペイン産のデザート用のシェリー》.

O・lym・pi・a /əlímpiə, oʊl-/ 名 ❶ オリンピア (女性名). ❷ オリンピア, オリンピア 《ギリシア Peloponnesus 半島西部の平野; 古代ギリシアで競技会の行なわれた所》. ❸ オリンピア (米国 Washington 州の州都).

O・lym・pi・ad /əlímpiæ̀d, oʊl-/ 名 ❶ 国際オリンピック大会, オリンピアード. ❷ オリンピア紀 《古代ギリシアでオリンピア競技から次の競技までの 4 年間》.

O・lym・pi・an /əlímpiən, oʊl-/ 形 ❶ オリンポス (Olympus) の[に住む]: the ~ gods オリンポスの神々. ❷ (オリンポスの神々のように)堂々とした, 威厳のある. ―名 ❶ オリンポス山の十二神の一人. ❷ オリンピック競技選手.

***O・lym・pic** /əlímpɪk, oʊl-/ 形 A (比較なし) ❶ **a** (近代)国際オリンピック競技の: an ~ athlete オリンピックの選手 / the ~ fire オリンピック聖火. **b** (古代)オリンピア競技の. ❷ オリンピア (Olympia) の. ―名 [the ~s] = Olympic Games.

***Olýmpic Gámes** 名 (複) [the ~] [単数または複数扱い] ❶ 国際オリンピック大会 《1896 年から 4 年目ごとに開催》. ❷ (古代の)オリンピア競技 《古代ギリシアのオリンピアの野で 4 年目ごとに行なわれた競技》.

O・lym・pus /əlímpəs, oʊ-/ 名 オリンポス, オリュンポス 《ギリシア北部の高山 (2,918 m); ギリシアの神々が山頂に住んだという》.

om /óʊm/ 名 [しばしば Om] [インド哲学・仏教] オーム, 唵(オン) 《ベーダ聖典を諷誦する前後, あるいは真言 (mantra) や祈りの開始の際に唱えられる神聖な語》.

OM (略) (英) Order of Merit.

Oma・ha /óʊməhɑ̀ː, -hɔ̀ː | -hɑ̀ː/ 名 オマハ 《Nebraska 州東部 Missouri 河畔の市》.

O・man /oʊmɑ́ːn/ 名 オマーン 《アラビア南東部にある独立国; 首都 Muscat》. **the Gúlf of Ománn** オマーン湾 《アラビア海北部, イランとの間の海域》.

O・mar Khay・yám /óʊməkaɪjɑ́ːm | -mə-/ 名 ウマル [オマル]・ハイヤーム (1048?-?1131; ペルシアの数学者・天文学者・詩人; 詩集 Rubāiyāt の作者としても有名).

oma・sum /oʊméɪsəm/ 名 (複 **-sa** /-sə/) [動] 葉胃(ハッ), 重弁胃 (反芻動物の第三胃).

OMB (略) (米) Office of Management and Budget (政府の)行政管理・予算局.

om・bre, om・ber /ámbə | ɔ́mbə/ 名 U [トランプ] オンバー 《3 人で行なう; 17-18 世紀にヨーロッパで流行した》.

om·bré /ˈɑmbreɪ | ˈɔm-/ 形 色を濃淡にぼかした(織物), 染め分けのぼかしの(布地).

om·bro- /ˈɑmbroʊ | ˈɔm-/ [連結形]「雨」.

òmbro·tróphic 形 [生態]〈泥炭地などの湿地系の〉降水栄養性の〈栄養の供給を主に降水に依存する(貧栄養性の)〉.

om·buds·man /ˈɑmbədzmən | ˈɔm-/ 名 (複 -men /-mən/) オンブズマン《市民に対する役所・役人の違法行為などを調査・処理する公務員》.《Swed=代理人》

o·me·ga /oʊˈmeɪgə, -miː- | ˈoʊmɪgə/ 名 ❶ オメガ《ギリシア語アルファベットの第24字[最終字] Ω, ω; 英字の長音の O, o に当たる; ⇒ Greek alphabet 表》. ❷ [(the) ~] 終わり, 最後. **the álpha and oméga** ⇒ alpha 成句.《Gk ō mega long O》

oméga-3 fátty ácid /-θriː-/ 名 [生化] オメガ3脂肪酸《植物油・魚油・緑黄色野菜などに含まれる不飽和脂肪酸; コレステロールの低下や動脈硬化の予防の効果がある》.

⁺**om·e·let, om·e·lette** /ˈɑm(ə)lət, ˈɔmlət/ 名 オムレツ: **a plain ~** 卵だけのオムレツ / **You cannot make an ~ without breaking eggs.** 《諺》卵を割らなくてはオムレツは作れない《犠牲なしには目的は達せられない; 「まかぬ種は生えぬ」》.《F<L=small plate; 形が似ていることから》

⁺**o·men** /ˈoʊmən/ 名 U.C《...にとっての》前兆, 兆し, 縁起 (portent)《for》: an ~ of death 死の前兆 / an event of good [bad] ~ 縁起のよい[悪い]事柄. ── 動 他〈...の〉前兆となる.《L omen, omin-》(形 ominous)

omen·tum /oʊˈmentəm/ 名 (複 -ta /-tə/, ~s) [解] 網膜(½)《胃を横行結腸に結びつけている腹膜のひだ》. **omén·tal** 形 網の, 大網の.

o·mer·tà, -ta /oʊˈmertə | oʊmeˈrtɑː/ 名 U 沈黙のおきて, 口を割らない約束, 警察への黙秘[非協力]《Mafia の用語》.

om·i·cron /ˈɑmɪkrɑn | oʊˈmaɪkrɔn/ 名 オミクロン《ギリシア語アルファベットの第15字 O, o; 英字の短音の O, o に当たる; ⇒ Greek alphabet 表》.《Gk ō micron short o》

⁺**om·i·nous** /ˈɑmənəs | ˈɔm-/ 形 不吉な, 縁起の悪い; 陰惨な: an ~ silence 不気味な静寂. **~·ly** 副.《L; ⇒ omen, -ous》

o·mis·si·ble /oʊˈmɪsəbl, ə-/ 形 省くことのできる.

⁺**o·mis·sion** /oʊˈmɪʃən, ə-/ 名 ❶ U.C 省略; 遺漏, 脱落. ❷ U 怠慢, 手抜かり: sins of ~ 怠慢の罪.《L<》(動 omit)

omis·sive /oʊˈmɪsɪv, ə-/ 形 怠慢[手抜かり]の.

⁺**o·mit** /oʊˈmɪt, ə-/ 動 他 (**o·mit·ted**; **o·mit·ting**) ❶〈...から×...を〉(うっかりあるいは故意に)省く, 省略する, 抜かす (leave out): Don't ~ his name *from* the list. その名簿から彼の名前を落とさないようにしなさい. ❷〈...し落とす[漏らす], 忘れる; 〈...することを〉怠る, なおざりにする: [+*to do*] We **omitted to** sing the second stanza. 2節目を歌い忘れた / [+*doing*] John **omitted** preparing his lessons that day. ジョンはその日予習を怠った.《F<L omittere より; 見逃すく o+mittere, miss- to send》; cf. mission》(名 omission)

om·ma·tid·i·um /ɑməˈtɪdiəm | ɔm-/ 名 (複 -ti·dia /-tɪdiə/) [動] (複眼を構成する)個眼. **-tíd·i·al** /-tɪdiəl/ 形

om·ni- /ˈɑmnɪ | ˈɔm-/ [連結形]「全...」「総...」: *omni*potent, *omni*vorous.《L omnis all》

om·ni·bus /ˈɑmnɪbəs, -bʌs | ˈɔm-/ 名 ❶ **a** (一冊本の)大選集, オムニバス(版)《個人の作品または数名の作家の同類の作品を集めた一冊の本》: an Agatha Christie ~ アガサクリスティー・オムニバス. **b**《英》(テレビ・ラジオの)オムニバス番組, 総集編. ❷《古》乗合自動車, バス《★現在では省略形 bus を用いる》. ❸《複》A 多数のもの[項目]を含む, 総括[包括]的な; 抱き合わせの: an ~ bill [clause, resolution] 総括的議案[条項, 決議] / an ~ volume 選集, オムニバス版.《F<L; omnis all の変化形で「すべての人のために」の意》

òmni·cómpetent 形 [法] 全権を有する, 万事に関して法的権限を有する. **-tence** 名

òmni·diréctional 形 (アンテナ・マイク・感知器など)全方向[全方位](性)の.

om·ni·far·i·ous /ɑmnɪˈfe(ə)riəs | ɔm-ˈ/ 形 種種雑多の, 多方面にわたる.

om·nip·o·tence /ɑmˈnɪpətəns, -tns | ɔm-/ 名 U 全能, 無限力; [the O~] 全能の神 (God).

om·nip·o·tent /ɑmˈnɪpətənt, -tnt | ɔm-/ 形 ❶ 全能の. ❷ 絶大な力を有する. ── 名 絶大な力を有する人; [the O~] 全能の神.《L; ⇒ omni-, potent》 **~·ly** 副

om·ni·pres·ence /ɑmnɪˈprez(ə)ns | ɔm-ˈ/ 名 U 遍在する.

om·ni·pres·ent /ɑmnɪˈprez(ə)nt | ɔm-ˈ/ 形 ❶ 遍在する. ❷ どこにもいる[ある].

om·ni·science /ɑmˈnɪʃəns | ɔmˈnɪsiəns/ 名 U 全知; 博識.

om·ni·scient /ɑmˈnɪʃənt | ɔmˈnɪsiənt/ 形 全知の; 博識の. ── 名 全知[博識]の人; [the O~] 全知の神. **~·ly** 副

òmni·séx, -séxual 形 あらゆる性的タイプの人たち[活動]の(に関係する). **-sexuálity** 名

om·ni·um-gath·er·um /ɑmniəmˈɡæðərəm | ɔm-/ 名 寄せ集め, ごたまぜ, 何でもかんでも; 無差別招待会.

om·ni·vore /ˈɑmnɪvɔr | ˈɔmnɪvɔː/ 名 雑食性動物.

om·niv·o·rous /ɑmˈnɪvərəs, -rəs | ɔm-/ 形 ❶ 何でも食べる; 〈動物が〉雑食性の: an ~ diet 肉も野菜も含んだ食事. ❷ (知識などを)手当たりしだいに取り入れる, 食欲に吸収する: an ~ reader 乱読家. **~·ly** 副.《L; ⇒ omni-, -vorous》

o·mo·pha·gi·a /oʊməˈfeɪdʒ(i)ə/, **o·moph·a·gy** /oʊˈmɑfəɡi | -mɔf-/ 名 生肉を食うこと. **omóph·a·gous** /-ɡəs/, **òmo·phág·ic** /-ˈfædʒɪk/ 形

om·pha·lo- /ˈɑmfəloʊ/ [連結形]「へそ」「へその緒」.

om·pha·los /ˈɑmfəlɑs, -lɪs | -lɔs/ 名 (複 -li /-laɪ, -liː/) ❶ **a**《古代》盾(½)の中心の突起. **b** オムパロス《Delphi の Apollo 神殿にある半円形の石; 世界の中心と考えられた》. ❷ 中心(地); 《解》へそ (umbilicus).

Omsk /ɑːmsk | ɔmsk/ 名 オムスク《ロシア中部地方の南部, イルティシ (Irtysh) 川に臨む市》.

‡**on** /ɑn, ən; ˈɑn, ˈɔːn | ɔn; ˈɔn/ 前 ❶ [場所の接触を表わして] ...の表面に, ...の上に, ...に: There's a book **on** the desk. 机の上に本がある / There're boats **on** the lake [sea]. 湖[海]上にボートが浮かんでいる / a fly **on** the ceiling 天井にとまっているハエ / the stations **on** this line この線の駅 / **on** the street [train] 通り[列車]で.

❷ [付着・所持を表わして] ...にくっついて, ...の身につけて (cf. about 前 3, with 前 C 4 b): "Have you got any money?" "Not **on** me, I'm afraid." 「お金を持ち合わせですか」「残念ですが今は持ち合わせがありません」 / The dog is **on** a chain. 犬は鎖につながれている / put a bell **on** the cat 猫に鈴をつける / the buttons **on** a coat 上衣のボタン.

❸ **a** [支え・支持を表わして] ...で, ...を軸にして: carry a bag **on** one's back [shoulders] 袋を背負う / walk **on** tiptoe つま先で歩く / **on** foot [horseback] 徒歩で[馬に乗って] / crawl **on** hands and knees [**on** all fours] よつんばいになって進む / turn **on** a pivot 軸を中心にして回転する. **b**〈言葉・名誉などにかけて〉: **on** one's honor 名誉にかけて / I swear **on** the Bible. 聖書にかけて誓います.

❹ [近接を表わして] ...に接して, ...に面して, ...に沿って, ...に: a house **on** a river 川岸の家 / the countries **on** the Pacific 太平洋沿岸の諸国 / **on** both sides 両側に / My left was a brook. 左手に小川があった.

❺ **a** [日・時・機会を表わして] ...に《用法 日付・曜日につける **on** は口語や新聞などでは省略される》: **on** Monday 月曜日に / **on** July 10 7月10日に / **on** or after the 10th 10日以後 / **on** a fine day 天気のよい日に / She made it **on** the third try. 彼女は3度目に成功した. **b**〈特定の日の朝[午後, 夜]などに〉: **on** the morning of July 10 7月10日の朝に / **on** that evening その日の夕方に《比較》一般の場合は in the evening 夕方に)》/ **on** (the occasion of) my sixtieth birthday 私の60回目の誕生日に / ⇒ (every hour) on the HOUR 成句.

❻ [時間の接触を表わして] ...するとすぐに, ...と同時に

《用法》動作名詞または動名詞に伴う》: on arrival 到着するとすぐ / a doctor on call 待機中の医者 / on arriving in London, I telephoned him. ロンドンに着くとすぐ彼に電話をかけた.

❼ [基礎・原因・理由・条件などを表わして] **a** ...に基づいて, ...による: act on principle [a plan] 主義[計画]に基づいて行動する / buy a table on a credit card テーブルをクレジットカードで買う / a novel based on fact 事実に基づいた小説 / On what grounds...? どういう理由で / on equal terms 平等の条件で / on condition that...という条件で. **b** ...を食べて, ...を常食にして: Cattle live [feed] on grass. 牛は草を[草を食べて]生きている / live on one's salary 給料で生活する / be on welfare《米》生活保護をうけている.

❽ **a** [運動の途中を表わして] ...(の途中)で: on one's [the] way home [to school] 帰宅[学校へ行く]途中で / a policeman on patrol パトロール中の警官. **b** [動作の方向を表わして] ...に向かって, ...をめがけて: march on London ロンドンに向かって行進する / go [start, set out] on a journey 旅行に出かける / The storm was on us. あらしがやってきた. **c** [目的・用事を表わして] ...のために: on business 商用で / go on an errand 使いに行く. **d** [動作の対象を表わして] ...に当てて, ...に向かって: call on a person 人を訪問する / hit a person on the head 人の頭を打つ《用法》通例体・衣服の部分を表わす名詞の前に the を用いるが, He hit me on my head のように所有格を用いる場合もある》/ turn one's back on ...に背を向ける; ...を見捨てる. **e** [不利益を表わして] ...に対して: The joke was on me. そのジョークは私にあてつけたものだった / She hung up on me. 彼女のほうから電話を切ってしまった / He walked out on his wife. 彼は妻を置いて出ていってしまった. **f** [影響を表わして] ...に: have (a) great effect on ...に大きな影響を及ぼす / The heat was beginning to tell on him. 彼には暑さがこたえ始めていた.

❾ **a** [関係を表わして] ...について, ...に関する《用法》about より学問的内容のものに用いる》: a book on history 史書 / take notes on a lecture 講義のノートをとる / I congratulate you on your success. ご成功おめでとう. **b** [従事・所属を表わして] ...に関係して[いる], ...に従事して, ...の一員で: work on a crossword puzzle クロスワードパズルをやる / We're on a murder case. 殺人事件を担当している / She's on the town council. 彼女は町政に関係している[の一員だ] / He's on the football team. 彼はフットボールチームの一員だ.

❿ [状態を表わして] ...して, ...中で: on fire 燃えて(いる) / on strike スト決行中 / on the move 動いて, 落ち着かずに / on the quiet ひそかに / be on the wing (鳥が)飛んでいる / walk on the green light《米》信号が青(の状態)になったので歩き出す.

⓫ [方法・手段・器具を表わして] ...で, ...によって: travel on the cheap 安く旅行する / play a waltz on the piano ピアノでワルツをひく / write a letter on a word processor ワープロで手紙を書く / cut one's finger on a knife ナイフで指を切る / I saw it on TV. テレビでそれを見た / He's on the phone. 彼は電話中.

⓬ [加重・追加を表わして] ...に加えて: loss on loss 重ね重ねの損失.

⓭《口》...が支払う, ...のおごりで: The drinks are on me. 酒代はぼくがおごる / ⇨ on the HOUSE 成句.

⓮ **a**《投薬・食餌療法などを受けて》: He's on medication. 彼は投薬を受けている / ⇨ go on a DIET[1]. **b**《麻薬などを常用して》, ...中毒で: He's on drugs. 彼は麻薬を常用している.

語法》on と upon の用法上の相違については ⇨ upon 語法》.

── /án, ɔ́ːn/ ón/ 副 (比較なし)《用法》be 動詞と結合した場合は 形 とも考えられる》❶ **a** [接触などを表わして] 上に, 乗って, を: get on 乗る, 乗車する / Is the tablecloth on? テーブルクロスはかかっているか / The saucepan didn't have its lid ~. シチューパンにはふたがしてなかった. **b** [付着を表わして] 離れずに, しっかりと: cling [hang] on 取りすがる / Hold on! しっかりつかまれ!

❷ [着衣・化粧を表わして] 身につけて, 着て, かぶって; つけ

1263　once

て: put [have] one's coat on コートを着る[着ている]《用法》目的語が代名詞の時の語順は put [have] it on となる》 / She had too much makeup on. 彼女は化粧が濃すぎた / On with your hat! 帽子をかぶれ.

❸ [動作の方向を表わして] **a** 前方へ, こちらの方に, ...を先に向けて: farther on もっと先の方に / later on 後で / from that day on その日以後 / bring on 持ってくる / come on やってくる, 近づいてくる / The two bicycles met head [full] on. 2台の自転車が正面衝突した. **b**《時間が進んで;《時計を》進めて: It was well on in the night. 夜はかなりふけていた / He was well on in years. 彼はかなり年取っていた / On with the clock on 時計を進める.

❹ [動作の継続を表わして] どんどん, 絶えず, ずっと: sleep on 眠り続ける / keep straight on 直進する / go on talking 話し続ける / On [Go on] with your story. 話を続けなさい.

❺ **a** [進行・予定を表わして] 行なわれて, 上演されて; 予定されて: I have nothing [a lot] on this evening. 今晩は何も予定がない[忙しい] / The new play is on. 新しい芝居がかかっている / What's on? 何事が起こったのか; 何の番組か; 何が上演されているのか / Is the game on at 5 p.m. or 6 p.m.? 試合は5時からだったかそれとも6時からだったかしら. **b**《役者が舞台に出て, 出番で: You're on immediately. すぐ出番ですよ / What time is Madonna on? マドンナは何時に[いつ]出演しますか. **c**《働く人が勤務に服して, 仕事中で: The night shift go on at 10 p.m. 夜勤組は午後10時に勤務につく.

❻ [作動中を表わして]《水道・ガスなど通じて, 出て;《テレビ・ラジオなど》かかって, オンになって: Is the water on or off?《水道など》の水は出しであるか止めであるか / turn on the water 栓をひねって水を出す / The radio is on. ラジオがかかっている.

❼《口》賛成して, 喜んで参加して: I'm on! よしきた, 賛成だ / You're on! (取引・賭けで)ようし承知した.

and só òn ⇨ and 成句.

be [gò] ón abòut《英口》...についてぐずぐず言う, 長々しゃべり続ける: What *are* they *on about?* 連中は何をぐずぐず言っているんだ.

be ón at a person《口》《人》にくどく不満げに言う: He *was on at* me again to take him with me. 彼はまたうるさく一緒に連れていってくれと鼻ならした.

be ón (for)...《口》(...に)参加する: *Are* you *on* (for the picnic)? 君も(遠足に)参加しないか.

it [thát] is (júst) nòt ón《英口》それはだめだ[よくない, 認められない].

ón and óff=**óff and ón** 時々, 不規則に: visit there *on and off* 折々そこを訪ねる.

ón and ón 引き続き, 休まずに.

ón to...=onto.

── 名 [the ~]《クリケ》(打者の)左前方 (↔ off).
《OE》

ón-agáin, óff-agáin 形 A《口》始まったかと思うとすぐ止まる, 出たかと思うとすぐ消える, 断続的な.

on·a·ger /ánədʒər | ɔ́nəgər/ 名 動 オナガー, オナジャー《西南アジア産の野生ろば》.

ón-áir 形 A 放送中の (↔ off-air); 生放送の.

o·nan·ism /óunənìzm/ 名 U ❶ 自慰. ❷ 中絶性交.

o·nan·is·tic /òunənístɪk⁻/ 形 《『創世記』(38:9) にあるOnan の故事から》.

O·nas·sis /ouná:sɪs, -nǽs-/, **Jacqueline Kennedy** 名 オナシス (1929‑94; 元米国大統領 Kennedy 夫人; 1968 年 ギリシャの富豪 A. S. Onassis と再婚).

ón·bóard 形 ❶ 機[船, 車]内で提供される: service(s) 機[船, 車]内サービス. ❷ 機[船, 車]に搭載[内蔵]された: an ~ computer 機[船, 車]載コンピューター. ❸《電算》《メモリーなど》基板にのって[組み込まれて]いる, オンボードの.

once /wʌ́ns/ 副 ❶ 一度, 一回, 一倍: ~ a day [week] 日[週]に一度 / ~ or twice 一, 二回; 何度か / I have skated ~. スケートは一度したことがある / I'm only going

once-over

to tell you ~. よく聞いておきなさい)たった1回しか言いませんよ / O~ one is one. 1×1=1. ❷ [否定文で] (ただの)一度も(...しない): I haven't seen him ~. 彼には一度も会ったことがない / I never ~ cheated. 不正は一度もしなかった. ❸ [条件・時の副詞節内で] 一度でも(すれば), いったん(...すれば): when [if] ~ he consents 彼がいったん承知しさえすれば / O~ bit(ten), twice shy. ⇒ bite 動 1 a. ❹ 昔(ある時), かつて(は) (★ 発音する時には強勢を置かない; 現在完了で用いない): He ~ lived in London. 彼は昔ロンドンに住んでいた / She was ~ very beautiful. 彼女はかつて大変きれいな美人だった / There was ~ a giant. 昔一人の大男がいた / I could speak Chinese ~. 昔は中国語が話せた(が今はだめだ) / a once-famous doctor かつては有名だった医者.

(èvery) ónce in a whíle 時たま, 時々.

móre than ónce 一度ならず, 再三.

ónce agáin もう一度[一回] = ~ again. (先生が生徒に)もう一度言って.

ónce and agáin 幾度も.

ónce (and) for áll これを最後に, きっぱりと: give up smoking ~ and for all たばこをきっぱりやめる / She left her husband ~ and for all. 彼女は夫のもとを去って二度と戻らなかった.

ónce in a blúe móon ⇒ moon 名 成句.

ónce móre = ONCE again 成句.

ónce upòn a tíme (1) [童話の最初に用いて] 昔々 (⇒ EVER after 成句): O~ upon a time there was a beautiful princess. 昔々美しい王女さまがいました. (2) [口] (なつかしい)昔は.

— ひとたび[いったん]...すると, ...してしまえば: O~ you begin, you'll enjoy it. いったんやりだせば楽しくなる / O~ you learn the basic rules, this game is easy. 一度基本的なルールを覚えてしまえばこのゲームは簡単だ / O~ a liar, always a liar. ひとたびうそつきになったら, ずっとうそつきのままだ (変わることはない).

—名 一度, 一回: O~ is enough for me. 私には一度でたくさんだ.

áll at ónce (1) 突然に, たちまち (suddenly): All at ~, a shark appeared. 突然サメが現れた. (2) みんな一緒[同時]に: Don't speak all at ~. みんなで同時に話してはだめです.

at ónce (1) すぐに, 直ちに, 即刻 (immediately): He came at ~. 彼はすぐに来た. (2) 同時に (at the same time): do two things at ~. 二つの事を一緒にやる.

at ónce ... and ... であると同時に...でもある: His father was at ~ strict and gentle. 彼の父は厳しいと同時に優しくもあった.

(jùst) for ónce [口] (1) 一度だけは(特に): For ~ in my life I'd like not to have to worry about money. 一度だけでいいから金の心配をしないでいたいものだ. (2) = just (for) this ONCE 成句.

jùst (for) thís ónce [口] 今度だけは(特に): I wish you would come home early just for this ~. 今度だけは早く帰ってきてほしい.

the ónce [口] (その時の)一度.

—形 かつての, 以前の: my ~ enemy かつての敵.

[ME ones; ⇒ one, -s³]

ónce-òver 名 [単数形で] [口] ざっと目を通すこと; ざっと調べること; ざっとやる[済ませる]こと (掃除など): give...[the] ~ ...をざっと見る[調べる].

ónc·er /wʌnsə/-sə/ 名 ❶ [英口] 一回しかしない人. ❷ [史] [英口] 1ポンド札. ❸ [豪俗] 再選は望めない議員.

on·cho·cer·ci·a·sis /ɑ̀ŋkousə:káɪəsɪs | ɔ̀ŋkousə:-/ 名 [U] [医] 糸状虫症, オンコセルカ症.

on·co- /ɑ́ŋkou- | ɔ́ŋ-/ [連結形] 「癌(デ)」「腫瘍」. [Gk *oncos* かたまり]

ónco·gène 名 発癌遺伝子.

ònco·génesis 名 [U] 発癌, 腫瘍発生.

ònco·génic 形 腫瘍形成[発生]の, 発癌(性)の.

ònco·ge·níc·i·ty /-dʒənísəti/ 名 [U] [医] 腫瘍形成力[性], 発癌性.

on·col·o·gy /ɑŋkálədʒi | ɔŋkɔ́l-/ 名 [U] [医] 腫瘍学.

ón·còming 形 A ❶ 近づいてくる: an ~ car 対向車. ❷ 新しく現われてくる, きたるべき: the ~ generation 新世代. —名 [U] 近づくこと, 接近: the ~ of winter 冬の接近.

ón·còst 名 [U] [英] 間接費, 諸経費.

ón-dèck círcle 名 [野] ネクストバッターズサークル, 次打者席.

ondes Mar·te·not /ɔ̀:ndmà:ətənóu | -mà:-/ 名 [楽] オンドマルトノ (電子鍵盤楽器の一種). [F = Martenot waves; Maurice Martenot が発明]

on-dit /ɔ̀:ndí:/ 名 (圈 ~s /-(z)/) うわさ, 取りざた, 風評, 評判.

*‡**one** /wʌ́n/ (基数の1; ★ 序数は first; 用法は ⇒ five) 形 ❶ a A 1の, 1個の, 一人の (用法 「1」の意味を強調する時以外は通例不定冠詞が用いられる): ~ dollar 1ドル / in ~ word 要するに / ⇒ ONE one 代. 成句 / He's ~ year old. 彼は1歳だ / ~ man in ten 10人に1人 / No ~ pérson can do it. だれだって一人ではできない / ~ man ~ vote 一人一票(制). b [dozen, hundred, thousand などの集合数詞の前に用いて] 1...: ~ thousand ~ hundred 1,100. c [名詞の後に置いて] (一連のものの中の) 1番目の: Lesson O~ (= The First Lesson) 第1課. d P 1歳で: He's ~. 彼は1歳だ.

❷ a [時を表わす名詞の前に用いて] ある: ~ day [night] (過去か未来の)ある日[晩] (用法 on a day とは通例いわない) / ~ summer night ある夏の夜に / O~ day in May, she met a young man. 5月のある日彼女は一人の若者に会った. b [人名の前に用いて] という名の人 (= a certain): ~ Smith スミスという人 (匹敬 現代では敬称をつけた a Mr. [Ms., Dr., *etc.*] Smith の形のほうが一般的).

❸ [another, the other と対照的に] 一方の, 片方の: To know a language is ~ thing, to teach it is *another*. 一つの言語を知っているのと, それを教えるのはまた別だ (教えることのほうが難しい) / If A said ~ thing, B was sure to say *another*. Aが何か言うとBが必ず別の事を言った / He's so happy-go-lucky that advice seems to go in (at) ~ ear and out (at) *the other*. 彼は行き当たりばったりだから忠告も右の耳から入って左の耳から抜けてしまうようだ / Some say ~ thing, some *another*. こう言う人もあり, ああ言う人もいる / (the) ~ ... *the other*... 一方は...他方は....

❹ [the ~, one's ~] 唯一の (用法 one に強勢が置かれる): the ~ way to do it それをやる唯一の方法 / my ~ hope 私の唯一の希望.

❺ a 同じ, 同一の: in ~ direction 同一方向に / We're of ~ age. 我々は同年だ (匹敬 We are of an age. のほうが一般的) / bottles of ~ size 同じ大きさの(いくつかの)ビン. b P [all ~ で] まったく同じこと, どちらでもよいこと: It's all ~ to me. 私にとっては同じ[どちらでもよい]ことだ.

❻ 一体の, 一致した: with ~ voice 異口同音に / We're all of ~ mind. 我々はみな心は一致している / He's ~ with me. 彼は私と同じく考えた.

❼ [副詞的に, 次の形容詞を強調して] [米口] 特に, 非常に: She's ~ beautiful girl. 彼女はすごい美人だ.

becòme [be máde] óne 一緒になる; 夫婦になる.

for óne thíng ⇒ thing 名 成句.

móre than óne... ⇒ more 名 成句.

óne and ónly ⇒ only 形 成句.

óne and the sáme... 全く同じ...: ~ *and the same thing* 同一のもの (用法 同じ (the same) であるということを強調するときに用いる).

óne or twó... 一, 二の..., 多少の... (a few): It will take ~ *or two* days. 1, 2日, まったく同じ[の日数]がかかります.

óne thíng and anóther あれやこれやで, なにやかやで.

on (the) óne hánd ⇒ hard 名 成句.

—代 ❶ /wʌn/ [単数形で] a (特定の人[もの]の中の)一つ, 1個, 一人: We treated him as ~ *of* the family. 彼を家族の一員として扱った / O~ *of* them lost *his* [*their*] ticket. 彼らのうちの一人が切符をなくした (用法 この one に

照応する代名詞は文脈に応じて he, she, it, they). **b** [another, the other と対応して] 一方(のもの), 片方: They're so much alike that we cannot tell (the) ~ from *the other*. 彼らはとても似ていて区別できない / *O*~ went one way and *the other* (went) another. 一人が一方の道を(行き)もう一人の人は別の道を行った / *O*'s as good as [much like] *another*. 一方(のもの)はほかと似たり寄ったりだ.

❷ (複 ~s) [既出の可算名詞の反復を避けて] (そ)の一つ, それ (cf. that A 代 2 a, none¹ 代 1 a): I don't have a pen. Can you lend me ~? ペンがありません. 貸していただけますか《用法》この場合の複数形は ones を用いず some を用いる》/ Give me a good ~ [some good ~s]. よいのをください《用法》形容詞がつく時には不定冠詞または複数形が用いられる》/ His tone was ~ of sorrow. 彼の口調は悲しみの口調だった.

語法 (1) 同一のものを受ける時は it を用いる: He has a car and drives *it* to school, and I want *one*, too. 彼は車を持っていてそれで通学するんだ. ぼくも車が欲しい.
(2) 前置詞句や関係代名詞節を従える時は the を伴う: I want that ring — *the one* with a diamond. あの指輪 — ダイヤモンドのついている指輪が欲しい.
(3) 不可算名詞では one は用いない: I like red wine better than white. 私は白ワインより赤ワインのほうが好きだ.
(4) 所有格の次には one は用いない. ただし形容詞がつけば用いる: This room is not mine. It's Mary's. この部屋は私の部屋ではない. メアリーの部屋です. / This camera is as good as my new *one*. このカメラは私の新しいカメラに負けないくらいよい.
(5) 基数詞の直後には one, ones は用いない: I have three dogs — two large (ones), and one small (one). 犬を 3 匹飼っている —— 2 匹は大型で 1 匹は小型だ.《★ two ones とは言わない》
(6) 「人称代名詞の所有格+own」の後に one は通例用いられない: This office is my own. このオフィスは私専用のものです.

---

❸ /wÀn/ (複 ~s) [the, this, that, which などの限定語に伴って] (特定または非特定の)人, もの: Will you show me *this* ~? これを見せてくださいませんか / *Which* ~ do you prefer? どちらをお選びになりますか / Give me *the* ~ *there*. あそこにあるのをください / He's *the* ~ I mean. 彼が私の言っている人なのです / Are these *the* ~*s* you were looking for? これらがあなたの探していたものですか.

❹ /wÁn, wÀn/ (複 ~s) [既述の語と関係ある修飾語を伴って] **a** [C (特定の)人,者; 物: my dear [sweet, loved] ~*s* 私のかわいい子供たち / the young [little] ~*s* 子供たち; ひなたち《★ 動物にもいう》/ such a ~ 《文》 そんな人 / any ~ だれでも [どんな物でも] / many a ~ 《文》 多くの人たち / I'm not ~ to repeat an error. 私は誤りを繰り返すようなことはしない [人ではない]. **b** [a ~; 驚きを表わして] [C (特別な)人, 変わった人, おもしろい人. [the O-] 超自然的存在, 神: *the* Holy *O-*=*the O-* above 神 / *the* Evil *O-* 悪魔.

❺ /wÀn/ [後に修飾語を伴って; 複数形なし] (非特定の)人《用法》通例 a man, a person を用いる》: behave like ~ mad 狂人のようにふるまう / *O-* who goes to London should visit the British Museum. ロンドンへ行く人は必ず大英博物館を訪れるべきだ.

❻ /wÁn, wÀn/ **a** [総称人称として; 複数形なし] (一般的に)人, 世人, だれでも《用法》(1) 《口》では one よりも you, we, they, people のほうが好まれる》(2) 照応する代名詞は one, one's, oneself とするのを原則とするが, 特に 《米》では they, their, them, themselves または he, his, him, himself とすることが多い. (3) 辞書の成句の説明などには人称代名詞, 代表形として用いられることがある》: *O-* must obey *one's* parents. 人は(だれでも)親の言うことに従わねばならない. **b** [気取った言い方で] 自分, 私: It was in 1993, if ~ remembers rightly. 確か 1993 年のことでした.

❼ [複合代名詞の第 2 要素として]: ⇒ anyone, every-one, no one, someone.

a góod òne (1) よいもの (⇒ 2). (2) ⇒ good 形 成句.
(just) òne of thòse thíngs ⇒ thing 成句.

óne àfter anóther (1) (不定数のものが)あいついで, 続々と: I saw cars going past ~ *after another*. 車があいついで走ってゆくのが見えた. (2) =ONE after the other 成句.

óne àfter the óther (1) (二人・二つの物が)かわるがわる, 交互に. (2) (特定数のものが)次々に, 順々に: The guests arrived ~ *after the other*. 客は次々に到着した. (3) = ONE after another 成句 (1).

òne anóther お互い(に, を) (cf. EACH other 成句): They helped ~ *another* a lot. 彼らは互いに大いに助け合った / They glanced anxiously at ~ *another's* faces. 彼らは心配そうに互いの顔をちらっと見た.

óne…the óther (二者のうち)一方は…他方は (⇒ other 代 2 a).

òne with anóther 平均して, 概して.

the óne abòut… についての冗談 [おもしろい話]: Have you heard *the* ~ *about* the President? 大統領についてのこんな冗談を聞いたことがあるかい《用法》冗談の前置きとして言う》.

the óne that gòt awáy 惜しくも逃した物 [人, チャンス], 「逃した魚」.

the óne…the óther 前者…後者.

— 名 ❶ **a** [U [時に C]; 通例無冠詞] 1; ひとつ, 一人, 1 個: *O-* and ~ make(s) two. 1+1=2 / ~ and twenty =twenty-*one* 21 / ~ or two 1, 2 個 / ~ at a time 1 度に一人 [1個]. **b** [C 1 の数字 [記号] (1, i, I): Your 1's look just like 7's. 君の 1 ははるで 7 みたいだ. ❷ [U 1 時; 1歳: at ~ 1 時に / at ~ and sixty 61 歳の時に. **b** [C 1 ドル [ポンド]紙幣. ❸ [C (衣服などの) 1 号サイズ(のもの). ❹ [C (さいころなどの). ❺ [U (口) 一撃, 一発; [時に C] (酒の)一杯: give a person ~ in the eye 人の目を一発殴りつける / a NASTY one 成句.

áll in óne (1) 一緒して. (2) 一つ [一人] でみな兼ねて. (3) すべて(のこと)を一度に.

as óne 全員一致で, いっせいに.

at óne (…と) 一致 [同意] して; 一体となって ⟨*with*⟩.

be [get] óne úp on… 《口》 …より一枚上手である [上手を行く]; …に先んじている [先んじる].

by óne 一つずつ.

by ónes and twós 一人二人ずつ (ぽつりぽつり).

for óne (1) 個人 [自分] としては: I, *for* ~, don't like it. 私 (として) は好かないほうだ. (2) 一例としては(は).

in óne (1) =all in ONE 成句. (2) 《口》 ただ一回(の試み)で: Got [You got] it *in* ~! [相手の発言を受けて] その通り, そうだとも.

in ónes and twós =by ONES and twos 成句.

óne àfter óne =ONE by one 成句.

óne and áll = all 成句.

óne by óne 一つずつ, 一人ずつ.

óne for the róad ⇒ road 成句.

《OE; 元来不定冠詞 AN と同一語》

óne-àrmed bándit 名 《口》 自動賭博機, スロットマシーン.

óne-bágger 名 《野球俗》 単打, シングルヒット.

óne-célled 形 《生》 単細胞の.

óne-diménsional 形 ❶ 1 次元の. ❷ 深みのない, 皮相な.

óne-fóld 形 一重の, 純一不可分な一体をなす.

óne-hórse 形 [A ❶ 一頭立て [引き] の. ❷ ⟨町など⟩ 貧弱な, ちっぽけな. ❸ ⟨競争など⟩ 独走態勢の, 一人勝ちの.

óne-hórse ráce 名 どちら [だれ] が勝つかわかりきっている競争 [選挙など], 一方的な勝負.

O'·Neill /ouníːl, ə-/, **Eugene** 名 オニール 《1888–1953; 米国の劇作家; Nobel 文学賞 (1936)》.

onei·ric /ouníːr(ə)rɪk/ 形 夢の(ような); 夢見る(ような).

o·nei·ro- /ouníːr(ə)rou/ [連結形] 「夢」.《Gk *oneiros* 夢》

o·nei·ro·man·cy /oʊnáɪ(ə)rəmænsi/ 名 U 夢占い. 【ONEIRO- + -MANCY】

óne-líner 名《口》短いジョーク, 気の利いた寸評.

†**óne-mán** 形 ❶ 一人だけで(行なう)《比較 日本語の「独演会」の意味はない》: a ~ play ひとり芝居. ❷《女性が(一生に)一人の男性だけを愛する》: a ~ woman 一人の男性だけを愛するタイプの女性.

óne-màn bánd 名 ❶ 一人楽団《一人でいろいろな楽器を演奏する大道芸人》. ❷ なにもかも一人で仕事をする人.

óne·ness 名 U ❶ 単一性, 同一性〈of〉. ❷ 一致, 調和〈of〉.

óne-níght stánd 名 ❶ 一夜[一回]公演〈興行〉. ❷《口》一夜だけの情事; その相手, 一夜妻, ゆきずりの相手.

óne-night·er 名 = one-night stand.

óne-of-a-kínd 形《米》独特な, たった一つしかない.

†**óne-óff** 形《英》A 一度限りの. ── 名 ❶ 一度限りのこと. ❷《口》無類の人.

óne-on-óne 形[副] A 1 対 1 の[で]; マンツーマン[で].

óne-párent fámily 名 母子[父子]家庭, 片親家族.

†**óne-píece** 形 A ワンピースの: a ~ swimsuit ワンピースの水着. ── 名 ワンピースの水着(など).

óne-píec·er 名 = one-piece.

on·er /wʌ́nə/ 名 -na/《英口》❶ a 数の 1 と関係づけられるもの, ět 1 つパンと(貨). c 1 回の試み[行為]. ❷《古》無類の[めったにお目にかかれない]人[もの], ずばぬけた人.

†**on·er·ous** /ɑ́nərəs | óʊn-/ 形《仕事などわずらわしい, やっかいな, めんどうな (burdensome)》: an ~ contract 有償契約. ~·ly 副 ~·ness 名 (⇒ onus)

__one's__ /wʌ̀nz, wánz/ 代 [one 代 の所有格]人の, その人の. 《用法 辞書の見出し・用例などで my, his など人称代名詞の所有格の代表型として用いられる; たとえば make up one's mind は主語の人称・性によって I made up my mind; he made up his mind のように変わる》

__one·self__ /wʌnsélf/ 代 ❶ [強調的に用いて] 自分自身, 自分で[が], 自ら. ❷ ── ノ ── ノ. ❸ [再帰的に用いて] 自分自身[に].《用法 辞書の見出し・用例などで用いる総称的不定代名詞 one の複合人称代名詞, 実際には文脈に合わせて myself, yourself, himself, herself, itself; ourselves, yourselves, themselves などになる; ⇒ 各項を参照》

be oneself《心身が》ふだんと変わりない, 元気である; 本来の自分の姿, 自然に[まじめに]ふるまう《気取らない》.

beside oneself 我を忘れて, 逆上して: He's beside himself with joy [rage]. 彼は狂喜[怒りに逆上]している.

by oneself (1) [しばしば all by ~で] ひとりだけで: She was (all) by herself. 彼女は(まったく)ひとりぼっちだった. (2) 独力で, 自分で: I did it by myself. 自分でやったのだ.

for oneself (1) 自分のために: He built a new house for himself. 彼は自分のために新しい家を建てた. (2) 自ら, 自分で: Go and see for yourself. 自分で(直接)見てきなさい / Man in ancient times had to do almost everything for himself. 太古の人類はほとんど何事も自分でしなければならなかった.

of oneself ひとりでに (⇒ ITSELF 成句)

to oneself (1) 自分自身に: I kept the secret to myself. その秘密を胸の中に秘めておいた. (2) 自分だけ一人占めして: I have a room to myself. 自分専用の部屋[個室]を持っている.

óne-shót《米口》形 ❶ 1 回限りの. ❷ 一度になされる[解決される]. ── 名 ❶ 1 回限りの特集(の雑誌). ❷ 単発もの[記事, 番組]. ❸ 1 回限りの上演[出演].

†**óne-síded** 形 ❶ 一方だけの, 片側の: ~ love 片思い. ❷ a 一方に偏した, 不公平な: a ~ arrangement 一方的な取り決め. b 《試合などが》一方的な. ❸ 片方だけが成長する[大きくなる]. ~·ly 副 ~·ness 名

óne-síze-fìts-áll 形 ❶《衣服などが》どんな体格の人にも合う, フリーサイズの. ❷《口》万人向けの, 誰にでも合うような; 万人うけする.

óne-stár 形 ❶《ホテルなど》一つ星の, 最低ランクの. ❷《米軍》准将(brigadier general) の.

óne-stèp 名 [しばしば the ~] ワンステップ《2/4 拍子の社交ダンス》. ── 動 自 ワンステップを踊る.

óne-stóp 形《店・施設などが》必要なもの[サービス(など)]がすべてそろっている, 一か所で何でも間に合う.

óne-tàil(ed) tést 名《統》片側検定.

Óne Thóusand Guíneas 名 複 [the ~; 単数扱い] 千ギニー競馬《英国五大競馬の一つ; cf. classic races》.

__óne-tìme__ 形 ❶ 前の, かつての (former). ❷ 一回限りの.

†**óne-to-óne** 形 A 副《対応など》1 対 1 の[で].

óne-tráck 形 A ❶ (一度に)ひとつのことしか考えられない: have a ~ mind ひとつのことしか頭にない. ❷《鉄道の》単線の.

óne-twó 名 ❶《ボク》ワンツーパンチ. ❷《サッカー》ワンツーパス《味方の選手にパスを出してすぐ受け取るパス》.

óne-úp 動 他《...より》一歩先んじる, 出し抜く. ── 形 P 《口》《...より》一歩先んじて, 一枚上をいって〈on〉.

óne-úp·man·shìp 名 U 他人より一歩先んじること, 人を出し抜く術.

†**óne-wáy** 形 [通例 A] ❶ 一方向(だけ)の (cf. two-way 3): a ~ street 一方通行路 / a ~ mirror [observation window] (取調室などの) 裏側から透かして見える鏡, マジックミラー. ❷《米》《切符が》片道の (《英》single) (cf. round-trip): a ~ ticket 片道切符. ❸ 一方的な.

óne-wóman 形 A ❶ 女性が一人だけで(行なう)な: a ~ show《歌手などの》ワンウーマンショー. ❷《男性が》(一生に)一人の女性だけを愛する: a ~ man 一人の女性だけを愛するタイプの男性.

óne-wórld 形 国際協調主義の, 世界は一つだとする. ~·er 名 ~·ism 名

ón-flòw 名 [通例単数形で] (勢いのいい)流れ, 奔流.

†**ón·gòing** 形 A 続いている, 継続している, 進行中の; 前進する.

__on·ion__ /ʌ́njən/ 名 C|U タマネギ: beef and boiled ~ タマネギ入りすじき牛肉 / There's too much ~ in the soup. このスープはタマネギが入りすぎている. **knów one's ónions** 《英古風》《仕事などのことを》万事心得ている, こつを知っている; 抜け目がない.《F < L unio, union- oneness, unity; 原義は 「(たくさんの層が)一つになったもの」; cf. union》

ónion dòme 名《東方正教会の》タマネギ形の丸屋根.

ónion-skìn 名 ❶ C タマネギの皮. ❷ U 《複写用などの》薄い半透明用紙.

ón·ion·y /-ni/ 形 タマネギの味[匂い]のする; タマネギで味付けした.

ón·lénd 動 他《...に》《資金を》転貸(ん)する, また貸しする〈to〉.

òn-líne 形 副 ❶《電算》オンライン(式)の[で] (cf. off-line)《データ処理で主コンピューターと直結されている, またはネットワーク[コンピューター]につながっている[を通じて利用できる]》: an ~ system オンラインシステム. ❷ 進行中[作業中, 稼動中(など)]の[で].

ón-lìne áuction 名 オンライン[インターネット]オークション.

ón-lìne bánking 名 U オンライン[インターネット]バンキング.

†**ón-lòoker** 名 傍観者, 見物人.

ón-lòoking 形 傍観的な, 見物中の.

__on·ly__ /óʊnli/ 形 A (比較なし) ❶ [the ~, one's ~] 唯一の, ただ...だけの: He's the ~ friend that I have. 彼は私のただ一人の友人だ / He's my ~ brother. 彼は私のただ一人の兄弟です / My ~ comment is 'No!' 私の唯一のコメントは「ノー」だ / I love that dress. The ~ thing is I don't have enough money.《口》あのドレスがいいな. 唯一問題なのは(それを買う)お金が足りないんだ.

❷ 無比の, 最適の: You're the ~ man for the job. 君こそその仕事にうってつけの人だ.

❸ [an ~] たった一人の: an ~ son [daughter] 一人息子[娘] (比較 the ~ son [daughter] といえば一人息子[娘]でもほかに姉妹[兄弟]がいてもよい (cf. 1); なお, 一人っ子の場合は He's [She's] an ~ child. というのが一般的).

one and ónly [only の強調形として] (1) [one's ~] 唯一

無二の: She's my one and ~ friend. 彼女は私の唯一無二の友人だ《(用法) 名詞を省略して She's my one and ~. という場合もある》. (2) 《歌手・役者などを紹介する際に用いて》天下にこの人しかいない: And next, ladies and gentlemen, the one and ~ Marilyn Monroe. さて次の方は, 皆さん, 正真正銘のマリリンモンローです.

—— 副 ❶ a [時を表わす副詞(句)を修飾して] つい…, たった…: He came ~ yésterday. 彼はほんの昨日来たばかりだ《(変換) 同じ意味はまた次の語順でも表わされる: He ~ came yésterday.》/ I ~ just spoke with her. たった今彼女と話をしたばかりだ. b [数量を修飾して] わずか, ほんの…だけ: ~ a little ほんのわずか / She has ~ one dollar. 彼女は1ドルしか持っていない《(比較) She ~ has one dollar. よりは強力》/ I want ~ ten dollars. 10ドルだけ欲しい《(比較) I ~ want ten dollars. とすれば「要求」の意味が弱まり,「10ドル欲しいだけだ」という意味になる》.

❷ ただ単に; ただ…だけ, …にすぎない: Ó~ yóu [Yóu ~] can guéss. 君だけが推察できるのだ / You ~ can guéss [guéss ~]. ただ推察するしかない《(用法) この読み方では 3 と同じ意味になる》/ I ~ hope he will return home safe and sound. 彼が無事に帰国することだけを望んでいる / I play tennis ~ on Sundays. 日曜日にだけテニスをします / Staff O~ 〖掲示〗職員[スタッフ]専用.

❸ [述語動詞を修飾して] ただ[かえって]…するばかりで: The child ~ cried. その子はただ泣くばかりだった / You will ~ màke her mád. 君では彼女を怒らせるだけだろう / I will go ~ if you go too. あなたも行く場合は私も行く.

❹ [不定詞を修飾して] a [目的を表わして] ただ(…する)ために: She went to Hong Kong ~ to do some shopping. 彼女はただ買い物をするためにホンコンへ行ったのだ. b [結果を表わして] 結局〈…する〉だけのことで, 〈…するため〉に…するようなもので: I went to your house in the rain, ~ to find you out. 雨の中を君の家へ行ったのに, あいにく君は留守だった.

hàve only to dó=《口》ónly have to dó…しさえすればよい: You've ~ to ask and she'll tell you. 頼みさえすれば彼女は教えてくれるだろう.
if ónly ⇒口 腰 成句.
nòt ónly…but (àlso)… ⇒ not 副 成句.
ònly júst (1)たった今 (⇒ 副 1 a). (2) かろうじて, ほんのすこしのところで (barely): I ~ just caught [missed] the bus. ほんのすこしのところでバスに間に合った[乗り遅れた].
ònly tóo ⇒ too 成句.
—— 接 ❶ 《口》ただし, だがしかし: This is just like beef, ~ tougher. これはちょうど牛肉みたいだ. でもちょっと硬い / You can go; ~ come back soon. 行ってもいいけど, 早く帰ってらっしゃい. ❷ もし…でさえなければ《(用法) 従属節に相当する only 節は直説法で主節は仮定法になるのが普通》: I would do it with pleasure, ~ I'm too busy. 喜んでしたいのですが, ただあいにく忙しいものですから.
〖ONE+-LY²〗

ón-méssage 形 副 党の方針に沿った[て].
o.n.o.《略》《英》or near(est) offer [広告で] またはそれに近い値で: Word processor, hardly used: £100 ~ ワープロ新品同様. 希望売値100ポンド以内.
on·o·ma·si·ol·o·gy /ànoumèisiáləʤi | ̀ɔnoumèisiɔ́l-/ 图 回固有名詞研究 (onomastics); 〖言〗名義論.
on·o·mas·tic /ànoumǽstik | ̀ɔn-/ 形 图 (name)の, 固有名詞の; 固有名詞研究の.
òn·o·más·tics 图 [単数または複数扱い] 固有名詞学, 人名[地名]研究.
on·o·mat·o·poe·ia /ànəmǽtəpíːə | ̀ɔn-/ 图 〖言〗 ❶ 回擬音, 擬声. ❷ 回擬音[擬声]語 (buzz, thud など).
on·o·mat·o·poe·ic /ànəmǽtəpíːik | ̀ɔn-/ 擬音[擬声]の, 擬音[擬声]語の. -po·i·cal·ly /-kəli/ 副
ón-rámp 图《米》一般道路から高速道路への進入路.
ón·rùsh 图 [通例単数形で] 突進, 突撃; (水の)奔流; (感情の)ほとばしり.
ón·rùsh·ing 形 Ⓐ 突進する.
†ón-scréen 形 副 映画で[の], テレビで[の]; (コンピューターなどの)画面で[の].

1267 **onwards**

†ón·sèt 图 [the ~] ❶ 襲撃, 攻撃. ❷ a 始まり; 着手, 手始め: at the first ~ 手始めに. b (病気の)始まり, 発症, 発病: the ~ of cancer 癌(がん)の発症.
ón·shòre 形 副 ❶ 陸の方に向かう[へ]. ❷ 岸辺近くの[で], 沿岸の[で].
ón·síde 形 副 〖サッカー・ホッケー〗(反則でない)正しい位置の[に], オフサイドでない〈く〉 (cf. offside).
ón-síte 形 副 現場[現地]で(の): ~ repair (故障の起きた)現場での修理.
†ón·slàught 图 ❶ a 猛攻撃, 猛襲〈on, against〉: make an ~ on…を猛攻する. b 激しい批判, 猛反対[反発]. ❷ (人・ものが)どっと押し寄せること, 殺到.
ón·stáge 形 副 〖演劇〗舞台上の[で].
ón·stréam 形 Ⓟ 操業中で.
ón·strèet 形 Ⓐ 〈駐車の〉路上の.
Ont.《略》Ontario.
-ont /ànt/ 〖名詞連結形〗「細胞」「有機体」.
On·tar·i·an /ɑnté(ə)riən | ɔn-/ 形 图 オンタリオ州の(人).
On·tar·i·o /ɑnté(ə)riòu | ɔn-/ ❶ オンタリオ州《カナダ南部の州; 州都 Toronto; 略 Ont.》. ❷ [Lake ~] オンタリオ湖 (Ontario 州と米国 New York 州との間にあり, 五大湖 (the Great Lakes) 中で最小). 〖N-Am-Ind=きれいな湖〗
ón-the-jób 形 Ⓐ 職につきながら得られる[学べる]; 職務中の: ~ training 作業を通じての教育訓練, オン・ザ・ジョブ・トレーニング.
ón-the-scéne 形 Ⓐ 〈目撃者・検証など〉現場の.
†ón-the-spót 形 Ⓐ ❶ 現場の, 現地での: an ~ survey 実地調査. ❷ 即座の, 即刻の.
on·tic /ántik | ɔ́n-/ 形 〖哲〗(本質的)存在の, 実体的な (cf. phenomenal).
*on·to /(子音の前) àntu, ɔ̀:n-, -tə | ɔ̀n-; (母音の前) àntu, ɔ̀:n- | ɔ̀n-/ 前 ❶ …の上へ《(用法)《英》では on to とすることもある》: The cat jumped ~ the table. 猫はテーブルの上に飛びのった / Turn ~ your back. 背中が下になるように回ってください. ❷ …にくっついて; hold ~ a rope ロープにしがみつく / She couldn't swim, so she clung ~ the boat. 彼女は泳げなかったのでボートにしがみついた. ❸《口》 a 〈たくらみなど〉に気づいて: I think the police are ~ us. 警察は我々のたくらみに気づいていると思う. b 〈よい結果・発見など〉に到達しそうで: You may be ~ something. いい線いっているかもしれないよ[よい結果が出るかもしれないよ]. ❹《英》〈…と〉連絡を取って 〈about〉. ★〖用法〗(1) on と同じ意味で用いられることもある: put some shampoo onto one's hair 髪にシャンプーをかける / We got onto the bus. 我々はバスに乗り込んだ. (2)「on 副+to 前」と同じ意味で用いられることもある: The front door opens onto the street. 玄関のドアは通りに面して開く / Let's move onto the next question. それでは次の問題に移りましょう.
on·to- /àntou- | ɔ̀n-/ 〖連結形〗「存在(するもの)」. 〖Gk ontos being〗
òn·to·gén·e·sis 图 =ontogeny.
onto·ge·net·ic 形 ❶ 〖生〗個体発生の. ❷ 目に見える形態的特徴に基づく. -i·cal·ly 副
on·tog·e·ny /ɑntáʤəni | ɔntɔ́ʤ-/ 图 Ⓤ Ⓒ 〖生〗個体発生(論) (cf. phylogeny).
on·tol·o·gy /ɑntáləʤi | ɔntɔ́l-/ 图 Ⓤ 〖哲〗存在論.
on·to·log·i·cal /ànt(ə)láʤik(ə)l | ɔ̀nt(ə)lɔ́ʤ-/ -cal·ly /-kəli/ 副
*o·nus /óunəs/ 图 [the ~] 重荷; 責任, 義務: the ~ of proof 証明[立証]責任. 〖L onus, oner-〗(形 onerous)
†on·ward /ánwəd, ɔ́:n- | ɔ́nwəd/ 形 Ⓐ (比較なし) 前方への; 前進的な, 向上する. —— 副 (比較なし) 前方へ, 先へ; 進んで: from this day ~ この日以後 / O~! 〖号令〗前進!, 前へ! 〖ON 〖前〗「前へ」+-WARD〗【類義語】onward ある一定の所に向かって進行が継続することを示す. forward 前方に向かって, の意味がある.
on·wards /ánwədz, ɔ́:n- | ɔ́nwədz/ 副 =onward.

-o・nym /-ənìm/ 【連結形】「名」「語」: syn*onym*, pseud*onym*. 〖Gk *onyma*, *onoma* 名〗

on・yx /ániks | ɔ́n-/ 图 ©U 【鉱】しまめのう, オニックス (cf. agate 1). 〖Lくon Gkく爪に似ていることから〗

o・o・cyte /óuəsàɪt/ 图 【生】卵母細胞.

oo・dles /úːdlz/ 图 〖時に単数扱い〗〖口〗たくさん, どっさり: ~ *of* money たくさんのお金.

oof /úːf/ 間 〖腹を打たれた時, または不快・いらだちなどを表わして〗ウーン. —— 图 ©U 〖俗〗お金, 現金.

oof・y /úːfi/ 形 〖俗〗金持ちの.

o・og・a・mous /ouǽɡəməs | -ɔ́ɡ-/ 形 【生】卵子生殖の, 卵接合の, オーガミーの. **o・óg・a・my** 图 【生】卵(子)生殖, 卵接合, オーガミー.

ò・o・génesis /òuə-, -ɔ-/ 图 【生】卵形成.

o・o・go・ni・um /òuəgóuniəm/ 图 (圈 -**nia**) ❶ 【生】卵原細胞. ❷ 〖植〗生卵器 (菌類・藻類の雌器).

***ooh** /úː/ 間 〖驚き・喜び・不快などを表わして〗オー, ワー, ウー. —— 動 ⾃ アッと驚く. **ooh and ah [aah]** 〖口〗驚き賞賛する, 感嘆〖恐怖〗の声をあげる ⟨*over*⟩.

óoh là lá 間 〖驚き・賞賛などを表して〗ウーララ, あーらら.

oo・jah /úːdʒɑː/, **oo・ja(h)・ma・flip** /úːdʒɑ̀ːməflip/ 图 〖英俗〗何とかいうもの, あれ 《名前を知らない, あるいは思い出せないもの》.

o・o・lite /óuəlàɪt/ 图 ©U 〖岩石〗魚卵岩, オーライト. **o・o・lit・ic** /òuəlítɪk/ 形

o・o・lith /óuəlìθ/ 图 〖岩石〗オーリス (oolite の単体粒子).

o・ol・o・gy /ouáləʤi | -ɔ́l-/ 图 卵学, **-gist** 图 鳥卵学者; 鳥卵収集家. **o・o・log・i・cal** /òuəláʤɪk(ə)l | -lɔ́ʤ-/ 形

oo・long /úːlɔːŋ | -lɔŋ/ 图 ©U ウーロン茶 (1 杯).

oom・pah /úmpɑː; úː-m-/ 图 (行進曲でチューバなどが奏でる) 反復律動的低音, ブカブカドンドン. —— 動 ⾃ ブカブカドンドンやる.

oomph /úmf/ 图 〖俗〗❶ 精力, 元気; 活力. ❷ 性的魅力.

o・o・pho・rec・to・my /òuəfəréktəmi/ 图 ©U 【医】卵巣摘出術 (ovariectomy).

o・o・pho・ri・tis /òuəfəráɪtɪs/ 图 ©U 【医】卵巣炎.

oops /úːps, (w)úps/ 間 〖驚き・うろたえ・軽い謝罪を表わして〗〖口〗しまった, こりゃどうも. 〖擬音語〗

óops-a-dàisy 間 =upsy-daisy.

***ooze**[1] /úːz/ 動 ⾃ ❶ 〖副詞(句)を伴って〗じくじく流れ出る, にじみ出る: Oil was *oozing out* ⟨*through* the crack⟩. 油が(その切れ目から)にじみ出ていた. ❷ 〖感情など〗を発する, にじみ出す: a letter *oozing with* joy 喜びににじんだ手紙. ❸ 〖勇気なとが〗だんだんなくなる, うすれていく ⟨*away*, *out*⟩. —— ⽬ ❶ ⟨...⟩をじくじく出す: He was *oozing* sweat. 彼は汗ばんでいた. ❷ ⟨魅力など⟩を発散する: She ~s charm. 彼女は魅力いっぱいだ. —— 图 ❶ ©U 滲出(しみ), 分泌; 分泌物. ❷ (カシなどの)樹皮の汁 《革なめし用》. 〖OE=樹液〗 (形 oozy)

ooze[2] /úːz/ 图 ©U (水底の)軟泥. 〖OE=どろどろしたもの, 泥〗

ooz・y[1] /úːzi/ 形 (**ooz・i・er; -i・est**) だらだら流れる[たれる], しみ出る. (動 ooze[1])

ooz・y[2] /úːzi/ 形 (**ooz・i・er; -i・est**) 泥(のような), 泥を含んだ.

***op** /áp | ɔ́p/ 图 ❶ 〖英口〗手術, オペ ⟨*for*, *on*⟩: have an *op* ⟨患者が⟩手術を受ける. ❷ 〖軍〗作戦: military *ops* 軍事作戦. 〖OP(ERATION)〗

op., Op. (略) opera; operation; opposite; opus.

o.p., O.P. (略) out of print.

op- /ɑp, əp | ɔp, əp/ 〖接頭〗 (p の前にくる時の) ob- の異形.

o・pac・i・fy /oupǽsəfàɪ/ 動 ⽬ opaque にする[なる], 不透明にする[なる].

o・pac・i・ty /oupǽsəti/ 图 ©U ❶ a 不透明. b 〖写〗不透明度. ❷ a あいまい(さ). b 遅鈍, 愚鈍. 〖Fくl=opaque〗

o・pah /óupə/ 图 〖魚〗アカマンボウ, オウパー 《全長 2 m に達する大魚》.

o・pal /óup(ə)l/ 图 ©U 〖鉱〗オパール, 蛋白(たんぱく)石 (⇒ birthstone).

o・pal・es・cent /òupəlés(ə)nt͈/ 形 オパールのような; 乳白光を発する. **ò・pal・és・cence** /-s(ə)ns/ 图

ópal glàss 图 U 乳白ガラス, オパールガラス.

o・pal・ine /óupəlìː-n | -làɪn/ 形 =opalescent.

op-amp (略) operational amplifier.

+**o・paque** /oupéɪk/ 形 ❶ 不透明な (↔ transparent). ❷ 光沢のない, くすんだ. ❸ はっきりしない, 不明瞭な (↔ transparent): His intentions remain ~. 彼の意図はあいかわらず不明瞭です. **~・ly** 副 **~・ness** 图 〖FくL=陰になった, 暗い〗

óp árt 图 ©U 〖美〗オップアート 《錯覚的効果をねらう抽象美術の一様式》. 〖*optical art* 視覚的芸術〗

op. cit. /ápsít | ɔ́p-/ (略) *opere citato* (ラテン語=in the work cited) 前掲[引用]書中に.

ope /óup/ 形 ⽬ ⟨古・詩⟩ =open.

OPEC /óupek/ (略) Organization of Petroleum Exporting Countries 石油輸出国機構, オペック.

op-ed, Op-Ed /ápéd | ɔ́p-/ 图 〖通例 the ~〗形 ⟨A〗〖米新聞〗(社説の向かい側のページにある)署名入り記事[論説] (のページ). 〖*op*posite *ed*itorial page〗

O・pel /óup(ə)l/ 图 〖商標〗オペル 《ドイツ製の自動車》.

‡**o・pen** /óup(ə)n/ 形 (**~・er; ~・est**) ❶ (↔ closed) ⟨ドア・窓・目など⟩あいた, 開いた; あいている, あけた: an ~ window あいている窓 / push ~ ドアを押してあける / with eyes ~ 目を見開いて / keep one's ears ~ 聞き耳をたてる / with one's mouth wide ~ 口を大きくあいて. **b** (比較なし) ⟨本・包み・傘など⟩開いた, あけた: leave a book ~ 本をあけたままにしておく / tear a letter ~ 手紙を破いて開く. **c** ⟨花が咲いた, 開いた. **d** ⟨傷口などがあいている.

❷ **a** ⟨土地など⟩(木や囲いがなく)広々とした, 見通しのよい; 障害物のない: ~ country 広々とした土地. **b** ⟨A〗(比較なし) おおいのない, 屋根のない: an ~ car オープンカー / an ~ fire おおいのない (壁炉の)火 / ⇒ open air. **c** ⟨シャツなどのボタン・ジッパーなどのついていない, オープンの: an ~ shirt オープンシャツ / This shirt is ~ at the neck. このシャツは首のところがオープンになっている.

❸ (比較なし) (↔ closed) **a** 〖P〗⟨店・学校など〗あいていて, 営業中で; ⟨劇・議会など〗開演[開会]中で: We are ~. 《掲示》営業中 / The shop is ~ from ten to six. 店は 10 時から 6 時まであいている / The show will be ~ till next Saturday. ショーは来週の土曜日まで行なわれます. **b** ⟨取引など⟩継続中で: keep one's bank account ~ 銀行口座を開いておく.

❹ 公開の, 出入り[通行, 使用]自由な; 門戸を開いている, 開かれている, (プロ・アマの別なしの)オープンの (public; ↔ closed): an ~ scholarship 公開[競争を許す]奨学金 / This job is ~ only *to* college graduates. この勤め口には大学出の人しか就職できない / an ~ golf tournament オープンゴルフトーナメント.

❺ 隠しだてしない (↔ secret); 率直な, 偏見のない, 寛大な; 公然の, むき出しの: an ~ face 正直な顔 / an ~ heart 公明, 率直 / an ~ mind 広い[偏見のない]心, 虚心坦懐 / with ~ hostility 敵意をむき出しにして / He was ~ *with* us *about* his plan. 彼は自分の計画について我々に隠しだてしなかった.

❻ (比較なし) **a** ⟨問題など⟩解決のつかない, 未決定の: an ~ question 未解決の問題 / Let's leave the date ~. 日取りは未定にしておきましょう. **b** 〖P〗⟨職・地位なと⟩空位で, あきがあって: The position is still ~. その地位はまだ欠員になっている. **c** ⟨往復切符や帰りの期日の指定がない: an ~ ticket オープンの切符. **d** 〖P〗〖米〗⟨時間が先約 [予定]がなくて: I have an hour ~ on Wednesday. 水曜日は 1 時間あいてますよ. **e** ⟨組織など⟩変更[拡大]できる: an ~ system 拡大できる組織.

❼ 〖P〗(比較なし) **a** ⟨誘惑などに⟩陥り[かかり]やすくて: He's ~ *to* temptation. 彼は誘惑に陥りやすい. **b** ⟨思想・申し出などを⟩直ちに受け入れて, ⟨条理などに⟩容易に服して, 拒まないで: a mind ~ *to* reason 快く道理に服する心 / I'm ~ *to* suggestions. どんな提案にも耳を貸すよ. **c** ⟨非難など

を免れないで; 〔攻撃などに〕無防備で (vulnerable): His behavior is ~ to criticism. 彼の行為は批判は免れない. ❽ a 〘口〙(酒類販売・賭博〕などに対して法律上の制限のない, 公許の: an ~ town (西部開拓時代の)酒場・賭博などを許す町. b 関税(通行税)など)のかからない; 無統制の: an ~ economy 無統制経済. ❾ a 〈織物など〉目の粗い. b 〈隊列など〉散開の[している]. c 〈歯など〉すきのある. d 〘印〙字詰めの粗い. e 〘スポ〙〈スタンス〉がオープンの. ❿ a 〈川・海が〉氷結しない: ~ ice 航行可能な海[川など]の氷 / ⇨ open port 2. b 〈冬季など〉霜[雪]の降らない (mild); 〘医〙便通のある. ⓫ 〘楽〙 a 〈弦など〉指で押さえない: an ~ string 開放弦. b 〈オルガンの音栓が〉開いている. ⓬ 〘音声〙 a 〈母音が〉広母音の (↔ close): ~ open vowel. b 〈子音が〉開口的な (/s, f, ð/のように呼気の通路を完全には閉じないで発音する). c 〈音節が〉母音で終わる (↔ closed): an ~ syllable 開音節. ⓭ (比較なし) a 〘軍〙〈都市など〉無防備の; 国際法上保護を受けている: an ~ city 無防備都市. b 〘スポ〙〈ゴールなど〉ガードがない, オープンになっている.

láy onesèlf (wíde) ópen to ... に身をさらす, ...をまともに受ける: lay oneself (wide) ~ to attack 攻撃に身をさらす / lay oneself (wide) ~ to criticism 批判の的になる.

── 動 ⓐ ❶〈ドア・目・容器・包み・手紙などを〉あける, 開く (↔ close, shut): ~ a window 窓をあける / ~ one's eyes 目をあける; びっくりする / Shall we ~ another bottle? もう1本あけましょうか /〔+目+補〕O~ your mouth wide. (医者が)口を大きく開けて. ❷ a 〈本・新聞などを〉広げる, 開く 〈up, out〉 ~ out a map 地図を広げる / O~ your book to 〔英〕at〕page 10. 本の10ページを開きなさい. b 〈会・本・映画などを〔...で〕始める: She ~ed the meeting with an address of welcome. 彼女は歓迎の辞を述べてから会を始めた. ❸ a 〈店などを〉開業する (↔ close): ~ a shop [store] 店を開く, 開店する. b 〈施設などを〉公開する, 開放する: The temple is ~ed twice a year. その寺院は年に2回公開される. c 〈行動などを〉開始する: ~ a debate 討論会を開始する / ~ Congress [Parliament] 議会を開会する. d 〈口座などを〉開く, 開設する: ~ an account 口座を設ける, 取引を始める. e 〘電算〙〈プログラム・文書などを〉開く, 開始する. ❹ a 〈心・秘密などを〉(人に)打ち明ける, 漏らす: He ~ed his heart to me. 彼は心のうちを私に打ち明けた. b 〈心・目を〉〔...に〕開く, 大きくし, 啓発する: ~ one's mind to new ideas 新思想に心を開く[を吸収する]. ❺ a 〈道などを〉開く: A path is being ~ed through the woods. 森の中に小道が切り開かれているところである. b 〈土地などを〉開拓する, 開発する: The area hasn't been ~ed up to trade yet. その地域はまだ通商に向けて開放されていない. c 〘医〙〈膿瘍などを〉切開する. ❻ 〘海〙(船を移動させて)〈...の〉見える所に来る.

── 動 ⓘ ❶ a 〈ドア・窓などが〉開く, あく: The door won't ~. そのドアはどうしてもあかない. b 〈花が〉開く, 咲く: The flowers are ~ing. 花が開きかけている. c 〈腫物などが〉口があく, 〈ほころびなどが〉〈大きく〉裂ける. d 〈店が〉あく, あいてある, 開店する: This store ~s at ten. この店は10時開店です. b 〈活動・学校などが〉始まる: School ~s today [on April 1]. 学校はきょう[4月1日]から始まる / The play ~s with a quarrel. その劇は口論で幕があく. c 〈人が〉〈会・コンサートなどを〉始める, 皮切り[オープニング]を行なう. ❸ 〈景色などが〉広々と見晴らされる: The view ~ed (out) before our eyes. 目の前にその景色が展開した. ❹ 〔副詞(句)を伴って〕〈ドア・窓・部屋などが〉[...に]通じる, 面する: The side door ~s onto the river. その横のドアを通ると川に出られる / This room ~s into a corridor. この部屋は廊下に通じている / The window ~s upon the garden. 窓は庭園に面している.

ópen óut (⊕+副) (1) 〈本・図面などを〉(あけ)広げる: I ~ed out the folding map. 折りたたみ式の地図を広げてみた.
── (⊜+副) (2) 〈物・景色などが〉広がる (⇨ ⊜ 3). (3) 〈人生・商売などが〉広がる, 発展する. (4) 〈人の〉心が成長する. (5) 〔...に〕打ち解ける, 心を開く 〔to〕. (6) = OPEN up 〘成句〙(7).

ópen úp (⊕+副) (1) 〈...を〉広げる (⇨ ⊕ 2a). (2) 〈土地を〉開拓する (⇨ ⊕ 5b). (3) 〈店を〉開店する (↔ close up); 〈商売を〉始める (↔ close down). (4) 〈包み・ドア・部屋などを〉あける. (5) 〈機会・可能性などを〉開く.
── (⊜+副) (6) 〔通例命令法で〕戸をあける: O~ up! ドアをあけろ!, ドアをあけて(くれ)! (7) 〈機会などが〉開けている: Several positions are ~ing up to women. 女性にはいくつかの地位が開かれている. (8) 心を開く, 打ち解ける, 自由にしゃべりだす; 口を触る. (9) 〘軍〙発砲を開始する.

── 名 ❶ [the ~] 空地, 樹木のない地, 広場, 露天, 戸外; 海原. ❷ Ⓒ a (競技の)オープン戦. b [O~](ゴルフなどの)オープントーナメント.

bríng...into the ópen 〈...を〉明るみに出す, 公表する.
còme óut into the ópen 明るみに出る, 公表される.
in the ópen (1) 戸外[野外]で. (2) 公然と[な].
〘OE: 原義は「(ふたを)持ち上げる」; UP と同語源〙
【類義語】⇨ frank¹.

ópen admíssions 名 [単数または複数扱い]《米》(大学の)自由入学制度(過去の学業成績に関わらず入学を許す).

ópen adóption 名 Ⓤ.Ⓒ 開放型養子縁組, オープンアドプション(実親と養親が縁組時に互いについて知り得て, その後も交流を続けるような形態の養子縁組).

⁺ópen áir 名 [the ~] 戸外, 野外: in the ~ 野外で[の].

ópen-áir 形 Ⓐ 戸外の, 野外の, 露天の: an ~ swimming pool 屋外プール / an ~ theater 野外劇場.

ópen-and-shút 形 明白な, ひと目でわかる; きわめて簡単な: an ~ case of arson 明白な放火事件.

ópen-ármed 形 〈歓迎など〉心からの.

ópen bár 名 《米》オープンバー(宴会などに出席した人に無料で酒を供するバー; cf. cash bar).

ópen bóok 名 明白なもの[事柄]; 何の秘密もない人 (cf. closed book).

ópen-bòok examinátion 名 参考書・辞書の持込み自由の試験.

Ópen Bréthren 名 ⓐ [the ~] オープンブレズレン (Plymouth Brethren の開放的な一分派).

ópen-càst 形 《英》〘鉱〙露天掘り[による]: ~ mining 露天採掘.

ópen cháin 名 〘化〙開鎖(環状にならない原子間の結合).

ópen chéque 名 《英》普通小切手.

ópen clúster 名 〘天〙散開星団.

Ópen Cóllege 名 ⓐ [the ~]《英》オープンカレッジ(放送・通信教育による職業訓練などの国営放送大学; cf. Open University).

ópen cóurt 名 〘法〙公開法廷(一般人の傍聴が許される).

ópen-cút 形 《米》〘鉱〙露天掘り[による].

ópen dáy 名 (学校などの)一般公開日; 授業参観日.

⁺ópen dóor 名 ❶ 入場の自由. ❷ [the ~] 門戸開放; 機会均等.

⁺ópen-dóor 形 Ⓐ 門戸開放の; 機会均等の: an ~ policy (貿易・移民受入れなどの)門戸開放[機会均等]政策; 仕事中などに人の出入りを自由にすること.

⁺ópen-énded 形 ❶ (時間・目的などに)制限のない, 自由な: an ~ discussion 自由討論. ❷ 途中で変更可能な. ❸ 決まった解答のない, 自由解答の.

⁺ó·pen·er 名 ❶ 〔通例複合語で〕a 開く人; 開始者. b あける道具 (缶切り・栓抜きなど): ⇨ can opener. ❷ Ⓒ a 第1[開幕]試合. b (番組などの)最初の出し物. for ópeners 《口》手始めに, まず.

ópen-éyed 形 〈副〉 ❶ 目を開いた[て], 目をみはった[て], 驚いた[て]: ~ astonishment びっくり仰天. ❷ 用心深い[く], 抜かりのない[なく]. ❸ ちゃんと承知のうえで(の).

ópen-fáce 形 = open-faced.

ópen-fáced 形 ❶ 無邪気な顔をした. ❷ 《米》〈サンドイッチなど〉具をのせただけではさんでいない: an ~ sandwich オープンサンド.

ópen-fíeld 形 開放耕地制の(中世ヨーロッパで広く行なわれた耕地制度; 耕地を耕作者に分配し, 3年などを周期に耕

open-field system 名 [通例 the ~] (中世ヨーロッパの)開放耕地制度.

ópen-hánded 形 ❶ 手を広げた, 平手の. ❷ 気前のいい, 物惜しみしない. ~·ly 副 ~·ness 名

ópen-héarted 形 ❶ 腹蔵のない, 率直な. ❷ 親切な, 寛大な. ~·ly 副 ~·ness 名

ópen-héarth prócess 名 平炉(製鋼)法.

ópen-héart súrgery 名 U [医] 開心術《心臓を切開し, 人工心肺などに血流を還流して行なう手術》.

ópen hóuse 名 ❶ 自宅開放パーティー, オープンハウス《一定の時間内に来客を気軽に迎えてもてなすパーティー》. ❷ C (米) 売り出し中の家やアパートを購入[賃借]希望者に公開すること. ❸ C (米) (学校・寮・クラブなどの)一般公開日. kéep ópen hóuse 客をいつでも歓待する.

*o·pen·ing /óυp(ə)nɪŋ/ 名 ❶ a ① 開くこと, 開放; 開始; 開場, 開通, 開通; 開始 (↔ closing): the ~ of a new museum 新博物館の開設. b C 開会[開設, 開場]式. ❷ C 始まり, 第一歩; 冒頭, 序幕 (↔ ending): the ~ of a book [chapter] 本[章]の冒頭 / the ~ of the day 夜明け / at the ~ of one's career 初めて世に出た時. ❸ C a 《開いている》穴, 隙間, 通路: an ~ in a wall 壁にあいた穴. b 空き地, 広場. c (林間の)空き地. ❹ C [...のよい]機会, 好機: good ~s for trade 貿易の好機 / [+to do] The pause gave him an ~ to speak. 話がとぎれたのに乗じて彼は口を開いた. b (就職の)口, 空き [for, at, in]: an ~ for a waitress ウェートレスの口 / an ~ at a bank 銀行の就職口. ── 形 初めの, 最初の (↔ closing); 開会の: an ~ address [speech] 開会の辞 / an ~ ceremony 開会[開院, 開校, 開通]式 / his ~ words 開口一番の言葉.

ópening hóurs 名 複 (銀行・商店などの)営業時間; (図書館などの)開館時間.

⁺**ópening níght** 名 ❶ U (演劇・映画などの)初演. ❷ C 初日の夜.

ópening tíme 名 U (銀行・商店などの)開店時間; (図書館などの)開館時間.

ópening transáction 名 [株式] 寄り付き《1日の最初の取り引き》.

ópen-jáw fáre 名 オープンジョー料金《航空券などで, 行きの到着地と帰りの出発地が異なる場合の運賃》.

⁺**ópen létter** 名 公開状.

*o·pen·ly 副 ❶ 公然と, 人前で: weep ~ 人前で涙を流す. ❷ あからさまに, 率直に: speak ~ 率直に言う.

⁺**ópen márket** 名 ❶ [通例単数形で; しばしば the ~] 公開[自由]市場. ❷ 露天[野外]市場. on the ópen márket ~ market 成句.

ópen márriage 名 [通例単数形で] 開かれた結婚, オープンマリッジ《結婚相手以外との性的関係を認め合う》.

ópen míke 名 UC オープンマイク《ライブハウスなどで誰でも演奏や演技などができる時間帯[日(など)]》. ópen-míke 形

⁺**ópen-mínded** 形 (↔ narrow-minded) ❶ 偏見のない, 公平な. ❷ 新しい思想を取り入れる, 広い心の. ~·ly 副 ~·ness 名

ópen-móuthed 形 《驚いたりして》口を開いた; ぽかんとした.

ópen-nécked, ópen-néck 形 A 〈シャツが〉開襟の, オープン(ネック)の.

ópen·ness 名 U ❶ 開いていること, 開放(性), 開放状態. ❷ 率直, 正直. ❸ (新しい事物への)開放性, 柔軟性.

ópen óutcry 名 UC 《商品取引所でブローカーたちが行なう》大声での売買注文.

ópen-pít 形 (米) 〔鉱〕 = open-cut.

ópen-plán 形 A 〈事務室など〉小部屋に分けず低い間仕切りで区切った間取りの, オープンプランの.

ópen pórt 名 ❶ 開港場, 自由港. ❷ 不凍港.

ópen prímary 名 (米) (大統領選挙の)開放型予備選挙《投票者が支持政党の登録を必要とせず, どの党の候補者にも投票できる》.

ópen príson 名 (英) 開かれた刑務所《受刑者に多くの自由が与えられている刑務所》.

ópen quéstion 名 ❶ 未決問題, 未決案件; 異論の多い[結論の出せない]問題. ❷ 回答者の自由な意見を求める質問.

ópen-réel 形 〈テープレコーダーが〉オープンリールの.

ópen relátionship 名 UC 開かれた[開放的]恋愛関係《恋愛相手以外との性的関係を認め合う》.

ópen sándwich 名 オープンサンドイッチ《上に具だけをのせたもの》.

ópen séa 名 [the ~] ❶ 公海. ❷ 外洋, 外海.

ópen séason 名 U ❶ [the ~] (狩猟・漁業などの)解禁期(間) [for, on] (↔ closed season): the ~ for pheasants キジの狩猟許可期. ❷ [...にとって]批判[攻撃(など)]にさらされる時間 [on].

ópen sécret 名 公然の秘密.

ópen sésame 名 ⇒ sesame 成句.

ópen shóp 名 オープンショップ《労働組合に加入していない者でも雇用する会社など; ↔ closed shop》.

ópen socíety 名 開かれた社会《情報公開, 信教の自由などを特徴とする》.

ópen-sóurce 形 [電算] 〈プログラムなどの〉ソースコードが公開されている, オープンソースの.

ópen spáce 名 ❶ (公的に定められた)開放空間, オープンスペース《野外活動への利用・景観の保護などのために建造物が禁止・制限されている土地》.

ópen sýstem 名 [電算] 開放型システム《異なるメーカーの装置[システム]と相互接続が可能な装置[システム]》.

ópen-tóe(d) 形 つまさきの開いた〈靴・サンダル〉.

ópen-tóp(ped) 形 〈自動車が〉オープントップの《屋根がない, あるいは折りたたみ式の[取りはずせる]屋根のある》.

⁺**Ópen Univérsity** 名 [the ~] (英国の)オープンユニバーシティー《解説 1969年英国で発足した, テレビ・ラジオを利用した大学教育; 日本の「放送大学」のモデル; 略 OU》.

ópen vérdict 名 [法] 有疑評決《検視陪審による評決; 被告人が犯人か否か, また死因については決定しない》.

ópen vówel 名 U [音声] 広母音《発声する際舌の表面が口腔内の低い位置にとどまる母音》.

ópen·wórk 名 U 透かし細工.

*op·er·a¹ /áp(ə)rə | ɔ́p-/ 名 CU オペラ, 歌劇: a light ~ 軽歌劇 / a new ~ 新作のオペラ / Italian ~ イタリア歌劇 / go to the ~ オペラを見に行く / ⇒ comic opera, grand opera, soap opera. ❷ C a オペラ劇団, 歌劇団: the Vienna State O- ウィーン国立歌劇団. b オペラ劇場. 〖It < L = work, exertion〗(形 operatic).

opera² opus の複数形.

op·er·a·ble /áp(ə)rəbl | ɔ́p-/ 形 (↔ inoperable) ❶ 実施[操作]可能な. ❷ [医] 手術可能な.

o·pé·ra bouffe /áp(ə)rəbúːf | ɔ́p-/ 名 滑稽歌劇, 軽喜歌劇; [比喩的に] ばかげた事態.

ópera búf·fa /-búːfə | ɔ́p-/ 名 オペラブッファ《茶番的なイタリア喜歌劇》. 〖It〗

ópera clòak 名 婦人の観劇[夜会]用外套.

o·pé·ra co·mique /-kɔmíːk | -kɔ-/ 名 オペラコミック《対話をまじえたフランス歌劇》. 〖F〗

ópera glàsses 名 複 オペラグラス《観劇用の小型双眼鏡》.

ópera hàt 名 オペラハット《たたみ込めるシルクハット》.

⁺**ópera hòuse** 名 オペラ劇場.

op·er·and /áp(ə)rænd | ɔ́p-/ 名 ❶ 〔数・電算〕 被演算子, (被)演算数《演算の対象》. ❷ 〔電算〕 オペランド《特にアセンブリー言語のプログラムで命令の対象となる部分》.

op·er·ant /áp(ə)rənt | ɔ́p-/ 形 ❶ はたらく, 運転する, 作用する, 効力のある. ❷ 〔心〕 自発的な, 操作的な, オペラントの. ── 名 ❶ 機能[効果]を高めるもの[人]; はたらく[作用する]人[もの]. ❷ 〔心〕 オペラント《報酬などを生じるよう環境にはたらきかける行動》.

ópera sé·ria /-síːriə | ɔ́p-/ 名 オペラセリア《古典的主題による18世紀のイタリアオペラ; cf. opera buffa》.

*op·er·ate /áp(ə)rèɪt | ɔ́p-/ 動 自 ❶ a 〈機械・器官などが〉働く, 仕事をする (function): This computer ~s much faster than the human brain. このコンピューターは人間の頭脳よりずっと速く仕事をする. **b** [副詞(句)を伴って] 〈会社が〉(…で)**経営されている**: Their firm ~*s* *abroad* [*in* foreign countries, *from* offices in Tokyo]. 彼らの会社は外国で[東京にある本社の指示を受けて]事業をやっている. ❷ **a** 〔…に〕**作用する, 影響を及ぼす;** 〈薬が〉**効果を表わす, 効く**: The body ~*s* powerfully ***on*** the soul both for good and evil. 身体はよくも悪くも精神に大きな影響を及ぼす / The regulations will not ~ till May. その条例は 5 月まで実施されない / The medicine ~*d* quickly (*on* me). その薬は(私に)速く効いた. **b** 〈…するように〉**作用する**, 作用して〈…〉する: 〔+*to* do〕 Various causes ~*d* together *to* cause the disaster. いろいろな原因が作用してこの惨事が起こった. **c** 〈物事が〉〔人などに〕**不利に働く**: The new law ~*s* ***against*** us. 新しい法律は我々に不利だ《[比較] The new law ~*s to* our advantage [*in* our favor]. (新しい法律は我々に有利だ)》. ❸ 〔人に〕(病気などの)**手術をする** 《★ 受身可》: The surgeon ~*d* ***on*** him [***for*** appendicitis]. 外科医は彼に[盲腸の]手術をした / He was ~*d on for* cancer. 彼はがんの手術を受けた / She had her nose ~*d on*. 彼女は鼻の手術を受けた. ❹ [副詞(句)を伴って] **a** 〘軍〙 軍事行動を取る. **b** 〈人が〉行動[活動]する, 働く. ── [他] ❶ 〈…を〉**運転する, 操縦する**: How do you ~ this copier? このコピー機はどうやって使うのですか / Elevators are ~*d* by complicated machinery. エレベーターは複雑な機械で動く. ❷ 〈工場・学校・店などを〉経営[管理]する. ❸ 〈…に〉手術を施す. 〘L *operare, operat-* to work ＜ *opus, oper-* work〙 ([名] operation, [形] operative)

⁺**op·er·at·ic** /àpərǽṭɪk | ɔ̀p-ˊ/ [形] オペラ[歌劇](風)の: an ~ aria オペラのアリア. **-i·cal·ly** /-kəli/ [副] ([名] opera¹)

òp·er·át·ics [名] [単数または複数扱い] オペラ演出術; 大仰なふるまい.

óp·er·àt·ing /-ṭɪŋ/ [形] ❶ 手術のための: an ~ room [《英》 theatre] 手術室 / an ~ table 手術台. ❷ 営業[運営]上の: ~ expenses 営業費用, 運営費用.

óperating pròfit [名] 営業利益 《売上高から売上原価・販売費などの営業費を差し引いた金額》.

⁺**óperating sỳstem** [名] 〘電算〙 オペレーティングシステム, 基本ソフト(ウェア) 《プログラムの制御・データ管理などを行なうソフトウェア; 略 OS》.

‡**op·er·a·tion** /àpəréɪʃən | ɔ̀p-/ [名] ❶ [U] 〔機械などの〕**運転, 操作; 運行; 動き方**: the ~ ***of*** a crane 起重機の運転 / understand the ~ *of* a word processor ワープロの操作を理解する. ❷ **a** [U] 〔事業などの〕**運営, 経営**: the ~ ***of*** a company 会社の経営. **b** [C] 会社, 企業: a huge multinational computer ~ 巨大な多国籍コンピューター企業. ❸ [C] **手術** 《略 op》: perform [have, undergo] an ~ ***for*** cancer がんの手術を行なう[受ける] / He had an ~ ***on*** his nose. 彼は鼻の手術を受けた. ❹ [C] [しばしば複数形で] **作業, 業務, 活動**: building ~*s* 建築工事 / sales ~*s* 販売活動 / organize a rescue ~ 救助活動を準備する. ❺ [U] **a** 作用, 働き: the ~ ***of*** breath*ing* 呼吸作用. **b** 作業, 仕事 〔*of*〕. ❻ [U] **a** (制度などの)**実施, 施行. b** 〔薬などの〕〔…に及ぼす〕**効力, 効能**: the ~ ***of*** narcotics ***on*** the mind 麻薬の精神に及ぼす影響. ❼ **a** [C] [通例複数形で] 〘軍〙 軍事行動, 作戦: military ~*s* 軍事行動. **b** [複数形で] 作戦本部. **c** [複数形で] (空港などの)管制室[本部]. **d** [O~] [特定の作戦・企画などの暗号名に用いて] …作戦. ❽ [C] **a** 〘数〙 運算, 演算. **b** 〘電算〙 オペレーション, 演算, 操作 《電算機の実行する基本命令》. **cóme [gó] ìnto operátion** (1) 実施される: When will the new law *come into* ~? 新しい法律はいつから実施されるのか. (2) 運転を始める, 開通する. **in operátion** (1) 実施中の[で]: Is this law *in* ~? この法律は施行されていますか. (2) 運転中の[で]; 活動中の[で]: The tape recorder was *in* ~. テープレコーダーは作動していた. **pút… ìnto operátion** (1) 〈…を〉実施する. (2) 〈…を〉運転[開通]させる. 〘F ＜ L〙 ([動] operate)

⁎**òp·er·á·tion·al** /-ʃ(ə)nəlˊ/ [形] ❶ [通例 [P]] **使用できる, 運転可能な**: The language laboratory is not ~ yet. ラボはまだ使用できない. ❷ [通例 [A]] **a 経営[運営]上の. b** 操作上の. ❸ 〘軍〙 [A] 作戦上の. **~·ly** /-nəli/ [副]

operátional ámplifier [名] 〘電子工〙 演算増幅器, オペアンプ 《略 op-amp》.

op·er·a·tion·al·ism /àpəréɪʃ(ə)nəlɪzm | ɔ̀p-/ [名] [U] 〘哲〙 操作主義 《概念は一群の操作によって定義されねばならないとする立場》. **-ist** /-lɪst/ [名]

op·er·á·tion·al·ìze [動] [他] 操作[運用]できるようにする.

operátional reséarch [名] ＝operations research.

operátions rèsearch [名] [U] ❶ 〘経〙 オペレーションズリサーチ 《経営管理の合理化を目的として数学などを応用して行なう多角的な研究》. ❷ 〘軍〙 作戦研究 《軍事作戦の科学的研究》.

operátions ròom [名] 作戦指令室.

⁎**op·er·a·tive** /áp(ə)rəṭɪv, ápərèɪṭ- | ɔ́p-/ [形] ❶ (適切に)**機能[作動, 作用]している[する]**: The alarm system was not yet ~. 警報システムはまだ作動していない. ❷ 〈法律などが〉**効力のある, 有効な; 実施されている**: The law becomes ~ on April 1. その法律は 4 月 1 日から発効する. ❸ [A] 〈句・文中の語が〉最も重要な, 最も適切な. ❹ [A] 手術の[による]. **the óperative wórd** (それこそ)最適の語, うってつけの文句. ── [名] ❶ 工具, 職工; 職人. ❷ 《米》 **a** スパイ. **b** 私立探偵. 〘F ＜ L〙 ([動] operate)

⁎**op·er·a·tor** /ápərèɪṭə | ɔ́pərèɪtə/ [名] ❶ (機械の)**運転者, 操作員; 技師, オペレーター**: a computer ~ コンピューターのオペレーター / an elevator ~ エレベーター係. ❷ (電話の)**交換手; 無線通信士, 電信技師**: a ham ~ アマチュア無線家 / ⇨ TELEPHONE operator / dial [call] the ~ 交換手に電話する. ❸ **経営者, 管理者**: a tour ~ 旅行業者. ❹ [通例修飾語を伴って] 《口》 やり手, 敏腕家: a clever ~ やり手, 策士.

ópera wìndow [名] 〘車〙 オペラウインドー 《後席横のはめ殺しの小窓》.

o·per·cu·lar /oupə́ːkjulə | -pə́ːkjulə/ [形] operculum の(ような).

o·pér·cu·late /-lət, -lèɪt/, **-làt·ed** /-lèɪṭɪd/ [形] operculum のある, 有蓋の.

o·per·cu·lum /oupə́ːkjuləm | -pə́ː-/ [名] ([複] **~s, -la** /-lə/) ❶ 〘植〙 (蒴の口部の)蘚蓋(せんがい); (菌類の)蓋(ふた). ❷ 〘動〙 (貝類の殻口の)へた, 蓋(ふた); (魚類の)鰓蓋(さいがい), えらぶた; (カブトガニの)蓋板(がいばん).

op·er·et·ta /àpəréṭə | ɔ̀p-/ [名] オペレッタ 《軽い内容の喜歌劇》. 〘It; OPERA¹ の指小辞〙

op·er·on /ápəràn | ɔ́pərɔ̀n/ [名] 〘遺〙 オペロン 《同調的に調節をうけている単位遺伝子群》.

O·phe·lia /oufíːljə, əf-, -liə/ [名] オフィーリア 《Hamlet の恋人》.

o·phi·cleide /áfəklàɪd | ɔ́fɪ-/ [名] 〘楽〙 オフィクレイド 《有鍵ビューグル中最大の楽器》.

o·phíd·i·an /oufídiən | ɔf-/ [名] ヘビ. ── [形] ヘビの(ような).

o·phi·o·lite /áfiəlàɪt | ɔ́f-/ [名] [U] オフィオライト, 緑色岩.

oph·thalm- /afθǽlm | ɔf-/, **oph·thal·mo-** /-mou/ [連結形] 「眼」. 〘Gk *ophthalmos* eye〙

oph·thal·mi·a /afθǽlmiə | ɔf-/ [名] [U] 〘医〙 眼炎.

oph·thal·mic /afθǽlmɪk | ɔf-/ [形] [A] 目の, 眼科の.

ophthálmic optícian [名] 《英》 検眼士, 眼鏡士 (《米》 optometrist).

oph·thal·mi·tis /àfθælmáɪṭɪs | ɔ̀f-/ [名] ＝ophthalmia.

oph·thal·mol·o·gy /àfθəlmáləʤi | ɔ̀fθælmɔ́l-/ [名] [U] 眼科学. **-o·gist** /-ʤɪst/ [名] 眼科医.

oph·thal·mo·scope /afθǽlməskòup | ɔf-/ [名] 検眼鏡.

oph·thal·mos·co·py /àfθəlmáskəpi | ɔ̀fθælmɔ́s-/ [名] [U,C] 〘医〙 検眼鏡検査(法).

-o·pi·a /óupiə/ [名詞連結形] 「視力」「視覚障害」: ambly*opia*, dipl*opia*, my*opia*.

o·pi·ate /óupiət, -pièɪt/ [名] ❶ **a** アヘン剤. **b** 鎮静[催眠]剤. ❷ 精神を麻痺させるもの, 麻薬: Video games

opine

are an ~. テレビゲームは麻薬(も同然)だ. ── 名 ❶ アヘンを含む. ❷ 催眠の, 麻酔の. 《L; ⇨ opium》

o‐pine /oupáin/ 動 《…という》意見を述べる;《…と》考える: He ~*d that* the situation would improve. 彼は状況は回復するだろうという意見だった.

‡**o‐pin‐ion** /əpínjən/ 名 C **a** 意見, 見解: We have a slight difference of ~ *about* this point. この点について我々はいささか意見を異にする / What is your ~ (*of* that)? (それについての)あなたのご意見[お考え]は? / It's my considered ~ that... というのが私のよく考えた上の意見です. **b** 〔通例複数形で〕 持論, 所信: act according to one's ~s 信ずるところを行なう. ❷ U 一般[世間]の考え, 世論: local ~ 地元の世論 / public ~ 世論 / O~ is against him. 世論は彼に反対である. ❸ 〔an ~〕 **a** 〔善悪の修飾語を伴って〕 (善悪の)判断, 評価 《★ 本例次の句に用いて》: have [form] *a* bad [low] ~ *of*...を悪く思う, 見下げる / have [form] *a* good [high, favorable] ~ *of*...をよく思う, 信用する. **b** 〔通例否定文で〕 好意的評価: have no ~ [not much of an ~] *of*...をあまりよく思わない. ❹ 名 専門家の意見, 鑑定: a medical ~ 医師の意見 / ask for a second ~ 別の人の意見を求める.

a mátter of the opínion 意見の分かれる問題.

be of the opínion that ... という意見[見解]である: *I'm of the ~ that* in some degree wisdom can be taught. 知恵はある程度教えられるものというのが私の見解だ 《変換》 *It's my ~ that* ... と書き換え可能).

in óne's opínion ... の考え[意見]では: *In my ~* it's a poor book. 私の考えではあれはつまらない本だ.

in the opínion of ... の考え[意見]では: *In the ~ of* some people Americans still have the pioneer spirit. ある人たちの意見によればアメリカ人には開拓者精神がまだ残っているということだ.

《F < L *opinari* 意見を言う》

【類義語】 **opinion** 議論の余地はあるが, 本人が真実だと思っている判断や結論に基づく意見. **view** opinion よりも, 意見が個人的な考え方に基づくものであることを強調する.

o‐pin‐ion‐at‐ed /əpínjənèitid/ 形 自説に固執する, 頑固な.

o‐pin‐ion‐a‐tive /əpínjənèitiv/ 形 ❶ 意見の[に関する]. ❷ =opinionated.

opínion lèader 名 =opinion maker.

opínion màker 名 世論の形成に重要な役割を果たす人, オピニオンリーダー.

*__opínion póll__ 世論調査 (poll).

o‐pi‐oid /óupiɔ̀id/ 名 《薬》 オピオイド《アヘンに似た作用をもつ合成麻薬類》. ❷ 《生化》 アヘン様[モルヒネ様]ペプチド 《モルヒネ受容体と特異的に結合し, モルヒネ作用を現わすペプチドの総称》. ── 形 アヘン様の; アヘン様物質[ペプチド]の[に誘導された].

o‐pis‐tho‐so‐ma /əpìsθəsóumə/ 名 《動》 -ma‐ta /‐tə/〕動 後腹体部《クモやクモ形類動物の腹部》.

+**o‐pi‐um** /óupiəm/ 名 U ❶ アヘン: smoke ~ アヘンを吸う. ❷ 精神を麻痺[にさせるもの: Religion is the ~ *of* the people. 宗教は人民のアヘンだ 《★ K. Marx の言葉》. 《L < Gk》

ópium dèn 名 アヘン吸飲所, アヘン窟(くつ).

ópium póppy 名 〔植〕 ケシ 《実からアヘンが採れる》.

O‐por‐to /oupɔ́ːrtou | ‐pɔ́ː‐/ 名 オポルト 《ポルトガル北西部の港湾都市; ポートワイン産業の中心地・輸出市》.

o‐pos‐sum /əpásəm | əpɔ́s‐/ 名 《動》 ❶ ~s, ~〕 動 オポッサム 《北米および南米産の有袋類; 危険にあうと「死んだふり」をする; cf. possum》. 《N‐ Am‐Ind = 白い動物》

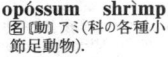

opóssum shrímp 名 動 アミ(科の各種小節足動物).

opossums

opp. 《略》 opposite.

Op‐pen‐hei‐mer /ápənhàimə | ‐mə/, **J(ulius) Robert** (1904‐67; 米国の理論物理学者; 第2次大戦中原子爆弾製造を指導; 戦後は水爆の開発に反対した).

op‐po /ápou | ɔ́p‐/ 名 《 ~s》 《英俗》 親しい同僚[仲間, 友人], 恋人.

*__op‐po‐nent__ /əpóunənt/ 名 ❶ (試合・議論の)相手, 敵対者, 敵手; a political ~ 政敵 / a worthy ~ 好敵手 / one's ~ in chess チェスの(対戦)相手. ❷ 反対者 (↔ supporter): an ~ *of* the government 政府の反対者. 《L < *opponere* to OPPOSE+‐ENT》

op‐por‐tune /ÀpətjuːnH | ɔ́pətjùːn/ 形 (↔ inopportune) ❶ 《時》に好都合の, 適切の: at an ~ time 都合のよい時 / The time was ~ *for* changing the law. その法律を改正する潮時だった. ❷ 〔言葉・動作など〕時宜を得た, タイミングのよい, 折よい: an ~ remark 時宜を得た[適切な]言葉. 《L < OP‐+*portus* 港; 原義は「(風向きが)港の方へ」; cf. port[1]》 《⇨ opportunity》

òp‐por‐túne‐ly 副 折よく, 適切に.

òp‐por‐tú‐nism /‐nizm/ 名 U 日和見[便宜]主義.

+**òp‐por‐tú‐nist** /‐nist/ 名 日和見[便宜]主義者.
── 形 日和見(主義)の, 機に乗じた.

+**òp‐por‐tu‐nís‐tic** /àpətjuːnístik | ɔ̀pətjuː‐/ 形 ❶ 日和見主義の; 日和見主義者(のような). ❷ 医 微生物が日和見性の《抵抗力の弱った宿主を病気にする》;《病気が》日和見感染性の. **‐ti‐cal‐ly** 副

*__op‐por‐tu‐ni‐ty__ /àpətjúːnəti | ɔ̀pətjúː‐/ 名 C,U 〔...の〕機会, 好機: at the earliest [first] ~ 機会があり次第, 最も早い機会に / take [seize] an ~ 機会をとらえる / *O~* *makes the thief*. (諺) すきを与えると魔がさすもの / *O~ seldom knocks twice*. (諺) 好機はめったに2度は訪れない / I have no [little] ~ *for* traveling. 旅行する機会がない[めったにない] / We have had few *opportunities of* meeting you. お目にかかる機会があまりありませんでした / [+*to do*] May I take this ~ *to* express my thanks? この機会に謝意を述べさせてください. 《L》 《略 opportune》 【類義語】 **opportunity** 行動したり目的・希望を達するのに都合のよい機会・状況; 「偶然」の意にもなり, **chance** *opportunity* と同義で, 偶然の好機について用いられることもある. **occasion** ある行動をとるのに適切な時.

opportúnity cóst 名 経済 機会原価, 機会費用《ある物の採択により放棄された他案から得られたであろう利得の最大のもの》.

op‐pos‐a‐ble /əpóuzəbl/ 形 〔解〕 《霊長類の親指が》 ほかの指と向き合わせにできる; 向かい合わせにできる.

*__op‐pose__ /əpóuz/ 動 ❶ 〔人・意見・提案などに〕対抗する, 反対する, 《...を》妨害[阻止]する: ~ a motion [a dictator] 動議[独裁者]に反対する / They ~*d* the plan by mounting a public demonstration. 彼らはデモを行なってその案に反対した / [+*doing*] They ~*d* build*ing* a nuclear power station. 彼らは原子力発電所の建設に反対した. ❷ (競技・選挙などで)〔...と〕争う: I'm *opposing* him in the next game. 次の試合で彼と対戦することになっている. ❸ **a** 〔...に〕《...》を反対[対立]させる; 対比[対照]させる: ~ guerrilla resistance *to* the advance of the enemy 敵の前進にゲリラ抵抗を示す / You should ~ reason *to* [*against*] prejudice. 偏見には理性で立ち向かうべきだ / ~ art *to* science 芸術を科学と比べ合わせる. **b** 〔~ oneself で〕 〔...に〕反対する: He ~*d* himself *to* this view. 彼はこの見方に反対した. ── 動 ❷ 反対する. 《F < L *opponere, oposit*‐...に対して置く《OP‐, *ponere, posit*‐ 置く; cf. position, opponent》 〈形 opposite, opposition〉 【類義語】 **oppose** 「対抗する」の最も意味の広い語. **resist** 現実に加えられた攻撃や圧力に対して積極的に反対する. **withstand** 単に反対するだけではなくそれに屈服しないことを暗示する.

*__op‐pósed__ 形 ❶ 対立する, 反対の: two ~ characters 二つの対立する性格 / Our opinions are diametrically ~. 我々の意見は180度反対だ. ❷ P 〔...に〕反対で: My father was ~ *to* our marriage. 父は私たちの結婚に反対だった. **as oppósed to** ...に対立するものとして(の), ...と

op·pós·er 名 反対[妨害]する人, (特に)商標登録妨害者.

op·pós·ing 形 対立する, 反対の: three ~ political factions 対立する3つの党派 / They have ~ points of view. 彼らは対立的な見解をもっている.

op·po·site /ɑ́pəzɪt, -sɪt/ 5p-/ A [比較なし] ❶ 反対側の, 向こう側の, 向かい合っている: an ~ angle 対角 / the ~ page 反対側のページ / the ~ side [end] of the room 部屋の向こう側 / on the ~ side of the road 道路の反対側に / at ~ ends of the bench ベンチの両端に / She lives in the house ~ (to [from] mine). 彼女は(私の家と)向かい側の家に住んでいる. ❷ 正反対の, 逆の (reverse): the ~ result 反対の結果 / words of ~ meanings 反意語 / take the ~ point of view 逆の見解をとる. ― 名 [しばしば the ~] (正)反対のもの[人, 事, 語]: He thought quite the ~. 彼は正反対に考えた / "Left" and "right" are ~s. left と right は反意語である / She's the exact ~ of Helen. 彼女はヘレンとは(性格が)まさに正反対だ. ― 副 正反対の位置に, 向かい側に: He sat down ~ to the teacher. 彼は先生と向かい合って座った / They live ~. 彼らは向かい側に住んでいます. ― 前 ❶ …の向こうに, …の反対の位置に[場所, 方向]に: She was sitting ~ me. 彼女は私と向かい合って座っていた / His room is ~ mine. 彼の部屋は私の(部屋)と向かい合わせです / I went to the post office ~ the hotel. ホテルの向かい側の郵便局へ行った. ❷ (リストなど)…の横に; O~ my name was a cross. 私の名前の横に×印がついていた. ❸ (映画などで) …の相手役として: He played [starred] ~ Audrey Hepburn. 彼はオードリーヘップバーンの相手役を演じた. ~·ly 副 ~·ness 名 【F<L 動 oppose】【類義語】 **opposite** 位置・行動・性格・考えなどが正反対の. **contrary** 極端な相違[対立]のある; 敵意を暗示する. **reverse** 裏面[側]の, 順序反対の.

†ópposite númber 名 [one's ~] (他の国・地域・職場などで)対等の地位にある人 (counterpart).

ópposite séx 名 [the ~] 異性.

op·po·si·tion /ɑ̀pəzíʃən | ɔ̀p-/ 5p-/ 名 ❶ Ⓤ 抵抗, 反対; 妨害; 敵対, 対抗, 対立: The forces met with strong ~. その軍隊は強硬な抵抗に出くわした / He had determined ~ to my marrying her. 彼は私と彼女と結婚することに断固反対した. ❷ [集合的; 単数または複数扱い] **a** 反対党, 反対派, 野党: Her [His] Majesty's (Loyal) O~ 《英》 野党 / The O~ is [are] against the bill. 野党はその法案には反対している. **b** 反対派, 競争相手, ライバル. ❸ Ⓤ,Ⓒ 対照, 対比, 対照. ❹ Ⓤ 《天文》衝(地球と外惑星または月が地球をはさんで正反対にある時の位置関係). **in opposition** 〈政党が野党の立場で[で]〉, 在野の[で]. **in opposition to** …に反対[反抗, 対立]して. ― 形 [しばしば O~] A 野党の: the O~ benches 《英》 野党議員の席 / an O~ MP 《英》 野党議員. 【F<L 動 oppose】

òp·po·sí·tion·ist /-ʃ(ə)nɪst/ 名 反対者, 反抗者.

op·press /əprés/ 動 働 [しばしば受身] ❶ 〈人などを(権力などで)厳しく支配する, 抑圧する (⇒ persecute [比較]): The country was ~ed by a tyrant. その国は暴君にしいたげられていた. ❷ 〈人・心に〉圧迫感[重苦しい感じ]を与える;〈…を〉憂鬱(ゆううつ)にする, ふさぎ込ませる (cf. oppressed 2): This room ~es me. この部屋には圧迫感がある / Cares ~ed his spirits. 心労で彼の心は重かった. 【F<L *opprimere, oppress-* 「…に押しつける」*op-*+*premere, press-* to PRESS; 動 oppression, 形 oppressive】

op·préssed 形 ❶ 圧迫[抑圧]された, しいたげられた (downtrodden): the ~ しいたげられた人々. ❷ P [(…で)憂鬱になって, ふさぎ込んで [*with, by*].

op·près·sion /əpréʃən/ 名 ❶ Ⓤ 圧迫, 圧制, 抑圧. ❷ 圧迫感, 憂鬱, 意気消沈; 重苦しい[だるい]感じ. 【動 oppress】

op·près·sive /əprésɪv/ 形 ❶ 圧制[抑圧]的な, 過酷な: ~ measures [taxation] 過酷な措置[課税]. ❷ 〈悲しみなどが〉ふさぎ込ませるような,〈天候などが〉むし暑い, 息のつまるような. ~·ly 副 ~·ness 名 【動 oppress】

op·prés·sor /-sə | -sə/ 名 圧制者, 迫害者.

op·pro·bri·ous /əpróʊbriəs/ 形 侮辱的な; 不面目な.

~·ly 副 〖↓+-ous〗

op·pro·bri·um /əpróʊbriəm/ 名 Ⓤ ❶ 汚名, 恥辱. ❷ 悪口, 非難. 〖L〗

op·pugn /əpjúːn/ 動 働 《文》 ❶ 非難する. ❷〈…に〉異議を唱える.

op·pug·nant /əpʌ́gnənt/ 形 [まれ] 反対の, 敵対の, 抵抗の. **-nan·cy, -nance** 名

op·si·math /ɑ́psəmæθ | ɔ́p-/ 名 高年になって習い始める人, 晩学の人.

op·son·ic /ɑpsɑ́nɪk | ɔpsɔ́n-/ 形 オプソニンの.

op·so·nin /ɑ́psənɪn | ɔ́p-/ 名〖菌〗オプソニン《白血球の食(菌)作用を促すと考えられる血清中の物質》.

***opt** /ɑ́pt | ɔ́pt/ 動 自 ❶ 選ぶ, 選択する, 決める: I ~*ed for* Mr. Jones's class. 私はジョーンズ先生のクラスを選択した / 〖+*to do*〗 He ~*ed to go* alone. 彼は一人で行くことに決めた. **ópt ín** (**to**…) (活動・団体などに)加わる. **ópt óut** (**of**…) (活動・団体などから)身を引く, 脱退する. 〖F<L *optare* 選ぶ, 望む; 名 option〗

op·ta·tive /ɑ́ptətɪv | ɔ́p-/ 形〖文法〗願望を表わす; 希求[願望]法の: an ~ sentence 祈願文. ― 名 願望法の動詞; [the ~] 願望法. ~·ly 副

***op·tic** /ɑ́ptɪk | ɔ́p-/ 形 A 目の, 視力の, 視覚の. ― 名 光学機械のレンズ. 〖F<L<Gk *ops, opt-* eye〗

***op·ti·cal** /ɑ́ptɪk(ə)l | ɔ́p-/ 形 A ❶ **a** 目の, 視覚[視力]の (visual). **b** 光学の, 光学(上)の: an ~ instrument 光学器械 / an ~ microscope 光学顕微鏡. ~·ly /-kəli/ 副

óptical activity 名〖化〗光学活性, 旋光性.

óptical árt 名 =op art.

óptical bénch 名 光学台《光学系を配置する台》.

óptical cháracter rèader 名 光学式文字読取装置《略 OCR》.

óptical cháracter recognìtion 名 Ⓤ〖電算〗光学式文字認識《略 OCR》.

óptical dénsity 名〖光〗光学濃度.

óptical dísc 名 =laser disc.

óptical fíber 名 Ⓒ 光ファイバー《光を伝えるガラス繊維束; 光通信・内視鏡などに用いられる》.

óptical gláss 名 Ⓤ 光学ガラス《レンズ用》.

óptical illúsion 名 目の錯覚, 錯視; 錯視を引き起こすもの.

óptical isómerism 名 Ⓤ〖化〗光学異性《立体異性の一種》. **óptical isomer** 名 光学異性体.

óptically áctive 形〖化〗光学活性(体)の《物質が平面偏光の偏光面を右または左へ回転させる「旋光性」をもつ》.

óptical scánner 名〖電算〗(光学)スキャナー《画像・文字などの読取装置》.

óptical stórage 名 Ⓤ〖電算〗光学(式)記憶《★時に形容詞的に》: an ~ device 光学式記憶装置.

óptic ángle 名 光軸角; 視角.

óptic chíasma [chíasm] 名〖解・動〗視(神経)交差.

op·ti·cian /ɑptíʃən | ɔp-/ 名 眼鏡商(人); 眼鏡技師; 光学技師: an ~'s 眼鏡屋.

óptic lóbe 名〖解〗視葉.

óptic nérve 名 視神経.

***op·tics** /ɑ́ptɪks | ɔ́p-/ 名 Ⓤ 光学.

optima 名 optimum の複数形.

op·ti·mal /ɑ́ptəm(ə)l | ɔ́p-/ 形 最上の, 最適の.

***op·ti·mism** /ɑ́ptəmìzm | ɔ́p-/ 名 Ⓤ 楽天主義; 楽観(論) (↔ pessimism). 〖F<L; ⇒ optimum, -ism; 原義は「最善を望むこと」〗

***op·ti·mist** /-mɪst/ 名 楽天主義者; 楽天家.

***op·ti·mis·tic** /ɑ̀ptəmístɪk | ɔ̀p-/ 形 楽天主義の; 楽観[楽天]的な (↔ pessimistic): He is ~ *about* the future. 彼は将来に関して楽天的だ / 〖+*that*〗 The doctors are ~ *that* he will recover. 医師たちは彼が回復するだろうと楽観している. **-ti·cal·ly** /-kəli/ 副

***op·ti·mize** /ɑ́ptəmàɪz | ɔ́p-/ 動 他 最高に活用する, できるだけ能率的に利用する; 最適化する. **op·ti·mi·za·tion** /ɑ̀ptəmɪzéɪʃən | ɔ̀ptəmaɪ-/ 名 Ⓤ 最適化.

+op·ti·mum /ɑ́ptəməm | ɔ́p-/ 名 (複 **op·ti·ma** /-mə/, ~s) 最適条件. ── 形 最適の; 最善[最高]の: the ~ temperature 最適温度 / under ~ conditions 最適の状態で. 《L=最善》

‡**op·tion** /ɑ́pʃən | ɔ́p-/ 名 ❶ Ⓤ 選択, 取捨; 選択権[の自由]: I have no [little] ~ in the matter. 私にはその件で選択権がない[ほとんどない] / You have no other ~. 君にはほかに選択の余地はない / (+*to do*) You have the ~ to take it or leave it. あなたには採否の自由がある / She had no ~ but to agree. 彼女は同意するよりほかなかった. ❷ Ⓒ **a** 選択できるもの, 選択肢: the first ~ 第1の選択(肢) / a wide range of ~s 幅広い選択. **b** (自動車などの)オプション (標準装備品以外のもの): An air bag is available as an ~. オプションとしてエアバッグも選べる. **c** (電算) (プログラムの操作メニューの)オプション, 選択肢. ❸ Ⓒ [商] 売買選択権, オプション 《権利金を払えば一定の契約期間中に物件を売買したり契約を変更できる権利》: I have a 10-day ~ on the land. その土地を10日間のオプションで契約している. **kéep [léave] one's óptions ópen** 選択の余地を残しておく, 最終決定をしないでおく. **the sóft [éasy] óption** 楽な選択(肢), 安易な道: take *the soft* ~ 楽なほうを選ぶ. 《L》 動 opt, 形 optional. 【類義語】⇒ choice.

+**op·tion·al** /ɑ́pʃ(ə)nəl | ɔ́p-/ 形 ❶ **a** 随意[任意] の (=obligatory): an ~ tour オプショナルツアー 《パック料金とは別料金で行なわれる現地小旅行》/ A tie is ~. ネクタイはしてもしなくてもよい. **b** 〈自動車などの装備が〉オプションの: A CD player is an ~ extra. CDプレーヤーのオプションの付属品です. ❷ (英)〈学科が〉選択の ((米) elective): an ~ subject 選択科目. ── 名 (英) 選択科目[課程] ((米) elective). **~·ly** /-nəli/ 副

òpto·cóupler 名 [電子工] 光結合素子[器], オプト[フォト]カプラー 《発光素子 (LED) などと受光素子(フォトトランジスタなど)を組み合わせ, 光を媒介にして電気的に絶縁した回路を結ぶ装置》.

òpto·eléctrónics /ɑ̀ptoʊ- | ɔ̀p-/ 名 Ⓤ 光電子工学, オプトエレクトロニクス 《光通信・ディスプレイなどの光学と電子工学を結びつけた技術・理論》. **òpto·eléctrónic** 形

op·tom·e·ter /ɑptɑ́mətə | ɔptɔ́mətə/ 名 眼の屈折計, 検眼鏡.

op·tom·e·trist /ɑptɑ́mətrɪst | ɔptɔ́m-/ 名 (主に米) 検眼士, 眼鏡(調整)士.

op·tom·e·try /ɑptɑ́mətri | ɔptɔ́m-/ 名 Ⓤ 検眼.

op·u·lence /ɑ́pjuləns | ɔ́p-/ 名 Ⓤ ❶ 富裕. ❷ 豊富. ❸ 華やかなこと, 絢爛(けんらん).

+**op·u·lent** /ɑ́pjulənt | ɔ́p-/ 形 ❶ 富裕な (=wealthy). ❷ 豊富な, 豊かな. ❸ 華やかな, 絢爛(けんらん)たる. **~·ly** 副 《L》

o·pun·tia /oʊpʌ́nʃiə/ 名 [植] ウチワサボテン 《オプンチア属のサボテン》.

+**o·pus** /óʊpəs/ 名 (複 **o·pe·ra** /óʊp(ə)rə | ɔ́p-, ~·es/) ❶ [楽] 作品 (略 op., Op.): Brahms *op*. 77 ブラームスの作品第77番. ❷ (文学・芸術上の)作品, 著作; ⇒ magnum opus. 《L=仕事; OPERA と同語源》

opus·cule /oʊpʌ́skjul/ 名 =opusculum.

opus·cu·lum /oʊpʌ́skjuləm/ 名 (複 -**la** /-lə/) 小品, 小曲.

Ó·pus Dé·i /óʊpəsdéɪaɪ, -déɪi:/ 名 ❶ [キ教] =divine office. ❷ [カト] オプス・デイ 《スペインの神父 Josemaria Escrivá de Balaguer が 1928 年に設立した信徒の会》.

‡**or** /(強形) ɔ́ə | ɔ́ː; (弱形) ə | ə/ 接 ❶ [二つまたはそれ以上の選択すべき文法上同性質の語・句・節を対等につないで] **a** [肯定・疑問文に用いて] または, あるいは, …か…か 《用法》 動詞は近いほうの主語の人称・数に一致する》: A good mystery story *or* some fashion magazines *are* what she would like. おもしろい推理小説かファッション雑誌なら彼女の気に入るだろう / Which do you like better, apples ↗ *or* oranges? ↘ リンゴとオレンジとどちらが好きですか / Will you be there ↗ *or* not? ↘ そこへおいでになりますか, なりませんか / "Shall we go by bus ↗ *or* /ə | ə/ train? ↘" "By bus." 「バスで行く？ それとも電車にする？」「バスにしましょう」《比較 "Shall we go by bus *or* /ɔ́ə | ɔ́ː/ train? ↗" "No, let's take a taxi." 「バスか電車かで行く？」「いや, タクシーにしよう」; 相手に二択に限定した感じを与えず, より控えめな表現となる》/ two *or* /ə | ə; ɔ́ː/ three miles 2マイルか[または] 3マイル / an inch *or* more 1インチかあるいはそれ以上. **b** [either と相関的に用いて] …かまたは (⇒ either 接 1)). **c** [三つ以上の選択に用いて] …か…か… 《用法》 後の *or* 以外は省略可能》: any Tom, Dick, *or* Harry (トムでも, ディックでも, あるいはハリーでも)だれでも (★ 「猫も杓子(しゃくし)も」に相当する) / Music *or* painting *or* reading will give you some peace of mind. 音楽とか絵画とか読書とかは人の心に安らぎを与えてくれる. **d** [否定文で] …も…も(ない): She doesn't smoke *or* drink. 彼女はたばこも酒もやらない / I have *no* brothers *or* sisters. 私には兄弟も姉妹もありません. **e** [選択の意が弱まり数など不正確なことを示す場合に用いて] …かそこら, …あたり (★発音は /ə | ə/ となる): a mile *or* so 1マイルばかり, ほぼ1マイル / there *or* thereabout(s) どこかその辺 / for some reason *or* other なんらかの理由で / A day *or* two are needed. 一両日を要する / He's ill *or* something. 彼は病気か何かだ.

❷ [命令文などの後で用いて] さもないと (otherwise): Study hard, *or* (else) you'll fail. 一生懸命勉強しないと, さもないと落第しますよ (cf. and 3 a, else 副 2) / Don't be too long, *or* you'll miss the train. あまりぐずぐずしないように, でないと電車に遅れるよ / They must have liked the hotel, *or* they wouldn't have stayed so long. 彼らはそのホテルが気に入っていたにちがいない. さもなければあんなに長くは滞在しなかっただろう.

❸ **a** [普通コンマの後で類義語(句)・説明語(句)を導いて] すなわち, 言い換えれば: the culinary art, *or* the art of cookery 割烹(かっぽう)術つまり料理法. **b** [訂正正誤(句)・コメントを導いて] いや…, あるいは(むしろ): He's rich, *or* (at least) he appears to be (rich). 彼は金持ちだ, いや, (少なくとも)そう見える / I've met him somewhere. *Or* have I? どこかで彼に会ったことがある. いや, そう(だった)かな. 《ME》

OR /ɔ́ə | ɔ́ː/ 名 [電算] オア 《論理和をつくる論理演算子; cf. AND》.

OR (略) operating room 手術室; operations research; (米郵) Oregon; owner's risk 所有者[荷主]危険負担.

-or[1] /ə | ə/ 接尾 ラテン語起源の, 特に -ate[2] の語尾を有する動詞につけて「行為者名詞」(agent noun) を造る: eleva*tor*, posses*sor*.

-or[2], (英) **-our** /ə | ə/ 接尾 動作・状態・性質を表わすラテン系名詞語尾: hono(u)*r*.

ora 名 os[2] の複数形.

or·ach(e) /ɔ́ːrɪtʃ | ɔ́r-/ 名 [植] ヤマホウレンソウ 《アカザ科》.

or·a·cle /ɔ́ːrəkl | ɔ́r-/ 名 ❶ (特に, 古代ギリシアの)神のお告げ, 神託, 託宣: consult the ~s 神託を求める. ❷ (古代ギリシアの)神託所; [聖] (エルサレム神殿内の)至聖所. ❸ 神託を告げる人, 神託宣者, 巫女(ふじょ); 賢者, 賢人; 権威ある書物[言葉(など)]. 《F < L *oraculum* < *orare* to speak》

o·rac·u·lar /ɔːrǽkjulə | ɔrǽkjulə/ 形 ❶ 神託[託宣]の(ような). **b** 威厳のある: ~ pronouncements 厳粛な宣言. ❷ なぞめいた, あいまいな. **~·ly** 副

o·ra·cy /ɔ́ːrəsi/ 名 Ⓤ 話しことばによる表現・理解能力, 聞き話し能力.

*o·ral /ɔ́ːrəl/ 形 ❶ 口頭の, 口述の (cf. aural, written 1): ~ evidence 口証 / an ~ examination [test] in English 英語の口頭[口述]試験 / the ~ method (外国語の)口頭教授法, オーラルメソッド. ❷ 〈薬が〉経口の: an ~ contraceptive 経口避妊薬 / ~ vaccine 経口ワクチン. ❸ 口の, 口部の, 口腔(こうくう)の: the ~ cavity 口腔 / ~ surgery [hygiene] 口腔外科[衛生]. ── 名 口頭試問, 口述試験. 《L < *os, or-* 口》

óral exám 名 =oral test.

óral hístory 名 Ⓤ 口述歴史(資料) 《史実に関する個人の口述証言の録音[録画]; それから起こした資料》.

o·ral·ism /ˈɔːrəlìzm/ 名 口唇主義《聾児の教育方法の一種; もっぱら読唇・発話・残存聴力の訓練を通して行なう》.

ó·ral·ist 名 oralism の提唱者, 口唇主義者; 読唇と発話を伝達手段とする聾者. —— 形 口唇主義の.

Oral Láw 名 [the ~] (ユダヤ教の)口伝律法, ミシュナ (Mishnah).

ó·ral·ly /-rəli/ 副 ❶ 口頭で. ❷ 経口的に. ❸ 口で.

óral séx 名 ⓤ オーラルセックス.

óral súrgeon 名 口腔外科医.

***or·ange** /ˈɔːrɪndʒ, ˈɑːr-|ˈɔr-/ 名 ❶ a ⓒⓤ オレンジ《ダイダイ・ミカンなどの柑橘(かんきつ)類の果実; cf. satsuma》: ⇨ mandarin orange / peel an ~ オレンジの皮をむく. b ⓒ オレンジ(木). ❷ ⓤ オレンジ色, だいだい色《赤色と黄色の中間色; 茶色も指す》. ❸ (英) ⓤⓒ =orange juice. —— 形 オレンジ[だいだい]色の. 《F<Arab<Pers<Skt =orange tree》

Or·ange /ˈɔːrɪndʒ, ˈɑːr-|ˈɔr-/ 名 [the ~] オレンジ川《南アフリカ共和国最長の川; レソトの北東部に発し, 南アフリカ共和国を西流して大西洋に注ぐ》.

or·ange·ade /ˌɔːrɪndʒéɪd, ˌɑːr-|ˌɔr-/ 名 ⓒⓤ オレンジエード(1 杯)《(英) では発泡飲料》.

óra nge blóssom 名 ⓒⓤ オレンジの花《解説 純潔の象徴で, 結婚式に花嫁が頭に飾ったり, 花束にして手に持ったりする》.

Óra nge Bòwl 名 [the ~] 〖アメフト〗オレンジボウル《米国 Miami で行なわれるシーズン終了後の招待大学チームの試合》.

óra nge-flòwer wàter 名 ⓤ 橙花水《neroli の水溶液》.

Or·ange·ism /ˈɔːrɪndʒɪzm, ˈɑːr-|ˈɔr-/ 名 ⓤ オレンジ党の主義[運動]. **-ist** /-dʒɪst/ 名

óra nge júice 名 ⓒⓤ オレンジジュース(1 杯).

Órange·man /-mən/ 名 (働 **-men** /-mən/) オレンジ党員 (⇨ Orange Order).

Órange Órder 名 [the ~] オレンジ党《1795 年アイルランドプロテスタントの組織した秘密結社》.

óra nge pèel 名 ⓤ オレンジの皮《砂糖漬けにした菓子材料, また薬用》.

óra nge pékoe 名 オレンジペコウ《セイロン産の良質の小さい葉の紅茶》.

or·ange·ry /ˈɔːrɪndʒ(ə)ri, ˈɑːr-|ˈɔr-/ 名 (寒冷地での)オレンジ栽培温室.

óra nge stíck 名 《マニキュア用の》オレンジ棒.

ór·ang·ish /-dʒɪʃ/ 形 ややオレンジ色の, オレンジ気味の.

o·rang·u·tan, o·rang·ou·tan, o·rang·ou·tang /əˈræŋətæn, -tæŋ/ 名 〖動〗 オランウータン. 《Malay=ジャングルの住人》

ór·ang·y, ór·ang·ey /-dʒi/ 形 (色·形·味·香りなどが)オレンジに似た, オレンジのような.

o·rate /ɔːˈreɪt/ 動 (自) (戯言) 演説する, 演説口調で話す. 《↓ の逆成》

o·ra·tion /əˈreɪʃən, ɔː-/ 名 (特別な場合の正式な)演説, 式辞: deliver a funeral ~ 追悼演説をする. 《L<orare, orat- 話す》【類義語】⇨ speech.

or·a·tor /ˈɔːrətə|ˈɔrətə/ 名 ❶ 演説者, 雄弁家. 《L<orare, orat-(↑)+-or¹》

or·a·tor·i·cal /ˌɔːrəˈtɔːrɪk(ə)l|ˌɔr-/ 形 演説(家)の, 雄弁の: an ~ contest 弁論大会. **-ly** /-kəli/ 副

or·a·to·ri·o /ˌɔːrəˈtɔːriòu|ˌɔr-/ 名 (働 ~**s**) 〖楽〗オラトリオ, 聖譚曲《聖書に題材を取った独唱·合唱·管弦楽などを伴った楽曲》.

or·a·to·ry¹ /ˈɔːrətəri|ˈɔrətəri, -tri/ 名 ⓤ ❶ 雄弁; 雄弁術. ❷ 誇張的文体.

or·a·to·ry² /ˈɔːrətəri|ˈɔrətəri, -tri/ 名 〖キ教〗 祈祷(きとう)堂, (大教会または私邸の)小礼拝堂.

orb /ɔːb|ɔːb/ 名 ❶ 球(体). ❷ (十字架付きの)宝珠《王権を象徴する》. ❸ (詩) 天体: the ~ of day 太陽. ❹ [通例複数形で] (詩) 目; 眼球. 《L orbis 円, 環》

or·bic·u·lar /ɔːˈbɪkjʊlə|ɔː-/ 形 球状の, 環状の, 円形の, まるい; [比喩的に] 完全な, 完結した. **~·ly** 副 **-lar·i·ty** /ɔːˌbɪkjʊˈlærəti|ɔː-/ 名

1275 order

***or·bit** /ˈɔːbɪt|ˈɔː-/ 名 ❶ a (天体や人工衛星などの回る)軌道. b 周回の一周. c 〖理〗(原子核の周囲を回る電子の)軌道. ❷ a 活動[勢力]範囲. b (人生の)行路, 生活過程. ❸ 〖解〗眼窩(がんか). **in [into] órbit** 軌道上に, 軌道に乗って[乗せて]: be *in* ~ 軌道に乗っている / put a satellite *in [into]* ~ (round the earth) 人工衛星を(地球をめぐる)軌道に乗せる. **òut of órbit** 軌道外に, 軌道をはずれて. —— 動 ❶ 〈天体·人工衛星などが〉…の周りを軌道に乗って回る: The spacecraft ~*ed* Mars three times. 宇宙船は火星の周りを(軌道に乗って)3 周した. ❷ 〈人工衛星を〉軌道に乗せる. ❸ 旋回する. 《L *orbis* 円, 環+*ire*, *it-* 行く; cf. orb, exit》

***or·bit·al** /ˈɔːbətl|ˈɔː-/ 形 ❶ 軌道の: an ~ flight 軌道飛行 / ~ velocity 軌道速度. ❷ 眼窩の. ❸ (英)都市から都市を環状に通じる: an ~ motorway 環状高速道路. —— 名 ❶ 〖理〗軌道関数《原子·分子内の電子の状態を表わす》. ❷ (英)(都市の)外郭環状路.

órbital sánder 名 回転式サンダー《台に取り付けたサンドペーパーが回転して研磨する》.

or·bit·er /ˈɔːbətə|ˈɔː-/ 名 軌道衛星, 周回宇宙船.

orc /ɔːk|ɔːk/ 名 ❶ 〖動〗ハナゴンドウ, シャチ (grampus). ❷ 海の怪物; 人食い鬼.

or·ca /ˈɔːkə|ˈɔː-/ 名 〖動〗シャチ, サカマタ.

Or·ca·di·an /ɔːˈkeɪdiən|ɔː-/ 形 オークニー諸島 (Orkney Islands) (人)の. —— 名 オークニー諸島民.

***or·chard** /ˈɔːtʃəd|ˈɔːtʃəd/ 名 果樹園. 《OE=菜園》

órchard·ist /-dɪst/ 名 果樹栽培者; 果樹園主[監督者].

***or·ches·tra** /ˈɔːkɪstrə, -kes-|ˈɔː-/ 名 ❶ [集合的; 単数または複数扱い] オーケストラ, 管弦楽団《比較 日本語の「管弦楽 (orchestral music)」の意はない》: a string ~ 弦楽合奏団 / The ~ is [are] preparing for a concert. オーケストラはコンサートの準備をしている. ❷ a =orchestra pit. b (米) 〖劇場〗 (舞台前の)一等席, 一階 《(英) stalls》. 《L<Gk=合唱隊がいた舞台前の場所》 形 **orchestral**, 動 **orchestrate**

***or·ches·tral** /ɔːˈkestr(ə)l|ɔː-/ 形 オーケストラ(用)の: ~ music 管弦楽 / an ~ player オーケストラの団員.

órchestra pìt 名 (舞台前の)オーケストラ席.

órchestra stálls 名 働 (英) =orchestra 2 b.

***or·ches·trate** /ˈɔːkɪstreɪt, -kes-|ˈɔː-/ 動 ❶ 管弦楽に[用に]編曲[作曲]する. ❷ (人に, こっそりと)組織化する; 画策[演出]する (stage-manage): ~ a demonstration 巧みにデモ隊を編成する. (名 orchestra)

or·ches·tra·tion /ˌɔːkɪsˈtreɪʃən, -kes-|ˌɔː-/ 名 ❶ a ⓤ 管弦楽(編曲)法. b 管弦楽編曲曲. ❷ ⓤⓒ 統合, 結集; (巧みな)編成, 組織化 《of》.

or·chid /ˈɔːkɪd|ˈɔː-/ 名 ❶ 〖植〗ラン; ランの花: a wild ~ 野生ラン. ❷ うす紫色. 《L<Gk=睾丸(こうがん); 塊状根の形が似ていることから》

or·chil /ˈɔːtʃɪl, -tʃɪl|ˈɔː-/ 名 =archil.

or·chis /ˈɔːkɪs, ˈɔː-/ 名 〖植〗(野生の)ラン《特にオルキス属の肥大した根をもつ地生ラン》.

or·chi·tis /ɔːˈkaɪtɪs|ɔː-/ 名 ⓤ 〖医〗睾丸炎.

or·cin·ol /ˈɔːsɪnɔːl, -nɒl/ 名 ⓤ 〖化〗オルシノール《地衣類から抽出されるフェノール; 分析試薬·殺菌剤》.

***or·dain** /ɔːˈdeɪn, ɔː-/ 動 ❶ 〈神·運命などが〉あらかじめ定める; 〈法律などが〉規定[制定]する: His death was ~*ed* by fate. 彼の死は運命によって定められていたのだ / [+*that*] God has ~*ed that* we (should) die. 神は我々を死すべきものと定められた. ❷ 〖キ教〗 〈人〉を牧師[司祭]に任命する; 〖カト〗〈人〉を叙品する (cf. order A 5 b): He was ~*ed* (*as*) a priest. 彼は司祭に叙品された[司祭になった]. 《F<L=秩序を正しくする *ordo*, *ordin-* ORDER》 (名 ordinance, ordination)

***or·deal** /ɔːˈdiːl|ɔː-/ 名 ❶ ⓒ 厳しい試練, 苦しい体験. ❷ ⓤ 神明裁判《昔チュートン民族の間で行なわれた裁判法; 過酷(かこく)な試練に耐えた者を無罪とした》. 《OE; 原義は「判決を与えること」》

***or·der** /ˈɔːdə|ˈɔːdə/ 名 A ❶ ⓤⓒ a 順序, 順: in alphabetical [chronological] ~ ABC[年代]順に / in

order

ascending [descending, reverse] ~ 昇順[降順, 逆順]に / in ~ of age [importance, size] 年齢[重要さ, 大きさ]の順に / take things in ~ 物事を順に取り上げる / Then come(s) B, C, and D in that ~. 次に B, C, D がその順で出ている. **b** [文法] 語順.

❷ Ⓤ **a** 整理, 整頓(ﾄﾝ), 整列 (↔ disorder): draw up pupils in ~ 生徒を整列させる / keep things in ~ 物を整理しておく / put [set] documents [one's room] in ~ 書類[部屋]を整理しておく / You'd better get your ideas into ~. 君は考えをまとめておいたほうがよい. **b** [通例修飾語を伴って] (…の)状態, 調子: Affairs are in good [bad] ~. 事態は良好だ[悪い] / The books arrived in good ~. 書物は無事に[破損しないで]着いた / Keep machinery in running [working] ~. 機械を調子よく動くようにしておきなさい.

❸ **a** Ⓤ (社会の)秩序, 治安 (↔ disorder): a breach of ~ 秩序の素乱(ｿﾗﾝ) / law and ~ 治安, 法秩序 / keep [preserve, maintain] ~ 秩序を保つ. **b** Ⓒ 体制 (system): an old [a new] ~ 旧[新]体制 / the established ~ 既存の[確立された]体制《a の意で「既成秩序」とも》 / the present economic ~ 現在の経済体制. **c** Ⓤ (自然の)理法, 道理, 秩序: the ~ of nature [things] 自然(界)[万物]の摂理.

❹ Ⓒ **a** [しばしば複数形で] (社会の)序列, 階級; 身分; 地位, 階位: the higher [lower] ~s 上流[下層]社会 / the social ~ 社会の階層 / all ~s and degrees of men あらゆる階級の人たち. **b** [通例単数形で] 等級; 種類 (type): intelligence of a high ~ 優れた知能 / The beauty of Mt. Fuji is of a majestic ~. 富士山の美しさは荘厳の美である. **c** [生] (生物分類上の)目(ﾓｸ) (cf. classification 1 b).

❺ [通例複数形で] **a** 聖職: take ~s 聖職につく / holy orders / His brother is in ~s. 彼の兄は聖職についている. **b** 聖職叙任; [ｶﾄ] 叙品[階](式).

❻ Ⓒ **a** (カトリックなどの)修道会: a monastic ~ 修道会. **b** [しばしば O-] 修道会: the Benedictine ~ = the ~ of Benedictines ベネディクト(修道)会. **c** (中世の)騎士団; (現代の)勲爵士団 (cf. knighthood). **d** (私的な)友愛組合, 結社.

❼ **a** Ⓒ [通例単数形で] (宗教的)儀式: the O- of Holy Baptism 洗礼式 / the O- for the Burial of the Dead 埋葬式. **b** Ⓤ (議会・会議などの)議事の進行手続き, 議事規則(の遵守): call a speaker to ~ 〈議長が演説者に議事規則違反を注意する / call a meeting to ~ 開会を宣する / O-! O-! (議会で)静粛に! 静粛に! 《議事規則違反に対する議長の警告》.

❽ Ⓤ [Ⓒ] Ⓒ (英) 勲章, 勲位: the O- of Merit メリット勲章[勲位] 《文武に功績のあった 24 人に贈られる名誉勲位; 略 OM》/ the O- of the Garter ガーター勲章[勲位] 《knight (knight) の最高勲位》.

❾ Ⓤ [通例修飾語を伴って] **a** 隊形: battle ~ 戦闘隊形 / in close [open] ~ 密集[散開]隊形で. **b** (特定の場合に使用する)軍装, 装備: in parade [fighting] ~ 観兵式[戦闘]用軍装で.

❿ Ⓒ [建] 柱式, 様式: ⇨ CORINTHIAN order, DORIC ~, IONIC order.

⓫ Ⓤ [数] 順序; 次数; 位数; (微分方程式の)階数.

─ **B** Ⓒ ❶ [しばしば複数形で] 命令, 指令; (医者などの)指図 (instruction): obey the doctor's ~s 医者の指図に従う / give [issue] ~s 命令する / take ~s from a person 人から指図を受ける / I did it on his ~s. 彼の命令でそれをした / We're under the ~s of the boss. 我々は上司の命令下にある[指図を受けている] / *Orders* are ~s. 命令は命令だ《…命令には従わねばならない》 / It's [This is, That's] an ~. 《…の》《略で》《命令をした後で念を押すのに用いる表現》 / [+to do] give ~s to march on 進軍を続けよとの命令を出す / The police gave ~s for his office to be searched. =[+that] The police gave ~s that his office (should) be searched. 警察は彼の事務所の捜索を命じた《★ 特に《米》ではしばしば should を省略》.

❷ **a** Ⓒ 《…にせよという》命令書, 指図書: [+*to do*] He received a court ~ *to* give the money to his partner. 彼はその金を協力者に渡すべしという裁判所からの命令書を受け取った. **b** 〈為替(ｶｶﾞﾈ)(証書): ⇨ money order, postal order.

❸ Ⓒ **a** 注文(書, 品): a large ~ 大口の注文 / place an ~ with a person [company] *for* an article 人[会社]に品物の注文をする / A deliveryman has brought the ~. 配達員が注文の品を持ってくれた. **b** (料理店で)注文(の料理) (一人前): Can I have your ~, sir? ご注文は何にいたしますか / Our ~ has come. 注文の料理が来た.

by órder of... の命(令)によって.
cáll...to órder (1) 〈議長が×人に〉静粛を命ずる. (2) 〈会議の〉開会を宣言する (⇨ A 7 b).
cóme to órder (話などをやめて)静粛にする: wait for a meeting to *come to* ~ 会場に集まっている人々が静粛になるのを待つ.
in órder (↔ out of order) (1) 順番に (⇨ A 1 a). (2) 整理して (⇨ A 2 a). (3) 正常な状態で (⇨ A 2 b). (4) (議事)規則にかなって; 合法で (valid): His passport is *in* ~. 彼のパスポートは正規のものだ / Is it *in* ~ for me to speak now? 今発言することは許されますか. (5) 適切で, ふさわしい; 望ましい, 必要で: A word here may be *in* ~. この辺で一言述べておいてよいだろう.
in órder for...to dó 〈人・ものが〉…するために[目的で]: *In* ~ *for* the company *to* survive a major reorganization will be necessary. 会社が生き残るためには大規模な組織変えが必要だろう.
in órder that... する目的で[するために] 《匡越 文語的表現で, 口語では so that... を用いる》: We are sending our representative *in* ~ *that* you *may* discuss the matter with him. その件で話し合っていただけるように代理人を送ります.
in órder to dó …する目的で, するために(は) 《匡越 単なる不定詞や so as to do よりも目的の観念を強く表わした, 形式ばった表現法》: She has gone to England *in* ~ *to* improve her English. 彼女は英語上達のために英国へ行った / I ignored the remark *in* ~ *not to* prolong the dispute. 論議を長びかせないようにその言葉を無視した.
in shórt órder ⇨ short order 成句.
of a hígh órder 一流の, すぐれた, 高度の.
of [in, on] the órder of... 《英》= on the ORDER of... 成句.
of the híghest [fírst] órder 第一級の, 最高の, 超一流の.
on órder 注文して(ある), 注文中で: The books are *on* ~ at the bookstore. その本は本屋に注文してある.
on the órder of... 《米》 (1) …の種類に属して[する], …のような[な]: a leader *on the* ~ of J. F. Kennedy J. F. ケネディー級の指導者. (2) 概略…の, 約[およそ]…の[で]: a budget *on the* ~ of five million dollars 約 500 万ドルの予算.

órder of báttle [軍] 戦闘組成 《ある部隊の兵力・編成・装備・行動などに関する一切の情報》.
órder of búsiness (1) (会議などの)議題の順序. (2) (処理すべき)業務予定. (処理すべき)問題.
órder of mágnitude (1) 10 の累乗で表わされる大きさ [桁], ある数から 10 の n 乗までの範囲: The measured values were two ~s *of magnitude* higher than expected. 実測値は予想より 2 桁高かった 《数 100 倍だった》. (2) [比喩的に] 大きさ, 程度, 桁: reduce energy consumption by many ~s *of magnitude* エネルギー消費を大幅に[桁違いに]減らす.
órder of the dáy [the ~] (1) (議会などの)議事日程: proceed to *the* ~ *of the day* 議事日程に入る. (2) (日) (時代の)風潮, 流行; 最大の関心事; よくある[普通の, 当然の]こと[もの], 適切な[ふさわしい]こと[もの]: Equal opportunities for men and women are *the* ~ *of the day*. 男女の機会均等は時代の風潮である.
órder to víew [an ~] 《英》(家への)下見許可書.
òut of órder (↔ in order) (1) 順が狂って, 乱れて: Don't speak *out of* ~. 番でないのにしゃべってはいけない. (2) 調

子が狂って, 具合悪くて; 《口》(心身の)調子が悪くて: get [go] out of ~ 具合が悪くなる, 故障する / The washing machine is out of ~. 洗濯機が故障している / My stomach is out of ~. 胃の調子が悪い. (3) 議事規則に違反して. (4) 不適当で, 穏当でない.

to **órder** 注文によって: made to ~ 注文で作った (cf. made-to-order) / We make genuine leather boots to ~. 当店はご注文により本物の革製ブーツをお作りいたします.
— 動 他 ❶ 〈...〉〈...〉(すること)を命じる, 指図する: ~ an advance [a retreat] 前進[退却]を命じる / ~ an inquiry 調査を命じる /〔+目+to do〕She ~ed the box (to be) brought to her. 彼女はその箱を持ってくるように言いつけた (用法 過去分詞の前の to be を省くのは《米》) / He ~ed his men to release the prisoner. =〔+ that〕He ~ed that his men (should) release the prisoner. 彼は部下に捕虜を釈放するように命じた.〔+引用〕"Stop!" he ~ed.「止まれ」と彼は命じた. b 〔方向の副詞を伴って〕〈人に〉〈...へ〉行く[来る]ように命じる: The policeman ~ed me back [away]. 警官は私にさがれ[向こうへ行け]と命じた / The regiment was ~ed to the front. 連隊は出征を命ぜられた. ❷ 〈ものを〉命じる, 頼む;〔...から〕取り寄せる; 〈人に〉〈ものを〉注文してやる: ~ a beefsteak [two coffees] ビフテキ[コーヒー 2 杯]を注文する / Did you ~ a taxi? タクシーは頼んでおきましたか / I will ~ some new books from England. 英国へ新刊書を注文しよう /〔+目+目〕She ~ed her daughter a new dress. =She ~ed a new dress for her daughter. 彼女は娘に新調のドレスを注文してやった / He ~ed himself a suit. 彼は自分用にスーツを注文した. ❸〈...を〉整える, 整理する, 処理する: ~ one's thoughts 考えを整える. ❹〈神・運命などが〉〈...を〉定める.

— 自 注文する: Have you ~ed yet? もう注文したかい, ご注文はもうお済みですか.

órder...abóut [aróund]《他+副》(あれこれの命令を出して)〈人を〉こき使う, あちこちへ使い立てる; 支配する: He likes to ~ people around. 彼は人を追い使うのが好きだ.

Órder árms! 《号令》立て銃(3)!(銃を体の右側に立たせること).

órder óut《他+副》 (1) 〈...に〉〈...から〉出るように[退出を, 退去を]命ずる〔of〕. (2) 〈軍隊・警察などの〉出動を命ずる.
— 自+副 (3) 〔食べ物の〕出前を取る, デリバリー[宅配]を頼む.

〔F＜L ordo, ordin- 列, 順序〕《形 orderly, ordinal》
【類義語】order 他人に命令する; しばしばゆうを言わずに従わせることを暗示する. command 権力[権限]のあるものが公式[正式]に命令を下す; 服従することを前提とした. direct order や command よりは命令の意味は弱く, 監督し指示を与える(しかし相手の服従を予期している). instruct 指示が direct よりさらに細かな点まではっきりしていることを示す.

órder bòok 名 注文控え帳, 注文帳.
órder confirmátion 名 C|U 注文確認.
órdered 形 整然とした, 規則正しい, きちんとした (↔ disordered): ⇒ well-ordered / Things are badly [well] ~ in this country. この国では物事が雑然と[整然と]している.
órdered páir 名 《数》 順序対(2).
órdered sét 名 《数》 順序集合.
órder fòrm 名 注文用紙.
órder-in-cóuncil 名 (複 órders-) (英国・英連邦諸国における)枢密院令, 勅令 (国王が枢密院の助言に基づいて発する命令).

+**ór·der·ly** /ɔ́ədəli | ɔ́ːdə-/ 形 (more ~; most ~) (↔ disorderly) ❶ 整頓(*)の, きちんとした: an ~ room 整頓された部屋. ❷ 規律正しい, 整然とした; 従順な, 行儀のよい; 静粛な: an ~ crowd 整然とした群衆.
— 名 ❶ (病院の)用務員. ❷ (将校付きの)当番兵.
-li·ness 名 (⇒ order)

órderly òfficer 名 《英》当直将校 (officer of the day); 伝令将校.
órderly róom 名 《軍》(兵舎内の)中隊事務室.
Órder Pàper 名 《英》議会の議事日程表.
or·di·nal /ɔ́ədnl, -dn- | ɔ́ː-/ 形 順序を示す. — 名

1277 | **Oregon Trail**

=ordinal number. 〖L〗(名 order)

órdinal númber 名 序数 (first, second, third など; cf. cardinal number).
+**or·di·nance** /ɔ́ədənəns, -dn- | ɔ́ː-/ 名 ❶ a 法令, 布告. b (地方自治体の)条例: The city issued an ~ that... 市は...という条例を出した. ❷《キ教》儀式;(特に)聖餐(ミ)式,(カト)聖体拝領.(動(< ⇒ ordain))
or·di·nand /ɔ̀ədənǽnd | ɔ̀ːdɪnǽnd/ 名《キ教》聖職授任候補者.
+**or·di·nar·i·ly** /ɔ̀ədənérəli | ɔ́ːd(ə)n(ə)rəli/ 副 (比較なし) ❶ 〔文修飾〕通常, たいてい(は): O~, he doesn't get up early. ふだん彼は早起きしない. ❷ 普通に, 人並みに.
*ór·di·nar·y /ɔ́ədənèri | ɔ́ːd(ə)n(ə)ri/ 形 (more ~; most ~) ❶ 普通の, 通常の (↔ special): an ~ school 普通の学校 / an ~ sort of car 普通車 / O~ people don't think so. 普通の人間はそんなふうに考えない. ❷ 並の, 平凡な: She's pretty, but very ~. 彼女は美人だけど実に平凡だ. **in the órdinary wày**《主に英》いつものとおり(なら): In the ~ way I would refuse. 普通だったら断わるところだが. — 名 ❶ [the ~] 普通の状態. ❷〔紋〕幾何学的図形, オーディナリー (斜帯 (bend) などの基本的図形). **in órdinary**《英》に常任の, 常勤の: (a) physician in ~ to the Queen 女王の侍医. **òut of the órdinary** 普通[通常]と違った, 変わった, 異例の (unusual, different): He disliked anything that was out of the ~. 彼は何でもとっぴなことが嫌いだった. **ór·di·nàr·i·ness** 名〖L; ⇒ order, -ary〗【類義語】(1) ⇒ normal. (2) ⇒ common.
órdinary gràde 名 =O grade.
órdinary lèvel 名 =O level.
órdinary rày 名《理》常光線.
órdinary séaman 名《海》二等水夫(略 OS).
órdinary sháre 名《英》普通株《米》common stock).
or·di·nate /ɔ́ədənət, -dnət | ɔ́ː-/ 名《機》縦座標 (↔ abscissa).
+**or·di·na·tion** /ɔ̀ədənéɪʃən | ɔ̀ː-/ 名 U|C《キ教》聖職授任(式), 叙品[叙階](式), 按手(†)式.
ord·nance /ɔ́ədnəns | ɔ́ː-/ 名 U ❶ a 砲, 大砲《全体》(artillery). b 兵器; 軍需品《全体》. ❷ 兵站(ᵹ)部; (政府の)軍需品部.
órdnance dàtum 名《英》(Ordnance Survey の基準となる)平均海面.
Órdnance Súrvey 名 [the ~]《英》(政府の)陸地測量局.
or·don·nance /ɔ̀ədəná:ns | ɔ̀ː-/ 名 U (建物・絵画・文芸作品などの)各部分の[全体的な]配列[構成].
Or·do·vi·cian /ɔ̀ədəvíʃən | ɔ̀ː-/ 名《地》形 オルドビス紀[系]の. — 名 [the ~]《地》オルドビス紀[系].
or·dure /ɔ́ədʒə | ɔ́ːdjuə/ 名 U ❶ 排泄(ﻌ)物, 糞(ᵳ) (feces), 汚物. ❷ わいせつなもの[言葉].
+**ore** /ɔ́ə | ɔ́ː/ 名 U|C 鉱石: iron ~ 鉄鉱石.
ö·re /ɔ́:rə/ 名 (複 ~) ❶ =øre. 形 オーレ《スウェーデンの通貨単位; =¹⁄₁₀₀ krona》. ❷ 1 オーレ貨.
ø·re /ɔ́:rə/ 名 (複 ~) オーレ《デンマーク・ノルウェーの通貨単位; =¹⁄₁₀₀ krone》.
Ore.《略》Oregon.
o·re·ad /ɔ́:riæd/ 名《ギ・ロ神》オレイアス(山の精; cf. nymph 関連).
o·rec·tic /ɔ:réktɪk/ 形《哲》欲求の, 願望の; 食欲の.
Oreg.《略》Oregon.
o·reg·a·no /ərégənòʊ | ɔ̀rɪgɑ́:noʊ/ 名 (複 ~s)《植》ハナハッカ, オレガノ(乾燥した葉は香辛料).
Or·e·gon /ɔ́:rɪɡən | ɔ́rɪ-/ 名 オレゴン州《米国西部の州; 州都 Salem; 略 Ore(g); 《郵》OR; 俗称 the Beaver State》.〖N-Am-Ind=カバの樹皮製の皿〗
Or·e·go·ni·an /ɔ̀:rɪɡóʊniən | ɔ̀rɪ-/ 形 名 オレゴン州の(人).
Óregon Tráil 名 [the ~] オレゴン街道《米 Missouri 州北西部から Oregon 州に至る約 3200 キロの山道;

特に 19 世紀中ごろ開拓者・植民者が盛んに利用した].
O・re・o /ɔ́:riòu/ 〖商〗 (**～s**) ❶ 〖商標〗オレオ《バニラクリームをはさんだ円形のチョコレートビスケット》. ❷ 〖米俗・軽蔑〗白人のようにふるまう[ものを考える]黒人, 白人に迎合する黒人.

O・res・tes /ərésti:z/ 图 〖ギ神〗オレステス《Agamemnon と Clytemnestra の子; 母を殺しその罪のため Furies に追われた》.

org 《略》〖電算〗organization 《インターネットの domain 名の一つ; com, gov なども表わす》.

*__or・gan__ /ɔ́ːgən | ɔ́ː-/ 图 ❶ **a** 器官, 臓器: internal ~s 内臓 / the reproductive ~s 生殖器官 / vital ~s 生命の維持に必要な器官 / an ~ transplant(ation) 臓器移植 / the male ~ 男性性器. **b** 〖婉曲〗男性性器, ペニス. **c** 〖植〗器官. **d** 〖古風〗(骨相学で)特定の機能が宿るとされる脳の部位. ❷ (活動の)機関: an intelligence ~ 情報機関 / an ~ of government 政治機関. ❸ (報道の)機関; 機関紙[誌]: ~s of public opinion 世論の機関《新聞・雑誌・テレビ・ラジオなど》/ a government [party] ~ 政府[政党]の機関紙. ❹ オルガン: **a** パイプオルガン. **b** リードオルガン. **c** 手回しオルガン. **órgan of Córti** /-kóːti | kóː-/ 〖解・動〗(内耳の蝸牛 (かぎゅう) 管内の)コルチ器官. 《L く Gk =道具》 (圀 organic, 動 organize).

organa 图 organon [organum] の複数形.

órgan-blòwer 图 パイプオルガンのふいごを開閉する人[装置].

or・gan・dy, or・gan・die /ɔ́ːgəndi | ɔ́ː-/ 图 Ⓤ オーガンジー《薄地の綿布》.

or・gan・elle /ɔ̀ːgənél | ɔ̀ː-/ 图 〖生〗細胞小器官, オルガネラ.

órgan-grìnder 图 ❶ (街頭の)手回しオルガンひき. ❷ 《英俗》責任者.

*__or・gan・ic__ /ɔːɡǽnɪk | ɔː-/ 圀 (**more** ~; **most** ~) ❶ Ⓐ 有機体[物]の: ~ evolution 生物進化. **b** 《食品など化学肥料[殺虫剤]など》を用いないで育てた, 有機肥料を用いた: ~ food 自然食品 / ~ farming 有機農業. **c** 〖化〗有機の (↔ inorganic): ~ matter 有機物 / ~ fertilizers 有機肥料. ❷ 器官の, 臓器の; 〖医〗器質性の (↔ functional): an ~ disease 器質性疾患. ❸ 有機的な, 組織的な, 系統的な: an ~ whole 有機的統一体. ❹ 《発展・変化など》自然な, 特別な手段[人為的介入など]によらない: ~ growth 自然な発展. ❺ 本質的な, 根本的な ⇨ organic law. 《C ← organ》

orgánic bráin sỳndrome 图 〖医〗器質(性)脳症候群《脳の病変・障害による一群の精神症状》.

organic chémistry 图 Ⓤ 有機化学.

or・gan・i・cism /ɔːɡǽnəsìzm | ɔː-/ 图 〖医〗器官説; 〖哲・社〗有機体説[論], 生体論. **-cist** 图 圀 **organ・i・cis・tic** /ɔ̀ːgənəsístɪk | ɔ̀ː-/ 圀

orgánic láw 图 (国家などの)構成法, 基本法.

‡**or・ga・ni・sa・tion** /ɔ̀ːgənaɪzéɪʃən | ɔ̀ːgənaɪz-/ 图 《英》= organization.

‡**or・gan・ise** /ɔ́ːgənàɪz | ɔ́ː-/ 動 《英》=organize.

*__or・gan・ism__ /ɔ́ːgənìzm | ɔ́ː-/ 图 ❶ 有機体《動物・植物》; (微)生物. ❷ 有機的組織体《社会・宇宙など》.

or・gan・is・mic /ɔ̀ːgənízmɪk | ɔ̀ː-/ 圀 organism の; organismic の; 〖哲〗全体論の.

ór・gan・ist /ɔ́ːgənɪst | ɔ́ː-/ 图 オルガン奏者.

‡**or・gan・i・za・tion** /ɔ̀ːgənɪzéɪʃən | ɔ̀ːgənaɪz-/ 图 ❶ Ⓒ 有機体(体), 団体, 組合, 協会: establish [form] a charity [political, religious] ~ 慈善[政治, 宗教]団体を結成する. ❷ Ⓤ (催しなどの)準備, 計画, 調整, 手配: ~ of an international conference 国際会議の開催準備. ❸ Ⓤ 組織(化), 構成, 機構; 編成; 体系(化): library ~ 図書館の組織化 / the ~ of a club クラブの組織 / There's a complete lack of ~. 全然組織化されていない, 全くまとまりがない / course ~ 課程[コース]の編成 / the ~ of one's ideas into a theory 考えを仮説にまとめ上げること. ❹ Ⓤ 労働組合化[組織化]. 《 動 organize》

⁺**òr・gan・i・zá・tion・al** /-ʃ(ə)nəl | -ʃ-/ 圀 構成(上)の; 組織(化)の; 団体の. **~・ly** 副

organizátion chàrt 图 組織[機構]図.

organizátion màn 图 組織人間《組織のために滅私奉公的に働く人》.

‡**or・ga・nize** /ɔ́ːgənàɪz | ɔ́ː-/ 動 他 ❶ **a** 《団体などを》組織する, 編制する: ~ a company 会社を設立する / ~ a political party [football team] 政党を組織[フットボールチームを編成]する / The classes have been ~d according to ability. クラスは能力別の編制になっている. **b** 《…を》《…に》組織する (*into*). ❷ **a** 《企画・催しなどを》計画[準備]する, (計画して)催す (arrange): ~ a charity show [protest meeting] チャリティーショー[抗議集会]を計画する[催す]. **b** 《…の》責任をもって手配[調達]する: ~ transportation [《英》transport] 交通手配をする. ❸ **a** 《…を》体系づける, まとめる: ~ one's papers [thoughts] 書類[考え]を整理する[まとめる]. **b** [~ one*self* で]気分を集中する, 気を静める. ❹ 《従業員を》労働組合に加入させる; 《職場・企業などの》従業員に労働組合を結成させる. **b** 《従業員を》《…に》組織化する (*into*). ―― 𫝮 (団結して)労働組合を結成する. 《图 organ, organization》

*__or・ga・nized__ /ɔ́ːgənàɪzd | ɔ́ː-/ 圀 ❶ Ⓐ 組織[編制]された, 有機的な: a well-[badly-]*organized* party 組織のしっかりした[弱い]政党 / ~ crime 組織犯罪. ❷ 整った, きちんとした; 《人が》きちんと仕事をこなせる, てきぱきした (↔ disorganized): a carefully ~ plan 慎重に練られた計画 / Try to be more ~. もっと頭の中をきちんとしておくようにしなさい. ❸ 労働組合に組織された[加入した]: ~ labor 組織労働者《全体》.

*__or・ga・niz・er__ /ɔ́ːgənàɪzə | ɔ́ːgənàɪzə/ 图 ❶ **a** まとめ役, 世話人[役]. **b** (興行などの)主催者. **c** 組織者. **d** 創立委員. **e** (労働組合などの)オルグ. ❷ 書類整理ばさみ, 書類入れ.

órgan lòft 图 (教会・コンサートホールなどの)オルガンの置いてある中二階.

or・ga・no- /ɔ́ːgənou, ɔːgǽnou | ɔ́ː-/ 〖連結形〗「器官」「有機的」.

òrgano-génesis 图 Ⓤ 〖生〗器官形成(学).

or・gan・o・gram /ɔːgǽnougræm | ɔː-/ 图 =organization chart.

or・gan・o・lep・tic /ɔ̀ːgənouléptɪk | ɔ̀ː-/ 圀 感覚器を刺激する; 感覚器による; 感覚刺激に反応する.

òrgano-metállic 圀 有機金属(の).

or・ga・non /ɔ́ːgənɑn | ɔ́ːgənɔ̀n/ 图 (**-na** /-nə/, ~s) ❶ 知識獲得の方法[手段], 研究法; (科学・哲学研究の)方法論的原則. ❷ [the O~] 『オルガノン』《Aristotle の論理学的著作の総題》.

òrgano-phósphate 图 圀 有機燐化合物(の)《殺虫剤など》.

òrgano-phósphorus 圀 图 有機燐化合物[殺虫剤](の).

òrgano-thérapy, -theràpéutics 图 Ⓤ.Ⓒ 〖医〗臓器療法.

órgan scrèen 图 (会衆席と聖歌隊席間などの)オルガンの据えられる木[石]製の仕切り.

or・ga・num /ɔ́ːgənəm | ɔ́ː-/ 图 (**-na** /-nə/, ~s) 〖楽〗オルガヌム《9–13 世紀の初期多声楽曲》.

or・gan・za /ɔːgǽnzə | ɔː-/ 图 Ⓤ オーガンザ《ドレスなどに用いる薄く透き通ったレーヨンなどの平織布》.

or・gan・zine /ɔ́ːgənzì:n | ɔ́ː-/ 图 Ⓤ 〖紡〗撚糸(ねんし), 諸 (もろ) 撚糸.

⁺**or・gasm** /ɔ́ːgæzm | ɔ́ː-/ 图 Ⓤ.Ⓒ ❶ 性的興奮の頂点, オルガスム(ス). ❷ 極度の興奮, 激怒. ―― 動 𫝮 オルガスム(ス)に達する[を経験する].

or・gas・mic /ɔːgǽzmɪk | ɔː-/ 圀 ❶ オルガスム(ス)の. ❷ 〖口〗非常に興奮させる, とても刺激的な.

órg chàrt /ɔ́ːg- | ɔ́ːg-/ 图 〖口〗=organization chart.

or・geat /ɔ́ːʒɑ̀ː(t) | ɔ́ːʒɑː-/ 图 Ⓤ オルジェー(シロップ)《カクテ

or·gi·as·tic /ɔ̀ːrdʒiǽstɪk | ɔ̀ː-/ 形 飲み騒ぐ, 乱痴気騒ぎの.

or·gone /ɔ́ːgoun | ɔ́ː-/ 名 U オルゴン《オーストリアの精神分析学者 Wilhelm Reich の仮定した, 宇宙に充満する生命エネルギー》.

or·gu·lous /ɔ́ːg(j)uləs | ɔ́ː-/ 形 《詩·文》誇り高き (proud), 高慢な; すばらしい, 派手な.

⁺or·gy /ɔ́ːdʒi | ɔ́ː-/ 名 ❶ a 乱飲乱舞の酒宴, 狂宴; 乱交パーティー. b やり過ぎ, (過度の)熱中: an ~ *of* buying 買い物狂い. ❷ [通例複数形で] (古代ギリシア·ローマで秘密に行なわれた)酒神祭 《Bacchus または Dionysus の秘儀の祭り》. 〖F＜L＜Gk〗

or·i·bi /ɔ́ːrəbi | ɔ́ː-/ 名 (複 ~s, ~) 《動》オリビ《アフリカ産の小型の羚羊》.

o·ri·el /ɔ́ːriəl/ 名 《建》出窓《階上の壁面から突き出した多角形の窓》.

óriel wíndow 名 = oriel.

*****o·ri·ent** /ɔ́ːriènt | ɔ́ː-, ɔ́r-/ 動 他 ❶ a 〈…を〉新環境などに適応させる, 方向づける《*to, toward*》(cf. orientate): This course is ~*ed toward* freshmen. このコースは新入生向けである / I need some time to ~ my thinking. 考え方を方向づけるのに少し時間が必要だ. b [~ *one*self で] 〈ある環境などに〉適応[順応]する《*to, toward*》: help the freshmen to ~ *themselves toward* college life 新入生が大学生活に順応できるようにしてやる. ❷ a 〈…の〉向きを(特定の方位に)向ける: The building is ~*ed north* and *south* [*toward* the north]. その建物は南北方向に[北向きに]建てられている. b [~ *one*self で] 正しい位置に合わせる: They ~*ed themselves* (on the map) before moving on. 彼らは前進する前に(地図を見て)自分たちの位置を確認した. ❸ a 〈建物などを〉東向きにする. b 〈教会を東向きに建てる《聖壇が東, 入り口が西》.
— /ɔ́ːriənt | ɔ́ː-, ɔ́r-/ 名 ❶ [the O~] 《文》東洋, アジア (cf. Occident); (特に)極東. b 《詩》東, 東天. ❷ C 《光沢の美しい》真珠《特に東洋産》; U 真珠の光沢.
— 《詩·文》 ❶ 東の, 東方[東洋]の. ❷ 〈太陽などが〉昇る, 出る. ❸ 〈真珠が〉光沢の美しい. 〖F＜L *oriens, orient-* 昇りつつある(太陽) (*oriri* 昇る+-ENT)〗 (形 oriental, orientation)

*****o·ri·en·tal** /ɔ̀ːriéntl | ɔ̀ː-, ɔ̀r-/ 形 [しばしば O~] 東洋の(cf. Occidental); 動 東洋亜区の: ~ art [studies] 東洋美術[研究]. — [O~] 《古風》[しばしば軽蔑的] 東洋人. ~·ly /-təli/ 副 〖F＜L〗 (名 orient)

o·ri·en·ta·lia /ɔ̀ːriəntéiliə, -liə/ 名 (複) 東洋の文物, 東洋(文化)誌《芸術·文化·歴史·民俗などの資料》.

O·ri·en·tal·ism /-təlìzm/ 名 [しばしば o~] U ❶ a 東洋風[風俗]. b 東洋文化[趣味]. ❷ 東洋の知識, 東洋学. -ist /-lɪst/ 名 東洋学者[通].

O·ri·en·tal·ize /ɔ̀ːriéntəlàɪz | ɔ̀ː-, ɔ̀r-/ 動 [しばしば o~] 他 東洋風にする. 自 東洋風になる.

o·ri·en·tate /ɔ́ːriəntèɪt | ɔ́ː-, ɔ́r-/ 動 = orient.

ó·ri·en·tàt·ed /-tɪd/ 形 = oriented.

*****o·ri·en·ta·tion** /ɔ̀ːriəntéɪʃən | ɔ̀ː-, ɔ̀r-/ 名 U,C ❶ a (新しい環境·考え方などに対する)適応, 順応. b (新入生·新入社員などに対する)オリエンテーション, 方向づけ: give [receive] a week's ~ 1週間のオリエンテーションを施す[受ける]. ❷ (思想などの)方向(性), 志向; 態度の(決定) (inclination) 〔*toward*〕: political [religious] ~ 政治[宗教]的信条. ❸ a 方位(を定めること). b (教会堂を東向きに建てること《聖壇を東, 入り口を西》. ❹ 〖心〗方向定位, 見当識《自己と時間的·空間的·対人的な関係の認識》. ❺ (ハトなどの)帰巣本能. 〖F〗 (動 orient)

orientátion cóurse 名 《米》 (大学の新入生に対する)オリエンテーション課程[コース].

*****ó·ri·ènt·ed** /-tɪd/ 形 [しばしば複合語で] 方向[関連]づけられた, 志向性の: a psychologically ~ book 心理学的に方向づけられた書物 / a male-*oriented* society 男性志向の社会 / be politically ~ 政治的志向性がある.

o·ri·en·teer·ing /ɔ̀ːriəntí(ə)rɪŋ | ɔ̀ː-, ɔ̀r-/ 名 U オリエンテーリング《原野に設けられたいくつもの標識を地図と磁石を頼りに回ってゴールに達する競技》.

1279　　　　**O-ring**

Órient Expréss 名 [the ~] オリエント急行《パリとイスタンブールの間を走っていた豪華列車》.

or·i·fice /ɔ́ːrəfɪs | ɔ́r-/ 名 (管·煙突·傷などの)開口部, 穴, 口.

or·i·flamme /ɔ́ːrəflæm | ɔ́r-/ 名 《詩·文》 (古代フランスの)赤色王旗《聖ドニ (St Denis) の旗》; 軍旗; 旗じるし.

orig. 《略》 original; originally.

o·ri·ga·mi /ɔ̀ːrɪɡɑ́ːmi/ 名 U 折り紙. 〖Jpn〗

o·rig·a·num /ərɪ́gənəm/ 名 《植》ハナハッカ属の草本; ハナハッカ (oregano) 《葉は芳香辛料》.

*****or·i·gin** /ɔ́ːrədʒɪn, ɑ́r- | ɔ́r-/ 名 ❶ a C,U [しばしば複数形で] 起源, 発端; 源泉, 源: a word of Latin ~ ラテン語系の語 / the ~(s) *of* civilization 文明の起源 / Something is wrong at the point of ~. もともとに故障がある, もとから悪い / The custom is Chinese in ~ [of Chinese-]. この習慣は中国に起源がある. b C,U 原因: the ~ *of* the war 戦争の原因 / a fever of unknown ~ 原因不明の熱. c C 〖解〗(筋肉などの)起始, 起点. d C 〖数〗原点. ❷ U [しばしば複数形で] 生まれ, 素姓: of noble [humble] ~(s) 高貴[低い身分]の生まれの / an American of Japanese ~ 日系のアメリカ人 / He's a Dutchman by ~. 彼はオランダ生まれの人だ. 〖L *origo-, origin-* 始まり (← 日が昇るとく*oriri* 昇る)〗 (形 original, 動 originate)

*****o·rig·i·nal** /ərɪ́dʒ(ə)n(ə)l/ 形 (more ~; most ~) ❶ A (比較なし) 根源の; 最初の, もともとの, 起源の: the ~ inhabitants of the country その国の原住民. ❷ a 独創的な, 創意に富む (creative): He has an ~ mind. 彼は独創的精神の持ち主だ. b 奇抜な, 新奇な. ❸ A (比較なし) (コピーや複製ではなく)原型[原作, 原文]の: the ~ edition 原版 / the ~ picture 原画 / the ~ plan 原案 / in the ~ German 原語のドイツ語で. — 名 ❶ C 原型, 原物, オリジナル. ❷ [the ~] 原文, 原典, 原書: read Shakespeare in the ~ シェイクスピアを原文[原語, 原書]で読む. ❸ 独創的な人. 〖L〗 (名 origin, originality)
【類義語】 ⇒ new.

oríginal grávity 名 U 原麦汁濃度《ビール醸造で発酵前の麦汁濃度》.

oríginal ínstrument 名 オリジナル楽器, 古楽器.

*****o·rig·i·nal·i·ty** /ərɪ̀dʒənǽləti | -ɔ́l-/ 名 U ❶ 独創力[性], 創造力[性]; 創意: lack [show] ~ 独創力を欠く[示す]. ❷ 奇抜, 風変わり. (形 original)

*****o·rig·i·nal·ly** /ərɪ́dʒən(ə)li/ 副 (more ~; most ~) ❶ (比較なし) 元来; 初めは (initially) 《★文修飾可》: as ~ planned 当初計画したように / It was ~ a school. そこはもとは学校だった. ❷ 独創的に: think ~ 独創的に考える / arrange flowers ~ 独創的に花をいける.

oríginal prínt 名 (木版·石版などの)オリジナルプリント《作者自身の手によってまたは作者が監督して原版から直接作られたもの》.

oríginal sín 名 U 〖キ教〗原罪《アダムとイブの堕落に基づく人間生来の罪業》.

*****o·rig·i·nate** /ərɪ́dʒənèɪt/ 動 自 ❶ 〔…に〕源を発する, 起こる, 始まる, 生ずる: Chopsticks ~*d in* China. 箸(は)は中国が起源です / The accident ~*d from* carelessness. 事故は不注意で起きた / The plan ~*d with* me. それは私の発案だ. ❷ 《米》〈列車·バスなどが〉〔…から〕始発する〔*at, in*〕: The flight ~s *in* New York. その便[フライト]はニューヨーク発です. — 他 〈…を〉始める, 起こす, 創設[創作]する, 発明する: ~ a political movement 政治運動を起こす / a new method of teaching 新しい教授法を考案する. 〖ORIGINATION からの逆成〗

o·rig·i·na·tion /ərɪ̀dʒənéɪʃən/ 名 U,C 始め, 始まり; 創作, 発明; 起因; 起点. 〖L ⇒ origin, -ation〗

originátion fèe 名 《金融》 (ローンの)融資開始手数料.

o·rig·i·na·tive /ərɪ́dʒənèɪtɪv, -nət-/ 形 独創的な, 発明の才ある.

o·rig·i·na·tor /-tə | -tə/ 名 創始者, 創作者, 創設者, 発起人, 開祖.

Ó-rìng /óʊ-/ 名 O リング《パッキング用リング》.

Orinoco /ɔːrənóukou | òrː-/ 图 [the ~] オリノコ川《ベネズエラ南部, ブラジル国境付近に発し, 大西洋に注ぐ》.

o·ri·ole /ɔ́ːriòul/ 图 〖鳥〗 ❶ コウライウグイス. ❷ 《米》ボルチモアノムクドリモドキ.

O·ri·on /əráiən/ 图 ❶ 〖天〗 オリオン座. ❷ 〖ギ神〗 オリオン《猟師で美男》.

Oríon's Bélt 图 〖天〗 オリオン座の3つ星.

or·i·son /ɔ́ːrɪz(ə)n | ɔ́r-/ 图 《古》祈り.

Órk·ney Íslands /ɔ́ːrkni- | ɔ́ː-/ 图 働 [the ~] オークニー諸島《スコットランド北方沖》.

Or·lan·do /ɔːrlǽndou | ɔː-/ 图 ❶ オーランドー《男性名》. ❷ オーランド《米国 Florida 州の都市; 市の南西に Disney World がある》.

Or·lé·ans /ɔ́ːrləìəŋ | ɔːlíːənz/ 图 オルレアン《フランス中部 Loire 川に臨む市; 百年戦争中の 1429 年 Joan of Arc によって英軍の攻囲から解放された》.

Or·lon /ɔ́ːrlən | ɔ́ːlɔn/ 图 Ⓤ 《商標》オーロン《合成繊維; 衣類・帆などに用いる》.

ór·lop (dèck) /ɔ́ːrləp(-) | -lɔ̀p-/ 图 〖海〗最下甲板.

or·mer /ɔ́ːrmər | ɔ́ːmə/ 图 〖貝〗アワビ (abalone).

or·mo·lu /ɔ́ːrməlùː | ɔ́ː-/ 图 Ⓤ ❶ オルモル《銅・亜鉛・スズの合金で家具・時計などの金めっき用》. ❷ めっきもの(類).
—— 形 Ⓐ 金めっきの: an ~ clock 金めっきの時計.《F ormoulu < or 金+moulu 粉にした; 金箔を作るために金を粉にしたことから》

+**or·na·ment** /ɔ́ːrnəmənt | ɔ́ː-/ 图 ❶ a 图 装飾, 飾り: by way of ~ 装飾として. b Ⓒ 装飾品, 装身具; personal ~s 装身具. c Ⓒ 光彩を添える人[もの]: You will be an ~ to your school. 君は学校の誉れとなるだろう. ❸ Ⓒ 〖楽〗装飾音. ❹ Ⓒ [通例複数形で] (教会の)飾りつけの聖具. —— /-mènt/ 他 …を飾る, 〈…の〉飾りとなる: The box is ~ed with jewels. その箱は宝石で飾られている.《F < L=装備》【類義語】 ⇒ decorate.

+**or·na·men·tal** /ɔ̀ːrnəméntl | ɔ̀ː-/ 形 ❶ 装飾的の, 装飾用の: an ~ plant 装飾用[観賞]植物. ❷ 飾りだけの, お飾りの. —— 图 装飾物; 鑑賞植物. **~·ly** /-təli/ 副
(图 ornament)

or·na·men·ta·tion /ɔ̀ːrnəməntéɪʃən | ɔ̀ː-/ 图 Ⓤ ❶ 装飾. ❷ 装飾品(類).

+**or·nate** /ɔːrnéɪt | ɔː-/ 形 飾りたてた; 〈文体が〉華麗な (elaborate). **~·ly** 副 **~·ness** 图

or·ner·y /ɔ́ːrn(ə)ri | ɔ́ː-/ 形 《米》 ❶ 意地の悪い; 怒りっぽい. ❷ 強情な; 強情っぱりの. ❸ 下品な, 下等な.

or·ni·thine /ɔ́ːrnəθìːn | ɔ́ː-/ 图 〖生化〗オルニチン《尿素生成に関係する塩基性アミノ酸の一つ》.

or·ni·tho- /ɔ́ːrnəθou- | ɔ́ː-/ [連結形]「鳥」.《Gk ornis, ornith-》

or·ni·thol·o·gy /ɔ̀ːrnəθɑ́lədʒi | ɔ̀ːnəθɔ́l-/ 图 Ⓤ 鳥(類)学. **or·ni·tho·log·i·cal** /ɔ̀ːrnəθəlɑ́dʒɪk(ə)l | ɔ̀ːnəθəlɔ́dʒ-/ 形 **òr·ni·thól·o·gist** /-dʒɪst/ 图 《L < Gk= 鳥の扱い方; ⇒ ↑, -logy》

or·ni·thop·ter /ɔ́ːrnəθɑ̀ptər | ɔ́ːnəθɔ̀ptə/ 图 〖空〗はばたき(飛行)機.

or·ni·tho·sis /ɔ̀ːrnəθóʊsɪs | ɔ̀ː-/ 图 (働 -ses /-siːz/) 〖獣医〗鳥類病, オーニソーシス《オウム科の特にハト・シチメンチョウなどのオウム科以外の鳥に感染した場合の呼称; 人に伝染する》.

o·ro- /ɔ́ːrou- | ɔ́r-/ [連結形]「山」「高度」.

òro·génesis 图 = orogeny.

o·rog·e·ny /ɔːrɑ́dʒəni | ɔrɔ́dʒ-/ 图 Ⓤ 〖地〗造山運動. **oro·gen·ic** /ɔ̀ːrədʒénɪk | ɔ̀r-/ 形

o·ro·graph·ic /ɔ̀ːrəɡrǽfɪk | ɔ̀r-/, **-i·cal** 形 山岳学[誌]の; 〖気〗地形性の: ~ rain 地形性降雨.

òro·pharyngéal /-/ 图〖解〗中口咽頭(部)の; 口咽頭の.

òro·phárynx 图〖解〗中口咽頭.

o·ro·tund /ɔ́ːrətʌ̀nd | ɔ́r-/ 形 ❶ 〈声の〉朗々と響く. ❷ 〈言葉・文体などが〉大げさな, 気取った. **o·ro·tun·di·ty** /ɔ̀ːrətʌ́ndəti | ɔ̀r-/ 图

O·roz·co /ourúskou/, **Jo·sé** /houzéɪ/ 图 オロスコ (1883-1949; メキシコの画家; 壁画が有名).

+**or·phan** /ɔ́ːrf(ə)n | ɔ́ː-/ 图 両親のない子, 孤児《《用法》片親がいない時には fatherless, motherless を用いる》. —— 形 Ⓐ 親のない; 孤児の. —— 動 他 孤児にする《★通例受身》: The boy was ~ed during the war. 少年は戦争中に孤児になった.《L < Gk》

+**or·phan·age** /ɔ́ːrf(ə)nɪdʒ | ɔ́ː-/ 图 孤児院.

órphan drùg 图 希少疾患用薬, 希用薬《市場が限られているために開発[製品化]されていない薬》.

órphan·hòod 图 Ⓤ 孤児の境遇, 孤児であること.

Or·phe·an /ɔ́ːrfi:ən | ɔ́ː-/ 形 ❶ オルフェウスの. ❷ 美音の; うっとりさせる.

Or·pheus /ɔ́ːrfjuːs, -fiəs | ɔ́ː-/ 图 〖ギ神〗オルフェウス《岩や木まで感動させたという竪琴の名手》.

Or·phic /ɔ́ːrfɪk | ɔ́ː-/ 形 ❶ Orphism の; 密教的な, 神秘的な. ❷ =Orphean.

Or·phism /ɔ́ːrfɪzm | ɔ́ː-/ 图 Ⓤ ❶ オルペウス教 (Orpheus が創始したとし Dionysus [Bacchus] 崇拝を中心とする密儀宗教). ❷ 《米》オルフィスム (1912 年ごろキュービスムから発達した技法).

or·phrey /ɔ́ːrfri | ɔ́ː-/ 图 オーフリー: a 金などの精巧な刺繍(をしたもの). b 聖職服などにみられる刺繍を施した帯[縁取り].

or·pi·ment /ɔ́ːrpəmənt | ɔ́ːpɪ-/ 图 Ⓤ 〖鉱〗石黄(せき)う), 雄黄(ゆう); 明るい黄色.

or·pin(e) /ɔ́ːrpɪn | ɔ́ː-/ 图 〖植〗ムラサキベンケイソウ.

Orr /ɔ́ːr | ɔ́ː/, **Bobby** 图 オア (1948- ; カナダ生まれのホッケー選手).

or·rer·y /ɔ́ːrəri | ɔ́r-/ 图 オーラリ, 太陽系儀.

or·ris /ɔ́ːrɪs | ɔ́r-/ 图 〖植〗ニオイイリス《根茎に芳香があるアヤメ属の多年草》.

órris·ròot 图 ニオイイリスの根茎(乾燥して香料にする).

ort /ɔ́ːrt | ɔ́ːt/ 图 [通例複数形で] 食べ残し; 台所のごみ; くず, 残滓(ざい).

or·ta·nique /ɔ̀ːrtəníːk | ɔ̀ː-/ 图 〖植〗オーターニク (orange と tangerine の交配種).

or·tho- /ɔ́ːrθə(-) | ɔ́ː-/ [連結形]「直…」「正…」《★母音の前では orth-》.《Gk orthos right, correct》

òrtho·chromátic /ɔ̀ːrθəkroumǽtɪk | ɔ̀ː-/ 形 整色性の, オーソクロマチックの《赤色光以外のすべての色光を感光する》.

or·tho·clase /ɔ́ːrθəklèɪs | ɔ́ː-/ 图 Ⓤ 〖鉱〗正長石.

or·tho·don·tia /ɔ̀ːrθədɑ́nʃ(i)ə | ɔ̀ːθəʊdɔ́n-/ 图 = orthodontics.

or·tho·don·tics /ɔ̀ːrθədɑ́ntɪks | ɔ̀ːθəʊdɔ́n-/ 图 Ⓤ 歯科矯正学, 歯列矯正. **-don·tic** /-dǽntɪk | -dɔ́n-/ 形《L < Gk < ortho-+odous odont-》

òr·tho·dóntist /-tɪst/ 图 歯科矯正医.

+**or·tho·dox** /ɔ́ːrθədɑ̀ks | ɔ́ːθədɔ̀ks/ 形 (**more** ~; **most** ~) ❶ a 正統の, 正しいと認められた, 是認された (↔ heterodox). b 伝統的な; 月並みな. ❷ (特に宗教上の)正統の[を奉ずる], 正統派の. ❸ [O~] (比較なし) 〖キ教〗(東方)正教会の: ⇒ Orthodox Church.《L < Gk=正しい意見く ORTHO-+doxa 意見》

Órthodox Chúrch 图 [the ~] 〖キ教〗(東方)正教会《11 世紀にローマ教会から分離; ギリシア・ロシアなど東欧諸国に信者が多い》.

Órthodox Júdaism 图 正統派ユダヤ教《Torah や Talmud の伝統的教義解釈に従い, 日常生活で厳格に実行する; cf. Conservative Judaism, Reform Judaism》.

+**or·tho·dox·y** /ɔ́ːrθədɑ̀ksi | ɔ́ːθədɔ̀k-/ 图 ❶ Ⓤ Ⓒ a 正統派の信仰[学説]; 正統性. b 通説に従うこと. ❷ Ⓤ [O~] (東方)正教会(の信条, 慣行).

or·tho·dro·mic /ɔ̀ːrθədróumɪk | ɔ̀ː-/ 形 〖生理〗〈神経繊維の興奮伝導が〉順方向性の, 順行性の.

or·tho·ep·y /ɔ́ːrθoùepi | ɔ́ː-/ 图 Ⓤ 正音学; 正しい発音法. **-ep·ist** /-pɪst/ 图 正音学者.

òrtho·génesis 图 Ⓤ 〖生〗定向進化. **-genétic** 形 **-ical·ly** 副

or·thog·o·nal /ɔːrθɑ́ɡən(ə)l | ɔːθɔ́ɡ-/ 形 〖数〗直交の[する]. **~·ly** 副 **òr·thog·o·nál·i·ty** /-nǽləti/ 图

orthógonal projéction 图 Ⓤ 〖製図〗正投影(法)《物体の面を投影面に垂直に投影する平行投影法》; 〖地図〗正射投影法.

or·thog·raph·er /ɔːθágrəfə | ɔːθógrəfə/ 名 正字法に秀でた人, 正字法家; 正字法学者.

orthográphic projéction 名 〖製図・地図〗 =orthogonal projection.

or·thog·ra·phy /ɔːθágrəfi | ɔːθóg-/ 名 Ⓤ 正字法, (正しい)つづり字(法) (↔ cacography). **or·tho·graph·ic** /ˌɔːθəgrǽfɪk | ˌɔː-/, **-i·cal** -fɪk(ə)l/ 形 正字法の, つづりの正しい. **-i·cal·ly** -kəli/ 副 〖F<L<Gk; ⇒ ortho-, -graphy〗

or·tho·pe·dics, -pae- /ˌɔːθəpíːdɪks | ɔː-/ 名 Ⓤ 〖医〗 整形外科(学). **-pe·dic, -pae-** /ˌɔːθəpíːdɪk | ɔː-/ 形 〖医〗整形外科的. **-di·cal·ly** -kəli/ 副 **-pe·dist, -pae-** /-dɪst/ 名 整形外科医. 〖F<Gk<ORTHO-+pais, paid child+-ICS; 元来は子供の奇形の矯正〗

òrtho·phósphate 名 Ⓤ.Ⓒ 〖化〗正〔オルト〕リン酸塩〔エステル〕.

òrtho·phosphóric ácid 名 〖化〗正〔オルト〕リン酸.

or·thop·tics /ɔːθáptɪks | ɔːθóp-/ 名 Ⓤ 〖医〗視能訓練〔矯正〕(法). **or·thóp·tic** 形 **or·thóp·tist** 名 視能訓練士.

òrtho·rhómbic 形 〖晶〗斜方晶系の.

òrtho·státic 形 〖医〗起立性の.

or·thot·ic /ɔːθátɪk | -θɔ́t-/ 〖医〗 名 (変形)矯正器具. —— 形 (変形)矯正(学)の; (変形)矯正(用)の.

or·thót·ics /-tɪks/ 名 Ⓤ 〖医〗(変形)矯正学 (筋肉・関節機能を代行または回復させる義肢・補助具などの研究). **or·thót·ist** /-tɪst/ 名

or·to·lan /ɔ́ːtələn | ɔ́ː-/ 名 〖鳥〗キノドアオジ (ヨーロッパ産のホオジロの類の小鳥; 珍味).

ORV (略) off-road vehicle オフロード車.

Or·well /ɔ́ːwel, -wəl | ɔ́ː-/, **George** 名 オーウェル (1903-50; 英国の小説家・随筆家; 本名 Eric Arthur Blair). **~·ian** /ɔːwélɪən | ɔː-/ 形 オーウェル風の; (特に)『1984』の世界のような 《統制され人間性を失った全体主義的社会》.

-or·y /ˌ—/(-)əːri, ˌ—(ə)ri | -(ə)ri/ 接尾 ❶「…のような」「…の性質がある」の意の形容詞語尾: preparatory. ❷「…所」の意の名詞語尾: factory.

or·yx /ɔ́ːrɪks | ɔ́r-/ 名 (複 ~·es, ~) 〖動〗オリックス《アフリカ産の大型のレイヨウ》.

or·zo /ɔ́ːdzou | ɔ́ː-/ 名 Ⓤ オルゾー《コメ粒形のスープ用パスタ》.

os¹ /ás | ɔ́s/ 名 (複 **os·sa** /ásə | ɔ́sə/) 〖解〗骨. 〖L os 骨〗

os² /óus/ 名 (複 **o·ra** /ɔ́ːrə/) 〖解・動〗口, 穴. 〖L os 口〗

Os (記号) osmium. **OS** (略) Old Saxon; Old Style; 〖電算〗operating system; ordinary seaman; 〖英〗Ordnance Survey 陸地測量部; (衣料の) outsize.

Ó·sage óránge /óuseɪdʒ-/ 名 〖植〗アメリカハリグワ (北米原産のクワ科の高木; 食べられない実; その材).

O·sa·ma Bin La·den /əsá:məbínlá:dɪn | ɔ-/ 名 オサマビンラディン (1957-; サウジアラビア人のイスラム原理主義活動家).

Os·borne /ázbən, -bɔən | ɔ́zbən, -bɔːn/, **John (James)** 名 オズボーン (1929-94; 英国の劇作家・俳優; Look Back in Anger (1956)).

Os·car /áskə | ɔ́skə/ 名 ❶ オスカー(男性名). ❷ 〖映〗名 (商標) オスカー《アカデミー賞 (Academy Award) 受賞者に与えられる小型黄金像》. **b** アカデミー賞.

Os·ce·o·la /ˌàsióulə/ 名 オセオラ (1804?-38; 北米先住民 Seminole 族の首領).

⁺**os·cil·late** /ásəlèɪt | ɔ́s-/ 動 @ ❶ **a** 〈ものが〉 (振り子のように)振動する. **b** 〈扇風機などが〉 (周期的に)首を振って動く. ❷ 〈心・意見・行動などが〉〔二つの間で〕ぐらつく, 迷う (fluctuate): His mood *~s between* euphoria and depression. 彼の気分は幸福感とふさぎ込みの間を往復する. ❸ 〖電〗発振 [振動] する: an *oscillating* current 振動電流. —— ⊕ 振動 [振動] させる. 〖L *oscillum* small face, swing; ぶどう園につるした Bacchus 神の「小さな顔」(原義)のまじない札が風で揺れたことから〗

os·cil·la·tion /ˌàsəléɪʃən | ˌɔ̀s-/ 名 Ⓤ.Ⓒ ❶ **a** 振動, 変動. **b** (心などの)動揺, ぐらつき, ためらい, 迷い. ❷ 〖理〗**a** 振動. **b** 振幅.

ós·cil·là·tor /-tə | -tə/ 名 ❶ 振動するもの; 動揺する人. ❷ 〖電〗発振器; 〖理〗振動子.

os·cil·la·to·ry /ásələtɔ̀ːri | ɔ́sɪlət(ə)ri, -trɪ/ 形 振動する, 動揺する.

os·cil·lo- /ásɪlə | ɔ-/ 〖連結形〗「波」「振動」「振幅」. 〖L *oscillum* swing; ⇒ oscillate〗

os·cil·lo·gram /ásɪləgrǽm | ɔ-/ 名 〖電〗オシログラム (オシログラフで記録した図形; オシロスコープ面の記録).

os·cil·lo·graph /-grǽf | -grà:f/ 名 〖電〗オシログラフ, 振動記録器.

os·cil·lo·scope /-skòup/ 名 〖電〗オシロスコープ《信号電圧の波形を観測する装置》.

os·cu·lant /áskjulənt | ɔ́s-/ 形 〖生〗(二者間の)中間的な; 〖生〗両種に共通性を有する, 中間性の; 〖動〗密着した.

os·cu·lar /áskjulə | ɔ́skjulə/ 形 ❶ 〖戯言〗キスの. ❷ 〖動〗(海綿などの)大孔 (osculum) の.

os·cu·late /áskjulèɪt | ɔ́s-/ 動 ⊕ ❶ 〖戯言〗〈…に〉キスをする. ❷ 〖数〗〈曲線・面が〉〈他の曲線・面と〉接する.

os·cu·la·tion /ˌàskjuléɪʃən | ˌɔ̀s-/ 名 ❶ Ⓤ.Ⓒ 〖戯言〗キス. ❷ Ⓤ 〖数〗接触.

os·cu·la·to·ry /áskjələtɔ̀ːri | -tərɪ, -trɪ/ 形 キスの.

os·cu·lum /áskjələm | ɔ́s-/ 名 (複 **-la** /-lə/) 〖動〗(海綿などの)大孔.

-ose /ous/ 接尾 ❶「多い」「…性の」の意を表わす形容詞語尾: bellicose. ❷ 〖化〗炭水化物の名称の語尾: cellulose.

OSHA /óuʃə/ (略) 〖米〗Occupational Safety and Health Administration 労働安全衛生局 (労働省の一局).

o·sier /óuʒə | -ziə/ 名 ❶ 〖植〗ヤナギ; (特に)コリヤナギ, タイリクヤナギ. ❷ ヤナギの枝.

O·si·ris /ousáɪrɪs | ɔ-/ 名 オシリス《古代エジプトの主神の一人; 冥界の神で Isis の夫》.

-o·sis /óusɪs/ 接尾 (複 **-o·ses** /-siːz/) ❶ 病名を表わす名詞語尾: neurosis. ❷「状態・変化」の意を表わす名詞語尾: metamorphosis.

-os·i·ty /ásəti | ɔ́s-/ 接尾 -ose, -ous の語尾の形容詞から名詞を造る語尾: jocosity (< jocose).

Os·lo /ázlou, ás- | ɔ́z-, ɔ́s-/ 名 オスロ (ノルウェーの首都).

Os·man·li /azmǽnli | ɔz-/ 名 オスマン朝の臣民. —— 形 オスマン帝国の.

os·mic /ázmɪk | ɔ́z-/ 形 匂いの, 嗅覚の. **-mi·cal·ly** 副

ósmic ácid 名 Ⓤ 〖化〗オスミウム酸; 四酸化オスミウム.

os·mi·um /ázmɪəm | ɔ́z-/ 名 Ⓤ 〖化〗オスミウム《金属元素, 記号 Os》.

os·mo·lal·i·ty /ˌàzməlǽləti | ˌɔ̀z-/ 名 Ⓤ.Ⓒ 重量オスモル濃度.

os·mo·lar·i·ty /ˌàzmoulǽrəti | ˌɔ̀z-/ 名 Ⓤ.Ⓒ 容量オスモル濃度.

òs·mo·regu·lá·tion /ˌàzmou- | ˌɔ̀z-/ 名 Ⓤ 〖生〗(生体内の)浸透圧調節. **-régulatory** 形

os·mose /ázmous | ɔ́z-/ 名 =osmosis. —— 動 ⊕ @ 〖化〗浸透させる〔する〕.

os·mo·sis /azmóusɪs | ɔz-/ 名 Ⓤ ❶ 〖生化〗浸透(性). ❷ じわじわ浸透〔影響〕すること.

os·mot·ic /azmátɪk | ɔzmɔ́t-/ 形 〖生化〗浸透(性)の: ~ pressure 浸透圧.

os·na·burg /áznəbəːg | ɔ́znəbə̀ːg/ 名 Ⓤ オスナブルク (芯地用の目の粗い綿織物).

os·prey /áspri, -preɪ | ɔ́s-/ 名 〖鳥〗ミサゴ (タカの一種; 魚を主食とする).

ossa os¹ の複数形.

os·se·ous /ásiəs | ɔ́s-/ 形 骨の〔から成る, に似た〕.

Os·se·ti·a /aséɪʃə | ɔ-/ 名 オセティア (Caucasus の中央部). **Os·se·ti·an** /-ʃiən/ 形 名

os·si·cle /ásɪkl/ 名 〖解〗小骨; 〖動〗小骨 (無脊椎動物の石灰質の骨様小体).

os·si·fi·ca·tion /ˌàsɪfɪkéɪʃən | ˌɔ̀s-/ 名 Ⓤ ❶ 〖生理〗骨化. ❷ (考え・制度・信仰などの)硬直化, 固定化.

os·si·fy /ásəfàɪ | ɔ́s-/ 動 ⊕ @ ❶ 〖生理〗骨化する. ❷

ós·so bú·co /óusubúːkou/ 名 U オッソブーコ《子牛のすね肉を骨ごと輪切りにして白ワインで蒸し煮にしたイタリア料理》.

os·su·ar·y /ɑ́ʃuèri | ɔ́sjuəri/ 名 ❶ 納骨堂. ❷ 骨壷.

os·te·i·tis /ɑ̀stiáɪtɪs | ɔ̀s-/ 名 U 【医】骨炎.

Ost·end /ɑsténd | ɔs-/ 名 オステンド《ベルギー北西部の市・フェリー港》.

⁺**os·ten·si·ble** /ɑsténsəbl | ɔs-/ 形 A 表向きの, うわべの, 見せかけの, たてまえ上の: an ～ reason 表面上の理由 / the ～ head of a company 表向きの社長.

os·tén·si·bly /-səbli/ 副 表面上(は), うわべは: O～ a consular employee, he is actually a spy. 彼は表向きは領事館員だが, 実際はスパイだ.

os·ten·sive /ɑsténsɪv | ɔs-/ 形 ❶ 明瞭に示す, 明示する. ❷ =ostensible.

os·ten·ta·tion /ɑ̀stəntéɪʃən | ɔ̀sten-/ 名 U 見え(を張ること); 見せびらかし, 衒(てら)い.

⁺**os·ten·ta·tious** /ɑ̀stəntéɪʃəs | ɔ̀sten-/ 形 見えを張る, これ見よがしの, 人目を引くための, けばけばしい: an ～ display 派手な見せびらかし, 虚飾. **～·ly** 副

os·te·o- /ɑ́stiou- | ɔ́s-/ 連結形「骨」.《Gk osteon 骨》

òsteo·arthrítis 名 U 変形関節症.

òsteo·génesis 名 U 骨生成[形成]. **-genétic**

osteogénesis im·per·féc·ta /-ɪ̀mpəféktə | -pə-/ 名 U【医】骨形成不全(症).

òsteo·génic 形 骨形成[生成]の; 骨原性の.

os·te·ol·o·gy /ɑ̀stiɑ́lədʒi | ɔ̀stiɔ́l-/ 名 U 骨学.

òsteo·ma·lá·ci·a /-məléɪʃ(iə) | -ʃjə/ 名 U【医】骨軟化(症). **-ma·lá·cic** /-məléɪsɪk/

òsteo·myelítis 名 U【医】骨髄炎.

os·te·o·path /ɑ́stiəpæ̀θ | ɔ́s-/ 名 整骨医.

os·te·o·path·ic /ɑ̀stiəpǽθɪk | ɔ̀s-/ 形 整骨療法の[による]. **-i·cal·ly** 副

os·te·op·a·thy /ɑ̀stiɑ́pəθi | ɔ̀stiɔ́p-/ 名 U 整骨療法.《L; ⇒ osteo-, -pathy》

ós·te·o·phỳte 名【医】骨増殖体, 骨棘(きょく)《骨が伸びたもの》. **òsteo·phýtic** 形

⁺**os·te·o·po·ró·sis** /-pəróusɪs/ 名 U【医】骨粗鬆(しょう)症《骨が多孔質になりもろくなる状態》. **òsteo·po·rót·ic** /-pɔːrɑ́tɪk | -rɔ́t-/《OSTEO-+Gk poros passage, pore+-OSIS; cf. porous》

os·ti·na·to /ɑ̀stinɑ́ːtou | ɔ̀s-/ 名 (復 ～s, -ti /-tiː/)【楽】固執[執拗]反復, オスティナート.

os·ti·um /ɑ́stiəm | ɔ́s-/ 名 (復 os·tia /-tiə/)【解】口, 小口, 孔《節足動物の》心門.

os·tler /ɑ́slə | ɔ́slə/ 名《英》《昔の旅館の》馬丁(《米》hostler).

Ost·po·li·tik /ɑ́stpoultìːk | ɔ́s-/ 名 U 東方政策《西側諸国, 特に旧西ドイツが旧東ドイツ・ソ連に対して行なった政策》.

os·tra·cism /ɑ́strəsɪ̀zm | ɔ́s-/ 名 U ❶ 追放: suffer social [political] ～ 社会的に[政界から]葬られる. ❷《古代ギリシャの》オストラシズム, オストラキスモス, 陶片[貝殻]追放《陶器の破片・貝殻などを用いた秘密投票で 10 年(後には 5 年)間の国外追放》.《L<Gk ostracon 陶片+-ISM》

os·tra·cize /ɑ́strəsàɪz | ɔ́s-/ 動 他 ❶《人を》追放する, 排斥する. ❷《古代ギリシャで》《人を》陶片追放によって追放する.

⁺**os·trich** /ɑ́strɪtʃ, ɔ́ːs- | ɔ́s-/ 名 ❶【鳥】ダチョウ. ❷《口》現実逃避者《困果》ダチョウは追いつめられると砂の中に頭を入れて隠れたつもりでいるという俗信から》.《F<L》

Os·tro·goth /ɑ́strəgɑ̀θ | ɔ́strəgɔ̀θ/ 名 東ゴート族の人《イタリア王国 (493-555) を建てた部族》. **Os·tro·goth·ic** /ɑ̀strəgɑ́θɪk | ɔ̀strəgɔ́θ-/ 形

Os·wald /ɑ́zwəld | ɔ́z-/, **Lee Harvey** 名 オズワルド (1939-63; 米国の Kennedy 大統領暗殺の容疑者; 逮捕の 2 日後暗殺された).

OT《略》occupational therapist [therapy]; Old Testament (cf. NT); overtime.

o·tal·gi·a /outǽldʒiə | ɔ-/ 名 U【医】耳痛.

OTB《略》offtrack betting.

OTC《略》over-the-counter.

OTE《略》on-target earnings 最高可能収入額《最も優秀なセールスマンの達成可能な収入; 求人広告用語》.

O·thel·lo /əθélou/ 名 オセロ《Shakespeare 作の四大悲劇の一つ; その主人公》.

*oth·er /ʌ́ðə | ʌ́ðə/ 形 (比較なし) ❶ A [複数名詞を直接修飾するか, または no, any, some, one, the などを伴って]ほかの, 他の, 異なった《用法 単数名詞を直接修飾する時には another を用いる》: ～ people ほか[他]の人たち / three ～ boys ほかの 3 人の少年 / at ～ times ほかの時(は), 平生(は) / in some ～ time いつかまた / in some ～ place どこか他の場所で / Mary is taller than any ～ girl(s) [the ～ girls] in the class. メアリーはクラスのだれよりも背が高い《用法 any other に続く名詞は単数を原則とする》/ I have no ～ son(s). ほかに息子はない / There's no ～ use for it. それ以外にそれを利用する方法はない / Any ～ question(s)? ほかに質問は？ ❷ A [the ～, one's ～]《二つの中の》もうひとつの, 《三つ以上の中で》残りのもうひとつの: Shut your [the] ～ eye. もう一方の目を閉じなさい / There're three rooms. One is mine, one [another] is my sister's and the ～ (one) is my parents'. 3 部屋あります. ひとつは私の部屋, もうひとつは妹のもので, 残りの部屋は両親のものです《用法 文脈によって容易に了解される時には the other の次の名詞は省略されることが多い》. **b** [the ～]向こう(側)の; 反対の: the ～ end of the table テーブルの向こうの端 / the ～ side of the moon 月の裏側 / the person on [at] the ～ end of the line 電話の相手の人 / the ～ party【法】相手方. ❸ [～ than の形で; 通例代(名)詞の後または P に用いて]《...とは》違った, ...以外の, 別の: I'll send somebody ～ than you. 君以外の別の人をやろう / I have no hats ～ [～ than] this (one). 帽子はこれ以外にほしいものはない / The truth is quite ～ than you think. 事実は君の考えていることとはまったく違う. ❹ **a** [the ～; 日・夜・週などを表わす名詞を修飾して副詞的に]この前の, 先ごろの: the ～ day 先日, 数日前 / the ～ evening せんだっての夕方は. **b** 以前の, 昔の; 将来の, 未来の《用法 どちらの意味かは文脈による》: in ～ times 以前(は), 昔(は); 将来(は) / men of ～ days 昔の[先の]時代の人たち.

èvery óther... ⇒ every 成句. **in óther wòrds** ⇒ word 成句. **nóne óther than** [(às) but]... ⇒ none¹ 代 成句. **on the óther hànd** ⇒ hand 成句.

óther thìngs being équal 他の条件が同じなら.

the óther wày abóut [(a)róund] ⇒ way¹ 成句.

―― 代 (復 ～s) ❶ [通例複数形で; ★ one, some, any を伴う時は単数形もある]ほかのもの, ほかの人たち, 他人; 別のもの, これ以外のもの《用法 単独で単数をさす時には another を用いる》: Do to ～s as you would be done by.《諺》おのれの欲するところを人に施せ《★ 聖書「ルカ伝」から》/ To some life means pleasure, to ～s suffering. ある者には人生は喜びを意味し, ある者には苦しみを意味する / This size is too small. Do you have any ～s? このサイズは小さすぎる. 別のサイズのものがありますか / He's a better surgeon than any ～ I know. 彼は私が知っているほかのどの外科医よりも腕がいい. ❷ **a** [the ～]《二つのうちの》ほかの一方(の人), 他方; one ～《of the two rooms》《その二つの部屋の》どれか一方[ひとつ]/ One neutralizes the ～. 一方が他を中和する / Two of the guests, one [the one] American and the ～ Russian, were talking to each other pleasantly. 客の二名は, 一人がアメリカ人でもう一人がロシア人だったが, お互いに楽しそうに話し合っていた《用法 二者について言う時 one...the other を用いることもある》. **b** [the ～s]《三つ以上のうちで》その他のもの[人々], 残りのもの[人々]全部: I must consult the ～s about the matter. その件については他の人たちにも相談しなければならない / Three of the boys were late, but (all) the ～s were in time for the meeting. その少年たちのうち 3 人は遅れたが他の者たち

は(みな)会に間に合った.
amòng óthers ⇒ among 成句.
and óthers …など/々).
èach óther ⇒ each 代 成句.
nò óther than [but] … ⇒ no 形 成句.
of áll óthers いっさいの中で, なかんずく.
óne àfter the óther ⇒ one 代 成句.
óne from the óther 甲と乙と[両者]を区別して: Even parents sometimes can't tell their twins *one from the* ~. 親でさえも時には自分の双子を区別できないことがある.
sóme...or òther 何らかの《用法》some の後の名詞は通例単数形》: *some* time *or* ~ いつか, 他日, 何かの時に / *Some* man *or* ~ was looking for you. だれかが君を探していたよ.
thís, thát, and the óther ⇒ this 代 成句.
—— 副 (比較なし) [~ than の形で; 否定・疑問文で] そうでなく, 別な方法で: We can't get there ~ than by walking. そこへは歩いてしか行けない / How can you think ~ than logically? どうして論理的でない考え方などできよう.
《OE; 原義は「二つのうち一つの」》
óther-dirécted 形 他者志向の, 他人[外的価値観]に動かされる, 主体性のない.
óther hálf [one's ~] 形 《口》連れ合い《妻, 夫》.
óther·ness 名 U 他者[別者, 異種]であること.
óther ránks 名 英 下士官と兵卒, 兵隊[兵士]たち《commissioned officers でない者たち》.
***oth·er·wise** /ʌ́ðəwàɪz | ʌ́ðə-/ 副 ❶ 別な方法で(は), ほかの状態に[で]: I would rather stay than ~. どっちかといえばむしろとどまりたい / She didn't come with us because she was ~ engaged. 彼女はほかに用事があったので一緒に来なかった / Nobody would have done ~ *than* you did. だれも君がしたようにしかやりようがなかっただろう / Mary I ~ known as "Bloody Mary" 「流血のメアリー」としても知られるメアリー一世. ❷ [命令文などの後で接続詞的に] さもなければ (or (else)): Don't be naughty, ~ you'll get a spanking. いたずらはやめなさい. さもないとお尻をたたきますよ. ❸ その他の点で: He skinned his knees, but ~ he was uninjured. 彼はひざをすりむいたが, そのほかはけがはなかった. —— 形 P 異なって, 違って: Some are wise, some are ~. 《諺》賢い者もあるしそうでもない者もある / How can I be ~ *than* grateful? ありがたいと思わないわけがない《大いに感謝したい》.
and ótherwise …そうでない(もの), その他, …や何か: experiences pleasant *and* ~ 楽しい経験やそうでない経験.
or ótherwise …かあるいはその逆で: We don't know if his disappearance was voluntary *or* ~. 彼の失踪が自発的だったかそうでなかったかはわからない. 《OTHER + -WISE》
óther wóman 名 [the ~] 《既婚男性の》愛人, 情婦.
óther wórld 名 [the ~] 来世, あの世.
óther·wórldly 形 ❶ 別世界の, 空想的な. ❷ 来世の. **-wórld·li·ness** 名
o·tic /óʊtɪk/ 形 《解》耳の.
-ot·ic /átɪk | ɔ́t-/ 腰尾 「(病気などに)かかった」「…を(異常に)生む」の意で, -osis で終わる名詞の形容詞を造る: hyp*notic* (<hypnosis), nar*cotic* (<narcosis).
-ot·i·cal·ly /átɪkəli | ɔ́t-/ 腰尾 -otic に対応する副詞を造る.
o·ti·ose /óʊʃiòʊs | -tiòʊs/ 形 ❶ むだな; 余計な; 役に立たない, 無用な (unnecessary). ❷ 《古風》怠惰な. ~·ly 副 《L (*otium* 暇な)》
o·ti·tis /oʊtáɪtɪs/ 名 U 《医》耳炎.
otítis média /-mí:diə/ 名 U 《医》中耳炎.
o·to- /óʊtoʊ/ [連結形] 「耳」. 《Gk *ous, ōt-* 耳》
OTOH 《略》on the other hand (電子メールなどで)他方では.
o·to·lar·yn·gol·o·gy /òʊtoʊlæ̀rɪŋgáləʤi | -gɔ́l-/ 名 U 耳咽喉科学. 《OTO+LARYNGO+-LOGY》
o·to·lith /óʊtəlɪθ/ 名 《解・動》耳石《内耳中または平衡胞内にあって平衡感覚に関係がある》. **o·to·lith·ic** /òʊtəlíθɪk⁻/ 形

1283　　　　　　　　　　　　　　　　**Ouija**

o·tol·o·gy /oʊtálədʒi | -tɔ́l-/ 名 U 耳科学.
óto·plàsty 名 《医》耳[耳介]形成(術).
òto·rhìno·laryngólogy 名 耳鼻咽喉科学. **-ist** 名
o·to·scope /óʊtəskòʊp/ 名 U 《医》耳鏡, 耳聴診管, オトスコープ. **o·to·scop·ic** /òʊtəskápɪk | -skɔ́p-⁻/ 形
OTT /óʊtìː/ 形 《英口》=over-the-top.
ot·ta·va ri·ma /oʊtá:vərì:mə/ 名 U 《詩学》八行体, オッターヴァリーマ《各行 11 音節, 英詩では 10-11 音節, 押韻の順序は ab ab ab cc》.
Ot·ta·wa /átəwə | ɔ́təwə/ 名 オタワ《カナダ Ontario 州東部にある同国の首都》.
⁺**ot·ter** /átə | ɔ́tə/ 名 《徼 ~s, ~》 C 《動》カワウソ; U カワウソの毛皮.《OE; 原義は「水中動物」; WATER と同語源》
ótter bòard 名 拡網板《底曳[トロール]網の網口を水圧を利用して開かせるための板》.
ótter hòund [dòg] 名 カワウソ猟犬.
ot·to /átoʊ | ɔ́t-/ 名 (徼 ~s) =attar.
Ot·to·man /átəmən | ɔ́t-/ 形 ❶ オスマン王朝の; オスマン[旧トルコ]帝国の: the ~ Empire オスマン帝国 (1300?-1924) 《旧トルコ帝国》. ❷ オスマントルコ人[民族]の. —— 名 ❶ C 《徼 -s》オスマントルコ人. ❷ C [o-] a 背のない長いソファー. b 足のせ台. ❸ U [o-] うね織りの絹織物《婦人服用》.
Óttoman Pórte 名 [the ~] オスマンの門 (⇒ Porte).
ou /óʊu/ 名 《鳥》キガシラハワイミツスイ《果実を主食にするハワイミツスイ (honeycreeper) の一種; くちばしは太く, 羽色は緑と黄》.
OU 《略》Open University; Oxford University.
oua·ba·in /wɑːbéɪən/ 名 U 《化》ウアバイン《アフリカ産の数種の低木から得られるステロイド配糖体; 強心剤; アフリカの先住民は毒矢に用いる》.
Oua·ga·dou·gou /wɑ̀ːgədúːgu/ 名 ワガドゥグ《ブルキナファソ (Burkina Faso) の首都》.
oua·na·niche /wɑ̀ːnəníːʃ/ 名 《魚》陸封型のタイセイヨウサケ《カナダの Labrador 地方などの湖に産する》.
ou·bli·ette /ùːbliét/ 名 《中世の城内の》秘密地下牢《天井の揚げぶたを開いて人を投げ入れた》.
⁺**ouch** /áʊʃ/ 間 痛い! (cf. ow).
oud /úːd/ 名 ウード《西南アジア・北アフリカで用いるマンドリンに似た楽器》.
***ought**¹ /ɔːt/ 助動 [否定短縮形: ought·n't /ɔ́ːtnt/] 《用法 *to do* を伴う; 過去の行動について述べる時には完了形不定詞を伴う; 《米》では時に否定文では *to* を用いないことがある》 ❶ [義務・当然・適当・必要を表わして] …すべきである, …するのが当然[適当]である, …したほうがよい 《比較「義務・当然」を表わす場合は should よりやや強意; 「必要」では must より弱い》: You ~ to be more careful. もっと気をつけたほうがよい / You ~ to see his new film. 彼の新しい映画をぜひ見るべきだ / You really ~ to apologize. 君は本当に謝るべきだ / I think I ~ to go. もういとまこしなければ / There ~ to be more parking lots. もっと駐車場があってしかるべきだ[あったほうがよい] / It ~ *not* [*oughtn't*] *to* be allowed. それは許されるべきではない / *Oughtn't* we [*O- we not*] *(to)* phone for an ambulance? 電話で救急車を呼ぶべきではないのか / She ~ to have told me. 彼女は私に話すべきだったのだ《話さなかったのが悪い》 / I ~ *not to* have come here. 私はここへ来るべきではなかった. ❷ [見込み・当然の結果を表わして] …のはずである, …に決まっている: It ~ to be fine tomorrow. あすは晴天に決まっている / He ~ to have arrived by this time. 彼は今ごろはもう着いているはずだ《「着いていないとすれば変だ」「着いているべきだったのに」ともとれる》. 《OE; 元来は owe の過去形》
ought² /ɔːt/ 名 《口》零, ゼロ (naught).
ought³ /ɔːt/ 代 =aught¹.
ought·a /ɔ́ːtə/ 《口・非標準》=ought to.
***ought·n't** /ɔ́ːtnt/ 《口》 **ought not** の短縮形.
Oui·ja /wíːʤə/ 名 《商標》ウィージャ《心霊術で用いるアルファベットなどが記された板; その上で planchette に指をのせ

Ouija board

ると文字が書ける.『'yes' の意の F *oui* と G *ja* から』

Óuija bòard 图 =Ouija.

ou·ma /óumɑ/ 图《南ア》祖母, おばあさま, おばあちゃん.

*__ounce__[1] /áuns/ 图 ❶ オンス《重量の単位; 略 oz.》: **a** [常衡 (avoirdupois)] =¹⁄₁₆ pound, 16 drams, 437.5 grains, 28.349g. **b** [金衡 (troy weight) および薬衡 (apothecaries' weight)] =¹⁄₁₂ pound, 8 drams, 480 grains, 31.103g. ❷ 液量オンス. ❸ [an ~] 少量, わずか: He hasn't *an ~ of* intelligence. 彼は知性のかけらもない. **évery** (**lást**) **óunce of ~** もてる限りの…, ありとあらゆる…, すべての…『F<L=(ポンドの)¹⁄₁₂』

ounce[2] /áuns/ 图 【動】=snow leopard.

*__our__ /(弱形) ɑɚ | ɑː; (強形) áuɚ, áə | áuə, áː/ 代〖we の所有格〗 ❶ **a** 我々の, 私たちの: ~ country [school] 我が国[校] / We should love ~ neighbors. 我々は隣人を愛さなければならない. **b** [O~]〖神などへの呼び掛けに用いて〗我々の: ⇒ Our Father, Our Lady /(O~ Savior 我々の救い主《キリスト》. ❷ **a** [しばしば新聞社説・学術論文の用語として用いて; cf. we 2 **b**] 我々の: in ~ opinion 我々の見るところでは. **b** [国王の公式用語として用いて; cf. we 2 **a**] 朕(ちん)の, わが. ❸《英口》うちの, 知り合いの, 同僚の: O~ Tom works here. うちのトムはここで働いている.

-our /ə | əɹ/ 腰尾《英》=-or[2].

Our Fáther 图 ❶〖聖〗われらの父, 神. ❷ [the ~] 主の祈り (Lord's Prayer).

⁺**Our Lády** 图 聖母マリア.

Our Lórd 图 わが主 (⇒ lord 图 2 **a**).

*__ours__ /áuɚz, áəz | áuəz, áːz/ 代《we に対応する所有代名詞》 ❶ 我々のもの, 私たちのもの (cf. mine[1])〖用法 さす内容によって単数とも複数扱い〗: Their house is larger than ~. 彼らの家は私たちのものより大きい / O~ (= Our time) is a time of rapid change. 現代は変化の迅速な時代である / My sister's children are all girls, but *ours* (=our children) are all boys. 妹の子供はみんな女の子だが私たちの子(供)はみんな男の子だ. ❷ [of ~ の] 我々の〖用法 our は a, the, this, that, no などと並べて名詞の前に置けないので of ours として名詞の後に置く〗: *a friend of ~* 私たちの友人 / *this country of ~* 我々の国.

our·self /auɚsélf, ɑə- | auə-, ɑː-/ 代 [国王の公式用語や時に新聞社説の用語として用いて; cf. we 2] 私自身を[に]〖用法 新聞社説で用いられる the editorial 'we' の場合, 複数形の ourselves を用いる傾向がある〗.

*__ourselves__ /auɚsélvz, ɑə- | auə-, ɑː-/ 代《★ we の複合人称代名詞; ⇒ oneself〖用法〗》 ❶ [強調] 我々自身, 私たち自身: **a** [we とともに用いて同格的に]: We will see to it ~. 我々は自分たちでそれを何とか取り計らおう / We do everything (*for*) ~. 我々は自分たちで何事もする. **b** [and ~ で; we, us の代用]《口》: Both our parents *and* ~ went there. 我々の両親と我々(自身)がそちらへ行きました. **c** [as, like, than の後で; we, us の代わりに用いて]《口》: You can do it better *than* ~. 君は我々(自身)よりうまくできる. **d** [独立構文の主語であることを特に示すために]《文》: *O~ poor*, we understood the situation. 自分たち貧乏だからその事情がわかった. ❷ [-/-/] [再帰用法] 我々自身を[に]: **a** [再帰動詞の目的語] (⇒ myself 2 **a**★): We absented ~ from the meeting. 我々は会を欠席した. **b** [一般動詞の目的語]: We enjoyed ~ a good deal. 我々は大いに楽しんだ. **c** [前置詞の目的語]《★ 他に成句 ⇒ oneself》を参照》: We must take care of ~. (人の世話にならずに)私たちは自分の世話をしなければならない. ❸ いつもの我々, 正常な我々〖用法 通例 be, feel の補語で用いることが多い〗: We were not ~ for some time. 我々はしばらくぼう然としていた. ★成句は oneself を参照.

-ous /əs/ 腰尾 ❶「…の多い」「…性の」「…に似た」「…にふける」の意を表わす形容詞語尾: mountain*ous*, fam*ous*. ❷《化》「-ic の語尾を有する酸に対する)亜…」の意を表わす形容詞語尾: nitr*ous* acid 亜硝酸.

ou·sel /úːz(ə)l/ 图 =ouzel.

*__oust__ /áust/ 動 ⊕ ❶〈人などを〉〈…から〉追い出す, 駆逐する (remove); 取って代わる: Baby cuckoos ~ other baby birds *from* the nest. カッコウのひなは他のひな鳥を巣から追い出してしまう / He was ~ed *from* his position as (company) director. 彼は(会社)重役の地位を追われた. ❷〖民法〗〈人から〉〈権利などを〉剝奪する (*of*); 〈権利などを〉奪う, 取り上げる.『F<L *obstare* 立ちはだかる, じゃまする (OB-+*stare* 立つ)』

óust·er 图 Ū,Ⓒ ❶〖法〗**a** 追放, 放逐. **b** (不動産の)占有剝奪[侵奪], 不当占有. ❷《主に米》(一般に)追放, 駆逐, 追い出し.

*__out__ /áut/ 副〖be 動詞と結合した場合は 形とも考えられる〗 ❶ **a** [通例動詞と結合して] 外に[へ], 外部に[へ], (外に)出て (↔ in)《★各動詞の項を参照》: go for a walk 散歩に出ていく / set ~ on a journey 旅に出かける / My father has gone ~ fish*ing*. 父は釣りに出かけています / She invited me ~ for lunch. 彼女は私を外での昼食に招いてくれた / Let's have an evening ~. 一晩外でゆっくりしよう《映画を見るとか食事をするとか》. **b** 町を出て, 故国を離れて: live ~ in the country 町を離れていなかで暮らす / fly ~ to Australia オーストラリアに飛ぶ. **c** [通例 be 動詞と結合して] 外出して, 不在で; 故国を出て: He's ~. 彼は外出中です / My mother is ~ in the garden. 母は今庭に(出て)います〖用法 初めに out と漠然と位置を示し, 次に具体的に in the garden などと叙述するのが慣用的表現法〗: O~ to lunch 食事中, 食事に出ています《会社などでの掲示》; ⇒ lunch 图成句. **d**《書物・レコードなど》貸し出し中で: The books you wanted is ~. お申し込みの本は貸し出し中です. **e**《船など》陸を離れて, 沖へ(出て): ~ at sea 航海中 / far ~ at sea はるか沖合に. **f**《潮が》引いて: The tide is ~. 潮は引いている.

❷ **a** (外へ)突き出て, (外へ)伸びて; 広げて: put ~ buds 芽を出す / hold ~ one's hand 手を差し出す / roll ~ a carpet じゅうたんを広げる / hand ~ drinks to…に飲み物を配る / I stretched myself ~ on the grass. 芝生の上で大の字になった. **b** 選び出して: pick ~ interesting books おもしろそうな本を選び出す.

❸ **a**《ものが》現われ出て: The stars came [were] ~. 星が出た[出ていた]. **b**《身体の一部などが》突き出て: His trousers are ~ at the knees. 彼のズボンはひざが出ている. **c**《秘密など》露見して: The secret is [has got] ~. 秘密がばれた. **d**《書物が》出版されて, 発表されて: His new book is [has come] ~. 彼の新作が出た. **e** [最上級の形容詞+名詞の後に置いて]《口》世に出ているうちでの: She's the tallest woman ~. 彼女は世の中でいちばん背の高い女性だ.

❹ **a**《花など》開いて, 咲いて; 〈葉が〉出て: The cherry blossoms will be ~ in a week. 1週間したら桜の花も開くだろう / The leaves are ~. 葉が出た. **b**《吹き出物など》出て.

❺ **a** 大声で, 聞こえるように, 声高に: shout ~ 大声で叫ぶ / Call [Read] ~ the names. 名前を読み上げてください. **b** あからさまに, はっきりと, 腹蔵なく: Speak ~! 思い切ってはっきり言え! / Tell him right ~. 彼にはっきり言いなさい.

❻ 最後まで; すっかり, 完全に: fight it ~ 最後まで戦い抜く / clean ~ a room 部屋をすっかり掃除する / Hear me ~. 私の言うことを終わりまで聞いてくれ / I was tired ~. 私はへとへとに疲れ切った.

❼ **a** なくなって; 品切れで: The wine has run ~. ぶどう酒はなくなった. **b** 《火が》火などが消えて: put ~ a fire 火を消す / The light went ~. 明かりが消えた. **c** 気を失って: knock a person ~ 人をノックアウトする / I was ~ for an hour. 1時間意識がなかった. **d**《期限など切れて, 満期になって: before the year is ~ 年内に. **e** 流行しなくなって (↔ in): These dresses are ~. このドレスはもうはやらない.

❽ **a** はずれて; 不調で, 狂って: The arm is ~. 腕が脱臼している / Your guess is way ~. 君の推測はうんと的はずれだ / You're ~ in your calculations. 君は計算が狂っている. **b** (…だけ)はずれて, 狂って, 損をして: This clock is a few seconds ~. この時計は数秒狂ってる / The bill is £

10 ～. この請求書は10ポンド違っている.

❾ 仕事を休んで; 《英口》ストライキをやって: take ten minutes ～ 10分間休む / The workmen are ～ (on a strike). 労働者たちはストをやっている.

❿ 《口》不可能で, 問題外[論外]で; 許されなくて, 禁止されて: That's ～ (of the question). それは問題外だ / Sweets are ～ for me. 甘いものは禁じられている.

⓫ 政権を離れて, 在野で.

⓬ a 《クリケ》アウトで, アウトになって. b 《クリケ》退場になって. c 《ゴルフ》(18ホールのコースで)前半(9ホール)を終了して, アウトで: He went ～ in 39. 彼は39ストロークでアウトを終了した. d 《テニス・バドなど》ボールがライン外で (↔ in).

áll óut ⇨ all 成句.

be óut for... を得ようと努めている: I'm not ～ for compliments. お世辞など言ってもらおうとしているのではない.

be óut to dó... しようと努めている: He's ～ to get as much money as he can. 彼はできるだけ多くの金を得ようとしている.

óut and abóut 〈人が〉出歩いて; 〈病人が〉(元気になって)外に出られるようになって.

óut and awáy =far and AWAY 成句.

óut and óut 徹底的に[な], 完全に[な] (cf. out-and-out).

óut of... ⇨ out of.

òut thére あそこに, 向こうに.

òut to lúnch ⇨ lunch 成句.

Óut with it! 《口》言ってしまえ!, 話せ!

Óut you gó! 《口》出て行け!, うせろ!

── 前 《米》❶ 〈ドア・窓などから〉: go ～ the door ドアから出ていく / look ～ the window at the river 窓から外の川を見る. ❷ ...の外に: He lives ～ Elm Street. 彼はエルム街のはずれに住んでいる.

── 形 (比較なし) ❶ A 外の, 遠く離れた: an ～ match 遠征試合. b 〈島が〉本土から遠く離れた: an ～ island 離島. ❷ 《ゴルフ》(18ホールのコースで)前半(9ホール)の, アウトの.

── 名 ❶ [the ～] 外部, 外側, 戸外. ❷ [単数形で] 《口》(仕事・非難などを避けるための)言い訳, 口実; 逃げ道. ❸ a C 地位[権力などを]失った人. b [the ～s] 在野党 (↔ ins). ❹ [複数形で] ⟨ ⟩ 守備側. ❺ C 《野》アウト.

on the óuts 《米》=at óuts 《英》［...と] 不和で 《with》.

the íns and óuts ⇨ in 名 成句.

── 動 ⓐ ❶ 〈...を〉追い出す. ❷ 〈人の〉ホモ[レズ]であることをあばく. ── 圓 [通例 will ～ で] 公になる: Murder will ～. 《諺》悪事は必ずばれるもの / (The) truth will ～. 《諺》真実はいつか現われるもの. 〖OE〗

out- /áut/ 接頭 動詞・分詞・動名詞などの前につけて「外」「...以上に」「...より優れて」などの意を表わす (★ アクセントは, 名詞・形容詞では òutbúrst, òutlýing と前, 動詞では òutdó と後に置かれるのが普通).

óut·age /áutɪdʒ/ 名 (電力などの)供給停止時間, 停電(時間).

óut-and-óut 形 A まったくの, 純然たる, 徹底的な (complete; cf. out and out): an ～ lie 真っ赤なうそ.

óut-and-óut·er /-tə | -tə/ 名 《俗》❶ 徹底的にやる人, 徹底主義者. ❷ 極端な人, 過激な人.

out-a·site, -sight /áutəsáit/ 形 《米俗》型破りの, 斬新な; 抜群の, すばらしい. 〖成句 out of sight から〗

óut·back 名 [the ～] 《豪》奥地, 内地; (未開の)僻地(⁓⁓). ── /-⁓-/ 形 奥地の. ── 副 奥地へ.

òut·bálance 動 ⓐ ❶ 〈...よりも〉重い. ❷ 〈...よりも〉上[重要]である.

òut·bíd 動 ⓐ (out-bid; -bid, -bid·den; -bidding) (競売で)〈...よりも〉高く値をつける.

óut·bòard 形 A 副 (↔ inboard) ❶ 《海》**a** 船外の[に]. **b** 〈ボートのエンジンが〉船尾に取り付けられた[て]: an ～ motor 船外モーター[発動機]. **c** 〈モーターボートが〉船外エンジンを備えた[で]. ❷ 《空》翼端に近いほうの[に]. ── 名 船外機付きボート.

óut·bòund 形 (↔ inbound) ❶ 〈飛行機・船が〉外国行きの. ❷ 〈交通機関など〉市外に向かう.

óut bòx 名 ❶ 《米》(送付・片付けなどのための)処理済書

---

outer man 1285

類箱. ❷ (電子メールソフトの)送信箱.

òut·bráve 動 ものともしない; ⟨...に〉まさる.

out·break /áutbrèɪk/ 名 (突然の)**発生**, 突発, 勃発 (★戦争・病気など好ましくないものについて言う): at the ～ of the war 戦争が勃発した時に / an ～ of anger 怒りの爆発 / an ～ of flu [food poisoning] 流感[食中毒]の発生.

òut·bréed 動 ⓐ (-bred) ❶ 〖生〗⟨...に〉異系交配をさせる; 〖社〗⟨...に〉異部族結婚をさせる. ❷ ⟨...⟩より速く繁殖する; ⟨不要な特性を〉交配によって除く. ── 圓 〖社〗異部族結婚する.

òut·bréed·ing 名 Ⓤ 〖生〗異系交配; 〖社〗異部族結婚.

óut·building 名 (農場の)離れ家 (納屋・鳥小屋など).

óut·bùrst 名 ❶ (激情などの)爆発, 噴出: an ～ of rage 怒りの爆発. ❷ (活動などの)突発: an ～ of looting 略奪の突発.

òut·càll 名 (医師の)往診; (売春婦の)訪問[出張]売春.

óut·càst 名 ❶ 追放人. ❷ 浮浪者. ── 形 追放された, 見捨てられた; 宿なしの.

òut·cáste 形 (インドで)社会階級 (caste) から追放された(人); カースト以外の人[賤民].

òut·cláss 動 ⓐ ⟨...に〉はるかにまさる: His performance ～ed all the others. 彼の演技は抜群だった.

out·come /áutkàm/ 名 [通例単数形で] 結果, 成果: the ～ of a general election 総選挙の結果.

óut·cròp 名 ❶ (鉱脈などの)露出, 露頭 ⟨of⟩. ❷ (事件などの)(急激な)出現 ⟨of⟩.

óut·cròpping 名 =outcrop.

òut·cróss /動·植/ 名 異系交配[交雑]させる. ── /⁓⁓/ 名 異系交配[交雑]; 異系交配雑種.

óut·crỳ 名 C U (大衆の)激しい抗議 ⟨against, about, over⟩. ❷ 叫び(声), どなり声.

òut·dáted 形 旧式の, 時代遅れの.

òut·dístance 動 ⓐ (競争相手を)はるかに引き離す (outstrip).

óut·dò /àutdú:/ 動 ⓐ (out-did; -done) ❶ ⟨...に〉まさる, しのぐ: He has *outdone* all his rivals in skill. 技能の点では彼に匹敵するものがなかった. ❷ [～ oneself で] 今までになくよくやる; 懸命の努力をする: You really *outdid yourself*. 本当によくやった. **not to be outdone** (人に)負けまいと.

out·door /áutdɔə | -dɔː/ 形 A ❶ 戸外の, 屋外の, 野外の (↔ indoor): an ～ life [theater] 野外生活[劇場] / an ～ sport [swimming] pool 屋外スポーツ[プール] / ～ cooking 野外料理 / ～ wear 室外着. ❷ 野外[アウトドア]活動の好きな: an ～ type アウトドア派の人.

out·doors /áutdɔəz | -dɔːz/ 副 戸外で[へ], 屋外で[へ], 野外で[へ] (↔ indoors): He stayed ～ until it began to rain. 彼は雨が降り始めるまで外にいた. ── 名 Ⓤ [通例 the ～] 屋外, 野外.

òut·dóors·man /-mən/ 名 (複 -men /-mən/) 野外[アウトドア]活動の好きな人.

óut·doors·y /àutdɔ́əzi | -dɔ́ː-/ 形 ❶ 戸外の, 戸外に適した. ❷ 野外[アウトドア]活動を好む.

òut·dráw 動 ⓐ ❶ ⟨...より〉早く銃を抜く. ❷ ⟨...より〉多くの人を引きつける, 人気がある.

òut·dríve 動 ⓐ (-drove; -driven) ❶ ⟨...よりもうまく運転する, ...よりも〉速く走らせる. ❷ ⟨...よりも〉ゴルフボールを遠くへ飛ばす.

out·er /áutə | -tə/ 形 A 外の, 外側の[外部の] (↔ inner): in the ～ suburbs (都心から)遠い郊外に / the ～ world 世間; 外界.

óuter bár 名 [the ～] 《英》(勅選弁護士 (King's [Queen's] Counsel) でない)下級法廷弁護士団 (cf. inner bar).

óuter éar 名 〖解〗外耳 (↔ inner ear).

Óuter Hébrides 名 ⓐ [the ～] アウターヘブリディーズ諸島 (⇨ Hebrides).

Óuter Hóuse 名 [the ～] 《スコ》民事控訴院の裁判官が単独で審理する法廷.

óuter mán 名 [the ～] (男の人の)身なり, 風采.

óuter・mòst 形 最も外側の, いちばん遠い (↔ inmost).

óuter spáce 名 U 宇宙空間 (地球の大気圏外の空間; 太陽系惑星間の空間).

óuter・wèar 名 U 上着(類); 外套(類) (トップコート・レインコートなど).

óuter wóman 名 [the ~] (女の人の)身なり, 風采.

òut・fáce 動 ⊕ ❶ 〈人を〉にらみつけて目をそらさせる[ひるませる]. ❷〈相手に対して〉敢然と立ち向かう; ものともしない.

óut・fàll 名 ❶ 河口, 流れ口. ❷ (下水の)落ち口.

óut・fìeld 名 (↔ infield) [the ~] 〖野・クリケ〗 ❶ 外野. ❷ [集合的; 単数または複数扱い] 外野陣.

óut・fìelder 名 外野手 (↔ infielder).

óut・fìght 動 (-fought)〈相手に〉戦って勝つ.

***óut・fit** /áυtfɪt/ 名 ⊕ ❶ a (特定の目的のための)服装ひとそろい; したく品: a new spring ~ 新しい春の装い一式 / an ~ for a bride's ~ 花嫁衣装 / in a tennis ~ テニスの服装をして. b 用品[道具]一式: a barbecue [carpentry] ~ バーベキュー用品[大工道具]一式. ❷ [集合的; 単数または複数扱い] ❶ (仕事に従事する)一団, 一行, 団体; (軍)の部隊: a publishing ~ 出版社. ── 動 ⊕ (-fit・ted; -fit・ting) [通例受身で]〈...に〉したく品・必要品・装備などを供給する: They were *outfitted with* new clothes. 彼らには新しい服が支給されていた.

óut・fìt・ter 名 ❶《米》旅行[アウトドア活動]用品商[店]. ❷《英古風》紳士用品店, 洋品店.

òut・flánk 動 ⊕ ❶〖軍〗〈敵の〉側面を包囲する. ❷〈相手の〉裏をかく, 出し抜く.

+óut・flòw 名 ⊕ (↔ inflow) ❶ C.U 〔金銭・人などの〕流出〔of〕. ❷ U 流出物; 流出量.

òut・fóx 動 ⊕《口》〈相手の〉裏をかく, 出し抜く.

óut・frònt 形 率直な, 正直な, あけっぴろげな. ──《米口》(政治運動などの)前面に立った.

òut・gás 動 ⊕〈...から〉気体[ガス]を除去する, 脱ガスする;〈気体・ガスを〉除去する, 放出する. ── ⊜ ガス放出する.

òut・géneral 動 ⊕ (-gen・er・aled,《英》-alled; -al・ing,《英》-al・ling)〈敵・相手に〉戦術[作戦, 策略]で勝つ.

óut・gò 名 出費, 支出.

***óut・gò・ing** /áυtgòυɪŋ/ 形 (↔ incoming) ❶ 気さくな, 社交[外向]的な. ❷ A a 出て[去って]いく; 出発する: the ~ tide 引き潮 / an ~ train 出発列車. b 辞任する, 退職する: an ~ minister 辞職する大臣. ──/ ⁻⁻ ⁻/ 名 ❶ [複数形で] 出費, 支出: reduce your ~s 出費を切り詰める. ❷ U 出立, 出発.

òut・gróss 動 ⊕〈...を〉総収益[総収入]で上回る.

óut・gròup 名 〖社〗外集団, 他者集団 (↔ in-group).

+óut・gròw /àυtgróυ/ 動 ⊕ (-grew; -grown) ❶〈衣服などが〉大きくなって着られなくなる: The boy has *outgrown* his clothes. 少年は大きくなって服が着られなくなった. ❷〈習慣・感性などを〉成長して脱する[失う]: ~ one's childish habits 成長して子供っぽい習慣がなくなる. ❸〈...より〉(早く)大きくなる, 成長しすぎて...が追いつかない: The population is ~*ing* its resources. 人口の増加が資源の供給を上回っている.

óut・grówth 名 ❶ C a 自然の成り行き, 結果〔of〕. b 派生物, 副産物〔of〕. ❷ U 伸び出ること, 生長〔of〕. ❸ C 伸び出たもの, 発生[生長]物.

òut・guéss 動 ⊕〈相手の〉意中を見抜く, 出し抜く.

oùt・gún 動 ⊕ (-gunned; -gunning) [通例受身で] ❶〖軍〗〈...に〉兵器[兵力]でまさる. ❷〈...に〉力の上を行く.

óut・hàlf 名〖ラグビー〗= standoff half.

óut・hàul 名〖海〗出し索(?) (↔ inhaul).

out-Her・od /àυthérəd/ 動 ⊕ ★ 次の成句で.

òut-Héròd Héròd 〈残虐な点でヘロデ王にまさる, 暴虐をきわめる (★ Shakespeare「ハムレット」から).

óut・hòuse 名 ❶《英》(農場の)離れ家. ❷《米》屋外便所.

óut・ie /áυti/ 名《口》出べそ.

***óut・ing** /áυtɪŋ/ 名 ❶ C 遠出, 遠足, ピクニック, 遊山: go for [on] an ~ 遠出[ピクニック]に行く. ❷ C〖スポ〗(口) 試合[競技]への出場;(一般に)公の場に出ること, 登場. ❸ U.C ホモ[レズ]であることをあばくこと.

òut・jóckey 動 ⊕〈...に〉策略で勝つ,〈...の〉裏をかく, 出し抜く.

òut・land・er /áυtlændə, -ləndə | -də/ 名《主に米》❶ 外国人, 異国人; 外来者. ❷ 外部の人, 局外者; 門外漢.

***òut・land・ish** /àυtlǽndɪʃ⁻/ 形 ❶ 風変わりな, 奇異な, 奇妙な: ~ clothes 異様な衣服. ❷《古》外国[異国]の. -・**ly** 副 -・**ness** 名

òut・lást 動 ⊕ ❶〈...より〉長もちする, 長く続く. ❷〈...より〉長生きする.

***óut・law** /áυtlɔ̀ː/ 名 無法者, ならず者, アウトロー. ── 動 ⊕〈...を〉不法とする, 非合法化する, 禁止する: ~ drunken driving 酒酔い運転を禁止する. ❷〈人から〉公権[法的権利]を剝奪する. ── 形 ❶ 法律に従わない, 無法者[ならず者]の; ルール違反の; 非合法な.

òut・law・ry /áυtlɔ̀ːri/ 名 U ❶ 非合法化. ❷ a 無法者の状態. b 法律無視. ❸ a 公権の剝奪(ﾊｸﾀﾞﾂ). b 社会的状態.

óutlaw strìke 名 不法ストライキ.

+óut・lày 名 (通例単数形で) 支出額, 経費: a large ~ on [for] scientific research 多額の科学研究費. ── /⁻⁻/ 動 ⊕ (-laid)〈金を...に〉費やす, 支出する〔on, for〕.

***óut・let** /áυtlet, -lət/ 名 ❶〈感情などの〉はけ口: an ~ for one's energies [feelings] 精力[感情]のはけ口. ❷ a (特定のメーカー・卸売業者の)系列販売[小売]店, (特にきず物・過剰在庫品などを格安で売る)アウトレット・ストア, アウトレット(店). b (商品の)販路, はけ口; 市場〔for〕. ❸《米》(電気の)差し込み口, コンセント (《英》power point)(《略》「コンセント」は和製英語). ❹〈液体・気体などの〉出口 (↔ inlet); 放水口 (↔ intake): an ~ for water 水のはけ口 / the ~ of a pond 池の放水口.

óutlet màll 名 アウトレットモール (アウトレット・ストアが集合したショッピングセンター).

óut・li・er /-làɪə | -làɪə/ 名 ❶ 仕事場から離れたところに住む人, 〈家を離れたもの, 分離物; 離島, 飛び地. ❷〖地〗離層, 外座層. ❹〖統〗アウトライアー (通常の分布から大きくはずれた値).

***óut・line** /áυtlàɪn/ 名 ❶ 概要, あらまし, アウトライン: He gave me a brief ~ of what had occurred. 彼は事件の概要を簡潔に説明してくれた. ❷ a 輪郭, 外形〔of〕. b 略図, 下書き〔of〕. **in óutline** 輪郭だけ; 物事の, あらましの: draw the mountains *in* ~ 山々の輪郭を描く. ── 動 ⊕ ❶〈...を〉概説する, 略述する: I ~*d* the plan. その計画の大要を述べた. ❷ a〈...の〉輪郭を描く: The cliff was sharply ~*d* against the sky. その絶壁は空に向かってくっきりと輪郭を表わしていた. b〈...の〉略図をかく. [類義語] ⇒ figure.

óut・lin・er 名〖電算〗アウトライナー, アウトライン プロセッサー (文章のアウトラインを作成・編集するためのプログラム).

***òut・líve** /àυtlív/ 動 ⊕ ❶ a〈人より〉生き延びる, 長生きする: He ~*d* his wife. 彼は奥さんに先立たれた. b〈ある時期などの〉後まで生きる;〈困難などを〉(切り抜けて)生き抜く. ❷ 長生きして[年月がたって]失う: This book [method] has ~*d* its usefulness. この本[方法]はもう役に立たなくなっている.

***óut・lòok** /áυtlʊ̀k/ 名 ❶ [通例単数形で] ❶ 見解, 見地, ...観: a bright [dark] ~ on life 明るい[暗い]人生観. ❷ a〔将来の〕見通し, 展望, 前途: The business ~ for next year is favorable [bright]. 来年の事業の見通しは明るい. b 天気予報: the ~ for May 5月の天気予報. ❸ 眺望, 景色, 光景: an ~ on [over] the sea 海の見晴らし.

+óut・lỳing 形 A 中心を離れた; 遠い, へんぴな: an ~ village へんぴな村.

òut・mán 動 ⊕ (-manned; -manning) = outnumber.

òut・manéuver,《英》**òut・manóeuvre** 動 ⊕〈相手に〉策略で勝つ,〈...の〉裏をかく.

òut・mátch 動 ⊕〈相手に〉まさる.

òut・méasure 動 ⊕〈...に〉度合い[量]でまさる.

òut・mígrate 動 ⊕ (仕事を求めて継続的・大規模に)移出する. **óut・mìgrant** 形 名 **òut-migrátion** 名

òut·mód·ed /-móudɪd⁺-/ 形 ❶ 流行遅れの, 旧式な. ❷ すたれた.

óut·mòst 形 Ⓐ =outermost.

⁺òut·númber 動 ⑭ ⟨…より⟩数でまさる: The girls in the class ~ the boys two to one. そのクラスの女子は男子より2対1で多い.

‡out of /áʊtə(v)/ 前 ❶ …の中から外へ, …の外へ (↔ into): get ~ a car 車から降りる / Two bears came ~ the forest. 2頭のくまが森から出てきた. ❷ ⟨ある数⟩の中から: one ~ many 数ある中のひとつ / happen in nine cases ~ ten 十中八九起こる / pay ten dollars and fifty cents ~ twenty dollars 20 ドルの中から10ドル50 セント払う. ❸ …の範囲外に; …の届かぬところに (↔ within): Tom was already ~ hearing [sight]. トムはもう聞こえ[見え]ない所にいた / O~ sight, ~ mind. ⟨諺⟩「去る者は日々に疎(うと)し」. ❹ a ⟨…の状態⟩から離れて, …を脱して, …がなくて, …を失って: ~ date 時代遅れで / ~ danger 危険を脱して / ~ breath 息を切らして / ~ work [a job] 失職[失業]して. b ⟨ものが不足して, …がなくなって: We are [have run] ~ coffee. コーヒーが切れている. ❺ ⟨材料を表わして⟩…から, …によって (⇒ make Ⓐ 1 b): What did you make it ~? 君はそれを何で作ったか. ❻ ⟨原因・動機を表わして⟩ …から, …のために: ~ curiosity [kindness] 好奇心[親切]から / We acted ~ necessity. 必要に迫られてやった. ❼ ⟨起源・出所を表わして⟩ a …から, …からの: ~ one's (own) head 自分で考えて / drink ~ a cup カップから飲む / copy a page ~ a book 本から1ページコピーをとる. b ⟨馬など⟩を母として(生まれて). ❽ a ⟨結果を表わして⟩ …を失って: cheat a person ~ money 人をだまして金を取る / He was swindled ~ his watch. 彼はだまされて時計が奪われた. b …を取って, 脱がせて: I helped her ~ her clothes. 彼女が服を脱ぐのを手伝ってやった. **out of dóors** =outdoors.

óut of it ⟨口⟩ 仲間はずれで, 孤立して, 寂しい: She felt ~ it. 彼女は(取り残されたようで)寂しい気がした.

óut-of-bódy 形 自分の肉体を離れた, 体外[幽体]離脱の ⟨自分自身を外側から見る超心理学的現象について言う⟩: an ~ experience 体外[幽体]離脱体験.

òut-of-bóunds 形 制限区域の外に出た[で].

óut-of-cóurt 形 Ⓐ 法廷外の, 示談の: an ~ settlement 法廷外の和解, 示談.

⁺òut-of-dáte /áʊtə(v)déɪt⁺-/ 形 Ⓐ ⟨more ~; most ~⟩ 時代遅れの, 旧式の; すたれた (↔ up-to-date) ⟨★ Ⓟ is out of date).

óut-of-dóor 形 =outdoor.

òut-of-dóors 副 名 =outdoors.

òut-of-pócket 形 Ⓐ ⟨費用など⟩現金払いの: ~ expenses 現金支払い経費.

òut-of-síght 形 ❶ ⟨口⟩ 値段がばか高い, 法外な, べらぼうな. ❷ ⟨俗⟩ すばらしい, いかす (cf. out of SIGHT 成句 (3)).

òut-of-státe 形 Ⓐ よその州[他州]の[からの], 州外の.

⁺òut-of-the-wáy 形 Ⓐ ❶ へんぴな, 片いなかの. ❷ ⟨英⟩ 特異な, 風変りな.

⁺òut-of-tówn 形 Ⓐ ❶ よその町から来た. ❷ へんぴな. ❸ よその町で行なわれる.

óut-of-wórk 形 失業中の.

⁺òut·páce 動 ⑭ ❶ ⟨…より⟩速く歩く. ❷ しのぐ, ⟨…に⟩まさる (outstrip).

⁺óut·pàtient 名 外来患者 (↔ inpatient).

òut·perfórm 動 ⑭ ⟨…より⟩性能がすぐれている.

óut·plàcement 名 Ⓤ ⟨雇用者が従業員に行なう⟩再就職の世話, 転職斡旋(あっせん).

òut·pláy 動 ⑭ 競技で⟨相手⟩を負かす.

òut·póint 動 ⑭ ⟨ボクシングなどの試合で⟩⟨相手⟩より多くの点を取る, ⟨…に⟩判定で勝つ.

òut·póll 動 ⑭ ⟨…より⟩多く得票する.

óut·pòrt 名 ❶ ⟨英⟩ アウトポート (London 港以外の港); 外港 (主要港の域外による補助的な港). ❷ ⟨カナダ⟩ (Newfoundland の)小漁村.

⁺óut·pòst 名 ❶ 辺境の植民[居留]地. ❷ ⟨軍⟩ 前哨(ぜんしょう), 前哨部隊[地点].

1287 outshine

òut·póur 動 ⑭ 流出する. ── /-´-/ 名 =outpouring.

óut·pòuring 名 ❶ ⟨通例複数形で⟩ ⟨感情などの⟩ほとばしり: ~s of grief [rage] あふれ出る悲しみ[怒り]. ❷ 流出: a prolific ~ of ideas 次から次へと沸き出る発想.

⁺óut·pùt /áʊtpʊ̀t/ 名 ⟨Ⓟ また an ~⟩ ❶ 産出, 生産高; 生産品: increase [curtail] ~ 生産高を高める[削減する]. ❷ a ⟨機·電⟩ 出力, アウトプット. b ⟨電算⟩ 出力(信号), アウトプット, 出力操作[性能] (↔ input). ── 動 (-put; -put; -put·ting) ⟨電算⟩⟨情報を⟩出力[アウトプット]する.

⁺out·ráge /áʊtreɪdʒ/ 名 ❶ Ⓤ©️ a 非道[無法, 乱暴](な行為): commit [do] an ~ against humanity 人道にもとる行為をする. b 蹂躙(じゅうりん)(する行為), 侮辱: an ~ on decency 風俗を乱す行為. ❷ Ⓤ 憤概, 憤り (indignation). ── 動 ❶ ⟨人·世論などを⟩憤概させる: I was ~d by the whole proceeding. その処置全般に憤概した. ❷ ⟨法律·徳義などを⟩破る, 犯す. ⟨Ｆ=度を超えること⟩ (形 outrageous)

⁺out·rá·geous /áʊtréɪdʒəs/ 形 ❶ a 無法な; けしからぬ (scandalous): They have ~ manners. 連中の不作法にもほどがある / It's ~ that…であるとは言語道断だ. b ひどすぎる, 法外な: an ~ price 法外な値段. ❷ 非道な, 極悪な: an ~ crime 極悪な犯罪. ❸ とっぴな, 風変わりな: ~ clothes とっぴな着物. ~·ly 副 ~·ness 名 (名 outrage)

òut·ránge 動 ⑭ ⟨大砲·飛行機などの⟩⟨着弾[航行]距離で⟩⟨…に⟩まさる.

òut·ránk 動 ⑭ ⟨位·身分などが⟩⟨…より⟩上[上位]である.

ou·tré /u:tréɪ/ ⟨フ⟩ 形 常軌を逸した, 過激な; とっぴな, 妙な, 一風変わった. ⟨Ｆ=exaggerated⟩

òut·réach 動 ⑭ ⟨物事がし⟩のぐ, ⟨…に⟩まさる. ── 動 ⟨文·詩⟩ 腕を伸ばす. ── 名 手を伸ばした範囲, 届く[達した]距離. Ⓤ©️ アウトリーチ ⟨福祉サービスや援助などを通常の場所を超えて差し伸べること⟩.

òut·relíef 名 Ⓤ ⟨英⟩ ⟨救貧院などに入れられていない貧民に与えた⟩院外扶助.

óut·ríde 動 ⑭ (-rode; -rid·den) ❶ 馬に乗って⟨相手より⟩速く[巧みに, 遠く]走る. ❷ ⟨船が⟩⟨あらし⟩を乗り切る.

óut·rider 名 ❶ ⟨車の前後[両側]の⟩オートバイ[馬]に乗った護衛, 先導警察官. ❷ 騎馬従者.

òut·ríg·ger /áʊtrɪ̀gə|-gə/ 名 ⟨海⟩ ❶ ⟨カヌーなどの片側に張り出した転覆防止用の⟩舷外材, 舷外浮材. ❷ 舷外材付きのボート[カヌー].

⁺óut·ríght /áʊtráɪt/ 形 Ⓐ ❶ むき出しの, 率直な: make an ~ denial きっぱりと断わる. ❷ 徹底的な, 完全な: an ~ lie 真っ赤なうそ / She was the ~ victor. 彼女は完全な勝利を収めた. ── /-´-/ 副 ❶ a 腹蔵なく, 率直に: I wouldn't say it ~. 私だったらそれをあからさまに言うようなことはしない ⟨⟨あなたは⟩あからさまに言わないほうがよい⟩. b 公然と, むき出しに: laugh ~ おおびらに笑う. ❷ 徹底的に, 完全に: ban pornography ~ ポルノを徹底的に禁止する. ❸ すぐさま, 即座に: buy ~ 即金で買う / be killed ~ 即死する.

òut·ríval 動 ⑭ (-ri·valed, ⟨英⟩ -valled; -val·ing, ⟨英⟩ -val·ling) ⟨相手に⟩競争で勝つ, 負かす.

out·ro /áʊtroʊ/ 名 (⑭ ~s) ⟨口⟩ アウトロ ⟨ラジオ·テレビ番組, 歌·演奏などの終結部; ↔ intro⟩.

òut·rún 動 ⑭ (-ran, -run; -run·ning) ❶ a ⟨競走で⟩⟨相手より⟩速く[遠くまで]走る, 走って⟨人⟩を追い越す. b 走って追っ手から逃れる. ❷ ⟨…の⟩限度を越す; しのぐ: Don't let your zeal ~ your discretion. 熱中しすぎて無分別なやらないように.

òut·séll 動 ⑭ (-sold) ❶ ⟨商品が⟩⟨…より⟩多く[よく]売れる: Are Japanese cars still ~ing American and European ones? 日本車はアメリカやヨーロッパの車より今でもよく売れていますか. ❷ ⟨人が⟩⟨…より⟩多く売る.

⁺óut·sèt 名 ⟨the ~⟩ 初め, 発端: at [from] the (very) ~ 最初に[から].

òut·shíne 動 ⑭ (-shone) ❶ ⟨…より⟩よく光る, 光が強い. ❷ ⟨…より⟩優秀である, ⟨…に⟩まさる.

òut·shóot 動 (-shot) 射撃能力[性能]において〈…にまさる〉; (シュートの)得点において〈…にまさる〉; 〈標的などの〉方へうちを撃つ[射る]. — 圓 〈穂・枝などが〉出る, 突き出る.

*out·side /àutsáid, ´-ˋ/ 圃 (↔ inside) 名 [単数形で; 通例 the ~] ❶ 外部, 外面, 外側: from *the* ~ 外側から / paint *the* ~ of a house 家の外側にペンキを塗る / those on *the* ~ 門外漢の. ❷ (物事の)外観, 表面: 見かけ, 顔つき: He seems gentle on *the* ~. 彼は見かけは優しそうだ. **at the outside** 〈見積もり・価格が〉せいぜい, たかだか. **on the outside** (1) 外見[表面]上は, 一見. (2) 刑務所[監獄]の外での, 獄中の(の), シャバの(の). (3) 〈英〉〈車などが〉外側[対向車線寄り]の速い車線を使って.

óutside in =INSIDE out 倒句).

— 形 Ⓐ (比較なし) ❶ 外の, 外側の (external); 外部に通じる: ~ work 屋外の仕事 / the ~ world 外部, 外; 外部の世界[人たち] / an ~ line (電話の)外線 / an ~ toilet (米)(道路の)外側車線; 〈英〉追い越し車線 (対向車線寄りの車線) / make an ~ call 外線に電話する. ❷ 部外の, 関係のない方からの, (議)院外の: ~ help 外からの援助 / get an ~ opinion 外部の意見を聞く. ❸ 本業[学業]以外の, 余暇にする: ~ interests 余暇の趣味[スポーツ, 活動(など)]. ❹ 〈見込み・機会など起こりそうもない, ごく少ない: There's an ~ chance of saving the patient. その患者を助けることは望み薄だ. ❺ 〈見積もり・価格など〉最高の, 最大限度の: the ~ price 最高値段.

— 副 外に, 外側に, 外部に; 戸外へ[で]; 海上へ[で]: It's already dark ~. 外はもう暗い / Father was busy ~. 父は(家の)外で忙しくしていた / Come ~! 表[外]へ出ろ!《けんかを吹っかける時の言葉》; 笑顔を出すぞ!

gèt outside of... (俗) ... を飲む[食べる].

outside of... 〈米口〉 (1) ... を除いては. (2) ... の外側に.

— 前 ❶ ... の外側に[へ, の]: ~ the house 戸外に / a small town just ~ Tokyo 東京に隣接する小さな町 / Your shirt is ~ your trousers. シャツがズボンから出てますよ. ❷ ... 〈範囲〉外に[で] (beyond, ~within): ~ working hours 労働時間外に / It's quite ~ my sphere. それはまったく私の領域外だ. ❸ ... を除いては: O~ two or three, no one knows. 2, 3人の外は誰も知らない.

óutside bróadcast 名〈英〉スタジオ外放送.

*out·sid·er /àutsáidə ╿ -də/ 名 ❶ **a** 外部の人, 局外者, 部外者 (↔ insider): The ~ sees most of the game. (諺)「岡目八目」. **b** よそ者, 他者. ❷ 勝ちそうもない馬[競争者]: a rank ~ まったく勝ちそうもない人(など).

óut·síze 形 Ⓐ 特大の, 特大サイズの, 大きすぎる. — 名 特別サイズ[特大](の衣服[人など]).

*out·skirts /áutskə̀ːts ╿ -kə̀:ts/ 名 〔町などの〕はずれ; 郊外: on [in] the ~ *of*... の郊外に.

òut·smárt 動 ⑨ ❶ 〈人を〉知恵で負かす, 〈...の〉裏をかく (outwit). ❷ [~ oneself で] 自分の計画で不利益を招く.

óut·sòle 名 (靴の)表底(^).

òut·sóurce 動 ⑨ ❶ 外部から調達する. ❷ 〈仕事などを〉外部に委託する. **òut·sóurc·ing** 名 Ⓤ 外部調達; 外部委託.

òut·spénd 動 ⑨ (-spent) 〈収入などを〉越えて支出する; 〈他の人・団体より〉多く金を使う[消費する].

*óut·spó·ken 形 率直な, 遠慮ない, ずけずけと言う: ~ criticism 歯に衣(^)着せぬ批評 / He's ~ *in* his remarks. 彼は言うことに遠慮がない. **-ly** 副 率直に, 遠慮なく, ずけずけと. **-ness** 名 [類義語] ⇒ frank¹.

òut·spréad 動 ⑨ (*out·spread*) 広げる. — 形 広がって, 広がった: with *outspread* arms=with arms *outspread* 両腕を広げて.

*out·stand·ing /àutstǽndiŋ ´-ˋ/ 形 (**more ~; most ~**) ❶ **a** 〈...に〉傑出した, 非常にすぐれた, 抜群の〈*in*, *at*〉: an ~ actress 傑出した女優 / She was ~ *at* mathematics. 彼女は数学でずばぬけていた. **b** Ⓐ 目立った, 顕著な, 際立った: ~ features 著しい[特に優れた]特徴. ❷ (比較なし)〈負債など〉未払いの; 〈問題など〉未解決の: an ~ order 未処理の注文 / There're debts [problems] still ~. まだ負債は未払いに[問題は未解決に]なっている. **~·ly** 副

òut·státe 動 ⑨ 〈相手よりうまく〉言い負かし, 外にふみつける.

óut·státion 名 ❶ (辺境にある)出張所, 支所, 駐屯地. ❷ 〈豪〉牧場から遠く離れた牧羊[牧牛]所.

òut·stáy 動 ⑨ 〈... より〉長居する, 長くとどまる. **outstáy one's wélcome** 長居して嫌われる.

⁺óut·strétched 形 広げた, 差し伸ばした: lie ~ on the ground 地面に大の字に横たわる / with *óutstretched* arms=with arms *outstrétched* 両腕を広げて[伸ばして].

⁺òut·strip 動 ⑨ (-**stripped**; -**strip·ping**) ❶ 〈相手を〉追い越す. ❷ 〈... より〉まさる; 〈... に〉勝つ; 上回る (surpass).

out·ta /áutə/ 前 〈非標準〉=out of.

óut·take 名 [映·テレビ] カットした場面.

òut·tálk 動 ⑨ 〈相手より〉うまく[早口に, 長く, 大声で]話す; しゃべり負かす.

óut·thrúst 名 突出物; [建] 突構. — /-ˊ-/ 形 外に押し出した[広げた].

òut·tóp 動 ⑨ 〈... より〉高い; しのぐ, 〈... に〉まさる.

óut·tráy 名 〈英〉既決書類入れ (↔ in-tray).

óut·túrn 名 Ⓤ [また an ~] ❶ 産出高. ❷ 結果.

òut·vóte 動 ⑨ 〈相手に〉投票(多数)で勝つ.

òut·wáit 動 ⑨ 〈... より〉長く待つ[辛抱強い].

òut·wálk 動 ⑨ ❶ 〈相手より〉早く[遠く, 長く]歩く. ❷ 〈... を越えて〉歩く.

⁺out·ward /áutwəd ╿ -wəd/ 副 ❶ 外へ[に], 外側に (↔ inward): The window opens ~. その窓は外側へ開く. ❷ 外へ向かって; 海外へ, 国外へ: ~ and back 往復とも / a train traveling ~ from Tokyo 東京発下りの列車.

— 形 Ⓐ (比較なし) ❶ 外へ向かう, 外へ行く (↔ homeward): an ~ journey 行きの旅 / an ~ voyage 往航, 外航. ❷ 表面的な, 外面だけの, うわべの (↔ inward): ~ calm [cheerfulness] 外面上の冷静[快活]さ / give no ~ sign of anxiety 表向きはまったく心配した様子を見せない. ❸ 外面上の, 表面の, 外形の: ~ things 周囲の事物, 外界 / an ~ form 外形, 外観. **to (áll) óutward appéarances** 見たところ, 表面上は, 一見. — 名 外部; 外見, 外観.

óutward-bóund 形 ❶ 外国行きの, 外航の (↔ homeward-bound). ❷ 市外に向かう.

Óutward Bóund 名 〔米商標〕 アウトワードバウンド《若者を野外や海で訓練し人格陶冶をはかる組織[訓練]》.

⁺óut·ward·ly 副 外見上(は), 表面上(は) (↔ inwardly). ❷ 外側[外面]に. ❸ 外に向かって.

*out·wards /áutwədz ╿ -wədz/ 副 =outward.

óut·wàsh 名 Ⓤ [地] アウトウォッシュ《氷河からの流出河流の堆積物》.

òut·wátch 動 ⑨ 〈... より〉長く見張る, 〈... の〉終わりまで見張る; 見えなくなるまで見守る: ~ the night 夜通し見張る.

òut·wéar 動 ⑨ (-**wore**; -**worn**) ❶ 〈... よりもちがよい[長持ちする]. ❷ 着古す, すり切らす. ❸ 〈人を〉消耗させる.

⁺òut·wéigh 動 ⑨ ❶ 〈... より〉まさる[重要である]: The advantages of the scheme ~ its disadvantages. その案の長所は短所を上回っている. ❷ 〈... より〉重い.

òut·wít 動 ⑨ (-**wit·ted**; -**wit·ting**) 〈相手の〉裏をかく; 出し抜く (outsmart): The burglar *outwitted* the police and got away. 強盗は警察の裏をかいて逃げた.

òut·wíth 前 (スコ) =outside.

óut·wòrk 名 ❶ Ⓤ 〈英〉(自分の家でやる)下請け仕事. ❷ Ⓒ [通例複数形で] (城の)外堡(^), 外塁. — /-ˊ-/ 動 ⑨ 〈... に〉熱心に[速く]仕事をする: Industrial robots can ~ humans [skilled labor]. 産業ロボットは人間[熟練労働者]より速く仕事をすることができる.

óut·wòrker 名 〈英〉下請け仕事をする人.

òut·wórn 形 (通例) Ⓐ ❶ すたれた, 時代遅れの; 古くさい, 陳腐な. ❷ 着古した, 使い古した.

ou·zel /úːzl/ 名 [鳥] ❶ クビワツグミ《ヨーロッパ産》. ❷ (ムナジロ)カワガラス.

ou·zo /úːzou/ 名 Ⓤ.Ⓒ ウーゾ《ブランデーにアニスの香りをつけたギリシアの無色リキュール》. 〔Gk〕

ova 名 ovum の複数形.

***o·val** /óuv(ə)l/ 形 卵形の; 長円[楕円(だえん)]形の: an ~ face うりざね顔 / an ~ ball (ラグビー用などの)楕円形のボール. ── 名 卵形(のもの). 〖F<L<*ovum* 卵〗

ov·al·bu·min /àvælbjúːmɪn | ɔv-/ 名 Ⓤ (生化) 卵アルブミン, オボアルブミン; 乾燥卵白.

Óval Óffice 名 [the ~] (米) (White House 内にある)大統領執務室.

***o·var·i·an** /ouvé(ə)riən/ 形 ❶ (解) 卵巣の: an ~ hormone 卵巣ホルモン. ❷ (植) 子房の.

o·var·i·ec·to·my /ouvè(ə)riéktəmi/ 名 U.C (医) 卵巣摘出(術) (oophorectomy).

o·var·i·ot·o·my /ouvè(ə)riátəmi | -ɔ́t-/ 名 (医) = ovariectomy.

ova·ri·tis /òuvəráɪtəs/ 名 Ⓤ (医) 卵巣炎 (oophoritis).

***o·va·ry** /óuvəri/ 名 ❶ (解) 卵巣. ❷ (植) 子房.

***o·vate**[1] /óuveɪt/ 形 (生) 卵形の.

ov·ate[2] /ávət/ 名 (eisteddfod で資格を得た)第三級吟唱詩人.

***o·va·tion** /ouvéɪʃən/ 名 満場の大かっさい, 大人気: receive a standing ~ (観客などの)総立ちの拍手かっさいを浴びる. 〖L<*ovare, ovat-* 大喜びする〗

***ov·en** /ʌ́v(ə)n/ 名 (料理・れんがを焼く用の)オーブン, 天火, かまど: an electric [a gas] ~ 電気[ガス]オーブン / a microwave ~ 電子レンジ / ⇒ toaster oven / hot from the ~ 焼きたての, ほやほやの. **hàve a bún in the óven** ⇒ bun 成句. **líke an óven** すごく[不快なほどに]暑い, 暑苦しい.

óven·bìrd 名 (鳥) ❶ カマドドリ(土でかまど形の巣を作る; 南米産). ❷ ジアメリカムシクイ(北米の山地性の鳴鳥).

óven glòve [mìtt] 名 オーブングラブ[ミット](熱したオーブンの中の皿などをつかむ手袋).

óven·pròof 形 〈食器が〉オーブン[電子レンジ]用の.

óven·réady 形 〈料理が〉オーブン[電子レンジ]に入れるだけででき上がる.

óven·wàre 名 Ⓤ (オーブン・電子レンジ用の)耐熱食器[皿].

***o·ver** /óuvə | -və/ 前 /ー/ ❶ [位置を表わして]: **a** [離れた真上の位置を表わして] …の上方に[の], …の真上に[の] (★ under の反対語): a bridge ~ a river 川にかかった橋 / The moon is ~ our house. 月は我々の家の真上にある / The Union Jack waved ~ them. ユニオンジャックが彼らの頭上に翻っていた / The bedroom is ~ the living room. 寝室は居間の上にある / He lives ~ his office. 彼は事務所の上[2 階]に住んでいる. **b** [接触した位置を表わして] …の上をおおって: have a shawl ~ one's shoulders 肩にショールをかけている / She put her hands ~ her face. 彼女は両手で顔をおおった / He pulled his cap ~ his eyes. 彼は帽子を目深にかぶった. **c** 〈ものが〉(おおいかぶさるように)…の上へ; …へ突き出て: The cliff projects ~ the sea. がけが海に突き出ている / He leaned ~ the fence. 彼は垣根から身を乗り出した.

❷ [しばしば all ~ で] **a** 一面に, …の上をあちこち: *all* ~ the country 国中いたる所に / *all* ~ the world 世界中いたる所に (cf. 副 2) / travel (*all*) ~ Europe ヨーロッパをあちこち旅行する. **b** …の全部を, …の隅々まで: look *all* ~ a house 家を隅々まで見る[探す] / I have been *all* ~ Japan. 日本はどこもかしこも行った.

❸ [動作動詞とともに] …を越えて (across): jump ~ a fence 垣根を跳び越える / look ~ a person's shoulder 人の肩越しに見る / The helicopter flew ~ the river. ヘリコプターは川の向こう側へ飛んでいった.

❹ 〈海・川・通りなどの〉向こう側に[の] (across): the house ~ the street 通りの向こうの家 / He lives ~ the mountains. 彼は山の向こう側に住んでいる.

❺ [範囲・数量を表わして] …を超えて (more than): She was ~ eighty. 彼女は 80(歳)を超えていた / This cost ~ $10. これは 10 ドル以上した / In a little ~ two hours we reached the top of Mt. Fuji. 2 時間ちょっとで富士山の頂上に着いた.

❻ **a** [支配・優位を表わして] …を支配して, …の上位に, …にまさって: rule ~ a country 国を支配する / have command [control] ~ oneself [one's passions] 自制力[感情を制する力]を持っている / I don't want anyone ~ me. 人に上に立たれるのはごめんだ. **b** …を克服して, …から回復して: I am ~ my cold. もうかぜは治った.

❼ **a** 〈時期など〉…中, …の間: a period of time ある期間にわたって / She did it ~ the vacation. 彼女は休暇の間にそれをした / I'd had a cold ~ the weekend. 週末はかぜを引いていた. **b** 〈距離など〉…にわたって: ~ a good distance かなりの距離にわたって / He slept ~ the whole distance. 彼は道中ずっと寝ていた. **c** …を通じて: a pass ~ the company's line (米) 社線の全線通用パス.

❽ **a** …に関して: talk ~ the matter with…とその事について話し合う. **b** …のことで: She's grieving ~ her father's death. 彼女は父親の死を深く悲しんでいる / He and his wife quarreled ~ money. 彼と妻は金のことで口論した.

❾ …しながら, …に従事して: talk ~ a glass of beer ビールを飲みながら話す / wait ~ a cup of coffee コーヒーを飲みながら待つ / fall asleep ~ one's work [the newspaper] 仕事中[新聞を読んでいるうち]に寝てしまった.

❿ 〈電話・ラジオなどによって〉, …で (on): We talked about it ~ the telephone. 我々はその件について電話で話し合った / He heard it ~ the radio. 彼はラジオでそのことを聞いた.

áll òver… ⇒ over 副 2.

òver áll (1) 全体として, 概して. (2) 全体にわたって.

òver and abóve …に加えて, …の上に, …以上に: I was given a sum ── *and above* my wages. 私は賃金のほかに一定額を支給された / It's ── *and above* what is wanted. それは必要以上のものだ.

── 副 (比較なし) ❶ **a** 上(のほう)に, 高所に: A bird flew ~. 鳥が一羽頭上を飛んでいった. **b** 上から下へ; 突き出て: The roof hangs ~ at the eaves. 屋根は軒が突き出ている.

❷ 一面に, 全面に: all the world ~ 世界中いたる所に (cf. 前 2a).

❸ **a** 遠く離れた所に, あちらに; 〈街路・川・海などを〉越えて, 向こうへ: Will you take this letter ~ to the post office? この手紙を郵便局まで出してきてくれますか / They went ~ to Paris by plane. 彼らは空路パリへ向かった / I'll be right ~. すぐに(そちらに)行きます. **b** こちら側へ, (話し手の)家に: Come ~ to me. 私のところへ来ない / I asked him ~. 彼に泊まりに来るように言った / He came (all the way) ~ to Japan from England. 彼は(はるばる)イングランドから日本へやってきた. **c** 渡して, 譲って: He handed his house ~ to his brother. 彼は家を弟に引き渡した.

❹ ひっくり返して; 逆さまに: knock a vase ~ 花瓶をひっくり返す / He turned [rolled] ~ in his sleep. 彼は寝返りを打った / O~. 裏面へ続く (cf. PTO).

❺ 初めから終わりまで, すっかり: read a newspaper ~ 新聞にすっかり目を通す / I thought the matter ~. 私はその件をじっくり考えた.

❻ 繰り返して: read it (twice) ~ 繰り返して(2 度)読む / many times ~ 何度も何度も / Could you start ~ again? もう一度繰り返してくださいませんか.

❼ **a** 〈液体が〉flow ~ あふれ出る / boil ~ 沸騰してこぼれる. **b** 余分に, 余って: I paid my bill and have several pounds left ~. 勘定を支払ってまだ数ポンド余っている / 3 into 20 goes 6 and [with] 2 ~. 3 で 20 を割ると 6 で 2 余る. **c** 超過して, 超えて: children of ten years and ~ 10 歳以上の子供 / The meeting ran thirty minutes ~. 会議は 30 分延びた.

❽ (米) (ある期間中[まで])ずっと: stay a week ~ 1 週間ずっと滞在する / stay ~ till Monday 月曜日までずっといる.

── 形 終わって, 済んで, 過ぎて (cf. ALL OVER 成句 (1)): School will be ~ at three. 学校は 3 時に終わる / The rain is ~ and gone! 雨はすっかりあがった / The first act

was already ~. 第1幕はもう終わっていた / All is ~ between us. 我々の仲もおしまいだ.
áll óver ⇨ all 成句
òver agáin (初めから)もう一度 (⇨ 圖 6).
òver agáinst (1) …に面して, …の前[近く]に. (2) …と対照して, …と比べると.
òver and abóve …に加えて, そのうえに, さらに.
òver and dóne with 終わって: The whole thing is ~ and done with. すべて終わったことだ.
Óver and óut! [無線交信で] 通信終わり!
òver and óver (agáin) 何度も何度も (repeatedly).
òver hére こちらに; こちらでは.
òver thére あそこに; 向こうでは, あちらでは.
Óver (to yóu)! [無線交信で] 応答どうぞ!
〖OE〗【類義語】over …の真上に, または…の上にかぶさっている意にいう. above …から離れてそれより上のほうに.

o·ver- /òυvə, óυ-ǀ-və/ 接頭 次の意味を表わす: **1**「上にある, 超す, 超過する」: overcoat; overflow, overtake. **2**「過度な, 過剰な」: oversleep, overwork.

òver·abúndant 形 過剰な, あり余る. **òver·abún·dance** 名
òver·achíever 名 **1** (目標に向かって)やたらがんばる人, 身の程知らずのがんばり屋. **2** 標準[予想]以上の成果を収める人[学生], やり手. **òver·achíeve** 他
òver·áct 他 大げさに演ずる, 演技過剰に陥る. — 自 〈役柄などを〉演技しすぎる.
òver·áctive 形 活動しすぎる. **~·ly** 副
òver·activity 名 過度の[異常な]活動.
òver·áge[1] 形 […の規定[標準]年齢を過ぎた [for].
óver·age[2] /-rɪdʒ/ 名 ⓊⒸ 余分の(量[金額]), (見積もりより)オーバー分, 超過額, 過過量.

***o·ver·all** /òυvərɔ́ːl ǀ-və(r)ɔ́ːl-/ 形 Ⓐ **1** 〔端から端で〕全部の: the ~ length of a bridge 橋の全長. **2** 総体的な: an ~ estimate 総合的な見積もり / an ~ majority 絶対多数 / Our ~ impression is favorable. 総合的な印象は良好だ. — /ー′ー′/ 副 (比較なし) **1** a [文修飾] 総体的にいえば, 全体的にみれば: O~, it's a good hotel. 全体的にはいいホテルです. **b** 全体では: How much did it come to ~? 全部でいくらしましたか. **2** 端から端で: The bridge measures nearly two kilometers ~. その橋は全長約2キロメートルある. — /ー′ー′/ 名 **1** [複数形で] **a** つなぎ, オーバーオール(胸当て(bib)のついた作業ズボン), しばしばズボンの上にはく). **b** 《英》=boiler suit. **2** Ⓒ 《英》上っ張り, 仕事着, 白衣: in an ~ 仕事着で[を着て].
óver·àlled 形 overall(s) を着た[着けた].
òver·ambítious 形 野心を持ちすぎる. **~·ly** 副
òver·anxíety 名 Ⓤ Ⓒ 過度の心配[懸念, 不安].
òver·ánxious 形 心配しすぎる, 過度に心配する. **~·ly** 副
òver·árch 他 〈…の〉上にアーチをかける[渡す], アーチ形におおう.
òver·árch·ing 形 Ⓐ **1** 支配的な, 何より重要な, すべてを包含する. **2** 頭上にアーチ(形)をなす.
òver·árm 形|副 **1** 〖野・クリケ〗上手投げの[で]. **2** 〖水泳〗抜き手の[で].
òver·áwe 他 [通例受身で] 〈人を〉威圧する, おどしつける: I was ~d by his self-confidence. 彼の自信の強さには恐れ入った.
òver·bálance 自 バランスを失う[失って倒れる]. — 他 **1** 〈…の〉平衡を失わせる. **2** 〈…より〉まさる[重要である]; …より優れる.
òver·béar 他 (-bore; -borne) 威圧[制圧]する; 押しつぶす, 圧倒する. **2** 実が成りすぎる.
òver·béaring 形 威圧[高圧]的な; いばる, 横柄な (domineering). **~·ly** 副
òver·bíd 他 (over·bid; -bid·ding) 自 〔品物に〕高値をつける [for]. **2** 〖トランプ〗〈…に〉〈人〉より高値をつける [for] (cf. underbid). **3** 〖トランプ〗〈手札以上に〉せり上げる. — /ー′ー/ 名 高値(をつけること); せり上げ.

óver·bite 名 〖歯〗(門歯の)被蓋咬合.
óver·blòuse 名 オーバーブラウス(すそをスカートやパンツの外に出して着る).
òver·blówn 形 **1** 誇張された, 誇大な, 大げさな (exaggerated). **2** 〈花が〉盛りを過ぎた.
+**òver·bóard** 副 船外に, (船から)水中に: fall ~ 船から(水中に)落ちる / Man ~! 人が落ちたぞ! **gò óverboard** (自+副) (1) 極端に走る. (2) 〔…に〕熱中する, 熱をあげる [for, about]. **thrów óverboard** ((他+副)) (1) 〈人・ものを〉船外[水中]に捨てる. (2) 《口》見捨てる, 遺棄する.
òver·bóld 形 大胆すぎる.
òver·bóok 他 〈飛行機便・ホテルなどに〉定員以上の予約をとる: Our flight was ~ed. 私たちの乗る便は定員以上に予約されていた. — 自 予約を取りすぎる.
òver·bóot 名 =overshoe.
òver·bórne 形 押しつぶされた, 圧倒された.
òver·bóught 形 〖証券など〉買い上がりすぎた.
óver·brìdge 名 《英》=overpass.
òver·brím 自 〈容器から〉あふれ出る.
òver·búild 他 (-built) 〈土地に〉家を建てすぎる.
òver·búrden 他 〔…で〕過重な負担をかける, 過重労働させる; 積みすぎる: He was ~ed with anxiety. 彼は不安に押しひしがれていた.
òver·búrdened 形 **1** ものを積みすぎた: an ~ truck 荷物を乗せすぎたトラック. **2** 仕事[負担]をかかえすぎた: ~ nurses 過労過重の看護婦たち.
òver·búrdensome 形 荷厄介な, 面倒臭い.
òver·búsy 形 忙しすぎる.
òver·búy 他 (-bought) 〈品物を〉買いすぎる.
òver·cáll 他 〖トランプ〗〈…より〉競り上げる; 《英》〈…に〉値打ち以上の値をつける. — 自 〖トランプ〗競り上げる. — /ー′ー/ 名 競り上げ.
*****o·ver·came** /òυvəkéim ǀ -və-/ **overcome** の過去形.
òver·capácity 名 Ⓤ (需要を上回る)生産[サービス]能力過剰, 設備過剰.
òver·cápitalize 他 **1** 〈会社の〉資本を過大に評価する. **2** 〈企業などに〉資本をかけすぎる, 過剰投資する.
òver·capitalizátion 名
òver·cáreful 形 用心しすぎる, 慎重しすぎる. **~·ly** 副
òver·cást 形 〈空が〉曇った: an ~ sky [day] 曇った空[日]. **2** 陰気な, 憂鬱(ゆううつ)な. — 他 〈空を〉雲でおおい隠す, 曇らせる. — /ー′ー/ 名 Ⓤ 曇り.
òver·cáutious 形 用心しすぎる. **~·ly** 副
+**òver·chárge** 他 **1** 〈人に〉〈…に対して〉不当な値段を要求する (⇔ undercharge): We were ~d for our meal. 不当に高い食事代を払わされた. **2** 〈電気器具に〉電流を多く流しすぎる, 〈電池などに〉充電しすぎる. — 自 不当な値段をつける[要求する]. — /ー′ー/ 名 **1** 掛け値, 不当な値段. **2** 過電流; 過充電.
óver·chèck[1] 名 越格子(ごうし), オーバーチェック(格子縞の上に広さ[色]の違う別の格子縞を配した模様); 越格子の布地.
óver·chèck[2] 名 (馬の両耳間を通す)止め手綱.
òver·cláss 名 特権[富裕, 有力]階級, 上層階級.
òver·clóud 他 **1** [通例受身で] 〈空などを〉一面に曇らせる: The sky was ~ed. 空一面雲でおおわれ(てい)た. **2** 暗く[悲しく]させる, 陰気にする. — 自 曇る.
+**o·ver·còat** /òυvəkòut ǀ -və-/ 名 オーバー, 外套(がいとう) (【正義語】「オーバー」は和製英語).
*****o·ver·cóme** /òυvəkˈʌm ǀ -və-/ 他 (over·came /-kéim/; -come) **1** 〈敵・悪癖・困難などに〉打ち勝つ, 〈…を〉負かす; 〈…を〉征服[克服]する: He overcame all those difficulties. 彼はその困難全部に打ち勝った / Sleep overcame me. 私は眠気に負けた. **2** [通例受身で] 〈人を〉弱らせる, 参らせる, 圧倒する: He was ~ by the heat [with liquor). 彼は暑さで参った[酒に酔いつぶれていた] / She was ~ with grief at her father's death. 彼女は父に死なれて悲嘆に暮れていた.
òver·commít 他 〈自分を〉能力を超えた約束で縛る; 〈物資などを〉補給能力以上に割り当てる: ~ oneself 無理な約束をする. **~·ment** 名

òver・cómpensate 動 ⾃ 〔弱点を補うために〕(無意識的に)過(剰)補償をする: He seems arrogant because he ~s for his feelings of inferiority. 彼は劣等感を無理に補おうとしているので傲慢に見える.

òver・compensátion 名 過(剰)補償.

òver・cónfidence 名 U 自信過剰, 過信, うぬぼれ.

òver・cónfident 形 自信過剰の, 過信した. ~・ly 副

òver・cóok 動 他 煮[焼き]すぎる.

òver・crítical 形 批判しすぎる. ~・ly 副

òver・cróp 動 〈土地に〉作物を作りすぎる; 〈土地を〉連作してやせさせる.

òver・crówd 動 他 〈狭い所に〉人を入れすぎる, 超満員[過密]にする, 混雑させる. — ⾃ 過度に混み合う, 超満員になる.

†**òver・crówded** 形 超満員の, 人[物]が多すぎる; […でひどく混雑した: an ~ train すし詰めの列車 / The room was ~ with furniture. その部屋は家具であふれていた.

òver・crówd・ing 名 U 大混雑, 超満員.

òver・cúrious 形 せんさくしすぎる, 根掘り葉掘り聞きたがる. ~・ly 副

òver・délicate 形 神経質すぎる. **òver・délicacy** 名

òver・detérmine 動 他 複数の要因によってひき起こす, 必要以上の条件をつけて決定する.

òver・devéloped 形 ❶ 発達しすぎた, 大きくなりすぎた. ❷ 〈場所が〉開発されすぎた.

òver・devélopment 名 U 発達過剰; 開発過剰.

†**òver・dó** (-did; -done) ❶ a やりすぎる, 〈...の〉度を超す: ~ exercise 運動をやりすぎる / The joke is *overdone*. 冗談がすぎる. b 〈物を〉使いすぎる: ~ the pepper コショウを使いすぎる. ❷ a 〈演技などを〉誇張する: The comic scenes were *overdone*. こっけいな場面はやりすぎだった. b 〈感情などを〉大げさに示す[言う]: Don't ~ your gratitude. 感謝の言葉はほどほどにしなさい. ❸ 煮すぎる, 焼きすぎる. **overdó it [things]** やりすぎる; 働きすぎる, 無理をする: I have been ~ing *it* recently. このところ無理のしすぎだ.

†**òver・dóne** 形 煮[焼き]すぎた (↔ underdone; cf. well-done 1): This fish is ~. この魚は焼きすぎだ.

†**óver・dòse** 名 〔薬の〕過量(投与), 過量服用: She took an ~ *of* sleeping pills. 彼女は睡眠薬を飲みすぎた. — /ーー′/ 動 ⾃ 薬を過量摂取する 〔on〕. — 他 〈...に〉薬を過量投与する 〔with〕.

†**óver・dràft** 名 〔商〕当座貸し[借り]越し(高); (手形の)過振(%)り (略 OD).

òver・dráw (-drew; -drawn) 他 ❶ 〔商〕〈預金を〉引き出しすぎる, 借り越す; 〈手形を〉過振りする: ~ one's account (当座)預金の借り越しをする. ❷ 誇張する. — ⾃ 〔商〕当座借り越しする.

òver・dráwn 形 〔商〕〈当座預金が〉貸し[借り]越しの; 〈手形が〉過振りの (略 OD): an ~ account 当座貸し[借り]越し勘定 / I'm $800 ~ [~ by $800]. 800ドル借り越している.

òver・dréss 動 ⾃ 着飾りすぎる. — /ーー′/ 名 〔英〕ドレスの上に着る(薄い)ドレス.

òver・dréssed 形 過度に着飾った: She felt ~ for the party. 彼女はそのパーティーには盛装しすぎたと感じた.

òver・drínk 動 ⾃ (-drank; -drunk) 飲みすぎる.

óver・drìve 名 UC ❶ (自動車の)オーバードライブ《走行速度を保ったままエンジンの回転数を減らす高速低燃費走行用のギヤ》. ❷ 猛烈に働きだす[活動を開始する]. **gó into óverdrive** (1) オーバードライブにする. (2) 猛烈に働きだす[活動を開始する].

òver・dúb 動 他 (-dubbed; -dubbing) (録音済みのものに)別の音声をかぶせて録音する, 多重録音する. — /ーー′/ 名 多重録音; 多重録音でかぶせた音声.

†**òver・dúe** 形 ❶ 支払期限の過ぎた, 未払いの: an ~ gas bill 支払期限の過ぎたガス代請求書. ❷ 遅れた, 延着した: The train is long ~. 列車がだいぶ遅れている. ❸ P […の]機が熟していて, […が]すでに遅れていて, とっくに実現していてしかるべき: The electoral system is ~ *for* change. 選挙制度は改革の機がある.

òver・éager 形 熱心しすぎる. ~・ly 副

òver・éasy 形 《米》〈卵の片面はさっと焼いた《黄身は生焼けになるように》さっと焼きもう一方の面はやや長く焼く; cf. sunny-side up).

òver・éat (-ate; -eat・en) ⾃ 食べすぎる, 暴食する.

òver・égg 動 他 ★次の成句で. **overégg the [a person's] púdding** 《英口》必要以上に複雑[大げさ]にする, 必要以上に強調する, 誇張する.

òver・e・láb・o・rate /-ɪlǽb(ə)rət/ 手の込みすぎた, 入念すぎた. — 動 他 /-bərèıt/ 凝りすぎる. ~・ly 副 ~・ness 名 **òver・elaborátion** 名

òver・emótional 形 過度に情緒的な. ~・ly 副

òver・émphasize 動 他 過度に強調する, 強調しすぎる. **òver・émphasis** 名

òver・enthúsiasm 名 U 過度の熱中[狂].

òver・enthusiástic 形 過度に熱狂的な.

†**òver・éstimate** /-mèıt/ 動 他 (↔ underestimate) ❶ 〈価値・能力を〉過大評価する; 買いかぶる. ❷ 〈数量などを〉過大に見積もる. — ⾃ 過大評価する. — 名 [通例単数形で] 過大評価.

òver・estimátion 名 UC 過大評価.

òver・excíted 形 極度に興奮した, 興奮しすぎた.

òver・éxercise 動 他 〈体の部分を〉使いすぎる, 酷使する; 〈権力を〉濫用する. — ⾃ 運動[練習]しすぎて, 体を酷使する. — 名 U 運動[練習]のしすぎ.

òver・exért 動 [~ oneself で] 努力しすぎる.

òver・exértion 名 過度の努力.

òver・expóse 動 他 ❶ 〔写〕〈フィルムなどを〉露出過度にする. ❷ 〈芸能人などを〉人前[メディア]に登場させすぎる.

òver・expósure 名 UC ❶ 〔写〕露光[露出]過度 (↔ underexposure). ❷ (芸能人などの)登場しすぎ, 出すぎ.

òver・exténd 動 他 〔通例受身で〕 ❶ 〔~ oneselfで〕 a 能力[体力]以上のことをしようとする, 「背のびする」. b 支払能力以上に金を使う[債務を負う]. ❷ 拡大し[拡張し, 伸ばし]すぎる. ~・ed 形 **òver・exténsion** 名

òver・fàll 名 ❶ (ダムなどの)落水個所. ❷ あおり波, 逆波.

òver・famíliar 形 ❶ あまりにもありふれた[おなじみの]. ❷ P 過度になれなれしい 〔with〕. **-familiárity** 名

òver・fatígue 名 U 過労.

òver・féed 動 他 (-fed) 〈動物などに〉食べさせすぎる (↔ underfeed).

òver・fíll 動 他 〈容器に〉入れすぎる, いっぱいにしすぎる.

òver・fish 動 他 〈漁場の魚を乱獲する; 〈特定種を乱獲する. ~・ing 名 U 魚の乱獲.

óver・flìght 名 領空侵犯; 特定地域の上空通過.

†**o・ver・flów** /òuvəflóu/ /ˈ-və-/ 動 ⾃ ❶ a あふれる, こぼれる; 氾濫する: The tea [cup] is ~ing. お茶[カップ]があふれてますよ. b […にあふれ出る: The crowd ~ed *into* the street. 群衆は通りにまであふれ出ていた. ❷ […で]満ちあふれている, いっぱいである: My heart is ~ing *with* gratitude. 私の心は感謝の念でいっぱいだった. — 他 ❶ 〈...から〉あふれ出る, 〈...に〉あふれる, 氾濫する: The Danube sometimes ~s its banks. ドナウ川は氾濫することがある / The spring floods ~ed the meadow. 春の大水が野原を水浸しにした. ❷ 〈人・ものが〉〈...から〉あふれ出る: The audience ~ed the auditorium. 聴衆は講堂からあふれ出ていた. — /ˈ-ˌ-/ 名 ❶ a U 〔河川などの〕氾濫, 流出 〔of〕. b あふれた[流れ出た]もの. ❷ C 〔人口・商品などの〕過多, 過剰 〔of〕. ❸ C 排水路[管]. ❹ C 〔電算〕オーバーフロー《演算結果などがコンピューターの記憶・演算桁容量より大きくなること》.

óverflow pìpe 名 (あふれた水を流す)排水管.

òver・flý 動 他 (-flew; -flown) 〈場所などの〉上空を飛ぶ; 〈...の〉領空を侵犯する.

óver・fòld 名 〔地〕過褶曲, 押しかぶせ褶曲《転倒背斜をなしている褶曲》.

òver・fónd 形 ❶ P 過度に好んで 〔of〕. ❷ 溺愛する.

òver・fúll 形 あふれるほどいっぱい.

óver・gàrment 名 上着.

òver・géneralize 動 ⾃ 一般化しすぎる. **-generalizátion** 名

òver·génerous 形 寛大すぎる, 気前がよすぎる. ~·ly 副

òver·gláze 動 他 〈焼物に〉うわぐすりをかける;〈焼物に〉重ね釉[上絵(うわえ)]付けを施す; おおい隠す. — /-́-̀-/ 名 (施釉した上に施した)重ね釉; 上絵装鉓, 上絵付け. /-́-̀-/ 形 施釉した上に施した; 上絵の.

òver·gráze 動 他 〈牧草地などに〉過度に放牧する, 放牧しすぎる.

óver·gróund 形 副 地上の[で]; 表に出た[て], 公然の[で](↔ underground).

òver·grów 動 (-grew; -grown) ❶ 〈…の〉一面に生える[はびこる]; 〈他の植物を〉駆逐する[枯らす]ほど伸びる[茂る]. ❷ 〈体力などに〉不相応に大きくなる. — 他 大きくなりすぎる; 〈草などが〉茂る, はびこる.

†**òver·grówn** 形 ❶〈庭など〉〈草などが〉一面に茂った: an ~ field 草の生い茂った野原 / The garden was ~ with weeds. 庭には雑草が生い茂っていた. ❷ Ⓐ 大きくなりすぎた,〈年齢不相応に〉子供っぽい: He's just an ~ baby [child]. 彼はずうたいは大きいが赤ん坊[子供]同然だ.

óver·gròwth 名 ❶ a Ⓤ 繁茂, はびこり. b [an ~] 場所[建物]一面に生えたもの (of). ❷ Ⓤ 育ちすぎ, 太りすぎ.

óver·hànd 形 副 ❶ a 〈野〉上手投げの[で], オーバーハンドの[で] (↔ underhand): ~ pitching オーバーハンドの投球. b 〈テニス〉上から打ち下ろす, オーバーハンドの[で]: an ~ stroke オーバーハンドストローク. c 〈水泳〉抜き手の: the ~ stroke 抜き手. ❷ 〈裁縫〉かがり縫いの[で]. — 名 オーバーハンドの投球[ストローク].

óverhand knót 名 ひとつ結び.

†**òver·háng** 動 (-hung) 他 ❶ 〈…の上に〉差しかかる; 〈…に〉突き出る, 張り出す: The trees *overhung* the brook, forming an arch of branches. 木々は小川の上に突き出てアーチ形に枝を伸ばしていた. ❷ 〈危険・災害などが〉〈…に〉差し迫る, 脅かす. — 自 突き出る, 張り出している. — /-́-̀-/ 名 ❶ 張り出し, 突き出(部); 〈建〉(屋根・バルコニーなどの)張り出し; 〈登山〉オーバーハング. ❷ (通貨・原料・在庫などの)過剰, 余剰, だぶつき.

òver·hásty 形 急ぎすぎの; そそっかしすぎる.

†**o·ver·haul** /òuvəhɔ́:l| -və-/ 動 他 ❶ a 分解検査[修理]する, オーバーホールする: have the car's engine ~*ed* 車のエンジンを分解検査してもらう. b 〈組織・方法・考えなどを〉徹底的に見直す: Our school is ~*ing* the old curriculum. うちの学校では古いカリキュラムを徹底的に見直している. ❷ (英) 〈相手に〉追いつく, 追いついて追い抜く (overtake). — /-́-̀-/ 名 ❶ 分解検査[修理], オーバーホール, (組織・体制などの)見直し: give a car an ~ 車をオーバーホールする. ❷ (戯言) 精密検査: go to a doctor for an ~ 医者に行って精密検査をしてもらう.

*o·ver·head** /óuvəhèd| -və-/ 形 Ⓐ 頭上の: ~ lighting 真上からの照明 / an ~ railway (英) 高架鉄道 / an ~ stroke 〈テニスなど〉 = 名 2 / an ~ walkway 歩道橋 / ~ wires 架空(電)線. ❷ 〈経〉〈経費が〉一般経費, 間接の: ~ cost(s) [charges, expenses] 一般経費, 諸経費. — /-̀-́/ 副 頭上に, 上に, 空に, 高く: *O*~ the moon was shining. 頭上[空]には月が輝いていた. — 名 ❶ Ⓤ (英) (通例複数形で)〈経〉一般経費, 諸経費. ❷ Ⓒ 〈テニスなど〉頭上からの打ちおろし, オーバーヘッド(スマッシュ).

óverhead projèctor 名 オーバーヘッドプロジェクター《略 OHP》.

†**o·ver·hear** /òuvəhíə| -vəhíə/ 動 他 (o·ver·heard /-hə́:d| -hə́:d/) (気づかれずに)ふと耳にする: [+目+原形] I ~*d* my wife mutter [mutter*ing*] some*thing* to herself. ふと妻が何か一人でつぶやいてるのが聞こえた. 【類義語】 overhear 話し手に気づかれずに人の言うことを偶然に聞く. eavesdrop 意図的に盗み聞きする.

†**òver·héat** 動 他 ❶ 過熱する. ❷ 〈人を〉過度に興奮させる[扇動する]. — 自 ❶ 過熱する. ❷ オーバーヒートする. ❸ 〈経済が〉過熱する, インフレ傾向になる[ある].

òver·héat·ed 形 過熱した, 熱の入りすぎた, 過度に興奮した;〈経済が〉過熱した, インフレ傾向にある.

òver·indúlge 動 自 〈…に〉ふけりすぎる, 耽溺(たんでき)しすぎる: He ~*s in* whisky [television]. 彼はウイスキーの飲みすぎ[テレビの見すぎ]だ. — 他 〈人を〉甘やかしすぎる.

òver·indúlgence 名 Ⓤ ❶ 甘やかしすぎ, 放縦, わがまま. ❷ ふけりすぎ, 耽溺(たんでき) (*in*).

òver·indúlgent 形 放任しすぎる, 甘やかしすぎる.

òver·infláted 形 過度に膨張した, ふくらみすぎた.

òver·íssue 名 〈紙幣・株券などを〉発行しすぎる, 乱発する. — Ⓤ 〈紙幣・株券などの〉乱発, 限外発行 (*of*).

òver·jóyed 形 Ⓟ 〈…に〉大喜びして, 狂喜して: He was ~ *at* the news. 彼はその知らせに狂喜した / He was ~ *to* see me. 彼は私に会って大喜びだった.

òver·kíll 名 Ⓤ ❶ (核兵器などの)過剰殺戮(さつりく)力; 過剰殺害. ❷ (行動などの)やりすぎ.

òver·láden 形 荷を積みすぎた.

†**óver·lànd** 形 陸上の[で], 陸路の[で]: drive ~ to Boston ボストンまで陸路を車で行く.

*o·ver·lap** /òuvəlǽp| -və-/ 動 (o·ver·lapped; -lap·ping) 他 a 〈ものを〉重ねる, 重ね掛ける: The roofing slates were laid to ~ each other. 屋根のスレートは互いに重なり合うように並べられていた. b 〈物事が〉〈…と〉かち合う, 重複する. ❷ 〈…をおってさらに〉(はみ)出る. — 自 (空間的・時間的に)一部一致する, 重なり合う: Your vacation ~*s with* mine. 君の休暇は私の休暇と一部分的に重なっている. — /-́-̀-/ 名 Ⓤ Ⓒ ❶ 重複, 部分的一致. ❷ 〈映〉オーバーラップ《一画面が次の画面に重なること》.

òver·lárge 形 大きすぎる.

†**òver·láy** 動 他 (-laid) ❶ 〈…の上に置く[重ねる, かぶせる]. ❷ (装飾のために)〈…で〉(一面に)薄くおおう, 上塗りする(★ 通例受身で用いる): The outside *is overlaid with* tiles. 外側はタイル張りにしている. — /-́-̀-/ 名 ❶ Ⓒ オーバーレイ, 上紙(地図・写真・図表などに重ねて用いる透明シート). ❷ Ⓒ (装飾用の)上敷き, 上掛け, 上張り. ❸ Ⓤ うわべ, 外面: an ~ of good temper 上機嫌な様子. ❹ Ⓤ Ⓒ 〈電算〉オーバーレイ《主記憶にプログラムを配置する際, 不要になったもののある位置に上書きしてゆく方式, またそのように配置されるデータ》.

óver·lèaf 副 (ページの)裏面に: Please see ~. 裏面をごらんください.

òver·léap 動 他 (-leaped, -leapt) ❶ 〈ものを〉飛び越す. ❷ 〈物事を〉見落とす, 省く, 無視する.

òver·líe 動 他 (-lay; -lain; -ly·ing) ❶ 〈…の〉上に横たわる[覆う, 伏す]. ❷ (添い寝などで)〈赤ん坊を〉窒息させる.

†**òver·lóad** 動 他 [しばしば受身で] ❶ 〈…に〉荷を積みすぎる; 〈…に…を〉積みすぎる: The boat was ~*ed with* refugees. その小船は難民でいっぱいだった. ❷ 〈人・施設などに〉負担をかけすぎる; 〈人に〉負担をかけすぎる: The staff is ~*ed with* work. 職員は仕事で手一杯だ. ❸ 〈回路に〉負荷をかけすぎる. — /-́-̀-/ 名 Ⓤ [また an ~] ❶ 積みすぎ, 使いすぎ. ❷ 過重負担 (*of*). ❸ 〈電〉過負荷.

òver·lóng 形 長すぎる. — 副 あまりに長い間.

*o·ver·look** /òuvəlúk| -və-/ 動 他 ❶ a 〈…を〉見落とす, 見過ごす (miss): He ~*ed* the enormous risk involved in doing it. 彼はそれを行なうことに伴う大変な危険を見落とし(てい)た. b 〈過ち・欠点などを〉大目に見る, 見逃す: I can ~ her bad points. (他人はともかく)私は彼女の欠点は大目に見てやれる. ❷ 〈人・場所などが〉〈…を〉見渡す, 見おろす (look over): The window ~*ed* a garden. 窓からは庭が見渡されるようになっていた / We can ~ the sea from here. ここから海が見渡せる. ❸ 〈人を〉監督[管理]する: She ~*s* a large number of workers. 彼女はたくさんの従業員を監督している. — /-́-̀-/ 名 (米) ❶ 見晴らし. ❷ 見晴らしのいい所[高台].

òver·lóok·er 名 = overseer.

òver·lórd 名 (諸侯の上に君臨した)大君主.

†**ó·ver·ly** 副 過度に, 非常に, 大いに.

óver·màn 名 ❶ 頭(かしら), 長; (工場などの)職長, 監督, 班長, チーフ. ❷ [スコ法] 調停[裁決]者. ❸ 〔哲〕(Nietzsche の)超人 (superman). — /-́-̀/ 動 他 〈…に〉人員を過剰に配置する[用意する].

òver·mánned 形 (仕事・職場など)人員過剰で (↔ un-

òver·mán·ning 名 Ⓤ 人員過剰, 過剰人員.
óver·màntel 名 炉上の棚飾り.
òver·máster 動 ⓣ 征服する, 支配下に置く, 圧倒する.
òver·máster·ing 形 圧倒する, 支配的な: an ~ passion [desire] (抑え切れない)激しい情熱[願望].
òver·mátch 動 ⓣ 〈…に〉まさる, 勝って, 圧倒する.
òver·múch 形 過多の, 過分の. ── 副 ❶ 過度に. ❷ [否定文で] あまり: I *don't* like fish ~. 魚はあまり好きではない.
òver·níce 形 きちょうめんすぎる, 細か[やかま]しすぎる.
*__**o·ver·níght**__ /òuvənáɪt | -və-‾/ 形 (比較なし) ❶ **a** 夜通しの, 宵越しの; 〈客・旅など〉一泊の: an ~ journey 一泊の旅 / an ~ guest (一泊の)泊まり客 / make an ~ stop at London ロンドンに一泊する. **b** 〈かばんなど〉一泊用の: an ~ bag [case] (一泊用の)旅行かばん. ❷ 一夜のうちに出現した, 突然の, にわかの: an ~ millionaire にわか成金. ── 副 (比較なし) ❶ **a** 夜通し, 宵から朝まで, 一晩中: keep ~ 〈飲食物などが〉翌朝までもつ / stay ~ 一晩泊まる. **b** 夜(中)のうちに: He had disappeared ~. 彼は夜のうちに姿を消していた. ❷ 一夜にして, 突然に, 急に: She became famous ~. 彼女は一夜にして有名になった.
òver·níght·er 名 ひと晩滞在する人, 一泊旅行者; ひと晩の滞在用, 一泊旅行用のかばん.
òver·optimístic 形 楽観的すぎる.
òver·páid 動 overpay の過去形・過去分詞. ── 形 (給料などの)支払いすぎの.
òver·párt·ed 形 (演劇などで)自分がこなせる以上の役を受け持つ, 役負けする.
òver·particular 形 極端に細かい, 気むずかしすぎる.
óver·pàss 名《米》(立体交差の)高架道路, 歩道橋; 跨線橋 (こせんきょう) ((英) flyover) (↔underpass). ── 動 ⓣ ❶ 〈川れ〉しのぐ, 越える, 〈…の〉上を行く. ❷《古風》〈時期・経験など〉を通過する.
òver·páy 動 ⓣ (-paid) 〈人に〉〈…に対して〉払いすぎる [*for*]; 〈金・税金など〉を払いすぎる (↔underpay). **òver·páyment** 名
òver·pláy 動 ⓣ (↔underplay) ❶ 〈役〉を大げさに演じる. ❷ 誇張する. **overpláy one's hánd** ⇒ hand 名 成句
òver·plús 名 過多, 過剰.
òver·pópulate 動 ⓣ 人口過剰にする[なる].
òver·pópulated 形 人口過剰の, 過密な.
òver·populátion 名 Ⓤ 人口過剰.
†**òver·pówer** 動 ⓣ ❶ (より強い力で)〈相手に〉打ち勝つ, 負かす (overwhelm). ❷ 〈暑さ・悲しみなどが〉〈人を〉圧倒する, 耐え切れなくする: She was ~*ed* by grief [the heat]. 彼女は悲嘆に暮れていた[暑さに参っていた].
†**òver·pówer·ing** 形 ❶ 〈感情などが〉圧倒的な; 抵抗しがたい, 強烈な: ~ grief 耐え切れない悲しみ / an ~ smell 強烈なにおい. ❷ 〈人が〉強い性格の, 有無を言わせない. **~·ly** 副
òver·prescríbe 動 ⓣ 〈薬品〉を過剰投与する. **-prescription** 名
òver·príced 形 (実際の価値より)高すぎる値のついた, 値段の高すぎる. **òver·príce** 動 ⓣ
òver·prínt 動 ⓣ ❶ [印] (すでに印刷してあるところへ)〈文字・色〉を刷り込む, 刷り重ねる. ❷ 刷りすぎる. ── /‐‐‐/ 名 Ⓤ.Ⓒ 重ね刷り, 刷り込み.
òver·prodúce 動 ⓣ ❶ 過剰に生産する. ❷ [通例過去分詞形で形容詞的に]〈音楽・映画などに〉制作(上の工夫)を凝らしすぎる, 作りすぎる.
òver·prodúction 名 Ⓤ 生産過剰.
òver·próof 形 〈酒類が〉標準強度よりアルコール分の多い (↔underproof; cf. proof spirit).
òver·protéctive 形 過保護な. **-protéct** 動 ⓣ 〈子供など〉を過保護にする. **-protéction** 名 Ⓤ 過保護.
òver·quálified 形 (仕事が必要とする以上に)資格[学歴, 経験]がありすぎる.
òver·ráte 動 ⓣ [通例受身で]〈人・もの〉を過大評価する (↔underrate). **-ráted** 過大評価された, 買いかぶられた.

òver·réach 動 ⓣ ❶ (策を弄して)出し抜く. ❷ [~ one*self* で] **a** 〈やりすぎて〉無理をする. **b** やりすぎてだめにしてしまう. **c** 〈馬などが〉あと足のつまさきで前足のかかとをける.
òver·réach·er 名《米》詐欺師.
òver·réact 動 ⓘ 〈…に〉過剰反応する [*to*].
òver·reáction 名 Ⓤ 過剰反応.
òver·refíne 動 ⓣ 精製[精練]しすぎる; 細かく区別しすぎる. **~·ment** 名
†**òver·ríde** 動 ⓣ (-rode; -rid·den) ❶ 〈命令・権利などを〉無視する, 受け付けない; 〈決定などを〉くつがえす, 無効にする (overrule): We *overrode* their objections. 彼らの反対を押し切った. ❷ 〈ある事が〉〈他の事に〉優先する. ❸〈自動制御装置などを〉停止とする, 停止して手動に切り替える. ── /‐‐‐/ 名 ❶ Ⓤ 無効にする[くつがえす]こと. ❷ Ⓒ 自動制御停止装置[システム].
òver·ríd·ing 形 Ⓐ 他のすべてに優先する; 主要な: a matter of ~ concern 最優先の[最も重要な]事柄.
òver·rípe 形 熟しすぎた.
òver·rúff 名 =overtrump. ── /‐‐‐/ 名 overtrump すること.
†**òver·rúle** 動 ⓣ 〈決定・提案・異議などを〉くつがえす, 却下する, 無効にする (override): A higher court ~*d* the judgment. 上級裁判所がその判決を破棄した.
†**òver·rún** 動 (-ran; -run; -run·ning) ⓣ ❶ 〈雑草・害虫などが〉〈場所などに〉はびこる, 群がる (★しばしば受身で用いる): The ship *was* ~ *by* [*with*] rats. 船にはネズミが駆け巡っていた. ❷ **a** 〈範囲・制限時間・見積もりなどを〉越える: The program *overran* the allotted time. その番組は所定の時間を超過した. **b** 〈ベース・定位置を走り[通り]越す, オーバーランする: The airplane *overran* the runway. 飛行機が滑走路をオーバーランした. **c** 〈機械を〉正規の回転速度[圧力, 電圧]を超える状態で運転する. ❸ 〈川かが〉〈堤防を〉乗り越える, あふれる. ❹ 〈国などを〉侵略する, (侵略によって)荒廃させる. ── ⓘ ❶ **a** 制限を超過する. **b** 走り[通り]越す, 行き過ぎる. ❷ あふれる. ── /‐‐‐/ 名 ❶ Ⓒ.Ⓤ (時間・費用などの)超過: cost ~*s* 費用超過 / an ~ of ten minutes 10 分の超過. ❷ Ⓤ 通り越す[行き過ぎる]こと.
òver·sámpling 名 Ⓤ [電子工] オーバーサンプリング《デジタル化のサンプリング周波数を理論的な必要値より十分高くとることで, 再生時のフィルター特性の影響を少なくする技法》.
óver·scàn 名 Ⓤ [電算] オーバースキャン《ブラウン管で, 画像の端が画面にはいらないこと》.
òver·scrúpulous 形 細心すぎる, 念を入れすぎる.
óver·sèa 形 Ⓐ《英》=overseas.
*__**o·ver·séas**__ /òuvəsí:z | -və-‾/ (比較なし) 副 **海外へ[で]** (abroad): go ~ 外国へ行く / from ~ 海外から. ── 形 Ⓐ 海外の, 外国の; 海外向けの, 外国からの: an ~ broadcast 海外向け放送 / ~ aid [trade] 海外援助[貿易] / an ~ student 外国からの留学生 / make an ~ call (海外への)国際電話をかける. 〘-s は副詞扱い〙
*__**òver·sée**__ 動 ⓣ (-saw; -seen)〈仕事・労働者を〉**監督する** (supervise).
òver·sèer 名《古風》監督, 職長; 監督官.
òver·séll 動 ⓣ (-sold) ❶ 売りすぎる. ❷ 過度にほめそやす, 実際以上に高く評価する.
òver·sénsitive 形 敏感すぎる, 神経過敏な.
òver·sét 動 ⓣ (-set; -set·ting) ❶ ひっくり返す, 転覆させる. ❷ 混乱させる.
òver·sèw 動 ⓣ かがり縫いする.
òver·séxed 形 性欲[性的関心]が異常に強い.
†**òver·shádow** 動 ⓣ ❶ (比較して)〈…の〉影を薄くする, 見劣りさせる: Picasso ~*ed* his contemporaries. ピカソは彼の同時代人より見劣りさせた. ❷〈喜びなどを〉曇らせる, 憂鬱(ゆううつ)にする, 〈…に〉暗い影を投げかける. ❸ 〈ものに〉影を投げかける, 蔽う.
óver·shòe 名 [通例複数形で] オーバーシューズ《防水・防寒用に靴の上にはく》.
òver·shóot 動 ⓣ (-shot) ❶ 〈目標を〉通り越す; 〈飛行機

か〈着陸地点を〉行き過ぎる: We *overshot* the exit for the town. その町への〈高速道路の〉出口を通り越してしまった. ❷〈予定額・目標値などを〉超える, 超過する. **overshoot the márk** 誤って, やりすぎて(失敗する). ― /⌒⌒/ 名 行き[通り]過ぎること, 超えること; 超過(量).

óver·shòt 形 ❶〈犬など〉上あごの突き出た. ❷〈水車が〉上射式の (↔ undershot).

óver·sìde 副〈船の舷側から〉越しに.

+**óver·sìght** 名 ❶ C U 見落とし, 手落ち: by [through] (an) ~ 誤って, うっかり. ❷ U 監視, 監督〈*of*〉.

òver·símplify 動 他 単純[簡素]化しすぎる. **òver·simplificátion** 名

òver·síze 形 特大の.

óver·sìzed 形 = oversize.

óver·skìrt 名 オーバースカート, 上スカート.

òver·slàugh /-slɔ̀ː/ 名 ❶〔英軍〕(任務の)免除. ❷《米》河川航行の障害物(浅瀬など). ― 動 他 ❶《米》(任命・昇進の際に)〈人を〉無視する, 考慮しない; 妨害する. ❷〔英軍〕(別の任務に就けるために)〈担当任務を〉免除する, 解任する.

òver·sléep 動 自 (-slept) 寝過ごす.

óver·slèeve 名 オーバースリーブ《よごれなどの袖カバー》.

òver·sóld 形 売り込みすぎた, 売りすぎの.

óver·sòul 名 [単数形で] 大霊 (Emerson などの超絶論で, 宇宙の生命の根源をなす).

òver·spénd 動 (-spent) 他 使いすぎる. ❷ 資力以上に金を使う.

óver·spìll 名 U ❶ あふれ出し, 過剰. ❷《英》(都市から)あふれ出る過剰人口.

òver·spréad 動 他 (over·spread)〈…の〉上に(一面に)広がる. ― 形 […で]一面におおわれて〔*with*〕.

òver·stáffed 形〈仕事・職場など〉必要以上の人員が配置された (↔ understaffed).

+**òver·státe** 動 他 大げさに話す; 誇張する (exaggerate; ↔ understate). **òver·státement** 名 ❶ U 誇張. ❷ C 誇張した言葉[表現].

òver·stáy 動 他〈…より〉長居する.

overstáy one's wélcome 長居して嫌われる.

óver·stèer 名 オーバーステア《カーブを曲がる時に運転者が意図する角度よりも小さく曲がり込もうとする自動車の性質; cf. understeer》. ― /⌒⌒/ 動 自〈車が〉オーバーステアする.

òver·stép 動 他 (-stepped; -step·ping)〈…より〉行きすぎる, 踏み越える;〈…の〉限界を超える: ~ the mark 度を越える, やりすぎる / ~ one's responsibilities 責任を逸脱する.

òver·stóck 動 他〈…に〉〈…を〉供給しすぎる, 仕入れすぎる〔*with*〕. ― 自 […を] 仕入れすぎる〔*with*〕. ― /⌒⌒/ 名 仕入れ[供給, 在庫]過剰; C 過剰在庫.

òver·stráin 動 他〈人・神経などを〉過度に緊張させる, 無理に使う. ― /⌒⌒/ 名 U 過度の緊張[努力], 過労.

òver·stréss 動 他 過度に強調する; […に]過度の圧力を加える. ― /⌒⌒/ 名 過度の強調[圧力].

òver·strétch 動 他 過度に伸ばす[広げる];〈…に〉過度の要求をする: ~ oneself 無理をする. ― 自 過度に伸びる. ~**ed** 形 過度に伸びた, 無理をした.

òver·strúng 形 ❶〈ピアノの弦を〉斜めに交差させて張ってある. ❷〔古〕〈人・神経など〉過敏の.

óver·stùffed 形 ❶〈いす・ソファーなど〉詰め物をたっぷり入れた; ふかふかしすぎた. ❷〈物を〉詰め込みすぎた.

òver·subscríbed 形 募集株数[供給可能量, 定員(など)]を上回る申し込み[応募, 予約]のある[あった].

óver·sùbtle 形 あまりに微細[敏感]な.

óver·supplỳ 名 U 供給過剰. ― /⌒⌒⌒/ 動 他〈ものを〉過剰に供給する.

+**o·vért** /ouvə́ːt, ⌒⌒/ ouvə́ːt, ⌒⌒/ 形〔通例 A〕明白な, 公然の (↔ covert). ~**·ly** 副 ~**·ness** 名

*o·ver·take** /òuvərtéik/ | -və-/ 動 (o·ver·took /-túk/; -tak·en /-téik(ə)n/) 他 ❶ a〈…に〉追いつく: They *over·took* him at the entrance. 入り口の所で彼に追いついた. b〈人などを〉追い越す[抜く];〈他の車を〉追い越す: Japan's economy has *overtaken* that of many other countries. 日本の経済力はほかの多くの国々の経済力をしのいでいる / We were *overtaken* by several cars. 何台かの車に追い抜かれた. ❷〈あらし・災難などが〉〈人などに〉突然襲いかかる, 降りかかる;〈感情などが〉〈人を〉不意に襲う, 圧倒する: A sudden storm *overtook* us on the way. 途中で私たちは突然あらしにあった / He was *overtaken* by [*with*] surprise. 彼は不意をつかれてびっくりした. **be overtáken by evénts**〈計画などが〉事態の(急激な)変化に合わなくなる[の前で無力になる]. ― 自〈車が〉追い越しをする: No *overtaking*.〔標識〕追い越し禁止.

*o·ver·tak·en** /òuvətéik(ə)n/ | -və-/ 動 overtake の過去分詞.

òver·tásk 動 他〈…に〉無理な仕事をさせる, 酷使する.

òver·táx 動 他 ❶〈…に〉重税をかける;〈…から〉重税を取り立てる. ❷〈…に〉無理をしいる, 過度に働かせる: ~ an engine エンジンに負担をかけすぎる / ~ one's strength = ~ oneself 無理をする.

òver-the-cóunter 形 A ❶〈株券など〉店頭取引の. ❷〈薬品が〉医師の処方が不要の(略 OTC; cf. prescription).

òver-the-tóp 形〔口〕〈行為・服装など〉度がすぎた, 異常な, とっぴな.

*o·ver·threw** /òuvəθrúː/ | -və-/ 動 overthrow の過去形.

*o·ver·throw** /òuvəθróu/ | -və-/ 動 (o·ver·threw /-θrúː/; -thrown /-θróun/) 他 ❶ a〈政府などを〉転覆する; 廃止する: ~ the government 政府を倒す / ~ slavery 奴隷制度を廃止する. b〈価値観・基準などを〉ひっくり返し, 打ち破る. ❷〔野・クリケ〕〈…に〉越えて暴投する: The shortstop *overthrew* first base, allowing a run to be scored. ショートが一塁に暴投して1点を許した. ― /⌒⌒/ 名 ❶〔通例単数形で〕転覆, 打倒. ❷〔野・クリケ〕高い暴投, 高投; 暴投による得点.

*o·ver·thrown** /òuvəθróun/ | -və-/ 動 overthrow の過去分詞.

+**o·ver·time** /óuvətàim/ | -və-/ 名 ❶ 規定外労働時間; 時間外労働, 超過勤務, 残業: do [be on] ~ 残業をする. ❷ 超過勤務[時間外]手当: earn ~ 残業手当を稼ぐ. ❸《米》(試合の)延長時間, 延長戦. ― 形 A ❶ 時間外の, 超過勤務の: ~ pay 残業手当 / ~ work 超過勤務. ❷ 規定時間を超えた: ~ parking 駐車時間オーバー. ― 副 ❶ (規定)時間外に: work ~ 時間外労働をする;〔口〕全力投球する, うんとがんばる. ❷ 規定時間を超えて: park ~ 時間をオーバーして駐車する.

òver·tíre 動 他〈病人を〉疲れ果てさせる; [受身または ~ *oneself*] 疲れ果てる.

+**óver·tòne** 名 ❶ a〔理〕上音(基音 (fundamental) より振動数の多いもの). b〔楽〕倍音《上音の一種》. ❷〔通例複数形で〕〈思想・言葉などの〉付帯的な意味, 含み, 含蓄, ニュアンス〔*of*〕: political [racist] ~s 政治的[人種差別]な意味合い[含み].〖G Oberton 上音〗

*o·ver·took** /òuvətúk/ | -və-/ 動 overtake の過去形.

òver·tóp 動 他 (-topped; -top·ping) ❶〈…の〉上に高くそびえる,〈…より〉高い[高くなる];〈潮などが〉〈堤防などを〉越える. ❷〈…に〉まさる.

òver·tráin 動 他 自 過度に訓練[練習]させる[する].

óver·trìck 名〔トランプ〕オーバートリック《宣言した数以上に取ったトリック数》.

òver·trúmp 動 他〔トランプ〕〈…より〉上の切り札を出す. ― 自 上切り(⁴)りする.

+**o·ver·ture** /óuvətʃə, -tjùə/ | -vətjuə, -tʃə/ 名 ❶〔通例複数形で〕交渉開始, 提案, 申し入れ: make peace ~s to …に講和を申し入れる / make ~s of friendship to… 友人としての交際を申し込む. ❷〔楽〕序曲; 前奏曲.〖F 〈L=開始〗

*o·ver·turn** /òuvətə́ːn/ | -vətə́ːn/ 動 他 ❶〈…を〉ひっくり返す, 転覆させる: An enormous wave ~ed their boat. 大波で彼らのボートは転覆した. ❷〈…を〉打倒[転覆]する. The government was ~ed by the rebels. 政府は反乱軍に打ち倒された. b〈決定・決議などを〉くつがえす, 否決する: The House of Representatives ~ed this decision. 衆議院はこの決議を否決した. — 圓 ひっくり返る; 崩壊する; くつがえる: The car skidded and ~ed. 車はスリップして転覆した. — /ㅗㅗㅗ/ 图 ❶ 転覆. ❷ 打倒, 崩壊.

òver·týpe 動 他 《既存の文字(列)上に》新しい文字(列)を入力する, 上書きする. — ㅡㅗ / 图 ⓤ (文字の)上書き機能, 上書きモード.

o·ver·use /òuvərjúːz/ -və-/ 動 他 使いすぎる, 濫用する. — /òuvərjúːs/ -və-/ 图 U 過度の使用, 酷使, 濫用.

†**òver·válue** 動 他 買いかぶる, 過大評価する (↔ undervalue). **-valuation** 图

†**òver·víew** 图 概観; 大要, あらまし: give an ~ of... の概略を説明する. /ㅡㅗㅡ/ 動 概観する, くの全体像を示す.

òver·wáter 動 他 《植物・グランドなどに》水をやり[かけ]すぎる. — 形 水面の上空での[を横切って].

o·ver·ween·ing /òuvərwíːnɪŋ/ -və-/ 形 自負心の強い, 傲慢(努)な: ~ pride 過度の自尊心.

†**òver·wéight** 形 (↔ underweight) ❶ 規定重量を超過した, 重量超過の: The baggage is two kilos ~ [~ by two kilos]. この手荷物は2キロ重量超過である. ❷ 〈人が〉太りすぎの: He's a little ~. 彼は少し太りすぎだ. — /ㅡㅗㅡ/ 图 超過重量; 太りすぎ.

òver·wéighted 形 ❶ 荷を積みすぎた: The truck is ~ at the back. トラックは後ろのほうに荷重がかかりすぎている. ❷ 〈意見·計画など〉重き[ウェート]をおきすぎた: The arguments are ~ in his favor [against us]. 議論は一方的に彼に有利[我々に不利]な形になっている.

*__o·ver·whelm__ /òuvə(h)wélm/ -və-/ 動 他 ❶ 〈感情などが〉〈人を〉(精神的に)圧倒する, 参らせる, 閉口させる (※しばしば受身で用い, 前置詞は by, with): Her presence so ~ed me that I could hardly talk. 彼女がいたためすっかり圧倒されて口もきけなかった / He was ~ed with grief [joy]. 彼は悲しみに打ちひしがれた[喜びに満ちあふれた]. ❷ 〈...を〉(数·力などで)圧倒する (overpower): The enemy ~ed us by force of numbers. 敵軍は数の力で我々を圧倒した. ❸ 〈洪水などが〉〈...を〉沈める, のみこむ.

*__o·ver·whelm·ing__ /òuvə(h)wélmɪŋ/ -və-/ 形 A 圧倒的な, 抵抗できない: an ~ disaster 不可抗力的な災害 / by an ~ majority 圧倒的多数で. **~·ly** 副

òver·wínd /-wáɪnd/ 動 他 (-wound) 《時計の》ねじを巻きすぎる.

òver·winter 動 自 冬を越す[過ごす, 生き延びる], 越冬する. — 他 《...に》冬を越させる, 越冬させる.

*__o·ver·work__ /òuvəwə́ːk/ -və-k/ 動 自 働きすぎる: He has been ~ing for weeks. 彼は何週間もずっと働きすぎている. — 他 ❶ 〈...を〉過度に働かせる: You are ~ing him. 君は彼を働かせすぎている. ❷ 〈ある言葉を〉使いすぎる. — /ㅡㅗㅡ/ 图 U 過度の労働; 過労: She became ill through ~. 彼女は過労のため病気になった.

òver·wórked 形 ❶ 働きすぎの. ❷ 〈言葉など〉使われすぎの, 陳腐な.

òver·wríte 動 (-wrote; -writ·ten) 他 ❶ 〈...の〉上に書く; 【電算】《データ·ファイルに》上書きする. ❷ 〈...について〉細かく書きすぎる; 凝った[おおげさな]書き方をする. **-wríting** 图 【保険】(保険料につりあわない)不適当な危険負担.

òver·wróught 形 ❶ 緊張しすぎた, 興奮しきった: ~ nerves 張りつめた神経. ❷ 《文体など》凝りすぎた.

òver·zéalous 形 熱心すぎる.

o·vi- /óuvə/, **o·vo-** /óuvou, -və/ [連結形]「卵 (egg, ovum)」.

Ov·id /άvɪd/ 5v-/ 图 オウィディウス (43 B.C.–A.D. 17; ローマの詩人).

o·vi·duct /óuvədʌ̀kt/ -vɪ-/ 图 【解】(輸)卵管. **òvi·dúc·tal** 形

o·vi·form /óuvəfɔ̀ːm/ -fɔ̀ːm/ 形 卵形の.

o·vine /óuvaɪn/ 图 形 羊(の), 緬羊(のような).

o·vip·a·rous /ouvípərəs/ 形 【動】卵生の (cf. viviparous).

o·vi·pos·it /òuvəpάzɪt/ óuvəbɔ̀z-/ 動 (特に昆虫が)産卵する. **-po·si·tion** /òuvəpəzíʃ(ə)n/ 图 U 産卵, 放卵.

o·vi·pos·i·tor /òuvəpάzəṭə/ -pɔ́zɪtə/ 图 【昆·魚】産卵管.

o·void /óuvɔɪd/ 形 卵形の(もの).

o·vo·lo /óuvəlòu/ 图 (働 -li /-liː/, ~s) 【建】卵状[饅頭(梵)]繰形(約).

ovo·téstis 图 (働 -tés·tes) 【動】卵精巣, 卵巣卵丸.

ovo·vivíp·a·rous 形 【動】卵胎生の (cf. oviparous, viviparous).

ov·u·lar /ávjulə/ óuvjulə/ 形 【生】卵の, 卵子の; 【植】胚珠の.

†**ov·u·late** /ávjulèɪt/ óv-/ 動 自 【生·生理】排卵する.

ov·u·la·tion /àvjulérʃən/ òv-/ 图 U 排卵.

ov·u·la·to·ry /ávjulətɔ̀ːri/ -təri/ 形 排卵の.

ov·ule /ávjul, óu-/ 图 【植】胚珠; 【生】卵(ﾗ), 卵子.

o·vum /óuvəm/ 图 (働 **o·va** /-və/) 【生】卵, 卵子. [L]

ow /áu/ 圓 [痛み·驚きを表わして] あいた!, 痛い!, あっ, ああ! (cf. ouch).

*__owe__ /óu/ 動 他 ❶ 〈人に〉〈金·家賃などを〉借りている, 〈人に〉〈ある額の〉借金[つけ]がある; 〈人に〉支払い[返済]の義務がある: I ~ ten dollars. 10 ドル借りている / [+目+目] I ~ my brother $10.=I ~ $10 to my brother. 兄[弟]に10 ドルの借りがある / [+目+目+for+代名] How much do I ~ you for the book? 本の代金はいくら借りていますか / I ~ the tailor. 洋服屋につけがある / I ~ you my dinner. 君に食事代の借りがある. ❷ 〈人に〉〈義務·恩義などを〉負っている: [+目+目] We ~ you a lot [a great deal]. =We ~ a lot [a great deal] to you. あなたに負うところが多い; あなたにはずいぶんお世話になっています / I ~ you an apology. あなたにおわびを言わねばならない / I ~ you a dinner. あなたには夕食のおごりがある (一度ごちそうになったので)今度は私が夕食をおごります. / [+目+目+for+代名] I ~ you my thanks for your help. あなたのご援助に対してあなたにお礼を申しあげなければなりません. ❸ 〈成功などを〉〈...に〉帰すねばならない, 〈...のあるのは〉〈...のおかげである: I ~ my life to you. あなたは私の命の恩人です / I ~ it to my uncle that I am now so successful. 私が今日このように成功しているのはおじのおかげです. ❹ 〈人に〉〈恨みを〉もつ[抱く]: [+目+目] I ~ him a grudge. 彼に恨みがある. — 自 〔...の〕借りがある: I still ~ for my last suit. まだ先日のスーツ代を払っていない. **ówe it to onesélf to dó** ...することが自分に対する義務である, 自分のために当然である: We ~ it to ourselves to make the best of our lives. 人生は精いっぱい生きる義務がある. (**think**) **the wórld ówes one a líving** 世間に面倒をそてもらうのは当然である(と思う): They seem to think that the world ~s them a living. 彼らは社会に面倒をみてもらうのはあたりまえのこと思っているらしい. 《OE=所有する; OWN と同語源》【関形 proprietary】

Ow·en /óuɪn/, **Robert** 图 オーエン (1771–1858; ウェールズの空想的社会主義者·人道主義者).

Ow·ens /óuənz/, **Jesse** 图 オーエンズ (1913–80; 米国の短距離離走者).

ow·ie /áui/ 图 《小児·口》軽いけが, かすり傷.

ow·ing /óuɪŋ/ 形 P 借りとなっていて, 未払いで: There are still five hundred dollars ~. 未払いがまだ 500 ドルある / How much is ~ to you? あなたにはどれくらい支払われるはずですか. **ówing to**... [前置詞として] ...のために 《because of のほうが口語的の; ⇨ DUE to (成句)》: O~ to the shortage of food, the refugees are very weak. 食料不足で難民は非常に弱っている / There was no game ~ to the rain. 雨のため試合は取りやめとなった.

*__owl__ /ául/ 图 ❶ 【鳥】**a** フクロウ 《解説 ギリシア神話で知恵の神であるアテナ (Athena) の象徴がフクロウであったことから「知恵」「賢明」のシンボルとされている》 / Owls hoot. フクロウはホーホーと鳴く. **b** ミミズク: ⇨ horned owl. ❷ もったいぶった人, まじめくさった人. **b** 夜活動する[夜ふかしをする, 夜型の]人: ⇨ night owl. **(as) wíse as an ówl** とても賢い. 《擬音語》 (形 owlish)

owl·et /áulət/ 图 ❶ フクロウの子. ❷ 小さなフクロウ.

ówl·ish /-lɪʃ/ 形 ❶ フクロウ (owl) に似た. ❷ しかつめら

しい顔をした; 賢そうな顔をした ((通例眼鏡をかけた大きい目の人についていう)). ❸ 〈眼鏡・目が〉丸くて大きい. **～·ly** [副]

ówl-lìght [名] [U] たそがれ.

ówl mònkey [名] 〔動〕 ヨザル.

ówl pàrrot [名] 〔鳥〕 フクロウオウム ((kakapo の別称)).

‡**own** /óʊn/ [形] [A] [主に所有格の後に置いて] ❶ [所有の意を強調して] **自分自身の, 自分の**: my ～ book 私自身の本 / our ～ dear children かわいい子供たち / with my ～ eyes 実際この目で / cook one's ～ meals 自炊する / Most Americans go to work in their ～ cars. たいていの米国人は自家用車で職場に通う. ❷ [独自性を強調して] **自分[それ]独特な**, 独自の: He loves truth for its ～ sake. 彼は真理そのものを[真理を真理として]愛する / He has a style all his ～. 彼には独特のスタイルがある.

be one's ówn mán [wóman, máster, pérson] 何事にも縛られない, 自由(の身)である, 自立している.

of one's ówn máking ⇨ making [成句].

— [代] [one's ～; 独立用法で] **わがもの, わが家族, いとしい者; 自分独特のもの[立場]**: my ～ [呼び掛けで] お前, いい子 / Keep it for your very ～. [子供などに向かって] これ[それ]あげるのだからお前のものだよ / I can do what I will with my ～. 自分のものはどうしようと勝手だ / Only my Sundays are my ～. 日曜日だけが私のものだ ((自由に過ごせる)).

còme ìnto one's ówn (1) 本領を発揮する. (2) (真価などを)認められる; 当然の名声(など)を博する.

éach to one's ówn (趣味・趣向などは)各人それぞれで, 蓼(た)食う虫も好き好きで.

gèt [hàve] one's ówn bàck ((口)) 〔人に〕仕返しをする, 復讐(ふくしゅう)する 〔*on*〕.

hóld one's ówn (1) 〔攻撃などに対して〕自分の立場を守り通す 〔*against*〕. (2) 〈病人が〉がんばり抜く.

of one's ówn (1) **自分自身の**: a room *of* my (very) ～ (まったく)自分だけの部屋. (2) 独特の: Her pictures have a charm *of* their ～. 彼女の絵には独特の魅力がある.

on one's ówn ((口)) (1) 自分で, 独力で (by oneself): do something *on* one's ～ 自分の創意[責任]で何かをする / She was *on* her ～ at 18. 彼女は 18 でひとり立ちした. (2) 単独で (alone): I am (all) *on* my ～. 私は(まったくの)ひとりぼっちだ / If he's going to do something like that, he's *on* his ～. 彼がそんなことをすれば, もう知らない[面倒を見てやらない].

— [動] [他] ❶ (法的権利によって)〈…を〉**所有する, 所持する; 持っている**: He ～*s* a house. 彼は家を持っている / A cat walked across the garden as if it ～*ed* the place. 猫が庭をまるでわがもの顔に横切って行った. ❷ ((古風)) 〈罪・事実などを〉認める, 告白する: 〔+(*that*)〕 He ～*ed that* he was wrong. 彼は自分が間違っていることを認めた. ❸ ((古風)) 〈…を〉自分のものと認知する: His father refused to ～ him. 父親は彼をわが子と認めるのを拒んだ. **—** [自] ((古風)) 〔欠点・罪などを〕認める, 自白する: I ～ *to* a great many faults. 私にいろいろ欠点のあることは認めます.

ówn úp (([自]+[副])) ((口)) 〔…を〕すっかり[潔く]白状する: He ～*ed up* (*to* having done it). 彼はすっかり(それをやったことを)認めた.

〘OE; ゲルマン語で OWE (原義は「所有する」)の過去分詞から〙

ówn bránd [名] ((英)) 自社ブランド商品 (((米)) store brand). **òwn-bránd** [形] ((英)) 自社ブランドの: ～ goods 自社ブランド商品.

owned /óʊnd/ [形] [通例複合語で] (…に)所有されている: state-*owned* railways 国有鉄道.

‡**own·er** /óʊnə | -nə/ [名] ❶ **持ち主, 所有者, オーナー.** ❷ ((英俗)) 船長.

ówner-dríver [名] ((英)) オーナードライバー.

ówner·less [形] 持ち主のない, 所有者不明の.

ówner-óccupied [形] ((英)) 〈家が〉持ち主自身が住んでいる.

ówner-óccupier [名] ((英)) 持ち家に住む人.

***ówner·shìp** [名] [U] 所有権; 持ち主であること.

ówn góal [名] ❶ 〘サッカーなど〙 自殺点, オウンゴール. ❷ 自分の不利になるような言動[こと].

ówn-lábel [形] ((英)) ＝own-brand.

⁺**ox** /áks | ɔ́ks/ [名] (([複]) **ox·en** /áksn | ɔ́k-/) 雄牛; (特に労役用または食用の)去勢牛 (⇨ cow[1] [関連]).

(as) stróng as an óx ⇨ strong [成句].

ox- /áks/ [連結形] 「酸素」.

ox·a·late /áksəlèɪt | ɔ́k-/ [名] 〔化〕 [U,C] シュウ(蓚)酸塩[エステル].

ox·ál·ic ácid /ɑksǽlɪk- | ɔk-/ [名] [U] 〔化〕 シュウ(蓚)酸.

ox·a·lis /ɑksǽlɪs | ɔk-/ [名] 〔植〕 カタバミ.

óx·bòw /-bòʊ/ [名] ❶ (川の) U 字形の湾曲部. ❷ (牛の) U 字形のくびき.

Ox·bridge /áksbrɪʤ | ɔ́ks-/ [名] [U] ((英)) オックスブリッジ ((オックスフォード大学とケンブリッジ大学; redbrick などの新しい大学に対して古い伝統的な大学の意味に用いる)). **—** [形] オックスブリッジ(流)の. 〘OX(FORD)+(CAM)BRIDGE〙

óx·càrt [名] 牛車.

oxen [名] ox の複数形.

óx·er [名] 牛囲い (ox fence) ((生垣に沿って片側に横木の柵, 他の側には深溝を設けたもの)).

óx·èye [名] (また **óxeye dáisy**) 〔植〕 フランスギク.

Oxf. ((略)) Oxford.

Oxfam /áksfæm | ɔ́ks-/ ((略)) Oxford Committee for Famine Relief オックスフォード貧窮者救済機関.

óx fènce [名] ＝oxer.

ox·ford /áksfəd | ɔ́ksfəd/ [名] ((米)) ❶ [U] 〔紡績〕 オックスフォード(地) ((柔らかく丈夫な平織り[バスケット織り]の綿などの織物)). ❷ [C] オックスフォードシャツ ((1 からつくったシャツ)). ❸ [C] [通例複数形で] オックスフォード靴 ((靴ひもで縛る男子用短靴)).

Ox·ford /áksfəd | ɔ́ksfəd/ [名] ❶ オックスフォード ((イングランド Oxfordshire の州都; Oxford 大学の所在地)). ❷ ＝Oxford University. 〘OE＝牛 (ox) を渡す浅瀬 (ford)〙 ([形] Oxonian)

Óxford bágs [名] ((英)) [複] 幅広のズボン.

Óxford blúe [名] ((英)) [U] 紺色, 暗青色; [C] オックスフォード大学の選手 (cf. Cambridge blue).

Óxford mòvement [名] [the ～] オックスフォード運動 ((1833 年に Oxford 大学で始まった, 英国教会においてカトリックの教えと儀式の伝統を回復しようとする運動)).

Ox·ford·shire /áksfədʃə | ɔ́ksfədʃə/ [名] オックスフォードシャー州 ((イングランド南部の州; 州都 Oxford; 略 Oxon.)).

Óxford Univérsity [名] オックスフォード大学 ((12 世紀に創立された英国最古の大学; 略 OU)).

óx·hìde [名] [U] 牛皮(革).

ox·i·dant /áksədənt, -dnt | ɔ́k-/ [名] 〔化〕 酸化体, オキシダント ((光化学スモッグの主要原因で過酸化物質の総称)).

ox·i·dase /áksədèɪs | ɔ́k-/ [名] 〔生化〕 酸化酵素, オキシダーゼ.

ox·i·da·tion /àksədéɪʃən | ɔ̀k-/ [名] [U] 〔化〕 酸化(作用).

oxidátion nùmber [名] 〔化〕 酸化数.

oxidátion stàte [名] 〔化〕 酸化状態, 酸化数.

ox·i·da·tive /áksədèɪtɪv | ɔ́k-/ [形] 〔化〕 酸化の; 酸化力のある.

⁺**ox·ide** /áksaɪd | ɔ́ks-/ [名] [U,C] 〔化〕 酸化物.

ox·i·di·za·tion /àksədɪzéɪʃən | ɔ̀ksɪdaɪz-/ [名] [U] 酸化.

⁺**ox·i·dize** /áksədàɪz | ɔ́k-/ [動] [他] 酸化させる; さびつかせる; 〈銀などを〉いぶす. **—** [自] 酸化する; さびる.

óx·i·dìz·er [名] 〔化〕 酸化剤.

óx·i·dìz·ing àgent [名] 〔化〕 酸化剤, 酸化体.

ox·im·e·ter /ɑksímətə | ɔksímətə/ [名] 〔医〕 酸素濃度計.

ox·im·e·try /ɑksímətri | ɔk-/ [名] [U] 〔医〕 酸素測定(法).

Ox·i·sol /áksəsɔ̀:l | ɔ́ksɪsɔ̀l/ [名] 〔土壌〕 オキシゾール ((熱帯地方の風化した非水溶性成分を多く含む土壌)).

ox·lip /ákslɪ̀p | ɔ́ks-/ [名] 〔植〕 セイタカセイヨウサクラソウ ((ユーラシア産; 淡黄色の花が咲く)).

Ox·on /áksɑn | ɔ́ksɔn/ [形] [学位などの後につけて] オックス

フォード大学の: Sam Johnson, M.A., ～ オックスフォード大学修士サム ジョンソン.
Oxon. /áksən | ɔ́ksən/ 《略》Oxfordshire; Oxonian.
Ox·o·ni·an /aksóuniən | ɔk-/ 形 ❶ オックスフォードの. ❷ オックスフォード大学の. ── 名 ❶ オックスフォードの人 [住民]. ❷ オックスフォード大学の学生 [出身者] (cf. Cantabrigian 1). 《OXFORD のラテン語形 (Oxonia) の形容詞》
óx·pècker 名 《鳥》ウシツツキ 《ムクドリ科; アフリカ産》.
óx·tàil 名 C.U 牛の尾, オックステール《シチュー・スープにする》.
óx·tòngue 名 ❶ C.U 牛の舌, 牛タン. ❷ C 《植》ウシノシタクサ; コウゾリナ.
Ox·us /áksəs | ɔ́k-/ 名 [the ～] オクスス川 《Amu Darya の古代名》.
ox·y-¹ /áksɪ | ɔ́k-/ [連結形] 「鋭い」「とがった」「急速な」.
ox·y-² /áksɪ | ɔ́k-/ [連結形] 「酸素を含む」「水酸基を含む (hydroxy-)」.
òx·y·acét·y·lene /àksi- | ɔ̀k-/ 形 A 酸素アセチレン(使用)の: an ～ torch 酸素アセチレントーチ 《溶接・切断用》.
óxy·àcid 名 《化》酸素酸.
*ox·y·gen /áksɪdʒən | ɔ́k-/ 名 U 《化》酸素 (記号 O). ── 形 A 酸素の: an ～ mask 酸素(補給)マスク / an ～ tank 酸素タンク / an ～ tent 酸素テント. 《F=酸を作り出すもの＜Gk oxus 鋭い, 酸っぱい＋-GEN》
ox·y·gen·ate /áksɪdʒənèɪt | ɔ́ksɪ-/ 動 他 《化》酸素で処理する, 〈…に〉酸素を加える; 酸化する. **ox·y·ge·na·tion** /àksɪdʒənéɪʃən | ɔ̀ksɪ-/ 名.
óx·y·gen·à·tor /áksɪdʒənèɪtər/ 名 酸素を添加するもの [装置]; 《医》酸素供給器《開心手術などで血液に酸素を供給する装置》.
óxygen bàr 酸素バー 《治療効果があるという純粋酸素を吸わせる店》.
ox·y·gen·ic /àksɪdʒénɪk | ɔ̀k-/ 形 酸素の; 酸素を含む.
ox·yg·e·nous /aksídʒənəs | ɔk-/ 形 ＝oxygenic.
òxy·hémoglobin 名 U 《生化》酸素ヘモグロビン, オキシヘモグロビン.
ox·y·mo·ron /áksɪmɔ́ːrɑn | ɔ̀ksɪmɔ́ːrɔn/ 名 (覆 ～s, -mo·ra /-rə/) 《修》矛盾語法 (a wise fool, cruelly kind のように, 矛盾した語を並べて特別の効果をねらう). 《L＜Gk＜oxus (⇒ oxygen) ＋ moron foolish》
ox·yn·tic /aksíntɪk | ɔk-/ 形 《生理》酸分泌(性)の: ～ cell (胃)酸分泌細胞.
oxy·tet·ra·cy·cline /-tètrəsáɪkliːn/ 名 U 《医》オキシテトラサイクリン 《放線菌の培養によって得られる抗生物質》.
ox·y·to·cin /àksɪtóus(ə)n/ 名 U 《生化》オキシトシン 《脳下垂体後葉ホルモン; 子宮収縮・母乳分泌を促進する》.
oxy·tone /áksɪtòun/ 名 形 《ギリシャ語文法》最終音節に鋭アクセント音のある(語), 最終音節強勢語, オクシトン.
oy /ɔ́ɪ/ 間 ウーッ, ウーン 《狼狽・苦痛・悲しみを表わす》.
o·yez, o·yes /óujes, -jeɪ | ─ ─/ 間 聞け!, 謹聴!, 静粛に!

1297　　　　　　　　　　　　　　　　**Ozzie**

《法廷の廷吏や伝令使が通例 3 度連呼する》.《F=聞きなさい》
⁺**oys·ter** /ɔ́ɪstə | -tə/ 名 ❶ a C カキ (貝), U カキの身: Oysters are only in season in the 'r' months. カキの季節は r の月だけ (⇨ R months). b U カキの身のような白色. ❷ C 《口》無口な人, 口の堅い人. **The wórld is one's óyster.** 世界は…の思いのままだ《★ Shakespeare「ウィンザーの陽気な女房たち」から》. 《F＜L＜Gk ostreon＜osteon 骨; 殻が骨のように堅いことから》
óyster bèd 名 カキ養殖床.
óyster càp 名 《植》ヒラタケ《倒木や切り株に多数生える食用キノコ》.
óyster·càtch·er 名 《鳥》ミヤコドリ.
óyster drìll 名 《貝》カナトカセガイ.
óyster fàrm 名 カキ養殖場.
óyster fàrming 名 U カキ養殖.
óyster mùshroom 名 ＝oyster cap.
óyster plànt 名 《植》❶ バラモンジン. ❷ ハマベンケイソウ.
Oz /áz | ɔ́z/ 《口》形 オーストラリア(人)の (Australian). ── 名 オーストラリア; オーストラリア人.
oz. /áunsɪz/ 《略》ounce(s) (cf. ozs.).
Oz·a·lid /ázəlɪd | ɔ́z-/ 名 《商標》オザリッド 《感光紙[フィルム]をアンモニア蒸気中で乾現像して直接的に陽画を作成する方法[器械]》; オザリッド法で作成した陽画.
Ózark Móuntains /óuzàːk- | -zɑːk-/ 名 [the ～] オザーク山地[高原] 《Missouri, Arkansas, Oklahoma 各州にまたがる; the Ozarks ともいう》.
o·zo·ke·rite /ouzóukəràɪt/ 名 U 《鉱》地蠟, オゾケライト《蠟状の炭水化物; ろうそく・絶縁体・蜜蠟の代用》.
⁺**o·zone** /óuzoun/ 名 U ❶ 《化》オゾン. ❷ 《口》(海辺などの)新鮮な空気. 《G＜Gk＜におうもの; そのにおいが強いことから》
ózone-frìendly 形 オゾン層にやさしい, オゾン層を破壊しない.
ózone hòle 名 オゾンホール《南極大陸上でオゾン層のオゾン濃度の希薄な箇所; 紫外線を直接通過させ, 人体に悪影響を与える》.
⁺**ózone lày·er** 名 [the ～] オゾン層《大気オゾンが地上 10–50 km に集中している大気の層; 紫外線を吸収する》.
o·zon·ic /ouzánɪk | -zɔ́n-/ 形 オゾン(性)の, オゾンを含む.
o·zon·ize /óuzounàɪz/ 動 他 ❶ オゾンで処理する. ❷ 〈酸素を〉オゾン化する. **ò·zon·i·zá·tion** /òuzounɪzéɪʃən | -naɪz-/ 名.
o·zon·o·sphere /ouzóunəsfìə | -sfìə/ 名 [the ～] ＝ ozone layer.
ozs. /áunsɪz/ 《略》ounces (cf. oz.).
Oz·zie /ázi | ɔ́zi/ 名 形 《口》＝Aussie.

P p

p, P¹ /píː/ 名 (複 ps, p's, Ps, P's /~z/) ❶ [C|U] ピー《英語アルファベットの第 16 字》. ❷ [U] (連続したものの)第 16 番目(のもの). **mínd [wátch] one's p's and q's** 言行に気をつける《由来 p と q が混同しやすいことから》.

P² /píː/ 名 (複 P's, Ps /~z/) P 字形(のもの).

p /píː/ 名 (略) (英) pence; penny (pennies) (⇒ penny 1).

P 《略》park; parking; 〖理〗pressure; 〖記号〗〖化〗phosphorus; (Philippine) peso. **p.** 《略》page (複 **pp.** pages); 〖楽〗piano.

⁺pa, Pa /páː/ 名 [通例呼び掛けで] (口) おとうちゃん (cf. ma).

Pa 〖記号〗〖理〗pascal(s); 〖化〗protactinium. **PA** 《略》personal assistant; public-address (system); 〖米郵〗Pennsylvania. **Pa.** 《略》Pennsylvania.

p.a. 《略》per annum.

pab·lum /pǽbləm/ 名 [U] 無味乾燥な書物[映画, 話].

pab·u·lum /pǽbjʊləm/ 名 ❶ 食物. ❷ (精神的な)糧: mental ～ 心の糧 (書物など). ❸ ＝pablum. 〖L ＝食物〗

PAC /pǽk/ 名 ＝political action committee.

Pac. 《略》Pacific.

pa·ca /páːkə, pǽkə/ 名 〖動〗パカ《テンジクネズミに類するウサギ大の動物; 中南米産》.

***pace¹** /péɪs/ 名 ❶ **a** [a ~] 歩調, 足並み; 速度, ペース: *an ordinary* ～ 正常歩 / *a fast* ～ 速歩 / *walk at an easy* [*a good*] ～ ゆっくりとした足どりで[相当な速さで]歩く. **b** [単数形で] (仕事・生活などの)速度, ペース, テンポ (speed): *the* ～ *of life* 生活のペース / *at one's own* ～ 自分のペースで. ❷ [C] **a** 1 歩, 1 歩: take three ～s forward 3 歩前へ歩く. **b** 歩幅 (2½ ft.). ❸ [C] [通例単数形で] **a** ペイス, 側対歩《片側の両脚を同時に上げて 2 拍子で進む; cf. gait 2》.

a chánge of páce ⇨ change 名 成句. **at a snáil's páce** ⇨ snail 成句. **fórce the páce** (1) (競走で)相手を疲れさせるために無理に歩調[ペース]を速める. (2) 〈活動・進行などの〉ペースを上げる (*of*). **gó through one's páces** (口) 力量を示す; 手並みを披露する. **kéep páce** 〈…と〉歩調を合わせる; 〔…に〕遅れをとらない (*with*). **pùt ... through his [its, etc.] páces** 〈人・動物・機械などの〉腕前[力量, 出方など]を試す. **sét the páce** (1) (先頭に立って)ペースを定める, 先導する 〔*for*〕. (2) 模範を示す; 最先端を行く 〔*for*〕. **shów one's páces** ＝go through one's PACES 成句. **stánd [stáy] the páce** 歩調[ペース]を合わせる, 遅れをとらないでついて行く. ― 動 ❶ [副詞(句)を伴って] ゆっくり歩く, 歩調正しく歩く: The bear ～*d up and down* (the cage). クマは(おりの中を)のそりのそりいったりきたりした. ❷ 〈馬を〉側対歩で進ませる. ― 動 ❶ 〈部屋・床をゆっくり[歩調正しく]歩く[歩き回る]: ～ *the floor* [*room*] (心配事があったりして)床[部屋]をいったりきたりする. ❷ [～ *oneself* で](自分のペースを定める[保つ]. ❸ 〈運動選手に〉歩調をつける, 速度を定める. **páce off** [**óut**] 《他+副》〈距離を〉歩測する: ～ *off* [*out*] *the distance between two points* 2 点間の距離を歩測する. 〖F＜L *passus*; cf. compass, pass¹〗

pa·ce² /péɪsɪ/ 前 〔反対意見を述べる時に用いて〕…には失礼ながら. 〖L＝in peace, by favor〈*pax* PEACE, *favor*〗

PACE /péɪs/ 名 《略》 (英) Police and Criminal Evidence Act 警察・犯罪証拠法《逮捕・拘束の際の手続きなどを定めた(1984)》.

páce càr 名 《自動車レース》先導車, ペースカー.

paced 形 [副詞を伴って] 〈映画・本など〉テンポ[ペース]が…の: *well* ～ テンポがよい, 適切なペースの.

páce·màker 名 ❶ 〖医〗(心臓)ペースメーカー. ❷ (レースなどで)先頭に立ってペースをつくる走者, ペースメーカー. ❸ 人に模範を示す者; 先導者, 主導者.

páce nòtes 名 複 (ラリーで)ペースノート《事前にコースの特徴について調べたメモ》.

pác·er 名 ＝pacemaker 2.

páce-sètter 名 ＝pacemaker 2, 3.

pac·ey /péɪsi/ 形 ＝pacy.

pa·cha /páː/ʃə/ 名 ＝pasha.

Pa·chel·bel /pɑːkəlbel, pǽk-/, **Johann** 名 パッヘルベル (1653–1706) ドイツの作曲家・オルガン奏者》.

pa·chu·co /pəfúːkoʊ/ 名 (複 ～**s**) (米) メキシコ系の不良少年.

pach·y·derm /pǽkɪdɜːrm|-dɜː-/ 名 厚皮動物《カバ, ゾウ・サイなど》. 〖Gk＝厚皮をもったもの〈*pachys* 厚い＋*derma* 皮膚〗

pach·y·der·ma·tous /pækɪdɜ́ːrmətəs|-dɜ́ː-/ 形 厚皮動物の. ❷ つらの皮の厚い, 鈍感な.

pach·y·tene /pǽkɪtiːn/ 名 〖生〗太糸期, 厚糸期, 合体期, パキテン期《減数分裂の第一分裂前期において, zygotene 期に続く時期》.

pa·cif·ic /pəsífɪk/ 形 ❶ 平和の. ❷ 平和を好む. 泰平の, 穏やかな. **pa·cif·i·cal·ly** /-kəli/ 副 〖F＜L *pax, pac-* PEACE〗

⁎Pa·cif·ic /pəsífɪk/ 形 太平洋の: the ～ *coast* [*states*] (米国の)太平洋岸[沿岸諸州] / the ～ *War* 太平洋戦争. ― 名 [the ～] 太平洋 (Pacific Ocean). 〖†; マゼラン (Magellan) がこの海の「静かな」ことに言及したことから〗

pac·i·fi·ca·tion /pæsəfɪkéɪʃən/ 名 [U] 講和, 和解, 鎮定.

pa·cif·i·ca·to·ry /pəsífɪkətɔ̀ːri|-təri, -tri/ 形 和解的な, 調停の; 宥和(の)的な.

Pacific Básin 名 [the ～] ＝Pacific Rim.

Pacific Dáylight Tìme 名 〖U〗(米) 太平洋夏時間 (Pacific Standard Time の夏時間(1時間早い); 略 PDT).

Pacific Íslander 名 南太平洋の島の住民, ポリネシア人.

Pacific Íslands, the Trúst Térritory of the 名 太平洋信託統治諸島《西太平洋中の旧米国信託統治領; Caroline, Marshall, Mariana などの島から成っていた》.

⁎Pacific Ócean 名 [the ～] 太平洋.

Pacific Rím 名 [the ～] 環太平洋《太平洋沿岸, 特に東アジアの諸国》.

Pacific (Stándard) Tìme 名 [U] (米国の)太平洋(標準)時《日本標準時より 17 時間遅い; 略 P(S)T; ⇨ standard time 解説》.

pác·i·fi·er 名 ❶ (米) (赤ん坊用)ゴム乳首, おしゃぶり ((英) dummy, comforter). ❷ なだめる人; 調停者.

pac·i·fism /-fɪzm/ 名 [U] 平和主義.

pác·i·fist /-fɪst/ 名 平和主義者.

pac·i·fy /pǽsəfàɪ/ 動 ❶ 〈…を〉静める, なだめる: ～ *a crying child* 泣く子をあやす. ❷ 〈国・地域に〉平和を回復させる; 〈反乱を〉鎮圧する: ～ *a rebellion* 反乱を鎮圧する. 〖F＜L *pax, pac-* PEACE＋-IFY〗

pac·ing /péɪsɪŋ/ 名 ❶ (小説・映画などの)ストーリー展開のテンポ. ❷ 同じ場所をいったりきたり歩き回ること.

Pa·cín·i·an córpuscle /pəsíniən-/ 名 〖解〗層板小体《手足の皮膚などの圧[振動]受容器》. 〖F. Pacini 19 世紀イタリアの解剖学者〗

⁎pack¹ /pǽk/ 名 ❶ [C] **a** (運べるように梱包(ぶぬ)した)包み, 荷物, 梱(うめ); リュックサック, バックパック, 背嚢(ぬう) (backpack): *a peddler's* ～ 行商人のかつぐ荷 / *carry a* ～ *on one's back* 背中に荷物をかつぐ. **b** (パラシュートをたたみ込んだ)パック. ❷ [C] **a** (米) (同種のものの)ひと包み, (小さな)容器, パッケージ ((英) packet) 《(比較) 日本語で牛乳などに用いる「パック」は carton》: *a* ～ *of* (20) *cigarettes* 巻きたばこ(20本入り)ひと箱 / *ground pork* in one-pound ~*s* ひとつ1ポンドのパックに入った豚のひき肉. **b** 《英》(トランプの)ひと組(《米》deck ともいう). ❸ [C] **a** 〔猟犬・オオカミなどの〕**一隊, 群れ**: a ~ ***of*** hounds 猟犬の一群 / Wolves hunt in ~*s*. オオカミは群れをなして獲物を狩る. **b** (飛行機・潜水艦などの)一隊, 艦隊. **c** ボーイスカウト[ガールスカウト]の年少隊. ❹ [a ~]〔よくない人[もの]の〕多数, 多量: *a* ~ ***of*** thieves 泥棒の一味 / That's *a* ~ ***of*** lies. うそ八百もいいところだ. ❺ [C] [通例複合語で] **a** (美容のための)…パック: ⇨ face pack, mudpack. **b** (医療用の)…パック: ⇨ ice pack. **c** (止血用の)圧迫ガーゼ, 圧定布. ❻ [C]〘ラグビー〙前衛. ❼ =pack ice.

léad the páck =**be ahéad of the páck** 先頭に立つ, 先頭をきる; 1位[1着]である.

── [動] [他] ❶ **a** 〈ものを〉**詰める, 梱包する, 荷造りする**, 包装する, 缶詰めにする(↔ unpack): ~ clothes for a trip 旅行用の衣類を詰める / ~ fruit for shipping 果物を船積み用に梱包する / He ~*ed* his shaving kit ***in*** his suitcase. 彼はひげそり道具一式をスーツケースにしまった. **b** 〈かばん・容器などに〉**ものを詰める**: ~ a bag [trunk] かばん[トランク]にものを詰め込む / They ~*ed* the cardboard boxes ***with*** their belongings. 彼らはダンボール箱に身の回りの物を詰め込んだ. ❷ **a** 〈場所に〉**詰めかける, 群がる** (cf. packed 1 a): Her fans ~*ed* the theater. 彼女のファンが劇場を埋め尽くした. **b** 〈人を〉〔…に〕**詰め込む**: They ~*ed* the tourists ***into*** buses. 彼らは観光客をバスに詰め込んだ. ❸ 〈…(の周囲)に〉詰め物[パッキング]を当てる: ~ a computer ***in*** [***with***] styrofoam コンピュータの周りに発泡スチロールを詰める. ❹ 〈雪・土などを〉(押し)固める: ~*ed* snow かたくなった雪. ❺ 《口》 **a** 〈銃などを〉携帯する. **b** 〈強打などを〉与えることができる: ~ a hard punch (ボクサーが)強打を与える; ずけずけ言う. ❻ 〈会議・委員会などを〉〔支持者で〕固める: He has already ~*ed* the Election Commission (***with*** his own supporters). 彼は選挙管理委員会をすでに自分の支持者たちで固めていた. ❼ 〈…に〉湿布する; パックをする. ── [自] ❶ **荷造りする** (↔ unpack): Have you finished ~*ing*? 荷造りは終わりましたか. ❷ [様態の副詞を伴って] 〈ものが〉(うまく)荷造り[包装]ができる, (箱などに)(うまく)納まる: Do these articles ~ easily? これらの品物は簡単に梱包ができますか. ❸ 〈人などが〉〔…に〕群がり込む: We ~*ed* in (to let more people on the bus). 我々は(もっと多くの人をバスに乗せるために)詰め合った / The audience ~*ed* ***into*** the hall. 聴衆はホールにぎっしりと入った. ❹ 〈動物が〉群れをなす. ❺ 〘ラグビー〙スクラムを組む.

páck awáy 《[他]+[副]》 =PACK off [成句].

páck...ín 《[他]+[副]》 (1) [~ them in で] 〈人を〉大勢引きつける. (2) 《英口》〈…を〉やめる (give up). (3) 《英口》〈人との〉恋愛関係を終わりにする.

páck ìnto [in] 《[他]+[前]》〈限られた時間・場所〉に〈…を〉詰め込む, 押し込む: ~ ten lectures *into* a week 一週間に講義を10こまも入れる / ~ a lot of information *into* a few pages 数ページにたくさんの情報を詰め込む.

páck it ín [úp] 《英口》 (1) 仕事[活動]をやめる. (2) [命令形で] (うるさい)やめろ, だまれ.

páck...óff 《[他]+[副]》《口》〈人を〉〔…へ〕追い出す, 追い返す: She ~*ed* her children *off to* school. 子供を学校へさっさと送り出した.

páck úp 《[他]+[副]》 (1) 〈荷を〉詰め込む, 梱包する: ~ *up* one's belongings 身の回りのものを荷造りする. (2) …をやめる: ~ *up* drink*ing* [one's job] 酒[仕事]をやめる. ── 《[自]+[副]》 (3) (荷物をまとめて)出ていく: ~ *up* and leave (荷物をまとめて)さっさと出ていく. (4) 《口》仕事をおしまいにする; 引退する, 一切手を引く. (5) 《英口》〈エンジンなどが〉動かなくなる, 止まる.

sénd a person pácking 《口》〈人を〉さっさと解雇する[追い出す].

〖Du〗 【類義語】 ⇨ group.

pack[2] /pǽk/ [動] [他] 〈陪審・政府機関などを〉自分に有利な人員構成にする, 抱き込む.

****pack·age** /pǽkɪʤ/ [名] ❶ **a** (小型・中型の包装または箱形の)**包み, 小包, 小荷物**, パッケージ: A large [small] ~ reached me this morning. 今朝大きな[小さな]小包が届

いた. **b** =packet 1 a. ❷ 一括して売られる[提供される]もの: an aid [《米》a contract] ~ 一括援助[契約]. ❸ = package deal. ❹ 《口》= package holiday [tour].

── [動] [他] [通例受身で] ❶ 〈ものを〉包装する, パッケージに入れる: ~ ***up*** the items 商品を包装する / ~*d* software パッケージソフト / The chocolates were attractively ~*d*. チョコレートはすてきに包装されていた. ❷ 〈人・場所・案などを〉より魅力的に見せる[宣伝する(など)]. ❸ 〈複数の商品などを〉パッケージ化する, 一括して売る[提供する].

páckage dèal [名] (取捨選択を許さない)一括取引[契約, 提案]; セット販売.

páckage hóliday [名] =package tour.

páckage stòre [名] 《米》酒類小売店 (《英》off-licence) 《店内では飲ませない》.

páckage tòur [名] パッケージツアー, パックツアー《旅の行程がすべて設定されている, 旅行社提供の費用一切込み旅行》.

páck·ag·ing [名] [U] ❶ 梱包, 荷造り. ❷ (商品の)包み[容器, パッケージ]類. ❸ (企画や政治家を)引き立つようにみせる方法.

páck ànimal [名] 荷物を運ぶ動物《牛・馬・ラバなど》.

páck drìll [名] 〘軍〙懲罰軍装行進《重装備で行軍させる罰》. **nò námes, nò páck drìll** 名前を出さなければだれも罰せられることはない.

packed** /pǽkt/ [形] ❶ **a 込み合った, 詰まった**: a ~ train 満員列車 / play to a ~ house 大入り満員の観客を前に公演する / be ~ full of people 人でいっぱいで / The theater was ~ ***with children. 劇場は子供たちでいっぱいだった. **b** [通例複合語で] (…が)いっぱいの: a romance-*packed* movie ロマンスいっぱいの映画. ❷ [P] 〈人が〉荷造りが済んで, 荷物をまとめて. ❸ 〈雪など〉固くなった.

pácked lúnch [名] 《英》弁当 (《米》bag lunch).

pácked óut [形] [P] 《英口》〈部屋・建物など〉満員で.

+páck·er [名] ❶ **a** 荷造り人[業者]. **b** 食料品包装出荷業者: a meat ~ 精肉出荷業者. ❷ 包装機械.

pack·et** /pǽkɪt/ [名] ❶ 《英》**a 小包, 小箱**; 小さな容器, パッケージ (《米》pack): a cigarette ~ 《英》巻きたばこの箱 / a ~ ***of biscuits ビスケットひと箱 / a ~ *of* tea 紅茶ひとパック. **b 小さな束**: a ~ ***of*** envelopes 封筒ひと束. ❷ (昔の河川・沿岸の)(郵便)定期船. ❸ 《英口》(かなりの)大金: make a ~ 大金を稼ぐ. ❹ 〘通信〙パケット《データ通信で交換のために分割したデータ》. ❺ 《米》資料(集), (教材などの)セット. 〖F〗

pácket bòat [名] =packet 2.

pácket snìffer [名] 〘電算〙パケット監視ルーチン.

pácket swìtching [名] [U] 〘データ通信〙パケット交換《パケット単位のデータ交換》.

páck·hòrse [名] 駄馬(だば), 荷馬.

páck ìce [名] [U] 叢氷(そうひょう), 流氷, パックアイス《浮氷が風に吹き寄せられて集まり凍りついた氷塊》.

***pack·ing** /pǽkɪŋ/ [名] [U] ❶ **a 荷造り; 包装. b** (包装用の)**詰め物**, パッキング. ❷ 《米》食料品包装出荷業.

pácking bòx [càse] [名] 荷造り用の箱, 包装箱.

pácking dènsity [名] 〘電算〙記録密度, 記憶密度《単位長[面積, 体積]当たりの記憶セルの個数》.

páck ràt [名] ❶ 《米口》がらくたをため込む人. ❷ 〘動〙モリネズミ《北米産のネズミの一種; 巣の中にものを蓄える習性がある》.

páck·sàck [名] 《米》リュックサック.

páck·sàddle [名] (馬の)荷ぐら《通例革製》.

páck·thrèad [名] [U] 荷造り用のひも, からげ糸.

páck trìp [名] 馬に乗って行く旅[行楽].

***pact** /pǽkt/ [名] ❶ 協定, 条約: sign a nonaggression ~ 不可侵条約を結ぶ[に署名する]. ❷ 契約, 約束.

pac·y /péɪsi/ [形] 《英》❶ 足の速い. ❷ 〈書物・映画が〉ストーリーが小気味よいテンポで展開する.

***pad**[1] /pǽd/ [名] ❶ **a** (摩擦・損傷よけの)**当て物**, まくら, 詰め物. **b** (服の形を整えるため肩などに入れる)パッド: shoulder ~*s* 肩当て. **c** (傷口に当てる)ガーゼ, 脱脂綿(など); 生理用ナプキン. **d** (馬の)くら敷き. **e** 〘球技〙胸当て, すね当て(など): shin ~*s* すね当て. **f** (自動車の disc brake の)パッ

P

pad 1300

ド《摩擦でディスクを締めつける》. ❺ (はぎ取り式便箋などの)ひとつづり: a writing ~ (はぎ取り式)便箋/ a drawing ~ 画用紙帳. ❻ a (動物の)肉球(kyū), 肉球《足裏の厚肉》. b (キツネ・ウサギなどの)足 c (指先の)指球. ❹ (スタンプ)印肉, スタンプ台; ⇒ inkpad. ❺ (ロケットなどの)発射台; (ヘリコプターの)離陸場; ⇒ launching pad. ❻ (スイレンなどの水草の)浮葉. ❼ (口) a (自分の住んでいる)部屋, 下宿, アパート, 家. b (自分の)ベッド. **on the pád** (米俗)《警察官がわいろを受け取って》. ── 動 他 (**pad·ded; pad·ding**) ❶ 〈...に〉詰め物をする, 〈...に〉綿花(ﾜﾀ)を入れる: ~ the shoulders of a coat 上着の肩に当て物[パッド]を入れる. **pád óut** (他+副) (1)〈文などに〉不必要なことを詰め込む; 〈文章・話を〉余計なことを加えて[いれて]引き延ばす, 水増しする: The report is *padded out with* secondhand information. その報告書は聞き流しの情報で多くを補っている. (2)〈人〉〈請求書の〉金額を水増しする: ~ the bills of Medicare patients メディケア患者の請求書を水増しする.

pad[2] /pǽd/ 動 自 (**pad·ded; pad·ding**) 足音をたてずに歩く: My dog *padded* along beside me. 犬は私のわきについて静かについてきた. ── 名 [単数形で] 人が静かに歩く足音.

pa·dauk /pədáuk/ 名 (植) ❶ 熱帯アジア・アフリカ産のマメ科の高木. ❷ その材, カリン材《建築・家具材》.

pád·ded /-dɪd/ 形 パッドの入った: a ~ bra (バストを大きく見せるためにパッドの入った)ブラジャー / a ~ envelope (送る物が壊れないように)詰め物をした封筒.

pádded céll 《精神病患者・囚人用の》壁布けが防止用の当て物をした個室.

pád·ding /-dɪŋ/ 名 Ⓤ ❶ 詰め物をすること, 芯(ﾆﾝ)を入れること. ❷ 芯, 詰め物《古綿・毛・わらなど》. ❸ 《新聞・雑誌などの》埋めぐさ, 不必要な挿入句.

+**pad·dle**[1] /pǽdl/ 名 ❶ Ⓒ (短い幅広の)かい, パドル《カヌー用の》; 手に持つこと; cf. oar》: a double ~ ダブルパドル《両端に扁平部のあるかい》. ❷ パドル状のもの: a. へら状の道具. b. (ピンポンの)ラケット. c. (汽船などの外輪の)水かき. d. (洗濯物をたたく)へら. e. (アヒル・ウミガメ・ペンギンなどの)ひれ状の足. ❸ [a ~] パドル[かい]のひとかき, ひとこぎ. b. (米口)ぴしゃりと打つこと. ── 動 他 ❶ 〈ボート・カヌーなどを〉かい[パドル]でこぐ; 静かにこぐ. ❷ (米口) (罰に)人をぴしゃりと打つ. ── 自 ❶ パドル[かい]でこぐ. ❷ 犬かきで泳ぐ. **páddle one's ówn canóe** ⇒ canoe 成句.

pad·dle[2] /pǽdl/ 動 自 浅い水の中で足[手]をピチャピチャさせる; 浅瀬を(はだしで)歩く; 水遊びをする. ── 名 [単数形で] (英) 浅瀬をこぐこと. **páddler**.

páddle·báll パドルボール: a. Ⓤ ボールをラケットでコートの壁面に交互に打つゲーム. b. Ⓒ そのボール.

páddle bóat 名 = paddle steamer.

páddle·fish 名 (魚) ヘラチョウザメ《Mississippi 川にいる》.

páddle stéamer 名 外輪船.

páddle ténnis Ⓤ パドルテニス《パドルでスポンジのボールを打ち合うテニスに似たスポーツ》.

páddle whéel (外輪船の)外輪, 外車.

páddling pòol (英) (公園などにある子供用の)浅いプール ((米) wading pool).

+**pad·dock** /pǽdək/ 名 ❶ (馬の飼育場近くの)小牧場((馬に運動をさせる)). ❷ (競馬場の)下見所, パドック.

+**pad·dy**[1] /pǽdi/ 名 ❶ 稲田, 水田: a rice ~ 稲田. ❷ Ⓤ 米, 籾(ﾓﾐ).

pad·dy[2] /pǽdi/ 名 [a ~] (英口) 不機嫌; 激怒: in a ~ (つまらないことで)怒って, 腹を立てて.

Pad·dy /pǽdi/ 名 ❶ (口・しばしば軽蔑) パディー《アイルランド人のあだ名》; ⇒ Uncle Sam (解説). 《Ir *Padraig* Patrick; アイルランド人に多い名前》

+**páddy field** 名 = paddy 1.

pad·dy·mel·on /pǽdɪmèlən/ 名 = pademelon.

páddy wàgon 名 (米) 犯人[囚人]護送車 (patrol wagon).

pad·e·mel·on /pǽdɪmèlən/ 名 動 ヤブワラビー《オーストラリア・ニュージーランド産》.

pad·lòck 名 南京錠(ﾅﾝｷﾝ). ── 動 他 〈...に〉南京錠をかける; 〈...に〉南京錠でつなぐ (*to*).

pa·douk /pədáuk/ 名 = padauk.

pa·dre /pá:dreɪ/ 名 [しばしば P-] ❶ 神父. ❷ (口) 従軍牧師. 《It, Sp, & Port ＜ L *pater* 父》

pa·dri·no /pədrí:nou/ 名 (複 ~s) (米) ❶ 名親 (godfather); 保護者, 後見人. ❷ (結婚式の)花婿付き添い役 (best man).

pa·dro·ne /pədróuni/ 名 (複 ~s, -ni /-ni:/) ❶ 主人, 親方; 宿屋の主人. ❷ (米) イタリアからの移民労働者の元締め.

pád·sàw 小型回しびき《刃が柄の中にしまい込められるのこぎり》.

pae·an /pí:ən/ 名 勝利[感謝]の歌; 賛歌 (*to*).

paederast, paederasty ⇒ pederast, pederasty.

paediatric, paediatrician, paediatrics ⇒ pediatric, pediatrician, pediatrics.

paedo- ⇒ pedo-.

pàe·do·gén·e·sis 名 動 幼生生殖. **-gen·et·ic, -gen·ic** 形 幼生生殖の.

pae·do·mor·pho·sis /pì:dəmɔ:rfəsɪs | -mɔ́:-/ 名 動 幼形進化. **-mór·phic, -mór·phous** 形.

paedophile ⇒ pedophile.

paedophilia ⇒ pedophilia.

pa·el·la /pɑ:éla | paɪélə/ 名 ⓒⓊ パエリャ《魚介類・トマト・タマネギなどを加え, サフランで香りをつけたスペインの米料理》. 《Sp = フライパン, なべ ＜ L = 小皿》

pae·on /pí:ən/ 名 《韻律》 四音節の韻脚《長音節1つと短音節3つからなる》. **pae·on·ic** /pi:ánɪk | -ɔ́n-/ 形.

pae·o·ny /pí:əni/ 名 = peony.

*+**pa·gan** /péɪgən/ 名 ❶ (主要宗教を信じない)異教徒, (古・軽蔑) 非キリスト教徒 (heathen). ❷ (古代ギリシャ・ローマの)多神教徒. ❸ 不信心者, 快楽主義者. ── 形 ❶ (主要宗教を信じない)異教徒の, 異教信奉の, 非キリスト教徒の; 異教信奉の. ❷ 不信心な, 快楽主義的な. 《L *paganus* 市民; 「兵役に入っていない非キリスト教徒の市民」の意から》

Pa·ga·ni·ni /pæ̀gəní:ni/, **Nic·co·lò** /ní:kəlòʊ/ 名 パガニーニ (1782-1840; イタリアの作曲家・バイオリン奏者).

pá·gan·ìsm /-gənìzm/ 名 Ⓤ ❶ 異教徒 (pagan) であること; 異教信奉; 異教. ❷ 不信心, 快楽主義.

*+**page**[1] /péɪdʒ/ 名 ❶ a ページ, 頁《略 p.; 複 pp.》: on ~ 5 5ページに / down to [as far as] ~ 55ページまで / Open (your books to) ~ 20. (本の)20ページを開きなさい. b (裏表の)一葉 (2ページ分). ❷ [しばしば複数形で] a (新聞などの)欄, 面: the sports ~ (s) スポーツ欄 / front page. b (書物などの)一節: the last ~ of the book その本の最後の部分. c 書物, 記録: in the ~s of history 歴史書の中に / in the ~s of Scott スコットの作品中に. ❸ (人生・一生の)挿話, (歴史上の)事件, 開戦: a glorious ~ in British history 英国史上の輝かしい一時期. ❹ (電算) ページ《印刷すると1ページ分にあたるコンピューター画面上のテキストあるいは画像; コンピューター画面上のテキスト全体》. ❺ (電算) ウェブページ (web page). ── 動 他 〈...に〉ページ数をつける. ── 自 (本などの)ページをめくる: ~ *through* a magazine 雑誌のページをめくる. 《F ＜ L *pagina* ページ, 頁(ﾍﾟｰｼﾞ); 原義は「しっかり綴(ﾂﾂ)じられたもの」》

+**page**[2] /péɪdʒ/ 名 ❶ a (英) (ホテル・劇場などの制服を着た)給仕, ボーイ. b (米) (議員などの)雑用係《通例高校生ぐらいの》. ❷ (結婚式で花嫁に付き添う)小さな男の子. ❸ a (昔, 貴人に仕えた)小姓. b (昔の)騎士見習い. ── 動 他 (ホテル・空港などで)名前を呼んで〈人を〉探す: *Paging* Mrs. Sylvia Jones. Will Mrs. Sylvia Jones please come to information. お呼び出し申します, シルビア ジョーンズさま, 案内所までお越しください《★ホテル・デパートなどでの呼び出し放送の言葉》. ❷ (携帯電話・ポケットベル (pager) で)〈人〉を呼び出す. 《F it く (?) Gk = 少年》

+**pag·eant** /pǽdʒənt/ 名 ❶ Ⓒ (歴史的な場面を舞台で見せる)野外劇, ページェント. ❷ Ⓒ a (時代衣装などをつけた壮麗な)行列, 山車(ﾀﾞｼ), 華やかな見もの. b (壮麗な行列を

pag·eant·ry /pǽdʒəntri/ 名 ❶ 見もの, 壮観, 華美. ❷ こけおどし, 虚飾. ❸ ページェント; 盛儀, ショー(など).

páge·bòy 名 ❶ =page² 1, 2. ❷ ページボーイ《髪を肩のあたりで内巻きにする女性の髪型》.

páge jàcking 名 U《電算》(ホーム)ページジャック《人気のあるホームページをコピーすることにより検索エンジン利用者を自分のサイトに誘導する犯罪》. **páge-jàck** 動 他. **páge-jàcker** 名.

pag·er /péidʒə | -dʒə/ 名 ポケットベル(beeper)《比較》「ポケットベル」は和製英語).

Páge thrée gírl 名《英》タブロイド紙のヌード写真のモデル. 《Page Three〔商標〕 英国の大衆紙 *The Sun* のヌード写真掲載ページ》

páge tràffic 名 U ページ読者数《雑誌・新聞などの特定ページを読む人の数》.

Pág·et's disèase /pǽdʒəts-/ 名 U《医》❶ ページェット病, 変形性骨炎. ❷ 乳房ページェット病《癌性疾患》. 《S. J. Paget 英国の外科医》.

páge-tùrner 名《どんどんページをめくりたくなる》おもしろい本.

pag·i·nal /pǽdʒən(ə)l/ 形 ❶ ページの. ❷ ページごとの: a ~ translation 対訳.

pag·i·nate /pǽdʒənèit/ 動 他 《...に》ページ数をつける.

pag·i·na·tion /pæ̀dʒənéiʃən/ 名 U ❶ ページ付け. ❷ ページを示す数字.

pa·go·da /pəgóudə/ 名《仏教・ヒンドゥー教の多層の》塔, パゴダ. 《Port<Tamil<Skt》

pagóda trèe 名 パゴダ状に生長する木《エンジュ・アコウなど》.

Pa·go Pa·go /páː(ŋ)goupáː(ŋ)gou/ 名 パゴパゴ《アメリカ領サモア(American Samoa)の中心の町; Tutuila 島の港町》.

pah /páː/ 間〔軽蔑・不快などを表わして〕ふーん!, ちぇっ!, えへん!

pa·ho·e·ho·e /pɑːhóuihòui/ 名 U パホイホイ溶岩《表面がなめらかな低粘性の玄武岩質溶岩の形態; cf. aa》.

✱**paid** /péid/ 動 pay¹ の過去形・過去分詞. — 形 ❶ 有給の, 賃金が支払われる(↔unpaid): highly-*paid* 高給の / ~ leave [holidays, 《米》vacation(s)] 有給休暇 / ~ work 有給の仕事 / ~ workers 賃金を《もらっている》労働者 / the low [high] ~ 低[高]賃金の労働者たち. ❷ 支払い済み《の》(↔unpaid). **pùt páid to...**《英口》...に片をつける; 《好機・計画などをだめにする》《由来「...に支払い済み(paid)の判を押す」の意から》.

†**páid-úp** 形《会員なら会費[入会金]を納入し終わった.

Paige /péidʒ/, **Satchel** 名 ペイジ (1906?–82; 米国のプロ野球選手; ニグロリーグで投手として伝説的な活躍ののち大リーグでもプレー).

✱**pail** /péil/ 名 ❶《液体を運ぶための, 柄付き》手おけ, バケツ. ❷ =pailful.

pail·ful /péilfùl/ 名 手おけ 1 杯《の量》: a ~ *of* water 手おけ 1 杯の水.

pail·lasse /pæliás, ✓–‗/ 名 =palliasse.

pail·lette /paiét, pæljét/ 名 スパングル: a エナメル絵付け用の金属片. b 小さなカビかぶった金属片, ビーズ・宝石など; 舞台衣装・婦人服・アクセサリーなどの縁飾りに用いる」上の縁飾り.

✱**pain** /péin/ 名 ❶ U.C《肉体的》**苦痛, 痛み**: Do you feel any [much] ~? いくらか[ひどく]痛みますか / I was in great ~. 痛みがひどかった / Where is the ~? どこが痛いのですか / complain of the aches and ~s of old age 年を取ってあちこちが痛いとこぼす / I have a slight ~ in the stomach. 少しおなかが痛かった. ❷ U《精神的な》**苦痛, 苦悩, 心痛**: That caused [gave] her a great deal of ~. そのため彼女は大いに苦しんだ. ❸ 〔複数形で〕骨折り, 苦労: He did not take great ~s. 彼はあまり努力しなかった《★many pains とは言わない》. ❹〔a ~〕《口》いやな人[こと], うんざりさせる人[こと]: You're *a* ~! 君にはうんざりだ. **a páin in the áss** [**bùtt**]《米俗》=a **páin in the árse** [**báckside**]《英俗》=a **PAIN** in the **neck**《成句》. **a páin in the néck**《口》不快に[いらいら, うんざり]させる人[こと]: Don't be *a* ~ *in the neck*. いらいら[うんざり]させないでくれ. **at páins** (**to dó**)《...しようと》骨折って, 《...しようと》気を配って: I was *at* great ~*s to* do a good job. 仕事をうまくやろうと大層骨折った. **féel nò páin**《俗》酔っぱらっている. **for one's páins** (1) 骨折り賃に: He was well rewarded *for his* ~*s*. 彼は骨折り賃にかなりの報酬をもらった. (2) 骨折りがいもなく: He got a thrashing *for his* ~*s*. 彼は骨折りがいもなく殴られた. **gó to gréat páins** (**to dó**) = **spare no PAINS** (**to do**)《成句》. **in páin** (1) 痛くて(⇒1). (2) 苦しんで. **nó páins, nó gáins** 労せずば効なし, 蒔《か》ぬ種は生《は》えぬ. **on** [**ùnder**] **páin of...** 違反したら...の罰に処するとして: It was forbidden *on* ~ *of* death. その禁を犯す者は死刑に処された. **spáre nó páins** (**to dó**) 骨身を惜しまず《...する》: *No* ~*s* have been *spared to* ensure accuracy. 正確さを期するためにあらゆる努力がなされてきた. — 他 ❶《人を》心痛させる, 悲しませる: It ~*s* me to say that... 申しあげるのも誠につらいことなのですが.... ❷《体の部分が》《人に》苦痛を与える: My arm ~*s* [is ~*ing*] me. 腕が痛む. — 自 痛む: My back ~*s* badly. 背中がひどく痛む. 《F<L<Gk *poinḗ* 刑罰》形 painful).
【類義語】**pain** 程度を問わず「痛み」を表わす一般的な語. **ache** 体の一部に感じる長く続く鈍痛. **pang** 突然襲う一時的だが断続的な痛み.

Paine /péin/, **Thomas** 名 ペイン (1737–1809; 英国生まれの米国の思想家・著述家; *Common Sense* (1776)).

†**pained** /péind/ 形 腹を立てた, 感情を害した; 心を痛めた: a ~ expression 立腹の表情 / He looks ~. 彼はごきげん斜めの顔をしている.

✱**páin·ful** /péinfəl/ 形 (**more** ~; **most** ~) ❶ **痛い**: a ~ wound 痛い傷 / My tooth is still ~. 歯がまだ痛い《★人は主語にならない》. **b 苦痛を与える**: These shoes are ~ to wear. この靴をはくと《足に当たって》痛い. ❷ **苦しい, つらい**: a ~ experience 苦しい[にがい]経験《[+*for*+代名+*to do*] It's ~ *for* me *to* have to say this, but... こんなことを言わねばならないのは心苦しいのですが.... ❸《演技・インタビューなどの見るに[聞くに]耐えない. ~·**ness** 名《名 pain).

†**páin·ful·ly** /-fəli/ 副 ❶ 痛いほど. ❷ 苦しく, つらく, 悲痛に《思えるほど》.

†**páin·kil·ler** 名 鎮痛剤 (analgesic). **-kìlling** 形 痛みを抑える, 鎮痛性の.

†**páin·less** 形 ❶ 痛み[苦痛]のない (↔painful): a ~ childbirth 無痛分娩《ぶんべん》. ❷ 造作ない, たやすい. ~·**ly** 副

†**pains·tak·ing** /péinztèikiŋ/ 形 ❶《人が骨身を惜しまない, 勤勉な, 丹精する: a ~ student 労を惜しまない勤勉な学生 / He's ~ *with* his work. 彼は仕事に入念だ. ❷《仕事・作品など》精魂をこめた; 骨の折れる, つらい: a ~ task 骨の折れる仕事 / a ~ work 苦心の作品 / *with* ~ *care* 実に丹念に[丹精をこめて]. -**ly** 副

✱**paint** /péint/ 名 ❶ U.C ペンキ, 塗料; 〔the ~〕ペンキの塗膜: an acrylic ~ アクリル性のペンキ / Wet [Fresh] *P*–!〔掲示〕ペンキ塗りたて! / The ~ is peeling (off). ペンキがはがれている. **b** 絵の具. ❷ U ~s 油絵の具 / a box of ~s 絵の具箱. ❷ U《古風》化粧品, 《口》紅. ❸〔the ~〕《米》《バスケ》フリースローレーン. ❹ U《電算》ペイント《ドット単位描画》機能. **be lìke wátching páint drý** ひどく退屈で. — 動 他 ❶ **a**《...に》ペンキを塗る: a wall 壁をペンキで塗る / [+*O*+補] He ~*ed* the wall white. 彼は壁をペンキで白く塗った. **b**《...を》ペンキで描く: ~ graffiti on a wall 塀にペンキで落書きをする. ❷《...を》絵の具で描く, 油絵[水彩画]で描く: ~ flowers [a picture, a still life] 花[絵, 静物画]を描く. ❸《女性が》唇・つめなどに》化粧品を塗る, 《顔などに》化粧する. ❹《...を》《生き生きと》描写[叙述, 表現]する: ~ a gloomy [vivid] picture of...

を暗く[生き生きと]描写する / He ~ed his experience in bold colors. 彼は自分の経験を大胆に叙述した / 〔目＋(as)補〕 ~ Bill (as) a typical adolescent troublemaker ビルを典型的な不良少年として描き出す. ❺ 〔電算〕ペイント機能のあるプログラムで描く. —— (自) ❶ 〔…で〕絵を描く: She ~s well. 彼女は絵が上手だ / That artist ~s in water colors. その画家は水彩画家です. ❷ ペンキで塗る. páint a person bláck 〈人〉をあしざまに言う: He's not so [as] black as he's ~ed. 彼は評判ほど悪い人間ではない〈画面 悪魔を真っ黒に描くことから〉. paint ín 〈(絵)+副〕〈…〉を絵の具で描き加える. paint óut [óver] 〈(絵)+副〕〈…〉をペンキで塗り消す. 〘F＜L＝色模様をつける; ⇨ picture〙【類義語】⇨ draw.

páint·ball 名 ペイントボール: **a** ❶ 命中すると破裂する塗料入りの弾丸. **b** U 塗料弾と特殊な銃を用いて争われる模擬戦闘[サバイバル戦].

páint-bòx 名 絵の具箱.

páint-brùsh 名 絵筆, 絵のはけ口.

páint-by-the-númber 名 ❶ 〈子供の塗り絵など〉番号に対応した色を塗ってゆく. ❷ 機械的な, 型にはまった.

páint·ed /-tɪd/ 形 ❶ 描かれた; 彩色した, ペンキ[絵の具]を塗った; 色彩のあざやかな. ❷ 作りの, 空虚な.

páinted lády 名 〘昆〙ヒメアカタテハ.

***páint·er**¹ /péɪntɚ | -tə/ 名 ❶ 画家, 絵かき: a portrait ~ 肖像画家. ❷ ペンキ屋, 塗装工.

páint·er² /péɪntɚ | -tə/ 名 〘海〙もやい綱.

páint·er·ly 形 ❶ 画家[絵かき]の; 画家特有の. ❷ 線より色彩を強調する. **-li·ness** 名

***páint·ing** /péɪntɪŋ/ 名 ❶ a U (絵の具で)絵をかくこと; 画法. **b** C (1枚の)絵, 油絵, 水彩画. ❷ U **a** ペンキ塗装. **b** 彩色. **c** 陶磁器の絵付け.

páint jòb 名 塗装.

páint ròller 名 塗料[ペンキ]ローラー.

páint shòp 名 (工場内などの)塗装[ペンキ]場, 塗料吹き付け作業場.

páint·wòrk 名 U (建物・自動車などの)塗装面.

***pair** /péə/ péə/ 名 (~s, ~) 〘複形〙(米)では複数詞や many などの後に ~ の形が用いられることがある) ❶ **a** 一対, ひと組 〘用法 a ~ of... は単数扱い〙: a ~ of oars 一対のオール / a new ~ of shoes =a ~ of new shoes 新しい靴1足 / ten ~(s) of socks ソックス10足 / A ~ of gloves is a nice present. 手袋とはすてきな贈り物です. **b** (対応する2部分から成り, 切りはなせない)一つ, 1個, 1丁; (ズボンの)1着 〘用法 a ~ of... は単数扱い〙: a ~ of scissors はさみ1丁 / three ~(s) of glasses 眼鏡3つ / You mean that old ~ of jeans is priced at $1000!? あの古いジーパンが1本1000ドルもするんだって. **c** 〔単数または複数扱い〕 **a** ひと組の男女; 婚約者(同士) 〘用法 夫婦には通例 couple を用いる〙: the happy ~ 新郎新婦. **b** 二人組, 二人連れ: The ~ were nabbed in the act of robbing the bank. 二人組がその銀行を襲っているところを現行犯で捕らえられた. **c** 〘競技〙ペア, 二人ひと組. **d** (動物の)ひとつがい, 一緒につながれた2頭の馬: a carriage and ~ 2頭立ての馬車. ❸ (ポーカーの)ペア 〘同点の札2枚ぞろい; ⇨ pocket²〕 〘解説〕two ~ s ツーペア 〘同点札2枚が2組の手〕. ❹ (対のものの)片方: Where is the ~ to this sock? この靴下のもう一方はどこにいったのだろう. **a sáfe páir of hánds** 仕事に信頼の置ける人. **in páirs** 二人[二人]ひと組になって, ペアを組んで. **I ónly háve [have ónly] óne pàir of hánds.** 手は二つしかないよ 〘「あまりたくさん仕事を頼むな」という時に用いる〙. —— 動 (他) ❶ 〔…〕を一対, ペアにする(★ 通例受身): I was ~ed with John. 私はジョンと組まされた. —— 例 ❶ くものかが一対[ペア]になる. ❷ 〈動物がつがう〉. **páir óff [úp]** (1) 男女ひと組になる; 〔…とペアになる〔with〕: The dancers ~ed off. 踊り手たちは二人[男女ひと組]になった. —— 他+副 (2) 〈人を〉男女ひと組にする; 〔…とペアにする〕〔with〕: I hope to be ~ed up with her. 彼女とペアになりたい. 〘F＜L par 等しい〙【類義語】pair 類似または同種のもので二つそろってひと組として用いるもの. couple 必ずしも常に

ひと組として用いるものではないが, 同種類のものが組み合わさったもの.

páir·ing /péərɪŋ/ 名 ❶ C (競技者[チーム])の組合わせ, ペア. ❷ U 組み合わせること.

pai·sa /páɪsɑː, -sə/ 名 U 〘複 **pai·se** /-seɪ/〕パイサ 〘インド・パキスタンの通貨単位; =¹⁄₁₀₀ rupee〙.

***pais·ley** /péɪzli/ 名 〔時に P~〕U ❶ ペーズリー織 〘細かい曲線模様を織り込んだ柔らかい毛織物〙. ❷ ペーズリー模様. —— 形 ペーズリー織[模様]の. 〘Gael; スコットランドの原産地の都市名から〙

Pai·ute /páɪ(j)u:t, -ˊ-/ 名 (複 ~s, ~) ❶ **a** 〔the ~(s)〕パイユート族 〘米国西部の Great Basin に居住する先住民; Northern Paiute と Southern Paiute に分かれる〙. **b** C パイユート族の人. ❷ U パイユート語.

pa·ja·ma /pədʒáːmə, -dʒǽmə | -dʒáː-/ 名 〔複数形で〕 (米)パジャマ 〘解説〕上着は jacket, top, ズボンは bottoms, trousers, pants という; (口)では pj's〕(英) pyjama(s)): a pair of ~s パジャマ 1着 / in ~s パジャマを着て. —— 形 A パジャマの: ~ bottoms [tops] パジャマのズボン[上着]. 〘Hindi＜Pers=ズボン〙

pajáma pàrty 名 =slumber party.

pak choi /bàːkʧɔ́ɪ, pàːk- | pàːk-/ 名 =bok choy.

Pa·ki /pǽki, pɑ́ːki/ 名 〘英俗・軽蔑〙パキスタンからの移民, その家系の人, パキスタン人.

Pa·ki·stan /pǽkɪstæn, pɑ́ːkɪstɑːn | pàːkɪstáːn/ 名 パキスタン 〘インドの北西にある国; 公式名 the Islamic Republic of Pakistan (パキスタンイスラム共和国); 首都 Islamabad〙. 〘P(unjabi)+A(fghanistan)+K(ashmir)+(Baluch)istan〙

Pa·ki·sta·ni /pækɪstǽni, pɑ̀ːkɪstɑ́ː-/ 形 パキスタンの. —— 名 (~s, ~) パキスタン人.

pa·ko·ra /pəkɔ́ːrə/ 名 C, U パコーラー 〘野菜・鶏肉・エビなどスパイス入りの衣をつけて揚げたインド料理〙.

pa kua /bàːkwáː/ 名 =ba gua.

***pal** /pǽl/ 〈口〉名 ❶ C 仲間, 仲よし; 友だち; ⇨ pen pal. ❷ 〔呼び掛けで〕おい, お前, 君 〘★ 時に脅したり腹立ち・不快感などを表わす〙. —— 動 (自) 〔…の〕友だちになる, 仲間になる 〔up〕〔with〕; (米)〔…〕と友だちとしてつき合う 〔around〕〔with〕: I palled up with another hiker. 別のハイカーと仲よしになった. 〘Romany=兄弟〙

PAL /pǽl/ 〘略〕〘テレビ〙phase alternation line パル方式 〘カラーテレビの送受信方式; フランス以外のヨーロッパ各国, オーストラリアなどで採用〙.

***pal·ace** /pǽləs/ 名 ❶ C **a** 〔しばしば P~〕宮殿: ⇨ Buckingham Palace. **b** (主教・大主教・高官などの)官[公]邸. **c** りっぱな邸宅, 館 〘(雅)〕. **b** 〔しばしば P~〕(娯楽場・映画館・料亭などの)豪華な建物, 殿堂: the P~ Hotel パレスホテル. ❷ 〔the ~〕宮廷の有力者たち. —— 形 A 宮殿の: the ~ garden 宮殿の庭. 〘F＜L; ローマ皇帝アウグストゥスが宮殿を建てた *Palatinum* Palatine Hill から〙

pálace guárd 名 ❶ C, U 近衛兵[部隊]. ❷ U (権力者の)側近.

pálace revolútion [cóup] 名 側近革命 〘現政権の有力者による(無血)クーデター〙.

pal·a·din /pǽlədɪn, -dɪn | -dɪn/ 名 ❶ Charlemagne の十二勇士の一人. ❷ (伝説的)英雄, 義侠の士.

Pa·lae·arc·tic /pèɪliɑ́ːktɪk | pèliɑ́ːk-ˊ-/ 形 =Palearctic.

pa·lae·o- /péɪliou | pǽli-/ 〔連結形〕=paleo-.

pa·laes·tra /pəléstrə, -liː-/ 名 (複 **-trae** /-triː/, ~s) 〘古ギ・古ロ〙体育場, レスリング道場.

pa·lais /pǽleɪ/ 名 (複 ~ /-z/) (口)(広い豪華な)ダンスホール (palais de danse ともいう). 〘F=palace〙

pal·an·quin, pal·an·keen /pæ̀lənkíːn/ 名 (中国・インド・エジプトなどの, 昔の)肩かご, 駕籠(*かご*).

pa·la·pa /pəlɑ́ːpə/ 名 パラパ 〘メキシコ風の通例 側壁のない草屋根の小屋〙.

†**pal·at·a·ble** /pǽlətəbl/ 形 ❶ 〈食物など〉(特別ではないが)味のよい, 口に合う (↔unpalatable). ❷ 趣味にかなう, 快い. **pál·a·tà·bly** /-təbli/ 副 〘palate+-able〙

pal·a·tal /pǽlətl/ 形 ❶ 口蓋(*こうがい*) (palate) の. ❷ 〘音

pal·a·tal·ize /pǽlətəlàɪz/ 動 他 《音声》〈...を〉口蓋音化する 《/k/を /c, tʃ/ とするなど》.

†**pal·ate** /pǽlət/ 名 ❶ 〖解〗口蓋(ぶ): the hard [soft] ~ 硬[軟]口蓋 / ⇨ cleft palate. ❷ 〔通例単数形で〕a〈食べ物・飲み物に対する〉味覚(力): He has a good ~ *for* wine. 彼はワインの味の良し悪しがよくわかる. b（精神的な）love, 審美眼: suit one's ~ ...の好みに合う. 〖L〗

pa·la·tial /pəléɪʃəl/ 形〈建物が〉宮殿の(ような); 豪華で, 広大な.

pa·lat·i·nate /pəlǽtənət/ 名 ❶ 〖史〗パラティン伯領. ❷ [the P-] パラティネート, ファルツ《神聖ローマ帝国内の宮中伯 (counts palatine) の領地であったドイツ南西部の地域》.

pal·a·tine¹ /pǽlətàɪn/ 名 ❶ [P-] © 〖史〗パラティン伯《自領内で国王と同等の特権を有した領主》. ❷ [the P-] =Palatine Hill. 〖L < *palatinum* 宮殿; ⇨ palace〗

pal·a·tine² /pǽlətàɪn/ 名 〖解〗口蓋骨.

Pálatine Híll 名 [the ~] パラティヌスの丘《古代ローマ七丘の中心の丘; ローマ皇帝が最初に宮殿を築いた所》.

Pa·lau /pɑlɑ́ʊ/ 名 パラオ《西太平洋, Caroline 諸島西部にある Palau 諸島からなる共和国; 首都 Koror /kɔ́ːrɔːr | -rɔː/; 別称 Belau》.

pa·lav·er /pəlǽvɚ | -láːvə/ 名 U《口》面倒なこと, 用事; 空騒ぎ. ❷ 空騒ぎ, 大騒ぎ. ── 動 自 ❶ しゃべる. ❷ おべっかを言う. 〖Port = 言葉 < L; ⇨ parable〗

pa·laz·zo /pəlɑ́ːtsou | -lǽt-/ 名 (複 ~zi /-tsiː/, ~s) 宮殿, 殿堂; (イタリアの)広壮な建物《邸宅・博物館など》.

palázzo pánts 名 複 パラッツォパンツ《脚部がだぶだぶで裾幅が広い女性用ズボン》.

*pale¹ /péɪl/ 形 (pal·er; pal·est) ❶〈人・顔が〉青白い, 青ざめた: a ~ complexion 青ざめた顔色 / You look ~. 君は顔色が悪い / She went [turned] ~ at the news. その知らせを聞くと彼女は真っ青になった. ❷（色が）薄い, 淡い; 薄い色の; 明るい（色の）(light; ↔ dark): (a) ~ green 薄緑色 / ~ ale ペイルエール《アルコール含有量の少ないビール》 / ~ whiskey 色の薄いウイスキー. ❸〈光が〉弱い, 薄明るい: in the ~ moonlight 淡い月光を受けて. ❹ 弱い, 活気のない: a ~ protest 弱々しい抗議. ── 動 自 ❶ 青ざめる: He ~*d* at the sight. 彼はその光景を見て青くなった. ❷ a 薄くなる. b ほの暗くなる. ❸ 見劣りがする: This ~*s* in [by] comparison with that. これはそれと比べれば見劣りがする. ── 他 ❶ a〈...を〉青ざめさせる. b〈...を〉薄くする. b〈...を〉ほの暗くする. **pále befòre [besíde]** ...の前には顔色(ぶく)がない, より見劣りがする: My poetry ~*s beside* [*before*] his. 私の詩は彼の詩に比べて顔色なしだ. **pále ìnto insignificance** (くらべると)つまらない物[無意味, 大したものではなく]思われる. **~·ly** 副 **~·ness** 名 〖F < L〗〖類義語〗**pale** 一時的な顔色の悪さ. **wan** 病気でやつれたような顔色の悪さ.

pale² /péɪl/ 名 ❶ ©（さくを作るためのとがった）くい. ❷ [the ~] 限界, 範囲: within [outside] *the* ~ of...の範囲内[外]に, ...のしろ内で[を越えて]. ❸ ©〖紋〗ペイル《盾の中央約 1/3 幅の縦帯》: in ── 縦に並んで《★無冠詞》. **beyònd the pále**〈人・言動が〉社会の常軌をはずれて, 不穏当で; 容認できない, 受け入れられない (unacceptable).

pa·le·a /péɪliə/ 名 (複 **pa·le·ae** /-liː, -liaɪ/) 〖植〗内花頴(ぶ).

Pa·le·arc·tic /pèɪliɑ́ːktɪk | pèɪliáːk-/ 形〖生物地理〗旧北亜区の.

pále·fàce 名 《俗》白人《★北米先住民が白人に対して用いたとされる》.

pa·le·o- /péɪliou | pǽl-/ 連結形「古」「旧」「原始」. 〖Gk *palaios* ancient〗

pàleo·anthropólogy 名 U 古人類学. **-gist** 名 **-thropológical** 形

pàleo·bíology 名 U 純古生物学《古生物を生物学の立場から研究する》. **-bíologist** 名 **-biológical** 形

pàleo·bótany 名 U 古植物学. **-botánical, -ic** 形 **-bótanist** 名

1303 Palladian

Pa·le·o·cene /péɪliəsìːn | pǽl-/ 形 暁(ぶう)新世[統]の《6500 万年から 5500 万年前の時期》. ── 名 [the ~] 暁新世[統].

pàleo·climate 名 古気候《地質時代の気候》.

pàleo·climatólogy 名 古気候学. **-gist** 名

pàleo·ecólogy 名 古生態学. **-gist** 名 **-ecological** 形

Pa·le·o·gene /péɪliəd͡ʒìːn | pǽl-/ 形〖地〗古第三紀[系]の. ── 名 [the ~] 古第三紀[系]《第三紀の前半》.

pàleo·geógraphy 名 U 古地理学. **-geográphic, -ical** 形

pa·le·og·ra·phy /pèɪliɑ́grəfi | pǽliɔ́g-/ 名 U 古文書学. **pa·le·o·gráph·ic** /pèɪliəgrǽfɪk/ 形

Pa·le·o·lith·ic /pèɪliəlɪ́θɪk | pǽl-/ 形〖考古〗旧石器時代の (cf. Neolithic): the ~ era 旧石器時代. 〖PALEO-+LITHIC〗

pàleo·mágnetism 名 U 古地磁気; 古地磁気学. **-mágnetist** 名 **-magnétic** 形

pa·le·on·tol·o·gy /pèɪliɑnt́álədʒi | pèɪlɔntɔ́l-/ 名 U 古生物学, 化石学. **-gist** 名 /-dʒɪst/ 古生物学者. 〖PALEO-+ONTOLOGY〗

pa·le·o·sol /péɪliousɑ̀l | -sɔ̀l/ 名 古土壌《地質時代にできた土壌》.

pàleo·trópical 形〖生物地理〗旧熱帯区の.

Pa·le·o·zo·ic /pèɪliəzóʊɪk | pǽl-/ 形〖地〗古生代の. ── 名 [the ~] 古生代[層].

Pa·ler·mo /pəlɚ́moʊ | -lɛ́ə-/ 名 パレルモ《イタリア Sicily 島の中心都市・海港》.

*Pal·es·tine /pǽləstàɪn/ 名 パレスチナ《西アジアの地中海東岸の地域; ユダヤ教・キリスト教・イスラム教の聖地》.

Pal·es·tin·i·an /pæ̀ləstíniən/ 形 パレスチナ (Palestine) の. ── 名 パレスチナ人.

†**pal·ette** /pǽlət/ 名 ❶ パレット, 調色板《（ひとそろいの）絵の具; 〔画家・絵画の〕色彩の範囲[種類]. 〖F〗

pálette knife 名 ❶ パレットナイフ. ❷ パレットナイフ形の調理器具.

Pa·li /pɑ́ːli/ 名 U パーリ語《古代インドの通俗語の一つ; 仏教経典などに用いられた; cf. Sanskrit》.

pal·i·mo·ny /pǽləmòʊni | -məni/ 名 U 《米》（同棲など別れた相手に支払う）別居手当, 慰謝料.

pal·imp·sest /pǽlɪm(p)sèst/ 名 パリンプセスト《元の字句を消してその上に字句を記した羊皮紙》.

pal·in·drome /pǽlɪndròʊm/ 名 回文《前から読んでも後ろから読んでも同じ語句; 例: noon, radar / Was it a cat I saw? (私が見たのは猫だったのか)》. 〖Gk = 走り戻ってくる（もの）< *palin* again + *dromos* running〗

pal·ing /péɪlɪŋ/ 名 C,U くい塀.

pal·in·gen·e·sis /pæ̀lɪnd͡ʒénəsɪs/ 名 U 〖哲〗新生, 再生《霊魂の輪廻(んね)・更生》;〖生〗原形[反復]発生《個体発生は系統発生を繰り返す》. **-genétic** 形

pal·in·ode /pǽlɪnòʊd/ 名 以前の詩の内容を改めた詩, 改訳詩, パリノード.

pal·i·sade /pæ̀ləséɪd/ 名 ❶（防衛のためくいを並べて作った）さく, 矢来(ぶ). ❷ [複数形で] 《米》（川辺の）断崖 (ぶ). 〖F = さく < くいによく似ている, 長い〗

pálisade láyer 名〖植〗柵状組織, 柵状柔組織[葉肉組織].

pal·ish /péɪlɪʃ/ 形 やや青ざめた, 青白い.

*pall¹ /pɔ́ːl/ 動 自《もの・事がら〉人に〉飽きを起こさせる, つまらなくなる: The novelty will soon ~ (*on* them). その珍しさもじきすると（彼らには）飽きるだろう. 〖(AP)PALL〗

pall² /pɔ́ːl/ 名 ❶ a 棺おおい《ひつぎ・墓などにかけるビロードの布》. b 〖カト〗聖杯蓋(ぶ). c《米》（特に遺体を納めた）棺, ひつぎ. ❷ [a ~]（陰気な）雲, おおい: a ~ of darkness 暗い夜のとばり / throw [cast] a ~ over...に暗いかげりを投げかける. ── 動 他〈...に〉棺おおいをかける. 〖L = 外套〗

Pal·la·di·an /pəléɪdiən/ 形〈建築様式が〉パラディオ風[式]の: a ~ window パラディオ式窓. 〖*A. Palladio* イタリアの 16 世紀の建築家〗

pal·la·di·um /pəléɪdiəm/ 名 ①【化】パラジウム《金属元素; 記号 Pd》.

Pal·la·di·um /pəléɪdiəm/ 名 (複 **-di·a** /-diə/, **~s**) ① ⓒ Pallas の像《特に Troy を守ったという像》. ② [p~] ⓒⓤ《古》保障, 守護.

Pal·las /pǽləs/ 名《ギ神》パラス《アテナ (Athena) 女神の呼び名の一つ》.

Pállas Athḗna 名 =Pallas.

páll·bèarer 名 ① 棺をかつぐ人. ② 棺の付き添い人《死者に特別親しかった人など》.

pal·let[1] /pǽlət/ 名 ① わらぶとん. ② 貧しい[間に合わせの]寝床.

pal·let[2] /pǽlət/ 名 ① パレット《品物を運搬・貯蔵するための金属[木]製の台; フォークリフトなどで運搬する》. ② **a** 陶工のこて. **b** =palette. ③【機】爪(%), 歯止め.

pal·le·tize /pǽlətàɪz/ 動《材料などをパレットに載せる[で運ぶ], で保管する.

pallia pallium の複数形.

pal·li·al /pǽliəl/ 形【動】外套膜の; 【解】(脳)外套の.

pal·li·asse /pǽliǽs, ━━/ 名 わらぶとん.

pal·li·ate /pǽlièɪt/ 動 ① (病気・痛みなどを)一時やわらげる. ② 過失などを言い繕う, 酌量する. **pal·li·a·tion** /pæ̀liéɪʃən/ 名 **pál·li·à·tor** /-t̬ə ┃ -t̬ə/ 名

pal·li·a·tive /pǽliètɪv ┃ -liət-/ 形《治療することなしに》苦痛を軽減[緩和]する, 一時緩和の, 緩和[待期, 姑息]的の: ~ therapy 緩和療法. ━名 ① 緩和剤〔for〕. ② 緩和策, 姑息な手段〔for〕.

pal·lid /pǽlɪd/ 形 (**~·er**; **~·est**) (病気などで)青ざめた, 青白い. **~·ly** 副 **~·ness** 名

pal·li·um /pǽliəm/ 名 (複 **-li·a** /-liə/, **~s**) ① **a** 《古ギ·古ロ》パリウム《左肩上からたらし右肩の上または下で縛る長方形の布》. **b**《カト》《大司教用》肩衣(%)《教皇が大司教に授ける白い羊毛製の帯で, 教皇の権威を示すしるし》. ②【解】(脳の灰白質の)外套, 【動】(軟体動物の)外套膜.

Pall Mall /pǽlmǽl, (古風) pèlmél/ 名 パルマル[ペルメル]街《London の Trafalgar Square から St. James's Palace に至る街路; クラブ街》.

pall-mall /pélmél, pælmæ̀l ┃ pæ̀lmǽl/ 名ⓤ ペルメル《木球を打って離れたところにある鉄環をくぐらせる球戯; イングランドで 17 世紀に行なわれた》.

pal·lor /pǽlə ┃ -lə/ 名 [また **a ~**] (顔・肌の不健康な)青白さ, 蒼白(%): a deathly ~ 死人のような青白さ.

pal·ly /pǽli/ 形 (**pal·li·er, -li·est**) 《口》《にくだけて, 親しくて (friendly): I'm ~ with him. 彼とは仲よしだ. 《PAL+-Y[3]》

*__palm__[1] /pɑː(l)m ┃ pɑːm/ 名 ① 手のひら; たなごころ: read a person's ~ 人の手相を見る. ② **a** 手のひら状のもの. **b** (手袋の)手のひらの部分. **c** オールの扁平部. **cróss a person's pálm (with sílver)** 人にわいろをそっとつかませる. **gréase [óil] a person's pálm** 人にわいろを使う[鼻薬をかがせる]. **hàve an ítching [ítchy] pálm** 欲が深い, わいろを欲しがる《画面の手のひらがむずがゆいのはお金が欲しい時という昔の信仰から》. **hóld [háve] a person in the pálm of one's hánd** 〈人を〉完全に掌中のものとする[掌握する]. **in the pálm of a person's hánd** 人に支配[掌握]されて, 牛耳られて. ━動 ① (手品などで)〈ものを〉掌中に隠す. ② 〈ものを〉くすねる. ③ 〈…を〉なでる. **pálm óff**《他+副》(1) (人に)《偽物などを》つかませる, つかませる: He ~ed off the painting (as a real Picasso). 彼はその絵を(本物のピカソだと言って)つかませた / He ~ed me off with an old word processor. 彼は私に古いワープロを押しつけた. (2) 〈人をうるさく・言い訳を言って〉追い払う〔with〕. 《F<L》(形 palmar)

palm[2] /pɑː(l)m ┃ pɑːm/ 名 ① シュロ; ヤシ《熱帯性植物》: ⇒ cabbage palm, oil palm. ② シュロの葉[枝]《* 勝利または喜びの象徴》. **béar [cárry óff] the pálm** 勝つ, 勝利者になる. 《L; 葉の形が PALM[1] に似ていることから》(形 palmy)

Pal·ma /pɑ́ːlmə/ 名 パルマ《地中海西部, バレアレス諸島 (Balearic Islands) の Majorca 島にある港湾都市で, 同諸島の中心都市》.

pal·mar /pǽlmə ┃ -mə/ 形 手のひら (palm) の.

pal·mate /pǽlmeɪt/ 形 ①【植】〈葉が〉掌状(はらがい)の. ②【動】水かきのある.

pál·mat·ed /-t̬ɪd/ 形 =palmate.

Pálm Béach 名 パームビーチ《米国 Florida 州南東海岸の観光地》.

pálm·còrd·er /-kɔ̀ːdə ┃ -kɔ̀ːdə/ 名 手のひらサイズのビデオカメラ.

palmed /pɑ́ː(l)md ┃ pɑ́ːmd/ 形 [複合語で] …な手のひら(部分)を有する.

palm·er /pɑ́ː(l)mə ┃ pɑ́ːmə/ 名 ① (パレスチナの)聖地巡礼者《記念にシュロの枝[葉]で作った十字架を持ち帰った》, (一般に)巡礼, 巡回修道士. ②《釣》パルマー(フライ)《毛針の一種》.

Pal·mer /pɑ́ː(l)mə ┃ pɑ́ːmə/, **Arnold** 名 パーマー《1929- ; 米国のゴルファー》.

pal·mette /pælmét/ 名 パルメット《シュロの葉をかたどったような扇形に開いた文様》.

pal·met·to /pælmétou/ 名 (複 **~s, ~es**)【植】キャベツヤシ《米国南西海岸地方産の小型ヤシ》.

Palmétto Stàte 名 [the ~] パルメットヤシ州《米国 South Carolina 州の俗称》.

palm·ist /pɑ́ː(l)mɪst ┃ pɑ́ːm-/ 名 手相見《人》.

palm·is·try /pɑ́ː(l)mɪstri ┃ pɑ́ːm-/ 名ⓤ 手相術, 手相判断.

pal·mi·tate /pǽlmətèɪt/ 名【化】パルミチン酸塩[エステル].

pal·mit·ic ácid /pælmítɪk-/ 名【化】パルミチン酸.

pálm lèaf 名 シュロの葉《扇・帽子などを作る》.

pálm òil 名ⓤ パーム油《アブラヤシ (oil palm) から採る》.

pálm rèader 名 =palmist. **pálm rèading**

pálm-sízed 形 手のひらサイズの.

Pálm Spríngs 名 パームスプリングズ《California 州南東部 Los Angeles の東にある都市; リゾート地》.

Pálm Súnday 名《聖》棕櫚(%)の主日《解説》復活祭直前の日曜日; 聖書「ヨハネ伝」によるとキリストが受難を前に Jerusalem に入った日であり, 信者はその通り道にシュロの枝を敷いてキリストを迎えた》.

pálm·tòp 名【電算】パームトップ(型)コンピューター《手のひらに載る程度の大きさのコンピューター》.

pálm trèe 名 =palm[2].

pálm wìne 名ⓤ ヤシ酒《発酵させたヤシの樹液》.

palm·y /pɑ́ː(l)mi ┃ pɑ́ːmi/ 形 (**palm·i·er, -i·est**) ① シュロ (palm) の(ような), 多い, 茂った. ② 繁栄する, 勝利を得た, 意気揚々とした: in one's ~ days 全盛時代に.

pal·my·ra /pælmáɪ(ə)rə/ 名【植】オウギヤシ《インド・マレー産》.

Pal·o Al·to /pǽlouǽltou/ 名 パロアルト《California 州西部 San Francisco の南東にある都市; コンピューターエレクトロニクス産業のメッカ》.

Pal·o·mar /pǽləmàə ┃ -màː/, **Mt.** 名 パロマー山《米国 California 州南西部の山; ここに大型の反射望遠鏡を備えた天文台 (Mt. Palomar Observatory) がある》.

pal·o·mi·no /pæ̀ləmíːnou/ 名 [時に P~] (複 **~s**) パロミノ《たてがみと尾が銀白色でその他はクリーム色の馬》.

pa·loo·ka /pəlúːkə/ 名《米俗》① 二流ボクサー. ② のろま, でくのぼう.

palp /pælp/ 名 =palpus.

+**pal·pa·ble** /pǽlpəbl/ 形 ① 明白な, 明瞭な: a ~ lie 見えすいたうそ. ② 触知[感知]できる. **pal·pa·bil·i·ty** /pæ̀lpəbíləti/ 名《L; ⇒ palpate》

pal·pa·bly /pǽlpəbli/ 副 明白に, 歴然として.

pal·pate /pǽlpeɪt/ 動《…を〉触診する. 《L=さわる》

pal·pa·tion /pælpéɪʃən/ 名ⓤ【医】触診.

pal·pe·bral /pǽlpəbrəl/ 形 眼瞼の(近くの).

palpi palpus の複数形.

pal·pi·tant /pǽlpət̬ənt/ 形 動悸する; 胸がときめく.

pal·pi·tate /pǽlpətèɪt/ 動 ① **a**《脈が速く[強くうつ, 動悸(%)がする. **b**《胸がドキドキする: My heart was palpitating wildly. 私の胸はドキドキと早鐘を打っていた.

pal·pi·ta·tion /pæ̀lpətéɪʃən/ 名 (通例複数形で) 動悸; 胸騒ぎ: The thought gives me ~s. 思っただけでも胸がドキドキする.

pal·pus /pǽlpəs/ 名 (複 -pi /-paɪ, -piː/) 〖動〗 (節足動物の) 口鬚, 鬚(ʒ̀), 触肢.

pals·grave /pɔ́ːlzgreɪv/ 名 〖史〗 ドイツ, 特に Rhine Palatinate の宮中伯 (count palatine).

pál·sied 形 まひした, しびれた, 中風の.

pal·stave /pɔ́ːlsteɪv/ 名 〖考古〗 青銅製の斧 (celt).

pal·sy /pɔ́ːlzi/ 名 まひ; 中風: cerebral ~ 脳性(小児)麻痺. 〖F < L PARALYSIS〗

pal·sy-wal·sy /pǽlzɪwǽlzi⁻/ 形 《俗》〈人と〉仲がよさそうで, 親しそうで 〈with〉.

pal·ter /pɔ́ːltə | -tə-/ 動 ⓐ ❶ 〈…を〉ごまかす, 言葉を濁す 〈with〉. ❷ 値切る, 掛け合う.

pal·try /pɔ́ːltri/ 形 (**pal·tri·er; -tri·est**) ❶ つまらない, 無価値な, くだらない: a ~ excuse つまらない口実 / a ~ trick くだらない策略. ❷ わずかな: a ~ sum わずかな金額.

pa·lu·dal /pəlúːdl/ 形 沼(地)の; 湿地の (多い).

pal·y·nol·o·gy /pæ̀lənɑ́lədʒi | -nɔ́l-/ 名 Ⓤ 花粉(胞子)学. **-gist** /-dʒɪst/ 名 **pal·y·no·log·i·cal** /pæ̀lənəlɑ́dʒɪk(ə)l | -lɔ́dʒ-/ 形

Pa·mirs /pəmíəz | -míəz/ 名 [the ~] パミール高原 (アジア州中部の高原; 世界の屋根と称される).

pam·pas /pǽmpəz, -pəs/ 名 (複) (南米, 特にアルゼンチンの樹木のない大草原, パンパ(ス).

pámpas gràss 名 〖植〗 パンパスグラス, シロガネヨシ (パンパスにはえるススキに似たイネ科植物).

⁺**pam·per** /pǽmpə | -pə/ 動 ⓐ ❶ a 〈人の〉欲望をほしいままにさせる; 〈人を〉甘やかす (spoil): ~ a child 子供を甘やかす. b [~ oneself で] 勝手気ままにふるまう. ❷ 〈欲望などを〉満たす, 満足させる.

pam·pe·ro /pæmpé(ə)rou/ 名 (複 ~s) 〖気〗 パンペロ (南米 Andes 山脈から大西洋に吹き降ろす冷たく乾いた強風).

⁺**pam·phlet** /pǽmflət/ 名 パンフレット, (仮とじの)小冊子 (booklet) 《日本語でいう宣伝用の「パンフレット」は brochure》. 〖L *Pamphilus* 12 世紀に人気のあったラテン語の恋愛詩〗

pam·phle·teer /pæ̀mflətíə | -tíə/ 名 (特に 政治的な) パンフレット著(作者).

Pam·phyl·i·a /pæmfíliə/ 名 パンフィリア (古代小アジア南岸の地方). **Pam·phýl·i·an** /-liən/ 形

Pam·plo·na /pæmplóunə/ 名 パンプローナ (スペイン北部, Pyrenees 山脈のふもとの都市, Navarre 自治州の州都; 毎年7月に行なわれる San Fermin 祭 (通りに放たれた牛を闘牛場まで追う「牛追い祭」で有名).

⁎**pan**¹ /pǽn/ 名 ❶ 平なべ, (フライ)パン, (オーブン用の)皿: a broiler ~ ブロイラーパン / a roasting ~ ローストなべ / a stew ~ シチューなべ / a frying pan, saucepan. ❷ 平なべ状のもの: ⇒ bedpan, dustpan, warming pan. ❸ 皿状のもの: a (天秤(ʒ̀ʰ)の)皿. b 蒸発皿. c (砂金などを水でふるい分ける)選鉱なべ. d (旧式の銃砲の)口火皿. e (皿状の)くぼ地. f 〖楽〗 金属ドラム (⇒ steel band). ❹ 《英》 便器: a lavatory ~ 便器. ❺ a =hardpan. b =saltpan. ❻ 《米口》 酷評. ❼ 《米俗》 顔. **flásh in the pán** ⇒ flash 成句. **(gò) dówn the pán** 《英俗》 だめに(なる), 使いものにならなく(なる). —— 動 (**panned; pan·ning**) ⓐ ❶ 〈ほおなどを〉こっぴどくけなす, やっつける, けなす. ❷ 〈土砂などを〉選鉱なべで洗う. —— ⓘ 砂金を求めてなべで土を洗う 〈for〉. **pán óff** (ⓐ+副) =PAN¹ out (1) (2). **pán óut** (ⓐ+副) (1) 〈土砂などを〉選鉱なべで洗う. (2) 〈砂金を〉なべでより分ける. —— (ⓘ+副) (3) 金を産する. (4) 〔通例 否定・疑問文で〕《口》 物事などがうまくいく, 展開する: Things didn't ~ out as we had expected. 事態は行く末しなくて水平に(機尾から)着下ずること).

⁺**pan**² /pǽn/ 名 〖映・テレビ〗 (**panned; pan·ning**) ⓐ (副詞(句)を伴って) (パノラマ的効果を得るためにカメラを左右に回転して写す; 〈カメラが〉パンする. —— 名 (カメラの)パン. 〖PAN(ORAMA)〗

Pan /pǽn/ 名 〖ギ神〗 パン, 牧神 (ヤギの角と足をもった牧人と家畜の神; あし笛を吹く; cf. Silvanus): ~'s pipes ⇒ panpipe.

pan- /pǽn/ [連結形] 「全 (all)…」「汎(universal)…」 〖Gk〗

⁺**pan·a·ce·a** /pæ̀nəsíːə/ 名 ❶ 万能薬 (cure-all). ❷ 〈…に対する〉万能の方策 〈for〉.

⁺**pa·nache** /pənǽʃ/ 名 ❶ Ⓤ 堂々たる態度; 見せびらかし, 気取り. ❷ Ⓒ (かぶとの)羽飾り.

pa·na·da /pənɑ́ːdə/ 名 Ⓤ パンがゆ (パンを湯[スープ, ミルク]でどろどろに煮たもの).

Pan-Áfrican 形 汎アフリカ(主義)の.

Pan-Áfricanism 名 Ⓤ 汎アフリカ主義[運動]. **-ist** 名

Pan·a·ma /pǽnəmɑ̀ː, ⌐⌐⌐⌐/ 名 ❶ パナマ (中米の共和国); その首都 Panama (City). ❷ 〔しばしば p-〕 Ⓒ パナマ帽. **Ísthmus of Pánama** [the ~] パナマ地峡.

Pánama Canál 名 [the ~] パナマ運河 (パナマ地峡を通り大西洋と太平洋とを結ぶ運河; 1914年に完成).

Pánama Canál Zòne 名 [the ~] パナマ運河地帯 (⇒ Canal Zone).

Pánama hát 名 =Panama 2.

Pan·a·ma·ni·an /pæ̀nəméɪniən/ 形 パナマ(人)の. —— 名 パナマ人.

Pan-Américan 形 Ⓤ 汎(ハン)アメリカ(汎米)(主義)の.

Pán-Américanism 名 Ⓤ 汎アメリカ(汎米)主義.

Pan-Árabism 汎アラブ(主義)(運動). **Pàn-Árab** 形

pan·a·tel·a, pan·a·tel·la /pæ̀nətélə/ 名 パナテラ (細巻きのシガー).

⁺**pan·cake** /pǽnkèɪk/ 名 ❶ Ⓒ,Ⓤ (フライパンで薄く平たく焼いたホットケーキ風の)パンケーキ, 〖解説〗 米国では朝食用に, 数枚重ねてバターや蜂蜜・シロップなどをつける). ❷ Ⓤ パンケーキ (丸く平たい固形のおしろい). ❸ Ⓒ 〖空〗 平落ち着陸 (着陸の際失速して水平に(機尾から)着下ずること). **(as) flát as a páncake** 平べったい. —— 〖空〗 〈飛行機が〉平落ち着陸をする 〈down〉. —— 〈飛行機を〉平落ち着陸させる.

Páncake Dày [Túesday] 名 《英》 懺悔(ザ̀ンゲ)火曜日 (Shrove Tuesday).

páncake lánding 名 =pancake 3.

páncake màkeup 名 =pancake 2.

páncake ràce パンケーキレース (フライパンでパンケーキを投げ上げながら走る競技).

páncake ròll =spring roll.

pan·cet·ta /pæntʃétə/ 名 Ⓤ 〖料理〗 パンチェッタ (イタリア料理に多く用いられる, 燻製でない(生の)ベーコン).

Pán·chen Láma /pɑ́ːntʃən-/ 名 パンチェンラマ (ラマ教で, Dalai Lama の次位の指導者).

pan·chro·mat·ic /pæ̀nkroumǽtɪk⌐/ 形 〖理・写〗 全(整)色性の, パンクロの (可視光の全色に感光する): ~ film [a ~ plate] 全整色フィルム[乾板].

⁺**pan·cre·as** /pǽŋkriəs/ 名 〖解〗 膵臓(ʒ̀ウ).

pan·cre·a·tec·to·my /pæ̀ŋkriətéktəmi/ 名 Ⓒ,Ⓤ 〖医〗 膵切除(術).

pan·cre·at·ic /pæ̀ŋkriǽtɪk⌐/ 形 膵臓 (pancreas) の: ~ juice [secretion] 膵液.

pan·cre·a·tin /pǽŋkriətɪn/ 名 Ⓤ 〖生化〗 パンクレアチン (牛・豚などの膵臓から抽出される粗酵素; 消化剤として用いる).

pan·cre·a·ti·tis /pæ̀ŋkriətáɪtɪs/ 名 Ⓤ 〖医〗 膵(臓)炎.

pan·cy·to·pe·ni·a /pæ̀nsaɪtoupíːniə/ 名 〖医〗 Ⓤ 汎血球減少(症).

⁺**pan·da**¹ /pǽndə/ 名 〖動〗 パンダ: a ジャイアント[オオ]パンダ. b レッサーパンダ (lesser panda). 〖F < Nepali〗

pan·da² /pɑ́ːndə/ 名 〖ヒンドゥー教〗 パンダー (聖地巡礼の案内を職とするバラモン).

pánda càr 名 《英口》 パトロールカー, パトカー. 〖車体の白

Pan

地に青い縞(!)がパンダを連想させたことから》

pan·dect /péndekt/ 名 ❶ a [しばしば複数形で] 法典, 法典全書. b [the Pandects] ユスティニアヌス法典《6世紀のローマ民法法典》. ❷ 要覧, 総覧.

pan·dem·ic /pændémik/ 形《伝染病が全国[世界]的に広がる, 汎流行の (cf. epidemic 1). ── 名 全国[世界]的流行病.

pan·de·mo·ni·um /pændəmóuniəm/ 名 ❶ a ⦅U⦆大混乱. b ⦅C⦆大混乱の場所. ❷ [P~] 伏魔[万魔]殿; 地獄.《PAN-＋DEMON＋-IUM; J. Milton の造語で「すべての悪魔のいる所」の意》

⁺pan·der /péndə | -də/ 動 ❶ ⦅人(の低俗な欲望など)に⦆迎合する, ⦅人の弱み⦆につけ込む: This book ~s to base interests. この本は低俗な趣味に迎合している. ❷ 悪事[売春]の取り持ちをする. ── 名 ❶ 女を取り持つ男, ポン引き. ❷ 人の弱みにつけ込む人.

pán·der·er /-dərə | -rə/ 名 悪事の取り持ちをする人物.

P & L ⦅略⦆ profit and loss.

Pan·do·ra /pændɔ́:rə/ 名 ⦅ギ神⦆パンドラ《Zeus が下界に送った人類最初の女》.

Pandóra's bóx 名 ❶ パンドラの箱《解説》Prometheus が天の火を盗み人間に与えた罰として, すべての悪を封じた箱を Zeus が Pandora に与えた; 開けてはならないという禁を破り彼女がふたを開くと, 中からあらゆる害悪が出たが, 急いで閉じたので希望だけが残ったという》. ❷ [a ~] 諸悪の根源. **ópen Pandóra's bóx** 思いがけない災難を引き起こす.

pan·dow·dy /pændáudi/ 名 ⦅米⦆パンダウディ《甘いアップルパイの一種》.

p & p ⦅略⦆⦅英⦆ postage and packing 郵便料金並びに包装料.

⁺pane /péin/ 名 ❶ 窓ガラス(の1枚): two ~s of glass 窓ガラス2枚. ❷ 鏡板. ❸ (特に長方形の) 1区画;《障子・鏡などの》. 《F＜L *pannus* 布きれ》

pa·neer /pəníə | -níə/ 名 パニール《インド・パキスタンで造られる非熟成軟質チーズ》.

pan·e·gyr·ic /pænədʒírik/ 名 称讃の演説[文], 賛辞 〔on, upon〕 (eulogy). **pàn·e·gyr·i·cal** /-rik(ə)l/ 形.

pan·e·gyr·ist /pænədʒírist/ 名 称讃の演説文を書く[賛辞を述べる]人.

*pan·el /pénl/ 名 ❶ a パネル《ドア・部屋・格(ミラ)天井などの四角い枠のひと仕切り》; 自動車車体の外板の一部. b (パネルにはめこまれた)鏡板[絵]; 羽目板, 羽目板. ❷ [集合的; 単数または複数扱い] a (クイズ番組の)解答者の顔ぶれ: a ~ game パネルゲーム. b (討議会・座談会などに予定された)講師団; 審査員団; (特定問題の)研究班, 委員団: an interviewing ~ 面接委員団 / a ~ of experts 専門家の一団[委員会]. ❸ (自動車・飛行機などの)計器盤, パネル: a control ~ 制御盤 / an instrument ~ 計器盤. ❹ (スカートなどの衣服に使う, 縦はぎ合わせる)布きれ, パネル. ❺ a (カンバスの代用の)画板; パネル画(板に描いた絵). b ⦅写⦆パネル形《普通より縦長の写真; 約 8.5×4 インチ》. ❻ ⦅法⦆a (登録)陪審員名簿. b [集合的; 単数または複数扱い] 陪審団 (jury). ── 動 (pan·eled, ⦅英⦆ -elled; pan·el·ing, ⦅英⦆ -el·ling) 他 ⦅...に⦆鏡板をはめる; ⦅...に⦆鏡板をはめる (★通例受身): a heavy ~ed door 重厚なパネル張りのドア / The bedroom was ~ed *in* [*with*] *pine*. 寝室は松材のパネル張りだった. 《F＜L＝小さな布; ⇒ pane》

pánel bèater 名 ⦅自動車の⦆板金工.

pánel discùssion 名 パネルディスカッション《数名の代表者が聴衆の前で行なう討論会; cf. symposium 1》.

pánel gàme 名 (テレビ・ラジオの)クイズ番組.

pánel hèating 名 ⦅パネルヒーティング⦆床・壁などのパネルに熱源を入れた放射暖房》.

⁺pán·el·ing, ⦅英⦆ **pán·el·ling** /-n(ə)lɪŋ/ 名 ⦅U⦆ ❶ 鏡板, 羽目板. ❷ 羽目板材.

pan·el·ist, ⦅英⦆ **pan·el·list** /-n(ə)list/ 名 ❶ パネルディスカッションの討論者. ❷ クイズ番組の解答者《比較 この意味での「パネラー」は和製英語》.

pánel pìn 名 ⦅英⦆ パネルびょう(頭の小さい細長い釘).

pánel sàw 名 羽目板鋸(歯が細かい).

pánel trùck 名 ⦅米⦆パネルトラック(配送用小型トラック).

pan·en·the·ism /pænénθiizm/ 名 ⦅U⦆ 万有在神論. **pan·en·the·is·tic** /pænènθiístik/ 形.

pan·et·to·ne /pænətóuni | pɛ̀n-/ 名 (~**s**, -**ni** /-ni:/) パネットーネ《干しぶどう・砂糖漬けの果皮などを入れたイタリアの菓子パン; クリスマスに食べる風習がある》.

pán-frỳ 動 他 ⦅食物をフライパンで(少量の油で)いためる, ソテーにする. 【類義語】 ⇒ cook.

pan·ful /pénfùl/ 名 鍋[皿]一杯.

⁺pang /péŋ/ 名 ❶ (身体の)激痛, さしこみ: hunger ~s = ~s of hunger 空腹痛. ❷ (心の)苦しみ, 心痛: feel the ~s of conscience 良心の呵責(ホャっ)を覚える. 【類義語】 ⇒ pain.

pan·ga /páːŋɡə | pǽŋ-/ 名 《東アフリカで使う》刃が長く広い刀, 大なた.

Pan-Gérman 形 汎ドイツ[ゲルマン]主義の(人). **Pàn-Germánic** 形.

Pan-Gérmanism 名 ⦅U⦆ 汎ドイツ[ゲルマン]主義.

Pan·gloss·i·an /pænɡlɔ́siən | -ɡlɔ́s-/ 形 底抜けに楽天的な.《Voltaire, *Candide* 中の楽天家教師 Pangloss より》

pan·go·lin /pǽŋɡəlɪn | pæŋɡóu-/ 名 ⦅動⦆ センザンコウ 《驚くと体を丸める》.

pán·handle 名 ❶ フライパンの柄. ❷ [しばしば P~] ⦅米⦆ (他州に食い込んでいる)細長い地域《たとえば West Virginia 州の北部など》. ❸ ⦅米口⦆ (街頭で)物ごいをする.

pán·hàn·dler /-dlə | -dlə/ 名 ⦅米口⦆ こじき.《差し出した手がフライパンの柄 (panhandle) を連想させることから》

pangolin

Pánhandle Stàte 名 [the ~] パンハンドル州《米国 West Virginia 州の俗称》.

Pàn-héllenism 名 汎ギリシア主義[運動]. **Pàn-hellénic** 形.

⁺pan·ic¹ /pǽnɪk/ 名 ❶ ⦅U⦆ [また a ~] (突然の, わけのわからない)恐怖, 恐慌, ろうばい, パニック: be in [get into, be thrown into] a ~ 恐慌状態にある[陥る] / The rumor spread ~. そのうわさがパニックを起こした. ❷ ⦅C⦆ ⦅経⦆ (経済)恐慌, パニック. ❸ [a ~] ⦅米口⦆ 非常におかしな[こっけいな]人[もの]. ❹ ⦅英⦆ 締め切りが切迫した状態, 時間が足りない状態. ── 形 ❶ ⦅恐怖から突然の, わけのわからない⦆: a ~ reaction 異常な反応. ❷ 恐慌的な, パニックの: a ~ run on the banks パニック的な銀行の取り付け騒ぎ / ~ buying [selling] パニック買い[売り]. ── 動 (pan·icked; pan·ick·ing) 他 ⦅...に⦆恐慌を起こさせる, ⦅...を⦆うろたえさせる. ── 自 ⦅...に⦆ろうばいする, うろたえる 〔at〕: Don't ~! あわてるな! **pánic ínto dóing** ...に恐慌を起こさせて[あわてて]...させる (★通例受身): The school was *panicked into* expelling her. 学校はあわてふためいて彼女を退学させた.《F＜L＜Gk＝パン (PAN) の; 古代ギリシアで恐慌は Pan が引き起こすと信じられていた》【類義語】 ⇒ fear.

pan·ic² /pǽnɪk/ 名 ⦅植⦆ ⦅U⦆ キビ, ヒエ《雑穀》.

pánic attàck 名 ⦅精神医⦆ パニック[恐慌]発作《突然の死や発狂などの不安感に襲われることで, 動悸・窒息感・しびれなどさまざまな身体症状を伴う》.

pánic bùtton 名 (緊急時の)非常ボタン. **púsh [préss, hít] the pánic bùtton** ⦅口⦆ あわてふためく, 周章狼狽(ぷぷ)する.

pánic disòrder 名 ⦅精神医⦆ 恐慌性障害, パニック障害 《panic attack を主たる症状とする》.

pánic gràss 名 =panic².

pan·ick·y /pénɪki/ 形 ⦅口⦆ 恐慌の, びくびくした.

pan·i·cle /pénɪkl/ 名 ⦅植⦆ 円錐花序. **~d** 形.

pánic stàtions 名 《英口》(大急ぎでしなければならない)混乱状態, 周章狼狽.

pánic-stricken 形 恐慌をきたした, 狼狽した.

pa・nir /pəníə/ 名 =paneer.

Pan・ja・bi /pʌndʒάːbi/ 名 =Punjabi.

pan・jan・drum /pændʒǽndrəm/ 名 《戯言》お偉方, 御大.

Pank・hurst /pǽŋkhəːst ǀ -həːst/, **Em・me・line** /éməlìːn/ 名 パンクハースト(1858–1928; 英国の女性参政権獲得運動の指導者).

Pan・mun・jom /pɑ́ːnmùndʒám/ 名 板門店(はんもん)(朝鮮半島中部の非武装地帯にある村; 休戦会談・南北会議の開催地).

pan・nage /pǽnɪdʒ/ 名 ❶ 豚の放牧, 牧豚権. ❷ 養豚用果実(ドングリなど).

panne /pǽn/ 名 Ⓤ パンベルベット(光沢のあるパイル糸を一方向に寝かせたビロード).

pan・nier /pǽnjə ǀ -niə/ 名 ❶ (馬・ロバ・自転車・オートバイなどの両側にかける)荷かご, 荷物入れ. ❷ **a** パニエ《昔, 婦人服の腰を広げるためクジラのひげなどで作った枠》. **b** パニエスカート. 《F<L=パンかご<*panis* パン》

pan・ni・kin /pǽnɪkɪn/ 名 《英》小さな金属製のコップ[なべ] (1 杯の量).

pan・o・ply /pǽnəpli/ 名 Ⓤ ❶ すばらしい[豪華な]ひとそろい, 多種多彩, (…の)数々, 壮観《*of*》. ❷ **a** 盛大[見事]な儀式: the whole ~ of a royal wedding 王室結婚式の盛儀. **b** りっぱな装い: in (full) ~ 装いを凝らして.

pan・op・tic /pænάptɪk ǀ -nɔ́p-/ 形 すべてが一目で見える, パノラマの.

†**pan・o・ram・a** /pæ̀nərǽmə, -rάː- ǀ -rάː-/ 名 ❶ 全景, 広々とした眺め, パノラマ; (次々に展開する)パノラマのような光景; パノラマ画[写真]: a breathtaking ~ of Mt. Fuji あっと息をのむようなすばらしい富士山の全景. ❷ (歴史などの)概観, 展望; (事件の)全容《*of*》. 《PAN-+Gk *horama* 景色, 眺め; 「ひと目で『全景』が見えるの意」》 形 panoramic)

†**pan・o・ram・ic** /pæ̀nərǽmɪk←/ 形 パノラマ(式)の; 概観的な: a ~ camera パノラマカメラ / The position gives a ~ view. その位置からは広く全体が見渡せる. **-i・cal・ly** /-ɪkəli/ 副

pán・pìpe 名 [しばしば複数形で]あし笛, パンパイプ(一種の原始的な吹奏楽器; cf. Pan).

pan・psy・chism /pænsάɪkɪzm/ 名 Ⓤ 《哲》(万有に心があるとする)汎心論. **-chic** /-kɪk/ 形 **-chist** /-kɪst/ 名

pàn・séxual 形 汎性欲的な, 性欲表現が多様な. **pàn・sexuálity** 名

pan・si・fied /pǽnzəfὰɪd/ 形 《口》めめしい, にやけた.

Pàn-Sláv・ism /-slǽvɪzm, -slɑ́ː- ǀ -/ 名 Ⓤ 汎スラブ主義, スラブ民族統一主義. **Pàn-Slávic** 形 **Pàn-Sláv・ist** /-vɪst/ 名

pan・sper・mi・a /pænspə́ːmiə ǀ -spə́ː-/ 名 Ⓤ 《生》パンスペルミア説, 胚種広布説.

pan・sy /pǽnzi/ 名 ❶ 〔植〕パンジー, サンシキスミレ. ❷ 《口・軽蔑》**a** にやけた青年. **b** 同性愛の男. 《F<L=思い; そのもの思わしげなイメージから》

†**pant**¹ /pǽnt/ 動 ⓐ ❶ あえぐ, 息切れする; [副詞(句)を伴って] あえぎながら走る, 息を切らしながら走る: He climbed, ~*ing* heavily. 彼はハーハー息を切らしながら登った / They ~*ed around* the track. 彼らはあえぎながら競走路を走って回った. ❷ (汽車・汽船の蒸気[煙]を)吐いて進む). ❸ (心臓の激しく動悸(ぎ)する. ❹ [通例進行形で] 〈…を〉熱望する: He's ~*ing for* knowledge. 彼は知識欲に燃えている. — ⓑ 〈…を[と]〉あえぎながら言う: The messenger ~*ed out* the news. 使者はあえぎながら知らせを述べた / "I'm exhausted," she ~*ed*. 「疲れたわ」と彼女はあえぎあえぎ言った. — 名 ❶ あえぎ, 息切れ. ❷ 動悸. ❸ (蒸気機関の)シュッシュッ(という音). 《F<L=幻影を見てあえぐ<Gk *phantasia* 幻想(fantasy)》

pant² /pǽnt/ 形 Ⓐ ズボン[パンツ]の: one's ~ cuffs ズボンの折り返し. ⇒ **pants**.

Pan・ta・gru・el・i・an /pæ̀ntəgruéliən←/ 形 パンタグリュエル流の, 粗野で皮肉なユーモアのある. **Pan・ta・gru・el・ism** /pæntəgrúːəlìzm ǀ / 名 粗野で皮肉なユーモア. **Pan・ta・gru・el・ist** /pæntəgrúːəlɪst ǀ / 名 《Rabelais の物語中の Gargantua の息子である巨人 Pantagruel /pæ̀ntəgrúːél ǀ / の》

pan・ta・let(te)s /pæ̀ntəléts, -tl-/ 名 ⓥ パンタレット(19 世紀前半の婦人[女児]用の裾飾りのついたゆるく長いパンツ).

pan・ta・loon /pæ̀ntəlúːn/ 名 ❶ [しばしば P~] パンタローネ(昔のイタリア喜劇またはパントマイム劇のやせこけた老いぼれ役; 細いズボンをはく). ❷ [複数形で] ズボン: a pair of ~*s* パンタロン 1 着. 《F<It *Pantaleone* 4 世紀のベネチアの聖人; cf. pants》

pan・tech・ni・con /pæntéknɪkàn ǀ -kən/ 名 《英古風》家具運搬車.

pan・the・ism /pǽnθiːìzm/ 名 Ⓤ ❶ 汎(ポ)神論. ❷ 多神教. **-ist** /-ɪst/ 名 ❶ 汎神論者. ❷ 多神教信者. **pan・the・is・tic** /pæ̀nθiːístɪk←/ 形 ❶ 汎神論の. ❷ 多神教の.

pan・the・on /pǽnθiːàn ǀ -ən/ 名 ❶ Ⓒ パンテオン: **a** あらゆる神を祭る神殿. **b** 一国の偉人を一緒に祭った神殿. ❷ Ⓒ **a** (民族・宗教・神話の)すべての神々: the ancient Roman ~ 古代ローマの神々. **b** 《著名な人[英雄]たちの》華やかな集まり[群れ]: find a place in the ~ of great writers 偉大な作家たちの仲間入りをする. ❸ [the P~] パンテオン, 万神殿(ローマの神々を祭った神殿; 今は ⓐ 建されて教会として用いられている). 《L<Gk <PAN-+*theos* 神;「すべての神のための(神殿)」の意》

†**pan・ther** /pǽnθə ǀ -θə/ 名 (ⓥ ~s, ~) ❶ 〔動〕ヒョウ (leopard). ❷ 《米》 ピューマ (puma).

pánt・ie gìrdle /pǽnti-/ 名 =panty girdle.

***pánt・ies** /pǽntɪz/ 名 [複数形] パンティー, パンツ.

pánt・i・hòse /pǽnti-/ 名 《英》 =panty hose.

pán・tile /pǽntὰɪl/ 名 [通例複数形で] パンタイル, さんがわら(断面が S 字形をした屋根がわら).

pánt・ing・ly /-tɪŋli/ 副 あえぎながら, 息を切らして.

pant・i・soc・ra・cy /pæ̀ntəsάkrəsi ǀ -sɔ́k-/ 名 理想的平等社会, 万民同権政体. **-i・sóc・ra・tist** /-tɪst/ 名 **pant・i・so・crat・ic** /pæ̀ntəsəkrǽtɪk←/, **-i・cal** /-ɪk(ə)l←/ 形

pan・to /pǽntou/ 名 (ⓥ ~s) 《英口》 =pantomime 2.

pan・to- /pǽntou/ [連結形] 「全」「総」. 《Gk》

pan・to・graph /pǽntəgræ̀f ǀ -grὰːf/ 名 ❶ 写図器(図形を一定の比に拡大[縮小]する). ❷ (電車・機関車の)パンタグラフ, 集電器. 《F; ⓥ panto-, -graph》

†**pan・to・mime** /pǽntəmὰɪm/ 名 ❶ Ⓤ Ⓒ 無言劇, パントマイム. ❷ Ⓤ Ⓒ 《英》おとぎ芝居, パントマイム(童話, おとぎ話などの題材を歌や踊りで演じる劇; 早変わりと道化がつきもので, クリスマスの興行に多い). ❸ ⓤ 身ぶり, 手まね. ❹ Ⓒ [通例単数形で] 《英》茶番(劇), ばかげた行為[事態(など)]. **pan・to・mim・ic** /pæ̀ntəmímɪk←/ 形 《L<Gk= すべてをまねる人; ⇒ panto-, mime》

pán・to・mìm・ist /-mὰɪmɪst/ 名 パントマイム役者[作者].

pan・to・then・ate /pæ̀ntəθénert/ 名 〔化〕 パントテン酸塩 [エステル].

pan・to・then・ic ácid /pæ̀ntəθénɪk-/ 名 〔生化〕 パントテン酸(ビタミン B 複合体の一要素).

pan・try /pǽntri/ 名 ❶ (家庭の)食料貯蔵室. ❷ (ホテル・船・旅客機などの)食器室; 食品貯蔵室. 《F<L=パンの貯蔵所<*panis* パン+-RY》

*pants** /pǽnts/ 名 ⓥ ❶ 《米》 ズボン, パンツ: a pair of ~ ズボン 1 着. ❷ **a** (下着の)パンツ. **b** パンティー. ❸ 《英俗》つまらない[くだらない]もの; [形容詞的に]《英俗》くだらない, 最低の, つまらない. **béat the pánts òff** a person 《口》〈人〉を完全にやっつける, 完敗させる. **bóre the pánts òff** a person 《口》〈人〉をひどく退屈させる. **chárm the pánts òff** a person 《口》〈人〉を骨抜きで[メロメロに]する. **in lóng pánts** 《米》〈人が〉大人になって. **in shórt pánts** 《米》〈人が〉まだ子供で. **pùt one's pánts òn óne lég at a tíme** 《米口》他のみんなと同じだ. **scáre [fríghten] the pánts òff a person** 《口》〈人〉をうんと怖がらせる. **wéar the pánts**

《口》〈女が亭主を尻に敷く. **with one's pánts dówn** 《口》きわめてまずいところを, 不用意のところを: He was caught *with* one's ~ *down*. 彼は虚をつかれてまごついた. 【PANT(ALOON)S】⇒ trousers.

pánts sùit 名 =pantsuit.

pánt-sùit 名 《米》パンツスーツ(《英》trouser suit).

pánt·y gìrdle /pǽnti-/ 名 パンティーガードル.

pánty hòse 名 [複数扱い] 《米》パンティーストッキング (《英》tights) (《比較》「パンティストッキング」は和製英語).

pánty·lìner 名 パンティーライナー《薄い生理用ナプキン》.

pánty ràid 名 《米》(大学の男子寮生の女子寮へのパンティー襲撃《パンティーを奪って'戦利品'と喜ぶ悪ふざけ》.

pánty·wàist 名 女みたいな男, 意気地なし.

pan·zer /pǽnzər | -tsə/ 形 機甲の, 装甲の: a ~ division 機甲師団. ── 名 装甲車, 戦車. 【G=鎖かたびら】

pap /pǽp/ 名 Ⓤ パンがゆ《幼児・病人の食べ物》. ❷ 低俗な(読み)もの, 子供だまし(の話, 考え).

†**pa·pa** /pɑ́ːpə | pəpɑ́ː/ 名 《古風・小児》パパ, おとうちゃん (cf. mama) (《比較》古風では dad, daddy が最も普通).

pa·pa·cy /péipəsi/ 名 ❶ [the ~] ローマ教皇の職[位], 教皇権. ❷ Ⓒ [通例単数形で] 教皇の任期. ❸ Ⓤ 教皇制.

Pa·pa·go /pǽpəgòu/ 名 (圈 ~, ~s) ❶ a [the ~(s)] パパゴ族《米国 Arizona 州南西部とメキシコ北西部に居住する先住民》. b Ⓒ パパゴ族の人. ❷ Ⓤ パパゴ語.

pa·pa·in /pəpéiɪn/ 名 Ⓤ《生化》パパイン《パパイアの果実の乳液中に含まれるたんぱく質分解酵素》.

pa·pal /péipəl/ 形 ローマ教皇の, カトリックの: ~ authority 教皇権 / a ~ legate ローマ教皇特使 / the P~ See 聖座, 教皇座. (名 pope, papacy)

pápal cróss 名 十字形の十字《横棒が3本の十字》.

pá·pal·ist /-lɪst/ 名 教皇制支持者, 教皇至上主義者. ── 形 教皇制支持の. **pa·pa·lis·tic** /pèipəlɪ́stɪk/ 形.

pa·pa·raz·zo /pɑ̀ːpərɑ́ːtsou | pæ̀pərǽtsou/ 名 (圈 -raz·zi /-tsi:/) [通例複数形で] (有名人を追いまわす)フリーのカメラマン, パパラッチ. 【イタリア映画に登場するスキャンダルねらいのカメラマンの名に因む】

pa·pav·er·ine /pəpǽvəriːn | -ràɪn/ 名 《化》パパベリン《アヘンに含まれる有毒アルカロイド; 主に鎮痙薬として使われる》.

pa·paw /pɔ́ːpɔː/ 名 =pawpaw.

pa·pa·ya /pəpɑ́ːə/ 名 《植》パパイヤ(の実)《熱帯アメリカ原産》.

‡**pa·per** /péipər | -pə/ 名 ❶ Ⓤ 紙《用法 定形の紙を数える時には a sheet of ~ を用い, 形・大きさに関係のない時には a piece of ~ を用いるのが普通》: two sheets of ~ 2枚の紙 / wrapping ~ 包み紙 / ruled ~ 罫(〔けい〕)紙 ⇒ brown paper / work with ~ and pencil 紙と鉛筆でこつこつ[地味に]仕事をする. ❷ Ⓒ 新聞, [the paper(s)] (一般的に)新聞, 新聞全般: a daily ~ 日刊紙 / the evening ~ 夕刊 / today's ~ 今日の新聞 / the Sunday ~ 日曜紙 / get into [make] the ~s 新聞に出る / 新聞にならう / read (about)...in the paper(s) 《ニュースなど》を[について]新聞で読む / What ~ do you take? 何新聞を取っていますか. ❸ Ⓒ a (研究)論文; 《英》(会議に提出する)論文を発表する / a working ~ 習作的小論文, ワーキングペーパー. b 《米》(小)論文, レポート《★ 学生が試験や宿題として課すもので, 日本の学生がいう「レポート」がこれにあたる》: do [assign, submit] a ~ *on* the problem of environmental pollution 環境汚染問題についてのレポートを書く《課す, 提出する》. The *sociology* ~ is easy. 社会学のレポートなんか簡単だ《★《英》では「社会学の試験問題」の意味になる; cf. 4》. ❹ Ⓒ 答案(用紙), 《英》試験問題: mark ~s (試験の)答案を採点する / hand back ~s to one's students 学生に答案を返す / an English ~ 英語の試験問題《ペーパーテスト》. 《解説》(1) 「ペーパーテスト」は和製英語; a written examination [test] という; (2) English paper は《米》では「英語のレポート」の意味になる; cf. 3 b》. ❺ [複数形で] **a** 書類, 文書, 記録 (document): Look through those ~s, will you? その書類に

目を通してくれないか. **b** 身分[戸籍]証明書, 信任状: ⇒ ship's papers. ❻ Ⓒ (政府機関が出す)刊行文書: ⇒ white paper. ❼ Ⓤ a 紙幣. b 手形: negotiable ~ 流通手形. ❽ Ⓒ 紙の容器, 包装紙. ❾ a =wallpaper. b =toilet paper. ❿ Ⓤ a (劇場などの)無料入場券. b 無料入場者たち.

nòt wórth the páper it is prínted [wrítten] òn まったく価値がない. **on páper** (1) (口頭などではなく)紙上で[に]: work things out *on* ~ 物事を紙の上に書いてよく考える. (2) 理論上では[の], 机上では[の], 仮定的には: a profit *on* ~ 帳面上だけの利益, 捕らぬ狸の皮算用 / *On* ~ the scheme looks good. 机上では今の計画はうまくいくように見える(が実際はどうだろうか). **pùt [sèt] pén to páper** ⇒ pen[1] (成句).

── 形 ❶ 紙の, 紙製の: a ~ bag [cup, towel] 紙袋[コップ, タオル]. ❷ 紙のような; 薄い, もろい. ❸ 机上の, 空論の; 帳面上だけの: ~ profits 帳面上だけの利益 / ~ promises 空約束.

── 動 ❶ (壁・部屋に)壁紙をはる (wallpaper): ~ a wall *in* pink 壁にピンク色の壁紙をはる. ❷ 《俗》(劇場などに)無料入場券を出していっぱいにする. **páper óver** (1) 〈しみ・よごれなど〉壁紙でおおう[隠す]. (2) 〈欠点などを〉包み隠す, 糊塗(〔こ〕)する. **páper óver the crácks** ⇒ crack [成句].

〖F < L < Gk *papyros* パピルス; それを古代エジプトで紙の原料とした〗 (形 papery)

†**pa·per·back** /péipərbæ̀k | -pə-/ 名 ペーパーバック, 紙表紙本 (softback; cf. hardcover, hardback). **in páperback** ペーパーバック(版)で. ── 形 ペーパーバックの: a cheap ~ edition 廉価なペーパーバック版.

páper·bàrk 名 《植》オーストラリア産フトモモ科の薄片となってはがれる樹皮をもつ木, (特に) cajeput.

páper·bòard 名 Ⓤ ボール紙, 板紙 (cf. millboard).

páper·bòy 名 新聞売り[配達人], 新聞少年.

páper chàse 名 ❶ 《口》(山のような書類[文書]調べ[作成]; (特に法律の)学位の追求. ❷ 《英》紙まき遊び (⇒ hare and hounds).

páper clìp 名 紙ばさみ.

páper cùtter 名 裁紙機(〔さいし〕), 断裁機.

páper dóll 名 紙人形.

pá·per·er /-pərə | -rə/ 名 =paperhanger.

páper·gìrl 名 新聞配達[新聞売り]の少女.

páper·hànger 名 壁紙張り職人, 経師(〔きょうじ〕)屋.

páper hànging 名 Ⓤ 壁紙張り.

páper knìfe 名 《英》紙切り[ペーパー]ナイフ (《米》letter opener).

páper·less 形 〈オフィス・システムが〉コンピューター化された, ペーパーレスの.

páper móney 名 Ⓤ 紙幣.

páper múlberry 名 《植》カジノキ《アジア産クワ科の落葉高木; 樹皮は紙・布の原料》.

páper náutilus 名 《動》アオイガイ, カイダコ《アオイガイ属のタコの総称》.

páper-pùsher 名 《口》ひらの事務員[公務員], 下級役人.

páper ròute [ròund] 名 (毎日の)新聞配達(の道).

páper shòp 名 《英》ペーパーショップ《新聞・雑誌のほか, たばこ・文房具・食料雑貨なども扱う店》.

páper tápe 名 Ⓤ 紙テープ《旧式のコンピューターで使われた情報記憶の入出力媒体》.

páper-thín 形 ❶ 紙のように薄い, とても薄い. ❷ 〈口実など〉不十分な, 見えすいた, 弱い.

páper tíger 名 張子の虎; こけおどし.

páper tràil 名 文書足跡《ある人の行動をたどったり意見を読み取ったりすることのできる証拠となる文書; 金銭出納記録や著作など》.

páper·wèight 名 文鎮, 紙押さえ.

†**páper·wòrk** 名 Ⓤ ❶ 書類事務, ペーパーワーク. ❷ (商用・旅行などに)必要な書類.

pa·per·y /péipəri/ 形 ❶ 紙の(ような); 薄い. ❷ 〈理由・口実など〉薄弱な. (名 paper)

pa·pier col·lé /pɑːpjéɪkɔːléɪ/ 名 (圈 **pa·piers col·lés**

pa·pier-mâ·ché /pæpjèɪməʃéɪ | pæpjeɪmæʃeɪ/ 名 U 混凝紙, パピエマシェ《張り子の材料》. 混凝紙で作った, 張り子の: a ~ box 張り子の箱. ❷ すぐ壊れる; はかない, 薄弱な. 《F=chewed paper》

pa·pil·la /pəpílə/ 名 (@ -pil·lae /-pílìː/) 《解》小乳頭状突起. **pap·il·lar·y** /pǽpəlèri/ 形 乳頭突起の.

pap·il·lo·ma /pæ̀pəlóʊmə/ 名 (@ ~s, -ma·ta /-tə/) 《医》乳頭腫; 良性のできもの (いぼなど). **pap·il·lo·ma·tous** /pæ̀pəlóʊmətəs⁻/ 形

pap·il·lon /pǽpəlɑ̀n | -lɔ̀n/ 名 パピヨン《犬》《チョウのような長い耳をした小型スパニエル犬》. 《F<L=チョウ; ⇒ pavilion》

pa·pist /péɪpɪst/ 名 《軽蔑》カトリック教徒.

pa·pist·ry /péɪpɪstri/ 名 《軽蔑》カトリック教.

pa·poose /pæpúːs, pə- | pə-/ 名 ❶ 《古》《北米先住民の》幼児, 赤ん坊. ❷ 赤ん坊を背負う袋.

pap·pose /pæpóʊs/ 形 《植》冠毛を有する; 冠毛性の.

pap·pus /pǽpəs/ 名 (@ -pi /-paɪ, -piː/) 《植》《タンポポ・アザミなどの》冠毛.

pap·py¹ /pǽpi/ 形 (**pap·pi·er; -pi·est**) パンがゆ (pap) 状の; どろどろの.

pap·py² /pǽpi/ 名 《米南部・中部》とうちゃん, パパ (papa).

pap·ri·ka /pəprí:kə, pæ-/ 名 C U パプリカ《甘トウガラシの実の粉末; 辛みのある香辛料》.

Páp tèst [smèar] /pǽp-/ 名 《医》パップ試験《子宮癌 (³4)早期発見法》.

Pap·u·a /pǽp(j)uə/ 名 パプア《New Guinea島の南東部》.

Pap·u·an /pǽp(j)uən/ 形 ❶ パプア《島》の. ❷ パプア人の. ─ 名 パプア人.

Pápua Nèw Guínea パプアニューギニア《New Guinea島及びその北西部諸島と付近の島々から成る英連邦内の国; 首都 Port Moresby》.

Pápua Nèw Guínean 形 パプアニューギニア人の. ─ 名 パプアニューギニア人.

pap·u·la /pǽpjʊlə/ 名 (@ -lae /-liː, -laɪ/) =papule.

pap·ule /pǽpjuːl/ 名 《医》丘疹 (きゅうしん).

pap·y·rol·o·gy /pæ̀pərɑ́lədʒi | -rɔ́l-/ 名 U パピルス学. **-gist** 名

pa·py·rus /pəpáɪ(ə)rəs/ 名 (@ -ri /-riː | -raɪ/) ❶ U パピルス: **a** 《植》パピルス《草》, カミガヤツリ. **b** 古代エジプト・ギリシア・ローマの紙. 《パピルスに書いた》写本, 古文書. 《L<Gk; cf. paper》

*****par** /pɑ́ː | pɑ́ː/ 名 ❶ U [a ~] 同等, 同価, 同位: His work is on a ~ with Einstein's. 彼の業績はアインシュタインの業績にひけをとらない. ❷ U **a** 基準, 標準: His work is above [below] ~. 彼の作品は標準以上[以下]だ. **b** 《健康・精神の》常態: I'm feeling a bit below [under] ~ today. 今日はちょっと体の調子がよくない. ❸ U [また a ~]《ゴルフ》パー《ホールごとのラウンドについての基準打数》: four under [over] ~ 4アンダー[オーバー]《基準打数より4打少ない[多い]》. ❹ U 《商》平価, 額面同価; 為替平価: ⇒ par value／ nominal [face] ~ 額面価格／~ of exchange《為替の》法定平価. **abòve pár** (1) 標準以上で (⇒ 2 a). (2) 額面高以上で. (3) 健康で, 元気で. **at pár** 額面高で. **belòw pár** (1) 標準以下で (⇒ 2 a). (2) 額面高以下で. (3) 体調がいつもより悪くて (⇒ 2 b). **pár for the cóurse** 普通の[あたりまえの]こと. **ùnder pár** (1) 標準以下で. (2) 体調がいつもより悪くて (⇒ 2 b). **úp to pár** [通例否定文で] (1) 標準に達して. (2) 体調が常態に達して: I don't feel up to ~. 体の調子がよくない. ─ 動 (**parred; par·ring**) 《ゴルフ》《ホール・コースを》パーであがる. 《L=等しい; cf. pair》

par- /per/《連結形》=para-¹.

par.《略》paragraph; parallel; parenthesis; parish.

pa·ra /pǽrə/ 名 《口》落下傘兵 (paratrooper).

para.《略》paragraph.

par·a-¹ /pǽrə/《連結形》❶「側」「以上」「以外」「不正」「不規則」の意. ❷「擬似」「副」の意: paratyphoid.

par·a-² /pǽrə/《連結形》❶「保護」「防escape」: parachute. ❷「パラシュートの[による]」: paratrooper.

---

par·a·bi·o·sis /pæ̀rəbaɪóʊsɪs/ 名 《生》並体結合[癒合]. **-bi·ot·ic** /-bɑːɑ́tɪk | -ɔ́tɪk/ 形

*****par·a·ble** /pǽrəbl/ 名 たとえ話, 比喩(談): Jesus taught in ~s. イエスはたとえ話で教えた. 《F<L<Gk=比較, 寓話》

pa·rab·o·la /pərǽbələ/ 名 《数》放物線.

par·a·bol·ic /pæ̀rəbɑ́lɪk | -bɔ́l-⁻/ 形 ❶ 放物線《状》の: a ~ antenna パラボラアンテナ. ❷ たとえ話のような. **pàr·a·ból·i·cal·ly** /-kəli/ 副

par·a·bo·loid /pərǽbəlɔ̀ɪd/ 名 《数》放物面. **pa·rab·o·loi·dal** /pəræ̀bəlɔ́ɪdl⁻/ 形

par·a·cet·a·mol /pæ̀rəsíːtəmɔ̀l | -mɔ̀l/ 名 《英》 =acetaminophen.

par·a·chro·nism /pərǽkrənɪzm/ 名 記時錯誤《年月日を実際より後に付けること》.

*****par·a·chute** /pǽrəʃù:t/ 名 パラシュート, 落下傘. ─ 形 A パラシュートの, 落下傘の: a ~ descent 落下傘降下／a ~ flare 落下傘付き照明弾／~ troops 落下傘部隊. ─ 他《部隊・ものを落下傘で投下する[降ろす]. ─ 自 落下傘で降下する. 《F; ⇒ para-², chute》「落下を保護するもの」の意》

pár·a·chùt·er /-tə | -tə/ 名 =parachutist.

pár·a·chùt·ist /-tɪst/ 名 落下傘兵[降下者].

Par·a·clete /pǽrəklìːt/ 名 [the ~] 聖霊.

*****pa·rade** /pəréɪd/ 名 ❶ a 行進, パレード, 行進隊: walk in [join] a ~ 行列を作って練り歩く[行列に加わる]. **b**《次から次へと現われる》人[もの]の行列: a ~ of the seasons 次々と移り変わる季節／a ~ of lies 並べ立てられたうそ, その羅列 (?). ❷ **a** 閲兵式, 観兵式: hold a ~ 観兵式を行なう. **b** =parade ground. ❸ 盛観; 誇示. ❹ a 遊歩道, 散歩道. **b**《英》商店街. **c** …通り: Clarence P~ クラレンス通り. **màke a paráde of** …を見せびらかす. **on paráde** (1)《軍隊が》観兵式の隊形で, 閲兵を受けて. (2)《俳優など》総出演で, オンパレードで. ─ 動 @ ❶《列をなして》通りを行進する: The military band ~d the streets. 軍楽隊が街路を練り歩いた. **b**《列をなして》人を行進させる. ❷《軍隊を》整列させる, 閲兵する. ❸ **a**《人の前に》見せる; 《知識・富などを》見せびらかす, 誇示する (show off): ~ one's knowledge 知識をひけらかす. **b** (自分を見せびらかすために)《…を》歩き回る. ❹ [~ …として] 押し通す, まかり通らせる 《as》《★ 通例受身; cf. ❸ 3》. ─ @ ❶ 列をなして行進する, 練り歩く: The military band ~d through the town. 軍楽隊は町をパレードした. ❷ 閲兵のため整列[行進]する. ❸ 誇示する, 見せびらかす《…として》: self-serving lies parading as truths 真実としてまかり通っている私利的なうそ. 《F<Sp=軍隊の演習場》

paráde gròund 名 閲兵場, 練兵場.

pa·rad·er /-də | -də/ 名

par·a·did·dle /pǽrədɪdl/ 名 《楽》パラディドル《ドラムの基本奏法の一つ; 右右左右, 左右左左と連打する》.

*****par·a·digm** /pǽrədàɪm/ 名 ❶ **a** 例, 模範, 見本 《of》. **b** パラダイム, 枠組み《一時代の支配的考え方を規定している科学的な認識体系または方法論》. ❷《文法》《品詞の》語形変化表, 活用表《同種の変化をする語の例となるもの》. 《L<Gk=模範, 型》

par·a·dig·mat·ic /pæ̀rədɪgmǽtɪk⁻/ 形 ❶ 模範となる, 典型的な. ❷《文法》語形変化《表》の. **-mát·i·cal·ly** /-kəli/ 副

páradigm shìft 名 パラダイムシフト《基本的な方法論[概念的枠組み]の根本的変化》.

par·a·di·sal /pæ̀rədáɪs(ə)l⁻/ 形 =paradisiacal.

*****par·a·dise** /pǽrədàɪs/ 名 ❶ [P~] a 天国 (heaven). **b** エデンの園 (the Garden of Eden). ❷《Milton の叙事詩》『失楽園』(Milton の叙事詩). ❸ [a ~] 楽園, パラダイス: a children's ~ =a ~ for children 子供の天国／a shopper's [nature-lover's] ~ 買い物客[自然愛好家]の天国／a fool's paradise. ❹ 安楽, 至福: This is ~ on earth. こりゃこの世の極楽だ. 《L<Gk=庭, エデンの庭》

par·a·di·si·ac /pæ̀rədíːsiæ̀k, -zi-/ 形 =paradisiacal.

par·a·di·si·a·cal /pæ̀rədɪsáɪək(ə)l, -zɪ-/ 形 天国の(ような). **~·ly** /-kəli/ 副

pa·ra·dor /pérədɔ̀ː | -dɔ̀ː/ 名 (極 ~s, pa·ra·dor·es /pæ̀rədɔ́ːrɑːs | -reɪs/) (スペインの) 国営観光ホテル (しばしば城や修道院を改築したもの).

par·a·dos /pǽrədɑ̀s | -dɔ̀s/ 名 (築城) 背墙(はいしょう).

†par·a·dox /pǽrədɑ̀ks | -dɔ̀ks/ 名 ❶ CU 逆説, パラドックス (矛盾のようで実は正しい説; たとえば More haste, less speed (急がば回れ)). ❷ C a 一見正しく見える矛盾した言葉. b 矛盾した (ところのある) 人 [事柄]. 〖L く =定説に逆らうもの < PARA-¹+doxa 意見, 見方〗

†par·a·dox·i·cal /pæ̀rədɑ́ksɪk(ə)l | -dɔ́k-/ 形 逆説的な; 矛盾する; 相反する; (予測などに) 反する.

pàr·a·dóx·i·cal·ly /-kəli/ 副 逆説的に [だが] (★ 文修飾可). P- (enough), most of these poor people live in the richest cities in the country. 逆説的だが, これら貧しい人々の大部分はその国で最も豊かな都会で暮らしている.

par·aes·the·si·a /pæ̀resθíːʒ(i)ə | -ríːsθíːziə/ 名 (英) =paresthesia.

par·af·fin /pǽrəfɪn/ 名 U ❶ パラフィン (ろうの一種でろうそくの原料). ❷ (英) 灯油 ((米) kerosene): a ~ lamp 石油ランプ. 〖G < L parum 少なすぎて +affinis 関連がある;「ほとんど無関係の (もの)」の意; 他の物質との類似性が少ないことから〗

páraffin òil 名 =paraffin 2.

páraffin wàx 名 U 〖化〗パラフィン, 石蠟(せきろう).

pára·glìd·er /-glàɪdə/ 名 パラグライダー: **a** パラグライディング用パラシュート. **b** パラグライディングをする人.

pár·a·glìd·ing /-glàɪdɪŋ/ 名 パラグライディング (専用のパラシュート (paraglider) を装着して山の斜面や飛行機から飛び, 空中を滑空するスポーツ).

†par·a·gon /pǽrəgɑ̀n | -gən/ 名 模範, 手本: a ~ of beauty 絶世の美人 / a ~ of virtue 美徳の鑑(かがみ).

*par·a·graph /pǽrəgræf | -grɑ̀ːf/ 名 ❶ **a** (文章の) 段落, 節, パラグラフ. **b** =paragraph mark. ❷ (新聞・雑誌の) 小記事; 小論説, 短評: an editorial ~ in a ~ 小社説. ── 動 他 〈文章を〉段落に分ける. **par·a·graph·ic** /pæ̀rəgrǽfɪk/ 形 〖L < Gk =行の切れ目を示す縦線くわきに書いたもの; ⇒ para-¹, -graph〗

páragraph màrk 名 〖印〗段落標; 参照標 (¶).

Par·a·guay /pǽrəgwàɪ, -gweɪ/ 名 パラグアイ (南米中部の内陸にある共和国; 首都 Asunción).

Par·a·guay·an /pæ̀rəgwàɪən, -gweɪ-/ 形 パラグアイの. ── 名 パラグアイ人.

par·a·keet /pǽrəkìːt/ 名 〖鳥〗インコ (オウム科の尾が長く小型の鳥).

pára·lànguage /-læ̀ŋgwɪdʒ/ 名 U 〖言〗パラ言語 (言語構造の範囲外で行なわれる伝達行為; 発話に伴う声の調子など).

par·al·de·hyde /pæ̀rǽldəhàɪd/ 名 U 〖化〗パラアルデヒド (催眠薬・鎮静薬に用いる).

pàra·légal (米) /-líːg(ə)l/ 形 弁護士補助職の. ── 名 弁護士補助職員, パラリーガル.

par·a·leip·sis /pæ̀rəláɪpsɪs/, **-lep-** /-lép-/, **-lip-** /-líp-/ 名 (複 -ses /-siːz/) 〖修〗逆言法 (述べないと言って述べる論法;「...については何も言うまい」といった類).

par·a·lin·guís·tics /pæ̀rəlɪŋgwístɪks/ 名 パラ言語学 (パラ言語 (paralanguage) の研究). **-linguístic** 形

par·a·li·pom·e·non /pæ̀rəlɪpɑ́mənɑ̀n | -laɪpɑ́mɪnɔ̀n/ 名 ❶ [P-] 〖ドゥエー聖書〗歴代誌 (the Chronicles) (列王紀から省かれていた部分を含んでいる). ❷ -na /-nə/) [複数形で] 補遺.

par·al·lac·tic /pæ̀rəlǽktɪk/ 形 視差の.

par·al·lax /pǽrəlæ̀ks/ 名 ❶ U 視差 (観測者の位置によって物体の見える方向が変化すること). ❷ C 視差 (1 における 2 つの異なる方向の間の角度).

*par·al·lel /pǽrəlèl/ 形 ❶ 〈二つ (以上) の線・列が〉平行の: ~ lines 平行線 / a road ~ to [with] the railroad 線路と平行の道路 / run ~ to [with]...と平行する. ❷ (事柄など) 相等しい, 相似する, 同様の; 並行する (to, with): a ~ case [instance] 類例 / a ~ investigation 並行した調査 / Your experience is ~ to an experience I had last year. 君の経験は去年の私の経験とよく似ている. ❸ 〖電〗並列の: a ~ circuit 並列回路. ── 名 ❶ C 平行線, 平行 [に]: Draw a ~ to this line. この線に平行線を引きなさい. ❷ CU **a** 類似 [相似, 相当, 匹敵] (するもの [人]); 対や (者) (to, with, between): The country has striking ~s with Japan. その国は日本と驚くほどの類似点がある. **b** (類似を示すための) 比較: draw a ~ between...の類似点を比較する. ❸ 緯度線, 緯線 (cf. latitude): the 38th ~ 38 度線 (朝鮮を南北に二分する線). ❹ 〖電〗並列回路. ❺ 〖印刷〗並列標 (‖). **in párallel** (1) 〖...に〗並行に [して]; 〖...と〗同時に (to, with). (2) 〖電〗並列式に [で] (↔ in series). **on a párallel** (**with**...) (...と) 平行 [類似] し, 同等で. **párallel of látitude** 緯度線. **without** (**a**) **párallel** 匹敵するものがない (ほどの). **par·al·leled, par·al·lel·ing; (英) par·al·lelled, par·al·lel·ling** ❶ 〈...に〉平行している: The road ~s the river. その道路は川に平行している. ❷ 〈...と〉並行して [同時に] 起こる; 〈...に〉類似する; 匹敵する: The spread of literacy ~s the development of printing. 識字力の普及は印刷術の発達と並行している / Your attitudes ~ mine in many points. 君の考え方は多くの点で私の考え方に似ている. 〖L く Gk =互いのそばに〗

párallel bárs 名 〖体操〗平行棒.

párallel cóusin 名 〖人・社〗並行いとこ, パラレルカズン (父親同士が兄弟または母親同士が姉妹であるいとこ; cf. cross-cousin).

par·al·lel·e·pi·ped /pæ̀rəlèləpáɪpɪd | -lelépɪpèd/ 名 平行六面体.

párallel ímports 名 〖商〗並行輸入品.

par·al·lel·ism /pǽrəlelìzm/ 名 ❶ U 並行. ❷ C 類似; 比較, 対応 (between).

par·al·lel·ize /pǽrəlelàɪz/ 動 他 〖電算〗並列化する.

par·al·lel·o·gram /pæ̀rəléləgræ̀m/ 名 平行四辺形: the ~ of forces 〖力学〗力の平行四辺形.

párallel párking 名 〖極〗縦列駐車. **párallel párk** 動

párallel pórt 名 〖電算〗パラレルポート (同時に複数のビットを伝送する出入力ポート).

párallel prócessing 名 U〖電算〗並列処理 (いくつかのデータ項目を同時に処理するコンピューターの処理方式).

párallel rúler 名 平行定規.

pa·ral·o·gism /pərǽlədʒìzm/ 名 〖論〗偽(ぎ) 推理 (論者自身の気づかない誤った推論). **-gist** 名 /-dʒɪst/ 名

Par·a·lym·pics /pæ̀rəlímpɪks/ 名 パラリンピック (障害者スポーツの最高レベルの国際大会). 〖PARA(PLEGIC) + (O)LYMPICS〗

†par·a·lyse /pǽrəlàɪz/ 動 (英) =paralyze.

†pa·ral·y·sis /pərǽləsɪs/ 名 (極 -y·ses /-sìːz/) UC ❶ 〖医〗麻痺, 中風: cerebral ~ 卒中 / general ~ 全身麻痺 / ⇨ infantile paralysis. ❷ 停滞, 麻痺状態: moral ~ 道義心の麻痺 / the complete ~ of the transport facilities 交通機関の全麻痺状態. 〖L く Gk =片側の (筋肉の) ゆるみ < PARA-+lyein 緩む〗 **paralytic, 動 paralyze**)

par·a·lyt·ic /pæ̀rəlítɪk/ 形 ❶ 麻痺 (状態) の, 中風の. ❷ (英俗) ぐでんぐでんに酔っぱらった. ── 名 麻痺患者. **pàr·a·lýt·i·cal·ly** /-kəli/ 副 (名 paralysis)

†par·a·lyze /pǽrəlàɪz/ 動 他 ❶ 麻痺させる, しびれさせる (★ 通例 受身): My father is half ~d. 私の父は半身不随だ / He was ~d by [with] fear. 彼は恐怖で縮みあがった. ❷ 〈...を〉無力にする, 活動できなくする; 役に立たなくする (★ 通例 受身): The whole town was ~d by the transport strike. 全市が交通ストで麻痺状態になった. (名 paralysis)

pàra·magnétic 形 〖理〗常磁性 (体) の. **pàra·mágnetism** 名

Par·a·mar·i·bo /pæ̀rəmǽrəbòʊ/ 名 パラマリボ (スリナム共和国の首都; 大西洋岸の港町).

par·a·mat·ta /pæ̀rəmǽtə/ 名 =parramatta.

par・a・me・ci・um /pæremíːʃəm | -si-/ 名 (複 **-ci・a** /-ʃiə | -siə/) 【動】ゾウリムシ.

par・a・med・ic /pæremédɪk/ 名 ❶ 医療補助員 (医師・看護師[婦, 士]を除く医療従事者; 心理療法士・検査技師など). ❷ (医師不在の時に応急手当てのできる) 救急救命士.

par・a・med・i・cal /pæremédɪk(ə)l⁻/ 形 ❶ 医療補助の. ❷ 救急救命士の.

†**pa・ram・e・ter** /pəréməṭə | -tə/ 名 ❶ [数] 媒介変数, パラメーター. ❷ [統] 母数, パラメーター (母集団 (population) の特性を示す定数). ❸ **a** 限定要素, 要因. **b** 制限(範囲), 限界: within the ~s of... の範囲内で. **par・a・met・ric** /pæremétrɪk⁻/ 形.

pa・ram・e・ter・ize /pəréməṭəràɪz/, **pa・ram・e・trize** /pəréməṭràɪz/ 動 他 [数] パラメーターで表示する.
pa・ram・e・ter・i・za・tion /pəréməṭərɪzéɪʃən | -raɪz-/, **pa・ram・e・tri・za・tion** /pəréməṭrɪzéɪʃən | -traɪz-/ 名.

parametric equalizer 名 [音響] パラメトリックイコライザー (帯域通過フィルターの特定周波数・帯域・振幅を制御する装置[プログラム]).

†**pàra・military** 形 [団体など] 軍補助的な, 準軍事的な.

par・am・ne・sia /pæræmníːʒə | -ʒ(i)ə/ 名 U [心] 記憶錯誤.

par・a・mo /pæremòʊ/ 名 (複 ~s /-z/) パラモ (南米北部・西部の高山の樹木のないイネ科植物を主とする地帯).

†**par・a・mount** /pæremàʊnt/ 形 ❶ 最高の, 主要な: of ~ importance 最も[特に]重要な / The interests of the people are ~. 国民の利害こそ最も重要である. ❷ 最高権威を有する: the lord ~ 最高権者, 国王. **par・a・mount・cy** /pæremàʊntsi/ 名 【F=山頂にある(もの)】
[類義語] ⇒ dominant.

par・a・mour /pæremùə | -mùə/ 名 [古] 情人, 愛人.

pàra・mýxovirus /-/ 名 パラミクソウイルス (一本鎖 RNA ウイルスの一群; はしか, おたふくかぜ, ジステンパーのウイルスなど).

Pa・ra・ná /pàːrənáː/ 名 [the ~] パラナ川 (ブラジル南部とアルゼンチン東部を南流して大西洋に注ぐ大河).

pa・rang /páːræŋ/ 名 (マレーシア・インドネシアなどで用いられる) 大型の重い短刀.

†**par・a・noi・a** /pæranóɪə/ 名 U [医] ❶ 偏執症, 妄想(症). ❷ 病的な疑い深さ. 【Gk <PARA-¹+nous 心】

par・a・noi・ac /pæranóɪæk⁻/ 名 形 =paranoid.

†**par・a・noid** /pæranòɪd/ 形 偏執症(患者)の; 誇大妄想的な; 病的なほど疑い深い [猜疑心(ｻｲｷﾞｼﾝ)の強い]. — 名 偏執性の人, 偏執症者; 病的なほど疑い深い人.

pàra・nórmal 形 科学的[合理的]に説明できない, 超常的な; 超常現象の (supernatural). — 名 [the ~; 単数扱い] 超常現象.

pàra・parésis 名 U [医] 不全対(ツイ)麻痺 (特に下肢の部分的麻痺). **pàra・parétic** 形.

par・a・pent /pæropaː nt, pér-/ 名 U パラパント (高空から翼形パラシュートで行なう滑空降下); C パラパント (翼形パラシュート). — 動 自 パラパントする (翼形パラシュートで滑空降下する). **par・a・pent・er** /-tə | -tə/ 名.

par・a・pet /pæropət, -pèt/ 名 ❶ **a** (屋根・露台・橋などの) 欄干, ひめがき. **b** (壁上の) 手すり壁. ❷ [軍] 胸墙(ｷｮｳｼｮｳ) (防御用に銃眼より低い壁; cf. battlement).

par・aph /pæref | -ræf/ 名 署名の終わりの飾り書き (もとは偽筆を防ぐため).

par・a・pha・sia /pæreféɪʒ(i)ə | -ʒiə/ 名 U [医] 錯語(症), 不全失語(症) (会話不能になるくらい言葉を間違える).
par・a・pha・sic /pæreféɪzɪk⁻/ 形.

†**par・a・pher・na・lia** /pærəfə(r)néɪljə, -liə | -fənéɪliə/ 名 ❶ U **a** 装備, 装置, 設備: camping [sports] ~ キャンプ[スポーツ]用品. **b** 〔口〕不要品, がらくた. ❷ [単数形で] [英] 〔口〕(あることをする[得る]のにやむをえない)面倒な[やっかいな]こと (of).

par・a・phil・i・a /pæreflllə/ 名 U [精神医] 性欲倒錯(症). **par・a・phil・i・ac** /pæreflllæk/ 名 形.

†**par・a・phrase** /pæreflèɪz/ 動 他 (...を) 別の言葉でやさしく言い換える, パラフレーズする, 意訳する. — 名 言い換え, パラフレーズ, 意訳 (of). 【L<Gk=言い換える; ⇒ para-¹, phrase】

par・a・phras・tic /pæreflæstɪk⁻/ 形 言い換えの, パラフレーズの. **-ti・cal・ly** /-tɪkəli/ 副.

par・a・ple・gi・a /pæreplíːdʒ(i)ə/ 名 U [医] (下半身の) 対(ツイ)麻痺.

par・a・ple・gic /pæreplíːdʒɪk⁻/ 形 対(ツイ)麻痺の(患者).

pàra・proféssional 名 形 (教員・医師などの) 専門職助手(の).

pàra・psychólogy 名 U 超心理学 (テレパシー・心霊現象などを扱う心理学).

par・a・quat /pærəkwɒt | -kwɒt/ 名 U パラコート (除草剤).

pára・sàiling 名 U パラセイリング (モーターボートで引っぱりパラシュートをつけて空中を滑走するスポーツ).

par・a・scénd・ing /pærəsèndɪŋ/ 名 U [英] ❶ =paragliding. ❷ =parasailing. **-scènd** 動 自. **-scènd・er** /-də | -də/ 名.

par・a・se・le・ne /pærəslíːni/ 名 (複 **-nae** /-niː/) [気・天] 幻月 (月暈(ｶﾞｯｳﾝ)に現れる光輪; cf. parhelion).

†**par・a・site** /pærəsàɪt/ 名 ❶ 寄生動物, 寄生虫[体, 菌] (cf. host¹), [植] 寄生植物 (ヤドリギなど). ❷ 他人に寄生して生活する人, 居候(ｲｿｳﾛｳ), 食客 (sponger). 【L<Gk =食席を楽しませて伴食する人】

par・a・si・te・mi・a, -ae・mi・a /pærəsaɪtíːmiə/ 名 U [医] 寄生虫血(症) (特に臨床的徴候のない場合についていう).

†**par・a・sit・ic** /pærəsítɪk⁻/, **-i・cal** /-tɪk(ə)l⁻/ 形 ❶ **a** 〔動物・植物〕の寄生的な. **b** 〔病気〕が寄生虫性の[による]. ❷ 他人に寄生して暮らす, 居候する. **-cal・ly** /-kəli/ 副.

par・a・sit・i・cide /pærəsítɪsàɪd/ 名 殺寄生虫薬, 駆虫薬, 虫下し. **par・a・sit・i・cid・al** /pærəsìtəsáɪdl⁻/ 形.

par・a・sit・ism /pærəsàɪtɪzm/ 名 U [生] 寄生, 寄生生活 (⇔ symbiosis).

par・a・si・tize /pærəsətàɪz/ 動 他 (...に) 寄生する. **par・a・sit・i・za・tion** /pærəsìtɪzéɪʃən | -taɪz-/ 名.

par・a・sit・oid /pærəsɪtɔɪd/ 名 [昆] 捕食寄生蜂, 擬寄生虫[者] (他の昆虫の体内で成長して宿主を殺す虫; 特にスズメバチ). — 形 捕食寄生の.

par・a・si・tol・o・gy /pærəsaɪtáləʤi | -tɔ́l-/ 名 U 寄生生物[虫]学.

par・a・sol /pærəsɔːl, -sɒl | -sɒl/ 名 ❶ 日傘, パラソル (cf. umbrella 1). ❷ =parasol mushroom. 【F<It =日よけ<PARA-²+sole 太陽】

párasol mùshroom 名 [植] カラカサタケ (食用キノコ).

par・a・stat・al /pærəstéɪtl/ 形 準国営の, 半官の(団体).

pàra・sympathétic 形 副交感神経の.

pàra・sýnthesis 名 [言] 併置総合 (複合語からさらに派生語をつくること: great heart に -ed を添えて greathearted とする類). **-synthétic** 形.

par・a・tac・tic /pærətæktɪk⁻/ 形 [文法] 並列的な.

pàr・a・tác・ti・cal /-tɪk(ə)l⁻/ 形 =paratactic.

par・a・tax・is /pærətæksɪs/ 名 U [文法] 並列, 並位 (接続詞なしに文・節・句を並べること; 例: I came, I saw, I conquered; ↔ hypotaxis).

pa・ra・tha /pəráːtə/ 名 パラーター (インド料理で, ロティー (roti) の両面にバターの一種ギー (ghee) をかぶった食べ物).

par・a・thi・on /pærəθáɪən | -ɔn/ 名 U パラチオン (猛毒の有機リン系の殺虫剤).

pàra・thýroid 形 名 [解] 副甲状腺(の).

parathýroid glànd 名 [解] 副甲状腺.

par・a・troop /pærətrùːp/ 名 [複数形で] 落下傘部隊.

†**par・a・troop・er** /pærətrùːpə | -pə/ 名 落下傘兵 (paratroops の一員).

pàra・týphoid 名 U パラチフス.

par・a・vane /pærəvèɪn/ 名 機雷ケーブル切断器, 防雷具.

par avion /pàːrævjɔ́ːn/ 副 航空便で (by airmail) (★

郵便物の表記). 〖F=by plane〗

par·boil /pάɚbɔɪl | pάː-/ 動 ⦿ 〈食品を〉湯がく, 湯通しする.

par·buck·le /pάɚbʌkl | pάː-/ 名 (たるなど円筒形の重い物を上げ下げする)掛け縄. ── 動 ⦿ 掛け縄で上げる[下げる].

***par·cel** /pάːs(ə)l | pάː-/ 名 ❶ 包み, 小包, 小荷物 (⇒ baggage 比較): wrap [unwrap] a ~ 小包をつくる[ほどく] / send ~s of food and clothes to refugees 難民に食料や衣料の小包を送る. ❷ a 〖法〗一区画[一筆]の土地: buy a ~ of land 一区画の土地を買う. b 一回の取り引き量. ❸ [a ~] 一群, ひと組; 多数, 多量: a ~ of lies うそ八百. ── 動 ⦅米⦆ (par·celed, ⦅英⦆ -celled; par·cel·ing, ⦅英⦆ -cel·ling) ❶ ⟨…を⟩包み[小包]にする: ~ up books 本を小包にする. ❷ ⟨…を⟩分ける, 分配する: ~ out the land (into small plots) 土地を(小さな区画に)分ける. 〖F←L particula 小さな部分 < pars, part- 部分; cf. part, particular〗

párcel bòmb 名 小包爆弾.

párcel pòst 名 Ⓤ 小包郵便 ⦅略 pp, PP⦆: by ~ 小包郵便で. ── 副 小包郵便で: send it ~ 小包郵便で送る.

parch /pάːtʃ | pάː-/ 動 ⦿ ❶ 〈太陽・熱などが〉地面などを〉乾き切らす. ❷ 〈豆・穀物などを〉いる, あぶる. ── ⦾ ひからびる, 焼ける, 焦げる.

parched 形 ❶ 〈地面など〉乾き切った, 干あがった: ~ lips (熱で)からからに乾いた唇 / The ground was ~. 地面は乾き切っていた. ❷ ⦅口⦆ のどが(からからに)渇いた: I'm ~. のどがからからだ.

Par·chee·si /pɑːtʃíːzi | pɑː-/ 名 ⦅商標⦆ パーチージ ⦅すごろくゲーム⦆.

párch·ing 形 焼く[焦がす]ような: ~ heat 炎暑.

parch·ment /pάːtʃmənt | pάː-/ 名 ❶ a Ⓤ 羊皮紙 ⦅羊・ヤギなどの皮から作る; cf. vellum⦆. b Ⓒ 羊皮紙の文書. ❷ Ⓤ =parchment paper. b Ⓒ (模造羊皮紙の)証書, 卒業証書.

párchment pàper 名 Ⓤ パーチメント紙 ⦅羊皮紙に似せた防水・防脂用の硫酸紙⦆.

par·close /pάːklòʊz | pάː-/ 名 〖建〗 (教会堂主要部と礼拝室などとの間の)ついたて, 欄.

pard /pάːd | pάːd/ 名 ⦅古・詩⦆ ヒョウ (leopard).

par·da·lote /pάːdəlòʊt | pάː-/ 名 〖鳥〗 ホウセキドリ ⦅豪州産; ハナドリ科; diamond bird ともいう⦆.

pard·ner /pάːdnɚ | pάːdnə/ 名 ⦅米口⦆ [呼び掛けで] 仲間, 相棒 (partner).

***par·don** /pάːdn | pάː-/ 名 ❶ Ⓤ 許し, 容赦; 勘弁: ask ~ for one's rudeness 不作法の許しを請う / He begged my ~ for stepping on my foot. 彼は私の足を踏まってしまって申し訳ないと言った. ❷ Ⓒ 〖法〗恩赦, 特赦; 恩赦状: grant [give]…a ~ …に恩赦を与える. ❸ Ⓒ 〖カト〗教皇の免罪; 免罪符.

I bég your párdon. (1) ⦅ご免なさい, 失礼しました ⦅解説⦆ 思わず犯した小さな過失, 人の体にふと触れたり押したりする無礼などに対するていねいなわびの言葉; Beg your pardon. (↘) または Pardon. (↘) とも言う⦆. (2) 失礼ですが ⦅解説⦆ 見知らぬ人に話しかける時, 他人と意見を異にした時に自説を述べる時のていねいな言葉⦆. (3) 失礼します, すみません ⦅解説⦆ 人混みの中を通ろうとする時のていねいな言葉⦆. (4) 恐れ入りますがもう一度おっしゃってください ⦅解説⦆ 問い返す時のていねいな言葉; しり上がりの調子で (I) Beg your ~? (↗) と言う; また ⦅口⦆ では Beg pardon? (↗) または Pardon? (↗) ともいう⦆.

── 動 ⦿ ❶ 容赦する, 許す, 大目に見る: P~ my bluntness. ぶしつけですいません / if you'll ~ the expression こんなことを言ってよければ ⦅失礼なことを言う前か後に用いる口語表現⦆ / Such behavior cannot be ~ed. そのようなふるまいは許されない / P~ me for interrupting you. お じゃましています ⦇+目+for 所有格+doing⦈. ⦅口⦆ [+目] P~ me] contradicting you. お言葉を返して申し訳ありません / P~ my asking, but… こんなこと聞いて申し訳ありませんが… ⦇+目+目⦈ P~ me my clumsiness. 私のぶざまを許

してください. ❷ 〖法〗〈人を〉赦免する, 特赦する; 〈人の×罪を〉許す, 赦免する (★通例受身): [+目+目] The prisoner has been ~ed three years of his sentence. 囚人は刑期のうちの3年を赦免された.

Párdon me. (1) ご免なさい, 失礼 ⦅解説⦆ (↘) で表現する). (2) 失礼ですが, すみません ⦅解説⦆ 見知らぬ人に話しかける時, 相手の注意を自分に向けようとする時, また他人と意見を異にした場合に自説を述べる時のていねいな言葉⦆. (3) 失礼します, すみません ⦅解説⦆ 人混みの中を通ろうとする時のていねいな言葉⦆. (4) 恐れ入りますがもう一度おっしゃってください ⦅解説⦆ 問い返す時のていねいな言葉; しり上がりの調子でいう⦆.

párdon my Frénch ⦅戯言⦆ 失礼, ご免なさい ⦅★下品[失礼]な言葉を発したあとに言う⦆.

Párdon me for bréathing [líving]! (相手の非難に怒って)生きていて悪うございます, これはこれは迷惑をおかけしましたね.

Thère's nóthing to párdon. どういたしまして.
〖F←L〗 〖類語〗 ⇒ forgive.

par·don·a·ble /pάːdnəbl | pάː-/ 形 容赦[勘弁]できる.

par·don·a·bly /-nəbli/ 副 容赦できる程度に: He's ~ proud of his son. 彼は息子を自慢するが無理もない.

pár·don·er /-nɚ | -nə/ 名 ❶ 許す人. ❷ (中世の)免罪符売人.

⁺**pare** /péɚ | péə/ 動 ⦿ ❶ (ナイフで)〈果物などの〉皮をむく, 〈…の〉皮をむく, 〈…から〉縁・かどなどを〉削り取る: ~ an apple リンゴの皮をむく / ~ (off) the rind from pomelo ザボンの皮をむく / ~ away excess fat from a piece of meat 肉片から余分な脂身を切り取る. ❷ 〈費用などを〉少しずつ減らす, 削減する ⟨down, back⟩: We must ~ down expenses (to the bone). 費用を(ぎりぎりまで)切り詰めなければならない. ❸ 〈つめなどを〉切り整える: ~ one's nails to the quick 深づめをする.

par·e·gor·ic /pærəgɔ́ːrɪk | -gɔ́r-/ 名 Ⓤ 〖薬〗アヘン安息香チンキ ⦅鎮痛・鎮静剤, (小児用)下痢止め⦆.

paren. ⦅略⦆ parenthesis.

pa·ren·chy·ma /pərénkəmə/ 名 Ⓤ ❶ 〖解〗実質(組織). ❷ 〖植・動〗柔組織. **par·en·chym·a·tous** /pærəŋkímətəs/, **pa·rén·chy·mal** /-m(ə)l/ 形.

***par·ent** /pé(ə)rənt, pǽr- | péər-/ 名 ❶ a 親 ⦅解説⦆ 父または母をさし, 「両親」を指すには (one's) parents を用いる⦆. b (動植物の)親. ❷ 原因となるもの, 元. ── 形 Ⓐ ❶ 親の, 親種の: a ~ bird 親鳥 / a ~ tree 親木. ❷ もとの, 元祖の. ── 動 ⦿ 〈…の〉親(代わり)になる. 〖F←L =生み出すもの < parere 生む〗 (形 parental)

⁺**par·ent·age** /pé(ə)rəntɪdʒ, pǽr- | péər-/ 名 Ⓤ [修飾語を伴って] 生まれ, 家柄, 血統: come of good ~ 家柄がよい.

⁺**pa·ren·tal** /pəréntl/ 形 Ⓐ 親の, 親らしい, 親としての: ~ love 親の愛. **-ly** /-təli/ 副 (名 parent)

paréntal léave 名 育児休暇.

párent còmpany 名 親会社 (cf. SUBSIDIARY company).

párent·cràft 名 Ⓤ 子育て術, 育児法.

párent èlement 名 〖理〗親元素 ⦅崩壊前の放射性元素; cf. daughter element⦆.

par·en·ter·al /pærénterəl/ 形 〖医〗〈注射・投与・感染などが〉腸管外の, 非経口(的)の. **~·ly** 副

pa·ren·the·sis /pərénθəsɪs/ 名 (複 -the·ses /-sìːz/) ❶ [通例複数形で] 丸括弧, パーレン ⦅( )の記号(の片方または両方); cf. bracket 1⦆. ❷ 〖文法〗挿入語句 ⦅両端を二つのコンマ, 丸括弧, ダッシュなどで区切る; 例: This, I think, is what he meant.). **in paréntheses** (1) 括弧に入れて. (2) ちなみに. 〖L←Gk=間に置くこと〗

pa·ren·the·size /pərénθəsàɪz/ 動 ⦿ ❶ 〈…を〉丸括弧に入れる. ❷ 〈…を〉挿入句にする, 〈…に〉挿入句を入れる.

par·en·thet·ic /pærənθétɪk⁻/, **-i·cal** /-tɪk(ə)l⁻/ 形 挿入句の; 挿入句的の. **-cal·ly** /-k(ə)li/ 副.

párent·hòod 名 Ⓤ 親であること; 親の立場.

⁺**párent·ing** /-tɪŋ/ 名 Ⓤ 子供の養育, 子育て.

párent lànguage 名 〖言〗祖語.

párent-téacher assocìation 图《米》ピーティーエー, 父母と教師の会 (略 PTA).
par·er /péərə | -rə/ 图 (果物・チーズなどの)皮むき器.
par·er·gon /pærə́ːɡɑn | -rɔ́ːɡɔn/ 图 (複 **-er·ga** /-ɡə/)
❶ 添え飾り, アクセサリー. ❷ 副業.
pa·re·sis /pərí:sis, pǽrə-|pǽrəsìːz, pǽrəsìːz/) 图《医》❶ 不全麻痺. ❷ ＝general paresis. **pa·ret·ic** /pərétɪk, -ríː-/ 形.
par·es·the·si·a /pærəsθíːʒ(i)ə | -riːsθíːziə/ 图 ©U《医》感覚異常(症), 触覚性錯覚, 知覚異常. **-es·thet·ic** /pærəsθétɪk | -riːs-́/ 形.
pa·re·u /pɑːréru/ 图 パレウ《ポリネシア人の腰巻》.
par ex·cel·lence /pɑːrèksɑlɑ́ːns | -́-́-́/ 形《名詞の後で》抜群の, 一段とすぐれた. 《F＝by excellence》
par·fait /pɑːféɪ | pɑː-/ 图 ©U パフェ《果物・シロップ・アイスクリーム・泡立てたクリームなどを材料にした冷たいデザート》. 《F＝(something) perfect》
par·fleche /pɑːrfléʃ | pɑː-/ 图 ❶ (野牛などの)生皮. ❷ 生皮で作ったもの《箱・袋・外衣など》.
parge /pɑːdʒ | pɑːdʒ/ 動 他 ＝parget.
par·get /pɑːdʒɪt | pɑː-/ 图 ©U (**par·get·ed**, 《英》**get·ted; par·get·ing**, 《英》**-get·ting**) 〈…にしっくいを(装飾的に)塗る, 飾り塗りする. ── 图 ❶ しっくい. ❷ ＝pargeting.
pár·get·ing, pár·get·ting /-tɪŋ/ 图 ©U 浮彫り風の飾り塗り.
par·he·li·on /pɑːhíːliən | pɑː-/ 图 (複 **-li·a** /-liə/) 《気》幻日《日暈(ﾋﾞ)に現われる光点》.
pa·ri·ah /pərə́iə/ 图 ❶ 社会ののけ者 (outcast). ❷ パーリア《南部インドの最下級民; cf. untouchable》.
paríah dòg 图 パリア犬《インド・アフリカなどの半野生犬》.
Par·i·an /péəriən/ 形 ❶ パロス (Paros) 島の. ❷ パリアン磁器の. ── 图 ❶ © パロス島民. ❷ U パリアン磁器《白色陶磁器》.
pa·ri·e·tal /pəráiətl/ 形 ❶ 《解》頭頂の. ❷ 《米》大学構内の生活《秩序》に関する.
pariétal bòne 图《解》頭頂骨.
pariétal lòbe 图《解》(脳の)頭頂葉.
par·i·mu·tu·el /pærimjúːtʃuəl | -tjuəl/ 图 (複 **~s, par·is·mu·tu·els** /-/) ❶《競馬》パリミューチュエル式勝馬投票《勝馬に賭(ｶ)けた人々に手数料を差し引いて全賭け金を分ける賭け方》. ❷《米》賭け金表示器.
par·ing /péərɪŋ/ 图 ❶ 皮をむくこと, 削ること, (つめなど)を切ること. ❷ ©《通例複数形で》むいたくず, 切り[削り]くず.
páring knìfe 图 果物ナイフ.
pa·ri pas·su /pǽripǽsuː/ 副 形 同じ歩調で[の], 足並みをそろえて[た] (side by side).
*__Par·is__¹ /pǽris/ 图 パリ《フランスの首都》.
Par·is² /pǽris/ 图《ギ神》パリス《Troy 王プリアモスの子; Sparta の王妃 Helen を奪い Troy 戦争の原因をなした》.
Páris gréen 图 U ❶《化》パリスグリーン《酢酸亜砒酸銅を主成分とする有毒な顔料・殺虫剤》. ❷ あざやかな黄緑.
*__par·ish__ /pǽrɪʃ/ 图 ❶ 教区, 教会区《教区教会 (parish church) と教区牧師 (parish priest) をもつ宗教上の区域》. ❷ [the ~; 集合的に; 単数または複数扱い] 全教区民. ❷《英》**a** 地方行政区《解題 county の下位区分で行政上の最小単位; しばしば教区と一致する; その区域内の結婚や埋葬などの記録が保存されている》. **b** [集合的に; 単数または複数扱い] 地方行政区民. ❸《米》(Louisiana 州の)郡《他州の county に相当する; ⇒ county 1》. 《L ＜ Gk＝隣人》 (parochial).
párish chúrch 图 教区教会.
párish clérk 图 教区教会の庶務係.
párish cóuncil 图《英》教区会《地方行政区 (civil parish) の自治機関》.
pa·rish·io·ner /pərɪ́ʃ(ə)nə | -nə/ 图 教区民.
párish príest 图 教区司祭[牧師], 主任司祭[牧師].
párish-púmp 形 (けなして)《英》その土地の興味[観点]だけの, 視野の狭い, 地方的な: ~ politics 地元優先[本位]の政治.

1313　　**Parkinson's law**

párish régister 图 (出生・洗礼・婚姻・埋葬などの)教区記録.
*__Pa·ri·sian__ /pərɪ́ʒən | -ziən/ 形 パリ(人)の, パリ風の. ── 图 パリ人, パリジャン. 《PARIS¹＋-IAN》
Pa·ri·si·enne /pərìːzién | pəríːziɛn/ 图 パリの女性, パリジェンヌ.
par·i·son /pǽrəsn/ 图 パリソン《炉から出して瓶に似た形にしただけのガラス塊》.
†**par·i·ty**¹ /pǽrəti/ 图 U ❶ (量・質・価値など)同等であること, 等価, 等量; 同率; 同等, 同格: ~ of treatment 均等待遇 / be on a ~ with...と均等である / salary ~ between men and women 男女の給与の同等 / We went on strike for ~ with them. 我々は彼らとの同等待遇を要求してストに入った. ❷ **a**《経》平衡(価格); 平価: ~ of exchange 為替相場の平価. **b**《米》パリティ《農家の生産物価格と生活費との比率》. ❸《電算》パリティー, 奇偶(性).
par·i·ty² /pǽrəti/ 图 U《医》出産経歴《児数》.
*__park__ /pɑːk | pɑːk/ 图 **A** ❶ **a** 公園《用法 固有名詞の要素の時は通例無冠詞》: a national ~ 国立公園 / ⇒ amusement park, safari park. **b** ＝ industrial park. **c** ＝theme park. ❷ (地方の大邸宅を囲む)大庭園, 私園. ❸ **a**《米》競技場, スタジアム, 球場: a baseball ~ 野球場 / ⇒ ballpark. **b** [the ~]《英口》サッカー競技場. ❹ ©U 駐車場: a lorry ~《英》トラック駐車場 / ⇒ car park. ❺ U (オートマチック車の変速レバーの)パーク[駐車]の位置《略 P》. ── 動 他 ❶〈自動車を〉(一時)駐車する: He ~ed his car by the curb. 彼は車を道路の縁石に寄せて駐車した. / Where is your car ~ed? あなたの車はどこに駐車してありますか. ❷《副詞(句)を伴って》《口》**a**〈ものを〉(ある場所に)(一時)置く; 〈子供などを〉預ける《★ しばしば「他人の迷惑を顧みず」の意味を持つ》. **b** [~ oneself] (ある場所に)腰を下ろす, 座る. ── 图 (一時)駐車場. 《L; 原義は「囲まれた場所」》
par·ka /pɑːkə | pɑː-/ 图 ❶ パーカ《エスキモーが着るフード付き毛皮製ジャケット》. ❷ アノラック (anorak)《防水・防風性布地で作られたフード付きスポーツ用ジャケット》. 《Aleut ＜ Russ》
párk and ríde 图 U パークアンドライド《自家用車で都市周辺まで行き, そこから公共交通機関に乗り換えて都心に向かう方法》.
Par·ker /pɑːkə | pɑːkə/, **Bonnie** 图 パーカー(1910-34; 米国の凶悪犯; Clyde Barrow と共に 12 件の殺人と多数の窃盗をはたらいた).
Parker, Charlie 图 パーカー(1920-55; 米国のジャズアルトサックス奏者・作曲家; バップ (bop) スタイルの開拓者).
Parker, Dorothy 图 パーカー(1893-1967; 米国の作家; 機知に富む文章で知られた).
park·ie /pɑːki | pɑː-/ 图《英口》公園の管理人.
*__párk·ing__ /pɑːkɪŋ | pɑː-/ 图 U ❶ 駐車: No ~.《掲示》駐車禁止. ❷ 駐車場所[スペース].
párking bràke 图 (自動車の)サイドブレーキ.
párking garàge 图《米》立体駐車場《英》multi-storey car park.
párking lìght 图《通例複数形で》《米》(自動車の)駐車灯, パーキングライト, サイドライト《英》sidelight.
*__párking lòt__ 图《米》駐車場《英》car park.
párking mèter 图 パーキングメーター, 駐車料金計.
párking orbit 图《宇宙》中継軌道《最終目標の軌道にのせる前の一時的軌道》.
párking spáce 图 駐車スペース.
párking tìcket 图 駐車違反切符.
Par·kin·son·ism /pɑːkɪns(ə)nìzm | pɑː-/ 图 ＝ Parkinson's disease.
Par·kin·son's disèase /pɑːkɪns(ə)nz- | pɑː-/ 图《医》パーキンソン病, 振戦(ﾚﾝ)麻痺《ふるえ・運動減少・筋硬直をきたす疾患》. 《James Parkinson 18-19 世紀の英国の医師》
Párkinson's láw 图 U パーキンソンの法則《「仕事にはかけられるだけの時間がかかる」「役人の数は仕事の量にかかわりなく, 一定の割合で自然に増加しがちである」など》. 《20

párk・kèeper 图《英》公園管理人.

⁺párk・lànd 图 ⓤ ❶ 公園に適した土地, 公園用地. ❷《英》(地方の)大邸宅の周囲の)緑地.

párk rànger 图《米》公園管理者.

Parks /pá:rks/, **Rosa** 图 パークス (1913– ; 米国の公民権運動家; 1955 年 12 月, Alabama 州 Montgomery で白人男性にバスの座席を譲るのを拒否, 黒人差別撤廃運動の展開を大きく変える役割を果たした).

párk・wày 图 ❶《米》パークウェー《両側か中央分離帯に樹木や芝生を植えた大道》. ❷《英》駐車場の設備のある駅《★有名の一部に用いる》.

park・y /pá:rki | pá:-/ 形 (**park・i・er, -i・est**)《英口》《空気・天候など》ひんやりした, 冷たい.

par・lance /pá:rləns | pá:-/ 图 ⓤ 《修飾語を伴い》(…な)話しぶり, 口調, 語法: in legal ~ 法律用語で / in common ~ 俗な言い回しでは.

par・lay /pá:rleɪ, -li | pá:li/ 自 他《米》❶〈賭(か)け金とその賞金とを〉さらに(他の馬に)賭ける. ❷〈資金などを〉〈…に〉拡大[増大]させる: He ~ed a hundred-dollar investment *into* a fortune. 彼は 100 ドルを投じて財をなした.

par・ley /pá:rli | pá:-/ 图〈敵側との〉会見, 談判《*with*》. —— 自〈…と〉談判する, 交渉する《*with*》.

⁎par・lia・ment /pá:rləmənt, -ljə- | pá:-/ 图 ❶ **a** [P~]《英国》議会《解》上院 (the House of Lords) と下院 (the House of Commons) から成り, 上院議員は貴族 (peers) と高位聖職者 (prelates) で, 下院議員は各選挙区から選出される; 英連邦内諸国の議会にも用いる; 米国議会は Congress, 日本の国会は the Diet という): the Houses of P~ 《英国の》国会議事堂 / an Act of P~ 国会制定法《議会で可決され国王の裁可を得たもの》/ open P~ 《国王[女王]が》開院式を行なう / convene [dissolve] P~ 議会を召集[解散]する / [★ a Member of P~ 下院議員《略 MP》] / be [sit] in P~ 下院議員である / enter [get into] P~ 下院議員になる. **c** 《会期中の》議会: during [in] the present ~ 今会期中に. ❷《英国以外の》議会, 国会: the Dutch [French] ~ オランダ[フランス]議会 / The country doesn't yet have a ~. その国にはまだ議会がない. 《F=話, 会議》形 parliamentary.

⁺par・lia・men・tar・i・an /pà:rləmèntɛ́(ə)riən, -ljə- | pà:-ˊ-/ 图 議会法規通, 議会政治通, 議会人. —— 形 議会(派)の.

⁎par・lia・men・ta・ry /pà:rləméntəri, -tri | pà:-ˊ-/ 形 ❶ 議会の, 議会で制定した, 議院法による: a ~ candidate 議員候補(者) / ~ government 議会政治 / ~ proceedings 議事 / ~ procedure 議院法, 議会運営手続き. ❷〈言葉が〉議会に適した (↔ unparliamentary); 品位のある, 丁重な. 图 parliament.

Parliamentary Commissioner for Administrátion 图 [the ~] 《英》国会行政監察官 (ombudsman の公式名; 略 PCA).

párliamentary prívate sécretary 图《英》大臣私設秘書議員《大臣を補佐する, 通例 若手の下院議員; 略 PPS》.

⁺par・lor,《英》**par・lour** /pá:rlə | pá:lə/ 图 ❶〔通例複合語で〕《米》パーラー《ある種の職業の営業室・店舗(など)》: a beauty ~ 美容院 / an ice-cream ~ アイスクリーム店 / ⇒ funeral parlor. ❷《古風》客間; 居間 (living room). ❸《ホテルなどの》特別休憩室[談話室《ロビーなどのように開放的ではないもの》. 《F=話しをする所》

párlor càr 图《米》特別客車 (《saloon car》).

párlor gàme 图 室内ゲーム《言葉遊び・クイズなど》.

párlour・màid 图《英》《昔, 家庭で食事の給仕・来客の接待などをした》女中, 小間使い.

par・lous /pá:rləs | pá:-/ 形 Ⓐ《古・戯言》危険な; 扱いくい, 難しい.

Par・men・tier /pá:rməntjéi | pa:méntjə/ 图 ジャガイモを材料にした[添えた], パルマンティエの.《A. A. Parmentier フランスでジャガイモ栽培を広めた園芸家》

Par・me・san /pá:rməzɑ:n | pá:mɪzǽn/ 图 パルメザンチーズ《おろして料理に振りかける》.《イタリアの原産地 Parma /pá:rmə | pá:-/ から》

Pármesan chéese 图 =Parmesan.

par・mi・gia・na /pà:rmɪdʒá:nə | -/, **-no** /-nov/ 形 パルメザンチーズを使った[かけた].

Par・nas・si・an /pɑ:rnǽsiən | pɑ:-/ 形 ❶ パルナッソスの. ❷ 詩の. ❸《フランスの》高踏派の. —— 图《フランスの》高踏派の詩人.

Par・nas・sus /pɑ:rnǽsəs | pɑ:-/ 图 ❶ パルナッソス《ギリシア中部の山; Apollo と Muse の霊地として文人に神聖視された》. ❷ Ⓤ 文壇, 詩壇: climb ~ 詩歌の道にいそしむ.

⁺pa・ro・chi・al /pəróʊkiəl/ 形 ❶ **a** 教区の. **b**《教会の経営による》教区立の: a ~ school 教区立学校. ❷〈考え・関心など〉狭い, 偏狭な. — **-ly** 副 《F<L》 图 parish.

pa・ró・chi・al・ism /-lɪzm/ 图 Ⓤ ❶ 教区[町村]制. ❷ 地方根性, 郷党心; 偏狭.

par・o・dist /pǽrədɪst/ 图 パロディー作者.

⁺par・o・dy /pǽrədi/ 图 ❶ ⒞Ⓤ 風刺的嘲弄(ちょうろう)的もじり詩文, パロディー (*of, on*). ❷ ⒞ 下手な模倣 (*of*). —— 他 ❶〈…を〉もじる, 〈…の〉パロディーを作る. ❷〈…を〉こっけいにまねる.《L<Gk》

pa・rol /pǽrəl, pəróʊl/ 图 ★次の成句で. **by párol** 口頭で. — 形 口頭の, 口述の: ~ evidence 証言, 口頭証拠.

⁺pa・role /pəróʊl/ 图 Ⓤ ❶ 仮釈放[出獄]; 執行猶予: release a person on ~ 人を仮釈放で自由にする / break (one's) ~ 仮釈放のまま逃亡する / on ~ 仮釈放中で. ❷ 〖言〗 パロール, 運用言語;《実際の》発話 (cf. langue). —— 他〈人に〉仮釈放を許す.《F=正式な約束<L *parabola* 話》

pa・rol・ee /pəròʊlí:/ 图 仮釈放者, 仮出所者.

par・o・no・ma・si・a /pæ̀rənoʊméɪʒ(i)ə | -zɪə/ 图 〖修〗掛けことば; 地口, しゃれ. **pàr・o・no・más・tic** /-mǽstɪk-ˊ/ 形

pa・rot・id /pəróʊtɪd | -rɔ́t-/ 形 ⓤ =parotid gland.

parótid glànd 图〖解〗耳下腺.

par・o・ti・tis /pæ̀rətáɪtɪs/ 图 Ⓤ〖医〗耳下腺炎 (cf. mumps).

-pa・rous /-ˊ-p(ə)rəs/ 形[形容詞連結形]「生み出す」「分泌する」.

Par・ou・si・a /pəruːziə, -sɪə/ 图〖神学〗《キリストの》再臨 (the Second Coming).

par・ox・ysm /pǽrəksɪ̀zm/ 图 ❶ 《周期的な》発作: a ~ of coughing 激しいせきの発作. ❷《感情の》激発 (fit): a ~ of laughter [anger] 笑い[怒り]の発作[激発].

par・ox・y・tone /pærǽksətòʊn | pərɔ́k-/ 图〖ギリシア文法〗パロクシトン(の)《末尾から 2 番目の音節に鋭アクセントのある(語)》.

parp /pá:rp | pá:p/《口》图 車の警笛音, (警笛のような)ブーッという音. —— 自 ブーッと鳴る.

par・quet /pɑ:rkéɪ, -ˊ- | pá:keɪ/ 图 ❶ Ⓤ 寄せ木細工(の床). ❷ Ⓒ《米》〖劇場〗一階,《特に》一階前方《一等席》.

párquet círcle 图《米》〖劇場〗一階 (parquet の後方の部分); cf. circle 5).

par・que・try /pá:rkɪtri | pá:-/ 图 Ⓤ 寄せ木細工, (床の)寄せ木張り.

parr /pá:r | pá:/ 图 (匹 ~, ~**s**) サケの幼魚.

par・ra・keet /pǽrəki:t/ 图 =parakeet.

par・ra・mat・ta /pæ̀rəmǽtə/ 图 Ⓤ パラマッタ《横糸が梳毛糸, たて糸が綿または絹の軽い上質のあや織物》.

par・ri・cide /pǽrəsàɪd/ 图 ❶ Ⓒ 親[首長, 主人, 近親]殺し(人);反逆者. ❷ Ⓤ 親[首長, 主人, 近親]殺し(罪). **par・ri・ci・dal** /pæ̀rəsáɪdl-ˊ-/ 形

Par・rish /pǽrɪʃ/, **Max・field** /mǽksfi:ld/ 图 パリッシュ (1870–1966) 米国のイラストレーター・画家).

⁺par・rot /pǽrət/ 图 ❶〖鳥〗オウム. ❷ わけもわからずに他人の言葉を繰り返す人. — 他〈…を〉機械的に繰り返す, おうむ返しに言う.《関形 psittacine》

párrot・bìll 图〖鳥〗❶ ダルマエナガ《チメドリ属の鳴鳥; 南

アジア・中国産). ❷ ムネアカコウカンチョウ《中米産》.
párrot-fàshion 副 おうむ返しに, 繰り返して.
párrot fèver 名 U《獣医》オウム病.
par·ry /pǽri/ 動 ❶《質問などを》回避する, はぐらかす, 受け流す. ❷《打撃・武器などを》かわす, はずす (deflect).
—名 ❶ 受け流し; 《フェンシングなどで》かわし, パリー. ❷ 逃げ口上.
parse /páːrs | páːz/ 動 他 ❶《文法》〈文を〉(統語)解析する; 〈文中の語の〉品詞・文法的関係を説明する. ❷《電算》〈文字列などを〉構文[統語, 構造]解析する.
par·sec /páːrsèk | páː-/ 名《天》パーセク《3.26光年に当たる天体の距離を計る単位》.
Par·see, Par·si /páːsíː | pɑːsíː/ 名 パールシー教徒《イスラム教徒の迫害を避けてインドに逃げたゾロアスター教の教徒》.
pars·er /páːrsər | páːzə/ 名《電算》構文解析プログラム, パーサー.
par·si·mo·ni·ous /pàːrsəmóuniəs | pàː-´-/ 形 極度に倹約な, けちん坊の, しみったれた (stingy). **～·ly** 副 **～·ness** 名
par·si·mo·ny /páːrsəmòuni | páːsəməni/ 名 U 極度の倹約, けち.《L < parcus 倹約な + -monia 金(k)》
‡**pars·ley** /páːsli | páːs-/ 名 U《植》パセリ《葉を料理のつま・調味料に用いる》.
pars·nip /páːrsnɪp | páː-/ 名 ❶ C《植》アメリカボウフウ, パースニップ《根は食用》: Fine [Kind, Soft] words butter no ～s.《諺》ただ口先ばかりでは何の役にも立たない. ❷ CU パースニップの根.
‡**par·son** /páːsn | páː-/ 名 ❶《英国教》教区牧師 (cf. rector 1a, vicar 1). ❷《口》牧師.《F < L; PERSON と二重語》
par·son·age /páːsnɪdʒ | páː-/ 名 牧師館.
párson's nóse《英口》鶏[七面鳥など]の尻肉 (《米口》pope's nose).
pars pro to·to /páːrzprouˈtóutou | páː-/ 全体に代わる[を代表する]もの.
‡**part** /páːrt | páːt/ 名 **A** ❶ C (全体を構成する)部分 (cf. whole) : in the latter ～ of the 20th century 20世紀の後半に / Which ～ of the play did you like best？ 君はあの劇のどの部分がいちばん気に入りましたか / Parts of his article are wrong. 彼の論文は所々間違っている / I spent the greater ～ of my vacation in Canada. 休暇の大部分をカナダで過ごした. ❷ [(a) part of...] a […の]一部(分)[関囲](1) 修飾語を伴わない場合は part of …のほうが普通. (2) 通例この句は後の語が単数名詞を従える時は単数扱い, 複数名詞の時は複数扱いにする; ただし後者の場合は some of... を用いるほうがよいとされる》: Only (a) ～ of the report is true. その報告は一部分しか真実でない / P-[A ～] of the students live in a dormitory. 学生の一部は寮に住んでいる / I will go with you ～ of the way. 途中までご一緒しましょう / A large ～ of the money was wasted. その金の多くは浪費された. **b** 重要な部分, 要素: Music was (a) ～ of his life. 音楽は彼の生活の不可欠な要素だった. **c** […の]一員, メンバー, 構成員: ～ of a community 共同体の一員. ❸ C a [基数詞と共に] (全体のうちの他の部分に対する)割合: mix together equal ～s of A and B A と B を等しい割合で混ぜる / The recipe uses 2 ～s flour to 1 ～ sugar. 作り方は粉 2 に砂糖 1 の割合にします《★このように限定的にも用いる》/ My feeling was eight ～s fear and two ～s excitement. 私の気持ちは恐怖心が 8 割で興奮が 2 割というところだった. **b** [序数詞と共に] …分の 1: A second is a sixtieth ～ of a minute. 1 秒は 1 分の 60 分の 1 です. ❹ C a《書物・戯曲・詩などの》部, 編, 巻,《連載物の》回: P-1 第1部 / a novel in three ～s 3 部作の小説. **b**《楽》音部, 声部. ❺ C《機械・器具などの》部品, パーツ: automobile ～s 自動車部品. ❻ C a 身体の部分, 器官: one's inner ～s 内臓 / bathe the affected ～ in warm water 患部を湯に漬ける. **b** [通例複数形で] 陰部 (private parts). ❼ [複数形で] 地方, 地域: in these [those] ～s これら[あれら]の地方で(は) / travel in foreign ～s 外地を旅行する. ❽ U《論争・協定などの》一方, 側,

1315 part

味方: An agreement was reached between Jones on the one ～ and Brown on the other (～). ジョーンズ側とブラウン側との間に協定が成立した. ❾ C《米》《髪の》分け目《英》parting) : He's thin at the ～. 彼は髪の分け目が薄い.
—**B** ❶ C a《映画などの》役 (role) : He played the ～ of Hamlet. 彼はハムレットの役を演じた. **b**《俳優の》せりふ: learn one's ～ 自分のせりふを覚える. ❷ U [また a ～] a《仕事などの》役割, 役目, 本分: play [do] one's ～ 自己の役目を果たす, 本分を尽くす. **b** 関係, 関与, かかわり (involvement) : I had no ～ in the incident. 私はその事件には関係しなかった / I want no ～ of [in] it. そんなことにはかかわりたくない. ❸ [複数形で] 資質, 才能: a man [woman] of (many) ～s 有能の士, 多才な人.
for óne's párt [文修飾]《他の人はともかく》…としては: For my ～, I don't care. 私としては, かまいません.
for the móst párt (1) 大部分は, 大体: They're my friends for the most ～. 彼らは大部分が私の友人だ. (2) たいてい(は), ふだんは: For the most ～ he works conscientiously. 彼はたいていは誠実に仕事をする.
in lárge pàrt 大部分, 主に.
in párt 一部分; ある程度, いくぶん: a house built in ～ of brick 一部れんがでできている家 / His success was in ～ due to our help. 彼の成功はいくぶんかは我々の援助のおかげだった.
in párts (1) ところどころ. (2) 分けて; 分冊で.
lóok [dréss] the párt それ[役割]らしく見える.
on the párt of a pérson＝**on a pérson's párt** …のほうは, …のほうの《★直前の名詞を修飾》: There's no objection on my ～. 私のほうは異議がない / The accident was due to careless driving on his ～. その事故は彼のほうの不注意な運転によって起こった.
párt and párcel (of...) (…の)重要部分, 眼目: These words are now ～ and parcel of the English language. これらの語は今では英語の重要な部分になっている.
párt of spéech (働 parts of speech)《文法》品詞.
pláy a párt (1) 役割を果たす; 関与する (⇒ B 2): play a ～ in bringing the two nations into more friendly relations 両国民の親善を増進するために一役買う / Salt plays an important ～ in the functions of the body. 塩は身体の機能に重要な役を果たす. (2) 芝居をする; 装う, しらばくれる (⇒ B 1 a).
pláy one's párt 本分を尽くす, 役目を果たす (⇒ B 2 a).
táke...in góod [bád] párt 〈…を〉善意[悪意]にとる, 〈…に〉怒らない[怒る], 〈…を〉快く受け入れる[入れない].
táke a pérson's párt＝**táke the párt of** a person 人に味方する, 人の肩をもつ.
táke párt in... …に加わる, に貢献する (participate in) : We all took (an active) ～ in the fund drive. 我々は全員が募金運動に(積極的に)参加した.
the bést [bétter, gréater] párt of... …の大半[大部分, ほとんど]《★通例時間・期間》: the best ～ of his life 彼の人生の大半 / the better ～ of an hour 1時間の半分以上.
thrée párts 4 分の 3; ほとんど: The bottle was three ～s empty. ボトルはほとんどからになっていた.
—形 ❶ 部分的な, 一部の: ～ payment 分割払い / ⇒ part owner.
—副 一部分は, いくぶん, ある程度, なかば: His new book is ～ fiction and ～ fact. 彼の新しい本は一部分はフィクションで一部分は真実だ.
—動 他 ❶〈…を〉分ける; 〈…から〉〈…を〉引き離す, 切り離す; 区別する: ～ one's lips 唇をわずかに開く / ～ the curtains a little カーテンの間を少しあける / be ～ed from …から引き離される; …と離れている[別れている] / The war ～ed many people (from their families). 戦争で多くの人たちが(家族から)引き離された. ❷〈髪の毛を〉分ける: Her hair was ～ed in the middle. 彼女は髪を真ん中で分けていた. —自 ❶〈ものが〉分かれる, 裂ける, 割れる; 〈人か〉別れる; 意見を異にする: The automatic doors ～ed. 自動ドアが開いた / Her eyelids ～ed slightly. 彼女の目が

part.

わずかに開いた / The best of friends must ～. どんな親友でもいつかは別れる時が来る / We only ～ to meet again. 別れたってまたすぐ会える / There I ～ed from him. そこで私は彼と別れた; そこで彼と意見が分かれた / [(as)補] Let us ～ (as) friends. 仲よく別れましょう.

párt with…を手放す: He would hardly ～ with the money. その欲にはどうしても金を出そうとしなかった. 〖F<L *pars, part-* 部分; cf. compartment, depart, participate, particle, particular, party〗(🔲 partial)【類義語】(1) 图 **part** 全体の一部をなす部分. **portion** 分け前・割り当てとして全体から区分された部分. **piece** 全体から切断・分離された部分, あるいはある集合を構成する要素. (2) ⇒ separate.

part. (略) participial; participle; particular.

par·take /pɑɚtéɪk | pɑː-/ 動 (**par·took** /-tʊ́k/; **par·tak·en** /-téɪkən/) 〖文〗 ❶ 〖…を〗食べる, 飲む: We partook of lunch with them. 我々は彼らと昼食を共にした. ❷ 〖…に〗加わる, 参加する: I partook in the festivities. 私はその祭りに加わった. ❸ 〖…の〗性質がある, 気味がある: Poetry ～s of the nature of music. 詩にはいくらか音楽的な性質がある.《*partaking*（<part taking) からの逆成》

par·terre /pɑɚtéɚ | pɑː-téə/ 图 ❶ パルテール(幾何学的にレイアウトされた花壇). ❷ =parquet circle. 〖F=on the ground〗

párt-exchánge (英) 图 Ⓤ (商品の)下取り交換: in ～ 下取り交換で. ── 他 〈商品を〉下取り(交換)にする.

par·the·no·gen·e·sis /pɑ̀ɚθənoʊdʒénəsɪs | pɑ̀ː-/ 图 Ⓤ 〖生〗 単為[単性, 処女]生殖.

Par·the·non /pɑ́ɚθənɑ̀n | pɑ́ːθənɔn/ 图 [the ～] パルテノン(Athens の Acropolis 上にある, 女神 Athena の神殿; ドリス式 (Doric) 建築).

Par·thi·a /pɑ́ɚθiə | pɑ́ː-/ 图 パルティア(現在のイラン北部地方にあった古王国). **Par·thi·an** /pɑ́ɚθiən | pɑ́ː-/ 形 图

Pár·thi·an shót /pɑ́ɚθiən- | pɑ́ː-/ 图 捨てぜりふ.

***par·tial** /pɑ́ɚʃəl | pɑ́ː-/ 形 (**more ～; most ～**) ❶ (通例 Ⓐ] (比較なし)一部(分)の, 部分的な (↔total): a ～ loss [success] 部分的損失[成功] / a ～ solution (問題の)部分的な解決. ❷ (通例 P) 〈人・判断・見解などが〉不公平な, 偏った, えこひいきの (↔impartial): The judge was ～ *toward* the defendant. その裁判官は被告側に偏っていた / That teacher is ～ *to* girls. あの先生は女子学生をえこひいきする(★3の意味に解釈することも可). ❸ P 〈人が〉…が特に好きで: He's ～ *to* detective stories. 彼は推理小説に目がない. **～ness** 图 〖<L〗 图 part, partiality)

pártial derívative 图 〖数〗 偏導関数.

pártial differéntial equátion 图 〖数〗 偏微分方程式(未知関数の偏導関数を含む微分方程式).

pártial eclípse 图 〖天〗 部分食.

pártial fráction 图 〖数〗 部分分数.

par·ti·al·i·ty /pɑ̀ɚʃiǽləti | pɑ̀ː-/ 图 ❶ Ⓤ 不公平, えこひいき (↔impartiality): He showed no ～ in his decisions. 決定に当たって彼は不公平な態度は示さなかった. ❷ [a ～] 〖…を〗特別に好むこと, 偏愛(すること): She has *a ～ for* sweets. 彼女は甘いものが大好きだ. (彫 partial)【類義語】⇒ prejudice.

***par·tial·ly** /pɑ́ɚʃəli | pɑ́ː-/ 副 ❶ 部分的に, 不十分に: The attempt was only ～ successful. その試みは部分的な成功しか収められなかった / This is only ～ cooked. これは半煮えだ. ❷ 不公平に, えこひいきして: judge ～ 不公平に裁く. 【類義語】⇒ partly.

pártial préssure 图 〖理・化〗 分圧.

par·ti·ble /pɑ́ɚtəbl | pɑ́ː-/ 形 〖主に法〗 分割[分離]できる.

par·ti·bil·i·ty /pɑ̀ɚtəbíləti | pɑ̀ː-/ 图

***par·tic·i·pant** /pɚtísəpənt, pɑɚ- | pɑː-/ 图 参加者, 参与者, 出場者, 関係者 〖in〗.

***par·tic·i·pate** /pɚtísəpèɪt, pɑɚ- | pɑː-/ 動 ❶ 〖…に〗参加する, あずかる, 関係する: ～ *in* a competition [discussion] 競技 [討論] に参加する / I ～ *d in* an antidrug campaign. 麻薬撲滅運動に参加した / She ～ *d* with her friend *in* her sufferings. 彼女は友と苦しみを分かち合った. ❷ 〖文〗 〖…の〗性質をいくぶん持っている, 〖…の〗気味がある: His speech ～ *d of* humor. 彼のスピーチにはユーモアの気味があった. 〖L=to take part<*pars, part-*PART+*capere* to take; cf. part, capture〗 (图 participation)

***par·tic·i·pa·tion** /pɚtìsəpéɪʃən, pɑɚ- | pɑː-/ 图 Ⓤ 参加, 関与 〖in〗 (involvement). (動 participate)

par·tic·i·pa·tive /pɚtísəpèɪtɪv, pɑɚ- | pɑː-/ 形 参加的な(特に, 部下を意思決定に参加させる経営手法についていう).

par·tic·i·pa·to·ry /pɚtísəpətɔ̀ːri | pɑː.tísəpətəri, -tri/ 形 (個人)参加(方式)の: ～ democracy 直接参加民主主義.

par·ti·cip·i·al /pɑ̀ɚtəsípiəl | pɑ̀ː-/ 形 〖文法〗 分詞の. **～·ly** /-piəli/ 副

particípial ádjective 图 〖文法〗 分詞形容詞(形容詞の働きをする分詞; 例: an *interesting* story / a *distinguished* scholar).

particípial constrúction 图 〖文法〗 分詞構文(分詞が継続的働きをする構文; 例: *Having finished my homework,* I went out for a walk. 宿題を終えたあと私は散歩に出た).

par·ti·ci·ple /pɑ́ɚtəsìp(ə)l | pɑ́ː-/ 图 〖文法〗 分詞: a present [past] ～ 現在[過去]分詞.

***par·ti·cle** /pɑ́ɚtɪkl | pɑ́ː-/ 图 ❶ **a** (微)粒子, 〖理〗 素粒子 (elementary particle): ～ *s of* sand 砂粒, 細かい砂. **b** 小片, 極小量, みじん: He has not a ～ *of* malice in him. 彼には悪意など少しもない. ❷ 〖文法〗 **a** 不変化詞, 小辞 (副詞の一部・冠詞・前置詞・接続詞・間投詞など語尾変化しない品詞). **b** 接頭[接尾]辞 (un-, out-; -ness, -ship など). 〖L=小さな部分 <*pars, part-* 部分; cf. part, particular〗

párticle accélerator 图 〖理〗 粒子加速器.

párticle bòard 图 パーティクルボード(細かい木片を合成樹脂などで固めて造った建築用合板).

párticle phýsics 图 Ⓤ 素粒子物理学.

par·ti·col·ored /pɑ́ɚtɪkʌ̀lɚd | pɑ́ː.tɪkʌ̀ləd/ 形 雑色の, まだらの.

***par·tic·u·lar** /pɚtíkjʊlɚ | pətíkjʊlə/ 形 (**more ～; most ～**) ❶ Ⓐ (比較なし) **a** [this [that] ～] (数ある同類の中から)特にこの[その], 特定の (↔general): on *that* ～ day その日に限って / Why did you choose *this* ～ dictionary? どうして特にこの辞書を選んだのか. **b** [one's ～で] 特有の, 独特の; 個人としての: my ～ problem 特に私だけの問題 / my ～ interest 私個人の利益[興味] / in our ～ case 我々の場合には. **c** 個々の; 各自の: each ～ item 各項目. ❷ Ⓐ (比較なし) 特別の, 格別の; 異常な, 著しい: for no ～ reason 特にこれといった理由もなし / of ～ importance 特別に重要な / There's no ～ evidence. これという証拠は何もない / He took ～ trouble to make us comfortable. 彼は我々を快適に過ごさせようと格別の苦労をした. ❸ きちょうめんな; 好みのやかましい, 気難しい: a very ～ customer 実にうるさい[気難しい]顧客 / He's very ～ *about* food. 彼は食べ物にかけてはとてもやかましい. ❹ Ⓐ 詳細な: give a full and ～ account of…を細大漏らさず説明[報告]する. ❺ 〖論〗 特称的な; 特殊的な (↔universal): a ～ proposition 特称命題. ── 图 ❶ Ⓒ [通例複数形で] 点, 事項, 細目: His work is accurate in every ～ [in all ～s]. 彼の仕事はあらゆる点で正確だ / take [write] down a person's ～s 〖警察官が〗〈尋問して〉人の住所・氏名などを書き取る. ❷ [複数形で] (事の)詳細, 明細, 明細書: go [enter] into ～s 詳細にわたる / He gave full ～s of the incident. 彼はその事件についての一切合切を述べた. ❸ [the ～] 〖論〗 特称, 特殊: reason from the general to *the* ～ 全称 [一般] から特称[特殊]を推論する. **in particular** 特に, とりわけ (particularly): This *in* ～ is wrong. これが特に悪い / "Are you looking for something?" "No, nothing *in* ～." 「何かお探しですか」「いや, 特にこれといって」. 〖F<L=小さな部分の; ⇒particle〗

（名 particularity）【類義語】**particular** 同類の中から，ある一つを抜き出してそのものの特殊性を言うときに用いる．**specific** 同類の中から一つ取り出して言う語であるが，それについて限定を加えるような場合に用いる．**peculiar** 特定のものに固有の性質などを指す．

par·tic·u·lar·ism /pətíkjulərìzm | pə-/ 名 Ⓤ ❶ 個別主義《特定集団・党派などに対する排他的献身・愛着》．❷《連邦の》各州自主独立主義，分邦主義．❸《神学》特定《神寵》主義《神の恩寵または贖罪は特別な個人に限られるという説》．**-ist** /-rɪst/ 名 形 **par·tic·u·lar·is·tic** /pətìkjulərístɪk | pə-⁻/ 形

par·tic·u·lar·i·ty /pətìkjuléraṭi | pə-/ 名 ❶ Ⓤ 特別，独特；特殊性．**b** Ⓒ 《通例複数形で》特性，特徴．❷ **a** Ⓤ 詳細；精密，入念．**b** Ⓒ 《通例複数形》詳細な事項．❸ Ⓤ 気難しさ，きちょうめん．形 particular.

par·tic·u·lar·i·za·tion /pətìkjulərɪzéɪʃən | pətìkjulraɪz-/ 名 Ⓤ,Ⓒ 詳述；列挙．

par·tic·u·lar·ize /pətíkjuləràɪz | pə-/ 動 他 ❶ 詳細に述べる；列挙する．

*__par·tic·u·lar·ly__ /pətíkjulərli | pətíkjulə-/ 副 (**more** ~; **most** ~) ❶ 特に，とりわけ: I ~ asked him to be careful. 彼に注意してくれと特に頼んだ / You look ~ attractive today. 君は今日は一段と魅力的だ / "Do you want to go?" "No, not ~." 「君は行きたいかね」「いや，別に」．【類義語】⇒ **especially**.

par·tic·u·late /pətíkjulət | pə-/ 名 形 微粒子（の）．

*__part·ing__ /pάːtɪŋ/ 名 ❶ Ⓤ,Ⓒ 告別，別離，死去: on ~ 別れに臨んで / I still remember his words at our ~. 二人が別れる時に言った彼の言葉を私は今でも覚えている．❷ Ⓒ **a** 分岐点；分割線．**b**《英》髪の分け目《《米》part》．❸ Ⓤ,Ⓒ 分割，分離．**the pάrting of the wáys**《重要な選択などの》岐路（★聖書「エゼキエル書」から）．——形 Ⓐ ❶ 去りぎわ[暮れ]行く: the ~ day 夕暮れ．❷ 分ける，分割[分離]する: a ~ line 分離線．❸ 別れの，告別の；最後の；臨終の: a ~ present [gift] せんべつ / drink a ~ cup 別れの杯をくむ．

pάrting shót 名《別れ際の》捨てぜりふ（Parthian shot）: deliver a ~ 捨てぜりふを吐く．

par·ti pris /pάːtiprí | pάː-/ 名 形 **par·tis pris** /-(z)/）先入観，先入主，偏見．——形 偏見をもった．

*__par·ti·san__ /pάːtɪz(ə)n | pὰːtɪzǽn/ 名 ❶ 徒党の一員，一味の者，党派心の強い者．❷《軍》別働[遊撃]兵，ゲリラ隊員，パルチザン．——形 党派心の強い，一方にくみした: ~ politics 派閥政治 / in a ~ spirit 党派心で，派閥根性で / Try not to be ~. 一方にかたよらないようにせよ．❷《軍》別働[遊撃]隊の，ゲリラ隊員の．〖F<It=ある側につくもの〗

pártisan·shìp 名 Ⓤ ❶ 党派意識．❷ 加担，関．

par·ti·ta /pɑːtíːṭə | pɑː-/ 名《楽》パルティータ《17-18 世紀の組曲または変奏曲》．

par·tite /pάːtaɪt | pάː-/ 形 ❶《通例複合語で》…に分かれた（**tripartite**）．❷《植・動》深裂した．

†__par·ti·tion__ /pɑːtíʃən | pɑː-/ 名 ❶ Ⓤ 仕切ること，分割．❷ Ⓒ **a** 仕切り，仕切り壁: a glass ~ ガラスの仕切り壁．**b** 区画，仕切り間．❸ Ⓒ《化》分留《相接する液体混合物における溶質の存在の仕方》．❹ Ⓒ《電算》パーティション《メモリー・ディスクなどの領域を論理的に分割し，独立して使用できるようにした部分の一つ》．——動 他 ❶〈…を[に]…に〉分割する，区画する；〈ディスクなどを〉論理的に分割する，パーティションする: ~ a room *into* two small rooms 部屋を小さな 2 部屋に分ける．❷〈部屋などを〉仕切る〈*off*〉．〖F<L=分割<*partire* 分ける<*pars, part-* 部分; cf. **part**〗

par·ti·tion·ist /-(ə)nɪst/ 名 分割主義者．

par·ti·tive /pάːṭəṭɪv | pάː-/ 形 ❶ 区分的な．❷《文法》部分を示す: ~ genitive 部分属格．——名《文法》部分詞（*some of the cake* の *some* など）．**~·ly** 副

par·ti·zan /pάːṭɪz(ə)n | pὰːtɪzǽn/ 名 形 ＝**partisan**.

*__part·ly__ /pάːtli | pάː-/ 副（比較なし）❶ 一部分は: The house was ~ destroyed by the landslide. その家は半滑りで半壊した．❷ ある程度は，少しは，幾分かは《用法》**partly** は文中で，類義の *to some [a (certain)] degree* は文尾で用いる）: You're ~ right. 君の言うことにも一理ある．【類義語】**partly** 全体に対して一部分だけが該当することを強調する．**partially** 状態・程度において完全ではないことに力点をおく．

*__part·ner__ /pάːtnə | pάːtnə/ 名 ❶ Ⓒ 配偶者《夫，妻》；恋人: one's ~ in life 配偶者．❷ Ⓒ《活動の》仲間，協力者《*in, of*》；〖人との〗仲間，連れ《*with*》: a ~ *in* crime《*with* him》《彼の》共犯[仲間]友だち，相棒．❸ Ⓒ《ダンスなどの》パートナー，相手，《自分と》組む人: be ~s *with* … と組になる．**b**《協定・貿易などの》相手国．❹ Ⓒ **a** 共同経営者: She's a ~ in the business. 彼女はこの事業の共同経営者である．**b**《出資》組合員，社員: an acting [an active, a working] ~ 勤務社員 / ⇒ **silent [sleeping] partner** / a limited ~ 有限責任社員．——動 他 ❶〈…と組[パートナー]になる〉: I ~ed him at bridge [tennis]. ブリッジ[テニス]で彼と組となった．❷〈人を〈…と〉組み合わせる: He was ~ed (*up*) *with* her in a tango. タンゴでは彼は彼女と組まされた[まされていた]．——自 ❶《米》〖…と〕組[パートナー]になる〈*up*〉〈*with*》．

pártners dèsk 名 対面共用机《足もとの空間が共通で，双方にひきだしがあるような，2 人が向かい合って使える机》．

*__part·ner·ship__ /pάːtnəʃɪp | pάːtnə-/ 名 ❶ Ⓤ《仕事の》共同，協力: in ~ *with* … と協力して．❷ Ⓤ《2 者間の》協力関係，提携関係: a ~ of NPOs and citizens 非営利団体と市民の協力関係．❸ Ⓒ 合名会社，商社: a general ~ 合名会社 / a limited [special] ~ 合資会社．

pártnership dèsk 名 ＝**partners desk**.

par·took partake の過去形．

párt ówner 名 共同所有者《*of*》．

párt ównership 名 Ⓤ 共同所有．

par·tridge /pάːtrɪdʒ | pάː-/ 名《鳥》(~ **s**, ~) Ⓒ《鳥》ヤマウズラ，イワシャコ / Ⓤ ヤマウズラ[イワシャコ]の肉．

párt-sòng 名《楽》パートソング《最上声部に主旋律のある通例無伴奏のホモフォニー形式による合唱曲》．

párt tíme 名 Ⓤ 全時間（full time）の一部，パートタイム: Most of the members are ~. 会員の大半は非常勤だ．

partridge

*__part-time__ /pάːtáɪm | pάːt-⁻/ 形 パートタイム，非常勤の（略 **PT**; cf. **full-time**）: a ~ teacher 非常勤講師 / a ~ worker パート(タイム)の働き手 / a ~ job アルバイト，パート(タイム)の仕事 / on a ~ basis パートタイムで，時間給で．——副 パートタイムで，非常勤で: work ~ パートタイムで働く，アルバイトをする．

párt-tìmer 名 パートタイマー（cf. **full-timer**）．

par·tu·ri·ent /pɑːt(j)ú(ə)riənt | pɑːtjúər-/ 形 ❶ 出産の，分娩の．❷《思想などを》生み出そうとしている．

par·tu·ri·tion /pὰːt(j)ʊríʃən | pὰː tjʊ(ə)r-/ 名 Ⓤ《生》出産，分娩（ぶん）．

párt·wày 副《口》❶ 途中(ま)で: I'll go ~ with you. 途中までご一緒しましょう．❷ ある程度，幾分；部分的に．

párt wòrk 名《英》分冊で刊行される出版物《特にあとでまとめると 1 冊の本になる雑誌》．

*__par·ty__ /pάːṭi | pάː-/ 名 ❶ Ⓒ《客を招待して食事・余興などでもてなす社交的な》パーティー，会，集まり: an informal ~ 気のおけないパーティー / a Christmas ~ クリスマスパーティー / ⇒ **garden party, tea party** / give [have, hold, 《口》throw] a ~ パーティーを催す．❷《集合的；単数または複数扱い》**a**《ある目的で集まった》一行，一団，一隊: a sightseeing ~ 観光団 / Mr. Smith and his ~ = Mr. Smith's ~ スミスさん（とその）一行 / There were not enough people to make up a ~. 団体になるほどの人がいなかった / The whole ~ was [were] exhausted. 一行はみな疲れ果てていた．**b**《特別の任務を帯びた》隊；分遣隊；部隊: a rescue [search] ~ 救助[捜索]隊 / ⇒ **working party**．❸《集合的；単数または複数扱い》党，党派，政党: a ruling [coalition] ~ 与党[連立相手の党] / an opposition ~ 野党．❹ **a**《契約・紛争などの》関係者，当事者；《法》当事者，相手方: the *parties* (concerned) 関係者たち / an interested ~ 利害関係者と / a third ~ 第三者 / the other ~ 相手方 / a ~ *to* a lawsuit 訴訟の当事者. **b** (電話の)相手. ❺《口》人: He's quite an amusing ~. 彼はなかなかおもしろい人. **be (a) párty to**...に関係[関与]している[する]. ──形 A ❶ パーティー(用)の: a ~ dress パーティー向きのドレス. ❷ 政党の, 党派の, 派閥の: the ~ system 政党組織; 政党政治 / a ~ leader 党首 / the ~ faithful 忠実な党員たち. ──動《口》パーティーへ出かける[を催す];《米俗》(飲み食いしたり, 騒いだりして)楽しむ, 楽しくやる, はめをはずして遊ぶ 〈*down*〉.【F〈*partire* 分ける〈L; ⇔ partition〉】【類義語】(1) ⇨ meeting. (2) ⇨ company.

párty ánimal 图《米口》パーティー大好き人間.

párty gírl 图《英俗》パーティーに出たりして遊び暮らす女子学生.

párty-gòer 图 パーティーに行く人[よく出かける人].

párty líne 图 ❶ [通例 the ~] (政党などの)方針, 主義, 党[政治]路線: follow *the* ~ 党の方針に従う. ❷ /ー/ー/ (電話の)共同加入線; 親子電話. ❸ /ー/ー/ (隣接地との)境界線.

párty list 图 (比例代表制選挙における)政党の候補者名簿: the ~ system 名簿方式《個々の候補者ではなく政党に投票する選挙方法》.

párty píece 图 [one's ~]《英口・戯言》(パーティーで披露する)十八番, おはこ.

párty plán 图 U (ホーム)パーティー商法[販売方式], パーティープラン《自宅で開くくだけたパーティーで商品を見せて販売するやり方》.

†**párty political** 形 A《英》政党が関与する政治の; 党派政治[党利党略]の.

párty political bróadcast 图 (特に選挙前の)党の宣伝放送, 政見放送.

†**párty pólitics** 图 U ❶ 政党が関わる[を中心に動く]政治. ❷ 政党のための政治(活動), 党派政治, 党利党略《公共の利益より政党の利益を中心とした政治》.

párty póoper 图《口》(パーティーで)座をしらけさせる人.

párty pòpper 图 パーティー用クラッカー.

párty schóol 图《米口》パーティー学校《学生がパーティーばかりやっている大学》.

párty spírit 图 [時に a ~] ❶ 党派心, 愛党心. ❷ パーティーを楽しむ気分, パーティー好き.

párty wáll 图 (隣接地または隣接家屋との)境界壁, 共有壁, 仕切り壁.

pa·rure /pərúə | -rúə/ 图 (身に着ける)一そろいの宝石[装身具].

pár válue 图 U 額面価格.

Par·va·ti /páɚvəṭi | pá:-/ 图《ヒンドゥー教》パールバティー《Siva の神妃で, Ganesh と Skanda の母》.

par·ve·nu /páɚvənjù: | pá:-/ 图 成り金, 成り上がり者. ──形 A 成り金の, 成り上がり者の.【F=到達した(もの)】

par·vis, -vise /páɚvɪs | pá:-/ 图 教会[寺院]の前庭[玄関];(教会入口前の)柱廊; 柱廊二階《教会入口の上にある部屋》.

pár·vo·vìrus /páɚvoʊ- | pá:-/ 图《医》パルボウイルス《一本鎖 DNA をもつ小型のウイルス; 脊椎動物に感染し, 特にイヌの伝染性腸炎をひき起こす》.

pas /pá:/ 图 〈-⟨z⟩/ (舞踏・バレエの)ステップ.【F〈L *passus* 歩; cf. *pass*[1]】

Pas·a·de·na /pæ̀sədí:nə/ 图 パサデナ《California 州南西部 Los Angeles の東にある都市; cf. Rose Bowl》.

pas·cal /pǽsk(ə)l/ 图 ❶《理》パスカル《圧力の SI 単位; 1 平方メートルにつき 1 ニュートンの圧力; 記号 Pa》. ❷ /pæskǽl/ [しばしば P~] 图 U パスカル《プログラミング言語の一つ; PASCAL とも書く》.

Pas·cal /pæskǽl/**, Blaise** /bléɪz/ 图 パスカル《1623-62; フランスの数学者・物理学者・哲学者》.

Pascal's tríangle 图《数》(二項係数を順次積み重ねた)パスカルの三角形.

pas·chal /pǽsk(ə)l/ 形 [しばしば P~] ❶ (ユダヤ人の)過ぎ越しの祝い (Passover) の. ❷ 復活祭の.

pas de chat /pá:dəʃá:/ 图《バレエ》パドシャ《猫のような動作の跳躍》.【F=step of the cat】

pas de deux /pá:dədú: | -də́-/ 图《バレエ》パドドゥ, 対舞《二人の舞踏》.【F=step for two】

pash /pǽʃ/ 图《俗》❶ (瞬時への)夢中, お熱を上げること. ❷ お熱を上げる相手.【PASSION の短縮形】

pa·sha /pɑ́:ʃə/ 图 パシャ《昔のトルコ・エジプトの州知事・軍司令官》.【Turk】

pash·ka /pǽʃkə/ 图 U パスハ《復活祭の時に食べるチーズ・クリーム・アーモンドなどの入ったロシア風デザート》.

pash·mi·na /pɑʃmí:nə/ 图 U パシュミナ《シロイワヤギの毛から作った高級毛織物; ショールなどをつくる》.

Pash·to /pʌ́ʃtoʊ, pʌ́ʃ- | pʌ́ʃ-, pǽʃ-/**, -tu** /-tu/ 图 U パシュト語 (Pashtun 族の話す, 印欧語族イラン語派に属する言語).

Pash·tun /pɑːʃtúːn, pʌʃ- | pʌʃ-, pǽʃ-/ 图 (複 ~, ~s) パシュトゥーン《アフガニスタン全土およびパキスタン北西部に住むアーリア系民族の人》.

pa·so do·ble /pá:soʊdóʊbleɪ | pǽs-/ 图 (複 ~s /-z/) パソドブレ: **a** 闘牛士の入場時などに奏される活発な行進曲. **b** これによるラテンアメリカのツーステップのダンス.

pásque·flòwer /pǽsk-/ 图《植》(セイヨウ)オキナグサ.

pas·qui·nade /pæ̀skwɪneɪd/ 图 落首; 風刺, 皮肉.

*****pass**[1] /pǽs | páːs/ 動 (複 ~**es**) ❶ **a** [通例副詞(句)を伴って] **通過する, 通っていく**; 進む: Please let me ~. すみません通してください / I ~ *by* [*behind*, *in front of*] *the shop* every day. 私は毎日その店を[後ろ, 前]を通る / Refugees ~*ed across* the border. 難民が国境を越えていった / We ~*ed through* (the town) without stopping. 私たちは止まらず(その町を)通過した / A startled look ~*ed over* his face. はっと驚いた表情が彼の顔をよぎった. **b**《車・運転者など》追い越す: A sports car ~*ed on* the left. スポーツカーが左側を追い越していった / No ~*ing*.《米》《標識》追い越し禁止. **c** 《道路・川などが》通じる, 走る; 《水・電流が》流れる: A road ~*es* through the wood. 森の中に一本の道路が走っている / Water ~*es* through this pipe. 水がこのパイプを流れている.

❷ [副詞(句)を伴って] **a** 《ものが》(人から人へ)**次々に回される**: The wine ~*ed from* hand *to* hand. ワインが手から手へと回された / The dish ~*ed around* the table. 深皿がテーブルを回って回された. **b** 《ニュース・言葉などが》言いふらされる; 《言葉などが》交わされる: Harsh words ~*ed between* them. 彼らの間でひどい言葉が交わされた.

❸ **a**《時が》**たつ, 過ぎ去る** (go by): Time ~*es* quickly. 時は急速に過ぎていく / Two years have ~*ed* since I met you last. この前君に会ってから2年たった / with each day that ~*es* 日ごとに. **b**〔...から〕**立ち去る, 消え去る**;〔...へ〕移る, 消え去る: The storm has ~*ed*. あらしがやんだ / The scandal soon ~*ed from* public notice [*into* oblivion]. その醜聞はやがて世間の注目をひかなくなった[忘却のかなたへ消えた].

❹ **a** 〔...から〕〔...に〕**なる, 変化する, 変形する**: Culture ~*es from* a primitive *to* a more civilized state. 文化は原始的な段階から より文明化した状態へと移行する / Daylight ~*ed into* darkness. 昼間の明るさがやみに変わった. **b**《財産などが》(人の)(手に)渡る: The estate ~*ed to* one of his relatives. その遺産は彼の親戚の一人の手に渡った / The money ~*ed into* the hands of his wife. その金は彼の妻の手に渡った.

❺《貨幣などが》**通用する, 流通する**. **b** [...として]**通用する**: For years the picture ~*ed as* a genuine Rembrandt. 何年もの間この絵は本物のレンブラントとして通っていた / She could ~ *for* thirty [*for* five years younger]. 彼女は30歳[年齢を5つ若く]言っても通る. **c**《...の名で》通る, 通用する: He ~*es by* [*under*] the name of Smith. 彼は世間ではスミスという名で通っている.

❻《議案などが》**通過する**: The bill will ~ by the end of May. 議案は5月末までには通過するだろう.

❼《人が》**試験に合格する, 及第する, パスする** (↔ *fail*): She ~*ed* at the first attempt. 彼女は第1回目の試みで[一発で]合格した.

❽ a 〈判決が〉〔…に〕〔(有利[不利]に)〕下される〔*for*, *against*〕. **b** 〈裁判官が〉〔…について〕判決を下す〔*on*, *upon*〕. ❾ 〈事が〉〔…の間に〕起こる: Nothing ~*ed between* Mary and me. メアリーと私の間には何もなかった. ❿ a [通例 let…pass で] 大目に見られる; 黙殺する: The boy is naughty, but *let* that ~. あの子はわんぱくだが, まあそれはよいとしよう. **b** 〈…で〉見逃される [+補] His insulting look ~*ed* unnoticed. 彼のさげすむような目つきは人に気づかれずにすんだ. ⓫ a 【トランプ】 パスする《棄権して次の番へ回す》. **b** 質問などに答えない, パスする. ⓬ 【球技】 球をパスする[渡す].

—— ⓐ ❶ a 〈…を〉通り過ぎる, 通り越す: Have we ~*ed* Nagoya yet? もう名古屋は過ぎましたか. **b** 〈…を〉追い越す, 追い抜く: ~ the other runners 他の走者を追い抜く. **c** 〈…を〉越える, 横切る, 渡る: We managed to ~ the difficult section. 我々はどうにか難所を通った. **d** 〈…と〉行き違う: I ~*ed* her on the road. 道で彼女と行き違った (cf. 1 a).

❷ a 〈ロープなどを〉〔…に〕巻く, 巻きつける: *P*~ the rope *around* [*round*] your waist. ロープを腰の回りに巻きつけなさい. **b** 〈目を〉〔…に〕通す; 〈手などを〉〔…の上に〕動かす: Will you please ~ your eye *over* this letter? この手紙に目を通してくださいませんか / She ~*ed* her hand *over* her face. 彼女は手で顔をなでた. **c** 〈手・くし・ワイヤなどを〉〔…に〕通す: He ~*ed* a comb *through* his hair. 彼は髪にくしを通した / The electrician ~*ed* a wire *down* [*through*] the pipe. 電気工はパイプにワイヤを通した.

❸ 〈時間などを〉過ごす, つぶす: They played cards to ~ the time. 彼らはトランプをして時間をつぶした / He ~*ed* most of his life abroad. 彼は人生の大半を外国で過ごした / [+目+前+doing] He ~*ed* the evening (*by* [*in*]) watching TV. テレビを見て晩を過ごした.

❹ [通例副詞(句)を伴って] a 〈ものを〉(手で)渡す, 〈食卓などで〉〈皿を〉回す〈*on, around, round, along*〉〈*hand*〉: Will you ~ the pepper? コショウを回してくれませんか / The photograph was ~*ed around* [*round*] for everyone to see. その写真はみんなが見られるように回覧された / *P*~ this note (*on*) to the boss. このメモを主任に回してください / [+目+目] Please ~ me the salt.=Please ~ the salt *to* me. 塩を回してくれませんか. **b** 〈人に〉質問・問題などを〉回す, 押しつける.

❺ a 〈試験などに〉合格する, パスする; 〈基準などを〉超える (↔*fail*): How many people ~*ed* the examination? 試験には何人受かりましたか / Contributions have already ~*ed* the $ 100,000 mark. 寄付はすでに 10 万ドルの目標を超えた. **b** 〈受験生・答案などを〉合格させる (↔*fail*): The teacher ~*ed* most of us. 先生は私たちの大部分を合格させてくれた / [+目+目(*as*)補] The doctor ~*ed* me (*as*) fit [ready for work]. 医者は健康状態は大丈夫 [仕事ができる]といって私を合格させてくれた.

❻ a 〈法案を〉承認する, 可決する: The Commons ~*ed* the bill. 下院はその法案を可決した. **b** 〈法案が〉議会を〉通過する: The bill ~*ed* the City Council. その法案は市会を通過した.

❼ a 〈判決を〉〔…に〕宣告する, 〈判断を〉〔…に〕下す〔*on, upon*〕: When will the judge ~ sentence (*on* the defendants)? 裁判官はいつ(被告に)判決を下すのだろう. **b** 〈言葉・意見などを〉〔…について〕言う, 述べる: ~ a comment [remark] 〔*on* …〕〔…について〕ひと言述べる. **c** 〔*one's lips* で〕〈言葉・秘密など〉口から漏れる: Nothing will ~ my *lips*. 私の口からは何も漏れることはない.

❽ 〈不良小切手・偽造などを〉流通させる, 通用させる: ~ a bad check 不渡り小切手を振り出す.

❾ a 〈ある数量・基準を〉超える, 上回る (*exceed*). **b** 〈思想・行動などが〉〔…の範囲・限界を〉超える, 超越する: His story ~*es* all belief. 彼の話はまるで信じられない / His behavior ~*es* my comprehension. 彼のふるまいは私の理解を超える.

❿ 〈…を〉排泄(はいせつ)する: ~ water (立ち)小便をする / ~ blood 血尿[血便]が出る.

⓫ 【野】 〈バッターを〉フォアボールで歩かせる. ⓬ 【球技】 〈球を〉パスする.

páss awáy (⾃+副) (1) 消滅する, 終わる: The pain has ~*ed away* completely. 痛みは完全に消えた. (2) 〈婉曲〉亡くなる, 逝(ゆ)く (*pass on*) (⇒*die*¹ [類義語]): He ~*ed away* peacefully. 彼は静かに息を引き取った. —— (他+副) (3) 〈時を〉過ごす.

páss bý (⾃+副) (1) 〈そばを〉通り過ぎる: A person ~*ing by* asked me the way to the museum. 通りすがりの人が博物館に行く道を尋ねた. (2) 〈時が〉過ぎ去る. —— (他+副) (3) [~+目+*by*] 〈…を〉大目に見る; 無視する: We cannot simply ~ such behavior *by*. そういう行動は単に黙って見過ごすわけにはいかない. (4) 〈(の)そばを〉通り過ぎる; …を素通りする: I'm afraid that life is just passing me *by*. 人生がいたずらに過ぎているのではないかと思う.

páss dówn (他+副) 〈…を〉〔…に〕伝える, 譲る (★しばしば受身): The tradition has been ~*ed down to* posterity. その伝統は後世の人々へ受け継がれてきている.

páss óff (⾃+副) (1) 次第に消えうせる: The effects will ~ *off* eventually. その影響はやがて消えます. (2) [しばしば well などの様態の副詞を伴って] 〈会などが〉(うまく)進む, 終わる: The conference ~*ed off* well [smoothly]. 会議はうまくいった. —— (他+副) (3) 〈問題などを〉そらす, 受け流す: She ~*ed* it *off* (as a mere coincidence). 彼女はそれを(単なる偶然の一致として)問題にしなかった. (4) 〈…を〉〈…だと〉偽って通用させる: He ~*ed off* the picture *as* a Picasso. 彼はその絵をピカソの絵だと偽って通した. (5) [~ *oneself* で] 〈…に〉なりすます: She ~*ed herself off as* a doctor. 彼女は医者になりすましていた.

páss ón (⾃+副) (1) (そのまま)先に進む; 通り過ぎる. (2) 〈…に〉移る: Now, let's ~ *on to* the next question. では次の質問に移りましょう. (3) 〈婉曲〉死ぬ (*pass away*) (⇒*die*¹ [類義語]). —— (他+副) (4) 〈…を〉〈…に〉移す, 伝える: Please ~ this information *on to* the boss. この情報をボスに伝えてください / He ~*ed* his cold *on to* me. 彼はかぜを私に移した. (5) 〈費用などを〉〔…に〕肩代わりさせる〔*to*〕.

páss óut (⾃+副) (1) (口) 意識を失う, 気絶する (*faint*); 酔いつぶれる. (2) 〈英〉〈士官学校などを〉卒業する. —— (他+副) (3) 〈ものを〉〈…に〉配る, 配布する: Please ~ these handouts *out to* everyone. これらのプリントをみんなに配ってください.

páss óver (他+副) 〈…を〉見落とす; 無視する: I ~*ed over* his name on the list. 私は名簿にある彼の名前を無視して[見落として]しまった / They ~*ed over* the remark in silence. 彼らはその発言を黙って無視した. (2) [~+目+*over*] 〈昇進などで〉〈人を〉考慮に入れない, 除外する (★しばしば受身): I *was* ~*ed over for* promotion. 私は昇進を見送られた.

páss thróugh (⾃+前) (1) 〈…を〉通過する (⇒ ⾃ 1 a). (2) 〈つらいことなどを〉経験する, 〈段階などを〉通過する. (3) 〈学校の課程を〉修了する. —— (⾃+副) (4) 通過する (⇒ ⾃ 1 a). (5) 一時åかでいる, 腰掛けでする.

páss úp (他+副) (口) 〈機会などを〉捨てる, 逃す; 〈招待などを〉断る.

—— 图 ❶ パス, 無料乗車[入場]券; 優待パス, 定期券; 通行[入場]許可証: a (monthly) railroad ~ from A to B A から B までの鉄道の(1 か月)定期券 / a season ticket) / a ~ to the exhibition 展覧会の無料入場券 / No admission without a ~. 入場券をお持ちでない方の入場お断わり. ❷ a 〈試験の〉合格, 及第: a ~ mark 〈英〉合格点 / I got a ~ in English. 私は英語に合格した. **b** 〈英大学〉普通及第. ❸ (奇術師・催眠術師の)手の動き: make ~ es 手を動かして術を施す[手品をする]. ❹ 【フェン】突き. ❺ 【野】 フォアボール[四球]による出塁. ❻ 【球技】 パス, 送球: a forward ~ 前方パス. ❼ 【トランプ】 パス 《棄権して次の番に回す》. ❽ 通過, 通行; 口上空飛行. ❾ (選考過程などの)段階. ❿ ありさま, 形勢; 危機, 苦境.

bríng…to a prétty [fíne] páss 〈…を〉大変な[困った]事態に陥らせる.

bríng...to páss (1) 〈...を〉成し遂げる. (2) 〈...を〉引き起こす.
cóme to a prétty [fíne] páss 大変[困った]事態になる.
cóme to páss 起こる, 実現する: It *came to* ~ *that*...ということになった.
máke a páss at... 〈口〉〈女性に〉言い寄る.
〖F < L *passus* 歩; cf. pace¹〗

pass² /pǽs | páːs/ 图 **❶ a** 狭い通路, (特に)山道, 峠: a mountain ~ 山道. **b** [P-; 地名に用いて]...山道, ...峠: the Simplon ~ /símplən | sǽmplən/ P- シンプロン峠(イタリア・スイス間の, Alps 越えの道). **❷ a** 水路, 河口, 水道. **b** (やなの上に設けてある)魚道. **hóld the páss** 主義を擁護する. **séll the páss** 主義を裏切る. 〖F < L; PACE, PASS¹ と同語源〗

pass. (略) passage; passenger; passive.

pass·a·ble /pǽsəbl | páːs-/ 形 **❶** 目的にどうにか間に合う, まずまずの: He speaks ~ Chinese. 彼はまずまずの中国語を話す. **❷** P〈道など〉通行できる; 〈川など〉渡れる (↔ impassable): The mountain road is not yet ~. その山道はまだ通れない. **❸** 〈通貨など〉通用[流通]する. **❹** 〈議案が〉可決[通過]できる.

páss·a·bly /-səbli/ 副 ほどほどに, まずまず.

pas·a·ca·glia /pɑ̀ːsəkáːljə | pæ̀səkáːliə/ 图〖楽〗パッサカリア(バロック時代の荘重な3拍子の変奏曲).

*‡**pas·sage¹** /pǽsɪdʒ/ 图 **❶** C **a** 廊下 (passageway, corridor): The bathroom is at the end of the ~. トイレは廊下の突き当たりにあります. **b** 通路, 抜け道: a dark ~ between the buildings ビルの間の暗い通路. **c** (体内の)導管, ...道: air [respiratory] ~s 気道 / ⇒ back passage. **d** 水路. **❷** C (文章・引用などの)一節, 一句, ひとくだり (excerpt, extract); 〖楽〗楽節: a ~ from the Bible 聖書の一節 / play a ~ 一楽節を奏する. **❸** U **a** [また a ~] 通行, 通過; 通行権: the ~ of a parade パレードの通過 / force a ~ through the crowd 群衆を押し分けて進む / block (a person's) ~ (人の)通行を阻む / allow (a) free ~ 自由な通行を許す / guarantee (a) safe ~ 安全な通行を保証する / a ~ の移住: ⇒ BIRD of passage 成句. **c** 移行, 移動 (transition): the ~ *from* barbarism *to* civilization 野蛮から文明への移行. **❹** U [the ~] (時の)経過, 推移 (passing): with the ~ *of* time 時がたつにつれて. **❺** U 〖議案の通過, 可決〗 *of*]. **❻** U [また a ~] **a** (海または空の)旅, 渡航, 航海; 旅行の権利: have a rough ~ 難航する / make the ~ across to France フランスへ航海する. **b** 運賃, 乗船料: work one's ~ 船賃の代わりに乗船中働く. **❼** C 〖医〗便通. **a pássage of [at] árms** (二人の)打ち合い, 殴り合い; 論争, 口論. 〖PASS¹ + -AGE〗

pas·sage² /pæsídʒ/ 图 〖馬〗パッサージュ(歩幅を狭め, 脚を高く上げる速歩).

pássage gráve 图 〖考古〗パッセージグレーブ(墓室と羨道(せんどう)部をもつ石室墓).

†**pássage·wày** 图 廊下; 通路 (passage).

pas·sant /pǽs(ə)nt/ 形 〖紋〗〈ライオンなど〉(向かって左方に)右前足を上げている歩態の.

páss·bànd 图 〖電〗(ラジオ回路・濾光器の)通過帯域.

páss·bòok 图 銀行通帳.

Pass·chen·dae·le /pǽʃəndèil/ 图 パッセンデーレ(ベルギー北西部の村; 第一次大戦の激戦地 (1917)).

pas·sé /pæséɪ/ 形 古めかしい, 時代遅れの; 過去の, 盛りの過ぎた. 〖F=passed〗

pássed báll 图 〖野〗パスボール, 捕逸 (比較「パスボール」は和製英語).

pássed páwn 图 〖チェス〗パストポーン(行手をさえぎる敵のポーンのないポーン).

pas·sel /pǽs(ə)l/ 图 〖米口・古風〗多数, 大集団: a ~ *of* children 大勢の子供.

passe-men·te·rie /pæsméntri/ 图 U パスマントリー(モール, ひも, 糸, ビーズなどでつくられた服などの縁飾りなどの装飾).

*‡**pas·sen·ger** /pǽs(ə)ndʒə | -dʒə/ 图 **❶** 乗客, 旅客; 船客: ~s on an airplane [a bus, a ship, a train] 飛行機[バス, 船, 列車]の乗客. **❷** 〈英口〉(チーム・グループなどの)足手まとい, 「お荷物」: We cannot afford to carry ~s. うちの会社ではお荷物を背負っていくだけの余裕はない. ―― 形 A 旅客(用)の: a ~ car [carriage] 客車 / a ~ plane 旅客機 / a ~ train 旅客列車 / a ~ ship 客船 / a ~ list 乗客名簿. 〖F=通行する人〗

pássenger pìgeon 图 〖鳥〗リョコウバト(北米産の長い尾をもったハト; 大群で移動していたが, 1914年までに乱獲で絶滅).

pássenger sèat 图 (車の)助手席, サイドシート(運転席の隣).

passe-par·tout /pæ̀spɑːtúː | -pɑː-/ 图 **❶ a** C (写真などの)台紙, 額縁. **b** U 台紙用の粘着テープ. **❷** C 親かぎ (master key).

páss·er 图 **❶** 通行人, 旅人; 試験合格者. **❷** 〖球技〗ボールをパスする人. **❸** (製品の)検査官, 検査合格証. **❹** 〈俗〉にせ金使い.

*‡**páss·er-bý** /pǽsəbái | páːsə-/ 图 (複 páss·ers-bý) 通りかかり[すがり]の人, 通行人.

pas seul /pɑːsǽl, -sɛ́l; páː ~/ 图 (複 ~s /-(z)/) 〖バレエ〗一人舞い, パスル.

pas·si·ble /pǽsəbl/ 形 (宗教的に)感動しやすい, 感受性の強い. **pas·si·bíl·i·ty** /pæ̀səbíləti/ 图 U 感受性.

pas·sim /pǽsɪm/ 副 引用書物の諸所に, 方々に. 〖L〗

*‡**pass·ing** /pǽsɪŋ | páːs-/ 图 U **❶ a** 通行, 通過: the ~ *of* a parade パレードの通過. **b** 〈時などの〉経過: with the ~ *of* the years 年がたつにつれて. **❷** 〖議案の〗通過, 可決; 〈試験の〉合格 〖*of*〗. **❸** (...の)消滅, 終わり 〖*of*〗. **❹** 〈婉曲〉死: We all mourned his ~. 我々はみな彼の死を悲しんだ. **in pássing** ついでに, ちなみに: He pointed out numerous errors in my paper *in* ~. ついでに彼は私の論文の誤りをたくさん指摘した. ―― 形 **❶** 通行[通過]する: a ~ taxi 通りすがりのタクシー. **❷** いっときの, つかの間の一時の: the ~ moment つかの間 / the ~ joys つかの間の喜び / (a) ~ pain 一時的な痛み. **❸** 偶然の; ついでの: a ~ remark ふと口に出た言葉. **❹** ちょっとした, わずかな: a ~ acquaintance ちょっとした知り合い / a ~ knowledge of...についてのわずかな知識. **❺** 〈試験・単位など〉合格の, 及第の: a ~ mark [〈英〉grade] on the test テストの及第点. **❻** 現在の, さしあたりの: ~ events 時事 / ~ history 現代史. **with éach pássing dáy** 一日一日が過ぎていくとともに, 日々 〖用法〗day を week, month などに換えて類似の言い方ができる.

pássing bèll 图 [しばしば the ~] 死を報ずる鐘, 臨終の鐘; 弔いの鐘, 弔鐘(ちょうしょう).

pássing làne 图 〈米〉追い越し(用)車線.

páss·ing·ly 副 **❶** 一時的に. **❷** ついでに, 粗略に.

pássing nòte 图 〖楽〗経過音.

pássing shót [stròke] 图 〖テニス〗パッシングショット(ネット近くの相手のサイドを抜くショット).

*‡**pas·sion** /pǽʃən/ 图 **❶** C,U **a** U 熱情, 情熱, 激情: She played Beethoven with ~. 彼女はベートーベンを熱を込めて演奏した / Let's wait for ~s to settle down before deciding. 皆が冷静になるまで決定するのは待つことにしよう / *Passions* run high when they start talking about soccer. 彼らはサッカーの話を始めると感情むき出しになる. **b** 〈異性に対する〉情欲, 色情, 恋情: He felt a deep ~ *for* her. 彼は彼女に対して強い情熱や欲情を感じた. **❷** [単数形で] **a** 〈...に対する〉熱愛, 熱中, 熱狂: He has a ~ *for* music [the stage]. 彼は音楽[劇]が大好きだ. **b** 熱愛[熱中]の対象: Golf is his ~. ゴルフは彼に目がない. **❸** [a ~] かんしゃく, 激昂(げっこう), 激怒: be in *a* ~ 激怒している / fall [fly, get] into *a* ~ かんしゃくを起こす, 怒る. **❹** [the P~] 〖キ教〗キリストの受難. 〖F < L=苦痛 〖L *pati*, *pass-* 耐える; cf. compassion, passive, patient〗 形 passionate〗 〖類義語〗⇒ feel-ing.

pás·sion·al /-ʃ(ə)nəl/ 图 聖人殉教者受難物語. ―― 形 情熱的な, 激情による; 情欲の, 恋愛の.

*‡**pas·sion·ate** /pǽʃ(ə)nət/ 形 (more ~; most ~) **❶**

熱烈な, 情熱的な, 激しい (↔ dispassionate): a ~ kiss 熱烈なキス / a ~ youth 情熱的な若者 / a ~ speech 熱烈な演説 / ~ love 激しい愛 / They're ~ about human rights. 彼らは人権問題に熱心だ. ❷ 情欲に燃えた, 多情多感な. ❸ 怒りやすい, 短気な. (名 passion)

pássionate·ly 副 ❶ 情熱的に[をこめて], 熱烈に. ❷ 激しく, 熱心に. ❸ いきりたって.

pássion·flòwer 名 〘植〙 トケイソウ, パッションフラワー.

passionflower　　passion fruit

pássion frùit 名 C|U パッションフルーツ《パッションフラワーの果実; 食用になる》.

pássion·less 形 情熱のない[こもっていない]; 冷静な, 落ち着いた. **~·ly** 副 **~·ness** 名

Pássion plày 名 キリスト受難劇.

Pássion Súnday 名 四旬節 (Lent) 第 5 日曜日.

Pássion·tide 名 受難の聖節《Passion Sunday に始まる 2 週間》.

Pássion Wèek 名 受難週 (⇒ Holy Week).

pas·siv·ate /pǽsɪvèɪt/ 動 〘冶〙〈金属を不動態化する《化学反応を起こさないよう表面に保護膜を生じさせる》; 皮膜で保護する. **pas·siv·a·tion** /pæ̀sɪvéɪʃən/ 名 **pás·siv·a·tor** /-tə｜-tə/ 名

***pas·sive** /pǽsɪv/ 形 (more ~; most ~) ❶ 受動性の, 受身の, 消極的な, 活気のない (↔ active): a ~ audience 活気のない聴衆 / He's ~ in everything. 彼は万事消極的だ. ❷ 無抵抗の, 言いなりになる: ⇒ passive obedience, passive resistance. ❸ (比較なし)〈借金が〉無利息の. ❹ (比較なし)〘文法〙受動の, 受身の (↔ active): the ~ voice 受動態. ── 名 ❶ [the ~]〘文法〙受動態; 受動構文. ❷ [C] 受身形(の動詞). **~·ness** 名 〘L *pati, pass-* 耐える, 従う; cf. passion〙

pássive-aggréssive 形 〘精神医〙〈人格·行動など〉受動攻撃性の《ふくれる, 強情を張る, 引き延ばすなどの消極的な攻撃性を示す》.

pássive immúnity 名 U 受動[受身]免疫《抗体注入などによる免疫; cf. active immunity》.

pássive·ly 副 ❶ 受身に, 消極的に, 不活発に. ❷ 無抵抗に, 逆らわずに.

pássive obédience 名 U 命令の絶対服従; 黙従.

pássive resístance 名 U (非暴力的手段による)消極的抵抗《政府に対する非協力など》.

pássive restráint 名 (車の)自動防護装置《自動ベルトやエアバッグなど》.

pássive smóking 名 U 受動喫煙, 間接喫煙《他人の喫煙を非喫煙者が吸うこと》.

pas·siv·i·ty /pæsívəṭi/ 名 U ❶ 受動性; 不活動. ❷ 無抵抗; 忍耐. 〖PASSIVE+-ITY〗

pas·siv·ize /pǽsəvàɪz/ 動 他 〘文法〙受動態になる[する]. **pas·siv·i·za·tion** /pæ̀səvɪzéɪʃən|-vaɪz-/ 名

páss·kèy 名 ❶ 親かぎ (master key). ❷ 合いかぎ.

Páss·o·ver 名 [(the) ~]〘聖〙過越しの祝い《ユダヤ暦の 1 月 14 日に行なうユダヤ人の祭り; 祖先のエジプトの圧制から脱出したのを記念する; パン種を入れないパンを食べる》.

***pass·port** /pǽspɔ̀ət|pɑ́ːspɔ̀ːt/ 名 ❶ 旅券, パスポート: renew one's [apply for a] ~ パスポートを更新[申請]する. ❷ …への確実な手段, 保証: Money is not a ~ *to* happiness. 金は幸福への保証ではない. 〖F; ⇒ pass¹, port¹〗

páss·wòrd 名 合い言葉; (コンピューターなどの)パスワード.

***past** /pǽst|pɑ́ːst/ 形 ❶ a A [また名詞の後に置いて] 過ぎ去った, 昔の: ~ experience 過去の経験 / ~ sorrows 過ぎ去った悲しみ / in ~ years [times]=in years [times] ~ 過去に, 昔. **b** P 過ぎ去って, 終わって (gone): My youth is ~. 私の青春は終わった《比較 My youth has passed. とほぼ同じ意味》/ Summer is ~. 夏は過ぎ去った. ❷ A [また名詞の後に置いて] 過ぎたばかりの《用法 通例完了時制を伴う》: He has been sick for some time ~. 彼はここしばらく病気だった / I haven't met him for the ~ two months. 私はここ 2 か月彼に会っていない. ❸ A 任期を終わった, 元の (former): a ~ chairman 元議長. ❹ A 〘文法〙過去の (cf. present¹ 3, future 2): the ~ tense 過去時制.

── 名 ❶ [the ~]〘文法〙過去: in *the* ~ 過去において / *the* recent ~ 遠くない昔 / learn from *the* ~ 過去から学ぶ. ❷ [単数形で] (国の)歴史 / (人の, 特にいかがわしい)経歴: a country with a glorious ~ 輝かしい歴史をもつ国 / a woman with a ~ 前歴のいかがわしい(いわくつきの)女. ❸ [the ~]〘文法〙過去(時制) (cf. present¹ 2, future 3). **a thíng of the pást** 過去のもの[こと]; 時代遅れのもの[こと]. **líve in the pást** ⇒ live¹ 〖成句〗 **pút the pást behínd (onesélf)** (人の)過ぎたことは忘れてやり直す.

── /pǽst|pɑ́ːst/ 前 ❶ **a** (時間が)…を過ぎて, (…分)過ぎ((米)) after): It's ~ three o'clock. 3 時は過ぎた / at half ~ [しばしば half-*past*] three 3 時半に / It's five (minutes) ~ ten. 今は 10 時 5 分です / The bus leaves at 10 ~ (the hour). バスは毎時 10 分に出る《(★)(英)では past の目的語を省略することがある》. **b** (年齢が)…を超して, …を過ぎて[た]: Our teacher is now ~ eighty. 先生はもう 80 を超しておられる / The temperature soared up ~ forty. 熱[温度]はぐんぐんあがって 40 度を超えた. ❷〈場所·人など〉を通り過ぎて, を通り過ぎた所に: He ran ~ my house. 彼は私の家の前を走って通っていった / She looked ~ me out of the window. 彼女は私の頭越しに窓の外を見た / His office is ~ the police station on the left. 彼のオフィスは左手の警察署の先にあります. ❸ …以上, …の及ばない (beyond): She was ~ caring.《気が動転して》彼女は全然気にならなかった / It's ~ (all) belief. それは(まるで)信じられない.

be pást it (口)〈人·物が〉もう年である[古い], 年を取り[古くなり]すぎている, もう役に立たない, ガタがきている.

wóuldn't pùt it pást a person (to dó) (口)〈人が〉(それを)やりかねないと思う: I *wouldn't put it* ~ him *to* betray us. 彼は我々を裏切りかねないと思う.

── 副 通り越して, 過ぎて: go [walk] ~ 行き[歩き]過ぎる / hasten [run] ~ 急いで[走って]通り過ぎる.

《PASS の過去分詞 passed の古形から》

***pas·ta** /pɑ́ːstə|pǽs-/ 名 U パスタ《マカロニ·スパゲッティなどの総称; またその料理》.〖It<L〗

†paste /péɪst/ 名 ❶ U 糊(%). ❷ **a** U|C (小麦粉などの)生地, ペースト《パイ皮などを作る》. **b** U (魚肉·レバーなどの)ペースト. ❸ U 練り物, ペースト状のもの. ❹ U 鉛ガラス《人造宝石製造用》. ── 動 ❶ **a**〈紙など〉を糊ではる[はり込む]《*down, in, up, together*》 *into, on, to, onto*》: ~ two sheets of paper *together* 2 枚の紙を糊ではり合わせる / ~ *up* a poster ポスターをはる / ~ a notice *on* [*to*] a wall 壁に掲示をはりつける. **b**〈紙〉に…を糊ではる: The walls are ~d *over with* posters. 四方の壁一面にポスターがはってある. ❷〘電算〙〈バッファー[クリップボード]中の)テキスト·画像などをはり込む. ❸ (口)〈人〉を殴る, 痛打する. ❹ (口)〈…に〉圧勝[完勝]する. 〖F<L<Gk=大麦のポリッジ〗

páste·bòard 名 U 厚紙, ボール紙 (cf. board 6 a, cardboard, millboard, paperboard). ── 形 ❶ 紙で作った, 厚紙製の. ❷ 実質のない; 偽の.

†pas·tel /pæstél|pǽstl/ 名 ❶ C|U パステル(クレヨン). ❷ C|U パステル画. ❸ U パステル画法. ❹ C|U 淡くやわらかな色彩: paint the kitchen in ~(s) 台所(の壁)をパステル調に塗る. ── 形 ❶ (色合いが)パステル(調)の. ❷ パステル(画)の. 〖F<L=タイセイ(大青); その紫から〗

pas·tern /pǽstən|-təːn/ 名 つなぎ《有蹄(%)類のひづめとくるぶしとの間》.

Pas・ter・nak /pǽstənæk | -tə-/, Boris (Leo・ni・do・vich) /bóːrɪs liːəníːdəvɪtʃ/ 名 パステルナーク (1890-1960; ソ連の詩人・作家; Nobel 文学賞 (1958, 辞退)).

páste-ùp 名 [印] はり込み台紙.

Pas・teur /pæstɚ | -tɜ́ː/, Louis 名 パスツール (1822-95, フランスの化学者・細菌学者).

pas・teur・i・za・tion /pæ̀stʃərɪzéɪʃən, -stər- | -raɪz-/ 名 ⓤ パスツール法, 低温殺菌法; 放射線滅菌(法).

pas・teur・ize /pǽstʃəràɪz, -stər-/ 動 〈食品に〉(低温)殺菌(法)を行なう: ~d milk (低温)殺菌牛乳. 〖PASTEUR+-IZE〗

Pastéur trèatment 名 パスツール接種(法) (狂犬病などの予防接種法).

pas・tic・cio /pɑːstíːtʃoʊ | pæstíː-/ 名 (複 **pas・tic・ci** /-tʃi/, ~s) =pastiche.

†**pas・tiche** /pæstíːʃ/ 名 ❶ ⓒ (他作品のスタイルをまねた)模倣作品, パスティーシュ. ❷ ⓒ (諸作品の借用からなる)寄せ集め作品, 混成曲[歌, 絵画など], パスティーシュ. ❸ ⓤ (スタイルの)模倣; (制作手段としての)寄せ集め(法). 〖F〗

pas・tille /pæstíːl | pǽstəl/ 名 ❶ (ひし形の)錠剤, トローチ: strawberry fruit ~s ストロベリー味のトローチ. ❷ (円錐形の)線香.

†**pas・time** /pǽstàɪm | páː-/ 名 娯楽, 遊戯, 気晴らし (hobby). 〖F passe-temps の訳〗

past・ing /péɪstɪŋ/ 名 ❶ ⓤ [電算] ペースト(すること) (cf. paste). ❷ ⓒ [通例単数形で] (口) a 激しくたたくこと: get a real ~ こっぴどくたたかれる. b (スポーツなどで)完敗, 大敗 (thrashing). ❸ きびしい非難[批判].

pas・tis /pæstíːs/ 名 (複 ~) パスティス (アニスで風味をつけたフランス製のリキュール).

pást máster 名 大家, 名人, 達人 [in, at, of].

pást・ness 名 ⓤ 過去であること, 過去性.

†**pas・tor** /pǽstɚ | páːstə/ 名 牧師 〖用法〗(英)では特に英国国教会以外の新教牧師にいう. 〖L=羊飼い (pascere, past- 草を食べさせる)〗 形 pastoral.

†**pas・to・ral** /pǽstərəl, -trəl | páːs-/ 形 ❶ a 牧師の. b (牧師・教師などが果たすべき)宗教的というより精神的な: ~ care (牧師・教師が与える)精神的な助言 / ~ duties (牧師・教師の)精神面で助言する務め. ❷ 田園生活の, いなかの; 田園生活を描いた; 牧歌的な: a ~ poem 牧歌, 田園詩 / ~ life [scenery] 田園生活[風景]. ❸ a 牧羊者の. b 〈土地が〉牧畜用の. —— 名 ❶ 牧歌, 田園詩[画, 曲, 歌劇など]. ❷ a =pastoral letter. b =pastoral staff. (名 pastor) 〖類義語〗⇨ rural.

pas・to・rale /pæ̀stərɑ́ːl, -rǽl/ 名 [楽] パストラーレ, 牧歌曲, 田園曲.

Pástoral Epístles 名 複 [the ~] [聖] 牧会書簡 (テモテ書 (Timothy) およびテトス書 (Titus)).

pás・to・ral・ist /-lɪst/ 名 田園詩人; [複数形で] 牧畜民.

pástoral létter 名 [キ教] 教書 (牧師が教区民に, 司教が管区の聖職者[管区民]に与える文書).

pástoral stáff 名 [キ教] 牧杖(ぼくじょう) (司教および修道院長の連杖).

Pástoral Sýmphony 名 [the ~] 田園交響曲 (Beethoven 作曲の交響曲第6番 (1808)).

pas・tor・ate /pǽstərət | páːs-/ 名 牧師の職[任期]; 牧師団, 牧師(全体).

pást párticiple 名 [文法] 過去分詞.

pást pérfect 名 [文法] 過去完了 (had+過去分詞の時制形式).

pas・tra・mi /pəstrɑ́ːmi | pæs-/ 名 パストラミ (香辛料をきかせた牛肉の燻製(くんせい)).

†**past・ry** /péɪstri/ 名 ❶ ⓤ (小麦粉・バター・水などを混ぜた)練り粉, 生地 (パイ・タルトやシュークリームなどの生地). ❷ ⓒⓤ ペストリー, 練り粉菓子(類) (を使った菓子(類)). 〖PASTE+-RY〗

pástry còok 名 ペストリー職人.

pas・tur・age /pǽstʃərɪdʒ | páːs-/ 名 ⓤ ❶ 牧草地. ❷ 放牧権.

†**pas・ture** /pǽstʃɚ | páːstʃə/ 名 ❶ ⓤⓒ 牧草地. ❷ ⓤ 牧草. gréener pástures =(英) pástures néw 新しい活動の場, 新天地. pút...óut to pásture (1) 〈家畜を〉牧地に出す. (2) 〈老作品などを〉お蔵入れにする; 〈人を〉引退させる. —— 動 他 〈家畜を〉放牧する. —— 自 〈家畜が〉草を食う. 〖F＜L＜pascere, past- 草を食べさせること; cf. pastor〗 〖類義語〗 pasture 牧草の生えている所または放牧地. meadow 特に干し草を作るための牧草地.

pásture・lànd 名 ⓤ 牧草地, 放牧場.

pás・tur・er /-tʃərɚ | -rə/ 名 牧場主.

past・y[1] /péɪsti/ 形 (**past・i・er; -i・est**) ❶ 糊(のり)[こね粉]のような, 練り物のような. ❷ 〈顔が〉青白く不健康な. 〖F〗 (名 paste)

past・y[2] /pǽsti/ 名 (英) 肉パイ.

pasty-faced /péɪstifèɪst⁻/ 形 〈人が〉青白い不健康な顔の.

PÁ sỳstem /píːéɪ-/ 名 =public-address system.

*__pat__[1] /pǽt/ 動 (**pat・ted; pat・ting**) 他 (手のひらなどで)〈...〉を軽くたたく[打つ], なでる; 軽くたたいて...にする 〖比較〗 slap は平手でピシャリとたたく; tap は指先のような小さなもので軽くコツコツとたたく): ~ a ball ボールをつく / ~ a dog 犬をなでる / He patted me on the shoulder. 彼は軽く私の肩をたたいた (注意を引いたり慰めたりする所作) / The baker patted the dough into a flat cake. パン屋はこね粉をぺたぺたたたいて平たいかたちにした / [+目+副] P~ the skin dry (with a tissue). (ティッシュで)肌を軽くたたいて乾かしなさい. —— 自 ❶ [...を]軽くたたく [on, upon]. ❷ 軽い足音で歩く[走る]. pát a person on the báck (ほめて・賛成して)〈人の〉背中をたたく; 〈人をほめる[励ます, 慰める]. pát onesèlf on the báck 得意になる, 自慢する. —— 名 ❶ ⓒ 軽くたたくこと[音]; なでること. ❷ ⓒ (バターなどの小さいかたまり: a ~ of butter ひとかたまりのバター. ❸ [a ~] パタパタという音; 軽い足音. a pát on the báck 称賛[激励]の(言葉) [for]. 〖擬音語〗

pat[2] /pǽt/ 形 ぴったり合った, 適切な, 好都合な: a ~ remark (今言おうと思っていた)まさにおあつらえ向きの言葉 / It's too ~. 話がうますぎる; 信じがたい. —— 副 適切に, うまく, すらすらと: The answer fell ~ from her lips. 彼女の口からすらすらと答えが出た. háve [knów]...(óff) pát 〈...を〉すっかり暗記して[記憶して]いる. stánd pát (米) (1) 決意[意見]を変えない. (2) (ポーカーなどで)手を変えようとしない.

Pat /pǽt/ 名 パット (男性名 Patrick, また女性名 Patricia, Martha, Matilda の愛称).

pat. (略) patent(ed).

pat-a-cake /pǽtəkèɪk/ 名 パタケーキ ('Pat-a-cake, pat-a-cake, baker's man!' で始まる童謡に合わせて両手をたたく子供の遊戯).

pa・ta・gi・um /pətéɪdʒiəm/ 名 (複 **-gi・a** /-dʒiə/) [動] (コウモリ・ムササビなどの)飛膜, 翼膜; (鳥の)翼と胴の付け根のひだ.

Pat・a・go・ni・a /pæ̀təɡóʊniə/ 名 パタゴニア (南米大陸の南端地方; アルゼンチンとチリの南部).

Pat・a・go・ni・an /pæ̀təɡóʊniən⁻/ 形 パタゴニア地方[人]の. —— 名 パタゴニア人.

pat・a・phys・ics /pæ̀təfízɪks/ 名 ⓤ パタフィジック (普遍的法則を究明する科学のパロディーで, 例外の法則を追求するナンセンスな学問; フランスの作家 Alfred Jarry の造語). **-phýs・i・cal** /-fízɪk(ə)l⁻/ **-phy・si・cian** /-fɪzíʃən/ 形

pa・tás mónkey /pətɑ́ː-/ 名 [動] パタスモンキー (西アフリカの地上生活の傾向が強い赤褐色のサル).

pát-bàll 名 ⓤ パットボール (野球に似た英国の球技).

*__patch__ /pǽtʃ/ 名 ❶ a (つぎはぎ用の)あて布, つぎきれ, つぎ: trousers with ~es on [at] the knees ひざの所につぎのあたったズボン. b パッチワーク用の布きれ. ❷ (周囲の色と異なって見える)断片, 一部; 斑点(はんてん), まだら: ~es of blue sky 所々に見える青空 / in ~es 斑点となって, 所々に / There're wet ~es on the ceiling. 天井が所々(雨が漏って)湿っている. ❸ a 眼帯. b (ひと張りのこう薬), ばんそうこう. c (肌に貼る)禁煙(用)パッチ[シール] (ニコチンを含んだ貼付(ちょうふ)薬). d (耕したらした)小地面, 一区画: a ~ of potatoes =a potato ~ ジャガイモ畑. ❹ (特に困難な)時期: a rough ~ 苦しい[つらい]時期. ❺ [電算] パッチ, 修

正用モジュール[プログラム]《既存プログラムの一部と差し替えるための修正用コード》. ❼ 《他と違う》一節: a páragraph ~ ⇨ púrple 图. ❽《英口》(警官などの)担当区域; 生活[仕事]区域. ❾ 付けぼくろ《昔,女性が肌の美しさを示すために顔にはりつけた黒絹の小片など》. **be nòt a pátch on...**《英口》…とは比べものにならない,…よりはるかに劣っている: This *is not a ~ on* that. これなどは彼の足もとにも及ばない. **gó thròugh [hít, stríke] a bád [dífficult, róugh] pátch** 不運を目にあう,憂き目を見る. ── 動 他 ❶ **a**《…に》つぎ[あて布]を当てる《*up*》: ~ a hole in a pair of jeans ジーンズにできた穴につぎを当てる. **b**《…に》応急に直す[修繕する, 手当てをする]: ~ *up* the wounded けが人に応急処置を施す. ❷〖電算〗(プログラムに)パッチを当てる,部分修正をする. ❸《材料が〈…の〉つぎはぎ用となる. ❹《…を》つぎはぎ細工で作る. **pátch a person thróugh**《人を〈…に〉電話でつなぐ《*to*》. **pátch togéther**《他+副》寄せ集めて…を作る, あわてて[即席に]まとめあげる. **pátch úp**《他+副》〈意見の相違・けんかなど〉一時的に取り繕う,静める: ~ things *up* 事態を収拾する. 〖F=(布)片〗【類義語】⇨ **mend**.

pátch·bòard 图〖電子工〗(patch cord で回路接続をする)プラグ盤, 配線盤, パッチ盤.

pátch còrd 图 パッチコード《両端に差し込みのついた電気コード》.

patch·ou·li /pǽtʃuli/ 图 Ⓤ〖植〗パチョリ《インド産のシソ科の小植物》. ❷ パチョリ製の香料.

pátch pànel 图 =patchboard.

pátch pócket 图 縫いつけポケット, パッチポケット.

pátch tèst 图〖医〗パッチテスト《アレルギー反応をみる試験》.

pátch-ùp 图 形 Ⓐ 修復(の), 修理(の).

⁺pátch·wòrk 图 Ⓤ パッチワーク, つぎはぎ細工. ❷ [a ~] 寄せ集め, ごたまぜ.

⁺patch·y /pǽtʃi/ 形 (**patch·i·er**; **-i·est**) ❶ つぎだらけの; 寄せ集めの. ❷〈霧・雲など〉途切れた, とぎれとぎれの. ❸ 不調和な,一様でない,〈物〉所々に悪いところがあるだけの《米》spotty. **pátch·i·ly** /-tʃɪli/ 副 **-i·ness** 图 Ⓤ (patch)

patd.《略》patented.

pate /péɪt/ 图《古・戯言》頭; 脳天; 頭脳.

pâte /pɑ́ːt/ 图 糊 (paste);〖窯〗粘土.

⁺pâ·té /pɑːtéɪ | pǽteɪ/ 图 ⓊⒸ パテ《すりつぶした肉やレバーを調味した料理》. 〖F=PASTE〗

pâ·té de foie gras /pɑːtéɪdəfwɑ́ːgrɑ́ː | pǽteɪ-/ Ⓤ Ⓒ パテドフォワグラ《ガチョウの肥大した肝臓のパテ》. 〖F=paste of fat liver〗

pa·tel·la /pətélə/ 图 (覆 -**lae** /-liː/)〖解〗膝蓋骨(しつがいこつ), 膝関 (kneecap).

pa·tel·late /pətélət/ 形 膝蓋(骨) (patella) を有する.

pat·en /pǽtn/ 图 ❶ (金属製の薄い) 丸皿. ❷〖カト〗パテナ《聖パンを置く皿》.

pa·ten·cy /péɪtənsi, pǽt-, -tn-/ 图 Ⓤ 明白.

***pat·ent** /pǽtənt, -tnt | péɪt(ə)nt, pǽt-/ 图 ❶ ⒸⓊ 特許(権), パテント: apply [ask] for a ~ 特許を出願する / be protected by ~ 特許(権)で保護される / take out a ~ for [on] an invention 発明品の特許を取る / ~ pending 特許出願中(表示). ❷ Ⓒ a ~ letters. ❸ 特許証. ── 形 (**more ~**; **most ~**) ❶ Ⓐ (比較なし) 特許の, 特許権をもつ: a ~ drug 特許登録されている薬品 / ~ law 特許法 / ⇨ letters patent. ❷ Ⓐ (比較なし)《口》独特の, 一流の, 斬新な, 新案の: her ~ way of cooking chicken 彼女独特の鶏肉料理法. ❸ /péɪt-, péɪt- | péɪt-/(限らない)明白な (obvious): a ~ mistake [lie] 明白な間違い[うそ]. ── 動《…の》特許を取る. 〖F (*lettres*) *patentes* (LETTERS PATENT)〗

Pátent and Trádemark Òffice 图[the ~]《米》特許(商標)庁《略 PTO》.

pat·en·tee /pǽtəntíː, -tn- | pèit-/ 图 特許権所有者.

pát·ent léather 图 Ⓤ パテント革, 《黒の》エナメル革《表面を鏡のように光沢が出るように塗装仕上げをした革》.

pa·tent·ly /péɪtəntli, pǽt-, -tnt- | péɪt-/ 副 明らかに, はっきりと (clearly)《用法 通例悪いことに用いる》: He's ~

1323　　　　　　　　　　　　　　pathogen

lying. 彼は明らかにうそをついている.

pátent médicine 图 ⓊⒸ (処方箋なしで買える) 特許医薬品, 売薬.

pátent óffice 图 [また the P- O-] 特許局《米国での正式名称は the Patent and Trademark Office》.

pa·ter /péɪtə | -tə/ 图 ❶ [時に P~]《英口・戯言》おやじ. ❷〖人〗社会的父親 (cf. genitor). 〖L=父〗

Pa·ter /péɪtə | -tə/, **Walter Horatio** 图 ペイター《1839-94; 英国の批評家・小説家》.

pa·ter·fa·mil·i·as /pèɪtəfəmíliəs, pèɪtə-/ 图 (覆 ~·**es**) 家父, 家長. 〖L=father of the family〗

***pa·ter·nal** /pətə́ːn(ə)l | -tə́ː-/ 形 ❶ 父の; 父らしい (fatherly; cf. maternal 1). ❷ 父方の; 世襲の: be related on the ~ side 父方の親戚である / one's ~ grandmother 父方の祖母. **-ly** /-nəli/ 副 〖L *pater* の〗

pa·tér·nal·ìsm /-nəlìzm/ 图 Ⓤ (国民・従業員などに対する) 父親的態度, 家父長主義《父親的温情を示すが, 権威・責任は崩さない態度・主義》.

pa·ter·nal·is·tic /pətə̀ːnəlístɪk, -tə̀ː-/ 形 父親的な態度の, 家父長主義の. **-ti·cal·ly** /-kəli/ 副

pa·ter·ni·ty /pətə́ːnəti | -tə́ː-/ 图 Ⓤ ❶ 父であること, 父性. ❷ 父系. ❸ 起源《*of*》. 〖F<L<*pater* 父〗

patérnity lèave 图 父親産休[育児休暇] (cf. MATERNITY leave).

patérnity sùit 图〖法〗父子関係確定訴訟《特に 父親の扶養義務を確定するためのもの》.

patérnity tèst 图 (血液による) 実父確定検査, 実父鑑定.

Pa·ter·nos·ter /pɑ̀ːtənɔ́stə | pæ̀tənɔ́stə/ 图《ラテン語の》主の祈り, 主禱文(しゅとうもん). 〖L=Our Father〗

***path** /pǽθ/ 图 (覆 ~**s** /pǽðz, pǽðz, pɑ́ːðz/) ❶ **a** 小道, 細道. **b** (公園・庭園内の) 歩道. ❷ **a** 通り道, 通路: clear a ~ through the forest 森を切り開いて通り道をつくる. **b** 軌道, 進路, コース: a flight ~ 飛行経路 / the ~ of a comet 彗星(ほき)の軌道. **c** (人の歩むべき)道; 〖文明・思想・行動などの〗方向, 進路, 方針: the ~ of civilization 文明の進む道 / a ~ to success 成功への道. ❸〖電算〗パス《ファイル・ディレクトリーまでの道筋》. **béat a páth (to a person's dóor)** (人のもとへ) 大勢押し寄せる, 殺到する. **cléar the páth** ⇨ clear 動 句. **cróss a person's páth** =**cróss the páth of a person** (1) 人の行く手を横切る. (2) 人に偶然出会う《⇨ **people's** PATHS cross 成句》. **léad a person ùp the gárden páth** ⇨ garden 成句. **péople's páths cróss** 人々が偶然出会う: Our *paths* have never *crossed*. 我々は以前一度も会ったことがない. 【類義語】 **path** 人に踏まれてできた小道; 庭園などの小道も指す. **lane** 生け垣・家などにはさまれた小道. **footpath** 人が歩くための小道. **alley** 建物の間の狭い道.

-path /--pæθ/ [名詞連結形]「…療法医」「…病(症)患者」.

páth·brèaker 图 開拓者, 先達, 先駆.

páth·brèaking 形 道を切り開く, 開拓者[先達]的な.

***pa·thet·ic** /pəθétɪk/ 形 ❶ 哀れを誘う, 悲しい, 痛ましい: a ~ scene (芝居の)愁嘆場. ❷《口》(かわいそうなほど)下手なうまくいかない), なさけないような, ささやかな: a ~ performance 見ていられないほど下手な演技 / You're ~! Can't you even make a salad? あんたは不器用ね. サラダも作れないの. 《⇨ PATHOS》

pa·thet·i·cal /pəθétɪk(ə)l/ 形 =pathetic.

pa·thet·i·cal·ly /-kəli/ 副 ❶ 哀れっぽく; 悲しくなるほど, 憐れむほど. ❷《口》(かわいそうなほど)下手に.

pathétic fállacy 图 [the ~]〖文芸〗感傷的虚偽《無生物や動物にも人間同様の感情を持たせる表現》.

páth·finder 图 ❶ **a** (未開地の)探検者. **b** (学問などの)開拓者, 草分け. ❷〖軍〗(爆撃地点を指示する)誘導機.

páth·less 形 道のない.

páth·nàme 图〖電算〗パス名《ファイルの所在を表わすパス名》.

path·o- /pǽθoʊ/ [連結形]「病気」. 〖Gk PATHOS〗

path·o·gen /pǽθədʒən/ 图 病原体[菌]《微生物・ウイルスなど》. **path·o·gen·ic** /pǽθədʒénɪk⁺/ 形 **pa·thog·e-**

nous /pəθádʒənəs | -θə́dʒ-/ 形

path·o·gen·e·sis /pæ̀θədʒénəsɪs/ 名 Ⓤ 病因(論), 病原(論). **pàth·o·genétic** 形

path·o·ge·nic·i·ty /pæ̀θoʊdʒənísəṭi/ 名 Ⓤ 医 病原性.

pa·thog·e·ny /pəθádʒəni | -θɔ́dʒ-/ 名 =pathogenesis.

path·og·no·mon·ic /pæ̀θəg(ə)noumánɪk | -mɔ́n-/ 形 医 (疾病)特徴的な, 病徴的な.

pa·thog·ra·phy /pəθágrəfi | -θɔ́g-/ 名 [精神医] 病跡(学), 病誌, パトグラフィー《しばしば芸術活動などを対象とする》.

†**path·o·log·i·cal** /pæ̀θəládʒɪk(ə)l | -lɔ́dʒ-/ 形 ❶ 病理学(上)の; 病理(上)の: a ~ test 病理テスト. ❷ 精神病による. ❸ 《口》病的な, 異常な: a ~ liar 病的虚言者 / a ~ fear of moths 異常な蛾(が)恐怖症. **~·ly** /-kəli/ 副

pa·thol·o·gist /-dʒɪst/ 名 病理学者, 病理医.

†**pa·thol·o·gy** /pəθálədʒi | -θɔ́l-/ 名 Ⓤ 病理学; 病理. 《Gk; ⇒ patho-, -logy》

pàth·o·physiólogy 名 Ⓤ 異常(病態)生理学; 医 特定の病気・症候群・傷害に関する機能上の変化. **-physio-lógical, -ic** /-dʒɪk/ 形

†**pa·thos** /péɪθɑs | -θɔs/ 名 Ⓤ ❶ 哀愁, 悲哀, ペーソス. ❷ 芸術 情念, パトス. 《Gk=苦しむ, 病気, 感情, 苦悩》

†**páth·wày** 名 小道, 細道.

-pa·thy /-pəθi/ [連結形]「苦痛・感情・療法」.

*****pa·tience** /péɪʃəns/ 名 ❶ Ⓤ 忍耐, 忍耐力, 辛抱強さ; 根気; 堅忍, がんばり: lose one's [run out of] ~ *with...* …に我慢ができなくなる / I have no ~ with him. あいつにはとても我慢できない / They tried the ~ to hear me out. 彼女は我慢して私の話を最後まで聞いてくれた. ❷ Ⓤ 《英》ペイシェンス《《米》solitaire》《ひとりでするトランプ》: play ~ ペイシェンスをする. **òut of pátience** *with...* …に愛想をつかして. **the pátience of Jób [a sáint]** 《ヨブ〖聖人〗のような》非常な忍耐. **trý** a person's **pátience** 人をいらいらさせる. (形 patient) 【類義語】 **patience** 苦痛・骨の折れる仕事などを我慢する自制心と冷静さを強調する. **endurance** 苦痛・疲労・困難などに耐える強さ[力], 許容範囲. **fortitude** 苦難に耐える不屈の忍耐力; 意志や性格の強さを強調する. **forbearance** 厳しい試練・挑発・侮辱にさえあってもじっと自己を抑える非凡な忍耐力.

*****pa·tient** /péɪʃənt/ 形 (more ~; most ~) ❶ 忍耐[辛抱, 我慢]強い (↔ impatient): ~ research 辛抱強い調査 / He's ~ with others. 彼は他人に対し寛容である. ❷ たゆまず働く, 勤勉な: a ~ worker 根気強く働く人. **(as) pátient as Jób** 《ヨブのように》辛抱強い 《the PATIENCE of Job 感応》. ── 名 ❶ 《医者から見て》患者, 病人. ❷ 文法 被動作主, 受動体. **~·ly** 副 根気よく, 気長に, じっとして. 《F〈L=耐え苦しんでいる(もの)〈*pati* 苦しむ; cf. passion》 (名 patience)

pat·i·na /pǽṭənə, pətíːnə/ 名 Ⓤ [また a ~] ❶ 《銅・青銅器などの》古いさび, 緑青(ろくしょう). ❷ 《家具などの時代がかった》古つや, 古色, 古趣.

pat·i·nate /pǽṭənèɪt/ 動 他 (…に)古さび[緑青]をつける[がつく]. **pát·i·nàt·ed** /-ṭɪd/ 形

pat·i·na·tion /pæ̀ṭənéɪʃən/ 名 さび, 古色, (人為的に)さび[古色]をおびさせること, 時代づけ.

†**pa·ti·o** /pǽṭiòu/ 名 (**~s**) 《スペイン風の家の》中庭. ❷ 《スペイン風の家の》テラス. 《Sp》

pátio dòor 名 《通例複数形で》パティオドア《スライド式のガラス戸》.

pa·tis·se·rie /pəˈtiːs(ə)ri/ 名 ❶ Ⓤ 《また複数形で》パティセリー《フランス風のケーキ・パイ類》. ❷ Ⓒ パティセリーの店. 《F=pastry》

pâ·tis·sier, pa·tis·sier /pɑːtiːsjéɪ/ 名 パティシエ《ケーキ・菓子作りの職人》.

Pat·na /pátnə | pǽt-/ 名 パトナ《インド北東部の都市》.

Pátna ríce 名 パトナ米(まい) 《インド原産の細長い硬質米》.

pa·tois /pǽtwɑː/ 名 (複 ~/-z/) ⒸⓊ 国なまり, 方言 (dialect); 《特定集団の》仲間言葉. 《F=粗野な話し方》

pa·too·tie /pətúːṭi/ 名 《米俗》❶ 恋人, 女の子, かわいこちゃん. ❷ 尻 (buttocks).

pat, pend. 《略》patent pending 特許申請中.

pa·tri- /pǽtrə, péɪ-, -tri/ [連結形]「父」(cf. matri-). 《L *pater, patr-* 父》

pa·tri·al /péɪtriəl/ 名 《英》《英国生まれの父母・祖父母の関係で》英国居住権をもつ人. **pa·tri·al·i·ty** /pèɪtriǽləṭi/

†**pa·tri·arch** /péɪtriɑ̀ːk | -ɑ̀ːk/ 名 ❶ **a** 家長, 族長《昔の大家族・種族の長; cf. matriarch》. **b** 長老, 古老. ❷ **a** 《初期キリスト教会で》bishop の尊称. **b** [通例 P~] 《カト》《教皇の次位の》総大司教. **c** [通例 P~] 《東方正教会》総主教. 《F〈L〈Gk=家族の長〈*patria* 家族+*archēs* 長》 (形 patriarchal)

†**pa·tri·ar·chal** /pèɪtriɑ́ːk(ə)l | -ɑ́ː-/ 形 ❶ 家長の, 族長の. ❷ 長老の(ような). (名 patriarch)

pátriarchal cróss 名 総大司教十字(キ形).

pa·tri·ar·chate /péɪtriɑ̀ːkət | -ɑ̀ː-/ 名 patriarch の位[職権, 任期, 管区, 公邸].

†**pa·tri·ar·chy** /péɪtriɑ̀ːki | -ɑ̀ː-/ 名 Ⓤ Ⓒ ❶ 家長(族長)政治[制度]; 父権制 (cf. matriarchy 1). ❷ 父権社会.

Pa·tri·cia /pətríʃə/ 名 パトリシア《女性名; 愛称 Pat, Patty》.

pa·tri·cian /pətríʃən/ 名 ❶ 古口 貴族, パトリキウス (cf. plebeian 1). ❷ 《一般に》貴族; 名門の出の人. ── 形 ❶ 古口 貴族[パトリキウス]の. ❷ 貴族の[らしい]; 高貴の (aristocratic).

pa·tri·ci·ate /pətríʃiət, -èɪt/ 名 貴族階級, 貴族社会; 貴族の地位.

pat·ri·cide /pǽtrəsàɪd/ 名 ❶ Ⓤ 父殺し《犯罪》. ❷ Ⓒ 父殺し《犯人》(cf. matricide 2). **pat·ri·cid·al** /pæ̀trəsáɪdl/ 形 《L; ⇒ patri-, -cide》

Pat·rick /pǽtrɪk/ 名 ❶ パトリック《男性名; 愛称 Pat》. ❷ [St. ~] 聖パトリック《389?-?461; アイルランドの守護聖人; 祝日 3 月 17 日》.

pàtri·líneal 形 父系(制)の, 父方の. **~·ly** 副

pàtri·lócal 形《人》父方居住の《夫婦が夫の家族または親族と共にあるいはその近くに居住する; cf. matrilocal》.

pat·ri·mo·ni·al /pæ̀trəmóuniəl/ 形 先祖伝来の, 世襲の.

pat·ri·mo·ny /pǽtrəmòuni | -məni/ 名 Ⓤ [また a ~] ❶ **a** 世襲財産, 家督. **b** 国家[国民]的遺産[財産, 伝統] 《heritage》 《歴史的建造物, 芸術, 文化など》. ❷ 教会基本財産. 《F〈L=父の財産》

*****pa·tri·ot** /péɪtriət | pǽtri-, péɪtri-/ 名 愛国者, 志士, 憂国の士. ❷ [P~] 《米》パトリオット《米国の地対空ミサイル(システム)》. 《F〈L〈Gk=同胞》 (形 patriotic)

*****pa·tri·ot·ic** /pèɪtriáṭɪk | pæ̀triɔ́t-, pèɪtri-/ 形 愛国心の強い, 愛国的な, 愛国の. **pà·tri·ót·i·cal·ly** /-kəli/ 副 (名 patriot)

†**pa·tri·ot·ism** /péɪtriətìzm | pǽtri-, péɪtri-/ 名 Ⓤ 愛国心.

pa·tris·tic /pətrístɪk/ 形 《初期キリスト教会の》教父の; 教父の著作の.

pa·tris·tics /pətrístɪks/ 名 Ⓤ 教父学.

pat·ro- /pǽtrə, péɪ-/ [連結形] =patri-.

*****pa·trol** /pətróul/ 名 ❶ Ⓒ Ⓤ 巡察, 巡視, 警邏(らい), パトロール: night ~*s* 夜間の巡回 / on ~ 巡回[警邏]中で[の]. ❷ Ⓒ **a** 警戒兵; 巡査; 見回り人. **b** [集合的; 単数または複数扱い] 警備隊, 巡察隊. **c** パトカー; 巡視艇; 巡察機. ❸ Ⓒ [集合的; 単数または複数扱い] 《ボーイスカウトの》班. ── 動 (**pa·trolled; pa·trol·ling**) 他 ❶ 《地域など》を巡察[巡視, 警邏]する. ❷ 《街路などを》《集団で》練り歩く. ── 自 [副詞(句)を伴って] 巡察[巡視, 警邏]する, パトロールする. **pa·tról·ler** 名 《G〈F=泥の中を歩き回る》

patról càr 名 《警察の》パトロールカー, パトカー (squad car).

patról·man /-mən/ 名 (複 **-men** /-mən/) ❶ 《米》パトロール巡査; 巡査 (⇒ police 解説). ❷ 《英》道路巡回員 《自動車の故障などの世話をする》.

pa·trol·o·gy /pətrάləʤi | -trɔ́l-/ [名]〘キ教〙教父(文献)学. **-gist** /-ʤɪst/ [名] **pat·ro·log·i·cal** /pæ̀trəlάʤɪk(ə)l | -lɔ́ʤ-⁻/ [形]

patról wàgon [名]《米》犯人護送車 (paddy wagon, Black Maria).

patról·wòman [名] ([複] **-women**)《米》女性(パトロール)巡査.

*__pa·tron__ /péɪtrən/ [名] ❶ (人・団体・事業などの)**後援者[団体]**, パトロン, 保護者, 奨励者〔*of*〕(sponsor). ❷ (商店・ホテルなどの)**客**, 利用者, (特に)常得意, ひいき客. ❸ (フランスなどのホテルの)主人, 所有者. 〖F＜L＝保護者; ⇨ patri-〗

⁺**pat·ron·age** /péɪtrənɪʤ | pǽtrə-/ [名] ❶ [U] 後援, 保護, 奨励, 引き立て: under the ~ of…の保護[後援]の下に. ❷ **a** [U] (商店などの)ひいき, 愛顧. **b** 得意客《全体》. ❸ [U] 恩着せがましい態度, 恩人ぶること: with an air of ~ 恩着せがましい態度で. ❹ [U] 任命権. 〖↑+-age〗

pa·tron·ess /péɪtrənəs | pèɪtrənés/ [名] 女性の patron.

⁺**pa·tron·ize** /péɪtrənàɪz, pǽtrə- | pǽtrə-/ [動] [他] ❶ 〈人に〉上位者[庇護者]ぶってふるまう. ❷ 〈…を〉保護する, 後援[支援]する, 奨励する. ❸ 〈店などを〉ひいきにする. ([名] patron)

pá·tron·ìz·ing [形] ❶ 愛顧する. ❷ 上位者[庇護者]ぶった, 相手を下に見ていたわる(ような) (condescending). **~·ly** [副]

pátron sáint [名] 守護聖人〔*of*〕《[解説] ある土地・職業・人の保護者と考えられた聖人; たとえば England の St. George, Scotland の St. Andrew, Ireland の St. Patrick, 子供の守護聖人の St. Nicholas [Santa Claus] など》.

pat·ro·nym·ic /pæ̀trənímɪk⁻/ [形][名] 父(祖)の名を取った(名), 父称(の)《Johnson (＝son of John), ロシア語の Ivanovich (＝son of Ivan) など》.

pat·sy /pǽtsi/ [名]《米俗》❶ だまされやすい人,「かも」(《英俗》mug). ❷ 人の責め[罪]を負う人, 身代わり, スケープゴート.

pat·ten /pǽtn/ [名] [通例複数形で] パッテン, 靴台《昔, 泥道を歩く時に, 靴の下に足駄(あしだ)のようにはいた木靴》.

⁺**pat·ter¹** /pǽṭə | -tə/ [動] [自] ❶ 〔…に〕パラパラと降る, パタパタと音を立てる: The rain *~ed against* the window [*on* the roof]. 雨が窓にパラパラと当たった[屋根にパラパラと降った]. ❷ [副詞(句)を伴って] パタパタ走る: I heard feet *~ing across* the floor. 床の上をパタパタと音を立てていく足音が聞こえた. ── [名] [単数形で] パタパタ[パラパラ]いう音: the ~ *of* footsteps [rain] パタパタいう足音[パラパラ当たる雨の音]. **the pátter of tíny féet**《戯言》幼児のパタパタいう足音; (まもなく)赤ちゃんが誕生すること: I'm sure your mother is looking forward to hearing *the ~ of tiny feet*. きっとあなたのおかあさんは(あなたに)赤ちゃんが生まれることを楽しみにしているでしょうね. 〖PAT¹+-ER³〗

pat·ter² /pǽṭə | -tə/ [名] ❶ [U] [また a ~] (コメディアン・セールスマンなどがまくしたてる)早口, ぺらぺら(しゃべること); おしゃべり. ❷ [U] (ある社会の)符諜(ちょう), 隠語. ── [動] [自] [他] 早口にしゃべる, (祈りなどを)早口に唱える.

‡**pat·tern** /pǽṭən | -t(ə)n/ [名] ❶ (思考・行動・文などの)**型, 様式**, パターン: a ~ for living 生活様式 / follow a set ~ 決まりきったパターンをたどる[型にならう] / ⇨ behavior pattern. ❷ **図案, 模様, 柄(がら)**, 図形: a dress with a flower ~ [a ~ of flowers] 花模様[花柄]のドレス. ❸ **原型, 模型**; (洋裁の)型紙; 鋳型, 木型: a ~ for a dress ＝a dress ~ 婦人服の型紙. ❹ (布地・壁紙などの)見本, サンプル (sample): a book of *~s* (洋服などの)見本帳. ❺ [通例単数形で] 模範, かがみ: set a ~ for…の模範となる / She's a [the] ~ *of* virtue. 彼女は貞節のかがみである. ❻〘テレビ〙テストパターン. ── [動] [他] [通例 受身] ❶ 〔…に〕ならって〈…を〉作る, 〔…を〕〈…の〉手本とする; [~ *oneself* で]〔…を〕手本とする (model): The magazine is *~ed on* [*after*] *Newsweek*. その雑誌は「ニューズウィーク」を模範として作られている. ❷ 〈…に〉〔…の〕模様をつける〔*with*〕. ❸ 〈行動などを〉様式化[パターン化]する. 〖F＝手本, 例; PATRON と同語源; 保護者は「手本」となる人であることから〗【類義語】⇨ model.

páttern bòmbing [名] パターン爆撃《計画にのっとった組織的な地域[じゅうたん]爆撃》.

⁺**pát·terned** [形] 図案[模様, 柄]のある: ~ china 模様入り陶器.

pát·tern·ing [名] [U] ❶ (行動・文化などの)様式(化). ❷ (主に動物の皮膚の)模様; 図柄.

páttern·màker [名] ❶ (織物・刺繍(しゅう)などの)図案家. ❷ 模型[鋳型]製作者.

páttern recognìtion [名] [U,C]〘心・電算〙パターン認識.

pátter sòng [名] 早口で歌うこっけいな歌.

pat·ty /pǽṭi/ [名] ❶ 小さなパイ. ❷《米》パティー《ひき肉などを小さな平たい形に作った料理》: a hamburger ~ ハンバーガーパティー.

Pat·ty /pǽṭi/ [名] パティー《女性名; Martha, Matilda, Patricia の愛称》.

pátty mèlt [名] パティーメルト《牛肉の patty にチーズを載せて焼いたもの; パンに載せて食べる》.

pat·u·lous /pǽʧʊləs | -tjʊ-/ [形] 口を開いた, 広がった;〘植〙開出の, 散開した. **~·ly** [副] **~·ness** [名]

patz·er /pǽtsə | -tsə/ [名]《俗》へぼチェスプレーヤー.

pau·a /páʊə/ [名]〘貝〙ヘリトリアワビ《ニュージーランド産; 貝殻は飾り・釣針として用いられる》.

pau·ci·ty /pɔ́:səṭi/ [名] [a ~] 少数, 少量; 不足 (lack): a ~ *of* imagination 想像力の不足.

Paul /pɔ́:l/ [名] ❶ ポール《男性名》. ❷ [St. ~] 聖パウロ《キリストの弟子; 新約聖書の書簡の著者》.

Paul III [名] パウルス[パウロ] 3 世《1468–1549; イタリアの聖職者; ローマ教皇 (1534–49); イングランド王 Henry 8 世を破門, 反宗教改革を推進した》.

Pául Bún·yan /-bʌ́njən/ [名] ポールバニヤン《米国の伝説上の巨人; 開拓時代の怪力のきこり; きこりたちの退屈しのぎのほら話の主人公》.

Páu·li exclúsion prìnciple /páʊli-/ [名]〘理〙パウリの排他[禁制]原理《同種のフェルミ粒子 (fermion) は同じ状態に 2 個以上入ることができないという原理》.

Paul·ine¹ /pɔ́:laɪn/ [形] 聖パウロ (St. Paul) の: the ~ Epistles (新約聖書中の)パウロの書簡. 〖PAUL+-INE¹〗

Pau·line² /pɔ:lí:n | ⏤⏤, ⏤⏤/ [名] ポーリーン《女性名》.

Pau·ling /pɔ́:lɪŋ/, **Linus** (**Carl**) [名] ポーリング《1901–94; 米国の化学者; Nobel 化学賞 (1954), 平和賞 (1962)》.

Pául Jónes [名] ポールジョーンズ《一定の動作に従ってパートナーを替えていくダンス》.

pau·low·ni·a /pɔ:lóʊniə/ [名]〘植〙キリ(桐).

paunch /pɔ́:nʧ/ [名] 太鼓[ほてい]腹 (pot-belly): get [have] a ~ 太鼓腹になる[である]. **paunch·y** /pɔ́:nʧi/ [形] 太鼓腹の. **páunch·i·ness** [名] 〖F＜L＝腸〗

pau·per /pɔ́:pə | -pə/ [名]《古風》貧困者, 貧乏人.

pau·per·ize /pɔ́:pəràɪz/ [動] [他] 〈人を〉貧乏にする.

pau·piette /poʊpjét/ [名] ポーピエット《詰め物を薄い肉[魚]で巻いた料理》.

*__pause__ /pɔ́:z/ [動] [自] ❶ (一時的に)**ちょっと休止する, 休む**; 立ち止まって〈…〉する: ~ *for* breath 息をつくために間をおく / 〔+*to* do〕~ *to* look back 立ち止まって振り向く. ❷ **a** 〔…で〕思案する, ためらう: ~ *on* [*upon*] a word ある言葉のところでしばらく止まる[思案する]. **b**〘楽〙〔…の所で〕(音を)延ばす, 続ける〔*on, upon*〕. ── [名] ❶ [C] (一時的な)中止, 休止; 絶え間, とぎれ, ポーズ; 息つぎ: without (a) ~ 絶え間なく / a ~ *in* a lecture 講義のひと息 / Let's take a ~. ひと息つこうや, ちょっと休もう. ❷ [C] 句切り, 句読, 段落. ❸ [C]〘韻律〙休止. ❹ [C]〘楽〙延長(記号), フェルマータ (𝄐 または 𝄑). ❺ [U] (CD プレーヤーなどの)一時停止ボタン. **give a person páuse** (**for thóught**) 人をちゅうちょさせる; 人に再考を促す. 〖L＜Gk＝停止〗【類義語】⇨ stop.

pav·age /péɪvɪʤ/ [名] [U] 舗道税; 舗道税徴収権.

pav·ane, pav·an /pəvά:n, -vǽn, pǽvən/ [名] パバーヌ《宮廷風の優美な 16–17 世紀の舞踏(曲)》.

Pa·va·rot·ti /pæ̀vərɔ́:ṭi | -rɔ́ti/, **Lu·ci·a·no** /lù:ʧiά:noʊ/ [名] パバロッティ《1935–　; イタリアのテノール歌手》.

pave /péiv/ 動 他 ❶ 〈石・アスファルトなどを〉道路に敷く, 〈場所を〉舗装する 〈over〉 (★ 通例受身): The path *is* ~*d with* brick. その道はれんがが敷いてある / They believed that the streets of America *were* ~*d with* gold. 彼らはアメリカの街路は金で舗装されていると信じていた 《アメリカへ行けば簡単に金持ちになれると信じていたという意味》/ The road to Hell *is* ~*d with* good intentions. 〔諺〕地獄への道は善意の石畳で舗装されている (いくら善意があっても実行しなければやはりその人は地獄へ落ちる). **páve the [one's] wáy for [to]...** ⇒ **way**¹ 成句. 〔F<L=打ちつける〕 (名 **pavement**)

pa‧vé /pævéi, ⊥-/ 名 ❶ 【宝石】パベー (表面が見えないように宝石をぎっしりはめ込むこと). ❷ 〔古〕舗装, 舗道.

paved 形 舗装された: a ~ courtyard 舗装された中庭.

***pave‧ment** /péivmənt/ 名 ❶ ⓊⒸ (米) (道路の)舗装(面). ❷ Ⓒ (英) (舗装した)歩道 《(米) sidewalk》 (cf. crazy paving). ❸ ⓊⒸ (一般に)舗装した所. (動 pave)

pávement àrtist 名 街頭画家 《(米) sidewalk artist》 (舗道に色チョークなどで絵を描いて通行人から金銭をもらう画家).

†**pa‧vil‧ion** /pəvíljən/ 名 ❶ **a** (博覧会の)展示館, パビリオン, 大型テント (marquee). **b** (庭園・公園の)休憩所, あずまや. ❷ (英) (野外競技場などの)付属建物 《観覧席・選手席などに使う》. ❸ (本館から突き出た)別館; (病院の)別病棟. 〔F<L=tent; 原義は「チョウ」で, その形状の類似から〕

páv‧ing /péiviŋ/ 名 Ⓤ ❶ 舗床, 舗装. ❷ 舗装材料.

páving stòne 名 (舗装用の)敷石.

pav‧ior, (英) **pav‧iour** /péivjə | -vjə/ 名 舗装工; 舗装用材.

Pav‧lov /pǽvlɔ:f | -lɔf/, **I‧van** /áivən/ パブロフ (1849–1936; ロシアの生理学者; 条件反射の実験者).

Pav‧lo‧va /pɑ:vlóuvə | pæv-/, **Anna** (**Pav‧lo‧vna** /pɑ:vlóuvnə | pæv-/) 名 パブロワ (1881–1931; ロシアのバレリーナ).

Pav‧lov‧i‧an /pɑ:vlóu:viən | pæv-/ 形 パブロフの; 条件反射の.

pav‧o‧nine /pǽvənàin, -nìn/ 形 〔文〕クジャクの(ような).

†**paw** /pɔ:/ 名 ❶ (犬・猫などのつめのある動物の)足 《比較 人間の足は foot, 馬の足は hoof》. ❷ 《口》(人の)手.
— 動 他 ❶ 〈犬・猫などが〉…を前足で打つ[たたく]; 〈馬などが〉(ひづめで)地面を打つ, かく. ❷ 《口》〈女性に〉みだらに触る; 〈…に〉ぎこちなく触れる; 〈…を〉荒っぽく触る.
— 自 ❶ 〈犬・猫などが〉…を前足で打つ[たたく]; 〈馬などが〉(ひづめで)地面を打つ, かく 〈at〉. ❷ 〈人が〉…に手[指]で触れる 〈at〉.

paw‧ky /pɔ́:ki/ 形 (**paw‧ki‧er; -ki‧est**) 《スコ》にこりともせずに〉こっけいな, ずるい; いたずらっぽい, ちゃめっけのある.
páw‧ki‧ly /-kıli/ 副 **-ki‧ness** 名

pawl /pɔ:l/ 名 【機】(歯車の逆回転を防ぐ)つめ, 歯止め.

†**pawn**¹ /pɔ:n/ 名 ❶ Ⓤ 質(ち): in ~ 質に入って / put a book in ~ 本を質に入れる. ❷ 抵当物, 質物; 人質.
— 動 他 ❶ 〈ものを〉質に入れる: ~ one's watch 時計を質に入れる. ❷ 〈生命・名誉などを〉かけて誓う.

pawn² /pɔ:n/ 名 ❶ 【チェス】ポーン, 歩 (★ 1 ますずつ前に進む; ただし最初に動かす時は 2 ます進むこともできる; 斜め前の敵を捕獲する; cf. piece 8 b). ❷ 〔…の〕手先 〈in〉.

páwn‧bròker 名 質008屋人: a ~'s (shop) 質屋.

Paw‧nee /pɔ:ní:/ 名 (徿 ~s, ~) **a** [the ~(s)] ポーニー族 《もと Nebraska 州に住んでいた北米先住民》. **b** Ⓒ ポーニー族の人. Ⓤ ポーニー語.

páwn‧shòp 名 質店.

pawn tìcket 名 質札.

paw‧paw /pɔ́:pɔ:/ 名 ❶ =papaya. ❷ 【植】ポポー(の木) 《北米原産の果樹》; ポポーの果実.

pax /pæks/ 名 (the) *P*~ Romana ローマの支配による平和; 強国による押しつけの平和 / (a [the]) *P*~ Americana 米国の支配による平和. — 間 〔英古風〕 (子供の遊びなどで一時中断を要求[宣言]して)タイム, たんま; (子供のけんかで)仲直り. 〖L=平和〗

†**pay**¹ /péi/ 動 (**paid** /péid/) 他 ❶ 〈報酬・賃金・代金などを〉支払う, 支給する; 〈人に〉(報酬を)支払う, (借金を)弁済する: ~ one's debts [rent] 借金[家賃]を支払う / cash (*for*...) (…の代金に相当する額を)現金で払う / I *paid* ten dollars *for* this cap. この帽子に 10 ドル支払った / I'll ~ you by the day. 給金は日給であげよう / I *paid* him *for* the rent (of the house). 彼に家賃を支払った / Do what you are *paid for*. お金をもらっているだけのことはしなさい / 〔+目+目〕I'll ~ you the money next week. =I'll ~ the money *to* you next week. その金は来週支払います / 〔+(目+)*to do*〕I *paid* him (50 dollars) *to do* the work. 私は彼に (50 ドルの)金を払ってその仕事をさせた. ❷ 〈人に〉〈注意・尊敬・敬意などを〉払う; 〈人に〉〈訪問などを〉する: ~ one's respects 敬意を払う / *P*~ more attention to your driving. 車の運転にもっと注意をしなさい / 〔+目+目〕They *paid* him no heed. They *paid* no heed *to* him. 彼らは彼のことなど気にも留めなかった / I'm going to ~ you a visit before long. =I'm going to ~ a visit *to* you before long. 近いうちにお伺いしたいと思っています.
❸ 〈仕事・行為などが〉〈人の〉ためになる; 〈人に〉(…の)利益を与える[となる]: It won't ~ me to do that job. その仕事を引き受けていても割が合わないよ / 〔+(目+)目〕 The job will ~ (you) twenty dollars a day. その仕事は (君には) 1 日 20 ドルになるだろう.
❹ 〈人に〉〈…の〉お返しをする, 返報する, 懲らしめる: I'll ~ you *for* this. この仕返しはかならずしてやる / You've been amply *paid for* your trouble. 君の労苦は十分報いられた.
❺ 〔~ one's way で; 通例副詞(句)を伴って〕借金せずに暮らす: I *paid* my way *through* college. 苦学して大学を卒業した.
— 自 ❶ 金を支払う: He refused to ~. 彼は支払いを断わった / I *paid* by check [in cash]. 小切手[現金]で支払った.
❷ 〈仕事などが〉もうかる, 割に合う; 骨折りがいがある; ためになる: It ~*s* to advertise. 広告は損にならない / Honesty [Crime] doesn't ~. 正直者はばかをみない[犯罪は引き合わない] / This stock ~*s* poorly. この株はもうけが少ない.
❸ 〔…の〕罰を受ける, 償いをする; 〈…をもって〉償う: You'll ~ *for* your recklessness [*being* lazy]. 向こう見ずなことをして[怠けて]後で痛い目にあうぞ / You think you can cheat me, but I'll make you ~. 君は私をだませると思っているらしいが, 今に見ていろ (ただでは済まさないぞ).

páy awáy 《他+副》〈金を〉費やす.

páy báck 《他+副》(1) 〈人に〉〈金を〉払い戻す: Please ~ me *back* as soon as you can. できるだけ早く私にお金を返してください / Please ~ me *back* the money. =Please ~ the money *back to* me. 私にその金を返してください. (2) 〈…に〉仕返しをする, 返報する: I'll ~ you *back for* this trick. このいたずらの仕返しをしてやるぞ.

páy déarly 〔…で〕高くつく, ひどい目にあう 〔*for*〕.

páy dówn 《他+副》(1) 〈…を〉即金で払う. (2) 〔~+目+down〕〔分割払いで〕〈代金の一部を〉頭金として払う: You can ~ $10 *down* (on it) and the rest later. (それには)頭金を 10 ドル, 残りはあとでけっこうです.

páy for (1) …の支払いをする, 代金を払う; 借金(など)を返す, 弁済する (★ 受身可): The artist could not ~ *for* a model. その画家はモデルを頼む金がなかった / The car *was paid for* in installments. 自動車の代金は分割払いで支払われた. (2) …の罰を受ける (⇒ 自 3).

páy for itsélf (払った金額にみあった)元が取れる.

páy ín 《他+副》(1) 〈金を〉銀行(口座)に払い込む. — 《自+副》(2) 金を銀行に払い込む.

páy...ìnto... 《他+副》〈金を〉〈…に〉払い込む: He *paid* a million dollars *into* her account. 彼は 100 万ドルを彼女の口座に振り込んだ.

páy óff 《他+副》(1) 〈借金などを〉清算する, 完済する: ~ *off* one's debts 借金を完済する. (2) 〈人に〉給料を渡して解雇する. (3) 《口》〈人に〉復讐(ちょう)する, 仕返しをする. (4) 《口》(口封じのために)〈人を〉買収する. — 《自+副》(5)

〈事業・計画などがうまくいく,成功する.
páy óut(他+副)(1)(経費・負債・清算などに)《金を》支払う. (2)(paid, ~ed)《綱を》繰り[たぐり]出す. (3) =PAY back 成句(2).
páy óver(他+副)《金銭を》...へ納付[納付]する(to).
pay through the nose ⇒ nose 名 成句.
páy úp(他+副)(1)《借金・会費などを》全部払う,完納する,完済する. ―(自)(2)借金などを全額払い込む.
――名 ⓤ 給料,賃金,報酬,手当: good [high] ~ 相当の給料,高給 / sick [米] vacation,《英》holiday] ~ 病気欠勤[中にも支給される給料] / an ~ increase 賃金の上昇[増加],賃上げ,昇給 / ⇒ pay raise [rise].
in the páy of...にひそかに雇われて[使われて]: an informer *in the* ~ *of* the police 警察の密告者[いぬ].
――形 Ⓐ 有料の;硬貨を入れて利用するもの: a ~ toilet 有料トイレ / ⇒ paybed, pay phone, pay station.
〖F < L *pacare* 支払うく *pax, pac*- 平和;支払って相手の気持を平和にすることからか〗(▶ payment)
【類義語】(1) 動 **pay** 仕事・品物に対して代金[代償]を支払う;特別な含みのない最も普通の語. **compensate** 費やされた時間・労力・品物・損失などに対し,金銭[その他の物]で補償する. **remunerate** 仕事・労力に対して報酬として支払う. **pay** 口語的な語で,給料を意味する最も一般的な語. **wages** 時間・日・週などの短期間の単位として,または肉体労働の量に応じて支払われる賃金. **salary** 知的・専門的な仕事をする人に定期的に支払われる賃金. **fee** 医師・弁護士・芸術家などの仕事にそのつど支払われる謝礼.

pay² /péi/ 他(~ed, paid /péid/)〖海〗《船底・継ぎ目に》タールを塗る.

*páy·a·ble /péiəbl/ 形 Ⓟ ❶ 支払うべき;支払い満期で: ~ in cash [by check] 現金[小切手]で支払うべき. ❷《小切手が》《人に》支払われるべきに: a check ~ *to* the bearer 持参人払いの小切手.
páy-as-you-éarn 名 ⓤ 《英》源泉課税[徴収]《方式》(の)《略 PAYE》.
páy-as-you-gó 名 形 《米》《クレジット・カードなどを利用するのではなく》現金払い主義(の);《携帯電話・インターネット接続のプリペイド(方式)の.
páy·báck 名 ❶ 払い戻し,見返り. ❷ [...に対する]仕返し[*for*]. ――形 ❶ 払い戻しの: a ~ period (投資額の)回収期間. ❷ 仕返しの: It's ~ time. 仕返しの時だ.
páy·béd 名 《英》《病院の》有料ベッド.
páy·chèck 名 《英》**-chèque** 名 ❶ 給料(支払)小切手. ❷ 《主に米》給料.
páy cláim 名 《組合の》賃上げ要求.
páy·dày 名 [しばしば無冠詞で] 給料日;支払い日: It's ~ today. きょうは給料日だ.
páy dírt 名 ⓤ 《米》❶ 採掘して引き合う土砂[鉱石],有望な鉱脈. ❷《口》もうけ物,掘り出し物: strike [hit] ~ 思いがけない発見をする,やまを当てる.
PAYE /pí:èiwaɪ:/ 略 pay-as-you-earn.
pay·ee /péɪí:/ 名《手形・小切手の》被支払人,受取人.
páy énvelope 名 《米》給料袋,給料《英》pay packet).
páy·er 名 ❶ 支払人,払い渡し人. ❷ [good, bad などと共に] 金払いが...な人.
páy·ing gùest 名 《英》《特に短期間の》下宿人《略 PG》.
páy·lòad 名 ❶ 〖海・空〗有効荷重《船舶・飛行機の乗客・手荷物・貨物などの総重量》. ❷ 〖空・宇宙〗ペイロード《ロケット・宇宙船に搭載される乗員・計器類など;その荷重》. ❸《ミサイル・ロケットの》弾頭の爆発力;爆発弾頭.
páy·màster 名 ❶ 金を払って人を思い通りに使う[組織を牛耳る]人[集団]. ❷ **a** 会計部[課]長. **b** 主計官.
páymaster géneral 名 (複 **paymasters general**, ~s)《英》出納局長官,国庫局長官.
pay·ment 名 ❶ ⓒⓤ 支払い;納入,払い込み: installment ~ = ~ by installments 分割払い / ~ in full [part] 全額[一部]払い / ~ in kind (金銭ではない)現物による支払い / make a ~ (every month) (毎月)支払う[払い込む]. ❷ ⓒ 支払金額,料金,高. ❸ ⓤ [...の]報酬,報い;懲罰,復讐(ふ̀くしゅう): in ~ *for*...に対する報酬[償い]として. (動 pay)

---

páy·òff 名 ❶ [単数形で] 《給料・借金などの》支払い,清算,決済. ❷ [単数形で] **a**《行為の》結果,結実. **b** 仕返し. **c**《事件などの》結末,結末;《場》. ❸ ⓒ 《米口》献金;わいろ (bribe): political ~s 政治献金.
pay·o·la /peɪóʊlə/ 名 《米》❶ ⓤ [また a ~]《製品を宣伝してもらうため,有力者などにこっそり渡す》わいろ,リベート (bribery). ❷ ⓒ 《その》わいろ金,裏金.
*páy·òut 名 《まとまった金額の》支払い(金).
páy pàcket 名 《英》❶ =pay envelope. ❷ =paycheck.
páy-per-víew 名 ⓤ 形 〖テレビ〗ペイパービュー方式(の)《視聴した番組の本数に応じて料金を支払うケーブルテレビ方式;略 PPV》.
páy phòne 名 公衆電話.
páy ráise 名 《英》**ríse** 名 賃上げ,昇給.
*páy·ròll 名 ❶ 《会社・工場・官庁などの》給料支払い簿;従業員名簿. ❷《企業の支払う》賃金総額. ❸ 従業員総数. **on [òff] the páyroll** 雇われて[解雇されて].
páyroll tàx 名 ⓒⓤ 給与税《給与から源泉徴収される税》.
pay·sage /péɪsɪdʒ/ 名 風景,《特に》田園風景;風景画.
pay·sa·gist /péɪsədʒɪst/ 名 風景画家.
páy séttlement 名 賃金交渉の妥結.
páy slíp 名 《英》= paystub.
páy stàtion 名 《米》公衆電話ボックス.
páy stúb 名 《米》給与明細(票).
payt. 略 payment.
páy télephone 名 = pay phone.
páy TV /-tiːvíː/ 名 ⓤ 有料テレビ.
Paz /pɑːz/ /páez/, **Octavio** 名 パス(1914-98;メキシコの詩人・批評家・外交官; Nobel 文学賞 (1990)).
pb 略 paperback. **Pb** 《記号》〖化〗lead. 〖L *plumbum* の短縮形〗 **P.B.** 《略》Pharmacopoeia Britannica (ラテン語=British Pharmacopoeia) 英国薬局方;Prayer Book. **PBS** /píːbìːés/ 《略》《米》Public Broadcasting Service. **PBX** 《略》private branch exchange 構内電話《外部にかけられる》. **PC** /píːsíː/ 《略》Peace Corps; personal computer パソコン;《英》police constable; politically correct. **p/c, P/C** 《略》percent; petty cash; Prince Consort; Privy Council(lor). **pc.** 《略》piece; price(s). **p.c.** 《略》percent; postcard. **PCA** 《略》Parliamentary Commissioner for Administration.
PCB /píːsìːbíː/ 《略》〖化〗polychlorinated biphenyl.
PC càrd 名 〖電算〗PC カード《通例 PCMCIA 規格に則った,周辺機器接続用の拡張カード》.
PCI 《略》〖電算〗peripheral component interconnect 《周辺機器接続のための標準規格》. **PCM** 《略》pulse-code modulation. **PCMCIA** /píːsìːémsíːàɪèɪ/ 《略》〖電算〗Personal Computer Memory Card International Association《特にノートブック型コンピューターに用いられる,拡張カードの標準規格》. **PCP** 《略》pentachlorophenol; 《薬》phencyclidine; pneumocystis carinii pneumonia; primary care physician 一次診療医. **PCS** 《略》personal communications services パーソナル通信サービス《米国の携帯電話方式の一つ》. **pct.** 《略》percent. **Pd** 《記号》〖化〗palladium. **PD** 《略》《米》Police Department. **pd.** 《略》paid.
PDA /píːdìːéɪ/ 名 PDA, 携帯情報端末《個人向けのスケジュール・メモ・メールなどの情報管理用の小型電子機器;パームトップコンピューターなど》. 〖*personal digital assistant*〗
PDC 《略》program delivery control 番組配信制御《番組の開始時と終了時に信号を流してビデオによる録画を制御するシステム》.
PDF /píːdìːéf/ 名 ⓤ PDF《システムを問わず,体裁を保ったまま文書を交換するためのファイルフォーマット》. 〖*portable document format*〗
PDP 《略》〖電算〗parallel distributed processing 並列分散処理. **PDQ, p.d.q.** /píːdìːkjúː/ 《略》《口》

pretty damn quick 直ちに, 大至急.
PDT 《略》Pacific Daylight Time.
⁺**PE** /píː/ 名 ⓊⒸ 体育: a *PE* lesson 体育の授業 / do *PE* 体育をやる.〖physical education〗
PE 《略》Prince Edward Island.
＊**pea** /píː/ 名 (複 ~s) Ⓒ エンドウ豆 (cf. bean);〖植〗エンドウ: split ~s (スープ用に皮をむいた) 干しエンドウ. **(as) líke as twó péas (in a pód)** まるでうり二つで: The twins are (*as*) *like as two* ~ (*in a pod*). そのふたごはまるでうり二つだ.〖PEASE を複数形と誤解してできた語〗

Pea·body /píːbədi | -bɒdi/, **Elizabeth (Palmer)** 名 ピーボディ《1804-94; 米国の教育家; 米国最初の幼稚園を創設》.

péa-bràin 名 《口》ばか, 脳たりん.
＊**peace** /píːs/ 名 ❶ Ⓤ〖また a ~〗平和, 泰平: (*a*) *lasting* ~ 恒久の平和 / in ~ and war 平時も戦時も / in times of ~ 平時には / after *a* (*period of*) ~ 平和期間の後で / The world is not at ~ now. 今世界は平和ではない. ❷〖the ~〗治安, 秩序: keep [break, disturb] *the* ~ 治安[秩序]を守る[乱す, 妨害する] / *the* King's [Queen's]《英》国内の治安 / (*the*) *public* ~ 治安. ❸ Ⓤ 平穏, 安心; 平安: ~ *of mind* 心の平和 / *the* ~ *of* (*a*) *rural life* 田園生活の穏やかさ / leave a person in ~ 人をそっとしておく, 人のじゃまをしない / P~ be with you! 君のご無事を祈る / P~ *to his ashes* [*memory, soul*]! ＝ May he rest in ~! 彼の霊よ安らかに眠れ. ❹ Ⓤ 静粛; 沈黙: ~ *and quiet*（特に騒いだり口論したりした後の）静穏 / A shot broke the ~ of the morning. 1発の銃声が朝の静寂を破った / P~! P~! お静かに! ❺〖しばしば P~〗〖また a ~〗平和, 講和, 講和[平和]条約: *the P~ of Paris* パリ講和条約 / sign a *P~* 講和条約に調印する / *with honor* 名誉ある講和. **at péace** (1) 平和で〖で〗; 平穏で: *be at* ~ *with oneself*〖*the world*〗平穏無事である. (2)〖…と〗仲よくて: We live at ~ *with* other people. 私たちは他の人と仲よく暮らしている. (3)《婉曲》死んでだ. **hóld [kéep] one's péace**〖言うべきことがあるのに〗沈黙を守る. **máke (one's) péace** 和平を結ぶ; 和解する, 仲直りする〖*with*〗. **the pípe of péace** ⇒ pipe 名 成句. —— 形 A 平和の (ための): ~ *negotiation* 和平交渉 / a ~ *treaty* 講和条約 / The *P~ Movement* 平和[反戦]運動.〖F＜L *pax* 平和〗〖形 peaceful〗

peace·a·ble /píːsəbl/ 形 ❶ 平和を好む; おとなしい (peaceful). ❷ 泰平な, 無事な, 平和な, 穏やかな.
péace·a·bly /-səbli/ 副

⁺**Péace Còrps** 名〖the ~〗平和部隊《米国から発展途上国にボランティアを派遣する組織》.

péace dìvidend 名 平和の配当《冷戦終結・軍事費削減によって福祉・教育などに振り向けられると期待される予算・支出》.

＊**peace·ful** /píːsf(ə)l/ 形 (*more* ~; *most* ~) ❶ 平和的な, 暴力[戦争など]を伴わない, 平和のための, 平和的な;〖国民などが〗平和を好む (peaceable, ↔ warlike): a ~ *demonstration* 平和的なデモ / seek a ~ *solution* 平和的な解決の道を探る / ~ *use of atomic power* 原子力の (的) 利用. ❷ 穏やかな, 温和な, 静かな; 安らかな; look [feel] ~ 心穏やかに見える[感じる] / a ~ *death* 安らかな死 / a ~ *life* 平穏な生活. ❸〖国・時代など〗平和な, 泰平な: a ~ *country* 平和な国 / ~ *times* 泰平の時代.
~**ness** 名 〖PEACE＋-FUL¹〗〖類義語〗⇒ calm.

⁺**peace·ful·ly** /-fəli/ 副 ❶ 平和に, 穏やかに. ❷ 平和のために, 平和的に.

⁺**péace·kèeper** 名 ❶〖通例複数形で〗平和維持軍. ❷ 平和維持に関与する国[組織].

péace·kèeping 名 Ⓤ 平和維持. —— 形 A 平和維持の (ための): a ~ *force* 平和維持軍《略 PKF》/ ~ *operations* 平和維持活動《略 PKO》.
peace·lòving 形 A 平和を愛好する.
péace·màker 名 ❶ 調停者, 仲裁人. ❷ 平和条約の調印者.

péace·màking 名 Ⓤ 調停, 仲裁, 和解. —— 形 A 調停[仲裁]する, 和平[和解]をもたらす.
péace màrch 名 《暴力・軍事行動に抗議するの》平和行進.
péace mòvement 名 ❶ Ⓒ 平和団体. ❷ Ⓤ 平和運動.
peace·nik /píːsnɪk/ 名 《俗》反戦運動家.
péace òffering 名 和平[和解]の贈り物.
péace òfficer 名 警官, 保安官 (など).
péace pìpe 名 《北米先住民が吸う》平和のきせる: smoke the ~ 平和のきせるを吸う, 和解する.
péace pròcess 名 《一連の》和平交渉, 和平への過程.
péace sìgn 名 平和の合図, ピースサイン (V サイン).
⁺**péace·tìme** 名 Ⓤ 平時 (↔ wartime). —— 形 A 平時の: a ~ *economy* 平時経済.
＊**peach¹** /píːtʃ/ 名 ❶ Ⓒ a 桃〖食べ物には Ⓤ〗桃 (の実) ＝ peach tree. ❷ （果実の）ピーチ色（黄みがかった赤色）. ❸〖a ~〗《古風》すてきな人[もの]: a ~ *of a purse* すてきなハンドバッグ / His wife is an absolute ~. 彼の奥さんはとってもすてきな人だ. **peaches and creám** 健康的な桃色の人《★形として用いる》: a ~ *complexion* ピンク色の健康そうな顔 (色).
〖F＜L＜Gk＝ペルシアの（果物）; 中国原産の桃はペルシアからヨーロッパに広まったことから〗
peach² 名 動 自《俗》〖…を〗密告する〖*on*〗.
péach blòom 名 Ⓤ 紫紅色のうわぐすり; 紫紅色, 黄味ピンク.
péach·blòw 名 ＝peach bloom.
péach fùzz 名 Ⓤ《米口》（特に少年のほおなどの）うぶ毛, 和毛 (ぶげ).
péa·chìck 名 クジャクのひな.
péach Mél·ba /-mélbə/ 名 ピーチメルバ《シロップで軽くゆでた桃をアイスクリームの上にのせラズベリーをかけたデザート》.〖オーストラリアのソプラノ歌手 N. Melba にちなむ〗
Péach Stàte 名〖the ~〗桃の州, ピーチステート《米国 Georgia の俗称》.
péach trèe 名〖植〗桃の木.
peach·y /píːtʃi/ 形 (**peach·i·er**; **-i·est**) ❶ a 桃の, 桃のような. b（ほおなど）桃のような. ❷《米口》すてきな.〖peach¹〗
péachy-kéen 形 《米口》＝peachy 2.
péa·còat 名 ＝pea jacket.
⁺**pea·cock** /píːkɑ̀k | -kɒ̀k/ 名 ❶ Ⓒ〖鳥〗（特に雄の）クジャク〖解説〗美しい大きな羽を広げることで知られ, 見栄を張るとのイメージを持つ; cf. peahen). ❷ Ⓒ（特に男性の）見え坊.〖the P~〗〖天〗くじゃく座. **(as) próud as a péacock** 大いばりで, 得意そうに. —— 動 自 気取る, いいかっこうをする, 見せびらかす; 見栄を張る.
péacock blúe 名 Ⓤ 光沢のある青色 (の).
péacock bùtterfly 名〖昆〗クジャクチョウ《後翅にクジャクの羽の紋に似た眼状紋がある》.
péa·fòwl 名 (複 ~s) Ⓒ クジャク《雌雄共にいう》.
péa grèen 名 Ⓤ 黄緑色の.
péa·hèn 名 クジャクの雌 (cf. peacock 1).
péa jàcket 名 ピージャケット《水夫などの着る厚いラシャのダブルの上着》.
＊**peak¹** /píːk/ 名 ❶ a 絶頂, 最高点 (height): the ~ *of happiness* 幸福の絶頂 / She was at the ~ of her popularity. ＝Her popularity was at its ~. 彼女は人気の絶頂にいた. b〖電・機〗ピーク《周期的増減の最高点》: a *voltage* ~ ピーク電圧. ❷ a（とがった）山頂, 峰, 峰頂. b（山頂のとがった）山, 孤峰. c（屋根・塔・ひげなどの）とがった先, 尖端 (せんたん). d（グラフなどの）頂点. ❸（帽子 (cap) の）ひさし, つば. ❹〖海〗斜桁 (じゃこう); 縦帆の上端. ❺ a（船首・船尾の）船倉狭先部. —— 形 A 最高の, ピークの: the ~ *year*（統計上）最高記録の年 / a ~ *load*（発電所の）ピーク負荷 / ~ *time* ピークタイム《テレビなどで視聴者が最も多くなる時間帯; prime time が一般的な》/ at a ~ *period* ピーク時に / in ~ *season* シーズン中でいちばん忙しい時. —— 動 自 最高値[最大限] になる, ピークに達する.〖「とがったもの」の意から; PIKE² や toothPICK と同語源〗〖類義語〗⇒ top¹.
peak² /píːk/ 動 自《古》やせ衰える,（心身が）弱る: ~ *and*

peaked[1] /píːkt/ 形 ❶ とがった, 尖頂(tɛ́ntʃoː)のある. ❷ 〈帽子かむひさしのある: a ~ cap ハンチング.

peak・ed[2] /píːkɪd | píːkɪd/ 形 《米》 やつれた, やせた; 顔色[具合]が悪い, 病気の.

peal /píːl/ 名 ❶ a 〈鳴り渡る鐘の響き: a merry ~ of bells 鐘の陽気な響き. b 〈雷・大砲・笑い声・拍手などのとどろき: a ~ of thunder 雷鳴 / burst into ~s of laughter どっと笑いだす. ❷ a 〈音楽的に調子を合わせた〉ひと組の鐘. b 鐘の奏鳴楽, 鐘楽. ── 動 ⾃ 〈鐘などが〉鳴り響く, とどろく. ── 他 〈鐘を〉鳴り響かす, とどろかす. 《(AP)PEAL》

Peale /píːl/, **Charles Willson** 名 ピール (1741-1827; 米国の肖像画家).

Peale /píːl/, **Norman Vincent** 名 ピール (1898-1993; 米国のメソジスト派牧師; 自己啓発書 *The Power of Positive Thinking* (1952) の著者).

pea・nut /píːnʌt/ 名 ❶ 〖植〗 ピーナッツ, 落花生, 南京豆. ❷ [複数形で] **a** 《口》 わずかな金, 少額. **b** 《米軽蔑》 小柄な人, チビ; 取るに足らない人, あす, くず.

péanut brittle 名 Ⓤ ピーナッツブリトル 《砂糖をキャラメル状にしてから, ピーナッツを入れて固めた菓子》.

péanut bùtter 名 Ⓤ ピーナッツバター.

péanut gàllery 名 《米口》 〈劇場の〉最上階最後部席.

péanut òil 名 Ⓤ 落花生油.

péanut wòrm 名 〖動〗 ホシムシ (星虫) 《星口動物門 (Sipuncula) の海中にすむ無脊椎動物》.

*****pear** /péər | péə/ 名 ❶ Ⓒ Ⓤ セイヨウナシ(の実), ペア. ❷ =pear tree.

*****pearl**[1] /páːl | páː/ 名 ❶ **a** Ⓒ 真珠 (⇒ birthstone): an artificial [a false, an imitation] ~ 模造真珠 / a cultured ~ 養殖真珠. **b** [複数形で] 真珠の首飾り. ❷ Ⓤ 真珠層 (mother-of-pearl). ❸ Ⓒ 真珠に似たもの 《水滴・露など》. ❹ Ⓒ 〈真珠のように〉貴重なもの[人], 逸品. ❺ Ⓤ 真珠色 《青みがかった灰色》. **cást péarls before swíne** 豚に真珠を投げてやる, 「猫に小判」 《★聖書「マタイ伝」から》. **péarls of wísdom** 《通例皮肉》 含蓄に富んだ言葉, 金言. ── 形 ❶ 真珠(製)の; 真珠をちりばめた: a ~ necklace 真珠の首飾り. ── 動 ⾃ ❶ 《文》 真珠のような形になる. ❷ [通例動名詞で] 真珠を取る. ── 他 真珠色にする. 《F <L per(nu)la < perna ムラサキガイの一種》

pears 1

pearl[2] /páːl | páː/ 名 =picot.

péarl bárley 名 Ⓤ 精白丸麦 《スープ用》.

péarl bútton 名 真珠貝で作ったボタン.

péarl díver 名 真珠貝採りの潜水夫.

pearled /páːld | páːld/ 形 真珠で飾った[をちりばめた]; 〈真珠のような〉玉になった, 真珠色の[真珠光沢]をおびた.

péarl・er /-lə | -lə/ 名 真珠採取者[船].

pearl・es・cent /pəːlésənt | pəː-/ 形 真珠光沢のある. **-cence** /-s(ə)ns/ 名.

péarl físhery 名 真珠採取場; 真珠採取業.

péarl gráy 名 青みがかった灰色.

Péarl Hárbor 名 ❶ 真珠湾, パールハーバー (Hawaii 州 Oahu 島南岸の軍港; 米国太平洋艦隊の司令部がある; 1941 年 12 月 7 日日本海軍の攻撃をうけた). ❷ 〈大損害を与える〉真珠湾の奇襲.

pearl・ite /páːlaɪt | páː-/ 名 Ⓤ 〖冶〗 パーライト 《フェライトとセメンタイトの共析晶組織》. **pearl・it・ic** /pəːlítɪk | pəː-/ 形.

pearl・ized /páːlaɪzd | páː-/ 形 真珠光沢(仕上げ)の.

péarl míllet 名 トウジンビエ, パールミレット; モロコシ.

péarl ónion 名 パールオニオン 《小粒のタマネギ; ピクルス用》.

péarl óyster 名 真珠貝 《アコヤガイなど》.

péarl wáre 名 パールウェア 《白地で光沢のある陶器》.

péarl wòrt 名 〖植〗 ツメクサ (総称; ナデシコ科).

pearl・y /páːli | páː-/ 形 (**pearl・i・er; -i・est**) ❶ 真珠の(ような). ❷ 真珠で飾った. ── 名 ❶ =pearly king [queen]. ❷ pearly king [queen] の華美な衣装.

péarl・i・ness 名.

péarly everlásting 名 〖植〗 ヤマハハコ 《真珠色の総苞をもつキク科の多年草; 北米・日本などに分布》.

péarly gátes 名 掻 [通例 the P- G-] 《口》 真珠の門 《天国の 12 の門; それぞれが 1 個の真珠でできていた; ★聖書「ヨハネの黙示録」から》.

péarly kíng 名 《英》 パーリーキング 《祝祭などの折に多数の真珠貝ボタンをちりばめた華美な衣装を着た London の呼び売り商人》.

péarly náutilus 名 〖動〗 オウムガイ.

péarly quéen 名 《英》 パーリークイーン (pearly king の妻).

péarly whíte 形 名 真珠のように白く光沢のある(色); [複数形で] 《俗》 (真っ白な)歯.

pear・main /péərmeɪn | péə-/ 名 ペアメイン 《リンゴの一品種》.

péar-sháped 形 ❶ セイヨウナシ形の. ❷ 〈音声が〉豊かな, 柔らかな, 朗々とした. ❸ 〈人が腰まわりがぽってり太った, 下太りの. **gò péar-sháped** 《英俗》 まずいことになる, おかしくなる, 失敗する.

Pear・son /píəs(ə)n | píə-/, **Lester Bowles** /bóʊlz/ 名 ピアソン (1897-1972; カナダの政治家; Nobel 平和賞 (1957)).

péar trée 名 〖植〗 セイヨウナシの木.

Pea・ry /píəri | píə-/, **Robert Edwin** 名 ピアリー (1856-1920; 米国の探検家; 北極点に最初に到達した (1909)).

*****peas・ant** /pézənt | péz-/ 名 ❶ 《昔のまた開発途上国などの》小農; 小作農 《小さな土地を耕す農民か, または雇われ農民のことをさす; cf. farmer》. ❷ 《口》 いなか者; 無骨者. 《F <L-=いなかに住む人》

+**peas・ant・ry** /pézəntri | péz-/ 名 [the ~; 集合的; 単数または複数扱い] 小作農, 小作人階級.

pease /píːz/ 名 ⾃ (古) =pea.

péase púdding 名 Ⓤ ピーズプディング 《干しエンドウ豆から作るプディング; ゆでたハムを添える》.

péa-shòoter 名 豆鉄砲 《子供のおもちゃ》.

péa sóup 名 ❶ Ⓤ ピースープ 《干しエンドウの濃いスープ》. ❷ 《米口》 =pea-souper.

péa-sóup・er /-súːpə | -pə/ 名 《英口》 《特に London の》 黄色の濃霧.

*****peat** /píːt/ 名 ❶ Ⓤ 泥炭, ピート 《肥料・燃料用》. ❷ Ⓒ 泥炭塊 《燃料用》.

péat bòg 名 泥炭沼, 泥炭地.

péat mòss 名 ❶ ピートモス, 《特に》 ミズゴケ 《泥炭より炭化度の低い》草炭(tɛ́n). ❷ 《英》 泥炭湿地[湿原].

peat・y /píːti/ 形 (**peat・i・er; -i・est**) ❶ 泥炭の. ❷ 泥炭の多い. (名 peat)

peau de soie /póʊdəswɑː/ 名 ポードソワ 《表面[両面]に横紋のあらわれている, 丈夫で柔らかな絹布》.

*****peb・ble** /pébl/ 名 Ⓒ 《水の作用で丸くなった, 海浜・川床にある》小石, 小さな玉石. **nòt the ónly pébble on the béach** 大勢の中の一人にすぎない, 一人きりであるわけではない 《★しばしば, 自分勝手・うぬぼれなどを戒めるのに用いる》. 《G <低ゲルマン語の分写り, 瓶底の. 【類義語】⇒ stone.

pébble-dàsh 名 Ⓤ 〖建〗 《壁の外面仕上げで》小石打ち込み仕上げ.

peb・bly /pébli/ 形 (**peb・bli・er; -bli・est**) 小石の多い[だらけの].

pec /pék/ 名 [通例複数形で] 《米口》 胸の筋肉, 胸筋 (pectoral muscles).

p.e.c. (略) photoelectric cell.

pe・can /píkɑːn | píkæn/ 名 ❶ 〖植〗 ペカン 《米国中・南部地方産のクルミ科の木》. ❷ ペカンの堅果 《ナッツとして食用》.

pec・ca・ble /pékəbl/ 形 《道徳的な》罪を犯しやすい, 過ちやすい.

pec・ca・dil・lo /pèkədíloʊ/ 名 (⾃ ~**es**, ~**s**) 微罪, ちょっとした過ち. 《Sp=小さな罪》

pec・can・cy /pékənsi/ 名 病的なこと; 罪.

pec・cant /pékənt/ 形 罪を犯す, 犯罪の; おちどのある, (道徳的に)誤った; 《医》病的な. ~・ly 副 ~・ness 名

pec・ca・ry /pékəri/ 名 《動》ペッカリー, ヘソイノシシ《米国産イノシシの類》.

peck¹ /pék/ 動 ● 〈鳥が〉[…を]くちばしでつつく[つつこうとする], ついばむ: The hens were ~ing at the grain. めんどりが穀物をせっせとついばんでいた. ❷ [口] 〈…を〉少しずつ食べる: The child was merely ~ing at his food. 子供は食べ物を少しずつ食べているだけだった. ❸ […に]うるさく小言を言う, […を]批判する 〈at〉. ── 他 ❶ 〈鳥が〉…をくちばしでつつく, 〈食物を〉ついばむ: The hen ~ed the corn. めんどりはトウモロコシをついばんだ. ❷ [口] 〈人のほおに〉急いで[お義理に]キスする: He ~ed her cheek. 彼は彼女のほおにちょっとキスをした. ❸ (タイプライターをパチパチたたいて)〈手紙・作品などを〉書く 〈out〉. ── 名 ❶ (くちばしなどで)つつくこと; ついばむこと. ❷ [口] 軽いキス 〈on〉. ❸ [古] 食べ物.

peck² /pék/ 名 ❶ ペック《穀物などの乾量単位; =¼ bushel, 8 quarts, 2 gallons; 略 pk.》: a 《米》 約 8.8 リットル. b 《英》 約 9 リットル. ❷ [a ~] たくさん: a ~ of trouble(s) 多くの心配(事).

peck³ /pék/ 名 動 つんのめる, 〈馬が〉ひづめの先端から着地してつまずく.

péck・er 名 ❶ つつく鳥[人]; (特に)キツツキ: ⇒ woodpecker. ❷ 《米卑》 ペニス. kèep one's pécker ùp 《英口》 元気を落とさない.

pécker・hèad 名 《米俗》(押しが強くて)嫌なやつ.

pécker・wòod 名 《米口・軽蔑》 白キツツキ; 南部の貧乏な白人.

pécking òrder 名 [the ~] ❶ (ニワトリなど鳥の社会で)つつきの順位《順位の高いほうが低いほうをつつく》. ❷ (人間社会の)序列, 順位.

peck・ish /pékiʃ/ 形 《英口》少々腹のすいた.

péck òrder 名 =pecking order.

Peck・sniff /péksnɪf/ 名 ペックスニフ《Dickens の小説 *Martin Chuzzlewit* (1843–44) 中の偽善者》. **Peck・sniff・i・an** /péksnífiən/ 形 ペックスニフ流の, 偽善的な.

pe・co・ri・no /pèkərí:nou/ 名 《伊》(~s) ペコリーノ《イタリアの羊乳から造るチーズ》.

Pé・cos Bíll /péɪkəs-/ 名 《伝説》 ペーコスビル 《米国南西部の伝説に出てくる巨人のカウボーイ; Rio Grande 川を掘り, 六連発銃を発明したと伝えられる》.

pec・ten /pékt(ə)n/ 名 (複 **pec・ti・nes** /-təni:z/, ~s) 《動》(鳥類・爬虫類などの眼の)櫛膜, 櫛膜(状); 《昆》イタヤガイ.

pec・tin /péktɪn/ 名 Ⅱ 《化》ペクチン. **pec・tic** /péktɪk/ 形.

pec・ti・nate /péktənèɪt/, **-nat・ed** /-nèɪtɪd/ 形 櫛(⬝)状の.

pec・ti・na・tion /pèktənéɪʃən/ 名 櫛状構造; 櫛状部.

pec・to・ral /péktərəl, -trəl/ 形 Ⅰ ❶ 胸の; 胸筋の: a ~ fin (魚の)胸びれ / ~ muscles 胸筋. ❷ 胸につける[飾る]: a ~ cross (司教などの)胸十字架. ── 名 ❶ a [複数形で] 《動》胸部. b 《魚》胸びれ. ❷ (ユダヤ高僧の)胸飾り, 胸当て.

pec・u・late /pékjulèɪt/ 動 他 〈公金や受託金を〉使い込む, 横領する. **pec・u・la・tion** /pèkjuléɪʃən/ 名 U・C 公金[委託金]費消[横領].

*__pe・cu・liar__ /pɪkjúːljə | -ljə/ 形 (more ~; most ~) ❶ a (不快なふうに)妙な, 変な: a ~ smell 妙なにおい / It seems rather ~ that nobody witnessed the accident. 事故の目撃者がいなかったのはとても変な感じがする. b 異常な, 風変わりな: He's a very ~ fellow. 彼はとても変わった男だ. ❷ 特有の, 固有の (unique): a ~ value 特有の価値 / Every nation has its own ~ character. 各国民は他に見られない固有の性格をもっている / Language is ~ *to* human beings. 言語は人間特有のものだ. ❸ Ⅰ [口] 病気で, 具合が悪くて: She was looking distinctly ~. 彼女は見るからに具合が悪そうだった. 【L=私有財産のく L *peculium* 私有財産, 家畜の所有 < L *pecu* 家畜】 (名 peculiarity) 【類義語】 (1) ⇨ strange. (2) ⇨ particular.

pe・cu・li・ar・i・ty /pɪkjùːliǽrəti/ 名 ❶ a Ⅽ 異常な点, 風変わりな点; 奇癖. b Ⅱ 異常(さ), 奇妙. ❷ a Ⅽ 特色, 特性: Pouches are a ~ of marsupials. (腹に)袋があるのが有袋動物の特色だ. b Ⅱ 特有, 独特; 独自性. (形 peculiar)

pe・cú・liar・ly 副 ❶ 奇妙に, 異様に. ❷ 特に, 格別に (particularly, especially). ❸ 独特に, 固有に.

pe・cu・ni・ar・y /pɪkjúːnièri | -njəri/ 形 金銭(上)の: ~ embarrassment 財政困難 / ~ reward 金銭的な報酬 / for ~ advantage 金銭の利益のために. 【L *pecunia* 家畜の, 金銭の < L *pecu* 家畜】 【類義語】 ⇨ financial.

ped・a・gog /pédəgɑ̀g | -gɔ̀g/ 名 《米》=pedagogue.

pèd・a・góg・i・cal /pèdəgɑ́dʒɪk(ə)l | -gɔ́dʒ-/, **-gog・ic** /-ɪk-/ 形 教育学(的, 上)の. **-i・cal・ly** /-kəli/ 副 教育学上[的に].

ped・a・gog・ics /pèdəgɑ́dʒɪks | -gɔ́dʒ-/ 名 =pedagogy.

ped・a・gogue /pédəgɑ̀g | -gɔ̀g/ 名 《古・軽蔑》教師, 先生, 教育者; 物知りぶる人.

ped・a・go・gy /pédəgòudʒi | -gɔ̀dʒi/ 名 Ⅱ 教育学, 教授法; 教職. 【F < L < Gk =子供を導くこと】

ped・al¹ /pédl/ 名 ❶ (自転車・ミシンなどの)ペダル, 踏み板: use the ~(s) ペダルを踏む / an accelerator [a brake, a clutch] ~ (自動車の)アクセル[ブレーキ, クラッチ]ペダル. ❷ a (ピアノ・ハープの)ペダル《ピアノの響き止めを弦から離すものは loud pedal, 弱音にするものは soft pedal》. b (大オルガンの)足鍵盤(⬝). ── 動 (**pedaled**, 《英》 **-alled**; **ped・al・ing**, 《英》 **-al・ling**) ❶ [副詞(句)を伴って] (自転車の)ペダルを踏んでいく: He ~ed off on his bicycle. 彼は自転車のペダルを踏んで去っていった / ~ along (a road) ペダルを踏んで(道を)走る. ❷ (自転車の)ペダルを踏む. ❸ (ピアノの)ペダルを使う. ── 他 ❶ 〈…の〉ペダルを踏む: ~ a bicycle 自転車を走らせる. ❷ [副詞(句)を伴って] ペダルを踏んで〈…を〉進ませる: I ~ed my bicycle *up* (the hill). 自転車のペダルを踏んで(坂を)上っていった. 【F < It < L =足の *pes*, *ped*- 足; cf. ↑】

ped・al² /píːdl/ 形 動・解】足の. 【↑】

pédal bìn 名 《英》(ペダルを踏むとふたの開く)ごみ入れ.

pédal bòat 名 ペダル(を踏んで動かす)ボート.

pédal・er 名 自転車利用者.

pédal・nòte 名 《楽》 a 金管楽器で, その管の長さで発しうる最低音のこと; 基音となる. b =pedal point.

ped・al・o /pédəloʊ/ 名 (~s) 水上自転車.

pédal pòint 名 《楽》 オルガンプンクト, ペダル音《特に最低音部が, 他のパートが動いている間に長く持続する音》.

pédal pùsher 名 ❶ [複数形で] ペダルプッシャー《ふくらはぎまでの丈の女性用スポーツズボン; 元来は自転車乗り用》. ❷ [口] 自転車に乗る人, サイクリスト.

pédal stèel 名 =pedal steel guitar.

pédal stèel guitàr 名 ペダルスチールギター《ペダルで調弦を変えるスチールギター》.

ped・ant /pédnt/ 名 ❶ 学者ぶる人, 衒学(⬝)者. ❷ (教育で)さといい規則を強調する人, 杓子定規な人. ❸ (常識を無視して)書物の知識を固執する人, 空論家.

pe・dan・tic /pɪdǽntɪk/ 形 学者ぶった, もの知り顔の, 衒学的な. **pe・dán・ti・cal・ly** /-kəli/ 副.

ped・ant・ry /pédntri/ 名 ❶ Ⅱ 学者ぶること, 衒学(⬝); もったいぶり. ❷ Ⅽ 学者ぶった言葉[行為].

ped・ate /pédeɪt/ 形 【動】足のある; 足状の. ❷ 【植】葉の鳥足状の.

†**ped・dle** /pédl/ 動 他 ❶ 〈小さな商品を〉行商する. ❷ 〈麻薬を〉密売する (push). ❸ [けなして] 〈知識・思想などを〉宣伝する; 〈うわさなどを〉ばらまく. ── 自 行商[呼び売り]する. 【PEDDLER からの逆成】

ped・dler /pédlə | -lə/ 名 ❶ 《米》行商人, 呼び売り商人 (《英》 pedlar). ❷ (麻薬などの)密売人. 【ME; 原義は「かご」】

ped・er・ast, 《英》**paed-** /pédəræst/ 名 (少年を対象とする)男色者. 【Gk】

ped・er・as・ty, 《英》 **paed-** /pédəræsti/ 名 Ⅱ (少年を対象とする)男色.

†**ped・es・tal** /pédɪstl/ 名 ❶ (円柱・胸像・花瓶などの)台, 脚, 台座, 柱脚. ❷ 両そで机の脚. **knóck a person òff**

pe·des·tri·an /pɪdéstriən/ 形 (*more ~; most ~*) ❶ ⒜ (比較的)徒歩の, 歩行の; 歩行者(用)の: a ~ bridge 歩道橋 / a ~ walkway 歩行者専用道路. ⒝ 平凡な, 単調な (dull): a ~ lecture 無味乾燥な講義. ―名 C 徒歩で行く人, 歩行者. 〖L *pes, ped-* 足〗

pedéstrian cróssing 〖英〗横断歩道(〖米〗crosswalk).

pe·des·tri·an·ize /pɪdéstriənàɪz/ 動 他〈道路を〉歩行者天国にする. ―自 徒歩旅行をする, 徒歩で行く. **pe·des·tri·an·i·za·tion** /pɪdèstriənɪzéɪʃən/ 名 U -naɪz-.

pedéstrian máll 〖英〗**précinct** 名 歩行者専用道路区域, 「歩行者天国」.

pe·di·at·ric, 〖英〗 **pae-** /pìːdiǽtrɪk/ 形 小児科(学)の.

pe·di·a·tri·cian, 〖英〗 **pae-** /pìːdiətríʃən/ 名 小児科医.

pe·di·at·rics, 〖英〗 **pae-** /pìːdiǽtrɪks/ 名 U 〖医〗小児科学.

ped·i·cab /pédɪkæb/ 名 (東南アジアなどで用いられている)乗客用三輪自転車, 輪タク.

ped·i·cel /pédɪsèl/ 名 ❶ 〖植〗小花梗(きょう). ❷ 〖動〗〖昆虫·海洋生物などの〗柄.

ped·i·cle /pédɪkl/ 名 =pedicel.

pe·dic·u·lo·sis /pɪdìkjʊlóʊsɪs/ 名 (働 *-ses* /-siːz/) 〖医〗シラミ(寄生)症.

ped·i·cure /pédɪkjʊə | -kjʊə/ 名 ❶ C, U ペディキュア(足の美爪(びそう)術; cf. manicure). ⒝ (医者による)足治療. ❷ C 足治療医. **ped·i·cur·ist** /-kjʊ(ə)rɪst/ 名. 〖F＜L *pes ped-* 足+*cura* 手入れ〗

+ped·i·gree /pédɪɡriː/ 名 ❶ C ⒜ 系図: a family ~ 家系図. ⒝ (動物の)血統図. ❷ C, U ⒜ 家系, 血筋; りっぱな家柄: a family of ~ 旧家 / She's by ~ an aristocrat. 彼女は生まれは貴族だ. ⒝ (動物の)血統; 正しい血統: an impressive stud dog with a ~ 血統書付きの高価な犬. ❸ C (口) 〈人·ものなどの〉経歴: I have a culinary ~. 私にはコックの経歴がある. ―形 〖英〗〈馬·犬など〉血統の明らかな, 血統書つきの(〖米〗pedigreed). 〖F=ツルの脚; pedigree をツルの脚にたとえたもの〗

péd·i·grèed 形 〖米〗〈馬·犬など〉血統の明らかな, 血統書つきの(〖英〗pedigree).

ped·i·ment /pédəmənt/ 名 〖建〗ペディメント(古代建築の三角形の切妻壁; cf. gable).

ped·lar /pédlə | -lə/ 名 〖英〗=peddler 1.

pe·do-, pae·do- /píːdoʊ-, pèd-, | píːdoʊ | 〖連結形〗「子供」「小児」「幼年時代」.

pe·do·don·tics /pìːdoʊdɑ́ntɪks | -dɔ́n-/ 名 U 小児歯科(学). **-tist** /-tɪst/ 名 C 小児歯科医.

pèd·o·gén·e·sis /pèdoʊ-/ 名 〖地〗土壌生成(論). **-gén·ic** /-dʒénɪk—/, **-genétic** 形.

pe·dol·o·gy /pɪdɑ́lədʒi | -dɔ́l-/ 名 U 土壌学. **-gist** /-dʒɪst/ 名. **ped·o·log·ic** /pèdəlɑ́dʒɪk | -lɔ́dʒ—/, **-i·cal** /-ɪk(ə)l—/ 形.

pe·dom·e·ter /pɪdɑ́mətə | -dɔ́mətə/ 名 歩数計.

pe·do·phile, pae- /píːdəfàɪl/ 名 小児(性)愛者.

pe·do·phil·i·a, pae- /pìːdəfíliə/ 名 U 〖精神分析〗小児(性)愛(大人が子供を性愛対象とする性的倒錯). **-phíl·i·ac** /-fíliæk/, **-phíl·ic** /-fílɪk—/ 形.

pe·dun·cle /píːdʌŋkl | pɪdʌ́n-/ 名 ❶ 〖植〗花梗(きょう). ❷ 〖動〗肉柄.

pe·dún·cu·late óak /pɪdʌ́ŋkjʊlət-/ 名 〖植〗ヨーロッパナラ, イギリスナラ(欧州·北アフリカ原産; 巨木になる).

+pee /píː/ 名 ❶ C (口) 小便, おしっこ: go for [have, take] a ~ 小便[おしっこ]をしに行く[をする]. ❷ U 尿, 小便 (urine). ―動 自 小便[おしっこ]をする (urinate). ⊖⊕ 小便·血尿を出す. 〖PISS の語源音から〗

pee² /píː/ 名 (働 ~**s**) 〖英口〗(通貨単位の)ペニー, ピー. 〖PENNY の短縮形〗

peek /píːk/ (口) 動 自 ❶ そっとのぞく, ちらっと見る (peep): ~ *in* [*out*] ちらっと内[外]をのぞく / ~ *through* a keyhole *at*... かぎ穴から...をのぞき見する / No ~*ing*! のぞき見厳禁. ❷ (副詞(句)を伴って) (文) ちらっと見える, かすかに現れる: take [steal] a ~ のぞき見する.

peek·a·boo /píːkəbùː/ 名 U いないいないばあ (★ 'Peekaboo!' といって子供をあやす; cf. bopeep); play ~ (*with* a baby) (赤ん坊に)いないいないばあする. ―形 ❶ 〈ドレスなど〉すけすけの生地で作られた, 穴のある生地で作られた. ❷ 〈髪など〉ウェーブで一方の目をかくした.

peel¹ /píːl/ 動 他 ❶ 〈果物·野菜などの〉皮をむく: ~ a banana [potatoes] バナナ[ジャガイモ]の皮をむく / 〖~＋目＋目〗 Please ~ me a peach [~ a peach *for* me]. 桃の皮をむいてください. ❷ 〈...を〉はがす, 抜き取る, 剥離する 〈*away, off, back*〉: ~ a sticker *off*... からステッカーをはがす / ~ *off* [*back*] a label *from*... からラベル[シール]をはがす. ❸ (暑かったり, 運動をするために)〈服を〉脱ぐ 〈*off*〉. ―自 ❶ 〈皮·表面〉がはがれる, むけて落ちる 〈*away, off*〉: My skin ~*s* when I get sunburnt. 私は日焼けすると皮膚がむける / The paint was ~*ing off*. ペンキがはげかけていた / The wallpaper is beginning to ~ *from* [*off*] the wall. 壁紙が壁からはがれてきた. ❷ (様態の副詞を伴って) 〈...の〉皮がむける: This orange ~*s* easily. このオレンジはよく皮がむける. **kéep one's éyes péeled** (口) 見張っている, 油断しない. **péel óut** 自＋副 (米) 急激に車を発進させる. ―名 U (果物·野菜などの)皮 (⇒ rind 比較): orange [lemon] ~ オレンジ[レモン]の皮 / candied ~ 砂糖のころもをつけたオレンジ·レモンなどの皮.

peel² /píːl/ 名 (また **péel tòwer**) 〖英史〗ピール (16世紀にイングランドとスコットランドの境界地方に要塞として建てられた石造の小塔).

péel·er 名 (通例複合語で) (果物·ジャガイモなどの)皮をむく器: a potato ~ ジャガイモの皮をむく器.

péel·ings /píːlɪŋz/ 名 働 (果物·野菜の)むいた皮.

peen /píːn/ 名 金槌(ハンマー)の頭(平らな打つ面 (face) の反対側で; くさび形·半球形など). ―動 他 **peen** でたたく.

+peep¹ /píːp/ 動 自 ❶ のぞき見する, のぞく (peek): ~ *in* [*out*] 内[外]をのぞく / ~ *into* a room 部屋をのぞき見する / ~ *through* a hole in the wall 塀の穴からのぞき見する / Don't ~ *at* the neighbors. 近所の人をのぞかないで. ❷ ⒜ (副詞(句)を伴って) ちらっと見える, かすかにのぞく: The sun ~*ed* through the clouds. 太陽が雲間から顔を出した / In the meadows pretty flowers are ~*ing out* from the grass. 牧草地ではきれいな花が草の間から顔をのぞかせている. ⒝ 〈性質などが〉(思わず)出る, 地金が出る. ―名 ❶ C 〈...の〉のぞき見 (俗) 見る: [a ~] のぞき見, かいま見; ひと見: take [have] a ~ *at*... をちらと見る. ❷ U 出現: at the ~ of day [dawn] 夜明けに.

peep² /píːp/ 名 ❶ (小鳥·ネズミなどの)ピーピー[チューチュー]いう鳴き声. ❷ [a ~; 通例否定文で] (口) 音, ひと言; 不満の声, 泣き言: I haven't heard a ~ out of him for a month. 彼から一か月間彼とも言も聞いていない(連絡もない). ❸ C (小児·口) ピーポー, ピービー(自動車の警笛音). ―動 自 ピーピー[チューチュー]鳴く. 〖擬音語〗

peep-bo /píːpbòʊ/ 名 =bopeep.

pee-pee /píːpìː/ 名 (小児) =pee¹; チンポコ.

péep·er¹ 名 ❶ のぞき見する人. ❷ (通例複数形で) (口) 目.

péep·er² 名 ❶ ピーピー[チューチュー]鳴く獣[鳥], ひな. ❷ (かん高い音で鳴く)アマガエル科のカエル. 〖PEEP²＋-ER¹〗

péep·hòle 名 (ドアなどの)のぞき穴.

Péep·ing Tóm 名 ❶ のぞき見のトム (解説 11世紀英国の Coventry で領主が重税を課した時, 夫人の Lady Godiva はこれを減税させようとした. 領主は冗談半分に, もし夫人が裸で馬に乗って町中を歩いたらやめると言ったので, 夫人は町民に戸や窓を閉めるように頼み, 夫の要求どおりにした時, 洋服屋の Tom だけがこっそり戸と言も閉めないから目がつぶれたといわれる. ❷ [しばしば p- T-] C のぞき見する男, 「出歯亀」 (voyeur).

péep péep 名 =peep² 3.

péep shòw 名 ❶ (通例拡大鏡で見せる)のぞきからくり. ❷ (のぞいて見せる)いかがわしい見世物.

péep sìght 名 (銃の)穴照門.

peep-tòe(d) 形 〈靴などが〉つまさきの見える.

pee·pul /píːpəl/ 名 =pipal.

*__peer__[1] /píə | píə/ 動 自 [副詞(句)を伴って] じっと見る, 凝視する, 熟視する: He ~ed about, looking for a place to sit. 彼はあたりをじろじろ見回して座る場所を探した / I ~ed into the dark corner. 暗い隅をじっと見入った.

*__peer__[2] 名 ❶ (年齢・地位・能力などが)同等の者, 同僚, 同輩, 仲間. ❷ 貴族 (cf. nobility 2): a hereditary ~ 世襲貴族 / ⇒ life peer. **péer of the réalm** 《peers of the realm》成年になれば上院に列する権利が生ずる英国の世襲貴族. **withòut (a) péer** 無比の. 《F<L par 等しい「平等な(もの)」の意から》

*__peer·age__ /píə(ə)rɪdʒ/ 名 ❶ ⓒ 貴族の地位[身分], 爵位. ❷ [単数形で, 通例 the ~] 貴族; 貴族階級: be raised to the ~ 貴族に列せられる. ❸ ⓒ 貴族名鑑《貴族名と家系が書かれている》.

peer·ess /píə(ə)rəs | pɪərés/ 名 ❶ 貴族夫人. ❷ 有爵婦人, 婦人貴族.

péer gròup 名 同輩グループ, 仲間集団《年齢・地位などが等しく, 同一価値観を持つ社会学上の集団》.

péer·less 形 無比の, 無双の, 比類のない (matchless). ~·ly 副 ~·ness 名

péer prèssure 名 Ⓤ 同輩[仲間]からの圧力.

péer-to-péer 形 《電算》ピア ツー ピアの《対等なもの同士の間の》.

péer-to-peer nètwork 名 《電算》ピアツーピアネットワーク《ネットワークを構成する各ノードが同等の機能と資格を有するネットワーク》.

peeve /píːv/ (口) 動 〈人を〉いらいらさせる, じらす, 怒らせる. ── 名 いらいらするもの, しゃくの種.

peeved /píːvd/ 形 (口) いらいらした, じれた, 怒った 〔about〕.

pee·vish /píːvɪʃ/ 形 気難しい, すねた, 怒りっぽい (bad-tempered) 〜いらいらした. ~·ly 副 ~·ness 名

pee·wee /píːwiː/ 名 《米口》非常に小さな人[もの]; ちび.

pee·wit /píːwɪt/ 名 〈鳥〉 ❶ 《英》タゲリ (lapwing). ❷ モリタイランチョウ《北米産》.

*__peg__ /pég/ 名 ⓒ ❶ a 留めくぎ, 掛けくぎ: a hat ~ 帽子掛け. b 《テント綱を張る》くい: a tent ~ テントくい, ペグ. c 《登山用ザイルの》ハーケン, ピトン. d 《ゲーム用の》ペグ. e 《土地の境界を示す》くい. ❷ a 《たるなどの》栓. b 《弦楽器の弦を張る》糸巻き. ❸ 《英》洗濯ばさみ 《《米》clothespin》. ❹ 義足: ⇒ peg leg. ❺ 《副詞的に》 ⓒ 等級 《評価などの》級, 等: Our opinion of him went up a ~ or two after he passed the exam. 彼が試験に受かってから我々の彼に対する見方が少し上がった. ❻ 口実, 理由, きっかけ: That's a good ~ to hang a claim on. それは要求を持ち出すのによいきっかけになる. ❼ (口) 《野球で, すばやい》送球. ❽ 《英》《ウイスキー, ブランデーなどの》強い酒一杯. **a squáre pég in a róund hóle = a róund pég in a squáre hóle** 不適任者《★「丸い穴に四角の栓」の意から》. **còme dówn a pég (or twò)** やり込められる, 鼻っ柱を折られる, 謙虚になる. **òff the pég** 《英》《衣服などが》既製で 《《米》off the rack; ↔ made-to-measure; cf. off-the-peg》. **tàke a person dówn a pég (or twò)** 〈人を〉やり込める, 〈人の〉鼻っ柱を折る.

── 動 (pegged; peg·ging) 他 ❶ a 〈…に〉木くぎを打つ, 〈…を〉木くぎ[くい]で留める. b 《英》 〈洗濯物を〉洗濯ばさみで留める 〔up, out〕: ~ wet clothes out (on a line) 洗濯した衣類を〈物干し綱に〉洗濯ばさみで留める. ❷ 〈数値・量・価格などを〉《特定の水準に》とどめる, 固定する, 一定にさせる: Pay increases were pegged at three percent. 賃上げは3％増に抑えられた / the value of the yen to the US dollar 円の為替レートを米ドルに対して一定にする. ❸ 《米口》〈…を…であると〉判断する, 見定める: [+目+as 名] They pegged him as a real pest. 彼らは彼を本当にいやなやつだと思っていた. ❹ (口) 〈ボールを〉すばやく投げる; 〔野球〕〈牽制球を〉投げる. **pég awáy (at…)** 《口》(…に)精出して働く; (…を)根気よく続ける: He has been pegging away at the task for months. 彼は何か月もせっせとその仕事に精を出している. **pég dówn** 《他+副》(1) 〈テントなどを〉木くぎで地面などに留める: ~ down a tent (木くぎを打って)テントを張る. (2) 〈人を〉規則などに拘束する: ~ a person down to a specific job 人を特定の仕事に拘束する. (3) 〈物価を〉低く抑える. **pég óut** 《英》(1) 〈洗濯物を〉洗濯ばさみで留める (⇒ 1 b). (2) 〈採鉱権利地・家屋・庭園などの〉境界をくいで明らかにする. ── 《自+副》(1) 疲れ果てて動けなくなる. (4) 《英口》 力尽きる, 死ぬ (die).

Peg /pég/ 名 ペッグ 《女性名; Margaret の愛称》.

Peg·a·sus /pégəsəs/ 名 ❶ 〔ギ神〕 ペガサス 〔解説〕殺されたMedusaの血から生まれ出た翼のある天馬; Museの女神たちはこの馬で天かけて天来の妙想を得た. ❷ 〔天〕 ペガサス座.

pég·bòard 名 ❶ 《ゲーム用の》ペグ差し盤. ❷ ハンガーボード《穴がたくさん開いていてペグを差し, 物をつるす》.

pég·bòx 名 《弦楽器の》糸倉 (⟨⟩).

pegged /pégd/ 形 =peg top.

Peg·gy /pégi/ 名 ペギー 《女性名; Margaret の愛称》.

pég lèg 名 《古風》 ❶ 義足. ❷ 義足をつけている人, 義足の人.

peg·ma·tite /pégmətàɪt/ 名 巨晶花崗岩, ペグマタイト. **peg·ma·tit·ic** /pègmətítɪk⁻/ 形

pég·tòp 名 ❶ ⓒ 《いちじく形の》こま. ❷ 《古風》〔複数形で〕こま形ズボン. ── 形 《古風》〈衣服が〉こま形の.

PEI 《略》 Prince Edward Island.

Pei /péɪ/, **I(eoh) M(ing)** ペイ (1917– ; 中国生まれの米国の建築家).

peign·oir /peɪnwáə | péɪnwɑː/ 名 ペニョワール《髪をくしけずるときや, 入浴のあとに女性が着用する化粧着》.

pein /píːn/ 名 動 =peen.

peine forte et dure /pénfɔəteɪd(j)úə | -fɔ́ːteɪd(j)úə/ 名 Ⓤ 〔史〕 苛酷拷問 《1772年廃止》.

Peirce /pə́ːs | píəs/, **Charles Sanders** 名 パース (1839–1914; 米国の論理学者・哲学者・数学者; プラグマティズム・記号論の創始者).

pe·jo·ra·tive /pɪdʒɔ́ːrətɪv | -dʒɔ́r-/ 形 〈語句など〉軽蔑的な, 非難の意を含む. ── 名 軽蔑語, 蔑称. ~·ly 副

pek·an /pékən/ 名 動 =fisher 1.

peke /píːk/ 名 =Pekingese 3.

Pe·kin·ese /pìːkɪníːz⁻/ 形 名 =Pekingese.

*__Pe·king__ /pìːkíŋ⁻/ 名 北京 (⟨⟩) (Beijing) 《中華人民共和国の首都》.

Péking dúck 名 〔中国料理〕ペキンダック, 北京烤鴨 (ペキン).

Pe·king·ese /pìːkɪníːz⁻/ 形 北京の, 北京人の. ── 名 ❶ ⓒ 北京人. ❷ Ⓤ 北京語. ❸ 〔しばしば p-〕 ⓒ 〈犬〉 ペキニーズ. 《PEKING+-ESE》

Péking mán 名 〔人〕北京原人《北京に近い周口店で発掘された》.

pe·koe /píːkoʊ/ 名 Ⓤ ペコー, ピーコウ《インド・セイロン産の上等の紅茶》.

pel·age /pélɪdʒ/ 名 Ⓤ 〔動〕毛皮《哺乳動物の体表部の毛のある外皮; 毛皮・羊毛など》.

pe·lag·ic /pəlǽdʒɪk/ 形 遠海の, 遠洋にすむ; 遠洋で行なう: ~ fishery 遠洋漁業.

pel·ar·go·ni·um /pèləəgóʊniəm | -lə-/ 名 〔植〕 ゼラニウム, テンジクアオイ, ペラルゴニウム.

Pe·las·gi·an /pəlǽzdʒ(i)ən/ 名 ペラスギ人《先史時代にギリシア・小アジア・エーゲ海の諸島に住んだとされる》; ペラスギ語. ── 形 ペラスギ人[語]の.

pele /píːl/ 名 〔英史〕 =peel[2].

Pe·lé /péleɪ/ 名 ペレ (1940– ; ブラジルのサッカー選手; 本名 Edson Arantes do Nascimento).

pelf /pélf/ 名 Ⓤ 《軽蔑》 金銭, 富.

pel·ham /péləm/ 名 《馬のくつわの》大勒 (⟨⟩) はみ.

pel·i·can /pélɪkən/ 名 〔鳥〕 ペリカン. 《L<Gk=おの; くちばしの形がおのに似ていることから》

pélican cróssing 名 《英》押しボタン式横断歩道. 〔*p*edestrian *l*ight *c*ontrolled *crossing*〕

Pélican Stàte [名] [the ～] ペリカン州《米国 Louisiana 州の俗称》.

pe·lisse /pəlíːs/ [名] ペリース: **a** 毛皮の裏打ちをした竜騎兵の外套. **b** 絹製の女性用の長いコート.

pe·lite /píːlaɪt/ [名]〔地〕泥質岩. **pe·lit·ic** /pɪlíṭɪk/ [形]

pel·lag·ra /pəlǽgrə/ [名] [U]〔医〕ペラグラ《ビタミン B 群に属するニコチン酸欠乏による皮膚・消化器・神経などの疾患》.

+**pel·let** /pélɪt/ [名] ❶ (紙・ろう・えさなどを丸めた)小球. ❷ 小弾丸. ❸《英》小丸薬. 〘F＜L *pila* ball, pill〙

pel·let·ize /pélətàɪz/ [動] [他] 〈(微細な)鉱石を〉小球状にする. **-ìz·er** [名] **pel·let·i·za·tion** /pèləṭɪzéɪʃən | -taɪz-/ [名]

pel·li·cle /pélɪkl/ [名] 薄膜, 薄皮. **pel·lic·u·lar** /pəlíkjʊlə | -lə/ [形]

pel·li·to·ry /pélətɔ̀ːri | -təri/ [名]〔植〕❶ (また **péllitory-of-Spáin**) ピレトリウム《南欧原産キク科植物》; ピレトリウム根《かつて催唾液薬》. ❷ (また **péllitory-of-the-wáll**) ヒカゲミズ《イラクサ科》.

pell-mell /pélmél⁻/ [副] ❶ 乱雑に; めちゃくちゃに. ❷ あわてふためいて, 向こう見ずに. ── [形] ❶ 乱雑な, めちゃくちゃな. ❷ あわてふためいた. ── [名] [a ～] 乱雑, めちゃくちゃ; ごちゃまぜ.

pel·lu·cid /pəlúːsɪd/ [形] ❶ 透明な (transparent): a ～ river 澄んだ川. ❷ 〈文体・表現など〉明晰な, 明瞭な. **～·ly** [副]

Pel·man·ism /pélmənìzm/ [名] [U] ❶ ペルマン式記憶術《元来英国の教育機関 Pelman Institute が開発した》. ❷〘トランプ〙神経衰弱.

pel·met /pélmɪt/ [名]《英》(カーテンつり棒などを隠す窓の上部の)飾り布[板] (《米》valance).

Pel·o·pon·nese /pèləpəníːz, -niːs/ [名] [the ～] ＝ Peloponnesus.

Pél·o·pon·ne·sian Wár /péləpənìːʒən- | -ʃən-/ [名] [the ～] ペロポネソス戦争《アテナイとスパルタの戦い (431–404 B.C.)》.

Pel·o·pon·ne·sus /pèləpəníːsəs/, **-sos** /-sɑs | -sɔs/ [名] [the ～] ペロポネソス半島《ギリシア南方の半島; Sparta などの都市国家があった》.

pe·lo·ta /pəlóʊṭə | -lɔ́tə/ [名] [U] ペロタ《スペイン・南米・フィリピンなどで行なわれる球技; jai alai に発展》.

pel·o·ton /pélətɑ̀n | -tɔ̀ːŋ/ [名] (自転車レースでの)集団.

+**pelt**[1] /pélt/ [動] [他] ❶〔ものを〕投げて〈人を〉攻撃する; 〈石などを〉〔…に〕投げつける: ～ a person *with* stones ＝～ stones *at* a person 人に石を投げつける. ❷ 〈人に〉〈質問・悪口などを〉浴びせかける: ～ a person *with* questions 人に質問を浴びせかける. ── [自] ❶ 〈雨などが〉激しく降る (pour): The rain is [It's] really *～ing down.* ＝《英》It's *～ing with* rain. 雨が激しく降っている. ❷ [副詞(句)を伴って] 走る, 急ぐ: They *～ed down* the street. 彼らは通りを駆けて行った. ── [名] ❶ [U] 投げつけること. ❷ [C] 強打, 乱射. **(at) fúll pélt** 全速力で, まっしぐらに. **～·er** [名]

pelt[2] /pélt/ [名] ❶ (動物の)生皮; 毛皮 (hide). ❷《戯言》人間の皮膚. 【類義語】⇨ skin.

pel·ta /pélṭə/ [名] (複 **-tae** /-tiː, -taɪ/)〔古ギ・古ロ〕(歩兵の用いた)軽い小楯, ペルタ.

pel·tate /pélteɪt/ [形] 〈葉が〉葉柄を中央にもつ, 楯形(たてがた)の, 楯着(じゅんちゃく)の. **～·ly** [副]

Pél·tier effèct /péltjeɪ-/ [名]〔理〕ペルティエ効果《異種の金属の接触面を弱い電流が通ったとき熱が発生または吸収される現象》. 〘J. C. A. Peltier フランスの物理学者〙

pelt·ry /péltri/ [名] ❶ [U] 毛皮類. ❷ [C] 毛皮.

+**pel·vic** /pélvɪk/ [形] [A]〔解〕骨盤 (pelvis) の.

pélvic fín [名]〔魚〕腹びれ.

pélvic gírdle [名]〔動・解〕(脊椎動物の)腰帯(ようたい), 後肢帯; (人の)下肢帯.

pélvic inflámmatory disèase [名] [U]〔医〕骨盤内炎症性疾患《IUD 使用者に多い, 卵巣・卵管, さらには近傍の組織の炎症; 不妊症の主な原因; 略 PID》.

+**pel·vis** /pélvɪs/ [名] (複 **～·es, -ves** /-viːz/)〔解〕骨盤. 〘L＝盤〙

pel·y·co·saur /pélɪkəsɔ̀ə | -sɔ̀ː/ [名]〔古生〕盤竜, ペリコサウル類《ペルム紀の単弓類》.

Pémbroke tàble /pémbrʊk-/ [名] たれた翼板を上げて広げるテーブル.

pem·mi·can, pem·i·can /pémɪkən/ [名] [U] ペミカン《薄い牛肉などを干してのち果実や脂肪をつき混ぜて固めた食品; もと北米先住民が考案したもの》. 〘N-Am-Ind〙

pem·phi·gus /pémfɪgəs/ [名]〔医〕天疱瘡.

***pen**[1] /pén/ [名] ❶ [C] **a** [しばしば複合語で] ペン: write with a ～ ペンで書く / write with ～ and ink ペン[インク]で書く《★ 対句で無冠詞》/ ⇨ ballpoint pen, felt-tip pen, fountain pen. **b** (昔の, ペン先 (nib) とペン軸 (penholder) を含めて)ペン; 鵞(が)ペン. **c** ペン型の入力装置. ❷ [the ～, one's ～] 文筆(の業): live [make one's living] by one's ～ 文筆で生計を立てる / wield one's ～ 筆を振るう / *The* ～ is mightier than the sword.《諺》ペンは剣よりも強し. **díp one's pén in gáll** 毒筆を振るう. **pùt [sèt] pén to páper** 筆を執る. ── [動] [他] (**penned; pen·ning**) 〈…を〉(ペンで)書く: ～ an essay [a letter] エッセー[手紙]を(ペンで)書く. 〘F＜L＝羽; 昔は鳥の羽でペンを作ったことから〙

+**pen**[2] /pén/ [名] ❶ (動物を入れる)おり, 囲い: ⇨ pigpen. ❷ **a** 小さな囲い. **b** (格子で囲んだ)赤ん坊の遊び場. **c** 潜水艦修理ドック. ── [動] [他] (**penned, pent** /pént/; **pen·ning**) ❶ 〈動物を〉おり[囲い]に入れる *〈up, in〉*. ❷ 〈人間を〉閉じ込める, 監禁する *〈up, in〉*.

pen[3] /pén/ [名] 雌の白鳥 (↔ cob).

pen[4] /pén/ [名]《米俗》刑務所. 〘PEN(ITENTIARY)〙

pen., Pen.《略》peninsula; penitent; penitentiary.

PEN /pén/《略》(International Association of) Poets, Playwrights, Editors, Essayists, & Novelists 国際ペンクラブ《1922 年 London に創設》.

+**pe·nal** /píːn(ə)l/ [形] [A] ❶ 刑罰の; 刑事上の, 刑法の: the ～ code 刑法(典) / ～ laws 刑法 / a ～ colony [settlement] 犯罪者植民地[収容施設]. ❷ 刑罰の対象となる: a ～ offense 刑事犯罪. ❸ 苛酷な: ～ taxation (刑罰のように)苛酷な税金. **～·ly** /-nəli/ [副] 〘L＜*poena* 罰＜Gk *poinē* 罰, 罰金〙 ([動] penalize, [名] penalty)

pe·nal·ize /píːnəlàɪz/ [動] [他] ❶ **a** 〈人を〉罰する; 〈反則者[チーム]・反則行為に〉罰則を適用する, ペナルティーを科す (punish)《★ 通例受身》: be *～d for*…のことで罰[ペナルティー]を受ける. **b**〔法〕〈行為などを〉有罪とする, 法的処罰の対象とする. ❷ 〈…を〉不利な立場におく: It's unfair to ～ women. 女性を不利な立場に置くのは不公平である. ([形] penal)

pénal sérvitude [名] [U]〔英法〕(重労働の)懲役(刑)《もと流刑に代えて科したもの》.

***pen·al·ty** /pén(ə)lti/ [名] ❶ **刑罰**; 罰金, 科料: impose a ～ 刑罰を課す / a stiff [heavy] ～ 厳罰 / the death ～ 死刑 / a ～ *for* traffic violation 交通法規違反刑罰[の罰金]. ❷〔競技〕**a** **罰則, ペナルティー. b** (前回の勝者に課する)ハンディキャップ. ❸ 不利益; 報い (price): the *penalties of* fame [*for* being famous] 名声に伴う不便 / pay the ～ *for*…についての報いを受ける. **on [ùnder] pénalty of…** 違反すれば…の刑に処する条件で. 〘F＜L〙 ([形] penal)

+**pénalty àrea** [名]〘サッカー〙ペナルティーエリア.

pénalty bòx [名] ❶〘アイスホッケー〙ペナルティーボックス. ❷〘サッカー〙＝penalty area.

pénalty clàuse [名] (契約上の)違約[罰則]条項.

pénalty kìck [名]〘ラグビー・サッカー〙ペナルティーキック《ペナルティーエリア内での反則のため敵側に許されるフリーキック; cf. free kick》.

pénalty kìller [名]〘アイスホッケー〙ペナルティーキラー《ペナルティーで味方が手薄の時に出場する, とっておきの選手》.

pénalty pòint [名] ❶ [通例複数形で]《英》交通違反点数. ❷〘ゲーム・スポ〙反則点, 罰点.

pénalty shóot-òut [名]〘サッカー〙＝shoot-out.

pénalty spòt [名]〘サッカー〙ペナルティースポット《ペナルティーキックを蹴る位置》.

pénalty trỳ 图《ラグビー》ペナルティートライ《タッチダウンが攻撃側の妨害により妨げられたときに相手側に与えられるトライ》.

pen·ance /pénəns/ 图 ❶ Ⓤ 懺悔(ざん),後悔,(罪の償いのための)苦行. ❷ Ⓤ《カト》告解の秘跡(ひせき). ❸ Ⓒ いやがしなければならないこと,苦痛なこと[仕事]. **dò pénance** […の]罪の償いをする [for].

pén-and-ínk 形 A ペンで書いた; 筆写した: a ～ sketch ペン画.

Pe·nang /panǽŋ/ 图 ペナン: **a** マライ半島西岸沖の島. **b** ペナン島と半島の一部を含めたマレーシア連邦の一州; 州都 George Town. **c** ペナン州の州都; 正式名 George Town.

pen·an·nu·lar /penǽnjulə⁻/ -lə/ 形 準環状[輪状]の.

pe·na·tes /pənéɪtɪːz/ pená:teɪs/ 图 [しばしば P-]《ロ神》ペナーテース《食料品を収納する戸棚の神々で,家の守り神とされた》.

‡**pence** /péns/ 图 penny の複数形.

pen·chant /péntʃənt | páːŋɑː/ 图 [通例単数形で] […への強い好み,偏好; 傾向: He has a ～ **for** old books. 彼は古書が大好きだ. 《F=傾いている》

‡**pen·cil** /péns(ə)l/ 图 ❶ 鉛筆《石筆・色鉛筆も含む》: ⇒ mechanical pencil / write [draw] with a ～ [in ～] 鉛筆で書く[画く]《《用法》in ～ の時には無冠詞》. ❷ 鉛筆形のもの: a まゆ墨《棒状》. **b** 口紅. ❸《光》光束.
— 動 他 (**pen-ciled**,《英》**-cilled**; **pen-cil-ing**,《英》**-cil-ling**) ❶ 〈…を〉鉛筆で書く[描く]. ❷〈まゆを〉(まゆ墨で)引く. **péncil ín**《他+副》(仮の予定として)〈…を〉書き込む: She ～ed in April 23 for the meeting. 彼女は 4 月 23 日を会合の日として書き込んだ.
《F<L<*penis* しっぽ, 絵筆との形状の類似から; cf. penis》

péncil càse 图 鉛筆入れ.

péncil mùstache 图 とても細い口ひげ.

péncil pùsher 图《米軽蔑》事務屋[員],書記; 小役人; 文筆家, 記者《《英》pen-pusher》.

péncil shàrpener 图 鉛筆削り.

péncil-thín 形 とても細い[やせた].

pen·dant /péndənt/ 图 ❶（首輪・腕輪・耳輪などにつけた）垂れ飾り, ペンダント. ❷ つりランプ, シャンデリア. ❸《英海軍》の三角旗. 《L=ぶら下がっている(もの)<*pendere* ぶら下がる》

pen·den·cy /péndənsi/ 图 垂下, 懸垂; 未決, 未定, 宙ぶらりん.

pen·dent /péndənt/ 形 ❶ 垂れ下がっている: a ～ lamp つりランプ, シャンデリア. ❷〈がけなど〉張り出た: ～ eaves 張り出た軒. ❸《問題などが》未決[未定]の, 審議中の.

pen·den·te li·te /pendéntiláːti/ 副《法》訴訟中に.

pen·den·tive /péndəntɪv/ 图《建》ペンデンティブ, 隅(くま)折り上げ, ペンドンティブ《正方形平面の上にドームをかけるときに, ドームの下四隅に築く球面三角形の部分》.

+**pend·ing** /péndɪŋ/ 形 P ❶ 未決定で,係争中で; 宙ぶらりんで: Patent ～. 特許出願中. ❷〈危険・嵐など〉起こりそうして, 差し迫って: War is ～. 戦争が差し迫っている.
— 前 ❶ …の間, …中: ～ these negotiations この交渉中. ❷ …まで: ～ his return 彼が帰るまで.

pénding tràve《英》未決書類入れ.

pen·drag·on /pendrǽgən/ 图 [しばしば P-] 古代ブリテン《ウェールズ》の王侯, 王 (king).

pén·du·line tít [**títmouse**] /péndʒulɪn- | -djuː-/ 图《鳥》ツリスガラ《吊巣家》《欧州・アジアの温帯産》.

pen·du·lous /péndʒuləs | -djuː-/ 形 ぶら下がっていて, ゆらゆら[ぶらぶら]する. ～·**ly** 副

+**pen·du·lum** /péndʒuləm | -djuː-/ 图 ❶ （時計などの）振り子. ❷ （振り子のように両端に激しく動揺するもの）the ～ **of** public opinion 世論という振り子. **the swing of the péndulum**（世論・人心などの）大振れ, 激しい変動.
《L=ぶら下がる(もの)<*pendere* ぶら下がる》

pe·nec·to·my /penéktmi/ 图 Ⓤ《医》陰茎切除(術).

Pe·nel·o·pe /panéləpi/ 图《ギリシャ》ペネロペ《*Odysseus* の妻; 夫の 20 年間の不在中貞節を守り続けた》.

pe·ne·plain, -plane /píːnəpleɪn/ 图《地》準平原.

penes 图《倒》penis の複数形.

pen·e·tra·ble /pénətrəbl/ 形 ❶ 浸透[貫通]できる（↔ impenetrable）. ❷ 見抜かれる, 看破できる. **pen·e·tra·bil·i·ty** /pènətrəbíləti/ 图 Ⓤ 浸透性, 貫通できること; 見抜けること.

pen·e·tra·li·a /pènətréɪliə/ 图 Ⓤ いちばん奥[内部], 最奥部, (神殿などの)奥殿, 奥の院; 秘密の事柄.

pen·e·trance /pénətrəns/ 图 Ⓤ《発生》(遺伝子の)浸透度.

pen·e·trant /pénətrənt/ 形 浸透[貫通]する(もの); 浸透剤.

*__**pen·e·trate**__ /pénətrèɪt/ 動 ❶ **a** 〈…を〉突き抜ける, 貫く, 貫通する; 〈音・光が〉〈…を〉通す, 通る; 〈…に〉突入する, 〈…を〉突破する: The bullet ～d his heart. 弾丸は彼の心臓に食い込んだ[を貫通した] / The rebels ～d the inner city. 反乱軍は都心部にまで侵入した. **b** 〈人に〉男性器を挿入する. ❷ 〈敵対組織などに〉入り込む, もぐり込む, 潜入する (infiltrate). ❸ **a** 〈企業が〉〈市場・地域などに〉食い込む, 浸透する. **b** 〈思想などが〉〈…に〉浸透する; 〈感情などが〉〈…の心に〉しみ込む. ❹ 〈暗闇・真相などを〉見抜く, 理解する: ～ a person's disguise 人の正体を見抜く. ❺ 〈人に〉理解される, 気づかれる. — 自 ❶ 〈…に〉通る, 〈…を〉貫く; 〈敵に〉〈…に〉突入する (*into*, *through*, *to*): The bullet ～d three inches *into* the wall. 弾丸は壁に 3 インチめり込んだ. ❷ 〈においなどが〉広がる; 〈音が〉遠くまで伝わる. ❸ 理解される, 意味が通じる: My suggestion didn't ～. 私の意見は通じなかった.
pén·e·trà·tor /-ṭə⁻/ -tə/ 图 《L=中に入る》(動 penetration, 形 penetrating)

+**pén·e·trà·ting** /-tɪŋ/ 形 ❶ 浸透する; 貫通する. ❷〈目つきなど〉人の心を見通すような. **b** 洞察力のある, 見識をもった; 鋭敏な: a ～ question 鋭い質問. ❸〈声などが〉通る, かん高い (piercing). ❹〈風などが〉身にしみる, 突き刺すような. ～·**ly** 副

pen·e·tra·tion /pènətréɪʃən/ 图 Ⓤ **a** 浸透; (弾丸などの)貫通, めり込み. **b** 男性器の挿入. ❷ （敵対組織などへの）潜入, 侵入. ❸ （市場などへの）食い込み, 浸透; （政）勢力浸透[伸長]《文化工作作の一つ》: peaceful ～ 平和的な勢力伸長（貿易・投資などによる）. ❹ 看破, 眼識, 洞察(力): a man of ～ 洞察力のある人. (動 penetrate)

pen·e·tra·tive /pénətrèɪtɪv/ -trət-/ 形 ❶ **a** 貫く, 貫通する; 浸透する; 突破する. **b** （男性器の挿入の. ❷ 眼力の鋭い, 鋭敏な. ～·**ly** 副 (動 penetrate)

pen·e·trom·e·ter /pènətrámətə⁻/ -trómətə/ 图《理》（半固体物質の）針入度計, 硬度計.

pén frìend 图《英》= pen pal.

*__**pen·guin**__ /péŋgwɪn/ 图《鳥》ペンギン. 《?Welsh=白い頭》

pén·hòlder 图 ❶ ペン軸. ❷ ペン掛け.

pen·i·cil·late /pènəsílət, -leɪt/ 形《動·植》ふさ毛のある, 毛筆状の. ～·**ly** 副 **pen·i·cil·la·tion** /pènəsəléɪʃən/ 图

pen·i·cil·lin /pènəsílɪn/ 图 Ⓤ《薬》ペニシリン.

pe·nile /píːnaɪl/ 形 陰茎[ペニス]の.

*__**pen·in·su·la**__ /pənínsələ, -ʃulə | -sjulə/ 图 半島《略 pen(in).》. 《L<*paene* ほとんど+*insula* 島》

pen·in·su·lar /pənínsələ, -ʃulə | -sjulə/ 形 半島(状)の.

*__**pe·nis**__ /píːnɪs/ 图（優 ～·**es**, **pe·nes** /píːniːz/）陰茎, ペニス. 《L=しっぽ; cf. pencil》

pénis ènvy 图 Ⓤ《精神分析》ペニス羨望《男根を所有したい[男性になりたい]という女性の意識的・無意識的欲求》.

pen·i·tence /pénət(ə)ns/ 图 Ⓤ 後悔, 懺悔(ざん). 《類義語》**penitence** 罪や非行を完全に自認し, 悔やむ気持ち. **repentance** 非行・欠点を認め, 改める[改めている]という心の変化を強調する. **remorse** 自分の過ちに対する強い良心の呵責(かしゃく)・後悔・悲しみ. **regret** 自分の過ちや不幸な出来事に対する残念[不満]なまたは悲しい気持ち; したいのにできなかった事に対する残念な気持ち.

pen·i·tent /pénət(ə)nt/ 形 後悔している, 懺悔した.
— 图 ❶ 悔悟者. ❷《カト》告解者. ～·**ly** 副

pen·i·ten·tial /pènəténʃəl⁺/ 形 ❶ 悔悟[後悔]の. ❷ 【カト】告解の秘跡の. ～·ly -ʃəli/ 副

pénitential psálm 名【聖】悔罪[痛悔]詩篇《悔い改めの気持を表わす詩篇第 6, 32, 38, 51, 102, 130, 143 の各篇; 教会の礼拝に用いられる》.

pen·i·ten·tia·ry /pènəténʃəri/ 名《米》（州・連邦の）刑務所 (prison, jail). ── 形 ❶ 後悔の. ❷ 更生のための. ❸《米》《罰が刑務所入りに相当する.

pén·knife 名 (愈 -knives) 折りたたみ式小型ナイフ《昔、鵞(ヵ)ペンを削った》.

pén·light 名 ペンライト, ペン形懐中電灯.

pén·man /-mən/ 名 (愈 -men /-mən/). ❶ 筆記者, 書記. ❷ 書家: a good ～ 能筆家. ❸ 筆者, 文筆家.

pénman·ship 名 U 書法, 書道; 筆跡.

Penn /pén/, **William** ペン (1644-1718; 英国のクェーカー教の指導者; 新大陸で Pennsylvania 植民地を創設した).

Penn.《略》Pennsylvania.

pén náme 名 ペンネーム, 筆名, 雅号.

†**pen·nant** /pénənt/ 名 ❶ 長旗; 小旗. ❷《米》(スポーツなどの）優勝旗; [the ～] 優勝; 優勝旗 を争する. 【PENDANT+PENNON】【類義語】⇒ flag¹.

pen·nate /péneɪt/, **pen·nat·ed** -neɪtɪd/ 形《配列が》羽状の; 羽[翼]のある; 羽の形をした.

pen·ne /péni, -neɪ/ 名 (愈 -ne) ペンネ《筒状のパスタを斜めに切ってペン先のような形にしたパスタ》.

Pen·ney /péni/, **James Cash** ペニー (1875-1971; 米国の実業家).

†**pen·ni·less** /pénɪləs/ 形 無一文の, 赤貧の.

Pén·nine Álps /pénaɪn-/ 名 [the ～] ペンニンアルプス《スイスとイタリアの国境にあるアルプス山脈の一部》.

Pen·nines /pénaɪnz/ 名 (愈 [the ～] ペナイン山脈《イングランド北部から南に走る丘陵地帯》.

pen·non /pénən/ 名 ❶（三角形または燕尾(エン)形の）槍旗(マン)《槍騎兵が用いた》. ❷ 旗; ペナント (pennant).

penn·'orth /pénəθ/ -nəθ/ 名 =pennyworth.

Penn·syl·va·nia /pènsəlvéinjə, -niə⁺/ 名 ペンシルベニア州《米国東部の州; 州都 Harrisburg; 略 Pa; Penn; 【郵】PA, 俗称 the Keystone State》.【「W. Penn (この植民地創設者）の森」の意から】

Pénnsylvania Dútch ❶ [the ～; 複数扱い] ドイツ系ペンシルベニア人 (17–18 世紀に米国 Pennsylvania 東部に移住した南部ドイツ人の子孫). ❷（ドイツ系ペンシルベニア人の用いる)英語まじりのドイツ語.

Pénnsylvania Gérman 名 =Pennsylvania Dutch 2.

Penn·syl·va·nian /pènsəlvéinjən, -niən⁺/ 形 ペンシルベニア州(人)の. ── 名 ペンシルベニア州人.

‡**pen·ny** /péni/ 名 (愈 -nies) [語記 硬貨を数える時には pennies を用い, 金額の時には pence /péns/ を用いる] ❶ [C] ペニー; ペニー貨《解説》 1971 年以前の英国の通貨単位では 12 pence = 1 shilling, 240 pence = 20 shillings = 1 pound で, 略記号は d. であったが, 1971 年 2 月より新ペニー (new penny) となり, 100 pence = 1 pound で, 略記号は p /pí:/ となった; ⇒ coin 【解説】 : 5 p (=five pence) 5 ペンス / a fifty pence 50 ペンス白銅貨 (1 個) / A ～ saved is a ～ earned.《諺》1 ペニーの節約は 1 ペニーのもうけ / He gave me my change in pennies. 彼は釣り銭をペニー貨でくれた / Take care of the pence, and the pounds will take care of themselves.《諺》小銭を大切にすれば大金はおのずとまる, 小事をおろそかにしなければ大事は自然と成る. ❷ [C] (愈 **pennies**) 《米・カナダ》1 セント (cent) 銅貨《⇒ coin【解説】》. ❸ [a ～; a **penny**]《通例否定文で》びた一文; ほんのわずか: not worth a ～ 少しの価値もない. I have not a ～ (to bless myself with). 私にはびた一文もない. ❹ [U]《口》金銭; 価《口》: cost a pretty ～ かなりの値段がする. **A pénny for your thóughts!**《口》[黙って考え込んでいる人に向かって] 何を考えているんだい. **Ín for a pénny, ín for a póund.**《諺》ペニーを手に入れる仕事を始めたら以上ポンドも手に通せれよ」の意から). **nót hàve a pénny to one's náme** = 《英》**nót hàve twó pénnies to rúb togèther** 一文なしである, 非常に貧しい. **pénnies from héaven**《口》天与の[思いがけない]幸い. **pìnch pénnies** ⇒ pinch 動. 成句. **spénd a pénny**《英婉曲》トイレに行く. **The pénny (has) drópped.**《口》意味がやっと通じた《画来「自動販売機で硬貨が入った」の意から》. **túrn an hónest pénny** 律気に働いてわずかの金をもうける; まじめに稼ぐ. **túrn úp like a bád pénny**《好ましくない・物に何度も現われる[出て来さ], 歓迎されないのに姿を現わす. **twó [tén] a pénny**《英口》簡単に手に入る, 二束三文の; ありふれた, 平凡な. **worth every penny** 支払った金額に見合って[だけの価値があって].

-pen·ny /pèni, p(ə)ni/ [形容詞連結形] 「価格が...ペンス[ペンス]の」 (通貨十進制以前に用いられた): a five-penny stamp 5 ペンス[ペニー]の切手 (★今は a five p /fáiv pí:/ stamp のように言う).

pénny ánte 名 U (小額な賭け金で行なう)けちくさいポーカー; (俗) 小口取引, けちな商売. ── 形《口》取るに足らない, 安い.

pénny arcáde 名《米》ゲームセンター (《英》amusement arcade).

pénny bláck 名 ペニーブラック《英国で 1840 年に発行された最初の郵便切手; 1 ペニーで, 暗い地に Victoria 女王の横顔が描かれている》.

pénny bún 名【植】ヤマドリタケ《食用キノコ》.

pénny·crèss 名【植】グンバイナズナ.

pénny dréadful 名 (19 世紀に流布した) 安っぽい犯罪[感傷]小説.

pénny-fárthing 名《英》ペニーファージング《前輪が大きく後輪が小さい 1870–90 年ごろの旧式自転車》.

pénny-hálfpenny 名 (旧通貨時代の) 1 ペンス半.

pénny-in-the-slót 名《機械》のコインを入れた作動する.

pénny lòafer 名 ペニーローファー《甲の帯状の飾りに硬貨をはさみ込めるような切り込みがついたローファーシューズ》.

pénny-pìncher 名《口》けちんぼう, しみったれ.

pénny-pìnching 形 けちんぼうの, しみったれの. ── U けちなこと.

pénny-pláin 形《英》質素な, 地味な.

pénny róyal 名【植】❶ メグハッカ, ペニーロイヤルミント《欧州産の葉に芳香があるハッカ》. ❷ 北米産のハッカ《精油を民間療法・防虫剤に用いる》.

pénny stòck 名《米》【証券】投機的低位株《1 株の価格が 1 ドル未満の株式》.

pénny·wèight 名 ペニーウェート《英国のトロイ衡 (troy weight) の単位; = 1/20 ounce, 24 grains, 1.555 g; 略 dwt., pwt.》.

pénny whìstle 名 おもちゃの笛《ブリキ製の 6 穴の横笛》.

pénny wìse 形 一文惜しみの: P- and pound foolish.《諺》一文惜しみの百貫失い,「安物買いの銭失い」.

pen·ny·worth /péniwəθ/ -wəθ/ 名 ❶ 1 ペニー分(のもの), 1 ペニーで買える量. ❷ [a ～; 通例否定文で] 少量, 少額: not a ～ 少しも...でない.

pe·nol·o·gy /pi:nάləʤi/ -nɔ́l-/ 名 U 刑罰学, 刑務所管理学.

†**pén pàl** 名《口》ペンフレンド, ペンパル, 文通友だち (《英》pen friend).

pén-pùsher 名《英軽蔑》=pencil pusher.

pén pùshing 名 U《口・軽蔑》書記[事務]の仕事.

pen·see /pɑːnséi/ 名 (愈 -sées /-/) (著作にまとめられるような)考え, 思想, 思索, 沈思.

pen·sile /pénsaɪl/ 形《ぶらりと》たれさがった, 揺れる; 懸垂する[たれさがった]巣をもちつ.

*pen·sion¹ /pénʃən/ 名 ❶ 年金, 恩給: an old-age ～ 《英》老齢年金 / draw one's ～ 年金を受ける / retire on a ～ 年金をもらって退職する / a ～ scheme 年金制度/ company [occupational] ～ 企業年金. ❷ (芸術家などへの) 奨励金. ── 動 他〈人に〉年金を支給する. **pénsion óff** 動 (他+副) (1)〈人に〉年金(など)を与えて退職させる. (2)〈古くなった物を〉お払い箱にする.【F くL = 支払い〈pendere, pens- 支払う, 量る, つるす; cf. depend, expend, suspend〉】

pen·sion² /pɑːnsjɔ̃ː/ ー, ーイ 名 ペンション《特にフランス・ベルギーなどの下宿屋または小さなホテル》.【F↑】

pen·sion·a·ble /pénʃ(ə)nəbl/ 形 恩給[年金]を受ける資格のある: a ～ job [age] 年金がもらえる年齢[年金].

pen·sion·ar·y /pénʃənèri/ -ʃ(ə)nəri/ 形 ❶ 年金の. ❷ 年金(など)を受ける, 年金で生活する. ❸ 雇われの. — 名 ❶ 年金[恩給]受領者. ❷ 雇人, 雇兵, 手下. [名 pension¹]

pen·si·o·ne /pènsióunei/ 名 (複 -ni /-niː/) 《イタリアなどの》旅小さな下宿屋[ホテル](pension).

*****pen·sion·er** /pénʃ(ə)nə/ -nə/ 名 年金受給者; 恩給生活者 (cf. OAP).

pénsion fùnd 名 年金基金《年金制度に基づいて積み立てられ, 証券投資などに用いられる資金》.

pénsion plàn 名 年金制度[プラン].

pen·sive /pénsɪv/ 形 ❶ 考え込んでいる, もの思わしげな. ❷ 憂いに沈む; 悲しい, 哀愁的な. ～·ly 副 ～·ness 名 【F<L=考える】〖類義語〗pensive 夢を見ているような悲しい(ゆううつ)な. contemplative よりよき理解や心を豊かにするため, しばしば習慣的に何か(抽象的なこと)に考えを集中する. reflective ある事を理解しようと秩序立てて(繰り返し)考える. meditative 多くは自己の内部に向う思考を表す; 必ずしも完全な理解や行動に至ることを目的としない.

pén·stock 名 ❶ 《米》(水車・タービンへの)導水路. ❷ a 水門. b 水路.

pent /pént/ 動 pen² の過去形・過去分詞. pént úp 閉じ込められて (cf. pent-up): He was ～ up in the barn. 彼は納屋に閉じ込められた.

pen·ta- /péntə/ 〖連結形〗「5」. 【Gk penta five】

pènta·chlòro·phénol 名 U 【化】ペンタクロロフェノール《木材防腐剤・農薬; 略 PCP》.

pen·ta·chord /péntəkɔːd/ -kɔːd/ 名 五弦琴; 【楽】五音階.

pen·ta·cle /péntəkl/ 名 五芒(ぼう)星形《一筆書きの ☆, 古くから神秘的図形とされ, 魔除けにも用いられた》.

pen·tad /péntæd/ 名 (数字の)5; 5個一組; 5年間; 【化】5価の元素[基].

pen·ta·dac·tyl /pèntədǽktɪl/, **-dac·ty·late** /-dǽktələt, -lèit/ 形 五指[五趾]の; 五指状の.

*****pen·ta·gon** /péntəgɑn/ -gən/ 名 ❶ ⓒ 五角形, 五辺形. ❷ [the P-] a ペンタゴン《米国 Virginia 州 Arlington にある外郭が五角形の国防総省の建物》. b 米国国防総省 (Department of Defense); 米国軍当局. 【L<Gk; ⇒ penta-, -gon】

pen·tag·o·nal /pentǽgən(ə)l/ 形 五角[辺]形の.

Pen·ta·go·nese /pèntəgɑníːz/ -gə-/ 名 U 軍関係者のことば, 国防省式文体.

pen·ta·gram /péntəgræm/ 名 =pentacle.

pen·ta·he·dron /pèntəhíːdrən/ 名 (複 ～s, -dra /-drə/) 五面体.

pen·ta·mer·ous /pentǽmərəs/ 形 5部分に分かれた[からなる]; 【植】花輪が 5 の(倍数)からなる, 五数花の. **pen·tám·er·ism** /-rɪzm/ 名

pen·tam·e·ter /pentǽmətə/ -tə/ 名 【詩学】5 歩格の詩(行). — 形 5 歩格の.

pent·a·mi·dine /pentǽmɪdìːn/ 名 U 【薬】ペンタミジン《アフリカ眠り病の初期段階の治療に用いる; またカリニ肺炎予防薬とする》.

pénta·prìsm 名 【光】ペンタプリズム, 五角プリズム《入射光と射出光の間に 90 度の定偏角を与える; 像は上下左右とも反転しない》.

Pen·ta·teuch /péntət(j)uːk/ -tjuːk/ 名 [the ～] 【聖】モーセの五書《旧約聖書の初めの 5 巻; Genesis (創世記), Exodus (出エジプト記), Leviticus (レビ記), Numbers (民数記), Deuteronomy (申命記)》.

pen·tath·lete /pentǽθliːt/ 名 五種競技選手.

pen·tath·lon /pentǽθlən/ -θlɑn/ 名 U [また a ～; 通例 the ～] 五種競技 (cf. decathlon): ⇒ modern pentathlon. 【Gk<PENTA-+athlon game】

pen·ta·ton·ic /pèntətɑ́nɪk/ -tɔ́n-/ 形 【楽】五音の.

pen·ta·ton·i·cism /pèntətɑ́nəsɪzm/ -tɔ́n-/ 名 U 【楽】五音音階の使用, 五音音階主義.

pènta·válent 形 【化】5 価の.

Pen·te·cost /péntɪkɔːst/ -kɔ̀st/ 名 ❶ 〖ユダヤ教〗ペンテコステ《過越しの祝い (Passover) の後の 2 日目から数えて 50 日目に行なうユダヤ人の祭り; モーセがシナイ山で律法を授かった祝日として祝う》. ❷ 《米》【キ教】五旬節, 聖霊降臨の祝日 (《英》Whit Sunday).

Pen·te·cos·tal /pèntɪkɑ́stl/ -kɔ́s-/ 形 ❶ Pentecost の. ❷ 【キ教】ペンテコステ派の《使徒行伝中にあるような聖霊の降臨・力を信ずる一派》. ～·ist /-lɪst/ 名

pént·hòuse 名 ❶ ペントハウス《高層マンションやホテルの最上階にある豪華な住居・部屋》. ❷ (ビルの)塔屋《エレベーター・機械・換気装置などを入れる》. ❸ a 差し掛け小屋[屋根], 軒(のき). b ひさし. — 形 ペントハウスの: a luxury ～ apartment [《英》flat] ぜいたくなペントハウスマンション / a ～ suite in a hotel ホテルのペントハウススイート.

pen·ti·men·to /pèntɪméntou/ 名 (複 -ti /-tiː/) 【美】ペンティメント《絵画で, 上層の絵の具が年月を経て透過度を増し, 描き消された下層の絵の具や描線が見えてきたもの》.

pent·land·ite /péntləndaɪt/ 名 U 硫鉄ニッケル鉱.

pèn·to·bárbital /pèntə-/ 名 U 【薬】ペントバルビタール《ナトリウム[カルシウム]塩を鎮静・催眠・鎮痙薬として用いる》.

pèn·to·bárbitone /pèntə-/ 名 = 《英》pentobarbital.

pen·tode /péntoud/ 名 【電】五極(真空)管.

Pen·to·thal /péntəθɔːl/ -θæl/ 名 U 【商標】ペントサル《チオペンタール製剤》.

pén tràv 名 ペン皿.

pént ròof 名 【建】差掛け屋根, 片流れ屋根, ひさし.

pent-úp 形 鬱積(つせき)した: ～ fury [rage] 鬱憤 / release one's ～ frustration 鬱積したフラストレーションを発散する.

pen·tyl /péntɪl/ -tl/ 名 【化】ペンチル(基)《アルキル基の一種》.

pe·nult /píːnʌlt/ pɪnʌ́lt/ 名 【音声・詩学】語尾から第 2 番目の音節 (cf. ultima).

pe·nul·ti·mate /pɪnʌ́ltəmət/ 形 ❶ 語尾から第 2 番目の音節.

pe·num·bra /pənʌ́mbrə/ 名 ❶ 【天】(日食・月食時の, または太陽黒点の)半影(部) ❷ (疑惑などの)陰影 [of]. 【L<paene ほとんど+umbra 影】

pe·nu·ri·ous /pən(j)ú(ə)riəs/ -njúər-/ 形 ❶ 貧乏な. ❷ けちな. ～·ly 副

pen·u·ry /pénjuri/ 名 U 貧乏, 窮乏 (poverty): live [die] in ～ 窮乏のうちに生活する[死ぬ].

pe·on /píːɑn/ -ən/ 名 ❶ (複 ～s, -o·nes /piːóuneɪz/) 《米》日雇い労働者; (メキシコ・米国南西部で)借金返済のために奴隷となして働く人. ❷ /píːən/ pjúːn/ (インド・スリランカで)歩兵, 現地人兵, 従者, 召使い.

pe·on·age /píːənɪdʒ/ 名 U peon であること; 借金返しの奴隷労働; (囚人の)奴隷的強制[労働].

pe·o·ny /píːəni/ 名 【植】シャクヤク: blush like a ～ 顔を真っ赤にする. 【L<Gk=神々の医者 (=Apollo)】

*****peo·ple** /píːpl/ 名 A [複数扱い] ❶ 人々 hundreds of ～ 何百人もの人々 / A lot of ～ packed into the ballpark. たくさんの人々が野球場へ詰めかけた / I meet very few ～ here. ここではめったに人に会わない / Many young ～ think so. そう考えている若者が多い / Three ～ were present. 3 人が出席した《〖匹較〗《文》または特に人数を問題にする場合は persons を用いるが, (1)1 では people のほうが一般的》. ❷ a [無冠詞で単独に用いて] (漠然と) (世間の)人々: P- say that...というわさだ / She doesn't care what ～ say. 彼女は人が何と言おうと気にしない. b [通例修飾語を伴って] (特定の場所・階級・団体・職業・民族などに属する)住民, 人々: village ～ 村民 / town ～ 町民 / theater ～ 演劇人 / newspaper ～ 新聞関係の人 / the Scottish ～ =the ～ of Scotland スコットランド人 / the ～ here ここの土地の人々 / the best ～ 上流社会の人々. ❸ a [the ～] (一国家に属す

る)国民, 選挙民: government of *the* ~, by *the* ~, for *the* ~ ⇒ Gettysburg Address / a man of *the* (common) ~ 国民の味方 / MPs should represent *the* ~. 国会議員は国民の代表でなければならない. **b** [one's ~] 家族, 親兄弟; 先祖(など): my ~ at home 郷里の人たち, 近親, 一家. **c** [*the* ~] 庶民, 人民, 下層階級: *the* nobles and his ~ 貴族と庶民. **d** [one's ~] (君主に対して)臣民; 家来, 従者, 部下; (牧師に対して)教区民: *the* king and his ~. 彼は部下に厳しい. ❹ (動物と区別して)人, 人間: The police, too, are ~. 警官だって人間だ. ❺ [P~]《米》〖法〗 (州民代表としての)検察側 (cf. Regina 2, Rex¹ 2, versus 1): P~ of California v. John Smith (カリフォルニア州検察局対)ジョンスミス事件 / *People*'s exhibit A 検察証拠物件第 1 号. ❻《米》「呼びかけで」みなさん.
── B Ⓒ民族, 種族, 国民《文化的・社会的な共通性をもつ人々》: the English-speaking ~s 英語を話す民族 / *the* ~s *of* Asia アジアの諸民族 / They're a nomadic ~ who follow their herds. 彼らは家畜の群れを追って移動する遊牧民族である.
gó to the péople 〈政治指導者が〉国民投票に訴える.
of áll péople 「挿入句的に」人もあろうに; 「名詞に続けて」(誰よりも)まず.
── 働 ❶ 〈人が〉〈場所〉に住む, 居住する; 〈人で〉〈場所〉を満たす, 〈人を〉〈場所〉に住まわせる (populate) (★ 通例受身): The country is thickly [sparsely] ~*d*. その国は人口密度が高い[低い] / The place *is* ~*d with* the sick. その場所は病人が住んでいる. ❷ 〈時代・状況・場所などに〉いる, 存在する, 登場する; 〈...〉を満たす (★ 通例受身): The book is ~*d with* many fascinating characters. その本にはたくさんの魅力的な人物が登場する.
〖F<L *populus* 人々; cf. popular, public〗
〖類義語〗
péople-hòod 名 (政治的でなく文化的社会的な一体感を強調して)民族性, 民族意識.
péople pèrson 名《口》 交際好き[人好き]な人, 社交的な人.
péople-wàtching 名 Ⓤ 人間観察.
*pep /pép/ 名 Ⓤ《口》 元気, 気力, 精力: full of ~ 元気いっぱいの. ── 働 他 〈人〉を元気づける, 激励する 〈*up*〉.
〖PEP(PER)〗
pép bànd 名 (スポーツの試合などで演奏する)応援バンド.
pep·er·o·ni /pèpəróuni/ 名 =pepperoni.
pep·lum /pépləm/ 名 (霰 ~s, **pep·la** /-lə/) ペプラム (ブラウス・ジャケットなどのウエスト部分につける飾り布).
*pep·per /pépə | -pə/ 名 ❶ Ⓤ コショウ: ⇒ black pepper, white pepper. ❷ Ⓒ 〖植〗 トウガラシ; Ⓒ Ⓤ 《英》ピーマン 《米》 bell pepper). ❸ ⇒ green pepper, sweet pepper. ── 働 他 ❶ 〈...に〉コショウを振りかける, 〈...に〉コショウで味をつける. ❷ **a** 〈...に〉〈弾丸・質問などを〉浴びせる: The enemy ~*ed* our lines *with* gunfire. 敵はわが軍の戦線に砲弾を浴びせかけた. **b** 〈...を〉随所におく[入れる], 散りばめる: a paper ~*ed with* diagrams 図表が随所にある論文. 〖OE<L<Gk<?Skt〗
pépper-and-sált 形 Ⓐ ❶ 〈服地が〉霜降りの. ❷ 〈頭が〉ごま塩の.
pépper bòx 名《米》コショウ入れ《英》pepper pot).
pépper·còrn 名 ❶ (干した)コショウの実. ❷ =peppercorn rent.
péppercorn rènt 名《英》 名目だけのわずかな家賃[地代].
pépper·gràss 名 〖植〗 コショウソウ (サラダ用野菜).
pépper mìll 名 コショウひき(器).
*pep·per·mint /pépəmìnt | -pə-/ 名 ❶ Ⓤ 〖植〗 セイヨウハッカ, ペパーミント. ❷ Ⓤ ハッカ油. ❸ Ⓒ ペパーミントキャンディー.
pep·per·o·ni /pèpəróuni/ 名 (霰 ~s, ~) ペパローニ (堅くて香辛料の強いイタリアソーセージ).
pépper pòt 名《英》 =pepperbox.
pépper shàker 名 Ⓒ コショウ入れ (pepperbox).
pépper sprày 名 Ⓤ Ⓒ 催涙スプレー(用の液体).
pépper·wòrt 名 〖植〗 =peppergrass.

1337　perceive

pep·per·y /pépəri/ 形 ❶ 〈食物が〉コショウの(ような), コショウのきいた. ❷ 〈人が〉短気な, 怒りっぽい. ❸ 〈言葉など〉しんらつな, ぴりっとする, 痛烈な. (名 pepper)
pép pìll 名《口》 興奮剤, 覚醒剤.
pep·py /pépi/ 形 (**pep·pi·er; -pi·est**) 《口》 元気いっぱいの, 張り切った. **pép·pi·ly** /-pɪli/ 副 **-pi·ness** 名 (名 pep)
pép rálly 名 《米》(スポーツの試合などの前の)激励会.
pep·sin /pépsɪn/ 名 Ⓤ 〖生化〗 ペプシン 〈胃液中に存在するたんぱく質分解酵素〉.
pép squàd 名 (チアリーダーなどの)応援団.
pép tàlk 名《口》(通例短い)激励の言葉.
pep·tic /péptɪk/ 形 Ⓐ ❶ ペプシンの. ❷ **a** 消化の. **b** 消化力を有する, 消化を助ける.
péptic úlcer 名 〖医〗 (胃・十二指腸の)消化性潰瘍.
pep·tide /péptaɪd/ 名 〖生化〗 ペプチド 〈2つ以上のアミノ酸がペプチド結合により連結した化合物〉.
péptide bónd 名 〖生化〗 ペプチド結合 〈2つのアミノ酸の結合様式で, 一方のカルボキシル基ともう一方のアミノ基が脱水縮合して形成される〉.
pep·tone /péptoun/ 名 Ⓤ 〖生化〗 ペプトン 〈たんぱく質がペプシンによって加水分解したもの〉.
Pepys /píːps/, **Samuel** 名 ピープス (1633–1703; 英国の日記作者・海軍官僚).
Pe·quot /píːkwɑt | -kwɔt/ 名 (霰 ~, ~s) ❶ **a** [*the* ~(s)] ピーコット族 《Connecticut 州南東部に住む先住民》. **b** Ⓒ ピーコット族の人. ❷ Ⓤ ピーコット語.
*per /(弱形) pə | pə; (強形) pə́ː | pə́ː/ 前 ❶ …につき, …ごとに (〖用法〗 主に専門用語・商業英語に用いる): $20 ~ person [week] 一人[1 週]につき20ドル (★ 一般には $20 a person [week]) / 800 bushels ~ acre エーカー当たり 800 ブッシェル / 100 miles ~ hour 時速100マイル. ❷ [商業英語で手段を表わして] …で, …によって: ~ post 郵便で / ~ rail [steamer] 列車[汽船]で; **as per**...: *as* ~ enclosed account 同封計算書どおり. **ás per úsual**《口》いつものとおり. 〖F<L=through, by〗
per- /pə | pə; 強 pə́ː | pə́ː/ 接頭 ❶ [ラテン系の語に添えて] 「すっかり」「あまねく(…する)」: perfect, pervade. ❷ 「きわめて」「はなはだ」: perfervid. ❸ 〖化〗 「過…」: peroxide.
per·ad·ven·ture /pə̀ːrədvéntʃə | pə̀ːrədvéntʃə/ 副 (古) たぶん. ❷ 偶然に, ひょっとして: If ~ you meet him... もしひょっとして彼に会ったら....
per·am·bu·late /pəræmbjəlèɪt/ 働 ❶ 歩き回る, ぶらつく. ❷ 〈場所〉を歩き回る, ぶらつく. ❷ 〈場所の〉中を巡回[巡視]する.
per·am·bu·la·tion /pəræmbjəléɪʃən/ 名 Ⓒ Ⓤ ❶ ぶらぶら歩くこと, 散策. ❷ 巡回.
per·am·bu·la·tor /pəræmbjəlèɪtə | -tə/ 名 ❶ 歩き回る[ぶらつく]人; 歩行者. ❷ 測距離車. ❸《英》うば車 (★ 短縮して pram ともいう).
+**per ánnum** /pə(ː)ǽnəm | pə(r)-/ 副 1 年につき, 1 年ごとに (略 per an(n)., p.a.). 〖L=by the year〗
per·cale /pəkéɪl | pə(ː)-/ 名 パーケール (緻密な上物綿布; シーツ用など).
*per cap·i·ta /pə kǽpətə | pə(ː)-/ 副 一人当たりの, 頭割りで (per head). ── 形 Ⓐ 一人当たりの: annual ~ consumption of beer 一人当たりの年間ビール消費量. 〖L=by heads〗
per·ceiv·a·ble /pəsíːvəbl | pə-/ 形 知覚できる; 認知できる. **-a·bly** /-vəbli/ 副 知覚できるほどに; はっきりと.
*per·ceive /pəsíːv | pə-/ 働 他 ❶ 〈...〉を知覚する, 認める; 〈...〉に気づく: ~ danger 危険に気づく / ~ a light in the distance 遠くに明かりを認める / [＋目＋原形] Did you ~ anyone come in? だれか入ってくるのに気がつきましたか / [＋目＋*doing*] Nobody ~*d* me *entering* the room. だれも私が部屋に入るのに気づいた者がなかった. ❷ 〈...を〉理解する, 了解する, 看取する; 〈...が〉...であると分かる: It's not easy to ~ the truth. 真実を理解するのは容易ではない / He ~*d that* he could not make his daughter change her mind. 彼は娘に決心を翻させることはでき

ないと悟った / [+*wh.*] At first I couldn't ~ *what* he meant. 最初彼が何を言おうとしているのかわからなかった / [+目+(*to be*)補] When he came nearer, I ~d him (*to be*) an old friend of mine. 彼が近づいてきて旧友であることがわかった / [+目+*as* 補] ~ a person *as* a loser 人を敗者とみなす. 《F<L=理解[把握]する PER-+*capere* つかむ; cf. capture》(名) perception, (形) perceptive》

*per・cent, 《英》**per cent** /pəsént | pə-/ (名) (複 ~; 2 は ~s /-sénts/) ❶ 《用法》主語となる場合, それに呼応する動詞の数は通例 ~ (of) に続く名詞が単数形なら単数扱い, 複数形なら複数扱い; ⇒ percentage 匹較》; 記号%; 略 p.c., pct.》: set an interest rate at 3 ~ 利率を3%に定める / Twenty ~ of the products are exported. 製品の2割は輸出される / Nearly 30 ~ of the wheat crop was damaged. 小麦の収穫の3割近くが被害を受けた. ❷ (複数形で) 《英》 (...分) 利付公債. **a [óne] húndred percént** 100パーセント, 完全に: I'm 100 ~ satisfied with the result. その結果に100パーセント満足している / I agree with you 100 ~. 100%同意します. —— (形) A (副) (数字を伴って) ...パーセント(の): a ten ~ increase 1割の増加 / We give a 10 ~ discount for cash. 現金払いなら1割引にします / Genius is one ~ inspiration and ninety-nine ~ perspiration. 天才は1パーセントが霊感で99パーセントが汗の結晶である 《★発明家 Edison の言葉》/ rise [increase] 30 ~ 30% 上昇[増加]する / be 6 ~ lower than... より6%低い. 《L= by the hundred》

*per・cent・age /pəséntɪdʒ | pə-/ ❶ C (通例単数形で) パーセンテージ, パーセント, 百分率[比]; 割合, 歩合, 率 《匹較》前に数詞がくる場合や用い方, 数詞以外の small, low, large, great, high などがくる時には percentage を用いるのが原則であるが, 《口》ではほとんど区別はしない. 《用法》主語となる場合, それに呼応する動詞の数は percent に同じ》: in ~ terms パーセント[率]で言えば / What ~ *of* the population of Japan lives in Tokyo? 日本の人口の何パーセントが東京に住んでいますか / Only a small ~ *of* the workers are unskilled. 労働者のうち熟練者でないものはほんのわずかだ / He works for a ~ of his sales. 彼は売上高の歩合で働いている. ❷ U (通例否定文で) 《口》利益, 勝ち目: There's no ~ in being passive. 受け身でいてはだめだよ(積極的になりなさい). 《↑ →-AGE》

percéntage póint (名) (1) パーセント: 5 ~s 5% / six-tenths of a ~ 0.6%.

per・cen・tile /pəséntaɪl | pə-/ (名) 《統》百分位数.

per・cept /pə́ːsept | pə́ː-/ (名) 知覚対象; 知覚表象.

per・cep・ti・bil・i・ty /pəsèptəbíləti | pə-/ (名) U 知覚[認知]できること[状態, 性質].

per・cep・ti・ble /pəséptəbl | pə-/ (形) 変化・動作など認識[識別]できる, 認められる, 気づかれる(ほどの) (discernible, ↔ imperceptible). **-ti・bly** /-təbli/(副)

*per・cep・tion /pəsépʃən | pə-/ (名) ❶ U 知覚(力, 作用): a man of keen ~ 知覚の鋭い人. ❷ CU 認識, 物の見方: His ~ of the matter was wrong. その問題に対する彼の認識は間違っていた / [+*that*] a dim ~ *that* my dream has been shattered 夢が破れたというぼんやりした認識. ❸ U (直観的)理解(力), 洞察(力) (insight): the full ~ of evolution 進化論の完全な理解. ~・al /-ʃ(ə)nəl/(形) (動 perceive).

+per・cep・tive /pəséptɪv | pə-/ (形) ❶ 知覚の; 知覚力のある. ❷ 知覚の鋭い, 明敏な; 理解力[洞察力]のある. ~・ly (副) ~・ness (名) (動 perceive).

per・cep・tiv・i・ty /pəːsɛptívəti | pəː-/ (名) U 知覚力; 明敏さ.

per・cep・tu・al /pəséptʃuəl | pəséptju-/ (形) 知覚の[による]. ~・ly (副)

+perch[1] /pə́ːtʃ | pə́ːtʃ/ (名) ❶ (鳥の)止まり木. ❷ (座れる)高い場所: They were watching the parade from their ~(*es*) on top of the wall. 彼らは塀の上の高い場所から[に座って]パレードを見ていた. ❸ 《英》 パーチ (長さ・土地)面積の単位; ⇒ rod 5). **Còme óff your pérch.** お高くとまるのはよせ. **knóck a pérson óff his pérch** (人によく思われすぎていたことをわからせる, (人)に身のほどを知らせる. —— (動) (自) ❶ (...に)腰をかける: ~ *on* a high stool 高いスツールに腰を下ろす. ❷ (...の)一番高い所[端, てっぺん, 先端, 端]にある: The church is ~ed on the top of the hill. その教会は丘のてっぺんにある. ❸ (鳥が)(...に)止まる: A little bird ~ed *on* the branch. 小さな鳥がその枝に止まった. —— (他) 《通例受身で》 (...を)不安定な[高い, 狭い]場所に置く, のせる: The house is ~ed on a hilltop. その家は丘のいちばん上に危なっかしげに建っている. 《F<L=棒》

perch[2] /pə́ːtʃ | pə́ːtʃ/ (名) (複 ~, ~・es) (魚) パーチ (ヨーロッパ産の食用淡水魚).

per・chance /pətʃǽns | pətʃɑ́ːns/ (副) 《古・詩》 ❶ おそらくは, ことによると. ❷ 《if または lest の節中で》偶然に. 《F=by chance》

perched (形) (...に)腰掛けて; てっぺん[端(など)]にあって, (鳥が)(...に)止まって (on).

Per・che・ron /pə́ːtʃərɔn | pə́ːʃərɔn/ (名) (馬) ペルシュロン (フランス北部, Paris 盆地西部のペルシュ地方 (Perche) 原産の強大な重輓馬(じゅうばんば)).

per・chlo・rate /pə(ː)- | pə(ː)-/ (名) 《化》過塩素酸塩[エステル].

per・chlo・ric ácid /pə(ː)- | pə(ː)-/ (名) U 《化》過塩素酸.

per・chlo・ro・eth・yl・ene /pə(ː)klɔ̀ːrou- | pə(ː)-/ (名) U 《化》ペルクロロエチレン (ドライクリーニングの溶剤).

per・cip・i・ent /pəsípiənt | pə-/ (形) 理解[洞察]力のある. —— (名) 知覚者; 千里眼の人, 霊能者.

per・cip・i・ence /pəsípiəns | pə-/ (名)

per・co・late /pə́ːkəlèɪt | pə́ː-/ (動) (自) ❶ (副詞(句)を伴って) **a** 〈液体が〉(...に)しみ通る, 浸透する, しみ出る: Water ~s *through* sand. 水は砂にしみ込んでいく. **b** 〈思想などが〉(...に)しみ渡る, 徐々に広がる, 浸透する (filter): His ideas have ~d *through* to every level of society. 彼の思想は社会のあらゆる層にまで浸透している. ❷ (パーコレーターで)コーヒーがいれられる. —— (他) (パーコレーターで)コーヒーをいれる; (...を)ふるいで通す.

per・co・la・tion /pə̀ːkəléɪʃən | pə̀ː-/ (名) UC ❶ 濾過(ろか); 浸透. ❷ パーコレーション (パーコレーターによるコーヒーのいれ方).

pér・co・là・tor /-tə- | -tə-/ (名) ❶ 濾過(ろか)器. ❷ パーコレーター (濾過装置付きコーヒー沸かし).

per contra /pə-kɑ́ntrə | pə-kɔ́n-/ (副) これに反して (on the contrary).

per・cuss /pəkʌ́s | pə(ː)-/ (動) (他) たたく; (医)打診する.

+per・cus・sion /pəkʌ́ʃən | pə(ː)-/ (名) ❶ U 打楽器(類), パーカッション; [the ~] (楽団の)打楽器セクション. ❷ **a** (通例硬い二つの物体の)衝撃, 衝突. **b** 震動; 音響. ❸ U 打診(法). 《L=打つこと PER-+*quatere, quas-* 揺らす; cf. squash[1]》

percússion cáp (名) ❶ (昔の銃砲弾の)雷管. ❷ (少量の火薬を紙に包んだ)おもちゃのピストル玉, 紙雷管.

percússion instrument (名) 打楽器 (太鼓・シンバルなど).

per・cús・sion・ist /-ʃ(ə)nɪst/ (名) 打楽器[パーカッション]奏者.

per・cus・sive /pəkʌ́sɪv | pə(ː)-/ (形) ❶ 衝撃の; 震動の. ❷ 打診(法)の. ~・ly (副) ~・ness (名)

pèr・cutáneous /pə̀ː- | pə̀ː-/ (形) 皮膚を通しての, 〈注射など〉経皮的な. ~・ly (副)

Per・cy /pə́ːsi | pə́ː-/ (名) パーシー (男性名).

per diem /pə-díːəm | pə-/ (副) 1日につき, 日当りで. —— (形) 日当りの, 1日当たりの. —— (名) (セールスマンなどの)1日当たりの手当, 日当. 《L=by the day》

per・di・tion /pədíʃən | pə-/ (名) ❶ **a** (死後)地獄に落ちること. **b** 《古》破滅. ❷ 地獄.

per・du・ra・ble /pə(ː)d(j)ú(ə)rəbl | pə(ː)djúər-/ (形) 永続する, 不朽の.

père /péə | péə/ (名) (複 ~s /-z/) 父 (↔ fils); [P~] ...氏 (神父の尊称): Jones ~ 父のジョーンズ / Dumas ~ 大

デュマ, デュマ ペール.

Père Dáv·id's déer /péədérvɪdz-│péə-/ 名《動》シフゾウ (四不像)《フランス人宣教師 Père Armand David (1826-1900) が北京の南苑で発見した大型で灰色の鹿; 野生種は絶滅》.

per·e·gri·nate /pérəgrənèɪt/ 動 直《文·戯言》旅行[遍歴]する.

per·e·gri·na·tion /pèrəgrənéɪʃən/ 名《しばしば複数形で》《戯言》旅行, 遍歴.

per·e·grine /pérəgrɪn, -grìːn/ 名 = peregrine falcon.

péregrine fálcon 名《鳥》ハヤブサ.

per·emp·to·ri·ly /pərém(p)tərəli, -trə-/ 副 断固として; 独断的に; 横柄に.

per·emp·to·ry /pərém(p)təri, -tri/ 形 ❶〈命令など〉有無を言わせぬ, 断固たる. ❷〈人・態度・言葉など〉圧制的な, 高飛車な; 命令的な, 横柄な. ❸《法》決定的な, 絶対の: a ~ writ 絶対[無条件]令状《法廷への召喚状》. **per·émp·to·ri·ness** 名.

perémptory chállenge 名《法》専断的忌避, 理由不要の忌避《理由を示さずに一定数までの陪審員を忌避できる, 刑事被告人の権利》.

*__per·en·ni·al__ /pərénɪəl/ 形 ❶ 四季を通じて続く; 絶えず[長い間]続く[ある, 起こる], 常の, 永久の(ように思われる): a ~ problem 常にある[つきまとう] 問題. ❷《植物が》多年生の. ── 名 多年生植物, 多年草. **~·ly** /-əli/ 副〔L 〈 PER-+annus 年〕

pe·re·stroi·ka /pèrəstróɪkə/ 名 U ペレストロイカ《1980年代後半にソ連の Gorbachev 政権が推進した経済·政治制度の根本的改革》.〔Russ=再建〕

perf.《略》perfect; perforated.

*__per·fect__ /pə́ːfɪkt│pə́ː-/ 形《比較なし》《用法》原則として比較変化しない, very とも言わないが,「完全に近い」の意の時には相対的に用いられる》❶ a 完全な, 完璧な; 申し分のない, 満足のゆく, 理想的な: a ~ day すばらしい一日, とても楽しかった[天気がよかった]一日 / a ~ gentleman 申し分のない紳士 / a [the] ~ crime 完全犯罪 / Nobody's ~. 完全無欠な人はいない《用法》しばしば失敗した人などへの慰めの言葉として》"How do you feel today?" "Absolutely ~." 「きょうの気分は?」「まったく最高」. **b** 全部そろっている: a ~ set of dishes 全部そろっている一組の深皿. **c** 正確な; 正確さを伴った, 純粋の: a ~ circle 完全な円 / a ~ copy 本物どおりの写し. **d** 熟達した: He has a ~ swing. 彼のスイングは実に見事だ / Practice makes ~. 《諺》習うより慣れよ / He's ~ in math. 彼は数学が堪能だ. ❷《...に》最適の[で], ぴったりの[で] (ideal): He's the ~ person for the position. 彼はその地位にうってつけの人だ. ❸ A《口》まったくの: a ~ stranger 赤の他人 / ~ nonsense まったくのたわごと. ❹《文法》完了の: the ~ tense 完了時制. ── 名《文法》[the ~] 完了時制, 完了形. ── /pə(ː)fékt│pə(ː)-/ 動 他 ❶〈...を〉完全にする: Inventions are ~ed with time. 発明品は時を経て完全に改善されていく. **b**《古》完成する, 仕上げる, 終える. ❷〈人を〉...に〉熟達させる; [~ oneself で]〔...に〕熟達する (in). **pérfect·ness** 名.〔F<L=すっかり作られた《 PER-+facere, fact- 為す, 作る》(名 perfection)〕【類語群】⇒ full[1].

per·fec·ta /pə(ː)féktə│pə-/ 名《米》連勝単式.

pérfect bínding 名 U《製本》無線綴じ《糸や針金を用いず, 接着剤のみで接合する》. **pérfect-bóund** 形.

pérfect cádence 名《楽》完全終止.

pérfect competítion 名 U《経》(市場の)完全競争.

pérfect críme 名 完全犯罪.

pérfect gáme 名 ❶《野》完全試合: pitch a ~《ピッチャーが》完全試合をやる. ❷《ボウル》パーフェクト《12 連続ストライク; 300 点》.

pérfect gás 名《理》完全気体, 理想気体 (ideal gas).

per·fect·i·ble /pə(ː)féktəbl│pə-/ 形 完全にする[なる]ことができる, 完成できる. **per·fect·i·bil·i·ty** /pə(ː)fèktəbíləti, pə-/ 名.

*__per·fec·tion__ /pəfékʃən│pə-/ 名 U ❶ 完全, 完璧(🐞); 完全にすること, 仕上げ, 完成: bring...to ~ ...を完全に成する. ❷《技芸などの》熟達, 円熟 (in). ❸ [the ~] 極致, 典型, 理想: She's the ~ of beauty. 彼女は美の極致である. **to perfection** 完全[完璧]に: She dances to ~. 彼女の踊りはこの上ない.(形 perfect)

per·fec·tion·ism /-ʃənɪzm/ 名 U ❶ 完全論《現世で人間は道徳·宗教·社会·政治的に完全の域に達しうるとする説》. ❷ 完全[完璧]主義, 凝り性.

†**per·fec·tion·ist** /-ʃ(ə)nɪst/ 名 ❶ 完全論者. ❷ 完全[完璧]主義者, 凝り性の人. ── 形 (完全論者)の.

per·fec·tive /pəféktɪv│pə-/ 形 ❶《古》完了[完結]を示す; 完全にするのに役立つ; 向上[進歩]途上の. ❷《文法》完了相の(動詞). **~·ly** 副. **~·ness** 名. **per·fec·tiv·i·ty** /pəfèktɪvəṭi, pə·fɪk-/ 名.

*__per·fect·ly__ /pə́ːfɪk(t)li│pə́ː-/ 副《more ~; most ~》❶《口》まったく, ほんとうに, 実に (quite): ~ good weather 申し分のない天気 / 《反語》けっこうな[困った]天気 / You're ~ right. まったく君の言うとおりだ / I'm ~ capable of doing it myself. ちゃんと自分でできます《おせっかいはけっこう》. ❷ 完全に, 申し分なく: a ~ legal act 完全に合法的な行為 / She did it ~. 彼女はそれを完璧にやった.

per·fec·to /pəféktoʊ│pə-/ 名 パーフェクト《両端のとがった葉巻》.

pérfect párticiple 名 完了分詞.

pérfect pítch 名《楽》絶対音感.

pérfect squáre 名《数》完全平方《整数の 2 乗になっている数: 例 1, 4, 9, 25 など》.

per·fer·vid /pə(ː)fə́ːvɪd│pə(ː)fə́ː-/ 形 非常に熱心な.

per·fid·i·ous /pəfídɪəs│pə(ː)-/ 形 不信の, 不実な, 二心のある (to, toward). **~·ly** 副. **~·ness** 名.

per·fi·dy /pə́ːfədi│pə́ː-/ 名 U《文》不信, 不実, 裏切り (treachery) (to, toward).

perf·in /pə́ːfɪn│pə́ː-/ 名 企業[組織]名のイニシャルを目打ちした切手.〔perforated initials〕

per·fo·li·ate /pə(ː)fóʊliət, -lièɪt│pə(ː)-/ 形《植》葉が貫生の《葉身を茎が貫いているように見える》.

per·fo·rate /pə́ːfərèɪt│pə́ː-/ 動 他 ❶〈...に〉穴をあける, くぐり抜ける, 穿孔(✨)する. ❷〈紙に〉ミシン目を入れる, 目打ちする. ❸〈...を〉《きりなどで》貫く, 貫通する. ── 自〔...に〕穴をあける; 〔...を〕貫く (into, through).

per·fo·rat·ed /pə́ːfərèɪtɪd│pə́ː-/ 形 ❶ 穴のあいた, 貫通した, 穿孔した; 有孔の. ❷ ミシン目のある.

per·fo·ra·tion /pə̀ːfəréɪʃən│pə̀ː-/ 名 ❶ C [しばしば複数形で] 打ち抜き穴, 穿孔; ミシン目, 切り取り点線, 目打ち: tear off a row of stamps along the ~s ミシン目にそって切手を 1 列引きちぎる. ❷ U 穴をあけること, 穿孔(✨), 貫通.

pér·fo·rà·tor /-tə│-tə/ 名 ❶ 穴あけ器, 打ち抜き器, 穿孔(✨)器《機》. ❷ 切符切りばさみ.

per·force /pəfɔ́ːs│pə(ː)fɔ́ːs/ 副《古》いやおうなしに, 必然的に.

per·fo·rin /pə́ːfərɪn│pə́ː-/ 名 U《医》パーフォリン《キラー細胞に存在するたんぱく質で, 侵襲性細胞の膜に穴をあけて破壊する》.

*__per·form__ /pəfɔ́ːm│pəfɔ́ːm/ 動 他 ❶ a〈劇を〉上演する; 〈役を〉演じる: They (will) ~ Hamlet tonight. 今晩「ハムレット」を上演する. **b**〈音楽を〉演奏する. ❷ **a**〈任務·機能·命令·約束などを〉果たす, 実行する《比較》 do より形式ばった語》: ~ one's duty 義務を果たす / ~ an operation 手術を行なう / ~ a promise 約束を果たす / ~ miracles 不可能と思われることをやってのける. **b**〈儀式などを〉執り行なう. ❷〈楽器を〉演奏する: ~ on the piano [violin] ピアノ[バイオリン]を演奏する. **b**〈人が〉演技する, 歌う: ~ live on television テレビでライブで演技する[歌う]. ❷〈動物が〉芸当をする: There were some dogs ~ing on the stage. ステージでは数匹の犬が曲芸をしていた. ❷ [well などの様態の副詞を伴って]〈機械·人が〉(うまく)働く, 機能する: This new car ~s well on bad roads. この新車は悪路でもよく走る[性能がよい].〔F=完全に成し遂げる〕(名 performance)【類語群】**per-**

perform しばしば do と同じ意味で使われるが, do より形式ばっていて, 技術や注意深さを要する行為に使う. **execute** 計画・提案・命令などに関して使われ, 特にその遂行を強調する.

per·form·a·ble /pəfɔ́ːməbl | pəfɔ́ːm-/ 形 実行[成就, 上演, 演奏]できる[可能な].

*__per·for·mance__ /pəfɔ́ːməns | pəfɔ́ː-/ ❶ C 上演, 演奏, 演技; 興行; パフォーマンス: give a ~ 上演する. ❷ a C 成績, 実績; 出来ばえ: a company's business ~ 会社の営業成績 / Your ~ in the test was good [bad]. 君のテストの出来栄えは良かった[悪かった]. b 〔機械の〕性能: improve ~ 性能を改善する[上げる]. ❸ U,C a 実行, (任務・義務の)履行. b 〔儀式などの〕執行, 挙行. ❹ [a ~] 《口》 ばかげた こと: What a ~! 何というざまだ. b 人騒がせなこと, めんどうな[手間のかかる]こと. ❺ U 〔言〕 言語運用. —形 A 高性能の: a ~ car 高性能車. (perform)

performance appráisal 名 (従業員の)業績評価, 勤務評定.

performance àrt 名 U パフォーマンスアート (演技と写真・映像・音楽などを融合させようとする新しい芸術).

performance enhàncer 名 能力を向上させるもの, (特に)運動能力向上の薬[栄養補助食品など].

per·for·ma·tive /pəfɔ́ːmətɪv, pəfɔ́ː-/ 〔哲〕 名 遂行文 (その文を発することがその文の表わす行為の遂行となる文; 例 I promise to marry you.). —形 遂行的な: ~ verbs 遂行的動詞 (promise, sentence, christen など).

*__per·form·er__ /pəfɔ́ːmə | pəfɔ́ːmə/ 名 ❶ 演技者, 役者, 演奏者. ❷ 〔通例修飾語を伴って〕達人, 名人: a good ~ at the wicket クリケットの名手. ❸ 実行[履行, 遂行, 成就]者.

perfórm·ing árts 名 覆 舞台芸術 (演劇・音楽・舞踊など).

*__per·fume__ /pə́ːfjuːm, pə(ː)fjúːm | pə́ːfjuːm/ 名 C,U ❶ 香水, 香料 (scent): wear [put on] ~ 香水をつけている[つける]. ❷ U 芳香, におい, 香り. —/pə(ː)fjúːm, pə́ːfjuːm, pə(ː)fjúːm/ 動 ⊕ 〈...に〉香水をつける 〈花などに〉部屋・空気を 〉香りで満たす.

《F < It = 煙が漂う PER-+L fumus 煙》 【類義語】 ⇒ smell.

+**per·fumed** /pə(ː)fjúːmd | pə́ːfjuːmd/ 形 ❶ 香水をつけた (scented). ❷ 芳香を放つ.

per·fúm·er 名 香水製造[販売]者.

per·fum·er·y /pə(ː)fjúːməri | pə(ː)fjúːməri/ 名 ❶ 香水製造[販売]業; C 香水販売店. ❷ U 香水類, 香料.

per·fum·i·er /pə(ː)fjúːmiə | pə(ː)fjúːmə/ 名 《英》= perfumer.

per·fúnc·to·ri·ly /-tərəli, -trə-/ 副 おざなりに, いいかげんに.

per·func·to·ry /pəfʌ́ŋ(k)təri, -tri- | pə(ː)-/ 形 〈行動などが〉おざなりの, いいかげんな: a ~ kiss おざなりなキス. ❷ 〈人が〉やる気のない, 熱のない: a ~ teacher やる気のない教師. **-ri·ness** 名

per·fus·ate /pə(ː)fjúːzeɪt | pə(ː)-/ 名 〔医〕 灌流液.

per·fuse /pə(ː)fjúːz | pə(ː)-/ 動 ⊕ 〈...の一面に注ぐ[まく], 〈...を〉〈...で〉みなぎらせる (with); まきちらす; 〔医〕器官・組織の中を灌流する. **per·fú·sive** /-sɪv/ 形 振りまく, 散水用の.

per·fu·sion /pə(ː)fjúːʒən | pə(ː)-/ 名 U,C まきちらすこと; 散水(洗礼), 散布法 (宗); 〔医〕 灌流, 局所灌流.

per·fú·sion·ist /-ʒənɪst/ 名 〔医〕 灌流技師 (心臓切開手術中に血液の酸化と人工心肺などの管理をする医療技師).

Per·ga·mum /pə́ːgəməm | pə́ː-/ 名 ペルガモン: a 小アジア北西部の古代都市. b この都市を中心としたヘレニズム時代の王国.

per·go·la /pə́ːgələ | pə́ː-/ 名 パーゴラ (つるなどをまとわせた棚を屋根としたあずまや).

*__per·haps__ /pəhǽps, préps | pəhǽps, préps/ 副 〔文修飾〕 ❶ ことによると, もしかして, たぶん: P~ that's true. あるいはそれは本当かもしれない / "Will he come?" "P~ [P~ not]." 「彼は来るだろうか」「たぶん[ことによると来ないかもね]」. ❷ 《口》 もしかして, できましたら, よろしければ 《用法》 質問・提案・批評などを和らげる): P~ you would be good enough to write to me. できましたら私にお手紙をください ませんか / Did you throw it away ~? 君もしかしてそれ捨てちゃったんじゃない. 《ME = by chance》

【類義語】 **perhaps** 可能性はあるが確実性はないことを示し, 可能性の大小を問題にしない. **maybe** perhaps と同義で, 特に 《口》 で多く用いられる. **probably** 可能性が大きく非常にありそうなことを示す. **possibly** perhaps とほぼ同義.

per héad 副 ❶ 頭割りで. ❷ 各自, それぞれ.

pe·ri /píəri/ 名 〔ペルシャ神話〕 美しい妖精; 妖精のような人.

per·i- /péri/ 接頭 ❶ 「周り[周囲]の」: periscope. ❷ 「近い」: perigee. 《L < Gk = around, about》

per·i·anth /périænθ/ 名 〔植〕 花被 (特に 萼(ᵍᵃᵏᵘ)と花冠とが見分けにくいもの).

pèri·ápsis 名 〔天〕 近点.

pèri·apt /périæpt/ お守り (のブレスレット [ネックレスなど]), 護符.

pèri·cárdi·al /-káːdiəl | -káː-/ 形 〔解〕 心膜 (pericardium) の, 心臓周囲の.

pèri·cardítis 名 U 〔医〕 心膜炎.

per·i·car·di·um /pèrəkáːdiəm | -káː-/ 名 (֊**-di·a** /-diə/) 〔解〕 心膜, (囲)心嚢.

per·i·carp /pérəkàːp | -kàː-/ 名 〔植〕 果皮 (★ 外側から外果皮 (epicarp), 中果皮 (mesocarp), 内果皮 (endocarp) に区別される).

per·i·chon·dri·um /pèrəkándriəm | -kɔ́n-/ 名 (֊**-dri·a** /-driə/) 〔解〕 軟骨膜. **-chón·dri·al** /-driəl̄-/ 形

per·i·clase /pérəkleɪs/ 名 U 〔鉱〕 ペリクレース (天然マグネシア), 大理石・石灰岩中に存在する).

Per·i·cles /pérəkliːz/ 名 ペリクレス (495?–429 B.C.; ギリシア Athens の将軍・政治家; 文物を奨励しアテネの黄金時代を招来した).

per·i·cli·nal /pèrəklàɪn(ə)l̄-/ 形 〔植〕 〈細胞分裂・細胞壁が〉並曲面の (ある基準面に対して平行な).

pe·ric·o·pe /pərɪ́kəpi- | -pi/ 名 〔引用・抜粋などの〕 短章句; 聖書抜粋句, ペリコーペ (聖書日課・礼拝で朗読する).

pèri·cránium /-krenia | -nia/ 名 〔解〕 頭蓋骨膜.

per·i·cy·cle /pérəsàɪkl/ 名 〔植〕 内鞘. **pèri·cýclic** 形

per·i·derm /pérədə̀ːm | -dà̀ːm/ 名 〔植〕 周皮 (茎や根の表皮下に形成される二次組織). **per·i·der·mal** /pèrədə́ːm(ə)l | -^-/, **pèri·dér·mic** /-mɪk^-/ 形

pe·rid·i·um /pərídiəm/ 名 (֊**-i·a** /-diə/, ~s) 〔菌類の〕 子殻, 包皮 (子実体の外壁). **pe·ríd·i·al** /-diəl/ 形

per·i·dot /pérədòu | -dɔ̀t/ 名 U,C 〔鉱〕 ペリドット (濃緑色透明の橄欖 (ᵏᵃɴ)石; ⇒ birthstone).

per·i·do·tite /pérədoutaɪt | ⎯⎯⎯⎯/ 名 〔鉱〕 橄欖岩.

per·i·do·tit·ic /pèrɪdoutɪ́tɪk-/ 形

per·i·gee /pérədʒi | -/ 名 〔天〕 近地点 (月や人工衛星がその軌道上で地球に最も近づく点; ↔ apogee).

pèri·glácial 形 氷河周辺の, 周氷河の.

pe·rig·y·nous /pərɪ́dʒənəs/ 形 〔植〕 〈雄蕊 (ˢʰɪ́)・花弁・萼片・花が〉子房周位 [中位] の. **pe·ríg·y·ny** /-dʒəni/ 名 子房周位.

per·i·he·li·on /pèrəhíːliən/ 名 (֊**-li·a** /-liə/) 〔天〕 近日点 (惑星などが太陽に最も近づく点; ↔ aphelion).

+*__per·il__ /pérəl/ 名 U,C (けが・死などにかかわるような) 大きな危険, 危難: in ~ of ...の危険にさらされて / He was in ~ (of his life). 彼は(生命の)危険にさらされていた / They were in ~ of being expelled from school. 彼らはすんでのところで放校されるところだった. **at one's péril** [警告・忠告の時などに用いて] 危険を覚悟で, 自分の責任で. **at the péril of...** をかけて: You do it at the ~ of your life. それをすると命が危ない. 《< L = 試し, 危険》 形 **perilous**) 【類義語】⇒ danger.

+*__per·il·ous__ /pérələs/ 形 危険な, 冒険的な. **~·ly** 副 **~·ness** 名

per·i·lune /pérəlùːn/ 名 〔天〕 近月点 (月を回る人工衛星などの軌道で月に最も近づく点; ↔ apolune).

péri·lỳmph 名 U 〔解〕 (内耳の)外リンパ.

+**pe·rim·e·ter** /pərɪ́məṭə | -tə/ 名 ❶ 周囲の長さ;

What is the ~ of this polygon? この多角形の周囲の長さはどのくらいか. ❷ (軍事基地・飛行場などを囲む)境界線; 周辺(地域).

per·i·my·si·um /pèrəmíziəm/ 图 (働 **-si·a** /-ziə/) 【解】筋周膜. **pèr·i·mý·si·al** /-ziəl⁻/ 形

pèri·nátal 形 出産前後期の, 周産期の.

per·i·na·tol·o·gy /pèrənetáləʤi | -tól-/ 图 周産期[周生期]医学.

per in·cú·ri·am /pə(ː)rinkjú(ə)riəm | pɔ:(r)ın-/ 副【法】(裁判官などの)不注意のために.

per·i·ne·um /pèrəní:əm | -ní:ə/ 图 (働 **-ne·a** /-ní:ə/) 【解】会陰. **per·i·né·al** /pèrəní:əl⁻/ 形

per·i·neu·ri·um /pèrən(j)ú(ə)riəm | -njúər-/ 图 (働 **-ri·a** /-riə/) 【解】神経周膜. **pèr·i·néu·ri·al** /-riəl⁻/ 形

✝**pe·ri·od** /pí(ə)riəd/图❶ⓒ期間: at stated ~s 定期(的)に / a short ~ of time 短期間[時間] / for a [the] ~ of six years =for a six-year ~ 6 年間. ❷ ⓒ (歴史上の)時代, 時期: the ~ of the Renaissance 文芸復興時代. **b** ⓒ (発達の)段階, 期 (phase): Shakespeare's early ~ シェイクスピアの初期. **c** [the ~] 現代; 当時: the customs of *the* ~ 現代[当時]の慣習. ❸ ⓒ **a** (授業の)時限: In our school a ~ lasts 50 minutes. わが校では 1 時限は 50 分だ / We have five ~s on Monday. 月曜日は 5 時限目授業がある. **b** (試合の) 1 区切り (前半・後半など). ❹ **a** ⓒ 【米】終止符, ピリオド 【英】full stop). **b** [a ~] 終わり, 終結: come to a ~ 終わる / bring a thing to a ~ あることを終わらせる. ❺ ⓒ 月経(期), 生理: a menstrual ~ 月経 / She's having a [her] ~. 彼女は生理中だ. ❻ ⓒ 【天・理】周期: a natural ~ 自然周期. ❼ ⓒ (病気の; 周期)段階; 周期: the incubation ~ 潜伏期. ❽ [修飾的] 掉尾(カミスビ)文 (⇒ periodic 3). **b** [複数形で] 美文. ❾ ⓒ【地】紀 (代(era) の下位区分で, 世 (epoch) の上位区分). ❿ ⓒ【数】(循環小数の)周期. ⓫ ⓒ 【楽】節. **pùt a périod to...** …に終止符を打つ; …を終わりとする.

── 形 ❶〈家具・衣装・建築などある(過去)の時代の: ~ furniture その時代(特有)の家具 / a ~ play [novel] 時代劇[小説]. ❷ 月経[生理](時)の: ~ pains 生理痛.

── 間 (米口) [発話の完結を強調するために言葉で表わして] (以上)終わり; それだけで 【英口】full stop): I will not say another word. P~. もうひと言も言うつもりはない. それだけだ.

《F＜L＜Gk＝ひと回り PERI-+*hodos* 道》 (形) periodic) 【類義語】**period** 長短に関係なくある期間を表わす最も一般的な語. **era** 根本的な変化や重要な事件などによって特徴づけられる時代. **epoch** 厳密には era の始まりを指すが, era と同義にも用いる. **age** ある権力者[大きな特色]に代表される時代.

pèr·íodate /pə:- | pə:(r)-/ 图【化】過ヨウ素酸塩[エステル].

✝**pe·ri·od·ic** /pì(ə)riádık | -ɔ́d-⁻/ 形 ❶ 周期的な; 定期的な: a ~ wind 【海】季節風. ❷ 間欠的な, 断続的な. ❸ 【修辞】掉尾(¿´´)文の; 長文の: a ~ sentence 掉尾文(文尾に至って初めて文意が完成する文). (图 period)

pér·i·od·ic ácid /pə́:aɪədɪk- | pə́:(r)aɪəd-/ 图 ⓤ 【化】過ヨウ素酸.

✝**pe·ri·od·i·cal** /pì(ə)riádıkəl | -ɔ́d-⁻/ 图 (日刊新聞を除く) 定期刊行物, 雑誌: a trade ~ 業界誌. ── 形 ❶ 定期刊行の. ❷ ＝periodic. **-i·cal·ly** /-kəli/ 副 定期的に, 周期的に; 定期的に. 《PERIOD＋-ICAL》

périodic fúnction 图 周期関数.

pe·ri·od·ic·i·ty /pì(ə)riədısəti/ 图 ⓤ 周期[定期]性.

périodic láw [the ~] 【化】周期律.

périodic táble [the ~] 【化】(元素)周期表.

pe·ri·od·i·za·tion /pì(ə)riədızéıʃən | -daız-/ 图 (歴史などの)時代区分. **pe·ri·od·ize** /pí(ə)riədaız/ 動

per·i·o·don·tal /pèrioudántl | -dɔ́n-⁻/ 形 歯周(病)の: (a) ~ disease 歯周病.

per·i·o·don·tics /pèrioudántıks | -dɔ́n-⁻/ 图 ⓤ 歯周学, 歯周病学. **-tic** /-tɪk⁻/ 形 **-tist** /-tıst/ 图

per·i·o·don·ti·tis /pèrioudantáıtıs | -dɔn-/ 图 ⓤ 歯周炎.

per·i·o·don·tol·o·gy /pèrioudantáləʤi | -dɔntɔ́l-/ 图【歯】＝periodontics.

périod píece 图 ❶ 時代物《家具・装飾など, その時代の特徴を表わした作品》. ❷ (口・戯言) 時代遅れの人[もの].

per·i·os·te·al /pèriástiəl | -ɔ́s-⁻/ 【解】骨膜(性)の.

per·i·os·te·um /pèriástiəm | -ɔ́s-/ 图 (働 **-te·a** /-tia/) 【解】骨膜.

per·i·os·ti·tis /pèriastáıtıs | -ɔs-/ 图 ⓤ 【医】骨膜炎.

pér·i·os·tít·ic /pèriastítık | -ɔs-⁻/ 形

per·i·pa·tet·ic /pèrəpətétık⁻/ 形 ❶ 歩き回る; 渡り歩く, 巡回する: a ~ teacher (イギリスの, 2 校以上で雇われていて)巡回して教える先生. ❷ [P-] ⓑ 逍遙(ショウヨウ)学派の (Aristotelian) 《Aristotle が Lyceum の並木道を逍遙しながら門弟に教えたことから》: the P~ school 逍遙学派. ── 图 ❶ 歩き回る人, 行商人, 旅商人; 巡回教員. ❷ [P-] Aristotle の弟子, 逍遙学派の人. **pèr·i·pa·tét·i·cal·ly** /-kəli/ 副 《L＜Gk＝歩き回る》

Per·i·pa·tet·i·cism /pèrəpətétəsìzm/ 图 ⓤ 逍遙学派, ペリパトス学派 (cf. peripatetic 2).

per·i·pe·tei·a /pèrəpətíə, -táıə/, **-ti·a** /-tíə/ 图 (文学作品における)事態の激変; (一般に)運命の急変.

✝**pe·riph·er·al** /pərifə(ɔ)rəl/ 形 ❶ 末梢の, 周辺の: ~ vision 周辺視野. **b** 周辺的な, 末梢(まっしょう)的な. ❷ 【解】〈神経が〉末梢の (cf. central 7): a ~ nerve 末梢神経. ❸ 【電算】周辺の(機器)の. ── 图 【電算】周辺機器. **~·ly** 副 图 periphery)

pe·riph·er·al·ize /pərifə(ə)rəlaız/ 動 周辺に置く; 末梢的な, 周辺的にする. **pe·riph·er·al·i·za·tion** /pərifə(ə)rəlı-zéıʃən | -laız-/ 图

períphral nérvous sỳstem 图 【解】末梢神経系.

✝**pe·riph·er·y** /pərifə(ɔ)ri/ 图 (通例単数形で) **a** 周囲, 周辺, 外周, 外縁. **b** [the ~] 周辺部[層], 非主流派: Only people on *the* ~ of the movement have advocated violence. 暴力を擁護しているのはその運動の周辺層に属する人たちだけだ. ❷ 【解】(血管・神経の)末梢(ぉ). 《F＜L＜Gk＝運び回ること ＜ PERI-＋*pherein* 運ぶ 【形】peripheral)

pe·riph·ra·sis /pərifrəsıs/ 图 (働 **-ra·ses** /-sì:z/) ❶ ⓤ 【修辞】迂言(ゥ)法. ❷ ⓒ 回りくどい表現, 遠回しの言い方. 《L＜Gk＝回りくどく言うこと》

per·i·phras·tic /pèrəfræstık⁻/ 形 ❶ 回りくどい, 遠回しの. ❷【文法】迂言(ゥ)的な: ~ comparison 迂言的比較変化(原級の前に more, most を添えて比較級・最上級を造る) / the ~ genitive 迂言的属格(語尾変化によらず前置詞によって示す属格; たとえば Caesar's の代わりの *of Caesar* など). **pèr·i·phrás·ti·cal·ly** /-kəli/ 副

pe·riph·y·ton /pərifətan | -tɔn/ 图【生態】植物表面生物, 付着藻類. **pe·ri·phyt·ic** /pèrəfítık⁻/ 形

pe·rip·ter·al /pəríptərəl, -trəl/ 形 【建】周囲に柱を建て連ねた, 周柱[繞柱]式の.

pe·rique /pərí:k/ 图 ⓤ ペリーク (Louisiana 州産の, 強い黒色のパイプ用タバコ).

per·i·scope /pérəskòup/ 图 ❶ 潜望鏡, ペリスコープ. ❷ 潜望鏡レンズ. **per·i·scop·ic** /pèrəskápık | -skɔ́p-⁻/ 形 《PERI-+SCOPE》

✝**per·ish** /périʃ/ 動 ❶ **a** (突然または非業な死に方で)死ぬ: Many people ~ed in the air crash. その墜落事故で多数の人々が死亡した. **b** 枯れる, 腐敗する; 滅びる, 消滅する; 悪化する. ❷【英】〈ゴム製品などの〉品質が低下する[悪くなる]. ── 他 【英】 ❶ 〈ゴム製品などの〉品質を低下させる, 悪くする. ❷ 〈人を寒さなどで〉衰弱させる (通例受身): I'm ~ed *with* cold. 寒さで大弱りだ. **Pérish the thóught!** [歓迎しない提案に対する返事に用いて] よしてくれ!, とんでもない. 《F＜L＝行ってしまう PER-＋*ire* 行く; cf. exit》【類義語】⇒ **die**[1].

per·ish·a·ble /périʃəbl/ 形 腐敗しやすい. ── 图 [複数形で] 腐敗しやすい[生ものの]食品[類].

pér·ish·er 图 〈英俗〉困った人[子供], うるさいやつ.

pér·ish·ing 形 〈英口〉 ❶〈人が〉非常に寒がって; 〈天候が〉非常に寒くて: I'm ~ (*with* cold). 私はとても寒い.

périshingly 副 =perishing.
per·i·sperm /pérəspə̀ːm|-spə̀ːm/ 名 【植】 周乳, 外乳, 外胚乳.
per·i·stal·sis /pèrəstɔ́ːlsɪs|-stǽl-/ 名 (-ses /-siːz/) 【生理】 蠕動(ぜんどう)(運動). **per·i·stal·tic** /pèrəstɔ́ːltɪk|-stǽl-/ 形

peristáltic púmp 名 蠕動ポンプ《弾力性のある管を波状に収縮させて流体を送るポンプ》.

per·i·stome /pérəstòum/ 名 ❶ 【植】 (コケ類の)蒴歯(さくし). ❷ 【動】 (無脊椎動物の)囲口部, (ウニ類の)周口部.

per·i·style /pérəstàɪl/ 名 ❶ a (建物・中庭を取り囲む)柱列. b 【建】 周柱式. ❷ 列柱のある中庭.

per·i·to·ne·um /pèrətəníːəm| ~ ~s, -ne·a /-níːə/) 【解】 腹膜.

per·i·to·ni·tis /pèrətənáɪtɪs/ 名 Ⓤ 【医】 腹膜炎.

per·i·track /pérətræ̀k/ 名 =taxiway.

per·i·wig /pérɪwɪ̀g/ 名 (17-19 世紀初期に男子が用いた)かつら.

per·i·win·kle[1] /pérɪwɪ̀ŋkl/ 名 【植】 ツルニチニチソウ, ニチニチソウ.

per·i·win·kle[2] /pérɪwɪ̀ŋkl/ 名 【貝】 タマキビガイ ((英) winkle)《食用にするものがある》.

per·jure /pə́ːdʒə|pə́ːdʒə/ 動 [~ oneself で] 偽誓[偽証]する.

pér·jur·er /-dʒ(ə)rə|-rə/ 名 偽証者.

per·ju·ry /pə́ːdʒ(ə)ri|pə́ː-/ 名 Ⓤ,Ⓒ 【法】 偽誓; 偽証(罪); 偽り, うそ: commit ~ 偽証罪を犯す. 〖PERJURE+-Y[1]〗

perk[1] /pə́ːk|pə́ːk/ 名 [通例複数形で] ❶ (職務に付随する俸給以外の)臨時収入, 役員等の特典, 役得: His ~s include the use of a company car. 彼は役得で会社の車が使用できる. ❷ (雇い人などからもらう)心づけ, チップ, こころざし. 〖PERQUISITE の短縮形〗

perk[2] /pə́ːk|pə́ːk/ 動 (口) ⓥ (病後などに)元気を取り戻す: You'll soon ~ *up*. すぐ元気になるよ. ── ⓥ ❶ 〈人を〉元気づける: A drink will ~ you *up*. 一杯やれば君も元気が出るだろう. ❷ 〈合瓦にいばって〉〈頭・鼻・尾を〉ふり立てる〈*up*〉. ❸ 〈服装・部屋などを〉引き立たせる〈*up*〉.

perk[3] /pə́ːk|pə́ːk/ 動 (口) ⓥ (パーコレーターで)(コーヒーが)わける. ── ⓥ パーコレーターで〈コーヒーを〉いれる. 〖PERCOLATE の短縮形〗

perk·y /pə́ːki|pə́ːki/ 形 (**perk·i·er; -i·est**) (口) ❶ 元気のいい, 快活な, きびきびとした, 意気揚々とした. ❷ 〈人が〉昂然(こうぜん)とした, 自信にあふれた; 生意気な. **pérk·i·ly** /-kɪli/ 副 **-i·ness** 名

per·lite /pə́ːlaɪt|pə́ː-/ 名 Ⓤ 【岩石】 真珠岩; パーライト《断熱材・土壌改良用》.

per·lo·cu·tion /pə̀ːləkjúːʃən|pə̀ː-/ 名 【哲】 発語媒介行為.

per·lo·cu·tio·nar·y /pə̀ːləkjúːʃənèri|pə̀ːləkjúːʃ(ə)nəri/ 形 【哲】 発語媒介の《発話行為をすることで聞き手に何らかの影響を与える場合の発話行為についていう》.

perm[1] /pə́ːm|pə́ːm/ (口) 名 パーマ: go for a ~ パーマをかけに行く. ── 動 〈髪に〉パーマをかける. 〖PERM(ANENT WAVE)〗

perm[2] /pə́ːm|pə́ːm/ 名 (英口) (サッカー賭博で)選んだ勝ちチーム名などの組み合わせ. ── 動 〈…から〉〈チーム名を〉選んで組み合わせる〈*from*〉. 〖PERM(UTATION)〗

per·ma·frost /pə́ːməfrɔ̀ːst|pə́ːməfrɔ̀st/ 名 Ⓤ (北極地方の)永久凍土層. 〖PERMANENT+FROST〗

Per·mal·loy /pə́ːmælɔ̀ɪ|pə́ːmælɔ̀ɪ/ 名 Ⓤ 【商標】 パーマロイ《ニッケルと鉄の高透磁率の合金》.

per·ma·nence /pə́ːm(ə)nəns|pə́ː-/ 名 Ⓤ 永久, 恒久, 不変, 耐久性, 永続性. (形 permanent)

per·ma·nen·cy /pə́ːm(ə)nənsi|pə́ː-/ 名 ❶ Ⓤ = permanence. ❷ Ⓒ 不変の人, 永久物, 永続する地位[職業]《終身官など》.

***per·ma·nent** /pə́ːm(ə)nənt|pə́ː-/ 形 (**more ~; most ~**) ❶ 永続する, (半)永久的な; 耐久の; 常に[絶えず]ある[起こる], 常の (↔ temporary): one's ~ address 定まった住所, (現)住所 / ~ residence 永住 / a ~ tooth 永久歯. ❷ (比較なし) 常勤の, 本務の: a ~ committee 常任委員会. ── 名 (米) パーマネント (permanent wave, (英) perm). **~·ly** 副 永久に, いつまでも; 常に, いつも; 常置[終身]で. 〖Ｆ<Ｌ=最後まで残る<PER-+*manere* 残る; cf. remain〗 (名 permanence)

pérmanent hárdness 名 【化】 永久硬度《煮沸しても残る水の硬度; cf. temporary hardness》.

pérmanent mágnet 名 永久磁石.

pérmanent préss 名 パーマネントプレス(加工); パーマネントプレスした生地[状態]. **pérmanent-préss** 形

Pérmanent Undersécretary 名 【英】 事務次官《大臣 (Secretary of State) の助役》.

pérmanent wáve 名 =permanent.

pérmanent wáy 名 [the ~] (英) 鉄道の軌道.

per·man·ga·nate /pə̀ːmǽŋgənèɪt|pə̀ː-/ 名 Ⓤ 【化】 過マンガン酸塩: ~ of potassium =potassium ~ 過マンガン酸カリウム.

per·me·a·bil·i·ty /pə̀ːmiəbíləti|pə̀ː-/ 名 Ⓤ ❶ 浸透[透過]性. ❷ 【理】 透磁率.

per·me·a·ble /pə́ːmiəbl|pə́ː-/ 形 浸透[透過]性の (↔ impermeable).

per·me·ance /pə́ːmiəns|pə́ː-/ 名 透水, 浸透; 【理】 透磁率, パーミアンス.

***per·me·ate** /pə́ːmièɪt|pə́ː-/ 動 ⓥ ❶ **a** 〈液体などが〉〈…に〉しみ込む, 浸透する: These chemicals ~ the soil. これらの化学薬品は土中に浸透する. **b** 〈におい・煙などが〉〈…に〉立ちこめる, 充満した. The smoke ~*d* the factory. 煙は工場中に充満した. ❷ 〈思想などが〉〈…に〉広がる, 行き渡る, 普及する: Democracy has not ~*d* the whole country. 民主主義は国中に行き渡っていない. ── ⓥ ❶ しみ込む, 浸透する 〈*into, through*〉. ❷ 〈…に〉広がる, 行き渡る 〈*among, through*〉. 〖Ｌ=すっかり通る<PER-+*meare* 通る〗

per·me·a·tion /pə̀ːmiéɪʃən|pə̀ː-/ 名 Ⓤ ❶ 浸透. ❷ 普及.

per·me·thrin /pəmíːθrɪn|pə̀ː-/ 名 Ⓤ 【薬】 ペルメトリン《合成ピレトリン; 殺虫剤》.

Per·mi·an /pə́ːmiən|pə́ː-/ 形 【地】 二畳紀[系]の. ── 名 [the ~] 【地】 ペルム紀[層], 二畳紀[層]. 〖Perm この地層が生じたロシア東部の地名〗

per mil /pə(ː)míl|pə(ː)-/ 副 千について, 千分の.

***per·mis·si·ble** /pəmísəbl|pə-/ 形 許される, 許容されるた: the maximum ~ level of radiation 放射能の最大許容範囲. **per·mís·si·bly** /-səbli/ 副

***per·mis·sion** /pəmíʃən|pə-/ 名 Ⓤ 許可, 許諾; 認可; Ⓒ [通例複数形で] (公式の)許可書: ask for ~ 許可を求める[請う] / get [obtain] ~ 許可を得る / give [grant] (...) ~ (...に)許可を与える / without ~ 許可なしに, 無断で / by ~ of...の許可により[え] / with your ~ お許しを得て, お許しいただけるなら《★ 文修飾句》 / written ~ 許可証 / [+*to do*] We got ~ to climb Mount Everest. 我々はエベレスト登攀(こう)の許可をもらった. / [+*for*+代名+*to do*] He gave ~ *for* them to go out. 彼は彼らに外出の許可を与えた. 〖変換 He gave them ~ to go out. と書き換え可能で, このほうが形式ばらない. (動 permit)

per·mis·sive /pəmísɪv|pə-/ 形 ❶ 寛大な, 寛容な: a ~ society 《性道徳などの規制に》寛大な社会 / Many parents are too ~ with their children. 子供に甘すぎる親がたくさんいる. ❷ 〈規則など〉許す, 黙認の; 任意の. **~·ly** 副 **~·ness** 名 (動 permit)

***per·mit** /pəmít|pə-/ 動 (**per·mit·ted; per·mit·ting**) ⓥ ❶ **a** 〈…を〉許す, 許可する, 認める: The sale of the drug is *permitted* in this country. その薬の販売はこの国では許されている / [+*doing*] Smoking is not *permitted* here. ここは禁煙です 〖変換 My work won't ~ my *calling* on you. 仕事の都合でお伺いできません〗《My work won't ~ me *to* call on you. と書き換え可能》/ [+

目+目》Will you ~ me a few words? 二, 三発言させてくださいませんか /〔目+目+*to do*〕My father doesn't ~ us to go to parties. 父は私たちをパーティーに行かせてくれません. **b** 〔副詞(句)を伴って〕《...を》《...の中に入れる[外に出す, 近づく]ことを》許す《(用法) 副詞(句)の前に to come [go] などが略された形》: The doctor won't ~ me *out of* (the house). 医者は私が(家の)外に出ることを許さないでしょう / We were *permitted into* the house. 我々はその家へ入ることを許された. ❷ 《...の》機会を与える, 余地がある: His words hardly ~ such an interpretation. 彼の言葉はとてもそんな解釈を許さない. ── 自 ❶ 《物事が》許す, 可能にする: if circumstances ~ 事情が許せば, 都合がよければ / if time ~s 時間があれば[許せば] / weather *permitting* 天気さえよければ. ❷ 《物事が》《...の》余地がある: The situation ~s of no delay. 事態は遅滞を許さない. ── /pə́ːmɪt | pəː-/ 名 許可書, 免許証, 鑑札: a parking ~ 駐車許可証 / a temporary ~ 仮免許 / an international driving ~ 国際運転免許証 / a work ~ 就業許可証. 〖L=通過させる<PER-+*mittere*, miss- 送る; cf. mission〗(名 permission, 形 permissive) 【類語】⇒ let¹.

per·mit·tiv·i·ty /pə̀ːmɪtívəti | pəː-/ 名 〖電〗 誘電率.

per·mu·tate /pə́ːmjuteɪt | pəː-/ 動 《...の》順序を入れ替える, 並べ換える. (動 permute)

per·mu·ta·tion /pə̀ːmjutéɪʃən | pəː-/ 名 ⓊⒸ ❶ 〖数〗 順列; ~(s) and combination(s) 順列と組み合わせ. ❷ 交換, 置換, 並べ換え. (動 permute)

per·mute /pəmjúːt | pə-/ 動 他 ❶ 《...を》変更する, 交換する. ❷ 〖数〗《...を》並べ換える, 《...の》順序を変える. 〖L; ⇒ per-, mutate〗

per·ni·cious /pənɪ́ʃəs | pə-/ 形 有害な, 致命的な: a ~ lie 悪質なうそ / thought (that is) ~ *to* society 社会に有害な思想. ~·ly 副 ~·ness 名

pernícious anémia 名 Ⓤ 悪性貧血.

per·nick·et·y /pənɪ́kəti | pə-/ 形 (英口) =persnickety.

per·noc·ta·tion /pə̀ːnɑktéɪʃən | pə̀ːnɔk-/ 名 ⓊⒸ 徹夜; 通夜勤行(ごんぎょう). **per·noc·tate** /pə(ː)náktert | pə(ː)nɔ́k-/ 動

Per·nod /peənóu | pə́ːnou/ 名 ⓊⒸ 〖商標〗 ペルノー《アニスで風味をつけたフランス製のリキュール》.

Pe·rón /pəɹɔ́ːn | -rɔ́n/, **Eva** /íːvə/ (1919-52; Juan Perónの妻; 通称 Evita /iːvíːtə/; 夫を助けて労働者階級の支持を集めた).

Pe·rón, **Juan** (**Domingo**) 名 ペロン (1895-1974; アルゼンチンの軍人・政治家; 大統領 (1946-55, 73-74)).

per·o·ne·al /pèrouníːəl | -rə-/ 形 〖解〗 腓骨の.

Pe·rón·ist /-nɪst/ 名 ペロン主義者, ペロニスタ. ── 形 ペロン主義者の.

per·o·rate /pérəreɪt/ 動 自 ❶ 要約して演説を締めくくる. ❷ 詳述する, 熱弁を振るう.

per·o·ra·tion /pèrəréɪʃən/ 名 ❶ (講演などの)結論(の部分). ❷ 熱のこもった演説. 〖PERORATE+-ION〗

pe·rov·skite /pəɹɑ́vskaɪt | -rɔ́v-/ 名 ⓊⒸ 〖鉱〗 灰(カイ)チタン石, ペロブスカイト.

per·ox·i·dase /pəɹɑ́ksədèɪs | -rɔ́k-/ 名 〖生化〗 ペルオキシダーゼ《動植物組織にあり, グアヤコールを酸化する酵素》.

per·ox·ide /pəɹɑ́ksaɪd | -rɔ́k-/ 名 ❶ Ⓤ 〖化〗 過酸化物. ❷ 過酸化水素 (hydrogen peroxide) 《消毒・漂白用》. ❸ 〔しばしば P-〕(俗) 〖建〗 毛髪を過酸化水素で漂白する.

peróxide blónde 名 過酸化水素で金髪にした女.

perp /pə́ːp | pə́ːp/ 名 (米俗) 犯人, ホシ (perpetrator).

per·pend /pə́ːpend | pəː-/ 名 〖建〗 (れんがが積み重なった)堅石地(けんじ)の表面部.

per·pen·dic·u·lar /pə̀ːpəndɪ́kjulə | pə̀ːpəndɪ́kjulə⁻/ 形 ❶ 垂直の, 直角の, 直立した, 直立した (vertical): a ~ line 垂直線 / The wall must be ~ *to* the floor. 壁は床に対して直角でなければならない. ❷ 切り立った, 非常に険しい: a ~ cliff 切り立った断崖. 〔しばしば P-〕〖建〗: ~ style 垂直式. ── 名 ❶ Ⓒ 垂線; 垂直面. ❷ Ⓤ 〔通例 the ~〕 垂直, 垂直な位置[姿勢]: out of (the) ~ 傾斜して.

❸ 〔the ~〕 〖建〗 垂直式建築(様式). ~·ly 副 〖F<L =鉛直線の〗

per·pen·dic·u·lar·i·ty /pə̀ːpəndɪkjulǽrəti | pə̀ː-/ 名 Ⓤ 垂直, 直立.

†**per·pe·trate** /pə́ːpətreɪt | pə́ː-/ 動 他 ❶ 〈悪事・過失などを〉犯す, しでかす (commit): ~ a swindle 詐欺(さぎ)をはたらく. ❷ 〈戯言〉〈とんでもないことを〉〈だじゃれなどを〉下手に作る: ~ a joke (場所柄も考えず)ジョークを飛ばす.

per·pe·tra·tion /pə̀ːpətréɪʃən | pə̀ː-/ 名 ❶ Ⓤ 〔悪事を〕犯す[しでかす]こと 《*of*》. ❷ Ⓒ 悪事, 犯行.

pér·pe·trà·tor /-tə⁻ | -tə/ 名 悪事を行なう人; 加害者, 犯人 《*of*》.

***per·pet·u·al** /pəpétʃuəl | pəpétju-/ 形 〔通例 Ⓐ〕 ❶ 永続する, 永久の (permanent): ⇒ perpetual motion / ~ fame 不朽の名声 / ~ snow(s) 万年雪 / a country of ~ summer 常夏(とこなつ)の国. ❷ 絶え間ない, 年がら年中の: ~ quarreling のべつ幕なしの口論 / There was a ~ stream of phone calls all morning. 午前中はずっと電話が鳴りっぱなしだった. ❸ 終身の: a ~ annuity 終身年金. ❹ (花が)四季咲きの. 〖F<L=ずっと追い求めるく PER-+*petere*; cf. petition〗 (動 perpetuate, 名 perpetuity) 【類語】⇒ continual.

perpétual cálendar 名 万年暦.

perpétual chéck 名 〔チェス〕 千日手, 永久王手.

per·pét·u·al·ly /-tʃuəli | -tju-/ 副 ❶ 永久に, 永続的に. ❷ ひっきりなしに, 年がら年中.

perpétual mótion 名 Ⓤ (機械の)永久運動《エネルギーをまったく消費しないで永久に動く運動》.

perpétual spínach 名 〖植〗 フダンソウ《食用》.

per·pet·u·ance /pəpétʃuəns | pəpétju-/ 名 Ⓤ 永続[永存]させること, 永続[永存]状態.

†**per·pet·u·ate** /pəpétʃuèɪt | pəpétju-/ 動 他 ❶ 《...を》永存[永続]させる, 永続させる. ❷ 〈名声などを〉不朽[不滅]にする. 〖L〗 (形 perpetual)

per·pet·u·a·tion /pəpètʃuéɪʃən | pəpètju-/ 名 Ⓤ 永久化, 不朽化, 不朽にすること.

per·pe·tu·i·ty /pə̀ːpətʃúːəti | pə̀ːpətjúː-/ 名 ❶ Ⓤ 永続, 永存, 不滅: in [to, for] ~ 永久に, 不朽に (forever). ❷ Ⓤ 〖法〗 (財産の)永久完有, 永代所有権: a lease in ~ 永代借地権. ❸ Ⓒ 終身位階; 永久年金. (形 perpetual)

per·pet·u·um mo·bi·le /pəpétʃuəmmóubəli, pə(ː)pétjuummóubɪleɪ/ 名 ❶ =perpetual motion. ❷ 〖楽〗 無窮動, 常動曲, ペルペトゥウム モビレ《初めから終わりまで同じ速い動きで進行する曲》.

†**per·plex** /pəpléks | pə-/ 動 他 ❶ 〈人を〉困らせる, 当惑させる (cf. perplexed): The question ~ed him. その問題は彼を困らせた / It ~ed them that she refused the offer. 彼女が申し出を断わったので彼らは困った / The police were ~ed by the crime. 警察はその犯罪に悩まされた. ❷ (古風) 〈事を〉複雑にする, 混乱させる. 〖L=からまり合った PER-+*plectere*, plex- 編む, 織る; cf. complex〗 (名 perplexity)

†**per·pléxed** 形 ❶ 《...に》困った, 当惑した, 途方に暮れた, まごついた 《*about, as to, at, with*》: with a ~ expression 困った表情をして / I'm ~ *at* the result. その結果に困っている. ❷ (問題など)複雑な, めんどうな. ~·ly /-sɪdli/ 副 困って, 途方に暮れて, 当惑して.

per·pléx·ing 形 〈問題など人を〉困惑[当惑]させる; 込み入った, ややこしい. ~·ly 副

per·plex·i·ty /pəpléksəti | pə-/ 名 ❶ **a** Ⓤ 当惑, 困惑: in ~ 当惑して / to a person's ~ (人)にとっては. **b** Ⓒ 困惑させるもの, 困った事, 難局: the *perplexities* of life 人生の難事. ❷ **a** Ⓤ 複雑. **b** Ⓒ 複雑な事. (形 perplex)

per·qui·site /pə́ːkwɪzɪt | pə́ː-/ 名 〔通例複数形で〕 ❶ (職務に付随する俸給以外の)臨時収入, 役職員の特典, 役得 (perk). ❷ 心づけ, チップ, おさがり (perk).

per・ry /péri/ 图 ⓊⒸ ペリー《セイヨウナシ (pear) の果汁を発酵させて造るアルコール飲料》.

Per・ry /péri/, **Gay・lord** /géilərd/ -lɔːd/ 图 ペリー (1938- ; 米国大リーグの名投手).

Perry, Matthew Cal・braith /kǽlbreiθ/ 图 ペリー (1794-1858; 米国の海軍軍人; 嘉永6年(1853)浦賀に来航; 通称 Commodore Perry (ペリー提督)).

Pers. 〔略〕 Persian.

per se /pə(ː)séi, pɑː-/ 副 それ自体で[の], 本来. 《L=in itself》

per・se・cute /pə́ːsɪkjùːt | pə́ː-/ 他 ❶ 〔宗教・主義・信仰などの理由で〕〈人を〉迫害する, 虐げる《比較 oppress は権力によって厳しく支配する》: The Nazis ~d the Jews. ナチスはユダヤ人を迫害した / They were ~d for their beliefs. 彼らは自らの信仰のために虐げられた. ❷ 〈人を〉〔質問などで〕うるさく悩ます, 苦しめる: They ~d him *with* repeated threats. 彼らは彼を繰り返し脅していじめた. 〖F＜L=ずっと追いかける＜PER-+sequi, secut- 追う, 後に続く; cf. sequent〗(图 persecution)

per・se・cu・tion /pə̀ːsɪkjúːʃən | pə̀ː-/ 图 ⓊⒸ 迫害, 虐待: suffer ~ 迫害を受ける. (動 persecute)

persecution còmplex [mània] 图 ⒸⓊ 〔心〕被害[迫害]妄想.

pér・se・cù・tor /-tə | -tə/ 图 迫害者, 虐待者.

Per・seph・o・ne /pəséfəni | pə(ː)-/ 图 〔ギ神〕ペルセフォネ《Zeus と Demeter の間に生まれた娘; 下界の神 Hades にさらわれて妻となり, 下界の女王となる; ローマ神話の Proserpina に当たる》.

Per・seus /pə́ːsiəs, -sjuːs | pə́ːsjuːs, -siəs/ 图 ❶ 〔ギ神〕ペルセウス《Zeus とダナエー (Danaë) との間に生まれた子で, Medusa を退治した英雄》. ❷ 〔天〕ペルセウス座.

per・se・ver・ance /pə̀ːsəví(ə)rəns | pə̀ː-/ 图 Ⓤ 粘り強さ, 根気, がんばり. 〖F＜L〗 (動 persevere)

per・se・ver・ate /pəsévərèit | pə(ː)-/ 動 ⓘ 〔心〕(異常な)反復行動をする. **per・sev・er・a・tion** /pəsèvəréiʃən | pə(ː)-/ 图 〔心〕固執, 保続(症).

per・se・vere /pə̀ːsəvíə | pə̀ːsəvíə/ 動 ⓘ 〔…を〕粘り強くやり通す, がんばる, 我慢する〔*at, in, with*〕: He ~d in his studies [*with* the treatment]. 彼はたゆまず研究に励んだ [粘り強くその治療を続けた]. 〖F＜L=厳しく続ける; ⇒ per-, severe〗 (图 perseverance)

pèr・se・vér・ing /-ví(ə)rɪŋ/ 形 粘り強い, 根気の良い. **~・ly** 副

Per・shing /pə́ːʃɪŋ | pə́ː-/, **John J(oseph)** 图 パーシング (1860-1948; 米国の軍人; 第一次大戦における米国の海外派遣軍の司令官).

Per・sia /pə́ːʒə | pə́ːʃə/ 图 ペルシア《1935年までのイラン(Iran) の旧称》.

Per・sian /pə́ːʒən | pə́ːʃən/ 形 ❶ ペルシアの. ❷ ペルシア人[語]の. — 图 ❶ Ⓒ ペルシア人. ❷ Ⓤ ペルシア語. ❸ Ⓒ =Persian cat.

Pérsian blínds 图 覆 (板すだれ式の)日よけよろい戸.

Pérsian cárpet 图 ペルシアじゅうたん.

Pérsian cát 图 ペルシア猫.

Pérsian Gúlf 图 [the ~] ペルシア湾《アラビア半島とイランとの間の海》.

Pérsian lámb 图 Ⓤ ペルシア子羊《中央アジア産の若いカラクール種の羊の毛皮》.

Pérsian rúg 图 =Persian carpet.

per・si・flage /pə́ːsɪflɑ̀ːʒ | pə́ː-/ 图 Ⓤ (軽い)からかい, 冷やかし, 冗談.

per・sim・mon /pəsímən | pə(ː)-/ 图 ❶ Ⓒ 〔植〕カキ(の木). ❷ ⒸⓊ カキ(の実). 〔解説〕英国にはないが, 米国のものは高木で小さな実がなる; 日本原産のもの (Japanese persimmon) は kaki /kɑ́ːki/ ともいう.

per・sist /pəsíst, -zíst | pəsíst/ 動 ⓘ ❶〈人が〉〔…に〕固執する, やり通す; 主張し続ける: if you ~ 君が固執するなら / ~ *in* one's opinion あくまでも自分の意見を通す / He ~s *in* wearing his dirty old overcoat. 彼はいつまでも古いよごれたオーバーを着ている / The govern-ment ~ed with the economic reform. 政府はその経済改革を押し進めようとした. ❷ 〈物事が〉持続する; 存続する, 生き残る: The smog ~ed *throughout* the day. スモッグは一日中立ちこめていた / The tradition has ~ed in many parts of the country *to* this day. その伝統は国の各地で今日まで持続している / Poverty still ~s in many countries. 多くの国ではいまだに貧困が続いている. — ⓣ 〈…と〉言い通す, 言い張る: 〔+引用〕 "You are wrong," she ~ed. 「あなたが間違っている」と彼女は言い張った. 〖F＜L=ずっと続ける＜PER-+sistere 立たせる; cf. consist〗 (图 persistence, 形 persistent) 〔類義語〕⇒ continue.

per・sis・tence /pəsístəns, -tns | pə-/ 图 Ⓤ ❶ しつこさ; 根気のよさ, 粘り強さ: Great ~ is necessary for success. 成功するにはかなりの粘り強さが必要だ. ❷ 存続(すること), 持続(性), 絶え間なさ. (動 persist, 形 persistent)

per・sis・ten・cy /-tənsi/ 图 =persistence.

per・sis・tent /pəsístənt, -tnt | pə-/ 形 ❶ しつこい, がんこな; 根気強い: ~ efforts 粘り強い努力 / He was ~ *in* his questions. 彼はしつこく質問した. ❷ Ⓐ 持続性の[的な]: a ~ cough なかなかおさまらないせき / ~ noise [pain] 絶え間ない騒音[痛み]. 〖L〗 (動 persist, 图 persistence)

per・sis・tent・ly 副 ❶ しつこく, 執拗(しつよう)に, 根気強く. ❷ 持続的に, 永続的に.

persístent orgánic pollútant 图 残留性有機汚染物質.

persístent végetative státe 图 〔医〕遷延(せんえん)性植物状態《生命維持装置などによって生命は維持されているが《示されない》長期的な植物状態》.

per・snick・e・ty /pəsníkəti | pə-/ 形 〔米口〕 ❶ 細かいことにこせこせする, こうるさい. ❷ 細心の注意を要する.

per・son /pə́ːs(ə)n | pə́ː-/ 图 (覆 ~s) ❶ Ⓒ **a** (個性のある一個人としての)人, 人間《用法 複数形に persons を用いるのは形式ばった表現で, 普通は people を用いる; ⇒ people 图 1〔比較〕: a charming ~ 魅力的な人 / Five ~s were killed in the accident. その事故で5人が亡くなった / Who is that ~? あの人はだれですか; 〔軽蔑的に〕あいつはだれだ. **b** 〔修飾語を伴い〕…的な人, …派の人: a coffee ~ コーヒー好きの人. ❷ Ⓒ 〔通例単数形で〕**a** 身体, 体: on [about] one's ~ 身につけて, 携帯して. **b** 風采(ふうさい). ❸ Ⓒ 〔修飾語を伴ったときには Ⓒ〕〔文法〕人称: ⇒ first person, second person, third person. ❹ 〔時に P-〕 Ⓒ 〔神学〕位格, ペルソナ (cf. Trinity 1): the three ~s of the Godhead 神の三位《父と子と聖霊》. ❺ Ⓒ 〔婉曲〕性器, 恥部. **in one's ówn pérson** 自分で, 自ら, 本人が. **in pérson** (代理でなく)自分で, 本人が直々に, 実物で; (郵便・写真によってでなく), 実物で: You had better go *in* ~. 君本人が行ったほうがよい / I haven't met her *in* ~. 彼女本人には会ったことがない. **in the pérson of…** という(人に): He found a good assistant *in the* ~ of Mr. Smith. 彼はスミス氏というよい助手を得た. **pérson of cólor** 有色人《★ 皮膚の色に言及しなければならない時, しばしば nonwhite よりも好ましいとされる表現》. 〖F＜L=役者の演じる人物, 役者のかぶる仮面〗 (形 personal, 動 personify)

-person /pə̀ːs(ə)n | pə̀ː-/ 图 〔複合語で〕…に従事[関係]する人《用法 性差別を避けるために -man, -woman の代わりに用いられる》: chair*person*.

per・so・na /pəsóunə | pə(ː)-/ 图 (覆 **per・so・nae** /-niː, -nai/, ~**s**) ❶ 〔しばしば複数形で〕(劇などの)登場人物. ❷ 〔心〕ペルソナ, 外的人格《仮面をかぶった人格》. 〖L=person〗

per・son・a・ble /pə́ːs(ə)nəbl | pə́ː-/ 形 容姿のよい, 品のある. **pér・son・a・bly** /-bli/ 副 **~・ness** 图

per・son・age /pə́ːs(ə)nɪʤ | pə́ː-/ 图 ❶ Ⓒ 名士, 偉い人. ❷ 〔劇・小説の〕(登場)人物 (character).

persóna gráta /-grǽtə | -grɑ́ː-/ 图 (覆 **personae gra・tae** /-tiː, -tai/) 意にかなう人, 気に入り (↔ persona non grata); 〔外交〕好ましい人物《接受国(政府)にとって承認できる人[外交官]》.

per・son・al /pə́ːs(ə)nəl | pə́ː-/ 形 (*more* ~; *most* ~)

❶ ［A］（比較なし）**a** 個人の, 自分の, 一身上の, 私(ぶし)の, 私的な: ~ belongings [possessions] 私物 / a ~ matter 私事 / a ~ name 人名 (⇒ name［解説］) / (a [one's]) ~ acquaintance with...との個人的な面識 / one's opinion 私見 / a ~ letter 親展書 / ~ information (住所・年齢などの)本人の, 直接の: a ~ interview 直接面接 / one's ~ experiences 自分の直接経験. **a** 個人に対する, 私事に立ち入る; 個人攻撃の: ~ remarks 当てつけがましい言葉, 個人攻撃(の言葉) / get [become] ~ «口»〈人・話などが〉個人的な事に及んでくる, 当てつけがましくなる / It's nothing ~! 君に含むところは［文句, 恨みなど］はありませんないさ. **b** 個人用［向け］の: a ~ loan 個人ローン. ❸ ［A］（比較なし）身体の, 風采(ふうさい)の, 容姿の: ~ appearance (人の)風采, 容姿 容姿の美しさ / ~ hygiene 身体の衛生 / risk ~ danger 身の危険を冒す. ❹ ［A］（比較なし）［法］〈財産など〉人に属する, 可動の (↔ real); ⇒ Personal effects, personal property. ❺ ［A］（比較なし）［文法］人称の. ❻ ［心］人格の: ~ development 人格の発達. ── ［名］（米）❶ (新聞などの)人事消息(記事). ❷ (連絡用, または友人や恋人を求める)個人広告. ❸ ［複数形で］= personal column.
〖F<L〗（名 person, personality, 動 personalize）

personal áction ［名］［法］人的訴訟 (契約違反者・不法行為者などに対する個人の権利者の訴え).

pérsonal ád ［名］= personal 2.

personal assistant ［名］個人秘書 (略 PA).

pérsonal bést ［名］(スポーツなどの)自己ベスト(記録), 自己最高記録.

pérsonal cáll ［名］指名通話.

pérsonal chéck ［名］(個人が支払いに使う)個人小切手.

pérsonal cólumn ［名］(新聞などの)人事消息・個人広告欄.

pérsonal communicátor ［名］(連絡用の)携帯コンピューター.

***pérsonal compúter** ［名］パーソナルコンピューター, パソコン (略 PC).

pérsonal dígital assístant ［名］⇒ PDA.

pérsonal efféects ［名］所持品, 身の回りのもの.

pérsonal electrónic devíce ［名］携帯用電子機器 《ラップトップや携帯電話など》.

pérsonal equátion ［名］(観察・判断などにおける)個人誤差.

pérsonal équity plán ［名］(英) 個人株式投資プラン 《一定限度額までの個人の株式投資に対しては, そのキャピタルゲインや配当金に課税しないとする投資プラン》.

pérsonal estáte ［名］= personal property.

pérsonal exémption ［名］(米)(所得税などの)控除(額).

pérsonal identificátion númber ［名］⇒ PIN.

pér·son·al·ism /-s(ə)nəlɪz(ə)m/ ［名］［U］［哲］人格[個性]主義; 個人特有の(主観的)言動[側面]. **-ist** /-lɪst/ ［名］［形］

per·son·al·ís·tic /-lístɪk/〜〜［形］

***per·son·al·i·ty** /pə̀ːsənǽləti | pə̀ː-/ ［名］❶ ［C,U］個性, 性格: a man of weak ~ 弱い性格の人 / an actress with a strong ~ 個性の強い女優. ❷ ［U,C］強烈［魅力的］な個性(の持ち主), 魅力: She has a lot of ~. 彼女は魅力的な個性の持ち主だ / He's quite a ~. 彼はとても魅力がある. ❸ ［C］(エンターテインメント・スポーツなどで世間に知られている)有名人, 名士, タレント: a TV ~ テレビタレント / a film [sports] ~ 映画の花形［花形選手］. ❹ ［複数形で］(非難の)個人攻撃: indulge in *personalities* 人身攻撃ばかりやる. ❺ ［U］人間であること, 人としての存在, (人の)実在. ❻ ［U］(場所・状況の)独特の雰囲気: The curtains gave her room a ~. そのカーテンは彼女の部屋に独特の雰囲気を与えていた. (形 personal) ［類義語］⇒ character.

personálity cùlt ［名］個人崇拝.

personálity disòrder ［名］［精神医］人格障害.

personálity tèst ［名］［心］性格検査.

***per·son·al·ize** /pə́ːs(ə)nəlàɪz | pə́ː-/ ［動］⦅他⦆❶ (名前などをつけて)〈...〉を個人の専有物とする: *handkerchiefs d* with one's initials イニシャルの入った専用のハンカチーフ.

1345 **personnel**

❷〈...〉を個人の希望［必要］に合わせてデザイン［変更］する (customize): ~ one's computer コンピューターを自分の使いやすいように設定［改造］する. ❸〈議論などを〉個人的な問題としてとらえる: Let's not ~ this argument. この議論を個人的な問題にするのはよしましょう. ❹〈...〉を擬人化する. **per·son·al·i·za·tion** /pə̀ːs(ə)nəlɪzéɪʃən | pə̀ːs(ə)nəlaɪz-/ ［名］

pér·son·al·ized ［形］❶ 名前［イニシャル］を入れた, 名入りの. ❷ 個人仕様の［にした］, 個人の好み［必要］に応じてデザイン［変更］された. ❸ 〈話題など〉(特定の個人を対象とした［に絞った］); 個人的な. ❹ 〈神・権化など〉擬人化された, (...の)姿をした.

personalized license plate ［名］車の持主が自分で選んだ文字・数字からなるナンバープレート.

***pér·son·al·ly** /pə́ːs(ə)nəli | pə́ː-/ ［副］❶ ［文修飾］自分としては: P- speaking = Speaking ~ 個人的に言えば / I ~ am opposed to cloning. 個人的にはクローンを作ることに反対です. ❷ 自ら, 親しく, 直接: The curator took me ~ through the museum. 館長自らが私に博物館の中を案内してくれた. ❸ **a** 個人的に, 個人として, 一個の人間として(は): I don't hate him ~. 私は彼を個人的に憎かではない. **b** 個人に対して; 個人に当てつけて: take a person's remark ~ 人の言葉を自分に当てつけたものと解釈する. ❹ 私的に, 私生活で個人的に.

pérsonal órganizer ［名］個人用整理手帳 《システム手帳・電子手帳など》.

pérsonal pénsion ［名］個人年金.

pérsonal prónoun ［名］［文法］人称代名詞.

pérsonal próperty ［名］［U］［法］動産 《金銭など》.

pérsonal shópper ［名］(仕事として)人の代わりに[人と一緒に]買物［商品探し］をする人, 専門の買物［商品探し］代行業者.

pérsonal spáce ［名］［U］❶ 個人空間 《不快を感じない他人との物理的距離》. ❷ (一人になれる)自由時間.

pérsonal stéreo ［名］ポータブルヘッドホンステレオ.

pérsonal tráiner ［名］(スポーツの指導をする)トレーナー.

per·son·al·ty /pə́ːs(ə)nəlti | pə́ː-/ ［名］［U］［法］動産 (cf. realty).

persóna nòn gráta /-nɑ̀ŋgráːtə | -nɒ̀n-/ ［名］⦅他⦆ **personae non gra·tae** /-tiː, -taɪ/ ❶ (駐在国の政府にとって)好ましくない人物. ❷ 受けのよくない人. 〖L=unacceptable person〗

per·son·ate /pə́ːsənèɪt | pə́ː-/ ［動］⦅他⦆❶〈...〉の役を務める［演じる］. ❷〈...〉の名をかたる, 〈...〉を詐称する. **per·son·a·tion** /pə̀ːsənéɪʃən | pə̀ː-/ ［名］

per·son·i·fi·ca·tion /pəsɑ̀nəfɪkéɪʃən | pə(ː)sɒ̀n-/ ［名］❶ ［U］擬人化, 人格化, ［the ~］権化, 典型: *the ~ of* pride [selfishness] 彼は傲慢(ごうまん)の典型［わがままのかたまり］だ. ❸ ［U,C］［修辞］擬人法. （動 personify）

***per·son·i·fy** /pəsɑ́nəfàɪ | pə(ː)sɒ́n-/ ［動］⦅他⦆❶〈人間以外のものを〉擬人化する, 人格化する; 〈特質などを〉人間の形で表現する: Animals are often *personified* in fairy tales. おとぎ話では動物たちはよく擬人化される / Justice is *personified as* a blindfolded woman. 正義は目隠しされた女性の姿で表わされる. ❷〈...〉を具体化する; 象徴する;〈...の〉化身［典型］となる: She *personifies* chastity. 彼女は貞節のかがみだ ⦅変換⦆ She's chastity *personified*. と書き換え可能). 〖F〗（名 person）

pérson·kind ［名］［U］⦅しばしば戯言⦆人類, 人間 (★ mankind が性差別的であるという視点から造られた).

***per·son·nel** /pə̀ːsənél | pə̀ː-/ ［名］❶ ［U］⦅用法 商業文やお役所言葉で使われる⦆(官庁・会社などの)**全職員**, 社員; (軍隊の)兵員, 隊員 (staff): We don't have enough ~ to cope with the increased workload. 増加した労働量に対処できるだけの人員がない. ❷ ［集合的: 単数または複数扱い］人事部［課］(human resources): work in ~ 人事課に勤務する. ❸ ［複数扱い］（米）⦅用法 商業文やお役所で言葉で使われる⦆: Five ~ were transferred. 5人が異動となった. ── ［形］❶ 人事の: a ~ division [department] 人事部 / a ~ manager 人事担当取締役 / ~ management

人事管理. ❷ 兵員用の: a ~ carrier 兵員輸送車[船, 機]. 〖F=兵員; *matériel* (軍用)物資に対する用語; ⇨ personal〗

pérson-to-pérson 形 ❶〈長距離電話が〉指名通話の (希望する話し相手が出てから料金計算が始まる; cf. station-to-station): place a ~ call to…(交換手を通して)…に指名通話をかける. ❷ 個人対個人の, 直接の, ひざづめの. —— 副 ❶ 指名通話で. ❷ 個人対個人で, ひざづめで.

*__per·spec·tive__ /pəspéktɪv | pə(ː)-/ 名 ❶ [単数形で; 修飾語を伴って] 眺め, 見方, 見方, 観[点] (view): a distorted [strange] ~ ゆがんだ[変わった]見方 / from the ~ of…の視点から見ると. ❷ Ⓤ (物事を見通す)釣り合いの取れた見方: lose ~ 正しい判断力を失う / put things into ~ 物事をバランスの取れた[客観的な]見方でとらえ直す. ❸ a 遠近(画)法, 透視画法. b Ⓒ 遠近[透視]図. ❹ Ⓒ a 遠景の見通し, 眺望 (of): A fine ~ opened out before us. 美しい眺めが眼前に展開した. b 前途, 将来の見通し, 展望 (of). **in perspective** (1) 全体の視野で; 真相を正しく: see [look at] things *in* (their proper) ~ 釣り合いの取れた物の見方をする. (2) 遠近法によって: paint *in* ~ 遠近法によって絵をかく. **òut of perspéctive** (1) 偏った視野[見方]で. (2) 遠近法を無視して. —— 形 Ⓐ 遠近[透視]画法の; 遠近法による: ~ representation 透視[遠近]画法. ~·ly 副 〖F<L=見通す<*per-*+*specere, spect-* 見る; cf. spectrum〗

per·spec·tiv·ism /-tɪvɪzm/ 名 Ⓤ 〖哲〗遠近法主義; 〖文学批評・美術などにおける〗遠近法の手法[使用]. **-ist** /-vɪst/ 名

Per·spex /pə́ːspeks | pə́ː-/ 名 〖商標〗パースペックス (風防ガラスなどに使われる透明アクリル樹脂).

per·spi·ca·cious /ˌpə̀ːspəkéɪʃəs | ˌpə̀ː-/ 形 洞察力[先見の明]のある, 明敏な. ~·ly 副

per·spi·cac·i·ty /ˌpə̀ːspəkǽsəti | ˌpə̀ː-/ 名 Ⓤ 洞察力; 明敏.

per·spi·cu·i·ty /ˌpə̀ːspəkjúːəti | ˌpə̀ː-/ 名 Ⓤ (言語・文章などの)明快(度).

per·spic·u·ous /pəspíkjuəs | pə-/ 形 ❶ 〈話し方・文体など〉明快な, 明瞭な. ❷ 〈人が〉明快に話す. ~·ly 副

per·spi·ra·tion /ˌpə̀ːspəréɪʃən | ˌpə̀ː-/ 名 Ⓤ ❶ 発汗(作用). ❷ 〈婉曲〉汗 (sweat). (動 perspire)

per·spi·ra·to·ry /pəspáɪrətɔ̀ːri | pəspáɪ(ə)rətəri, -tri/ 形 汗の; 発汗(作用)の.

per·spire /pəspáɪə | pəspáɪə/ 動 自 汗をかく, 発汗する (sweat). 〖F<L=全身で呼吸する(›汗をかく‹<PER-+*spirare* 息をする, cf. spirit)〗(名 perspiration)

per·suad·a·ble /pəswéɪdəbl | pə-/ 形〈人など〉説得できる.

*__per·suade__ /pəswéɪd | pə-/ 動 他 ❶〈人を〉説得する, 〈人を〉説得して(…)させる (↔ dissuade): He's easy to ~. 彼は説得しやすい / [+目+*to do*] She ~*d* me *to* stay. 彼女は私にとどまるよう説得した / He tried to ~ me *to* his way of thinking [*into* joining them]. 彼は私を説きつけて彼流の考え方をさせよう[彼らの仲間に加えよう]とした / I ~*d* him *out of* joining them. 私は彼を説得して彼らの仲間に加わることを断念させた. ❷〈人に×…を〉確信[納得]させる; [~ oneself で] 確信する (convince): How can I ~ you *of* my sincerity! どうしたら私の誠意をわかってもらえるだろうか / [+目+*that*] I couldn't ~ him *that* she was a liar. 彼に彼女がうそつきだということをわかってもらえなかった / I ~*d* myself [I *was* ~*d*] *of* his innocence. = [+目+*that*] I ~*d* myself [I *was* ~*d*] *that* he was innocent. 彼が無罪であることを確信した[していた]. 〖L<PER-+*suadere*, -suasum 忠告する, 説得する; cf. suasive〗 (名 persuasion, persuasive) 【類義語】**persuade** 強い勧誘・懇願・議論・忠告などによって相手の理性・感情に訴えての行動をとらせたり, ある感情や考えがにさせる. **induce** 説得して, 巧みに感化したりして, ある行動をとらせる. **prevail** 上の2語と同義だが, 普通は強く反対していたり気の進まない相手を議論や懇願によって説き伏せる.

per·suad·er /-də | -də/ 名 ❶ 説得者: a hidden ~ 隠れた説得者〈宣伝に携わる人〉. ❷〈戯言〉言うことを聞かせるもの(武器など).

per·sua·si·ble /pəswéɪsəbl | pə-/ 形 =persuadable.

*__per·sua·sion__ /pəswéɪʒən | pə-/ 名 ❶ Ⓤ 説得(する[される]こと); 説得(↔ dissuasion): No ~ could move him. どんなに説得しても彼は動じないだろう. ❷ Ⓒ a [修飾語を伴って] 信条; 意見: people with different political ~s さまざまな政治的信条をもった人々. b [単数形で] 〈…という〉確信, 信念: [+*that*] I have a strong ~ *that* this is true. これは正しいという強い確信を抱いている. ❸ Ⓒ ～ a 宗旨, 教派: He's of the Roman Catholic ~. 彼はカトリック信者だ. b 〈口〉集団, 仲間. ❹ 〈通例単数形で〉〈口〉種類: a painter of the abstractionist ~ 抽象派の画家. (動 persuade)

*__per·sua·sive__ /pəswéɪsɪv | pə-/ 形 説得力のある, 口のうまい. (動 persuade)

per·sua·sive·ly /pəswéɪsɪvli/ 副 説得力をもって, 言葉巧みに.

per·sua·sive·ness 名 Ⓤ 説得力.

pert /pəːt | pəːt/ 形 ❶〈子供・女の子など〉小生意気な, こましゃれた. ❷〈衣服など〉気のきいた, スマートな, シックな: a ~ hat しゃれた帽子. ~·ly 副 ~·ness 名

*__per·tain__ /pətéɪn | pə(ː)-/ 動 自 ❶ […に]関係する: problems ~*ing to* education 教育に関する(諸)問題. ❷ 属する, 付属する: He owns the house and the land ~*ing to* it. 彼は家屋とそれに付属している土地を所有している. ❸ 適する, 似合う: the passion ~*ing to* an artist 芸術家にふさわしい情熱. 〖F<L=しっかりと保つ PER-+*tenere* 保つ; cf. contain〗 (形 pertinent)

Perth /pəːθ | pəːθ/ 名 パース (オーストラリア Western Australia 州の州都).

per·ti·na·cious /ˌpə̀ːtənéɪʃəs | ˌpə̀ː-/ 形 ❶〈人・行動・意見など〉不屈の, 堅忍不抜の; がんこな. ❷〈病気など〉しつこい. ~·ly 副 ~·ness 名

per·ti·nac·i·ty /ˌpə̀ːtənǽsəti | ˌpə̀ː-/ 名 Ⓤ ❶ 不撓(とう)不屈, がんこ. ❷ しつこさ.

per·ti·nence /pə́ːtənəns | pə́ː-/ 名 Ⓤ 適切, 適当.

per·ti·nen·cy /pə́ːtənənsi | pə́ː-/ 名 =pertinence.

per·ti·nent /pə́ːtənənt | pə́ː-/ 形 ❶ 関係する, 関連する (relevant): ~ evidence 関連証拠 / some questions ~ *to* his remark 彼の評言に関連したいくつかの質問. ❷ 適切な, 妥当な: a ~ remark 的を射た言葉 / Your answer is not ~ *to* the question. 君の答はその質問には適切でない. ~·ly 副 〖L〗 (動 pertain)

per·turb /pətə́ːb | pətə́ːb/ 動 他 ❶〈人・人の心を〉かき乱す, 動揺させる, 〈人を〉不安にする, 心配させる (★ しばしば受身): She *was* much ~*ed* by her son's illness [to hear the news]. 彼女は息子の病気に[その知らせを聞いて] ひどく動揺した. ❷〈…を〉混乱させる. ❸ 〖天〗〈天体に〉摂動を起こさせる. 〖F<L=混乱させる PER-+*turbare* 乱す; cf. trouble〗 〖類義語〗 ⇨ disturb.

per·tur·ba·tion /ˌpə̀ːtəbéɪʃən, -tə(ː)- | ˌpə̀ːtə(ː)-/ 名 ❶ Ⓤ 心の動揺, 不安, 心配; Ⓒ 不安[心配]の原因. ❷ Ⓒ Ⓤ (外的要因による)変動; (常態からの)逸脱; 〖天〗摂動 (惑星などがその引力によって他の惑星などの運動を乱すこと). (動 perturb)

per·tus·sis /pətʌ́sɪs | pə(ː)-/ 名 Ⓤ 〖医〗百日咳.

Pe·ru /pərúː/ 名 ペルー《南米大陸西岸の共和国; 首都 Lima》.

pe·ruke /pərúːk/ 名 (17-19 世紀初期に男子が用いた)かつら (★ 現在では法律家が用いる).

pe·rus·al /pərúːz(ə)l/ 名 Ⓤ Ⓒ 熟読, 精読.

pe·ruse /pərúːz/ 動 他 ❶〈…を〉熟読する, 精読する. ❷〈戯言〉〈…を〉読む.

Pe·ru·vi·an /pərúːviən/ 形 ペルー(人)の. —— 名 ペルー人.

Perúvian bárk 名 Ⓤ キナ皮 (マラリア薬キニーネの原料となる樹皮).

perv /pə́ːv | pə́ːv/ 名 〈俗〉性的倒錯者 (pervert).

*__per·vade__ /pəvéɪd | pə(ː)-/ 動 他 ❶〈におい・気分などが〉〈…に〉染み込む, 浸透する, 充満する: The spicy smell ~*d* the kitchen. 芳しいにおいが台所に充満していた. ❷〈思

per·va·sion /pərvéɪʒən | pə(ː)-/ 名 U 充満, 普及; 浸透. (動 pervade)

per·va·sive /pərvéɪsɪv | pə(ː)-/ 形 広がる, 普及する; しみ通る. ~·ly 副 ~·ness 名 (動 pervade)

per·verse /pərvə́ːrs | pə(ː)və́ːs/ 形 ❶ a 〈人・行為など〉(理も非もなく)強情を張る, 非を認めない, あまのじゃくな, いこじな. b つむじ曲がりの, ひねくれた. ❷ 〈状況・結果など〉思うようにならない, 意地の悪い. ❸ 〈行為など〉正道を踏みはずした, 誤っている. 邪悪な. ~·ly 副 ~·ness 名 〔F<L=すっかりひっくり返った〕(名 perversity, 動 pervert)

per·ver·sion /pərvə́ːrʒən | pə(ː)və́ːʃən/ 名 U.C ❶ (性)倒錯: sexual ~ 性倒錯. ❷ 曲解, こじつけ; 濫用, 逆用; 悪化, 堕落: an absolute ~ of the facts 事実の完全な曲解. (動 pervert)

per·ver·si·ty /pərvə́ːrsəti | pə(ː)və́ːsə-/ 名 ❶ U つむじ曲がり, 強情. ❷ C つむじ曲がりの[誤った]行為. (形 perverse)

per·ver·sive /pərvə́ːrsɪv | pə(ː)və́ː-/ 形 ❶ 邪道に導く, 誤らせる. ❷ 曲解的な. (動 pervert)

per·vert /pərvə́ːrt | pə(ː)və́ːt/ 動 他 ❶ 〈…を〉濫用[逆用, 悪用]する; 〈言葉などを〉曲解する: He ~ed his talents. 彼はその才能を悪用した. ❷ a 〈人を〉堕落させる, 誤らせる; 邪教に誘う (corrupt). b 〈判断などを〉誤らせる. c 性的に倒錯させる. **pervért the cóurse of jústice** 《主に英》〖法〗(証拠湮滅などにより)司法過程をゆがめる[阻害する].
— /pə́ːrvərt/ 名 ❶ 変節者; 性的倒錯者. 〔F<L=すっかりひっくり返る < PER-+*vertere*, *vers*- to turn; cf. *verse*〕(名 perversion, 形 perverse, pervversive)

per·vért·ed /-tɪd/ 形 ❶ 〖医〗異常な, 性的に倒錯した. ❷ 誤った, ゆがんだ. ~·ly 副

per·vi·ous /pə́ːrviəs | pə́ː-/ 形 (↔ *impervious*) ❶ 透過する, 通しやすい. ❷ P 〈道理などを〉受け入れて, わかって〔*to*〕. ~·ness 名

pe·se·ta /pəséɪt̬ə/ 名 (徴 ~s /-z/) ペセタ《スペインの旧通貨単位; =100 centimos; 記号 Pta》.

Pe·sha·war /pəʃɑ́ːwɑːr | -ʃɑ́ːwə/ 名 ペシャワ(ー)ル《パキスタン北西部カイバル峠の東に位置する都市》.

pes·ky /péski/ 形 A (**pes·ki·er**, **-ki·est**) 《口》やっかいな, いやな, うるさい.

pe·so /péɪsoʊ/ 名 (徴 ~s /-z/) ❶ ペソ《アルゼンチン・コロンビア・キューバ・ドミニカ共和国・メキシコ・ウルグアイ・フィリピンなどの通貨単位; 記号 $ (フィリピンだけ P)》. ❷ 1 ペソ硬貨[紙幣].

pes·sa·ry /pésəri/ 名 ❶ ペッサリー《女性用の避妊具》. ❷ 膣坐薬.

pes·si·mism /pésəmɪ̀zm/ 名 U 悲観主義; 悲観論 (↔ *optimism*). 〔L=最悪〕(形 pessimistic)

pés·si·mist /-mɪst/ 名 悲観主義者, 厭世家.

pes·si·mis·tic /pèsəmɪ́stɪk/ 形 悲観的な, 厭世的な (↔ *optimistic*): take a ~ view of life 人生を悲観する / He's ~ *about* the future. 彼は将来に関して悲観的である. **pès·si·mís·ti·cal·ly** /-kəli/ 副 (名 pessimism)

pest /pést/ 名 ❶ 害虫, 害獣: a garden ~ 植物寄生虫 / ~ control 害虫駆除. ❷ [通例単数形で] やっかい者, 困りもの《特に子供》(nuisance): make a ~ of oneself うるさがられる. ❸ [the ~]《古》〖腺〗ペスト (bubonic plague). 〖L=病気〗

Pes·ta·loz·zi /pèstəlɑ́tsi | -lɔ́tsi/, **Jo·hann Hein·rich** /jouhɑ́ːn hɑ́ɪnrɪk/ ペスタロッチ《1746–1827; スイスの教育学者》.

pes·ter /péstər | -tə/ 動 他 〈人などを〉(せがんだりして)悩ます, 困らす, 苦しめる: We were ~ed by flies. 我々はハエに悩まされた / He ~ed me *for* money. 彼は私に金をせびった / Don't ~ me *with* silly questions. ばかな質問をしておれを悩ませないでくれ / [~+*to do*] He ~ed me *to* help. 彼は私に助けてくれとうるさくせがんだ.

pes·ti·cide /péstəsàɪd/ 名 U.C 農薬《殺虫剤・殺菌剤・除草剤・殺鼠剤など》. 〖PEST+-CIDE〗

pes·tif·er·ous /pestífərəs/ 形 ❶ 有害な, 危険な. ❷ わずらわしい, やっかいな.

pes·ti·lence /péstələns/ 名 U.C 悪疫, 疫病.

pes·ti·lent /péstələnt/ 形 ❶ 《口》やっかいな, うるさい. ❷ 病気を伝染する, 伝染病の. ~·ly 副

pes·ti·len·tial /pèstəlénʃəl/ 形 =pestilent.

pes·tle /pés(t)l/ 名 ❶ 〖乳鉢 (mortar) の〗中でものをつぶすのに用いる〗乳棒. ❷ すりこ木, きね.

pes·to /péstoʊ/ 名 U ペスト《バジリコ・ニンニク・チーズ・オリーブ油などで作るソース》.

*pet¹ /pét/ 名 ❶ 愛玩動物, ペット: No ~s (admitted).〔掲示〕ペット(持ち込み)お断わり. ❷ a 気に入り: a teacher's ~ 先生がひいきする生徒. b [通例単数形で]《口》いいやつ, かわいい人, いい子: Thank you, ~. ありがとう, 坊や[お嬢ちゃん]. c すてきなもの, あこがれのもの: What a ~ of a hat! なんてすてきな帽子でしょう. **màke a pét of ...** を かわいがる. —形 A 愛玩の, ペットの; 愛玩動物(用)の: a ~ dog 愛玩犬, ペットドッグ. ❷ 得意の, おはこの: a ~ subject 得意の題目, おはこ / one's ~ theory 持論. ❸ 愛情や嫌悪を示す: ⇒ pet name. **one's pét avérsion** /héɪt, péɪvi/ 大嫌いな人[もの]. — 動 (**pet·ted**; **pet·ting**) 他 〈…を〉かわいがる, やさしくなでる, 愛撫する, 甘やかす; 〈異性に〉ペッティングをする (fondle). — 自 《口》ペッティングをする.

pet² /pét/ 名 《子供っぽい》不機嫌, すねること: be in a ~ *about*... のことすねている.

Pet. 《略》〖聖〗Peter.

PETA /píːtə/ 《略》People for Ethical Treatment of Animals 動物の倫理的扱いを求める人々の会.

pet·a- /pétə/ 〖連結形〗〖単位〗ペタ (=10¹⁵).

pet·a·flops /pétəflɑ̀ps | -flɔ̀ps/ 名 《電算》ペタフロップス (⇒ PFLOPS).

pet·al /pétl/ 名 〖植〗花びら, 花弁. 〖L<Gk=葉; 原義は「広がったもの」〗

pet·al·ine /pétəlàɪn/ 形 〖植〗花弁 (petal) の[に付着した]; 花弁状の.

pet·al(l)ed /pétld/ 形 [複合語で] 花弁のある, …弁の: six-petaled 6弁の.

pet·al·oid /pétəlòɪd/ 形 〖植〗花弁状(様)の.

pé·tanque /peɪtɑ́ːŋk/ 名 U ペタンク《鉄球を転がして行なうフランス起源のゲーム》.

pe·tard /pɪtɑ́ːrd | petɑ́ːd/ 名 《城門などの破壊に用いた》爆破用火器. **be hóist with [by] one's ówn petárd** 自分の仕掛けたわなに自分がかかる《★ Shakespeare「ハムレット」から》.

pet·a·sus /pétəsəs/ 名 ペタソス《古代のギリシア人・ローマ人がかぶった山の低いつばの広め帽子; 特に絵画・彫刻などにおける Hermes または Mercury のかぶる翼のある帽子》.

pét·cock 名 〖機〗《ボイラーなどの》豆[小]コック.

Pete /píːt/ 名 ピート《男性名; Peter の愛称》. **for Péte's sàke** 後生だから, お願いだから.

pe·te·chi·a /pətíːkiə/ 名 (徴 **-chi·ae** /-kìaɪ | kìː/) 〖医〗点状出血; 溢血点. **pe·te·chi·al** /-kiəl/ 形

*pe·ter¹ /píːtər | -tə/ 動 自 次第に消える[終わる, 弱まる]; 〈鉱脈・河流などが〉細くなる, 尽きる〔*out*〕.

pe·ter² /píːtər | -tə/ 名 ❶ 《俗》独房. ❷ 《俗》金庫. ❸ 《俗・卑》ペニス. 〖↓〗

Pe·ter /píːtər | -tə/ 名 ❶ ピーター《男性名; 愛称 Pete》. ❷ [~ the Great] ピョートル大帝《1672–1725; 帝政ロシアの始祖》. ❸ [St.~] 〖聖〗(聖)ペテロ《キリスト十二使徒の一人; 新約聖書ペテロ書の著者》. ❹ 〖聖〗ペテロの手紙, ペテロ書《新約聖書中の書; 第一の手紙または第二の手紙; 略 Pet.》. **rób Péter to páy Pául** 一方から奪って他方に返す, 借金で借金を返す. 〖L<Gk<*petros* 石, *petra* 岩; cf. petro-〗

péter·man /-mən/ 名 (徴 -**men** /-mən/)《古》金庫破り《人》.

Peter Pán 名 ピーターパン《J. M. Barrie 作の劇 *Peter Pan* の主人公; いつまでも大人にならない勇敢な少年》.

Péter Pàn cóllar [名]〘服飾〙ピーターパンカラー《襟先の丸い女性・子供用の襟》.

Péter Prìnciple [名] [the ～] ピーターの法則《階層のある組織・社会の構成員は, 各自の能力を超えた地位にまで昇進して無用な存在になる傾向があるというもの》. 〘Laurence J. Peter 米国の教育学者〙

pe·ter·sham /píːṭəʃəm | -tə-/ [名] [U] ピーターシャム《ベルトやハットバンド用の細幅の厚地》.

Péter's pénce [名] [複] ペテロ献金《かつて英国で土地所有者が 1 戸につき 1 ペニーを毎年教皇庁に納付したもの; 今ではカトリック教徒が毎年教皇庁へ納める任意の献金》.

Pé·ters' projéction /péɪtəs- | -təs-/ [名]〘地図〙ペータース図法《第三世界を強調するためにメルカトル図法を改良した図法》. 〘Arno Peters ドイツの歴史家〙

peth·i·dine /péθədìːn/ [名] [U]〘薬〙ペチジン《塩酸メペリジン; 鎮痛薬》.

pé·til·lant /pèɪtijáːn | pétiàːŋ/ [形]〈ワインが〉準[微弱]発泡性の.

pet·i·o·lar /péṭiələ | pètióulə/ [形]〘植〙葉柄の[に支えられた].

pet·i·o·late /péṭiəlèɪt/, **-lat·ed** /-lèɪṭɪd/ [形]〘植・動〙有柄の, 葉柄の.

pet·i·ole /péṭiòul/ [名]〘植〙葉柄(ようへい).

pet·it /péṭi, pətíː/ [形]〘法〙(比較的)軽い〈罪〉.

pe·tít bóurgeois /pətíː-/ [名] 小ブルジョアの人, プチブル, 小市民. 〘F〙

⁺**pe·tite** /pətíːt/ [形] 小さい; (特に)〈女性が〉小柄の. 〘F=小さい〙

petíte bourgeoisíe [名] [単数または複数扱い] プチブルジョア階級.

pe·tit four /péṭifɔ́ə | -fúə/ [名] ([複] **pe·tits fours** /～z/) [C,U] プチフール《ひと口大のケーキ》. 〘F=小さなオーブン〙

pét·it·grain /péṭigrèɪn(-)/ [名] [U]〘化〙プチグレン油《ダイダイなどの葉や小枝から採る芳香をもつ黄色の精油; 香水・石鹸などに用いる》.

pe·ti·tion** /pətíʃən/ [名] ❶ 請願(書), 嘆願(書), 申請(書): a ～ in bankruptcy〘法〙破産の申し立て[申請] / grant [reject] a ～ 請願を承諾[却下]する / a ～ against [for]…に反対[賛成]する請願書 / file a ～ for divorce 離婚訴訟を起こす. ❷ (神などに対する)祈願. **the Petítion of Ríght**《英史》権利の請願《1628 年議会から国王 Charles 1 世に請願したもの》. ── [動] [他]〈人に〉(…を)請願する: They *～ed* the government ***for release of the information. 彼らは政府にその情報の公開を求めた / 〔+目+***to*** do〕They *～ed* the mayor *to* take immediate measures. =〔+目+***that***〕They *～ed* the mayor *that* immediate measures (should) be taken. 彼らは市長に至急善処してくれるよう請願した. ── [自] (…を)願う, 請う: They *～ed* ***for*** his release. 彼らは彼の釈放を願い出た / 〔+***to*** do〕We *～ed to* be allowed to open the stores on Sunday. 我々は日曜日に店を開けられるよう許可を願い出た. 〘F＜L＜*petere* 求める; cf. appetite, repetition; compete, impetus, perpetual, repeat〙

pe·ti·tion·ar·y /pətíʃənèri | -ʃ(ə)nəri/ [形] 請願の, 嘆願の.

pe·tí·tion·er /-ʃ(ə)nə | -nə/ [名] ❶ 請願者. ❷《主に英》(離婚訴訟の)原告.

pe·ti·ti·o prin·ci·pi·i /pətíṭioupriŋkípiiː | -ʃiouprɪnsípiàɪ/ [名]〘論〙先決問題要求の虚偽《理由なく前提を立てることによる虚偽》.

pétit júry [名] =*petty jury*.

pe·tit mal /péṭimáːl | -mǽl/ [名] [U]〘医〙(てんかんの)小発作.

pe·tit point /péṭipɔ̀ɪnt | ⁻ー⁻/ [名] [U] プチポアン, テントステッチ《短く斜めに刺してゆく刺繍》.

pe·tits pois /péṭipwáː/ [名] [複] 小粒のグリーンピース.

pét nàme [名] 愛称, ペットネーム《Bob, Bill, Kate など》.

Pet·ra /pétrə, píː-/ [名] ペトラ《ヨルダン南部にあった古代都市》.

Pe·trarch /píːtraək, pétraək | pétrɑːk/ [名] ペトラルカ《1304–74; イタリアの詩人》.

Pe·trar·chan /pɪtráəkən | -tráːk-/ [形] ペトラルカ風[流]の: a ～ sonnet ペトラルカ風ソネット.

pet·rel /pétrəl/ [名]〘鳥〙ミズナギドリ目の海鳥; (特に)ウミツバメ《★ 荒海を飛び回るので storm petrel とも呼ばれる》. 〘St. Peter の名にちなむ; 海上を歩行するように飛ぶ様子が水上を歩いた聖ペテロを連想させることから〙

Pé·tri dìsh /píːtri-/ [名] ペトリ皿《細菌培養用》. 〘R. J. Petri ドイツの細菌学者〙

pet·ri·fac·tion /pètrəfǽkʃən/ [名] ❶ **a** [U] 石化(作用). **b** [C] 石化物, 化石. ❷ [U] 茫然(ぼうぜん)自失, びっくり仰天.

pet·ri·fi·ca·tion /pètrəfɪkéɪʃən/ [名] =petrifaction.

⁺**pet·ri·fied** /pétrəfàɪd/ [形] ❶ 石化した: a ～ forest 石化森, 化石の森. ❷ [P] びっくり仰天して, 茫然(ぼうぜん)自失状態で (terrified): stand ～ 驚いて棒立ちになる / He was ～ ***with*** fear. 彼は恐怖で体がすくんでしまった.

pet·ri·fy /pétrəfàɪ/ [動] [他] ❶〈…を〉石質にする, 石化する. ❷〈人を〉びっくり仰天させる, すくませる, 茫然(ぼうぜん)自失させる (terrify) (cf. petrified 2): The sight of his face *petrified* her. 彼の顔を見て彼女は身がすくんだ. ❸ **a**〈人の心を〉無情[がんこ, 無神経]にする. **b**〈社会・組織などを〉硬直化させる. ── [自] ❶ 石化する. ❷ 体がすくむ; 硬直化する. 〘F=石にする; ⇨ petro-, -ify〙

Pe·trine /píːtraɪn/ [形] ❶ 使徒ペテロ (Peter) (の教義)の. ❷ ピョートル大帝 (Peter the Great) (の治世)の.

pet·ro- /pétrou/ [連結形] ❶「石」「岩」. ❷「石油」. 〘L＜Gk *petra* 岩, *petros* 石〙

⁺**pètro·chémical** [形] 石油化学(製品)の. ── [名] [通例複数形で] 石油化学製品.

pètro·chémistry [名] [U] 石油化学.

pétro·dòllar [名] オイルダラー《原油輸出国の稼ぐ外貨》.

pètro·génesis [名] [U]〘地〙岩石生成. **-genétic** [形]

pet·ro·glyph /pétrəglɪf/ [名] 岩面陰刻[線画]《特に有史前になされたもの》.

Pet·ro·grad /pétrəgræ̀d/ [名] ペトログラード《St. Petersburg の旧称 (1914–24)》.

pe·trog·ra·phy /pətrágrəfi | -trɔ́g-/ [名] [U] 記載岩石学.

***pet·rol** /pétrəl/ [名] [U]《英》ガソリン (《米》gasoline). ── [形] [A] ガソリンの[による]: a ～ engine ガソリンエンジン. 〘PETROL(EUM)〙

pet·ro·la·tum /pètrəléɪṭəm/ [名] [U]〘化〙❶ ペトロラタム (Vaseline). ❷ 鉱油.

pétrol bòmb [名]《英》火炎瓶 (Molotov cocktail).

***pe·tro·le·um** /pətróuliəm/ [名] [U] 石油: crude [raw] ～ 原油 / a ～ engine ガソリンエンジン. 〘L＜*petra* 岩 (＜Gk; ⇨ petro-)+*oleum* 油〙

petróleum éther [名] [U] 石油エーテル.

petróleum jélly [名] =petrolatum 1.

pe·tról·o·gist /-ʤɪst/ [名] 岩石学者.

pe·trol·o·gy /pətrálədʒi | -trɔ́l-/ [名] [U] 岩石学.

⁺**pétrol stàtion** [名]《英》ガソリンスタンド (《米》gas station).

pe·tro·sal /pətróus(ə)l/ [形]〘解〙(側頭骨)錐体の. ── [名]〘解〙(側頭骨)錐体.

PÉT scàn /pét-/ [名]〘医〙PET スキャン《陽電子放射断層撮影による体内画像検査》.

pet·ti·coat /péṭɪkòut/ [名] ❶ ペチコート. ❷《俗》**a** 女, 娘. **b** [複数形で] 女性. ── [形] [A]《戯言・軽蔑》女性の, 女性的な: ～ government 女[かかあ]天下; 婦人政治. 〘PETTY+COAT〙

pet·ti·fog /péṭifɔ̀ːg, -fàg | -fɔ̀g/ [動] [自] ❶ へ理屈を並べる, どうでもいいことにこだわる. ❷ 不正な弁護をする. **pét·ti·fòg·ger** [名] **-fog·ger·y** /-gəri/ [名]

pét·ti·fòg·ging [形] ❶ ささいなことにむだにかかわる; 三百代言的な. ❷ くだらない, つまらない.

pét·ting /-ṭɪŋ/ [名] [U] ペッティング, 愛撫.

pétting zòo [名] (動物にさわることができる)子供動物園.

pet·tish /péṭɪʃ/ [形]〈人が〉怒りっぽい; いらいらした, すねた. **～·ly** [副] **～·ness** [名]

pet·ty /péti/ 形 (**pet·ti·er; -ti·est**) ❶ **a** 取るに足らない, ささいな; わずかな: ~ expenses 雑費 / ~ quarrels ささいな口論. **b** 下級の, はしたの, 劣った: a ~ official 小役人. **c** 虚勢を張った. ❷ 狭量な, けちな: a ~ mind 狭量な心 / Don't be so ~. そんなにけちするな. **pét·ti·ly** /-təli/ 副 **-ti·ness** 名 〖F *petit* 小さい〗

pétty bóurgeois 名 = petit bourgeois.
pétty bourgeoisíe 名 = petite bourgeoisie.
pétty cásh 名 《事務的雑費にあてる》小口現金.
pétty críme 名 軽度の《重大でない》犯罪.
pétty júry 名 〖法〗小陪審《12人の陪審員から成り, 公判に立ち会って民事・刑事の訴訟事実を審理する; cf. grand jury》.
pétty lárceny 名 U.C. 軽窃盗罪; こそどろ.
pétty ófficer 名 〖英海軍〗下士官《陸軍の noncommissioned officer に当たる; cf. commissioned officer, warrant officer》.
pet·u·lance /pétʃələns | -tju-/ 名 U かんしゃく, すねること, 短気, 不機嫌 《*at*》.
pet·u·lant /pétʃələnt | -tju-/ 形 《ささいなことに子供っぽく》怒りっぽい, すねる. ~**·ly** 副
pe·tu·nia /pɪtjúːnjə, -niə | -tjúː-/ 名 ❶ C 〖植〗ペチュニア《ツクバネアサガオ属の植物》. ❷ U 《暗》紫色.
peu à peu /pɔ́ːəpɔ́ː/ 副 少しずつ.
✝**pew**[1] /pjúː/ 名 ❶ 《教会の》信者席, 会衆席《背のついた長いベンチ式の信者席》. ❷ 《英口》席, 腰掛け: take a ~ 腰掛ける, 座る. 〖F<L=高い所の席〗
pew[2] /pjúː/ 間 《うわ》臭いっ!
pe·wee /píːwiː/ 名 〖鳥〗モリタイランチョウ《北米産》.
pe·wit /píːwɪt/ 名 〖鳥〗❶ タゲリ. ❷ モリタイランチョウ (pewee).
✝**pew·ter** /pjúːtɚ | -tə/ 名 U ❶ しろめ《スズと鉛などの合金》. ❷ しろめ製の食器《類》.
pe·yo·te /peɪóʊtɪ/ 名 ❶ C 〖植〗ウバタマ《米国南西部・メキシコ北部産の球形サボテン》. ❷ U ペイヨーテ《ウバタマから得られる幻覚剤》.
pf 《略》〖楽〗pianoforte. **pf.** 《略》perfect; preferred; 〖記号〗pfennig. **PFC, Pfc.** 《略》Private First Class《米陸軍》上等兵.
pfen·nig /fénɪɡ/ 名 (~**s, -ni·ge** /-nɪɡə/) ペニッヒ《ドイツの旧通貨単位; =¹⁄₁₀₀ mark; 記号 pf.》.
PFLOPS /píːflɑps | -flɔps/ 名 〖電算〗petaflops 《10¹⁵ [千兆] 浮動小数点演算毎秒を表わす単位; ⇒ flops》. **PG** /píːdʒíː/ 《略》Parental Guidance《映》準一般映画《子供には親の指導が望ましい映画; 《英》では 15 歳未満の子供; ⇒ movie 〖解説〗》; paying guest.
pg. 《略》page. **Pg.** 《略》Portugal; Portuguese.
PGA 《略》Professional Golfer's Association (of America)《全米》プロゴルファー[ゴルフ]協会.
PG-13 /píːdʒíːθɚtíːn | -θɜː-/ 《略》《米》〖映〗13 歳未満の子供には親の特別の指導が望ましい準一般映画《⇒ movie 〖解説〗》.
✝**pH** /píːéɪtʃ/ 名 〖化〗ペーハー, ピーエイチ《水素イオン指数》. 〖F (*pouvoir*) *h*(*ydrogène*) hydrogen power〗
Ph 〖記号〗〖化〗phenyl. **PH** 《略》Purple Heart.
ph. 《略》phase.
Pha·e·thon /féɪəθən | -θɒn/ 名 〖ギ神〗ファエトン《太陽神 Helios の子; 1日だけ父に許された日輪の車を御したが, 未熟のため地球に接近して大火事を起こしかけたため, Zeus は彼を電光で殺した》.
pha·e·ton /féɪət(ə)n | féɪtn/ 名 ❶ 二頭引き四輪馬車. ❷ フェートン型オープンカー.
phag·o·cyte /fǽɡəsàɪt/ 名 〖生理〗食細胞《白血球 (leukocyte) など》.
-ph·a·gous /-fəɡəs/ 〖形容詞連結形〗「《ある種の食物を》食べて生きている」.
-pha·gy /-fədʒi/ 〖名詞連結形〗「《ある食物を》常食とすること」.
pha·lan·ge·al /fəlǽndʒiəl/ 形 指骨 (phalanx) の.
pha·lan·ger /fəlǽndʒɚ | -dʒə/ 名 〖動〗フクロギツネ, クスクス《オーストラリア産クスクス科》.
pha·lanx /féɪlæŋ(k)s | fǽl-/ 名 (~**·es, -lan·ges** /fəlǽndʒiːz | fæ-/) ❶ **a** 密集隊; 《古代ギリシアの》方陣: a ~ of riot police 密集した機動隊. **b** 《人・動物・物の》密集. ❷ (⊕ -**langes**) 〖解〗指骨.
phal·a·rope /fǽlərəʊp | -rəʊp/ 名 ヒレアシシギ.
phal·lic /fǽlɪk/ 形 男根 (phallus) の: ~ worship 男根崇拝.
phal·li·cism /fǽləsɪzm/, **phal·lism** /fǽlɪzm/ 名 U 男根崇拝.
phal·lo·cen·tric /fæloʊséntrɪk‖-/ 形 男性中心主義的な《見方の》, 男性本位の. **-cen·tric·i·ty** /-sentrísəti/, **-cén·trism** /-séntrɪzm/ 名 U
phal·lus /fǽləs/ 名 (⊕ -**li** /-laɪ/, ~**·es**) 男根; 男根像. 〖L<Gk; 原義は「ふくらむもの」〗(関連 priapic)
Pha·nar·i·ot /fənǽriət/ 名 〖史〗ファナリオット《トルコ支配下のイスタンブールで官吏として特権をふるったギリシア人》.
Pha·ner·o·zo·ic /fǽnərəzóʊɪk‖-/ 形 〖地〗 [the ~] 〖地〗顕生(累)代の《古生代・中生代・新生代からなる》.
phan·tasm /fǽntæzm/ 名 ❶ 幻, 幻影, 幻想. ❷ 《死者・不在者の》幻像, 幽霊. 〖F<L<Gk=見えてくるもの; cf. phantom〗
phan·tas·ma·go·ri·a /fæntæzməɡɔ́ːriə | fæntæzməɡɒ́-/ 名 《走馬灯のように》移り変わる幻影[幻想].
phan·tas·ma·gor·ic /fæntæzməɡɔ́ːrɪk | fæntæzməɡɒ́r-‖-/ 形 移り変わる幻影のような, 次々に変わってゆく.
phan·tas·mal /fæntǽzm(ə)l/ 形 幻《のような》; 幽霊の; 空想的な.
phan·tast /fǽntæst/ 名 夢想家, ロマンチスト.
phan·ta·sy /fǽntəsi, -zi/ 名 = fantasy.
✝**phan·tom** /fǽntəm/ 名 ❶ 幻, 幻影. ❷ 幽霊, お化け (ghost). ── 形 A ❶ 幻影の, 妄想の: a ~ ship 幽霊船. ❷ 外見上の, 見せかけの: a ~ company 幽霊会社 / a ~ employee 幽霊社員. 〖F<L<Gk=見えてくるもの; phantasm と二重語〗
phántom círcuit 名 〖電〗重信回路.
phántom límb 名 〖医〗幻(影)肢(ˈ)《切断後手足がまだあるように感じること》.
phántom límb pàin U.C. 〖医〗幻肢痛.
phántom prégnancy U.C. 想像妊娠.
Phar·aoh /fé(ə)rəʊ/ 名 ファラオ《古代エジプト王の称号》.
pháraoh ànt, pháraoh's ànt 名 〖昆〗イエヒメアリ《家庭の害虫》.
Pháraoh's sérpent 名 ファラオの蛇, 蛇玉《チオシアン酸第二水銀》火をつけると燃えてヘビ状になる花火》.
Phar·a·on·ic /fè(ə)reɪɑ́nɪk | -ɒ́n-/ 形 ファラオ (Pharaoh) の《ような》.
Phar·i·sa·ic /fæ̀rəséɪɪk‖-/, **-i·cal** /-k(ə)l/ 形 ❶ パリサイ人《主義》の. ❷ 形式にこだわる, 偽善の. **-i·cal·ly** /-kəli/ 副
Phar·i·sa·ism /fǽrəseɪɪzm/ 名 U ❶ パリサイ主義《パリサイ派の教義・慣習》. ❷ [p~] 形式主義; 偽善.
Phar·i·see /fǽrəsiː/ 名 ❶ パリサイ人《古代ユダヤで律法の形式を重んじた保守派の人》. ❷ [p~] 《宗教上の》形式主義者; 偽善者 (hypocrite).
✝**pharma·ceu·ti·cal** /fɑ̀ːməsúːtɪk(ə)l | fɑ̀ːməsjúː-‖-/ 形 ❶ 製薬の, 調剤の; 薬学の; 薬剤《師》の. ── 名 [複数形で] 調合薬, 医薬品. ~**·ly** /-kəli/ 副 〖L<Gk〗(関連 pharmacy)
phar·ma·ceu·tics /fɑ̀ːməsúːtɪks | fɑ̀ːməs(j)úː-‖-/ 名 U 調剤学, 薬学. 〖L ↑〗
✝**phar·ma·cist** /fɑ́ːməsɪst | fɑ́ː-‖-/ 名 ❶ 薬剤師. ❷ 《英》薬屋《人》(《米》 druggist).
phar·ma·co- /fɑ́ːməkəʊ- | fɑ́ː-‖-/ 〖連結形〗「薬」. 〖Gk *pharmacon* 毒, 薬〗
phàrmaco·dynámics 名 U 薬力学. **-dynámic** 形
phar·ma·cog·no·sy /fɑ̀ːməkɑ́ɡnəsi | fɑ̀ːməkɒ́ɡ-‖-/ 名 U 生薬学.
phàrmaco·kinétics 名 U 薬物動力[動態]学《薬物の体内での吸収・分布・代謝・排泄の研究》. **-kinétic** 形
phar·ma·col·o·gy /fɑ̀ːməkɑ́ləʒi | fɑ̀ːməkɒ́l-‖-/ 名 U 薬理学. **-gist** /-dʒɪst/ 名 薬理学者. **phar·ma·co·log·**

pharmacopoeia 1350

i·cal /fàəməkəládʒɪk(ə)l | fàːməkəlɔ́dʒ-‑/, **-ic** /-dʒɪk/ 形 **-i·cal·ly** /-kəli/ 副

phar·ma·co·poe·ia, -pe·ia /fàəməkəpíːə | fàː-/ 名 ❶ C 薬局方《薬品を列挙し、その性能・用途・用法を記載した政府出版物》. ❷ U 薬種, 薬物類.

⁺phar·ma·cy /fάəməsi | fάː-/ 名 ❶ C 薬屋, 薬局 (cf. drugstore). **b** (病院の)薬局 (dispensary). ❷ U 調剤(法); 薬学: a Doctor of P~ 薬学博士 (略 Pharm. D.). 〖F<L<Gk<*pharmacon* 毒, 薬〗 形 pharmaceutical)

Pha·ros /fé(ə)rɑs | -rɔs/ 名 ❶ [the ~] (昔, エジプト北部の Alexandria 湾内にあった)ファロス灯台《世界七不思議の一つ》. ❷ [p~] C 灯台, 航路標識.

pha·ryn·gal /fəríŋg(ə)l/ 形 =pharyngeal.

phar·yn·ge·al /fəríndʒiəl, færɪndʒiːəl-‑/ 形〖解〗咽頭(½ｬ)の: the ~ tube 食道. (名 pharynx)

phar·yn·gi·tis /færɪndʒáɪtɪs/ 名〖医〗咽頭炎.

phar·yn·got·o·my /færɪŋgátəmi | -gɔ́t-/ 名〖医〗咽頭切開術).

phar·ynx /fǽrɪŋ(k)s/ 名 (複 ~es, pha·ryn·ges /fərɪ́ndʒiːz/)〖解〗咽頭. 〖L<Gk〗 (形 pharyngeal)

⁺phase /féɪz/ 名 ❶ (変化・発達の)段階; 時期 (period): several ~s of physical development 身体の成長のいくつかの段階 / enter upon a new ~ 新段階に入る. ❷ (変化するものの目または心に映る)相, 面; 局え方: a problem with many ~s 多面的な問題. ❸〖天〗(天体の)象(½ｯ); (月の)相, 位相 (new moon, half moon, full moon はそれぞれ a ~ of the moon). ❹〖理・電〗相, 位相フェーズ. ❺〖生〗相. **in phάse** 同位相で, 同時性で, 同調して, 一致して 〔with〕. **òut of phάse** 位相を異にして, 非同時性で, 同調がなくて, 同調して 〔with〕. ─ 動 他 (段階的に計画実行する): a ~d withdrawal of troops 軍隊の段階的撤退. **phάse dówn** (他+副) (...の)段階的に縮小する. **phάse ín** (他+副) (...を)段階的に導入する. **phάse óut** (他+副) (...を)漸次[段階的に]廃止[除去]する. 〖F<L<Gk=現われること *phainein* 現わる; cf. phenomenon〗 〖類義語〗**phase** あるものや状態の移行に, 特に変化するものを段階的にとらえた物. **aspect** 研究・判断・感情的な反応に関する, ある特定の視点から分析されう様相. **facet** 多くの面を持つ(あるいは持つとされる)ものの面の1つ.

phάse àngle 名〖理・天〗位相角.

phάse-còntrast 形 位相差顕微鏡の[を用いた].

phάse-òut 名 段階的廃止[除去].

phάse spàce 名〖理〗位相空間《力学系の運動を表わす空間で, 一般化座標とそれに共役な一般化運動量を座標軸とする》.

-pha·sia /féɪʒə, -ʒiə | -ziə/ 〖名詞連結形〗「(ある種の)言語不全」. 〖Gk〗

pha·sic /féɪzɪk/ 形 局面[形勢]の; 相 (phase)の, 相性の, 位相[過, 相動]性の; 段階的に作用する.

phat /fǽt/, **phát-àss** 形《米俗》すげえ, カッコいい, グッとくる, しんなり.

phat·ic /fǽtɪk/ 形〘言葉が交感的な《内容を伝えるより社交のためのものにいう》: ~ language 社交的言葉《あいさつなど》.

⁺Ph.D., PhD /píːèɪtʃdíː/ 名 博士号; 博士(号取得者) (Doctor of Philosophy) 〖解説〗文字どおりには「哲学博士」となるが, この場合の philosophy は「高等な学問」という意味で;「哲学博士」ならば He has a *Ph.D.* in philosophy. という; 米国では大学教員の資格証とみなされる》. 〖L *philosophiae doctor*〗

⁺pheas·ant /féz(ə)nt/ 名 (複 ~s, ~) C〖鳥〗キジ科の鳥 《コウライキジなど》; U キジの肉.

pheas·ant·ry /féz(ə)ntri/ 名 キジ飼い場.

phéasant's-èye 名〖植〗アキザキフクジュソウ.

phen- /fiːn/〖連結形〗(母音の前にくる時の) pheno- の異形.

phe·nac·e·tin /fənǽsətɪn, -tn | -tɪn/ 名 U〖薬〗フェナセチン《解熱・鎮痛剤》.

phen·cy·cli·dine /fensάɪkləɾdìːn/ 名 U〖薬〗フェンシクリジン《麻酔薬; 麻薬としても用いられる》.

Phe·ni·cia /fəníʃə/ 名 =Phoenicia.

Phe·ni·cian /fəníʃən/ 形 名 =Phoenician.

phe·nix /fíːnɪks/ 名 =phoenix.

phe·no- /fiːnoʊ/〖連結形〗❶「見えている」「顕性の」. ❷「ベンゼン(環)の」「フェノールの」.

phe·no·bar·bi·tal /fìːnoʊbάəbəɾɔːl | -bάːbɪtl/ 名 U《米》フェノバルビタール《催眠・鎮静剤》.

phè·no·bár·bi·tone /-bətoʊn/ 名《英》=phenobarbital.

phe·no·cryst /fíːnəkrɪst/ 名〖地〗斑晶.

phe·nol /fíːnoʊl, -nɔːl | -nɔl/ 名 U〖化〗フェノール, 石炭酸.

phe·no·lic /fɪnóʊlɪk, -nάl- | -nɔ́l-/ 形〖化〗フェノール類[石炭酸]の.

phe·nol·o·gy /fɪnάlədʒi | -nɔ́l-/ 名 生物季節学, 生物気候学. **phe·no·log·i·cal** /fìːnəládʒɪk(ə)l | -lɔ́dʒ-/ 形

phè·nol·phthάl·e·in /-θǽliːɪn | -θǽliːn/ 名 U〖化〗フェノールフタレイン《pH 指示薬・下剤》.

phe·nom /fənάm | -nɔ́m/ 名〘口・縮約形〗《米口》驚嘆すべき事[物], 並はずれた物[人], 天才, 神童. 〖PHENOM(ENON)〗

⁺phe·nom·e·na /fənάmənə | -nɔ́m-/ 名 phenomenon の複数形.

⁺phe·nom·e·nal /fənάmən(ə)l | -nɔ́m-/ 形 ❶《口》驚くべき, 異常な, 驚異的な: a ~ success 驚異的な成功 / a ~ amount of money 驚くほどの大金. ❷ 現象[事象]の[に関する]. ❸ 〘思考・直観によらず五感で〙認知[知覚]できる. ~·**ly** /-nəli/ 副 (名 phenomenon)

phe·nóm·e·nal·ism /-nəlɪ̀zm/ 名 U〖哲〗現象論.

phe·nom·e·no·log·i·cal /fənὰmənəládʒɪk(ə)l | -lɔ́dʒ-‑/ 形 現象学の; 現象(上)の (phenomenal); 現象論の. ~·**ly** /-kəli/ 副

phe·nom·e·nol·o·gy /fənὰmənάlədʒi | -nɔ̀mənɔ́l-/ 名 U〖哲〗現象学; 現象論[主義].

⁺phe·nom·e·non /fənάmənὰn, -nən | -nɔ́mənən/ 名 (複 **-e·na** /-mənə/) ❶ 現象, 事象: A rainbow is a natural ~. 虹は自然現象だ. ❷ (複 ~s) **a** 驚異(的なもの), 不思議なもの[事]. **b**《口》非凡な人, 天才: a child ~ 神童. 〖L<Gk 現われるもの *phainein* 現われる; cf. phase〗

phe·no·thí·a·zine /-θάɪəzìːn/ 名 U〖化〗フェノチアジン《殺菌・駆虫薬》; C〖薬〗(精神分裂病治療用の)フェノチアジン誘導体.

phe·no·type /fíːnəɾtάɪp/ 名〖生〗表現型《肉眼で見える生物の形質; cf. genotype》.

phen·yl /fén(ə)l, fíː- | fíːnaɪl/ 名 U〖化〗フェニル基《ベンゼンから導かれる基; 記号 Ph》.

phènyl·άl·a·nine 名 U〖生化〗フェニルアラニン《芳香族アミノ酸の一種》.

phènyl·kè·ton·ú·ri·a /-kìːtoʊn(j)ύ(ə)riə | -njύəɾ-/ 名 U〖医〗フェニルケトン尿(症)《遺伝性代謝疾患で幼児期に知能障害がみられる》.

phen·y·to·in /fènətóʊɪn | fɪnítoʊ-/ 名 U〖薬〗フェニトイン《抗けいれん薬》.

⁺pher·o·mone /férəmòʊn/ 名〖生〗フェロモン《動物の体内でつくられ, 体外に分泌放出されて同種の他の個体に特殊な行動や生理作用を起こす有機物質》.

phew /fjúː/ 間 (cf. whew; 覺言〗実際の会話では口笛に似た音を単独に発音するときに使う) ❶ 〘ほっとした気持ちを表わして〙あーあ, やれやれ. ❷ 〘驚きを表わして〙ほー, へー. ❸ 〘疲れ・息切れなどを表わして〙ああ.

phi /fάɪ/ 名 U,C ファイ《ギリシャ語アルファベットの第 21 字 Φ, φ; 英字の ph に当たる; ⇒ Greek alphabet 表》.

phi·al /fάɪ(ə)l/ 名 小型ガラス瓶, (特に)薬瓶, アンプル (vial).

Phi Be·ta Kap·pa /fάɪbéɪɾəkǽpə | -bíː-/ 名《米》ファイベータカッパクラブ《成績優秀な大学生・卒業生から成る米国最古で最も有名なギリシャ文字クラブ; 1776 年設立; 終身会員制で, Greek-letter fraternity》. ❷ C ファイベータカッパクラブの会員.

Phil /fíl/ 名 フィル《男性名; Philip の愛称》.

Phil. 《略》Philip; 《聖》Philippians; Philippine(s).
phil- /fíl/ [連結形]《母音の前にくる時の》philo- の異形: *phil*anthropy.
-phil /fíl/ [連結形] =-phile.
Phil·a·del·phi·a /fìlədélfiə, -fjə↙/ 图 フィラデルフィア《米国 Pennsylvania 州の都市; 俗称 the City of Brotherly Love; 略 Phila.》.《L<Gk=兄弟愛 PHI-LO-+*adelphos* 兄, 弟》
Philadélphia chrómosome 图 《生》フィラデルフィア染色体《慢性骨髄性白血病患者の培養白血球にみられる微小な染色体》.
Philadélphia láwyer 图 《米・軽蔑》すご腕の弁護士, 法律に詳しく抜けめのない弁護士.
phi·lan·der /fíləndɚ/ -da- / 動 ⓘ 〈男が〉〈女と〉いちゃつく, 恋愛遊戯にふける《*with*》.
phi·lán·der·er /-dərɚ, -drɚ/ | -dərə, -drə/ 图 恋愛遊戯にふける男, 女たらし (womanizer).
phil·an·throp·ic /fìlənθrápik | -θrɔ́p-↙/ 形 情け深い, 博愛(主義)の, 慈善の. **-i·cal·ly** /-kəli/ 副 (图 philanthropy)
phi·lan·thro·pism /filǽnθrəpìzm/ 图 Ⓤ 博愛主義, 仁愛.
phi·lán·thro·pist /-pɪst/ 图 博愛主義者.
phi·lan·thro·pize /filǽnθrəpàɪz/ 動 ⓘ 慈善を施す; 慈善事業に従事する. ── 他 〈…に〉慈善を施す.
phi·lan·thro·py /filǽnθrəpi/ 图 ❶ Ⓤ 博愛(主義), 慈善 (cf. misanthropy). ❷ Ⓒ 慈善[博愛]行為[事業, 団体].《L<Gk=人を愛すること PHILO-+*anthrōpos* 人》(形 philanthropic)
phil·a·tel·ic /fìlətélɪk/ 形 切手収集[研究]の.
phi·lát·e·list /-lɪst/ 图 切手収集[研究]家.
phi·lát·e·ly /filǽtəli/ 图 Ⓤ 切手収集[研究].
-phile /fáɪl/ [名詞・形容詞連結形]「…を好む(者)」(↔ -phobe): biblio*phile*, Anglo*phile*.《L<Gk *philos* loving》
Philem. 《略》《聖》Philemon.
Phi·le·mon /fìlíːmən | -mɔn/ 图《聖》ピレモンへの手紙, ピレモン書《新約聖書中の一書; 略 Philem.》.
†**phil·har·mon·ic** /fìlhɑːmάnɪk | -hɑːmɔ́n-↙/ 图 [しばしば P~] 音楽(愛好)の; 交響楽団の《★しばしば交響楽団・音楽協会などの名称に用いられる》: a ~ society 音楽協会 / a ~ concert《音楽協会主催の》公演会; the London *P-* Orchestra ロンドンフィルハーモニー管弦楽団. ── 图 交響楽団.
phil·hel·lene /fílhélíːn/ 图 ギリシャ愛好の, ギリシャびいきの. ── 图 ギリシャ愛好[崇拝]者.
phil·hel·len·ic /fìlhəlénɪk, -helíːn-↙/ 形 ギリシャ愛好[崇拝]の.
-phil·i·a /fíliə/ [名詞連結形] ❶「…傾向」「親…」. ❷「…の病的愛好」.
-phil·i·ac /fíliæk/ [名詞・形容詞連結形]「…の病的愛好(者)の」.
phil·i·beg /fíləbèg/ 图《スコ》キルト (kilt).
-phil·ic /fílɪk/ 形 「…好きな」.
Phil·ip /fílɪp/ 图 ❶ フィリップ《男性名; 愛称 Phil》. ❷ [St. ~] 《聖》ピリポ《キリスト十二使徒の一人》.
Philip II フェリペ 2 世 (1527-98; スペイン王 (1556-98); 絶対王政絶頂期のスペインを支配》. ❷ フィリッポス 2 世 (382-336 B.C.; マケドニア王(359-336 B.C.); Alexander 大王の父》.
Phi·lip·pi /fílípaɪ, fìlɪpàɪ/ 图 ピリピ, フィリッピ《Macedonia の古都》. **méet at Philíppi** 危険な約束を忠実に守る《★ Shakespeare『ジュリアス シーザー』から》.
Phi·lip·pi·ans /fílípiənz/ 图 [単数扱い]《聖》ピリピ人〈への手紙, ピリピ書《新約聖書中の一書; 略 Phil.》.
phi·lip·pic /fílípik/ 图 厳しい攻撃演説.《F<L<Gk; アテネの雄弁家デモステネスのマケドニア王フィリッポス 2 世に対する演説から》
Phil·ip·pine /fíləpìːn/ 图 フィリピン諸島(の). ── 图 [the ~s] フィリピン諸島 (the Philippine Islands). ❷ フィリピン共和国《フィリピン諸島から成る共和国; 正式名 the Republic of the Philippines》; 首都

1351 **philosophy**

Manila.《Sp; スペインのフェリペ 2 世の名にちなむ》
Phílippine Íslands 图 ⓦ [the ~] フィリピン諸島《約 7000 の島から成る西太平洋上の群島》.
Phil·is·tine /fíləstìːn | -taɪn/ 图 ❶ ペリシテ[フィリスティア]人《昔 Palestine の南西部に住んでいた好戦的な民族の人でイスラエル人の敵》. ❷ [時に p~] 俗物, 実利主義者, 教養のない人. ── 形 ❶ ペリシテ[フィリスティア]人の. ❷ 俗物の, 教養のない.
phil·is·tin·ism /fíləsti:nìzm | -tɪn-/ 图 Ⓤ 実利主義, 俗物根性.
Phil·lips /fílɪps/ 图 《商標》十字[プラス]ねじの, 十字ねじまわしの.
Phíllips cúrve 图 《経》フィリップス曲線《失業率とインフレ率の関係を示す》.《A. W. H. *Phillips* 英国の経済学者》
phil·lu·men·ist /fílúːmənɪst/ 图 マッチ箱(のレッテル)蒐集家. **-me·ny** /-məni/ 图
Phil·ly /fíli/ 图《米》フィリー (Philadelphia 市の俗称).
phil·o- /fíloʊ/「愛する」,「…びいき」《★母音の前では phil-》: *philo*sophy.《L<Gk *philos* loving》
phil·o·den·dron /fìlədéndrən/ 图 (圏 ~s, -dra /-drə/) フィロデンドロン属の(観葉)植物《サトイモ科; 熱帯アメリカ原産》.
phi·log·y·ny /fílάdʒəni | -lɔ́dʒ-/ 图 女好き (cf. misogyny).《Gk=女性を愛すること》
phil·o·log·i·cal /fìləlάdʒɪk(ə)l | -lɔ́dʒ-↙/ 形 言語[文献]学(上)の. **~·ly** /-kəli/ 副
phi·lol·o·gist /fílάlədʒɪst | -lɔ́l-/ 图 ❶ 文献学者. ❷ 言語学者[研究者].
phi·lol·o·gy /fílάlədʒi | -lɔ́l-/ 图 Ⓤ ❶ 文献学. ❷ 言語学《匡 現在では philology は通例史的または比較的に研究する言語学をいい, linguistics は共時的に研究する言語学という》: comparative ~ 比較言語学 / English ~ 英語学.《F<L<Gk=ことばを愛すること; ⇒ philo-, -logy》
phil·o·mel /fíləmèl/ 图 [時に P~] 《詩》ナイチンゲール (nightingale).
Phil·o·me·la /fìləmíːlə/ 图 ❶ 《ギ神》フィロメラ《Athens の王パンディオンの娘; 姉妹である Procne の夫テレウスに暴行され, 人に告げないように舌を切られた」のちナイチンゲールに変身した; cf. Procne》. ❷ [時に p~] 《詩》ナイチンゲール (nightingale).
phil·o·pro·gen·i·tive /fìlouproʊdʒénətɪv↙/ 形 多産の; 子供好きの, 自分の子[子孫]を愛する. **~·ness** 图 多産; 子煩悩.
*****phi·los·o·pher** /fílάsəfɚ | -lɔ́səfə/ 图 ❶ 哲学者: a moral ~ 倫理学者 / a natural ~ 物理学者. ❷ 哲人, 賢人; 達観者, 諦観者;《困難な時にも》冷静な人, 物事を深く考える人.
philósophers' [philósopher's] stóne 图 [the ~] 賢者の石《卑金属を黄金に変える力があると考えられ錬金術師 (alchemist) が探し求めたもの; cf. elixir 1》.
phil·o·soph·ic /fìləsάfɪk | -sɔ́f-↙/ 形 =philosophical.
*****phil·o·soph·i·cal** /fìləsάfɪk(ə)l | -sɔ́f-↙/ 形 ❶ 哲学の. ❷ 哲学者の(ような); 冷静な; 達観した: He was ~ *about* his losses. 彼は損失を平静に受け止めた. **~·ly** /-kəli/ 副 (图 philosophy)
phi·los·o·phize /fílάsəfàɪz | -lɔ́s-/ 動 ⓘ 〔…について〕哲学的に説明する, 思索する;《時に実際[実用]を顧みず》哲学者のように語る《*about, on*》.
*****phi·los·o·phy** /fílάsəfi | -lɔ́s-/ 图 ❶ **a** Ⓤ Ⓒ 哲学, 哲学体系: empirical ~ 経験哲学 / metaphysical ~ 形而上学《先性》の哲学: the ~ of Aristotle アリストテレスの哲学. **b** Ⓒ 哲理, 原理: the ~ of economics [grammar] 経済学[文法]原理. ❷ Ⓒ 《行動・思考の》基本方針[理念], 原則;《経験などによって得た》人生哲学, 人生観, 処世観: a ~ of child rearing 子育ての理念 / develop a ~ of life 人生観をもつ(ようになる). ❸ Ⓤ 《哲人のような》冷静さ, 達観; 悟り, あきらめ: with ~ 冷静に. ❹ Ⓒ 哲学書.

-philous

Dóctor of Philósophy 博士号; 博士(号取得者)《*in*》(略 Ph.D., PhD; ⇨ Ph.D. 解説).〘F＜L＜Gk＝知を愛することく PHILO-+*sophia* 知〙(形 philosophical)

-phi·lous /fələs/ [形容詞連結形]「…を好む」「…に親和的な」.

phil·ter,《英》**phil·tre** /fíltɚ | -tə/ 名 媚薬.

phil·y /fəli/ [名詞連結形]「…愛好」「好…性」「親…性」.

phi·mo·sis /faɪmóʊsɪs/ 名 U 〘医〙包茎. **-mot·ic** /-mάtɪk/ -mót-/ 形

phiz /fíz/ 名 [通例単数形で]《英口》顔(つき).
〘PHYSIOGNOMY の短縮形〙

phiz·og /fízɑg | -zɔg/ 名《英口》=phiz.

phle·bi·tis /flɪbáɪtɪs/ 名 U 〘医〙静脈炎.

phle·bot·o·mize /flɪbάtəmàɪz | -bɔ́t-/ 動 他 自 〘医〙瀉血(しゃ)する, 静脈切開する.

phle·bot·o·my /flɪbάtəmi | -bɔ́t-/ 名 U,C 〘医〙放血, 瀉血(しゃ).

phlegm /flém/ 名 U ❶ たん. ❷ **a** 〘古生理〙粘液 (四体液の一つ; これが多すぎると粘液質になるとされた; ⇨ humor 4 b). **b** 粘液的性質, 遅鈍; 無気力; 冷静.〘F＜L＜Gk〙

phleg·mat·ic /flegmǽtɪk/ 形 ❶ たん (phlegm) の多い. ❷ 粘液質の, 冷淡な, 無気力な: a ~ temperament 粘液質.

phleg·mat·i·cal /flegmǽtɪk(ə)l/ 形 =phlegmatic. **~·ly** /-kəli/ 副

phlo·gis·ton /floʊdʒístən | flɔdʒístən/ 名 U 燃素, 熱素, フロギストン(酸素発見まで, 燃焼素と考えられていた架空元素).

phlox /flάks | flɔ́ks/ 名 (覆 ~·es, ~) 〘植〙フロックス, クサキョウチクトウ.

Phnom Penh /(p)nάmpén | (p)nɔ́m-/ 名 プノンペン《カンボジアの首都》.

-phobe /-fòʊb/ [連結形]「…を恐れる者,…を嫌う者」(↔ -phile).

+**pho·bi·a** /fóʊbiə/ 名 U,C 恐怖症, 病的恐怖: (a) school ~ 学校[登校]恐怖症 / I have a ~ *for*[《英》*about*] airplanes. 私は飛行機恐怖症だ.〘↓〙

-pho·bi·a /fóʊbiə/ [名詞連結形]「…恐怖症,…嫌い」: hydro*phobia*.〘L＜Gk *phobos* 恐怖〙

pho·bic /fóʊbɪk/ 形 恐怖症(的)な, 病的に怖がる.
— 名 恐怖症の人.

-pho·bic /fóʊbɪk/ [形容詞連結形]「…が嫌いな」「親和性の欠けた」.

pho·cine /fóʊsaɪn/ 形 アザラシの(ような).

phoe·be /fí:bi/ 名 〘鳥〙フェーベ〘タイランチョウ科; 北米産〙.

Phoe·be /fí:bi/ 名 ❶ 〘ギ神〙フォイベー(月の女神としての Artemis の名). ❷ 〘詩〙月. ❸ フィービー(女性名).

Phoe·bus /fí:bəs/ 名 ❶ 〘ギ神〙フォイボス(太陽の神としての Apollo の名). ❷ 〘詩〙太陽.

Phoe·ni·cia /fəníʃə/ 名 フェニキア《今のシリア沿岸で紀元前 2000 年ごろ栄えた古国》.

Phoe·ni·cian /fəníʃən/ 形 フェニキア(人, 語)の.
— 名 ❶ C フェニキア人. ❷ U フェニキア語.

phoe·nix /fí:nɪks/ 名 ❶ C 〘エジプト神話〙フェニックス, 不死鳥《アラビア砂漠に 500 年または 600 年ごとに自ら香木を積み重ねて焼死し, その灰の中から生まれ変わるという霊鳥; 不死の象徴》. ❷ [the P~] 〘天〙鳳凰(ほうおう)座.〘L＜Gk〙

Phoe·nix /fí:nɪks/ 名 フェニックス《米国 Arizona 州の州都》.

phon /fάn | fɔ́n/ 名 〘理〙フォン, ホン《音の強さの単位》.〘Gk *phōnē* 音〙

phon- /foʊn/ [連結形](母音の前にくる時の) phono- の異形.

pho·nate /fóʊneɪt | -⊥/ 動 声を出す; 〘音声〙発音する. **pho·na·tion** /foʊnéɪʃən/ 名 発音, 発声. **pho·na·to·ry** /fóʊnətɔ̀:ri | -təri, -tri/ 形

1352

✳**phone**[1] /fóʊn/《口》名 ❶ U,C [通例 the ~] 電話 (cf. telephone): answer *the* ~ 電話に出る / speak to a person over [on] *the* ~ 電話で人と話す / contact a person by ~ 電話で人と連絡をとる《★ by ~ は無冠詞》 / hang up *the* ~ 電話を切る / You're wanted on *the* ~. お電話です / We're not on *the* ~.《英》うちは電話を引いていません. ❷ C 電話機; 受話器: a dial ~ ダイヤル式電話 / a speaker ~ 拡声器付き電話 / a touch-tone desk ~ プッシュホン / ⇨ car phone, cellular phone, answer phone. — 動 他《…に》電話する, 電話をかける; 《…を》電話で伝える[話す]: I'll ~ him 《《英》*up*》 tonight. 今夜彼に電話をしておこう / [+目+to do] She ~*d* me the date of the meeting. 彼女は私に会合の日取りを電話してくれた / [+目+*to do*] I ~*d* him *to* come at once. すぐ来るよう彼に電話した / [+目+*that*] I ~*d* him *that* I would visit him this evening. 彼に今夜行くと電話した / I ~*d in* the order. 注文を電話で頼んだ. — 自 電話をかける[する, 入れる]: ~ from the office 会社から電話する / Did anybody ~? だれかから電話があった? / [+*to do*] I ~*d to* say I couldn't come. 行けない旨を電話で伝えた.

phone in síck《口》欠勤[欠席]する旨を電話で伝える.
〘(TELE)PHONE〙

phone[2] /fóʊn/ 名 〘音声〙音, 単音.

-phone /-⊥ fòʊn/ [連結形]「音 (sound)」: micro*phone*.

+**phóne bòok** 名 電話帳 (telephone directory).

phóne bòoth 名《米》=phone box.

✳**phóne bòx** 名《英》電話ボックス.

+**phóne càll** 名 電話(の呼び出し), 通話 (call): get a ~ from… …から電話を受ける / make a ~ to…へ電話する.

phóne·càrd 名 テレフォンカード.

+**phóne-ìn** 名《英》=call-in.

pho·neme /fóʊni:m/ 名 〘音声〙音素(ある言語において意味をもつ働きをする音声上の最小の単位).

pho·ne·mic /foʊní:mɪk/ 形 ❶ 音素の. ❷ 音素論の.

pho·né·mi·cist /-məsɪst/ 名 音素論者.

pho·ne·mics /foʊní:mɪks/ 名 U ❶ 音素論. ❷ (一言語の)音素組織.

✳**phóne number** 名 電話番号.

phóne sèx 名 U テレフォンセックス.

phóne tàg 名 U《口》(お互いに不在ばかりで)何度電話してもつかまらないこと, すれ違いの電話連絡.

phóne tàpping 名 U 電話盗聴.

pho·net·ic /fənétɪk/ 形 ❶ 音声(上)の: international ~ signs [symbols] 国際音声記号 / ~ change [laws] 〘言〙音(韻)変化(法則) / ~ notation 音声表記法 / ~ value 音価《文字の表わす音の特質》. ❷ 音声学の. ❸ 発音どおりのつづりにした, 表音の: ~ spelling 表音式つづり(法). **pho·nét·i·cal·ly** /-kəli/ 副

pho·ne·ti·cian /fòʊnətíʃən/ 名 音声学者.

pho·net·i·cism /fənétəsɪzm/ 名 U,C 音標つづり字主義[法], 表音式つづり.

pho·net·i·cist /fənétəsɪst/ 名 ❶ 音声学者. ❷ 発音どおりのつづり字方式提唱者.

pho·net·i·cize /fənétəsàɪz/ 動 音声どおりに表わす, 表音式につづる.

pho·net·ics /fənétɪks/ 名 U ❶ 音声学, 発音学. ❷ (一言語・語族の)音声組織[体系].

phóne tree 名 電話連絡網.

pho·ney /fóʊni/ 形=phony.

phon·ic /fάnɪk | fɔ́n-/ 形 ❶ 音の. ❷ 音声の, 発音上の.

phon·ics /fάnɪks | fɔ́n-/ 名 U フォニックス《英語のつづり字と発音との関係を教える教授法》.

pho·no- /fóʊnoʊ/ [連結形]「音, 声」.〘L＜Gk *phōnē* 音〙

phòno·cárdiogram 名 〘医〙心音図《心音記録器による心臓の音の記録図》.

pho·no·gram /fóʊnəgræm/ 名 音標文字, 表音文字 (cf. ideogram).

pho·no·graph /fóʊnəgræf | -grà:f/ 名《米》蓄音機, レコードプレーヤー(《英》gramophone).

pho·no·graph·ic /fòunəgrǽfɪk-/ 形 《蠟管式》蓄音器の[による].

pho·no·lite /fóunəlàɪt/ 名 Ⓤ 《鉱》響岩(ﾋﾋﾞｷｲﾜ), フォノライト.

pho·no·log·i·cal /fòunəlάdʒɪk(ə)l | -lɔ́dʒ-/ 形 音韻論の; 音韻体系[組織]の. **~·ly** /-kəli/ 副

pho·nól·o·gist /-dʒɪst/ 名 音韻学者.

pho·nol·o·gy /fənάlədʒi | -nɔ́l-/ 名 Ⓤ ❶ 音韻論. ❷ 音韻体系[組織].

pho·non /fóunɑn | -nɔn/ 名 《理》音響量子, 音子, フォノン.

phóno plùg 名 《電》フォノプラグ《オーディオ機器などに用いる同軸コネクター》.

pho·no·tac·tics /fòunətǽktɪks/ 名 Ⓤ 《言》音素配列論. **-tác·tic** /-tɪk-/ 形

pho·ny /fóuni/ 《口》 形 (**pho·ni·er; -ni·est**) にせの, いんちきの, うその: a ~ cheque にせの小切手 / a ~ excuse うその口実. ━ 名 ❶ にせもの, いんちき. ❷ 見かけ倒しの人. **phó·ni·ness** 名

-pho·ny /‒fəni, ‒fòuni/ 腰尾「音, 声」の意の名詞語尾: symphony, telephony.

phoo·ey /fúːi/ 間 ❶ 《軽蔑・不信などを表わして》そんなばかな!, ふーん! ❷ 《失望を表わして》ちぇっ!, がくん! 《擬音語》

-phore /‒fɔ̀ɚ |‒fɔ̀ː/ 名詞連結形「...を支える[運ぶ]もの」.

-pho·re·sis /fərí:sɪs/ 名詞連結形「...伝達」.

phor·e·sy /fɔ́ːrəsi | fɔ́r-/ 名 Ⓤ 《動》便乗, 運搬《共生》《ある動物が他の動物の体に付着して移動のための利益を得ていること》.

phor·mi·um /fɔ́ɚmiəm | fɔ́ː-/ 名 《植》マオラン, ニュージーランドアサ, ニュウサイラン《リュウゼツラン科マオラン属; ニュージーランド産》.

-pho·rous /‒fərəs/ 形容詞連結形「...を支える」「...を持つ」.

phos·gene /fάsdʒiːn | fɔ́z-/ 名 Ⓤ 《化》ホスゲン《酸化カルボン炭素; 第一次大戦では毒ガスとして用いた》.

phos·pha·tase /fάsfəteɪs | fɔ́s-/ 名 Ⓤ 《生化》ホスファターゼ《リン酸エステル・ポリリン酸の加水分解を触媒する酵素》.

⁺phos·phate /fάsfeɪt | fɔ́s-/ 名 ❶ Ⓤ.Ⓒ 《化》リン酸塩[エステル]. ❷ Ⓒ 《通例複数形で》リン酸肥料.

phos·phat·ic /fɑsfǽtɪk | fɔs-/ 形 リン酸塩の[を含む].

phos·phene /fάsfiːn | fɔ́s-/ 名 《生理》眼内閃光, 眼閃.

phos·phide /fάsfaɪd | fɔ́s-/ 名 《化》リン化物.

phos·phine /fάsfiːn | fɔ́s-/ 名 《化》ホスフィン《気体状リン化水素》.

phos·pho- /fάsfou | fɔ́s-/ 連結形「リン酸(塩)」「リン」.

phòspho·lípid /-/ 名 《生化》リン脂質.

Phos·phor /fάsfɚ | fɔ́sfə/ 名 ❶ 《ギ神》フォスフォロス《暁の明星の擬人; ローマ神話の Lucifer に当たる》. ❷ 《詩》明けの明星 (cf. Hesperus, Vesper).

phósphor brónze 名 Ⓤ 燐青銅《機械用の合金》.

phos·pho·resce /fὰsfərés | fɔ̀s-/ 動 燐光を発する.

phos·pho·res·cence /fὰsfərés(ə)ns | fɔ̀s-/ 名 Ⓤ 燐光(を発すること); 青光り.

phòs·pho·res·cent /-s(ə)nt‒/ 形 燐光を発する, 青光りする; 燐光性の. **~·ly** 副

phos·phor·ic /fɑsfɔ́ːrɪk | fɔsfɔ́r-/ 形 (5 価の)リンの, リンを含む: ~ acid リン酸.

phos·pho·rite /fάsfəràɪt | fɔ́s-/ 名 Ⓤ 燐灰土; 燐灰岩.

phos·pho·rous /fάsf(ə)rəs | fɔ́s-/ 形 (特に 3 価のリンの)[を含む]; = phosphorescent.

phos·pho·rus /fάsf(ə)rəs | fɔ́s-/ 名 ❶ Ⓤ 《化》リン《非金属元素; 記号 P》. ❷ [P~] = Phosphor. 〖L<Gk=光を運ぶもの〗

phos·pho·ryl /fάsfərɪl | fɔ́s-/ 名 《化》ホスホリル(基).

phos·phor·y·late /fɑsfɔ́(ː)rəleɪt | fɔsfɔ́r-/ 動 《化》リン酸化する. **phos·phor·y·la·tion** /fɑsfɔ̀:rəléɪʃən | fɔs fɔ̀r-/ 名

phós·sy jáw /fάsi- | fɔ́si-/ 名 《医》燐顎《顎骨などの燐壊死(ﾀﾞ)》.

1353　photogrammetry

phot /fάt | fɔ́t/ 名 《光》フォト《照度の単位; 1 cm² につき 1 lumen》.

pho·tic /fóutɪk/ 形 光の, 光に関する; 《海層が》太陽光線が届く深さの.

pho·ti·no /fóutí:nou/ 名 《理》フォティーノ《光子 (photon) に対する超対称粒子》.

⁺pho·to /fóutou/ 《口》 名 (**~s**) 写真: take a ~ of ... の写真をとる / have [get] one's ~ taken 写真をとってもらう. ━ 動 = photograph. 〖PHOTO(GRAPH)〗

pho·to- /fóutou/ 〔連結形〕「光・写真」. 〖Gk *phos, phōt-* 光〗

phòto·biólogy 名 Ⓤ 光生物学《光などの放射エネルギーの生物に対する影響の研究》.

phóto bóoth 名 スピード写真ボックス[ブース].

phóto càll 名 《英》= photo opportunity.

Phóto CD 名 Ⓒ.Ⓤ フォト CD《写真を記録する CD (技術)》.

phóto cèll 名 = photoelectric cell.

phòto·chémical 形 光化学の: ~ smog 光化学スモッグ. **~·ly** 副

phòto·chémistry 名 Ⓤ 光化学.

pho·to·chro·mic /fóutəkróumɪk-/ 形 《ガラスなど》光互変性の; 光互変に関する[を利用した].

pho·to·chro·mism /fóutəkróumɪzm/ 名 Ⓤ 《理》光互変《ある種の物質が光の照射によって色を変え, 再びもとの色に戻る現象》.

phòto·compóser 名 写真植字機.

phòto·composítion 名 Ⓤ 写真植字.

phòto·condúctive 形 《理》光伝導[光導電]性の. **-condúctor** 名 光伝導体.

phòto·condúctivity 名 Ⓤ 光伝導[光導電]性.

phòto·cópier 名 写真複写機.

⁺pho·to·cop·y /fóutəkὰpi | -kɔ̀pi/ 名 写真複写 (copy). ━ 動 他 《...を》写真複写する.

phòto·degrádable 形 《プラスチック・殺虫剤など》光分解性の.

phòto·detéctor 名 《電子工》光検出器《感光性半導体素子・光電管・光電池など光電効果を用いて放射エネルギーを電気信号に変える装置》.

phòto·dynámic 形 光力学的な.

phòto·elastícity 名 Ⓤ 光弾性.

phòto·eléctric 形 光電子の; 光電子写真装置の: ~ effect 光電効果.

phótoeléctric céll 名 光電池, 光電セル《略 p.e.c.》.

phòto·eléctron 名 《理》光電子. **-electrónic** 形

phòto·emíssion 名 Ⓤ 《理》光電子放出. **-emíssive** 形

phòto·emítter 名 《理》光電子放出物質.

phòto·engráve 動 《...の》写真製版[版画]を作る.

phòto·engráving 名 ❶ 写真製版(術). ❷ Ⓒ 写真製版(物).

phòto éssay 名 フォトエッセイ《エッセイを添えた一連の写真でつづられる》. **phóto èssayist** 名

phóto fínish 名 ❶ 写真判定(を要する決勝場面). ❷ 《口》大接戦.

Pho·to·fit /fóutoufɪt/ 名 《英》《商標》フォトフィット《モンタージュ写真》.

phóto·flàsh 名 写真用閃光球(の), フラッシュ(の).

phóto·flòod 名 写真用投光灯, フラッドランプ.

pho·tog /fətάg | -tɔ́g/ 名 《米口》写真家, カメラマン (photographer).

pho·to·gen·ic /fòutədʒénɪk-/ 形 ❶ 《人が》写真に適する, 写真向きの, 写真うつりのよい. ❷ 《生》《動植物・器官など》発光する, 発光性の.

pho·to·gram /fóutəgræm/ 名 フォトグラム《感光紙と光源との間に物を置いてレンズを用いずにつくるシルエット写真》; 《古》写真.

pho·to·gram·me·try /fòutəgrǽmətri/ 名 Ⓤ 写真測量[製図]法. **-grám·me·trist** /-trɪst/ 名 **pho·to·gram·met·ric** /fòutəgrəmétrɪk-/ 形

*pho·to·graph /fóutəgræf | -grɑ̀ːf/ 名 写真: take a ～ of... …の写真をとる / have [get] one's ～ taken 写真をとってもらう. ── 動 他 〈…の〉写真をとる, 〈…を〉撮影する. ── 自 ① 写真をとる. ② [well, badly などの様態の副詞を伴って] 写真のうつりが(…)である: She ～s well [badly]. 彼女は写真うつりがいい[悪い]. 【PHOTO- + -GRAPH】(形 photographic)

*pho·tog·ra·pher /fətágrəfə | -tɔ́grəfə/ 名 写真家, カメラマン(⇒ cameraman 比較); 写真屋.

*pho·to·graph·ic /fòutəgrǽfɪk⁻/ 形 ❶ 写真の, 写真撮影(用)の: a ～ studio 撮影所, スタジオ / ～ supplies 写真用品. ❷ 写真のような, 精密な: a ～ memory 正確な記憶. -i·cal·ly /-kəli/ 副 (名 photograph, photography)

*pho·tog·ra·phy /fətágrəfi | -tɔ́g-/ 名 Ｕ 写真撮影(術).

pho·to·gra·vure /fòutəgrəvjúə | -vjúə/ 名 ❶ Ｕ グラビア印刷. ❷ Ｃ グラビア写真.

phò·to·jóurnalism 名 Ｕ フォトジャーナリズム (写真を主体とするジャーナリズム).

phò·to·jóurnalist 名 フォトジャーナリスト, 写真報道家.

phò·to·lithógraphy 名 Ｕ 写真平版法.

pho·tól·y·sis /foutáləsɪs | -tɔ́l-/ 名 Ｕ [化・植] 光分解. pho·to·lyt·ic /fòutəlítɪk⁻/ 形

pho·to·lyze /fóutəlàɪz/ 動 他 自 光分解する.

phò·to·mechánical 形 写真製版法の: the ～ process 写真製版(法).

pho·tom·e·ter /foutámətə | -tɔ́mətə/ 名 ❶ 光度計. ❷ [写] 露出計.

pho·to·met·ric /fòutəmétrɪk⁻/ 形 光度計の; 測光(法)の. -ri·cal·ly /-kəli/ 副

pho·tom·e·try /foutámətri | -tɔ́m-/ 名 Ｕ 光度測定(法), 測光(法)[学].

phò·to·mícrograph 名 顕微鏡写真.

pho·to·mon·tage /fòutəmɑntáːʒ | -mɔntáːʒ/ 名 [写] ❶ Ｕ モンタージュ写真製作法. ❷ Ｃ モンタージュ写真.

phò·to·mosáic 名 モザイク写真, 集成写真 (ある地域の航空写真・衛星写真をつないで作成した連続写真).

phò·to·múltiplier 名 [理] 光電子増倍管.

pho·ton /fóutɑn | -tɔn/ 名 [理] 光子, フォトン (光のエネルギー).

phò·to·négative 形 [生] 負の光走性[光屈性]を示す.

pho·ton·ics /foutánɪks | -tɔ́n-/ 名 Ｕ 光通信学 (光を用いた情報伝達を扱う研究・技術).

phò·to·óffset 名 Ｕ [印] (写真製版による刷版を用いる)写真オフセット印刷.

phóto opportùnity 名 (高官や有名人を写すために用意される)写真撮影時間.

pho·to·pe·ri·od /fòutoupíəriəd/ 名 [生] 光周期, (特に)明期, 日長. phò·to·pè·ri·ód·ic /-pì(ə)riádɪk | -ɔ́d-⁻/ 形

phò·to·pé·ri·od·ism /-dìzm/ 名 Ｕ [生] 光周期(律), 日長効果 (光周期に対する生物体の反応).

pho·to·pho·bi·a /fòutəfóubiə/ 名 Ｕ [医] 羞明(しゅうめい), まぶしがり(症) (光に対する異常不耐性); [精神医] 輝所恐怖(症).

pho·to·pho·bic /fòutəfóubɪk⁻/ 形 羞明の, まぶしがり(症)の; 輝所恐怖(症)の.

pho·to·phore /fóutəfɔ̀ə | -fɔ̀ː/ 名 [動] (深海魚などの)発光器.

pho·top·ic /foutóupɪk/ 形 [眼] 明所視の (対光眼調節).

pho·to·pig·ment 名 [生化] 光色素.

phò·to·polárimeter 名 望遠写真偏光計 (望遠鏡・写真機・偏光計を合わせた天体観測装置).

phò·to·pósitive 形 [生] 正の光走性[光屈性]を示す.

phò·to·próduct 名 光化学反応の生成物.

phò·to·réalism 名 Ｕ フォトリアリズム, スーパーリアリズム (写真のように都市や人物を精密・克明に描写する絵画などのスタイル). -réalist 名 形 -realístic 形

phò·to·recéptive 形 [生・生理] 光(ひかり)(う)受容の.

phò·to·recéptor 名 [生・生理] 光受容器[体].

phò·to·sénsitive 形 感光性の: ～ paper 感光紙.

phò·to·sénsitize 動 他 〈…に〉感光性を与える.

phó·to·sèt 動 他 [印] 写真植字する. -sèt·ter 写真植字機. -sètting 名

phóto shòot [sèssion] 名 写真撮影 (プロの写真家がモデルなどを対象に出版目的で行なうもの).

pho·to·sphere /fóutəsfìə | -sfìə/ 名 [天] 光球 (太陽や恒星の光を放つ表面の層).

phó·to·stat /fóutəstæt/ 名 ❶ フォトスタット (直接複写用カメラ). ❷ 直接複写写真. ── 動 他 フォトスタットで〈…を〉複写する.

phò·to·stòry 名 フォトストーリー (photo essay).

phò·to·sýnthesis 名 Ｕ [植] (炭水化物などの)光合成. phò·to·synthétic 形

phò·to·sýnthesize 動 自 他 (炭水化物などを)光合成する.

pho·to·tax·is /fòutoutǽksɪs/ 名 Ｕ.Ｃ (徳 -tax·es /-sìːz/) [生] 光走性, 走光性. phò·to·tác·tic /fòutoutǽktɪk⁻/ 形

phò·to·telégraphy 名 Ｕ 写真電送.

phò·to·transístor 名 [電子工] フォトトランジスター (感光性半導体素子とトランジスターの機能を兼備する装置).

pho·to·troph /fóutətrɑ̀f | -trɔ̀f/ 名 [生] 光合成[光栄養]生物.

pho·tot·ro·pism /foutátrəpìzm | fòutoutróupɪzm/ 名 Ｕ [植] 屈光性. pho·to·trop·ic /fòutətrɑ́pɪk | -trɔ́p-⁻/ 形

phò·to·týpesetting 名 [印] =photocomposition. -typesetter 名 写真植字機.

phò·to·voltáic 形 光電池の: a ～ cell 光電池.

phò·to·vol·tá·ics /-voultéɪks/ 名 [理] Ｕ 光(ひ)(う)起電力学; [複数扱い] 光電気学.

phr., phrs. (略) phrase.

phras·al /fréɪz(ə)l/ 形 句の, 句を成した: a ～ preposition [文法] 句前置詞 (例: in front of). (名 phrase)

phrásal vérb 名 [文法] 句動詞 (例: get up, put off).

*phrase /fréɪz/ 名 ❶ [文法] 句 (意味機能上の単位をなす語の集合; cf. clause 2): a noun ～ 名詞句 / a verb ～ 動詞句. ❷ a 成句, 熟語, 慣用句, 決まり文句: a set ～ 成句. b 語法, 言い回し, 言葉づかい: a happy [an unhappy] turn of ～ うまい[まずい]言い回し / In Russell's ～ ラッセルの言い方によると. c 名言, 警句: turn a ～ 気のきいたことを言う. ❸ [楽] 楽句, フレーズ. to cóin a phráse [陳腐な文句を言う時にふざけて] (私の)独創的な言い方をすれば. ── 動 他 [様態の副詞(句)を伴って] ❶ 〈…を〉(…の表現で)表わす (express): How should I ～ it? それをどう表現したらよかろうか / He ～d his excuse politely. 彼はていねいな言葉で言い訳を述べた. ❷ [楽] 〈フレーズを〉(…の表現で)演奏する. 【Ｌ ＜ Gk ＝ speech, expression 話(し方)】 (形 phrasal)

phráse bòok 名 (海外旅行者用などの)慣用表現集, 会話表現集.

phra·se·ol·o·gy /frèɪziáləʤi | -ɔ́l-/ 名 ❶ Ｕ 語法, 表現法, 言葉づかい. ❷ (個人・特殊社会の)用語; 術語, 専門語: legal ～ 法律用語.

phrás·ing 名 Ｕ ❶ 言葉づかい, 言い回し, 表現法 (phraseology). ❷ [楽] (楽句の)句切り法, フレージング.

phreak /fríːk/ 名 《口》ハッカー, (特に電話を無料で使えるようにする)違法通信犯.

phréak·ing 名 Ｕ 《口》フリーキング (電話回線網の不正使用やネットワークなどへの侵入; cf. phreak).

phre·at·ic /fríætɪk⁻/ 形 [地] [地下水の]滞水した, 浸潤層の; 地下水からの蒸気の爆発の[による].

phren·ic /frénɪk/ 形 [解] 横隔膜の.

phre·nól·o·gist /-ʤɪst/ 名 骨相学者.

phre·nol·o·gy /frənáləʤi | -nɔ́l-/ 名 Ｕ 骨相学.

Phryg·i·a /fríʤiə/ 名 フリギア (小アジアにあった古王国).

Phryg·i·an /fríʤiən/ 形 フリギア(人)の. ── 名 ❶ Ｃ フリギア人. ❷ フリギア語.

Phrýgian cáp [bónnet] 名 フリギア帽 (昔フリギア人がかぶった円錐帽で, 先が前に折れ下がる; 近代では自由の象

Phrýgian mòde /ミュジック/ フリギア旋法《教会旋法の一つ; ピアノの白鍵でホーホの上行音列》.

phthal·ate /θǽleɪt/ 名《化》フタル酸塩[エステル], フタレート.

phthà·lo·cy·a·nine /θæ̀loʊsáɪənìːn/ 名 U.C 《化》フタロシアニン《青緑色顔料》.

phthis·ic /tízɪk | (f)θáɪsɪk/ 形《医》痨(ろう)の, 肺結核の; 結核患者のような. **phthís·i·cal** /-ɪk(ə)l/ 形

phthi·sis /θáɪsɪs/ 名 U《医》痨, (特に)肺結核.

Phu·ket /puːkét/ 名 プーケット: **a** タイの Malay 半島西岸の島. **b** その南端にある市; リゾート島.

phut /ft/ 名《英》ポン, バーン《小さな破裂音》. **gò phút** 《英口》(1) 〈テレビ・機械などが〉切れる, 故障する. (2) 〈計画などが〉だめになる, つぶれる. 〖擬音語〗

phwoah, phwoor /fwɔ́ː/ 間《英俗》ヤリたい, ムラムラするぜ《性的な欲望を表現する》.

phy·co- /fáɪkoʊ/ 〖連結形〗「海藻」「藻類」.

phy·col·o·gy /faɪkɑ́lədʒi | -kɔ́l-/ 名 U 藻類学, 藻学. **-gist** /-dʒɪst/ 名 **phy·co·log·i·cal** /fàɪkəlɑ́dʒɪk(ə)l | -lɔ́dʒ-⁻/ 形

phy·lac·ter·y /fɪlǽktəri/ 名《ユダヤ教》聖句箱《羊皮紙に旧約聖書からの文句を記したものを納めた二つの革の小箱の一つ; 朝の祈りのとき一つを額に, 一つを左腕につける》. 〖L⇐Gk=お守り〗

phy·let·ic /faɪlétɪk/ 形《生》系統発生的な; 種族の. **-i·cal·ly** /-kəli/ 副

Phyl·lis /fílɪs/ 名 フィリス《女性名》.

phyl·lite /fíaɪt/ 名 U《岩石》千枚岩(がん). **-lit·ic** /fɪlítɪk/ 形

phyl·lo /fiːloʊ, fáɪ-/ 名 U (また **phýllo dòugh**) フィロ《小麦粉を水で練って紙のように薄く延ばした生地; 層状に重ねてパイ状のペストリーにする》.

phyl·lo- /fíloʊ/ 〖連結形〗「葉, 葉状体」.

phyl·lode /fíloʊd/ 名《植》(アカシアなどの)仮葉, 偽葉.

phýl·lo·quínone /fíloʊ-/ 名《生化》フィロキノン《ビタミン K₁》.

phyl·lo·tax·y /fílətæksi/, **phyl·lo·tax·is** /fìlətǽksɪs/ 名 U《植》葉序; 葉序研究. **phyl·lo·tac·tic** /fìlətǽktɪk⁻/ 形

phỳ·lo·génesis /fàɪloʊ-/ 名《生》=phylogeny.

phỳ·lo·ge·nét·ic /fàɪloʊ-/ 形 系統発生(論)の. **-ical·ly** 副

phy·lo·gen·ic /fàɪlədʒénɪk⁻/ 形 =phylogenetic.

phy·log·e·ny /faɪlɑ́dʒəni | -lɔ́dʒ-/ 名 U.C《生》系統発生(論) (cf. ontogeny).

phy·lum /fáɪləm/ 名 (覆 **-la** /-lə/) ❶《生》(動物分類上の)門 (cf. classification 1 b). ❷《言》語族.

phy·sa·lis /fáɪsəlɪs, fɪ́s-/ 名《植》ホオズキ《ナス科ホオズキ属の植物の総称》.

phys·ic /fízɪk/ 名 U.C 薬; (特に)下剤.

*****phys·i·cal** /fízɪk(ə)l/ 形 ❶ **a** 身体の, 肉体の (↔ mental, psychic): ~ attraction 肉体的魅力 / ~ beauty 肉体美 / one's ~ constitution 体格 / ⇒ physical COURAGE / ~ exercise 体操, 運動 / ~ fitness [health] (身体の)健康. **b**《口》すぐ人体にさわりがあった. **c** (スポーツで)〈人·行為が〉荒っぽい. ❷ **a** (精神的と対比して)物質(界)の (↔ spiritual); 自然(界)の: the ~ world 物質界. **b** A 物理学(上)の, 自然の法則による: a ~ explanation for the miracle その奇跡に対する自然科学的な説明. ── 名 身体検査 (physical examination): pass [fail] a ~ 身体検査に合格する[落ちる]. 〖L⇐Gk⇐ *physis* 自然〗〖類義語〗⇒ bodily.

phýsical anthropólogy 名 U 自然人類学, 形質人類学.

phýsical chéckup 名 =physical examination.

phýsical chémistry 名 U 物理化学.

phýsical educátion 名 U (学校教科としての)体育 (⇒ PE).

phýsical examinátion 名 身体検査, 健康診断.

phýsical geógraphy 名 U 自然地理学.

phýs·i·cal·ism /-lìzm/ 名 U《哲》物理(学)主義《すべてが物理法則に還元できるという考え》. **-ist** /-lɪst/ 名 形

1355 **phytotoxic**

phys·i·cal·is·tic /fìzɪkəlístɪk⁻/ 形

phys·i·cal·i·ty /fìzɪkǽləti/ 名 U 身体的特徴, 身体性; 肉体第一主義, 肉体志向, 力強さ, 荒々しさ.

phýsical jérks 《英》体操, 運動.

phýs·i·cal·ly /-kəli/ 副 ❶ 肉体的に, 身体上. ❷ 自然の法則によって; 物理(学)的に: ~ impossible 物理的に[まったく]不可能で[な].

phýsically chállenged 形《主に米》体の不自由な, 身体的ハンデのある《身体障害の婉曲語》.

phýsical scíence 名 U.C 自然科学《生物学を除く; cf. natural science》.

phýsical thérapy 名 U 物理療法, 理学療法 (physiotherapy). **phýsical thérapist** 名 理学療法士.

phýsical tráining 名 U =physical education.

phýsic gàrden 名 薬草園.

*****phy·si·cian** /fɪzíʃən/ 名 医師; (特に)内科医 (cf. surgeon 1).

*****phys·i·cist** /fízəsɪst/ 名 物理学者; 自然科学者.

phys·i·co- /fízɪkoʊ/ 〖連結形〗「肉体, 身体」「物理」.

phỳsico-chémical 形 物理化学の.

*****phys·ics** /fízɪks/ 名 U 物理学. 〖L=自然学⇐Gk; ⇒ physical〗

phys·i·o /fízioʊ/ 名《口》物理[理学]療法家.

phys·i·o- /fízioʊ/ 〖連結形〗「自然」「生理(学)」.

phys·i·oc·ra·cy /fìziɑ́krəsi | -5k-/ 名《経》重農主義《18世紀のフランスの経済学説; 農業を富の唯一の源泉として重視した》.

phys·i·o·crat /fíziəkrǽt/ 名 重農主義者. **phy·si·o·crat·ic** /fìziəkrǽtɪk⁻/ 形 重農主義(者)の.

phys·i·og·nom·ic /fìziə(g)nɑ́mɪk | -nɔ́m-/, **-i·cal** /-ɪk(ə)l-/ 形 人相(学)の. **-i·cal·ly** /-kəli/ 副

phys·i·og·no·mist /fìzià(g)nəmɪst | -5(g)nə-/ 名 人相学者, 観相家.

phys·i·og·no·my /fìziá(g)nəmi | -5(g)nə-/ 名 ❶ **a** U 人(骨)相学, 観相術. **b** C 人相, 顔つき. ❷ U 地形; 特徴.

phys·i·og·ra·phy /fìziɑ́grəfi | -5g-/ 名 =physical geography.

phys·i·o·log·i·cal /fìziəlɑ́dʒɪk(ə)l | -lɔ́dʒ-⁻/ 形 生理学(上)の. **-ly** /-kəli/ 副

phys·i·ól·o·gist /-dʒɪst/ 名 生理学者.

*****phys·i·ol·o·gy** /fìziɑ́lədʒi | -5l-/ 名 U ❶ 生理学. ❷ 生理, 生理機能.

phỳsio·thérapist 名 物理[理学]療法家.

phỳsio·thérapy 名 U 物理[理学]療法.

*****phy·sique** /fɪzíːk/ 名 (特に)男性の体格: He has a fine [poor] ~. 彼はりっぱ[貧弱]な体格をしている. 〖F⇐L⇐Gk; ⇒ physical〗

phy·so·stig·mine /fàɪsoʊstɪ́gmiːn/ 名 U《生化》フィソスチグミン《カラバル豆に存在するアルカロイド; 医薬用》.

-phyte /-- | -/ fàɪt/ 〖名詞連結形〗「...な習性[特徴]をもつ植物」「病的増殖[形成]」.

-phyt·ic /fítɪk⁻/ 〖形容詞連結形〗「植物のような」.

phy·to- /fáɪtoʊ/ 〖連結形〗「植物」.

phỳto·a·léx·in /-əléksɪn/ 名《生化》フィトアレキシン《病原菌などに冒されたとき, 植物組織によって産出される抗菌性物質》.

phỳto·chémistry 名 U 植物化学. **-chémist** 名 **-chémical** 形

phy·to·chrome /fáɪtəkròʊm/ 名 U《生化》フィトクロム《植物に存在し, 環境の光条件を感知して開花や生長を調節する色素たんぱく質》.

phỳto·geógraphy 名 U 植物地理学. **-geógrapher** 名 **-geográphical, -ic** 名 **-geográphically** 副

phy·to·lith /fáɪtəlìθ/ 名 植物岩(がん), 植物化石.

phy·toph·a·gous /faɪtɑ́fəgəs | -tɔ́f-/ 形《動》植食性の. **-gy** /-dʒi/ 名 植食(性).

phỳto·plánkton 名 U 植物プランクトン.

phy·to·tox·ic /fàɪtətɑ́ksɪk | -tɔ́k-⁻/ 形 植物に有毒な. **-tox·i·ci·ty** /-tɑksísəti | -tɔk-/ 名《植物に対する》薬害.

phy・to・tox・in /fàɪtətάksɪn | -tɔ́k-/ 名 植物毒素.

pi[1] /páɪ/ 名 ❶ [U,C] パイ《ギリシア語アルファベットの第16字 Π, π; 英字の P, p に当たる; ⇨ Greek alphabet 表》. ❷ [U] 円周率《約 3.1416》. ★ 英語では, この数字を単語の字数に置き換え, Yes, I have a number. などと覚える).

pi[2] /páɪ/ 形《英口》信心家ぶった (pious).

P.I.《略》Philippine Islands.

pi・a /páɪə/ 名 =pia mater.

pi・ac・u・lar /paɪǽkjʊlə | -lə/ 形 贖罪(しょくざい)の, 罪滅ぼしの; 罪深い; 言語道断の.

pi・affe /piǽf/ 名《馬》信地速歩(はやあし), ピヤッフェ《脚を高く上げ, だく足より少し鈍い足踏み》. — 動 自 ピヤッフェをする; ピヤッフェのような足踏みで動く.

pi・af・fer /piǽfə | -fə/ 名 =piaffe.

Pi・a・get /pìːəʒéɪ | piǽʒeɪ/, **Jean** ピアジェ《1896-1980; スイスの心理学者; 特に児童心理学の研究で有名》.

pi・al /páɪəl/ 形 pia mater の[に関する].

pi・a ma・ter /páɪəméɪtə | -tə-/ 名 [U]《解》(脳・脊髄の)軟膜《単に pia ともいう》.

pi・a・nism /píːənɪzm | pɪ́ənɪzm/ 名 [U] ピアノ演奏[作曲]技術, ピアニズム.

pi・a・nis・si・mo /pìːənísəmòʊ | -/《楽》形 副 ピアニッシモ, きわめて弱い[弱く]《略 pp.; ↔fortissimo》. — 名 (複 ~s /~z/) 最弱部(部).《It piano「弱い」の最上級》

*[+]**pi・a・nist** /píːənɪst, pɪ́ən-/ 名 ピアニスト, ピアノ奏者.

pi・a・nis・tic /pìːənístɪk- | -/ 形 ピアノの[に関する]; ピアノ演奏のうまい[に適した]. **-ti・cal・ly** 副

*[+]**pi・an・o**[1] /piǽnoʊ, pɪǽ-/ 名 (複 ~s) ❶ [C] ピアノ: grand piano, upright piano / play the ~ ピアノをひく. ❷ [U]《しばしば the ~》ピアノの演奏《理論・実技》: a piece for (the) ~ = a ~ piece ピアノ曲 / He plays excellent jazz ~. 彼はジャズピアノがすばらしくうまい.《PIANO(FORTE); 文字どおりの意味は「弱い (piano) 強い (forte)」で, 音の強弱を調節できるハープシコードという意味》

pia・no[2] /piǽnoʊ | pjɑ́ː-/《楽》形 副 ピアノの[で], 弱音の[で]《略 p.; ↔ forte》; — forte 弱く(次に)強く《略 pf.》. — 名 (複 ~s) 弱音(部).《It<L planus flat, soft》

piáno accòrdion 名《楽》ピアノアコーディオン《鍵盤式》.

piáno bàr 名 ピアノバー.

pi・an・o・for・te /piǽnoʊfɔ́ətɪ, -tɪ | -fɔ́ː-/ 名《古風》ピアノフォルテ (piano[1]).《It; ⇨ piano[1]》

Pi・a・no・la /pìːənóʊlə/ 名《商標》ピアノラ《自動ピアノの一種》.

pia・no no・bi・le /pjɑ́ːnoʊnóʊbɪlèɪ/ 名《建》主階, ピアノノビレ《イタリア風の大邸宅にみられる, 主要な部屋のある階; 通例二階》.

piáno òrgan 名 手回しオルガン.

piáno ròll 名 ピアノロール《自動ピアノ用穴あきロール》.

piáno stòol 名《背もたれのない》ピアノ用椅子《スツール》.

piáno tùner 名 ピアノ調律師.

pi・as・sa・va /pìːəsάːvə/ 名 [U] ピアサバ《ヤシから採るロープ・ブラシ・帆などに用の繊維》.

pi・as・ter, pi・as・tre /piǽstə | -tə/ 名 ❶ ピアストル《エジプト・シリア・レバノン・スーダンの通貨単位; =1/100 pound; 記号 P》. ❷ ピアストル貨.

*[+]**pi・az・za** /piǽtsə, -ǽtsə/ 名《イタリアなどの都市の》広場 (cf. plaza[1]).《It<L platea 街路; PLACE と同語源》

pi・broch /píːbrɒk | -brɔk/ 名 [U,C] 風笛(ふうてき)曲《スコットランド高地人のバグパイプ曲》.

*[+]**pic** /pík/ 名 (複 ~s, pix /píks/)《口》❶ 写真. ❷ 映画.《PIC(TURE)》

pi・ca[1] /páɪkə/ 名 [U]《印》パイカ《12 ポイント活字, タイプライターに用いる; cf. elite 2》.

pi・ca[2] /páɪkə/ 名《医》異食[異味]症.

pic・a・dor /píkədɔ̀ə | -dɔ̀ː/ 名 ピカドール《馬に乗って槍(やり)で牛を弱らせる役の matador》.

pi・can・te /pɪkǽnteɪ/ 形 辛い, ピリッとした.

pic・a・resque /pìkərésk- | -/ 形《小説など》悪漢を題材とした: a ~ novel 悪漢[ピカレスク]小説.《F<Sp=悪漢の》

pic・a・roon /pìkərúːn/ 名 ❶ 悪漢, 盗賊; 海賊. ❷ 海賊船.

Pi・cas・so /pɪkάːsoʊ | -kǽs-/, **Pa・blo** /pάːbloʊ | pǽb-/ ピカソ《1881-1973; スペイン生まれのフランスの画家・彫刻家》.

pic・a・yune /pìkɪúːn | -kə-/ 形《米》つまらない, 無価値の. ❷ 狭量な, けちな. — 名 ❶ ピカユーン《昔, 北米南部 (Louisiana など) で流通したスペインの貨幣; 5 セント相当》. ❷《米》つまらないもの[人]: not worth a ~ まったくつまらない.

Pic・ca・dil・ly /píkədíli- | -/ 名 ピカデリー《London の中心近くの大通り》.

Piccadilly Círcus 名 ピカデリーサーカス《Piccadilly 通りの東端にある広場; 繁華街の中心》.

pic・ca・lil・li /pìkəlíli/ 名 [U] ピカリリー《野菜のカラシ漬け; 肉と一緒に食べる》.

pic・ca・nin・ny /píkənìni/ 名 =pickaninny.

pic・co・lo /píkəloʊ/ 名 (複 ~s) ピッコロ《フルートより音域の高い横笛》.

pic・cy /píki/ 名《口》=picture.

*[+]**pick** /pík/ 動 他 ❶〈…を〉(入念に)選ぶ, 選び取る, 選び取る《choose, select》: ~ one's words carefully 言葉づかいに十分注意する, 慎重に言葉を選ぶ / He ~ed the winning horse in the race. 彼は競馬で勝ち馬を選びあてた / You can ~ three courses *from* these. 君はこの中から3コース選べる / He ~ed a nice ring *for* me. 彼は私にすてきな指輪を選んでくれた / [+目+*to do*] I ~ed her to do the work. 私は彼女を選び出してその仕事をさせた / [+目+*as* 補] Beijing was ~ed *as* the host for the 2008 Olympic Games. 北京が 2008 年のオリンピックの開催地に選ばれた.

❷ **a**〈…を〉つまみ取る, 抜き取る〔*from, out, off*〕: She ~ed a cigarette *from* the pack. 彼女は箱からたばこを1本抜き取った / I ~ed the hairs *off* my jacket. 上衣から髪の毛をつまみ取った. **b**〈草花・果物などを〉摘む, もぐ, 採集する《比較》gather よりも口語的》: ~ dandelions [strawberries] タンポポ[イチゴ]を摘む.

❸ **a**〈歯・耳・鼻などを〉(…で)ほじる: ~ one's teeth *with* a toothpick つまようじで歯をほじる / Stop ~*ing your nose!* 鼻をほじるのはやめなさい. **b**〈鳥が〉〈えさを〉ついばむ;〈人が〉〈食物を〉少しずつ食べる. **c**〈骨から〉〈肉を〉つつき[むしって]取る〔*from, off*〕.

❹ **a**〈錠を〉〈かぎ以外のもので〉あける: ⇒ pick a LOCK[1] 成句. **b**〈人のポケットの〉財布をする (cf. pickpocket): ⇒ pick a [a person's] POCKET 成句.

❺《米》〈…を〉指で鳴らす, つまびきする: P~ the strings gently in this passage. この楽節では弦をそっとつまびきなさい.

❻〔人に〕〈けんかを〉しかける, 吹っかける: ⇒ pick a FIGHT [QUARREL] with 名 成句.

pick and chóose 〈…を〉えりすぐる, えり好みする.

pick and míx 好みの組み合わせで選ぶ, 自由に取捨選択する (⇨ pick-and-mix).

pick apárt =PICK...to pieces 成句.

pick at... (1)〈人が〉〈…を〉〈食欲がなさそうに〉〈少しずつ〉食べる, つつく (nibble out);〈鳥が〉〈…を〉つつく, ついばむ: She only ~*ed at* her food. 彼女は少ししか食べなかった. (2)〈…を〉〈何度も〉つまむ[引っ張る]. (3)《主に米》〈つまらないことで〉文句を言う, 非難する.

pick a pérson's bráins ⇒ brain 成句.

pick hóles [a hóle] in... (1)...に穴をあける. (2)...のあら探しをする.

pick óff (他+副) (1)〈…を〉〈一人[一つ, 1 匹]ずつ〉ねらい撃つ: The hunter ~ed *off* several of the ducks. 猟師はカモを何羽もしとめた. (2)〈…を〉選り抜く, 選び抜く. (3)《野》〈走者を〉牽制球で刺す.

pick on... (1)《口》〈人を〉いじめる, 攻撃する;〈人に〉難癖をつける,〈人の〉あら探しをする (get at). (2)〈…を〉わざわざ選ぶ, 選び出す.

pick óut (他+副) (1)〈…を〉選び出す, えり抜く, 選ぶ. (2)〈…を〉区別する, 見分ける, 見つける (spot): I soon ~*ed out* Mr. Smith in the crowd. 人込みの中ですぐスミスさん

を捜し出した. (3) 〈明かりが〉〈人を〉照らし出す, はっきりと映し出す. (4) 〔違う色彩で〕〈…を〉引き立たせる〔with, in〕(★通例受身): The handle is ~ed out in red. 取っ手は赤く塗られてすぐわかるようになっている. (5) 曲を聞き覚えのまま演奏する: I can just manage to ~ out Moonlight Sonata on the piano. 「月光の曲」は聞き覚えでなんとかピアノで弾ける.

pick óver 《他+副》 (1) (選ぶために)〈…を〉入念に一つ一つ調べる: ~ over the apples リンゴを選び分ける / The bargain counter had already been ~ed over. 特価品売り場はもうあれこれとあさられてしまった. (2) 〈…を〉詳細にこまごまと述べる, 穿鑿する(穿ᔆᔆ).

pick thróugh…をくまなく探す.

pick…to píeces (1) ずたずたに裂く. (2) 〔口〕酷評する.

pick úp 《他+副》(1) 〈ものを〉拾い上げる, 拾う; 持ち上げる, 持つ, 取る: ~ up the receiver 受話器を手に取る / He bent down to ~ it up. 彼はそれを拾おうとして身をかがめた; 〈人を〉〈車などに〉乗せる; 〈人を〉車で迎えに行く; 〈ものを〉途中で受け取って[買って]いく (↔ drop): I'll ~ you up at your hotel. ホテルに迎えにいきます / There the bus stopped to ~ up passengers. そこでバスは止まり乗客を乗せた / I'll ~ it up on my way to school. 学校へ行く途中で受け取ってきます. (3) 〈話・活動などを〉(中断後)また始める: We ~ed up the discussion after the break. 休憩後また討議を続けた. (4) 〈健康・元気を〉回復する; 〈勇気を〉奮い起こす. (5) 〈人を〉元気づける. (5) 〈速力を〉増す; 〈車などの〉スピードを増す. (6) [~ oneself up で](倒れて)起き上がる. (7) 〈収入・賞・名声などを〉得る, 稼ぐ: ~ up $500 a week 1週間500ドルを稼ぐ / ~ up a degree 〈大学で〉学位を取る. (8) 〈痕跡・臭跡を〉発見する. (9) 〈警察が〉〈犯人を〉捕らえる, 連行する, 検挙する. (10) 〔…で〕〈人を〉厳しくしかる〔for〕. (11) 〈知識・外国語などを〉聞き覚える, 身につける: Where did you ~ up that information? その情報をどこで手に入れましたか. (12) 〈…を〉買う, 首尾よく〔安く〕手に入れる; 〈…を〉ついでに買う[手に入れる]; 〈賞・票などを〉獲得する, 得る: ~ up a bargain work of art 特売品を手に入れる. (13) 〈信号・音などを〉拾う, とらえる, 傍受する: He ~ed up an SOS signal. 彼は SOS 信号を受信した. (14) 〈困難な〉〈物を〉救出する. (15) 〈勘定の〉支払いを負担する. (16) 《セックス目当てに》〈人に〉声をかける, 〈異性を〉ひっかける. (17) 〈病気に〉かかる, うつる (catch); 〈癖などを〉身につける. (18) I seem to have ~ed up a cold. どうもかぜにかかったらしい. (18) 〈誤りなどを〉拾い出す, 見つけ出す. (19) 〔…のことで〕〈人の言ったことを〉訂正する: May I just ~ you up on what you said now? 〔英〕君が今言ったことについてちょっと訂正させてもらいたい. (20) 〔米口〕〈部屋を〉片づける. —— 《自+副》 (21) 〈事態が〉好転する, 〈景気・健康・成績などが〉上向く, 持ち直す; 〈雨・天気などが〉回復する, 持ち直す: Auto sales are ~ing up. 車の売れ行きは上向いてきている. (22) (中断後)話(など)を続ける: We ~ed up where we (had) left off. さきほどのところから話(した)始めた. (23) 〔米口〕片付ける.

pìck úp and léave 〔口〕荷物をまとめて立ち去る.

pick úp on…(1) 〈競走などで〉〈人に〉迫る, 追いついてくる. (2) 〔米口〕…に気づく, …を理解する.

pick úp the bill [táb] 〔…に対して〕支払いをする〔for〕.

pick úp with…と知り合いになる.

pick one's wáy [stéps] [副詞(句)を伴って] (足の踏み場を選んで)注意深く進む: He crossed the room, ~ing his way through a tangle of wire. 彼はもつれ合っているコードの間を一歩一歩注意深く部屋を横切った.

—— 图 ❶ ⓤ [通例 one's ~] 選択(権); [the ~] 精選物, えり抜き; ⓒ 〔米〕選んだ人[もの]: take one's ~ 選ぶ, 選び出す / You can have your ~. 何でも自由に選んでよい / the ~ of the bunch えり抜きのもの[人], ピカ一 / These grapes are the ~ of the crop. このブドウは今年とれた中で極上のものだ. ❷ ⓒ [バスケ] スクリーンプレー. ❸ = pickax. ❹ ⓒ 〔口〕 (弦楽器の)つめ, ピック. ❺ つつく道具; くせ毛用の歯の長いくし.
【F<L=突き通す】

pick·a·back /píkəbæk/ 图 副 =piggyback.
pick-and-mix /píkənmíks⁻/ 形 ⓤ 好みの組み合わせ（が選べる）, よりどりみどり(の) (⇒ pick 動 成句), 各種取りそろえた(もの).

pick·a·nin·ny /píkənìni/ 图 ⓒ 《軽蔑》黒人の子供.
pick·ax, -axe /píkæks/ 图 つるはし (pick).
—— 動 他 つるはしで砕く[掘る].
picked 形 Ⓐ ❶ 精選した, 最上の. ❷ 摘み取った.
pick·el·hau·be /píkɛlhàubə/ 图 (19世紀ドイツ兵の)スパイク付き鉄かぶと, つのかぶと.

†**pick·er** 图 ❶ [通例複合語で] 摘み手[機]: a hop ~ ホップの摘み手. ❷ つつく人[鳥]; ほじくる人.

pick·er·el /píkərəl/ 图 (復 ~, ~s) ❶ 《米》カワカマス科の小型の淡水魚 (アカヒレカワカマスなど). ❷ 《英》カワカマス (pike) の幼魚.

†**pick·et** /píkɪt/ 動 他 ❶ 〈ストライキ中に〉〈商店・工場・労働者などを〉監視する, 〈…に〉ピケを張る. ❷ 〈…に〉小哨(ᔆᔆ)を配置する; 〈…に〉小哨に立てる. ❸ 〈…に〉さくをめぐらす.
—— 自 労働争議の監視役をする. —— 图 ❶ 〈スト破り防止のための〉監視員, ピケ隊員, ピケ隊《労働争議の時, 組合側から出す》. ❷ 〔軍〕小哨, 見張り(兵); 警戒隊. ❸ とがったくい, 棒くい (垣根・さくを作るのに使う). 【F=とがっていく; cf. pick】

pícket fénce 图 くい垣, くいさく.
pícket line 图 ❶ ピケ(ライン). ❷ 〔軍〕前哨線, 警戒線.
Pick·ford /píkfəd/ 图 -ford / , **Mary** 图 ピックフォード (1893-1979; 米国の映画女優).

pick·ing 图 ❶ 簡単に手に入る[不正に手に入れた]金[利益, もの]; [複数形で] 盗品; 不正入手品, 役得. ❷ [複数形で] 摘み残り, 落ち穂; 残物. ❸ こじあけること, ピッキング: lock ~ 錠をかぎ以外の道具であけること. ❹ ⓤ 摘み取り; 採集: go grape [strawberry] ~ ぶどう[いちご]摘みに行く.

†**pick·le** /píkl/ 图 ❶ ⓒ [通例複数形で] (塩・酢の)漬物, ピクルス. ❷ ⓤ (野菜などを漬ける)漬け汁. ❸ [a ~] ⓒ 困った(まずい, 不快な)立場, 窮地: be in a (sad [sorry, nice, pretty]) ~ とても困っている, 苦境にある. ❹ 〔英口〕いたずらっ子. —— 動 他 〈野菜などを〉塩水[酢]に漬ける.

pick·led 形 ❶ 塩[酢]漬けの: ~ cabbage 酢漬けのキャベツ. ❷ 〔古風〕酔っぱらった (drunk).
pick·ler /píklə/ -lə/ 图 ピクルスの材料となる野菜・果物, 漬け豚.
pick·lock 图 錠前をこじあけるどろぼう, ピッキング強盗. ❷ 錠前をこじあける道具.
pick-me-úp 图 〔口〕 ❶ 元気づけのための飲み物[食べ物]; 刺激剤, 強壮剤. ❷ 元気づけるよい知らせ[経験].
pick·ney /píkni/ 图 〈黒人英語〉子供, ガキ.
pick 'n' mix /píkənmíks⁻/ 形 图 =pick-and-mix.
pick·óff 图 〔野〕牽制による刺殺.
pick·pòcket 图 すり.

*__pick·up, pick-up__ /píkʌ̀p/ 图 ❶ ⓒ ピックアップ (無蓋(ᔆᔆ)小型トラック). ❷ ⓒ (便乗者・客などを)乗せること; (荷物などの)積み込み, 収集; 便乗者, ヒッチハイカー; 拾った客. ❸ ⓒ 〔口〕 《セックス目当てに》引っかけた人, 行きずりのセックスの相手; セックスの相手を引っかけること. ❹ ⓤ 《米》 (車などの)加速力: This car has good ~. この車は加速がいい. ❺ ⓒ 〔商売・健康などが〕よくなること, 回復, 好転〔in〕 (improvement). ❻ ⓒ (レコードプレーヤーの)ピックアップ. ❼ ⓒ 〔野・クリケ〕打球をショートバウンドですくい上げること. —— 形 〔米〕〈球技など〉〈たまたま〉居合わせた人たちで行なう; 〈チーム・バンドなど〉寄せ集めの; 〈料理など〉間に合わせの, 即席の.

píckup trùck 图 =pickup 1.
Pick·wick·i·an /píkwíkiən/ 形 ❶ ピックウィック流の, 善意でユーモラスある. ❷ 〈語・意味が〉〈不快な気持ちを起こさせないように〉間違って使う, 風変わりな. 【Dickens の小説 *Pickwick Papers* (1837) の主人公の善意でこっけいな老人にちなむ】
pick·y /píki/ 形 (**pick·i·er, -i·est**) 〔口〕えり好みする, 気難しい (choosy). (動 pick)

pick-your-ówn 形 Ⓐ 〈農園・果物などが〉客が自分で収

穫して購入する方式の.

*__pic・nic__ /píknɪk/ 名 ❶ a ピクニック: go on [for] a ~ ピクニックに行く. b 野外で食べる簡単な食事: eat [have] a ~ 野外で簡単な食事をとる. ❷ [no picnic で] [口] 楽しいこと, 楽な仕事: It's *no* ~ finishing the work in a day. 一日でその仕事を終えるのは楽なことじゃない. 一 形 A ピクニックの: a ~ lunch [supper] ピクニック用の弁当 / a ~ table ピクニック用食事テーブル. 一 動 自 (__pic・nicked__, __-nick・ing__) ピクニックに行く.【類義語】__picnic__ 野外で食べる食事を持参する遠足. __hike, hiking__ 運動・楽しみのために郊外・野山を歩く遠足.

__pícnic àrea__ 名 (車乗り入れの) ピクニック場.
__pícnic bàsket__ 名 ピクニック用バスケット.
__píc・nick・er__ 名 ピクニックする人, 行楽者.
__pic・nick・y__ /píknɪki/ 形 ピクニックの (ような).
__pi・co-__ /píːkou/ [連結形] 「1 兆分の 1 (=10⁻¹²)」.
__pi・còr・na・vírus__ /piːkɔ̀ənə-│-kɔ̀ː-/ 名 ピコルナウイルス (RNA を含む小型のウイルス).
__pi・cot__ /píːkou/ 名 [服] ピコ (ット) (レース・リボンなどのふちの小環状の飾り).【F】
__pic・o・tee__ /pìkətíː/ 名 [園] (カーネーション・バラ・チューリップなどのうち) 花弁に (赤い) 覆輪のある花.
__pic・quet__ /píkɪt/ 名 [英] = picket 2.
__píc・rate__ /píkreɪt/ 名 [U,C] [化] ピクリン酸塩 [エステル].
__píc・ric ácid__ /píkrɪk-/ 名 [U] [化] ピクリン酸.
__PICS__ (略) platform for Internet content selection インターネット上の情報内容選択のための標準.
__Pict__ /píkt/ 名 ピクト人; [the ~s] ピクト族 (スコットランドの北東部に 3 世紀から 9 世紀ごろまで住み, スコット族 (Scots) に征服された民族).
__Píct・ish__ /-tɪʃ/ 形 ピクト人の (ような). 一 名 U ピクト語.
__pic・to・gram__ /píktəgræm/ 名 = pictograph.
__pic・to・graph__ /píktəgræf│-grɑːf/ 名 ❶ 象形文字, 絵文字. ❷ 統計図表 (数字の代わりに絵を用いる). __pic・to・graph・ic__ /pìktəgréfɪk⁻/ 形【L *pictus* painted + -GRAPH】

⁺__pic・to・ri・al__ /pɪktɔ́ːriəl/ 形 ❶ 絵画の; 絵で表わした; 絵入りの: ~ art 絵画 (術) / a ~ puzzle 判じ絵, 絵探し. ❷ 絵を描写するような, 生き生きした. 一 名 絵 [写真] 中心の雑誌 [新聞], 画報. __-ly__ /-əli/ 副【L】

‡__pic・ture__ /píktʃɚ│-tʃə/ 名 ❶ C 絵, 絵画; 肖像画: sit for one's ~ 肖像画をかいてもらう / draw a ~ of flowers 花の絵をかく / paint a ~ (絵の具を使って) 絵をかく. ❷ C 写真: I'll take your ~ [a ~ *of* you]. 写真をとってあげよう / I had my ~ taken. 写真をとってもらった / He had his ~ in the papers. 彼は新聞に写真が出ていた. ❸ a C 映画 (⇒ movie 1 a): a silent ~ 無声映画 / make a ~ 映画を作る [撮る]. b [the ~s] [英] (娯楽・芸術としての) 映画 (⇒ movie 2 a): go to *the* ~*s* 映画を見に行く / be in ~s 映画に出演する, 映画の製作に加わる. ❹ C [通例単数形で] a (鏡などの) 映像; 心象 (image). b 画面; 画像: The ~ is out of focus. その画像はピンぼけだ. ❺ C [通例単数形で] (写実的な) 描写, 叙述: The story gives a vivid ~ *of* Moscow in the 1890's. この物語は 1890 年代のモスクワをまざまざと描いている. ❻ [a ~] 絵のように美しい光景 [人]; 見もの: Our tulips are now *a* ~. うちのチューリップは今日は見るも美しさだ. ❼ [the ~] __a__ [*the* ~] [古風], そっくりそのままのもの: She's *the* (very) ~ *of* her mother. 彼女は母親にそっくりだ [生き写しだ]. __b__ (目に見えるように) 具現されたもの, 権化(ごん), 化身: He looks *the* (very) ~ *of* health. 彼は健康そのものに見える. ❽ [単数形で] 状況, 事態, 状勢, 模様: The political ~ is far from good. 政情はきわめて悪い / the big ~ (物ごとの) 全体像.

(__as__) __prétty as a pícture__ [古風] とてもかわいい [きれいな].
__còme__ [__énter__] __ìnto the pícture__ (1) 姿を現わす, 登場する. (2) 重要な役割 [意義, 関係] をもつようになる. __gét the pícture__ [口] 事態をのみこむ [理解する], 様子がわかる. __in the pícture__ (1) 目立った存在で. (2) 関連をもって; 重要で. (3) 十分知らされて, 熟知して: I'd better put you *in*

the ~. 君には事情を知っておいてもらったほうがいい. __òut of the pícture__ (1) 目立たないで. (2) 関連がなく; 重要でなく. (3) 十分知られなくて: He must be kept *out of the* ~. 彼には絶対に知らせてはならない.
一 動 他 ❶ 〈…を〉 心に描く, 想像する (imagine): P~ that! そのことを考えてもみたまえ / [+目+*do*ing] I can't ~ you wash*ing* dishes. 君が皿洗いをしているところなど想像もできない / [+*wh*.] They could hardly ~ *how* terrible the earthquake must have been. 彼らとてその地震がいかに恐ろしいものだったかほとんど想像できなかった. ❷ 〈…を〉 絵にかく. ❸ 〈…を〉 描写する, 生き生きと述べる: It's hard to ~ his sufferings. 彼の辛苦は描き切れない. ❹ (新聞やテレビで) 〈…の〉 写真や映像を出す. __pícture to onesélf__ 心に描く, 想像する.

【L < *pingere, pict*-「色を塗る」の意; PAINT と同語源】
(形 __pictorial, picturesque__)

__pícture bòok__ 名 絵本.
__pícture càrd__ 名 (トランプの) 絵札.
__pícture gàllery__ 名 絵画陳列室, 美術館, 画廊.
__pícture-gòer__ 名 [英] 映画ファン ([米] moviegoer).
__pícture hàt__ 名 ピクチュアハット (派手な飾りのついたつば広の婦人帽).
__pícture pàlace__ 名 [英古] 映画館.
__pícture-pérfect__ 形 [米] まったく欠点のない, 完璧な, 絵にかいたようなことな.
__pícture póstcard__ 名 絵はがき.
__pícture-póstcard__ 形 絵はがきのような; 美しい (picturesque): a ~ landscape 美しい景色.
__pícture ràil__ 名 額長押(なげし) (額縁などをつるすための水平材).
__pícture shòw__ 名 [古風] 映画 (興行), 活動写真.
__pic・tur・esque__ /pìktʃərésk⁻/ 形 (__more__ ~; __most__ ~) ❶ 絵のような, 画趣に富む. ❷ 〈言語・文体など〉 生き生きした. ❸ 〈人・風采(ふうさい)〉 など人目に立つ, 一風変わった. __-ly__ 副 __-ness__ 名 (名 picture)
__pícture thèater__ 名 [英] 映画館.
__pícture tùbe__ 名 (テレビの) ブラウン管.
__pícture wíndow__ 名 見晴らし窓 (外景を取り入れられるように居間などに設けた大きな一枚ガラスの窓).
__pícture wríting__ 名 U 絵画記録 (法), 絵 [象形] 文字.
__pic・tur・ize__ /píktʃəraɪz/ 動 [米] 〈…を〉 映画化する; 絵にする; 絵で飾る.
__pic・u・let__ /píkjulət/ 名 [鳥] キツツキモドキ.
__PID__ (略) pelvic inflammatory disease.
__pid・dle__ /pídl/ 動 自 ❶ [口] 〈子供・動物が〉 おしっこをする (urinate). ❷ だらだら時を過ごす 〈*away*〉. 一 名 U [また a ~] [口] おしっこ (をすること).
__pid・dling__ /pídlɪŋ/ 形 ささいな, つまらない (paltry).
__pid・dock__ /pídək/ 名 [貝] ニオガイ.
__pid・gin__ /pídʒɪn/ 名 U,C 混成語, ピジン (解説 2 つ以上の言語の単純化された混成語; 共通語をもたない人たちの伝達手段として用いられる). 【business の中国語なまりから】
__pídgin__ [__Pídgin__] __Énglish__ 名 U ピジンイングリッシュ (解説 基盤となる英語に中国語・ポルトガル語・マレー語などが混合した言語; 中国の東部海岸で通商用語として広く使われ; 現在メラネシア・西アフリカなどで用いられている同様の混成語).
__pí・dòg__ /páɪ-/ 名 = pye-dog.

*__pie¹__ /páɪ/ 名 ❶ a C,U パイ (解説 肉または果物などを小麦粉の生地に入れて焼く; パイは米国の主婦が誇りとする料理で, 特に apple pie はデザートとして人気がある; 感謝祭の pumpkin pie, クリスマスの mince pie など種類は豊富; 英国のパイは主に食事用; 関連 パイの皮は piecrust また is crust): bake an apple ~ アップルパイを焼く. __b__ パイ状のもの: a mud ~ (子供の作る) 泥まんじゅう. ❷ U (分け合うべき収益などの) 全体, 総額: He wants a bigger share [slice, piece] of the ~. 彼はより多くの分け前を求めている. (__as__) __éasy as píe__ [口] とても易(やさ)しい. __as níce__ [__swéet__] __as píe__ [口] (見かけが) とても優しくて [愛想がよくて]. __éat húmble píe__ 甘んじて屈辱を受ける. __háve a fínger in évery píe__ いろいろなことに関与する [余計な手出しをする]. __píe in the ský__ [口] (当てにならない) 先の楽しみ

pie² /páɪ/ 名 〖鳥〗 カササギ (magpie), カササギに似た白黒の鳥 (tree pie など).

pie·bald /páɪbɔːld/ 形 〈馬など〉(白と黒の)ぶちの, 雑色の.
— 名 まだら馬 〖動物〗.

***piece** /píːs/ 名 ❶ Ⓒ 断片, 破片: in 〜s ばらばらに / break [tear]... in [into] 〜s ...を粉々に壊す [裂く] / fall to 〜s 落ちて粉みじんになる / come to 〜s ばらばらになる, 壊れる. ❷ Ⓒ a 〈組を成すもの〉1個: a dinner service of 50 〜s 50個ひと組の正餐(セイ)用食器 / cost ten cents a 〜 1個10セントかかる. **b** 〈機械などの〉部分, 部品: take a machine to 〜s 機械をすっかり分解[解体]する. ❸ Ⓒ [U] の名詞を伴って, まとまりのある数量を示して] 一片, 1個, 1枚, 1編, 1節: a few 〜s of chalk チョーク数本 / five 〜s of furniture 家具5点 / a 〜 of string 1本の糸 / a 〜 of paper 1枚の紙 (⇨ paper 1 [用法]). **b** [通例 a 〜 of...で] (動作・性質などの)一例: a 〜 of advice ひとつの忠告 / a 〜 of folly 愚かな行為 / a 〜 of (good) luck ひとつの幸運, 幸運な出来事 / a strange 〜 of news (ひとつの)不思議なニュース. **c** 〈土地などの〉一区画, 小区画, 短い距離: a 〜 of land 一区画の土地 / a 〜 of water 小さな湖. ❹ Ⓒ **a** 1編の作品[詩, 散文, 作曲, 劇], 1枚の絵, 1個の彫刻(など): a violin 〜 バイオリンの曲 / a 〜 of poetry 1編の詩 / a fine 〜 by Rembrandt レンブラントの傑作 / a dramatic 〜 戯曲1編. **b** [通例単数形で] 新聞[雑誌]の記事. ❺ **a** Ⓒ 〈量の一定した物の単位としての〉一定量: a 〜 of linen リンネル1反 (13ヤール) / a 〜 of wallpaper 壁紙ひと巻き (12ヤール). **b** [the 〜] (仕事のでき高: pay a person by *the* 〜 仕事のでき高で支払いをする. ❻ Ⓒ 一定量 (⇨ piece of eight [成句]). a one-cent 〜 1セント銅貨 1枚 / two fifty-cent 〜s 50セント硬貨 2枚. ❼ Ⓒ 〖軍〗 銃, 砲: a heavy artillery 〜 重砲. ❽ Ⓒ (チェスなどの)こま. **b** 〖チェス〗 (特にポーン (pawn) 以外のこま. ❾ [one's 〜] 意見, 見解: say [speak] one's 〜 意見を述べる, 言いたいことを率直に言う. ❿ Ⓒ [通例修飾語を伴って; 通例単数形で] 〖俗〗 女: a nice little 〜 かわいい女.

a píece of áss 〖米卑〗 (1) (セックスの対象としての)女. (2) セックス, 性交.

a píece of cáke 〖口〗 簡単にできること, たやすいこと.

a píece of cráp [shít] 〖口〗 最低の品.

a píece of góods 〖俗〗 人, (特に)女.

a píece of the áction 〖米口〗 利権, 分け前.

a píece of wórk [通例修飾語を伴って] (1) 〈...な〉仕事: a fine 〜 *of work* りっぱな仕事. (2) 〖口〗 〈...な〉やつ: a nasty piece of work 〜 nasty 形 [成句].

áll in óne píece = in one PIECE [成句].

áll of a píece = of a PIECE [成句].

be [lìe] in píeces (1) こなごな[ばらばら]になっている. (2) 無益なものと化している.

cút...to píeces (1) ...をずたずたに切る, 寸断する. (2) 〈敵・人の説など〉を粉砕する, 壊滅させる.

gíve a person a píece of one's mínd ⇨ mind 名 [成句].

gò (àll) to píeces (1) ばらばら[めちゃめちゃ]になる. (2) 肉体的・精神的に)参る, 自制心を失う.

in óne píece 〖口〗 (1) 〈ものが〉壊れないで, 無傷で. (2) 〈人が無事に〉: He was lucky to get back *in one* 〜. 彼が無事に帰れたのは幸運だった.

of a [óne] píece (1) 〚...と〛同種で, 等質で 〛*with*〛. (2) 〚...と〛一致して 〚*with*〛.

pìck úp the píeces (1) 破片を拾い集める. (2) 事態(など)を収拾する.

píece by píece ひとつひとつ, 少しずつ.

píece of éight (昔のスペインの)ペソ銀貨.

púll [ríp, téar]...to píeces ...のあら探しをする, を厳しく非難する, こきおろす.

táke a píece óut of a person 〈人〉を厳しくしかる.

— 形 Ⓐ [複合語で] 〈楽器・家具・食器など〉ひと組の: a 50-*piece* orchestra 50人編成のオーケストラ / a three-*piece* suite 三点セットの家具 (《ソファーとアームチェア 2つの組み合わせなど).

— 動 ⓣ ❶ 〈...を〉継ぎ合わせる (assemble): 〜 *together* a jigsaw ジグソーパズルを継ぎ合わせる. ❷ 〈事実・証拠などを〉つなぎ合わせて(筋が通る[理解できる]ように)まとめる, 〈話を〉総合する 〚*together*〛.

〚F 〈 L = 断片〛 〚類義語〛 ⇨ part.

pi·èce de ré·sis·tance /pjésdrèɪziːstáːns | -rèzɪs-/ 名 (複 **pièces de résistance** /〜/) ❶ 主な料理, 主菜. ❷ 主要なもの[事件], 主要作品[陳列品]. 〚F = 食べごたえのある料理〛

píece gòods 名 (複) (一定の長さの)反物.

⁺**piece·meal** /píːsmìːl/ 副 ひとつずつ, 少しずつ; 漸次に. — 形 切れ切れの, 断片的な, ひとつ[少し]ずつの.

piec·er /píːsə | -sə-/ 名 継ぎ[繕い]をする人; 〖織〗 糸継ぎ工.

píece ràtes 名 Ⓒ[U] でき高給[賃金]; 単価.

píece·wòrk 名 Ⓒ でき高払いの仕事, 賃[請負]仕事 (cf. timework).

píe chàrt 名 円グラフ, パイ図表 (円を半径で切って表示するグラフデータ).

píe·crùst 名 [U.C] パイ皮; (米) = shortcrust: Promises, like 〜, are made to be broken. 〖諺〗 約束はパイ皮のようで破れやすいもの.

píecrust tàble 名 (パイ皮状の)ぎざぎざの縁の小型円型テーブル.

pied /páɪd/ 形 Ⓐ まだらの, 雑色の.

pied-à-terre /pjéɪdɑːtéə | -téə-/ 名 (複 **pieds-à-terre** /〜/) (足だまりとして使う)アパート, 住居; セカンドハウス. 〚F = foot on land〛

píe dìsh 名 パイ皿 (パイを焼く時に用いる).

pied·mont /píːdmənt | -mənt/ 名 (ゆるやかに傾斜した)山麓地帯.

Pied·mont /píːdmənt | -mənt/ 名 ❶ [the 〜] ピードモント (米国大西洋岸の海岸平野とアパラチア山脈との間の高原地帯; New Jersey 州から Alabama 州に及ぶ). ❷ ピエモンテ (イタリア北西部の州).

pi·ed noir /pjémwáː | -nwáː/ 名 (複 **pieds noirs** /〜/) (フランス植民地時代の)アルジェリア在住フランス人; アルジェリア出身のフランス人. 〚F = black foot〛

Pied Pip·er /páɪdpáɪpə | -pə-/ 名 ❶ [the 〜] (of Hamelin /hǽm(ə)lɪn/)〖ドイツ伝説〗ハーメルンの笛吹き (ネズミの襲来に困っていた Hamelin の町から, 笛の音でネズミを誘い出して川におぼれさせたが, 町が約束の報酬を与えなかったため, 笛を吹きながら町の子どもをみな山中へ連れ去ったといわれる人物). ❷ Ⓒ 人を巧みに誘導する者.

píed wágtail 名 ハクセキレイ.

píe-èyed 形 〖古風〗 酔っぱらった.

píe-fàced 形 〖口〗 のっぺりした[間の抜けた]丸顔の.

⁺**pier** /píə | píə/ 名 ❶ **a** 桟橋, 埠頭(ふとう): a landing (上陸用)桟橋. **b** 遊歩桟橋 (海に突き出た桟橋で, レストランや劇場などがある). ❷ 橋脚, 迫持(せりもち). ❸ 防波堤. ❹ 〖建〗 窓間(まど)壁. 〖類義語〗 ⇨ wharf.

***pierce** /píəs | píəs/ 動 ⓣ ❶ 〈...を〉突き通す, 突き刺す; 〈...に〉穴をあける, 〈...を〉貫通する (⇨ stab 比較): A nail 〜*d* the tire of his car. くぎが彼の自動車のタイヤに刺さった / The hill is 〜*d by* a tunnel. その丘にはトンネルが貫通している / She had her ears 〜*d*. 彼女は(ピアスがつけられるように)耳に穴をあけてもらった / 〜 a person's chest *with* a knife ナイフで人の胸を刺す / 〜 a hole *in* a wall 壁に穴をあける. ❷ 〖文〗 〈叫び声などが〉〈静寂を〉つんざく; 〈光が〉〈暗やみに〉さし込む: A scream 〜*d* the darkness. 悲鳴が静寂をつんざいた. ❸ 〖文〗 〈寒さ・悲しさなどが〉〈人・人の心などを〉突き刺す, 〈身に〉しみる: My heart *was* 〜*d by* [*with*] grief. 私の心は深い悲しみに打たれた. ❹ **a** 〈...を〉突破する (penetrate): 〜 a defense line 防御線を突破する. **b** 〈...を〉洞察する, 見抜く: 〜 a mystery 秘密を見抜く. — ⓘ 〚...を〛貫く, 貫通する; 〚...に〛入り込む: an intellect which 〜*s* straight *to* the heart *of* a problem ずばり問題の核心にせまる知力 / The arrow 〜*d through* the skin *into* the heart. 矢は皮膚を貫通し心臓にまで達した. **pierce one's wáy** 〈...を〉突破して進む.

Pierce

《F<L=突き通す》

Pierce /píəs | píəs/, **Franklin** 图 ピアス (1804–69; 米国第14代大統領 (1853–57)).

pierced /píəst | píəst/ 形 ❶ 穴のあいた. ❷ **a** 〈耳(たぶ)か〉穴をあけた. **b** 〈イヤリングが〉穴をあけた耳につける: ~ earrings ピアス(のイヤリング).

píerc・er 图 刺し通す人, 突き通す物, 穴あけ器, きり; ピアスをした人.

+píerc・ing 形 ❶ 〈声などが〉つんざくような, 甲高い (penetrating): a ~ cry 耳をつんざくような叫び声. ❷ 〈視線など〉鋭い, 射すくめるような, 洞察力のある. ❸ 〈悲しみなど〉心を突き刺すような, 胸を刺す. ❹ 〈寒さ・風など〉身にしみる. ❺ 〈光線が〉目を射る, 強い. —— 图 ⓊⒸ ピアスの穴をあけること. **~・ly** 副

píer glàss 图 大きくて丈の高い鏡; 【建】〈窓と窓の間の壁面(いっぱい)に張った〉大きな鏡, 窓間鏡.

Pierre /píə | píə/ 图 ピア (米国 South Dakota 州の州都; Missouri 川に臨む).

pier・rot /píːərò | píərou/ 图 ❶ [P~] ピエロ (フランスのパントマイムの道化役; おしろいを塗り, だぶだぶの白服を着る). ❷ (ピエロの扮装をした)道化役 (clown). 《F Pierre Peter の愛称を示す指小辞》

píer tàble 图 窓間壁の前に置く小テーブル.

píe-shàped 形 〈切り取った〉パイのような扇形の.

pi・e・tà /pìːetáː/ 图 ピエタ 《聖母マリアがキリストの遺体をひざの上に抱いて嘆いている図または像》. 《It=piety》

pi・e・tas /páiətæs/ 图 Ⓤ 《古代ローマで徳とされた, 神々・祖国・先祖・父母・学問などに対する》敬意.

pi・e・tism /páiətìzm/ 图 Ⓤ 敬虔 (piety); 信心家ぶること; [P~] 敬虔主義(17世紀末ドイツのルター派内に起こり信仰の内面化・敬虔化を主張した). **-tist** /-tɪst/ 图 **pi・e・tis・tic** /pàiətístɪk⁻/, **-ti・cal** /-ɪk(ə)l⁻/ 形 **pi・e・tís・ti・cal・ly** /-kəli/ 副

pi・e・ty /páiəti/ 图 ❶ (↔ impiety) **a** Ⓤ 敬虔, 敬神, 信心. **b** Ⓒ 敬虔な行為; お祈り. ❷ Ⓤ 孝心, 孝行. 《F<L pietas 敬虔さ; cf. pity》 形 pious)

pi・e・zo /pɪːéɪzou | píːɪzou/ 形 =piezoelectric.

pièzo-eléctric /pìːɪzou- | pìːɪzou-/ 形 【理】圧電性の. **-tri・cal・ly** 副

pièzo-electrícity 图 Ⓤ 【電】ピエゾ電気, 圧電気 (力をかけると電気を発生する現象; ガス器具の点火のための電気火花発生装置などに用いられる).

pi・e・zom・e・ter /pìːəzɑ́mətə- | -zɔ́mətə-/ 图 ピエゾメーター (圧力, 特に圧縮率を測る装置).

píf・fle /pífl/ 图 Ⓤ 《口》たわごと (rubbish).

píf・fling /pífliŋ/ 形 《口》つまらない, くだらない (trifling).

***pig** /píg/ 图 ❶ Ⓒ **a** ブタ(豚). 《関連 鳴き声は oink, squeal; 豚肉は通例 pork; 去勢しない雄豚は boar; 成熟した雌豚は sow). **b** (米)子豚 (《米》では成長した豚は hog という). ❷ Ⓤ 豚肉(特に子豚): roast ~ 焼き豚. ❸ Ⓒ 《口》**a** 〈豚のように〉薄汚い人; 食いしんぼう; がんこ者; 不作法者, 不愉快なやつ: You greedy ~! この欲ばりのブタ野郎 / a male chauvinist ~ 男性優越主義のブタ野郎. 《英口》やっかいな[不快な]こと[仕事]: a ~ of a job [an exam] いやな仕事[試験]. **b** Ⓒ 《口・軽蔑》警官, ポリ公, おまわり. ❺ =pig iron. **a píg in the míddle** 板ばさみになっている人. **bléed like a (stúck) píg** 多量に出血する. **búy a píg in a póke** 〈品物を現物を見ずに買う, 衝動買いをする 《由来 poke は「袋」の意》. **in a píg's éye** 《口》決して…ない. **in píg** 〈雌豚が〉子をはらんで. **màke a píg of onesèlf** がつがつ大食する; 飲みすぎる. **màke a píg's éar of...** 《英口》…を台なしにする, しくじる. **Pígs might [could] flý.** 《戯言》そんなことあるものか, まさか. —— 動 (**pigged; pig・ging**) ⓘ 〈豚が〉子を産む. **píg it** 不潔な[だらしない]生活をする. **píg óut** (圓+圖) 《口》(…を)むさぼる, がつがつ食べる [on]. **píg onesèlf** がつがつ大食いする. 《ME=子豚; OE 以来ローマで swine「豚」に代わって広く用いられるようになった》 《関連 porcine》

píg・bòat 图 《米俗》潜水艦.

***pi・geon** /pídʒən/ 图 ❶ **a** Ⓒ 《鳥》ハト 《比較 dove より大きく, 野生バト, イエバトのどちらにもいう》: ⇒ carrier pigeon. **b** Ⓤ ハトの肉. ❷ Ⓒ 《口》だまされやすい人, のろま, カモ. ❸ 《軍俗》自軍の飛行機. ❹ 《射撃》=clay pigeon. ❺ [a person's ~] 《英古風》仕事, 責任, 関心事. 《F<L=ピーピー鳴くひな鳥; cf. pipe》

pígeon brèast [chèst] 图 はと胸.

pígeon-brèasted [-chèsted] 形 はと胸の.

pígeon-héarted 形 臆病な, 気の弱い.

pígeon-hòle 图 ❶ ハト小屋の出入り穴, 巣箱の分室. ❷ 分類[整理]棚の区画. **pút...ínto a pígeonhole** …に(よく知りもせずに)レッテルを貼る, あるタイプだと決めつける. —— 動 ❶ **a** ~ 〈書類などを〉整理棚に入れる. **b** (口)〈人・物をX…として〉分類する《as》(label). ❷ 〈計画などを〉あと回しにする, 棚上げにする, 握りつぶす.

pígeon páir 图 《英》❶ 男と女のふたご. ❷ 男と女の二人っ子.

pígeon pèa 图 《植》キマメ, リュウキュウマメ.

pígeon's mílk 图 Ⓤ ハト乳(ハトがひなを養うために出す乳状液).

pígeon-tóed 形 〈人が〉内またの.

píg・ger・y /pígəri/ 图 ❶ Ⓒ 豚飼育所, 豚小屋. ❷ 貪欲な行為.

pí・gish /-gɪʃ/ 形 豚のような; 強欲な; 不潔な. **~・ly** 副 **~・ness** 图

pig・gy /pígi/ 图 《小児》(子)豚. **a píggy in the míddle** 《英》板ばさみになった人. —— 形 (**pig・gi・er; -gi・est**) ❶ 〈口〉(特に)子供が〈食物に〉がつがつする, いくらでも欲しがる. ❷ 〈目・鼻などが〉豚のような.

píggy・bàck 图 背[肩]に乗せて運ぶこと: I'll give you a ~. おんぶしてあげよう. —— 形 ⓐ 副 背[肩]に乗せて[に]: **a ~ ride** おんぶ. —— 動 ⓗ 〈…を X…に〉付け加える, 上乗せする, 便乗させる [on, onto]. —— ⓘ (…に)便乗する, 乗っかる; (…を)土台にする, 利用する.

píggy bànk 图 (子豚形の)貯金箱; 《比喩》貯金.

píg-héaded 形 強情な, つむじ曲がりの (obstinate). **~・ly** 副 **~・ness** 图

píg-ígnorant 形 《口》まるでなにも知らない, 脳タリンの.

píg íron 图 ⓊⒸ 銑鉄(せんてつ).

píg Látin 图 ピッグラテン (語頭の子音(群)を語末にまわし, それに /eɪ/ という音を加えてつくる子どもの隠語; 例 oybay=boy, eakspay=speak).

pig・let /píglət/ 图 子豚, 小豚.

píg-mèat 图 Ⓤ 豚肉, ハム, ベーコン.

+pig・ment /pígmənt/ 图 ❶ ⓊⒸ 顔料(絵の具・染料などの原料). ❷ Ⓤ 《生》色素. [PAINT と同語源]

pig・men・ta・tion /pìgmentéɪʃən/ 图 ❶ Ⓤ 染色, 着色. ❷ 色素形成.

pig・my /pígmi/ 图 形 =pygmy.

píg・nùt 图 《植》欧州産セリ科の双子葉植物(の食用塊根).

píg-òut 图 《米俗》食べすぎ, 大食い.

píg・pèn 图 《米》豚小屋 (pigsty); 汚い部屋[家].

Pigs /pígz/, **the Bay of** ピッグズ湾 (キューバ西部南岸の小湾; 1961年4月17日米国に支援された反 Castro 軍が上陸を企てて失敗したところ).

píg・skìn 图 ❶ Ⓤ 豚の皮; 豚革. ❷ Ⓒ 《米口》フットボールの球.

píg・stìcker 图 長くとがったナイフ.

píg-stìck・ing 图 Ⓤ 馬に乗り槍を使う猪狩り.

píg・stỳ 图 ❶ 豚小屋 (《米》pigpen). ❷ (口)不潔[乱雑]な場所[部屋, 家].

píg's wàsh 图 =pigswill.

píg・swìll 图 Ⓤ ❶ 豚に与える残飯. ❷ 《軽蔑》まずい食べ物.

píg・tàil 图 ❶ おさげ(髪). ❷ 細いひねりたばこ. 《豚のしっぽに似ていることから》

píg-tàiled 形 おさげをした, おさげ髪の.

píg・wèed 图 ⓊⒸ 《植》ヒユ属の雑草(アオゲイトウなど); シロザ.

pí-jàw /páɪ-/ 图 《英俗》Ⓤ (長ったらしい)お談義, お説教.

pi・ka /páɪkə/ 图 《動》ナキウサギ(北半球の高山にすむ).

pike[1] /páɪk/ 图 Ⓤ 《昔, 歩兵が用いた》槍(やり), ほこ. —— 動 ⓗ 〈人を〉槍[ほこ]で刺す[傷つける, 殺す]. 《F<L=突き通

すもの; cf. pick〗

pike² /páɪk/ [名] [通例 P~ で地名に用いて]《英方》(英国湖水地方の)峰のとがった山. 〖PEAK¹ と同語源〗

⁺**pike³** /páɪk/ [名] ([複] ~, ~s)〖魚〗カワカマス《大型の淡水魚》. 〖PIKE¹ のように口先がとがっていることから〗

⁺**pike⁴** /páɪk/ [名] ❶ 有料道路. ❷ 有料道路料金(所). 〖(TURN)PIKE〗

pike⁵ /páɪk/ [動] [自]《口》手を引く, [人を]見捨てる〔*on*〕.

pike⁶ /páɪk/ [名] (飛込み・体操などの)えび型.

píke·man /-mən/ [名] ([複] **-men** /-mən/) 有料道路料金所係員.

pik·er /páɪkə | -kə/ [名] ❶ けちな賭博(とばく)師. ❷ けちな人; 用心深い人.

Píkes Péak /páɪks-/ [名] パイクス山《米国 Colorado 州中部の, Rocky 山脈中にある山 (4301 m)》.

píke·stàff [名] ([複] **-staves**) 槍の柄. **(as) pláin as a píkestaff** ⇨ plain¹ [形] [成句].

pik·ey /páɪki/ [名]《英俗・軽蔑》浮浪者, ジプシー.

pi·laf, pi·laff /pɪlɑ́ːf | pílæf/ [名] [C,U] ピラフ: chicken ~ チキンピラフ. 〖Turk & Pers〗

pi·las·ter /pɪlǽstə | -tə/ [名]〖建〗(壁の一部を張り出した)柱形, 付け柱, ピラスター.

Pi·late /páɪlət/, **Pon·tius** /pɑ́nʃəs | pɔ́ntiəs/ [名] ピラト《キリストの処刑を許可したユダヤの総督》.

Pi·lá·tes Mèthod /pɪlɑ́ːtiːz-/ [名] [the ~] ピラティス[ピラテス]メソッド《心身のコンディションを整え, 体を柔軟にし芯から強化することを目指すトレーニング法》. 〖J. H. Pilates 開発したドイツ人〗

pi·lau, pi·law /pɪlóʊ | píːlaʊ/ [名] =pilaf.

pil·chard /pɪ́ltʃəd | -tʃəd/ [名]〖魚〗ピルチャード, ヨーロッパマイワシ《西ヨーロッパ沿岸産のイワシの一種; 幼魚を油漬缶詰にする》.

***pile¹** /páɪl/ [名] ❶ **a** (ものの)**積み重ね**, 山 (mound): a ~ of books [laundry] 本[洗濯物]の山. **b** (火葬用の)積みまき. ❷《口》[a ~ of... または ~s of... で] **多数(の)**, **大量(の)**: *a* ~ [*~s*] *of* money [work] 大量の金[たくさんの仕事]. ❸ [通例単数形で]《口》大金, 財産. ❹ 大建築物(群), 広壮な建物: a stately ~ 堂々たる大建築物. ❺〖電〗電池: a dry ~ 乾電池. ❻ 原子炉 (atomic pile). **at the bóttom of the píle** (社会・組織の)弱い立場で. **máke** one's **[a] píle** (働く必要がないほどの)大金をもうける[ためる].

── [動] [他] [副詞(句)を伴って]〈ものなどを〉**積み重ねる**; (…に)(…を)山と積む (stack): ~ papers *on* the table 机の上に書類を重ねる / The cart was *~d* high ***with*** hay. 荷車には干し草が山と積み上げられていた / She *~d* more food ***onto*** his plate. 彼女は彼の皿にもっと多くの食べ物を山と盛った. ── [自] どやどやと押しかける[入る, 出る]: ~ *on* [*off*] (バス・列車・飛行機などに[から])どやどや乗る[降りる] / They *~d into* [*out of*] the bus. 彼らはどやどやとバスに乗り込んだ[から降りた]. **píle it ón**《口》大げさに言う, 誇張する. **píle úp** ([他]+[副]) (1) 〈…を〉**積み重ねる**: Plates and dishes were *~d* (*up*) on the table. いろいろな皿がテーブルの上に積み重ねられていた. (2) 〈もの・金などを〉蓄積する, ためる. ── ([自]+[副]) (3) **積み重なる**, 積もる (mount up): The clouds were *piling up*. 雲が積み重なっていた / Debts *~d up*. 借金がかさんだ. (4) 〈自動車が〉多重[玉突き]衝突する.

〖F < *pila* 柱; cf. pillar〗

pile² /páɪl/ [名] ❶ (建物の基礎工事に打ち込む)くい, パイル: drive *~s* くいを打ち込む. ❷ パイル, 矢尻. 〖L=とがったくい〗

pile³ /páɪl/ [名] [U] [また a ~] (ビロード・じゅうたんなどの)けば, パイル. 〖L=毛〗

pi·le·a /páɪliə/ [名]〖植〗ピレア《イラクサ科ミズ属の植物の総称; 葉が美しく観葉植物として栽培されるものが多い》.

pí·le·at·ed wóodpecker /páɪlièɪtɪd-/ [名]〖鳥〗カンムリキツツキ《北米産》.

píle drìver [名] くい打ち機.

piles /páɪlz/ [名] [複]《口》痔(じ) (hemorrhoids).

píle·ùp [名] ❶ (車の)多重[玉突き]衝突. ❷ (いやな仕事・勘定書などの)山, 堆積.

pi·le·us /páɪliəs/ [名] ([複] **-le·i** /-liàɪ/)〖植〗菌傘(きんさん), 傘.

pil·fer /pɪ́lfə | -fə/ [動] [他] 〈…を〉(少しずつ[だけ])盗む, くすねる. ── [自] 〔…から〕くすねる, こそどろを働く〔*from*〕. 〖F=略奪する〗【類義語】⇨ steal.

pil·fer·age /pɪ́lf(ə)rɪdʒ/ [名] [U] ❶ くすねること, こそどろ. ❷ こそどろによる損失.

píl·fer·er /-fərə | -rə/ [名] こそどろ《人》.

⁺**pil·grim** /pɪ́lgrɪm/ [名] ❶ [C] 巡礼者, 霊場参拝者. ❷ [C] 放浪者, 旅人. ❸ **a** [P~] [C] Pilgrim Fathers の一人. **b** [the Pilgrims]=Pilgrim Fathers. 〖F < L=外国人, 旅人 < PER-+*ager, agr-* 国, 土地〗

⁺**pil·grim·age** /pɪ́lgrəmɪdʒ/ [名] [U,C] 巡礼の旅, 聖地詣(もう)で: a place of ~ 巡礼地 / make [go on] a ~ ***to***... へ聖地詣でに出かける.

Pílgrim Fáthers [名] [複] [the ~] (米国の)ピルグリムファーザーズ《1620 年 Mayflower 号で渡米し Plymouth に居を定めたイングランドのピューリタンの集団》.

pil·grim·ize /pɪ́lgrəmàɪz/ [動] [自] 巡礼[行脚]をする. ── [他] 巡礼者にする.

píl·ing [名] ❶ [C] [通例複数形で] くい, くい状の構造物, パイル. ❷ [U] くい打ち(工事).

***pill** /pɪ́l/ [名] ❶ **錠剤** (tablet; ⇨ medicine 2 [関連]): take a ~ 錠剤を飲む. ❷ [the ~; しばしば the P~] 経口避妊薬, ピル: go [be] on *the* ~ ピルを服用し始める[している] / come [go] off *the* ~ ピルの服用をやめる. ❸ **a** いやなもの[事], 苦しい事: a bitter ~ (to swallow) 耐えなければならぬいやなもの[事]. **b**《口》いやな人. ❹《口・戯言》(野球・ゴルフなどの)ボール; 砲弾, 銃弾. **súgar [swéeten] the píll** いやな事を受け入れやすくする. 〖Du=小さな球〗

⁺**pil·lage** /pɪ́lɪdʒ/ [名] [U] (戦争中の)略奪. ── [動] [他] [自] 略奪する (plunder). **píl·lag·er** [名] 略奪者.

pil·lar** /pɪ́lə | -lə/ [名] ❶ **a 柱**, 支柱. **b** 記念柱, 標柱. ❷ 柱状のもの: a ~ ***of clouds 雲の柱 / a ~ ***of*** smoke [fire] 煙[火]柱. ❸ 〔国・社会などの〕中心勢力[人物], 柱; 重要な[柱となる]もの[考え(など)]: a ~ ***of*** society 社会の柱となる人. **from píllar to póst** あちこちと, 次から次へと, たらい回しに. **the Píllars of Hércules** ヘラクレスの柱《Gibraltar 海峡の東端にそびえる二つの岩; Hercules が引き裂いてできたと伝えられる》. 〖F < L; PILE¹ と同語源〗

píllar-bòx [名]《英》郵便ポスト.

pil·lar·et /pɪ̀lərèt/ [名] 小さな柱, 小柱.

píll·bòx [名] ❶ (丸い小型の)錠剤容器, ピルケース[ボックス]. ❷ ピルボックス形婦人用帽子. ❸〖軍〗トーチカ.

pil·lion /pɪ́ljən/ [名] (オートバイなどの)後部座席. **ride píllion** (人の後ろに)相乗りする.

pil·li·winks /pɪ́ləwɪŋks/ [名] [複]〖史〗手指を押しつぶす責め道具.

pil·lock /pɪ́lək/ [名]《英俗》ばか, うすのろ.

pil·lo·ry /pɪ́ləri/ [名] (昔の)さらし台《罪人の頭と手を板の間にはさんだ刑具; cf. stock B 2 d》. ── [動] [他] ❶ 〈人を〉〔…のことで〕笑い物にする〔*for*〕. ❷ 〈人を〉さらし台にさらす.

pil·low** /pɪ́loʊ/ [名] ❶ まくら《[解説] 通例羽毛・綿などを入れた柔らかいもので, 日本のような硬いまくらはない; しばしば bolster の上に乗せる; cf. bolster 1》. ❷ まくらの用をするもの, 頭もたせ. ── [動] [他] ❶ 〈頭を〉のせる, もたせかける: I *~ed* my head ***on her breast. 私は彼女の胸に頭をのせた. ❷《文》〈ものが〉〈…の〉まくらになる. 〖L=クッション〗

píllow bòok [名] (日本の古典文学における)枕草紙のような日記[随筆].

⁺**píllow·càse** [名] まくらカバー《[比較] 英語では日本語の「まくらカバー」のように cover は用いない》.

píllow fìght [名] (子供の)まくら投げ[合戦].

píllow làce [名] [U] 編み台を使う手作りレース.

píllow láva [名] [U] 枕状溶岩.

píllow slìp [名] =pillowcase.

píllow tàlk [名] [U] (夫婦・恋人の)寝室の会話, 睦言(むつごと).

pil·low·y /pɪ́loʊi/ [形] 枕のような; 柔らかくてへこむ.

píll pòpper [名]《口》(特に覚醒剤・精神安定剤などの)丸薬[錠剤]の常用者. **píll-pòpping** [名]

pi·lo·car·pine /pàɪləkɑ́əpiːn | -kɑ́ːpaɪn/ [名] [U]〖薬〗ピ

ロカルピン《発汗・瞳孔収縮・利尿薬》.

pi・lose /páɪlous/ 形 軟毛[毛]におおわれた. **pi・los・i・ty** /paɪlásətɪ/ 名 -**1s**-

***pi・lot** /páɪlət/ 名 ❶ (飛行機・宇宙船などの)操縦士, パイロット: a test ~ テストパイロット. ❷ 水先案内人. ❸ 指導者, 案内人. ❹ (テレビの)番組見本フィルム[ビデオ]. ❺ =pilot light. ━━ 形 ❶ 指導[案内]の; 表示[指標]の; 試験[予備]的な: ⇒ pilot balloon, pilot boat, pilot burner, pilot lamp / a ~ farm 実験農場 / a ~ plant (新生産方式による)試験[実験]工場 / ~ production 予備的生産 / a ~ scheme (大計画のための)予備計画. ━━ 動 他 **a** 〈飛行機・宇宙船などを〉操縦する; 〈船の〉水先案内をする: ~ a tanker into [out of] a harbor タンカーの水先案内をして港に入る[から出る]. **b** 〈人を〉案内する. ❷〈事をうまく運ぶ, 成功に導く〉しげく: ~ a bill *through* (Parliament) 議案をうまく(議会に)通す. ❸ 〈…を〉(本格的実施の前に)試みる, 試行する, 試験的に実施する. 《F < L < Gk = かじ取り》

pi・lot・age /páɪlətɪdʒ/ 名 Ⓤ ❶ 航空機操縦(術); 水先案内(術). ❷ 指導. ❸ 水先案内料.

pílot ballòon 名 測風気球.

pílot bìrd 名 【鳥】アンナインドリ《豪州産; 高い声でさえずる》.

pílot bòat 名 水先案内船.

pílot búrner 名 =pilot light 1.

pílot clòth 名 Ⓤ パイロットクロス《紺色の船員用服地》.

pílot fìsh 名 (徴 ~, ~・es) 【魚】ブリモドキ《サメなどの大型魚を先導するように泳ぐ》.

pílot・hòuse 名 【海】操舵室.

pi・lo・ti /pɪláti/ -lóti/ 名 【建】ピロティ《建物を地表から持ち上げて, その下を通路にするための支柱または下の空間》. 《F < くい》

pílot jàcket 名 =pea jacket.

pílot làmp 名 =pilot light 2.

pílot・less 形 pilot のいない, 無人(機)の.

pílot lìght 名 ❶ (ガス湯わかし器などの)口火. ❷ (装置の動作などを示す)表示灯, パイロットランプ.

pílot òfficer 名 【英空軍】少尉.

pílot whàle 名 【動】ゴンドウクジラ.

pi・lous /páɪləs/ 形 =pilose.

Pils /pílz/ 名 Ⓤ ピルス《Pilsner に似たドイツのラガービール》.

Pil・sner /pílznə/ -nə/, **-sen・er** /-z(ə)nə/ -nə/ 名 Ⓤ ピルスナー《ホップのきいた軽いビール》.

pil・u・lar /píljulə/ -lə/ 形 丸薬[丸剤](状)の.

PIM /pí:àɪém/ 名 【電算】 *personal information manager* 個人情報管理(用)ソフトウェア[アプリケーション].

Pi・ma /pí:mə/ 名 (徴 ~, ~s) ❶ **a** [the ~(s)] ピマ族《米国 Arizona 州南部・メキシコ北部の先住民》. **b** Ⓒ ピマ族の人. ❷ Ⓤ ピマ綿.

pi・men・to /pɪméntou/ 名 (徴 ~s, ~) Ⓒ **a** 【植】ピメント, オールスパイス. **b** Ⓤ ピメント〈L の実から採る香辛料. ❷ =pimiento. 《Sp *pimiento* < L *pigmentum* 色塗られたもの; 赤ピーマンの色の連想から; cf. picture》

pí・méson /páɪ-/ 名 【理】パイ中間子 (pion)《電子質量の約 273 倍 (π^+, π^-) または 264 倍 (π^0) の静止質量をもつ中間子》.

pi・mien・to /pɪm(j)éntou/ pɪmjén-/ 名 (徴 ~s) ピーマン, 赤ピーマン. 《Sp; ⇒ pimiento》

pimp /pímp/ 名 売春のあっせんをする人, ぽん引き《売春婦》のひも. ━━ 動 自 ぽん引きをする. ━━ 他〈…を〉売春婦としてあっせんする.

pim・per・nel /pímpənèl/ -pə-/ 名 【植】ルリハコベ《サクラソウ科の草本》.

pimp・ing /pímpɪŋ/ 形 取るに足らない, けちな; ひよわい, 弱々しい, 病弱な.

pim・ple /pímpl/ 名 にきび, 吹き出物.

pím・pled /-pld/ 形 =pimply.

pim・ply /pímpli/ 形 (**pim・pli・er**, **-pli・est**) 吹き出物だらけの, にきびのできた: a ~ face にきびだらけの顔 / a ~ youth にきび面の若造.

pimp・mo・bile /pímpmoubì:l/ 名 《米俗》 (pimp が乗るような)派手な装飾をした大型高級車.

***pin** /pín/ 名 ❶ **a** ピン, まちばり: ⇒ safety pin / It was so quiet (that) you might have heard a ~ drop. ⇒ drop ❷ 2 **a**. **b** 【医】ピン, 釘, ねじ《骨折骨端を固定するのに骨内に挿入するもの》. ❷《米》**a** 飾りピン, ブローチ (brooch) 《ピンのついたブローチ・記章・ネクタイピン・ヘアピンなどの装飾品》. **b** 洗濯ばさみ. ❸ **a** 栓. **b** (楽器の)糸巻き, くさび. **c** =rolling pin. ❹ (手投げ弾の)安全ピン. ❺ [通例複数形で] 《口》脚: be quick [slow] on one's ~s 足が速い[遅い]. ❻ 【ゴルフ】(hole を示す)旗ざお. ❼ 【ボウリング】ピン. ❽ (樽)栓, くさび. (as) cléan as a néw pin とてもこざっぱり[きちんと]して. be on píns and néedles (不安・心配などで)びくびく[やきもき]している. for twó pins 《英口》何かちょっとしたきっかけでさえもあれば. nót cáre a pín [twó píns] ちっともかまわない. píns and néedles (血行がさまたげられて起きる手足の)しびれ: I've got ~s and needles in my legs. 足がしびれてちくちくする.

━━ 動 (**pinned**; **pin・ning**) [副詞(句)を伴って] ❶〈…をピンで留める〉: ~ some pieces of cloth *together* 何枚かの布地をピンで留め合わせる / ~ *up* a picture 写真を画びょうで留める / ~ a flower *on* [*to*] one's lapel (上着の)折り襟にピンで留める. ❷〈…を〉〈ある場所に〉押さえつけておく, 動けなくする: The tree fell and *pinned* him *to* the ground [*against* the wall]. 木が倒れてきて彼は地面[壁]に押さえつけられてしまった. **pín dówn** (他＋副) (1)〈…をピンで留める〉; 〈人を〉押さえつける. (2)〈人を〉〈約束などに〉縛りつける, 束縛する 〔*to*〕. (3)〈人に〉〈…についての〉詳しい説明明確な意見・態度〉を求める〔迫る〕〔*to*〕. (4)〈事実などを〉はっきりさせる, 〈…を〉説明して突きとめる. **pín...on a pérson** (1)〈信頼・希望などを〉〈人に〉かける, 置く: The widow *pinned* her hopes *on* her only son. その未亡人は一人息子に希望を託した. (2)〈罪・責任などを〉〈人に〉着せる, 負わせる. **pín úp** (他＋副) (1)〈…をピンで留める〉 (cf. ❶). (2)〈髪などを束ねてピンで留める. **Pín your éars báck!** 《英口》よく聴きなさい!《L *pinna* 羽》

PIN /pín/ 名 [通例 the ~] (クレジットカードなどの)暗証番号, 個人識別番号. 《*personal identification number*》

pi・ña co・la・da /pí:njəkouládə/ pí:njɑ:-/ 名 ピニャコラーダ《パイナップルジュース・ココナツミルク・ラムを氷と混ぜたカクテル》.

pin・a・fore /pínəfɔ̀ː/ -fɔ̀:/ 名 ❶ (小児用の)エプロン. ❷ =pinafore dress.

pínafore dréss 名《英》ジャンパースカート[ドレス] (《米》jumper).

pi・ña・ta /pi:njɑ́:tə/ 名 ピニャータ《キャンディー・果物・景品などを入れて天井からつるした壺; メキシコでクリスマスの余興に割る》.

Pi・na・tu・bo /pì:nətú:bou/ pìnə-/, **Mount** 名 ピナトゥボ山《フィリピンの Luzon 島中部にある火山 (1745 m); 1991 年 6 月, 大噴火があった》.

pín・bàll 名 Ⓤ ピンボール, スマートボール, コリントゲーム.

pínball machìne 名 ピンボールの機械.

pince-nez /pænsneɪ/ -ɪ-/ 名 (徴 ~ /-z/) 鼻眼鏡. 《F =pinch a nose》

píncer mòvement 名【軍】挟撃(ᵏᵉᵏˡ)作戦, はさみ撃ち.

pin・cers /pínsəz/ -səz/ 名 徴 ❶ やっとこ, くぎ[毛]抜き: a pair of ~ やっとこ一丁. ❷【動】(カニ・エビなどの)はさみ.

pin・cette /pænsét/ 名 ピンセット.

***pinch** /píntʃ/ 動 他 ❶〈体の一部を〉つねる, つまむ, はさむ: She ~*ed* my arm. 彼女は私の腕をつねった / He ~*ed* himself to make sure he wasn't dreaming. 夢を見ているのではないことを確かめるために彼はわが身をつねった / The door ~*ed* my finger. ドアに指をはさまれた / I ~*ed* my little finger *in* the window. 窓に小指をはさんでしまった. **b** (不安などで)〈唇を〉固く結ぶ. **c** 〈若芽などを〉摘み取る. ❷ 〈靴などが〉〈…を〉締めつける: These shoes ~ my toes. 靴がきつくて足が痛い. ❸《口》〈もの・金を〉〈…から〉盗む: ~ money *from* the cashbox 現金箱からだまって金を持ち出す. ❹〈…を〉財政[経済]的に圧迫する[締めつける],

窮迫させる. ❺《口》〈警察が〉〈...のかどで〉〈人を〉逮捕する, ぱくる〔for〕. ── 直 ❶〈靴などが〉締めつける: My new shoes ~. 新しい靴はきつすぎる. ❷〔...を〕切り詰める: ~ and save [scrape] 金をけちる / He even ~es on necessities. 彼は必要な物を買うのにもけちけちする. **pínch pénnies**《口》けちけちする.
── 名 ❶ ⓒ つねり, つまみ: give a person a ~ 人をつねる. ❷ ⓒ ひとつまみ; 少し: a ~ of salt ひとつまみの塩. ❸ [the ~] 危機, 苦しい時, ピンチ; 切迫, 困窮: when [if] it comes to the ~ まさかの時には. ❹ Ⓤ《口》盗み; 剽窃(ひょう). ❺《口》逮捕. **féel the pínch** 金が(足りなくて苦しみを味わう. **in [at] a pínch** 必要とあれば, いざとなれば. **táke...with a pínch of sált** ⇨ salt 名成句.〖F<L〗

pinch·beck /pínt∫bek/ 名 Ⓤ 金色銅(銅と亜鉛の合金). ❷ ⓒ 偽物, まがい物. ── 形 ❶ 金色銅の. ❷ いんちきの, 安びかの.

pinched 形 ❶ (空腹・寒さ・不安などで)やつれた, 青ざめた, 引きつった: a ~ look やつれた表情. ❷ Ⓟ〈人が〉〈金などに〉窮して, 困って.

pínch-hít 動 直 (-hit; -hit·ting) ❶《野》〔...の〕代打に立つ〔for〕. ❷《米》〔...の〕代役を務める〔for〕.

pínch hítter 名 ❶《野》ピンチヒッター, 代打者. ❷《米》代役〔for〕.

pínch·pènny 名 しみったれ, けちんぼ (cf. PINCH pennies 成句). ── 形 しみったれた.

pínch-rún 動 直《野》代走に出る.

pínch rúnner 名《野》ピンチランナー, 代走者.

pín cùrl 名 (髪の毛の)ピンカール.

pín cùshion 名 (裁縫用の)針差し[やま].

Pin·dar /pínda-/ -də/ 名 ピンダロス (522?-?438 B.C.; ギリシアの叙情詩人).

*pine¹ /páin/ 名 ❶ ⓒ《植》マツ(の木) (pine tree). ❷ Ⓤ 松材 (pinewood). ── 形 Ⓐ 松材の.〖L pinus〗

pine² /páin/ 動 ★次の成句で. **píne awáy**《自+副》〔...と別れて〕離れて, 会えずに〕悲しむ《for》. **píne for...** ...を恋しんで悲しむ; ...をなつかしむ.〖L=苦しみ〗

pin·e·al /píniəl/ 形 Ⓐ《解》松果腺[体]の: the ~ gland [body] (脳の)松果腺.

píneal éye 名《動》松果眼.

†**píne·àpple** 名 ⓒ パイナップル(の木); Ⓒ Ⓤ パイナップル(果実): canned [《英》tinned] ~ 缶詰のパイナップル. **get the róugh énd of the píneapple**《豪口》不当な[冷淡な]扱いを受ける.

píneapple wèed 名 Ⓤ《植》コシカギク.

píne·còne 名 松かさ, 松ぼっくり.

píne màrten 名《動》マツテン (ヨーロッパ産のテンの一種).

pi·nene /páini:n/ 名 Ⓤ《化》ピネン《テレビン油に含まれる可燃性物質》.

píne nèedle 名《通例複数形で》松葉.

píne nùt 名 松の実《北米西部産の種々の松からとれる食用の実》.

pin·er·y /páinəri/ 名 ❶ 松林. ❷ パイナップル栽培園.

pine trèe 名 =pine¹.

Píne Trèe Stàte 名 [the ~] 松の木州《米国 Maine 州の俗称》.

pi·ne·tum /pain¹:təm/ 名 (複 -ta /-tə/) (各種の松の木を集めた)松栽培園, 松樹園.

píne·wòod 名 ❶ Ⓤ 松材. ❷ Ⓒ [しばしば複数形で] 松林.

pin·ey /páini/ 形 =piny.

pín·fèather 名《鳥》筆毛(生え始めでまだ羽鞘に収まっている羽毛).

pin·fold /pínfould/ 名 (迷った家畜を入れる)おり; 監禁場所. ── 動 直 おりに入れる, 閉じ込める.

†**ping** /píŋ/ 名 [a ~] ピーン, ピシッ, カチーン《ガラスに硬いものが当たった時のような音》. ── 動 直 ❶ ピーン[ピシッ, カチーン]と音がする. ❷《米》〈エンジンなどが〉ノッキングを起こす《《英》pink》.〖擬音語〗

ping·er /píŋə/ 名 ❶ (水中の定位表示用などの)波動音発振装置, ピンガー. ❷《英》音の出るタイマー《主に料理用》.

pin·go /píŋgou/ 名 (複 ~es) ピンゴ《北極地方の永久凍土帯で生じる円頂丘》.

Ping-Pong /píŋpɔŋ, -pɔ:ŋ | -pɔŋ/ 名 Ⓤ《商標》ピンポン, 卓球 (table tennis).〖ding-dong にならった擬音語〗

pin·guid /píŋgwid/ 形 油のような, 油ぎった. **pin·guid·i·ty** /piŋgwídəti/ 名

pín·hèad 名 ❶ **a** ピンの頭. **b** ちっぽけなもの; 点ほどの場所. ❷ Ⓒ《口》ばか, まぬけ.

pín·hèaded 形《口》頭の悪い, ばかな. **~·ness** 名

pín·hòle 名 (針で作った)小さい穴, 針の穴.

pínhole cámera 名 ピンホールカメラ《レンズの代わりに小穴を開けたカメラ》.

pin·ion¹ /pínjən/ 動 他 ❶〈人を〉(手[足]を縛って)動けなくする, 〈人の〉手[足]を縛る; 〈手足を〉縛る. ❷ (飛べなくするために)〈鳥の〉一方の翼の先端を切る. ── 名 ❶ 鳥の翼の先端部. ❷ 翼の羽毛; 風切り羽. ❸《詩》翼.

pin·ion² /pínjən/ 名《機》小歯車, ピニオン: a lazy ~ 遊び車.

*pink¹ /píŋk/ 名 ❶ Ⓤ Ⓒ ピンク色, 桃色. ❷ **a** Ⓤ ピンク色の服[生地, 素材]. **b** Ⓒ 玉突きのピンクの玉; Ⓤ ロザワイン. ❸ Ⓒ《口》左翼がかった人 (cf. red 3). ❹ [the ~] 典型, 精華, 極致: the ~ of perfection 完全の極致. ❺ Ⓒ《植》ナデシコ属, セキチク. **in the pínk (of héalth [condítion])**《古風》とても元気[健康]で. ── 形 (~·er; ~·est) ❶ **a** ピンク(色)の, 桃色の: go [turn] ~ with anger [confusion, embarrassment] 怒って[困惑して, 当惑して]赤くなる. **b**〈ワインが〉ロゼの. ❷《口》左翼がかった (cf. red 4). ❸ 同性愛の.

pink² /píŋk/ 動 他 ❶ 〈剣先などで〉〈...を〉刺す, 突く. ❷ (ジグザグばさみ (pinking shears) で)〈布・紙などを〉ぎざぎざに切り刻む.

pink³ /píŋk/ 動 直《英》〈エンジンが〉ノッキングを起こす《《米》ping》.

pink⁴ /píŋk/ 名《史》(船尾の細くとがった)小型帆船.

pínk-cóllar 形〈職業など〉(伝統的に)女性の従事する (cf. white-collar): a ~ job 伝統的な女性の職業《秘書・看護婦・店頭販売員など》.

pínk dóllar 名 [the ~] 同性愛者の購買力.

pínk élephants 名《口》酔っぱらいの幻覚.

Pin·ker·ton /píŋkətn | -kə-/, **Allan** 名 ピンカートン (1819-84; スコットランド生まれの米国の私立探偵; 米国で最初に探偵事務所を設立 (1850)).

pínk·èye 名 Ⓤ 流行性結膜炎, はやり目.

pínk gín 名 Ⓤ Ⓒ ピンクジン《ジンに少量のビタースを加えたピンク色のカクテル》; 《米》gin and bitters.

†**pin·kie** /píŋki/ 名《米》小指 (little finger).

pínk·ing shèars [scíssors] 名 複 ピンキングばさみ, ジグザグばさみ.

pínk·ish /-kif/ 形 ピンク[桃色]がかった.

pínk lády 名 Ⓒ ピンクレディー《ジン・ブランデーにレモン果汁・卵白・ざくろシロップなどを混ぜたカクテル》.

pínk·ly 副 ピンク色に.

pínk nóise 名 Ⓤ《理》ピンクノイズ《white noise のオクターブごとのエネルギーを一定にしたもの》.

pink·o /píŋkou/ 名 (複 ~s, ~es)《口・軽蔑》左翼がかった人.

pínk póund 名《英》=pink dollar.

pínk slíp 名《米》解雇通知. **pínk-slíp** 動 他 首[お払い箱]にする.

pínk slíp pàrty 名《米》(激励・情報交換のための)失職者の集い[飲み会].

pín móney 名 Ⓤ 小銭, はした金.

pin·na /pínə/ 名 (複 -nae /-ni:, -nai/) ❶《動》羽, 翼, ひれ(状物). ❷《解》耳介. ❸《植》(複葉の)羽片.

pin·nace /pínəs/ 名《海》ピンネス《艦載の中型ボート》.

†**pin·na·cle** /pínəkl/ 名 ❶ (とがった)峰; (屋上・塔上の)小尖塔, 小塔. ❷ [通例単数形で] (名声・経歴などの)頂点, 絶頂: He has reached the ~ of success. 彼は成功の絶頂にある.

pin·nate /pínert/ 形《植》〈葉が〉羽状の.

pin·na·tion /pinéiʃən/ 名《植》羽状組織.

pin·nule /pínjuː/ 图 〖植〗(二回羽状複葉の)小羽片; 〖動〗小びれ; 〖動〗(ウミユリ類の)羽枝.

PÍN nùmber /pín-/ 图 =PIN.

pin·ny /píni/ 图 (口) =pinafore 1.

pi·noch·le, pi·noc·le /píːnʌkl/ 图 〖米〗〖トランプ〗ピノクル (2-4 人が 48 枚の札でするゲーム; cf. bezique).

pin·o·cy·to·sis /pìnəsaitóusis/ 图〖生〗飲(ぢ)作用, ピノサイトーシス (生細胞が外界の溶液を摂取する現象).

pi·no·le /pinóuli/ 图 Ⓤ ピノーレ (炒(ぢ)ってひいたトウモロコシ粉・小麦粉など; メキシコ・米国南西部で甘味・香味をつけミルクを混ぜて食べる).

pi·ñon /pínjən | -njóun/ 图 C,U (簇 ~s, -ño·nes /pínjóunizː/) 〖植〗(北米南西部産の)各種の松の木 [実 (種子)が食用].

Pi·not /piːnóu/ 名 Ⓤ ピノ (ワイン醸造用のブドウの品種またはそのワイン; Pinot Blanc, Pinot Noir など多くの種類がある).

Pi·not Blanc /píːnoublǎːn/ 图 Ⓤ ピノブラン (白のブルゴーニュワインやシャンパン (用のピノ種のブドウ)).

Pinot Noir /-nwɑ́ːr/ -nwɑ́ː/ 图 Ⓤ ピノノワール (赤のブルゴーニュワインやシャンパン (用のピノ種のブドウ)).

†**pín·point** 動 ⑫ ❶ 〈…を〉正確に指摘する[示す], 特定する. ❷ 〈…の位置を正確に示す[特定する]. — 图 Ⓐ ピンの先, 小さな点. — 圏 Ⓐ 正確に目標を定めた, 正確な: with ~ accuracy きわめて正確に.

pín·prick 图 ❶ 針のひと刺し. ❷ 小うるさい事柄.

pín·sètter 图 (ボウリングの)ピンセッター.

pín·strìpe 图 ❶ 細かい縦縞, ピンストライプ. ❷ ピンストライプの柄が入った布地[服].

pín·strìped 圏 ピンストライプの.

*__pint__ /páint/ 图 ❶ Ⓤ (液量の単位; =½ quart, ⅛ gal, 4 gills; 略 pt.]: a (米) 0.473 リットル. b (英) 0.568 リットル. ❷ パイント (乾量の単位; =½ quart; 略 pt.]: a (米) 0.550 リットル. b (英) 0.568 リットル. ❸ a 1 パイントの容器. b (英口) 1 パイントのビール. [F<L pictus painted; 容量を示すために容器に色をつけたことから; cf. picture]

pint·a /páintə/ 图 (英口) 1 パイント (pint) の飲み物 [ミルク, ビール].

pín tàble 图 (英) =pinball machine.

pín·tàil 图〖鳥〗❶ オナガガモ (欧州・アジア・北米産). ❷ アカオタテガモ (北米産). ❸ シロハラサケイ (欧州・アフリカ・アジア産). ❹ ホソオフェザント.

Pin·ter /píntə/ -tə/, **Harold** 图 ピンター (1930-; 英国の劇作家).

pin·tle /píntl/ 图 ピントル (舵や砲車などの旋回支軸棒).

pin·to /píntou/ (米) 圏 (白黒)ぶちの, まだらの. — (簇 ~s) (白黒)まだら馬. 〖Sp=まだらの〗

pínto bèan 图 (米国南西部に多い)ぶちインゲンマメ.

pínt-sìze 圏 (人が)小さい.

pínt-sìzed 圏 =pint-size.

pín tùck 图 ピンタック (細長く縫った飾りひだ).

pín·ùp 图 ❶ ピンナップ写真 (ピンで壁に留める美人の写真). ❷ 美人. — 圏 Ⓐ ピンナップ向きの: a ~ girl ピンナップガール.

pín·whèel 图 ❶ (米) 風車 (ざ) ((英) windmill) (おもちゃ). ❷ 回転花火 (Catherine wheel).

pín·wòrm 图 〖動〗 ギョウチュウ (寄生虫).

pin·y /páini/ 圏 (**pin·i·er**, **-i·est**) 松の (生い茂った); 松のような. (图 pine¹)

Pin·yin /pínjín/ 图 Ⓤ ピンイン (中国語のローマ字による表音表記; たとえば Peking (北京 (ペキ)) を Beijing と表記するなど). 〖Chin 拼音〗

pi·nyon /pínjən | -njóun/ 图 =piñon.

pi·o·let /piː əléːʀ/ 图 小型ピッケル.

pi·on /páiɑn | -ɔn/ 图〖理〗パイオン (pi-meson). **pi·on·ic** /paiάnik | -ɔ́n-/ 圏

*__pi·o·neer__ /pàiəníə/ -níə/ 图 ❶ (新分野の)パイオニア, 先駆者: a ~ **in** the development of the jet engine ジェットエンジン開発の先駆者 / ~s **of** modern medicine 近代医学のパイオニアたち. ❷ (未開地の)開拓者. ❸ 〖軍〗(部隊先発の)工兵. — 圏 Ⓐ パイオニアの, 先駆的な: ~ work 先駆的な仕事. ❷ 開拓者の: ~ wagons 開拓者の幌馬車. — 動 ⑫ ❶〈未開地を開拓する〉〈道路などを〉開く. ❷〈新分野を〉開く; 率先する. — ⑪ ❶ 〈…の〉開拓者となる. ❷ 〈…で〉他に率先する. 〖F=(道を切り開くための)歩兵 <L pes, ped- 足〗

†**pi·o·neer·ing** /pàiəní(ə)riŋ | -níər-/ 圏 先駆となる, 革新的な; 開拓者の.

†**pi·ous** /páiəs/ 圏 (**more ~**; **most ~**) ❶ a 敬虔 (ザ)な, 信心深い (↔ impious). b (軽蔑) 信心ぶった, 宗教にかこつけた, 偽善的な, もっともらしい: a ~ fraud (特に宗教上の)方便としてのうそ, 宗教にかこつけた詐欺師. ❷ Ⓐ 感心な, りっぱな: a ~ effort 殊勝な努力. ❸ Ⓐ 実現する見込みのない [★ 特に次の句で]: a ~ hope 実現しそうにない希望. **~·ly** 副 〖F<L〗 (图 piety) 〖類義語〗⇒ religious.

†**pip¹** /píp/ 图 (主に英) (リンゴ・ナシ・オレンジなど果物の)種 (seed).

pip² /píp/ 图 ❊ 次の成句で. **gíve a person the píp** (古風) 〈人を〉いらいらさせる.

pip³ /píp/ 图 ❶ (トランプ札・さいころの)点, 星, 目; レーダー上の点. ❷ (英) (肩章の)星.

pip⁴ /píp/ 動 (**pipped**; **pip·ping**) ⑫〈ひなが〉卵の殻を破って出る.

pip⁵ /píp/ 图 〖通例 the ~s〗 (英) ピッという音 (テレビ・ラジオの時報や, 公衆電話料金の追加投入を促す音など).

pip⁶ /píp/ 動 (**pipped**; **pip·ping**) (英口) ⑫ ❶〈…に〉僅差で[土壇場で]勝つ, 辛勝する. ❷ (古風)〈…を〉 (銃などで)撃つ; 〈…に〉傷を負わす. **píp a person at [to] the póst** 土壇場で〈相手を〉負かす.

pi·pal /píːp(ə)l-/ 图〖植〗 テンジク[インド]ボダイジュ (⇒ bo tree).

*__pipe__ /páip/ 图 ❶ a (液体・ガスなどを通す)管, パイプ, 導管, 筒: a distributing ~ 配水管. b (人体内の)管状器官. c 〖通例複数形で〗(口) 気管, のど; 呼吸器. ❷ (刻みたばこ用の)パイプ, きせる (匹敵 巻きたばこ用のものは cigarette holder); (たばこの)一服: smoke a ~ 一服やる / light a ~ 一服つける. ❸ a 笛, (パイプオルガンの)パイプ. b 管楽器. c 〖the ~s〗 バグパイプ. ❹ (小鳥などの)鳴き声. b 〖海〗(甲板長の)号笛, 呼び子. ❺ (ぶどう酒の)大たる (米 126 gallons, (英) 105 gallons). **Pút that ín your pípe and smóke it** (口) (そういうわけだから)心得ておきなさい, つべこべ言ってもだめだ. **the pípe of péace** 平和のきせる (calumet) (北米先住民が和解をむすぶ場合吸う, 飾りたっぱい長いパイプ): smoke *the ~ of peace* 和睦 (豊)する.

— 動 ⑫ ❶〈水・ガスなどを〉管[パイプ]で[…から][…に]送る 〖*from*〗 〖*to, into*〗: Gas [Water] *is ~d to* all the houses. ガス[水]はすべての家にパイプで送られている. ❷〈曲・歌を〉パイプ[笛]で演奏する. ❸〈人が〉かん高い声で〈言葉・歌を〉言う[歌う]. ❹ (船員を)〈…に〉呼び子で呼ぶ [命令する]. ❺ **a**〈ケーキなどを〉 (ホイップクリームやアイシングなどで)デコレーションする. **b**〈衣服などに〉ひもなどでふち飾りをつける 〖*with*〗. ❻〈音楽・番組などを〉有線放送で送る (米通例受身; cf. piped music) 〖*into, to*〗: ~ music *into* stores 店に有線放送で音楽を流す. — ⑪ ❶ 笛を吹く, バグパイプを演奏する. ❷ a〈鳥が〉ピーピーさえずる. b〈人が〉かん高い声で言う[歌う]. **pípe dówn** 動 (副) (口) 〖通例命令法で〗静かにして [おとなしく]する, 黙る. **pípe úp** (图+副) (特に, かん高い声で急にしゃべり[歌い]始める.

〖L=ひな鳥がピーピー鳴く〗

pípe bòmb 图 鉄パイプ爆弾.

pípe clày 图 Ⓤ パイプ粘土 (きめのこまかい白色粘土; 陶製のパイプ (clay pipe) を作ったりする).

pípe-clày 動 ⑫ パイプ白色粘土で漂白する.

pípe clèaner 图 パイプ掃除具.

píped músic 图 Ⓤ (レストランなどで)流される音楽, バックグラウンドミュージック.

pípe drèam 图 空想的な考え[計画, 希望], はかない夢.

pípe·fìsh 图〖魚〗ヨウジウオ.

pípe fìtter 名 配管工.
pipe·ful /páɪpfùl/ 名 (たばこの)一服分 〔*of*〕.
*__pípe·lìne__ 名 ❶ (石油・ガスなどの)パイプライン, 輸送管路; 補給線. ❷ (流通・情報の)ルート, 経路: an information ~ 情報ルート. **in the pípeline** (1) 〈商品など〉発送中で. (2) 〈計画など〉進行中で, 完成しかかって.
pípe·lìn·ing 名 ❶ パイプライン敷設[敷設技術, 敷設業]; パイプライン輸送. ❷ 〖電算〗パイプライン処理《高速処理方式の一種》.
pip em·ma /pípemə/ 副《英口》午後. 〖*p.m.*〗
pípe òrgan 名〖楽〗パイプオルガン (organ).
*__píp·er__ 名 笛を吹く人, (特に)バグパイプを吹く人.
 (as) drúnk as a píper《口》酔っぱらって. **páy the píper** (1) 費用[責任]を負担する: He who *pays the* ~ calls the tune. 〖諺〗費用[責任]を受け持つ者に決定権がある《曲を「笛吹きに金を出す者が曲を注文する権利がある」の意から》. (2) 〈愚行などの〉報いを受ける.
pípe ràck 名 (たばこの)パイプ立て, パイプラック.
pi·per·a·zine /paɪpérəzì:n/ 名 ①〖化〗ピペラジン《常温では針状結晶の六員環化合物; 駆虫薬・農薬》.
pi·per·i·dine /pɪpérədì:n/ 名 ①〖化〗ピペリジン《常温では無色の液体の六員環化合物; 有機合成・医薬用》.
pípe·stòne 名 ① パイプ石《北米先住民がパイプを作る硬赤粘土》.
pi·pette /paɪpét | pɪ-/ 名〖化〗ピペット《ごく少量の液体またはガスを移す小管》.
*__píp·ing__ 名 ① ① 管; 配管. ❷ **a** (衣服の)ひもべり, ふち飾り, パイピング. **b** (ケーキの)ふち飾り. ❸ 笛を吹くこと.
 ── 形 ❶〈声が〉かん高い: a ~ voice ピーピー声. ❷〈時間が〉平和[平穏]な, のどかな.
pip·is·trelle /pìpəstrél/ 名〖動〗アブラコウモリ.
pip·it /pípɪt/ 名〖鳥〗タヒバリ.
pip·kin /pípkɪn/ 名 小土瓶, 小土鍋.
pip·pin /pípɪn/ 名 ❶ ピピン種のリンゴ. ❷《口》すばらしい人[もの]; 美人.
pip·squèak くだらないやつ[もの], 取るに足らぬ人[もの].
pip·y /páɪpi/ 形 (**pip·i·er, -i·est**) 管状の, 円筒状の.
pi·quan·cy /pí:kənsi/ 名 ❶ (食欲を刺激する, 味などの)ぴりっとしたおいしさ. ❷ 人の心を小粋にさせること.
pi·quant /pí:kənt/ 形 ❶〈味など〉ぴりっとして食欲をそそる. ❷ 人の心を(小粋に)そそる, 味のある. **~·ly** 副 〖F=刺すような; cf. pick〗
pique /pí:k/ 名 ① (特に自尊心を傷つけられての)立腹, 不興, 不機嫌: in a fit of ~=out of ~ 腹立ちまぎれに.
 ── 動 他 ❶〈好奇心, 興味を〉そそる (arouse). ❷〈自尊心を〉傷つける;〈人を〉怒らせる, 憤慨させる (cf. piqued).
pique² /pí:k/ 動 他 名 ピケット (piquet) で〈相手から〉30点を得ること.
pi·qué /pɪkéɪ | pí:keɪ/ 名 ① ピケ《うね織りにした綿織物》.
piqued /pí:kt/ 形 感情を害して, 腹を立てて.
pi·quet¹ /pɪkét | -kéɪ/ 名 ①〖トランプ〗ピケット《二人で32枚の札でするゲーム》.
pi·quet² /píkɪt/ 名 =picket 2.
*__pir·a·cy__ /páɪ(ə)rəsi/ 名 ① ①. ❶ 著作権侵害, 剽窃(ひょうせつ): literary ~ 著作の剽窃. **b** 海賊版. ❷ 海賊行為. 〖L; ⇨ pirate〗
Pi·rae·us /paɪríːəs/ 名 ピレウス, ピレエフス《ギリシアのAthens の近くにある港町》.
Pi·ran·del·lo /pìrəndélou/, **Lui·gi** /lu:í:dʒi/ 名 ピランデルロ (1867-1936; イタリアの小説家・劇作家; Nobel 文学賞 (1934)).
pi·ra·nha /pərá:n(j)ə/ 名〖魚〗ピラニア《南米産の熱帯魚で鋭い歯をもつ》.
pi·ra·ru·cu /pìrà:rəkú:/ 名〖魚〗ピラルク《南米北部地方に生息する世界最大の淡水魚》.
*__pi·rate__ /páɪ(ə)rət/ 名 ❶ 海賊; 海賊船. ❷ 著作権侵害者《盗作者》, 著作権侵害者. **b** (違法な)海賊放送をする人, 海賊放送局. ── 動 ❶〈...の〉著作権を侵害する,〈...の〉海賊版を出版する. ❷〈...を〉略奪する. 〖L く Gk=攻撃〗
pi·rat·ed /-ṭɪd/ 形 海賊版の: a ~ edition 偽版, 海賊版 / a ~ video tape 海賊版ビデオテープ.

---

pírate rádio 名 (船上からの)海賊放送: a ~ station 海賊放送局.
pi·rat·i·cal /paɪræ̀tɪk(ə)l/ 形 ❶ 海賊(のような), 海賊を働く. ❷ 著作権侵害の, 剽窃(ひょうせつ)の. **~·ly** /-kəli/ 副
pir·i·form /pírəfɔ̀:m | -fɔ:m/ 形 =pyriform.
pi·ro·gi /pɪróugi/ 名 (優 -**gies**) ピローギ《マッシュポテトやチーズを詰めた餃子に似た東欧の料理》, =piroshki.
pi·rogue /pí:roug, pɪróug/ 名 丸木舟, カヌー型ボート.
pi·rosh·ki /pɪróˈ:ʃki | -róʃ-/, **-rozh-** /pɪróˈ:ʒki/ 名 ① ピロシキ《小麦粉の皮に肉などを詰めて揚げたロシア料理》.
pir·ou·ette /pìruét/ 名〖ダンス・バレエ〗つま先旋回, ピルエット. ── 動 自 つま先旋回する. 〖F=こま〗
Pi·sa /pí:zə/ 名 ピサ《イタリア中部の都市; ピサの斜塔 (the Leaning Tower of Pisa) で有名》.
pis al·ler /pì:zæléɪ | pì:zæléɪ/ 名 (~**s** /~z/) 最後の手段, 応急策.
pis·ca·ry /pískəri/ 名〖法〗(他人の漁区内の)漁業権 (⇨ COMMON of piscary 成句).
pis·ca·to·ri·al /pìskətɔ́:riəl/ 形 =piscatory.
pis·ca·to·ry /pískətɔ̀:ri | -təri, -tri/ 形 ❶ 漁民の; 漁業の. ❷ 釣り好きの.
Pis·ce·an /páɪsiən/ 形〖占星〗うお座(生まれ)の. ── 名 うお座生まれの人.
*__Pi·sces__ /páɪsi:z/ 名 ❶〖天〗魚座. ❷〖占星〗**a** うお座, 双魚宮 (cf. the signs of the ZODIAC 成句). **b** ⓒ うお座生まれの人. 〖L *piscis* fish の複数形〗
pis·ci·cul·ture /písəkʌ̀ltʃə | píːsɪkʌ̀ltʃə/ 名 ① 養魚(法). **pis·ci·cul·tur·al** /pìsəkʌ́ltʃ(ə)rəl/ 形
pis·ci·form /písəfɔ̀:m | -fɔ:m/ 形 魚形の.
pis·ci·na /pɪsí:nə/ 名 (優 -**nae** /-naɪ/, ~**s**) ❶ (古代ローマの)浴場. ❷〖教会〗(儀式で洗浄に用いた水を流す)聖水廃棄器.
pis·cine /páɪsi:n | pí:saɪn/ 形 魚の, 魚類の, 魚に関する.
pis·civ·o·rous /pɪsívərəs/ 形 魚食性の.
pis·co /pískou/ 名 ① ピスコ《ペルー産ブランデー》.
pish /píʃ/ 間 [軽蔑・不快などを表わして] へん!, ふん!
pi·si·form /páɪsəfɔ̀:m | -fɔ:m/ 名 ① 豆状骨.
pis·mire /písmaɪə | -maɪə/ 名 ① アリ (ant).
*__piss__ /pís/ 《卑》動 自 ❶ 小便をする (urinate; cf. pee¹). ❷《英》[it を主語にして] 激しく雨が降る 〈*down*〉.
 ── 他 ❶〈...を〉小便でぬらす. ❷〈血などを〉小便とともに排泄(はいせつ)する. **nót to hàve a pót to píss in**《卑》ひどく貧しい. **píss abóut [aróund]** 《自+副》《卑》(1) ばかげたふるまいをする. (2) むだに時を過ごす. **píss awáy** 〈...を〉浪費する. **píss óff** (自+副)《卑》(1) [通例命令法で] 出ていく, さる. ──《他+副》《卑》(1) 〈人を〉退屈させる; うんざりさせる (⇨ PISSED off). (3) 〈人を〉困らせる. **piss onesèlf** 小便をもらす. ── 名 ① 小便 (urine); [a ~] 小便をすること: take [have] a ~ 小便をする. **tàke the píss òut of**... 《英卑》〈...を〉からかう. 〖擬音語〗
pis·sa·la·dière /pìsa:ladjèə | -djéə/ 名〖料理〗ピサラディエール《アンチョビー・タマネギ・ニンニクのピザパイ》.
piss·ant /pɪsǽnt/《米卑》名 ❶ くだらないやつ, ざこ, カス, クズ. ── 形 つまらん, くだらん, しょうもない.
Pis·sar·ro /pɪsá:rou/, **Ca·mille** /kæmí:l/ 名 ピサロ (1830-1903; フランスの画家).
píss àrtist《英卑》❶ 酔っぱらい, 酒飲み. ❷ ばかげたふるまいをする人. ❸ 口の達者な人, おしゃべり.
piss-àss 形《卑》くだらん, どうでもいい, くだらん, しょうもない.
pissed 形 P《卑》❶ 酔っぱらって. ❷ [...に]腹を立てて 〈*at, with, about*〉. **pissed óff**《卑》むかついて, キレて, かんかんで. **(as) pissed as a néwt = pissed òut of one's héad [mínd]**《英卑》ひどく酔っぱらって.
piss·er《卑》名 ❶ [単数形で] いやな[やっかいな]こと[やつ]. ❷ おしっこするやつ, 小便たれ; トイレ.
pis·soir /pìsswá:ə | -swá:/ 名 (~**s** /~/) (道路わきにある)公衆小便所.
píss-póor 形《卑》最低の, どうしようもない, 三流の, なってない.

píss pòt 名《卑》便器.
píss-tàking 名 [通例単数形で]《卑》からかい.
píss-ùp 名《英卑》酒宴, 酒盛り.
piss·y /písi/ 形 ❶ 小便の, おしっこくさい, しょんべんもらした. ❷ くだらない, アホくさい.

pis·tach·i·o /pistǽʃiòu, -tά:-/ 名 (複 ~s) ❶ Ⓒ 〖植〗ピスタチオ《南ヨーロッパ・南アジア産の小木》;(また **pistáchio nùt**) ピスタチオの実〖食用〗. ❷ Ⓤ 淡黄緑色. 〖It＜L＜Gk=nut〗

piste /pi:st/ 名 ピスト《雪を固めたスキーの滑走コース》. 〖F＜It=racetrack〗

pis·til /pístl/ 名〖植〗雌蕊(ﾋ), (cf. stamen).
pis·til·late /pístəlèit/ 形 ❶ 雌蕊 (pistil) の. ❷ めしべだけある: a ~ flower 雌花.

*__pis·tol__ /pístl/ 名 ピストル, 拳銃. **hóld a pístol to a person's héad** (1) 人の頭に突きつける. (2) 人を脅して強制する. 〖F＜G＜Czech=パイプ〗

pis·tole /pistóul/ 名 ピストール《17-18 世紀のヨーロッパ各地の金貨》.

pístol grìp 名 ピストル形の握り, (小銃銃床の)握り.
pístol-whìp 動 他《...をピストルでたたく[殴る]》.

*__pis·ton__ /pístən/ 名 ❶ピストン. ❷ 〖楽〗(管楽器の)活栓(ｶｯｾﾝ), ピストン. 〖F＜It＜L=打つ〗

píston rìng 名〖機〗ピストンリング.
píston ròd 名〖機〗ピストン棒.

pis·tou /pi:stú:/ 名 ピストゥー《ニンニク・香料・細いパスタ・チーズ・ピューレのはいった野菜スープ》.

*__pit__¹ /pít/ 名 ❶ Ⓒ 穴, くぼみ; ⇨ sawpit. **b** Ⓒ 落とし穴 (cf. 成句). ❷ Ⓒ 鉱山, 炭坑; 採掘場;(鉱山の)あな, 立坑; ⇨ sandpit. **3 a** Ⓒ [通例単数形で; 通例 the ~]《英》〖劇場〗一階席《特に正面の一階一等席 (stall) 後方, 二階席下の後ろ席》. **b** [通例 the ~]一階席の観客たち. **c** Ⓒ オーケストラ席 (orchestra pit). ❹ **a** (動物園で)猛獣たちを入れておく囲い, 檻. 闘犬場, 闘鶏場(など). ❺ Ⓒ **a** (身体などの)くぼみ: the ~ of the stomach みぞおち / armpit. **b** [しばしば複数形で] あばた, 痘痕(ﾄｳｺﾝ). ❻ Ⓒ《米》取引所で特定商品などの取引場所: the wheat ~ 小麦取引場. ❼ Ⓒ ピット: **a** 自動車修理場の作業ほみ. **b** [通例 the ~(s)] 自動車レース場の給油[修理]所. **c** =cockpit. ❽ Ⓒ [通例単数形で]《英俗》寝台, ベッド. ❾ **a** [the ~]《文》地獄: the bottomless ~ =*the ~* of darkness =*the ~* (of hell) 地獄, ならく. **b** [the ~s; 補語に用いて]《俗》最低, 最悪: That disco is the ~s. あのディスコは最低だ. **díg a pít for**... 〈...〉をわなにかけようとする. ── 動 他 (pit·ted; pit·ting) ❶ 〈人・知恵・力などと〉...と競争させる, 争わせる, 争わせる《通例受身》: You can ~ your brains *against* his strength. 君は知恵で彼の力に対抗できる. ❷ 〈...に〉くぼみをつける, 穴をあける;〈...に〉あばたをつくる《通例受身》. ❸《米俗》〈服のわきの下を〉ぬらす《out》. ❹ (カーレースで)車をピットに入れる. 〖L=縦穴, 井戸〗

pit² /pít/ 名《米》(モモ・アンズ・スモモなどの)核, 種 (stone). ── 動 他 (pit·ted; pit·ting)〈果物の〉種子を取る.

pi·ta /pí:tə | píta/ 名 Ⓤ ピタ(パン)《地中海・アラブ諸国の円く平たいパンで, 袋状に開いて肉などを詰めて食べる》.

pit-a-pat /pítəpæt | ⎯⎯⎯/ 副 パタパタと, ドキドキして: Her feet [heart] went ~. 彼女は小走りに行った[胸がドキドキした]. ── 名 [単数形で] パタパタ[ドキドキ]の音. 〖擬音語〗

pít bùll 名 ピットブル《闘犬用につくられて力・スタミナが強い数種の犬の総称》.
pít bùll térrier 名 =pit bull.

Pít·cairn Ísland /pítkeən- | -keən-/ 名 ピトケアン島《南太平洋にある英領の島》.

*__pitch__¹ /pítʃ/ 名 ❶ Ⓒ **a** 投げること, ほうること. **b**〖野〗投球(ぶり): a wild ~ 暴投. ❷ Ⓤ.Ⓒ (音の)調子, 音の高低: a high [low] ~ 高[低]調 /《中国語・日本語などの》accent /《音楽》concert pitch. ❸ [単数形で] (強さ・高さなどの)程度, 度合い: at fever ~ かなり興奮している / a high ~ *of* excitement かなりの興奮 / Interest in his paintings has reached a high ~. 彼の絵に対する関心はかなり高まっている. ❹ Ⓒ (強引な)売り込み(の文句); 宣伝 (cf. make a PITCH¹ for... 成句). ❺ Ⓤ [また a ~] 傾斜度; 勾配(ｺｳﾊﾞｲ): the ~ of a roof 屋根の傾斜度 / a slope with *a* steep ~ 急勾配の坂. ❻ Ⓒ [通例 the ~] (船・飛行機などの)縦揺れ, ピッチ (cf. roll 名 A 2 a). ❼〖登山〗ピッチ《ルートにおける支点が確保できる支点から支点まで》. ❽ Ⓒ〖ゴルフ〗ピッチショット《ボールがグリーンです早く止まるように逆回転をかけて高く打ち上げるアプローチショット》. ❾《英》(サッカー・ホッケーなどの)競技場 (field). ❿ Ⓒ《英》露店商[大道芸人]の営業する場所, しょば. **máke a pítch for**...《...を》宣伝する, 推薦する. **quéer a pérson's pítch** =**quéer the pítch for a person** (前もって)人の計画[チャンス]をぶち壊す《由来 大道商人の同業者が「店張り場」をぶち壊すの意から; cf. 名 10》.

── 動 他 ❶ **a** [副詞(句)を伴って]〈ものを〉(...に)投げる, ほうる: The farmers were ~*ing* hay *onto* a cart. 農夫たちは干し草を荷車に投げ上げているところだった / The bus overturned and we were ~*ed* out. バスが横転して我々は外へほうり出された. **b**〖野〗〈ボールを〉投げる;〈試合の〉投手をする. ❷〈音・音の調子を〉(...に)整える《*at, in*》: ~ a tune *in* a higher key 音調を一段と高く整える / [＋目＋補] ~ a tune too high 音調を高くしすぎる. ❸〈...を〉(...に)設定する, 調節する;〈商品などを〉(...に)向ける, 〈...を〉対象とする《*at, for, toward*》: ~ a lecture *at* a suitable level 講義を適切なレベルに置く / [＋目＋補] an estimate too low 見積もりを低くしすぎる. ❹〈テントなどを〉張る, 〈キャンプを〉設営する (↔ strike): ~ a tent テントを張る. ❺《米口》売り込む, 押し売りする. ❻〖ゴルフ〗ボールをピッチショットする (⇨ 名 8) で打つ. ❼〈屋根などを〉傾ける. ── 自 ❶ [副詞(句)を伴って] 真っ逆さまに落ちる[倒れる], つんのめる: ~ forward 前につんのめる. ❷〖野〗投球[登板]する. ❸〈仕事・契約などで〉精を出して働こうと努める《*for*》. ❹〈船・飛行機などが〉縦に揺れる (cf. roll 自 5 a): The ship ~*ed* violently as the storm grew worse. 船はあらしが強まるにつれて激しく上下に縦揺れした. ❺〈...が〉(地面に)傾く, 傾斜する. ❻〈屋根などが〉傾く, 傾斜する. **pítch a líne** [**yárn**] 作り話をする. **pítch ín**《自+副》《口》(1) 懸命にやりだす. (2) 勢いよく食べ始める. (3)《...に》協力する, 力を貸す: ~ *in with* a contribution of money 寄付に協力する. **pítch ínto**《口》《他+副》(1) 〈人を〉(思いがけない)状況にほうり込む, 〈...に〉陥らせる. ── (自+副)(2)〈仕事などに〉勢いよく取りかかる;〈食物を〉かきこむ. (3) 〈...に〉打ってかかる, 〈...に〉襲いかかる.

〖類義語〗⇨ throw.

pitch² /pítʃ/ 名 Ⓤ ❶ ピッチ《原油・石油タール・木タールなどを蒸留した後に残る黒色のかす; 防水や道路の舗装に用いる》. ❷ 松やに, 樹脂. **(as) bláck [dárk] as pítch** 真っ黒な. **pitch·y** /pítʃi/ 形

pitch-and-pútt 名 Ⓤ〖ゴルフ〗ピッチアンドパット《アプローチ・パッティングだけできる通例 9 つのホールをもつ小規模なコースでするゴルフ》.

pitch-and-tóss 名 Ⓤ コイン投げ《コインを標的に投げ, 最も近くに投げた者が全部のコインを取って上に投げ, 落ちたコインの中で表の出たのを自分が取る遊び》.

pitch-bláck 形 ピッチのように黒い, 真っ黒な, 真っ暗な. **~·ness** 名

pitch·blende /-blènd/ 名 Ⓤ〖鉱〗れきせいウラン鉱《ウランとラジウムの主要原鉱》.

pítch cìrcle 名〖機〗(歯車の)ピッチ円, 刻み円.
pitch-dárk 形 真っ暗な. **~·ness** 名
pítched báttle 名 ❶ (昔の)正々堂々の対戦[会戦] (cf. skirmish). ❷ 激戦, 激論, 論戦.
pítched róof 名 急勾配の屋根.

†**pitch·er**¹ /pítʃə | -tʃə/ 名 ❶《米》水差し《英》jug)《耳形の取っ手と注ぎ口がついている》;《英》(両取っ手付き)水瓶. 〖F＜L=広口コップ〗

†**pitch·er**² /pítʃə | -tʃə/ 名 ❶〖野〗ピッチャー, 投手: the ~'s mound [plate] ピッチャーズマウンド[プレート]. ❷〖ゴルフ〗ピッチャー《7 番アイアン; cf. iron 2 b》. ❸《英》敷石. 〖PITCH¹〗

pitch·er·ful /pítʃəfùl | -tʃə-/ 名 水差し 1 杯分《*of*》.

pítcher plànt [名]〔植〕嚢(のう)状葉植物《ウツボカズラなどの食虫植物》.

pítch·fòrk [名] 干し草用三つまた, ピッチフォーク. ── [動] [他] ❶ 〈干し草などを〉かき上げる. ❷ 〈人を〉〔地位・役職などに〕無理につかせる〔*into*〕.

pítch·ing [名] [U] ❶ (船・飛行機などの)縦揺れ (cf. rolling 2). ❷〔野〕**a** 投球(法), ピッチング. **b** [形容詞的に] 投球(用)の: a ～ machine (打撃練習用の)ピッチングマシーン.

pítch·man /-mən/ [名] ([複] **-men** /-mən/) 《米》 ❶ (ラジオ・テレビで)商品のコマーシャルをする人. ❷ (街頭での)大道商人, 呼び売り商人.

pítch·òut [名] ピッチアウト: **a**〔野〕投手が盗塁・スクイズを見越して打者に遠い球を投げること. **b**〔アメフト〕クォーターバックからランニングバックへの下手からの長いパス.

pítch pìne [名] 松やにの採れる松, (特に)リギダマツ.

pítch pìpe [名]〔楽〕(弦楽器の基音を定める)調子笛.

pítch·pòle [動] [自] 〈小舟など〉波であおむけにひっくり返る.

pítch shòt [名] ＝pitch¹ 8.

pítch·stòne [名] [U] 松脂岩(しょうしがん), ピッチストーン.

pit·e·ous /píṭiəs/ [形] 哀れみを催させる, 痛ましい, 悲惨な. ～**·ly** [副] ～**·ness** [名] 〘F＜L〙 ([名] pity) 【類義語】⇨ pitiful.

⁺**pít·fàll** [名] ❶ 思わぬ危険[困難], 落とし穴. ❷ (動物などの)落とし穴.

pith /píθ/ [名] ❶ [U] **a**〔植〕髄《茎の中心の柔らかい部分》. **b** (オレンジなどの)中果皮《内側の白いところ》. ❷ [the ～] 心髄, 核心, 要点: *the* ～ (and marrow) *of* a speech 演説の要点.

pít·hèad [名] (鉱山の)立坑坑口(こうこう).

pith·e·can·thro·pus /pìθɪkǽnθrəpəs, -kænθróu-/ [名] ([複] **-pi** /-pàɪ, paɪ/) ピテカントロプス《中期洪積世の原始人類の旧属名; ジャワ原人 (Java man) に命名されたもので, 今はヒト属に分類される》. 〘Gk *pithēcas* 猿＋*anthrōpos* 人〙

píth hèlmet [名] ＝sola topee.

pith·y /píθi/ [形] (**pith·i·er**; **-i·est**) ❶ 〈文体・文章など〉力強い, きびきびした, 簡潔だが含蓄のある. ❷ 髄の(ある, ような). **píth·i·ly** /-θəli/ [副] **-i·ness** [名] 〘PITH＋-Y³〙

pit·i·a·ble /píṭiəbl/ [形] ❶ 哀れな, かわいそうな, みじめな; 情けない. ❷ 卑しむべき, あさましい. **-a·bly** /-əbli/ [副] 哀れに; 情けないほど. 【類義語】⇨ pitiful.

⁺**pit·i·ful** /píṭɪf(ə)l/ [形] ❶ 哀れを催す, かわいそうな, 哀れな (pathetic): The refugees' suffering is ～ to see. 難民の悲惨さは見るも哀れである. ❷ 余りにもひどい[下手な, くだらない]. ❸ 〈賃金など〉ひどく少ない[低い, 不十分な] (meager). ❹《古》情け深い, 同情的な. ～**·ly** /-fəli/ [副] ～**·ness** [名] ([名] pity) 【類義語】**pitiful** 哀れみの気持ちを起こさせる, 気の毒[かわいそう]な. **piteous** 実際に哀れに思われるかどうかはともかく, その性質としては哀れみの気持ちを起こさせるであろう. **pitiable** 哀れみの気持ちに多少軽蔑の感情が含まれることが多い.

pít·i·less [形] ❶ 無慈悲な, 薄情な (merciless). ❷ 〈天候など〉非常に厳しい. ～**·ly** [副] ～**·ness** [名]

pit·man /pítmən/ [名] ([複] **-men** /-mən/) 坑夫; (特に)炭坑夫.

pi·ton /píːtɑn | -tɔn/ [名] ピトン, ハーケン《登山の時ザイルを通したりする頭部に穴のある鋼鉄製のくぎ》. 〘F〙

Pí·tot tùbe /píːtou-/ [名]〔理〕ピトー管《流体の流速測定に使う》.

pít pòny [名]《英》(昔 坑内で石炭運搬に使用した)坑内用ポニー.

pít sàw [名] 縦挽き大のこぎり《丸太の上とその下または穴の中で2人で挽く》.

pít stòp ❶〔自動車レース〕ピットに停車すること, ピットストップ. ❷ (給油・休憩などのための)途中停車[停泊](地), 一時[トイレ]休憩.

Pitt /pít/, **William** [名] ピット: ❶ (1708–78) 英国の政治家; 通称 Pitt the Elder; 2度事実上の首相 (1756–61, 66–68). ❷ (1759–1806) 英国の政治家; 1の次男; 首相 (1783–1801, 01–06); 通称 Pitt the Younger.

pit·ta¹ /píṭə/ [名]〔鳥〕❶ ヤイロチョウ《アフリカ・南アジア主産》. ❷ ジアリドリ《中米・南米産》.

pit·ta² /píṭə/ [名] ＝pita.

pit·tance /pítəns, -tns/ [名] [通例単数形で] わずかな手当[収入]: work for a (mere) ～ はした金のために働く.

pit·ted /píṭɪd/ [形] ❶〔…で〕穴のあいた[くぼんだ]; 〔…で〕あばたになって〔*with*〕. ❷ 〈果物が〉種を抜いた.

pit·ter-pat·ter /píṭəpæ̀ṭə | -təpæ̀tə/ [名] [副]＝pit-a-pat. 〘擬音語〙

Pitts·burgh /pítsbəːg | -bəːg/ [名] ピッツバーグ《米国 Pennsylvania 州南西部の工業都市》.

pi·tú·i·tar·y (glànd) /pɪt(j)úːətèri- | -tjúːətəri-, -tri-/ [名]〔解〕脳下垂体.

pít vìper [名]〔動〕マムシ亜科の毒ヘビ《ガラガラヘビなど》.

pit·y** /píṭi/ [名] ❶ [U] **哀れみ, 同情**: feel ～ ***for…を哀れむ, 気の毒に思う / have [take] ～ ***on***…を気の毒がる / in ～ *for* [*of*]…を気の毒に思って / out of ～ 気の毒に思って / *P*～ is akin to love.《諺》かわいそうだと思う心は愛情に近い. ❷ [単数形で] **残念な事, 気の毒な事**: It's a ～ (that) you missed the party. 君がパーティーに出そこなったのは残念なことだ / The ～ (of it) is that he was not elected. 遺憾なのは彼が落選したことだ / What a ～! (実に)かわいそうだ; それは残念だ / *P*～ it's raining. 雨だとは残念だ (★ It is a pity… の文頭が省略された口語的表現).
for píty's sàke お願いだから; よせよ, あきれた, 何ということだ, とんでもない. **móre's the píty**《口》[文の後に付けて] 残念ながら, 不幸なことに. ── [動] [他] 〈人を〉〔…のことで〕かわいそう[気の毒]に思う: I ～ her ***for*** her helplessness. 彼女は無力でかわいそうだ. 〘F＜L *pietas* 敬虔さ; PIETY と二重語〙 ([形] piteous, pitiful) 【類義語】**pity** 自分より劣っていたり弱い立場にある人に対する哀れみの気持ちを表わすことが多い. **sympathy** 相手の悲しみ・苦しみを理解し共に悲しんだり苦しんだりする気持ちを表わす. **compassion** 通例積極的に相手を助けようとする気持ちを含む.

pít·y·ing [形] [A] (人を)哀れむような, お気の毒にと言わんばかりの: a ～ look 同情の表情. ～**·ly** [副]

pit·y·ri·a·sis /pìṭəráɪəsɪs/ [名] [U]〔医〕粃糠疹(ひこうしん).

Pi·us IX /páɪəs-/ [名] ピウス9世《1792–1878; ローマ教皇 (1846–78)》.

Pius XII [名] ピウス12世《1876–1958; ローマ教皇 (1939–58)》.

⁺**piv·ot** /pívət/ [名] ❶ 中心(点), 要点, かなめ; 中心人物. ❷ 軸; 〔機〕ピボット, 枢軸; 旋回軸. ❸〔ダンス〕片足旋回, ピボット. ❹〔バスケ〕ピボット《片足を軸としてもう一方の足で回転すること》. ── [動] [自] ❶〔…を軸として〕バランスをとる; 旋回する〔*on*, *upon*〕. ❷〔…で〕決まる, 〔…に〕よる, 〔…〕次第である〔*on*, *upon*〕(depend). ── [他] 〈…を〉枢軸上に置く; 〈…に〉枢軸をつける. 〘F〙

⁺**piv·ot·al** /pívəṭl/ [形] ❶ 中枢の, 重要な, 軸となる〔*to*〕(critical). ❷ 枢軸の(ような). 〘PIVOT＋-AL〙

pívot·màn [名] 中軸選手《特にバスケットボールのセンター》.

pix¹ [名] pic の複数形.

pix² /píks/ [名] ＝pyx.

pix·el /píks(ə)l/ [名]〔電算〕画素, ピクセル《スクリーン上の画像の最小単位》.

pix·el·a·tion, pix·el·la·tion /pìksəléɪʃən/ [名] [U]〔電算〕ピクセル化《不具合により, または特殊効果のために画像が粗い四角や丸の集合のようになること》. **pix·el·at·ed, pix·el·lat·ed** /píksəlèɪṭɪd/ [形]

pix·ie /píksi/ [名] (いたずら好きの)小妖精.

píxie hàt [hòod] [名] (子供用の)とんがり帽子.

pix·i·lat·ed /píksəlèɪṭɪd/ [形] ❶ 頭が少しおかしい. ❷ 酔っぱらった.

pix·y /píksi/ [名] ＝pixie.

Pi·zar·ro /pɪzáːrou/, **Fran·cis·co** /frænsískou/ [名] ピサロ《1470?–1541; スペインのインカ帝国征服者》.

pi·zazz /pɪzǽz/ [名] [U]《米口》❶ 元気, 活気. ❷ 派手, けばけばしさ.

pizz.《略》〔楽〕pizzicato.

***piz·za** /píːtsə/ [名] [C][U] ピザ, ピッツァ. 〘It〙

pízza pàrlor [名]《米》＝pizzeria.

piz·zazz /pɪzǽz/ 名 =pizazz.
piz·ze·ri·a /pìːtsəríːə/ 名 ピザ屋, ピザ販売店.
piz·zi·ca·to /pìtsɪkάːtou/ 〖楽〗形 [副] つまびきの[で] (pizz.). ── 名 (複 ~s) つまびきの曲, ピッチカート. 〖It *pizzicare* つまむ, はじく〗
piz·zle /pízl/ 名 獣((特に)雄牛)の陰茎(昔 むちを作った).
P.J. (略) Police Justice 警察裁判所判事.
pj's, p.j.'s /píːdʒéɪz/ 名 複 (口) パジャマ.
pk. (略) pack; park; peck. **PKF** (略) peacekeeping force. **pkg.** (略) package(s). **PKO** /píːkèɪóu/ (略) peacekeeping operations. **pkt.** (略) packet.
pkwy, pky (略) parkway. **PL** (略) Poet Laureate; product liability; (電算) programming language. **pl.** (略) place; plate; plural. **PLA** 〖中国〗People's Liberation Army 人民解放軍; Port of London Authority ロンドン港管理公団[委員会].
plac·a·ble /plǽkəbl/ 形 なだめやすい, 温和な, 寛容な. **-bly** /-kəbli/ 副
†**plac·ard** /plǽkəːd, -kəd | -kɑːd/ 名 プラカード, ポスター, ビラ, はり紙, 掲示. ── 他 ❶ 〈…に〉ビラ[ポスター]をはる. ❷ 〈…を〉はり紙で掲示[広告]する. 〖F<Du=貼る〗
†**pla·cate** /pléɪkeɪt | pləkéɪt/ 他 〈人を〉なだめる, 慰める (appease). 〈怒り・感情を〉静める, なだめる. **pla·ca·tion** /pleɪkéɪʃən | plə-/ 名
pla·ca·to·ry /pléɪkətɔ̀ːri | pləkéɪtəri, -tri/ 形 〈言動などが〉なだめる(ような), 慰める, 懐柔的な (appeasing).

*__place__ /pléɪs/ 名 ❶ C (ある特定の)場所, 所: in a sunny ~ 日の当たる場所で / 〖諺〗There's no ~ like home. わが家にまさる所はない. **b** 〈(特定の目的に使用される)場所, 建物, …場, …所: a ~ of amusement 娯楽場 / a ~ of work 職場 / a ~ of worship 礼拝所 / an eating ~ 食堂, 飲食店 / a steak ~ ステーキを食べさせる店. **c** [some, any, no, every などを伴い副詞的に用いて]⇒ everyplace, noplace, someplace, anyplace.
❷ **a** U (抽象概念としての)空間, 場所: time and ~ 時間と空間. **b** U 余地: leave a ~ *for* ...の余地を残す.
❸ C **a** 地域, 地方; 市; 町, 村: one's native ~ 故郷 / travel to distant ~ s 遠い国々へ旅行する. **b** [通例単数形; one's ~] (口)家, 住まい; 部屋: Come to my ~ for supper. うちに来て晩ごはんを食べたら. **c** (いなかの)屋敷, 別荘: He has a ~ in the country. 彼はいなかに別荘を持っている.
❹ C **a** (ものの表面の特定の)個所, 部分: a rough ~ in the street 通りのでこぼこの所 / I can't reach the itchy ~ on my back. 背中のかゆい所に手が届かない. **b** (話・書物・映画などの特定の)個所: mark one's ~ 読みさしの個所に(しおりなどで)印をしておく / lose one's ~ どこまで読んだか[話したか]忘れる.
❺ C **a** (人・ものの)あるべき場所, 置き場所: Return that book to its ~. その本を元の場所に戻しなさい. **b** [通例否定文で] (…に)適切な場所[機会]: A party is *not* the ~ *for* an argument. パーティーは議論にふさわしい場ではない / This is *not* the ~ *to* get cold feet. 今はおじけづいている場合じゃない. **c** (順番を待つ人の列などの)番, 場所: Please keep my ~ in the line for a moment. ちょっと列の番をとっていてください.
❻ C **a** 席, 座席: take one's ~ at (a) table 食卓で設けの席に着く / lay ~s for five 5人分の食卓の用意をする / I changed ~s with him. 私は彼と席を代わり合った. **b** (ホテルなどの)部屋: I have a ~ reserved at the Savoy in London. ロンドンのサボイホテルに部屋がとってある.
❼ C [通例単数形で] **a** 職, 勤め口, 仕事: look for a ~ 職を探す / lose one's ~ 職を失う. **b** (学校・チームなどへ入る)資格: She got a ~ at that college [on the national team]. 彼女はその大学に入学した[ナショナルチームの一員になった]. **c** [one's ~] 職務; 本分: It's not your ~ *to* criticize. 君は批判する立場ではない.
❽ C 立場, 環境, 境遇: If I were in your ~, I wouldn't put up with it. もし私が君の立場にあったらとても我慢しないのだが.
❾ C **a** (社会的な)地位, 身分: keep a person in his ~ 人をつけ上がらせない / know one's ~ 身のほどを知る. **b** [通例単数形で] 重要な地位[位置]: Japan now has a prominent ~ among the economic powers of the world. 日本は今や世界の経済大国の中で重要な位置を占めている.
❿ C [通例単数形で; 序数詞を伴って] **a** 順位: in *the* second [last] ~ 第2[最後]に / Adults take second ~ to children in amusement parks. 遊園地では大人は子供の次 [2, 3 等], (競技) 差順位 (入賞 順位 (競馬などで通例 1, 2, 3 等, (米) では特に 2等): win first [third] ~ in a race レースで 1 [3] 着に入賞する / get a ~ 3 位(内) に入る. ((米) 2 着に入賞する.
⓫ C (数) 桁(½): Answer to the third decimal ~. = Answer to three decimal ~s. 小数点以下3桁まで答えよ.
⓬ [固有名詞として; P~] 広場, 広小路; …通り, …街: Portland P~ ポートランド街 (London の街区名).

àll óver the pláce ((口)) (1) そこら中, あちらこちら, 方々. (2) 乱雑に, 取り散らかして.

a pláce in the sún (1) 日の当たる場所. (2) (口) 有利な地位.

fáll [fit, slót] ìnto pláce (1) 正しい場所に収まる, うまく収まる. (2) 〈話などが〉つじつまが合う. ❸ 〈計画などが〉軌道に乗る.

from pláce to pláce (1) あちらこちらに. (2) 場所によって.

gìve pláce to ... に席[地位]を譲る; …に代わられる.

gó pláces ((口)) (1) あちこちへ出かける, 遊び回る. (2) [will go ~s は進行形で] 成功する, 出世する.

in pláce (1) 決まった[正しい]場所に: He looked in the mirror to make sure that his tie was *in* ~. 彼は鏡を見てネクタイがちゃんとしているか確かめた. (2) 適当[適切]で: Your remark was not *in* ~. 君の言葉は適切でなかった.

in a person's pláce 人の代わりに.

in pláce of ... …の代わりに: use electric lights *in* ~ *of* oil lamps ランプの代わりに電灯を使う.

in the first pláce (1) [理由・論点などを列挙する時に] 第一に, まず (firstly). (2) そもそも: If you hate studying, you should never have entered university *in the first* ~. 勉強が嫌いなら初めから大学に入らなければよかったのに.

màke pláce for ... …のために場所をあける.

òut of pláce (1) 置き違えて. (2) 場違いで, 不適当な: I feel *out of* ~ at expensive restaurants. 金のかかるレストランに行くと場違いな感じがする.

pút a person in his [her] pláce 〈人を〉つけ上がらせない.

pút onesèlf in anóther's pláce 人の立場に立って考える.

tàke pláce (1) 〈事件などが〉起こる (⇒ happen 〖類語〗): The Norman Conquest *took* ~ in 1066. ノルマン人の征服は 1066 年に起こった. (2) 〈行事などが〉行なわれる, 催される: The game *took* ~ before a great crowd of spectators. その試合は大観衆の前で行なわれた.

tàke one's pláce (1) 決められた自分の席に着く (cf. 名 6). (2) […の]仲間入りをする [*among*, *with*].

take the pláce of ... …の代理をする (replace): Mechanical power *took the* ~ *of* manual labor. 機械力が筋肉労働に取って代わった.

── 動 他 ❶ [副詞(句)を伴って] 〈ものを〉(…に)置く, 据える: P~ it there. それはそこへ置いてください / He *~d* his arm *around* her shoulders. 彼は彼女の肩に片腕をまわした. **b** 〈ものを〉(…に)配置する, 配列する: The items are *~d in* alphabetical order. 項目はアルファベット順に配列されている.
❷ 〈人・ものを〉〈ある状態・位置に〉置く; 〈地位に〉就ける, 任命する: ~ a suspect *under* surveillance 容疑者を監視する / That ~s me *in* an awkward position. そうなると私は困った立場に追いやられる / She was ~*d in* a key position. 彼女は重要な地位に任命された / 〔+目+*as* 補〕 ~ a person *as* a librarian 人を司書に任命する.
❸ **a** 〈信頼・希望などを〉〈…に〉寄せる, かける; 〈重要性など

を〉〈…に〉置く (put): They didn't ~ much confidence *in* their leader. 彼らは指導者をあまり信頼しなかった / He ~s too much importance *on* data. 彼は資料を重視しすぎる / The homeless children were ~d *in* my charge. その孤児たちは私に預けられた. **b** 〈議題・問題などを〉〈…に〉持ち出す, 提起する: ~ the issue *before* the general public 一般大衆にその問題を提起する.
❹ [通例否定または疑問文で] 〈以前会った[聞いた]ことのある人[もの]を〉だれ[何]だと思い出す: He could *not* ~ her, though he was sure he'd met her before. 以前会ったことは確かだが, 彼は彼女がだれだか思い出せなかった.
❺ 〈人に〉〈職を〉見つけてやる〔*in*〕; 〈人を〉〈会社に〉就職させる: They will ~ you *with* a good firm. 彼らは君によい会社を世話してくれるだろう / He was ~d *as* a programmer. 彼はプログラマーを世話してもらった.
❻ **a** 〈資金を〉〈…に〉投資する: ~ one's money *in* bonds 公債に投資する. **b** 〈商社などに〉…の〉注文を出す: We have an order *for* the articles *with* the firm. その商社にそれらの品の注文を出している.
❼ **a** 〈…と〉〈…と〉見なす, 考える: You should ~ health *among* your priorities. 健康は最も大切なもののひとつと考えなければならない / [+目+補] Among many factors this may be ~d first. 多くの要因のうちでこれが第 1 位であろう / [+目+*as*補] I ~d her *as* a New Englander. (アクセントから)彼女はニューイングランド出身だと思った. **b** 〈…に〉〈…に〉評価する, 値踏みする: ~ the value of the picture *at* 5 million dollars その絵の価値を 500 万ドルと値踏みする / [+目+補] ~ the value of the picture too high その絵の価値を高く評価しすぎる. **c** 〈…に〉〈…に〉分類する〔*in*〕.
❽ 〈競走者・競馬などの〉順位を決める《★通例受身》: His horse *was not* ~d. 彼の馬は入賞しなかった《3 等までの中に入らない; cf. 图 10 b》.
❾ 〈交換手を介して〉〈電話を〉かける: ~ a long-distance call to Los Angeles ロサンゼルスに長距離電話をかける.
❿ 〖ラグビー・サッカー・アメフト〗〈ゴールを〉プレースキックで得る.
— 📕 ❶ 3 等以内に入る《(特に) 2 等になる》. ❷ 〈…に〉なる: [+補] ~ second 二等になる.
〖<L=街路; Gk=広い道 *platus* 広い〗(图) place**ment**》
(图)【類義語】⇨ put.

pláce bèt (图) 複勝式勝馬投票《英国では 3 着以内, 米国では 2 着(以内)に入るとして賭ける》.

pla·ce·bo /pləsí:bou/ (图) (複 ~s, ~es) ❶ [医] 偽薬, プラセボ, プラシーボ《対照薬, 心理効果用》. ❷ 気休めの言葉; お世辞. 〖L=I shall please *placare* 喜ばせる〗

placébo efféct (图) プラセボ効果《偽薬の投与による心理効果などで実際に患者の容態がよくなること》.

pláce càrd (图) (宴会席などの)座席札.

pláce kìck (图) 〖ラグビー・サッカー・アメフト〗プレースキック. — 動 📕 プレースキックをする. **-er** (图)

pláce·less (形) 定まった場所のない; 局所に限定されない. **~·ly** (副)

pláce·man /-mən/ (图) 《英》私利のために任官された者, 《特に政治的な支持に対する見返りとして待遇のよい公職に任じられた》御用議員.

pláce mát (图) プレースマット《食卓でひとり分の食器を置く小型のテーブル敷き; cf. doily》.

†**pláce·ment** /-mənt/ (图) ❶ ⓤ 置くこと, 配置(すること): the ~ of furniture 家具を配置すること. ❷ ⓤⓒ **a** 職業紹介, 就職斡旋). **b** (進学校の)選定. **c** クラス分け. ❸ ⓤⓒ 〖ラグビー・サッカー・アメフト〗プレースメント《プレースキックするためボールを地上に置くこと》. **b** 〖テニス〗プレースメント《相手が取りにくい, または取れない場所へのショット》. ❹ ⓒ 〖証券〗 《米》起債. — 图 〖米〗職業紹介の: a ~ agency 職業紹介所 / a ~ service (for…) (大学などの)(…のための)就職斡旋サービス / a ~ office (大学などの)就職課[相談室].

plácement tèst (图) (クラス分けのための)実力試験.

pláce nàme (图) 地名.

pla·cen·ta /pləséntə/ (图) (複 ~s, -tae /-ti:/) 〖解〗 胎盤. 〖植〗 胎座.

pla·cen·tal /pləséntl/ (形)

placénta prévi·a /-prí:viə/ (图) 〖医〗 前置胎盤.

1369 plain

plac·en·ta·tion /plæsəntéiʃən/ (图) ⓤ ❶ 〖動・解〗 胎盤形成; 胎盤構造. ❷ 〖植〗 胎座配列, 胎座形式.

plac·er[1] /pléisə | -sə/ (图) (レースなどで)…位の者, 入賞者: the third-*placer* 3 位入賞者. ❷ 置く人, 配置する人.

plac·er[2] /plæsə | -sə/ (图) [しばしば形容詞的に] 砂鉱; 砂鉱床, 砂金採取所.

pláce sètting (图) プレースセッティング《食卓で個人別に並べる皿・ナイフ・フォークなどのひとそろい; その配置》.

pla·cet /pléisit | -set/ (图) 賛成(票).

†**plac·id** /plæsid/ (形) 穏やかな, 静かな, 落ち着いた (tranquil; ↔ high-spirited). **~·ly** (副) 〖L=喜ばせるような; ⇨ please〗

pla·cid·i·ty /pləsídəti/ (图) ⓤ 平静, 温和.

plac·ing /pléisiŋ/ (图) ❶ [しばしば複数形で] (レースの)順位. ❷ (求職者に対する)職, 勤め口. ❸ 〖証券〗《英》= placement.

plack·et /plækit/ (图) (スカート・ドレスなどの)わきあき, プラケット.

plac·o·derm /plækədə:rm | -də:m/ (图) 〖古生〗 板皮(ぱんぴ)類の化石魚.

plac·oid /plækɔid/ (形) うろこが板状状の: ~ scales 楯鱗.

pla·fond /pləfɔ:ŋ/ (图) 〖建〗飾り天井, 見上げ面.

pla·gal /pléig(ə)l/ (形) 〖楽〗変格の: **a** 〈教会旋法が〉終止音の下に 4 度, 上に 5 度を音域とする. **b** 〈終止が〉下属和音から主和音へ進行する.

plage /plɑ:ʒ/ (图) ❶ 浜辺, 《特に》海岸の行楽地. ❷ 〖天〗 プラージュ《太陽面の光輝域; 通例黒点の周囲にみられる》.

pla·gia·rism /pléidʒərizm/ (图) ❶ ⓤ 剽窃(ひょうせつ). ❷ ⓒ 剽窃行為[物]. 〖L; ⇨ plagiarize〗

pla·gia·rist /-dʒərist/ (图) 剽窃(ひょうせつ)者.

pla·gia·rize /pléidʒəràiz/ (動) 📕 〈他人の文章・説などを〉盗む, 剽窃(ひょうせつ)する. — 📕 剽窃する. 〖L=誘拐(ゆうかい)〗

pla·gio·clase /pléidʒiəkleis/ (图) 〖鉱〗斜長石.

‡**plague** /pléig/ (图) ❶ **a** 疫病, 伝染病. **b** [また the ~] (腺)ペスト (bubonic plague): *the* Great P~ (of London) ロンドンの大疫病流行《1664–1665 年》. ❷ 〈有害動物などの〉大発生, 大襲来: a ~ *of* locusts イナゴの異常大発生. ❸ [通例単数形で] 《口》 やっかい物[者] (curse). (A) *plágue* on it [him *etc*.]! いまいましい, こんちくしょう!

avóid…like the plágue 《まるで疫病にでもかかっているかのように》〈…に〉近寄らない, 〈…を〉忌避する. — 動 📕 ❶ 〈人を〉疫病[災い]にかからせる. ❷ 《口》〈人を〉〈…で〉悩ます, うるさがる (pester): They are *plaguing* me to death. 連中は死ぬほどうるさい / He was ~d *with* questions. 彼は質問攻めにあった. 〖F<L<Gk=打撃, 不幸〗

†**plaice** /pléis/ (图) (複 ~, **plaic·es**) ⓒⓤ 〖魚〗プレイス, ツノガレイ《ヨーロッパ産》. 〖F<L<Gk=平らな広い《魚》〗

plaid /plæd/ (图) ❶ ⓤ 《スコットランド高地人の》格子じまのラシャ. ❷ ⓒ (格子じまの)長い肩掛け. — (形) 格子じまの(ラシャ)の: a ~ skirt 格子じまのスカート.

‡**plain**[1] /pléin/ (形) (~·er; ~·est) ❶ 明白な, わかりやすい, 明瞭な (clear); 平易な, 簡単な: in ~ speech [words] わかりやすい言葉づかいで, わかりやすく言えば / It's quite ~ (to us) that he doesn't want to go. 彼が行きたがっていないのは(我々には)わかりきっている. ❷ はっきり見える[聞こえる]: in ~ view まる見え(の所)で / I made my annoyance ~ (to see). 私がうるさく思っていることをはっきりと態度で示してやった. ❸ [(比較なし)] まったくの, 徹底した: ~ folly まったくの愚行. — B ❶ **a** 装飾のない, 模様[彩色]のない; 無地の (↔ fancy): a ~ dress (飾りのない)地味な服. **b** (比較なし)紙・布などが無地の, 平織の: ~ cloth 無地織, 平織. ❷ 〈生活など〉質素な, 地味な, 簡素な: ~ living and high thinking 質素な生活と高邁(こうまい)な思考《★Wordsworth の詩から》. ❸ 〈人・言動など〉率直な, 腹蔵のない, 飾り[ごまかし]のない: ~ speaking 直言. ❹ 気取らない, 飾らない; 《特に》〈人が〉普通の, 平凡な: ~ people 普通の人, 一般の人 / In those days he was ~ George Bush. 当時彼は肩書きのない

ジョージ・ブッシュにすぎなかった / ⇒ **plain clothes**. ❺ 〈女が〉美しくない, 十人並みの. ❻ 〈食物などが〉味のついていない; 簡単に調理した: ~ cake (生地に何も混ぜていないあっさりした)プレーンケーキ / ~ rice 白いごはん / a ~ meal 簡易食. **(as) pláin as dáy [a píkestaff, the nóse on one's fáce]** きわめて明白な. **in pláin Énglish** (1) 平易な英語で. (2) 平たく[はっきり]言えば. **máke oneself pláin** 思っていることをはっきり言う. **to be pláin with you** 率直に言うと[言えば]. ── 副 ❶ はっきりと, 明瞭に: speak ~ はっきりと話す. ❷ まったく, すっかり: I'm ~ tired. まったく疲れた. ── 名 [しばしば複数形で] 平原, 平地, 平野, (樹木の少ない)草原. **~·ness** 名 〖F<L *planus* 平らな〗 【類義語】 (1) ⇒ **obvious**. (2) ⇒ **frank**[1].

plain[2] /pléɪn/ 名 Ⓤ 平編み, メリヤス編み.

pláin cárd 名 (トランプの)平札, 数札 (cf. **face card**).

pláin-chànt 名 = **plainsong**.

pláin chócolate 名 Ⓤ プレーンチョコレート《ミルクを入れず砂糖もほとんど入らないチョコレート》.

pláin clóthes 名 Ⓤ (警官の)平服, 私服 (↔ **uniform**): in ~ 〈警官が〉私服で.

pláin-clóthes 形 Ⓐ (特に)警官が私服の (↔ **uniformed**): a ~ detective 私服刑事.

pláin·clóthes·man /-mən/ 名 ⦅複 -men /-mən/⦆ 私服警官; 私服刑事.

pláin déaling 名 Ⓤ 率直, 公明正大.

pláin flóur 名 Ⓤ ベーキングパウダーの入っていない小麦粉 (cf. **SELF-RISING** flour).

pláin Jáne 名 ⦅口⦆ (これといった)魅力のない女, 十人並みの女, 普通の女性.

pláin-Jáne 形 ⦅口⦆ 地味な, ありふれた, 普通の.

⁺**plain·ly** /pléɪnli/ 副 ❶ 明白に, はっきりと (clearly): It was ~ visible. それははっきり見えていた. ❷ **a** 率直に, 飾りなく: She said it quite ~. 彼女はそのことを実に率直に話してくれた. **b** 率直に言えば[簡潔には言えば]: You're ~ wrong. はっきり言って君は間違っている. ❸ 〖文修飾〗 明らかに(である), …は明らかである (undoubtedly): He looks pale. P~ he must be sick. 彼は青い顔をしている. 明らかに具合が悪いに違いない. ❹ 質素に, 簡単に: She always dresses ~. 彼女はいつも飾らない服装をしている.

pláin sáiling 名 Ⓤ 順調な航海; 順調な仕事; 容易なこと, とんとん拍子に運ぶこと: It's ~ from here. これ[ここ]からは簡単だ.

pláin sérvice 名 略式礼拝 ⦅音楽は省略⦆.

Pláins Índian 名 平原インディアン⦅元来, グレートプレーンズ (the Great Plains) 地域で遊牧を行なっていた北米先住民⦆.

plains·man /pléɪnzmən/ 名 ⦅複 -men /-mən/⦆ 平原の住民; (特に)北米グレートプレーンズ (the Great Plains) の住民.

pláin·sòng 名 Ⓤ (グレゴリオ聖歌などの)単旋律聖歌.

pláin-spóken 形 遠慮のない, 率直に言う, あからさまの.

pláins·wòman 名 ⦅複 -women⦆ plainsman の女性形.

plaint /pléɪnt/ 名 ❶ ⦅英法⦆ 告訴状, 訴訟申し立て. ❷ ⦅詩⦆ 悲しみ, 嘆き.

pláin tèxt 名 Ⓤ,Ⓒ ⦅電算⦆ プレーンテキスト⦅ASCII, Unicode など最も基本的な文字体系のみを利用したテキスト(ファイル)⦆.

⁺**plain·tiff** /pléɪntɪf/ 名 ⦅法⦆ 原告, 告訴人 (↔ **defendant**). 〖L=不満を言う, 悲しげな〗

⁺**plain·tive** /pléɪntɪv/ 形 悲しげな, 哀れな (mournful), 泣き言を言う: a ~ melody もの悲しい曲[旋律]. **~·ly** 副. **~·ness** 名.

pláin wèave 名 Ⓤ 平織り.

⁺**plait** /plæt, pleɪt | plæt/ 名 ❶ ⦅主に英⦆(髪の毛の)おさげ ⦅⦅米⦆ braid⦆: wear one's hair in ~s 髪をおさげにする. ❷ = **pleat**. ── 動 他 ⦅主に英⦆〈髪・麦などを〉編む; 編んで~を作る ⦅⦅米⦆ braid⦆. 〖F<L=平らだもの〗

⁺**plan** /plǽn/ 名 ❶ 計画, 案: a five-year ~ 5か年計画 / make ~s for the future 将来の計画を立てる / have ~s for summer vacation 夏休みの計画がある / What is the ~ of action? 行動計画はどのようなものか / 〖+*to do*〗 The president has a ~ to reduce taxes. 大統領は減税案を考えている. ❷ 図面, 平面図 (cf. **elevation** 5): a perspective ~ 配景図 / a working ~ 工作図 / draw a ~ 図面を引く. **b** 〈市街の〉地図. **c** 〈機械などの〉設計図. ❸ やり方, 流儀, 方式: ⇒ **American plan**, **European plan** / The best ~ would be to do it at once. いちばんいいやり方でそれを直ちに実行することだろう. **according to plán** (予定の)計画どおりに[いけば]: Everything went *according to* ~. 万事計画[予定]どおりにいった.

── 動 (planned; plán·ning) 他 ❶ 〈…を〉計画する, 立案する, もくろむ: ~ a picnic ピクニックを計画する / ~ an itinerary 旅行日程を立てる /〖+*to do*〗I'm planning to publish a book next year. 来年は本を出版するつもりです /〖+*wh*.〗We planned very carefully how we would climb the mountain. その山にどう登るかを我々は慎重に計画した. ❷ 〈…の〉設計図を書く, 〈…を〉設計する: ~ a house [garden, skyscraper] 家[庭園, 超高層ビル]を設計する. ── 自 ❶ 〖…の〗計画を立てる: ~ *for* a party パーティーの計画を立てる / We ~ *on* three kids. 子供は3人つくるつもりだ. ❷ ⦅口⦆ **a** 〖…しようと思う, つもりである〗: I'm planning *on* visiting Paris. パリを訪れる予定です. **b** 〖…(すること)を〗見越す: We didn't ~ *on* his being late. 彼が遅れようとは予想もしてなかった. **plán óut** ⦅他+副⦆ 〈…を〉綿密に計画する: We ~*ed* it all *out* before we began. 我々は始める前にすべてを綿密に計画した.

【類義語】 (1) **plan** ある事を行なうために前もって立てる計画; 最も普通の語. **design** 特定の意図を持って巧妙に考えられた計画; しばしば悪い意味に使われる. **project** 試験的[実験的]な計画, または大規模な計画; 実現不可能なことを暗示することもある. **scheme** 実行[実現]不可能な計画; (心臓内での)漠然とした心の中の考え, または不正なあやしいたくらみ. (2) 動 ⇒ **intend**.

pla·nar /pléɪnə/ -nɑː/ 形 平面の; 二次元の.

pla·nar·i·an /plənéəriən/ 名,動 プラナリア⦅三岐腸類, 特にプラナリア属の渦虫の総称⦆.

plan·chet /plǽntʃət | plá:ntʃɪt/ 名 硬貨地板⦅型押しする前の硬貨の形をした平金⦆.

plan·chette /plænʃét | pla:n-/ 名 プランシェット, こっくり占い板⦅心臓型の小板に2個の小輪と1本の鉛筆の足をつけたもの; 指を軽く載せると自動的に文字を書くといわれる⦆. 〖F=小さな板〗

Planck /plɑ́:ŋk | plǽŋk/, Max プランク⦅1858–1947; ドイツの理論物理学者; 量子論を確立; Nobel 物理学賞 (1918)⦆.

Plánck('s) cónstant 名 ⦅理⦆ プランク定数⦅記号 h⦆.

٭**plane**[1] /pléɪn/ 名 飛行機: by ~ = in [on] a ~ 飛行機で, 空路で⦅★ by ~ は無冠詞⦆ / get on [board] a ~ 飛行機に乗る / get off a ~ 飛行機から降りる. ── 動 自 ❶ ⦅口⦆ 飛行機で行く. ❷ **a** 〈飛行機・グライダーが〉滑空する. **b** 〈モーターボートなどが〉(速度を増すにつれて)滑水する. ⦅(AIR)PLANE⦆

٭**plane**[2] /pléɪn/ 名 ❶ **a** 平面, 水平面: a horizontal ~ 水平面 / an inclined ~ 斜面. **b** (結晶体の)面. ❷ 〖発達・進歩などの〗程度, 水準, 段階: a high ~ of civilization 高度の文明 / on the same ~ as … と同列[同程度]で. ── 形 Ⓐ (比較なし) ❶ 平らな, 平坦な: a ~ angle 平面角 / a ~ surface 平面 / a ~ triangle 平面三角形. ❷ 平面図形の: ~ geometry 平面幾何学. 〖L *planus* 平らな〗 【類義語】 ⇒ **level**.

plane[3] /pléɪn/ 名 かんな⦅大工し道具の; ★日本のものとは違い, 持ち手 (handle) がついており, 前に押して削る⦆. ── 動 他 〈…に〉かんなをかける; 〈…を〉かんなでけずり取る 〈*away*, *down*, *off*〉: ~ a board smooth 板にかんなをかけてなめらかにする. ── 自 かんなを使う. 〖F<L=平らにする<*planus* ↑〗

plane[4] /pléɪn/ 名 = **plane tree**.

pláne cràsh 名 (飛行機の)墜落事故.

pláne·lòad 名 飛行機一機の搭載量⦅人・荷物⦆.

pláne polarizátion 名 ⓤ 〖光〗平面偏光《偏光面が同一平面に含まれる光》.

pláne-pólarized 形 〖光〗平面偏光の《偏光面で光が振動している》.

plan・er /pléinɚ | -nə/ 名 かんな, 平削り盤, プレーナー.

pláne sáiling 名 ⓤ 〖海〗平面航法《船が平面上を走っているものとみて船位を決定する方法》.

*__plan・et__ /plǽnɪt/ 名 ❶ 〖天〗惑星; [the ~] (特に)地球《★太陽などの恒星の周りを公転する大型天体をさす; 小惑星にもいう》: major [minor] ~s 大[小]惑星 / the ~ earth 地球. ❷ 〖占星〗(人間の運命・人事を左右すると考えられた)運星. 〖F<L<Gk=さまようもの〗 (形 planetary)

pláne táble 名 〖測〗平板.

plan・e・tar・i・um /plæ̀nətéə(r)iəm/ 名 (複 ~s, -i・a /-riə/) プラネタリウム; 星座投影機.

*__plan・e・tar・y__ /plǽnətèri | -təri, -tri/ 形 ❶ 惑星の, 惑星に似た: a ~ orbit 惑星軌道 / the ~ system 太陽系. ❷ 地球の, この世の; 世界的な. ❸ 〖占星〗天体の影響を受けた. (名 planet)

plánetary géar 名 =planet gear.

plánetary nébula 名 (複 planetary nebulae) 惑星状星雲.

plan・e・tes・i・mal /plæ̀nətésəm(ə)l-/ 名 形 微惑星体(の)《太陽系の形成期に多数存在したと考えられる微小天体の一つ》.

plánet gèar 名 =planet wheel.

plan・et・oid /plǽnətɔ̀ɪd/ 名 〖天〗小惑星《asteroid の別称》. **plan・et・oi・dal** /plæ̀nətɔ́ɪdl-/ 形

plan・e・tol・o・gy /plæ̀nətáləʤi | -tɔ́l-/ 名 ⓤ 惑星学.

pláne trèe 名 〖植〗プラタナス, スズカケノキ.

plánet whèel 名 〖機〗遊星歯車.

plán・fòrm 名 〖空〗平面図形《翼などの上からみた輪郭》.

plan・gent /plǽnʤənt/ 形 ❶ 〈音が〉(とうとうと)鳴り響く。 ❷ 〈鐘の音などが〉哀調を帯びた, 切なくなる. **~・ly** 副

pla・nig・ra・phy /pləníɡrəfi/ 名 ⓤ 断層撮影(法).

pla・nim・e・ter /plənímətɚ | plænímətə/ 名 面積計, プラニメーター《図上である部分の面積をその周をなぞることによって与える器具》.

pla・ni・met・ric /plèɪnəmétrɪk | plæ̀nɪ-/ 形 ❶ 面積測定の. ❷ 〈地図が〉平面図の《等高線などがない》.

pla・nim・e・try /plənímətri | plæ-/ 名 ⓤ 面積測定.

plan・ish /plǽnɪʃ/ 動 他 〈金属を〉平らにする, 鍛造する. **~・er** 名

plan・i・sphere /plǽnɪsfɪɚ | -sfɪə/ 名 ❶ 平面球形図. ❷ 〖天〗星座早見表, 平面天体図.

*__plank__ /plǽŋk/ 名 ❶ 厚板. ❷ (政党の)綱領(platform)の項目. **wálk the plánk** (船の)舷側から突き出した板を目隠しされて歩かされる《17世紀ごろ海賊が捕虜を殺した方法》. ── 動 他 ❶ a 〈...に〉板を張る. b 〈板で〉〈...を〉張る 《with》. ❷ 《米》〈肉(oak)などの〉板の上でステーキなどを料理して供する. **plánk dówn** (他+副)《米口》(1) 〈ものを〉どさりと置く. (2) 〈金を〉その場で支払う: I ~ed down the money. 即金で支払いを済ませた. 〖F<L=平らなもの〗〖類義語〗⇒ board.

plánk bèd 名 (刑務所の)板ベッド.

plánk・ing 名 ⓤ 板張り, 張り板, 敷き板.

plank・ton /plǽŋ(k)tən/ 名 ⓤ 浮遊生物, プランクトン. 〖Gk=さまようもの〗

planned 形 計画された: a ~ economy 計画経済 / a ~ crime 計画的な犯罪 / ~ parenthood 計画出産.

plánned obsoléscence 名 ⓤ 計画的廃用化《技術革新・モデルチェンジなどにより次々と新製品を出して, 消費者により新しい製品を買わせようとすること》.

Plánned Párenthood 名 〖商標〗プランドペアレントフッド《家族計画に関する調査や知識の普及などを行なう米国の非営利団体》.

*__plan・ner__ /plǽnɚ | -nə/ 名 立案者, 計画者, 企画係; 設計者: a town ~ 都市計画設計者.

*__plan・ning__ /plǽnɪŋ/ 名 ⓤ 計画(すること), 企画立案; 設計: ⇒ family planning / town ~ 都市計画.

plánning permíssion 名 ⓤ 《英》建築許可.

pla・no- /pléɪnoʊ/ [連結形]「平たい」「平面の」.

plà・no-cóncave /plèɪnoʊ-´/ 形 〈レンズが〉平凹(へいおう)の.

pláno-convéx 形 〈レンズが〉平凸の.

*__plant__ /plǽnt | pláːnt/ 名 ❶ ⓒ a 植物: tropical ~s 熱帯植物 / ~s and animals 動植物. b 《樹木に対して》小さな)草木: garden ~s 園芸用の草花 c 苗木. ❷ ⓒ a (製造)工場: a manufacturing ~ 製造工場 / a nuclear power ~ 原子力発電所. b 装置, 機械一式: an air-conditioning ~ 空気調節装置. ❸ ⓤ (事業などの)施設, 設備, プラント《機械類・建物・敷地などのすべて》: invest in a new ~ 新しい施設に投資する. ❹ ⓒ [通例単数形で] 《口》 a 〈人を罪に陥れるための〉策略, わな. b 《悪意を持って罠に陥れるために, その人の持ち物にまぎれこませた)おとりの品物, 盗品. c 《犯罪グループに忍び込んだ》警察のまわし者. ── 動 他 ❶ 〈若木などを〉植える; 〈種を〉まく: ~ trees 木を植える / ~ seeds 種をまく / She ~ed her garden with tulips. =She ~ed tulips in her garden. 彼女は庭にチューリップを植えた《比較 前者は「庭一面に」という意味合いが強い》. ❷ [副詞(句)を伴って] a 〈人・ものを〉(...に)置く, 据える, 立てる: ~ a pole in the ground 地面に柱を立てる / Posts were ~ed along the road. 道に沿って柱が立てられ(てい)た. b [~ oneself で] (...に)腰を下ろす, 座る; 位置を定める. c 《口》〈爆発物・盗聴器などを〉(...に)仕掛ける: A microphone was ~ed in his desk. マイクロフォンが彼の机に仕掛けられ(てい)た. ❸ a 〈キスを〉(...に)する: He ~ed a kiss on her cheek. 彼は彼女の頰にキスをした. b 〈打撃などを〉(...に)打ち込む《in, on》. ❹ a 《盗品・おとりの品物などを》(...に)隠す: The pickpocket ~ed the wallet on a passerby. すりはその財布を通行人のポケットに入れた. b 〈スパイ・さくらなどを〉(...に)もぐりこませる: ~ a spy in the gang ギャングの一味にスパイを忍び込ませる. ❺ a 〈思想・信仰・疑念などを〉(...に)植えつける: ~ trust in the minds of young people 若い人たちの心に信頼の気持ちを植えつける. b 《ひそかに・不法に》〈情報・うわさなどを〉(...に)流す: ~ a false story in the papers うその話を新聞に流す. ❻ a 〈都市・教会・植民地などを〉(...に)建設する《in》: ~ a colony 植民地を建設する. b 〈人を〉〈植民地などに〉住み込ませる《in》. ❼ a 〈稚魚を〉〈川・湖などに〉放す. b 〈かきを〉養殖する.

plánt óut (他+副)〈苗木を〉間隔を置いて植えつける. 〖L=足の裏; (植えるのに)足で踏んで地面を平らにすることから〗〖類義語〗⇒ factory.

Plan・tag・e・net /plæntǽʤ(ə)nət/ 名 ❶ プランタジネット家[朝] 《イングランド中世の王家[王朝] (1154-1399)の名》: the House of ~ プランタジネット家. ❷ ⓒ プランタジネット家の人.

plan・tain[1] /plǽntn, -tɪn | -tɪn/ 名 〖植〗オオバコ.

plan・tain[2] /plǽntn, -tɪn | -tɪn/ 名 ❶ ⓒ 〖植〗プランテーン《熱帯地方産バショウ科の多年性草本》. ❷ ⓒ ⓤ プランテーンの実《でんぷん質に富む料理用バナナ》.

pléntain líly 名 〖植〗ギボウシ.

plan・tar /plǽntɚ | -tə/ 形 〖解・動〗足底(sole)の.

*__plan・ta・tion__ /plæntéɪʃən/ 名 ❶ 《特に, 亜》熱帯地方の大規模な)農園, 栽培場, 農場: a coffee [rubber, sugar] ~ コーヒー[ゴム, 砂糖]農園. ❷ 植林(造林)地; 植え込み, 森. (動 plant)

*__plant・er__ /plǽntɚ | -tə/ 名 ❶ (大)農園主. ❷ (屋内装飾用)植物栽培容器, プランター. ❸ a 植える人; 耕作者. b 種まき機.

plánter's púnch 名 ⓤⓒ プランターズパンチ《ラム酒, ライムまたはレモン果汁, 砂糖, ソーダ水で作るパンチ》.

plan・ti・grade /plǽntɪgrèɪd/ 形 〖動〗足裏を地につけて歩く, 蹠行(しょこう)性の. ── 名 蹠行動物《クマなど》.

plánt・ing /-tɪŋ/ 名 ⓤ [通例複数形で] 植え付け, 植栽; 植えた植物[作物]; 植え込み, 栽培場, 植林地.

plant・let /plǽntlət | pláːnt-/ 名 ❶ 小さな植物; 苗木.

plánt lóuse 名 〖昆〗アブムシ, アリマキ.

plan・toc・ra・cy /plæntákrəsi | plɑːntɔ́k-/ 名 農園主の支配階級; 農園主支配.

plánts・man /-mən/ 名 (複 -men /-mən/) 植物[庭木]

栽培に長けた人，園芸家；植物愛好家．
plan·u·la /plǽnjulə/ 名 (複 **-lae** /-liː/) 〖動〗プラヌラ《刺胞動物の幼生形》．

⁺**plaque** /plǽk/ 名 ❶ C 額，飾り板，銘板，刻板． ❷ U 〖医〗歯垢（ʓ ）．〖F＜Du; placard と同語源〗

plash /plǽʃ/ 名 [単数形で] ザブザブ［ザーザー，バシャバシャ，ピチャピチャ］いう音．—— 自〈水が〉ザブザブ［ザーザー］いう．—— 他〈水を〉ザブザブ［ザーザー］いわせる．〖擬音語〗

⁺**plasm** /plǽzm/ 名 = plasma．

⁺**plas·ma** /plǽzmə/ 名 ❶ U 〖生理〗血漿（ʓょう），リンパ漿． ❷ 〖理〗プラズマ《自由に動きうる荷電粒子の集まり》．

plas·ma·pher·e·sis /plæzməférəsɪs/ 名 U 〖医〗血漿瀉血［搬出］，プラズマフェレシス．

plas·mid /plǽzmɪd/ 名〖生〗プラスミド《染色体とは別個に自律的に増殖できる遺伝因子》．

plas·min /plǽzmɪn/ 名 U 〖生化〗プラスミン《血漿中のたんぱく質分解酵素》．

plas·min·o·gen /plæzmínədʒən/ 名 U 〖生化〗プラスミノゲン《プラスミンの前駆体》．

plas·mo·des·ma /plæzmədézmə/ 名 (複 **-des·ma·ta** /-dézmətə, ~s/) 〖生〗原形質連絡，細胞間橋，プラスモデスムス．

plas·mo·di·um /plæzmóʊdiəm/ 名 (複 **-di·a** /-diə/) 〖生〗変形体，原形体，プラスモジウム；〖動〗マラリア（病）原虫，プラスモジウム．**-di·al** /-diəl/ 形

plas·mol·y·sis /plæzmɑ́ləsɪs | -mɔ́l-/ 名 U 〖植・動・医〗原形質分離［溶解］．**plas·mo·lyt·ic** /plæzməlítɪk/ 形

plas·mo·lyze /plǽzməlaɪz/ 動 他〖植〗原形質分離させる［する］．

plas·teel /plǽstiːl/ 名 U （SFの）プラスチール《超強力な非金属材料》．〖plastic+steel〗

⁺**plas·ter** /plǽstə | plɑ́ːstə/ 名 ❶ U しっくい，壁土． ❷ U 石膏（ʓっこう）；（また **pláster of Páris**）焼き石膏． ❸ 〖医〗膏薬（ʓっ）；〖英〗ばんそうこう ▶ sticking plaster, mustard plaster． —— 形 A 石膏(製)の: a ~ figure [replica] 石膏模型［レプリカ］． —— 動 他 ❶ a 〈…に〉しっくいを塗る: ~ up [over] a hole in the wall しっくいを塗って壁の穴をうめる． b 〈…で〉悪い所などを塗りつぶす，ごまかす，糊塗（とこ）する． ❷ 〈…に〉〈…で〉膏薬［ばんそうこう］を張る；〈…に〉〈…を〉（膏薬のように）塗りたくる，一面に張りつける: ~ a wall *with* posters ＝ ~ posters *on* [*over*] a wall 壁にポスターをべたべた張る（比較 前者は「壁一面に」という意味合いが強い）． ❸ 〖口〗〈…を〉打ちのめす；完敗させる． b 〈…に〉猛攻を加える，〈…を〉猛爆する． ❹ 〈髪などを〉〈…を〉付けてべったりなでつける: ~ one's hair *down* (*with* pomade) 髪を(ポマードなどで)べったりなでる．〖L＜Gk＝塗る＜形づくる〗

pláster·bòard 名 U プラスターボード《石膏（ʓっ）を芯にした板紙；壁・天井の下地用》．

pláster cást 名 ❶ 石膏(ʓっ)模型［像］． ❷〖医〗ギプス(包帯) (cast)．

⁺**plás·tered** 形 P ❶〖俗〗酔っぱらって (sloshed)． ❷ しっくいを塗ってある．

plas·ter·er /-tərə | -rə/ 名 左官，しっくい塗り師；石膏師．

plás·ter·ing /-tərɪŋ, -trɪŋ/ 名 ❶ U しっくい塗り；しっくい工事． ❷ C 〖口〗大敗北，完敗．

pláster sáint 名 〖皮肉〗非の打ちどころのない人．

pláster·wòrk 名 U しっくい仕上げ，しっくい上塗り．

＊**plas·tic** /plǽstɪk/ 名 ❶ U プラスチック，合成樹脂；ビニール． ❷ C ［通例複数形で］プラスチック［ビニール]製品: Don't use thinner on any ~s. ［注意書きで］プラスチック［ビニール］製品にはシンナーを使用しないでください / *plastic*-wrapped fruit ラップで包まれた果物． ❸ ＝plastic money． —— 形 (**more** ~; **most** ~) ❶ (比較なし) プラスチック(製)の: a ~ toy プラスチック のおもちゃ / This bucket is ~. このバケツはプラスチック(製)です． b ビニール(製)の（比較 英語の vinyl は専門用語）: a ~ shopping bag ビニール(製)の買い物袋 / a ~ house ビニールハウス（比較「ビニールハウス」は和製英語）． ❷ a A (比較なし)

〈物質が〉可鍛（（かたん））［可捻（かじゅう））］性のある，柔軟な；塑造の: ~ clay 塑性粘土 / a ~ figure 塑像． b 〈性格など〉柔軟な，感受性の強い． ❸ a 人工的な，不自然な，作った: a ~ smile 作り笑い． b 〈食べ物など〉不自然な味の，うまくもない． ❹ 〖美術〗造形の: ⇨ plastic arts． ❺ 〖外科〗形成の: ~ plastic surgery．しくGk＝形づくることのできる，PLASTER と同語源〗

plástic árts 名 造形美術《彫刻・製陶など》．

plástic bómb 名 プラスチック爆弾．

plástic búllet 名 プラスチック弾《暴動鎮圧用》．

plástic explósive 名 U.C プラスチック爆弾《用爆薬》．

Plas·ti·cine /plǽstəsiːn/ 名 U 〖商標〗プラスチーン．

plas·tic·i·ty /plæstísəti/ 名 U ❶ 可塑性，成形力． ❷ 適応性，柔軟さ．

plas·ti·cize /plǽstəsaɪz/ 動 他 〈…に〉可塑性を与える，可塑化する；プラスチックで処理する．**plas·ti·ci·za·tion** /plæstəsɪzéɪʃən | -saɪz-/ 名

plástic móney 名 U クレジットカード．

⁺**plástic súrgeon** 名 形成［整形]外科医．

plástic súrgery 名 U 形成外科，整形手術．

plástic wráp 名 （ポリエチレン)ラップ《食品包装用》．

plas·tid /plǽstɪd/ 名 U 色素体，プラスチド《植物細胞の細胞質に含まれる細胞小器官》．**plas·tid·i·al** /plæstídiəl/ 形

plas·tique /plæstíːk/ 名 U ＝plastic explosive．

plas·tron /plǽstrən/ 名 ❶ a (婦人服の)胸飾り． b (男子用の)シャツの胸． ❷ (フェンシング用)胸当て． ❸ 〖動〗(カメなどの)腹甲．

-plas·ty /ー | plǽsti/ ［名詞連結形］「形成外科」: *osteoplasty* 骨形成．

plat¹ /plǽt/ 名 〖米〗❶ (仕切った)小地面． ❷ (土地の)図面，地図．

plat² /plǽt/ 名 動 ＝plait．

Pla·ta /plɑ́ːtə/, **Río de la** /ríːoʊdelɑ́/ 名 ラプラタ川《アルゼンチンとウルグアイの間を流れる川; Paraná 川と Uruguay 川が合流する河口部で，入江のようになっている；英語名 the (River) Plate》．

plat du jour /plɑ́ːdəʒúə | -d(j)uːʒúə/ 名 (複 **plats du jour** /~/) （レストランの)その日のおすすめ料理．〖F＝dish of the day〗

＊**plate** /pléɪt/ 名 A ❶ C **a** (通例各人用の浅くて丸い)皿，平皿: have a ~ 1 枚の皿 / a paper ~ 紙皿 / a stack of ~s 皿の山． **b** ひと皿分: a ~ of meat 肉料理ひと皿 / clean [empty] one's ~s ひと皿分全部平らげる． ❷ U 皿，（金銀製の)食器類《めっきのものも含む》: silver plate / family ~ 紋章の刻印のある金銀食器《家伝宝物》/ a fine piece of ~ 美しい食器類の中の 1 点． ❸ [the ~] a (教会で使う)献金皿． **b** 献金総額． ❹ [the ~] 金［銀]盃． **b** 金[銀]盃の出る競馬［競技］．

—— B ❶ C (金属などの)板，板金，延べ金；板ガラス: an iron [a tin] ~ 鉄［ブリキ］板 / ⇨ plate armor． **b** めっき(金属): gold ~ 金めっき，金張り． **c** 〖写〗感光板，種板 (cf. roll film): a dry [wet] ~ 乾[湿]板 / a negative ~ 陰画，種板． ❷ **a** 〖米〗標札；（特に)医者の看板: ⇨ doorplate, nameplate． **b** ［通例複数形で］（自動車の）ナンバープレート． **c** (本の表紙裏にはる)蔵書票． ❸ C 〖印〗金属版，電気版，ステロ版 名 図版，（マダムの大のさし絵 (cf. cut 名 6): ⇨ fashion plate / a full-color ~ オールカラーのさし絵． ❹ C （爬虫類・魚などの)甲． ❺ C ［通例単数形で］ 1 義歯床，2 義歯，入れ歯． ❻ C 〖地〗プレート《地球の最表部を構成している岩盤》: the Pacific ~ 太平洋プレート． ❼ C 〖野〗ホームプレート，本塁 (home plate); ピッチャーズプレート，投手板． ❽ C 〖米〗〖電〗極板；陽極． ❾ C (牛の)バラ肉，三枚肉．

on a pláte 〖口〗安々と，楽々と: I won't give you the answers *on a ~*. 簡単に答えは教えませんよ（「皿に載せて」の意から）． **on one's pláte** 〖口〗(仕事などで)やるべきことをかかえこんで: I have a lot [too much] *on my ~*. やるべき仕事をたくさんかかえている［すぎている］． **pùt úp** one's **pláte** (医者を)開業する．

—— 動 他 ❶ 〈…に〉〈…で〉めっきをする: This ring is only ~d *with* gold. この指輪は金めっきがしてあるだけだ． ❷ 〈船

などを)実用する.
〖F<L<Gk *platus* 平らな, 広い〗【類義語】⇒ dish.
Plate /pléɪt/ 图 [the (River) ~] Río de la PLATA の英語名.
pláte àrmor 图 U (軍艦などの)装甲板.
⁺**pla·teau** /plætóʊ/-/ 图 (㉟ ~s, ~x /-z/) ❶ 高原, 台地. ❷ **a** (グラフの)平坦域. **b** (景気・学習などの)高原状態, 停滞期《上昇も低下もしない比較的変動の少ない時期》. ―― 動 圓 安定水準[平坦域]に達する.〖F=平らなもの; ⇒ plate〗
⁺**plat·ed** /pléɪtɪd/ 形 [通例複合語で] めっきした: gold-[silver-]*plated* spoons 金[銀]めっきのスプーン.
plate·ful /pléɪtfʊ̀l/ 图 皿 1 杯, ひと皿(分)《*of*》.
pláte glàss 图 U (上質の)板ガラス.
pláte-gláss 图 A ❶ 板ガラスの: a ~ window 板ガラスを入れた窓. ❷ [しばしば P-] 〈大学が新設の: a ~ university 新大学, 1960 年以降に創設された大学, 板ガラス大学《Oxford, Cambridge のような石造りの ancient universities; 19 世紀に創設された London 大学のような赤れんが造りの redbrick universities に対して言う; 建築様式がふんだんに plate glass を使うモダンなことから》.
pláte-làyer 图 《英》線路工夫 (《米》trackman).
plate·let /pléɪtlət/ 图 〖生理〗血小板.
plat·en /plǽtən/ 图 〖印〗(印刷機で紙を版面に押しつけるための)圧盤; 圧胴. ❷ (タイプライターなどの)プラテン《紙をかけるローラー》.
pláte-ràck 图 《英》皿掛け《水切り用》.
pláte ràil 图 飾り皿用の棚《壁の上部に細い桟(さん)などで作る》.
plat·er·esque /plæ̀tərésk/ 形 [しばしば P-] プラテレスコ様式の《銀器類のような手の込んだ装飾を特色とする, 特に 16 世紀スペイン建築様式》.
pláte tectónics 图 プレートテクトニクス《地球の表層をおおっているプレートの運動や相互関係で地球上の地学現象が生じるという学説》.
⁺**plat·form** /plǽtfɔ̀ɚm |-fɔ̀ːm/ 图 (~s /-z/) ❶ **a** 演壇, 教壇, 講壇 (dais). **b** 討論[意見発表]の場[機会]: provide a ~ for... に発表の場[機会]を与える. ❷ (人が働いたり見張ったりする)高い足場; (ヘリコプターなどの)発着場; (海底油田掘削用の)プラットホーム. ❸ **a** (駅の)プラットホーム, ホーム: a departure [an arrival] ~ 発車[到着]ホーム / wait for a train on the ~ プラットホームで列車を待つ / What ~ does the train leave from? 列車は何番ホームから出ますか (cf. track 3 a) / The train was standing at ~ 2. その列車は 2 番ホームに停まっていた. **b** 《米》客車の乗降段, デッキ. **c** 《英》バス後部の乗客乗降口. ❹ [通例単数形で] **a** (政党・候補者の)綱領: the main planks of a party's ~ 政党の政綱の主な項目. **b** 《米》綱領の宣言[発表]. ❺ 〖電算〗プラットホーム《基盤となるハードウェア・ソフトウェア・OS の構成》. ❻ = platform shoe.
〖F *plate-forme* flat form〗
plátform shóe 图 [通例複数形で] プラットフォームシューズ《木・コルクなどを革巻きした厚底の婦人靴》.
plátform tícket 图 《英》(駅の)入場券.
Plath /plǽθ/, **Sylvia** 图 プラス (1932-63; 米国の詩人).
plát·ing /-tɪŋ/ 图 U ❶ 金[銀]めっき. ❷ (船などの)装甲.
plat·i·nize /plǽtənàɪz/ 動 他 〈...に〉白金をかぶせる, 〈...を〉白金との合金にする. **plat·i·ni·za·tion** /plæ̀tənɪzéɪʃən |-naɪz-/
plat·i·noid /plǽtənɔ̀ɪd/ 形 白金状[様]の, 白金類似の. ―― 图 ❶ プラチノイド: **a** 洋銀の一種; 銅・ニッケル・亜鉛・タングステン[アルミニウム]などの合金. **b** 白金属の金属.
⁺**plat·i·num** /plǽtənəm/ 图 U 〖化〗白金, プラチナ《記号 Pt》.〖Sp *plata*「銀」の指小辞; 銀に似ていることから〗
plátinum bláck 图 U 〖化〗白金黒(こく)《粉末; 触媒用》.
plátinum blónde 图 プラチナブロンドの(女性)《薄い白金色の髪の女性; 染めていることが多い》.
plátinum dísc 图 プラチナディスク: **a** レコード[CD] 売り上げが特定数(たとえば 100 万枚)以上を達成したアーティスト・グループに贈られるフレームに入ったプラチナのディスク. **b** そうした大ヒットとなった曲.

plátinum métal 图 [通例複数形で] 白金属 (osmium, iridium, palladium など).
plat·i·tude /plǽtət(j)ùːd |-tjùːd/ 图 ❶ C 平凡な説, 決まり文句. ❷ U 単調, 平凡, 陳腐.
plat·i·tu·di·nize /plæ̀tət(j)úːdənàɪz |-tjúː-/ 動 圓 陳腐なことを言う, 平凡なことを述べる.
plat·i·tu·di·nous /plæ̀tət(j)úːdənəs |-tjúː-/ 形 〈言葉など〉平凡な. **~·ly** 副
Pla·to /pléɪtoʊ/ 图 プラトン (427?–?347 B.C.; ギリシアの哲学者).
Pla·ton·ic /plətɑ́nɪk |-tɔ́n-/ 形 ❶ プラトンの; プラトン哲学[学派]の. ❷ [通例 p-] 精神的な, 友愛的な; 観念的な. **Pla·tón·i·cal·ly** /-kəli/ 副
platónic bódy [sólid] 图 〖数〗プラトンの立体《正多面体; tetrahedron, cube, octahedron, dodecahedron, icosahedron の 5 種だけ》.
platónic lóve 图 U 精神的恋愛, プラトニックラブ.
Pla·to·nism /pléɪtənìzm/ 图 U ❶ プラトン哲学; プラトン主義. ❷ [通例 p-] 精神的恋愛, プラトニックラブ.
Plá·to·nist /-nɪst/ 图 プラトン主義者.
⁺**pla·toon** /plətúːn/ 图 (歩兵・工兵・警官隊の)小隊 (⇒ army 2).
plat·ter /plǽtə |-tə/ 图 ❶ (特に肉用の)大皿. ❷ 《口》(録)音盤, レコード.
plat·y- /plǽti/ 〖連結形〗「広い」「平らな」.〖Gk *platys* 平らな〗
plat·y·hel·minth /plæ̀tihélmɪnθ/ 图 〖動〗扁形動物. **plat·y·hel·min·thic** /plæ̀tihelmínθɪk-/ 形
plat·y·pus /plǽtɪpəs/ 图 (~·es, -pi /-pàɪ/) 〖動〗カモノハシ (duck-billed platypus) 《オーストラリア産の卵生の哺乳(ほにゅう)動物》.〖L<Gk=平らな足をもつものの < PLATY-+*pous* 足〗
plat·yr·rhine /plǽtɪràɪn/ 形 〖動〗広鼻猿類の; 《人》扁平鼻の, 広鼻の. ―― 图 広鼻猿類のサル.
pla·tys·ma /plətízmə/ 图 (㉟ -ma·ta /-tə/, ~s) 〖解〗広頸筋.
plau·dit /plɔ́ːdɪt/ 图 [通例複数形で] かっさい, 拍手, 称賛 (acclaim).
plau·si·bil·i·ty /plɔ̀ːzəbíləti/ 图 U ❶ 妥当らしいこと, ありそうなこと. ❷ もっともらしさ.
⁺**plau·si·ble** /plɔ́ːzəbl/ 形 ❶ 〈説明・陳述など〉妥当[本当]と思える, 信用できそうな, 〈口実〉いかにももっともらしい (↔ implausible): His explanation seemed ~ enough. 彼の説明は十分に妥当と思えるものだった. ❷ 〈人が〉もっともらしいことを言う, まことしやかな, 口先のうまい.〖L<*plaudere* ほめる, 拍手する; cf. applaud, explode〗
pláu·si·bly /-bli/ 副 妥当らしく; もっともらしく.
⁕**play** /pléɪ/ 動 A ❶ 遊ぶ, 戯れる《匡義》特に, 子供が勉強しないで楽しむことで, 学生・大人の時には enjoy oneself, relax などを用いる): ~ around 遊び回る / ~ with a doll 人形と遊ぶ.
❷ 〔...を〕もてあそぶ (toy) 《★ ~ with は受身可》: ~ with a woman's affections 女性の愛情をもてあそぶ / He's not a man to be ~ed with. 彼はからかえる相手ではない.
❸ [通例副詞(句)を伴って] **a** 〈光・笑いなどが〉(...に)ゆらゆら[ちらちら]ゆれる, きらめく; 〈風が〉(...に)そよぐ, ゆらめく. **b** 〈噴水・ホースの水などが〉(...に)水を噴出させる. **c** 〈砲火・のろしなどが〉(...に)発射される.
―― B ❹ ❶ 競技[試合]を行なう[に出る]: P-! 試合開始! / He ~s very well (*at center forward*). 彼は(センターフォワードで)すばらしいプレーをする / They both played *in* the tennis match. 彼らは二人とものテニスの試合に出た / ~ *as* goalkeeper ゴールキーパーをやる. **b** 〔...を相手に〕試合する: ~ *against* the American team アメリカチームと試合
❷ **a** 〈人が〉演奏する, 吹奏する, 弾く: ~ by ear 暗譜で演奏する / ~ at sight 初見で演奏する / Will you ~ for us? 演奏してくださいませんか /〈楽器・音楽が〉奏される, 鳴る; 〈レコード・CD・カセットが〉かかっている, 鳴る: The music [radio] began to ~. 音楽[ラジオ]が鳴りだした.

❸ a 〔…に〕出演する, 〔…で〕演じる; 〔…の相手役で演じる: He has often ~ed in comedies. 彼はよく喜劇に出演している / She ~ed opposite Chaplin in that film. 彼女はその映画でチャプリンの相手役を演じた. b 〔劇・映画などが〕上演[上映]されている; 〔番組が〕〔テレビで〕放映されている: The movie is ~ing at several theaters. その映画はいくつかの劇場で上映されている / I saw *Hamlet* when it ~ed in London. 「ハムレット」がロンドンで上演されたとき見ました / What's ~ing on television tonight? 今晩テレビで何が放映されていますか.

❹ a 〔…に〕ふるまう: 〔+補〕 ~ fair 正々堂々とふるまう. b 〈…のふりをする (act); 〔+補〕~ dumb 何も知らないふりをする / Opossums ~ dead. オポッサムは死んだふりをする. c 〔…して遊ぶ, 〔…ごっこをする: ~ cops and robbers 泥棒ごっこをする.

❺ 〔…を〕おもしろ[遊び]半分でやる, 身を入れずに〔…を〕する (★ ~ at は受身可): I just ~ at tennis [gardening]. テニス[庭仕事]をほんの遊び半分でやっている / What are you ~ing at? 一体何をしているの(そんなことをしていけません).

❻ a 〔…と〕ゲーム[トランプ, チェス(など)]をする. b 〈…を賭(か)ける, 賭けて勝負する: ~ for money [nothing] 金を賭けて[賭けないで]勝負する.

❼ 〔人の同情心・恐怖心などに〕つけ込む, 〈…を〉利用する (exploit) (★ ~ on [upon] は受身可): ~ on a person's weaknesses 人の弱点につけ込む.

❽ 〔様態の副詞を伴って〕(口)〈提案・演説などが〉〈…に〉受け取られる: His speech ~ed poorly with the voters. 彼の演説は選挙民によくは受け止められなかった.

❾ (口) 参加する, 協力する: He refused to ~. 彼は一緒にすることを断わった.

── 他 ❶ a 〈球技・試合などを〉する 《用法》球技を表わす語を無冠詞で目的語にするが, skiing, boxing, wrestling, judo, swimming などは用いない): ~ baseball [tennis, golf] 野球[テニス, ゴルフ]をする / ~ catch キャッチボールをする / ~ a good [poor] game よい[まずい]試合をする. b 〈人と〉試合をする 〔with, against〕: Will anyone ~ me? だれかぼくの相手になってくれないか / 〔+目+目〕I'll ~ you a set of tennis. =I'll ~ a set of tennis *with* you. 君と1セットテニスの試合をしよう. c 〈…と〉争う: He ~ed Johnson *in* the tennis match. テニスの試合で彼はジョンソンと戦った / Dallas ~ed Chicago *for* the football championship. ダラスはフットボール選手権を賭けてシカゴと対戦した. d 〈人を〉〈試合に〉出す; 〈人を〉〈あるポジションに〉起用する: We are going to ~ them in the next game. 今度の試合に彼らを出場させようと思っている / The captain decided to ~ him *at* fullback. 主将は彼をフルバックに起用することにした / 〔+目+as補〕The captain decided to ~ him *as* goalkeeper. 主将は彼をゴールキーパーに起用することにした. e 〈競技などで〉〈あるポジションを〉務める, 守る (★ 目的語の名詞は無冠詞): ~ first base [shortstop] 一塁[ショート]を守る. f 〈ボールを〉〈巧みにある方向へ〉打つ.

❷ a 〈楽器を〉演奏する 《用法》楽器には通例 the をつけるが, ただし文脈によっては a を伴ったり無冠詞の場合もある): ~ the piano [flute] ピアノを弾く[フルートを吹く]. b 〈曲を〉〔楽器で〕演奏する: ~ a sonata (*on* the piano) (ピアノで)ソナタを弾く / 〔+目+目〕Will you ~ me some Chopin? =Will you ~ some Chopin *for* me? 私に何かショパンを弾いてくださいませんか. c 〈レコード・CD・ラジオ音楽などを〉かける, 鳴らす: ~ a CD CD をかける / ~ some popular music (on the radio) (ラジオで)ポピュラー音楽をかける / 〔+目+目〕Please ~ us your favorite record.=Please ~ your favorite record *for* [*to*] us. あなたのお気に入りのレコードをかけてください. d 〔副詞(句)を伴って〕演奏で〈人を〉〈…に〉導く: They ~ed the people *in* [*out, into* the hall]. 彼らは音楽を演奏して人々を入場させた[退場させた, ホールに導いた].

❸ a 〈劇を〉上演する: ~ *Hamlet* [a comedy]「ハムレット」[喜劇]を上演する. b 〈劇で〉〈…の役を〉演じる, 〈…に〉扮する (cf. 4 a): ~ an important part *in* a musical ミュージカルで大役を演じる / She ~ed (the part of) Ophelia. 彼女はオフィーリアの役を演じた. c 〈劇団などが〉〈ある場所で〉公演する, 興行する; 〈劇・映画などが〉〈…で〉上演[上映]される(★ 受身なし): ~ London ロンドンで興行する / The film was booked to ~ two theaters in New York. その映画はニューヨークの二つの劇場で上映する契約がなされた.

❹ a 〔…で〉〈…の役割を〉果たす (cf. 3b): Water ~s an important part *in* the functioning of the body. 水は身体の働きの面で重要な役割を果たしている. b 〈本分を〉尽くす: ~ one's part 本分を尽くす, 役目を果たす. c 〔the+単数名詞の語として〕〈…のごとくふるまう: ~ the host [hostess] ホスト[ホステス]役を務める / ~ the fool ばかみたいにふるまう.

❺ 〈…を〉まねをして遊ぶ: Let's ~ cowboys and Indians. 西部劇ごっこをしよう / 〔+*that*〕Let's ~ *that* I'm the mother and you're the children. 私がおかあさんであなたたちは子供になって遊びましょう.

❻ a 〈トランプ・チェスなどを〉する, して遊ぶ: ~ cards トランプをする / 〔+目+目〕I ~ed him a game of chess.=I ~ed a game of chess *with* him. 彼とチェスを1番やった. b 〈ゲームで〉〈人と〉争う, 相手を: Will you two ~ us *at* bridge? (4人で)ブリッジをやりませんか. c 〈チェス〉〈こまを〉動かす. d 〈トランプ〉〈手札を〉出す, 使う.

❼ a 〈金を〉〈…に〉賭ける; 〈…に〉賭ける: ~ one's last few dollars *on*...に最後の数ドルを賭ける / He ~s the horses (races). 彼はよく競馬に賭ける. b 〈…に〉投機する: ~ the stock market 株式に投機する.

❽ 〈人に〉〈いたずらなどを〉働く; 〈詐欺などを〉働く: He ~ed a practical joke (*on* me). 彼は(私に)いたずらをした / 〔+目+目〕He ~ed me a mean trick. 彼は私にひどい仕打ちをした (★ 受身は I was ~ed a mean trick.).

❾ 〈人を〉〈…と〉見なす: They ~ed him *for* a fool. 彼らは彼をばかな人間だと見なしていた.

❿ (俗) 〈かけもちで〉〈…と〉性交渉をもつ, もてあそぶ.

⓫ (釣) 〈かかった魚を〉遊ばせる.

pláy aróund [abóut] 《自+副》(1) 〈人・動物が〉遊び回る, 戯れ回る (cf. A 1). (2) 〔…で〕遊ぶ, 〔…を〕いじりまわす 〔*with*〕. (3) (口)〔配偶者以外と〕性的関係を持つ, 性的乱行にふける 〔*with*〕 (★ 受身可).

pláy alóng 《自+副》〈人に〉協力するふりをする 〔*with*〕.

pláy báck 《自+副》〈録音〉録画〉したテープ・レコードなどの音楽・講演などを〉再生する (cf. playback).

pláy dówn 《他+副》〈…を〉軽く扱う, 軽視する (downplay; ↔ play up).

pláy fálse 人を裏切るようなことをする.

pláy a person fálse ⇒ false 形 成句. **plày fást and lóose** ⇒ fast¹ 形 成句. **pláy for tíme** ⇒ time 名 成句.

pláy Gód 神のようにふるまう, 尊大な態度をとる.

pláy hárd to gét (口) (人の勧誘, 異性の誘いなどに対して) 応ずる気のないふりをする.

pláy ín 《他+副》(1) 演奏で〈人などを〉中に導く (⇒ 他 2 d). (2) 〔~ oneself in で〕(試合・ゲームなどで)徐々に調子を出す, 腕を慣らす.

pláy it by éar ⇒ ear¹ 成句.

pláy it cóol ⇒ cool 形 成句.

pláy it one's (ówn) wáy 勝手に[好きなように]ふるまう.

pláy (it) sáfe ⇒ safe 形 成句.

pláy óff 《他+副》(1) 〈引き分け・中断などの〉決勝戦をする. (2) 〈自分の利益のために〉〈人々を〉張り合わせる, 対抗させる: He ~ed off his girlfriends *against* each other.=He ~ed his girlfriends *off against* each other. 彼は女友だちを互いに張り合わせた. ──《自+副》〈同点試合などの〉決勝戦をする: The two teams ~ off tomorrow for the league title. 二つのチームは明日リーグの決勝をかけて戦う.

pláy on [upòn] wórds しゃれを言う (cf. 名 A 2).

pláy óut 《他+副》(1) 〈…を〉最後まで演じる; 〈試合などを〉最後までする, (⇒ 他 2 d). (3) 〔通例受身〕〈人を〉疲れ果てさせる, へとへとにさせる; 〈ものを〉時代[流行]遅れにする. (4) 〈綱などを〉たぐり出す, 伸ばす.

play the field ⇒ field 成句.
play the game ⇒ game¹ 名 成句.
play úp ((他+副)) (1) …を大きく扱う, 強調する, 宣伝する (overplay; ↔ play down). (2) [~+目+up] (〔英口〕)〈人を〉苦しめる, いじめる. ——((自+副)) (3) (〔通例命令形〕で)(競技などで)奮闘する, がんばる. (4) (〔英口〕)いたずらをする, 騒ぐ. (5) (〔英口〕)〈患部などが〉痛む.
play úp to…にこびへつらう, 取り入ろうとする ((★ 受身可)).
play with onesélf 自慰する (masturbate).

——A ❶ Ⓤ (勉強の対比としての子供などの)遊び; 遊戯 (↔ work). (諺) All work and no ~ (makes Jack a dull boy). ⇒ work 名 A 1 / children at ~ 遊んでいる子供たち. ⇒ child's play. ❷ Ⓤ,Ⓒ 戯れ, 冗談: a ~ on [upon] words しゃれ, 地口. ❸ Ⓒ [単数形で] [光などの](軽快な)動き, ちらつき, ゆらぎ: the ~ of sunlight on [upon] green leaves 緑の葉にちらちらする日の光. ❹ Ⓤ **a** 動きのゆとり, ゆるみ; 活動[作用]の自由: Give some ~ to the rope. ロープのゆるみをなさい / There's too much [little] ~ in the brakes. ブレーキの遊びが甘[堅]すぎる. **b** 活動, 働き: in full ~ 盛んに活動して, 十分回転して.

——B ❶ Ⓒ **a** 劇, 戯曲, 脚本: the ~s of Shakespeare シェイクスピアの戯曲. **b** 芝居, 演劇: go to a ~ 芝居見物に行く. ❷ **a** Ⓤ 試合, 勝負事, 遊び: during ~ 試合中に / P- begins at 1 P.M. 試合は午後 1 時から始まる. **b** Ⓤ 試合ぶり, 技, プレー: a fine ~ =a fine bit [piece] of ~ ファインプレー, 美技 / rough ~ 荒っぽいプレー. **c** Ⓤ (試合での)計算した動き, プレー: a fine defensive [passing] ~ 見事なディフェンス[パス]プレー. **d** Ⓤ (〔通例複合語〕で) [武器などの]さばき方, 操り方: ⇒ gunplay, swordplay. ❸ **a** Ⓤ [また a ~] やり方, 手. **b** Ⓤ (人に対する)仕打ち, 行為: foul ~ 卑劣な行為, 裏切り / fair ~ 公正な行為. ❹ **a** Ⓤ (トランプ・ルーレットなどの)賭け事, 賭博: lose $10,000 in one evening's ~ 一夜の賭博で 1 万ドルを失う. **b** Ⓒ [単数形で] (トランプ・チェスなどの)順番: It's your ~. 君の番だ.

bríng [cáll]…into pláy 〈…を〉利用する, 活動させる.
còme ínto pláy 活動し始める.
in play (1) 冗談に: I said it in ~. 冗談に言っただけだ. (2) 〔球技〕〈ボールが〉生きて, セーフで, ライン内で (↔ out of play).
màke a pláy for… (1) 〈ねらったもの〉を得ようと躍起になる. (2) 〈女[男]の子など〉を手練手管で誘惑しようとする.
màke pláy 効果的にやる.
màke pláy with…を派手に利用する[用いる], 大げさに言う, 力説する.
òut of pláy 〔球技〕〈ボールが〉死んで, アウトで, ライン外に出て (↔ in play).

pla·ya /plάːjə | plάːjɑː/ 名 〔地〕 プラーヤ (〈砂漠の窪地の平原で, 雨期には浅い湖になるが蒸発すれば底に粘土・塩・石膏などの沈殿物を残す; 米国西部に多い〉).

play·a·ble /pléɪəbl/ 形 (↔ unplayable) **a** 〈遊戯・勝負など〉行なえる. **b** 演奏できる. ❷ 〈グランドなど〉使用できる.

pláy·àct 動 自 ❶ 芝居を演じる. ❷ 見せかける.

pláy·àcting 名 Ⓤ ❶ 芝居をすること, 役者稼業. ❷ 見せかけ, 芝居.

pláy-àction páss 名 〔アメフト〕 アクションパス 《クォーターバックがボールをハンドオフするように見せかけてからのパスプレー》.

pláy·àctor 名 (〔通例軽蔑〕) 芝居をする者, 役者.

pláy·bàck 名 (録音[録画]したばかりのテープ・レコードなどの)再生, プレーバック.

pláy·bìll 名 芝居のビラ[プログラム].

pláy·bòok 名 ❶ (劇の)脚本. ❷ 〔アメフト〕 プレーブック (フォーメーションを収録したもの).

pláy·bòy 名 (金があって)遊び回る男性, 遊び人, プレーボーイ (cf. playgirl).

pláy-by-pláy 形 〔米〕 (スポーツなどの)実況の. ——名 Ⓤ,Ⓒ (〔通例単数形〕で) 実況放送.

pláy clòthes 名 (複) 遊び着.

1375 **plead**

pláy dàte 名 ❶ 〔米〕 (子供の)遊びの約束(の日時). ❷ 上演日程[日時].

Play·Doh /pléɪdoʊ/ 名 〔商標〕 プレイドー (〈子供がこねて遊ぶ合成カラー粘土〉).

pláyed-óut 形 Ⓐ ❶ 疲れ果てた. ❷ 時代遅れの (cf. PLAY out 成句 (3)).

***pláy·er** /pléɪə/ 名 ❶ 競技者, 選手: the most valuable ~ 最優秀選手 (略 MVP). ❷ 演奏者: a piano [violin] ~ ピアノ[バイオリン]奏者 ((比較)) プロの演奏家たちを通しては pianist, violinist などのほうが一般的). ❸ (ビジネスなどの)重要な人物(会社). ❹ 役者, 俳優. ❺ (〔通例複合語〕で) 再生装置, カセットプレーヤー, CD プレーヤー. ❻ ばくち打ち. ❼ 〔俗〕 複数の相手と(性的に)遊ぶ人, プレイボーイ[ガール]; =pimp.

pláyer piáno 名 自動ピアノ.

pláy·fèllow 名 〔古風〕 遊び友だち[仲間].

***play·ful** /pléɪf(ə)l/ 形 ❶ 〈人・動物など〉遊び好きな, ふざけたがる, 陽気な. ❷ 〈言葉・行為など〉おどけた, 冗談の.
~·ly /-fəli/ 副. ~·ness 名.

pláy·gìrl 名 プレイガール (cf. playboy).

pláy·gòer 名 芝居の常連, 演劇ファン.

***pláy·gròund** /pléɪɡraʊnd/ 名 ❶ (学校の)運動場. ❷ 遊び場; 行楽地. ❸ 活動の場.

***pláy·gròup** 名 プレーグループ (playschool) (〈保母が監督して遊びを通じてしつけさせる就学前の子供の遊び仲間〉).

***pláy·hòuse** 名 ❶ [しばしば P~] 劇場: the Oxford P- オックスフォード劇場. ❷ (子供が中に入って遊ぶ)おもちゃの家 (〔米〕 Wendy house).

pláying càrd 名 トランプの札[カード].

***pláying fìeld** 名 (学校などでフットボール・クリケットなどをするために仕切った)運動場, グラウンド.

pláy·lìst 名 (ラジオ番組・ラジオ放送局の)放送用録音曲目リスト.

pláy·màte 名 〔古風〕 遊び友だち[仲間].

pláy móney 名 (ゲームで使う)代用マネー, プレーマネー.

***pláy·òff** 名 ❶ (引き分け・同点の時の)決勝試合. ❷ (同一リーグ内の)優勝決定戦シリーズ, プレーオフ.

pláy·pèn 名 (格子で囲った)赤ん坊の遊び場, ベビーサークル ((比較)) 「ベビーサークル」は和製英語).

pláy·ròom 名 遊戯室.

pláy·schòol 名 〔英〕 (就学前の子供の)保育所; プレーグループ (playgroup).

pláy·sùit 名 (女性・子供用の)運動服, (子供の)遊び着.

pláy·thìng 名 ❶ 遊び道具, おもちゃ (toy). ❷ おもちゃ扱いされる人, 慰みもの.

pláy·tìme 名 Ⓤ (学校の)遊び時間 (break).

***play·wright** /pléɪraɪt/ 名 脚本家, 劇作家 (dramatist).

pláy·wrìting 名 Ⓤ 劇作.

***pla·za** /plάːzə/ 名 ❶ (都市の)広場. ❷ 〔米〕 銀行・映画館などもあるショッピングセンター, プラザ. ❸ 〔米〕 (高速道路の)サービスエリア. 《Sp=place》

plc, PLC /píːèlsíː/ (略) 〔英〕 Public Limited Company.

-ple /pl/ 形 (形容詞語尾) 「倍, 重」: simple, triple.

***plea** /plíː/ 名 ❶ 嘆願; 請願: make a ~ for help 助けを嘆願する. ❷ (〔通例単数形で〕) 弁解, 口実, 言い抜け: on [under] the [a] ~ of …を口実に. ❸ (〔通例複合語で〕) 〔法〕 申し立て, 抗弁: enter a ~ of guilty [not guilty] 有罪[無罪]の申し立てをする. 《F＜L; 原義は「喜ばせるもの」; cf. please²》

pléa bárgain 名 plea bargaining による合意事項. ——動 自 答弁の取引をする.

pléa bárgaining 名 〔米法〕 答弁の取引 (〈刑事事件で検察側の軽い求刑と引き換えに弁護側が有罪を認めたりするような司法取引〉).

pleach /plíːtʃ/ 動 他 〈枝などを〉組み合わせる, 編んで生け垣を作る.

***plead** /plíːd/ 動 (**plead·ed**, 〔米〕 **pled** /pléd/) 他 ❶ 〈…〉を弁論する, 弁護する: You had better get a lawyer to

pleader

~ your case. だれか弁護士に頼んで事件を弁護してもらったほうがよい / His lawyer ~ed his youth. 弁護人は彼が若いということを弁じてくれた。 ❷ 〈…であると〉弁解する，言い訳に言う: He ~ed a headache and went home. 彼は頭痛がすると言い訳して帰宅した / She ~ed ignorance of the rule. 彼女は規則を知らなかったと弁解した。

── 自 ❶ 〈…のために〉弁論する; 〈…に対して〉弁弁する: ~ *for* the accused [defendant] 被告人[被告]の弁護をする / ~ *against* increased taxation 増税に対して抗議する。 ❷〈人に〉〈…を〉嘆願する (beg): ~ *with* a creditor *for* an extension 債権者に延期を頼む / [+*to do*] The actress ~ed *with* the director *to* let her play the part. その女優は監督にその役を自分に演らせてくれるようにと嘆願した。 pléad guílty [nót guílty] ⇨ guilty 成句。

[F; PLEA と同源語]

pléad·er /-də | -də/ 图 ❶ [法] 弁論人; 抗弁者。 ❷ 嘆願者。

†**pléad·ing** /-dɪŋ/ 图 ❶ ⓊⒸ 弁解，申し開き。 ❷ [複数形で] [法] 訴答(書面): ⇨ special pleading。── 形 [表情・態度・声などが]嘆願する(ような)，訴えるような (beseeching)。 ~·ly 副

pleas·ance /plézəns/ 图 ⓒ (大邸宅付属の)遊園, 遊歩道。 ❷ Ⓤ 愉快，享楽，満足。

__pleas·ant__ /plézənt/ 形 (~·er, ~·est; more ~, most ~) ❶〈人に喜びを与える意味で〉くものが楽しい，愉快な，気持ちのよい，快適な (↔ unpleasant): a ~ chat [letter] 楽しいおしゃべり[手紙] / have [spend] a ~ evening 一夕を楽しく過ごす / a ~ breeze [climate] 快適なそよ風[気候] / It's ~ today. きょうは晴れて気持ちがよい / a surprise 思いがけない喜び / It's ~ having [to have] a drink after work. 仕事の後で一杯やるのは楽しい / ~ *to* the eye [ear] 見た目に美しい[聞いて楽しい] / That was very ~ *for* me. それは私にはとても楽しかった / [+*to do*] The book is ~ *to* read. この本は読んで楽しい本だ。 [変換] 主語が *to do* の目的語の関係に立つ場合の表現で, It's ~ *to* read the book. と書き換え可能。 ❷〈人・態度など〉快活な，陽気な; 感じのよい，愛想のよい: a ~ person 感じのいい人 / make oneself ~ *to*... に如才なくふるまう / She's very ~ *to* talk with. 彼女は話していてとても感じがよい。 ~·ness 图 [F; ⇨ please², -ant]

pleas·ant·ly /pléznt́li/ 副 (more ~; most ~) ❶ 楽しく，愉快に。 ❷ 快活に; 愛想よく。

pleas·ant·ry /plézntri/ 图 a Ⓤ (会話などの)こっけい話。 b ⓒ [通例複数形で] ユーモラスな言葉，冗談。 c ⓒ [通例複数形で] (礼儀的に述べる)愛想のよい言葉(あいさつなど)。

__please¹__ /plí:z/ 副 ❶ [通例命令文に添えて] どうぞ 用法 時に脅しめいた意味合いで用いられることもある): P~ come in. どうぞお入りください / Two teas, ~. お茶を2つお願いします / P~ don't forget to post the letter. 手紙を出すのを忘れないでください。 ❷ a [疑問文で] すみませんが, どうか: Would you mind opening the window, ~? すみませんが窓を開けてくださいませんか / May I ~ use your phone? 電話を拝借できますか / Where is the bus stop, ~? すみませんがバス停はどこでしょうか。 b [相手の要請を認めて] ええどうぞ: "May I open the window?" "P~ do!"「窓を開けてもよいですか」「ええどうぞ」(★この表現はやや改まった言い方で, please は sure, certainly, why not? などのほうが一般的)。 c [誘い・申し出に対する応答として] (ぜひ)お願いします: "Would you like some more coffee?" "Yes, ~"「コーヒーをもう少しどうですか」「ええお願いします」(★断るときは No, thank you)。 ❸ [婉曲に聞き手の注意を引いて] すみませんが, 失礼ですが: P~! お願いします; (抗議して)やめてください / P~, Miss, I don't understand. (英) すみません, 先生, わかりません。 [please² の間投詞的用法から]

__please²__ /plí:z/ 動 ⊕ ❶〈人を〉喜ばせる, 楽しませる, 満足させる; 〈…の〉気に入る (↔ displease) (⇨ pleased 1): Nothing ~d him. 彼は何も気に入らなかった / She's hard to ~. 彼女は気難しい。[変換] 主語が *to* ~ の目的語の関係に立つ場合の表現; したがって It's hard to ~ her. と書き換え可能) / He's easily ~d by flattery. 彼はお世辞に弱い。 b [it を主語として]〈…すること〉は〈人の喜び[好むところ]〉である: It didn't ~ her *to* attend. 出席すること は彼女にとってうれしくなかった / It ~d them greatly *that* I accepted their offer. 私が申し出を受け入れたので彼らはとても喜んだ。 ❷ [as, what などの導く関係詞節内で] 〈…〉したいと思う, 好む (cf. 自 1): Take as much [many] as you ~. いくらでも好きなだけお取りください / You may say *what* you ~. 何なりと好きなことを言うがよい。

── 自 ❶ [as, when, if などが導く従属節内で] 好む, 気に入る, したいと思う (cf. 他 2): Do as you ~. 勝手にしなさい / You can come *when* [*if*] you ~. 気の向いた時[気が向いたら]いらっしゃい。 ❷ 人の気に入る, 人を喜ばせる: She never fails to ~. 彼女は決して人の気をそらさない。 (as) ∴**as you pléase** [形容詞・副詞を強めて] 《口》(驚いたことに)ひどく…: (as) bold as you ~. まったく大胆に。 **if you pléase** (1) [ものを依頼して] どうぞ《用法》please¹ よりも形式ばった表現; 時に脅しめいた意味合いで用いられることもある): Pass me the salt, *if you* ~. すみませんが塩を回してくださいませんか。(2) [ものを依頼して] できれば, すみませんが: I will have another cup of tea, *if you* ~. すみませんがお茶をもう一杯いただきましょう。(3) [事を伝える時, 皮肉な口調で](ところが)何と, どうでしょう, いいですか: Now, *if you* ~, he expects me to pay for it. そしてどうでしょう, あの人は私がその代金を払うものと思っているんですよ。(4) 気が向いたら (⇨ 自 1)。 **pléase Gód**〔文〕神も し許したまわば, 順調にいけば。 **pléase onesèlf**〔文〕自分の好きなようにする: P~ *yourself*! 勝手にしろ。

[F < L *placere* 喜ばせる; cf. placebo, placid, plea] 形 pleasant, 图 pleasure)

__pleased__ /plí:zd/ 形 ❶ 叙 喜んで, 満足して (happy; ↔ displeased) (cf. please² 1): He looked very ~. 彼はとても満足そうだった / I'm very (much) ~ *with* his work. 私は彼の仕事にたいへん満足している / She looked ~ *with* herself. 彼女は(自分のことが)いかにも満足そうだった / I was ~ *at* finding him so well. 彼があんなに元気なのを見てうれしかった (用法) しばしば doing を伴う) / She's ~ *about* her son's scholarship. 彼女は息子が奨学金をもらえるようになったのを喜んでいる / [+*to do*] I shall be very ~ *to* see you tomorrow. あすお目にかかれることを楽しみにしています / I'm ~ *to* meet you [make your acquaintance]. お会いできて[お知り合いになれて] 幸いです(★初対面のあいさつ) / [+(*that*)] I'm ~ (*that*) you have come. ようこそおいでくださいました / The boss was *not* here [*too*] ~ with my results. 上司は私の結果にご機嫌斜めだった。 ❷ 限 うれしそうな, 満足そうな: She gave (me) a ~ smile. 彼女はうれしそうにほほえんだ / He had a ~ look on his face. 彼は満足な顔をしていた。 (as) pléased as Púnch ⇨ Punch 成句。

†**pleas·ing** /plí:zɪŋ/ 形 ❶ 愉快な, 心地よい, 満足な; 人好きのする: a ~ result 満足な結果 / She's very ~ in her ways. 彼女は物腰が実に感じがいい / ~ *to* the eye 見て楽しい / ~ *to* the taste 食べて[飲んで]おいしい / The view was ~ *to* us. その景色は我々を楽しませてくれた。 ~·ly 副

plea·sur·a·ble /pléʒərəbl/ 形 愉快な, 楽しい, うれしい (enjoyable)。 -a·bly /-rəbli/ 副 ~·ness 图

__plea·sure__ /pléʒə｜-ʒə/ 图 ❶ a Ⓤ 楽しみ, 愉快, 喜び: show ~'s うれしい[満足そうな]顔をする / find ~ in riding 乗馬を楽しむ / take ~ in work [drinking] 仕事[飲むの] が楽しい / It gives me [It's my] great ~ *to* introduce to you Dr. Bryson. 皆さんにブライソン博士をご紹介できることは大変な喜びです。 b [the ~] (…の)喜び, 光栄: May I have *the* ~ *of* the next dance (with you)? 次のダンスにお相手をお願いできませんか / May we have *the* ~ *of* your presence? ご出席願えるでしょうか / Will you do me *the* ~ *of* joining me in a drink? 一緒に一杯やっていただけますか。 b Ⓒ 楽しいこと, うれしいこと: the ~s and pains of daily life 日常生活の喜びと悲しみ / It's been a great ~ *to* talk to you. お話しできてとても楽しかったです。 ❸ Ⓤ (世俗的な)快楽; (特に肉体的な)快楽, 放縦: a man of ～ 道楽者 / a woman of ～ 快楽を追う[自堕落な]女; 売春婦 / seek ～ 快楽を追い求める. ❹ [通例 a person's [one's] ～ で] 好み, 希望; 意志, 欲求: make known one's ～ 自分の好みを知らせる / It's our ～ to do…することを望む《[用法] 動詞などの文句》/ What's your ～? 何がお好みですか. **at one's pléasure** 好きなように, 随意に. **for pléasure** 慰みに; 遊びで (↔ on business): I've come here *for* ～, not on business. ここには仕事でなく遊びで来ました. **(It is) a pléasure.＝The pléasure is míne.** **＝Mý pléasure.** どういたしまして, こちらこそ: "Thank you for your information." "*The* ～ *is mine.*"「教えてくださってどうもありがとう」「どういたしまして」. **with pléasure** (1) 喜んで: He did the work *with* ～. 彼は喜んでその仕事をした. (2) [快諾の返事に用いて] かしこまりました, どうぞ: "Will you help me to carry this?" "(Yes,) *with* ～."「これを運ぶのを手伝ってくれませんか」「(ええ,)いいですとも」. ── [動] [他] 〈…に〉性的快感を与える. ── [自] 〔…を〕楽しむ〔*in*〕. 〘F; ⇨ please², -ure〙

【類義語】**pleasure** 楽しい気持ち・満足感・幸福感を含む喜びを表わす最も一般的な語. **delight** pleasure よりも強い喜びを表わし, 身ぶり・言葉などによってはっきりと外面的に表わされる. **joy** 有頂天になるような大きな喜び・幸福感. **enjoyment** 一時的な満足からかなりの期間にわたる深い幸福感まで表わし, 満足感を静かに味わうことを示す.

pléasure bòat [cràft] [名] 遊覧船, レジャー用のボート.

pléasure gròund [名] 遊園地.

pléasure prìnciple [名] [the ～] 快楽原理《人間は不快を避けて快楽を追求する傾向があるとする原理》.

+**pleat** /plíːt/ [名] ひだ, プリーツ. ── [動] [他] 〈…に〉ひだをとる[つける].

pleath·er /pléðɚ | -ðə/ [名] [U] プレザー《人工皮革》.

pleb /pléb/ [名] 《口・軽蔑》 [C] 庶民; [～s] (一般)大衆. 〘PLEB(EIAN)〙

pleb·by /plébi/ [形] 《英口》 ＝plebeian.

plebe /plíːb/ [名] 《米》 (士官学校[兵学校]の)最下級生.

ple·be·ian /plɪbíːən/ [名] ❶ 〘古ロ〙 平民 (cf. patrician 1). ❷ 庶民. ── [形] ❶ 〘古ロ〙 平民の. ❷ 庶民の. ❸ 卑俗な, 平凡な (common). 〘L＜*plebs* 平民〙

+**pleb·i·scite** /plébəsàɪt, -sɪt/ [名] 国民(直接)投票 (referendum): by ～ 国民投票で《★ 無冠詞》.

plec·trum /pléktrəm/ [名] (複 ～s, -tra /-trə/) (ギターなどの)つめ, ピック. 〘L＜Gk＝打つもの〙

pled [動] 《米》 plead の過去形・過去分詞.

***pledge** /plédʒ/ [名] ❶ [C] **a** **固い約束, 誓い**, 誓約; (政党などの)公約; 《米》 (友愛会などへの)入会約束[誓約]: honor [redeem, fulfill] a ～ 約束を果たす / 〔+*to* do〕 take a ～ *to* stand by each other 互いに助け合うという誓いをたてる / 〔+*that*〕 He gave us his ～ *that* he would stop smoking. 彼は我々にたばこはやめると固く約束した. **b** [the ～] 《戯言》 禁酒の誓い: take [sign] *the* ～ 禁酒の誓いをする / break *the* ～ 禁酒の誓いを破る. ❷ **a** [U] **質入れ**, 抵当: in ～ 入質して(ある) / give [lay, put]…in ～ …を担保に入れる; …を質に置く / take…out of ～ …を質受けする. **b** [C] 質物, 質ぐさ, 抵当物: keep a watch as a ～ 時計を抵当物として預かる. ❸ [C] 保証, しるし: as a ～ *of* friendship 友情のしるしとして / a ～ *of* love [affection, union] 愛のしるし《二人の間にできた子》. ❹ [C] 《文》 乾杯. **Plédge of Allégiance** [the ～] 忠誠の誓い《米国民の自国に対する誓約; 小学校の始業時などに国旗に向かって斉唱する》. **ùnder plédge of**…という約束[保証]で: *under* ～ *of* secrecy 秘密を守るという約束で.

── [動] [他] ❶ (…に)〈…を〉**誓約する**: He ～*d* his support (*to* me).＝〔+目+目〕 He ～*d* me his support. 彼は私に支援を約束した / 〔+*to* do〕 He ～*d to* keep the secret. 彼はその秘密を守ると誓った / 〔+*that*〕 We ～*d* (*that*) we would do our best. 我々は最善を尽くすと誓った. ❷ **a** 〈人に〉〔…を〕誓約させる; 〈人に〉〈…するように〉誓約させる: ～ a person *to* temperance 人に禁酒を誓わせる / 〔+目+*to* do〕 ～ a person *to* keep the secret 人に秘密を守るように誓わせる. **b** [～ one*self* で] 〔…を〕誓う; 〈…するように〉誓約する: ～ *oneself to* secrecy 固く秘密を守ることを誓う / 〔+目+*to* do〕 He ～*d himself to* support them. 彼は彼らを援助すると誓った. ❸ 〈…を〉質に入れる, 担保に入れる. ❹ 《文》 〈…のために〉乾杯する: They ～*d* the bride and bridegroom. 新郎新婦の前途を祝して乾杯をした. **plédge one's wórd (of hónor) that**… 名誉にかけて〈…で〉あると〉誓う: I ～*d* my *word that* I would tell nobody. だれにも話さないと誓った. 〘F＜L＝保証する〙

pledg·ee /plèdʒíː/ [名] 〘法〙 (動産)質権者.

plédg·er [名] ❶ 質入れ主. ❷ 〘法〙 質権設定者.

pled·get /plédʒət/ [名] 〘医〙 綿撒糸(めんさんし)《傷口などに当てがうガーゼ・脱脂綿などのパッド》.

pledg·or /plèdʒɔ́ɚ | -dʒɔ́ː/ [名] ＝pledger 2.

Ple·iad /plíːəd, pléɪəd | pláɪəd/ [名] (複 **Ple·ia·des** /-ədìːz/) ❶ 〘ギ神〙 プレイアス《Atlas の 7 人の娘たち; プレイアデスの一人》. ❷ [the Pleiades] 〘天〙 プレヤデス星団, すばる (昴)《おうし座にある散開星団; ★ Atlas の 7 人の娘たちは Orion に追われて星になったという; そのうち Merope /mérəpi/ は人間を愛したことを恥じて姿を消したため, プレヤデス星団には星が 6 個しか見えないのだという》.

plein air /pleɪnéɚ | -éə/ [形] 〘美〙 外光派の, 戸外主義の (open-air). **plein·áir·ism** /-é(ə)rɪzm | -éər-/ [名] **-ist** /-rɪst/ [名]

plei·o·tro·pic /plàɪətróupɪk | -tróp-←/ [形] 〘遺〙 〈遺伝子が〉多面発現性の《1 個の遺伝子が 2 つ以上の結果を生む》. **plei·ot·ro·py** /plaɪɑ́trəpi | -ɔ́trə-/, **plei·ót·ro·pìsm** /-pìzm/ [名] 多面[多形質]発現, 多面作用, 多向性.

Pleis·to·cene /pláɪstousìːn/ 〘地〙 [形] 更新[洪積]世の. ── [名] [the ～] 更新世.

plena [名] plenum の複数形.

ple·na·ry /plíːnəri/ [形] ❶ 〈会議など〉全員出席の: a ～ session [meeting] 本会議, 総会. ❷ **a** 全権を有する; 全権の: give ～ powers to…に全権を与える. **b** 完全な; 絶対的な, 無条件の: ～ indulgence 〘カト〙 大赦. ── [名] 本会議, 総会 (plenum).

plen·i·po·ten·ti·ar·y /plènəpouténʃièri, -ʃ(ə)ri | -ʃ(ə)ri←/ [形] 全権を有する: an ambassador extraordinary and ～ 特命全権大使. ── [名] 全権委員, 全権大使.

+**plen·i·tude** /plénət(j)ùːd | -tjùːd/ [名] [U] 《文》 ❶ 十分, 完全; 充実, 充満 (fullness). ❷ 豊富 (abundance).

plen·te·ous /plénṭiəs/ [形] 《詩》 ＝plentiful. **～·ly** [副] **～·ness** [名]

+**plen·ti·ful** /plénṭɪf(ə)l/ [形] たくさんの, 豊富な: a ～ harvest 豊作 / Cherries are ～ now. 今はサクランボが豊富に出回っている. **～·ness** [名]

plén·ti·ful·ly /-fəli/ [副] たくさんに, 豊富に, たっぷりと.

plen·ti·tude /plénṭət(j)ùːd | -tjùːd/ [名] ＝plenitude.

⁑**plen·ty** /plénṭi/ [代] ❶ [～ of… で] **たくさんの…, 十分な**《[用法] (1) 述語動詞の数は plenty of の次の名詞の数に一致する; (2) 疑問・否定文では通例 enough を用いる: Is there *enough* food? 食物は十分にありますか》: We still have ～ *of* food. まだ食物はたくさんある / There are ～ *of* good places to camp in. キャンプするのによい場所はいくらでもある / You'll arrive there in ～ *of* time. そこへ着くのに十分間に合いますよ. ❷ **たくさんのもの; 十分**《[用法]「必要以上の量[数]」の意で「とてもたくさんの量[数]」の意ではない》: There's ～ more. まだたくさんあります / I've had ～. もう十分いただきました. ── [名] [U] **豊富, 多量**: the days [years] of ～ 物の豊富な時代, 飽食の時代. **in plénty** (1) 十分に, 豊富に: The country has natural resources *in* ～. その国には天然資源が豊富にある. (2) 裕福に: live *in* ～ 裕福に暮らす. ── [形] 《米口》 たくさんの, 多くの: There's ～ work to be done. やらなければならない仕事がたくさんある. ── [副] 《口》 ❶ [通例 ～… enough で] たっぷり: It's ～ long *enough*. 長さは十分だ. ❷ 《米》 非常に, とても: I'm ～ thirsty. のどがからからだ. 〘F＜L＝十分＜*plenus* 十分な〙

+**ple·num** /plíːnəm/ [名] (複 ～s, **ple·na** /-nə/) ❶ 全員出席の会議; 総会 (plenary). ❷ 物質が充満した空間.

plè·o·chró·ic /plìːəkróuɪk←/ [形] 〘晶〙 〈異方結晶体が〉

多色性 (pleochroism) の.

ple・och・ro・ism /plíːəkrouɪzm | -ók-/ 图 ⓤ 〖晶〗多色性《ある種の透明な結晶中を通る光が方向によって種々の色を示すこと》.

ple・o・mor・phism /plìːoumɔ́ːfɪzm | -mɔ́ː-/ 图 ⓤ 〖動・植〗多態性, 多形態性, 多型; 〖晶〗=polymorphism. **-mor・phic** /-mɔ́ːfɪk | -mɔ́ː-/ 形

ple・o・nasm /plíːənæzm/ 图 〖修辞〗❶ ⓤ 冗長, 冗言. ❷ ⓒ 重複語《a false lie (偽りのうそ) など》. **ple・o・nas・tic** /plìːənǽstɪk⁺/ 形 冗言の, 冗長な. 〖L‹Gk←=余りすぎていること〗

ple・si・o・saur /plíːsiəsɔ̀ː | -sɔ̀-/ 图 〖古生〗首長竜, 長頚竜, プレシオサウルス.

ples・sor /plésə | -sə/ 图 〖医〗=plexor.

+**pleth・o・ra** /pléθərə/ 图 ❶ [a ~] 過多, 過度 (excess): a ~ of problems [rice] 多くの問題 [大量の米]. ❷ ⓤ 〖医〗多血症, 赤血球過多症.

ple・thor・ic /pləθɔ́ːrɪk | pleθɔ́r-/ 形 ❶ 過多の, 過剰の. ❷ 多血症の.

ple・thys・mo・graph /pləθízməgræf | -grɑ̀ːf/ 图 〖医〗体積(変動)記録器, 肢体容積計, プレチスモグラフ. **ple・thys・mo・graph・ic** /pləθìzməgrǽfɪk/ 形

pleu・ra /plú(ə)rə/ 图 (覆 **-rae** /-riː/) 〖解〗肋膜(まく), 胸膜.

pleu・ral /plú(ə)rəl/ 形 肋膜(まく)の.

pleu・ri・sy /plú(ə)rəsi/ 图 ⓤ 肋膜(まく)[胸膜]炎: dry [wet] ~ 乾性[湿性]胸膜炎.

-plex /plèks/ [連結形] (1) 「(ある数)の部分[単位]をもつ」「(ある数)の部分[空間]からなる建物」: triplex. (2) 〖数〗「...乗の数」: googolplex.

Plex・i・glas /pléksəglæs | -siglɑ̀ːs/ 图 ⓤ 〖商標〗プレキシガラス《プラスチックガラスの一種で, 風防ガラスやレンズに用いられる》.

plex・or /pléksə | -sə/ 图 〖医〗打診槌.

plex・us /pléksəs/ 图 (覆 ~・es, ~) 〖解〗(神経・血管・リンパ管の)叢(そう), 網状組織: ⇒ solar plexus.

PLF /píːéléf/ 《略》 Palestine Liberation Front パレスチナ解放戦線.

pli・a・bil・i・ty /plàɪəbíləti/ 图 ⓤ ❶ 柔軟(性). ❷ 柔順, 言いなりになること.

pli・a・ble /pláɪəbl/ 形 ❶ 《ものが》しなやかな. ❷ **a** 〈心・性質が〉柔順な, 言いなりになる, 融通のきく. **b** すぐ影響される, 順応性に富む. **pli・a・bly** /-bli/ 副 〖類義語〗⇒ flexible.

pli・an・cy /pláɪənsi/ 图 ⓤ =pliability.

pli・ant /pláɪənt/ 形 =pliable. **~・ly** 副 〖類義語〗⇒ flexible.

pli・ca /pláɪkə/ 图 ❶ ⓒ (覆 **pli・cae** /-siː, -kiː/, ~s) 〖解・動〗ひだ, 褶壁. ❷ ⓤ 〖医〗ポーランド糾髪(きゅうはつ)症《汚れと寄生虫によって生ずる頭髪のもつれ》.

pli・cate /pláɪkeɪt, -kət/, **pli・cat・ed** /-keɪtɪd/ 形 〖植〗〈葉が〉扇だたみの; 〖動〗ひだのある; 〖地〗褶曲のある.

pli・ca・tion /plaɪkéɪʃən/ 图 ⓤⓒ 折りたたみ (folding), ひだ; 〖地〗(層のある岩の)褶曲.

pli・é /pliːéɪ/ ⸺ 〖バレエ〗プリエ《背筋をまっすぐにしたまま両ひざを曲げる動作》. ⸺ 動 プリエを行なう.

pli・ers /pláɪəz | -əz/ 图 ペンチ, プライヤー: a pair of ~ ペンチ1丁.

*plight¹ /pláɪt/ 图 [通例単数形で] (通例悪い)状態, 苦境, 窮状, はめ: in a miserable [piteous] ~ 目も当てられないありさまで / What a ~ to be in! まったくとんだことになったものだ.

plight² /pláɪt/ 〖古〗图 誓い; 婚約. ⸺ 動 《...を》誓う, 約束する: ~ one's troth 固く約束する; 婚約する.

plim・soll /plímsəl/ 图 [通例複数形で] 〖英〗運動靴, スニーカー (《米》 sneaker).

Plím・soll lìne [màrk] 图 〖海〗プリムソル標, 満載喫水線.《英国の政治家の名から》

Pli・ni・an /plíniən/ 形 〖地〗〈噴火が〉ガス・火山灰などを空高く噴出する.《PLINY the Younger が描いた Vesuvius 山の噴火の情景から》

plink /plíŋk/ 動 ❶ 〈楽器などを〉ポロン(ポロン)と弾く[かき鳴らす]. ❷ 《...を》気まぐれに撃つ. ⸺ 働 ❶ 〈楽器が〉ポロン(ポロン)音を立てる. ❷ (銃で)気まぐれに撃つ. ⸺ 图 ポロン(ポロン)[チリン(チリン)](鳴る音).〖擬音語〗

plinth /plínθ/ 图 ❶ 〖建〗(円柱の下の四角な)柱脚, 台座. ❷ (銅像の台石に使う)角石.

Plin・y /plíni/ 图 ❶ (A.D. 23–79) ローマの博物誌家; 通称 Pliny the Elder (大プリニウス),『博物誌』(77). ❷ (A.D. 61/62–?113) ローマの作家・政治家; 大プリニウスの甥, 通称 Pliny the Younger (小プリニウス).

Pli・o・cene /pláɪəsìːn/ 图 〖地〗鮮新世[第三紀最新世]の. ⸺ 图 [the ~] 鮮新世[統].

pli・o・saur /pláɪəsɔ̀ː | -sɔ̀-/ 图 〖古生〗プリオサウルス《中生代の海生爬虫類; プレシオサウルス (plesiosaur) に近いが, 首は短くて頭が大きい》.

plis・sé, -se /pliːséɪ/ ⸺ 〖織〗图 ⓤ プリッス: **a** 苛性ソーダ溶液によるクレープ効果. **b** プリッス加工をした生地. ⸺ 形 プリッス加工した.

PLO /píːélóʊ/ 《略》 Palestine Liberation Organization パレスチナ解放機構.

+**plod** /plɑ́d | plɔ́d/ 動 (**plod・ded; plod・ding**) 働 [副詞句を伴って] ❶ (足重に)一歩一歩歩く: The old man plodded along (the road). 老人は(道を)一歩一歩足重に歩いていった. ❷ こつこつ勉強[学ぶ]: ~ through a task 骨を折って仕事をやり通す / He plodded away at his lessons. 彼はこつこつと学業の勉強を続けた. ⸺ 働 《道を》足重に歩む, たどる. ⸺ 图 ❶ 一歩一歩足重に運ぶ歩み[足音]. ❷ こつこつ働くこと.〖擬音語〗〖類義語〗⇒ walk.

plód・der /-də | -də/ 图 こつこつ働く人, 地味な努力家.

plód・ding /-dɪŋ/ 形 ❶ 〈人が〉(独創性には欠けるが)こつこつ努力する, 地道な. ❷ だらだら[のろのろ]として, 退屈な, つまらない. **~・ly** 副

-ploid /plɔ́ɪd/ [形容詞連結形] 〖生〗「染色体数が...の」: diploid, haploid.

ploi・dy /plɔ́ɪdi/ 图 ⓤ 〖生〗(染色体の)倍数性, 倍数関係.

plon・geur /plɔːnʒɔ́ː | -ʒɔ́ː-/ 图 (レストラン・ホテルの)皿洗い係.

plonk¹ /plɑ́ŋk | plɔ́ŋk/ 動 图 副 =plunk.

plonk² /plɑ́ŋk | plɔ́ŋk/ 图 〖英口〗安物のワイン.

plonk・er /plɑ́ŋkə | plɔ́ŋkə/ 图 〖英口〗❶ ばか, うすのろ. ❷ ペニス, ちんぽ.

plop /plɑ́p | plɔ́p/ 動 (**plopped; plop・ping**) 〖口〗働 [副詞句を伴って] ドブン[ポトン]と音がする; (...に)ドブン[ポトン]と落ちる. ⸺ 働 ❶ 《...を》ドブン[ポトン]と落とす, ドサッと置く. **plóp (onesélf) dówn** ドスンと座る; ドサッと横になる: Exhausted, she plopped down into a chair. 疲れ果てて, 彼女はドスンといすに座り込んだ. ⸺ 图 [a ~] ドブン, ポトン, ドサッ(音). ⸺ 副 ドブンと, ポトンと, ドサッと.〖擬音語〗

plo・sion /plóʊʒən/ 图 〖音声〗破裂 (explosion).

plo・sive /plóʊsɪv/ 〖音声〗图 形 破裂音(の)《/p/ /b/ /t/ /d/ /k/ /g/ など; cf. stop 图 7, continuant》.

*plot /plɑ́t | plɔ́t/ 图 **A** ❶ 陰謀 (conspiracy): frame [hatch, lay] a ~ (against...) (...に対して)陰謀をたくらむ / [+to do] A ~ to assassinate the President was uncovered. 大統領暗殺の陰謀が発覚した. ❷ (小説・脚本などの)筋, 構想, プロット: The ~ thickens. 事[話]がこみ入っておもしろくなってくる. ⸺ **B** ❶ 小区画の土地, 小地面: a building ~ 建築用地 / a vegetable ~ 菜園. ❷ (米) 敷地図, 見取り図.

⸺ 動 (**plot・ted; plot・ting**) 働 **A** ❶ 〈悪事を〉ひそかに図る, たくらむ (conspire): She plotted the murder of her husband. 彼女は夫を殺害しようと図った / [+to do] They plotted to overthrow the government. 彼らは政府を転覆させようとたくらんだ. ❷ 〈物語などのすじを〉作る, 《...の》構想を練る (out). ⸺ **B** ❶ 〈土地を〉区分する, 区画する (out). ❷ 〈土地・建物などの〉図面を作る (out). ❸ 〈地図などに〉〈船・飛行機などの位置を〉記入する. **a** (方眼紙上などで)座標に従って〈点を〉決める; 点を結んで曲線を描く. **c** 〈グラフなどを〉描く. ⸺ 働 〈人と〉《...に対して》たくらむ: He plotted with the radicals against the government. 彼は過激派と組んで政府に対する陰謀を企てた.

plót·less 形 計画のない;〈小説など〉(これといった)筋[プロット]のない. **~·ness** 名

†**plót·ter** /-tə | -tə/ 名〔通例複数形で〕陰謀者, 共謀者 (conspirator).

plot·ty /pláti | plóti/ 形〔口〕〈小説など〉筋の入り組んだ.

plotz /pláts | pláts/ 動〔米口〕(フラストレーション・腹立ち・強い感情などのため)ダウンする, かっとなる.

plough ⇨ plow.

plóughman's lúnch 名〔英〕パンとチーズにビールなどで済ます簡単な食事.

†**plov·er** /plʌ́və | -və/ 名〔鳥〕チドリ.

*__plow__ (英) **plough** /pláʊ/ 名 ❶ a [耕作用の]すき (★しばしば農業の象徴とされる). b [しばしば複合語で]すきに似たもの: ⇨ snowplow. ❷〔英〕耕作地, 田畑. ❸ [the P~]〔天〕大ぐま座. 北斗七星 (cf. dipper 4 a). **pùt one's hánd to the plów** 仕事を始める (★聖書「ルカ伝」から). **ùnder the plów** 〈土地が〉耕されて(ある).
— 動 他 ❶ a〈土地〉を耕す; ~ (*up*) a field 畑を耕す. b〈根・雑草など〉を掘り出す[起こす] 〈*out, up*〉. c〈...〉の除雪をする.〈顔などに〉(すきで掘ったような)溝[跡]をつける 〈*up*〉. ❷〈船〉が波を切って進む; 波を切って〈海など〉を行く: ~ the sea 波を切って大洋を航行する. ❸〔英口〕〈学生〉を落第させる;〈試験〉に落ちる. — 自 ❶ a 土地を耕す. b [様態の副詞を伴って]〈土地が〉(...)に耕せる: This land ~s easily. この土地は耕しやすい. ❷[副詞(句)を伴って](...)を骨折って進む: They ~ed on to their destination. 彼らは目的地に向かって骨折って進んだ. ❸〔英口〕落第する. **plów a lónely fúrrow** ⇨ furrow 成句. **plów báck** (他+副) (1)〈利益など〉をまたもとの畑に注ぎ込む. (2)〈草などを〉をまたもとの畑にすき込む. **plów ínto** (自+副) (1)〈車などに〉衝突する, 突っ込む: The truck ~*ed into* a parked car. そのトラックは駐車している車に突っ込んだ. (2)〈金を〉に(つぎ)込む, 投資[投入]する. **plów (one's wáy) through**... (1)〈(つまらない)本など〉をようやく読み終える, どうにか終える. (2)〈車など〉を(制御かまわずに)突っ切る. (3)〈...〉を骨折って進む.《ON》

plów·bòy, (英) **plóugh-** ❶ (昔の)すきをつけた牛[馬]をひく少年. ❷ いなかの若者.

plów·lànd, (英) **plóugh-** 名 U 耕地, 田畑.

plów·man, (英) **plóugh-** /-mən/ 名 (複 **-men** /-mən/) 農夫; いなか者.

plów·shàre, (英) **plóugh-** 名 すきの刃.

†**ploy** /plɔ́ɪ/ 名〔口〕(相手を出し抜くための)策略,「手」: one's usual ~ いつもの手[やり方].

PLR 略 **Public Lending Right. PLS** (略) please (電子メールなどで使う). **PLSS** /plís/ (略) portable life support system (宇宙飛行士などの)移動可能生命維持装置.

†**pluck** /plʌ́k/ 動 ❶〈不要なものを〉〈...から〉(ぐいと)引き抜く, 引っ張る 〈*out, up, away*〉〔*from, off, out of*〕. ❷〔文・詩〕〈花・果物など〉を摘む. ❸〈鳥などの〉羽を(引き抜くために)むしり取る. ❹〈弦楽器〉をかき鳴らす(米) pick). ❺〈...を〉(ある状態から)(突然)抜け出させる, 引っ張り上げる;〈人を〉危険などから〉救い出し, 助ける(通例受身); a person *from* obscurity 人を無名な状態から(一躍)有名にする / ~ a person *to* safety *from*... から人を救出する. ❻〈人を〉抜擢する. — 自〈...を〉ぐいと引っぱる: He ~*ed at* my sleeve. 彼は私のそでを引いた. ❷〈弦楽器を〉かき鳴らす 〔*at*〕. — 名 ❶ [a ~](急に)引くこと; give a ~〔口〕〈...を〉ぐいと引く. ❷ U 勇気, 度胸, 元気. ❸ U (動物の)臓物.《L=髪の毛をむしる》

pluck·y /plʌ́ki/ 形 (**pluck·i·er**, **-i·est**) 勇気のある, 元気のある; 気骨のある. **pluck·i·ly** /-kɪli/ 副 **-i·ness** 名

*__plug__ /plʌ́g/ 名 ❶ a (パイプなどの穴をふさぐ)栓. b 耳栓. c 消火栓. ❷ a (電気の)プラグ, 差し込み. b〔口〕ソケット. ❸〔口〕〔機〕(内燃機関の)スパークプラグ. ❹ 固形たばこ; かみたばこ. ❺〔口〕(テレビ・ラジオなどにさかんに)広告, 宣伝. ❻〔米〕=plug hat. **púll the plúg on**...〔口〕〈...〉を突然中止する;〈...〉の生命維持装置をはずす《画来 プラグを

1379 | **plumbism**

抜くことから). — 動 (**plugged**; **plug·ging**) 他 ❶〈...に〉栓をする,〈...〉をふさぐ: ~ a leak 漏れ口をふさぐ / ~ *up* a hole 穴を埋める. b〈...に〉〈...を〉詰める 〔*with*〕;〈...に〉〈...〉を詰める (*in, into*); a crack *with* cement 割れ目にセメントを詰める / ~ a cork *into* the mouth of a bottle コルクを瓶の口に入れ(てふたをする). ❷〔口〕(テレビ・ラジオなどで)〈商品を〉盛んに宣伝する (promote): The radio station has been *plugging* her new song. その放送局はその新曲を盛んに宣伝している. ❸〈器具を〉(プラグで)接続させる: ~ a flash gun *into* a camera フラッシュガンをカメラに接続させる. ❹〔米俗〕〈...に〉弾丸を打ち込む;〈...に〉げんこつ(パンチ)を食らわす. — 自 ❶〈器具が〉〈...に〉(プラグで)接続されている(つながる). **plúg awáy** (自+副) (1) こつこつ働く[勉強する]. (2)〈...を〉こつこつやる: He *plugged away* at his lessons. 彼は学業をこつこつと勉強した. **plúg ín** (他+副)〈器具のプラグを差し込む〉: ~ *in* a television set テレビのプラグを差し込む. (自+副) (3)(プラグでつないで)電流がつながる.《Du=木くぎ》

Plúg and Pláy 名 U〔電算〕プラグアンドプレイ《パソコンに周辺機器を接続するための標準規格; 装置を接続するだけで, 利用者の側で特別に設定を変えなくてもすぐに利用できる).

plùg-compátible 形〔電算〕プラグが(共通で)互換性の.

plúg hát 名〔米〕シルクハット, 山高帽.

plúg·hòle 名〔英〕(浴槽・流しなどの)栓の穴, 排水口.

plúg-ìn 形〔電算〕プラグ接続式[差し込み式](の電気製品);〔電算〕プラグイン(機能拡張用のソフトウェア).

plúg-úgly /米俗/ 名 ならず者, ごろつき, やくざ. — 形 ひどく醜い.

†**plum** /plʌ́m/ 名 ❶ C セイヨウスモモ, プラム(比較 日本の「梅」は *ume* は Japanese apricot). b = plum tree. ❷ C (菓子などに入れる)干しぶどう. ❸ C〔口〕すばらしいもの(楽で収入のよい仕事など). ❹ U 暗紫色, 濃い紫. — 形 すばらしい, 最高の: a ~ job 割のいい仕事.《L<Gk; PRUNE² と同語源》

†**plum·age** /plúːmɪdʒ/ 名 U (鳥の)羽.

plúm·aged 形 (...の)羽衣のある: bright-*plumaged* 羽衣のあざやかな / full-*plumaged* 羽根が生えた.

†**plumb**¹ /plʌ́m/ 名 おもり. **òff [out of] plúmb** 垂直でない, ゆがんでいる. — 形 ❶ P 垂直で. ❷〔米俗〕まったくの: ~ nonsense まったくばかげていること. — 副 ❶ 垂直に; きちんと: fall ~ down 垂直に落ちる. ❷〔米口〕まったく, すっかり: I'm ~ tired. 本当に疲れた. — 動 他 ❶〈...の〉垂直かどうかを調べる. ❷〈...の〉深さを測る, 深さを測量する: ~ (the depth of) a lake 湖の深さを測る. ❸〈...を〉見抜く, 了解する (fathom): ~ a person's thoughts 人の考えを見抜く. **plúmb the dépths (of**...)(悲しみ・孤独などの)どん底に陥る, 極みに達する.《F<L *plumbum* 鉛》

plumb² /plʌ́m/ 動 他 ❶〈建物・部屋などにガス・水道の配管をする. ❷〔英〕〈ふろ・トイレ・洗濯機などの〉配管をする 〔*in*〕. — 自 配管工として働く.

plum·ba·go /plʌmbéɪɡoʊ/ 名 (複 ~s) ❶〔鉱〕石墨, 黒鉛 (graphite). ❷〔植〕ルリマツリ属の各種低木[多年草] (leadwort).

plúmb bòb 名〔建〕下げ振り《下げ振り糸 (plumb line) に下げるおもり).

plum·be·ous /plʌ́mbiəs/ 形 鉛の, 鉛に似た; 鉛色の.

†**plumb·er** /plʌ́mə | -mə/ 名 配管工, 鉛管工; 水道業者[屋].《L=鉛職人》

plúmber's fríend [hélper] 名〔米口〕吸引式下水掃除棒 (plunger).

plum·bic /plʌ́mbɪk/ 形 ❶〔化〕鉛の, (特に)第二鉛の (cf. plumbous). ❷〔医〕鉛[鉛毒]による.

†**plumb·ing** /plʌ́mɪŋ/ 名 U ❶〔集合的〕鉛管(類). ❷ 鉛管工事, 配管(工事); 水道[ガス]管敷設[修繕].

plum·bism /plʌ́mbɪzm/ 名 U〔医〕鉛中毒 (lead poisoning).

plúmb·less 形《文》測りがたい, 底知れぬ.
plúmb lìne 名 下げ振り糸[線]; 測鉛線.
plum·bous /plʌ́mbəs/ 形《化》鉛の, (特に)第一鉛の (cf. plumbic).
plúmb rùle 名 下げ墨, 下げ振り定規.
plúm càke 名 [C|U] プラムケーキ《干しぶどう入り菓子; 結婚式用など》.
plúm dúff 名 干しブドウ入りプディング.
*__plume__ /plúːm/ 名 ❶ a [通例複数形で] (特に長くて目立つ)羽毛. b 羽飾り. ❷《煙・雲の》柱 《of》. ❸ 《地》 (マントル)プリューム(地球のマントル深部から生じると考えられているマグマ上昇流). ── 動 他 〈鳥を×羽毛を〉(かき)整える; [~ oneself で]〈鳥が〉羽毛を整える, 羽づくろいをする; 〈…〉を自慢する, 得意がる《on, upon》. ── 自《煙・蒸気など》が羽毛状に広がる. 《F<L=鳥の綿毛》
plumed 形 羽毛のある. ❷ 羽飾りをした.
plúme mòth 名《昆》トリバガ(トリバガ科のガの総称).
plum·er·y /plúːməri/ 名 羽毛, 羽(全体).
plum·met /plʌ́mɪt/ 名 ❶ a おもり, (釣り糸の)おもり. b 下げ振り糸. ── 動 自 ❶ 〈ものが〉まっすぐに落ちる. ❷ 〈人気・物価など〉急落する (plunge).
plum·my /plʌ́mi/ 形 (**plum·mi·er; -mi·est**) ❶ a プラム(干しぶどう)のたくさん入った. b プラムのような[味がする]. ❷《口》すてきな, すばらしい, 上等な. ❸ 《口》〈声・音が〉(大げさに)声量の豊かな.
plu·mose /plúːmous/ 形 ❶ 羽毛のある. ❷ 羽毛状の.
*__plump__[1] /plʌ́mp/ 形 (**~·er; ~·est**) ❶ 〈人・体の一部が〉ふくよかな[婉曲]丸々と太った, 丸々とした[肥 fat よりも感じのよい言葉として好まれる]. ❷《料理する鳥獣の》肉付きのよい. ── 動 他 〈…〉をふくらませる《up, out》: She ~ed up the sofa pillows. 彼女はソファーのクッションを手でたたいてふくらませた. ── 自 丸々と太る《up, out》. **~·ness** 名 [U]【類義語】 ⇒ **fat**.
plump[2] /plʌ́mp/ 動 自 ❶ 〈…〉にドシンと座る, ドシンと身を投げだす《down》《in, on》. ❷ 〈…〉に投票する, 〈…〉を選ぶ, 〈…〉を全面的に支持する《for》. ── 他 a 〈…〉を〈…〉にドシンと落とす[投げる]《down》《in, on》. b [~ oneself で] 〈…〉にドシンと座る, ドシンと身を投げだす《in, on》. ── 副 ❶ ドシンと, ザブンと, ばったり. ❷ まっすぐに, 真下に. ❸ あからさまに, むきだしに, 不意に; 露骨な. ── 名 [a ~] ドシン[ドスン, ばたり]と落ちること[音]. **~·ly** 副 **~·ness** 名 《擬音語》
plump·ish /plʌ́mpɪʃ/ 形 太り気味の, ふっくらした.
plúm púdding 名 [C|U] プラムプディング《干しぶどう入りプディング; 英国ではクリスマスに慣例の菓子で Christmas pudding ともいう》.
plump·y /plʌ́mpi/ 形 (**plump·i·er; -i·est**) ふくれた, ふくらんだ, 肉付きのいい.
plúm tomáto 名 プラムトマト《長円形の果実をつけるチェリートマトの一種》.
plúm trèe 名 セイヨウスモモの木.
plu·mule /plúːmjuːl/ 名 ❶《植》幼芽. ❷《鳥》綿羽.
plum·y /plúːmi/ 形 (**plum·i·er; -i·est**) ❶ 羽 (plume) のある; 羽で飾った. ❷ 羽毛状の.
*__plun·der__ /plʌ́ndər/ 動 他 ❶ 〈場所などを〉略奪する, 荒らす; 〈ものを〉〈人・場所から〉強奪する《from》 (pillage): They ~ed the village of everything they could lay hands on. 彼らはその村から手当りしだい何でも略奪した. ── 自 略奪[盗み]を働く. ── 名 [U] ❶ 略奪. ❷ 略奪品. 《G》
plún·der·er /-dərə, -drə | -dərə, -drə/ 名 略奪者; 盗賊.
*__plunge__ /plʌ́ndʒ/ 動 自 ❶ [副詞(句)を伴って] 〈…〉に〈…〉を突っ込む, 沈める; 〈…〉を突き刺す; 〈…〉に突きやる: ~ one's hands into one's pockets ポケットに手を突っ込む / a dagger in 短剣を突き刺す / A sudden stop ~d the passengers forward. 急停車で乗客たちは前のめりになった. ❷ 〈…〉の状態に陥れる, 投じる: The recession has ~d the company into financial difficulties. 不景気はその会社を財政困難に陥れてしまった. ── 自 ❶ [副詞(句)を伴って] 〈…〉に飛び込む, 突入する, 突っ込む: He ~d headfirst into the stream. 彼は流れに真っ逆さまに飛び込んだ / He ran to the river and ~d in. 彼は川へ走っていって飛び込んだ / The bus ~d into the ditch. バスは水路に転落した. ❷ a 〈…の状態〉に陥る: ~ into debt むちゃな借金をこしらえる / He ~d into despair. 彼は絶望に陥った. b 〈…に〉急に始める: They ~d into a quarrel. 彼らは突然口論を始めた. ❸ 〈売り上げ・株価など〉が急落する. ❹ 〈船が〉《船首部を下にして》縦に揺れる. ❺ 《口》大ばくちを打つ, 借金をこしらえる. ── 名 [単数形で] ❶ 突っ込む[飛び込む]こと; (急に)落ちること, 急下. take a ~ into a pool プールに飛び込む. ❷ 突進, 突入, 熱心にやりだすこと: make a ~ into politics 政治の世界に飛び込む. ❸ 〈売り上げ・株価などの〉急落. **take the plunge** 思い切ったことをする, 冒険をする, 「清水の舞台から飛び降りる」. 《F<L=鉛を落とす; ⇒ **plumb**》
plúnge pòol 名 ❶ 滝壺(の水). ❷ プランジプール《特にサウナなどの後で飛び込む小さいプール》.
*__plúng·er__ 名 ❶ a (柄の先に吸着カップのついた)吸引式下水掃除棒. b (押し上げポンプ・水圧機などのピストンの)プランジャー, ピストン. c (注射器の液を押し出したり吸い込んだりする)ピストン棒. ❷ 飛び込む人, 突入者. ❸ 《口》無謀な賭博者, 相場師.
plúnging néckline 名 プランジングネックライン《婦人服の深くくられた V字型のネックライン》.
plunk /plʌ́ŋk/ 動 他 ❶ 〈弦・ピアノなどを〉ポロンポロンと鳴らす, はじく. ❷ a 〈…〉に〈…〉にぽんと置く, ドサッとほうり出す《down》 (plonk). b [~ oneself で] 〈…〉にドシンと腰を下ろす: ~ oneself (down) in a chair いすにドシンと座る. ── 自 ❶ ドシンと落ちる. b ドシンと腰を下ろす《down》. ❷ 〈弦楽器・ピアノなどを〉ポロンポロンと弾く《away》. ── 名 [a ~] 〈口〉[ボタン]という音; ポンと鳴らすこと[鳴る音]. ── 副 ❶ ドシンと, パタンと. ❷ ちょうど, まさしく. 《擬音語》
plu·per·fect /plùːpə́ːfɪkt | -pə́ː-/ 《文法》名 大過去, 過去完了 《略 plup(f.)》 (past perfect). ── 形 大過去の, 過去完了の.
plur. (略) plural; plurality.
*__plu·ral__ /plúə(ə)rəl/ 形 複数の (cf. dual 2, singular 1): a ~ form 《文法》複数形 / the ~ number 《文法》複数 / a ~ society 多民族社会. ── 名 ❶ [U] 複数: The verb is in the ~. この動詞は複数形である. ❷ [C] 複数形(の語). **~·ly** /-rəli/ 副 《F<L plus, plurmore; cf. plus》 《名 plurality》
*__plú·ral·ism__ /-lìzm/ 名 [U] ❶ 〈国家などで複数の人種・宗教・政治信条などが共行している〉多元的共存. ❷ a 複数(性). b 複数(性), 多様性. ❸ 《哲》多元論 (cf. monism, dualism). ❹ 《キ教》聖職兼任. **plú·ral·ist** /-lɪst/ 名
*__plu·ral·is·tic__ /plùə(ə)rəlístɪk/ 形 ❶ 複数人種的な, 多民族の: a complex, ~ society 複雑な多民族社会. ❷ 多元論の[的な].
plu·ral·i·ty /plùə(ə)rǽləti/ 名 ❶ [U] 大多数, 過半数. ❷ [U] 複数《of》. ❸ [U] 複数(性). ❹ [C] 《米》(票の)相対多数, (相対多数の)次点者との得票差 (cf. majority 3 b). ❺ 《キ教》 a [U] 聖職兼任. b [C] 兼任の聖職. (plural)
plu·ral·ize /plúə(ə)rəlàɪz/ 動 他 ❶ 複数にする, 倍加する; 多元化する. ❷ 〈語を〉複数形にする. **plu·ral·i·za·tion** /plùə(ə)rəlɪzéɪʃən | -laɪz-/ 名
plúral vóte 名 複数投票(権): a 2 票以上の投票(権). b 2 つ以上の選挙区での投票権. **plúral vóting** 名
plu·rip·o·tent /plùə(ə)rípətənt/ 形 《生》多能(性)の, 多分化能の.
*__plus__ /plʌ́s/ 前 ❶ 〈(↔ minus)〉 名 ❶ [A] プラスの[正の, 正の符号の]: a ~ sign 加号, 正符号 《＋》. ❷ [A] 陽の: 示す: the ~ pole 陽極. ❸ [A] 〈口〉有利な, 好ましい: a ~ factor プラス要因 / on the ~ side プラスの面では. ❹ a [成績評価の後に置いて] …の上(う): A ~ 優[A]の上《★A と書く》. b [数詞の後に置いて] 〈年齢が〉…歳以上の; 〈数・量が〉…以上の: 20 ~ 20歳以上. c [名詞の後に置いて] 《口》ほかに何かを加

えた: She has personality ~. 彼女には個性のほかに何かがある. ― 動 ❶ …をプラスした, …を加えて: Five ~ three is [equals] eight. 5+3=8 / the debt ~ interest 利子を加えた借金. ❷ 《口》…に加えて, …とともに: She has intelligence ~ perseverance. 彼女は知性に加えて根気もある. ❸ 《口》そしてまた, それから (and): We arrived late, ~ we were hungry. 遅く着いてそのうえ空腹だった (★この用法には反対する人もいる). ― 名 ❶ =plus sign. ❷ 正量, 正数. ❸ プラスのもの, 有利な特質; 利益: Your knowledge of English is a ~ in your job. 英語の知識は君の仕事にプラスになる. ❹ 《ゴルフ》ハンディキャップ. 〖L *plus*, *plur*- more〗

plus ça change /plúːsɑːʃɑ́ːnʒ/ 間 いかに変われど (中身は何も変わらない). 〖F〗

plús fóurs 名 複 (昔, ゴルフに用いた) ゆるい半ズボン.

+**plush** /plʌ́ʃ/ 名 U ブラシ天 (ビロードの一種で長いけばがある). ― 形 《口》豪華な, ぜいたくな: a ~ hotel 豪華なホテル. 〖cf. to PLUCK〗

plush·y /plʌ́ʃi/ 形 (plush·i·er, -i·est) 《口》豪華な, ぜいたくな: a ~ office 豪華なオフィス. **-i·ness** 名 〖PLUSH+-Y³〗

plús sìgn 名 プラス (記号), 加号 (+).

plús sìze 名 (婦人服の) 大きなサイズ, Lサイズ.

plús twós 名 複 プラストゥーズ (plus fours よりも短く細いニッカーズ).

Plu·tarch /plúːtɑːrk/ -tɑːk/ 名 プルタルコス, プルターク (46?-?120; ギリシアの伝記作者).

Plu·to /plúːtou/ 名 ❶ 〖ロ神〗プルト (冥界(*めいかい*)の王; ギリシア神話のハデス (Hades)). ❷ 〖天〗冥王星(*めいおうせい*).

plu·toc·ra·cy /pluːtɑ́krəsi | -tɔ́k-/ 名 ❶ U 金権政治[主義]. ❷ C 富豪階級, 財閥. 〖Gk *ploutos* 富+-CRACY〗

plu·to·crat /plúːtəkræt/ 名 ❶ 金権家. ❷ 金持ち.

plu·to·crat·ic /plùːtəkrǽtɪk˧/ 形 ❶ 金権政治 (家) の. ❷ 財閥の. **plù·to·crát·i·cal·ly** /-tɪkəli/ 副 〖名 plutocrat, plutocracy〗

plu·ton /plúːtɑn | -tɔn/ 名 〖地〗プルトン (マグマによる深成岩体).

Plu·to·ni·an /pluːtóuniən/ 形 ❶ 〖ロ神〗プルト (Pluto) の. ❷ 冥界 (*めいかい*) の. 〖Gk〗

Plu·ton·ic /pluːtɑ́nɪk | -tɔ́n-/ 形 ❶ =Plutonian. ❷ [p-] 地下深成の. *p-* rocks 深成火 (火成) 岩.

plu·to·nism /plúːtənɪzm/ 名 〖地〗深成論, 火成論 (岩石の生成は地球深部の高温によるとする説). **-nist** /-nɪst/ 名

+**plu·to·ni·um** /pluːtóuniəm/ 名 U 〖化〗プルトニウム (毒性のきわめて強い放射性元素; 記号 Pu; 核燃料・核兵器材料として用いられる).

Plu·tus /plúːtəs/ 名 〖ギ神話〗プルートス (富の神).

plu·vi·al /plúːviəl/ 形 ❶ 雨の, 雨の多い. ❷ 〖地〗雨水作用による. 〖L<*pluvia* 雨〗

plu·vi·om·e·ter /plùːviɑ́mətər | -ɔ́mətə/ 名 雨量計 (rain gauge).

+**ply**¹ /plái/ 動 他 ❶ 〈仕事などに〉精を出す; 〈商売を〉営む; 〈武器・道具などを〉せっせと使う: ~ one's needle せっせと針を使って仕事をする / ~ the oars せっせとオールをこぐ. ❷ 〈船が〉〈川などを〉定期的に往復する: Boats ~ the channel in all weather. どんな天気でも海峡には船が通っている. ❸ a 〈人に〉〈ものを〉強いる: He *plied* me *with* food and drink. 彼は私にしつこく飲食物を勧めた. b 〈人に〉〈質問などを〉浴びせる: They *plied* the lecturer *with* questions. 彼らは講師を質問攻めにした. ❹ 〈交通機関が〉(…間を) 定期的に往復する 〔*between*, *across*〕. **plý for híre** 《英》〈タクシー・赤帽・船頭などが〉客待ちする. 〖(AP)PLY〗

ply² /plái/ 名 U [通例複合語で] ❶ (綱の) こ, より: a three-*ply* rope 三つより綱. ❷ (ベニヤ板などの) (幾)重; 厚さ: four-*ply* wood 4枚重ねの板.

Plym·outh /plímθ/ 名 プリマス: ❶ イングランド南西部の港市, 海軍基地; 1620年 Mayflower 号の出港地. ❷ 米国 Massachusetts 州の港町; 1620年 Mayflower 号の到着地点.

1381　pneumonitis

Plýmouth Bréthren 名 複 [the ~] プリマス同胞教会, プリマスブレズレン 《1830年ごろにイングランドの Plymouth で始まったカルバン派の一派; ピューリタン的な性格をもつ》.

Plýmouth Róck 名 ❶ プリマスロック (米国 Massachusetts 州の Plymouth にある岩; Pilgrim Fathers が乗船した Mayflower 号のアメリカ到着 (1620) 記念の史跡). ❷ C プリマスロック種の鶏 (米国原産).

+**plý·wòod** 名 U 合板(訳), 「ベニヤ板」 (誤称わが国では合板belongの名を意味する veneer を合板と間違えて用いている; cf. veneer).

Pm 〖記号〗〖化〗promethium.　**PM** 〖略〗Past Master; Paymaster; Police Magistrate; Postmaster; postmortem; Prime Minister; Provost Marshal.

*p.m. /píːém˧/ 副 午後 (の) (↔ a.m.) 《用法 p.m. のほかに P.M., PM. とも書き, 平時刻を示す数字の後に添える; o'clock とともには用いない》: at 7 *p.m.* 午後7時に / the 8 *p.m.* train 午後8時の列車 / Business hours, 10 a.m.-5 p.m. 営業時間午前10時より午後5時まで 〖読み方〗ten a.m. to five p.m. と読む〗. 〖L *p*(*ost*) *m*(*eridiem*) after midday〗

PMG 〖略〗Postmaster General.　**PMS** /píːèmés/ 〖略〗〖医〗premenstrual syndrome.　**PMT** 〖略〗〖医〗premenstrual tension 月経前緊張.　**p.n., P/N** 〖略〗〖商〗promissory note.　**PNdB** 〖略〗perceived noise decibel(s) 知覚騒音レベルの単位.

pneu·ma /n(j)úːmə | njúː-/ 名 〖哲〗プネウマ (空気・息を意味する; 生命の原理・存在の原理); 精神, 霊.

pneu·mat·ic /n(j)uːmǽtɪk | njuː-/ 形 ❶ 空気入りの, 圧搾空気を満たした: a ~ tire 空気入りタイヤ. ❷ 空気の, 気体の: a ~ drill 空気ドリル / a ~ pump 気圧ポンプ. **-i·cal·ly** /-kəli/ 副 〖L<Gk; ⇒ pneumato-〗

pneu·mat·ics /n(j)uːmǽtɪks | njuː-/ 名 U 気学, 気 (体) 力学.

pneumátic tróugh 名 〖化〗ガス採取用の水槽.

pneumátic túbe 名 気送管 (空気圧で手紙・小包などを送るための管).

pneu·mat·ique /n(j)ùːməti:k | njùː-/ 名 (複 ~s) (Paris で) ニューマティク (管の中を空気圧で送って郵便物を配達するシステム; そのようにして配達されたメッセージ).

pneu·ma·to- /n(j)úːmətou, n(j)úːmət- | njúː-, njuːmǽt-/ [連結形] 「空気」「呼吸」「精霊」. 〖Gk *pneuma*(*t-*) 風, 息〗

+**pneu·ma·tol·o·gy** /n(j)ùːmətɑ́lədʒi | njùːmətɔ́l-/ 名 U 〖神学〗聖霊論.　**pneu·ma·to·log·i·cal** /n(j)ùːmətəlɑ́dʒɪk(ə)l | njùːmətəlɔ́dʒ-˧/ 形

pneu·mat·o·phore /n(j)uːmǽtəfɔːr | njuːmǽtəfɔː/ 名 〖植〗呼吸 (通気) 根; 〖動〗気胞[気泡]体.

pneu·mo- /n(j)úːmou | njúː-/ [連結形] 「気体」「肺」「呼吸」「肺炎」. 〖Gk *pneuma* 風, 息, *pneumōn* 肺〗

pnèumo·bácillus 名 (複 -li) 〖菌〗肺炎桿菌.

pnèumo·cóccus 名 (複 -cocci) 〖菌〗肺炎双球菌. **-cóccal** 形

pnèumo·co·ni·ó·sis /-kòunióusɪs/ 名 U 〖医〗塵肺(*じんぱい*)(症).

pneu·mo·cys·tis /n(j)ùːmousístɪs | njùː-/ 名 U 〖医〗❶ ニューモシスチス属の微生物. ❷ (また **pneumocýstis ca·rí·ni·i pneumónia** /-kəráɪniaɪ-/) (ニューモシスチスカリニ肺炎 《エイズなどで免疫機能の低下したヒトに起こる致死性の高い肺炎》.

pnèumo·gástric 形 〖解〗肺と胃との, 肺胃の.

pneu·mo·nec·to·my /n(j)ùːmənéktəmi | njùː-/ 名 U,C 〖医〗肺切除(術).

+**pneu·mo·ni·a** /n(j)uːmóuniə, -njə | njuː-/ 名 U 〖医〗肺炎: acute ~ 急性肺炎. 〖L<Gk=肺の病気; ⇒ pneumo-〗

pneu·mon·ic /n(j)uːmɑ́nɪk | njuːmɔ́n-/ 形 肺炎の; 肺の.

pneu·mo·ni·tis /n(j)ùːmənáɪtɪs | njùːmən-/ 名 〖医〗肺(臓)炎.

pnèumo·thórax 名 ⓤ 〖医〗気胸(症); 気胸(術).
PNG 〘略〙 Papua New Guinea.
p-n jùnction /píːén-/ 名 〖電子工〗(半導体の) pn 接合.
Pnom Penh /(p)námpén | (p)nóm-/ 名 =Phnom Penh.
po /póu/ 名 (徳 ~s) 〘英口〙おまる (chamber pot). 〖F *pot* pot の発音から〗
Po /póu/ 名 [the ~] ポー川《イタリア北部を東流してアドリア海に注ぐ同国最長の川》.
Po 〘記号〙〖化〗polonium. **p.o., PO** /píːóu/ 〘略〙 petty officer; postal order; post office. **POA** 〘略〙〘英〙 Prison Officers' Association 刑務所職員連合《労働組合》.

⁺**poach**¹ /póutʃ/ 動 他 ❶ **a** 〈鳥獣魚などを〉密猟[密漁]する. **b** 〈他人の土地などに〉侵入する;〈猟場を〉荒らす. ❷ 〈他人の考え, 労働者などを〉不正手段で取る, 盗む: The company ~*ed* our best salesperson. その会社はうちで一番の販売係を不当に引き抜いた. ― 自 ❶ **a** 〈…を〉密猟[密漁]する [*for*]: go ~*ing* 密猟[密漁]に出かける. **b** 〈猟場を〉荒らす [*on*]. ❷ 〈他人の領域・なわばりなどに〉侵害する, 荒らす: ~ *on* another researcher's preserve 他の研究者の領分を侵す. ~**·ing** 名 〖F〗

⁺**poach**² /póutʃ/ 動 他 ❶ 〈卵を〉ポーチする, 落とし卵にする《割って熱湯の中でゆでる, または poacher² で蒸す》: ~*ed* eggs 落とし卵, ポーチドエッグ. ❷ 〈魚を〉ゆでる. 〖F 〈 *poche*; 固まった白身を黄身の袋と考えたことから〗

póach·er¹ 名 ❶ 密猟[密漁]者; 侵入者. ❷ (商売の)なわばり荒らし. 〖POACH¹+-ER¹〗
póach·er² 名 落とし卵用のなべ. 〖POACH²+-ER¹〗
POB 〘略〙 post office box.
⁺**PÓ Bòx** /píːóu-/ 名 〘英〙=post office box.
Po·ca·hon·tas /pòukəhάntəs | -pɔ̀kəhɔ́n-/ 名 ポカホンタス (c. 1595-1617)《北米先住民の族長 Powhatan の娘; Jamestown 植民地の指導者 John Smith が彼女の属する部族につかまって処刑されようとした時, 彼の命を救ったといわれる》.

po·chard /póutʃəd | -tʃəd/ 名 (徳 ~s, ~) 〖鳥〗ホシハジロ; ホシハジロと同類の各種のカモ.
po·chette /pouʃét | pɔ-/ 名 ポシェット《女性用の袋型の小さいハンドバッグ》. 〖F 〈 *poche* 袋 +-ETTE〗
pock /pάk | pɔ́k/ 名 痘瘡, ポック, あばた (cf. pox).
pocked 形 =pockmarked.

＊**pock·et** /pάkɪt | pɔ́k-/ 名 ❶ ポケット: a coat — ～ コート[上着]のポケット. a breast [hip] ～ 胸(ズボンの尻)ポケット. ❷ ポケット状のもの: **a** (列車・飛行機などの座席についている)網袋. **b** (自動車のドア内側の)物入れ, ポケット. **c** (窓枠などの)戸袋, 空洞. **d** (カンガルーなどの) 袋. **e** 〖野〗(ミットの)凹所, ポケット. ❸ 〔通例単数形で〕所持金, 資力, 金銭: deep ～s 十分な資力, 富 / empty ～s 文なし(の人) / live beyond one's ～ 資力[収入]以上の暮らしをする / pay (a charge) out of one's own ～ 自腹を切って払う / It's hard [easy] on the ～. それはふところが痛む[まない]. ❹ **a** (周囲から孤立した異質の)小地域, 孤立地帯, ポケット地区 (*of*): There're rural ～s even around the city. 都市の近くにもまだいなかの土地がぽつぽつ残っている. **b** 〖空〗エアポケット. ❺ 〖玉突き〗玉受け, ポケット《玉突き台の四隅と両側中央にある》. ❻ 〖地〗 **a** (金・石油などの)鉱脈の穴. **b** 鉱穴の埋蔵量.

be in èach óther's pócket 〈二人が〉いつも一緒にいる.
búrn (a hóle in) a person's pócket 〈金が〉身につかない.
hàve…in one's pócket (1) 〈ものを〉完全に自分のものにしている. (2) 〈人を〉思うとおりに使う.
in pócket (1) 〈金が〉手もとにあって. (2) (商売・賭けなどで)もうけて (↔ out of pocket).
líne one's (ówn) pócket(s) 〘口〙(通例不正な手段で)ふところを肥やす, 私腹を肥やす (cf. line² 他 2).
live in èach óther's pócket =be in each other's POCKET 成句.
òut of pócket (1) (買い物・賭け・商売などで)損をして (↔

in pocket): I'm ￡500 *out of* ~ on that transaction. その取引で 500 ポンド損してしまった. (2) 自費で.
pick a [a person's] pócket 〈人の懐中を〉する, すりを働く (cf. pickpocket).
pùt one's hánd in one's pócket (1) ポケットに手を入れる. (2) 金を使う, 支払う.
pùt one's príde in one's pócket 自尊心を抑える.
súit évery pócket だれでもまかなえる.
― 形 A ❶ ポケットくらいの大きさの; 小型の, 携帯用の: a ～ camera [calculator, dictionary] ポケット型[小型]カメラ[計算器, 辞典]. ❷ 小規模の, 局地的の.
― 動 他 ❶ 〈…を〉ポケットに入れる; ～ one's keys かぎをポケットにしまう. ❷ (通例不正な方法で)〈…を〉自分の物にする, 着服する: He ～*ed* all the funds. 彼は資金を全部横領した. ❸ 〈毎奪などを〉我慢する, 心におさめる; 〈感情を〉隠す, 抑える: ～ an insult 屈辱をこらえる / ～ one's pride 自尊心を抑える. ❹ 〘米〙〈大統領・州知事が〉〈議案を〉握りつぶす (cf. pocket veto). ❺ 〖玉突き〗〈球を〉玉受けに入れる (pot).
〖F; POCHETTE と同語源〗

pócket báttleship 名 (第 2 次大戦時のドイツの)小型軍艦.
pócket bòok 名 〘米〙文庫本, ポケットブック.
pócket-bòok 名 [one's ~] 〘米〙資力, 財源: It's out of reach of my ～. それはとても私には手が出ない. ❷ 〘米〙ハンドバッグ (handbag). ❸ 紙入れ, 札入れ, 財布. ❹ (小型の)手帳 (notebook). ❺ 〘米〙=pocket book.
pócket bòrough 名 〘英史〙懐中選挙区《個人または一族の牛耳る選挙区; 1832 年選挙法改正で廃止》.
pócket chánge 名 ⓤ ❶ (ポケットに入れて持ち歩く)小銭. ❷ 小額の金.
pock·et·ful /pάkɪtfùl | pɔ́k-/ 名 ❶ ポケット 1 杯〔*of*〕. ❷ たくさん: make ～s *of* money 相当の金高を稼ぐ, ひと財産つくる.
pócket gòpher 名 〖動〗ホリネズミ (gopher).
pócket-hándkerchief 名 (ポケットに入れておく普通の)ハンカチ. ― 形 〘英口〙四角で小さい, 狭い: a ～ garden 猫のひたいほどの狭い庭.
pócket·knìfe 名 (徳 -knives) (折りたたみ式の)ポケットナイフ (penknife).
⁺**pócket mòney** 名 ⓤ ❶ こづかい銭. ❷ 〘英〙(子供の)こづかい 〘米〙allowance).
pócket protéctor 名 ポケットプロテクター《ポケットに挿したペンのインクもれで服が汚れるのを防ぐためポケット内に装着するビニールケース; nerd のシンボルとされる》.
pócket-síze 形 ポケット型の, 小型の.
pócket-sízed 形 =pocket-size.
pócket véto 名 〘米〙〈大統領・州知事の〉議案拒否権.
pócket-véto 動 他 〘米〙〈大統領・州知事が〉〈議案を〉握りつぶす.
pócket wátch 名 懐中時計.
póck·màrk 名 あばた.
póck·màrked 形 あばたのある; くぼみ[穴]だらけの〔*with*〕(pocked).
pock·y /pάki | pɔ́ki/ 形 (**pock·i·er, -i·est**) あばた (pocks) の(ある). **póck·i·ly** /-kɪli/ 副
po·co /póukou/ 副 〖楽〗少し: ～ presto 少し速めに. 〖It〗

⁺**pod**¹ /pάd | pɔ́d/ 名 ❶ (エンドウなどの)さや. ❷ さや状のもの: **a** (蚕の)まゆ. **b** (イナゴの)卵袋. ❸ 〖空〗ポッド《燃料・エンジン・武器などを飛行機の翼下に取りつけた細長い容器》: an engine ～ (ジェット機の)エンジンポッド. ❹ 〖宇宙〗(宇宙船の)離脱部. **in pód** 〖古風〗妊娠して. ― 動 (**pod·ded; pod·ding**) 自 〈さや状のものが〉さやをなす; 〈さやが〉実る; さやを生ずる 〈*up*〉. ― 他 〈…の〉さやをむく.
pod² /pάd | pɔ́d/ 名 アザラシやクジラなどの小群.
-pod /pάd | pɔ́d/ 〖名詞連結形〗「足」「…な[…本の]足をもつ(もの)」. 〖Gk *pous, pod-* 足〗
p.o.d., POD /píːòudí:/ 〘略〙 pay on delivery 現物引替払い, 代金引替.
p.o.'d /píːóud/ 〘米口〙頭にきて, かっかして, いらいらして. 〖*pissed off*〗

po·dag·ra /pədǽgrə/ 名 ⓤ 《医》足部痛風. **po·dág·ral** /-rəl/, **po·dág·ric** /-rɪk/, **po·dág·rous** /-rəs/ 形

podge /pάdʒ/ 名 《英口》ずんぐりした人[もの].

Pod·go·ri·ca, -tsa /pάdgəri:tsə/ 名 ポドゴリツァ《モンテネグロ(Montenegro)共和国の首都; 旧称 Titograd (1946-92)》.

podg·y /pάdʒi/ 形 (**podg·i·er; -i·est**)《英》〈人が〉ずんぐりした, 太った;〈顔など〉ぽちゃっとした (pudgy). **pódg·i·ness** 名

po·di·a·trist /pədάɪətrɪst/ 名《米》足病医 (《英》chiropodist).

po·di·a·try /pədάɪətri/ 名 ⓤ 《米》《医》足病学, 足病治療 (《英》chiropody).

⁺**po·di·um** /póʊdiəm/ 名 (徴 ~s, **-di·a** /-diə/) ❶ a 演壇 (dais). b (オーケストラの)指揮台. ❷ 《建》ポディウム, 基壇《古代神殿などが建つ高い石造りの土台》. 〖L<Gk <pous, pod- 足〗

Po·dunk /póʊdʌŋk/ 名《米口》 ちっぽけな田舎町, 片田舎. — 形 [通例 p~] 僻地の(⁀), 片田舎の, ちっぽけな.

pod·zol /pάdzəl/, **-sol** /pάdsəl | pódzəl/ 名 ⓤ 《土壌》ポドゾル《湿潤寒冷気候の針葉樹林下に典型的に発達する土壌; 堆積腐食層の下に灰白色の漂白層, その下に暗い色を呈する鉄・アルミニウム・腐食の集積層がある》. **pod·zol·ic** /pədzάlɪk | pódzɔ́l-/ 形

pod·zol·i·za·tion /pὰdzəlɪzéɪʃən | pόdzəlaɪz-/, **-sol-** /pὰdsəlɪzéɪʃən | pόdsəlaɪz-/ 名 ⓤ 《土壌》ポドゾル化《湿潤寒冷気候のもとで, 土壌の表層で塩基や鉄・アルミニウムが溶脱し, 浸透水とともに下層に運ばれて集積する作用》. **pod·zol·ize** /pάdzəlὰɪz | pódzɔ́l-/ 動 他

Poe /póʊ/, **Edgar Allan** 名 ポー《1809-49; 米国の短編作家・詩人》.

⁺**po·em** /póʊəm/ 名 詩; 韻文: a lyric ~ 叙情詩 / an epic ~ 叙事詩 / compose [write] a ~ 詩を作る[書く]. 〖L<Gk; 原義は「作られたもの」; cf. poet〗 **(形)** poetic

po·e·sy /póʊəzi/ 名 ⓤ 《古・詩》❶ 詩. ❷ 作詩(法).

⁺**po·et** /póʊət/ 名 詩人, 歌人. ❷ 詩心を持った人. **Póets Córner** ポエッツコーナー, 詩人記念隅《Westminster Abbey の南廊 (transept) の一区画; 多くの英国の詩人の墓と記念碑がある》. 〖F<L<Gk; 原義は「作る人」; cf. poem〗 **(形)** poetic

po·et·as·ter /póʊətæ̀stɚ | pòʊətǽstə/ 名 へぼ詩人.

po·et·ess /póʊətəs | pòʊətés/ 名 女流詩人.

⁺**po·et·ic** /poʊétɪk/ 形 (**more ~; most ~**) ❶ 詩の; 詩的な: ~ diction 詩語(法) / a ~ drama 詩劇. ❷ 詩人の, 詩人肌の: ~ genius 詩才. ❸ 詩趣に富んだ, ロマンチックな. (名) poem, poet)

po·et·i·cal /poʊétɪk(ə)l/ 形 ❶ Ⓐ 詩で書かれた: the ~ works of Milton ミルトンの詩集. ❷ =poetic. **~·ly** /-kəli/ 副

po·et·i·cism /poʊétəsɪ̀zm/ 名 詩的語法[表現], 古風な表現.

po·et·i·cize /poʊétəsὰɪz/ 動 他 詩にする, 詩的に(表現)する, 詩化する. — 自 詩を作る; 詩的に書く[話す].

poétic jústice 名 ⓤ 詩的正義《勧善懲悪・因果応報の思想》.

poétic lícense 名 ⓤ 詩的許容《詩などで効果をあげるために用いる韻律・文法・論理上などの逸脱》.

po·et·ics /poʊétɪks/ 名 ⓤ ❶ 詩学; 詩論. ❷ 韻律学.

po·et·ize /póʊətὰɪz/ 動 他 =poeticize. **-iz·er** 名

póet láureate 名 (徴 **poets laureate, ~s**) [しばしば the ~; また P-L-]《英国の》桂冠(ᵏᵃⁱ)詩人《国王任命の王室付き詩人》.

⁺**po·et·ry** /póʊətri/ 名 ⓤ ❶ a (文学の一形式としての)詩, 韻文 (verse; ↔ prose): lyric [epic] ~ 叙情[事]詩. b 詩(全体): the ~ of Hardy ハーディーの詩. ❷ 歌心, 詩心, 詩情; 詩的感興. 〖L; ⇒ poet, -ry〗

po-faced /póʊféɪst⁻/ 形 《英口》❶ まじめくさった顔[表情]をした. ❷ いやにまじめな.

po·gey /póʊgi/ 名 ⓤ 《カナダ口》失業保険給付金; 福祉手当.

po·go /póʊgoʊ/ 名 (徴 **~s**) =pogo stick. — 動 自 《口》(その場で)音楽[パンクロック]に合わせて跳びはねる.

pógo stíck 名 ポーゴー《棒の先にばねがついた一本棒で竹馬に似たホッピングの一種》.

po·grom /póʊgrəm | póg-/ 名 (組織的・計画的な)民族虐殺, 《特に》ユダヤ人虐殺. 〖Yid<Russ=破壊〗

poi¹ /póɪ/ 名 ⓤ ポイ《ハワイのタロイモ(taro)料理》.《Hawaiian》

poi² /póɪ/ 名 (徴 ~, ~**s**) ポイ《マオリ人が歌・ダンスに合わせて糸を付けて振り回す小さなボール; 麻・アシなどが普通》.

-poi·e·sis /pɔɪí:sɪs/ (徴 **-e·ses** /-si:z/) [名詞連結形]「産出」「生成」「新生」.

-poi·et·ic /pɔɪétɪk⁻/ [形容詞連結形]「生み出す (creative)」.

poi·gnance /pɔ́ɪnjəns, -nəns/ 名 =poignancy.

poi·gnan·cy /pɔ́ɪnjənsi, -nən-/ 名 ⓤ 激しさ, 鋭さ; しんらつさ; 痛ましさ.

⁺**poi·gnant** /pɔ́ɪnjənt, -nənt/ 形 ❶ 〈悲しみなど〉胸を刺すような, 激しい, 強烈な: ~ regret 痛恨. b 〈興味など〉強く心に訴える. ❷ しんらつな, 鋭い: ~ sarcasm 鋭い皮肉. ❸ 〈におい・味などつんと鼻にくる, ぴりっと辛い. ❹ 〖F<L<pungere 突きさす; cf. point〗 〖類義語〗 ⇒ moving.

poi·ki·lo- /pɔ́ɪkəloʊ/ [連結形]「さまざまな」「変化のある」.

poi·kil·o·therm /pɔ́ɪkəloʊθə̀:m | -ləθə̀:m/ 名 〈動〉 変温動物, 冷血動物.

pòikilo·thérmic, -thérmal 形 〈動〉環境に応じて体温が変化する, 変温性の, 冷血の (cold-blooded) (↔ homeothermic).

poi·lu /pwɑːl(j)úː | pwάːluː/ 名《第一次大戦における》フランス兵.

poin·ci·an·a /pɔ̀ɪnsiǽnə/ 名 〈植〉ホウオウボク《マメ科; 熱帯産》.

poin·dex·ter /pɔ́ɪndekstɚ | -tə/ 名 《米俗》本の虫, 優等生.

poin·set·ti·a /pɔɪnsétiə/ 名 〈植〉ポインセチア《上部の葉は燃えるような真紅色でクリスマスの装飾に用いる》.《この花を Mexico から持ち帰った米国の外交官 J.R. Poinsett /pɔ́ɪnset/ にちなむ》

⁂**point** /pɔ́ɪnt/ 名 ❶ a ⓒ (面・線・時間上の位置を示す)点, 個所, 地点: a ~ on a map 地図上の一点 / a starting ~ 出発点 / visit the ~s of interest in a town 町の興味ある所を訪ねる. b (時間上の位置を示す)ある点, (特定の)時点; (決定的)瞬間: At this ~ she burst out crying. この瞬間彼女はわっと泣きだした / when it comes to the ~ いざという場合になると. c ⓒ 〈数〉点: the ~ of contact 接点; (性格・興味などの)接点 / the ~ of intersection 交点. ❷ ⓒ (武器・道具などの)とがった先端, 先: the ~ of a sword [needle] 剣[針]の先. b 〈体の部分の〉突き出た先端: the ~ of the jaw あごの先. c 〈地名・特に岬〉突端, 岬; P- Conception コンセプション岬 (California 州にある). ❸ a ⓒ [通例単数形で] 問題(点), 論点: a ~ of conscience 良心の問題 / a ~ of honor 名誉にかかわる問題 / the ~ at issue (目下の)問題点, 争点 / the finer ~s of etiquette エチケットの微妙な[難しい]点 / You have a ~ there. なるほど君の言うことにも一理ある. b [the ~] 点, 主眼点, 論旨, ポイント: the ~ of an argument 議論の要点 / keep [stick] to the ~ 要点をはずさない / Get [Come] to the ~. (前置きはいいから)要点を言ってくれ / What is the ~ of the story? その物語のねらいとする所は何か / The ~ is that [The ~ is,] we are short of funds. 問題は資金が足りないということだ (★ [~]の方が口語的) / That's just the ~. まさにその要点だ. c 特徴となる点, 特質: the weakest [strongest] ~ in one's character 人の性格のいちばんの短所[長所] / a selling ~ セールスポイント / He has some good ~s. 彼にはいい点がいくらかある. d (全体の中の)細かな点, 項目, 事項: on this [that] ~ この[その]点について(は) / Are you clear on each ~ of the plan? その計画の各項目がよくわかっていますか. ❹ ⓤ [通例否定または疑問文で] (行為などの)目的, 意味; 効果, 適切さ:

There's *no* ~ *in* giv*ing* him advice. 彼に忠告しても意味がない / I do*n't* see the ~ *of* [*in*] lett*ing* him go. 彼を行かせる意味がわからない / What's the ~ *of going* to college? 大学へ行って何になるんだい / The speech lacked ~. そのスピーチはぴんとこなかった. ❺ (小さな)点: **a** 点, 小さな印, ぽつ: a ~ of light 小さな点に見える光. **b** (小数の)小数点: two ~ five 2.5 / zero ~ two 0.2 《[読み方] 3.14 の読み方は three point one four》. **c** 句読(くとう)点; (特に)終止符. **d** (点字の)点. **e** 〘楽〙 付点; スタッカート記号. ❻ **a** (計器・目盛りなどの)**度, 点**: (the) freezing ~ 氷点 / (the) boiling ~ 沸点. **b** (事態・進展などの)**段階, 程度**: up to a (certain) ~ ある点までは / The bag is full to the bursting ~. その袋はいっぱい詰まってはちきれんばかりだ / He's inquisitive to the ~ of rudeness. 彼は無礼ともいえるほどせんさく好きだ. ❼ **a** (競技などの)**点数, 得点**: gain [score, win] a ~ 1 点を得る / lose [win] on ~*s* (ボクシングの)判定で負ける[勝つ] / win a game by ten ~*s* to three 10 対 3 で試合に勝つ. **b** 《米》 (学科制度の評価の単位としての)単位 《通例毎週 1 時間 1 学期間の授業》. **c** (指数・株価などの)ポイント. ❽ [C] 〘海〙 方位, ポイント 《羅針盤の周囲の 32 点のひとつ; 二つのポイントをはさむ角度は 11°15′》: ⇨ the POINTS of the compass [成句]. ❾ [U] [通例基数を伴って] 〘印〙 ポイント活字: in 8 ~ 8 ポで[の]. ❿ [C] 〘電〙 (分配器の)スイッチ, 接点; 《英》 コンセント (《米》 outlet). ⓫ [複数形で] 《英》 〘鉄道〙 ポイント, 転轍(てんてつ)機 (《米》 switches). ⓬ 〘猟〙 (猟犬による)獲物の方向指示 (cf. pointer 2): make [come to] a ~ 〈猟犬が〉立ち止まって獲物の方向を見つめる. ⓭ 〘クリケ〙 [U] ポイント 《打者側の三柱門 (wicket) に近い off 側の守備位置》; [C] ポイントの守備選手. ⓮ [複数形で] 〘バレエ・ダンス〙 (足の)指先: dance on ~*s* トウダンスをする.

at áll póints どの点においても; 完全に, 徹頭徹尾.

at the póint of...の間際に[で], まさに...しようとして: The old man was *at the* ~ *of* death. その老人は死に瀕(ひん)していた / He was *at the* ~ *of going* out. 彼はこれから出かけるところだった.

besìde the póint 要点をはずれた[て].

cárry [gáin] one's póint 自分の主張[意見]を通す.

gìve póints to a person＝**gíve** a person **póints** (競技などで)人にハンディキャップを許す; 人にまさる.

in póint 適切な: a case *in* ~ 好例, 適例.

in póint of...の点で(は), ...に関して(は).

in póint of fáct 実際のところ, 事実上: *In* ~ *of fact* you're wrong. 実際のところ君(の言うこと)は間違っている.

màke a [one's] **póint** (議論などで)主張の正しいことを示す; 要点をわかってもらう.

màke a póint of... (1) [do*ing* を伴って] **決まって[必ず]**〈...〉する: He *made a* ~ *of* never be*ing* late. 彼は一度も遅刻したことがなかった. (2) [しばしば do*ing* を伴って] ...を主張[強調, 重視]する: My father *made a* great ~ *of* our return*ing* home on time. 父は私たちに定刻に帰宅するようにと強く言い渡した.

màke it a póint to dó 決まって[必ず]〈...〉する: I *make it a* ~ *to* do everything by myself. 私は何事も自分の力ですることにしている.

nót to pùt tóo fíne a póint on it ありのままに言うと.

òff the póint 見当違いの[で].

on the póint of... [通例動名詞を伴って] (まさに)...しかかって; ...の間際に[で] (on the verge of): He was *on the* ~ *of* leav*ing*. 彼は行きかけているところだった / He was *on the* ~ *of* death. 彼は死に瀕(ひん)していた.

póint by póint いちいち, 逐一, 詳細に.

póint for póint 逐一[いちいち]比較して.

póint of nó retúrn [the ~] (1) 〘空〙 帰還不能点 《飛行機がもはや出発点に戻る燃料がなくなる点》. (2) もはや後に引けない段階.

póint of órder ([複] **points of order**) 議事手続き[進行上]の問題.

póint of réference ([複] **points of reference**) 評価[判断]の基準.

póint of víew ([複] **points of view**) (1) 観点, 見地, 見解 (viewpoint, angle): from an educational ~ *of view* 教育的見地から(すれば) / from *the* ~ *of view* of a scientist 科学者の立場から(は). (2) (物語などを進行させる時の)視点.

póint táken 了解しました 《訂正を認めた時などにいう》.

próve a [one's] **póint** ＝make a [one's] POINT [成句].

púsh the póint 《古風》 主張[意見]を押し通す.

scóre a póint [**póints**] **òff** [**agàinst, òver**]... ⇨ score [動] [成句].

strétch a póint (規則などを)勝手に解釈する, 融通をきかせて適用する.

táke a person's **póint** 人の言うことを理解する; 人の意見に賛成する.

the póints of the cómpass 羅針盤の 32 方位.

to the póint 適切な, 要を得た: The instructions were precise and *to the* ~. 指示は正確で要を得ていた.

upòn the póint of... ＝on the POINT of... [成句].

── [動] [他] ❶ **a** 〈指・銃などを〉(...に)向ける 〔*at, to, toward*〕: They ~*ed* their cameras *at* her. 彼らはカメラを彼女に向けた / He ~*ed* his finger *at* me. 彼は私を指さした 《★ 人に指を向けるのは失礼なことなので, 「...を非難する」の意にもなる》. **b** [副詞(句)を伴って] 〈人を〉(...に)向けさせる: He ~*ed* her *to* a seat. 彼は彼女に座るように席を指さした. ❷ 〈...を〉とがらす, 鋭くする, 削る 《★ sharpen のほうが一般的》: ~ a pencil 鉛筆を削る. ❸ **a** 〈...に〉句読点を打つ. **b** 〈数字に〉小数点を打つ. **c** 〘楽〙 〈...に〉点を打つ, 符をつける. ❹ 〈忠告・教訓などを〉強調する, 〈...に〉力[勢い]をつける. ❺ 〈猟犬が〉〈獲物を〉さし示す. ❻ 〘石工〙 〈れんが積みなどの〉継ぎ目にしっくい[セメント]を塗る. ❼ 〈ダンサーなどが〉〈つま先を〉立てる. ── [自] ❶ (...を)**指さす, さす; 示す**: Don't ~ *at* people. 人を指さしてはいけません / The hands of the clock ~*ed to* 9:15. 時計の針は 9 時 15 分をさしていた / The road sign ~*s* south [*to* the south]. その道路標識は南を指している / All the evidence ~*s to* [*toward*] him as the murderer. すべての証拠が彼が殺人犯であると示している. ❷ [副詞(句)を伴って] (ある方向に)向いている: The churches in Europe ~ *east* [*to* the east]. ヨーロッパの教会は東向きに立っている. ❸ 〈猟犬が〉立ち止まって獲物の位置を示す.

póint óut 《[他]+[副]》 (1) (注意をひくために)〈人・物を〉(指などで)指し示す: She ~*ed out* the shop *to* me. 彼女はその店を指で私に示した. (2) 〈...を〉**指摘する**: *P~ out* any errors *to* me. 誤りがあったら何なりと指摘してください / I ~*ed out that* the account had still not been settled. 勘定がまだすんでいないことを指摘した. **póint úp** 《[他]+[副]》 〈話・感情などを〉強調する, 際立たせる: This ~*s up* the importance of what I have been telling you. このことは今まで君たちに話してきたことが重要であることを強調するものである.

〘一部は F＜L *punctum* 点, 一部は F＝尖端＜L *pungere, punct-* 突きさす; cf. puncture〙

^+^**póint-blánk** [形] [副] ❶ 〈射撃など〉(至近距離から)直射の[で]: fire at ~ range 直射する / a ~ shot 直射 / fire ~ 直射する. ❷ まともな[に], きっぱりと(した) (outright): a ~ refusal そっけない拒絶 / She refused ~. 彼女はきっぱりと断わった.

point d'ap·pui /pwǽndæpwí:/ [名] ([複] **points d'appui** /~/) 支点; 根拠地, 作戦基地; (議論などの)根拠.

póint dùty [名] [U] 《英》 (交通巡査の)立ち番.

^*^**point·ed** /pɔ́ɪntɪd/ [形] ❶ (先の)とがった, 鋭い: a ~ beak 鋭いくちばし / a ~ nose とがった鼻. ❷ 〈言葉など〉しんらつな, 厳しい: a ~ comment しんらつな批評. ❸ 〈表情・言葉など〉あてつけた: a ~ remark あてつけの言葉 / give a ~ look at...をあてつけがましく見る. ❹ 明白な, 明らかな: ~ indifference 明らかな無関心. **~·ly** [副] しんらつに; あてつけがましく; あからさまに. **~·ness** [名]

poin·telle /pɔɪntél/ [名] [U] ポインテル: **a** 杉綾模様などとがった形のオープンワークのデザイン. **b** このデザインの, しばしば アクリルを素材とするレース様の生地.

póint·er /-ṭɚ | -tə/ [名] ❶ [C] **a** さす人[もの]. **b** (時計・はかりなどの)針, 指針 (needle). **c** (地図・黒板などをさす)さ

し棒. **d**〖電算〗ポインター《マウスなどと連動して画面上で動く矢印など》. **e**〖電算〗ポインター《プログラミングでメモリの番地を値にもつ変数》. ❷ 〖C〗ポインター種の猟犬 (cf. setter 1, point 图 A 12, ⑱ 3). ❸ 〖C〗示唆, 助言 (tip): give a person a few ~s 人に二, 三助言を与える. ❹ [the Pointers]〖天〗指極星《おおぐま座のアルファ(α), ベータ(β)の2星; この2星間の距離を5倍延ばすと北極星の位置》.

póint guàrd 图〖バスケ〗ポイントガード《攻撃の指示を行なうガードの選手》.

poin·til·lism /pɔ́ɪntəlɪzm/ 图 〖U〗〖美〗点描画法.
poin·til·list /pɔ́ɪntəlɪst/ 图 点描画家.
pointing device 〖電算〗ポインティングディバイス《マウスなど画面上のポインターを操作する装置》.
póint làce 图 針編みレース (needlepoint).
†**póint·less** 形 ❶ 無意味な (senseless); 無益な, 要領を得ない: It's ~ to try to persuade him. 彼を説得しようとしてもむだだ. ❷ 先のない, 鈍い. ❸ 〈競技で〉無得点の. ~·ly 副. ~·ness 图.
póint mutàtion 图〖遺〗点突然変異.
póint-of-sále 形 图〈宣伝・広告の〉売り場の, 店頭での(略 POS).
póints·man /-mən/ 图 (⑱ -men /-mən/)《英》〖鉄道〗の転轍(てん)手 (《米》switchman).
póint sóurce 图〖理・光〗点源, 点光源.
póint spréad 图《米》(アメリカンフットボールやバスケットボール試合の賭けで本命チームが弱いチームを破る際の) 予想点差, ハンディキャップポイント《これを弱いチームの点数に加算して勝敗の率を五分にする》.
póint sỳstem 图 ❶ (盲人のための)点字法. ❷ (学業成績の)点数制度. ❸ (ドライバーの違反をつける)点数制度.
póint-to-póint 图 クロスカントリー競馬《特定の地点からゴールまでコースは騎手が自由に選べる大野外障害物競馬》. — 形 〈往路・旅行など〉(目的地)直通[直行]の;〖電算〗〈通信方式など〉2地点間直接接続の(ための).
point·y /pɔ́ɪnti/ 形 先のとがった; あちこちとがったところのある.
póinty-héad 图《米俗・軽蔑》インテリ, 知識人. **póinty-héaded** 形.
Poi·rot /pwɑːróu/｜ェ ー /, **Her·cule** /eək(j)úːl /｜eə-/ ポアロ《英国の作家 A. Christie の推理小説に登場するベルギー人の名探偵》.
poise[1] /pɔ́ɪz/ 图 〖U〗 ❶ 釣り合い, バランス. ❷ 平静; 安定, 落ち着き. ❸ 身のこなし, 態度. — 動 ⑲〈…の〉釣り合いをとる, バランスをとる. — ⑩ ❶ 釣り合う. ❷〈鳥などが〉空を舞う. 〖F<L=量る〗
poise[2] /pwɑ́ːz/ 图〖理〗ポアズ, ポイズ《粘度の cgs 単位》.
*__poised__ /pɔ́ɪzd/ 形 ❶ P 宙に浮かんだ: His pen was ~ above the contract. 彼のペンは契約書の上でまだ止まったままだった. ❷ P (…する)用意が十分にできて: They were ~ for attack.(+to do) They were ~ to attack. 彼らはすぐにでも攻撃する態勢にあった. ❸〈人の態度が〉落ち着いた, 落ち着き払った (self-possessed). ❹ P〈…に〉軽く座って〈in, on〉: She was ~ on the edge of a chair. 彼女はいすの端に軽く腰をかけていた. ❺ P〔…との間で〕動揺して, どちらともつかないで: She was ~ between two alternatives. 彼女は二者択一の間で揺れていた.
*__poi·son__ /pɔ́ɪz(ə)n/ 图 ❶ 〖UC〗毒, 毒薬: a deadly ~ 劇毒, 猛毒 / take ~ 服毒する / One man's meat is another man's ~. 「ある人の肉は別の人にとっての毒である」「甲の薬は乙の毒」. ⇨ meat 4. ❷ 〖UC〗〈悪影響を及ぼす〉有害な主義[説, 影響]. ❸ [one's ~] (口・戯言) 飲み物; (特に)酒: What's your ~?=Name your ~. 酒は何にする. ◆ **háte like póison**〈…を〉ひどく嫌う. — 動 ⑩ ❶ **a**〈…に〉毒を盛る[塗る]: ~ a person's drink 人の飲み物に毒を入れる. **b**〈…を〉毒殺する. ❷〈…を〉害する, 毒する, 汚染する (contaminate): The soil was ~ed and the whole area (was) devastated. 土壌は汚染され, その地域全体が荒廃していた / Jealousy ~ed their friendship. しっとが彼らの友情をむしばんだ. **póison a person's mínd agàinst…** …に対して人の(心)に(悪い)偏見を抱かせる: That ~ed his mind against me. そのことで彼は私に偏見を抱くようになった. 〖F<L potio 飲み物; ⇨ potion〗 形 poisonous) toxic)
pói·soned 形 毒入りの, 毒を塗った.
poisoned chálice 图《英》受ける側にとってさまざまな問題の原因となりそうな任務[賞, 名誉], 「毒入り杯」.
pói·son·er /-z(ə)nə｜-nə/ 图 毒を使って害を与える者, 毒殺者.
póison gás 图 〖U〗毒ガス.
pói·son·ing /-z(ə)nɪŋ/ 图 ❶ 中毒: (get) food ~ 食中毒(にかかる). ❷ 毒殺.
póison ívy 图 〖UC〗〖植〗ツタウルシの一種《北米産; 触れるとかぶれる》.
póison óak 图〖植〗ツタウルシの一種《北米産; poison ivy の近縁種》.
*__pói·son·ous__ /pɔ́ɪz(ə)nəs/ 形 (more ~; most ~) ❶ 有毒な, 毒性の(ある) (toxic): a ~ snake 毒ヘビ / ~ wastes 有毒廃棄物. ❷ (道徳的に)有害な, 悪意のある. ❸ ひどく不快な. (图 poison)
póison-pén 形 〖A〗〈手紙が〉(匿名で)中傷的な.
póison píll 图〖金融〗毒薬錠, ポイズンピル《企業買収の防衛策; 特に現株主に株式配当の形で転換優先株を発行することにより買収コストを高くすること》.
póison súmac 图〖植〗北米南東部の沼沢地に生育するウルシ属の有毒な低木《触れるとかぶれる》.

†**poke**[1] /póʊk/ 動 ⑩ ❶ **a**〈指・腕・棒などで〉〈…を〉突く, つつく, こづく (jab, prod): He ~d me in the ribs. 彼は私の横腹を突いて注意を引いた. **b**〈うずみ火などを〉かき立てる: He ~d the fire up. 彼は火をつっついて燃えあがらせた. ❷〈突いたり, 押したりして〉〈…に〉〈穴〉をあける〈in, through〉. ❸〈角・鼻・棒などを〉〈…に〉突きつける, 突き出す; 突っ込む: Never ~ your head out (of a train window). 決して(列車の窓から)頭を出してはいけない / He ~d his finger in [through]. 彼は指を突っ込んだ[突き通した]. ❹《俗・卑》〈女性と〉性交する. — ⑩ ❶ **a**〈…を〉突く, つつく, こづく: He ~d at the frog with a stick. 彼は棒でカエルをつっついた. **b**〈うずみ火などを〉かき立てる;〈食物を〉弱々しく[いやいや]つっつく〈at〉. ❷〈ものが〉〈…から〉突き出る, 突き出ている〈out, up, through, out of〉. ❸〈…を〉せんさくする, 調べる: Stop poking into my personal affairs. 私の個人的なことをせんさくするのはやめてくれ. **póke aróund [abóut]** ⑮(+⑩) (口) ❶〈…を〉探しに行く, 探し回る;せんさくする: She ~d about in her suitcase for the key. 彼女はスーツケースに手を入れて鍵を探した. ⑵ =POKE[1] along 成句. **póke alóng** ⑮(+⑩) (口) ぶらぶらする, のろのろ進む. **póke fún at…** ⇨ fun 成句. — 图 突き, つつき;こづくこと (prod). 〖Du=突き刺す〗
poke[2] /póʊk/ 图《米》袋, 小袋; 財布.
póke bónnet 图〖服〗前ブリムが突き出たボンネット《婦人帽》《特に 19 世紀に流行》.
pók·er[1] /póʊkə｜-kə/ 图 ❶ つつく人[もの]. ❷ 火かき.
†**po·ker**[2] /póʊkə｜-kə/ 图〖U〗〖トランプ〗ポーカー《解説 各自が5枚の手札をもち, できるだけ高位の手 (hand) のチップ (chip) で賭(か)けをし, 相手をドロップさせるか, showdown して手の優劣を競うカードゲーム; ジョーカー (joker) を含めた53枚でプレーする; 手の順位は上から five of a kind, royal flush, straight flush, four of a kind, full house, flush, straight, three of a kind, two pairs, one pair, no pair》.
póker dìce 图 ❶ ポーカーダイス《さいころの目に点でなくトランプの ace, king, queen, jack, ten, nine の印をつけたもの》. ❷ [単数扱い] ポーカーダイスを使うゲーム.
póker fàce 图 (口) 無表情な顔, ポーカーフェース (straight face).《ポーカーをする人が手のうちをさとられないようにする表情から》

póker-fàced 形 ポーカーフェイスの.
póker wòrk 名 ❶ ⓤ 焼き絵《木・革などに火で焼いたこてなどで絵や模様を描く工芸》. ❷ ⓒ 焼き絵の装飾.
póke-wèed 名 〖植〗 ヨウシュヤマゴボウ, アメリカヤマゴボウ《ブドウの房のような紫色の実をつける多年草》.
pok·ey¹ /póuki/ 形 =poky.
po·key² /póuki/ 名 (微 ~s) 《米俗》刑務所.
pok·y /póuki/ 形 (**pok·i·er, -i·est**) 《口》 ❶ 〈部屋など〉狭苦しい, ちっぽけな: a ~ little room ちっぽけな部屋. ❷ 元気のない, だらしない. **pók·i·ly** /-kɪli/ 副
pol /pál│pɔ́l/ 名 《米口》(老練な)政治家. 〖POL(ITICIAN)〗
pol. 《略》political; politics. **Pol.** 《略》Poland; Polish.
Po·lack /póʊlɑ:k│-læk/ 名 《俗・軽蔑》ポーランド系の人.
Po·land /póulənd/ 名 ポーランド《ヨーロッパ中東部の共和国; 首都 Warsaw》.
po·lar /póulə│-lə/ 形 Ⓐ ❶ 南極[北極]の, 極地の; 極地に近い: a ~ expedition 極地探検 / the ~ circles (南北)両極圏 / the ~ lights (南北)極光 / the ~ star 北極星 / the ~ route to London ロンドンへの北極回りの(飛行)コース. ❷ 〈性格・傾向・行動など〉正反対の, 対極の: ~ opposites 正反対のもの. 〖F<L; ⇒ pole², -ar〗(名 polarity, -ze)
pólar bèar 名 〖動〗シロクマ, ホッキョクグマ.
pólar bódy 名 〖生〗極体, 極細胞.
pólar cáp 名 〖地〗極冠《両極地の氷でおおわれた地域》; 〖天〗極冠《火星の両極にある白い部分》.
pólar coórdinate 名 〔通例複数形で〕〖数〗極座標.
pólar cúrve 名 〖数〗極曲線.
pólar dístance 名 〖天〗極距離.
po·lar·im·e·ter /pòulərímətə│-mətə/ 名 偏光計; =polariscope. **po·lar·im·e·try** /-mətri/ 名 偏光分析[測定]. **po·lar·i·met·ric** /pouləramétrɪk⁻/ 形
Po·lar·is /pəlérɪs│-lá:r/ 名 〖天〗北極星.
po·lar·i·scope /poulérəskòup│-rí-/ 名 偏光器.
po·lar·i·ty /poulérəti/ 名 ⓤⓒ ❶ 〖両極性〗(電気の)分極(性); (陰・陽の)極性: magnetic ~ 磁極性. ❷ (主義・性格などの)正反対, 対立, 矛盾(性), 両極(性), 両極端. (形 polar)
po·lar·i·za·tion /pòulərɪzéɪʃən│-raɪz-/ 名 ❶ ⓤⓒ 対立, 分裂. ❷ ⓤ 極性化; (電気の)分極(化).
⁺po·lar·ize /póuləràɪz/ 動 他 ❶ 〈...を〉分極化させる, 分裂させる: The issue has ~d Congress. その問題は議会を二分した. ❷ **a** 〈...に〉極性を与える. **b** 〖理〗〈光波を〉偏光させる: ~d light 偏光. ❸ 〈意見を〉分裂[分派]させる: Congress has ~d on the issue. その問題で議会は二つに割れている. (形 polar)
po·lar·og·ra·phy /pòulərágrəfi│-rɔ́g-/ 名 〖理〗ポーラログラフィー(電気分解自己法). **po·lar·o·graph·ic** /poulərəgrǽfɪk⁻/ 形
⁺Po·lar·oid /póulərɔ̀ɪd/ 名 〖商標〗❶ ⓤ ポラロイド《サングラスなどに用いられる人造偏光板》. ❷ **a** =Polaroid camera. **b** ポラロイド写真. ❸ 〔複数形で〕ポラロイド眼鏡.
Pólaroid cámera 名 ポラロイドカメラ.
pólar stár 名 〔the ~〕北極星.
pol·der /póuldə│pɔ́ldə/ 名 (オランダなどの)干拓地, ポルダー.
⁺pole¹ /póul/ 名 ❶ **a** (細長い)棒, さお, 柱: a fishing ~ 釣りざお / a pole ~ (平底船に用いる)舟ざお / a telephone [《英》telegraph] ~ 電柱 / a ski ~ スキーのストック / ⇒ flagpole, maypole, totem pole. **b** (棒高飛びの)ポール. ❷ (電車の)ポール. **b** (理髪店の)看板棒. ❸ (車の)轅(ながえ). ❸ ポール《長さ・面積の単位; ⇒ rod 5》.
ùp the póle 《英古風》(1) 少々気が狂って. (2) 困って, 進退きわまって. (3) 間違って. —— 動 〔副詞(句)を伴って〕〈船などで〉〈...に〉進める. —— 動 ❶ 〈...に〉船をさおで進める. ❷ スキーストックを使ってスピードを出す: She ~d down the slope. 彼女はストックを巧みに使って斜面を

下った. 〖L palus <い〗
⁺pole² /póul/ 名 ❶ 〖天・地〗極; 極地: the North [South] P~ 南[北]極. ❷ 電極, 磁極; (電池などの)極板, 極線: the positive [negative] ~ 陽[陰]極. ❸ 極端, 正反対.
be póles apárt [asúnder] 正反対である, 極端に違っている (形 polar)
〖L<Gk=回転の軸〗
Pole /póul/ 名 ポーランド人: the ~s ポーランド国民.
póle·àx, 《英》-àxe 名 ❶ (昔の)戦斧(ぶおの)《斧(おの)と矛(ほこ)とを組み合わせた中世の歩兵用武器》. ❷ 〈人を〉頭から打撃して〈人を〉失神させる. ❸ 〈人を〉びっくり仰天させる《★通例受身》: She looked absolutely *poleaxed* by this announcement. 彼女はこの発表を聞いてすっかり動転した様子だった.
póle·càt 名 〖動〗❶ 《英》ヨーロッパケナガイタチ. ❷ 《米》シマスカンク (skunk).
póle jùmp 名 =pole vault.
⁺po·lem·ic /pəlémɪk/ 形 ❶ 議論の, 論争的な. ❷ 論争術の; 論証法の. —— 名 ⓒⓤ 激論, 論争. 〖Gk=戦争の〗
po·lem·i·cal /-mɪk(ə)l/ 形 =polemic. ~·**ly** /-kəli/ 副
po·lem·i·cist /pəlémɪsɪst/ 名 論客, 論争家.
po·lem·i·cize /pəlémɪsàɪz/ 動 自 論争する, 論難[反論]する.
po·lem·ics /pəlémɪks/ 名 ⓤ ❶ 論争(術). ❷ 〖神学上の〗論証法.
po·len·ta /poulénta, pə-/ 名 ⓤ ポレンタ: **a** トウモロコシ粉に水またはスープを加えて火にかけ, 練りあげたもの; 冷ましてスライスし, 焼いたり揚げたりする. **b** トウモロコシ粉.
póle pìece 名 〖電〗磁極片, 極片.
⁺póle posítion 名 ⓒⓤ ❶ ポールポジション《カーレースのスタート時の最前列》. ❷ 主導的な位置.
póle·stàr 名 ❶ 〔the ~; しばしば P~〕〖天〗北極星. ❷ ⓒ **a** 指導原理. **b** 注目の的.
póle vàult 名 ❶ 〔the ~〕(スポーツの種目としての)棒高飛び. ❷ ⓒ (1回の)棒高飛び.
póle-vàult 動 自 棒高飛びをする. ~·**er** 名
pole·ward /póulwəd│-wəd/, **-wards** /-wədz│-wədz/ 副形 〈ほうへ〉, 極地への.
⁺po·lice /pəlíːs/ 名 〔複数扱い; しばしば the ~〕❶ 警察; 警官(隊)《★「一人の警察官」をいう時には policeman, policewoman を用いる》: harbor [marine] ~ 水上警察 / the metropolitan ~ department 警視庁 / ⇒ riot police / call the ~ 警察を呼ぶ / *The* ~ *are* on his trail. 警察では彼を追跡している / Over 100 ~ are guarding the conference hall. 100名以上の警察がその会議場を警備している. ❷ 治安[保安](隊): the military ~ 憲兵隊 / the campus ~ 大学守衛 / the railway ~ 鉄道警察隊. —— 動 ❶ 〈...に〉警察を置く, 〈...を〉(警察力などで)警備する; 〈...の〉治安を維持する: The zone was ~d by United Nations forces. その地域は国連によって治安を維持された. ❷ 〈...を〉管理する, 監視する: ~ the new regulations 新条例を(正しく施行されるように)監視する. 〖F<L=都市を統治することく Gk polis 都市, ポリス〗

解説 (1) 米国の警官は地方自治体の管轄下にある. 英米ともに交番はない. 警官への呼び掛けは officer を用いる.
(2) 米英の警察の階級は下から順に次のとおり《かっこ内の訳語は一応の目安として示した》.
a 米国《州または都市により階級制度が異なるため, 次に掲げるのはその一例》: police officer, patrolman (巡査) —— sergeant (巡査部長) —— lieutenant (警部補) —— captain (警部) —— deputy inspector (警視) —— inspector (警視正) —— deputy chief of police (本部長補佐) —— assistant chief of police (副本部長) —— chief of police (警察本部長)《★ inspector の上が deputy superintendent (警察本部長補) —— superintendent (警察本部長)となる場合もある》.
b 英国: constable (巡査) —— sergeant (巡査部長) —— inspector (警部補) —— chief inspector (警部)

— **superintendent**(警視)— **chief superintendent**(警視正)— この上は, (1) Metropolitan Police Force (首都警察, ロンドン警視庁)では, **commander**(警視長)— **deputy assistant commissioner**(副警視監)— **assistant commissioner**(警視監)— **deputy commissioner**(警視副総監)— **Commissioner of Police of the Metropolis**(警視総監); (2) City of London Police Force (ロンドン市警察)では, **assistant commissioner**(副本部長)— **Commissioner of Police**(警察本部長), (3) 他の自治体[地方]警察では, **assistant chief constable**(警察次長)— **chief constable**(警察本部長).

políce brutálity 名 Ⓤ 警察による暴行[拷問].
políce càr 名 パトカー (squad car).
políce cónstable 名《英》巡査(警察官の最下位; 略 PC; ⇒ police [解説]).
políce cóurt 名《米》警察裁判所(軽犯罪の即決裁判などを行なう).
políce depártment 名 (特定地区の)警察署, 地区[市]警察.
políce dòg 名 警察犬.
*police fòrce 名 = police.
po·lice·man /pəlíːsmən/ 名 (複 -men /-mən/) 警官, 警察官 (cf. police 1).
*police òfficer 名 ❶ 警官. ❷《米》巡査(警察官の最下位; ⇒ police [解説]).
políce repòrter 名 警察担当記者.
políce státe 名 警察国家.
*police stàtion 名 警察署.
po·lice·wom·an /pəlíːswùmən | -wìmɪn/ 名 (複 -wom·en /-wɪmɪn/) 女性[婦人]警官(略《英》PW; cf. police 1).
po·li·cier /pàləsjéɪ | pɔ̀l-/ 名 (小説・映画の)探偵[推理]もの, ミステリー.

‡**pol·i·cy**[1] /pάləsi | pɔ́l-/ 名 ❶ Ⓤ Ⓒ (政府などの)政策, (会社・個人などの)方針: Japan's foreign ~ 日本の外交政策 / the Government's ~ on trade 政府の貿易政策. ❷ Ⓤ Ⓒ (一般的な)方策, やり方, 手段: a wise ~ 賢明な策 / Honesty is the best ~. 《諺》正直は最良の策 / It's not a good ~ to invest all your money in one venture. 1つの企業に有り金を全部投資するのはいかりかたではない. ❸ 賢明, 深慮: for reasons of ~ 熟慮の結果. 〖F; POLICE と同語源〗
pol·i·cy[2] /pάləsi | pɔ́l-/ 名 保険証券[証書]; 保険契約: an endowment ~ 養老保険証券 / take out a ~ on one's life 生命保険をかける. 〖It < L < Gk = 証明〗
+**pólicy·hòlder** 名 保険契約者.
+**pólicy·màking** 名 Ⓤ 形 政策決定[立案](の). **pólicy·màker** 名.
+**po·li·o** /póuliòu/ 名《口》小児まひ, ポリオ. 〖polio (myelitis)〗
po·li·o·my·e·li·tis /pòuliòumàɪəláɪtɪs/ 名 Ⓤ 〖医〗(急性)灰白髄炎, (脊髄性)小児まひ.
pólio vaccíne 名 Ⓒ Ⓤ《口》小児まひワクチン.
pólio vírus 名〖医〗ポリオウイルス.
pol·is /pάlɪs | pɔ́l-/ 名 (複 **po·leis** /-leɪs/) ポリス(古代ギリシアの都市国家).
*pol·ish /pάlɪʃ | pɔ́l-/ 動 ❶ 〈ものを〉磨く, 〈…に〉つやを出す(*up*): ~ one's glasses 眼鏡を磨く / ~ furniture 家具に磨きをかける / a pair of shoes to a bright shine 靴をピカピカに磨く 〖+目+補〗= **a surface clean** 表面をきれいに磨く. ❷ **a** 〈…に〉仕上げをする, 磨きをかける, 〈…を〉推敲(こう)する: ~ a speech 演説文を練る. **b** 〈…を〉洗練する. (⇨ polished 2). **pólish óff** (他+副)(1)《口》〈仕事・食事などをすばやく仕上げる[片づける]: ~ *off* a bottle of wine ワインを1本(楽々と)飲む. (2)《口》〈競争相手・敵などを〉打ち破る, やっつける; 殺す: He ~*ed off* his opponent in the third round. 彼は相手を第3ラウンドでやっつけた. **pólish úp** (他+副)(1) 〈…を〉磨き上げる (2) 〈…を〉よく磨きをかける, 仕上げをする: ~ *up* one's English 英語に磨きをかける. — 名 ❶ Ⓤ [また a ~] **a** 磨くこと, 磨き: give …a ~ 〈ものを〉磨く /

1387 **political correctness**

Your shoes need a ~. 君の靴は磨かなければだめだ. **b** 光沢, つや: put a ~ on... 〈磨いて〉…につやをつける / take a high ~ 磨くとよくつやが出る. ❷ Ⓤ Ⓒ 磨き粉, 光沢剤, ワックス: furniture ~ 家具のつや出し / shoe ~ 靴墨. ❸ Ⓤ 仕上げ, (仕上げられた)洗練, 上品, 優美: His manner [writing] lacks ~. 彼の態度[書く物]には洗練されたところがない. 〖《F〈L *polire, polit*-*なめらかにする; cf. polite*〗【類義語】**polish** ものの表面をなめらかにする, またはこすって光沢を出す. **burnish** 特に金属を磨く.
Pol·ish /póulɪʃ/ 形 ポーランド(人, 語)の. — 名 Ⓤ ポーランド語(略 Pol.).
+**pól·ished** 形 ❶ 磨き[研ぎ]上げた, 光沢のある: a ~ floor 磨かれた床. ❷ 上品な, 洗練された, しとやかな (cf. polish 動 2b): a ~ gentleman 上品な紳士 / ~ manners 洗練された作法.
pól·ish·er 名 ❶ 磨く人. ❷ [しばしば複合語で] つや出し器[布]: a floor-*polisher* 床つや出し器.
Pólish notátion 名 Ⓤ 〖論・電算〗ポーランド記法《数式の記法の一つ; 演算子を演算数の前に置く記法; 例: +12 (一般の中置記法では 1+2と書かれる)》.
Po·lit·bu·ro /pάlətbjùːrou | pɔ́lɪtbjùːə-/ 名 [しばしば the ~] (ソ連の)共産党政治局《政策決定の最高指導機関》. 〖Russ=political bureau〗
*po·lite /pəláɪt/ 形 (po·lit·er, po·lit·est; more ~, most ~) ❶ 礼儀正しい, 丁寧な; 儀礼的な: a ~ man 礼儀正しい人 / a ~ remark ていねいな言葉 / with ~ silence 口出ししては悪いと黙って / say something ~ about…をお世辞にもほめる / Be *politer* [more ~] *to* strangers. よその人にもっと礼儀正しくしなさい / She said it just to be ~. 彼女は単に外交辞令でそう言ったのだ /〖~ *of*+代名(+*to do*)〗It was ~ *of* her *to* offer me her seat. =〖+*to do*〗She was ~ *to* offer me her seat. 私に席を譲ってくれるなんて彼女はなんと礼儀正しい人なんだろう. ❷ 上品な, 教養のある; 上流の; お高くとまった (↔ **vulgar**): ~ society 上流社会. ❸〈文章などが〉洗練された, 優雅な: ~ letters [literature] 優雅な文学. **dò the políte**(気をつかって)上品にふるまう. 〖L=磨かれた〈*polire, polit*-みがく; cf. polish〗【類義語】**polite** 人に対して思いやりを持ち, 礼儀作法を守る. **civil** 無礼にならない程度に, または不快な感じを与えない礼儀を守る; 冷たい感じの語. **courteous polite** よりもさらに相手を思いやる誠実な気持ちを示す. 特に相手の品位を重んじる場合に使う.
+**po·líte·ly** 副 礼儀正しく, 丁寧に; 失礼のないように.
po·líte·ness 名 Ⓤ 礼儀正しさ, 丁寧(さ).
po·li·tesse /pὰlitɛ́s | pɔ̀l-/ 名 Ⓤ (特に形式的な)礼儀正しさ, 丁寧 (politeness).
pol·i·tic /pάlətɪk | pɔ́l-/ 形 ❶〈行動・人など〉思慮のある, 賢い: a ~ decision 思慮のある決定 / It's ~ not to anger your boss. 上司を怒らせないのが得策だ. ❷ 巧妙な, ずるい. ❸ 政治上の (★ 通例次の句で): the body ~ 国家.
‡**po·lit·i·cal** /pəlítɪk(ə)l/ 形 (more ~; most ~) ❶ (比較なし) 政治(上)の, 政治に関する; 政治学の: ~ freedom 政治的自由 / a ~ offense [prisoner] 政治犯[犯人] / ~ rights 政治的権利, 国政参与権 / one's ~ enemies 政敵 / a ~ view 政見 / ~ institutions 政治機関 / ~ theory 政治学の理論. ❷ (比較なし) 政治にたずさわる, 国政の, 党の, 党に関する: a ~ campaign 政治運動 / a ~ party 政党. ❸ 政治に関心のある, 政治活動をする, 政治的な: a ~ animal 政治通 / Students today are not ~. 今日の学生は政治に関心がない. ❹ 党利党略の: a ~ decision 党利党略を考えての決定. ❺ 市民の: ~ rights 市民の権利.
polítical áction commìttee 名《米》政治活動委員会《企業・組合などが, 自分たちの利益を高めてくれそうな候補者の選挙運動資金を調達・献金するために結成する団体; 略 PAC》.
+**polítical asýlum** 名 Ⓤ (政治亡命者に対する)政府の保護.
polítical corréctness 名 Ⓤ (人種別・性別などの差別

廃止の立場での)政治的正当性.
+**political económy** 名 ① ❶ 政治経済学. ❷《古》経済学 (economics の旧称).
political fóotball 名 政争の具.
political geógraphy 名 ① 政治地理(学).
po·lít·i·cal·ly /-kəli/ 副 政治上, 政治的に(は).
políticaly corréct 形〈言語・慣習が〉(人種別・性別などの差別廃止の立場で)政治的に正しい (略 PC; ↔ politically incorrect).
políticaly incorréct 形 政治的に正しくない (↔ politically correct).
+**political science** 名 ① 政治学.
political scientist 名 政治学者.
‡**pol·i·ti·cian** /pàlətíʃən | pòl-/ 名 政治家, 政客; 政治屋, 策士. 【類義語】politician, statesman 共に政治家の意だが, 後者は識見のあるりっぱな政治家を意味することがあるのに対して, 前者は自己の利益または党派中心に駆け引きをするという軽蔑の意味で用いられることがある.
+**po·lit·i·cize** /pəlítəsàɪz/ 動 ⓣ ❶ 〈…を〉政治的に扱う, 政治問題化する: Education is too important to be ~d. 教育(の問題)はあまりにも重大なので政治的に扱うことはできない. ❷ 〈人を〉政治に関心を持たせる. **po·lit·i·ci·za·tion** /pəlìtəsɪzéɪʃən | -saɪz-/ 名 【POLITIC+-IZE】
pol·i·tick·ing /pálətìkɪŋ | pól-/ 名 ① (特に選挙運動のための)政治活動, 政治参加.
po·lit·i·co /pəlítɪkòʊ/ 名 (覆 ~s, ~es) 《口》政治屋.
‡**pol·i·tics** /pálətìks | pól-/ 名 ❶ 〖単数または複数扱い〗政治: international ~ 国際政治 / talk ~ 政治を論じる / go into ~ 政界入りする / P~ does [do] not interest him at all. 彼は政治に何の興味もあたにさせない. ❷ ① 政治学: study ~ 政治学を学ぶ〖研究する〗. ❸〖複数扱い〗政綱, 政見: What are your ~? 君は政治についてどんな意見をもっているか; 君はどの政党を支持しています か. ❹ ① 策略, 駆け引き; 政治, 政治学: office ~ 会社内での駆け引き / play ~ 策を弄して私利を図る.〖F<L<Gk =市民の, 政治の <polis 都市, ポリス〗
pol·i·ty /páləti | pól-/ 名 ❶ ① 政治形態[組織]: civil [ecclesiastical] ~ 国家[教会]行政組織. ❷ ② 政治的組織体, 国家組織, 国家.
Polk /póʊk/, **James Knox** /náks | nóks/ 名 ポーク (1795-1849; 米国第11代大統領).
+**pol·ka** /póʊ(l)kə | pól-/ 名 ❶ ポルカ《二人組2拍子の舞踏》. ❷ ポルカ舞曲. — 動 ⓘ ポルカを踊る.〖Czech <Pol=Polish woman〗
pól·ka dòt /póʊkə- | pólkə-/ 名〖通例複数形で〗水玉模様.
polka-dót 形 水玉模様の.
*****poll** /póʊl | pól/ 名 ❶ 世論調査: an opinion ~ 世論調査 / ⇨ Gallup poll, straw poll / conduct [carry out] a ~ 世論調査を実施する. ❷ ② 〖しばしば複数形で〗投票, 選挙: be beaten at the ~s 選挙で敗れる / The results of the ~ won't be known until tomorrow. 選挙の結果は明日までわからない. ❸ 〖単数形で〗投票数; 投票結果: a heavy [light] ~ 高い[低い]投票率 / declare the ~ 投票結果を発表する. ❹ [the ~s] 投票場: go to the ~s 投票場へ行く. — 動 ⓣ ❶ 〈人に〉〈…について〉世論調査をする 〖on〗. ❷ 〈何票かの投票を得る: The candidate ~ed over 30,000 votes. その候補者は3万票以上を獲得した. ❸〈草木の〉枝先を摘む;〈家畜の〉角を切り取る. — 動 ⓘ 投票する 〖for〗.〖Du=頭〗
Poll /pál | pól/ 名 ❶ ポル《女性名》. ❷ ポル《オウムの典型的な呼び名》.
pol·lack /pálək | pól-/ 名 (覆 ~, ~s)《魚》 ❶ シロイトダラ《北大西洋産の食用魚》. ❷ ポラック《北東大西洋産の食用魚》. ❸ 《米》スケトウダラ.
pol·lard /páləd | póləd/ 名 ❶ 枝を短く刈り込まれた木. ❷ 角のないな[切り落とした]シカ[牛(など)]. — 動 ⓣ 〈木の〉枝を刈り込む.
polled /póʊld/ 形〈牛・シカなど〉角のない, 角を切った[落とした].
pol·lee /pòʊlí:/ 名 世論調査の対象者.
+**poll·en** /pálən | pól-/ 名 ① 花粉.〖L=粉, ほこり〗
póllen bàsket 【昆】《ミツバチの》花粉籠.
póllen còunt 名 花粉数《一定時と一定場所で空気中に含まれている花粉の数; 花粉症 (hay fever) の警報として発表される》.
pol·len·o·sis /pàlənóʊsɪs | pòl-/ 名 = pollinosis.
póllen tùbe 【植】花粉管.
pol·lex /páleks | pól-/ 名 (覆 **pol·li·ces** /páləsìː | pól-/) 第一指, 親指 (thumb).
pol·li·nate /pálənèɪt | pól-/ 動 ⓣ 【植】〈…に〉授粉する.
pol·li·na·tion /pàlənéɪʃən | pòl-/ 名.
pol·li·nà·tor /-tə | -tə/ 名 受粉[花粉]媒介者, 授粉者《昆虫など》; 花粉の供給源となる植物.
+**poll·ing** /póʊlɪŋ/ 名 ① 投票(率): P~ was heavy [light]. 投票率は高かった[低かった].
pólling bòoth 名《投票場の》投票用紙記入所.
pólling dày 名 投票日.
+**pólling plàce** [《英》**stàtion**] 名 投票場.
pol·lin·i·um /pəlíniəm/ 名 (覆 **-lin·i·a** /-niə/)【植】(ラン科植物などの)花粉塊.
pol·li·no·sis /pàlənóʊsɪs | pòl-/ 名 ①【医】花粉症.
pol·li·wog /páliwàg | póliwòg/ 名《米》オタマジャクシ (tadpole).
pol·lock /pálək | pól-/ 名 = pollack.
Pol·lock /pálək | pól-/, **Jackson** 名 ポロック (1912-56; 米国の画家; アクションペインティングの中心人物).
+**poll·ster** /póʊlstə | -stə/ 名《口》世論調査員.
+**poll tàx** 名 人頭税.
pol·lu·tant /pəlú:tənt, -tnt/ 名 汚染物質.〖POLLUTE+-ANT〗
+**pol·lute** /pəlú:t/ 動 ⓣ ❶ 〈水・空気などを〉よごす, 汚染する: ~ the air [the environment] 大気[環境]を汚染する. ❷ a 〈精神を〉汚す, 堕落させる. b 〈神聖な場所を〉汚す, 冒濆する.〖L=よごす〗(名 pollution)
+**pol·lut·er** /-tə | -tə/ 名 (環境)汚染者, 汚染源: the ~-pays principle 汚染者負担の原則《公害問題を防止・解決するための費用はすべて環境汚染者が負担すべきとする》.
*****pol·lu·tion** /pəlú:ʃən/ 名 ① **a** 汚染(すること, された状態), (汚染による)公害: environmental ~ 環境汚染 / ⇨ air pollution, noise pollution, water pollution. **b** 汚染するもの[ごみ], 汚染物質. ❷ (精神的)堕落.（動 pollute）
pollútion-frée 形 無公害の.
Pol·ly /páli | póli/ 名 ❶ ポリー《女性名; Molly の異形; Mary の愛称》. ❷ =Poll.
Pol·ly·an·na /pàliǽnə | pòl-/ 名 底抜けの楽天家.《米国の E. Porter による小説の主人公の女の子名から》
pol·ly·wog /páliwàg | póliwòg/ 名 = polliwog.
po·lo /póʊloʊ/ 名 ❶ ポロ《4人ひと組で行なうホッケーに似た馬上球技》. ❷ 水球.〖Tibet=球〗
Po·lo /póʊloʊ/, **Mar·co** /máːkoʊ | máː-/ 名 ポーロ (1254?-?1324; イタリアの旅行家; 中国各地を旅行, のちに「東方見聞録」を口述した).
po·lo·naise /pàlənéɪz | pòl-/ 名 ポロネーズ《ゆるやかな3拍子の舞踏(曲)》.〖F=ポーランドの(踊り)〗
pólo nèck 名 《英》ポロネック(《米》turtleneck) 《首に沿った折り返しの襟》. **pólo-nèck** 形.
po·lo·ni·um /pəlóʊniəm/ 名 ①【化】ポロニウム《放射性元素; 記号 Po》.
po·lo·ny /pəlóʊni/ 名 = bologna.
pólo shìrt 名 ポロシャツ.
Pol Pot /pálpát | pólpót/ 名 ポル ポト (1928?-?98; カンボジアの政治家; 国民を大量虐殺し, 1979年ベトナム軍侵攻で政権を追われた).
pol·ter·geist /póʊltəgàɪst | póltə-/ 名 音の精, ポルターガイスト《不思議な音をたてたり, 物を壊したりするという霊》.〖G=音をたてる幽霊〗
pol·troon /paltrú:n | pɔl-/ 名 ひきょう者, 臆病者.
pol·y[1] /páli | póli/ 名 (覆 ~s)《英》 =polytechnic.

pol·y² /páli/ 名 《商》**pól·ys**》《口》ポリエステル (polyester) 《繊維[生地, 衣服]》.

pol·y- /páli | póli/ [連結形]「多く」(cf. mono-, uni-, multi-). 《Gk polys 多くの》

pol·y·ad·ic /pàliǽdɪk | pɔ̀li-/ 形 《論·数》《関係·演算などが》ポリアディックの 《複数 [3つ以上]の量·要素·独立変数[変項]などを含む》.

pòly·ámide 名 《化》ポリアミド 《ナイロン·アミラン·たんぱく質など酸アミド基が長鎖状につながった化合物》.

pol·y·an·drous /pàliǽndrəs | pɔ̀l-´-/ 形 ❶ 一妻多夫の. ❷ 名 多雄蕊(ずい)の.

pol·y·an·dry /páliændri | pɔ́l-/ 名 Ⓤ ❶ 一妻多夫 (cf. polygamy 1, polygyny 1). ❷ 《植》多雄蕊(ずい). 《Gk=多くの男をもっていること; ⇒ poly-, -andry》

pol·y·an·thus /pàliǽnθəs | pɔ̀l-/ 名 《植》ポリアンサス, ポリアンサ 《サクラソウの交配種》.

pòly·atómic 形 《化》多原子の[からなる], 多価の.

póly·chlórinated biphényl 名 《化》ポリ塩化ビフェニル, PCB 《熱可塑性重合体; 利用価値は高いが有毒な汚染源となる》.

pòly·chromátic 形 《放射など》多色の.

pol·y·chrome /pálikròum | pɔ́l-/ 形 多色彩の, 多色刷りの. ── 名 多色彩[多色刷り]のもの[美術品].

pol·y·clin·ic /pàliklínɪk | pɔ̀l-/ 名 総合病院[診療所].

pòly·clónal 形 《生》多クローン(性)の.

pòly·crýstalline 形 多結晶(質)の.

pòly·cýclic 形 《化》《化合物が》多環式の.

pòly·cýstic 形 《医·生》多嚢胞(性)の.

pol·y·cy·the·mi·a, -thae- /pàlisaɪθí:miə | pɔ̀li-/ 名 Ⓤ 《医》赤血球増加(症).

pol·y·dac·tyl /pàlidǽkt(ə)l | pɔ̀li-´-/ 形 《動·医》多指[多趾]の. ── 名 多指の人, 多趾動物. **-dác·ty·ly** /-dǽktəli/ 名 多指[多趾](症).

pòly·dipsi·a /pàlidípsiə | pɔ̀l-/ 名 Ⓤ 《医》《糖尿病などに伴きる》煩渇多飲(症).

pòly·eléctrolyte 名 《化》多価電解質; 高分子電解質.

pòly·ém·bry·o·ny /-émbriəni/ 名 《発生》多胚現象, 多胚(形成[生殖]).

⁺**pol·y·es·ter** /páliestə | pɔ́liestə/ 名 Ⓤ 《化》ポリエステル 《高分子化合物》; ポリエステル繊維.

⁺**pol·y·eth·y·lene** /pàliéθəli:n | pɔ̀l-´-/ 名 Ⓤ 《米》ポリエチレン 《プラスチックの一種》《英》polythene》.

polyéthylene ter·eph·thál·ate /-tèrefθǽleɪt/ 名 Ⓤ 《化》ポリエチレンテレフタレート 《ペットボトルの原料》.

po·lyg·a·mist /pəlígəmɪst/ 名 複婚の人, 一夫多妻者, 一妻多夫者.

po·lyg·a·mous /pəlígəməs/ 形 ❶ 複婚の, 一夫多妻の, 一妻多夫の. ❷ 《植》雌雄混株の.

po·lyg·a·my /pəlígəmi/ 名 Ⓤ ❶ 複婚《一夫多妻または一妻多夫; cf. monogamy). ❷ 《植》雌雄混株《雄花·雌花の両方あるいは一方と両性花とが同株中に混在すること》. 〔F<L<Gk; ⇒ poly-, -gamy〕

póly·gène 名 《生》多遺伝子, ポリジーン《個別的には作用が弱いが多数が補足し合って量的形質の発現に関係する遺伝子》.

pòly·génesis 名 Ⓤ 《生》多原発生説《2つ以上の原種から生物の種や品種が発生するという説》.

pòly·genétic 形 《生》多原発生の; 多元の. **-genét·ically** 副

pol·y·gen·ic /pàlidʒénɪk | pɔ̀l-´-/ 形 《生》 polygene の[に関する, に由来する].

po·lyg·e·nism /pəlídʒənìzm/ 名 Ⓤ 《人類》多原発生説《人類は多数の異なる祖から発生したとする》. **-nist** /-nɪst/ 名

po·lyg·e·ny /pəlídʒəni/ 名 Ⓤ 《人類》(の)多祖発生 (⇒ polygenism).

pol·y·glot /páliglàt | póliglɔ̀t/ 形 ❶ 数カ国語に通じている人. ❷ 数カ国語対訳書, 数カ国語で記した書物《特に聖書》. ── 名 Ⓐ 数カ国語に通じる. ❷ 《書物など数カ国語で書かれた》. 〔F<L<POLY-+Gk glōta 言葉〕

pol·y·gon /páligàn | póligən/ 名 《幾》多角形: a regular ~ 正多角形. **po·lyg·o·nal** /pəlígən(ə)l/ 形 〔L

〈Gk; ⇒ poly-, -gon〕

pol·y·graph /páligrǽf | póligrà:f/ 名 うそ発見器, ポリグラフ (lie detector).

po·lyg·y·nous /pəlídʒənəs/ 形 ❶ 一夫多妻家の. ❷ 《植》多雌蕊(ずい)の(植物)の.

po·lyg·y·ny /pəlídʒəni/ 名 Ⓤ ❶ 一夫多妻 (cf. polyandry 1, polygamy 1). ❷ 《植》多雌蕊(ずい). 〔Gk=多くの女をもっていること; ⇒ poly-, gyno-, -y¹〕

pol·y·he·dron /pàlihí:drən | pɔ̀l-/ 名 Ⓒ 《商》**-dra** /-drə/, **~s**) 《幾》多面体. **pol·y·he·dral** /pàlihí:drəl | pɔ̀l-´-/, **pol·y·he·dric** /pàlihí:drɪk | pɔ̀l-´-/ 形

pol·y·his·tor /pàlihístə | pɔ̀lihístə/ 名 博識家 (polymath).

Pol·y·hym·ni·a /pàlihímniə | pɔ̀l-/ 名 《ギ神》ポリヒュムニア 《讃歌をつかさどる the Muses の一人》.

pol·y·math /pálimǽθ | pɔ́l-/ 名 博学者. 《Gk<POLY-+manthanein, math- 学ぶ》

pol·y·mer /páləmə | póliməә/ 名 《化》重合体, ポリマー (cf. monomer).

pol·y·mer·ase /pálamərèɪs | pɔ́li-/ 名 《生化》ポリメラーゼ (DNA, RNA 形成の触媒となる酵素).

pol·y·mer·ic /pàləmérɪk | pɔ̀li-´-/ 形 《化》重合の, 重合による, 重合体の.

po·lym·er·ize /pəlíməraɪz | pólim-/ 動 (也)《化》重合する[させる]. **po·lym·er·i·za·tion** /pəlìməraɪzéɪʃən | pɔ̀liməraɪz-/ 名 Ⓤ 重合.

pol·y·mer·ous /páləmərəs/ 形 《生》多部分からなる; 《植》《花が》複合輪生の.

póly·mòrph 名 ❶ 《動·植·化》多形, 多形体. ❷ 《解》多核球.

pòly·mórphic 形 =polymorphous.

pòly·mórphism 名 《動·植》多形(現象), 多形性.

pòly·mòrpho·núclear 《解》形 多形核の[を有する].

pol·y·mor·phous /pàlimóːfəs | pɔ̀limóː-/ 形 さまざまな形をもつ, さまざまな段階を経る.

pòly·myosítis 名 Ⓤ 《医》多発(性)筋炎 《複数の随意筋の同時炎症》.

Pol·y·ne·sia /pàliní:ʒə, -ʃə | pɔ̀l-/ 名 ポリネシア 《太平洋中西部の小諸島の総称; cf. Micronesia 1, Melanesia》. 《POLY-+Gk nēsos 島》

Pol·y·ne·sian /pàliní:ʒən, -ʃən | pɔ̀l-´-/ 形 ポリネシア(人, 語群)の. ── 名 ❶ Ⓒ ポリネシア人. ❷ Ⓤ ポリネシア語派[語群].

pol·y·no·mi·al /pàlinóumiəl | pɔ̀li-´-/ 《数》形 多項式の: a ~ expression 多項式. ── 名 多項式.

pòly·núclear 形 《理·生》多核の.

pòly·núcleotide 名 《生化》ポリヌクレオチド 《ヌクレオチドが鎖状に化合したもの》.

po·ly·nya /pəlínjə/ 名 氷湖, 氷に囲まれた水域, ポリニア 《一般に定着氷》.

pol·yp /pálɪp | pɔ́l-/ 名 ❶ 《動》ポリプ 《腔腸動物の基本形態の一つで, 固着生活をする》. ❷ 《医》ポリープ 《粘膜の肥厚による突起》. 〔F<L<Gk POLY-+pous 足〕

pol·yp·ar·y /pálipèri | pólipəri/ 名 《動》ポリプ母体.

pòly·péptide 名 《生化》ポリペプチド 《多くのアミノ酸がペプチド結合した化合物》.

po·lyph·a·gous /pəlífəgəs/ 形 《動》多食[雑食]性の 《多くの科の生物を食すること》.

póly·phàse 形 《電》多相の.

Pol·y·phe·mus /pàləfí:məs | pɔ̀l-/ 名 《ギ神》ポリフェモス 《食人種 Cyclops の首長; Odysseus は彼を盲目にしてその幽閉から逃れた》.

pol·y·phon·ic /pàlifánɪk | pɔ̀lifón-´-/ 形 《楽》多声の, 対位法上の.

po·lyph·o·ny /pəlífəni/ 名 Ⓤ 《楽》ポリフォニー, 複音楽, 多声音楽 (cf. homophony 2).

pol·y·phy·let·ic /pàlifaɪlétɪk | pɔ̀li-´-/ 形 《生》多種の祖先型から発生した, 多元性の, 多系の.

polypi 名 polypus の複数形.

poly·ploid /páliplòɪd | pɔ́li-/ 形 《生》(多)倍数性[体]の

polypod 1390

《基本数の数倍の染色体数を有する》. ── 名 (多)倍数体. **-ploi·dy** /-di/ 名 ⓤ (多)倍数性.

pol·y·pod /pálipɑd | pólipɔd/ 形 動 多足[脚脚]をもつ.
pol·y·po·dy /pálipòudi | pólipòdi/ 名 〔植〕エゾデンダ〔ウラボシ科〕.
pol·yp·oid /páləpɔ̀id | pɔ́l-/ 形 〔動・医〕ポリ(ー)プ状の.
pol·yp·ous /páləpəs | pɔ́l-/ 形 ポリプ[ポリープ](のような).
pol·y·pro·pyl·ene /pàlipróupəlì:n | pɔ̀li-/ 名 ⓤ ポリプロピレン《合成樹脂; フィルムや繊維製品などに用いる》.
pol·yp·tych /páləptik | pɔ́li-/ 名 ポリプティック《聖壇の背後などの4枚以上のパネルをつづり合わせた画像[彫刻]》.
pol·y·pus /páləpəs | pɔ́l-/ 名 (圈 -y·pi /-pài/) =polyp 2.
pól·y·rhỳthm 名 〔楽〕ポリリズム《対照的リズムの同時的組み合わせ》. **pòly·rhýthmic** 形
pòly·sácchar·ide 名 〔化〕多糖.
pol·y·se·mic /pàlisí:mik | pɔ̀li-ˊ-/ 形 =polysemous.
pol·y·se·mous /pàlisí:məs | pəlísə-/ 形 多義の.
pol·y·se·my /pálisì:mi | pəlísə-/ 名 ⓤ 多義(性).
póly·stýrene 名 ⓤ 〔化〕ポリスチレン《合成樹脂で塑造材・絶縁体》.
pòly·súlfide 名 〔化〕多硫化物, ポリスルフィド.
pol·y·syl·la·ble /pálisìləbl | pɔ̀lisíləbl/ 名 《3音節以上の》多音節語. **pol·y·syl·lab·ic** /pàlisiláebik | pɔ̀li-ˊ-/ 形 多音節の.
pol·y·tech·nic /pàliteknik | pɔ̀li-ˊ-/ 名 ❶ 工芸[工科]学校. ❷ 《英国の》ポリテクニック, 総合技術専門学校《義務教育終了者のための継続教育機関の一つで, 大学レベルの高等教育を施す》. ── 形 ❶ 諸工芸の: a ~ school 工芸[工科]学校. ❷ ポリテクニックの: ~ students ポリテクニックの学生.
pol·y·tene /páliti:n | pɔ́l-/ 形 〔生〕多糸の《染色体の縦列分裂で分離せず平行する実となったものをいう》.
pòly·tétra·flùoro·éthylene 名 ⓤ〔化〕ポリテトラフルオロエチレン《テトラフルオロエチレンの重合体; パッキング・パイプ・絶縁材などに使用》.
pol·y·the·ism /páliθì:izm | pɔ́l-/ 名 ⓤ 多神論; 多神教 (cf. monotheism). **pól·y·thè·ist** /-θì:ist/ 名 多神論者[教徒]. **pol·y·the·is·tic** /pàliθì:ístik | pɔ̀li-ˊ-/ 形 多神教(徒)の.
pol·y·thene /páliθi:n | pɔ́l-/ 名 《英》=polyethylene.
pòly·tonálity 名 〔楽〕多調性《2つ以上の異なる調性を用いること》. **pòly·tónal** 形
pòly·ùn·sáturate 名 〔化〕多価不飽和脂肪(酸).
pòly·unsáturated 形 《脂肪・脂肪酸から》不飽和結合の多い, 多価不飽和の.
pòly·úrethane 名 ⓤ 〔化〕ポリウレタン.
pol·y·u·ri·a /pàlijú(ə)riə | pɔ̀l-/ 名 〔医〕多尿(症). **pol·y·u·ric** /pàlijú(ə)rik | pɔ̀l-ˊ-/ 形
póly·válent 形 ❶ 〔化〕多価の. ❷ 〔生化〕《血清をつくるのに》種々の菌を混合した, 多価の《抗体・ワクチン》.
póly·vínyl 形 〔化〕ポリ[重合]ビニルの.
pólyvinyl ácetate 名 ⓤ 〔化〕ポリ酢酸ビニル.
pólyvinyl chlóride 名 ⓤ 〔化〕ポリ塩化ビニル《略 PVC》.
pom /pɑ́m | pɔ́m/ 名 ❶ =Pomeranian. ❷ 《豪俗》=pommy.
pom·ace /pʌ́məs/ 名 ⓤ ❶ リンゴの搾りかす. ❷ 《魚油・ひまし油などの》搾りかす.
po·made /pouméid/ 名 ⓤ ポマード. ── 他 《...の髪に》ポマードをつける. 〔F<It<L=リンゴ; もと成分にリンゴを含んでいたことから〕
po·man·der /pʌ́məndə | poumǽndə/ 名 《部屋・戸棚などに入れる》におい玉(入れ).
pó·ma·rine jáeger /póumərì:in-/ 名 〔鳥〕《米》トウゾクカモメ.
pómarine skúa 名 〔鳥〕《英》トウゾクカモメ.
po·ma·tum /pouméitəm | pə-/ 名 動 =pomade.
pome /póum/ 名 〔植〕ナシ状果《リンゴ・ナシ・マルメロなど》.
pom·e·gran·ate /pʌ́məgrǽnət | pɔ́mi-/ 名 ❶ 〔植〕ザ

クロの木. ❷ ザクロの実. 〔F; 「たくさんの種をもつリンゴ」の意〕
pom·e·lo /pʌ́məlòu | pɔ́m-/ 名 (圈 ~s) ザボン.
Pom·e·ra·ni·a /pɑ̀məréiniə | pɔ̀m-/ 名 ポメラニア, ポモジェ《バルト海沿岸部のオーデル (Oder) 川からビスワ川 (Vistula) に至る地域の歴史的名称; 現在大部分がポーランド領, 一部がドイツ領》.
Pom·e·ra·ni·an /pɑ̀məréiniən | pɔ̀m-/ 名 ポメラニア人(犬) 《毛のふさふさした小型犬》.
pom·fret /pʌ́mfrət | pɔ́m-/ 名 〔魚〕❶ シマガツオ《北太平洋・北大西洋産; 肉は白く美味》. ❷ マナガツオ《西インド諸島海域産》.
pómfret cáke /pʌ́mfrət- | pɔ́m-/ 《古》=Pontefract cake.
pó·mi·cùlture /póumi-/ 名 ⓤ 果実栽培.
pom·mel /pʌ́m(ə)l | pɔ́m-/ 名 ❶ 《馬の鞍(ﾞ)の》前橋《鞍の前方の突起した部分》. ❷ 《剣の》つか頭. ── 動 他 (**pom·meled**, 《英》 **-melled; pom·mel·ing**, 《英》 **-mel·ling**) げんこで《...を》続けて打つ.
pómmel hòrse /ある/ 名 《体操の》鞍馬(ﾞ).
pom·my, pom·mie /pʌ́mi/ 名 《豪俗・軽蔑》《オーストラリアへ移住してきた》英国人.
po·mo /póumou/ 名 《略》postmodern.
po·mol·o·gy /poumɑ́lədʒi | -mɔ́l-/ 名 ⓤ 果樹園芸学. **-gist** /-dʒist/ 名 **po·mo·log·i·cal** /pòuməlɑ́dʒik(ə)l | -lɔ́dʒ-ˊ-/ 形
Po·mo·na /pəmóunə/ 名 〔ロ神〕ポモナ《果実の女神》.
*pomp /pɑ́mp | pɔ́mp/ 名 ❶ ⓤ 華やかさ, 華麗, 壮観. ❷ [~sで] 《古》見せびらかし, 虚飾, 虚栄. 〔L<Gk=厳粛な行列〕 pompous)
pom·pa·dour /pʌ́mpədɔ̀ː | pɔ́mpədùə/ 名 ⓤ ポンパドール: **a** 髪を寵で上げてふくらみをもたせてまとめた, 女性の髪型. **b** 前髪を前方にふくらませてから後ろへなで上げた, 男性の髪型. 〔フランス国王 Louis 15 世の愛人の名から〕
Pom·pe·ian /pɑmpéiən | pɔm-/ 形 ポンペイの. ── 名 ポンペイ人.
Pom·peii /pɑmpéi, -péi | pɔm-/ 名 ポンペイ《紀元 79 年 Vesuvius 山の大噴火のため埋没したイタリアのナポリ (Naples) 近くの古都》.
Pom·pey /pɑ́mpi | pɔ́m-/ 名 ポンペイウス《106-48 B.C.; ローマの軍人・政治家; Caesar と対立し, 殺された》.
pom-pom /pʌ́mpɑm | pɔ́mpɔm/ 名 ❶ 自動高射砲, 対空速射砲. ❷ =pompon. 〔擬音語〕
pom·pon /pʌ́mpɑn | pɔ́mpɔn/ 名 ❶ 《帽子・靴などの》玉ふさ, ポンポン. ❷ 〔植〕ポンポンダリア〔菊など〕.
pom·pos·i·ty /pɑmpɑ́səti | pɔmpɔ́s-/ 名 ❶ ⓤ もったいぶり, 尊大; 華やかさ, 華麗さ. ❷ ⓒ 尊大[大げさ]な言動.
*pom·pous /pʌ́mpəs | pɔ́m-/ 形 ❶ もったいぶった, 尊大な. ❷ 気取った, 大げさな. **~·ly** 副 **~·ness** 名 《圈 pomp, pomposity》
ponce /pɑ́ns | pɔ́ns/ 《英口》名 ❶ 《売春婦の》ひも. ❷ ホモ, めめしい男. ── 動 ❶ ひも暮らしをする. ❷ 《男が》にやけた様子で歩き回る 《about, around》.
Ponce de Le·ón /pɑ́nsdəlìː.ən | pɔ́ns-/, **Juan** /hwɑ́:n/ 名 ポンセデレオン《1460-1521; スペインの探検家; Florida 半島を発見した (1513)》.
pon·cho /pɑ́ntʃou | pɔ́n-/ 名 (圈 ~s) ❶ ポンチョ《南米住民の外套(ｽﾞ)》. ❷ ポンチョ風のレインコート. 〔AmSp〕
ponc·y /pɑ́nsi | pɔ́n-/ 形 《英口》ホモのような, めめしい.
*pond /pɑ́nd | pɔ́nd/ 名 ❶ 池, 泉水《匝較 pool より大きく lake より小さいもの; 人工のものが多い》. ❷ [the ~] 《英口・戯言》大洋. 〔原義は「囲まれたもの」; cf. pound³〕
*pon·der /pɑ́ndə | pɔ́ndə/ 動 他 《...を》熟考する 《about, on, over》: I ~ed on what my father had said. 父の言った言葉をとくと考えていた / He ~ed long and deeply over the question. 彼はその問題を長いじっくりと考えた. ── 自 《...を》熟考する, 思案する: He spent the day ~ing the steps to be taken. 彼はとるべき処置をあれこれ考えて1日を費やした / [~+wh.] I'm ~ing what to do next. 次に何をするか思案中だ. 〔F<L=重さを量る〕
pon·der·a·ble /pɑ́ndərəbl | pɔ́n-/ 形 ❶ 量ることができる, 重みのある. ❷ 一考の価値のある.

pon·der·o·sa /pὰndəróusə, -zə˧-/ 图《また **pónderosa píne**》〖植〗ポンデローサマツ《北米西部原産；米国 Montana 州の州木》.

†**pon·der·ous** /pάndərəs, -drəs | pɔ́n-/ 形《文》❶ a 重々しい, どっしりした: a ~ tread 重々しい足音. b 《重くてかさばっているため》扱いにくい. ❷《談話・文などが》軽妙でない, 重苦しい. ❸《ものが大きくて重い, 非常に重い. **~·ly** 副 **~·ness** 图 〖F<L; ⇒ ponder〗〖類義語〗⇒ heavy.

Pon·di·cher·ry /pὰndɪtʃéri, -ʃéri | pɔ̀n-/ 图 ポンディシェリー《インド南部の連邦直轄地の中心都市》.

pónd lìfe 图 ⒰ 池にすむ動物《全体》.

pónd lìly 图〖植〗スイレン.

pónd scùm 图 ⒰ ❶ よどんだ水面に皮膜状に浮く緑色の藻類, 《特に》アオミドロ. ❷《俗》卑しいやつ, かす.

pónd skàter 图〖昆〗アメンボ.

pónd·weed 图〖植〗ヒルムシロ《水生植物》.

pone /póun/ 图 ⒰《米》《特に北米先住民が食べる》トウモロコシパン《ミルク・卵入りの軽いパン》.

pong /pɔːŋ/ 图《英口》悪臭, いやなにおい. ―― 動 悪臭[いやなにおい]を放つ.

pon·gal /pάŋg(ə)l | pɔ́ŋ-/, **pon·gol** /pάŋgəl | pɔ́ŋgɔl/ 图 ポンガル: **a** ⒞ 新年に行なわれる南インドの祭礼；新米を炊いて祝う. **b** ⒰ 炊いた米の料理.

pon·gee /pὰndʒíː | pɔ̀n-˧-/ 图 ⒰ 絹紬(けんちゅう)《薄地の柞蚕糸(さくさんし)で織った織物》. 〖Chin〗

pon·go /pάŋgou | pɔ́ŋ-/ 图 (⑭ ~s)《英海軍俗語》兵隊, 兵士.

pong·y /pɔ́ːŋi | pɔ́ŋi/ 形 (**pong·i·er; -i·est**)《英口》いやなにおいのする, 悪臭がする.

pon·iard /pάnjəd | pɔ́njəd/ 图 短剣, 懐剣.

pons /pάnz | pɔ́nz/ 图 (⑭ **pon·tes** /pάnti:z | pɔ́n-/;《また **póns Va·ró·li·i** /-vəróuliaɪ/)〖解〗脳橋《延髄と中脳の間の結合部》. 〖L=橋〗

pons as·i·no·rum /pὰnzəsənɔ́ːrəm | pɔ́nz-/ 图 初心者にとっての難問題《つまずきやすい点》.

Pón·te·fract càke /pὰntɪfrǽkt- | pɔ́n-/ 图《英》ポンフレット[ポンテフラクト]ケーキ《甘草(かんぞう)の入った小さくて丸い菓子；**pomfret cake** ともいう》.

pontes pons の複数形.

Pon·ti·ac /pάntiæ̀k | pɔ́n-/ 图 ❶ ポンティアック《1720?-69；北米先住民の族長；諸部族を統合して五大湖地方の英国人勢力に抵抗した》. ❷ ポンティアック《米国製の乗用車》.

pon·ti·fex /pάntəfèks | pɔ́n-/ 图 (⑭ **-tif·i·ces** /pəntífəsì:z | pɔn-/)〖古ロ〗大神官《大神官団の一員》.

pon·tiff /pάntɪf | pɔ́n-/ 图 教皇: the Supreme [Sovereign] P~ ローマ教皇. ❷《古》高位の神官.

pon·tif·i·cal /pɑntífɪk(ə)l | pɔn-/ 形 ❶ 教皇の. ❷ 独断的な, 尊大な. ―― 图〖複数形で〗〖カト〗(司教の)祭服: in full ~s 司教の正装で. **~·ly** /-kəli/ 副

Pontifical Máss 图〖カト〗司教盛儀ミサ.

pon·tif·i·cate /pɑntífɪkət | pɔn-/ 图 教皇の職[位, 任期]. ―― /-fəkèɪt/ 動 ⒤ 《…》をもったいぶって話す[書く]《about, on》.

pontifices pontifex の複数形.

pon·til /pάntl | pɔ́ntɪl/ 图 =punty.

pon·tine /pάnti:n | pɔ́ntaɪn/ 形〖解〗脳橋 (pons) の.

pon·toon[1] /pὰntú:n | pɔn-˧-/ 图 ⒞ ❶ 平底船. ❷《水上飛行機用の》フロート. ❸ =pontoon bridge. ―― 動 ⑭ 平底船で川を渡る. 〖F<L<*pons, pont-* 橋〗

pon·toon[2] /pɑntú:n | pɔn-/ 图 ⒰《英》〖トランプ〗21《(米) twenty-one》.

pontóon brìdge 图 舟橋(しゅうきょう)《多くの舟を浮かべてこれに板を張って橋の代わりをするもの》.

po·ny /póuni/ 图 ❶ ポニー《種の馬》《通例体高が14 ハンド (hand) 以下の小型の馬；⇒ horse【関連】》. ❷《口》小型のグラス. ❸ [the ponies]《口》競走馬. ❹《米口》《語学などの》とらの巻, カンニングペーパー. ❺《英口》25 ポンド. ―― 動《米口》《金》を支払う《up》. 〖F<L=幼獣〗

póny expréss 图《米史》ポニー(乗継ぎ)速達便《1860-61 年 Missouri 州と California 州を往復した騎馬郵便》.

póny tàil 图 ポニーテール《髪を後ろで束ねてたらす結い方》.

póny-trèkking 图 ⒰《英》ポニー旅行《ポニーで田舎を乗り回すスポーツまたは行楽》.

Pón·zi schème /pάnzi- | pɔ́n-/ 图 ポンジー《利殖性の高い架空の投資対象を考え出し, それに先に投資した人が後から投資する人の投資金によって利を得る方式の詐欺》.

poo /púː/ 图 動 =pooh.

pooch /púːtʃ/ 图《米口》犬.

poo·dle /púːdl/ 图 プードル《犬》《活発で聡明な犬；毛をいろいろな形に刈りこむ》. 〖G〗

póodle-fàker 图《俗》女とつきあうのに熱心な男, 女のご機嫌を取る男.

poof[1] /púf, púː/ 图《英口・差別》(男性の)ホモ；めめしい男. 〖POOH から〗

poof[2] /púː/f, púːf/ 圊 ❶ [突然消えたり現われたりするさまを表わして] パッ, フッ. ❷ =pooh. 〖擬音語〗

poof·ter /púːftə | púːftə/ 图《英口・差別》=poof[1].

poof·y /púːfi | púːfi/ 形 ふかぶかの, ふわっとした.

pooh /púː/ 圊 《あせり・あざけり・軽蔑を表わして》ふーん!, ばかな!, へん! ―― 图 ⒰《俗・小児》ふん, うんち. 〖擬音語〗

Pooh /púː/ ⇒ Winnie-the-Pooh.

pooh-bah /púːbàː | ˧-˧/《また P~ B~》一度に多くの役職を兼ねる人, 尊大で無能な役職兼務者. 〖W. S. Gilbert と A. Sullivan 共作のオペラ *The Mikado* (1885) の登場人物から〗

pooh-pooh /pùːpúː/ 動 ⒟《口》《…》をあざける, 鼻先であしらう.

poo·ja /púːdʒə/ 图 =puja.

poo·ka /púːkə/ 图 プーカ《アイルランドの民間伝承に出てくるいたずら好きの化け物》.

*__**pool**__[1] /púːl/ 图 ❶ 《水泳》プール: a swimming ~ 水泳プール / a heated ~ 温水プール / an indoor ~ 室内プール. ❷ たまり；小さな池《⇒ pond【比較】》. ❸ たまり: He lay dead in a ~ of blood. 彼は死んで血の海に横たわっていた. ❹《川の水の》よどみ, ふち, とろ. 〖OE〗

*__**pool**__[2] /púːl/ 图 ❶ ⒞ 《ビリヤードの一種》: shoot ~ プールをする. ❷ **a** ⒞ 《勝負ごとの》総賭(か)け金. **b** [the ~s]《英》サッカーくじ, 「トトカルチョ」: do *the* ~*s* サッカーくじにかける. **c** ⒞ 賭け金入れ. ❸ ⒞ **a**《共同利用・必要時のための》蓄え, 予備；要員たち, 人員；共同出資: the labor ~ 予備労働力. **b** 共同管理[利用]; ⇒ car pool. **c**《共同目的のために協定した》企業連合, カルテル, プール. ―― 動 ⒟ 《…》を共同出資[負担, 利用]する: The two brothers ~ed their savings for three years to buy a car. 二人の兄弟は車を買うために3年間共同で貯金した. 〖F=賭け；原義は「めんどり」で, それを賭けたことから〗

póol hàll 图 =poolroom.

póol·ròom 图《米》(賭(か)け)ビリヤード場.

póol·sìde 图 プールサイド.

póol tàble 图《6つのポケットのある》ビリヤード台.

poon /púːn/ 图《米俗》=poontang.

Poo·na /púːnə/ 图 プーナ《インド中西部 Maharashtra 州の都市》.

poon·tang /púːntæŋ/ 图《米卑》セックス；セックスの相手になる女.

poop[1] /púːp/ 图《また **póop dèck**》〖海〗船尾楼《↔ forecastle》.

poop[2] /púːp/ 图 ⒰《米口》ばか, まぬけ. 〖(NINCOM)POOP〗

†**poop**[3] /púːp/ 图《米口》ふん, うんち；おならをする. ―― 動 ⒤ うんちする；おならをする.

poop[4] /púːp/ 《米口》動 ⒟ 《人》を疲れさす《*out*》《⇒ pooped》. ―― ⒤ 疲れる, へばる；動かない, 動かなくなる；だめになる《*out*》.

poop[5] /púːp/ 图 ⒰《米口》《最新[内部]情報, 実情, 真相, 内幕.

póop dèck 图〖海〗船尾楼甲板.

pooped /púːpt/ 形 ℗《米口》疲れ切って《*out*》: I'm really ~ (*out*). 本当にくたくただ.

poop·er-scoop·er /púːpəskùːpə | -pəskùːpə/ 图 プー

poo-poo バースクーパー《犬などが道路にしたふんをかき集めるスコップ》.

póo-pòo 名 ⓤ うんち, くそ.

poop·y /púːpi/ 形 《口》 うんちのついた, うんこまみれの.

*poor /púɚ, pɔ́ɚ | pɔ́ː, púə/ 形 (~·er; ~·est) ❶ a 貧しい, 貧乏な (↔ rich): ~ people 貧乏な人々 / give aid to ~ countries 貧しい国々へ支援をする / the ~《名詞的に; 複数扱い》貧乏な人々, 貧民 (↔ the rich). ❷ a (質の悪い, 粗末な, 劣等な: a ~ wine 質の悪いワイン / a ~ excuse まずい言い訳 / The weather has been very ~ recently. このところ天気がひどく悪い. b 《衣服・住居など》見すぼらしい, 貧相の: ~ clothes 見すぼらしい服 / a ~ place うらぶれた所. ❸ a 《体・記憶など》弱い, 《健康・気力など》悪くした, 害した: in ~ health 健康を害して / in ~ spirits 意気消沈して / have a ~ memory 記憶が悪い / His eyesight was ~. 彼の視力は弱かった. b 《量的に》乏しい, 不十分な, 貧弱な: a ~ crop 不作 / a ~ three-day vacation たった3日の休暇 / Attendance at the meeting was very ~. 会合の出席率は非常に悪かった / Japan is ~ *in* natural resources. 日本は天然資源に乏しい. c 《土地が》やせた, 不毛の: ~ soil やせた土地. ❹ Ⓐ 《比較なし》哀れな, 不幸な, 気の毒な《解說 話し手の気持ちから poor と言っているので, 訳の時には「気の毒に」と副詞的に訳すよい》: The ~ old man lost his only son. 気の毒な老人はひとり息子に死なれた / P~ fellow [soul, thing]! かわいそうに! / P~ you [him, her, *etc*.]! お気の毒に! b 故人となった, 今は亡き: My ~ father died in the war. 《今は亡き》私の父は戦死でした. ❺ a 《やり方の》下手な, まずい; […に]不得意な (bad; ↔ good): a ~ cook 下手な料理人, 料理の下手な人 / a ~ speaker of English 英語の下手な人, 英語が下手な人 / a ~ correspondent 筆不精の人 / He's ~ *at* English. 彼は英語ができない / I'm a ~ hand *at* conversation. 私は会話は不得意だ. b 《成績が》水準以下の, 劣った《比較なしで》見下げ果てた, 下劣な; 《謙遜してまたは戲言的に》《古風》つまらない: in my ~ opinion 卑見では / to the best of my ~ ability 微力ながらも力の及ぶ限りでは. **be [cóme in, fínish] a póor sécond [thírd]** 大きく水をあけられた2位[3位]になる. 【F<L pauper 貧しい; cf. pauper, poverty】

póor bòx 名 《教会の》慈善箱, 献金箱.

póor bòy 名 =submarine sandwich.

póor·hòuse 名 ❶ 《昔の》救貧院. ❷ [the ~] 貧乏.

póor lȁw 名 《昔の》貧民救助法.

*poor·ly /púɚli, pɔ́ɚ- | pɔ́ː-, púə-/ 副 ❶ 乏しく, 不十分に (badly): ~ paid 薄給の / He was ~ prepared for the interview. 彼は面接の準備が十分でなかった / I have been sleeping ~ recently. 近ごろあまりよく眠れない. ❷ まずく, 下手に (badly): a ~ built house ぞんざいな建て方の家 / He speaks [swims] ~. 彼は話し[泳ぎ]が下手だ / I did ~ in the test. テストでしくじった. ❸ 貧しく, 貧乏に: live ~ 貧しい生活をする. ── 形 Ⓟ 《口》健康[気分]がすぐれないで, 病身で: feel ~ 気分が悪い.

póor màn's 形 Ⓐ 《同種のあるもの・人より》劣った, 安価な, 手軽な: a ~ Porsche 貧乏人のポルシェ《他社製の, ポルシェより廉価なスポーツカー》.

póor màn's wéatherglass 名 《植》ルリハコベ.

póor mòuth 名 《米口》❶ 貧乏をかこつ人. ❷ 貧乏をかこつこと[口実にすること].

póor-mòuth, **-màuth** /-màuθ/ 動 《米口》 自 貧乏を口にする[かこつ]. ── 他 《…を》悪く言う, けなす.

póor·ness 名 ⓤ 《質の》悪さ, 粗末さ, 劣等 等 《*of*》.

póor ràte 名 《英史》救貧税 《地方税》.

póor relátion 名 《同類の中で》劣ったもの[人]: It's a ~ of real champagne. それは本物のシャンパンとは比較にならない《ほど味が落ちる》.

póor relíef 名 ⓤ 《英史》貧民救済.

póor-spìrited 形 気の弱い, 臆病な.

póor whíte 名 《軽蔑》《特に米国南部の》貧乏な白人.

poor·will /púɚwɪl, pɔ́ɚ- | pɔ́ː-, púə-/ 名 《鳥》プーアウィル《ヨタカ科; 北米産》.

poo·tle /púːtl/ 動 自 《英口》ゆっくり行く[進む].

*pop¹ /pɑ́p | pɔ́p/ 動 (popped; pop·ping) 自 ❶ ポン[パン] と鳴る[爆発する, はじける]: The cork *popped*. コルク栓がポンと抜けた / The balloon *popped*. 風船がパンと割れた /《+補》The lid *popped* open. そのふたはポンと開いた. ❷ 《副詞(句)を伴って》ひょいと入る[出る], 急に動く[歩き出す, 飛び出す]: The toast in the toaster *popped up*. トースターのトーストがポンと飛びあがった / Little children were *popping in* and *out* (of the room). 小さな子供たちがひょいひょいと(部屋を)出たり入ったりしていた / He *popped out* for a drink. 彼はちょっと飲みに出かけた / His eyes almost *popped out* (of his head) with astonishment. 彼はびっくり仰天して目玉が飛び出そうだった. ❸ (圧力で)耳がジーンとなる. ❹ 《口》(…を)ポンと撃つ《*away*, *off*》《口》. ❺ 《野》❶ a ポップフライを打ち上げる《*up*》. b 《…を》ポンといわせる[爆発させる]: ~ a balloon with a pin ピンで突いて風船をパンと破裂させる. ❷ 《栓をポンと抜く》~ the cork (シャンパンなどの)コルク栓をポンと抜く. ❸ 《米》《トウモロコシなどを》はじける, 炒(い)る (cf. popcorn). ❷ 《副詞(句)を伴って》《口》《…を》ひょいと動かす; 急に置く: He *popped* his head *out of* the window. 彼は窓からひょいと顔を出した / Just ~ this bottle *in* [*into*] the cupboard]. ちょっとこの瓶をこの中に[食器棚にしまって]ください. ❸ 《口》《薬を》しょっちゅう服用する; 《麻薬などを》打つ. ❹ 《人を》殴る. ❺ a 《…に》発砲する. b 《ピストルなどを》撃つ. ❻ 《英口》《…を》質に入れる. ❼ 《野》《打者に》ポップフライを打たせる: ~ *up* the ball to shallow center センターに浅くフライを打ちあげる.

póp one's clógs 《英戲言》死ぬ. **póp ín** (自+副) (1) ひょいと入る (⇒ 自 2). (2) ちょっと訪問する. **póp óff** (自+副) (1) 《口》急に出ていく, そっと出ていく. (2) 死ぬ, 急死する. (3) 《人に》《…のことを》ぽんぽん言う, 減らず口をたたく 《*at*》《*about*》. **póp ón** (他+副) 《英口》《洋服を》さっと着る. (2) 《機器のスイッチを入れる. **póp óut** (自+副) (1) 急に外へ出る (⇒ 自 2). (2) 《言葉などが口からひょいと出る. (2) ポップフライを打ってアウトになる (⇒ 自 5 b). **póp the quéstion** 《口》《女に結婚を申し込む《*to*》. **póp úp** (自+副) (1) 《口》突然起こる; 突然現われる (crop up). (2) 《野》ポップフライを打ち上げる (⇒ 自 5 a).

── 名 ❶ ⓒ ポン[パン]という音. b 発砲. ❷ ⓤⓒ 《口》発泡性飲料《炭酸水・シャンパンなど》. ❸ =pop fly. **a póp** 《俗》各個に, それぞれに. **hàve [tàke] a póp at…** 《英口》…をけなす, (ボクシングなどで)…を攻撃する, てんでばんにやっつける, たたきのめす. **in póp** 《英俗》質に入って.

── 副 ポンと; 急に: The cork went ~. コルク栓がポンと抜けた. **póp gòes the wéasel** ポップ ゴーズ・ザ・ウィーズル, 「イタチと跳んで出る」《19世紀に英国で流行したダンス; 手をつないだペアの腕の下から男女が順番に跳び出る》.

《擬音語》

*pop² /pɑ́p | pɔ́p/ 《口》形 Ⓐ 《比較なし》❶ a ポピュラー[ポップ]音楽の: ~ music ポップミュージック / a ~ concert [singer] ポップコンサート[シンガー] / a ~ group ポップグループ. b 《大衆的な. ❷ 大衆的な: ~ culture 大衆文化, ポップカルチャー. ── 名 ❶ ⓤ 流行音楽, ポップミュージック, ポップス. ❷ ⓒ 《古風》ポップソング, ポップスのレコード. 【POP(ULAR)】

pop³ /pɑ́p | pɔ́p/ 《米口》《通例 the P~》おとうさん, とうちゃん《★ 呼び掛けに無冠詞で用いる》. 【POP(PA)】

pop⁴ /pɑ́p | pɔ́p/ 名 =Popsicle.

POP 《略》persistent organic pollutant.

pop. 《略》population.

pop·a·dam, -dum /pɑ́pədəm | pɔ́p-/ 名 《インド》パーパル《豆類の粉や小麦粉を味付けして作った薄い円板状の食べ物; 火であぶったり, 油で揚げて食べる》.

póp árt 名 ⓤ ポップアート《広告・漫画など, 大衆文化の素材を取り入れた前衛的な美術運動》.

*pop·corn /pɑ́pkɔ̀ɚn | pɔ́pkɔ̀ːn/ 名 ⓤ ポップコーン.

*pope /póʊp/ 名 ❶ 《通例 the P~》ローマ教皇[法王]: P~ John Paul ヨハネパウロ教皇. ❷ 最高権威とみなされる[自任する]人 《*of*》. 【L papa < Gk=父】 (形 papal)

Pope /póʊp/, **Alexander** 名 ポープ (1688–1744; 英国の

詩人).

Pópe·mo·bìle /-mouˈbiːl/ 《名》《口》(教皇が公式訪問時に使用する防弾の)教皇専用車.

pop·er·y /póupəri/ 《名》U 《軽蔑》カトリック(制度).

pópe's nóse 《名》《米口》=parson's nose.

Pop·eye /pápai/ 《名》ポパイ(米国の漫画に出てくる水兵; ホウレンソウを食べると力が出てくる).

póp-èyed 《形》❶ 出目の. ❷ (驚き・興奮などで)目を丸くした.

póp fèstival 《名》ポップフェスティバル《数日間も続く大規模な野外ポップコンサート》.

póp flý 《野》ポップフライ(高く打ち上げた凡フライ).

póp gùn 《名》(おもちゃの)紙鉄砲, 豆鉄砲.

póp·hòle 《名》(フェンス・仕切りなどにあけた)動物の通り抜け用の穴.

póp·in·jày 《名》しゃれ者, めかしや.

pop·ish /póupɪʃ/ 《形》《軽蔑》(ローマ)カトリックの.

*****pop·lar** /pápla | pɔ́plə/ 《名》❶ 《植》ポプラ; ポプラ材. ❷ 《米》《植》ユリノキ (tulip tree).

pop·lin /páplɪn | pɔ́p-/ 《名》U ポプリン《横方向にうねのあるうね織》.

pop·li·te·al /pàplətíːəl | pɔ̀p-ˊ/ 《形》《解》膝窩(ʰ̩̃)(部)の, ひかがみの.

Po·po·ca·té·petl /pòupəkétəpetl | pɔ̀poukǽ-tɪpetl/ 《名》ポポカテペトル《メキシコ中南部 Mexico City の南東にある火山 (5452 m)》.

póp-òut 《野》ポップフライを取られてアウトになること. ── 《形》《米》簡単に取りはずして使えるように作られている.

póp·òver 《名》《米》ポップオーバー《マフィン (muffin) に似た軽焼きパン》.

pop·pa /pápə | pɔ́pə/ 《名》《口》おとうさん, とうちゃん.

pop·pa·dom, -dum /pápədəm | pɔ́p-/ 《名》=popadam.

pop·per /pápə | pɔ́pə/ 《名》❶ ポンポンいう〔はぜる〕もの〔人〕. ❷ 《米》トウモロコシを炒(い)るなべ, ポップコーンを作る器具. ❸ 《英》(服の)スナップ, ホック (《米》snap fastener). ❹ 《複数形で》《米》亜硝酸アミルのアンプル《錠剤, カプセル》《興奮剤》.

pop·pet /pápɪt | pɔ́pɪt/ 《名》❶ 気に入りの子〔動物〕; かわいこちゃん. ❷ 《PUPPET の別形》

póppet·hèad 《名》《英》《鉱》立坑上部の滑車を支持するやぐら.

póppet vàlve 《名》《機》ポペット弁, 持上げ弁.

póp·pied 《形》ケシの花で飾った; ケシの生える.

póp·ping crèase 《名》《クリケ》打者線《三柱門 (wicket) の 4 フィート前にあって打者がその後ろに立つ線》.

pop·ple /pápl | pɔ́pl/ 《動》沸き立つ, 泡立つ, 波立つ. ── 《単数形で》荒波, 波動. /-pli/ 《形》

póp psychólogy 《名》U 通俗心理学.

*****pop·py¹** /pápi | pɔ́pi/ 《名》❶ C 《植》ケシ, ポピー《ケシ属の各種の物》: ~ seeds ケシの実 / ~ corn poppy, opium poppy. ❷ C (Poppy Day に胸につける)造花のヒナゲシ. ❸ =poppy red.

pop·py² /pápi | pɔ́pi/ 《形》〈ポピュラー音楽が〉メロディーがきれいな, 旋律的な.

póppy·còck 《名》U 《口》ばかげた話, たわごと.

Póppy Dày 《英》戦没者追悼記念日 (Remembrance Sunday)《傷病(ʾ̄)軍人のつくった赤い造花のヒナゲシ (corn poppy) を着けてこの日を記念する》.

póppy·hèad 《名》❶ ケシの果実. ❷ 《建》けし飾り, (特に教会の座席の側板の)頂華.

póppy réd 《名》U ケシ色, 黄赤色.

póp quìz 《名》《米学生俗》抜き打ち(小)テスト.

póp rìvet 《名》ポップリベット《穴に挿入したあと心棒を引き抜くことにより固定される管状のリベット》. ── 《動》《他》ポップリベットで固定する.

pops /páps | pɔ́ps/ 《名》《単数また複数扱い》ポップスオーケストラ: the Boston P~ ボストンポップスオーケストラ. ── 《形》A ポップスオーケストラの: a ~ concert ポップスコンサート.

póp·shòp 《英古風》質屋.

Pop·si·cle /pápsɪkl | pɔ́p-/ 《名》《米》《商標》棒付きアイスキャンデー (《英》icelolly)《《比較》「アイスキャンデー」は和製

1393 population

英語).

pop·sie /pápsi | pɔ́p-/ =popsy.

póp stár 《名》ポップスの人気歌手, ポップスター.

póp·ster /pápstə | pɔ́pstə/ 《名》ポップのミュージシャン.

pop·sy /pápsi | pɔ́p-/ 《名》《英口》《愛情の表現に用いて》お嬢さん, かわいこちゃん.

póp·tòp /-tàp | -tɔ̀p/ 《形》〈缶が〉引き手引き金を上に引くと開く, 引き上げ式の (cf. zip-top). ── 《名》引き上げ式の缶.

*****pop·u·lace** /pápjuləs | pɔ́p-/ 《名》《通例 the ~; 集合的; 単数または複数扱い》❶ 大衆, 民衆, 庶民; (地域の)全住民.

*****pop·u·lar** /pápjulə | pɔ́pjulə/ 《形》(more ~; most ~) ❶ 人気のある, 評判のよい (↔ unpopular): a ~ song [singer] 流行歌〔歌手〕 / a ~ resort 評判のいい行楽地 / a ~ teacher 人気のある先生 / He's ~ with the other children. 彼は子供仲間に人気がある / Professor Smith is ~ among the students. スミス教授は学生間では受けがよい. ❷ A 《比較なし》民衆の, 人民の, 大衆の: ~ discontent 大衆の不満 / ~ opinion 世論 / ~ support 大衆の支持 / ~ education 庶民の教育, 普通教育 / ~ government 人民政府 / ~ diplomacy 民間外交 / ~ sentiment 国民感情 / contrary to ~ belief 通念とは反対に. ❸ A ❶ 大衆向けの, 通俗の; ポピュラーな; 平易な: ~ music ポピュラー音楽 / ~ science 通俗科学 / a ~ edition 普及版, 廉価版 / in ~ language 平易な言葉で. b 民衆的な, 民間に普及している, 民間伝承の: ~ superstitions 民間の迷信 / ~ ballads 民謡. c 〈価格が安い, 大衆向きの値段の: at ~ prices 安い値段で, 廉価で. 《L<populus PEOPLE; cf. populate, populous》《名》popularity, 《動》popularize》

pópular cúlture 《名》U 大衆文化, ポップカルチャー.

pópular etymólogy 《名》=folk etymology.

pópular frónt 《名》《the ~》人民戦線.

pop·u·lar·ism /pápjulərɪzm | pɔ́p-/ 《名》CU 通俗語[表現]; 民衆主義 (populism).

*****pop·u·lar·i·ty** /pàpjulǽrəti | pɔ̀p-/ 《名》U 人気, 人望, 俗受け; 流行: enjoy (great) ~ (たいへん)人気がある / win [lose] ~ 人気をとる〔失う〕 / his ~ with young people 彼の若者たちの間での人気. 《形》popular)

pop·u·lar·i·za·tion /pàpjulərɪzéɪʃən | pɔ̀pjulə-raɪz-/ 《名》U,C 大衆〔通俗〕化.

*****pop·u·lar·ize** /pápjulərɑ̀ɪz | pɔ́p-/ 《動》《他》❶ 〈…の〉評判〔人気〕をよくする. ❷ 〈新製品などを〉普及する, 広める. ❸ 〈…を〉大衆〔通俗〕化する. 《形》popular)

*****pópu·lar·ly** 《副》❶ 《世間》一般に (commonly): It's ~ believed [supposed, thought] that… と世間一般に信じられて〔いる〕 《用法 通例「誤って」の含みがある》. ❷ 多数の国民〔有権者〕の支持を得て, 民意によって, 民主的に (democratically). ❸ 大衆向きに, 通俗に; 平易に.

pópular préss 《名》《the ~》大衆紙, タブロイド紙(全体).

pópular vóte 《名》❶ C 《米》一般投票《大統領候補の選出のように一定の資格の選挙人が行なう》. ❷ 《the ~》《英》一般(大衆による)投票.

*****pop·u·late** /pápjulèɪt | pɔ́p-/ 《動》《他》❶ 《通例受身で》〈人が〉〈土地に〉居住する, 〈地域に〉生息する (inhabit): The cave is ~d with bats. その洞窟(ǯǚ)にはコウモリが生息している. ❷ 〈土地に〉人を居住させる, 植民する. ❸ 〈状況・環境などに〉存在する, 〈作品などに〉登場している. 《L<populus PEOPLE; cf. popular, populous》《名》population)

pop·u·lat·ed /-tɪd/ 《形》〈土地が〉居住された: a densely [sparsely] ~ district 人口の多い〔少ない〕地方.

*****pop·u·la·tion** /pàpjuléɪʃən | pɔ̀p-/ 《名》❶ C,U 人口; 住民数: (a) dense [sparse] ~ 過密〔過疎〕人口 / This city has a ~ of 460,000. この市の人口は 46 万である / "What [How large] is the ~ of Tokyo?" "It's about ten million." 「東京の人口はいくらですか」「約 1 千万です」《用法 How many ~ とは言わない》. ❷ 《the ~; 集合的; 単数または複数扱い》(一定地域の)(全)住民; (特定の階層・種族の)人々: The whole ~ of the town came

population center 1394

out to welcome him. 町の住民全部が繰り出して彼を歓迎した / the Irish ~ of New York ニューヨークのアイルランド人口. ❸ [単数形で] [生] (一定地域の)(全)個体群[数]: the tiger ~ of India インドのトラの総数. ❹ [統] 母集団. ❺ [天] 種族《恒星の分布・年齢などによる分類》. (動 populate)

populátion cènter 名 人口集中地域[地区].
populátion explòsion 名 人口の爆発的増加, 人口爆発.
pop·u·lism /pápjʊlìzm | pɔ́p-/ 名 Ⓤ (大衆の利益・意見を代表すると称する)人民主義.
†**póp·u·list** /-lɪst/ 形 大衆の利益・意見を代表[代弁]する(標榜する)(政治家など). 〖L < *populus* PEOPLE + -ist〗
pop·u·lis·tic /pàpjʊlístɪk | pɔ̀p-/ 形 =populist.
pop·u·lous /pápjʊləs | pɔ́p-/ 形 〈場所が〉人口密度の高い; 人口の多い. ~·**ness** 名 〖L < *populus* PEOPLE; cf. popular, populate〗
†**póp-ùp** 形 Ⓐ ❶ ポンと飛び出る仕組みになった: a ~ book 開くと絵が飛び出す本 / a ~ toaster ポップアップトースター《焼けるパンが自動的に飛び出してくるトースター》. ❷ [電算] ポップアップ式の《プログラム実行中にウインドーを開いて作業メニューなどを画面上に呼び出す方式》.
por·bea·gle /pɔ́ɚbìːɡl | pɔ́ː-/ 名 [魚] ニシラクダザメ.
†**por·ce·lain** /pɔ́ɚs(ə)lɪn | pɔ́ː-/ 名 Ⓤ 磁器《素地がガラス化して透明性のある焼き物》; 磁器製品, 磁器類. — 形 Ⓐ 磁器用の[製の]: a ~ statue 磁器製の像. 〖It = タカラガイ〗
pórcelain cláy 名 Ⓤ 陶土, カオリン (cf. kaolin).
†**porch** /pɔ́ɚtʃ | pɔ́ːtʃ/ 名 ❶ 《米》ベランダ. ❷ ポーチ《建物・教会などで外に張り出した屋根付きの玄関》. 〖F < L < *porta* 門; cf. port¹〗
por·cine /pɔ́ɚsaɪn | pɔ́ː-/ 形 豚の, 豚みたいな, 豚に似た.
por·ci·ni /pɔɚtʃíːni | pɔː-/ 名 (複 ~) [植] ヤマドリタケ, ポルチーニ.
por·cu·pine /pɔ́ɚkjʊpàɪn | pɔ́ː-/ 名 [動] ヤマアラシ《旧大陸産; 地上にすむ》; アメリカヤマアラシ《アメリカ大陸産; 樹上にすむ》. 〖F = とげだらけの豚〈 L *porcus* 豚+ *spina* とげ; cf. pork〗
pórcupine fìsh 名 [魚] ハリセンボン, ハリフグ.
pore¹ /pɔ́ɚ | pɔ́ː/ 名 《皮膚・葉などの》細穴; 毛穴, 気孔. 〖F < L < Gk = 通路, 孔〗 (形 porous)
pore² /pɔ́ɚ | pɔ́ː/ 動 ⓘ 《本などを》熟読する; じっくり研究する (over).
por·gy /pɔ́ɚɡi | pɔ́ː-/ 名 (複 ~, **por·gies**) 《米》[魚] 《地中海・大西洋産の》タイ科の魚《ヨーロッパダイなど》.
po·rif·er·an /pərífərən | pɔː-/ 名 [動] 海綿動物の(の), 海綿動物門の.
*__pork__ /pɔ́ɚk | pɔ́ːk/ 名 Ⓤ 豚肉, ポーク (⇒ pig 関連). 〖F < L *porcus* 豚〗 (形 porcine, porky)
pórk bàrrel 名 《米口》《議員の人気取りのために政府に支出させる》国庫交付金, 地方開発金.
pórk bùtcher 名 《英》豚肉屋《豚肉・ソーセージなどを売る》.
pórk chòp 名 C,Ⓤ 豚肉の切り身《通例あばら骨のついたもの》.
pork·er /pɔ́ɚkɚ | pɔ́ːkə/ 名 ❶ (肉用に太らせた)子豚. ❷ 食用豚.
pórk·ling /-lɪŋ/ 名 子豚.
pórk pìe 名 C,Ⓤ 《英》ポークパイ《豚肉入りのパイ》.
pórkpie hát 名 ポークパイハット《頭部が平らで縁を上げ下げできる帽子》《ポークパイに似ていることから》.
pórk rínds 名 (複) カリカリに焼いた豚皮のおつまみ.
pork·y¹ /pɔ́ɚki | pɔ́ː-/ 形 (**pork·i·er**; **-i·est**) ❶ 豚(肉)のような. ❷ 《口》太った, でぶの.
pork·y² /pɔ́ɚki | pɔ́ː-/ 名 =porcupine.
porn /pɔ́ɚn | pɔ́ːn/ 名 《口》=pornography.
por·no /pɔ́ɚnoʊ | pɔ́ː-/ 名 《口》ポルノ, わいせつ文書: soft [hard] ~ ソフト[ハード]ポルノ. — 形 ポルノの: ~ novels [movies] ポルノ小説[映画] / the ~ industry ポ

ルノ産業 / a ~ shop ポルノショップ. 〖PORNO(GRAPHY), PORNO(GRAPHIC)〗
por·nog·ra·pher /pɔɚnáɡrəfɚ | pɔːnɔ́ɡrəfə/ 名 Ⓒ ポルノ製作者《作家・写真家・映画監督など》.
†**por·no·graph·ic** /pɔ̀ɚnəɡrǽfɪk | pɔ̀ː-ˈ-/ 形 ポルノの, 好色文学の.
†**por·nog·ra·phy** /pɔɚnáɡrəfi | pɔːnɔ́ɡ-/ 名 Ⓤ ポルノ, 好色[エロ]文学; ポルノ映画[本, 写真(など)]. 〖F < Gk = 娼婦を描いたもの〗
po·ros·i·ty /pərɑ́səti | pɔːrɔ́s-/ 名 Ⓤ 多孔性.
†**po·rous** /pɔ́ːrəs/ 形 ❶ 小穴のある[多い], 多孔性の. ❷ しみ通る, 浸透性の. ~·**ness** 名 (名 pore¹)
por·phyr·i·a /pɔɚfíriə | pɔː-/ 名 [医] ポルフィリン症《ポルフィリン代謝異常による疾患》.
por·phy·rin /pɔ́ɚfərɪn | pɔ́ː-/ 名 [生化] ポルフィリン《葉緑素・ヘモグロビンから得られるピロール無核誘導体》.
por·phy·rit·ic /pɔ̀ɚfərítɪk | pɔ̀ː-ˈ-/ 形 斑岩 (porphyry) の; [地] 斑状の《細粒の石基中により大きな斑晶を含む火成岩の組織についている》.
por·phy·ry /pɔ́ɚfəri | pɔ́ː-/ 名 Ⓤ [地] 斑岩(ばんがん).
por·poise /pɔ́ɚpəs | pɔ́ː-/ 名 [動] ネズミイルカ. 〖F = pig fish〗
†**por·ridge** /pɔ́ːrɪdʒ | pɔ́r-/ 名 Ⓤ ❶ 《英》ポリッジ《米 oatmeal》. ❷ 《英口》《刑務所での》刑期: do ~ 服役する. **kéep [sáve] one's bréath to cóol one's pórridge** 余計な口出しを控える.
por·rin·ger /pɔ́ːrɪndʒɚ | pɔ́rɪndʒə/ 名 取っ手つきの浅いわん《スープ, シチューなどに用いる》.
Por·sche /pɔ́ɚʃ, -ʃə | pɔ́ːʃ/ 名 ポルシェ《ドイツ Porsche 社製の高級スポーツカー》.
*__port¹__ /pɔ́ɚt | pɔ́ːt/ 名 ❶ C,Ⓤ 港: an open ~ 開港場 / a coaling ~ 石炭積み込み港 / a ~ of delivery 荷降ろし港 / in ~ 入港して, 停泊中の / leave (a) ~ 出港する / enter [come into] ~ (at ...) (...に)入港する. ❷ [しばしば P-で地名にも用いて] 港町, 港市: Kobe is a beautiful ~. 神戸は美しい港町だ / ⇨ Port Said. **ány pòrt in a stórm** 《諺》窮余の策, せめてもの頼り. **a pórt of éntry** 通関手続き地, 入国管理事務所のある港[空港]. **pórt of cáll** (1) 寄航港. (2) 《口》《旅行途中の》滞在地. (3) よく行く所, 入りびたりの場所. — 名 Ⓐ 港の, 港湾に関する: a ~ authority 港湾管理委員会 / ~ facilities 港湾施設. 〖L *portus* 港〗【類義語】⇨ harbor.
port² /pɔ́ɚt | pɔ́ːt/ 名 C,Ⓤ ポートワイン《ポルトガル原産の(赤)ワイン》. 《Oporto ポルトガルのワイン輸出港》
port³ /pɔ́ɚt | pɔ́ːt/ 名 ❶ [機] 《コンピューター本体で, 外部装置・回線との接続用にある接合部》. ❷ [機] 蒸気口: an exhaust ~ 排気口. ❸ [海] ❶ (商船の船側の)荷役口. ❻ 舷窓. ❹ 《戦車などの, また昔の城壁にある》砲門, 銃眼. 〖L *porta* 門〗
†**port⁴** /pɔ́ɚt | pɔ́ːt/ 名 Ⓤ 《船舶・航空機の》左舷《船[機]首に向かって左側; 夜間など赤色灯をつける; ↔ starboard》: put the helm to ~ かじを左舷に取る, 取りかじを取る (cf. aport). — 形 Ⓐ 左舷の: on the ~ side 左舷側(だ)に; 左舷に. 〖PORT³ から; 昔, 港に横づけになるのは通例左舷であったことから〗
port⁵ /pɔ́ɚt | pɔ́ːt/ 名 ❶ [the ~] [軍] 控え銃(づつ)の姿勢《銃を体の正面に斜めに保つ》: at the ~ 控え銃の姿勢で. ❷ Ⓤ 《文》態度, ふるまい. ❸ [電算] プログラムの移行. — 動 ❶ [電算] 〈プログラムを〉移行する. ❷ [軍] 〈銃を〉控え銃にする: P-arms! 《号令》控え銃! 〖F < L = 運ぶ〗
port. portrait. **Port.** 《略》Portugal; Portuguese.
por·ta·bil·i·ty /pɔ̀ɚtəbíləti | pɔ̀ː-/ 名 Ⓤ 携帯できること, 軽便.
*__por·ta·ble__ /pɔ́ɚtəbl | pɔ́ː-/ 形 (**more** ~; **most** ~) ❶ 持ち運びできる, 携帯用の: a ~ computer [TV] ポータブルコンピューター[テレビ]. ❷ [電算] 〈プログラムが〉《異なるシステム・機種間で》移行[利用]可能な. ❸ 〈年金制度が〉《異なる職種間で》移管可能な. — 名 携帯用器具, ポータブル《ラジオ・タイプライター・テレビなど》. **pór·ta·bly** /-blɪ/ 副 〖L < *portare* 運ぶ+ -ABLE; cf. export, import, report, transport; porter〗

por·tage /pɔ́ːrtɪdʒ | pɔ́ː-/ 名 ❶ a Ⓤ(両水路間の)陸運, 連水路運搬《船・貨物などをひとつの水路から他の水路へ陸上運搬すること》. b Ⓒ連水陸路. ❷ Ⓤ a 運搬, 持ち運び. b 運搬料, 運賃. 〖F↑; ⇨ -age〗

Por·ta·kab·in /pɔ́ːrtəkæbɪn | pɔ́ː-/ 名〖商標〗ポータキャビン《英国 Portakabin 社製のプレハブ式の輸送可能な建物・その建材部品》.

por·tal /pɔ́ːrtl | pɔ́ː-/ 名 ❶ Ⓒ〖文〗(宮殿などの大きな建物の)正門, 表玄関; 始まり, 発端〔of〕. ❷〖電算〗ポータル(サイト)《分類されリンク集や検索エンジンなどがあり, 利用者がインターネットの入り口として利用できるようなサイト》. ❸〖医〗門戸《微生物[薬物など]が体内に侵入する点》. —— 形 Ⓐ〖解〗門脈の, 肝門の. 〖F<L; ⇨ port³〗

pórtal sìte 名 = portal 2.

pórtal-to-pórtal páy 名 Ⓤ (出社から退社までの)拘束時間払い賃金.

pórtal véin 名〖解〗門脈.

por·ta·men·to /pɔ̀ːrtəméntou | pɔ̀ː-/ 名 (-ti /-tiː/, ~)〖楽〗ポルタメント《一音から他になめらかに移ること》.

Por·ta Pot·ti, Por·ta-pot·ty /pɔ́ːrtə pɑ́ti | pɔ́ː- təpɔ́ti/ 名〖商標〗(臨時設置の)移動〖簡易〗トイレ.

Pòrt Árthur 名 ポートアーサー(旅順 (Lüshun) の別称).

pór·ta·tive órgan /pɔ́ːrtətɪv- | pɔ́ː-/ 名 ポータティブオルガン《14–15 世紀に行進などに用いられた, 持ち運びできる小型パイプオルガン》.

Port-au-Prince /pɔ̀ːrtouprɪ́ns/ 名 ポルトプランス《ハイチの首都; 天然の良港あり》.

port·cul·lis /pɔːrtkʌ́lɪs | pɔːt-/ 名 (昔の城門などの)落し格子, つるし門.

port de bras /pɔ̀ːrdəbrɑ́ː | pɔ̀ː-/ 名〖バレエ〗ポール ド ブラ《腕の動かし方の技術・練習》.

Porte /pɔːrt | pɔːt/ 名 [the ~] (高き)門, 御門, (オスマン)トルコ政府《オスマントルコ政府の公称を仏訳したもので, より正式には the Sublime [Ottoman] Porte》.

porte co·chere /pɔ̀ːrtkouʃéər | pɔ̀ːtkɔʃéə/ 名 (屋根付き)車寄せ. 〖F=coach gate〗

por·tend /pɔːrténd | pɔː-/ 動 他〖文〗〈...の〉前兆になる, 〈...を〉予示する.

por·tent /pɔ́ːrtent | pɔ́ː-/ 名 ❶ Ⓒ〖文〗凶事・重大事の兆し, 前兆, 先触れ〔of〕. ❷ Ⓤ(前兆的な)意味合い. ❸ Ⓒ〖古〗驚異的なもの[事].

por·ten·tous /pɔːrténtəs | pɔː-/ 形 ❶ 前兆の; 不吉な, 凶兆のある. ❷〖文〗a おごそかな, ものものしい. b 尊大な, もったいぶった. ❸ 驚くべき, 驚異的な, 信じがたい. ~·**ly** 副 ~·**ness** 名

***por·ter**¹ /pɔ́ːrtər | pɔ́ː·tə/ 名 ❶ (駅・空港・ホテルなどの)ポーター, 荷物運び. ❷ 〖米古風〗(寝台車などの)ボーイ. ❸〖英〗病院の雑役係. 〖F<L=運ぶ; ⇨ port³〗

por·ter² /pɔ́ːrtər | pɔ́ː·tə/ 名 Ⓒ〖英〗門衛, 門番, 玄関番. 〖F<L; ⇨ port³〗

por·ter³ /pɔ́ːrtər | pɔ́ː·tə/ 名 Ⓤ〖古風〗ポーター(ビール)《焦がした麦芽を使った stout より弱い黒ビール》.〖PORTER¹; もと荷物運搬人夫などが好んで飲んだことから〗

Por·ter /pɔ́ːrtər | pɔ́ː·tə/, **Cole** /kóul/ 名 ポーター《1892–1964; 米国の作詞・作曲家》.

Porter, Katherine Anne 名 ポーター《1890–1980; 米国の女性作家》.

Porter, William Sydney 名 ポーター《O. Henry の本名》.

por·ter·age /pɔ́ːrtərɪdʒ | pɔ́ː-/ 名 Ⓤ ❶ 運搬(業). ❷ 運搬賃. 〖PORTER¹+-AGE〗

pórter·hòuse (stéak) 名 上等のビーフステーキ(肉).

pórter's knót 名〖英〗(荷運び人が用いる)肩当て.

pórter's lódge 名〖英〗守衛部屋[詰め所].

pórt·fìre 名 火器[花火]点火装置, 発砲点火装置.

***port·fo·li·o** /pɔːrtfóuliòu | pɔːt-/ 名 (働 ~**s**) ❶ **a** 折りかばん, 書類入れ. **b** 書類入れの中の書類《自分の業績を示すための》作品サンプル集. **c** 紙ばさみ式の画集, 画帳. ❷ (所有する)有価証券(一覧表). ❸ 大臣の職[地位]: the finance ~ 財務大臣の職 / a minister without ~ 無任所大臣. ❹ (会社の製品などの)範囲, 品ぞろえ〔of〕. 〖It=紙を運ぶもの; ⇨ portable, folio〗〖類義語〗⇨

1395 Portsmouth

bag.

pórt·hòle 名 ❶ **a** (船の)舷窓, 丸窓. **b** (飛行機の)丸窓. ❷ (昔の城壁などの)銃眼.

Por·tia /pɔ́ːrʃə | pɔ́ː-/ 名 ポーシャ《Shakespeare 作「ベニスの商人」の女主人公》.

por·ti·co /pɔ́ːrtɪkòu | pɔ́ː-/ 名 (働 ~**es**, ~**s**)〖建〗ポーチコ, 柱廊式玄関《円柱または台持(だいもち)で支えられた破風(はふ)付きの玄関》. 〖It; PORCH と同語源〗

por·tiere, por·tière /pɔ̀ːrtjéər | pɔ̀ːtjéə/ 名 Ⓒ (戸口の)仕切りカーテン(装飾にも用いる).

pórt·ing /-tɪŋ/ 名 Ⓤ〖電算〗(プログラムの)移植.

***por·tion** /pɔ́ːrʃən | pɔ́ː-/ 名 ❶ (切り離された)一部, 部分: a ~ of the land [book] その土地[本]の一部(分). ❷ (食物の 1 人前 (serving): order two ~s of salad サラダを 2 人前注文する. ❸ **a**〖通例単数形で〗(2 人以上で分けられた)分け前. **b**〖法〗分与産, 相続分. **c**〖古〗持参金. ❹ [one's ~]〖文〗運命: accept one's ~ in life 運命を甘受する. —— 動 他〖古〗〈...を〉...の間で分割[分配]する: ~ *out* an inheritance *among* three [*between* two] people 遺産を 3 人[2 人]で分配する. 〖F<L=分け前<*pars, part-* 部分; cf. *part*〗〖類義語〗⇨ part.

Port·land /pɔ́ːrtlənd | pɔ́ːt-/ 名 ポートランド: ❶ 米国 Oregon 州北西部の港湾都市. ❷ 米国 Maine 州南西部の港湾都市.

Pórtland cemént 名 Ⓤ ポルトランドセメント《普通のセメント》.

Pórtland stóne 名 Ⓤ ポートランド石《英国 Isle of Portland 産の建築用石灰石》.

Pòrt Lóuis /-lúːɪs, -lúːi/ 名 ポートルイス《モーリシャスの首都》.

pórt·ly 形 (port·li·er; -li·est) ❶ 〈中年の人が〉肥満した, かっぷくのよい. ❷〖古〗風采(ふうさい)の堂々とした, 押し出しのよい. **pórt·li·ness** 名 〖PORT⁵+-LY²〗

port·man·teau /pɔːrtmǽntou | pɔːt-/ 名 (働 ~**s**, ~**x** /-z/) (両開きの)旅行かばん. 〖F=mantle carrier〗

portmánteau wórd 名〖言〗かばん語, 混成語《⇨ blend 名 3》.

Pòrt Móres·by /-mɔ́ːrzbi | -mɔ́ːz-/ 名 ポートモレスビー《パプアニューギニアの首都; ニューギニア島南東部の港町》.

Pòrt of Spáin 名 ポートオブスペイン《トリニダードトバゴの首都; トリニダード島北西部の港町》.

por·to·lan /pɔ́ːrtələn | pɔ́ː-/ 名 = portolano.

por·to·la·no /pɔ̀ːrtəláːnou | pɔ̀ː-/ 名 (働 ~**s**) (海図の入った中世の)航海案内書.

Por·to-No·vo /pɔ́ːrtənóunou | pɔ́ː-/ 名 ポルトノボ《ベニンの首都; 港町》.

***por·trait** /pɔ́ːrtrət, -treɪt | pɔ́ː-/ 名 ❶ 肖像(画); 肖像[人物]写真, ポートレート: have one's ~ painted 肖像画を描いてもらう. ❷ 生き生きとした描写: The book gives [paints] a fascinating ~ of college life. その本は大学生活を魅力たっぷりに描いている. ❸ 〖印刷〗縦置きの (↔ landscape). 〖F=描かれたもの; 動 portray〗

pór·trait·ist /-tɪst/ 名 肖像画家.

por·trai·ture /pɔ́ːrtrətʃər | pɔ́ː-/ 名 Ⓤ 肖像画法.

***por·tray** /pɔːrtréɪ | pɔː-/ 動 他 ❶ 〈...を〉(言葉などで)描写する: ~ the daily life of...の日常生活を描写する / The author ~s the campus *as* a very pleasant place. その著者は学園を非常に楽しい場所として描写している. ❷ 〈人物・風景などを〉描く; 〈人の〉肖像を描く. ❸ 〈俳優が〉〈役を〉演じる. 〖F=引き出す, ખき出す 〈*por-* 前に+*traire* 引く 〈L *trahere*; ⇨ tract¹〗 portrait, portrayal〗

por·tray·al /pɔːrtréɪəl | pɔː-/ 名 ❶ Ⓤ 描写, 描画; 記述〔of〕. ❷ Ⓒ 肖像(画). ❸ Ⓤ 演技(による描写). 〖portray〗

Pòrt Sa·íd /-sɑːíːd, -sɑ́ɪd | -sɑ́ɪd/ 名 ポートサイド《エジプト北東部, Suez 運河の地中海側の港》.

Ports·mouth /pɔ́ːrtsməθ | pɔ́ːts-/ 名 ポーツマス: ❶ 英国南部の港市. ❷ 米国 New Hampshire 州の海港; 日

露講和条約締結地 (1905).

Por・tu・gal /pɔ́ːrtʃəgəl | pɔ́ːtju-/ 名 ポルトガル《ヨーロッパ南西部の共和国; 首都 Lisbon》.

Por・tu・guese /pɔ̀ːrtʃəgíːz | pɔ̀ːtju-ˊ-/ 形 ポルトガル(人,語)の. ― 名 (複 ~) ❶ C ポルトガル人. ❷ U ポルトガル語.

Portuguese màn-of-wár 名 (複 **Portuguese men-of-war**) 動 カツオノエボシ,《俗に》電気クラゲ.

por・tu・lac・a /pɔ̀ːrtʃəlǽkə | pɔ̀ːtju-/ 名 植 マツバボタン, スベリヒユ.

Port-Vi・la /pɔ̀ːrtvíːlə | pɔ̀ːt-/ 名 ポートビラ《Vila の別称》.

pórt wíne 名 =port².

pórt-wíne stàin [màrk] 名 医 ぶどう酒様血管腫《皮膚表面の紫色の血管腫; 通例 母斑》.

POS (略) point-of-sale.

pos. (略) position; positive.

po・sa・da /pəsáːdə/ 名 《スペイン語圏の》旅館, 宿泊.

pose¹ /póuz/ 動 他 ❶ a 《事がある問題・危険・困難などを》引き起こす, 生じる, 呈する,《…の》原因となる《for, to》: The increased cost of living ~d many problems. 生活費の上昇でいろいろな問題が生じた / The situation ~d a threat to our hopes for peace. その事態で我々の平和に対する希望が脅威にさらされた. b《人が疑問などを》提起する, 持ち出す (raise): Let me ~ a question. 質問を1つさせてください. ❷〔絵・写真用に〕〈人に〉ポーズをとらせる〔for〕. ― 自 ❶〈人・モデルなどが〉《…のために》ポーズをとる: She ~d for her portrait〔the painter〕. 彼女は肖像画を描いてもらうためにポーズをとった[その画家の絵のモデルになった]. ❷ a 気取った態度をとる, 気取った見せかけをする: Stop *posing*! 気取るのはやめろ. b《…に》見せかける《*as*補》: He ~d *as* an authority on the subject. 彼はその問題の権威者を装った. ― 名 ❶ 《写真・肖像画などのための》ポーズ, 姿勢. ❷ 気取った様子 [態度]; 見せかけ: Everything he says is only a ~. 彼の言うことはすべて見せかけにすぎない.《F<L< *pausa* 停止, 終わり; cf. pause と同語源》

pose² /póuz/ 動 他 《難問で》〈人を〉困らせる, まごつかせる.

Po・sei・don /pousáidn | pɔ-/ 名 ギリシャ神 ポセイドン《三つ又のほこを手に持った海神; ローマ神話の Neptune に当たる》.

pós・er¹ 名 ❶ ポーズをとる人. ❷ 気取り屋 (poseur).

pós・er² 名 難問.

po・seur /pouzə́ːr | -záː-/ 名 気取り屋 (poser¹).《F=poser¹》

pos・ey /póuzi/ 形 《口》気取った, てらった; 知ったかぶりの.

⁺posh /páʃ | páʃ/ 形 ❶《口》ぜいたくな《高級》な, 豪華《ゴージャス》な;《英》swish》: a ~ hotel [wedding] 豪華なホテル[結婚式]. ❷《英》《時に軽蔑的に》スマートな《つもり》の, お上品ぶった, 気取った, 上流社会的な, いいとこの. ― 副 《英》お上品ぶって: talk ~ 気取った話し方をする.

pos・it /pázit | pɔ́z-/ 動 哲・論 仮定する[断定する] (postulate). ― 名 仮定.

⁺po・si・tion /pəzíʃən/ 名 ❶ C a《人・ものの》姿勢, 構え: sit in a comfortable ~ 楽な姿勢で座る / be in a sitting [standing] ~ 座って[立って]いる. b バレエ ポジション《5つの基本的姿勢》. c《性交の》体位. ❷ C 《通例単数形で》立場, 状況 (situation): He's in an awkward ~ now. 彼は困ったはめに陥っている / That puts me in a difficult ~. そうなると私は難しい立場に追い込まれることになる /〔+to do〕I'm not in a [I'm in no] ~ to make a decision. 私はそれを決定する立場ではない. ❸ U 所定の位置;〔スポ〕守備位置, ポジション;〔軍〕陣地: put one's false teeth securely in ~ 入れ歯をしっかり固定する / put a satellite into ~ 人工衛星を軌道に乗せる / The policeman took up his ~ in front of the gate. 警官は門前の所定の位置についた. ❹ C 位置; 場所, 所; 所在地, 陣地: occupy an intermediate ~ between…との中間に位する / attack an enemy's ~ 敵の陣地を攻撃する / Find the ~ of New York on the map. 地図上でニューヨークの場所を見つけなさい. ❺ C 見解, 意見, 見方 (stance): my ~ *on* the question その問題に対する私の意見 /〔+*that*〕We take the ~ *that* the law must be enforced. 我々はその法律は施行されるべきだという見解をとっている. ❻ C 勤め口, 職: He has [holds] a ~ *in* [*with*] a bank. 彼は銀行に勤めている. ❼ a C,U《社会的な》地位, 境遇: one's ~ *in* life [society] 社会的な地位, 身分 / I have [my] ~ to keep up. 私には(保つべき)地位がある; 私は身分を考えなければならない. b U 《高い》身分: people *of* ~ 地位[身分]のある人たち. ❽ C 《競技・競争などの》順位,《何》着 (place): I finished in the third ~ in the slalom. 私はスラロームで3位に終わった. in a fálse posítion ~ 人を誤解されるような立場に置く. in posítion 所定の場所に; 所を得て (cf. 3). manéuver [jóckey, jóstle] for posítion 《駆け引きで》地位を占めようと画策する. òut of posítion 所定の場所はずれて; 所を得ないで.

― 動 他 ❶《通例副詞(句)を伴って》〈…を〉《適当な[特定の]》場所に置く (place): She ~ed the vase carefully *on* the table. 彼女は花瓶をテーブルの上に注意深く置いた. ❷〔商〕〈商品を特定の購買階層にねらいをつけて〉市場に出す.《F<L< *ponere, posit-* 置く; cf. depose, dispose, expose, impose, oppose, propose, suppose, transpose; positive, post¹,³, posture; postpone》〖類義語〗**position** 賃金を得る勤め口を示す意味の広い語; 肉体労働よりも事務職または専門的職業に用いることが多い. **situation** 特に求人広告などにおいて, 人を募集している勤め口. **office** 特に官庁・会社・法人組織・公共団体などにおける権威・責任・信用のある地位. **post** 特に任命された公職または重要な責任のある地位.

po・si・tion・al /pəzíʃ(ə)nəl/ 形 ❶ 位置(上)の. ❷〔スポ〕守備(上)の: make ~ changes 守備位置を変更する.

position pàper 名《企業などの特定の問題に関する》方針説明書.

⁺pos・i・tive /pázətiv | pɔ́z-/ 形 (more ~; most ~) ❶ P《人が》確信して: "Are you sure?" "I'm (absolutely) ~."「確かですか」「(絶対に)間違いありません」/ Are you ~ *about* [*of*] that? そのことについては間違いありませんか /〔+*that*〕I'm ~ *that* this man stole the car. この男が車を盗んだのに間違いないと思う. ❷《将来に向けて》積極的な, 前向きな, 楽観的な (optimistic): think ~ 前向きに考える / Don't give up. Be more ~. あきらめるな, もっと将来に希望を持ちなさい. ❸《結果・反応など》肯定的な, 好意的な, 支持するような; 好ましい, よい, 有益な: a ~ result 肯定的[好ましい]結果 / a ~ effect よい影響. ❹ a 明確な, 疑いのない, 否定しがたい: a ~ fact 明確な事実 / a ~ promise 確約 / ~ proof =proof ~ 確証. b《陳述などに》いうまでもない, 直截な: a ~ refusal はっきり断わること / make a ~ statement of one's position 自分の立場をきっぱり言う. c《口》《比較なし》《口》完全な, まったくの (real): a ~ fool 大ばか / a ~ nuisance まったくのやっかいもの / It was a ~ delight. それはまったく楽しかった. ❺ a 実用的な, 役に立つ, 実際的な (constructive): a ~ approach 実際的なアプローチ / a ~ mind 実際家. b 哲 実証的な: ~ philosophy 実証哲学. ❻《比較なし》《反応の結果が》陽性の; 〈血液型が〉Rh プラスの(↔ negative): The test was ~. 検査《の結果》は陽性だった. ❼《比較なし》〔数〕正の, プラスの (↔ negative): a ~ number 正数 / the ~ sign 正の符号《＋》. ❽《比較なし》〔電〕陽電気の, 陽の (↔ negative); 《磁石の》北極の: a ~ charge 陽電荷 / ~ electricity 陽電気. ❾《比較なし》〔写〕陽画の, ポジの (↔ negative): a ~ print 陽画, ポジ. ❿《比較なし》〔文法〕原級の: the ~ degree 原級. ― 名 ❶ C,U 《物事のよい[好ましい, 肯定的な]面[ところ]. ❷〔電〕陽性[正]の極. ❸〔写〕陽画, ポジ. ❹《the ~》〔文法〕原級. ~・ness 名《F<L=置かれた > 決まった; cf. position》⇨ sure.

pósitive discriminátion 名 U《英》前向きの差別 (affirmative action).

pósitive féedback 名 U〔電子工〕正帰還, 正のフィード

pósitive láw 图 実定法 (cf. natural law).

pos·i·tive·ly /pázətɪvli | pɔ́z-/ 副 ❶ [口] まったく, 断然, 本当に: It's ~ incredible. まったく信じられないことだ. ❷ 積極的に, 建設的に; 肯定的に, 有益に: think ~ 物事を積極的に考える. ❸ 明確に, はっきりと; きっぱりと: The body has been ~ identified. その死体は間違いなく身元が判明した. ❹ [電] 陽電気で: ~ charged 陽電気を荷電した. ❺ [yes の代わりに用いて] (米) もちろん, そのとおり: "Will you come?" "P-!"「行きますか」「行きますとも」. ★この意味では《米》では /pɑ̀zətívli/ とも発音する.

pósitive póle 图 ❶ (磁石の)北極. ❷ [電] 陽極.

pósitive vétting 图 ① 積極的審査《英国政府·軍などの機密に関与する職員が受ける個人的背景についてのきびしい審査》.

pós·i·tiv·ism /-vìzm/ 图 ① 実証哲学, 実証論; 実証主義. **pos·i·tiv·is·tic** /pàzətɪvístɪk | pɔ̀z-ˊ/ 形

pós·i·tiv·ist /-vɪst/ 图 実証哲学者[主義者].

pos·i·tiv·i·ty /pàzətívəṭi | pɔ̀z-/ 图 ① 確実(なもの); 確信; 積極性.

pos·i·tron /pázɪtràn | pɔ́zɪtrɔ̀n/ 图 [理] 陽電子.

po·sol·o·gy /pəsáləʤi | -sɔ́l-/ 图 ① [医] 薬量学.

poss. (略) possession; possessive; possible; possibly.

pos·se /pási | pɔ́si/ 图 ❶ (口) 一団, 集団 (of), (ラップファンなどの)仲間, グループ, (クラブの)常連. ❷ (米)(昔, 保安官が犯人捜索·治安維持などのために召集した)警護団, 民兵隊. [L=to be able]

pósse co·mi·tá·tus /-kàməṭáːṭəs | -kɔ̀mɪ-/ 图 [法] (治安維持·犯人逮捕·法執行などのため 15 歳以上の男子を治安官が召集する)民兵隊壮年団.

pos·sess /pəzés/ 動 [進行形なし] ❶ 〈資産などを〉所有する; 〈能力·性質などを〉持つ; 〈物を〉所持する, 携帯する: ~ wealth 富を所有する / He ~ed great wisdom. 彼はすぐれた知恵を持っていた / He was found guilty of ~ing cocaine. 彼はコカインを所持していたので有罪になった. ❷ (文)〈考え·悪霊などが〉〈人に〉取りつく, 〈人を〉とらえる (⇒ possessed 1): A vague uneasiness ~ed him. 漠然とした不安が彼をとらえた. ❸ (古)〈感情などを〉抑える (in). whàt posséssed a person (to dó ...)? (...は)一体どうしたのだ, どうして(...などを)するのか: What ~ed you? そんなことをするなんて)一体どうしたんだ(★ 驚きの意味) / What ~ed her to act like that? 彼女はどういう気でそんなふるまいをしたのだろうか. [F<L=力の座に座る <potis ...できる+sedere, sess- 座る; cf. potent, session] 图 possession, 形 possessive).

pos·sessed 形 P ❶ [時に名詞のあとに置いて][...に]取りつかれた, 狂気の, 夢中になった (cf. possess 2): like a man ~ ものに取りつかれた人のように (の 成句) / He seemed ~. 彼は気もふれているようだった / She was ~ by an evil spirit. 彼女は悪霊に取りつかれていた. ❷ 《文》[...を]所有して: He's ~ of great wealth [much sense]. 彼は大きな富を所有している [実に分別がある]. **like óne posséssed** (ものにつかれたように)猛烈[熱心]に, すごい勢いで.

pos·ses·sion /pəzéʃən/ 图 ❶ [複数形で] 所有物; 財産 (belongings): a person of extensive ~s 大財産家 / lose all one's ~s 全財産を失う. ❷ ① 所有(すること); 入手(すること); 所持, 携行; 占領, 占拠; 占有;《スポ》ボール を支配していること: the ~ of land 土地の所有 / The cocaine was found in his ~. そのコカインは彼の所有であることが発覚した / He came into ~ of the house.=The house came into his ~. その家が彼の手に入った / ⇒ vacant possession / P- is nine tenths [points of] the law. (諺) 現実の占有は九分の勝ち目 (預かり物はわが物). ❸ ⓒ 領地, 属国 (colony). ❹ ① 悪魔[悪霊, 感情 (など)]が取りつくこと. **hàve posséssion of ...** ...を所有している. **in (fúll) posséssion of one's fáculties [sénses]** 身体的[精神的]に(まったく)異常がないで[正常で]. **in posséssion of ...** ...を所有して: He's *in* ~ *of* a large estate in the country. 彼はその国に広い土地をもっている. **in the posséssion of ...** ...に所有されて: The keys are *in the* ~ *of* the caretaker. かぎは管理人が持って[保管して]いる.

tàke posséssion of ... ...を手に入れる, 所有する; 《スポ》〈ボール〉を支配する; 《文》〈悪霊などが〉...に取りつく. (動 possess, 形 possessive)

posséssion òrder 图 《英》[法] 占有回復命令《占拠者 [占有者]を立ち退かせるなどして所有者に占有を回復させる裁判所命令).

pos·ses·sive /pəzésɪv/ 形 ❶ 所有[独占]欲の(強い): a very ~ person 非常に独占欲の強い人 / He has a strong ~ instinct. 彼は所有欲[本能]が強い / He's terribly ~ *about* his car. 彼は車の独占欲がとても強い《他人に触れさせない》. ❷ 《文法》 の, 所有を表わす: the ~ case [pronoun] 所有格[代名詞]. ── 图 《文法》 ❶ [the ~] 所有格. ❷ ⓒ 所有格の語; 所有代名詞[形容詞]. ~·ly 副 ~·ness 图 (動 possess, 图 possession)

pos·ses·sor /-sə | -sə/ 图 [通例単数形で; しばしば the ~] 所有主, 占有者 (of) (owner).

pos·ses·so·ry /pəzésəri | -sə-/ 形 所有(者)の; [法] 占有から生ずる, 所有に基づく; 所有権のある.

pos·set /pásɪt | pɔ́s-/ 图 ポセット, ミルク酒 (熱い牛乳に酒·砂糖·香料を入れた飲料; 昔, かぜをひいた時などに用いられた).

pos·si·bil·i·ty /pàsəbíləṭi | pɔ̀s-/ 图 ❶ ① [また a ~] あり[起こり]うること, 可能性; 実現性 (↔ impossibility) (⇒ probability 比較): Is there any [no] ~ *of* his coming? 彼が来る見込みはありますか[ありませんか] / Improvement is within [not outside] the range [realm, bounds] of ~. 改善の可能性[見込み]はある / [+*that*] rule out the ~ *that* ...という可能性を排除する, あり得ないとする / There's a ~ *that* there's life on other planets. 他の惑星に生物が存在するということもありうることです. ❷ ⓒ ありそうなこと, 可能なこと (option): a remote [bare] ~ 万が一のこと / Failure is a ~. 失敗もありうる / There are a lot of *possibilities*. いろんな事が考えられる, 可能性はたくさんある. ❸ ⓒ [通例複数形で] 見込み, 発展の可能性, 将来性 (potential): the commercial *possibilities* of a city 市の商業上の発展性. (形 possible)

pos·si·ble /pásəbl | pɔ́s-/ 形 ❶ 〈もの·事が〉可能な, 実行できる (↔ impossible) 《用法 この意味では「人」を主語にしない; 従って He is ~ の形は間違い》: It is ~ but difficult job 可能だが難しい仕事 / a ~ excuse [answer] 考えられうる口実[解答] / It's ~ to prevent disease. 病気の予防は可能である《用法 impossible と違って, 一般的に主語が to do の目的語の関係に立つ場合の表現はない; 従って Disease is ~ to prevent. は用いられない; ただし not が入ると可能な: The result was not ~ to foresee. その結果は予見できなかった》 / This job is ~ *for* him. この仕事は彼にはできる / [+*for*+(代名)+*to do*] Is it ~ *for* him *to* get there in time? 彼はそこへ間に合うように行けるだろうか. ❷ 〈もの·事が〉ありそうな, 起こりうる (偶発するまたは話者に予測できる》: a ~ war 起こるかもしれない戦争 / Frost is ~ even in May. 5月でも霜が降りることがある / It's ~ the brakes failed. ブレーキが利かなくなったかもしれない / It is ~ *that* she will be late. 彼女は遅れるかもしれない. ❸ [最上級, all, every などに伴ってその意味を強めて] できる限りの: with the *least* ~ delay できるだけ早く / provide *all* ~ help できる限りのあらゆる助力を提供する. ❹ Ⓐ 見込みのある, 可能性のある, ふさわしい: a ~ candidate 出馬を予想される候補者 / a ~ site for a new hospital 新病院建設の候補地.

as ... as póssible ⇒ as póssible ⇒ as 成句. **if (at àll) póssible** もし(とにかく)できるなら: "Will you come?" "Yes, *if* ~." 「来ますか」「ええ, できたら」. **when(éver) [where(éver)] póssible** 可能であればいつでも[どこでも]. **would it be [is it] póssible to dó ...** してもよろしいでしょうか; ...していただけますか.

── 图 ❶ ⓒ ふさわしい人, 適切な人; 立候補者, 選手候補者: a list of ~s *for* the post [job] その地位[仕事]にふさわしい人のリスト. ❷ [the ~] 可能性.

pos・si・bly /pásəbli | pós-/ 副 ❶ **a** [文修飾] あるいは, ことによると: He may ~ recover. 彼はひょっとしたら回復するかもしれない / "Will he come?" "P-." 「彼は来るだろうか」「もしかするとね」. **b** [疑問文で] ひょっとして《★丁寧な依頼を示じ》: Could you ~ lend me your pen? ペンを拝借できますか. ❷ [can, could に伴って強意的に] **a** [肯定文で] どうしても, できる限り: Come as soon as you ~ can. なんとかしてできる限り早く来なさい. **b** [否定文で] どうしても[とても]: I cannot ~ do it. それは私にはとてもできない. **c** [疑問文で] どうにかして, 何とか: How can I ~ do it? どうして私にそれができようか.【類義語】⇒ perhaps.

POSSLQ /páslkjù: | pós-/ 名 (複 ~s, ~'s) 《米》(異性との)同棲者, 同居人, 同室者. 《person of the opposite sex sharing living quarters》

pos・sum /pásəm | pós-/ 名 動 《米口》オポッサム (⇒ opossum). **pláy póssum** (口) 死んだ[眠った, 知らない]ふりをする, 狸寝入りする, とぼける. 《(O)POSSUM》

*__post__¹ /póust/ 名 ❶ [the ~] 《英》郵便, 郵便制度 (《米》mail) 《用法》英国でも外国郵便には通例 mail を用いる】: by ~ 郵便で《★無冠詞》/ The letter must have been lost in the ~. その手紙は郵送中に紛失したにちがいない. ❷ Ⓤ [また a ~]《英》**a** 郵便物 (《米》mail): Has any ~ come for me? 私に郵便が来てますか / I had a lot of ~ [didn't have much ~] today. 今日は郵便がたくさん来た[来なかった] / I had a heavy ~ yesterday. きのうはたくさんの郵便が来た. **b** (1 便の)郵便物集配: catch [miss] the morning ~ 朝の便に間に合う[合わない]. ❸ [P-; 新聞名に用い] …新聞: the Sunday P- サンデーポスト(紙) 《スコットランドの日曜朝刊紙》. ❹《英》**a** [the ~] 郵便箱, ポスト; 郵便局. **b** [the P-] 郵便公社 (cf. post office 2 b). **by retúrn of póst**《英》折り返し(郵便)で. ― 動 他《英》〈人に〉〈手紙などを〉郵送する; 〈手紙を〉ポストに入れる, 投函(はむ)する (《米》mail); 投入する: P-(off) this letter, please. この手紙を投函してください / [+目+目] I ~ed him a Christmas card.＝I ~ed a Christmas card to him. 私は彼にクリスマスカードを送った. ―《簿》〈事項を〉元帳に記入する; 仕訳帳から転記して〈元帳を〉完全にする. ―《古》早馬で旅行する. **kéep a person pósted** (口)〈人に〉最新の情報を逐一知らせる〔about, on〕: I'll keep you ~ed. 逐次連絡をします / Reading these papers will keep you ~ed on the latest happenings in the world. これらの新聞を読むと最近の世界の情勢に通じるようになる.《F＜It＜L posita 置かれた(運搬人); ⇒ position》(postal)

*__post__² /póust/ 名 ❶ ⓒ 柱, 標柱, くい; (サッカーなど) (ゴールポスト: ⇒ gatepost, goalpost, lamppost. ❷ [the ~] 《競馬》(出発[決勝]などの)標識柱; 決勝点(の標柱) / the finishing ~ 決勝点(の標柱) /⇒ starting post, winning post / get beaten at the ~ 土壇場で敗れる. ❸ ⓒ (ピアスなどの)留め金具. ❹《電算》 posting². ― 動 他 [しばしば受身で] ❶〈ビラなどをはる, 〈…に〉掲示を出す, ビラをはる: P- no bills.《掲示》はり紙無用 / The notice was ~ed (up) on the bulletin board. その告示は掲示板にはり出された. ❷ **a** …を告示する, 公表[発表]する 〔up〕: ~ the final results 最終結果を公示する. **b**《電算》〈情報をインターネットにのせて〉公開する 〔up〕. **c** (死亡・行方不明を)発表する. **d**《スポ》〈…を〉達成する, 記録する.《L＝(戸仁)の側柱》

*__post__³ /póust/ 名 ❶ 地位; 勤め口, 職: take up a ~ 地位につく / get a ~ as a teacher 教師の職を得る / resign (from) one's ~ 辞任する. ❷ **a** 部署, 持ち場; 警戒区域: Remain at your ~ until relieved. 交替するまで持ち場を離れるな. **b** (軍隊の)駐屯(%)地. ❸《米》(退役軍人会の)支部. ❹ (特に未開地に設けた)交易所: ⇒ trading post. ― 動 他 [副詞(句)を伴って] ❶〈人を〉〔…に〕配置する, 転出[転任]させる: He has been ~ed to London. 彼はロンドンに転任になった. ❷〈番兵などを〉〈…に〉配置する: The soldiers were ~ed at the gates of the palace. 宮殿の門に兵士が配置された.《F＜It＜L positum 置かれた(場所); cf. position》【類義語】⇒ position.

post- /pòust/ 接頭「後の」「次の」などの意 (↔ ante-).《L=after》

†**post・age** /póustɪdʒ/ 名 Ⓤ 郵便料金, 郵送(手数)料 (しばしば ~ and handling と呼ぶ): ~ due [free] 郵税不足 [無料] / What is the ~ for [on] this parcel? = How much ~ must I pay for [on] this parcel? この小包の郵便料金はいくらですか.《POST¹+-AGE》

póstage mèter 名《米》郵便料金別納証印刷機 (《英》franking machine).

*__póstage stàmp__ 名 郵便切手.

póstage-stàmp 形 (限定)とても小さい, 猫の額ほどの.

*__post・al__ /póustl/ 形 (比較なし) ❶ 郵便の; 郵便局の: ~ charges 郵便料金 / a ~ employee 《米》郵便局職員 / ~ matter 郵便物 / the Universal P- Union 万国郵便連合. ❷ 郵送による: a ~ vote 郵便投票 / a ~ application 郵送による申し込み(書). **gò póstal**《米俗》キレる, 怒り狂う, 暴れる.《see post¹》

póstal càrd 名《米》＝postcard.

póstal còde 名＝postcode.

póstal òrder 名《英》郵便為替 (略 p.o., PO) (cf. money order).

póstal sèrvice 名 ❶ Ⓤ 郵便業務. ❷ [the (US) ~] (米国)郵政公社 《もと郵政省; 1971 年より公社化; cf. post office 2 a》.

póst・bàg 名《英》❶ ⓒ 郵便袋, 郵袋(ℓ㆑))(《米》mailbag). ❷ [単数形で] Ⓤ 1 回に配達される郵便物[手紙] (mailbag): get a big ~ 郵便物がどっさり来る.

póst・bél・lum /-béləm~-/ 形 戦後の, (特に)南北戦争以後の.

póst・box /póus(t)bàks | -bòks/ 名《英》❶ (赤色に塗った円柱形の)郵便ポスト (letterbox) (《米》mailbox). ❷ (各家庭の)郵便箱[受け] (《米》mailbox).

*__post・card__, post card /póus(t)kàəd | -kà:d/ 名 ❶ はがき. ❷ 絵はがき. ⇒ picture postcard.

póst chàise 名 《史》(4-5 人乗り四輪の)郵馬車.

póst・còde 名《英》郵便番号 (《米》Zip code) (WC 1B 3 DG (the British Museum の郵便番号)などのように文字と数字の組み合わせから成る.

pòst・cóital 形 性交後の. ~・ly 副

pòst・dáte 動 他 ❶〈手紙・小切手・事件などの〉日付を実際より遅らせる (↔ predate). ❷ (時間的に)〈…の〉あとに来る. ― 名 事後日付.

póst・dóc /-dák | -dɔk/ 名 (口) 博士課程修了の研究者, ポスドク (cf. postdoctoral).

pòst・dóctoral 形 博士課程修了後の.

*__post・er__¹ /póustə | -tə/ 名 ポスター, ビラ広告, はり札: put up ~s ポスターをはる.《POST²から》

post・er² /póustə | -tə/ 名《電算》 ポスター《ネットワーク上のメッセージを送る人》.

póster bòy 名《米》男性の poster child; (広告写真の)男性のモデル.

póster chìld 名 (宣伝用ポスターなどに登場する, しばしば子供の)イメージキャラクター; 《戯言》お決まりの人物, 「代名詞」.

póster còlor 名 ポスターカラー.

poste res・tante /pòustrestá:nt | -résta:nt/《F》 ― 副 Ⓤ 局留め《★郵便物の表記》(《米》general delivery). ❷ ⓒ 局留め課[係] (《米》general delivery). ― 副 局留めで: send a letter ~ 局留めで手紙を出す.《F=post remaining (at the post office)》

póster gìrl 名《米》女性の poster child [モデル].

pos・te・ri・or /pɑstí(ə)riə | pɔstí:ariə/ 形 ❶ (時間・順序が)後の, 次の; 〔…より〕後で[に来て] (↔ prior) 〔to〕. ❷ Ⓐ (場所・位置が)後ろの, 後部の (↔ anterior). ― 名 尻(⬚), 臀部(⬚) (backside): a large ~ 大きなお尻. ~・ly 副 [...の後で] (posteriority).

pos・te・ri・or・i・ty /pɑstì(ə)rió:rəti | pɔstì:ariɔ́r-/ 名 Ⓤ.Ⓒ (位置・時間的に)後で[次]であること; 後天性.

pos·ter·i·ty /pɑstérəti | pɔs-/ 图 ①後世[後代]の人々: hand...down to ～ …を後世(の人々)に伝える. ② [通例 one's ～] 〖古〗子孫. 〖形 posterior〗

post·er·i·za·tion /pòustərɪzéɪʃən, -raɪz-/ 图 ポスタリゼーション《分解ネガを使って連続的なトーンまたは色調の写真などから不連続なトーンまたは色調の複製をつくる技法》. **post·er·ize** /póustəraɪz/ 動 他

pos·tern /póustən | pɔ́s-/ 图 裏門, 裏口.

pòs·ter·o·láteral /pɒ̀stərou- | pɔ̀s-/ 形 後側の, 後側方の.

póster pàint 图 =poster color.

póst exchànge 图《米陸軍》酒保(《英》Naafi)(★通例略語の PX を用いる).

pòst·féminist 形 フェミニズム運動隆盛期後の[に生じた]. ── 图 フェミニズム運動後のイデオロギーの信奉者, ポストフェミニスト. **-féminism**

post·fix /póus(t)fɪks | pòust-/ 图 動 他《言》接尾辞(を付ける)《異なる固定液で処理する》.

póst-frée 形 副《英》=postpaid.

pòst·gáme 形 (スポーツの)試合後の.

pòst·glácial 形 《地》氷河期後の, 後氷期の.

pòst·grád 形 图 《口》=postgraduate.

pòst·gráduate 形 图 ①《米》大学院終了後の(学生), 修士[博士]課程修了後の(学生). ②《英》大学院の(学生), 大学研究科の(学生)(graduate).

pòst·hárvest 图 (穀物の)収穫後の, ポストハーベストの.

póst·háste 副 大急ぎで; 急行で.

post hoc /póusthɑ́k | -hɔ́k/ 副 形 このあとで[の], このあとに[の], 事後の.

póst hórn 图 ポストホルン《昔の郵便馬車の御者が用いた警笛ラッパ》.

post·hu·mous /pɑ́stʃuməs | pɔ́stjʊ-/ 形 ①死後の, 死後に生じた: ～ fame 死後の名声 / one's ～ name おくり名; 戒名 / confer ～ honors on a person 人に贈位した, 人を追叙した. ②著者の死後出版された: ～ works 遺著. ③父の死後生まれた: a ～ child 父の死後に生まれた子. 〖L postumus 最後に生まれた; これに humus「土」, humare「埋葬する」の意が加わった〗

post·hu·mous·ly 副 死後に; 遺作として.

pòst·hypnótic suggéstion 图 後催眠暗示《催眠がとけた後に効果が出る暗示》.

post·ie /póusti/ 图《口》=postman.

pos·til /pɑ́stɪl | pɔ́s-/ 图 注解, (特に聖書の)欄外注記, 傍注; 説教集.

pos·til·ion, 《英》-til·lion /poustíljən | pəstíljən/ 图 (二[四]頭立て馬車の)(第1列)左馬騎手[御者].

pòst·impréssionism 图 U《美》後期印象派《印象派以後(1880~1900)のセザンヌ・ゴッホ・ゴーギャンなどの画風をいう; 語義的には「印象派以後」の意》.

pòst·impréssionist 形 图 後期印象派の(画家).

pòst·indústrial 形 大規模産業[工業]支配後の, 脱工業化社会の. ～**ism** 图

póst·ing¹ 图 任命, 配属(地). 〖POST³ から〗

pòst·ing² 图 告示, (求人)広告;《電算》(ネットワーク上の)掲示(したメッセージ). 〖POST² から〗

Post-it /póustɪt/ 图《商標》ポストイット《付箋紙など》.

post·lude /póustluːd/ 图 ①曲の終結部, 最終楽章. ②(文学作品などの)結尾, 完結する部分; 結び, 書きしめくくり.

post·man /póustmən/ 图 (働 **-men** /-mən/) 郵便集配人, 郵便配達人(《米》mailman).

postman's knóck 图《英》=post office 3.

póst·màrk 图 (郵便の)消印(印), スタンプ. ── 動 他 [通例受身で]《郵便物に》消印を押す;〈…の〉消印を押す: This letter *is* ~ed London. この手紙はロンドンの消印が押されている.

póst·màster 图 郵便局長.

Póstmaster Géneral 图 (働 **Postmasters General**) 郵政公社総裁《英国では1969年, 米国では1971年に郵政事業が民営化し, 大臣[長官]は廃止された》.

pòst·menopáusal 形 月経の閉止した; 閉経後の.

post me·rid·i·em /pòus(t)mərídiəm/ 副 形 午後

1399　　**postulate**

《用法》通例 p.m., P.M., P.M. /píːém/ を用いる; ↔ ante meridiem). 〖L=after midday〗

pòst·millenárian·ism 图 =postmillennialism. **-millenárian** 图

pòst·millénnial 形 至福一千年後の.

pòst·millénnial·ism 图 U 後(千)年王国[至福]説《世界の一千年の至福が続いた後にキリストが再臨するという説; cf. millennium》. **-ist** 图

póst·mìstress 图 postmaster の女性形.

pòst·módern 形 ポストモダンの(postmodernist).

pòst·módernism 图 U ポストモダニズム《建築・美術・文学・哲学などにおける modernism 以降の潮流; 総じて折衷的・解体的な傾向を示す》.

pòst·módernist 形 图 ポストモダニズム[モダン]の(芸術家・思想家).

pòst·mór·tem /-mɔ́ːtəm | -mɔ́ː-/ 图 ①検死(解剖). ②(失敗の)事後検討, 反省会〔on〕. ── 形 A ①死後の; 検死の: a ~ examination 検死(解剖). ②事後の. 〖L=after death < POST-+mors, mort- 死〗

pòst·násal 形《解》後鼻部の.

pòst·ná·tal /-néɪtl-◀/ 形 出生後の, 出産後の(↔ prenatal).

pòstnatal depréssion 图 U =postpartum depression.

pòst·núptial 形 結婚後の.

pòst·óbit 形《法》(人の)死後に効力を生ずる.

póst òffice 图 ①郵便局. ② [the P~ O~] **a** 《米》(以前の)郵政省(cf. postal service). **b** 《英》(以前の)郵便公社(★正式名は the British Post Office). ③郵便局ごっこ《局長になった者が手紙を渡すまねをしては相手にキスを返してもらう子供の遊び》.

póst òffice bòx 图 私書箱(略 POB).

post-op /póustɑ̀p | -ɔ̀p/ 形《口》=postoperative.

pòst·óperative 形《医》手術後の.

pòst·páid 形 副《米》郵便料金前払いの[で]; 郵便料金無料の[で](《英》post-free).

pòst·pár·tum /pòus(t)pɑ́ːtəm | -pɑ́ːt-◀/ 形《医》分娩後[産後]の.

póstpartum depréssion 图 U 産後鬱病.

post·pone /pous(t)póun/ 動 他〈…を〉延期する, 後回しにする〔*to, until, for*〕: The meeting was ~d *until* the following day. 会は翌日まで延期となった /〔+**doing**〕 You must *not* ~ answer*ing* his letter any longer. 彼の手紙の返事をそれ以上遅らせてはいけない(★〔+*to do*〕は間違い). 〖L=後ろに置く< POST-+ponere, posit- 置く(cf. position)〗 **postponement, postposition**

post·póne·ment /-mənt/ 图 C U 延期, 後回し.

post·po·si·tion /pòus(t)pəzíʃən/ 图《文法》①U 後置. ②C 後置詞.

post·pos·i·tive /pous(t)pɑ́zətɪv | -pɔ́z-◀/《文法》形 後置の. ── 图 後置詞. ~**·ly** 副

post·pran·di·al /pòus(t)prǽndiəl/ 形 A《文・戯言》食後の.

post·script /póus(t)skrɪpt/ 图 ①(手紙の)追伸(略 PS). ②(書物などの)後書き, 後記. 〖L=後で書かれた(もの)〗

pòst-séason 形 图 [単数形で] (プロスポーツなどの)公式戦[シーズン]後の(プレーオフやワールドシリーズ).

pòst·sécondary 形 中等教育後の.

pòst·strúcturalism 图 U ポスト構造主義. **pòst·strúctural** 形 **pòst·strúcturalist** 图 形

pòst·táx 形 A《収入の税金を引いた後の.

póst·tèst 图 事後テスト《教育指導の成果をためすテスト》.

pòst-traumátic stréss disòrder 图 U《精神医》(心的)外傷後ストレス障害《災害[事故]の体験[目撃]後や犯罪被害の後などに生じる精神症状; 被害体験の克明かつ反復的な想起, 悪夢, 不安, 無気力などさまざまな症状がみられる; 略 PTSD》.

pos·tu·lant /pɑ́stʃulənt | pɔ́stjʊ-/ 图 聖職志望者.

pos·tu·late /pɑ́stʃʊlèɪt | pɔ́stjʊ-/ 動 他 ①〈…を〉(自明

なこととして)仮定する, (論理を発展させるために)前提とする (posit): ~ the inherent goodness of man 人間が生来善良なものであると仮定する / 〖+*that*〗The author ~s *that* the sun will burn out in 100 million years. 著者は1億年後には太陽が消滅するという前提に立っている. ❷ 〈…を〉要求する. ❸ 《教会》〈…を〉聖職に任命する. ━━ /-lət, -lèɪt/ 图 ❶ a 仮定. b 前提[先決, 必要]条件. ❷ 《論・数》公準, 要請. 〖L=要求する〗

pos·tu·la·tion /pɑ̀stʃuléɪʃən | pɔ̀stju-/ 图 C|U 仮定, 前提条件, 要求; 《教会》聖職に任命すること.

*pos·ture /pɑ́stʃɚ | pɔ́stʃə/ 图 ❶ U|C (体の)姿勢, ポーズ: Good ~ is important for health. 正しい姿勢は健康に大切である / an upright [~, 直立の姿勢 / in *a* sitting [standing] ~ 〈モデルなど〉座った[立った]姿勢で. ❷ C [通例単数形で] (物事に対する)姿勢, 態度: the government's ~ on the issue その問題に対する政府の姿勢 / adopt a pro-Arab ~ 親アラブ的な態度をとる. ❸ C 状態, 形勢. ━━ 動 圓 〈…の〉ふりをする, 〈…らしく〉気取る 《as》. ━━ 他 ❶ 〈ある態度〉をとる, 〈…の〉ふりをする. ❷ 《古》〈人に〉ある姿態をとらせる. 〖F<It<L=位置 *ponere, posit-* 置く; cf. *position*〗

pos·tur·ing /pɑ́stʃərɪŋ | pɔ́s-/ 图 U|C (うわべだけの)姿勢, ジェスチャー, 見せかけ; (思わせぶりな)言動, (気取った)ポーズ: Despite his ~s, the premier still hasn't done anything. ああこうだと言いながら総理大臣はまだ何もやっていない.

Pòst-Vietnám Sỳndrome 图 U 《米》ベトナム後症候群 (ベトナム戦争帰還兵に見られた精神障害).

pòst·víral (fatígue) sỳndrome 图《医》ウイルス後(疲労)症候群.

pòst·vocálic 形《音声》母音の直後の[にくる].

*post·war /póʊs(t)wɔ́ɚ | -wɔ́ː-/ 形 A 戦後の (⇔ pre*war*).

po·sy¹ /póʊzi/ 图 花束.

pos·y² /póʊzi/ 图 =posey.

*pot¹ /pɑ́t | pɔ́t/ 图 ❶ C ポット (丸くて深い陶器・金属・ガラス製のつぼ・鉢・かめ・深なべなど; 取っ手のあるものもないのもある; 《比較》日本語で「魔法瓶」を「ポット」と言うが, その意味は英語にはない; cf. vacuum bottle [flask]): a stew ~ シチューなべ / a jam ~ ジャムのつぼ / ~s and pans なべかま, 炊事道具 / ⇒ melting pot, coffee pot, flowerpot, teapot / A watched ~ never boils. 《諺》待つ身は長い(あせってばだ). ❷ C ポット 1杯分: brew up a ~ *of* tea ポット 1杯の紅茶をいれる. ❸ [the ~] (ポーカーなどで賭(*か*)けの)総賭け金. b 《米口》共同資金. ❹ C (口) 大鼓腹 (potbelly). ❺ C (子供用の)便器, おまる. b 寝室用便器. ❻ C [しばしば複数形で] 《口》大金: make ~s [a ~] *of* money 大金をもうける. ❼ C (口) (スポーツ賞として贈られる)銀賞杯, カップ. ❽ C 《英》 (ビリヤード台の)ポケットに入れたショット. ❾ C (口) 手当たり次第の射撃 (*at*) (potshot). **gò to pót** (口) 破滅する; 落ち目になる, 低下する. 〖由来 古くなった肉は切り刻んでなべに入れて煮るしかないことから〗 **kéep the pót bóiling** (口) 他人の興味が冷めないようにする. **the pót cálling the kéttle bláck** (口) 自分を棚に上げて人を批判する[悪く言う]人. ━━ 動 (**pot·ted; pot·ting**) 他 ❶ 〈植物〉を鉢植にする. ❷ 《英》〈…を〉(保存用に)瓶[つぼ]に入れる, 瓶[缶]詰にする (⇒ potted 2). ❸ 〈…を〉撃つ. ❹ 《英》〈玉突〉〈玉〉をポケットに入れる (pocket). 〖L〗

pot² /pɑ́t | pɔ́t/ 图 U (口) マリファナ; 大麻 (marijuana): smoke ~ マリファナを吸う.

pot³ /pɑ́t | pɔ́t/ 图 C (主にラグビーで)キックでゴールしようとする試み. ━━ 動 他 (**pot·ted; pot·ting**) 〈ゴール〉を得る.

pot⁴ /pɑ́t | pɔ́t/ 图 C 分圧器 (potentiometer).

po·ta·ble /póʊṭəbl/ 形〈水が〉飲用に適した (drink*able*). ━━ 图 [複数形で] 飲み物.

po·tage /poʊtɑ́ːʒ/ 图 ポタージュ (cf. consommé; pottage). 〖F; 原義は「鍋 (pot¹) に入っているもの」〗

pot·a·mol·o·gy /pɑ̀ṭəmɑ́lədʒi | pɔ̀təmɔ́l-/ 图 U 河川学.

pot·ash /pɑ́tæʃ | pɔ́t-/ 图 U《化》❶ カリ《炭酸カリウムの俗称》. ❷ =potassium.

po·tas·sic /pətǽsɪk/ 形 カリウムの[を含む].

po·tas·si·um /pətǽsiəm/ 图 U《化》カリウム《記号 K》.

potássium chlóride 图 U《化》塩化カリウム.

potássium cýanide 图 U シアン化カリウム, 青酸カリ.

potássium hydróxide 图 U《化》水酸化カリウム, 苛性カリ《白色潮解性の固体; せっけん製造・試薬に用いる》.

potássium íodide 图 U ヨウ化カリウム, ヨードカリ.

po·ta·tion /poʊtéɪʃən/ 图《古》❶ U 飲むこと, 飲酒. ❷ C **a** [通例複数形で] 飲みくらべ. **b** 《戯言》酒.

po·ta·to /pətéɪṭoʊ/ 图 (@* **~es**) ❶ **a** C|U ジャガイモ (の塊茎) 〖解説〗料理法には fried, baked, mashed などがある; サツマイモ (sweet potato) と区別して White [Irish] potato ともいう; ⇒ potato chip, FISH and chips 成句, French fried potatoes). **b** C《植》ジャガイモ. ❷ = sweet potato.《Sp<S-Am-Ind=サツマイモ》

potáto bèetle 图 =Colorado (potato) beetle.

potáto chìp 图 ❶ [通例複数形で] ❶《米》ポテトチップ (《英》(potato) crisps) (薄切りのジャガイモの油で揚げ). ❷《英》フライドポテト (《米》French fries) (ジャガイモを拍子木形に切って油で揚げたもの).

potáto crísp 图 [通例複数形で]《英》=potato chip 1.

potáto pèeler 图 (じゃがいもなどの)皮むき器.

potáto víne 图《植》ツルハナナス《ブラジル原産のナス科の常緑つる性低木; 青色をおびた白い花が美しく, 観賞用に植える》.

pot-au-feu /pɑ̀ṭoʊfɑ́ː | pɔ̀t-/ 图 (*@* **~, ~s**)《フランス料理》ポトフ《肉と野菜を大きな鍋で煮込んだスープ》; ポトフを作る土鍋.

Pot·a·wat·o·mi /pɑ̀ṭəwɑ́ṭəmi/ 图 (*@* **~, ~s**) ❶ **a** [the ~] ポタワトミ族 (17世紀に現在の Wisconsin 州北東部に住んでいた先住民). **b** C ポタワトミ族の人. ❷ U ポタワトミ語.

pót·bèllied 形 ❶〈人が〉太鼓腹の. ❷ 太鼓腹の. 〈ストーブ・酒瓶など〉太くて丸型の: a ~ stove だるまストーブ.

pótbellied píg 图 (小型の)ペット用豚.

pót·bèlly 图 太鼓腹(の人) (pot).

pót·bòiler 图 金もうけのための粗末な本[絵画(など)].

pót·bòund 形〈鉢植の植物が〉根づまりで(根が張りすぎて成長できない).

pót chèese 图《米》=cottage cheese.

po·ten·cy /póʊtnsi, -tu-/ 图 U ❶ 効果, 効力, 有効性; 《口》(議論などの)説得力. ❷ (男性の)性的能力. (形 potent)

*po·tent /póʊtnt, -tnt/ 形 ❶ 効果[効力, 効きめ]のある; (effective); 強力な; 《議論など》人を信服させる, 説得力のある. ❷ 〈男性が〉性的能力のある. 〖L<*posse* to be able<*potis* able+*esse* to be; cf. possess, possible, potential; power〗(图 pótency)

po·ten·tate /póʊtntèɪt, -tn-/ 图 (古) 主権者, 君主 (autocrat).

*po·ten·tial /pəténʃəl/ 形 A (比較なし) ❶ (将来の)可能性のある, (発展・発達の)見込みのある, 潜在的な: ~ ability 潜在能力 / a ~ best seller ベストセラーになりそうな本 / a ~ leader 指導者の素質のある人 / a ~ market 将来市場となる可能性のある地域[分野]. ━━ 图 ❶ U|C (将来の)可能性, 発展性, 潜在的力: ~ *for* expansion 発展の可能性 / realize [exploit, develop] one's ~ 自己の潜在能力を発揮する[生かす, 伸ばす]. ❷ U 電位. 〖F<L; ⇒ potent, -ial〗【類語】⇒ latent.

poténtial bárrier 图《理》ポテンシャル障壁 (ポテンシャルエネルギーの高い領域).

po·ten·ti·al·i·ty /pəténʃiǽləṭi/ 图 U|C (将来の)可能性, 発展性; 潜在的力; 発展の見込み (potential): human ~ 人間のもつ能力 / The country has great *potentialities*. その国は発展の見込みが大いにある.

po·ten·tial·ize /pəténʃəlàɪz/ 動 他 可能性をもたせる; 潜在的にする.

po・tén・tial・ly /-ʃəli/ 副 潜在的に; もしかすると, 下手すると: a ~ dangerous drug 危険性のある薬.
po・ten・ti・ate /pəténʃièit/ 動 他 ⦗力⦘ (効力)を増す; 強化する, 増強する, ⦗…の⦘薬効を相乗的に増す. **po・ten・ti・a・tion** /pətènʃiéiʃən/ 名
po・ten・ti・om・e・ter /pətènʃiámətə | -ɔ́m-/ 名⦗電⦘ 電位差計; 分圧器.
po・ten・ti・om・e・try /pətènʃiámətri | -ɔ́m-/ 名 U ⦗電⦘ 電位差測定. **po・ten・ti・o・met・ric** /pətènʃiəmétrik⊣/ 形
pot・ful /pátfùl | pɔ́t-/ 名 ポット 1 杯の量 (of).
pót・hèad 名 ⦗俗⦘ マリファナ ⦗大麻⦘常用者.
poth・er /páðə | pɔ́ðə/ 名 U ⦗また a ~⦘ ⦗文⦘ ごたごた, 騒ぎ; から騒ぎ.
pót・hèrb 名 香味用の野菜.
pót・hòlder 名 鍋つかみ.
pót・hòle 名 ❶ (車などによる舗装路面の)くぼみ. ❷ ⦗地⦘ 甌穴(おうけつ) ⦗河床の岩石・水に水が掘ったつぼ状の穴⦘. ❸ ⦗英⦘ 甌穴[洞窟]を探検する. ──
pót・hòl・ing 名 U (スポーツとしての)洞窟探検 (caving).
pót・hòok 名 (S字型の)自在かぎ.
pót・hùnter 名 ❶ 手当たり次第に撃つ狩猟家. ❷ 賞品目当ての競技参加者. ❸ 素人考古学者.
po・tion /póuʃən/ 名 ⦗毒薬・霊薬などの⦘水薬; (その)一服: ⇒ love potion. ⦗F<L=飲み物<L potare 飲む; POISON と二重語⦘
pot・latch /pátlætʃ | pɔ́t-/ 名 ポトラッチ ⦗北米北西岸のインディアンの間で富・権力の誇示として行なう冬の祭礼時の贈り物分配行事⦘. ── 動 potlatch の行事を行なう ⦗催す⦘.
pót・line 名 (アルミニウム精製に使う)電解槽の列.
pót・lùck 名 U ❶ あり合わせの物 ⦗食事⦘: take ~ ⦗不意の客などが⦘ (訪れた家の)あり合わせの物を食べる. ❷ =potluck supper. **tàke pótluck** (1) あり合わせの物を食べる (⇒ 1). (2) 十分な知識がなくて選ぶ, 出たとこ勝負で選ぶ.
pótluck sùpper 名 ⦗米⦘ 持ち寄りパーティー ⦗各自あり合わせの食べ物を持ち寄って行なうパーティー⦘.
Po・to・mac /pətóumək | -mæk/ 名 ⦗the ~⦘ ポトマック川 ⦗米国首都 Washington 市を流れる川⦘.
po・too /poutúː/ 名 (複 ~s) ⦗鳥⦘ タチヨタカ ⦗南米・西インド諸島産⦘.
po・to・roo /pòutərúː/ 名 (複 ~s) ⦗動⦘ ネズミカンガルー ⦗小型カンガルーの一種⦘.
pót・pìe 名 ポットパイ ⦗ポットにパイ皮をかぶせて焼いた肉入りパイ⦘.
pót plànt 名 (観賞用の)鉢植え植物, 鉢物 (house plant); ⦗米俗⦘ (大)麻.
pot・pour・ri /pòupʊríː | poupʊə́ri/ 名 ❶ ポプリ ⦗バラなどの乾燥した花弁を香料と混ぜてつぼに入れたもの⦘. ❷ a ⦗楽⦘ 混合曲. b 文集, 雑録 (miscellany). ⦗F=rotten pot⦘
pót ròast 名 C,U ポットロースト ⦗なべで蒸し焼きにした牛肉などのかたまり, またはその料理⦘.
pót-ròast 動 他 ⦗牛肉を⦘ ポットローストする.
POTS /páts | pɔ́ts/ 名 ⦗単数扱い⦘ ⦗口⦘ 旧式⦗従来型⦘電話サービス ⦗インターネットなどに対して⦘. ⦗**p**lain **o**ld **t**elephone **s**ervice⦘
pót・shèrd /-ʃə̀ːd | -ʃə̀ːd/ 名 (考古学で)陶器の破片.
pót・shòt 名 ❶ a 手当たり次第の射撃 (at) (pot). b 近距離からのねらい撃ち (at). ❷ 手当たり次第[思いつき]の批判[評判] (at).
pót still 名 (ウイスキーなどの)単式蒸留器, ポットスチル.
pot・tage /pátidʒ | pɔ́t-/ 名 U ⦗米⦘ (野菜と肉入りの)ポタージュ (cf. potage).
pot・ted /-tid/ 形 ❶ A 鉢植えの: a ~ plant 盆栽. ❷ A ⦗英⦘ ⦗瓶⦘に入れた; 缶詰の (cf. pot¹ 名). ❸ ⦗英⦘ 簡略化した, 平易にした (condensed). ❹ P ⦗口⦘ (マリファナなどに)酔って.
*****pot・ter¹** /pátə | pɔ́tə/ 名 陶工; 焼き物師, 陶芸家: ~'s clay [earth] 陶土 / a ~'s wheel (陶工用の)ろくろ / ~'s ware 陶器.

1401 pound

pot・ter² /pátə | pɔ́tə/ 動 ⦗英⦘ =putter³.
Pot・ter /pátə | pɔ́tə/, **Beatrix** 名 ポッター ⦗1866–1943; 英国の児童文学者; Peter Rabbit の作者⦘.
pótter's fìeld 名 (昔の)共同墓地, 無縁墓地.
pótter's whèel 名 陶工ろくろ.
pot・ter・y /pátəri | pɔ́t-/ 名 ❶ U 陶器類, 焼き物 (cf. earthenware). ❷ U 陶器製造(業). ❸ C 陶器製造所, 窯元(かまもと). **the Potteries** イングランド Staffordshire の北部の陶器産地. ⦗F; ⇒ pot¹, -ery⦘
pótting compòst 名 鉢植え用の土.
pótting shèd 名 草木を鉢植で保護したり園芸道具を入れておく小屋.
pótting sòil 名 U 鉢植え用土.
pot・tle /pátl | pɔ́tl/ 名 ❶ ボトル ⦗昔の液量単位: =1/2 gallon⦘; 容量 1 ボトルの容器. ❷ ⦗英⦘ (イチゴなどの)果物かご ⦗pot⦘.
pot・to /pátou | pɔ́t-/ 名 (複 ~s) ⦗動⦘ ポト ⦗西アフリカ産のロリス科のサル⦘.
Pott's frácture /páts- | pɔ́ts-/ 名 ⦗医⦘ ポット骨折 ⦗脛骨(けいこつ)下部の骨折⦘.
pot・ty¹ /páti | pɔ́ti/ 形 (**pot・ti・er; -ti・est**) ⦗英口⦘ ❶ ⦗人・考えなど⦘ 少し気が変な, いかれた, ばかげた (crazy). ❷ P ⦗…に⦘ 夢中になって (about). ❸ A ⦗通例 little で⦘ つまらない, くだらない: a ~ little house ちっぽけなつまらない家. **pót・ti・ness** 名
pot・ty² /páti | pɔ́ti/ 名 ⦗口⦘ (子供用の)便器, おまる.
pótty-chàir 名 (幼児用の)椅子式便器.
pótty-tràined 形 ⦗英⦘ 幼児がおまるを使えるようになった, おむつが取れた (toilet trained).
pótty-tràining 名 U おまるが使えるようにしつけること.
pouch /páutʃ/ 名 ❶ ポーチ: **a** (革製の小袋 ⦗パイプ用の刻みたばこ入れなど⦘. **b** 弾丸入れ ⦗革製の袋またはケース⦘. **c** 郵便[書類]袋. ❷ 動 **a** (カンガルーなど有袋類の)囊(のう)状態, 袋. **b** (リス・サルなどの)ほお袋. ❸ (目の下の)たるみ. ❹ ⦗植⦘ 囊状態. ⦗F=袋⦘
pouched 形 袋のある; 袋状の: ~ animals 有袋類の動物.
pouch・y /páutʃi/ 形 (**pouch・i・er; -i・est**) 袋のある; ふくらんだ, たるんだ, ぶくぶくした.
pouf¹ /púːf/ 名 ⦗英俗⦘ ホモ.
pouf², **pouffe** /púːf/ 名 ⦗英⦘ プーフ ⦗⦗米⦘ hassock⦘ ⦗クッションまたは足のせ台にするドラム状の座布団⦘.
Pou・lenc /puːlæ̃ŋk | ーー/, **Francis** 名 プーランク ⦗1899–1963; フランスの作曲家⦘.
poult¹ /póult/ 名 (家禽・猟鳥, 特に七面鳥の)ひな.
poult² /púːlt/ 名 =poult-de-soie.
poult-de-soie /púːdəswáː/ 名 プードソア ⦗絹のうね織りの一種; 通例 無地染め⦘.
poul・ter・er /póultərə | -rə/ 名 ⦗英⦘ =poultryman.
poul・tice /póultis/ 名 湿布, パップ. ── 動 ⦗…に⦘ 湿布を当てる.
*****poul・try** /póultri/ 名 ❶ ⦗複数扱い⦘ 家禽(かきん) ⦗鶏・七面鳥・アヒル・ガチョウ, 時にはハト・キジなども含める⦘: Have the ~ been fed? 鳥にえさをやりましたか. ❷ U 家禽の肉, 鳥肉. ⦗F=ひな⦘
poultry・man /-mən/ 名 (複 -men /-mən/) 家禽商, 鳥肉屋.
pounce¹ /páuns/ 動 自 ⦗…に⦘ 急に飛びかかる[飛びつく], 襲いかかる, 急襲する, ⦗人の欠点・誤りなどを⦘(逃さず)責めたてる; ⦗提案などに⦘飛びつく (seize): His boss ~d **on** his blunder. 彼の上司はその失敗ばかりの彼を激しくしかりつけた. ── 名 ⦗通例単数形で⦘ 急に飛びつくこと; 急襲: make a ~ 飛びつく.
pounce² /páuns/ 名 U ❶ (かつてインクの散るのを防いだ)にじみ止め(粉) ⦗イカの甲の粉末など⦘. ❷ 色粉 ⦗打ち抜いた型によってデザイン転写を行なうために振りかけたり吹き付けたりするチョークや木炭の粉末⦘. ── 動 ❶ ⦗…に⦘ にじみ止め[色粉]を振りかける. ❷ 色粉で⦗布地などに⦘刷る.
póunc・er 名
*****pound¹** /páund/ 名 (複 ~s, 時に ~) ❶ C ポンド ⦗重量

の単位; 記号 lb. (ラテン語 *libra* から)》: **a** (常衡 (avoirdupois) で)=16 ounces, 7000 grains, 0.454 kg. **b** (金衡 (troy weight) で)=12 ounces, 240 pennyweight, 480 grains, 0.373 kg. **c** (薬衡 (apothecaries' weight) で)=12 ounces, 5760 grains, 0.373 kg: by the ~ ポンド単位で, 1 ポンドいくらで. ❷ **a** [C] ポンド《英国の通貨単位; 記号 £ (ラテン語 *libra* から); [解説] 英貨ポンド(正式には pound sterling) は 100 pence だが, 1971 年前までは 1 ポンド=20 shillings=240 pence であった; [読み方] £6.10=six pounds ten (pence), また 2 ½ p は two and a half pence[《口》 p /píː/]と読む; 旧通貨制度では, £4-5-6 = £4/5/6=£4, 5s. 6d. は four pounds five shillings and six (pence) と読む》. **b** [the ~] 英国の通貨制度; ポンドの相場. ❸ [C] ポンド: **a** エジプト・レバノン・シリアなどの通貨単位. **b** アイルランド・ナイジェリア・トルコ・イスラエルなどの旧通貨単位. **a póund of flésh** 合法的だが苛酷な要求《★ Shakespeare 「ベニスの商人」 から》. 〖L *pondo* 重さ〗

⁺**pound**² /páund/ [動] [他] (⇨ pounding) ❶ 〈…を〉さんざんに打つ[たたく], たたきつける (hammer); 〈ピアノ・タイプライターなどを〉ぽんぽん[ガンガン]鳴らす; (急いで)タイプする, 仕上げる 〈*out*〉; 〔頭に〕たたきこむ 〔*into*〕: He ~*ed* the drum furiously. 彼は荒々しくドラムを打ち鳴らした / ~ ***out*** a tune on the piano ピアノで曲をぽんぽんひく. ❷ 〈…を〉つき砕く, 〔粉に〕する 〔*to, into*〕 (pulverize): ~ (***up***) sesame in a mortar ごまをすり鉢ですりつぶす / The waves ~*ed* the boat ***to*** pieces. 波はボートを粉々に砕いた. ❸ 〈…を〉激しく砲撃する. ❹ 〈相手に〉圧勝する. ── [自] ❶ 〔…を〕何度も強く打つ, 連打[乱打]する; (せっせと)働く, 取り組む 〈*away*〉 〔*against, at, on*〕: Somebody was ~*ing* ***on*** [***at***] the door. だれかがドアをドンドンたたいていた. ❷ 〈心臓が〉ドキンドキンと打つ, 〈頭が〉ガンガンする, 割れそうに痛む (hammer); 〈曲・太鼓などが〉ドンドン鳴る, ガンガン響く 〈*out*〉. ❸ [副詞句を伴って] のそのそ[のしのし, どたどた]歩く; どんどん走る: I ~*ed* ***down*** the hill to catch the bus. バスに間に合おうとして丘をどんどん駆け下りた. ❹ 〔…を〕激しく砲撃する: The field artillery ~*ed* ***away at*** the fortress. 野戦砲兵隊は要塞(ようさい)に向けて続けざまに猛撃を浴びせた. **póund the pávement** 《米口》 (職を求めて)根気よく街を歩き回る, 足をすりへらす[棒にする]. 〖OE〗 【類義語】⇨ strike.

pound³ /páund/ [名] ❶ [the ~] **a** (迷い犬・捨て猫などを収容しておく)動物収容所. **b** (不法駐車の車を預っておく)一時保管所. ❷ 《古》 (昔, 放れ牛・馬などを入れた)囲い, おり. 〖OE=囲い; cf. pond〗

Pound /páund/, **Ezra** [名] パウンド《1885–1972; 米国の詩人》.

pound·age /páundɪdʒ/ [名] [U] (金高・目方)1 ポンドにつき支払う金額[手数料] 〔*on*〕.

pound·al /páundl/ [名] 〘理〙 ポンダル, パウンダル《1 ポンドの質量の物体に作用し毎秒 1 フィートの加速度を起こす力》.

póund càke [名] [C,U] パウンドケーキ《カステラ風の味の濃厚なケーキ》. 〖もと小麦粉・バター・砂糖など各 1 ポンドずつ入れて作ったことから〗

póund còin [名] ポンド貨幣.

póund·er [名] 打つ[突く]人.

-pound·er /páundə | -də⁻/ [連結形] ❶ 「(重量が)…ポンドある魚[獲物(など)]; (肉が)…ポンドのハンバーガー」: That salmon is a ten-*pounder*. そのサケは 10 ポンドある. ❷ 「…ポンド砲」: a five-*pounder* 5 ポンド砲《5 ポンドの砲弾を発射する》.

póund-fóolish [形] (一文惜しみの)百失いの (cf. penny wise).

póund·ing [名] ❶ [U,C] 強[連]打(の音), ガンガン[ドキドキ]いう音. ❷ [C] 《口》 ひどい打撃; 大敗: take [get] a ~ from…から大敗を喫する.

póund nòte [名] [通例数字に伴って] …ポンド紙幣: a 5-*pound note* 5 ポンド紙幣.

póund sígn [名] [the ~] ポンド記号: **a** £ 記号. **b** 《米》 # 記号 (《英》 hash).

póund stérling [名] 英貨 1 ポンド(⇨ pound¹ 2 a).

pour** /pɔ́ə | pɔ́ː/ [動] [他] ❶ [通例副詞(句)を伴って]〈液体などを〉注ぐ, つぐ, 流す; 〈人に〉〈…を〉ついで[いれて]やる: She ~*ed out* the tea. 彼女はお茶をいれた / She ~*ed* hot coffee *from the thermos into* the cup. 彼女は魔法瓶からカップに熱いコーヒーを注いだ / ~ syrup *over* one's pancakes ホットケーキにシロップをかける / 〔+目+目〕 He ~*ed* me a glass of beer. =He ~*ed* a glass of beer ***for me. 彼は私にコップに 1 杯ビールをついでくれた. ❷ 〈金・精力などを〉〔…に〕つぎ込む: ~ one's energies ***into*** one's work 仕事に精力を傾注する. ❸ 〈感情・物語・苦悩などを〉〔…に〕まくしたてる, 吐露する, 滔々(とうとう)と語る: He ~*ed* ***out*** his grief [his heart] (***to*** us). 彼は(我々に)悲しみ[真情]を滔々とまくしたてた. ── [自] ❶ [副詞(句)を伴って]〈液体などが〉流れ出る, 注ぐ: The fresh air ~*ed in*. 新鮮な空気が流れ込んできた / The river ~*s into* the sea. その川は海に注いでいる / Tears were ~*ing down* her cheeks. 涙が彼女のほおを伝って流れていた. ❷ 〈雨が〉強く[激しく]降る: The rain ~*ed down* in torrents. 雨はバケツの水をあけているかのように激しく降ってきた / It was ~*ing down* [《英》 ~*ing* with rain]. どしゃ降りの雨が降っていた / It never rains but *it* ~*s*. ⇨ rain [自] 1. ❸ [副詞(句)を伴って] **a** 流れるように移動する, 殺到する (stream, flood): Thousands of people ~*ed out of* the hall. 数千の人々がどっとホールからなだれ出た / Applications ~*ed in* from all quarters. 申し込みが四方八方から殺到した. **b** 〈言葉などが〉早口に出る, どっと口をついて出る: The words ~*ed out of* her. 言葉が奔流のように彼女の口をついて出た. **It's póuring ráin.** 《米》 どしゃ降りの雨が降っている. **póur it ón** 《口》 大げさにいう; がんばる. **póur onesèlf into…** 《戯言》 ぴったりとした[きつい]服に体を通す.

pour·boire /puəbwáə | puəbwáː/ [名] (複 ~s /~/) 酒手(さかて), 心付け, チップ.

pou·sa·da /pousáːḍə/ [名] ポサーダ《ポルトガルの国営のホテル》.

pous·sin /puːsǽŋ/ [名] 肉用のひな鶏.

Pous·sin /puːsǽŋ/, **Nicolas** [名] プッサン《1594–1665; フランスの画家; 古典派の巨匠》.

⁺**pout**¹ /páut/ [動] [自] 〈女の子などが〉(セクシーに)口をとがらす, 〈唇が〉突き出る; ふくれっつらをする, すねる. ── [他] 〈唇を〉とがらす. ── [名] 口をとがらすこと; ふくれっつら: She's in a ~. 彼女はふくれっつらをしている.

pout² /páut/ [名] 〘魚〙 大頭の魚《ナマズ・ゲンゲ・イソギンポなど》, (特に)ビブ《タラの一種》.

póut·er /-ṭə | -tə/ [名] ❶ ふくれっつらをする人. ❷ 〘鳥〙 パウター《直立した姿勢の嗉嚢(そのう)が肥大化した大型のハトの品種》.

pou·tine /puːtíːn/ [名] [U] 凝乳や肉汁をかけたカナダのフライドポテト.

póut·ing /-ṭɪŋ/ [名] 〘魚〙 ビブ (pout²).

pout·y /páuṭi/ [形] (**pout·i·er; -i·est**) ふくれた; すぐふくれる[すねる].

***pov·er·ty** /pávəṭi | pɔ́və-/ [名] ❶ [U] **a** 貧乏, 貧困: live in ~ 貧しく暮らす / wipe out ~ 貧困を一掃する. **b** 貧弱, 劣悪: cultural ~ 文化の貧困 / the ~ of the soil 土地の劣悪さ. ❷ [U] [また a ~] 欠乏, 不足: (*a*) ~ of information [wit] 情報[機知]の不足. 〖F＜L＜*pauper* POOR〗

póverty lìne [lèvel] [名] [the ~] 貧困(所得)線: live below *the* ~ 最低の貧困生活を送る.

póverty-strìcken [形] 貧困にうちひしがれた, 非常に貧乏な, 窮乏している.

póverty tràp [名] [the ~] 《英》 貧困のわな《収入増で政府扶助金がもらえず逆に貧困からぬけられない状況のこと》.

pow /páu/ [間] ポカン!, パン!, バシッ! 《打撃・爆発の音》.

⁺**POW** /píːòudʌ́bljuː/ [名] (複 ~s) 捕虜. ── [形] [A] 捕虜の. 〖*p*risoner(s) *o*f *w*ar〗

***pow·der** /páuḍə | -də/ [名] ❶ [U,C] 粉, 粉末: curry ~ カレー粉 / grind coffee beans into ~ コーヒー豆をひいて粉にする / ⇨ baking powder, soap powder, tooth powder. ❷ [U] おしろい; (ベビー)パウダー: ⇨ face powder / put on ~ おしろいをつける; 粉を振りかける. ❸ [U] 粉

雪 (powder snow). ❹ Ⓤ 火薬 (gunpowder). ❺ Ⓒ 《古風》散剤, 粉薬 (⇨ medicine 2 関連). **kéep one's pówder drý**《古風》万一に備える(画来 いつでも使用できるように火薬を湿らせないようにしておくことから). **tàke a pówder**《米口》さっと逃げる, 姿をくらます(画来 女性が化粧直しに洗面所へ行くふりをして嫌味な男性から逃れることから). **──** ⓓ ❶〈…に〉おしろいをつける, パウダーをつける: ~ a baby 赤ん坊にベビーパウダーをつける / She lightly ~*ed* her face. 彼女は顔に軽くおしろいを塗った. ❷〈…〉に粉を振りかける; 粉にする. 《F<L *pulvis*, *pulver*- 粉, ほこり; cf. pollen》

pówder blúe 名 Ⓤ 淡青色.

pów·dered /páudɚd/ 形 ❶ 粉末にした[なった], 粉状の: ~ milk 粉乳, 粉ミルク / ~ sugar 粉(末)砂糖 (icing sugar). ❷ 粉をかけた; おしろいをはいた.

pówder kèg 名 ❶(昔の)火薬樽(℡). ❷ 危険な状況.

pówder mètallurgy 名 Ⓤ『冶』粉末冶金.

pówder mónkey 名 ❶(昔の軍艦の)弾薬運びの少年;《米》(鉱山などの)ダイナマイト係, 爆薬管理者.

pówder pùff 名 おしろいばけ, (化粧用)パフ.

pówder ròom 名 ❶(公共施設の女性用)化粧室, トイレ, (来客用)洗面所. ❷ =half-bath 1.

pówder snów 名 Ⓤ 粉雪.

pow·der·y /páudəri/ 形 ❶ 粉の, 粉末状の: ~ snow 粉雪. ❷ 粉だらけの. ❸ 粉になりやすい, すぐにぼろぼろになる. (名 powder)

‡**pow·er** /páuɚ/ 名 ❶ Ⓤ 影響力, 権力, 勢力, 支配力; 政権: the party in ~ 政権与党 / come to [into] ~ 政権を握る; 勢力を得る / rise to [fall from] ~ 権力の座につく[からすべり落ちる] / be in a person's ~ 人の手中[支配下]にある / have a person in one's ~ 人を自由に動かす, 人を思うままに使う / have ~ over …を支配する. ❷ Ⓤ 力, 能力; [また複数形で](特殊な)能力, 体力, 知力, 強い力, 迫力: the ~ *of* nature 自然の力 / lose the ~ *of* speech 話す力を失う, しゃべれなくなる / I will do everything in my ~ to help you. 君を助けるためには私の力でできることは何でもする / She's said to have the ~ *to* foretell the future. 彼女には未来を予言する力があると言われている / a person of great mental ~*s* 精神力の優れた人 / to the best of one's ~ できる限り / lose one's ~*s* 体力をなくす; もうろくする / a poem of great ~ 迫力あふれる詩 / by muscular [intellectual] ~ 筋肉[知性]の力で. ❸ Ⓒ 権限, 職権: the ~*s of* Congress 議会の権限 / the ~*s of* the President 大統領の権力 / [+ *to* do] The prime minister has the ~ *to* appoint and dismiss cabinet ministers. 総理大臣には内閣の任免権がある. ❹ Ⓤ ⓐ(機械を動かす)動力, 出力: mechanical [motive] ~ 機械力[原動]力 / electric [water, nuclear] ~ 電[水, 原子]力. ⓑ 電力, 電気: The ~ failed [gave out]. 停電になった. ❺ Ⓒ ⓐ 強国: a world industrial ~ 世界の工業大国 / the great ~*s of* the world 世界の列強. ⓑ 有力な人[もの], 権力者: a ~ in politics 政界の実力者 / The press is a ~ in the land. この国では新聞は大きな力を持っている. ❻ Ⓤ(国家・軍隊などの)力, 国力, 軍事力: air [military, naval] ~ 空[陸, 海]軍力 / police ~ 警察力 / state ~ 国家権力. ❼ Ⓒ 『数』幂(%): raise two to the second [third] ~ 2を2[3]乗する. ❽ Ⓒ『光』(レンズの)倍率: a lens of high ~ 高倍率のレンズ. ❾ Ⓒ ⓐ [しばしば複数形で]神; 悪魔: Merciful ~*s*! どうぞ神さま! / the ~*s* above 天の神々 / the ~*s* of darkness 悪魔ども. ⓑ [複数形で]能天使《九天使中の第6位; cf. hierarchy 4》. ❿ [a ~](口)多量, 多数: a ~ *of* work たくさんの工事. **beyónd [òut of, nót withín] one's pówer(s)** 力の及ばない. **dó a person a pówer of góod**《口》〈人に〉非常にためになる[役に立つ]. **Mòre pówer to you!**=《英》**Mòre pówer to your élbow!**《口》君のますますのご健闘[成功]を祈る! **the pówer behìnd the thróne** 黒幕(人). **the pówers that bé** 当局者, 権力者.

── 形 ❶〈家具・車など〉動力付きの; 動力による: a ~ mower 動力芝刈り機 / ~ brakes (自動車の)パワーブレーキ / ~ windows (自動車の)パワーウインドー / ⇨ power steering. ❷ ⓐ 電力を送る[伝える]: a ~ line 電力線, 送電線 / a ~ cable 電力ケーブル. ⓑ 電力の: (a) ~ failure [breakdown] 停電 / ⇨ power plant, power station. ❸ ⓐ 権力の[に関する]: a ~ struggle 権力闘争. ⓑ《米口》実力者の, 権力を表わす: a ~ breakfast 実力者朝食会. ❹《スポ》力にものを言わせる.

── 動 ⓘ [副詞(句)を伴って] ぐんぐん[ぐいぐい]進む.

── ⓓ ❶ [通例受身で]〈…に〉動力を供給する, 稼動させる〈*up*〉: This car is ~*ed* by a 2.8-liter engine. この車は2.8リッターエンジンによって駆動される. ❷〈…の〉勢いを増す[減らす]〈*up*; *down*〉. ❸ [副詞(句)を伴って] どんどん進ませる.

《F<L *posse*, *pot*- …できる; 原義は不定詞として「できること」; cf. potent》

【類義語】 **power** 能力としての力. **strength** ある行為・行動を可能にする力, また, 環境に影響されないくましさ. **force** 実際に用いられた力; しばしば腕力や暴力の意にも用いる. **might** 全力の力, あるいは特に強大な力に用いる.

pówer-assísted 形〈ブレーキ・ステアリングなど〉操作を動力で行なう (cf. power steering).

†**pówer báse** 名(政治運動の)基盤, 支持母体.

pówer bòat 名 モーターボート.

pówer bròker 名(政界の)黒幕.

pówer·bròker·ing, pówer-bròking 名 Ⓤ powerbroker としての影響力行使, 口きき, 圧力.

pówer cùt 名(一時的)送電停止, 停電.

pówer dìve 名『空』動力急降下《エンジンをかけたままの急降下》.

pówer-dìve 動 ⓘ ⓓ 動力急降下させる[する].

pówer dréssing 名 Ⓤ パワードレッシング《仕事における能力と地位を印象づける服装》.

pówer drìll 名 電気ドリル.

pow·ered /páuɚd | páuəd/ 形 [通例複合語で] ❶(…の)動力をもった, 動力による: a high-*powered* engine 強力エンジン. ❷〈レンズが〉(…の)倍率の.

pówer fàctor 名『電』力率《交流回路の平均実効電力と皮相電力の比》.

pówer fórward 名『バスケ』パワーフォワード《主にリバウンドボールを捕る屈強なプレーヤー》.

‡**pow·er·ful** /páuɚf(ə)l | páuə-/ 形 (*more* ~; *most* ~) ❶ 勢力[権力]のある, 有力な (influential): the most ~ politician in the government 政府でいちばん力のある政治家. ❷ 動力[出力, 倍率など]の高い: a ~ engine [flashlight] 強力なエンジン[懐中電灯]. ❸ ⓐ〈演説・論旨など〉人を動かす, 説得力のある: I found his argument very ~. 彼の議論は実に説得力があった. ⓑ〈薬など〉効能のある, ききめのある. ❹ 強い, 強力な, 頑強な: a ~ blow 強打 / a ~ voice 力強い声 / a ~ smell of garlic ニンニクの強烈なにおい. **~·ness** 名 (名 power) 【類義語】 ⇨ strong.

pów·er·ful·ly /-fəli/ 副 強力に; 効果的に.

pówer gàme 名 権力獲得競争.

†**pówer·hòuse** 名 ❶ 発電所. ❷ 原動力になるもの[人, グループ]; 精力家, 勢力家.

pówer·less 形 無力な, 無能な; 弱い, 無気力な;〈…する〉力がなくて (helpless): The police were ~ *to* do anything. 警察は無力で何をすることもできなかった. **~·ly** 副 **~·ness** 名

pówer·líft·ing 名 Ⓤ『重量挙』パワーリフティング《bench press などで競い合う》. **pówer-lìft·er** 名

pówer-náp 名 動 短い昼寝(をする), パワーナップ(する)《活力回復のため職場などでとる仮眠》.

pówer òutage 名 停電(時間).

pówer pàck 名『電子工』電源函, パワーパック《電源からの電力を装置に給電するのに適した電圧に変換するユニット》.

Pówer PC /-pi:si:/ 名『電算商標』パワー PC《米国製 CPU》.

pówer plànt 名 ❶《米》発電所 (power station). ❷ 発電[動力]装置.

pówer plày 名 Ⓤ ❶『スポ』パワープレー《集団集中攻撃》

❷ (企業・政治上の)攻撃的行動作戦.
pówer pòint 图 《英》(電気の)コンセント (《米》outlet).
pówer pólitics 图 ⓤ 武力外交, パワーポリティックス.
†**pówer-shàring** 图 ⓤ (政党間での)権力分担[分有], 連立(政権), パワーシェアリング.
pówer shòvel 图 (土を掘る)動力[パワー]ショベル.
pówer shòwer 图 (電動ポンプの)強力なシャワー.
†**pówer stàtion** 图 発電所 (power plant): a nuclear ~ 原子力発電所.
pówer stéering 图 ⓤ 《車》パワーステアリング《ハンドル操作を軽くする油圧などによる動力付き装置》.
pówer stròke 图 《機》動力[仕事]行程.
pówer strùcture 图 《米》権力側, 体制(側).
pówer tákeoff 图 動力取り出し装置《トラクター・トラックにあるエンジンの力でポンプなどを作動させるための補助伝導装置》.
pówer tòol 图 電動工具[器具].
pówer tràin 图 (エンジンから推進機(を動かす心棒)へ動力を伝える)伝導機構.
Pow·ha·tan /pàuhətǽn/ 图 (豫 ~, ~s) ❶ a [the ~(s)] ポーハタン族 (Virginia 東部に居住していた先住民). b ⓒ ポーハタン族の人. ❷ ⓤ ポーハタン語. ❸ ポーハタン (1550?-1618; 北米先住民の族長; Pocahontas の父).
pow·wow /páuwàu/ 图 ❶ (北米先住民(と)の)話し合い, 評定. ❷ (口) 会議, 会談, 話; 集会. —動 自 (口) [...について]話し合う, 協議する (about). 〖N-Am-Ind=まじない師〗
Pow·ys /páuɪs/ 图 ポイス (ウェールズ中東部の州).
pox /pɑ́ks | pɔ́ks/ 图 ❶ [the ~] 梅毒 (syphilis). ❷ ⓤ ほうそう: ⇒ chicken pox, smallpox. **a póx on ...** 《古》...のちくしょうめ, ...なんかくたばれ. 〖POCK の複数形 pocks の別形〗
póx·vìrus /-/ 图 《菌》ポックスウイルス《痘瘡などを起こす》.
pox·y /pɑ́ksi | pɔ́k-/ 形 《口》 ひどい, しょうもない, つまらない, 役に立たぬ.
poz·zo·la·na /pɑ̀tsəlɑ́:nə | pɔ̀ts-/ 图 ⓤ ポゾラン《コンクリートの混和材の一種; これで強度・耐久性が増す》.
pp (略) pianissimo. **pp.** (略) pages: See *pp.* 20-30. 20 ページから 30 ページまでを参照しなさい 《★See pages twenty to thirty. と読む》. **pp, p.p.** (略) per procrationem (代著者が本来の署名者の名前に付記する)...にかわって代署す (ラテン語=by the agency of).
p.p., P.P. (略) parcel post; 《文法》past participle; postpaid. **PPARC** (略) 《英》Particle Physics and Astronomy Research Council 素粒子物理学・天文学研究会議《学術振興団体の一つ》. **ppd.** (略) postpaid; prepaid. **PPE** (略) philosophy, politics, and economics (Oxford 大学の学位取得コースの一つ).
ppi (略) 《電算》pixels per inch ピクセル毎インチ 《スクリーン解像度の単位》. **ppm** (略) 《電算》parts per million ピーピーエム《100 万分の 1; 微少含有量の単位》.
PPO /pí:pì:óu/ (略) preferred provider organization 医療者選択会員制団体健康保険(行きたい医院を選択できる). **PPP** /pí:pì:pí:/ (略) 《電算》point-to-point protocol 《モデムとシリアル回線(電話回線)を使ってインターネットに接続するための通信手順》; public private partnership (公共サービスなどにおける)官民協力[連携], 官民共同出資(制). **ppr., p.pr.** (略) 《文法》present participle. **PPS** (略) post postscriptum (追伸の後に書く)再追伸, 追々伸 (ラテン語=additional postscript). **PPU** (略) Peace Pledge Union 《1936 年結成された反戦団体》. **PPV** (略) 《テレビ》pay-per-view.
PQ (略) Province of Quebec. **Pr** (記号) 《化》praseodymium. **PR** /pí:ɑ́ɚ | -ɑ́:/ (略) proportional representation; public relations; 《米》Puerto Rico. **pr.** (略) pair; present; price; printer; printing; 《文法》pronoun. **Pr.** (略) Priest; Primitive; Prince; Provençal. **PRA** (略) progressive retinal atrophy (犬の)進行性網膜萎縮.
prac·ti·ca·bil·i·ty /præktɪkəbíləṭi/ 图 ⓤ ❶ 実行できること, 実行可能性. ❷ 実用性.
prac·ti·ca·ble /præktɪkəbl/ 形 ❶ (計画など)実行できる, 実行性のある, 無理のない, 可能な(限りの) (workable); 実用向きの: The proposals are too expensive to be ~. その提案は金がかかりすぎて実行は不可能だ / as soon as ~ 可及的速やかに. ❷ (道路・橋など)使用できる, 通行可能な: This street is not ~ *for* large vehicles. この道は大型車両は通行できない. **prac·ti·ca·bly** /-kəbli/ 副 〖F; ⇒ practice, -able〗
【類義語】 practicable 実行性[実用性]はありそうであるが, まだ実証されていない. practical 実際に役に立つとわかっている. feasible 実現しそうで, かつ望ましいとされる.
*†**prac·ti·cal** /præktɪk(ə)l/ 形 (**more** ~; **most** ~) ❶ 〈考え・目的など〉実際的な; 実践的な (↔ impractical): ~ experience 実際の経験 / ⇒ practical joke / for (all) ~ purposes (理論は別として)実際上 / The idea has many ~ difficulties. その考えには多くの実践上の困難がある / It's not ~ to do that. そんなことをしても実際の役には立たない. ❷ 現実的な, 実務向きの; 手際のよい, 働きのある (↔ impractical): a ~ person 実際家肌の人, 実際家 / Your advice must be more ~. 君のアドバイスはもっと現実的でなければだめだ. ❸ 実用的な, 実際に役に立つ (↔ impractical): ~ English 実用英語 / ~ clothes [shoes] for sports スポーツ向きの実用着[靴]. ❹ Ⓐ (比較なし) 実質上の, 事実上の (virtual): a ~ failure 実質上の失敗 / Her victory is a ~ certainty. 彼女の勝利はほぼ確実です. ❺ 〈学問が〉実際的な: ~ mathematics 実用数学 / ~ philosophy 実践哲学. ❻ Ⓐ (比較なし) 〈人の〉実地を踏んだ, 実地で腕をみがいた; 経験に富んだ: a ~ gardener 実地で腕をみがいた庭師. —图 《英口》 実地の授業[試験]; 実習. (图 practice, practicality) 【類義語】 ⇒ practicable.
*†**prac·ti·cal·i·ty** /præktɪkǽləṭi/ 图 ❶ ⓤ 実際的なこと, 実用[能率]性. ❷ 実用[実際]的な事柄, 実地の問題, 実情, 現実. (形 practical)
práctical jóke 图 (口だけでない, 実際的な)悪ふざけ, いたずら (prank): play a ~ on a person 人にいたずらをする.
práctical jóker 图 悪ふざけ[いたずら]をする人.
*†**prac·ti·cal·ly** /præktɪk(ə)li/ 副 (**more** ~; **most** ~) ❶ 《口》 ほとんど, ...も同然: It rained ~ all day. ほとんど一日中雨が降った / We were already ~ at the top. もう頂上にいるも同然だった. ❷ 実際的に; 実用的に: learn English ~ 実地に英語を学ぶ / ~ speaking 実際問題として(言うと), 実際には. ❸ 〖文修飾〗 実際には, 実際上からみて, 事実上: *P-*, the plan didn't work well. その計画は実際にはうまくいかなかった.
práctical núrse 图 《米》 准看護師 (registered nurse としての正規の訓練を受けていない).
*‡**prac·tice** /præktɪs/ 图 ❶ ⓤⓒ (反復して行なう)練習, けいこ: chorus ~ 合唱の練習 / do [have] ~ in spoken English 口語英語の練習をする / I have piano ~ three times a week. 1 週に 3 回ピアノを練習しています / *P-* makes perfect. 《諺》 習うより慣れよ. **b** ⓤ (練習で得た)熟練, 手腕. ❷ ⓤ a (理論・思想に対して)実行, 実践; 実地, 実際 (↔ theory): theory and ~ 理論と実際 / put a plan into [in] ~ =bring a plan into ~ 計画を実行[実施]する. **b** (実地で得た)経験. ❸ ⓤⓒ 慣行, 慣例, 慣習; (個人の)習慣, 常習: a matter of common ~ [daily] ~ 日常茶飯事 / the ~ *of* shaking hands 握手の習わし / It's the ~ in that country to marry young. 早婚がその国では慣習になっている / unfair business ~s 不公正な商習慣 / sharp ~ (不法すれすれの)ずるい取引[行為] / the ~ *of* rising early 早起きの習慣 / as is one's usual ~ いつものように / make it a [one's] ~ to take a walk 散歩を習慣とする. ❹ **a** ⓤⓒ (医者・弁護士などの)業務, 営業; 事務所, 診療所: ⇒ group practice / That doctor is no longer in ~. あの先生はもう開業しておりません. **b** ⓒ 患者, 事件依頼人 (全体).
in práctice (1) 実際問題として: The idea did not work *in* ~. その考えは実行に移すとだめだった / *In* ~ it's not easy to distinguish between needs and desires. 実際面では必要と欲求を区別するのは容易でない.

(2) 熟練して. (3) 開業して (⇨ 4 a). **màke a práctice of** *dóing*...するのを習慣とする, ...するのが常である: He makes a ～ of taking a walk in the morning. 彼は朝散歩をするのを習慣としている. **òut of práctice** 練習不足で; 腕が落ちて: I'm getting out of ～. (練習不足で)下手になって[腕がなまって]いる.
— 動 (쫿) 《英》では practise を用いる》 他 ❶ **a** ⟨...を⟩(反復して)練習[けいこ]する: ～ English 英語を反復練習する / ～ the piano ピアノのけいこをする / [+*doing*] I have to ～ parking the car in the garage. 車をガレージに入れる練習をしなければならない. **b** ⟨人などに⟩⟨芸などを⟩しこける, 訓練する (*in*). ❷ ⟨...を⟩実行する, 実践する; 習慣とする, 守る, 遵守する: ～ economy 倹約する / ～ patience 忍耐強くする / ～ moderation 中庸を守る, 節制する / P～ what you preach. (諺) 人に説くことは自分でも実行せよ. ❸ 《医術・法律などを》業とする: ～ law [medicine] 弁護士[医者]を開業している. ❹ 〔通例受身で〕⟨人に⟩いやな事をする (*on*).
— 自 ❶ 練習[けいこ]する: You must ～ hard *for* the contest. コンテストに向けてもっとがんばってけいこをしなくてはいけません. ❷ 医者[弁護士など]を開業する: ～ *as a* doctor 医者をしている. ❸ 常に[習慣的に] 行なう, 実行する. ❹ 〔...につけ込む, 乗じる.
〖F<L<Gk<*prassein*, *prag-* to do; cf. pragmatic〗 〖類義語〗 (1) ⇨ exercise. (2) custom.
prác·ticed 形 ❶ 練習[訓練]を積んだ, 経験のある, 熟練した, くろうと(ベテラン)の: a ～ hand 慣れた手つき; 熟練者 / a ～ liar うその名人 / He's ～ *in* teaching English. 彼は英語の教授に熟達している. ❷ ⟨笑いなど⟩作った, わざとらしい, 不自然な: a ～ smile 作り笑い.
práctice-tèach 動 自 教育実習をする.
práctice tèacher 名 教育実習生, 教生.
práctice tèaching 名 教育実習.
prac·ti·cian /præktíʃən/ 名 (専門的職業の)従事者, 専門家, 本職; =practitioner.
prác·tic·ing 形 Ⓐ ❶ 宗教の教えを実践している: a ～ Catholic 実践的なカトリック教徒. ❷ (現在)活動している; 開業している: a ～ physician 開業内科医.
prac·ti·cum /préktikəm/ 名 《米》(教師・臨床医などの養成のための)実習課目.
*****prac·tise** /præktis/ 動 《英》=practice.
prác·tised 形 《英》=practiced.
prác·tis·ing 形 《英》=practicing.
*****prac·ti·tion·er** /præktíʃ(ə)nə | -nə/ 名 開業医, 弁護士(など); ⇨ general practitioner.
Prá·der-Wíl·li sỳndrome /prá:dəvíli- | -də-/ 名 Ⓤ 〖医〗 プラダーウリ症候群 (短身・精神遅滞・筋緊張低下, 著しい肥満に至る遺伝病を特徴とする). 〖A. Prader, H. Willi 共に 20 世紀スイスの小児科医〗
prae·ci·pe /prí:səpi: | -si-/ 名 〖法〗(裁判所に提出する)令状申請書.
prae·mu·ni·re /prì:mjunái(ə)ri/ 名 〖英史〗 Ⓤ 教皇尊信罪 (ローマ教皇が英国王に優越すると主張した王権蔑視罪); Ⓒ 教皇尊信罪糾問令状.
prae·no·men /pri:nóumen/ 名 《古ロ》 第一名 (例: Gaius Julius Caesar の Gaius).
prae·pos·tor /pri:pástə | -póstə/ 名 《パブリックスクールの》監督生 (prefect).
prae·sid·i·um /prisídiəm/ 名 =presidium.
prae·tor /prí:tə | -tə/ 名 《古ロ》執政官, プラエトル.
prae·to·ri·an /pri:tó:riən/ 名 形 法務官(の).
Praetórian Guárd 名 《古代ローマ皇帝の》近衛兵(団) 《のちに強大化して皇帝の任命・暗殺にも関与した》.
*****prag·mat·ic** /prægmétik/ 形 ❶ 実用本位の, 実際的な (realistic). ❷ =pragmatical. 〖L<Gk=active<*prassein*, *prag-* to do; cf. practice〗
prag·mat·i·cal /prægmétik(ə)l/ 形 ❶ 実用主義の. ❷ おせっかいな, 独断的な. ～·ly /-kəli/ 副
prag·mat·ics /prægmétiks/ 名 Ⓤ 語用論.
pragmátic sánction 名 Ⓤ 〖日本動定(皆合書)〗, 国事詔書《国家元首(国王)が発布した, 国家の基本法となる詔勅》.
*****prag·ma·tism** /prægmətìzm/ 名 Ⓤ 実利主義, 現

実主義. ❷ 〖哲〗 実用主義, プラグマティズム.
prág·ma·tist /-tɪst/ 名 実用[実践]主義者.
prag·ma·tis·tic /prægmətístɪk⁻/ 形 プラグマティズムの, 実践主義の.
Prague /prá:g/ 名 プラハ (チェコ共和国の首都).
pra·hu /práu, prá:hu/ 名 =prau.
Pra·ia /prá:jə | práə/ 名 プライア (カボヴェルデの首都).
†prai·rie /pré(ə)ri/ 名 ❶ 草地, 牧草地. ❷ 《米の Mississippi 川流域の》大草原, プレーリー (cf. pampas, savanna(h), steppe). 〖F<L=牧草地〗
práirie chìcken [hèn] 名 〖鳥〗 **a** ソウゲンライチョウ (北米産; 複雑な求愛行動をする). **b** ホソオライチョウ (北米).
práirie dòg 名 〖動〗 プレーリードッグ 《北米大草原に群居するリス科の動物》.《犬のような鳴き声を出すことから》
práirie-dòg·ging 名 Ⓤ (戯言) 自分の仕切りから頭を出して職場全体をきょろきょろ見渡すこと 《プレーリードッグの動きに似ていることから》.
práirie òyster 名 《口》 ❶ 《ウスターソースなどで味つけした》生卵 《二日酔い用》. ❷ 《米》子牛の睾丸(*こうがん*).
práirie schòoner 名 《米》《植民時代開拓者たちが北米大草原を横断するのに用いた》大型ほろ馬車.

prairie dog

Práirie Státe 名 〔the ～〕 プレーリー州 《米国 Illinois 州の俗称》.
práirie wòlf 名 〖動〗 コヨーテ.
*****praise** /préɪz/ 動 他 ❶ 《人・行為などを》称賛する, ほめる (compliment): ～ a person's bravery 人の勇敢さをほめる / ～ a person to the skies 《古風》 人をほめそやす / Everyone ～d her *for* her patience. みんなが彼女の忍耐強さをほめた / [+目+*as* 補] The professor ～d his paper *as* highly original. 教授は彼の論文をきわめて独創性に富むといって称賛した. ❷ 《文》《神を》(歌などで)賛美する, たたえる: God be ～d! ありがたや! 名 Ⓤ ❶ 称賛, ほめる[られる]こと: in ～ of...をほめて, たたえて / His work won high ～. 彼の仕事は絶賛された / It's worthy of ～. それをほめるに値する / be loud [warm] in a person's ～ 人を絶賛する. ❷ 《文》賛美, 崇拝: P～ be (to God)! 神をたたえよ; 《古風》ありがたや. **dámn...with fáint práise** 気のないふりをしてほめる《《...に》非難の意を示す (★ A. Pope の言葉)》. **síng one's ówn práises** 自画自賛する. **síng the práises of**...をほめそやす. 〖F<L<*pretium* 価値; cf. price〗 〖類義語〗 **praise** ほめる, 賞賛・敬意・推賞の気持ちを心から熱心に表明する語; 最も普通の語. **commend** 特に目上の人が目下の人をほめる.
praise·ful /préɪzf(ə)l/ 形 賛辞に満ちた, ほめやすい, 称賛的な.
práise·wòrthy 形 称賛に値する, ほめるべき, 感心な, あっぱれな. **práise·wòrthi·ly** 副 **-thi·ness** 名
praj·na /prádʒnə/ 名 Ⓤ 〖仏教〗 智慧(*ちえ*), 般若(*はんにゃ*).
Pra·krit /prá:krɪt/ 名 〖言〗 プラークリット語 (Sanskrit 以外の古代・中世の方言).
pra·line /prá:li:n/ 名 Ⓒ.Ⓤ プラリーヌ 《アーモンド・くるみなどに糖衣をかけた菓子を砕いて詰めたチョコレート》; 米国南部の名産).
prall·tril·ler /prá:ltrɪlə | -lə/ 名 〖楽〗 プラルトリラー 《主要音から上 2 度の音を経て, 主要音に戻る装飾音》.
*****pram¹** /præm/ 名 《英》 ベビーカー, うば車 《《米》 baby carriage》.
pram² /prá:m/ 名 平底船, プラム.
pra·na /prá:dnə/ 名 Ⓤ 〖インド哲学〗 プラーナ (気息; 宇宙の生気, 宇宙の最高原理).
prance /préns | prá:ns/ 動 自 ❶ ⟨馬が⟩(脚を高く上げ)躍り[跳び]はねて進む, 闊歩する. ❷ 〔副詞句を伴って〕⟨人

が(気取ったポーズで)意気揚々と歩く[動き回る], 得意気に行き来する; はね[跳び]回る(ように踊る), ちょこまかに[うろちょろ]する. —名 [a ~] 跳躍; 意気揚々とした歩きぶり.

pran·di·al /prǽndiəl/ 形《文·戯言》食事の, ディナーの.
prang /prǽŋ/《英口》動 他 ❶〈飛行機·自動車を〉墜落[衝突]させる. ❷《古風》〈標的を見事に爆撃する, 爆撃で破壊する. —名 墜落, 衝突;《古風》爆撃.
⁺prank¹ /prǽŋk/ 名 (害を与えるつもりのない)悪ふざけ, いたずら: play a ~ on... にいたずらをする.
prank² /prǽŋk/ 動 〈...を〉派手に着飾る. —自 着飾る.
pránk·ish /-kɪʃ/ 形 ふざける, いたずらする.
pránk·ster /prǽŋkstɚ | -stə/ 名 いたずら者, ふざけ者.
prase /préɪz/ 名 Ⓤ 緑石英, プレーズ.
pra·se·o·dym·i·um /prèɪziəoudímiəm/ 名 Ⓤ《化》プラセオジム《希土類元素; 記号 Pr》.
prat /prǽt/ 名《俗》❶《英》能なし, まぬけ. ❷ 尻, けつ.
prate /préɪt/ 動 自〈...を〉ぺらぺら[ぺちゃくちゃ]しゃべる〈on〉〈about〉. —他 〈...を〉ぺらぺら[ぺちゃくちゃ]しゃべる. —名 Ⓤ むだ口; たわいもない話.
prat·fall /prǽtfɔːl/ 名《米俗》❶ (低俗な喜劇などでの所作として)しりもち(をつくこと). ❷ ばつの悪いしくじり.
prat·in·cole /prǽtɪŋkòʊl | -tɪŋ-/ 名《鳥》ツバメチドリ《旧世界産》.
pra·tique /prætíːk/ 名《商》(検疫後に与えられる)海上入港許可(証), 検疫済み証.
prat·tle /prǽtl/ 動 自〈...について〉むだ話をする; ぺらぺら[ぺちゃくちゃ]しゃべる〈on〉〈about〉(witter). —他 〈...を〉ぺらぺら[ぺちゃくちゃ]しゃべる. —名 Ⓤ むだ口; たわいもない話.
prát·tler 名 おしゃべり(人).
prau /práʊ/ 名 プラフ船《インドネシア地方の快走帆船》.
Prav·da /práːvdə/ 名 プラウダ《ロシアの新聞; 旧ソ連共産党の中央機関紙; cf. Izvestia》.《Russ=真実》
⁺prawn /prɔːn/ 名《動》(大きな)エビ, クルマエビ《海産のスジエビ属·クルマエビ属など》.
práwn cràcker 名 (中華料理といっしょに出される)エビせんべい.
prax·is /prǽksɪs/ 名 (複 **prax·es** /-siːz/, ~·es) ⓊⒸ ❶ 練習, 実習. ❷ 習慣, 慣習.
⁺pray /préɪ/ 動 自 ❶ 祈る: ~ for a dying person 臨終の床にある人のために祈る / He ~ed twice a day. 彼は日に2回お祈りをした / ~ to God 神に祈る / ~ for sunshine [rain] よい天気を願って祈る[雨乞いをする] / She ~ed to Allah for mercy. 彼女はアラーの神に慈悲をたれたまうようにと祈った. ❷〈...を〉懇願する, 願い求める: ~ for pardon 許しを請う. —他 ❶〈...を〉祈る: ~ God's mercy 神の慈悲を祈願する / [+that] He ~ed (to God) that he might be forgiven. 彼は(神に)自分を許してくださるようにと祈った /〔+to do〕 May he ~ed (to) be given strength and courage. 彼は力と勇気を与えてくださいと(神に)祈った. ❷〈...を〉心から願う:〔+that〕 We ~ed that nothing dangerous would happen. 危険なことは何も起こらないようにと我々は心から願った. ❸《文·古》〈人に〉懇願する. —副《古風》どうぞ, どうか, 願わくは (please): P~ sit down. どうぞおかけください / P~ don't leave me. お願いだから私を置いていかないで.《F<L=請う, 祈る<prex, prec- 祈り》 名 prayer¹)
⁺prayer¹ /préɚ | préə/ 名 ❶ a Ⓒ [しばしば複数形で] 祈りの言葉[文句], 祈祷文: be at one's ~s 祈祷をしている / say one's ~s お祈りをする / say [offer up] ~s for a person's safety [recovery] 人の無事[回復]を願って祈りの言葉をささげる / the Lord's P~ 主の祈り / ⇒ common prayer. b Ⓤ 祈り, 祈祷(きとう): kneel down in ~ ひざまずいて祈る / be in ~ お祈りをしている / Lord, hear our ~. 神よ我らが祈りを聞きたまえ. ❷ a [複数形で] (学校や個人の)礼拝: family [school] ~s 家庭[学校]での礼拝 / one's morning [evening] ~s 朝[夕べ]の祈り. b [通例 P~] (教会での)祈祷式: the Morning [Evening] P~ 朝[夕べ]の祈り. ❸ Ⓒ [通例単数形で]《口》嘆願; 願い

事: an unspoken ~ 秘願. ❹ [a ~; 否定文で]《口》わずかな見込み, かすかなチャンス: We don't have a ~ of winning. 勝利が得られる見込みはない. a person's **prayers are ánswered**《口》人の願いがかなえられる.(動 pray)
pray·er² /préɚ | préə/ 名 祈る人.
práyer bèads /préɚ- | préə-/ 名 (祈祷用の)数珠(じゅ),(特に)ロザリオ.
práyer bòok /préɚ- | préə-/ 名 ❶ Ⓒ 祈祷書. ❷ [the P~ B~]=The Book of COMMON PRAYER 成句.
práyer·ful /préɚ(ə)l | préə-/ 形 よく祈る, 信心深い.
~·**ly** /-fəli/ 副 ~·**ness** 名
práyer màt /préɚ- | préə-/ 名 (イスラム教徒が祈る時にひざをつく)礼拝用敷物.
práyer mèeting /préɚ- | préə-/ 名 (プロテスタントの)祈祷会.
práyer rùg /préɚ- | préə-/ 名 =prayer mat.
práyer shàwl /préɚ- | préə-/ 名 =tallith.
práyer whèel /préɚ- | préə-/ 名 (ラマ教の)マニ車, 地転車《経文が記された回転式の礼拝器》.
práy·ing mántis /préɪɪŋ-/ 名《昆》カマキリ.《前肢を振り上げる姿勢が祈りの格好に似ていることから》
PRB《略》Pre-Raphaelite Brotherhood.
PRC《略》People's Republic of China.
pre- /prìː/ 接頭「あらかじめ」「...以前の」「...の前部にある」(↔ post-).《L prae before》
⁺preach /príːtʃ/ 動 自 ❶〈...に〉説教をする; 伝道する: The pastor ~ed to the congregation about the Sermon on the Mount. 牧師は会衆に山上の垂訓について説教した / He ~ed against sin. 彼は罪悪を犯してはならないと説教した. ❷〈...に〉説論する, お説教をする〈at, to〉(★~ at は受身形): He's always ~ing at me about being late for school. 彼はいつも私に学校のことでくどくどお説教をする. —他 ❶〈福音などを〉説教する, 説く: ~ the Gospel 福音を説く / Two sermons were ~ed last Sunday. この日曜には説教が二つあった / Practice what you ~. ⇒ practice 名 2. ❷〈徳行·主義などを〉唱道する, 宣伝する (advocate): ~ peace 平和を唱道する.《F<L praedicare 前もって言う; ⇒ predict》
préach·er 名 ❶ 説教者, 伝道者. ❷ 訓戒者, お説教をする人.
preach·i·fy /príːtʃɪfàɪ/ 動 自《口》くどくどと説教する.
préach·ment /-mənt/ 名 Ⓤ 説教, 長たらしい説法.
preach·y /príːtʃi/ 形 (preach·i·er, -i·est)《口》お説教好きな; 説教じみた.
Préak·ness Stákes /príːknəs-/ 名《the ~; 単数扱い》《競馬》プリークネスステークス《米国三冠競馬の一つ; cf. classic races》.
pre·am·ble /príːæmbl | priːæmbl/ 名 前口上, 序文;〔条約などの〕前文〈to〉; 前触れ, 予兆: without ~ 前置きなしで(★ 無冠詞).《F<L=前を歩く; ⇒ pre-, ambulance》
prè·ámplifier 名《電》(また **pré·àmp**) 前置増幅器, プリアンプ《パワーアンプへ送り込む信号電圧をつくる》.
pre·ar·range /prìːərèɪndʒ/ 動 他 前もって〈...の〉手はずを整える, 〈...を〉事前に打ち合わせる; 予定する. ~·**ment** /-mənt/ 名 Ⓤ 事前の打ち合わせ.
preb·end /prébənd/ 名 (大聖堂参事会員の)聖職禄.
preb·en·dar·y /prébəndèri | -dəri, -dri/ 名 聖職禄を受けている聖職者.
prè·biológical 形 生物(出現)以前の.
pre·but·tal /prɪbʌtl/ 名 (政治家などが, 自らに向けられるはずの非難に先駆けて行なう)事前反駁, 先制反論, 予防線.【PRE-+REBUTTAL】
Pre-Cam·bri·an /prìːkǽmbriən←/ 形 名《the ~》《地》先カンブリア時代(の)《最古の地質時代》.
pre·can·cer·ous /prìːkǽns(ə)rəs←/ 形 前癌状態の: a ~ condition 前癌症状.
⁺pre·car·i·ous /prɪkéə(ə)riəs/ 形 ❶ 事情次第の, 不確かな, あてにならない, 不安定な: make a ~ living 不安定な生活をする. ❷ 危険な, 危ない: a ~ foothold 危険な足場. ~·**ly** 副 不安定に, 危なっかしく.《L=祈りによって

pre·cast /prìːkǽst, -káːst/ 形 〈コンクリートが〉前もって成形された, 成形済みの. —— 動 ⊕ 〈コンクリートを〉あらかじめ成形する.

prec·a·to·ry /prékətɔːri/ 形 嘆願の, 懇願の.

*__pre·cau·tion__ /prikɔ́ːʃən/ 名 C|U 用心, 警戒 〚*against*〛: as a ~ =by way of ~ 用心のため / take the ~ of *doing*...する. **tàke precáutions** (1) 用心〔警戒〕をする: take ~s against fire 火災の警戒〔用心〕をする. (2) 《口》避妊する. 〚F<L=前もって防御する; ⇒ pre-, caution〛

pre·cau·tion·ar·y /prikɔ́ːʃənèri | -ʃ(ə)nəri/ 形 予防の, 用心の: take ~ measures (against...) (...に対する) 予防策をとる.

*__pre·cede__ /prisíːd/ 動 ❶ **a** 〈...に〉先んずる; 〈...の〉先に起こる: Who ~*d* Bill Clinton as President? ビル クリントンの前の大統領はだれだったか / Volcanic eruptions are usually ~*d* by earthquakes. 火山の噴火の前には通例地震が起こる. **b** 〚副詞(句)を伴って〛〈...の〉先に行く, 〈...を〉先導する (↔ follow). ❷ 〈...よりも〉まさる, 〈...に〉優先する: This duty should ~ all others. この義務は他のすべての義務に優先すべきである. ❸ 〔...を〕〈...の〉前置きとする 〚*with, by*〛: He ~*d* his lecture *with* an introduction. 彼は序論から講義を始めた. 〚F<L=前を行く< PRE-+*cedere*, *cess-* 進む (cf. cease)〛 名 precedence, precedent[2]

+__prec·e·dence__ /présədəns, prisíː-, -dns/ 名 U (重要性・時間・順序などが) 先立つこと, 先行, 先任, 上位; (権) (priority): in order of ~ 在任〔優先〕順に, 席次〔序列〕に従って, 上(位)から / give a person (the) ~ 人の優位を認める / take [have] ~ over [*of*]...にまさる〔優先する〕. (動 precede)

*__prec·e·dent__[1] /présədənt, -dnt/ 名 ❶ C|U 先例, (従来の)慣例: set [create] a ~ *for*...の先例を作る / make a ~ *of*...を先例とする / There's no ~ *for* such a procedure. そのような手順の先例は見当たらない / without ~ 先例のない / break with ~ 先例を破る. ❷ C|U 〚法〛判例.

pre·ced·ent[2] /prisíːdənt, -dnt/ 形 先行する. (動 precede)

pre·ced·ing /prisíːdɪŋ/ 形 〚通例 the ~〛先立つ, 先行する; すぐ前の, 前述の, 上記の 〚用法〛時に名詞の後に置かれることがある: *the* ~ page 前のページ / *the* ~ year = *the* year ~ その前年.

pre·cent /prisént/ 動 ⊕ プリセンター (precentor) を務める. —— ⊕ 先唱する.

pre·cen·tor /priséntə | -tə/ 名 プリセンター: **a** 聖歌隊などを監督する聖職者. **b** 聖歌の歌い出し・独唱部を担当する歌手, 先唱者.

pre·cept /príːsept/ 名 C|U (道徳・思想上の)原則, おきて, 戒律, 教訓, 訓示, 勧告 (principle); 令状, 命令書, 《英》地方税(徴収命令書): Example is better than ~. 《諺》実例は教訓に説教にまさる. 〚L=前もって取る, 予知する< PRE-+*capere*, *capt-* 取る〛

pre·cep·tive /priséptiv/ 形 教訓の, 教訓的な; 命令的な.

pre·cep·tor /priséptə | -tə/ 名 指導者, 教師.

pre·cep·to·ri·al /prìːseptɔ́ːriəl/ 形 指導者の, 教師の.

pre·cess /prisés/ 動 ⊕ 〚理・天〛歳差運動をする.

pre·ces·sion /priséʃən/ 名 U ❶ 〚天〛歳差(運動): the ~ of the equinoxes 春分点歳差. ❷ 〚理〛歳差(みそすり)運動. ~·**al** /-ʃ(ə)nəl/ 形

+__pre·cinct__ /príːsɪŋ(k)t/ 名 ❶ 《米》**a** (行政上の)区域; 学区; 選挙区. **b** 警察管区(の管轄(分)署). ❷ 《英》(都市などで特定の)地域, 区域: a shopping ~ 商店街 / a pedestrian ~ 歩行者専用区域〔天国〕. ❸ 〚複数形で〛(塀などに囲まれた)構内, 敷地 〚大学〛構内は駐車禁止. ❹ 〚複数形で〛《米》周囲, 付近, 近郊 〚*of*〛. 〚L=囲まれた(場所)〛

pre·ci·os·i·ty /prèʃiɑ́səti | -ɔ́s-/ 名 ❶ U (言葉づかい・趣味などの)気取り, 凝り性. ❷ C 〚通例複数形で〛凝った表現. (形 precious 4)

*__pre·cious__ /préʃəs/ 形 (**more ~; most ~**) ❶ **a** 〈ものが〉貴重な, 高価な 〚用法〛高価で美しいものにいう: ~ metals 貴金属 〖金・銀・白金〗 / ~ stones 宝石. **b** 〈時間・経験などが〉大切な, むだにできない; 〈物・一〉一時貴重な時間 / ~ experiences [memories] 大切な経験〔思い出〕 / This book is very ~ to me. この本は私にとっては宝(物)です. ❷ 《口》かわいい, ありがたい: one's ~ child 愛児 / My ~ darling! かわいい人. ❸ 《軽蔑》〈人・言葉づかい・態度など〉凝った, 気取った (affected, mannered): She's a little bit ~. 彼女はちょっと気どっぽい. ❹ A 〚比較なし〛《口》まったくの; 実にひどい, 大変な; 大の: make a ~ mess of it それをめちゃめちゃにする / He's a ~ rascal. 彼は大変な悪党だ. —— 副 《口》〚通例 ~ little [few]で〛すこぶる, ひどく: He took ~ *little* notice. 彼はほとんど無視した. —— 名 〚(my) ~〛で愛する人 〔呼び掛けに用いて〕大事な人. ~·**ly** 副 ~·**ness** 名 〚F<L=値段の高い< *pretium* 価値, 値段〛【類義語】⇒ valuable.

prec·i·pice /présəpis/ 名 ❶ 絶壁, がけ, 断崖. ❷ 危地, 危機: be [stand] on the edge [brink] of a ~ 危機に瀕(ひん)している, がけっぷちである. 〚F<L=頭から先に落ちること; ⇒ precipitate〛

pre·cip·i·ta·ble /prisípətəbl/ 形 沈澱させられる, 沈澱性の.

pre·cip·i·tance /-təns, -tns/ 名 = precipitancy.

pre·cip·i·tan·cy /prisípətənsi, -tn-/ 名 U 大急ぎ, 大あわて; 軽率, 早計.

pre·cip·i·tant /prisípətənt, -tnt/ 形 大急ぎの, 大あわての; 軽率な, 早計な. —— 名 〚化〛沈澱剤.

+__pre·cip·i·tate__ /prisípətèit/ 動 ❶ よくないこと(の到来)を早める, 促進する, 突然〔早まって〕引き起こす (hasten). ❷ 〚副詞(句)を伴って〛〈...を〉まっさかさまに落とす, 投げ落とす; 〈...を〉〈...の状態へ〉急に突き落とす, 陥らせる: Racial conflicts ~*d* the country *into* a civil war. 民族紛争がその国を内戦へ陥れた. ❸ 〚化〛〈溶解物を〉沈殿させる 〚*out*〛. ❹ 〚理〛〈水蒸気を〉〈雨・霧などとして〉凝結させる 〚*as*〛. —— ⊕ ❶ 〚化〛〈溶解物が〉沈澱する. ❷ 〚理〛〈水蒸気が〉〈雨・霧などとなって〉凝結する 〚*as*〛. ❸ まっさかさまに落ちる, 落下する. —— /-tət/ 名 C|U 〚化〛沈澱物. —— 形 早計な, 早まった, 大あわての, そそっかしい (hasty). ~·**ly** 副 〚F<L=頭から先に落ちる< PRE-+*caput* 頭+-ATE[2]〛

pre·cip·i·ta·tion /prisipətéiʃən/ 名 ❶ U|C 〚気〛**a** 降雨〔雪〕, 降水. **b** 降水〔降雨〕量: the annual ~ in the region その地方の年間降水量. ❷ 〚化〛**a** U 沈殿. **b** C 沈澱物. ❸ U 大急ぎ, 大あわて: with ~ 大あわてで, あたふたと.

pre·cip·i·ta·tor /-tə | -tə/ 名 (静電)集塵器; 〚化〛沈澱剤; 器, 槽.

pre·cip·i·tin /prisípətɪn/ 名 〚血清〛沈澱素.

+__pre·cip·i·tous__ /prisípətəs/ 形 ❶ 切り立ったような, 険しい, 断崖絶壁の. **b** 急な, 急勾配(こうばい)の. ❷ せっかちな, 無謀な, 早まった; 〚暴落など急(激)な, 突然の. ~·**ly** 副 ~·**ness** 名 〚F<L; ⇒ precipitate〛

pré·cis /preisíː, ́ー ー | prèisíː/ 名 (⊕ ~ /-z/) 大意, 要約 〚*of*〛 (summary). —— 動 〈...の〉大意を書く, 〈...を〉要約する, まとめる. 〚F=precise〛

*__pre·cise__ /prisáis/ 形 (**more ~; most ~**) ❶ **a** 正確な, 精密な; 正味の, 寸分違わない: a ~ measurement 正確な寸法 / The timing must be ~. タイミングは正確でなければならない. **b** 明確な, 的確な: a ~ statement 的確な陳述. ❷ A 〚比較なし〛まさにその (exact): at that ~ moment ちょうどその時. ❸ 〈人・規則など〉規則どおりの, きちょうめんな; 細かいことにやかましい: a ~ person きちょうめんな人 / I can't stand his prim and ~ ways. 彼の重箱の隅をようじでほじくるようなやり方には我慢がならない. **to be precíse** 正確に言うと. ~·**ness** 名 〚F<L=(前を)切り取った< PRE-+*caedere*, *caes-* 切る; cf. decide〛 名 precision. 【類義語】⇒ correct.

*pre·cise·ly /prɪsáɪsli/ 副 ❶ 正確に; ちょうど, 的確に: in ~ the same position as before 前とまさに同じ場所に / That's ~ what I mean. それこそまさに私が言いたいことだ. ❷ 〖返答に用いて〗まさにそのとおり: "He said so?" "P~." 「彼そんなこと言ったの」「まさにそのとおり」. ❸ きちょうめんに.

pre·ci·sian /prɪsíʒən/ 名 《古》(宗教的・道徳的な)規範にこだわる人, やかまし屋. ~·ism /-ʒənɪzm/ 名 Ⓤ きちょうめん, 形式主義.

*pre·ci·sion /prɪsíʒən/ 名 Ⓤ 正確, 精密; 精確: with ~ 正確[精確]に. —— 形 A 精密な; 高精度の: a ~ instrument 精密器械 / a ~ gauge 精密計器 / ~ timing 精密なタイミング. 〖形 precise〗

prè·clínical 形 《医》 病状発現前の[に関する], 臨床(実習)前の.

†pre·clude /prɪklúːd/ 動 他 ❶ 〈事を〉起こらないようにする, 不可能にする; 排除する: ~ all doubt すべての疑惑をあらかじめ排除する / That will ~ his escaping. そうすれば彼は逃げられなくなるだろう / My present finances ~ buying a house. 今の私の財政状態では家を買うのはまず無理だ. ❷ 〈人が〉…するのを妨げる, 〈人に〉…できなくする (prevent): My tight schedule will ~ me from attending the party. スケジュールが詰まっていてそのパーティーには出席できないだろう. 〖L=前もって閉じる〈 PRE-+claudere claus- 閉じる (cf. close)〗

pre·clu·sion /prɪklúːʒən/ 名 Ⓤ 除外; 防止, 阻止.

pre·clu·sive /prɪklúːsɪv/ 形 除外する; 阻止する, 予防的な. ~·ly 副

pre·co·cial /prɪkóʊʃəl/ 形 生まれてからすぐ高度に独立的な活動のできる, 早成の. —— 名 早成鳥 (鶏・アヒルなど).

†pre·co·cious /prɪkóʊʃəs/ 形 ❶ a 〈子供が〉早熟な; ませた. b 〈性格・知識など〉発達の早い, 早熟の. ❷ 〈植物など〉早咲きの, 早はしりの. ~·ly 副 ~·ness 名 〖L=前もって料理された〈 PRE-+coquere 料理する (cf. cook)〗

pre·coc·i·ty /prɪkɑ́səti/ -kɔ́s-/ 名 Ⓤ ❶ 早熟. ❷ 早咲き, 早はしり.

pre·cog·ni·tion /prìːkɑgníʃən/ -kɔg-/ 名 Ⓤ (超科学的)予知, 予見.

prè·cóital 形 性交に先立つ, 性交前の, 前戯の. ~·ly 副

prè·colónial 形 植民(地化)される前の, 植民地時代以前の.

prè-Colúmbian 形 コロンブス(のアメリカ到達)以前の.

pre·con·ceived /prìːkənsíːvd/ 形 〖A〗 〈ある物事について〉十分に知らないうちに〉あらかじめ考えた, 予想した: ~ ideas 先入観.

†pre·con·cep·tion /prìːkənsépʃən/ 名 予想, 先入観, 偏見 〖about〗.

pre·con·cert /prìːkənsə́ːt/ -sə́ː-t/ 動 他 〈…を〉前もって打ち合わせる[決める].

†pre·con·di·tion /prìːkəndíʃən/ 名 必須条件, 前提条件 (prerequisite).

prè·cónscious 形 名 〖one's [the] ~〗〖精神分析〗前意識(の). ~·ness 名

pre·cook /prìːkúk/ 動 他 〈食物を〉あらかじめ料理する: ~ed food あらかじめ調理された食品, (調理済み)インスタント食品.

prè·córdial 形 〖解〗 心臓の前にある, 前胸(部)の.

†pre·cur·sor /prɪkə́ːsə/ -kə́ː-sə/ 名 ❶ a 先駆者; 先任者, 先輩 〖of〗. b 〈発明品などの〉前の物 〖of〗. ❷ 前兆 〖of, to〗 (forerunner). 〖L=前を走る人; ⇨ pre-, cursor〗

pre·cur·so·ry /prɪkə́ːsəri/ -kə́ː-/ 形 ❶ 先駆の. ❷ 前兆の; 〖…の〗前兆となって 〖of〗.

pred. 《略》 predicate; predicative(ly).

pre·da·ceous /prɪdéɪʃəs/ 形 肉食の, 捕食する. ~·ness 名

pre·date /prìːdéɪt/ 動 他 ❶ 〈…より〉前に来る[さかのぼる] (antedate): The building ~s World War II. その建物は第二次大戦以前に建てられたものだ. ❷ 〈手紙・小切手などを〉(実際より)前日付にする (↔ postdate).

pre·da·tion /prɪdéɪʃən/ 名 Ⓤ 動 捕食.

*pred·a·tor /prédətə/ -tə/ 名 ❶ 捕食者 〖他の動物を殺して食べる動物〗. ❷ a 略奪者. b (経済的また性的に)人を食いものにするやつ. 〖L< praeda 戦利品; cf. prey〗

*pred·a·to·ry /prédətɔ̀ːri/ -təri, -tri/ 形 ❶ 動 生物を捕らえて食う, 捕食性の. ❷ a 略奪する; 略奪を目的[事]とする. b 〖人が〉〈自分の利益・性的目的で〉人を食いものにする; 〈目つきなど〉も欲し気な, 獲物を狙うような; 〈価格が〉(ダンピング目的で)不当に安い.

prédatory lénding 名 略奪的融資 《返済できない場合には, 家屋や車を差し押えるようなやり方の銀行融資》.
prédatory lénder 名

prédatory pricing 名 Ⓤ 〖商〗略奪的価格設定 《競争相手を市場から追い出すような価格設定》.

prè·dáwn 名 Ⓤ 形 夜明け前(の).

pre·de·cease /prìːdɪsíːs/ 動 他 〖法〗〈ある人より〉前に死ぬ.

*pred·e·ces·sor /prédəsèsə, ˌ̀ːː‐ˌ | príːdɪsèsə/ 名 ❶ 前任者; 先輩 〖of〗. ❷ 前にあったもの, 前のもの 〖of〗. 〖F<L< PRE-+decessor 前任者, 退職者 (< DE-+cedere, cess- 行く; cf. cease)〗

pre·del·la /prɪdélə/ 名 〖教会〗祭壇の飾台[最上段](の垂直面上の絵画[彫刻]).

pre·des·ti·nar·i·an /prìːdèstənèr(ə)riən-/ 形 〖神学〗(運命)予定説の; 宿命論的な. —— 名 (運命)予定説信奉者.

pre·des·ti·nate /prìːdéstənèɪt/ 動 =predestine.

pre·des·ti·na·tion /prìːdèstənéɪʃən/ 名 Ⓤ ❶ 運命, 宿命. ❷ 〖神学〗運命予定説.

pre·des·tine /prìːdéstɪn/ 動 〖神が〉〈人・ものを〉運命づける[定める] (★ 通例受身): He was ~d to lead an adventurous life. 彼は波乱万丈の生涯を送る定めだった.

prè·detérminate 形 予定の.

pre·de·ter·mine /prìːdɪtə́ːmɪn | -tə́ː-/ 動 他 〈…を〉前もって決める, あらかじめ方向づける (★ 通例受身): a ~d spot あらかじめ決めておいた場所 / Blood type is genetically ~d. 血液型は遺伝的にあらかじめ決定されている.

pre·de·ter·mi·na·tion /prìːdɪtə̀ːmənéɪʃən | -tə̀ː-/ 名

prè·detérminer 名 〖文法〗前限定辞 《both, all, such など冠詞の前に用いられる語》.

pred·i·ca·ble /prédɪkəbl/ 形 断定できる. —— 名 断定できるもの; 属性.

†pre·dic·a·ment /prɪdíkəmənt/ 名 苦境, 窮地: be in a ~ 苦境にある.

pred·i·cant /prédɪkənt/ 名 〖史〗(特にドミニコ会の)説教師, ドミニコ会士; =predikant. —— 形 説教する〖義務・教団〗.

pred·i·cate /prédɪkət/ 名 〖文法〗述部, 述語 (cf. subject A 3). —— 形 A (比較なし) 〖文法〗述部[語]の: a ~ adjective 叙述形容詞 (例: He's English. / I made him happy.) / a ~ noun 叙述名詞 (例: He's an Englishman. / I made him a servant.) / a ~ verb 述部動詞. —— /-kèɪt/ 動 他 ❶ 〈…を〉〈ある根拠に〉基づかせる, 〈…を〉〈前提に〉基づくものとして考える (★ 通例受身): My theory is ~d on recent findings. 私の理論は新しい研究成果に基づいている. ❷ 〈…を〉〈真実・現実と〉断定[断言]する: Can we ~ that a dog has a soul? 犬に魂があると断言できるか / He ~d rationality as the distinguishing characteristic of humankind. 彼は合理性は人間の属性である[人間は生来合理的である]と断言した. 〖L=前もって知らせる〗 (形 predicative).

prédicate cálculus 名 Ⓤ 〖論〗述語計算 《命題計算用の記号のほかに量記号および命題の主語・述語の記号をも用いている》.

pred·i·ca·tion /prèdəkéɪʃən/ 名 Ⓤ.Ⓒ 断定, 断言; 〖文法的〗叙述; 述語.

pre·dic·a·tive /prédɪkətɪv, prɪdí-/ prɪdíkətɪv/ 〖文法〗形 叙述的な 〖解説〗 He's kind to me. の kind の用法; この辞書では形容詞の叙述的用法に P の記号を用いている;

cf. attributive 2): the ~ use of an adjective 形容詞の叙述的用法. ~·ly 副

*pre·dict /prɪdíkt/ 動 他 〈…を〉予言する, 予報する: The weather forecast ~s sunshine for tomorrow. 天気予報はあす好天気と報じている / 〔+*that*〕It was ~ed *that* there would be an earthquake. 地震が起こることが予知されていた / 〔+*wh.*〕He ~ed when war would break out. 彼はいつ戦争が起こるかを予言した. **predict and provide** 予測に基づく供給 (需要(増加)の予測に基づいて供給を計画すること; 交通需要の増加を見込んだ道路建設計画など; cf. demand management)). 〖L=前もって言うぐPRE-+*dicere, dict-* 言う (cf. dictate)〗 名 prediction) 〖類義語〗⇒ foretell.

*pre·dict·a·ble /prɪdíktəbl/ 形 ❶ 予言[予想, 予測]できる. ❷ 〈人が〉何ひとつ新しいことをするでもない, 意外性のない. **pre·dict·a·bil·i·ty** /prɪdìktəbíləṭi/ 名

pre·díct·a·bly /-təbli/ 副 ❶ 〔文修飾〕 予想どおりに, 当然(のことながら): P- (enough), he left his umbrella in the train. 案の定彼は電車の中に傘を置き忘れた. ❷ 予言[予想]されるように.

*pre·dic·tion /prɪdíkʃən/ 名 C,U 予報, 予言, 予測, 予想: earthquake [weather] ~ 地震予知[天気予報] / 〔+*that*〕The ~ *that* he might succeed came true. 彼が成功するかもしれないという予言は的中した. (動 predict)

pre·dic·tive /prɪdíktɪv/ 形 予言[予報]する, 予言的な.

pre·dic·tor /-tə-|-tə/ 名 〈予測の根拠・参考となる〉指標, 手がかり, 徴候 (indication); 予言者, 予報者.

pre·di·gest /prì:daɪdʒést, -dɪ-/ 動 他 〈食物を〉消化しやすいように調理する. ❷ 〈作品などを〉理解しやすくする.

pre·di·ges·tion /prì:daɪdʒéstʃən, -dɪ-/ 名

pre·di·kant /prédɪkənt/ 名 (南アフリカの)オランダ改革派教会の牧師.

pre·di·lec·tion /prèdəlékʃən, prì:-|prì:-/ 名〈…に対する〉先入的愛好, 偏愛, 好み, ひいき 〔*for*〕. 〖F<L=前もって選ぶこと〗

pre·dis·pose /prì:dɪspóʊz/ 動 〔しばしば受身で〕 ❶ 〈人などを〉〈…の状態に〉前もってしむける, 〔…しがちな〕傾向[性質]にする[を与える], 〔…するように〕(*to, toward*): people ~d *to* criminal behavior 犯罪行為をしがちな人々 / What ~d *you to* become a novelist? 何が原因で小説家になる気にかかりやすくする: Our genetic makeup ~s us *to* certain diseases. 我々には遺伝的体質によってかかりやすい病気がある.

pre·dis·po·si·tion /prì:dɪspəzíʃən/ 名 ❶ 傾向, たち 〔*to, toward*〕〈*to* do〉: a ~ *to* violence 暴力に走る傾向. ❷ (病気などに)かかりやすい素質, 体質: a ~ *to* obesity 肥満になりやすい体.

pred·nis·o·lone /prednísəlòʊn/ 名 U 〖薬〗 プレドニゾロン (エステル・メチル誘導体にして関節炎の消炎剤などに用いる).

pred·ni·sone /prédnəsòʊn/ 名 U 〖薬〗 プレドニゾン (関節炎の消炎剤などに用いる).

pre·dom·i·nance /prɪdámənəns | -dóm-/ 名 U 〔また a ~〕 ❶ (数量的な)圧倒性, 優勢, 多勢 〔*of*〕 (preponderance). ❷ 卓越, 抜群; 支配 〔*over*〕 (dominance).

*pre·dom·i·nant /prɪdámənənt | -dóm-/ 形 ❶ (他よりも)優勢な, 有力な; 卓越した: It's an illusion that man is ~ *over* other species. 人間が他の種を支配しているというのは思い違いだ. ❷ 主な, 顕著な, 目立った, 大方[もっぱら, 主流]の: the ~ color [idea] 主色[意]. 〖類義語〗⇒ dominant.

*pre·dom·i·nant·ly /prɪdámənəntli | -dóm-/ 副 ❶ 主に, 主として. ❷ 優勢に, 圧倒的に.

\+pre·dom·i·nate /prɪdámənèɪt | -dóm-/ 動 ❶ 優位を占める, 優勢である, 卓越する: 〔…を〕支配する〔*over*〕. ❷ 〈…が〉主である, 顕著である: Daffodils ~ in our garden. ラッパズイセンがうちの花壇の中でできわだって多い.

pre·dy·nas·tic 形 (特にエジプトの)(第一)王朝前の, 先王朝の.

prè·éch·o 名 ❶ プリエコー (オーディオなどで音声を再生する際, 特に急激な音の立ち上がりの直前に生じるノイズ). ❷ 予兆, 前兆. —— 動 他 予示する.

prè·ec·lámp·si·a 名 U 〖医〗 子癇(かん)前症. **-eclámptic** 形

pre·e·lec·tion /prì:ɪlékʃən/ 名 (事前の)選抜, 予選. —— 形 選挙前の.

prè·émbryo 名 〖生〗 前期胚子. **prè·embryónic** 形

prée·mie /prí:mi/ 名 《米口》 未熟児.

pre·em·i·nence /priémənəns/ 名 U 抜群, 卓越, 傑出. 〖PREEMINENT の名詞形〗

\+pre·em·i·nent /priémənənt/ 形 抜群の; 秀でた; 〔…に〔で〕〕顕著で 〔*in, among, at*〕: She's ~ *in* the field. 彼女はその分野では傑出している. ~·ly 副 〖類義語〗⇒ dominant.

*pre·empt /priém(p)t/ 動 他 ❶ 先に行動を起こして〈…を〉阻止する[無効にする], 予防する, 封じる: The riot police were sent to ~ trouble. 紛争をあらかじめ阻止するために機動隊が派遣された. ❷ 《米》〈…の代わりをする, …に代わる: A special news report ~ed the baseball game. ニュースの特別番組が予定の野球放送の代わりに放送[割り込]された. ❸ 〈人の〉先を打つ, 〈…を〉人より先に手に入れる, 先取する: His car had ~ed the parking space. 彼の車が駐車場所を先に占領していた. ❹ 《米》〈公有地を〉先占権によって占有する.

pre·emp·tion /priém(p)ʃən/ 名 U ❶ 先取[買](権). ❷ 《米》公有地の先買権行使.

pre·emp·tive /priém(p)tɪv/ 形 ❶ 〖軍〗 先制の: a ~ attack 先制攻撃. ❷ 先取の, 先取権のある: (a) ~ right 先買[取]権. ❸ 〖トランプ〗 くせり (bid) が先制の《相手のせりを封じるために高い値をいうこと). ~·ly 副

preen /prí:n/ 動 ❶ 〈羽をくちばしで整える, 〔~ oneself で〕身[羽]づくろいをする. ❷ 〈ひげなどの〉手入れをする; 〔~ oneself で〕〈人が〉〔せっせと〕おめかしする, 〈長々と〉鏡に向かう, 身じまいする, 〔…に〕得意がる, 自慢する〔*on*〕. —— 自 ❶ 〈鳥が〉羽をくちばしで整える, 羽づくろいをする. ❷ 〈人が〉おめかす. ❸ 得意になる. 〖PRUNE¹ と同語源〗

préen glànd 名 〖鳥〗 尾腺.

prè·estáblish 動 前もって設立[制定, 確立]する; 予定[先定]する.

pre·ex·ist /prì:ɪgzíst, -eg-/ 動 他 〈…より〉前から存在する. —— 自 前に[から]存在する, 先在する. **pre·ex·is·tence** /prì:ɪgzístəns, -eg-/ 名 **pre·ex·is·tent** /prì:ɪgzístənt, -eg-/ 形

pre·ex·is·ting /prì:ɪgzístɪŋ/ 形 前から存在する.

pref. 《略》 preface; prefatory; preference; preferred; prefix.

pre·fab /prí:fæb/ 名 《口》 組み立て式家屋, プレハブ(住宅). 〖*prefabricated building [house]*〗

pre·fab·ri·cate /prì:fǽbrɪkèɪt/ 動 他 〔通例受身で〕〈家屋などを〉組み立て[プレハブ]式に作る: a ~d house 組み立て式住宅, プレハブ / a ~d building プレハブ建築物.

pre·fab·ri·ca·tion /prì:fæbrɪkéɪʃən/ 名

\+pref·ace /préfəs/ 名 ❶ 〔本などの〕序文, まえがき, はしがき 〔*to*〕. ❷ 〔…の〕前置きとなるもの, きっかけ, 前触れ 〔*to*〕. —— 動 他 ❶ 〈本などに〉序文をつける. ❷ 〈…で〉〈…を〉始める, 〈…の〉口火を切る: He ~d his talk *with* a self-introduction. 彼は話に先立って自己紹介をした. / He ~d his speech *by* telling an anecdote. 彼は講演の初めに一つの逸話を話した. 〖F<L=前もって言うぐPRE-+*fari, fat-* 話す, 言う (cf. fable)〗 〖類義語〗⇒ introduction.

pref·a·to·ry /préfətɔ̀:ri | -təri, -tri/ 形 序文 (preface) の, 前口上の.

\+pre·fect /prí:fekt/ 名 ❶ 〔しばしば P~〕 a (フランス・イタリアの)知事; 長官: the P- of Police (パリの)警視総監. b 〖古ロ〗 長官. ❷ 《英》 (パブリックスクールの)監督生 《上級生》. **pre·fec·to·ri·al** /prì:fektɔ́:riəl-/ 形

*pre·fec·ture /prí:fektʃə | -tʃə/ 名 ❶ C 〔しばしば P~〕 (フランス・日本などの)県, 府. ❷ C 知事官舎 [公邸]. ❸

prefer 1410

Ⓤ 長官 (prefect) の職[管轄権, 任期]. **pre·fec·tur·al** /priːˈfɛktʃərəl/ 形 〖L=長官 (prefect) 区, 管轄区〗

*pre·fer /prɪˈfɜː|-ˈfɜː/ 動 他 (**pre·ferred; -fer·ring**) 〖★進行形なし〗 ❶ **a** 〈…より〉むしろ…のほうを好む, 〈…を〉選ぶ: Young people ~ rap music. 若い人たちはラップを好む / This is generally *preferred*. こちらのほうが一般に好まれている / Which do you ~, tea or coffee? 紅茶とコーヒーとではどちらがいいですか / I ~ physics *to* chemistry. 化学よりも物理のほうが好きだ 〖変換〗 I like physics *better than* chemistry. と書き換え可能 / [+*to do*] Many people ~ living in the country (*to* living in a city). (都会に住むよりも)いなかに住みたいと思っている人が多い / [+*to do*] I ~ to wait (*rather than* (*to*) go at once). (すぐ出かけるよりは待つほうがいい 〖用法〗 この構文では「…するよりは」に当たる部分には前置詞 to を用いず rather than で示す; 〖変換〗 I ~ to wait instead of going at once. = I would *rather* wait than go at once. と書き換え可能) / "Will you wait?" "I ~ *not to*."「待っててくれますか」「できれば待ちたくない」 / [+目 (should)] ~ *to* have my Sunday afternoon undisturbed. (できれば)日曜の午後はだれにもじゃまされずに過ごしたい / [+*that*] He *preferred* that nothing (should) be said about that. 彼はそのことについては何も言われたくなかった. **b** 〈…に〉〈…して〉もらいたい: [+目+*to do*] We'd ~ you *to* take part in the discussion. できれば君にも討論に加わってもらいたい. **c** 〈…が〉〈…である〉ほうがよい: [+目+補] Would you ~ your sake hot? 酒は燗(かん)をするほうがいいですか (〖用法〗 Would you ~ …? 丁寧な疑問) / [+目+過分] I ~ my eggs boiled. 卵はゆでたほうが好きだ. ❷ 〖法〗 〔人に対して〕〈請求・訴訟などを〉提起する: ~ charges *against* a man 人を告訴する. ❸ 〈古〉〈人を〉〔…に〕登用する, 抜擢(ばってき)する, 昇進させる 〔to〕: I would *prefer* it if… [if 節内は仮定法で] (1) 〖願望〗…であればなあ[いいのに]. (2) 〖丁寧な禁止〗…はやめていただけませんか. 〖F<L=前に運ぶ PRE-+*ferre* 運ぶ (cf. *transfer*)〗 (名 *preference, preferment*)

*pref·er·a·ble /ˈprɛfərəbl/ 形 (比較なし) より望ましい, より好ましい: It's ~ that you (should) wait. あなたはお待ちいただいたほうがよいと思います / I find this ~. 私はこれのほうがより好ましい / Poverty is ~ *to* poor health. 病身より貧乏のほうがましだ.
pref·er·a·bly /-rəblɪ/ 副 好んで, むしろ, なるべく(なら) (★ 文修飾可): I want to get married; ~ *to* a rich man. 私は結婚したい, なるべくならお金持ちと / "So you think we should wait?" "Yes, ~."「待つべきだと考えているのですね」

*pref·er·ence /ˈprɛf(ə)rəns/ 名 ❶ U〖また a ~〗好み, 選択, ひいき: a ~ *for* learning *to* [*over*] wealth 富よりも学問を好むこと / in order of ~ 好みの順で(は) / express one's [a] ~ 好みを言う / have a ~ *for*… …を好む, 選ぶ / His ~ is *for* beer rather than whiskey. 彼はウイスキーよりもビールのほうが好きだ (cf. He *prefers* beer to whiskey). ❷ C 好物, 選択物: Her ~ in foods is omelets. 彼女の好物はオムレツだ / What is your ~; Japanese, French or Chinese food? 日本料理, フランス料理, 中華料理ではどれがお好きですか. ❸ U/C 優先, 先取権 (priority); (貿易)特恵: in ~ *to*…に優先して, …よりはむしろ / offer [afford] a ~ 優先権[特恵]を与える / You should be given ~ *over* them. 彼らよりあなたが優先権を与えられるべきである. (動 *prefer*, 形 *preferential*)

préference shàres [**stòck**] 名 U〖英〗優先株 (〖米〗preferred shares [stock]).

⁺pref·er·en·tial /ˌprɛfəˈrɛnʃəl–/ 形 A ❶ 優先の, 先取権のある: a ~ right 優先権 / ~ treatment 特別待遇. ❷ 〔関税法など〕特恵の: ~ tariffs [duties] 特恵関税. **~·ly** /-ʃəlɪ/ 副 (名 *preference*)

pre·fer·ment /-mənt/ 名 U 昇進, 昇級; 抜擢 [to] (advancement, promotion).

preférred shàres [**stóck**] 名 U〖米〗優先株 (〖英〗preference shares [stock]).

prè·fétch 動〖電算〗〈CPU などが〉〈データを〉先読みする; 〈ブラウザーが〉〈あるサイトのデータを〉あらかじめ(自動的に)読み込んでおく.

prè·fígurative 形 予示する. **~·ly** 副

pre·fig·ure /ˌpriːˈfɪɡə|-ɡə/ 動 他 ❶ 〈…の〉形[型]を前もって示す, 〈…を〉ちらっと示す. ❷ 〈…を〉予想する. **pre·fig·u·ra·tion** /ˌpriːfɪɡjʊˈreɪʃən/ 名

pre·fix /ˈpriːfɪks/ 名 ❶ 〖文法〗接頭辞 (★ この辞書では 接頭 という記号を用いる; ↔ suffix). ❷ (コード番号などの先頭の)識別[分類]記号 (市外局番・国別番号など). ❸〖古風〗氏名の前につける敬称 (Sir, Mr., Dr. など). — /priːˈfɪks, –ˊ–/ 動 他 ❶ 〖しばしば受身で〕〈…に〉〈…を〉つけ足[述べ]る 〔to〕, 〔…に〕…の前につける 〔with〕: a usage guide ~ed *to* a manual 手引書の最初に付けた使用上の指針. 〖L=前につける; ⇒ pre-, fix〗

pre·flight /ˌpriːˈflaɪt/ 形 飛行前の.

pre·fórm 動 前もって形づくる, あらかじめ決める.

pre·for·má·tion 名 U ❶ 前もって形づくること, 事前成形. ❷ 〖生〗前成説 (生殖細胞に完成有機体があらかじめ存在していて, それが個体発生において成長するにすぎないとする説; 現在は認められていない; ↔ epigenesis). **~·ist** /-nɪst/ 名

prè·fróntal 形 名 〖解〗前額骨の前にある, 前頭葉前部(の).

prè·gáme 形 A ゲーム前の.

prè·génital 形〖精神分析〗前性器期の.

preg·gers /ˈprɛɡəz|-ɡəz/ 形 P〖英俗〗妊娠して (pregnant).

prè·glácial 形〖地〗氷河期前の, 前氷河期の (特に更新世 (Pleistocene) より前の).

preg·na·ble /ˈprɛɡnəbl/ 形 ❶ 征服できる, 占領しやすい. ❷ 反論されやすい, 弱みのある.

*preg·nan·cy /ˈprɛɡnənsɪ/ 名 U/C 妊娠; 妊娠期間. (形 *pregnant*)

prégnancy tèst 名 妊娠テスト.

*preg·nant /ˈprɛɡnənt/ 形 (**more ~; most ~**) ❶ (比較なし) 妊娠した: a ~ woman 妊娠した女性 / heavily ~ 臨月の / become [get] ~ 妊娠する / She's six months ~. 彼女は妊娠6か月である / I was ~ *with* my second son. (その時は)2番目の息子がおなかにいた. ❷ P〖…で〕満ちて: a poem ~ *with* meaning 含蓄に富む詩 / The situation was ~ *with* danger. 状況は危険をはらんでいた. ❸ A 意味深長な, 含蓄のある, 示唆的な: a pause [silence] 意味深長な沈黙. **~·ly** 副 〖L=生まれる前の<PRE-+(*g*)*nasci* 生まれる+-ANT〗 (名 *pregnancy*)

⁺pre·heat /ˌpriːˈhiːt/ 動 他 〈オーブンなどを〉あらかじめ温めておく, 予熱する.

pre·hen·sile /prɪˈhɛns(ə)l|-saɪl/ 形 〖動〗〈足・尾などつかむことのできる, 把握力のある.

pre·hen·sion /prɪˈhɛnʃən/ 名 U ❶ 〖動〗捕捉, 把握. ❷ 理解, 会得.

*pre·his·tor·ic /ˌpriːhɪˈstɒrɪk|-ˈtɔː–ˊ/ 形 ❶ 有史以前の, 先史の. ❷ (口) 大昔の, 旧式な, 古風な. **prè·his·tór·i·cal·ly** /-rɪkəlɪ/ 副

pre·his·to·ry /ˌpriːˈhɪstərɪ, -trɪ/ 名 ❶ **a** 先史時代. **b** 先史学. ❷ 〖a ~〗〔…の〕前史, 前の経緯, いきさつ 〔of〕.

pre·hu·man /ˌpriːˈhjuːmən–ˊ/ 形 人類出現以前の.

prè·ignítion 名 U (内燃機関の)過早(かそう)点火.

prè·indústrial 形 大規模産業発達前の時代の; 産業革命前の: a ~ society 前工業社会.

pre·judge /ˌpriːˈdʒʌdʒ/ 動 他 ❶ 〈…を〉予断する; 早まった判断をする. ❷ 〈…を〉審理せずに判決する. **prè·júdg·ment** /-mənt/ 名

*prej·u·dice /ˈprɛdʒʊdɪs/ 名 ❶ U/C 偏見, ひがみ, 先入観: racial ~ 人種的偏見 / without ~ 偏見なしに[のない] / have a ~ *against*… …を毛嫌いする. ❷ U〖法〗(利益の)侵害, 不利益: to the ~ of… …の侵害[不利益]となるような[に] / without ~ *to*… …を侵害せずに, そこなわずに, …の不利益とならないように. ── 動 他 ❶ 〈人に〉…について偏見を持たせる (cf. prejudiced): The review had ~d me *against* the book. その書評で私はその本によからぬ偏見を持っていた. ❷ 〈権利・利益などを〉害する, 〈…に〉損害を与

える. 《F＜L＝前もって判断すること＜PRE-+*judicium* 判断 (＜*judex, judic-* 裁く人; judge)》

【類義語】**prejudice** しばしば誤った, または根拠のない個別の先入観について用いられることが多い. たいていは悪い評価. **bias** 一貫した心理的傾向を指し, 良い評価にも悪い評価にも用いられる. **partiality** 強い好み・愛情によってある人[もの]を特に好く傾向に対し, 不公平を暗示する.

†**préj·u·diced** /-t/ 形 偏見[先入観]を持った, 色眼鏡の, えこひいきした, 不公平な (*to, toward, against*) (biased): a ~ opinion 偏見, かたよった考え / They're ~ *against* [*toward*] foreigners. 彼らは外国人にいわれのない反感を抱いて[をむやみに毛嫌いして]いる.

prej·u·di·cial /prèdʒʊdíʃəl⁻/ 形 P [...に]損害を与えて, 不利となって: activities ~ *to* peace 平和を害するような活動.

prel·a·cy /préləsi/ 名 ❶ C 高位聖職者の職[地位]. ❷ [the ~] 高位聖職者たち.

pre·lap·sar·i·an /prì:læpséəriən⁻/ 形 《神学》堕罪前の.

prel·ate /prélət/ 名 高位聖職者 (bishop, archbishop など). **pre·lat·ic** /prɪlǽtɪk/ 形

prel·a·ture /prélətʃɚ | -tʃʊə/ 名 ❶ 高位聖職者の職[身分] (prelacy). ❷ [the ~] 高位聖職者たち.

pre·launch /prì:lɔ́:ntʃ/ 形 〈宇宙船など〉発射前の, 発射準備の.

pre·lim /prí:lɪm, --⁻/ 名 《口》❶ [通例複数形で] **a** 予備試験. **b** (競技などの) 予選. ❷ [通例 the ~s] 《英》(本の) 前付け. 《PRELI(MINARY examination)》

***pre·lim·i·nar·y** /prɪlímənèri | -nəri/ 形 予備的な, 準備の; 序文の: a ~ examination 予備試験 / a ~ hearing 《法》予審 / ~ remarks 序文, 緒言 / a ~ contest [heat, round] (競技などの) 予選. ── 名 [通例複数形で] ❶ 準備, 準備行為, 準備, 前置き. ❷ **a** 予備試験. **b** (競技などの) 予選. **c** 予備交渉. ── 形 ★成句で. **preliminary to...** [前置詞的に] ...に先立って, ...の前に. **pre·lim·i·nar·i·ly** /prɪlɪmənérəli | prɪlímən(ə)r-/ 副 《F＜L＝敷居の前の＜PRE-+*limen, limin-* 敷居 (cf. eliminate)》

prè·lin·guís·tic 形 言語以前の: **a** 人類が言語能力を発達させる前の. **b** 子供が言語を獲得する前の.

pre·lit·er·ate /prì:lítərət, -trət⁻/ 形 文字使用以前の, 文字前の.

pre·loved /prì:lʌ́vd⁻/ 形 《家・ペットなどが前の所有者に大事にされていた, 前に所有者がいた, 中古の》

†**prel·ude** /préljuːd | -ljuːd/ 名 ❶ [通例単数形で] ...の前ぶれ, 前兆: The border incident was a ~ *to* war. その国境紛争は戦争への序曲であった. ❷ 《楽》前奏曲, プレリュード, 序曲 《教会では礼拝前のオルガン独奏》. 《L＝前に演奏する＜PRE-+*ludere* 演奏する, 遊ぶ (cf. ludicrous)》

pre·mar·i·tal /prì:mǽrətl⁻/ 形 〈結〉婚前の: ~ sex 婚前交渉. **~·ly** 副

*†**pre·ma·ture** /prì:mətj(j)ʊ́ɚ, -tʃʊ́ɚ⁻ | prémətʃə, prí:-, -tjʊə/ 形 ❶ 早まきる, 時ならぬ: (a) ~ death 若死に, 早死に. ❷ 早産の: ~ delivery [birth] 早産 / a ~ baby 早産児 / My baby was one month ~. うちの子は 1 か月早く生まれた. ❸ 早まった, 早計の: a ~ decision 早まった決定. **~·ly** 副 **pre·ma·tu·ri·ty** /prì:mətj(j)ʊ́(ə)rəti, -tʃʊ́(ə)rə- | prèmətjʊ́ə-, prì:-/ 名 《L; ⇒ pre-, mature》

pre·med /prì:méd⁻/ 名 ❶ =premedical. ── 名 ❶ 医大予科の学生. ❷ =premedication.

pre·med·i·cal /prì:médɪk(ə)l⁻/ 形 医大予科の, 医学部進学課程の.

pre·med·i·ca·tion /prì:mèdɪkéɪʃən/ 名 U 《医》麻酔前投薬, プレメディケーション.

pre·med·i·tate /prì:médətèɪt/ 動 他 〈...を〉前もって熟慮[工夫, 計画]する.

prè·méd·i·tàt·ed /-tɪd/ 形 前もって考えた, 計画的な, 予謀した (↔ unpremeditated): (a) ~ murder 謀殺, 計画的殺人.

pre·med·i·ta·tion /prì:mèdɪtéɪʃən/ 名 U ❶ あらかじめ考えること; 計画. ❷ 《法》予謀, 故意.

pre·men·stru·al /prì:ménstruəl⁻/ 形 月経(前)前の.

prémenstrual sỳndrome 名 U 月経前症候群 《略 PMS》.

*†**pre·mier** /prɪmíɚ, prí:miɚ | prémiə/ 名 ❶ [しばしば P-] C 首相 (★ 主に新聞用語). ── 形 ❶ 第一位[等]の, 首たる: Europe's ~ port ヨーロッパーのボートワイン / take [hold] the ~ place 首位[首席]を占める. 《F＝first＜L; ⇒ primary》

premíer crú /prɪmíəkrúː | prémiə-/ 名 C,U 《 **pre·miers crus** /-/ 》プルミエ クリュ 《フランスの一級格付けワイン [ブドウ園]》.

***pre·miere** /prɪmíɚ | prémièɚ/ 名 (演劇・映画の) 初日, 初演. ── 動 他 〈演劇・映画の〉初演を行なう. ── 自 〈演劇・映画が〉初日を迎える, 初演される. 《F PREMIER の女性形》

Premíer Léague 名 [the ~] プレミアリーグ 《サッカー協会 (Football Association) 傘下のイングランド・ウェールズのチームのうち最強の 20 チームでつくられているリーグ》.

pre·mier·ship /prɪmíɚʃɪp, prí:miɚ- | prémiə-/ 名 [単数形で] ❶ 首相の地位[任期]. ❷ [しばしば the ~] = Premier League.

prè·millénnial 形 ❶ 千年至福[王国]前の, キリスト再臨前の. ❷ 千年至福説の[を支持する].

prè·millénnialism 名 U 前千年王国[至福]説 《千年至福期 (millennium) 前にキリストが再臨するとの説》. **-ist** 名

*†**prem·ise** /prémɪs/ 名 ❶ [複数形で] (土地・付属物付きの) 構内, 屋敷; 構内, 店内; 他の ~s 店内[構内]で / We were told to keep off the ~s. 我々は構内には立ち入らないようにと言われた. ❷ C (推理の) 前提, 根拠: a major [minor] ~ 大 (cf. syllogism) 小前提 / post [assume] a ~ 前提を設ける / [+*that*] We must act on the ~ *that* the worst may happen. 最悪の事態も起こりうるという前提に立って行動しなくてはならない. ❸ [~s] 《法》既述事項. ── 動 《しばしば受身で》〈...を〉前提とする 《*on, upon*》. 《L＝前に送られた[書かれた] (もの) ＜PRE-+*mittere, mis-* 送る (cf. mission)》

prem·iss /prémɪs/ 名 =premise.

*†**pre·mi·um** /prí:miəm/ 名 ❶ (保険の) 掛け金, 保険料. ❷ 割増金, プレミアム; (株式の) 額面超過額. ❸ 特別奉仕[提供]品; 特別賞与, 奨励金. ❹ U 《主に米》ハイオクガソリン. **be** [**stánd**] **at a prémium** (1) (得がたくて) 珍重されている, 貴重である. (2) プレミアム付きのある, 額面以上になる. **pút** [**pláce**] **a prémium on** ...を重んじる, 高く評価する. ── 形 A 〈商品が品質がよくて高価な, 高級な: ~ grapes 高級ブドウ / ~ prices [rates] 割り増し付きの値段[料金]. 《L＝報酬》

prémium ràte sérvice 名 《電話での》情報サービス 《電話料金に情報料が上乗せされる; その番号が premium rate number; 日本のダイヤル Q2 のようなもの》.

Prémium (Sávings) Bònds 名 《英》割増金付き債券 《利子の代わりに抽選による賞金がつく》.

prè·míx 動 事前に混合する. ── 名 前もって混合してあるもの; 混合飼料; 生コンクリート. **~·er** 名

prè·módify 動 《文法》〈被修飾語を〉前位修飾する. **prè·módifier** 名 **prè·mòdificátion** 名

pre·mo·lar /prì:móʊlɚ | -lə/ 名 白歯 《親知らずの前方にある》 -- 形 白歯の.

†**pre·mo·ni·tion** /prì:mənɪ́ʃən, prèm-/ 名 (何かよくないことが起こるという) 予感, 虫の知らせ; 予告: have a ~ *of* failure 失敗の予感がする / [+*that*] I have a ~ *that* something terrible is going to happen. 何か恐ろしい事が起こりそうな予感がする.

pre·mon·i·to·ry /prɪmɑ́nətɔ̀:ri | -mɔ́nɪtəri, -tri/ 形 ❶ 予告の, 警告の. ❷ 《医》前駆的な.

Pre·mon·stra·ten·sian /prì:mànstrəténʃən | -mɔ̀n-⁻/ 名 プレモントレ会士 《1120 年フランスの Prémontré において St. Norbert が創設した修道会の会士》. ── 形 プレモントレ修道会の.

pre·na·tal /prì:néɪtl⁻/ 形 《米》出生前の, 胎児期の; 妊

婦向けの (《英》 antenatal; ↔ postnatal): a ～ checkup 出産前の健康診断 / ～ exercises 妊婦向けの運動.
～·ly /-ṭəli/ [副]

prè·nóminal [形] 〈形容詞が〉名詞を前から修飾する, 名詞前位の. **～·ly** [副]

pre·nup /prìːnʌ́p/ [名] 《米口》 =prenuptial agreement.

prè·núptial [形] ❶ 結婚前の. ❷ 〔動〕 交尾前の.

prenúptial agréement [名] 《米》 結婚前の取り決め 《結婚後の双方の義務・資産・離婚条件などに関する合意》.

+**pre·oc·cu·pa·tion** /prìːàkjupéɪʃən | -ɔ̀k-/ [名] ❶ [U] [また a ～] 没頭, 夢中, 傾倒, とらわれ, 執着, こだわり; 上の空, もの思い: Her ～ ***with*** health isn't normal. 彼女の健康に対する気のつかいようは普通ではない. ❷ [C] 夢中[心配]になっている問題[事], (重大な)関心事.

+**pre·oc·cu·pied** /prìːákjupàɪd | -ɔ́k-/ [形] (何かに)心を奪われている, 気をとられている, うわの空の (cf. preoccupy 1): I was so ～ ***with*** my work (that) I didn't hear the telephone ring. あまり仕事に夢中になっていたので電話が鳴ったが聞こえなかった.

pre·oc·cu·py /prìːákjupàɪ | -ɔ́k-/ [動] [他] 〈人の〉心を奪う; 〈人を〉夢中にさせる (cf. preoccupied): This problem *preoccupies* me. この問題で私は頭がいっぱいだ.

prè·ócular [形] 〔動〕 〈触角などが〉眼球の前にある.

pre·op /prìːáp | -ɔ́p/ [形] 《口》 =preoperative.

prè·óperative [形] 手術前の, 術前の. **～·ly** [副]

pre·or·dain /prìːɔədéɪn | -ɔː-/ [動] [他] 〈神・運命などが〉〈…の〉運命をあらかじめ定める, 〈…するように〉あらかじめ運命を定める (predestine) (★ 通例受身): He seemed ～*ed to* be our leader. 彼は我々の指導者になる定めであったようだ.

prè·ówned [形] 中古の (secondhand).

+**prep** /prép/ 《口》 [名] ❶ [U] 《英》 宿題 (homework). ❷ 《米》 preparatory school の学生[卒業生]. ❸ [U] 《米》 準備. **──** [形] 《米》 (大学への)入学準備の: ⇨ prep school. **──** [動] (**prepped; prep·ping**) 《米口》 [自] ❶ 〔…に備えて〕準備する 〔*for*〕. ❷ preparatory school に通う. **──** [他] ❶ 〈人に〉〔…の〕準備をさせる 〔*for*〕. ❷ 〈患者に〉〔手術の〕用意をさせる 〔*for*〕. ❸ 〈料理の〉下ごしらえをする. 〘PREP(ARATION), PREP(ARATORY), PREP(ARE)〙

prep. 《略》 prepation; preparatory; preposition.

prè·páck [動] =prepackage.

prè·páckage [動] [他] 〈食品などを〉販売前に包装[パック]する.

prè·páid [動] prepay の過去形・過去分詞. **──** [形] 前払いの, 前納の; 〈返送用封筒が〉切手を貼った: a ～ phonecard プリペイドテレフォンカード / a ～ parcel 送料前払いの小包.

prep·a·ra·tion** /prèpəréɪʃən/ [名] ❶ [U,C] 準備(すること), 用意; [通例複数形で]準備(したもの): in ～ 準備中で / in ～ ***for a journey 旅行の用意に / the hurried ～ ***of*** supper あわただしい夕食のしたく / My ～*s* are complete. 準備は万端整っている / make ～*s* (*for*…) (…の)準備をする. ❷ [C] 調剤薬; 調合化粧品; 調理食品; 調理: a ～ for colds かぜ薬 / beauty ～*s* 美容化粧品. ❸ [C] (検査用)標本. ❹ [U,C] 〔楽〕 予備(音). ([動] prepare)

pre·par·a·tive /prɪpǽrəṭɪv/ [形] 予備の, 準備の. **──** [名] ❶ 準備(行為). ❷ 〔軍〕 用意のラッパ[太鼓]の合図. **～·ly** [副]

+**pre·par·a·to·ry** /prɪpǽrətɔ̀ːri | -təri, -tri/ [形] [A] (比較なし) 準備の, 予備の (preliminary): ～ investigations [talks, *training*] 予備調査 [会談, 訓練]. **──** [副] ★ 次の成句で. **preparátory to**… [前置詞的に] …の準備として; …に先立って. ([動] prepare)

preparátory schòol [名] [C,U] ❶ 〔米〕 (大学進学を目的とした)私立高等学校, 進学校 《[解説] 金持ちの子弟が入学する全寮制高等学校; 《口》 では prep school ともいう》. ❷ 〔英〕 私立上級小学校 《[解説] public school へ進学するための準備教育を目的とした初等学校; 7 歳–13 歳までの児童を対象とし, 富裕な階層の子弟が多い; 多くは全寮制の男子校; 《口》 では prep school ともいう》.

‡**pre·pare** /prɪpéə | -péə/ [動] [他] ❶ **a** 〈…を〉準備する, 用意する: ～ the table 食事のしたくをする / *P*～ your lessons. 学課の予習をしなさい / ～ a room ***for*** a guest お客に部屋の用意をする / ～ a field *for* spring planting 春の種まきのために地作りをする / 〔+*to* do〕 After a short rest we ～*d to* climb down. ひと休みしてから下山の用意をした. **b** 〈人に〉〈…の〉準備をさせる: ～ candidates ***for*** an examination 志願者たちに試験の準備をさせる / 〔+目+*to* do〕 ～ students *to* face real life 学生たちを実生活に直面できるように準備してやる. ❷ 〈食事などを〉**調理する**, 作る; 〈薬などを〉調剤する, 調合する: ～ dinner 夕食を作る / ～ a vaccine ワクチンを作る / 〔+目+目〕 My mother ～*d* us a substantial breakfast. =My mother ～*d* a substantial breakfast ***for*** us. 母は私たちにたっぷりした朝食を作ってくれた. ❸ **a** 〈人に〉心構えをさせる, 覚悟を決めさせる. **b** [～ one*self* で] 心構えをする, 覚悟を決める. **──** [自] ❶ 〔…を〕**準備**[**用意**]**する** 《[比較] ～ for… はある行為をするのに必要な準備をする場合に用いる; 一方 [他] の場合は具体的な準備をする時に用いる》: The student is *preparing* ***for*** the examination. その学生は受験準備中です 《[比較] The teacher is *preparing* the examination. その先生は(問題を作るなどの)試験の準備をしている》. ❷ 〔…を〕覚悟する. 〘F ＜ L=前もって整える ＜ PRE-+*parare* 準備する (cf. apparatus, compare, repair, separate)〙 ([名] preparation, [形] preparatory)

‡**pre·pared** /prɪpéəd | -péəd/ [形] ❶ [P] **用意ができて**; 心構えができて: I wasn't ～ ***for*** such bad treatment. 私はそんなひどい扱いを受けるとは思ってもいなかった / I'm ～ ***for*** anything (to happen). 何が起ころうとも覚悟はできている / 〔+*to* do〕 I'm not ～ *to* give an opinion. 意見を述べたくありません. ❷ **a** **用意された**: a ～ statement 用意された声明. **b** **調理された**: ～ food (あらかじめ調理された)即席の食物. **pre·pár·ed·ly** /-pé(ə)rɪdli, -péəd-/ [副]

pre·pár·ed·ness /-pé(ə)rɪdnəs, -péəd-/ [名] [U] (特に, 戦争の)準備[心構え](のできていること).

pre·pay /prìːpéɪ/ [動] [他] (**-paid** /-péɪd/) 〈…を〉前払いする, 前納する (cf. prepaid). **～·ment** [名]

pre·pay /príːpèɪ/ [形] 〈携帯電話が〉前払い式の, プリペイド式の.

pre·pense /prɪpéns/ [形] [名詞の後に置いて] 熟考のうえでの, 故意の. **～·ly** [副]

prè·plán [動] [他] 事前に〈…の〉計画を立てる.

pre·pon·der·ance /prɪpándərəns, -drəns | -pɔ́n-/ [名] [a ～] ❶ 重量[数量(など)]でまさること 〔*of*〕. ❷ 優勢, 優位 〔*over*〕.

pre·pon·der·ant /prɪpándərənt, -drənt | -pɔ́n-/ [形] 重さでまさる; 優勢な, 圧倒的な 〔*over*〕. **～·ly** [副]

pre·pon·der·ate /prɪpándərèɪt | -pɔ́n-/ [動] [自] ❶ 〔…より〕重さ[数量, 力量, 勢力]でまさる〔*over*〕. ❷ 〔…より〕主要[最も重要]である 〔*over*〕.

pre·pose /priːpóuz/ [動] [他] 〔文法〕 前置する.

prep·o·si·tion /prèpəzíʃən/ [名] 〔文法〕 前置詞 《★ この辞書では [前] の記号を用いている》. 〘L=(名詞の)前に置かれたもの〙

prep·o·si·tion·al /prèpəzíʃ(ə)nəl⁻/ [形] 〔文法〕 前置詞(的)な: a ～ phrase 前置詞句 《in the room, with us など》. **～·ly** /-nəli/ [副]

pre·pos·i·tive /prìpázəṭɪv | -pɔ́z-⁻/ [形] 〔文法〕 前置の.

pre·pos·sess /prìːpəzés/ [動] [他] 〈人に〉好感を与える.

prè·pos·séssed [形] [P] 〈人が〉とらわれて, 夢中になって: He's ～ ***with*** a strange notion. 彼は奇妙な考えにとらわれている.

prè·pos·séss·ing [形] [しばしば否定文で] 人好きのする, 魅力のある; 好感を抱かせる.

pre·pos·ses·sion /prìːpəzéʃən/ [名] ❶ [C] 〔…に対する〕(好意的な)先入観, 好感 〔*for*〕. ❷ [U] 夢中, 没頭.

+**pre·pos·ter·ous** /prɪpástərəs, -trəs | -pɔ́s-/ [形] 途方もない, ばかげた, 非常識な; 不合理な: a ～ price とんでもない値段. **～·ly** [副] 〘L=後ろが前の ＜ PRE-+*posterus* 後ろの〙

pre·pos·tor /priːpɑ́stɚ | -pɔ́stə/ 名 =praepostor.
pre·po·tent /priːpóuṭənt, -tnt/ 形 ❶ 非常に優勢な. ❷ 〔生〕優性遺伝力を有する. ～**·ly** 副
prep·py, prep·pie /prépi/ 《米口》名 ❶ プレッピー《prep school の学生・卒業生; 金持ちの子弟が多い》. ❷ 服装や態度がプレッピー風の人. ― 形 プレッピーの: the ～ look プレッピールック.
prè·prándial 形 食前の, (特に)正餐前の: a ～ drink 食前の飲み物.
pre·preg /príːprég/ 名 プレプレッグ《成型する以前のガラス繊維などに樹脂を含浸させたもの》.
pré·prìnt 名 (出版前に出される)前刷り.
prè·prócess 動 他 〈データなどの〉予備処理をする.
prè·prócessor 名〘電算〙予備処理ルーチン, プリプロセッサー.
prè·prodúction 名 U (映画・番組などの)制作準備.
prè·prógram 動 他 〈コンピューターなどに〉前もってプログラムを組み込む; 前もって〈…の〉プログラムを入れる.
+**prép schòol** 名《口》=preparatory school.
prè·púbertal, pre·púberal 形 =prepubescent.
prè·púberty 名 U 思春期前の時期.
prè·pubéscence 名 =prepuberty.
prè·pubéscent 形 名 思春期前の(人).
pre·puce /príːpjuːs/ 名〘医〙包皮 (foreskin).
prè·quálify 動 自 競技への参加資格を獲得する, 予選を通過する.
pre·quel /príːkwəl/ 名 前編《既発表の作品より内容的にさかのぼる書物・映画など》.
Prè-Ráph·a·el·ite Brótherhood /prìːræ̀fiəlàɪt-/ 名 [the ～] ラファエロ前派(の画家)《D.G. Rossetti などを中心に, 英国で 19 世紀中ごろに起きた, ラファエロ以前のイタリア画風に範を求める芸術運動の一派; 略 PRB》.
prè·recórd 動 他 〈番組などを〉前もって録音[録画]する; 〈テープなどに〉あらかじめ録音[録画]する.
+**pre·req·ui·site** /prìːrékwəzɪt/ 名 必要条件〔*for, to, of*〕(precondition): A knowledge of Chinese is a ～ ***for*** this job. この仕事には中国語の知識がまず必須条件です. ― 形 まず必要な, 必修の; 欠くことのできない〔*for, to*〕: a ～ subject 必修科[課]目. 〘PRE-+REQUISITE〙
pre·rog·a·tive /prɪrɑ́gəṭɪv | -rɔ́g-/ 名 [通例単数形で] 特権, 特典; 大権: the royal ～《英》君主の大権 / the ～ of the President to pardon criminals 犯罪者を赦免できる大統領の特権. 〘F＜L＝人より先に尋ねること PRE-+*rogare, rogat-* 尋ねる (cf. interrogate)〙
pres. 《略》present; presidency; president; presidential; presumptive.
Pres. 《略》Presbyterian; Presidency; President.
pres·age /présɪʤ/ 名 前兆, 虫の知らせ, 予感〔*of*〕. ― /prɪséɪʤ | présɪʤ/ 動 他 〈…の〉前兆となる; 〈…を〉予示[予知]する. 〘F＜L＝前もって感じ取る〙
pres·by·o·pi·a /prèzbióupiə/ 名 U〘医〙老視, 老眼.
pres·by·op·ic /prèzbiɑ́pɪk | -ɔ́p-ˈ/ 形
pres·by·ter /prézbəṭɚ | -tə/ 名 (長老教会の)長老. 〘L＜Gk＝elder〙
pres·by·te·ri·al /prèzbətí(ə)riəlˈ/ 形 長老の; 長老会の. ～**·ly** 副
+**Pres·by·te·ri·an** /prèzbətí(ə)riənˈ/ 形 長老教会の (cf. episcopal 2): the ～ Church 長老教会. ― 名 長老教会派の人.
Près·by·té·ri·an·ìsm /-nìzm/ 名 U 長老制度, 長老制主義.
pres·by·ter·y /prézbətèri | -təri, -tri/ 名〘キ教〙❶ **a** (長老派教会の)長老会. **b** 長老会管轄区. ❷ (教会堂の東側にある)聖職者席. ❸〘カト〙司祭館.
pre·school[1] /prìːskúːlˈ/ 形 A 就学前の, 学齢前の.
pre·school[2] /príːskùːl/ 名《米》保育園, 幼稚園. **prè·schóol·er** 名
pre·sci·ence /préʃ(i)əns, príː- | présiəns/ 名 U 予知; 先見. 〘PRESCIENT の名詞形〙
pre·sci·ent /préʃ(i)ənt, príː- | présiənt/ 形 予知する, 先見の明がある. 〘F＜L＝前もって知る; ⇨pre-, science〙

pre·scind /prɪsínd/ 動 自 〔…から〕注意[考え]をそらす, 〔…を〕考慮しない〔*from*〕. ― 他 〈…を〉〔…から〕切り離して考える, 抽象する〔*from*〕.
pre·scribe** /prɪskráɪb/ 動 他 ❶ **a** 〈薬・療法などを〉処方する, 〈…の〉処方を書く: My doctor ～*s* aspirin ***for every complaint. 私のかかりつけの医者はどんな病気にもアスピリンを処方する / 〔+目+目〕He has ～*d* me a long rest.＝He has ～*d* a long rest ***for*** me. 彼は私に長期の安静を命じた. **b** 〈…を〉(ためになることとして)薦める. ❷ 〈…を〉(規則・方針として)**定める, 規定する**: Do what the law ～*s.* 法の定めることを行なえ / 〔+***that***〕Convention ～*s that* we (should) wear black at a funeral. 慣例で葬式では喪服を着ることになっている / 〔+***wh.***〕The regulations ～ *when* and *where* applications will be accepted. 規則書を見れば出願はいつどこで受け付けされるかきちんと書いてある. 〘L＝前もって書く＜PRE-+*scribere, script-* 書く (cf. script)〙 (名 prescription, 形 prescriptive)
pre·scríbed 形 A 定められた, 規定された: the ～ textbook 指定教科書.
pre·script /príːskrɪpt/ 名 規定, おきて; 指令, 法令, 政令.
pre·scrip·tion** /prɪskrípʃən/ 名 ❶ C **処方箋**(せん); 処方薬; U 処方: write out a ～ (医師が)処方箋を書く / available only by [on] ～ 〈薬が〉医師の処方なしでは入手できない. ❷ C 方法, 方策, 解決[対処]法, 案, 計画: a ～ ***for a happy society 幸せな社会を築くための処方箋. ❸ U〘法〙(取得)時効: positive [negative] ～ 積極的[消極的]取得時効. ― 形 A 〈薬など〉処方箋がないと買えない (cf. over-the-counter): ～ drugs 処方薬. (動 prescribe)
prescríption chàrge 名 [通例複数形で]《英》(国民健康保険制度で薬を買う時の)薬代の患者負担分.
pre·scrip·tive /prɪskríptɪv/ 形 ❶ **a** 規定する; 指令を与える. **b**〘文法〙規範的な (↔ descriptive): ～ grammar 規範文法. ❷〘法〙時効取得された; 慣例による. ～**·ly** 副 (動 prescribe)
prescríptive ríght 名〘法〙時効取得[慣例]による権利.
prè·séason 形 (観光・スポーツなどの)シーズン前の. ― 名 [単数形で] シーズン前, プレシーズン.
prè·seléct 動 他 前もって選ぶ. **-seléction** 名
prè·seléctor 名 プリセレクター: **a** (ラジオの受信回路とアンテナの間にある)増幅器. **b** 車のギア比を前もって選ぶための変速装置.
‡**pres·ence** /préz(ə)ns/ 名 ❶ U **出席, 参列**: Your ～ is requested at the party. パーティーへのご出席をお願いします. ❷ U **存在, ある[いる]こと, 現存** (↔ absence): I wasn't aware of your ～. 私はあなたがいることに気づいていなかった / the ～ ***of*** ozone in the atmosphere 大気におけるオゾンの存在[含有]. ❸ U 面前, 人前; 対面, 拝謁: in the ～ of a person 人の面前で / in his ～ 彼の面前で / be admitted to the royal ～ 拝謁を許される. ❹ U [また a ～] 風采(ふうさい), 態度; 風格, 威風: a man of (*a*) noble ～ 気高い態度の男性 / He has little [great] ～. 彼は風采があがらない[堂々としている]. ❺ [単数形で] 駐留(軍); (警察官の)配備, 配置: the American ～ in Okinawa 沖縄のアメリカ駐留軍[アメリカ軍の駐留] / There was a massive police ～ at the political rally. その政治集会にはたくさんの警官が配備されていた. ❻ C [通例単数形で] 霊, 霊気: an evil ～ 物の怪(け). **màke one's présence félt** ⇨ feel 動 成句. **présence of mínd** 平静, 沈着, 落ち着き: lose one's ～ *of mind* あわてる / 〔+***to* do**〕She had *the* ～ *of mind to* call the fire station. 彼女は落ち着いて消防署に電話をした. (形 present[1])
présence chàmber 名 謁見室.
prè·sénile 形 老年期前の, 初老(期)の.
‡**pres·ent**[1] /préz(ə)nt/ 形 (比較なし) ❶ P 〈人が〉居合わせて, 出席して, 参列して; 〈ものが〉存在して, あって, 含有されて (↔ absent): Only a few people were ～ (*at* the meeting). (会合の)出席者は少なかった / *P*～, Sir

[Ma'am]. はい《点呼の返事》/ Those ~ were all women. 出席者は全員女性だった / There was a philosopher ~. 哲学者が1人参加していた《用法 名詞・代名詞は直接修飾する時はその後に置く》. ❷ [the ~, one's ~] 現在の, 現..., 今の, 今日の; 当面の: one's ~ address 現住所 / the ~ case 本件, この場合 / the ~ chairperson 今の議長 / the ~ economic situation 当面の経済情勢 / the ~ volume 本書 / the ~ writer 筆者 / at the ~ time 現今では / the ~ government [《米》 administration] 現政権. ❸ [文法] 現在の (cf. past 4, future 2): the ~ tense 現在時制. ❹ 〖心・記憶〗にあって, 忘れられないで: The accident is still ~ *in* my memory. その事件は今でも生き生きと記憶に残っている. **áll présent and accóunted fór** 《米》=《英》**áll présent and corréct** 《口》全員[すべて]そろって. **présent còmpany excépted** ここにいらっしゃる皆さんは別ですが《★ 批判がましいことを言う時の言い訳》. ── 图 ❶ [the ~] 現今, 現在 (cf. past 1, future 1): up to *the* ~ 今に至るまで, 今までのところだ / There's no time like *the* ~. 今こそ絶好のチャンスだ. ❷ ⓒ [通例 the ~] [文法] 現在(形) (cf. past 3, future 3). ❸ [複数形で] [法] 本文, 本証書: by these ~s 本書により. **at (the) présent** 今は, 目下 (at the moment). **for the présent** 当分, さしあたり (for the time being). 《F<L=前にいる[ある]<PRE-+*esse* to be+-ENT; cf. entity》 (图 presence)

*pres·ent² /préz(ə)nt/ 图 贈り物, プレゼント; みやげ: a Christmas [birthday] ~ クリスマス[誕生日]の贈り物 / give a person a ~ 人に贈り物をする / make a ~ of a book 本の贈り物をする. 〖↓〗【類語】**present** 親しい人の間の贈り物. **gift** present より改まった語で, 値打ちのあるもの・寄付などに用いられる.

‡**pre·sent³** /prizént/ 動 ❶ 〈ものを〉贈呈する, 〈人に〉贈る: ~ the prizes 賞を贈呈する / He ~ed me *with* a signed copy of his book. =He ~ed a signed copy of his book *to* me. 彼はサイン入りの自著を私に贈呈してくれた. ❷ **a** 〈もの・事が〉〈問題・状態・症状などを〉呈する, 引き起こす: The situation ~ed a serious problem. その事態は重大な問題を提起した / This sort of work ~s *with* no difficulty. =This sort of work ~s no difficulty to me. この種の仕事は私には簡単だ. **b** 〈光景・様子などを〉…に表示する, 示す, 呈する: The scene of the murder ~ed a horrible sight. その殺人現場は恐ろしい光景を呈した / He ~ed a smiling face to the world. 彼はいつも人に笑顔を見せていた. ❸ **a** 〈…を〉発表する, 示す: ~ an ID card 身分証明書を提示する / one's ideas *to* clients 顧客にアイディアを示す. **b** 〈…に〉提出する, 差し出す: The builder ~ed his bill *to* me. =The builder ~ed me *with* his bill. 工務店は私に請求書を差し出した[送ってよこした]. **c** 〈敬意などを〉…にささげる〖用法〗形式ばった表現): ~ one's best respects *to* a person 人によろしくと言う. ❹ 〈…を〉〈…に〉評する, 描写する: The Japanese are often ~ed *as* workaholics. 日本人はよく仕事中毒だと言われる. ❺ **a** 〈劇を〉上演する; 〈映画会社が〉〈映画を〉提供する, 公開する: We ~ed *Macbeth* at the Students' Hall. 我々は学生会館で「マクベス」を上演した. **b** 《英》〈番組の〉司会をする: And here to ~ the show tonight is Jack Johnson. 今夜のショーを司会してくれるのはジャックジョンソンです. **c** 〈俳優などを〉〈劇・テレビなどに〉出演させる. ❻ [~ oneself] **a** 〈機会などが〉訪れる; 〈考えなどが〉胸に浮かぶ: An opportunity may ~ *itself* at any time. 機会はいつにも到来するかもしれない / A good idea ~ed *itself* to her. あるいい考えが彼女の頭に浮かんだ. **b** [副詞(句)を伴って] 〈人が〉…に現われた, 出頭[出席]する: He was ordered to ~ *himself* in court. 彼は法廷への出頭を命ぜられた. ❼ 〈人を〉〈高位の人に〉紹介する: May I ~ Mr. White (*to* you) ? ホワイトさんをご紹介いたします. 图 〈武器などを〉〈…に〉ねらいをつける, 向ける 〈*at*〉. ❾ 〖軍〗 (敬礼の姿勢として)〈銃を〉ささげ持つ《★ 通例号令として命令法で用いる》: *P*~ arms! ささげ銃(⁀)! ── 働 〖医〗症状を示す 〈*with*〉. 《F<L=前に置く; ⇒ present¹》(图 presentation) 【類語】(1) ⇒ give. (2) ⇒ introduce.

pre·sent·a·ble /prizéntəbl/ 形 人前に出せる, 見苦しくない: make oneself ~ (人前に出るために)身なりを整える. **pre·sént·a·bly** /-təbli/ 圖 **pre·sent·a·bil·i·ty** /-zèntəbíləti/, **-ness** 图

*pres·en·ta·tion /prèz(ə)ntéɪʃən, prì:z-|prèz-/ ❶ ⓤⓒ **a** 発表, 提示, プレゼンテーション, 説明, 紹介; 披露. **b** 発表[提示]の仕方, 体裁. ❷ ⓤ 贈呈(式); 授与(式): the ~ of credentials 信任状の奉呈. ❸ ⓒ 演出, 上演, 上映, 公開. ❹ ⓤⓒ [医] 胎位 《分娩(ﾍﾞん)時の子宮口における胎児の位置》. **-al** 形 (動 present³)

presentátion còpy 贈呈本, 献本.

pre·sen·ta·tive /prizéntətɪv/ 形 ❶ 〖哲・心〗表象的な. ❷ 〖教会〗聖職推薦権のある.

*présent-dáy 形 △ 現代の, 今日の: the ~ English 現代英語 / the ~ world 今日の世界.

pres·en·tee /prèz(ə)ntí:/ 图 受贈者, 受領者.

près·en·tée·ism /-tí:ɪzm/ 图 ⓤ 常時出勤(主義)《雇用者に勤務態度の熱心なことを示すために休みも取らずに出勤すること》.

prè·sén·tenc·ing 形 △ 判決前の.

*pre·sént·er /-tə-|-tə/ 图 ❶ (賞などの)贈呈者; 提出[提案]者, 提案者. ❷ 《主に英》(テレビ・ラジオの)司会者, アナウンサー, プレゼンター (anchorperson).

pre·sen·ti·ment /prizéntəmənt/ 图 (特に, よくない)予感, 虫の知らせ: have a ~ *of* danger 危険の予感がする.

pres·ent·ism /préz(ə)ntɪzm/ 图 ⓤ 現在[今日]中心の見方[考え方], 現在主義. **-ist** /-tɪst/ 图

*pres·ent·ly /préz(ə)ntli/ 圖 ❶ 現在, 目下 (now): I'm ~ editing a dictionary. 私は目下辞書を編集中です. ❷ 《古風》まもなく, やがて: John will be here ~. ジョンはまもなくこちらへ来るだろう. 【類語】⇒ soon.

pre·sent·ment /prizéntmənt/ 图 ⓤ ❶ 〖法〗大陪審の告発[告訴]. ❷ **a** 陳述, 叙述 〈*of*〉. **b** 描写 〈*of*〉. **c** 上演, 上映.

présent párticiple 图 〖文法〗現在分詞.

présent pérfect 图 [the ~] 〖文法〗現在完了《have [has]+-ED の時制形式》.

pre·serv·a·ble /prizə́:vəbl | -zə́:-/ 形 保存[貯蔵]できく[できる].

*pres·er·va·tion /prèzə-véɪʃən | -zə-/ 图 ⓤ ❶ 保存, 維持, 保護; 保管: for the ~ *of* one's health 健康の保持のために / wildlife ~ 野生生物の保護. ❷ 保存状態: be in a good state of ~ 保存状態がよい. (動 preserve)

près·er·vá·tion·ist /-ʃ(ə)nɪst/ 图 (野生の動植物・歴史的文化財などの)保存主義者.

*pre·ser·va·tive /prizə́:vətɪv|-zə́:-/ 形 保存の; 保存力のある; 防腐用の. ── 图 ⓤⓒ 防腐剤: No *Preservatives* 防腐剤未使用《★ 食品ラベルの表示》. (動 preserve)

*pre·serve /prizə́:v|-zə́:v/ 動 ❶ **a** 〈家・ものなどを〉保存する (conserve): ~ historical sites (for future generations) (後世の人々のために)史跡を保存する. **b** 〈性質・状態などを〉維持する, 保つ (maintain): ~ one's health [looks] 健康[容貌(ﾎﾞﾝ)]を保つ / ~ one's calm 冷静さを保つ / ~ order [world peace] 秩序[世界平和]を保つ ⇒ well-preserved. **c** 〈名前・記憶などを〉留める. ❷ **a** 〈食物などを〉腐敗しないように保存する: Smoking [Salting] ~s food (*from* decay). 燻製(ﾍﾞɴ)[塩漬け]は食物を(腐らせずに)長もちさせる. **b** 〈食物などを〉…に漬ける: ~ fruit in [with] sugar 果物を砂糖漬けにする. ❸ 〈人などを〉損傷・危険などから保護する, 守る 〈*from*〉: His heroic act ~d the lives of many people. 彼の英雄的な行為が多くの人々の命を救った. ❹ 〈鳥獣・魚・猟場・川などを〉禁猟[禁漁]とする, 保護する: The fishing here is ~d. ここでの魚釣りは禁止される. ── 图 ❶ ⓒ 禁猟地, 禁漁区域; 生けす. ❷ ⓒ 〈個人・団体の〉領分, 専門. ❸ ⓤ [また複数形で] 果物の砂糖漬け, ジャム. 《F<L=前もって保つ<PRE-+*servare* 安全に保つ (cf. observe)》 (图 preservation, 形 preservative)

pre·sérv·er ❶ ⓒ 保存者, 保護者. ❷ ⓒ,ⓤ 〈木材の〉防腐剤.

pre·set /priːsét/ 動 他 (~; -set·ting) ❶ 〈…を〉あらかじめ調節[セット]する. ❷ 〈…を〉前もって決める.

pre·shrunk 形 〈布地など〉前もって縮ませた, 防縮加工した

*__pre·side__ /prizáid/ 動 自 ❶ a 〈会などの〉議長をする, 司会をする; 〔食卓で〕主人役を務める: Who will ~ *at* [*over*] the meeting? だれが会の司会をするのだろうか. **b** 〈楽器の〉演奏者を務める: ~ *at* the piano ピアノを演奏する. ❷ 〔…を〕統轄する, 主宰する, 管理する; 〔…の〕責任がある 〔★受身可〕: He ~s *over* all the workshops. 彼が全部の作業場を統轄している / The prime minister has ~d *over* a period of rising prices. 物価の上昇は総理大臣に責任がある. 〔F〔L=前に座る PRE-+*sedere* 座る; cf. president, session〕

*__pres·i·den·cy__ /prézədənsi, -dn-/ 名 大統領の地位[任期], 会長[総裁(など)]の地位[職, 任期].

*__pres·i·dent__ /prézədənt, -dnt/ 名 ❶〔しばしば P~〕大統領 〔用法〕肩書きとして用いられる時には the President, President Roosevelt のように大文字に, また呼び掛けには Mr. President という〕: the P~ of the United States of America 合衆国大統領 〔⇨ 巻末付録〕 / P~ Sadat サダト大統領. ❷〔時に ~〕a 〈官庁の〉総裁. **b** 〈大学の〉学長, 総長. **c** 〈学術会議・協会などの〉会長. **d** 〈米〉〈会社・銀行の〉社長, 頭取. ❸ 〈米〉座長, 司会者. 〔L=前に座っている(人); ⇨ preside, -ent〕 (形 presidential)

*__président-eléct__ 名 (徴 presidents-elect) (就任前の)次期大統領[会長, 総裁(など)].

*__pres·i·den·tial__ /prèzədénʃəl/ 形 Ⓐ ❶ 大統領の: a ~ year 〈米〉大統領選挙の年 / ~ government 大統領制 / a ~ aide 大統領補佐官. ❷ 総裁[学長, 会長, 社長]の. ❸ 自信ありげな. (名 president)

Présidents' Dáy 名 〈米〉大統領の日 (Washington's Birthday) (2月の第3月曜日).

pre·sid·i·um /prisídiəm/ 名 (徴 -i·a /-diə/, ~s) 〔the ~〕(共産主義国家の)常任幹部会; 〔the P~〕(ソ連の)最高会議幹部会.

Pres·ley /présli, préz-/, **Elvis** 名 プレスリー (1935-77; 米国のロックンロール歌手).

prè-Socrátic 形 ソクラテス以前の. ── 名 ソクラテス以前の哲学者.

*__press¹__ /prés/ 動 他 ❶ a 〔副詞(句)を伴って〕〈…に〉押しつける; 〈…に〉押し込む: ~ a label (*down*) on a parcel 小包に荷札をつける / The cat ~ed itself *against* me. 猫は体を私に押しつけてきた / He ~ed a ten-dollar bill *into* my hand. 彼は私の手に 10 ドル札を押し込んだ. **b**〈ボタン[ベルなど]を〉押す: ~ the elevator button エレベーターのボタンを押す / I ~ed (*down*) the accelerator. アクセルを踏んだ. **c**〈手・腕を〉握りしめる: ~ a person's hand 人の手を握る, 握手する. **d**〈靴などが〉足などを〉締めつける: The tops of these shoes ~ my toes. この靴は先がつま先に当たる.
❷ a 〔人に〕〈…を〉押しつける, 無理に受けさせようとする: She ~ed coffee *on* her guests. 彼女はお客にしきりにコーヒーを勧めた / I won't ~ my opinion *on* you. 私の意見をあなたに押しつけるつもりはない. **b**〈人を〉せきたてる, 強いる: It's no good ~*ing* him. 彼をせきたててもむだだ / He's ~*ing* me *for* payment [an answer]. 彼は私に支払い[回答]を迫っている / I was ~ed *into* the role of his assistant. 彼の助手の役目を押しつけられてしまった 〔+to do〕 We ~ed him *to* stay another week. 彼にもう 1 週間泊まっていくように極力勧めた. **c**〈権利・論点・意見などを〉言い張る, 強調する: ~ a ~ charges 告発する / I didn't ~ the point. その点はあえて強く主張しなかった / He ~ed the need for research. 彼は調査の必要性を主張した.
❸〈衣服を〉プレスする, 〈衣服に〉アイロンをかける (iron); 〈ものを〉押して平らにする: ~ flowers 花を押し花にする / have one's trousers ~ed ズボンをプレスしてもらう 〔+目+補〕 ~ the dough flat 生地を押して平らにする.
❹〈…を〉押しつぶす, しぼる, 圧搾する: ~ grapes (ワインを造るために)ブドウを押しつぶす. **b** 〔…から〕〈…を〉搾り取る: ~ (the) juice *from* oranges オレンジからジュースを搾り取る / ~ (the) oil *out of* seeds 種から油を搾り取る.
❺ **a**〈CDを原盤から作る, プレスする. **b**〈ものを〉押し型にあてて作る, プレス加工する.
❻〈バーベルを〉プレスで挙げる.
❼〈攻撃を〉強行する: ~ the attack 強襲する.

── 自 ❶ a〔…に〕押しつける〔*on, against*〕: Something hard ~ed *against* his arm. 何か硬い物が彼の腕をぐっと押した / To Start press here here押せば動きます 〔★ボタンの下に書かれた説明の文句〕 / He ~ed *down on* the brake. 彼はブレーキを踏みこんだ.
❷〔副詞(句)を伴って〕〔…に〕押し寄せる, どっと群がる; 押しのけて進む, 突進する; 急ぐ: People ~ed *toward* [*around*] the baseball player. 人々はその野球選手のほうへ[周りへ]どっと押しよった / I ~ed *through* the crowd. 人込みの中を押しのけて進んでいった / P~ *on* [*forward*]. 急げ; がんばって進め, 負けるな.
❸ 〔…を〕迫る, 催促する (push for): The unions are ~*ing for* a salary increase. 各組合は給料の引き上げを迫っている.
❹ 切迫する, 急を要する (cf. pressing 1): Time ~es. 一刻の余裕もない.
❺〔…に〕重圧を加える, 重くのしかかる〈*down*〉〔*on, upon*〕.

be hárd préssed ⇨ pressed 1 a.
be préssed for… ⇨ pressed 1 a.
préss ahéad [**fórward, ón**] 〈自+副〉〔…を〕押し進める, 断固として続ける: He ~ed *on with* his work. 彼は休まずどんどん仕事を続けた.
préss hóme〈他+副〉 (1)〈論旨などを〉〔…に〕徹底させる: He ~ed home *upon* me the vital importance of my work. 私の仕事がきわめて重要であることを彼は私に力説した. (2)〈攻撃などを〉強行する.
préss hóme one's advántage 有利な立場を最大限に利用する.
préss one's wáy through the crowd 人込みの中などを押し進む.

── 名 A ❶〔the ~; 集合的; 単数または複数扱い〕 a 出版物; 新聞, 雑誌: freedom [liberty] of *the* ~ 出版の自由 / I read it in *the* ~. それは新聞で読んだ. **b** 新聞記者団, 報道陣: The President met *the* ~. 大統領は記者団と会見した / *The* ~ is [are] concerned about this matter. 報道関係者はこの問題に関心を持っている. ❷ a Ⓒ 印刷機: a printing ~ 印刷機; a rotary ~ 輪転機; stop the ~es (重大ニュースが入ったので)印刷機を一時止める / The ~es are rolling. 印刷機は稼働している. **b** Ⓤ 〔しばしば the ~〕印刷: in [at] 〈英〉*the* ~ 印刷中で / off *the* ~ 印刷が終わって, 出版[発行]されて / send [go] to (*the*) ~ 印刷に回す[付される]. **c** 〔the P~〕Ⓒ 印刷所; 出版社: Oxford University P~ オックスフォード大学出版局. ❸ 〔a ~; 修飾語を伴って〕(新聞・雑誌に出る)批評, 論評, 評判: His drama had a good [bad] ~. 彼の劇は新聞雑誌で好評を得た[悪評を受けた].

── B ❶ Ⓒ 〔しばしば複合語で〕圧搾[縮]機, 搾り; 押し型: a wine [cider] ~ ブドウ[リンゴ]搾り機 / a trouser ~ ズボンプレッサー. ❷〔単数形で〕押すこと, 押し; 握りしめ: at a ~ of the button ボタンを一回押すことで / Give it a slight ~. それを軽く押しなさい. ❸〔単数形で〕アイロンかけ, プレス: give one's trousers a ~ ズボンにアイロンをかける. ❹〔単数形で〕群衆, 人込み, 雑踏: get lost in the ~ *of* people 人込みの中で迷子になる. ❺〔古風〕圧迫, 切迫; 忙しさ: the ~ *of* business [one's daily life] 仕事[日常生活]の忙しさ. ❻ Ⓒ 〈アイル・スコ〉(通例壁にくぼんだ)戸棚; 洋服だんす; 書棚. ❼ Ⓤ (重量挙げで)プレス (一度肩の高さまであげたあと, 頭の上に押し上げる). ❽ Ⓤ 〈バスケ〉プレスディフェンス.

── 形 Ⓐ 新聞の, 報道の: ~ advertising 新聞広告 / ~ comment 新聞の批評 / ~ freedom 報道の自由 / ~ restraints 報道規制 / a ~ photographer 新聞の写真係.

press

〖F<L *premere*, *press*- 押す; cf. compress, depress, express¹, impression, repress, suppress; print, reprimand〗（图 pressure）【類義語】⇒ urge.

press² /prés/ 動 ❶ を徴発する; 急場に利用する: ~ a disused car *into* service 廃車を引っ張り出して使う / one's whole family *into* service (忙しいので)家族を総動員する.

préss àgency 名 通信社 (news agency).
préss àgent 名 (芸能人・映画会社などの)広報担当者.
préss bàron 名 (口) 有力な新聞社主, 新聞王.
préss·bòard 名 Ⓤ プレスボード《光沢仕上げにした板紙; 絶縁材料として, また印刷物のつや付けに用いる》.
préss bòx 名 (競技場などの)新聞記者席.
préss·bùtton 形 押しボタン式の.
préss clìpping 名 《米》(新聞・雑誌の)切り抜き.
*préss cònference 名 記者会見: a joint ~ 共同記者会見 / hold a ~ 記者会見を開く.
préss còrps 名 [the ~; 集合的; 単数または複数扱い] 《米》(同じ現場で働いている)記者団, 報道陣: the White House ~ ホワイトハウス(係の)記者団.
préss cùtting 名 《英》= press clipping.
pressed /prést/ 形 ❶ [P] **a** 〔時間・金などが〕不足して, (…がなくて)困って: I'm very ~ *for* time [money]. 時間[金]がなくて大いに困っている. **b** [hard ~ で] 窮地に陥って: That year I was *hard* ~ *financially*. その年私は財政的にたいへん苦境に陥った. ❷ Ⓐ **a** 〈食品が〉(缶詰用に)圧搾された, プレス加工された: ~ ham プレスハム. **b** 〈花・葉などが〉押して平らにした: ~ flowers 押し花. ❸ [しばしば複合語で] 〈衣服など〉プレスのかかった, アイロンをかけた: well-[badly-]*pressed* clothes よくプレスしてある[していない]服.
préss·er 名 ❶ 圧搾機, プレッサー. ❷ (洗濯物を)プレスする人.
préss fìt 名〔機〕圧力[プレス]ばめ, 圧入《ねじや水圧プレスによるはめ合い》. **préss-fitted** 形
préss gàllery 名 (議会などの)新聞[報道]記者席.
préss-gàng 名 (18 世紀英国の)水兵強制徴募隊.
— 動 (口)〈人を〉強制して[…]させる《into》.
pres·sie /prézi/ 名 《英口》贈り物, プレゼント (present).
⁺**préss·ing** 形 ❶ 緊急の: ~ business 緊急の用事 / The matter is ~. 事は急を要する. ❷ 〈人・人の要求など〉執拗(ジェウ)な, しつこい: a ~ invitation 執拗な招待. — 名 (原盤からプレスした)レコード. ~·**ly** 副
préss·man /-mən, -mæn/ 名 《覆 -men /-mən, -mèn/》❶ 印刷(機)工. ❷ 《英》新聞記者, 報道員.
préss màrk 名 (図書館の)書架番号.
préss òffice 名 (企業, 政府の省などの)広報部, 広報課.
⁺**préss òfficer** 名 (企業・政府などの)広報係[担当者].
pres·sor /présə|-sə/ 形〔生理〕機能亢進の, 血圧増進の, 昇圧の.
⁺**préss relèase** 名 新聞発表, プレスリリース《政府などが報道機関に行なう記事発表》.
préss·ròom 名 ❶ (新聞社などの)印刷室. ❷ 政府機関などの)新聞[報道]記者室.
préss sècretary 名 (大統領などの)報道官.
préss-stùd 名 《英》スナップ, ホック《《米》 snap (fastener)》.
préss-ùp 名 《英》[体操] 腕立て伏せ《《米》 push-up》.
*pres·sure /préʃə|-ʃə/ 名 ❶ Ⓤ.Ⓒ **a** 圧力, 強制(力), 困難, 逼迫: financial ~s 財政難 / put [exert] ~ *on* a person *to* do…人に…するよう圧力をかける / the ~ *of* the times 時勢の影響力 / under (the) ~ *of* hunger [poverty] 飢え[貧困]に迫られて / bow [give in] *to* ~ *from*…(…の圧力)に屈する / resist public ~ 世論の圧力に抗する. **b** (精神的)重圧, プレッシャー (cf. stress). ❷ Ⓤ.Ⓒ (物理的な)圧力(度),〔理〕圧力(度)(記号 P);〔気〕気圧;〔医〕圧力: high [low] (atmospheric) ~ 高[低]気圧 / blood [oil, water] ~ 血[油, 水]圧. ❸ 押すこと; 押し寄せること: the ~ *of* a crowd 群衆のひしめき. **pùt préssure [brìng préssure to béar] (on** a person**)** (人に)圧力を加える, (人を)圧迫する. **ùnder préssure (1)** 圧迫されて, 急がされて, せかされて: be [come] *under* ~ *to* do…するように圧力をかけられる[られる] / He was *under* ~ from his creditors. 彼は債権者に借金の返済を迫られている. **(2)** (自由意志ではなく)強制されて: He did it *under* ~. 彼は強制されて[いやいやながら]やったのだ. ❸ 圧力をかけられて: Gases *under* ~ become liquids. 気体は圧力をかけられると液体になる. — 動 ⑪ ❶ 〈人に〉圧力をかけて(…)させる[(…)させようとする]: I was ~*d into* this job [accepting the offer]. 私は無理やりこの仕事につかされた[その申し出を承知させられた] /〔+目+*to* do〕They ~*d* him *to* resign the post. 彼らは彼に圧力をかけてその職を辞任させようとした. ❷ =pressurize 1, 2. （動 press¹）
préssure càbin 名〔空〕気密室, 与圧室.
préssure-còok 動 ⑪ …を圧力なべで調理する.
préssure còoker 名 圧力[高圧]なべ.
prés·sured 形 (精神的に)圧迫された, 追い詰められた.
préssure gàuge 名 圧力計.
⁺**préssure gròup** 名 圧力団体.
préssure hùll 名 (潜水艦の)耐圧殻(た).
préssure pòint 名 ❶ (皮膚の)圧覚点. ❷ 止血点. ❸ 政治圧力の標的.
préssure sùit 名〔空〕(宇宙飛行şş用などの)与圧服, 気密服.
⁺**pres·sur·ize** /préʃəràɪz/ 動 ⑪ ❶ 〈飛行機・潜水艦などの〉気圧を一定に保つ, 加圧[与圧]する: a ~*d* cabin 与圧室[キャビン]. ❷ 〈食品を〉圧力なべで料理する. ❸ 〈人に〉圧力をかけて(…)させる[させようとする] (⇒ pressure 1). **pres·sur·i·za·tion** /prèʃərɪzéɪʃən | -raɪz-/ 名
préssurized wáter reàctor 名 加圧水型原子炉.
préss·wòrk 名 Ⓤ ❶ 印刷工程; 印刷物. ❷ (金属薄板の)プレス加工.
Pres·tel /préstel/ 名〔商標〕プレステル (British Telecom /télək̀àm | -kə̀m/ により開発されたビデオテックス; ⇒ videotex).
pres·ti·dig·i·ta·tion /prèstədìdʒətéɪʃən/ 名 Ⓤ 手品, 奇術.
pres·ti·dig·i·ta·tor /prèstədídʒətèɪtə | -tə/ 名 手品師, 奇術師.
*pres·tige /prestíːʒ/ 名 Ⓤ 威信, 名声, 信望, 威光; 高い評価[格式]: national ~ 国威 / loss of ~ 威信[面目]の失墜. — 形 [限定の高い, 名門の, 一流の (《★「名声をひけらかす」という悪い意味にも用いられることもある》: a ~ car 高級車 / a ~ school 名門校. ~·**ful** 形 〖F<L=目くらまし〗 prestigious
*pres·ti·gious /prestídʒəs, -tíːdʒ-/ 形 名声[威信]のある: a ~ university 有名[名門]大学. ~·**ly** 副 ~·**ness** 名 (prestige)
pres·tis·si·mo /prestísəmòʊ/ 〔楽〕形 副 プレスティッシモ, きわめて速い[速く]. — 名 (覆 ~s) プレスティッシモ(の楽章). 〖It; ⇓ の最上級〗
pres·to /préstoʊ/ 〔楽〕❶ プレスト, 急速に(《allegro より速い》). ❷ 直ちに, 早速: Hey ~! ⇒ **hey** 成句. — 形 急速の. — 名 (覆 ~s) プレストの楽節[楽章]. 〖It〗
pré·stressed cóncrete 名 Ⓤ プレストレストコンクリート, PS コンクリート《引っ張った状態の鋼線を補強材としたコンクリート》.
pre·sum·a·ble /prɪzúːməbl | -zj(j)úː-/ 形 仮定[推定]できる, ありそうな.
*pre·sum·a·bly /prɪzúːməbli | -z(j)úː-/ 副 ❶〔文修飾〕思うに, おそらく, 多分: The report is ~ correct. その報道はおそらく正確であろう. ❷ [付加的に軽く疑問の意をこめて] (…)でしょうか: You'll be at the party, ~. パーティーにいらっしゃるんでしょうか.
*pre·sume /prɪzúːm | -z(j)úːm/ 動 ⑪ 〈…を〉仮定[推定]する; 〈…を〉想定する, 前提とする: Don't ~ anything. 何事も推測で決めてかかるな /〔+(*that*)〕I ~ (that) he's innocent. 彼は無実だと思う / "Will she come?" "I ~ so [not]." 「彼女は来るだろうか」「そう思う[そうは思わない]」/〔+目+*to be*〕補 They're missing, and ~*d* (*to* be) dead. 彼らは行方不明であるが, 死亡したと推定される /〔+目+*to* do〕Anyone not appearing is ~*d to* have

given up their claim. 出頭しない者は権利を放棄したものと見なされる / ～ prior knowledge 前提知識があることを想定する. ── [自] ❶ 仮定[推測]する: You're a student here, I ～? ここの学生さんですね. ❷ [通例否定または疑問文で用いて] **a** あえて[大胆にも]〈…〉する: 〔+*to* do〕 I *won't* ～ *to* trouble you. あなたを煩わせるようなことはいたしません / May I ～ *to* ask you something? お尋ねしてもよろしいでしょうか. **b** でしゃばる. ❸ 〔…に〕つけ込む: ～ **on** a person's tolerance 人の寛大さにつけ込む. 〘F＜L＝前もって取る＜PRE-＋*sumere, sumpt-* 取る (cf. consume)〙 ([名] presumption, [形] presumptive, presumptuous)

pre·sum·ed·ly /prɪzúːmɪdli | -z(j)uːm-/ [副] ＝presumably.

pre·súm·ing [形] でしゃばりな, ずうずうしい, 僭越(せんえつ)な. ～·**ly** [副] ～·**ness** [名]

+**pre·sump·tion** /prɪzʌ́m(p)ʃən/ [名] ❶ [C,U] 推定, 仮定 (assumption): the ～ *of* innocence 〘法〙 無罪の推定 / 〔+*that*〕 She took his part on the ～ *that* he was innocent. 彼が無罪だと仮定して彼女は彼の味方についた. ❷ [U] 僭越(せんえつ), でしゃばり, ずうずうしさ: a great piece of ～ 失礼千万なこと / We were amazed at her ～ in making such claims. そんな要求をする彼女のずうずうしさに我々はあきれかえった / 〔+*to* do〕 He had the ～ *to* criticize my work. 彼は失礼にも私の作品[仕事]を批判した. ([動] presume)

pre·sump·tive /prɪzʌ́m(p)tɪv/ [形] [A] 仮定の, 推定に基づく; 推定の根拠を与える: ～ evidence [proof] 〘法〙 推定証拠. ([動] presume)

pre·sump·tu·ous /prɪzʌ́m(p)ʧuəs/ [形] 押しの強い, 僭越(せんえつ)な, 無遠慮な / It's ～ *of* him *to* give orders. ＝He's ～ *to* give orders. 彼が命令をするなど僭越なことだ. ～·**ly** [副] ～·**ness** [名] ([動] presume [自] 2)

pre·sup·pose /prìːsəpóʊz/ [動] [他] ❶ 〈…を〉前もって推定する, 〈…ということを〉前もって仮定する: Don't ～ my guilt. ＝Don't ～ *that* I am guilty. 私が有罪だと決めてかからないでくれ. ❷ 〈…を〉前提条件とする, 〈…ということを〉前提とする: Supply ～*s* demand. 供給は需要を前提条件とする / Our plan ～*s that* we can get financial support. 我々の計画は財政的援助が受けられることを前提としている.

pre·sup·po·si·tion /prìːsʌ̀pəzíʃən/ [名] ❶ [U] 予想, 仮定. ❷ [C] 前提条件: on the ～ *that*…という前提(条件)のもとで.

pret. 《略》 preterit(e).

prêt-à-por·ter /prétɑːpɔətéɪ | -pɔ́ːteɪ-ˊ/ [名] プレタポルテ, 既製服. ── [形] [A] プレタポルテの. 〘F＝ready-to-wear〙

***pre·tax** /prìːtǽksˊ/ [形] **税引き前の, 税込みの**: a ～ profit [loss] 税引き前利益[損失].

pre·teen /prìːtíːnˊ/ [名] ティーンエイジ前の子供 《10–12 歳》. ── [形] ❶ ティーンエイジ前の子供(向き)の. ❷ ティーンエイジ前の.

+**pre·tence** /príːtens | prɪténs/ [名] 《英》 ＝pretense.

***pre·tend** /prɪténd/ [動] [他] ❶ 〈…の〉ふりをする: ～ ignorance 知らないふりをする / 〔+*to* do〕 He ～*ed to* be sick. ＝〔+*that*〕 He ～*ed that* he was sick. ＝He ～*ed* sickness. 彼は病気だというふりをした. ❷ 〈子供が〉(遊びで)〈…する[である]〉まねをする: 〔+*to* do〕 The boys ～*ed to* be detectives. 少年たちは探偵ごっこをした / 〔+*that*〕 Let's ～ (*that*) we're pirates. 海賊ごっこをしよう. ❸ [通例否定文で] 〈…と〉言い張る, 主張する: 〔+*to* do〕 I *don't* ～ *to* be a scholar. ＝〔(+*that*)〕 I don't ～ (*that*) I am a scholar 私が学者だなどと言うつもりはない. ── [自] ❶ ふりをする. ❷ まねごと遊びをする. ❸ [通例否定文で] 〔…を〕要求する, 主張する; 〔…だと〕自任する 〔*to*〕. ── [形] [A] (比較なし) 《特に小児》 うその, 空想上の: This is my ～ father. (遊びで)この子がぼくのおとうさん. 〘L＝前に広げる＜PRE-＋*tendere, tens-* 伸ばす (cf. tend[1])〙 ([名] pretense, pretension, [形] pretentious)

pre·ténd·ed [形] 偽りの, うわべ[口先]だけの: ～ illness 仮病 / ～ sympathy うわべだけの同情. ～·**ly** [副]

+**pre·ténd·er** [名] ❶ 王位をねらう者, 僭称者; (不当な)要求者 〔*to*〕. ❷ ふりをする人; 詐称者.

+**pre·tense** /príːtens, prɪténs | prɪténs/ [名] [U] ❶ [また a ～] 見せかけ, ふり: He made *a* ～ *of* affection [*of* being affectionate]. 彼は愛情を抱いているようなふりをした / 〔+*that*〕 He kept up the ～ *that* he was sick. 彼は仮病をつかい続けた. ❷ [通例否定文で] 《文》 **a** 主張すること: I have [make] *no* ～ *to* genius. 私は天才だなどとは申しません. **b** 見えを張ること, てらい: a person without [with *no*] ～ てらいのない人間. ❸ 口実: under [on] (the) ～ of…を口実として, …にかこつけて. **ùnder [on, by] fálse preténses** 真実を偽って. ([動] pretend)

+**pre·ten·sion**[1] /prɪténʃən/ [名] ❶ [C] [通例複数形で] 主張, 権利; 自負, 自任: He has [makes] no ～(*s*) *to* learning. 彼には学者気取りはない. ❷ [U,C] 見せかけ, てらい, 仰々しさ, 気取り: without ～ じみな[に]; もったいぶらない(で) / I don't like her social ～*s*. 彼女の上流階級の人みたいな気取りは好かない. ([動] pretend)

prè·ténsion[2] [動] [他] 〈…に〉あらかじめ張力を加える; 〈鉄筋コンクリートを〉鉄筋に張力を加えて強化する.

+**pre·ten·tious** /prɪténʃəs/ [形] ❶ もったいぶった, うぬぼれた. ❷ 見えを張る; 偽りの: Don't be so ～. そんなに格好のいいことばかり言うな. ～·**ly** [副] ～·**ness** [名] ([動] pretend)

pret·er·it, pret·er·ite /prét̬ərɪt, -trɪt/ 〘文法〙 [形] 過去の 《略 pret.》: the ～ tense 過去時制. ── [名] [the ～] 過去時制: in *the* ～ 過去時制で.

pret·er·i·tion /prèt̬əríʃən/ [名] [U] ❶ 看過, 省略, 脱落; ＝paraleipsis. ❷ (カルバン神学で)神の選びに漏れて救われない[永遠に滅びる]こと.

pre·term /prìːtə́ːm | -tə́ːm/ [形] 出産予定日前の, 早産の: ～ labor 早産. ── [副] 出産予定日前に, 早産で.

pre·ter·nat·u·ral /prìːt̬ənǽʧ(ʊ)rəl | -tə-ˊ/ [形] ❶ 超自然的な. ❷ 異常な, 不可思議な. ～·**ly** /-rəli/ [副]

pre·test /prìːtést/ [名] 予備テスト[試験]. ── [動] [他] [自] (…に)予備テストをする.

+**pre·text** /príːtekst/ [名] 口実, 言い訳: on some ～ or other 何とかかこつけて / a ～ *to* fire me 私を解雇する口実 / She used a phone call as a ～ ***for*** *leaving* the room. 彼女は電話の呼び出しを口実に部屋から出ていった / under [on] the ～ ***of*** illness 病気を口実に / He remained home on [under] the ～ *that* he was sick. 彼は病気という口実で家に残った. 〘L＝前もって織る; ⇨ pre-, text〙

pre·tor /príːtə | -tə/ [名] ＝praetor.

Pre·to·ri·a /prɪtɔ́ːriə/ [名] プレトリア 《南アフリカ共和国の行政上の首都; cf. Cape Town》.

pre·to·ri·an /prɪːtɔ́ːriən/ [名] [形] ＝praetorian.

prè·tréat [動] [他] 前処理する. **prè·tréatment** [名]

prè·tríal [形] [A] 公判前の.

pret·ti·fy /prít̬əfàɪ/ [動] [他] 〈…を〉きれいに飾りたてる; (特に)〈…を〉安っぽく[下品に]飾りたてる.

prét·ti·ly /-t̬əli/ [副] きれいに; かわいらしく; 〈子供など〉行儀よく, 上品に.

***pret·ty** /príti/ [形] (**pret·ti·er; -ti·est**) ❶ **a** 〈子供・女性・小さなものなど〉かわいらしい, かれんな (★ 美しいというより見たり聞いたりして魅力的なものにいう: a ～ little child かわいらしい子供 / a ～ flower かれんな花 / a ～ voice かわいらしい声 / You look ～ in that dress. そのドレスを着ると君はすてきだ. **b** 〈場所・ものなど〉きれいな, こぎれいな: a ～ house こぎれいな家. ❷ [A] 〈男の子が〉(女性っぽく)かわいい, にやけた. ❸ [A] (比較なし) 《古風》 〈数量・範囲など〉かなり大きな: That will cost him a ～ penny [sum]. その問題で彼はだいぶ金がかかるだろう. ❹ [A] (比較なし) 《口》 《反語》 とんでもない, ひどい: This is a ～ mess! これは大変なことだ! ❺ 見事な, うまい. ── /prìti, pəti | prìti/ [副] (比較なし) [形容詞・他の副詞を修飾して] 《口》 かなり, 相当; ずいぶん, 非常に: It's ～ cold this morning. けさはかなり寒い / That sounds ～ interesting. それはなかなかおもしろそうだ / I'm ～ sick of it. それにはまったくうんざりだ. **be sítting**

prétty (口) 〈人が(努力せずに)〉安楽である; 裕福な.
prètty múch [(米) **néar**, (英) **néarly**] (口) だいたい, ほとんど: It amounts to ~ much the same thing. それはほとんど同じことだ. **prètty pléase** (口·戯言) ぜひお願いします. **prètty wéll** ⇒ well¹ ■ **成句**. ━━ 動 他 〈…を〉美しく[きれいに]する 〈up〉. ━━ 名 (口) かわいらしい小物 (軽蔑) かわいい子[女性]. **~·ish** 形 こぎれいな, ちょっとかわいい. **prét·ti·ness** 名 《OE=ずるい以後, 「利口な>快い>かわいい」という意味変化があった》【類義語】⇒ beautiful.

prétty bóy 名 (口) にやけた男, 女みたいな男, ホモ.
prétty-prétty 形 ただきれいなだけの.
pret·zel /préts(ə)l/ 名 プレッツェル《結びひな形·スティック状の塩味のクラッカー; ビールのつまみなどにされる》.《G<L=腕のような小枝; 腕組みしたような形をしていることから》
prev. (略) previous; previously.

*__pre·vail__ /prɪvéɪl/ 動 ⾃ [進行形なし] ❶ 〈考え方など〉優勢である, 支配的である, […よりまさる]: Good will ~s. 善はいずれは勝つ / He believed that tolerance would ~ over intolerance. 彼は寛容は不寛容に勝つと信じていた. **prevàil on [upòn] a person**〈人を〉説き伏せて〈…〉させる [★受身可]: [+to do] He ~ed on me to go with him. 彼はうまく私をくどいて同行させた / I was ~ed upon to stay the night. 私は説き伏せられて一泊した. ❷ 流行している, はびこる [in, among]: The idea [superstition] still ~s (among them). その考えは[迷信は]今なお〈彼らの間で〉信じられている. ❸ […に](打ち)勝つ 〈over, against〉: We ~ed over the enemy. 我々は敵を打ち負かした.《L=より力がある <PRE-+valere 力[能力]がある (cf. value)》(名 prevalence, 形 prevalent)【類義語】⇒ persuade.

pre·váil·ing 形 A ❶ 広く行き渡っている, 流行の: the ~ fashion 今流行のファッション. ❷ 優勢な, 有力な, 主要な: the ~ opinion 有力な意見. **~·ly** 副【類義語】**prevailing** ある場所·時点において他のものよりも圧倒的に受け入れられているもの. **prevalent** 広く受け入れられているが, 圧倒的とまではいかないもの. **current** 流行のうち, うつろいやすいという側面に重点をおいた表現.

preváiling wínd 名 [the ~] 〔気〕卓越風 《地域[季節]的に最も優勢な風》.

prev·a·lence /prévələns/ 名 U 広く行き渡っていること, 普及, 流行 〈of〉.(動 prevail, 形 prevalent)

⁺**prev·a·lent** /prévələnt/ 形 (more ~; most ~) 広く行き渡っている, 一般的な 〔among, in〕: a ~ superstition 一般に信じられている迷信 / This belief is ~ in Japan. この考えは日本では一般的である. **~·ly** 副 (動 prevail, 名 prevalence)【類義語】⇒ prevailing.

pre·var·i·cate /prɪværəkèɪt/ 動 ⾃ ❶ 言い紛らす, 言い逃れる. ❷ うそをつく. -**cà·tor** -/-ṭɚ | -tə/ 名 **pre·var·i·ca·tion** /prɪværəkéɪʃən/ 名《L=曲がって歩く》

pre·ve·nient /prɪvíːnjənt/ 形 ❶ 先行する, 先んずる. ❷ 予期する, 見越す.

*__pre·vent__ /prɪvént/ 動 他 ❶ 〈…を〉防ぐ, 妨げる; 予防する, 阻止する; 妨げて〈…〉させない (stop): ~ progress 進行[進歩]を妨げる / ~ traffic accidents 交通事故を起こらないようにする / Rain ~ed play. 雨で試合は中止になった / [+目+from+doing] We ~ed the fire from spreading. 我々は火の手が広まらないように防いだ / I was ~ed from attending by a cold. かぜで出席できなかった / Business ~ed him from going. =[+目[所有格]+doing] Business ~ed his going. 用事があったので彼は行けなかった. ❷ (古)〈神が〉〈人の〉先に立つ, 〈人を〉導く, 守る.《L=前に来る <PRE-+venire, vent- 来る (cf. venue)》(名 prevention, 形 preventive)

pre·vent·a·ble /prɪvéntəbl/ 形 止められる, 妨げられる, 予防できる.

pre·vent·a·tive /prɪvéntəṭɪv/ 形 =preventive.

pre·vént·er /-ṭɚ | -tə/ 名 ❶ 予防者, 防止者; 予防法[策, 薬]. ❷ 〔海〕補助用具(綱·桁など).

*__pre·ven·tion__ /prɪvénʃən/ 名 U 防止; 予防: crime ~ 犯罪防止 / the ~ of fires =fire ~ 火災防止, 防火 / by way of ~ 予防法として; 妨げるために / (米) the Society [(英) the Royal Society) for the P~ of Cruelty to Animals 動物愛護協会 (略 (米) SPCA, (英) RSPCA) / the Society for the P~ of Cruelty to Children 児童愛護協会 (略 SPCC) / An ounce of ~ is better than a pound of cure (米) = (英) P~ is better than cure. (諺) 予防は治療にまさる. (動 prevent)

⁺**pre·ven·tive** /prɪvénṭɪv/ 形 予防の, 防止的な, 止める, 妨げる: ~ measures 予防策. ━━ 名 ❶ 予防法[策]. ❷ 予防薬. **~·ly** 副 (動 prevent)

prevéntive deténtion 名 U (英法)予防拘禁《常習犯の犯罪防止のための拘禁》.

prevéntive médicine 名 U 予防医学.

prè·vérbal 形 ❶ 〔文法〕動詞の前に置かれる. ❷ 言語能力習得前の.

*__pre·view__ /príːvjùː/ 名 ❶ a (劇·映画などの)試演, 試写; (展示会などの)内覧, 下見: ⇒ sneak preview. b (試写に基づく)批評[評価, 推薦]記事; 予告となるもの. ❷ (米) a (映画·テレビの)予告編(の映写). b (ラジオの)予告番組. ❸ 〔電算〕(印刷イメージの)プレビュー. ━━ 動 他 〈…の〉試写[試演]を見る. ━━ ⾃ 試写[試演]を行なう[見せる]. 《pre-+VIEW》

*__pre·vi·ous__ /príːviəs/ 形 (比較なし) ❶ A 先の, 前の, 以前の; 先行する, その前の, すぐ前の (↔ following): ~ convictions 前科 / a ~ engagement 先約 / the ~ evening その前の晩 / the ~ day ~の前の日. ❷ P [口] ~する(には)早すぎた, せっかちで. ━━ 副 ★次の成句で. **prèvious to…** [前置詞的に] …の前に, …に先立って: ~ to the conference 会議に先立って.《L=前を行く <PRE-+VIA 道》

*__pre·vi·ous·ly__ /príːviəsli/ 副 (比較なし) 以前には[は], 前もって: two days ~ その2日前に / He had ~ worked with us. 彼は以前は我々と一緒に働いていた.

prévious quéstion 名 〔議会〕先決問題《本問題の投票に関する問題》.

pre·vi·sion /priːvíʒən/ 名 U.C 予知, 先見, 予感 〈of〉. **~·al** 形

prè·vocálic 形 〔音声〕母音の直前の[に来る].

pre·vue /príːvjùː/ 名 (米) =preview 2 a.

*__pre·war__ /prìːwɔ́ɚ | -wɔ́ː ̄/ 形 A 戦前の (↔ postwar).

prè·wásh 名 ❶ 前洗い, 予備洗い. ❷ 前洗液, つけおき洗剤《よごれのひどい部分に, 洗濯前につけておく洗剤》. ━━ 動 他 〈衣服を販売前に〉洗濯する, プレウォッシュする《柔らかさを出すため》.

prex /préks/ 名 =prexy.
prex·y /préksi/ 名 (米俗)(大学の)学長 (president).

*__prey__ /préɪ/ 名 ❶ a U (他の動物の)えじき, 獲物; 被食者, 餌(えさ)動物: in search of ~ 獲物を求めて. b U [a ~] 食い物, 犠牲(者)〔to, for〕: become [fall] (a) ~ to …の犠牲となる / He was a ~ to fears. 彼は恐怖のとりこであった. ❷ U 捕食する習性: a bird [beast] of ~ 猛禽(きん)[猛獣]. ━━ 動 ⾃ ★次の成句で. **préy on [upòn]**(1) …を捕食する: Eagles ~ on smaller birds and animals. ワシは小鳥や小動物を捕って食べる. (2) 〈人が〉〈人を〉食い物[かも]にする: They are being ~ed on by loan sharks. 彼らはサラ金業者の食い物にされている. (3) 〈心配·病気などが〉…を苦しめる, 次第にそこな (weigh on): Care has ~ed upon his mind for weeks. この数週間心配が彼の心をむしばみ続けている. (4) …を奪う, 略奪する.《F<L=つかみとったもの》戦利品; cf. predator》

prez /préz/ 名 =prexy.
prez·zie /prézi/ 名 =pressie.

Pri·am /práɪəm/ 名 〔ギ神〕プリアモス《Troy 戦争時の Troy の王; Hecuba の夫で, Hector, Paris, Cassandra の父》.

pri·ap·ic /praɪǽpɪk, -éɪp-/ 形 ❶ 男根(崇拝)の; 男根を強調した; 男根を連想させる. ❷ 男らしさを強調した, 男のセックスの.

pri·a·pism /práɪəpìzm/ 名 U 〔医〕(性欲によらない病的な)(有痛性)持続勃起(症).

price /práis/ 名 ❶ C (品物の)価格, 値段: a fixed [set] ~ 定価 / fetch a high ~ <品物が高く売れる> / get a good ~ for... をよい値段で売る / give [quote] a ~ 値段を言う / He bought it at half the (regular) ~. 彼はそれを半値で買った / You can't put a ~ on it. (貴重すぎてそれには値段がつけられない) / The ~ of this commodity is high [low]. この商品の値段は高い(低い) / What is the ~ of this? これの値段はいくらですか《比較 How much is the ~ of this? は間違い》/ Prices are rising [going up]. 物価が上がってきている / Prices are falling [going down]. 物価が下がってきている。❷ [単数形で] 代償, 代価; 犠牲: at the ~ of ...を犠牲にして / Willingness to work is the ~ of success. 成功するためには労働をいとわない覚悟が必要だ。❸ C (賭け事での)賭け金の歩合, 比率, 差額金 (odds): the starting ~ 競馬出走ぎわの最終の賭け金の歩合。❹ C a (人の首などにかかった)懸賞金: put [set] a ~ on a person's head 人の首に懸賞金をかける。b 買収金: Everyone has their ~.《諺》どんな人でも買収できるものだ。 **abòve príce** = beyond PRICE 成句. **at ány príce** (1) どんな代価[犠牲]を払っても, 是が非でも (at any cost). (2) [否定文で] どうあっても(...しない), 決して(...しない): I won't eat octopus at any ~. タコは決して口にしません / It's not for sale at any ~. いくら金を積まれても売れるものではない. **at [for] a príce** (1) かなりな値段で. (2) 相当な代償[犠牲]を払って. **beyònd príce** 〈値段のつけられないほど〉高価な, 非常に貴重な. **Whàt príce...?** (口)(1) (期待・自慢に反して)...は何というざまだ, ...が何だ[どれほどのもの]というのか: What ~ clean elections? 明るい選挙が聞いてあきれる / (2) ...の見込みはどうか; ...をどう思うか. **without príce** = beyond PRICE 成句.
—— 動 他 ❶ ...に(...の)値段をつける《★通例受身》: The ring is ~d at $100. その指輪には 100 ドルの値段がついている / We have ~d the new products as reasonably as possible. 当社は新製品にできるだけ手ごろな値をつけました / [~+目+補] These goods won't sell; they are ~d too high. この商品は売れない. ついてる値段が高すぎる. ❷ 〈価格を〉書く, 〈価格票を〉付ける. ❸ (口) (いちばん安い店や品物の相場を知ろうと)〈...の〉値段をあちこちで尋ねる[調べる]《★受身不可》. **príce-òut of the márket** (1) 〈品物などに〉法外な高値をつけて市場から締め出される. (2) [~ oneself で] 法外な値をつけて市場から締め出される; 自分を高く売りこみすぎて相手にされない.
[F<L pretium 価値, 値段; cf. appreciate, depreciate, praise, precious]
《類義語》**price** 物を売買するときの値段. **charge** 手間・労力に対し支払われる金額, 料金; また何かを使用したときの料金. 特に運賃・公共事業など. **fare** 特に乗物の料金. **cost** 手間・労力などに支払われる金の総額.

price contròl 名 U.C 価格[物価]統制.
priced /práist/ 形 定価付きの: high-priced 高価な.
príce-éarnings ràtio 名 U.C 株価収益率.
price-fixing 名 U (政府や業者による)価格操作[決定, 固定, 協定].
price índex 名 物価指数.
price·less 形 ❶ 値踏みのできない, 値がつけられない, きわめて貴重な. ❷ (口) とてもおもしろい, すてきな ばかげた.
~·ly 副 ~·ness 名
price lìst 名 価格表, 時価表.
price support 名 U (政府の買い上げなどによる)価格維持, 買い支え.
príce tàg 名 ❶ 定価札, 値札, 正札. ❷ 値段, 価格 (on).
price tàker 名 《経》価格受容者, プライステーカー (市場に影響を与えたり操作したりする力がなく, 他者が設定した価格を受け入れるだけの者).
price wár 名 値引き競争.
pric·ey /práisi/ 形 (**pric·i·er**; **-i·est**) (口) 値が高い, 高価な (pricy).
prick /prík/ 動 他 ❶ 〈...を〉(針の先などで)ちくりと刺す, 突く, (突いて)穴をあける, (穴をあけて)つぶす: I ~ed my finger on [with] a pin. 指をピンでちくりと刺してしまった / He ~ed himself on a thorn. 彼はとげが刺さった. ❷ 突いて〈穴を〉あける: ~ holes in a piece of paper 紙をつついて穴をあける. ❸ a 〈舌を〉(ひりひり)させる: Pepper ~s the tongue. コショウは舌をひりひりさせる. b 〈人を〉(苦痛などで)苦しめる: My conscience ~ed me. 私は良心の呵責に苦しんだ. —— 自 ❶ a ちくちく[ひりひり]する. b 〈良心などが〉とがめる. ❷ ちくちく痛い: The smoke made my eyes ~. 煙で目がちくちくした. **prìck a búbble** [= ❶+副] = bubble 名 成句. **prìck fórth [óff]** [他+副] 〈苗を〉穴に植えつける. **prìck úp** [自+副] 〈人が〉聞き耳を立てる; 〈耳がぴんと立つ, 上に向く. **prìck úp one's éars** (1) 〈人が〉聞き耳を立てる; 熱心に聞く. (2) 〈馬・犬などが〉耳をそばだてる. —— 名 ❶ (針・とげなどで)刺すこと; ちくっとした痛み: the ~ of a thorn とげで刺すこと. b 刺した穴; 刺し[突き]傷. ❷ (卑) a いやながら, あほ, 馬鹿 陰茎, ペニス. b (文) うずき; (良心の)とがめ: feel the ~s of conscience 良心のとがめを感じる. ❸ 突く[もの]; 針, とげ. **kíck agàinst the prìcks** むだな抵抗をしてばかを見る《由来「牛が怒って突き棒をける」の意から; 聖書「使徒行伝」から》.〖OE=点〗

prick-èared 形 〈犬の〉耳を立てた.
prick·er 名 刺す道具 (きりなど).
prick·et /príkit/ 名 2 歳の雄鹿 《角が未分岐; cf. brocket》.
prick·le /príkl/ 名 ❶ C (動植物の)とげ; 針. ❷ [単数形で] 刺すような痛み. —— 動 〈...を〉ちくちく痛ませる: This sweater ~s my skin. このセーターは肌がちくちくする. —— 自 ちくちく痛む. 〖PRICK+-LE〗
prick·ly /príkli/ 形 (**prick·li·er**; **-li·est**) ❶ とげだらけの, 針の, ❷ ちくちく[ひりひり]痛む. ❸ (口) 人が怒りっぽい (touchy). ❹ やっかいな, めんどうな (thorny).
prick·li·ness 名
príckly héat 名 あせも.
príckly péar 名 ❶ C 《植》ウチワサボテン. ❷ C.U ウチワサボテンの実 (セイヨウナシに似た果実で食用).
pric·y /práisi/ 形 (**pric·i·er**; **-i·est**) = pricey.
pride /práid/ 名 ❶ U [また a ~] 得意, 満足, 自慢, 誇らしい思い, 誇らしく思うこと: with ~ 得意げに / He has (great) ~ in his daughter. 彼は娘を(とても)自慢している / She takes (a) ~ in being punctual. 彼女は時間厳守を自慢にしている. ❷ U 自尊心; 誇り, プライド 《★ ❸ の意味と区別して true pride ともいう》: keep one's ~ 人の自尊心を傷つける / swallow one's ~ 自尊心を抑える. ❸ U うぬぼれ, 高慢, 思い上がり (arrogance) 《★ ❷ の意味と区別して false pride ともいう》: She has no false ~. 彼女にはうぬぼれがない / P~ goes [comes] before a fall. =P~ will have a fall. 《諺》おごれる者久しからず. ❹ [the ~] a 自慢のたね; 最高のもの: He's the ~ of his parents. 彼は両親自慢の息子である. b (文) 頂上, 全盛: in the ~ of youth [life] 青春[人生]の真っ盛りに. ❺ C [通例単数形で] (ライオンの)群れ: a ~ of lions ライオンの群れ. **a pèrson's príde and jóy** 非常に大事にしている人[もの]. **tàke [hàve] príde of pláce** 名誉ある位置を占める; 最上のものとみなされる.
—— 動 他 [~ oneself で] 〈...を〉自慢とする, 誇る: She ~s herself on her skill in cooking. 彼女は料理自慢である.《変異記》She's proud of her.... に書き換え可能.
〖OE〗 (形 **proud**) 《類義語》**pride** 正当な自己評価・自尊心・自信と過度の尊大な自信(うぬぼれ)の両方を指す. **conceit** 自分の能力や業績などを過度に評価すること, うぬぼれ. **vanity** 自分の外見や業績に対する過度の自信[自己賛美], または他人にほめられたいという過度の欲望.
pride·ful /-f(ə)l/ 形 誇り高き. ~·ly 副
prie-dieu /prí:djə:/ 名 《優》 ~s, prie-dieux /~(z)/) 祈禱(きとう)台. 〖F=pray God〗
priest /prí:st/ 名 ❶ 聖職者 (特にカトリックの)司祭. ❷ (諸宗教の)僧, 神官. 〖F<L PRESBYTER〗
priest·craft 名 U (しばしば軽蔑) 司祭[聖職者]としての技量[手腕].

priest·ess /príːstəs | priːstés, príːstəs/ 名 〔キリスト教以外の〕尼僧, 女司祭. 〖PRIEST+-ESS〗

priest·hòod 名 ⓤ ❶ 〔通例 the ~〕聖職, 司祭職; 僧職: be admitted to *the* ~ 聖職に就く. ❷ 〔集合的; 単数または複数扱い〕聖職者(団).

Priest·ley /príːstli/, **Joseph** 名 プリーストリー(1733-1804; 英国の化学者・神学者; 酸素を発見し, ソーダ水を発明した).

priest·ly /príːstli/ 形 聖職者の[らしい], 司祭の[らしい]; 僧の[らしい]. 〖PRIEST+-LY²〗

prig /príg/ 名 堅苦しい人, 道徳家とうぬぼれた人. **príg·gish** /-gɪʃ/ 形 堅苦しい, 道徳家ぶった. **-gish·ly** 副 **-gish·ness** 名

prill /príl/ 動 他 (融解して筒口から出し, 落下中に凝固させて)〈金属などを〉小球にする, 粒状にする. ── 名 (prill と作った)小球, 金属粒.

prim /prím/ 形 (**prim·mer**; **prim·mest**) ❶ 潔癖すぎる, いやに上品ぶる: ~ *and proper* 潔癖すぎて窮屈な. ❷ 〈人・態度が〉きちんとした, こぎれいな. ── 動 (**primmed**; **prim·ming**) ❶ 〔口を〕〈すまして〉きゅっと結ぶ; 〈顔を〉きゅっと引き締める. ❷ 〈…を〉きちんとする〔整える〕. **-ness** 名

prí·ma ballerína /príːmə-/ 名 プリマバレリーナ. 〖It=first ballerina〗

pri·ma·cy /práɪməsi/ 名 ❶ ⓤ 第一位, 首位, 卓越, 優位: *the ~ of* practice *over* theory 理論より実践の優位. ❷ ⓒ 〖カト〗大主教[主座大司教](primate)の職.

pri·ma don·na /príːmədánə/ 名 ❶ プリマドンナ(オペラの主役女性歌手). ❷ 自信過剰でわがままな人, 女王さま気取りの人. 〖It=first lady〗

pri·mae·val /praɪmíːv(ə)l/ 形 =primeval.

pri·ma fa·ci·e /práɪməfèɪʃìː, -ʃi-/ 形 一見したところでの: a ~ *case* 〖法〗(申し立てのとおり)一応の証拠のある事件 / ~ *evidence* 〖法〗(反証がないかぎり十分とされる)一応の証拠. ── 副 一見したところでは. 〖L=at first face〗

pri·mal /práɪm(ə)l/ 形 ❶ Ⓐ 第一の, 最初の; 原始の. ❷ 主要な; 根本の. 〖PRIME¹+-AL〗

pri·mar·i·ly /praɪmérəli | praɪmér-, práɪmər-/ 副 ❶ 主として, 主に (chiefly): Universities are ~ for research. 大学は本来研究のために存在する. ❷ 第一に, 最初は.

pri·mar·y /práɪməri, -məri | -məri/ 形 (**more ~**; **most ~**) 〔通例 Ⓐ〕❶ 主要な, 主な, 根本の, 基本の (main): the ~ meaning of a word 語の第一義[本義] / the ~ causes of an accident 事故の根本原因. ❷ (比較なし)初期の, 最初の, 原始的な, 一次的な; 〖医〗原発性の: a ~ stage of civilization 文明の初期の段階 / ⇒ primary source. ❸ (比較なし)〈教育・学校など〉初等の, 初歩の (cf. secondary 2): ~ education 〔英〕初等教育 / 《米》elementary education. ❹ 〔米〕〈アクセント[強勢]が〉第一の: ⇒ primary stress. ── 名 ❶ 〔米〕予備選挙. ❷ =primary color. 〖L *primus* first; cf. prime¹〗〖類義語〗primary, elementary 共に「初歩の」という意味であるが, primary は特に順序として最初に来る, elementary は物事の初めの基礎的な原理に関係する, というのが本来の意味.

prímary áccent 名 =primary stress.

prímary cáre 名〖医〗ⓤ 一次医療[診療], プライマリーケア.

prímary cólor 名 原色(色彩では赤・黄・青緑色; 色光では赤・緑・青紫).

prímary eléction 名 =primary.

prímary índustry 名 ⓤ 第一次産業(農業・林業・水産業など).

prímary plánet 名〖天〗(衛星と区別して)惑星.

prímary prócesses 名〖精神分析〗一次過程(欲求の充足と本能衝動の発散をはかる, 無意識の過程).

prímary schòol 名 ❶ (英国の)小学校〖解説〗5-11 歳までの児童を収容する学校; 地方によってはこれを2つに分け 5-7 歳までを infant school, 7-11 歳を junior school と

する所もある; 米国の elementary school に相当する). ❷ (米国の小学校の)下級 3[4]学年.

prímary sóurce 名 一次資料(研究・調査の対象となる文献・史料など; cf. secondary source).

prímary stréss 名 ⓤⓒ 第一強勢[アクセント] (/práɪməri/ のように「´」で表わす).

pri·mate /práɪmət/ 名 ❶ 〔しばしば P~〕名〖英国教〗大主教. **b**〖カト〗首座大司教. ❷ /-meɪt/ 動 霊長目の動物. **the Prímate of Áll Éngland** カンタベリー大主教. **the Prímate of Éngland** ヨーク大主教. **pri·ma·tial** /praɪméɪʃ(ə)l/ 形 〖F<L<*primus* first; cf. prime¹〗

pri·ma·tol·o·gy /prɑ̀ɪmətɑ́lədʒi | -tɔ́l-/ 名 ⓤ 霊長類学. **-gist** 名 **pri·ma·to·log·i·cal** /prɑ̀ɪmətəlɑ́dʒɪk(ə)l | -lɔ́dʒ-⁻¹/ 形

pri·ma·ve·ra /prìːməvé(ə)rə/ 名 プリマベラ材(中央アメリカ産ノウゼンカズラ科の高木プリマベラの材; 家具材).

prime¹ /práɪm/ 形 Ⓐ (比較なし) ❶ 主要な, 主な, 最も重要な (primary): a ~ concern 最大の関心事 / It's *of ~ importance*. それが最も重要だ. ❷ 最良の, 第一等の; すばらしい, 極上の; 典型的な: ~ beef 極上牛肉 (⇒ beef 関連) / a ~ example 最高の[典型的な]例 / ~ building lots 第一等の建設用地 / in ~ condition 最良の状態で. ❸ 最も適した[ありそうな], いそうな, …されそうな: a ~ candidate for …の有力な候補 / a ~ target for a terrorist attack テロリストの有力な攻撃対象. ❹ 〖数〗素数の; Ⓟ 互いに素の. ── 名 ❶ 〔the ~, one's ~〕全盛, 盛時: in *the ~ of* life [manhood] 壮年期に, 血気盛りの時に / She's in her ~. 彼女は女盛りだ / He's already past his ~. 彼はすでに盛りを越えた. ❷ 〖数〗= prime number. ❸ =prime rate. ❹ 〔しばしば P~〕〖カト〗一時課(時刻)(canonical hours の一つ; 午前6時または日の出時). ❺ Ⓤ〖印〗プライム記号[分やフィートなどを表わす の記号). ❻ 〔the ~〕〈古〉初春, 春, 青春〔of〕. **~·ly** 副 **~·ness** 名 〖L *primus* first; cf. premier, primary, primate, primitive〗

prime² /práɪm/ 動 他 ❶ 〈…に〉前もって教え込む, 知恵する〔with, for, about〕: The President was ~*d with* the latest data by his aides. 大統領は補佐官たちから最新のデータを提供された / He had been ~*d about* how to answer. 彼はどのように答えるべきかを前もって教え込まれていた. ❷ 〈画面・壁などを〉下塗りする. ❸ 〈爆発物などに〉雷管[導火線]をつける; 〈銃に〉火薬を詰める. ❹ **a** 〈ポンプに〉呼び水を差す. **b** 〈内燃機関の気化器に〉ガソリンを注入する.

príme cóst 名 ⓤ〖経〗素価(直接材料費と直接労務費の合計).

príme fáctor 名 素因数.

príme merídian 名〔the ~〕本初子午線.

príme mínister 名 総理大臣, 首相(略 PM).

príme móver 名 ❶ 〖機〗原動力(風・水・電力など). ❷ 原動力, 推進力. ❸ **a** (キリスト教で)造物主, 神. **b** 〖哲〗他動物を動かすが, 自身は他から動かされないもの, 神.

príme númber 名〖数〗素数.

prim·er¹ /prímə | práɪmə/ 名 初歩の教本; 入門書: a Latin ~ ラテン語入門書.

prim·er² /práɪmə | -mə/ 名 ❶ ⓒ 雷管, 導火線. ❷ ⓤⓒ プライマー(絵画・壁などの下塗り剤).

príme ráte 名〔しばしば the ~〕最優遇貸付金利, プライムレート(銀行が優良企業への無担保の短期資金貸し付けに適用する金利).

príme ríb 名 ⓤⓒ プライムリブ(極上あばら肉).

príme tíme 名 ⓤ(テレビなどの)ゴールデンアワー(〈比較〉ゴールデンアワーは和製英語).

príme-tíme 形 ゴールデンアワーの: ~ shows [slots] ゴールデンアワーのショー[時間帯].

pri·meur /priːmɔ́ː | -mɑ́ː/ 名 ❶ 〔複数形で〕(野菜・果物の)はしり, 初物. ❷ (ワインの)新酒.

pri·me·val /praɪmíːv(ə)l/ 形 ❶ 原始時代の, 太古の: a ~ forest 原生林, 原始林. ❷ 〈衝動などが〉原始的な. **~·ly** 副

primévallsóup 名 =primordial soup.

príme vértical 名〖天〗卯酉(ぼうゆう)線, 東西圏(天頂を通り子午線に直交する大円).

pri·mi·grav·i·da /pràɪmɪɡrǽvɪdə /-dìː/, ~s/ 图 (医) 初妊婦.

prim·ing /prάɪmɪŋ/ 图 ❶ 点火薬, 起爆剤. ❷ (絵などの)下塗り, 下地.

pri·mip·a·ra /praɪmípərə/ 图 (複 ~s, -rae /-riː/) 〔医〕初産婦; 一回産婦 (cf. multipara, nullipara). **pri·mip·a·rous** /praɪmípərəs/ 形

*__prim·i·tive__ /prímətɪv/ 形 (more ~; most ~) ❶ 原始的な, 初期の; 太古の, 昔の: ~ man 原始人 / the P- Church 原始キリスト教会. ❷ **a** 原始的な, 未開の, 幼稚な, 素朴な: ~ weapons 原始的な武器 (弓・やりなど) / ~ tribes 未開民族. **b** 古風な, 旧式の, 原始的な: a ~ car 旧式の車 / The accommodations were pretty ~. 宿泊施設はすごく古めかしかった. ❸ 〔感情・行動などの〕原初頂原始的な, 根本的な, 理性にとらわれない: ~ passions 根元的な感情. ❹ 〔生〕初生の, 原始形態の. ❺ 〔言〕祖語の: ~ Germanic ゲルマン祖語. 〔古風・差別〕**a** 原始人. **b** 未開人. ❷ **a** 文芸復興期前の画家(の作品). **b** 原始主義素朴な画風の画家[作品]. ~·**ly** 副 ~·ness 图 〔L<*primus* first; ⇒ prime¹〕

prímitive céll 图 〔晶〕単純格子胞.

prím·i·tiv·ism /-vìzm/ 图 U 原始主義.

prím·ly 副 取りすまして, 上品ぶって.

pri·mo /príːmou/ 图 (複 ~s) 〔楽〕(二重奏・三重奏などの)第一部, 主要部 (cf. secondo). ── 形 〔米俗〕第一級[最高級, トップクラス]の, 極上の, すごい.

pri·mo·gen·i·tor /pràɪmoudʒénəṭə | -nɪtə/ 图 先祖, 始祖.

pri·mo·gen·i·ture /pràɪmoudʒénətʃə | -tʃə/ 图 U ❶ 長子であること[身分]. ❷ 〔法〕長子相続権〔法〕: by right of ~ 長子相続権によって.

pri·mor·di·al /praɪmɔ́ɚdiəl | -mɔ́ː-/ 形 ❶ 原始の (primeval), (太陽系・宇宙などの)始まりから存在する. ❷ 本源的な, 根本的な. ~·**ly** 副

primórdial sóup 图 U 原生液, 原始スープ (地球上に生命を発生させたと考えられている, 有機物の混合溶液).

pri·mor·di·um /praɪmɔ́ɚdiəm | -mɔ́ː-/ 图 (複 -di·a /-diə/) 〔発生〕原基 (anlage).

primp /prímp/ 動 ❶ 〔頭髪・衣服を〕きちんとする. ❷ [~ *one*self で] 着飾る, めかす.

*__prim·rose__ /prímrouz/ 图 ❶ 〔植〕サクラソウ (特にイチゲサクラ属) (ヨーロッパ原産で, 花は淡黄色); ⇒ evening primrose. ❷ = primrose yellow. 〔F or L=first rose〕

prímrose páth 图 [the ~] 歓楽の道; 快楽の追求, 放蕩(とう) (★ Shakespeare「ハムレット」「マクベス」から).

prímrose yéllow 图 U 淡い緑がかった黄色, 淡黄色.

prim·u·la /prímjulə/ 图 〔植〕プリムラ (サクラソウ属の植物).

prímum mo·bi·le /práɪməmmóubəliː/ 图 (複 ~s) ❶ 〔天〕第十天 (中世のプトレマイオス (Ptolemy) の天文学で, 地球を取り巻く10個の同心円の最も外側の層; すべての恒星はこれに固着しており, 地球のまわりを24時間で1周するとされた). ❷ 原動力.

Pri·mus /práɪməs/ 图 〔商標〕プリムス (携帯用石油こんろ).

prin. (略) principal(ly); principle(s).

*__prince__ /príns/ 图 ❶ [しばしば P-] 王子, 皇子, 親王, プリンス: P- Charles チャールズ王子 / ⇒ crown prince. ❷ [しばしば P-] (大国に守られた公国・小国の)王, 君主, 公 (cf. principality 1): the P- of Monaco モナコ公. ❸ 〔英国以外の〕公爵 (cf. duke 1). ❹ 〔通例単数形で〕〔文〕(その道の)第一人者, 大家 〔*of*〕: a merchant ~ 豪商. **the Prince of Dárkness** 暗黒の君, 悪魔 (the Devil). **the Prince of Péace** 〔聖〕平和の君 (Jesus Christ のこと). **the Prince of Wáles** = Wales 公 〔F < L *princeps*, *princip-* 第一の地位を占める者 < *primus* first + *capere*, *capt*- 取る, つかむ; cf. prime¹, principal, principle〕

Prìnce Álbert 图 ❶ アルバート公 (⇒ Albert). ❷ C 〔米〕(長いダブルの)フロックコート.

Prince Chárming 图 魅力的な男性, 理想の男性.

prìnce cónsort 图 ❶ C (複 princes consort) (女王・女帝の)配偶の宮. ❷ [the P- C-] アルバート公 (⇒ Albert).

prínce·dom /-dəm/ 图 ❶ U,C prince の位[地位, 身分]. ❷ C 公国.

Prìnce Édward Ísland 图 プリンスエドワードアイランド (カナダ南東部 St. Lawrence 湾内の島で, 同国最小の州; 州都 Charlottetown; 略 PEI).

prínce·ling /prínslɪŋ/ 图 小公子; 幼君.

prínce·ly /prínsli/ 形 (-li·er; -li·est) ❶ A (比較なし) **a** 王子の, 皇子の, 王侯の. **b** 王子[王侯]らしい[にふさわしい]. ❷ **a** 豪壮な, りっぱな. **b** 威厳のある, 気品のある. **c** 〔金額・贈り物などのような〕, 豪勢な, たっぷりした. **prínce·li·ness** 图

prìnce róyal 图 (複 princes royal) 第1王子, 皇太子.

*__prin·cess__ /prínsəs, -ses | prìnsés, prínsəsˋ/ 图 ❶ [しばしば P-] 王女, 内親王: *P-* Anne アン王女 / ⇒ crown princess. ❷ [しばしば P-] 〔王[親王]妃; (公国・小国の)王妃: *P-* Diana ダイアナ妃. ❸ 〔英国以外の〕公爵夫人 (cf. duchess 1). ❹ 〔口〕わがままな若い女性. **the Princess of Wáles** = Wales 妃. ── 形 〔婦人服などがプリンセスラインの〕(ウエストラインに縫い目を入れないですそを広げ, しかも身体にぴったりさせた服にいう). 〔PRINCE + -ESS〕

Prince·ton /prínstən/ 图 プリンストン (New Jersey 州の中西部の町; Princeton 大学の所在地).

*__prin·ci·pal__ /prínsəp(ə)l/ 形 A (比較なし) ❶ 主な, 主要な, 第一の, 先頭に立つ (main): the ~ rivers of the world 世界の主要河川 / a ~ cause of the bankruptcy その破産の主な原因(の一つ). ❷ 〔商〕元金の. ❸ 〔文法〕重要な: **a** ~ clause 主節 (複数文の中でそれだけで独立した文になれる節; 例 *I'll go if it's fine.*; cf. SUBORDINATE clause) / a ~ verb 本動詞. ── 图 ❶ C [しばしば P-] **a** 校長, 〔英〕(大学の)学長・長官, 社長. ❷ [単数形で] 〔商〕元金; 基本財産: ~ and interest 元金と利子, 元利. ❸ C [しばしば複数形で](演劇・オペラの)主役, 主演者; (オーケストラの)第一奏者; 独演[奏]者. ❹ C 〔法〕[しばしば複数形で](代理人 (agent) に対して)本人. **b** (従犯 (accessory) に対して)正犯, 主犯: a ~ in the first [second] degree 第一級[二級]正犯. ❺ C 〔建〕主木, 主材. 〔F < L = 最初のもの < *princeps*; ⇒ prince〕

príncipal bóy 图 [the ~] 〔英〕(クリスマスのおとぎ芝居 (pantomime) で)男の主役 (通例女優が演じる).

prin·ci·pal·i·ty /prìnsəpǽləṭi/ 图 ❶ C 公国: the P- of Monaco モナコ公国. ❷ [the P-] 〔英〕ウェールズ (Wales) の俗称. ❸ [複数形で] 権天使(ごん) 〔九天使中の第7位; cf. hierarchy 4〕.

†__prín·ci·pal·ly__ /-pəli/ 副 第一に; 主に, 主として (chiefly, mainly).

prin·ci·pate /prínsəpèɪt, -pət/ 图 元首政, プリンキパトゥス (ローマ帝政前半の政体).

*__prin·ci·ple__ /prínsəpl/ 图 ❶ C,U (人の行動のための)主義, 根本方針: a guiding ~ 指導原理 / as a matter of ~ = by ~ 主義として (★ *of* [*by*] ~ には無冠詞) / on the ~ *of making* hay while the sun shines 好機を逃さないという主義で [+*that*] We adhere to [stick to, stand by] the ~ *that* peace can be attained. 我々は平和は達成できるという主義を固守する. ❷ C 原理, 原則: first ~s 第一原理 / the ~s of economics 経済学の原理 / [+*that*] The ~ was established *that* there should be an annual election for the post. そのポストを決めるには毎年選挙をするという原則が立てられた. ❸ C (科学上の)原理, 法則, (機械などが動く)原理, 仕組み: Archimedes' ~ アルキメデスの原理 / the ~ *of* the rotary engine ロータリーエンジンの仕組み. ❹ U 道義, 節操, 徳義: a person of ~ 節操のある人. ❺ C 本源, 本質; 素因; 原動力. **in príncíple** 原則として(は); 大体において(は); 原理的に(は): He agreed to the plan *in* ~. 彼は原則的に

principled 1422

はその案に賛成した. **on príncible** 主義として[に従って]；道徳的見地から: She supported the Opposition *on* ~. 主義に従って野党を支持した. 〖F＜L at first=初め；⇒prince〗

prín・ci・pled /-pld/ 形 ❶ 節操のある，道義に基づいた (↔ unprincipled)；主義[原則]に基づいた: His rejection of the proposal is ~. 彼がその申し出を断わったのは道義に基づいたものである. ❷ [複合語をなして] 主義が…の.

prink /prínk/ 動 ＝primp.

*__print__ /prínt/ 動 ❶ a ⟨本などを⟩印刷する；印刷して出版[発行]する；⟨新聞などが…を⟩掲載する，載せる: The publisher ~ed 4,000 copies of the book. 出版社はその本を4千部印刷した／The interview was not ~ed in the local press. その会見記事は地方紙には載らなかった. b ⟨印刷機・コンピューターなどが⟩⟨文字・写真などを⟩印刷する，プリントする: This machine can ~ 100 pages in a minute. この機械は1分間に100ページ印刷できる. ❷ 活字体[ブロック体]で書く，⟨…を⟩文字を続けずに書く: Please ~ your name and address clearly. 住所氏名は活字体ではっきり書いてください. ❸ ⟨写真を⟩焼き付ける: ~ a negative ネガを焼き付ける. ❹ [通例受身で] a ⟨印刷などを⟩⟨…に⟩押しつける，印する，押印する [*on, in*]. b ⟨布地などに⟩⟨…を⟩捺染する，⟨…の⟩模様をつける [*with*]. c ⟨心・記憶に⟩⟨…を⟩刻みつける，印象づける [*on, in*]: The scene is ~*ed on* my memory. その光景は私の脳裏に焼き付いている. ── ❶ 印刷する；⟨コンピューターで⟩印刷される. ❷ 文字を続けずに[活字体で]書く. ❸ 写真を焼き付ける. **prínt óut** [**óff**] ⟨働＋副⟩〖電算〗⟨…を⟩印刷する，プリントアウトする 〖cf. printout〗.

── 名 ❶ Ⓤ a 印刷: appear in ~ 出版される／get into ~ (新聞などに)掲載される；印刷物になって発表される／put…into ~ …を印刷[出版]する. b 印刷の字体，活字: in large [small] ~ 大活字[小活字]の印刷になって／fine print. ＝fine print. (特に)新聞，雑誌. ❷ Ⓒ a 版画(木版・石版など): a ~ by Hiroshige＝a Hiroshige ~ 広重の版画. b 〖写〗陽画，プリント: a color ~＝color 写／I'd like five more ~s. もう5枚焼き増ししてください. c (映画フィルムの)上映用複製. ❸ Ⓒ a 跡，痕跡: the ~ of a bicycle tire on the sand 砂の上の自転車のタイヤ跡／footprint, fingerprint. b [通例複数形で] ⟨口⟩指紋 (fingerprint). c [通例単数形で]印象，名残，影響 [*on, in*]. ❹ Ⓤ,Ⓒ 捺染布，プリント地: cotton ~ 綿プリント. ❺ Ⓒ 押して作ったもの. in **print** 活字になって；出版されて；⟨本など⟩入手可能で，絶版でなくて. **òut of prínt** 絶版で.

── 形 Ⓐ 印刷物[新聞]の: the ~ media 新聞媒体. ❷ プリント地の: a ~ dress プリント生地のドレス. 〖F＜L *premere* 押す cf. press¹〗

prínt・a・ble /prínṭəbl/ 形 ❶ 印刷できる；出版価値のある. ❷ [通例否定文で] 印刷[出版]してもさしつかえない (↔unprintable).

prínt・ed círcuit /-ṭid-/ 名 〖電〗プリント配線.

prínted mátter 名 Ⓤ 印刷物 ⟨用法⟩郵便で特別料金の扱いを受ける).

prínted pápers 名 ⟨英⟩＝printed matter.

prínted wórd 名 [the ~] 新聞[雑誌など]に書かれたこと，「活字」: the power of *the* ~ 活字の力.

*__print・er__ /prínṭɚ/ -tə-/ 名 ❶ a 〖電算〗プリンター. b 印字機. ❷ a 印刷屋，印刷業者. b 印刷工. ❸ ⟨写⟩焼き付け器.

prínter's márk 名 印刷所の標章，印刷所[出版社]マーク.

print・er・y /prínṭəri/ 名 印刷所.

prínt・hèad 名 〖電算〗(プリンターの)印字ヘッド.

*__print・ing__ /prínṭɪŋ/ 名 ❶ Ⓤ 印刷(術，業). ❷ Ⓒ 印刷物(部数)；刷；「版」: a first ~ of 100,000 copies 初刷10万部. ❸ Ⓤ (手書きの)活字体. ── 形 Ⓐ 印刷(上)の: a ~ error 誤植.

prínting hòuse 名 印刷所.

prínting ìnk 名 Ⓤ 印刷用インク.

prínting machìne 名 ⟨英⟩印刷機.

prínting òffice 名 印刷所: a government ~ 印刷局.

prínting prèss 名 印刷機.

prínt・màker 名 版画制作者. **prínt・màking** 名

prínt・òut 名 〖電算〗プリントアウト；印字されたもの (cf. PRINT out 成句).

prínt rùn 名 (本・新聞などの)1回の刷り部数.

prínt・shòp 名 ❶ 印刷所. ❷ 版画店.

prínt・wòrks 名 (働 ~) 捺染(なっせん)工場.

pri・on¹ /práɪɒn | -ɔn/ 名 〖鳥〗クジラドリ ⟨南極海域産；ミズナギドリ科⟩.

pri・on² /prí:ɒn | -ɔn/ 名 〖生〗プリオン ⟨クロイツフェルト ヤコブ病 (Creutzfeldt-Jakob disease) など神経系を冒す感染症の病原体とされる，核酸をもたないたんぱく質性粒子⟩.

*__pri・or¹__ /práɪɚ | práɪə/ 形 Ⓐ (比較なし) ❶ (↔posterior) ⟨時間・順序が⟩前の，先の (previous): a ~ engagement 先約／~ consultation 事前協議. ❷ より重要な，優先する: a ~ claim 優先権. ── 副 ⟨次の成句で⟩. **príor to…** ⟨前置詞的に⟩…より前に，より先に: Everything was ready ~ *to* their arrival. 彼らが到着する前にすべて準備は整っていた. ── 名 ⟨口⟩前科. 〖L＝より前の〗 (priority)

pri・or² /práɪɚ | práɪə/ 名 [しばしば P~] 小修道院長 (cf. priory)；修道院次長. **--ship** 名

pri・or・ess /práɪərəs | praɪərés, práɪərəs/ 名 [しばしば P~] 女子小修道院長；女子修道院の次長. 〖PRIOR²＋-ESS〗

pri・or・i・tize /praɪɔ́:rətàɪz | -ɔ́r-/ 動 ⟨…を⟩優先する，⟨…に⟩優先権を与える.

*__pri・or・i・ty__ /praɪɔ́:rəṭi | -ɔ́r-/ 名 Ⓒ 優先な[すべき]もの，〖…に⟩より〗優先(すること)；優先権，先取権: a first [top] ~ 最優先(事項)／(a) high [low] ~ 優先[非優先](事項)／get one's *priorities* right どれが優先事項かを正しく見極める／give ~ *to*… …を優先する／Your claim has [takes] ~ *over* his. あなたの請求のほうが彼の請求より優先する. ❷ Ⓒ (自動車の進行上の)優先権. ❸ Ⓤ (時間・順序が)前[先]であること. 形 prior¹)

prióritý màil 名 Ⓤ ⟨米⟩優先郵便 ⟨速達扱いされる⟩.

*__pri・o・ry__ /práɪəri/ 名 小修道院 ⟨独立のものと, abbey の下位のものとがある；その長が prior または prioress⟩.

prise /práɪz/ 動 ＝prize³.

prism /prízm/ 名 ❶ 〖光〗プリズム. ❷ 〖数〗角柱: a regular ~ 正角柱／a triangular ~ 三角柱. 〖L＜Gk; 原義は「のこぎりで切られたもの」〗

pris・mat・ic /prɪzmæṭɪk/ 形 プリズム (prism) の，分光の: ~ colors スペクトルの7色／~ binoculars [glasses] プリズム式双眼鏡. **pris・mát・i・cal・ly** /-tɪkəli/ 副

pris・moid /prízmɔɪd/ 名 〖数〗角錐台. **pris・moi・dal** /prɪzmɔ́ɪdl/ 形

*__pris・on__ /prízn/ 名 ❶ Ⓒ 刑務所；拘置所 (jail): a state ~ ⟨米⟩州立刑務所. ❷ Ⓤ 刑務所入り；投獄；拘置: be in ~ 在監中である／break (out of) [escape from] ~ 脱獄する／cast…into [put…in [into]] ~ …を投獄する／go [be sent] to ~ 投獄される／be released from ~ 出所する. 〖F＜L＝捕らえること *prehendere*, *prehens*- つかむ; cf. apprehend, comprehend, enterprise, surprise〗

príson brèaker 名 脱獄者.

príson brèaking 名 Ⓤ 脱獄 (行為).

príson càmp 名 捕虜収容所.

*__pris・on・er__ /príz(ə)nɚ| -nə/ 名 ❶ 囚人，在監者；被告人: a state ~＝PRISONER of State 成句. ❷ (戦争などの)捕虜 (captive): a ~'s camp 捕虜収容所／take a person ~ 人を捕虜にする／hold a person ~ 人を捕虜にしておく. ❸ 捕らえられた[自由を奪われた]もの: You're a ~ *of* your past. 君は過去のとりこになっている. **prísoner of cónscience** 良心の囚人 (政治犯・思想犯など). **prisoner of State** 国事犯. **prisoner of wár** 捕虜 (略 POW).

prísoner's báse 名 Ⓤ 陣取り遊び.

pris・sy /prísi/ 形 (**pris・si・er**; **-si・est**) ⟨人が⟩(潔癖で)やかまし屋の，こうるさい. **prís・si・ly** /-səli/ 副 **-si・ness** 名

Priš・ti・na /príʃtɪnə/ プリシュティナ ⟨Serbia 共和国

南部 Kosovo 地方の中心都市).

†**pris‧tine** /prístiːn/ 形 ❶ 真新しい, 新品同様の; 汚されていない, 素朴な. ❷ 初期の, 原始時代の.

prith‧ee /príðiː/ 間 (古) 願わくは, 何とぞ (please).

*‡**pri‧va‧cy** /práivəsi | prív-, práiv-/ 名 U プライバシー (私生活や私事を他人に侵害されたり, 人目にさらされたりしない状態); 私生活, 私事: the right to ~ プライバシーの権利 / disturb [invade, intrude on] a person's ~ 人の私生活をじゃまする[を侵害する, に立ち入る] / protect a person's ~ 人のプライバシーを守る[保護する]. ❷ 秘密, 内密. 形

*‡**pri‧vate** /práivət/ 形 (more ~; most ~) ❶ 名 (比較なし) 私的な, 個人に属する; 私用の; 個人の (↔ public): a ~ car 自家用車 / a ~ house (店舗・事務所などに対して)民家 / a ~ room 私室, 個室 / a ~ beach 私有地の海岸 / one's ~ life 私生活 / in my ~ opinion 私個人の意見では / in a ~ capacity 個人の資格で. ❷ a 内密の, 秘密を守る: one's most ~ secrets ひそかに胸に秘めた秘密 / Please keep this ~. どうかこれは内密にしておいてください. b (会話などが)内輪(だけ)の: ~ affairs ないしょ事 / a ~ letter 親展書. c 非公開の, 非公式の: ~ papers 手記 / a ~ view (一般公開前の)内覧 / a ~ wedding 内輪の結婚式 / P-~ (掲示)(関係者以外)立入禁止. ❸ (比較なし) 私立の, 民間の, 私設の, 私有の (↔ public): a ~ educational institution 私立の教育機関 / a ~ railway 私鉄, 民営鉄道. ❹ a 人なつこさを好む, 非社交的でない. b (場所など)人目につかない, 静かな, 落ち着ける (↔ public). c 〈人や人にじゃまされない, 落ち着ける. ❺ 名 (比較なし) 官職を持たない, 平民の: a ~ citizen (官職を持たない)市民 / return to ~ life (公職を離れて)一市民の生活に戻る. ── 名 ❶ 兵, 兵卒. ❷ [複数形で] (口) 陰部 (private parts). **in private** 内証で; 非公式に (↔ in public). 【L=一人になった〈privus 一つ[一人]の〉の, 単一の; cf. privilege】 派 privacy, privatize)

private bill 名 個別法律案 (特定個人・法人に関する法案; cf. public bill).

private cómpany 名 (英) 私会社 (株式の譲渡が制限され, 社員数 50 人以下で, 株式や社債の公募が禁じられている会社; cf. public company).

†**private detéctive** 名 私立探偵.

private educátion 名 U 私教育 (公教育に対し, 個人・私的団体などの発意によって行なわれる教育).

†**private énterprise** 名 U 民間[個人]企業, 私企業.

pri‧va‧teer /pràivətíər | -tíə/ 名 ❶ (昔の)私掠船(戦時に敵船捕獲の免許を得た民有武装船). ❷ a 私掠船の船長. b [複数形で] 私掠船の乗員.

†**private éye** 名 (口) 私立探偵 (private detective).

private first cláss 名 ❶ (米軍)上等兵. ❷ (米海兵)兵卒.

private hotél 名 (英) (知人・被紹介者以外は泊めない)特定ホテル.

private íncome 名 C,U =private means.

private invéstigator 名 =private detective.

private láw 名 U 私法.

†**pri‧vate‧ly** /práivətli/ 副 ❶ ひそかに, 非公開で; 心の中で, 言葉に出さずに: I want to speak to you ~. 他人を入れずにお話ししたい. ❷ 個人で, 個人として: a ~ owned bus company 個人所有[民営]のバス会社.

private méans 名 U (投資などによる)不労所得.

private médicine 名 U (主に英) 自己負担医療.

private mémber 名 (英) (閣僚でない)平(?)議員, 非閣僚議員.

private núisance 名 (法) 私的不法妨害 (cf. public nuisance).

private párts 名 複 (婉曲) 陰部.

private pátient 名 (主に英)(国民健康保険の適用を受けない)医療費自己負担の患者.

private práctice 名 U ❶ (医師などの)個人開業. ❷ U C (英) 国保適用外の診療.

†**private schóol** 名 私立学校: a (米) 州の援助を受けないか, またはその額の少ない学校. b (英) 授業料のみによって

1423 prize

維持されている学校.

private sécretary 名 ❶ 個人秘書. ❷ (大臣の)私設秘書.

*‡**private séctor** 名 [the ~] (国の経済の)民間部門 (↔ public sector).

private sóldier 名 兵卒.

private wár 名 私闘: a 個人・家族間で行なわれる戦争行為. b 自国政府の承認なしに他国の成員と始める戦争行為.

pri‧va‧tion /praivéiʃən/ 名 ❶ U C (生活必需品などの)欠乏, 窮乏: suffer many ~s いろいろの窮乏を経験する. ❷ C (生きるのに大切なものの)喪失, 奪取, 没収.

pri‧vat‧ism /práivətìzm/ 名 U 私生活中心主義, 個人主義.

priv‧a‧tive /prívətɪv/ 形 ❶ (ある性質の)欠如を示す, 欠乏の. ❷ (文法)〈接辞などが〉欠性を示す, 否定の. ~**‧ly** 副

*‡**pri‧va‧ti‧za‧tion** /pràivətizéiʃən | -taiz-/ 名 U (企業などの)民営化 (of).

*‡**pri‧vat‧ize** /práivətàiz/ 動 〈企業などを〉民営化する, 非国有化する (denationalize). ── 〜 する, nationalize): The transport system is going to be ~d. 交通機関は民営化されることになっている. (形 private, 名 privatization)

priv‧et /prívɪt/ 名 U (植) イボタノキ (★よく生け垣に使われる).

*‡**priv‧i‧lege** /prív(ə)lɪdʒ/ 名 ❶ C,U 特権 (官職などに伴う)特権, 特典, 特別の利益: the ~s of birth 名門の特権 / abuse a ~ 特権を悪用する / Our members have the ~ of using the parking lot. 本会々員はその駐車場を利用できる特典がある (cf. 2). b (議員が議会中で受けることなく自由に発言・行動できる)特権: a breach of ~ 特権濫用. ❷ [単数形で] (個人的な恩典, (特別な)名誉, 光栄: It was a ~ to attend the ceremony. その式典に列席することは特別な名誉だった / She had the ~ of meeting the President. 彼女は大統領と面会する光栄に浴した (cf. も) / "Thank you very much." "It's my ~." 「どうもありがとう」「こちらこそ光栄です」. ❸ [the ~] (基本的人権による)権利, (法) 秘匿特権: the ~ of citizenship 公民[平等]権. ❹ C (株式の)特権売買, オプション. ── 動 〈...に〉特権を与える (⇒ privileged 1). 【F〈L = 個人のための法律〈L privus 個人の+lex, leg- 法律: cf. private, legal】

*‡**priv‧i‧leged** /prív(ə)lɪdʒd/ 形 ❶ 特権[特典]のある: the ~ classes 特権階級. ❷ P 〈...して光栄で (honored): [+to do] We are very ~ to have you with us today. 今日はあなた[皆さん]においでいただいて大変光栄です. ❸ (法) 〈情報など〉秘匿特権(付)の (法廷での証言などを拒否できる).

priv‧i‧ty /prívəti/ 名 U (法) 当事者関係, 同一の権利に対する相互の関係.

*‡**priv‧y** /prívi/ 形 P (priv‧i‧er; -i‧est) 内々関与[関知]して; 口外 秘密の: I was ~ to the secret. 私は内々その秘密を知っていた. ── 名 (古風) (特に, 水洗でない)便所; 屋外便所. **priv‧i‧ly** /prívɪli/ 副 【F〈L; PRIVATE と同語源】

Prívy Cóuncil 名 [the ~; 集合的; 単数または複数扱い] (英) 枢密院 (国政に関する国王の顧問官の集合体; 現在名誉職; 略 PC).

Prívy Cóunsellor [Cóuncillor] 名 (英) 枢密顧問官 (略 PC).

Prívy Púrse 名 [the ~; しばしば p- p-~] (英) 国王のお手元金.

Prívy Séal 名 [the ~] (英) 王璽(ｵｳｼﾞ) (国璽 (great seal)を要しない書き付けなどに以前用いた). **the Kéeper of the Prívy Séal** (英) 王璽尚書.

prix fixe /priːfíːks | -fíːks/ 名 定食 (通例 フルコースの); 定食の料金. 【F=fixed price】

*‡**prize**[1] /práiz/ 名 ❶ a 賞, ほうび, 賞品, 賞金 (★ reward は業務・努力などに対する報酬; award は審査員などの慎重な検討の結果与えられる賞): the Nobel P-~ for

literature ノーベル文学賞 / win [get, take] a ~ at an exhibition 展覧会で賞を得る / be awarded [given] a ~ for perfect attendance 皆勤賞を授けられる. **b** 《くじなどの》景品, 懸賞(金): draw a ~ in a lottery 福引きで当たりくじを引く. ❷ 努力して手に入れる(に値する)もの, 貴重なもの: the ~s of life 人生の目的とするもの《富・名誉など》/ Good health is an inestimable ~. 健康は無上の宝である. ── 形 A ❶ **a** 賞品として得た[与えられる]: a ~ cup 賞杯 / a ~ medal 優勝メダル. **b** 入賞[入選]した: a ~ bull 品評会で入選した雄牛 / a ~ novel 入選小説. **c** 懸賞付きの: a ~ contest 懸賞コンクール. ❷ 貴重な, 重要な, 価値ある: a person's ~ asset 人の貴重な財産 / ~ evidence 重要な証拠. ❸ 賞品を得るにふさわしい, すばらしい; まったくの: a ~ idiot 《口》(ほうびでもやりたいほどの)大ばか者. ── 動 他 [しばしば受身で]《…を》重んずる, 尊ぶ 《treasure; cf. prized》: He is ~d for his good sense. 良識があるので彼は高く評価されている. 〖PRICE の別形〗

prize² /práɪz/ 名 ❶ 拿捕(だほ)船; 捕獲物[財産], 戦利品. ❷ 掘り出し物. 〖F＝勝ち取ったものⓁ prehendere つかむ; cf. prison〗

prize³ /práɪz/ 他 《主に英》❶ [副詞(句)を伴って]《…をてこで上げる[動かす]: ~ up [off] a lid ふたをこじあける[こじあけて開ける] / a stone from a horse's hoof 馬のひづめから小石をこじり取る / a door open ドアをこじあける. ❷ 〈秘密などを〉探り出す, 聞き出す: ~ information out (of a person) (人から)情報を探り出す. 〖F ↑〗

príze cóurt 名 戦時捕獲審判所.

prized 形 A 重要な, 価値ある, 貴重な: my most ~ possessions 私にとってかけがえのない大事なもの.

prize day 名 [しばしば P- D-] (学校で)年間学業優秀賞授与日.

prize-fight 名 プロボクシングの試合.

prize-fighter 名 プロボクサー.

prize-fighting 名 Ⓤ プロボクシング; (昔の)ボクシングの懸賞試合.

prize-giving 名 ❶ 賞品[金]授与式, 表彰式. ❷ ＝prize day.

prize-man /-mən/ 名 (複 -men /-mən/) 《英》(大学で)優等賞受賞学生.

prize mòney 名 Ⓤ 懸賞金, 賞金.

prize ring 名 プロボクシング試合場[リング].

prize-winner 名 受賞者; 受賞作.

prize-winning 形 受賞[入賞]した.

***pro¹** /próʊ/ 名 (口) (複 ~s /-z/) プロ, 専門家, 本職, 職業選手, くろうと. ── 形 プロの, 専門の, 本職の, 職業選手の, くろうとの: turn [go] ~ プロになる. 〖PROFESSIONAL〗

pro² /próʊ/ 前副 (…に)賛成して, (…を)支持して: ~ and con 賛否両様に. ── 名 賛成; 賛成論(者), 賛成投票(者) (↔ anti): the ~s and cons 賛否両論. 〖L＝…のために〗

pro³ /próʊ/ 名 《英口》 売春婦. 〖PROSTITUTE〗

PRO /píːɑːróʊ | -ɑː(r)óʊ/ 《略》public relations officer.

pro-¹ 接頭 ❶ /proʊ/ **a** …の代わりに, 副…: *procathedral* 大聖堂代用の教会 / *pronoun* 代名詞. **b** …賛成の, …びいきの (↔ anti-): *pro*-American アメリカびいきの / *pro*government 政府支持の. ❷ /prə, proʊ/ [ラテン語生来の接頭辞として] **a** 「出す」: *produce*. **b** 「前へ」: *proceed*. **c** 「前の」: *profane*. **d** 「代わり」: *proconsul* / *proverb*. **e** 「公に」: *proclaim*. **f** 「に応じて」: *proportion*. 〖Ⓛ pro before, for, to＜Gk pro before〗

pro-² /prə, proʊ, proʊ/ 接頭 前…(用法 科学用語に用いる): *prognathous, prognosis*. 〖L & Gk ↑〗

pro·a /próʊə/ 名 ＝prau.

pro·àctive 形 先を見越して行動する[行なう]. ~·ly 副 -activity 名

pro-am /próʊǽm/ 名 プロアマ合同参加競技.

prob /prɑ́b | prɔ́b/ 名 (口) ＝problem. **nó próbs** (口) 問題なし, 大丈夫だ.

prob·a·bi·lis·tic /prɑ̀bəbəlístɪk | prɔ̀b-/ 形 見込みの[に]基づく.

***prob·a·bil·i·ty** /prɑ̀bəbíləti | prɔ̀b-/ 名 ❶ ⓊⒸ ありそうなこと, 起こりそうなこと; 〈…という〉見込み, 公算 〖比較〗実現性は possibility よりも強く, certainty よりは弱い: Is there any ~ of his coming? 彼が来る見込みはありますか / [+*that*] There's every [no] ~ *that* he will agree with us. 彼が我々に同調するということは大いにありそうなことだ[とてもありそうもないことだ] / There's a high ~ *that* there will be a big earthquake within the next few years. 今から5年以内に大地震が起こる可能性が高い. ❷ Ⓒ あり[起こり]そうな事柄: It's a ~. それは起こりうることだ / The ~ is that she will forget it. どうも彼女はそのことを忘れそうだ. ❸ 〖数〗 Ⓒ 確率 (cf. probability theory). ❹ Ⓤ 〖哲〗 蓋然(がいぜん)性. **in áll probábility** たぶん, きっと: *In all ~,* the employment situation will improve next year. きっと来年は就職状況はよくなるだろう. (形 probable)

***prob·a·ble** /prɑ́bəbl | prɔ́b-/ 形 (more ~; most ~) 〈確実ではないが〉ありそうな, 起こりそうな, まず確実な; たぶん…だろう (↔ improbable, unlikely): the ~ cause of the fire 今の火事の確からしい原因 / a ~ candidate 予想される候補者 / It's conceivable, but hardly ~. それは考えられぬことはないが, まずありそうもない / It's ~ that he will succeed. 彼はたぶん成功するだろう[することはないだろう] 〖比較〗 He is ~ to succeed., It is ~ for him to succeed. とは言わない. 〖変換〗 He will probably succeed. と書き換え可能. ── 名 ❶ 予想される(立)候補者, 予想される選手[出場者]. 〖F＜L *probare* 認める (cf. prove) +-ABLE〗 (名 probability) 【類義語】probable まったく確実とはいえないが, 十分にそのとおりであると考えられる. possible 可能性が比較的低い. likely probable と possible の中間.

próbable cáuse 名 Ⓤ 《米》〖法〗(犯罪を処罰しあるいは訴権の存在を認めるに足る)相当の根拠, 相当な理由.

***prob·a·bly** /prɑ́bəbli | prɔ́b-/ 副 (more ~; most ~) [文修飾] たぶん, おそらく, 十中八九は: He ~ misses you. 彼はおそらく君を恋しく思っているだろう / I'll ~ be a little late. たぶん少し遅れるだろう / "Will you come?" "P- [P- not]." 「行くかい?」「たぶんね[おそらくだめかも]」. 【類義語】⇒ perhaps.

pro·band /próʊbænd/ 名 発端者 《遺伝形質の家系調査をする場合, 家系を発見するきっかけとなった個人》.

pro·bang /próʊbæŋ/ 名 〖医〗咽喉[食道]消息子, プロバング.

pro·bate /próʊbeɪt/ 名 ❶ Ⓤ 〖法〗 遺言検認(権): a ~ court (遺言)検認裁判所 / apply for [grant] ~ 遺言検認を申請する[を与える]. ❷ Ⓒ 検認済みの遺言書. ── 他 ❶ 《米》〈遺言書を〉検認する. ❷ 〈執行猶予の者を〉保護観察に付する. 〖L＝認める; cf. prove〗 (名 probation)

***pro·ba·tion** /proʊbéɪʃən, prə-/ 名 Ⓤ ❶ 〖法〗 執行猶予; (執行猶予中の)保護観察: place [put] a person on [under] two years' ~ 人を2年間保護観察に付する. ❷ 見習い期間, 実習(期間), 仮採用(期間). ❸ 《米》(失格・処罰中の)仮及第期間. **on probátion** (1) 執行猶予[保護観察]で. (2) 試験勤務[見習い]中で, 仮採用で. (3) 《米》仮及第中で. (動 probate)

pro·ba·tion·ar·y /-ʃənèri | -ʃ(ə)nəri/ 形 A ❶ 見習い(期間)の, 仮採用の. ❷ 〖法〗 執行猶予[保護観察]中の.

pro·ba·tion·er /-ʃ(ə)nə | -nə/ 名 ❶ 執行猶予中の被告(人). ❷ 見習い[試用期間]中の人.

⁺**probátion òfficer** 名 保護観察官, 保護司.

pro·ba·tive /próʊbətɪv/ 形 証明[立証]する, 証拠を提供する.

***probe** /próʊb/ 名 ❶ 厳密な調査, 徹底的な追究[探求] (*into*). ❷ (傷・穴などの深さを調べる)探り, ゾンデ. ❸ 宇宙探査用装置[ロケット]: a lunar ~ 月探査装置 / ⇒ space probe. ── 他 〈真相などを〉追究する, 突き止める, 〔…に〕探りを入れる, メスを入れる: ~ *into* the cause of a crime 犯罪の原因を探究する. ― [他] ❶ 〈…を〉厳密に調べる: ～ a person's feelings 人の感情を探ってみる. ❷ 〈…を〉探り針で探る; 〈…を〉探る, 調べる: He *～d* the wound with his finger. 彼は傷口を指で探ってみた. 〖L =証明 < *probare* ためす, 認める; cf. prove〗

prób·ing [名] [U] 厳密な調査. ― [形] 厳密[徹底的]な. **～·ly** [副]

pro·bi·ty /próʊbəṭi/ [名] [U] 廉潔, 誠実, 正直.

⁑**prob·lem** /prάbləm, -lem | prɔ́b-/ [名] ❶ (特に, 解決の難しい)問題, 難問: a financial ～ 財政問題 / a weight ～ 体重[肥満]の問題 / a housing ～ 住宅問題 / the ～ of refugees [reorganizing a company] 難民[会社再編]問題 / have a ～ with…に問題がある / The ～ is (that)… 問題は…である / We must discuss the ～ of how to prevent war. いかにして戦争を防止すべきかという問題を検討しなければならない. ❷ (試験などの)問題: solve a difficult ～ 難問を解く《[比較] question には answer を用いる》. ❸ [通例単数形で] 扱いにくい人, 問題児; 悩みの種. **Do you hàve a próblem with thàt?** 《口》何か問題があるのか, 何が不満なのか. **Nó próblem.** 大丈夫だ, いいとも, OK だ; [お礼や謝罪の返事として] どういたしまして. **Thàt's [It's] nót my próblem.** 《口》私には関係ないことだ. **Thàt's yóur pròblem.** 《口》君の問題だ, 私の知ったことではない. **Whát's your próblem?** 《口》どうしたのかね, どうしてわけのわからないことを言うのかね. ― [形] [A] 問題になる, 手に負えない: a ～ child 問題児. 〖F < L < Gk =前に投げられた(もの) < PRO-² + *ballein* 投げる (cf. symbol)〗 ([形] problematic) 【類義語】⇨ question.

⁺**prob·lem·at·ic** /prὰbləmǽṭɪk | prɔ̀b-⁻/ [形] 問題の[となる], 問題を含む; 疑わしい, 不確かな (↔ unproblematic). ([名] problem)

pròb·lem·át·i·cal /-ṭɪk(ə)l⁻/ [形] =problematic. **～·ly** /-kəli/ [副]

prob·le·ma·tize /prάbləmətàɪz | prɔ́b-/ [動] [他] 問題化する, 問題とみなす. **prob·le·ma·ti·za·tion** /prὰbləməṭɪzéɪʃən | prɔ̀bləmətaɪz-/ [名]

próblem-sòlving [名] [U] 問題解決 《問題に直面したとき, いろいろな手段を検討し, 正しい方法を発見して解決にいたる過程》.

pro bo·no /pròʊbóʊnoʊ/ [副] [形] 公共の利益のために[の], 公益のために(活動する) 《弁護士が無償または低額で法的サービスを提供する場合にいう》.

prò bó·no púb·li·co /-pʌ́blɪkòʊ/ [副] 公共の利益[公益]のために.

pro·bos·cis /prəbάsɪs | -bɔ́s-/ [名] ([複] ～**·es, -ci·des** /-sədìːz/) ❶ (ゾウなどの長くて動く)鼻. ❷ (昆虫などの)吻(ふん). ❸ 《戯言》(人間の)大きい鼻.

probóscis mónkey [名] 〔動〕テングザル.

pro·caine /próʊkeɪn/ [名] [U] 〔薬〕プロカイン 《局所麻酔薬》.

pro·car·y·ote /proʊkǽriòʊt/ [名] =prokaryote.

⁺**pro·ce·dur·al** /prəsíːʤ(ə)rəl/ [形] 手順の; 手続き(上)の.

***pro·ce·dure** /prəsíːʤə | -ʤə/ [名] ❶ [C,U] (進行・行動の)手続き, 手順, 順序; 進行: follow standard ～ 手順どおりにやる; (所定の)手続きをふむ / What's the ～ *for* obtain*ing* a visa? ビザを入手する手続きはどうなっていますか. ❷ [C,U] 訴訟手続き, 議事手続き: legal ～ 訴訟手続き / (a) parliamentary ～ 議事運営手続き. ❸ [C] 手術. ❹ 〔電算〕=subroutine. 〖F ↓; ⇨ -ure〗

***pro·ceed** /prəsíːd, proʊ-/ [動] [自] ❶ (中断後)〔…を〕続ける, 続けて〈…〉する (continue): After a pause the runner *～ed*. ひと休みした後, 走者はまた走り続けた / The speaker drank a glass of water and then *～ed with* his speech. 演説者は水を 1 杯飲み, それからまた演説を続けた / 〔+*to* do〕 She *～ed to* tell the whole story. 彼女はさらに話を進めて一切合切を語った. ❷ 〈物事が〉進行する, 進む: Preparations are *～ing* on schedule. 準備は計画どおり進んでいる. ❸ **a** [副詞(句)を伴って] (…へ)さらに進む, おもむく: She *～ed downstairs*. 彼女は階下へ下りていった / Please ～ *to* gate 10. 10 番ゲートへお進みください / The explorers *～ed to* the regions of snow and ice. 探検隊はさらに氷雪地帯へと向った. **b** (あることから)〔…に〕移る, 進む: May we ～ *to* the next item on the agenda? 次の協議事項に移ってよろしいでしょうか. ❹ 〔…から〕発する, 生ずる, 由来する: All these evils ～ *from* war. すべてこれらの弊害は戦争から生じてくる. ❺ 〔法〕〔…を〕訴える〔*against*〕. ❻ 《英古風》より高い地位[教育機関(など)]へと進む 〔*to*〕. 〖F < L =前進する < PRO-¹ + *cedere, cess-* 行く (cf. cease)〗 ([名] process¹, procession)

pro·ceed·ing /prəsíːdɪŋ, proʊ-/ [名] [通例複数形で] ❶ 〔法〕訴訟手続き[行為]: summary *～s* 略式(裁判)手続き / take [initiate] (legal) *～s* (against…) (…を相手取り)訴訟を起こす. ❷ (事の)成り行き, (一連の)出来事: watch the *～s* 事の成り行きを見守る / control the *～s* 事態の進行を制御する. ❸ [しばしば P～] 議事録, 会報, (学会の)大会論文集〔*of*〕.

pro·ceeds /próʊsiːdz/ [名] [複] 売上高, 収入, 収益〔*from*〕: net ～ 純利益.

⁑**proc·ess¹** /prάses, próʊ-, -səs | próʊs-, prɔ́s-/ [名] ❶ 過程, 経過; 成り行き, 進行: the ～ *of* history 歴史の進行[歩み] / the ～ *of* digestion 消化過程 / Political reform will be a difficult ～. 政治改革は困難な道程をたどることだろう. ❷ (ものを造る)方法, 手順, 工程, 処置: The ～ *for* [*of*] mak*ing* steel is complex. 鋼鉄を造る工程は複雑だ. ❸ 〔法〕訴訟手続き; 令状: serve a ～ on …に令状を送達する. ❹ 〔解・動・植〕突起, 隆起. ❺ 〔印〕写真製版術. **in prócess** 進行中で. **in prócess of tíme** 時がたつにつれて, そのうちに. **in the prócess** その過程で. **in (the) prócess of**…が進行中である: *in* ～ *of* construction 建築[工事]中で / They were *in the* ～ *of* form*ing* a plan. 彼らは計画を立案中であった. ― [形] [A] ❶ 写真製版による: ～ printing 原色版印刷. ❷ (化学的に)処理加工した (processed). ― [動] [他] ❶ **a** 〈食品を〉加工(貯蔵)する. **b** 〈原料・廃物などを〉化学的に(加工)処理する. ❷ 〔電算〕〈情報・データを〉処理する: ～ information 情報を処理する. ❸ 〈人・ものを〉一定の手順に従って処理[調査]する: ～ new immigrants 新しい移民を調べる / ～ insurance claims 保険の請求を調査する. ❹ 〈フィルムを〉現像する. ❺ 《米》〈縮れた髪を〉(薬品で)まっすぐにする. 〖F < L =前進〗 ([動] proceed)

pro·cess² /prəsés/ [動] [自] [副詞(句)を伴って] 行列して歩く, 練り歩く. 〖PROCESSION からの逆成〗

próc·essed chéese [名] [U] プロセスチーズ.

próc·ess·er /-sə | -sə/ [名] =processor.

próc·ess·ing [名] [U] 加工: food ～ 食品加工.

***pro·ces·sion** /prəséʃən/ [名] ❶ [C] 行列: a wedding [funeral] ～ 婚礼[葬儀]の行列 / A ～ *of* graceful swans sailed majestically past. 優美な白鳥が列をなして堂々と(水の上を)すべっていった. ❷ [U] (行列の)行進, 進行: go [walk, march] in ～ 行列を作って行く[歩く, 行進する]. ([動] proceed)

pro·cés·sion·al /-ʃ(ə)nəl/ [形] [A] 行列(用)の, 行進の: a ～ march 行列行進 / a ～ route 行進のルート. ― [名] 〔キ教〕 ❶ 行列式書. ❷ 行列聖歌.

***proc·es·sor** /prάsesə, próʊ- | próʊsesə, prɔ́s-/ [名] ❶ 〔電算〕処理装置, プロセッサー: a central ～ 中央処理装置 / ⇨ word processor. ❷ フードプロセッサー 《食品を高速で切ったり, つぶしたり, 砕いたりする電動器具》. ❸ (食品)加工業者; フィルム現像業者. ❹ 書類処理者.

prócess sèrver [名] 〔法〕令状送達者, 執行官.

pro·cès-ver·bal /prάseɪvəbάːl | próʊseɪvəː-/ [名] ([複] **-ver·baux** /-vəbóʊ | -vəː-/) ❶ (議事)報告書, 公式記録. ❷ 〔フランス法〕調書.

prò-chóice [形] 妊娠中絶合法化支持の (↔ anti-choice; cf. pro-life). **prò-chóic·er** [名]

***pro·claim** /prəkléɪm, proʊ-/ [動] [他] ❶ 〈…を〉宣言する; 公布する: Peace was *～ed*. 平和[休戦]が布告された / 〔+*that*〕 The Government *～ed that* traitors would be shot. 政府は反逆者は銃殺に処せられると宣言した / 〔+目+(*to be*)補〕 The people *～ed* him (*to be*) a national hero. 国民は彼を国民的英雄だと宣言した. ❷ 〈もの・事が〉〈…を〉示す: His face *～ed* his sincerity. 顔を見れば彼

[P]

proc·la·ma·tion /ˌprɑkləméɪʃən | ˌprɔk-/ 图 ❶ 宣言, 布告, 発布: a ~ of war 宣戦布告. ❷ 〔C〕声明書, 宣言書: issue [make] a ~ 声明書を出す, 声明を発する. (動 proclaim)

pro·clit·ic /proʊklítɪk/ 〘文法〙〈単語などが〉後接(的)の (cf. enclitic). —— 图 後接語《みずからにアクセントがなく次の語に接合して発音される単音節語; 冠詞・前置詞・代動詞など》. **-i·cal·ly** /-kəli/ 副

pro·cliv·i·ty /proʊklívəti/ 图 〔よくない事の〕性癖, 気質: He has a ~ *for* [*to, toward*] violence. 彼は生まれつき乱暴なところがあった.

Proc·ne /prɑkni | prɔk-/ 图〘ギ神〙プロクネ《Athens 王パンディオン (Pandion) の娘; ツバメに変えられた; cf. Philomela 1》.

pro·con·sul /proʊkɑ́nsəl | -kɔ́n-/ 图 ❶〘古ロ〙地方総督. ❷〘古代の〙植民地総督.

pro·cras·ti·nate /proʊkrǽstənèɪt, prə-/ 動 自 ぐずぐずする, (後に)延ばす. 〘L=明日に延ばす〙

pro·cras·ti·na·tion /proʊkrǽstənéɪʃən, prə-/ 图 〔U〕ぐずぐずすること, 引き延ばすこと; 延期: *P*~ *is the thief of time.*〘諺〙遅延は時間の盗人.

pro·cre·ate /próʊkrièɪt/ 動 他 〈...を〉生む, 生ずる. —— 自 子をもうける (reproduce). **pro·cre·a·tion** /pròʊkriéɪʃən/ 图〔U〕出産; 生殖.

pro·crus·te·an /proʊkrʌ́stiən/ 形 〔しばしば P~〕無理に規準に合わせようとする, 牽強付会(けんきょうふかい)の.〘Procrustes /prəkrǽstiːz/ プロクルステス; 古代ギリシアの強盗で, 捕らえた人を鉄製のベッドに寝かせ, その人がベッドより長ければ余った部分を切り, 短ければ引き伸ばして同じ長さにしたという〙

procrústean béd 图〔しばしば P~〕無理やりに押しつける体制[方針, 主義].

proc·ti·tis /prɑktáɪtɪs | prɔk-/ 图〔U〕〘医〙直腸炎.

proc·tol·o·gy /prɑktɑ́lədʒi | prɔktɔ́l-/ 图〔U〕〘医〙直腸[肛門]病学, 肛門科.〘Gk *prōctos* 肛門+-LOGY〙

proc·tor /prɑ́ktɚ | prɔ́ktə/ 图 ❶〔米〕試験監督官 (〔英〕invigilator). ❷〔英大学〕(特に Oxford と Cambridge 大学の)学生監.

proc·to·scope /prɑ́ktəskòʊp | prɔ́k-/ 图〘医〙直腸鏡. **proc·tos·co·py** /prɑktɑ́skəpi | prɔktɔ́s-/ 图〔U〕直腸鏡検査(法). **proc·to·scop·ic** /prɑ̀ktəskɑ́pɪk | prɔ̀ktəskɔ́p-ˊ/ 形

pro·cum·bent /proʊkʌ́mbənt/ 形〘植〙地に伏した, 伏地性の, 平伏の.

pro·cur·a·ble /prəkjúərəbl, -kjɔ́ːr-/ 形 入手できる, 調達できる.

proc·u·ra·tion /prɑ̀kjʊréɪʃən | prɔ̀k-/ 图〔U〕❶ 獲得. ❷ 委任; 委任権.

proc·u·ra·tor /prɑ́kjʊrèɪtɚ | prɔ́kjʊrèɪtə/ 图 ❶〘法〙代理人. ❷ (スコットランドの)弁護士. ❸〘古ロ〙行政長官, 地方収税官, プロクラトル. ~**·ship** 图 **proc·u·ra·to·ri·al** /prɑ̀kjʊrətɔ́ːriəl | prɔ́kjʊr-ˊ/ 形

prócurator fiscál 图〘スコ法〙地方検察官《検死官 (coroner) の役割も果たす》.

pro·cure /prəkjúɚ | -kjúə, -kjɔ́ː/ 動 他 ❶〈...を〉〈努力や苦労をして〉獲得する, 手に入れる; 〈人に〉〈...を〉手に入れてやる, 調達してやる: It was difficult to ~ food in those days. 当時は食糧は調達が困難だった / My uncle ~*d* me employment. My uncle ~*d* employment *for* me. おじが私に勤め口を世話してくれた. ❷〈売春婦をとり〉もつ, 斡旋する〔*for*〕. ❸〈...を〉引き起こす, 招来する. —— 自 売春婦を斡旋する.〘F〈L=人のために世話をする〈PRO-¹+*curare* 世話する〈*cura*;⇒cure〕〙图 procurement)

pro·cure·ment /-mənt/ 图〔U〕❶ 獲得; (必需品の)調達, 買い上げ〔*of*〕. ❷ (売春婦の)斡旋. (動 procure)

pro·cur·er /-kjúərə, -kjúərə, -kjɔ́ːrə/ 图 売春斡旋屋, ぽん引き.

pro·cur·ess /-kjúərəs, -kjúəres, -kjɔ́ːr-, -rəs/ 图 売春を斡旋する女.

Pro·cy·on /próʊsiɑ̀n | -ən/ 图〘天〙プロキオン《小犬座 (Canis Minor) の α 星》.

prod /prɑd | prɔd/ 動 (**prod·ded; prod·ding**) 他 ❶〈...を〉つつく, 突く (poke): He *prodded* me in the side *with* his elbow. 彼は私のわき腹をひじでつついた. ❷〈...を〉刺激する, 呼び起こす: The order *prodded* them *into* action. その命令を受けて彼らははっとなって行動を起こした. —— 自 つつく, 突く: She *prodded at* the fire (with a poker). 彼女は火かきで火をかついた. —— 图 ❶ 刺し, 突き. ❷ 突き[刺し]棒. ❸ 刺激(となるもの), 促すもの, 催促.

prod·i·gal /prɑ́dɪg(ə)l | prɔ́d-/ 形 ❶ 浪費する; 放蕩(ほうとう)な, ぜいたくな: the [a] ~ son〔文〕(悔い改めた)放蕩息子, 改心した道楽者〔★聖書「ルカ伝」から〕. ❷〔P〕惜しみなく与えて, 気前のよい: He's ~ *of* praise. 彼はやたらに人をほめる. ❸ 豊富な. —— 图〔戯言〕浪費家; 放蕩息子. ~**·ly** /-gəli/ 副〔類義語〕⇒ lavish.

prod·i·gal·i·ty /prɑ̀dəgǽləti | prɔ̀di-/ 图〔U〕❶ 放蕩(ほうとう), 道楽, 浪費. ❷ 大まか; 豊富: the ~ of nature 自然の豊かさ.

pro·di·gious /prədídʒəs/ 形 ❶ 巨大な, 莫大な (enormous). ❷ 不思議な, 驚異的な, けたはずれの. ~**·ly** 副 (图 prodigy)

prod·i·gy /prɑ́dədʒi | prɔ́d-/ 图 ❶ 非凡な人; 天才; 神童: a child ~ = an infant ~ 天才児, 神童. ❷ 驚異, 不思議なもの; 偉観: the *prodigies of* nature 自然界の驚異. ❸〔...の〕すぐれた[典型的な]例, 好例〔*of*〕.〘L=前兆〙(形 prodigious)

pro·dro·mal /proʊdróʊm(ə)l/ 形 先駆の (precursory);〘医〙前駆症状[前徴]の.

pro·drome /próʊdroʊm/ 图〘医〙前駆症(状), 前徴.

pró·drùg 图〘薬〙プロドラッグ《そのままでは薬効は示さないが, 体内または投与部位で酵素その他の化学物質などの作用により薬に変わる物質》.

pro·duce /prəd(j)úːs | -djúːs/ 動 他 ❶ a〈商品を〉製造する, 生産する (manufacture). b〈穀物などを〉産する; 〈実を〉生ずる: The tree ~*s* big fruit. その木には大きな実がなる. c〈作品などを〉作り出す; 〈絵を〉描く, 〈詩を〉作る; 〈研究を〉生む: That novelist ~*s* very little. あの小説家は非常に寡作である. d〈熱・音・ガスなどを〉生じさせる; 〈体内物を〉生成する. e〈動物が〉〈子を〉産む. ❷〈...を〉引き起こす, 招来する: The musical has ~*d* a great sensation. そのミュージカルは大変な評判を巻き起こしている / What ~*d* the illness in the cattle? 何が原因で牛に病気が出たのか. ❸〈...を〉〈...から〉提示する, 出して見せる: ~ one's passport パスポートを提示する / *P*~ your proof. 証拠を見せなさい / She ~*d* some change *from* his trouser pocket. 彼はズボンのポケットから小銭を取り出した. ❹ **a**〈映画・テレビ番組などを〉制作する, プロデュースする. **b**〈劇などを〉上演する, 演出する. ❺〘古風〙〈線などを〉〈...に〉延長する, 結ぶ: ~ a line *to* a point 線を点で結ぶ. —— 自 生産する; 産出する; 製作する. —— /prɑ́djuːs, próʊ-sdjùːs;〔英〕prɔ́djuːs/ 图〔U〕〘集合的〙工業生産物 (product): farm ~ 農産物 / dairy ~ 酪農製品 / *P*~ of France フランス産品《★ワインなどの表示》.〘L=前に導く〈PRO-¹+*ducere, duct-* 導く (cf. duct)〙(图 product, production, 形 productive)

pro·duc·er /prəd(j)úːsə | -djúːsə/ 图 ❶ **a** (劇・映画・テレビ番組・音楽などの)制作者, プロデューサー. **b**〔英〕(劇・映画などの)演出家. ❷ 生産者 (↔ consumer). **b** 生産国.

prodúcer gàs 图〔U〕発生炉ガス.

prodúcer(s') gòods 图〘経〙生産財 (↔ consumer goods).

prod·uct /prɑ́dʌkt, -dəkt | prɔ́d-/ 图 ❶〔C,U〕**a** 製品, 工業[農業]生産物 (cf. produce〔比較〕): factory ~*s* 工場製品 / advertise a new ~ 新製品を宣伝する. **b** 産出物, 産物: natural ~*s* 自然の産物 / waste ~*s* 廃棄物 /

The country's main ～ is crude oil. その国の主要産出物は原油である. ❷ [C]〔…の〕所産; 結果, 成果〔*of*〕: intellectual ～*s* 知的産物 / a ～ ***of*** much research 積み重ねた研究の成果. ❸ [C]〘数〙(掛け算の)積 (⇨ multiplication [解説]); 〘化〙生成物. ([動] produce)

‡pro·duc·tion /prədʌ́kʃən/ [名] ❶ [U] **a** **生産, 産出, 製造, 製作**; (体内物の)生成: the ～ ***of*** oil [arms] 石油の生産[武器の製造] / in ～ 生産[製造]されて / go into ～ 生産[製造]される / go out of ～ 生産[製造]中止になる. **b** **生産量, 産出高**: *P*～ has fallen in the first half of this year. 生産量は今年上半期に下降した. ❷ **a** [C] **上演作品**; 制作映画[番組]: put on a ～ of *Hamlet* ハムレットを上演する. **b** [U] **演出, 上演**; (映画)制作: Both the acting and the ～ were excellent. 演技も演出もすばらしかった. ❸ [C] 製作物; (特に)芸術作品; (研究の)成果. ❹ [U] 提供, 提出, 提示 (presentation): You can get a discount on ～ ***of*** the card. そのカードを見せれば割引してもらえる. ❺ [C]《口》 大げさなふるまい[状況]: Don't make a big ～ out of it. あまり大げさにしないでくれ. ―― [形][A] 生産の, 製造に関する: ～ costs [schedules] 生産コスト[計画] / a ～ manager 生産担当マネージャー. ([動] produce)

⁺prodúction lìne [名] (生産の)流れ作業, 生産ライン (assembly line).

prodúction nùmber [名] (ミュージカルの)配役総出演の歌・ダンス.

prodúction plàtform [名] (海洋上の)採油プラットフォーム.

pro·duc·tive** /prədʌ́ktɪv/ [形] (**more** ～; **most** ～) ❶ 〈人・産業・土地などが〉**生産力を有する**, 製造力のある, 生産的な (↔ unproductive): a ～ worker 生産的な労働者 / ～ soil 肥沃な土壌 / Industry is growing more ～. 産業はいっそう生産的になってきている. ❷ 〈会議・経験・友情などが〉**実りの多い, 生産的な**, 有効な (fruitful): The discussions were highly ～. その討論はきわめて実り多いものであった. ❸ [P]〔…を〕生じて: Poverty is ～ ***of crime. 貧困は犯罪を生む. ❹ 〘文法〙〈接辞が〉現在も新しい語を作り出せる《★ たとえば un-, -ness など》. ❺ 〘経〙利益を生ずる, 営利的な. **～·ly** [副] **～·ness** [名] ([動] produce, [名] productivity)

***pro·duc·tiv·i·ty** /pròʊdəktívəṭi, -dʌk- | prɔ̀d-/ [名] [U,C] **生産性, 生産力, 多産(性)**: increase ～ 生産性を上げる. ([形] productive)

próduct liabìlity [名][U] 製造物責任《製品の欠陥による消費者の被害に対して生産者・販売業者などが負う賠償責任; 略 PL》.

próduct mìx [名] (企業の)製品構成.

próduct plàcement [名][U] プロダクトプレースメント《テレビドラマや映画の場面の中に商品を出してもらう広告手法》.

pro·em /próʊem/ [名] 緒言, 序文; 開始.

prof /práf | prɔ́f/ [名]《口》 教授. 〘PROF(ESSOR)〙

prof., Prof. /práf | prɔ́f/《略》professional; professor (cf. professor [用法]).

prò-fámily [形]《米》妊娠中絶反対法に賛成する.

prof·a·na·tion /prɑ̀fənéɪʃən | prɔ̀f-/ [名][U,C] 神聖を汚すこと, 冒瀆(ぼうとく).

pro·fane /prəféɪn, proʊ-/ [形] ❶ **a** 神聖を汚す, 不敬の. **b** 〈言葉など〉口汚い, ばちあたりな. ❷ [A] 世俗的な; 卑俗な (secular). ―― [動][他] 〈…の〉神聖を汚す, 〈…を〉冒瀆(ぼうとく)する: ～ the name of God 神の名を汚す. **～·ness** [名] 〘F＜L＝神殿の外[前]で＜PRO-¹+*fanum* 神殿; 神殿の外にいることが, 「世俗の」「不敬の」の意に変わった〙

pro·fan·i·ty /prəfǽnəṭi, proʊ-/ [名] ❶ [U] 冒瀆(ぼうとく), 不敬. ❷ [C] [通例複数形で] ばちあたりな言葉[行為].

⁺pro·fess /prəfés/ [動][他] ❶ 〈…の〉ふりをする, 〈…があると〉偽る: ～ ignorance 知らないふりをする / ～ expert knowledge 専門的知識があると偽る / 〔+*to* do〕 I don't ～ *to* be a scholar. 私は学者であるなどとは申しません. ❷ 〈…だと〉公言する, 明言する: He ～*es* a great dislike for me. 彼は私を非常に嫌っているとはっきり言っている / 〔+目+補〕 They ～*ed themselves* supporters of him. 彼らは自分たちは彼の支持者だと公言した / She ～*ed herself* convinced. 彼女は納得したとはっきり言った. ❸ 〈…への〉信仰を告白する, 〈…を〉信仰する: What religion does he ～? 彼はどの宗教の信者ですか. 〘L＝公に認める＜PRO-¹+*fateri, fass-* 認める, 告白する; cf. confess〙 ([名] profession)

pro·féssed [形][A] ❶ 公言した, 公然の: a ～ liar うそつきと公言してはばからない人. ❷ 見かけだけの, 偽りの: ～ regret うわべだけの後悔.

pro·féss·ed·ly /-sɪdli/ [副] ❶ 公然と. ❷ うわべでは, 偽って.

pro·fes·sion** /prəféʃən/ [名] ❶ [C] (特に頭脳を用いる) **職業, 専門職**. ❷ [U] [the ～; 集合的; 単数または複数扱い] 同業者連. ❸ [C] 公言, 宣言, 告白: a ～ ***of regret 遺憾の表明. **by profession** 職業は, 職としては. **the óldest profession (in the wórld)**《戯言》(世界)最古の職業, 売春. ([動] profess, [形] professional) 【類義語】⇨ occupation.

‡pro·fes·sion·al /prəféʃ(ə)nəl/ [形] (**more** ～; **most** ～) ❶ [A] (比較なし) **a** (知的)**職業の, 職業上の**, 専門職にふさわしい: ～ education 職業[専門]教育 / ～ etiquette 同業者の礼儀[仁義] / ～ skill 専門技術, 特技. **b** (知的)職業に従事する, **専門職の**: Lawyers and doctors are ～ people. 弁護士や医師は専門職である. **c** **専門家としての, 専門的な**: ～ advice 専門家としての忠告. ❷ (↔ amateur) **a** **プロ(級)の**, くろうとの, 本職の: a ～ cook [musician] プロのコック[音楽家] / a ～ footballer [golfer] プロフットボーラー[ゴルファー] / Your cooking is ～. 君の料理はプロ並みだ. **b** プロ選手の行なう: ～ football プロフットボール. ❸ [A] (比較なし)《軽蔑》…ばかりしている, いつも…している: a ～ trouble-maker 年中トラブルばかり起こしているやつ. **túrn [gó] proféssional** 〈アマの選手などが〉プロに転向する. ―― [名] ❶ (知的)**専門職の人, 専門家**. ❷ (アマチュアに対して)**プロ, くろうと, 本職, プロ選手**. ([名] profession)

proféssional buílding [名] 弁護士・会計士・歯科医・コンサルタント会社など, いわゆる 'profession' に従事する人のオフィスが多く入居しているビル.

proféssional devélopment [名][U] 専門能力開発, 専門技能向上, 専門実務修習.

proféssional fóul [名]〘サッカー〙故意の反則, プロフェッショナルファウル《相手のプレーの流れを止めるためなどに行なう》.

pro·fés·sion·al·ism /-ʃ(ə)nəlìzm/ [名][U] ❶ 専門家[プロ]かたぎ, プロ意識. ❷ 専門家の技術, くろうと芸.

pro·fes·sion·al·ize /prəféʃ(ə)nəlàɪz/ [動][他][自] 職業化[専門化, プロ化]する. **pro·fes·sion·al·i·za·tion** /prəfèʃ(ə)nəlɪzéɪʃən | -laɪz-/ [名]

pro·fés·sion·al·ly /-ʃ(ə)nəli/ [副] 職業的に(は), 専門的に(は); 専門家にふさわしく, プロらしく; 巧みに, 手際よく, 鮮やかに; 職業として, 仕事として.

proféssional wréstling [名][U] プロフェッショナルレスリング《俳優がユーモラスに格闘技を演じるエンターテインメント》.

pro·fes·sor** /prəfésɚ | -sə/ [名] ❶ **教授**《略 prof., Prof.; [解説] 米国では大学の教師をいい, 特に等級をいう時には (full) professor, associate professor, assistant professor, instructor, assistant の順になる; 英国では大学の最高位の教師にいい, その数は少なく, 等級では professor, reader, senior lecturer, lecturer の順になる》: *P*～ Smith スミス教授《[用法] 姓だけの時には略の Prof. は用いない; cf. *Prof.* John Smith》/ an economics ～ 経済学教授 / a ～ ***of French at London University ロンドン大学フランス語教授. ❷ (ダンス・ボクシング・手品などの) 先生, 「教授」. ❸ 公言者; 信仰告白者. 〘PROFESS+-OR; もとは「信仰告白者」の意〙

pro·fes·sor·ate /prəfésərət/ [名][U] 教授の職[任期, 地位].

prof·es·so·ri·al /pròʊfəsɔ́:riəl | prɔ̀f-/ [形] 教授の, 教授らしい.

pro·fes·so·ri·ate /pròʊfəsɔ́:riət | prɔ̀f-/ [名][U] ❶ 教

授会, 教授団. ❷ 大学の教職, 教授職.

professor·ship [名] 教授の職[地位]: be appointed to a ~ 教授に任命される.

+**prof·fer** /práfə | prɔ́fə/ [動] [他] ❶ 〈物を〉差し出す; (人に)〈物を〉差し出す: ~ one's hand 手を差し出す. ❷ 〈…を〉申し出る, 提供する; (人に)〈…を〉申し出る: ~ help 助力を申し出る / We ~*ed* them the information. =We ~*ed* the information ***to*** them. 我々は彼らにその情報を提供した.

pro·fi·cien·cy /prəfíʃənsi/ [名] [U] 熟達, 堪能(たんのう) 〔*in*, *at*〕: an English ~ test 英語実力テスト / attain ~ ***in*** spoken English 英会話が熟達する. ([形] proficient)

pro·fi·cient /prəfíʃənt/ [形] (**more** ~; **most** ~) 熟練した, 堪能(たんのう)な: a ~ pianist 熟練したピアニスト, ピアノの達人: She's very ~ ***in*** English. 彼女は英語が非常に達者である / He's ~ ***at*** repartee. 彼は当意即妙の応答ぶりだ. ~**·ly** [副] 〖L=進歩している; ⇨ profit〗 ([名] proficiency)

pro·file** /próufaɪl/ [名] ❶ (人, 特に顔の)**横顔, プロフィール**; (彫像の)半面像. ❷ (新聞・テレビなどでの)人物紹介, 横顔 〔*of*〕. ❸ [単数形で] 〔企業などの〕イメージ; 世間の注目度: raise the public ~ ***of…の世間からの注目度を上げる / ⇨ high profile, low profile. ❹ 輪郭, 外形. **in prófile** (1) 横顔では. (2) 側面から見たところ. — [動] [他] ❶ 〈人・組織などの〉特徴[個性, 経歴(など)]を(短い記事などで)描写する[描く, 取り上げる]. ❷ 〈…の〉輪郭を描く, 側面を描く. 〖It=輪郭を描く; ⇨ pro-[1], file[1]〗

pro·fil·ing /próufaɪlɪŋ/ [名] [U] プロファイリング《人の心理・行動の特徴を記録・分析して人物像にせまろうとすること》.

‡**prof·it** /práfɪt | prɔ́f-/ [名] ❶ [C,U] (金銭上の)**利益**, 利得, もうけ (↔ loss): net ~ 純益金 / gross ~ 総利益 / a small [large] ~ 少しの[大きな]もうけ / ~ and loss 損益; 損益勘定 / at a ~ 利益を得て, もうけて / for ~ 営利目的で / make a ~ ***of*** $500 ***on*** the deal その取引で500ドルもうける. ❷ [U] 得, 益: gain [get] ~ 得する / I have read it with ~ [to my great ~]. それを読んで益する[大いに得る]ところがあった / There's no ~ in complaining [complaint]. 不平を言っても何の得にもならない. — [動] [自] 〔…から〕**利益を得る**: Who would ~ ***from*** [***by***] his death? 彼が死んだら得をするのはだれか / A wise person ~*s by* [*from*] his mistakes. 賢い人は過ちも利益とする《転んでもただでは起きない》. — [他] 〈…の〉利益になる: 〔+目+***to* do**〕 It will not ~ you *to* do so. そうすることは君のためにはなるまい. 〖F＜L *proficere, profect-* 前進する＜PRO-[1]+*facere* する, 作る (cf. fact)〗 【類義語】⇨ benefit.

prof·it·a·bil·i·ty /pràfɪṭəbíləṭi | prɔ̀f-/ [名] [U] 利益, もうけ.

***prof·it·a·ble** /práfɪṭəbl | prɔ́f-/ [形] (**more** ~; **most** ~) ❶ もうけの多い, 有利な: a highly ~ business 非常にもうかる商売. ❷ ためになる, 有益な: make ~ use of… をためになるように使う / I found your advice ~. あなたの忠告はためになりました.

próf·it·a·bly /-ṭəbli/ [副] 有利に; もうけ[ため]になるように: You could have ~ stayed another year. もう1年滞在していれば得るところが多かったでしょうに.

prof·it·eer /pràfətíə | prɔ̀fɪtíə/ [名] (物資不足などに乗じて)暴利をむさぼる者, 不当利得者. — [動] [自] 暴利をむさぼる.

pro·fit·er·ole /prəfíṭəròul/ [名] プロフィトロール《小型のシュークリーム》.

prófit·less [形] もうけのない, むだな. ~**·ly** [副]

prófit-màking [形] 利益をあげる, 営利の.

+**prófit màrgin** [名] 利幅, 利ざや (margin).

prófit shàring [名] [U] 利益分配(制).

prófit-tàking [名] [U] 〘証券〙 利食い.

prof·li·ga·cy /práflɪgəsi | prɔ́f-/ [名] [U] ❶ 浪費. ❷ 放蕩(ほうとう), 不品行.

prof·li·gate /práflɪgət | prɔ́f-/ [形] ❶ 浪費する, 乱費する (wasteful). ❷ 放蕩(ほうとう)の, 道楽の, 不品行の. — [名] 放蕩[道楽]者. ~**·ly** [副] ~**·ness** [名]

pró-fòrm [名] 〘文法〙 代用形.

pro for·ma /pròufɔ́əmə | -fɔ́:-←/ [形] ❶ 形式上の, 形式としての. ❷ 〘商〙 見積もりの, 仮の. — [副] 形式上, 形式として. — [名] (また **prò fórma ínvoice**) 〘商〙 見積もり送り状.

***pro·found** /prəfáund/ [形] (~**·er**; ~**·est**) ❶ **a** 〈変化・影響など〉**重大な**, 深刻な, 深甚な: a ~ change 重大な変化 / have a ~ effect on…に甚大な影響を及ぼす. **b** 〈感情など〉心からの, 深い: ~ sadness 深い悲しみ. **c** 重症の, 重篤な. **d** 〈眠り・沈黙など〉深い. ❷ **a** 〈人が〉**学識の深い**, 深遠な: a ~ thinker 深遠な思想家. **b** 〈書物・思想など〉意味深い, 理解しがたい: a ~ doctrine 難解な学説. ❸ [A] 《文》 深い: a ~ crevasse (氷河などの)深い割れ目. 〖F＜L=底の方へ＜PRO-[1]+*fundus* 底 (cf. found[2])〗

pro·fóund·ly [副] 甚大に; 心から; 重症で: be ~ affected 甚大な影響を受ける.

pro·fun·di·ty /prəfʌ́ndəṭi/ [名] ❶ [U] **a** 深いこと; 深遠; 深み. **b** 重大[甚大]さ. ❷ [C] [通例複数形で] 深遠な思想.

pro·fuse /prəfjú:s/ [形] ❶ 豊富な, たっぷりの: ~ apologies [thanks] うるさいくらいのわび[感謝]の言葉 / ~ hospitality 大変な[盛大な]歓待 / ~ bleeding おびただしい出血. ❷ [P] 〈人が〉〔…に〕大まかで, 気前がよくて, おうようで 〔*in*, *of*〕: He was ~ ***in*** his thanks for the gift. 彼は贈り物のことで言いすぎるほどお礼を言った. ~**·ness** [名] 〖L=前に流れ出る PRO-[1]+*fundere, fus-* 流れ出る〗 ([名] profusion) 【類義語】⇨ lavish.

pro·fúse·ly [副] 豊富に, たくさん: bleed ~ おびただしく出血する / He thanked me ~. 彼は私にむやみと感謝した.

+**pro·fu·sion** /prəfjú:ʒən/ [名] [U] [また a ~] 豊富, 多量: in ~ 豊富に, ふんだんに / *a* ~ ***of*** gifts 多数[たくさん]の贈り物. ([動] profuse)

prog[1] /prág | prɔ́g/ [形] 《口》 =progressive.

prog[2] /prág | prɔ́g/ [名] 《英口》 =program.

pro·gen·i·tive /proudʒénəṭɪv/ [形] 生殖力のある, 繁殖する.

pro·gen·i·tor /proudʒénəṭə | -dʒénɪtə/ [名] ❶ (人・動物などの)先祖. ❷ 〔学問・流派などの〕元祖, 開祖, 創始者 〔*of*〕. 〖F＜L=先に生まれたもの〗

pro·gen·i·ture /proudʒénətʃə | -dʒénɪtʃə/ [名] [U] ❶ 子孫を生むこと.. ❷ 子孫.

prog·e·ny /prádʒəni | prɔ́dʒ-/ [名] [U] [集合的; 単数または複数扱い] 子孫; (人・動物の)子供たち.

pro·ge·ri·a /proudʒí(ə)riə/ [名] [U] 〘医〙 早老(症), プロジェリア.

+**pro·ges·ter·one** /proudʒéstəròun/ [名] [U] 〘生理〙 プロゲステロン, 黄体ホルモン.

pro·ges·tin /proudʒéstɪn/ [名] =progestogen.

pro·ges·to·gen /proudʒéstədʒən/ [名] 〘生化〙 プロゲストゲン《黄体ホルモン物質》.

pro·glot·tid /prouglάṭɪd | -glɔ́t-/ [名] 〘動〙 片節《多節条虫類の各節の一つ》.

prog·na·thous /prάgnəθəs | prɔgnéɪ-/ [形] 〘解〙 あごの突き出た.

+**prog·no·sis** /pragnóusɪs | prɔg-/ [名] (複 **-no·ses** /-si:z/) [U,C] ❶ 〘医〙 予後《病気の経過に関する見通し; cf. diagnosis》. ❷ 予知, 予測. 〖L=前もって知ること; ⇨ pro-[1], gnosis〗

prog·nos·tic /pragnάstɪk | prɔgnɔ́s-/ [形] ❶ 〘医〙 予後の. ❷ 予知する, 前兆となる; 〔…を〕予知して 〔*of*〕. — [名] ❶ 前兆, 兆候 〔*of*〕. ❷ 予知.

prog·nos·ti·cate /pragnάstəkèɪt | prɔgnɔ́s-/ [動] [他] ❶ 〈…を〉(前兆によって)予知する; 〈…と〉予言する 〈*that*〉. ❷ 〈…の〉兆候を示す. **-cà·tor** /-ṭə | -tə/ [名]

prog·nos·ti·ca·tion /pragnàstəkéɪʃən | prɔgnɔ̀s-/ [名] ❶ [U] 予知, 予測, 予言. ❷ [C] 前兆, 兆候.

pro·grade /próugreɪd/ [形] 〘天〙 順行する. — [動] [自] 〈海岸線が〉堆積物によって海側に進む.

‡**pro·gram** /próugræm, -grəm | -græm/ [名] 《[綴り] 《英》 では 〘電算〙 以外の語義では programme のほうが一般的》

❶ (テレビ・ラジオの)番組; (劇などの)プログラム, パンフレット: a TV [radio] ~ テレビ[ラジオ]番組 / a concert [theater] ~ 音楽会[劇場]のプログラム / on a ~ プログラムに載[で]. ❷ 計画, 予定; 予定表 《for, of》: a building ~ 建設計画 / What's the ~ for today? きょうの予定はどうなっているか. ❸ 《電算》プログラム: run a ~ プログラムを実行する[走らせる] / write a ~ プログラムを書く. ❹ (教育・科目の)課程(表), カリキュラム; (授業の)要項: a postgraduate ~ 大学院教育課程(表) / a ~ in economics 経済学講義要項. ❺ (洗濯機などの)一連の操作. ❻ (政党の)綱領, 政策. **gét with the prógram** [しばしば命令文で]《米口》やるべきことをやる; 現在の状況を知る[に合わせる]
── 動 他 (pro·grammed, -gramed; pro·gram·ming, -gram·ing) ❶《電算》〈コンピューター・機械などで〉する, プログラムで設定する. [+目+to do] ~ a VCR to record ビデオを録画にセットする. ❷《...を〈...のために〉予定する《for》. ❸ 〈人・動物を〉〈...するように〉規定する, 決められたように〈...〉させる《★通例受身》: [+目+to do] Children seem to be programmed to learn language. 子供は言葉が覚えられるようにプログラムされているらしい. ❹《...を〉放送[放映]する. ── 自《電算》プログラムを作る.

〖L<Gk=公に書かれたもの; ⇒ pro-¹, -gram〗

prógram diréctor 名《ラジオ・テレビ》番組ディレクター.
pró·gram·er 名 = programmer.
pró·gram·ma·ble /-məbl/ 形 プログラムで制御できる, プログラム化できる.
pro·gram·mat·ic /pròʊgrəmǽtɪk/ 形 ❶ プログラムに従った. ❷ 標題音楽の.
pro·gramme /próʊgræm, -grəm | -græm/《英》名 動 = program.
prógrammed céll déath 名《生理》プログラム細胞死 (apoptosis)《遺伝的に制御された細胞死》.
pró·grammed cóurse 名《教育》プログラム学習課程.
prógrammed instrúction 名 U《教育》プログラム学習による教授.
prógrammed léarning 名 U《教育》プログラム学習.
prógramme mùsic 名 = program music.
pró·gram·mer 名 ❶《米》ラジオ・テレビ番組作成者. ❷《電算・教育》プログラム作成者, プログラマー.
pró·gram·ming 名 U《電算・教育》プログラム作成, プログラミング.
prógram mùsic 名 U《楽》標題音楽.

*prog·ress /prágres, -grəs | próʊgres, próg-/ 名 U ❶ 進歩, 発達, 発展 (↔ regress): economic [technological] ~ 経済[技術]的進歩 / She has made a lot of [little] ~ in (speaking) English. 彼女は英語(を話すの)が大いに上達した[あまり上達していない] / How much ~ have you made with your work? 仕事はどのくらい進みましたか. ❷ U 成り行き, 経過, 進展: the ~ of a controversy 論争の成り行き / report ~ 経過報告する. ❸ U 前進, 進行: make (slow) ~ toward the south 南に向かって(ゆっくりと)進む. ❹《英古》(王家の)旅行. **in prógress** 進行中の[で]: An investigation is now in ~. 調査は現在進行中である. ── /prəgrés/ 動 自 ❶ 進歩する, 上達する, 発達[発展]する; はかどる, よくなる,〈事態・病気などが〉進行する《to》: Have you ~ed in your studies? 研究は進みましたか / The work hasn't ~ed very far. 仕事はあまりはかどっていない. ❷ [副詞(句)を伴って]《文》前進する, 進む; (時などが)経つ: The cold front ~ed south. 寒冷前線が南下した. ── 他《商》〈計画などを〉進める, 進行[進捗]させる. 〖L=前進するくPRO-¹+gradi, gress- 進むcf. aggressive, congress, ingredient)〗 (名 progression, 形 progressive)【類義語】**progress** ある目標・方向に向かって絶え間なく進んでいく進歩. **advance** レベルが高くなる進歩. **development** あるものが本質的にもっている特質などが高まっていくような進歩.

⁺**pro·gres·sion** /prəgréʃən/ 名 ❶ U [また a ~]《段階的な》前進, 漸進《で》; 《大がかりな》発達: ~ from childhood to adulthood 子供から大人への発達 / in ~ 漸次, 次第に. ❷ C 連続, 継起: a long ~ of rainy days 長く降り続

〈続いた〉雨の日. ❸ C《数》数列: an arithmetic(al) [a geometric(al)] ~ 算術[幾何]数列, 等差[等比]数列. (動 progress)

*pro·gres·sive /prəgrésɪv/ 形 (more ~; most ~) ❶ 進歩的な, 革新的な; 進歩主義の: a ~ community 革新的な社会 / a ~ writer [politician, thinker] 進歩的な作家[政治家, 思想家]. ❷ (比較なし)(段階的に)前進する, 漸進(ぜんしん)する (gradual): ~ changes 漸進的な変化 / ~ industrialization 漸進的工業化. ❸ (比較なし) **a**〈病気などが〉進行性の, 悪化する: ~ paralysis 進行性まひ. **b**《税などが〉累進的な (↔ regressive): ~ taxation 累進課税. ❹《文法》進行形の: the ~ form 進行形. ❺《楽》〈ジャズ・ロックなどが〉プログレッシブの, 前衛的な. ── 名 進歩論者, 革新主義者. **~·ness** 名 (動 progress)

【類義語】**progressive** 政治・社会・教育の面での改革を主張する, またはそれを積極的に進める人. **liberal** 慣習や伝統的なものに反する考え方をも受け入れるほど寛容で偏見のない. **radical** 政治・社会・経済の体制を極端に変えようとする.

pro·gres·sive·ly 副 ❶ 進歩的に, 革新的に. ❷ 前進的に, 漸次, 次第に. ❸ 進行的に.
pro·gres·si·vism /-vìzm/ 名 U 進歩主義.
prógress repòrt 名 進行(状況)報告, 経過報告.
pro hac vi·ce /próʊhɑ:kvíːs/ 副 この時[この折]のために.

*pro·hib·it /proʊhíbɪt, prə-/ 動 他 ❶ [しばしば受身で](法または規則によって)〈...〉を禁じる, 禁止する (ban): ~ the sale of alcoholic liquors 酒類の販売を禁じる / [+doing] Smoking (is) strictly ~ed. 喫煙厳禁 / [+目+from+doing] The rules ~ students from drinking. 規則は学生が酒を飲むことを禁止している. ❷〈もの・事が〉〈...を〉妨げる; 不可能にする (prevent): Heavy rain ~ed any possibility of continuing the game. 豪雨で試合を続行することがとうていできなくなった / [+目+from+doing] Illness ~ed him from going out. 病気で彼は外出できなかった. 〖L=前で保つくPRO-¹+habere, habit- 持つ, 保つ (cf. habit)〗 (名 prohibition, 形 prohibitive) 【類義語】⇒ **forbid**.

⁺**pro·hi·bi·tion** /pròʊəbíʃən | pròʊ(h)ə-/ 名 ❶ **a** U 禁止, 禁制. **b** C 禁(止)令《on, against》. ❷ [しばしば P~] U 酒類醸造販売禁止;《米国》の禁酒法時代 (1920-33). (動 prohibit)

pro·hi·bi·tion·ist /-ʃ(ə)nɪst/ 名 禁酒法賛成論者.
*pro·hib·i·tive /proʊhíbətɪv, prə-/ 形 ❶ 禁止する, 禁制の: ~ measures 禁止処置. ❷〈値段が〉(とても買えないほど)ひどく高い,〈税金など〉法外な. **~·ly** 副 (動 prohibit)
pro·hib·i·to·ry /proʊhíbətɔ:ri, prə- | prəhíbətəri, -tri/ 形 禁止の, 禁制の.

*proj·ect /prádʒekt, -dʒɪkt | prɔ́dʒ-/ 名 ❶ (大規模な)計画, 企画; (大がかりな)事業, プロジェクト: a public-works ~ 公共事業計画 / draw up [carry out] a ~ 計画を立てる[実行する] / a ~ for constructing an airport 空港建設事業. ❷《教育》(特定の問題についての詳しい)研究, 研究[学習]課題: do a ~ on...について詳しく研究する. ❸ [the ~s]《米》公団住宅, 団地.

── /prədʒékt/ 動 他 ❶《...を〉見積もる, 算出する; 予想する, 予測する《★通例受身》: The cost is ~ed at $10,000. 経費は1万ドルと見積もられている / [+目+to do] The population is ~ed to decrease. 人口は減るものと予想されている. ❷ **a**〈光・影・映像などを〉〈...に〉投影する, 映す: The oak ~ed a shadow on the ground. オークの木は地上に影を投げていた / The film was ~ed onto a screen. 映画がスクリーンに映し出された. **b**〈心・想像を〉〈...に〉置いてみる; [~ oneself で]〈...に〉(想像で)身を置いてみる,〈...〉の身になってみる: ~ oneself into the future 未来に身を置いてみる. ❸〈...を〉計画する, 企画する《★通例受身》. ❹ **a**〈人・ものを〉〈...である〉と表現する, 伝える, 描く; 〈...の〉印象を与える, 印象を与える; [~ oneself で]自分を(...であると)印象づける: ~ an image of...という印象を与える / [+目(+as 補)] She tried to ~ Japan as a peace-loving nation. 彼女は日本を平和を愛好する国として描こうとした. **b** 〈感情〉を行動に表わす, 表現する. ❺〈感情・考え〉を〈他人に〉投影する, 投射する〔*onto, on*〕: He ~s his hostility *onto* others. 彼は他の人に敵意を投影する. ❻〈…〉を〈…に〉〈力強くねらって〉投げ出す, 発射する〔*into, through*〕. ❼〈声を張り上げて遠くまで聞こえるようにする. ❽〈数・地図〉を〈…を〉投影する, 〈…〉を〈…投影法[平面図法]で示す[描く]. ― 〔副詞(句)を伴って〕突出する, 突き出す[出る] (protrude): The breakwater ~s far *into* the sea. 防波堤が海の中へずっと突き出ている.

〖L=前に投げる<PRO-¹+*jacere, jact-, -ject-* 投げる (cf. jet¹)〗 〖名〗 projection, 〖形〗 projective 【類義語】⇒ plan.

pro·ject·ed 〖形〗 ❶ 見積もられた: a ~ deficit 見込まれる赤字. ❷ 計画された: a ~ visit 予定された訪問.

pro·jec·tile /prədʒéktl | prəʊdʒéktaɪl/ 〖名〗 投射[射]する, 推進する: a ~ weapon 飛び道具 / ~ force 推進力. ― 〖名〗 投射物, 発射体 〈特に弾丸・ロケットなど〉.

pro·ject·ing 〖形〗 突き出る, 出っ張った: ~ teeth 出っ歯 / a ~ balcony 張り出したバルコニー.

*pro·jec·tion /prədʒékʃən/ 〖名〗 ❶ ⓤ 予測, 見積もり, 推定 (estimate) ❷ 〖映〗 映写; ⓒ 写された映像 ❸ ⓒ 印象づけること, 描写, 描出. ❹ ⓒ (感情の作り出す)心象, 想像物. ❺ ⓤⓒ 主観の投影. ❻ ⓒ 突出(部), 突出物, 突起. ❼ ⓤⓒ 〖地図・製図〗 投射[図]法. 〖動〗 project)

projéction bòoth 〖名〗 (映画館の)映写室.

pro·jéc·tion·ist /-ʃ(ə)nɪst/ 〖名〗 ❶ 映写技師. ❷ テレビ操作技師.

pro·jec·tive /prədʒéktɪv, proʊ-/ 〖形〗 ❶ 〖幾〗 投影の. ❷ 〖心〗 投影的な. **~·ly** 〖副〗

projéctive géometry 〖名〗 ⓤ 射影幾何学.

⁺**pro·jec·tor** /prədʒéktɚ | -tə/ 〖名〗 ❶ 投影器, 投光器; 映写機, プロジェクター (cf. overhead projector). ❷ 計画者.

pro·kar·y·ote /proʊkǽrioʊt/ 〖名〗 〖生〗 原核生物〈細菌, 藍藻などの核をもたない生物〉; ↔ eukaryote). **pro·kar·y·ot·ic** /proʊkæriɑ́tɪk, -ɔ́t-/ 〖形〗

Pro·kof·i·ev /proʊkɔ́ːfiɛf | -kɔ́f-/, **Sergei** /séɚɡeɪ | séə-/ 〖名〗 プロコフィエフ (1891-1953; ソ連の作曲家).

pro·lac·tin /proʊlǽktɪn/ 〖名〗 ⓤ 〖生化〗 黄体刺激ホルモン, プロラクチン〈乳汁分泌を促す下垂体前葉ホルモン〉.

pro·lapse /proʊlǽps/ 〖医〗 〖名〗, /―-/ (子宮・直腸の)脱出 (症), 脱. ― 〖動〗 /―-/〈子宮・直腸が〉脱出する).

pro·lap·sus /proʊlǽpsəs/ 〖名〗 =prolapse.

pro·late /próʊleɪt/ 〖形〗 〖数〗 扁長の.

prole /proʊl/ 〖名〗 プロレタリアの人, 貧乏人. 〖PROLE(TARIAN)〗

pró·lèg 〖名〗 〖昆〗 前脚〈昆虫の幼虫時代にだけある歩行用の腹脚〉.

pro·le·gom·e·non /proʊlɪɡɑ́mənɑ̀n | -ɡɔ́mənən/ 〖名〗 (復 **-na** /-nə/) 序文, 序言; 序論, 序〔*to*〕. **pro·le·gom·e·nous** /proʊlɪɡɑ́mənəs | -ɡɔ́m-/ 〖形〗

pro·lep·sis /proʊlépsɪs/ 〖名〗 ⓤⓒ (復 **-ses** /-siːz/) ❶ 予期, 予想; 〖修〗 予弁法 (反対論を予期して反駁しておく法). ❷ 予期的表示 (未来の事柄を現在または過去のこととして記すこと). **pro·lép·tic** /-tɪk/ 〖形〗

pro·le·tar·i·an /proʊlətéəriən | -téər-/ 〖形〗 プロレタリア, 無産階級の者 (↔ bourgeois). ― 〖名〗 プロレタリアの, 無産階級の: ~ literature プロレタリア文学. 〖L=財産でなく子孫で国家に奉仕する者〈*proles* 子孫〉〗

pro·le·tar·i·an·ize /proʊlətéə(ə)riənɑ̀ɪz/ 〖動〗 〖他〗 プロレタリア化する. **pro·le·tar·i·an·i·za·tion** /proʊlətéə(ə)riənɪzéɪʃən | -naɪz-/ 〖名〗

pro·le·tar·i·at /proʊlətéə(ə)riət/ 〖名〗 ⓤ (通例 the ~) 無産[プロレタリア]階級 (↔ bourgeoisie): the dictatorship of the ~ プロレタリア独裁.

prò-life 〖形〗 妊娠中絶合法化に反対する (cf. pro-choice). **prò-lífer** /-lɑ́ɪfɚ | -fə/ 〖名〗

⁺**pro·lif·er·ate** /prəlɪ́fərèɪt, proʊ-/ 〖動〗 〖自〗 ❶ 激増[急増]する (multiply). ❷ 〖生〗 (分芽・細胞分裂などにより)増殖[繁殖]する.

pro·lif·er·a·tion /prəlɪ̀fəréɪʃən, proʊ-/ 〖名〗 ⓤ [また a ~] 激増, 急増; 拡散: the ~ of nuclear weapons 核兵器拡散. ❷ ⓤ 〖生〗 分芽[分裂]増殖.

pro·lif·er·ous /prəlɪ́f(ə)rəs, proʊ-/ 〖形〗 ❶ 〖植〗〈花の〉貫生を起こす〈成長が停止したはずの花から茎が伸びる〉. ❷ 〖植〗 分芽増殖する, 分枝増殖する.

⁺**pro·lif·ic** /prəlɪ́fɪk, proʊ-/ 〖形〗 **a** 多産の. **b** 〈植物が〉実をたくさん結ぶ. ❷ **a** 〈作家など〉多作の: a ~ writer 多作の作家. **b** 〈年か多く〉豊作[豊産]の. **pro·líf·i·cal·ly** /-kəli/ 〖副〗 〖F<L<*proles* 子孫〗

pro·line /proʊlíːn/ 〖名〗 ⓤ 〖生化〗 プロリン〈α-アミノ酸の一種; アルコールに可溶〉.

pro·lix /proʊlɪ́ks, ―/ 〖形〗〈文体・作家が〉冗長な, 冗漫な. **pro·líx·i·ty** /proʊlɪ́ksəti/ 〖名〗

pro·loc·u·tor /proʊlɑ́kjʊtɚ | -lɔ́kjʊtə/ 〖名〗 ❶ 代弁者. ❷ 〖英国教〗 (聖職者会議の)下院議長. **~·ship** 〖名〗

Pro·log /próʊlɔːɡ | -lɔ̀ɡ/ 〖名〗 ⓤ 〖電算〗 プロローグ〈非手順的プログラミング言語の一つ〉. 〖*programming logic*〗

⁺**pro·logue, pro·log** /próʊlɔːɡ, -lɑɡ | -lɔ̀ɡ/ 〖名〗 ❶ (文学作品の)序文, 序言, 序詞; (演劇の)プロローグ, 前口上, 序幕 (cf. epilogue). ❷〔事件などの〕前触れ, 発端〔*to*〕. 〖F<L<Gk=前言; ⇒ pro-¹, -logue〗

⁺**pro·long** /prəlɔ́ːŋ | -lɔ́ŋ/ 〖動〗〈…〉を延長する, 引き延ばす: ~ a discussion 議論を長びかせる / ~ a visit 訪問を延長する. 【類義語】⇒ lengthen.

pro·lon·ga·tion /proʊlɔːŋɡéɪʃən | -lɔŋ-/ 〖名〗 ❶ ⓤ 延長〔*of*〕. ❷ ⓒ 延長された部分〔*of*〕.

⁺**pro·lónged** 〖形〗 延長した, 長びく, 長期の: a ~ stay 長期滞在.

pro·lu·sion /proʊlúːʒən/ 〖名〗 ❶ 予備演習, 準備運動; 試演. ❷ 緒論, 緒言. **pro·lu·so·ry** /-lúːsəri, -zəri/ 〖形〗

prom /prɑm | prɔm/ 〖名〗 ⓒ ❶ 〈米〉(高校・大学生などのクラスが主催する)ダンスパーティー〈年に 1 回の晴れやかな催し〉〔最上級生主催のダンスパーティー〕. ❷ 〈英古風〉 **a** =promenade 1 a. **b** 〔時に P-~〕 =promenade concert. 〖PROM(ENADE)〗

PROM 〈略〉 programmable read-only memory.

⁺**prom·e·nade** /prɑ̀mənéɪd, -nɑ́ːd | prɔ̀mənɑ́ːd/ 〈古風〉 〖名〗 ❶ ⓒ 遊歩道, 遊歩場. **b** 散歩地, 遊歩場. ❷ ⓒ (徒歩・馬・車でのゆっくりした)散歩, 遊歩, ドライブ. ❸ 〈米〉 =prom 1. ― 〖動〗 〖自〗 〔副詞(句)を伴って〕散歩[遊歩]する: People were *promenading about* (the town). 人々は(町を)ぶらつき回っていた. ― 〖他〗 ❶〈…〉を散歩する, そぞろ歩く. ❷〈人〉をぶらりと連れ歩く, 〈人・ものを〉を見せびらかして歩く. 〖F<*promner* 歩く<L=駆り立てる〗

promenáde cóncert 〖名〗 〔時に P-C-〕 プロムナードコンサート〈聴衆の一部が席をとらず演奏中遊歩したり立ったりして従; 現在では開放的な雰囲気の音楽会にもいう; 英国では特に夏期ロンドンで行なわれる BBC 主催のクラシックコンサートが有名で, the Proms と呼ぶ〉.

promenáde déck 〖海〗 遊歩甲板 〈一等客用〉.

pròm·e·nád·er /-də | -də/ 〖名〗 ❶ 遊歩する人. ❷ 〈英〉プロムナードコンサートの客〈特に立ち見席の客〉.

pro·meth·a·zine /proʊméθəziːn/ 〖名〗 ⓤ 〖薬〗 プロメタジン〈抗ヒスタミン剤・制吐剤・精神安定剤〉.

Pro·me·the·an /prəmiː́θiən/ 〖形〗 プロメテウスの(ような): ~ agonies プロメテウスのような(刑罰の)苦痛.

Pro·me·the·us /prəmíːθiəs, -θjuːs/ 〖ギ神〗 プロメテウス〈天の火を盗み人類に与えた罪で岩につながれ, 毎日大ワシに肝臓を食われるが, 夜には元の体に戻ってしまうという罰を受けた〉.

pro·me·thi·um /prəmiː́θiəm/ 〖名〗 ⓤ 〖化〗 プロメチウム〈希土類元素; 記号 Pm〉.

⁺**prom·i·nence** /prɑ́mənəns | prɔ́m-/ 〖名〗 ❶ ⓤ 目立つこと, 顕著, 卓越, 傑出, 名声: come [bring] into ~ 目立つ[たせる]. ❷ ⓒ 突起, 突出部, 目立つ場所. ❸ ⓒ 〖天〗 (太陽の)紅炎(法). 〖動〗 prominent).

*prom·i·nent /prɑ́mənənt | prɔ́m-/ 〖形〗 (*more* ~; *most* ~) ❶ 卓越した, 傑出した, 有名な: a ~ writer 高名な作

家 / Dr. O is ~ *in* microsurgery. O 博士は顕微鏡手術では傑出している〔有名である〕. ❷ 目立つ, 顕著な: a ~ landmark よく目立つ陸標. ❸ 突起した, 張り出した: ~ teeth 出っ歯 / She has a ~ nose. 彼女はつんと突き出た鼻をしている. ~·ly 副《L=前に突き出ている<PRO-¹+-*minere* 突き出る+-ENT; cf. imminent》名 prominence）

prom·is·cu·i·ty /prὰməskjú:əṭi | prɔ̀m-/ 名 ⓤ ❶（性的）混交. ❷ ごたまぜ, 乱雑, 無差別.

*+**pro·mis·cu·ous** /prəmískjuəs/ 形 ❶〈性関係が〉乱交の, 乱婚の, 誰とでも寝る, 淫乱な. ❷《古風》乱雑な〔種々雑多, 多種多様〕, 混雑した; 無差別の: a ~ reader 無差別に何でも読む人 / in a ~ heap 乱雑に積み重ねて. ❸《古風》でたらめの, 気まぐれな. ~·ly 副 ~·ness 名《L=混ぜる<PRO-¹+*miscere* 混ぜる (cf. mix)》

*‡**prom·ise** /prάmɪs | prɔ́m-/ 動 ⓔ ❶〈人に〉…を約束する: He ~d help or *to* me. 彼は私に援助を約束した / I can't ~ anything.《口》確約はできません / [+*to* do] He ~d not *to* tell anyone. 彼はだれにも言わないと約束した / [+目+目] She ~d me a reward. =She ~d a reward *for* me. 彼女は私に礼をすると約束した《用法 受身は I was ~d a reward by her. / A reward was ~d me by her. となる》/ [+（目）+*that*] They ~d (us) *that* the work would be done before Saturday. 彼らは(私たちに)仕事は土曜日までに終わらせると請け合った / [+引用]"I will do my best," she ~d.「最善を尽くします」と彼女は約束した. ❷ a〈事〉の見込みがある, 〈…に〉そうである: A rainbow ~s fair weather. にじが出ると天気になるようだ / His boyhood ~d much. 彼の少年時代は大いに将来に希望を抱かせた / [+*to* do] It is ~d to be fine this evening. 夕方には晴れそうだ. b〈…が〉見込まれると発表する,〈…を〉予測する. ❸ [~ oneself で]〈…を〉(心に)期待する,〈…と〉心に決める: I ~d myself a trip abroad. 外国旅行に行くことに決めていた. ─ ⓘ ❶ 約束する, 請け合う: It's one thing to ~ and another to perform. 約束することと実行することは別だ. ❷ [well などの様態の副詞を伴って] (…の)見込みがある: The recent progress in medicine ~s well for the future. 医学の近年における進歩は大いに将来に希望を抱かせる. I prómise (you)《口》断言する; 確かに, ほんとに: You'll have to work hard, I ~ you. ほんとに根気の要る仕事だよ / "Don't tell my mother." "All right, I ~."「おかあさんに言わないでね」「わかった. 約束する」 prómise a person the éarth [móon]《口》できそうにないことを〈人に〉約束する.

─ 名 ❶ ⓒ 約束, 契約, 保証: campaign ~s 選挙公約 / make a ~ 約束をする / under a ~ of secrecy 秘密を守るという約束で《★ under ~ は無冠詞》/ A ~ is a ~. 約束は約束《約束は守らなければならない》/ Keep [Don't break] the ~ you made (to) me. 私にした約束は守って〔破らないで〕くれよ / [+*to* do] He broke his ~ *to* give me back the book within a week. 彼は1週間以内に私にその本を返すという約束を破った / [+*that*] I made your father a ~ *that* I would look after you. 私は君のおとうさんに君の面倒を見ると約束した. ❷ ⓤ [また a ~]（将来の明るい）見込み, 有望 (cf. potential): a writer of great ~ 前途有望な作家 / He shows considerable ~ as a footballer. 彼はフットボール選手としてかなり将来が有望だ / The weather gave ~ of warm days ahead. その天候は暖かくなるだろうと思われた. the Lánd of Prómise =Promised Land.

próm·is·er 名《L=前もって言う<前もって送る<PRO-¹+*mittere*, mis- 送る (cf. mission)》《類義語》promise あることをする, またはしないとの約束. appointment 会合の約束.

Prómised Lánd 名 ❶ [the ~]《聖》約束の地 (cf. Canaan 1); 天国. ❷ [しばしば the p- l- で] あこがれの地〔境地〕.

prom·is·ee /prὰmɪsí: | prɔ̀m-/ 名《法》受約者 (↔ promisor).

*‡**prom·is·ing** /prάmɪsɪŋ | prɔ́m-/ 形 (more ~; most ~) 将来有望な, 末頼もしい: a ~ youth (将来)有望な青年 / a ~ start 幸先のよいスタート / The weather is ~. 天気は大丈夫そうだ. ~·ly 副

prom·i·sor /prάməsɔ̀ə | prɔ̀mɪsɔ́:/ 名《法》約束手形振出人, 契約者, 約諾者 (↔ promisee).

prom·is·so·ry /prάməsɔ̀:ri | prɔ̀mɪs(ə)ri/ 形 ❶ 約束の. ❷《商》支払いを約束する: a ~ note 約束手形.

prom·mer /prάmə | prɔ́mə/ 名《英口》=promenader 2.

pro·mo /próʊmoʊ/ 名《口》=promotion 2.

prom·on·to·ry /prάmənt`ɔ̀:ri | prɔ́məntəri, -tri/ 名（海岸に突き出た）岬.

*‡**pro·mote** /prəmóʊt/ 動 ⓔ ❶ [通例受身で]〈人を〉昇進させる, 進級させる,《スポ》〈チームを〉〈上位リーグに〉昇格させる (↔ demote, relegate): He has been ~d *from* major *to* lieutenant colonel. 彼は少佐から中佐に昇進した. ❷〈…を〉増進する, 促進する, 助長する; 奨励する: ~ economic growth 経済成長を促進する / Education ~s peace. 教育は平和の推進に寄与する. ❸〈商品の販売を〉促進する,〈商品を〉売り込む: Advertising ~s the sale of products. 宣伝は製品の販売を促進する. ❹ a〈プロボクシング・芝居などの〉興業を主催する. b〈会社を〉設立〔創立〕する. ❺《チェス》〈歩 (pawn) を〉クイーンにならせる. ❻《法案の》通過に努める.《L=前に動かす<PRO-¹+*movere, mot-* 動かす, 動く (cf. move)》 名 promotion）

*‡**pro·mot·er** /prəmóʊṭɚ | -tə/ 名 ❶ 興業主, プロモーター. ❷ 奨励者; 後援者. b 販売促進者. ❸（新会社の）発起人, 創立者. ❹ 増進するもの, 増進剤. ❺《生》プロモーター《DNAの領域で, RNA ポリメラーゼが特異的に結合し転写を開始する位置》.

*‡**pro·mo·tion** /prəmóʊʃən/ 名 ❶ ⓤⓒ 昇進, 進級;《スポ》（リーグなどの）昇格〔*to*〕: get [gain, win] a ~ 昇進する / P- goes by seniority [merit]. 栄進は年功(功績)による. ❷ a ⓤⓒ 販売促進: sales ~ 販売促進 / mount a ~ *for*…の特別販売促進活動を行なう. b ⓒ 販売促進商品. ❸ ⓤ 助長, 振興, 奨励: the ~ of health 健康増進 / the ~ of learning 学術振興. ❹《化》触媒促進. ❺ ⓒ（ボクシングなどの）興業.（動 promote）

*‡**pro·mo·tion·al** /-ʃ(ə)nəl/ 形 販売を促進〔助長〕する, 宣伝〔宣伝用〕の.

pro·mo·tive /prəmóʊṭɪv/ 形 促進する, 助長する.

*‡**prompt** /prάm(p)t/ 動 ⓔ ❶〈人・行動を〉刺激する, 鼓舞する;〈人を駆り立てて〔促して〕〈…〉させる: She was ~ed by hatred. 彼女は憎しみにかられた / [+目+*to* do] What ~ed you to say such a strange thing? なんでそんなおかしなことを言い出したんだ. ❷ a〈人に〉話の続きを促す,〈言いよどんでいる人に〉助け舟を出す. b〈俳優などに〉せりふを付ける. ❸《電算》〈コンピューターが〉〈ユーザーに〉入力を促す〔要求する〕. ─ 形 (~·er; ~·est)❶〈行動などが〉迅速な, 機敏な; てきぱきした, 即座の (immediate): a ~ reply 即答 / a ~ decision 速断, 速決 / P- payment would be appreciated. 即時払いをしていただけると幸甚に存じます. ❷ Ⓟ 時間〔期日〕通りの; 時間〔期日〕通りに〈…〉して〈*to* do〉. ─ 副（時間的に）正確に, きっかり, かっきり: arrive at seven o'clock ~ 7時きっかりに到着する. ─ 名 ❶ a 話の続きを促すこと. b（せりふを忘れた俳優への）せりふ付け. c =prompter. ❷《電算》プロンプト《ユーザーに入力可能であることを知らせるための画面上の記号》. ~·ness 名《L=準備のできた<前に持ち出された》《類義語》ready.

prómpt·bòok 名《劇》後見用の台本.

prómpt·er 名《劇》プロンプター《せりふの付け役》.

*+**prómpt·ing** 名 ⓤⓒ 刺激（するもの）激励, 鼓舞, 扇動, 促し. ❷ ⓤ（せりふを忘れた俳優への）せりふ付け.

promp·ti·tude /prάm(p)tətjù:d | prɔ́m(p)tɪtjù:d/ 名 ⓤ 迅速, 機敏.

*‡**prompt·ly** /prάm(p)tli | prɔ́m(p)t-/ 副 ❶ 敏速に, 即座に, 早速は (immediately): I bought a new umbrella and ~ lost it. 新しい傘を買ったが早速なくしてしまった. ❷ ぴったり, 時間どおりに (punctually).

prómpt nòte 名《商》即時払い手形.

prómpt sìde 名 プロンプトサイド《舞台で客席に向かって,

米では右手, 英では左手; prompter が控える側; 略 PS).

prom·ul·gate /prάməlgèɪt | prɔ́m-/ 動 ❶ 〈法令を〉発布[公布]する, 公表する. ❷ 〈信条などを〉広める, 普及させる. **pról·mul·gá·tor** /-tə | -tə/ 名.

prom·ul·ga·tion /prὰməlgéɪʃən | prɔ̀m-/ 名 ⓤ ❶ 発布; 公表 〔of〕. ❷ 普及 〔of〕.

pron. (略) pronominal; pronoun; pronounced; pronunciation.

pro·na·os /proʊnéɪəs/ -əs/ 名 -na·oi /-néɪɔɪ/)《建》(古代ギリシア・ローマの神殿の)前室, プロナオス《ケラ (cella) の前にある部屋》.

pro·nate /próʊneɪt/ 動 《生理》〈手などを[が]〉下向きにする[なる], 回内させる[する] (↔ supinate). **pro·ná·tion** 名 (手・足の)回内.

pró·na·tor /-tə | -tə/ 名《解》回内筋.

***prone** /próʊn/ 形 (**prón·er, -est; more ~, most ~**) ❶ ⓟ 〈…の〉(好ましくない)傾向がある, 〈…し〉がちな (liable): We are ~ *to* idleness [superstition]. 我々は怠け[迷信に陥り]やすい / I'm ~ *to* migraines. 私は偏頭痛になりやすい / [+*to do*] He's ~ *to* get angry. 彼は怒りっぽい. ❷ (比較なし) 〈人・位置がうつむけになった, 平伏した (cf. supine); fall [lie] ~ うつぶせに倒れる[伏す]. **~·ness** 名 《L=前傾した》 《類義語》⇒ likely.

-prone /pròʊn/ [形容詞連結形]「〈…の〉傾向で」「〈…し〉がちな」: strike-*prone* よくストライキを起こす / accident-*prone* 事故を起こしやすい.

prong /prɔ́ːŋ | prɔ́ŋ/ 名 (~s, ~) ❶ (フォークなどの)がった先, また. ❷ (鹿の角の)枝 (計画などの)分野, (方)面. 《卑》(男の)一物. ── 動 《…を〉(フォーク・角などで)刺す, 貫く.

pronged 形 ❶ またのある. ❷ [数詞を伴って複合語をなして] **a** 〈…の〉またのある: a four-*pronged* fork 4 つまたのフォーク. **b** 〈攻撃が〉〈…の〉方面からの: a two-*pronged* attack 二面攻撃.

próng·hòrn 名 《動》プロングホーン《北米西部の大草原にすむレイヨウに似た動物》.

pro·nom·i·nal /proʊnάmə(ə)l | -nɔ́m-/ 形《文法》代名詞の, 代名詞的な: a ~ adjective [adverb] 代名詞的形容詞[副詞]. ── 名 代名詞的語句. **~·ly** /-nəli/ 副.

pro·nom·i·na·li·za·tion /proʊnὰmənəlaɪzéɪʃən | -nɔ̀mənəlaɪz-/ 名《文法》代名詞化. **pro·nom·i·nal·ize** /proʊnάmənəlàɪz | -nɔ́m-/ 動.

pro·noun /próʊnaʊn/ 名《文法》代名詞《★ この辞書では 代 の記号を用いている》. 《F<L; ⇒ pro-¹ (代わりの), noun》

***pro·nounce** /prənάʊns/ 動 ❶ 〈言葉を〉発音する; 音読する: How do you ~ your name? お名前はどう発音するのですか. ❷ 〈…を〉宣言する, 言明する; 断言する, 公言する (declare): Then judgment was ~d. それから判決が下された / [+*目*+(*to be*)補] He was ~d dead. 彼は亡くなったと発表された / The patient was ~d *to be* out of danger. 病人は危険を脱したと言明された / [+*目*+*過分*] He was ~d completely cured. 彼は完全に治ったと断言された. **pronóunce agàinst [for, in fávor of]**…に不利[有利]な意見を述べる: The judge ~d *against* [*for, in favor of*] the accused. 裁判官は被告に不利[有利]な判決を下した. **pronóunce on [upòn]**…について意見を述べる, 判断を下す: I would prefer not to ~ *on* the issue. その問題について意見を述べることを差し控えたい. 《F<L =公に報告する<PRO-¹+*nuntiare* 報告する (cf. denounce)》 名 pronouncement, pronunciation.

pro·nounce·a·ble /prənάʊnsəbl/ 形〈単語・音など〉発音できる (↔ unpronounceable).

***pro·nounced** 形 ❶ 明白な, 目立った; 著しい. ❷ はっきりした, きっぱりした. **pro·nóunc·ed·ly** /-sɪdli, -stli/ 副.

***pro·nóunce·ment** /-mənt/ 名 ❶ 宣言, 宣告; 表明, 判決 〔*on, upon*〕. ❷ 《…という)宣言; 表明 〔*that*〕. 動 pronounce ❷, 動 ❷)

pron·to /prάntoʊ | prɔ́n-/ 副《口》早速,今すぐ; たちまち. 《Sp<L; ⇒ prompt》

pro·nun·ci·a·men·to /prənʌ̀nsiəméntoʊ/ 名 (~s, ~es) 宣言書; (特にスペイン語国の)革命党の宣言.

pro·nun·ci·a·tion /prənʌ̀nsiéɪʃən/ 名 ⓤⓒ 発音(の仕方): English ~ 英語の発音 / BBC [Received] ~ BBC [容認]発音 / variant ~s of the word その語の発音変異形 / Your ~ is very good. 君の発音は非常にいい. 動 pronounce ❶, 動 ❶.

***proof** /prúːf/ 名 (~s) ❶ ⓤⓒ 証明; 証拠: documentary ~ 証拠書類 / capable of ~ 証明[立証]できる / give (a) ~ *of* one's loyalty [affection] 忠誠[愛情]の真実であることを示す / produce ~ *against* an allegation 申し立てに対する反証を提出する / In ~ *of* [As (a) ~ *of*] this assertion, he produced a letter. この主張についての証拠として彼は 1 通の手紙を提出した / [+*that*] There's no ~ *that* he's guilty. 彼が有罪であるという証拠はない. ❷ ⓒ **a** (通例複数形で) (印) 校正刷り, ゲラ: read ~s 校正する / correct ~s ゲラを直す / in ~ 校正刷りで (★ 無冠詞). **b** (写) 試し刷り (版画の) 試し刷り. ❸ ⓤ (アルコール飲料の)標準強度, プルーフ (cf. proof spirit): above [below, under] ~ 標準強度を超えた[に満たない] / This whiskey is 90% ~. このウイスキーは 90 (パーセント)プルーフ[45 度]だ. ❹ ⓒ 《論・数》証明. **próof of púrchase** 購入証明《実際に購入したことを証明するレシート・ラベル・箱の一部分など下, キャッシュバックや景品への応募などの際に必要となる》. **pút...to the próof** …をためす. **the próof of the púdding (is in the éating)** (諺) プディングのうまいまずいは食べてみてから, 「論より証拠」.

── 形 ❶ ⓟ 〈…に〉耐えて, 〈…が〉きかなくて, 〈…を〉通さなくて: He's ~ *against* bribery [flattery]. 彼にはわいろ[お世辞]がきかない. ❷ Ⓐ 校正用の, 試し刷りの.

── 動 ❶ (特に)〈布を〉防水にする; 〈繊維質のものを〉〈…に〉耐久的にする 〔*against*〕. ❷ **a** [動名詞で]〈…の〉校正刷りを出す[作る]. **b** 〈…を〉校正する.

《F<L; 動 prove》

【類義語】 proof 意見・主張などのあることが真実であることを納得させるような証拠だ. **evidence** 裁判などである結論や判断の証明となる証拠を意味する. **testimony** 裁判であることの真偽を証明するために述べられたこと.

-proof /prúːf/ [形容詞・動詞連結形]「…を通さない(ようにする)」「耐…(化する)」「防…」: bullet*proof*, fire*proof*, sound*proof*, water*proof*.

proof·read /prúːfriːd/ 動 (-read /-réd/) 〈…を〉校正する. ── 自 校正する.

próof·rèader 名 校正係.

próof·rèading 名 ⓤ 校正.

próof shèet 名 校正刷り.

próof spìrit 名 標準強度のアルコール飲料 (解説 100 proof は米国ではアルコール含有量 50%, 英国では 57.10%; 日本ではアルコール含有量 1% を 1 度とする).

***prop¹** /prάp | prɔ́p/ 名 ❶ 支柱, つっぱり. ❷ 支え, 頼り; 支えとなる人. ❸《ラグビー》プロップ《スクラム最前列の左右のフォワード》. ── 動 (**propped; prop·ping**) ❶ 〈…を〉〈…に〉立てかける, 寄りかからせる 〔*against, on*〕: He propped his bicycle (*up*) *against* the wall. 彼は自転車を壁に立てかけた. ❷ 〈…で〉〈…を〉支える, 〔*with, by*〕: ~ up a tree (*with* poles) 木を(ポールで)支える / [+*目*+補] I propped the door open *with* a chair. いすを(おさえに)してドアを開けておいた. ❸ 〈人・ものを〉支持する, 支援する: ~ up old-fashioned agriculture 旧式の農業にてこ入れをする.

prop² /prάp | prɔ́p/ 名《口》プロペラ. 《PROP(ELLER)》

prop³ /prάp | prɔ́p/ 名 [通例複数形で]《劇》小道具. 《PROP(ERTY)》

pro·pae·deu·tic /pròʊpiːd(j)úːtɪk | -djúː-/ 形 初歩の, 予備の. ── 名 [~s, 単数扱い] (芸術・科学の)予備知識, 基礎訓練, 入門教育. **pro·pae·deu·ti·cal** /pròʊpiːd(j)úːtɪk(ə)l | -djúː-/ 形.

***prop·a·gan·da** /prὰpəgǽndə | prɔ̀p-/ 名 ⓤ (政治)宣伝, プロパガンダ《国家[政党]などが組織的に行なう, 主義・教義などのしばしば不正確な, あるいは偏った宣伝》: spread ~ for [against]…を宣伝[非難宣伝]する. ── 形 Ⓐ

(政治)宣伝用の: ～ films [posters] 宣伝映画[ポスター]. 〖It < Sp & Port < L; ⇨ propagate〗

pròp·a·gán·dism /-dɪzm/ [名] [U] 宣伝, 普及運動.

pròp·a·gán·dist /-dɪst/ [名] (通例政治的なプロパガンダの)宣伝者.

prop·a·gan·dize /prɑ̀pəgǽndaɪz | prɔ̀p-/ [動] [他] ❶ 〈主義・教義などを〉宣伝する. ❷ 〈国・社会などに〉宣伝活動する. ── [自] 宣伝活動する.

+**prop·a·gate** /prɑ́pəgèɪt | prɔ́p-/ [動] [他] ❶ 〈…を〉繁殖させる, ふやす. ❷ 〈思想などを〉普及させる, 宣伝する, ひろめる (disseminate). ❸ 〈震動・地震などを〉伝播(でんぱ)する, 伝える. ❹ 〈性質などを〉遺伝させる. ── [自] 繁殖する, 増殖する. 〖L＝繁殖させる〗

prop·a·ga·tion /prɑ̀pəgéɪʃən | prɔ̀p-/ [名] [U] ❶ 繁殖〔of〕. ❷ 宣伝, 普及 〔of〕. ❸ 伝播(でんぱ) 〔of〕. ❹ 遺伝〔of〕.

próp·a·gà·tor /-ṭɚ | -tə/ [名] ❶ 繁殖者. ❷ 宣伝者.

prop·a·gule /prɑ́pəgjù:l | prɔ́p-/ [名] 〘植・生〙 繁殖体, (特に)零余子(むかご), 胎芽, 珠芽.

pro·pane /próupeɪn/ [名] [U] 〘化〙 プロパン(ガス) 《炭化水素の一種; 燃料などに用いる》.

pró·pa·no·ic ácid /próupənòuɪk-/ [名] ＝propionic acid.

pro·pa·nol /próupənɔ̀:l | -nɔ̀l/ [名] [U] 〘化〙 プロパノール 《プロピルアルコール》.

+**pro·pel** /prəpél/ [動] [他] (pro·pelled; pro·pel·ling) [しばしば受身で] ❶ 〈…を〉推進する, 進ませる, 押し込む[出す]: The ship is *propelled* by nuclear power. その船は原子力で動く[進む]. ❷ [副詞(句)を伴って] 〈人を〉駆り立てる, 動かす, 〔ある地位へ〕のし上げる〔*to*〕. 〖L＝前に押す < PRO-¹+*pellere, puls-* 押す, 駆る (cf. pulse)〗 ([名] propulsion, [形] propulsive) 【類義語】 ⇨ push.

pro·pel·lant /prəpélənt/ [名] [C,U] ❶ (ロケットなどの)推進薬. ❷ (銃砲の)発射火薬. ❸ (スプレー用の)高圧ガス.

pro·pel·lent /prəpélənt/ [形] 推進する; 推進用の. ── [名] ＝propellant.

+**pro·pel·ler** /prəpélɚ | -lə/ [名] ❶ (飛行機の)プロペラ. ❷ (船の)スクリュー, 推進器.

propéller hèad [名] 《口》 コンピューターおたく, メカ狂い.

propéller shàft [名] プロペラ軸 《端にスクリュープロペラが付いている》; 〘車〙 プロペラシャフト 《変速機から駆動車軸まで動力を伝える》.

pro·pél·ling péncil [名] 《英》 シャープペンシル, シャーペン (《米》 mechanical pencil) (《[比較]》 日本語の「シャープペンシル」は和製英語で, 英語の a sharp pencil は「芯をとがらせた鉛筆」の意).

pro·pene /próupi:n/ [名] [U] 〘化〙 プロペン (＝propylene).

+**pro·pen·si·ty** /prəpénsəṭi/ [名] 〔…を好む〕(生まれつきの)傾向, 性質, 〔…しがちな〕性癖: We have a ～ ***for*** neglect*ing* what we don't comprehend. 我々には自分に理解できないことを無視しようとする性質が備わっている / 〔+ ***to* do**〕 She has a ～ *to* exaggerate. 彼女はものを大げさに言う癖がある.

‡**prop·er** /prɑ́pɚ | prɔ́pə/ [形] (more ～; most ～) ❶ [A] (比較なし) (目的・状況などにかなって)適切な, ふさわしい (correct): ～ procedures しかるべき手順 / Do it the ～ way. 適切な方法でやりなさい / He's the ～ person ***for*** the work. 彼こそその仕事にふさわしい人物だ. ❷ (社会のしきたりにかなって)礼儀正しい, 上品な; いやに行儀のよい (correct; ↔ improper): use ～ language 礼儀正しい言葉を使う / She's prim and ～. 彼女はつんとしておすまし屋だ / It's not ～ to eat from a knife. ナイフで食べるのは礼儀正しくない. ❸ (比較なし) **a** [名詞の後に置いて] 厳密な意味での, 本当の: Japan ～ 日本本土 / in the City ～ 厳密な意味でのシティー. **b** [A] 《英口》 本物の, ちゃんとした: You'd better have a ～ meal. 君はちゃんとした食事を取ったほうがいい. ❹ 〔…に〕固有で, 特有で: instincts ～ ***to*** mankind 人間特有の本能 / This custom is ～ *to* the country. この習慣はその国特有のものだ. ❺ [A] (比較なし) 《英口》 まったくの, 完全な: a ～ rascal まったくのならず者 / a ～ mess 完全な混乱 / a ～ thrashing うんとひっぱたく[ひっぱたかれる]こと. ❻ [A] (比較なし) 〘文法〙 固有の;

固有名詞的な: ⇨ proper noun. ── [副] 《英方・口》 完全に, まったく. 〖F < L *proprius* 自分自身の; cf. appropriate, improper, property〗 【類義語】 ⇨ fit¹.

pro·per·din /proupə́ːdɪ | -pə́:-/ [名] [U] 〘生化〙 プロパージン 《殺菌力・赤血球溶解力のある血清たんぱく》.

próper fráction [名] 〘数〙 真分数.

‡**prop·er·ly** /prɑ́pɚli | prɔ́pə-/ [副] (more ～; most ～) ❶ 適当に, 適切に, ほどよく: The machine isn't working ～. その機械はまともに動いていない. ❷ 礼儀正しく, きちんと (↔ improperly): behave ～ 礼儀正しくふるまう / He was ～ dressed. 彼はきちんとした服装をしていた. ❸ 正しくは, 厳密には (correctly). ❹ [文修飾] 当然(のことながら): She very ～ refused. 彼女が断わったのはきわめて当然だ. ❺ 《英口》 まったく, 徹底的に: The boxer was ～ beaten. そのボクサーは完全に打ちのめされた. **próperly spéaking** ＝**spéaking próperly** ＝**to spéak próperly** 正確に言えば.

próper mótion [名] [U] 〘天〙 (恒星の)固有運動.

próper nóun [náme] [名] 〘文法〙 固有名詞.

próp·er·tied [形] [A] 財産のある; (特に)地所を持っている: the ～ class(es) 有産階級; (特に)地主階級.

‡**prop·er·ty** /prɑ́pɚṭi | prɔ́pə-/ [名] ❶ [U] **a** 財産, 資産: a man of ～ 財産家 / personal [real] ～ 動[不動]産. **b** 所有物 《全体》: Is this your ～? これはあなたのものですか. **c** [複数形で] (資産のうちの)投資, 株式. ❷ [U,C] 所有地, 地所, 土地(建物): He has ～ [several *properties*] in the country. 彼はいなかに土地を[いくつか土地を]持っている. ❸ [U] 〘法〙 所有権; 所有: ～ ***in*** copyright 版権所有. ❹ [C] [通例複数形で] (ものの)特質, 特性, 性質〔*of*〕: The bark has medicinal *properties*. その樹皮には薬効成分がある. ❺ [C] [通例複数形で] 〘劇〙 《古風》 小道具 (prop). **cómmon próperty** だれでも知っていること. ── [形] [A] 土地の[に関する]: ～ development [speculation] 土地開発[投機]. 〖F < L＝自分自身のもの; ⇨ proper〗 【類義語】 ⇨ quality.

próperty devèloper [名] 宅地開発[造成]業者.

próperty màn [名] 〘劇〙 小道具方 《★ 《英》 では衣装方もいう》.

próperty tàx [名] 財産税.

pro·phase /próufeɪz/ [名] [U] 〘生〙 (有糸分裂の)前期. ★ 以下 metaphase (中期), anaphase (後期), telophase (終期). **-pha·sic** /proufeɪzɪk/ [形]

+**proph·e·cy** /prɑ́fəsi | prɔ́f-/ [名] [U,C] 予言; [U] 予言能力: 〔+*that*〕 His ～ *that* war would break out came true. 戦争が起こるという彼の予言は的中した. 〖F < L < Gk; ⇨ prophet〗 ([形] prophetic)

proph·e·sy /prɑ́fəsàɪ | prɔ́f-/ [動] [他] 〈…を〉予言する (foretell): ～ an earthquake 地震を予言する / 〔+***that***〕 He *prophesied that* war would break out. 彼は戦争が起こると予言した. ── [自] 予言をする. 〖F < L < Gk ↓〗

+**proph·et** /prɑ́fɪt | prɔ́f-/ [名] ❶ **a** (神意を告げる)預言者. **b** [the P～] ＝Muhammad: a follower of *the P～* イスラム教徒. **c** [the Prophets] (旧約聖書の)預言書: ⇨ Major Prophets 1, Minor Prophets 1. ❷ **a** (物事を予知する)予言者: a ～ of doom 凶事の予言者, 悪いことばかり予想する人, 悲観論者. **b** 《口》 (競馬の)予想屋. ❸ 〔主義などの〕提唱者 〔*of*〕. 〖F < L < Gk＝神の意思を代弁する者 < PRO-¹+Gk *phanai* 話す; cf. prophecy, prophesy〗 ([形] prophetic)

+**proph·et·ess** /prɑ́fɪṭəs | prɔ̀fətés, ⌐―⌐/ [名] 女預言者[予言者].

+**pro·phet·ic** /prəféṭɪk/ [形] 預[予]言者の[らしい]; 予言的な, 予知する(ような); 〔…を〕予言して 〔*of*〕: It was a ～ statement. それは予言的な発言だった 《後に現実となった》. ([名] prophet, prophecy)

pro·phét·i·cal /-ṭɪk(ə)l/ [形] ＝prophetic. **～·ly** /-kəli/ [副]

pro·phy·lac·tic /pròufəlǽktɪk | prɔ̀f-⌐/ 〘医〙 [形] (病気を)予防する (preventive). ── [名] ❶ 予防薬; 予防法[措置]. ❷ 《米》 避妊用具; コンドーム (condom). **prò-**

pro·phy·lax·is /ˌproʊfəˈlæksɪs | ˌprɒf-/ 名 (複 -lax·es /-siːz/) U.C 【医】(病気などの)予防(法).

pro·pin·qui·ty /proʊˈpɪŋkwəti/ 名 U (時・場所・関係の)近さ, 近接; 類似 (*of, to*) (proximity).

pro·pi·o·nate /ˈproʊpiənèɪt/ 名 【化】プロピオン酸塩[エステル].

pró·pi·on·ic ácid /ˌproʊpiˈɑnɪk- | -ˈɒn-/ 名 U 【化】プロピオン酸《刺激臭のある無色・油性・水溶性の液体; 香料・殺菌剤用》.

pro·pi·ti·ate /proʊˈpɪʃièɪt/ 動 〈…を〉なだめる, 〈…の〉怒りをしずめる; 〈…の〉機嫌を取る.

pro·pi·ti·a·tion /proʊpɪʃiˈeɪʃən/ 名 U なだめ, 慰撫 (*of*).

pro·pi·ti·a·to·ry /proʊˈpɪʃiətɔ̀ːri | -fətəri, -tri/ 形 なだめる, 機嫌取りの, 和解の.

pro·pi·tious /prəˈpɪʃəs/ 形 幸運な, さい先のよい; 〈…に〉好都合な (*for, to*) (favorable): a ~ sign [omen] 吉兆 / The weather was ~ *for* our trip. 天候は我々の旅行におあつらえ向きだった. **~·ly** 副

próp·jet 名 =turboprop.

próp·màn 名 (複 -men) /-/=property man.

prop·o·lis /ˈprɑpəlɪs | ˈprɒp-/ 名 U プロポリス, ハチやに, 蜂蠟(ろう)《ミツバチがその巣のすき間を詰める赤みがかった油性物質》. 〖L<Gk〗

⁺**pro·po·nent** /prəˈpoʊnənt/ 名 (advocate) ❶ 提議[提案, 主唱, 主張]者 (*of*). ❷ 支持者 (*of*). 〖L; ⇒ propose〗

＊**pro·por·tion** /prəˈpɔːʃən | -pɔ́ː-/ 名 ❶ C 部分; 割り前, 分け前《用法》~ of の後にくる名詞の単数・複数によって単数または複数扱いとなる》: A large ~ of the earth's surface is covered with water. 地球表面のかなりの部分は水におおわれている / A small ~ of students were unsuccessful in the examination. 少数の学生が試験に失敗した / obtain a ~ of the profit 利益の分け前にあずかる. ❷ U 〈…との〉釣り合い, 調和, 均整: due [proper] ~ 適当な釣り合い, 調和 / His reputation was due ~ *to* his ability. 彼の評判はその能力に不釣り合いだった《よすぎる場合にも悪すぎる場合にも言う》. ❸ U.C 割合, 比(率) (ratio): the ~ *of* births *to* the population 人口に対する出生比率 / a ~ of three to one 3対1の割合. ❹ [複数形で] a 《美的観点からみた》均整, 全体のバランス; a woman of exquisite ~s 見事なプロポーションの女性. b 大きさ, 広さ: a building of gigantic ~s 巨大な建造物. ❺ U 【数】比例 (cf. ratio): direct [inverse] ~ 正[反]比例. **in propórtion** (1) 〈…と〉釣り合って; 〈…と〉比例して: Their earnings are in ~ *to* their skill. 彼らの稼ぎ高はその技能の程度に比例している. (2) 〈…と〉比べて, 相対的に (*to, with*) (in relation to). (3) ことを誇張することなく, ことの軽重を誤ることなく: keep things in ~ 物事をゆがめないで見る. **òut of (áll) propórtion** 〈…と〉(まったく)釣り合いを失って (*to*). **òut of propórtion** (1) 不釣り合いで (*to*) (⇒ 2). (2) ことをゆがめて: blow things (all) out of ~ 大げさに反応する. **sénse of propórtion** 物事の相対的重要性を判断する力, バランス感覚. ── 動 他 〈…を〉…と釣り合わせる, 比例[調和]させる: These rooms are well ~*ed*. これらの部屋はよく調和している / You must ~ your spending *to* your salary. 出費は給料に応じて釣り合わせなければならない. 〖L=釣り合って; ⇒ pro-¹, portion〗 (形 proportional)

⁺**pro·pór·tion·al** /-ʃ(ə)nəl/ 形 ❶ 釣り合った, 均整[バランス]のとれた. ❷ 比例の品格, 〈…に〉比例した, 〈それぞれ〉相応の: be directly [inversely] ~ *to*…に正[反]比例する. **~·ly** 副 (名 proportion)

pro·por·tion·al·i·ty /prəpɔ̀ːʃəˈnæləti | -pɔ̀ː-/ 名 U (量刑などの)釣り合い, 均衡, バランス, (過酷な厳罰・措置を避ける)公正さ.

⁺**propórtional representátion** 名 U 比例代表制 (略 PR).

*pro·por·tion·ate /prəˈpɔːʃ(ə)nət | -pɔ́ː-/ 形 =proportional. **~·ly** 副

pro·pór·tioned 形 [副詞の後で] スタイル[バランス, プロポーション]が…な; ⇒ well-proportioned.

＊**pro·pos·al** /prəˈpoʊz(ə)l/ 名 ❶ C.U 申し込み; 提案; 計画: make [put forward] a ~ *for* peace 和睦(ぼく)を申し込む / a ~ *for* reducing taxes 税金を下げようという提案 / [+*to do*] present a ~ *to* carry on negotiations 交渉を継続しようという提案をする / [+*that*] The ~ *that* tariffs (should) be lowered was unanimously accepted. 関税を下げようという提案は満場一致で承認された. ❷ C 結婚の申し込み, プロポーズ. (動 propose) 【類義語】**proposal** それを示した人(たち)の意志によって受諾または拒否が決められる提案・計画. **proposition** 議論・検討・証明または論駁(ぐばく)するために提出された陳述・理論・計画; 特に商業では proposal と同義に用いることも多い.

＊**pro·pose** /prəˈpoʊz/ 動 他 ❶ 〈…を〉提案する: He ~*d* a new plan (*to* us). 彼は(我々に)新しい計画を提案した / [+*doing*] She ~*d* reorganiz*ing* the curriculum. 彼女はカリキュラムを再編成することを提案した / I ~*d* our start*ing* at six. 我々が6時に出発することを提案した / [+*that*] I ~*d that* we (should) take turns. 我々は順番にやるべきだと提案した《用法》この文は I said, "Let's take turns." に対する間接話法に当たる》. ❷ 〈人を〉〈…に〉推薦する, 指名する: I ~*d* X *for* membership. 彼女を会員に推薦した / Mr. Johnson has been ~*d as* president. ジョンソン氏が会長に指名された. ❸ 〈…を〉もくろむ, 企てる, …するつもりである: ~ an attack 攻撃を企てる / [+*to do*/+*doing*] Where do you ~ *to* spend [spend*ing*] your vacation? あなたはどこで休日を過ごそうと考えていますか《比較》Where *are* you *going* to spend…? のほうが口語的. ❹ 〈結婚を〉申し込む: He ~*d* marriage *to* Margaret. 彼はマーガレットに結婚を申し込んだ. ❺ 〈パーティーなどで〉〈乾杯を〉提案する《★ 通例次の句で》: ~ a toast to a person [to a person's health] 人のために乾杯[人の健康を祝して乾杯]を提案する. ~ to … 〈男が〉〈女に〉結婚を申し込む: Have you ~*d to* her? 彼女に結婚の申し込みをしたのかい. ❷ 提案[提言]する: Man ~*s*, God disposes. ⇒ dispose 自 2. 〖F<L=前に置く《PRO-¹+*po·nere, posit-* 置く; cf. position, proponent》〗 proposal, proposition》【類義語】(1) ⇒ suggest. (2) ⇒ intend.

pro·pósed 形 A 提案された.

＊**pro·pos·er** /prəˈpoʊzɚ | -zə/ 名 申し込み人, 提案[提議, 提言]者.

＊**prop·o·si·tion** /ˌprɑpəˈzɪʃən | ˌprɒp-/ 名 ❶ 〈…という〉陳述, 主張: [+*that*] defend the ~ *that* all men are created equal 人間はすべて平等に作られているという主張を弁護する. ❷ (特に商業・政治上の)提案, 提議, 計画, 案: make a business ~ 事業案を持ち出す / [+*to do*] a ~ *to* pool part of the earnings もうけの一部を共同資金にするという提案 / [+*that*] Nobody supported his ~ *that* part of the earnings (should) be pooled. もうけの一部を共同資金にするという彼の提案をだれも支持するものがなかった. ❸ [a ~; 通例修飾語を伴って]〈…な〉事, 仕事, 問題; 〈…な〉やつ, 相手: It's *a* paying [workable] ~. それはもうけ[実行可能な]仕事だ. ❹ [しばしば P~]《米法》(住民投票によって成立した)法案, 法改正案. ❺ 【数・論】命題; 定理. ❻ 《口》(性的な)誘い, (関係を迫ること. ── 動 他 ❶ 《口》〈異性に〉〈関係を〉迫る, 言い寄る. ❷ 〈人に〉提案する, 申し出る. **prop·o·si·tion·al** /ˌprɑpəˈzɪʃ(ə)nəl | ˌprɒp-/ 形 (動 propose) 【類義語】⇒ proposal.

pro·pound /prəˈpaʊnd/ 動 他 〈問題などを〉提出[提議, 提唱, 提案]する (propose): ~ a theory [question, riddle] 学説[問題, なぞ]を提出する.

pro·pran·o·lol /proʊˈprænəlɔ̀ːl | -lɔ̀l/ 名 U.C 【薬】プロプラノロール《不整脈・狭心症などの治療に用いる》.

＊**pro·pri·e·tar·y** /prəˈpraɪətèri | -təri, -tri/ 形 A (比較なし) ❶ 独占の, 専有の; 専売(権)[登録商標, 企業秘密]の[に〈ている〉] (generic): ~ brands 専売ブランド / ~ medicines [drugs] (特許)売薬. ❷ 所有主の, 所有の: ~ rights 所有権. ❸ (ふるまいが)独占[一人占め]するよう

な (proprietorial). 〖PROPRIETY+-ARY〗
proprietary name 名 (商品の)特許名, 商標名 (Coke, Xerox など).
proprietary school 名 私営の職業学校.
pro·pri·e·tor /prəpráɪətə | -tə/ 名 ❶ (商店・ホテル・土地などの)所有者, 所有者. ❷ 経営者, 事業主, 店主.
pro·pri·e·to·ri·al /prəpràɪətɔ́ːriəl◄/ 形 ❶ 所有主の. ❷ (ふるまいが)独占[一人占め]するような (proprietary).
pro·pri·e·tress /prəpráɪətrəs/ 名 proprietor の女性形.
pro·pri·e·ty /prəpráɪəti/ 名 ❶ Ⓤ 作法(上の適切さ), (しかるべき)道徳[道義]性, 礼儀(正しさ) 《特に男女間の, または異なる社会的地位・年齢の人の間のもの》 (↔impropriety): a breach of ~ 不作法 / with ~ 礼儀正しく. ❷ [the proprieties] (種々の)エチケット, しきたり, 規範: observe *the proprieties* 礼儀作法を守る. ❸ Ⓒ 適当; 適否 (*of*). 〖F＜L＝自己所有; PROPERTY と二重語〗
pro·pri·o·cep·tive /pròupriouséptɪv◄/ 形 〖生理〗自己刺激に感応する, 固有受容の. ~**·ly** 副 **-cép·tion** /-ʃən/ 名
pro·pri·o·cep·tor /pròupriouséptə | -tə/ 名 〖生理〗固有[自己]受容体《自己刺激に感応する末梢神経》.
próp·shàft 名 =propeller shaft.
prop·to·sis /prɑtóusɪs | prɔp-/ 名 (複 -ses /-siːz/) 〖医〗 (器官, 特に眼球の)突出(症).
pro·pul·sion /prəpʌ́lʃən/ 名 Ⓤ 推進(力): jet ~ ジェット推進. **pro·pul·sive** /prəpʌ́lsɪv/ 形 推進力のある, 推進する. (動 propel)
próp wòrd 名 〖文法〗支柱語《形容詞(相当語)に添えて, それに名詞の機能を果たさせる語; たとえば a white sheep and a black *one* における one》.
pro·pyl /próupəl/ 名 〖化〗プロピル(基)《プロパンから誘導する1価の基》. **pro·pyl·ic** /proupílɪk/ 形
propyla 名 propylon の複数形.
prop·y·lae·um /prɑ̀pəlíːəm | prɔ̀p-/ 名 (複 -lae·a /-líːə/) [しばしば複数形で] (古代ギリシア・ローマの, 神殿などへの)入口(の門); [the Propylaea] 《特に Acropolis への》入口, プロピライア.
pro·pyl·ene /próupəliːn/ 名 Ⓤ 〖化〗プロピレン《エチレン列炭化水素の一つ; 有機合成用》; プロピレン(基).
prop·y·lon /prɑ́pəlɑ̀n | prɔ́pəlɔ̀n/ 名 (複 **-la** /-lə/, **~s**) (古代エジプトの, 神殿の入口前にある)記念門.
pro ra·ta /pròuréɪtə, -rɑ́ːtə/ 比例して, 案分して;(日割りなど)実働(使用)時間に応じて. ~ 比例した.
pro·rate /prouréɪt/ 動 他 ⟨...を⟩割り当てる, (実働[使用]時間などに応じて)計算する. ── 割り付けにする; 案分比例する: We ~*d* the interest between us. 我々の利益を我々の間で(一定の割合に)分配した. 〖PRO RATA から〗
pro·ro·ga·tion /pròurougéɪʃən, -rə-/ 名 (議会などの)停会. 〖PROROGUE+-ATION〗
pro·rogue /prouróug/ 動 他 (英国などで)⟨議会⟩を停会にする.
pro·sa·ic /prouzéɪɪk/ 形 ❶ 殺風景な, おもしろくない;活気のない, 単調[平凡]な (mundane). ❷ 散文(体)の, 散文的な. **pro·sá·i·cal·ly** /-kəli/ 副 (名 prose)
pro·sa·ism /próuzeɪìzm/, **-sa·i·cism** /-zéɪəsìzm/ 名 散文的; 散文的表現; 平凡さ.
pro·sa·ist /próuzeɪɪst/ 名 散文家; 平凡で単調な人, 没趣味な人.
pro·sce·ni·um /prousíːniəm/ 名 [通例 the ~] 〖劇〗 (舞台と客席を区切る)舞台開口部, プロセニアム《アーチ形をなし, 幕が舞台をおおうようになっている; ~ arch とも言う》. 〖L＜Gk＝舞台の前に; ⇒ pro-¹, scene〗
proscénium árch 名 舞台前追持, プロセニアム アーチ.
pro·sciut·to /prouʃúːtou | -tɔ́/ 名 (複 **-ti** /-tiː/, **~s**) プロシュート《香辛料の効いたイタリアハム; しばしば極薄切りにしてメロンを添えて出す》.
pro·scribe /prouskráɪb/ 動 他 ❶ ⟨...を⟩(危険なものとして)禁止[非合法化]する (prohibit). ❷ ⟨人を⟩法律の保護外におく, 追放する. **pro·scrip·tion** /prouskríp/ʃən/ 名 **pro·scrip·tive** /-tɪv/ 形 〖L＝公に書く; ⇒ pro-¹, scribe〗

1435 prospect

*prose /próuz/ 名 ❶ Ⓤ 散文; 散文体 (↔poetry, verse). ❷ Ⓒ 《英》(外国語への)翻訳練習問題. ── 形 Ⓐ 散文の: a ~ poem 散文詩 / ~ poetry 散文詩 / ~ style 散文体. 〖F＜L＝(韻文に対して)まっすぐな(言葉)〗 (形 prosaic, prosy)
pro·sec·tor /prouséktə | -tə/ 名 (解剖学実習などのための)死体解剖者. **pro·sec·to·ri·al** /pròusektɔ́ːriəl◄/ 形
*pros·e·cute /prɑ́sɪkjùːt | prɔ́s-/ 動 ❶ ⟨人を⟩⟨...の かどで⟩訴訟する, 告訴する, 求刑する: Trespassers will be ~*d*. 不法侵入者は起訴されます / He was ~*d for* smuggling drugs. 彼は麻薬を密輸したかどで起訴された. ❷ ⟨訴訟の⟩検察官を務める. ❸ 努力のいる仕事などを⟨着実に⟩行なう, 遂行する: ~ a war 戦争を遂行する. ── ⃝ ❶ 起訴する, 告訴する. ❷ (裁判で)検察官を務める. 〖L＝前に従う PRO-+*sequi, secut-* 後に続く (cf. sequence)〗(名 prosecution)
prós·e·cut·ing attórney /-tɪŋ-/ 名 《米》検察官.
*pros·e·cu·tion /prɑ̀sɪkjúːʃən | prɔ̀s-/ 名 ❶ 〖法〗 Ⓤ,Ⓒ 起訴, 告訴: a criminal ~ 刑事訴追. **b** [the ~; 集合的; 単数または複数扱い] 起訴者側, 検察当局 (↔defense): a witness for *the* ~ 検察側の証人. ❷ Ⓤ 遂行, 実行: the ~ *of* one's duties 義務の遂行. (動 prosecute)
*pros·e·cu·tor /prɑ́sɪkjùːtə | prɔ́sɪkjùːtə/ 名 〖法〗検察官, 検事; 訴追者.
pros·e·lyte /prɑ́səlàɪt | prɔ́s-/ 名 改宗者; (政治的)転向[変節]者.
pros·e·ly·tism /prɑ́sələtìzm | prɔ́s-/ 名 改宗; 改宗の勧誘.
pros·e·ly·tize /prɑ́sələtàɪz | prɔ́s-/ 動 他 ⟨人を⟩改宗[転向, 変節]させる. ── ⃝ しつこく布教[勧誘]する, 改宗させる; 変節させる.
pros·en·ceph·a·lon /prɑ̀s- | prɔ̀s-/ 名 〖解〗前脳 (forebrain). **-encephálic** 形
pros·en·chy·ma /prəséŋkəmə | prɔs-/ 名 (複 **-chym·a·ta** /prə̀seŋkímətə | prɔ̀s-, ~s/) 〖植〗紡錘組織. **-chym·a·tous** /prəseŋkímətəs | prɔ̀s-/ 形
pros·er /próuzə | -zə/ 名 散文家, 散文作家; 無趣味に⟨くどくど⟩書く[話す]人.
Pro·ser·pi·na /prəsə́ːpənə | -sə́ː-/ 名 〖ロ神〗プロセルピナ《Jupiter と Ceres の間の娘; Pluto に連れ去られて下界の女王にされた; ギリシア神話の Persephone に当たる》.
Pros·er·pine /prɑ́səpàɪn | prɔ́s-/ 名 =Proserpina.
pro·sim·i·an /prousímiən/ 名 〖動〗原猿(類)の《キツネザル・メガネザルなど》.
pro·sit /próusɪt, -zɪt/ 間 乾杯!, おめでとう! 〖★ 乾杯・成功を祝する時の言葉〗. 〖G＜L＝may it benefit (益がありますように)〗
pro·sod·ic /prəsɑ́dɪk | -sɔ́d-/ 形 Ⓐ 韻律論の, 詩形論の, 作詞法の.
pros·o·dy /prɑ́səɾi | prɔ́s-/ 名 Ⓤ 韻律論, 詩形論, 作詞法. ❷ (特定の)詩形, 韻律組織. 〖L＜Gk＝tone, accent〗
pro·so·ma /prousóumə | prɔ-/ 名 〖動〗(無脊椎動物の)前体部《中体部, 後体部の3部に分かつときの》. **pro·sómal** /-m(ə)l/ 形
pros·o·pog·ra·phy /prɑ̀səpɑ́grəfi | prɔ̀sə-/ 名 (歴史・文学上の)人物研究; Ⓒ 人物伝. **pros·o·póg·raph·er** /-fə | -fə/ 名 **pros·o·po·graph·i·cal** /prɑ̀səpəgráfɪk(ə)l | prɔ̀sə-◄/ 形
pros·o·po·poe·ia, -pe·ia /prɑ̀sòupəpíːə | prɔ̀sou-/ 名 Ⓤ 〖修〗擬人法 (personification); 活喩法(死者[架空人物など]が話したり行動したりするように表現すること》.
*pros·pect /prɑ́spekt | prɔ́s-/ 名 ❶ Ⓤ [また a ~] 予想, 見通し, 前途, 展望 (possibility) 《*of*, *for*》: a bleak [rosy] ~ わびしい[ばら色の]前途 / He has no [little, not much] ~ *of* success. 彼には成功の見込みはまったく[あまり]ない / Is there any ~ *of* their winn*ing* the game?

彼らが試合に勝つ見込みがあるだろうか / They set up the company in the ~ of large profits. 彼らは大きな収益を見込んでその会社を作った. ❷ [複数形で] (成功・利益・出世などの)見込, 将来性 [of, for]: His ~s are bright. 彼の将来は輝かしい / The business's ~s are bleak. その事業はもうかり[成功]しそうな見込みはない. ❸ ⓤ (近く起こることへの)期待: be thrilled at the ~ of foreign travel 外国旅行への期待にわくわくする / I don't like the ~ of meeting him. 彼に会わねばならないと思うといやになる. ❹ ⓒ [通例修飾語を伴って] a 見込みのある人; 有望な人. b 買い手になりそうな人, 顧客になりそうな人. ❺ ⓒ [通例単数形で] (特に高い所からの)眺望, 見晴らし, 景色; (家などの)向き: The hill commands a fine ~. その丘は眺めがよい. ❻ ⓒ [鉱山] 採鉱有望地. in prospect 予期されて, 見込みがあって: An abundant harvest is in ~. 豊作が予想されている. ー /práspekt | prəspékt, práspekt/ 動 (自) 〈金・石油などを求めて〉試掘する, 踏査する: ~ for gold 金を試掘する. 《L=前方を見る<PRO-+ specere, spect- 見る (cf. spectrum)》(形) prospective)

*pros‧pec‧tive /prəspéktɪv/ 形 A 予期される, 見込みの(ある), …になる予定の, …になりそうな (potential): a ~ customer 客になる見込みのある人, 見込まれる顧客 / ~ changes 見込まれる変化[変更]. (名) prospect.

pros‧pec‧tor /práspektə | prəspéktə/ 名 (鉱山などの)試掘者, 探鉱者.

+pros‧pec‧tus /prəspéktəs/ 名 ❶ a (会社などの)設立趣意書, (事業・計画などの)発起書. b (私立)学校入学案内書. ❷ (新刊書の)内容見本. 《L; ⇒ prospect》

+pros‧per /práspə | próspə/ 動 (自) ❶ 〈事業などが〉繁盛する (thrive): His business has ~ed. 彼の商売は繁盛した. ❷ 〈人が〉成功する; 〈子供などが〉育つ: His father is ~ing as a businessman. 彼の父は事業家としてうまくいっている. ❸ 〈計画・努力などが〉うまく行く. ー (他) 《古》〈神が…を〉繁栄させる, 成功させる: May God ~ you! 幸あれ! 《F<L=うまくいく》 (名) prosperity, (形) prosperous)

*pros‧per‧i‧ty /prəspérəṭi | prɔs-/ 名 ⓤ 繁栄; 成功: bring ~ to 繁栄をもたらす. (動 prosper)

+pros‧per‧ous /prásp(ə)rəs | prós-/ 形 (more ~; most ~) ❶ 繁栄する, 富裕な; (経済的に)成功した (affluent, wealthy): a ~ farmer 富裕な農場主 / a ~ town 繁栄している町 / a ~ industry 好調な産業. ❷ 好都合の, 順調な. (動 prosper)

pros‧ta‧cy‧clin /pràstəsáɪklɪn | prɔ̀s-/ 名 ⓤ 【生化】プロスタサイクリン《動脈壁でプロスタグランジンから産し, 抗凝血作用・血管拡張作用があるホルモン様物質》.

pros‧ta‧glan‧din /pràstəglǽndɪn | prɔ̀s-/ 名 ⓤ 【生化】プロスタグランジン《動物の組織中にある脂溶性カルボン酸; 強力なホルモン(様)物質で, 子宮筋収縮・血圧降下などの作用がある》.

+pros‧tate /prásteɪt | prós-/ 名 【解】前立腺. pros‧tat‧ic /prastǽtɪk | prɔs-/ 形 《F<L<Gk=前に立つもの; ⇒ pro-¹, -stat》

próstate glànd 名 =prostate.

pros‧the‧sis /prásθəsɪs | prós-/ 名 (複 -the‧ses /prəsθíːsiːz | prɔsθíːsiːz/) ⓤ 人工補綴(ほてつ); ⓒ 人工補綴物《義歯・義足・義眼など》.

pros‧thet‧ic /prasθéṭɪk | prɔs-/ 形 補綴(ほてつ)の: a ~ limb 義足.

prosthétic gròup 名 【生化】 配合団, 補欠分子団[族] (複合たんぱく質の非たんぱく質部分).

pros‧thet‧ics /prasθéṭɪks | prɔs-/ 名 ⓤ 【医】補綴(ほてつ)学. -the‧tist /prásθəṭɪst | prɔsθí-/ 名.

*pros‧ti‧tute /prástətjù:t | próstɪtjù:t/ 名 ❶ 売春婦; 男娼(しょう). ❷ 金銭のために品性を落とされる人. ー 動 (他) ❶ 〈人に〉売春をさせる; [~ oneself で] 売春する, 身を売る. ❷ 〈才能などを〉金銭のため卑劣な目的に供する, 〈名誉などを〉利益のために売る; [~ oneself で] 金銭のため卑しい行為をする. 《L=(売り物として)前に置く<PRO-¹+ statuere, statut- 置く (cf. statute)》 (名 prostitution)

+pros‧ti‧tu‧tion /pràstətjú:ʃən | prɔ̀stɪtjú:-/ 名 ⓤ ❶ 売春. ❷ 堕落, (才能などの)浪費, 悪用 [of]. (動 prostitute)

pros‧trate /prástreɪt | prɔ́s-/ 形 ❶ 腹ばい(うつぶせ)になった, (ひれ)伏した, 《国など》屈服した, 降伏した. ❷ 力を失った, 疲れ切った; 〔…で〕へたれて, 打ちひしがれて: They were ~ after the long climb. 長い登攀(とうはん)の果てに彼らは疲労困憊(こんぱい)した / be ~ with grief 悲しみに打ちひしがれている. ❸ 【植】匍匐(ほふく)生の, 地をはう. ー /prástreɪt | prɔstréɪt/ 動 (他) ❶ [~ oneself で] 身を伏せる, ひれ伏す, (平)伏する, 伏し拝む. ❷ 〈人を〉めいらせる, 衰弱させる (★ 被動受身): I was ~d by the heat. 暑さに打ちのめされてしまった. 《L=前に投げ出した》

pros‧tra‧tion /prastréɪʃən | prɔs-/ 名 ❶ ⓒ,ⓤ 平伏, 伏し拝むこと. ❷ ⓤ 衰弱, 疲労: general [nervous] ~ 全身[神経]衰弱 / heat ~ 暑さばて.

pro‧style /próʊstaɪl/ 形 【建】前柱式の(建物).

pros‧y /próʊzi/ 形 (pros‧i‧er; -i‧est) 平凡な; 退屈な, 単調な: ~ talk [writing] 退屈な話[文章]. prós‧i‧ly /-zəli/ 副. -i‧ness 名. (名 prose)

prot- /próʊt/ [連結形] (母音の前にくる時の) proto- の異形.

Prot. (略) Protestant.

prot‧ac‧tin‧i‧um /pròʊtæktíniəm/ 名 ⓤ 【化】プロトアクチニウム《放射性希金属元素; 記号 Pa》.

+pro‧tag‧o‧nist /proʊtǽgənɪst/ 名 ❶ [通例 the ~] (演劇の)主役; (物語などの)主人公. ❷ (思想・主義などの)主唱者, 指導者 [of, for] (proponent), 敵(対者), 競技相手, ライバル. 《Gk=first actor》

prot‧an‧drous /proʊtǽndrəs/ 形 【生】雄性先熟の, 《植》雄蕊(ずい)先熟の《雄性生殖器官が雌性生殖器官より先に成熟する; cf. protogynous》. prot‧án‧dry /-dri/ 名.

pro‧ta‧nope /próʊṭənoʊp/ 名 【医】第一色盲者.

pro‧ta‧no‧pi‧a /pròʊṭənóʊpiə/ 名 【医】第一色盲《赤色盲》. prò‧ta‧nóp‧ic /-pɪk⁻/ 形.

pro tan‧to /proʊtǽntoʊ/ 副 その程度まで.

prot‧a‧sis /práṭəsɪs | prɔ́t-/ 名 (複 -a‧ses /-sìːz/) 【文法】(条件文の)条件節, 前提節 (cf. apodosis).

pro‧te‧an /próʊṭiən, proʊtíːən/ 形 変幻自在な, 多方面の, 一人数役を演じる《PROTEUS+-AN》.

pro‧te‧ase /próʊṭièɪs/ 名 【生化】たんぱく質分解酵素, プロテアーゼ.

*pro‧tect /prətékt/ 動 ❶ 〈…を〉保護する, 守る, 防ぐ, 庇護(ひご)する: The outer cover ~s the inside. 外被が内部を守っている / May God ~ you! あなたに神のご加護がありますように / The walls ~ed the city from enemies. 外壁が敵から都市を守っていた / She wore a hat to ~ against sunburn. 日焼けしないように帽子をかぶっていた. ❷ [しばしば受身で] 〈保険で…を〉損害などに対して補償する, 〈…に〉掛けられている [against]. ❸ [しばしば受身で] 〈輸入品への関税などによって〉国内産業を保護する. ❹ 〈機械に〉保護装置を施す: ~ed rifles 安全装置の付いたライフル. ー (自) 保護する, 守る; 保険で補償される [against]. 《L=前をおおう<PRO-¹+tegere, tect- おおう; cf. detect, tile, toga》 (名 protection, 形 protective)

【類義語】protect 一般に危険や害から防御に役立つ物を用いて守る. defend 差し迫る脅威や実際の攻撃に積極的に抵抗しこれを排除して安全を保つ. shield 防護するものを用いて隠すように守る. guard 注意深く見張って予想される危険から安全を保つ.

pro‧tec‧tant /prətéktənt/ 名 保護剤.

pro‧tect‧ed /prətéktɪd/ 形 〈動植物・建物など〉法律で保護されている, 保護….

*pro‧tec‧tion /prətékʃən/ 名 ❶ ⓤ 保護(する[される]こと), 擁護, 庇護(ひご) [against, from]: consumer ~ 消費者保護 / police ~ 警察の保護 / give [provide, offer] ~ 保護する / take a person under one's ~ 人を保護する / The plants need ~ against the weather. その植物は雨露から保護してやらなければならない. ❷ [a ~] 保護するもの: a ~ against cold 防寒具 / A dog is a great ~ against burglars. 犬はよい泥棒よけである. ❸ ⓤ (保険による)保障, 補償. ❹ ⓤ 保護貿易制度 (↔ free trade).

❺ [通例複数形で] 法的保護. ❻ ⓤ (口) (暴力団に払う)保証金, みかじめ料; (暴力団がその筋に払う)目こぼし料. (動 protect)

pro·téc·tion·ism /-ʃənìzm/ 名 ⓤ 保護貿易主義.

pro·téc·tion·ist /-ʃ(ə)nɪst/ 名 ⓒ 保護貿易論者.
— 形 保護貿易主義の.

protéction mòney 名 =protection 6.

protéction ràcket 名《口》暴力団が保証金[みかじめ料]を取り立てる行為: run a ~ 保護料をゆすり取る.

*pro·tec·tive /prətéktɪv/ 形 (more ~; most ~) ❶ 保護する; 保護的な 〔of, toward〕: ~ clothing 保護服 / a ~ father 子をかばおうとする父親 / He felt very ~ toward her. 彼は彼女を守ってあげたいと強く思った. ❷ 〖A〗保護貿易[政策]の: a ~ trade policy 保護貿易策.
— 名 保護するもの; (特に)コンドーム. (動 protect)

protéctive cóloring [coloration] 名 ⓤ 〖動〗保護色.

protéctive cústody 名 ⓤ 保護拘置.

protéctive sérvices 名 ⓤ (児童・老人の)保護機関.

protéctive táriff 名 保護関税(率).

*pro·tec·tor /prətéktə/ -tə/ 名 ❶ ⓒ 保護者, 擁護者; 後援者. ❷ [しばしば複合語として] **a** 保護するもの, 保護[安全]装置: a point ~ 鉛筆のキャップ. **b** 〖球技〗プロテクター: a chest ~ (捕手などの)胸当て, プロテクター.

pro·tec·tor·ate /prətéktərət, -trət/ 名 保護国, 保護領.

*pro·té·gé /próutəʒèɪ | prót-/ 名 被保護者, 子分, 弟子, 秘蔵っ子. 〘F=protected〙

pro·té·gée /próutəʒèɪ | prót-/ 名 protégé の女性形.

*pro·tein /próuti:n, -tiɪn/ 名 ⓒⓤ たんぱく質. 〘G; オランダの化学者 G. J. Mulder の造語で, Gk *prōteios* 「第一の物質(の)」から〙

pro·tein·u·ri·a /pròuti:n(j)ú(ə)riə | -njúər-/ 名 ⓤ 〖医〗たんぱく尿.

pro tem /pròutém/ 副 形 =pro tempore.

pro tem·po·re /pròutémpəri/ 副 形 一時的に[な], 臨時に[な] (temporarily). 〘L=for the time〙

prò·te·o·glýcan /pròutiouglǽkæn/ 名 〖生化〗プロテオグリカン (たんぱく質を結合した多糖の総称).

pro·te·ol·y·sis /pròutiάləsɪs | -ɔ́l-/ 名 ⓤ 〖生化〗たんぱく質分解 (さらに単純な同種化合物に加水分解すること).

pro·te·o·lyt·ic /pròutiəlítɪk˙/ 形 たんぱく質分解の[を生ずる]. **-i·cal·ly** /-kəli/ 副

Pro·ter·o·zo·ic /prὰtərəzóʊɪk | pròt-˙/ 〖地〗形 原生代の: the ~ era 原生代 / the ~ 原生代[層].

‡**pro·test** /próutest/ 名 ❶ ⓒⓤ 抗議, 異議; 声明[文, 書], 抗議集会[デモ]: a strong [vigorous] ~ 強硬な抗議 / a storm [wave] of ~ 抗議のあらし / in ~ *against* ...に抗議して / enter [make, lodge] a ~ *against* the verdict 評決に抗議を申し込む / register a ~ 抗議する, 抗議の意を表わす / organize [stage] a ~ 抗議集会[デモ]を催す. ❷ ⓒ 主張, 断言 (protestation). **ùnder prótest** 不承不承, しぶしぶ. **withòut prótest** 抗議[反対, 抵抗]もなく[せず], だまって. — /prətést/ 動 〚...に抗議する, 異議を申し立てる〔about, against, at〕: We ~ed *against* the situation. 我々はその状況に対して異議を申し立てた / They ~ed *against* the government's foreign policy. 彼らは政府の外交政策に対して抗議した. — 動 ❶ (米) 〈...に〉抗議する, 異議を申し立てる: ~ low wages [the war] 低賃金[戦争]に抗議する. ❷ 〈...を〉主張する: He ~ed his innocence. 彼は身の潔白を主張した /〖+*that*〗 I ~ed (*to* them) *that* I had never done such a thing. 私は(彼らに)そんなことをしていないと主張した /〖+*L* ~〗 "You're to blame," he ~ed. 「君が悪いのだ」と彼は言い立てた. — /próutest/ 形 〖A〗 抗議のための: a ~ demonstration [movement] 抗議デモ[運動] / a ~ march 抗議の行進. 〘 《L=人前で証人になる》< PRO-¹+*testari*, *test-* 証人になる; cf. attest, contest, detest〙 (名 protestation) 【類義語】⇒ object.

*Prot·es·tant /prάtəstənt | prót-/ 名 形 ❶ 〖キ教〗新教徒(の), プロテスタント(の): the ~ Episcopal Church 米国聖公会 (Episcopal Church) / the ~ Reformation 宗教改革. ❷ [p~] /米ではまた prətés-/ 異議を申し立てる(者).

Prótestant éthic 名 プロテスタンティズムの倫理 《労働への献身・倹約・労働の成果を上げることを強調する; 資本主義社会の支配的エートス》.

Prot·es·tant·ism /-tìzm/ 名 ⓤ プロテスタンティズム, 新教(の教義).

prot·es·tant·ize /prάtəstəntàɪz | prót-/ 動 他 自 [時に P~] 新教[プロテスタント]化する; 新教徒にする[なる].

prot·es·ta·tion /prὰtəstéɪʃən, -təs- | prɔ̀t-/ 名 ❶ ⓒ 断言, 主張, 表明, 誓言: make a ~ *of* one's innocence 身の潔白を主張する. ❷ ⓤ 抗議, 異議〔*against*〕. 〘PROTEST+-ATION〙

*pro·test·er, -tes·tor /prətéstə | -tə/ 名 抗議する人, 異議を申し立てる人; 主張者.

Pro·te·us /próutiəs, -tju:s/ ❶ 〖ギ神〗プロテウス (変幻自在な姿と予言力とをもった海神). ❷ [しばしば p~] ⓒ (姿・性質などの)変わりやすい人[もの], 気まぐれ者.

pro·tha·la·mi·on /pròuθəléɪmiən/, **-mi·um** /-miəm/ 名 (徸 **-mi·a** /-miə/) 結婚の前祝いの歌[詩].

proth·e·sis /prάθəsɪs | próθ-/ 名 (徸 **-ses** /-sì:z/) ❶ 〖言〗語頭音添加 (splash, squeeze のなど). ❷ 〖東方正教会〗奉献礼儀; 奉献台; 奉献物準備所. **pro·thet·ic** /prəθétɪk | prəθ-/ 形

pro·thon·o·tar·y /proυθάnətèri | pròuθounóutəri˙/ 名 〖史〗 (裁判所の)首席書記.

prothónotary [prótonotary] apostólic 名 〖カト〗使徒座書記官 (教皇庁の最高記録官).

prò·thrómbin 名 ⓤ 〖生化〗プロトロンビン〔血液凝固因子の一つ〕.

pro·tist /próutɪst/ 名 (徸 ~s) 〖生〗原生生物 《生物の大分類上の, 動物・植物に次ぐ第3の界 Protista をなす》.

Pro·tis·tan /proutístən/ 名 形

Pro·tis·ta /proutístə/ 名 徸 〖生〗原生生物界.

pro·tis·tol·o·gy /pròutɪstάlədʒi | -tɔ́l-/ 名 ⓤ 原生生物学.

pro·ti·um /próutiəm/ 名 〖化〗プロチウム《水素の同位元素; 記号 ¹H, H¹》.

pro·to- /próutou/ [連結形]「最初の, 原始の」: protoplasm. 〘Gk *prōtos* first〙

*pro·to·col /próutəkɔ̀:l | -kɔ̀l/ 名 ❶ ⓤ (外交上の)儀礼, 典礼: according to ~ 典礼によって. ❷ ⓒ 条約原案; 議定書, プロトコル. ❸ ⓒ 〖電算〗プロトコル 《(データ通信の)手順》. ❹ ⓒ (国家間の)協定 (accord): the Montreal P~ モントリオール協定 《1995年までにフロンガスの使用を禁止しようという協定》. ❺ ⓒ (米) (実験・治療の)実施要綱[計画]. 〘F<L<Gk〙

pro·tog·y·nous /proutάdʒənəs | -tɔ́dʒ-/ 形 〖生〗雌性先熟の 〈植物 雌蕊(ず‥)の〈雌性生殖器官が先に成熟する; cf. protandrous〉. **pro·tog·y·ny** /proutάdʒəni | -tɔ́dʒ-/ 名

próto·màrtyr 名 最初の殉教者 《特に Saint Stephen》.

*pro·ton /próutɑn | -tɔn/ 名 〖理〗陽子, プロトン.

pro·ton·ate /próutənèɪt/ 〖理〗動 他 〈...に〉陽子を加える. ⓤ (余分の)陽子を得る. **pro·to·na·tion** /pròutənéɪʃən/ 名

pro·to·no·tar·y /proutάnətèri | pròutənóutəri˙/ 名 =prothonotary.

pro·to·path·ic /pròutəpǽθɪk˙/ 形 〖生理〗〈皮膚感覚など〉原始的な, 原感性の (↔ epicritic).

pro·to·plasm /próutəplæzm/ 名 ⓤ 〖生〗原形質.

pro·to·plast /próutəplæst/ 名 最初に創造[形成]されたもの(化身); 原形質体, プロトプラスト. **pro·to·plas·tic** /pròutəplǽstɪk˙/ 形

pro·to·stome /próutəstòum/ 名 〖動〗旧口動物, 前口動物《発生過程で原口が口になり, のちに肛門ができる無椎動物》.

*pro·to·type /próutətàɪp/ 名 (車などの)試作品, プロトタ

prototypical

イブ; 原型, 基本型; 典型, 模範; 【生】原形.
pro・to・typ・i・cal /ˌproʊtəˈtɪpɪk(ə)l/ 形 (比較なし) プロトタイプ[原型]の; 原型的な, きわめて典型的な.
pro・to・zo・an /ˌproʊtəˈzoʊən/ 名 形 動 原生動物(門の)(単細胞で顕微鏡的な動物); cf. metazoan).
pro・to・zo・ic /ˌproʊtəˈzoʊɪk/ 形 =protozoan.
pro・to・zo・on /ˌproʊtəˈzoʊən | -ɒn/ 名 (複 -zo・a /-ə/) =protozoan.
†**pro・tract** /proʊˈtrækt | prə-/ 動 他 〈…〉を長引かせる, 長くする, 引き延ばす. 〖L=前に引っぱる; ⇒ pro-¹, tract¹〗
pro・tráct・ed 形 長引いた, 長期の, 延々と続く: a ~ illness [discussion] 長引く病気[議論]. ~・ly 副 ~・ness 名
pro・tract・ile /proʊˈtræktl | prəˈtræktaɪl/ 形 動 〈器官など〉伸ばせる, 突き出せる.
pro・trac・tion /proʊˈtrækʃən | prə-/ 名 U 長引かすこと, 引き延ばし, 延長.
pro・trác・tor /-tə | -tə/ 名 ❶ 分度器. ❷ 長引かす人.
†**pro・trude** /proʊˈtruːd, prə-/ 動 自 〈…から〉突き[はみ]出る (from). 他 〈…〉を突き[押し]出す, 出す. 〖L=前に押し出す PRO-¹+trudere, trus- 押し出す; cf. intrude〗 (名 protrusion 形 protrusive)
pro・trúd・ing /-dɪŋ/ 形 突き出ている: ~ teeth 出っ歯.
pro・tru・si・ble /proʊˈtruːsəbl, prə-/ 形 押し出せる, 突き出せる.
pro・tru・sion /proʊˈtruːʒən, prə-/ 名 ❶ C 突出[隆起](したもの). ❷ U 突出[隆起](すること) (of). (動 protrude)
pro・tru・sive /proʊˈtruːsɪv, prə-/ 形 ❶ 突き出た, 出っ張った. ❷ 押しつけがましい, しゃばる, 無遠慮な. ~・ly 副 ~・ness 名 (動 protrude)
pro・tu・ber・ance /proʊˈt(j)uːb(ə)rəns, prə- | -tjúː-/ 名 U こぶ, 結節 (lump). (形 protuberant)
pro・tu・ber・ant /proʊˈt(j)uːb(ə)rənt, prə- | -tjúː-/ 形 突出[突起]した, 盛りあがった (protruding): ~ ears 突き出った耳 / a ~ stomach 太鼓腹. 〖L=前にふくれる〗 (名 protuberance)
*proud /práʊd/ 形 (~・er; ~・est) ❶ 誇らしげな, 自慢する, 得意な: a ~ look 得意げな表情 / act the ~ father (よい息子などをもって)得意顔の父親然とする / The British people are ~ of their history. 英国民は自国の歴史を誇りとしている / I feel ~ of my children. 我が子どものことを誇りに感じています / [+to do] You make me ~ to be a member of this profession. 私はあなたのおかげでこの職業にあることを誇りに思います / [+that] I'm ~ that you told the truth. 君が本当のことを言ってくれたことを私は誇りとする. ❷ 高慢な, いばる, お高くとまった, 偉大な: a ~ man 高慢な人 / She was too ~ to speak to me. 彼女はお高くとまって私に口も聞いてくれなかった. ❸ 自尊[自負]心のある, 誇り高い: He's poor but ~. 彼は貧しいが自尊心がある. ❹ A〈事・ものが〉誇るに足る; 〈文〉〈建物など〉見事な, 堂々とした: a ~ achievement りっぱな業績 / the proudest moment of my life 私の一生でいちばん誇るに足る時 / It was a ~ day for me. 私にとって誇るに足るうれしい日だった. **(as) próud as a péacock** 大いばりで, 得意満面で. **dó a person próud** 〈口〉〈人〉を非常に喜ばせる[満足させる]; 〈人〉を十分もてなす: You did me ~. 私は鼻が高い, とてもすばらしいもてなしをしてくれました. **dó onesélf próud** 〈口〉 りっぱなふるまいをする. 〖F=勇敢な<L=役に立つ; 現在の意味は, 勇敢であると自負していたノルマン人がアングロサクソン人に高慢に映ったことからか〗【類義語】**proud** 正当な誇り・自尊心から, 謙虚さに欠けること, 他を軽蔑する尊大なことを含む. **arrogant** 自分の地位・特権・富などをそれ以上に[不当に]示そうと威圧的に偉そうにふるまう. **haughty** 生まれ・地位などを自慢して意識的にお高くとまっている.
próud flésh 名 U (傷が治って生ずる)肉芽.
†**proud・ly** /práʊdli/ 副 ❶ 誇らしげに, 自慢して, 得意になって, 自信を持って, 満足気に, うれしそうに. ❷ 高慢に, 尊大に, いばって; (威風)堂々と, 立派に.

Proust /prúːst/, **Mar・cel** /mɑːˈsél | mɑː-/ 名 プルースト (1871-1922; フランスの小説家).
prov. (略) proverb; provincial; provisional; provost.
Prov. (略) Provençal; 【聖】Proverbs; Providence; Provost.
prov・a・ble /prúːvəbl/ 形 証明できる, 立証可能な (verifiable). **prov・a・bly** /-vəbli/ 副
*prove /prúːv/ 動 (~d; ~d, prov・en /prúːvən/) 他 ❶ 〈…〉を証明する, 〈…〉の真実であることを示す: ~ one's point [case] 自分の論旨[申し立て]の正しいことを証明する / I can ~ my alibi (to you). (君に)私のアリバイを証明できる / These papers will ~ his innocence. =[+that] These papers will ~ that he is innocent. =[+補] These papers will ~ him innocent. これらの書類で彼が潔白であることが証明されるでしょう / She ~d herself (to be) a capable administrator. 彼女は敏腕さで有能な管理者であることを身をもって示した. [+wh.] I can ~ where I was yesterday afternoon. きのうの午後どこにいたか証明できる. ❷ 〈…〉をためす, 試験[検査]する. 【印】 検算する. ❸ 【法】〈遺言〉を検認する.
自 ❶ 〈…であることが(あとになって)わかる, 〈…〉と判明する, (結果)…になる (turn out): [+to be] He ~d to be the murderer. 彼がその殺人犯だったことがわかった / Her fear was beginning to ~ completely misdirected. 彼女の心配はまったくの見当はずれに終わりそうだった. ❷ 〈パン・ケーキが〉ふくれる; ふくらむ (rise). **háve sómething to próve** 実力(があること)を示す[知らしめる]必要がある. **Whát are you trýing to próve?** 〖口〗何が言おうとしゃりたいのですか, どういうことですか. 〖F<L probare ためす, 証明する; cf. improve, probable, probe〗 (名 proof)
prov・en /prúːvən/ 動 prove の過去分詞. ― 形 A 証明された, はっきりした, 明らかな (↔ unproven); 証拠の十分な: ~ ability 折り紙つきの才能.
prov・e・nance /prɒv(ə)nəns | prúːv-/ 名 U 起源, 起こり, 由来, (美術品や古書の)来歴, 旧蔵(記録): a picture of doubtful ~ 出所の疑わしい絵.
Pro・ven・çal /ˌproʊvɑːnˈsɑːl | prɒv-/ 形 プロバンスの. ― 名 ❶ C プロバンス人. ❷ U プロバンス語 (略 Pr.).
Pro・vence /proʊˈvɑːns, prɒ- | prɒ-/ 名 プロバンス《フランス南東部の地方(古代の州); 中世の叙情詩人 'troubadours' を生んだ》.
prov・en・der /prɒv(ə)ndə | prɒv(ɪ)ndə/ 名 U ❶ かいば (主に干し草とひき割り穀物). ❷ 〈戯言〉 (人間の)食物.
prov・erb /prɒvəːb | prɒv(ə)b/ 名 ❶ C 諺, 金言: as the ~ goes [runs, says] 諺に言うとおり. ❷ [Proverbs] 【聖】 箴言 (旧約聖書中の一書; 略 Prov.). 〖F<L=公(言)の言葉; ⇒ pro-¹, verb〗 (形 proverbial) 【類義語】**proverb** 一般的な言葉で忠告・警告などを織りこんでみる短い格言. **saying** 世間でよく言われる言葉で, 真理を簡潔に示したもの. **maxim** 短い処世訓的なもの.
pro・verb /proʊvəːb/ 名 B 【文法】 代動詞 (He speaks better than I do. の do (=speak) など).
†**pro・ver・bi・al** /prəˈvəːbiəl | -vəː-/ 形 ❶ a 諺(の): a ~ phrase [saying] 諺. ❶ b 諺[慣用句]に出てくる, 諺に[よく]言う, いわゆる. ❷ 有名な, よく知られた, 折り紙つきの: The excellence of her cooking is ~. 彼女の料理上手は定評がある. ~・ly /-biəli/ 副 諺に言うとおり; よく知られているように. (名 proverb)
*pro・vide /prəˈvaɪd/ 動 他 ❶ 〈人に〉〈…〉を供給する, 提供する; 〈機会・経験〉を与える; よい結果を提供する: This restaurant ~s good wine. このレストランはいいワインを出す / We ~ our customers with everything. = We ~ everything for our customers. 当店ではお客さまのためにいっさいのご用立てをいたします. ❷ 〈法律・協定などが〉〈…〉を規定する (stipulate): [+that] The law ~s that trespassing shall be punished. 法律は無断立ち入りを罰すると規定している. **províde agàinst** …に将来の危険などに備える, 予備手段をする 〈★ 受身可〉: We must always ~ against accidents. 事故には常に備えが必要である. **províde for** (1) …に生活の必要物を供給する, …をまかなう, 扶養する 〈★ 受身可〉: ~ for a large

family 大家族を食べさせていく / They *are* well ~*d* for. 彼らは生活上何不自由なく扶養されている. (2)〈将来のことに備えて〉**準備する**(★ 受身可): He worked hard to ~ for his old age. 彼は老後に備えて一生懸命働いた. (3)〈法律・規定などが〉...を**規定する**(★ 受身可): That is ~*d for* in the contract. それは契約に規定されている. 【L =準備する〈前を見る〉PRO-¹+*videre*, *vis*- 見る (cf. vision)】(名 provision) 【類義語】 **provide** 必要な品を用意[供給]する. **supply** 人・場所・施設などに不足している[必要な]ものを補給する. **furnish** ある特殊な行動・場所に必要な物をまんべんなく備え付ける. **equip** ある目的に必要な道具・装置などを備え付ける.

*pro·vid·ed /prəváidid/ 腰[しばしば ~ that で]...という条件で, もし...とすれば (★ if より文語的): I will accompany you ~ (*that*) I'm well enough. 体の具合がよければご一緒します.

⁺prov·i·dence /právədəns, -dns | prɔ́v-/ 名 ❶ [しばしば ~] U [また a ~] 摂理, 神意, 神慮, 天佑神助: by divine ~ 神の摂理で / a visitation of P~ 天災, 不幸 / ⇒TEMPT providence 成句. ❷ [P~] 神, 天帝. (形 provident)

Prov·i·dence /právədəns, -dns | prɔ́v-/ 名 プロビデンス《米国 Rhode Island 州の州都・港町; Brown 大学所在地》.

prov·i·dent /právədənt, -dnt | prɔ́v-/ 形 (↔improvident) ❶ 将来を配慮した, 先見の明のある, 用心深い. ❷ 倹約な, つつましい. ~·ly 副 【L=前もって見る, ⇒provide】(名 providence)

prov·i·den·tial /pràvədénʃəl | prɔ̀v-⁻/ 形 神の, 神意による; 幸運な, 運のいい, ありがたい. ~·ly /-ʃəli/ 副

próvident socìety 名《英》共済組合 (《米》benefit society).

pro·vid·er /-də | -də/ 名 ❶ 供給(業)者; (インターネットの)プロバイダー; (医療などの)従事者[機関], 調達者〔*of*〕. ❷ 家族に衣食を供給する人, 大黒柱: a good [poor] ~ 家族に不自由な思いをさせない[させる]人.

⁺pro·vid·ing /prəváidiŋ/ 腰[しばしば ~ that] もし...とすれば (★ if より文語的だが provided より口語的): I'll take the job ~ (*that*) I am given Saturdays off. 土曜日を休みにしてくれるならその仕事を引き受けます.

*prov·ince /právɪns | prɔ́v-/ 名 ❶ C [しばしば P~] 州, 省 (カナダ・オーストリア・スペイン・中国などの行政区): the P~ of Alberta (カナダの)アルバータ州. ❷ (学問・活動の)範囲, 領域, 分野; 職分, 本分 (area): History is not my ~. 歴史は専門外[畑違い]だ / That's within [outside] your ~. それは君の専門[権限外]だ. ❸ [the ~s] 地方, いなか《★ 首都や主要都市以外の地域; 英国では London を除いた全国》. ❹ C 《キ教》管区. 【F<L】 (形 provincial)

*pro·vin·cial /prəvínʃəl/ 形 ❶ A (比較なし) a 州[省]の: a ~ government 州政府. b (首都に対して)地方の, いなかの, 地方民の: a ~ town 地方都市. ❷ 地方的な, いなか風の; 偏狭な: ~ attitudes いなか臭い偏狭な態度. ― 名 ❶ 地方人[民], いなか者; 偏狭な人. ❷ 《キ教》管区長. ~·ly /-ʃəli/ 副 (名 province)

pro·vin·cial·ism /-ʃəlìzm/ 名 ❶ U 地方かたぎ, いなか根性, 偏狭. ❷ U 地方的特質[慣習], 地方色, いなか風. ❸ C お国なまり, 方言.

pro·vin·cial·ist /-ʃ(ə)lɪst/ 名 province の住民; 地方第一主義者.

pro·vin·ci·al·i·ty /prəvìnʃiǽləti/ 名 ❶ U 地方かたぎ, いなか根性; 野卑, 偏狭. ❷ U 地方的特質, 地方色.

pro·vin·cial·ize /-ʃəlàɪz/ 動 他 ❶ 地方的にする; 田舎風にする; 偏狭[粗野]にする; 州[省, 県]などにする; 州[省など]の管轄下に置く. pro·vin·cial·i·za·tion /prəvìnʃəlɪzéɪʃən | -lɑɪz-/ 名

próving gròund 名 ❶ (新装置・新構想などの)実験場.

pró·virus 名《生》プロウイルス《宿主細胞内にあって, 細胞に傷害を与えないウイルス》. pròviral 形

*pro·vi·sion /prəvíʒən/ 名 ❶ U.C 供給, 支給, 提供; 供給[提供]されたもの[量]: (the) ~ *of* food 食料の供給 / ~ *of* medical services 医療(サービス)の提供. ❷ U.C 〈将来への〉**用意**, 準備: make ~ *for* one's retirement [*against*] accidents] 退職[事故]に備える. ❸ C 規定; 条項. ❹ [複数形で] 食料, 糧食 (supplies): run out of [short of] ~*s* 食料[が]足りなく[なる]. ― 動 他 食料を売る: a ~ business [merchant] 糧食販売業[商人]. ― 動 他 [しばしば受身で] ...に食料を供給する: ~ an army 軍隊に糧食を供給する / be fully ~ed *with* food and water. 食料も水も十分に供給されている. (動 provide)

*pro·vi·sion·al /prəvíʒ(ə)nəl/ 形 ❶ 仮の, 暫定的な, 臨時の (temporary): a ~ treaty 仮条約 / a ~ government 臨時政府 / The contract is ~. この契約は暫定的なものです. ❷ [P~] IRA 暫定派の. ― 名 ❶ 臨時切手. ❷ [P~] IRA 暫定派(メンバー). ~·ly /-ʒ(ə)nəli/ 副 【↑+-AL】

provisional lícense 名《英》仮運転免許証.

pro·vi·so /prəváɪzou/ 名 (⊕ ~s, ~es)《...という》ただし書き, 条件 (provision): You can borrow this book, with the ~ *that* you return it within a week. 1週間以内に返すという条件付きならこの本を貸してあげます. 【L =it being provided】

pro·vi·so·ry /prəváɪz(ə)ri/ 形 ❶ 条件付きの: a ~ clause ただし書き. ❷ =provisional 1.

prò·vítamin 名《生化》プロビタミン《動物体内でビタミンに変わる物質》.

Pro·vo /próuvou/ 名 (⊕ ~s)(口) =provisional 2.

pro·vo·ca·teur /pròuvəkɑtə́ː | -vɔkɑtə́ː/ 名《警察》の(おとり)(捜査官); =agent provocateur.

⁺prov·o·ca·tion /pràvəkéɪʃən | prɔ̀v-/ 名 ❶ U 挑発, 怒らすこと; 立腹, 憤慨: feel ~ むっとする, 怒る / give ~ むっとさせる, 怒らせる / under ~ 挑発を受けて, 憤慨して / get angry at [on] the slightest ~ ほんのちょっとした事で腹を立てる. ❷ C 怒らせる原因[理由, もの]. (動 provoke)

⁺pro·voc·a·tive /prəvákətɪv | -vɔ́k-/ 形 ❶ (人を)怒らせる: a ~ comment [remark] 人を怒らせる論評[言葉]. ❷ (性的に)刺激的な; 挑発的な. ~·ly 副 (動 provoke)

*pro·voke /prəvóʊk/ 動 他 ❶〈人・動物を〉怒らせる, いらいらさせる, **刺激[挑発]する**: Don't ~ or tease the animals in the cages. おりの中の動物を怒らせたりいじめたりしてはいけない / His foolishness ~*d* me *into* hitting him. 彼の愚かさにかっとなって殴りつけた 〔+目+*to do*〕 What ~*d* you *to* behave in that way? 何があってあんなふるまいをしたの. ❷〈感情・行動などを〉引き起こす; 扇動する: ~ indignation [laughter] 怒りを引き起こす[笑いを起こさせる] / ~ a revolt 反乱を扇動する. 【F<L = 呼び起こす PRO-¹+*vocare*, *vocat-* 呼ぶ (cf. vocation)】 (名 provocation, 形 provocative) 【類義語】 → irritate.

pro·vók·ing 形 刺激する; じれったい, うるさい. ~·ly 副

pro·vo·lo·ne /pròuvəlóʊni/ 名 プロボローネ《通例燻製の固くて淡色のイタリアチーズ》.

pro·vost /próuvoust | prɔ́vəst/ 名 [通例 P~] ❶ a (英大学, 特に Oxford, Cambridge の)学寮長. b (米大学の)学務担当副総長. ❷《スコ》市長. ❸《キ教》(大聖堂の)主席司祭.

próvost guàrd /próuvou- | prəvóu-/ 名 [集合的に]《米》憲兵隊.

próvost màrshal /próuvou- | prəvóu-/ 名 憲兵司令官.

prow /práu/ 名《文》 ❶ (船の)へさき, 船首. ❷ (飛行機の)機首.

⁺prow·ess /práuəs/ 名 U ❶ あっぱれな腕前, 実力〔*as*, *at*, *in*〕. ❷ 武勇, 勇敢, 剛勇.

⁺prowl /práʊl/ 動 [通例副詞句を伴って] 他〈人・動物が〉〈獲物などを求めて〉うろつく: Wild dogs ~*ed about* the streets. 野犬が町をうろついていた. ❷〈人が〉(たいくつ・不安・いらつきなどで)ぶらぶら歩く: He ~*ed around* the sec-

prowl car

ondhand bookstores for hours. 彼は何時間もあちこちと古本屋をのぞいて歩いた. ── 他 《場所》をうろつく, ぶらつく. ── 名 [a ~] うろつき, さまよい歩き. **be [gó] on the prówl** (盗みなどの機会をねらって)うろつき回っている[回る].

prówl càr 名 《米》パト(ロール)カー.

prówl・er 名 ❶ うろつく人[動物]. ❷ 浮浪者; (特に夜間を狙う)泥棒, 賊(特に夜, 人家の庭を見回し悪事の機をねらう者, 巣荒らしなど).

prox. /prɑ́ks(əmòu) | prɔ́ks-/ (略) proximo.

prox. acc. (略) proxime accessit.

prox・e・mics /prɑksíːmɪks | prɔks-/ 名 U プロクセミクス《文化人類学の一分野で, 各文化における空間についての認識・意識のあり方を研究する》. **próx・e・mic** /-mɪk/ 形

prox・i・mal /prɑ́ksəm(ə)l | prɔ́k-/ 形《解・植》(身体・植物の中央[基部]に)近いほうの (↔ distal).

prox・i・mate /prɑ́ksəmət, prɔ́k-/ 形 ❶ 最も近い; 〈…〉に最も近く 〈to〉. ❷ 直接の: the ~ cause 近因. **~・ly** 副 《L<*proximus* nearest》

prox・i・me ac・ces・sit /prɑ́ksəmiækséset | prɔ́ksimeɪ-/ 图 (複 **-me ac・ces・ser・unt** /-æksésərùnt/) (試験・競争などの)次点者, 次席 (略 prox. acc.).

†**prox・im・i・ty** /prɑksíməti | prɔk-/ 名 U 近接: in the ~ *of* a park 公園の付近[からすぐの所に] / in close ~ *to*...のすぐ近くに.

proxímity fùze [fùse] 名 《軍》近接(自動)信管《弾頭部に装着した電波装置のはたらきで目標に近づくと爆発する》.

prox・i・mo /prɑ́ksəmòu | prɔ́ksi-/ 形《古風》《商》日付の後に用いて》来月の (略 prox.; cf. ultimo, instant 4): on the 5th *prox*. 来月 5 日に. 《L》

†**prox・y** /prɑ́ksi | prɔ́k-/ 名 ❶ U 代理(権). ❷ ⓒ a 委任状; 代理投票. b 代理人; 代用物. ❸《電算》=proxy server. **be [stánd] próxy for...**の代理になる; ...の代用となる. **by próxy** 代理人を立て[通じ]て. ── 形 A 代理(人)の: a ~ vote 代理投票 / (a) ~ war 代理戦争.

próxy sèrver 名《電算》プロキシ(サーバー)《LAN 内の端末からインターネットへのアクセスを代行するサーバー》.

Pro・zac /próʊzæk/ 名《商標》プロザック 《抗鬱剤》.

prude /prúːd/ 名 (特に性的な事柄に)きわめて潔癖でお堅い人[(特に)女性], かまとと.

†**pru・dence** /prúːdəns, -dns/ 名 U 用心深さ, 慎重さ; 思慮分別, 賢明さ: have ~ in dealing with matters 事を処理するに当たって慎重である. (形 prudent)

†**pru・dent** /prúːdənt, -dnt/ 形 (*more* ~; *most* ~) 用心深い, 慎重な, 分別のある, 賢明な (↔ imprudent): a ~ housewife 細心な主婦 / Be ~ *in* dealing with him. 彼を相手にするときは用心しなさい / [~ *to do*] It was ~ *to* save the money. そのお金をためておいたのは賢明だった. **~・ly** 副 《F<L=予見する, 前を見る; ⇨ provide》(名 prudence)

pru・den・tial /pruːdénʃəl/ 形 ❶ (特に業務などに)慎重な, 細心の: on ~ grounds よく考えたうえで. ❷《米》諮問の, 顧問的な: a ~ committee 諮問委員会. **~・ly** /-ʃəli/ 副

pru・der・y /prúːdəri/ 名 U 性的に極端に潔癖なこと.

Prúd・hoe Báy /prúːdhoʊ-/ 名 プルドーベイ《Alaska 州北部の入江; アメリカ最大級の油田の中心地》.

prúd・ish /-dɪʃ/ 形 (性的に)極端に潔癖でお堅い; 淑女ぶる, とりすました. **~・ly** 副 **~・ness** 名

pru・i・nose /prúːənòʊs/ 形《植・動》白い粉でおおわれた, 霜をもった(ような).

*prune¹ /prúːn/ 動 ❶ 〈余分な枝を〉おろす, 切り取る, 〈木などを〉切り払う; (短く)刈り込む: ~ *back* dead branches 枯れ枝を刈り取る. ❷ 〈余分なものを〉取り除く, 〈...を〉削除する《*away, back*》: ~ *away* superfluities なくてもよい物を取り除く. 《L=回りを刈る》

prune² /prúːn/ 名 ❶ プルーン 《干したスモモ (plum) のこと; 通例調理してから食べる》: stewed ~s プルーンの砂糖煮. ❷《英口》まぬけ, ばか. 《F<L<Gk=plum》

pru・nel・la /pruːnélə/ 名 プルネラ: **a** 以前弁護士などのガウンに用いた絹[毛]織物. **b** 綾の毛織物. **c** 婦人靴の上張りに用いた毛織物.

prún・ing hòok 名 (木の)刈り込みがま, 高枝切り.

prúning shèars [scìssors] 名 剪定(はさみ.

pru・ri・ence /prú(ə)riəns/ 名 U (病的な)好色, 色欲.

pru・ri・ent /prú(ə)riənt/ 形 (病的に)好色な, 淫乱な; わいせつな. **~・ly** 副

pru・rig・i・nous /prʊrídʒənəs/ 形《医》痒疹の(ような), 痒疹にかかった, かゆみ性の.

pru・ri・go /prʊ(ə)ráɪgoʊ/ 名 (複 **~s**) 《医》痒疹(た̀̀).

pru・rit・ic /prʊrítɪk/ 形 瘙痒症[を起こす].

pru・ri・tus /prʊ(ə)ráɪtəs/ 名《医》かゆみ(症), 瘙痒(だ̀̀)(症).

prus・ik /prʌ́sɪk/ 《登山》名 ❶ U プルージック式《力をかけると締まり, 力をかけないとゆるくなるようにザイルに巻きつけた 2 つのループを使って, ザイルを登り下りする方法》. ❷ ⓒ プルージック式の結び(目). ── 動 自 プルージック法で登山する.

Prus・sia /prʌ́ʃə/ 名 プロイセン, プロシア《ドイツ北部にあった旧王国》.

Prus・sian /prʌ́ʃən/ 形 ❶ プロイセン (Prussia) の; プロイセン人の. ❷ プロイセン風の; 訓練の厳格な. ── 名 プロイセン人.

Prússian blúe 名 U 紺青(ほ̀̀), ベレンス.

prus・si・ate /prʌ́sɪèɪt, -ʃɪət/ 名《化》《古風》シアン化物 (cyanide).

prús・sic ácid /prʌ́sɪk-/ 名 U《化》青酸.

¹**pry¹** /práɪ/ 動《自》人の〉のぞく; せんさくする, 首を突っ込む《*into*》(snoop): ⇨ prying.

pry² /práɪ/ 動 他《主に米》❶ [通例副詞(句)を伴って] 〈...を〉(てこで)上げる[動かす], こじあける; てこではずす[引っぱがす]: ~ a lid *off* ふたをこじあけてはずす / ~ a door *open* ドアをこじあける. ❷ 〈秘密などを〉〈...から〉探り出す, 聞き出す《*out of*》.

prý・ing 形 のぞく; 詮索(災̀)好きな; 詮索好きな, のぞき趣味の(好奇)な〉目: a ~ newspaper reporter せんさく好きな新聞記者. 【類義語】 ⇨ curious.

PS /píːés/ 名 ⓒ (手紙の)追伸 (postscript); 追記, あとがき.

PS (略) police sergeant; private secretary; Privy Seal; 《米》public school.

Ps, Ps., Psa. (略) Psalm; 《聖》Psalms.

psalm /sɑ́ːm/ 名 ❶ ⓒ 賛美歌, 聖歌《特に旧約聖書の「詩篇」中の各篇を指す》. ❷ [the (Book of) Psalms; 単数扱い] [聖] 詩篇《旧約聖書中の一書; 略 Ps(a.)). 《L<Gk=ハープをかき鳴らして歌われた歌》

psálm・ist /-mɪst/ 名 ⓒ 賛美歌作者.

psal・mo・dist /sɑ́ːməudɪst/ 名 ⓒ 詩篇[聖詩]作者, 賛美歌作者 (psalmist); 聖歌斉唱者.

psal・mo・dy /sɑ́ːməudi/ 名 U ❶ 賛美歌斉唱(法). ❷ 賛美歌(集).

Psal・ter /sɔ́ːltə | -tə/ 名 ❶ [the ~] 詩篇. ❷ [p~] ⓒ (祈禱書中の)詩編.

psal・te・ri・um /sɔːltí(ə)riəm/ 名 (複 **-ri・a** /-riə/) 《動》 = omasum. **psal・té・ri・al** /-riəl/ 形

psal・ter・y /sɔ́ːltəri, -tri/ 名 ⓒ プサルテリウム《14-15 世紀の一種の弦楽器; 指またはばちでひく》.

PSAT 《米》Preliminary Scholastic Aptitude Test 大学進学適性検査.

pse・phol・o・gy /siːfɑ́lədʒi, sɪ- | -fɔ́l-/ 名 U 選挙学《投票・選挙に関する科学的研究》.

pseud /súːd | s(j)úːd/ 名《英口》(他人より偉いとか知識があるとか)知ったかぶり, 通ぶった人. ── 形 偽りの, にせの.

pseud・e・pig・ra・pha /sùːdɪpígrəfə | s(j)ùː-/ 名 (単数 **-phon** /-fɑn | -fɔn/) 偽典, 偽書《特に旧約聖書の正典 (canonical books) および外典 (Apocrypha) のいずれにも含まれないもの》. **pseud・e・pig・ra・phal** /-f(ə)l/, **pseud・ep・i・graph・ic** /sùːdɪpəgræfɪk | s(j)ùː-dɛpɪ-/

pseu・do /súːdoʊ | s(j)úː-/ 形《口》偽りの, にせの, まがいの. ── 名 にせ者, いかさま師. 《↓》

pseu・do- /súːdoʊ | s(j)úː-/ [連結形] 「偽りの」「仮の」「擬似の」(cf. quasi-): *pseudo*classic(al) 擬古典的な / *pseudo*science えせ科学. 《Gk *pseudé* 偽りの<*pseudein* うそをつく》

pseu・do・cy・e・sis /sùːdoʊsaɪíːsɪs | s(j)ùː-/ 名《医》偽

妊娠, 想像妊娠《妊娠したと思い込み, 妊娠時のような身体的症候やホルモン変化を示す状態》.

pséudo·mórph /名/ 《鉱》仮像, 仮晶《鉱物が外形を保ったまま(部分的에)別の鉱物に変わること》. —— 動 他 〈…に〉取って代わり仮像を形成する. **pseudo·mórphic, -mór·phous** /-mɔ́ːfəs | -fəs-/ 形 **-mórphism** 名

pseu·do·nym /súː.dənɪm | sjúː-/ 名 (作家の)ペンネーム, 筆名. 《F<Gk; ⇒ pseudo-, -onym》

pseu·do·nym·i·ty /sùːdə(n)íməti | sjùː-/ 名 ペンネームでの執筆, ペンネーム使用.

pseu·don·y·mous /suː.dánəməs | s(j)uː.dɔ́n-/ 形 ペンネームを用いて書く[書いた].

pseu·do·pod /súː.dəpɑd | s(j)úː-/ 名 =pseudopodium. **pseu·dop·o·dal** /suː.dápədl | s(j)uː.dɔ́p-/, **pseu·do·po·di·al** /sùː.dəpóʊdiəl | s(j)ùː-/ 形

pseu·do·po·di·um /sùː.doʊpóʊdiəm | s(j)ùː-/ 名 (複 **-di·a** /-diə/) 《動》(アメーバ型生活相の細胞の)偽足, 仮足; 《植》(ミズゴケ類の)偽足.

psèudo·prégnancy 名 =pseudocyesis, (哺乳類動物の)偽妊娠. **-prégnant** 形

pshaw /(p)ʃɔː, (p)ʃɑː/ 間 ふん!, へん!, ちぇっ!, 何だ!《軽蔑·不快·性急などの発声》.

psi /(p)sái/ 名 U.C プシー《ギリシア語アルファベットの第23字 Ψ, ψ; 英音 は /ps/; 英字 の ps に当たる; ⇒ Greek alphabet 表》.

psi (略) pounds per square inch.

psi·lo·cy·bin /sàɪləsáɪbɪn/ 名 《化》シロシビン《メキシコなどのキノコから採れる, LSD に似た幻覚剤》.

psit·ta·co·sis /sìtəkóʊsɪs/ 名 オウム病《人間にも伝染する》.

pso·as /sóʊəs/ 名 (複 **pso·ai** /-aɪ/, **pso·ae** /-iː/) 《解》腰筋: ~ **major** 大腰筋 / ~ **minor** 小腰筋.

pso·ra·len /sɔ́ːrələn/ 名 《生化》ソラレン《植物中に含まれる物質で, 皮膚に対する光感作作用がある》.

pso·ri·a·sis /sərái.əsɪs/ 名 《医》乾癬(がん)《皮膚病の一種》.

psst, pst /ps(t)/ 間 ちょっと, ねえ《目立たないように人の注意を引く時の発声》.

PST /píː.èstíː/ (略) Pacific Standard Time.

PSV (略) public service vehicle 旅客自動車《バス·タクシーなどの旅客輸送用自動車》.

psych /sáik/ 動 他 《口》● 〈人を〉不安にさせる, おじけづかせる, おどす 《out》. ❷ [しばしば受身または ~ oneself で] 〈人に〉心構えをさせる, 気合を入れる, はっぱをかける; 興奮[大喜び, 大はしゃぎ]させる: ~ oneself up for a match 試合に臨む心の準備をする. ❸ 〈…の〉直観[感]的に理解する, 〈…の〉心理を見抜く 《out》. —— 名 《口》 =psychology; =psychiatry. —— 形 《口》 =psychiatric. [PSYCH(OANALYSIS)]

Psy·che /sáɪki/ 名 ❶ 《ギ·ロ神》プシュケー《Cupid が愛した美少女; 霊魂の化身》. ❷ [p~] C [通例単数形で] (肉体に対し)魂, 精神, 心.

psy·che·de·li·a /sàɪkədíː.liə/ 名 U サイケデリア《幻覚剤の世界を思わせるもの, 幻覚剤体験に基づく音楽·美術など》.

⁺**psy·che·del·ic** /sàɪkədélɪk⁻/ 形 ❶ 〈芸術などが〉サイケデリックな, サイケ調の《幻覚剤による幻覚状態を思わせるような, 極彩色の奇抜な模様やメロディーなにいう》. ❷ 〈薬が〉幻覚を起こさせる; 幻覚剤の (hallucinogenic). —— 名 幻覚剤 (LSD など). **-i·cal·ly** /-kəli/ 副 《Gk=霊が見える psychē 霊魂+dēloun 現わす》

⁺**psy·chi·at·ric** /sàɪkiǽtrɪk⁻/ 形 精神医学の; 精神病治療法の[による]: a ~ **hospital** 精神(科)病院. **-ri·cal·ly** /-kəli/ 副 (名 psychiatry)

⁺**psy·chi·a·trist** /sàɪkáɪətrɪst, sə-/ 名 精神科医. 《↓+IST》

⁺**psy·chi·a·try** /sàɪkáɪətri, sə-/ 名 U 精神医学; 精神病治療法. [PSYCHO-+-IATRY] (形 psychiatric)

⁺**psy·chic** /sáɪkɪk/ 形 (比較なし) ❶ 〈人が超能力のある, 霊能力のある. ❷ 《現象などが〉霊魂の, 心霊の (=physical): ~ **phenomena** 心霊現象. ❸ 〈病気が〉精神的なものによる, 心因性の. —— 名 超能力者; 霊能者, みこ, 霊媒. [Gk; ⇒ psycho-]

psy·chi·cal /sáɪkɪk(ə)l/ 形 =psychic. ~·ly /-kəli/ 副

psýchical résearch 名 U 心霊研究.

psýchic íncome 名 U 精神的収入《仕事で得られる充実感·精神的パワーなど》.

psy·chics /sáɪkɪks/ 名 心霊研究; (俗に)心理学 (psychology).

⁺**psy·cho** /sáɪkoʊ/ 名 (複 ~**s**) 《口》精神病者[患者], キ印 (psychopath). —— 形 P 精神病の. [PSYCHO(TIC)]

psy·ch(o)- /sáɪk(oʊ)-/ 〖連結形〗「霊魂」「精神, 心理」. 《Gk psychē 霊魂, 精神》

psýcho·áctive 形 〈薬物が〉精神に影響を及ぼす, 精神活性の. **-activity** 名

⁺**psỳcho·análysis** 名 U 精神分析(学, 法).

⁺**psỳcho·ánalyst** 名 精神分析(専門)医, 精神分析家.

psỳcho·analýtic 形 精神分析的.

psỳcho·analýtical 形 =psychoanalytic. ~·ly 副

psỳcho·ánalyze 動 他 〈人に〉精神分析を行なう.

psỳcho·bàbble 名 U 《口·軽蔑》(意味不明の)心理学用語.

psỳcho·biólogy 名 精神生物学《生物学的方法で研究する心理学》. **-gist** 名 **-biológical, -ic** 形

psỳcho·dráma 名 C.U ❶ 《精神医》心理劇《患者に劇を演じさせて行なう集団精神療法》. ❷ 心理小説(劇, 映画).

psỳcho·dynámics 名 U 精神力学, 精神力動(論). **-dynámic** 形 **-i·cal·ly** 副

psỳcho·génesis 名 精神発生(学);《心·医》心理起因, 心因.

psy·cho·gen·ic /sàɪkədʒénɪk⁻/ 形 心因性の.

psỳcho·gráphics 名 《市場調査》サイコグラフィックス《潜在顧客を分類する際に用いられる消費者のライフスタイル·態度·価値観·信条などの測定の技術; 消費者の態度[価値観]》. **-gráph·ic** 形

psỳcho·kinésis 名 念力《心に念じるだけで物体を動かすというような精神の力》. **psỳcho·kinétic** 形 **-i·cal·ly** 副

psỳcho·linguístics 名 U 心理言語学, 言語心理学.

⁺**psy·cho·log·i·cal** /sàɪkəládʒɪk(ə)l | -lɔ́dʒ-⁻/ 形 (more ~; most ~) ❶ 心理(的)な, 精神の: a ~ **effect** 心理的効果 / a ~ **novel** 心理小説 / Your **fear** is just ~. 君の恐れは単に心理的なものにすぎない. ❷ (比較なし)心理学の, 心理学的の. ~·ly /-kəli/ 副 ❶ 心理的に. ❷ 心理学的に. (名 psychology)

psychológical móment 名 [the ~] 絶好の瞬間《機会》.

psychológical wárfare 名 U 心理戦争, 神経戦.

psy·chol·o·gism /sàɪkálədʒìzm | -kɔ́l-/ 名 U 《軽蔑的に》心理[精神]分析癖, 心理学[精神分析]の濫用; 《哲》心理主義.

⁺**psy·chol·o·gist** /sàɪkálədʒɪst | -kɔ́l-/ 名 心理学者.

psy·chol·o·gize /sàɪkálədʒàɪz | -kɔ́l-/ 動 他 心理学的に考究[解釈], 説明する.

⁺**psy·chol·o·gy** /sàɪkálədʒi | -kɔ́l-/ 名 ❶ U 心理学. ❷ U.C (個人·群衆などの)心理, 心理状態; (人の)性格, 人となり: mass ~ 群集心理 / women's ~ 女性心理 / He has a **complex** ~. 彼は複雑な性格の持ち主だ. ❸ U 《口》人の心を読む力, 洞察力. [PSYCHO-+-LOGY]

psy·cho·met·ric /sàɪkoʊmétrɪk⁻/ 形 精神[心理]測定(学)の; サイコメトリー (psychometry) の. **-ri·cal·ly** /-kəli/ 副

psy·cho·me·tri·cian /sàɪkəmətríʃən | sàɪkə-/, **psy·chom·e·trist** /sàɪkɑ́mətrɪst | -kɔ́m-/ 名 《心》精神測定(学)者.

psy·cho·met·rics /sàɪkəmétrɪks/ 名 U 《心》精神(心理)測定(学).

psy·chom·e·try /sàɪkɑ́mətri | -kɔ́m-/ 名 U ❶ サイコメトリー《その物に触れたり近づいたりすることによってその物あるいは所有者に関する事実を読み取る行為》. ❷ =psychometrics.

psỳcho·mótor 形 精神運動(性)の.

psycho‧neurósis /-njuəróusɪs/ 名 Ü 精神神経症, ノイローゼ.
psy‧cho‧path /sáɪkəpæθ/ 名 精神病質者.
psy‧cho‧path‧ic /sàɪkəpǽθɪk/ 形 精神病(性)の.
psỳcho‧pathólogist 名 精神病理学者.
psỳcho‧pathólogy 名 Ü 精神病理学. -**pathológical** 形
psy‧chop‧a‧thy /saɪkɑ́pəθi/ | -kɔ́p-/ 名 Ü 精神病質.
psỳcho‧pharmacólogy 名 Ü (神経)精神薬理学. -**gist** 名
P2P /píːtəpíː/ 形 (電算) =peer-to-peer.
psỳcho‧phýsical 形 精神物理学の; 精神的・物質的な特質を共有する.
psỳcho‧phýsics 名 Ü 精神物理学. -**phýsicist** 名
psỳcho‧physiólogy 名 Ü 精神生理学.
psy‧cho‧pomp /sáɪkoupɑ̀mp | -pɔ̀mp/ 名 霊魂を冥界に導く者 (ギリシア神話の Hermes, Charon など).
psỳcho‧séxual 形 性心理の. ~‧**ly** 副
†**psy‧cho‧sis** /saɪkóusɪs/ 名 (複 -**cho‧ses** /-siːz/) C,U 精神病, 精神異常. [PSYCHO-+-OSIS]
psỳcho‧sócial 心理社会的な. ~‧**ly** 副
psy‧cho‧so‧mat‧ic /sàɪkousəmǽtɪk/ 形 ❶ 〈病気など〉(ストレスなどによる)心因性[心身症]の. ❷ 精神身体(医学)の; 心身相関の: ~ medicine 精神身体医学. -**i‧cal‧ly** /-kəli/ 副
psỳcho‧súrgery 名 Ü (医) 精神外科. -**súrgeon** 名 -**súrgical** 形
psỳcho‧sýnthesis 名 Ü (精神医) 精神総合(療法) (イタリアの精神科医 Roberto Assagioli による, 瞑想など東洋の方法と精神分析を組み合わせた心理療法).
†**psy‧cho‧thérapist** 名 精神[心理]療法医[士], サイコセラピスト.
†**psy‧cho‧thérapy** 名 Ü (カウンセリングなどによる)心理[精神]療法. -**therapéutic** 形
†**psy‧chot‧ic** /saɪkɑ́tɪk | -kɔ́t-/ 形 精神病の. ── 名 精神病[異常]者. -**i‧cal‧ly** /-kəli/ 副 (cf. psychosis)
psy‧cho‧tro‧pic /sàɪkoutróupɪk | -tróp-/ 形 〈薬が〉精神に作用する, 向精神性の.
psy‧chrom‧e‧ter /saɪkrɑ́mətə | -krɔ́mətə/ 名 乾湿球湿度計, 乾湿計. -**chróm‧e‧try** /-krɑ́mətri | -krɔ́m-/ (乾湿計による) 湿度測定. **psy‧chro‧met‧ric** /sàɪkrəmétrɪk⁻/ 形
psyl‧lid /sílɪd/ 名 (昆) キジラミ.
psýl‧li‧um (sèed) /síliəm(-)/ 名 (医) オオバコ種子, シャゼンシ (車前子) (オオバコ類の成熟した種子; 緩下剤として利用).
Pt (記号) (化) platinum. **PT** (略) Pacific Time; physical training. **pt.** (略) part; payment; pint(s); point; port. **Pt.** (略) Part; Port. **p.t.** (略) past tense; pro tempore. **Pta** (記号) (貨幣) (複 ~**s**) peseta. **PTA** /píːtìːéɪ/ (略) Parent-Teacher Association.
ptar‧mi‧gan /tɑ́ə(r)mɪɡən | tɑ́ː-/ 名 (複 ~**s**, ~) (鳥) ライチョウ.
Pte (略) (英) private 陸軍兵卒[二等兵] (名前につける).
PTE (略) (英) Passenger Transport Executive 旅客輸送公社 (地域の公共旅客輸送を監督する機関).
pter‧i‧dol‧o‧gy /tèrədɑ́lədʒi | -dɔ́l-/ 名 Ü (植) シダ学. -**gist** /-dʒɪst/ 名 シダ学者. **pter‧i‧do‧log‧i‧cal** /tèrədəlɑ́dʒɪk(ə)l | -lɔ́dʒ-/ 形
pte‧rid‧o‧phyte /tərídəfàɪt/ 名 (植) シダ植物.
pte‧rid‧o‧sperm /tərídəspəːm | -spɔ̀ːm/ 名 =seed fern.
pter‧o- /térou/ [連結形] 「羽翼」.
pter‧o‧dac‧tyl /tèrədǽktl/ 名 (古生) 翼竜.
pter‧o‧saur /térəsɔ̀ː | -rousɔ̀ː/ 名 (古生) 翼竜.
ptér‧y‧goid prócess /térəɡɔɪd-/ (解) 翼状突起.
PTO (略) Parent Teacher Organization; (米) Patent and Trademark Office 特許(商標)局.
PTO, p.t.o. /píːtìːóu/ (略) Please turn over. 裏面に続く; power takeoff.
Ptol‧e‧ma‧ic /tɑ̀ləméɪk | tɔ̀l-⁻/ 形 プトレマイオスの; 天動説の (cf. Copernican 1): the ~ system [theory] 天動説.
Ptol‧e‧my /tɑ́ləmi | tɔ́l-/ 名 プトレマイオス: **a** 紀元2世紀の Alexandria の天文・地理・数学者; 天動説を唱えた (cf. Copernicus). **b** エジプト プトレマイオス朝 (304-30 B.C.) の歴代の王の名.
pto‧main(e) /tóumeɪn/ 名 Ü (化) プトマイン, 死体毒.
pto‧sis /tóusɪs/ 名 (複 -**ses** /-siːz/) (医) 下垂(症), (特に) 眼瞼下垂(症). **ptot‧ic** /tɑ́tɪk | tɔ́t-/ 形
pts. (略) parts; payments; pints; points; ports.
PTSD (略) post-traumatic stress disorder.
P2P /píːtəpíː/ 形 (電算) =peer-to-peer.
Pty Proprietary (オーストラリア・ニュージーランド・南アフリカなどで社名のあとに付けて, Ltd に相当).
pty‧a‧lin /táɪəlɪn/ 名 Ü (生化) 唾液でんぷん酵素, プチアリン.
p-type /píː-/ (電子工) 〈半導体・電気伝導が〉 p 型の (電気伝導主体[多数キャリヤー]が正孔の; cf. n-type).
Pu (記号) (化) plutonium.
*__**pub**__ /pʌ́b/ 名 パブ, 酒場 (解説) 英国特有の大衆向けの酒場またはビヤホールで, その地域の社交場の役目もする). (PUB(LIC HOUSE))
pub. (略) public; publication; published; publisher; publishing.
púb-cràwl 名 (英口) (酒場を回る)はしご酒 (cf. barhop): do [go on] a ~ はしご酒をする. ~**‧er** 名
pu‧ber‧tal /pjúːbətl | -bətl/, **pu‧ber‧al** /pjúːbərəl/ 形 思春期の[に関する].
*__**pu‧ber‧ty**__ /pjúːbəti | -bə-/ 名 Ü 思春期, 年ごろ: reach (the age of) ~ 思春期に達している, 年ごろになる. [L=成人〈pubes, puber-〉成人, 陰毛(↓)]
pu‧bes¹ /pjúːbiːz/ 名 (複 ~) ❶ C 陰部. ❷ Ü [時には the ~, one's ~] (俗)陰毛, 恥毛. [L]
pubes² 名 pubis の複数形.
pu‧bes‧cence /pjuːbés(ə)ns/ 名 Ü 思春期に達していること, 年ごろ. **pu‧bes‧cent** /-s(ə)nt/ 形
pu‧bic /pjúːbɪk/ 形 (解) 陰部の: the ~ bone 恥骨 / ~ hair 陰毛.
pu‧bis /pjúːbɪs/ 名 (複 **pu‧bes** /pjúːbiːz/) 恥骨.
*__**pub‧lic**__ /pʌ́blɪk/ 形 (more ~; most ~) ❶ A (比較なし) 公共の, 公衆の; 公けの; 社会一般の, 社会全体の(ための), 大衆の: ~ morality 風紀 / ~ security 公安 / ~ welfare 公共の福祉 / a matter of ~ concern 社会全体の関心事. ❷ A (比較なし) 公衆用の, 公開の, 公立の (↔ private): a ~ toilet [lavatory] 公衆便所 / a ~ hall 公会堂 / a ~ lecture 公開講演 / a ~ telephone 公衆電話 / in a ~ place (新聞・テレビなど)公開の場で. ❸ A (比較なし) 公事の, 公務の; 政府による, 国家[地方公共団体]の (↔ private): ~ life 公生活 / a ~ person 公人 / a ~ official 公務員, 官公吏 / a ~ document 公文書 / a ~ enterprise 公企業 / ~ funds 国債, 公債 / ~ land 公有地. ❹ 周知の, 評判の; 有名な, 著名な; 公然の; 〈場所が〉人目につく (↔ private): a ~ figure 有名人 / a ~ scandal 〈世間〉醜聞の醜聞 / make a ~ protest 公然と抗議する / It is a matter of ~ knowledge. それはだれでも知っている事だ / This place is too ~. ここは人目につきすぎる. **gò públic** (1) 〈未公開の情報など を〉公表する (with). (2) 〈個人会社が〉株式を公開する, 株式会社になる. **in the públic éye** ⇒ eye 成句. **màke públic** 〈…を〉公表する: The news has not been *made* ~. そのニュースは公表されていない.
── 名 ❶ Ü [the ~; 集合的; 単数または複数扱い] 一般の人々, 一般大衆, 公衆, 国民: the British → 英国民 / the general → 一般大衆 / The museum is open to the ~. その博物館は公開されている / The ~ is [are] requested not to enter the premises. 一般の方々は構内に立ち入らないようにお願いいたします. ❷ Ü [また a ~; または所有格を伴って; 集合的; 単数または複数扱い] 修飾語を伴って] …界, …仲間; (ある階層の)人々: the musical ~ 音楽愛好者の人々 / the reading ~ 読者層 / This book will appeal to *a* large ~. この本は広く世人の心を動かすだろう. ❸ (英口) **a** =public bar. **b** =public

house. **in públic** 公然と, 人前で (publicly; ↔ in private).
〖L *publicus* 人民の < *populus* PEOPLE〗 ([名] publicity, [動] publicize, publish)

públic áccess [名] [U] パブリック アクセス: **a** 一般人の特定の場所への立入り(権), 特定の情報の閲覧(権)など. **b** 一般視聴者が, 自分たちで制作した番組を放送するため, ケーブルテレビ(の施設)などを利用すること.

públic-àccess télevision [名] [U] 視聴者制作テレビ.

públic áct [名] 公法律 《一般的に適用される》.

públic-addréss sỳstem [名] 場内[構内, 校内]アナウンス設備 《PA system ともいう; 略 PA》: speak over a ～ 場内[構内, 校内]放送で話す[放送する].

públic affáirs [名] [複] 公務, 公共の(政治)問題; (組織の)広報・渉外(部門).

pub·li·can /pʌ́blɪkən/ [名] ❶ 《英》 酒場 (pub) の主人. ❷ 〘古ロ〙 収税吏.

públic assístance [名] [U] 《米》 公的扶助 《貧困者・身体障害者・老齢者などへの政府補助》.

*__pub·li·ca·tion__ /pʌ̀bləkéɪʃən/ [名] ❶ [U] **出版, 発行,** 刊行: the date of ～ 発行年月日 / the ～ *of* books [newspapers] 書籍の出版[新聞の発行]. ❷ [C] **出版物,** 刊行物: a government ～ 政府刊行物 / a list of his ～*s* 彼の出版物のリスト. ❸ [U] 発表, 公表; 公布 〔*of*〕. ([動] publish)

públic bár [名] 《英》 (仕切ってあるパブの)一般向けバー (⇨ pub).

públic bíll [名] 一般法律案.

+**públic cómpany** [名] 〘英〙 公開会社 《株式が証券取引所を通して公開されている会社; cf. private company》.

públic convénience [名] 《英婉曲》 公衆便所 《単に convenience ともいう》.

públic corporátion [名] 公共企業体, 公社, 公団; 《米》 公開会社.

públic débt [名] [通例 the ～] ❶ 公債 《中央政府・地方公共団体・政府関連機関の総金銭債務》. ❷ ＝national debt.

públic defénder [名] 《米》 公選弁護人.

públic domáin [名] [U] [通例 the ～] 〘法〙 公有 《時間の経過により著作権・特許権などが消滅した状態など》: be in *the* ～ 〈情報などが〉自由に[許可なく]使用できる, パブリックドメインである.

públic énemy [名] 社会の敵 《公開捜査中の凶悪犯など》.

públic expénditure [名] [U] 公共支出.

públic góod [名] ❶ [C] 公共財. ❷ [U] 公共の利益.

públic héalth [名] [U] 公衆衛生.

públic hóliday [名] 祝祭日, 公休日.

públic hóuse [名] 《英》 パブ (⇨ pub).

públic hóusing [名] [U] 《米》 公共住宅.

públic ímage [名] [単数形で] (企業・人に対して)社会一般のもつ印象, 世間の印象.

públic inquíry [名] ❶ (事件・事故などの)公式調査. ❷ 公的機関への情報照会[情報公開要求].

públic ínterest [名] [U] [また a ～] ❶ 公共の利益. ❷ 社会[世間]の関心.

+**púb·li·cist** /-sɪst/ [名] 広報係, 宣伝係.

*__pub·lic·i·ty__ /pʌblísəṭi/ [名] [U] ❶ **知れ渡ること,** 世間の注目: avoid [shun] ～ 世評[人目]を避ける / court [seek] ～ 売名に努める. ❷ **宣伝, 広告**; 公表: a big ～ campaign 一大宣伝キャンペーン / the ～ for a new book 新刊書の宣伝. ([形] public)

publícity àgent [名] 広告代理業者, 広告取扱人.

publícity stùnt [名] 世間の耳目を引くための派手[突飛]な行為, 宣伝効果[話題性]ねらいの行動.

*__pub·li·cize,__ 《英》 **-cise** /pʌ́bləsàɪz/ [動] [他] 〈…を〉**公表する**; 広告する, 宣伝する. ([形] public)

públic láw [名] [U] 公法.

Públic Lénding Right [名] [通例 the ～] 公貸(こうたい)権 《公共図書館における貸し出しに対して著者が補償を要求できる権利; 略 PLR》.

públic líbrary [名] 公共[公開]図書館.

públic límited cómpany [名] 〘英〙 株式会社 《略 plc, PLC》.

*__pub·lic·ly__ /pʌ́blɪkli/ [副] ❶ **公に, 公然と**; おおっぴらに. ❷ 政府によって, 公的に.

públic-mínded [形] 公共心のある.

públic núisance [名] ❶ 〘法〙 公的不法妨害, 公害 《騒音・悪臭のように社会全般に害を及ぼす違法行為》. ❷ 《口》 世間のやっかいもの.

públic óffice [名] 官公庁[省], 官庁.

*__públic opínion__ [名] [U] **世論**: manipulate [mobilize] ～ 世論を操作する[動かす] / a ～ poll 世論調査.

públic órator [名] [the ～] 〘英大学〙 大学代表演説者 《公的行事の際に, 通例 ラテン語で演説する》.

públic ównership [名] [U] 国有(化), 公有(制).

públic próperty [名] [U] ❶ 公有財産, (特に)公有地; 公共(用)財産. ❷ (プライバシーがもてないほどの)有名人. ❸ 《口》 公開情報.

públic prósecutor [名] 〘法〙 検察官, 検事.

públic púrse [名] [the ～] 国庫.

Públic Récord Òffice [名] [the ～] (London の)公文書館 《Domesday Book を始めとする Norman Conquest 以来の英国の重要記録が保管・閲覧されている; 略 PRO》.

*__públic relátions__ [名] [複] ❶ [単数扱い] **広報, 宣伝活動, 渉外(事務),** ピーアール 《略 PR》. ❷ (企業などの)対社会関係, 世間に対する受け.

públic relátions èxercise [名] 世間受けをねらった活動.

públic relátions òfficer [名] 広報担当員, 渉外係 《略 PRO》.

públic sále [名] [U,C] 《米》 競売, 公売.

*__públic schóol__ [名] [C,U] ❶ (米国・オーストラリアなどの)公立学校 《小学校・ハイスクールなど》. ❷ /ˊ-- ˏ-, ˏ- -ˊ-/ (英国の)パブリックスクール 《[解説] 上流子弟などの学ぶ大学進学を目的とする寄宿制の私立学校; Eton, Harrow, Rugby など; 通例 13 歳で入学し 18 歳で卒業する》.

*__públic séctor__ [名] [the ～] (国の経済の)**公共部門** (↔ private sector).

públic sérvant [名] 公務員.

+**públic sérvice** [名] ❶ [C] 公共事業, 公益[公営]企業 《ガス・電気・水道・公共放送など》. ❷ [U,C] 公共[社会]奉仕(活動). ❸ [U] 公職, 官公庁勤務.

públic-sérvice annòuncement [名] (テレビ・ラジオなどによる)公報, 政府[公的機関]発表.

públic-sérvice corporàtion [名] 《米》 公益事業会社.

públic spéaking [名] [U] 雄弁術, 演説法; 話し方, 話術.

públic spénding [名] [U] 公共支出[投資].

públic spírit [名] [U] 公共心.

públic-spírited [形] 公共心のある.

públic télevision [名] [U] 公共[非商業]テレビ放送.

públic transportátion [《英》 **tránsport**] [名] [U] 公共輸送機関 《バス・電車など》.

Públic Utílities Commìssion [名] [the ～] 《米》 公共事業委員会.

públic utílity [名] 公共事業(体), 公益企業(体).

públic víewing [名] [U,C] (催しなどの)公開放映, 場外放映, パブリックビューイング.

+**públic wórks** [名] [複] 公共土木工事, 公共事業.

‡**pub·lish** /pʌ́blɪʃ/ [動] [他] ❶ 〈書籍・新聞・雑誌などを〉**出版する, 発行する**; 〈記事などを〉載せる: A book of his was recently ～*ed* by OUP. 彼の著書はオックスフォード大学出版局から最近出版された. ❷ [しばしば受身で] 〈…を〉**発表する,** 公表する (release): The whole cabinet resigned (on) the day the news of the scandal *was* ～*ed*. そのスキャンダルのニュースが公表された日に内閣は総辞職をした. ── [自] 出版する; 公表する. 〖F < L＝公(おおやけ)にする < *publicus* PUBLIC〗 ([形] public, [名] publication) 【類義語】 ⇨ declare.

*__pub·lish·er__ /pʌ́blɪʃɚ | -ʃə/ [名] ❶ [しばしば複数形で] **出版社, 出版業者**: Who is the ～ [are the ～*s*] (of the book)? (その本の)出版社はどこですか. ❷《米》新聞経営者, 新聞社主.

*pub・lish・ing /pʌ́blɪʃɪŋ/ 名 ❶ Ⓤ 出版(業). ❷ [形容詞的に] 出版(業)の: a ~ company [house] 出版社[発行所].

Puc・ci・ni /puːtʃíːni/, Gia・co・mo /dʒáːkəmòu/ 名 プッチーニ (1858-1924; イタリアのオペラ作曲家).

puce /pjúːs/ 名 形 暗赤色(の).

puck¹ /pʌ́k/ 名 パック (アイスホッケー用のゴムの円盤).

puck² /pʌ́k/ 名 ❶ [P-]《英国伝説》パック (いたずら好きな小妖精 (Robin Goodfellow); Shakespeare の「夏の夜の夢」にも登場する). ❷ Ⓒ いたずら小僧, ちゃめな人.

puck・er /pʌ́kə|-kə/ 動 他 ❶ ⟨…に⟩しわを寄せる; ⟨唇を⟩すぼめる: He ~ed (up) his brows [face]. 彼はまゆをひそめた[顔をしかめた]. ❷ ⟨…の⟩ひだを取る; ⟨…を⟩縮ませる ⟨up⟩. — 自 ❶ ❶ すぼまる: Her face ~ed (up). 彼女の顔はしかめっつらになった. ❷ ひだになる; 縮まる ⟨up⟩. — 名 ひだ, しわ; 縮み: in ~s しわ[ひだ]になって.

puck・er・y /pʌ́k(ə)ri/ 形 しわを生じる, しわの多い.

puck・ish /-kɪʃ/ 形《文》いたずら好きな, 気まぐれな; いたずらっぽい (impish, mischievous). ~・ly 副 [PUCK¹+-ISH²]

pud /púd/ 名《英口》=pudding.

*pud・ding /púdɪŋ/ 名 ❶ Ⓤ,Ⓒ《米》プリン. ❷ Ⓤ,Ⓒ プディング (小麦粉などに果実・牛乳・卵などを入れオーブンで焼いたり蒸したりした菓子または料理): ⇨ plum pudding, Yorkshire pudding / The proof of the ~ is in the eating. ⟨諺⟩ ⇨ proof 成句. ❸ Ⓤ《英》(食事の最後に出される)デザート: What's for ~? デザートは何ですか. Ⓤ,Ⓒ ソーセージ: ⇨ white pudding, blood pudding (⇨ blood sausage). ❹ Ⓒ (口) ずんぐりした人, ふとっちょ, まぬけ. in the (pudding) club ⇨ club 成句. pudding・y /púdɪŋi/ 形

púdding bàsin 名 (深鉢形の)プディング型; プディング型に似た帽子[髪型].

púdding fàce 名 《口》丸々した大きな顔.

púdding-hèad 名 《口》ばか, 間ぬけ.

púdding stòne 名 Ⓤ《地》礫岩(ホョュ).

⁺pud・dle /pʌ́dl/ 名 ❶ Ⓒ 水たまり. ❷ Ⓤ (粘土と砂を水でこねた)こね土 (堤防などの水もれを防ぐ). — 他 ⟨粘土・砂・水を⟩混ぜてこね土にする.

púddle jùmper 名《米俗》軽飛行機.

púd・dling /pʌ́dlɪŋ/ 名 Ⓤ こね土をつくる[塗る]こと; (銑鉄の)精錬, 錬鉄(法).

pu・den・dum /pjuːdéndəm/ 名 [通例複数形で] -den・da /-də/] (女性の)外陰部, 恥部. [L=恥ずべきもの]

pu・deur /pjuːdə̂ː|-dɔ̂ː/ 名 Ⓤ 遠慮, 慎み; (性的な事柄に対する)羞恥, はじらい.

pudge /púdʒ/ 名 Ⓒ《口》ずんぐりした人[動物, もの].

pudg・y /pʌ́dʒi/ 形 (pudg・i・er; -i・est)《口》ずんぐりした, 太った (podgy).

pu・dic /pjúːdɪk/ 形《解》外陰部の.

pueb・lo /pwéblou/ 名 ❶ ⟨⟩ ~s) プエブロ (米国南西部に多い石や adobe れんが造りの先住民の集団住宅; その部落). ❷ [P-]⟨⟩ ~s, ~) プエブロインディアン, プエブロ族 (New Mexico, Arizona 州に住む). 〖Sp=町, 人々 < L populus PEOPLE〗

pu・er・ile /pjúː(ə)rəl, pjúː(ə)r- | pjúəraɪl/ 形 子供っぽい, たわいもない, 幼稚な (childish).

pu・er・il・i・ty /pjùː(ə)rɪ́ləti | pjùər-/ 名 ❶ Ⓤ たわいのなさ, 幼稚さ. ❷ Ⓒ [通例複数形で] 幼稚な行ない[考え].

pu・er・per・al /pjuːə̂ːp(ə)rəl | -ə̂ːp-/ 形《医》出産の, 分娩(ティ)による: ~ fever 産褥(ティ)熱.

pu・er・pe・ri・um /pjùːəpí(ə)riəm | -əp-/ 名 (複 -ri・a /-riə/)《医》産褥[産褥]期.

Puer・to Ri・can /pwéətərí:kən | pwɔ́ːtoʊ-/ 形 プエルトリコの, プエルトリコ人の.

Puer・to Ri・co /pwéətərí:kou | pwɔ́ːtoʊ-/ 名 プエルトリコ 《西インド諸島にある米国の自治領の島; 首都 San Juan). 〖Sp=rich port〗

⁺puff /pʌ́f/ 動 自 ❶ 〔たばこなどを〕スパスパ吹かす, パッパッと吹き続ける: The old man ~ed (away) at [on] his pipe. 老人はパイプを(スパスパ)吹かした. ❷ 息を切らす, あえぐ: He ~ed hard as he ran. 彼はぜいぜい[ふうふう]いって走った. c 〈蒸気・煙などが〉〈…から〉プップッと出る 〔from, out of〕: Smoke ~ed from the chimney. 煙突から煙がポッポッと立ちのぼった. ❷ [副詞句を伴って] 煙[蒸気]を吐いて動く: The train ~ed slowly away [into the station]. 列車はポッポッと煙を吐きながらゆっくりと出て[駅に入って]いった. — 他 ❶ a ⟨煙・蒸気などを⟩〈…に⟩プップッと吹く[吐く], 吹きつける[飛ばす]〔in, into〕: ~ away dust ほこりをフッと吹き飛ばす. b ⟨たばこなどを⟩スパスパ吸う: ~ a cigar 葉巻をスパスパ吹かす. ❷ a ⟨人を⟩息切れさせる, あえがせる (⇨ puffed 2). b ⟨…と⟩あえぎながら言う. ❸ ⟨…を⟩ふくらませる, ふわっとふくらみをもたせる (⇨ puffed 1): A breeze ~ed out the sails. 帆は風をはらんでふくらんだ. ❹ (口) ⟨…を⟩ほめそやす, 吹聴(ホェ)する; 誇大宣伝する.

púff and pánt [blów]《口》あえぐ, 息を切らす. púff óut (1) ⟨ほおなどを⟩ふくらませる (cf. puffed 3). (2) ⟨煙などを⟩吐く[出す]; ⟨マッチ・火などを⟩プッと吹き消す. púff úp (他+副) (1) ⟨…を⟩ふくらませる, ⟨けがなどが⟩はらす (⇨ puffed 1): ~ up a cushion クッションをふくらませる. (2) ⟨人を⟩〈…で〉得意がらせる, 偉ぶらせる (cf. puffed-up): Their praises had ~ed him up. 彼らから称賛されて彼は思い上がっていた / She's ~ed up with self-importance. 彼女はいつも思い上がって偉いつもりで思い上がっている. — (他+副) (3) ふくれる; ふくらむ (swell).

— 名 ❶ a Ⓒ プッと吹くこと[音], ひと吹き[吸い](の量): He took a ~ on [at] his cigar. 彼は葉巻をひと吹かしした. b ⟨…の⟩一陣の風, 一吹き 〔of〕. ❷ Ⓤ 息. ❷ [通例複合語で] 軽く焼き上げた菓子: a cream ~ シュークリーム. ❸ Ⓒ a ふわっとふくれたもの: a ~ of cloud ふわっとした(小さい)雲. b 〔服〕 パフ (袖口などのゆとりを入れてふくらました部分). c (頭髪の)パフ. d (化粧用の)パフ. e《米》羽ぶとん. ❹ Ⓒ《口》a ほめそやし, 吹聴(ホェ). b《英》自賛的広告, (誇大)宣伝 (puff piece ともいう). ❺《英口》=poof¹.

〖擬音語〗

púff àdder 名〔動〕パフアダー《アフリカ産の毒ヘビ; 興奮すると体をふくらます》.

púff-bàll 名 〔植〕ホコリタケ.

puffed 形 ❶ くらんだ, はれ(上がっ)た ⟨up⟩. ❷ Ⓟ《英口》⟨人が⟩息を切らして, あえいで ⟨out⟩ (breathless).

púffed sléeve 名 パフスリーブ (ふくらませた短めの袖).

púffed-úp Ⓐ 思い上がった, うぬぼれた.

púffed whéat 名 パフホイート (ふくらませた小麦; シリアル用).

púff・er 名 ❶ a プッと吹く人[もの] (喫煙家・蒸気船など). b (小児) 汽車ぽっぽ. ❷〔魚〕フグ.

púffer fish 名 =puffer 2.

púff・er・y /pʌ́fəri/ 名 Ⓤ (広告などで)大げさな賞賛.

puf・fin /pʌ́fɪn/ 名〔鳥〕ツノメドリ, エトピリカ (海鳥).

púff pástry 名 Ⓤ パフペーストリー (パイ・タルト生地用の練り粉).

púff pìece 名《米口》美化したレポート[報道], 誇大宣伝, ちょうちん記事.

púff-pùff 名《英小児》=puffer 1 b.

puff・y /pʌ́fi/ 形 (puff・i・er; -i・est) ❶ a ⟨顔などが⟩ふくれた, はれた, ⟨綿雲などが⟩ふわっとした (swollen). b 太った. ❷ ⟨人が⟩息を切れた, 息を切らせて. ❸ ⟨風が⟩ぱっと吹く, 一陣の. ❹ うぬぼれた. púff・i・ly /-fəli/ 副 -i・ness 名 〖PUFF+-Y²〗

pug¹ /pʌ́g/ 名 パグ (犬)《中国原産の小型愛玩犬》.

pug² /pʌ́g/ 名《口》ボクサー.

pug³ /pʌ́g/ 動 (pugged; pug・ging) 他 ⟨…に⟩粘土[こね土]を詰める. — 動 他 ⟨…に⟩防音材を詰める; 水を入れて粘土[こね土]をつくる[こねる]; 《英》〈牛などが〉⟨地面を⟩踏みつけて粘土状[ぬかるみ]にする.

puffin

púg dòg 名 =pug¹.

Pú・get Sóund /pjúːdʒɪt-/ 名 ピュージェットサウンド《米国 Washington 州北西部, 太平洋の細長い湾》.

pug・(g)a・ree /pʌ́ɡəri/, **pug・(g)ree** /pʌ́ɡriː/ 名〔インドで〕ターバン; 〔日よけ帽として後ろにたらす〕薄地のスカーフ.

pu・gi・lism /pjúːdʒəlɪ̀zm/ 名 Ⓤ〔プロ〕ボクシング. **pu・gi・lis・tic** /pjùːdʒəlístɪk/-/ 形

pú・gi・list /-lɪst/ 名〔プロ〕ボクサー.

pug・na・cious /pʌɡnéɪʃəs/ 形 けんか好きな, けんかっ早い. **~・ly** 副. **~・ness** 名〔L=こぶしで戦う〕

pug・nac・i・ty /pʌɡnǽsəti/ 名 Ⓤ けんか好き, けんかっ早さ.

púg nòse 名 しし鼻. **púg-nòsed** 形 しし鼻の.

puis・ne /pjúːni/ 形〔英〕下位の; 後輩の, 年下の;〔法〕後のもの, その次の.

pu・is・sance¹ /pjúːəsəns | pwíːsɑːns/ 名〔馬〕ピュイッサンス, 障害飛越能力競技.

pu・is・sance² /pjúːəsəns/ 名 Ⓤ〔古〕権力, 勢力. **pu・is・sant** /pjúːəsənt/ 形

pu・ja /púːdʒə/ 名〔ヒンドゥー教〕礼拝, 祭式, 祭礼.

puke /pjúːk/《俗》動 他 自〈食べたものを〉吐く《up》.
── 名 ①吐いた物, へど.《擬音語》

puk・ey /pjúːki/ 形 いやな, むかつく, うんざりする.

puk・ka /pʌ́kə/ 形《英古風》本物の, 立派な, ちゃんとした.

pu・ku /púːkuː/ 名〔動〕プク《南アフリカ産の羚羊》.

puk・y /pjúːki/ 形 =pukey.

pu・lao /puːláʊ/ 名 =pilaf.

pul・chri・tude /pʌ́lkrət(j)ùːd | -tjùːd/ 名〔文〕見目のよさ, 美しさ. **pul・chri・tu・di・nous** /pʌ̀lkrət(j)úːdənəs | -tjúː-/ 形

pule /pjúːl/ 動 自〔文〕弱々しく泣く.

pu・li /púli, pjúː-/ 名 (複 **pu・lik** /-lɪk/, **~s**) プリ《ハンガリー原産の牧羊犬; もつれやすい毛におおわれている中型犬》.

pul・ing /pjúːlɪŋ/ 形 いくじのない; 弱々しい.

Pú・lit・zer Príze /pʊ́lɪtsɚ, pjúː- | -tsə-/ 名 ピューリツァー賞《毎年, 米国の優れたジャーナリスト・文学・音楽に贈られる賞》.《米国の新聞経営者 J. Pulitzer の名から》

*__pull__ /pʊ́l/ 動 他 ❶ a 〈...を〉引く, 引っぱる (↔push); 引っぱって動かす; 引っぱって〈...を〉引っぱっていく, 牽引する: ~ a bell ひもを引いて鐘を鳴らす / He ~ed her hair. =He ~ed her by the hair. 彼は彼女の髪の毛を引っぱった / She ~ed it nearer. 彼女はそれを引き寄せた / He ~ed his cap over his ears. 彼は帽子を耳まで深くかぶった / She ~ed aside the window curtains. 彼女は窓のカーテンを引きあけた / He ~ed his chair up to the fire. 彼はいすを火の近くに引き寄せた / The cow was ~ing a cart. 牛は荷車を引っぱっていた. **b**〈...を引っぱって(...の)状態にする: [C+目+補] He ~ed his belt tight. 彼はベルトをしっかりと締めた / She ~ed the drawer open. =She ~ed open the drawer. 彼女は引き出しをあけた / She ~ed herself free from him. 彼女は体を彼らから引き離した. **c**〈レバーなどを〉引く, 引いて操作する: ~ the trigger 引き金を引く.

❷〈...を〉引っぱり出す, 引き抜く: I had the decayed tooth ~ed (out). 虫歯を抜いてもらった / He was ~ing (up) weeds in the garden. 彼は庭で草むしりをしていた / ~ a cork out of the bottle 瓶から栓を抜く.

❸〔通例副詞(句)を伴って〕〈...を〉引き離す, 引き裂く;〈果実など〉摘み[もぎ]取る: ~ the kids apart (けんかしている)子供を引き離す / He got angry and ~ed the newspaper to pieces. 彼は腹を立てて新聞をずたずたに引き裂いた / I ~ed some apples from [off] the tree. 木からリンゴを何個かもぎ取った.

❹〈筋肉・腱などを〉無理をしすぎて痛める, ちがえる: ~ a muscle 筋肉を痛める.

❺〈拳銃・ナイフなどを〉抜く, 抜いて〔...に〕向ける: She ~ed a gun on the man. 彼女は拳銃を抜いてその男に向けた.

❻《口》〈犯罪などを〉やってのける: ~ a bank robbery 銀行強盗をやってのける / ~ a dirty trick (on a person) (人に対して)汚い手を使う.

❼〔副詞(句)を伴って〕〈車を〉(...に)動かす, 進める: She ~ed her car out of the garage. 彼女は車をガレージから出した.

❽《口》〈催しなどを〉取りやめる;〈広告などを〉引っ込める;《米》〈選手をはずす, 引っ込める: ~ an ineffective player あまり活躍しない選手をはずす.

❾ **a**〈人の〉支持[後援, 人気]を得る;〈支持票を〉得る: Madonna ~ed large crowds. マドンナは大観衆を引きつけた / How many votes can he ~? 彼は何票取れるか. **b**《英口》〈人を〉(性的に)引きつける.

❿〔野・ゴルフ〕〈ボールを〉(右ききなら)左方向へ[(左ききなら)右方向へ]引っぱって打つ.

⓫〔副詞(句)を伴って〕〈オールを〉引く,〈ボートを〉こぐ.

⓬〔電算〕〈データを〉スタックの先頭から取り出す.

⓭ **a**〔競馬〕(勝たないように故意に)〈馬を〉制する. **b**〔ボク〕〈パンチを〉控える.

⓮〔印〕〈...を〉刷る: ~ a proof ゲラを刷る.

⓯〈さまざまな顔を〉する: ~ a face [faces] しかめつらをする / ~ a long face ⇒ long face 2.

⓰《英口》〈一定量のビールを〉たるから出す[つぐ].

── 自 ❶ 引く, 引っぱる: Stop ~ing! 引っぱるのをやめろ! / ~ at [on] a rope ロープをぐっと引く.

❷ **a**〈たばこなどを〉深く吸う〔at, on〕(draw on): ~ at one's pipe パイプを胸いっぱいに吸う. **b**《古風》〈瓶などから〉酒をぐいと飲む〔at, on〕: ~ at a bottle of rum ラム酒をぐいとらっぱ飲みする.

❸〔副詞(句)を伴って〕〈車が〉(...に)動く, 進む;〈人が〉車を(...に)進める: The car ~ed sharply to the left. その車は急に左側にそれた / The train ~ed away from the station. 列車は駅から出て行った.

❹〔通例副詞(句)を伴って〕〈人がボートを〉(...に)こぐ;〈ボートが〉(...に)こがれていく: The crew [boat] ~ed for the shore. クルーは岸に向かってボートをこいだ[ボートは岸に向かってこがれた].

❺ 人の支持を得る.

❻《英口》〈人が〉(性的に)引かれる.

púll abóut《他+副》=PULL around 成句 (1).

púll a fást òne《口》〈人を〉出し抜く, だます〔on〕.

púll ahéad《自+副》先に出る, 引き離す;〔...の〕前に出る,〔...を〕引き離す〔ahead (of) one's opponent〕(相手を)引き離す.

púll apárt《他+副》〈物を〉分ける;〈人間関係・物を〉ばらばらにする, ずたずたに裂く. (2) 酷評する, こきおろす. (3)〈けんか中の人・動物を〉引き離す (⇒ 他 3). ── 《自+副》(4) ばらばらになる.

púll aróund《他+副》[~+目+around]〈人・ものを〉引っぱり[こづき]回す, 乱暴に扱う. (2) 組織などの元気を取り戻させる; 健康[意識]を回復する. ── 《自+副》(3) 元気を取り戻す; 健康を回復する.

púll awáy《自+副》(1)〔路上の車が〉動き出す;〈人が〉車を出す,〈ボートが〉〈岸などを〉離れる〔from〕(⇒ 自 3). (2)〔...から〉身を引き離す〔from〕. (3)〔...より〉先に出る,〔...を〕引き離す: He began to ~ away from the other competitors. 彼はほかの競走相手を引き離し始めた. (4)〔関わりを〕避ける,〔...から〕離れる, 遠ざかる〔from〕. (5)〔...から〕はずれる, 取れる〔from〕. ──《他+副》(6)〈...を〉〔...から〕引き離す: ~ a child away from the TV 子供をテレビから引き離す.

púll báck《自+副》(1)〔...を〕やめる, 中止する,〔...から〕引く, 撤退する〔from〕(withdraw). (2) (⇒ 自 3). (3)〔...から〕(急に)身を引き離す, 体を引く〔from〕. (4)《英》〔スポ〕得点する. ──《他+副》(5)〈軍隊を〉引き揚げる, 撤退, 撤収させる. (6)〔困難などから〉〈組織を〉引っ張り上げる, 救い出す, 回復させる. (7)《英》〔スポ〕〈得点・ゴールを〉入れる.

púll dówn《他+副》(1)〈帽子・ブラインドなどを〉引き下げる. (2)〈家などを〉取り壊す (demolish). (3)《米口》(給料として)〈いくら〉稼ぐ (pull in). (4)《口》〈人を〉衰弱させる, 落胆させる;〈経済などを〉弱体化させる. (5)〔電算〕〈メニューを〉表示させる.

púll one's fínger òut ⇒ finger 成句.

pull for... [通例進行形で]《口》...を支持する, 声援する:

pullback

We are ~*ing for* you, John. ジョン，我々は君を応援しているぞ．

púll ín 《自+副》(1) 〈車が〉片側に寄る[寄って止まる]；〈人が〉車を片側に寄せる[寄せて止める]: She ~*ed in* for gas. 彼女は給油のために車を寄せた．(2) 〈列車が〉駅に到着する． ━《他+副》(3) 《口》〈金を〉稼ぐ(pull down)．(4) 《口》〈容疑者を〉逮捕する．(5) 〈客などを〉引きつける，呼ぶ；〈金・票などを〉獲得する．

púll ínto 《自+前》(1) 〈列車などが〉〈駅などに〉入る，着く；〈車・運転手が〉…に寄る，〈…に〉入る．━《他+前》(1) 〈車を〉…に入れる，寄せる，〈…を×…に〉巻き込む，引きずり込む．

púll a person's lég ⇨ leg 成句.

pull óff 〔《自+副》~ óff〕(1) 〈難しいことを〉見事にやってのける(carry off): ~ *off* a deal 取引を見事に成功させる / ~ *off* a spectacular holdup あっというほどような強盗をやってのける．(2) 〈衣類を〉〈急いで〉脱ぐ．(3) 〈…を〉引っぱって取る．━〔《自+副》~ óff〕(4) 車を道路際に寄せる．(5) 〈船・車などが〉離れる，去る．━《他+副》~…*off*…〕(6) 《電算》《口》〈データなどを〉〈…から〉引っぱってくる，取ってくる．〔《他+副》~…*off*…〕(7) 車を〈道路〉際に寄せる: ~ *off* the road 車を道路のわきに寄せる．

púll ón 《他+副》〈衣類を〉急いでつける[着る，はめる]: She ~*ed* her stockings *on*. 彼女は靴下を急いではいた．

púll óut 《自+副》(1) 〈車が〉動き出す／〈列車が〉駅を出ていく；〈人が〉車を出す(追い越すために)車線から出る(*of*)．(2) 〈軍隊などが〉引き揚げる，撤退する．(3) 〔計画・仕事などから〉手を引く(withdraw)(*of*)．━《他+副》(4) 〈…を〉引き抜く，引き出す(⇨ 他 2)．(5) 〈軍隊などを〉引き揚げる，撤退させる．(6) 〈…に〉身[手]を引かせる．

púll óut áll the stóps ⇨ stop 名 成句.

púll…óut of the fire ⇨ fire 名 成句.

púll óver 《自+副》(1) 車を道の片側に寄せる；〈車が〉道の片側に寄る．━《他+副》(2) 〈警察が〉〈車を〉道の片側に寄せさせる〔*to*〕．

Púll the óther óne [lég] (it's gót bélls ón)! 《英口》あんたの言っていることは信じられないな．

púll thróugh《自+副》〔~+目+through〕(1) 〈人に〉困難を切り抜けさせる；〈人に〉重い病気[けがなど]を乗り切らせる． ━《自+副》(2) 難局を切り抜ける，重い病気[けがなど]を乗り切る．━〔《自+副》~ through…〕〈…〉〈困難などを〉切り抜ける．

púll togéther《自+副》(1) 協力して働く，仲よくやっていく；まとまる．━《自+副》(2) 〔~+目+together〕〈組織体などの〉協調[団結]を図る，〈組織を〉まとめる，統合する．(3) 〔~ oneself で〕気を静める，冷静を取り戻す，落ち着く．

púll…to píeces (1) 〈ものを〉ずたずたに引き裂く (⇨ 3)．(2) 〈…を〉こきおろす，酷評する．

púll úp 《自+副》(1) 〈車が〉止まる；〈運転者が〉車を止める．(2) 〈…に〉追いつく，〈…と〉並ぶ〔*to*, *with*〕．━《他+副》(3) 〈…を〉引っ張り上げる；〈草などを〉引き抜く；引き寄せる(⇨ 他 2): ~ *up* a chair いすを引き寄せる．(4) 〔間違った[よくない]ことをしている人を〉制止する，考え直させる: His remark ~*ed* me *up* short [sharply]. 彼の言葉で私ははっと考え直した．(5) 《口》〈人を〉[…のことで]しかる，批判する〔*on*〕．(6) 〔~ oneself *up* で〕まっすぐ立ち上がる．(7) 〈人の成績[席次]を〉上げる．

púll one's (ówn) wéight ⇨ weight 成句.

━《他+副》**a** ⓒ ひと引き；引くこと〔*at*, *on*〕: give a ~ *at* the rope ロープをひと引きする．**b** [a ~] 〈ぐいと〉引っぱる力: keep a steady ~ on the rope ロープをぐんぐん引っぱる力．**2** ⓤ 〈自然の〉引力: the ~ of the moon 月の引力．**2 a** ⓤ [また a ~] 《口》引き，手づる；(個人的な)利点: He's got a lot of ~ with the boss. 彼は社長に強力なコネがある．**b** 〔通例単数形で〕引きつける力，魅力: the ~ of golf ゴルフの魅力．**3** ⓒ **a** 〈酒などを〉ぐいとひと飲みすること〔*at*, *on*〕: have [take] a ~ *at* the bottle 一杯ぐいとひと飲みする．**b** 〔たばこを〕深々と一服吸うこと〔*at*, *on*〕．[a ~] 〈つらい山登りなどの〉努力，がんばり: It was a long, hard ~ to go up the mountain. その山を登るのは長くつらいがんばりだった．**5** ⓒ 〔筋肉・靱帯の〕損傷．**6** ⓒ 〔通例複合語で〕引き手，取っ手，引き綱: a bell ~ 〔鐘を鳴らす〕引き綱／a drawer ~ 引き出しの取っ手．**7** ⓒ 《野・ゴルフ》引っぱって打つこと．**8** ⓒ 〔通例単数形で〕《印》ためし刷り，校正刷り．**9** [a ~] ボートのひとこぎ，ボート遊び．

~*er* 名 〔類義語〕pull 上下・前後の方向に引く，引っぱる一般語. draw 軽くなめらかに引く. drag 重いものを引っぱる. tug 力をこめて急に引く．

púll-báck 名 《企業などの》抑制，引き上げ；《軍隊の》後退，撤退；《株価・需要などの》後退，減少，低下．

púll-by dàte 名 ⓤ 《米》《包装食品などの》販売有効期限の日付(《英》sell-by date)．

púll-dówn 形 〈家具など〉引き下げ[出し]式の，折りたたみの；《電算》〈メニュー・リストなど〉プルダウンの〔選択できるコマンドなどの一覧が垂れ下がるように表示される〕．━ 名 《電算》プルダウンメニュー．

púl·let /púlɪt/ 名 〔通例1歳に満たない〕若いめんどり．

púl·ley /púli/ 名 滑車 (cf. simple machine).

púlley blòck 名 滑車装置．

púll-ín 名 《英口》〔道路わきの〕待避所，〔特にトラック運転手用の〕ドライブイン．

púlling pówer 名 ⓤ 《英》〔人を引きつける〕魅力，強味(《米》drawing power)．

Púll·man /púlmən/ 名 《鉄道》❶ [また **Púllman cár**] プルマン式車両〔寝台の設備のある豪華な特別車両〕. ❷ [また **Púllman cáse**] プルマンケース〔大型のスーツケースで，プルマン式車両のシートの下に収納するように設計されている〕．《G. M. Pullman 米国の考案者》

púllman kítchen 名 [また P~] 《米》〔アパートなどで壁を利用した〕小型簡易台所．

púll-ón 名 A 形 プルオン(の)《引っぱって身につけるセーター・手袋・ズボンなど》．

púll-òut, púll-óut 名 ❶ 〔雑誌・新聞の〕折り込み，とじ込み．❷ 〔軍隊などの〕引き揚げ，撤退．━ 形 折り込み[とじ込み]〔式〕の；引き出せる，取り出せる．

púll-òver 名 形 プルオーバー(の)(《英》jumper)《頭からかぶって着るセーター》．

púll strátegy 名 ⓒⓤ プル戦略《消費者に広告などで働きかけて需要を引き出す販売促進戦略》．

púll technòlogy 名 ⓤ 《電算》プル技術，プル型情報配信(技術)《ネットワークで端末が要求してサーバーから情報を引き出し表示する技術；ウェブサイト閲覧など》．

pul·lu·late /pʌ́ljuleɪt/ 自 ❶ 発芽する；〈種子が〉発生する．❷ 〈動物などが〉繁殖する．❸ 〈主義などが〉広まる．❹ 〈…で〉群がる，いっぱいになる〔*with*〕．

púll-úp ❶ 懸垂 (chin-up)．❷ 《英》=pull-in.

pul·mo·nar·y /pʌ́lmənèri, púl- | -nəri/ 形 A 肺の；肺を冒す: the ~ artery [vein] 肺動脈[静脈]. 《L pulmo 肺》

pul·mo·nate /pʌ́lmənèɪt, púl-, -nət/ 動 形 名 肺(状器官)を有する；有肺類の(動物)《マイマイ・ナメクジなど》．

pul·mon·ic /pʌlmɑ́nɪk, pul- | -mɔ́n-/ 形 肺(動脈)の；肺病の．

+**pulp** /pʌlp/ 名 ❶ ⓤ 〔柔らかい〕果肉 (flesh). ❷ ⓤ [また a ~] どろどろのもの; mash beans into (a) ~ 豆をすりつぶしてどろどろの状態にする．❸ ⓤ 〔紙原料の〕パルプ．❹ ⓒ 安雑誌，低俗小説．❺ ⓒ 歯髄. béat a person to (a) **púlp** 〔人を〕こてんぱんに殴りつける．━ 形 低俗な: ~ magazines [novels] 低俗雑誌[小説]．━ 動 他 ❶ 〈…を〉パルプにする；どろどろにする．❷ 〈出版物などを〉パルプに再生する．❸ 〈…から〉果肉を採取する．《L》

púlp·er 名 果肉採取機；パルプ製造機．

+**pul·pit** /púlpɪt/ 名 ❶ ⓒ 説教壇，演壇．❷ [the ~] 説教師，牧師《全体》；宗教界．❸ [the ~] 説教．《L=壇》

púlp·wòod 名 ⓤ パルプ用材．

pulp·y /pʌ́lpi/ 形 (**púlp·i·er, -i·est**) ❶ 果肉の．❷ 果肉(状)の；どろどろの．**púlp·i·ness** 名

pul·que /púlki-/ 名 プルケ《maguey を原料としたメキシコの酒》．

+**pul·sar** /pʌ́lsɑr, -sə | -sɑː, -sə/ 名 《天》パルサー《規則的な周期で電波を発している小天体の一つ》．

pul·sate /pʌ́lseɪt | -́-́/ 動 ⾃ ❶ 〈脈などが〉打つ; 鼓動[律動, 躍動]する. ❷ 〈興奮などで〉どきどき[わくわく]する, 震える ⟨with⟩. ❸ 〖電〗〈電流が〉脈動する. 〖L; ⇒ pulse〗(名 pulsation)

pul·sa·tile /pʌ́lsət(ə)l | -tàɪl/ 脈打つ, 拍動(性)の; どきどきする.

pul·sa·tion /pʌlséɪʃən/ 名 C,U 脈拍, 動悸(ど̀うき) (⇒ pulsate)

pul·sa·tor /pʌ́lseɪtə | pʌlséɪtə/ 名 拍動[鼓動]するもの, 脈打つもの, 〖機〗鼓動装置, 〈電気洗濯機・採掘ダイヤモンド水洗機の〉パルセーター.

pul·sa·to·ry /pʌ́lsətɔ̀ːri | pʌlséɪtəri, -tri/ 形 脈打つ, 拍動[脈動, 鼓動]する.

†**pulse**¹ /pʌ́ls/ 名 ❶ 〖通例単数形で〗脈拍(数); 鼓動: a weak [an irregular] ～ 弱い脈[不整脈] / take [feel] a person's ～ 人の脈をみる. ❷ a 〈光線・音響などの〉波動, 振動. b 〖楽〗律動; 拍 (beat). ❸ 〈生気・感情などの〉躍動, 興奮: quicken a person's ～=set [get] a person's ～ racing 人を興奮させる. ❹ 〈社会などの〉動向, 意向 ⟨of⟩. ❺ 〖電〗パルス《持続時間のきわめて短い電流または変調電波》. **háve [kéep] one's fínger on the púlse** 実状に通じている, 現況を把握している. ── 動 ⾃ ❶ 〖～ly と〗で脈打つ; 鼓動する (throb): Her heart ～d *with* pleasure. 彼女の胸は喜びに打ち震えた. ❷ 躍動する, 興奮する ⟨with⟩. ❸ 〖電〗パルスを流す. 〖F<L *pellere, puls-* 打つ, 押す; appeal, compel, dispel, expel, propel, repel, impulse, pulsate; push〗

pulse² /pʌ́ls/ 名 〖通例複数形で〗豆類, 豆.

púlse-còde modulàtion 名 U パルス符号変調《アナログ信号をパルスの二進信号に変換すること》略 PCM}.

púlse·less 脈拍のない, 無脈の; 生気[活気]のない.

pul·ver·i·za·tion /pʌ̀lvərəzéɪʃən | -raɪz-/ 名 U 粉状化, 粉砕.

pul·ver·ize /pʌ́lvəràɪz/ 動 ⾃ ❶ 〈...を〉粉状にする, 砕く (grind). ❷ 〈口〉〈議論などを〉粉砕する, こてんぱんにやっつける, (めちゃくちゃに)ぶっこわす. ── ⾃ 粉になる, 砕ける. 〖L *pulvis, pulver-* ⇒ POWDER〗

púl·ver·ìz·er 名 粉砕する人; 粉砕機; 噴霧器.

pul·ver·u·lent /pʌlvérʊlənt/ 形 微粉の, 粉でできた; 粉だらけの, ほこりだらけの; 微粉になる, 〈岩石など〉もろい. -**lence** /-ləns/ 名

pu·ma /p(j)úːmə | pjúː-/ 名 ピューマ, クーガー, アメリカライオン (cougar). 〖Sp<S-Am-Ind〗

pum·ice /pʌ́mɪs/ 名 U 軽石.

pu·mi·ceous /pjuːmíʃəs/ 形 軽石の; 軽石質の.

púmice stòne 名 =pumice.

pum·mel /pʌ́m(ə)l/ 動 (**pum·meled**, 《英》**-melled**; **pum·mel·ing**, 《英》**-mel·ling**) = pommel.

pum·me·lo /pʌ́m(ə)loʊ/ 名 (～s) = pomelo.

*§**pump**¹ /pʌ́mp/ 名 ❶ C ポンプ; 〈米口〉=gas pump: a bicycle ～ 自転車の空気入れ / a centrifugal ～ 遠心〔渦巻き〕ポンプ / a feed(ing) ～ 給水ポンプ / a force [forcing] ～ 押し上げポンプ / a gasoline [《英》petrol] ～ 〈ガソリンスタンドの〉給油ポンプ / a suction ～ 吸い上げポンプ / ～ heat pump, stomach pump / prime the ～ ポンプに迎え水をする. ❷ 〖a ～〗ポンプで吸い上ること. **Áll hánds to the púmp(s)!** 一致団結してこの難局を切り抜けよ《画裁 沈没しかかった船から水をくみ出すためにかけられた号令から》. **gíve a person's hánd a púmp** 〈手を上下に振り動かしながら〉人と握手する. **príme the púmp** 不況事業[産業]に資金を導入して活性化する.

── 動 ❶ 〖副詞(句)を伴って〗ポンプで〈水・ガスなどを〉送り込む, 流す: ～ water *back to* a dam ポンプで水をダムに戻す / The heart ～s blood *around* the body. 心臓は血液を体中に〈ポンプのように〉送り込む. ❷ a ポンプで〈水・空気などを〉揚げる[吸い出す, 注入する]: ～ water [*up* [*out*]] ポンプで水を吸い上[出す] / ～ air *into* a tire タイヤに空気を入れる / ～ water (*up*) *from* the well [*out of* the cellar] 井戸[地下室]から水を吸い出す. b 〈...を〉ポンプで〈水を〉くみ出して〈...の〉状態にする: 〖+目+補〗～ a pond dry ポンプで水をくみ上げて池を干す. ❸ 〈...を〉〈ポンプのように〉上下に激しく動かす: He ～ed my hand warmly. 彼は私の手を上下に振って熱烈に握手をした. ❹ a 〈口〉〈...を〉〈人から〉聞き出す: ～ a secret *out of* a person 人に探りを入れて秘密を聞き出す / ～ a person *for* information 人から情報を聞き出す b 〈...を〉〈...に〉注ぎ込む; 教え込む (pour): ～ money *into* a new project 新事業に金を注ぎ込む / He ～ed knowledge *into* his students. 彼は生徒たちに知識を詰め込んだ. ❺ 〈胃を〉洗浄する ⟨*out*⟩. ❻ 〈口〉〈人・銃から〉弾丸を浴びせる ⟨*out*⟩ ⟨*into*⟩. ── ⾃ ❶ 〖副詞(句)を伴って〗〈液体が〉〈断続的に〉出てくる, 噴出する: The blood [oil] kept ～*ing out*. 血[油]がどくどくと噴出し続けた. ❷ ポンプの作用をする ⟨*away*⟩: The heart goes on ～*ing* as long as life lasts. 心臓は生命の存続する限りポンプの作用を続行する. ❸ ポンプを使う ⟨*away*⟩. ❹ 〈ポンプの取っ手のように〉激しく上下する.

púmp a person fúll of... 〈口〉〈人を〉〈薬〉づけにする.

púmp óut 〈他+副〉(1) 〈液体などを〉くみ出す (⇒ 他 2). (2) 〈音楽・情報・有害物などを〉多量に作り出す. ── 〈⾃+副〉(3) 〈音楽が大音量でかかる. **púmp úp** (1) 〈タイヤ・ボールなどに〉空気を入れる. (2) 〈口〉〈価値などを〉増大させ, 向上させる. (3) 〖しばしば受身で〗興奮させる, やる気にさせる. **púmp úp the músic [vólume]** 〈俗〉音楽を大音量でかける.

〖Du<Sp; 擬音語〗

pump² /pʌ́mp/ 名 〖通例複数形で〗❶ パンプス《《英》court shoe》《ひもや留め金がなく, 甲革を深くえぐった女性用の靴》. ❷ a 〈軽い〉ダンス靴. b 〈英〉運動靴 (plimsoll).

púmp-àction 形 〈散弾銃・ライフルが〉ポンプ連射式の, ポンプアクションの《前床を前後させて, 空薬莢(くうやっきょう)の排出・撃鉄の引き起こし・新弾の装填(そうてん)を行なう方式》; 〈スプレーが〉ポンプ式の《ハンドルを握ってその圧力で噴射します》.

pumped /pʌ́mpt/ 形 〖しばしば ～ up〗〈口〉やる気になって, 気ひかい入って.

pum·per·nick·el /pʌ́mpənìk(ə)l | -pə-/ 名 U パンパーニッケル《ふすま入りのライ麦の黒パン; 酸味がある》. 〖G〗

púmp-hàndle 動 〈他〉〈口〉〈握手で〉相手の手を大げさに上下する.

†**pump·kin** /pʌ́m(p)kɪn/ 名 U,C カボチャ (⇒ jack-o'-lantern 解説). 〖F<L<Gk=large melon〗

púmpkin píe 名 パンプキンパイ (⇒ Thanksgiving Day 解説).

púmpkin·sèed 名 カボチャの種子; 〖魚〗パンプキンシード《北米原産の淡水サンフィッシュの一種》.

púmp príming 名 U 呼び水的経済政策[財政投融資].

púmp ròom 名《温泉場で鉱泉水を飲むための》大社交広間.

†**pun**¹ /pʌ́n/ 名 《同音異義語を利用した》だじゃれ, 地口, ごろ合わせ (play on words) 《例: "This record cost ¥7000." "How expensive; it must be a *record*." 「このレコードは7千円だよ」「ずいぶん高いね, きっと最高記録だ」; ★ record (レコード, 最高記録)の二義にひっかけたもの》. ── 動 (punned; pun·ning) 地口[しゃれ]を言う: ～ *on* [*upon*] a word 言葉をもじる.

pun² /pʌ́n/ 動 ⾃ 〈英〉〈土・小石など〉打ち固める.

pu·na /púːnɑː/ 名 ❶ C プーナ《ペルーの Andes 山脈中の吹きさらしの乾性の荒原》. ❷ U 高山病.

*§**punch**¹ /pʌ́n(t)ʃ/ 動 ⾃ ❶ 〈...に〉げんこつをくらわす, げんこつで殴る: ～ a person 人にパンチをくらわせる / ～ a person *on* the chin [*in* the face] 人のあご[顔面]にパンチをくらわせる. ❷ a 〈ワープロなど(のキー)を〉勢いよくたたく; 〈スイッチを〉押す. b 〖電算〗〈データを〉入力する ⟨*in*⟩. ❸ 〈米〉〈牛を〉駆る, 誘導する. ── ⾃ ❶ 〈金属・切符などに〉穴をあける; 〈切符を〉切る / ～ cards パンチカードにパンチする. ❷ 〈...に〉〈穴を〉あける: ～ holes in an iron plate 鉄板に穴を打ちあける. **púnch hóles in an árgument [idéa]** 相手の論点[考え]に反ばくする. **púnch [óut]** 〈米〉タイムカードに打刻して出社[退社]する: I ～ *in* at 9 o'clock. 私は9時に出勤する. **púnch it** 〈口〉車をすぐに発車させる. **púnch óut** 〈人を〉殴り倒す.

púnch a person's lights òut 《米口》〈人〉の顔を目から火花が散るほど殴る. **púnch the áir** ガッツポーズをする. **púnch the (tíme) clóck** 《米口》タイムカードを押す.
— [名] **A** ❶ [C] **a** げんこつで打つこと, パンチ 〔*in*, *on*〕: land a ～ 一発くらわす / get [take] a ～ ***on*** the nose 鼻先を殴られる. **b** [単数形で] パンチ力. ❷ [U] (話などの)迫力, 効果: His speech had plenty of ～. 彼の話はすごく迫力があった. — **B** (切符などを切る)パンチ; 穴あけ具; 打印器. **béat a person to the púnch** (1) 《口》〈相手の〉機先を制する. (2) 〘ボク〙〈相手に〉先にパンチを与える. **páck a (hárd) púnch** 《口》(1) (議論などで)強烈な言葉を用いる; 〈アルコールなどが〉相当なきき目がある. (2) 〈人が〉一発強打できる[の力を持っている]. **púll one's púnches** [通例否定文で] 《口》(攻撃・批評に)手心を加える.
【類義語】⇨ strike.

punch[2] /pʌ́ntʃ/ [名] [U,C] パンチ, ポンチ《酒・砂糖・湯・レモン・香料などを大きなボール (punchbowl) の中で混ぜて作る飲み物; 冷たいものと熱いものがある》. 〖Hindi ‹ Skt＝5; もと5種類の材料を混ぜ合わせたことから〗

Punch /pʌ́ntʃ/ [名] ❶ パンチ《Punch-and-Judy show に出てくるせむしのグロテスクな主人公》. ❷ パンチ《こっけいな風刺の絵と文で有名な London の週刊誌; 1841年創刊, 1992年廃刊》. **(as) pléased as Púnch** 《口》大満足[大得意]で.

Púnch-and-Júdy shòw [名] パンチ人形芝居《こっけいなあやつり人形の見世物; 主人公 Punch が妻 Judy などを殴り殺してしまう》.

púnch bàg [名] ＝punching bag.

púnch·bàll [名] 《英》＝punching bag.

púnch·bòard [名] 《米》パンチボード《小さな穴をたくさん開け, 数字などを印刷して巻いた紙片をその穴に詰めたボード; 客が金を払って紙片の一枚を打ち出し, その内容によって賞金や景品を獲得した》.

púnch·bòwl [名] パンチボール (cf. punch[2]).

púnch càrd [名] (コンピューターなどに用いる)パンチカード, 穿孔カード.

púnch·drúnk [形] ❶ 〈ボクサーなど〉グロッキーになった; (頭に強打を繰り返し受けて)脳障害を起こした, パンチドランカーの. ❷ ふらふらになった.

púnched càrd [名] ＝punch card.

púnched tápe [名] 〘電算〙穿孔テープ.

pun·cheon[1] /pʌ́ntʃən/ [名] 支柱, 間柱(まばしら); 《米》(床板に代用する)割材; 刻印器, 穴あけ器.

puncheon[2] /pʌ́ntʃən/ [名] 〘史〙大樽《72–120ガロン入り》.

púnch·er [名] 穴をあけるもの[人], パンチャー.

Pun·chi·nel·lo /pʌ̀ntʃənélou/ [名] (複 ～s, ～es) ❶ パンチネロ 《イタリア起源の人形芝居のグロテスクな道化》. ❷ [時に P~] グロテスクな小男.

púnch·ing bàg [名] 《米》(ボクシング練習用の)サンドバッグ (punch bag; 《英》 punchball).

púnch lìne [名] (ジョークなどの)聞かせ所, さわりの言葉[部分], おち (tag line).

púnch-ùp [名] 《英口》殴り合い, けんか (brawl).

punch·y /pʌ́ntʃi/ [形] (**punch·i·er**; **-i·est**) ❶ 力強い, 迫力のある: a ～ writing style 力強い文体. ❷ グロッキー[ふらふら]になった.

puncta [名] punctum の複数形.

punc·tate /pʌ́ŋ(k)teɪt/, **-tat·ed** /-teɪtɪd/ [形] 〈葉など〉小さな斑点[くぼみ]のある; 〈皮膚病変など〉(斑)点状の.

punc·ta·tion /pʌ̀ŋ(k)téɪʃən/ [名] [U] 小さな斑点[くぼみ]のあること; [C] 斑点.

punc·til·i·o /pʌŋ(k)tíliòu/ [名] (複 ～s /~z/) (儀式・形式などで)細かい点にまで気を配ること, (過度の)きちょうめん. 〖It & Sp＝小さな点〗

punc·til·i·ous /pʌŋ(k)tíliəs/ [形] 堅苦しい, きちょうめんな. **～·ly** [副] **～·ness** [名]

⁺**punc·tu·al** /pʌ́ŋ(k)tʃuəl/ [形] (**more ～; most ～**) 時間を固く守る; 時間に正確な; きちょうめんな: ～ payment 期日どおりの支払い / be ～ to the minute 時間を1分もたがえない / He's never ～ for appointments. 彼は約束の時間を守ったためしがない / She's ～ ***in*** meet*ing* her engagements. 彼女はきちょうめんに約束を果たす. 〖L＝点の ‹ *punctum* 点; cf. point〗

punc·tu·al·i·ty /pʌ̀ŋ(k)tʃuǽləṭi/ [名] [U] 時間厳守; きちょうめん.

púnc·tu·al·ly /-tʃu(ə)li/ [副] 時間どおりに, きちんと; きちょうめんに.

⁺**punc·tu·ate** /pʌ́ŋ(k)tʃuèɪt/ [動] [他] ❶ 〈…に〉句読(くとう)点をつける[打つ]; 〈…に〉終止符[ピリオド]を打つ, しめくくる. ❷ [しばしば受身で] 〈言葉などを〉〔しぐさなどで〕中断する, (何度も)さえぎる, 〈…に〉割り込む 〔*with*〕: Her speech *was ～d* by frequent cheers. 彼女の演説は度々歓声で中断した. ❸ きわ立たせる, 目立たせる. — [自] 句読点をつける. 〖L＝点をつける; ⇨ point〗 ([名] punctuation)

púnc·tu·àt·ed equilíbrium [名] [U] 〘生〙断続平衡《種の進化における主要な変化の多くは周辺的な小個体群で急速に生じ, 中心の個体群となっていくので, 長く比較的安定した期間と急速な種分化の期間とが交互に現われるとする説》.

punc·tu·a·tion /pʌ̀ŋ(k)tʃuéɪʃən/ [名] [U] ❶ 句読(くとう)(法). ❷ 句読点. ([動] punctuate)

pùnc·tu·á·tion·al /-ʃ(ə)nəl/ [形] 句読(法)[中断]の. **～·ìsm** /-lìzm/ [名] **～·ist** /-lɪst/ [名]

punctuátion màrk [名] 句読(くとう)点 (cf. 巻末記号表).

punc·tum /pʌ́ŋ(k)təm/ [名] (複 **-ta** /-tə/) 〘生〙斑点 (spot); くぼみ. 〖L＝POINT〗

⁺**punc·ture** /pʌ́ŋ(k)tʃɚ | -tʃə/ [動] [他] ❶ 〈タイヤなどを〉パンクさせる; 〈…に〉(針などで)穴をあける: He had his car tire *～d*. 彼の車のタイヤがパンクした[(いたずらされて)穴をあけられた]. ❷ 〈人の自尊心などを〉傷つける, 台なしにする, 破る, (打ち)砕く (deflate). — [自] 〈タイヤなどが〉パンクする. — [名] (くぎなどで穴があいた)パンク《[比較] blowout はタイヤの破裂によるもの》; (皮膚などを刺した)穴, 穿(せん)刺, 穿孔: I [My car] had a ～ on the way. 車が途中でパンクした. 〖L＝刺すこと, 刺し傷 ‹ *pungere*, *punct-* 突き刺す; ⇨ point〗

⁺**pun·dit** /pʌ́ndɪt/ [名] 識者, 専門家, 権威者 (expert): a television ～ テレビによく出る先生. 〖Hindi ‹ Skt〗

pun·dit·ry /pʌ́ndɪtri/ [名] 識者[専門家]の見解; 識者[専門家]たち.

Pu·ne /púːnə/ [名] ＝Poona.

pun·gen·cy /pʌ́ndʒənsi/ [名] [U] ❶ ぴりっとすること. ❷ しんらつ, 鋭さ.

pun·gent /pʌ́ndʒənt/ [形] ❶ 〈味・においが〉舌や鼻を刺激する, ぴりっとする. ❷ 鋭い, しんらつな. **～·ly** [副] 〖L＝突き刺すような *pungere*; ⇨ puncture〗

Pu·nic /pjúːnɪk/ [形] [A] ❶ (古代)カルタゴ (Carthage)(人)の. ❷ (古代カルタゴ人の特徴とされた)信義のない, 裏切りの: ～ faith 背信.

Púnic Wárs [名] [複] [the ～] ポエニ戦争《カルタゴとローマ間の3回にわたる戦争で, 最後に Rome が勝利した》.

pun·ish** /pʌ́nɪʃ/ [動] [他] ❶ [しばしば受身で] 〈人・罪を〉〔…のかどで〕罰する, こらしめる; [～ *oneself* で] 自分を責める: His father *～ed* him ***for his carelessness. 父は不注意だといって彼をこらしめた / The crime was *～ed* ***by*** death [***with*** a fine]. その罪は死刑をもって罰せられた[罰金刑となった] / He *～ed himself for* the accident. 彼はその事故のことで自分を責めた. ❷ 《口》〈相手を〉ひどい目にあわす; 〈物を〉酷使する. **～·er** [名] 〖F ‹ L ‹ *poena* 罰, 痛み; cf. pain〗 ([名] punishment, [形] punitive)

pun·ish·a·ble /pʌ́nɪʃəbl/ [形] 罰すべき, 罰せられる, 〔…という〕罰則[刑]のある: This crime is ～ ***by*** death. この犯罪は死刑に値する.

⁺**pún·ish·ing** [形] [A] 《口》へとへとに疲れさせる; 傷める: a ～ journey とても疲れる旅 / a ～ road (車を傷める)悪路. — [名] [a ～] 《口》ひどい目, 痛手; 酷使.

pun·ish·ment** /pʌ́nɪʃmənt/ [名] ❶ [U,C] 罰, 処罰, 刑罰, 懲罰, 折檻(せっかん): capital ～ 極刑 / corporal ～ 体罰 / disciplinary ～ 懲戒 / divine ～ 天罰 / the ～ of crime 犯罪の処罰 / inflict ～ on a person ***for a crime 犯した罪に対して人を罰する / as a ～ *for*…に対する罰として / It was a harsh ～, but it worked. きつい罰だったが効き目があった. ❷ [U] 《口》虐待, 酷使: This car will take a lot of ～. この車はかなりの酷使に耐える. ([動] punish)

^+^pu·ni·tive /pjúːnəṭɪv/ [形] ❶ 罰の, 刑罰の, 懲罰の: ～ justice 因果応報 / take ～ action against…に対して処罰処置をとる. ❷ 〈課税・利子など〉きわめて厳しい, 高すぎる. **～·ly** [副] ([動] punish)

púnitive dámages [名] [複] 〘法〙 懲罰的損害賠償金.

Pun·jab /pʌnʤáːb/ [名] [通例 the ～] パンジャ(ー)ブ《インド北西部の地域・旧州; 現在はインドとパキスタンで分割》. 〖Hindi＜Skt＝5 つの河〗

Pun·ja·bi /pʌnʤáːbi/ [形] パンジャブ(人, 語)の. **──** [名] ❶ [C] パンジャブ人. ❷ [U] パンジャブ語. 〖↑＋-I〗

púnji stìck [stàke, pòle] /pʌ́nʤi-/ [名] (ジャングル戦で用いる)先のとがった竹杭《敵兵の足に刺さるよう地面に隠しておく》.

^+^punk[1] /pʌ́ŋk/ [名] ❶ **a** ＝punk rock. **b** ＝punk rocker. ❷ [C] 《俗》 **a** ちんぴら, 不良. **b** くだらない人間, 役立たず. **c** 同性愛の相手の少年. **d** 青二才, 若造. ❸ [U] 《俗》 くだらないもの; たわごと. **──** [形] ❶ [A] パンク調の. ❷ 《俗》 くだらない. ❸ 《米俗》 健康がすぐれない, 病気の.

punk[2] /pʌ́ŋk/ [名] [U] 《米》 ❶ (火をつけるための)枯れ木[枝], つけ木. ❷ (花火などの)点火用物質.

pun·ka(h) /pʌ́ŋkə/ [名] (インドの)大うちわ《布製で天井からつるし, 綱で引いてあおぐ》.

punk·er /pʌ́ŋkɚ | -kə/ [名] 《口》 ＝punk rocker; パンクスタイルの若者.

pun·kin /pʌ́ŋkɪn/ [名] 《米口》 ＝pumpkin.

púnk róck [名] [U] パンク(ロック)《1970 年代英国で始まった反抗的で過激なロック》.

púnk rócker [名] パンク(ロッカー)《パンクロックを好み, 奇抜な髪型・服装をした若者》.

punk·y /pʌ́ŋki/ [形] パンクロック (punk rock) の, パンク風の.

pun·ner /pʌ́nɚ | -nə/ [名] 打ち固め器, 突き槌, たこ.

pun·net /pʌ́nɪt/ [名] 《英》 (野菜・イチゴなどを入れる)経木[プラスチック]製の浅い丸かご.

pún·ning·ly [副] しゃれて, ごろを合わせて.

pun·ster /pʌ́nstɚ | -stə/ [名] だじゃれのうまい人.

^+^punt[1] /pʌ́nt/ [名] パント《さおで動かす一種の平底の小船》. **──** [動] [他] ❶ 〈パントを〉さおでこぐ. ❷ 〈人・ものを〉平底船で運ぶ. **──** [自] 平底船に乗っていく; (川などで)舟遊びをする.

punt[2] /pʌ́nt/ [動] [自] ❶ (トランプで)親に対して賭(か)ける. ❷ 《英口》 (競馬で)賭ける.

punt[3] /pʌ́nt/ 〘ラグビーなど〙 [動] [他] 〈ボールを〉パントする. **──** [自] パントする. **──** [名] パント《手から放したボールを地に着かぬうちにけること》.

punt[4] /pʊ́nt/ [名] プント《euro 導入前のアイルランドポンド》.

púnt·er /-ṭɚ | -tə/ [名] punt をこぐ人[蹴る選手]; 《英口》 (競馬などで)賭ける人, (ギャンブルの)客; お客, 顧客; 観客.

pun·ty /pʌ́nṭi/ [名] ポンティ, ポンテ竿(ざお)《溶解ガラスを取り扱うための鉄棒》.

pu·ny /pjúːni/ [形] (**pu·ni·er; -ni·est**) ❶ ちっぽけな; 取るに足らない, つまらない. ❷ 虚弱な.

^+^pup /pʌ́p/ [名] ❶ **a** 子犬, 犬ころ. **b** キツネ・オオカミなどの子. **c** アザラシ・ラッコなどの子. ❷ 《英口》 生意気な若造. **in púp** 〈雌犬が〉はらんで. **séll a person a púp** 《英》 (将来値が出るなどと偽って無価値な物を売りつけ)〈人を〉だます. **──** [動] [自] (**pupped; pup·ping**) 〈犬が〉子を産む. 〖PUP(PY)〗

pu·pa /pjúːpə/ [名] ([複] **-pae** /-piː/) 〘昆〙 さなぎ (cf. imago 1, larva 1). 〖L＝少女＞未成熟のもの〗

pu·pal /pjúːp(ə)l/ [形] さなぎの.

pu·pate /pjúːpeɪt/ [動] [自] さなぎになる. 〖PUPA＋-ATE[2]〗

^‡^pu·pil[1] /pjúːp(ə)l/ [名] ❶ 生徒. ❷ (画家・音楽家などの)弟子. 〖L＜*pupus* 男の子, *pupa* 女の子〗 【類義語】⇨ student.

pu·pil[2] /pjúːp(ə)l/ [名] 〘解〙 ひとみ, 瞳孔(どうこう). 〖L 小さな女の子, 小さな人形＜*pupa* ↑; 相手の目をみると自分の姿がひとみに小さな人形のように映ることから〗

pu·pil·(l)age /pjúːpəlɪʤ/ [名] [U] 幼年者[生徒]の身分[期間]; 〘英〙 法廷弁護士見習期間.

pu·pip·a·rous /pjuːpíp(ə)rəs/ [形] 〘昆〙 蛹化した幼虫を産む, 蛹(よう)産性の, 蛹生の; 蛹生類 (Pupipara) の.

^+^pup·pet /pʌ́pɪt/ [名] ❶ **a** 操り人形 (marionette). **b** 指人形. ❷ 傀儡(かいらい), 人の手先, ロボット 〔*of*〕: a ～ government [state, ruler] 傀儡政権[国家, 支配者]. 〖F＜*pupa* 女の子, 人形; cf. pupil[1]〗

pup·pe·teer /pʌ̀pəṭíɚ | -tíə/ [名] 人形使い.

pup·pet·ry /pʌ́pɪtri/ [名] 操り人形芝居; (操り人形のような)不自然でぎこちない動作, 現実味のない人物(など).

^+^pup·py /pʌ́pi/ [名] ❶ (特に, 1 歳未満の)子犬, 犬の子 (pup): a ～ dog 《小児》 わんわん. ❷ [this [that] ～ で] 《米口》 もの, やつ《物の名前がわからない時にいう》. ❸ 《古風》 生意気な青二才. 〖F＜L *pupa* 女の子, 人形＞おもちゃの犬; cf. pupil[1]〗

púppy fàt [名] [U] 《英》 (幼少時に一時的に丸々と太る)幼な太り (《米》 baby fat).

púppy lòve [名] [U] (若い人が年上の人に抱く一時的な)幼な恋.

púp tènt [名] (くさび形の)小型テント.

pur- /pɚ́ | pəː/ [接頭] ＝pro-[1].

Pu·ra·na /purάːnə/ [名] [しばしば p～] プラーナ《サンスクリットで古代インドの神話・伝説・王朝史を記したヒンドゥー教の聖典》. **Pu·rá·nic** /-nɪk/ [形]

Púr·beck márble /pɚ́ːbek- | pə́ːbek-/ [名] [U] パーベック大理石《上質の Purbeck stone; 磨くと褐色の大理石に似る建築材料; イングランド南部 Dorset 州の Purbeck 半島の Purbeck Hills の特産》.

Púrbeck stóne [名] [U] パーベック石灰岩《建材》.

pur·blind /pɚ́ːblàɪnd | pə́ː-/ [形] ❶ 半盲の, かすみ目の. ❷ 愚鈍な.

Pur·cell /pɚ́ːs(ə)l | pə́ː-/, **Henry** [名] パーセル《1659–95; 英国の作曲家》.

pur·chas·a·ble /pɚ́ːʧəsəbl | pə́ː-/ [形] ❶ 買うことのできる. ❷ 買収できる.

^*^pur·chase /pɚ́ːʧəs | pə́ː-/ [動] [他] ❶ 〈ものを〉**買う, 購入する**《[比較] buy のほうが一般的》: ～ a book (***from*** [***at***] a bookstore) (本屋で)本を購入する. ❷ 《古》 (努力または犠牲を払って)〈…を〉得る. **──** [名] ❶ **a** [U,C] **買い入れ, 購入**: the ～ ***of*** a house 家の購入 / make a ～ 買う, 購入する. **b** [C] [しばしば複数形で] **購入物, 買い物**: a good [bad] ～ 得な[損な]買い物 / I have some ～*s* to make in the store. その店でいくつか買う物がある. ❷ [U] [また a ～] 足[手]がかり, ひっかかり: get ***a*** ～ with one's feet [hands] (登る時などに)足[手]がかりを得る. 〖F＝追い求める; ⇨ pur-, chase[1]〗

púrchase prìce [名] [単数形で] 購入価格.

púr·chas·er [名] 買い手, 購入者 (buyer).

púrchase tàx [名] 〘英〙 購買税《食料・燃料・書籍などの非課税品目以外の消費財の卸売価格に対して課された間接税; 贅沢品ほど税率が高くなった; 1940 年に始まり, 73 年に付加価値税に取って代わられた》.

púr·chas·ing pòwer [名] [U] 購買力; (通貨の)貨幣価値.

pur·dah /pɚ́ːḍə | pə́ː-/ [名] [C] (イスラム教徒・ヒンドゥー教徒の女性の居室の)窓掛け, カーテン; [U] [the ～] 身分のある女性を男[未知の人]から幕で隔離する習慣[制度].

^*^pure /pjʊ́ɚ | pjʊ́ə/ [形] (**pur·er; pur·est**) ❶ [通例 [A]] (まじりけがなく)純粋な, 純(粋)…, …100% の: ～ gold 純金. ❷ (汚染などなく)きれいな, 清潔な: ～ water きれいな水. ❸ **a** 〈音が〉澄んだ: Her voice is ～ and clear. 彼女の声は実に澄みわたっている. **b** 〈色・作品が〉純粋な: ～ white 純白. ❹ [A] (比較なし) 《口》 まったくの, 単なる, ほんの (sheer): It's ～ nonsense. まったくばかげたことだ / ～ mischief ほんのいたずら. ❺ [A] (比較なし) 〈学問など〉純粋の, 理論的な: ～ mathematics 純粋数学 / ～ science (理論による)純粋科学. ❻ (道徳的・性的に)潔白な, 清純な, 貞潔な: a ～ life 汚れなき生涯 / She's ～ in body and mind. 彼女は身も心も清純だ. ❼ 〈品種など〉純血の, 生粋の: ～ blood 純血 / a ～ Englishman 生粋のイングランド人. **(as) púre as the dríven snów** とても清純[貞

P

pureblood

潔]で. **púre and símple** [名詞の後に置いて]《口》純然たる, まったくの: a scholar ~ and simple まったくの学者 / It's a mistake ~ and simple. それはまったくのミスにすぎない. **~·ness** 名 《F<L *purus* 清潔な, 純粋な; cf. purge》 ⓟ purify, ⓟ purity)

púre·blòod 名 純血種の動物; 純血の人. ── 形 =pureblooded.

púre·blòod·ed 形 純血の; 純血種の.

púre·bréd 形《動物が》純血の. ── 名 ー^ー^ 純血種の動物.

pu·rée, pu·ree /pjuréi | pjúərei/ 名 Ⓤ,Ⓒ ❶ ピューレ《野菜, 果物, 肉などを煮て裏ごししたもの; スープ用など》. ❷ ピューレスープ. ── 動 〈食物を〉ピューレにする. 《F=ーされた》

*pure·ly /pjúəli | pjúə-/ 副 (more ~; most ~) ❶ (比較なし)まったく, 単に: ~ out of curiosity 単なる好奇心から / It was ~ an oversight. それは単なる見落としだった. ❷ 純粋に, まじりけなく. ❸ 清く, 貞淑に. **púrely and símply** かけ値なしに, まったく.

pur·fle /pə́ːfl | pə́ː-/ 動 他 〈...の〉縁を飾る. ── 名 (また **púr·fling** /-flɪŋ/) 縁飾り.

pur·ga·tion /pəːgéiʃən | pə-/ 名 Ⓤ ❶ a 浄化. b 〖カト〗(煉獄(ここ)での)魂の浄化, 罪障消滅. ❷ (下剤で)通じ[便通]をつけること. 《名 purge》

pur·ga·tive /pə́ːgətɪv | pə́ː-/ 名 下剤. ── 形 下剤(作用)の: a ~ medicine 下剤. 《動 purge》

pur·ga·to·ri·al /pə̀ːgətɔ́ːriəl | pə̀ː-/ 形 煉獄(ここ)の.

pur·ga·to·ry /pə́ːgətɔ̀ːri | pə́ːgətəri, -tri/ 名 Ⓤ 〖しばしば P~〗〖カト〗煉獄(ここ). ❷ 苦行, 苦痛, 苦難(の場). 《F<L; ⇒ purge, -ory》

+**purge** /pə́ːdʒ | pə́ːdʒ/ 動 他 ❶ 〈政治団体などを〉粛清する, 〈不純分子を〉一掃する; 〈ものを〉捨て去る, 破棄する: He ~d the party *of* its corrupt members. =He ~d its corrupt members *from* the party. 彼は党から腐敗分子を一掃した. ❷ 《文》〈汚れ・罪などを〉清め落とす, 浄化する: ~ the mind *of* false notions 心から間違った考えを一掃する / She felt ~d *of* [*from*] sin. 彼女は罪が清められた気がした. ❸ 〖法〗〈罪を〉あがなう, 〈罪の〉償いをする: ~ one's contempt (謝罪して)法廷侮辱罪の償いをする. ❹ 《古風》〈胃腸に〉下剤を用いる; 〈人に〉通じをつける. ── 名 ❶ (不純分子の)粛正, 追放, パージ. ❷ 《古風》下剤. 《F<L *purgare, purgat*- 清潔にする<*purus* 清潔な; cf. pure》《形 purgative》

pu·ri /pú(ə)ri/ 名 (働 ~, ~s) プーリー《無発酵の小麦粉生地を小さな円盤状にまとめ, 油で揚げてふくらませたインドのパン》.

pu·ri·fi·ca·tion /pjù(ə)rəfɪkéɪʃən/ 名 Ⓤ 浄化; 精製〔*of*〕.

pu·rif·i·ca·to·ry /pjuː(ə)rɪfɪkətɔ̀ːri | pjuːərɪfɪkətə̀ri, -tri/ 形 清める, 浄化する.

pú·ri·fi·er 名 清浄器[装置].

+**pu·ri·fy** /pjú(ə)rəfai/ 動 他 ❶ **a** 〈...を〉浄化する, 清潔にする (↔ contaminate). **b** 〈...を〉精練する, 精製する. ❷ 〈人の〉罪を清める: He was *purified from* [*of*] all sins. 彼はすべての罪を清められた.

Pu·rim /pjú(ə)rɪm/ 名 プリム祭《ユダヤ人皆殺しの計画から救われたことを祝うユダヤ人の春の例祭(旧約の「エステル記」参照); Adar 月(太陽暦の 2-3 月)の 14 日か 15 日に行なわれる》.

pu·rine /pjú(ə)riːn/ 名 Ⓤ 〖化〗プリン《尿酸化合物の原質》; Ⓒ =purine base.

púrine báse 名 〖生化〗プリン塩基《核酸などに含まれるプリン核をもった塩基性化合物》.

pur·ism /pjú(ə)rɪzm/ 名 Ⓤ 〖言語学〗純粋主義, 純正論《誤用・俗用・外来語などを排斥する》.

+**púr·ist** /-rɪst/ 名 純正主義者.

Pu·ri·tan /pjú(ə)rətn/ 名 ❶ ピューリタン, 清教徒《解説 英国のエリザベス時代に英国国教にあきたらず, 国教会を purify しようとしたカルバン系のプロテスタントの一派の人; 英国では 1642-49 年に革命を起こした; この一派が 1620 年アメリカに渡って Pilgrim Fathers となった》. ❷ [p~] (宗教・道徳に)厳格な人. ── 形 ❶ 清教徒(のような). ❷ [p~] (宗教・道徳に)厳格な (puritanical).

pu·ri·tan·i·cal /pjùː(ə)rətǽnɪk(ə)l/ 形 清教徒的な, 厳格な. **~·ly** /-kəli/ 副

Pú·ri·tan·ìsm /-tənɪzm/ 名 Ⓤ ❶ 清教(主義); 清教徒気質. ❷ [p~] (特に宗教上の)厳格(主義).

+**pu·ri·ty** /pjú(ə)rəti/ 名 Ⓤ (↔ impurity) ❶ 純粋. ❷ 清浄; 清潔, 清廉, 潔白. ❸ 《文体・語句の》正格; 純正: ~ *of* language 言語の純正さ. 《形 pure》

Pur·kin·je cèll /pəːkínji- | pə-/ 名 〖動〗プルキニェ細胞《小脳皮質の神経細胞》. 《Jan E. *Purkinje* 18-19 世紀のチェコの動物生理学者》

purl¹ /pə́ːl | pə́ːl/ 動 値 〈小川が〉さらさらと流れる; 渦になって流れる. ── 名 [単数形で] さらさらと流れること[音]. 《擬音語》

purl² /pə́ːl | pə́ːl/ 〖服飾〗動 他 〈...を〉裏編みする. ── 値 〔...に〕裏編みをする〔*for*〕. ── 名 (編み物の)裏編み.

purl·er /pə́ːlə | pə́ː-/ 名 [a ~] 《英口》(頭から)まっさかさまの転落: come a ~ まっさかさまに転落する.

pur·lieu /pə́ːl(j)uː | pə́ːljuː/ 名 Ⓒ 行きつけの場所, なわばり. ❷ [複数形で] 近隣, 周辺.

pur·lin, -line /pə́ːlɪn | pə́ː-/ 名 〖建〗母屋(や)(桁)《屋根の垂木(のき)を支える水平材》.

pur·loin /pəːlɔ́ɪn | pəː-/ 動 他 《戯語》〈ちょっとした貴重品などを〉黙って失敬する, 盗む.

púrl stìtch 名 =purl².

*pur·ple** /pə́ːpl | pə́ː-/ 形 (pur·pler; -plest) ❶ 紫(色)の: be ~ with rage 激怒で顔が真っ赤である. ❷ **a** 華麗な, 絢爛(ごう)な. **b** 〘...の〙 a passage [patch] (文章の中で特に)華麗な部分[字句]. **b** 帝王の, 高位[高貴]の. ── 名 Ⓤ (赤みがかった, 特に濃い)紫色 (cf. violet 2): ancient ~ 深紅色 / ⇒ Tyrian purple / royal ~ 青みがかった紫. ❷ [the ~] **a** 王権, 帝位; 高位. **b** 枢機卿(きょう)の職[位]: be raised to *the* ~ 枢機卿となる. **be bórn in the púrple** 帝王[王侯貴族]の家に生まれる. 《L<Gk=紫色の染料を採取する貝》

púrple émperor 名 〖昆〗チョウセンコムラサキ《開張すると 7.5 cm に達する, 西欧に多い大型蝶》.

púrple gállinule 名 〖鳥〗セイケイ《クイナ科》.

púrple héart 名 ❶ [P~ H~] 《米陸軍》名誉戦傷章《ハート形に紫色の綬(じゅ); 略 PH》. ❷ 《英口》(紫色のハート形をした)興奮剤. ❸ 紫材《南米産の一種のベニヤ材; 紫色で耐久性に富む》.

púrple lóosestrife 名 〖植〗エゾミソハギ.

púr·plish /-plɪʃ/ 形 紫(色)がかった.

pur·ply /pə́ːpli | pə́ː-/ 形 =purplish.

+**pur·port** /pə́ːpɔət | pə́ː(ː)pɔːt/ 名 [the ~] 趣旨, 意味〔*of*〕. ── /pə(ː)pɔ́ət | pə(ː)pɔ́ːt/ 動 他 (実際にはともかく)〈...と〉称する, 主張する (claim): (+*to do*) a man ~*ing* to be the manager 支配人と称する男 / The document ~*s* [is ~*ed*] to be official. その文書は公式のものだと称している(が実際は疑わしい). 《F<L=を前に運ぶ PUR-+*portare* 運ぶ (cf. portable)》

pur·port·ed /-tɪd/ 形 (...との)うわさ[評判]の: a ~ biography 自伝といわれる本.

pur·pórt·ed·ly 副 うわさによると, その称するところでは.

*pur·pose** /pə́ːpəs | pə́ː-/ 名 ❶ Ⓒ 目的, 意図: a sense of ~ 目的意識 / for ~*s of* education =for educational ~*s* 教育の目的上, 教育のために / For what ~ are you doing that? =What is your ~ *in* doing that? 何の目的でそんなことをしているのか / serve [fulfill, the [one's] ~ 目的にかなう, 間に合う / achieve [accomplish] one's ~ 目的を達する. ❷ Ⓤ (ものの使用の)用途: have various ~*s* いろいろな用途を持つ / He bought the land for the ~ *of* building a store on it. 彼は店を建てるという目的でその土地を買った. ❸ Ⓤ (目的達成への)決心, 決意: weak of ~ 決意の弱い / You lack ~. 君は決意が欠けている. ❹ Ⓤ 効果, 結果: **to** little [no] ~ ほとんど[まったく]むだに[で] / **to some** [**good**] ~ かなり[よく]成功して, いくらか[十分]効果的に[で]. **for áll práctical púrposes** ⇒ practical 形 1 a. **on púrpose**

(1) 故意に, わざと (deliberately, intentionally): He insulted me *on* ~. 彼は故意に私を侮辱した / accidentally *on* ~ accidentally. (2) わざわざ…するために: [+*to do*] He came up to New York *on* ~ to meet me. 彼は私に会うためにわざわざニューヨークへ来た. to áll inténts (and púrposes) ⇒ intent² 成句. to the púrpose《古風》適切に[で]. ━動《古》意図する《때文 intend, plan のほうが一般的).《F<L=前に置く PUR-+*ponere, posit-* 置く (cf. position)》【類義語】⇒ intention.

†**púrpose-búilt** 形《英》特別の目的のために建てられた, 専用[専門]の施設).

†**púr·pose·ful** /pə́ːpəsf(ə)l | pə́ː-/ 形 ❶ (はっきりした)目的のある; 意図を持つ. ❷《人・性格など》決断力のある, きっぱりした. -**ly** 副 /-fəli/ 副

púrpose·less 形 目的のない, 無意味な, あてのない: a ~ existence あてのない生活. ~**·ly** 副

púr·pose·ly /pə́ːpəsli/ 副 ❶ 故意に, わざと. ❷ 特別の目的を持って, わざわざ.

púrpose-máde 形《英》特別の目的のために作られた.

pur·po·sive /pə́ːpəsɪv | pə́ː-/ 形 ❶ 目的[意図]のある; 目的にかなった. ❷《人・行為など》決断力のある, きっぱりした. ~**·ly** 副

pur·pu·ra /pə́ːpjərə | pə́ː-/ 名 U《医》紫斑(はん)病.

pur·pu·ric /pəːpjʊ(ə)rɪk | pəː-/ 形 紫斑病の[にかかった].

pur·pu·rin /pə́ːpjʊrɪn | pə́ː-/ 名 U《化》プルプリン《アカネの根 (madder root) から採る赤色[橙色]の針状晶》.

†**purr** /pə́ː | pə́ː/ 動 ❶《猫などが気持ちよさそうに》ゴロゴロとのどを鳴らす (⇒ cat 関連). ❷《自動車のエンジンなどが》低い音を立てる. ❸《人が…と》満足そうな調子で話す. ━名《猫などが》のどを鳴らす音;《エンジンなどの》低い音.《擬音語》

‡**purse** /pə́ːs | pə́ːs/ 名 ❶ C《米》ハンドバッグ (handbag);《英》《女性用の》財布 (《米》change purse). ❷ [単数形で] 金銭, 富; 資力: the power of the ~ 金力 / the public ~ 国庫 / beyond one's ~ 資金が及ばない. ❸ C 懸賞金, 寄付金: put up [give] a ~ of $10,000 1万ドルの賞金[寄付金]を贈る. ━他《唇を》すぼめる: She ~*d* her lips. 彼女は唇をすぼめた《★不賛成・非難などのしぐさ》.《L<Gk *pursa* 革, 袋》

púrse-próud 形 富を誇る, 金を鼻にかける.

purs·er /pə́ːsə | pə́ːsə/ 名《船・飛行機の》パーサー, 事務長.

púrse sèine 名《漁獲用の》きんちゃく網. **púrse sèiner** 名 きんちゃく網漁船.

púrse-snátcher 名 財布[ハンドバッグ]のひったくり《人》.

púrse strìngs 名 (複) [the ~] 財布のひも, 財政上の権限: hold *the* ~ 収支をつかさどる / loosen [tighten] *the* ~ 財布のひもをゆるめる[締める].

purs·lane /pə́ːsləɪn | pə́ːs-/ 名 U,C《植》スベリヒユ《野菜として利用される》.

pur·su·ance /pəsú:əns | pəs(j)ú:-/ 名 U 従事; 遂行: in (the) ~ *of*…に従事して;…を遂行中に.《PURSUE+-ANCE》

pur·su·ant /pəsú:ənt | pəs(j)ú:-/ 形 ★次の成句で. **pursuánt to…**[前置詞的に]…に従って.

*‡**pur·sue** /pəsú: | pəs(j)ú:-/ 動 他 ❶《計画・調査・研究などを》遂行する; 従事する; 続行する: ~ the original idea 当初の考えを押し進める / a career in medicine 医師の道を歩む. ❷《問題などを》《目的などを》達成しようと努める (strive for): ~ one's ends 目的を追求する / ~ peace 平和を追求する[達成しようと努める] / I'd rather not ~ the question. その問題は追求したくない. ❸《獲物・犯人などを》追う, 追跡する: The police ~*d* the robber. 警察はその泥棒を追いかけた. ❹ a《性的関係を迫って》しつこくつきまとう,《人を》口説く悩ます. b《古》《不幸・病気などが》《人に》つきまとう. ❺《道をたどる: We ~*d* a circuitous route. 我々は迂回路について行った.《F<L=前に従う PUR-+*sequi, secut-* 従う, 続く; cf. sequence》 pursuance, pursuit》

pur·sú·er 名 ❶ 追跡者. ❷ 追求者, 遂行者; 研究者.

*‡**pur·suit** /pəsú:t | pəs(j)ú:t/ 名 ❶ U 追求, 続行; 遂行;

1451　　push

従事: the ~ *of* happiness [knowledge] 幸福[知識]の追求 / In ~ *of* her work she has visited many countries. 仕事を遂行するために彼女は多くの国々を訪れた. ❷ U 追跡, 追撃: in hot ~ (*of*…) (…を激しく追跡[追撃]して / The boat cruised about in ~ *of* the huge shark. 船はその巨大なサメを追って[捕らえるために]ほうぼうを巡航した. ❸ C [通例複数形で] 仕事, 事業; 研究; 趣味, 娯楽: one's daily ~*s* 日々の仕事 / literary ~*s* 文学研究. ❹《自転車の》追い抜きレース.《動 pursue》

pur·sui·vant /pə́ːswɪvənt | pə́ː-/ 名《英》紋章官補《紋章院の, 紋章官 (herald) の下位の官》.《古・詩》従者.

pur·sy /pə́ːsɪ | pə́ː-/ 形 (**pur·si·er**; -**si·est**)《古》息切れする; 太った. -**si·ness** 名

pu·ru·lence /pjʊ(ə)rʊləns/ 名 U ❶ 化膿(かのう). ❷ 膿(うみ).

pu·ru·lent /pjʊ́(ə)rʊlənt/ 形 化膿(性)の, 化膿した.《L<*pus, pur-* 膿(うみ)》

pur·vey /pə(ː)véɪ | pə(ː)-/ 動 他《食料品などを》《…に》調達する, まかなう 《*to, for*》 (supply): A wine dealer ~*s* wine *to* his customers. 酒屋は客に酒を売る. ❷《情報などを》提供する. ━ 自《古》《…に》食料品などを調達する 《*for*》.《F<L; PROVIDE と同語源》

pur·véy·ance /pə(ː)véɪəns | pə(ː)-/ 名 U《食料品などの》調達.

pur·véy·or /-véɪə | -véɪə/ 名《食料品などの》調達者, 仕出し屋, まかない屋: (the) P~ to the Royal Household《英》王室御用達.

pur·view /pə́ːvju: | pə́ː-/ 名 U 範囲; 権限: within [outside] the ~ *of*…の範囲内[外]に.

pus /pʌ́s/ 名 U 膿(うみ).《L》

Pu·san /pú:sa:n | pù:sǽn/ 名 プサン, 釜山(ふさん)《韓国南東部の都市》.

‡**push** /pʊ́ʃ/ 動 ❶ a [しばしば副詞(句)を伴って]《…を》押す (↔ pull);《…を》《…に》押しやる, 押し進める[出す]: ~ a baby carriage 乳母車を押す / He ~*ed* the button. 彼はボタンを押した《ベルを鳴らす場合など》 / Don't ~ me *forward*. 前に押すなよ / He ~*ed* his chair *away from* the desk. 彼はいすを机から後ろへ押しやった / He ~*ed* his bicycle *up* the hill. 彼は自転車を押して丘を登った. **b**《…を》押して《…の状態にする》: [+目+補] She ~*ed* the door *open* [*shut*]. 彼女はドアを押してあけた[閉めた].

❷《人を》駆り立てて《…》させる;《口》強要する, せきたてる; 働かせる, 勉強させる: ~ the nation *into* war 国民を戦争に駆り立てる / I ~*ed* him *into* writing to his parents. 彼にしつこって両親のところへ手紙を書かせた / [+目+*to do*] They're ~*ing* him *to* enter politics. 彼らは彼に政界入りを盛んに勧めている.

❸ **a**《人を》後援する,《人の》後押しをする: He has no supporters to ~ him. 彼には後押ししてくれる後援者がない. **b**《口》《商品・アイディアなどを》積極的に売り込む,《販売を》促進する: ~ a new product 新製品を売り込む.

❹ [副詞(句)を伴って] **a**《物価・失業率などを》《…に》押し広げる: The slump ~*ed up* unemployment to 23%. 不況で失業率が 23 パーセントに上がった. **b**《人を》圧迫して《…の状態に陥れる》: ~ a person *to* the verge of tears 人を泣きまじそうになるまで追いつめる.

❺《議案・要求などを》押し進める: They ~*ed* the bill *through* Congress. 彼らはその議案を議会に押し通した.

❻《口》《麻薬を》密売する.

❼ [進行形で]《口》《年齢が》《…に》近づく: She's ~*ing* 70. 彼女は 70 歳に手が届く.

━ 自 ❶ 押す: I ~*ed* (*at the door*) with all my might.《ドアを》力いっぱい押した. ❷ [通例副詞(句)を伴って] 押し進む, 前進する;《軍隊が》侵攻する: I ~*ed through* the crowd. 人込みの中を押し進んだ.

púsh abóut (他+副) =PUSH around 成句.

púsh ahéad (自+副) (1)《仕事などを》どんどん進める, 推し進める《*with*》 (push forward). (2) どんどん進む.

púsh alóng《自+副》(1)〔…に向かって〕押し進む, 前進する〔to〕. (2)《英口》去る, 帰る. ──《他+副》(3)〈…を〉押し進める.

púsh aróund《他+副》〔~+目+around〕《口》〈人を〉乱暴[軽蔑的]に取り扱う, こき使う, いじめる.

púsh aside《他+副》(1)〈…を〉わきに押しのける. (2)〈問題などを〉後回しにする.

púsh báck《他+副》(1)〈…を〉後ろへ押しやる[返す], 〈髪などを〉かきあげる. (2)〈…を〉予定の日時より遅らせる. (3)〈敵を〉後退させる. ──《他+副》(4) 後ろへ押し返される.

púsh for〔《他+副》~ for…〕(1)〈…を〉しきりに要求する, 強要する (press for): They're ~ing for wage increases. 彼らは賃上げを要求している. ──〔《《他+副》~ a person for…〕(2)〈…を求めて人を〉せきたてる, …を〈人に〉うるさく催促する: ~ a witness for an answer 証人を強要して証言を迫る / He's ~ing me for payment. 彼は私にしきりに支払いの催促をしている. (⇨ pushed 1.

púsh fórward《自+副》(1)〔仕事などを〕どんどん進める, 推し進める〔with〕(push ahead). (2) 断固として進む. ──《他+副》(3) 前進させる; 〈能力などを〉目立たせる (cf. PUSH oneself (1)).

púsh in《自+副》(1)《英口》〈人が〉押し入る, 前に割り込む. (2)《口》ぶしつけに言葉をさしはさむ. ──《他+副》(3)〈人を〉押し入れる.

púsh it [thíngs]=push one's LUCK 成句.

púsh óff《自+副》(1) (小舟で)船出する. (2)《口》[通例命令法で] 立ち去る, 《英口》いなくなる. ──《他+副》(3)〈…を〉押しやる, (船を)出す.

púsh ón《自+副》(1)〔仕事などを〕続けていく, 続行する〔with〕. (2) 前進する, 旅を続ける.

púsh óut《他+副》(1)〈ボートなどを〉押し出す; 〈…を〉押してはずす. (2) [しばしば受身で]〈人を〉〔…から〕追い出す, 解雇する〔of〕. (3)〈物を〉どんどん作り[出し]出す. ──《自+副》(4) (小舟で)船出する. (5) とって代わる; 価値の低いものにする.

púsh óver《他+副》〈人・物を〉押し倒す, 押してひっくり返す.

púsh onesèlf [副詞(句)を伴って] (1) 押しのけて進む; (積極的に)人目につくようにふるまう, 自分を押し出す: He ~ed himself to the front of the crowd. 彼は人込みをかき分けて前へ出た / Don't ~ yourself forward too much. あんまりしゃばるな. (2) 自分をせきたてる, がんばる: She ~ed herself to the utmost to accomplish the task. 彼女はその仕事を成し遂げるために最大限がんばった / You always ~ yourself too hard. 君はいつも無理をしすぎる.

púsh through《他+副》(1)〈議案などを〉押し通す (⇨ 5); 〈人を〉無理に押し通す〈学生を〉及第させる. ──《自+副》(2) (中を)押し進む.

púsh one's wáy [副詞(句)を伴って] (障害物を排して)押し進む: I ~ed my way through the crowd. 人込みの中を押し分けて進んだ.

── 名 ❶ C (ひと)押し: give a ~ ひと押しする / at one ~ ひと押しに, 一気に. ❷ C ひとふんばり, 奮発〔for〕: make a ~ 奮発する. ❸ C (軍隊などの)攻撃, 攻勢〔on〕. ❹ U 後援, 後押し, 後押し. ❺ U《口》気力, 進取の気性, 押し: He's full of ~. 彼は精力家だ. ❻ [a ~]《口》 (時間がなくて)できそうもないこと.

at [in] a púsh《英口》いざという場合には, 緊急の時には.

at [with] a púsh of a bútton ボタン一つ押すだけで, とても簡単に.

gét the púsh《英口》(1) 首になる. (2) 絶交される.

gíve a person the púsh《英口》(1)〈人を〉首にする. (2)〈人と〉絶交する.

if [when] it cómes to the púsh = if [when] púsh cómes to shóve《口》いざという時には, いよいよとなれば.

【F<L<pellere, puls- 押で; cf. compel, pulse¹】

【類義語】push 一定の方向, 通例前方へ押力を加える. shove 力をこめてひと押し. thrust 力強くすばやく押す[押し込む]. propel (特に機械の力で)前方へやる. ⇒

púsh・báll 名 U《米》プッシュボール (直径約2メートルのボールを2チームで押し合い相手のゴールに入れる球戯).

púsh・bìke 名《英口》(オートバイに対して)自転車.

púsh broom 名 (長柄の)押しぼうき.

púsh bùtton 名 押しボタン.

púsh-bùtton 形 Ⓐ ❶ 押しボタン式の: a ~ phone プッシュホン (★「プッシュホン」は和製英語). ❷ (高度に機械化されて)ボタン[スイッチ]一つで動く[済む]: ~ war 押しボタン式戦争.

púsh・càrt 名 (スーパーマーケットで買い物客が用いたり行商の人が用いる)手押し車.

púsh・chàir 名《英》折りたたみ式ベビーカー (《米》stroller).

pushed 形 Ⓟ《口》❶〈人が〉〈金・時間が〉なくて困って: He's ~ for money. 彼は金がなくて困っている. ❷ 暇がなくて, 忙しくて: I'm a bit ~ (for time) now. 今はちょっと忙しい. ❸〈…するのが〉困難で: 〔+to do〕 I'll be ~ (hard) to finish it by tomorrow. あすまでにそれを片づけるのは(とても)無理だろう.

⁺**púsh・er** 名 ❶ C《口》麻薬密売人: a dope ~ 麻薬の売人. ❷ 押す人. ❸ a 押すもの[道具]. b《英》プッシャー (ナイフ・フォークの使えない幼児が食物をスプーンにのせるために使うもの). ❹《口》押しの強い人, でしゃばり屋.

push・ful /púʃfəl/ 形 =pushy.

púsh・in 形 Ⓐ《米》押し込みの: a ~ crime [job] 押し込み強盗.

púsh・ing ❶ 押す; 突く. ❷ 進取的な, 活動[精力]的な. 押しの強い, でしゃばる. **-ly** 副

Pushkin /púʃkɪn/, **A・lek・san・dr (Ser・ge・ye・vich)** /ǽləksɑːndr(ə) (seəgéɪnvɪtʃ)/ 名 プーシキン (1799–1837; ロシアの詩人・小説家).

púsh・òut 名《米口》(家・学校・社会などから)追い出された人.

púsh・òver 名 [a ~]《口》❶ 容易な事; 楽勝. ❷ だまされやすい人; すぐ影響を受ける人: I'm a ~ for pretty girls. ぼくはかわい子ちゃんに弱いんだ.

púsh・pìn 名《米》画びょう.

púsh-púll 形 Ⓐ《電子工》プッシュプル式の (2個の電子管が一方が押すようにはたらくと他方が引くようにはたらく).

push・ròd 名 (内燃機関の)プッシュロッド, 押し棒.

púsh・stàrt 名 (車の)押しがけ. ── 動 (車を)押しがけする.

púsh technòlogy 名 U《電算》プッシュ技術, プッシュ型情報配信(技術) (ネットワークで, サーバーが端末の要求なしに定期的に[必要に応じて]情報を配信する技術).

⁺**púsh-ùp** 名 ❶《米》腕立て伏せ (《英》press-up).

push・y /púʃi/ 形 (**push・i・er**; **-i・est**)《口》押しの強い, しゃばりな, ずうずうしい. **púsh・i・ly** 副 **-i・ness** 名

pu・sil・lan・i・mous /pjùːsəlǽnəməs⁻/ 形 気の弱い, 臆病な, 無気力な (cowardly). **pu・sil・la・nim・i・ty** /pjùːsəlǽnɪməti/ 名【L=気の小さな】

puss¹ /púʃ/ 名《口》❶ [通例 puss, puss! で呼び掛けに用いて] 猫ちゃん (⇨ cat 関連). ❷ 若い娘, 女.

puss² /púʃ/ 名《俚》モクモクサチキホコ.

púss móth 名《昆》モクメサチキホコ.

⁺**puss・y¹** /púʃi/ 名《口・小児》猫, 猫ちゃん, にゃんこ (⇨ cat 関連).

pus・sy² /púʃi/ 名 ❶ C 女性の陰部. ❷《米》a U 性交. b C 性交の相手の女.

pússy・càt 名 ❶ 猫 (pussy). ❷《口》感じのいい人.

pússy・fòot 動《口》❶ こっそり歩く〔around, round〕. ❷ ひより見的態度をとる.

pússy-whìpped 形《米俚》〈男性が〉女の尻に敷かれた.

pússy wíllow 名《植》ネコヤナギ (北米産).

pus・tu・lar /pʌ́stʃʊlɚ⁻ -tjʊlə/ 形《医》膿疱(性)の; 《動・植》ぶつぶつのある, 粒状の.

pus・tu・late /pʌ́stʃʊleɪt⁻ -lət, -leɪt/ 動〈皮膚などが〉膿疱を生ずる; 膿疱でおおわれた. **pus・tu・la・tion** /pʌ̀stʃʊléɪʃən⁻ -tjʊ-/ 名

pus・tule /pʌ́stʃuːl⁻ -tjuːl/ 名《医》膿疱(疱); 《植・動》いぼ.

⁎**put** /pʊ́t/ 動 (**put**; **put・ting**) ❶〈もの・人を〉(ある場所に)置く, 載せる; (ある位置・立場に)置く (place): P~ your pencils down. 鉛筆を下に置

きなさい / P~ the chair *here*, please. そのいすをここに置いてください / She ~ the dish *on* the table. 彼女は深皿を食卓の上に置いた / You should ~ *your* happiness *first*. 君は自分の幸せをまず第一に考えるべきだ / This case will ~ him *in* a serious position. この事件は彼を容易ならない立場に追いこむことになるだろう / Just ~ yourself *in* my place. 私の身にもなってみてください. **b** 〈…を〉〈…の状態・関係に〉置く, する; 〈…を〉〈…の状態から〉出す, はずす: ~ a person *at* (his) ease 人をくつろがせる / ~ the names *in* alphabetical order 名前をアルファベット順に並べる / ~ a law *in* force 法を施行する / ~ a person *in* (a) good humor 人を上機嫌にする / ~ a baby *to* sleep 赤ん坊を寝かせる / ~ the matter *to* a vote その問題を投票にかける / ~ a room *in* order 部屋を整頓する / ~ something *in* motion 物を動かす / ~ a person *out of* temper 人をおこらせる. **c** 〈…を〉〈…に〉する: [+目+補] She ~ his tie straight. 彼女は彼のネクタイをまっすぐに直してやった / ~ the mistake right. 私はその誤りを正した.

❷ 持っていく: **a** [副詞(句)を伴って] 〈…を〉〈…に〉動かす, 入れる, 向ける: ~ a bucket *down* a well バケツを井戸の中に降ろす / Don't ~ *your* finger *into* your mouth. 口に指を入れてはいけません / He ~ the book *in* his bag. 彼はその本をかばんの中に入れた / They ~ the man *in* jail. 彼らはその男を刑務所に入れた. **b** 〈ものを〉〈…に〉つける, つなぐ, くっつける: The driver ~ the horse *to* his cart. 御者は馬を荷車につないだ / He ~ his eye *to* the telescope. 彼は望遠鏡に目を当てた. **c** 〈…を〉〈…に〉打ち込む, つぎ込む (*into, in, through*): ~ a nail *into* a board 板木にくぎを打ち込む / ~ a satellite *into* orbit 衛星を軌道に乗せる / What ~ such an idea *into* your head? どうしてそんなことを考え出したのか.

❸ 受けさせる: **a** 〈人を〉〈苦痛・試練などに〉かける: ~ a person *to* the torture 人を拷問にかける / ~ a person *to* great inconvenience [*much trouble*] 人に大変迷惑をかける / ~ a person *to* death [*the sword*] 人を死に至らせる[切り殺す] / ~ a person *on* trial 人を裁判にかける / ~ students *through* an examination 学生たちに試験を受けさせる. **b** 〈ある目的のために〉〈…を〉〈ある場所に〉送る, 行かせる, 載せる: ~ one's son *through* college 息子を大学を卒業させる / ~ one's children *to* bed 子供たちを寝かせる / ~ a play *on* the stage 劇を上演する. **c** 〈人を〉〈仕事などに〉つかせる, 取りかからせる: ~ one's son *to* a trade 息子に手に職をつけさせる / ~ a person *to* work 人を働かせる / ~ a group *to* digging そのグループに穴掘りをさせる. **d** [~ *oneself* で] 〈…に〉取りかかる: ~ *oneself to* work 仕事[勉強]に取りかかる.

❹ 投資する: **a** 〈金を〉〈…に〉投資する, 向ける: ~ one's money *into* land 土地に金を投資する. **b** 〈注意・精力などを〉〈…に〉向ける, 傾ける: P~ *your* mind *to* more important things. 心をもっと重要なことに向けなさい / She ~ all her energies *into* her studies. 彼女は研究に全精力を傾けた. **c** 〈金を〉〈…に〉賭ける: I ~ my last penny *on* the horse. 最後の金をその馬に賭けた.

❺ **a** 〈税金・圧力・抑制などを〉課する, 加える, かける: ~ a tax *on* an article 物品に課税する / ~ a check *on* one's enthusiasm 熱意を抑制する / They ~ pressure *on* him to resign. 彼らは彼に圧力をかけて辞任させた. 〈…に〉〈信頼を〉寄せる: ~ one's trust *in* a person 人を信頼する / Don't ~ too much reliance *on* her [*her statement*]. 彼女[彼女の言葉]を信用しすぎてはいけない. **c** 〈責任などを〉〈…に〉帰する, 〈…の〉せいにする[*on, to*]: It ~ a terrible responsibility *on* me. それは私に大変な責任を負わせることになった / You must not ~ the blame *on* others. その責任を他人にかぶせてはいけない. **d** 〈…に〉〈…を〉委ねる, 任せる, ~ matters *in* [*into*] the hands of the police 事件を警察の手に委ねる / ~ one's child *under* the care of a doctor 子供を医者に治療してもらう.

❻ **a** 〈限度・きりを〉〈…に〉つける, 打つ: ~ an end [*a stop*] *to*…に終止符を打つ, …を終わらせる / ~ an end *to* one's [*a person's*] life 自ら[人]の命を断つ. **b** 〈問題・議題などを〉〈…に〉提出する, 提起する (present): ~ a motion be-

1453 **put**

fore a committee 動議を委員会にかける / He ~ several questions *to* me. 彼は私にいくつかの質問を出した / I ~ *it to* you that you have told a lie. あなたはうそをついていたようですね〖用法〗相手に考慮を促したりする時の言葉). **c** 〈議案・計画などを〉〈…に〉通す, 〈…を〉通過させる: ~ a bill *through* Parliament 法案を議会に通す.

❼ [通例副詞(句)を伴って] **a** 〈名前などを〉〈…に〉記入する, 署名する: I ~ my signature *to* the document. 文書に署名した. **b** 〈名前などを〉〈表などに〉載せる: He ~ the name *on* the list. 彼はその名を表に載せた. **c** 〈印などを〉〈…に〉書きつける, 打つ: ~ a tick [*check*] *against* a name 名前にチェックをつける / ~ a comma *in* a sentence 文中にコンマを打つ.

❽ **a** [通例 put it で様態の副詞(句)を伴って] 〈…を〉〈…に〉表現する, 述べる: Let me ~ *it* in another way. 別な言い方で言してみよう / To ~ *it* briefly [*mildly*], …. 手短に[控え目に]言えば… / I'm — how shall I ~ *it*? — in love with you. ぼくは, どう言ったらいいのか, あなたを愛しているのです. **b** 〈…を〉〈言葉に〉移す; 翻訳する: Goethe *into* English ゲーテを英語に翻訳する / P~ the following passage *into* Japanese. 次の文章を日本語に直しなさい / Can you ~ this well *in* French? これをフランス語でうまく言えますか.

❾ **a** 〈…を〉〈…と〉評価する, 見積もる, みなす: I ~ the losses *at* 10,000 dollars. その損害は 1 万ドルになると思う / He ~*s* the distance *at* ten miles. 彼はその距離を 10 マイルと見積もっている. **b** 〈…に〉〈値を〉つける: The experts ~ a price *on* the painting. 鑑定家たちはその絵に値をつけた / He ~*s* a high value *on* your ability. 彼は君の能力を高く評価している.

❿ 〖スポ〗〈砲丸などを〉ほうる, 押し投げる.

be hárd pút (to it) ⇒ hard 副 成句.

nòt know whére to pút onesèlf ひどく当惑する[まごつく].

pùt abóut (〖他〗+副) (1) 〖主に英口〗〈うわさなどを〉広める; [put it about that…] 〈…ということを〉うわさする: *It* has been ~ *about that* he will resign. 彼は辞職するとうわさされている. (2) 〈船の〉方向を変える. ── (〖自〗+副) (3) 〖海〗〈船の〉方向を変える.

pùt acróss [(〖他〗+副) ~ acróss] (1) 〖人に〉〈…を〉うまく伝える, わからせる (put over, get across): I couldn't ~ my idea *across* to my students. 学生たちに私の考えをうまく理解させることができなかった. (2) [~ *oneself* across で] 〈人に〉自分の考えをうまく伝える 〖*to*〗. (3) 〈口〉〈うまくやりとげる, 成功させる: ~ a project [*business deal*] *across* 計画[商取引]を成功させる. ── [(〖他〗+前) ~ …*across*…] (4) 〈人などを〉〈川などを〉渡らせる.

pùt asíde (〖他〗+副) (1) 〈感情・不和などを〉無視する, 忘れる. (2) 〈ものを〉片づける, わきへやる: ~ *aside* a book 本をわきへやる. (3) 〈金・時間などを〉取っておく, 蓄えておく (put by): How much do you ~ *aside* every month? あなたは毎月どのくらいためますか.

pùt awáy (〖他〗+副) (1) 〈ものを〉片づける, しまう: P~ the scissors *away* when you have finished. 使い終わったらはさみはしまっておきなさい. (2) 〖口〗〈食物・飲物を〉うんと食べる, 飲む, 喫する. (3) 〈金を〉〈将来のために〉取っておく, 蓄える: ~ a little money *away* 少し金を蓄える. (4) [しばしば受身で] 〖口〗〈人を〉〖刑務所・精神病院などへ〗入れる 〖*to*〗. (5) 〈米口〉〈人を〉殺す, 片づける. (6) 〖口〗〈ゴールを〉決める, 〈得点を〉入れる. (7) 〈考えなどを〉放棄する, 見捨てる.

pùt báck (〖他〗+副) (1) 〈ものを〉元へ返す: P~ the dictionary *back* on the shelf when you're through. 用がすんだら辞書を棚に返しておきなさい. (2) 〈…を〉後退[停滞]させる, 遅らせる: The earthquake has ~ *back* the development of the city (by) ten years. 地震はその町の発展を 10 年遅らせた. (3) 〈…を〉〈…まで〉延期する 〖*to, till, until*〗: We ~ the meeting *back to* next week. 我々は会合を来週まで延期した. (4) 〈時計の針を〉戻す: P~ the clock *back* five minutes. 時計を 5 分遅らせなさい. (5) 〖英口〗〈アルコールを〉大量に飲む.

pút…behínd one 〈いやなことを〉忘れる.

pùt one's bést fóot fórward ⇒ foot 成句

pùt bý 《他＋副》〈…〉を取っておく, ためておく (put aside): ~ money *by* for the future 将来に備えて金をためる.

pùt dówn 《他＋副》(1) 〈…〉を下に置く, おろす; 〈…〉を床[地面など]に敷く; [cannot を伴って] 〈本〉などがおもしろくてやめられない: He ~ the phone *down*. 彼は(通話を終えて)受話器を(下に)置いた. (2) 〈…〉を頭金として払い込む. (3) 《口》(特に人前で)〈人・もの〉をくじく, こきおろす, 悪く言う: You seem to like *putting* people *down*. 君は人をやり込めるのが好きなようだね. (4) 〈…〉を書く, 記入[記帳]する: ~ *down* an address 住所を書き留める. (5) 〈…〉を抑える, 鎮める; やりこめる, 黙らせる (crush): ~ *down* a riot 暴動を鎮圧する. (6) 〈赤ん坊〉を寝かせる, 寝つかせる. (7) 〔しばしば受身で〕〈老犬など〉を片づける, 殺す. (8) 〈飛行機〉を着陸させる. (9) 〈…〉を議論[評決]するよう要請する. (10) 《英》〈乗客〉を〈…で〉降ろす〔*at*〕. (11) 《英》〈食物・飲物〉を蓄えて[しまって]おく. ━《自＋副》(12) 〈飛行機・操縦士が〉着陸する.

pút...dówn as... 〈…〉を〈…〉と考える, 見なす: They ~ him *down as* an idiot. 彼は彼を愚か者と考えた.

pút...dówn for... 〈…の名〉を〈…の寄付[申し込み]〉者として書く: P- me *down for* 50 dollars. 50 ドルの寄付[申し込み]者として私の名前を書いておいてください / I have ~ my name *down for* the 100-meter dash. 100 メートル競走に出場の申し込みをした.

pút...dówn to... 〈…〉を〈…〉に帰する, 〈…〉を〈…〉のせいにする (attribute to): He ~ the mistake *down to* me. 彼はその誤りを私のせいにした / All the conflicts in the world can be ~ *down to* money. 浮き世のもめごとはすべてせんじつめれば金が原因ともいえる.

pùt fóot dówn ⇒ foot 成句　**pùt one's fóot in one's móuth** [《英》**in it**] ⇒ foot 成句

pùt fórth 《他＋副》(1) 〈計画・提案など〉を提唱[提出, 提示]する, 出す, 〈葉〉を出す (put out). (2) 《米》〈力など〉を発揮する: ~ *forth* one's best efforts 最善の努力をする.

pùt fórward 《他＋副》(1) 〈考え・案など〉を提示する, 示す. (2) 〈人〉を〈…に〉推薦する〔*for, as*〕: They ~ him *forward for* chairman. 彼らは彼を議長に推薦した. (3) 〈…〉を〈…まで〉早める, 繰り上げる: They have ~ *forward* their wedding *to* this fall. 彼らは結婚式を今年の秋に繰り上げた. (4) 〈時計の針〉を進める: ~ a clock *forward* five minutes 時計を 5 分進める. (5) 〈人〉を前面に押し出す, 目立たせる.

pùt ín 《他＋副》(1) 〈…〉を入れる. (2) 〈時間・労働など〉をつぎ込む, 費やす, 使う. (3) 〈設備など〉を取り付ける (install): ~ an air conditioner *in* エアコンを設置する. (4) 〈要求・嘆願書など〉を提出する, 申請する: ~ *in* a plea 嘆願書を出す / ~ *in* a request for an interview 面会を求める依頼書を提出する. (5) 〈言葉など〉を差しはさむ; 〈…と〉言葉をはさむ (interject). (6) 〈金〉を投入[投資]する; あずける (⇒ 他 4 a). (7) 〈政治家〉を選出する, 〈政党〉を選ぶ. (8) 〈役職者〉を選ぶ, 入れる, 〈人〉を任命する. (9) 〈話・手紙など〉に〈…〉を差し込む. (10) 〈種〉をまく, 植える. ━《自＋副》〈…〉に入港する: The ship ~ *in* at Nagasaki for repairs. 船は修理のために長崎へ入港した.

pùt ín a góod wórd for a person ⇒ word 成句

pùt ín for... (1) 〈…〉を申し込む, 申請する: ~ *in for* a job 職を申し込む / ~ *in for* a two-week vacation 2 週間の休暇を申請する. ━ [＋目＋**in for**...] (2) 〈人・物〉を〈競技会・品評会など〉に参加[出品]させる: We ~ her *in for* the race. 我々は彼女をそのレースに出場させた. (3) 〈人〉を〈…〉の候補に推す.

put into [《他＋副》〈…〉**into**...] (1) 〈時間・労働など〉につぎ込む. (2) 〈金〉を…に投入する (⇒ 他 4 a). (3) 〈…〉を〈役職者など〉に選ぶ. (4) 〈精力など〉につぎ込む (⇒ 他 4 b). ━《自＋副》〈船など〉が…に入港する.

pùt it acróss a person 《英》〈人〉をだます.

pùt it ón [1] [通例進行形で] 《口》感情を大げさに表わす; 大ぼらを吹く. (2) 太る.

pùt it thére 《古風》さあ握手しよう (あいさつ, 同意のしるしとして).

put óff [《他＋副》 ~ **óff**] (1) 〈…〉を延期する, 遅らせる (delay, postpone); 待たせる〔*till, until*〕: Don't ~ *off till* tomorrow what you can do today. 今日できることを明日まで延ばすな /〔＋*doing*〕Don't ~ *off* answering the letter. その手紙の返事を書くのを延ばしてはいけない. (2) [~＋目＋**off**] 〈人の注意[気]〉を散らす[そらす]: Anxiety ~ him *off*. 彼は不安で(仕事などに)身が入らなかった. (3) 〈人の興味[意欲, 熱意]〉をそぐ; 〈人に〉嫌いにさせる. (4) 〈ラジオ・電灯など〉を消す, 〈水道・ガスなど〉を止める. (5) 〈人〉を〈車から〉降ろす, 下車[下船]させる: Please ~ me *off* at the next stop. 次の停留所で降ろしてください. (6) [~＋目＋**off**]〔口実などで〕〈人から〉言い逃れをする, 言い抜ける〔*with*〕. ━《自＋副》 ~ **óff**. (7) 〈船・乗組員など〉が出帆する. ━ [《他＋副》 ~...**óff**...] (8) 〈人に〉…に対する意欲をなくさせる: The noise ~ me *off* my studies. その騒音で勉強に集中できなかった. / The accident ~ him *off* drinking. その事故が原因で彼は酒を飲まなくなった.

put on [《他＋副》 ~ **ón**] (1) 〈衣類〉を着る, 〈ズボン・靴など〉をはく; 〈帽子〉をかぶる; 〈手袋など〉をはめる; 〈化粧〉をする (↔ take off) (⇒ wear[1] A 用法): ~ *on* one's clothes 服を着る / ~ *on* one's shoes 靴をはく / ~ *on* one's glasses 眼鏡をかける / ~ *on* some lipstick 口紅を少しつける. (2) 〈体重・肉など〉を増す (gain): He's *putting on* weight. 彼は体重がふえてきた. (3) 〈態度・外観など〉を身につける, 気取る, 〈…〉のふりをする: ~ *on* an innocent air 無邪気な様子を装う. (4) 〈ラジオ・電灯など〉をつける; 〈水道・ガスなど〉を栓を開いて出す: ~ *on* the headlights ヘッドライトを点灯する. (5) 〈レコード・テープ・音楽など〉をかける. (6) 〈劇〉を上演する, 〈展示会など〉を催す, 〈演技・わざなど〉を見せる: ~ *on* a new play 新作の劇を上演する. (7) 〈物〉を載せる, 積み込む. (8) 〈やかんなど〉を〈火など〉にかける. (9) 〈食事の用意〉をする. (10) 〈臨時列車など〉を運行する. (11) 〈ブレーキ〉を踏む. (11) [~＋目＋**on**] 《米口》〈人〉を(だまして)かつぐ, からかう: "I love you." "You're *putting* me *on*." "愛してるよ" "「冗談でしょ」". (12) 〈人〉を電話に出す. ━ [《他＋副》 ~...**on**...] (13) 〈…〉を…の上に置く (⇒ 他 1 a). (14) 〈圧力・抑制など〉を…に加える (⇒ 他 5 a); 〈負担など〉を…に負わせる. (15) 〈税など〉に課する; 〈金〉を…に賭ける (⇒ 他 4 c); 〈費用〉を…につける. (16) 〈人に〉治療を施す.

pùt one acróss a person ＝PUT it across a person 成句

pùt òne óver on... 《口》〈人〉をだます: She thought he was trying to ~ *one over on* her. 彼女は彼が自分をだまそうとしていると思った.

pùt ón the ágony ⇒ agony 成句

pùt on the dóg ⇒ dog 成句

pút a person ónto... 《口》…を〈人〉に知らせる, …を〈人〉に紹介する: She ~ me *onto* a good doctor [hotel]. 彼女は私にいい先生を紹介して[ホテルを教えて]くれた.

pùt óut 《他＋副》(1) 〈火・明かりなど〉を消す: ~ *out* a light [candle] 電灯[ろうそく]を消す / The firemen soon ~ *out* the fire. 消防士はじきに火を消した. (2) 〈…〉を出す, 差し出す: ~ *out* one's hand (握手を求めて)手を差し出す / ~ one's tongue *out* 舌を出す. (3) 〈人・動物〉を追い出す; 解雇する; 〈人〉を〈仕事〉から[下請けなどに]出す〔*to*〕: ~ *out* a garbage can ごみ入れを外へ出す. (5) [~＋目＋**out**] [通例否定文・疑問文で] 〈人〉に迷惑をかける, 煩わせる: I hope I'm *not putting* you *out*. ご迷惑ではないでしょうね. (6) [~＋目＋**out**]〈人〉をあわてさせる; 困らせる〔★通例受身〕: I was much ~ *out* by his rudeness. 彼の不作法にひどく困っていた. (7) 〈物〉を生産する. (8) 発表する, 発令する; 放送する; 〈…〉を出版する: They're *putting out* a new CD in April. 彼らは 4 月に新しい CD を出す予定だ. (9) 〈医者が〉〈人の意識〉を奪う; 《ボク》〈相手〉をノックアウトする. (10) 〈野・クリケ〉〈打者〉をアウトにする; 《スポ》〈相手〉を打ち負かす. (11) 〈見積もり・結果など〉を狂わせる, 狂わす. (12) 〈関節〉をはずす, 脱臼(きゅう)する (dislocate): He ~ his shoulder *out* during the match. 彼はその試合中に肩を脱臼(きゅう)した. (13) 〈芽など〉をふく, 吹き出す (put forth). ━《自＋副》(14) 出帆

する《*from, to*》: The ship ~ *out to* sea. 船は出帆した.
(15) 《米卑》《女が》男とセックスする.

pùt óver《⊕+副》(1) 《口》《考えなどを》理解させる (put across). (2) 《...を》向こうへ渡す.

pùt páid to... ⇨ paid 成句.

pút oneself fórward

pùt oneself ín for...《競技会などに参加[出場]する.

pút oneself óut 骨を折る, 面倒をみる: Don't ~ *yourself out for* me. 私のことでしたらどうぞお構いなく.

pùt oneself úp《...に》立候補する《*for*》.

pút the bóot ín ⇨ boot¹ 成句.

pùt the wínd úp a person ⇨ wind¹ 成句.

put through《⊕+副》~ through (1) 《...を》やり遂げる, 成就する: ~ *through* a reform [business deal] 改革[商取引]を成就する. (2) [~+目+through] 《電話で》《人を》《...に》つなぐ (connect): Please ~ me *through to* Mr. Smith. スミスさんにつないでください. ── 《⊕副》《...through...》 (3) 《人に》《難しいことなど》を経験させる; 《人・物に》《検査など》を受けさせる (⇨ 働 3 a). (4) 《議案などを》《...で》通過させる (⇨ 働 6 c). (5) 《人を》援助して《大学など》を卒業させる (⇨ 働 8 c).

pút a person thróugh it《口》《人を》厳しく調べる[検査する].

pùt togéther《⊕+副》(1) 《考えなどを》まとめる; 寄せ集める, 合計する; 考え合わせる: *Putting* all this *together*.... これらのことをすべて考え合わせて[合わせると].... (2) 《...を》組み立てる, 構成する (assemble): ~ *together* a model ship 模型船を組み立てる / ~ a team *together* チームを構成する. (3) 《...を》一緒にする, 結合する (★通例受身で用い名詞の後に置く): All the money ~ *together* still won't be enough. 全部のお金を合わせても足りないだろう.

pùt twó and twó togéther ⇨ two 成句.

pùt...únder《⊕+副》《麻酔で》《人の》意識を失わせる.

pùt úp《⊕+副》(1) 《家・碑・像などを》建てる: ~ *up* a fence [memorial] さくを設ける[慰霊碑を建てる]. (2) 《揭示などを》掲げる, 揭示する; 《飾りを》飾る: ~ *up* a notice on the bulletin board 揭示板に揭示を出す / ~ *up* Christmas decorations クリスマスの飾りを飾る. (3) 《人を》泊らせる: Will you ~ us *up* for the weekend? この週末私たちに宿を提供してくれませんか. (4) [~+up+名] 《抵抗などを》示す; 《戦いを》続ける: ~ *up* opposition 反論 [異議] を唱える / ~ *up* a fight against a new airport 新空港建設反対の戦いをする. (5) [~+目+up] 《商品を》売り物に出す: ~ furniture *up* for auction 家具を競売に付する. (6) 《意見・嘆願書を》提出する. (7) [~+目+up] 《人を》《...の》候補者に指名する; 推薦する: He was ~ *up for* Parliament 議員に立候補した. (8) 《資金を》提供する. (9) 《旗・帆などを》揚げる; 《傘を》さす; 《テントなどを》張る: ~ *up* a flag 旗を掲げる / ~ *up* a tent テントを張る / P~ *your up* hands! 手をあげて!《質問がある時や数を知りたい時に》(10) 《値段・家賃などを》上げる; 《ミサイルなどを》打ち上げる; 《髪を》結い上げる. (11) 《すばらしい演技・わざなどを》見せる. (12) 《古》《...に》片づける, しまう; 《刀を》さやに納める. ── 《働+副》(13) 《英古風》《...に》宿泊する: We ~ *up at* the hotel [*with* friends] for the night. その夜はそのホテル[友人の家]に泊まった. (14) 《...に》立候補する: ~ *up for* Parliament 議員に立候補する.

pút upòn... [しばしば受身で]《人をだます, 《人に》つけ込む (cf. put-upon).

pùt úp or shút úp《通例命令法で》《口》金を賭(ｶ)けろ, さもなけりゃ黙っていろ; やるならやってみろ, さもなけりゃ黙っていろ.

pút a person úp to... (1) 《人を》そそのかして...をさせる: Who ~ them *up to* playing these tricks? だれが連中をそそのかしてこんないたずらをさせたのか. (2) 《古》人に...を知らせる[教える].

pùt úp with...を我慢する (tolerate): How long will I have to ~ *up with* you [this situation]? 私はいつまで君[この境遇]に我慢しなければならないのかね.

pút a person wíse《...のことを》《人に》知らせる[教える]《*to*》.

---

wóuldn't pùt it pást a person (to dó) ⇨ past 前 成句.

── 名 ❶ [通例単数形で]《(砲丸などの)投げ. ❷ 【証券】売り付け選択権, プットオプション《特定の株券・通貨・商品などを一定期限まで所定の価格で売りつける権利》.

── 形《口》じっとしている《★次の成句で》. **stày pút** ⇨ stay¹ 成句.

【類義語】**put**「置く」の意の最も一般的な語. **set** 改まった感じの語で,「定まった位置に置く」の意味が強い. **place** 正しい位置に置く. **lay** 横に置く状態が強調される.

pu·ta·tive /pjúːtətɪv/ 形 A 推定[推測](上)の; うわさに: the ~ father of this child この子の父親と見られる人. ~·ly 副.

***put-down** /pútdàun/ 名 U ❶《口》けなす[悪く言う]言葉, 非難. ❷ (飛行機の)着陸.

Pu·tin /púːtɪn/, **Vladimir** 名 プーチン《1952- ; ロシア大統領 (2000-)》.

pút-in 名 【ラグビー】プットイン《スクラムの中へボールを入れること; また その権利》.

pút·lòg, pút·lòck 名 【建】(足場の)腕木, 横木.

pút·òff 名《米口》言い逃れ, 言い訳.

pút-òn 形 うわべだけの, 偽りの: a ~ smile 作り笑い. ── 名 ❶ [単数形で] 見せかけ, 気取り. ❷ C 《米》冗談.

Pu·tong·hua /púːtɔ̀(ː)ŋhwá/ 名 U 普通話《中国の標準語》.

pút-òut 名 【野】アウトにすること, 刺殺.

put-put /pátpát/ 名 ❶ 副 パッパッと音を立てて進む音. ── 動 ⊕ パッパッと音を立てて進む.

pu·tre·fac·tion /pjùːtrəfǽkʃən/ 名 U ❶ 腐敗(作用) (decomposition). ❷ 腐敗物. 《putrefy》

pu·tre·fac·tive /pjùːtrəfǽktɪv⁻/ 形 腐敗の, 腐敗させる.

pu·tre·fy /pjúːtrəfài/ 動 ⊕《...を》腐らせる. ── 働 ❶ 腐る (rot). ❷ (道徳的に)堕落する.

pu·tres·cence /pjuːtrés(ə)ns/ 名 U 腐敗.

pu·tres·cent /pjuːtrés(ə)nt/ 形 腐敗しかかった.

pu·tres·ci·ble /pjuːtrésəbl/ 形 名 腐敗しやすい(もの).

pu·trid /pjúːtrɪd/ 形 ❶ 腐敗した: turn ~ 腐る. ❷ 堕落した. ❸《口》不快な, 鼻持ちならない.

pu·trid·i·ty /pjuːtrídəti/ 名 U 腐敗.

putsch /pútʃ/ 名 (政府転覆のための)反乱, 暴動, クーデター.《G=blow》

***putt** /pát/【ゴルフ】動 ⊕《ボールを》クラブでそっと打ってホールに入れる, パットする. ── 働 パットを打つ. ── 名 軽打, パット. 《PUT と同語源》

put·tee /pátíː, pǽti/ 名 [通例複数形で] 巻きゲートル; 革ゲートル.

put·ter¹ /pátə | -tə/ 名 置く人《*of*》.《PUT から》

***put·ter²** /pátə | -tə/ 名 【ゴルフ】 ❶ パットする人. ❷ パター(パット用クラブ).《PUTT から》

put·ter³ /pátə | -tə/ 動 働《米口》のんびりする, ぶらつく 《(英) potter》《*about, around*》.

put·ter⁴ /pátə | -tə/ 動 働 パッパッという音をたてる[音をたてて進む].

pútt·ing grèen /pátɪŋ-/ 名 【ゴルフ】 ❶ (パッティング)グリーン《ホール周囲のグリーン》. ❷ パット練習場.

put·to /púːtou | pút-/ 名 (働 **put·ti** /púːti | pútɪ/) プット《丸々と太った裸の子供の像; しばしば翼のあるキューピッドの姿で描かれる》.

put·ty /páti/ 名 U パテ《接合剤》: glaziers' ~《窓ガラス固定用の》パテ / jewelers' ~ 金属[鉛]を磨くスズ[鉛]の粉末. **be pútty in a person's hánd** 人の言いなりになる. ── 動 ⊕《...を》パテで埋める《*up*》; 《...を》パテでくっつける《*in*》.

pút-ùp 形《口》あらかじめたくらんだ, 八百長の: a ~ job 作り事, 八百長, やらせ.

pút-upòn 形《口》《人が》うまく利用された, つけ込まれた: She had a ~ look on her face. 彼女はしてやられたという表情をしていた / I felt rather ~. どうやらうまく利用されたらしいと思った.

putz /pʌ́ts/ 名《米俗》ばか, やなやつ; 《卑》ペニス. ―― 自 ぶらぶら過ごす, だらだらやる《around》.

*__puz·zle__ /pʌ́zl/ 名 ① C （通例複合語で）パズル: ⇒ crossword puzzle, jigsaw puzzle. ❷ [a ~] 困らせる人［もの］; （特に）難問: It's a ~ to me how he did it. 彼がそれをどんなふうにやったのか見当がつかない. ―― 他 ❶（わからなくて）人を当惑させる, 悩ませ, 当惑させる《cf. ⇨ puzzled》: Her attitude ~d me. 彼女の態度がぼくには解せなかった. ―― 自 〔…で〕頭をしぼる〔over, about〕: He ~d over the problem quite a while. 彼はしばらくその問題で頭をかかえた. **púzzle óut**《他＋副》〈解答を〉見いだす, 〈なぞなどを〉解く; 〈…かを〉考えてわかる:〔+wh.〕Can you ~ out how to open it? どうやって開けるかわかりますか.

*__puz·zled__ /pʌ́zld/ 形（わからなくて）当惑した, 困惑した, 途方に暮れた《⇨ bewilder 比較》: a ~ expression 当惑した表情 / You look ~. 困った様子ですね /〔(+副)+wh.〕We were ~《about》what we had to do next. 次にどうしてよいのやら我々は途方に暮れた《用法 しばしば前置詞は略される》.

púz·zle·ment /-mənt/ 名 U 当惑, 困惑.

púz·zler 名《口》困らす人［もの］; （特に）難問.

púz·zling 形 まごつかせる, 困らせる: a ~ situation 困った状況 / I find this ~. これにはまごつく.

PVC《略》polyvinyl chloride. **PVS**《略》persistent vegetative state; postviral syndrome. **Pvt.**《略》private. **pw**《略》per week. **PW**《英》policewoman; prisoner(s) of war; public works. **PWA**《略》person with Aids エイズ患者. **pwr**《略》power. **PWR**《略》《核物》pressurized water reactor. **pwt.**《略》pennyweight《cf. dwt.》. **PX**《略》post exchange《米陸軍》酒保《cf. Naafi 2》.

py·ae·mi·a /paɪíːmiə/ 名 ＝pyemia.

pýe-dòg /páɪ-/ 名（インドなどの）野良犬.

py·e·li·tis /pàɪəláɪṭɪs/ 名 U《医》腎盂(ジン)炎.

py·e·mi·a /paɪíːmiə/ 名 U《医》膿血（症）. **py·e·mic** /paɪíːmɪk/ 形

py·gid·i·um /paɪdʒídiəm/ 名（複 **-gid·i·a** /-dʒídiə/）《昆・動》尾節, 尾（節）板（腹部末端の背板）,（環形動物の）肛節, 肛触禾.

Pyg·ma·lion /pɪɡméɪljən/ -liən/ 名《ギ神》ピグマリオン（自作の像に恋した Cyprus 島の王）.

pyg·my /pɪ́ɡmi/ 名 ❶ [P~] ピグミー族の人（赤道アフリカの森林地帯に住む低身長の採集狩猟民）. ❷ 小人, 一寸法師; 知能の低い人, 無能な人; 小さなもの. ―― 形 ❶ 小人の. ❷ ごく小さい, わずかな.【L<Gk】【類義語】⇨ dwarf.

pýgmy chimpanzée ピグミーチンパンジー（コンゴ民主共和国の密林にすむ小型のチンパンジー; 絶滅の危機にある）.

pýgmy hippopótamus 名《動》コビトカバ, リベリアカバ（リベリア産）.

*__py·ja·ma__ /pədʒάːmə/ 名〔複数形で〕《英》パジャマ《《米》pajama(s)》. ―― 形 A パジャマの.【Hindi＝ズボン】

pyk·nic /pɪ́knɪk/ 形《医・心》肥満型の.

py·lon /páɪlɑn/ 名 ❶（高圧線用の）鉄塔. ❷《空》（飛行場にある）目標塔, 指示塔, パイロン. ❸（古代エジプトの）塔門.【Gk＝門】

py·lor·ic /paɪlɔ́(ː)rɪk/ 形《解》幽門の.

py·lo·rus /paɪlɔ́ːrəs/ 名（複 **-ri** /-raɪ/）《解》幽門.

Pyn·chon /pínt͡ʃən/, **Thomas** 名 ピンチョン（1937- ; 米国の小説家）.

PYO /píːwàɪóʊ/《略》pick your own 取り放題（農園などの掲示）.

py·o·der·ma /pàɪoʊdə́ːmə/ -də́ː-/ 名 U《医》膿疱(ノウホウ)性皮膚症, 膿皮症.

py·o·gen·ic /pàɪədʒénɪk/ 形《医》膿の出る, 化膿性の.

Pyong·yang /pjʌ̀ŋjάːŋ, -jɑ̀ŋ/ pjɔ̀ŋjɑ́ŋ/ 名 平壌, ピョンヤン（朝鮮民主主義人民共和国の首都）.

py·or·rhe·a, py·or·rhoe·a /pàɪəríːə/ -ríə/ 名 U《医》膿漏(ノウロウ);（特に）歯槽膿漏.

py·ra·can·tha /pàɪ(ə)rəkǽnθə/ 名《植》ピラカンサ（バラ科トキワサンザシ属の各種の常緑低木）.

*__pyr·a·mid__ /pírəmɪd/ 名 ❶ **a** [しばしば P~] ピラミッド. **b** ピラミッド形のもの. ❷《数》角錐(カクスイ): a regular [right] ~ 正[直]角錐. ❸《社》ピラミッド形組織.【L<Gk<Egypt】

py·ram·i·dal /pəræmədl/ 形 ピラミッド形の.

pýramid sélling 名 ネズミ講式販売, マルチ商法.

Pyr·a·mus /pírəməs/ 名《ギ神》ピュラモス（愛する Thisbe がライオンに殺されたと信じて自殺した若者）.

pyr·ar·gy·rite /paɪrɑ́ːdʒəràɪt/ -rά-/ 名 U《鉱》濃紅銀鉱.

pyre /páɪə/ páɪə/ 名（火葬用の）積みまき.

py·rene /páɪriːn/ 名 U《化》ピレン（コールタールから採れる淡黄色炭化水素）.

Pyr·e·ne·an /pìrəníːən/ 形 ピレネー山脈の. ―― 名 ピレネー山地の住民.

Pyr·e·nees /pírənìːz/ ˌ__ˈ/ 名《複》[the ~] ピレネー山脈（フランスとスペインの国境を成す山脈）.

py·re·thrin /paɪríːθrɪn/ 名 U《化》ピレトリン（除虫菊の殺虫成分; 除虫用）.

py·re·thrum /paɪríːθrəm/ 名 U ❶《植》ジョチュウギク（除虫菊）. ❷《薬》除虫菊の粉末, 除虫菊粉［剤］.

py·ret·ic /paɪrétɪk/ 形《医》発熱（性）の.

Py·rex /páɪreks/ 名 U《商標》パイレックス（耐熱ガラス（器）.

py·rex·i·a /paɪréksiə/ 名 U《医》発熱. **-rex·ic** /-réksɪk/, **-rex·i·al** /-siəl/ 形

pyr·i·dine /pírədìːn/ 名 U《化》ピリジン（可燃性の特異臭をもつ液体; 溶剤・アルコール変性剤・有機合成用）.

pyr·i·dox·al /pìrədɑ́ksæl/ -dɔ́k-/ 名 U《生化》ピリドキサル（ビタミン B₆ の作用をもつ天然物質）.

pyr·i·dox·ine /pìrədɑ́ksiːn, -sɪn/ -dɔ́k-/ 名 U《生化》ピリドキシン（ビタミン B₆ の作用をもつ物質）.

py·rim·i·dine /paɪ(ə)rímədìːn/ 名 U ピリミジン（麻酔性刺激臭のある結晶塊）; C ピリミジンの誘導体, ピリミジン塩基（DNA, RNA の構成成分）.

py·rite /páɪraɪt/ 名 U 黄鉄鉱.

py·ri·tes /paɪráɪtiːz/ 名 U《鉱》硫化鉱: ⇨ copper pyrites, iron pyrites.

py·ri·ti·za·tion /pàɪraɪtɪzéɪʃən/ -taɪz-/ 名 U《地》黄鉄鉱化作用. **py·ri·tize** /páɪrɪtàɪz/ 動 他

py·ro- /pái(ə)roʊ/〔連結形〕「火」: pyrotechnics.【Gk *pyr* 火】

pyro·cátechol, -cátechin /-/ 名 U《化》ピロカテコール, ピロカテキン（無色の結晶; 現像薬・金属検出用試薬として用いる）.

py·ro·clas·tic 形 火砕性の: a ~ flow 火砕流.

pyro·eléctric 形《理》焦電気の.

pyro·electríc·i·ty 名 U《理》焦電気, ピロ［パイロ］電気.

py·ro·gal·lol /pàɪ(ə)roʊɡǽlɔːl, -ɑːl/ -ɔl/ 名 U《化》焦性没食子(ボッショクシ)酸, ピロガロール（現像主薬・羊毛染染料・皮膚病治療薬）.

pyro·génic 形 熱を生じさせる, 発熱性の; 熱によって生じる. **py·ro·gen·ic·i·ty** /-dʒenísəṭi/ 名

py·rog·ra·phy /paɪrɑ́ɡrəfi/ -rɔ́ɡ-/ 名 U.C 焼画術; 焼画.

py·rol·y·sis /paɪ(ə)rɑ́ləsɪs/ -rɔ́l-/ 名 U《化》熱分解. **py·ro·lyt·ic** /pàɪ(ə)rəlítɪk/ 形

py·ro·lyze /páɪ(ə)rəlàɪz/ 動 他 熱分解する.

py·ro·ma·ni·a /pàɪ(ə)rəméɪniə/ 名 U《医》放火癖, 放火狂.

py·ro·ma·ni·ac /pàɪ(ə)rəméɪniæk/ 名 放火癖のある人, 放火魔.

py·rom·e·ter /paɪrɑ́məṭə/ -rɔ́məṭə/ 名《理》高温計.

py·rom·e·try /-tri/ 名 U 高温測定（法［学］. **py·ro·met·ric** /pàɪ(ə)rəmétrɪk/ 形 **-ri·cal·ly** /-kəli/ 副

py·rope /páɪroʊp/ 名 U《鉱》紅柘榴(コウザクロ)石, パイロープ.

py·ro·phor·ic /pàɪ(ə)rəfɔ́ːrɪk/ -fɔ́r-/ 形 ❶《化》自

然発火しうる, 自燃性の. ❷ 〈合金が〉摩擦で火花を発する.
pỳro·phósphate 名 【化】ピロリン酸塩[エステル].
pỳro·phosphòric ácid 名 Ⓤ 【化】ピロ[焦性]リン酸.
py·ro·sis /paɪróʊsɪs/ 名 Ⓤ 【医】胸やけ.
py·ro·tech·nic /pàɪrətéknɪk‐/ 形 ❶ Ⓤ 花火(製造術)の. ❷ 華々しい.
py·ro·tech·nics /pàɪrətéknɪks/ 名 ❶ Ⓤ 花火製造術. ❷ [複数扱い] a 花火(の打ち上げ). b (弁舌・機知などの)華々しさ, 華やかさ, 華麗さ.
py·ro·tech·nist /pàɪr(ə)rətéknɪst/ 名 花火技術者[打ち上げ]師.
py·ro·tech·ny /pàɪ(ə)rətékni/ 名 Ⓤ 花火技術; 花火打ち上げ.
py·rox·ene /paɪrɑ́ksi:n | -rɔ́k‐/ 名 【鉱】輝石.
pyr·rhic /pírɪk/ 名 形 【詩学】短短格 (⌣⌣)(の), 弱弱格 (××)(の).
Pyr·rhic /pírɪk/ 形 ピュロス王の: a ~ victory 犠牲が多くて引き合わない勝利 (由来 Pyrrhus が多大な犠牲を払ってローマ軍に勝ったことから; cf. CADMEAN victory).
Pyr·rho /píroʊ/ 名 ピュロン (360?-272 B.C.; ギリシアの哲学者; 懐疑論の祖).
Pyr·rho·nism /pírənɪzm/ 名 Ⓤ 【哲】ピュロニズム《一切の判断を中止するピュロンの懐疑論》; (絶対)懐疑説. **-nist** 名
Pyr·rhus /pírəs/ 名 ピュロス (318?-272 B.C.; 古代ギリシア, エペイロス (Epirus) の王; ローマ軍を破ったが多大な犠牲を払った (279 B.C.)).
pyr·role /píroʊl/ 名 Ⓤ 【化】ピロール《4 個の炭素原子と 1 個の窒素原子からなる環をもつ複素環式化合物; ポルフィリン·クロロフィルなど多くの生物学上重要な物質の構成成分》.

py·ru·vate /paɪrú:veɪt/ 名 【化】ピルビン酸塩[エステル].
py·rú·vic ácid /paɪrú:vɪk‐/ 名 Ⓤ 【生化】ピルビン酸, 焦性ブドウ酸《生物の基本的な代謝にかかわる物質》.
Py·thag·o·ras /pɪθǽgərəs, paɪ- | paɪ- , -ræs/ 名 ピタゴラス, ピュタゴラス 《580?-?500 B.C.; ギリシアの哲学者·数学者;「ピタゴラスの定理」を発見した》.
Py·thag·o·re·an /pɪθæ̀gərí:ən, paɪ- | paɪ‐‐/ 形 ピタゴラスの: the ~ theorem [proposition] 【幾】ピタゴラスの定理.
Pyth·i·an /píθiən/ 形 (古代ギリシアの) Apollo の; デルフォイの神託の.
Pyth·i·as /píθiəs, -æs/ 名 ピュティアス, ピシアス: ⇒ DAMON and Pythias 成句.
[+]**py·thon** /páɪθɑn | -θən/ 名 【動】ニシキヘビ《熱帯地方の巨大なヘビ》. 《L < Gk》
Py·tho·nesque /pàɪθənésk‐/ 形 モンティー·パイソン的な《英国の人気テレビ番組 'Monty Python's Flying Circus' (1969-74) におけるギャグのような, ばかばかしくて奇妙で現実離れした》.
pyth·o·ness /páɪθənəs, -nès/ 名 女神官[予言者], みこ.
py·thon·ic /paɪθɑ́nɪk | -θɔ́n-/ 形 ニシキヘビの(ような).
py·u·ri·a /paɪjú(ə)riə/ 名 Ⓤ 【医】膿(のう)尿(症).
pyx /píks/ 名 【キ教】聖体容器《教会にある通例貴金属で造った器》.
pyx·id·i·um /pɪksídiəm/ 名 (複 **-i·a** /-diə/, **~s**) 【植】蓋果.
pzazz /pəzǽz/ 名 《俗》=pizzazz.

Q q

q, Q[1] /kjúː/ 名 (複 qs, q's, Qs, Q's /~z/) ❶ Ｕ,Ｃ キュー(英語アルファベットの第 17 字). ❷ Ｕ (連続したものの)第 17 番目(のもの).

Q[2] /kjúː/ 名 (複 Qs, Q's /~z/) Q 字形(のもの).

q. (略) quart; quarto; query; question.

Q, Q. (略) Queen; Question (cf. A): *Qs* 1-3 are compulsory. 問題 1 から 3 までは必ず解答すること.

QA (略) quality assurance.

qa·ba·lah /kəbɑ́ːlə/ 名 =cabala.

Qad·da·fi, Qad·ha·fi /gədɑ́ːfi | gədɑ́ːfi, -dǽfi/ 名 =Gaddafi.

qa·di /kɑ́ːdi/ 名 法官, カーディー《イスラム世界の裁判官》.

QALY /kjúː·èiɛlwɑ́i/ (略) quality adjusted life year 生活の質で調整した生存年《医療行為で得られる健康の質を数値化し, その数値で生存年を調整したもの》.

Q and A, Q&A (略) question and answer 質問と答え, 質疑応答.

Qa·tar /kɑ́ːtə, kətáː | kǽətə, kɑ́t-/ 名 カタル, カタール《ペルシャ湾に臨むアラビア半島東部の国; 首都 Doha》.

Qa·ta·ri /kɑ́ːtɑri/ 形 カタルの. ── 名 カタル人.

qaw·wa·li /kəvɑ́ːli/ 名 Ｕ カッワーリー《インド・パキスタン・バングラデシュのイスラム音楽・歌謡》.

qb, QB (略)《アメフト》quarterback. **QC** /kjúː·síː/ (略) quality control; Queen's Counsel 《用法》Sir John Brown, *QC* のように, 固有名詞の後につける; cf. KC》. **QCD** (略) quantum chromodynamics.

QED /kjúː·ì·díː/ quantum electrodynamics; quod erat demonstrandum.

Q fèver /kjúː-/ 名 Ｕ 《医》Q 熱《Q 熱リケッチアによる高熱・悪寒・筋肉痛・衰弱を伴う病気》.《*Q*=query》

qi·gong /tʃíː·gɔ́ːŋ | -gɔ́ŋ/ 名 Ｕ 気功《生命のエネルギー「気」によって免疫力・治癒力などを高めることを目指す; 中国古来の健康法》.

Qing·dao /tʃíŋdáu/ 名 青島《チンタオ》《中国山東省の港湾都市》.

QM (略) Quartermaster. **QMG** (略) Quartermaster General. **QMS** (略) quartermaster sergeant. **qq** (略) questions.

Q-ràting /kjúː-/ 名 (芸能人などの)知名度.

qr(s). (略) quarter(s); quire(s). **q.s.** (略) quarter section. **qt.** (略) quantity; quart(s).

q.t., QT /kjúː·tíː/ 名 [the ~] (口) 内密, 秘密: on the *q.t.* こっそり, ひそかに, 内密に.《QUIET の省略形》

Q-tip /kjúː·tìp/ 名《商標》Q チップ《綿棒》. **qtr** (略) quarter. **qty** (略) quantity. **qu.** (略) query; question.

qua /kwɑ́ː/ 前 …として, …の資格で: He stated the opinion as a private individual, not ~ president. 彼は意見を個人として述べたのであって大統領としてではない. 《L》

Quaa·lude /kwéɪluːd/ 名《商標》クワルード《非バルビツール系の鎮静・催眠薬》.

quack[1] /kwǽk/ 動 自 ❶ 〈アヒルなどが〉ガーガー鳴く. ❷ 騒々しくむだ口をきく. ── 名 (アヒルなどの)ガーガー(の鳴き声).《擬音語》

quack[2] /kwǽk/ 名 ❶ 偽医者. ❷ 山師, いかさま師. ── 形 山師(の用いる); いかさまの: a ~ medicine [remedy] いんちき薬[療法] / a ~ doctor 偽医者. 《Du; *quacksalver* の短縮形で, 「自分の治療法をぺらぺら自慢する者」》

quack·er·y /kwǽkəri/ 名 Ｕ いんちき療法.

quáck gràss 名 =couch grass.

quad[1] /kwɑ́d | kwɔ́d/ 名 (口) ❶ =quadrangle 2. ❷ =quadruplet. ❸ [複数形で] (口) 四頭筋 (quadriceps).《略》

quad[2] /kwɑ́d | kwɔ́d/ 名 《電話》カッド《4 本の絶縁導線をねじり合わせたもの》.

quád bike 名 (オフロード用・レース用の)四輪オートバイ(《米》four-wheeler).

quadr- /kwɑ́dr | kwɔ́dr/ 〖連結形〗(母音の前にくる時の) quadri- の異形.

quad·ra- /kwɑ́drə | kwɔ́drə/ 〖連結形〗=quadri-.

quad·ra·ge·nar·i·an /kwɑ̀drədʒənéə(ə)riən | kwɔ̀drə-/ 名 四十代の人(40-49 歳).

Quad·ra·ges·i·ma /kwɑ̀drədʒésəmə | kwɔ̀drə-/ 名 四旬節 (Lent) の第 1 日曜日.

quad·ra·ges·i·mal /kwɑ̀drədʒésəm(ə)l | kwɔ̀drə-/ 形 大斎が 40 日間続く; [Q~] 四旬節の (Lenten).

quad·ran·gle /kwɑ́drǽŋgl | kwɔ́drǽŋgl/ 名 ❶ 四角形, 四辺形. ❷ a (特に, 大学などで建物に囲まれた)中庭. b 中庭を囲む建物.《F<L; ⇨ quadr-, angle[1]》

quad·ran·gu·lar /kwɑdrǽŋgjʊlə | kwɔdrǽŋgjʊlə/ 形 四角[四辺]形の.

quad·rant /kwɑ́drənt | kwɔ́drənt/ 名 ❶ 四分円. ❷ 四分儀, 象限儀《昔の天文観測用の器具; 現在は sextant を使用する; cf. octant 2》.

quad·ra·phon·ic /kwɑ̀drəfɑ́nɪk | kwɔ̀drəfɔ́n-/ 形 《録音再生の》4 チャンネル方式の.

quàd·ra·phón·ics /kwɑ̀drəfɑ́nɪks | kwɔ̀drəfɔ́n-/ 名 =quadraphony.

qua·draph·o·ny /kwɑdrǽfəni | kwɔ-/ 名 Ｕ 《録音・再生などの》4 チャンネル方式.

quad·rat /kwɑ́drət, -drǽt/ 名《生態》方形区, 枠, コドラート《植生調査などで設定される方形の単位地域》.

quad·rate /kwɑ́drət, -dreit/ 名 ❶ 正方形, 方形(の物場所)》. ❷ [また **quádrate bóne**] 《動》方(形)骨. ── /kwɑ́dreit | kwɔdréɪt/ 動 他 (正)方形にする; 一致[適合, 調和]させる. ── 自 一致する.

quad·rat·ic /kwɑdrǽtɪk | kwɔdrǽt-/ 形 《数》二次の: solve a ~ equation 二次方程式を解く.

quad·ra·ture /kwɑ́drətʃə | kwɔ́drətʃə/ 名 Ｕ ❶ 《数》求積(法). ❷ 《天・占星》矩(く), 矩象(じょう)《地球から見て, 月または外惑星が太陽から 90° 離れて見える場合の位置(関係)》. ❸ 《電子工》直角位相, 矩象.

quad·ren·ni·al /kwɑdréniəl | kwɔdrén-/ 形 4 年ごとの; 4 年間続く.

qua·dren·ni·um /kwɑdréniəm | kwɔdrén-/ 名 (複 ~s, -ni·a /-niə/) 四年間.

quad·ri- /kwɑ́drɪ | kwɔ́drɪ/ 〖連結形〗❶「4(番目)」. ❷「二次の」.《L *quattuor* 4》

quad·ric /kwɑ́drɪk | kwɔ́drɪk/ 《数》形 二次の. ── 名 二次関数; 二次曲面.

quad·ri·ceps /kwɑ́drəsèps | kwɔ́drə-/ 名 (複 ~) 《解》(大腿)四頭筋.

quàdri·láteral 形 四辺形の. ── 名 ❶ 四辺形. ❷ 方形地.

qua·drille /kwɑdríl/ 名 ❶ カドリーユ, カドリール《4 組が組んで行なう舞踏》. ❷ カドリーユの曲.

qua·dril·li·on /kwɑdríljən | kwɔdríljən, -liən/ 名 形 ファドリリオン(の): **a**《米》10^15 の. **b**《英》10^24 の.

quàdri·pártite 形 4 部[4 人]からなる, 4 部に分かれている, 4 者[4 国]間の.

quad·ri·ple·gi·a /kwɑ̀drəplíːdʒ(i)ə | kwɔ̀drə-/ 名 Ｕ 《医》四肢麻痺. **-ple·gic** /-dʒɪk/.

quàdri·válent =tetravalent.

qua·driv·i·um /kwɑdríviəm | kwɔdríːv-/ 名 (複 ~s, -i·a /-iə/)《教育史》四学, 四科《中世の大学の算術・音楽・幾何・天文学; cf. trivium》.

quad·roon /kwɑdrúːn | kwɔ-/ 名 四分の一混血児《白人と mulatto との混血児; 黒人の血を ¼ 受けている; cf.

quad·ro·phon·ic /kwàdrəfάnɪk│kwɔ̀drəfɔ́n-/ 形 =quadraphonic.

quad·ru- /kwάdru│kwɔ́dru/〔連結形〕=quadri-.

quad·ru·ped /kwάdrupèd│kwɔ́dru-/ 名 動 四足獣《通例哺乳(ほ)類の動物》. ― 形 四足の.

qua·dru·pe·dal /kwɑdrúːpədl, kwɔdr-/ 形 四足を有する; 四足動物の; 四足歩行の, 四つんばいの.

quad·ru·ple /kwɑdrúːpl, kwɔdrúːpl/ 形 ❶ 四重の; 4倍の. ❷ 4部分から成る; 4者間の. ❸《楽》4拍子の: ~ measure [rhythm, time] 4拍子. ― 名 ❶ [the ~] 4倍: *the ~ of ...* ...の4倍. ― 動 他〈数・量を〉4倍にする. ― 自 4倍になる. **quad·rú·ply** 副 〔F<L; ⇒ quadru-, -ple〕

quad·ru·plet /kwɑdrúːplət, -drʌ́p-│kwɔ́drup-/ 名 ❶ a C 四つ子の一人 (⇒ **twin** 関連). b [複数形で] 四つ子. ❷ C 四組, 四つぞろい.

quad·ru·pli·cate /kwɑdrúːplɪkət│kwɔ-/ 形〈文書など〉4通に作成した. ― 名 4通(の中の一つ). **in quadrúplicate** 4通りに(作成[して]された)].

quad·ru·plic·i·ty /kwɑ̀drupli'sət̬i│kwɔ̀dru-/ 名 U 四重性.

quad·ru·pole /kwɑ́drəpòul│kwɔ́drə-/ 名《電》四重極, 四極子.

quaes·tor /kwéstər, kwíːs-│-tə/ 名《ロ史》審問官, 財務官. **-to·ri·al** /kwestɔ́ːriəl, kwiːs-/ 形; **~·ship** 名

quaff /kwάf, kwǽf│kwάːf, kwɔ́f/ 動〈文〉他 ❶〈…を〉痛飲する. ❷〈コップなどの〉中身をがぶがぶ飲む. ― 自 痛飲する, がぶがぶ飲む.

quáff·a·ble /-fəbl/ 形〈ワインが〉大量に飲むのに適しており, どんどん飲めてしまう, 飲みやすい, 口あたりがよい.

quag·ga /kwǽgə/ 名 クアッガ《1860年ごろ絶滅した南アフリカ産の, シマウマに似た動物》.

quag·gy /kwǽgi/ 形 沼地[泥沼]のような; 軟弱な.

quag·mire /kwǽgmaɪər, -maɪə/ 名 ❶ U 沼地, じめじめした土地. ❷ [a ~] 苦境, 窮地, 泥沼: be in a ~ of debt 借金で首が回らないでいる.

qua·hog, -haug /kə(w)óuhɔːɡ, kwɔ́ː-│kwɔ́ːhɔːɡ/ 名〔貝〕ホンビノスガイ《北米東岸産マルスダレガイ科の殻の厚い食用二枚貝》.

⁺quail¹ /kwéɪl/ 名 (複 ~, ~s) 鳥 ❶ C ウズラ. ❷ U ウズラの肉.〔擬音語〕

quail² /kwéɪl/ 動 自〈人・勇気・視線が〉気落ちする, おじけるのに震える: The boy ~*ed* (with fear) *at* the sight. 少年はその光景を見て(怖くて)ひるんだ / Her eyes ~*ed before* his angry gaze. 彼女の目は彼の怒った視線を浴びせられておののいた.

quaint /kwéɪnt/ 形 (特に, 古くて)風変わりでおもしろい, 古風で趣のある: a ~ old custom [house] 風変わりで古風な風習[家]. **~·ly** 副 **~·ness** 名〔F<L *cognitus* よく知られている〕

⁺quake /kwéɪk/ 動 自〈地面などが〉揺れる, 震動する: The earth began suddenly to ~. 地面が突然揺れだした. ❷〈人が〉(恐怖・寒さなどで)がたがた[ぶるぶる]震える: He was *quaking with* fear *at* the sight. 彼はその光景に怖くてがたがたと震えていた. ― 名 ❶ 揺れ, 震え, おののき. ❷〔口〕地震 (earthquake).【類義語】⇒ **shake**.

quáke·pròof 形 耐震の. ― 動 他〈建物を〉耐震にする.

⁺Quak·er /kwéɪkər│-kə/ 名 形 クエーカー教徒(の)《George Fox が創始したキリスト教の一派 the Society of Friends の会員; 絶対平和主義者として知られる》.
《QUAKE+-ER²〕; 主の言葉に震えることからつけた俗称; クエーカー教徒自身はこの語を用いず Friend を用いる〕

Quák·er·ism /-kərìzm/ 名 U クエーカー派の教義・習慣(など).

quáking áspen 名〔植〕アメリカヤマナラシ《ヤマナラシ[ポプラ]属の高木》.

quak·y /kwéɪki/ 形 (**quak·i·er**; **-i·est**) 震える.

qua·le /kwάːli, -leɪ/ 名 (複 **qua·li·a** /-liə/)〔哲〕《物から抽象した独立の・普遍的な》特質.

⁺qual·i·fi·ca·tion /kwɑ̀ləfɪkéɪʃən│kwɔ̀l-/ 名 ❶ C [通例複数形で]《職などにつくための》資格;〔職にふさわしい〕能力, 技術, 知識: gain a medical ~ 医師の資格を取得する / These are the ~s *for* enter*ing* this university. これらがこの大学入学のための資格です. / She has no ~(s) *for* the post. 彼女にはその地位につく資格[能力]はない / [*+to do*] He has outstanding ~s to be president. 彼には社長となる抜群の資格[能力]がある. ❷ U.C 制限(を加えること), 条件(をつけること): with certain ~s ある制限[条件]付きで / without (any) ~ 無制限[無条件]に. ❸ U 資格を与えること; 資格があること. (動 **qualify**)

qual·i·fi·ca·to·ry /kwάləfəkətɔ̀ːri│kwɔ̀ləfɪkéɪtəri, -tri/ 形 (資格上の)資格を付与する; 条件付きの.

⁺qual·i·fied /kwάləfàɪd│kwɔ́l-/ 形 (**more ~**; **most ~**) ❶ 資格のある, 適任の; 免許[検定]を受けた: a ~ doctor 有資格医 / a person ~ *for* the post その地位に適任の人 / He's ~ *in* optometry. 彼は検眼士の資格を持っている / He's well [fully] ~ *for* the work. 彼は仕事に十分通じている / [*+to do*] He's ~ *to* practice law. 彼は弁護士としての資格がある《《用法》資格はあるが正式な免許がないにも含意にもなる》/ He's ~ *as* a lawyer. 彼は弁護士としての資格がある. ❷ U.C 制限[限定]された, 条件付きの (↔ unqualified): The operation was a ~ success. 作戦[手術]は条件付きの成功をおさめた《完璧に成功したわけではない》.

⁺qual·i·fi·er /-fàɪər│-fàɪə/ 名 ❶ 有資格者, 予選通過者; 予選. ❷〔文法〕修飾語句〔形容詞(句)・副詞(句)など〕.

⁺qual·i·fy /kwάləfàɪ│kwɔ́l-/ 動 他 ❶〈才能・技術などが〉人に〈仕事・地位などに〉適任とする;〈人に〉〈…の〉資格を与える: His skill *qualifies* him *for* the job. 彼の技術はその仕事にうってつけだ / [*+目+to do*] What *qualifies* us *to* receive pensions? どんな資格があれば我々は年金をもらえるのですか / Her experience *qualifies* her *as* a teacher. 彼女の経験があれば先生になるのに十分だ. ❷〔ス ポ〕〈…を〉〈…へ〉と進出させる; 予選を通過させる〔*for*〕. ❸〈…を〉〈…と〉述べる, みなす: [*+目+as* **num**] Their actions may be *qualified as* irrational. 彼らの行動は不合理であるとみなされよう. ❹ a〈陳述・意見などを〉修正する, 緩和する: He *qualified* his earlier statement. 彼は先に発言したことを修正した. b〔文法〕〈…の〉意味を修飾する: Adjectives ~ nouns. 形容詞は名詞を修飾する. ― 自 ❶ a〈仕事・地位などの〉資格を得る, 有資格者になる: You will ~ next year. あなたは来年資格が得られます / He has not yet *qualified for* the race [*in* medicine]. 彼はまだそのレースに出場する[医師の]資格がない / It takes six years to ~ *as* a doctor. 医師としての資格を得るには6年かかる / [*+to do*] He *qualified* to join the club. 彼はクラブに加入する資格を得た. b〔…として〕適任である:
 ~ *as* a secretary 秘書としてうってつけである. ❷〔スポ〕予選を通過する〔*for*〕. ❸〔…とみなされる, 認定される〔*as*〕. 〔F<L<*qualis* of what kind+-IFY〕(名 **qualification, quality**)

quál·i·fy·ing 形 A ❶ 資格を与える: a ~ examination [match] 資格検定試験[予選試合]. ❷ 限定的な, 制限する: a ~ statement 限定的な陳述《★ 条件をつけたりする言い方》.

⁺qual·i·ta·tive /kwάləteɪt̬ɪv│kwɔ́lɪtətɪv, -tèɪt-/ 形 質の, 質に関する, 質的な (↔ quantitative). **~·ly** 副 (名 **quality**)

qualitative análysis 名 U〔化〕定性分析.

⁺qual·i·ty /kwάləti│kwɔ́l-/ 名 (**複 -ties**) ❶ U 質, 資質, 品質 (↔ quantity): of good [high] ~ 質のよい / of poor [low] ~ 質の悪い / (the) ~ of life 生活の質《特に個人の健康や生きがいという観点から見た質の良し悪》/ *Q-*
matters more than quantity. 量より質が大切である. b C [通例複数形で]〔もの・人などの〕特質, 特性, 特色〔*of, for*〕; 固有の〕特性 / Is laughter a ~ *of* humankind? 笑いは人間の特質か / I don't have the right *qualities for* the job. 私にはその仕事に対する適性はない. ❷ U 良質, 優良

性: goods of ~ 良質の品物 / an actress of real ~ 名女優 / His work has ~. 彼の仕事はすぐれている. ── [形] [A] ❶ 上質の, すばらしい, 高級な: ~ goods 上等品 / a ~ newspaper 高級紙. ❷ [通例複合語で] (…の)質の: low ~ paper 質の低い紙 / high [top] ~ wine 上質のワイン. 〘F＜L＜*qualis* of what kind〙 ([動] qualify, [形] qualitative) 【類義語】**quality** 最も広い意味の語で, 人[物]の性質・行動をきめ, またそれを他と区別する性質; 有形・無形, また一時的・永久的を問わない. **property** ある物の種類・タイプを特色づける本来の性質. **character** 個人[個体]またはその種全体を他と区別する特徴となる性質; 科学的な語. **attribute** ある人や物が当然持つものであるとされる性質.

Q

quálity assùrance [名] [U] 〘経営〙 品質保証《品質管理による; 略 QA》.

+**quálity contròl** [名] 品質管理《略 QC》. **quálity contròller** [名]

quálity tìme [名] [U] (大切な人(特に子供)・活動のために過ごす)上質の[大切な]時, (親子の)交流時間.

+**qualm** /kwáːm, kwɔ́ːm/ [名] [通例複数形で] ❶ 気[良心]のとがめ: She has no ~*s about* tell*ing* a lie. 彼女はうそをついても気がとがめない. ❷ (ある事をする前に襲われる突然の)不安, 疑念: He felt ~*s about* let*ting* her go alone. 彼は彼女を一人で行かせることに不安を感じた. ❸ (突然の)むかつき, 吐き気: ~*s of* seasickness 船酔い.

quálm·ish /-mɪʃ/ [形] ❶ 良心がとがめる. ❷ むかつきやすい.

quam·ash /kwáməʃ | kwɔ́m-/ [名] ＝camas.

quan·da·ry /kwándəri | kwɔ́n-/ [名] 困惑, 板ばさみ(の境地), 難局: be in a ~ (*about* [*over*]…) (…のことで)途方に暮れる.

quan·go /kwǽŋgou/ [名] ([複] ~s) 《英》 (政府の)特殊法人. 〘*qu*asi-*a*utonomous *n*ational *g*overnmental *o*rganization〙

quant /kwánt | kwɔ́nt, kwǽnt/ [名] 《英》 舟ざお《先が泥にはまり込まないように輪縁などをつけたもの》.

quan·ta [名] quantum の複数形.

quan·tal /kwántl | kwɔ́n-/ [形] 量子(力学)の; 非連続的[離散的]な値をとる, (全か無かの)二者択一の状態しかない. **~·ly** [副]

quan·tic /kwántɪk | kwɔ́n-/ [名] 〘数〙 同次多項式.

quan·ti·fi·a·ble /kwántəfàɪəbl | kwɔ́n-/ [形] 定[数]量化できる.

quan·ti·fi·ca·tion /kwàntəfɪkéɪʃən | kwɔ̀n-/ [名] [U] 定量化, 数量化.

quán·ti·fì·er /-fàɪɚ | -fàɪə/ [名] 〘文法〙 数量詞《some, many など》.

+**quan·ti·fy** /kwántəfàɪ | kwɔ́n-/ [動] [他] 〈…の〉量を定める[測る, 示す]. ([名] quantity)

quan·ti·tate /kwántətèɪt | kwɔ́n-/ [動] [他] (特に 正確に) 〈…の〉量を計る[見積もる]; 数量詞で表わす. **quan·ti·ta·tion** /kwàntətéɪʃən | kwɔ̀n-/ [名]

+**quan·ti·ta·tive** /kwántətèɪtɪv | kwɔ́ntɪtə-, -tèɪt-/ [形] 量の, 量に関する, 量的な (↔ qualitative). **~·ly** [副] ([名] quantity)

quántitative análysis [名] [U] 〘化〙 定量分析.

quan·ti·tive /kwántətɪv | kwɔ́n-/ [形] ＝quantitative. **~·ly** [副]

***quan·ti·ty** /kwántəti | kwɔ́n-/ [名] ❶ [U] 量 (amount; ↔ quality): I prefer quality to ~. 量よりも質を選ぶ. ❷ [C] (ある特定の)分量, 数量 (amount): a given ~ 一定量 / a large [great] ~ *of* wine [books] 多量のワイン[多数の書物] 《[用法] 可算名詞の複数形を伴う場合は a (large) number of のほうが普通》 / They had only a small ~ left. 彼らには少ししか残っていなかった. ❸ [C] [複数形で] 多量, 多数: I had *quantities of* work to do. しなければならない仕事がたくさんあった. ❹ [C] 〘数〙 量; 量を表わす数字[符号]: a known ~ 既知量[数] / ⇨ unknown quantity. **in quántity＝in (lárge) quántities** たくさん(の), 多量の[に]: Food is cheaper when you buy it *in* ~. 食料は大量に購入すれば安く買える. 〘F＜L＜*quantus* how much〙 ([動] quantify, [形] quantitative)

quántity survèyor [名] (建築の)積算士.

quan·tize /kwántaɪz | kwɔ́n-/ [動] [他] 〘理〙 量子化する. **quán·tiz·er** [名] **quan·ti·za·tion** /kwàntɪzéɪʃən | -taɪz-/ [名]

+**quan·tum** /kwántəm | kwɔ́n-/ [名] ([複] **-ta** /-tə/) ❶ 〘理〙 量子. ❷ 量; (特に)少量: There's not the least ~ of proof. わずかな証拠もない. ── [形] [A] 飛躍的な, 画期的な: a ~ improvement in quality 質の飛躍的改善. 〘L＝how much〙

quántum chromodynámics [名] [U] 量子クロモ力学《クォークの相互作用に関する理論; 略 QCD》.

quántum compùter [名] 量子コンピューター《量子力学の原理を応用した計算理論に基づくコンピューター》.

quántum electrodynámics [名] [U] 量子電磁力学《略 QED》.

quántum léap [júmp] [名] ❶ 飛躍的進歩[改善], めざましい進歩 〔*in*〕. ❷ 〘理〙 量子飛躍.

quántum mechánics [名] [U] 量子力学.

quántum nùmber [名] 〘理〙 量子数.

quántum phýsics [名] [U] 量子物理学.

quántum thèory [名] [U] [しばしば the ~] 量子論.

+**quar·an·tine** /kwɔ́ːrəntìːn | kwɔ́r-/ [名] ❶ [U] [また a ~] (人・動物などに対する)隔離; 検疫: be in [out of] ~ 隔離中である[検疫済みである] / put a person in(to) ~ 人を隔離する. ❷ [C] 隔離時間; 検疫期間. ── [動] [他] (伝染病予防のために)〈人・動物などを〉隔離する; 〈船・乗客を〉検疫する《★ 通例受身》: He *was* ~*d* for a week with dysentery. 彼は赤痢で1週間隔離された. 〘It＝40日(間)＜L〙

+**quark**[1] /kwɔ́ɚk, kwáɚk | kwáːk, kwɔ́ːk/ [名] 〘原子物理〙 クォーク《素粒子の構成要素となる粒子》.

quark[2] /kwáɚk | kwáːk/ [名] [U] クワルク《脱脂乳を原料にした低脂肪非熟成の糊状カードチーズ; ドイツ産》.

***quar·rel**[1] /kwɔ́ːrəl | kwɔ́r-/ [名] ❶ (立腹しての)口げんか, 口論, 仲たがい《[比較] fight は取っ組み合いのけんか; brawl は街頭での殴り合いの騒々しいけんか》: have a ~ *with*…と口げんかする / make up (after) a ~ 和解する, 仲直りする / It takes two to make a ~. 《諺》 相手がなくてはけんかにならぬ《★ けんかの責任は双方にある,「けんか両成敗」》. ❷ [通例単数形で] けんか[口論]の原因, 苦情; けんかの言い分: in a just ~ 理由正しい争いで / I have no ~ *with* my present salary. 今の給料に何も不服はありません. **pick a quárrel with**…にけんかを売る. ── [動] [自] (**quar·reled,** 《英》 **-relled; quar·rel·ing,** 《英》 **-rel·ling**) ❶ **a** 口げんかする: We ~ quite often. 我々はよく口げんかする. **b** 〔人と〕〔…のことで〕けんかする, 口論する, 仲たがいする: They were always ~*ing with* one another *over* [*about*] trifles. 彼らはいつもちょっとしたことで互いに言い争ってばかりいた. ❷ 〔…に〕苦情[小言]を言う; 異議を唱える: It's no use ~*ing with* Providence. 天をうらんでみたところで始まらない / A bad workman ~*s with* his tools. 《諺》 下手な職人は道具に難癖をつける,「弘法は筆を選ばず」. 〘F＜L＝苦情を言う＜*queri* 苦情を言う〙

quar·rel[2] /kwɔ́ːrəl | kwɔ́r-/ [名] (crossbow 用の)四角い矢じりのついた矢.

quar·rel·some /kwɔ́ːrəlsəm | kwɔ́r-/ [形] けんか好きな, けんかっ早い. **~·ness** [名] 〘QUARREL＋-SOME〙

quar·ri·on, quar·ri·en /kwɔ́ːriən | kwɔ́r-/ [名] 〘鳥〙 オカメインコ (cockatiel).

+**quar·ry**[1] /kwɔ́ːri | kwɔ́ri/ [名] ❶ 石切り場, 採石場. ❷ 〔知識・資料の〕源泉, 宝庫. ── [動] [他] ❶ 〈石を〉切り出す 〈*out*〉. ❷ (古文書などから)〈事実などを〉探し出す, 〈記録などを〉探索する. ── [自] 苦心して資料を探し出す. 〘F＜L＝(石を)四角にする＜*quadrus* 四角; cf. cadre〙

quar·ry[2] /kwɔ́ːri | kwɔ́ri/ [名] [単数形で] ❶ (狩りの)獲物. ❷ 追求される人[物].

quar·ry[3] /kwɔ́ːri | kwɔ́r-/ [名] 四角な[菱形の]ガラス[タイルなど].

quárry·man /-mən/ [名] ([複] **-men** /-mən/) 石切り工, 採石作業員.

quárry tìle 名 クォーリータイル《比較的厚く，摩耗や化学薬品に耐えるように硬焼きされている無釉の敷きタイル》.

quart[1] /kwɔ́ət | kwɔ́ːt/ 名 ❶ クォート《液量の単位; = 1/4 gallon, 2 pints; 略 qt.》: **a** 《米》0.946 リットル. **b** 《英》1.136 リットル. ❷ クォート《麦・豆類を量る乾量の単位; = 1/8 peck, 2 pints; 略 qt.》: **a** 《米》1.101 リットル. **b** 《英》1.136 リットル. ❸ 1 クォート入りの瓶[つぼなど].
trý to pùt a quárt into a pínt pòt 不可能なことを試みる《画面》(quart is 2 pints だから).〖F＜L *quartus* 4分の 1; cf. quarter〗

quart[2] /ká:t | ká:t/ 名《トランプ》(特に piquet[1] で)同組の 4枚続きの札 (cf. tierce, quint[2]).

quar·tan /kwɔ́ətn | kwɔ́ː-/ 形《医》4日目ごとに起こる〈熱〉.

*__**quar·ter**__ /kwɔ́ətə | kwɔ́ːtə/ 名 **A** ❶ Ⓒ **a** 4分の1, 四半分, 1/4: a ~ of a mile 4分の1マイル / a mile and a ~ 1マイル4分の1 / three ~s 4分の3 / the first ~ of the 21st century 21世紀の最初の四半期(2001-25年) / for a ~ (of) the price=for ~ the price 4分の1で; うんと安く. **b** 15分: at (a) ~ past [《米》after] five 5時15分過ぎに / at a ~ to [《米》of] five 5時15分前に(★a はしばしば省略される) / The clock strikes the ~s. その時計は15分ごとに時を打つ. **c** 《米・カナダ》25 セント; 25セント貨《米では白銅貨, カナダではニッケル貨; ⇒ coin 解説》. **d** 四半期(1年の4分の1; 3か月); (4支払期の)1季[期] (cf. quarter day). The rent is due at the end of each ~. 家賃は3箇月ごとの期末が支払日になっている. **e** 《米》(4学期制学校の)1学期《約12週間; cf. semester, term B 1》. **f** クォーター《重量の単位; = 1/4 hundredweight; 略 qr.; 《米》では25 pounds, 《英》では28 pounds》. **g** 《英》クォーター《穀物を量る乾量の単位; 略 qr.; =8 bushels》. **h** 4分の1ヤード. **i** 4分の1マイル《競走の距離》: He has done *the* ~ in 50″. 4分の1マイルを50秒で走ったことがある(★ fifty seconds と読む). **j** [しばしば複合語で] 4肢(し)の一つ, 四半分; ⇒ hindquarter. **k** 《天》弦《月の周期の4分の1》: the first [last] ~ 上[下]弦. **l** 《海》4分の1斜(1/4斜). **m** 《紋》盾の4分の1. **n** 《競技》クォーター《アメリカンフットボールなどの試合時間の4分の1; cf. half 5 a》. **o** 《アメフト》=quarterback. ❷ Ⓒ **a** 方位, 方角; 地方, 地域: from every ~=from all ~s 方方八方から / What ~ is the wind in? 風はどちらから(の)か; 形勢はどうか. **b** (都市の)地区, ~街, 《特定集団の》居住者たち: a Jewish ~ ユダヤ人街 / a residential ~ 住宅地区 / the manufacturing ~ of the town その町の工場地帯 / live in cramped [close] ~s 狭苦しい所にごちゃごちゃ住む / ⇒ Latin Quarter. **c** [しばしば複数形で]; 明示するのを避ける時に用いて](社会・政府などの)方面, (情報などの)出所: from certain ~s さる筋から(の) / There's no help to be looked for in [from] that ~. その方面からは何の援助も期待できない. ❸ [複数形で] **a**《軍》宿舎, 宿営: married [single] ~s 既婚[独身]者用宿舎 / take up ~s in…に宿営する. **b** 《海》部署. **c** 住居, 宿所: find ~s 住む所を見つける. ❹ Ⓒ《海》船尾側: on the ~ 船尾方に.
— **B** Ⓤ [通例否定文で]《古風》(降伏した敵などに対する)寛大, 慈悲: They gave no ~ to their enemies. 彼らは敵兵に対しては何の容赦もしなかった.
at clóse quárters ⇒ close quarters 成句.

— 形 4分の1の, 4半分の: a ~ mile 4分の1マイル.
— 動 ❶ **a** 〈…を〉四(等)分する: ~ an apple リンゴを4つに切る. **b** 〈…を〉四分の一に減らす. **c** 〈罪人などを〉四つ裂きにする. ❷ 〈…を〉宿営させる, 〈兵に〉…の宿舎をあてがう《*in*, *on*, *with*》: The soldiers are ~ed in the village. 兵士たちは村に宿舎を割り当てられている.
〖F＜L *quartus* 4分の1; cf. quart〗

quar·ter·age /kwɔ́ətərɪdʒ | kwɔ́ː-/ 名(年金・給料などの)四半期ごとの支払い.

quárter·bàck 名 Ⓒ 《アメフト》クォーターバック《略 qb, QB》. — 動 他 《アメフト》〈チームの〉クォーターバックを務める; 〈米口〉指揮をとる.

quárter bìnding 名 Ⓤ《製本》背革[背布]装丁.

quárter-bòund 形 背革[背布]装丁の.

quárter dày 名 四期支払日《解説 米国では1月, 4月, 7月, 10月の各第1日; イングランド・ウェールズ・北アイルランドでは Lady Day (3月25日), Midsummer Day (6月24日), Michaelmas (9月29日), Christmas (12月25日); スコットランドでは Candlemas (2月2日; 1991年から2月28日), Whitsunday (Easter 後第7の日曜日; 1991年から5月28日), Lammas (8月1日; 1991年から8月28日), Martinmas (11月11日; 1991年から11月28日); cf. quarter day A 1 d》.

quárter·dèck 名 [the ~]《海》船尾甲板, 後甲板 (cf. forecastle).

*__**quàrter·fínal**__ 《スポ》準々決勝試合《4つの試合のうちの一つ; cf. final 1》. — 名 準々決勝の.

quàrter·fínalist 名 準々決勝出場選手[チーム].

quárter hórse 名《米》クォーター馬《1/4マイル競走用に改良された馬》.

quárter hóur 名 ❶ 15分間. ❷ (時刻の)15分前[後]の時点.

quar·ter·ing /kwɔ́ətərɪŋ/ 名 ❶ Ⓤ 四分すること. ❷ Ⓤ 《軍》(兵隊の)宿舎割当て, 分宿. ❸ [複数形で]《紋》盾の四つ割り(の一区), 四分区上に配置された紋章《一区ごとに違った紋章を配し, 通例 姻戚関係を表わす》.

quárter·lìght 名 《英》(自動車の)三角窓.

quar·ter·ly /kwɔ́ətəli | kwɔ́ːtə-/ 形 [雑誌など] 年4回発行の, 〈支払などが〉年4期の[に分けて]: a ~ magazine 季刊誌. — 副 年4回発行で, 季刊で; 年4期に: This magazine comes out ~. この雑誌は年4回発行される. — 名 季刊物[誌].

quar·ter·màster 名 ❶ 《陸軍》需品[補給]係将校《宿舎割り当て・糧食・被服・燃料・運輸などをつかさどる; 略 QM》. ❷ 《海》操舵(だ)員.

quártermaster géneral 名 (® quartermasters general)《陸軍》主計総監, 需品課長《略 QMG》.

quártermaster sérgeant 名 《軍》補給部付き軍曹《略 QMS》.

quar·tern /kwɔ́ətən | kwɔ́ːtən/ 名 《英古》クォータン《液量・穀量の単位; pint, gill, peck, stone などの 1/4》.

quárter nòte 名 《米》《楽》4分音符《《英》crotchet》.

quárter-plàte 名 《写》手札判の乾板, 手札判写真 (8.3 ×10.8 cm).

Quar·ter Poun·der /kwɔ́ətəpáundə | kwɔ́ːtəpáundə/ 名 《商標》クォーターパウンダー《McDonald's 社製の大きいサイズのハンバーガー; 1/4ポンドの100%ビーフハンバーグが入っている》.

quárter séction 名 《米》《測》クォーターセクション《政府測量の単位で 1/4 section (=160 acres), 半マイル四方の土地; 略 q.s.》.

quárter sèssions 名 图 ❶《英》(昔の)四季裁判所《3か月ごとに開かれた下級の刑事裁判所; Crown Court に取って代わられた》. ❷《米》下級裁判所《New Jersey などいくつかの州で3か月ごとに開かれる》.

quárter·stàff 名 (® -staves) (昔英国農民が武器に用いた)六尺棒《両端に鉄のはまった木の棒》.

quárter tòne 名《楽》4分音(程).

*__**quar·tet**__, **quar·tette** /kwɔətét | kwɔː-/ 名 ❶ 《楽》カルテット《四重唱[奏], 四重唱[奏]曲[団]; ⇒ solo 関連》. ❷ 4人の組, 4人組. ❸ 4人一組.

quar·tic /kwɔ́ətɪk | kwɔ́ː-/ 《数》形 四次の. — 名 四乗冪(べき); 四次方程式.

quar·tile /kwɔ́ətaɪl | kwɔ́ː-/ 名 《統》四分位数《度数分布で変数値のとる幅を4等分する3つの変数値のうちの一つ》.

quar·to /kwɔ́ətoʊ | kwɔ́ː-/ 名 (® ~s) ❶ Ⓤ 四つ折り紙[判], クォート判《全紙の2倍折り; 略 4to, 4°; cf. format 1 b》: bound in ~ 本から四つ折り判で. ❷ Ⓒ 四つ折り判の本. — 形 四つ折り(判)の: a ~ edition 四つ折り判. 〖L (*in*) *quarto* 4分の1(で); ⇒ quarter〗

quartz /kwɔ́əts | kwɔ́ːts/ 名 《鉱》石英, クォーツ《★その透明な結晶が rock crystal (水晶)》: violet ~ 紫水晶 / a ~ clock [watch] クォーツ[水晶]時計.

quártz clòck 图 水晶(発振式)時計, クォーツクロック.
quártz glàss 图 Ⓤ 石英ガラス.
quártz wàtch 图 水晶(発振式)腕時計, クォーツ時計.
†**qua·sar** /kwéɪzɑː | -zɑː/ 图《天》準星, クェーサー.
†**quash** /kwɑ́ʃ | kwɔ́ʃ/ 動 ⓣ ❶ 〈反乱などを〉鎮圧する, 静める: ~ a revolt 反乱を鎮圧する. ❷《法》〈判決などを〉破棄[廃棄]する, 無効にする.
qua·si /kwéɪsaɪ, -zaɪ, kwá:zi/ 形 類似の, 準..., 半...: a ~ contract《法》準契約 / a ~ member 準会員. 【L= as if, as it were】
qua·si- /kwéɪsaɪ, -zaɪ, kwá:zi/ [連結形]「類似の, 半..., 準..., 擬似...」(cf. pseudo-) (★ しばしば「似て非なる」の意で軽蔑的に用いられる): in a *quasi*-official capacity 半ば公的な資格で / *quasi*democratic government 民主的に見えて実はそうではない半民主的政治.
quas·sia /kwɑ́ʃ(ɪ)ə | kwɔ́ʃ-/ 图 ❶ Ⓒ《植》ニガキ科の各種の植物, (特に)カッシア《熱帯アメリカ原産》. ❷ Ⓤ カッシア《ニガキから採る苦味液》; 強壮剤・駆虫剤.
quàt·er·cen·ténary /kwɑ̀tə- | kwæ̀tə-/ 图 400 年祭.
qua·ter·na·ry /kwɑ́tənèri | kwətə́:nəri/ 形 ❶ 4 要素から成る; 四つひと組の. ❷ [Q~]《地》第四紀[系]の: the Q~ period 第四紀. ❸《化》4 基[元素]からなる. —— 图 ❶ Ⓒ 4 部ひと組のもの. ❷ [the Q~]《地》第四紀[系].
qua·torze /kətɔ́ːz | -tɔ́:z/ 图《トランプ》エース[キング, クイーン, ジャック, 10]の四つぞろい《piquet で 14 点に数えられる》.
quat·rain /kwɑ́treɪn | kwɔ́treɪn/ 图 4 行連句《通例 abab と押韻する》.
quat·re·foil /kǽtəfɔɪl, -trə-/ 图 ❶ 《クローバーなどの》四つ葉. ❷《建》四つ葉飾り.
quat·tro·cen·to /kwɑ̀trətʃéntoʊ | kwætrou-/ 图 [the ~] イタリア芸術の 15 世紀; 15 世紀イタリア美術[文学].
†**qua·ver** /kwéɪvə | -və/ 動 ⓘ 〈声・音が〉震える; 声を震わし, 震え声で歌う[言う]: His voice ~ed badly. 彼の声はひどく震え(てい)た. —— ⓣ 〈...を〉震え声で歌う[言う]: She ~ed (*out*) a greeting. 彼女は震え声であいさつを述べた. —— 图 ❶ 震音, 震え声. ❷《英》《楽》8 分音符 (eighth note).
qua·ver·y /kwéɪv(ə)ri/ 形 震え声の.
†**quay** /kíː/ 图 波止場, 埠頭(ふとう). [類義語] ⇒ wharf.
quay·age /kíːɪdʒ/ 图 Ⓤ ❶ 埠頭税, 埠頭使用料. ❷ 波止場用地. ❸《集》《全体》.
quáy·sìde 图 波止場周辺[地区].
Que.《略》Quebec.
quean /kwíːn/ 图《古》あつかましい女[少女], はすっぱ女, あばずれ; 売春婦.
quea·sy /kwíːzi/ 形 (**quea·si·er**, **-si·est**) ❶ a 〈人が〉吐き気がする: I felt a bit ~ on the bus. バスに乗っていてちょっと気持ちが悪くなった. b 〈胃から飲食物を受けつけていない, むかつきやすい. c 〈食物が〉むかむかさせる. ❷ [通例 P] 不快で, 不安で: She was ~ *at* [*about*] *having* to hide the truth. 本当のことを隠さなければならないので彼女は不安だった. **quéa·si·ly** 副 **quéa·si·ness** 图
Que·bec /kwɪbék, kwə-/ 图 ケベック《カナダ東部の同国最大の州; その州都; 略 Que.》.
※**queen** /kwíːn/ 图 ❶ [しばしば Q~] **a** 女王: Q~ Elizabeth II エリザベス 2 世女王《★ 肩書きの場合は無冠詞》/ the Q~ of England 英国女王《→ 巻末付録》/ the Q~ of Scots スコットランドの女王 (Mary Stuart のこと). **b** 王妃: the King and Q~ 国王夫妻. ❷ [しばしば Q~] 《誇示された伝説的意》女神, 女王: the Q~ of heaven 天の女王; 月 / the Q~ of love 愛の女神, ビーナス / the Q~ of night 夜の女王, 月の女神 / the Q~ of Grace 聖母マリア. ❸ 女王になぞらえられる女, 美人, (特に)美人コンテストの入選者, (...の)女王: a beauty ~ 美の女王 / a ~ of society 社交界の花形 / a movie ~ 映画界の花形女優, 銀幕の女王. ❹ 〈蜂・アリなどの〉女王: ⇒ queen ant, queen bee. ❺《俗》男性の同性愛者; (特に)女役のホモ. ❻《トランプ》クイーン: the ~ of hearts ハートのクイーン; 美人. ❼《チェス》クイーン, 女王《★ 最も強力な駒; 将棋の「飛車」と「角」を合わせた動きをする》. **quéen of púddings** プディングの女王《カスタードとパン粉を材料にして焼きメレンゲをかぶせたプディング》. **the Queen of the Máy** =May queen. —— 動 ⓣ ❶ 〈女性を〉女王[王妃]にする. ❷《チェス》〈ポーン (pawn) を〉クイーンにならせる. **queen it** 〈人に対して〉〈ポーンの〉女王のようにふるまう, 女王然とする: She ~*s it over* all the other children in the class. 彼女はクラスの他の子供たち全員に女王のようにふるまう. 《OE》形 **queenly; 関連語 regal, royal.
Queen Ánne 图 ⇒ Anne, Queen. —— 形 Ⓐ 《18 世紀初期の建築・家具などアン女王朝様式の》.
quéen ánt 图《昆》女王アリ.
quéen bée 图 ❶《昆》《ミツバチの》女王バチ. ❷ 女王バチのようにふるまう人《女性》.
quéen·càke 图 クイーンケーキ《レーズンの入った小さい, 通例ハート形のケーキ》.
quéen cónsort 图 《⑧ queens consort》 王妃 (cf. queen regnant).
quéen·dom /-dəm/ 图 女王国[領]; 女王の位.
quéen dówager 图 皇太后《王の未亡人; cf. queen mother》.
queen·ie /kwíːni/ 图《古風》=queen 5.
quéen·lìke 形 女王のような (queenly).
quéen·ly 形 (**queen·li·er, -li·est**) 女王のような; 女王にふさわしい (cf. kingly 2).
†**quéen móther** 图 皇太后《亡き王の未亡人で現君主の母; cf. queen dowager》.
quéen pòst 图《建》対束(つい)《屋根組みを支える垂直の支柱; cf. king post》.
quéen régnant 图 《⑧ queens regnant》 《一国の君主としての》女王 (cf. queen consort).
Queens /kwíːnz/ 图 クイーンズ区《米国 New York 市東部の行政区 (borough)》.
Quéen's Bénch 图 ⇒ King's Bench.
Quéens·bér·ry rùles /-nzbèri-, -b(ə)ri-/ 图 [the ~] 《ボク》クインズベリー規約《グラブの使用・ラウンド制などを定めた規約》.
Quéen's cólour 图《英》英国国旗.
Quéen's Cóunsel 图 ⇒ King's Counsel.
Quéen's Énglish 图 [the ~] クイーンズイングリッシュ (⇒ King's English).
Quéen's évidence 图 ⇒ King's evidence.
Quéen's Guíde 图《英》最上級のガールガイド (girl guide).
quéen's híghway 图《天下の》公道, 国道.
quéen·sìde 图《チェス》《ゲーム開始時の盤面の》クイーン側.
quéen-sìze, quéen-sìzed 形《口》《ベッドがクイーンサイズの》(king-size と標準型の中間).
Queens·land /kwíːnzlænd, -lənd/ 图 クイーンズランド州《オーストラリア北東部の州; 州都 Brisbane》.
Quéen's Scóut 图《英》最上級のボーイスカウト団員.
Quéen's Spéech 图 ⇒ King's Speech.
†**queer** /kwíə | kwíə/ 形 (**~·er; ~·est**) ❶《古風》風変わりな, 妙な, 変な: ~ weather おかしな天気 / There's something ~ about this house. この家には何か妙なところがある. **b** 疑わしい, 怪しげな, 怪しい: ~ goings-on 怪しいふるまい. ❷《口・軽蔑》同性愛者の, 両性愛者の, 性転換(願望)者の《用法 仲間同士では肯定的に用いることもある》. ❸《英古風》気分が悪い; ふらつきが: I feel a little ~. 少し気分が悪かった. **b** [P] 頭が変で, 気が狂って. ❹《米口》偽の, 無価値の: ~ money 偽金. **in Quéer Strèet** [**quéer strèet**]《英口》(1) 金に困って. (2) 窮地に陥って, 不評判で. ❺《口・軽蔑》同性愛者の, 両性愛の, 性転換(願望)者 (cf. 形 2《用法》). —— 動《口》〈...〉をめちゃくちゃにする, だめにする. **quéer a person's pítch** (=**quéer the pítch for a person**) ⇒ pitch[1] 《成句》. ~**·ly** 副 ~·ness 图 [類義語] ⇒ strange.
quéer-còre /kwíəkɔ̀ː | kwíəkɔ̀:/ 图 Ⓤ クウィアコア: **a** 同性愛者であることを特にパンクロックの音楽によってアグレッシブに主張する同性愛の若者の運動. **b** 同性愛のミュージシャンによるパンクロック風音楽.

quell /kwél/ 動 他 ❶ 《反乱などを》鎮める, 鎮圧する. ❷ 《恐怖・疑念などを》抑える.

quench /kwéntʃ/ 動 他 ❶ a 《渇きを》いやす: ~ one's thirst *with* beer ビールで渇きをいやす. b 《欲望・勢力・動作を》抑える, 抑制する, 静める: Her sarcastic remarks ~ed his passion.=She ~ed his passion *with* sarcastic remarks. 彼女のいやな言葉で彼の情熱も冷えた. ❷ 《火・光などを》消す: ~ fire *with* water 水で火を消す. ❸ 《冷》《鋼を》水に入れて冷却する, 焼入れする. ❹ 《反対者を》黙らせる. **~·er** 名

quénch·less 形 抑えられない; 消すことのできない.

que·nelle /kənél/ 名 《通例複数形で》《味付けした肉や魚の》肉だんご.

quer·ce·tin /kwə́ːsətɪn | kwə́ː-/ 名 U 《化》ケルセチン《黄色染料》.

que·rist /kwí(ə)rɪst/ 名 質問者, 尋問者, 質疑者.

quern /kwə́ːn | kwə́ːn/ 名 手びき臼, ひき臼.

quer·u·lous /kwér(j)ʊləs/ 形 ぶつぶつこぼす, 不平たらたらの, ぐちっぽい. **~·ly** 副   **~·ness** 名

*__que·ry__ /kwí(ə)ri/ 名 ❶ 質問, 疑問; 疑義 《比較 question より形式ばった語》: without ~ 質問しないで; 異議なく《★ 無冠詞》/ make a few queries 2,3質問を出す. ❷ 疑問符《?》《用法》単に疑問文の終わりにつける疑問符をさす場合もあるが, しばしば原稿や印刷物の疑問の個所につけるものをいう》: He put a ~ against [by, next to] the word "true." 彼は「真の」という語に疑問符をつけた. ── 動 他 ❶ 《...に》疑念を表明する, 疑問を呈する: I queried his statement. 私は彼の声明に疑念を呈した 《[+*whether* [*if*]] I ~ *whether* [*if*] it is wise to do so. そうすることが賢明かどうか疑問である. ❷ 《米》《...に》×...の? で》質問する, 尋ねる: They queried the prime minister *about* his resolution. 彼らは総理大臣に決意の程を尋ねた 《[+引用] "How much?" I queried. 「いくら」と私は聞いた. 〖L *quaerere*「問う, 尋ねる」の命令形から〗【類義語】⇒ ask.

que·sa·dil·la /kèɪsədíːjə/ 名 ケサディーヤ 《トルティーヤを二つに折り, 中に肉などの詰め物をして揚げ, チーズを載せたメキシコの食べ物》. 《Sp》

†**quest** /kwést/ 名 探索, 追求 (search): the ~ *for* truth 真理の探求. in quést of ... を求めて. ── 動 自 捜し回る: ~ *for* buried treasure 埋蔵された財宝を捜し回る / We're still ~*ing* for an answer. 我々は依然《あれやこれやと》打開策を探し続けている. 〖F<L<*quaerere* ↓〗

‡**ques·tion** /kwéstʃən/ 名 ❶ C a 質問, 問い, 質疑 《↔ answer》: ~ and answer 質疑応答《★対になっている語で無冠詞》/ He put a difficult ~ to me. 彼は私に難しい質問をした / May I ask (you) a ~?《あなたに》質問してもよろしいですか. / That's a good ~! いい質問ですね《★教室などでしばしば難問に対して時をかせぐために用いられる決まり文句》/ Ask a silly ~ (and you get a silly answer)! 愚問だね《答えってばかばかしい決まってるじゃないか》《★わかりきったことを尋ねられた時にいう》. b 《文法》疑問文. ❷ U a 質問, 疑い: There's no ~ *about* her sincerity. 彼女が誠実であることには疑いの余地はない / There has been some ~ *as to* whether or not she will accept the offer. 彼女がその申し出を受けるかどうかに関してはまだ若干の疑義があった 《[+*that*] There's no ~ *that* he will come. 彼が来ることは疑いなく, 彼は必ず来る. b 《否定文で》可能性: There's no ~ *of* escape. 絶対逃れられない / There's absolutely no ~ *of* his refusing. 彼が断ることなどまったく考えられない. ❸ C 問題; 問題点, 論点; 議論: an open ~ 未決問題 / a difficult [burning, ~] 難問[焦眉の]問題 / the ~ at [in] issue 係争中の問題, 懸案 / the ~ *of* unemployment 失業問題 / the ~ *of* securing enough personnel 十分な人員を確保するという問題 / That's the ~. それが問題〔点〕だ / It's only a ~ *of* time. それは時間の問題にすぎない / The ~ is who is to put up the money. 問題はだれが金を出すかということだ / [(+*that*)+*wh.*] It isn't a ~ *of* whether we can afford such huge sums—the project itself is a mistake. そのような巨額の金を出す余裕が我々にあるかどうかという問題ではない. 計画そのものが間違っている《用法》特に the question の後に *wh.* 節を伴う場合は of は省略することがある》.

bég the quéstion 論点となっていることを真実とみなして話を先へ進める; 論点を巧みに避ける. be ópen to quéstion 疑問の余地がある, 定かでない. beyònd (áll) quéstion 疑いもなく, 確かに, もちろん: He's bright, *beyond* (*all*) ~, but is he honest? 彼は頭がいいのは確かだが, 誠実な人だろうか. bríng [thrów]...ìnto quéstion 《...》を議論の対象にする, 問題にする. cáll...ìn [ìnto] quéstion 《陳述など》にうたがいをかける, 《...》に疑義を唱える. còme ìnto quéstion 論議される, 問題となる. in quéstion 論議されている, 問題の, 当の《concerned》: the person *in* ~ 当人 / the matter *in* ~ 本件. òut of the quéstion 問題にならない; まったく不可能で: "Will you lend me some money?" "I'm sorry, but it is *out of the* ~." 「金を貸してくれないか」「申し訳ないが, それはとても無理だ」. pút the quéstion 《議長が決を採る, 採決する. Quéstion! 《集会などで弁士の脱線を注意して》本題に返れ!; 異議あり! without quéstion (1) =beyond (all) QUESTION 《成句》. (2) 異議なく, 問題なく.

── 動 他 ❶ 《人に》質問する, 尋ねる; 尋問する《比較 ask と違って「質問」を目的語にとらず; また ask より人を追及する意味合いが強い》: ~ a witness 証人を尋問する / We ~ed the Governor *on* [*about, as to*] his policies. 我々は知事に政策について質問した. ❷ 《...を》疑う, 問題にする; 《...に》疑いをかける, 異議を唱える: ~ a person's honesty 人の正直を疑う / The account may be ~ed. その話は本当かどうか疑わしい 《[+*whether* [*if*]] I ~ *whether* [*if*] this measure is legal. この措置が合法かどうか疑問である. ── 自 質問をする, 尋ねる.

〖F<L=問う[求める]こと<*quaerere, quaest-* 問う, 尋ねる, 求める, 捜す; cf. acquire, conquer, inquire, require, quest, request; exquisite〗《関形》interrogative)

【類義語】(1) 名 question 困難や議論を引き起こす問題. problem 解決が要求される問題. issue 論争の対象になっている問題点や法律上の争点, 社会的・国際的な問題. (2) 動 他 ask.

†**ques·tion·a·ble** /kwéstʃənəbl/ 形 ❶ 《真実性などの》疑わしい, 不審な: a ~ statement 疑わしい陳述 / It's ~ whether the rumor is true. そのうわさが真実かどうか疑わしい. ❷ 《正直さ・礼儀などに》問題のある, いかがわしい: ~ conduct いかがわしい行為. **qués·tion·a·bly** /-nəbli/ 副

【類義語】⇒ doubtful.

ques·tion·ar·y /kwéstʃənèri | -nəri/ 名 =questionnaire.

†**ques·tion·er** 名 質問者; 尋問者.

qués·tion·ing 形 ❶ 尋ねるような, 不審そうな: a ~ look いぶかしそうな顔つき. ❷ 知りたがる, 探求的な: a ~ mind 探求心. **~·ly** 副

quéstion màrk 名 ❶ 疑問符《?》. ❷ 未知の事柄, 「未知数」.

quéstion màster 名 《英》=quizmaster.

†**ques·tion·naire** /kwèstʃənéə | -néə/ 名 《参考資料用の》質問事項; 《個条書きにした》質問表, アンケート《調査[用紙]》: fill out a ~ アンケートに書き入れる. 〖F; ⇒ question〗

quéstion tìme 名 U 《英議会》《大臣と議員の》質疑応答時間.

quet·zal /ketsá:l | kwéts(ə)l/ 名 ❶ 《鳥》ケツァール《中米産の尾の長い美しい鳥》. ❷ 《pl -za·les /ketsá:les | kwe-/》ケツァール《グアテマラの通貨単位; =100 centavos》.

*__queue__ /kjúː/ 名 ❶ 《英》《順番を待つ人や乗り物の》列 《《米》line》: in a ~ 列をなして / form a ~ 列を作る / join a ~ 列に加わる / stand in a ~ 列に並ぶ. ❷ 《昔の男性のつけた》弁髪; おさげ. júmp the quéue 《英》= jump the LINE¹ 《成句》. ── 動 自 《英》 ❶ 列を作る: ~

quetzal 1

queue-jump (*up*) at a bus stop バス停で列を作って待つ. ❷ 並んで...の順番を待つ 〈*up*〉: Q- here *for* taxis. タクシーご利用の方はここにお並びください. 【F<L *cauda* しっぽ】

quéue-jùmp 動 ⓐ 〔英〕順番を無視して列に割り込む.

Qué·zon Cíty /kéɪsɑːn- | -zɔn-/ 名 ケソンシティー (フィリピンの都市・旧首都 (1948-76)).

quib·ble /kwíbl/ 名 ❶ (大事な問題点をはぐらかすための)あいまいな言葉; 言い抜け, へ理屈, こじつけ. ❷ つまらない議論, 難癖. —— 動 ⓐ (人を相手に...について)つまらない議論をする, へ理屈を言う 〈*with*〉〈*about, over*〉.

quiche /kiːʃ/ 名 ⒞⒰ キッシュ (チーズ・ベーコン・タマネギなどの入ったパイの一種). 【F<G; G *kuchen* cake と同語源】

＊**quick** /kwík/ 形 (~·er, ~·est; more ~, most ~) ❶ 急速な, 迅速な; すばやい, 敏捷 (びんしょう) な; (...するのが)早くて (↔slow): a ~ reader 読むのが速い人, 速読家 / in motion 迅速に / ~ on one's feet 足が速い / walk at a ~ pace 速い足どりで歩く / Be ~ (about it)! (それを)早く(しろ)! / Let's have a ~ jog before breakfast. 朝食前にひと走りしてこよう [[+to do] She's ~ *to* understand. 彼女は理解が早い / He's ~ *to* take offense. 彼はすぐにかっとなる / She's ~ *at* figures [*at* learning languages]. 彼女は計算が[外国語を覚えるのが]早い / He's ~ *in* his decisions [*in* answering questions]. 彼は決断が速い[よくきびきびと質問に答える] / He's ~ *of* hearing [*understanding*]. 彼は耳が[のみこみが]早い. ❷ a 理解の早い, さとい; 利口な: She has a ~ mind. 彼女は頭の回転が速い. b 敏感な, 鋭い: She has a ~ ear. 彼女は敏感な耳をもっている. ❸ せっかちな, 怒りっぽい: a ~ temper 短気 (cf. quick-tempered). ❹ 〈曲がり角など〉急な: make a ~ turn 急に進路を変える. ❺ (比較なし) 〔古〕 a 生きている. b [the ~; 名詞的に; 複数扱い] 生きている人々: *the* ~ *and the dead* 生者と死者. **quíck òne** ちょっと一杯の酒.

—— 名 ⒰ ❶ (つめの下の)なま身, 生き身. ❷ (傷口の)新肉; (特に)新しい生皮. *to the quick* 急所まで; 「痛い所」まで: The remark cut [touched] him *to the* ~. その言葉は彼の急所を突いた; その言葉は彼の感情を深く傷つけた.

—— 副 (~·er, ~·est; more ~, most ~) ❶ 早く, 急いで, すばやく〔用法〕quicklyよりも力強く, 感嘆文以外では運動の動詞のすぐ後に置かれる口語的である): Come ~. すぐ来なさい / Now then, ~! さあさあ, 早く. ❷ [分詞と複合語をなして] 速く, すぐに: a *quick*-firing gun 速射砲. **(as) quick as lightning [a flash]** うむを言わせないほど即座に, ただちに.

【OE=生きている】【類義語】(1) **quick** 行動がすばやい, 時間が短い. **rapid, fast** 共に動作・行動などが速いの意であるが, rapidは動きそのものを, fastは動いている人・物を重視する. **swift** 運動が滑らかな, 軽い. **speedy** 速度が速い, 行動がすばやい. (2) ⇨ **ready**.

quick-and-dírty 〔米〕 形 〔口〕 にわか仕立ての, やっつけ仕事の. 名 〔俗〕 安食堂 [スナック].

quick bréad 名 〔米〕 クイックブレッド (すぐ焼けるようにふくらし粉を入れて作ったパン; マフィン・トウモロコシパンなど).

quick-chánge 形 Ⓐ 役者ذ活の.

†quick·en /kwíkən/ 動 ⓗ ❶ 〈歩調などを〉速める, 急がせる: Q- your pace. 歩調を速めなさい. ❷ 〈...を〉いっそう活発にする, 活気づかせる; 刺激する, 〈奮い〉起こす: This experience ~*ed* his imagination. この経験が彼の想像力をかき立てた. ❸ 〈...を〉生き返らせる. —— ⓐ ❶ 速く[急]になる: The runner's pace ~*ed*. 走者のペースが速くなった / The patient's pulse ~*ed*. 患者の脈が速くなった. ❷ 元気づく, 活気づく. ❸ 生き返る. ❹ 胎児が胎動を始める. (形 quick).

quíck·en·ing /-k(ə)nɪŋ/ 名 ⒰ 胎動初感.

quíck-fíre 形 ❶ 速射の. ❷ 速射砲のような, やつぎばやの.

quíck fíx 名 その場しのぎの解決法.

quíck-frèeze 動 ⓗ (-froze; -frozen) 〈食品など〉急速冷凍する.

quíck fréezing 名 ⒰ 急速冷凍法.

quick·ie /kwíki/ 名 〔口〕 ❶ 手短にできること: I'd like to ask a question. It's just a ~. 質問をしたいのですが, 手短にしますので. ❷ 急ごしらえのもの, やっつけ仕事. ❸ 急ぎの一杯, ちょっと一杯. —— 形 急ごしらえの, 間に合わせの.

quick·líme 名 ⒰ 生石灰【比較】消石灰は slaked lime という).

＊**quick·ly** /kwíkli/ 副 (**more** ~; **most** ~) 速く, 急いで; すばやく, 急速に (⇒ quick 副 【用法】): ~ forgotten すぐに忘れられてしまう / Please don't speak so ~. そんなに速く話さないでください / The doctor came ~. 医者は急いで[すぐに]来てくれた.

quíck márch 動 〔軍〕 速歩行進; 〔号令〕〔速歩〕行進!

quick·ness /kwíknəs/ 名 ⒰ ❶ 速さ, 迅速. ❷ 敏捷 (びんしょう). ❸ 性急, 短気.

quick·sand 名 ⒰ [また複数形で] 流砂, クイックサンド (海岸や河口でその上に載った重い物を吸い込む厚い砂床(の地域)).

quick·set 〔英〕 形 生け垣の: a ~ hedge 生け垣. —— 名 (特にサンザシ (hawthorn) の)生け垣.

quick·silver 名 ⒰ 水銀. 【OE=生きている銀】

quick·step 名 ❶ [通例単数形で] クイックステップ (急テンポのダンス; そのステップ). ❷ クイックステップの曲.

quick stúdy 名 〔米〕 のみこみが早い人, 「学習能力」の優れた人.

quick-témpered 形 短気な.

quick·thòrn 名 〔植〕 セイヨウサンザシ (hawthorn).

quíck tíme 名 ⒰ 〔軍〕 速歩.

quíck tríck 名 〔トランプ〕〔ブリッジの〕早勝ち札 (1 回目か 2 回目の勝負で必ず勝つ札; キングとクイーンの組, またはエース).

quick-witted 形 気転のきく, 頭の回転の速い.

quid[1] /kwíd/ 名 (働 ~) 〔英口〕 1 ポンド (£1). **be quíds ín** 〔英口〕 運がいい, もうけ物である; 望ましい[有利な]立場にある.

quid[2] /kwíd/ 名 かみたばこ (のひとかみ分).

quid·di·ty /kwídəti/ 名 ⒰⒞ (物の)本質; 変わっていること, 奇想.

quid·nunc /kwídnʌŋk/ 名 〔古〕 (世間話・うわさなどを)聞きたがる人, せんさく好きな人.

quid pro quo /kwídproʊkwóʊ/ 名 (働 ~s) 代わり, 代償(物), 報償, 見返り: as a ~ *for*...の代わり[見返り]として. 【L=something for something】

qui·es·cence /kwaɪés(ə)ns/ 名 ⒰ 静止; 無活動.

qui·es·cent /kwaɪés(ə)nt/ 形 ❶ 静止した. ❷ 活動していない. ~·ly 副

＊**qui·et** /kwáɪət/ 形 (~·er, ~·est) ❶ a (動きがなくて)静かな, 穏やかな: lead a ~ life 平穏な生活を営む / The sea looks ~*er* today. きょうは海はいっそう静かなようだ. b (体に)静かにしている, 安静にしている. ❷ 音を立てない, 静粛な; 〈人が声を出さない, 沈黙した (↔ noisy)【比較】silent より口語的): in a ~ voice 静かな声で / Be ~, please. お静かに願います. ❸ 閑静な, 静寂な, 静まりかえっている (↔ noisy): a ~ neighborhood 閑静な地区 / It's very ~ here. ここはとても静かだ. ❹ 心の安らかな, 静かでくつろいだ; 平穏無事な, 平穏な: spend a ~ evening at home 家庭でくつろいだ夜を過ごす / Everything is ~ here. ここでは万事が平穏だ. ❺ a 〈人が〉無口な, 内気な, 穏やかな, つつましい (silent): a ~ person 無口な人. b 〈態度・言葉などが〉おとなしい, 穏やかな, しとやかな (placid): a ~ reproach [admonition] 穏やかな叱責(しっせき)[訓告] / have a ~ laugh つつましやかに笑う. ❻ 〈環境・生活などが〉単調な, 変化のない. ❼ 〈服装・色彩などが〉地味な, 目立たない, 落ち着いた (muted; ↔ loud). ❽ 〈話など内密の, ないしょの: have a ~ talk with...と内密の話をする / Can you keep it ~ [keep ~ about it]? これを誰にも言わないでいてもらえますか. ❾ 〈儀式など〉簡素な, 地味な, 内輪の. ❿ 〔商〕 不活発な: a ~ market 不活発な[閑散な]市場.

—— 名 ⒰ ❶ 静けさ, 閑静, 静寂: the ~ *after a storm* 嵐の後の静けさ. ❷ 心の平穏, 安らかさ, 安息; (社会的な)平和, 泰平: rest and ~ 安息 / live in peace and ~ 平

穏無事に暮らす. **on the quíet** こっそり, ひそかに (secretly; cf. on the Q.T.).
— 動 《比較》《米》では quiet を, 《英》では quieten を用いることが多い》 他 ❶ 〈…を〉静かにさせる, 静める, なだめる, 慰める, 安心させる; 〈down〉 the excited crowd 興奮した群衆を静かにさせる. ❷ 〈騒ぎ・恐怖などを〉静める, やわらげる. — 自 静まる; おさまる: The storm ~ed down. 嵐はおさまった.
《F<L *quietus*<*quies* 休息; cf. acquit, quit》 quieten, 名 quietude) 【類義語】⇒ silent.

qui·et·en /kwáɪətn/ (⇒ quiet 動) 他 《英》〈…を〉静める 〈down〉. — 自 静まる 〈down〉. (形 quiet)

quí·et·ism /-tìzm/ 名 Ⓤ ❶ 《哲》静寂主義. ❷ 無抵抗主義. **quí·et·ist** /-tɪst/ 名

*qui·et·ly /kwáɪətli/ 副 (**more** ~; **most** ~) ❶ 静かに, そっと; おとなしく; 平穏に: close the door ~ そっとドアを閉める. ❷ 落ち着いて: "I'm not afraid of death," he answered ~. 「私は死を恐れない」と彼は落ち着いて答えた. ❸ 地味に: She was ~ dressed. 彼女は地味な服装をしていた. ❹ 内密に. ❺ 簡素に, 内輪に.

†**qui·et·ness** /kwáɪətnəs/ 名 Ⓤ ❶ 静けさ, 静寂: the ~ of a church 教会の静けさ. ❷ 穏やかなこと, 平穏. ❸ おとなしさ, つつましさ.

qui·e·tude /kwáɪət(j)ù:d | -tjù:d/ 名 Ⓤ 静けさ, 穏やかさ, 静穏. (形 quiet)

qui·e·tus /kwaɪíːtəs/ 名 [通例単数形で] とどめの一撃, 死; 消滅: get one's ~ とどめを刺される, 死ぬ / give a rumor its ~ うわさの根を絶つ.

quiff /kwíf/ 名 《英》額の上に固めた男性のヘアスタイル.

quill /kwíl/ 名 ❶ (羽の)翮(かん), 羽軸. ❷ (ガチョウの羽で作った昔の)羽ペン, 鵞(が)ペン. ❸ [通例複数形で] (ヤマアラシなどの)針.

quill·ing /kwílɪŋ/ 名 ❶ Ⓒ クイリング 《管状のひだをつけたレース[リボン]》. ❷ Ⓤ クイリング 《紙(時に繊維・ガラスなど)を素材にした細線[により]細工》.

quíll pén =quill 2.
quíll·wòrt 名 《植》ミズニラ《水生シダ》.

†**quilt** /kwílt/ 名 ❶ キルト《羽毛などを入れて刺し縫いしたベッドカバー》. ❷ (ベッドの)上掛け. — 動 他 〈…を〉刺し子に縫い合わす, キルトにする. 《F<L=敷ぶとん》

quílt·ed 形 刺し子に縫い合わせた, キルティングの: a ~ anorak キルティングアノラック.

quílt·ing 名 Ⓤ キルト縫い[作り], キルティング(の作品); キルト縫いの材料[詰め物].

quim /kwím/ 名 《卑》女性器.

quin /kwín/ 名 《英口》=quintuplet 1.

quin·a·crine /kwínəkri:n/ 名 《薬》キナクリン, アクリナミン《マラリア予防[治療]薬》.

qui·na·ry /kwáɪnəri/ 形 5(個)の, 5部[個]からなる, 5番目の.

quince /kwíns/ 名 ❶ 《植》マルメロ. ❷ マルメロの実《ジャムなどを作る》.

quin·cen·ten·ary /kwìnsenténɪnəri/ 名 五百年祭. — 形 五百年祭[記念]の.

quin·cen·ten·ni·al /kwìnsenténiəl/ 形 名 =quincentenary.

quin·cun·cial /kwɪŋkʌ́nʃ(ə)l/ 形 五の目型 (quincunx)の. ~·ly 副

quin·cunx /kwínkʌŋks/ 名 さいころの五の目(のもの); 《占星》星が 150°隔たっている星位.

qui·nel·la /kwɪnélə/, **qui·nie·la** /ki:njélə/ 名《競馬などの》連勝複式《1, 2 着を着順にかかわらず当てる; cf. perfecta》.

qui·nine /kwáɪnaɪn | kwíni:n, —´-/ 名 ❶ Ⓤ キニーネ. ❷ U.C キニーネ剤《マラリアの特効薬》.

quínine wàter 名 《米》キニーネ水 (tonic water).

qui·noa /kí:nwɑ:/ 名 Ⓤ 《植》キノア《Andes 高地に産するアカザ属の一年草; ヒエ状の実をペルーやボリビアで食用にする》.

quin·o·line /kwínəli:n/ 名 Ⓤ 《化》キノリン《無色・特異臭の油状の液体; アルカロイド・キノリン染料製造用》.

qui·none /kwɪnóʊn/ 名 《化》❶ Ⓤ キノン《黄色の結晶 化合物; 写真・皮なめし用》. ❷ Ⓒ キノン化合物.

quin·qua·ge·nar·i·an /kwìŋkwədʒənér(ə)riən—´/ 形 50 歳代の. — 名 50 歳代の人.

Quin·qua·ges·i·ma /kwìŋkwədʒésəmə/ 名 ❶ 《聖公会》大斎前第一主日《四旬節 (Lent) の前の日曜日》. ❷ 《カト》五旬節(の主日).

quin·que- /kwíŋkwə, kwín-/ [連結形]「5」: *quinque*valent.

quin·quen·ni·al /kwɪŋkwéniəl, kwɪŋ-/ 形 ❶ 5 年目ごとの. ❷ 5 年の, 5 年続く.

quin·quen·ni·um /kwɪŋkwéniəm, kwɪŋ-/ 名 (優 ~s, -ni·a /-niə/) 5 年[間].

quin·que·reme /kwínkwəri:m, kwín-/ 名 《古代ローマの》五橈漕(とうそう)船《5 段オールのガレー船》.

quinque·vá·lent 形 《化》=pentavalent.

quin·sy /kwínzi/ 名 Ⓤ 《医》扁桃(へんとう)周囲膿瘍(のうよう).

quint¹ /kwínt/ 名 《米口》=quintuplet 1. 《略》

quint² /kwínt/ 名 《トランプ》同じ組の 5 枚続きの札 (cf. tierce, quart²): a ~ major 最高点の 5 枚札 (ace, king, queen, jack, 10) / a ~ minor 次高点の 5 枚札 (king 以下 9 まで[jack 以下 7 まで]の 5 枚).

quin·ta /kínta, ki:n-/ 名 《スペイン・ポルトガル・ラテンアメリカなどの》田舎屋敷, 別荘.

quin·tain /kwíntn, -tɪn, -tɪn/ 名 《史》槍的(やりまと)《片側に砂袋, 反対側に盾的のついている回転式横木を渡した柱》; [the ~] 槍的突き《駆け抜けざまに馬上から盾的を突く武技》.

quin·tal /kwíntl/ 名 キンタル: **a** 《米》100 ポンド; 《英》112 ポンド(hundredweight). **b** 《メートル法》100 kg 《常衡 (avoirdupois)で 220.46 ポンド》.

quin·tes·sence /kwɪntés(ə)ns/ 名 [the ~] ❶ 精髄: *the ~ of* the book その書物の真髄. ❷ 典型: *the ~ of* virtue 美徳のかがみ.

quin·tes·sen·tial /kwìntəsénʃ(ə)l—´/ 形 A 典型的な. ~·ly /-ʃəli/ 副

quin·tet, quin·tette /kwɪntét/ 名 ❶ 《楽》クインテット《五重唱[奏]または五重唱[奏]曲[団]; ⇒ solo 関連》. ❷ 5 人組, 五つぞろい. 《It <L *quintus* fifth》

quin·til·lion /kwɪntíljən | -ljən, -liən/ 名 形 クインティリオン(の): **a** 《米》10¹⁸(の). **b** 《英・フランス》10³⁰(の).

quin·tu·ple /kwɪntj(j)úːpl | kwíntjʊpl/ 形 5 倍の, 五重の. — 名 5 倍(量). — 動 他 〈…を〉5 倍する. — 自 5 倍になる.

quin·tup·let /kwɪntʌ́plɪt, -t(j)úːp- | kwíntjʊp-/ 名 ❶ Ⓒ 五つ子の一人 (⇒ twin 関連). **b** [複数形で] 五つ子. ❷ 5 個[5 人]ひと組.

quin·tu·pli·cate /kwɪntj(j)úːplɪkət | -tjúː-/ 形 5 倍の, 5 重の, 5 通しの; 5 枚目の. — 名 ★ 次の句で. **in quintuplicate** 5 通しに. — /-pləkèɪt/ 動 〈…を〉5 倍する.

*quip /kwíp/ 名 警句, 気のきいた言葉; しんらつな言葉, 皮肉. — 動 自 (quipped; quip·ping) 気のきいた言葉[皮肉]を言う.

quip·ster /kwípstə | -tə/ 名 皮肉屋, 奇抜なことを言う人.

qui·pu /kí:pu:/ 名 (優 ~s) キープ《古代インカ帝国で用いられた結び目文字》.

quire /kwáɪə | kwáɪə/ 名 《紙の》一帖 (1 ream の 1/20, 24 枚または 25 枚; 略 qr.》.

*quirk /kwáːk | kwáːk/ 名 ❶ 癖, 奇癖: have a strange ~ *of doing*...する奇妙な癖がある. ❷ 偶然, 運命のいたずら: by a ~ *of* fate 運命の巡り合わせで[か].

*quirk·y /kwáːki | kwáːki/ 形 (quirk·i·er; -i·est) 奇妙な, 風変わりな. **quírk·i·ly** 副 -i·ness 名

quirt /kwáːt | kwáːt/ 名 《編み革の, 柄の短い》乗馬むち. — 動 他 〈…を〉乗馬むちで打つ.

quis·ling /kwízlɪŋ/ 名 《敵国に協力する》裏切り者, 売国奴. 《V. Quisling ナチスに売国行為をしたとされるノルウェーの政治家》

*quit /kwít/ 動 (quits, 《英》quit·ted; quit·ting) 他 ❶

quitch

《口》〈仕事などを〉やめる,よす; 断念する,放棄する(give up): ~ one's job 辞職する / We ~ work at five. 我々は5時に仕事をやめる / [+*doing*] Q~ worrying about it. そのことで気をもむのはよしなさい. ❷ 〈場所などを〉去る, 立ち退く: She ~ London for Paris. 彼女はロンドンをたってパリへ行った. ── 囲 やめる,辞職する. ── 形 ⓟ (比較なし)〔…を〕免れて: At last I'm ~ *of* her [my debts]. ついに彼女と手が切れた[借金から抜け出せた]. 《F ＜ L *quietus* quiet》【類義語】⇒ go.

quítch (gráss) /kwítʃ(-)/ 图 =couch grass.

quít·claim 【法】图 権利放棄[譲渡]. ── 囲 ⓟ 〈土地などの〉権利を放棄する.

＊quite /kwáɪt/ 副 (比較なし) ❶ [程度を表わさない形容詞・動詞または最上級の形容詞などを修飾して] **a** まったく, すっかり, 完全に (completely): ~ certain まったく確かな / You're ~ right. 君はまったく正しい / She has ~ recovered from her illness. 彼女は全快した / It was ~ the best time I've ever had. それは今までにない最高の時であった. **b** [否定語とともに用いて, 部分否定をなして] 完全には…ではない, すっかり…ではない: "Are you ready?" "No, *not* ~." 「用意はいいか」「いや, もう少しだ」.《用法》"Yes, almost [nearly]." と答えれば用意のでき具合は同じでも「ほとんど用意できている」という肯定の気持ちを表わす》 / He isn't ~ a gentleman. 彼は完全な紳士とはいいかねる. ❷ [quite a [an]..., quite some...で] 並はずれた, たいした《用法》…の部分は形容詞または副詞を修飾): ~ a movie すごい映画 / ~ some time ago かなり以前に / That was ~ a [*some*] party. あのパーティーはどえらいパーティーだった. ❸ [程度を表わす形容詞・副詞などを修飾して] 《口》(思ったより)かなり, なかなか, 実に, 非常に, たいへん《用法》この用法は通例《英》で《米》では必ずしもほめ言葉にはならない点に注意): She's ~ a pretty girl. 彼女はなかなか[《米》実に]きれいな女の子だ / Your book is ~ interesting. あなたの著書は(思ったより)割[《米》たいへん]におもしろい / I ~ enjoyed it. なかなか[《米》非常に]楽しかった. ❹ [しばしば次に but を従えて]《口》…(だがしかし) …: He is ~ handsome, *but* totally uninteresting. 彼は確かに美男子だがおもしろみが全然ない.

[語法] quite が不定冠詞を伴う「形容詞+名詞」につく時は, *quite* a(n)... と *a* quite... との二つの語順のものがある; 後者は《米口》に多く用いられる: It's *a quite* good book (=*quite a* good book). (まったく[なかなか] よい本だ).

(**Oh,**) **quíte.** = **Quite** (só). [相づち・賛成の返事として] まったくそうだ, そのとおり: "We must help the refugees." "*Q*~." 「我々はその難民を援助すべきだ」「そのとおり」. **quite a féw** ⇨ few 形 代 成句. **quite a líttle** ⇨ little 形 代 成句. **quite anóther** ⇨ another. **quite a númber of...** 相当な数の.... **quite óther** まったく違った. **quite sómething** 《口》すばらしいもの, たいしたこと: It's ~ *something* to graduate with honors. 優等で卒業するなんてたいしたもんだ.

Qui·to /kíːtoʊ/ 图 キト《南米エクアドルの首都》.

quít·rent /˙/ 图【史】免役地代《freeholder, tenant などが賦役代わりに納めた》.

quits /kwíts/ 形 ⓟ《返済・仕返しなどによって》五分五分で, あいこで: Now I'm ~ with you. さあこれで君とは五分五分だ / If I buy you a drink, we're ~, aren't we? 君に一杯おごれば, おあいこだよね. **crý [cáll it] quíts**《口》 (1) 〈仕事・遊びなどを〉切り上げる, きょうはこれで終わりとする. (2) 〈けんかしている同士などが〉引き分けにしようと言う, けんか(など)をやめる. **dóuble or quíts** ⇨ double 图 成句.

quit·tance /kwítəns, -tns/ 图【法】(債務・義務などからの)免除. 【QUIT+-ANCE】

quít·ter /-tə | -tə/ 图 〈仕事や義務などを最後まで努力せずに〉すぐに投げ出す人, 軟弱者, 腰抜け.

⁺quiv·er¹ /kwívə | -və/ 囲 图 (小刻みに)揺れる, 震える: She was ~*ing with* fear [rage]. 彼女は恐怖[怒り]で震えていた / We ~*ed at* the sight. 我々はその光景を見て震えた. ── 囲 〈動物の〉牙・触角などを〉(小刻みに)震えさせる, 振動[震え]させる. ── 图 [通例単数形で](小刻みの)震え, 振動; 震える音.【類義語】⇒ shake.

quiv·er² /kwívə | -və/ 图 えびら, 矢筒《矢を入れて背に担う》. **hàve an árrow [a sháft] léft in one's quíver** まだ手段[根拠]がある.

quiv·er·ful /kwívəfʊl | -və-/ 图 えびらいっぱいの矢;《戯言》たくさんの子供たち, 大家族.

qui vive /kiː víːv/《次の成句で. **on the qui víve** 警戒して, 見張って. 《F》

Quixote 图 ⇨ Don Quixote.

quix·ot·ic /kwɪksɑ́tɪk | -sɔ́t-/ 形 ドンキホーテ流の: **a** 極端に義侠(ぎょう)心のある. **b** 空想的な, 非現実的な.

quix·ot·i·cal·ly /-kəli/ 副《QUIXOTIC+-IC》

quix·ot·ism /kwíksətɪzm/ 图 ⓒ ドンキホーテ的性格. ❷ ⓒ 騎士気取りの[空想的な]行ない[考え].

＊quiz /kwíz/ 图 (愎 ~-zes) ❶ (ラジオ・テレビの)クイズ. ❷ (口頭または筆記による)簡単な試験, 小テスト. ── 囲 (quizzed; quíz·zing) 〈人に〉(…について)うるさく質問する: He *quizzed* me *about* my private life. 彼は私に私生活のことを根掘り葉掘り尋ねた. 《?L *quis* what》【類義語】⇨ examination.

quiz·màs·ter 图 クイズ番組の司会者.

quiz prògram [shòw] 图《米》クイズ番組.

quiz·zi·cal /kwízɪk(ə)l/ 形 ❶〈表情など〉不審そうな, いぶかしげな: He gave me a ~ look. 彼は私をいぶかしげな目で見た. ❷ ふざけた[からかう, ひやかす](ような): a ~ smile 嘲笑. ❸ こっけいな, 奇妙な. **~·ly** /-kəli/ 副 **~·ness** 图

quod /kwɑ́d | kwɔ́d/ 图《英俗》【刑】務所: in [out of] ~ 務所に入って[を出て]《無冠詞》.

quod e·rat de·mon·stran·dum /kwɑ́ːdérætdèmənstrǽndəm | kwɔ́d-/ このことは証明されるべきであった, (以上)証明終わり《略 QED》.

quod·li·bet /kwɑ́dləbèt | kwɔ́d-/ 图 ❶《古》(神学・哲学上の)微妙な論点, 機微の論点, 微妙な論議. ❷《楽》クオドリベット《周知の旋律や歌詞を組み合わせたユーモラスな曲》.

quod vi·de /kwɑ́dvɪ́diː | kwɔ́d-/ …を見よ, …を参照《略 q.v.》.《L=which see それを見よ》

quoin /k(w)ɔ́ɪn/ 图 ❶ (建物の)外角; (部屋の)隅. ❷ 隅石; かなめ石. ── 囲 ⓟ …に隅石をつける.

quoit /k(w)ɔ́ɪt/ 图 ❶ [複数形で; 単数扱い] 輪投げ《地面に立てた鉄棒に向かって鉄輪を投げる遊戯》. ❷ ⓒ (輪投げ用の)輪.

quok·ka /kwɑ́kə | kwɔ́kə/ 图 動 クアッカワラビー《オーストラリア Western Australia 産》.

quoll /kwɑ́l | kwɔ́l/ 图 動 フクロネコ (native cat).

quon·dam /kwɑ́ndəm | kwɔ́n-/ 形 以前の, かつての: a ~ friend of mine 私の昔の友人.

Quón·set hùt /kwɑ́nsət- | kwɔ́n-/ 图《米》【商標】かまぼこ形兵舎《組み立て住宅》 (cf. Nissen hut).《米国海軍基地の名から》

quo·rate /kwɔ́ːreɪt/ 形《英》〈会が〉定足数に達した.

quo·rum /kwɔ́ːrəm/ 图【法】(議決に要する)定足数: have [lack] a ~ 定足数をなしている[に足りない].

quot. (略) quotation; quoted.

＊quo·ta /kwóʊtə/ 图 ❶ 割り当て, 分担分;(製造・輸入人などの)規定[割り当て][数量: an import ~ 輸入割り当て量 / fulfill a production ~ 製造割り当て量を満たす. ❷ (受け入れる移民・会員・学生などの)定数, 定員: The school has exceeded its ~ of students. その学校は学生を定員以上にとってしまった. 《L=how much》

quot·a·bil·i·ty /kwòʊtəbíləti/ 图 ⓤ 引用するに足る価値, 引用の価値.

quot·a·ble /kwóʊtəbl/ 形 引用できる; 引用するに足る, 引用する価値がある.

quóta sỳstem 图 [the ~] (輸入額・移民数などの)割り当て制度.

⁺quo·ta·tion /kwoʊtéɪʃən/ 图 ❶ **a** ⓒ 引用文[句, 語]

(quote): a ~ *from* Shakespeare シェイクスピアからの引用句[文]. **b** ⓤ 引用(すること)〔*from*〕. ❷ ⓒ **a** 相場(表), 時価: ask for the latest ~*s on* several stocks いくつかの株の最新の相場を尋ねる. **b** 見積もり, 見積額: a ~ *for* repairs 修理の見積額. (動 quote)

quotátion màrks 图 働 引用符 (用法) 概して《米》では " " の形を用い,《英》では ' ' が用いられる; 二重の引用をする時は《米》では " ' " の形,《英》では " ' " の形をとる): double ~ (" ") / single ~ (' ').

*__quote__ /kwóut/ 動 働 ❶ 〈他人の(言葉・文章など)を〉〈…から〉引用する: He often ~*s* Shakespeare. 彼はよくシェイクスピア(の言葉)を引用する / She ~*d* a parable *from* the Bible. 彼女は一つのたとえ話を聖書から引用した. ❷ **a** (例証・典拠として)〈人・実例などを〉引き合いに出す: He ~*d* many facts in support of his argument. 彼は多くの事実を挙げて自分の主張を裏づけた / Don't ~ me (on this). (これは)私から聞いたと言わないでください, ここだけの話です. **b** 〈人に〉〈例などを〉~*d* me some nice examples. 彼は私によい例を示してくれた. ❸ 〈値段を〉〈ある額に〉つける;〈…の相場を〔に〕つける, 見積もる;〔…に対して〕〈ある額を〉見積もる,〈人に〉〈値を言う〉: ~ a price (*at* ten dollars) (10 ドルに)値をつける / The shares are currently ~*d at* one dollar. その株は現在 1 ドルの相場がついている / They ~*d* the sum of $1000 *for* repairing my car. あそこは私の車の修理を千ドルと見積もった〔+目+目〕Please ~ me your lowest prices. そちらのぎりぎりの値段を言ってください. ─ 圊 ❶ 〈…から〉引用する: ~ *from* the Bible 聖書から引用する. ❷ [命令法で] 引用(文)を始める,「引用始め」《用法》書き取り・電文などで引用文を始める時に用い, 終わる時には unquote を用いる): He said ~ I will not run for governor *unquote*. 彼は「私は知事に立候補しない」と語った. **be quóted as sáying**…と述べた(と伝えられる)《用法》新聞などでよく用いられる): The President *was* ~*d as saying* that prompt measures would be taken. 大統領は速やかに処置を講ずると述べた(と報道された). ─ 图 《口》❶ 引用文[句, 語] (quotation). ❷ [通例複数形で] 引用符: in ~*s* 引用符に囲まれて. ❸ 相場, 時価; 見積もり, 見積額.〖F<L=章・節の番号をつける〗(图 quotation)

quoth /kwóuθ/ 動 働《古》〈…と〉言った (said)(★直説法 1・3 人称過去形で, 常に主語の前に置く): "Very true," ~ he.「いかにも」と彼は言った.

quo·tid·i·an /kwoutídiən/ 形 A 日常の, ありふれた: ~ duties 日常の務め.〖F<L=daily〗

quo·tient /kwóuʃənt/ 图 ❶《数》(割り算の)商 (⇨ division 7 解説). ❷ 指数, 比率: ⇨ intelligence quotient / a stress ~ (仕事などから)ストレスを受ける率.〖L=how often〗

Qur·'an /kərǽn, -ráːn | kɔráːn, kɔː-/ 图 =Koran.

q.v. /kjúː.víː/《略》quod vide.

QWER·TY, qwer·ty /kwə́ːṭi | kwə́ː-/ 图《英文タイプライター・パソコンなどの)標準型キーボード, クワーティ. ─ 形 標準型キーボード式の.《最上段のキーが左から q, w, e, r, t, y の配列になっていることから》

qy., QY.《略》query.

R r

r, R[1] /ɑ́ɚ | ɑ́:/ [名] (［複］ **rs, r's, Rs, R's** /~z/) ❶ [C,U] アール)《英語アルファベットの第 18 字; cf. rho》. ❷ [U] (連続したものの)第 18 番目(のもの).
the ŕ [ŕ', Ŕ] mònths ⇨ R [r, 'r'] months.
the thrée [3] Ŕ's ⇨ three R's.

R[2] /ɑ́ɚ | ɑ́:/ [名] (［複］ **Rs, R's** /~z/) R 字形(のもの).

R 《略》〘電〙 resistance; Restricted 《米》〘映〙 準成人映画《17 歳未満の入場には親または保護者の同伴が必要な映画; ⇨ movie [解説]》; reverse; 《記号》 rial; riyal; ruble; rupee. **R, r** 《略》 response; 〘チェス〙 rook.

r. 《略》 right; 《記号》 ruble; rupee.

R. 《略》 Radius; Railroad; Railway; Ratio; Regina: Elizabeth *R* 女王エリザベス《★署名などに用いる》; Republic(an); Rex; River; Royal.

Ⓡ 《記号》 registered trademark 登録商標.

Ra /rɑ́:/ [名] 〘エジプト神話〙 ラー《太陽神; 頭上に太陽の円盤とヘビ形章をつけたタカの頭をした人間の姿で表わされる》.

Ra 《記号》〘化〙 radium.

RA 《略》 Rear Admiral; Royal Academician [Academy]; Royal Artillery 英国砲兵隊.

Ra·bat /rəbɑ́:t/ [名] ラバト《モロッコ大西洋岸の, 同国の首都》.

rab·bet /rǽbɪt/ 〘木工〙 [名] ❶ (さねはぎ用の)切りこみ, 溝. ❷ さねはぎ(継ぎ). **—** [動] [他] さねはぎにする.

rábbet jòint [名] ＝rabbet 2.

+**rab·bi** /rǽbaɪ/ [名] 〘ユダヤ教〙 ❶ (職業的な)ユダヤ教指導者, ラビ; 律法博士. ❷ [敬称に用いて] ラビ, 先生: *R*~ Golden ゴールデン先生. 〘L＜Gk＜Heb＝my master〙 ([形] rabbinical)

rab·bin·ate /rǽbənət/ [名] rabbi の官職[身分, 任期]; ラビたち, ラビ団.

rab·bin·ic /rəbínɪk/ [形] [A] rabbi の, ラビ風の; ラビを目指す; ラビの教義[著作, 語法]の; [R~] Talmud 期のラビの.

rab·bin·i·cal /rəbínɪk(ə)l/ [形] (ユダヤ教の)ラビの; ラビ風の. ([名] rabbi)

***rab·bit** /rǽbɪt/ [名] ❶ [C] (［複］ **~s**) **アナウサギ** 《[解説] hare よりも小型で穴居性がある; 米国では飼いウサギ・野ウサギの区別なく rabbit とよぶのが一般的; 多産の象徴; ウサギの後ろ足 (rabbit's foot) は魔除けのお守りとされる》: breed [multiply] like ~*s* 《軽蔑》〈人が〉やたらに子を産む. ❷ [U] ウサギの毛皮[肉]. ❸ [C] (長距離競技で)ラビット《先導役をつとめるペースメーカー》. ❹ [C] 《英口》〔競技の〕下手な人〔*at*〕. ❺ ＝Welsh rabbit. **(as) tímid as a rábbit** ⇨ timid [成句]. **—** [動] [自] (**rab·bit·(t)ed; rab·bit·(t)ing**) ❶ ウサギ狩りをする: go *rabbiting* ウサギ狩りに行く. ❷ 《英口》〔...について〕だらだら不平がましく話す: He's always *rabbiting on about* the poor pay. 彼は給料が安いことにだらだら不平を並べてばかりいる.

rábbit èars [名] ［複］ 《米口》 ラビットアンテナ《V 字形の室内用小型テレビアンテナ》.

rábbit fèver [名] [U] 〘獣医〙 野兎(やと)病《tularemia の別称》.

rábbit·fìsh [名] 〘魚〙 鈍い吻(ふん)をもち, ウサギのような歯・口をした魚: **a** カイブツギンザメ《ヨーロッパ産; ギンザメ科; 尾部は細長い》. **b** アイゴ科の各種の魚《インド洋・西太平洋産》.

rábbit hùtch [名] ウサギ小屋.

rábbit pùnch [名] 〘ボク〙 ラビットパンチ《後頭部への打撃; 反則》. 〘ウサギを畜殺する前に後頭部をたたくことから〙

rábbit wàrren [名] ❶ 野生のアナウサギの繁殖地《地中に穴を掘ってすむ》. ❷ ごみごみした地域[建物].

ráb·bit·y /-t̬i/ [形] ウサギのような; ウサギの多い; 小心な.

rab·ble /rǽbl/ [名] [集合的; 単数または複数扱い] ❶ やじ馬連, 群衆. ❷ [the ~] 下層階級, 下々《差別用語》.

rábble-ròuser [名] 民衆扇動家.

rábble-ròusing [名] [U] 民衆をあおりたてる[扇動する]こと. **—** [形] [A] 民衆をあおりたてる[扇動する].

Ra·be·lais /rǽbəlèɪ/, **Fran·çois** /frɑ:nswɑ́:/ [名] ラブレー《1494?–1553; フランスの風刺作家》.

Rab·e·lai·sian /ræ̀bəléɪʒən, -ziən/ [形] ラブレー (Rablais) 風の; 野卑でこっけいな. **—** [名] ラブレー崇拝者[研究家].

rab·id /rǽbɪd/ [形] (**~·er; ~·est**) ❶ [A] 狂気じみた, 狂暴な; 過激な: a ~ conservative 極端な保守主義者. ❷ **a** 恐水病にかかった, 狂犬の: a ~ dog 狂犬. **b** 恐水病の, 狂犬病の. **~·ly** [副] **~·ness** [名] 〘L＜*rabere* ↓〙

+**ra·bies** /réɪbi:z/ [名] [U] 狂犬病, 恐水病. 〘L＝madness＜*rabere* to be mad; cf. rage〙

Ra·bin /rɑ:bí:n | ræ-/, **Yitz·hak** /ɪtshɑ́:k/ [名] ラビン《1922–95; イスラエルの軍人・政治家; 首相 (1974–77, 92–95); Nobel 平和賞 (1994); 暗殺された》.

RAC /ɑ́ɚèɪsí: | ɑ́:(r)-/ 《略》 Royal Automobile Club 英国自動車クラブ《自動車ユーザーの便宜をはかり, レース・ラリーの主催なども行なう団体》.

rac·coon /rækú:n, rə-/ [名] ❶ [C] 〘動〙 アライグマ. ❷ [U] アライグマの毛皮. 〘N-Am-Ind＝ひっかくもの〙

raccóon dòg [名] 〘動〙 タヌキ.

‡**race**[1] /réɪs/ [名] ❶ **a** (速さを競う)**競走**; (各種の)レース〔*with, against, between*〕: a car ~ 自動車レース / an open ~ 飛び入り自由の競走 / win [lose] a ~ 競走に勝つ[負ける] / run a ~ ***with*** [***against***] ...と競走する. **b** [the ~s] **競馬(大会)**: play *the* ~*s* 《米》 競馬に賭(か)ける. ❷ **競争**, 競い合い: the ~ ***for*** supremacy 争覇(そうは)戦 / the TV ratings ~ テレビの視聴率競争 / 〔+***to*** **do**〕 the ~ *to* enter the IT market IT 市場への参入競争. ❸ 《口》 (期限などに間に合うための)大急ぎ: a ~ ***against*** time 時間との競争《期限までに何かを仕上げるための必死の努力》 / ⇨ rat race / It was a ~ to catch the train. 列車に間に合うためにうんと急いだ. ❹ **a** 早瀬; 急流. **b** 水流, 水路, 用水. ❺ 《古》 **a** (太陽・月などの)運行. **b** 時の経過. **c** 人生行路; 経歴: His ~ is nearly run. 彼の寿命はほとんど尽きた. ❻ 〘機〙 **a** (織機の)レース《杼(ひ)の走る道》. **b** 軌道輪《ベアリングの玉の回る溝》.
in [òut of] the ráce 成功する見込みがあって[なく].
the ráce is ón (to dó) (...する)競争がくり広げられている.
— [動] [自] ❶ **競走する**; 競う: ~ ***against*** [***with***] a person 人と競走する / Eight horses will ~ ***for*** the cup. 8 頭の馬が優勝杯をめざして競走する / 〔+***to*** **do**〕 ~ *to* get a patent 特許権の獲得を競う. ❷ [副詞(句)を伴って] **疾走する**, 疾駆する: ~ *about* [*around*] 走り回る / ~ *after* the ball ボールを捕ろうと追いかける / ~ *for* the train 列車に乗ろうと走る / He ~*d* (*back*) *home*. 彼は大急ぎで家に帰った / The stream ~*d down* the valley. 小川は谷を下って激しく流れていた. ❸ 〈エンジンなどが〉から回りする, 空転する. ❹ (恐怖・興奮などで)〈心臓・脈の〉動悸が激しくなる, どきどきする.
— [他] ❶ **a** 〈...と〉**競走する**: I'll ~ you to school. 学校までかけっこしよう. **b** 〈馬・車・ヨットなどを〉競走[レース]に出す, 競争させる: He ~*d* his horse ***in*** the Derby. 彼は持ち馬をダービーに出場させた / He ~*d* his pigeons ***against*** mine. 彼は彼のハトを私のハトと競争させた. ❷ [副詞(句)を伴って] **a** 〈人を〉**大急ぎで運ぶ**: The ambulance ~*d* her *to* the hospital. 救急車は全速力で彼女を病院へ運んだ. **b** 〈議案などを〉大急ぎで通過させる: They ~*d* the bill *through* the House. 彼らはその議案を早急に下院にかけて通過させた. ❸ 〈エンジンなどを〉から回りさせる, 空転させる.
ráce bý [pást, on] (時間が)すばやく過ぎ去る.
〘ON＝急流〙

***race**[2] /réɪs/ [名] ❶ [C,U] **a** **人種**: the black [white, yellow] ~ 黒[白, 黄]色人種 / a ~ problem 人種問題 / ~

prejudice 人種偏見 / It's wrong to discriminate against people because of their ~. 人種を理由に人間を差別するのはよくない. b 民族: the Japanese [German] ~ 日本[ドイツ]民族. ❷ ⓒ [修飾語を伴って] (生物の)種族, 種類, 品種: the human ~ 人類 / the ~ of birds [fish, quadrupeds] 鳥[魚, 四足]類 / an improved ~ of horse 改良品種の馬. ❸ ⓒ 仲間, 同類: the ~ of writers 作家仲間. ❹ ⓤ 〈古〉家系, 家柄: people of noble ~ 立派な家柄の人. 〖F<It〗 racial〗【類義語】⇒ nation.

ráce-bàiting 名 ⓤ 人種攻撃. **ráce-bàit** 動 ⓐ ⓘ **ráce-bàiter** 名

ráce càr¹ 名 《米》レーシングカー.

ráce càrd¹ 名 競馬番組表, 出馬表.

ráce càrd² 名 ★次の成句で. **pláy the ráce càrd** (政治家が選挙戦略などで)人種差別的な言動をとる.

+**ráce-còurse** 名 ❶ 競馬場. ❷ 《米》=racetrack. ❸ (水車用などの)水流, 水路.

+**ráce-hòrse** 名 競走馬, 競馬馬.

ra·ce·mate /reɪsɪmeɪt, rə-/ 名 [化] ラセミ酸塩[エステル]; ラセミ化合物[混合物].

ra·ceme /reɪsíːm, rə-/ 名 [植] 総状花序.

ráce mèeting 名 《英》競馬大会.

ra·ce·mic /reɪsíːmɪk, rə-/ 形 [化] ラセミ酸の, ラセミ酸から得られる; ラセミ化合物の.

ra·ce·mi·za·tion /rèɪsɪmɪzéɪʃ(ə)n, rə-/ -maɪz-/ 名 ⓤ [化] ラセミ化 (旋光性の減少・喪失); ラセミ化法 (ラセミ化の度合いを測って行なう化石の年代決定法). **ra·ce·mize** /reɪsɪmaɪz, rə-/ 動

rac·e·mose /ræsəmoʊs/, **-mous** /-məs/ 形 [植] 総状(花序)の; 〘葉〙蔓(2)状の, ブドウ状の. **~·ly** 副

+**rác·er** 名 ❶ 競走者. ❷ 競走馬, 競馬馬; 競走用ヨット[自転車, 自動車(など)].

+**ráce relàtions** 名 (同一国内における)人種関係.

ráce rìot 名 人種暴動.

ráce-tràck 名 ❶ 競走場[路]. ❷ 競馬場, ドッグレース場.

ráce·wày 名 ❶ 《米》(鉱山などの)導水路, (水車などの)水路. ❷ 〘電〙レースウェイ (金属製の配線用ダクト). ❸ 〘機〙 =race¹ 6. ❹ 繋駕(紀)競走 (harness race), ドラッグレース (drag race) 用の走路.

Ra·chel /reɪʃəl/ 名 ❶ レイチェル 《女性名》. ❷ 〘聖〙ラケル (Jacob の妻).

ra·chis /réɪkəs, ræk-/ 名 復 **~·es, rach·i·des** /rékədìːz, réɪ-/) 〘植〙花軸(花軸), 中肋; 〘鳥〙羽茎, 羽軸; 〘解〙脊柱. **ra·chid·i·an** /rəkídiən/ 形

ra·chi·tis /rəkáɪtəs, ræ-/ 名 ⓤ 〘医〙〘古風〙佝僂(こう)病 (rickets). **ra·chit·ic** /rəkítɪk, ræ-/ 形

Rach·ma·ni·noff, -nov /rɑːkmáːnənɔːf | rækmǽnɪnɒf/, **Ser·gei** /séərgeɪ | séə-/ 名 ラフマニノフ (1873-1943; ロシアの作曲家・ピアニスト).

*ra·cial /reɪʃəl/ 形 A (比較なし) 人種(上)の, 種族の, 民族の; 人種間の: ~ discrimination [segregation] 人種差別(待遇)[隔離] / ~ hatred 人種憎悪 / ~ prejudice 人種偏見. **~·ly** /-ʃəli/ 副 人種的に; 民族上(⇒ race²)

rá·cial·ìsm /-lìzm/ 名 =racism.
rá·cial·ist /-lɪst/ 名 形 =racist.
rácial mèmory 名 (潜在意識に残るとされる)人種的[民族的]記憶.

rácial prófiling 名 ⓤ レイシャル[人種的]プロファイリング 《人種によって行動を類型化しようとすること; 司法機関による人種選別的捜査が典型例》.

Ra·cine /ræsíːn/, **Jean Bap·tiste** /ʒɑ́ːn bɑːtíːst/ ラシーヌ (1639-99; フランスの劇作家).

*rac·ing /reɪsɪŋ/ 名 ⓤ 競走, 競走; ボート競走: bicycle ~ 競輪. b [形容詞的に] 競走(用)の, 競馬用の; 競走 [レース]愛好の: a ~ car レーシングカー (競走用自動車) / a ~ pigeon [homer] レース用ハト / a ~ stable (競馬の)厩舎(ぎゅう).

rácing dèmon 名 ⓤ 〘トランプ〙レーシングデーモン 《一人遊び (patience) を何人かでプレーして競争するもの》.

rácing drìver 名 自動車レーサー, レーシングドライバー.
rácing fòrm 名 競馬新聞.

*rac·ism /reɪsɪzm/ 名 ⓤ 人種差別(主義); 民族的優越感.

*rac·ist /reɪsɪst/ 名 人種差別主義者. ── 形 人種差別主義(者)の: ~ policies 人種差別的な政策.

+**rack**¹ /ræk/ 名 ❶ 置き棚: a [しばしば複合語で] (物を掛け)掛け, ...架: ⇒ hatrack, plate-rack, roof rack. b (列車などの)網棚. c (書類分類用の)箱戸棚. d まぐさ棚: ⇒ hayrack. ❷ 〘玉突〙(プレーする前に球をそろえる木枠). ❸ [the ~] a (昔の手足を引き伸ばす式の)拷問台. b 拷問: put a person on the ~ を拷問にかける. ❹ 〘機〙 (歯車の)歯ざお, ラック. **òff the ráck** 《米》(衣服などが)既製で. **on the ráck** (1) 拷問にかけられて (⇒ 2 b). (2) 非常に苦しんで[悩んで]; 苦労して; 緊張して: We will all be on the ~ until the exam results are published. 試験の結果が発表されるまで我々はみな緊張していることだろう.

── 動 ⓗ ❶ (体を引き裂くほどに)〈人を〉苦しめる; 悩ます 《★ しばしば受身》: The world is still ~ed with [by] poverty. 世界は今なお貧困に悩まされている. ❷ 〈を〉拷問にかける. ❸ [副詞(句)を伴って] 棚に入れる. ❹ 〘玉突〙ラックに入れる 〈up〉. **ráck one's bráins** ⇒ brain 成句.
ráck úp 動 +剛 (1) 《米》〈得点・利益などを〉あげる. (2) 〈口〉 ...を破滅させる. (3) 〈米〉〈価値や量を〉上昇させる. (4) =rack¹ 4. 〖Du〗

rack² /ræk/ 名 ⓤ 破壊 《★通例次の句で》: go to ~ and ruin 荒廃[破滅]する, だめになる.

rack³ /ræk/ 名 ❶ 飛び雲, ちぎれ雲.

rack⁴ /ræk/ 〘馬〙名 ❶ ラック (比較的速い 4 拍子の歩法; cf. gait 2). ❷ 側対速歩(%) (⇒ pace¹ 3 b). ── 動 ⓐ [副詞(句)を伴って] ラック[側対速歩]で進む.

rack⁵ /ræk/ 動 ⓗ (おり (lees) を除くため)〈ワイン・りんご酒などの〉上澄みを取り出す[移し換える], おり引きする 〈off〉; 〈樽に〉〈黒ビールを〉詰める.

rack⁶ /ræk/ 名 ⓤ (羊・子牛・豚の)首肉; 子羊の肋内 〈of〉.

ráck-and-pínion 名 A 〘車〙〈ステアリング装置が〉ラックピニオン式の.

+**rack·et**¹ /rækɪt/ 名 ❶ ⓒ (テニス・バドミントンなどの)ラケット (比較 卓球のラケットは paddle). ❷ ⓒ (ラケット形の)雪靴 (かんじきの類). ❸ [~で; 単数扱い] ラケット (四方の壁に囲まれたコートで壁に跳ね返らせて行なうスカッシュに似た球技; 柄の長いラケットと硬い小さなボールを用い, シングルスとダブルスがある). 〖F<Arab=手のひら〗

+**rack·et**² /rækɪt/ 名 ❶ [a ~] 〈口〉騒ぎ, 騒音: make [kick up, raise] a ~ 大騒ぎをする. ❷ ⓤ 遊興, 道楽. ❸ ⓒ 〈俗〉ゆすり, ゆする, 詐欺などで)不正な金もうけ; 密売買, やみ商売; ごまかし, 詐欺: run a protection ~ 面倒をみてやるからと言って金を強要する. ❹ ⓒ 〈口〉職業, 仕事: What's your ~? 君の仕事は何だい. ── 動 ⓐ [副詞を伴って] 騒音をたてる, 騒音をたてて動く. ❷ 遊び暮らす 〈about, around〉. 〖擬音語〗【類義語】⇒ noise.

rack·et·eer /rækətíə | -tíə/ 名 (恐喝・ゆすり・詐欺などによって)不正な金もうけをする人; 暴力団員, やくざ, ギャング.

+**ráck·et·èer·ing** /-tí(ə)rɪŋ/ 名 ⓤ (恐喝・詐欺などによる)不正な金もうけ; ゆすり, たかり; やみ商売, 密売買.

rack·et·y /rækɪti/ 形 ❶ 〈古風〉騒々しい. ❷ 騒ぐことの好きな; 道楽好きな.

ráck·ing 形 ひどく苦しい, 激しい: a ~ pain 激しい痛み.

ráck ràilway 名 (急勾配用の)ラック鉄道, アプト式鉄道.

ráck rènt 名 ⓒⓤ 法外な地代[家賃].
ráck-rènt 動 〈に〉法外な地代[家賃]を取る.
ráck-rènt·er 名 法外な地代を払う[取る]者.
ráck whèel 名 歯車.

ra·clette /ræklét, rɑː-/ 名 ⓤ ラクレット 《ゆでたジャガイモに溶かしたチーズを添えたスイスの料理》; ラクレット(用)チーズ.

ra·con /réɪkən | -kɒn/ 名 レーコン (レーダー用ビーコン). 〖RA(DAR)+(BEA)CON〗

rac·on·teur /rækɑntɚ: | -kɔntɚ́:/ 名 話し上手な人, 談話家 (★通例 storyteller を用いる).
ra·coon /rækúːn, rə-/ 名 = raccoon.
rac·quet /rǽkɪt/ 名 = racket¹.
rácquet·báll 名 Ⓤ ラケットボール (四方の壁と天井と床の六方のコート内で2人ないし4人で行なうハンドボールに似た球技; 柄の短いラケットを用いる).
rac·quets /rǽkɪts/ 名 = racket¹ 3.
rac·y¹ /réɪsi/ 形 (rac·i·er; -i·est) ❶ 活気のある, 元気のよい: a ~ style きびきびした文体. ❷ 〈話がきわどい, みだらな, 挑発的な. ❸ 〈食物・味など〉独特の風味のある: a ~ flavor 独特の風味. -i·ly /-səli/ 副 -i·ness 名
rac·y² /réɪsi/ 形 〈乗物などレース向きの, 軽快な: a ~ sports car 軽快に走るスポーツカー.
rad¹ /rǽd/ 名 [理] ラド (放射線の吸収線量の単位; =0.01 gray).
rad² /rǽd/ 名 (口) 過激派の人. — 形 (俗) すばらしい, いかす. [RAD(ICAL)]
rad³ /rǽd/ 名 = radiator.
rad (記号) (数) radian(s). **rad.** (略) radiator; radical; radius. **RADA** /rάːdə/ (略) Royal Academy of Dramatic Art 英国王立演劇学校.
ra·dar /réɪdɚ | -dɑː/ 名 U.C (電子工) レーダー, 電波探知法[機]. — 形 レーダーの: a ~ beacon レーダービーコン / a ~ screen レーダースクリーン. [radio detecting and ranging]
rádar detéctor 名 ❶ レーダー探知機 (レーダーを用いたスピード違反取り締まりを探知し運転者に知らせる). ❷ (野) スピードガン.
rádar gùn 名 (片手で持つ)自動車[投球]速度測定器, レーダーガン.
rádar tràp 名 レーダーを用いたスピード違反車取り締まり装置 ((米) では speed trap のほうが一般的).
rad·dle /rǽdl/ 名 = ruddle, red ocher. — 動 他 代赭(たいしゃ)[べになど]を塗りたてる; 赤くする.
rád·dled 形 混乱している, 落ちつきを欠いた; やつれた.
ra·di- /réɪdi/ [連結形] radio- の異形.
ra·di·al /réɪdiəl/ 形 放射輻射(ふくしゃ)状の: a ~ tire [(英) tyre] ラジアルタイヤ / a ~ engine 星形エンジン (気筒が放射状に並ぶ). — 名 ラジアルタイヤ (コードを放射状に配列したタイヤ). ~·ly /-əli/ 副 (名 radius)
rádial kerátotomy 名 U.C 放射状角膜切開(術) (角膜の放射状の切開を行ない, 近視を矯正する手術; 略 RK).
rádial-plỳ 形 = radial.
rádial sýmmetry 名 Ⓤ (生) 放射相称 (クラゲ・ヒトデなどの構造; cf. bilateral symmetry). **rádially symmétrical** 形
rádial velócity 名 U.C (天) 視線速度 (天体が観測者に対して前進または後退する速度).
ra·di·an /réɪdiən/ 名 (数) ラジアン, 弧度 (角度の SI 補助単位; 記号 rad).
ra·di·ance /réɪdiəns/ 名 U ❶ (目・顔の)輝き. ❷ 発光; 光輝.
ra·di·an·cy /réɪdiənsi/ 名 = radiance.
ra·di·ant /réɪdiənt/ 形 (more ~; most ~) ❶ 〈目・顔色・微笑など〉晴れやかな, うれしそうな, にこやかな: a ~ smile [face] 晴れやかな微笑[顔] / You look ~! 君うれしそうだね / She was ~ with happiness. 彼女は幸福に輝いていた. ❷ 〈光〉放つ, 輝く: the ~ morning sun 燦然(さんぜん)と光り輝く朝日. ❸ (比較なし) (理) 輻射(ふくしゃ)の, 放射された: ~ energy 輻射エネルギー / ~ heat 輻射熱[放射熱]. — 名 ❶ 光点, 光体. -ly 副 radi·ate) [類義語] ⇒ bright.
rádiant héater 名 energy 輻射暖房器.
ra·di·ate /réɪdièɪt/ 動 自 ❶ 〈熱・光などが〉放出する, 射出する: Light and heat ~ from the sun. 光と熱が太陽から放射される. ❷ 〈感情などが〉発散される: Happiness ~d from her eyes. 彼女の目は幸福に輝いていた. ❸ 放射状に伸びる[発する], 四方に広まる: Four avenues ~ from the square. 4 本の並木道がその広場から四方へ延び

ている. — 他 ❶ 〈熱・光などを〉放出する, 放射する: The sun ~s light and heat. 太陽は光と熱を放射する. ❷ 〈感情・性質などを〉発散させる, まき散らす: His face ~d joy. 彼の顔は喜びの光を放っていた. [L radiare, radiat- to shine] (形 radiant, radiation)
ra·di·a·tion /rèɪdiéɪʃən/ 名 ❶ U.C [理] 放射(線); 放射能. ❷ Ⓤ 放熱, 発光; 輻射, 放射. ❸ = radiation therapy. (動 radiate)
radiátion chémistry 名 Ⓤ 放射線化学.
radiátion sìckness 名 Ⓤ [医] 放射線障害, 放射能宿酔(しゅくすい) (疲労・吐き気・内出血などを伴う).
radiátion thèrapy 名 Ⓤ 放射線治療.
ra·di·a·tive /réɪdièɪtɪv, -diə-/ 形 発光[放熱]する; 放射の.
ra·di·a·tor /réɪdièɪtɚ | -tə/ 名 ラジエーター: **a** (熱湯・蒸気をパイプに通す, または電気の)暖房器. **b** (自動車エンジンなどの)冷却器.
rádiator grìlle 名 (自動車の)ラジエーターグリル (車の正面の空気冷却用格子).
rad·i·cal /rǽdɪk(ə)l/ 形 (more ~; most ~) ❶ Ⓐ 〈改革・治療など〉抜本的な, 徹底的な: ~ surgery 根治(外科)手術 / a ~ reform 抜本的改革. **b** 根本的な, 基礎の (fundamental): a ~ error [difference] 根本的な誤り [相違]. ❷ **a** 〈人・思想など〉急進的な, 過激な, 革命的な: a ~ politician 急進的な政治家. **b** [しばしば R~] (比較なし) 急進党の. ❸ (比較なし) (数) 根の: the ~ sign 根号 (√) / a ~ expression 無理式. ❹ (比較なし) (化) 基の. ❺ (比較なし) (言) 語根の. ❻ (米口) とてもすばらしい. — 名 ❶ 過激論者, 急進分子. **b** [しばしば R~] 急進党員. ❷ (数) 根 (root). ❸ (化) 基. ❹ [言] 語根. ❺ (漢字の)偏・旁(つくり)・冠の類; 部首. [L = 根の < RADIX, radic- 根; cf. radish] (名 rádicalism, 類義語 ⇒ progressive.
rádical chíc 名 Ⓤ 過激派好み, ラディカルシック (社交界の人士が過激派や少数派に共感を示してみせたりすること).
rád·i·cal·ism /-kəlìzm/ 名 Ⓤ 急進主義.
rad·i·cal·ize /rǽdɪkəlàɪz/ 動 他 人・集団などを急進化する, 尖鋭化する. — 自 急進的になる.
rad·i·cal·ly /-kəli/ 副 徹底的に, 根本的に, 完全に: ~ different 根本的に違った / ~ change 完全に変化する.
ra·dic·chi·o /rɑdíːkiòu | -díːk-/ 名 (複 -chi·os) (植) 赤チコリー (にがみのある葉はサラダ用).
ra·di·ces /réɪdɪsìːz/ 名 radix の複数形.
rad·i·cle /rǽdɪkl/ 名 (植) 小根, 幼根; (解) 小根.
ra·di·i /réɪdiàɪ/ 名 radius の複数形.
ra·di·o /réɪdiòu/ 名 (複 ~s) ❶ **a** [通例 the ~] ラジオ(放送): set the time by the ~ 時間をラジオに合わせる / be on the ~ 〈人が〉ラジオに出ている; 〈番組が〉ラジオで放送されている / I heard the news on [over] the ~ last night. ゆうべのニュースをラジオで聞いた. **b** ラジオ放送事業: work in ~ ラジオ放送関係で働く. ❷ Ⓒ ラジオ(受信機): a portable ~ 携帯用ラジオ / turn on [off] the ~ ラジオをつける[消す] / I listen to the BBC World Service on my short-wave ~ every day. 私は短波ラジオで毎日 BBC のワールドサービス[海外向け放送]を聞いている. ❸ Ⓤ 無線電信[電話], 無電: send a message by ~ 無電で通信する. **b** Ⓒ 無線電信機, 無線装置: a ship's ~ 船舶用無線装置. — 形 Ⓐ ~ の無電の: ~ communication 無線連絡 / a ~ cab 無線タクシー / a ~ signal 無線信号 / a ~ receiver =a ~ (receiving) set 無線受信機. ❷ ラジオの[を用いた]: a ~ announcer ラジオのアナウンサー / a ~ play [drama] ラジオ放送劇 / ⇒ radio station. — 動 他 ❶ 〈...に〉無線を送る: ~ a friend 友達に無線する. ❷ 〈...を〉無線で知らせる: ~ a weather report to ships 気象状況を船舶に無電で知らせる / [+that] The pilot ~ed air-traffic control that the plane was out of control. パイロットは航空交通管制塔に操縦不能と無線を打った. — 自 無線で連絡する: ~ for help 人に援助を無線で依頼する. [RADIO-(TELEGRAPHY)]
ra·di·o- /réɪdiòu/ [連結形] 「放射・輻射(ふくしゃ)」「半径」「ラジウム」「無線」. [L; ⇒ radius]
ra·di·o·ac·tive /rèɪdiòuǽktɪv⁻/ 形 放射性[能]の(あ

る): a ～ element 放射性元素 / ～ fallout 放射性降下物 / ～ decay 放射性崩壊 / ～ contamination 放射能汚染. **-ly** 副

rádioactive dáting 名 =radiocarbon dating.
rádioactive wáste 名 U 放射性廃棄物.
rádio-actívity 名 U 〖理〗放射能[性].
rádio astrónomy 名 U 電波天文学.
rádio-áutogràph 名 ラジオオートグラフ (autoradiograph). **-autográphic** 形 **-autógraphy** 名
rádio bèacon 名 ラジオビーコン (船舶・航空機の航行を助ける無線標識).
rádio bèam 名 〖通信〗ラジオ[信号]電波, 無線ビーム 《方向指示など無線誘導をする》.
ràdio·biólogy 名 U 放射線生物学.
rádio·bróadcast 名 U (～, ～-ed) ラジオ[無線]で放送する. — 自 ラジオ放送する. — 名 U ラジオ[無線]放送.
rádio càr 名 ラジオカー (連絡用短波無線装備の自動車).
rádio·cárbon 名 U 〖化〗放射性炭素.
radiocárbon dáting 名 U 放射性炭素による年代測定.
ràdio-cassétte plàyer 名 ラジオ付きカセットプレーヤー, ラジカセ.
ràdio·chémistry 名 U 放射化学.
rádio còmpass 名 U (船舶・航空機用の)ラジオコンパス.
rádio contról 名 U 無線制御[操縦], ラジコン; (パトカーやタクシーに対する)無線指令.
rádio-contròlled 形 無線操縦の.
rádio élement 名 放射性元素.
rádio fréquency 名 無線周波数.
ràdio·gén·ic /-dʒénɪk/ 形 ❶〖理〗放射能によってつくり出された. ❷ ラジオ放送向きの. **-gén·i·cal·ly** 副
ra·di·o·gram /réɪdiəgræm/ 名 ❶ =radiograph. ❷ 無線電報. ❸ (英)ラジオ付きレコードプレーヤー.
ra·di·o·graph /réɪdioʊgræf | -grɑːf/ 名 放射線写真; (特に)レントゲン写真. — 動 他 《...のレントゲン写真をとる.
ra·di·og·ra·pher /rèɪdiágrəfə- | -ógrəfə/ 名 レントゲン技師.
ra·di·o·graph·ic /rèɪdioʊgrǽfɪk˜ | -/ 形 レントゲン[X線]写真の. **-i·cal·ly** /-kəli/ 副
ra·di·og·ra·phy /rèɪdiágrəfi | -óg-/ 名 U X線撮影(法), 放射線写真術.
rà·dio·im·mu·no·ás·say /-ɪmjʊnoʊǽseɪ/ 名 U,C 〖医〗(放射性同位元素)標識免疫検定(法), 放射免疫検定(法), ラジオイムノアッセイ. **～·able** 形
rádio·immunológical 形 radioimmunoassay の.
rádio·immunólogy 名 =radioimmunoassay.
ràdio·ísotope 名 〖理·化〗放射性同位体.
ràdio·locátion 名 U 電波探知(法), 無線測位(法).
ra·di·o·log·i·cal /rèɪdiəʊládʒɪk(ə)l | -lódʒ-/, **-lóg·ic** 形 放射線(医)学の; 核放射線の. **-i·cal·ly** 副
rà·di·ól·o·gist /-dʒɪst/ 名 放射[X]線学者; 放射線医師; レントゲン技師.
ra·di·ol·o·gy /rèɪdiáládʒi | -ól-/ 名 U (医)放射線医学.
ra·di·o·lu·cent /rèɪdioʊlúːs(ə)nt˜ | -/ 形 放射線[X線]透過性の (cf. radiopaque). **-lú·cen·cy** /-s(ə)nsi/ 名
ra·di·om·e·ter /rèɪdiámətə | -ómətə/ 名 〖理〗放射計, ラジオメーター. **rà·di·óm·e·try** /-tri/ 名 U 放射計測.
ra·di·o·met·ric /rèɪdioʊmétrɪk˜ | -/ 形 放射計の[による]; 放射性炭素年代測定の; 放射分析の: ～ dating 放射性炭素年代測定. **-rical·ly** 副
ra·di·on·ics /rèɪdiánɪks | -ón-/ 名 U ❶ (米) =electronics. ❷ ラジオニクス 《電子機器を用いて行なう, 物質が発しているとされる放射エネルギーの研究》.
ràdio·núclide 名 〖理〗放射性核種.
ra·di·o·paque /rèɪdioʊpéɪk˜ | -/ 形 放射線[X線]不[非]透過性の (cf. radiolucent). **-o·pác·i·ty** /-oʊpǽsəti/ 名
ràdio·pharmacéutical 名 放射性医薬品(の).
rádio·phòne 名 =radiotelephone.

1471　**rafter**

ràdio·phónic 形 電子音楽の.
rádio·phóto 名 =radiophotograph.
ràdio·phótograph 名 無線電送写真.
ra·di·os·co·py /rèɪdiáskəpi | -ósk-/ 名 U X線透視(法). **ra·di·o·scop·ic** /rèɪdioʊskápɪk | -skóp-˜ | -/ 形
rádio·sònde 名 〖気〗ラジオゾンデ 《気球につけて上空に放ち, 高層の気象を測定して無線で地上に送信させる装置; cf. sonde》.
rádio stár 名 〖天〗電波星, ラジオ星.
rádio státion 名 ❶ 無線局. ❷ ラジオ放送局.
ràdio·telégraphy 名 U 無線電信(術). **-telégráph·ic** 形
rádio·télephone 名 無線電話(機).
ràdio·telephony 名 U 無線電話. **-telephónic** 形
rádio·télescòpe 名 〖天〗電波望遠鏡.
ràdio·thérapy 名 U 放射線療法. **-thérapist** 名 放射線療法士.
rádio wáve 名 〖通信〗電波.
rad·ish /rǽdɪʃ/ 名 C,U 《ハッカ》ダイコン(の根): grated Chinese ～ おろしダイコン. 〖L radix 根; cf. radical〗
ra·di·um /réɪdiəm/ 名 U 〖化〗ラジウム 《放射性元素; 記号 Ra》.
rádium emanàtion 名 U 〖化〗=radon.
rádium thèrapy 名 U 〖医〗ラジウム治療法.
†**ra·di·us** /réɪdiəs/ 名 (複 **-di·i** /-diaɪ/, ～·es) ❶ 半径 (cf. diameter 1): What [How long] is the ～ of this circle? この円の半径はどのくらいですか. ❷ **a** 半径範囲: within a ～ of three miles=within a three-mile ～ 3マイルの距離内に[の]. **b** 〖活動・能力などの〗範囲, 区域: the operating ～ of a bomber 爆撃機の作戦航続範囲. ❸ 〖解〗橈骨(ﾄｳ) 《尺骨 (ulna) とともに前腕部をなす》. ❹ 〖鳥〗径脈; 〖鳥〗小羽枝(ｼ). 〖L=(車輪の)輻(ﾔ); cf. ray'〗
rádius vèctor 名 (複 rádii vec·tó·res /-vektɔ́ːriːz/, ～s) 〖数·天〗動径.
ra·dix /réɪdɪks/ 名 (複 ～·es, rad·i·ces /rǽdəsìːz, réɪ-/) ❶ 〖数〗(記数法・対数などの)底(ﾃｲ); 基数. ❷ 〖植〗根. ❸ 根源(of). 〖L; cf. radical〗
ra·dome /réɪdoʊm/ 名 レードーム 《レーダーアンテナ用のドーム》. 〖radar dome〗
ra·don /réɪdɑn | -dən/ 名 U 〖化〗ラドン 《ラジウムの崩壊で生じる放射性元素; 記号 Rn》. 〖RADIUM+-on 《物質名を表わす語尾》〗
rad·u·la /rǽdʒʊlə | -djʊ-/ 名 (複 **-lae** /-liː/, **-laɪ/, ～s**) 〖動〗(軟体動物の)歯舌. **rád·u·lar** /-lə | -lə/ 形
rád·wàste /-wèɪst/ 名 =radioactive waste.
†**RAF** /áəèrèf, ræf | áː(r)èɪèf, ræf/ [the ～] 英国空軍 (cf. USAF). 〖Royal Air Force〗
raff /ræf/ 名 =riffraff.
raf·fi·a /rǽfiə/ 名 ❶ C 〖植〗ラフィアヤシ 《マダガスカル産ヤシ科の植物》. ❷ U ラフィアヤシの葉の繊維 《ロープ・かご・帽子などを作る》.
raf·fi·nate /rǽfəneɪt/ 名 〖化〗ラフィネート 《石油を溶剤で処理したときの不溶解分》.
raff·ish /rǽfɪʃ/ 形 ❶ (文) 《人・行動など》奔放な, 不良っぽい. ❷ けばけばしい, 低俗な. **-ly** 副 **～·ness** 名
†**raf·fle¹** /rǽfl/ 名 ラッフル 《慈善事業などで番号札 (raffle ticket)を買わせ, 抽選で当たった人に品物を渡す富くじ販売法》. — 動 他 ラッフルで品物を売る[処分する] (off).
raf·fle² /rǽfl/ 名 くず, がらくた, 廃品.
†**raft¹** /rǽft | rɑːft/ 名 ❶ いかだ, 浮き舟 《ゴム製の救命ボート. ❷ a 浮き桟橋. b (水泳者用の)浮き台. ❸ a 流木, 浮氷. b 水面に群がった水鳥. — 動 他 〖副詞(句)を伴って〗《人・ものをいかだで運ぶ; 《木材などをいかだに組んで運ぶ: ～ goods across (a river) いかだで荷物を(川の)向こう側へ運ぶ. 〖副詞(句)を伴って〗いかだで行く: ～ down [up] a stream いかだで流れを下る[上る]. 〖ON=丸太〗
raft² /ræft | rɑːft/ 名 [a ～] (口) 多量, 多数: a ～ of books たくさんの書物.
†**raft·er¹** /rǽftə | rɑːftə/ 名 〖建〗たるき.

raft·er[2] /rǽftɚ | rάːftə/ 名 =raftsman.

ráft·ered 形 〈屋根·部屋などたるきをつけた, (下から)たるきが見える: a ~ roof たるき付きの屋根.

ráft·ing /-ɪŋ/ 名 U 〖スポ〗いかだ乗り, ラフティング《ゴム製のいかだで急流を下る》.

rafts·man /rǽftsmən | rάːfts-/ 名 (-men /-mən/) いかだ乗り, いかだ師.

ráft spìder 名〖動〗ハシリグモ《欧州産; 水面に前脚を長く伸ばして獲物を待つ大きなクモ》.

*rag[1] /rǽg/ 名 ❶ C U ぼろ; ぼろきれ: a dirty ~ よごれたぼろきれ / His clothes were torn [worn] to ~s. 彼の服はぼろぼろに裂けていた[なっていた]. ❷ [複数形で] ぼろ服: (dressed) in ~s ぼろ服を着て. b 衣服, 着物: ⇒ glad rags. c (製紙·詰め物用の)ぼろ. ❸ a C 小片, 断片: a ~ of cloud 一片の雲. b 〔一; 通例否定文で〕少しも(…ない), かけらも(ない): He wasn't wearing a ~. 彼は何も身につけていなかった. ❹ C〔軽蔑〕新聞(紙)·ハンカチ·旗·帆·紙幣などとしての〕ぼろ, くず: That magazine is a worthless ~. あの雑誌はくだらぬくずだ. **be on the rág**〔卑〕生理中である. **chéw the rág** =chew the FAT 成句. **féel lìke a wét rág**〔口〕ひどく疲れたを感じる. **gó from ràgs to ríches** 貧乏から金持ちになる. **in rágs** (1) ぼろにちぎれて. (2) ぼろ服で(⇒ 2 a). **like a réd rág to a búll**〔手のつけられない〕ひどく怒って〔《闘牛》闘牛士が赤いきれを見せると興奮することから〕. **lóse one's rág**〔英口〕ひどく怒る.〖ON=房, けばだち〗

rag[2] /rǽg/ 名(-) 動 (ragged; rag·ging) 他 ❶〈人を…のことで〉からかう, いじめる (tease) 〔about, for〕: Everybody *ragged* him *about* his girlfriend. 皆が彼をガールフレンドのことでからかった. ❷〈人を〉しかる. ━━名〔英〕❶〔俗〕(募金などを目的とした学生たちの)パレード, 仮装行列. ❷〔口·古風〕(学生などの悪意のない)いたずら.〖F<L RABIES〗

rag[3] /rǽg/ 名〖楽〗ラグ《ラグタイム (ragtime) のリズムで書かれた曲》.

rag[4] /rǽg/ 名〔一面〔一端〕が粗いままの〕屋根ふき用のスレート; 粗硬岩《建築用の石灰岩などの堅い石》.

ra·ga /rάːɡə/ 名〖楽〗ラーガ《インド音楽の旋法で, 7音音階を基本としてさまざまなものがある; それに基づく即興演奏; cf. tala》.

rag·a·muf·fin /rǽɡəmʌfɪn/ 名 ぼろを着た少年; いたずら小僧.

rág-and-bóne màn 名〔英〕くず屋, くず拾い.

rág·bàg 名 ❶ ぼろ入れ(の袋). ❷ 寄せ集め, ごたまぜ〔*of*〕. ❸〔俗〕だらしない服装の女.

rág bòlt 名〖機〗鬼(ᅡ)ボルト.

rág bòok 名(破れないように)布で作った子供の本.

rág dòll 名 縫いぐるみの人形.

*rage /réɪdʒ/ 名 ❶ U [また a ~] (抑えがたい)激怒, 憤怒: tremble with ~ 怒りで体が震える / in *a* (fit of) ~ かっとなって / fly into *a* ~ かっとなる. ❷ b 激しさ, 猛烈, 猛威: the ~ of Nature [the wind] 大自然〔風〕の猛威. ❸〔単数形で〕〔…に対する〕熱望, 渇望: His ~ for high position was unstoppable. 彼の出世欲はとどまるところを知らなかった. ❹ 流行, 人気〔*for*〕: Cellphones are the latest ~.携帯(電話)は最新の流行りです. **be áll the ráge**〔口〕大流行する. ━━動 自 ❶ 〔…に〕〔…のことで〕激怒する, どなり散らす〔*at, against*〕〔*for, about*〕: He ~*d* at her *for* her carelessness. 彼は不注意だといって彼女をしかりとばした. ❷〈あらし·戦争·病気·熱情などが〉荒れ狂う, 猛威をふるう: The wind ~*d* all night. 風は一晩中吹きすさんだ / The fever ~*d* throughout the country. その熱狂が国中にはびこった.〖F<L=madness; ⇒ rabies〗〖類義語〗⇒ anger.

rag·ga /rǽɡə/ 名〔英〕ラガ《ダンスミュージックの一種で, DJ がサンプリング音や電子音に(即興で)言葉をのせていくもの》.〖*ragamuffin*〗

rag·ga·muf·fin /rǽɡəmʌfɪn/ 名 =ragamuffin.

†**rag·ged** /rǽɡɪd/ 形 (~·er; ~·est) ❶ 〈衣服などが〉ほろぼろの, ほつれた: dressed in a ~ coat [shirt] ほろぼろの上着〔シャツ〕を着た. ❷〈人がぼろを着た: ~ children ぼろを着た子供たち. ❸ ざらざらとした, ぎざぎざの; でこぼこした (uneven): a ~ edge ぎざぎざへり / a ~ line でこぼこの線; 不ぞろいな(行)列. ❹〈声·音など〉耳障りな. ❺ ふぞろいの, 不完全な, 雑な. ❻〈髪などもじゃもじゃの, もつれ毛の. **be rùn rágged** くたくたになる, 疲れ果てる. **on the rágged édge** 危険の瀬戸際に, 絶体絶命で (cf. 3): He's *on the* ~ *edge* of bankruptcy. 彼は破産寸前にある. ~·ly 副 ~·ness 名

rág·ged·y /-ɡɪdi/ 形 =ragged 2.

rag·gle-tag·gle /rǽɡltæɡl/ 形 色とりどりの; ごたまぜの.

rag·gy /rǽɡi/ 形 =ragged.

rag·ing /réɪdʒɪŋ/ 形 A ❶ 激怒した. ❷ 荒れ狂う, 猛烈な, 猛威をふるう: a ~ tempest [sea] 荒れ狂ううらし〔海〕/ a ~ pestilence 猛威をふるう疫病. ❸〈感情·痛みなど〉激しい, 猛烈な: a ~ headache 激しい頭痛. ❹〔口〕途方もない, ものすごい. ~·ly 副

rag·lan /rǽɡlən/ 名 ラグランコート《袖布が襟まで続いて肩に縫い目のないゆったりしたコート; cf. cardigan》. ━━形 ラグランの: ~ sleeves ラグラン袖.〖これを着用したクリミア戦争の英国人指揮官の名から〗

rág·màn 名 (-men) 廃品回収業者, くず屋.

ra·gout /rægúː/ 名 C U ラグー《肉片·野菜を入れ香辛料をきかせたシチュー》.〖F<L *gustus* taste; cf. gusto〗

rág pàper 名 U ラグペーパー《ぼろ布パルプ製の紙; 最高級紙》.

rág·pìcker 名 くず拾い, ばた屋.

rág-ròll·ing 名 U ラグローリング《布を刷毛の代わりにしてペンキを塗り, 独特の雰囲気を出す室内装飾法》. **rág-ròll** 動 **rág-ròlled** 形

rág·stòne 名 U〖建〗(硬質の)砂岩, 石灰岩 (など), 砂岩〔石灰岩〕スレート.

rág·tàg 形 A〔口〕❶ まとまりのない. ❷ みすぼらしい. ━━名 ★ 次の成句で. **(the) rágtag and bóbtail** 社会のくず, 下層階級.

rag·time /rǽɡtàɪm/ 名 U ラグタイム《ジャズ音楽の一種》. ━━形〔俗〕乱れた, 評判のよくない.

rág·tòp 名〔米俗〕折りたたみ式幌屋根の車.

rág tràde 名 [the ~]〔口〕婦人服産業.

rág·wèed 名 U〖植〗ブタクサ《花粉症の原因になる》.〖葉がぎざぎざ (ragged) であることから〗

rág wòrm 名 釣餌とする水生動物《アカムシ·ゴカイなど》.

rág·wòrt 名 U〖植〗セネシオ属の各種草本, サワギク.

rah /rάː/ 間〔米口〕万歳!, フレー!〖(HUR)RAH〗

rah-rah /rάːrάː/ 形〔米口〕熱狂的な: a ~ cheerleader 熱狂的なチアリーダー.

ráh-rah skìrt 名 ラーラースカート《女子チアリーダーがはくような, ひだ飾りのある短いスカート》.

rai /rάɪ/ 名 U ライ《アルジェリアを中心にマグレブ諸国で広く人気のある歌謡曲; アラブの民族音楽と西洋のポピュラーミュージックとが融合したもの》.

*raid /réɪd/ 名 C ❶ (占領目的ではなく, 相手に打撃を与えるための)不意の襲撃, 奇襲; 空襲〔*on*〕: ⇒ air raid. ❷ (警察の)手入れ〔*on*〕: a police [drug] ~ 警察〔麻薬〕の手入れ / a dawn ~ 夜明けの突然の手入れ. ❸〔略奪を伴う〕侵入: The guerrillas carried out a ~ *on* farmhouses. ゲリラたちが農家を襲撃した. ❹〔競争会社などからの社員の引き抜き. ❺〔株〕売り崩し. **màke a ráid**〔…を〕急襲する;〈警察が〉手入れをする: *make a* midnight ~ *on the* fridge〔戯言〕夜中に冷蔵庫をあさる / *make a* ~ *on a* nightclub ナイトクラブの手入れを行なう. ━━動 他 ❶〈警察などが…に〉手入れを行なう: The club was ~*ed* by the police. そのクラブは警察の手入れを受けた. ❷〔場所を急襲〔奇襲, 空襲〕する: ~ a government outpost 政府軍の前哨を襲う / a ~*ing* party 襲撃グループ. ❸〈倉庫〔冷蔵庫などを〕あさる〔*on*〕.〖OE; 原義は「馬に乗ること」; ROAD と二重語〗

RAID /réɪd/ 〔略〕〖電算〗redundant array of inexpensive [independent] disks《効率化·事故対策のために一連のハードディスクを連動して使用すること》.

†**ráid·er** /-də | -də/ 名 ❶ a 侵入〔侵略〕者, 急襲者. b 襲撃機〔艇〕. ❷ 手入れを行なう警察官.

rail¹ /réɪl/ 名 ❶ C **a** (さく・垣根などにする)横木; 横棒: ⇒ rail fence. **b** [しばしば複合語で] (はしご・カーテンなどの)横inc, レール; 手すり: a curtain ~ カーテンレール / a towel ~, handrail. **c** [しばしば複数形で] さく, 垣. ❷ **a** C レール, 軌条 (track): jump the ~s 列車が脱線する. **b** U 鉄道: go by ~ 鉄道(便)で. **frée on ráil** ⇒ free 形 成句. **gèt báck on the ráils** (1) 軌道に乗り直す. (2) 常道に戻る. **gó òff the ráils** (1) 〈列車が〉脱線する. (2) 〈人が〉常道をはずれる; 社会の慣習を守らない. **òver the ráils** 船の手すりを越えて. ── 動 他 〈場所に〉さくをつける, さくで囲う: The fields were ~ed in [off] from the lane. 畑はさくで囲まれていた[囲まれて小道と仕切られていた]. 〖F<L *regula* 物差し; cf. regular〗

rail² /réɪl/ 動 [...を]ののしる, [...に]悪態をつく; ぐちる 〈*at, against*〉.

rail³ /réɪl/ 名 〖鳥〗クイナ.

rail·age /réɪlɪdʒ/ 名 U 鉄道運賃; 鉄道運輸.

ráil·bird /-bə̀ːrd/ 名 《米口》 ❶ (競馬のさくからレースや調教を見る)競馬ファン. ❷ 批評家; 観客.

ráil·càr 名 ❶ 〔一方で動く)軌道車. ❷ 《米》鉄道車両 (★ 客車・貨車を含めての総称).

ráil·càrd 名 《英》 (子供や年金生活者がもつ)鉄道運賃割引証明書.

ráil fénce 名 《米》 くいを横木で作った垣[さく].

ráil gùn レールガン《電磁射出装置による砲》.

ráil·hèad 鉄道(線路)の起点[終点].

rail·ing /réɪlɪŋ/ 名 [通例複数形で] レール, 手すり, 垣. 〖RAIL¹+-ING〗

rail·ler·y /réɪləri/ 名 U からかい, 冷やかし.

ráil·less 形 レールのない, 無軌道の, 手すりのない.

ráil·man /-mən/ 名 (複 -men /-mən/) =railwayman.

★rail·road /réɪlròʊd/ 名 《米》 ❶ 鉄道, 鉄道線路 《英》 railway) 〖用法〗 《米》 では軽便鉄道・市街鉄道は railway という). ❷ 鉄道会社 (略 R.R.). ❸ [the ~] (施設や業務内容全般を含めた)鉄道. ── 形 A 鉄道の: a ~ accident 鉄道事故 / a ~ bridge 鉄橋 / a ~ company 鉄道会社 / a ~ crossing 鉄道踏切 / a ~ engineer 機関手 / a ~ line 鉄道線路 / a ~ station 鉄道駅. ── 他 ❶ 〈人を〉せきたてて[...に]させる: We were ~ed *into* agreeing to work on Sunday. 我々は強引に日曜日で働くことに合意させられた. ❷ 〈議案を〉〔議会などで〕強引に通過させる, 強行採決する: They ~ed the motion *through* the committee. その動議を強引に委員会にかけて通過させた. ❸ 〈じゃま者などを〉審理も十分にせずに〔刑務所へ〕投獄する: He was ~ed *to* prison without a fair trial. 彼は公平な裁判にかけられずむりやり投獄された. ❹ 《米》 〈ものを〉鉄道で輸送する. ── 自 《米》 鉄道で働く[旅行する].

ráilroad apàrtment [flàt] 名 《米》 (ウナギの寝床のように細長い劣悪な)安アパート.

ráil·ròad·er /-də-|-də/ 名 《米》鉄道(従業)員 《英》 railwayman.

ráil·ròad·ing /-dɪŋ/ 名 U 《米》鉄道敷設事業[作業]; 鉄道事業; 鉄道旅行; 《口》〔人事を〕急がせること, 強引な議案通過.

Rail·track /réɪltræk/ 名 レールトラック《英国国鉄民営化の一環として 1994 年にできた基盤整備会社; 英国全土の鉄道・駅を保有し, 列車の運行に責任をもつ》.

ráil tràil 名 レールトレイル《鉄道の廃線跡を舗装して造った道; 散策・サイクリングなどに利用される》.

★rail·way /réɪlwèɪ/ 名 ❶ 《英》鉄道, 鉄道線路 《《米》 railroad). ❷ 《米》軽便[市内]鉄道. ❸ 《英》鉄道会社. ❹ 《英》 [the ~(s)] =railroad 3. ── 形 A 《英》鉄道の (《米》 railroad の): a ~ engine 鉄道機関車 / a ~ track 軌道, 線路.

〖歴史〗 1825 年イングランドの Stockton /stάktən | stɔ́k-/ と Darlington /dάːrlɪŋtən | dάː-/ 間で Locomotive 号が走り, 1830 年には Liverpool と Manchester 間を G. Stephenson 製作の Rocket 号が走り, 鉄道の営業が開始された.

1473 **rain check**

ráilway·man /-mən/ 名 (複 -men /-mən/) 《英》鉄道(従業員) (《米》 railroader).

ráilway yàrd 名 《英》鉄道操車場.

rai·ment /réɪmənt/ 名 U 《文·古》 衣類, 衣服 (clothing), 衣装.

★rain /réɪn/ 名 ❶ U.C 雨, 降雨, 雨天: (a) heavy ~ 大雨, 豪雨 / (a) light ~ 小雨 / (a) fine ~ 小ぬか雨 / (a) sprinkling ~ ぱらぱら降る雨 / (a) pouring ~ どしゃ降りの雨 / (a) torrential ~ しのつく雨 / a long spell of ~ 長雨 / We had little [a lot of] ~ this year. 今年は雨が少なかった[多かった] / We had [There were] heavy ~s last summer. 前の夏には大雨が(何度も)降った(★1回の雨を1単位と考える場合) / The ~ came down in torrents. 雨はどしゃ降りに降った / I was caught in the ~. 雨にあった / It was pouring with ~. 《英》 雨が激しく降っていた / They went out in the ~. 彼らは雨の中を傘をついて出ていった / It looks like ~. 雨模様だ 〖用法〗 It will be ~. とは言わない. ❷ the ~s 《熱帯地方の》雨季. ❸ [a ~] [...の]雨: *a* ~ *of* ashes [bullets, kisses] 灰[弾丸, キス]の雨.

(as) ríght as ráin ⇒ right¹ 形 成句. **còme ráin or (còme) shíne** =**ráin or shíne** 《口》(1) 晴雨を問わず, 降っても照っても: The party will take place ~ *or shine*. パーティーは晴雨を問わず行なわれる. (2) どんなことがあっても: I'll be there tomorrow, ~ *or shine*. 私はどんなことがあってもあすそこに行きます.

── 動 ❶ [it を主語として] 雨が降る: *It's* ~*ing* hard. 雨が激しく降っている / *It* never ~*s but it pours.* (諺) 降れば必ずどしゃ降り; 物事(特に不幸)は重なるもの. ❷ 〈ものが〉雨のように降る: The leaves came ~*ing down*. 落ち葉が雨あられと降ってきた / Congratulations ~*ed down upon* him. 祝辞が彼に殺到した / The apples ~*ed down onto* the ground. リンゴがどっと地面に落ちてきた / Her tears ~*ed upon* his chest. 彼女の涙が雨のように彼の胸に落ちた.

── 他 ❶ [it を主語として] 〈...を〉雨のように降らす: *It* ~*ed* blood [invitations]. 血[招待状]が雨と注いだ. ❷ **a** 〈涙などを〉雨のように流す: Her eyes ~*ed* tears. 彼女の目から涙があふれ出た. **b** 〈...に〉〈...を〉雨のように浴びせかける: He ~*ed* blows *on* me. 彼は私にげんこつの雨を浴びせた / Honors were ~*ed* (*down*) *upon* him. 数々の栄誉が彼に授けられた.

be raíned óff 《英》 =be RAINED out 成句.

be ráined óut 《米》 〈競技などが〉雨で中止[延期]される.

It's [It has] ráined itsélf óut. 雨が(やっと)やんだ.

ráin cáts and dógs ⇒ cat 成句.

〖OE〗 (形 rainy; 関形 pluvial)

★rain·bow /réɪnbòʊ/ 名 にじ 〖解説〗 英米でも日本と同じく 7 色に分けられ外側から順に red, orange, yellow, green, blue, indigo, violet となるが, indigo と blue を合わせて 6 色と考えられる場合もあり, 常に 7 色とは限らない): all the colors of the ~ (にじのような)いろいろな色, 多彩. **cháse (àfter) ráinbows** にじを追う《実現しそうにない夢を追って多くの時間を過ごす》. ── 形 ❶ にじ色の, 多彩な. ❷ さまざまな種類[人種]からなる. 〖RAIN+BOW³〗

ráinbow coalítion 名 《米》にじの連合《政治運動などの分野における, さまざまな民族的・政治的・宗教的背景の人びとからなる集団》.

ráinbow lórikeet 名 〖鳥〗ゴシキセイガイインコ《ポリネシア原産》.

ráinbow nátion 名 にじの国《さまざまな人種で構成されている国家》.

ráinbow rùnner 名 C.U 〖魚〗ツムブリ《暖海にすむアジ科の青と黄の大型の食用魚; 釣りの対象》.

ráinbow tròut 名 C.U 〖魚〗ニジマス.

ráin chèck 《米》 ❶ 雨天引換[順延]券 《雨のため屋外競技などが中止の場合に渡す; cf. rain date》. ❷ 売り切れ特売品後日購買券《バーゲンセールなどで商品が品切れになった時などに出す引換券や次の機会に同じ条件で買える予約券》. ❸ 《口》 (今は辞退しても後で要求する)後日の約

束[招待, 要求]: May I take a ~ *on* your invitation? お招きを後日都合のよい時まで延ばしてもよいでしょうか.

ráin clòud 图 雨雲.

†**ráin còat** /réinkòut/ 图 レインコート.

ráin dàte 图 《米》(屋外行事[競技]の)当日が雨天の場合の変更日.

ráin dròp 图 雨滴, 雨だれ.

†**ráin・fàll** /réinfɔ̀:l/ 图 ❶ Ｕ.Ｃ 降雨[降水]量, 雨量: (a) ~ *of* 10 inches a year 1 年で 10 インチの降水量 / This area has (a) heavy [low] ~. この地域は降水量が多い[少ない]. ❷ Ｕ 降雨: The ~ grew heavier. 雨がいっそうはげしくなった.

ráin・flý 图 ❶ 《米》(テントの)フライシート (flysheet). ❷ 《カリブ》(雨のあとで無数に見られる)羽アリ.

ráin fòrest 图 熱帯雨林.

ráin gàuge 图 雨量計.

Rai・nier /rəníɚ, rei- | réiniə, rəniə/, Mount 图 レーニア山《米国 Washington 州中西部にある山; 同州および Cascade 山脈の最高峰 (4392 m)》.

ráin・less 形 雨のない, 乾燥しがちな. ~**・ness** 图

ráin・màker 图 ❶ 人工降雨専門家[科学者]. ❷ (魔術で)雨を降らす人. ❸ 《口》やり手の実業家[弁護士].

ráin・màking 图 Ｕ ❶ 人工的に雨を降らせること, 人工降雨. ❷ 魔術で雨を降らせること.

ráin・òut 图 《米》雨天中止(の行事), 雨で流れた行事 (cf. be RAINED *out* 成句). (理) 放射性水滴の降下.

ráin・pròof 形 《オーバーなど》防水の.

ráin shàdow 图 《気》雨の陰《山または山脈の風下側の, 風上側に比べて著しく降水量が少ない地域》.

ráin・stòrm 图 吹き降り, 暴風雨.

ráin・swèpt 形 風雨にさらされた.

ráin trèe 图 《植》アメリカネム (monkeypod).

ráin・wàter 图 Ｕ 雨水, 天水 (cf. tapwater).

ráin・wèar 图 Ｕ (防水を施したり, 耐水性の生地で作られた)雨天用衣類.

ráin・wòrm 图 ミミズ.

†**rain・y** /réini/ 形 (**rain・i・er**; **-i・est**) ❶ 雨の, 雨降りの; 雨の多い: ~ weather 雨天 / the ~ season 梅雨, 雨期 / a ~ country 雨の多い国 / It will be ~ this afternoon. きょうは午後から雨が降るだろう. ❷ 《雲・空など》雨をもたらす, 雨模様の. ❸ 通りなどがぬれた. **for a ráiny dáy** (将来の)まさかの時のために: provide [save up] *for a* ~ *day* 将来の備えをする(たくわえる]. **rain・i・ly** /-nəli/ 副 **-i・ness** 图 (rain)

＊**raise** /réiz/ 動 他 **A** ❶ **a** 〈ものを〉(高く)持ち上げる: ~ the window 窓を上げる / ~ one's eyes 伏せた目を上げる / ~ one's eyebrows ⇒ eyebrow / She ~d her hand for silence. 彼女は手を上げて静粛を求めた. **b** 〈旗などを〉掲げる; 〈沈んだものを〉引き揚げる: ~ the flag 旗を掲げる / ~ a sunken ship 沈没船を引き揚げる.

❷ 〈倒れた人・ものなどを〉起こす, 立たせる: ~ an overturned chair 倒れたいすを起こす / ~ a man from his knees ひざまずいている男を立たせる / He ~d *himself* to a sitting position [to his full height]. 彼は体を起こして座った姿勢になった[彼は相伸びした].

❸ **a** 〈家賃・利子・給料・名声などを〉高める, 増す, 引き上げる (increase) 《《用法》up 副 とともには用いない》: ~ the rent 家賃を上げる / ~ one's reputation 名声を高める / Our salaries were ~d a little bit. 我々の給料はほんの少し上げられた. **b** 〈温度・血圧などを〉上昇させる: Stress ~d my blood pressure. ストレスで私の血圧は上昇した. **c** 〈人を〉(...から...へ)昇進させる, 出世させる: His position was ~d to manager. 彼は昇進して支配人になった / It was this song that ~d the group *from* obscurity *to* fame. そのグループを無名の状態から有名な地位へ出世させたのはまさにこの歌であった.

❹ **a** 〈声などを〉荒らげる, 張り上げる《★怒りを意味する》: She ~d her voice in anger. 彼女は怒って声を荒らげた. **b** 〈疑惑・不安・希望などを〉起こさせる (provoke); 〈笑い・赤面などを〉催させる: That joke will ~ a laugh. そのジョークは笑いを起こすだろう / These facts ~d doubts [questions] in their minds. これらの事実を知って彼らの心に疑惑[疑問]が生じた / ~ a person's hopes 人の希望を奮い立たせる.

❺ **a** 〈ほこりなどを〉立てる: ~ a cloud of dust もうもうとした土ぼこりを立てる. **b** 〈反乱・騒動などを〉起こす: ~ a rebellion 反乱を起こす.

❻ 〈質問・異議などを〉提出する, 出す: ~ an objection 異議を提出する.

❼ 〈包囲・禁止などを〉解く: ~ an oil embargo 石油輸出禁止を解く / Reinforcements came and ~d the siege of the stronghold. 援軍が来て要塞(ようさい)の包囲を打ち破った.

❽ 〈パンを〉ふくらませる: ~ dough パン生地をふくらませる.

❾ **a** 〈人を〉生き返らせる: ~ the dead 死者をよみがえらす / ~ a person *from* the dead 人を生き返らせる. **b** 〈霊魂などを〉呼び出す.

❿ 〈陸地・陸地・他船などの〉見える所まで来る.

⓫ 〈...と〉無線で連絡をとる.

⓬ 《数》累乗する: 2 ~d to the power of 3 is 8. 2 の 3 乗は 8.

⓭ 《トランプ》〈相手より〉多く賭ける.

――― Ｂ ❶ **a** 《米》〈子供を〉育てる, 養う (bring up): ~ a large family たくさんの子供を育てる / He was born and ~d in a country town. 彼はいなか町に生まれ育った. **b** 〈家畜を〉飼養する; 〈野菜などを〉栽培する: She ~s crops and cattle. 彼女は農作物を栽培し牛を飼っている.

❷ **a** 〈金を〉調達する, 工面する: They're *raising* funds for the expedition. 彼らは探検の資金を調達しているところだ. **b** 〈軍を〉集める, 募る: ~ an army 軍隊を集める, 兵を起こす.

❸ 〈高いもの・目につくものを〉建てる: ~ a monument 記念碑を建てる.

ráise a pérson's spírits 人を元気づける.

ráise one's gláss (to a person) (人のために)乾杯する.

ráise the alárm 警行を発する.

ráise the wínd ⇨ wind¹ 成句.

――― 图 《米》❶ 昇給 (《英》rise): ask one's boss for a ~ 上司に昇給を申し出る. ❷ 高くした[上がった]所. 《ON *reisa* (*rísa* to rise の使役形)》 【類義語】⇨ lift.

ráised béach 图 《地》隆起海浜.

ráised bóg 图 《環境》隆起沼, 隆起湿原《ミズゴケなどの湿地性植物が酸性水の中で繁殖し凸状に隆起した湿原》.

ráis・er 图 [通例複合語をなして] 《英》❶ 引き起こす人: a fire-*raiser* 放火犯人; a fund-*raiser* 資金を調達する人. ❷ 飼育[栽培]者: a cattle-*raiser* 牛飼育者.

†**rai・sin** /réiz(ə)n/ 图 干しぶどう, レーズン. 《F<L》

rai・son d'ê・tre /réizoʊn détr(ə) | -zɒn-/ 图 存在理由: What is the ~ for this policy? この政策はどんな存在理由があるのか. 《F=reason of being》

rai・ta /ráɪtə/ 图 Ｕ ライター《インド料理で, ヨーグルトの中に野菜を細かく刻んで混ぜ合わせ, 塩やスパイスで味付けしたもの》.

Raj /rɑːdʒ/ 图 [the ~] (昔の)英国のインド統治.

ra・ja, ra・jah /rɑ́ːdʒə/ 图 (昔のインドの)王侯, ラージャ. 《Hind<Skt=王》

Ra・ja・sthan /rɑ̀ːdʒəstɑ́ːn/ 图 ラージャスターン《インド北西部の, パキスタンと接する州》.

rája yóga 图 Ｕ [時に R- Y-] ラージャヨーガ, 王道ヨーガ《冥想により心の作用の止滅を目標とするヨーガ; cf. hatha yoga》.

†**rake**¹ /réɪk/ 图 ❶ **a** (干し草・落ち葉などをかき集めるための)くま手. **b** (土をならすための)まぐわ, レーキ. **c** 火かき. ❷ (賭場の)賭(か)け金集めの道具.

――― 動 他 ❶ 〈場所を〉くま手でかいてならす: ~ a flowerbed 花壇(の土)をかいてならす / [＋目＋補] They were *raking* the path clean (of leaves). 彼らは小道(の枯れ葉)をくま手できれいに掃除した. ❷ **a** (くま手などで)...をかき集める: ~ *up* hay 干し草をかき集める / She ~d the dead leaves *together* (into a pile). 彼女は枯れ葉をかき集めて山にした. **b** 〈金・人などを〉かき集める: ~ *to-*

gether enough money to pay off the debt 借金返済に十分な金をかき集める / We have to ~ **up** a few more players. もう数人選手を集めなければならない. ③ 〈…〉をひっかく(**with**); 〈髪に〉指を〈くしのように〉通す(**through**): The cat ~d his arm **with** its claws. 猫が彼の腕をつめでひっかいた. ④ 〈からすなどが〉…をさっとかすめて通る. ⑤ 〔…を求めて〕〈…〉を念入りに探す〔調べる〕(rummage): The police ~d the room for evidence. 警察が部屋を引っくり返して証拠を探した. ⑥ 〈銃砲で〉〈船・隊列などを〉掃射〔縦射〕する(**with**). ⑦ 〈望遠鏡などで〉場所を〈端から端までさっと〉見渡す: ~ the field **with** one's binoculars 双眼鏡で野原を見渡す.
── ⓘ ① 〈くま手[まぐわ]を使う, くま手でかく. ② 〔副詞(句)を伴って〕〔…の中を〕せんさくする, 骨折って調べる: I ~d **through** my old papers for it. 古い書類の中を引っかきまわしてそれを探してみた.
ráke ín 《他+副》《口》〈金〉をうんとかき集める, どっさりもうける: ~ **in** cash 荒稼ぎする.
ráke it ín 《口》金をうんともうける〔稼ぐ〕.
ráke óff 《他+副》《口》〈…〉をピンハネする, かすめ取る.
ráke óut 《他+副》《口》(1) 〈ものを〉探し出す, 探して見つける. (2) 〈火を〉かき出す.
ráke úp 《他+副》《口》(1) 〈…〉をかき集める (⇒ 他 ②). (2) 〈過去のことを〉暴き出す, 暴露する: ~ **up** an old scandal 古いスキャンダルを暴き出す.
rake[2] /réik/ 图 放蕩(気労)者.
rake[3] /réik/ 图〔単数形で〕 ① 傾斜(度). ② 〔海〕 **a** 船首[船尾]の斜出. **b** 〈マスト・煙突などの〉船尾〔後方〕への傾斜. ── 動 他 ① 〈舞台などを〉傾斜させる. ② 〔海〕 **a** 〈船首・船尾など〉を斜出させる. **b** 〈マスト・煙突などを〉傾斜させる. ── ⓘ ① 〈舞台が観客席のほうへ〉傾斜する. ② 〔海〕 **a** 〈船首・船尾が〉斜出する. **b** 〈マスト・煙突などが〉傾斜する.
ráke-óff 图《口》(不正な利益などの)分け前, 手数料, リベート.
rak·er /réikɚ | -kə/ 图 ① 熊手 (rake) を使う人; 市街掃除人夫; かき集める人, 捜す人, 集める道具, かきはがす道具. ② (壁を支える)控え柱, 突っ張り.
ráke's prógress 图 放蕩者の成り行き《身を持ちくずす》.
ra·ki /rɑːkiː, ræki/ 图 ラキ《通例 干しブドウを発酵させ蒸留し, アニスの実 (aniseed) で香り付けしたトルコなどの強い酒》.
rak·ish[1] /réikɪʃ/ 形 ① 〈船が〉軽快な, 速そうな. ② しゃれた, いきな. **~·ly** 副 **~·ness** 图 〖RAKE[3]+-ISH[1]〗
rak·ish[2] /réikɪʃ/ 形 放蕩(銃)な, 道楽な. **~·ly** 副 〖RAKE[2]+-ISH〗
rale, râle /rɑ́ːl, rɑː l | rɑː l/ 图 〔通例複数形で〕〔医〕 水泡音, ラ音, ラッセル.
Ra·leigh /rɔ́ːli/, **Sir Walter** ローリー (1552?-1618; 英国の探検家・著述家).
ral·len·tan·do /rɑ̀ːləntɑ́ːndou | rælənténˈ-/ 〔楽〕 形 副 ラレンタンド, 次第にゆるやかな[に] (略 **rall.**). ── 图 (~s) ラレンタンドの楽節). 〖It〗
*⁺**ral·ly**[1] /ræli/ 图 ① (政治的・宗教的な)**大集会**; 示威運動: a peace ~ 平和運動集会 / an anti-government ~ 反政府集会. ② 〔a ~〕(気力・景気などの)回復. ③ 〔a ~〕再結集, 再挙; 盛り返し. ④ ラリー《公道での交通規則のっとって行われる自動車の長距離競走》: the Monte Carlo R~ モンテカルロのラリー. ⑤ 〈テニス・バド〉ラリー《続けざまの打ち返し》. ── 動 ⓘ ① **a** (援助などのために)〈…〉の周りに[集まって]くる, はせ参じる, 集結する 〖用法〗 主語になるのは複数名詞・集合名詞など: The public will ~ **to** us. 国民は我々のもとに糾合するだろう / His supporters rallied around him. 彼の支持者たちが彼の周りに集まった. **b** 〈散り散りになった軍勢・集団などが〉再び集まる, 再び勢ぞろいする; 集合する. ② **a** 元気を回復する (recover). The patient rallied a little. 患者は少し回復した. **b** 〈市場・景気が〉立ち直る / The stock market rallied today. 株式市場は今日は立ち直った. ③ **a** 〔スポ〕反撃する, 盛り返す. **b** 〈人の健康が〉回復する, 元気になる; 気力が立ち直る. ④ 〔a ~〕(ある目的のために)〈…〉を呼び集める, 結集する: ~ one's supporters 支持者を呼び集める / ~ public opinion 世論をま

結集する. **b** 〈散り散りになった軍勢・集団などを〉再び呼び集める; 〈…の〉陣容を整え直す: The commander was not able to ~ his fleeing troops. 指揮官は敗走する軍隊を整え直すことができなかった. ② 〈精力を奮い起こす, 集中する〉〈体力・気力などを〉回復する (recover): ~ one's spirits 元気をしぼり出す / I rallied my energies for another try. 全精力を奮い起こしてもう一度やってみた.
rálly róund 《自+副》〈集団などが〉(援助などのために)集まってくる. 〖F〗
ral·ly[2] /ræli/ 動 他 《古》〈人を〉(…のことで)からかう, 冷やかす (**about, on**).
rálly·cròss 图 Ⓤ ラリークロス《一部路面のかたい部分を含む草の生えた荒れ地の 1 マイルサーキットで行なう自動車レース》.
rál·ly·ing 图 Ⓤ 自動車ラリー競技.
rál·ly·ing crỳ 图 (人を結集させるための)スローガン, 掛け声.
rál·ly·ing pòint 图 勢力回復の契機, 再結集地.
rálly·ist 图 自動車ラリー参加者.
Ralph /rælf/ ; /réɪf, rélf/ ラルフ, レイフ《男性名》.
⁺**ram** /ræm/ 图 ① (去勢しない)雄羊 (⇒ sheep 関連). ② くい打ち機. ③ 自動揚水機, ピストン. ④ 〔the R~〕〔天〕牡羊座. ⑤ **a** =battering ram. (昔, 軍艦に当たって穴をあけるための)衝角, 衝角艦. ── 動 (**rammed; ram·ming**) 他 **a** 〈…に〉激しくぶつける: The car rammed a telephone pole. 車が電柱に激突した. **b** 〈…に〉突き当てる, 激しくぶつける〔**against, at, on**〕: He rammed his head **against** the wall. 彼は頭を壁にぶつけた. ② **a** 《口》〈ものを〉〈…に〉押し込む, 詰め込む: He rammed his clothes **into** the bag. 彼は衣類をかばんに詰め込んだ. **b** 〈考え・法案などを〉強引に押しつける, 押し通す: The bill was rammed **through** (the committee). その法案は(委員会を)強引に通された. ③ **a** 〈土などを〉打ち固める〔**down, in**〕. **b** 〈…〉に打ち込む: ~ piles **into** the riverbed 川床にくいを打ち込む. **rám…dòwn** a person's thrόat ⇒ throat 成句. **rám…hóme** (1) 〈議論などを〉反復して徹底させる. (2) 〔サッカーなど〕 ゴールを決め[たたきこむ], 得点する[たたけ出す]. **rám·mer** 图
RAM /ræm/ 图 Ⓤ 〔電算〕 ラム, 等速読み出し記憶装置. 〖random-access memory〗
RAM (略) Royal Academy of Music 英国王立音楽院.
⁺**Ram·a·dan** /ræ̀mədɑ́ːn, -ˊ--/ 图 ラマダーン《イスラム暦の 9 月; この月の間中イスラム教徒は日の出から日没まで断食する》. 〖Arab=the hot month〗
Rá·man effect /rɑː-mən-/ 图 〔理〕 ラマン効果《光が透明物質を通るとき, 散乱光に波長が異なる光が混ざる現象》. 〖C. V. Raman インドの物理学者〗
Ra·ma·pith·e·cus /rɑ̀ːməpɪ́θɪkəs, ræ̀-/ 图 〔人〕 ラマピテクス《化石霊長類の一種; 現在知られている最古の人類とも目される》. **rà·ma·píth·e·cine** -pɪ́θəsɪ̀n/ 形
Ra·ma·ya·na /rɑ̀ːmɑ́ːjənə | rɑː·mɑ́ːjənə/ 图 〔the ~〕ラーマヤーナ《サンスクリット語で書かれた古代インドの叙事詩; cf. Mahabharata》.
Ram·bert /rɑːmbɛə | róːmbɛə/, **Dame Marie** 图 ランベール, ランバート《1888-1982; ポーランド生まれの英国のバレエダンサー・振付師》.
⁺**ram·ble** /rǽmbl/ 動 ⓘ 〔副詞(句)を伴って〕ぶらぶら歩く, あてなく歩く: ~ around in the park 公園の中をぶらぶら歩く / They ~d through the woods. 彼らは森の中をぶらつきながら歩いた. ② 〔しとめなく〕〈漫然としゃべる[書く]〉: **on** about the old days 昔日のことをとりとめなく語る. ③ 〈つる草などが〉はびこる: Vines have ~d all **over** the wall. つる草が壁一面にはびこっている. ④ 〈川・道などが〉うねる. ── 图 (あてのない)散歩 (walk), とりとめのない話[書き物]. 【類義語】⇒ wander.
⁺**rám·bler** /-blɚ | -blə/ 图 ① (公園やいなか道などを)ぶらぶら歩く人. ② とりとめなくしゃべる[書く]人. ③ 〔植〕 ツルバラ.
⁺**rám·bling** /-blɪŋ/ 形 ① 〈話・書き物など〉散漫な, とりと

めのない, まとまりのない. ❸ 〈家・市街などが〉まとまりく広がった. ❹ 〈つる〉になる: a ~ rose ツルバラ. ❺ ぶらぶら歩く, そぞろ歩きする; 放浪性の. ~·ly 副

Ram·bo /rǽmbou/ 名 ❶ ランボー 《米国映画の主人公, ベトナム帰りのもと特殊部隊員で, 壮烈にあばれまわる》. ❷ [しばしば r-] ランボー的人間, マッチョタイプの荒々しい男. ── 動 他 [r-] 《米俗》〈商店などを〉ぶっこわす, …で狼藉をはたらく, 〈相手らしきものに〉てんぱんにやっつける.

ram·bunc·tious /ræmbʌ́ŋ(k)ʃəs/ 形 《米口》〈人・行動が〉乱暴な; むちゃな, 無軌道な, 始末に負えない. ~·ly 副 ~·ness 名

ram·bu·tan /ræmbúːtn/ 名 [植] ランブータン: a マレー原産ムクロジ科の高木. b その果実; 熟すと鮮紅色になる.

ram·e·kin /rǽməkɪn/ 名 ❶ U ラムカン 《チーズ・卵・ハムなどを混ぜて小さい皿で焼いた料理》. ❷ ラムカン皿. 〖F <Du〗

Ram·e·ses /rǽməsiːz/ 名 = Ramses.

ra·mie /réɪmi / rǽmi/ 名 ❶ [植] ラミー, カラムシ《皮から繊維をとる》. ❷ U ラミーの繊維.

ram·i·fi·ca·tion /ræ̀məfɪkéɪʃən/ 名 [通例複数形で] ❶ 〈派生する〉効果, 結果 (consequence). ❷ 支脈, 系統. ❸ 分枝, 分岐.

ram·i·fy /rǽməfàɪ/ 動 自 分岐[分派]する; 小区分される. ── [通例受身で] 分枝[派]させる; 小区分する.

ra·min /rɑːmíːn/ 名 ❶ U ラミン 《東南アジア産》. ❷ ラミン材 《淡黄色で堅く, 器具・家具に利用》.

rám·jèt 名 〘空〙 ラムジェット(エンジン) 《高速飛行中の流入空気圧で空気を圧縮するジェットエンジン》.

rám·mer 名 ❶ 突き槌, 突き棒, ランマー; 〘軍〙 槊杖 (ramrod), 込み矢 《前装銃に火薬を詰める》.

†**ramp¹** /rǽmp/ 名 ❶ a 〈高さの違う二つの道路・建物の階などをつなぐ〉斜道, 傾斜路. b 〈立体交差路などの〉ランプ. ❷ 〈飛行機の乗り降りに用いる〉移動式階段, タラップ. ❸ 《英》 ランプ, スピード防止帯《道路を横切って設けられた隆起》. ── 動 ★次の成句で. **rámp dówn** 〈他+副〉〈生産量などを〉減らす. **rámp úp** 〈他+副〉〈生産量などを〉増やす; 〈株価を〉実際より高く示す. 〖F = 斜面<rampier はよじ登る cf. rampant〗

ramp² /rǽmp/ 名 《英俗》 詐欺.

†**ram·page** /rǽmpeɪdʒ/ 名 ★次の句で. **gó [be] on the rámpage** あばれ回る [回っている]. ── /⁻⁻/, /⁻⁻/ 動 自 ❶ 荒々しく突進する 〈about〉. ❷ あばれ回る, たけり狂う.

ram·pa·geous /ræmpéɪdʒəs/ 形 あばれ回る, 手のつけられない; 荒々しい, 乱暴な.

ram·pan·cy /rǽmp(ə)nsi/ 名 U,C (病気・悪事・迷信などの)はびこり; 繁茂; 〘紋〙 (ライオンなどの)後ろ足での立ち上がり.

†**ram·pant** /rǽmp(ə)nt/ 形 ❶ 〈病気・悪事など〉流行る: ~ violence 横行する暴力 / AIDS is ~ in the area. その地域ではエイズが猛威をふるっている. ❷ 〈植物などが〉繁茂する. ❸ 〈言動が〉激しい; 自由奔放な: ~ individualism 見さかいのない個人主義. ❹ [名詞の後に置いて] 〘紋〙〈ライオンが〉後ろ足で立ち上がった: a lion ~ ちおいじし. ~·ly 副 〖F <*rampier*; ⇒ ramp¹〗

ram·part /rǽmpɑɚt / -pɑːt/ 名 ❶ [しばしば複数形で] 塁壁, 城壁. ❷ 防御, 守備.

ram·pi·on /rǽmpiən/ 名 [植] ❶ レポンス, カブラギキョウ《キキョウ科ホタルブクロ属の二年草; 肥大根と葉はサラダ用》. ❷ キキョウ科シデシャジン属の青い花の咲く各種の草本.

rám·ràid 名 《英俗》 車を店に突っ込ませて商品を強奪すること. ── 動 自 (店に)車で突っ込み強奪する. **rám·ràid·er** 名 **rám·ràid·ing** 名

rám·ròd 名 ❶ 槊杖, 込め矢《昔, 前装銃に火薬を詰めるのに用いた; 今は銃口を掃除するのに用いる》. ❷ 《米口》厳しい監督者(上司), やかまし屋. **(as) stiff [stráight] as a rámrod** (1) 直立した. (2) 堅苦しい, 威張った. ❸ 直立不動の: have a ~ posture 直立不動の姿勢をとっている. ── 副 直立不動に: stand ~ straight 直立不動に背筋を伸ばして立つ. ❹ 他 《主に米》 強引に押す[通す].

Ram·ses /rǽmsiːz/ 名 ラムセス, ラメセス《古代エジプトの12 人の国王の名》.

†**rám·shàckle** /rǽmʃæ̀kl/ 形 〈馬車・家・体制など〉今にも倒れそうな, ぐらぐらする, がたがたの.

ráms·hòrn 名 (また **rámshorn snàil**) [動] ヨーロッパミズヒラマキガイ《しばしば水族館で清掃動物とされる》.

ram·son /rǽmz(ə)n, -s(ə)n/ 名 [植] ラムソン《広葉のニンニクの一種》; [複数形で] ラムソンの根 《サラダ用》.

ra·mus /réɪməs/ 名 (複 **-mi** /-maɪ/) 〘動・植・解〙 (植物・骨・血管・神経などの)枝, 枝状物, 突出部, ラムス; 〘鳥〙 羽枝 (౨).

‡**ran** /rǽn/ 動 run の過去形.

†**ranch** /rǽntʃ / rɑ́ːntʃ/ 名 ❶ 《米国・カナダの》(大)牧(畜)場 〘解説〙 米国では西部・中西部・南部の広大な平原の大放牧場をいう; cf. range (名 8): ⇒ dude ranch. ❷ [通例特定の動物・果物を示す名詞を伴って] (…)飼育場, 農場: a chicken ~ 養鶏場. ❸ 《米》 = ranch house 2. ── 動 自 牧場を経営する; 牧畜する. ── 他 《米》 〈家畜などを〉飼育場で育てる; 〈土地を〉牧場として利用する. 〖Mex-Sp = 小さな牧場 <Sp RANCHO〗

ránch drèssing 名 U ランチドレッシング《牛乳またはバターミルクとマヨネーズを使ったとろみのあるサラダドレッシング》.

†**ránch·er** 名 ❶ 牧場[農園]主. ❷ 牧場[農園]労働者. ❸ 《米》 = ranch house 2.

ran·che·ri·a /ræ̀ntʃəríːə / rɑ̀ːn-/ 名 牧場労働者の住む小屋, 牧童小屋の集まった部落; アメリカインディアンの部落.

ránch hòuse 名 ❶ 《米》 牧場主の家. ❷ ランチハウス 〘解説〙 アメリカの郊外に多く見られる平屋造りの家; 屋根の傾斜がゆるく窓が多い.

ránch·ing 名 U 牧場の仕事; 牧場経営.

ránch·man /-mən/ 名 (複 **-men** /-mən/) 《米》 牧場経営者; 牧場労働者, カウボーイ.

ran·cho /rǽntʃou / rɑ́ːn-/ 名 (複 ~**s**) 《米》 ❶ 牧場[農場]労働者の小屋[飯場]. ❷ = ranch. 〖Sp = 小屋〗

ran·cid /rǽnsɪd/ 形 〈バター・油物など〉変質していやな[におい, 味]のする, 油臭けした: go [turn] ~ すえる; 悪臭を放つ; 腐る. ❷ 不快な, 鼻持につく. ~·ly 副 ~·ness 名

ran·cor /rǽŋkɚ / -kə/ 名 U 深い恨み, 怨恨(゚゙), 悪意.

ran·cor·ous /rǽŋkərəs/ 形 恨みのある. ~·ly 副 ~·ness 名

ran·cour /rǽŋkə / -kə/ 名 《英》 = rancor.

rand¹ /rǽnd/ 名 (複 ~) ラント, ランド 《南ア共和国の通貨単位》.

rand² /rǽnd/ 名 (靴のかかと革の上に入れる)底ならし革.

Rand /rǽnd / rɑːnd/ 名 [the ~] = Witwatersrand.

Rand /rǽnd/, **Ayn** /áɪn/ 名 ランド《1905-82; ロシア生まれの米国の小説家・哲学者》.

R&B (略) rhythm and blues.

R&D (略) research and development 研究と開発.

Ran·dolf /rǽndolf / -dolf-/ 名 ランドルフ《男性名》.

***ran·dom** /rǽndəm/ 形 〔(**more** ~; **most** ~) (はっきりした目的・計画のない)手当たり次第の; でたらめの, 行き当たりばったりの: a ~ guess 当てずっぽう / a ~ shot 乱射. ── 名 ★次の成句で. **at rándom** 手当たり次第に; でたらめに: speak [choose] *at* ~ 口から出まかせに言う [でたらめに選ぶ]. ~·ly 副 ~·ness 名 〖F = 無秩序〗 〖類義語〗 **random** はっきりした計画・目的・理由や手順なしでなされた. **haphazard** 合理性・効率性やその結果などをよく考えずになされた, 運任せの. **desultory** 行為に計画性・規則性・一貫性または関連が無い.

rándom áccess 名 〘電算〙 任意抽出[ランダムアクセス]方式 《データを任意の順序で抽出利用できる方式》.

rándom-àccess mémory 名 U 〘電算〙 ランダムアクセスメモリー 《即時呼び出し記憶装置; 略 **RAM**》.

rándom érror 名 〘統〙 確率的誤差《不規則に配置され, 偶然に起因するとされうる誤差; cf. systematic error》.

ran·dom·ize /rǽndəmàɪz/ 動 他 (乱数表を使って)無作為化する. **-iz·er** 名 **ran·dom·i·za·tion** /ræ̀ndəmɪzéɪʃən / -maɪz-/ 名

rándom sámple 名 〘統計〙 無作為[任意](抽出)標本.

rándom sámpling 名 U 〘統計〙 無作為[任意]抽出(法).

rándom váriable 名 《統》確率変数.
R & R, R and R 《略》《米軍》rest and relaxation 保養[慰労]休暇.

+**rand·y** /rǽndi/ 形 (**rand·i·er; -i·est**) (口) 好色な, みだらな (horny). **ránd·i·ly** /-dəli/ 副 **ránd·i·ness** 名

ra·nee /rɑːníː, ⌣⌣/ 名 (インドの昔の)王妃, 王女, ラーニー.

‡**rang** /rǽŋ/ 動 ring² の過去形.

‡**range** /réindʒ/ 名 ❶ [単数形で] **a** (活動・知識・経験などの及ぶ)範囲, 区域, 広がり: a wide ~ of knowledge 広範囲な知識 / beyond the ~ of human understanding 人間の理解を越えて[た]. **b** (製品などの)種類, 範囲: a wide ~ of electric goods 広い範囲の電気製品. ❷ [単数形で] (変動の)範囲, 較差: the age [price] ~ 年齢[価格]の幅 / the ~ of a thermometer 温度計の昇降較差. ❸ Ü [また a ~] **a** (人間の感覚の及ぶ)範囲, 距離: within visual ~ 見える範囲内に / be out of ~ 範囲外である, 届かない. **b** (弾丸・ミサイルなどの)射程(距離), 着弾距離: a medium-*range* ballistic missile 中距離弾道弾 / within [out of] ~ 射程内[外]で / at long [short, close] ~ 遠[近]距離で / This gun has a ~ of about 1,000 meters. この銃は約 1000 メートルの射程距離がある. **c** Ü 射撃場; ミサイル[ロケット]試射場: ⇒ rifle range. **d** Ü (船舶・航空機などの)航続距離. ❹ [a ~] **a** (山並・列・続き: a long ~ of arches 長々と続くアーチの列. **b** 山脈, 連山: a mountain ~ =a ~ of mountains 山脈, 連山. ❺ [単数形で] (動植物の)分布[生息]区域. ❼ Ü [また a ~] 音域. ❽ C (米) (大きな放牧場, 牧場 (cf. ranch 1). ❾ C (米) (ガス, 電気, 電子)レンジ, (湯沸かし器・オーブン・ホットプレートなどのついた)料理用ストーブ.

── 動 ⊖ ❶ [副詞(句)を伴って] 連なる, 延びる: The boundary ~s *east* and *west*. 境界線は東西に延びている / Old houses ~d *along* the road. 古い家並みがその道に沿って延びていた. ❷ (ある範囲を)変動[変化]する, 及ぶ: The temperature ~s *from* ten *to* thirty degrees. 気温は 10 度から 30 度に及んでいる / This plant ~s *from* Canada *to* Mexico. この植物はカナダからメキシコまで分布している / Prices ~ *between* seven and ten dollars. 価格は 7 ドルから 10 ドルの間です[を変動する]. ❸ [副詞(句)を伴って] 〈活動範囲・話題などが〉(...の)範囲にわたる, 及ぶ: His studies ~ *over* several languages. 彼の研究は数か国語に及んでいる. ❹ [副詞(句)を伴って] (...を)歩き回る, さまよう: Many animals ~ *through* the forests. 多くの動物が森林の中を歩き回っている. ❺ 〈銃が〉...の射程がある; 〈弾丸が〉...まで達する, 届く: [+補] These guns ~ seven miles. これらの大砲の射程は 7 マイルである. ⊖ ❶ [通例受身で] 〈人・ものを〉(...に)並べる, 整列させる (*on, in, along*): The players ~d themselves in rows. 選手たちはいっせいに列になって整列した / They were ~d *along* the wall. 壁にそって並んでいた. ❷ [~ oneself また受身で] 〔(...の側[反対側])に立つ: They ~d themselves *against* [*with*] the government. (=They were ~d *against* [*with*] the government.) 彼らは政府の敵にまわった[に味方した]. ❸ 〈地域を〉歩き[さまよい]回る. ❹ (米) 〈牛・馬などを〉放牧地で飼う. 〖F: RANG¹ と同語源〗

〖類義語〗**range** 心や感覚によって理解される[感じられる]範囲, または機会の力の及ぶ範囲全体. **reach** 手を伸ばして届く範囲, または理解・知識・能力や効果・影響の及ぶ限界. **scope** 理解・視野・適用などの及ぶ範囲・程度; 特に, 行動的に範囲にあるかどうかを示す.〖F: RANGE と同語源〗

ránge fìnder 名 (銃・カメラなどの)距離測定器, 距離計.
ránge·lànd 名 Ü [また複数形で] 放牧地.
rang·er /réindʒɚ/ 名 ❶ **a** (米) 森林警備隊[監視]員, レンジャー: ⇒ **forest ranger**. **b** (英) 御料林管理人. ❷ (米) 騎馬警察隊員. ❸ [R~] (米) 突撃隊員, レンジャー部隊員 (cf. commando). ❹ (英) レンジャー 《Girl Guides の 16 歳以上の団員》. ❺ さまよう人[物].

ráng·ing pòle [ròd] 名 〖測〗測桿, ポール 《測量の際の

1477　rank

目標・尺度として用いる; 紅白に塗り分けてある》.
Ran·goon /ræŋɡúːn/ 名 ラングーン 《Yangon の旧称》.
rang·y /réindʒi/ 形 (**rang·i·er; -i·est**) ❶ 〈人・動物が〉手足のひょろ長い. ❷ 〈動物が〉歩き回ることができる[のに適した].
ra·ni /rɑːníː, ⌣⌣/ 名 =ranee.
ra·ni·ti·dine /rænítɪdiːn/ 名 〖薬〗ラニチジン 《抗ヒスタミン合成薬; 潰瘍の治療に用いられる》.

*★**rank¹** /rǽŋk/ 名 ❶ U.C **a** 階級, 等級, (社会的な)地位: the ~ of major 少佐の位[階級] / the upper ~s of society 上流社会 / be higher in ~ 階級[等級]が上である / people of all ~s あらゆる階級[階層]の人々 / a writer of the first ~ 一流作家. **b** 高位, 高官; 上流社会: a person of (high) ~ 身分の高い人 / the ~ and fashion 上流社会. ❷ C **a** (人・ものの)列, 並び (row): The ~s of bookshelves seemed endless. 本棚の列が果てしなく続いているかに見えた / ~ *after* [*upon*] ~ of wine bottles 何列ものワインのボトル. **b** 〖軍〗横列 《普通は 2 列; cf. file²》: the front [rear] ~ 前[後]列 / break ~(s) 隊列を乱す, 落伍する; 協力団結をやめる / keep ~(s) 列[秩序]を保つ / Soldiers stood in ~s for inspection. 兵隊は閲兵を受けるために横列を作って立っていた. ❸ [the ~s] **a** 〖軍〗(将校と区別して)兵士たち, 兵卒: all the ~s 全兵卒 / (英) the other ~s (将校以外の)兵卒 / rise from the ~s 兵卒から身を起こし, 低い身分から出世する / be reduced to the ~s 兵卒に降格される. **b** 〈組織・グループの〉メンバーたち, 同類, 仲間: join the ~s of protesters 抗議者の中に加わる. ❹ C 〖チェス〗(チェス盤の)ます目の横の列. ❺ C (英) (客待ちの)タクシー駐車場 《(米) stand》.

clóse ránks (1) 〖軍〗隊列を詰める. (2) 団結を固める, 一致団結する.
púll ránk (on a pèrson) 《口》(人に)地位を悪用する; (意見が衝突したような場合に)階級をかさに着て(人に)命令をしつける.
swéll the ránks (of ...) 〈...が〉(加わって)(...の)数を増やす[数が増える], (...の)規模を大きくする.
táke ránk with ... と肩を並べる.
the ránk and fíle U [集合的; 単数または複数扱い] 平社員; 一般組合員; 庶民, 一般大衆; 兵卒 (cf. rank-and-file).

── 動 ⊖ ❶ [しばしば受身で] 〈人・ものを〉格付けする, 等級をつける; 位置づける, みなす: Don't ~ me *among* [*with*] people like that. 私のような人たちと同列に考えないでくれ / I ~ Tom *above* [*below*] John. トムはジョンより上[下]だと思う / [+目+as 補] Charles Dickens is ~ed *as* one of the greatest English novelists. チャールズディケンズはイギリス最大の小説家の一人とみなされている. ❷ [しばしば受身で] 〈人・ものを〉並べる, 整列させる: The children *were* ~ed according to height. 子供たちは背の順に整列していた. ❸ (米) 〈...より位が上である, (...の)上に立つ: A colonel ~s a major. 大佐は少佐の上に立つ.
── 動 ⊖ ❶ (...)に位する, 列する: [+as 補] New York ~s *as* one of the biggest cities in the world. ニューヨークは世界最大の都市の一つである / The tennis player ~s second in the world. そのテニス選手は世界で第 2 位を占める / He ~s *among* [*with*] the best English authors. 彼は英国の一流作家のうちに入る / Does a duke ~ *above* or *below* a baron? 公爵は男爵の上でしょうか下でしょうか. ❷ 《米》上位を占める; 第一位を占める. 〖F: RANGE と同語源〗

rank² /rǽŋk/ 形 ❶ 悪臭を放つ; いやな味の, 腐敗した: ~ smoke いやなにおいの煙 / The room was ~ *with* cigarette smoke. 部屋はたばこ臭かった. ❷ 〈語・行為が〉ひどい, まったくの, はなはだしい (sheer): a ~ beginner ずぶの初心者 / ~ language ひどい言葉遣い / a ~ outsider まったく勝ち目のない馬〈競走者〉 / ~ stupidity 愚の骨頂. ❸ 〈植物が〉繁茂した, はびこった; 〈土地が〉植物で生い茂って: ~ grass 生い茂った草 / The garden is ~ *with* weeds. 庭には雑草が生い茂っている. **~·ly** 副 **~·ness** 名

ránk-and-file 形 A 平社員の; (指導者でない)一般組合員の; 庶民・一般大衆の, (将校ではない)一兵卒の.

ránk correlátion 名《統》順位相関係数.

ránk-er /-ər/ 名《英》下士官兵; 下士官上がりの将校.

Ran-kin /rǽŋkɪn/, **Jean-nette** /dʒænét/ 名 ランキン《1880-1973; 米国の政治家; 女性参政権のために活躍》.

****ránk-ing** /rǽŋkɪŋ/ 名 順位, 序列, ランキング: the world ~s 世界ランキング / improve one's ~ from 13th to 10th ランキングを13位から10位に上げる《★個人ランキングの場合は所有格と共に用いる》. ― 形 C ❶ 抜群の, 一流の: a ~ authority 一流権威者. ❷《士官や幹部の, 上級の》the ~ officer《その場での》首席将校. ❸ [複合語をなして]《…の》位の, 《…の》地位にある: high-*ranking* 高位の.

ran-kle /rǽŋkl/ 動 圓《恨みなどが》人の心に食い込む: What he said still ~s *with* me. 彼が言ったことがまだ私の心にわだかまっている.

****ran-sack** /rǽnsæk/ 動 他 ❶《場所を》くまなく探る〔探す〕, あさり回る: He ~ed London *for* the book. 彼はその本を求めてロンドン中を探し回った. ❷《場所から物を奪う》~ a town 町を略奪する.《ON=家捜しする》

ran-som /rǽnsəm/ 名 C ❶《捕らわれた人を解放するための》身代金: demand a ~ 身代金を要求する. ❷ U《人質などの》解放, 取り戻し. **hóld a person for [《英》to] ránsom**《1》〈人〉を人質にして身代金を要求する. 《2》〈人〉に脅威を与えて要求を押しつける. ― 動 他《人質などを》《身代金を払って》身受けする, 取り戻す.《F *rançon* < L *redemptio* 買い戻すこと; ⇒ redemption》

****rant** /rænt/ 動 圓《人》…のことでわめく, 大げさに言いたてる, どなり散らす, 激しくしかる: ~ and rave わめき散らす / They ~ed 〔*on*〕 *at* him *about* his carelessness. 彼らは軽率だったといって彼を責め立てた. ― 動 他 わめく, どなり散らす. ― 名 U 大言壮語; わめき声.

ránt-er /-tər/ 名 ❶ わめく人. ❷ [R~] 原始メソジスト派の人.

ra-nun-cu-lus /rənʌ́ŋkjʊləs/ 名《~es, -li -làɪ/》《植》キンポウゲ〔ウマノアシガタ〕属の各種草本 (buttercup)《キンポウゲ科》. ❶ ハナキンポウゲ, ラナンキュラス《球根植物; 多くの花色があり, 園芸品種も豊富》.

****rap**[1] /rǽp/ 名 ❶ U C ラップ《ミュージック》. ❷ C コツコツ〔トントン, ドンドン〕とたたくこと〔音〕〔*at, against, on*〕: There was a ~ *at* the door. ドアがトントンとノックされた. ❸ C《米口》犯罪容疑: get a bum [bad] ~ 濡れ衣を着せられる. **b** 告発, 刑罰: serve time on a murder ~ 殺人罪で刑に服する. ❹ C《俗》話, おしゃべり.

a ráp on [òver] the knúckles《1》〈子供など〉の《罰として》指の関節をぴしゃりとたたかれること.《2》しかりつけられる〔こっぴどくやっつけられること〕: get a ~ *on* the knuckles こっぴどくやっつけられる / give a person a ~ *on* the knuckles 人をこっぴどくやっつける.

béat the ráp《米口》罰を逃れる, 無罪になる.

táke the ráp《他人の罪などで》非難される; 〈人のために〉罪をかぶる〔*for*〕.

― 動 (rapped; rap-ping) 他 ❶《軽くすばやく》コツコツ〔トントン, ドンドン〕とたたく: The chairman *rapped* the table to call the meeting to order. 議長はテーブルをトントンたたいて会を静粛にしようとした / ~ a person *on* 〔*over*〕 the head 人の頭をコツコツとたたく. ❷《口》〈人〉を〔…のことで〕厳しく非難する (criticize)《★主に新聞用語》: The judge *rapped* the police *for* their treatment of the accused. 判事は被疑者の扱い方について警察を激しく非難した.

ráp a person òver the knúckles〈人〉に罰を与える.

― 動 圓 ❶《ドア・机などを》トントン〔コツコツ, ドンドン〕たたく: He *rapped at* the door 〔*on* the table〕. 彼はドア〔テーブル〕をコツコツたたいた. ❷ ラップを歌う. ❸《米口》〔人と〕〔…のことを〕気楽に〔自由に〕話す: I *rapped with* him *about* baseball for hours. 私は彼と何時間も野球のことを語り合った.

ráp óut《他+副》《1》〈…〉を厳しく吐き出すように言う: ~ out an oath 急にののしりの言葉を吐く.《2》〈心霊が〉トントンたたく音で〈通信を〉知らせる.

《擬音語》

rap[2] /rǽp/ 名 [a ~; 否定文に用いて]《口》びた一文; 少しも: I don't care a ~ for his opinions. 私は彼の意見がどうだろうと少しもかまわない.

ra-pa-cious /rəpéɪʃəs/ 形 ❶ 強欲な; 〈食欲〉が飽くことを知らぬ. ❷ 強奪する, 略奪する. ❸《動》〈鳥など〉生き物を捕食する, 肉食の. ~**-ly** 副. ~**-ness** 名.

ra-pac-i-ty /rəpǽsəti/ 名 U ❶ 強欲. ❷ 強奪, 略奪.

ráp àrtist 名 ラップ《ミュージック》のミュージシャン.

****rape**[1] /réɪp/ 名 ❶ U C《女性を》強姦(ゴゥカン)する, レイプする. ❷《戦争などで》〈国・都市など〉を略奪する, 破壊する. ― 名 U C ❶ 強姦, レイプ. ❷ 略奪; 《環境などの》破壊〔*of*〕.《L *rapere* 引き裂く, 力ずくで捕らえる: cf. rapid》

rape[2] /réɪp/ 名 U《植》セイヨウアブラナ《羊・ブタなどの飼料; 種子から油 (rape oil) をとる》.

rape[3] /réɪp/ 名 U [しばしば複数形で] ブドウのしぼりかす《酢製造の濾過材用》.

rape[4] /réɪp/ 名《英史》大郡《Sussex 州を6分した行政区の単位》.

rápe-sèed 名 C U 菜種: ~ oil 菜種油.

Raph-a-el /rǽfiəl, réɪ- | rǽfer(ə)l, -fiəl/ 名 ❶ ラファエル, レイフィエル《男性名》. ❷ /rǽfiəl, rà:fiél | rǽfer(ə)l, -fiəl/ ラファエロ《1483-1520; イタリアの画家・彫刻家・建築家》.

ra-phe /réɪfi/ 名《解》縫線; 《植》縫線《珠皮(ホャ）》の体表にある線状の溝, または種子のへそと合点の間を走る線》.

ra-phide /réɪfaɪd/ 名《@ **raph-i-des** /rǽfədìːz/》《植》《葉の粘液細胞内の》束晶(ラシュャ).

****rap-id** /rǽpɪd/ 形 (**more ~, most ~**; **~-er, ~-est**) ❶ 速い, 急な, 迅速の: make ~ progress 急速な進歩を遂げる / The river is very ~ here. 川はここでは非常に流れが速い. ❷《行動がすばやい, 敏速な》a ~ worker 仕事の早い人 / take a ~ glance すばやく一見する. ❸《下り坂が》急な. ❹《写》速撮りの. ― 名 [通例複数形で] 《川の》早瀬, 急流: shoot the ~s 早瀬を乗り切る. ~**-ness** 名.《L *rapidus* むさぼるような, 速い < *rapere*; ⇒ rape[1]》《類義語》⇒ quick.

rápid éye mòvement 名 = REM.

rápid éye mòvement slèep 名 = REM sleep.

rápid-fíre 形 ❶《銃砲の》速射の: a ~ gun 速射砲. ❷《質問・冗談などやつぎばやの.

ra-pid-i-ty /rəpídəti/ 名 U 急速, 敏捷(ビンショゥ)な (speed); 迅速.《形 rapid》

****rap-id-ly** /rǽpɪdli/ 副 A 速く, 速やかに; 敏速に: The divorce rate is increasing ~. 離婚率が急速に増加している.

rápid tránsit (sỳstem) 名《都市などの地下鉄・高架鉄道などによる》高速輸送《システム》.

ra-pi-er /réɪpɪə | -piə/ 名 C レーピア《細身の諸刃(ﾓﾛﾊ)の刀; 主に決闘用》; [形容詞的に] 鋭い.

ráp-ine /rǽpɪn, -paɪn/ 名 U《文》強奪, 略奪.

****rap-ist** /réɪpɪst/ 名 強姦(ゴゥカン）者《犯》.

ráp mùsic 名 = rap[1] 1.

rap-pa-ree /ræpəríː/ 名《史》17世紀アイルランドの民兵《不正規兵》; 略奪者, 盗賊, 馬賊.

rap-pee /ræpíː/ 名 U ラピー《強い粗末なかぎタバコの一種》.

rap-pel /rəpél, ræ-/《登山》名 懸垂下降, アブザイレン《二重に結束したロープで岩壁を降りる方法》. ― 動 圓 (**rap-pelled; rap-pel-ling**) 懸垂下降する.

****ráp-per** 名 ❶ U C ラッピング《ラップ》をやる人, ラッパー. ❷ コツコツたたく人〔物〕;《ドアの》ノッカー.

rap-port /ræpɔ́ə | -pɔ́ː/ 名 U [また a ~]《一致・調和を特徴とした》関係《*with, between*》: be in ~ *with*...と心が通い合って〔互いに理解し合って〕いる / establish close ~ 親しい関係を樹立する.《F》

rap-por-teur /ræpɔətə́ː | -pɔːtə́ː/ 名 報告者《委員会の報告書を議会などに提出する》.

****rap-proche-ment** /ræproʊʃmá:ŋ | ræprɔ́ʃma:ŋ/ 名《特に国家間の》親善回復, 友好関係樹立〔更新〕(recon-

ciliation》《with, between》.《F=近づくこと RE-¹+approcher to APPROACH》

rap·scal·lion /ræpskǽljən/ 图《古・戯言》悪漢, ろくでなし.

ráp shèet 图《米俗》(警察が保管する)犯罪記録.

rapt /ræpt/ 形 心を奪われた, うっとりとした: a ~ audience うっとり見入る観衆[聞きほれる聴衆] / a ~ expression 恍惚(こうこつ)とした表情 / listen with ~ attention うっとりと聞き入る / He was ~ in thought [his work]. 彼は一心に考え込んでいた[仕事に夢中になっていた].《L rapere, rapt-; ⇒ rape¹》

rap·tor /ræptə | -tə/ 图 猛禽(bird of prey);《口》ドロマエオサウルス科の恐竜(特にベロキラプトル(velociraptor)など).

rap·to·ri·al /ræptɔ́ːriəl/ 形 ❶《動》肉食の. ❷《鳥》猛禽(の)類の.

rap·ture /ræptʃə | -tʃə/ 图 Ⓤ[また複数形で] 有頂天, 狂喜, 歓喜 《at, about, over》: listen with ~ 有頂天になって聞く / be in ~s 有頂天になっている / go into ~s over [about]... に有頂天になる. **rápture of the déep depths** 深海の狂喜《nitrogen narcosis の別名》.《RAPT+-URE》

rap·tur·ous /ræptʃərəs/ 形 [通例 Ⓐ] 狂喜した, 熱狂的な: ~ delight 狂喜するほどのうれしさ / a ~ welcome 熱狂的な歓迎. **~·ly** 副

ra·ra a·vis /rɛ́ːrə éivis | ráːræv-/ 图《複 ~·es, ra·rae a·ves /ráː raiéi veirs/》珍しい[めったにない]人[もの] (rarity).《L=rare bird》

*__rare¹__ /rɛ́ə | réə/ 形 (rár·er; -est) ❶ まれな, 珍しい, めったにない(↔ common): a ~ event めったにない事件 / a ~ bird 珍しい鳥; 珍しい人[もの] / a ~ book 珍本, 希覯書(きこうしょ) / in ~ cases =on ~ occasions まれに, たまには / It's ~ to see such a sight. こんな光景を見ることはめったにない / It's ~ for him to go out. =It's ~ that he goes out. 彼が出かけるのは珍しい. ❷ Ⓐ《口》すてきな: We had a ~ fun [= a ~ time]. 私たちは実に楽しかった[すてきな時を過ごした]. ❸〈空気など〉希薄な: At this height the atmosphere is ~. この高度になると空気は希薄だ. **ráre òld** 非常によい[悪い]: have a ~ old time (of it) とても楽しく過ごす; とてもひどい目にあう. **~·ness** 图《F<L rarus 目が粗い》(動 rarefy, 图 rarity)【類義語】**rare** 存在する数や例が少ないの意で, 質がすぐれていて価値が高いことを暗示している. **scarce** ふだんは, または以前は豊富であったが今は不足している.

rare² /rɛ́ə | réə/ 形〈ステーキが〉生焼けの, レアの.《OE=(特に卵が)半熟の》

ráre bírd =rara avis.

rare·bit /rɛ́əbɪt | réə-/ 图 =Welsh rabbit.

ráre éarth 图《化》❶ 希土. ❷ =rare-earth element.

ráre-éarth èlement [mètal] 图《化》希土類元素.

rár·ee-shòw /rɛ́əriˌʃòu/ のぞきからくり(peep show); 大道の見世物; 奇観, 見もの.

rar·e·fac·tion /rɛ̀ərəfǽkʃ(ə)n/ 图 Ⓤ 希薄, 希薄化; (音波の通過により生じた)媒体の希薄化[部]. **~·al** 形 **ràr·e·fác·tive** 形

rár·e·fíed 形 [通例 Ⓐ] 〈高所の空気が〉薄い, 希薄な. ❷ [しばしば軽蔑的に] 高度な, 高尚な; 雲の上の: the ~ world of academics [billionaires] 学者連[億万長者]の雲の上の世界.

rar·e·fy /rɛ́ərəfài/ 動 他 ❶〈空気・ガスなどを〉希薄にする. ❷ 純化する, 浄化する. —— 自 希薄になる.《形 rare¹》

ráre gás 图《化》希ガス.

*__rare·ly__ /rɛ́əli | réə-/ 副 (**more** ~; **most** ~) ❶[文修飾] めったに...しない, まれに (seldom): We ~ see him nowadays. このごろはめったに彼を見かけない《用法 文中の位置は often, seldom と同じ》/ R~ have I heard such nonsense. あんなばかな話はめったに聞けない. ❷《古》すばらしく, みごとに. ❸ 珍しいほど, まれに: a ~ beautiful woman とても美しい女. **rárely if éver** たとえ...としてもごくまれに《用法《口》では

1479
rat

rarely ever の形も用いる》: She ~ if ever plays the piano now. 彼女は今はピアノを弾くことはまずない.

rar·ing /rɛ́əriŋ/ 形 Ⓟ《口》しきりに〈...〉したがって, 〈...しようと〉うずうずして: They're ready and ~ to go. 彼らは準備ができたのでしきりに出発し[始め]たがっている.

†**rar·i·ty** /rɛ́ərəti/ 图 ❶ Ⓒ 珍しい人[もの], 珍品. ❷ Ⓤ 珍しさ, 珍奇.《形 rare¹》

ras·cal /ræsk(ə)l | rɑ́ːs-/ 图 ❶《戯言》いたずらっ子, わんぱく小僧. ❷《古風》ならず者, ごろつき.

ras·cal·i·ty /ræskǽləti | rɑːs-/ 图 Ⓤ,Ⓒ 悪業, 非道, 極道.

ras·cal·ly /ræskəli | rɑ́ːs-/ 形 悪党の, 悪いやつな; ずるい.

rase /réiz/ 動《英》=raze.

*__rash¹__ /rǽʃ/ 图 [a ~] ❶《医》発疹(ほっしん), 吹き出物: a heat ~ あせも / A ~ broke out. =I broke [came] out in a ~. 発疹がでた. ❷《不愉快な出来事などの》多発, 続発 (spate): a ~ of strikes [burglaries] ストライキ[強盗]の続発.

rash·er /ræʃə | -ʃə/ 图 ベーコン[ハム]の薄切り.

rásh·ly 副 早まって, 無分別に, 軽率に.

ras ma·lai /rɑ́ːsmʌláɪ/ 图 Ⓤ ラスマライ《甘くした牛乳の中に小さなパニール(panir)を入れたインドの食べ物》.

†**rasp** /ræsp | rɑ́ːsp/ 图 ❶ (石目)やすり(file). ❷ [a ~] やすりをかける音; ギリギリ[ガリガリ]いう音. —— 動 他 ❶〈...に〉(石目)やすりをかける; ガリガリ削る《away, off》: ~ off the corners かどを削り落とす《+目+補》He ~ed the surface flat. 彼はやすりをかけて表面を平らにした. ❷ 耳障りな(がさがさした)声で言う: He ~ed (out) a command. 彼はいらいらさせるような(荒々しい)声で命令を発した. ❸〈...を〉いらだたせる. —— 自 ❶〈...に〉きしるような[ギリギリ]音を立てる: She's ~ing (away) on her violin. 彼女は盛んにバイオリンをこすっている. ❷ 耳障りな音を立てて〈...を〉いらだたせる: The noise ~s on my nerves. あの騒音は神経をいらだたせる.

†**rasp·ber·ry** /ræzbèri, -b(ə)ri | rɑ́ːzb(ə)ri/ 图 ❶ キイチゴの実《ジャムなどにして食べる》;《植》キイチゴ. ❷《口》舌を両唇にはさんで震動させるやじ(軽蔑・冷笑を表す音): **get the** [a] ~ 嘲笑(ちょうしょう)[嘲罵(など)]される / **give a person the** [a] ~ 人を嘲笑[嘲罵]する.

rásp·er 图《特に砂糖大根の根・砂糖きびなどを》こするすりおろす道具;《狩》(飛び越えにくい)高い柵.

rásp·ing 形 ❶ ギシギシ音を立てる, きしる, 耳障りな. ❷ いらだたせる.

Ras·pu·tin /ræspjúːtin/, Grigori (Efimovich) 图 ラスプーチン《1872?–1916; ロシアの修道僧; Nicholas 2 世・皇后の信任を得て国政に関与し, "怪僧" と呼ばれた》.

rasp·y /ræspi | rɑ́ːspi/ 形 ❶ きしるような, ギシギシ音を立てる, 耳障りな. ❷ いらいらする, すぐ怒る.

Ras·ta /rɑ́ːstə/ 图 形《口》=Rastafarian.

Ras·ta·fa·ri·an /ræstəfə́(ə)riən—/ 图 形 ラスタファリアン(の)《もと エチオピア皇帝 Haile Selassie (本名 Ras Tafari)を救世主として崇拝し, 黒人の救済とアフリカへの復帰を唱えるジャマイカ黒人; 髪を dreadlocks にし, 菜食主義で, マリファナを喫煙する》. **~·ism** 图 Ⓤ ラスタファリ思想.

Ras·ta·man /rɑ́ːstəmæn, ræs-|ræs-, rɑ́ːs-/ 图《複 -men /-mèn/》(男の)ラスタファリアン.

ras·ter /ræstə/ 图《テレビ》ラスター《ブラウン管上の走査線の集合からなるパターン》.

ras·ter·ize /ræstəraɪz/ 動 他《電算》ラスター化する《画面表示[印刷]できるドットパターンに変換する》. **ras·ter·i·za·tion** /ræstərɪzéiʃən | -raɪz-/ 图 **-iz·er** 图

*__rat__ /rǽt/ 图 ❶《動》ネズミ, ラット《解説 クマネズミ, ドブネズミなど大型のネズミをいう; 日本にいる家ネズミは rat で英米

にいる家ネズミは mouse をさす; 猫が追うのは mouse で, 犬が追うのは rat; rat は危険を察していち早く逃げるとされ, そのイメージは卑劣・不潔などよくない; cf. mouse 1). ❷ **a** 《口》変節者, 脱党者; 裏切り者, 卑劣漢: You ~! この裏切り者め. **b** 《口》ストライキに加わらない労働者, スト破り. **c** 《米俗》密告者. **like a drówned rát** ぬれねずみのようになって. **like ráts desérting a sínking shíp** 沈没する船から逃げるネズミのように《経営にいきづまった組織を見放す人々などに対して用いる》. **smèll a rát** 《口》うさんくさく思う, 変だと感づく. —— 間 [Rats!] で失望などを表わして《口》ばかな!, まさか! —— 動 (rat·ted; rat·ting) ❶ 《口》a 〔…を〕裏切る, 密告する: He ratted on his pals. 彼は仲間を裏切った. **b** 〔約束などを〕破る, すっぽかす(renege): Don't ~ on your promise. 約束をすっぽかすな. ❷ 《犬・人が》ネズミを捕る. **rát óut** 《俺》《口》《人を》裏切る, 見捨てる. 〖OE〗〔形〕 ratty, 関形 murine〛

rat·a·ble /réɪṭəbl/ 形 ❶ 一定の比率に応じた. ❷ 評価できる. ❸ 《英》税を負担すべき, 課税すべき.

rátable válue 图《英》《地方税の》課税評価額, 課税標準価格.

rat·a·fi·a /ræ̀təfíːə/ 图 U ❶ ラタフィア《さくらんぼ・もも・あんずなどの仁(じん)やアーモンドなどで風味付けしたリキュール類》. ❷ (また **ratafia biscuit**)《英》ラタフィアビスケット《小さいマコロンの一種》.

rat·a·ma·cue /rǽṭəmə̀kjùː/ 图《楽》ラタマキュー《ドラム演奏法の基本パターンの一つ; 二拍子の一拍目を, 前に2個の装飾音を入れた三連音で演奏する》.

ra·tan /rætǽn/ 图 = rattan.

rat·a·tat /rǽṭətæ̀t/, ／ー／ー— 图 《太鼓, 馬のひづめ, 機関銃などの》反復的なドンドン(という音). —— 動 ⓘ (**rat·a·planned**; **-plan·ning**) ドンドンと鳴る[鳴らす].

rát·àrsed 形《英俗》酔っぱらった, 酩酊した.

rat-a-tat-tat /rǽṭətæ̀ttǽt/, ／ー／ーー— 图 [a ~] ドンドン(ドア・太鼓などをたたく音). 《擬音語》

rat-a-tat-tat /rǽṭətæ̀ttǽt/, ／ー／ーー— = rat-a-tat.

ra·ta·touille /ræ̀tətúːi/ 图 U ラタトゥイユ (Provence風の野菜の煮込み).

rát·bàg 图《英俗》不快な人.

rát-càtcher 图 ネズミ捕り屋.

ratch·et /rǽtʃɪt/ 图 ❶ ラチェット, つめ車装置《つめ車 (ratchet wheel) とそれが一方向にしか回転しないよう制御するつめ (pawl) とからなる装置》. ❷ つめ車. —— 動 他《つめ車で》徐々に動かす[動く]; [比喩的に]少しずつ上昇[下降]させる[する]《up, down》.

rátchet whèel 图 = ratchet 2.

*__rate¹__ /réɪt/ 图 ❶ Ⓒ **a** 割合, 率, 步合: at a ~ of …の割合で / birthrate / What is your discount ~? お宅の割引率はどのくらいですか. **b** 相場, レート: the ~ of exchange 為替相場 / the official discount ~ 公定歩合. ❷ Ⓒ (一定の率に基づいた)料金, 値段: hotel [postal] ~s ホテル[郵便]料金 / give special ~s 割引する / at a high [low] ~ 高[安]価で / an hourly [weekly] ~ 時[週]給 / the going ~ (労働賃金の)相場.

❸ Ⓒ 速度, 進度: work at a leisurely [rapid] ~ ゆっくりした[早い]ペースで仕事をする / at the ~ of 40 miles an hour 毎時 40 マイルの速さで. ❹ Ⓒ [通例複数形で]《英》《家・店の所有者が地方自治体に支払う》固定資産税, 地方税 (property tax)《★ 1989-90 年に community charge に変更され, さらに 1993 年以降は council tax となった》: pay the ~s 固定資産税を払う. ❺ U [通例序数を伴って]等級; (…)等: ⇒ first-rate, second-rate.

at ány ràte (前に言ったことはいずれにせよ)とにかく, ともかく, どんなことがあっても: He didn't do very well on the test, but **at any** ~ he passed. 彼の試験の成績はあまりよくなかったが, 少なくとも合格はした.

at a ráte of knóts ⇒ knot¹ 成句.

at thát [thís] ràte そんな[こんな]調子で(は); もしそう[こう]なら.

ráte of retúrn《経》《企業の》利益[収益]率.

—— 動 他《★進行形なし》❶ **a** 〈…を〉見積もる, 評価する: It's difficult to ~ a person at his true value. 人の真価を評価するのは難しい / I don't ~ his merits very high [highly]. 彼の功績をそう高くは評価していない. **b** [通例受身で](ランキングや序列表で)〈…と〉評価される: a highly ~d stock 高く評価された株式 / This film is ~d X. この映画は成人指定である. **c**《英》〈建物などを〉(課税のために)〈ある額に〉評価する: [通例受身で] His house is ~d at one million pounds. 彼の家は 100 万ポンドと評価されている. ❷ 〈…を×…と〉みなす, 思う: [+目+(as)補] He ~s his abilities (as) superior to ours. 彼は自分の才能を我々の才能よりもすぐれていると考えている《as を省略するのは《米》》 / I ~ him **among** my benefactors. 私は彼を恩人の一人と考えている. ❸《口》〈…に〉値する, 〈…の〉当然の価値がある (deserve): You ~ special treatment. 君は特別待遇を受ける価値がある.

—— ⓘ ❶ 〈…と〉見積もられる, 評価される; 〈…に〉位する: [+(as)補] Japan ~s high [low] in the industry. 日本はその産業では高い[低い]地位を占めている / The film ~d (as) among the best of the year. その映画はその年の屈指の作品であると評価された. ❷ 〔…と〕同列である: This ~s **with** the very best. これこそ最高級品の名に値する.

〔< L _reri_, _rat-_ 計算する; cf. ratio, reason〕

rate² /réɪt/ 動 他《古》〈人を〉厳しくしかる.

rate³ /réɪt/ 動《英》= ret.

rate·a·ble /réɪṭəbl/ 形《英》= ratable.

ráte-càpping 图 U《英》地方自治体の地方税徴収額の上限を定めること.

ra·tel /réɪtl, ráː-/ 图 ミツアナグマ, ラーテル.

ráte·pàyer 图《英》地方税納付者; 《米》(電気・水道などの)公共料金支払者.

rát·fìnk 图《米俗》密告者, たれこみ屋; いやなやつ.

rathe /réɪð/, **rath** /ræθ/《古・詩》形 時刻[時期]の早い, 早咲きの, 早なりの; 迅速な. —— 副 朝早く, 季節[期間]の初めに; きわめて. ~·**ly** 副 ~·**ness** 图

*__rath·er__ /rǽðɚ│ráːðə/ 副 (比較なし) ❶ **a** [~ than で]〈…よりむしろ《用法》 rather than の前後は文法上同等のものがくる〉: They're screaming ~ than singing. 彼らは歌っているというよりわめいている / Most people telephone ~ than write. 大抵の人は手紙を書くよりむしろ電話をする / R- than go by car, I'd prefer to walk. 車で行くよりむしろ徒歩で行ったほうがよい《用法》強調による rather than… の前置》. **b** [would [had] ~… (than …) で]…よりむしろ喜んで, 進んで; いっそ…したほうがよい《しばしば 'd rather と縮約》: I'd ~ stay here **than** go. 行くよりむしろここにとどまりたい / I'd ~ never have been born than live to see this day of shame. こんな恥をかくのならいっそ生まれなければよかった / "Shall we go out for supper?" "I'd ~ stay at home [I'd ~ not]." 「夕食を外で食べようか」「私は家にいる[出かけない]ほうがいい」. ~ **is not** は前文の内容を受けた否定節の代用》/ I'd ~ not go. どちらかと言えば行きたくない. **c** [I would [had] ~… that… で]〈…であればいいのだが《用法》 _that_ 節中は仮定法過去形を用いる》: I _would_ [_had_] ~ he didn't tell her about it. 彼が彼女にその話をしないでくれるといいのだが.

❷ 幾分, 少々, やや; かなり, ずいぶん《用法》もともと控えめな表現だが much, very の強い意味にもなる; しばしば批判・驚き・失望等を含意》: ~ dark 少々暗い / a ~ good-looking girl かなり器量よしの娘 / I feel ~ better today. きょうは幾分気分がよい《比較》fairly と違って rather は比較級や too の前にも用いる》/ My wife is ~ older than I am. 家内は私より少々年上だ / He was ~ the worse for liquor. 彼は酒を飲んでかなり手がつけられなくなった / This book is ~ too difficult for me. この本は私には少々難しすぎる.

❸ どちらかといえば, いやむしろ: The attempt was ~ a failure. その企てはむしろ失敗だった《用法》名詞のみの場合は程度を表わす単数名詞とのみ用いられ, この語順にはならない》/ It's ~ a good idea. =It's a ~ good idea. どちらかといえばいい考えだ《用法》形容詞のつく名詞を修飾する場合の語順は quite の場合と同じ》/ She's one of the ~ sociable women in my office. 彼女は会社の中ではどちらかといえば社交的な女性の1人だ《用法》定冠詞のある場合にはその後に rather を置く》/ I ~ enjoy doing nothing. どちらかといえば何もしないでいるのが楽しい《用法》動詞の場合はその前に置く》/ I should ~ think so. まあそうでしょうね.

❹ [文修飾] それどころか, 逆に: He wasn't any help. R- he got in the way. 手伝いどころか, じゃまだった.

or ràther いやむしろ, もっと正確にいえば《★ 訂正の時に用いる》: late last night, or ~ early this morning 昨夜遅く, というよりはけさ早く / He woke, or ~ was pulled out of bed, at five. 彼は5時に目が覚めた, というよりはむしろ寝床から引きずり出された.

── /rà:ðə̀:|rà:ðɔ́ː/ 間 [反語的に強い肯定の答えに]《英口》そうだとも, 確かに: "Do you like it?" "R-~!" 「それお好きですか」「好きどころか(大好きです)」.
〖OE=sooner, quicker〗

raths·kel·ler /rá:tskèlə|rǽtskèlə/ 名 《米》(ドイツ風の)地下レストラン〔ビヤホール〕

†**rat·i·fi·ca·tion** /rætəfɪkéɪʃən/ 名 Ⓤ (条約などの)批准, 裁可 (⇨ ratify).

*rat·i·fy /rǽtəfàɪ/ 動 他 〈条約などを〉批准する, 裁可する: ~ a treaty 条約を批准する.　**rát·i·fi·er** 名 〖F〈L ratus settled 〈 reri; ⇨ rate¹, -ify〗 (ratification)

*rat·ing /réɪtɪŋ/ 名 ❶ a 評価, 見積もり, 評価額: an academic ~ 学術的評価 / The critics' ~ of his book is high. 彼の本に対する批評家たちの評価は高い. b 評価額. ❷ a (テレビ・ラジオの)視聴[聴取]率: a TV program with a low (viewer) ~ 視聴率の低いテレビ番組 / the ~s 視聴率表. b (政治の)支持率: The opinion polls gave the president a high ~. 世論調査では大統領の支持率は高かった. c (会社・個人などの)信用度, 格付け: a high [low] credit ~ 高い[低い]信用格付け. ❷ [単数形で] (映画などの)X....向け指定: an X ~ X (成人向け)指定. ❸ (船舶・乗組員・機械などの)等級, 級別. ❹《英海軍》下士官・水兵; the officers and ~s 士官と兵. ❺《英》固定資産税率 (cf. rate¹ 4).

*ra·tio /réɪʃoʊ, -ʃioʊ|-ʃioʊ/ 名 (豫 ~s) ⒸⓊ 比, 比率, 割合 (cf. proportion 5): They're [They stand] in the ~ of 3:2. それらは3対2の割合である《読み方》three to two が普通》/ The ~ of men *to* women was two to one. 男女の比率は2対1だった. ❷ 《数》比, 比例: in direct [inverse] ~ (*to*...) (...)に正[逆]比例して. 〖L=計算〈L *reri, rat*- 計算する〉; ⇨ rate¹〗

rat·i·oc·i·nate /ræ̀ʃiɑ́səneɪt, ræ̀t-|-ɔ́s-/ 動 ⌷ (三段論法などで)推理[推論]する.

rat·i·oc·i·na·tion /ræ̀ʃiɑ̀sənéɪʃən, ræ̀t-|-ɔ̀s-/ 名 Ⓤ (三段論法などによる)推論, 推理.

*ra·tion /rǽʃən, réɪ-|rǽʃ-/ 名 ❶ a ⌷ (食料・燃料などの)配給(量): a daily ~ 1日の配給量 / a ~ *of* sugar 砂糖の配給量 / be put on ~s 割り当てを受ける, 当てがいぶちにされる / a ~ book 配給手帳. b [しばしば one's ~ of として](物事の)定量, (相当の)割当て量: I've had my ~ *of* bad luck for the day! 今日はもう十分不運に見舞われた. ❷ [複数形で] (難民・兵士などの)食料, 糧食: ~s for two weeks 2週間分の食料 / on short ~s 食物を制限されて / ⇨ iron rations. ── 動 他 [しばしば受身で] ❶〈食料・燃料などを〉配給(制)にする; 〈供給を〉(...)に制限する (*to*): Water must now be ~ed. 今は給水制限をしなければならない. ❷〈人に〉配給する; 〈人に対して〉供給を制限する: I'm ~ed *to* a bottle of beer a day. 私は1日ビール1本に制限されている.　**rátion óut**《他+圖》(...にXものを)分配する, 配給する (*to, among, between*).

*ra·tion·al /rǽʃ(ə)nəl/ 形 (more ~; most ~) (↔ irrational) ❶ a 〈人が〉理性のある, 道理をわきまえた: Man is a ~ being. 人間は理性を備えた動物である. b 正気の, 気の確かな. ❷ 〈言動が〉合理的な, 理にかなった: a ~ explanation 合理的な説明. ❸ (比較的) a 推理の, 推論の: the ~ faculty 推理力. b 理性論の, 理性主義の. ❹ (比較的)〈数〉有理の: a ~ expression [number] 有理式[数]. ── 名 有理数. ~·ly /-əli/ 副 〖F〈L

<ratio REASON, RATIO〗【類義語】**rational** 論理的に考える能力のある; しばしば感情的な面が取り除かれていることを暗示する. **reasonable** 行動・決定・選択などが実際的・正当・公平・客観的であることを示す; rational より常識的で穏当な感じを与える. **sensible** すぐれた知性・理性人と健全な常識をもっていることを表わす.

†**ra·tion·ale** /ræ̀ʃənǽl|-náːl/ 名 [the ~] 理論的解釈; 理論的根拠: the ~ for increasing taxes 増税の理論的根拠. 〖F↑〗

rá·tion·al·ism /-lɪ̀zm/ 名 Ⓤ ❶ 理性論, 純理論, 合理主義 (cf. empiricism 1). ❷ (宗教上の)理性主義.

rá·tion·al·ist /-lɪst/ 名 合理主義者, 純理論者. ── 形 =rationalistic.

ra·tion·al·is·tic /ræ̀ʃ(ə)nəlɪ́stɪk/ 形 ❶ 合理主義的な, 理性主義の. ❷ 合理主義者の, 純理論者の. **-ti·cal·ly** /-kəli/ 副

ra·tion·al·i·ty /ræ̀ʃənǽləti/ 名 Ⓤ 純理性, 合理性; 道理をわきまえていること.

ra·tion·al·i·za·tion /ræ̀ʃənəlɪzéɪʃən|-laɪz-/ 名 ⒰Ⓒ ❶ 正当化. ❷ 合理化. ❸《数》有理化.

†**ra·tion·al·ize** /rǽʃ(ə)nəlàɪz/ 動 他 ❶ a 〈ことを〉合理的に扱う[解釈する]. b 〈自己の行動などを〉合理的に見せようとする, 正当化する. ❷〈産業などを〉合理化する (streamline). ❸《数》〈式を〉有理化する. ── 旬 ❶ a 合理[論理]的に考える. b 正当化する. ❷ 合理化を行なう, 合理化する. (形 rational)

†**ra·tion·ing** /rǽʃ(ə)nɪŋ, réɪʃ-|rǽʃ-/ 名 Ⓤ 配給(制).

rat·ite /rǽtaɪt/ 形〈鳥〉胸骨に胸峰のない; 平胸類の. ── 名 胸骨の平らな鳥, 平胸類の鳥 (真鳥類のダチョウなど無飛力の鳥; cf. carinate).

rát kangaròo 名 《動》ネズミカンガルー《豪州乾燥地の小型のカンガルー》.

rat·lin(e) /rǽtlɪn/ 名 [通例複数形で]《海》段索《横静索 (shrouds) の間に横に連絡してなわばしごの足場の役をする》.

ra·toon /rætúːn/ 名 (綿の木・砂糖キビなどの)刈り株から生ずる新芽, 刈り株苗; (バナナなどの)刈り株からの作物. ── 動 ⌷ 刈り株から新芽を出す. ── 他 〈作物を〉刈り株苗で栽培する.

rát ràce 名 [the ~]《口》(特に企業における)労働者仲間的のりあがりのばかげた競争, 猛烈な出世競争.

rát·rùn 名《英俗》(早く通り抜けるための)裏通り, ビルの谷間の細い道.

ráts·bàne 名 Ⓤ ねこいらず《特に亜砒酸》.

rát's·táil 名 ネズミの尾に似たもの.

rát·tàil 名 ネズミの尾に似たもの; 《魚》ソコダラ; 《魚》カイブツギンザメ (rabbitfish); 《馬》毛の(ほとんど)ない尾(をもつ馬). ── 形 ネズミの尾に似た, 細長くて先が細くなった.

rát-tàiled mággot [lárva] 名 《昆》オナガウジ《汚水中にすみ, 腹端に細長い呼吸管をもつ双翅目ハナアブ亜科の幼虫の総称》.

rat·tan /rætǽn/ 名 ❶ Ⓒ《植》トウ(籐). ❷ Ⓒ 籐のステッキ[むち]. ❸ Ⓤ 籐《製品用としての茎》.

rat-tat /rǽttǽt/ 名 =rat-a-tat.

rat·ted /rǽtɪd/ 形《英俗》酔っぱらった.

rát·ter /-tə|-tə/ 名 ❶ ネズミを捕る犬[猫]: This dog is a good ~. この犬はネズミを捕るのがうまい. ❷《俗》裏切り者.

Rat·ti·gan /rǽtəɡən/, Sir Ter·ence /térəns/ 名 ラティガン (1911–77; 英国の劇作家).

*rat·tle /rǽtl/ 動 ⌷ ❶〈物などが〉こすれ合ってガタガタ[ガラガラ, ゴロゴロ]鳴る: The windows ~d in the strong wind. 窓がその強風でガタガタ鳴った / The hail ~d *on* the roof [*against*] the window. あられが屋根に[窓に]パラパラと降ってきた. ❷ [副詞(句)を伴って] ガタガタ走る, 疾走する: An old car ~d *by*. おんぼろ車がガタガタ言いながら通り過ぎた / He ~d *along* at 100 mph. 彼は時速100マイルで(車を)とばした. ❸ ぺらぺら[ぺちゃくちゃ]しゃべる: They ~d *on* gaily. 彼らは陽気にぺらぺらとしゃべった.

── 他 ❶〈...を〉ガタガタ[ガラガラ]鳴らす, ガタガタと動かす: The wind ~d the windows. 風が窓をガタガタいわせた.

rattlebrain

❷ 〈...を〉早口に言う[しゃべる, 暗唱する]: The girl ~d off her lessons. 少女は課題をすらすらと言ってのけた. ❸《口》〈人を〉興奮させる, 混乱させる, 驚かせる《★しばしば受身》: Don't get ~. 興奮するな[落ち着けよ].

ráttle aróund《口》〈広すぎる家や仕事場を〉もてあます.

ráttle thróugh《他＋前》〔~＋through＋目〕〈仕事などを〉さっさとやってのける: ~ through a list リストをさっと読み上げる / She ~d through the job. 彼女は仕事をさっと片づけた.

── 名 ❶ Ⓤ ガタガタ, ガラガラ(の音): the ~ of a machine gun 機関銃のタタタタという銃声. ❷ Ⓒ a がらがら(おもちゃ). b ガタガタ鳴る道具《フットボールの観戦中に用いる》. c《動》(特にガラガラヘビの尾の)ガラガラ音を出す器官《角質で輪状》. ❸ Ⓤ 岐れ口, むだ話.

ráttle·bràin 名 頭の空(か)っぽな[あさはかな]人.
ráttle·bràined 形 頭の空(か)な, あさはかな.
rát·tler /rǽtlɚ/ 名 ❶ a ガラガラ音を立てるもの[人]. b《米》＝rattlesnake. c 貨物列車. ❷《英俗》優秀なもの, 逸品.
ráttle·snàke 名[動] ガラガラヘビ《アメリカ産の毒ヘビ》.
ráttle·tràp 名[形]《口》おんぼろの(自動車[馬車(など)]).
rát·tling 形 ❶ ガタガタ[ガラガラ]鳴る. ❷ 活発な, 速い. ── 副《口・古風》すばらしく, とても: a ~ good story とてもおもしろい話.
rát·tly /rǽtli/ 形 ガタガタいう.
rát·tràp 名 ❶ ネズミ捕り(器). ❷《口》不潔で荒れ果てた建物. ❸ 難局, 窮地.
rát·ty /rǽti/ 形 (**rat·ti·er; -ti·est**) ❶ a ネズミのような. b ネズミの多い. ❷ a 見すぼらしい, 薄汚い (shabby): a ~ coat 薄汚い上着 / a ~ hotel 安ホテル. b 卑劣な. ❸《口》いらいらした (grumpy): get ~ (with...) (...に)ぷりぷりする. **rát·ti·ly** 副 (名 rat)
rau·cous /rɔ́ːkəs/ 形 ❶ しわがれ声の, 耳障りな. ❷ 騒々しい: a ~ party わいわい大騒ぎをするパーティー. **~·ly** 副 **~·ness** 名
raunch /rɔ́ːnʧ/ 名《口》Ⓤ 下品, 卑猥, わいせつ, エロ; みすぼらしさ, 薄汚さ.
raun·chy /rɔ́ːnʧi/ 形 (**raun·chi·er; -chi·est**) ❶《口》下品な, わいせつな, 卑猥な. ❷《米》不潔な, 汚い. **ráun·chi·ness** 名

Rau·schen·berg /ráuʃənbɚːɡ│-bə̀ːɡ/, **Robert** 名 ラウシェンバーグ《1925– ; 米国の画家; 絵具とオブジェを組み合わせたコンバインペインティング (combine painting) などで知られる》.

rav·age /rǽvɪʤ/ 動 他 ❶ 荒らす, 破壊する《★しばしば受身で用いる》: The crops were ~d by the typhoon. 作物は台風に荒らされた[ていた]. ❷《軍隊・群衆などが》(場所を)略奪する. ── 名 ❶ Ⓤ 破壊, 荒廃; 破壊の猛威. ❷ [the ~s] 荒らされた跡, 惨害, 損害: the ~s of war 戦禍. 〖F〗

***rave**¹ /réɪv/ 動 他 ❶ わめく, どなる: She ~d at [against] us. 彼女は我々に食ってかかった / He's always raving about his misfortunes. 彼は自分の不幸についてしょっちゅうわめいている. b《風・海などが》うなごえを言う. ❷ 夢中になってしゃべる, 熱心に説く; 激賞する[about, over]: Everybody ~d about the new singer. だれもかも熱狂的にその新人歌手のことを語った. ❸《風・海などが》荒れ狂う. ❹《英口》はめをはずして楽しむ, 乱ちきパーティーを楽しむ. ── 他《...と》激賞する; どなる, わめく: 〔＋引用〕"What an exciting movie!" she ~d. 「なんともどきどきする映画だ」と彼女はほめやした. **ráve it úp**《英口》はめをはずして楽しむ, 乱ちきパーティーを楽しむ. ── 名 ❶《口》激賞. ❷《英》(若者たちの)乱ちきパーティー. ❸《口》ほめちぎる, べたぼめの; 熱狂的な: a ~ review べたぼめの批評. 〖ME＝さまよう, 錯乱状態である〗

rave² /réɪv/ 名〔通例複数形で〕(荷車・そりなどの)横囲い, 補助囲い.

rav·el /rǽv(ə)l/ 動 (**rav·eled**,《英》**-elled**; **rav·el·ing**,《英》**-el·ling**) ❶ a《編み物・綱などを》ほぐす (out). b 〈もつれた事件などを〉明らかにする, 解明する: The detective soon ~ed out the truth. その探偵は真相を解明し

た. ❷ a 〈糸・髪などを〉もつれさせる《up》. b 〈問題などを〉混乱[紛糾]させる《up》. ── 自 ❶ 解ける, ほぐれる《out》. ❷《困難が》解消する《out》. ── 名 ❶ (なわ・織物などの)解け[ほぐれ]た端. ❷ (毛糸などの)もつれ. ❸ 混乱, 錯雑. 〖Du〗

Ra·vel /ravél, ræ-, Mau·rice /mɔːríːs/ 名 ラベル《1875–1937; フランスの作曲家》.

rav·e·lin /rǽvl(ə)lɪn/ 名 半月堡《濠に囲まれた V 字型の外堡》.

rav·el·(l)ing 名 解く[ほどく]こと; 解ける[ほどける]こと; ほぐれ[ほつれ]糸.

***ra·ven**¹ /réɪvən/ 名[鳥] ワタリガラス《解説》 crow よりも大きいカラス; 死や悪病を予知する不吉な鳥とされる; 光沢のある黒い羽毛は髪など黒いもののたとえに使われる; ⇒ crow¹ 《解説》. ── 形 ❶ 真っ黒な, ぬれ羽色の: ~ hair 黒髪. 〖発音語〗

rav·en² /rǽvən/ 動 自 ❶ 略奪する, 荒らし回る〔about〕. ❷〔餌などを〕あさり歩く〔for, after〕. ❸ a がつがつ食う. b〈食べ物などに〉がつがつする〔for〕. ── 他〈食べ物を〉むさぼり食う.

ráven-háired 形 黒髪の.

rav·en·ing /rǽv(ə)nɪŋ/ 形 A〈獣が〉がつがつした, 獲物をあさる.

rav·en·ous /rǽv(ə)nəs/ 形 がつがつした, 飢えた; 食欲(しょく)な〔after, for〕: a ~ appetite 貪欲な食欲 / I'm ~. 腹がペコペコだ / be ~ for affection 愛情に飢えている. **~·ly** 副 **~·ness** 名

rav·er /réɪvɚ/ -və-/ 名《英口》❶ 自由奔放に楽しく生活する人, 放蕩者; 乱ちきパーティーに行く人. ❷ 熱狂者; 狂人.

ráve-úp 名《英口》乱ちきパーティー.

rav·in /rǽvɪn/《古》名 Ⓤ 強奪, 略奪; 捕食; 略奪物, えじき: a beast [bird] of ~ 猛獣[猛禽]. ── 動 自 他 ＝ raven².

ra·vine /rəvíːn/ 名 峡谷, 山峡. 〖類義語〗⇒ valley.

***rav·ing** /réɪvɪŋ/ 形 ❶ 荒れ狂う; 狂乱の: be in ~ hysterics すさまじいヒステリーを起こしている. ❷《口》非常な, すばらしい: a ~ beauty 絶世の美人. ── 副 すさまじく: be ~ mad 怒り狂っている, 乱心している. ── 名[複数形で] 支離滅裂な話, たわごと, うわごと: the ~s of a mad-man [madwoman] 狂人のたわごと.

ra·vi·o·li /rævióʊli/ 名 Ⓤ ラビオリ《小麦粉の皮にひき肉・チーズなどをつめたイタリア料理》. 〖It＝little turnip〗

rav·ish /rǽvɪʃ/ 動 他《文》❶〈人をうっとりさせる, 狂喜させる《★通例受身》: We were ~ed by her beauty. 我々は彼女の美しさにうっとりした[ていた]. ❷〈女性を〉強姦(ごうかん)する (rape). 〖F＜L rapere; ⇒ rape〗

ráv·ish·ing 形 魅惑的な, うっとりさせる: a ~ blonde 魅惑的なブロンド美人. **~·ly** 副

ráv·ish·ment /-mənt/ 名 Ⓤ うっとりさせること, 悩殺; 歓喜, 有頂天.

***raw** /rɔ́ː/ 形 (比較なし) ❶〈食べ物が〉生(な)の, 料理してない (↔ cooked): ~ meat 生肉 / eat fish ~ 魚を生で食べる. ❷ A a〈ものが〉原料のままの, 未加工の, 精製してない: ~ silk 生糸 / ⇒ raw material / ~ milk 未殺菌牛乳. b〈皮が〉なめしてない: ⇒ rawhide. c〈酒が〉水割りでない: ~ spirit(s) 生(キ)一本. d〈フィルムが〉露光してない, 生の: ~ film 生フィルム. e〈資料などが〉生の《未整理・未編集などで》生の: ~ data 生のデータ. f〈布などが〉織り端のない. ❸ A〈人が〉経験の浅い, 新米の, 未熟な, 不慣れの (inexperienced): a ~ recruit 新兵. ❹ a〈傷・皮膚などが〉むけた, ひりひりする: a ~ wound 生傷 / ~ skin 皮のむけた皮膚 / My back feels ~ from the sun. 日に焼けて背中がひりひりする. b Ⓟ〔~で〕赤むけした: hands ~ with cold 寒さであかぎれになった手. ❺〈天候などが〉じめじめして寒い, 底冷えがする: a ~ winter night 冷え冷えする冬の夜. ❻〈文章・文体などが〉生煮えな, 十分に磨かれていない. ❼《米》〈描写などが〉あからさまな, 露骨な. ❼〈扱いが〉不公平な, 不当な: get a ~ deal ひどい扱い[仕打ち]を受ける. **tóuch [stríke, hít] a ráw nérve** ⇒ **nerve**. ── 名 ❶ [the ~] 皮のすりむけた所, すり傷, 痛い所. **in the ráw** (1) 自然のままで[の]: life [nature] in the ~ ありのままの生活

[自然]. (2) 《口》裸で[の]: sleep *in the* ~ 裸で寝る. **tóuch [cátch] a person on the ráw** 《英》〈人の〉痛い所[弱点]に触れる. **~·ly** 副 **~·ness** 名 [類義語] **raw** 天然の産物などが全く未加工の. **crude** 原料などが粗製のままの, 加工する前の段階の.

Ra·wal·pin·di /rà:wəlpíndi | rá:wəl-/ 名 ラーワルピンディー《パキスタン北部の都市》.

ráw·boned 形 骨ばった, やせこけた.

ráw·hìde 名 ❶ Ⓤ 〈牛などの〉生皮(きぬ). ❷ Ⓒ 生皮製のむち[つな]. ── 形 Ⓐ 生皮(製)の: a ~ whip 生皮のむち.

ráw·ish 形 ひとすじの, やや未熟な. **~·ness** 名

Rawl·plug /rɔ́:lplʌg/ 名 《商標》ロールプラグ《細い円柱形をした繊維またはプラスチック製の詰め物; 石壁などに穴をあけてこれを挿入し, ねじや釘を支えるために用いる》.

†**ráw matérial** 名 [しばしば複数形で] ❶ 原材料, 原料 [*for*]. ❷ 〈小説などの〉素材.

ráw siénna 名 Ⓤ 生(き)シエナ土《黄色顔料》; 黄褐色.

ráw úmber 名 Ⓤ 生(き)アンバー《茶褐色顔料》; 茶褐色.

***ray**¹ /réɪ/ 名 ❶ 光線: a death ~ (SFの)殺人光線 / a ~ *of* sunlight ひとすじの陽光. ❷ わずか, 少量: a ~ *of* hope 一縷(いちる)の望み. ❸ [複数形で] [理] 熱線, 放射線, 輻射(ふくしゃ)線: anode [cathode] ~s 陽極[陰極]線 / X ~s X線. **a ráy of súnshine** ⇨ sunshine 成句. 《F<L RADIUS》

ray² /réɪ/ 名 [魚] エイ. 《F<L》

ray³ /réɪ/ 名 = re¹.

Ray /réɪ/ 名 レイ 《男性名; Raymond の愛称》.

Ray /réɪ/, **Man** レイ (1890-1976; 米国の写真家・画家; ダダ・シュールレアリスム運動に参加).

Ray-Bans /réɪbænz/ 名 複 《商標》レイバン《米国製のサングラス》.

rayed /réɪd/ 形 〔植〕舌状花を有する; [複合語で] 鰭条(きじょう)を有する.

ráy gùn 名 (SFの)光線銃.

Ráy·leigh scàttering /réɪli-/ 名 Ⓤ 〔光〕レイリー散乱 《光の波長がそれよりもはるかに短い波長の粒子のために散乱すること》.

ráy·less 形 光[光線]のない; まっ暗な; 〔植〕舌状花のない; 〔魚〕鰭条のない. **~·ness** 名

Ray·mond /réɪmənd/ 名 レイモンド《男性名; 愛称 Ray》.

Ray·naud's disèase [sýndrome] /reɪnóuz- | -/ 名 Ⓤ 〔医〕レイノー病[症候群]《レイノー現象の発作を特徴とする血管障害. 《M. Raynaud 19世紀フランスの医学者》

Raynáud's phenòmenon 名 Ⓤ 〔医〕レイノー現象《手の小動脈の収縮による一時的血液不足で, 指・手の一部が青白くなる現象》.

ray·on /réɪɑn | réɪɔn/ 名 Ⓤ レーヨン, 人造絹糸. ── 形 Ⓐ レーヨン(製)の: a ~ coat レーヨンのコート.

raze /réɪz/ 他 《町・家などを》完全に破壊する, 倒壊させる (★ しばしば受身): The houses were ~d to the ground by the earthquake. 家々はその地震で地面にくずれ落ちていた. 《F<L=こする》

†**ra·zor** /réɪzə | -zə/ 名 かみそり; 安全かみそり, 電気かみそり: ⇨ safety razor. 《F=こするもの (↑)》

rázor·báck 名 動 ❶ ❷ ナガスクジラ. ❷ (米)(背のとがった)(半)野生の豚《米国南東部産》. ❸ 切り立った尾根.

rázor·bìll 名 [鳥] ❶ (また **rázor-bìlled áuk**) オオハシウミガラス《大西洋北部沿岸産》. ❷ ハサミアジサシ (skimmer).

rázor blàde 名 かみそりの刃.

rázor clàm 名 [貝] マテガイ.

rázor cùt 名 レザーカット《かみそりを用いてする頭髪のカット》. **rázor-cùt** 他

rázor-èdge, rázor's èdge 名 ❶ **a** かみそりの刃; 鋭い刃. **b** 切り立った尾根. ❷ 危地, 危機; きわどい分れ目: be on the [a] ~ 危地に陥っている, 危機に立つ. ❸ [the ~] 最先端, 最前線 (*of*).

rázor·fish 名 ❶ [魚] **a** ヘコアユ《インド洋・太平洋産のヘコアユ科の小魚の総称》. **b** 大西洋西部産のベラ科ヒラベ

1483 | reach

ラ属のあざやかな色の数種の小魚. ❷ =razor clam.

rázor-shárp 形 非常に鋭い.

rázor shèll 名 =razor clam.

rázor wìre 名 Ⓤ レザーワイヤー《剃刀の刃状の四角の小鉄片のついた囲い用鉄線》.

razz /ræz/ 《米俗》他 からかう, あざ笑う. ── 名 = raspberry 2.

razz·a·ma·tazz /ræzəmətæz/ 名 =razzmatazz.

raz·zle /ræzl/ 名 [the ~] 《英口》ばか騒ぎ, 乱痴き騒ぎ: be [go] (out) on *the* ~ はめをはずして楽しむ, 乱ちき騒ぎをする.

raz·zle-daz·zle /ræzldæzl/ 名 Ⓤ 《口》 ❶ =razzle. ❷ 派手な芝居がかり, はではでしさ; 攪乱(かくらん)作戦.

razz·ma·tazz /ræzmətæz/ 名 Ⓤ 《口》 ❶ 華やかさ, はではでしさ. ❷ 生気, 活力. ❸ 巧みなごまかし.

Rb (記号) [化] rubidium.

RBI, rbi /ɑ́ːbìːáɪ | á:-/ 名 [野] 打点 (run batted in).

R.C. (略) Red Cross; Roman Catholic.

RCMP (略) Royal Canadian Mounted Police カナダ騎馬警察隊.

r̃-còlored 形 [音] 《母音が》r の音色を帯びた《米発音の further /fə́:ðə/ の /ə́:, ə́/》.

rcpt. (略) receipt. **RD, R.D.** (略) 《米》rural delivery. **R/D, R.D** (略) 《商》refer to drawer.

Rd. (略) Road.

-rd 接尾 [3 および 3 で終わる序数詞を表わして] (…)3 番目 《★ 13を除く》: the 13*rd* of April 4月23日.

RDA (略) recommended daily allowance 1日所要量. **RDBMS** (略) [電算] relational database management system リレーショナルデータベース管理システム. **RDI** (略) recommended daily intake 推奨1日摂取量 (RDA に同じ).

RDX (略) Ⓤ RDX《主に軍用炸薬とするサイクロナイト》. 《*R*esearch *D*evelopment *E*xplosive》

re¹ /réɪ/ 名 (複 ~s) [楽] 《ドレミファ唱法の》「レ」《全音階的長音階の第2音; cf. sol-fa》.

re² /ríː, réɪ/ 前 〔法・商〕…に関して: ~ your letter of the 10th of April 4月10日付の貴簡に関して. 《L=(in the) matter》

Re /réɪ/ 名 =Ra.

Re (記号) [化] rhenium; rupee.

***'re** /ə/ (we, you, they の後にくる) are の省略形: we're, you're, they're.

re-¹ /rɪ, rə/ 接頭 「相互, 反, 後, 退, 秘; 離, 去, 下, 再, 否, 不」などの意: *re*act, *re*sist, *re*cluse, *re*main, *re*double, *re*sign, *re*cent. 《L》

re-² /ríː/ 接頭 《用法 自由に動詞またはその派生語に添える》「再び, さらに, 新たに; …し直す; 原状に復す」などの意: *re*adjust, *re*capture, *re*elect, *re*make. 《U》 (1) re- の次の音節が e で始まる時は (英) では通例ハイフンを用いる: *re-examine*. (2) 既成語と区別して「再び」の意を表わす時はハイフンを用いる: *re-collect* (cf. *recollect*), *re-cover* (cf. *recover*)》 《↑》

‡**reach** /ríːtʃ/ 動 他 ❶ **a** 〈目的地・行き先などに〉到着する, 着く; 届く (★ arrive at に比し, get to のほうが口語的な): ~ New York ニューヨークに到着する / I didn't ~ the station in time today. 今日は駅に間に合わなかった / London can be ~ed in two hours. ロンドンへは2時間で行ける / The upper story is ~ed by stairs. 上の階へは階段を上って行ける. **b** 〈物やある状態・結果・結論などに〉達する, 届く, 及ぶ: ~ the end of the first chapter 第1章の終わりまで進む[読む] / ~ the finals 決勝戦まで進む / They have ~ed old age. 彼らは老齢に達した / ~ a conclusion [an agreement] 結論[妥結点]に達する / I could not ~ the top of the wall. 壁のてっぺんに届かなかった / The ladder did not ~ the window. はしごが窓まで届かなかった. **c** 〈耳・目などに〉入る, 達する: A rumor ~ed her ears that… というわさが彼女の耳に入ってきた. **d** 〈数量が〉〈…に〉及ぶ: The total number was expected to ~ 20 million. その総数は2千万に及ぶものとみられた.

e 〈影響などが〉〈…に〉広がる, わたる, 及ぶ: The book has ~*ed* a wide audience abroad. その本は広く海外の読者に読まれている. ❷ a 〈手・枝などを〉出す, 伸ばす: I ~*ed out* my hand for [to get] the apple. そのリンゴを取ろうと手を伸ばした / The trees ~*ed* their branches toward the sun. 木は太陽の方向にその枝を伸ばしていた. b (手[腕]を伸ばして)〈…に〉届く, 触れる: Can you ~ the top shelf? いちばん上の棚に手が届きますか. c (手を伸ばして)〔…から〕〈ものを〉取る: She ~*ed* the book (*down*) *from* the shelf. 彼女は棚からその本を取り出した. d 〈人に〉(手を伸ばして)〈ものを〉渡す, 取ってやる: Will you ~ me (*over*) the salt? 私に塩を取ってくださいませんか. ❸ (電話などで)〈…と〉連絡する (contact): He can be ~*ed* at [by calling] this number. この番号を回せば彼の所にかかります / If anything happens, you can ~ me on my cellphone. 何かあったら携帯(電話)に連絡してください. ❹ 〈人・人の心などを〉動かす: Such people cannot be ~*ed* by flattery. ああいう人たちはお世辞に心を動かされない.

── [自] ❶ [副詞(句)を伴って] a (ある目的で)手[腕]を伸ばす (stretch): I ~*ed out for* a cigarette. たばこを取ろうと手を伸ばした / He ~*ed into* his pocket *for* his wallet. 彼は財布を取ろうとポケットに手をつっこんだ / She ~*ed up* but could not get it. 彼女は手を上に差し伸べたが取れなかった. b (あるものを得ようと)努力する, 手に入れようとする: ~ *after* fame 名声を得ようと努める / The mind ~*es forward to* [*out toward*] the ideal. 心は理想を目ざして進もうとする. ❷ (手[腕]を伸ばして)届く: How high can you ~? どこまで手が伸ばせる. ❸ [副詞(句)を伴って] 〈目・ものなどが〉〈…に〉達する, 及ぶ, 届く: as far as [farther than] the eye can ~ 目の届く限り[目の届かぬ先まで] / This walkie-talkie ~*es* as far as 2 miles. この携帯無線機は 2 マイルも電波が届く / The coat ~*ed* (*down*) *to* his knees. コートは彼のひざまであった / The United States ~*es from* the Atlantic *to* the Pacific Ocean. 合衆国は大西洋から太平洋まで広がっている.

réach for the stárs 不可能と思えるものを得ようとする, 高望みする.

── [名] ❶ [U] a (手・腕などの)届く範囲; 〔…から〕(簡単に)行ける距離: Keep medicines out of children's ~ [out of ~ *of* children]. 薬は子供たちの手の届かない所に置いてください《★ 注意書きの文句》/ The hotel was within easy ~ *of* the station. ホテルは駅からすぐ行ける所にあった. b (力・理解などの)及ぶ範囲: The car is priced beyond the ~ *of* most of us. その車は我々の多くには手の届かない値がつけられている / Nuclear physics is beyond [out of] my ~. 原子核物理学は私にはとてもわからない. ❷ [a ~] (伸ばせる)腕の長さ, リーチ: That boxer has *a* long ~. あのボクサーはリーチが長い. ❸ [C] [通例複数形で] a (一面の)広がり: great ~*es* of forest 打ち続く大森林地帯. b 河区《二つの曲がり目間の流れ》; (運河の)区間《二つの水門間の部分》: the upper [lower] ~*es* of the Thames テムズ川の上[下]流.

〖OE; 原義は「手を伸ばす」〗【類義語】⇨ range.

réach-me-dòwn 《英》[名] [通例複数形で] お下がり(服); 古着. ── [形] [A] お下がりの.

***re·act** /riǽkt/ [動] [自] ❶ a 〔…に対して〕反応する (respond): Our eyes ~ *to* light. 我々の目は光に反応する / She ~*ed to* the insult by slapping him on the cheek. 彼女は侮辱された仕返しに彼にびんたを食らわせた. b 〔ある作用に対して〕反作用をする: They ~*ed on* each other. それら[彼ら]はお互いに作用し合った. ❷ 〔…に対して〕反抗する; 反発する (rebel): The people soon ~*ed against* the tyranny. 人民はまもなくその圧政に反発した. ❸ a 〔薬物に〕(悪い)反応を示す: Do you ~ *to* penicillin? あなたはペニシリンに反応しますか[アレルギーですか]. b 〘化〙〔…に〕反応する: A ~*s with* B to form C. A は B と反応して C を作る. ❹ 〘証券〙反落[反騰]する. 〖RE-[1]+ACT〗 ([名] reaction, [形] reactive)

re-act /rìːǽkt/ [動] [他] ❶ 〈劇・役などを〉再び演ずる. ❷ 繰り返す, やり直す.

re·ac·tance /riǽkt(ə)ns/ [名] [U] 〘電〙リアクタンス, 誘導抵抗, 感応抵抗.

re·ac·tant /riǽkt(ə)nt/ [名] 〘化〙反応物質.

****re·ac·tion** /riǽkʃən/ [名] ❶ [C,U] 〔刺激・事件・影響などに対する〕反応, 態度, 印象 (response): a ~ from the media マスコミからの反応 / What was his ~ *to* this news? このニュースに対する彼の反応はどんなでしたか / gut ~ 本能的な反応 / mixed ~ 種々の反応. ❷ [U] [また a ~] a (政治・社会上の)反動,「逆コース」: the forces of ~ 保守反動の力 / *a* ~ *against* the permissive society (性などについて)寛大すぎる社会に対する反動. b (一般に)〔…に対する〕反抗, 反発: *a* ~ *against* globalism グローバリズムに対する反発. ❸ [U,C] 〔作用に対する〕反作用: action and ~ 作用と反作用. ❹ [U] [また a ~] (過労・緊張・興奮の後の)活力減退, 無気力. ❺ [C,U] 〘化〙反応; 〘医〙(悪い)反応: a chemical ~ 化学反応 / an allergic ~ アレルギー反応. ([動] react, [形] reactionary)

+**re·ac·tion·ar·y** /riǽkʃənèri | -ʃ(ə)nəri/ [形] (政治・思想などにおいて)反動的な, 復古的な, 逆コースの: a ~ politician 反動[保守]政治家. ── [名] 反動主義者, 保守反動家. ([名] reaction)

reáction formàtion [名] [U] 〘心〙反動形成.

re·ác·tion·ìsm /-ʃənìzm/ [名] [U] 反動[復古]主義, 復古論. **-tion·ist** /-ʃ(ə)nɪst/ [名] [形]

re·ac·ti·vate /rìːǽktəvèɪt/ [動] [他] 再び活動させる, 再び活発にする.

+**re·ac·tive** /riǽktɪv/ [形] ❶ 反応する(だけの). ❷ 〘化〙反応性の. **~·ly** [副] **~·ness** [名] ([動] react)

re·ac·tiv·i·ty /rìːæktívəṭi/ [名] [U] 反動(性); 反動力; 反応; 反発; 〘理〙反応性[度].

***re·ac·tor** /riǽktə | -tə/ [名] ❶ 〘理〙原子炉: ⇨ nuclear reactor. ❷ 〘医〙(アレルギー反応など, 悪い)反応を示す人. ❸ 〘電〙リアクトル《交流回路にリアクタンスを与えるコイルなど》. ❹ 〘化〙反応器.

****read**[1] /ríːd/ [動] (**read** /réd/) [動] [他] ❶ a 〈書物・手紙・作品などを〉読む: ~ a book [letter] 本[手紙]を読む / ~ Shakespeare シェイクスピアの作品を読む. b 〈文・論文などを〉読み上げる, 音読する: ~ a passage clearly はっきりした声で一節を読み上げる. c 〈人に〉読んで〔…〕させる: He ~ the child [him*self*] *to* sleep. 彼は子供に本を読んでやって寝かしつけた[自分で本を読んでいるうちに寝てしまった]. ❷ 〈外国語・楽譜・記号・地図などを〉読解する, 読み取る: ~ French フランス語が読める / ~ music 楽譜を読む / ~ a map 地図を読み取る. ❸ 〔…で〕〈…を〉読んで知る: I ~ all about the accident *in Newsweek*. その事故の一部始終をニューズウィークで読んだ / 〔+*that*〕 I ~ *in* the newspaper *that* torrential rains fell on Kyushu yesterday. きのう豪雨が九州を襲ったことを新聞で知った. ❹ 〈人に〉〈…を〉読んで[言って]聞かせる: 〔+目+目〕 He ~ us some of his poems. 彼は我々に自分の詩を読んで聞かせた / I'll ~ *out* this letter [~ this letter *aloud*] *to* all of you. この手紙を君たち皆に読んで聞かせよう. ❺ 〈温度計・掲示などが〉〈…と〉示している, 書いてある, 〈…と〉読める: The thermometer ~*s* 30 degrees. 温度計は 30 度を示している / The ticket ~*s* "from Tokyo to Osaka." 切符には「東京から大阪行き」と書いてある / 〔+[引用]〕 The sign ~*s* "Keep off the grass." 掲示には「芝生内立ち入り禁止」と書いてある. ❻ 〔顔・表情などに[から]〕〈人の心・考えなどを〉読み取る: She ~*s* me like a book. 彼女は私の心をすっかり読んでいる《まるでお見通しだ》/ He must have *read* my alarm *on* my face. 彼は私の顔に浮かんだ不安の色を読み取ったに違いない / I can ~ your thoughts. 君が何を考えているかわかる. ❼ a 〔言葉などに〕〈意味を〉読み取る (interpret) 〔*into, in*〕: You're ~*ing* more *into* her letter than she intended. 君は彼女の手紙から彼女が意図した以上の意味を読み取ろうとしている. b 〈言葉などが〉〈…の意味だと〉解釈する: 〔+目+*as*補〕 Your silence will be ~ *as* consent. 黙っていると承諾したとみなされる / 〔+目+*to* do〕 I ~ this letter *to* mean that he won't come. この手紙は彼が来ないと言っているものと考える. c [様態の副詞(句)を伴って] 〈…を〉(…のように)考える:

How do you ~ these sentences? これらの文をどのようにお読みになりますか / The passage may be ~ (in) several ways. その文はいろいろに解釈できる. ❽ 〔誤植・誤記などを示して〕《…を×…と》と読み替える 《用法》通例命令法で正誤表などに用いる》: *For* "hair" ~ "heir." "hair" は "heir" の誤植 〔〔+目+補〕〕"185" should be ~ (*as*) "158." 185 は 158 とあるべきもの. ❾ a 〈夢・なぞ・兆候など〉を解く, 判断する: ~ a dream 夢を判断する / ~ cards トランプで占う. b 〈未来を〉予言する: ~ a person's future 人の運命を占う. ❿ 〔(英)〔…大学で〕〔…を〕専攻する 《(米)major in)〕: ~ chemistry *at* Cambridge. ケンブリッジ大学で化学を専攻する. ⓫ 〈無線交信・電話などで〉相手の言うこと[声]を聞き取る (hear): 〔+目 (+補)〕"Do you ~ me?" "We ~ you loud and clear." 「聞こえますか」「はっきり聞こえます」

── ⓐ ❶ a 読書する, 読む: I seldom ~. 私はめったに読書しない / He that runs may ~. 走っている人でも解読できる《ほどに明白である》(★ *Hamlet* から). b 音読する; 朗読する. ❷ 〔…のことを〕読んで知る: I ~ *about* [*of*] the accident in the newspaper. その事故のことを新聞で読んで知りました. ❸ 〔人に〕読んで聞かせる: My mother used to ~ *to* me before I went to sleep. 母は夜寝る前に私に本を読んでくれたものだった. ❹ a 〔学位などを取るために〕勉強する, 研究する;〔芝居などの〕オーディションを受ける: ~ *for* the bar [a degree, honors] (英) 弁護士を志望して〔学位を取るため, 優等コースをめざして〕勉強する / ~ *for* a part ある役のオーディションを受ける. b 〔先生などについて〕勉強する: be set to ~ *with* a private tutor (英) 家庭教師をつけて勉強させられる. ❺ 〔様態の副詞(句)を伴って〕〔…と〕解される;〔…と〕書いてある: The rule ~s two (different) ways. その規則は 2 通りの意味に解釈できる / It ~s as follows. その文句は次のとおりである. ❻ 〔well などの様態の副詞(句)を伴って〕〔…に〕読める: This play ~s better than it acts. この劇は上演するよりも読むのによい.

réad báck 《他+副》〈…を〉読み直す[返す]: Please ~ it *back* to me. それを読み直してみてください.
réad betwèen the línes ⇒ line¹ 4 a.
réad ín 《他+副》〔電算〕〈情報を〉読み込ませる.
réad óff 《他+副》〈リストなどを〉すらすらと読み上げる.
réad óut 《他+副》(1) 〈人に〉読んで聞かせる (⇒ ⓐ 4). (2) 〔電算〕〈情報を〉読み出す (⇒ readout).
réad a person òut (of…) (米) (その旨を宣言して)〈人を〉〈…から〉除名する: They ~ him *out of* the party. 彼らは彼を党から除名した.
réad óver [thróugh] 《他+副》〈…を〉読み通す, 通読する: He ~ *over* my manuscript. 彼は私の原稿に目を通した.
réad a person the ríot àct ⇒ riot act 成句.
réad úp 《他+副》〈…を〉(十分に)研究[勉強]する: You must ~ this *up* before your exam. 試験の前にこれを勉強しておかなければだめだ.
réad úp on 《口》…について(十分に)研究[勉強]する: I had ~ *up on* the subject in case I was asked. 質問されるといけないので, その問題に関して十分に勉強しておいた.

── 图[a ~](口)(1 回の)読書(時間): Can I have *a* ~ *of* your article? あなたの論文をちょっと読ませてもらっていいですか / I'd like to give it *a* good ~. それをゆっくり読んでみたい. ❷ 〔通例修飾語を伴って〕(どんな)読み物: His most recent novel is *a* good [hard] ~. 彼の最新作はおもしろい[難しい]読み物だ.

〖OE=忠告する, 解釈する, 読む〗

‡**read²** /réd/ 動 **read¹** の過去形・過去分詞.
── 形 〔副詞を伴い複合語をなして〕 ❶ 〈人が〉(読んで[勉強して])通じている: a well-*read* person 博学な人 / He's deeply [widely] ~ *in* the classics. 彼は古典を深く[広く]読んでいる. ❷ 〈本・新聞など〉〔…に〕読まれている: a widely-[little-]*read* magazine 広く読まれている[ほとんど読まれていない]雑誌.

táke…as réad=táke it as réad that… 〈…を〉当然のこととみなす.

read·a·bil·i·ty /ríːdəbíləti/ 图 U おもしろく読める[書いてあること]; 読みやすいこと.
‡**read·a·ble** /ríːdəbl/ 形 ❶ a おもしろく読める[書かれた]: a ~ book おもしろい本. b 読みやすい, わかりやすい: The instructions are fairly ~. その説明書はかなり読みやすい. ❷ 〈筆跡・印刷などが〉読める, 判読できる (legible).
re·ad·dress /ríːədrés/ 動 他 ❶ 〈手紙などの〉あて名を〔…に〕書き直す (cf. forward 動) : ~ a letter *to*…に手紙を回送する. ❷ 再び〈人に〉話しかける. ❸ 〈問題などに〉再び取り組む.
‡**read·er** /ríːdə⟩-də/ 图 [-s/-dəz] ❶ a [通例修飾語を伴って] 読むの人, 読書家, 読者: a great ~ 本をたくさん読む人 / the common [general] ~ (専門的知識をもたない) 一般読者 / a quick ~ 速読家 / a keen ~ of comics 熱心な漫画の読者. b (特定出版物の)読者: invite new ~s 新しい読者を募る. c (ラジオなどの)読み手, 語り手, 朗読者. ❷ (初心者用の)教本, リーダー: graded English ~s 段階式英語読本. ❸ a (出版社の)原稿閲読[判定]係. b 校正係. ❹ a [しばしば R~] (英) (一部の大学で)準教授 (★ 通例日本の助教授に当たる; ⇒ professor 解説): a ~ *in* history at London University ロンドン大学の歴史の準教授. b (米) (大学の)採点助手. ❺ (ガス, 電気などのメーターの)検針員. ❻ 〔電算〕読み取り機: a card [tape] ~ カード[テープ]読み取り機. ❼ マイクロリーダー (microreader). ❽ 〖キ教〗平(信徒)読師 (lay reader).
réad·er·ly 形 reader の[に関する, によくある].
‡**read·er·ship** /ríːdəʃɪp/ -də-/ 图 ❶ 〔単数形で〕a 読者数: This magazine has a ~ of 50,000.=The ~ of this magazine is 50,000. この雑誌は 5 万人の読者数をもっている. b 読者層: The paper has a wide ~. その新聞は広い範囲の読者層をもっている. ❷ U [また a ~] (英) (大学の)準教授 (reader) の職[身分].
‡**read·i·ly** /rédəli/ 副 (more ~; most ~) ❶ 快く, ちゅうちょなく, 二つ返事で (willingly): She ~ consented. 彼女はすぐ承諾した. ❷ 容易に, たやすく (easily): That software is ~ available. そのソフトはすぐ手に入る.
read·i·ness /rédinəs/ 图 ❶ U [通例 in ~ で] 用意ができていること: Everything is *in* ~. すべて準備ができている / be *in* ~ *for* an emergency 非常事態に備える. ❷ U [また a ~] 進んで[喜んで]すること (with ~ 快く, 進んで, いさぎよく) 〔+*to do*〕He expressed (*a*) great ~ *to* adopt the reform bill. 彼はすぐにでもその改革案を採用したいという強い意向を表明した. ❸ 敏捷, 機敏, 早見と: ~ *of* wit 当意即妙. ❹ U 〔教育〕レディネス, 準備性 〔行動・学習に必要とされる一定段階の発達上の条件〕.
‡**read·ing** /ríːdɪŋ/ 图 ❶ U 〔読むこと[力]: learn ~ and writing 読み書きを学ぶ. b 読書; 朗読: I like ~. 私は読書が好きだ. ❷ U 学識; (特に文学上の)知識: a person of wide [vast, extensive] ~ 博学の人. ❸ C 〈法律・事件・夢などの〉判断, 解釈;〔役柄・楽曲の〕解釈, 演出[演奏]法 (interpretation) / My ~ *of* the law is that… 私の解釈ではこの法律は…である. b 〔写本・原稿などの〕読み方: There're various ~*s of* [*for*] this passage. ここの所はいろいろ違った読み方がある. ❹ C 〔晴雨計・温度計などの〕示度, 示数, 表示: The thermometer ~ was 35 degrees. 温度計は 35 度を示している / take a ~ 目盛りを読み取る[調べる]. ❺ a U 〔通例修飾語を伴って〕読んで…物, 読み物: good [dull] ~ 読んでおもしろい[つまらない]もの / Your paper made interesting ~. 君の論文は興味深いものでした. b 〔複数形で〕文集, …読本: ~s *from* Shakespeare シェイクスピア文集 / ~s *in* economics 経済学読本[選集]. ❻ a U 公開朗読会: a poetry ~ (作者自身による)詩の公開朗読会. b (芝居の)本読み. ❼ C 〔序数詞を伴って〕(議会の)読会: the first [second, third] ~ 第一[第二, 第三]読会 〔英国では第三読会を経て勅裁を得たその法律となる〕. ── 形 A 読書する, 本好きの; 読書用の: the ~ public 読書界 / a ~ man 読書人 / a ~ lamp 電気スタンド / ⇒ reading desk.

Read·ing /rédɪŋ/ 图 レディング 《イングランド南部, Lon-

réading àge 图 読書年齢.

réading dèsk 图 (表面が斜めになった)読書台, 書見台; (教会の)聖書台.

réading glàss 图 ❶ 拡大鏡, 細字用レンズ. ❷ [複数形で] 読書用眼鏡.

réading màtter 图 U (広告と区別して, 新聞雑誌の)読み物, 記事.

réading ròom 图 ❶ 図書閲覧室, 読書室. ❷ (印刷所の)校正室.

re·ad·just /ríːədʒʌ́st/ 動 (...に※...を)調整し直す: ~ the focus 焦点が合うように再調整する / I find it very hard to ~ myself to busy workdays after a long vacation. 長い休暇のあと, 職場の忙しい毎日に戻るのがとてもつらい. ── 自 (...に)再び順応する (to).

rè·ad·júst·ment 图 U C 再調整.

réad-ónly /ríːd-/ 形 [電算] リードオンリーの, 読み出し専用の: ~ memory 読み出し専用記憶装置 (略 ROM).

réad-óut /ríːd-/ 图 ❶ U (電算機などからの情報の)読み出し, 表示. ❷ C 読み出された[表示された]情報. ❸ 読み出し[表示]装置.

réad-wríte hèad /ríːd-/ 图 [電算] 読み書きヘッド.

***read·y** /rédi/ 形 (**read·i·er**; **-i·est**) ❶ P 用意が整って, 準備ができて: get dinner — 夕食の用意をする / Are you ~? 用意ができましたか / We are ~ if [when] you are. いつでも準備はできています お待ちしております, いつでもOKです / Your dress will be ~ in three weeks. お洋服は3週間でご用意できます[できあがります] / Get ~! Get set! Go!=R-~! Set! Go! 位置について, 用意, スタート (cf. 图) / be ~ for anything 何にでも[何が起きても]対処できる[大丈夫な]態勢である / Are you ~ *for* school? 学校へ行く用意はできていますか / Let's get ~ *for* our departure. さあ出発の準備をしよう / We made ~ *for* the President's visit. 我々は大統領を迎える準備をした / The manuscript is ~ *for* printing. 原稿はすぐにでも印刷出来できる / [*+to do*] I'm ~ *to* go. いつでも出かけられます / The food is ~ *to* eat. 食べ物はいつでも召し上がれます.

❷ P いつでも[喜んで]〈...〉して[する気で]; 〈...の〉覚悟がついて: Our technical staff is always ~ *with* answers to your questions. 技術スタッフがいつでもご質問にお答えいたします / [*+to do*] She's always ~ (and willing) to help people in trouble. 彼女は困っている人にはいつも(喜んで)手を貸す / I'm ~ *for* my death. 死ぬ覚悟ができている.

❸ P **a** (比較なし) 今にも〈...〉しようとして: [*+to do*] The buds are ~ *to* burst. つぼみはまさにほころびそうだ / She was just getting ~ *to* cry. 彼女は今にも泣き出しそうだった. **b** 〈...〉しがちで: [*+to do*] You're too ~ *to* make promises. 君はあまりにも安請け合いをしすぎる.

❹ P (すぐにも)休息・気分転換などが必要で[...したくて]: I was exhausted and ~ *for* rest. 疲れ切っていてぐにも休みたかった.

❺ **a** A 手早い, 迅速な, 即座の: a ~ worker さっさと仕事をする人 / a ~ wit 機転, 頓知(ﾄﾝｸﾁ) / have a ~ pen 筆まめである / There's a ~ market for these goods. この商品はすぐに売れます. **b** P すぐに〈...〉に; 〈...に〉上手で, 早くて: He's always ~ *with* excuses. 彼はすぐ言い訳をする.

❻ すぐ間に合う, ちょうほうな, 手近の, 便利な; 即時払いの: pay ~ money [cash] 現金で支払う, 即金で買う / Always keep your dictionary ~ (to hand). 辞書は常に手近に置いておきなさい.

❼ (比較なし) [軍] 構えの姿勢を取って[た].

hóld oneself **réady to dó**...しようと身構えている[したくできている].

réady to (one's) **hánd** ⇒ hand 图 成句.

── 副 [競技のスタートを告げる号令として] (英) 位置について!: (⇒ on your mark(s) (⇒ mark¹ 图 成句)): *R-*, steady, go! 位置について, 用意, スタート [ドン] (cf. 形 1).

── 動 (**read·i·er**; **-i·est**) [通例過去分詞を伴って; しばば複合語をなして] あらかじめ, 用意して: *ready*-cooked food 料理済みの食料 / ⇒ ready-made / The boxes were ~ *packed*. 箱はすでに荷造りしてあった.

── 動 (〈...に〉※...の用意をする; [~ oneself で] 〈...の〉準備をする (prepare): He *readied* himself *for* the punch. 彼は相手が殴りかかってきてもいいように身構えた.

── 图 ❶ [the ~] (俗) 現金, 現なま. ❷ [the readies] (英俗) 銀行券[紙幣].

at the réady (1) 〈...の〉構えの姿勢で: hold a gun *at the* ~ 銃を構える. (2) すぐ使える状態で: have one's camera *at the* ~ カメラをいつでも使えるようにしておく.

〖OE; 本来は「旅の準備ができた」〗【類義語】**ready** 要求・注文などに対して直ちにそれに応じた行動をとる準備・心がまえのできている; その人がたやすくできること, または熟練していることを暗示することができる. **prompt** 訓練・練習を積んで準備ができていて, いつでも(進んで)要求に応じられる; しばしば動作を強調する. **quick** (しばしば生まれつきの)能力に恵まれていて, すばやく答え, 応じることができる. **apt** 才能・能力・適性・資格などがあるので即座に応じられる.

réady cásh =ready money.

⁺**réad·y-máde** /rédiméɪd/ 形 ❶ でき合いの, 既製品の, レディーメードの (↔ made-to-order, bespoke): a ~ suit 既製服 / You can get it ~. それなら既製品で手に入る. ❷ きわめて便利な, おあつらえ向きの: a ~ excuse おあつらえ向きの口実. ❸ 〈思想・意見など受け売りの, 独創的でない: ~ ideas 受け売りの[陳腐な]思想. ── /⟂‿⟂/ 图 既製服[品].

réady-míx 图 U (すぐ使えるように)成分[材料]調合済みのもの《食品・生コンなど》.

réady móney 图 U 現金, 即金.

réady réckoner 图 計算早見表.

réady-to-wéar 形 〈服が〉既製品の, レディーメードの.

réady-wítted 形 気転のきく, 頓智(ﾄﾝﾁ)のある.

⁺**re·af·firm** /ríːəfɚ́ːm | -fɚ́ː-/ 動 再び断言[肯定]する, 再確認する.

re·af·for·est /ríːəfɔ́ːrɪst | -əfɔ́r-/ 動 (英) = reforest.

Rea·gan /réɪɡən/, **Ronald (Wilson)** 图 レーガン《1911-; 米国の第40代大統領 (1981-89)》.

re·agent /riéɪdʒənt/ 图 [化] ❶ 試薬, 試剤. ❷ 反応力.

***re·al¹** /ríː(ə)l, ríəl | ríəl, ríː(ə)l/ (**more ~, most ~**; **~·er, ~·est**) ❶ **a** (見かけ上・表面的でない)真の, 本当の, (まがいでない)本物の, 天然の, まじめな, きちんとした: a ~ illness (仮病などに対して)本当の病気 / a ~ job きちんとした仕事, 正業 / a ~ summer 夏らしい夏 / the ~ thing 本物(本)物, 上等品 / a ~ friend 真の友 / a ~ man 誠実な人; 男らしい男 / ~ money 硬貨; 現金 / What is the ~ reason? その本当の理由は何か / I can't tell whether this is ~ or not. これが本物かそうでないか私には見分けがつかない. **b** (うわべだけでなく)心からの: I felt ~ sympathy. 心から同情した / His love was ~. 彼の愛は心からのものであった. **c** (収入・賃金など)実質的な, 事実上の《購買力で評価した, あるいは, 貨幣価値変動分を修正した》: ~ income 実質収入 / in ~ terms 実質的価値で. ❷ (想像・空想でなく)現実の, 実際の; 実在する: in ~ life 生活で[は], 現実に(は) / the ~ world 実世界, 実社会, 現実 / a ~ historical personage 歴史上の実在の人物. ❸ **a** 〈描写など〉真に迫った: His story became ~ in their minds. 彼の話は彼らの頭の中でリアルなものとなった. **b** [強意的に] まったくの: a ~ idiot まったくのばか. **c** A たいへんな: a ~ accident [problem] 大事件[問題] / The earthquake was a ~ surprise to me. その地震は私にはたいへんな驚きだった. ❹ (比較なし) [法] 不動産の (↔ personal, movable): ~ real estate. ❺ (比較なし) [数] 実数の (↔ imaginary): a ~ number 実数 (有理数と無理数の総称). ❻ (比較なし) [光] 実像の (↔ virtual).

Gèt réal! (現実に)目をさませ; 冗談じゃないよ, まじめにやってよ. **kéep it réal** (米口) 素直になる. **réal líve...** 生きた[美の, 本物の]...: a ~ *live* TV personality 本物のテレビタレント. ── 副 (比較なし) (米口) 本当に (really): a ~ nice day 本当に楽しい一日 / I'm ~ glad. とてもうれしい. ── 图 [the ~] 現実, 実体. **for réal** (米口) (1)

[形容詞的に] 本物の; 本気の: This is *for* ~. これは本物だ / Are you *for* ~? 君本気か. (2) [副詞的に] 本当に; 本気で: Let's try *for* ~. さあ本気でやってみよう.【F＜L ＜*res* thing】（名）reality, realize.【類義語】**real** もののにあるべき内容を伴った, にせものや架空のものではない. **true** 現実と一致している. 定義・基準に合致していて本物である. **actual** 単に考えられるとか理論上可能だというだけでなく実際に存在する[起こった].

re·al² /reɪάːl/（名）《s, re·a·les /reɪάːleɪs/》レアル: **a** ブラジルの通貨単位. **b** ポルトガルの旧通貨単位; スペイン・中南米の昔の小銀貨.

réal accóunt（名）【会計】実在勘定（会社などの資産と資本を記録するもの）.

réal ále（名）Ⓤ リアルエール（draft beer の別名; 特に伝統に従って樽で造りそのまま供するもの）.

*****réal estáte**（名）Ⓤ 不動産, 物的財産 (property)（土地・建物など）: a piece of ~（不動産の）物件 / acquire a bit of ~ 少しばかりの不動産を手に入れる. ―（名）（米）不動産を売買する（通例 real-estate とつづる）: a ~ agent 不動産業者（（英）estate agent）/ a ~ office 不動産屋 / He's in the ~ business. 彼は不動産業に携わっている.

re·al·gar /riælɡɑːr, -ɡə, -ɡə/（名）Ⓤ【鉱】鶏冠石（花火の製造に用いる）.

re·a·li·a /ríːliə, riéɪl-/（名）【教育】実物教材（日常生活を説明するために用いる貨幣や道具など）.

re·al·ign /rìːəláɪn/（動）❶ 再調整[編成]する. ❷ 並べかえる.

†**rè·alígn·ment** /-mənt/（名）ⓊⒸ 再調整, 再編成 (restructuring): currency ~ 通貨再調整.

‡**re·al·ise** /ríːəlàɪz | rɪ́əlaɪz, rɪ́əlaɪz, rìːəláɪz/（動）（英）=realize.

‡**re·al·ism** /ríːəlìzm | rɪ́ə-/（名）Ⓤ ❶ 現実主義 (↔ idealism). ❷ [しばしば R~]【文学・芸能】写実主義, リアリズム (cf. classicism 1, romanticism 1). ❸【哲】実在論, 実念論 (↔ nominalism).

‡**ré·al·ist** /-lɪst/（名）Ⓒ ❶ 現実主義者 (↔ idealist). ❷【文学・芸能】写実主義者.

*****re·al·is·tic** /rìːəlístɪk | rɪ́ə-, rìː-/ˈ-/（形）《more ~; most ~》❶ 現実主義的; 現実的な, 実際的な (↔ unrealistic): a ~ plan 実際的[実行可能]な計画 / be ~ (*about* ...)（...について）現実的な[である] / It isn't ~ to expect help from him. 彼から援助を期待することは現実的ではない. ❷【文学・芸能】写実派の, 写実主義の, 写実的の. ❸【哲】実在論的な.

†**rè·al·ís·ti·cal·ly** /-kəli/（副）現実（主義）的に; 写実的に.

‡**re·al·i·ty** /riǽləti/（名）❶ Ⓤ 現実（性）, 真実性; 実在: a theory rooted in ~ 現実に根ざした理論 / back to ~ 現実に戻って / escape from ~ 現実から逃避する / face ~ 現実を直視する, 現実に直面する. ❷ Ⓒ 真実, 現実, 事実: become a ~ 現実になる[起こる]/ She made her dream a ~. 彼女は自分の夢を実現した / the stern *realities of* life 人生の厳粛なる事実. ❸ Ⓤ 実物そっくりなこと, 迫真性: He describes the scene with startling ~. 彼はその光景をはっとさせるほど真に迫って描写している.

in reálity (1)（ところが）実は (in fact): She looks young, but *in* ~ she is past forty. 彼女は若く見えるが実は 40 を過ぎている. (2) ほんとうに, 本当に.（形 real¹）

reálity chèck（名）【通例単数形で】（口）現実に目を向けること[機会], 現実直視.

reálity prínciple（名）【精神分析】現実原則（環境の不可避的要求に適応してはたらく心理過程の原理）.

reálity tèsting（名）Ⓤ【精神医】現実検討（状況を客観的に評価し, 外界と自己の内側, 自己と非自己を区別する能力で, ある種の精神病では欠陥を生じる）.

re·al·iz·a·ble /ríːəlàɪzəbl | rɪ́əlaɪz-, rìːəláɪz-/（形）❶ 実現できる: Is the plan ~? その計画は実現可能ですか. ❷ 現金に換えられる: ~ assets 換金可能な資産.

†**re·al·i·za·tion** /rìːəlɪzéɪʃən | rɪ́əlaɪz-, rɪ́ə-/（名）❶ Ⓤ [また (a)] 本当にわかること, 悟り, 理解, 認識: have (a) full ~ *of* the situation 状況を十分認識している / The ~ *that* he had been bribed was a shock to all of us. 彼がわいろを取っていたことが本当だと分かって, 皆ショックを受けた. ❷ a Ⓤ〔希望・計画などの〕実現, 現実化: the ~ *of* a lifelong dream 一生の夢の実現. **b** ⓊⒸ（楽曲, 劇などの）演奏, 上演,（着想などを）形にすること, 具現(化), 演奏[上演]事業. ❸ **a** Ⓤ〔金〕現金化;（金）をもうけること: the ~ *of* one's assets 資産の現金化. **b** Ⓒ（商品の）販売.（動）realize.

‡**re·al·ize** /ríːəlàɪz | rɪ́əlaɪz, rìːəláɪz/（動）❶〔事実などを〕はっきり理解する, 悟る, 了解する（★ 進行形なし）: She doesn't ~ her mistake. 彼女は自分の誤りに気づいていない /［+(*that*)］I didn't ~ (*that*) she was so ill. 彼女がそんなに悪い病気だとはわからなかった /［+*wh*.］I didn't ~ *how* much she loved me. 彼女がどんなに深く私を愛しているかは私には気がつかなかった. ❷ **a**〈希望・計画などを〉実現する, 現実化する, 実行する（★ しばしば受身）: ~ a childhood dream 子供の時の夢をかなえる / My worst fears *were* ~*d*. 私の最も恐れていたことが現実のものとなった. **b**〈...を〉写実的に[表わす]; 実際に表現する, 具現する: I tried to ~ these events on screen [in my book]. 私はこれらの出来事を[著書で]写実的に表わそうとした. ❸ **a**〈有価証券・不動産などを〉現金に換える: ~ one's assets 資産を現金化する. **b** [売却・投資などで]〈財産・利益を〉得る, もうける: ~ a profit *on* (the sale of) one's house 家を売却してもうけを得る. **c**〈...が（売れて）X...の金になる,〈...に〉売れる: The picture ~*d* $20,000. その絵は 2 万ドルで売れた.（名）real¹, realization.

réal-life（形）Ⓐ 現実の, 実在の (↔ fictional).

*****re·al·ly** /ríːə)li, rɪ́əli | rɪ́əli, rìːə)li/（副）（比較なし）❶ **a** 本当に, 実際に: see things as they ~ are 物事を実在あるがまま見る / We ~ enjoyed ourselves. 本当に楽しかった / Tell me what you ~ think. 君の本心を言いなさい /［~ + *that*］I don't like her. 本当は彼女は好きではない (cf. 1 b) / Do you ~ want this? 君本当にこれ欲しいの / Is it ~ so? 実際にそうですか. **b** [否定文で; 表現をやわらげて] 本当に[まったく]（...というわけではない）［用法］really is not の後にくる］: I don't ~ like her. 彼女を本当に好きというわけではない (cf. 1 a). **c** [ought to, should を強調して] より正しくは: You *should* ~ have done it yourself. 本当は自分ですべきだったのに. ❷ 実際には, 実のところ, 実際: R~, it was delicious. おいしかったよ, ほんとに / He was ~ just joking. 彼は実際はただ冗談で言っていただけだ / She's a nice girl, ~. 彼女はいい娘です, 間違いない. ❸ [強意的に] まったく, 確かに, 実に (very)［用法］この意味での really は強調する形容詞[副詞]の直前のそれ以外では通例主動詞の前に置く］: This wine is ~ [~ is] delicious. このワインはほんとにおいしい / She speaks ~ fast. 彼女はとても口が早い だ. ❹ [間投詞的に用いて, 軽い驚き・疑い・非難を表わして] ほう, へえ, まさか, R~? 本当ですか / R~! いかにも! / Not ~! まさか! / Well ~! やれ（困ったもんだ）.

*****realm** /rélm/（名）❶ 領域, 範囲, 部門: the ~ *of* nature 自然界 / in the ~ *of* science 科学の領域［分野］において / the ~ *of* (the) imagination 想像[空想]の世界; 想像の及ぶ範囲. ❷ [しばしば R~]（文）【法】王国: the *R~ of* England イングランド王国. ❸【生】（動物分布区）の界.

withín [**beyónd**] **the reálm of possibílity** 可能性の範囲内に[範囲外に], 可能で[不可能で].【F＜L REGIMEN】

réal McCóy ⇒ McCoy.

re·al·pol·i·tik /reɪɑːlpòʊlətìːk | -pɔ̀l-/（名）［しばしば R~]現実政策, 実益政策（主義などより現実の事実や権力を重視し国益をはかる政策）.【G】

réal próperty（名）Ⓤ【法】不動産, 物的財産.

réal ténnis（名）=court tennis.

réal tíme（名）Ⓤ【電算】実時間, リアルタイム（入力されたデータの処理がほぼ瞬時に行なわれること）: in ~ 実時間で, 瞬時[即時, 同時]に.

réal-tíme（形）【電算】実時間の, リアルタイムの: ~ operation 実時間[同時]の実時間処理[演算].

†**re·al·tor** /ríːəltə, -toːr /rɪ́əltə, rìːə)l-/（名）（米）不動産仲買業者（（英）estate agent）.

re·al·ty /ríːə)lti /rɪ́əl-, rìːə)l-/（名）Ⓤ【法】不動産.

ream 1488

ream[1] /ríːm/ 名 ❶ 連(じょう)《洋紙を数える単位で、英国では480枚 (short ream), 米国では500枚 (long ream); cf. quire》. ❷ [複数形で]《口》多量(の書き物): write ~s of verse たくさん詩を書く.

ream[2] /ríːm/ 動 他 ❶ 〈リーマーで〉〈穴を〉広げる. ❷《米》(reamer で)〈果物を〉搾る. ❸《米俗》〈…を〉だます, カモにする. ❹《米俗》〈…を〉こっぴどくしかる 〈out〉.

réam·er 名 ❶ リーマー, 穴ぐり錐(きり). ❷《米》(果汁)搾り器 (squeezer).

re·an·i·mate /riːǽnəmèit/ 動 他 ❶ 生き返らせる; 蘇生(さ)させる. ❷〈元気をなくした者を〉元気づける, 激励する. **re·an·i·ma·tion** /riːænəméiʃən/ 名

reap /ríːp/ 動 他 ❶〈作物を〉刈り入れる, 収穫する;〈畑などから〉作物を収穫する: ~ crops 作物を刈り入れる / It's time to ~ the grain. 小麦はもう刈り入れてもいい時期だ. ❷〈成果・利益などを〉上げる, 収める;〈報いなどを〉受ける: ~ the benefits of a good education りっぱな教育を受けた成果を得る / You ~ what you sow. 自分でまいた種を刈る《自業自得》. ❸ 収穫する; 報いを受ける, 報いられる: As you sow, so shall you ~. ⇨ sow[1].

réap·er 名 ❶ 刈り取り機. ❷ 刈り手, 収穫者. ❸ [通例 the (Grim) R~] 死神, 死《★ 散骨(さんこつ)がい経帷子(きょうかたびら)を着て, 手に大かま (scythe) を持った姿で表わされる》.

re·ap·pear /rìːəpíə | -əpíə/ 動 再現する; 再発する.

re·ap·pear·ance /rìːəpíərəns/ 名 再現; 再発.

re·ap·point /rìːəpɔ́int/ 動 再び任命[指定]する《as》, 復職させる, 再選する. **~·ment** 名

re·ap·pór·tion /rìːəpɔ́əʃən | -pɔ́ː-/ 動 配分しなおす, 割り当てしなおす.《米》〈議会の議席を〉再配分する《代表者の選出が人口に比例するよう州[郡など]への議席配分をやりなおす》. ━ 自 配分を行なう. **~·ment** 名

re·ap·prais·al /rìːəpréizəl/ 名 C|U 再評価.

re·ap·praise /rìːəpréiz/ 動 他 評価しなおす, 再検討[再評価]する.

rear[1] /ríə | ríə/ 名 ❶ [the ~] a 後ろ, 後部; 背後, 背面(部) (back; ↔ front): go to the ~ 背面へ回る. b 《艦隊・部隊などの》後方(部隊), しんがり (↔ van): We attacked the enemy from the ~. 敵を背後から襲った. ❷《口》尻 (bottom): sit on one's ~ doing nothing どっかと座りこんで何もしない. **at the reár of…** (1) = in the REAR of…《成句》. (2) …の裏に, 背後に (↔ in front of). **bríng [táke] up the reár** しんがりをつとめる. **in the reár of**……の後部に: find a seat in the ~ of the theater 劇場の後ろのほうに席を見つける. ━ 形 A 後方の (↔ front): the ~ gate 裏門 / the ~ seat (of a car) 車の後部座席.

rear[2] /ríə | ríə/ 動 他 ❶ a〈子供を〉(大人になるまで)育てる, しつける (bring up, raise)《★ 通例受身で用いられる》: ~ children 子供を育てる. b〈家畜などを〉飼育する: ~ cattle [poultry] 牛[鶏]を飼う. c〈植物を〉栽培する. ❷《古》a〈ものを〉まっすぐに立てる, 起こす, 差し上げる. b [~ oneself] 立ち上がる. ❸《古》〈高い建物を〉築く, 建てる. ━ 自《古》〈馬などの〉後足で立つ 〈up〉. ❷ そびえ立っている: The precipice ~ed up behind us. 私たちの背後に絶壁がそびえていた. 《OE; ON から入った RAISE と同語源》

reár ádmiral 名 海軍少将.

reár cómmodore 名 ヨットクラブの副提督 (vice-commodore) の次位の役員.

reár énd 名 ❶ 後部; 末尾. ❷《口》尻.

reár guárd 名《軍》後衛 (↔ vanguard).

réar·guàrd áction 名 ❶《軍》後衛戦. ❷(優勢なのに対する)大勢の低い抵抗; 引き延ばし作戦: fight a ~ against… …に対して決然と抵抗する.

reár líght [lámp] 名《主に英》(自動車の)尾灯, テールランプ (taillight).

re·arm /riːɑ́ːm | -ɑ́ː-/ 動 他 ❶ 再武装[軍備]させる.《…に〉新兵器を備える: ~ the troops with new-generation automatic weapons 軍隊に新世代自動兵器[火器]を備える. ❷ 再武装[再軍備]する. ━ 自 新兵器で武装する.

re·arm·a·ment /riːɑ́ːməmənt | -ɑ́ː-/ 名 U 再武装, 再軍備.

rear·mòst 形 A 最後尾の, 最後の.

re·ar·range /rìːəréindʒ/ 動 他 ❶〈…を〉再び整理[整列, 配列]する; 再編成する. ❷〈…の〉日程を変更する (reschedule).

rè·ar·ránge·ment /-mənt/ 名 C|U 再整理; 再配列; 再編成; 日程の変更 〈of〉.

re·ar·rést /rìːərést/ 動 他 名 U|C 再逮捕(する).

reár·view mírror 名 (自動車の)バックミラー《比較》「バックミラー」は和製英語.

rear·ward /ríəwəd/ 形 A 後尾の, しんがりの: ~ visibility (車などの)後方視界. ━ 副 後方に[へ], 背後に[へ]. ━ 名 U《古》後方, 後部.

rear·wards /-wədz/ = rearward.

reár-whèel drive 名《車》後輪駆動.

rea·son /ríːzən/ 名 ❶ C|U 理由, わけ; 動機: for economic [personal] ~s 経済的[個人的]理由で / for some ~ (or other) ある理由で, どうしたわけか / for whatever ~ どのような理由があっても / without [for no] ~ わけもなく, (正当な)理由もなく / For what ~? どういう理由で, なぜ / What is the ~ for his absence? 彼の欠席には理由は何ですか / He gave a good ~ for it. 彼はそれの正当な理由を述べた / She had her own ~s for coming here. ここへ来たのは彼女なりの理由がある / [~ to do] He has every ~ to complain. 彼には苦情を言うだけの十分な理由がある, 不平を言うのも当然だ / [~ that] The ~ (that) I'm studying so hard is that [because] I have an exam tomorrow. こんなに一生懸命勉強しているのはあした試験があるからだ 《用法》because を用いるのは《口》/ The ~ I came here is to meet you. 私がここへ来たのは君に会うためだ / [~ why] I see no ~ why they should not make a happy couple. あの二人が幸福な夫婦になれない理由は何もないと思う / This [That] is the ~ (why) you failed. これ[それ]が理由であなたは失敗したのだ 《用法》This [That] is why… となる why を略すこともしばしば;⇨ why B 2 《用法》. ❷ U 道理, 理屈: bring a person to ~ 人に道理を悟らせる, 人を聞き分けさせる / listen to ~ 道理に従う; 人の言うことを聞き分ける / speak ~ もっともなことを言う / There's ~ in what you say. 君の言うことにも一理ある. ❸ U a 理性, 思考力, 判断力; 分別, 良識 (common sense): lose all ~ 理性を失う; 非論理的になる / Animals do not possess ~. 動物には理性がない / His ~ failed him. 彼の理性は役に立たなかった. b [しばしば one's ~] 正気: lose one's ~ 気が狂う / regain one's ~ =be restored to ~ 正気に返る.

áll the mòre reason for…[to dó] …の[…する]なおさらの理由.

beyónd (áll) réason (まったく)理屈[道理]に合わない, 途方もない: It's no use talking to him; he's beyond (all) ~. 彼と話をしてもむだだ. 彼は理屈がわからないのだから.

by réason of…の理由で, …のために.

for óne reason or anóther あれこれと理由があって: For one ~ or another she was usually absent. あれこれわけがあって彼女はたいてい不在だった.

for réasons bést knówn to onesélf (他人にはわからない)自分だけの理由で, 個人的な理由で.

for réasons of…のために, …の(上の)理由で.

in réason 道理にかなった[て]: Everything he said was in ~. 彼の言ったことはすべて理にかなっている.

It stánds to réason that…なのは当然である, (道)理にかなう: It stands to ~ that she would decline the offer. 彼女がその申し出を断わるのは当然でしょう.

Nò réason.《口》わけなんてないんだ, どうでもいいだろ《相手の質問に答えたくない時の返答》.

pást (áll) réason =beyond (all) REASON 《成句》

sée réason 道理がわかる.

withín réason 理にかなった, 穏当な, 常識の範囲内で[の]: I will do anything within ~. 道理にかなったことなら何でもする.

with réason [文修飾] (…するのも)もっともだ, 無理もない:

He complains, with ~, that he doesn't have the time. その時間がないと彼が不平を言うのも無理はない.
— 動 他 ❶ 〖…だと論理的に考える, 推理[推測]する, 判断する: 〖+(that)〗I ~ed that this would be the best way for us to proceed. 私はこれが我々の取るべき最善の道だと判断した. ❷ 説得して〖…に〗させる〖into〗; 〈人を〉説得して〖…をやめさせる〖out of〗.
— 自 論理的に考える, 〖…から〗推論する〖from〗; 〖…について〗推理する〖about, on, upon〗.
Ours (is) nòt to réason whý. なぜなどと問うている時ではない(言われたことを黙ってやればいいのだ).
réason óut 《他＋副》〈…を〉理論的に考え出す, (考えて)解決する.
réason with a person (合理的・理性的に話して)人を説得する, 人に理を説く: I ~ed with her about the dangers of going alone. 彼女にひとりで行くことが危険であることを納得させた.
~・er 名 〖F＜L ratio 計算, 考えること reri, ret- 計算する, 考える; cf. rate¹, ration〗【類義語】⇨ cause.

*rea・son・a・ble /ríːz(ə)nəbl/ 形 (more ~; most ~) (↔ unreasonable) ❶ 〈人が〉道理をわきまえた, わけのわかった: a ~ person わけのわかった人 / Be ~, Tom. トム, 道理をわきまえなさい. ❷ 〈思考・行動など〉合理的な, 理にかなった, 筋の通った, 正当な: a ~ excuse もっともな言い訳 / It is ~ to do...するのは合理的である / The price increases are not ~. その値上げは筋が通らない. ❸ a 〈値段など〉高くない, 手ごろな (fair): at a ~ price 手ごろな[ほどほどの]値段で. b 〈物事が〉穏当な, ほどよい (average): ~ health [weather] まあまあの健康[天気] / The play was a ~ success. その劇はまずまずの成功を収めた. ~・ness 名 【類義語】⇨ rational.

*rea・son・a・bly /ríːz(ə)nəbli/ 副 ❶ 合理的に, 道理に従って; 理性をもって, 分別をわきまえて; think ~ 合理的に考える / behave ~ 分別をわきまえたふるまいをする. ❷ 適度に, 適当に, ほどよく: ~ good まあまあよい / This is ~ priced. これは手ごろな値段がついている. ❸ 【文修飾】もっともで, 当然で: You can ~ expect a promotion. 君は当然昇進を期待してもいい.

†réa・soned 形 A (well-) reasoned explanation (よく)考えたうえでの説明.

†rea・son・ing /ríːz(ə)nɪŋ/ 名 U ❶ 推理, 推論; 理論; 論法; Biology: I don't follow your ~. 君の推論についていけない. ❷ 論拠, 証明.

réason・less 形 ❶ 道理をわきまえない, 筋の通らない, 不合理な. ❷ 動物らしさと理性のない.

re・as・sem・ble /ˌriːəsémbl/ 動 他 再び集める[集まる]; 新たに組み合わせる[組み立てる]. rè・as・sém・blage /-blɪʤ/ 名 再集合して; 再組立て.

re・as・sem・bly /ˌriːəsémbli/ 名 新たな集会, 再集会; 再組立て.

†re・as・sert /ˌriːəsə́ːt | -əsə́ːt/ 動 他 〈権利・要求などを〉重ねて主張する.

†re・as・sess /ˌriːəsés/ 動 他 〈…を〉評価し直す, 再評価[再検討]する.

re・as・sign /ˌriːəsáɪn/ 動 他 再び委託する; 〈人を〉再配置する; 返還する. ~・ment /-mənt/ 名

*re・as・sur・ance /ˌriːəʃʊ́(ə)rəns, -əʃɔ́ːr- | -əʃʊ́ːr-, -əʃʊ́ə-/ 名 U.C ❶ 安心させる[する]こと, 元気づけ, (新たな)自信; 再保証, 再確認: give ~ 安心させる, 不安を取り除く / Children need constant ~ that they are loved. 子供たちは愛されていると常に安心させてやる必要がある. ❷ 《英》再保険. (動 reassure)

*re・as・sure /ˌriːəʃʊ́ə, -əʃɔ́ː- | -ʃʊ́ː-, -ʃʊ́ə-/ 動 他 ❶ 〈人の〉不安をなくす, 〈人を〉安心させる; [~ oneself または受身で] 安心する; 〈人に〉新たに自信を持たせる: His success ~d him. その成功で彼は自信を取り戻した / The doctor ~d her patient about his condition. 医者は病状に関して患者を安心させた. ❷ 〈…を〉再び安心させる: 〖＋目＋that〗He ~d us that the result was not as bad as we thought. 結果は我々が思っていたほど悪くはなかったと再度にわたって彼は我々を安心させた. ❸ 《英》〈…に〉再保険をかける.

1489　reboot

*re・as・súr・ing /-əʃʊ́(ə)rɪŋ, -əʃɔ́ːr- | -əʃʊ́ːr-, -əʃʊ́ər-/ 形 安心させる, 元気づける. ~・ly 副 安心させるように, 元気づけるように.

re・at・tach /ˌriːətǽtʃ/ 動 他 再び取り付ける[装着する]. ❶ 再び付着する〖to〗. ~・ment 名

rè・attémpt 動 他 自 再び企てる[試みる], やりなおす.

Ré・au・mur /réɪəmjʊə, -mjʊə/ 形 レ氏[列氏]温度計の(氷点 0°R, 沸点 80°R とする). 〖F. R. Réaumur フランスの科学者〗

reav・er /ríːvə | -və/ 名 略奪する[もぎ取る]人.

rè・awáken 動 他 自 再び覚醒させる[する].

Reb /réb/ 名 レブ, 殿, 氏, さん (Mr. に当たる敬称; ユダヤ人, あるいはユダヤ人に対して用いる).

re・bar・ba・tive /rɪbɑ́ːbətɪv | -bɑ́ː-/ 形 《文》人好きしない, 虫が好かない, 嫌な, 不快な.

re・báse 動 他 〈税金などの算定[算定]基準を変える.

*re・bate¹ /ríːbeɪt | ríːbeɪt, rɪbéɪt/ 名 〈支払った額の一部の〉払い戻し, 割り戻し(比較 日本語の「リベート」とは異なり合法的): claim a tax ~ 税金の払い戻しを請求する. — /ríːbeɪt, rɪbéɪt/ 動 他 〈支払った額の一部を〉払い戻す. 〖F〗

re・bate² /ríːbeɪt, rǽbət/ 名 動 他 自 《英》=rabbet.

reb・be /rébə/ 名 ユダヤ人初等学校のヘブライ語の教師; (特に)ハシド派の人ラビ[精神的指導者].

reb・betz・in, -bitz- /rébətsɪn/ 名 ラビ (rabbi) の夫人; 《ユダヤ教》女性の宗教教師.

re・bec, -beck /ríːbek/ 名 レベック《中世・ルネサンスの3弦の擦弦楽器》.

Re・bec・ca /rɪbékə/ 名 ❶ レベッカ《女性名; 愛称 Becky》. ❷ =Rebekah.

Re・bek・ah /rɪbékə/ 名 《聖》リベカ (Isaac の妻, Jacob と Esau の母; ★「創世記」などから).

*reb・el /rébl/ 名 反逆者, 反抗者: the ~ army 反乱軍. — /rɪbél/ (re・bel /rɪbél/; re・belled; re・bel・ling) ❶ 〖政府・権力・慣習などに〗反抗する, 反抗する, 反逆[造反]する: ~ against the Establishment 既成の体制に反対する / The masses rebelled against the government. 民衆は政府に対して反乱を起こした. ❷ 〖…に〗反感を表わす, 〈…を〉ひどくいやがる: Children against staying in on Sunday. 子供は日曜日に家にじっとしていることをひどくいやがるものだ. 〖F＜L RE-¹+bellum war: cf. belligerent〗【類義語】rebellion

*re・bel・lion /rɪbéljən/ 名 U.C ❶ 〖政府などに対する〗反乱, 暴動: rise in ~ 暴動を起こう / put down [suppress] a ~ against the government 政府に対する反乱を鎮める. ❷ 〖慣習・規制・考え方などに対する〗反抗, 造反, 反対: ~ against old traditions 古い伝統に対する造反. (動 rebel) 【類義語】rebellion 政権を奪うことを目的とした大規模な武力行動. revolt 体制に反抗する運動, または政治体制を変えようとする武力的な試み. revolution 政権を武力をもって奪うこと, 革命.

*re・bel・lious /rɪbéljəs/ 形 ❶ 反抗的な: ~ behavior 反抗的なふるまい / a ~ temperament 反逆的な気性 / The boy is very ~. その少年は非常に反抗的だ. ❷ 反逆心のある; 謀反を起こした, 反乱に加わった: ~ subjects 逆臣. ~・ly 副 ~・ness 名 (動 rebel)

re・bid /riːbíd/ 〖トランプ〗動 他 自 (組札 (suit) を)もう一度ビッドする. — 名 /´ˈ/ 二度目のビッド.

re・bind /ˌriːbáɪnd/ 動 他 (-bound /-báʊnd/) 製本し直す.

*re・birth /riːbə́ːθ | -bə́ːθ/ 名 U [また a ~] ❶ 再生, 更生. ❷ 復活, 復興 (revival): a ~ of Nazism ナチスムの復活.

re・birth・ing 名 U 《精神医》再生《患者に出生時を再体験させて, 出生時に由来する心的・情緒的問題点を取り除く心理療法》.

re・boot /riːbúːt/ 〖電算〗動 他 〈OSなどを〉ブートストラップ (bootstrap) により再度主記憶に読み込む, (そのようにして) 〈コンピューターを〉再起動する, リブートする. — 名 /´ˈ/ 再起動, リブート.

re・bore /riːbɔ́ːr | -bɔ́ː/ 動 他 ⟨…に⟩再び穴をあける; ⟨エンジンのシリンダーの⟩直径を広げる, 再ぐりする. ── 名 再穿孔; 再中ぐり.

re・born /riːbɔ́ːrn | -bɔ́ːn/ 形 P (精神的に)生まれ変わった, 再生した.

re・bound /ribáund, riː-/ 動 ❶ ⟨ボールなどが⟩⟨…から⟩はね返る: The ball ~ed from the fence. ボールは塀からはね返った. ❷ ⟨行動などが⟩⟨当人に⟩はね返ってくる, 裏目に出る: His misdeeds ~ed on him. 彼の悪行は彼の身にはね返ってきた. ❸ ⟨減少・下落などから⟩立ち直る, 回復する, 持ち直す; 反発する: ~ from a long recession 長期にわたる不況から立ち直る. ❹ 〖バスケ〗リバウンド(ボール)を取る. ── /ríːbaund/ 名 〖スポ〗はね返ったボール; 〖バスケ〗リバウンド(ボール). ❷ (価格などの)反動で, 持ち直し, 反発. ❸ [通例形容詞的に](病気などの)ぶり返し, 跳ね返り, リバウンド (特に薬物投与などの中止後の症状の若干の悪化). **on the rébound** (1) (失恋などの)反動で[につけ込んで]. (2) ⟨ボールが⟩はね返ってくるところで; リバウンドを取って. (3) 回復[持ち直し]始めて.

re・bóund・er 名 〖バスケ〗リバウンドを取る(のが巧みな)選手.

re・bo・zo /ribóuzou/ 名 (複 ~s) レボーソ ⟨メキシコ女性が頭や肩に巻く長いスカーフ⟩.

rè・bránd 動 ⟨企業の⟩イメージチェンジをはかる. **-ing** 名

re・breath・er /riːbríːðər | -ðə/ 名 (酸素)吸入器.

re・broad・cast /riːbrɔ́ːdkæst | -kɑːst/ 動 (~; ~-ed) 再放送する; 中継放送する. ── 名 ❶ Ⓤ 再[中継]放送. ❷ Ⓒ 再[中継]放送番組.

re・buff /ribʌ́f/ 動 他 ⟨申し出・依頼などに対する⟩拒絶, はねつけること: He ~ed my attempts to help. =He ~ed me when I tried to help. 彼は私が援助しようとしたのに断わった.

re・build /riːbíld/ 動 他 (-built /-bílt/) ❶ ⟨建造物・町などを⟩再建する, 改築する (reconstruct). ❷ ⟨組織・財政・生活などを⟩建て直す, 改造する. ❸ ⟨損傷した身体部位を⟩外科的に形成する.

rè・búild・ing 名 ⓊⒸ 再建; 建て直し.

re・buke /ribjúːk/ 動 他 ⟨人を⟩⟨…のことで⟩譴責(けんせき)する, 非難する: The CEO ~d his secretary *for* misplacing some important papers. 社長は重要な書類を置き違えたと言って秘書をしかりつけた. ── 名 ⓊⒸ 譴責, 非難: give a person a ~ 人を譴責する / receive a ~ 譴責される / without ~ 注意を受けずに. 〖F=打ち返す〗〖類義語〗⇒ scold.

re・búk・ing・ly 副 非難するように.

re・bus /ríːbəs/ 名 判じ物, 判じ絵 ⟨字や単語の発音などで解かせるパズルの一種⟩.

re・but /ribʌ́t/ 動 他 (**re・but・ted**; **re・but・ting**) ⟨…の⟩反証をあげる; 反駁(はんばく)する, 論駁する (refute): *rebutting* evidence 反証 / ~ an argument 議論を反駁する.

re・but・tal /ribʌ́tl/ 名 Ⓤ 反駁(の提出): offer a ~ 反駁する, 反証を挙げる / in ~ of a charge 非難に対する反論[反証]として.

re・but・ter /ribʌ́tər | -tə/ 名 〖法〗被告の第3回目の訴答.

rec /rék/ =recreation.

rec. (略) receipt; received; receptacle; recipe; record(er); recorded; recording.

re・cal・ci・trant /rikǽlsətrənt/ 形 頑強に反抗する, 手に負えない, 強情な: a ~ child 手に負えない子供. ── 名 強情っ張り, 反抗的な人. **re・cal・ci・trance** /rikǽlsətrəns/ 名

re・ca・les・cence /riːkəlés(ə)ns/ 名 Ⓤ 〖冶〗再輝, 再熱(現象) ⟨鋼などの冷却時における温度に達するまでの一時的の発熱すること⟩. **rè・ca・lés・cent** /-s(ə)nt/ 形

re・call /rikɔ́ːl/ 動 他 ❶ ⟨人が⟩⟨…を⟩(意識的に)思い出す: as I ~ 私の記憶では / I can't ~ his name. 彼の名前が思い出せない /〔+*doing*〕I ~ed meeting him. 彼に会ったことを思い出した (〖用法〗〔+*to do*〕は間違い) /〔+*that*〕I do ~ *that* I put the book on a shelf. その本をどこか棚に置いたことは確かに覚えている /〔+*wh.*〕I cannot ~ *what* was said then. そのときどういうことが話されたか思い出せない /〔動+囲用〕"I almost drowned," ~ed Helen. 「もう少しでおぼれるところだった」とヘレンは思い出した. ❷ ⟨人に⟩⟨…を⟩思い出させる, 想起させる: This style ~s James Joyce. この文体はジェイムズ ジョイスをほうふつさせる / The sound of his name ~ed him to himself. その名前を呼ばれてわれに返った / The story ~ed to my mind many old faces. その話は私の心に懐かしい人々の顔を思い起こさせた. ❸ ⟨…に⟩⟨人を⟩呼び返す, 呼び戻す, 〈大使を〉召還する: The head office ~ed him (*to* Tokyo) *from* abroad. 本社は彼を外国から(東京に)呼び戻した / The ambassador has been ~ed (*to* Washington) *from* his post. 大使は(任地からワシントンへ)召還された. ❹ ⟨欠陥商品を⟩回収する, リコールする: The defective cars were all ~ed. 欠陥車は全部回収された. ❺ 〈米〉〈官公吏を〉リコールで解任する, リコールする. ❻ ⟨命令・前言などを⟩取り消す, 撤回する. ── /ríːkɔːl/ 名 ❶ Ⓤ 回想(力), 記憶(力): have total ~ of …をすべて[詳細に]記憶している / He has instant ~. 彼は(すぐに何でも思い出せるほど)記憶力がいい. ❷ Ⓤ [または a ~] (欠陥商品の)回収. ❸ Ⓤ [または a ~] 〈米〉リコール ⟨一般投票による官公吏の解任(権)⟩. ❹ Ⓤ [または a ~] 呼び戻し, 〈大使などの〉召還. ❺ Ⓤ 取り消し; 撤回. ❻ Ⓒ〖軍〗帰隊[集合]ラッパ. **beyónd** [**pást**] **recáll** (1) 思い出せない. (2) 取り返しのつかない. 〖類義語〗⇒ remember.

re・cant /rikǽnt/ 動 他 (信仰・主張などを)公式に取り消し, 撤回する; 改める.

re・can・ta・tion /riːkæntéiʃən/ 名 ⒸⓊ (公式の)取り消し, 撤回.

re・cap[1] /riːkǽp/ 〈米〉動 他 (-**capped**; **-cap・ping**) ⟨古タイヤを⟩再生する. ── /ˊ-ˋ-ˊ/ 名 再生タイヤ.

re・cap[2] /riːkǽp/ 〈口〉動 他 (-**capped**; **-cap・ping**) =recapitulate. ── 名 =recapitulation.

re・cap・i・tal・i・za・tion 名 ⓊⒸ 資本再構成.

rè・cáp・i・tal・ize 動 〈…の〉資本構成を改める.

re・ca・pit・u・late /riːkəpítʃulèrt/ 動 他 ❶ 〈…の〉要点を繰り返す, 要約する. ❷〖生〗⟨個体が⟩系統発生の諸段階を繰り返す. ── 自 要約する.

re・ca・pit・u・la・tion /riːkəpítʃuléiʃən/ 名 ⒸⓊ 要点の繰り返し; 要約; 〖生〗発生反復.

re・cap・ture /riːkǽptʃər | -tʃə/ 動 他 ❶ 〈…を〉奪い返す, 取り戻す (retake); 再び捕らえる. ❷ **a** ⟨…を⟩思い出す. **b** ⟨…を⟩再体験する. **c** ⟨…を⟩再現する. ── 名 Ⓤ 奪還, 回復.

re・cast /riːkǽst | -kɑːst/ 動 他 (**re・cast**) ❶ 〈文・計画などを〉別の形に作り[書き]直す (*as*, *in*). ❷ 〈劇などの配役を変える. ❸ 〈金属製品を〉鋳造(ちゅうぞう)し直す, 鋳(い)直す. ── /ˊ-ˋ-, ˋ-ˊ-/ 名 ❶ 改鋳(物). ❷ 改作(品). ❸ 配役変更.

rec・ce /réki/ 〈英口〉名 =reconnaissance. ── 動 他 =reconnoiter.

recd., rec'd. (略) received.

re・cede /risíːd/ 動 自 ❶ 退く, 遠のく: The tide was *receding*. 潮が引き始めていた / The coast slowly ~d. 岸がゆっくりと(船から)遠ざかっていった. ❷ 〔契約などから〕手を引く; 〈自説などを〉引っ込める (*from*). ❸ ⟨可能性などが⟩低下して, ⟨痛みなどが⟩弱まる, やわらぐ, ⟨価値・品質などが⟩減退する, 落ちる, ⟨記憶・印象などが⟩薄らぐ. ❹ 後方に引っ込む: a *receding* chin 引っ込んでいるあご. **b** ⟨髪の生え際が⟩後退する, ⟨人の髪が⟩後退する: His hairline is beginning to ~. 彼の髪の生え際は後退し始めている. 〖L=逆に進む RE-¹+ cedere, cess- 進む (cf. cease)〗 名 recess, recession)

re・ceipt /risíːt/ 名 ❶ Ⓒ 領収書, レシート: make out a ~ 領収書を書く / get a ~ for …の受取をもらう. ❷ Ⓤ 受け取ること, 領収: on ~ *of* payment 金を受け取り次第 / acknowledge ~ of the letter 手紙の受領を確認する. ❸ [複数形で] (商売の)受領高 (takings). **be in re・céipt of** …を受け取る: I'm in ~ *of* your letter dated December 3rd. 12月3日付のお手紙落手いたしました.

—— 他 〈勘定書に〉領収済み (Received) と書く; 〈商品に〉領収書を出す. 《F < L *recepta*; ⇒ receive》

re·ceiv·a·ble /rɪsíːvəbl/ 形 ❶ 〈条件など〉受け入れられる. ❷〔通例名詞の後に置いて〕〈勘定など〉金を受け取ることのできる, 支払む, われるべき: accounts ~ 受取勘定. —— 名〔複数形で〕受取勘定〔手形〕.

*‡**re·ceive** /rɪsíːv/ 動 ❶ a 〈…から〉〈送付・提供されたものなど〉を〈受け取る, 受領する: ~ a letter [a phone call] 手紙を受け取る, 電話を受ける / ~ a degree [an award] 学位〔賞〕を受ける / ~ information [a complaint] 情報を得る, 苦情を受ける / I ~*d* a telegram *from* back home yesterday. 私はきのう郷里からの電報を受け取った. **b** 〈申し出・嘆願などを〉受理する, 応じる: He ~d an offer from her but did not accept it. 彼は彼女の申し出を受理したが承諾はしなかった. **c** 〔主に英〕〈盗品など〉を買い入れる, 故置する. ❷ **a** 〈教育・訓練・治療などを〉受ける, 経験する: ~ one's education abroad 外国で教育を受ける. **b** 〈印象・同情・打撲・侮辱などを〉受ける: She ~d sympathy [a warm welcome]. 彼女は同情〔温かい歓迎〕を受けた / He ~d a severe beating [blow]. 彼はひどく殴打された. ❸〈人を〉迎える, 歓迎する: They were cordially ~d. 彼らは温かく迎え入れられた / We were ~d *into* the church. 我々は教会員として迎えられた / They ~d him *as* a member of the club. 彼をクラブの一員として迎え入れた. ❹〔様態の副詞などを伴って〕〈…を〉(どう)受け入れる, 容認する: How did he ~ your suggestion? 彼はあなたの提案をどう受け入れましたか / The theory has been widely ~d. その学説は広く容認されている. ❺（ラジオ・テレビなどで）〈…を〉受信〔受像〕する, 視聴〔聴取〕する: You can ~ the program via satellite. その番組は衛星から受信できる. ❻（テニスなどで）〈サーブを〉打ち返す, レシーブする. ❼ **a**〈聖体を〉拝領する. **b**〈告解などを〉聞く. ❽ **a**〈力・重さ・圧力などを〉支える: These beams ~ the weight of the roof. これらの梁(はり)が屋根の重さを支えている. **b**〈器などが〉〈液体などを〉入れる〈*from*〉;〈場所が〉〈…を〉収容する. **c**〈敵・打撃などを〉受け止める, 迎え撃つ.

—— 自 ❶ 受信する. ❷ 客の接待をする, 訪問を受ける: He's not *receiving* today. 彼はきょうは人と会わない〔面会を受けつけない〕. ❸（テニスなどで）レシーブする. ❹ 受信〔受像〕する, 聴取する.

《F < L *recipere*, *recept*- 取り返す〈RE-¹ + *capere* 取る (cf. capture, perceive)》 〔名 receipt, reception〕

〔類義語〕**receive** 与えられ〔配られ〕たもの, 提供されたものを受け取る; 受ける人の同意・承諾の有無には関係ない. **accept** 喜んで, またはありがたく受け入れる; 時としてはしかたなく受け入れることも表わす. **admit** 受ける人の許可・承諾または諾意を含む.

re·ceived 形 🅐 一般に受け入れられた, 信じられている, 容認された: ~ opinion 一般に容認された意見 / ~ wisdom 世間の常識, 一般通念.

Recéived Fronunciátion 名 Ⓤ 容認発音《容認標準英語の発音; 略 RP; ⇒ General American》.

Recéived Stándard (Énglish) 名 容認標準英語《英国の public school, Oxford, Cambridge 両大学の出身者, また広く教養人の間で話される英語》.

*‡**re·ceiv·er** /rɪsíːvə/ 名 ❶ **a**〔電話の〕受話器. **b** 受信〔受像〕機; レシーバー: a shortwave ~ 短波受信機 / a TV ~ テレビ受信機. ❷〔法〕〔破産〕管財人, 収益管理人: put the business in the hands of a ~ 事業を管財人の手にゆだねる. ❸ **a** 受取人. **b** 収入役. **c** 接待係. **d**〔盗品の〕故買者. ❹（アメリカンフットボール・テニスなどで）レシーバー. ❺ **a**（物を受ける）容器. **b**〔化〕（蒸留器から出る液の）受器.

*‡**re·céiv·er·ship** 名 Ⓤ **a** 管財人の職〔任期〕. **b** 管財人による管理: go into [be in] ~ 管財人による管理下に置く〔置かれている〕.

recéiving ènd 名 ★ 通例次の成句で.
on the recéiving ènd [口]〈被害・非難・攻撃などを〉受ける方の側について〔立って〕: We're *on the* ~ *of* any complaints. 我々は苦情があれば受ける側です.

recéiving líne 名（レセプション・舞踏会などで）客を迎える主催者の列.

recéiving òrder 名〔英〕〔破産〕〔財産の〕管理命令〔書〕.

re·cen·cy /ríːsənsi/ 名 Ⓤ 最新, 最近, 新しいこと 〈*of*〉.

re·cen·sion /rɪsénʃən/ 名 校訂; 校訂本〔版〕.

*‡**re·cent** /ríːsənt/ 形 (**more** ~; **most** ~) ❶ 最近の, 近ごろの, 新しい: a ~ event 最近の出来事 / ~ acquisitions（図書館の）新規購入図書,（美術館などの）新規収蔵品 / ~ writers 近ごろの作家たち / in ~ years 近年《用法》in the ~ years は用いない》/ This is the most ~ edition I could find. これが私の見つけたいちばん最近の版です《用法》期間を表わす数値を伴う場合は通例 last [past] を用いる; over the last [past] four years とは言えても, over the ~ four years は不可）. ❷〔R-〕（比較なし）〔地〕現世の: the R- epoch 現世, 沖積世. **~·ness** 名

R

re·cent 〔地〕現世の; 〔新鮮な, 若い〕

*‡**re·cent·ly** /ríːsəntli/ 副 (**more** ~; **most** ~) 最近, 近ごろ, このごろ《用法》現在完了か過去形の動詞とともに用い, 通例現在時制の動詞には用いない》: He has ~ returned home from Europe. 彼は最近ヨーロッパから帰国した / She came to see me ~. 彼女は最近私に会いにきた / I did not know that until quite ~. つい最近までそのことは知らなかった.

re·cep·ta·cle /rɪséptəkl/ 名 ❶ 入れ物, 容器; 置き場, 貯蔵所. ❷〔植〕花托(かたく). ❸〔電〕ソケット, コンセント《比較》「コンセント」は和製英語》.

*‡**re·cep·tion** /rɪsépʃən/ 名 ❶ Ⓒ 歓迎会, レセプション: hold [give] a ~ 歓迎会を催す / a wedding ~ 結婚披露宴. ❷〔通例単数形で; 修飾語を伴って〕**a** 歓迎; 応接, 接見, 接待: get a warm ~ 熱烈な歓迎〔反語〕激しい抵抗〕を受ける / give a person a cool ~ 人を冷ややかに迎える. **b**（世間の）受け, 反応: His book met with a favorable ~. 彼の本は好評をもって迎えられた. ❸ Ⓤ〔英〕（会社などの）受付;（ホテルの）フロント: leave one's key at ~ フロントにかぎを預ける. ❹ **a** 受け取ること, 受領, 受理. **b** 入会, 加入〈*into*〉. ❺ Ⓤ〔通信〕聴取〔状態〕, 受信〔率〕;受信〔テレビの映りぐあい〕〔良くない〕: Television ~ is good [poor] here. ここはテレビの映りがいい〔良くない〕.《F < L 〔動 receive〕

recéption dèsk 名（ホテルの）受付, フロント.

†**re·cép·tion·ist** /-f(ə)nɪst/ 名 受付係, フロント係.

recéption òrder 名〔英〕（精神障害者の）収容命令.

recéption ròom 名 ❶ 応接室, 接見室;（病院などの）待合室. ❷〔英〕（寝室・台所・洗面所に対して）居間《★主に不動産業者の用語》.

*‡**re·cep·tive** /rɪséptɪv/ 形〈人・精神など〉受容性のある, 感受性の強い;〈…を〉受け入れる〈*to*〉: a ~ mind 受容力のある精神 / You aren't ~ *to* my ideas, are you? 君は僕の考えを受け入れたくないようだね. **~·ly** 副 **~·ness** 名

re·cep·tiv·i·ty /rìːsɛptívəti, rɪsèp-/ 名 Ⓤ 受容性, 感受性〔*to*〕.

re·cep·tor /rɪséptə | -tə/ 名〔生理〕受容器, 感覚器官;〔生化〕受容体, レセプター.

*‡**re·cess** /ríːses, rɪsés/ 名 ❶ Ⓒ,Ⓤ（議会・法廷・会議などの）休憩(時間);（議会などの）休会;（法廷の）休廷: Parliament will go into ~ next week. 議会は来週から休会となる / The court is in ~. 法廷は休廷中だ. ❷ Ⓤ〔米〕（学校の）休み時間, 休憩(時間). ❸ Ⓒ〔通例複数形で〕奥まった所;（心の）奥(底), 隅: the ~*es* of a cave [the heart] 洞くつ〔心〕の奥. ❹ **a** 壁の凹んだ所, 壁龕(へきがん), 入り込み (alcove). **b**（山脈・海岸線などの）引っ込んだ所. ❺ Ⓒ〔解〕（器官の）窩(か), 陥凹. —— 動 他 ❶〔米〕〈…を〉休会〔休廷〕させる. ❷ **a** 凹所〔壁龕, 入り込みなど〕にものを置く. **b** 壁などに凹所〔壁龕〕を設ける. —— 自〔米〕休会〔休廷〕する.《L *recedere*》

ré·cessed 形〈窓・棚などが〉壁などにはめ込まれた, 引っ込んだ.

*‡**re·ces·sion** /rɪséʃən/ 名 ❶ Ⓒ,Ⓤ（一時的な）景気後退, 不景気: a severe ~ 深刻な不景気 / in ~ 景気後退期で, 不景気で / get [...]out of ~ 不景気から抜け出す〔[…を]不景気から抜け出させる〕/ rebound from a ~ 景気が立

ち直る. ❷ 〘U〙退去, 後退. ❸ 〘C〙(壁などの)引っ込んだ所, 凹所, くぼみ.〖L;⇨ recede〗【類義語】⇨ depression.

re·ces·sion·al /rɪséʃ(ə)nəl/ 形 ❶ 景気後退(期)の, 不景気の. ❷ 退去の, 退場の; 退去の際に歌う: a ~ hymn 退出賛美歌 (礼拝ص牧師および聖歌隊が退場する間に歌われる). ── 名 退出賛美歌.

†**re·ces·sion·a·ry** /rɪséʃənèri | -nəri/ 形 ❶ 景気後退(期)の; 景気後退の原因となる.

re·ces·sive /rɪsésɪv/ 形 ❶〘生〙〈遺伝形質が〉劣性の (cf. dominant 3): a ~ trait 劣性形質. ❷ 景気後退期にある, 不景気をこうむっている. ❸ 退行的, 逆行の.

recéssive áccent 名〘音声〙逆行アクセント《語のアクセントが後部より前部へ移行する; 例 cigarétte から cígarette》.

†**re·charge** /riːtʃɑ́ːdʒ | -tʃɑ́ː·dʒ/ 動 他 ❶〈電池を〉再充電する. ❷ ···を再襲撃する, 逆襲する. ── 名 再充電.

re·chárge·a·ble /-dʒəbl/ 形 再充電可能.

re·chárg·er 名 充電器.

re·check /riːtʃék/ 動 他 (···を)再検査[チェック]する. ── 名 再検査[チェック].

re·cher·ché /rəʃèəʃéɪ | rəʃéəʃeɪ/ 形〈食事・言葉など〉趣向を凝らした, 凝った.〖F〗

re-chip /riːtʃɪ́p/ 動 他 (新しいソフトやサービスを利用するために)チップを新たに差し込む.

re·christen 動 他 再命名する, (···に)新たに名をつける.

re·cid·i·vism /rɪsɪ́dəvɪzm/ 名〘U〙〘法〙常習的犯行, 累犯;〘精神医〙常習性, 累犯性: a high rate of ~ 高い累犯率.

re·cid·i·vist /rɪsɪ́dəvɪst/ 名 再犯者; 常習犯. ── 形 A 再犯者の: ~ tendencies 常習犯的な性向.

†**rec·i·pe** /résəpi:, -pi/ 名 ❶ 調理法, レシピ 〔for〕. ❷ 〔良い結果を出すための〕秘訣, 秘法;〔ある結果につながる〕方法〔行動, 考え(など)〕: a ~ for success in business 商売での成功の秘訣 / The policy is a ~ for financial disaster. その政策は財政危機をもたらすものだ. ❸〘古〙(薬の)処方箋(袋).〖L recipere to RECEIVE の命令法〗

†**re·cip·i·ent** /rɪsɪ́piənt/ 名 ❶ 受領人, 受領者〔of〕: the ~ of a Nobel prize ノーベル賞受賞者. ❷〘医〙受容者, レシピエント《ドナー(donor)から血液, 臓器などを受け取る人》.〖L recipere to RECEIVE+-ENT〗

†**re·cip·ro·cal** /rɪsɪ́prək(ə)l/ 形 ❶ 相互の, 交互の; 互恵的な: ~ help 相互扶助 / ~ love 相愛 / ~ trade 互恵通商 / a ~ treaty 互恵条約. ❷〘文法〙相互的な: a ~ pronoun 相互代名詞 (each other, one another). ~·ly /-kəli/ 副〖L reciprocus 交互の;⇨ -al〗

†**re·cip·ro·cate** /rɪsɪ́prəkèɪt/ 動 他 ❶〈愛情・恩恵など〉に報いる, 返礼する: ~ a person's favor [affection] 人の好意[愛情]に報いる. ❷〈自分のもつ感情を〉〈他人が同じように〉抱いている: His love for her was not ~d. 彼の彼女への愛情は片思いだった. ❸ 報いる, 返礼する: To every attack he ~d in kind. 彼は攻撃には攻撃で応えた / Some day I will ~ for these kindnesses. いつかこのご親切に報いたいと思っています. ❷〘機械が〉往復運動をする: reciprocating motion 往復運動.〖L=to come and go〗

recíp·ro·cát·ing èngine /-tɪŋ-/ 名〘機〙往復機関, レシプロエンジン.

re·cip·ro·ca·tion /rɪsɪ̀prəkéɪʃən/ 名〘U〙❶ 返礼; 返報, 仕返し: in ~ for ···の返礼[返報]に. ❷ 交換. ❸〘機〙往復運動.

rec·i·proc·i·ty /rèsəprɑ́səti | -prɔ́s-/ 名〘U〙〘商〙相互利益; 互恵主義: a ~ treaty 互恵条約.

rè·círculate /ー/ 動 他 再循環させる[する]. **rè·circu·látion** 名

†**re·cit·al** /rɪsáɪtl/ 名 ❶ 演奏会, リサイタル《音楽・ダンス・詩の朗読などの一人または少人数による公演》: give a piano ~ ピアノリサイタルを開く. ❷ 詳しい説明, 話, 物語〔of〕.（動 recite).

rec·i·ta·tion /rèsətéɪʃən/ 名 ❶ a〘U〙暗唱; 朗読, 朗唱. b〘C〙朗唱文. ❷〘U〙詳述, 列挙.（動 recite).

rec·i·ta·tive /rèsətətíːv/ 名〘楽〙❶〘U〙叙唱, レチタティーボ. ❷〘C〙叙唱の部分[言葉].

†**re·cite** /rɪsáɪt/ 動 他 ❶〈…の前で〉〈詩などを〉暗唱する[して聞かせる], 朗読[朗唱]する: ~ a lesson (先生の前で)学課を暗唱する / He ~d the poem to the class. 彼はクラスの前にその詩を暗唱して聞かせた. ❷〈…を〉詳しく物語る; 列挙する: ~ one's adventures 冒険談をする / ~ the names of all the American states. アメリカ全州の名を列挙する. ── 自 暗唱[朗唱]する.〖F<L recitare, recitat-;⇨ re-¹, cite〗（名 recital, recitation)

reck /rék/ 動 自〘否定・疑問文で〙〘詩・古〙気にする, 構う.

†**reck·less** /rékləs/ 形 (more ~; most ~)〈人・行動が〉向こう見ずな, 無謀な, 結果を顧らない; 無責任な〈危険など〉を意に介さない〔of〕: ~ driving 無謀運転. ~·ly 副 ~·ness 名

†**reck·on** /rékən/ 動 他 ❶ a〘口〙〈…だと〉思う, 推測する:〔+(that)〕I ~ (that) he's over sixty. 彼は60歳を超えていると思う / She'll come soon, I ~, 彼女はすぐに来るだろうと思う. b〈…すると〉見込む, 予想する, 予期する (expect):〔+to do〕I ~ to finish shortly. じきに終わると思います. ❷〈…を〉〈…と〉みなす, 考える (regard)〘用法〙しばしば受身で用いる):〔+目+(to be)補〕Over half the local population was ~ed (to be) infected. 現地住民の半分以上が感染していると推定されている. ❸〈…を〉計算する: ~ the cost of the trip 旅費を計算する. ── 自 計算する, 勘定する, 清算する.

réckon ín ...〘他＋副〙〈…を〉計算[勘定]に入れる.

réckon on ... (1) ...を当てにする, 頼りにする（★ 受身可): I'm not ~ing on her help. 彼女の手伝いは当てにしていない / We hadn't ~ed on finding you here. 君にここで会うとは思いもしなかった. (2) ...を予期する, 予測して備えることは予期していなかった: I hadn't ~ed on such a change. それほどの変化が起こることは予期しなかった.

réckon úp〘他＋副〙〈…を〉総計する: ~ up the bills 何枚もの勘定書を総計する.

réckon with ...を考慮に入れる（★ 受身可): We have to ~ with the harsh economic climate. 我々は厳しい経済環境を考慮に入れなければならない / He's a man to be ~ with. 彼は無視できない人だ.

réckon without ...を考慮に入れない, 無視する（★ 受身可): I ~ed without her greed. 彼女の強欲を考えに入れてなかったので大変なことになった.

〖OE＝数え上げる〗【類義語】(1) ⇨ depend. (2) ⇨ count¹.

reck·on·er /-k(ə)nə | -nə/ 名＝ready reckoner.

†**reck·on·ing** /rékənɪŋ/ 名 ❶〘U〙計算; 決算, 清算: by my ~ 私の計算だと. ❷ 考え, 意見, 見方, 判断. ❸〘C〙位置などの測定, (優勝などの)争い. ❹〘the ~〙(払うべき)勘定, 計算. ❺〘海〙〘天文観測による〙船位の推算:⇨ dead reckoning. **be off [óut] in one's réckoning** 勘定を間違える: You're $10 off in your ~. 君の計算では 10 ドル足りない. (2) 当てがはずれる, 見込み違いである. **dáy of réckoning**〘しばしば the ~〙(1) 報いの来る日, 最後の審判日. (2) 勘定日, 決算日.

†**re·claim** /rɪkléɪm/ 動 他 ❶〈…の〉返還を要求する, …を取り戻す, 回収する: ~ one's property 財産[所有物](など)を取り戻す / R~ your life! 自分の生活[人生]を取り戻そう. ❷ a〈荒地を〉開墾する;〈沼地・海などを〉埋め立てる. b〈沼地・海などから〉〈土地を〉干拓する: ~ land from the sea 海を干拓する.〈廃物から〉〈ものを〉再生利用する: ~ iron from scrap 鉄くずから鉄を再生利用する. ❹〈悪行などから〉〈人を〉改心させる, 矯正する,〈人を〉立ち直らせる〔from〕.〖F<L＝…に反対して叫ぶ;⇨ re-¹ claim〗（名 reclamation).

rec·la·ma·tion /rèkləméɪʃən/ 名〘U〙❶ 開墾, 埋め立て, 干拓〔of〕. ❷ (廃物の)再生利用(のための)回収.（動 reclaim).

rè·clás·si·fy 動 分類しなおす;〈…の〉義務兵役分類を変える;〈情報などの〉機密分類を変える. **rè·clàs·si·fi·cátion** 名

†**re·cline** /rɪkláɪn/ 動 自 ❶〔…に〕もたれる, 寄りかかる; 横になる (lie)〔against, in, on〕: He ~d on the sofa and

opened a book. 彼はソファーに横たわって本を開いた. ❷ 〈座席が〉後ろに倒れる: a *reclining* chair [seat] リクライニングチェア. ── [他] 〈座席を〉後ろに倒す. 〘F＜L＝後ろに傾く＜RE-¹+*clinare* 傾く; cf. decline, incline〙

re·clín·er [名] リクライニングチェア[シート].

reclíning chàir [名] ＝recliner.

rè·clóthe [動] [他] 再び着せる; 新たに着せる, 着替えさせる.

rec·luse /réklu:s, rɪklúːs/ [名] ❶ (宗教的理由などによる)隠遁(いんとん)者. ❷ 世捨て人.

re·clu·sion /rɪklúːʒən/ [名] [U] 隠遁; 孤独; 社会的疎外.

re·code /rìːkóud/ [動] [他] 〈…の〉符号化形式を変更する; 〈文字に〉別のコードを割り当てる; 〈プログラムを〉コーディングしなおす.

‡**rec·og·nise** /rékəgnàɪz, -kɪg- | -kəg-/ [動] 《英》 ＝recognize.

*__rec·og·ni·tion__ /rèkəgníʃən, -kɪg- | -kəg-/ [名] ❶ [U] **a** **見てそれとわかること, 見覚え,** 認識(すること), 認知: escape ～ 人目につかない, 見破られない / He has changed beyond (all) [out of] ～. 彼はもとの面影もないほど[見る影もなく]変わってしまった. **b** 〔電算〕 (音声・姿形などの)認識. ❷ [U] **認めること[られること],** 理解, 認識; (正式な)承認: ～ *of* a new government 新政府を承認すること / give ～ to…を認める / receive [meet with] full ～ 大いに認められる / 〔+*that*〕 There's (a) growing ～ *that* we should abolish capital punishment. 死刑は廃止すべきだということがだんだん認識されてきている. ❸ [U] 〔奉仕・功労などを〕**認める[多とする]こと,** 〔…の〕表彰: in ～ *of* a person's services 功労の表彰に[として]. ([動] recognize)

⁺**rec·og·niz·a·ble** /rékəgnàɪzəbl, -kɪg- | -kəg-/ [形] 見てそれとわかる, 見覚えのある, 見分けのつく (↔ unrecognizable); 認識[承認]できる. **réc·og·nìz·a·bly** /-əbli/ [副]

re·cog·ni·zance /rɪká(g)nəz(ə)ns | -kɔ́(g)nɪ-/ [名] 〔法〕 誓約(書); 誓約保証金.

‡**rec·og·nize** /rékəgnàɪz, -kɪg- | -kəg-/ [動] [他] ❶ **a** 〈人・ものを〉(以前知っているものと同じだと)わかる, **見覚えがある,** (見て)思い出す: ～ an old friend 旧友だとわかる / ～ a moth *by* its coloring ガを色彩で識別する / ～ a person *from* his description 人相書きである人だとわかる / You've changed so much that I hardly ～ you. あまりお変わりになっていてお見それするほどです. **b** 〈コンピューターなどが〉〈音声・像などを〉認識する. ❷ 〈…を〉(事実[正当]であると)**認める,** 認知する, 承認する, 公認する (accept): ～ defeat 敗北を認める / ～ the new government 新政府を承認する / 〔+目+*to be* 補 / +目+*as* 補〕 He is ～*d to be* [*as*] one of the greatest physicists alive today. 彼は現存する最高の物理学者の一人と認められている / 〔+(*that*)〕 He refuses to ～ (*that*) he's wrong. 彼は自分が間違っていることを認めようとしない. ❸ 〈人の親切・奉仕などを〉表彰する, 評価する: When will our services be properly ～*d*? 我々の功労はいつになったら正当に評価されるのだ. ❹ 《米》 〈人に〉発言権を認める, 発言を許す. ❺ 〈人に〉会釈(えしゃく)する. 〘L＝再び知る＜RE-¹+*cognoscere* 知る〙 ([名] recognition)

⁺**re·coil** /rɪkɔ́ɪl/ [動] [自] ❶ (恐怖・嫌悪感などで)あとずさりする, 身を引っこめる, 避けようとする, ひるむ, しりごみする: She ～*ed from* him in horror. 彼女は恐怖で彼から身を引いた / They ～*ed from* such radical ideas. 彼らはそのような過激な考えにひるんだ / I ～*ed at* the sight of a snake on the road. 道路にヘビを見てしりごみした. ❷ **a** 〈ばねなどが〉はね返る, あと戻りする. **b** 〈銃砲が〉(発射後に)後座する. ❸ 〈悪いことなどが〉〔…に〕はね返る: The plot ～*ed on* the plotters. その陰謀は陰謀者自身にはね返った. ── /ríːkɔɪl, rɪkɔ́ɪl/ [名] [U] ❶ はね返り, 反動; (銃砲の)後座. ❷ あとずさり, 畏縮, いや気.

re·cóil·less [形] 反動のない[少ない]: a ～ rifle 無反動銃[ライフル].

rec·ol·lect /rèkəlékt/ [動] [他] 〈過去のことを〉(努力して)思い出す, 回想する: I don't ～ you. 君のことは思い出せない / 〔+*doing*〕 I ～ hear*ing* his speech then. あの時彼の演説を聞いたことが思い出される《[用法] 〔+*to do*〕 は不可》/ 〔+目[所有]+*doing*〕 I ～ his [him] tell*ing* me the story. 彼がその話を私にしてくれたのを覚えている 《[用法] 目的格 him を用いるのは《口》》/ 〔+*that*〕 At last I ～*ed that* he had been there. 彼がそこにいたことをやっと思い出した / 〔+*wh.* / +*wh.*+*to* do〕 Can you ～ *how to* get there [*where* you and I met last]? そこへどう行ったらよいのか[この前君とどこで会ったのか]思い出せますか. ── [自] 思い出す: As far as I (can) ～, she lives in Kyoto. 思い出せる限りでは彼女は京都に住んでいる. ([名] recollection) 【類義語】 ⇨ remember.

re·col·lect /rìːkəlékt/ [動] [他] ❶ [～ one*self* で] 気を落ち着ける; (はっと気づいて)冷静になる. ❷ 〈勇気・力を〉奮い起こす. ❸ 再び集める.

⁺**rec·ol·lec·tion** /rèkəlékʃən/ [名] ❶ [U] [また a ～] 記憶(力); 回想, 回顧, 想起: *a* vague ～ 漠然とした記憶 / be past [beyond] ～ 思い出せない / in [within] one's ～ 記憶にある / to the best of my ～ 私の記憶する限りでは, 私の記憶が正しければ / He had *a* clear ～ *of* hav*ing* witnessed the event. 彼はその出来事を見たことをはっきりと覚えていた / My ～ *of* the year is patchy. その年の記憶は切れ切れになってしまっている. ❷ [C] **追懐, 思い出,** 回想録: I have happy ～*s* of my visit to your house. 私にはお宅を訪れた時の楽しい思い出が残っています. ([動] recollect) 【類義語】 ⇨ memory.

re·com·bi·nant /rìːkámbənənt | -kɔ́m-/ [形] [A] (遺伝子の)組み換えの: ～ DNA 組み換え DNA. ── [名] 組み換え体 《組み換えの起こった DNA から作られる遺伝物質・個体など》.

re·com·bi·na·tion /rìːkàmbənéɪʃən | -kɔ̀m-/ [名] [U] (遺伝子の)組み換え.

re·com·bine /rìːkəmbáɪn/ [動] [他] [自] 再び結合する, 結合しなおす.

rè·com·ménce [動] [他] [自] 再び始める, 再開する; やりなおす. **～·ment** [名] 再開, やりなおし.

‡**rec·om·mend** /rèkəménd/ [動] [他] ❶ (…に)〈人・ものを〉**推薦する,** 推奨する: three highly ～*ed* books 特にお薦めの 3 冊(の本) / I can ～ this dish [film]. この料理[映画]はすすめられる / His former employer ～*s* him warmly. 彼の前の雇い主は非常に彼を推奨している / He ～*ed* the young man *to* our firm [*for* the post]. 彼はその青年を我々の会社に[その職に]推薦した / Can you ～ a good doctor *to* me? いいお医者さんを推薦してくれませんか＝〔+目+目〕《古風》 Can you ～ me a good doctor? / I can ～ Ms. Green *as* a good teacher. グリーンさんは優秀な先生として推薦できます. ❷ **勧める,** 勧告する: I ～ caution in dealing with him. 彼を扱うには注意が肝要だ / 〔+*that*〕 The committee has ～*ed that* the consumption tax (should) be abolished. 委員会は消費税を撤廃するように勧告した / 〔+*doing*〕 I ～ go*ing* by airplane. 飛行機旅行をお勧めします / 〔+目+*to* do〕 《まれ》 She ～*ed* me *to* try this oil to protect against sunburn. 彼女は私に日焼け止めにこのオイルを使うように勧めた. ❸ 〈性質・特徴などが〉〈…を〉〔人の〕気に入らせる, 〈…の〉取りえとする, 魅力的にする: What aspect of her character first ～*ed* her *to* you? 彼女の性格のどんなところがまず気に入りましたか / This hotel has very little to ～ it. このホテルはほとんど取りえがない. 〘L; ⇨ re-¹, commend〙 ([名] recommendation)

rec·om·mend·a·ble /rèkəméndəbl←/ [形] 推薦できる, 勧められる: a highly ～ plan [restaurant] 大いに推奨できる計画[レストラン].

*__rec·om·men·da·tion__ /rèkəmendéɪʃən, -men-/ [名] ❶ **a** [U] **推薦, 推奨:** a letter of ～ 推薦状 / on your ～ 君の勧めで / in ～ of…を推薦して. **b** [C] **推薦状:** write a ～ to a professor on behalf of a person 人のために教授あての推薦状を書いてやる. ❷ [C] **勧告, 忠告:** accept a ～ *for* [*on*]…についての勧告[忠告]を受け入れる / 〔+*that*〕 They made a ～ *that* the minister (should) resign. 彼らはその大臣は辞任すべきであると勧告した. ❸ [C] 取りえ, 長所: His chief ～ is his honesty. 彼の主な取りえは正直なことだ. ([動] recommend)

rec·om·mend·a·to·ry /rèkəméndətɔ̀ːri | -təri,

R

-tri/形 ❶ 推薦の; 勧告の: a ~ letter 推薦状. ❷ 取りえとなる.

re·com·mis·sion /rìːkəmíʃən/ 動 他 再び任命[委任]する, 再就役させる. — 名 U 再任; =recommitment.

re·com·mit /rìːkəmít/ 動 他 (-com·mit·ted; -com·mit·ting) ❶〈法案などを〉再び委員会に付託する; 再び委託する. ❷〈不利なことを〉再び犯す.

rè·com·mít·ment /-mənt/ 名 U ❶ 再付託. ❷ 再犯.

rè·com·mít·tal /-tl/ 名 =recommitment.

rec·om·pense /rékəmpèns/ 動 他 ❶ a〈損害・傷害などに対して〉〈人に〉償う (compensate): He was ~d for his losses. 彼は損失を償われた. b〈功労などに対して〉〈人に〉報酬を与える〔for〕. ❷〈人の行為に〉報いる, 返報する〔行為に対して〕〈人に〉報いる〔for〕. — 名 U〔また a ~〕❶〈損害などに対する〉償い, 補償;〈功労などに対する〉報酬〔for〕. ❷〈人の行為に対する〉報い, 返報〔for〕. **in**〔**as**〕(**a**)**récompense for**...に対する補償[報酬]として.

rè·com·póse /-póuz/ 動 他 作りなおす, 改組する;〈感情などを〉落ちつかせる, 鎮める;〈印〉組み替える. **rè·còm·po·sí·tion** 名.

re·con /rɪ́kάn | -kɔ́n/《米口》名 =reconnaissance. — 動 =reconnoiter.

rec·on·cil·a·ble /rékənsàɪləbl, ー｀ー／形 ❶ 調和[両立]させられる. ❷ 調停[和解]できる[の見込みがある]. **réc·on·cíl·a·bly** /-əbli/ 副.

***rec·on·cile** /rékənsàɪl/ 動 他 ❶〈対立する考えなどを〉両立するようにする, 一致[調和]させる,〈...と...の〉折り合いをつける: ~ two different ways of thinking 二つの違った考えを両立させる / How do you ~ your ideals *with* reality? 君は理想と現実をどうやって一致させるのか. ❷ a〈人と〉人を仲直りさせる, 和解させる (★ しばしば受身で用いる): They quarreled but *were* soon ~d. 彼らはけんかをしたがすぐに仲直りした / Have you ~d *with* her? 彼女と仲直りしたかい. b〈不和などを〉調停する: He ~d the dispute among the Party's factions. 彼は党内の派閥争いを調停した. ❸〔~ one*self* また受身で〕〔...に〕甘んじる,(しかたなく)満足する: He found it hard to ~ *himself to* this unpleasant state of affairs. 彼はこの不愉快な状態に甘んじていくことが困難だと知った / I *was* ~d to liv*ing* in the country. いなかの生活に満足するようになった. «F<L; ⇒ re-¹, conciliate» 名 reconciliation)

***rec·on·cil·i·a·tion** /rèkənsìliéɪʃən/ 名 U〔また a ~〕❶ 和解, 調停〔*between, with*〕: There will be *a* ~ *between* the two countries. 二国間で調停ができるだろう. ❷ 調和, 一致, 折り合い; 改一 *of* ideas [opinions] 思想[意見]の調和. (動 reconcile)

rec·on·cil·i·a·to·ry /rèkənsílɪətɔ̀ːri, -ljə- | -təri, -tri/ 形 和解[調停]の; 調和[一致]の.

rec·on·dite /rékəndàɪt/ 形〈思想・知識など〉深遠[難解]な. **~·ly** 副. **~·ness** 名.

re·con·di·tion /rìːkəndíʃən/ 動 他 元どおりの良い状態に戻す, 修理する: ~ed furniture 再生家具.

rè·con·fíg·ure 動 他〈航空機・コンピューターの〉型[部品]を変更する. **rè·con·fìg·u·rá·tion** 名.

re·con·firm /rìːkənfɚ́ːm | -fɚ́ːm/ 動 他〈...の予約などを〉再確認する: Don't forget to ~ your ticket.（飛行機の)切符の予約の再確認を忘れないように. — 自 予約などの再確認をする.

re·con·fir·ma·tion /rìːkὰnfɚméɪʃən | -kɔ̀nfɚ-/ 名 U,C 再確認.

†**re·con·nais·sance** /rɪkάnəz(ə)ns, -s(ə)ns | -kɔ́nəs(ə)ns/ 名 C,U《軍》偵察; 偵察隊: make a ~ of...を偵察する / a plane [party] 偵察機[隊].

reconnaissance satellite 名《軍事用》偵察衛星.

rè·con·néct 動 他 再びつなぐ, 再結合[連結]する. **rè·con·néc·tion** 名.

re·con·noi·ter,《英》**re·con·noi·tre** /rìːkənɔ́ɪtɚ, rèk- | -tə/ 動 他《敵を》偵察する.

rè·cón·se·crate 動 他〈汚れた教会堂などを〉再び聖別する, 再び神の用に供する[奉献する]. **rè·còn·se·crátion** 名.

†**re·con·sid·er** /rìːkənsídɚ | -də/ 動 他〈...を〉考え直す, 考え直す. ❷〈議案・動議・投票などを〉再議[再審]に付する. — 自 再考する; 再議する. **rè·con·sid·er·á·tion** /-sìdəréɪʃən/ 名 U 再考; 再審.

rè·con·sól·i·dàte 動 他 再び固める[固まる]; 再び統合する. **rè·con·sòl·i·dá·tion** 名.

†**re·con·sti·tute** /rìːkάnstət(j)ùːt | -kɔ́nstɪtjùːt/ 動 他 ❶〈...を〉再構成する, 再編成する. ❷〈粉末[乾燥]食品を〉(水を加えて)元へ戻す.

†**re·con·struct** /rìːkənstrʌ́kt/ 動 他 ❶〈...を〉再建する, 復興する, 改造する (rebuild): ~ a ruined castle 荒廃した城を再建[復元]する. ❷〈事件などを〉再現[復元]する, 再構成する. (名 reconstruction)

*†**re·con·struc·tion** /rìːkənstrʌ́kʃən/ 名 ❶ U 再建, 復興, 復元, 改造: the ~ *of* the city center 都心部の再建. ❷ C 再建[復元]されたもの: a huge ~ *of* the skeleton of a mammoth 巨大なマンモスの骨格の復元標本. ❸ U,C《医》(身体部位の)再建(手術): (a) breast ~ 乳房再建(手術). ❹ C (事件などの)再現(映像). ❺ [R-]《米史》再建, 再編入《南北戦争後の, 南部11州の連邦への再統合 (1865-77)》. (動 reconstruct)

rè·con·strúc·tive 形 A 再建的な, 改築の; 構造改革的な; 改心させることを意図した: ~ surgery 再建手術. **~·ly** 副. **~·ness** 名.

†**rè·con·véne** 動 自 他 再び召集[集合]する.

rè·con·vér·sion /-ʒən/ 名 U,C 再改宗, 再改造; 復帰, 切換え, 産業転換;（機械の)再改装.

rè·con·vért 動 他 再改宗[復党]させる[する]; 旧態に復させる[する]; 切り換える, 転換する, 再改装する.

*‡**rec·ord** /rékəd | -kɔːd/ 名 ❶ 記録, 議事録, 公判記録: various ~s of human life 人類が残したさまざまな足跡[記録] / make a ~ of...を記録する / keep a ~ of...を記録にとどめる. ❷ (個人などの)履歴, 素姓, 前科: medical [military] ~s 病歴[軍歴] / a family ~ 系図 / have a (criminal) ~ 犯罪[前科]歴のある人. ❸ a（競技などの)記録, 最高記録, レコード: beat [break] the ~ *for* the marathon マラソンの記録を破る / hold the ~ 最高記録をもつ / set a new ~ 新記録を打ち立てる / The teen birth rate has hit a ~ low [high]. 10代の出産率最低[最高]を記録 (★ 新聞の見出しなど). b (学校などの)成績: an academic ~ 学業成績 / have a good [bad] ~ at school 学業成績がよい[悪い]. ❹ レコード(盤): an LP of Beethoven's *Fifth Symphony* ベートーベンの第5交響曲のLPレコード / play [put on] a ~ レコードをかける. ❺《電算》レコード《データベースの構成単位となる個々のデータ》.

for the récord 事実を記録に残すために; 公式に[の]; 覚えておいてもらいたいために: *For the* ~, I disapprove of this decision. 正式に申しますが, 私はこの決定は承認できません.

gó on récord（記録に残るように)公式に意見を発表する.

òff the récord 記録にとどめない, 非公式で, 公表してはいけない, オフレコで.

of récord 記録された, 確認された, 確かな: a matter *of* ~ 記録された[明らかな, 動かせない]事実.

on (the) récord (1) 公に, 公式に; 公表されて, 広く知れわたって: be [go] *on* ~ as saying...だと公に[公式に]発言している. (2) 記録されて: the worst earthquake *on* ~ 記録に残っている最もひどい地震.

pút [pláce]...on récord ...を公式に発言する; ...を記録に残す.

pút [sét] the récord stràight 記録を正す, 誤解を解く[正す].

— 動 (**re·cord** /rɪkɔ́ːd | -kɔ́ːd/) ❶ 記録する, 書き留める; 登録する: I ~ my thoughts and experiences in my diary. 私は自分の思想や経験を日記に記録する / 〔+*that*〕The document ~s *that* Shakespeare was born on April 23, 1564. その文書はシェイクスピアは1564年4月23日に生まれたと記録している / 〔+*wh.* | +*wh.* +*to do*〕*Where* he lived is not ~ed. 彼がどこに住んでいたかは記録にない. ❷〈...を〉録音[録画]する, 吹き込む: This program is ~ed, not live. この番組は録音でライブではな

い / The singer has ~ed many albums. その歌手はたくさんのアルバムを吹き込んでいる / ~ music from the radio onto a cassette 音楽をラジオからカセットへ録音する. ❸ 〈温度計などが〉〈度数を〉表示する: The thermometer ~ed 20° in the shade. 温度計は日陰で20度を示した(★ twenty degrees と読む). ❹ 〈意見などを〉〈記録に残るように〉公式に発表する. ── 圓 録音[録画]する, 吹き込む.
── (rec·ord /rékəd/ ─kəːd/) 名 ❶ 記録, 記録破りの: a ~ crop〈記録的な〉大豊作 / in ~ time レコードタイムで. ❷ レコードによる: ~ music レコード音楽.
〖<L=心に呼び戻す RE-¹+cor, cord- 心; cf. courage〗

récord brèaker 名 記録破りの人[もの].
†récord-brèaking 形 Ⓐ 記録破りの, 空前の.
re·córded delívery /-dɪd-/ 名 〘英〙 書留配達便(〘米〙 certified mail).
***re·córd·er** /rɪkɔ́ːdə | -kɔ́ːdə/ 名 ❶ テープ[カセット, ビデオ]レコーダー, データ記録装置《フライトレコーダーなど》, 記録器[計]. ❷ [しばしば R~]《英国のある都市での》市裁判所判事. ❸ 〘楽〙 リコーダー《縦笛の一種》. ❹ 記録係, 登録者.
récord hòlder 名 記録[レコード]保持者.
***re·córd·ing** /rɪkɔ́ːdɪŋ/ 名 ❶ 録音[録画](されたもの)《曲・映像など》: make a ~ of ... を録音[録画]する. ❷ Ⓤ 録音[録画](すること), 吹き込み, レコーディング; 録音[録画](すること). ── 形 録音[録画]のための, レコーディング用の: a ~ studio 録音スタジオ. ❷ 記録する: a ~ instrument 記録計器.
recórding ángel 名 記録天使《人の善悪の行為を記録するといわれる》.
récord library 名 〈貸し出し用〉レコード図書館.
récord plàyer 名 レコードプレーヤー.
re·count /rɪkáʊnt/ 動 ⓣ 詳しく話す; 物語る: He ~ed all his adventures in Africa. 彼はアフリカの冒険を全部詳しく語った.
†re-count /rìːkáʊnt/ 動 ⓣ 〈…を〉再び数える, 数え直す. ── /⌣⌣, ⌣⌣/ 名 〈投票などの〉数え直し.
†re·coup /rɪkúːp/ 動 ⓣ ❶ **a** 〈損失などを〉〈…から〉取り戻す; 埋め合わす (recover): ~ one's losses 損失を取り戻す / ~ one's expenses *from* the company 経費を会社から落とす. **b** 〈損金などを〉〈人に〉賠償する, 返済する; [~ oneself で] 〈損金などを〉取り戻す: He ~ed himself for his losses. 彼は損失分を取り戻した. ❷ 〘法〙 〈…を〉差し引く, 控除する. ❸ 〈健康などを〉取り戻す. ── 圓 〈…から〉回復する, 健康(など)を取り戻す.
†re·course /ríːkɔːs, rɪkɔ́ːs | rɪkɔ́ːs/ 名 ❶ Ⓤ 〈…に〉頼ること, 頼る人: have ~ to the law [*to* a moneylender] 法律[金貸し]に頼る. ❷ Ⓒ 頼みとするもの[人].
***re·cov·er** /rɪkʌ́və | -və/ 動 圓 ❶ 〈…から〉〈健康〉を回復する, 元どおりになる, 立ち直る, 復興[復旧]する: ~ *from* a severe illness 重病から回復する / The patient ~ed quickly. 患者は早く回復した / I sat down to ~ *from* my agitation. 腰を下ろして気を落ち着けた / The economy is beginning to ~ *from* the downturn. 経済は景気後退から立ち直り始めている. ❷ 〘法〙 〈訴訟に勝って〉権利を取得する, 勝訴する. ── ⓣ ❶ **a** 〈失ったもの・取られたものを〉取り戻す: ~ one's lost watch なくした時計を取り戻す / bodies from a collapsed building 倒壊した建物から死体を収容する. **b** 〈気力・意識・健康などを〉取り戻す, 回復する: ~ consciousness [one's sight] 意識[視力]を取り戻す / the use of one's legs また歩けるようになる / I ~ed my balance. バランスを取り直した. **c** [~ oneself で] 正気に返る; 落ち着く; 体のバランスを取り戻す: I nearly fell but managed to ~ *myself*. もう少しで倒れるところだったがどうにかもちこたえた. ❷ 〈損失・出費を〉償う, 埋め合わせる, 取り戻す (recoup): ~ one's losses 損失を取り戻す / We ~ed the lost time by running. 我々は遅れた時間を走って取り戻した. ❸ 〈廃物などから〉〈有用なものを〉取り出す, 再生する〈*from*〉. 〖< L *recuperare* 取り戻す «RE-¹+*capere* 取る (cf. capture) » recovery〗 【類義語】 **recover** 失ったものを取り戻す; しばしば偶然であることを示す. **regain** 取られたりして失ったものを取り戻す; 骨の折れる努力や捜索を表わす. **retrieve** 特にかなり努力して元の良い状態に戻す.
re·cov·er /rìːkʌ́və | -və/ 動 ⓣ ❶ 張り替える; 〈…の〉表紙をつけ替える: ~ a chair in leather いすを革に張り替える.
re·cov·er·a·ble /rɪkʌ́vərəbl/ 形 取り戻せる; 回復できる.
***re·cov·er·y** /rɪkʌ́v(ə)ri/ 名 ❶ Ⓤ [また a ~] **a** 〈病気などからの〉回復, 全快: be past [beyond] ~ 回復の見込みがない / She made *a* quick ~ *from* her illness. 彼女は病気から回復するのが早かった. **b** 〈経済状態などの〉回復, 復旧, 修復〈*from*〉: (an) economic ~ 経済の立ち直り. ❷ Ⓤ 取り戻すこと, 回収: the ~ *of* the stolen car 盗難車の回収. ❸ Ⓤ =recovery room. ❹ Ⓤ©〘法〙 〈権利・財産の〉回復. **in recovery** 回復途中で, 回復しつつあって;〈薬物常用者などが〉回復プログラムを受けて, 更正治療中で. (動 recover)
recóvery posìtion 名 〘英〙 昏睡位《気絶している人が窒息しないようにするための体位; うつ伏せで顔をやや横向きにする》.
recóvery prògram 名 《麻薬・アルコール依存者のための》回復プログラム.
recóvery ròom 名 《病院の》回復室《患者が手術後などに麻酔からさめるまで置かれる部屋》.
rec·re·ant /rékriənt/ 形 〘文〙 臆病な, 卑怯(ひきょう)な; 裏切りの. ── 名 臆病者; 裏切り者.
re·cre·ate /rékrieɪt/ 動 ⓣ [~ oneself で] 〈働いた後などに〉休養する, 気晴らしをする. ── 圓 休養する, 気晴らしをする.
***re·cre·ate** /rìːkriéɪt/ 動 ⓣ ❶ 再創造する, 再現する: The play ~s life in the Elizabethan age. その芝居はエリザベス朝時代の生活を再現している. ❷ 改造する, 造り直す.
***rec·re·a·tion** /rèkriéɪʃən/ 名 Ⓤ© レクリエーション, 休養, 気晴らし: What do you do for ~? レクリエーションには何をしますか / One of my ~s is cooking [going for walks]. 私の気晴らしの一つは料理を作る[散歩をする]ことです.
re·cre·a·tion /rìːkriéɪʃən/ 名 Ⓤ 改造; 再現〈*of*〉.
***rec·re·a·tion·al** /rèkriéɪʃ(ə)nəl⁻/ 形 レクリエーションの, 休養の: ~ activities [facilities] レクリエーション活動[施設].
recreátional véhicle 名 レクリエーション用車両 (camper, trailer, dune buggy など; 略 RV).
recreátion gròund 名 〘英〙 《フットボールなどをするための》公共の運動場[公園].
recreátion ròom 名 〘米〙 《病院・家庭・クラブなどの》娯楽室, 居間.
rec·re·a·tive /rékrieɪtɪv/ 形 保養[気晴らし]になる, 元気を回復させる. **~·ly** 副 **~·ness** 名
re·crim·i·na·tion /rɪkrìmənéɪʃən/ 名 Ⓤ© 〘通例複数形で〙 非難し返すこと, 逆襲. **re·crim·i·nate** /rɪkrímənèɪt/ 動 圓 〈…に対して〉非難し返す〈*against*〉. **re·crim·i·na·to·ry** /rɪkrímənətɔ̀ːri | -təri, -tri/ 形 非難し返す, 逆襲する: *recriminatory remarks* しっぺ返し.
réc ròom 名 〘米〙 =recreation room.
rè·cróss /rìːkrɔ́ːs/ 動 ⓣ 再び横断する; 再び交差する.
re·cru·desce /rìːkruːdés/ 動 圓 〈痛み・病気・不安などが〉再発する, 再燃する, ぶり返す.
re·cru·des·cence /rìːkruːdés(ə)ns/ 名 〈病気・犯罪などの〉再発, ぶり返し, 再燃〈*of*〉.
re·cru·des·cent /rìːkruːdés(ə)nt⁻/ 形 〈病気・犯罪などが〉再発[再燃]する.
***re·cruit** /rɪkrúːt/ 動 ⓣ ❶ 〈新メンバーなどを〉募集する, 募(つの)る: ~ students *from* abroad 生徒を外国から募集する / ~ new members to a club 新メンバーをクラブに入れる / The company ~s many new employees every year. その会社は毎年新入社員を多く入社させている. ❷ **a** 〈新兵を〉募る. **b** 兵隊を募って〈軍隊〉を作る. ❸ 〘口〙 〈人に〉〈…するよう〉頼む[求める, 声を掛ける], 声を掛けて〈…〉して

recruiter 1496

もらう[させる]: [+目+*to do*] She ~ed family, friends and colleagues to participate in the event. 彼女は家族, 友人, 同僚もその催しに参加してくれるよう頼んだ. ❹ 《文》〈活力・元気〉を回復する: ~ one's health [strength] 健康[体力]を回復する. ── 图 新兵[新メンバー]を募集する[入れる]. ── 图 ❶ 新兵; 新入生, 新入社員; 新メンバー: seek new ~s to a club クラブの新会員を募集する. ❷ 新兵, 補充兵: a raw ~ 新米の新兵. 〖F〈L=再び育つもの〈RE-¹+*crescere*, *cret*- 育つ; cf. increase〗

re·crúit·er /-tə | -tə/ 图 新兵[新会員, 新入社員]を募集する人, リクルーター.

†**re·crúit·ment** /-mənt/ 图 Ⓤ 新兵[新会員, 新入社員, 新メンバー]募集; (人員の)補充.

rec·ta 图 rectum の複数形.

rec·tal /réktl/ 形 直腸 (rectum) の.

†**rec·tan·gle** /réktæŋɡl/ 图 長方形, 矩形(ぷ). 〖F〈L=まっすぐな角〈*rectus* まっすぐな+*angulus* 角 (⇔ angle¹)〗 形 rectangular）

†**rec·tan·gu·lar** /rektǽŋɡjələ | -lə/ 形 ❶ 長方形の: a ~ building 長方形の建物. ❷ 直角の. 〖F〈L rectus (⇔ rectangle)〗

rectángular coórdinates 图 〖数〗直交座標.

rectángular hypérbola 图 〖数〗直角双曲線.

rec·ti /réktai/ 图 rectus の複数形.

rec·ti·fi·a·ble /réktəfaiəbl/ 形 改正[修正, 矯正]できる: a ~ mistake 訂正できる間違い.

rec·ti·fi·ca·tion /rèktəfikéiʃən/ 图 Ⓤ ❶ a 改正, 矯正. b 〈機械・軌道などの〉修正, 調整. ❷ 〖化〗精溜. ❸ 〖電〗整流.

réctified spírit 图 Ⓤ 〖化・薬〗精製エタノール (エタノール 95.6%, 水 4.4% の混合物で, 定沸点をもつ).

réc·ti·fi·er /-faiə | -faiə/ 图 ❶ 改正[修正]者. ❷ 〖化〗精溜器. ❸ 〖電〗整流器.

†**rec·ti·fy** /réktəfai/ 動 ❶ a ⟨...を⟩改正[修正, 矯正]する, 直す (correct): The tenant will be held responsible for ~*ing* any damage. いかなる損傷も借家人の責任とする (家の賃貸証書の文句). b ⟨機械・軌道などを⟩修正する, 調整する. ❷ 〖化〗⟨酒・アルコールなどを⟩精溜する. ❸ ⟨...を⟩整流する (交流を直流に変える). 〖F〈L=まっすぐにする⟨*rectus* (⇔ rectangle)〗 -ify

rec·ti·lin·e·ar /rèktəlíniə | -niə/ 形 ❶ 直線[で囲まれた, でまた]. ❷ 直線に進む.

rec·ti·tude /réktət(j)ùːd | -tjùːd/ 图 Ⓤ 正直, 清廉(ホミ): a person of great ~ 清廉潔白な人.

rec·to /réktou/ 图 (複 ~s) (開いた本の)右ページ, 表ページ (↔ verso, reverse): on the ~ side 右ページに. 〖L〗

†**rec·tor** /réktə | -tə/ 图 ❶ a 〖英国教〗教区牧師 (昔教区の収入がある十分の一税 (tithe) を受領した; cf. vicar 1). b 〖米〗(聖公会の)教区牧師. c 〖カト〗(修道)院長. ❷ 校長, 学長, 総長. 〖L=支配者⟨*regere*, *rect*-; ⇒ regent〗

rec·to·ry /réktəri, -tri/ 图 ❶ rector の住宅; 牧師館 (cf. vicarage 1). ❷ 〖英国教〗教区牧師の所領[収入].

rec·trix /réktriks/ 图 (複 -tri·ces /réktrəsiːz/) 〖鳥〗尾羽(5).

rec·tum /réktəm/ 图 (複 ~s, -ta /-tə/) 〖解〗直腸. 〖L=まっすぐな(腸)〗

rec·tus /réktəs/ 图 (複 -ti /-tai/) 〖解〗直筋; (また **réc·tus ab·dó·mi·nis** /-æbdámənɪs | -dóm-/) 腹直筋.

re·cum·bent /rikʌ́mb(ə)nt/ 形 〖通例 A〗《文・姿勢から》横になった: a ~ figure (絵画・彫刻の)横向きになった[像]. **re·cúm·ben·cy** /-b(ə)nsi/ 图 〖L〗

†**re·cu·per·ate** /rik(j)úːpərèit/ 動 ❶ 〈病気・損失などから〉回復する, 元気になる, 立ち直る (recover): ~ *from* (an) illness [(a) shock] 病気[ショック]から立ち直る. ── 圓 〈健康・元気・損失などを〉回復する; ⟨...⟩ one's strength 体力を取り戻す. **re·cu·per·a·tion** /rik(j)ùːpəréɪʃən/ 图 〖L; ⇒ recover〗

re·cu·per·a·tive /rik(j)úːpərèitɪv, -pərə-/ 形 回復させる(ような); 回復力のある: a ~ holiday 健康を回復させる

ための休日 / one's ~ powers 回復力.

re·cu·per·a·tor /-tə | -tə/ 图 回復者; 回収熱交換器, 復熱装置; (大砲の)復座機.

†**re·cur** /rikə́ː | -kə́ː/ 動 圓 (**re·curred**; **re·cur·ring**) ❶ 〈事件・問題などが〉再び起こる; 繰り返される: If the condition ~s, I'll operate again. この状態が再発するようだったら, もう一度手術をします. ❷ a 〈考え・場面などが〉(人の)心に[head]浮かぶ, 回想される: The scene often ~s to me [my mind]. その情景がしばしば脳裏に浮かぶ. b 〈人が⟩⟨...に⟩戻る, 回想する, 立ち返って話す: I shall ~ *to* the subject later on. その件については後でまた触れるとします. ❸ 〖数〗循環する; ⇨ RECURRING decimals. 〖L=再び走る⟨RE-¹+*currere* 走る (cf. current)〗 图 recurrence, recurrent

†**re·cur·rence** /rikə́ːrəns | -kʌ́r-/ 图 ⒸⓊ 再発, 再起, 再現; 循環: the ~ *of* an illness [error] 病気[誤り]の再発.

†**re·cur·rent** /rikə́ːrənt | -kʌ́r-/ 形 再発[再現, 頻発]する, 周期的に起こる: a ~ fever 回帰熱 / a ~ error [problem] 繰り返される誤り[問題]. ~·**ly** 副

re·cúr·ring /-kə́ːrɪŋ | -kʌ́r-/ 形 繰り返し起こる; 循環する: ~ decimals 〖数〗循環小数（★ 2.131313... などの場合だが, 書く時は 2.1̇3̇, そして読む時には 2.13 recurring).

re·cur·sion /rikə́ːʒən | -kə́ːʃən/ 图 ⒸⓊ 〖数〗帰納; 〖電算〗反復, 再帰.

re·cur·sive /rikə́ːsɪv | -kə́ː-/ 形 〖数〗帰納的な; 繰り返す, 循環的な, 再帰的な. ~·**ly** 副 ~·**ness** 图

re·curve 動 ⦿ 後方に反(⤴)らせる. ── 圓 〈風・流れなどが⟩そる, 反曲する, 逆曲する. ── 图 〖アーチェリー〗(弓の)リカーブ (両端のそりのある部分). **-cúr·va·ture** 图

rec·u·sance /rékjuz(ə)ns/ 图 =recusancy.

rec·u·san·cy /-z(ə)nsi/ 图 ⒸⓊ 服従拒否; 〖英史〗国教忌避.

rec·u·sant /-z(ə)nt/ 形 图 権力[規則, 社会慣行など]への服従を拒む(人); 〖英史〗国教忌避者(の) (特に 16-18 世紀のカトリック教徒).

re·cuse /rikjúːz/ 動 ⦿ 〖法〗〈裁判官・陪審員などを⟩忌避する; [~ oneself で] (特定の仲介人などが)〈裁判官などがみずからを不適格とする; [~ oneself で] (裁判官などを)辞退する. ── 圓 (裁判官などを)辞退する. **re·cú·sal** 图

re·cy·cla·ble /rìːsáɪkləbl/ 形 图 再生利用可能な(もの): Separate the ~s. 〖掲示〗リサイクルできるものは分けてください.

†**re·cy·cle** /rìːsáɪkl/ 動 ⦿ 〈廃物を〉再生利用[リサイクル]する: ~*d* paper 再生紙 / Aluminum cans can be ~*d* easily. アルミ缶は簡単に再生利用できる.

re·cy·cling /rìːsáɪklɪŋ/ 图 ❶ Ⓤ 再生利用, リサイクル: ~ *of* spent nuclear fuel 使用済み核燃料の再利用. ❷ [形容詞的に] 再生利用の[を扱う]: a ~ center リサイクルセンター.

†**red** /réd/ 形 (**red·der**; **red·dest**) ❶ a 赤い, 赤色の, 真っ赤の: a ~ rose 赤いバラ / The sky is ~. 空が真っ赤だ. b 〈髪の毛が〉赤い; 赤毛の. c 〈目が〉赤い: with ~ eyes 充血した目をして; 目を泣きはらして. d (比較なし) 〈ワインが〉赤の, 濃紫色の (cf. white 4 a, rosé): ⇔ red wine. e 〖古風・軽蔑〗〈人が〉赤い肌の, 赤銅色の皮膚をした. ❷ (怒って)恥ずかしがって)顔を赤らめた: Her cheeks burned ~. 彼女のほおはほてって赤くなった / He turned ~ *with* anger [shame]. 彼は怒って[恥ずかしくて]顔を赤くした. ❸ 警告[危険, 危機(など)]を示す, レッド..., 赤...: the UNESCO *R*~ Book of Endangered Languages 危機言語に関するユネスコレッドブック / ⇔ red alert, red card, red flag. ❹ [しばしば R~] 〖口〗 a (比較なし) 共産主義の〖曲来〗革命[共産]主義者の赤旗から; cf. pink¹ 2): the *R*~ Army (旧ソ連・中国の)赤軍. b 〖限定〗〈行動などが〉過激な, 革命的な, 赤化した, 左翼の. ❺ 〖古・文〗血に染まった; 流血の: The river ran ~ with blood. 川は血で赤く染まっていた.

── 图 ❶ ⒸⓊ **a** 赤, 赤色: a deep ~ 濃い赤. **b** 赤色絵の具[顔料, 塗料, 染料]. **c** 赤い服[地]: She was dressed in ~. 彼女は赤い服を着ていた. ❷ Ⓤ 赤ワイン. ❸ **a** [しばしば R~] Ⓒ 〖口〗共産党員[主義者] (cf.

pink¹ 3). **b** [the Reds] 赤軍. ❹ [the ~] 〘会計〙 赤字 (↔ black): get [go] into *the* ~ 赤字を出す, 欠損をする / get [come] out of *the* ~ 赤字を脱する.
in the réd 〈商売など〉赤字で, 借金して (in debt) 《[由来] 会計簿に借方を赤字で記入したことから》: That company was a million dollars *in the* ~. その会社は 100 万ドルの赤字だった.
sée réd 激怒する, かっとなる 《[由来] 牛が赤い布に興奮することから》.
~·ness [名] 〖OE〗 ([動] redden)
-red /rəd/ [接尾] [名詞語尾] 状態を示す: hat*red*, kin*dred*.
re·dact /rɪdǽkt/ [動] [他] 編集する (edit); 〈口述書などを〉作成する; 書き物にする, 〈…の〉草稿を作る. **re·dác·tor** [名] 編集人, 校訂者.
re·dac·tion /rɪdǽkʃən/ [名] ❶ [U] 編集, 校訂, 改訂. ❷ [C] 版, 改訂版, 新版. ~·**al** [形]
réd ádmiral [名] 〘昆〙 アタランタアカタテハ 《欧州・北米産》.
réd alért [名] [U,C] 緊急警報; 緊急非常態勢: on ~ 非常態勢を取って.
réd álga [名] 〘植〙 紅藻.
re·dan /rɪdǽn/ [名] 〘城〙 凸角堡(とつかくほ).
réd·bàck (spíder) [名] 〘動〙 セアカゴケグモ 《ヒメグモ科の毒グモ; 雌の腹部背側に赤い縞がみられる; 豪州・ニュージーランドなどに棲息する》.
réd bíddy [名] [U] 《英口・古風》 (メチルアルコールを混ぜた)安物の赤ワイン.
réd·bìrd [名] 〘鳥〙 ❶ ショウジョウコウカンチョウ(猩々紅冠鳥) (cardinal bird). ❷ ウソ類の鳥.
réd blóod cèll [名] 〘生理〙 赤血球.
réd blóod còrpuscle [名] =red blood cell.
réd-blóoded [形] [A] 〈人・行動など〉男らしい, 元気な, 勇ましい. ~·**ness** [名]
réd·brèast [名] 〘鳥〙 胸が赤褐色の鳥 《コマドリ (robin) など》.
réd-brèasted mergánser [名] 〘鳥〙 ウミアイサ.
réd·brìck [形] [A] ❶ 赤レンガ造りの. ❷ 《英》 〈大学が〉近代に創立された. ── [名] [しばしば R~] 《英》 近代大学, 赤レンガ大学 《[解説] Oxford, Cambridge など古い大学が石造りなのに対し, 特に 1860 年代以降創設された大学は「赤レンガ」造りであることから; 主なものに Manchester, Birmingham, Leeds, Sheffield, Bristol などの各大学がある; cf. Oxbridge, plate-glass》.
réd·bùd [名] 〘植〙 アメリカハナズオウ 《北米原産》.
réd·càp [名] ❶ 《米》 赤帽, ポーター. ❷ 《英》 憲兵.
réd cárd [名] 〘サッカー〙 レッドカード 《レフェリーからの退場の警告; cf. yellow card》.
réd-cárd [動] [他] 〘サッカー〙 レッドカードを示して退場させる.
réd cárpet [名] (貴賓などを迎えるための)赤じゅうたん. **róll óut the réd cárpet for a person** 〈人〉を丁重に迎える(準備をする), 〈人〉を手厚くもてなす.
réd-cárpet [形] [A] 丁重な: give a person a ~ reception (赤じゅうたんを敷いて)人を盛大に歓迎する.
réd cédar [名] 〘植〙 ❶ エンピツビャクシン 《材は鉛筆・指物・枕木用材; 北米東部原産》. ❷ アメリカネズコ, ベイスギ (米杉) 《北米西部産クロベ属の高木; 40m 以上になる》.
réd céll [名] =red blood cell.
réd cént [名] [a ~; 否定文で] 《米口》 びた一文, 少量: be *not* worth *a* ~ びた一文の値打ちもない.
réd chíp [名] 〘証券〙 香港株式市場上場の中国企業株.
Réd Clòud [名] レッドクラウド 《1822–1909; アメリカ先住民 Sioux 族の族長》.
réd clóver [名] 〘植〙 ムラサキツメクサ, アカツメクサ 《米国 Vermont 州の州花》.
réd·còat [名] (米国独立戦争当時の)英国兵. 〘もと赤服を着ていたことから〙
réd córal [名] [U] アカサンゴ 《地中海・高知近海産; 装飾用》.
réd córpuscle [名] 赤血球.
Réd Créscent [名] [the ~] 赤新月社 《イスラム教諸国における赤十字社の支部》.
***Réd Cróss** [名] ❶ **a** [U] [the ~; 単数または複数扱い] (国際)赤十字(社). **b** [C] 赤十字(章). ❷ [r~ c~] [C] (白地に赤の)聖ジョージ十字章 《英国の国章》.

réd cúrrant [名] 〘植〙 アカフサスグリ(の実).
redd /réd/ [名] (サケ・マスなどの)産卵床.
réd déer [名] (複 ~) 〘動〙 アカシカ 《ヨーロッパ・アジア産》.
Réd Delícious [名] 〘園〙 レッドデリシャス 《デリシャス種のリンゴの一種で, 深紅色のもの》.
red·den /rédn/ [動] [自] ❶ 赤くなる. ❷ 顔を赤くする[赤らめる]. ── [他] 赤くする; 赤面させる. ([形] red)
⁺**red·dish** /rédɪʃ/ [形] 赤らんだ, 赤みがかった.
red·dle /rédl/ [名] [U] ⇨ ruddle.
réd dúster [名] 《英口》 ⇨ red ensign.
réd dwárf [名] 〘天〙 赤色矮星(わいせい).
red·dy /rédi/ [形] 赤みがかった, 赤っぽい (reddish).
⁺**re·dec·o·rate** /rìːdékərèɪt/ [動] [他] [自] 改装[模様替え]する.
re·déd·i·càte [動] [他] 再び奉献[献呈, 贈呈]する. **rè·dèd·i·cá·tion** [名]
⁺**re·deem** /rɪdíːm/ [動] [他] ❶ 〈…(の欠点)を〉補う, 償う, 救う (compensate): The only thing that ~*s* this movie is the final scene. 唯一この映画の救いとなっているのは最後のシーンだ / ⇨ redeeming. ❷ [~ *oneself* で] (努力して)名誉などを挽回する: He worked hard to ~ *himself* for his failure. 彼は失敗に対して名誉を挽回すべく一生懸命がんばった. ❸ 〘神学〙 〈神・キリストが〉〈人を〉〔罪悪から〕救う, 贖(あがな)う: Jesus Christ ~*ed* us (***from*** sin). イエスキリストは我々を(罪悪から)救った. ❹ 〈クーポン・商品券などを〉商品に換える; 〈株券などを〉現金化する; 〈手形を〉落とす; 〈紙幣を〉兌換(だかん)する: ~ a coupon クーポン[商品券]で商品を買う. ❺ **a** 〈債務・質物・抵当などを〉〔…から〕弁済する, 償還する, 請け出す: ~ a debt 借金を清算する / ~ a watch ***from*** a pawnshop 時計を質屋から請け戻す. **b** (身代金・賠償金を払って)〈奴隷・捕虜などを〉身請けする, 救出する: ~ a prisoner 捕虜を救出[解放]する. ❻ 〈約束・義務を〉履行する: The government has not ~*ed* any of its election promises. 政府は選挙の公約を一つも履行していない. 〘F < L = 買い戻す〙 ([名] redemption) 【類義語】 ⇨ save¹.
re·deem·a·ble /rɪdíːməbl/ [形] ❶ 換金できる, 商品に換えられる. ❷ 救い出せる; 贖(あがな)われる. ❸ 弁済[償還, 質受け]できる.
Re·déem·er [名] [the ~, our ~] 贖(あがな)い主, 救い主, キリスト.
re·déem·ing [形] (欠点・過失などを)補う, 埋め合わせをする: a ~ feature [point] 他の欠点の埋め合わせとなる取りえ[長所].
⁺**re·de·fine** /rìːdɪfáɪn/ [動] [他] 〈…を〉定義し直す, 再定義する.
⁺**re·demp·tion** /rɪdém(p)ʃən/ [名] [U] ❶ **a** 救済, 救い; 挽回, 回復. **b** 〘神学〙 (キリストによる)(罪の)贖(あがな)い, 救い. ❷ 換金, 現金化, 兌換(だかん); 引き換え. ❸ 買い戻し, 質受け; 償還. **beyònd [pàst] redémption** 回復の見込みがない; 救いがたい. ([動] redeem)
re·demp·tive /rɪdém(p)tɪv/ [形] 〘神学〙 贖罪(しょくざい)の.
réd énsign [名] [the ~] 英国商船旗.
re·de·ploy /rìːdɪplɔ́ɪ/ [動] [他] 〈軍隊・生産施設などを〉移動[転進, 転換]させる. ~·**ment** /-mənt/ [名]
⁺**re·de·sign** /rìːdɪzáɪn/ [動] [他] 〈…の〉外観[機能, 内容]を改める.
re·de·ter·mine /rìːdɪtə́ːmɪn | -tə́ː-/ [動] [他] 再決定する, 決定しなおす. **re·de·ter·mi·na·tion** /rìːdɪtə̀ːmɪnéɪʃən | -tə̀ː-/ [名]
re·de·vel·op /rìːdɪvéləp/ [動] [他] 〈地域などを〉再開発する.
⁺**rè·de·vél·op·ment** /-mənt/ [名] [U] 再開発.
réd-èye [名] ❶ [U] 〘写〙 赤目, レッドアイ 《フラッシュの使用により写真中の人物の目が赤く写る現象》. ❷ [C] 《米口》 夜間飛行便 《[由来] なかなか寝つけなくて目が赤くなることから》. ❸ [U] 《米俗》 安ウイスキー. ❹ [C] 目の赤い魚, '赤目' 《rudd, rock bass など》. ── [形] [A] 《米口》 長距離夜間

R

飛行の: catch a ~ special 夜間特別便をつかまえる.

réd-fáced 形《怒り・当惑などで》赤い顔をした; 赤ら顔の.

réd-fíg·ure 形〖美〗《古代ギリシアの》赤絵の, 人像(式)の《壺》《cf. black-figure》.

réd·fish 名 **a**《一般に》赤っぽい魚: **a**《英》《繁殖期の》雄ザケ. **b** タイセイヨウアカウオ《カサゴ科; 北大西洋産》.

réd fish 名 ⓤ 赤身の魚《ニシン・サバ・イワシなど; cf. whitefish》.

réd flág 名 ❶《危険信号としての》赤旗. ❷ **a**《左翼革命の象徴としての》赤旗. **b** [the R~ F~] 革命歌.

réd fóx 名 〖動〗アカギツネ《cf. silver fox》.

réd gíant 名 〖天〗赤色巨星《表面温度が低く赤色に輝く大きな星; cf. white dwarf》.

réd góods 名 《商》下級商品《回転は速いが利幅の小さい商品, 特に食料品類》.

réd gróuse 名 (-s~)〖鳥〗アカライチョウ, ヨーロッパヌマライチョウ《英国産の猟鳥》.

réd gúm 名 ❶ Ⓒ 〖植〗《数種の》ユーカリノキ《豪州原産》; モミジバフウ《sweet gum》. ❷ ⓤ 赤い樹脂でつかえる.

réd-hánded 形 Ⓟ《悪事の現行犯で》: catch [nab] a person ~ 人の悪事の現場を見つける, 人を現行犯で捕える / be caught ~ 現行犯でつかまる.

réd hát 名 ❶ 枢機卿(けいき)の帽子. ❷ 枢機卿.

réd·hèad 名《口》赤毛の人.

réd·hèad·ed 形 ❶《人が》赤毛の. ❷《鳥が》赤い頭をした.

réd héat 名 ⓤ 赤熱. ❷ 激しい興奮.

réd hérring 名 ❶ 燻製(ぐん)ニシン. ❷ 人の注意を他へそらすもの; 人を惑わすような情報《画釈キツネ狩りの猟犬に他のにおいとかぎ分けさせる訓練に燻製ニシンを用いることから》.

†**réd-hót** 形 ❶ **a**《金属など》赤熱した. **b**《口》《ものが》熱すぎる. ❷ 熱烈な, 熱狂的な, 盛り上がっている; 激烈な, 激した. ❸《ニュースなどが》最新の, ホットな; 話題騒然の, 大人気の. ❹《レース・競技などで》最有力《右翼》の, 大本命の.

réd-hòt póker 名 〖植〗トリトマ, シャグマユリ《ユリ科ツルボラン属の植物; 初夏に長い花穂を出して黄橙色の管状花をたくさんつける; アフリカ南部原産》.

re-díal 名 /rìː·dáɪ(ə)l/ リダイヤル《直前の通話番号に自動的につなぐ機能》; リダイヤルボタン. ── 動 他 /rìː·dáɪ(ə)l/ リダイヤルする.

Re-dif·fu·sion /rìːdɪfjúːʒən/ 名 ⓤ《英》《商標》リディフュージョン《ラジオ・テレビ番組を有線方式によって中継するシステム》.

Réd Índian 名《軽蔑》アメリカンインディアン.

red·in·gote /rédɪŋɡoʊt/ 名 ルダンゴト: **a** 前開きの長い婦人用コート. **b** 前にまちのはいったロングドレス. **c** 18世紀の両前の長い紳士用コート.

réd ínk 名 ⓤ ❶ 損失, 赤字. **réd-ínk** 形 赤字の.

†**re·di·rect** /rìːdɪrékt, -daɪ-/ 動 ❶《…の》向を直す, 《…の》方向を変える; 〖電算〗リダイレクトする《入力[出力]を既定の入力[出力]装置[ファイル]から他へ切り換える》. ❷《手紙の》あて名を《…に》書き換える《to》.

re·dis·count /rìːdískaʊnt/ 名 ⓤ 《手形の》再割引《通例実数形で》再割引手形. ── 動 他 /ˈrìː-, ˌ-ˈ-/《手形などを》再割引する. **rè·dis·count·a·ble** 形.

†**re·dis·cov·er** /rìːdɪskʌ́vər | -kʌ́v-/ 動 他 再発見する. **rè·dis·cóv·er·y** 名.

re·dis·solve /rìːdɪzʌ́lv | -zʌ́lv/ 動 他 再び《繰り返し》溶解する; 再解消する. **re·dis·so·lu·tion** /rìːdɪsəlúːʃən/ 名.

re·dis·trib·ute /rìːdɪstríbjuːt | -bjut/ 動 他 再分配 [区分]する, 分配[区分]し直す. **re·dis·tri·bu·tion** /ˌrìːdɪstrɪbjúːʃən/ 名.

rè·dis·tri·bú·tion·ist /-ʃ(ə)nɪst/ 名 福祉国家論者.

re·di·vide /rìːdɪváɪd/ 動 他 再分割する; 分配[区分]しなおす. **re·di·vi·sion** /rìːdɪvíʒən/ 名 ⓤ 再分割, 再分配, 再区分.

red·i·vi·vus /rèdəváɪvəs/ 形 [名詞の後に置いて] 生き返った, 生まれ変わった.

réd léad /-léd/ 名 ⓤ 鉛丹, 光明丹《酸化鉛から作った顔料》.

Réd Léicester 名 ⓤ レッドレスター《チーズ》.

réd-létter dày 名 ❶ 祭日, 祝日. ❷ 記念すべき《思い出に残る》日. 《カレンダーに赤文字で示すことから》.

†**réd líght** 名 赤信号, 停止信号; 危険信号: drive [go] through a ~ 赤信号を突破する / stop at [for] a ~ 赤信号で停止する / see the ~ 危険に気づく.

réd-líght dístrict 名 赤線地帯《売春宿の多い地区》.

réd·line 動 他《給与支払台帳などの》リストから《項目を》除外する;《地域に》redlining を行なう《適用する》;《飛行機・自動車などを》安全[許容]限界で飛行[運転]する, レッドラインに合わせる. ── /-ˈ-/ 名 レッドライン《飛行機・自動車などの安全[許容]限界を示すメーター上の赤い線》. ── /-ˈ-/ 形《交渉において》許容限界の, ぎりぎりの.

réd·lin·ing 名《米》赤線引き, レッドライニング《都市内の荒廃地域に対する金融機関の違法な貸付拒否》.

réd·ly 副 赤く, 赤色に.

réd màn 名《軽蔑》= Red Indian.

réd méat 名 ⓤ 赤肉《牛肉・羊肉など; cf. white meat》.

réd múllet 名 〖魚〗ヒメジ.

réd·nèck 名《米・軽蔑》赤首《野郎》《田舎, 特に南部の無教育の白人労働者; 反動主義的傾向が強い》.《首筋が赤く日焼けしていることから》

réd-nécked 形《米口》redneck の《ような》; おこった, かっとなった.

re·do /rìːdúː/ 動 他 (-did /-díd/, -done /-dʌ́n/) ❶ 再びする, やり直す. ❷ 修理し[飾り]直す;《髪を》結い直す: I redid my hair. 髪を結い直した.

réd ócher 名 ⓤ 紅土, 代赭(ざい)石《赤色の土類; 顔料に用いる》.

re·do·lence /rédələns/ 名 ⓤ 芳香, 香気 《of》.

re·do·lent /rédələnt/ 形 Ⓟ ❶《…をしのばせて, 暗示して: a town ~ of romance ロマンスの香りのある町. ❷ Ⓟ《…のにおいが強く: a room ~ of roses バラのにおいのたちこめた部屋. **b** 芳香のある: ~ odors 芳香. **~·ly** 副.

re·dou·ble /rìːdʌ́bl/ 動 他 ❶ さらに倍加する; 強める, 増す: We ~d our efforts [zeal]. なお一段と努力した[熱意を高めた]. ❷ 倍加する, 強まる: The rain ~d. 雨は一段と激しさを増した.

re·doubt /rɪdáʊt/ 名 とりで, 要塞(さい).

re·doubt·a·ble /rɪdáʊtəbl/ 形 ❶ 畏敬[畏怖]の念を起こさせる. ❷ 恐るべき, あなどりがたい: a ~ opponent [enemy] あなどりがたい相手[敵].

re·dound /rɪdáʊnd/ 動 他 ❶〔信用・利益などを〕増す, 高める: This will ~ to your credit. この仕事は君の名を大いに高めることになる. ❷《古》《行為の善悪などが》人に》戻ってくる, はね返る 《on, upon》.

re·dox /rìːdaks | -doks/ 名 ⓤ 〖化〗酸化還元《の》, レドックス《の》. 《RED(UCTION) + OX(IDATION)》

réd pánda 名 〖動〗レッサーパンダ《毛が赤茶色をしているところから》.

réd-péncil 動《原稿・ゲラに》赤字を入れる, 校正する; 検閲する.

†**réd pépper** 名 ❶ Ⓒⓤ トウガラシ《の実》. ❷ ⓤ とうがらし《香辛料》.

réd phósphorus 名 〖化〗赤燐.

réd plánet 名 [the ~] 赤い惑星《火星の俗称》.

réd·pòll 名 〖鳥〗❶《欧州産の》ベニヒワ《の類の鳥》. ❷ = **rédpoll wàrbler** ズアカチャスジアメリカムシクイ.

réd·pòll(ed) 形 [しばしば R~ P~] レッドポウル種《の牛》《肉用・乳用の無角の中型赤牛; 英国原産》.

Réd Quéen hypóthesis 名〖生〗赤の女王仮説《生物は, 他種の進化がみずからにとって負の要因となることから, 絶滅を防ぐために持続的に進化しなければならないとする仮説》. 《Lewis Carroll の *Through the Looking-Glass* に登場する Red Queen のことばから》

re·draft /rìːdráft | -dráːft/ 動 他 下書きし直す.

réd rág 名 人を怒らせるもの.

†**re·draw** /rìːdrɔ́ː/ 動 他 (-drew /-drúː/; -drawn

re·dress[1] /rɪdrés/ 動 ⓣ ❶ 〈不正を〉矯正する, 直す, 正す. ❷ 〈…の〉平衡を取り戻す: ~ the balance 均衡を取り戻す, 不均衡を是正する. ─ /rídres, rí:dres/ 名 ⓤ (不正の)矯正; 補償 (compensation): seek ~ for…に対する補償を求める.

re·dress[2] /rì:drés/ 動 ⓣ ❶ 〈…に〉再び着せる: ~ a person 人に服を着せ直す. ❷ 包帯し直す.

réd ríbbon 名 リボン章 (競技などにおける二等賞); (Bath 勲章や Légion d'honneur 勲章の)赤綬.

Réd Ríver 名 [the ~] レッドリバー《米国 Texas, Oklahoma 両州の境を東流して Mississippi 川に合流する川》.

réd·róan 名〈馬などの毛色が〉赤茶色の糟毛(かすげ).

réd róse 名 赤バラ: **a**〖英史〗 Lancaster 家の紋章 (cf. white rose, Wars of the Roses). **b** 英国労働党の象徴.

réd sálmon 名〖魚〗ベニザケ (sockeye).

réd sándalwood 名 ❶ (また **réd sánders(wood)**) 紅木紫檀(したん), 紅木材; 〖植〗紅木紫檀原木《インド原産》. ❷ ナンバンアカアズキ《熱帯アジア・アフリカ原産の高木; マメ科》.

Réd Séa 名 [the ~] 紅海《アラビア半島とアフリカ大陸の間の海》.

réd sétter 名 =Irish setter《通称》.

réd·shànk 名 ❶〖鳥〗アカアシシギ: run like a ~ 非常に速く走る, 足が速い. ❷〖植〗茎の下部が赤いタデ属の各種植物 (ハルタデ, ヤナギタデなど).

réd·shìft 名〖天〗赤方[赤色]偏移《ドップラー効果や強い重力場によってスペクトル線の波長が標準的な波長より長い方へずれること》. **réd·shìft·ed** 形

réd·shìrt 名 赤シャツ党員[隊員] 《特に Garibaldi の革命党員》; 〖米俗〗赤シャツ選手《選手資格を延長するため, 1 年間対抗戦への参加を見合わせる学生の運動《特にフットボール》選手; 赤いジャージを着て練習することから》. ─ 動 ⓣ 〖米俗〗〈学生選手を〉赤シャツ選手として対抗戦からはずす: be ~ed. ~ing 名

réd·skìn 名〔軽蔑〕アメリカインディアン (⇒ Native American).

réd squírrel 名〖動〗❶ アメリカアカリス《北米産》. ❷ キタリス《英国からアジアにかけて分布するリス》.

réd·stárt 名〖鳥〗❶ シロビタイジョウビタキ《ヨーロッパ産》. ❷ ハゴロモムシクイ《北米産》.

†**réd tápe** 名 ⓤ《煩雑でややこしい》お役所風, 官僚的[官庁式]形式主義. 《英国で公文書を縛るのに用いた赤いテープから》

réd tíde 名 赤潮《魚介類に被害を与える》.

réd tòp 名〖英口〗タブロイド紙《一面上部に赤字で新聞名が書かれている》.

*__re·duce__ /rɪdjúːs | -djúːs/ 動 ⓣ ❶ **a**〈大きさ・数量・程度などの点で〉〈費用・体重・生産などを〉減らす, 減少させる, 下げる; 縮める, 縮小する; 切り詰める: ~ expenses 費用を切り詰める / ~ production 生産を減らす / ~ one's weight *by* three pounds 体重を3ポンド減らす / These items are ~d *from* $15 *to* $10. これらの品物は15ドルから10ドルに値引きされている. **b**〈…を〉煮詰める. ❷〈…を〉〈ある状態〉にする, 変える〔★しばしば受身で用いる〕: The police soon ~d the mob to order. 警官隊はまもなく暴徒を静まらせた / They *were* ~d to silence [tears]. 彼らは黙らせられて[泣かされて]しまった / The earthquake has ~d the town *to* rubble. 地震が町を瓦礫(がれき)と化してしまった. ❸〈ものを〉〈整理して〉簡単な形に変える, まとめる: ~ a statement *to* its simplest form ある陳述を最も簡単な形に直す / These facts can be ~d *to* three categories. これらの事実は3つの部類に分類できる. ❹〈人を〉〈困った立場[状態]に〉陥らせる, 落とす〔★通例受身で用いる〕: He *was* ~d *to* poverty [begging his friends for money]. 彼は貧乏になった[友人に無心するまで落ちぶれた]. **b**〈人の〉(地位・階級などを)…に下げる, 引き下げる (to) 〔★しばしば受身で用いる〕. ❺〖化〗〈化合物を〉〈…に〉還元する, 分解する: ~ a compound *to* its elements 化合物を要素に分解する. ❻〖数〗…を換算する, 通分する, 約す: ~ an equation 方程式を解く. ❼〖医〗〈脱臼などを〉整復[復位]する. ❽〖古〗〈都市・とりでなどを〉征服する, 鎮圧する. ─ ⓘ ❶〖口〗(節食などで)体重を減らす: No more, thanks, I'm *reducing*. ありがとうでももうけっこうです, 減量中ですから. ❷ 煮詰まる. ❸ 縮小する. 〖L=後に導く＜RE-[1]+*ducere*, *duct*- 導く (cf. duct, produce)〗名 reduction. 〖類語語〗⇒ decrease.

re·dúced 形 ❶ 減じた; 切り詰めた: at a ~ price 割引値段で. ❷ 落ちぶれた, 零落した: in ~ circumstances 落ちぶれて, 零落して.

re·dúc·er 名 ❶ reduce するもの[人]; 還元剤 (reducing agent), (特に)〖写〗減像薬, 減力液, (ペンキなどの)薄め液, シンナー; やせ薬. ❷〖機〗径違い継手, 片落ろし管, レジューサー.

re·dúc·i·ble /rɪdjúːsəbl | -djúːs-/ 形 ❶ 縮小[減少]することができる. ❷〔簡単な形に〕まとめることができる 〔to〕. ❸ 還元できる〔to〕.

re·dúc·ing àgent 〖化〗還元剤.

re·dúc·tant /rɪdʌ́ktənt/ 名 =reducing agent.

re·duc·tase /rɪdʌ́ktèɪs/ 名〖生化〗還元酵素.

re·duc·ti·o ad ab·sur·dum /rɪdʌ́ktiòʊædəbsə́ː-dəm | -əbsə́ː-/ 名 ⓤ〖論理〗帰謬(ひゅう)法, 背理法. 〖L= reduction to absurdity〗

*__re·duc·tion__ /rɪdʌ́kʃən/ 名 ❶ ⓒⓤ **a** 縮小, 削減; 割引(額): a 5% ~ *in* traffic accidents 交通事故の5パーセントの減少 / What ~ will you make on this article? この品を(買ったら)どれくらい割り引いてくれますか. **b** 縮図, 縮写 (↔ enlargement). ❷ ⓤ 低下, 下落; 格下げ. ❸ 〖論〗単純な形にまとめること, 還元, 整理, 分類. ❹ 〖数〗約分, 換算. ❺ ⓤ〖化〗還元(法). ❻〖生〗減数分裂. ❼〖医〗(脱臼などの)整復, 復位. 動 reduce.

redúction gèar 〖機〗減速歯車.

re·duc·tion·ism /rɪdʌ́kʃənɪzm/ 名 ⓤ〖生〗還元主義《生命現象は物理的・化学的に説明し尽くされるとする》; 〖論〗単純主義《複雑なデータ・現象を単純に言い換えようという理論》; 過度の単純化(志向). **-tion·ist** 名 形 **re·duc·tion·is·tic** /rɪdʌ̀kʃənístɪk⁻/ 形

re·duc·tive /rɪdʌ́ktɪv/ 形 ❶ 還元主義的な. ❷〖化〗還元の. ❸ minimal art の. **~·ly** 副

re·dúc·tiv·ism 名 ⓤ ❶ =minimal art. ❷ =reducionism. **-ist** 名

re·dún·dance /-dəns/ 名 =redundancy.

*__re·dun·dan·cy__ /rɪdʌ́ndənsi/ 名 ❶ **a** ⓤ 余分, 余剰, 過多. **b** ⓒ 余剰物. ❷ (表現の)冗長, 重複. ❸ ⓒ 冗語. ❹〖英〗**a** ⓤ 人員過剰. **b** ⓒ (労働者の)余剰従業員. **c** ⓒ (人員過剰のための)失業者. ❹〖工〗冗長化[性]《システムの一部の故障時などにそれを瞬時に代行して全体の機能を保ったり, 通常の動作には不要な予備の機器・部品などを組み入れておくこと》. 形 redundant.

redúndancy pày 名 ⓤ〖英〗(余剰労働者に支払われる)解雇手当.

*__re·dun·dant__ /rɪdʌ́ndənt/ 形 ❶ **a** 余分[過多]の. **b** (表現が)冗長な; 冗語の. ❷〖英〗(労働者が)余剰とされた: I've been made ~. 失業[首]になった. ❸〖工〗(機器などが)リダンダントな, バックアップ用の, 冗長化用の. **~·ly** 副 〖L=あふれている＜*red*-, RE-[1]+*undare* あふれる; cf. abound〗名 redundancy)

re·du·pli·cate /rɪdjúːplɪkèɪt | -djúː-/ 動 ⓣ ❶ 二重にする, 倍加する; 繰り返す. ❷〖文法〗**a**〈文字・音節を〉重ねる. **b** 音節を重ねて〈派生語・変化語を〉作る.

re·du·pli·ca·tion /rɪdjùːplɪkéɪʃən | -djùː-/ 名 ⓤ ⓒ 二重化, 倍加; 反復. ❷〖文法〗(語頭・音節の)重複.

re·dú·pli·cà·tive /-kèɪtɪv/ 形 反復する; 倍増しの, 二重の. **~·ly** 副

re·dux /rɪdʌ́ks/ 形 [名詞の後に置いて] 帰ってきた.

réd valérian 〖植〗ベニカノコソウ《ヨーロッパ産》.

réd·wàter (féver) 名〖獣医〗ウシベピア症.

réd wíne 名 ⓤⓒ 赤ぶどう酒, 赤ワイン.

réd·wìng 名〖鳥〗ワキアカツグミ《ヨーロッパ産》.

réd·wòod 名 ❶ ⓒ〖植〗セコイア, セコイアメスギ《米国

California 州産のスギ科の巨木; 高さ130mに達するものもある). ❷ Ⓤ セコイア(メスギ)材.
réd wòrm 图 〖動〗 =bloodworm, (特に)イトミミズ《釣餌》.
réd zòne 图 (計器上で危険を表す)レッドゾーン; 危険地帯, 立入り禁止区域, 活動禁止区域;《米俗》《フット》レッドゾーン(守備側のゴールラインに近い危険なゾーン).
ree·bok /ríːbɑk | -bɔk/ 图 (徴 ~s, ~)〖動〗リーボック《南アフリカ産の小型のレイヨウ》.
re·ech·o /riːékou/ 動 圁 反響する, 響き渡る.
†**reed** /ríːd/ 图 ❶ a ⓒ 〖植〗アシ, ヨシ: a ~ shaken by [with] the wind 風にそよぐアシ; 定見のない人《★聖書「マタイ伝」から》/ a thinking ~ 考えるアシ;【人間】/⇒ broken reed. b Ⓤ アシの草むら. c Ⓤ《英》(屋根ふき用の)干したアシ, ふきわら. ❷ a ⓒ (楽器の)舌, リード. b ⓒ リード楽器; リードオルガン. c [the ~s] (オーケストラの)リード楽器部.
Reed /ríːd/, *Walter* 图 リード (1851-1902; 米国の医学者; 黄熱病を蚊が媒介することを証明).
réed bèd 图 ヨシ湿原 〖ヨシが優占する沼地[水域]〗.
réed·bùck 图 (徴 ~, ~s) 〖動〗 リードバック《淡黄色のアフリカ産のレイヨウ》.
réed bùnting 图 〖鳥〗 ❶ オオジュリン《ホオジロ科, 欧州・アジア産》. ❷ ヒゲガラ (bearded tit) 《シジュウカラ科》.
reed·ed /-dɪd/ 形 アシでおおわれた, アシの生い茂った; 〈硬貨・メダルなどが〉縁にきざぎざのついた;〈楽器が〉舌のある.
réed·ing /-dɪŋ/ 图 〖建〗胡麻殻(%)筋, 竪細溝; 〖建〗胡麻殻繰形(⁻); 《硬貨の縁のぎざぎざ》.
réed ìnstrument 图 リード楽器 (bassoon, clarinet, oboe などリードを用いる木管楽器).
re·éd·it 動 ⓗ 編集しなおす, 改訂する.
rè·edítion 图 改版, 再訂版.
reed·ling /ríːdlɪŋ/ 图 〖鳥〗ヒゲガラ (bearded tit).
réed màce 图 〖植〗ガマ (cattail).
réed òrgan 图 リードオルガン, (足踏み)オルガン (cf. pipe organ, harmonium).
réed pìpe 图 ❶ アシ笛, 牧笛. ❷ リードパイプ《金属性リードの振動で音を出すオルガンパイプ》.
réed stòp 图 〖楽〗(オルガンの)リード音栓, リードストップ.
re·ed·u·cate /riːédʒukèɪt/ 動 ⓗ 〈人を〉再教育する, 教育し直す;〈障害者などを〉再訓練する, リハビリをする.
re·ed·u·ca·tion /riːèdʒukéɪʃən/ 图 Ⓤ 再教育.
réed wárbler 图 ヨシキリ, 《特に》ヨシハラシキリ.
reed·y /ríːdi/ 形 (**reed·i·er**; **-i·est**) ❶〈声・音が〉あしぶえの音に似た; 細くて鋭い, かん高い. ❷〈場所が〉アシの多い, アシの生えた. ❸ アシのような; ひょろ長い; 弱々しい.
réed·i·ness 图 (图 reed)
†**reef**[1] /ríːf/ 图 礁(ℓ**k**)《海面または海面近くに突出する細長い部分; 岩礁・暗礁・砂礁・砂州など》: a coral ~ サンゴ礁 / strike [go on] a ~ 座礁する.
reef[2] /ríːf/ 图 〖海〗 ❶ (帆の)縮帆部, たたみ込み. **tàke in a réef** (1) 縮帆する. (2) 用心して進む; 慎重にする. ── 動 ⓗ 〈帆を〉縮める, 縮帆する.
réef·er[1] 图 ❶ 縮帆する人. ❷ リーファー《丈夫な通例前合わせ布製のダブルの上着》.
réef·er[2] 图 《俗》マリファナ入り巻きたばこ. 《形が縮帆に似ていることから》
ree·fer[3] /ríːfə | -fə/ 图《米》 ❶ (鉄道の)冷凍車, 冷蔵トラック, 冷蔵船. ❷ (人が入れる大きな)冷蔵庫. 《REFRIGERATOR から》
réef·ing jàcket 图 =reefer[1] 2.
réef knòt 图《英》〖海〗こま結び《《米》square knot》.
réef pòint 图 〖海〗縮帆索.
reef·y /ríːfi/ 形 (**reef·i·er**; **-i·est**)〈海岸などが〉礁[岩礁, 暗礁, 砂礁, 砂州]の多い《图 reef[1]》.
†**reek** /ríːk/ 動 圁 ❶ 〖...の〗悪臭を放つ, 〖...〗臭い (stink): He ~*ed of* alcohol [garlic]. 彼は酒[ニンニク]臭かった. ❷〖不快なものなどの〗気味がある: Their deal ~s *of* corruption. 彼らの取引は汚職のにおいがする. ── 图 Ⓤ [また a ~] 悪臭: the ~ of rotten onions 腐ったタマネギの悪臭.《OE=煙》 (形 reeky)
reek·y /ríːki/ 形 (**reek·i·er**; **-i·est**) 悪臭 (reek) を放つ.
*‡**reel**[1] /ríːl/ 图 ⓗ ❶ (針金・ゴム管・糸・ケーブルなどを巻く)巻き枠, リール: a《英》糸車, 糸巻き (《米》spool). b (釣りざおの)リール. c (フィルム・テープなどの)巻き枠, スプール. ❷ a (巻き枠に巻いた)ひと巻き: a ~ *of* (sewing) cotton《英》カタン糸ひと巻き. b〖映〗巻 (通例1巻は1000 feetまたは2000 feet): a six-~ film 6巻ものの映画. ❸ (機械の)回転部. (**stráight**) **òff the réel**《口》すらすらと, よどみなく. ── 動 ⓗ ❶〈糸を〉糸巻きに巻く, 繰る.〈糸・釣り糸などを〉(リールで)巻く: ~ *in* a fish 魚をリールでたぐり寄せる. **réel óff**《ⓗ+副》〈...を〉よどみなく[すらすらと]話す[書く]: She can ~ *off* the whole poem. 彼女はその詩を全部すらすらと暗唱できる. **réel óut**《ⓗ+副》〈...を〉引き出す: ~ *out* thread [a hose] 糸[ホース]を引き出す. 《OE=糸車》
reel[2] /ríːl/ 動 圁 ❶ [副詞(句)を伴って] よろめく, よろめきながら歩く: ~ *back* うしろへよろめく / ~ *around* in a daze 目がくらんでよろめく / He ~*ed out of* the bar. 彼はよろよろと酒場から出て行った. ❷ a めまいがする,〈頭がくらくらする〉動揺する, 混乱する, うろたえる: My mind [brain] ~*ed* at the news. その報道を耳にした時頭がくらくらした / The country is still ~*ing* from shock at the terrorist attack. 国民全体がそのテロ襲撃のショックでいまだに動揺している. b〈光景がぐるぐる回るように見える〉: The whole room ~*ed* before my eyes. 部屋全体が目の前に揺らいで見えた.
reel[3] /ríːl/ 图 ❶ リール《スコットランド高地人の軽快な舞踏》. ❷ リールの曲. ── 動 圁 リールを踊る.
*‡**re·e·lect** /riːɪlékt/ 動 ⓗ 〈...を〉**再選**[**改選**]する.
re·e·lec·tion /riːɪlékʃən/ 图 Ⓤ 再選, 改選.
rè·elígible 形 再選[再任]資格がある;《仮釈放や競技会出場などの》資格を有している.
rèel-to-réel 形〈テープ・テープレコーダーが〉オープンリール式の.
rè·emérge 動 再び現われる, 再出現[再現]する. **rè·emérgence** 图 Ⓤ 再出現. **rè·emérgent** 形
rè·émphasize 動 ⓗ 再強調する. **rè·émphasis** 图
rè·enáct 動 ⓗ 再び制定する, 再演する;〈以前のできごと・事件を〉再現する. **~·ment** 图 Ⓤⓒ 再制定; 再演, 再現.
rè·enginéer 動 ⓗ 設計しなおす, 再製作する;〈会社などを〉再編成[改革]する, リストラする. **~·ing** 图
*†**re·en·ter** /riːéntɚ | -tə/ 動 ⓗ ❶〈部屋・場所などに〉再び入る: The space shuttle ~*ed* the atmosphere. スペースシャトルは大気圏に再突入した. ❷〈...に〉再加入する;〈...を〉再記入する. ── 圁 ❶ 再び入る; 再入国[場]する. ❷ 再加入[記入]する.
rè·éntrance 图 =reentry.
re·en·trant /riːéntrənt/ 形 内に向かっている, 内曲した; 凹角の (↔ *salient*): a ~ angle 凹角. ── 图 凹角, 凹部; (地形の)凹入部, 入江, 谷 (など); 再び入る[入れる]もの; 内に向かっている人[もの].
re·en·try /riːéntri/ 图 Ⓤⓒ 再び入る[入れる]こと; 再入国[場]. ❷ (宇宙船などの大気圏への)再突入.
reeve[1] /ríːv/ 图 ❶《英》(昔の町・地方の)執事, 代官. ❷《カナダ》町・村会の議長.
reeve[2] /ríːv/ 動 ⓗ (rove /róuv/, ~d; rove, ~d, rov·en /róuv(ə)n/) 〖海〗〈索を〉〈穴[滑車]に〉通す (*through*); 穴に通して[何かに巻き付けて]結びつける (*in, on, around, to*).
reeve[3] /ríːv/ 图 〖鳥〗エリマキシギの雌.
re·ex·am·i·na·tion /ríːɪgzæmənéɪʃən/ 图 Ⓤⓒ 再試験, 再検討, 再検査. 〖法〗再尋問.
*†**re·ex·am·ine** /ríːɪgzǽmən/ 動 ⓗ 〈...を〉再試験[再検査]する. 〖法〗〈証人を〉(反対尋問の後で)再尋問する.
rè·ex·pórt 動 ⓗ 〖商〗〈輸入品を〉再輸出する. ──/-- -/ 图 Ⓤⓒ 再輸出(品). **rè·ex·pórt·er** 图
rè·ex·por·tá·tion 图 Ⓤ 再輸出.
ref /réf/ 图《口》=referee.
ref.《略》referee; reference; referred; reformed.
re·face /riːféɪs/ 動 ⓗ 〈建物・石などの〉表面を新しくする[替える].

re·fash·ion /rɪˈfæʃən/ 動 他 ❶ 作り直す, 改造[改装]する. ❷ 〈...の〉形[模様]を変える.

re·fec·tion /rɪˈfɛkʃən/ 名 U 気晴らし, 慰み, 休養; 元気回復; ごちそう; 軽い食事[飲み物] (を取ること).

re·fec·to·ry /rɪˈfɛktəri, -tri-/ 名 (修道院・大学などの)食堂.

reféctory táble 名 (しっかりした脚のついた)細長い長方形のテーブル.

*__re·fer__ /rɪˈfɜː, -ˈfɜː/ 動 (re·ferred; re·fer·ring) 自 ❶ (★ refer to...は受身可) **a** 〈...に〉言及する, 触れる, 〈...のこと〉を指す, 口に出す; 〈...を〉引き合いに出す: The author frequently ~ s to the Bible. 著者はしばしば聖書を引き合いに出す / That does not ~ to you. それはあなたのことを言ってるわけではありません. **b** 〈...を X...と〉呼ぶ: [+to+代名+a補] Gasoline *is referred to as* petrol in Britain. gasoline はイギリスでは petrol と呼ばれる. ❷ 〈...について〉参照する, 参考にする; 〈...に X...について〉問い合わせ, 照会する (consult) (★ ~ to は受身可): When in doubt ~ *to* your dictionary. 疑わしい時は辞書を引きなさい / We *referred to* his former employer *for* information about his character. 彼の人物についての情報を前の雇い主に照会した. ❸ **a** 〈...に〉関連している, 当てはまる: The regulations ~ only *to* minors. その規約は未成年者だけに適用する. **b** [文法]〈代名詞が〉〈名詞などを〉受ける: What does this pronoun ~ *to*? この代名詞は何を指しますか. — 他 ❶ 〈人を〉〈...に〉〈情報・援助などを〉求めるために〉差し向ける, 照会させる: His doctor *referred* him *to* a psychiatrist. 彼の担当医は彼を精神科医に紹介した / I *was referred to* the secretary *for* detailed information. 詳しいことについては秘書に問い合わせるように言われた. ❷ **a** 〈事件・問題などを〉〈...に〉任せる, 付託する: They decided to ~ the dispute *to* the United Nations. その紛争を国連に付託することにした. **b** 〈議案などを〉〈...に〉差し戻す: ~ a bill *back to* a committee 法案を委員会に差し戻す.〖F<L=運び戻す<RE-¹+*ferre* 運ぶ (cf. transfer)〗【類義語】**refer** は人・物の注意・関心を引くために直接はっきりとある人・物の名をあげる, またはそれに言及する. **allude** さりげなく, または遠回しな言い方でほのめかす.

ref·er·a·ble /rɪˈfɜːrəbl, ˈrɛf(ə)rə- | rɪˈfɜːr-, ˈrɛf(ə)rə-/ 形 〈...に〉帰することができて (*to*).

*__ref·er·ee__ /ˌrɛfəˈriː/ 名 ❶ (競技・試合の)審判員, レフェリー [解説] 主に basketball, boxing, football, hockey, rugby, wrestling などに用いる; cf. umpire). ❷ 仲裁人, 調停者. ❸ (学術論文の)事前審査員. ❹ (英) 身元照会先, 身元保証人. ❺ (...の)審判[仲裁]をする: ~ a football game アメフトの試合の審判をする.

*__ref·er·ence__ /ˈrɛf(ə)rəns/ 名 ❶ C,U 〈...に〉言及 (するこ), 論及; 〈...に〉言及する, 〈...を〉参照 (すること), 照合, 参考: a book for ~ 参考図書 / make ~ *to* a guidebook 案内書を参照する / For your (future) ~, this is my telephone number. (将来の)ご参考までに, これは私の電話番号です. ❸ C **a** 参照文, 引用文. **b** 参考文献, 参考図書: a list of ~ s 参考文献一覧. **c** = reference mark. ❹ C **a** 信用・信用などの証明書, 推薦状: a banker's ~ (財政状態が健全であることを保証する)銀行からの証明書 / He has a good ~ from his former employer. 彼には前の雇い主からのりっぱな推薦状がある. **b** 信用[身元]照会先, 問い合わせ先. **c** 身元保証人 ((英) referee). ❺ U 関連, 関係: This has [bears] some [no] ~ *to* our problem. これは我々の問題と多少の関係がある[何の関係もない]. ❻ U 〈委員会などへの〉委託, 付託 (*to*): the terms of ~ 委託の条件, 権限. ❼ C [商]参照[整理]指示.

a póint of réference = a **reference point** (1) 評価[判断]の基準. (2) (移動中の)目印.

in [with] reference to...に関して, ...と関連して.

without reference to...に関係なく, ...をかまわず.

—— 形 A 参考の, 参考用の: ~ documents [materials, papers] 参考文書[資料, 書類] / ⇒ reference book.
—— 動 他 〈本・章などに〉参照事項[参考資料]を付ける (挙げる].

(動 refer)

réference bòok 名 参考(図)書《百科事典・辞書・年鑑など; 区別 日本語でいう「学習参考書」とは異なる).

réference gròup 名 [社] 準拠集団, レファレンスグループ (自己の態度・判断の基準として影響をうけるグループ).

réference library 名 参考図書館 (館外への貸し出しを許さない; cf. lending library 2 a).

réference màrk 名 参照符 (asterisk (*), dagger (†), double dagger (‡), paragraph (¶), section (§) など).

réference nùmber 名 = reference 7.

réference ròom 名 (reference books を置いてある)資料室.

*__ref·er·en·dum__ /ˌrɛfəˈrɛndəm/ 名 (複 ~ s, -da /-də/) 国民投票, 一般投票 (cf. plebiscite): by ~ 国民投票で (★ 無冠詞) / hold a ~ 国民投票を行なう.

ref·er·ent /ˈrɛf(ə)rənt/ 名 [言] (語の)指示物.

ref·er·en·tial /ˌrɛfəˈrɛnʃəl/ 形 ❶ 参照の, 参照の; 参考用の. ❷ 参照付きの.

†**re·fer·ral** /rɪˈfɜːrəl, -ˈfɜː-/ 名 U,C 紹介; 照会; 差し向け; 委託, 付託. ❷ C 差し向けられた人.

re·férred páin 名 U [医] 関連痛 (実際の患部から離れた所で感じられる痛み).

†**re·fill** /ˌriːˈfɪl/ 動 他 〈...を〉〈...で〉再び満たす [詰める], 補充する (*with*). — /ˈ—ˌ—/ 名 ❶ 詰め替え品; 替え芯: a ~ *for* a ballpoint pen ボールペンの替え芯. ❷ C (飲食物の)おかわり: Would you like a ~? もう1杯いかが.

†**re·fi·nance** /ˌriːfəˈnæns, ˌ—ˈ—/ 動 他 〈借金を〉借り換える,〈ローンを〉組み直す.

†**re·fine** /rɪˈfaɪn/ 動 他 ❶ 〈...を〉精製する, 精練する: ~ sugar [oil, metals] 砂糖[油, 金属]を精製する. ❷ 〈言葉・態度などを〉洗練する, 上品[優美]にする; 〈...に〉磨きをかける (improve): ~ one's manners [language] 礼儀作法[言葉づかい]を上品なものにする / Your theory is interesting but it needs *refining*. 君の理論は興味深いがもっと磨きをかける必要がある. — 自 (細かい所にまで注意して)〈...に〉改良する, 洗練する; 〈...に〉磨きをかける: ~ *on* one's plan [theory] 自分の計画[理論]に磨きをかける.

†**re·fined** /rɪˈfaɪnd/ 形 (**more** ~; **most** ~) ❶ (比較なし) 精製した, 精練した: ~ oil [sugar] 精油[糖]. ❷ 洗練された, 上品な, あか抜けした: ~ tastes 上品な趣味 / He's terribly ~. 彼はとても上品である [用法] この意味ではしばしば軽蔑や皮肉をこめても使われる. ❸ 精巧な, 凝った: a new, more ~ model いっそう精巧な新型モデル.

†**re·fine·ment** /rɪˈfaɪnmənt/ 名 ❶ U 精製, 精練 (*of*). ❷ U 洗練, 上品, 高尚, 優雅: a woman of great ~ たいへん上品な女性. ❸ C **a** 改善(個所), 改良(点) (*on*, *upon*): make further ~ s *on* ...にさらなる改善を加える. **b** 細かな区別(立て) (*of*).

re·fin·er 名 精製(業)者; 精製機.

re·fin·er·y /rɪˈfaɪnəri/ 名 精製[精錬]所[装置]: an oil ~ 製油所 / a sugar ~ 製糖所.

rè·fínish 動 他 (木材・家具などの)表面を新しくする. — 名 U (表面などの)再仕上げ. **-er** 名

†**re·fit** /ˌriːˈfɪt/ 動 (**re·fit·ted**; **re·fit·ting**) 他 〈船などを〉再装備[改装, 修理]する. — 自 〈船が〉再装備[改装, 修理]する. — /ˈ—ˌ—/ 名 C,U (特に船の)修理, 改装.

refl. (略) reflexive.

rè·flág 動 他 〈船の〉国籍を変える.

re·flate 動 他 〈通貨などを〉再膨張させる. — 自 〈政府などが〉通貨の再膨張政策をとる.

re·fla·tion /ˌriːˈfleɪʃən, rɪ-/ 名 U [経] (デフレーション後の)通貨再膨張, リフレーション, 景気振興.

re·flá·tion·àr·y /-ʃənɛri | -ʃ(ə)nəri/ 形 通貨再膨張の, リフレーションの: adopt ~ policies 通貨再膨張政策をとる.

*__re·flect__ /rɪˈflɛkt/ 動 他 ❶ 〈物体・表面などが〉〈光・熱などを〉反射する; 〈音を〉反響する: The pavement ~ ed the heat. 舗道が熱を反射していた. ❷ 〈鏡が〉〈像を映し, 映し出す (★ 通例受身で用いる): The trees *are* clearly ~ ed *in* the lake. 木々が湖にくっきりと映っている. ❸ 〈...

reflectance 1502

を)反映する, 表わす (show): The language of a nation ~s the characteristics of its people. 一国の言語はその国民の特性を反映する / Demand *is* ~*ed in* supply. 需要は供給に反映する / [+*wh.*] Her face ~*ed how* shocked she was. 彼女の顔はいかに彼女がショックを受けたかを示していた. ❹ 〈…ということを〉熟考する, 思案する: [+*that*] She ~*ed that* she was no longer needed. 自分はもはや用のない人間だと彼女は悟った / [+*wh.*] R~ *how* long the work has taken! この仕事がどんなに長い時間がかかっているか考えてもごらんなさい / [+引用] "Well," he ~*ed*, "She's right."「やっぱり彼女のほうが正しいのだ」と彼は思った. ❺ 〈名誉・不名誉などを〉(結果として)〈…に〉招く, もたらす: His behavior ~*ed* honor [dishonor] *upon* his family. 彼のふるまいは一族に名誉 [不名誉] をもたらした. ― 📧 ❶ a〈光・熱などが〉反射する; 〈音などが〉反響する: Light ~s from a polished surface. 光は磨かれた面から反射する. b〈水面などが〉反射させる; 〈鏡などが〉像を映し出す. ❷〈…を〉よく考える, 思案 [熟考] する: I want time to ~. じっくり考えてみる時間がほしい / ~ *on* [*upon*] oneself 反省する / R~ *on* [*upon*] what I have said to you. 今私の言ったことをよく考えてみなさい. ❸ [well, badly などの副詞を伴って]〈行為などが〉〈…に〉(悪) 影響を及ぼす: This scandal ~s badly *on* all of us. このスキャンダルで我々は全員面目まるつぶれだ. 【F<L=後ろに曲げる RE-¹+*flectere*, *flex-* 曲げる (cf. flex)】 (名 reflection).

re·flec·tance /rɪfléktəns/ 图 《理・光》反射率《入射光と反射光のエネルギーの強さの比》.

re·fléct·ed 形 反射した, 映し出された: a ~ figure [image] 反射像 / I looked at my face ~ in the mirror. 私は鏡に映った自分の顔を見た.

re·fléct·ing télescope 图 反射望遠鏡.

***re·flec·tion** /rɪflékʃən/ 图 ❶ a U (光・熱などの)反射; (音などの)反響: the angle of ~ 反射角. b C (鏡などの)映像, (水などに映った)影: She stared at her ~ in the mirror. 彼女は鏡に映った自分をじっと見つめた. c C よく似た人 [言行, 思想]: He's merely a pale ~ of his father. 彼は単に父親の色あせた影にすぎない. d C (数) 鏡映, 鏡像. ❷ C (状況・事情などの)反映, 投影, 影響: His rudeness is a ~ *of* his dissatisfaction. 彼が失礼な態度をとるのは不満の表われだ. ❸ a U 熟考, 内省, 黙想; 反省, 再考; 回想: on [upon] ~ 熟考のうえ / without (due) ~ よく考えもしないで, 軽々しく / A moment's ~ is more than enough. ちょっと考えるだけで十二分だ. b C [しばしば複数形で] (熟考して得た) 感想, 意見, 考え: ~s *on* [*upon*] history 歴史随想. ❹ C 非難, とがめだて; 不名誉(のたね), 不面目(となるもの). (動 reflect).

⁺**re·flec·tive** /rɪfléktɪv/ 形 ❶ 反射 [反照] する; 反映する. ❷ 反省 [熟考] する, 黙想的な; 思慮深い (thoughtful). ❸ P 〈…を〉反映する, 写し出す: This comment is not ~ *of* the public mood. この意見は国民の気持ちを反映していない. ~·ly 副 ~·ness 图 [類義語] ⇒ pensive.

re·flec·tiv·i·ty /rì:flektívəṭi, rìflek-/ 图 U 反射性 [力]. ❷ =reflectance.

re·flec·tor /rɪfléktə | -tə/ 图 ❶ 反射物[器]; 反射鏡 [板] 《自動 [自転] 車の後部反射板など). ❷ 反射望遠鏡.

re·flet /rəfléɪ/ 图 U 表面の特別な輝き, (特に)陶器などの金属的光沢, 虹色, 真珠色.

⁺**re·flex** /rí:fleks/ 图 ❶ a 反射(作用 [運動]): a conditioned ~ 条件反射. b [複数形で] 反射(して行動する能力, (俗に)反射神経. ❷ (習慣的な)考え方, 行動様式. ❸ 写し; 反映. ― 形 ❶ 反射作用の, 反射的な: a ~ action [movement] 反射運動 [動作]. ❷ 《古》〈光が〉反射された. ❸ 《古》思考の内省的の.

réflex ángle 图 《幾》優角 (180度より大きい角).

réflex árc 图 《生理》 (神経経路の)反射弧.

réflex cámera 图 《写》レフ (レックス)型カメラ.

re·flex·i·ble /rɪfléksəbl/ 形〈光・熱などが〉反射される, 反射性の. **re·flex·i·bil·i·ty** /rɪflèksəbìləṭi/ 图

re·flex·ion /rɪflékʃən/ 图《英》=reflection.

re·flex·ive /rɪfléksɪv/ 形 ❶ 反射作用の, 反射的の. ❷《文法》再帰的の: a ~ pronoun 再帰代名詞 / a ~ verb 再帰動詞. ― 图《文法》再帰動詞[代名詞] (He often *absents* himself. における absent が再帰動詞で himself が再帰代名詞).

re·flex·ol·o·gy /rì:fleksálədʒi | -sɔ́l-/ 图 U ❶ 手・足のつぼのマッサージ法, リフレクソロジー. ❷《生理》反射学.

re·flóat 📧 《沈没船・座礁船などを》再び浮き上がらせる, 引き揚げる.

ref·lu·ence /réflu:əns, reflú:- | réflu-/ 图 U,C 逆流 (作用), 退潮.

ref·lu·ent /réflu:ənt, reflú:- | réflu-/ 形 〈潮流・血液などが〉退く, 退流 [逆流] する.

re·flux /rí:flʌks/ 图 U,C 逆流; 退潮; ⇒ FLUX and reflux.

re·fó·cus 📧 ❶ 〈…の〉焦点を再び定める; 〈…の〉重点 [方向] を変える.

re·forestátion 图 U 森林再生. **re·fórest** 動 ⟨土地に⟩(植林などで)森林を再生させる.

‡**re·form** /rɪfɔ́əm | -fɔ́:m/ 图 U,C ❶ 改正, 改革, 改善: educational ~s 教育改革 / the ~ *of* the tax system 税制の改革. ❷ 矯正, 改心; 是正. ― 動 改善する; 〈社会的制度・事態などを〉改正する, 改革する, 改善する: ~ an educational system 教育制度を改正する. ❷〈人を〉改心させる: ~ a criminal 犯罪者を更生させる. ― 📧 ❶ 改善 [改革, 矯正, 改良]する. ❷ 改心する: "Do you still smoke?" "No, I have ~*ed.*" 「まだたばこを吸っているの?」「いや, 心を改めて禁煙したよ」. ― 图 A 改正 [改革] の: a ~ bill 改正法案 / ~ measures 改正手段.

re·form /rì:fɔ́əm | -fɔ́:m/ 動 ❶ 再び作る. ❷ 改編する. ― 📧 再び形成ができる. ❷ 改編される.

re·fórmat 動《電算》再フォーマットする.

ref·or·ma·tion /rèfəméɪʃən | -fə-/ 图 ❶ U,C a 改善, 改革. b 矯正, 感化. ❷ [the R~] 《キ教》宗教改革.

re·for·ma·tion /rì:fɔəméɪʃən | -fɔ:-/ 图 U 作り変え, 再構成, 再編成.

re·for·ma·tive /rɪfɔ́əməṭɪv | -fɔ́:-/ 形 =reformatory.

re·for·ma·to·ry /rɪfɔ́əmətɔ̀:ri | -fɔ́:mətəri, -tri/ 形 ❶ 改革 [改善] の. ❷ 矯正の, 更生の. ― 图《米》少年院 (《英》community home)《非行少年少女更生施設》.

re·fórmed 形 改心 [更生] した: a ~ alcoholic 更生したアル中患者 / a ~ character すっかり改心した人. ❷ 改良 [改革] された: (a) ~ spelling 改良綴字 (through の代わりに thru を用いるなど簡単にしたもの).

⁺**re·fórm·er** 图 ❶ 改革 [改良] 家. ❷ [R~] 宗教改革者.

⁺**re·fórm·ist** /-mɪst/ 形 改革 [革新, 改良] 主義の. ― 图 改革 [革新, 改良] 主義者.

Refórm Jéw 图 改革派ユダヤ教徒.

Refórm Júdaism 图 U 改革派ユダヤ教《近代的社会生活に適応できるように合理化したユダヤ教; cf. Orthodox Judaism, Conservative Judaism.》.

refórm schòol 图 =reformatory.

re·for·mu·late /rì:fɔ́əmjʊlèɪt | -fɔ́:-/ 動 再公式化する 《別途の方法で》. **re·for·mu·la·tion** /rì:fɔ̀əmjʊléɪʃən | -fɔ̀:-/ 图

re·fract /rɪfrǽkt/ 動 《理》〈水・ガラスなどが〉〈光を〉屈折させる: Water ~s light. 水は光を屈折させる.

re·frac·tile /rɪfrǽktl | -tàɪl, -taɪl/ 形 屈折する [できる] (refractive).

refrácting télescope 图 屈折望遠鏡.

re·frac·tion /rɪfrǽkʃən/ 图 U《光》(光などの)屈折(作用): the angle [index] of ~ 屈折角 [率].

re·frac·tive /rɪfrǽktɪv/ 形 屈折する; 屈折による: the ~ index 屈折率. ~·ly 副 ~·ness 图

re·frac·tom·e·ter /rì:fræktámətə, rɪfræk- | -tɔ́mətə/ 图 屈折率測定器, 屈折計. **re·fràc·tom·e·try** /-támətri | -tɔ́m-/ 图 **re·fràc·to·mét·ric** 形

re·frac·tor /rɪfrǽktə | -tə/ 图 ❶ 屈折させるもの 《レン

re·frac·to·ry /rɪfrǽktəri, -tri/ 形 ❶〈人・動物など〉手に負えない, 御しがたい, 言うことをきかない. ❷〖医〗〈病気な〉難治の, 治りにくい. ❸ a 〈れんがなど〉耐火[耐熱]性の. b 〈金属など〉溶けにくい, 加工しにくい. ― 名 耐火[耐熱]物質(耐火れんがなど).

†**re·frain¹** /rɪfréɪn/ 動〖…〗を控える, 断つ, やめる, 我慢する: ~ *from* comment [criticism] コメント[批判]を控える / Please ~ *from* feeding the monkeys. サルにえさを与えるのはお控えください. 〖F<L=馬にくつわをかける〗【類義語】**refrain** ある行動・欲望を一時的に抑える. **abstain** 主義または嗜み上または嗜みのうえで自分に有害と思われることを強い意志で慎む. **forbear** 自制心を働かせて我慢する.

re·frain² /rɪfréɪn/ 名 (詩・歌の各節の終わりの)折り返し句, 畳句, リフレイン (cf. burden²1).

re·fran·gi·ble /rɪfrǽndʒəbl/ 形 屈折性の. ~**·ness**, **re·fràn·gi·bíl·i·ty** 名

†**re·fresh** /rɪfréʃ/ 動 ❶ a 〈飲食物・休息などが〉〈人・人の心身〉をさわやかにする, 再び元気づける: A cup of coffee will ~ you. コーヒーを1杯飲めば元気になるだろう. b [~ *one*self]〈飲食物・休息などで〉気分がさわやかになる, 再び元気づく (⇒ refreshed): He ~*ed* himself with a hot bath. 彼は熱いふろに入って元気を回復した. ❸〈記憶〉を新たにする: Would you mind ~*ing* my memory about that? その件について私の記憶を呼び起こしてもらいたいのだけど. ❸〖電算〗〈画面の情報を(最新のものに)更新する. ❹《米》〈飲み物など〉をつぎたす[つぎ直す]; 〈グラスなどに〉つぎたす, 〈…の〉中身を入れ替える.

re·freshed /rɪfréʃt/ 形〖…で〗さわやかになって, 再び元気にして: I was [felt] quite ~ after a short nap [a cup of tea]. ちょっと昼寝して[お茶を1杯飲んで]とてもさっぱりした気分になった.

re·frésh·er 名 ❶ 再教育, 再指導. ❷〖古風〗飲食物. ❸〖英法〗(長引いた事件などの時に弁護士に支払う)追加謝礼金.

refrésher còurse 名 補習科, 再復習科; 再教育コース.

*__re·fresh·ing__ /rɪfréʃɪŋ/ 形 ❶ 心身をさわやかにする, 元気づける, すがすがしい: a ~ beverage [drink] 清涼飲料 / after a ~ hour's nap 1時間昼寝してさっぱりした後で. ❷ 目新しくておもしろい, 斬新(ざんしん)で気持ちのよい: a new approach to the subject その課題に対する新鮮で興味ある接近[研究]方法. **-ly** 副

†**re·fresh·ment** /rɪfréʃmənt/ 名 ❶ a 〖通例複数形で〗(軽い)飲食物, 軽食, 茶菓: *Refreshments* (will be) provided. 軽食[茶菓]の用意あり〖★会合などの通知に添える文句〗/ *Refreshments* can be obtained at the station. ちょっとした飲食物なら駅でも買えます. b Ü(一般に)飲食物: offer...some ~ …に飲み物や食べ物を出す. ❷ Ü〖また a ~〗元気回復, 気分をさわやかにする[がさわやかになる]こと; 心身の爽快(そうかい)さ: A hot bath is a great ~ after a day's work. 一日の仕事を済ましてからの入浴は本当に気分がさっぱりする.

refréshment ròom 名 (駅などの)軽食堂.

Refréshment Súnday 名 四旬節 (Lent) の第四日曜日.

re·fried béans 名 複 フリホーレス(煮たインゲンマメをつぶして炒めたメキシコ料理).

re·frig·er·ant /rɪfrídʒ(ə)rənt/ 名 冷却[冷凍]剤.

†**re·frig·er·ate** /rɪfrídʒərèɪt/ 動 ❶〈…を〉冷却する. ❷〈食料品〉を冷蔵[冷凍]する: Keep ~*d* 要冷蔵〖食品などの添え書き〗. 〖L=冷えやすく; *frigus* 冷たい; cf. frigid〗

re·frig·er·a·tion /rɪfrìdʒəréɪʃən/ 名 ❶ Ü 冷却, 冷凍. ❷ (食料品の)冷蔵: keep meat under ~ 肉を冷蔵しておく.

*__re·frig·er·a·tor__ /rɪfrídʒərèɪtɚ | -tə/ 名 ❶ 冷蔵庫: put the leftovers in the ~ 残り物を冷蔵庫にしまう. ❷ 冷却[冷凍]装置, 冷蔵機. 〖REFRIGERATE+-OR〗

refrígerator càr 名 冷蔵車.

re·frig·er·a·to·ry /rɪfrídʒ(ə)rət̬ɔ̀ːri | -təri, -tri/ 形 冷却用の. ― 名 (冷凍装置の)冷却室, 冷却タンク, 氷室;

1503 refuse

《蒸留器の》蒸気凝縮器.

re·frin·gent /rɪfríndʒənt/ 形 =refractive. **-gen·cy**, **-gence** 名

†**re·fu·el** /rìːfjúːəl/ 動 (**re·fu·eled**, 《英》**-elled**; **re·fu·el·ing**; 《英》**-el·ling**) 他〈…に〉燃料を補給する. ― 自 燃料の補給を受ける.

†**ref·uge** /réfjuːdʒ/ 名 ❶ Ü (危険・災禍からの)避難, 逃避; 保護: give ~ to...をかくまう / seek ~ *from* a storm 嵐から避難する / take ~ abroad 外国に避難[逃避]する. ❷ C a 避難所, 逃げ場, 隠れ家: a mountain ~ for climbers 登山者のための山の避難所. b 《英》(街路の)安全地帯 (safety island). ❸ C a 頼りになる人[物]: He is his ~ from the world. 彼にとって彼は世間を忘れさせてくれる人だ. b 逃げ口上, 口実: Patriotism is the last ~ of a scoundrel. 国のためというは悪党の最後の言い逃れである 〖★Samuel Johnson の言葉〗. 〖F<L=後ろに逃げる< RE-¹ + *fugere* 逃げる; cf. fugitive〗

*__ref·u·gee__ /rèfjʊdʒíː, -ᷧ | -ᷧ-ᷧ/ 名 (国外への)避難者, 難民, 亡命者; 逃亡者: a political [an economical] ~ 政治的[経済的]難民 / a ~ camp 難民キャンプ. 〖F; -ee〗

re·fu·gi·um /rɪfjúːdʒiəm/ 名 (複 **-gi·a** /-dʒiə/) 〖生態〗レフュジア (氷河期のような大陸全体の気候の変化期に比較的気候の変化が少なく, 他地域では絶滅した種が生き残った地域).

re·ful·gence /rɪfʌ́ldʒəns/ 名 Ü 〖文〗 光輝, 輝き.

re·ful·gent /rɪfʌ́ldʒənt/ 形 〖文〗 燦然(さんぜん)と光り輝く.

*__re·fund__ /ríːfʌnd/ 名 払い戻し(金), 返済(額), 償還: a tax ~ 税の還付金 / demand a ~ on a damaged parcel 破損した小包に払い戻しを要求する.
― /rìːfʌ́nd/ 動 他〈人に〉〈支払われた金などを〉払い戻す, 返済する〖*to*〗: ~ a deposit 手付金を払い戻す / I had the cost of postage ~*ed*. 郵便料金を払い戻してもらった. 〖+目+目〗 They ~*ed* me one-third of the medical expenses. 私に医療費の3分の1を返してくれた.

re·fúnd·a·ble 形 払い戻しのきく.

†**re·fur·bish** /rìːfɚ́ːbɪʃ | -fɚ́ː-/ 動〈…を〉磨き直す; 一新[刷新]する: ~ a house 家を改装する / ~ one's German (忘れかけた)ドイツ語を磨き直す.

†**re·fur·bish·ment** /rìːfɚ́ːbɪʃmənt | -fɚ́ː-/ 名 Ü C 改装, 一新, 刷新.

*__re·fus·al__ /rɪfjúːz(ə)l/ 名 ❶ Ü C 拒絶, 拒否, 辞退, 断ること: give a person a flat ~ 人にきっぱりと断られる / meet with a ~ 拒絶される / (the) ~ *of* a request [gift] 要求[贈り物]を拒否する / 〖+*to* do〗 They were put out by his ~ *to* cooperate. 彼が協力(するの)を断ったので彼らは気を悪くした. ❷ 〖通例 (the) first ~ で〗優先権, 先買権: have [give...] (the) first ~ *on*...の先買権を得ている[…に与える]. 動 refuse¹).

*__re·fuse¹__ /rɪfjúːz/ 動 他 ❶ a 〈依頼・要求・招待などを〉断わる, 拒絶する, 拒否する, 辞退する: ~ a request 要求を拒絶する / He ~*d* our offer. 彼は我々の申し出を断わった 〖用法〗 refuse は「考え」「提案」などに対して用いない; このような時は reject an idea [a proposal] と言う). / 〖+目+目〗 The bank ~*d* the company a loan. =The bank ~*d* a loan *to* the company. 銀行はその会社への融資を断わった / They ~*d* *of* admittance. 彼らは入場を拒絶された. b 〈人の言い分〉をはねつける, 拒む; 〈女から〈男の〉求婚をはねつける: I could not ~ them. 彼らの言い分を拒むことはできなかった. ❷ 〈…すること〉を拒む, どうしても…しようとしない〖+*to* do〗 He ~*d* *to* discuss the issue. 彼はその問題を論じようとしなかった / She ~*d* *to* reveal her identity. 彼女は自分の身元を明かそうとしなかった / The car ~*d* *to* start. 車のエンジンはどうしてもかからなかった.
― 自 拒絶する, 断わる: I asked her to come, but she ~*d*. 来るように頼んだが彼女は来てくれなかった.
〖F<L 動 refusal〗【類義語】**refuse** はっきりと, 時として不作法な態度で断わる. **decline** 招待・提案・要請を辞退する[断わる]; refuse より丁寧な語. **reject** ある人と関係

refuse

することを, またはあることを受け入れる[信ずる, 耳に入れる]ことをきっぱり断る; refuse より強い否定または敵対的な語.

ref·use[2] /réfjuːs/ 图 ① 廃物, かす, ごみ (rubbish): kitchen ~ 生ごみ. —— 形 廃物の, 廃物を集める[処理する]: a ~ bag ごみ袋 / ~ collection ごみ収集 / a ~ collector ごみ収集人(米) garbage collector) / a ~ dump ごみ処理場, ごみ捨て場.

re·fuse·nik /rɪfjúːznɪk/ 图 ① かつてソ連からイスラエルへの出国を許可されなかったユダヤ人. ② (信念などにより)指示[命令]に従わない者, 協力を拒む者, 拒否者.

re·fús·er 图 拒絶者, 辞退者; (溝・垣などを)飛び越そうとしないで立ち止まる馬; 英国国教忌避者 (recusant).

re·fut·a·ble /rɪfjúːtəbl, réfjʊ-/ 形 (説・意見など)論駁(%)[論破]できる (↔ irrefutable).

re·fut·al /rɪfjúːtl/ 图 =refutation.

ref·u·ta·tion /rèfjʊtéɪʃən/ 图 C.U. 論駁, 論破.

*__re·fute__ /rɪfjúːt/ 動 ① (説・意見などを)論駁(%)[論破]する (rebut); 否定[否認]する (deny): ~ a statement 陳述を論駁する. ② (人の誤りを明らかにして), 〈人を〉やり込める: ~ an opponent 相手を論駁する. **re·fút·er** /-tə-| -tə/ 图 〖L=打ち返す〗

reg /rédʒ/ 图 (英口) =registration number [mark].

reg. (略) regent; regiment; region; register(ed); registrar; registration; regular(ly).

*__re·gain__ /rɪgéɪn/ 動 ① 〈なくしたものを〉取り戻す, 回復する; 奪還する: ~ one's health 健康を回復する / one's composure 落ち着きを取り戻す / ~ one's footing 〈倒れた者が〉起き上がる, 立ち直る / ~ consciousness 意識を回復する / ~ political power 政治権力を奪還する. ② 〈原・状態に〉復帰[帰着]する, 再び到着する: ~ the shore 岸に帰り着く. 〔類義語〕⇒ recover.

+__re·gal__ /ríːg(ə)l/ 形 ① 帝王にふさわしい, 王者らしい: ~ dignity 王者の威厳 / live in ~ splendor 王者の生活をする. ② 堂々とした, 荘厳な. ——**·ly** 副 〖F or L くREX〗

re·gale /rɪgéɪl/ 動 ① 〈人を〉〈...で〉大いに楽しませる: He ~d us with strange stories. 彼は不思議な話をして我々を楽しませてくれた. ② 〈人に〉〈...を〉大いにごちそうする: They ~d us with champagne. 彼らは我々にシャンパンをふるまってくれた. ——**·ment** /-mənt/ 图

re·ga·lia /rɪgéɪliə, -liə/ 图 ① 王位の象徴, 即位の宝器 (王冠 (crown)·笏(``)(scepter)·宝珠 (orb) など). ② (官位などを示す正式の)衣服; 華美な礼装, 盛装; 記章, 勲章. 〖L〗

ré·gal·ism /-gəlɪzm/ 图 Ⓤ 帝王教権説[主義] (国王の教会支配を認める). **-ist** 图

re·gal·i·ty /rɪɡǽləti/ 图 U.C 王位; 王権; 王国;〖スコ史〗 (王が授けた)地方管轄権, 地方管轄区域.

*__re·gard__ /rɪgáːrd| -gáː(r)d/ 動 ① 〈...を〉〈...と〉みなす, 考える 〔進行形なし〕 〔+目+as 補〕 She is widely ~ed as a leading expert on environmental issues. 環境問題の権威と一般にみなされている / I ~ the situation as serious. 私は事態を重大視している / We ~ed the work as having been completed. 我々はその仕事は完了したものと考えた / He now ~ed himself as a man. 彼は今や自分は一人前の大人であると自覚した. ② (ある感情をもって)〈...を〉じっと見る[眺める], 注視[注目]する: He ~ed our plans favorably [with suspicion]. 彼は我々の計画を好意的に[疑惑の目で]眺めた / I noticed he was ~ing me curiously. 彼がもの珍しそうに私を見つめているのに気がついた. ③ 〈古〉 a 〈...を〉顧慮する, 気に留める, 〈...に〉注意する. b 〈...を〉尊重する, 重要視する. ④ 〈古〉〈ものが〉〈...に〉関係する.

as regárds...に関しては, ...の点では (regarding).

—— 图 ① 〈...に〉対する心づかい, 心配; 顧慮: She has no ~ *for* my feelings. 彼女は私の気持ちなど何も気にかけない / You should have more ~ *for* your safety when you walk on the streets. 道を歩く時には安全にもっと注意しなければならない. ② Ⓤ 〔また ~s〕 尊敬, 敬意; 好意: They had (*a*) high ~ *for* her ability. 彼らは彼女の才能を高く買っていた / I hold him in high [low]

~. 私は彼を尊敬している[していない]. ③ 〔複数形で〕(手紙などの)よろしくとのあいさつ: With best [kind] ~s. 敬具 (手紙の末尾のあいさつ) / Give him my (best) ~s. あの方に(くれぐれも)よろしく / Give my (kind) ~s to your parents. ご両親に(くれぐれも)よろしくと言ってました / She sends you her ~s. 彼女はあなたによろしくと言っています. ④ 〔また a ~〕 注視, (見つめての)視線. ⑤ Ⓤ (考慮すべき)点 〔★通例次の句で〕: in this [that] ~ この[その]点について(は). **hàve regárd to**...[法] ...を顧慮する. **without regárd to [for]**...を顧慮せずに, ...にかまわずに; *without* ~ *to* decency [*for* one's safety] 礼儀作法も[身の安全も]かえりみず. **with [in] regárd to ... (re-garding)** 《用法》 通例話題を変える時に用いる): *With* ~ *to* this there's no disagreement among the member nations. この点に関しては加盟国間に異議はみられない. 〖F=見る < RE-[1]+*garder* to GUARD〗

【類義語】**regard** 外見上または視覚による判断を表わす. **consider** 十分な考慮と経験の結果の判断を示す.

re·gar·dant /rɪɡáːrdənt, -dnt| -gáː-d/ 形 〔名詞の後に置いて〕〖紋〗〈ライオンなどの〉後ろを向いた.

re·gard·ful /rɪgáːrdf(ə)l| -gáː-d/ 形 Ⓟ〈...に〉注意して,〈...に〉気にかけて 〔*of*〕.

*__re·gard·ing__ /rɪgáːrdɪŋ| -gáː-d/ 前 ...に関しては, ...の点では (concerning): *R*~ your enquiry of June 17... 6月17日付のあなたのご質問に関しては...

*__re·gard·less__ /rɪɡáːrdləs| -gáː-d/ 形 〔比較なし〕 不注意な, むとんちゃくな; 〈...に〉不注意で 〔*of*〕. **regárdless of ...** ...にかかわらず, ...を考えないで: ~ *of* age or sex 年齢性別にかかわらず / We carried on ~ *of* their protests. 我々は彼らの反対にもかかわらず続行した. —— 副 〔口〕 費用[反対, 結果など]にかかわらず; それでも, とにかく (anyway): The weather was very bad, but he went on ~. 天気は非常に悪かったが, 彼はかまわず前進した.

*__re·gat·ta__ /rɪɡǽtə, -gáːtə| -gǽtə/ 图 ボート[ヨット]レース(の競技会), レガッタ. 〖It=競争〗

re·ge·la·tion /rìːdʒəléɪʃən/ 图 〖理〗(砕氷・積雪などの), いったん解けた後の)復氷. **re·ge·late** /ríːdʒəlèɪt, ――-/ 動 ⓘ

*__re·gen·cy__ /ríːdʒənsi/ 图 ① 摂政(`sん)政治; 摂政の任, 執権職. ② Ⓒ 執政期間. ③ 〔the R~〕 (英国の)摂政期 (George 3 世の病気の間, 皇太子 (後の George 4 世)が摂政を務めた 1811-20). —— 形 Ⓐ 〔R~〕 〈家具など〉(英国の)摂政期様式の.

+__re·gen·er·ate__ /rɪdʒénərèɪt, rìː-/ 動 ① a 〈...を〉生き返らせる, よみがえらせる; [再活性化]する,〈地域などを〉復興する, 再建する: take measures to ~ the downtown area 商業地区を再活性化する措置をとる / a coral reef ecosystem さんご礁の生態系を再生する. b 〈社会・制度などを〉革新[刷新]する. ② 〖生〗〈生物が〉〈体の失われた部分を〉再生させる: Lizards can ~ a severed tail. トカゲは切断された尾を再生できる. ③ 〈人を〉(精神的・道徳的に)更生させる. —— ⓘ ① 〖生〗 〈組織・細胞などが〉更生する. ② 新生命を得る, 更生する; 改心する. —— /-n(ə)rət/ 形 Ⓐ ① 新生命を得た, 更生した. ② 改良[刷新]された.

re·gén·er·àt·ed céllulose /-rèɪtɪd-/ 图 Ⓤ 再生セルロース 〖レーヨンやセロハンなど〗.

re·gen·er·a·tion /rɪdʒènəréɪʃən, rìː-/ 图 Ⓤ ① 再建, 復興, 復活; 改革, 刷新. ② 〖生〗再生. ③ (精神的・道徳的)更生, 改心.

re·gen·er·a·tive /rɪdʒén(ə)rətɪv, -nərèɪt-/ 形 再生させる; 改新の, 改造する; 改心させる.

regénerative bráking 图〖電〗回生制動.

re·gén·er·à·tor /-tə-| -tə/ 图 再生[更生]者; 改心者; 改革者;〖機〗熱交換器, 蓄熱室;〖電〗再生器.

re·gent /ríːdʒənt/ 图 ① 〔しばしば R~〕 摂政(`sん). ② (米) (州立大学などの)評議員. —— 形 〔名詞の後に用いて; しばしば R~〕 摂政する: the Prince [Queen] *R*~ 摂政の宮[王妃]. 〖F<L=支配している <*regere*; ⇒ region〗

Re·ges 图 Rex[1] の複数形.

+__reg·gae__ /régeɪ/ 图 Ⓤ レゲエ 〖ジャマイカ起源の音楽〗.

Reg·gie /rédʒi/ 图 レジー 〖男性名; Reginald の愛称〗.

reg·i·cide /rédʒəsàɪd/ 名 ❶ U 国王殺し, 大逆罪. ❷ C 国王殺し《人》. **reg·i·cid·al** /rèdʒəsáɪdl⁻/ 形

*__re·gime, ré·gime__ /rɪʒíːm, reɪ-/ 名 ❶ (非民主的)政体, 体制; 政権; 制度, 管理形態: a dictatorial [socialist] ~ 独裁[社会主義]体制 / the ancient [old] ~ 旧政体; 旧体制 (⇨ ancien régime) / a puppet ~ かいらい政権 / under a new ~ 新体制[政権]の下に / establish [overthrow] a ~ 体制を確立する[覆す]. ❷ =regimen. 〖F＜L↓〗

reg·i·men /rédʒəmən/ 名〔医〕(食事・運動などによる)摂生, 養生法, 食養生: keep to a prescribed ~ 処方された養生法を守る. 〖L=支配＜*regere*; ⇨ region〗

*__reg·i·ment__ /rédʒəmənt/ 名 ❶〔軍〕**連隊** (⇨ army 2): the Colonel of a ~ 連隊長. ❷ [しばしば複数形で] 多数, 大群: ~*s* ***of*** tourists 大勢の観光客. ── /-mènt/ 動 他 ❶〔軍〕〈…を〉連隊に編成[編入]する. ❷〈人を〉厳しく統制[管理, 組織化]する (⇨ regimented).

⁺**reg·i·men·tal** /rèdʒəméntl⁻/ 形 A 連隊 (regiment) の[付きの]: the ~ colors 連隊旗. ── 名 [複数形で] 連隊服, 軍服.

reg·i·men·ta·tion /rèdʒəməntéɪʃən/ 名 U ❶ 連隊 (regiment) の編成. ❷ **a** 編成, 組織化. **b** (管理)統制.

rég·i·mènt·ed /-mèntɪd/ 形 厳しく統制[管理, 組織化]された: a ~ society 管理社会 / Students are too ~. 学生は管理統制されすぎている.

Re·gi·na /rɪdʒáɪnə/ 名《英》❶ [女王の名の後に用いて] 女王《布告などの署名に用いる; 略 R.; cf. Rex[1] 1》: Elizabeth ~ 女王エリザベス《略 ER》. ❷〔法〕現女王《用法 国が当事者となる場合の訴訟事件に称号として用いる; cf. people 5, versus 1》: ~ v. Jones 女王対ジョーンズ(刑事事件). 〖L=女王＜REX〗

Reg·i·nald /rédʒənld/ 名 レジナルド《男性名; 愛称 Reggie》.

‡**re·gion** /ríːdʒən/ 名 ❶ [しばしば複数形で] (明確な限界のない広大な)**地方, 地域**; 地帯; [the ~s] (都会から離れた)地方: a desert ~ 砂漠地帯 / a fertile ~ 肥沃(ひよく)な地方 / Arctic ~*s* 北極地方. ❷ (芸術・学問などの)範囲, 領域, 分野: studies in the ~ of microbiology 微生物の分野における諸研究. ❸ (身体の)部位, 局部: I have pains in the lumbar ~. 腰のあたりが痛い. ❹ **a** 行政区, 管区, 区. **b** (スコットランドの)州《イングランドなどの county に相当》. ❺ [しばしば複数形で] (天地を上下に区分した)部分, 境, 域: the lower [infernal, nether] ~*s* 地獄, 冥土(めいど) / the ~ beyond the grave 冥土 / the upper ~*s* of the atmosphere 大気圏の上方部分. **in the région of...** (1) …の近くに[で]. (2) ほぼ…, 約… (around): *in the ~ of* £100 100 ポンド見当で. 〖F＜L＜*regere* 支配する; cf. realm〗

‡**re·gion·al** /ríːdʒ(ə)nəl/ 形 [通例 A] (比較なし) ❶ (特定の)**地域の, 地方の**: a ~ accent 地域方言, 地方なまり / ~ activities 地域活動 / ~ organizations 地方組織. ❷ 地方的な; 局所的な. ── 名 ❶ 地方版. ❷ [複数形で]《米》(スポーツなどの)地方大会. **~·ly** /-nəli/ 副 地域で, 地域的に; 局所的に. (名 region)

ré·gion·al·ìsm /-lìzm/ 名 U ❶ 地方(分権)主義. ❷ 郷土愛. ❸ 地方的慣習; 地方的特質. ❹〔芸術〕地方主義.

re·gion·al·ize /ríːdʒ(ə)nəlàɪz/ 動 他 地域に分ける; 地域ごとに分ける. **re·gion·al·i·za·tion** /rìːdʒ(ə)nəlɪzéɪʃən | -laɪz-/ 名

re·gis·seur /rèɪʒəsə́ː | -sə́ː/ 名 舞台監督, (特に バレエの)レジッスール.

*__reg·is·ter__ /rédʒɪstə | -tə/ 動 他 ❶ **a** 〈…を〉(正式に名簿などに)**登録する**, 記載する, 登記する: ~ the names of the new members 新会員の名を登録する / ~ the birth of a child 子供の出生を登記する / ~ a car 車を登録する / ~ a gun ***with*** the police 銃を警察に登録する / I was not ~*ed* ***as*** a voter. 私は選挙人として登録されてなかった. **b** [~ *oneself* で] (選挙人などの)名簿に登録する, 登録手続きをする; (ホテルで)宿泊簿に記載する. ❷ 〈人・人の顔が〉〈驚き・喜びなどの〉表情をする (show): He [His face] ~*ed* anxiety [joy]. 彼[彼の顔]は心配の念[喜びの表情]を表わした(ていた). ❸ 〈見解などを〉正式に表明する: We ought to ~ our opposition. 我々は反対の意を明確に示す必要がある. ❹ [通例否定文で]〈…を〉銘記する; 理解する; 気づく: I couldn't ~ his meaning for a minute. 彼の意味することが少しの間理解できなかった. ❺ 〈温度計が〉〈温度を〉示す; 〈機械が〉〈…を〉自記する: The thermometer ~*ed* four degrees below zero. 温度計は氷点下 4 度となっていた. ❻ 〈郵便物を〉書留にする: ~ a letter 手紙を書留にする. ❼ 〈勝利などを〉達成する, 収める.

── 自 ❶ **記名[署名]する; 登録する**; 入学[入会, 聴講]手続きをとる; 選挙人名簿に登録する: ~ ***at*** a hotel ホテルの宿泊簿に記載する; 投宿する / ~ ***with*** an embassy 大使館に登録する / ~ ***for*** economics 経済学の聴講手続きをする / ~ ***as*** a refugee 難民として届け出る[登録する] / You have to ~ in order to vote. 投票するには選挙人名簿に登録しなければならない. ❷ 〔顔などに〕〈感情が〉現われる: Disappointment ~*ed* ***on*** his face. 失望が彼の表情に現われた. ❸ [通例否定文で]《口》〔…に〕印象を残す, 銘記される: The name simply did *not* ~ (***with*** me). その名前がどうしても覚えられなかった[まるで記憶に残っていない].

── 名 ❶ C (生死などの公的な)**記録**, 登記, 登録〔*of*〕; **登録簿**, 登記簿; (特定の人の)名簿: a parish [church] ~ (教区・教会の)戸籍簿 / an electoral ~ 選挙人名簿 / a hotel ~ ホテルの宿泊者名簿 / a visitors' ~ 来客の名簿 / call the ~ (先生が)出席をとる. ❷ C 自動記録器, (金銭)登録器, レジ(スター), 記録表示器;〔電算〕レジスター《特定データの一時記憶領域》: a cash ~ 金銭登録器, レジ《比較 商店などの「レジ」は checkout (counter) という》. ❸ C (特に暖房の)通風調節装置, 換気調節弁. ❹ C〔楽〕**a** 声区, (楽器の)音域: the head [chest] ~ 頭声[胸声]. **b** (オルガンの)音栓, ストップ. ❺ C,U〔言〕言語使用域.

〖F＜L=運び戻す, 記録する＜RE-[1]+*gerere*, *gest-* 運ぶ (cf. gesture, digest, suggest)〗 (名 registration)

【類義語】⇨ list[1].

⁺**rég·is·tered** 形 ❶ 登録[登記]した, 記名の: a ~ bond [design] 記名公債[登録意匠] / a ~ reader 予約読者. ❷ 〈郵便物が〉書留の: ~ mail 書留郵便 / a ~ letter 書留の手紙.

régistered núrse 名 正[登録]看護婦《略 RN》.

régistered trádemark 名 登録商標《記号 ®》.

régister òffice 名《英》=registry 3.

régister tòn 名 登録トン (⇨ ton 3 f).

reg·is·tra·ble /rédʒɪstrəbl/ 形 ❶ 登録[登記]できる. ❷ 書留にできる.

reg·is·trant /rédʒɪstrənt/ 名 登録者.

⁺**reg·is·trar** /rédʒɪstrɑ̀ə, ⸗⸗´ | rèdʒɪstrɑ́ː/ 名 ❶ **a** 記録[登録]事務官, 登記官, 戸籍吏. **b** (大学の)学籍担当事務官, 学籍係. ❷《英》(病院の)研修医. ❸〔英法〕登録官.

Régistrar-Géneral 名 (London の)戸籍本署 (General Register Office) 長官.

reg·is·trar·y /rédʒəstrèri | -trəri/ 名〔ケンブリッジ大学〕学籍管理部長, 学籍係 (registrar).

*__reg·is·tra·tion__ /rèdʒɪstréɪʃən/ 名 ❶ U **a** **記載, 登記, 登録**; 記名〔*of*〕. **b** 書留. ❷ C **a** 登録された人[事項]. **b** 登録証明書;《米》車両登録証. **c** 登録者数[件数]《全体》. ── 形 登記の, 登録の: a ~ fee 登記[登録]料. (動 register)

registrátion dòcument 名《英》(自動車の)登録証.

registrátion nùmber [màrk] 名《英》(自動車の)登録番号.

registrátion plàte 名《英》=number plate.

⁺**reg·is·try** /rédʒɪstri/ 名 ❶ U 記載, 登記, 登録. ❷ C 登記所, 登録所. ❸ C 戸籍登記所《出生・結婚・死亡などを登記する役所》: be married at a ~ (宗教的儀式をあげない)届け出結婚をする. ❹ U,C [しばしば R~]〔電算〕レジストリ《Windows でハードウェアの構成・プログラムの設定などの情報を収めるデータベース》.

régistry òffice 图 =registry 3.

Ré·gi·us proféssor /ríːdʒi(ː)əs-/ 图 《英》(オックスフォード・ケンブリッジ大学の) 欽定講座担任教授 (特に Henry 8 世の創設による).

reg·let /réglət/ 图 【建】平条(ひょう); 【印】木(き)インテル (行間に入れる木片).

reg·nal /régnəl/ 形 Ⓐ 御代の; 王(国)の.

reg·nant /régnənt/ 形 [名詞の後に置いて] 《特に》女王が統治する: ⇨ queen regnant.

reg·o·lith /régəliθ/ 图 【地】(土壌体の) 表土.

re·gráde 他 《道路などの》勾配をつけなおす; 《生徒》の年級を変える.

‡**re·gress** /rɪgrés/ 動 自 ❶ 後戻りする; 退歩[退化]する 〔to〕. ❷ 【心】 退行する. ❸ 【天】逆行する. ── 他 【統】回帰分析する. ── /ríːgres/ 图 Ⓤ ❶ 後戻り, 後退, 逆行 (↔ progress). ❷ 退歩, 堕落 (→ progress).

re·gres·sion /rɪgréʃən/ 图 Ⓤ ❶ 後戻り, 復帰; 後退, 退歩. ❷ a 【生】 退化. b 【心】 退行. c 【天】(惑星の)逆行. ❸ 【統】 回帰: ~ analysis 回帰分析.

re·gres·sive /rɪgrésɪv/ 形 ❶ 後退の; 退歩[退化]する. ❷ 退行[逆行]する. ❸ 〈税など〉逆進的な (↔ progressive).

regréssive táx 图 逆進税, 累減税.

*‡**re·gret** /rɪgrét/ 動 (**re·gret·ted**; **re·gret·ting**) ❶ 〈起こったこと・過去など〉を**後悔する**, 悔しがる; 〈人の不幸など〉を悲しむ: I immediately *regretted* my words. 自分の言った言葉をすぐその後で後悔した / [+*doing*] I ~ *being* unable to help you. 残念ですがお手伝いできません / He *regretted* not having done his best. 彼は最善を尽くさなかったことを後悔した (用法 過去のことを明示する場合には完了動名詞を用いる). ❷ 〈...ということを〉残念[遺憾]に思う: [+*that*] We ~ *that* you should have been caused inconvenience. 皆様がご不便な目にあわれたことを遺憾に思います (★ 手違いなどを詫びる言葉) / It is to be *regretted that* we were not consulted earlier about this. この件でもっと早く相談を受けなかったことは遺憾に思われる. **I [We] regrét to sáy [infórm you, téll you] that**... 残念[遺憾]ながら...です (I am sorry to say that... よりも形式ばった表現): We ~ *to inform you that* your application has been turned down. 遺憾ながら貴下のご出願は受理されませんでした (★ 不合格通知などの決まり文句). **líve to regrét**...をあとになって後悔する, 後悔することになる. ── 图 ❶ Ⓤ Ⓒ **a** 残念, 遺憾(いかん); 後悔, 悔恨: It's a matter for ~. それは遺憾なことです / I feel *(a)* deep ~ *for* my folly. 私は自分の愚行を深く後悔している / I have no ~s *at [about]* having married (my present wife). 私は(今の家内と)結婚したことに何の悔いもない / The prime minister expressed ~ at the hardships caused by economic liberation. 首相は経済自由化のために引き起こされた困難に対して遺憾の意を述べた / He felt (a) great ~ *at* having spent his time in that way. 彼はそのように時を費やしたことをひどく後悔した. **b** (不幸などに対する)悲嘆, 落胆; 哀悼, 哀惜: I heard of his death with profound ~. 私は彼の死を深い哀悼の念をもって聞いた. ❷ (招待状に対する)ていねいな断わり; 欠席通知: send one's ~s 招待への断わり状を出す / Please accept my ~s. 残念ながらお受け[出席]いたしかねます / *Regrets* Only. 御欠席の場合のみ回答乞う (★ 招待状の最後に書く言葉). **to one's regrét** 残念なから: Much *to* my ~, the meeting had to be cancelled. まことに残念なことにその会は中止せざるをえなかった. 〖F〗 【類義語】⇨ penitence.

re·gret·ful /rɪgrétf(ə)l/ 形 残念[遺憾, 不満]に思っている[そうな], 悔やまれる, 悲しむ, 惜しむ: with a ~ look 名残惜しげな目つきで. **~·ness** 图

re·grét·ful·ly /-fəli/ 副 ❶ 残念そうに, 惜しがって: sigh ~ 残念そうにため息をつく. ❷ 【文修飾】残念にも, 遺憾ながら (★ この用法を正しくないとする人もいる; cf. regrettably): *R*~, I have forgotten his name. 残念ながら彼の名前を忘れてしまった.

‡**re·gret·ta·ble** /rɪgrétəbl/ 形 遺憾な, 残念な, 気の毒な, 悲しむべき, 痛ましい: a ~ error 残念な誤り / It's ~ that the authorities should allow this to happen. 当局がこのようなことが起こるのを許したことは遺憾である.

re·grét·ta·bly /-təbli/ 副 ❶ 【文修飾】残念にも, 遺憾ながら, 痛ましくも: *R*~, he failed the examination. 残念なことに彼は試験に失敗した. ❷ 気の毒[残念]なほどに, 痛ましい程度に.

‡**re·group** /rìːgrúːp/ 動 他 《...を》再編成する.

rè·grów 動 自 《欠失部など》再生する. **rè·grówth** 图

Regt. 《略》regent; regiment.

reg·u·la·ble /régjuləbl/ 形 整理のできる, 調節のできる, 規定できる; 取り締まれる; 制限できる.

*‡**reg·u·lar** /régjulɚ | -lə/ 形 (**more** ~; **most** ~) ❶ 規則正しい, 規則的な (↔ irregular): lead a ~ life 規則正しい生活を営む / have ~ movements 便通がきちんとある. **b** 秩序整然とした; 系統[組織]立った. **c** (比較なし)【文法】規則変化の: ~ conjugation (動詞の)規則活用 / a ~ verb 規則動詞. ❷ (比較なし) **a** 定期の, 定例の: a ~ concert 定期演奏会 / get ~ vacations 規定[決まった日数]の休暇をとる (cf. 5) / ~ meals 三度三度の食事 / on a ~ basis 定期的に. **b** 《便通・月経などきちんとある, 正常な 《用法 医者が患者に, 親が子供に言う》: Are you ~? 便通[生理]はきちんとありますか. ❸ ⒜ 一定の, 不変の, 定まった, いつもの (usual): a ~ income 定収入 / one's ~ time to get up いつもの起床時間 / have a ~ job 定職がある / a ~ customer 常客 / at a ~ speed 一定の速度で. **b** かかりつけの, 行きつけの: one's ~ doctor [dentist] かかりつけの医者[歯医者]. ❹ Ⓐ (比較なし) **a** (法律・慣例・標準などに合った)**正統の**, 正式の; 免許[資格]のある, 本職の: a ~ member 正会員 / a ~ player 正選手 / a ~ marriage 正式な結婚. **b** 《米》公認の: a ~ candidate 公認候補. **c** 【軍】正規の, 常備の: a ~ army 常備[正規]軍 / a ~ soldier 正規兵. ❺ Ⓐ (比較なし) 《口》完全な, まったくの, 本当の: a ~ rascal [hero] まったくの悪党[英雄] / a ~ fool 大ばか / I haven't had a ~ vacation for years. 休日らしい休日はここ何年も取ったことがない (cf. 2 a). ❻ Ⓐ (比較なし) 《米口》まともな, ちゃんとした: a ~ guy [fellow] いいやつ, 好漢. ❼ 《米》《大きさなど普通の, 標準の (ordinary): order ~ French fries 普通サイズの(量の)フライドポテトを注文する. **b** 《飲み物や》《原料・カロリーなどが》標準の, レギュラーの; 《コーヒーなど》レギュラーの 《ミルクまたはクリームが普通量入ったものにいう》: ~ beer 普通のビール 《低カロリー[低アルコール]製品に対して》. ❽ 〖カト〗 《聖職者が》修道会に属する (↔ secular): the ~ clergy 修道士. ❾ (比較なし) **a** 《顔だちなど》均整のとれた, 整った: ~ features [teeth] 整った目鼻だち[歯並び]. **b** 【幾】整正の, 均整の: a ~ flower 整正花. ❿ (比較なし) 【数】(平面図形で)等辺等角の; (立体で)各面の大きさと形が等しい: a ~ polygon 正多角形 / a ~ polyhedron 正多面体. **(as) régular as clóckwork** 規則正しい.

── 图 ❶ Ⓒ **a** 正規兵. **b** 正規の選手, レギュラー. ❷ Ⓒ (特に米) 常連, 常得い (人). ❸ Ⓒ 《米》(服などの)標準サイズ, 並寸. ❹ Ⓤ 《米》=regular gasoline. ❺ Ⓒ 【教会】修道士.

〖F〗(<L=ものさしどおりの《regula ものさし (cf. regulate, rule》)(图 regularity)【類義語】⇨ steady.

régular cánon 图 =canon regular.

régular expréssion 图 Ⓒ Ⓤ 【電算】正規表現.

régular gásoline 图 Ⓤ 《米》レギュラー(ガソリン)《オクタン価の低い普通のガソリン》: This car takes ~. この車はレギュラーで.

‡**reg·u·lar·i·ty** /règjulǽrəṭi/ 图 ❶ 規則正しさ, 規則性: with ~ 規則正しく. ❷ 均整; 秩序; 調和. ❸ 一定不変, 定期, 尋常. (形 regular)

reg·u·lar·i·za·tion /règjulərɪzéɪʃən | -raɪz-/ 图 規則化, 秩序立て.

reg·u·lar·ize /régjuləràɪz/ 動 他 規則正しくする, 規則化する, 秩序立てる; 一様化する; 整える.

*‡**reg·u·lar·ly** /régjuləli | -lə-/ 副 (**more** ~; **most** ~) ❶ 規則正しく; 定期的に: pay one's rent ~ 定期的に家

賃を支払う. ❷ きちんと, いつものように, きちょうめんに. ❸ 本式に, 正式に; 適当に.

*reg·u·late /régjʊlèɪt/ [動] [他] ❶ a 〈…を〉(規則などで)取り締まる, 統制する; 規制する: ～ exhaust emissions 排気ガスを規制する / Traffic should be strictly ～*d*. 交通は厳重に規制しなければならない. b 〈…を〉規則正しくする, 整える: ～ one's lifestyle 生活を規則正しくする. ❷ a 〈機械などを〉調節する, 調整する: ～ a clock 時計を調整する. b 〈数量などを〉調整する, 加減する: ～ the temperature of a room 室温を調整する.
〘L＜*regula* (⇨ regular)〙 ([名] regulation)

*reg·u·la·tion /règjʊléɪʃən←/ [名] ❶ [C] 規則, 規定; 条例, 法規: traffic ～*s* 交通規則 / be permitted [prohibited] under the ～*s* 法規により認められて[禁止されて]いる / rules and ～*s* ⇨ rule 1 a. ❷ [U] 取り締まり, 規制. ❸ [U] 加減, 調節, 調整. ── [形] [A] ❶ 正規の, 規定の, 標準の: a ～ ball 規定ボール / a ～ cap [uniform] 制帽[服] / exceed the ～ speed 規定速度を超える. ❷《口》普通の, お決まりの: the ～ suit お決まりのスーツ. ([動] regulate) 【類義語】⇨ law.

reg·u·la·tive /régjʊlèɪṭɪv/ [形] ＝regulatory.

*reg·u·la·tor /régjʊlèɪṭə | -tə/ [名] ❶ 規定者; 取り締まり人, 調整者. ❷〘機〙調節[調整]器, 調節装置. ❸〘時計〙(進み・遅れを調節する)緩急針; 標準時計.

reg·u·la·to·ry /régjʊlətɔ̀ːri | régjʊlətəri, -tri/ [形] ❶ 規定する, 規制する, 取り締まる. ❷ 調節[調整]する.

reg·u·lo /régjʊlòʊ/ [名] ([複] ～s) [通例数字を伴って]《英》レギュロ《ガスオーブンの熱度の表示》: Cook this on [at] ～ 3. これはレギュロ 3 で調理すること.

reg·u·lus /régjʊləs/ [名] ([複] ～·es, -li /-làɪ/) ❶〘冶〙レギュラス《鉱石を製錬する場合, スラブから分離して炉の底にたまる金属》. ❷〘鳥〙＝kinglet. ❸ [R～]〘天〙レグルス《獅子(し)座 (Leo) の α 星で, 1.4 等星》.

re·gur·gi·tate /rɪgə́ːʤətèɪt, rìː- | -gə́ː-/ [動] [他] ❶ 〈食物を〉吐き戻す. ❷ 〈他人の言ったことなどを〉(そのまま自分で考えないで)おうむ返しに言う. **re·gur·gi·ta·tion** /rɪgə̀ːʤətéɪʃən, rìː- | -gə̀ː-/ [名]

re·hab /ríːhæ̀b/ 《米》[名] ＝rehabilitation. ── [動] [他] (-habbed; -hab·bing)＝rehabilitate.

*re·ha·bil·i·tate /rìː(h)əbílətèɪt/ [動] [他] ❶ 〈身障者・傷病者・犯罪者などを〉社会復帰させる, 〈…に〉リハビリテーションを施す. ❷ 〈人の〉地位・権利を回復する. ❸ 〈…を〉元の状態に戻す, 修復する, 復興する. 〘L＜RE-[1]＋*habilitare* to enable (＜*habilis* ABLE)〙

*re·ha·bil·i·ta·tion /rìː(h)əbìlətéɪʃən/ [名] [U] ❶ リハビリテーション, 社会復帰. ❷ 復位, 復権, 名誉回復. ❸ 復興, 再建. ── [形] [A] リハビリの: a ～ center リハビリセンター《精神病・麻薬中毒者・障害者などの更生施設》.

re·hash /rìːhǽʃ/ [動] [他] 〈古い思想・講義などを〉〔…に〕焼き直す, 作り直す〔*into*〕. ── /ríːhæʃ/ [名] [通例単数形で] 焼き直し, 蒸し返し〔*of*〕.

re·hear /rìːhíə | -híə/ [動] [他] (re·heard /-hə́ːd | -hə́ːd/) ❶ 再び聞く; 聞き直す. ❷〘法〙再審理する. ～·ing /-hí(ə)rɪŋ/ [名]〘法〙再審理.

*re·hears·al /rɪhə́ːs(ə)l | -hə́ː-/ [名] ❶ a [C,U] (劇などの)リハーサル, 下げいこ, 本読み: put a play into ～ 劇のけいこを始める / in ～ リハーサル(中)で / ⇨ dress rehearsal. b [C] [通例単数形で]《比喩》〔…のための〕予行演習, リハーサル〔*for*〕. ❷ [C] 並べ立てること, 詳細に語ること: a ～ *of* one's grievances 不平を並べ立てること. ❸ [C] (心の中で)復唱[暗唱]すること〔*of*〕. ([動] rehearse)

+re·hearse /rɪhə́ːs | -hə́ːs/ [動] [他] ❶ a 〈劇などの〉リハーサルをする, 下げいこをする: ～ an opera オペラのリハーサルをする. b 〈人に〉下げいこをつける, 下げいこで〈人を〉習熟[熟達]させる. ❷ 〈不平などを〉並べ立てる, 詳細に物語る: ～ one's grievances 不平を並べ立てる. ❸ 〈…を〉(心の中で)復唱[暗唱]する: ～ an interview 面接の様子を頭に浮かべて練習する. ── [自] リハーサルをする, 下げいこをする: ～ *with* a full cast フルキャストで下げいこをする. 〘F＝繰り返す〙 ([名] rehearsal)

rè·héat [動] [他] 再び熱する, 熱し返す, 再加熱する. ── [名] /⸗⸗/〘空〙❶ [U] (また **rè·héat·ing**) (ジェットエンジンの)再燃焼(法). ❷ [C] (ジェットエンジンの)再燃焼装置.

rè·héat·er [名] 再熱器《一度使った蒸気を再び使うために熱する装置》.

Rehn·quist /rénkwɪst/, **William H(ubbs)** [名] レンクイスト《1924– ; 米国の法律家; 連邦最高裁判所長官》.

Re·ho·bo·am /rìː(h)əbóʊəm/ [名] ❶ レハベアム《ユダ (Judah) の初代の王》. ❷ [しばしば r～] リーアボーアム《大型のワイン[特に シャンパン]用の瓶; 通例 1.2 ガロン入り》.

re·house /rìːháʊz/ [動] [他] 〈人に〉新しい住居を与える, 〈人を〉新宅に住まわせる《★ 通例受身》: The victims of the earthquake were immediately ～*d*. 地震の罹災(りさい)者たちには直ちに新しい家があてがわれた.

re·hy·drate /rìːháɪdreɪt/ [動] [他]〘化〙再水和[再水化]する, 〈脱水状態の人・もの〉の水分をもとの状態に戻す, 〈乾燥食品を〉水で戻す. **rè·hý·drat·a·ble** [形] **rè·hy·drá·tion** [名] [U]〘化〙再水和作用.

Reich /ráɪk/ [名] [the ～] ドイツ国: ⇨ Third Reich. 〘G＝帝国; cf. rich〙

Reichs·tag /ráɪkstàːg/ [名] (もとのドイツの)国会; (Berlin の)国会議事堂《1933 年 2 月 27 日放火され, ナチスはこれを機にワイマール憲法を事実上廃止した》.

re·i·fy /réɪəfàɪ, ríːə-/ [動] [他] 〈抽象観念などを〉具象化する, 具体化して考える. **re·i·fi·ca·tion** /rèɪəfɪkéɪʃən, rìːə-/ [名]

*reign /réɪn/ [名] ❶ [U] a (君主・帝王などの)君臨, 統治《[解説] 君主の地位にあることを意味し, 必ずしも支配・統治することは含まれない》: under the ～ of Queen Victoria ビクトリア女王の統治下に[で]. b 支配, 勢力: the ～ of law 法の支配. ❷ [C] 治世, 御代(みよ): in [during] the ～ of Queen Victoria ビクトリア女王の代に. **the réign of térror** (1) [R～ of T～ で] 恐怖時代《フランス革命の最も狂暴であった 1793 年 3 月–1794 年 7 月》. (2) (政治的・社会的)暴力恐怖時代. ── [動] [自] ❶ a 〔…の〕主権を握る, 〔…に〕君臨する, 〔…を〕統治する〔*over*〕: Queen Elizabeth I ～*ed* from 1558 till 1603. エリザベス 1 世は 1558 年から 1603 年までの間君臨した / In Great Britain the sovereign ～*s* but does not rule. 英国では君主は君臨するが統治はしない. b 〈人が〉勢力を振るう, はぶりをきかす. ❷《文》〈思想・雰囲気・感情などが〉支配的である, 支配する: Silence ～*ed* in the large hall. 大ホールは水を打ったように静まり返っていた.
〘F＜L *regnare* 王として支配する＜*regnum* 王国＜REX〙 【類義語】⇨ govern.

+réign·ing [形] [A] 〈チャンピオンが〉君臨する, 現在の, 今の: the ～ champion 現チャンピオン.

rei·ki /réɪki/ [名] [U] 霊気《患者に手を当てて気を導き入れ, 自然治癒力を働かせて疾患を治す治療》.

+re·im·burse /rìːɪmbə́ːs | -bə́ːs/ [動] [他] 〔…について〕〈人に〉費用などを払い戻す[返済する, 賠償する]; [しばしば受身で] (人に)〈費用・金額を〉返済[賠償]する: I was ～*d* in full. 私は全額払い戻された / I ～*d* him *for* the damage to his car. 私は彼に彼の車に与えた損害の賠償をした / I will ～ the expenses. その経費は私が返済します / He was ～*d* $100,000. 彼は 10 万ドルの賠償を受けた.

+rè·im·búrse·ment /-mənt/ [名] [U,C] 返済, 償還, 払い戻し, 弁済.

rè·im·pórt [動] [他] 〈輸出品を〉輸入しなおす, 逆輸入する. ── [名] /⸗⸗⸗/ ❶ [U] 逆輸入. ❷ [C] 逆輸入品.

rè·importátion [名] ❶ [U] (輸出品の)再輸入. ❷ [C] 再[逆]輸入品.

Reims /ríːmz/ [名] ランス《フランス北東部の商工業都市; かつては代々のフランス王の戴冠地》.

*rein /réɪn/ [名] ❶ a [しばしば複数形で] (通例革製の, 馬につける)手綱(たづな): pull (up) on [draw in] the ～*s* 手綱を引く[引いて馬を止める]. b [複数形で] (幼児などにつけて一端を親が持つ)安全ひも, 手引きひも: ⇨ leading reins. ❷ [the ～s] 統御, 制御, 抑制: assume [hold, take over] *the* ～*s* of government 政権を握る[握っている, 掌握する] / hand over *the* ～*s* of…(to a person) (人に)…の支配権を譲る, …の管理を任せる. **dráw réin** (1) 馬を止め

る. (2) 歩調をゆるめる, 速度を落とす. **gíve [allów] frée [fúll] réin** =**gìve [allów] frée [fúll] réin to**...に自由を与える, ...に好きなようにさせる: He gave free ~ to his imagination. 彼はほしいままに空想にふけった. **kéep a tíght réin on**...を厳格に制御する, しっかり抑える: keep a tight ~ on the students 学生を厳しく管理する / Try to keep a tighter ~ on your emotions [expenses]. 感情[出費]をもっとしっかり抑えるようにしなさい. ── 動 他 ❶〈感情などを〉抑える, 抑制する. ❷〈馬を〉(...に)手綱であやつる, 御する. **réin báck** (他+副) (1) 〈感情などを〉抑える. (2) 〈手綱を引いて〉〈馬を〉止める. **réin ín** (他+副) (1) 〈...を〉制御する, 抑制する (control): ~ in inflation インフレを抑制する / ~ in one's impatience はやる心を抑える. (2) 〈手綱を引いて〉〈馬の〉歩調をゆるめる. 〖F＜L retinere 抑える; ⇒ retain〗

re·in·car·nate /ríːɪnkáːrnèɪt/ 動 他 ❶〈魂に〉再び肉体を与える. ❷ 生まれ変わらせる《★通例受身で》: She was ~d as a snake. 彼女は蛇に生まれ変わった. ── /ríːɪnkáːrnət, -nert/ 形《通例名詞の後に置いて》再び肉体を得た; 生まれ変わった, 転生した.

†**re·in·car·na·tion** /ríːɪnkɑːrnéɪʃən/ 名 ❶ U 再び肉体を与えること; 霊魂再来(説), 輪廻(ね)(転生). ❷ C 再生, 生まれ変わり〔of〕.

rein·deer /réɪndɪər/ 名 (複 ~) 動 トナカイ(雄・雌ともに大きな枝角(antler)をもつ北極地方産の動物, そり(sleigh)を引っぱるのに用いられる; cf. caribou). 〖ON〗

réindeer móss [líchen] 動 ハナゴケ, トナカイゴケ(欧州・アジア・アメリカの北地の地衣類で, 冬季にトナカイの餌となる).

rè·infécton 名 U 〖医〗再感染. **rè·inféct** 動 他 再感染させる.

*rein·force /rìːɪnfɔ́ːrs/ 動 他 ❶〈議論・気持ちなどを〉強固にする, 〈数値[補強]する, 強める: The new evidence ~s my argument. この新しい証拠は私の議論をより強固にする / The news ~d his fears. その知らせを受けて彼の不安は強まった. ❷〈...を〉補強する, 増強する(strengthen): ~ an army 軍隊を増強する / ~ a bridge 橋を補強する / ~d plastic 強化プラスチック / ~ the elbows of a jacket with leather 上着のひじを革で補強する. ❸〈心〉〈刺激による反応を〉強化する. 〖RE-²+inforce (=ENFORCE)〗

rè·infórced cóncrete 名 U 鉄筋コンクリート.

*rein·force·ment /rìːɪnfɔ́ːrsmənt/ 名 ❶ U 補強, 強化; 増援. ❷《複数形で》増援隊(艦隊), 授兵. ❸ C 補強物(材), 補強材. ❹ U 〖心〗強化.

rè·infórcer 名〖心〗強化作用, 強化子, 強化刺激.

†**re·in·state** /rìːɪnstéɪt/ 動 他 ❶〈人を〉復職[復権, 復位]させる: I was ~d in my former office. 私は前の職務に復職を認められた / She was ~d as President. 彼女は社長として復職した. ❷〈...を〉元に戻す, 復活させる(restore): ~ a consumption tax 消費税を復活する / ~ law and order 法と秩序を回復する.

†**rè·in·státe·ment** /-mənt/ 名 U 復職, 復権, 復位; 回復, 復旧.

re·in·sur·ance /rìːɪnʃʊ́(ə)rəns, -ʃɔ́ːr-/ 名 U 再保険(高額の保険金支払いが生じた時などのために, ある保険会社が引き受けた保険の一部[全部]を他の保険会社が引き受けるようにする契約).

re·in·sure /rìːɪnʃʊ́ər, -ʃɔ́ː-/ 動 〈...に〉再保険をつける.

rè·íntegrate 動 再び完全にする; 再建[復興]する; 再統一する. **rè·integrátion** 名 U 再建, 復興, 再統一.

rè·ínterpret 動 再解釈する, 解釈しなおす. **rè·interpretátion** 名.

rè·introdúce 動 再紹介する; 再び導入する; 再提出する; 〈動植物の種を〉もとの生息地に戻す. **rè·introdúction** 名.

rè·invént 動 ❶〈すでに発明済みのものを〉再発明する; 徹底的に作りなおす[変える]; 再び使い始める. 復活する: ~ oneself 全く新しい生活[職業]を始める. **rè·invéntion** 名.

rè·invést 動 ❶ 再投資する; 再び着せる;〈...に〉〈...を〉再び与える〈with〉; 再叙任する〈in〉; 復する〈with〉. ~·ment 名.

rè·invígorate 動 他 生き返らせる; 新たに活気づかせる. **rè·invigorátion** 名.

†**re·is·sue** /ríːɪʃuː| -ɪʃjuː, -ɪsjuː/ 動 他 〈切手・通貨・書籍などを〉再発行する / The book has been ~d as a paperback. その本はペーパーバックとして再刊された. ── 名 再発行物.

†**re·it·er·ate** /ríːɪtərèɪt, rìː-/ 動 他 何度も何度も繰り返す;〈...であると〉反復して言う〈that〉(repeat).

re·it·er·a·tion /rìːɪtəréɪʃən, rìː-/ 名 U,C 繰り返し, 反復〔of〕.

re·it·er·a·tive /ríːɪtərèɪtɪv, rìː-, -ṭərə-, -trə-/ 形 繰り返す, 反復する. ~·ly 副. ~·ness 名.

*re·ject /rɪdʒékt/ 動 他 ❶ a〈要求・申し出などを〉拒絶する,はねつける, 拒否[否認]する: ~ an offer 申し出を断わる / ~ a demand [plan] 要求[計画]を却下する. b〈考え・制度などを〉受けつけない, しりぞける, 認めない: ~ conventional (medical) treatment 通常の治療を受けいれない[拒否する] / ~ the view [idea] that...という意見[考え]をしりぞける. ❷〈志願者などを〉不合格にする;〈求婚者の〉申し出を断わる,〈人を〉のけ者にする: ~ an applicant [a candidate] 応募者[志願者]を不合格にする. ❸〈不良品などを〉除く, 捨てる: ~ all imperfect merchandise 完全でない商品ははみな取り除く. ❹〈胃・体が〉〈食物などを〉受けつけない, 戻す: My stomach still ~s anything solid. 私の胃はまだ固形物は何も受けつけない. ❺〖生理〗〈体が〉〈移植された臓器・皮膚〉に拒絶反応を起こす: The transplanted heart was ~ed. 移植された心臓は拒絶反応にあった. ❻〈愛情を求める人などを〉疎外する,〈...に〉冷たくする: children ~ed by their parents 親に疎外された子供たち. ── /ríːdʒekt/ 拒絶された人[もの]; 不合格者[品], きずもの.〖L＝投げ返す RE-¹+jacere, jact- 投げる(cf. jet¹, object, project)〗(名 rejéction)【類義語】⇒ refuse¹.

re·jéct·er 名 拒絶者.

†**re·jéc·tion** /-dʒékʃən/ 名 ❶ a U,C 却下(する[される]こと), 否決, 不認可; 排除, 廃棄; 拒絶; C 不合格[不採用]通知. b U,C 〖生理〗拒絶反応, 拒否反応. ❷ U,C 疎外, 冷遇; U 疎外感, 疎外感.

re·jec·tion·ist /-ʃ(ə)nɪst/ 名 形 拒否派(の)(イスラエルとの交渉・和平をいっさい拒否するアラブの指導者・組織・国家).

re·jéc·tor 名 =rejecter.

re·jig /rìːdʒɪ́g/ 動 (re·jigged, re·jig·ging) 他 《英》 ❶ 〈口〉改造[手直し]する. ❷〈工場などを〉再編成[整備]する.

rè·jíg·ger 動 《米口》手直しする, 再調整[編成]する, 修正する (《英》rejig).

*re·joice /rɪdʒɔ́ɪs/ 動 自 ❶〈...を〉喜ぶ, うれしがる, 祝賀する: People ~d when the war ended. 戦争が終わって国民は喜んだ / He ~d at the news. 彼はその知らせを聞いて大喜びだった / They all ~d over the victory. 皆その勝利を祝った / She ~d in her daughter's happiness. 娘が幸福で彼女はうれしかった / 〈+to do〉We all ~d to hear that you were safe. 君が無事だと聞いて我々はみな大喜びだった / 〈+that〉He ~d that she had succeeded at last. 彼女がとうとう成功したことで彼は喜んだ《★that は略せない》. ❷〈...に〉恵まれている,〈...を〉持っている: He ~s in good health. 彼はたいへん健康に恵まれている. ── 《古》〈人の(心)を〉喜ばせる. **rejoice in the náme of**.... 《英戯言》...という《変な》名前を持っている: The general ~d in the name of Coward. その将軍はカワード(臆病者)という不似合いな名前を持っていた. **re·jóic·er** 名. 〖F; ⇒ joy〗

re·jóic·ing 名 ❶ U 喜び, 歓喜. ❷《複数形で》歓呼; 祝賀, 祝い事; 歓楽.

*re·join /rìːdʒɔ́ɪn/ 動 他 ❶〈元の仲間などと〉再び一緒になる, 再会する;〈...に〉再び加わる: They ~ed the tour group in Paris. 彼らはパリツアーの一団と再び一緒になった. ❷ a〈壊れたものを〉再結合させる. b〈分かれたもの

に〉再合同する: This road ~*s* the main street farther on. この道はもっと先へ行くと目抜き通りに出る.

re·join² /rɪʤɔ́ɪn/ [動] [他] 〈…と〉応答[答弁]する, 言い返す 〈*that*, [引用]〉. ── [自] 応答[答弁]する.

re·join·der /rɪʤɔ́ɪndɚ | -də/ [名] 答弁, 返答, 応答; 言い返し; 〘法〙 (被告の)第二訴答. (〘動〙 rejoin²)

⁺**re·ju·ve·nate** /rɪʤúːvənèɪt/ [動] [他] 〈人を〉若返らせる; 元気を回復させる 《★ しばしば受身》: He *was* ~*d* by his trip. 彼は旅行で元気を回復した.

re·ju·ve·na·tion /rɪʤùːvənéɪʃən/ [名] [U] [また a ~] 若返り, 回春, 元気回復.

re·ju·ve·nes·cence /rɪʤùːvənés(ə)ns/ [名] [U] 若返り, 回春; 更新; 〘生〙 (細胞の)若返り 《接合または分裂による》.

re·jù·ve·nés·cent /-s(ə)nt/ [形] 若返らせる, 若返る, 回春の.

rè·kéy [動] [他] 〘電算〙 〈データを〉キーボードから再度打ち込む.

⁺**re·kin·dle** /rìːkíndl/ [動] [他] ❶ 〈…に〉再び点火する; 再燃させる. ❷ 再び元気づける.

rel. 《略》 relative(ly); religion.

-rel /-rəl/ [接尾] [名詞語尾] 「小…」: cocker*el*.

⁺**re·lapse** /rɪlǽps/ [動] [自] ❶ 〔元の悪い状態に〕逆戻りする, 〔…に〕再び陥る: She ~*d* ***into*** depression [silence]. 彼女はまたふさぎ[黙り]込んでしまった / He kept off the bottle for a few weeks, but once again ~*d*. 彼は 2, 3 週間禁酒していたがまた逆戻りしてしまった. ❷ 〈人が〉病気をぶり返す. ── /rɪlǽps, ríːlæps/ [名] 〔元の悪い状態への〕逆戻り; 堕落, 退歩 〔*into*〕; (病気の)再発, ぶり返し: have a ~ ぶり返す. 〖L; ⇨ re-¹, lapse〗

re·láps·ing féver [名] [U] 〘医〙 回帰熱.

*__re·late__ /rɪléɪt/ [動] [他] **A** ❶ 〈…を〉〔…と〕関係[関連]させる: We cannot ~ these events ***to*** [《英》 ***with***] any particular cause. これらの出来事を特定の原因に関連づけることはできない. ❷ 〈…の〉間の関係[関連]を説明する[示す]: ~ poverty and crime 貧困と犯罪の関係を示す / Can you ~ these two phenomena? これら二つの現象の関係を説明できますか.

── **B** 〈話・経験などを〉話す, 物語る: She ~*d* (***to*** us) some amusing stories about her colleagues. 彼女は(我々に)同僚についてのおもしろい話を聞かせてくれた.

── [自] ❶ 〔…と〕関連がある, 関係をもつ: I can't see how these two pieces of evidence ~. この二つの証拠がどう関係しているのかわからない / She notices only what ~*s* ***to*** herself. 彼女は自分に関係のあることにしか目がいかない. ❷ **a** 〔他人と〕うまくつき合う, 折り合う: Children like that don't ~ well *to* other people. ああいう子供はほかの人たちとうまくやっていけない. **b** 〔…と〕つき合う, 〔…を〕理解する: I just can't ~ ***to*** that movie. あんな映画はとても見る気になれない / "I've got so much work to do and you can't do everything at once." "Yeah, I can ~ to that." 「やらなきゃいけないことが多すぎるんだよ. 一度に全部はできないよ」「うん, わかるよ」

〖F＜L＝持ち返る, 繰り返す RE-¹+*ferre*, *lat*- 運ぶ (cf. refer, translate)〗 (〘名〙 relation, 〘形〙 relative) 【類義語】 ⇨ tell¹.

*__re·lat·ed__ /rɪléɪṭɪd/ [形] (比較なし) ❶ **関係のある**, 関連した: a ~ question 関連質問 / physics, chemistry, and ~ sciences 物理, 科学および関連科学分野 / the oil-*related* industries 石油関連産業 / a question ~ ***to*** [《英》 ***with***] his lecture 彼の講義と関連した質問. ❷ **親類の**, 同族の: ~ languages 同族言語 / "How are you two ~?" "We are cousins." 「お二人はどういうご関係ですか」「私たちはいとこ同士です」 / She's closely [distantly] ~ ***to*** me. 彼女は私とは近い[遠い]親戚関係にある. ~·**ness** [名]

re·lát·er /-ṭɚ | -tə/ [名] 物語る人.

⁑**re·la·tion** /rɪléɪʃən/ [名] **A** ❶ [U,C] **関係, 関連**: a causal ~ 因果関係 / have (a close) ~ ***to*** [***with***]…と(密接な)関係[関連]がある / bear no ~ *to*…と無関係である. ❷ [C] [複数形で] **a** (具体的な)**関係**, 間柄, 交渉: the friendly ~*s* ***between*** Japan and the United States 日米間の友好関係 / We have no business ~*s* ***with*** the firm. うちはその会社と商取引がありません / The two nations have broken off ~*s*. 二国の間は交渉が絶えた. **b** (異性との)関係, 性交: have (sexual) ~*s* ***with***…と性的関係を持つ. ❸ **a** [C] **親類(の人)** (relative): poor [rich] ~*s* 貧乏な[金持ちの]親類 (cf. poor relation) / Is he any ~ ***to*** you?＝Is he a ~ of yours? あのかたはあなたのご親戚ですか. **b** [U] 親族関係, 縁故. ── **B** ❶ [U] 〔話を〕物語ること 〔*of*〕. ❷ [C] 話, 物語. **in** [**with**] **relátion to**… (1) …に関して: my responsibility *in* ~ *to* the matter その件に関する私の責任. (2) …と比較して: *In* ~ *to* a desktop computer a notebook is expensive. デスクトップにくらべて, ノートブック(型パソコン)は値段が高い. (〘動〙 relate)

re·lá·tion·al /-ʃ(ə)nəl/ [形] ❶ 関係のある; 相関的な. ❷ 親類の.

relátional dátabase [名] 〘電算〙 リレーショナルデータベース 《データをテーブルの形で保持し, 共通フィールドによって複数のテーブルを関係づけることにより, 複雑なデータの整理を容易にし, 柔軟な運用を行なえるようにしたもの; 略 RDB》.

⁑**re·la·tion·ship** /rɪléɪʃənʃɪp/ [名] [C,U] ❶ **a** (人と人などの)**関係, 結びつき**: the ~ ***between*** Japan and the U.S. 日米関係 / establish [break off] a ~ ***with*** a person 人との関係を作る[断つ] / "What is your ~ ***to*** [***with***] the accused?" "I'm his boss." 「被告人とあなたはどういうご関係なのですか」「彼の上司です」 (cf. 3). **b** 恋愛[男女]関係, 交際[交友]関係, つきあい: He is already in a ~ with Sarah, but is now attracted to one of his co-workers. 彼はサラとつきあっているのに, 今同僚の一人にひかれている. ❷ (物事と物事の)**関連, 関係**: the ~ ***between*** wages and prices [***of*** wages ***with*** prices] 賃金と物価の関係. ❸ **親族[血族, 婚姻]関係**: degrees of ~ 親等 / "What is your ~ ***to*** him?" "I'm his father." 「あの方とあなたはどのようなご関係なのですか」「私は父親です」 (cf. 1 a).

rel·a·ti·val /rèlətáɪv(ə)l/ [形] 〘文法〙 関係詞の, 関係詞的な. ~·**ly** [副]

*__rel·a·tive__ /réləṭɪv/ [形] (比較なし) ❶ **比較上の, 相対的な**, 相関的な (↔ absolute): ~ frequency 相対頻度(ひんど) / ~ merits 優劣 / Beauty is ~. 美は相対的なものだ / It's all ~. それはまったく相対的な問題だ[比較すればの話だ]. ❷ [P] 〔…と〕**関係があって, 関連して**: a fact ~ ***to*** the accident その事故に関係のある事実. ❸ [P] 〔…に〕**呼応して**, 比例して: Price is ~ ***to*** demand. 価格は需要に比例する. ❹ 〘文法〙 関係を示す, 関係詞に導かれた: a ~ pronoun [clause] 関係代名詞[関係詞節]. ── [名] ❶ **親類(の人), 親戚(の人)** (relation): elderly ~*s* 親類の年配者たち / He's a close [distant] ~ of mine. 彼は私の近い[遠い]親戚です. ❷ 〘文法〙 関係詞; (特に)関係代名詞. ~·**ness** [名] (〘動〙 relate, 〘名〙 relativity)

rélative dénsity [名] 〘理〙 比重; 相対密度.

rélative humídity [名] 〘理・気〙 相対湿度.

*__rel·a·tive·ly__ /réləṭɪvli/ [副] (比較なし) ❶ **相対的に**; 比較的(に), 割合に (comparatively): a thing of ~ small value 比較的価値の低いもの. ❷ [文修飾] **比較していえば**, どちらかといえば: She's beautiful; ~ (*speaking*), I mean. 彼女は美人だ. もっともどちらかといえばだがね.

rélative molécular máss [名] ＝molecular weight.

rél·a·tiv·ìsm /-vìzm/ [名] [U] 〘哲〙 相対論[主義].

rél·a·tiv·ist /-vɪst/ [名] 相対主義者; 相対性理論を奉じる人. ── [形]＝relativistic.

rel·a·tiv·is·tic /rèlətɪvístɪk⁻/ [形] ❶ 相対主義の. ❷ 〘理〙 相対性理論の.

⁺**rel·a·tiv·i·ty** /rèlətívəṭi/ [名] [U] ❶ 関連性, 相関(性), 相対性. ❷ [しばしば R~] 〘理〙 相対性(理論): the theory of ~ 相対性理論. (〘形〙 relative)

rel·a·tiv·ize /réləṭɪvàɪz/ [動] [他] 相対化する, 相対的に扱う[考える]. **rel·a·tiv·i·za·tion** /rèləṭɪvɪzéɪʃən | -vaɪz-/ [名]

re·lá·tor /-ṭɚ | -tə/ [名] ❶ ＝relater. ❷ 〘法〙 告発者.

rè·láunch [動] [他] 再出発させる, 再び始めさせる; 〈製品を〉別の形で売り出す. ── [名] 再発売, 再出発.

R

relax /rɪlǽks/ 動 ❶〈人の〉精神的緊張を解く，リラックスする，くつろぐ: R- and enjoy yourself. リラックスして楽しみなさい / You had better take a day or two off and ~. 1, 2日休みを取って骨休めをしなさい. ❷〈緊張・力などが〉緩む: Her attention never ~ed. 彼女の注意は途切れなかった. b 〔力・努力などが〕弱くなる，衰える: Don't ~ in your efforts. 努力を緩めてはいけない. ― 他 ❶〈人を〉(精神的緊張から)楽にさせる，くつろがせる: A few days in the country will ~ you. 2, 3日いなかへ行けば気分が楽になるだろう. ❷ a〈緊張・力などを〉緩める，〈…から〉力を抜く: ~ one's muscles 筋肉を緩める / I ~ed my grip on the rope. 私はロープを握る手を緩めた. b〈努力などを〉減ずる: You must not ~ your efforts [attention]. 努力[注意]を緩めてはいけない. ❸〈法・規律などを〉緩める，緩和する (↔ tighten): ~ censorship 検閲制度を緩める. 〖L=再び緩める＜RE-¹+laxare 緩める (cf. lax)〗 (名 relaxation)

relax・ant /-s(ə)nt/ 形 ゆるめる, 弛緩性の. ― 名 弛緩薬; 緩下葉.

***relax・a・tion** /rìːlækséɪʃən/ 名 ❶ a Ⓤ 休養, 息抜き, くつろぎ: I play golf for ~. 気晴らしにゴルフをする. b Ⓒ 気晴らしにやる事, 娯楽, レクリエーション. ❷ 〔通例単数形で〕緩めること, 弛緩(しかん), 軽減, 緩和: the ~ of international tensions 国際緊張の緩和 / There must be no ~ in our quality control. わが社の品質管理にはいささかの手加減もあってはならない. (動 relax)

***re・laxed** /rɪlǽkst/ 形 ❶ くつろいだ, リラックスした: You look ~ these days. あなたはこのごろくつろいだ様子ですね. ❷ 形式ばらない, くだけた: in a ~ atmosphere くつろいだ雰囲気の中で. ❸ 緩やかな, 寛大な: ~ rules 緩やかな規則. **~・ly** 副 **~・ness** 名

***re・lax・ing** /rɪlǽksɪŋ/ 形 ❶ くつろがせる, リラックスさせる: a delightful, ~ place 楽しくて気の置けない場所. ❷〈天候・気候が〉体をだるくさせる.

***re・lay** /ríːleɪ/ 名 ❶ Ⓒ a リレー(競走): take part in a ~ リレーに参加する. b リレーの一人の受け持ち距離. ❷ Ⓒ a 交替班[要員]: work in ~s 交替で働く. b 〔駅馬車や狩で疲れた馬や犬に代わる〕替え馬, 継ぎ馬, 替え犬. ❸ 〔ラジオ・テレビ〕 a Ⓒ 中継機材. b Ⓤ.Ⓒ 中継(放送): by ~ 中継で / listen to a ~ of an opera オペラの中継放送を聞く. ❹ 〖電〗継電器, 中継器, リレー. 形 ❶ リレー競走の: a ~ runner [team] リレーランナー[チーム]. ❷ 中継放送の: ⇒ relay station. ― /ríːleɪ, rɪléɪ/ 動 他 ❶〈伝言などを〉〈…から〉〈…へ〉取り次ぐ, 中継する 〈from〉〈to〉: I ~ed the news to her. 私はその知らせを彼女に取り次いだ. ❷〈番組などを〉中継放送する: The concert was ~ed live from Carnegie Hall. そのコンサートはカーネギーホールからライブで中継された. 〖F=後ろに残す〗

re-lay /rìːléɪ/ 動 他 (re-laid /-léɪd/) 敷き直す, 敷設し直す.

rélay ràce 名 = relay 1 a.

rélay stàtion 名 〔ラジオ・テレビ〕中継局.

re・leas・a・ble /rɪlíːsəbl/ 形 放免[解放]できる; 免除できる;〈締め具などが〉はずせる; 棄権できる, 譲渡できる. **-ably** 副 **re・leas・a・bil・i・ty** /rɪlìːsəbíləti/ 名

‡**re・lease** /rɪlíːs/ 動 他 ❶〈人を〉釈放する, 自由にする;〔監禁・義務などから〕解放する, 免除する, 解除する: ~ hostages from captivity / ~ a person from custody / ~ a person from an obligation [a contract] 人を義務[契約]から解放する / The bird was ~d from the cage into the sky. その鳥はかごから大空へ放たれた. ❷ a〈握ったもの・固定したものを〉放つ, 離す, はずす;〈…を投下[発射]する〉, 落とす: ~ an arrow 矢を放つ / ~ one's hold 握った手を離す / He refused to ~ my arm. 彼は私の腕を離そうとはしない / ~ a bomb 爆弾を投下する. b〈ハンドブレーキ・スイッチ・レバー・掛け金などを〉はずす, 緩める. ❸ a〈感情を〉解き放つ, 吐き出す, 発散する: ~ one's pent-up frustrations 鬱積した欲求不満を発散する. b〈緊張などを〉解く, 緩める. ❹ a〈映画などを〉封切りする;〈新譜・新製品などを〉発売する: ~ a new single 新しいシングル盤を発売する. b〈ニュースなどを〉公開する, 発表する: The news has just been ~d to the media. そのニュースは今マスコミに公開された. c〈禁止されていたものを〉解禁する, 〈…の凍結を解除する. ❺〈化学物質・熱などを〉放出する. ❻〖法〗〈財産・権利を〉放棄[放免]する, 譲渡する.

― 名 ❶ a Ⓤ〔また a ~〕〔監禁・義務などからの〕釈放, 放免; 解放; 免除, 解除: a feeling of ~ 解放感 / His ~ from prison took place yesterday. 彼の刑務所からの釈放はきのう行われた. b Ⓤ〔また a ~〕〔苦痛などからの〕解放, (…の)解消;〔感情などの〕解放, 発散; 発露; はけ口. c Ⓒ〔俗〕〔映画の〕封切り, 〔新譜などの〕発売; 〔ニュースなどの〕公開, 発表 ⇒ press release. b Ⓒ 封切り映画; 〔レコードの〕新盤; 公開されたニュース[情報]. ❸ a Ⓤ.Ⓒ〔化学物質・熱などの〕放出, 放射. ❹ Ⓤ〔また a ~〕放つ[離す]こと;〔爆弾などの〕投下, 発射. ❺ Ⓒ a〔ハンドブレーキなどの〕解除ボタン[ハンドル]. b〔カメラのレリーズ. ❻〖法〗a Ⓤ〈財産・権利などの〉放免, 譲渡. b Ⓒ 放棄[譲渡]証書. **in** [〔英〕**on**](**général**) **reléase**(一般)公開されて.

〖F＜L relaxare 再び緩める; ⇒ relax〗 【類義語】⇒ free.

reléase bùtton 名〔自動車のハンドブレーキなどの〕解除ボタン.

re・leas・ee /rɪlìːsíː/ 名〔債務などの〕被免除者;〖法〗〔権利・財産の〕譲受人.

re・leas・er 名 ❶ 解放者, 釈放者. ❷ 〖生〗解発因, リリーサー.

reléasing fàctor 名〖生化〗〔ホルモンの〕放出因子.

re・leas・or /-sɔːr/ 名 〖法〗棄権者, 〔権利・財産の〕譲渡人.

***rel・e・gate** /réləɡèɪt/ 動 他 ❶〈人・ものを〉〈ある場所・地位へ〉追いやる, 左遷する, 追放する: ~ a person to an inferior position 人を格下げする / The old magazines were all ~d to the attic. 古い雑誌は全部屋根裏部屋へ片づけられた. ❷〔主に英〕〔スポ〕〔特にサッカーチームを〕下位リーグに落とす (demote, ↔ promote)(★ 通例受身で用いる): The football team was ~d (to the second division). そのサッカーチームは(Bクラスに)落ちた. ❸〈事件・仕事などを〉…に移管する, 付託[委託]する: ~ a matter to the competent authority 問題を所管官庁に付託する. 〖L=追放される＜RE-¹+legare, legat- 送る (cf. delegate)〗

rel・e・ga・tion /rèləɡéɪʃən/ 名 Ⓤ ❶ 左遷, 追放;〔主に英〕〔スポ〕〔下位リーグへの〕転落〈to〉. ❷〔事件の〕移管, 付託〈to〉.

***re・lent** /rɪlént/ 動 自 ❶ 気持ちがやわらぐ, 心が解ける, 優しくなる; 抵抗をやめる, 折れる; 厳しさがゆるむ. ❷〈悪天候などが〉弱まる, やわらぐ.

***re・lent・less** /rɪléntləs/ 形 ❶ とどまるところを知らない; 苛酷なまでに〔執拗(しつよう)に〕続く: the ~ increase in cancer deaths 歯止めなく増え続けるがんによる死亡. ❷ 冷酷[残忍]な, 情け容赦のない, 執拗な: a ~ attack [enemy] 情け容赦のない攻撃[敵] / He was ~ in demanding repayment of the debt. 彼はその借金の返済を情け容赦もなく要求した. **~・ly** 副 **~・ness** 名

***rel・e・vance** /réləvəns/ 名 Ⓤ〔当面の問題との〕関連(性), 適切さ, 妥当性: have no [some] ~ to …とは全然関連がない[少し関連がある] (形 relevant)

rél・e・van・cy /-si/ 名 = relevance.

***rel・e・vant** /réləvənt/ 形〔当面の問題にとって〕適切な, 妥当な, 関連(性)のある (pertinent, ↔ irrelevant): a ~ question 適切な質問 / collect all ~ data 関連のあるデータをすべて集める / What you say is not ~ to the matter in hand. あなたの言うことは現在考慮中の問題には関連がない. **~・ly** 副 〖L〈pres p〉＜relevare 持ち上げる, 関係する; ⇒ relieve〗 (名 relevance)

re・le・vé /rèləvéɪ/ 名 ❶〖バレエ〗ルルベ〔足の平についた状態から完全にまたは半分つまさき立った状態になること〕. ❷〖生態〗ルルベ, 調査目録〔植生調査で記録されるサンプルとしての小さな調査区〕.

re・li・a・bil・i・ty /rɪlàɪəbíləti/ 名 Ⓤ 信頼できること, 当てになること, 信頼度, 確実性. (形 reliable)

re·li·a·ble /rɪláɪəbl/ 形 (more ~; most ~) 頼りになる, 頼りもしい, 信頼できる; 確かな (dependable; ↔ unreliable): a ~ person 信頼できる人 / ~ information 確かな情報 / from a ~ source 信頼すべき筋から / His memory [This car] is very ~. 彼の記憶[この車]は非常に信頼できる. ━ **ness** 名 (名 rely, 名 reliability)

re·li·a·bly /-əbli/ 副 ❶ 頼りになるように, 頼もしく. ❷ 信頼すべき筋から; 確実に: I'm ~ informed that the princess is getting married soon. 確かな筋からの情報によると王女は近く結婚されるそうだ.

re·li·ance /rɪláɪəns/ 名 ❶ U 〖物事に頼ること, 当てにすること; 信頼, 信用, 信任 (dependence): Japan's ~ **on** imported oil 日本が輸入の石油に頼っている事態 / I put [placed] my ~ on him [his statement]. 私は彼[彼の言葉]を信用した. ❷ C 頼み[頼り]とする人[もの], よりどころ. (動 rely)

re·li·ant /rɪláɪənt/ 形 P [...に頼って, ...を当てにして: Japan is heavily ~ **on** imported oil. 日本は輸入の石油に大いに依存している. (動 rely)

rel·ic /rélɪk/ 名 ❶ 〖歴史的な〗遺物, 遺品, 遺跡; 〖過去の風俗などの〗面影, 名残, 遺風. ❷ 遺体, 遺骨; 〖聖〗遺物. 〖F〖L< relinquere; ⇒ relinquish〗

rel·ict /rélɪkt/ 名 ❶ 〖生態〗残存生物[種]. ❷ 〖古〗未亡人. ━ 形 A 残存する.

__re·lief__[1] /rɪlíːf/ 名 ❶ U [また a ~] ほっとすること, 安心, 安堵(ど): give a sigh of ~ ほっとひと息つく / What a ~! ああ, これでほっとした / To our great ~ [Much to our ~], the hostages were all rescued. 人質が皆救出され大いに安心した / It was a great ~ to her to learn that her husband had arrived there safely. 夫が無事そこに着いたと知って彼女は何よりも安心した. ❷ U 〖苦痛などの〗除去, 軽減: pain ~ 痛みの緩和 / This drug gives rapid ~ from pain [to sufferers from gout]. この薬は痛みを早く取ってくれる[痛風患者にはきわめて早い]. ❸ U a 〖難民などの〗救助, 救援; 救援物資[金]: disaster ~ 災害救援[救助金, 金] / the ~ of tsunami victims 津波による被災者の救援 / provide ~ for refugees 難民に救援物資を送る. b 〖米〗〖失業者・高齢者などへの〗政府援助金[救済金, 扶助]: be on ~ 公的扶助を受けている. ❹ a U 気晴らし, 息抜き: light ~ 〖劇・小説などで〗ほっと息抜きができる場面 / ⇒ comic relief. b C 気晴らしになるもの. ❺ a U 交替, 整代; 〖集合的に〗単数または複数扱い〗交替者[兵]: The ~ is [are] expected soon. 交替要員はまもなく来ることになっている. c U 増発〖臨時〗便 (バス・列車・飛行機など). ❻ U 税の免除; 税金控除. ❼ U 〖包囲された都市の〗解放, 救援 〖of〗. ━ 形 ❶ 救済(用)の: a ~ fund 救済基金 / ~ goods [supplies] 救援物資 / ~ work(s) 失業対策事業[土木工事]. ❷ a 交替の: a ~ crew 交替乗務員. b 〖野〗救援の, リリーフの: a ~ pitcher 救援[リリーフ]投手. ❸ 増発[臨時]用の: a ~ bus 増発バス / ~ service 臨時便[運行]. 〖F〗 (動 relieve)

re·lief[2] /rɪlíːf/ 名 ❶ 〖彫・建〗a U.C 浮き彫り, レリーフ: high [low] ~ 高[浅]浮き彫り. b C 浮き彫り細工[模様]. ❷ U きわ立つこと, 鮮明さ; (対照による)強調, 強勢: bring [throw]...into ~ ...を目立たせる. ❸ U 〖土地の〗高低, 起伏. ❹ U 〖古〗〖絵画の〗浮き彫り; 目立って: The castle stood out *in* (bold [strong]) ~ against the sky. その城は空を背景に(くっきりと)きわ立って見えた. 〖F< It; ⇒ relieve〗

relief màp 名 起伏地図, 立体模型地図.
relief prìnting 名 U 〖印〗凸版印刷術.
relíef ròad 名 〖英〗(混雑緩和用)迂回(うかい)道路, バイパス.

re·líev·a·ble /-vəbl/ 形 救済できる; 救出できる; 楽にできる, 安心させられる; 軽減できる; 浮き上がらせられる, 目立たせる.

__re·lieve__ /rɪlíːv/ 動 ⊕ ❶ a 〖苦痛・悩み・悲しみを〗やわらげる, 楽にする: This drug will ~ your headache. この薬を飲めば頭痛が治るでしょう / No words could ~ her anxiety. どんな言葉も彼女の悩みを軽減できなかった. b 〈人を〉安心させる, ほっとさせる (cf. relieved): The news ~d

---

1511 religious

her parents. その知らせに彼女の両親は安心した. ❷ 〈人から〉〖苦痛・悩み・責任などを〗除いて楽にしてやる[安心させる]; 〈人にかかる重さを〉軽くする: The doctor ~d me *of* my psychological burden. 医者は私から心の負担を取り除いてくれた / That ~d him *of* all responsibility. そのおかげで彼は責任を全部免れた / Let me ~ you *of* your bag. そのバッグをお持ちしましょう. b 〈人を〉〖職から〗はずす, 解職[解任]する(★ しばしば受身で用いる〗: He was ~d *of* (his) office. 彼は解職となった. c 〖戯言〗〈人から〉〖ものを〗盗む: A pickpocket ~d him *of* his wallet. 彼はすりに財布を取られた. ❸ 〖難民などを〗救助する, 救援する: ~ earthquake victims 地震による被災者を救援する. ❹ 〈...に〉変化を与える, 〈...の〉単調さを解く: Nothing ~d the boredom. その退屈さを救ってくれるものは何もなかった. ❺ a 〈人を〉交替して休ませる; 〈番兵などを〉交替する: We shall be ~d at five o'clock. 5 時に交替する / ~ the watch 監視人[夜回り]を交替する. b 〖野〗〈投手を〉救援する, リリーフする: ~ the starting pitcher 先発投手をリリーフする. ❻ 〈包囲された都市などを〉解放する, 救援する. ❼ 〈ものを〉浮き上がらせる, きわ立たせる. relieve one's féelings (泣いたりわめいたりして)うっぷんを晴らす; 気を晴らす[紛らす]. relieve oneself ...の単調さを解く. 〖F relevare 再び持ち上げる, 軽くする〗 < RE-[1] + levare 軽くする < levis 軽い; cf. lever, alleviate〗 (名 relief[1])

__re·lieved__ /rɪlíːvd/ 形 ほっとした, 安心[安堵(ど)]した, 安心した表情の: a ~ look ほっとした様子 / in a ~ tone 安心した口調で / She looked ~. 彼女はほっとした様子だった. ━ 副 ~ was ~ at the news. 彼はその知らせに安心した. / [+to do] I was ~ to hear it. それを聞いて安心した. [+ *that*] He was ~ (*that*) she was smiling. 彼は彼女が笑っているのにほっとした.

re·líev·er 名 ❶ 救済者[物]; 救援投手. ❷ 慰める[やわらげる]人[もの]: a pain ~ 鎮痛剤.

re·líe·vo /rɪlíːvou/ 名 (~**s**) 〖彫・建〗❶ U 浮き彫り, レリーフ ⇒ **alto-relievo**. ❷ C 浮き彫り細工[模様]. 〖It〗

re·líght 動 ⊕ 再び点火する; 再び火がつく[燃える].

re·li·gi·o- /rɪlídʒ(i)ou/ 〖連結形〗「宗教 (religion)」.

__re·li·gion__ /rɪlídʒən/ 名 ❶ a U 宗教. b C (特定の)宗教, 宗門, ...教: the Christian [Buddhist] ~ キリスト教 [仏教] / the established ~ 国教 / be against one's ~ 宗旨に背く. ❷ U 信心, 信仰: freedom of ~ 信仰の自由. ❸ U (カトリックの)修道院[僧]生活: be in ~ 修道[聖職者]である / enter into ~ 修道会[生活]に入る, 修道者となる. ❹ 〖単数形で〗(信仰のように)堅く守るもの, 魂を打ち込んでいるもの: Baseball is his ~. 彼の人生の生きがいだ. **gèt [fìnd] relígion** 〖口・軽蔑〗突如信仰にめざめる, 宗教づく, 宗教に走る. **màke a relígion of (dóing)** ...(すること)をあたかも信仰のごとく大事にする, とても大切にする, 信奉する, 奉る. **práctice a [one's] relígion** 宗教[信仰]を実践する〖定められた儀式に参加し, 戒律に従って生活する〗. 〖F〖L = 神と人とのきずな < RE-[1] + ligare 縛る (cf. league, ligament)〗 (形 religious)

re·lí·gion·ism /-dʒənɪzm/ 名 U 熱烈な信心, 狂信.
re·lí·gion·ist /-dʒənɪst/ 名 U 信心家, 狂信家.
re·lí·gion·less /-ləs/ 形 無宗教の; 信仰(心)(信心)のない.

re·li·gi·ose /rɪlídʒióus/ 形 宗教に凝りかぶった, 狂信的なほど信仰心の強い. **re·lig·i·os·i·ty** /rɪlìdʒiásəṭi/, -ɔ́s-/ 名

__re·li·gious__ /rɪlídʒəs/ 形 (more ~; most ~) ❶ A (比較なし)宗教(上)の (↔ secular): ~ faith 信仰 / ~ freedom 信仰の自由 / a ~ service 礼拝 / ~ music 宗教音楽. ❷ a 〈人・行為など〉宗教的な, 信仰の, 敬虔(けいけん)な, 信心深い (devout; ↔ irreligious): a ~ life 信仰生活 / a ~ person 信心深い人 / They're very ~. 彼らは非常に敬虔である. b [the ~ 名詞的に; 複数扱い] 信仰家たち. ❸ (比較なし)修道の, 修道会による: a ~ house 修道院. ❹ 良心的な, 細心の, 周到な; 厳正な: with ~ care 細心の注意を払って. ━ 名 (⊕ ~) 修道士, 修道女. ━ **ness** 名 (名 religion)〖類義語〗**religious** ある宗教

を信仰し信仰生活を実践する. **devout** 特に内面的な信仰の深さ・強さを強調する. **pious** 特に自己の信仰myron宗教の外面的な儀式・務め・きまりを忠実に守る; うわべだけの信心を表わすこともある.

re·li·gious·ly ❶ **a** 良心的に; 細心に: work ~ 良心的に働く. **b** 定期的に, 決まって: She brushes her teeth ~ three times a day. 彼女は毎日三回きちんと歯を磨く. ❷ **a** 宗教上[的に]. **b** 信心深く.

re·line /ríːláin/ 動 〈衣服〉に新しい裏地をつける.

re·lin·quish /rilíŋkwiʃ/ 動 ❶ 〈計画・習慣などをやめる, よす, あきらめる, 棄て去る (give up): ~ hope [a plan] 希望[計画]を捨てる[やめる]. ❷ 〈所有物・権利などを〉放棄〔譲渡〕する, 手放す: ~ one's claim 要求を放棄する / They had *to* ~ their position *to* the enemy. 彼らは陣地を敵に譲り渡さなければならなかった. ❸ 〈…の〉手を緩める, 手放す: ~ one's hold (on a rope) (ロープを握っている)手を離す. ~·**ment** 名 〖F <L = 後に残す <RE-¹ + *linquere* 残す; cf. relic〗【類義語】⇒ **yield**.

rel·i·quar·y /rélǝkwèri/ -kwǝri/ 名 聖骨匣〔遺宝〕箱.

re·liq·ui·ae /rilíkwiː/ 名 遺物; 遺骸, なきがら; 化石.

*****rel·ish** /réliʃ/ 動 ❶ 〈…を〉楽しむ, たしなむ, 享受する (enjoy): ~ the sea wind 潮風を満喫する / I don't ~ the idea [thought] of telling them the bad news. 彼らに悪いニュースを知らせなければならないと思うと気が重い / [+*doing*] He won't ~ *having* to walk all that distance. 彼はそれだけの距離を歩かなければならないのをいやがるだろう. ❷ 〈食物を〉おいしく食べる, 味わう, 賞味する: ~ one's meal 食事を賞味する. — 名 ❶ Ⓤ Ⓒ 〔食欲をそる〕調味料, 薬味, 付け合わせ 《ピクルス (pickles)・オリーブ・生野菜など》, ソース. ❷ Ⓤ 〔大変〕楽しむこと, 〔大きな〕楽しみ, 喜び; 楽しみ味わうこと: with ~ 〔とても〕楽しそうに, 〔大いに〕喜んで; おいしそうに. ❸ Ⓤ 〔…に対する〕好み, 趣味, 興味, 期待: I have *no* ~ *for* traveling. 私は旅行には興味はない. ❹ Ⓤ [また a ~] **a** 〔古〕〔食物に特有の〕風味, 美味; 持ち味: *a* ~ of garlic in the stew シチューの中のニンニクの風味. **b** 〔物事がもつ〕趣, おもしろみ, 興味: Her spirit of adventure gave *a* ~ to the plan. 彼女の冒険心がその計画におもしろみを添えた. ❺ Ⓤ [また a ~] 〔…の〕気味, 少量 〖F = 残されたもの, 後味〗

rél·ish·a·ble /-ʃǝbl/ 形 味わわれる; 美味な, おいしい; おもしろい.

⁺**re·live** /ríːlív/ 動 〈経験・生活などを〉(想像によって)再体験する, 追体験する.

re·load /ríːlóud/ 動 ❶ 再び〈…に〉荷を積む, 積み替える. ❷ 再び銃などに弾丸を込める. ❸ 〖電算〗〈プログラムなどを〉ロードし直す, リロードする: コンピューターなどにプログラム(など)を再ロードする[再インストールする]. — 自 再装塡(そう)する.

⁺**re·lo·cate** /ríːlóukeɪt, ⌐⌐⌐ / ⌐⌐⌐ / 動 自 新しい場所に移る: Many factories are *relocating* to this area. 多くの工場がこの地域へ移転してきている. — 他 〈住居・職場・住民などを〉新しい場所に移す, 移転させる: ~ one's office オフィスを移転する / We were ~d to the other side of town. 我々は市街地の反対側に移動させられた.

rè·lo·cá·tion 名 Ⓤ 移転, 配置転換.

rè·lóok 動 自 再考する, 見直す 〈*at*〉. — ⌐⌐ 名 再考.

re·luc·tance /rilʌ́ktǝns/ 名 Ⓤ [また a ~] ❶ 気が進まないこと, 不承不承, 不本意, 不承: with ~ いやいやながら, 不承不承 / *without* ~ 喜んで / express extreme [great] ~ 大いにしぶる / He showed no [some] ~ to help us. 彼は手を貸すことをいやがらなかった[少々しぶった]. ❷ 〖電〗磁気抵抗. (形 **reluctant**).

re·luc·tan·cy /rilʌ́ktǝnsi/ 名 =reluctance.

*****re·luc·tant** /rilʌ́ktǝnt/ 形 (*more* ~; *most* ~) いやいやながらの, しぶしぶの, 不承不承の; 〈…するのが〉気が進まない, いやがる (↔ willing): a ~ answer 気乗りのしない返事 / a ~ helper しぶしぶ手伝う人 / [+*to do*] She was

[seemed] ~ *to* go with him. 彼女は彼と一緒に行くのが気が進まなかった[進まないようだった]. 〖L = …に戦っている, もがいている〗 (名 **reluctance**) 【類義語】 **reluctant** いやだために不安なために(やらねばならないとは思うが)気が進まない. **disinclined** 嫌だから, 好みに合わないから, または用心深いためにする気にならない. **hesitant** 用心深さ, 勇気のなさや決心のつかなさなどのためためらっている. **loath** 信念・感情に合わず極度にいやである.

*****re·lúc·tant·ly** 副 ❶ いやいや(ながら), しぶしぶ: not ~ いやいやどころか, 大喜びで / She ~ agreed. 彼女はしぶしぶ同意した. ❷ [文修飾] 不本意ながら, 残念ながら: R~, he didn't write to her about it. 不本意ながら彼はそのことを彼女に書かなかった.

*****re·ly** /rilái/ 動 自 [~ on [upon]…で] 〈人を〉信頼する, 頼りにする; 〈ものこと〉を当てにする, 〈…に〉依存する, 頼る (★ 受身可): You can ~ *on* [*upon*] her. 彼女は信頼できる[頼りになる] / ~ *on* [*upon*] a person's word 人の約束を当てにする / ~ *on* one's own efforts 自分の努力に頼る / ~ heavily *on* the Internet インターネットに大きく依存する / We ~ *on* the dam for our water. 水をこのダムに頼っている / [+*to do*] You can ~ *on* my watch *keeping* time. 私の時計が狂うことは絶対にありません / [+*to do*] I ~ *on* you *to be* there! あなたがそこに来てくれると信じています 〔★ きっと来てくださいという要請〕. He can't be *relied upon to* be punctual. 彼の時間厳守は当てにならない / You can ~ *on* him to solve this problem. 大丈夫彼ならこの問題は解ける. **relý òn it** [文修飾] 確かに, きっと, 大丈夫: R~ on it, it'll be a nice day tomorrow. 大丈夫あしたは晴れる. 〖F<L = 縛り直す<RE-¹ + *ligare* 縛る (cf. league, religion)〗 (形 **reliant**, 名 **reliance**) 【類義語】 ⇒ **depend**.

rem /rém/ 名 (働 ~) レム 《放射線の作用を表わす単位》 〖*roentgen equivalent in man*〗

REM /rém/ 名 (働 ~**s**) 〖生理〗 急速眼球運動, レム 《睡眠中に眼球が急速に動く現象; cf. REM sleep》. 〖*rapid eye movement*〗

⁑**re·main** /riméin/ 動 ❶ 〈…のままである, 相変わらず〈…〉である: [+補] ~ calm 落ち着いたままでいる, 平静を失わずにいる / ~ silent だまったままでいる, 沈黙を守っている / They ~ed friends. 彼らはそのまま友だち同士の付き合いを続けた / He ~ed beside her. 彼は彼女のそばを離れなかった / It ~s unclear whether…. かどうかは依然として不明である / [+*doing*] I ~ed *standing* there. 私はそこに立ったままでいた / [+過分] The situation ~s unchanged. 状況はちっとも変わっていない. ❷ **a** 残る, 残存する, 存続する, 生き残る: If you take 3 from 7, 4 ~s. 7 から 3 を引けば 4 が残る / The fact ~s *that* he is guilty. 彼が有罪であるという事実は依然として変わらない / Very little ~ed *of* the original building. 元の建物の形跡をとどめるものはほとんどなかった / Most of what ~s of his laboratory is now in the museum. 彼の実験室で残っているもののほとんどは現在博物館にある. **b** なお〈…〉すべきである: [+*to be done*] Much more still ~s *to* be done. なすべきことはまだたくさん残っている / That ~s *to* be seen. それはまだ(今の段階では)わからない / [+*for*+代名+*to do*] It only ~s *for* me *to* say that…. 後はただ…と述べさえすればよい. ❸ [通例副詞(句)を伴って] とどまる, 滞在する: Tom went but his sister ~ed. トムは出かけたが妹は後に残った / He ~ed to tea. 彼はお茶に残った 〔比較 この意味では stay のほうが一般的〕: I will ~ *here* [*at* the hotel] three more days. もう 3 日ここに[ホテルに]滞在します.

— 名 [複数形で] ❶ **a** 残り, 残り物: the ~*s of* a meal 食事の食べ残し. **b** 残滓, 遺物, 遺跡: the ~*s of* ancient Greece 古代ギリシャの遺跡. **c** (古生物などの)化石: fossil ~*s* 化石. ❷ 遺体. ❸ (作家の)遺稿. 〖F<L = 後に残る <RE-¹+*manere* とどまる (cf. mansion, permanent)〗 (名 **remainder**, **remnant**) 【類義語】 ⇒ **stay¹**.

*****re·main·der** /riméindər/ -də/ 名 ❶ [the ~] 残り(のもの[人々]); 残余 (rest) 〔用法 …をさす時には単数扱い, 〈複数名詞〉をさす時には複数扱い〕: *The* ~ *of* the food was thrown away. 食べ残しは捨てられた / Half of the students have already arrived and *the* ~ will soon be here. 学生の半分はすでに到着し、残りはじきに来ます / spend *the* ~ *of* one's life in the country 余生をいなかで過ごす. ❷ C《数》(引き算・割り算の)余り、残り、剰余. ❸ C 残本、ぞっき本. ❹ C《法》残余権. ──他《書物を残本として特価販売する(★通例受身)》.〖F〗(動 remain)

*re·main·ing /riméiniŋ/ 形 A 残りの、残った: the ~ sandwiches 残りものサンドイッチ / the ~ snow 残雪.

re·make /rì:méik/ 動 他 (re·made /-méid/)〈…を〉作り直す;(特に)〈古い映画を〉再映画化[リメーク]する. ──/⌐⌐/ 名 再映画化作品、リメーク.

re·mand /rimǽnd | -má:nd/《法》動 他 ❶〈人を〉再拘留[留置]する(★通例受身で用いる): He *was* ~*ed* in custody. 彼は再拘留された. ❷〈事件を〉下級裁判所に差し戻す. ── 名 U 再拘留、再留置: on ── 再拘留[留置]中で.

remánd cènter [hòme] 名《英》(処置が決定するまで置く)未成年者拘置所.

rem·a·nence /rémənəns/ 名 U.C《電》残留磁気.

rém·a·nent /-nənt/ 形《まれ》残された、残留する、残存している;《電》残留磁気の.

*re·mark /rimá:rk | -má:k/ 動 他 ❶〈…だと〉言う; 〔+引用〕 "I thought you were a Buddhist," he ~*ed*. 「あなたは仏教徒だと思っていました」と彼は言った / 〔+*that*〕 She ~*ed that* it was time to leave. 彼女はもう出かける時間だと言った. ❷〈…に〉気づく、〈…を〉認める: I didn't ~ anything unusual. いつもと変わったことに気づかなかった. ── 自〔…のことを〕言う、〔…について〕所見を述べる[書く](★*remark on*… は受身可): This point has often been ~*ed on*. この点は今までにもしばしば言われていることである. as remárked abóve 上述のとおり. ── 名 ❶ C 意見、批評: make ~*s about* [*on*]… のことで批評する、感想[所見]を述べる; (短い)演説をする / 〔+*that*〕 The president made the ~ *that* the meeting was a great success. 会長はこの会は大成功であったと所見を述べた. ❷ U 注意, 注目: escape ~ 気づかれずにすむ / There's nothing worthy of ~ in this town. この町に注目に値するものは何もない.〖F; 〗 re-¹, mark¹〗〖類義語〗⇒ comment.

rè·márk 動 他〈答案などを〉採点しなおす.

*re·mark·a·ble /rimá:rkəbl | -má:k-/ 形 (more ~; most ~)注目すべき、驚くべき、目立った、著しい; 非凡な、すぐれた: a ~ achievement 注目すべき[すぐれた]成果[業績] / a ~ success 顕著な成功 / He made a ~ recovery from his illness. 彼はびっくりするほど早く病気が治った / It's ~ that he returned the money to us. 彼が金を返してくれたとは驚きだ (cf. remarkably 2) / He has a ~ memory. 彼はすばらしい記憶力を持っている. ~·ness 名

*re·mark·a·bly /rimá:rkəbli | -má:k-/ 副 (more ~; most ~) ❶ 著しく、目立って、非常に: a ~ fine morning 実によく晴れた朝 / She sang ~ well. 彼女はとてもうまく歌った. ❷〔文修飾〕注目すべきことには、驚くべきことには: R~ (enough), he returned the money to us. 驚くべきことに彼は金を返してくれた (cf. remarkable).

Re·marque /rəmá:rk | -má:k/, Erich Maria 名 レマルク (1898–1970; ドイツ生まれの米国の作家).

re·mar·ri·age /rì:mǽridʒ | -mǽr-/ 名 U.C 再婚.

*re·mar·ry /rì:mǽri/ 動 自 他 再婚する[させる].

rè·máster 動 他 (CDの音質改善などのために)〈…の〉原盤[マスター]を作り直す、リマスターする.

ré·màtch 名 再試合. ── 動 他 /⌐⌐/〈…に〉再試合させる.

Rem·brandt /rémbrænt/ 名 レンブラント (1606–69; オランダの画家).

re·me·di·a·ble /rimí:diəbl/ 形 ❶ 治療できる. ❷ 救済[矯正]できる. ── 名 a ~ defect 直せる欠陥.

†re·me·di·al /rimí:diəl/ 形 ❶ 治療する、治療上の: ~ exercises 治療のための運動. ❷ 救済的な、矯正する、改善的な: ~ measures 改善策. ❸《教育》補習の: ~ classes [lessons] 補習クラス[授業]. ~·ly 副

re·me·di·a·tion /rimì:diéiʃən/ 名 U 矯正、改善; 治

1513　remember

療教育. ~·al 形

*rem·e·dy /rémədi/ 名 C.U ❶ 治療、療法; 治療薬〔*for*, *against*〕: a folk [home] ~ 民間[家庭]療法 / a natural ~ *for* depression 鬱病(😓)の自然療法. ❷ 矯正法, 救済(策)〔*for*, *against*〕;《法》救済方法〔権利侵害防止[補填, 回復]の方法〕: be beyond [past] ~ 救済の見込みがない、矯正できない / Economic progress is a ~ *for* social affliction. 経済的な発展は社会悪をなくす一つの救済策である. ── 動 ❶〈…を〉救済する; 矯正する、改善する: ~ a problem 問題を改善する / ~ a situation 事態を収拾する. ❷〈病気・傷などを〉治療する、治す.〖F<L=再び癒(✓)やす RE-¹+*mediari* 癒す; cf. medical〗〖類義語〗⇒ heal.

‡re·mem·ber /rimémbə | -bə/ 動 他 (★進行形はまれ)
❶〈…を〉覚えている、記憶している;〈…を〉覚えておく、心に留めておく: Do you ~ me? 私のことを覚えていますか / R~ your promise. 君の約束を忘れるなよ / 〔+*doing*〕 I ~ seeing her somewhere. 彼女に以前どこかで会った覚えがある (《用法》過去の出来事に言及する時に用いる; cf. 3) / I ~ having heard him mention it. 彼がそのことを口にするのを聞いた覚えがある (《用法》特に完了の意を表わす時以外あまり用いない) / 〔+目[所有格]+*doing*〕 I ~ you [your] say*ing* so. あなたがそう言ったのを覚えている / 〔+*that*〕 R~ *that* I love you. ぼくが君を愛していることを忘れないでくれ / 〔+*wh*.〕 Do you ~ *where* you met her? 彼女とどこで会ったのか覚えていますか.

❷〈…を〉思い出す、思い起こす (↔ forget): I cannot ~ his name. どうしても彼の名前が思い出せない / She often ~*ed* her schooldays. 彼女はしばしば学校時代を思い出した / Here's something to ~ me by. じゃあ、これはお餞別(✨)、(相手をぶん殴って)これでも食らえ / 〔+*that*〕 I ~*ed that* I had a lot of things to do. 私する事がたくさんあることを思い出した / 〔+*wh*.〕 I cannot ~ *where* I met him. どこで彼に会ったか思い出せない / I have just ~*ed how to* operate this machine. この機械の動かし方を今思い出した.

❸ 忘れずに〈…〉する (《用法》未来の事に言及する時に用いる; cf. 1):〔+*to do*〕 I'll ~ *to* mail [《英》post] these letters. これらの手紙を忘れずに投函します (《比較》I ~ mailing [《英》post*ing*] these letters. は「これらの手紙を投函したことを覚えている」の意).

❹〔…に〉〈…から〉よろしくと言う[伝言する]: Please ~ me *to* Mr. Brown. ブラウンさんによろしくお伝えください / My mother asked to be ~*ed to* you. 母からあなたによろしくとのことです.

❺〈…を〉追悼する: On August 15th we ~ the dead of World War II. 8月15日には我々は第二次世界大戦の戦没者を追悼する.

❻〈人に〉贈り物をする, 心づかをやる、謝礼をする: Please ~ the waiter. ウェイターにチップをやってください / She always ~*s* me *with* a Christmas card. 彼女はいつも私にクリスマスカードを送ってくれる.

❼〔…の中で〕〈…の〉名前を挙げる、〈…のために〉(成功・幸福などを)祈る: Please ~ me *in* your prayers. どうぞ私のことをお祈りください / He ~*ed* her *in* his will. 彼は遺言書の中に彼女の名を書き加えた.

── 自 思い出す、記憶する;(忘れずに)覚えておく: if I ~ right(ly) 私の記憶が正しければ, 確か / as far as I can ~ 私の記憶する限り(では) / (as) you ~ 君も覚えているように / "We met there, didn't we?" "Not that I ~."「あそこでお目にかかりましたね」「さあ、その覚えはありませんが」/ *that* については ⇒ that B ❷ e) / Be sure to do it, please ~. 忘れないでそうしてください、いいですね / Be quiet! I'm ~*ing*. 静かに、今思い出しているところだ (《用法》このように意識的な努力を述べる場合には進行形可).

be remémbered as [for]…(過去の功績などにより)…として記憶されている[(人々の)記憶に残っている]: He will be ~*ed* as a great President. 彼は偉大な大統領として記憶されるだろう.

〖F<L< RE-¹+*memor* 心に留める; cf. memory〗(名 re-

remembrance 1514

membrance)
【類義語】**remember** 過去のことを覚えている、または思い出す. **recall** 努力して意識的に思い出す. **recollect** 忘れたことを思い出そうとする努力を強調する.

⁺**re·mem·brance** /rɪmémbrəns/ 图 ❶ a ⓊⒸ 覚えていること, 記憶; 思い出, 追憶 ⟨*of*⟩: bring...to ~ …を思い出させる / escape one's ~ 忘れる. b Ⓤ 記憶力; 記憶の範囲. ❷ Ⓒ 記念品, 思い出となるもの, 形見. ❸ [複数形で] (よろしくという)伝言, あいさつ. **in remémbrance of**... …の記念に. 【類義語】⇨ remember.

re·mém·branc·er 图 ❶ 思い出させる人. ❷ 思い出のもの, 記念品; 備忘録.

Remembrance Súnday [Dày] 图〈英国の第一次・第二次大戦の〉戦没者追悼記念日《11 月 11 日に最も近い日曜日; 傷痍(しょうい)軍人の作った赤い造花のケシをつけるので Poppy Day ともいう》.

re·mex /ríːmèks/ 图 ⟪動⟫ **rem·i·ges** /rémədʒìːz/ [通例複数形で] ⟨鳥⟩ 風切り羽, 飛び羽. **re·mig·i·al** /rɪmídʒiəl/ 厖

re·mil·i·ta·ri·za·tion /rìːmìlətərɪzéɪʃən | -raɪz-/ 图 Ⓤ 再軍備.

re·mil·i·ta·rize /rìːmílətəràɪz/ 動 ⟨他⟩⟨国家・地域など⟩を再軍備[武装]する. —— ⟨自⟩ 再軍備する.

⁺**re·mind** /rɪmáɪnd/ 動 ⟨他⟩ a ⟨人・ものが⟩⟨人に⟩思い出させる, 気づかせる, 注意する: That ~s me. それで思い出した / You ~ me *of* your father. 君を見ると君のお父さんのことを思い出す / I must ~ him *of* [*about*] today's meeting. 彼にきょうの会合のことを思い出させておかなくてはいけない / [+目+*to do*] R~ me *to* take my umbrella with me. 傘を持っていく[帰る]のを忘れないように私に声をかけてください 【語法】何かするべきことを思い出させる相手は *of* を用いない; 従って Remind me *of* taking... とは言えない / [+目+*that*] Don't forget to ~ him *that* tomorrow is a holiday. あすは休みだということを忘れないで彼に注意してもらいたい / [+目+*wh*-] Passengers are ~ed *that*... 乗客の皆様に…ということを念のため申し上げます / [+目+*wh*-] I want to ~ you *why* I said that. 私がなぜそう言ったのか君に知らせてもらいたい / [(+目)+引用] "We're about to land," the flight attendant ~ed (me). 「まもなく着陸します」と客室乗務員が(私に)注意した. b ~ oneself で⟨…すること⟩を思い出す: [+目+*to do*] I ~ed myself *to* tell him about that. 私はその件を彼に話すことを思い出した. **Dón't remínd me.** (略式) 思い出させないでよ. **lèt me remínd you of...** [**that**...] ...(のこと)を(みて)ください; 念のため…について申し上げておきます[申し上げておきます]. 〖RE-¹+MIND〗

⁺**re·mínd·er** 图 思い出させる物[人]; (思い出させるための)注意, 合図, 催促状: Just a ~. ちょっと念のため / The prolonged blackout served as a ~ *that* we heavily [*of* how much we] depend on electricity. 長期にわたるその停電は我々が電力に大きく依存していることを[いかに電力に依存しているかを]思い出させた.

re·mind·ful /rɪmáɪndf(ə)l/ 厖 (…を)思い出させる ⟨*of*⟩.
rè·míneralize 動 ⟨他⟩ ⟨歯・体の組織に⟩失われた鉱物成分を回復させる. **rè·mineralizátion** 图 Ⓤ 鉱物成分再補給, 無機質補充.

Rem·ing·ton /rémɪŋtən/, **Frederic** 图 レミントン (1861-1909; 米国の画家・彫刻家).

⁺**rem·i·nisce** /rèmənís/ 動 ⟨自⟩ (…のことを)追憶する, 思い出を語る: ~ *about* one's childhood 子供時代の追憶にふける.

⁺**rem·i·nis·cence** /rèmənís(ə)ns/ 图 ❶ Ⓤ 回想, 追憶. ❷ Ⓒ [複数形で] **a** 思い出 ⟨*of*⟩. **b** 懐旧談, 回想録 ⟨*of*⟩. 厖 reminiscent. 【類義語】⇨ memory.

⁺**rem·i·nis·cent** /rèmənís(ə)nt⁻/ 厖 ❶ Ⓟ (…を)思い出させて, しのばせて (memory): The landscapes are ~ *of* the illustrations in a fairy-tale book. その風景はおとぎ話の本にある絵を思い出させる. ❷ ⟨話・表情などが⟩ 昔をしのぶ(ような), 追憶の; 追憶にふける: in a ~ tone 追憶にふけるような口調で. ~·ly 副 〖L<*reminisci* 思い

出す ⟨⟨ RE-¹+*mens* 心; cf. mental⟩+-ENT〗
rem·i·nis·cen·tial /rèmənɪsénʃ(ə)l⁻/ 厖 ＝reminiscent.
re·mise /rɪmáɪz, rəmíːz/ 動 ⟨他⟩〖法〗⟨権利・財産などを⟩譲渡する, 放棄する. —— ⟨自⟩ 【フェン】 ルミーズする. —— 图【フェン】ルミーズ《最初の突き (thrust) がはずれたとき, そのままの姿勢で再度行なう突き》.

re·miss /rɪmís/ 厖 Ⓟ (…に)怠慢で, 不注意で, うかつで: be ~ *in* one's duties 職務怠慢である / It was ~ *of* him *to* forget her birthday. 彼女の誕生日を忘れるとは彼もうかつだった. ~·ly 副 ~·ness 图

re·miss·i·ble /rɪmísəbl/ 厖 ⟨罪などが⟩許しうる, 免除[緩和]しうる. **-ibly** 副 **re·miss·ibíl·i·ty** 图

⁺**re·mis·sion** /rɪmíʃən/ 图 ⓊⒸ ❶ (痛み・病気などの一時的な)緩解, 軽減, 緩和, 鎮静. ❷ a (借金・刑罰などの)免除, 減免 ⟨*of*⟩. b (罪の)赦免: (the) ~ *of* sins 罪の赦(ゆる)し. ❸ ⟨英⟩ (模範囚の)刑期短縮.

⁺**re·mit** /rɪmít/ 動 (**re·mit·ted; re·mit·ting**) ⟨他⟩ A ❶ (cf. remittance) ⟨人に⟩⟨金銭を⟩送る, 送達する (send): ~ a check 小切手を送る / I'll ~ you the money. ＝I'll ~ the money *to* you. そのお金をあなたにお送りします. ❷ ⟨問題・事件など⟩⟨委員会などに⟩付託する ⟨*to*⟩;〖法〗⟨事件を⟩(別の裁判所に)差し戻す, 移送する ⟨*to*⟩. —— B (cf. remission) ❶ (借金・刑罰などを)免除する, 減免する. ❷ ⟨注意・努力・痛みなどを⟩ゆるめる, 軽減する, 緩和する. —— ⟨自⟩ ❶ 送金する: Enclosed is our bill; please ~. 請求書を同封しましたからご送金ください. ❷ 減退する, ゆるむ. —— 图 [通例単数形で]〈英〉権限[責任](の範囲): within [outside] the ~ *of*... …の権限内[外]である. 〖L; ⇨ RE-¹, mission〗

re·mít·tal /-ṭl/ 图 ＝remission.

⁺**re·mít·tance** /rɪmíṭəns, -tns/ 图 ❶ Ⓒ 送金(した金), 送金額: a small ~ 少額の送金額. ❷ Ⓤ [また a ~] 送金(すること): make (a) ~ 送金する.

remíttance màn 图 ⟨英⟩ 本国からの送金で外国で暮らす人⟨ならず者の見本⟩.

re·mit·tent /rɪmíṭənt, -tnt/ 厖 ⟨熱・病気など⟩ 上がったり下がったり[軽くなったり重くなったり]する, 弛張(しちょう)性の.

re·mít·ter /-ṭə | -ṭə/ 图 送金人, 振出人.

rè·míx 動 ⟨他⟩ ⟨すでに発表された曲などを⟩ミキシングしなおす, リミックスする《アレンジや構成を変えながらトラックダウンしなおす》. ── /⟨́⟩⟨⟩/ 图 リミックス曲[録音].

⁺**rem·nant** /rémnənt/ 图 ❶ [しばしば複数形で] 残り, 残余, 残物: the ~s *of* a meal 食事の残り. ❷ くず, はした; はんぱ切れ[もの]. ❸ 遺物, 面影, 残滓(ざんし), 残像(ざんぞう): medieval days 中世の面影. —— 厖 ⒶⒻ 残り(物)の: a ~ sale (布地などの)はんぱ物売り出し. 〖F〗(動 remain)

re·mod·el /rìːmɑ́dl | -módl/ 動 ⟨他⟩ (**re·mod·eled, -mod·elled; re·mod·el·ing,** ⟨英⟩ **-mod·el·ling**) ⟨…の⟩型を直す, 改作[改造]する: ~ a bedroom 寝室を改造する.

rè·móld 動 ⟨他⟩ ❶ ⟨外観・構造などを⟩作り直す, 改造する. ❷ ⟨英⟩ ⟨自動車のタイヤの⟩踏面(とうめん)を再生する. —— /⟨́⟩⟨⟩/ 图 ⟨英⟩ 再生タイヤ.

rè·mónetize 動 ⟨他⟩ 再び法定貨幣とする. **rè·monetizátion** 图

re·mon·strance /rɪmɑ́nstrəns | -mɔ́n-/ 图 ⓊⒸ 抗議, いさめ. 動 remonstrate.

re·mon·strate /rɪmɑ́nstreɪt | rémənstreɪt/ 動 ⟨自⟩ いさめる, 諫言(かんげん)する; 抗議する: My doctor ~d *with* me *about* my smoking. 医者は私に喫煙について注意した / We ~d *against* corporal punishment of children. 我々は子供たちに対する体罰に抗議した. —— ⟨他⟩ ⟨人に⟩⟨…と⟩言って抗議する ⟨*to, with*⟩ ⟨*that*⟩. **re·món·stra·tor** /-ṭə | -ṭə/ 图

re·mon·stra·tion /rìːmɑnstréɪʃən | rèmən-/ 图 ⓊⒸ 諫言(かんげん), 抗議.

re·mon·stra·tive /rɪmɑ́nstrəṭɪv | -mɔ́n-/ 厖 諫言(かんげん)の[する], 抗議の[する]. ~·ly 副

re·mon·tant /rɪmɑ́ntənt, -tnt/ 厖〖園〗⟨バラなど⟩二季咲きの. —— 图 ハイブリッドパーペチュアル系のバラ.

rem·o·ra /rémərə/ 图 ⟨魚⟩ コバンザメ.

⁺**re·morse** /rɪmɔ́əs | -mɔ́ːs/ 图 Ⓤ (過ちに対する)良心の

呵責(ゕ̆ゃく), 自責(の念) (regret): in a fit of ~ 良心の呵責に駆られて / feel ~ *for* one's past 自分の過去に対して自責の念を感じる. withòut remórse 情け容赦なく. 《F<L (良心を)かむこと》【類義語】⇒ penitence.

re·morse·ful /rɪmɔ́ːsf(ə)l | -mɔ́ːs-/ 形 後悔する, 良心の呵責に耐えない: ~ tears 悔悟の涙. **~·ly** 副 **~·ness** 名

re·mórse·less /-ləs/ 形 ❶ 執拗な(までの); 改善することのない, とどまることのない (relentless). ❷ 無慈悲な, 無情な, 冷酷な, 残忍な. **~·ly** 副 **~·ness** 名

rè·mórtgage 動 ❶ 再び抵当に入れる, 〈財産に対する〉抵当条件を改める. ― 名 別の[追加的な]抵当.

*re·mote /rɪmóʊt/ 形 (re·mót·er; -est) ❶ a Ⓐ 〈距離的に〉(…から)遠く離れた, 遠い; 遠隔の; 人里離れた, へんぴな 《★比較的遠く人里離れたイメージをもつ》: a place 遠い所, 遠隔地 / a village 僻村(ほんそん) / a village ~ *from* the town 町から遠く離れた村 / live in a place ~ *from* civilization 文明から遠く離れて住む. b 〈電算〉リモートの 《外部からネットワークを通じてアクセスできる[する]》. c 遠隔操作の; ⇒ remote control. ❷ 〈時間的に〉遠い, 遠い昔[未来]の: in the ~ past [future] 遠い過去[未来]に / a custom of ~ antiquity 遠い昔の風習. ❸ 関係の薄い, 間接的な; (関係が)…からかけ離れた, 大いに異なった: ~ causes [effects] 間接的な原因[影響] / That's ~ *from* my intention. それは私の心にもないことだ / Your comments are ~ *from* this subject at hand. 君のコメントはこの問題とはほど遠い. ❹ 〈態度など〉よそよそしい, 他人行儀な: with a ~ air そっけない態度で / She's polite but ~. 彼女は礼儀正しいがよそよそしい. ❺ 〈見込み・可能性などが〉わずかな; とても起こりそうにない: a ~ possibility まずありそうにないこと / His chances of success are rather ~. 彼の成功の見込みはほとんどない / I had*n't* the remotest idea [notion] what he meant. 彼が何を言いたいのか見当もつかなかった 《★最上級を用いた場合は通例否定文となる》. ❻ 〈血族関係が〉遠い, 遠縁の: a ~ ancestor 遠い祖先. 《L=移動された; ⇒ remove》【類義語】⇒ distant.

remóte áccess 名 Ⓤ 〈電算〉遠隔[リモート]アクセス 《離れたところにあるコンピューターから別のコンピューターにアクセスすること》.

⁺remóte contról 名 Ⓤ 遠隔操作[制御], リモートコントロール: by ~ リモコンで.

remóte-contrólled 形 遠隔操作の, リモコンの.

remóte contróller 名 リモコン装置.

remóte interrogátion 名 遠隔操作による留守番電話の受信メッセージ問合わせ.

*re·móte·ly 副 ❶ 遠く(離れて). ❷ 関係が薄く: ~ related 関係が薄い. ❸ [しばしば否定文で] およそ[全然] (…でない): He is*n't* even ~ serious. 彼は全くまじめでない.

re·móte·ness 名 Ⓤ ❶ 遠く離れていること, 遠隔. ❷ 疎遠, 他人行儀, よそよそしさ.

remóte sénsing 名 Ⓤ 〈電子工〉遠隔探査 《人工衛星からの写真・レーダーなどによる地勢などの観測》. **remóte sénsor** 名

remóte wórking 名 Ⓤ 遠隔勤務 《会社のコンピューターと接続したコンピューターを利用して自宅で仕事を行なうこと》.

re·mou·lade /rèɪməlɑ́ːd/ 名 Ⓤ レムラード(ソース) 《マヨネーズをベースとして香料やピクルスを刻んだものを混ぜた冷たいソース; 冷肉・魚肉・サラダ用》.

rè·móuld 動 名 《英》=remold.

re·mount /rìːmáʊnt/ 動 ― 他 ❶ a 〈馬・自転車などに〉再び乗る. b 〈はしご・山などに〉再び登る. ❷ 〈写真・宝石などを〉はめ替える. ― 自 ❶ 再び馬[自転車(など)]に乗る. ❷ 再度はしご[いす(など)]に登る. ― /⌐´⌐/ 名 新馬, 補充馬.

re·mov·a·ble /rɪmúːvəbl/ 形 ❶ 移動できる; 取りはずしできる (detachable): These bookshelves are ~. この書棚は取りはずしができます. ❷ 除去できる. ❸ 免職[解任]できる.

*re·mov·al /rɪmúːv(ə)l/ 名 Ⓤ.Ⓒ ❶ 取り去ること[取り除く

こと, 除去, 撤去; 撤廃, 廃止; 抹消]: hair ~ 脱毛. ❷ 解任, 免職. ❸ a 移動, 移転. b 〈英〉引っ越し. 《動 Ⓐ 〈英〉引っ越し業の[専用の]. 動 remove》

*re·move /rɪmúːv/ 動 ― 他 ❶ a 〈…から〉〈ものを〉取り去る, 取り除く, 外す; 〈規制などを〉撤廃[廃止]する; 〈名簿などから〉…を抹消する, 外す, 取り除く / ~ lipstick with a tissue ティッシュで口紅をふきとる / ~ a person's name *from* the list 名簿から人の名を抹消する / ~ graffiti *from* the wall 塀[壁]の落書きを消す / Can these stains be ~d? この染みは取れますか. b 〈靴・帽子などを〉脱ぐ, はずす: Please ~ your shoes. どうぞ靴をお脱ぎください. ❷ 〈人を〉〈役職などから〉[免職, 解任]する, やめさせる: The official who had taken bribes was ~d (*from* office). わいろを受け取ったその官吏は(役職から)解任された. ❸ 〈口〉〈人を〉殺す, 片付ける. ❹ 〈もの・人を〉〈…から〉〈…へ〉移動, 移動させる [*from*] [*to*] 《★形式ばった表現》. ― 自 〈…から〉〈…へ〉移動する, 移転する [*from*] [*into, to*] 《★形式ばった表現》. ― 名 [回数を表わす語とともに用いて] ❶ 距離, 隔たり: Genius is but one ~ *from* insanity. 天才は狂気と紙一重である / This is (at) many ~s *from* what I expected. これは期待していたこと[もの]と大違いだ. ❷ 等級; 親等: a cousin at one ~ いとこの子, 5親等 / a cousin in the second ~ いとこの孫, 6親等. 《F 〈L=移動する, 再び動かす〉 RE-¹+*movere, mot*- 動かす (cf. move, motion)》 (名 removal) 【類義語】 ⇒ move.

*re·moved 形 ❶ 遠ざかった, かけ離れた; Ⓟ [しばしば far ~ で] 〈…から〉離れて; かけ離れた: motives not far ~ *from* self-interest 私利私欲とほど遠からぬ動機 / His confession was far ~ *from* the truth. 彼の自白は真実とはほるかに隔たっていた. ❷ [once, twice, ~ times などを伴って] 〈血族関係が〉…親等の: a (first) cousin once [twice] ~ いとこの[孫の]子[孫人], 5[6]親等.

re·móv·er 名 ❶ Ⓤ.Ⓒ 除去剤: a hair ~ 脱毛剤[クリーム] / a stain ~ しみ落とし. ❷ Ⓒ 〈英〉引っ越し業者 《米》移転. ❸ 免職[解任]者.

RÉM slèep 名 Ⓤ 〈生理〉レム睡眠 《速い眼球運動を伴う睡眠で, 夢を見るのはこの時; cf. REM, S sleep》.

re·mu·age /rèmjuɑ́ːʒ/ 名 Ⓤ 動瓶, ルミュアージュ 《ワイン, 特にシャンパンの瓶を, 沈澱物を栓のところへ集めるために, 定期的に回転させたり, 振ったりする作業》.

re·mu·ner·ate /rɪmjúːnərèɪt/ 動 ― 他 ❶ 〈人に〉〈…に対して〉報酬を与える: ~ a person (*for* his [her] work) 人に(仕事の)報酬を与える. ❷ 〈努力・尽力などに〉報いる. 【類義語】 ⇒ pay¹.

re·mu·ner·a·tion /rɪmjùːnəréɪʃən/ 名 Ⓤ [また a ~] 報酬, 報償 [*for*].

re·mu·ner·a·tive /rɪmjúːn(ə)rətɪv, -nərèɪt-/ 形 〈仕事など報酬[利益]のある〉, 引き合う, 有利な. **~·ly** 副 **~·ness** 名

Re·mus /ríːməs/ 名 〈ロ神〉レムス (⇒ Romulus).

*re·nais·sance /rènəsɑ́ːns, -záːns⁻/ 名 ❶ [the R-] a (14-17世紀ヨーロッパの)文芸復興, ルネサンス. b ルネサンスの美術[建築]の様式. ❷ Ⓒ 〈文芸・宗教などの〉復興, 復活 (revival). ― 形 Ⓐ [R-] 文芸復興(時代)の, ルネサンス(様式)の: R- painters 文芸復興期の画家. 《F=再生<L 《RE-¹+*nasci* 生まれる》

Rénaissance mán [wóman] 名 ルネサンス的教養人 《幅広い知識と教養の持主》.

re·nal /ríːnl/ 形 〈通例 Ⓐ〉腎臓(じんぞう)(kidney)の, 腎臓部の.

rénal cálculus 名 〈医〉腎臓結石 (kidney stone).

rénal pélvis 名 〈解〉腎盂, 腎盤.

*re·name /rìːnéɪm/ 動 ― 他 〈…に〉新たに命名する, 〈…に〉〈…という名をつけ替える〉: Leningrad has been ~d Saint Petersburg. レニングラードはサンクトペテルブルグと改名された.

re·nas·cent /rɪnǽs(ə)nt/ 形 再生する; 復活[復興]する; 再起する, 盛り返す. **re·nas·cence** /rɪnǽs(ə)ns/ 名

ren·con·tre /renkɑ́ntə | -kɔ́ntə/ 名 =rencounter.

ren·coun·ter /renkáuntə | -tə-/ 名 めぐりあい, 出会い; 遭遇(戦), 会戦; 決闘; 応戦, 論争. —— 動 〖古〗 他 自 会戦[衝突]する; 遭遇する, めぐりあう.

rend /rénd/ 動 (**rent** /rént/) 〖古・文〗 **❶** 引き裂く, ちぎる. **❷** 〖…から人・ものをねじ[もぎ]取る, 強奪する〖*from*〗. **❸ a** 〈歓声などが〉空中などをつんざく. **b** 〈悲しみなどが〉胸・心を引き裂く, かき乱す. —— 自 裂ける, 割れる, ちぎれる, 分裂する. 〖OE=裂く〗

*__ren·der__ /réndə | -də/ 動 他 **❶** 〈人などを×…にする〉(make): 〖+目+補〗 *His wealth has ~ed him influential.* 彼は金持ちで幅がきく / *He was momentarily ~ed speechless with joy.* 彼はうれしさのあまり少しの間も言えなくなってしまった. **❷** 〈人に〉奉仕・援助などを〉する, 与える (give): 〖+目+目〗 *What service did he ~ (to) you?* 彼はあなたにどれほどのことをしてくれましたか / *We ~ed aid to the accident victims.* 事故の被害者に援助を与えた. **❸ a** 〈書類・報告などを×…に〉差し出す, 提出する: ~ *a bill (to a customer)* 請求書を(客に)差し出す. **b** 〈判決を〉言い渡す; 〈評決を〉下す. **❹** 〈文・絵で〉…を表現する, 描写する; 〈建物の完成見取図[レンダリング]を描く: ~ *a landscape* 風景を描く. **b** 〈音楽を演奏する: *The music was beautifully ~ed.* その音楽は見事に演奏された. **c** 〈劇を〉演出する;演じる: ~ *Hamlet* movingly 「ハムレット」を感動的に演出する[演じる]. **❺** 〈文を〉…に翻訳する (*into, in*); 〔…と訳す (*as*) (translate): *R~ the following into Japanese.* 次の文を和訳せよ. **❺** (英) 〈石・れんがなどを〉しっくいを塗って下塗りする (*with*). **❻** 〈脂肪を〉溶かす, 溶かして精製する (*down*). **❼ a** 〈…に〉報いる, 仕返しする, 返礼として与える: ~ *good for evil* 悪に報いるに善をもってする / *a* ~ *blow for blow* 殴られたので殴り返す. **b** 〈当然払うべきものを〉…に〉納める: ~ *tribute to one's conqueror* 征服者に貢ぎ物を納める / *R~ to Caesar the things that are Caesar's.* 皇帝のものは皇帝に返しなさい, 己れの務めはたらく果たしなさい (★聖書「マタイ伝」などから). **❽** 〈王などに×恭順の意などを〉示す; 〔人・神などに×感謝を〉ささげる: ~ homage *(to…)* = homage 2 / *They ~ed thanks to God.* 彼らは神に感謝をささげた.

rénder úp (他 +副) (1) 〈祈りを×…に〉唱える, ささげる〖*to*〗. (2) 〈城などを〉敵などに〉放棄する, 明け渡す, 譲渡する〖*to*〗. 〔F<L=返す <*red*- RE-¹+*dare* 与える〕 (名 rendition)

rén·der·ing /-dəriŋ, -driŋ/ 名 **❶** 〖劇・音楽など〗表演, 演出, 演奏 (performance): *She gave a splendid ~ of the piano sonata.* 彼女はそのピアノソナタを見事に演奏した. **❷** C 翻訳, 訳(文) (translation) 〖*of*〗. **❸** 〖建物の完成見取図〗レンダリング. **❹** U.C 〖建〗しっくいで壁などに塗ること. **❺** U 納める[ささげる]こと.

rénder-sèt 動 他 〈壁に〉しっくいを二度塗りする. 名 U 形 二度塗り(した).

ren·dez·vous /rá:ndivù:| rón-/ 名 (複 ~ /-z/) **❶ a** (時と場所を決めた)会合(の約束), 待ち合わせ, ランデブー: have a ~ *with*…と待ち合わせる. **b** (宇宙船の)ランデブー. **❷ a** 待ち合わせの場所. **b** 人のよく集まる場所, たまり場: a ~ *for artists* 芸術家がよく集まる場所〖カフェ・クラブなど〗. —— 動 自 待ち合わせの場所で会う; 集合[集結]する (meet); 宇宙船でランデブーする (*with*). 〔F〕

ren·di·tion /rendíʃən/ 名 **❶** 演奏, 演出, 公演 (performance) 〖*of*〗. **❷** 翻訳 (translation) 〖*of*〗. (動 render)

ren·dzi·na /rendzí:nə/ 名 〖地〗 レンジナ (湿潤ないし亜湿気候下の草本植生下で石灰質母岩から生成した成帯内性土壌型).

*__ren·e·gade__ /rénigèid/ 名 **❶** 脱党者, 変節者; 裏切り者. **❷** (社会への)反抗[反逆]者. **❸** 〖古〗 背教[転向]者. —— 形 A 裏切りの, 変節した. **❷** 背教[棄教, 転向]の.

*__re·nege, re·negue__ /riníɡ, -néɡ/ 動 自 **❶** 〖約束などを〉破る, 〔協定などに〕背く: ~ *on* one's promise 約束を破る. **❷** 〖トランプ〗 = revoke.

rè·negótiate 動 他 再交渉する; 〈戦時契約などを〉再調整する. **rè·negótiable** 形 **rè·negotiátion** 名

*__re·new__ /riŋ(j)ú: | -njú:-/ 動 他 **❶** 〈契約・免許などを〉更新する; 〈…の〉期間を延長する: ~ one's membership [subscription] 会員権[予約購読]を継続する / *I have to ~ this library book.* この図書館の本は期間延長しなければならない / *The agreement [lease] has been ~ed for another year.* その協定[借地契約]はもう1年延長された. **❷ a** 再び始める, 再会する (resume): ~ *an argument* [*attack*] 議論[攻撃]を再開する. **b** 〈…を〉繰り返す: ~ one's demands [complaints] 要求[苦情]を繰り返す. **❸ a** 〈…を〉復活させる, 復興する; 再興する: *They ~ed their old friendship.* 彼らは旧交を温めた. **b** 〈昔の力・若さなどを〉取り戻す, 取り戻す, 新たにする: ~ one's enthusiasm 熱意を新たにする / ~ one's hopes 希望を取り戻す / with *~ed fervor* さらに情熱をこめて, 情熱を新たにして. **c** 〈人を〉(精神的に)生まれ変わらせる, 更生させる. **❹ a** 〈古くなったものを〉新しいと取り替える: *Tires should be ~ed when the treads become worn.* タイヤの路面がすり減ってきたら取り替えたほうがいい. **b** 〈古くなったものを〉再び新しくする, 新品同様にする. **c** 〈…を〉補充[補給]する. —— 自 **❶** 契約・手形などの期限を更新[継続]する. **❷** 再び始まる[起こる]. **❸** 新しくなる; 回復する.

*__re·new·a·ble__ /riŋ(j)ú:əbl | -njú:-/ 形 **❶** 〈契約・手形など〉継続[更新, 延長]できる[しなければならない]. **❷** 再生可能な: ~ energy 再生可能エネルギー.

*__re·new·al__ /riŋ(j)ú:əl | -njú:-/ 名 **❶** 〈契約・手形などの〉更新, 書き換え. **❷** 再開, やり直し; 復活, 復興; 再生, 生き返り: *feel a ~ of courage* 勇気がよみがえるのを感じる. **❸** 新しくする[される]こと, 一新. (動 renew)

re·néwed 形 **❶** 〈興味・感情などが〉新しくなった, 復活した. **❷** P 健康[元気]を取り戻した.

re·ni·form /rí:nəfɔ̀əm, rén-| -fɔ̀:m/ 形 〖植〗 〈葉など〉腎臓形の.

re·nin /rí:nən, rén-/ 名 U 〖生化〗 レニン (腎臓内にできるたん白質分解酵素).

ren·net /rénət/ 名 U レンネット《牛乳を凝固させてチーズを作る物質》.

ren·nin /rénən/ 名 U 〖生化〗 凝乳酵素, レンニン《レンネット (rennet) 中の酵素》.

Re·no /rí:nou/ 名 リーノー《米国 Nevada 州西部の都市; 賭博(と)と離婚裁判所で有名》.

Re·noir /rənwá:, renwá:- | rénwɑ:/, **Pierre Au·guste** /pjéə·gúst | pjéə-/ 名 ルノワール (1841–1919; フランスの画家).

*__re·nounce__ /rináuns/ 動 他 **❶** 〈…を〉(公式に)放棄する, 棄権する; 宣誓して捨てる[断つ]; 〈習慣などを〉断つ, 捨てる; 断念する (give up): *Japan has ~d war.* 日本は戦争を放棄している / *She ~d her rights to the inheritance.* 彼女は家督相続権を放棄した / *He ~d Buddhism for Christianity.* 彼は仏教を捨ててキリスト教に帰依した. **❷** 〈…との〉関係を断つ, 縁を切る: *He was ~d by his father.* 彼は父親に勘当された. ~·**ment** 名

*__ren·o·vate__ /rénəvèit/ 動 他 **❶** 〈建物などを〉修復[修繕]する; 〈…を〉新たにする, 革新する: ~ *an old building* 古い建物を修復する. **❷** 〖古〗〈…の〉元気を回復させる, 〈…を〉活気づける. **rén·o·và·tor** /-tə-| -tə/ 名

ren·o·va·tion /rènəvéiʃən/ 名 U.C 修復; 刷新.

*__re·nown__ /rináun/ 名 U 名声, 令名: of (great, high) ~ (非常に)名高い / *She won ~ as a pianist.* 彼女はピアニストとしての名声を勝ち得た.

*__re·nowned__ /rináund/ 形 (**more ~; most ~**) 有名な, 高名な: a ~ *resort [scientist]* 有名な行楽地[科学者] / *The town is ~ for its hot springs.* その町は温泉で知られている / *He's ~ as a novelist.* 彼は小説家として有名だ. 〖類義語〗 ⇒ famous.

*__rent__¹ /rént/ 動 他 **❶** 〈家・土地などを×…から〉賃借りする: *Do you own or ~ your house?* 家をもっているのそれとも借りているの / *I ~ my room for $30 a week.* 週30ドルで部屋を借りている / *They ~ their house from Mr. Smith.* 彼らはスミスさんから家を借りている. **❷** 〈人に〉〈家・土地などを〉賃貸する: *He ~ed the house (out) to us at £100 a month.* 彼は私たちにその家を月100ポンドで貸し

た / 〔+目+目〕He ~*s* me a room. 彼は私に部屋を貸している. ❸ 〈車・衣服などを〉使用料を払って借りる: We ~*ed* a large car. 大きな車を借りた. ── [自] ❶ 〈家・土地などが〉〔…の金額で〕賃貸される: The apartment ~*s* ***at*** [***for***] $200 a month. そのアパートは月 200 ドルで賃貸されている. ❷ 〔…に〕家(など)を賃貸する: He refused to ~ ***to*** us because we had pets. 我々がペットを飼っているという理由で彼は我々にアパート[家]を貸すことを断わった. ── [名] [U] [また a ~] **家賃**, 部屋代; 地代, 小作料; 借用料, 使用料; 貸借料: at *a* reasonable ~ 手ごろな賃借料で / without charging ~ 賃貸料なしで / pay one's ~ for the month 当月分の家賃を支払う. **for rént** 《米》 (1) 賃貸用の: an apartment *for* ~ 賃貸アパート. (2) [F~ R~] 貸家[貸室]あり (《英》 To Let.). ── [形] [A] 家賃の, 地代の: a ~ strike 入居者たちによる(要求を満たしてくれるまでの)家賃支払い拒否 / a ~ collector 家賃[地代]集金人. 〘F < L; ⇨ render〙 ([名] rental) 【類義語】⇨ borrow.

rent² [動] rend の過去形・過去分詞.

rent³ /rént/ [名] ❶ **a** (衣服などの)裂け目, ほころび (★ rip のほうが一般的): a ~ in a sleeve そでのほころび. **b** (雲・岩などの)切れ目; 割れ目: a ~ in the clouds 雲の切れ目. ❷ (関係・意見の)分裂; 不和. 〘REND から〙

rent-a- /réntə-/ [接頭] 《戯言》「レンタルの…」「雇われの…」.

rent·a·ble /réntəbl/ [形] 賃貸[賃借]できる.

rent-a-car /réntəkɑ̀ə | -kɑ̀ː/ [名] レンタカー (車を貸し出す会社または貸す[借りた]車).

*__rent·al__ /réntl/ [名] ❶ **a** [U,C] **賃貸[賃借, レンタル]料**. **b** [U] 賃貸, 賃借, レンタル. ❷ [C] 《米》 賃貸[賃借]用のアパート[自動車(など)]. ── [形] 賃貸の: a ~ car レンタカー / ~ charges 賃貸[賃借]料. ([動] rent¹)

réntal lìbrary [名] 《米》 (有料)貸し出し図書館; 貸本屋.

rént bòy [名] 《英》 若い男娼(だんしょう).

rént contròl [名] (政府の)家賃統制 (しばしば立退き要求に対する規制も含まれる). **rént-contròlled** [形]

rént·er /-ṭə | -tə/ [名] ❶ 賃借[借地, 小作, 借家]人. ❷ 貸す人.

rént-frée [形] [副] 地代[家賃, 使用料]なしの[で], 賃貸料なしの[で].

ren·tier /rɑːntjéɪ | rɑ́ːntièɪ/ [名] 金利生活者 (金利・年金・地代・配当などで暮らす人). 〘F; ⇨ rent¹〙

rè·númber [動] [他] 〈…の〉番号を付け替える.

re·nun·ci·ant /rɪnʌ́nsiənt/ [名] 放棄者, (特に)世捨て人, 隠遁者. ── [形] 放棄する, 自制的な.

re·nun·ci·a·tion /rɪnʌ̀nsiéɪʃən/ [名] ❶ [U,C] 放棄, 棄権, 断念. ❷ [U] 克己, 自制. ([動] renounce)

ren·voi /renvɔ́ɪ/ [名] [U] (外交官などの)国外退去; 〖国際法〗国際司法上の問題を自国の法律以外の法律に委託すること.

rè·óccupy [動] [他] 再び所有する; 再び占有[占領]する; 〈家〉に再び住む; 再び従事させる[働かせる]. **rè·occupátion** [名]

rè·occúr [動] [自] 再び起こる, 再三発生する, 再発する. **rè·occúrrence** [名]

rè·offénd [動] [自] さらなる犯罪を犯す. **~·er** [名] 再犯者.

*__re·o·pen__ /rìːóup(ə)n/ [動] [他] ❶ 〈…を〉**再び始める, 再開する** (resume): ~ a debate [discussion, trial] 討論[論議, 審理]を再開する. ❷ 〈…を〉再び開く: ~ old wounds 古傷をあばく. ── [自] 再び開かれる; 再開される: The store will ~ next week. その店は来週から営業を再開する. **rè·ó·pen·ing** [名] [U] [また a ~] 再開.

re·or·der /rìːɔ́ːdə | rìːɔ́ːdə/ [動] [他] ❶ 注文し直す, 再注文する. ❷ 並べ換える.

re·or·gan·i·za·tion /rìːɔ̀əgənɪzéɪʃən | -naɪz-/ [名] [U] 再編制, 再組織; 改組, 改造 〔*of*〕.

*__re·or·gan·ize__ /rìːɔ́əgənàɪz | -ɔ́ː-/ [動] [他] 〈…を〉**再編制する**; 改組[改造, 改革]する.

rè·órient [動] [他] 〈…に〉新しい方向[方針]を与える, 再教育する: ~ one*self* 自分の位置[状況]を再確認する. **rè·orientátion** [名] [U] 新たな方向づけ; 再教育.

rè·órientate [動] [他] =reorient.

rep¹ /rép/ [名] [U] 横うね織物 (カーテン・家具布張用).

⁺**rep**² /rép/ [名] 《口》 ❶ 外交員, セールスマン. ❷ 代表者: a union ~ 組合代表. ── [動] 《俗》 [他] 〈…の〉代理を務める. ── [自] 外交員[セールスマン]をする. 〘REP(RESENTATIVE)〙

rep³ /rép/ [名] 《口》 ❶ =repertory company [theater]. ❷ =repertory 1 a. 〘略〙

rep⁴ /rép/ [名] [U] 《米俗》 名声, 評判 (reputation).

rep⁵ /rép/ [名] 《口》 (ウェートトレーニングなどで)反復運動[動作]. ── [動] [他] (編物の指示で)繰り返せ (repeat).

rep. 《略》 repair; report(ed); reporter; representative; republic.

Rep. 《略》 《米》 Representative; Republic(an).

rè·páck [動] [他] 詰めなおす, (特に)別の容器に入れる.

rè·páckage [動] [他] 荷造り[包装]しなおす; もっとよい[魅力的な]形にする. **rè·páck·ag·er** [名]

rè·páginate [動] [他] 〈書籍・雑誌など印刷物に〉ページを打ちなおす, 〈…の〉ページ数を付けなおす. **rè·paginátion** [名]

*__re·paid__ /rɪpéɪd, rìː-/ [動] **repay** の過去形・過去分詞.

rè·páint [動] [他] 〈…に〉ペンキを塗りなおす. ── /⏑⏑/ [名] [U,C] 塗りなおし; 塗りなおしたもの[部分].

*__re·pair__¹ /rɪpéə | -péə/ [動] [他] ❶ **a** 〈…を〉**修理する, 修繕する**: ~ a house [road, watch] 家[道路, 時計]を修理する / have…~*ed* …を直してもらう. **b** 〈関係・状況などを〉修復[改善]する. **c** 〈傷・傷ついた部位を〉治療する. ❷ 〈欠陥・誤りなどを〉訂正[矯正]する: ~ a defect [an error] 欠陥[誤り]を正す. ❸ 〈損害などを〉償う, 埋め合わせる. ❹ 〈健康・体力などを〉回復する: ~ one's strength 体力を取り戻す. ── [名] ❶ **a** [U] **修繕, 修理**, 手入れ: beyond ~ 修繕できないほどに[の] / under ~ 修繕中で[の] / Road Under *R*~ 〖掲示〗道路工事中 / My watch is in need of ~. 私の時計は修理する必要がある. **b** [C] [しばしば複数形で] 修繕[修理, 復旧]作業: *Repairs* done while you wait. お待ちしている間に修繕いたします (★ 広告の文章). **c** [C] 修繕[修理]個所: The ~ is hardly noticeable. 修繕した跡はほとんど見えない. ❷ [U] 手入れ[修理]の状態: in good [bad] ~ =in [out of] ~ 手入れが行き届いて[行き届かないで]. **~·er** [名] 〘F < L=再び準備する < RE-¹+*parare* 準備する (cf. prepare)〙 ([名] reparation) 【類義語】⇨ mend.

re·pair² /rɪpéə | -péə/ [動] [自] 〔…へ〕行く, おもむく (go); たびたび行く; 大勢で行く 〔*to*〕

repáir·màn [名] ([複] **-men**) 修理工 (男).

repáir·pèrson [名] ([複] **-people**) 修理工 (男女共通語).

rep·a·ra·ble /rép(ə)rəbl/ [形] (↔ irreparable) ❶ 修繕のできる. ❷ 償いのつく, 賠償できる.

⁺**rep·a·ra·tion** /rèpəréɪʃən/ [名] ❶ [U] 賠償: make ~ *for*…を賠償する. ❷ [複数形で] 補償金, 賠償金. ([動] repair¹)

re·par·a·tive /rɪpǽrəṭɪv/, **re·par·a·to·ry** /rɪpǽrətɔ̀ːri | -təri, tri/ [形] 修繕[修復]の[する]; 賠償の.

rep·ar·tee /rèpətíː, -pɑə- | -pɑː-/ [名] [U] ❶ 当意即妙(の才). ❷ 当意即妙の応酬.

re·past /rɪpǽst | -pɑ́ːst/ [名] 《文》 食事: a dainty ~ 美食 / a light [frugal] ~ 軽い食事.

*__re·pa·tri·ate__ /rìːpéɪtrièɪt, -pǽtri- | -pǽtri-/ [動] [他] ❶ 〈人を〉**本国へ送還する**. ❷ 〈利益・資産などを〉本国へ送り返す[回帰[還流]させる]. ── [自] 本国に帰る. ── /-triət/ [名] 本国送還[帰還]者, 引き揚げ者 (cf. deportee, evacuee). 〘L=祖国に帰る < RE-¹+*patria* 祖国; cf. expatriate〙

re·pa·tri·a·tion /rìːpèɪtriéɪʃən, -pæ̀tri- | -pæ̀tri-/ [名] [U,C] 本国送還; 帰還; (資産などの)(本国)回帰, 還流.

*__re·pay__ /rɪpéɪ, rìː-/ [動] (**re·paid** /-péɪd/) [他] ❶ (人に) 〈金銭を〉**返済する**, 払い戻す, 返す: I will ~ this money as soon as I can. このお金はできるだけ早くお返しします / Lend me 10 dollars, would you? I'll ~ you tomorrow. ちょっと 10 ドル貸してください, あす返します / 〔+目+目〕When will you ~ him the money? =When will you ~ the money ***to*** him? 彼にいつその金を返すつもりですか. ❷ 〈親切・行為・人などに〉**報いる, 恩返しする**: ~ a person's kindness 人の親切に報いる / How can I ever

R

repayable 1518

~ you? あなたにどうやって恩返しをしていいかわかりません / I can never ~ you *for* all your kindnesses. あなたにはとてもご恩返しできないほどのご親切を頂戴しました / He *paid* me *with* ingratitude alone. 彼は私にただ忘恩という返報をくれただけだった。❸《英》〈物事が〉〈…に〉値する: This book ~s close study. この本は精読すればそれだけの収穫が得られる。— ⾃ ❶ 借金を返す。❷ 返報する。

re·pay·a·ble /rɪpéɪəbl, rìː-/ 形 払い戻し[返済]できる[すべき].

****re·pay·ment** /rɪpéɪmənt, rìː-/ 名 U.C ❶ 払い戻し, 返済(金). ❷ 報復, 報償; 返報, 仕返し.

†**re·peal** /rɪpíːl/ 動 他 〈法律などを〉無効にする, 廃止[撤廃]する。— 名 U（法律の）廃止, 取り消し, 撤廃.

****re·peat** /rɪpíːt/ 動 他 ❶ 〈言葉を〉繰り返す, 繰り返して言う, 重ねて言う (reiterate): I ~*ed* the word for emphasis. その言葉を繰り返して強調した /［+*that*］I ~ *that* this must not happen again. 繰り返して言うがこのようなことは二度と起こってはならない /［引用］ "Do your best," he ~*ed*. 「ベストを尽くすんだぞ」と彼は繰り返して言った《用法》repeat… は「…を 1 回繰り返す」, repeat… again は「…を 1 回繰り返したあとさらにもう一度繰り返す」の意)。❷〈人の言ったことを〉復唱する, 暗唱する: R- these sentences after me. これらの文を私のあとについて復唱しなさい. **b**〈秘密などを〉〈他人に〉ばらす, 伝える, 他言する: Don't ~ the secret. この秘密は他言無用 / He ~*ed to* everyone what I said. 彼は私の言ったことをみんなに言いふらした。❸〈…を〉繰り返して作る, 再度行なう; 再び経験する: ~ an error 誤りを繰り返す / ~ a year [course] 留年[再履修]する / He ~*ed* his success of four years ago. 彼は 4 年前の成功を再現した。❹〈番組を〉再放送[放映]する《★通例受身》: The program is *being* ~*ed* on Channel 3 next Sunday. この番組は次の日曜日に第 3 チャンネルで再放送されます.

— ⾃ ❶ 繰り返して言う[行なう]: Please ~ after me. 私のあとについて言ってください。❷〈小数が〉循環する。❸〈一度食べた食物が〉〈人に〉味を残す: Garlic ~s (*on* you). ニンニクはいつまでも口の中に味が残る。❹《米》(一選挙に)二度以上投票する, 不正投票する。❺ 留年する: Is John ~*ing*? ジョンは留年しているのですか. ❻〈時計が〉時報を繰り返す。

Nó, (I) repéat, nó! 絶対ノーだ。**nót béar repéating**〈言葉・話などが〉繰り返し口にできない[はばかられる]ものではない: The story doesn't bear ~*ing*. その話は繰り返して言うのもはばかられる(ほどひどいものだ)。**repeát onesèlf** (1) 同じことを繰り返して言う: I don't want to ~ *myself*, but… 同じことを繰り返して言うのはいやだけど… (2)〈物事が〉繰り返して現われる[起こる]: History ~s *itself*.《諺》歴史は繰り返す。

— 名 ❶ 繰り返し。❷ **a** 繰り返されるもの。**b** 再放送[放映]番組。❸《楽》反復(楽節, 記号)。❹《商》再供給, 再注文。

— 形 Ⓐ 繰り返しの: a ~ customer 得意[常連]客, リピーター / a ~ order《商》再注文. **a repeát perfórmance** (1) 過去の(悪い出来事の)再現[二の舞]。(2)（劇などの）再演.

〖F＜L＝戻る＜RE-¹+petere, petit- 行く, 求める (cf. petition)〗（名 repetition, 形 repetitious, repetitive）

re·peat·a·ble /-təbl/ 形 繰り返すことができる[のに適した].

****re·peat·ed** /rɪpíːtɪd/ 形 繰り返された, たびたびの, たび重なる: ~ accidents たび重なる事故.

****re·peat·ed·ly** /rɪpíːtɪdli/ 副 (**more ~; most ~**) 繰り返して, 再三(再四): He knocked ~ on the door. 彼は何度もドアをたたいた.

****re·peat·er** /-tə | -tə/ 名 ❶ 繰り返す人[もの]; 暗唱者。❷ 連発銃。❸《米》**a**（一選挙に二度以上投票する)不正投票者。**b** 再犯[累犯]者. ❹ 再履修学生, 留年生. ❺ 時報を繰り返す時計。❻《数》循環小数.

re·peat·ing /-tɪŋ/ 形 Ⓐ ❶〈小数が〉循環する: a ~ decimal 循環小数. ❷〈銃が〉連発の: a ~ rifle 連発銃.

re·pe·chage, -pê- /rèpəʃɑ́ːʒ | ⌐⌐/ 名（ボート競技・フェンシングなどの）敗者復活戦.

†**re·pel** /rɪpél/ 動 (**re·pelled; -pel·ling**) 他 **a**〈攻撃者・敵などを〉追い払う, 撃退する; 寄せつけない。**b**〈提案・言い寄りなどを〉はねつける, 拒絶する, 退ける。❷〈人に〉不快感を与える: This odor ~s me. このにおいにはむかつく。❸〈水などをはじく, 通さない: This cloth ~s water. この布は水をはじく。❹《理》反発する, はね返す (⇔ attract)。— ⾃ ❶ 追い払う, 退ける; はじく。❷ 不快感を催させる.

〖L＝追い返す＜RE-¹+pellere, puls- 駆り立てる (cf. pulse)〗（名 repulsion, 形 repulsive）

re·pel·lant /rɪpélənt/ 形＝repellent.

†**re·pel·lent** /rɪpélənt/ 形 ❶ 不快感を与える, ひどくいやな (repugnant): a ~ creature いやなやつ / ~ work いやな仕事 / Everything about him was ~ *to* her. 彼のことは何から何まで彼女にはいやだった。❷〔しばしば合成語で〕反発する, はねつける;〈水などを〉はじく,（虫などを〉寄せつけない: water-*repellent* cloth 防水生地。— 名 ❶ Ⓒ はねつけるもの。❷ U.C 防水加工剤; 防虫剤, 虫よけ. **~·ly** 副

re·pent /rɪpént/ 動 ⾃ 後悔する, 悔しがる, 残念に思う: Marry in haste, and ~ at leisure. ⇒ marry ⾃ 1 / ~ *of* one's sins 自分の犯した罪を悔いる. — 他〈…したことを〉後悔する;〈…したことを〉残念に思う《用法》通例完了動名詞を用いる)。**re·pént·er** /-tə | -tə/ 名〖F〗

re·pen·tance /rɪpéntəns/ 名 U 後悔, 悔恨, 悔い改め: show ~ for… …に悔恨の念を示す / It was too late now for ~. もう後悔するには遅すぎた. 【類義語】⇒ penitence.

re·pen·tant /rɪpéntənt/ 形 ❶ 後悔している; ざんげする: a ~ sinner ざんげする罪人 / He's ~ *of* his sins. 彼は自分の犯した罪を悔いている。❷ 後悔の気持ちを表わした: ~ sighs [tears] 後悔のため息[涙]. **~·ly** 副

†**re·per·cus·sion** /rìːpəkʌ́ʃən | -pə-/ 名 ❶ Ⓒ〔通例複数形で〕(ある事件・行動などのかなり後まで残る)影響 (consequence). ❷ U.C《古》（音の）反響.

†**rep·er·toire** /répətwɑ̀ː | -pətwɑ̀ː/ 名 レパートリー, 上演目録, 演奏曲目: a large ~ of songs 豊富な歌のレパートリー. 〖F＜L ↓〗

†**rep·er·to·ry** /répətɔ̀ːri | -pətəri, -tri/ 名 ❶ **a** Ⓤ レパートリー方式 (rep)（専属の劇団・楽団がレパートリーを定期的に次々と上演する方式). **b** ＝repertoire. ❷ Ⓒ〔知識などの〕蓄え, 集積; 宝庫: her immense ~ *of* information 彼女の豊かな情報の蓄え. 〖L＝inventory＜ reperire, repert- to find out＜RE-¹+parire to get (cf. parent)〗

répertory còmpany [thèater] 名 レパートリー(を上演する)劇団[劇場].

rep·e·tend /répətènd/ 名 反復音[句, 語];《数》(循環小数の)循環節.

ré·pé·ti·teur /rèɪpeɪtətɔ́ː | rɪpètətɔ́ː-/ 名 (特にオペラハウスに所属する)歌手に稽古をつける人, 練習教師, コーチ.

†**rep·e·ti·tion** /rèpətíʃən/ 名 ❶ U.C 繰り返し, 反復. ❷ Ⓤ 復唱; 暗唱: by ~ 復唱して. ❸ Ⓒ **a** 繰り返された言葉. **b** 暗唱文. **c** 複写, 模写. (動 repeat)

rep·e·ti·tious /rèpətíʃəs⁻/ 形 ❶ 反復の多い, くどい. ❷ 繰り返す, 反復性の. **~·ly** 副 **~·ness** 名（動 repeat, 名 repetition）

†**re·pet·i·tive** /rɪpétəṭɪv/ 形＝repetitious. **~·ly** 副 **~·ness** 名

repetítive stráin ìnjury 名《医》反復運動(過多)損傷 (略 RSI).

rè·phráse 動 他 言い換える, 言い直す.

re·pine /rɪpáɪn/ 動《文》〔…に〕不平を言う, がっかりする〔*at, against*〕.

re·pique /rɪpíːk/ 名 (piquet¹ で)プレー前に持ち札だけで 30 点を取ること. — 動 他〈…に対して〉repique を取る.

****re·place** /rɪpléɪs/ 動 他 ❶〈…に〉取って代わる,〈…と〉交替する,〈…の〉後任になる: Nothing can ~ a mother's love. 母の愛に代わりうるものはない / He would be hard to ~. 彼はまたと得難い[かけがえのない]人物だ《★ he is re-

place の意味上の目的語》/ Mrs. Murdoch ~*d* Mr. Johnson ***as*** Prime Minister. マードック女史がジョンソン氏の後任の首相になった. ❷ 〈ものを〉**取り替える**, 交換する; 〈人を〉交替させる: ~ a dead battery あがったバッテリーを取り替える / ~ butter ***with*** [***by***] margarine バターの代わりにマーガリンを使う. ❸ 〈…を〉もとの所に置く, 戻して置く: ~ the receiver 受話器をもとの場所へ置く / *R*~ the book on the shelf. 本を棚の上に戻して置いてくれ. ([名] replacement)

re·place·a·ble /rɪpléɪsəbl/ [形] (↔ irreplaceable) ❶ 置き換え[取り替え]られる, 代わりのある: a ~ part 交換のできる部品. ❷ もとへ戻すことができる.

re·place·ment** /rɪpléɪsmənt/ [名] ❶ **a** [U] **取り替え**, 交換, 交替: regular ~ of tires タイヤの定期的な取り替え. **b** [C] 取り替え[代替]品; 後継者, あと継ぎ: find a ~ ***for… の代替品[後継者]を見つける. ❷ [U] もとへ戻すこと, 返還; 復職, 復位. ❸ [C] 〘米軍〙 補充兵, 交替要員. ([動] replace)

rè·plán [動] [他] 〈…の〉計画[予定]を立てなおす.

rè·plánt [動] [他] 植え替える[なおす], 移植する; 〈…に〉植物を植え替える. **rè·plantátion** [名] 移植; 再(移)植.

rè·plátform [動] [他] [受身で] (電車が)べつのホームにはいっている. **rè·plátformed** [形]

***re·play** /rìːpléɪ/ [動] [他] ❶ **a** 〈…の〉**再試合をする**. **b** 〈…を〉再演する. ❷ 〈テープなどを〉**再生する**. ── /´-`/ [名] ❶ **a 再試合**. **b** 再演. ❷ (テープなどの)**再生**.

⁺**re·plen·ish** /rɪplénɪʃ/ [動] [他] 〈…を〉再び満たす; 〔…で〕〈…を〉補充[補給]する: ~ one's stocks 在庫(品)を補充する / He ~*ed* his pipe ***with*** tobacco. 彼はパイプにたばこを詰め替えた. **~·ment** /-mənt/ [名]

re·plete /rɪplíːt/ [形] [P] ❶ 〔…で〕充満して, 〔…を〕十分に持って[備えて]: an office ~ ***with*** the latest electronic equipment 最新の電子機でいっぱいのオフィス. ❷ 〔…を〕飽食[堪能(たんのう)]して〔*with*〕.

re·ple·tion /rɪplíːʃən/ [名] [U] ❶ 飽食, 満腹. ❷ 充満, 充実, 過多. **to replétion** いっぱいに, 飽きるまで, 十分に: eat *to* ~ 腹いっぱい食べる.

re·plev·in /rɪplévɪn/ 〘法〙 [名] [U,C] 被差押動産取戻し(の令状), 動産占有回復訴訟. ── [動] [他] =replevy.

re·plev·y /rɪplévi/ 〘法〙 [動] [他] replevin で回復する. ── [自] replevin で動産を回復する. ── [名] =replevin.

⁺**rep·li·ca** /réplɪkə/ [名] ❶ (特に原作者の行なう)原作の写し. ❷ 写し, 模写, 複製(品), レプリカ: a ~ of the Tokyo Tower 東京タワーの模型. 〘It; ⇨ reply〙

rep·li·ca·ble /réplɪkəbl/ [形] 反復可能な; 再製可能な. **rep·li·ca·bil·i·ty** /rèplɪkəbíləṭi/ [名]

rep·li·case /réplɪkèɪs/ [名] [U] 〘生化〙 レプリカーゼ, RNA レプリカーゼ《RNA を鋳型として RNA を合成する酵素》.

⁺**rep·li·cate** /répləkèɪt/ [動] [他] ❶ 〈…を〉模写[複製]する; 〈…の〉レプリカ[複製品]を作る; [~ itself で] 〘生化〙 〈遺伝物質などが〉(自己)複製[(自己)増殖]する. ❷ 〈実験(結果)などを〉反復する, 再現する, (再)検証する. ── /-kət/ [形] [A] 複製の; 反復の ── /-kət/ [名] (反復された)実験の一回; 〘楽〙 繰り返し, レプリカ.

rep·li·ca·tion /rèpləkéɪʃən/ [名] ❶ **a** [C] 複製, 写し, 模写; [U] 複製[写し]を作ること. **b** [U,C] (実験などの)反復, 再現, (再)検証. **c** [U,C] 〘生化〙 (遺伝物質などの)(自己)複製. ❷ [U,C] 〘法〙 《古》 (被告答弁に対する)原告の第二の訴答.

rép·li·cà·tive [形] 〘生〙 複製の[にかかわる], 複製的な.

rep·li·con /réplɪkàn/ [名] 〘生化〙 レプリコン《DNA や RNA の複製する単位》.

‡**re·ply** /rɪpláɪ/ [動] [自] ❶ **答える, 返事をする**, 応答する, 答弁する: I asked her why she'd done it, but she didn't ~. なぜそうしたのかと尋ねたが彼女は返事をしなかった / I won't ~ ***to*** this letter. この手紙には返事を書かない《[用法] *to* は省略できない; cf. [他] [用法]》. ❷ 〔…に対して〕〔…をもって〕応じる, 応酬する; 〘スポ〙 点を(取り)返す: They *replied* ***to*** the enemy's attack ***with*** heavy gunfire. 彼らは敵襲に対し猛砲撃を浴びせて反撃した. ── [他] 〈…と〉答える《[用法] 目的語には答える内容がくるので, 人称代名詞や letter などの名詞は用いられない; cf. [自] 1》: He *replied* not a word. 彼はひと言も答えなかった / 〔+***that***〕 He *replied that* his mind was made up. 彼は決心がついたと答えた / 〔+[引用]〕 "No, thank you," he *replied*. 「いやけっこうです」と彼は答えた. ── [名] ❶ **答え**, 回答, 返事 (response): I haven't heard your ~ yet. まだ返事をうかがっておりません / He made no ~ ***to*** my request. 彼は私の依頼に何とも答えなかった. ❷ 応酬, 応戦; 〘スポ〙 点を(取)り返すこと. **in replý** (**to**…) (…の)答えとして, (…に)答えて: He said nothing *in* ~. 彼は何も答えなかった / *In* ~ *to* the question, he referred me to a recent article in *The Times*. その質問に答えて彼は私に「タイムズ紙」の最近のある記事を見よと言った. 〘F *replier* < L *replicare* 折り返す RE-[1]+*plicare*, *plicat-* 折る (cf. duplicate)〙 【類義語】 ⇨ answer.

replý cóupon [名] 《英》 返信券《切手と交換可能》.

replý-pàid [形] 《英》 〈封筒など〉受取人払いの.

re·po /ríːpoʊ/ 《口》 [名] (複 **~s**) (ローンの返済不履行による)車[商品]の回収, 家屋の差し押え; 回収された車《など》, 差し押えられた家屋《特に政府融資の住宅》. ── [動] [他] (ローン返済不履行のために)〈商品[特に車]を〉回収する, 〈家屋を〉差し押える. 〘REPO(SSESSION), REPO(SSESS)〙

rè·póint [動] [他] 〈れんが[石]の〉目地に新たにモルタルを塗る.

répo màn [名] 《口》 (代金未払いの車の)回収業者, 差し押え屋.

rè·pópulàte [動] [他] 〈…に〉再び住みつく, 〈…の〉人口を増やす.

‡**re·port** /rɪpɔ́ət | -pɔ́ːt/ [名] ❶ **a** (調査・研究の)**報告**(書), リポート《[比較] 日本で学生が「レポート」とよんでいるのは英語では paper; 学期末に提出するのは term paper》: a flash news ~ ニュース速報 / ⇨ weather report / make a ~ (*of*…to…) (…を…に)報告する / prepare a ~ ***on*** an accident 事故の報告書を作成する. **b** 《英》 (学校の)**成績表**, 通知表 (《米》 report card): Did you get a good ~ this term? 今学期はよい成績をもらいましたか. ❷ **a** (新聞などの)**報道**, 記事: a press [TV, radio] ~ on…に関する新聞[テレビ, ラジオ]の報道. **b** 公報. ❸ (真偽未詳の)話, 情報, うわさ, (事実未確認の)通報. ❹ 爆発音, 銃声, 砲声. ❺ [通例複数形で] **a** (講演・討論などの)速記録. **b** 〘議会〙 議事録. ❻ 《英》 経営者補佐. **of góod** [**bád**] **repórt** 評判のよい[悪い]. **on repórt** (規則違反などで)出頭を命じられて.

── [動] [他] ❶ 〈…を〉**報告する, 報じる, 伝える**: Today's newspaper ~*s* the arrest of the suspect. きょうの新聞はその容疑者の逮捕を報じている / Any changes should be ~*ed* immediately. 変更があった場合は直ちに報告すること / 〔+***doing***〕 He ~*ed* hav*ing* seen the man in London. 彼はロンドンでその男を見かけたと報告した / 〔+***that***〕 He ~*ed* (***to us***) *that* the number of applicants had increased. 彼は(我々に)志願者の数が増加したと報告した / It's ~*ed that* over three hundred people died in the earthquake. その地震で 300 人以上の人が死亡したと伝えられている / 〔+[引用]〕 "There were no casualties," she ~*ed*. 「負傷者は 1 人もありませんでした」と彼女は報告した / 〔+***wh.***〕 He ~*ed how* the accident had happened. 彼は事故がどう起きたのかを報告した / 〔+目+(***to be***) 補〕 He's ~*ed to be* the best man for the job. 彼はその仕事にいちばん適当な人だと言われている / She has been ~*ed* injured. 彼女は負傷したと伝えられている. ❷ 〈不法行為・人などを〉〔当局に〕届け出る, 通報する: He ~*ed* her disappearance ***to*** the police. 彼は彼女の失踪(しっそう)を警察に届け出た / He ~*ed* the accident ***to*** the police. 彼は警察に事故を届けた / I will ~ you ***to*** the police (***for*** fraud). お前を(詐欺罪で)警察に訴えてやる. ❸ [~ one*self* で] 〔…に〕出頭する; (自分の行為を警察などに)届け出る〔*to*〕.

── [自] ❶ 〔…に〕〔…について〕**報告する**; 報告書を作成[提出]する〔*to*〕〔*on, about*〕: She ~*ed* ***to*** the committee ***on*** the results of the investigation. 彼女は委員会に調査結果を報告した. ❷ **a** 〈記者が〉〔新聞などのために〕**報道する**; 〔新聞の〕**記者を勤める**: He ~*s* ***for*** *The Times*. 彼は

R

reportable

「タイムズ紙」の記者である. **b** 〔…について〕報道する〔*on, about*〕: ~ from Washington *on* the presidential election ワシントンから大統領選挙について報道する. ❸ 出頭する, 届け出る: I was told to ~ *to* the police. 私は警察へ出頭するようにと言われた / You are to ~ *for* duty [work] at 8:30 a.m. 午前8時半に出勤されたい. ❹ 〔…であると〕報告する, 届け出る: 〔+補〕~ absent [sick] (職場・学校などへ)欠席する[病気である]と報告する.

repórt báck (自+副) (1) 〔…に〕職場に)帰る, 戻る. (2) 〔…に〕…について〕折り返し〔調査後〕報告する〔*to*〕〔*on*〕. ── (他+副) 〈…ということを〉折り返し報告する.

report to a person ~の部下[直属]である.
《F←L=持ち帰る〈RE-¹+*portare* 運ぶ (cf. portable)》
【類義語】⇒ tell¹.

re·por·ta·ble /rɪpɔ́ːtəbl | -pɔ́ːt-/ 形 報告[報道]できる, 報告[報道]価値がある.

rep·ort·age /repɔːtɑ́ːʒ | -pɔː-/ 名 ⓤ 報告文学[文体], ルポルタージュ.

repórt cárd 名 (米) ❶ (学校の)成績表, 通信簿 ((英) report). ❷ (一般に)成績評価.

***re·port·ed·ly** /rɪpɔ́ːtɪdli | -pɔ́ːt-/ 副 [文修飾] 伝えられるところによれば (allegedly) (★ 通例新聞用語): The Prime Minister is ~ going to resign in a few days. 首相は近日中に辞職すると伝えられている (変換 It's ~ reported that the Prime Minister is going to resign in a few days. と書き換え可能).

re·pórt·ed spéech /-tɪd-/ 名 ⓤ 【文法】間接話法.

***re·port·er** /rɪpɔ́ːtə | -pɔ́ːtə/ 名 ❶ 新聞[取材]記者, リポーター (correspondent): a police ~ 警察担当[事件]記者 / a TV ~ テレビリポーター / an on-the-spot ~ 現場(に急行した)記者. ❷ 報告(申告)者. ❸ (裁判所の)書記官; 議事速記者.

***re·port·ing** /rɪpɔ́ːtɪŋ/ 名 ⓤ 報道, 報道行為[姿勢].

repórting vérb 名 【文法】伝達動詞.

re·por·to·ri·al /rèpətɔ́ːriəl | -pɔː-ˈ-/ 形 (米) 報道記者の(らしい).

repórt stáge 名 [the ~] (英下院) (第三読会前に行なわれる)委員会報告の審議.

re·pose¹ /rɪpóʊz/ 名 ⓤ (文) 休息; 睡眠; 休養, 静養. ❷ **a** (場所などの)平穏, 閑静. **b** (態度などの)落ち着き, 沈着. **in repóse** (表情が)穏やかで; 落ち着いて. ── 動 ❶ **a** 〔…に〕休む, 休息する 〔…に〕永眠する 〔*in, below, beneath*〕: *Below* this stone ~ the mortal remains of.... この石の下に…の霊眠る(墓碑の文句). ❷ **a** 〈ものが〉〔…の上に〕載っている〔*on, upon*〕. **b** 〈証拠・議論などが〉〔…に〕よる, 依存する〔*on*〕. ── 他 ❶ 〈体の一部を〉〔…に〕横たえる, 休める〔*on, in*〕 ❷ 〔~ oneself で〕〔…に〕横になる, 休む〔*on, in*〕

re·pose² /rɪpóʊz/ 動 〈信用・望みなどを〉〔…に〕置く, かける〔*in*〕.

re·pose·ful /-f(ə)l/ 形 平静な, 安らかな, 落ち着いた.
~·ly 副 **~·ness** 名

rè·position 動 他 別の[新しい]場所に移す, 〈…の位置を変える.

⁺**re·pos·i·to·ry** /rɪpázətɔ̀ːri | -pɔ́zətəri, -tri/ 名 ❶ 貯蔵所, 倉庫 (store). **b** 納骨堂, 埋葬所. ❷ 〔知識などの〕宝庫〔*of*〕. ❸ 〈秘密などを〉打ち明けられる人〔*of*〕.

⁺**re·pos·sess** /rìːpəzés/ 動 他 ❶ …を再び手に入れる. ❷ 〈商品などを〉(代金不払いなどのため)取り戻す.

⁺**re·pos·ses·sion** /rìːpəzéʃən/ 名 ⓤ 再所有; 取り戻し, 回復.

rè·pót 動 他 (**re-pot·ted**; **repot·ting**) 〈植物を〉他の(大きい)鉢に植え替える.

re·pous·sé /rəpuːséɪ | ˌ-ˈ-/ 形 レプッセーの(裏からたたいて浮き出し模様を打ち出した金属細工); レプッセー模様のある. ── 名 ⓤ レプッセー; レプッセーを打ち出すこと.

repp /rép/ 名 = rep¹.

rep·re·hend /rèprɪhénd/ 動 他 しかる, とがめる, 責める, 非難する: ~ a person's conduct 人の行為をしかる.

rep·re·hen·sion /rèprɪhénʃən/ 名

rep·re·hen·si·ble /rèprɪhénsəbl ˈ-/ 形 〈人・行為など〉非難すべき, ふらちな: ~ conduct ふらちな行為 / His attitude is most ~. 彼の態度は実にけしからん. **-si·bly** /-bli/ 副

rep·re·hen·sive /rèprɪhénsɪv ˈ-/ 形 非難する, とがめる.
~·ly 副

***rep·re·sent** /rèprɪzént/ 動 他 ❶ **a** 〈組織などを〉代表する; 〈…の〉代理を務める, 代理(人)となる: a union ~*ing* 700 workers 700人の労働者を代表する組合 / Each party is ~*ed* on the committee. その委員会には各党から代表が出ている. **b** 〈…の〉代議士[代表者]となる; (スポーツで)〈国などの〉代表選手となる: An MP ~s his constituency. 国会議員は選挙区を代表する. **c** 〈…の〉代表として出ている. ❷ 〈ものが〉〈…を〉表わす, 示す, 象徴する; 意味する: X ~s the unknown. Xは未知数を表わす / The stars in the American flag ~ the states. 米国旗の星は州を表わす / This ~s a major technological advance. これは技術の大躍進を意味する. ❸ **a** 〈…に当たる, 相当する (constitute): Lung cancer ~s 15% of cancer diagnoses. 肺がんはがんの診断例の15%に相当する. **b** 〈…の〉代わりになる. ❹ **a** 〈…を〉〈特に〉絵画・彫刻などで〉表現する, 描写する (depict); 象徴する: The statue of a goddess in New York Harbor ~s liberty. ニューヨーク湾にある女神の彫像は自由を象徴している / 〔+目+*doing*〕This picture ~s a nude ly*ing* on a couch. この絵は寝ている裸婦を描いている. **b** 〈人が〉〈…を〉×…と〉(時に事実に背き)描く, 述べる: 〔+目+*as* 補〕Shakespeare ~s Richard III *as* a cruel and ruthless monarch. シェイクスピアはリチャード3世を残酷で無慈悲な君主として描いている / He falsely ~*ed* the plan *as* safe. 彼は偽ってその計画が安全だと申し立てた. ❺ 〔…と〕(しばしば抗議したりして)〈…を〉表明する, 指摘する; 強く説く, 申し立てる: He ~*ed* the importance of the bill *to* his audience. 彼は聴衆にその法案の重大性を説いた. ❻ 〈劇を〉演ずる, 上演する; 〈役に〉扮(ふん)する. ❼ (想像によって)×〈自分に〉思い浮かべる, 想像する: ~ infinity *to* oneself 無限というものを心に描いてみる.

...be wéll represénted (1) 〔…に〕〈…(の中)から〉人がたくさん出て, 多くの人[もの]が集まって: In Norway women are well ~*ed* in politics. ノルウェーでは多くの女性が政治の世界に進出している. (2) 〔…の〕代表となる作品(など)が十分に(たくさん)あって: The major French artists are well ~*ed* at the exhibition. その展覧会にはフランスの主要画家の代表作が十分に集められている. (3) 〔…によって〕…がよく表わされていて, 〈…の〉特徴がよく出ていて〔*in, by*〕.

represént oneself as [*to be*]... 自分を…と称する[詐称する].

《F←L; ⇒ re-¹, present¹》

re·pre·sent /rìːprɪzént/ 動 ❶ 再び贈る, 再び差し出す. ❷ 〈劇を〉再演する.

***rep·re·sen·ta·tion** /rèprɪzentéɪʃən, -zən-/ 名 ❶ ⓤ **a** 代表(行為), 代理(行為); 代表されている[代表を出していること]; 代表性, 代議制(度) ── 比例代表制 (略 PR); / regional ~ 地域代表制 / have no ~ in... …に代表を出していない. **b** (選挙区などを代表する)議員団. ❷ **a** ⓤⓒ 表現, 描写; 表示, 象徴 ❸ ⓤⓒ 肖像, 図像, 彫像. ❸ ⓤⓒ 演出; 上演. ❹ **a** ⓒ 説明, 陳述. **b** [複数形で] (特に英) 陳情, 抗議: We made forceful ~s *to* the government *about* the matter. 我々はその件に関して政府に強く抗議した. (動 represent, 形 representational)

rèp·re·sen·tá·tion·al /-ʃ(ə)nəl ˈ-/ 形 ❶ (美) 具象的な, 具象派の, 具象主義の (↔ abstract, nonrepresentational). ❷ 代表(制)の, 代議制に関する.

rèp·re·sen·tá·tion·al·ism /-nəlìzm/ 名 ⓤ 【哲】表象主義 (われわれが知覚するのは実在の写像である象徴にすぎないとする立場). (美) 具象主義. **-ist** /-lɪst/ 名

rèp·re·sen·tá·tion·ism /-ʃənìzm/ 名 【哲】 = representationalism.

***rep·re·sent·a·tive** /rèprɪzéntəṭɪv ˈ-/ 名 ❶ 代表者, 代理人〔*for, of*〕(比較) delegate は会議などに出席する代表者). ❷ 代議士; (米) 下院議員 (⇒ congress 解説):

the House of *Representatives* ⇒ house 〖成句〗. ❸ 販売代理人[外交員]; 販売会社. ❹ 代表級; 見本, 標本; 典型. ——形 (**more** ~; **most** ~) ❶ (比較なし) 代表する, 代理の; 代表制の: a ~ body 代表団 / ~ government 代議政体 / the ~ system 代議制 / Congress is ~ *of* the people. 議会は国民を代表する. ❷ 代表的な, 典型的な: a ~ sample 典型的なサンプル / a ~ Japanese 代表的な日本人 / Notre Dame is ~ *of* Gothic architecture. ノートルダムはゴシック建築を代表する建物である. ❸ ⦅P⦆ [...を]表わして, 表示して, 描写して, 象徴して: a picture ~ *of* life in medieval Europe 中世ヨーロッパの生活を描いた絵画. ~·ly 副 (動 represent).

rép·re·sent·ed spéech /rɛ́prɪzèntɪd-/ 名 ⓤ〘文法〙描出話法 (直接話法と間接話法との中間的性質をもった話法).

†**re·press** /rɪprés/ 動 ❶ **a** 〈感情・欲望などを〉抑える, こらえる: ~ one's emotions [tears, laughter] 感情[涙, 笑い]をぐっとこらえる (suppress). **b** 〈人を〉抑えかける, 欲求不満にする. ❷ 〈反抗を〉(力ずくで)抑圧する: ~ opposition 反抗を抑圧する. ❸ 〘心〙〈欲求などを〉(無意識の中に)抑圧する.

rè·préss 動 他 再び押す, 再び締める; (特に)〈CDを〉再びプレスする.

re·préssed 形 抑圧された, 抑制された; 欲求不満の: a ~ child 欲求不満の子供 / ~ desires 抑圧された欲求.

re·préss·er 名 抑圧者; 抑える者.

re·préss·i·ble /rɪprésəbl/ 形 制止[鎮圧]できる.

†**re·pres·sion** /rɪpréʃən/ 名 ⓤ 抑圧, 鎮圧, 制止 (oppression). ❷ 〘心〙**a** ⓤ 抑圧, 抑制. **b** ⓒ 抑圧本能. (動 repress)

†**re·pres·sive** /rɪprésɪv/ 形 制止する, 抑圧的な; 鎮圧の: a ~ law [regime] 抑圧的な法律[政権]. ~·ly 副 ~·ness 名

représ·sor 名 ❶ =represser. ❷ 〘生化〙抑制因子, リプレッサー.

†**re·prieve** /rɪpríːv/ 動 他 ❶〈死刑囚などの〉刑の執行を猶予する (★ しばしば受身). ❷〈…の廃止[中止, 閉鎖など]を〉取りやめる[延期する]; 〈…を〉危険[困難]などから一時救済する. ——名 ❶ (刑の)執行猶予; (死刑)執行延期(令状). ❷ (危険・困難などからの)一時逃れ, 猶予 (respite). 〖OF=牢屋に戻す〗

rep·ri·mand /réprəmænd | -màːnd/ 動 他 〈人を〉(…のことで)(公式に)厳しく叱責(しっせき)する (rebuke), 譴責(けんせき)する, 懲戒する: He was sharply ~ed *for* his negligence. 彼は職務怠慢のかどでひどく叱責された. ——名 ⓒⓊ (公式な)厳しい叱責 (rebuke); 譴責, 懲戒: administer [receive] a sharp ~ 厳しく譴責する[を受ける]. 〖F<Sp L=抑えるべきこと<RE-¹+premere 押す (cf. press¹)〗〖類義語〗⇒ scold.

†**re·print** /rìːprínt/ 動 他 〈本を〉再版する (★通例受身で用いる): The book is now being ~ed. その本は目下再版中である. 〘〈本が〉再版される.〙 ——/-¹-/ 名 再版(本), リプリント.

†**re·pris·al** /rɪpráɪz(ə)l/ 名 ❶ ⓒⓊ (政治的・軍事的)報復, 仕返し (retaliation); 〘国際法〙復仇(相手国の違法行為に対し強制力を用いて同程度の損害などを与えること): take action in ~ (for a terrorist act) (テロに対する)報復として行動をとる / carry out ~s against resident foreign nationals 在留外国人に報復する. ❷ Ⓤ〘史〙報復的捕獲[拿捕(だほ), 強奪].

re·prise /rɪpríːz/ 名 〘楽〙(主題などの)反復.

re·pro /ríːproʊ/ 名 (他 ~s) ❶ 複製物, 複製[再生]品. ❷ =reproduction proof. ——形 複製の, 再生の: ~ furniture 模造家具. ⦅REPRO(DUCTION)⦆

†**re·proach** /rɪpróʊtʃ/ 動 他 〈人を〉しかる, 責める, とがめる; 非難する: You needn't ~ yourself. 君はそんなに自分をとがめる必要はない / His eyes ~ed me. 彼の目つきは私をとがめていた / She ~ed her husband *for* coming home late. 彼女は帰宅が遅かったからといって夫を責めた / He ~ed his students *with* laziness. 彼は生徒たちを不勉強だと言ってしかった. ——名 ❶ **a** Ⓤ 叱責, 非難: a look of ~ 非難の目つき / above [beyond] ~ 非の打ちど

ころのない, 申し分のない. **b** ⓒ 非難の言葉: heap ~es on …を頭からしかりつける. ❷ **a** Ⓤ 恥辱, 不面目: That will bring ~ upon you. それは君の顔に泥を塗ることだろう. **b** [a ~] [...にとって]恥となる[非難されるべき]こと[もの]: Slums are a ~ *to* a civilized society. スラム街の存在は文明社会にとって恥ずべきことだ. 〖F<L=(非難)を身近にもたらす<RE-¹+prope 近くに (cf. approach, proximate)〗 〖類義語〗⇒ scold.

re·próach·ful /rɪpróʊtʃf(ə)l/ 形 とがめるような, 非難する(ような): She gave him a ~ glance. 彼女は彼を非難するような目で見た. ~·ly /-fəli/ 副

re·próach·ing·ly 副 とがめるように.

rep·ro·bate /réprəbèɪt, -bət/ 名 堕落者, 道楽者, 無頼漢. ——形 邪悪な, 堕落した. ——/-bèɪt/ 動 他 ❶ 〈…を〉非難する. ❷ 〈神が〉〈人を〉見捨てる.

rep·ro·ba·tion /rèprəbéɪʃən/ 名 Ⓤ ❶ 非難, 叱責(しっせき). ❷ 神から見捨てられること.

re·proc·ess /rìːpráːses | -próʊ-/ 動 他 ❶〈廃品などを〉再加工する. ❷ **a** 〈核燃料を〉再処理する. **b** 〈核の使用済燃料から〉(再使用のため)ウランとプルトニウムを回収する.

re·próc·ess·ing plànt 名 (核燃料)再処理工場.

†**re·pro·duce** /rìːprəd(j)úːs | -djúːs/ 動 他 ❶〈…を〉複製する, 複写する (copy): This machine can ~ any key in three minutes. この機械は3分で鍵も3分で複製します / These illustrations have been ~d *from* some rare prints. これらのさし絵は珍しい版画から複製したものである. ❷〈場面・音などを〉再現する, 再生する: The film ~s the prewar atmosphere perfectly. その映画は戦前の雰囲気を完璧(かんぺき)に再現している. ❸ [~ oneself で]〈生物が〉繁殖する: Plants and animals which cannot ~ *themselves* become extinct. 繁殖できない動植物は絶滅する. ——自 ❶ [well などの様態の副詞を伴って]複製[複写]できる: Some prints don't ~ well. 版画の中にはうまく複製できないものがある. ❷〈生物が〉繁殖する (procreate): Most plants ~ *by* producing seeds. たいていの植物は種子をつけることによって繁殖する. (名 reproduction, 形 reproductive)

rè·pro·dúc·er 名 ❶ 繁殖する動植物. ❷ (録音・録画などの)再生装置.

re·pro·duc·i·ble /rìːprəd(j)úːsəbl | -djúːs-¹-/ 形 ❶ 複写[模造]できる. ❷ 再生[再現]できる. ❸ 繁殖できる.

†**re·pro·duc·tion** /rìːprədʌ́kʃən/ 名 ❶ ⓒ 複製物, 複製品; 再生品(⦅比⦆ replica よりも精確さは劣る). ❷ Ⓤ 再生, 再現. ❸ Ⓤ 生殖(作用), 繁殖: sexual [asexual] ~ 有性[無性]生殖. ❹ Ⓤ 〘経〙再生産. ❺ ⓒ〈家具など〉古い時代のものを模した: ~ furniture 時代物を模造した家具. (動 reproduce, 形 reproductive, 関形 generative)

reprodúction pròof 名 清刷り.

†**re·pro·duc·tive** /rìːprədʌ́ktɪv¹¹-/ 形 Ⓐ ❶ 生殖の: ~ organs 生殖器. ❷ 複製する, 複写する. ❸ 再生の, 再現の. (動 reproduce, 名 reproduction)

rè·prógram 動 他 (コンピューターなどの)プログラムを作りなおす. **rè·prógrammable** 形

re·prog·ra·phy /rɪprágrəfi | -próg-/ 名 (写真・電子装置による本や文書の)複写. **re·próg·ra·pher** 名 **re·pro·graph·ic** /rìːprəgrǽfɪk, rèp-¹¹-/ 形 **rè·pro·gráph·ics** 名

re·proof /rɪprúːf/ 名 ⓒⓊ 叱責(しっせき), 非難; 意見, 小言: in ~ of a person's laziness 人の怠惰をとがめて / receive a sharp ~ *for*... 厳しい小言を言う.

rè·próof 動 〈…に〉再び防水加工を施す; 〈…の〉新しい校正刷りをとる.

re·próv·a·ble /-vəbl/ 形 とがむべき, 非難すべき. ~·ness 名

re·prove /rɪprúːv/ 動 他 〈人を…のことで〉しかる, 叱責(しっせき)する, とがめる, 非難する (for). 〖類義語〗⇒ scold.

re·próv·ing 形 [通例 Ⓐ] とがめるような, 非難するような: a ~ glance [remark] 非難するような目つき[言葉]. ~·ly 副 とがめるように, 非難するように.

†**rep·tile** /réptl, -taɪl | -taɪl/ 图 ❶ 爬虫(ミェぅ)類の動物 (ヘビ・トカゲ・カメ・ワニなど). ❷ 卑劣なやつ. 《L=はうもの》 (形 reptilian).

rep·til·i·an /reptíliən/ 形 ❶ 爬虫(ミェぅ)類の[に似た]. ❷ 卑劣な, 陰険な. ── 图 爬虫類の動物.

Repub. (略) Republic; Republican.

‡**re·pub·lic** /rɪpʌ́blɪk/ 图 ❶ **a** 共和国 (cf. monarchy). **b** 共和政体. ❷ [the R-~] (通例序数を伴って) (フランス)共和制: the First Republic から the Fifth Republic の一つ). ❸ 《文》 …社会, …界: the ~ of letters 文学界, 文壇. 《L=公なもの<res 物+publica 公の (cf. public)》

*__re·pub·li·can__ /rɪpʌ́blɪkən/ 形 ❶ 共和国の; 共和的な, 共和政(主義)の. ❷ [R-~]《米》 共和党の (cf. democratic 4); 共和党(色)の強い. ❸ (北アイルランド)共和主義(者)の. ── 图 ❶ 共和主義者. ❷ [R-~]《米》 共和党員 (cf. democrat 2): the *Republicans* 共和党. **b** 共和党支持者. ❸ (北アイルランド)共和主義者 (南北アイルランドの統合・独立を唱える人); IRA の一員[支持者]. (图 republic)

re·púb·li·can·ism /-nɪzm/ 图 U ❶ 共和政体[主義]. ❷ [R-~]《米》 共和党の主義[政策].

†**Repúblican Párty** 图 [the ~]《米》 共和党 《the Democratic Party とともに現在米国の二大政党の一つ, 漫画化した象 (elephant) を党の象徴とする》.

†**re·pu·di·ate** /rɪpjúːdieɪt/ 動 ❶ 〈非難・嫌疑などを〉不正[不当]だと言う, 否認する, 拒む (deny): He ~d authorship of the book. 彼はその本を自分が書いたのではないと言った. ❷ 〈権威・条約・申し立てなどを〉拒否する, 拒絶する (reject). ❸ 〈配偶者を〉離縁する, 〈人と〉縁を切る. ❹ 〈債務などの〉支払いを拒む. 《L=離婚する》

re·pu·di·a·tion /rɪpjùːdiéɪʃən/ 图 U,C ❶ 否認, 拒否, 拒絶; 〈債務の〉支払い拒絶. ❷ 離婚, 絶縁.

re·pug·nance /rɪpʌ́gnəns/ 图 U 大嫌い, いや気, 反感, 嫌悪: in [with] ~ 憎悪して. (形 repugnant)

re·pug·nant /rɪpʌ́gnənt/ 形 ❶ 〈…にとって〉とても不快な, 気に食わない, いやな (repellent) [to]. ❷ P 〈…と〉矛盾して; 一致[調和, 両立]しないで [to, with]. 《L=…と争っている》

re·pulse /rɪpʌ́ls/ 動 ❶ 〈人に〉嫌悪感をいだかせる, 〈人を〉不快にする. ❷ 〈敵・攻撃を〉撃退する. ❸ 〈人・申し出・求婚などを〉はねつける, 拒絶する. ── 图 [単数形で] 拒絶, ひじ鉄砲; 撃退: meet with [suffer] a ~ 撃退[拒絶]される. 《L=押し返すこと; ⇒ repel》

re·pul·sion /rɪpʌ́lʃən/ 图 U ❶ 反感, 嫌悪, 大嫌い: feel ~ of ... ...に反感をもつ / My first feeling was one of ~. 私が最初に感じたのは嫌悪感だった. ❷ 《理》反発作用, 斥力 (↔ attraction). (動 repel)

re·pul·sive /rɪpʌ́lsɪv/ 形 ❶ ぞっとする, 胸が悪くなるような, いやな: a ~ smell いやなにおい. ❷ 《理》 反発する: ~ forces 斥力. ~**·ly** 副 ~**·ness** 图 (動 repel)

rè·púrchase 動 他 買い戻す; 再び買う. ── 图 U 買戻.

rè·púrpose 動 他 別の目的に再利用する.

†**rep·u·ta·ble** /répjʊtəbl/ 形 評判のよい, 令名の高い, りっぱな: a highly ~ doctor [store] とても評判のよい医者[店]. **rép·u·ta·bly** /-bli/ 副 【REPUTE+-ABLE】

*__rep·u·ta·tion__ /rèpjʊtéɪʃən/ 图 U,C ❶ 評判, 世評: earn [build] a ~ *as*... ...として評判を得る[確立する] / make a ~ for oneself 評判を得る, 名を成す / I know her by ~. 彼女のことは評判で知っている / She has [enjoys] a good ~ *as* a physician. 彼女は内科医として評判が高い / He had a ~ *for* business sagacity. 彼は実務の才がすぐれているという評判だった / She has the ~ *of* being a heavy drinker. 彼女は大酒飲みだという評判だ. ❷ U 好評, 名声, 令名, 名望: a person of his ~ 彼のような名望家 / a man of no ~ 評判のよくない[無名の]男. **live úp to** one's **reputátion** 評判どおりである, 噂(ど)どおりである. 《L=計算<RE-¹+*putare*, *putat*- 考える (cf. putative)》

‡**re·pute** /rɪpjúːt/ 图 U ❶ 評判, 世評 (reputation): a hotel of good [poor] ~ 評判のよい[悪い]ホテル / be held in high [low] ~ 高い[低い]評判を得ている. ❷ 好評, 令名: a person of ~ 世に聞こえた人 / wines of ~ 名酒.

†**re·pút·ed** /-tɪd/ 形 P 〈…だと〉思われて, うわさされて: [+*to be*補] He's ~ (*to be*) a genius. 彼は天才だという評判だ. ❷ (実際はときおり), 世にいわゆる: his ~ father 彼の父だといわれる人.

re·pút·ed·ly 副 [文修飾] 世評によれば, 評判では: He's ~ brilliant at mathematics. 彼は評判ではすばらしい数学の才能があるそうだ.

‡**re·quest** /rɪkwést/ 图 ❶ 頼み, 願い; 要請, 懇願: make a ~ *of* a person ~に頼み事をする / [+*to do*] grant a ~ *to* examine old records 古い記録を調査したいという依頼を聞き入れる / [+*that*] I agreed to her ~ *that* I help. 手伝ってほしいという彼女の依頼を承諾した. ❷ **a** 願いごと, 頼みごと; リクエスト(曲): play ~s リクエスト曲を演奏する[かける]. **b** 依頼文, 請願書: submit a ~ *to*... ...へ請願書を出す. ❸ 請求[要求]物, 需要品.

Àny requésts? 何かご要望[お望みのもの, リクエスト]はありますか.

at a person's **requést** = at the **requést of** a pérson ~の依頼により: I did so *at* your ~. そうしてくれとおっしゃったのでいたしました.

by requést 求めに応じて, 依頼によって: Buses stop here only *by* ~. バスは申し出があった時にだけここに止まります (cf. request stop).

in requést 需要があって: This article is *in* (great) ~. この品は (大いに) 需要がある / Mr. Johnson was very much *in* ~ *as* a lecturer. ジョンソン氏は講師として引っ張りだこだった.

on requést 請求すれば, 申し込めば: Brochures are available *on* ~. パンフレットはお申し込み次第お渡し[お送り]いたします.

── 動 ❶ (...に)〈もの・ことを〉懇願する, 要請する, 〈...するよう〉頼む 《比較 ask より形式ばった語》: ~ assistance 援助を要請する / an emergency session 緊急会議の開催を求める / [*as* ~*ed*] 請われるままに / We ~ the honor [pleasure] of your company. ご臨席のほど願いあげます (招待状の文句) / a loan *from* a bank 銀行から貸し付けを願う / [+*that*] They ~*ed that* he withdraw the remark. 彼らは彼にその言葉を撤回するよう申し入れた / [+目+*to do*] Visitors are ~*ed not* to touch the exhibits. 見学者は展示物に手を触れないでください (博物館などの掲示の文句). ❷ 〈曲を〉リクエストする. 《F<L; ⇒ require, question》

requést stòp 《英》 乗降客のある時のみ停車するバス停留所.

†**req·ui·em** /rékwiəm/ 图 ❶ [時に R-~]《カト》 **a** 死者ミサ. **b** 死者ミサ曲, 鎮魂曲, レクイエム. ❷ (死者の冥福(ダ{{)}を祈る)哀歌, 悲歌, 挽歌(ばん). 《L=安息; 死者ミサの入祭文の最初の語》

réquiem máss 图 =requiem 1 a.

req·ui·es·cat /rèkwiéskɑːt, -kæt | -kæt/ 图 死者のための祈り.

‡**re·quire** /rɪkwáɪə | -kwáɪə/ 動 他 (★ 進行形なし) ❶ 〈あることを〉**必要とする** 《比較 need より形式ばった語》: The matter ~s the utmost care. その事には細心の注意が払われなければならない / Is there anything else you ~? ほかに何か必要なものがありますか / [+*that*] The situation ~s *that* this (should) be done immediately. 情勢から見てこのことは即刻実行されなければならない / This car ~s repairing. この車は修理する必要がある 《比較 この構文は主に《英》だが need, want のほうが一般的》. ❷ 〈...を〉**要求する**; 〈法・規則などが〉〈...を〉必要とする, 命令する: Your presence is urgently ~*d*. ぜひ出席されたい / He has done all that is ~*d* by law. 彼は法律の命ずることをすべて履行した / We will do all that is ~*d of* us. ご要望とあれば何なりといたします / He ~*d* some more information *from* me. 彼は私にもっと情報を伝えてほしいと申し出た / [+目+*to do*] I was ~*d to* report to the

police. 私は警察に出頭するよう求められた / Candidates are ~*d to* have a good knowledge of English. 志願者は十分な英語の知識を備えていることが求められている / [+*that*] The regulations ~ *that* all the students (should) carry their identification cards. 規則により全学生は学生証を携行しなければならない. ── 他 《F<L=再び求める(RE-¹+*qu(a)erere, qu(a)est-* 求める (cf. question, request)》 名 requirement, requisition, 形 requisite》《類義語》⇒ demand.

re·quired 形 要求された; 必要な, 必須の (requisite); 〈学校の〉必修の (↔ elective): a ~ subject 必修科目.

*****re·quire·ment** /rɪkwáɪərmənt | -kwáɪə-/ 名 ❶ 必要とする[される]もの, 必需品; 必要[必須]条件: the ~s *for* admission to a college 大学入学のための必要条件. ❷ 要求する[される]もの, 要求物, 要件: a product that meets the ~s of the time 時勢の要求に応えた製品. (動 require)

*****req·ui·site** /rékwəzɪt/ 形 〔通例 A〕必要な, 必須の(°)な (required) 〔*for, to*〕: ~ qualifications [skills] 必要な資格[技能]. ── 名 〔しばしば複数形で〕必要なもの, 必要[必須]条件〔*for, of*〕: traveling ~s 旅行必携品 / Patience is an essential ~ *for* the job. 忍耐力はその仕事をこなす上で必須だ. ~·ly 副 ~·ness 名 (動 require) 《類義語》(1) ⇒ necessary. (2) ⇒ need.

req·ui·si·tion /rèkwəzíʃən/ 名 ❶ C.U (権力などによる)正式な要求, 要請; (特に軍隊による)徴発, 徴用; 接収. ❷ C 〈…の〉要求[要請]書, 徴発令(書) 〔*for*〕. ── 動 《軍》〈人・物資・建物などを〉〈…から〉〈…に〉徴発[徴用]する, 接収する〔*from*〕〔*for*〕. ~·er /-/(ə)nə | -nə/ 名

re·quit·al /rɪkwáɪtl/ 名 ❶ 返礼, 報償; 報復, 復讐(しゅう). (動 requite)

re·quite /rɪkwáɪt/ 動 他 ❶〈人・親切などに〉報いる. ❷〈人・加害者などに〉報復する, 復讐する. 【RE-¹+QUIT】

re·read /rìː·riːd/ 動 (re·read /-réd/) 再読する, 読み返す.

rer·e·dos /rɪədɑs | rɪədɔs/ 名 (教会堂で)聖壇背後の飾り壁[ついたて]《しばしば華麗な装飾が施してある; cf. altarpiece》.

rè·re·léase 動〈映画・CD を〉再公開[再発売]する. ──/ーーー/ 名 U.C 再発売[再公開](されたもの).

re-route /rìː·rúːt/ 動 (事故などで通常ルートが使えないので)別ルートで送る[輸送する].

*****re·run** /rìː·rʌ́n/ 動 (re·ran /-rǽn/; re·run; re·run·ning) ❶ 再上映する, 再演する; 〈テレビ番組を〉再放送する. ❷〈レースを〉再び行なう, やり直す. ──/ーーー/ 名 再上映(物), 再演(の劇); 再放送(番組).

res ad·ju·di·ca·ta /réɪsədʒùː·dɪkátə/ 名 〖法〗 = judicata.

rè·sálable 形 転売できる, 再び売れる, 再販可能な.

ré·sále 名 U.C 再売却, 転売.

résale price màintenance 名 U 再販価格維持.

*****rè·schédule** 動 ❶ 〈…の〉計画を変更する. ❷ 〖商〗〈債務の〉返済を繰り延べる.

*****re·scind** /rɪsínd/ 動 他 〖法〗〈法律・条約などを〉無効にする, 廃止する, 撤廃する. ~·ment 名

re·scis·sion /rɪsíʒən/ 名 U 無効, 撤回.

re·script /rìː·skrɪpt/ 名 ローマ皇帝勅裁書; 〖カト〗教皇答書; 認勅, 詔書, 布令.

*****res·cue** /réskjuː/ 動 他 ❶ 〈人・ものを〉救う, 救助[救出]する: ~ a drowning child おぼれかかっている子供を救出する / ~ a company *from* bankruptcy 会社を破産から救う / He ~*d* the boy *from* drowning. 彼はおぼれかかっている少年を救ってやった. ❷ 〖法〗**a** 〈囚人を〉不法に救出する. **b** 〈差し押さえた財産を〉奪回する. ── 名 ❶ U.C 救出, 救援; (人命)救助: come [go] to the ~ of …を救助に来る[行く], …を救おうと努める, …に救いの手を差し伸べる / a ~ party 救援[レスキュー]隊 / a ~ work 救助作業. ❷ U (囚人・差し押さえ物件の)不法奪回. 〖F=(危険)を振り払う〗《類義語》⇒ save¹.

rés·cu·er 名 救助[救出]者; 救済者.

1523 reservation

rè·séal 動 再び封ずる, 封じなおす.

*****re·search** /rìː·sɚːtʃ, rɪsɚ́ːtʃ | rɪsɚ́ːtʃ, rìː·sɚːtʃ/ 名 U 〔しばしば one's ~es で〕(学術)研究, 学術調査, リサーチ 〔*in, into, on*〕: two interesting pieces of ~ *in* physics 物理学における興味深い 2 つの研究 / She's doing [conducting] medical ~ at Harvard. 彼女はハーバード大学で医学の研究をしている 《用法 make は用いない》 / His ~*es on* the subject yielded surprising results. 彼のその問題に関する(さまざまな)研究調査は意外な結果をもたらした. **reséarch and devélopment** (企業の)研究開発(略 R & D). ──/ーーー, rɪsɚ́ːtʃ, ーーー/ 動 他 〈…を〉研究する, 調査する: ~ the background of a crime 犯罪の背景を調査する / The area has not been much ~*ed*. その分野はまだ十分に研究されていない. ── 自 〈…を〉研究する, 調査する 〔*into, on, in*〕: I'm ~*ing* (*into* [*on*]) new approaches *in* marketing. 私はマーケティング(の新しい方法)を研究しています. 《類義語》⇒ examine.

re·séarch·er 名 研究員; 調査員, 探索者; リサーチャー.

reséarch-intènsive 形 《製薬業界など》多くの研究を必要とする.

re·seat /rìː·síːt/ 動 ❶ 〔~ oneself で〕再び座る, 座り直す 《★また自身でも用いる》. ❷〈いすの〉座部を取り替える, 〈劇場などの〉座席を取り替える.

re·sect /rɪsékt/ 動 他 〖外科〗〈…の〉一部を切除する. **re·séct·a·ble** /-təbl/ 形 **re·sect·a·bil·i·ty** /rɪsèktəbíləṭi/ 名

re·sec·tion /rɪsékʃən/ 名 U.C 切除(術); 〖測〗 後方交会法.

rè·seléct 動 再び選ぶ, 再選する, (特に)〈現職の役人などを〉再選候補として選ぶ. **rè·seléction** 名

rè·séll 動 再び売る, 転売する.

*****re·sem·blance** /rɪzémbləns/ 名 ❶ C.U (特に外見の)類似, 似ていること: He bears little [striking] ~ *to* his father. 彼は父親にあまり似ていない[そっくりだ] / I have a vague [distinct] ~ *between* them. 彼ら[それら]にはどことなく[非常に]似ているところがあった. ❷ C 似顔, 肖像. (動 resemble) 《類義語》⇒ likeness.

re·sém·blant /-blənt/ 形 類似した.

*****re·sem·ble** /rɪzémbl/ 動 他 〔…において〕〈…に〉似ている 《★進行形・受身なし》: Tom closely ~*s* his father. トムは父親に瓜二つだ / The brothers ~ each other *in* their tastes. その兄弟は趣味の点でお互いに似ている. 〖F<L=よく似ての<RE-¹+*simulare* 装う, まねる 《*similes* 似ての; cf. similar)》 名 resemblance》

*****re·sent** /rɪzént/ 動 他 〈…に〉腹を立てる, 憤る, 憤慨する 《★怒りが必ずしも表情・動作などに現われることは意味しない》: I bitterly ~ all these sarcastic remarks. このようにさんざん皮肉を言われてひどく腹が立つ / [+*doing*] He ~*ed* being neglected. 彼は無視されたので腹を立てた 《用法 He ~*ed* to be neglected は不可》. 〖F<L=強く感じる<RE-¹+*sentire* 感じる (cf. sense)》 名 resentment》

*****re·sent·ful** /rɪzéntf(ə)l/ 形 腹を立てている, 憤る, 憤慨している (angry) 〔*at, about, of*〕: a ~ look 怒った顔 / I felt ~ *about* what she said. 彼女の言ったことに憤りを感じた. ~·ly /-fəli/ 副 ~·ness 名

*****re·sent·ment** /rɪzéntmənt/ 名 U 〔また a ~〕 (長く続くまたはうっせきした)憤り, 立腹 (anger) 〔*against, at, toward*〕: in ~ 憤って / R~ *against* their boss was escalating. 彼らの上司に対する不満が高まっていった / He felt ~ *at* the way he was treated. 彼は自分の受けた待遇に憤りを覚えた. (動 resent)

res·er·pine /résəpìːn, rɪsɚ́ːpìːn | rés-, -sə́ː-/ 名 U 〖薬〗レセルピン《インドジャボクの根茎にあるアルカロイド; 鎮静・血圧降下薬》.

*****res·er·va·tion** /rèzəvéɪʃən | -zə-/ 名 ❶ C a 〔しばしば複数形〕 (列車・ホテルなどの)予約, 指定 (booking): cancel one's ~s 予約を取り消す / I have made all the ~s for my trip. 旅行の予約は全部済ませてある. **b** 予約席[室]. ❷ C.U (口に出せない, 心中の)心配, 疑念: I have some ~s *about* his marrying her. 彼が彼女と結

reservationist

婚することは少々気がかりだ. ❸ [C] **a** (特にアメリカ先住民のための)特別保留(地). **b** 《米》(野生動物の)保護地区 (reserve). **c** 《英》(自動車道路などの)(中央)分離帯. ❹ [U,C] **a** (制限)条件, 制約; (権利などの)留保, ただし書き: with ~(s) 留保[条件付き]で / without ~ 無条件で/〖+ *that*〗 They accepted the plan with the ~ *that* they might revise it later. 彼らは後日変更するかもしれないという条件付きでその計画を認めた. **b** 《法》留保の権利, 留保の条項[条件]. (動 reserve)

res·er·va·tion·ist /-ʃ(ə)nɪst/ 名 予約受付係; 留保している[人], 留保民.

****re·serve** /rɪzə́:v | -zə́:v/ 動 他 ❶ 〈席·部屋·切符などを〉予約する, 指定する: ~ a room at a hotel ホテルに部屋を予約する / ~ a seat on a plane 飛行機の席を予約する / ~ a ticket for a play 芝居の切符を予約する / I'll ~ a table. (レストランなどの)テーブルを予約しておく. ❷ 〈将来のために…を〉取っておく, 使わずに[残して]おく (set aside): These seats are ~d for old and disabled people. これらの席はお年寄りや体の不自由な人々のためのものです. **b** 〈…を〉〈…に〉運命づける [*for*] (★ 通例過去分詞で形容詞的に用いる). ❸ **a** 〈権利·利益·条約の適用などを〉留保する: All rights ~d. 版権は当方に所有する旨あります〖書物の扉の裏に書かれている文句〗. **b** 〈判断·判決などを〉差し控える, 遠慮する, 見合わせる; 延期する: ~ judgment (on...) (…に対する)判断を差し控える.

— 名 ❶ [C] [しばしば複数形で] 蓄え; 予備品; 準備[予備]金, 積立金: maintain oil ~s 石油を蓄えておく / a fund 積立資金 / the ~(s) of a bank 銀行の準備金 / foreign exchange ~s 外貨保有高. ❷ [C] [通例修飾語を伴って] 特別保留地, 指定保護地区: a forest ~ 保安林 / a game ~ 禁猟地区 / a ~ for wild animals 野鳥保護地. ❸ [U] (性格·言行などの)重々しさ, 慎み, よそよそしさ, 沈黙, 無口: with an air of ~ 遠慮がちな様子[態度]で / without ~ 遠慮せずに, 腹蔵なく / throw off all ~ 打ち解ける. **b** (文学·芸術などで)誇大な表現を避けること. ❹ **a** [しばしば R- または the ~s] 《軍》予備隊, 予備軍: an officer in the ~ 予備軍の士官 / call up the ~(s) 予備軍を招集する. **b** [C] 《競技》補欠選手; [the ~s] 補欠チーム. ❺ [C] (競売などの)最低価格: He put a ~ *of* $100,000 on the house. 彼はその家に 10 万ドルの最低価格をつけた.

in resérve 取っておいた, 予備の: keep [have] food *in ~* 食糧を予備にしておく.

with áll (próper) resérve 是認[支持]を保留して.

〖F<L=後にとっておく RE-¹+*servare* to keep (cf. observe)〗 (名 reservation) 【類義語】⇨ keep.

rè·sérve 動 再び[改めて] serve する.

resérve bànk 名 《米》連邦準備銀行.

resérve cùrrency 名 準備通貨《多国間決済に使用される国際的に信用度の高い通貨》.

****re·served** /rɪzə́:vd | -zə́:vd/ 形 ❶ 遠慮した, 打ち解けない, 無口な, よそよそしい, 内気な (↔ demonstrative). ❷ **a** 予約した, 貸し切りの[借り切りの], 指定の (cf. reserve 他 1): a ~ seat 予約[指定]席, 貸し切り席 / a ~ car [carriage] (列車の)貸し切り車 / a ~ book 参考指定図書《★ 大学図書館などで一般図書と区別して置かれる学生必読書》. **b** 保留した, 取っておいた; 予備の: a ~ ration 予備糧食《★ 緊急時に使用する濃縮食物》. **re·sérv·ed·ly** /-vɪdli/ 副 遠慮して, 打ち解けずに; よそよそしく. **re·sérv·ed·ness** /-vɪd-/ 名

resérved occupátion 名 《英》兵役免除職.

resérved wórd 名 《電算》予約語《プログラミング言語などで, あらかじめ意味·用途が決められていてそれ以外の意味·用途には用いることのできない単語》.

resérve prìce 名 《英》最低競売価格 (upset price).

†**re·sérv·ist** /-vɪst/ 名 予備[後備]兵, 在郷軍人.

****res·er·voir** /rézə(r)vwà: -zəvwɑ̀:/ 名 ❶ 貯水池, 給水所; 貯蔵器, (貯)水槽. ❷ 〈知識·富·才能などの〉貯蔵, 蓄え, 宝庫: a ~ *of* facts [knowledge, talent] 事実[知識, 人材]の宝庫. 〖F; ⇨ reserve〗

†**re·set** /ri:sét/ 動 (**re·set; re·set·ting**) ❶ **a** 〈…を〉置き直す; 再び置く. **b** 〈計器などの〉目盛りをセットし直す: ~ one's watch by the radio signal ラジオの時報に合わせて時計を直す. ❷ 〈宝石を〉はめ直す. ❸ 〖印〗〈活字を〉組み直す. ❹ 〖外科〗〈折れた骨を〉継ぎ合わせる, 整形[整復]する. ❺ 〈刃物に〉刃をつけ直す, とぎ直す: ~ a saw のこぎりの目立てをする. ❻ 〖電算〗リセットする, 初期状態に戻す.

—/´- ´-/ 名 ❶ 置き替え; はめ直し. ❷ 〖印〗組み直し(物). ❸ 〖電算〗リセット(ボタン).

†**re·set·tle** /ri:sétl/ 動 他 〈人を〉〈…に〉再び[新たに]定住させる: The refugees were ~d *in* Canada by a U.N. relief organization. 難民たちは国連の救援事業団体によって新たにカナダに定住させられた. — 自 再定住する.

re·sét·tle·ment /-mənt/ 名 [U] 再定住, 再植民.

res ges·tae /ré:sgéstaɪ, -dʒiːs-|-dʒes-/ 名 なされた事, 業績;〖法〗(証拠能力のある)付帯状況.

†**rè·sháp** 動 造りなおす, 〈…に〉新形態をとらせる; 〈…の〉新生態となる. — 名 新形態になる. **rè·sháp·er** 名

†**re·shuf·fle** /ri:ʃʌ́fl/ 動 他 ❶ 〈内閣などを〉改造する (reorganize). ❷ 〈トランプの札を〉切り直す. — 名 ❶ (内閣などの)入れ替え, 改造. ❷ (トランプの札の)切り直し.

†**re·side** /rɪzáɪd/ 動 自 ❶ [副詞(句)を伴って] **a** (長期間)住む 《[比較] live のほうが一般的》: He ~s abroad [*in* New York]. 彼は外国[ニューヨーク]に住んでいる. **b** 〈官公庁が〉〈…に〉置かれる. ❷ 〈性質が〉〈…に〉存する; 〈権利などが〉〈…に〉属する, 帰る: Her charm ~s *in* her quick intelligence. 彼女の魅力は気転の速さにある. 〖F<L=後に座る, 残る<RE-¹+*sedere* 座る (cf. session)〗 (名 residence, 形 resident)

****res·i·dence** /rézədəns, -dns/ 名 ❶ [C] (特に, 大きくりっぱな)住宅, 邸宅: an official ~ 官邸, 公邸. ❷ [U] 居住, 住住, 居留: a hall of ~ (大学の)寮 / have [keep] one's ~ *in*... に居住する / take up (one's) ~ 居を定める. **b** 在住[滞在]期間: after a ~ of ten years in London ロンドンに 10 年間滞在した後に. *in resídence* (1) 滞在[駐在]していて, 官邸住まいで: The Royal Standard is put up when the Queen is *in ~*. 女王滞在中は女王旗が掲げられる. (2) (大学関係者が)学内に居住して: a doctor *in ~* (病院などの)住み込み医師. (3) (画家·劇作家などが)専属の. (動 reside, 形 residential)

résidence hàll 名 (大学の)寮.

résidence tìme 名 《化》滞留時間《媒体中に物質が滞留する時間》;《理》残留時間《核爆発の後で放射性物質が大気中に残留している時間》.

res·i·den·cy /rézədənsi, -dn-/ 名 ❶ [U] =residence. ❷ [C] 《米》専門医学実習期間 (cf. resident 名 3).

****res·i·dent** /rézədənt, -dnt/ 名 ❶ 居住者, 在住者; 居留民: a foreign ~ 在留外国人 / summer ~s 避暑客. ❷ (ホテルなどの)泊まり客, 滞在客; レジデント. ❸ 《米》レジデント, 専門医学実習生《intern を経て所定の開業前の(病院住み込みの)実務医師; cf. house physician 1》. ❹ 〖動〗留鳥《季節による移動をしない鳥》. — 形 (比較なし) ❶ 居住する, 在住の: the town's ~ population 町の住人人口 / be ~ abroad 外国に居住している / *At* what address [*In* what part of town] are you currently ~? 今はどの住所に[町のどこに]お住まいですか. ❷ **a** 住み込みの (live-in): a ~ physician [surgeon, doctor]=resident 名 3. **b** 専属の: the orchestra's ~ conductor そのオーケストラの専属指揮者. ❸ 〖動〗〈鳥など〉季節ごとに移動しない (↔ migratory). ❹ [P] 〈性質·権利などが〉〈…に〉内在して, 固有で [*in*]. (動 reside)

****res·i·den·tial** /rèzədénʃəl|-ʃəl/ 形 [A] (*more* ~; *most* ~) ❶ 住宅の; 住宅向きの: a ~ district [quarter] 住宅地[区域] / ~ qualifications (投票者に必要な)居住資格. ❷ (比較なし) 〈仕事·勉強·治療など〉住宅[学校, 病院]に居住して行なう; 住み込みの: a summer ~ course at a college 大学の夏期合宿コース / ~ staff 住み込みのスタッフ. ❸ (ホテルなど) **a** 長期滞在客向きの: a ~ hotel 居住者向きのホテル. **b** (学生のための)宿泊設備のある: a ~ college 宿泊設備付きの大学. **~·ly** 副 (名 residence)

residèntial cáre 名 ⓤ (在宅看護が無理な人のための)施設入所による介護.

residential tréatment 名 ⓤ (精神病患者などの)居住(型)治療.

residential tréatment facílity 名《米婉曲》精神病院.

res·i·den·ti·ar·y /rèzədénʃièri│-ʃəri/ 形 一定期間公舎に居住する義務のある; 居住[在住]する. ── 名 居住者, 在住者;《教》《英》毎年 cathedral の公舎に一定期間居住することを要する参事会員.

résidents' associátion 名 住民組合, 自治会.

re·sid·u·a /rɪzídʒuə/ 名 residuum の複数形.

†**re·sid·u·al** /rɪzídʒuəl│-dju-/ 形 Ⓐ ❶ 残りの; 残余の: ~ fear [hope] 残っている不安[希望] / one's ~ income (税引き後の)手取り収入. ❷〖数〗a 剰余の. b〖計算の誤りなどの〗説明のつかない, 除去できない. ── 名 ❶ 残余, 残り物. ❷ [複数形で] (映画やテレビでの再放映やコマーシャルなどで出演者などに払う)再放送料. ❸ [しばしば複数形で]〖医〗後遺症, 後遺障害. ❹ 剰余; 誤差, 残差. ~·ly 副 （名 residue, residuum)

residual cúrrent 名 残留電流《電圧がゼロになったあと短時間の間流れる電流》.

residual cúrrent devìce 名 (電気機器の)残留電流遮断装置, ブレーカー (circuit breaker).

residual stréss 名 ⓤ〖治〗残留応力.

re·sid·u·ar·y /rɪzídʒuèri│-djuəri/ 形 Ⓐ ❶ 残りの, 残余の; 残留(性)の, かすの. ❷〖法〗残余財産の: a ~ bequest [legacy] 残余遺贈.

†**res·i·due** /rézəd(j)ùː│-djùː/ 名 [通例単数形で] ❶ 残余. The water went down, leaving a ~ of mud. 水が引いて泥が残った. ❷〖法〗残余財産. ❸〖化〗残さ, かす.《F＜L＝残ったもの; ⇒ reside》

re·sid·u·um /rɪzídʒuəm│-dju-/ 名 (複 **-sid·u·a** /-dʒuə│-djuə/) = residue.《L; ↑》

*re·sign /rɪzáɪn/ 動 ❶ (特に, 正式に)辞職する, 辞任する, 辞める (★ retire (定年老齢・定年などで退職する): The Cabinet has ~ed. 内閣が辞職した / He ~ed from his post [position]. 彼は職を辞した / He will ~ as chairman. 彼は議長を辞めるだろう. ❷ (職務などに)従う, 身を任せる: ~ to the inevitable. 避けられない運命に身を任せる. ── 他 ❶ 辞職する, 辞任する: He ~ed his post as headmaster. 彼は校長の職を辞した. ❷ [~ oneself で] (運命などに)甘受する; あきらめて[…]する (reconcile1) (★ また過去分詞で形容詞的に用いる; ⇒ resigned 1): I ~ed myself to my fate. 私は運命を甘受した / We ~ed ourselves to waiting. 我々はあきらめて待つことにした. ❸ a (権利・希望などを)放棄[断念]する: ~ one's rights 権利を放棄する. b (人・仕事・権力などを〕他の人・人の手に)譲る, 譲り渡す [to]. 《F＜L＝印章を押し直す, 署名し直す; ⇒ re-¹, sign》 (名 resignation)

re·sign /rìːsáɪn/ 動 ⓣ 署名しなおす, 再調印する.

*res·ig·na·tion /rèzɪɡnéɪʃən/ 名 ❶ Ⓤ.Ⓒ 辞職, 辞任. ❷ Ⓒ [通例 one's ~] 辞表: submit [hand in, tender] one's ~ 辞表を出す. ❸ Ⓤ あきらめ, 観念: accept one's fate with ~ 運命を甘んじて受ける.（動 resign)

*re·signed /rɪzáɪnd/ 形 ❶ あきらめている, (…に)甘受している (cf. resign 2): with a ~ look あきらめたような顔をして / be ~ to one's fate 自分の運命を甘受する. ❷ 辞職[辞任]した. **re·sígn·ed·ly** /-nɪdli/ 副 あきらめて, 仕方なく.

re·sile /rɪzáɪl/ 動 ⓘ もとの位置[形状]にかえる[戻る] 〈ゴムまりなどが〉はね[飛び]返る; たちまち元気を回復する;〈契約などから〉手を引く [from]. しりごみする.

re·sil·ience /rɪzíljəns/ 名 Ⓤ [また a ~] ❶ はね返り, とび返り; 弾力, 弾性. ❷ (元気の)回復力.

re·sil·ien·cy /-si/ 名 = resilience.

†**re·sil·ient** /rɪzíljənt/ 形 ❶ はね[とび]返る, 弾力的な. ❷ すぐ元気を回復する. ~·ly 副

†**res·in** /rézən│-zɪn/ 名 Ⓤ ❶〖化〗樹脂, 松やに (cf. rosin). ❷ 合成樹脂. 《F＜L＜Gk》 (形 resinous)

res·in·ate /réznənèɪt/ 動 ⓣ 〈…に〉樹脂を混ぜる[染み込ませる], 樹脂で香りをつける, 樹脂処理する. ── 名 /-nət/

1525 reskill

〖化〗樹脂酸塩[エステル].

rés·in·àt·ed /-èɪṭɪd/ 樹脂加工[処理]をした; 樹脂の香りをつけた.

res·in·ous /réz(ə)nəs/ 形 樹脂(質)の; 樹脂製の; 樹脂を含む. (名 resin)

res ip·sa lo·qui·tur /réɪsípsəlóʊkwətɜ̀ː│-sɑː-lɔ́kwɪtʊ̀ə/〖法〗過失推定[推論]則《事故の原因は被告の管理する事態の下に発生し, かつその事故が過失なしには発生しない, ということが証明されれば, 被告の過失が推論されるとする準則》.

*re·sist /rɪzíst/ 動 ⓣ ❶〈…に〉抵抗する, 反抗する: ~ an attack 攻撃に抵抗する / ~ a person's authority 人の権威に反抗する / [+*doing*] She ~ed being kissed. 彼女はキスされまいと抵抗した.《用法》 She *resisted* to be kissed. とは言えない). ❷ [通例 cannot [could not] ~ で]〈…を〉我慢する, こらえる: I *can't* ~ a joke. ジョークを言われるとつい笑ってしまう; ジョークを(思いつくと)言わずにいられない / [+*doing*] I *could not* ~ laughing. 笑わずにはいられなかった. ❸〈化学作用・自然力などに〉耐える, 影響されない (withstand): This watch ~s water. この時計は耐水性がある（★ be waterproof ほど完全な防水性がない場合). ── ⓘ 抵抗する: The enemy ~ed stoutly. 敵は頑強に抵抗した. ~·er 名（F＜L＝…に対して立つ RE-¹+*sistere* 立つ (cf. assist, exist)》（名 resistance)〖類義語〗⇒ oppose.

*re·sis·tance /rɪzístəns, -tns/ 名 ❶ Ⓤ [また a ~] 抵抗, 反抗; 抵抗力, 抵抗感, 反感: ⇒ passive resistance / put up (a) strong [stout] ~ *to* the enemy attack 敵の攻撃に頑強な抵抗を示す / The new tax met with fierce ~ *from* the public. その新税は国民から猛烈な抵抗にあった / air ~ = the ~ *of* the air 空気抵抗 / build up ~ *to* disease 病気に対して抵抗力を養う / The Opposition offered strong ~ *to* the proposal. = The proposal met with strong ~ *from* the Opposition. 野党がその提案に強く抵抗した. ❷ Ⓤ [しばしば the R~; 集合的; 単数または複数扱い] レジスタンス, (地下)抵抗団体[組織]. ❸ Ⓒ〖電〗(略 R): electric(al) ~ 電気抵抗. b （電流)抵抗装置, 抵抗器 (resistor).
the páth [《英》líne] of léast resístance (最良ではないが)いちばん楽な方法: take [choose, follow] *the path of least* ~ いちばん楽な方法をとる.《F＜L》 (動 resist)

resístance thermòmeter 名 抵抗温度計.

*re·sis·tant /rɪzístənt, -tnt/ 形 ❶ 抵抗する; 抵抗力がある: Conservatives are often ~ to change. 保守的な人はよく変化に抵抗する / A healthy diet makes the body more ~. 健康な食事は体にいっそう抵抗力をつける. ❷ [通例複合語で] …に耐える, 耐性のある: a quake-*resistant* building 耐震建築物 / fire-*resistant* building materials 耐火建材.《F》 (動 resist)

re·sis·ti·bil·i·ty /rɪzìstəbíləṭi/ 名 Ⓤ 抵抗できること, 耐えられること; 抵抗力, 抵抗性.

re·sis·ti·ble /rɪzístəbl/ 形 抵抗[反抗]できる (↔ irresistible).

re·sis·tive /rɪzístɪv/ 形 抵抗する, 抵抗力のある, 抵抗性の;〖電〗抵抗の. ~·ness 名

re·sis·tiv·i·ty /rìːzɪstívəṭi, rɪzɪs-/ 名 Ⓤ 抵抗力, 抵抗性;〖電〗抵抗率, 固有抵抗.

resistívity survèying 名 Ⓤ 比抵抗調査《地下に埋めた電極間を流れる電流の比抵抗を測定して, 地下に埋められたものの所在を突きとめる方法》.

re·sist·less /-ləs/ 形 抵抗[反抗]力のない; 抵抗できない, 不可抗力の. ~·ly 副 ~·ness 名

re·sís·tor /-tə│-tə/ 名〖電〗抵抗器.

re·sìt /ríːsít/ 動《英》 ⓣ 〈試験〉を再受験する. ── 名 /´ː-´/ 再受験;《不合格者のための》再試験, 追試験.

re·síte /ríːsáɪt/ 動 ⓣ 別の場所[位置]に置く, 移す.

re·síze /ríːsáɪz/ 動 ⓣ 〈…の〉大きさを変更する.

res ju·di·ca·ta /réɪsdʒùːdɪkáːtə/ 名〖法〗既判事項.

re·skill /ríːskíl/ 動 ⓣ 〈…に〉新しい技能[技術]を習得させる,〈労働者を〉再教育する.

re·sole 動 〈靴の〉底を張り替える.

re·sol·u·ble /rɪzɑ́ljʊbl | -zɔ́l-/ 形 ❶ 分解できる, 溶解できる〔*into*〕. ❷ 解決できる.

*__res·o·lute__ /rézəlùːt/ 形 (**more ~**; **most ~**) 決然たる, 断固とした (determined; ↔ irresolute): a man of ~ will 決意の堅い人 / a ~ optimist 断固たる楽天家 / He was ~ *in* his determination to marry her. 彼女と結婚しようという彼の決心は堅かった.
~·ly 副　**~·ness** 名 (動 resolve)

*__res·o·lu·tion__ /rèzəlúːʃən/ 名 ❶ Ⓒ 決議(案): pass a ~ *in favor of* [*against*]…に賛成[反対]の決議案を承認する / [+*to do*] The committee adopted a ~ to build a hospital. 委員会は病院建設の決議案を採択した / [+*that*] They proposed the ~ *that* a subscription (should) be raised. 彼らは寄付金募集の決議案を提案した. ❷ Ⓤ [または a ~] 〖問題などの〗解決, 解答: a peaceful ~ *of* the conflict その対立の平和的解決. ❸ Ⓤ 決断(力), 不屈: a person of great ~ 決断力の強い人 / act with ~ 断固としてふるまう. ❹ Ⓤ, Ⓒ 決意 (resolve): a New Year's ~ 新年の決意 / [+*to do*] He made a ~ *to* give up drinking. 彼は酒をやめようと決心した. ❺ Ⓤ [または a ~] 〖電子工〗 解像度: a high-*resolution* telescope 高解像度の望遠鏡. ❻ Ⓤ 〖要素への〗分解, 分析〔*into*〕. (動 resolve)

re·sol·u·tive /rɪzɑ́ljʊtɪv | -zɔ́l-/ 形 溶解できる, 分解力のある.

re·solv·a·ble /rɪzɑ́lvəbl | -zɔ́l-/ 形 ＝resoluble.

*__re·solve__ /rɪzɑ́lv | -zɔ́lv/ 動 他 ❶ a 〈問題・困難などを〉解決する (solve): Differences can be ~*d* through discussion. 意見の相違は討議を通して解決できる. b 〈疑いなどを〉晴らす, 取り除く: That should ~ your doubts. それであなたの疑いも晴れるでしょう. ❷ 決意する, 決心する: [+*to do*] He ~*d* never *to* do it again. 彼は二度とそのようなことはすまいと決心した / [+*that*] I ~*d that* nothing would hold me back. どんなことがあってもあとには引くまいと決心した. ❸ 〈議会などが〉決議する, 議決する: [+*that*] The committee ~*d that* the measure (should) be authorized. 委員会はその措置を認可しようと議決した / *Resolved*, (=It has been ~*d*) *that* the proceedings (should) be adjourned for a week. 議事は1週間延期されるものと議決されました / [+*to do*] Congress ~*d* to fund the project. 国会はその事業に予算措置を講じることを議決した. ❹ a 〈…を〉〈…に〉分解[分析]する: We can ~ the problem *into* two parts. その問題は二つの部分に分析することができる. b [~ *one*self ~] (分解・解散などして徐々に)変わる, なる: The approaching shadow ~*d itself* into a bicyclist. 向かってくる影は自転車に乗る人と化した. ❺ 〖楽〗 〈不協和音を〉解決する. ❻ 〈光〉〈望遠鏡などが〉解像する.
— 自 ❶ 〔…する[しない]ことを〕決心する, 決定する; 決議する: They ~ *on* [*against*] going back the same way. 彼らは同じ道をとって返す[引き返さない]ことに決めた / They ~*d on* [*against*] continuing the campaign. 彼らはその運動を継続[中止]することを決議した. ❷ 〔…に〕分解[溶解]する: Water ~*s into* hydrogen and oxygen. 水は水素と酸素に分解する.
— 名 ❶ Ⓤ,Ⓒ 決心, 決意 (resolution): speak with ~ 断固とした口ぶりで / [+*to do*] He made a ~ *to* stop smoking. 彼はたばこをやめようと決心した. ❷ Ⓤ 決断(力), 不屈: a woman of firm ~ 不屈の女性. ❸ Ⓒ (米) 〖議会などの〗決議.

re·sólv·er 名
【L=再び緩める ＜ RE-¹＋solvere, solut- 緩める (cf. solve)】 (名 resolution) 【類義語】 ＝ decide.

*__re·sólved__ 形 Ⓟ 〈…〉しようと決心して, 断固とした (determined) 〔*to do*〕: We're ~ *to* do our utmost. 我々は最善を尽くそうと決心している. **re·sólv·ed·ly** /-vɪdli/ 副 断固として.

re·sólv·ing pòwer 名 Ⓤ 〖光・写〗 解像力, 分解能.

*__res·o·nance__ /rézənəns/ 名 ❶ Ⓤ 反響, 響き; 余韻. ❷ Ⓒ,Ⓤ 〖理〗 共鳴, 共振. (形 resonant)

*__res·o·nant__ /rézənənt/ 形 ❶ 〈声・音など〉反響する, 鳴り響く. ❷ 〈壁・部屋など〉共鳴する, 反響を起こす. ❸ 〈場所など〉〈音で〉反響して: The valley was ~ *with* the sound of a waterfall. 谷間は滝の音で反響していた.
~·ly 副　【F＜L＝鳴き返る＜ RE-¹＋sonare 響く (cf. sonata)】 (名 resonance)

*__res·o·nate__ /rézənèɪt/ 動 自 ❶ 〈声・音などが〉鳴り響く, 響き渡る. ❷ 〈音などが〉〈…に〉共鳴[反響]する.

rés·o·nà·tor /-t̬ə- | -tə/ 名 共鳴器[装置]; 共振器[子].

re·sorb /rɪsɔ́əb, -zɔ́əb | -sɔ́ːb, -zɔ́ːb/ 動 他 再び吸収する, 再吸収する; 〖生〗 〈自分がつくり出したものを〉分解・同化して〉吸収する.　**re·sór·bent** /-bənt/ 形　**-bence** /-bəns/ 名

res·or·cin·ol /rɪzɔ́əsən(ə)ːl | -nɒl/ 名 〖化〗 Ⓤ レゾルシノール《染料製造・医薬・写真用》.

re·sorp·tion /rɪsɔ́əpʃən, -zɔəp- | -sɔ́ːp-, zɔːp-/ 名 Ⓤ 再吸収; 〖生〗 (分化組織などの)吸収; 〖地〗 融食作用 《火成岩形成に際しマグマが溶解すること》.　**re·sórp·tive** 形

*__re·sort__ /rɪzɔ́ət | -zɔ́ːt/ 名 ❶ Ⓒ a 行楽地, リゾート; (米) 行楽地のホテル: a health ~ 保養地 / a seaside ~ 海辺の行楽地 / a summer [winter] ~ 夏[冬]の行楽地. b [通例修飾語を伴って] 人々のよく行く所, たまり場: The café is a favorite ~ of many artists and intellectuals. そのカフェには芸術家やインテリたちのお気に入りのたまり場だ. ❷ Ⓤ よく行くこと, 通うこと; 人出: a place of popular ~ 盛り場. ❸ Ⓒ 〈他の手段がない場合に〉〈通例好ましくない手段に〉訴えること, 頼ること (recourse): have ~ *to* force [violence] 腕力[暴力]に訴える / without ~ *to*…に頼らずに. ❹ Ⓒ 〘望ましくはが仕方なく〕頼りにする人[もの], 〔やむをえず訴える〕手段, 頼みの綱: as a [in the] last ~ 最後の手段として, せっぱ詰まって; 最後には.
— 動 自 ❶ 〘通例好ましくない手段に〉訴える, 頼る, 助けを求める (turn): ~ *to* extreme measures 思いきった処置をとる / In the end the police ~*ed* to force. ついに警察は実力を行使した. ❷ 〔…へ〕(しばしば大勢で)行く: In the evenings they ~ *to* bars or nightclubs. 夜になると彼らはバーやナイトクラブによく出かける.
-er /-t̬ə- | -tə/ 名 【F＝たびたび出かける】 【類義語】 ⇒ resource.

re·sort 動 他 分類し直す, 再分区する.

re·sound /rɪzáʊnd/ 動 自 ❶ 〈音・楽器などが〉〈…に〉鳴り響く, 反響する; 共鳴する: The trumpet ~*ed through* the hall. トランペットはホール中に鳴り響いた. ❷ 〈場所が〉〈音で〉反響する, こだまする: The room ~*ed with* their shouts. 部屋は彼らの歓声で沸きかえった. ❸ 〈名声・事件などが〉〈…に〉知れ渡る, とどろく〔*through*, *around*〕: This discovery ~*ed around* the world. この発見は世界中に知れ渡った.

*__re·sóund·ing__ 形 Ⓐ ❶ 〈音などが〉反響する, 鳴り響く. ❷ 成功などが〉顕著な, 完全な.　**~·ly** 副

*__re·source__ /ríːsɔəs, -zɔəs | rɪzɔ́ːs, -sɔ́ːs/ 名 ❶ Ⓒ [通例複数形で] a 資源, 物資: ⇒ natural resource / human ~*s* 人的資源, 人材; 人員, 人力, 資力, 資産: financial ~*s* 財源. ❷ Ⓒ a (万一の時の)頼み, 方策, やりくり: Flight was his only ~. 彼は逃げるよりほかに道はなかった. b (学習・教育などに)役立つもの, 資料, (情報・知識の)供給源. ❸ Ⓒ (内に秘めた)力, 才, 力量: She has the (inner) ~*s* for the job. 彼女にはその仕事をこなせる力量がある. ❹ Ⓒ 気晴らし, 退屈しのぎ, 娯楽: People with no ~*s* of their own will get bored in the country. 自分だけで気晴らしのできない人はいなかに行くと退屈してしまうだろう. ❺ Ⓤ 機転, 臨機の才: a man of ~ 機転のきく〈機転のある)人.　**léave** a **pèrson to** his [**her**] **ówn resóurces** 〈人を〉好きなようにして時間を過ごさせておく, 〈人を〉ほったらかしておく. 【F=(苦境を乗り切る)手段, ＜ L *re-surgere* 生き返る, 再び立ち上がる (⇒ re-, source, surge)】 【類義語】 **resource** 緊急・苦境・必要の場合に助けとなる物・人・方法など. **resort** 普通救助・保護を求める最後の手段; 時に resource と同義に用いられる.

ré·sourced 形 (特に資金の)援助を受けている.

*__re·source·ful__ /rɪsɔ́əsf(ə)l, -zɔ́əs- | -zɔ́ːs-, -sɔ́ːs-/ 形 エ

夫[機知]に富む, 臨機の才のある, よく気のつく; やりくり上手の. ‐**ly** /-fəli/ 副 ‐**ness** 名

resp. 《略》respective(ly); respiration; respondent.

*‐**re·spect** /rɪspékt/ ❶ Ⓤ [また a ~] 敬意, 尊敬 (↔ disrespect): out of ~ for …に対する敬意から, …に敬意を表して / have (a) deep [great] ~ for …に対して深い敬の念を抱いている / command ~ from …= be held in ~ by …から尊敬されている. ❷ Ⓤ 尊重, 重視; 注意, 関心, 顧慮: He shows no ~ for the law. 彼は法律を無視している / You must have ~ for the feelings of others. 君は他人の感情をおもんぱかる必要がある. ❸ [one's ~s] あいさつ, ごきげん伺い: Give my ~s to your mother. おかあさんによろしく / They all send you their ~s. 皆があなたによろしくと言っていました / We paid our last ~s to him. 我々は(告別式に参列して)彼に哀悼の意を表した. ❹ Ⓒ [通例 in…~ で] 点; 個所, 細目: in all [many, some] ~s すべての[多くの, いくつかの]点で / in every ~ あらゆる点で / in no ~ いかなる点でも(全然)…でない / In that ~ he was mistaken. その点で(は)彼は間違っていた.

in respéct of… (1) …の点では, …に関する限りでは. (2)《商》…の代価[謝礼]として.

with (áll dúe) respéct [不賛成・批判を示して] 失礼ながら, お言葉を返して申し訳ありませんが.

withòut respéct to… …を顧慮せずに, …にかかわりなく.

with respéct to… …に関して, …について(は): *With ~ to* your proposal, we are sorry to say that we cannot agree to it. お申し越しの件遺憾ながら応じかねます.

— 動 (進行形なし) **a** 《人・人の性質などを》尊敬する: I ~ his sincerity. 彼の誠実さを尊敬する / I ~ him for what he did. 私は彼のしたことに対して彼を尊敬する / We ~ her as an artist. 我々は彼女を芸術家として尊敬する. **b** [~ oneself で] 自重する, 自尊心をもつ. ❷ 《…を》重んずる, 大事にする; 尊重する: ~ a person's opinions [rights, wishes] 人の意見[権利, 願い]を尊重する / ~ a contract [treaty] 契約[条約]を重んずる / ~ a custom [tradition] 慣習[伝統]を大切にする.

《L=振り返って見る《RE‐¹+*specere, spect‐* 見る (cf. *spectrum*)》【類義語】*respect* 人や物に価値を認め, それに相当した敬意または配慮を払う. *esteem* 立派なものを重要なものとして高く評価し大事にする. *admire* すぐれた人や物の価値を認めることに喜びを感じることを暗示する.

re·spect·a·bil·i·ty /rɪspèktəbíləṭi/ 名 Ⓤ ❶ (社会的に)ちゃんとしていること, 恥ずかしくないこと; 体面, 世間体. ❷ 社会的地位.

*‐**re·spect·a·ble** /rɪspéktəbl/ 形 (**more ~; most ~**) ❶ **a** (ふるまいや外見が社会的に認められる水準であるという意味で)きちんとした, りっぱな, 恥ずかしくない; 品行方正な (disreputable): a ~ person 品行方正な人 / a ~ home [upbringing] ちゃんとした家庭[育ち] / It's not ~ to get drunk in public. 人前で酔っぱらうのはみっともない / wear ~ clothes 見苦しくない服装をしている / We have to look ~ at tonight's party. 今夜のパーティーはちゃんとした格好をしていかなくてはならない. **b** (皮肉) 上品ぶる, 世間体を気にする: Oh, don't be so ~! まあそんなに上品ぶるな. ❷ 《口》(質・数量・大きさなど)相当な, かなりの: a ~ minority 少数ながら相当な数 / get a ~ salary かなりの給料をもらう. ‐**a·bly** /‐əbli/ 副 りっぱに, きちんと; 相当に. ‐**ness** 名

*‐**re·spéct·ed** 形 尊敬されている, りっぱな.

re·spéct·er 名 《人・物事を》尊敬[尊重]する人 《of》. **be nó respécter of…** 《神・死・法などが》 (地位・貧富などによって)…を特別視しない, えこひいきをしない (★聖書「使徒行伝」から): Death is no ~ of privilege. 死は身分を意に介しない.

*‐**re·spect·ful** /rɪspéktf(ə)l/ 形 (**more ~; most ~**) 敬意を表する, 尊敬する (↔ disrespectful): a ~ bow ていねいなお辞儀 / keep [stand] at a ~ distance from … 遠慮して…に近寄らない, …に一目置く / Be ~ to [toward] your superiors. 長上に対しては敬意を表しなさい / We should be ~ of tradition. 我々は伝統を重んずるべきである. ‐**ness** 名

re·spéct·ful·ly /-fəli/ 副 うやうやしく, 謹んで, 丁重に: The Management ~ requests that cellphones be turned off during performances. 当劇場はお客様が開演中に携帯電話の電源をお切りになるよう謹んでお願い申しあげます. **Yóurs respéctfully = Respéctfully (yóurs)** 敬白《目上の人にあてた古風な手紙の結び文句》.

*‐**re·spec·tive** /rɪspéktɪv/ 形 Ⓐ (比較なし)それぞれの, めいめいの, 各自の《用法 通例複数名詞を伴う》: I drove them to their ~ homes. 私は彼らをめいめいの家まで(車で)送ってやった.

*‐**re·spec·tive·ly** /rɪspéktɪvli/ 副 (比較なし)[通例文尾に置いて] それぞれに, めいめいに: Books and stationery are sold on the second and third floors ~. 書籍は2階, 文房具は3階でそれぞれ販売されている.

re·spéll 動 (**re·spelled, re·spelt**)《語を》つづりなおす; (特に発音記号などで)つづり換える.

res·pi·ra·ble /résp(ə)rəb(ə)l, rɪspáɪrə-/ 形 呼吸できる; 呼吸に適する. **res·pi·ra·bil·i·ty** /rèsp(ə)rəbíləṭi/ 名

res·pi·rate /résp(ə)rèɪt/ 動 《…に》 (人工呼吸を)させる, 人工呼吸を行なう.

res·pi·ra·tion /rèsp(ə)réɪʃ(ə)n/ 名 ❶ Ⓤ 呼吸(作用): artificial ~ 人工呼吸. ❷ Ⓒ ひと呼吸, ひと息. (動 respire)

res·pi·ra·tor /résp(ə)rèɪtə | -tə/ 名 ❶ 人工呼吸器, レスピレーター. ❷ **a** (ガーゼの)マスク. **b** 防毒マスク.

*‐**re·spi·ra·to·ry** /résp(ə)rətɔ̀ːri | rɪspáɪrətəri, -tri/ 形 Ⓐ 呼吸(作用)の: a ~ disease 呼吸器疾患 / the ~ organs 呼吸器 / the ~ system 呼吸器系. (動 respire, 名 respiration)

réspiratory tráct 名 《解》気道.

re·spire /rɪspáɪə | -spáɪə/ 動 ❶ 呼吸する.

res·pi·rom·e·ter /rèsparɑ́məṭə | -rɔ́məṭə/ 名《生》呼吸計 《酸素呼吸の強さを測定する装置》. **res·pi·róm·e·try** /-mətri/ 名 **res·pi·ro·met·ric** /rèspərəumétrɪk‐/ 形

*‐**res·pite** /réspɪt | ‐paɪt/ 名 Ⓤ [また a ~] ❶ [仕事・苦痛などの]一時的休止, ひと休み; 休息期間: take a ~ *from* one's work 仕事をひと休みする / without ~ 休みなしに. ❷ (債務などの)猶予, 延期 (reprieve); (死刑の)執行猶予.

réspite cáre 名 Ⓤ 《福祉》休息介護【ケア】《家庭で老人や障害者の世話をする人に休息を与えるための一時的な介護》.

re·splen·dence /rɪspléndəns/ 名 Ⓤ 光輝; 光彩, 華麗さ.

re·splen·den·cy /rɪspléndənsi/ 名 = resplendence.

re·splen·dent /rɪspléndənt/ 形 輝く, まばゆく[きらきら]輝く; きらびやかな: ~ in a white suit 白いスーツをきらびやかにまとって. ‐**ly** 副

*‐**re·spond** /rɪspɑ́nd | ‐spɔ́nd/ 動 ❶ 返答する, 応答する (~ respond to…は受身可): I asked why, but he didn't ~. 私はどうしてと尋ねたのに彼は答えなかった / ~ *to* a toast [speech of welcome] 乾杯に対して謝辞を述べる 【歓迎の辞に答える】. ❷ 《…に対して》《…で》(動作で)応じる, 対応する, 応酬する (react): Bob ~ed *to* his insult *by* punch*ing* him. 侮辱のお返しにボブは彼を殴った. ❸ **a**《…が》反応する: Nerves ~ *to* a stimulus. 神経は刺激に反応する / The plane ~s well *to* the controls. その飛行機は操縦装置によく反応する. **b**《病気・けがなどが》治療・薬などに好ましい反応を示す: The disease ~s *to* the new drug. その病気は新薬に好反応を示している. ❹《キ教》会衆が司祭者に応唱する. — 《…と》返答する: [+引用]"That is not true," she ~ed. 「そうじゃそうで」と彼女は答えた / [+*that*] He ~ed *that* he didn't love her. 自分は彼女を愛していないと彼は答えた. 《F < L =約束し返す < RE‐¹+*spondere, spons‐* 約束する (cf. *sponsor*)》 (名 response) 【類義語】⇒ answer.

*‐**re·spon·dent** /rɪspɑ́ndənt | ‐spɔ́n‐/ 名 ❶ (アンケートなどの)回答者. ❷ 《法》(離婚訴訟の)被告.

re・sponse /rɪspάns| -spɔ́ns/ 名 ❶ ⓒ 返答, 応答: a quick ~ 速答 / make no ~ 返答しない, 応答がない. ❷ ⓊⒸ 反応, 反響: a ~ to a stimulus 刺激に対する反応 / She got [received] little ~ from the audience. 彼女は聴衆からほとんど反応を得なかった / There was a poor [generous] ~ to the appeal for funds. その基金応募のアピールには貧相な反応しかなかった[寛大な反応があった]. ❸ ⓒ [通例複数形で][[キ]] 応答文, 応答歌, 応唱(司祭者に答えて合唱隊・会衆が唱える). **in respónse to** …に応じて, …に答えて. (動 respond)

re・spon・si・bil・i・ty /rɪspὰnsəbíləṭi, -spɔ̀n-/ 名 ❶ ⓊⒸ 責任, 責務, 義理;(具体的な)責任, 負担, 重荷 (cf. liability): a sense of ~ 責任感 / a position of ~ 責任ある地位 / on one's own ~ 自己の責任において / I will take [assume] ~ for [the ~ of] doing it. 私が責任をもってそれをいたします / The division manager accepted ~ for the cover-up. 部長が隠蔽[[{</u>]]工作事件の責任を負った / claim ~ for…(テロ行為などの)犯行声明を認める / be relieved of ~ [one's responsibilities] 責任を解除される[解任される]. ❷ Ⓤ 信頼性;確実度. (形 responsible) 【類義語】⇒ duty.

re・spon・si・ble /rɪspάnsəbl| -spɔ́n-/ 形 (**more** ~, **most** ~) ❶ a〈人が〉責任のある: Who is the person ~ (for accounts)? (経理の)責任者はだれですか (用法 この意味では名詞の後に置かれる; cf. 3) / He's ~ for this accident. この事故は彼に責任がある / Politicians must be ~ to the voters for their actions. 政治家は投票者に対して己の行動には責任をとらねばならない. b〈[<span/P]〉…の原因であって, […を]招いて: A drought is ~ for the high price of vegetables. 日照りが続き野菜の高値の原因である. ❷〈仕事・地位など〉責任の重い, 責任のある: a ~ position [role] 責任の重い地位[役目]. ❸〈人など〉責任を果たせる, 判断力のある, 信頼できる (↔ irresponsible): a ~ person 責任を果たせる[信頼の置ける]人 (cf. 1 a). **hóld a person respónsible (for…)** 人に(…の)責任があるとする: He was *held* ~ *for* the accident. その事故の責任は彼にあるとされた. **-si・bly** /-əbli/ 副 責任をもって, 請け合って, 確実に (↔ irresponsibly). 《F<L *respondere*, *respons*-; ⇒ respond) (名 responsibility)

⁺**re・spon・sive** /rɪspάnsɪv| -spɔ́n-/ 形 ❶ すぐ応答[反応]する, 敏感な: ~ students 敏感に反応してくれる学生 / We must be ~ to the needs of society. 我々は社会のニーズには敏感でなければならない. ❷ 答えの, 答えを示す: a ~ smile 答えを示す微笑. **-ly** 副 **~-ness** 名 (動 respond, 名 response)

re・spon・so・ri・al /rɪ̀spɔnsɔ́:riəl| -spɔn-́/ 形〈賛美歌・典礼聖歌〉応唱の.

re・spon・so・ry /rɪspάnsəri| -spɔ́n-/ 名〖教会〗答唱, 応唱, 答弁 (聖句朗読のあと[間]に歌う[唱える] versicles と responses からなる聖歌).

ré・spráy 動 ⊕〈…に〉再び吹き付ける, 〈車に〉再吹付け塗装をする. —— 名 /⌐́⌐́/ 再吹付け塗装.

rest¹ /rést/ 名 [the ~] ❶ 残り, 残余 (用法 Ⓤ をさす時は単数扱い, ⓒ (複数名詞)をさす時は複数扱い): He lived here for the ~ of his life. 彼はここで余生を送った / The ~ (of the butter) is in the fridge. (バターの)残りは冷蔵庫にある / The ~ (of the books) are on the desk. (本の)残りは机の上にある. ❷ [複数扱い] 残りの[その他の]人々: The ~ (of us) are to stay behind. (我々の中の)ほかの者はあとに残ることになっている. **and áll the rést (of it)** (口) その他にもかも, …などなど (and so on). **for the rést** (英) その他(について)は, あとは. 《F<L=後ろに立つもの, 残ったもの<RE-¹+*stare* 立つ (cf. stay)》

‡**rest²** /rést/ 名 ❶ ⓊⒸ (ひと時の)休み, 休憩, 休息;睡眠: the day of ~ 安息日 / four days of ~ between mound appearances (投手の)登板試合間の四日休み / an hour for ~ (1時間の)休憩時間 / have a good night's ~ ひと晩ぐっすり休む / Have [Take] a ~ from your work. ちょっと仕事を休みなさい. ❷ Ⓤ [また ~] a 安らぎ, 安静, 安心: This medicine will give you some ~. この薬でしばらく安静が得られるでしょう. b 静止, 停止. ❸ [しばしば複合語で](ものを載せる)台: a book ~ 書見台 / ⇒ armrest, footrest, headrest / a ~ for a billiard cue 玉突きのキュー架. ❹ Ⓒ〖楽〗休息(符).

at rést (1) 安らいで, 安静となって, 安心して: set [put] a person's mind *at* ~ 人の心を鎮める. (2)〈機械など〉静止して, 停止して. (3) 解決されて. (4) (地下に)眠って, 永眠して.

be cálled to one's etérnal rést 永遠の眠りにつく.

còme to rést 停止する, 止まる.

Gíve it a rést! (英口) やめなさい!; だまれ!

láy…to rést〈人・人の遺骨〉を埋葬する, 葬る. (2)〈出来事など〉終わりにする, 忘れ去る: It's time these rumors were *laid to* ~. このうわさも忘れられるころだ.

—— 動 ⊜ ❶ a (横になったり眠ったりして)休む, 休息する: It's best to ~ for a time after a meal. 食後はしばらく休むのがいちばんよい / Lie down and ~. 横になって休みなさい. b [副詞(句)を伴って] 〔…に〕葬られている, 永眠する: ~ *in* the grave [churchyard] 地下[墓]に眠る / May my soul ~ *in* peace! 安らかに眠られんことを (★ R.I.P. と略して墓碑に刻まれる). ❷ 休憩する, 休息する: The hikers ~ed for a while. ハイカーたちはしばらく休憩した. ❸〈問題などが〉そのままになる, 棚上げになる: We cannot let the matter ~ (*as it is*). 問題をそのままにしておけない. ❹ [否定文で] 安心している, 落ち着いている: I wo*n't* be able to ~ until the matter is settled. 問題が解決するまでとても安心できない. ❺ a [副詞(句)を伴って] 〔…に〕よりかかる, もたれる, 載って[支えられて]いる (lean): The roof ~s *on* these columns. 屋根はこれらの円柱によって支えられている / The ladder ~ed *against* the wall. はしごは壁に立てかけてあった. b 〔…に〕かかる, 当たる: Her hand ~ed *on* the doorknob. 彼女の手はドアの取っ手に留まった. c〈目・視線が〉〔…に〕留まる, 向けられる: Her eyes ~ed *on* his necktie. 彼女の目が彼のネクタイに留まった. ❻ [進行形なし] 〔人を〕頼りとする;〔証拠などに〕基づく (depend): The future ~s *with* you young people. 未来は若者の諸君にかかっている. ❻ 〔権利・義務などが〕〈人に〉かかっている;〈人の〉責任である: The decision ~s *with* the President.＝It ~s *with* the President to decide. 決定は大統領の双肩ひとつにかかっている. ❼〈農地が〉休耕中である. ❽ (米)〖法〗証拠提出を自発的に終える.

—— ⊕ ❶ a〈…を〉休ませる, 休養させる;安らかにする: ~ one's mind [legs] 頭[脚]を休める / He stopped to ~ his horse. 彼は立ち止まって馬を休ませた / (May) God ~ his soul! 神よ, 彼の霊を休ましめたまえ. b [~ oneself で] 休息する. ❷ [副詞(句)を伴って]〈ものを〉〔…に〕置く, 載せる, 寄りかからせる: She ~ed the book *on* her knees. 彼女は本をひざの上に置いて[いた] / He ~ed his rifle *against* the wall. 彼はライフルを壁に立てかけた. ❸〈目・視線を〉〔…に〕留める, 向ける: She ~ed her eyes *on* me and smiled. 彼女は私に目を留めてにっこり笑った. ❹〈希望などを〉〔…に〕かける (*in*, *on*): We ~ our hopes [trust] *in* you. 我々は君に希望をかけている[を信頼している]. ❺〖法〗〈事件の〉証拠提出を自発的に終える: I ~ my case. ⇒ case 成句.

rest assúred 安心する (用法 通例 R~ [You may ~] assured that… の形で用いる): R~ [You may ~] *assured that* I will do my best. 全力を尽くしますからご安心ください.

rést éasy 安心している.

rést on one's láurels ⇒ laurel 成句.

rést on one's óars ⇒ oar 成句.

rést úp (米) 十分に休養する, 休息して元気を取り戻す. 〖OE=休息場所〗

rè・stáge 動 ⊕〈劇などを〉再上演する.

rést àrea 名 (米) (高速道路などの)待避所 (英) lay-by).

⁺**rè・stárt** 動 ⊜ 再び飛び立たせる[飛び出す]; 再開[再出発]する, 再着手する. —— /⌐́⌐́/ 名 再着手, 再開.

re・state /rì:stéɪt/ 動 ⊕ 再び述べる (reiterate); 言い換える[直す]. **~-ment** 名

*res・tau・rant /réstərənt, -trənt | -tərɑ̀ːŋ, -trùːnt/ 图 レストラン, 料理店, 飲食店;《ホテル・劇場などの》食堂: a Chinese ～ 中華料理店. 〖F=元気を回復させる; ⇒ restore〗

réstaurant càr 图《英》食堂車(《米》dining car).

res・tau・ran・teur /rèstərəntə́ː | rèstərɑːntə́ː/ 图 = restaurateur.

†res・tau・ra・teur /rèstərətə́ː | -tɔ́ː/ 图 レストランの主人, 料理店主. 〖F〗

rést cùre 图 安静療法.

rést dày 图 休日; 安息日.

rést・ed 形 休息した, 休んだ状態で: Are you quite ～? よく休みましたか I felt ～ and relaxed. 休んでくつろいだ気持ちになった.

rest・ful /réstf(ə)l/ 形 ❶ 安らかな, 静かな, 落ち着いた: slip into a ～ slumber 安らかな眠りに入る. ❷ 休息を与える, 休まる: a ～ weekend 心の休まる週末. ～・ly /-fəli/ 副 ～・ness 图 〖類義語〗comfortable.

rést hòme 图 《老人・病人用の》保養所, 療養所.

rést hòuse 图 《旅行者用の》宿泊所, レストハウス.

rést・ing plàce 图 ❶《しばらくの》休息所. ❷ [one's (last) ～]《婉曲》墓場.

res・ti・tu・ti・o in in・te・grum /rèstət(j)úːtiòuInIntégrəm | -tjuː-/《法》《原状回復.

res・ti・tu・tion /rèstət(j)úːʃən | -tjúː-/ 图 ❶《盗品などの》...への返却, 返還: ～ of stolen money to the owner 盗んだ金を持ち主に返すこと. ❷《損害などの》賠償, 返償: Let me make ～ for the damage. その損害に賠償をさせてください.

res・tive /réstIv/ 形 ❶ そわそわした, 落ち着かない: in a ～ mood そわそわした気分で. ❷《馬など》進むのをいやがる; 御しにくい, 手に負えない, 反抗的な. ～・ly 副 ～・ness 图

*rest・less /réstləs/ 形 (more ～; most ～) ❶ 落ち着きない, そわそわした, せかせかした: a ～ person 落ち着きない人 I get ～ just before quitting time. 一日の仕事が終わろうとすると私は落ち着かなくなる. ❷ ⦅叙述⦆眠れない, 休めない: spend a ～ night 眠れない夜を過ごす. ❸ 静止することのない, 休まることのない: ～ waves 寄せては返す波. ～・ly 副 ～・ness 图

re・stock /rìːstɑ́k | -stɔ́k/ 動 他《...に》...を補充する, 新たに仕入れる: ～ a larder [wine cellar] 食料貯蔵室[ワインセラー]に補充する / I ～ed the pond with carp. 池に新たにコイを飼った. — 自 新たに仕入る, 仕入れ直す.

re・stor・a・ble /rIstɔ́ːrəbl/ 形 回復[復旧]できる, 元どおりになる.

*res・to・ra・tion /rèstəréIʃən/ 图 ❶ Ⓤ **a** もとの状態[地位]に戻すこと, 回復; 復職, 復位: (one's) ～ to health 健康回復. **b** 回復, 復旧: (the) ～ of order 秩序の回復. ❷ **a** ⓊⒸ《古い建物・美術品などの》修復, 復元《作業》: (the) ～ of a painting 絵の修復. **b** Ⓒ《建物・死滅動物などの》復元(したもの). ❸ Ⓤ 返還: the ～ of money to a person 金を人に返すこと. ❹ [the R～] 《英国の》王政復古(1660 年の Charles 2 世の復位). **b** 復古時代(1660-85, 時には James 2 世の治世をも含めて 1688 年まで). **c**《日本の》維新: the Meiji R～ 明治維新. 動 restore.

res・to・rá・tion・ism /-ʃ(ə)nIzm/ 图 Ⓤ《神学》万民救済説.

res・to・rá・tion・ist /-ʃ(ə)nIst/ 图 万民救済説の信奉者. — 形 [R～] 英国王政回復期《の喜劇》に関した.

re・stor・a・tive /rIstɔ́ːrətIv/ 形《食物・薬剤が》元気を回復させる. — 图 気付け薬. ～・ly 副

*re・store /rIstɔ́ː | -stɔ́ː/ 動 他 ❶ **a**《人・ものを》もとの状態・地位に戻す, 復帰させる; 復活させる, 復職させる; 復旧する: ～ laid-off workers (to their former positions) 一時解雇していた労働者たちを《元の職場に》復職させる / ～ the system to its original condition (コンピューターの)システムを初期状態に戻す / She was soon ～d to health. 彼女はすぐに健康を回復した. **b**《古い建物・美術品などを》もとの状態に復元する;《古生物などを》もとの形に復元する: The picture has been ～d to its original condition. その絵はもとの状態に復元された. ❷ **a**《信頼・健康などを(...に)取り戻す, 回復する[させる]: ～ a person's confidence 人の信頼を取り戻す / The operation ～d sight in one eye. 手術で片目の視力を回復させた. **b**《制度・習慣・秩序などを》復活させる, 復興[再興]する; 再建する: ～ a custom [tradition] 慣習[伝統]を復活させる / ～ law and order 治安を回復する. ❸《失くしたもの・盗まれたものを(...に)返す, 返還する (return): The stolen document was soon ～d to its owner. 盗難にあった文書はまもなく所有主に返された. 〖F<L restaurare 修復する, (元気が)回復する (cf. restaurant, store)〗 图 restoration.

re・stór・er /-stɔ́ːrə | -rə/ 图《通例修飾語を伴って》 ❶《...を》もとへ戻す人[もの]: a picture ～ 絵画の修復家 / a hair ～ 毛生え薬.

*re・strain /rIstréIn/ 動 他 ❶ **a**《感情・欲望などを》抑える, 抑制する: He could not ～ his laughter [tears]. 彼はこみあげてくる笑い[涙]を抑えることができなかった. **b**《人などが(...)するのを抑える, 引き止める, させないようにする: They ～ed me from interfering. 彼らは私に干渉させないようにした. **c** [～ oneself で]《...するのを》我慢する, 自制する: She could not ～ herself from laughing. 彼女はどうしても笑わずにはいられなかった. ❷ **a**《活動などを》制限する, 抑制する (check): ～ a person's activities 人の活動を制限する / ～ inflation [prices] インフレ[物価]を抑制する. **b**《人を》拘束[監禁]する. 〖F<L=縛り直す RE-¹+stringere, strict- 引きつける (cf. strict); restrict と二重語〗 图 restraint.

*re・strained /rIstréInd/ 形 ❶《人・行動など》自制した, 控えめの. ❷《表現・文体など》抑制された, 抑えた, 落ち着いた. **re・stráin・ed・ly** /-nId-/ 副

restráin・er 图 制止者; 抑制者[物]; 《写》現像抑制剤.

restráin・ing òrder 图《法》禁止命令, 差し止め命令.

*re・straint /rIstréInt/ 图 ❶ Ⓤ 抑制; 抑止: price ～ 物価の抑制 / ～ of trade《経》《協定などによる》取引の制限 / in ～ of ...を抑止して. **b** Ⓒ《通例複数形で》制限するもの, 制限; 報道制限: press ～s on a person [a person's activity] 人[人の活動]を制約する. ❷ **a** Ⓤ 拘束, 束縛; 監禁: lay a person under ～ 人を拘束[拘束]する. **b** Ⓒ 拘束するもの: the ～s of illness 病気の束縛. ❸ Ⓤ 自制, 慎み, 我慢, 控えめ: show ～ 慎む, 控える / cast off all ～ すべての自制心をかなぐり捨てる, 自由奔放にふるまう. ❹ Ⓒ シートベルト. without restraint 自由に; のびのびと; 遠慮なく. 動 restrain.

*re・strict /rIstrÍkt/ 動 他 **a**《自由・活動などを》限る, 制限する;《人を》規制する,《人の》行動を制限する: ～ a person's activities [freedom] 人の活動[自由]を制限する / The speed is ～ed to 50 kilometers an hour here. スピードはここでは時速 50 キロに制限されている / The chair ～ed the speakers to ten minutes each. 議長は発言者に 1 人 10 分の制限を与えた. **b** [～ oneself で]《...に》制限する: I ～ myself to (drinking) a bottle of beer a day. 私は一日にビール 1 本に制限している. 〖L=縛り直す (⇒ restrain)〗 图 restriction. 〖類義語〗⇒ limit.

*re・strict・ed /rIstrÍktId/ 形 ❶《空間・範囲など》狭い, 窮屈な. ❷ 制限[制約]された; ⇒ restricted area. ❸ 特定の人[目的]に限られた.《英》《文書など》部外秘の, 秘密の (classified). ～・ly 副 ～・ness 图

restricted área 图 ❶《米》《軍人の》立ち入り禁止区域. ❷《英》スピード制限区域.

*re・stric・tion /rIstrÍkʃən/ 图 ❶ Ⓤ 制限, 限定; 制約: without ～ 制限なく, 無制限に. ❷ Ⓒ [しばしば複数形で] 制限[制約]するもの (limitation): currency ～s 通貨(持ち出し)制限 / impose [place, put] ～s on ...に制限を加える / lift [remove, withdraw] ～s 制限を解除する. 動 restrict.

restriction en・do・nu・cle・ase /-èndoun(j)úːkliéɪs | -njúː-/ 图《生化》制限エンドヌクレアーゼ(restriction enzyme の別称).

restriction ènzyme 名《生化》制限酵素《細胞に侵入してくる外来の DNA を切断排除する酵素》.

restriction frágment 名《遺》制限断片《制限酵素によって裂かれた DNA 分子の断片》.

re·stric·tion·ism /-nìzm/ 名 U 制限主義[政策]; 貿易制限[政策]; (工場などの)機械化[オートメーション]制限政策; (仕事を長続きさせるための)生産量制限政策. **-ist** 名形 制限主義者[の], 制限主義者[の].

†**re·stric·tive** /rɪstríktɪv/ 形 ❶ 制限[限定, 拘束]する: a ~ monetary policy 金融引き締め政策. ❷《文法》限定的な, 制限的な (↔ continuative, nonrestrictive).
~·ly 副 ~·ness 名 (restrict)

restríctive cóvenant 名《法》不作為約款《契約当事者が特定の行為を行なわないとの約定; 特に, ある地域の土地・建物の所有者間での特定の民族・宗教集団の一員には売却しないとの約定》.

restríctive práctice 名《英》制限的慣行: **a** 企業間における競争を制限する協定. **b** 労働組合による組合員や使用者の行為の制限.

rè·stríng 動 他 〈楽器・ラケットなどの〉弦[ガット]を張り替える.

rést ròom 名《米》(デパート・ホテル・劇場などの)手洗い所, 便所.

†**re·struc·ture** /rìːstrʌ́ktʃə | -tʃə/ 動 他 〈政府・企業などの〉組織を[構成[編成]し直す, 作り直す. — 自 再構築する, 構造改革をする.

re·struc·tur·ing /-tʃ(ə)rɪŋ/ 名 U (事業の)再構築, 構造改革, リストラ.

rést stòp 名 = rest area.

rè·style 動 他 〈...の〉スタイル[デザイン]を変える, 作りなおす; 〈...に〉新しい呼び名を与える[名称をつける]. — 名 /⌣⌣/ 新しいスタイル.

‡**re·sult** /rɪzʌ́lt/ 名 ❶ **a** C U 結果; 成り行き, 結末, 成果: the ~s of an election 選挙の結果 / get good [bad] ~s 良い[悪い]結果を得る. **b** [複数形で] 成果, 好結果: produce [show] ~s 成果を産む[示す]. ❷ C **a** [通例複数形で] (試験・競技などの)結果, 成績 (score): the football ~s フットボールの試合の結果. **b**《英口》(フットボールの)勝利. ❸ C 《数》(計算の)結果, 答え (answer).
as a resúlt (of) (...の)結果として: *As a* ~ *of* the accident I was late. その事故の結果遅刻してしまった.
without resúlt むなしく, むだに, 成果なく: Their efforts were *without* ~. 彼らの努力はむだであった.
with the resúlt that ... ...という結果になって; その結果, それで: There was a lot to drink, *with the* ~ *that* everybody got drunk. 酒がたくさんあったので, (その結果)みな酔っぱらってしまった.
— 自 ❶ 結果として生じる, 起因[由来]する: War will certainly ~. きっと戦争になるだろう / Disease often ~*s from* poverty. 病気はしばしば貧困により生じる. ❷ (結果的に)〈...に〉帰着する, 終わる: The plan ~*ed in* failure. 計画は結局失敗した / The trial ~*ed in* his being acquitted. 裁判は彼の無罪ということで終わった.
~·**ful** /rɪzʌ́ltf(ə)l/ 形 成果のある. ~·**less** 形 成果のない.
【L=後ろへ跳ぶ, 跳ね返る RE-¹+saltare 跳ぶ (cf. insult, salient)】《類義語》(1) result effect, consequence が様々な段階の結果を示すのに対し, result は事象の最終的段階としての結末・成果; 具体的なものを示すことが多い. **effect** cause と対をなす語で, ある行為・原因から直接生じる結果. **consequence** 必ずしも原因と直接に結びつきがあることは意味しないが, ある事の成り行きから起こるべくして起こった事柄, 当然の結果. (2) ⇒ follow.

†**re·sul·tant** /rɪzʌ́ltənt/ 形 A ❶ 結果として生じる. ❷《理》〈力などの〉合成的な: ~ force 合力. — 名《理》合力, 合成速度.

‡**re·sume** /rɪzúːm | -z(j)úːm/ 動 他 ❶ 〈...を〉再び始める, 再開する: ~ the thread of one's story もとの話の筋に戻る, 話の穂をつぐ /[+*doing*] She stopped talking and ~*d* eating. 彼女は話をやめるとまた食べ始めた. ❷ 〈a ~〉を再び取る[占める] (return to): Please ~ your seats. どうぞまたご着席ください. **b**〈健康などを〉取り戻す, 回復する. — 自 ❶ (話・仕事などを)再び始める, 続ける: When the audience had become quiet, the speaker ~*d*. 聴衆が静まると講師はまた話しを続けた. ❷〈議会などが(中断後に)再開する. **to resúme**［独立不定詞句として］話を続けると. 【L=再び始める, 再び取る 〈RE-¹+sumere, 取る (cf. consume)〉】名 resumption.

†**rés·u·mé** /rézʊmèɪ, ⌣⌣⌣́ | rézjʊmèɪ/ 名 ❶ 摘要, 梗概(うがい), レジュメ (summary). ❷《米》(就職希望者の)履歴書.【F】

re·sump·tion /rɪzʌ́m(p)ʃən/ 名 ❶ (中断後の)再開(始), 続行〔*of*〕. ❷ 取り戻し, 回収, 回復〔*of*〕. (動 resume)

re·su·pi·nate /rɪsúːpənèɪt | -s(j)úː-/ 形《植》〈花などが〉倒立した.

re·su·pi·na·tion /rɪsùːpənéɪʃən | -s(j)ùː-/ 名《植》倒立.

†**re·sur·face** /rìːsə́ːfəs | -sə́ː-/ 動 他 〈道路などの〉表面を付け替える, 〈道路を〉再舗装する. — 自 〈潜水艦が〉再び浮かび上がる; 再浮上する.

†**re·sur·gence** /rɪsə́ːdʒəns | -sə́ː-/ 名 U [また a ~] 〔信仰・思想などの〕再起, 復活〔*of*〕.

re·sur·gent /rɪsə́ːdʒənt | -sə́ː-/ 形 [通例 A] 生き返る, 再起[復活]の.【L; ⇒ resurrection】

†**res·ur·rect** /rèzərékt/ 動 他 ❶ 〈昔の慣習などを〉復活させる, 復興する. ❷ 〈死者を〉生き返らせる. — 自 よみがえる, 復活する.【名 resurrection】

res·ur·rec·tion /rèzərékʃən/ 名 ❶ U 復活, 復興, 再流行〔*of*〕. ❷ [the R-] **a** キリストの復活. **b** (最後の審判日における)全人類の復活.【F<L=生き返ること <*re-surgere*, *resurrect*-; ⇒ resource】(動 resurrect)

resurréction plànt 名《植》❶ テマリカタヒバ, フッカツソウ《イワヒバ属; 乾くと枯れたように縮まり, 水を与えると再び活気づいて広がる》. ❷ = rose of Jericho.

†**re·sus·ci·tate** /rɪsʌ́səteɪt/ 動 他 〈死ぬ寸前の人を〉(人工呼吸などで)生き返らせる, 蘇生(まい)させる (revive).

re·sus·ci·ta·tion /rɪsʌ̀sətéɪʃən/ 名 U 生き返り, 蘇生.

re·sús·ci·tà·tor /-tə | -tə/ 名 ❶ 復活[回復]させる人[もの]; 蘇生器, 呼吸回復装置.

ret /rét/ 動 **ret·ted**; **ret·ting** 他 〈繊維を取るため〉麻などを〉浸水する, 水につける, 湿気にさらす;[通例受身で]湿気で腐らせる. — 自 〈麻などが〉浸水して柔らかくなる;〈乾草などが〉湿気で腐る.

re·ta·ble /rɪ́teɪbl, riːtèɪ-/ 名 祭壇背後の棚《十字架・聖火などを置く》; 祭壇背後の装飾付きのついて.

re·ta·blo /rɪtɑ́ːbloʊ/ 名 (@ ~s) = retable.

‡**re·tail** /ríːteɪl/ 名 U 小売り (↔ wholesale): **at**《英》**by**〕~ 小売りで. — 形 A 小売りの: a ~ dealer [price, store] 小売商人[値段, 店]. — 副 小売りで: sell goods ~ 品物を小売りする. — 動 他 ❶ 〈...を〉小売りする (↔wholesale). ❷ /ríːteɪl, rɪtéɪl | rɪtéɪl/〈ゴシップなどを〉詳しく話す, 受け売りする: ~ a rumor うわさを言いふらす. — 自 〈商品が〉〈...で〉小売りされる: This article ~*s at* [*for*] $2. この品は2ドルで売られている.【F=再び小さく切る; ⇒ RE-¹, tailor】

‡**re·tail·er** /ríːteɪlə | -lə/ 名 小売商人.

†**rétail·ing** 名 U 小売り(業).

rétail príce index 名 [the ~]《英経済》小売物価[価格]指数《雇用省が毎月一般消費材やサービスの価格から算出する, 物価変動のめやすとなる指数; 日本・米国の消費者物価指数 (consumer price index) に当たる; 略 RPI》.

rétail thérapy 名 U《戲言》買物療法《必要でないものを買うことでストレスなどを解消する方法》.

‡**re·tain** /rɪtéɪn/ 動 他 ❶ 保つ, 保持する, 維持する: ~ a receipt レシートをとっておく / ~ one's balance バランスを保つ / ~ one's dignity [pride] 威厳[誇り]を失わない / China dishes ~ heat well. 磁器製の皿は熱を長くたもつ / The dam ~*s* millions of tons of water. ダムは何百万トンもの水を支えている. ❷〈...を〉忘れないでいる, 記憶している: I ~ a clear memory of those days. 当時のことはまだはっきりと覚えている. ❸〈弁護士などを〉(依頼料を払って)雇っておく. ~·**ment** 名【F<L=後ろに保つく

RE-¹+*tenere*, tent- 保つ (cf. contain)》(名) retention)
【類義語】⇒ keep.

re·táined óbject (名)〖文法〗保留目的語《★二重目的語の受身で残っている目的語のこと; 例: He was given a book. の a book》.

†**re·táin·er**¹ /rɪtéɪnɚ | -nə/ (名)〖法〗❶ 弁護依頼. ❷ 弁護依頼予約金, 弁護士依頼料.

re·táin·er² (名) ❶ 保持する人[もの]. ❷〖古〗家臣, 家来, 郎党; 召し使い (servant).

retáining wàll (名) 擁壁, 支え壁.

*__re·take__ /rìːtéɪk/ (動) (@ (**re·took** /-tʊk/; **re·tak·en** /-téɪkən/) ❶ …を再び取る, 取り戻す (recapture). ❷〈写真を〉撮り直す, 再撮影する. ❸〈…の〉再試験を受ける. — /⌣⌣/ (名) ❶〈写真・映画の〉撮り直し, 再撮影. ❷ 再試験.

*__re·tal·i·ate__ /rɪtǽlièɪt/ (動) @〈人に〉仕返しする,〔行為に〕報復する; 応酬する: I will ~ if insulted. 侮辱されれば僕だって仕返しをする / We ~**d** *against* the enemy *by* bomb*ing* them. わが軍は敵軍に対し爆撃をもって報復した / He didn't ~ *for* the blow. 彼は打たれても仕返しをしなかった / ~ *with* economic sanctions 経済制裁で報復する. — @〈危害・侮辱などに〉仕返しする, 報復する.
〖L〗

re·tal·i·a·tion /rɪtæ̀liéɪʃən/ (名) @ 返報, 報復: in ~ *for*…に対する報復として.

re·tal·i·a·tive /rɪtǽlièɪṭɪv/ (形) =retaliatory.

re·tal·i·a·tor /-ṭɚ | -tə/ (名) 報復者.

re·tal·i·a·to·ry /rɪtǽliəṭɔ̀ːri | -təri, -tri/ (形) 〖通例 A〗報復的な, 仕返しの: a ~ tariff 報復関税.

re·tard /rɪtɑ́ːd/ (動) @ …を遅らせる, 手間取らせる; 妨げる, 阻止する: The disease has ~ed her growth. 病気で彼女の発育は遅れている. — /rítɑːd/ -tɑ:-/ (名) 〖口〗〈軽蔑〉ばか者, 知恵遅れ. 〖F<L=遅くする<RE-¹+*tardus* 遅い (cf. tardy)+-ATE²〗

re·tar·dant /rɪtɑ́ːdənt/ -tɑ:-/ (名) @ 化学反応を遅らせる物質, 抑制剤. — (形) 〖通例複合語で〗遅らせる: fire-*retardant* construction materials 燃焼を遅らせる建築材料.

re·tar·da·taire /rɪtàːdətéɚ | -tàːdətéə/ (形) 〖芸術作品・建築が〕以前の[時代遅れの]様式で制作された.

re·tar·date /rɪtɑ́ːdeɪt | -tɑ́ː-/ (形) 〖米〗知恵遅れの. — (名) 知恵遅れの人.

re·tar·da·tion /rìːtɑːdéɪʃən | -tɑː-/ (名) @ ❶ 遅延; 阻止, 妨害. ❷ 知能発達の遅れ: mental ~ 精神遅滞.

re·tárd·ed /-dɪd/ (形)〈子供か〉知能の発育が遅い: a (mentally) ~ child 知能の発達が遅れている子供, 知恵遅れの子供 / the ~ 精神[知能]遅れの人たち.

re·tárd·er /-dɚ | -də/ (名) 遅らせるもの; 〖化〗抑制剤.

retch /rétʃ/ (動) 吐き気を催す, 吐こうとする (cf. vomit). — (名) 吐き気, 嘔吐(おうと).

retd. (略) retained; retired; returned.

re·te /ríːtiː/ (名) (@ **re·ti·a** /-ʃiə/) 〖解〗〈神経・繊維・血管などの〉網, 網状組織, 叢(そう); マルピーギ層 (Malpighian layer).

re·tell /rìːtél/ (動) @ (**re·told** /-tóʊld/) 再び語る; 形を変えて語る[述べる]: old Greek tales *retold* for children 子供向けにやさしく書き直したギリシアの昔話.

†**re·ten·tion** /rɪténʃən/ (名) @ ❶ 保留, 保有, 保持, 維持《*of*》. ❷ 記憶《*of*》. ❸〖医〗鬱滞, 停留: ~ *of* urine 閉尿. (動) retain)

re·ten·tive /rɪténṭɪv/ (形) ❶〈記憶力が〉よい; 記憶力のよい: a ~ memory よい記憶力. ❷ 保持[維持]する, 保持力のある《*of*》. **~·ly** (副) **~·ness** (名).

re·ten·tiv·i·ty /rìːtentívəṭi/ (名) @ 保持[保有]力; 〖理〗残磁性.

*__re·think__ /rìːθíŋk/ (動) @ (**re·thought** /-θɔ́ːt/) 〈…を〉考え直す, 再考する (reconsider). — /⌣⌣/ (名) [a ~] 〖口〗再考: have a ~ *on* [*about*]…について再考する.

retia rete の複数形.

re·ti·a·ri·us /rìːtiéɚiəs, rìː-ʃiː-/ (名) (@ **-a·rii** /-riài, -riiː/) 〖古〗 網闘士《三叉槍と網をもって戦った剣闘士 (gladiator)》.

ret·i·cence /réṭəsəns/ (名) @〈性格的に〉無口, 寡黙;〈表現などを〉控えめにすること, 遠慮.

†**ret·i·cent** /réṭəsnt/ (形) ❶ 無口な, 寡黙な, 話したがらない (reserved): a ~ boy 無口な少年 / He was ~ *about* his past [his family]. 彼は自分の過去[家族]について話そうとしなかった. ❷〈表現など〉控えめな, 抑制的な.
~·ly (副) 〖F<L=再び黙っている<RE-¹+*tacere* 黙っている (cf. tacit)〗

ret·i·cle /réṭɪkl/ (名) 〖光〗網線《観測しやすくするために望遠鏡などの接眼鏡の焦点に置く十字線 (crosshairs) など》.

reticula (名) reticulum の複数形.

re·tic·u·lar /rɪtíkjələ | -lə/ (形) 網状の; 入り組んだ; 〖解〗細網の.

retícular formátion (名) 〖解〗〈脳の〉網様体.

re·tic·u·late (形) /rɪtíkjələt, -lèɪt/ 網状の;〖生〗網状進化の. — (動) @ /-lèɪt/ 網状にする[なる];〈…に〉網目をつける.

re·tic·u·lat·ed /rɪtíkjəlèɪṭɪd/ (形) 網状になった, 網目模様の.

retículated pýthon (名) 〖動〗アミメニシキヘビ《ヘビの中で最大で, 9 m 以上になる; 東南アジア産》.

re·tic·u·la·tion /rɪtíkjəléɪʃən/ (名) @,@ 〖しばしば複数形で〕網状(物), 網状組織, 網目模様.

ret·i·cule /réṭɪkjùːl/ (名) 〈婦人用〉小物入れ, ハンドバッグ.

re·tic·u·lin /rɪtíkjələn/ (名) @〖生化〗レチクリン《結合組織に細繊維網として存在する, コラーゲンに似た構造蛋白質》.

re·tic·u·lo·cyte /rɪtíkjələsàɪt/ (名) 〖解〗網(状)赤血球.

retículo-endothélial (形) 〖A〗〖解〗〈細〉網内(皮)系の.

re·tic·u·lum /rɪtíkjələm/ (名) (@ **-la** /-lə/) ❶ 網状物, 網状組織; 〖解〗細網, 網状質; 網胃, 蜂巣(ほうそう)胃《反芻動物の第二胃》. ❷ [R~] 〖天〗小網座, レチクル座.

re·ti·form /ríːṭəfɔ̀ːm, rét-/ -fɔ̀:m/ (形) 網状組織の, 網状の.

†**ret·i·na** /réṭənə/ (名) (@ **~s, -nae** /-nìː/) 〖解〗〈目の〉網膜. **rét·i·nal** /-nl/ (形).

ret·i·ni·tis /rèṭənáɪṭəs/ (名) @ 〖医〗網膜炎.

retinítis pigmentósa /-pìgməntóʊsə/ (名) @ 〖医〗色素性網膜炎.

ret·i·noid /réṭənɔ̀ɪd/ (名) 〖生化〗レチノイド《ビタミン A に類似し, 体内で同様の機能を果たす物質》.

ret·i·nol /réṭənɔ̀ːl | -nɔ̀l/ (名) @ 〖生化〗レチノール《ビタミン A₁》.

ret·i·nop·a·thy /rèṭənɑ́pəθi | -nɔ́p-/ (名) @ 〖眼〗網膜症.

ret·i·nue /réṭənjùː | -tɪnjùː/ (名) 〖集合的; 単数または複数扱い〕〈王侯・高官などの〉従者, 随行員: She was in the Queen's ~. 彼女は女王の随行員の一人だった.

*__re·tire__ /rɪtáɪɚ | -táɪə/ (動) @ ❶〈老齢・定年などの理由で〉退職する, 引退する, 退役する: He ~**d** on a pension at (the age of) 60. 彼は年金をもらって 60 歳で退職した / ~ *from* the world 隠居する. ❷ 去る, 引きこもる, 立ち去る: ~ *from* baseball 現役の野球選手を辞める / After greeting us, Mr. Smith ~**d** *to* his study. 私たちにあいさつを済ませてからスミス氏は書斎に引き下がった. ❸ 床につく, 就寝する (《略式》 go to bed より形式ばった語): It's time to ~. もう床につく時間だ. ❹〈軍隊が〉後退する, 撤収する: Government forces have ~**d** *to* the perimeter of the city. 政府軍は都市の周囲から後退した. ❺〈選手が〉(けがなどで)途中欠場する, リタイアする. — @ ❶〈人を〉引退[退職, 退役]させる. ❷〈軍隊を〉後退させる, 撤収させる. ❸〖野〗〈打者を〉アウトにする. **retíre into onesélf** (考え込んで)黙り込む; 非社交的になる. 〖F=引き下がる〗 (名) retirement) 【類義語】(1) ⇒ go. (2) **retreat** 余儀なく後退する. **retire** 計画的な場合または婉曲的に表現する時に用いる.

*__re·tired__ (形) ❶ a〈人が〉引退した, 退職した, 退役の: a ~

retiree 1532

teacher 引退した先生 / My father is ~ now. 父はもう退職[退役]してます. **b** 退職者の[ための]: ~ pay 退職金, 恩給 / a ~ life 引退[人目を避けた]生活. ❷ 《場所から》引きこもり, へんぴな所.

*__re·tir·ee__ /rìtaɪəríː/ 名 (定年)退職者.

*__re·tire·ment__ /rɪtáɪəmənt | -táɪə-/ 名 Ⓤ Ⓒ ❶ 《定年などによる》退職, 退役: mandatory ~ at 65 65 歳での(規則に定められた)定年退職. ❷ 退職[退役]後の期間; 引退, 隠居: go into ~ 隠居する / live in ~ 閑居する / come out of ~ 引退から復帰する. ━━ 形 Ⓐ 退職(者)の: ~ benefits 退職給付金 / (the) ~ age 定年 / a ~ allowance 退職金. (動 retire)

__retirement community__ 名《米》退職者のコミュニティ《比較的裕福な老齢者のための居住施設[地域]》.

__retirement home__ 名 老人ホーム.

__retirement pension__ 名《英》退職年金《男性は 65 歳, 女性は 60 歳から支給される》.

__retirement plan__ 名《米》退職年金制度; 個人退職金積立制度.

__re·tir·ing__ /rɪtáɪ(ə)rɪŋ/ 形 ❶ 内気な, 遠慮深い. ❷ Ⓐ **a** まもなく引退する: a ~ employee 退職間近の従業員. **b** 退職(者)の; 引退の.

__re·tool__ /rìːtúːl/ 動 ❶ 〈工場などの〉機械設備を改める. ❷ 《米口》再編成する: ~ the economy 〈国家〉経済を再編成する. ━━ 自 ❶ 機械設備の改善を行なう. ❷ 《再》準備する《_for_》;《米口》〈態度などを〉改める, 改善する.

*__re·tort__¹ /rɪtɔ́ət | -tɔ́ːt/ 動 他 〈相手の意見や非難などに〉〈...と〉言い返す: [+節] "It's no business of yours," he ~ed. 「それは君の知ったことではない」と彼は切り返して言った / [+that] He ~ed that he needed no help. 助けはいらないよと彼は切り返して言った. ━━ 自 言い返す. ━━ 名 Ⓒ Ⓤ しっぺ返し, 口答え, 反論: in ~ しっぺ返しに / make a quick ~ すばやく言い返す. 《L=戻すく RE-¹+torquere, tort- 曲げる, ねじる (cf. torture)》

__re·tort__² /rɪtɔ́ət | -tɔ́ːt/ 名 レトルト, 蒸留器. 《F<L↑》

__re·touch__ /rìːtʌ́tʃ/ 動 他 〈絵・写真・文章などに〉手を入れる, 修正する. ━━ /⌣⌣/ 名 修正, 補筆.

†__re·trace__ /rɪtréɪs, rìː-/ 動 他 ❶ 〈...を〉引き返す, あと戻りする: He ~d his steps back _to_ where he had started from. 彼は出発した所に引き返した. ❷ 〈...の〉もとを尋ねる, さかのぼって調べる. ❸ 〈...を〉回顧[追想]する: ~ one's past 過去を回想する.

†__re·tract__ /rɪtrǽkt/ 動 他 ❶ 引っ込める, 収縮させる. ❷ 〈前言・約束などを〉取り消す, 撤回する: ~ an accusation 非難を撤回する; 告訴を取り下げる. ━━ 自 ❶ 引っ込む, 縮む. ❷ 〈前言を〉取り消す[撤回する]. 《L=後ろに引っぱる《 RE-¹+trahere, tract- 引く (cf. attract, train)》 (名 retraction)

__re·trac·ta·ble__ /rɪtrǽktəbl/ 形 ❶ 引っ込められる: ~ headlights 〈自動車の〉格納式ヘッドライト. ❷ 取り消し[撤回]できる.

__re·trac·tile__ /rɪtrǽktl | -taɪl/ 形 〈動〉〈猫のつめ・カメの頭などのように〉引っ込められる.

__re·trac·tion__ /rɪtrǽkʃən/ 名 ❶ Ⓤ 引っ込めること. ❷ Ⓒ 〈前言・約束などの〉取り消し, 撤回 (withdrawal). (動 retract)

__re·trac·tive__ /rɪtrǽktɪv/ 形 引っ込む, 伸縮できる.

__re·trac·tor__ /rɪtrǽktə/ 名 retract する人[もの]; 〖外科〗開創器《傷口を開く器具》; 〖解〗後引筋.

†__re·train__ 動 再教育[再訓練]する. ━━ 自 再教育をうける. __~·a·ble__ 形

__re·tread__ /rìːtréd/ 動 〈自動車のタイヤに〉踏面(ﾄﾚｯﾄﾞ)をつけ直す, 〈タイヤを〉再生する. ━━ /⌣⌣/ 名 ❶ 再生タイヤ. ❷《口》焼き直し, 二番煎じ《映画・本・歌など》. ❸《口》〈新しい仕事の〉再訓練を受けた人, 返り咲いた人.

*__re·treat__ /rɪtríːt/ 動 自 ❶ 〈軍隊などが〉退却する; 引き下がる, 退却する: The guerrillas ~ed _into_ the forest. ゲリラたちは森の中へ退却した / ~ _to_ Italy in winter 冬に寒さを避けてイタリアへ行く. ❷ 後退する, 遠のく;〈水などが〉引く. ❸ [副詞(句)を伴って] 手を引く, やめる. ❹ [通例副詞(句)を伴って] (静かな場所などへ)退く, 引きこもる. ❺《株の値を下げる.
━━ 名 Ⓒ Ⓤ 退却, 後退: make a ~ 退却する / cover the ~ 退却を援護する / cut off a person's ~ 人の退路を断つ / after many advances and ~s 進撃と後退を何度も繰り返しながら / make good one's ~ 無事退却する[逃れる]. ❷ Ⓒ **a** 静養先, 隠れ家, 避難所, 潜伏場所: a mountain ~ 山荘 / a rural ~ いなかの隠居所 / a summer ~ 避暑地. **b** 〈高齢者・精神障害者などの〉収容施設. ❸ Ⓤ Ⓒ 〖カト〗黙想(期間): be in ~ 黙想中である.
__beat a retreat__ (1) 逃げ出す《画面》退却の合図の太鼓を打ち鳴らすのが原義: _beat a_ hasty ~ あわてて逃げ出す. (2)〈事業・計画などを〉やめる.
__in full retreat__ 総退却して.
__sound the retreat__ 〖軍〗退却合図のらっぱ[太鼓]を鳴らす. 《F<L=後ろに引っぱる; ⇒ retract, treat》
【類義語】 ⇒ retire.

__re·trench__ /rɪtréntʃ/ 動 他 ❶ 〈費用などを〉節減する, 切り詰める. ❷ 縮小する, 減少させる. ━━ 自 節約する.

__re·trench·ment__ /-mənt/ 名 Ⓤ Ⓒ 経費節減, 節約; 削減, 縮小.

__re·tri·al__ /rìː-tráɪəl/ 名 〖法〗再審: a petition for ~ 再審請求.

†__ret·ri·bu·tion__ /rètrəbjúːʃən/ 名 Ⓤ [また a ~]《悪事などの当然の》報い, 懲罰; 応報, 天罰 (punishment): the day of ~ 最後の審判日; 応報の日.

__re·trib·u·tive__ /rɪtríbjʊtɪv/ 形 [通例限定] 報復の, 応報の.

__re·trib·u·to·ry__ /rɪtríbjʊtɔ̀ːri | -təri, -tri/ 形 =retributive.

†__re·triev·al__ /rɪtríːv(ə)l/ 名 Ⓤ ❶ 〈なくしたものなどを〉取り戻すこと; 〈失われた名誉・敗北などの〉回復, 挽回(ﾊﾞﾝｶｲ); 《損害・ミスなどの》埋め合わせ, 修復 (recovery). ❷ 〖電算〗《情報の》検索. __beyond [past] retrieval__ 回復の見込みがない(ほど). (動 retrieve)

__retrieval system__ 名 〖電算〗情報検索システム.

*__re·trieve__ /rɪtríːv/ 動 他 ❶ 〈...を〉取り戻す, 回収する: I ~d my key from the parking attendant and went back to the car. 私は駐車場の係員からキーを返してもらって車へ引き返した / ~ the crashed plane's black box _from_ the ocean floor 墜落した飛行機のブラックボックスを海底から回収する. ❷ 〈不幸・悪の淵などから〉〈人を〉救う, 救い出す (save): ~ a person _from_ ruin 人を破滅から救い出す. ❸ 〈...を〉回復する, 復旧する, 挽回(ﾊﾞﾝｶｲ)する: ~ one's fortunes 身代の立て直しをする / ~ one's honor 名誉を挽回する / She arrived just in time to ~ the situation. 彼女がちょうどタイミングよく来てくれたのでその場の雰囲気が元に戻った. ❹〈誤り・誤りなどを〉埋め合わせる, つぐなう; 繕(ﾂｸﾛ)う, 訂正する: ~ an error 誤りを訂正する. ❺ 〖電算〗〈情報を〉引き出す, 検索する: The new system can ~ data much faster. 新しいシステムはデータをいっそう速く引き出せる. ❻ 〈テニスなどで〉〈難しいボールを〉うまく返す. ❼ 〈猟犬が〉〈撃たれた獲物を〉探して持ってくる. ━━ 名 Ⓒ 回復, 回収, 取り戻し: beyond [past] ~ 回復の見込みがない. 《F=再び見つける》 (名 retrieval)
【類義語】 ⇒ recover.

__re·triev·er__ /rɪtríːvə/ 名 ❶ 取り戻す人[もの]. ❷ レトリーバー《撃たれた獲物を探して持ってくるように訓練された猟犬》: golden retriever.

†__ret·ro__ /rétroʊ/ 名 Ⓤ 《服装などの》復古調スタイル, レトロ《スタイル》. ━━ 形 Ⓐ ❶ 復古調[懐古趣味]の, レトロの: ~ clothes レトロ調の服 / ~ fashion レトロファッション. ❷ =retroactive.

__ret·ro-__ /rétroʊ-/ 腰綴「後方へ[にある]」「さかのぼって」「逆に」「逆進の」. 《L↑》

__retro·action__ 名 Ⓤ Ⓒ 反動, 反作用; 逆動;《法・税金などの》遡及(効力).

__ret·ro·ac·tive__ /rètroʊǽktɪv⁺/ 形 〈法律・効力などが〉さかのぼる, 遡及(ｿｷｭｳ)する (retrospective): a ~ law [statute] 遡及法. __~·ly__ 副

__ret·ro·cede__ /rètroʊsíːd/ 動 他 〈領土などを〉返還[還付]する.

ret・ro・ces・sion /rètrəuséʃən/ 名 U.C 後退;(領土などの)返還.

rétro・chòir 名 【建】(大聖堂などで)聖歌隊席または大祭壇後方の部分, 奥内陣.

rétro・fire 動 🈩〈逆進ロケットに〉点火する, 発射させる. —— 🈔〈逆進ロケットが〉点火する, 発射する.

ret・ro・fit /rétroufìt/ 動 🈔(…に)〈新部品を〉追加導入する, 〈…の〉装置を改造する. —— /-ˊ-ˋ-/ 名 🈩 U 新部品の追加導入, 装置の改造. ❷ C 改造した部品.

ret・ro・flex /rétrəflèks/ 形 ❶ そり返った. ❷ 【医】後屈した. ❸ 【音声】反り舌の, 反転音の.

rét・ro・flèxed /-kst/ 形 =retroflex.

ret・ro・flex・ion /rètrəflékʃən/ 名 🈩 U ❶ 反転. ❷ 【医】(子宮の)後屈. ❸ 【音声】反り舌.

rètro・gradátion 名 ❶ 後退, 退去; 退歩, 退化, さかのぼり, 遡行(ˊ´-); ❷ 【天】逆行運動.

ret・ro・grade /rétrəgrèid/ 形 ❶ 後退する, 逆戻りの; 【天】逆行する: a ~ attitude 時代に逆行する[後退的]態度. ❷ 退歩の, 退化する. ❸ (順序が)逆の. —— 動 ❶ 後退する, 逆行する. ❷ 退歩[退化]する.

ret・ro・gress /rètrəgrés/ 動 ❶ 戻る, 後退する, 逆行する. ❷ 退化[退歩]する, 悪化する.

ret・ro・gres・sion /rètrəgréʃən/ 名 🈩 U ❶ 後退, 逆行. ❷ 退化, 退歩.

ret・ro・gres・sive /rètrəgrésiv¯/ 形 ❶ 後退[逆行]する (⟷ progressive). ❷ 退化する. ~・ly 副

rétro・ròcket 名 逆進ロケット.

re・trorse /ritɔ́ːs|-tɔ́ːs/ 形 【植・動】逆向きの(《後方[下方]に向いた). ~・ly 副

†**ret・ro・spect** /rétrəspèkt/ 名 U 回顧, 追想, 懐旧 (~ prospect) (★通例次の句で): in ~ 回顧して, 振り返ってみると.

ret・ro・spec・tion /rètrəspékʃən/ 名 U 回顧, 追想, 思い出.

†**ret・ro・spec・tive** /rètrəspéktiv/ 形 ❶ 回顧の, 懐旧の; ~ exhibition 回顧展. ❷ 【法】遡及的な (retroactive): a ~ law 遡及法 / a ~ pay raise 過去にさかのぼっての昇給, 遡及昇給. —— 名 回顧展. ~・ly 副 過去を振り返って (= in retrospect).

rètro・transpósón 名 遺 レトロトランスポゾン(その配列がレトロウイルスの配列と相同を示すトランスポゾン).

re・trous・sé /rətrùːséi|-ˊ-ˋ-/ 形〈鼻の〉上を向いた(★よい意味で使う). 【F】

ret・ro・vert・ed /rétrəvə̀ːtid|-və̀ː-/ 形 後方に曲がった,〈子宮が〉後屈した.

rétro・vìrus 名 【生化】レトロウイルス(RNAを遺伝子としてもち, 逆転写酵素によってDNAに変換するウイルス).

rè・trý 動 🈩【法】再審理する. —— 🈔 再び試みる; 【電算】再試行する.

ret・si・na /retsíːnə/ 名 U レツィーナ(ギリシア特産の松やにいりワイン).

rè・túne 動 〈楽器を〉調律しなおす;〈ラジオなどを〉別の周波数に合わせる.

‡**re・turn** /ritə́ːn|-tə́ːn/ 動 🈩 帰る, 戻る (比較 come [go, get] back のほうが口語的; すぐに戻る時は be soon back): What time will he ~? 彼は何時に帰りますか (用法 return back は不可) / ~ home 帰宅[帰国]する / He will ~ to the U.S. from Europe next month. 彼は来月ヨーロッパからアメリカに帰国します. ❷ (もとの状態に)戻る, 回復する; (前の話題などに)戻る: Consciousness ~ed gradually. 意識がだんだん回復してきた / ~ to the old customs 昔の習慣に戻る / ~ to power 政権に返り咲く / Things are slowly ~ing to normal after the earthquake. 地震の後事態は徐々に正常に戻りつつある / We shall ~ to this point later. 後でこの問題に戻ることにします. ❸〈季節・病気などが〉再び起こる, 再来する, 再発する: The pain [bad weather] has ~ed. 痛み[悪天候]がまた戻ってきた.

—— 🈔 ❶ a〈ものを〉(元の持ち主・元の場所などに)返す, 戻す, 返還する (用法 前後関係に応じて, give [throw, put] back とするほうが口語的な): Please ~ my book. 私の本を返してください(用法 return back my book は不可) / Don't forget to ~ the money you borrowed. 借りたお金は忘れずに返しなさい / The catcher ~ed the ball to the pitcher. キャッチャーはボールをピッチャーに返した〔+目+目〕/ I ~ed him the book [the book to him]. 私は彼にその本を返した. b〈…を×…の状態で〉返還する:〔+目+補〕The stolen goods were ~ed undamaged. 盗品は無傷で戻された. ❷〈…に〉報いる, 返礼する, お返しをする: ~ thanks (食前に)感謝の祈りをささげる; (乾杯などに対して)謝辞を述べる / ~ a favor [compliment] 好意[お世辞]にお返しをする / ~ a visit 返礼訪問をする / ~ evil for good = ~ good with evil 恩をあだで返す. ❸〈…に対して〉返事をする, 答える: To my question he ~ed no reply. 私の質問に彼は何も答えなかった / 〔+目+as 補〕"You are welcome," he ~ed. 「どういたしまして」と彼は答えた. ❹ (公式に)報告する, 申告する: (英)〔+目+as 補〕She ~ed her earnings as ₤50,000. 彼女は収入を5万ポンドと申告した. ❺〈陪審が〉〈評決を〉下す: The jury ~ed a verdict of guilty [not guilty]. 陪審団は有罪[無罪]の評決を出した. ❻〈利子・利益などを〉生む: The bazaar has ~ed a fairly good profit. バザーからかなり良い利益があがった. ❼ [通例受身で] (英)選出する, 再選する: A Conservative candidate was ~ed. 保守党候補者が選出された / He was ~ed to Parliament for Bath. 彼はバース市から国会議員に選出された. ❽〈テニスなど〉〈ボールを〉打ち返す

to return (to the subject) [独立不定詞として] 本論に戻って, 余談はさておき.

—— 名 🈩 a [単数形で] 帰り, 帰還, 帰宅: a ~ home 帰宅, 帰国 / I'm looking forward to your ~ to Japan [from America]. あなたが日本へ[アメリカから]お帰りになるのを楽しみに待っています / On his ~ he found the house empty. 帰宅してみると家にはだれもいなかった. b (英) 往復切符 (cf. single 名 4): a day [weekend] ~ 1日[(金曜から月曜までの)週末] 有効の往復切符. ❷ [単数形で] 回帰, 復帰; 再発: a ~ to a normal life (病後や休みの後で)普通の生活に戻ること / Many [I wish you many] happy ~s (of the day)! ご長寿を祈る《誕生日などの祝詞》/ There was a ~ of the fever that year. その年熱病が再発した. ❸ U 返却, 還付; on sale or ~ (商) 残品引き取りの条件で / demand the ~ of a loan 負債の返却を請求する / On ~ of the bicycle I will refund the deposit. 自転車を返却していただいた時点で預かり金を払い戻しいたします. ❹ U 返礼, 応答, 返報: the ~ of a salute 答礼(砲) / a poor ~ for (one's) kindness 人の好意を無にするような行為, 恩をあだで返るふるまい. b 返本, 返送. ❺ U.C 報酬, 収入, 収益 (yield); Small profits and quick ~s. 薄利多売《商店標語; 略 S.P.Q.R.》/ He got a good ~ on the investment. 彼はその投資からよい収益をあげた. ❻ C a 報告(書), 申告(書): a tax [an income tax] ~ 税[所得税]の申告書. b [通例複数形で] 開票報告: election ~s 選挙開票報告. ❼ C〈テニスなど〉(ボールの)打ち返し. ❽ C 雪辱戦, リターンマッチ. ❾ C (タイプライター・キーボードの)リターンキー.

by return (of póst) (英) 折り返し便で.

in retúrn (のお返しに, 返報に, 見返りに) 〔for〕: I want nothing in ~. 何もお返しなどいりません.

póint of nó return ⇒ point 名 成句.

—— 形 (比較なし) ❶ a A 帰りの, 帰路の: a ~ journey 帰路; (旅行の)帰り / a ~ flight (飛行機の)帰航 / a cargo 積み戻し荷物, 帰り荷 / a ~ address 差出人住所, 返送先 / a ~ envelope 返信用封筒 / ~ postage 返送料. b (英) 〈切符・切符代が〉往復の[で] (《米》 round-trip) (cf. single 名 4): a ~ fare 往復運賃 ⇒ return ticket / The price is ₤2 single and ₤3.80 ~. 料金は片道で2ポンド, 往復で3ポンド80ペンスです. ❷ A a 返事の, 返礼の: a ~ visit 返礼訪問. b 《試合など再度の》, 雪辱の: ⇒ return match [game].

【F = 後ろに回る; ⇒ re-¹, turn】

re・turn・a・ble /ritə́ːnəbl|-tə́ː-/ 形 返却できる; 返還

すべて(↔ nonreturnable). ── 图 返却金のもらえる空き瓶[缶].
retúrn càrd 图 返送用注文カード《片面に広告を載せ,他の片面が折り返し用紙になっている往復はがき》.
re·turn·ee /rɪtə:níː | -tə:n-/ 图 ❶〈戦地・外国などからの〉帰還者, 帰国者. ❷《特に産休後の》職業復帰者.
retúrn·er 图 return する人;《英》〈一時的中断のあと〉再び仕事に戻る人, 職業[職場]復帰者《特に女性》.
re·túrn·ing òfficer 图《英》選挙管理官.
retúrn kèy【電算】改行復帰キー, リターンキー.
retúrn mátch [gáme] 图 = return 8.
retúrn póstcard 图 往復はがき.
retúrn tícket 图 = return 1 b.
retúrn tríp 图 ❶《米》帰り道. ❷《英》往復旅行.
rè·týpe 動 ⑫ タイプしなおす.
Reu·ben /rúːbən/ 图 ❶【聖】ルベン《Jacob の長男》; ルベン人《Reuben の子孫, イスラエル 12 支族の一》. ❷《また **Réuben sàndwich**》ルーベンサンドイッチ《ライ麦パンにコンビーフ・スイスチーズ・ザウアークラウトをはさんで焼いたもの》.
rè·únify 動 再統一[再統合]する.   **rè·unificátion** 图
+**re·ún·ion** /riːjúːnjən/ 图 ❶ Ⓒ 再会の集い, 親睦会;同窓会, クラス会: a class 〜《卒業してからの》クラス会. b 再会: a happy 〜 with an old teacher 昔の先生との楽しい再会. ❷ Ⓤ 再結合[合同].
Ré·u·nion /riːjúːnjən/ 图 レユニオン《インド洋西部 Madagascar 島の東にある島; フランスの海外県; 県都 St.-Denis》.
+**re·u·nite** /riːjuːnáɪt/ 動 ⑫《通例受身で》再結合させる, 再会させる〔with〕: Father and child were 〜d after ten years' separation. 父と子は 10 年ぶりに再会した.   ── ⑪ 再結合する, 再会する〔with〕.
rè·úp ⑪《米俗》再び引き受ける, 再契約する.
re·us·a·ble /rìːjúːzəbl ̄/ 形 再利用できる.
re·use /rìːjúːz/ 動 ⑫ 再利用する.   ── /-júːs/ 图 Ⓤ 再利用.
Reu·ters /rɔ́ɪtəz | -təz/ 图 ロイター通信社《ロンドンで創立》.
+**rev** /rév/《口》图《エンジンの》回転.   ── 動 ⑫ (**revved; rev·ving**)〈エンジンの〉回転を増す, 吹かす;〈活動を〉より活発にする〈up〉.   ── ⑪〈エンジンが〉回転を増す〈up〉. 【REV(OLUTION)】
rev.《略》revenue; reverse(d); review(ed); revise(d); revision; revolution; revolving.
Rev.《略》【聖】Revelation(s); Reverend.
re·val·u·ate /rìːvǽljuèɪt/ 動 ⑫ 評価しなおす;〈通貨の〉価値を改定する,《特に》切り上げる.
re·val·u·a·tion /rìːvæljuéɪʃən/ 图 Ⓤ ❶ 再評価. ❷【経】平価切り上げ (↔ devaluation).
+**re·val·ue** /rìːvǽljuː/ 動 ⑫ ❶〈...を〉再評価する. ❷【経】〈...の〉平価を切り上げる (↔ devalue).
+**re·vamp** /riːvǽmp/ 動 ⑫〈...を〉改修する, 改良する, 改造する, 改訂する.
re·vanche /rəváːnʃ/ 图 Ⓤ 報復政策[主義].
re·vanch·ism /-ʃɪzm/ 图 = revanche.   **-ist** 图 形
rév còunter 图《英口》= tachometer.
Revd《略》Reverend.
‡**re·veal¹** /rɪvíːl/ 動 ⑫ ❶ a〈秘密・事実などを〉〈人に〉漏らす, 明かす, 明らかにする, 暴露する (↔ conceal): He did not 〜 his identity. 彼は自分の正体を明かさなかった / He 〜ed the secret to his wife. 彼は秘密を妻に漏らした /〔+that〕Tests 〜ed that there were no dangerous bacteria in the soil. 検査の結果その土壌には危険な菌が含まれていないことが判明した / He 〜ed to the press that he had been a spy. 彼はかつて自分がスパイであったことを新聞に明らかにした /〔+目+to be 補 /+目+as 補〕This deed 〜ed him to be a kind man. この行ないで彼が親切な男であることがわかった / In this book the author 〜s himself as a true scholar. この本の中で著者は自分が学者であることを明らかにしている. b〔〜 oneself で〕正体を現わす, 本性を示す: His genius 〜ed itself. 彼の天才が見えて

きた. ❷〈隠されていたものを〉見せる, 現わす, 示す (show): The moonlight 〜ed her face. 月の光で彼女の顔が見えた. ❸〈神から〉啓示[黙示]する.   〜·ment 图〖F〈L=ベールをはぐ RE-¹+velum ベール (cf. veil)〗 (图 revelation)
re·veal² /rɪvíːl/【建】图 抱く (jamb);《自動車の》窓枠.
reveáled relígion 图 Ⓤ 啓示宗教《神の啓示に基づく宗教; cf. natural religion》.
*****re·veal·ing** /rɪvíːlɪŋ/ 形 ❶ 啓発的な; 意義深い: a 〜 book 啓発的な書物. ❷〈衣服など〉肌を露出するような: a 〜 dress 肌を露出させたドレス.
rè·végetate 動〈荒れ地に〉再び植物を生育[生長]させる.   ── ⑪ 再び生長する.   **rè·vegetátion** 图
rev·eil·le /révəli | rɪvǽli/ 图 Ⓤ〔しばしば the 〜〕【軍】起床らっぱ: sound 〜 起床らっぱを吹く.
+**rev·el** /révəl/ 動 ⑪ (**rev·eled,**《英》**-elled; rev·el·ing,**《英》**-el·ling**) ❶〔...を大いに楽しむ, [...にふける, 陶酔る: 〜 in scandal スキャンダルを喜ぶ / I 〜 in meeting new people. 私は新しい人に会うのが楽しくてしようがない. ❷ 酒盛りする, 飲み浮かれる.   ── 图〔通例複数形で〕酒盛り; お祭り騒ぎ.
*****rev·e·la·tion** /rèvəléɪʃən/ 图 ❶ Ⓤ 明らかにすること, 暴露, すっぱ抜き; 発覚: the 〜 of a secret 秘密の暴露[発覚]. ❷ Ⓒ 暴露[明らか]にされた事物; 意外な新事実: It was a 〜 to me. それは私には意外な話であった / What a 〜! 何という意外な話だろう /〔+that〕The 〜 that he had taken bribes shocked everybody. 彼がわいろを受け取っていたことがわかってみんなに衝撃を与えた. ❸ a〔≠敬〕天啓, 啓示, 黙示. b〔the R-〜, (the) Revelations; 単数扱い〕【聖】ヨハネの黙示録 (The Apocalypse, The Revelation of St. John the Divine)《新約聖書の最後の書; 略 Rev.》. (動 reveal)
rev·e·lá·tion·ist /-ʃ(ə)nɪst/ 图 啓示を信ずる人;〔the R-〜〕黙示録の作者; 啓示を伝える人.
rev·e·la·to·ry /révələtɔːri | -təri, -tri/ 形〔隠されたことなどを〕現わすような; 暴露(性)の; 啓示[天啓]の, 啓示的な; [...を] 現わす〔of〕.
rév·el·er,《英》**rév·el·ler** 图 酒盛りする人, 飲み騒ぐ人.
rev·el·ry /révəlri/ 图 Ⓤ〔また複数形で〕飲み騒ぎ, 飲めや歌えの大騒ぎ.
rev·e·nant /révənənt/ 图 黄泉(ᴇ)の国から戻った人, 幽霊, 亡霊;《流罪・長旅などから》帰ってきた人.   ── 形 繰り返し戻ってくる; revenant の.
*****re·venge** /rɪvéndʒ/ 图 Ⓤ ❶ 復讐(ᴇ), 仕返し, 報復《用法「人」に対しては on,「行為」に対しては for》: in [out of] 〜 for... の返報[腹いせ]に / I'll have [take] my 〜 on him for this insult. この侮辱に対してはやつに復讐してやる. ❷ 復讐心, 遺恨. ❸《スポーツ・ゲームなどの》雪辱の機会: give a person his 〜 雪辱戦に応ずる.   ── 動 ⑫ ❶〔〜 oneself また受身で〕[...に]復讐する: He swore to 〜 himself [to be 〜d] on his enemies. 彼は敵に復讐することを誓った. ❷〈被害者などのかたきを〉討つ;〈加害・侮辱などに〉仕返しをする: 〜 a defeat 敗北に雪辱する / We must 〜 our dead. 死んだ者のかたきを討たねばならない / I will 〜 this insult some day. この侮辱に対してはいつか仕返しをしてやる. 〖F〈RE-¹+L vindicare 要求する, 復讐する (cf. vindicate)〗〔類義語〕**revenge** 個人的な憎しみ・悪意を動機とした仕返しをする. **avenge** 不正・悪事・圧迫に対して正義感から当然の正当な仕返しをする.
re·venge·ful /rɪvéndʒf(ə)l/ 形 復讐(ᴇ)心に燃えた, 執念深い.   **-ly** /-fəli/ 副   **〜·ness** 图
*****rev·e·nue** /révən(j)ùː | -njùː/ 图 ❶〔また複数形で〕a《税金などによる国の》歳入: ⇒ internal revenue, inland revenue. b《国家・団体・個人などの》総収入, 総所得: one's annual 〜 年収. ❷ Ⓒ《土地・財産などからの》収益, 収入; 収入源. ❸〔通例 the 〜〕国税庁, 税務局: defraud the 〜 脱税する. 〖F〈L=戻ってきたもの RE-¹+venire 来る (cf. venue)〗
révenue expénditure 图 Ⓤ〔また a 〜〕【会計】収益支出《収益を得るために行なわれる支出; cf. capital expenditure》.

révenue stàmp 图 収入印紙.
révenue tàriff 图 収入関税.
révenue tàx 图 収入税.
re·verb /rívɜːb | -vɜ:b/ 图 Ⓤ 電子楽器[アンプ]によって生成された残響, エコー(効果); Ⓒ 残響(付加)[エコー]装置, リバーブ.
re·ver·ber·ant /rɪvɜ́ːb(ə)rənt | -vɜ́ː-/ 形 反響する, 鳴り響く.
†**re·ver·ber·ate** /rɪvɜ́ːbərèɪt | -vɜ́ː-/ 動 ⓥ ❶ 〈音が反響する; 〈場所が〉音で反響する (echo): A shot ~d through the hall. 一発の銃声が会場中に響きわたった / The hall ~d with the sound of the explosion. 会場にはその爆発音が響きわたった. ❷ 〈光・熱が〉反射する. ❸ 〈ニュース・うわさなどが〉波紋[反響]を呼ぶ. ── ⓣ ❶ 〈音を〉反響させる. ❷ 〈光・熱を〉反射する.
re·ver·ber·a·tion /rɪvɜ̀ːbəréɪʃən | -vɜ̀ː-/ 图 ❶ a Ⓤ 反響; 反射. b Ⓒ 反射光[熱]. ❷ Ⓒ,Ⓤ 〔通例複数形で〕残響[反響]音 (echo). ❸ 〔複数形で〕(事件などの)波紋, 影響.
re·ver·ber·a·tive /rɪvɜ́ːbərətɪv, -rèɪt-/ 形 反響する; 反射する. **-ly** 副
re·vér·ber·à·tor /-tə | -tə/ 图 反射器, 反射鏡, 反射灯, 反射炉.
re·ver·ber·a·to·ry /rɪvɜ́ːb(ə)rətə̀ri | -vɜ́ːb(ə)rətəri, -tri/ 形 ❶ 〈火・熱など〉反射された. ❷ 〈炉が〉反射式の. ── 图 反射炉.
revérberatory fúrnace 图 反射炉.
†**re·vere** /rɪvíə | -víə/ 動 ⓣ 〈深い尊敬・愛情をもって〉人・ものなどを崇敬する, あがめる: ~ a saint 聖人をあがめる. 《F<L=うしろに抱く》 (图 reverence, 形 reverent) 【類義語】 ⇒ worship.
Re·vere /rɪvíə | -víə/, **Paul** 图 リビア (1735–1818; 米国独立戦争時の愛国者; 1775 年 4 月 18 日, 夜を徹して馬を飛ばし, 英軍の進撃をいちはやく Lexington の人々に知らせた).
†**rev·er·ence** /rév(ə)rəns/ 图 ❶ Ⓤ (深い尊敬・愛情をもった)崇敬, 尊敬; 敬意 《比較 respect よりも程度の高い尊敬を表わす》: with ~ 尊敬の念をもって, うやうやしく / feel ~ for... に崇敬の念を抱く, ... を尊敬する / show profound ~ for a person 人に深い崇敬の念を表わす / hold a person in ~ 人を尊敬する. ❷ 〔your [his] ~〕 などで聖職者の敬称または呼び掛けに用いて〕 尊師. 動 =revere. 【類義語】 ⇒ honor.
*__rev·er·end__ /rév(ə)rənd/ 形 Ⓐ ❶ 〔the R~〕 聖職者の敬称または呼び掛けに用い〕 …師 (略 the Rev(d); 用法 聖職者に対する敬称としては, 姓と名をつけるのがていねいな用法: *the Reverend* Martin Luther King (マーティンルーサーキング師); ただし話し言葉での呼び掛けとして単に *Reverend* とするのは失礼になる》. ❷ 聖職者の, 牧師の: the ~ gentleman その聖職者[牧師]. ❸ 〈人・事物・場所などが〉あがめ深き, 尊い. ── 图 《口》 牧師. 《F<L=尊敬すべき人; ⇒ revere》
Réverend Móther 图 女子修道院長に対する尊称.
rev·er·ent /rév(ə)rənt/ 形 うやうやしい; 敬虔(ﾕい)な: ~ disciples 敬虔な弟子たち. **-ly** 副
rev·er·en·tial /rèv(ə)rénʃəl/ 形 尊敬の念を表わす, うやうやしい: a ~ manner うやうやしいお辞儀. **-ly** 副
rev·er·ie /révəri/ 图 ❶ Ⓒ,Ⓤ (目覚めている時の)幻想, 夢想: be lost in (a) ~ 空想[もの思い]にふけっている / fall into a ~ ove [about] the past 過去の思いにふける. ❷ Ⓒ 《楽》幻想曲.
re·vers /rɪvíə | -víə/ 图 (働 ~ /-z/) 〔通例複数形で〕(襟・カフスなどの)折り返し. 《F; ⇒ reverse》
†**re·ver·sal** /rɪvɜ́ːs(ə)l | -vɜ́ː-/ 图 Ⓒ,Ⓤ ❶ 反転, 転倒; 逆戻り, 逆転: (a) role ~ = (a) ~ of roles 役割の逆転 《たとえば, 夫が妻の, 妻が夫の役割を果たすなど》. ❷ 《法》 《下級審の判決の》取り消し, 破棄. ❸ 《写》 《ネガからポジへの, またはその逆の》反転. (動 reverse)
*__re·verse__ /rɪvɜ́ːs | -vɜ́ːs/ 動 ⓣ ❶ 〈...を〉逆にする, 反対にする; 裏返す: ~ a process [procedure] 手続きを逆にする / ~ the order 順序を逆にする / ~ a sheet of paper 紙を裏返す / R~ arms! 反(ಭ)せ銃(ಭ)! 《葬式などで銃を逆になわせる号令》. **b** 〈位置などを〉置き換える, 転換する: Our positions have been ~d. 我々の立場は逆になってしまった. ❷ **a** 〔通例副詞(句)を伴って〕 《英》 〈車を〉(...に)バックさせる 《《米》 では back のほうが一般的》: I ~d the car *in [into* the garage]. 車をバックさせて中へ[ガレージに]入れた. **b** 〈機械などを〉逆方向に動かす, 逆転させる. ❸ 〈主義・決定などを〉覆す; 〔法〕 破棄する, 取り消す: ~ a decision [sentence] 判決[宣告]を取り消す. ❹ 〈電話料金を〉受信人払いにする, コレクトコールにする 《★ 次の句で》: ~ the charges 料金をコレクトコールにする (《米》 では call a person collect のほうが一般的》. ── ⓥ ❶ 逆になる; 逆戻りする, 逆行する. ❷ **a** 車をバックさせる; 〈車がバックする: I ~d out. 私はバックして外へ出た / The car ~d out of the gateway. その車はバックして門口から出た. **b** 〈エンジンなどが〉逆転する. ❸ 〔舞踏〕 逆に回る.
── 图 ❶ 〔the ~〕 〈... の〉逆, 反対: His reply was *the* ~ *of* what we expected. 彼の返事は我々が期待していたものとまるっきり違っていた / (It's) quite *the* ~. その正反対. ❷ 〔the ~〕 **a** 〈ものの〉裏, 背面 (back; ↔ front). **b** 〈コイン・メダルなどの〉裏面 (↔ obverse). **c** 〈開いた本の〉左ページ, 裏ページ (↔ recto). ❸ Ⓒ 不運, 失敗, 損失, 敗北: the ~s of fortune 不運, 敗北 / suffer [sustain] a ~ 失敗する, 敗北する. ❹ **a** Ⓤ 〈機械などの〉後進, バックス. **b** Ⓒ,Ⓤ 〔自動車の〉後進, バック(ギヤ) 《比較 「バック」は和製英語; 略 R》: shift into [put the car in] ~ ギヤをバックに入れる. **c** Ⓒ 逆転[後進]装置. ❺ 〔舞踏〕 逆回り.
in [into] revérse (1) バックで (⇒ 4 b). (2) 逆に, 反対に (backward).
── 形 (比較なし) ❶ 逆の: in ~ order 逆の順に / a result ~ *to* what was intended 意図されたものと正反対の結果. ❷ Ⓐ 裏の, 背後の: the ~ side of a coin 硬貨の裏面. ❸ 逆転する: ⇒ reverse gear.
《F<L=うしろに回転する RE-¹+*vertere, vers-* 回転する (cf. verse)》 (图 reversal, reversion) 【類義語】 ⇒ opposite.
revérse discrimination 图 Ⓤ 《米》逆差別 《少数派優先による多数派への差別, あるいは白人や男性に対する差別》.
revérse engineéring 图 Ⓤ 逆行分析 《他社の製品を分解・解析し, 自社製品に応用する手法》. **revérse-engineér** 動 ⓣ
revérse géar 图 Ⓤ,Ⓒ 〔自動車の〕バックギヤ.
revérse mórtgage 图 リバースモーゲージ, 逆抵当権 《土地・家屋を担保に融資を受け, 死亡に伴い不動産を処分して返済する; 高齢者の資産活用制度》.
re·vérs·er 图 逆にする人[もの]; 〔電〕 転極器, 反転器.
revérse tákeover 图 〔金融〕 逆乗っ取り 《大企業, 特に公営企業を小企業[私企業]が乗っ取ること》.
revérse transcríptase 图 Ⓤ 〔生化〕 逆転写酵素 《RNA に依存して DNA を合成する酵素》.
re·vers·i·ble /rɪvɜ́ːsəbl | -vɜ́ːs-/ 形 ❶ 逆[裏]にできる (↔ irreversible). ❷ 〈衣類など〉表も裏も着用できる, リバーシブルの: a ~ coat 両面兼用コート. ── 图 両表の衣服, 両面織りの布.
re·vérs·ing lìght 图 《英》 〈車の〉後退灯 《《米》 backup light》.
re·ver·sion /rɪvɜ́ːʒən | -vɜ́ːʃən/ 图 ❶ Ⓤ 〔通例望ましくない習慣・状態・話題などに〕逆戻り(すること), 逆コース 〔*to*〕. ❷ Ⓤ 〔生〕 先祖返り, 隔世遺伝. ❸ 〔法〕 **a** Ⓤ 財産の復帰. **b** Ⓒ 復帰財産; 復帰権. (動 reverse)
re·ver·sion·ar·y /rɪvɜ́ːʒənèri | -ʃ(ə)nəri/ 形 〔法〕 復帰権のある, 将来享有すべき.
revérsion·er /-ʒ(ə)nə | -ʃ(ə)nə/ 图 〔法〕 〈財産の〉復帰者.
†**re·vert** /rɪvɜ́ːt | -vɜ́ːt/ 動 ⓥ ❶ 〔もとの習慣・状態・話題などに〕戻る, 立ち返る, 逆戻りする: The region has ~*ed to* a wild state. その地方は荒廃地に戻ってしまった / Let's ~ *to* our subject. 本題に戻るとしよう. ❷ 〔法〕〈不

revertant 1536

動産などが〔…に〕復帰する〔*to*〕. ❸ 〖生〗〔…に〕先祖返りする〔*to*〕. revért to týpe ⇨ type 成句. 〖F<L; ⇨ reverse〗

re·ver·tant /rɪvə́ːtənt | -vɑ́ːt-/ 名形〖生〗復帰突然変異体(の).

rev·er·y /révəri/ 名 =reverie.

re·vet /rɪvét/ 動 他 (**re·vet·ted; re·vet·ting**) 〖土木〗〈堤防·壁などを〉石[コンクリート, 砂嚢]でおおう[固める].

re·vet·ment /rɪvétmənt/ 名〖土木〗擁壁(よう); 護岸;〖軍〗防壁.

*__re·view__ /rɪvjúː/ 名 ❶ U.C 再調査, 再吟味; 観察: keep...under ~ …を絶えず再吟味[検討]されるだろう. ❷ a C,U 評論, 書評;〔演劇·映画などの〕批評: a ~ copy 書評用献本 / ⇨ book review / write a ~ for a newspaper 新聞に批評を書く. b 〔しばしば R- で書名に用いて〕評論雑誌. ❸ C a 〔出来事·問題についての〕概観, 展望, 報告: an annual ~ *of* developments in cancer research がん研究の発展に関する年次報告書 〔過去の出来事·経験などの〕反省, 回顧〔*of*〕. c U 閲兵, 観兵[観艦]式: a military [naval] ~ 観兵[観艦]式/ hold a ~ (*of*...) 〔…を〕観閲[閲兵]する / march in ~ 閲兵行進をする, 閲兵を受ける. ❺ C 復習, 練習; 練習問題. ❻ U.C 〖法〗再審理: a court of ~ 再審裁判所. ❼ = revue.

còme úp for revíew 再検討される.

páss(...)in revíew (1) 検閲を受ける;〈…を〉検閲する. (2) 〈…を〉回顧する.

— 動 他 ❶ 〈…を〉再調査する, 再吟味する; よく調べる: We should ~ the details (once again). 我々は細目を(もう一度)よく調べるべきである. ❷ 〈…を〉反省する; 回顧する, 回想する: ~ negotiations so far 今までの交渉を反省する / He ~ed his past life. 彼は過去の生活を思いめぐらす. ❸〈書物·劇·映画などを〉批評[論評]する: His most recent book was favorably ~ed. 彼の最新作は批評家から好評を得ている. ❹〈軍隊を〉観閲する, 閲兵する. ❺《米》〔…に備えて〕〈学課などを〉復習する《英》revise) 〔*for*〕: ~ today's lessons きょうの授業の復習をする. ❻ 〖法〗〈…を〉再審理する.

— 自 ❶〔雑誌などに〕評論を書く: She ~*s for* a magazine. 彼女は雑誌の批評欄を担当している. ❷《米》〔…に備えて〕復習する(《英》revise): ~ *for* an exam 試験に備えて復習する. 〖F<L=再び見る<RE-¹+*videre, vis-* 見る(cf. view, vision)〗

re·view·al /rɪvjúːəl/ 名 U.C 見直し, 検討; 評論;《米》復習.

⁺**re·view·er** 名 評論家, 批評家, 書評家; 評論雑誌記者.

re·vile /rɪváɪl/ 動 他〔通例受身で〕〈…の〉悪口を言う,〈…を〉ののしる. — 自〈…に〉悪口を言う,〈…を〉ののしる〔*at, against*〕. ~·**ment** 名

*__re·vise__ /rɪváɪz/ 動 他 ❶〈意見·提案·規則などを〉修正する, 変更する (adjust): He has ~d his opinions about political reform. 彼は政治改革に関する意見を変えた. ❷〈本などを〉改訂する, 訂正する; 校閲[校正]する: a ~d edition 改訂版 / ~ a dictionary 辞書を改訂する. ❸《英》〔…に備えて〕〈学科を〉復習する(《米》review): ~ one's German *for* one's exam 試験に備えてドイツ語を復習する. — 自《英》〔…に備えて〕復習する(《米》review) 〔*for*〕. — 名 ❶ 修正, 訂正, 校正. ❷〖印〗再校刷り,「直し」. 〖F<L<RE-¹+*visere* よく見る(*videre* 見る; cf. vision)〗 (名 revision)

Re·vísed Stándard Vérsion 名〔the ~〕改訂標準訳聖書《米国の学者たちにより「新約」は 1946 年,「旧約」は 1952 年に米国で発行; 略 R.S.V.》.

Revísed Vérsion 名〔the ~〕改訳聖書《Authorized Version の改訂版;「新約」は 1881 年に,「旧約」は 1885 年に英国で出版; 略 R.V., Rev. Ver.》.

re·vís·er 名 校訂[校閲]者, 改訂者, 訂正[修正]者; 改訳聖書 (the Revised Version) の訳者;〖印〗校正係.

⁺**re·vi·sion** /rɪvíʒən/ 名 ❶ U.C 改訂, 訂正; 修正; 校閲. ❷ C 改訂版; 訂正書, 改訳. ❸ U《英》復習. (動 revise)

re·vi·sion·ism /-ʒənɪzm/ 名 U ❶ 修正主義, 修正社会主義. ❷ (政策·理論などの)見直し論, 修正論.

re·vi·sion·ist /-ʒənɪst/ 名 修正論[主義]者. — 形 修正主義(者)の: a ~ historian 歴史修正主義者.

⁺**re·vis·it** /rìːvízɪt/ 動 他〈…を〉再び訪問する, 再び訪れる;〈…に〉立ち戻る. — 名 再訪問.

re·vi·sor /rɪváɪzə/ 名 =reviser.

⁺**re·vi·so·ry** /rɪváɪzəri/ 形 見直しの(ための), 校訂[訂正, 改訂, 改訳]の; 修正(ための).

⁺**re·vi·tal·ize** /rìːváɪṭəlàɪz/ 動 他〈…に〉再び生気を与える,〈…を〉生き返らせる (revive);〈…に〉新生命を与える,〈…を〉復興させる: ~ the economy 経済を復興させる. **re·vi·tal·i·za·tion** /rìːvàɪṭəlɪzéɪʃən | -laɪz-/ 名

*__re·viv·al__ /rɪváɪv(ə)l/ 名 ❶ U.C **a** 生き返り, 復活, 再生; 復興: the economic ~ *of* Japan 日本の経済復興. **b** 〈健康·気分などの〉回復〔*of*〕. **c** 〈古い習慣·伝統などの〉再興〔*of*〕. ❷ C 〈古い劇などの〉再上演,〔古い映画の〕再上映, リバイバル〔*of*〕. ❸ U.C **a**〖宗教〗信仰復興. **b** (信仰復興のための)伝道集会. **the Revival of Léarning** 文芸復興 (the Renaissance). (動 revive)

re·viv·al·ism /-vəlɪzm/ 名 U 信仰復興運動; 復興気運.

re·viv·al·ist /-v(ə)lɪst/ 名 信仰復興論者.

revival mèeting 名 =revival 3 b.

*__re·vive__ /rɪváɪv/ 動 他 ❶〈…を〉生き返らせる, よみがえらせる, 回復させる: She ~d him with artificial respiration. 彼女は人工呼吸を施して彼を蘇生させた / His encouraging words ~d my drooping spirits. 彼の激励の言葉を聞くと私の沈みがちだった気分も奮い立った. ❷〈…を〉復興させる, 再びやらせる: ~ old customs 古い慣習を復興させる. ❸〈古い劇を〉再び上演する,〈古い映画を〉再上映する. — 自 ❶ 生き返る, よみがえる, 回復する: The plants will ~ with a little water. その植物は少し水をやれば生き返る / His courage [spirits, hopes] ~d. 彼には勇気[元気, 希望]が再びわいてきた. ❷〈古い習慣などが〉復活する,〈劇·映画が〉再興する, 再び流行する. 〖F<L RE-¹+*vivere* to live (cf. vivid)〗 (名 revival)

re·viv·er 名 復活させる人[もの];《口》刺激性飲料, 興奮剤; 色揚げ剤.

re·viv·i·fy /rìːvívəfàɪ/ 動 他 ❶ 生き返らせる, 復活させる. ❷ 元気づける.

rev·o·ca·ble /révəkəbl, rɪvóʊk-/ 形 廃止[取消し]できる. **-bly** 副 **rèv·o·ca·bíl·i·ty** 名

rev·o·ca·tion /rèvəkéɪʃən/ 名 U.C 廃止, 取り消し.

⁺**re·voke** /rɪvóʊk/ 動 他〈命令·約束·免許などを〉取り消す, 廃止する, 無効にする, 解約する (rescind): He had his driver's license ~d. 彼は運転免許証を取り上げられた. — 自〖トランプ〗リボークする〖場札とそろいの札があるのに規約に違反してほかの札を出す〗. — 名〖トランプ〗リボークすること.

*__re·volt__ /rɪvóʊlt/ 名 C,U ❶ (比較的小規模の)反乱, 暴動: in ~ *against*...に反抗して / rise in ~ 反乱を起こして立つ/ incite [put down] a ~ 反乱を起こす[鎮圧する]. ❷ いやけ, 不快, 反感. — 動 自 ❶ 反乱を起こす, 反抗する (rebel): The people ~ed *against* the dictator. 国民は独裁者に向かって反乱を起こした. ❷〈…に〉胸が悪くなる, 嫌悪(けん)を感ずる, 反感を催す: The stomach ~*s from* [*at*] such food. そんな食物は胃がむかつく / We ~ed *at* the carnage. 我々はその殺戮(さつ)に心底嫌悪を感じた / She ~ed *against* his endless demands. 彼女は彼の絶えない要求に反感を抱きはじめた. — 他〈人を〉不快にする,〈人の〉胸を悪くさせる《★しばしば受身》: The violence on television ~s me. テレビで放映される暴力には胸が悪くなる / She *was* ~ed *at* [*by*] his bad manners. 彼女は彼の無作法に不快になった. — **·er** 名 〖F<It 以下反対にころがる<RE-¹+*volvere, volut-* 回転する (cf. volume, revolve)〗 (名 revolution) 〖類義語〗 ⇨ rebellion.

⁺**re·vólt·ing** 形 ❶ 不快を催させる, 実にいやな (disgusting): a ~ habit いやな癖 / His methods were ~ *to* her idea of fair play. 彼のやり方は彼女のフェアプレーの精神には不快さをわえることだった。 ❷ 反乱を起こしている。 ~·ly 副 胸が悪くなるほど, 実に不愉快に.

rev·o·lute /révəlùːt/ 形 〖植・動〗〈葉など〉外巻きの.

***rev·o·lu·tion** /rèvəlúːʃən/ 名 A ❶ C,U〖政治上の〗革命: ⇨ American Revolution, English Revolution. ❷ C〖思想・行動・方法などにおける〗大変革, 激変, 革命: a ~ *in* manufacturing 製造工業の革命 / Industrial Revolution. —— B ❶ a C,U 回転, 旋回. b U〖理〗回転運動. ❷ C,U〖季節などの〗周期, 循環. ❸ C,U〖天〗〖天体の〗公転 (cf. rotation 5). ⇨ revolt, revolve, 形 revolutionary. 【類語】⇨ rebellion.

***rev·o·lu·tion·ar·y** /rèvəlúːʃənèri | -ʃ(ə)nəri/ 形 A ❶ 革命の. ❷ a leader 革命の指導者. b [R-]アメリカ独立戦争[革命]の: the *R-* War＝American Revolution. ❷〖発明など〗革命的な, 画期的な: a ~ idea 画期的な着想 / The discovery is absolutely ~. その発見はまったく革命的だ. —— 名 =revolutionist. (名 revolution)

rèv·o·lú·tion·ism /-ʃənìzm/ 名 U 革命主義, 革命論.

rèv·o·lú·tion·ist /-ʃ(ə)nɪst/ 名 革命党員; 革命論者.

***rev·o·lu·tion·ize** /rèvəlúːʃənàɪz/ 動 他 ❶〈...に〉革命を起こす. ❷〈...に〉大変革を起こす. 〖REVOLUTION (A)+-IZE〗

***re·volve** /rɪvɑ́lv | -vɔ́lv/ 動 自 ❶ 回転する; ぐるぐる回る (*around, round, about*): The overhead fan slowly ~d. 天井の扇風機はゆっくりと回った / The earth ~s *around* the sun. 地球は太陽の周りを回る〖公転する〗/ The world doesn't ~ *around* you, you know. 君を中心に世の中が回っているわけではないんだよね. ❷〈季節などが〉循環する; 周期的に巡[回]る. ❸〈討論・議論などが〉〈...を〉中心題目とする: The debate ~d *around* the morality of abortion. 討論は妊娠中絶の道徳性を主要テーマとして行なわれた. —— 他 ❶〈...を〉回転させる, 周転させる: ~ a plate on a stick 棒の先で皿を回す. ❷〖問題などを〗思いめぐらす, 思案[熟考]する: I ~d the problem in my mind. その問題をいろいろと考えてみた. 〖L; REVOLT と二重語〗【類語】⇨ revolution. ⇨ turn.

***re·volv·er** /rɪvɑ́lvə | -vɔ́lvə/ 名 リボルバー〖輪胴式連発ピストル〗.

re·volv·ing 形〖通例 A〗回転する: a ~ sprinkler 回転式散水機 / a ~ stage 回り舞台.

revólving crédit 名 U〖商〗リボルビングローン〖未返済の融資金額が限度内であれば何度でも融資に応じる〗.

revólving dóor 名 ❶ 回転ドア. ❷ めまぐるしく交替する制度, 次々に循環する課程.

revólving fúnd 名 回転資金.

***re·vue** /rɪvjúː/ 名 C,U レビュー〖歌と踊りなどに時事風刺劇などを組み合わせた軽音楽〗. 〖F＝review〗

***re·vul·sion** /rɪvʌ́lʃən/ 名 U 〔また a ~〕 ❶〈...に対する〉反感, 嫌悪〖ᵃᵇ〗 (disgust) (*against*): recoil in ~ ぞっとしておどろのく. ❷〖感情・意見の〗激変, 急変 (*of*). ❸〖医〗〖反対刺激などによる〗誘導法.

Rev. Ver. 〖略〗Revised Version (of the Bible).

révved-úp /révd-/ 形〖口〗張り切って, 興奮して.

***re·ward** /rɪwɔ́ːd | -wɔ́ːd/ 名 ❶ C,U〖労働・奉仕などに対する〗報酬, ほうび: in ~ *for* ...の報酬として, ...に報いて / receive a fair ~ 正当な報酬を受ける / give a ~ *for* ...に対してほうびを与える. b 報い, 罰: The ~ *for* virtue is virtue itself. 徳の報いは徳そのもの / reap one's just ~ 〈文〉〖良かれ悪かれ〗当然の報いを受ける. ❷〖遺失物の返還・罪人の捕縛などに対する〗謝礼金, 賞金: a ~ of $10,000 1万ドルの賞金 / offer a big ~ *for* ...に対して莫大な賞金をかける.

—— 動 他 ❶ a〈...に〉報いる: ~ a service 功労に報いる. b〈注意・研究に〉値する: The way he holds the bow of his violin ~s attention. 彼のバイオリンの弓の持ち方は注意して見る価値がある. ❷〈...に対して〉報酬[賞, ほうび]を与える: He was ~*ed for* his cooperation with a share of the profits. 彼の協力は利益の一部で報われた.

1537 **rhapsodist**

〖F＝よく見る, 注意する; regard と同源語〗

***re·ward·ing** /rɪwɔ́ːdɪŋ | -wɔ́ːd-/ 形〖経験・行動など〗(...するだけの)価値のある, (...する)かいのある (satisfying): a very ~ experience 非常にやりがいのある経験 / a ~ book 読みがいのある本. ~·ly 副

re·wa·re·wa /rèɪwərèɪwə/ 名〖植〗レワレワ〖ニュージーランド産ヤマモガシ科の高木; 木材として貴重〗.

re·wind /riːwáɪnd/ 動 他 (re·wound /-wáond/)〈テープ・フィルムなどを〉巻き戻す.

re·wire /riːwáɪə | -wáɪə/ 動 他〈家などの〉電気の配線を取り替える.

re·wórd 動 他〈...の〉語句を言い換える.

***re·wórk** 動 他〈...に〉(手を加えて)作り直す, 再生する, 書き直す[改める].

re·wórk·ing 名 ❶ C 改作された曲[小説, 劇(など)], 改作. ❷ U 見直し, 改新.

re·writ·a·ble /riːráɪtəbl/ 形〖電算〗〈ディスクなど〉書き換え可能な.

***re·write** /riːráɪt/ 動 他 (re·wrote /-róut/; re·writ·ten /-rítn/) ❶〈...を〉書き直す; 書き換える (revise): ~ a composition 作文を書き直す / ~ *Le Morte Darthur for* children 「アーサー王の死」を子供向けに書き直す. ❷〖新聞〗〖記者の提出した原稿を書き直して記事にする, 書き直す. —— /riːráɪt/ 名 ❶〈...を〉書き直し(たもの) (revision): do a ~ of ...を書き直す. ❷ 書き直し記事.

Rex[1] /réks/ 名 (徴 Re·ges /ríːdʒiːz/) 〖英〗 ❶〖現国王の名の後につけて〗王, 君 (略 R.; cf. Regina 1): George ~ 王ジョージ. ❷〖法〗〖訴訟事件に王の称号として用いて〗王, 国王〖★ 国が当事者となる場合の訴訟事件に称号として用いる; 女王の場合は Regina; cf. people 5, versus 1〗: the action ~ v. Smith 国王対スミス訴訟. 〖L *rex, reg-* 王〗

Rex[2] /réks/ 名 レックス〖男性名〗.

Réx cát 名 レックス〖カールした短毛の猫〗.

Rex·ine /réksiːn/ 名 U〖商標〗レキシン〖人工皮革布 (leathercloth)〗.

Réye('s) sỳndrome /ráɪ(z)-, réɪ(z)-/ 名 C,U〖医〗ライ症候群〖小児にみられるしばしば致死的な脳障害〗.

Rey·kja·vik /réɪkjəvìːk, -vìk/ 名 レイキャビク〖アイスランドの首都〗.

Rey·nard /réɪnəd, rénəd | rénɑːd, -nəd/ 名 ❶ ルナール〖中世の風刺物語 *Reynard the Fox* (キツネ物語)の主人公のキツネの名〗. ❷ [r~] キツネ.

Reyn·old /rén(ə)ld/ 名 レナルド〖男性名〗.

Reyn·olds /rén(ə)ldz/, **Sir Joshua** 名 レノルズ〖1723-92; 英国の肖像画家〗.

Réynolds nùmber 名〖理〗〖流体中の物体の〗レイノルズ数〖略 Re.〗.

Rf 〖記号〗〖化〗rutherfordium. **r.f.** 〖略〗radio frequency; rapid-fire; right field. **RFC** 〖略〗〖英〗Rugby Football Club. **RFD** 〖略〗〖米〗rural free delivery. **Rh** 〖略〗〖生化〗Rhesus (factor); 〖化〗rhodium. **RH**, **r.h.** 〖略〗right hand〖楽〗右手(使用) (cf. LH, l.h.).

rhab·dom /rǽbdəm | -dɔm/ 名〖動〗感桿〖ᵃᵇ〗〖節足動物の複眼にある光刺激を感受する棒状体〗.

rhab·do·man·cy /rǽbdəmænsi/ 名 U 棒占い〖特に水脈・鉱脈を探る〗.

rhab·dome /rǽbdoʊm/ 名 =rhabdom.

Rhàd·a·mán·thine /-θɪn, -θaɪn | -θaɪnˉ/ 形〖しばしば r~〗Rhadamanthus の; 厳正な.

Rhad·a·man·thus /rædəmǽnθəs/ 名 ❶〖ギ神〗ラダマンテュス〖正義の士として名高く, 死後は黄泉〖ᵃᵇ〗の国の裁判官に選ばれた〗. ❷ 剛直な裁判官.

rhap·sode /rǽpsoʊd/ 名 =rhapsodist 1.

rhap·sod·ic /rǽpsɑ́dɪk | -sɔ́d-/ 形 ❶〈文章・言葉など〉狂想的な, 熱狂的な, 大げさな. ❷ ラプソディーの.

rhap·so·dist /rǽpsədɪst/ 名 ❶〖古代〗吟遊詩人, 叙事詩吟誦者. ❷ 狂詩文[狂詩曲]作者. ❸ 熱狂的な表現をする人.

rhapsodize

rhap·so·dize /rǽpsədàɪz/ 動 ⦅…について⦆熱狂的に語る[書く]: He ~d over [*about, on*] the victory. 彼は勝利について熱狂的に語った.

rhap·so·dy /rǽpsədi/ 名 ❶ ⦅しばしば複数形で⦆熱狂的な文章[詩歌, 言葉] ⦅*about, over*⦆: go into *rhapsodies over…*を熱狂的に言う[書く, ほめる]. ❷ ⦅しばしば R~⦆⦅楽⦆狂詩曲, ラプソディー: Liszt's *Hungarian Rhapsodies* リストの「ハンガリア狂詩曲」. ❸ ⦅古代ギリシアの⦆ラプソディ ⦅吟唱のように改作した叙事詩⦆. 《L<Gk 歌をつなぎ合わせること》 形 rhapsodic

rhat·a·ny /rǽtəni/ 名 ❶ ⓒ ⦅植⦆ラタニア ⦅多年生マメ科の小低木; 南米産⦆. ❷ Ⓤ ラタニア根 ⦅薬用またはワインの着色用⦆.

rhe·a /ríːə/ 名 ⦅鳥⦆レア, アメリカダチョウ ⦅南米産; 足指の数は3つ⦆.

Rhe·a /ríːə/ 名 ⦅ギ神⦆レイ(ア) ⦅大地の女神; Cronus の妻で Zeus, Hera, Poseidon などの諸神の母; cf. Cybele⦆.

rhe·bok /ríːbɑk | -bɔk/ 名 =reebok.

Rheims /ríːmz/ 名 =Reims.

rheme /ríːm/ 名 ⦅言⦆説述, 評言, 評述 ⦅文中で主題について述べている部分⦆.

Rhen·ish /rénɪʃ, ríːn-/ 形 ライン川地方の. ── 名 = Rhine wine 1. 《L *Rhen(us)* Rhine+-ISH》

rhe·ni·um /ríːniəm/ 名 Ⓤ ⦅化⦆レニウム ⦅希産の金属元素; 記号 Re⦆.

rhe·ol·o·gy /riɑ́lədʒi | -ɔ́l-/ 名 Ⓤ ⦅理⦆流動学, レオロジー ⦅物質の変形と流動に関する科学⦆. **-gist** 名 **rhe·o·log·i·cal** /ríːəlɑ́dʒɪk(ə)l | -lɔ́dʒ-/ 形 **-i·cal·ly** 副

rhe·o·stat /ríːəstæt/ 名 ⦅電⦆加減抵抗器.

rhé·sus bàby /ríːsəs-/ 名 Rh 溶血性疾患の新生児 ⦅Rh 陰性型女性が Rh 陽性型胎児を妊娠した場合の⦆.

Rhé·sus fàctor /ríːsəs-/ 名 =Rh factor. 《アカゲザル (rhesus monkey) の血液中で発見されたことから》

rhésus mònkey 名 ⦅動⦆アカゲザル ⦅アジア南部産の短尾種; 医学実験に用いられる⦆.

rhésus négative 形 =Rh-negative.

rhésus pósitive 形 =Rh-positive.

*__rhet·o·ric__ /rétərɪk/ 名 ❶ Ⓤ ⦅時には誠実な意味はない⦆華麗な文体, 美辞麗句; 誇張: high-flown ~ 大げさな美辞麗句. ❷ 修辞学(法), レトリック; 雄弁術, 弁舌巧みな表現. 《F<L<Gk=話し方》

†**rhe·tor·i·cal** /rɪtɔ́rɪk(ə)l | -tɔ́r-/ 形 ❶ 美辞麗句の, 誇張した. ❷ Ⓐ 修辞学の; 修辞的[上]の. **-cal·ly** /-kəli/ 副 美辞麗句を用いて, 誇張して; 修辞学上; 修辞学的に(言って).

rhetórical quéstion 名 ⦅文法⦆修辞疑問, 反語的疑問 ⦅たとえば Nobody cares. の意の *Who cares?* また It's very beautiful. の意の *Isn't it beautiful*!⦆.

rhet·o·ri·cian /rètəríʃən/ 名 ❶ 修辞学者. ❷ **a** 修辞法に通じた人. **b** 美文家.

rheum /rúːm/ 名 Ⓤ 粘膜の分泌物 ⦅涙・鼻汁など⦆.

rheu·mat·ic /ruːmǽtɪk/ 形 ❶ リウマチ(性)の: ~ fever リウマチ熱. ❷ リウマチにかかった: a ~ joint リウマチにかかった関節. ── 名 ❶ ⓒ リウマチ患者. ❷ ⦅複数形で⦆ ⦅英口⦆リウマチ.

rheu·mat·ick·y /ruːmǽtɪki/ 形 ⦅口⦆=rheumatic 2.

rheu·ma·tism /rúːmətɪzm/ 名 Ⓤ リウマチ: get [contract, develop] ~ リウマチにかかる. 《F<L<Gk *rheuma* 流れ, 分泌物+-ISM》

rheu·ma·toid /rúːmətɔ̀ɪd/ 形 リウマチ(性)の.

rhéumatoid arthrítis 名 Ⓤ ⦅医⦆リウマチ性関節炎, 関節リウマチ.

rheu·ma·tol·o·gy /rùːmətɑ́lədʒi | -tɔ́l-/ 名 Ⓤ ⦅医⦆リウマチ(病)学. **-gist** 名 **rhèu·ma·to·lóg·i·cal** /-təlɑ́dʒɪk(ə)l/ 形

rheum·y /rúːmi/ 形 (**rheum·i·er**, **-i·est**) 粘液を分泌する.

Rh fàctor /ɑ̀ːeɪtʃ- | ɑ́ː(r)eɪtʃ-/ 名 [the ~] ⦅生化⦆Rh 因子, リーサス因子 ⦅赤血球の中にある凝血素; この因子を持つ血液型を Rh positive (Rh 陽性), 持たないものを Rh negative (Rh 陰性)という⦆. 《RH(ESUS) FACTOR》

rhi·nal /ráɪn(ə)l/ 形 鼻の, 鼻腔の.

Rhine /ráɪn/ 名 [the ~] ライン川 ⦅スイスに発しドイツ・オランダを流れて北海に注ぐ川⦆.

Rhine·land /ráɪnlænd/ 名 ラインラント ⦅ドイツ領内のライン川沿岸地域⦆.

rhine·stone /ráɪnstòun/ 名 Ⓤ,ⓒ ラインストーン ⦅模造ダイヤモンド⦆.

Rhíne wìne 名 Ⓤ,ⓒ ❶ ラインワイン ⦅特に白⦆. ❷ 白ワイン.

rhi·ni·tis /raɪnáɪtɪs/ 名 Ⓤ ⦅医⦆鼻炎.

*__rhi·no__ /ráɪnou/ 名 (覆 ~**s**, ~) ⦅口⦆=rhinoceros.

rhi·no- /ráɪnou/ [連結形] 「鼻」「鼻腔」. 《Gk》

rhi·noc·e·ros /raɪnɑ́s(ə)rəs | -nɔ́s-/ 名 (覆 ~**es**, ~) ⦅動⦆サイ. 《L<Gk=nose-horn》

rhinóceros bèetle 名 ⦅昆⦆オオツノカブトムシ ⦅熱帯産⦆.

rhinóceros bìrd 名 ⦅鳥⦆=oxpecker.

rhi·noc·er·ot·ic /raɪnɑ̀sərɑ́tɪk | -nɔ̀sərɔ́t-/ 形 サイの(ような).

rhíno·plàsty 名 Ⓤ 鼻形成(術). **rhìno·plástic** 形

rhìno·vírus 名 ⦅医⦆ライノウイルス, ハナカゼウイルス ⦅かぜなどの病原となる⦆.

rhi·zo- /ráɪzou/ [連結形] 「根」.

rhi·zoid /ráɪzɔɪd/ 名 ⦅植⦆ 形 根状の. ── 名 仮根. **rhi·zoi·dal** /raɪzɔ́ɪdl/ 形

rhi·zome /ráɪzoum/ 名 ⦅植⦆根茎, 地下茎.

rhízo·mòrph 名 ⦅植⦆菌糸束.

rhízo·sphère 名 ⦅生態⦆[the ~] 根圏 ⦅土壌中で植物の根の影響が及ぶ範囲⦆. **rhìzo·sphér·ic** 形

Rh-négative 形 ⦅生化⦆⦅血液の⦆Rh 陰性の.

rho /róu/ 名 (覆 ~**s**) ⓒ ギリシア語アルファベットの第17字 *P, ρ*; 英字の R, r に当たる; ⇒ Greek alphabet 表⦆.

Rho·da /róudə/ 名 ローダ ⦅女性名⦆.

Rho·da·mine /róudəmìːn/ 名 ⦅化⦆ローダミン ⦅赤緑色粉末; 紙の染色, 生物体染色用⦆.

Rhode Island /ròudáɪlənd/ 名 ロードアイランド州 ⦅米国北東部にある最小の州; New England にある; 州都 Providence/prɑ́vədns/, ⦅略⦆RI, ⦅郵⦆RI; Little Rhody /-óudi/とも. 《RHODES; また Du「赤い島」からとする説もある》

Rhóde Ìsland Réd 名 ロードアイランドレッド ⦅米国作出の鶏; 赤褐色の羽色をした卵肉兼用種⦆.

Rhodes /róudz/ 名 ロードス島 ⦅エーゲ海にあるギリシア領の島; cf. colossus 2 b⦆.

Rhodes /róudz/ 名 (**Cecil** (**John**)) 名 ローズ (1853-1902; 英国の植民地政治家; Cape 植民地首相 (1890-96)).

Rho·de·sia /roudíːʒə | -ʒə, -ʃə/ 名 ローデシア ⦅アフリカ南部のもと英国植民地; 現在は Northern Rhodesia が Zambia に, Southern Rhodesia が Zimbabwe として独立国になる⦆.

Rhodésian Rídge·bàck /-rídʒbæ̀k/ 名 ローデシアンリッジバック ⦅南アフリカ原産の獣猟犬; 背に畝(ˆ)状の被毛の隆起線がある⦆.

Rhódes schólarship 名 ローズ奨学金 ⦅Cecil Rhodes の遺志により設けられた, Oxford 大学で学ぶ英連邦・米国・ドイツからの留学生を対象とした奨学金⦆. **Rhódes schólar** 名 ローズ奨学金受給者.

rho·di·um /róudiəm/ 名 Ⓤ ⦅化⦆ロジウム ⦅白金属元素; 記号 Rh⦆.

rho·do- /róudou/ [連結形] 「バラ (rose)」「赤 (red)」. 《Gk *rhodon* バラ》

rho·do·chro·site /ròudəkróusaɪt/ 名 ⦅鉱⦆Ⓤ 菱(ⁿ)マンガン鉱.

†**rho·do·den·dron** /ròudədéndrən/ 名 ⦅植⦆ツツジ ⦅ツツジ属の植物⦆; 特にシャクナゲ.

Rho·doph·y·ta /roudáfətə | -dɔ́f-/ 名 覆 ⦅植⦆紅色植物門 ⦅紅藻からなる藻類の一門⦆. **rhódo·phỳte** 名 紅色植物, 紅藻.

rho·dop·sin /roudɑ́psɪn | -dɔ́p-/ 名 ⦅生化⦆Ⓤ ロドプシン, 視紅 ⦅網膜の桿状帯に含まれる色素; 暗所視に関係する⦆.

rhomb /rám(b) | róm(b)/ 图 =rhombus.
rhòmb·encéphalon 图〖解〗菱脳(りょう)《小脳・脳橋・延髄を含む》.
rhombi 图 rhombus の複数形.
rhom·bic /rámbɪk | róm-/ 形 菱形の, 斜方形の;〖晶〗斜方晶系の.
rhom·bo·he·dron /ràmbouhí:drən | ròm-/ 图 (複 ~s, -dra /-drə/) 斜方六面体, 菱面体. **rhòm·bo·hé·dral** /-hí:drəl | -hé/ 形
rhom·boid /rámbɔɪd | róm-/ 图〖幾〗偏菱(へん)形, 長斜方形. —— 形 偏菱形の; 菱形の. **rhom·boi·dal** /rambɔ́ɪdl | rɔm-/ 形
rhom·boi·de·us /rambɔ́ɪdiəs | rɔm-/ 图 (複 -dei /-dìaɪ/)〖解〗菱形筋.
rhom·bus /rámbəs | róm-/ 图 (複 ~·es /-ɪz/, -bi /-baɪ/)〖幾〗菱形, 斜方形.
Rhone /róun | róun/ 图 [the ~] ローヌ川《スイス南部, アルプスのローヌ氷河に発し, フランス南東部を流れて地中海に注ぐ》.
rho·tic /róutɪk | -tɪk/ 形〖音声〗語末および子音の前の r を発音する方言の[を使用する].
Rh-pósitive 形〖生化〗《血液が》Rh 陽性の.
rhu·barb /rú:bɑəb | -bɑ:b/ 图 ❶ ⓤ〖植〗**a** ルバーブ, ショクヨウダイオウ《その葉柄は食用》. **b** ダイオウ(大黄)《中国・チベット産; 根茎は薬用》. ❷ **a** (英口) がやがや《舞台で群集のざわめきを表わす効果音として連発する 'rhubarb' ということば》. **b** (英口) たわごと, くだらないこと. **c** ⓒ(米口) 激論, 口論, けんか.
rhumb /rám(b) | rám/ 图 (複 ~s /rámz/)〖海〗航程線 (rhumb line); 羅針方位 (32 方位の一).
rhum·ba /rámbə, rúm-/ 图 =rumba.
rhúmb lìne 图〖海〗航程線《船が一定のコンパス方向を保っているときに描く線で子午線上同一角度で交わる》.
rhyme /ráɪm/ 图 ❶ ⓤ 韻, 脚韻, 押韻(おういん): double [female, feminine] ~ 二重韻, 女性韻 (motion と notion のように 2 音節の押韻) / imperfect ~ 不完全韻《たとえば love と move, race と phase /féɪz/ / single [male, masculine] ~ 単韻[男性韻] (disdain と complain のように最後の 1 音節のみの押韻). ❷ ⓤ 同韻語 [for, to]: "Mouse" is a ~ for "house." mouse は house と韻を踏む. ❸ ⓒ 押韻詩; ⓤ 韻文 (poem, verse): ⇒ nursery rhyme / write in ~ 韻文で書く. **rhýme or réason** [通例否定文で] 理由, 根拠: *without ~ or reason* わけも理由もなく / There's *no ~ or reason* to his demands. 彼の要求には何の理由も根拠もない. —— 動 ❶ 韻を踏む, 韻が合う: "Long" and "song" ~. long と song とは韻を踏む / The song ~s well. その歌は韻がよくそろっている / "Measure" ~s with "pleasure." measure は pleasure と韻を踏む. ❷ 詩を作る. — ❶ 韻を踏ませる: ~ "greet" *with* "deceit" greet と deceit とを韻を踏ませる / You cannot ~ "hot" and "foot." hot と foot とで韻を踏むことはできない. ❷《詩・韻文》を作る; 〈…を〉(韻を踏んだ) 詩にする: ~ a couplet 二行連句を作る. 〖F *rime*; 綴りは RHYTHM の影響〗
rhymed 形 韻を踏んだ: ~ *verse* 押韻(おういん)詩.
rhym·er /ráɪmə | -mə/ 图 押韻詩作者, 詩人, 押韻屋, へぼ詩人.
rhýme schème 图〖詩学〗押韻形式, 脚韻構成《たとえば英国式ソネットでは abab cdcd efef gg と表わす》.
rhyme·ster /ráɪmstə | -stə/ 图 へぼ詩人.
rhym·ing 形 韻が合う; 同韻論の: ~ couplets 押韻二行連句 / ~ words 韻の合う語 / a ~ dictionary 押韻辞典.
rhýming slàng 图 ⓤ 押韻俗語《ある語をその語と押韻する語句に置き換える俗語; 例: wife (妻)に対する 'trouble and strife' (苦労と闘争の種など)》.
rhym·ist /ráɪmɪst/ 图 押韻詩作者, 詩人.
*__rhythm__ /ríðm/ 图 ⓤⓒ ❶ **a** リズム, 律動: in samba ~ サンバのリズムで. **b** 律動的な動き[調子], 周期的変動: biological ~s 生体リズム, バイオリズム / the ~ of the heart [the seasons] 心臓の律動的な動き[四季の周期的変動]. ❷〖韻〗韻律, ミーター. ❸〖楽〗調子 (cf. melody 2, harmony 2).《F<L<Gk; 原義は「流れ」》(形 rhythmic)

ribonucleic acid

rhýthm and blúes 图 ⓤ〖楽〗リズムアンドブルース《ブルース調の米国黒人の間に起こったポピュラー音楽; 略 R& B》.
*__rhyth·mic__ /ríðmɪk/ 形 律動的な, リズミカルな: a strong, ~ beat 強いリズミカルな拍子 / The music is strongly ~. その音楽は強烈なリズムがある. (图 rhythm)
rhyth·mi·cal /ríðmɪk(ə)l/ 形 =rhythmic. **~·ly** 副
rhýthmic gymnástics 图 ⓤ 新体操.
rhýthm mèthod 图 [the ~] 周期避妊法.
rhýthm sèction 图 リズムセクション《ポピュラー音楽で主にリズムを担当する楽器群》.
rhy·ton /ráɪtɑn | -tɔn/ 图 (複 rhy·ta /-tə/, ~s) 角さかずきに似た底部が動物の頭をした古代ギリシアのさかずき.
RI (略)《米郵》Rhode Island; Royal Institution.
ri·a /rí:ə/ 图〖地理〗リアス《長くて狭い楔形の入江; 海に近くなるにしたがって次第に幅が広くなり深くなる》.
ri·al /rió:l, -á:l | -á:l/ 图 ❶ リアル《イランの通貨単位; = 100 dinars; 記号 R》. ❷ =riyal.
ri·al·to /riǽltou/ 图 (複 ~s) ❶ [R~] **a** リアルト《イタリアのベニスの島の一つ》. **b** [the R~] リアルト《ベニスの橋》. ❷ ⓒ 取引所, 市場. ❸ ⓒ(米)《ニューヨークのブロードウェーのような》劇場街.
*__rib__ /ríb/ 图 ❶〖解〗肋骨(ろっこつ), あばら骨: ⇒ false rib. ❷ 肋骨状のもの: **a** (船舶の)肋材. **b** (こうもり傘の)骨. **c** 〖建〗リブ, 迫持(せりもち). ❸ (牛・羊などの骨付きの)あばら肉: ⇒ spareribs. ❹ (織物・編み物などの)うね. ❺〖空〗翼小骨, リブ. ❻〖植〗葉脈. ❼ からかい, 冗談; 諷刺. **póke** [**núdge, díg**] **a pèrson in the ríbs** (意味ありげに)そっと人の横腹をひじ[指]で突く. —— 動 (**ribbed; rib·bing**) ❶ (口)《…のことで》人を〈悪意でなく〉からかう, 冷やかす (tease): They *ribbed* me *about* my girlfriend *for talking so seriously*. 彼らは私のガールフレンドのことで[とても本気で話すといって]私を冷やかした. ❷〈布など〉にうねをつける; 〈…に〉肋材をつける, 〈…を〉肋材で囲む. **rib·ber** 图 (関形 **costal**)
rib·ald /ríb(ə)ld/ 形 ❶〈人がみだらな[下劣な]ことを言う. ❷〈言葉・行為など〉下劣[野卑]で, みだらで俗な: a ~ joke 下品なジョーク. —— 图 下品な言葉を使う人.
rib·ald·ry /ríb(ə)ldri/ 图 ⓤ 下品な言葉[ジョーク].
rib·and /ríbənd/ 图 = 賞や飾りのリボン.
ribbed /ríbd/ 形 うねの立った; うねのある: a ~ fabric うねり / a ~ sweater うねのあるセーター.
rib·bing /ríbɪŋ/ 图 ❶ うね織り模様. ❷ ⓤ 肋骨(ろっこつ); 肋材(全体). ❸ ⓤⓒ (口)(悪意のない)からかい, 冷やかし: get [give a person] a ~ 冷やかされる[人をからかう].
*__rib·bon__ /ríb(ə)n/ 图 ❶ ⓤⓒ リボン, 飾りひも: tie back one's hair with a ~ 髪をリボンで結ぶ ❷ **a** (インク)リボン《タイプライター・押印器用》. **b** (勲章の)綬(じゅ), 飾りひも, (入賞の)リボン. **c** (帽子の)はち巻き. ⇒ blue ribbon. ❸ **a** ⓒ リボン状のもの, 細長い片: a ~ *of land* リボンのように長く伸びている土地. **b** [複数形で] 細く裂けたもの: be torn [cut] to [hang in] ~s ぼろぼろに裂けている[裂けて下がっている] / be in ~s ぼろぼろになっている.《F》
ríbbon devèlopment 图 ⓤ 《幹線道路に沿って郊外へ伸びていく市街地の》帯状開発.
ríb-bòned 形 リボンを付けた[で飾った]; リボン状の筋のある.
ríbbon wòrm 图〖動〗ヒモムシ《紐形(ひもがた)動物門の動物; 大部分が海産》.
rib·by /ríbi/ 形 リブ[うね] (ribs) の多い[が特徴の].
ríb càge 图〖解〗胸郭.
ríb èye 图 ロース芯《子牛などの肋骨の外側の大肉片》.
rib·less /-ləs/ 形 肋骨(ろっこつ)[肋材]のない, 肋骨の見えない.
ri·bo·fla·vin /ràɪbouflérvɪn/ 图 ⓤ〖生化〗リボフラビン (成長促進要素).
rí·bo·nuclèic ácid 图 ⓤ〖生化〗リボ核酸 (略 RNA).

ri·bose /ráɪbous/ [名] [U] 〘化〙リボース《主に RNA から得られる五炭糖》.

ri·bo·some /ráɪbəsòum/ [名] 〘生化〙リボソーム《細胞中の RNA と蛋白質の複合体; 蛋白合成が行なわれる》. **ri·bo·som·al** /ràɪbəsóum(ə)l←/ [形]

ri·bo·zyme /ráɪbəzàɪm/ [名] 〘生化〙リボザイム《他の RNA 分子を切断するなど, 触媒機能をもつ RNA 分子》.

ríb-tìckler [名]《口》おもしろいこと, 笑い話, ジョーク. **ríb-tìckling** [形] おもしろい, おかしい, 笑える.

ri·bu·lose /ráɪbjʊlòuz/ [名] [U] 〘化〙リブロース《五炭糖の一種; 炭水化物代謝と光合成で重要な媒介となる》.

Ri·car·di·an /rɪkáədiən | -káː-/ [形] ❶ リカード (David Ricardo) の. ❷ **a** (イングランド王)リチャード (Richard I, II, III) の時代の. **b** (Richard 3 世は Shakespeare その他の作家により誤り伝えられているという) リチャード 3 世説の. ── [名] リカード学徒; Richard 3 世の同時代人[支持者].

Ri·car·do /rɪkáədou | -káː-/, **David** [名] リカード《1772–1823; 英国の経済学者; 比較生産費説などを唱えた》.

***rice** /ráɪs/ [名] [U] ❶ 米; 飯, ライス: a grain of ～ 米一粒 / enriched ～ 強化米 / polished ～ 白米 / brown [unpolished] ～ 玄米 / ground ～ 米粉 / rough ～ もみ. ❷ 〘植〙イネ. ── [形] [A] 米の; 稲の: a ～ crop 米作. ── [動] [他]《米》〈ジャガイモなどを〉ライサー (ricer) でつぶす, 米粒状にする. 〘F < It < L < Gk〙

ríce bòwl [名] ご飯茶碗; 米作地帯.

ríce pàddy [名] 水田, 田んぼ (paddy).

ríce pàper [名] [U] ライスペーパー: **a** 書画などに用いる薄い上質紙の一種. **b** ケーキ作りなどに用いる食べられる紙.

ríce púdding [名] [U,C] ライスプディング《牛乳と米で作った甘いプディング》.

ric·er /ráɪsə | -sə/ [名]《米》ライサー《ゆでたジャガイモなどを圧搾して小さい穴から出す台所用具》.

ri·cer·car /rìːtʃeəkáə | -tʃeəkáː/, **ri·cer·ca·re** /-káːreɪ/ [名] ([複] **-cars, -ca·ri** /-káːriː/) 〘楽〙リチェルカーレ《フーガの前身である 16–17 世紀の器楽曲》.

***rich** /rítʃ/ [形] (～·er; ～·est) ❶ **a** 〈人・国・社会などが〉金持ちの, 裕福な, 豊かな (↔ poor): a ～ family 裕福な一家 / He's an extremely ～ man. 彼は大金持ちだ / There's poverty even in ～ countries. 豊かな国にも貧困はある. **b** [the ～; 名詞的に; 複数扱い] 金持ち (↔ the poor). ❷ **a** [P]〔…に〕恵まれて;〔…が〕豊富で, 潤沢で: The country is ～ *in* oil. その国は石油を豊富に産する / The Kentucky hill country is ～ *in* old legends. ケンタッキーの丘陵地帯には古い伝説がたくさん残っている. **b** 〈経験・収穫など〉豊かな, 豊富な; 〈髪など〉ふさふさした: a ～ crop [harvest] 豊作 / ～ brown hair ふさふさした茶色の髪 / The town has a ～ history. その町には豊かな歴史がある. ❸ **a** 〈土地が〉よく肥えた, 肥沃(ひよく)な: ～ soil 肥えた土地. **b** 〈鉱山など〉産出の多い: a ～ mine 産出の多い鉱山. **c** 〈鉱石など〉含有量の多い. ❹ **a** 〈宝石・衣服など〉高価な, 華美な. **b** 豪華な, ぜいたくな: a ～ banquet 豪勢な宴会. ❺ **a** 〈飲食物など〉栄養分のある; 濃厚な. **b** 〈ワインなど〉味のよい, こくのある. ❻ 〈色が〉濃い, 鮮やかな. ❼ 〈音・声が〉朗々とした. ❽ 〈香りが〉強烈な. ❾ 〈燃料の混合気が〉濃い, リッチな《燃料の割合が多い; ↔ lean》.

(as) rích as Cróesus ⇨ Croesus [成句].

rích and póor [複数扱い] 富者も貧者も.

stríke it rích ⇨ strike [動] [成句].

Thát's rích (cóming from you [her])!《口》(君[彼女]がそんなことを言うなんて)そんなばかな, よく言うよ《同じことをしている人に過ちや欠点を指摘されたときなどに言う》.

〘OE; 原義は「強い」〙【類義語】**rich, wealthy** 共に「金持ちの」の意だが, *wealthy* は社会的にりっぱな地位を占めていることを暗示する.

Rich /rítʃ/ [名] リッチ《男性名; Richard の愛称》.

-rich /rítʃ/ [形容詞連結形]「…に富む」,「…が豊かな」: protein-*rich* たんぱく質の豊富な / sulfur-*rich* 硫黄(いおう)の多い.

Rich·ard /rítʃəd | -tʃəd/ [名] リチャード《男性名; 愛称 Dick, Rich, Richie, Rick, Ricky》.

Richard I [名] リチャード 1 世《1157–99; イングランド王 (1189–99); あだ名 Coeur de Lion, the Lion-Heart 獅子心王》.

Richard II [名] リチャード 2 世《1367–1400; イングランド王 (1377–99)》.

Richard III [名] リチャード 3 世《1452–85; イングランド王 (1483–85)》.

Riche·lieu /ríʃluː | -ljəː/, **Cardinal and Duc de** [名] リシュリュー《1585–1642; フランスの政治家・枢機卿; Louis 13 世の宰相 (1624–42)》.

rich·en /rítʃən/ [動] [他] (さらに)金持ちに[豊かに, 鮮やかに]する.

rich·es /rítʃɪz/ [名] [複] [通例複数扱い] 富, 財宝: amass ～ 巨万の富を積む. 〘F=richness〙

Rich·ie /rítʃi/ [名] リッチー《男性名; Richard の愛称》.

⁺rich·ly /rítʃli/ [副] ❶ 豪華に, りっぱに: a ～ bound book 豪華な装丁の本 / She was ～ dressed. 彼女は豪勢に着飾っていた. ❷ 濃く, 鮮やかに. ❸ [～ deserve で] 十分に, 完全に: a ～ *deserved* honor 十分に値する栄誉 / She ～ *deserved* that reprimand. 彼女がそのように非難されるのも当然だ. ❹ 豊富に, 豊かに, 十分に: reward a person ～ 人に十分に報いる / The book is ～ illustrated. その本はさし絵が豊富に載っている.

Rich·mond /rítʃmənd/ [名] リッチモンド: ❶ 米国 New York 市南西部の区の旧称; 現在名は Staten Island. ❷ 米国 Virginia 州の州都. ❸ [～ upon Thames で] Greater London の一区; Kew Gardens, Richmond Park などがある.

rích·ness [名] [U] ❶ 富裕. ❷ 豊富, 潤沢. ❸ 豊饒(ほうじょう), 肥沃(ひよく). ❹ 豪華, 華美. ❺ 濃厚, 滋味. ❻ (色の)濃さ, 鮮やかさ. ❼ (音・声の)豊かさ; (香りの)強さ.

⁺Rích·ter scàle /ríktə- | -tə-/ [名] [the ～] リヒタースケール《地震のマグニチュードを示すスケール》: The quake registered eight on *the* ～. その地震はリヒタースケールで 8 [マグニチュード 8]を記録した. 〘C. F. Richter 米国の地震学者〙

Richt·ho·fen /ríktoufən/, **Baron von** [名] リヒトフォーヘン《1892–1918; ドイツの軍人; 第 1 次世界大戦中の撃墜王; 真紅の愛機から the Red Baron と呼ばれた》.

ri·cin /ráɪs(ə)n | -sɪn/ [名] [U] 〘生化〙リシン《トウゴマ[ヒマ]から得られる有毒な蛋白質》.

rick[1] /rík/ [名] ❶ (干し草などの)堆積(たいせき), 干し草積み. ❷ たきぎ[材木]の山. ❸《米》(樽を収納する)棚枠. ── [動] [他] 〈干し草などを〉積み重ねる.

rick[2] /rík/《英》[動] [他] 〈足首などを〉軽く捻挫(ねんざ)する, 〈筋などを〉違える (crick): ～ a muscle in one's back 背中の筋を違える. ── [名] 軽い捻挫, 筋を違えること: give one's neck a ～ =have a ～ in one's neck 首の筋を違える.

Rick /rík/ [名] リック《男性名; Richard の愛称》.

rick·ets /ríkɪts/ [名] [U] くる病.

rick·ett·si·a /rɪkétsiə/ [名] ([複] **-si·ae** /-tsiìː/, ～s) 〘生〙リケッチア《細菌より小さい微生物; 発疹チフスやツツガムシ病の病原体など》. 〘H. T. Ricketts 米国の細菌学者〙

rick·et·y /ríkəṭi/ [形] (**rick·et·i·er; -i·est**) ❶ 〈家具など〉ぐらぐらする, がたがたの: a ～ chair ぐらぐらのいす. ❷ よろよろの, よぼよぼの: walk on ～ legs よろよろ歩く. ❸ くる病にかかった.

rick·ey /ríki/ [名] リッキー《アルコール性飲料と炭酸水の中にライム果汁を入れたもの; 時にアルコールを含まないものも指す》.

Rick·o·ver /ríkouvə | -və/, **Hy·man** [名] リッコーヴァー《1900–86; 米国海軍大将; 原子力潜水艦の開発を指揮》.

rick·rack /ríkræk/ [名] リックラック, 蛇腹《縁飾り用のジグザグ形をした平ひも》.

rick·sha, rick·shaw /ríkʃɔː/ [名] 人力車: ride in a ～ 人力車に乗っていく. 〘Jpn〙

Rick·y /ríki/ [名] リッキー《男性名; Richard の愛称》.

ric·o·chet /ríkəʃèɪ/ [名] ❶ 跳飛《弾丸・石などが平面や水面に当たって斜めに跳ね返ること》. ❷ 跳飛した弾丸, 跳弾. ── [動] [自] (～**ed** /～d/; ～**·ing** /～ɪŋ/) 〈弾丸・石などが〉跳飛する 〈*off*〉.

ri·cot·ta /rɪkáː)tə | -kɔ́tə/ 名 ⓤ リコッタ《cottage cheese に似た, イタリア産の柔らかいチーズ》.

ric·tus /ríktəs/ 名 口をあけた苦笑[しかめつら]. **ríc·tal** 形

*rid /rɪd/ 動 (~, ~·ded) ❶ 〈人·場所から〉〈望ましくないものを〉取り除く, 除去する (free): ~ a bed *of* fleas ベッドからノミを駆除する / ~ a person *of* his fears 人の恐れを取り除く. ❷ [~ oneself *of* で]〈望ましくないものから〉免れる, […から]抜ける: She managed to ~ *herself of* the habit. 彼女はなんとかその悪習から抜け出した / He's ~ *of* the fever. 彼は熱がとれた. **be wéll rid of**…が(いなく)なってよかった. **gèt ríd of**…〈望ましくないもの〉を免れる, 取り除く; 追い払う, 処分する(★最優先可): I can't *get* ~ *of* this cold. このかぜがどうしても抜けない(この意味では通例比較的軽い病気に用いる) / These articles are hard to *get* ~ *of*. これらの品物はなかなか売れない / AIDS must be *got* ~ *of*. エイズは撲滅しなければならない. (⇨ON *rithja*(土地)を開墾する) 名 riddance)

rid·a·ble /ráɪdəbl/ 形〈馬〉が乗用に適した, 乗ることができる; 〈道路·川など〉が馬で通れる.

rid·dance /rídəns, -dns/ 名 ❶ ⓤ 免れること, 除去: make clean ~ 一掃する. ❷ a [a good ~ で]やっかい払い: They [Their departure] will *be* a *good* ~. 彼らがいなくなれば[去ってくれれば]いいやっかい払いになる. b [Good ~! で]やっかい払いができてよかった! (*to*). (動 rid)

*rid·den /rídn/ 動 ride の過去分詞. —— 形〔通例複合語をなして; cf. ride 6 a〕❶ a 支配された, しいたげられた. b (悪夢などに)悩まされた, 苦しめられた: ⇒ bedridden, hagridden / fear-*ridden* 恐怖にかられた. ❷ (…が)いっぱいある, やたらに多い: a weed-*ridden* garden 雑草の生い茂る庭 / a rat-*ridden* barn ネズミの多い納屋.

*rid·dle¹ /rídl/ 名 ❶ (当てものなどの)なぞ, なぞなぞ, 判じ物(★例: What gets wet when drying?(乾かす時ぬれるものなるものは)答えは A towel.); solve [find out, guess] a ~ なぞを解く / ask a person a ~=put a ~ *to* a person 人になぞをかける / read a ~《文》なぞを解く / speak [talk] in ~s なぞをかける, なぞめいたことを言う. ❷ 不可解なもの[人]: He's a ~ *to* me. 私には彼という人物はわからない. —— 動(人に)〈なぞを〉解く: [+目+目] *R*~ me this. このなぞを解いてくれ.

*rid·dle² /rídl/ 名 (砂利·穀物などをふるう目の粗い)ふるい (cf. sieve). —— 動 ❶ 〈砂利·穀物など〉をふるい分ける, ふるいにかける. ❷ 〈ストーブの火格子(ひ)〉などを〈灰を落とすために〉振り動かす. ❸ 〈弾丸など〉で〈人…〉を〈穴だらけに〉する. 《また過去分詞で形容詞的にも用いる; ⇒ riddled 1》: Freeze, or I'll ~ you. 動くと穴だらけにするぞ.

rid·dled 形 ❶ […で]穴だらけになって (cf. riddle² 3): The wall was ~ *with* bullet holes. 壁は弾丸で穴だらけになっていた. ❷ [望ましくないもので]いっぱいになって: a political system ~ *with* corruption 腐敗だらけの政治機構.

rid·dling 形 なぞのような, 不可解な; なぞを解く, 占いの: a ~ pronouncement なぞめいた宣言. **~·ly** 副

*ride /ráɪd/ 動 (rode /róʊd/; rid·den /rídn/) ❶ 〔しばしば副詞(句)を伴って〕馬に乗る, 乗馬する《匹敵 具体的な乗る動作を表わす時には get on a horse を用いる》: go *riding* (楽しみのために)乗馬に出かける / ~ behind (騎手の)後ろに乗る / ~ double 馬に二人乗りする / ~ bareback 裸馬に乗る / ~ (on) horseback 馬に乗る / He *rode* there at full gallop. 彼女はそこへ全速力で馬を走らせた / He jumped on his horse and *rode off* [*away*]. 彼は馬にとび乗って走り去った / I *rode* over to see her yesterday. 私は昨日馬に乗って彼女に会いに行った. ❷ 〔通例副詞(句)を伴って〕〈乗り物·エレベーターなどに〉〈乗客として〉乗る, 乗っていく《自転車·バイク·馬などに自分一人で乗る場合は ~ 1 の用法に入る》: ~ *in* [*on*] a bus [train] バス[列車]に乗る. ❸ a 〈…の上に〉馬乗りになる, またがる: She *rode on* her father's shoulders. 彼女は父親に肩車してもらった. b 〈波などの上に〉乗る: A surfer *rode on* the crest of the wave. サーファーが波頭に乗っていた / She's *riding* (along) *on* a surge of popularity. 彼女は人気の波に乗っている. ❹〔通例副詞(句)を伴って〕a〈船などが〉浮かぶ; 停泊する: ~ *at* anchor いかりをおろして停泊する. b〈月·太陽〉が中天にかかる: The moon *rode* high in the heavens. 月が空高く上がっていた. ❺ a〔様態の副詞を伴って〕〈馬·乗り物などが〉(…で)乗れる, 乗り心地が(…で)ある: This new-model car ~s very smoothly. この新型車は乗り心地が実にスムーズだ. b〈走路〉の乗り具合が(…で)ある: 〔+補〕The track will ~ hard [soft] today. 今日は(競馬場の)走路は固い[柔らかい]だろう. ❻〔a〕〈支えられて〉動く: The subway 地下鉄は車輪で走る. b〈車輪〉が〈車軸で〉回る. b〈…〉によっている, かかっている (depend): All these changes ~ *on* that decision. これらの変更はすべてその決定いかんにかかっている. ❼〈折れた骨·印刷などが〉重なり合う.

—— 他 ❶〈馬·自転車·バイク·バス·列車などに〉乗る《匹敵 車などで「中に入れる場合」乗って運転する場合は drive (ただし飛行機は fly), その他の交通機関に乗客として乗る場合は通例 自 2 の用法が一般的》: ~ a bicycle [bus] 自転車[バス]に乗る / ~ the subway 地下鉄に乗る / ~ one's horse *at* a fence 垣根を飛び越そうと馬を駆けさせる / ~ one's horse *to* town 馬に乗って町に行く. ❷ a〈馬〉に乗って〈道·場所·などを〉〈渡る, 越す〉: ~ the circuit〈判事·牧師が〉巡回する / ~ the prairie 馬に乗って草原を行く. b〈馬(など)〉に乗って〈レースなど〉を行なう[争う]: We *rode* a race (with each other). 我々は競馬をした. ❸〈人〉を〈…〉に乗せる, 馬乗りにさせる; 乗せていく, 乗せて運ぶ: ~ a child *on* one's back 子供を背に馬乗りにさせる. ❹〈船·鳥など〉が〈…に〉浮かぶ, 乗って進行する: The ship *rode* the waves. 船は波に乗って走っていた / I watched surfers *riding* the waves. 私はサーファーが波に乗っているのをじっと見た. ❺ (特に重なるようにして)〈…〉にかかる, 乗っている: Eyeglasses ~ *on* the bridge of the nose. 眼鏡は鼻柱に乗る. ❻ a〈…〉を支配する, 圧制する; 悩ます, 苦しめる《通例受身, また過去分詞で形容詞的に用いる; ⇒ ridden》: He's *ridden* with doubts. 彼は疑惑にとらわれている. b《米口》〈…のことで〉〈人〉をからかう, いじめる: They *rode* him *about* his long hair. 彼らは髪が長いといって彼をからかった. ❼〈雄の動物が〉(交尾のために)〈雌の動物〉に乗る. ❽ (後退などして)〈パンチ〉をもろに食わないようにする.

lèt…ríde〈…〉をそのままに放っておく: *Let* things ~ *for* a *while*. しばらく事態を成り行きに任せておきなさい.

ride agáin (自+副) 元気になって再び現れる.

ríde dówn (他+副) (1) 馬で〈…〉に追いつく, 馬で〈…〉を追い詰める. (2) 馬で〈…〉を踏みつける.

ride for a fáll (1) むちゃな乗り方をする. (2) (失敗·敗北を承知で)むちゃな事をする.

ríde hérd on… ⇒ herd 成句.

ride hígh 成功する, うまくいく.

ride óff on a side íssue 要点を避けて枝葉の問題を出す.

ríde óut (他+副) (1) 〈船が〉暴風を乗り切る. (2) 〈困難など〉を乗り越える: The company *rode out* the recession. その会社は不景気を乗り切った.

ride róughshod óver… ⇒ roughshod 成句.

ride to hóunds ⇒ hound 成句.

ríde úp (自+副) 〈衣服が〉〈腰かけた時などに〉ずり上がる, 上に出てくる: Her skirt *rode up* when she sat down. 彼女は腰かけた時スカートがずり上がった.

—— 名 ❶ (馬·乗り物·人の背などに)乗る[乗せる]こと, 乗って[乗せて]いくこと; 騎乗[乗り物]旅行: give a person a ~ 人を乗せてやる / get a ~ 車に乗せてもらう / thumb [hitch] a ~ ヒッチハイクをする《由来 親指を出して車を止めることから》/ go for a ~ (馬·自転車·自動車などを)ひと乗りしに出かける, (他人の運転する)車に乗せてもらって出かける / have a ~ in a car [take a ~ in a car] ラクダ[車]に乗る / It's a long bus ~ to and from school. 学校への往復はバスでかなり時間がかかる. ❷ (遊園地などの)乗り物《観覧車·メリーゴーラウンド·ローラーコースターなど》. ❸ (特に, 森林中の馬以外は通れない)乗馬道. ❹ 〔修飾語を伴って〕(…な)乗り心地: This car has [gives] a

rideable

bumpy [soft] ~. この車は乗り心地が悪い[柔らかい]. ❺ =ride cymbal.

còme [gò] alóng for the ríde おもしろ半分で参加する.

gíve a person a róugh ríde〈人〉をつらくあたる、てこずらせる.

hàve [be ín for] a búmpy ríde 困ったことになる[なりそうだ].

táke a person for a ríde (1)〈人〉を乗車[ドライブ]に連れていく. (2)《口》〈人〉をだます. (3)《米俗》殺すために〈人〉を連れ出す.

ride·a·ble /ráɪdəbl/ 形 =ridable.

ríde cỳmbal 名 ライド(シンバル)《ジャズやロックのドラム奏者が一定のリズムをとるためにたたく中型のシンバル》.

*__rid·er__ /ráɪdə | -də/ 名 -da/ 名 ❶〈馬・自転車・バイクなどの〉乗り手, 乗馬者, 騎手, ライダー: a motorcycle ~ オートバイ乗り / He's a good [poor] ~. 彼は乗馬がうまい[下手だ]. ❷〈文書・議案などの〉添え書き, 付加条項; 《英》〔陪審員の評決に付記した〕副申書: a ~ (attached) to a contract [a legislative bill] 契約書[議案]の付加条項.

ríder·less /-ləs/ 形〈馬が〉乗っていない.

ríder·shìp 名《米》特定交通機関の利用者数.

*__ridge__ /rídʒ/ 名 ❶ 山の背, 尾根; 分水嶺. ❷ a 隆起(線). b 鼻梁(りょう): the ~ of the nose 鼻筋. c うね, うね. d (屋根の)棟(むね). ❸ (高)気圧の峰 (↔trough): a (high-pressure) ~ 高気圧の峰. ── 他 ❶〈家に〉棟をつける. ❷〈…に〉うねを立てる[起こす]. ── 自 うね状に隆起する[波立つ]. 〖OE=背中〗

ridge·back 名《口》=Rhodesian Ridgeback.

ridged /rídʒd/ 形 うねのついた, 隆起した.

ridge·pole 名 棟(むね)木; テントのはり材.

ridge tent 名 2本の支柱で棟の両端を支える形式のテント《屋根型・家型など》.

ridge tile 名 棟瓦(かわら).

ridge·way 名 尾根道.

*__ri·di·cule__ /rídəkjùːl/ 名 ① あざ笑う, 笑いものにする, ひやかす: They ~d him [his blundering ways]. 彼らは彼[彼のへまなやり方]をあざ笑った. ── 名 Ⓤ あざけり, あざ笑い, ひやかし: an object of ~ もの笑いの種 / subject a person to ~ =cast ~ upon a person =hold a person up to ~ 人をあざ笑う, ひやかす / lay oneself open to ~ 人に笑われるようなことをする. 〖F〈L<ridere 笑う〗【類義語】ridiculous【類義語】ridicule ふざけてまたは軽蔑して人をからかい笑いぐさにする必ずしも悪意を含むとは限らない. deride 軽蔑して人に悪意を持って辛らつにあざ笑う. mock 特に人の風采(ふうさい)・言動などをまねてばかにして[皮肉って]からかう.

*__ri·dic·u·lous__ /rɪdíkjʊləs/ 形 (more ~; most ~) ばかげた, ばかばかしい, おかしい (absurd): a ~ suggestion ばかげた提案 / Don't be ~. ばかなことを言うな[するな] / You look ~ in that hat. そんな帽子をかぶってはみっともない / It's ~ for an idiot like him to do work so important as this. 彼みたいな愚か者がこんな重要な仕事をするなんてばかげている. (名 ridicule)

*__ri·dic·u·lous·ly__ 副 ばかげて, おかしく (★文修飾可). おかしいほどに: ~ easy ばかばかしくやさしい.

*__rid·ing__[1] /ráɪdɪŋ/ 名 ❶ a Ⓤ 乗馬: enjoy [take up] ~ 乗馬を楽しむ[始める]. b〔形容詞的に〕乗馬(用)の: ~ breeches [boots] 乗馬ズボン[靴] / a ~ crop [whip] 乗馬むち / a ~ coat 乗馬用上着[外套(がいとう)] / a ~ habit 婦人用乗馬服. c Ⓒ〔森の中の〕馬道. ❷ Ⓤ 乗車.

ri·ding[2] /ráɪdɪŋ/ 名 ❶ ライディング《1974年までの Yorkshire 州の行政区画》. ❷《カナダの》選挙区.

ríding làmp [lìght] 名《海》停泊灯《船が停泊している時につける白色灯》.

ríding schòol 名 乗馬学校.

rid·ley /rídli/ 名 ヒメウミガメ.

Ries·ling /ríːzlɪŋ/ 名 Ⓤ,Ⓒ リースリング《ワイン》《リースリング種のブドウ (Riesling grape) で造る白ワイン》.

RIF /rɪf/《米略》reduction in force《財政的理由による》人員削減.

ri·fam·pi·cin /raɪfæmpɪs(ə)n | -sɪn/, **ri·fam·pin** /raɪfæmpɪn/ 名 Ⓤ《生化》リファンピシン, リファンピン《ウイルスの RNA 合成阻害作用を有する抗生物質》.

+__rife__ /ráɪf/ 形 Ⓟ ❶〈悪疫・うわさなどが〉流行して, 広まって: Disease is ~ in the area. その地域には病気が蔓延(まんえん)している. ❷〔悪しきことがいっぱいで〕充満して, とあふれて: Politics here is ~ with corruption. ここの政治は汚職で充満している.

+__riff__ /rɪf/ 名 Ⓒ《ジャズ》リフ, 反復楽節[句]. ── 動 自 リフを演奏する. 【REFRAIN[2]】

rif·fle /rífl/ 名 ❶《米》a (川の)早瀬, 浅瀬. b さざなみ. ❷ リフル《カードを二組に分けて両方からはじくまぜるトランプ札の切り方》. ── 他 ❶〔本のページなどを〕ぱらぱらとめくる: ~ through papers 書類をぱらぱらとめくる. ── 自 ❶〈ページなどが〉ぱらぱらとめくられる. ❷〈…に〉さざ波を立てる. ❸〈トランプ札を〉リフルする.

rif·fler /ríflə | -lə/ 名 波形やすり.

riff·raff /ráfræf/ 名〔the〕〔集合的; 単数または複数扱い〕〔下層階級の〕ろくでなしの連中, 有象無象.

*__ri·fle__[1] /ráɪfl/ 名 ❶ Ⓒ ライフル銃, 小銃《銃身の内側にらせん状の溝がついている》. ❷〔複数形で〕ライフル銃隊. ── 他〈銃身・砲身に〉旋条 (rifling) をつける. 【G=溝(みぞ)】

ri·fle[2] /ráɪfl/ 動 他 ❶〔机・金庫・ハンドバッグなどを〕くまなく探す [through];〔机・財布などの〕中身を盗む: A thief ~d my wallet. 泥棒がさいふの中身を盗んでいった.

ri·fle·man /-mən/ 名 (複 -men /-mən/) ライフル銃兵; ライフル銃の名射手.

rífle rànge 名 ❶ Ⓒ (ライフル銃)射撃場. ❷ Ⓤ ライフル銃の射程.

ri·fling /ráɪflɪŋ/ 名 Ⓤ (ライフル銃の)旋条《銃身の内側にらせん状につけた溝》.

+__rift__ /rɪft/ 名 Ⓒ ❶〔友人関係などの〕断絶, 仲たがい (in, between): a ~ between the two parties [in the Party] 二党間の断絶[党内分裂]. ❷ 切れ目, 裂け目, 割れ目: a ~ in the clouds 雲の切れ目. 〖ON〗

ríft vàlley 名《地》地溝(帯).

rig[1] /ríg/ 動 他 (rigged; rig·ging) ❶ a〔通例受身で〕〈船に〉〈索具など〉を装備する: The ship has been rigged with new sails. 船には新しい帆が備えられた. b〈車などに〉〈…の〉装備をする: They rigged out their cars with spoilers. 彼らは自分たちの車にスポイラーをつけた. ❷〔古風〕a〈人に〉〈…を〉着せる: ~ out one's child in a witch's costume《ハロウィーンで》子供に魔女の服装をさせる. b〔~ oneself または受身で〕〔特別の[異様な]服装で〕〈人が〉着飾る: He rigged himself out as a knight. 彼は騎士の装いをした / They were rigged out in very odd clothes. 彼らはとても変わった衣装をまとっていた. ❸〈…に〉〈…を〉供給[準備]する: The store rigged us out with camping equipment. その店で必要なキャンプ用品を準備できた. ❹〈…を〉間に合わせで造る, 急ごしらえする: The explorers rigged up a hut for the winter months. 探検者たちは越冬のためににわか作りの小屋を建てた. ── 名 ❶ Ⓒ (船の)艤装具, 帆装(様式). ❷〔服飾語を伴って〕(特に目立った[異様な])服装, 身なり: in bizarre ~ 異様な服装. ❸ Ⓒ〔通例複合語で用いて〕(特定の目的の)道具, 装具: ⇒oil-rig. ❹ Ⓒ《米》a トレーラートラック. b 馬をつけた馬車. in fúll ríg (1) 完全帆装で. (2)《口》盛装して.

+__rig__[2] /ríg/ 動 他 (rigged; rig·ging) 〈…を〉不正手段で操る; 〈…で〉八百長をする: an election ~ 選挙に不正をする / ~ a horse race 競馬で八百長をする / ~ the market〈投機家が〉株式相場を操作する.

Ri·ga /ríːgə/ 名 リガ《ラトビア共和国の首都》.

rig·a·doon /rìgədúːn/ 名 リゴドン《17-18世紀に流行した $2/4$ または $4/4$ 拍子の快活な二人舞踏; その舞曲》.

rig·a·ma·role /rígəmərò(ː)l/ 名 =rigmarole.

rig·a·to·ni /rìgətóʊni/ 名 Ⓤ リガトニ《短く曲がったマカロニ》.

rigged /ríːgd/ 形《海》〔通例複合語をなして〕(…)式帆装の: square-rigged 横帆式帆装の.

rig·ger[1] 名 ❶《海》艤装者. ❷〔通例複合語をなして〕

【海】…式の帆装の船: a square-*rigger* 横帆船. 〖RIG¹ から〗

rig・ger² 图 相場を操る人, 株を買いあおる[売りたくす]人; 不正を働く人. 〖RIG² から〗

rig・ging¹ 图 ⓤ 【海】索具《マストや帆を支えるロープやチェーン類一式》, 艤装.

†**rig・ging²** 图 ⓤ (選挙などの)不正操作, 八百長, ごまかし.

‡**right¹** /ráɪt/ 形 (**more ~**; **most ~**) (↔ **wrong**) ❶ (道徳上・一般通念から)正しい, 正当な, 正義の (correct): ~ conduct 正当な行ない / teach children to do the ~ thing 子供に正しいことを行なうように教える / You were ~ to abandon the project. その計画をあきらめたのは正しい / You made the ~ decision. 君がそう判断したのは正しかった /［＋*of*＋代名(＋*to do*) / *to do*］It was quite ~ of you *to* refuse the offer. 君がその申し出を断わったのはまったく正しかった.

❷ 間違いのない, 正しい; 正確な: the ~ answer 正しい答え / Show me the ~ way to do it. それをする正しい方法を教えてください / Be sure to take the ~ train. 列車を間違えないようにしてください / My watch can't be ~.(これでは)私の時計はきっと間違っている.

❸ 適当な, 適切な: the ~ man in the ~ place 適材適所 / when the time is ~ 適切な時がくれば, 機が熟せば / Jack is the ~ person *for* the job. ジャックはその仕事をするのにはうってつけの人だ.

❹ **a** 申し分のない; 好都合な: All's ~ with the world. すべて世は事もなし 《★ R. Browning の詩から》 / Things are not ~ between A and B. A と B の関係がうまくいかない. **b** [文頭に用いて] (納得・承知などを示して)けっこうだ, よろしい; そのとおりです (yes): "You're Mr. Wilson?" "*R*~." 「ウィルソンさんでしょう」「そのとおり」 **c** [文頭に用いて] (口) (人の注意を喚起して)さて, それでは: *R*~, pass me my coat. さて, コートを取ってくれ. **d** [文尾に付加的に~?の形で] (口) (自分の発言を相手に確認して)わかったね, いいね, …だよね: You've got a cellphone, ~? 携帯(電話)は持っているよね.

❺ **a** 整っている, 整然とした: put [set] things ~ ものを整理する, 調整する, 整頓(ス)する. **b** 位置が正しい; まっすぐな: The picture isn't quite ~. 画面が少しぶれている.

❻ 体の調子がよい, 健康な; (精神的に)正常な, 正気の: feel (all) ~ 体の調子がよい / He's not in his ~ mind. 彼は精神的に正常でない / (俗)(口) He's not quite ~ in the head. 彼は頭がおかしい.

❼ 表の, 正面の: ~ side out (衣服などの)表面を外に (inside out に対する言葉) / ~ side up 上面を上に (upside down に対する言葉).

❽ 直角の: ⇨ right angle, right triangle.

àll right 申し分ない, けっこうな (cf. 4; 副 成句): He's *all* ~. 彼はちゃんとした人間だ[十分大きい, 達者だ, 無事な(など)] / It's [That's] *all* ~. それでけっこう; 大丈夫だ, 申し分ない; (謝罪などに対して)かまいません / That's *all* ~ *with* me. それで私はかまわない / *All* ~! You just remember. (反語)よーし! 覚えていろ.

(as) ríght as a trívet ⇨ trivet 成句.

(as) ríght as ráin (口) とても順調[元気]で, 健康そのもので.

on the right side of ⇨ side 成句.

pút…ríght (1) 〈…を〉整理する (⇨ 5 a). (2) 〈…を〉矯正する, 訂正する: *put* things ~ 事態を正す / I *put* my watch ~. 時計を合わせた / Please *put* me ~ if I make a mistake. もし間違ったら訂正してください. (3) 〈…を〉再び健康にする, 直す: A day at a spa will *put* him ~. 一日温泉へ行けば彼は元気になるだろう.

pút oneself ríght (英) (1) 〈…と〉仲よくなる; 〈…と〉仲直りする〔*with*〕. (2) 自分の犯した誤りを正す.

ríght enóugh まったく申し分のない, 満足な (cf. 副 成句).

Right ó! = **Ríght-ó!** /-óʊ/ (英口) = RIGHT¹ you are! 成句.

ríght or wróng よかれあしかれ, ぜひとも.

Ríght you áre! (英口) [提議・命令に答えて]よろしい, 承知した, オーケー (OK): "Two coffees, please." "*R*~ you

---

1543　**right**

are!" 「コーヒーを2つください」「かしこまりました」.

sét…ríght = put…RIGHT¹ 成句.

sét oneself ríght = put oneself RIGHT¹ 成句.

Tòo ríght! (英俗)まったくそのとおり!, まったく賛成!

— 副 (**more ~**; **most ~**) ❶ [副詞・前置詞の前に置いて] ちょうど, まさしく, きっちり: ~ here ちょうどここで[に], (ちょうど)この場で / ~ now 今すぐ, たった今; 今(のところ)は / ~ opposite 真向こうに, 正反対に / ~ in the middle ちょうど真ん中に / ~ across the street [over the way] 道の真向こうに / ~ in the middle of one's work 仕事の最中で[に] / I'm ~ behind you. 君のすぐうしろにいる; 君を絶対に支持する.

❷ **a** まったく, すっかり: The car turned ~ over. 車は転覆した / The car turned ~ around and went off in the opposite direction. 車はぐるりと180度回転して反対方向に行ってしまった. **b** まっすぐに, まともに: ~ in the wind まともに風に向かって / go ~ home (寄り道をせず)まっすぐに家に帰る. **c** ずっと: ~ through the winter 冬中ずっと.

❸ (口) すぐ(に), じきに: I'll be ~ back. じきに帰ってきます / I'll be ~ there [with you]. すぐに行く(から待っていて) / We left ~ after lunch. 私たちは昼食がすむとすぐに出発した.

❹ 正確に, 誤りなく (用法)動詞の後に置く): answer ~ 正しく答える / get the meaning ~ その意味を正しく理解する / if I remember ~ 私の記憶が正しければ, 確か / Who guessed ~? 正確に推理したのはだれか.

❺ 望みどおりに, 好調に; 都合よく, 整然と: Things went ~. 万事うまくいった.

❻ 正しく, 公正に (用法)動詞の後に置く): act ~ 正しく行動する.

❼ **a** (俗) まったく, 非常に, とても: I was ~ glad to get home safely. 家に無事に帰れて本当にうれしかった. **b** [尊称に用いて] 非常に: the *R*~ Honourable ⇨ honorable 成句.

àll right (1) 申し分なく, けっこうに (cf. 形 成句): It works *all* ~. (機械などが)申し分なく動くよ. (2) [文尾に用いて] (口) 確かに, ちゃんと: I'll be there *all* ~. ちゃんと行くよ. (3) [文頭に用いて] (口) (次の話題・動作に移ることを示して)それでは(今度は): *All* ~, let's move on to the next item. それでは次の項へ進もう.

be ríght úp thère (with…) ⇨ up 副 成句.

gèt ìn ríght with a person (米)〈人〉の気に入る, 〈人〉に取り入る.

right alóng (米口)ずっと, 絶えず, どしどし.

right awáy すぐに, さっさと (straightaway): I'll come ~ *away*. すぐ行きます.

right enóugh 予想どおりに, 確かに (cf. 形 成句).

right óff = RIGHT¹ away 成句.

right óff the bát ⇨ bat¹ 成句.

Ríght ón! [間投詞的に] (口) (1) そうだ!, そのとおり!, いいぞ!, そのまま続けろ! (2) しっかり!

— 图 (↔ **wrong**) ❶ ⓤ (道徳的に)正しいこと, 正当; 正義, 正道, 公正; 正しい行ない: ~ and might 正義と力 / fight for what is ~ 正義のために戦う / do ~ 正しい行ないをする.

❷ ⓒⓤ (法的・政治的な)権利; 正当な要求; [複数形で] 版権, 著作権: ~s and duties 権利と義務 / human ~s 人権 / assert [stand on] one's ~s 自分の権利を主張する / the ~ *of* common 公有権, 共有権, 入会(ﾆﾕｳ)権 / claim the ~ *to* the use a piece of land 土地の使用権を主張する / within one's ~s 人の権利の範囲内で, 権限内で / ⇨ the right *of* SEARCH 成句 / [＋*to do*]) the ~ *to* pursue happiness 幸福を追求する権利 / the ~ *to* remain silent 黙秘権 / I have a [the] ~ *to* demand an explanation. 私には説明を求める権利がある(求めてもよいはずだ) / You have no ~ *to* say such things to us. 君は我々にそんなことを言う権利はない(言うべきではない).

❸ [複数形で] 本来の状態, 正しい状態: set [put]…to ~s 〈もの・場所〉を元どおりにする, 整頓する; 〈人〉を良い状態

に戻す, 健康にする / We'll soon have things put to ~*s*. 《口》じきにうまくやっていきますよ.
❹ [複数形で] 真相: the ~*s* (and wrongs) of the matter 事の真相[真偽].
as of ríght =by RIGHT(s) [成句].
be in the ríght 正しい; 道理がある (↔ be in the wrong): You *are in the* ~. 君の言い分には道理がある, 君のほうが正しい.
by ríght of …の権利で; …の理由で: He took the chair *by* ~ *of* seniority. 先任のために彼が議長席に着いた.
by ríght(s) 正しく, 正当に: *By* ~*(s)*, he should have received the land, but his brother got it. その土地は当然彼が受け継いでしかるべきだったが, 弟が手に入れた.
déad to ríghts ⇨ dead [形] [成句].
dó…ríght=dò ríght by… 〈…を〉公平に取り扱う, 正しく評価する.
in one's ówn ríght 自己(生得)の権利[能力, 価値など]によって, 自分の名義で, 本来: a queen *in* her *own* ~ 女王《王妃としてではなく生まれた時から女王としての権利をもつ人; cf. queen consort》/ a peeress *in* her *own* ~ ⇨ peeress 2 / She has a huge sum of money *in* her *own* ~. 彼女は自分名義[自分自身]の莫大な金を持っている / a great book *in* its *own* ~ (真価によって)まぎれもなく偉大な書物.
in ríght of… =by RIGHT[1] of… [成句].
Mr. Ríght 《口》(結婚相手として)理想的な男性.
of ríght =by RIGHT(s) [成句].
ríght of abóde 《英》(外国での)居住権.
ríght of appéal 〘法〙上訴権.
— [動] [他] ❶ **a** 〈…を〉正しい位置[状態]に戻す, まっすぐにする, 立てる, 起こす: ~ a fallen chair 倒れたいすを起こす / We failed to ~ the boat. 私たちはボートを立て直せなかった. **b** [~ one*self* で] 再びバランスを得る, 立ち直る, もとの正しい状態になる: Things will eventually ~ *themselves.* 事態は結局立ち直るだろう.
❷ **a** 〈不正・誤りを〉正す, 直す (rectify): ~ a person's wrongs 人の不正を正す. **b** 〈損害などを〉償う: It's too late to ~ the damage. その損害を償うには遅すぎる.
— [自] 〈傾いた船などが〉まっすぐになる.
〘OE; 原義は「まっすぐな」〙

‡**right**[2] /ráɪt/ (↔ left) [形] ❶ [A] (比較なし) **右の; 右方の,** 右側の, 右手の: ⇨ right-hand, right arm, right fielder / the ~ bank (川の)右岸《川下に向かって》/ Americans drive on the ~ side of the road. アメリカ人は道の右側を運転する. ❷ [しばしば R~] (政治上の)右翼の, 右派の.
— [副] (比較なし) **右に, 右方に,** 右側に: turn ~ 右に向く[曲がる] / Keep ~. 右側通行 / *R*~! 〘米海軍〙おもかじ! / Eyes ~! かしら右!
ríght and léft (1) 左右に. (2) 《米》四方八方で, いたるところに.
ríght, léft and céntre 《英》=RIGHT[2] and left [成句] (2).
Ríght fáce [túrn]! 右向け右!
— [名] ❶ [U] [the ~, one's ~] **右, 右方,** 右側: sit on a person's ~ 人の右側に座る / on [from] *the* ~ of…の右(側)に[から] / to *the* ~ of…の右の方に(当たって) / turn to *the* ~ 右に曲がる / Keep to *the* ~. 右側通行. ❷ [U] [しばしば the R~; 集合的; 単数または複数扱い] 〘政〙議長席右側の議員たち; 右翼, 右派, 保守党《[由来] フランス革命後保守派が右側の席を占めたことから; cf. left[1] [名] 2, center 4》: sit on *the R*~ 《英》右派[保守党]議員である. ❸ 〘野〙**a** [U] 右翼, ライト《位置》: He plays ~. 彼は右翼を守る. **b** [C] 右翼手, ライト. ❹ [C] 〘ボク〙右手, 右打ち, ライト. 〘↑;「右の」手を用いるのが正しいとみなされたことから〙 ([関形] dextral)

ríght-abòut [名] =right-about-face.
ríght-abòut-fáce[-túrn] [名] ❶ 〘軍〙回れ右. ❷ (政策など 180 度の)転換, 転回. ❸ すばやい退却.
⁺**right ángle** [名] 〘数〙直角. **at right angles** 直角に, 垂直に 〔*with, to*〕.
ríght-ángled [形] 直角の.
ríght árm [名] ❶ [the ~, one's ~] 右腕: I would give my ~ for a chance like that. そのようなチャンスをものにできるなら右腕をやってもいい[どんなことでもする] (cf. would give one's eyeteeth (⇨ eyetooth [成句])). ❷ [one's ~] 最も頼りになる助力者,「片腕」.
ríght ascénsion [名] 〘天〙赤経.
ríght báck [名] 〘サッカー・ホッケーなど〙ライトバック《ライトのフルバック》.
ríght bráin [名] [U] 〘解〙右脳《大脳の右半分と芸術的・想像的思考を支配する》.
ríght-clìck [動] [自] [他] 〘電算〙(マウスの)右ボタンで押す, 右クリックする.
right·en /ráɪtn/ [動] [他] 正す, 直す.
⁺**righ·teous** /ráɪtʃəs/ [形] ❶ 道義的に正しい, 正義の, 公正な; 廉直な, 有徳の / a ~ person 有徳の士 / the ~ 正しい[有徳の]人々. ❷ 正当な, 当然な: ~ indignation 義憤. **~·ly** [副] **~·ness** [名] [U] 正しさ, 公正, 正義; 実直. 【類義語】⇨ moral.
ríght·er /-ṭə | -tə/ [名] 正す人; 正義を行なう人, 義人(ぎじん): a ~ of wrongs 邪悪を正す人.
ríght fíeld [名] [U] 〘野〙右翼, ライト.
ríght fíelder [名] 〘野〙右翼手, ライト.
⁺**right·ful** /ráɪtf(ə)l/ [形] [A] ❶ 〈人・地位など〉正当な, 合法的な, 当然権利のある: the ~ owner 正当な持ち主. ❷ 〈行為が〉公正な. **~·ly** /-fəli/ [副]
ríght hánd [名] ❶ [the ~, one's ~] **a** 右手. **b** (友情・歓迎などの)握手の手. ❷ [one's ~] 最も頼りになる助力者,「片腕」.
***right-hand** /ráɪthǽnd←/ [形] [A] ❶ **a** 右の, 右手の, 右側の: the ~ side 右側 / ~ drive (自動車の)右ハンドル(式). **b** 右手を用いる, 右手用の: a ~ glove 手袋の右手. ❷ 片腕となる, 頼りになる: one's ~ man 腹心の人物, 片腕となる人. ❸ **a** 〈綱が〉右綯(よ)りの. **b** 右回りの, 時計回りの: a ~ screw 右ねじ / make a ~ turn 時計回りに回る.
⁺**right-handed** /ráɪthǽndɪd←/ [形] ❶ 右ききの (cf. left-handed). ❷ **a** 〈打撃・投球など〉右手による: a ~ throw 右手投げ. **b** 〈道具など〉右手用の. ❸ 右回りの, 右旋(性)の; 右巻きの. — [副] 右手で[を用いて]. **~·ly** [副] **~·ness** [名]
ríght-hánd·er [名] ❶ 右ききの人; 右腕投手. ❷ 右打ち, 右手投げ.
ríght·ish /-ṭɪʃ/ [形] 右寄りの, 右翼がかった.
⁺**ríght·ist** /-ṭɪst/ [名] [しばしば R~] 右翼[右派]の人; 保守主義者 (↔ leftist). — [形] 右翼[派]の.
right·ly /ráɪtli/ [副] (**more** ~; **most** ~) ❶ (比較なし) 正しく, 正当に: judge a person ~ 人を正しく判断する. ❷ [文修飾] 当を得て, 然るべく, 当然(のことながら) (justifiably): It's ~ said that time is money. 時は金なりとはもっともな言である / *R*~, she refused. 当然(のことながら), 彼女は断わった / He's ~ served. 彼は当然の報いを得たのだ, 罰が当たったのだ《ざまを見ろ》. ❸ (比較なし) 正確に; 本当に: If I remember ~ 記憶に間違いなければ, 確か. ❹ [否定文で] はっきりとは, 確かには: I don't ~ know whether it was Tom or John. あれがトムだったのかジョンだったかはっきりとはわからない.
ríght-mínded [形] [通例 [A]] 正しい[健全な, まともな]考えをもった. **~·ness** [名]
ríght·mòst [形] [A] 最も右(側)の.
ríght·ness [名] [U] ❶ 正しさ, 公正; 正義. ❷ 正確さ; 適正.
right-o /ràɪtóu/ [間] 《英口》⇨ right[1] [形] [成句].
right-of-cénter [形] 中道右派の.
ríght of wáy [名] ([複] **rights of way, ~s**) ❶ [U] (交通上の)優先通行権, 先行権. ❷ **a** [U] (私用地所内の)通行権. **b** [C] 通行権のある道路. ❸ [C] 《米》公道用地; 鉄道[線路]用地; 送電線[輸送管]用地.
⁺**ríght-ón** [形] ❶ 《米》全く正しい[適切な]. ❷ 《口》[しばしば軽蔑的に] (社会的・政治的な)正義意識をもった.
ríght òne [名] [a ~] 《英口》ばか, うすのろ.
ríghts íssue [名] 〘証券〙株主割当発行.

right·size 動 他 適正な規模[大きさ]にする[なる], (人員を)適正化[合理化]する.

right-thínking 形 =right-minded.

right-to-díe 形《米》死ぬ権利を認める.

right-to-lífe 形《通例 A》《米》妊娠中絶を違法とする, 中絶禁止法支持の.

right-to-líf·er 名《米》妊娠中絶反対者.

ríght tríangle 名《米》直角三角形.

right·ward /ráɪtwəd | -wəd/ 形 右に向かう, 右への.
— 副 右へ[に], 右手に.

right·wards /-wədz | -wədz/ 副《英》=rightward.

ríght whàle 名 動 セミクジラ; ホッキョククジラ.

***right wíng** 名 ❶ Ｕ [the ~; 集合的; 単数または複数扱い] (政党などの)**右翼, 右派**, 保守派 (↔ left wing; cf. right² 名 3). ❷ Ｃ 《競技》**a** [the ~] (フットボールなどの)右翼. **b** Ｃ 右翼手.

ríght-wíng 形 ❶ 右翼の, 右派の. ❷ (フットボールなどの)右翼の.

✝**ríght-wíng·er** 名 ❶ 右翼[右派]の人; 保守主義者. ❷ 右翼の選手.

right·y /-ti/ 名《口》❶ 右利きの人, 右腕投手. ❷《英》保守の人, 右翼.

righty-ho /ráɪtihóʊ/ 間《英口》=right-o.

***rig·id** /rídʒɪd/ 形 (**more** ~; **most** ~) ❶ 堅くて曲がらない, 硬直した, こわばった: ~ arms 硬直した腕 / His face looked ~ with distress. 彼の顔は苦悩でこわばっているように見えた. ❷ **a 厳格な, 厳重な** (↔ flexible): ~ discipline 厳格な規律. **b** 精密な: draw a ~ distinction between A and B A と B の間に厳密な区別をする. ❸ 堅苦しい, 融通のきかない, 厳しい: ~ opinions 融通のきかない意見 / a ~ teacher 頑固で融通のきかない先生 / ~ observance of the rules 規則の厳守 / The regulations are very ~. 規則は非常に厳しい / He's ~ *in* his opinions. 彼は自分の意見をがんとして曲げない. **bóre a person rígid** 〈人〉を退屈させる. ~·ly 副 堅く; 厳格に, 厳しく; がんこに. ~·ness 名 《L ← rigere to be stiff (cf. rigor)》 名 rigidity) 《類義語》≒ stiff.

rígid désignator 名《論》厳密指示語《あらゆる仮定[論理]において指示物の変化しない指示語》.

ri·gid·i·fy /rɪdʒídəfàɪ/ 動 他 自 堅く[厳格, 厳密]にする[なる]. **ri·gid·i·fi·ca·tion** /rɪdʒìdəfɪkéɪʃən/ 名.

ri·gid·i·ty /rɪdʒídəti/ 名 Ｕ ❶ 堅いこと, 強直, 硬直(性). ❷ **a** 厳格, がんこさ. **b** 厳密, 厳正. ❸《理》剛性. (形 rigid)

rig·ma·role /rígmərðʊl/ 名 ❶ Ｕ 煩雑で形式ばった手続き[やり方]. ❷ Ｕ [また a ~] くだらない[まとまりのない]長話.

✝**rig·or¹** /rígə | -gə/ 名 ❶ Ｕ (研究方法などの)厳密さ, 精密さ, 正確さ 〔*of*〕. ❷ Ｕ 厳しさ, 厳格 (severity): with the full ~ of the law 法律を十分厳格に適用して. ❸ [the ~; しばしば複数形で] (気候などの)苦しさ, 酷寒;《生活などの)苦しさ, 困苦, 難儀: *the* ~s *of* a long winter 長い冬の厳しさ / *the* ~s *of* life 生活の苦しさ. 《F < L < *rigere* ≒ rigid》 (形 rigorous)

rig·or² /rígə | -gə/ 名《医》悪寒, さむけ; (身体組織の)強直, 硬直.

rig·or·ism /rígərìzm/ 名 Ｕ 厳格[厳正]主義, リゴリズム. **-ist** /-rɪst/ 名 形

rígor mór·tis /-móətɪs | -mɔː-/ 名 Ｕ《医》死後硬直.

rig·or·ous /rígərəs/ 形 ❶《学問などの》**厳密な, 精密な, 正確な**: ~ scientific methods 厳密な科学的方法 / The inspection is ~. その検査は厳密である. ❷《規則・規律など》**厳しい, 厳格な** (strict): ~ discipline 厳しい規律. ❸ 《気候・風土など》**厳しい, 苛烈な** (★ 通例寒さの厳しさを示す). ~·ly 副 ~·ness 名 (名 rigor)

rig·our /rígə/ 名《英》=rigor¹.

rig·out 名《英口》衣服一式, (特にそろいの)服装.

Rig-Véda /rígvéɪdə/ 名 [the ~] リグヴェーダ《神々への賛歌を集録したバラモン教の根本聖典, ⇨ Veda》.

rijst·ta·fel /ráɪstɑ̀ːfəl/ 名 Ｕ ライスターフェル《オランダの米料理; インドネシア起源で, 肉や野菜など多くの添え物がつく》.

1545
ring

Riks·mål /ríksmɔːl/ 名 =Bokmål.

rile /ráɪl/ 動 他《口》❶ 〈人を〉怒らせる, いらだたせる: She got ~d. 彼女は怒った. ❷〈水を〉濁らす; 波立てる.

Ri·ley /ráɪli/ 名 ⇨ the LIFE of Riley 成句.

Ril·ke /rílkə/, **Rai·ner** /ráɪnə | -nə/ **Maria** 名 リルケ《1875–1926; Prague 生まれのオーストリアの詩人》.

rill¹ /ríl/ 名 小川, 細流.

rill², rille /ríl/ 名《天》小川《月面の細長い溝[谷]》.

ril·lettes /rɪléts | riːjét/ 名 複《料理》リエット《細切りにした豚・ガチョウ・魚などを脂肪で煮込みペースト状にしたもので, パンに塗って食する》.

✝**rim¹** /rím/ 名 ❶ (特に円形のものの)**縁**(㍻), へり 《比較 **brink** はがけなどの縁; **brim** はコップ・茶わんなどの縁》: the ~ *of* a cup カップの縁 / She looked at him over the ~s of her glasses. 彼女は眼鏡の縁越しに彼を見た. ❷ リム《車輪のタイヤを取り付ける枠》. — 動 他 (**rimmed; rim·ming**) 〈...に〉縁[へり, 枠]をつける; 〈...を〉取り囲む.

rim² /rím/ 動 他 (**rimmed; rim·ming**)《俗》〈...に〉肛門ねぶり[肛門口舌愛撫]を行なう; 〈...に〉肛門性交を行なう.

Rim·baud /ræmbóʊ | ー—/, **Arthur** 名 ランボー《1854–91; フランスの詩人; 象徴派の代表的存在》.

rime¹ /ráɪm/ 名 動 =rhyme.

rime² /ráɪm/ 名 Ｕ 霜, 白霜.

rím·fire 形 基部周縁に導火線の付いた〈弾薬筒〉(cf. center-fire); 周縁起爆式弾薬筒を用いる〈銃砲〉. — 名 周縁起爆式弾薬筒[銃器].

Ri·mi·ni /rímɪni/ 名 リミニ《イタリア北部, アドリア海に臨む港町・リゾート地》.

rim·less /-ləs/ 形 A 〈眼鏡など〉縁(㍻)なしの.

rimmed /rímd/ 形 [通例複合語をなして] ...の縁(㍻)[へり, 枠]の; **gold-rimmed glasses** 金縁の眼鏡 / **red-rimmed eyes** 赤く泣きはらした目 / ⇨ horn-rimmed.

rím·shòt 名《楽》リムショット《ドラムの皮面とふちを同時にスティックで打つ奏法》.

Rim·sky-Kor·sa·kov /rímskɪkɔ́əsəkɔ̀ːf, kɔ́ːsəkɔ̀f/, **Ni·ko·lay** (**An·dre·e·vich**) /nìːkəláɪ (ɑːndréɪəvɪtʃ)/ 名 リムスキーコルサコフ (1844–1908; ロシアの作曲家).

ri·mu /ríːmuː/ 名《植》リム/キ《マキ科リムノキ属の高木; ニュージーランド産; 家具・建築用材》.

rim·y /ráɪmi/ 形 (**rim·i·er**, **-i·est**) 霜でおおわれた.

rind /ráɪnd/ 名 ＣＵ (樹木・果物・ベーコン・チーズなどの硬い)**皮, 外皮**《メロン・レモンなどの皮; 比較 オレンジの皮は peel, バナナ・タマネギなどは skin》.

ríndèd 形 [通例複合語をなして] 皮[殻]が...の.

rin·der·pest /ríndəpèst | -də-/ 名 Ｕ《獣医》牛疫《牛の猛烈な伝染病》.

✼**ring¹** /ríŋ/ 名 ❶ Ｃ **輪形の飾り; 指輪, 耳輪, 腕輪, 鼻輪, リング**: a diamond ~ ダイヤの指輪 / ⇨ wedding ring. ❷ Ｃ **a 輪, 環**: ⇨ key ring, napkin ring. **b** 円[輪]形のもの; 車座 (circle): form a ~ 輪をなす / form a ~ with one's thumb and forefinger 親指と人差し指で輪を作る (★ 英米ではうまくいっているとか OK を表わすしぐさ》 / sit [dance] in a ~ 輪になって座る[踊る] / He puffed smoke ~s. 彼は煙を輪にしてはき出していた. **c** =gas ring. ❸ [the ~] **a** (サーカスなどの)円形演技場; 競馬場, 土俵; 曲馬場. **b** (ボクシング・レスリングの)リング. ❹ [the ~] (競馬の)賭博(㍻)師仲間, 私設馬券屋《全体》. ❺ Ｃ (不当で非合法な利益を得るための)**徒党**, 一味; ~ of spies = a spy ~ スパイ組織 / a smuggling [smugglers'] ~ 密輸業者仲間 / a drug ~ 麻薬組織. ❻ Ｃ (木材の)年輪. ❼ [複数形で] 〈体操の〉つり輪. ❽ Ｃ 《化》環(㎅). ❾ Ｃ 《天》環(㎅)《環式に結合している原子の集団》. ❿ Ｃ 《天》 (土星などの)環(㎅). (月などの)かさ.

rùn [màke] rings aròund a person《口》〈人〉よりはるかに早く行く, 〈人〉に圧勝する.

thrów [tóss] one's hát in the ríng ⇨ hat 成句.

— 動 (語形 ring² に関する規則変化形)動 ❶ **a** 〈...を〉**輪のように取り囲む, 取り巻く (surround): The police ~ed the house. 警官隊は彼の家を取り囲んだ[でいた] / His eyes were ~ed *with* dark circles. (寝不足などで)

ring

彼の目の周りに黒いくまができていた / The young singer was ~ed about [round] with excited girls. その若い歌手は熱狂した少女たちに取り囲まれ(てい)た. **b** 丸印で囲む. ❷ a 〈動物に〉鼻輪をつける. b 〈伝書バトなどに〉足輪をはめる. ❸ 〈遊戯〉〈…に〉鉄輪を投げてはめる. ❹ 〈果物・野菜などを〉輪切りにする. ❺ 〈車を〉細工して特定できなくする, 〈車のナンバープレートを〉不正に付け替える. 〖OE〗 〖関形〗 annular)

‡**ring**² /ríŋ/ 動 (rang /ræŋ/; rung /rʌŋ/) 自 ❶ a 〈鈴・鐘・電話などが〉鳴る, 響く: The bell [phone] is ~ing. ベル[電話]が鳴っている. **b** 〈音が〉鳴り響く: A shot rang out. 一発の銃声がとどろいた. **c** 〈耳ががんがん鳴る, 耳鳴りする〉: My ears are still ~ing. 私の耳はまだ鳴っている. ❷ 〔(英)〕 電話をかける, 電話する (phone): I'm expecting the police to ~. 私は警察が電話してくるのを待っている / We must ~ for an ambulance. 電話して救急車を呼ばなければだめだ. ❸ 〈(合図の)鐘[ベル]を鳴らす, ベルを鳴らして呼ぶ[求める]〉; 〈鐘・ベルが〉鳴って合図する: I wonder who is ~ing at the door. だれが玄関のベルを鳴らして(取り次ぎを求めて)いるのだろうか / I rang for the maid. ベルを鳴らしてお手伝いを呼んだ / The bells are ~ing for church. 教会へ行く鐘が鳴っている / [+for+(代)名+to do] He rang for the maid to bring tea. 彼はお手伝いにお茶を持ってくるようにベルを鳴らした. ❹ a 〈場所が〉〈音で〉鳴り響く: The hall rang with laughter. ホールは笑い声で鳴り響い(てい)た. **b** 〈名声・評判で〉沸き立つ; 評判になる, 響きわたる: The whole city rang with his fame. その町は町中が彼の評判であふれかえった. ❺ a 〈言葉などが〉〈耳に〉心に〉残って響く, 耳に聞こえる(ようである): The melody still rang in her ears. そのメロディーはまだ彼女の耳の中で鳴り響いているようだった. **b** 〈…の〉音がする, 〈…らしく〉聞こえる: [+補] A good [bad] coin ~s true [false]. 硬貨は音で本物[偽物]とわかる / Everything you said rang hollow. 君が言ったことはすべてうつろに(誠実さがないように)聞こえた.

—— 他 ❶ 〈鐘・鈴などを〉鳴らす, 打つ; 〈ベルを鳴らして呼ぶ[求める]: ~ the doorbell [the church bells] 玄関[教会]のベルを鳴らす / ~ the bell for the maid ベルを鳴らしてお手伝いを呼ぶ. ❷ a 〈鐘[ベル]を鳴らして告げる: ~ an alarm 警鐘を鳴らして急を知らせる / The chimes rang ~ noon. チャイムが正午を告げた. **b** 鐘を鳴らして〈行く年を〉送る; 鐘を鳴らして〈来る年を〉迎える: R~ out the Old Year and ~ in the New. (鐘の音とともに)行く年を送り新しい年を迎える. ❸ 〔(英)〕〈…に〉電話をかける: ~ the doctor [hospital] 医者[病院]に電話する / I'll ~ you (up) tonight. 今晩電話します.

ring a béll (1) 鐘[鈴]を鳴らす (⇒ 他 1). (2) ⇒ bell¹ 名 成句.

ring báck 〔(自+副)〕 (英) (1) 電話をかけ直す, 折り返し電話する. —— 〔(他+副)〕 (2) 〈…に〉後で[折り返し]電話する: I'll ~ you back later. 後で電話をかけ直します.

ring dówn [úp] the cúrtain ⇒ curtain 成句.

ring ín 〔(自+副)〕 (英) (1) 電話を入れて[連絡をとる]. —— 〔(他+副)〕 (2) 鐘を鳴らして〈来る年を〉迎える (⇒ 他 2 b).

ring óff 〔(自+副)〕 (英) 電話を切る.

ring róund (英) 多くの人に電話をかけまくる.

ring the béll (1) 鐘[呼び鈴]を鳴らして〈…を〉呼ぶ [for] (⇒ 他 1). (2) (口) 成功する, うまくいく.

ring the chánges ⇒ change 成句.

ring the knéll of… ⇒ knell 成句.

ring úp (1) (英) 〈人〉に電話をかける (⇒ 他 3). (2) (米) 〈売り上げを〉レジに記録する; 〈利益を〉あげる; 〈お金を〉費やす: ~ up a sale [big profits] 一点の売り上げをレジに記録する[(商品に)大きな利益を得る]. (3) (米) 〈…を〉成し遂げる.

—— 名 ❶ [C] **a** 〈鐘・ベルなどを〉鳴らすこと, 〈鐘・ベルなどが〉鳴ること; 鳴らす[鳴る]音: give the bell several ~s ベルを(何度も押して)鳴らす / answer a ~ at the door 玄関の呼び鈴に答える. **b** 〈教会などの〉一組の鐘(の音): a ~ of six bells 6 個ひと組の鐘. ❷ [a ~] (英口) 電話をかけること(《用法》 give a person a ~ の形で用いる): Give me a ~ this afternoon. 午後私に電話をかけてください. ❸ [単数形で] a 〈物の性質・真偽を示す〉音(響), 響き: try the ~ of a coin 硬貨を鳴らして真偽をためす / That name has a familiar ~. その名前は前にも聞いたような気がするな. **b** (話・文章などの) 調子, 感じ: His words have the ~ of truth. 彼の言葉には真実がこもっている. **c** よく響く音, よく通る声: The ~ of laughter came from downstairs. 笑い声が階下から響いてきた.
〖擬音語〗

Ríng-a-ríng o'róses 名 [U] (また (米) Ring-around-the-rósey) 「バラの輪作ろう」(輪になって Ring-a-ring o'roses で始まる歌を歌う遊戯).

ríng-bàrk 動 他 〈…の〉樹皮を環状にはぎ取る.

ríng bèarer 名 (米) リングベアラー (結婚式で新郎新婦が交換する指輪を持ち運ぶ役目の少年).

ríng bìnder 名 リングバインダー (金属製の輪を使ったルーズリーフのバインダー).

ríng-bòlt 名 (機) 環付きボルト, リングボルト.

ríng-bòne 名 [U] (獣医) (馬の)趾冠瘤 (しかんりゅう).

ríng-dòve 名 (鳥) ❶ モリバト(欧州産). ❷ ジュズカケバト (アジア・欧州南西部産).

ringed /ríŋd/ 形 ❶ 環のある; 環状の; 環[輪]に囲まれた; 指輪をはめた; 結婚した (married), 婚約した (engaged).

ríng·er¹ 名 ❶ a 鈴を振る人, 〈教会などの〉鐘を鳴らす人. **b** 振鈴装置. ❷ (米) 不正競技参加者, 替え玉[馬]. ❸ (口) 「…にそっくりな人[もの], …にそっくりなもの, 生き写し: He's a (dead) ~ for Michael Jackson. 彼はマイケルジャクソンにそっくりだ. ❹ (口) にせのナンバープレートを付けた車.

ríng·er² 名 ❶ ((豪口)) 小屋いちばんの羊毛刈り職人; ((豪口)) 抜群の人. ❷ ((豪)) 牧夫. ❸ ((英)) 鳥に識別用の環をはめる野鳥観察者.

Ríng·er('s) solùtion [flùid] /ríŋə(r)- | -ŋə(r)-/ 名 [U] (生化) リンガー溶液, リンゲル液 (血清に似た塩類を含有する液で, 生理学的実験などに用いる). 〖S. Ringer 19–20 世紀の英国の医師〗

ríng fènce 名 囲い; 制限, 束縛; 保護; 隔離.

ríng-fènce 動 他 〈資金の交付・給与などを〉使途を限定して与える; 〈人・団体に対して資金の使途を限定する.

ríng fìnger 名 (通例結婚指輪をはめる左手の)薬指.

ríng-hàls /ríŋhæls/ 名 = rinkhals.

‡**ríng·ing** 形 A ❶ 鳴り響く, 響き渡る (resounding): a ~ voice 鳴り響く声 / a ~ tone (英) (かけた側に聞こえる相手側の電話の)呼び出し音. ❷ 〈声明など〉明々白々の, 力強い.

ríng·lèader 名 (暴動などの)首謀者, 張本人.

ríng·let /-lət/ 名 ❶ 巻き毛. ❷ [昆] ジャノメチョウ科のチョウ. ❸ 小環, 小さい輪.

ríng màin 名 (電) 環状主回路.

ríng·màster 名 (サーカスの)演技主任, サーカス団長.

ríng-nèck 名 首のまわりに環紋のある鳥[動物].

ríng-nècked 形 〈動物・鳥が〉首のまわりに環紋のある.

ríng óuzel 名 (鳥) クビワツグミ (欧州北部山岳地方産).

ríng-pùll 名 (主に英) リングプル ((米) tab) (缶などの上部についている輪で, 引っぱるとふたがあくようになっている).

ríng ròad 名 (英) (都市周辺の)環状道路 ((米) beltway).

ríng·sìde 名 [U] ❶ (ボクシング・サーカスなどの)リングサイド, リングに近い席. ❷ よく見える場所, かぶりつきの席. —— 形 A リングサイドの: a ~ seat リングサイド席 / a ~ view (リングサイドから見るように)よく見えること.

ríng·sìd·er /-də | -də/ 名 リングサイドの観客, 前列の観客.

ríng spànner 名 (英) (ナットに適合する六角形などの穴をもったリングスパナ, リングスパナ.

ríng-tàil 名 (動) 尾に輪の形の模様がある動物 (cacomistle など).

ríng-tàiled 形 〈動物が〉尾に環紋のある.

ríng-tàiled cát 名 = cacomistle.

ríng-tàiled lémur 名 (動) ワオキツネザル (目のまわりに黒い輪があり, 尾に白黒の帯状模様がある灰色のキツネザル).

ríng・tòne 图 (携帯電話の)着信音, 着信メロディー.
ríng・wòrk 图《考古》(中世の小さな城の)環状の塹壕.
ríng・wòrm /-wə̀ːrm/ 图 Ⓤ 白癬《たむし・みずむし・しらくもなど》.
rink /ríŋk/ 图 ❶ (屋内)スケートリンク; カーリング(curling)競技場, アイスホッケー場. ❷ ローラースケート場. ❸ ロンボウリング場. ❹ (カーリング・ボウリングなどの)チーム. 【OF *renc* RANK¹】
rink・hals /ríŋkhæls/ 图《動》リンカルス, ドクハキコブラ《南アフリカ産; 攻撃してくる相手に毒液を噴射する》.
rink・y・dink /ríŋkidìŋk/ 图《米俗》形 ちゃちな, お粗末な; 古くさい. ── 图 安っぽい[古くさい]人[もの].

+**rinse** /ríns/ 動 ❶ 〈衣類・口などを〉すすぐ, ゆすぐ: ~ the clothes (*out*) (せっけんを落とすために)着物をゆすぐ / I ~*d* my mouth (*out*) with mouthwash. 私はうがい薬で口をすすいだ. **b** (副詞(句)を伴って)〈せっけん・ほこりなどを〉すすぎ落とす, 洗い落とす《*out*, *away*, *off*》: Be sure to ~ the soapsuds *off* the dishes. これらの皿から洗剤をよく洗い落とすようにしなさい / She ~*d* the shampoo *out of* her hair. 彼女は髪からシャンプーをよく洗い流した. ❷ 〈食物を〉〈飲み物で〉胃へ流し込む《*down*》(比喩的《米》では wash down のほうが一般的). ── 图 ❶ Ⓒ ゆすぎ, すすぎ; すすぎ落とし: give a shirt a good ~ シャツをよくすすぐ. ❷ Ⓒ,Ⓤ **a**《米》《シャンプーのあとに使う》リンス. **b** 毛染め(液).《F <*ricens* fresh; → *recent*》

Rio de Ja・nei・ro /ríːoudeɪʒənéɪ(ə)rou, -dəɪ- | -dəəníər-/ 图 リオデジャネイロ《ブラジルの旧首都; Rio と略称される》.

Rio Gran・de /ríːougrǽnd(i)/ 图 [the ~] リオグランデ川《米国とメキシコの国境をなす》.

Ri・o・ja /rióuhə | rióka/ 图 Ⓤ,Ⓒ [しばしば r~] リオハ《スペイン北東部 Rioja 地方産のワイン; 特にその辛口の赤》.

*__ri・ot__ /ráɪət/ 图 ❶ **a** (集団による)暴動, 騒動(ホッジッ);《罪》: start [set off] a ~ (*against*) (…に反抗して)暴動を起こす / suppress [put down] a ~ 暴動を鎮圧する / A ~ broke out in town. 町で暴動が起こった. **b** 大混乱, ごった返し. ❷ [a ~] **a** (色・音などの)多種多彩; a ~ *of* color 多彩な色彩, 色とりどり. **b** (感情・想像などの)奔放, ほとばしり: a ~ *of* emotion 沸き立つ感情. ❸ [a ~] 口《口》とてもおもしろいもの[こと, 人]: His new comedy is a ~. 彼の新作の喜劇は実におもしろい / We had a ~. とても楽しかった. **rùn ríot** (1) 騒ぎ回る. (2) 〈植物的やたらにはびこる; 〈花が〉咲き乱れる. ~ gas 暴動鎮圧のための催涙ガス / ⇒ riot police. ── 動 ⓘ ❶ 暴動を起こす; 騒ぐ. ❷ 放蕩する.《F》《图 riotous》

ríot àct ★ 次の成句で. **réad a person the ríot àct** 〈人〉に静かにするように厳しく言う[厳重に戒める]《由来 昔官憲が暴徒の前で騒擾(ホッピ)取り締まり令(Riot Act)を読み上げたことから》.

ri・ot・er /-tə- | -tə/ 图 暴徒, 暴民.

ríot gìrl [grr(r)l] 图《俗》ライオットガール《攻撃的なパンクロックによって女権を主張する若いフェミニスト》.

ri・ot・ous /ráɪətəs/ 形 ❶ 暴動の[を起こす]: a ~ crowd 暴徒化した群衆; 暴れ騒ぐ. ❷ 放蕩の. ❸ とてもおもしろい: We had a ~ time. 私たちはどんちゃん騒ぎをした. ❹ とてもおもしろい. ~・ly 副 ~・ness 图《图 riot》

+**ríot polìce** 图 [複数扱い] (暴動鎮圧の)機動隊《★ この語の複数形はない》.

ríot squàd 图 [集合的; 単数または複数扱い] (暴動鎮圧の)機動隊.

*__rip¹__ /ríp/ 動 (ripped; rip・ping) 他 ❶ **a** 〈ものを〉(びりっと)切り裂く, 引き裂く(tear): ~ *up* a letter 手紙を引き裂く / ~ a piece of cloth in two 布を 2 枚に裂く / ~ a sheet to pieces [into shreds] シーツをずたずたに裂く《[+目+補] I *ripped* open the envelope. その封書をびりっと裂いてあけた. **b** (副詞(句)を伴って)〈…から〉〈…を〉はぎ取る, 裂き取る: the trimming *off* (a garment) (衣服から)ふち飾りをはぎ取る / ~ bark *from* a tree 木から皮をはぎ取る / He *ripped* the page *out of* the book. 彼は本(のそ)のページをはぎ取った. ❷ 〈人・人の意見などを〉激しく非難する. ❸ 〈木材を〉縦引きにする. ── ⓘ ❶ (びりっと)裂ける, 破れる; ほころびる(tear): This cloth ~*s* easily. この布はすぐに破れる. ❷ [副詞(句)を伴って]《口》ものすごい勢いで進む: The tornado *ripped* through the city. 竜巻が猛烈な勢いで町を通過した. ❸ 〈…を〉激しく攻撃する[非難する]《*into*》. **Lèt it [her] ríp.**《口》(車などを)ぶっとばせ; それ行け! **lèt ríp**《口》《…を》激しく非難する《*against*》; 《…に対して》言いたいほうだいのことを言う《*about*, *at*》. **lèt … ríp**《口》…を成り行きに任せる.

ríp óff《他+副》(1)《口》〈人〉から法外な金をとる: That store really ~*s* its customers *off*. あの店は本当に客から法外な金をとる. (2)《口》〈ものを〉盗む; 〈人を〉だます. ── 图 引き裂き; 裂け目; ほころび, 裂傷(tear).

rip² /ríp/ 图 ❶ (潮流の衝突による)激潮 (cf. riptide 1). ❷ 暗礁などによる激浪, 激流; (川の)早瀬に立つ波.

rip³ /ríp/ 图《口》放蕩(%)者, やくざ者; やくざ馬, 廃馬.

RIP, R.I.P. /áɔːrɑɪpíː | áː(r)-/《略》*Requiescat in pace*《★ ラテン語で May he [she] rest in peace! の意; cf. rest² ⓘ 1 b》/ *Requiescant in pace*《★ ラテン語で May they rest in peace! の意》: Marilyn Monroe born June 1, 1926–died August 5, 1962 *RIP* マリリンモンロー 1926/6/1–1962/8/5 安らかに眠れ《墓碑銘》.

ri・par・i・an /rɪpé(ə)riən, raɪ-/ 形 ❶ 川岸の, 水辺の: ~ rights《法》河岸[河川敷]所有者特権《漁業・用水など川を利用する権利》. ❷ 水辺[川岸]に生ずる[すむ]: ~ life 水辺の生き物.

ríp còrd 图《空》❶ (パラシュートの)曳索(ᵉͥᵏˢ), リップコード《引くと開傘する》. ❷ (気球の)緊急ガス放出索.

ríp cùrrent 图 = riptide.

*__ripe__ /ráɪp/ 形 (rip・er; rip・est) ❶ **a** 〈果物・穀物が〉熟した: ~ fruit 熟れた果実 / a ~ grape 熟したブドウ / This apple isn't ~ yet. このリンゴはまだ熟していない. **b** 〈チーズなど〉飲み[食べ]ごろの. **c** (赤く)ふっくらした: ~ lips ふっくらした唇. ❷ 円熟した, 盛りの; 熟達した; 老齢の: a ~ old age 高齢 / a person of ~ judgment 判断力の円熟した人, 経験豊かな人 / a person of ~ years 熟年の人, 成人 / Soon ~, soon rotten.《諺》早く熟すれば早く腐る, 早熟は大成せず, 「大器晩成」 / He's ~ *in* experience. 彼は経験が豊かだ. ❸ 口《比較なし》準備の整った, 機が熟した: The time is ~ *for* action. 実行の機が熟した《[+*to do*] an opportunity ~ *to* be seized まさにとらえるべき好機. ❹《口》〈言葉など〉セックスを強調する; 下品な, いやらしい. ❺ 〈体臭など〉いやなにおいのする. ~・ly 副 熟して; 機が熟して. ~・ness 图 成熟; 円熟; 機が熟していること.《OE; 原義は「刈り取る(reap)に適した」》【類義語】**ripe** 収穫できるほどに成熟した食べごろの. **mature** 成長・成熟が完全[十分]である. **mellow** 熟した果物のように, 柔らかく甘く芳香があり, 酸味がない; 比喩的に用いることが多い.

+**rip・en** /ráɪp(ə)n/ 動 ⓘ ❶ 〈果物・穀物などが〉熟する, うれる, 実る: The wheat has ~*ed*. 小麦が熟した. ❷ 円熟する; 〈親交が〉深まる: Our acquaintance ~*ed into* friendship. 我々の顔見知りだったのが友情にまで発展した. ── 他 〈…を〉熟させる, 実らせる; 円熟させる: The sun ~*s* the fruit. 日光で果物が成熟する.《图 ripe》

+**ríp-òff** 图《口》❶ 法外な金をとること, 詐欺, ぼったくり, 盗み. ❷ まがいもの, 盗作, 焼き直し.

ri・poste /rɪpóʊst/ 图 ❶ 当意即妙の答え, 反撃, しっぺ返し. ❷《フェン》突き返し. ── 動 ⓘ ❶ しっぺ返しする, 反撃する. ❷ 突き返す.

ripped /rípt/ 形《俗》❶ 〈酒・麻薬に〉酔った, ハイになった. ❷ 筋肉隆々の, ムキムキの.

rip・per 图 ❶ 引き裂く人[もの]; 切り裂き殺人狂. ❷ = ripsaw.

rip・ping /rípɪŋ/ 形《英》すばらしい, すてきな.

*__rip・ple__ /rípl/ 图 ❶ Ⓒ さざなみ, 小波. **b** (毛髪などの)波形, ウェーブ. ❷ [通例単数形で] (波のような)音, さらさら(談話の)ざわめき: a ~ *of* laughter ざわめく笑い. ❸ [通例単数形で] [不安・興奮などの)波紋, 影響《*of*》. ❹ Ⓤ リプル《チョコレートやラズベリーがストライプ状に入ったアイスクリーム》: chocolate ~ チョコレートリプル. ❺《米》小さな早瀬. ── 動 他 ❶ 〈…に〉さざなみを立てさせる; 〈…に〉波紋を起こす: A breeze ~*d* the surface of the pond.

そよ風に池の水面が細かく波立った. ❷《毛髪などを》小さく波打たせる, ウェーブさせる. ── 圓 ❶ さざなみが立つ: The wheat field ~d in the breeze. 小麦畑がそよ風に吹かれて小さく波打っていた. ❷ さらさらと音を立てる; さざめく. ❸ [副詞(句)を伴って] さざなみのように伝わる[広がる]: Anxiety ~d through the crowd. 群衆の間に不安が広がった. [類義語] ⇨ wave.

rípple effèct 图 波及効果.
rípple màrk 图 《砂上などの》波あと, 風紋.
rip·plet /ríplət/ 图 さざなみ, 小さな紋.
rip·ply /rípli/ 形 さざなみの立った; 波紋のある; さざめく.
rip·rap /ríprӕp/《米》图 ⓤ《土木》捨て石《基礎を作るため水中や軟地盤に投げ込まれる》; 捨て石基礎. ── 動 (**rip·rapped; -rap·ping**) 捨て石で固める; 《...に》捨て石を打つ; 《...に》基礎を作る.
rip·roar·ing /rípróːrɪŋ⁻/ 形 ❶ 騒がしい, 騒々しい; 興奮させる. ❷《英》すばらしい, すてきな.
ríp·sàw 图 縦引きのこぎり.
rip·snórt·er /-snɔ́ːrtɚ|-snɔ́ːtə/ 图 ものすごいもの, わくわくさせるもの.
ríp·stòp 形 图 ⓤ リップストップの(生地)《一定間隔で2本撚(ょ)りの糸を用いて小さなきずから長く裂けたりしないようにした》.
ríp·tìde 图 ❶ 潮衝《他の潮流に衝突して激浪を起こす潮流; cf. rip² 1》. ❷ 心的葛藤.
Rip van Win·kle /rípvænwɪ̀ŋkl/ 图 ❶ リップバンウィンクル《Washington Irving 作の *The Sketch Book* 中の物語; その主人公; 20年眠り続けた》. ❷ ⓒ 時代遅れの人, 「浦島太郎」.
RISC /rísk/ 图 ⓤⓒ《電算》RISC(リ̣ッ)《命令セットを簡略化して高速動作を目指したコンピューター(の設計)》. 《reduced instruction set computer》.

‡rise /ráɪz/ 動 (**rose** /róʊz/; **risen** /ríz(ə)n/) ⓘ **A** ❶ **a** 《温度計などが, ...に》上昇する: The thermometer has *risen* (**to**) above 30°. 温度計が30度以上に上がった《★ この to はしばしば略される》. **b**《物価などが》...だけ上がる, 騰貴する; 《需要などが》増加する (↔ *fall*): Prices have *risen by* 10%. 物価が10%上がった. **c**《興味などが》増す; 《量などが》増大する. **d** 失業率などが増加する. **e**《川・洪水の》水かさが増す: The river has *risen* over a meter. 川の水かさが1メートル以上増した. **f** 潮が満す, 上げ潮になる: The tide is *rising*. 潮がさしてきた. **g**《パンなどのものが》ふくれ上がる: Yeast makes dough ~. イーストでパン生地がふくれ上がる. **h**《陸地が》隆起する.
❷《太陽・月・星が》(地平線上に)昇る, 出る (↔ *set*): The sun ~s in the east. 太陽は東から昇る / The moon is just *rising* above the horizon. 月は地平線上に昇ろうとしている.
❸ **a**《煙などが》空に昇る: The smoke *rose* straight *up* into the sky. 煙がまっすぐ空に昇った. **b**《鳥などが》舞い上がる, 飛び立つ. **c**《舞台の幕が》上がる: The curtain ~s. 幕が上がる. また新局面が展開された.
❹《高い山・建物などが》...にそびえる, そびえ立つ: ~ *above* the clouds 雲にそびえる / ~ *into* the sky 空にそびえる / Mt. Everest ~s (*to* a height of) 8848 meters. エベレスト山は8848メートルの高さにそびえる.
❺《土地が》上り(坂)になる: The ground ~s gradually toward the east. 地面は東方に向かって次第に高くなっている.
❻ 浮かび上がる: Whales must ~ periodically. クジラは一定時間をおいて必ず水面に浮かび上がらなければならない / I saw bubbles *rising from* the bottom. 泡が水底から浮かび上がってくるのが見えた / Tears *rose to* her eyes. 涙が彼女の目に浮かんできた.
❼《人が》《信用・重要性・世の中などに》地位が高まる, 立身する, 昇進する, 向上する: ~ *in* life [the world] 出世する / ~ *to* greatness 偉くなる / ~ *to* fame 名声をあげる / ~ *to* power 権力を握る / ~ *from* the ranks 兵卒から将校に昇進する / He *rose from* office boy *to* CEO. 彼は給仕から社長に出世した.
❽ **a**《音・声などが》高くなる: Her voice *rose to* a shriek. 彼女の声は金切り声になった. **b**《熱が》高くなる, 上がる; 《緊張などが》高まる: Her temperature is *rising* again. 彼女はまた熱が上がってきた. **c**《元気が出る》《感情などが》強まる: My spirits *rose*. 元気が出てきた. **d** 赤らむ《...にさす》: He felt a flush *rising to* his cheeks. 彼は顔が赤くなるのがわかった.

── **B** ❶ **a**《横になっていたり, 座っていたりする状態から》立ち上がる《《比較》stand up より形式ばった語》: ~ *to* one's feet 立ち上がる / He *rose* from his chair. 彼はいすから立ち上がった / He *rose* to greet her. 彼は立ち上がって彼女にあいさつした. **b** 起きる, 起床する《《比較》get up のほうが一般的》: ~ *with* the sun [*lark*] お日様[ヒバリ]と共に起きる, 早起きする. **c**《馬が棒立ちになる, 飛び上がる》: The horse *rose* up on its hind legs. 馬はあと足で立ち上がった.
❷ **a** 《...から》引き上げる, 席を立つ: ~ *from* the table 《食事を終えて》食卓を去る. **b** 《議会・法廷などが》閉会になる, 散会する (adjourn): Parliament ~s next Friday. 国会は来週の金曜日に閉会になる.
❸《反乱・暴動に立ち上がる, 蜂起(ほう)する (rise): ~ *in* revolt [rebellion] 暴動を起こす / The people *rose against* oppression [the ruler]. 国民は圧制[支配者]に反抗して立ち上がった.
❹《...に》応じて立ち上がる, 耐える; 対処する: ~ *to* a challenge 挑戦に応ずる力がある / ~ *to* the occasion 臨機応変の処置をする[切り抜ける] / ~ *to* the requirements 要求に応ずる力があある, 任に耐える.
❺《神学》《死から》よみがえる: Christ is *risen* (again). キリストはよみがえった / ~ *from* the dead よみがえる.

── **C** ❶《川が源を発する (in, from, at)》《★進行形なし》: The river ~s *in* the mountains. その川は源を山脈に発する / *Where* does the Mississippi ~? ミシシッピー川はどこに源を発しているか.
❷《考え・情景などが》《心の中に》出てくる, 浮かんでくる《*before, in, to*》: The idea *rose to* mind [*in* my mind]. その考えが胸に浮かんできた.
❸ **a**《風・あらしなどが》起こる, 生じる (get up): The wind has *risen*. 風が出てきた / The sea *rose* somewhat. 海は少々荒れてきた. **b**《事が起こる, 発生する》: A rumor *rose* that he was going to resign. 彼が辞職するといううわさが立った / The whole problem *rose* from a misunderstanding. 問題はすべて誤解から起こった.
❹《建物などが》建つ, 建築される: New houses are *rising* on the hill. 新しい家が丘の上に建てられている.

màke a person's górge rìse ⇨ gorge 成句.
ríse abòve... (1) 《高い山・建物の》...にそびえる (⇨ A 4). (2)《温度計などが》...以上に上がる (⇨ A 1 a). (3) ...を超越する; ...を克服する: ~ *above* one's difficulties 困難に負けない / He *rose above* all this pettiness. 彼はこんなつまらないこと一切を超越した.
ríse and fáll (1)《船が》波上に上下する. (2)《胸が》波打つ. (3)《株価等の数字が》上下に変動する.
rise and shine [通例命令法で]《口》《寝床から起きる》.
ríse from the áshes 打撃から立ち直る, 復興する《由来》不死鳥 (phoenix) は死に際して自ら焼死し, その灰から再び新たに生まれ変わるという古代伝説から》.
ríse to the báit ⇨ bait 成句.
ríse úp《圓+副》暴動を起こす, 蜂起(ほう)する《*against*》 (cf. B 3).

── 图 ❶ ⓒ《物価・量・温度などの》騰貴, 増加; 増大: a ~ *in* unemployment 失業率の増加 / the ~ and fall of the tide 《潮》の干満 / be on the ~ 上がりつつある, 騰貴[増加]の傾向にある. **b**《英》昇給《《米》raise》: an ~ in pay [salary] 昇給 / ask for a ~ 昇給を求める. **c** 音声[調子]の高まり: the ~ and fall of one's voice 声の高低, 抑揚.
❷ ⓤ [また a ~] 立身, 出世, 進歩; 興隆, 繁栄: a meteoric ~ (in the world) 流星のような[華々しいあっという間の]出世 / the ~ and fall *of* the Roman Empire ローマ帝国の興亡[盛衰] / one's ~ *to* stardom スターダムにのしあがること.

❸ ⓒ 上り坂[道] (slope); 高台, 丘: There's a gentle ~ from my house to the station. 私の家から駅まではゆるやかな坂になっている.
❹ ⓤ a 上がること, 上昇. b (日・月・星の)出: at ~ of moon [sun] 月[日]の出 / at moonrise [sunrise] のほうが一般的). c (劇場の, 幕が)上がること, 開幕: at the ~ of the curtain 開幕時に.
❺ ⓤ 起源, 源; 発生: The river has its ~ among those mountains. 川はその山々に源がある.
❻ ⓒ (魚が)水面まで浮揚すること: I haven't got a single ~. 魚が全然くいつかない.
gét [(英)táke] a ríse òut of a person 《口》 (からかったりして)人を怒らす, 〈人を〉じらす; 〈人を〉じらして思うつぼにはまった返答(など)をさせる.
gíve rise to... 〈悪いこと・望ましくないもの〉を起こす, のもとである (provoke): Such words will give ~ to suspicion. こういう言葉は疑いを起こさせるもとになる / Privilege often gives ~ to abuses. 特権はしばしば濫用を伴う.
〖OE; cf. raise, rear²〗

*ris·en /rízn/ 動 rise の過去分詞.
rís·er 名 ❶ [early, late の形容詞を伴って] 起床者: an early ~ 早起きの人 / a late ~ 朝寝ぼう. ❷ 〖建〗 (階段のけ上げ[込み])板 (⇒ flight¹ さし絵). ❸ [しばしば複数形で] (出演者を見やすくするための)舞台に置く台. ❹ (水道・ガスの)立ち上がり管, 竪管(たてかん). ❺ (パラシュートのハーネスを結ぶ)ライザー.
rishi /ríʃi/ 名 〖ヒンドゥー教〗 賢者, 仙人.
ris·i·bil·i·ty /rìzəbíləti/ 名 ⓤ 笑い性, 笑い癖.
ris·i·ble /rízəbl/ 形 ❶ 笑える, おかしい, 滑稽な (ludicrous). ❷ 笑い性の, よく笑う.
rís·ing 形 ❶ 騰貴する; 増大[増加]する; 増水する: ~ prices 上昇する物価 / a ~ market 上向き相場 / the tide 上げ潮. ❷ 昇る, 上がる〈日・月・星の〉出る: the ~ sun 朝日. ❸ 昇進[向上]する; 新進[新興]の; 成長中の: a ~ young comedian 売り出し中の若いコメディアン / the ~ generation 青年(層). ❹ 上り(坂)の; 高くなった: ~ ground 傾斜地; 高台. ── 前 (年齢が)...に近い, になろうとする: a boy ~ ten 十歳になろうとする少年 / Betty is ~ six (years old). ベティーはじき 6 歳になる. ── 名 ❶ ⓒ 反乱, 蜂起(ほうき) (revolt). ❷ ⓤ 上昇; (日・月・星の)出ること: the ~ of the sun 日の出. ❸ ⓤ 起立, 起床. ❹ ⓤ 生き返り, 復活. ❺ ⓒ 高台.
rísing dámp 名 ⓤ 上昇水分[湿気] 《地中から建物の壁にしみ込む湿気》.
rísing sígn 名 〖占星〗 上昇宮 《天宮図における東の水平線上の十二宮の一つ》.

*risk /rísk/ 名 ❶ ⓒⓤ 危険, 恐れ: run a ~ 危険を冒す / take a ~ (意識して)いちかばちかやってみる / Mind you don't take too many ~s. あまりいろいろと危ないことに手を出さないようにしなさい / I can't run the ~ of losing her. 彼女を失うような危険は冒せない / There was some [a great, no] ~ of her being killed. 彼女には殺害されそうな危険がいくらかあった[大いにあった, 全然なかった] / [+that] There was a ~ that he would lose the election. 彼には選挙に敗北する恐れがあった. ❷ ⓒ 危険(人)物: a fire ~ 火災を起こすかもしれない危険物 / a health ~ 健康を害するかもしれない危険 / a security risk. ❸ ⓒ 〖通例修飾語を伴って〗 〖保〗 被保険者[物]: a good [bad] ~ (保険会社からみて)危険の少ない[多い]被保険者, 〖比喩〗 頼りになる[ならない]人.
at ány rísk どんな危険を冒しても, ぜひとも.
at one's ówn rísk 自分の責任において: Anyone visiting the area does so at their own ~. この地域を訪れる人は自己の責任においてそうして下さい 《その結果何が起こっても当方は責任を負いません; 〖解説〗 何事も自分の責任で行なうのあれた英米では, これが日本式の「...するべからず」という言い方に相当する》.
at rísk 危険な状態に: put a person at ~ 人を危険にさらす.
at (the) ówner's rísk (商品発送で)損害は所有者の負担で.
at the rísk of... (1) ...の危険を冒しても, ...を賭(と)して:

1549 ritz

at the ~ of one's life 生命を賭して, 命がけで. (2) ...は承知のうえで: At the ~ of seeming rude, I must refuse your offer. 失礼は承知のうえですがお申し出はお断わりしなければなりません.
put...at risk (of...) 〈人・物事を〉(...の)危険にさらす: My work has put my family at ~ of being split apart. 仕事のために家庭が崩壊の危機にさらされている.
── 動 ⓣ ❶ 〈...を〉危うくする; 〈...を〉(...に)賭(か)ける (on): ~ one's fortune [life, neck] 身代[生命, 首]を賭ける / ~ life and limb 危険なことをする. ~ a 〈失敗・危害などを〉覚悟のうえでやる: ~ failure 失敗を承知でする. b あえて〈...〉する [+doing] I'm willing to ~ losing everything. 私はすべてを失うことでも喜んでするつもりがある.
《用法》 [+to do] は不可).
〖F<It〗〖類義語〗 ⇒ danger.
rísk càpital 名 =venture capital.
rísk mànagement 名 ⓤ 危険[危機]管理.
rísk-tàker 名 危険を冒す人.
rísk-tàking 名 ⓤ 危険を冒すこと, 冒険.

*risk·y /ríski/ 形 (risk·i·er; -i·est) ❶ 危険な, 冒険的な. ❷ =risqué. rísk·i·ly 副. -i·ness 名 〖RISK+-Y〗
ri·sot·to /rísɔːtoʊ/ -zɔ́t-/ 名 (~s) ⓒⓤ リゾット 《米にタマネギ・チーズ・鶏肉などを加えたシチュー風のイタリア料理》. 〖It<riso RICE〗
ris·qué /rìskéɪ/ イーイ 形 〈話・劇の場面などが〉わいせつじみた, きわどい.
ris·sole /rísoʊl, rísoʊl/ 名 リソール 《肉・魚肉などをパイ生地に詰めて油で揚げたもの》. 〖F〗
rit. 《略》 〖楽〗 ritardando.
Ri·ta /ríːtə/ 名 リータ 《女性名》.
Rit·al·in /ríːtəlin/ 名 〖商標〗 リタリン 《塩酸メチルフェニデート (methylphenidate hydrochloride) 製剤; 精神刺激薬》.
ri·tar·dan·do /rìtɑːdáːndoʊ/ -taː-/ 名 〖楽〗 形 副 リタルダンド, 次第にゆるやかな[ゆるやかに] (略 rit.). ── 名 (~s) リタルダンド(の楽章). 〖It<L=遅くする; cf. retard¹〗

*rite /ráɪt/ 名 [しばしば複数形で] (宗教的な型どおりに行なわれる荘厳な)儀式, 祭式, 儀礼; 典礼: (the) marriage ~s 結婚式 / (the) burial [funeral, last] ~s 葬式 / the ~ of confirmation 〖キ教〗 堅信式 / a ~ of passage 通過儀礼. 〖F<L ritus (宗教的)慣習〗 《形》 ritual
〖類義語〗 ⇒ ceremony.
ri·te·nu·to /rìːtənúːtoʊ/ 名 形 副 〖楽〗 直ちに速度をゆるめる[ゆるめて], リテヌートの[で].
ri·tor·nel·lo /rìtɔːnéloʊ/ -tə-/ 名 (~s, -li /-li/) 〖楽〗 リトルネロ: a 歌の前奏・間奏・後奏として反復される器楽的部分. b コンチェルトグロッソ・独奏部分の総奏部分.

*rit·u·al /rítʃuəl/ 名 ❶ ⓒⓤ (しばしば同じ形式で繰り返される)儀式, 礼拝式, (儀式的)行事: Christian ~(s) キリスト教の儀式 / the ~ of the tea ceremony 茶の湯の儀(式の行事). ❷ ⓒ (忠実に守る)慣習的行為, 慣例の, 「儀式」: He never buys anything without going through the ~ of bargaining. 彼は物を買う時は儀式のように必ず値切る. ── 形 〖A〗 儀式の[に関する, に用いられる]; 祭式の: a ~ dance 儀式的舞踏. ~·ly /-əli/ 副 (名 rite) 〖類義語〗 ⇒ ceremony.
rítual abúse 名 ⓤ 魔術的儀式における児童虐待[殺し].
rít·u·al·ism /-lɪzm/ 名 ⓤ 儀式主義[偏重].
rít·u·al·ist /-lɪst/ 名 儀式主義[偏重]者.
rìt·u·al·ís·tic /rìtʃuəlístɪk/ 形 儀式的な; 儀式主義の, 儀式を偏重する. -ti·cal·ly /-kəli/ 副.
rít·u·al·ize /rítʃuəlaɪz/ 動 ⓣ 儀式化する; 〈...に〉儀式を課する. ── 自 儀式(主義)的に行なう. rìt·u·al·i·za·tion /rìtʃuəlɪzéɪʃən/ -laɪz-/ 名 ⓤ 儀式化.
ritz /ríts/ 名 ⓤ 《米口》 〖the ~〗 豪華, 虚飾, 見せびらかし, ひけらかし. pút on the rítz 豪奢[派手]に暮らす, 豪華に着飾る, 気取る. ── 動 ⓣ 〈...に対して〉お高くふるまう. 〖高級ホテル Ritz /ríts/ から〗

ritz·y /rítsi/ 形 (ritz·i·er; -i·est) 《口》豪華な, デラックスな, ぜいたくな.

riv. 《略》river.

*__ri·val__ /ráiv(ə)l/ 名 ❶ 競争相手, ライバル; 肩を並べる人, 匹敵する人[もの], 好敵手: without (a) ~ 無敵の 《★ しばしば無冠詞》/ a business ~ 商売がたき / a ~ in love 恋のかたき / The book has no ~ in its field. その本にはこの種のものとしては類書がない / They're ~s for the job. 彼らは仕事のうえで競い合っている. ── 形 ❶ 競争する, 対抗する, 競争相手の: ~ lovers 恋がたき / ~ suitors 求婚の競争相手 / a ~ candidate 敵対候補 / a ~ group 対抗グループ. ── 動 (ri·valed, 《英》-valled; ri·val·ing, 《英》-val·ling) ❶…と競争する, 張り合う. ❷ …に匹敵する 〖at, in, for〗: She ~s him at tennis. テニスでは彼女は彼に負けないくらいだ / As a business center, it now ~s London. 商業の中心地としては, そこは今やロンドンに匹敵する. 〖L < *rivus* 流れ (cf. derive); 原義は「他人と同じ流れを利用している者」〗

ri·val·rous /ráiv(ə)lrəs/ 形 競い合うとする, 競争心のある, 張り合う.

*__ri·val·ry__ /ráiv(ə)lri/ 名 ⓒⓊ 競争, 対抗, 敵対(するもの): friendly ~ 互いに負けまいと励ますこと / factional *rivalries* 党派間の抗争 / enter into ~ *with* … と競争を始める / There's (an) intense ~ *between* them for the post. その地位を目ざして彼らの間には強烈な対抗意識がある. 〖RIVAL+-RY〗

rive /ráiv/ 動 (~d; riv·en /rívən/, ~d) 裂く, 割る; もぎ取る 〖*away, off, from*〗; 〈心などを〉引き裂く, かき乱す; 破砕する. ── 動 裂ける, 割れる.

riv·en /rívən/ 形 〖文〗 引き裂かれた 〖*by, with*〗: a tree ~ *by* lightning 雷に引き裂かれた木.

*__riv·er__ /rívə | -və/ 名 ❶ a (比較的大きい)川: swim in a ~ 川で泳ぐ / go boating on a ~ 川にボート遊びに行く / the mouth of a ~ 河口 / up [down] a ~ 川上[下]流へ. b [固有名詞に用いて] …川 《用法》 《英》では the River Thames, 《米》では the Hudson River の順); the Yellow *R*- 黄河. ❷ a (水以外の)流れ: a ~ of mud 泥の流れ. b [通例複数形で] 多量の流れ: ~s of tears あふれる涙 / ~s of blood 血の海.

séll a person dòwn the ríver 〈人を〉裏切る 《由来》もと米国で Mississippi 川の下流の労働条件の苛酷な New Orleans の農園に奴隷を売りつけたことから).

sénd a person ùp the ríver 〈人を〉《米口》刑務所にぶち込む 《由来》もと米国で囚人を New York から Hudson 川を上って Sing Sing /síŋsìŋ/ 刑務所に送ったことから).

〖F 〖L＝*ripa* 川岸〗. 《類義語》 fluvial) *river* 海や湖に直接流れ込む比較的大きな川. **stream** 小川. **brook** 水源から river に至る小川で文語的.

Ri·ve·ra /rivé(ə)rə/, Diego 名 リベラ (1886-1957; メキシコの画家).

ríver bànk 名 川岸.

ríver bàsin 名 (河川の)流域(集水地域).

ríver bèd 名 川底, 河床.

ríver blíndness 名 ＝onchocerciasis.

ríver bòat 名 川船.

ríver càpture 名 ⓊⓆ 〖地理〗川争奪(隣り合う2河川の一方が他方の上流の河流を奪うこと).

rív·ered 形 川のある.

ríver hèad 名 川の発源地, 水源.

ríver hòrse 名 カバ(河馬). 〖L HIPPOPOTAMUS の英訳〗

riv·er·ine /rívəràin/ 形 ❶ 川の, 河川の. ❷ 川辺の, 川岸にある[すむ].

†**ríver·side** 名 [the ~] 川岸, 河畔. ── 形 Ⓐ 川岸の, 河畔の: a ~ hotel 河畔のホテル.

†**riv·et** /rívit/ 名 リベット(重ねた金属板の穴に差し込み, 一方の頭をたたきつぶして固定させるもの). ── 動 ❶ 〈目・心・注意などを〉くぎづけにする, 引きつける 《★ しばしば受身で用いる》: His words ~*ed* their attention. 彼の言葉は彼らの注目を引きつけた / Her eyes *were* ~*ed on* his face. 彼女の視線は彼の顔にくぎづけになった / He ~*ed* his audience *with* his fiery eloquence. 彼は熱弁で聴衆を引きつけた[くぎづけにした]. ❷ 〈…に〉リベットで留める: ~ two iron plates *together* 2枚の鉄板をリベットでつなぐ. ❸ 〈…を〉動かなくする, 固定する 《★ しばしば過去分詞で形容詞的に用いる》: stand ~*ed* (to the spot) その場にくぎづけされたように立っている. ~·**er** /-tə | -tə/ 名 リベット工; リベット締め機. 〖F＝固定〗

rív·et·ing /-tɪŋ/ 形 《口》おもしろい, 魅惑的な, 胸がわくわくする[魅入られる]ような: a ~ sight 魅入られるような光景.

Ri·vi·er·a /rìviéərə/ 名 ❶ [通例 the ~] リビエラ海岸地方(地中海沿岸でフランスの Cannes あたりからイタリア北西部までの風光明媚(ⓇⓊ)で気候温暖な地帯). ❷ 海岸の景勝地: the Cornish ~ イングランド南西部の景勝地.

riv·i·ère /rìviéə | -éə/ 名 リビエール(ダイヤモンドなどのネックレスで特に数連からなるもの).

riv·u·let /rívjulət/ 名 小川, 細流.

Ri·yadh /ri:ja:d | rí:æd/ 名 リヤド(サウジアラビアの首都).

ri·yal /ri(j)á:l/ 名 リヤル(サウジアラビア・カタールの通貨単位; 記号 R).

R.L.S. 《略》 Robert Louis Stevenson.

RM 《略》 Royal Mail; Royal Marines.

Ŕ [**f**, **f'**] **mònths** 名 匯 [the ~] 'r' の月(9月-4月; 月名に r 字を含み, カキ (oyster) の季節).

rm(s). 《略》 ream(s); room(s). **RMS** 《略》 Royal Mail Steamer 英国郵船. **Rn** (記号) 〖化〗 radon.

RN 《略》 registered nurse; Royal Navy.

RNA 《略》〖生化〗ribonucleic acid.

RN·ase /á:rénérs/ 名 〖生化〗 RN アーゼ(RNA の加水分解を触媒する酵素).

RNÁ vírus /á:rèinér-/ 名 〖生〗 RNA ウイルス(遺伝物質のコアが RNA からなるウイルス; paramyxovirus, retrovirus など).

*__roach__[1] /róutʃ/ 名 (匯 ~·es) ❶ 《米口》ゴキブリ. ❷ 《俗》マリファナの短い吸いさし. 《(COCKROACH)》

roach[2] /róutʃ/ 名 (匯 ~, ~·es) 〖魚〗ローチ(ウグイの類のコイ科の淡水魚; ヨーロッパ産).

roach[3] /róutʃ/ 名 〖海〗横帆下縁の弧状の切り取り. ── 動 〖海〗横帆の下縁を弧状に切り取る.

*__road__ /róud/ 名 ❶ a 道, 道路: a dirt ~ 舗装してない道路 / a side ~ 横道, 間道, わき道 / a main ~ 本道 / a trunk ~ 《英》幹線道路 / a toll ~ 有料道路 / There was ice on the ~. 道には氷が張っていた / Don't play in [on] the ~. 道路で遊んではいけない《用法》《英》では[で]の前置詞は通例 on で, in の時には通行のじゃまの観念を含む場合に用いる) / All ~s lead to Rome. ⇒ Rome 1 / We took the wrong ~. 道を間違えた / This ~ is always jammed with cars. この道路はいつも車で込んでいる. b 《米》鉄道. ❷ a [the R~; 特定の場所に通ずる道に用いて]《英》街路: the London *R*- [~] / ロンドン街路. b [*R*-; 都市の主要街路の名に用いて] 街《略 Rd.》: Victoria *R*- ビクトリア街 / 11 Homer *Rd.*, London ロンドン市ホーマー街11番地. ❸ [the ~] 〖…への〗道, 常道: the ~ *to* peace [ruin] 平和[破滅]への道 / She was on the (high) ~ *to* recovery [success]. 彼女は回復[成功]への途上にあった. ❹ 〖しばしば複数形で〗〖海〗停泊地: anchor in the ~s 停泊地にいかりをおろす.

búrn úp the róad 《米口》自動車をぶっとばす.

by róad 陸路によって, 自動車で: The castle is accessible *by* ~. お城までは車で行ける.

dòwn the róad (1) この[その]道の向こうに: There's a store just *down the* ~. この道をちょっと行ったところに店がある. (2) いつか将来.

gèt óut of the róad 《英口》人のじゃまをしない.

gò dówn a [that] róad 《口》ある[その]方針に従う.

hít the róad 《口》出発する; 立ち去る.

hóg the róad 《口》道路の真ん中を運転する[走る], (自動車の運転で)道路を一人占めする (⇒ road hog).

hóld the róad 〈自動車が〉(スピードを出しても, 雨の時でも)路面にしっかりくっついて走る.

in the róad (1) 道路上で (⇒1). (2) 道路をふさいで. (3)《口》じゃまになって.
óne for the róad 別れの前の一杯: I'll stand you *one for the* ~. 別れを惜しんで一杯おごろう.
on the róad (1) 道路上で (⇒1). (2) 途上にあって (⇒3) (on the way). (3) 〈セールスマンが〉地方を回って; 〈劇団などが〉巡業中で, 〈バンドなどが〉ツアーに出て. (4) 〈車などが〉まだ使用されて, 走れて.
táke (to) the róad (1) 旅に出る. (2) 浮浪者になる.
── 形 A 道路(上)の: a ~ accident 道路[交通]事故 / a ~ junction 道路の合流点 (《米》では an intersection が普通).
~·less 形 道路のない.
〖OE=馬で行くこと〗【類義語】⇒ street.
róad àgent 名《米》(昔の駅馬車時代の)追いはぎ.
róad·bèd 名 [通例単数形で] (鉄道・道路の)路盤, 路床; (鉄道線路の)バラス; (道路の)路体; 路面.
†**róad·blòck** 名 ❶ (軍用の)道路防塞(ぼうさい); (通行規制・検問用の)バリケード. ❷ 障害(物) (to).
róad còmpany 名 地方巡業劇団.
róad fùnd 名《英史》道路基金《道路・橋の建設維持を目的とする》.
róad fùnd lìcence 名《英》自動車税納付証明書.
róad gàme 名《競技》遠征試合.
róad hòg 名《口》(自動車などの)横着[乱暴]な運転者.
róad·hòlding 名 Ⓤ (自動車などの)ロードホールディング《高速・カーブや濡れた路面での走行安定性》.
róad·hòuse 名 ロードハウス《街道筋にある旅館・酒場・ナイトクラブなど》.
róad hùmp 名《英》=sleeping policeman.
road·ie /róudi/ 名《口》=road manager.
road·kill 名 C Ⓤ《米》路上轢死動物; 路上轢死動物[者]. **road-killed** 形.
róad·màn /-mæn, -mən/ 名 (優 -men /-mèn, -mən/) 《英古》道路工夫.
róad mànager 名 (ロックグループなどの)地方巡業マネージャー.
róad màp 名 (自動車旅行用の)道路地図, ロードマップ.
róad mènder 名 =roadman.
róad mètal 名 Ⓤ 道路舗装用割り石, バラス.
róad mòvie 名 ロードムービー《(通例ロケで)登場人物の旅を中心に描く映画; ストーリー性が希薄で, 主人公の逃避や自己探究をテーマにすることが多い》.
róad prìcing /-pràɪsɪŋ/ 名《英》道路通行料徴収《混雑した時間帯に通行料を課す制度》.
róad ràce 名 (自動車などの)ロードレース.
róad ràcer 名 ロードレース用の車; ロードレースの選手.
róad ràcing 名 Ⓤ (公道または公道を模したコースで行なわれる自動車などの)ロードレース《競技》.
róad ràge 名 Ⓤ 路上の激怒[逆上]《運転中のストレスでドライバーがかっとなること》.
róad ròller 名 (道路を締め固める)ロードローラー.
róad·rùnner 名〖鳥〗ミチバシリ《米国西部産のカッコウ科の鳥; 地上を走り, へびなどを捕食する》.
róad sàfety 名 Ⓤ 交通安全.
róad sènse 名 Ⓤ (運転者・歩行者の)交通事故を避ける勘[感覚].
†**róad shòw** 名《スタジオ外で行なう》地方巡回番組; (劇団の)地方巡業, 巡回興行; (座席を前売りして行なう新作映画の)特別独占興行, ロードショー; (販売促進・広報などの)巡回キャンペーン.
†**róad·sìde** [the ~] 道ばた, 道路わき, 路傍: by [on, at] the ~ 路傍に. ── 形 A 道ばたの, 路傍の: a ~ restaurant 道路沿いにあるレストラン, ドライブイン.
róad sìgn 名 道路標識.
róad·stèad 名〖海〗停泊地.

roaring

róad·ster /róudstə | -stə/ 名 ロードスター《2[3]人乗りのオープンカー; 座席は前部にあるだけだが, 後部に補助席があるものもある》.
róad tàx 名 Ⓤ Ⓒ 道路税.
róad tèst 名 ❶ 路上テスト《新車の実地性能試験》. ❷ (自動車運転免許取得のための)路上実技試験.
róad-tèst 動 他〈…に〉路上テスト[路上実技試験]を行なう.
róad trìp 名《米》車を使った旅行.
róad wàrrior 名《俗》仕事で各地を回る人; コンピューター[携帯電話(など)]を持ち歩く人.
róad·wày 名 [the ~] 車道(の真ん中)《★ footpath, pavement に対して》.
róad·wòrk 名 ❶ Ⓤ ロードワーク《ボクサーなどがコンディションを整えるために行なう長距離ランニング》. ❷ [複数形で] 《英》〖掲示に用いて〗道路工事: *Roadworks* ahead. この先道路工事中《原題》《米》では Construction ahead. または Men at work ahead.
róad·wòrthy 形〈車が〉道路での使用に適した. **róadwòrthi·ness** 名.

†**roam** /róum/ 動 他 [副詞(句)を伴って] 〈人が〉(あてもなく)歩き回る, ぶらつく; 放浪する: ~ *around* ぶらぶら歩き回る / The traveler ~ed throughout the world. その旅行者は世界中を漫遊した. ── 他〈人が〉〈場所を〉歩き回る, 放浪する: We ~ed the woods gathering flowers. 花を摘みながら森を歩き回った. ── 名 歩き回り, ぶらつき; 放浪.
~·er 名【類義語】⇒ wanderer.
róam·ing 名 Ⓤ ローミング《携帯電話などを契約区域外からその地域の提携会社を通して利用すること》.
roan[1] /róun/ 名 Ⓤ ローン革《モロッコ革代用の柔らかい製本用の羊革》.
roan[2] /róun/ 形 栗あし毛の《黒や茶に白や灰色のまざったもの》. ── 名 栗あし毛の動物《馬など》.

****roar** /rɔː | rɔː/ 動 ❶ a〈ライオンなど猛獣が〉ほえる. b〈エンジン・大砲・風・海などが〉轟音(ごうおん)を発する, うなる, 鳴り響く: The furnace ~ed. 炉はごうごうと音を立てた. ❷ わめく; うなる; 笑いどよめく, どなる, 叫ぶ《★ roar at...は受身可》: He ~ed with laughter [pain, anger]. 彼は大笑いをした[苦痛でうなった, 怒ってどなった] / You don't have to ~ *at* me for such a little thing. そんなちっぽけなことで私に怒鳴らなくてもいいだろう / They ~ed *at* the joke. そのジョークに彼らは大笑いした / They ~ed *for* an encore. 彼らはアンコールを求めて叫び声をあげた. ❸ [副詞(句)を伴って] 〈車, 機械などが〉大きな音を立てて行く[動く]: A huge truck ~ed *down* the road. 大きなトラックが轟音を立てて道を走り去った.
── 他 ❶〈…を〉大声で言う[歌う], どなる, 叫ぶ: ~ *out* a command マイクで命令する / The audience ~ed its approval. 聴衆は叫んで賛意を表わした / 〖+目〗 "Abandon ship," he ~ed. 「船から退避」と彼はどなった. ❷ a [~ *oneself* で] どなってある状態に〈なる〉: 〖+目+補〗 He ~ed himself hoarse. 彼は声をからしてどなった[どなって声をからした]. b どなって人の声を消してしまう: They ~ed the speaker *down*. 彼らは弁士をやじり倒した.
── 名 ❶ a (猛獣などの)うなり[ほえ]声. b (エンジン・大砲・風・海などの)うなるような音, とどろき, 轟音. ❷ 怒号, とどろき; 叫び声; どよめき; 爆笑: a ~ *of* anger 怒声 / ~s *of* laughter 大笑い / the ~ *of* traffic 往来する車の大きな騒音. **in a róar** どっと笑って: He set the table *in a* ~. 彼は一座の人々をどっと笑わせた.
~·er 名 〖擬音語〗.

†**roar·ing** /rɔ́ːrɪŋ/ 形 A ❶ ほえる; ごうごういう; 騒々しい (resounding): a ~ tiger 咆哮(ほうこう)しているトラ. b ~ fire 燃えさかる火. ❷《口》活発な, 大繁盛の; 活気のある: a ~ success 《興行などの》大成功 / They are doing a ~ trade [《米》business]. 彼らは商売大繁盛である. **the róaring fórties** 《大西洋南部の》ほえる 40 度, 咆哮(ほうこう)緯度 《解説》現在は南緯のみならず北緯 40 度台の暴風雨帯をもさす》. **the Róaring Twénties** 《米国の》狂乱の 1920 年代 《ジャズと好景気の狂乱の時代》.

— [名] ❶ [U] うなること, ほえること. ❷ [a ～] うなり声, とどろき. — [副]《口》ひどく, 極度に《★ 通例次の句で》: ～ drunk ぐでんぐでんに酔っぱらって.

*__roast__ /róʊst/ [動] [他] ❶ 〈肉などを〉(オーブンなどで輻(ふく)射熱を用いて)焼く, ローストする: ～ beef 牛肉を焼く. ❷ 〈豆などを〉炒(い)る, 焙(ほう)じる: ～ coffee beans コーヒー豆を炒る. ❸ **a** 〈…を〉火にあてて温める. **b** [～ *oneself* で] 火にあた(って温ま)る: She was *～ing herself* before the fire [in the sun]. 彼女は火にあたって体を温めていた[ひなたぼっこをしていた]. **c** (処刑・拷問で)〈人を〉火あぶりにする. ❹《口》〈…を〉(からかったりあざけったりして)こてんぱんにこきおろす, 酷評する. — [自] ❶ 焼かれる, 焼ける; あぶられる; 炒られる: A whole sheep was *～ing* over the fire. 羊が丸ごと火の上で焼かれていた. ❷ **a** 日に焼ける: They lay *～ing* in the sun. 彼らは寝ころんで肌を焼いていた. **b** 火にあぶられるように暑い: I'm simply *～ing*. まったく暑くてやりきれない. — [名] ❶ **a** (オーブンで焼いた)ロースト《[解説] 米国人は感謝祭に roast turkey を食べる》. **b** ロースト用の肉《通例牛肉》. ❷ [a ～] 焼く[あぶる, 炒る]こと: Give it *a* good ～. それをよく焼きなさい. ❸《米》(戸外の)焼き肉パーティー, 焼き肉をして食べるピクニック. ❹《米口》ロースト《参会者が主賓を冗談でからかったりけなしたりして楽しむ食事会》. — [形] [A] 焼いた, あぶった: ⇨ roast beef. 〘F〙 【類義語】⇨ cook.

róast béef [名] [U] ローストビーフ《[解説] 典型的な英国の料理で, ごちそうとしては最高級に属する; 添え物に Yorkshire pudding をつけ, セイヨウワサビ (horseradish) をつけて食べる》.

róast·er [名] ❶ 焼く[あぶる]人. ❷ 焼きなべ, ロースター. ❸ ロースト用の肉, (特に)丸焼き用のひな鳥[子豚].

róast·ing [形] ❶ [A] 焼くための; 焼くのに適した. ❷ 焼けつくような, とても暑い[熱い]: a ～ day とても暑い日 / It's ～ today. 今日はうだるようだ. ❸ [副詞的に] 焼けつくほど[ように]: a ～ hot day 焼けつくほど暑い日. — [名] ❶ [U] あぶる[炒(い)る]こと. ❷ [a ～]《口》こてんぱんにこきおろすこと: get *a* (good, real) ～ こてんぱんに非難される / give a person *a* (good, real) ～ 人をこっぴどくやっつける.

*__rob__ /rάb | rɔ́b/ [動] (**robbed; rob·bing**) [他] ❶ 〈人から〉〔もの・金を〕強奪する, 略奪する, 奪う: A mugger *robbed* me *of* my wallet. 強盗が私から財布を奪った《[比較] A mugger *robbed* my wallet. は間違い》/ The gang *robbed* the bank (*of* one million dollars). そのギャングの一団は銀行を襲っ(て 100 万ドルを強奪し)た / I've been *robbed* (*of* my handbag)! (ハンドバッグを)強奪されたんです. ❷ 〈人から〉〔幸福・能力などを〕奪う: The shock temporarily *robbed* him *of* speech. 彼はショックで一時口がきけなくなった. — [自] 強盗をする. **Í was róbbed.** 泥棒された; ぼられた; (スポーツで, 不当な判定やどんでん返しで)負けた. **rób Péter to páy Pául** ⇨ Peter [成句]. 〘F〙 ([名] robbery) 【類義語】⇨ steal.

Rob /rάb | rɔ́b/ [名] ロブ《男性名; Robert の愛称》.

+__rob·ber__ /rάbə | rɔ́bə/ [名] (通例暴力を用いての)泥棒, 強盗《人》. 【類義語】⇨ thief.

róbber báron [名] (19 世紀後半の米国の)新興成金, 悪徳資本家[実業家].

róbber flỳ [名]〘昆〙ムシヒキアブ《幼虫は他種の幼虫を, 成虫は他種の昆虫を食する》.

*__rob·ber·y__ /rάb(ə)ri | rɔ́b-/ [名] [U,C] (通例暴力を用いたり, または大がかりな)泥棒, 強盗, 強奪《罪》: commit ～ 強盗を働く / armed ～ 武装強盗 / five bank *robberies* 5 件の銀行強盗事件 / ⇨ daylight robbery. ([動] rob)

Rob·bie, Rob·by /rάbi | rɔ́bi/ [名] ロビー《男性名; *Robert* の愛称》.

+__robe__ /róʊb/ [名] ❶ ローブ: **a** 長くてゆるやかな外衣[部屋着]: ⇨ bathrobe. **b** 長いワンピースの婦人服: a ～ décolleté ローブデコルテ. **c** 長いベビー服. ❷ [しばしば複数形で] (弁護士・司法官・聖職者などの)礼服, 官服, 法服: gentlemen of the (long) ～ 弁護士たち, 裁判官たち. ❸《米》=lap robe. — [動] [他] [～ *oneself* で]〔…を〕着る: She *～d herself in* her evening dress. 彼女はイブニングドレスを着た / The professors *were ～d in* gowns. 教授たちはガウンを身にまとっていた. 〘F=《原義》略奪された服; cf. rob〙

Rob·ert /rάbət | rɔ́bət/ [名] ロバート《男性名; 愛称 Bob, Bobby, Dobbin, Rob, Robin, Robbie, Robby》.

Ro·ber·ta /rəbə́ːṭə | -bə́ː-/ [名] ロバータ《女性名; 愛称 Bobbie, Bobby》.

Robes·pierre /róʊbzpɪə | -pɪə/, **Max·i·mi·lien -Fran·çois-Ma·rie-I·si·dore de** /mæksɪmiljǽŋ frɑːn-swάː məríː iːzidɔ́ə | -dɔ́ː/ [名] ロベスピエール《1758–94; フランスの革命家; ジャコバン党指導者》.

rob·in /rάbɪn | rɔ́b-/ [名]〘鳥〙❶ ヨーロッパコマドリ, ロビン《[解説] 春の到来を告げる鳥とされる小鳥で, 胸が赤い; 英国人に最も愛されており 1960 年より国鳥に指定; 雄は cock robin》. ❷ コマツグミ《北米産》. 〘↓〙

robin 1

Rob·in /rάbɪn | rɔ́b-/ [名] ロビン《男性名; Robert の愛称》.

Róbin Góod·fèllow [名] 〘英国伝説〙ロビングッドフェロー《ちゃめな小妖精; Puck と同一視される》.

Róbin Hòod /-hùd | -hʊ́d/ [名] ロビンフッド《[解説] 12 世紀ごろ英国の Sherwood /ʃə́ːwʊd | ʃɔ́ː-/ Forest に住み, 徒党と共に緑色の服を着てノルマン人の貴族・金持ちを襲い, 金品を貧しい英国人に分け与えたという伝説的義賊》.

róbin rédbreast [名] =robin 1.

róbin's-ègg blúe [名] [U] 緑色がかった明るい青.

Rob·in·son /rάbɪns(ə)n | rɔ́b-/ [名] ロビンソン《男性名》. **befòre you can sày Jáck Róbinson** ⇨ Jack Robinson [成句].

Rob·in·son /rάbɪns(ə)n | rɔ́b-/, **Jackie** [名] ロビンソン《1919–72; 米国の野球選手; 黒人で最初の大リーガー》.

Robinson, Sugar Ray [名] ロビンソン《1921–89; 米国のボクサー》.

Róbinson Crú·soe /-krúːsoʊ/ [名] ロビンソンクルーソー《英国の作家 Daniel Defoe 作の小説 (1719) の主人公; 難船して数年間無人島で自給自足の孤独な生活をした; cf. man Friday》.

róbin's píncushion [名]〘植〙虫こぶ《bedeguar の別称》.

+__ro·bot__ /róʊbət | -bɔt/ [名] ❶ ロボット, 人造人間: an industrial ～ 産業用ロボット. ❷ (感情も思考もなくただ他人の意のままに)機械的に働く人, ロボット(人間). ❸《南ア》自動交通信号機. 〘チェコの劇作家カレル チャペック (Karel Čapek /ʧάːpek/) の作品に登場する機械人間の名から〙

ro·bot·ics /roʊbάṭɪks | -bɔ́t-/ [名] [U] ロボット(工)学.

ro·bot·ize /róʊbətaɪz | -bɔt-/ [動] [他] 〈人間を〉ロボット化する; 自動化する. **ro·bot·i·za·tion** /ròʊbəṭɪzéɪʃən | -bɔtaɪ-/ [名]

*__ro·bust__ /roʊbʌ́st, ´–/ [形] (～·er; ～·est) ❶ 〈人・体格など〉強健な, たくましい, がっしりした, 〈ものが〉丈夫な: a ～ physique [frame] たくましい体つき / a ～ appetite 旺盛な食欲. ❷ **a** 〈仕組み・経過など〉揺るがない, 力強い: the UK's ～ economy 堅調なイギリス経済. **b**〘電算〙〈システム・プログラムなど〉頑健[強靱]な《大きな負荷などに耐えうること; 障害・誤差・エラーなどに適切に対処できること》. ❸ 〈仕事など〉力のいる. ❹ 〈思想・態度など〉断固[確固]とした; 妥協しない: a ～ rebuttal 猛烈な反駁(はんばく). ❺ 粗野な, 荒っぽい. ❻ 〈ワインなど〉こくのある. **～·ly** [副] **～·ness** [名] [U] 頑健性, 強靱性. 〘L=(オークの木のように)強い < *robur* オーク, 堅さ, 強さ〙 【類義語】⇨ strong.

ro·bús·ta (cóffee) /roʊbʌ́stə(-)/ [名] ❶ [C]〘植〙ロブスタコーヒーノキ《中央アフリカ原産》. ❷ [U] ロブスタコーヒー豆; ロブスタコーヒー (cf. arabica).

roc /rάk | rɔ́k/ [名] (アラビア・ペルシアなどのおとぎ話中の)ロック鳥《象をつめで持ち上げ餌にするという大怪鳥》: a ～'s egg 話だけで実際にはないもの.

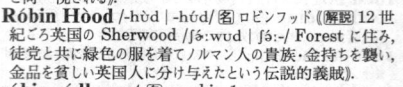

ro·caille /roukάi/ 名 ⓤ ロカイユ《貝殻・石によるロココ時代の装飾スタイル》.

roc·am·bole /rάkəmbòul | rɔ́k-/ 名 〖植〗ヒメニンニク《欧州原産; 香辛料ともする》.

roche mou·ton·née /rɔ́(ː)ʃmùːtəneɪ | rɔ́ʃ-/ 名 (優 **roches mou·ton·nées** /-(z)-/) 〖地〗羊背岩, 羊群岩.

roch·et /rάtʃət/ 名 ロシェトゥム《司教・監督などが着用する, リンネルまたは寒冷紗製の法衣の一種》.

*rock¹ /rάk | rɔ́k/ 名 ❶ⓤ岩, 岩盤, 岩床, 岩壁: built on ~ 岩(盤)の上に建てられた. **b** ⓒ (個々の)岩, 岩石, 岩山: A fallen ~ blocked the road. 落石が道路をふさい(でいた). ❷ⓒ (米) 石, 小石: throw ~ at a person 人に石を投げる. ❸ⓒ [しばしば複数形で] 岩場, 暗礁: a hidden ~ 暗礁 / strike a ~ 岩礁にぶつかる / go [run] on the ~s 座礁する, 難破する / run against a ~ 座礁する; 危険な目にあう / *Rocks* ahead! 暗礁だ, あぶないぞ! [単数形で] 堅固な支え, よりどころ: the *R*~ of Ages ちとせの岩《永遠のよりどころとしてのキリスト》; 聖書「マタイ伝」などから》. ❺ⓤ **a** (英) ロック《解説 通例ペパーミントなどの味のする棒状の硬い砂糖あめ; 金太郎あめに似ていて主に海岸保養地などで売っている》: a stick of Brighton ~ ブライトンロック1本《英国南海岸の保養地ブライトンで売られているロック》. **b** (米) =rock candy. ❻ⓒ [通例複数形で] (俗) 宝石; (特に)ダイヤモンド. ❼ⓤ (俗) クラックコカイン《麻薬》. ❽ [複数形で] (卑) 睾丸(らん). ❾ [複数形で] (米俗) お金.

(as) firm [sólid] as a róck (1) きわめて堅固な. (2) 《人が》信頼できる.

be (stúck) betwèen a róck and a hárd pláce 《好ましくないものの》板ばさみになっている.

gèt one's rócks òff (卑) 射精する; 《比喩的に》満たされる.

òff the rócks 危機を脱して; 破綻(はん)[破産]の心配がなくなって.

on the rócks (1) 《船が》座礁して (cf. 3). (2) (口) 破滅して, 破綻(はん)して; 破産して, 金に窮して: Their marriage went on the ~s. 彼らの結婚は破綻した. (3) 《ウイスキーなど》氷の上について, オンザロックで: bourbon *on the* ~s バーボンオンザロック.

〖F <L *rocca*; cf. rococo〗 【類義語】⇒ stone.

+**rock²** /rάk | rɔ́k/ 動 ❶ **a** 《…を》《前後[左右]にやさしく》揺り動かす, 揺する: She ~ed her baby *in* her arms. 彼女は腕の中で赤ん坊をやさしく揺すった. **b** 《…を》揺すって《…にする》: She ~ed her baby *to* sleep. 彼女は赤ん坊を静かに揺すって寝かせた. ❷ **a** 《地震・爆弾などが》《…を》揺さぶる, 振動させる (shake): The house was ~ed by an earthquake. その家は地震でぐらぐら揺れた. **b** 《…を》《感情的に》強く動かす, 動転させる (shake): The murder case ~ed the whole country. その殺人事件は国中を震撼(かん)させた. ❸《…を》ロケット弾で攻撃する. ─ ⓐ ❶ (前後[左右]にやさしく)揺れ動く, 振動する: The vessel ~ed (to and fro) on the waves. 船は波に乗って[左右に]揺れた / He felt the house ~. 彼は家が揺れるのを感じた. ❷ (人などが)興奮・感動などで)動揺する, 感動する: The hall ~ed *with* laughter. 会場は群衆の笑いで沸き立った. ❸ ロックする, ロックで踊る[を演奏する]. ❹ (俗) 人・ものがすごくいい.

róck the bóat ⇒ boat 成句. ─ 名 ❶ⓤ **a** ロック音楽. **b** =rock 'n' roll. ❷ 揺れ, 動揺: give a rocking chair a ~ ロッキングチェアを揺らす. 【類義語】⇒ swing.

rock·a·bil·ly /rάkəbìli | rɔ́k-/ 名 ⓤ ロカビリー.
〖rock 'n' roll と hillbilly music との混成語〗

Rock·all /rάkɔːl | rɔ́-/ 名 ロッコール《アイルランド北西の大西洋上にある英国領の無人島; デンマーク・アイスランド・アイルランドもそれぞれ領有を主張》.

róck and róll 名 =rock 'n' roll.

róck báss /-bæs/ 名 〖魚〗❶ 北米五大湖や Mississippi 川上流産のサンフィッシュ科の淡水食用魚. ❷ シマスズキ《北米産の食用魚》.

+**róck bóttom** 名 ⓤ (価値などの)最低, どん底.

róck-bóttom 形 Ⓐ (価値などが)最低の, 最下の: ~ prices 底値.

róck-bóund 形 《海岸など》岩に囲まれた.

1553　　　　　**rock garden**

róck bùrst 名 山跳ね《鉱山などで弱くなった岩盤からの岩石の急激な噴出》.

róck càke [bùn] 名 ロックケーキ《表面のざらざらした硬い小型のクッキー》.

róck cándy 名 ⓤ (米) 氷砂糖 ((英) sugar candy).

róck clìmb 名 (1回の)岩登り; 岩登りのルート, 登攀ルート.

róck-clìmbing 名 ⓤ ロッククライミング, 岩登り(術).

róck crỳstal 名 ⓤ 〖鉱〗(無色透明の)水晶.

róck dàsh 名 (米) =pebbledash.

róck dòve 名 〖鳥〗カワラバト (rock pigeon).

Rock·e·fel·ler /rάkəfèlə | rɔ́kəfèlə/, **John D(av·i·son)** /déɪvɪsən/ 名 (1839–1937; 米国の資本家・慈善家; ロックフェラー財団 (the Rockefeller Foundation) の創立者》.

Rockefeller, John D(avison), Jr. 名 ロックフェラー (1874–1960; 米国の実業家・慈善家; John D. Rockefeller の息子; Rockefeller Center を計画・建築》.

Róckefeller Cènter 名 ロックフェラーセンター《New York 市の中心にある高層建築群の地域》.

Róckefeller Foundàtion 名 [the ~] ロックフェラー財団《1913年に J. D. ロックフェラーによって創設》.

+**rock·er** /rάkə | rɔ́kə/ 名 ❶ **a** (揺り木馬や揺りいすの下部についている)揺り軸, 揺り子. **b** =rocking horse. **c** =rocking chair. ❷ (口) ロック歌手; ロックファン; ロック音楽. ❸ (英) ロッカー《革ジャンパーを着てバイクを乗りまわしロックを愛好した1960年代の若者; cf. mod》.

óff one's rócker (口) 気が狂う.

rock·er·y /rάkəri | rɔ́k-/ 名 =rock garden.

*rock·et¹ /rάkɪt | rɔ́k-/ 名 ❶ (ロケット推進による)ミサイル, 宇宙船: a two-stage ~ 2段式ロケット宇宙船. ❷ 火矢, のろし; 打ち上げ花火. ❸ [a ~] (英俗) 厳しい叱責(しき), 大目玉: get a ~ ひどくしかられる / give a person a ~ ひどくしかる. ─ 形 ロケットの[による]: a ~ bomb ロケット爆弾 / a ~ launcher ロケット弾発射砲[装置]; ロケット発射装置 / ~ propulsion ロケット推進.

─ 動 ⓐ ❶ 《物価などが》急に上がる (soar): Prices have ~ed this year. 今年は物価が急騰した. ❷ [副詞(句)を伴って] 《馬・騎手・列車などが》突進する. ❸ (高い地位に)一気に達する: She ~ed *to* fame. 彼女は一躍名声を得た. ─ ⓑ ❶ 《人を》《高い位に》一気に上らせる (*to, into*): That CD ~ed her *to* fame. その CD で彼女は一挙に有名になった. ❷ 《…を》ロケット弾で攻撃する. ❸《…を》ロケットで《…に》打ち上げる(運ぶ) (*to, into*): ~ a satellite *into* space 人工衛星を宇宙に打ち上げる.
〖It =糸巻き; その連想から〗

rock·et² /rάkɪt | rɔ́k-/ 名 〖植〗❶ キバナスズシロ (arugula). ❷ ハナダイコン.

rock·e·teer /rὰkɪtíə | rɔ̀kɪtíə/ 名 ロケット射手[操縦者, 搭乗者]; ロケット研究家[技師, 設計者] (cf. astronaut).

rócket èngine [mòtor] 名 ロケットエンジン.

rócket-propélled 形 ロケット推進式の.

rock·et·ry /rάkɪtri | rɔ́k-/ 名 ⓤ ロケット工学, ロケット実験[使用].

rócket scìentist 名 ❶ ロケット科学[工学]者. ❷ (俗) 頭のいい[数学に強い]人, 秀才: It doesn't take [You don't have to be] a ~ (to do...). (…するのは)難しいことじゃない.

rócket shìp 名 (science fiction に登場する)宇宙船《匿称 本物は space shuttle, spacecraft, spaceship という》.

róck fàce 名 (険しい斜面・崖などの)露出岩石, 岩石面.

róck fàll 名 ❶ 大規模な落石, 岩雪崩. ❷ 落石, 岩塊.

róck·fish 名 〖魚〗岩根[岩間]の魚《シマスズキ類・メバル・カサゴなど》.

róck flòur 名 ⓤ 岩粉(ぷん)《氷河の削剥作用によって粉砕された岩石の細片》.

+**róck gàrden** 名 ロックガーデン, 岩石庭園《高山植物などを植えるため岩を築いた庭》.

rock-hárd 形 (岩のように)非常に硬い.
róck hòpper 名 ❶ [鳥] イワトビペンギン (Falkland 諸島やニュージーランド, 南極地方の海にすむ頭の両側に黄色の飾り羽がある小型のペンギン). ❷ 〘豪口〙 岩場の釣り人, 磯釣り人.
róck hòund 名 〘米口〙 地質学者; 油田探査者; 岩石[鉱石]収集家.　**róck-hòund·ing** 名
Rock·ies /rákiz / rók-/ 名 [the ~] =Rocky Mountains.
róck·ing chàir 名 揺りいす.
rócking hòrse 名 揺り木馬.
rócking stòne 名 揺るぎ岩, 傘岩.
rock·ling /rákliŋ / rók-/ 名 (~, ~s) [魚] 細長い小型のタラ.
⁺**róck mùsic** 名 =rock² 1 a.
Rock·ne /rákni / rók-/, **Knute** /nú:t/ 名 ロックニー (1888-1931; 米国のフットボールコーチ).
⁺**rock 'n' roll** /rák(ə)nróul / rók-/ 名 Ⓤ ロックンロール. **be the néw róck'n'róll** 流行している, 話題になっている.
róck pigeon 名 [鳥] カワラバト (南欧からインドにかけての海岸地帯に多いハトで, ドバトの原種).
róck pìpit 名 [鳥] イギリスタヒバリ (欧州北西部産; イギリスやスカンディナヴィア半島の磯によくみられる).
róck plànt 名 [植] 岩生植物.
róck pòol 名 潮だまり, 潮溜池.
róck ràbbit 名 [動] ❶ =hyrax. ❷ =pika.
róck-ribbed 形 隆起した岩[岩層]のある, 岩でごつごつした; 堅固な, 断固たる, 妥協しない, 頑固な.
róck-ròse 名 [植] ハンニチバナ (半日花) (ハンニチバナ科の各種多年草または草本的な低木; 日当たりのよい乾燥地を好み, ロックガーデンに用いられる).
róck sàlmon 名 Ⓤ 〘英〙 海産食用魚の総称 (★ ツノザメ (dogfish) など安い魚に対する魚屋の用語).
róck sàlt 名 岩塩 (cf. sea salt).
róck·slìde 名 [地] 岩盤すべり (岩が斜面をすべり落ちること); すべり落ちる岩.
róck sólid 形 岩のように堅固な, きわめてしっかりした.
róck-stéady 形 非常に安定した, 強固な.
róck stéady 名 Ⓤ ロックステディ (レゲエ (reggae) の前身).
rock·u·men·ta·ry /ràkjuméntəri, -tri-/ 名 ドキュメンタリースタイルのロックミュージック映画.
Rock·well /rákwel, -wəl/, **Norman** 名 ロックウェル (1894-1978; 米国の画家・イラストレーター).
róck wòol 名 Ⓤ 岩綿(ミネ) (鉱石を溶かして作った繊維; 絶縁・防音用).
⁺**rock·y¹** /ráki / róki/ 形 (**rock·i·er**; **-i·est**) ❶ 岩の多い; 岩石からなる; 障害の多い, 困難な: a ~ coast 岩石の多い海岸 / a ~ path 岩だらけの道; 苦難の道. ❷ 岩のような, 泰然とした; がんこな. (名 rock¹)
rock·y² /ráki / róki/ 形 (**rock·i·er**; **-i·est**) ❶ 不安定な, ぐらぐらする: His business was in (a) ~ condition. 彼の商売は不安定な状態にあった. ❷ 〘口〙 ふらふらするまいする: I still feel a bit ~. 私はまだ少しふらふらする. (動 rock²)
Rócky Móuntain góat 名 =mountain goat.
Rócky Móuntains 名 [複] [the ~] ロッキー山脈 (メキシコと米国の国境から米国・カナダを経てアラスカ州北部に至る北米西部の大山系; その中央部東端に米国国立公園 Rocky Mountain National Park がある; 最高峰 McKinley (6194 m)).
Rócky Móuntain spótted féver 名 Ⓤ [医] ロッキー山 (紅斑) 熱 (マダニ類が媒介するリケッチアによって起こる感染症).
ro·co·co /rəkóukou/ 名 [しばしば R-] Ⓤ ロココ式 (18世紀フランスを中心として行なわれた華麗で装飾の多い建築・美術・音楽などの様式). ── 形 ❶ 〘建築・家具・文体などロココ式の [調] の. ❷ 装飾過多の. 〘F=rock [shell] work; ⇨ rock〙
⁎**rod** /rád / ród/ 名 ❶ [しばしば複合語をなして] **a** (金属または木製の, 細くてまっすぐな)棒 (⇨ bar¹ [比較]): a curtain ~ カーテンつりの棒. **b** さお, 釣りざお: a ~ and line 釣り糸のついた釣りざお / fish with ~ and line 釣りをする (★ with ~ and line は無冠詞). **c** 避雷針. ❷ (細いまっすぐな)枝, 小枝. ❸ **a** むち. **b** [the ~] むち打ち, むちうち, 懲戒: Spare *the* ~ and spoil the child. ⇨ spare 4 a. ❹ **a** 〘古〙 (官職・権威などを示す)杖, 笏(ぶ). **b** 権威, 権力, 職権. ❺ ロッド (perch, pole ともいう): a 長さの単位; =5.5 yards, 5.029 m. b 面積の単位; =30.25 平方ヤード, 約 25.3 m². ❻ 〘米俗〙 ピストル: pack a ~ ピストルを身につける. ❼ 〘機〙 桿(次), 連杆. ❽ 〘生〙 桿菌. ❾ 〘解〙 (網膜内の)桿状体. **kíss the ród** すなおに罰を受ける. **máke a ród for one's ówn báck** 自ら困難をしょいこむ, 自ら災いの種をまく. **rúle with a ród of íron** 圧政[虐政]を行なう (★ 聖書「詩編」から).
⁎**rode¹** /róud/ 動 ride の過去形.
rode² /róud/ 動 (野鳥が)夜陰に向かって飛ぶ; 〈ヤマシギが〉繁殖期に夜飛ぶ.
rode³ 名 [海] 錨索.
⁺**ro·dent** /róudnt/ 名 齧歯(ざ)動物 (ネズミ・リス・ビーバーなど), (=〘L *rodere* かじる; cf. corrode, erode〙
ro·den·ti·cide /roudéntəsàid/ 名 齧歯動物を殺す毒薬, (特に)殺鼠(ぎ)薬.
ródent úlcer 名 [医] 蚕食性潰瘍 (顔面の基底細胞癌).
⁺**ro·de·o** /róudiòu/ 名 (~s) 〘米〙 ❶ ロデオ 〘荒馬を乗り回したり投げなわ (lasso) で牛を捕らえたりするカウボーイの公開演技〙. ❷ (数を調べたり焼き印を押すための)牧牛の駆り集め. 〘Sp＜L *rota* wheel; cf. rotate〙
Rodge /rádʒ / ródʒ/ 名 ロッジ 〘男性名; Roger の愛称〙.
Rod·gers /rádʒəz / ródʒ-/, **Richard** 名 ロジャーズ (1902-79; 米国のミュージカル作曲家).
rod·ham /rádəm / ród-/ 名 ロダム (イングランド East Anglia 地方 Fen 地区の干上がった川床にみられる周囲より高くなった地形).
Ro·din /roudǽn / róudæn/, **Au·guste** /ɔ:gǘ:st/ 名 ロダン (1840-1917; フランスの彫刻家).
rod·o·mon·tade /ràdəməntéid, ròd-ˊˊ-/ 名 Ⓤ 大壮語. ── 形 自慢する, 大言壮語する. ── 動 自慢する.
roe¹ /róu/ 名 Ⓤ Ⓒ ❶ (雌魚などの)卵, はららご (hard roe). ❷ (雄魚などの)魚精, しらこ (soft roe).
【類義語】**roe** 魚の体内にある卵. **spawn** 産んだ卵.
roe² /róu/ 名 (~s, ~) =roe deer.
róe·bùck /-bʌ̀k/ 名 (~s, ~) [動] ノロジカの雄.
róe dèer 名 (~) [動] ノロ, ノロジカ.
roent·gen /réntgən / rónt-/ 名 レントゲン (X 線またはガンマ線の放射総量の単位; cf. X ray). ── 形 Ⓐ [しばしば R-] レントゲン(線)の (=X ray): a ~ photograph レントゲン写真 / ~ rays レントゲン線. (↓)
Roent·gen /réntgən / rónt-/, **Wil·helm Kon·rad** /vílhelm kúnrəd / kón-/ 名 レントゲン (1845-1923; ドイツの物理学者; X 線を発見; Nobel 物理学賞 (1901)).
roent·gen·o·gram /réntgənəgrǽm / rón-/ 名 X 線像, レントゲン写真.
roent·gen·og·ra·phy /rèntgənágrəfi / rɔ̀ntgənɔ́g-/ Ⓤ X 線撮影(法).
roent·gen·ol·o·gy /rèntgənáləʤi / rɔ̀ntgənɔ́l-/ Ⓤ X 線(医)学. **-gist 名** **roent·gen·o·log·ic** /rèntgənəláʤik(əl) / rɔ̀ntgənəlɔ́ʤ-ˊˊ-, **-i·cal** 形 **-i·cal·ly** 副
Roeth·ke /rétki/, **Theodore** 名 レトケ (1908-63; 米国の詩人).
ro·gan josh /róugəndʒóuʃ/ 名 Ⓤ [料理] ローガンジョーシ (濃厚なトマトソースの中にカレーで味付けしたラムなどの肉のはいったインド料理).
ro·ga·tion /rougéiʃən/ 名 [通例複数形で] 〘キ教〙 (キリスト昇天祭3日間の)(昇天祭)祈禱(とう).
Rogátion Dàys [dàys] 名 [複] [the ~] 祈願節 (キリスト昇天祭 (Ascension Day) 前の 3 日間).
Rogátion Sùnday 名 祈願日前の日曜.
⁺**rog·er** /ráʤə / róʤə/ 間 〘通信〙 了解. ❷ 〘口〙 よし, オーケー. ── 動 〘英俗・卑〙 他 性交する. ── 他 〈男が〉〈女と〉セックスをする. 〘'received' の r を通信記号で〙

Roger と呼んだことから〕

Rog·er /rάʤɚ | rɔ́ʤə/ [名] ❶ ロジャー《男性名; 愛称 Hodge, Rodge》. ❷ =Jolly Roger.

Rog·ers /rάʤɚz | -ʤəz/, **Will** [名] ロジャーズ《1879–1935; 米国の俳優・ユーモア作家》.

Ro·get /rouʒéɪ | rɔ́ʒeɪ/, **Peter Mark** [名] ロジェ《1779–1869; 英国の医師; 有名な英語類義語辞典の著者》.

⁺**rogue** /róug/ [名] ❶《戯言》腕白者, いたずらっ子, ちゃめ. ❷ 悪党, ごろつき, 悪漢. ── [形] [A] ❶〈野生動物が〉群れから離れていて狂暴な: a ～ elephant はぐれゾウ. ❷〈人が〉一匹おおかみの《★ 通例悪い意味で》: a ～ detective はぐれ刑事.

ro·guer·y /róugəri | róu-/ [名] [U,C] 悪事; いたずら, ちゃめ.

rógues' gállery [名]〔警察の〕犯罪者写真台帳;《口》悪党連中.

rógue státe [名] ならず者国家《国際的テロに関与したり, テロリストたちを支援する国; 主に米国が用いた言葉》.

rógue tráder [名] 会社からの許可なしに取引して多大なリスクを負う株式仲買人.

rogu·ish /róugɪʃ/ [形] ❶ 悪党の(ような), 無頼の. ❷ いたずらっぽい, ちゃめな. **～·ly** [副] **～·ness** [名] 〖ROGUE+-ISH[1]〗

Ro·hyp·nol /rouhípnɔːl, -nɔl/ [名] [U]〖商標〗ロヒプノール《強力な精神安定剤》.

roil /rɔ́ɪl/ [動] [他] ❶〈液体を〉かき乱す, 濁らせる: ～ a spring 泉を濁す. ❷《米》=rile. ── [自] かき乱される.

roil·y /rɔ́ɪli/ [形] 濁った; かき乱された; 怒った.

rois·ter /rɔ́ɪstɚ | -tə/ [動] [自] 飲み騒ぐ, 浮かれ騒ぐ; いばりくさる. **～·ous** [形] **～·ous·ly** [副]

róis·ter·er /-tərɚ, -trɚ | -tərə, -trə/ [名] 浮かれ[飲み]騒ぐ人.

róis·ter·ing /-tərɪŋ, -trɪŋ/ [名] [U] 浮かれ騒ぎ. ── [形] [A] 浮かれ騒ぐ.

ROK /rάk | rɔ́k/《略》Republic of Korea 大韓民国, 韓国.

Ro·land[1] /róulənd/ [名] ローランド《男性名》.

Ro·land[2] /róulənd/ [名] ローラン《Charlemagne に仕えた十二勇士中の最大の勇将; *Chanson de Roland*(ローランの歌) はじめ各国の作品にうたわれた》. **give a Roland for an Oliver** 負けず劣らずやり合う《Roland と Oliver が 5 日間戦って勝敗が決しなかったことから》; しっぺ返しをする.

***role, rôle** /róul/ [名] ❶〔俳優の〕役: the leading ～ 主役 / ⇨ title role / play the ～ of Ophelia in *Hamlet*「ハムレット」でオフィーリアの役を演じる. ❷ **役割, 任務**, 役目, 本務: one's ～ as a teacher 教師としての任務 / fill the ～ of...の任を果たす / play an important [a leading, a key, a major] ～ in...で重要な役割を演ずる. 〖F 役者のせりふを書いた巻物; ⇨ roll〗

⁺**róle mòdel** [名] 役割モデル《当該の役割では模範となる人物》.

⁺**róle-plày** [名] =role-playing. ── [動] [他] 実際に演ずる, 行動に表わす, 〈...の〉役割を演ずる. ── [自] 役割を演ずる.
róle plàyer [名]

róle-plày·ing [名] [U] 役割演技, ロールプレイング.

róle-playing gàme [名] ロールプレイングゲーム.

Rólf·ing /rɔ́ːlfɪŋ | rɔ́lf-, róuf-/ [名] [U]〖商標〗ロルフィング《筋肉をほぐすことにより情緒的緊張を除こうとするマッサージ手法》. 〖Ida P. Rolf (1896–1979) 米国の生化学者・理学療法士〗

****roll** /róul/ [動] [自] ❶ [副詞(句)を伴って] **a**〈球・車輪などが〉**ころがる**, ころがっていく[進む]: The ball ～*ed off* the table [*down* the slope]. 球がテーブルから[斜面を]ころがり落ちた / The barrel ～*ed over* and *over*. たるはごろごろころがった. **b**〈涙・汗が〉**流れ落ちる**: Tears ～*ed down* his cheeks. 涙が彼のほおを流れ落ちていた. **c**〈人が〉〔ベッドなどに[から]〕ころがるように入る[出る]: I was so tired I just ～*ed into* bed. とても疲れていたのでどうにかベッドにころがりこんだ / ～ *out of* bed at five 5 時にベッドからころがり出る. **d** さいころをころがす[投げる, 振る]. ❷ [副詞(句)を伴って] **a**〈車が〉なめらかに動く[走る, 進む]: The Queen's car ～*ed through* the streets. 女王を乗せた車は滑るように町の中を走って行った. **b**〈人が〉車に乗っていく[走る]. **c**〈天体が〉運行する. ❸ **a** [副詞(句)を伴って]〈人・動物が〉**横にころがる**[ころげ回る], のたうつ: He ～*ed over in* bed. 彼はベッドで寝返りを打った / The children ～*ed down* the grassy slope. 子供たちは草の生えた斜面をごろごろところがり下りた. **b**《口》笑いころげる: The comedian kept us ～*ing* with laughter [～*ing about* in stitches]. その喜劇役者は我々を笑いころげさせた (cf. roll in the AISLES). ❹〈歳月が〉過ぎ去る: The years ～*ed by* [*on*]. 歳月が過ぎ去った. ❺ **a**〈船・飛行機などが〉横揺れする (cf. pitch[1] [自] 4); 横揺れしながら走る: The ship ～*ed* in heavy seas. 船は荒波にもまれて横揺れした. **b**〈人が〉体をゆする; よろよろする: They ～*ed* out of the bar. 彼らは(酔って)足をふらつかせてバーから出てきた. ❻ [副詞(句)を伴って] **a**〈波などが〉うねる, 波動する;〈土地が〉起伏する,〈川などが〉滔々(とうとう)と流れる: The land ～*ed away* for mile upon mile. その土地は何マイルも起伏しながら続いていた / The Mississippi ～*s south* to the Gulf of Mexico. ミシシッピー川は南へ流れてメキシコ湾にそそぐ. **b**〈雲・煙などが〉(ある方向に)流れる, 漂う: A fog ～*ed over* the city. 霧が市の上空を流れていった / The smoke ～*ed up into* the sky. 煙がもくもくと空へ向かって昇っていた. ❼ **a**〈雷・太鼓などが〉ごろごろ鳴る, とどろく: Thunder ～*ed* in the distance. 雷鳴が遠くから聞こえた. **b**〈ローラーカナリアなどの鳥が〉震え声でさえずる. **c**〈言葉などが〉流れるように出る: The words ～*ed* off her tongue. その言葉が彼女の口からすらすらと出てきた. ❽〈金属・印刷インク・練り粉などが〉(ローラーにかけられて)伸びる. ❾〈目が〉ぎょろぎょろ動く: His eyes ～*ed* with fear. 彼の目は恐怖でぎょろっと動いた. ❿〈機械・映画カメラなどが〉動き始める, 動き出す: start ～*ing* 作動しだす / The presses are ～*ing*. 輪転機が回っている / The camera is ～*ing*. 撮影中です. ⓫ **a**〈紙・布・糸などが〉丸くなる, 巻かれる. **b**〈猫などが〉背を丸くする, 丸くなる: The cat ～*ed* ***up*** in [into] a ball. 猫はボールのように丸くなった.

── [他] **A** ❶ **a**〈ボールなどを〉**ころがす, 回転させる**;〈さいころを〉ころがす, 投げる, ふる: ～ a barrel [ball] たる[ボール]をころがす / *R*～ the ball to me. おれのほうにボールをころがしてくれ. **b** [副詞(句)を伴って]〈ものを〉(...へ)**ころがしていく**;〈ものを〉(ころ (rollers) に乗せて)(...へ)**運ぶ**: ～ a barrel *to* the warehouse たるを倉庫までころがしていく. **c**〈ものを〉ころがして〔...に〕する: ～ snow ***into*** a huge snowball 雪をころがして大きな雪のたまを作る. **d** [～ one*self* で; 通例副詞(句)を伴って] ころがる, 体をひっくり返す: He ～*ed himself onto* his stomach. 彼はくるりと体をひっくり返しうつぶせになった. ❷〈波・水を〉〔...へ〕勢いよく押し進める〔*to, onto*〕. ❸ **a**〈地面・芝生などを〉ローラーでならす;〈金属・練り粉などを〉伸ばす: ～ a tennis court テニスコートをならす / She ～*ed* ***out*** the pastry. 彼女は練り粉を伸ばした /〔+目+補〕She ～*ed* the pastry flat. 彼女は練り粉を平らに伸ばした. **b**〈巻いたものを〉広げる, 延ばす: ～ ***out*** the red carpet for a person ⇨ red carpet [成句]. ❹〈目を〉ぎょろつかせる, ぐるりと動かす: He ～*ed* his eyes. 彼は目をぎょろぎょろさせた《恐怖・驚きなどで》. ❺〈波・気流などが〉〈船・飛行機などを〉横揺れさせる: Heavy seas ～*ed* the ship. 荒波で船は横揺れした. ❻ **a**〈太鼓などを〉鳴らす. **b**〈...を〉朗々と歌う[言う]: The organ ～*ed* ***out*** [***forth***] a stately melody. オルガンが鳴って荘重な曲がかなでられた. ❼〈機械・映画カメラなどを〉作動させる, 回す: *R*～ 'em! (映画撮影で)カメラスタート. ❽《米俗》〈酔っぱらい・眠っている人から〉金品を盗む.

── **B** ❶ **a**〈紙・布・糸などを〉巻く, 丸める (↔ unroll): ～ a diploma 卒業証書を巻く / ～ one's umbrella 傘を巻く / ～ ***up*** one's sleeping bag 寝袋を丸めてたたむ / ～ *up* one's trousers ずぼんのすそをまくり上げる. **b**〈窓・ブラインドなどを〉取っ手を回して上げる[下げる]〈*up; down*〉. **c**〈ものを〉丸めて〔...に〕する: ～ yarn ***into*** a ball 毛糸を丸めて球にする / The puppy ～*ed itself* (***up***) *into* a ball. 子犬はボールのように丸くなった. ❷〈ものを〉巻いて作る: ～ (one-self) a cigarette＝～ one's own cigarette (自分が吸う)巻きたばこを作る /〔+目+目〕*R*～ me a cigarette.＝*R*～ a cigarette ***for*** me. たばこを巻いてくれ. ❸ **a**〈もの・人を〉

[…にくるむ, 包み込む: ~ a sausage *in* pastry dough ソーセージを練り粉でくるみ込む. **b** [~ oneself で] 〔…に〕くるまる: ~ oneself (*up*) *in* a sheet シートにくるまる. ❹ ⟨…⟩を巻き舌で発音する: He ~s his r's. 彼は r の音を巻き舌で発音する.

be réady to róll 準備ができている.
be rólling in móney [it, etc.] 〔口〕金持である, 金をあり余るほど持っている (cf. rolling 形 6).
gét rólling ⟨計画・仕事などが⟩動き出す, 進み出す.
róll aróund 〔round〕 ⟨季節などが⟩巡って来る.
róll báck (他+副) (1) ⟨敵⟩を撃退する. (2) 〔米〕⟨物価・賃金など⟩を引き下げる.
róll dówn ⟨巻いてあるもの⟩を巻きながら下ろす (⇒ 他 B 1 b); ~ *down* one's sleeves まくり上げたそでを下ろす / R~ *down* the window shade. (ロール)ブラインドをおろしてくれ.
rólled into óne 1 つに合体した: He's an artist and a scientist (all) ~ed into one. 彼は芸術家と科学者を兼ね備えた人物だ.
róll ín (自+副) たくさん[どんどん, どっと]入る[集まる]: Money was ~ing in. 金がどんどん入ってきた.
róll ón (自+副) (1) ころころ転がっていく (⇒ 自 1). (2) ⟨歳月が⟩過ぎ去る (⇒ 自 4). (3) [命令法で…に呼び掛けて]〔英〕…よ早く来い: R~ on spring! 春よ早く来い. (4) ⟨ペンキなど⟩ローラーで塗る. (5) ⟨靴下など⟩を巻きながらはく: She ~ed her stockings *on*. 彼女は(たくしておいたものをのばしながら)ストッキングをはいた. (6) ⟨ペンキ⟩をローラーで塗る.
roll óut (1) ⟨…⟩をローラーでならす (⇒ 他 A 3 a). (2) ⟨巻いたもの⟩を広げる (⇒ 他 A 3 b). (3) ⟨新製品など⟩を披露すること, 売り出していく.
róll óver (自+副) (1) 寝返りを打つ (⇒ 自 3 a): She ~ed *over* onto her back. 彼女はごろりとあおむけになった. (2) 横転する: The ship ~ed *over* and sank. 船は横転して沈没した. —— ⟨人⟩をころがす, 倒す.
róll úp (自+副) (1) (車で)やってくる, どやどやとやってくる. (2) 〔英〕[通例命令法で: サーカスなどの見せ物への呼び込みの言葉に用いて]いらっしゃい, 入ってらっしゃい. —— (他+副) (3) ⟨…⟩をくるくると巻く (⇒ 他 B 1 a). (4) ⟨…⟩を巻きながら上げる (⇒ 他 B 1 b). (5) ⟨…⟩をくるむ, 包み込む (⇒ 他 B 3).

róll úp one's sléeves ⇒ sleeve 成句.

—— 名 **A** ❶ ころがり, 回転, (さいころの)目, ころがし. ❷ **a** ⟨船・飛行機などの⟩横揺れ 〔*of*〕 (cf. pitch¹ 名 6). **b** (歩く時の)体の揺さぶり; よろめき. ❸ ⟨波などの⟩うねり. ❹ **a** ⟨雷鳴などの⟩とどろき: a ~ *of* thunder 雷鳴. **b** ⟨太鼓の⟩(急速な)連打, ロール打ち 〔*of*〕. **c** [ローラーカナリアなどの鳥の]震え声のさえずり 〔*of*〕. **d** [韻文などの]朗々とした調子 〔*of*〕.

—— **B** ❶ **a** 巻いたもの; ひと巻き, ロール: a ~ *of* toilet paper=〔英〕a toilet ~ トイレットペーパーのロール / a towel ~ 回転式タオル / a ~ *of* film フィルム 1 本. **b** 巻物になった羊皮紙などの記録, 公文書. ❷ 巻いて作ったもの: **a** 巻き[ねじ]パン, ロールパン = bread 図解: a cheese ~ チーズ入りロールパン. **b** ロールケーキ; 巻き肉. **c** 巻き毛. **d** 巻きたばこ. ❸ 目録, 表; 名簿; 出席簿: the electoral ~ 有権者名簿 / a ~ of honor 名誉的戦死者名簿 / on the ~s *of* fame 名士録に載って / call [take] the ~ 出席をとる; 点呼する / strike…off the ~(s) ⟨メンバー⟩を除名する; ⟨弁護士など⟩を除名する. ❹ 〔口〕(脂肪などの)厚い層: He has ~s *of* fat around his stomach. 彼は脂肪太りの大きなおなかをしている. ❺ 〔米口〕(筒状に丸めた)札束.

a róll in the háy 〔米俗〕性交.
on a róll 〔米俗〕好調で, うまくいって: I'm *on a* ~. おれは好調だ[ついている].

〔F<L=小さな輪《rota 輪, 車輪; cf. rotate》〕
【類義語】 ⇒ list¹.

róll·awày 〔米〕形 ⟨ベッドなど⟩⟨移動・片づけのできるように⟩ローラーのついた. —— 名 ローラー付きのベッド.

róll·báck 名 〔主に米〕 ❶ (前の水準以下の水準への)引き下げ. ❷ 巻き返し〔前の水準まで後退させること〕.

róll bàr 名 〔車〕 ロールバー〔転覆時に乗員を保護するためにレース用自動車の屋根を補強している金属棒〕.

róll bòok 名 出席簿.

róll càge 名 ロールケージ〔レーシングカーのドライバーを保護する金属製のフレーム〕.

róll càll 名 U.C 出席調べ, 点呼; 〔軍〕点呼の合図[らっぱ], 点呼時刻: take [do] a ~ 出席[点呼]をとる / skip (the) ~ 点呼を略す / R~ is at 6 a.m. 点呼は午前 6 時にある.

róll càst 〔釣〕ロールキャスト〔釣り糸を最初に後方にやることなく投げる投げ方〕.

rólled góld 名 U 薄葉金, かぶせ金.

rólled òats 名 U ロールドオーツ〔皮をむいてローラーでつぶしたオート麦; オートミールにする〕.

rólled-úp 形 くるくると巻いた[巻き上げた]: a ~ fire hose 巻き上げてある消火ホース.

roll·er /róulər | -lə/ 名 ❶ ローラー〔地ならし・粉砕・布巻き・圧延・ペンキ塗りなどに用いる〕. ❷ (重いものをころがすための)ころ, 車. ❸ (暴風後の)大うねり, 大波. ❹ ヘアカーラー (curler). ❺ 〔掛け図・スクリーン・日除けなどを巻きつける〕軸, 巻き軸. ❻ 巻き包帯. ❼ 〔鳥〕ブッポウソウ; 宙返りバト; ローラーカナリア. ❽ =Rolls-Royce.【類義語】⇒ wave.

róller·bàll 名 ❶ ローラーボールペン, 水性ボールペン. ❷ 〔電算〕=trackball.

róller bàndage 名 =roller 6.

róller béaring 名 〔機〕ローラーベアリング, ころ軸受け (cf. ball bearing 1).

Roll·er·blàde /róulərblèid | -lə-/ 名 〔商標〕ローラーブレード〔インラインスケート (in-line skate)〕. —— 動 インラインスケートで滑走する. **róller·blàd·er** 名.

róller blìnd 名 〔英〕巻き上げ式ブラインド[日除け]〔〔米〕shade〕.

róller-còast 動 =roller-coaster.

róller còaster 名 〔遊園地などの〕ローラーコースター, ジェットコースター〔比較〕「ジェットコースター」は和製英語〕.

róller-còaster 動 ローラーコースターのように上下に動く, 登ったり降りたりしながら進む; 激しく変動する, 浮き沈みする. —— 形 ローラーコースターのような; 急激に変動する, 浮き沈みの激しい, 波瀾万丈の.

róller rìnk 名 ローラースケートリンク[場].

róller skàte 名 〔通例複数形で〕ローラースケート靴: a girl on ~s ローラースケート靴をはいた女の子.

róller-skàte 動 ローラースケートで滑る[をする].

róller skàter 名 ローラースケートをする人.

róller skàting 名 U (遊び・スポーツとしての)ローラースケート.

róller tòwel 名 回転式タオル〔両端を縫い合わせローラーにつるしたタオル〕.

róll film 名 〔写〕ロールフィルム (cf. plate 名 B 1 c).

rol·lick /rálik | ról-/ 動 にぎやかに[愉快に]ふるまう, はしゃぐ. —— 名 愉快(なできごと), はしゃいだふるまい, 大はしゃぎ. **~·some** 形.

rol·lick·ing¹ /rálikiŋ | ról-/ 形 にぎやかで; 陽気な.

rol·lick·ing² /rálikiŋ | ról-/ 名 〔英口〕厳しい叱責(しっせき): get a ~ (*from*…) ⟨…から⟩大目玉を食う.

roll·ing ❶ A ⟨土地などが⟩なだらかに起伏している: ~ hills 起伏して続く丘陵地帯. ❷ A 段階的な, 徐々に進む. ❸ ころがる; 回転する: ⇒ rolling stone. ❹ ⟨船・飛行機など⟩が横揺れする; ⟨足どりが⟩ふらつく, よろぎょうつく. ❺ ⟨雷などが⟩とどろき渡る. ❻ P 〔口〕〈人や金が〉うなるほどあって, 金持ちで (loaded) (cf. be ROLLING in money). —— 名 ❶ ころがす[がる]こと, 回転. ❷ ⟨船・飛行機などの⟩横揺れ (cf. pitching 1). ❸ ⟨波の⟩うねり; ⟨地面の⟩ゆるやかな起伏. ❹ ⟨雷などの⟩とどろき.

rólling hìtch 名 〔海〕〔円材や大索に平行に引いてもすべらない〕枝結び, ローリングヒッチ.

rólling mìll 名 圧延工場; 圧延機.

rólling pìn 名 めん棒, のし棒.

rólling stóck 名 ⓤ ❶ (鉄道の)車両《機関車・客車・貨車などの全体》. ❷ 《米》(運輸業者所有の)貨物自動車《トラック・牽引〔炒〕用トラックなどの全体》.

rólling stóne 名 ころがる石; 住所[職業, 仕事(など)]を次々に変える人: A ~ gathers no moss. 《諺》ころがる石にはこけが生えない《商売変えは損ねって益がない; 絶えず恋人を替えている人は真の愛が得られない[結婚できない]; また絶えず活動している人はいつも清新の意にも用いる》.

rólling stríke 名 波状ストライキ《少人数の労働者のグループごとが順に協調して行なう一連のストライキ》.

róll·mop /róulmɑ̀p | -mɔ̀p/ 名 ロールモップ《開いたニシンでピクルスや玉ねぎを巻いてマリネにしたオードブル》.

róll-nèck 《英》名 形 ロールネック(の)《長いタートルネック》; ロールネックのセーター《など》. **róll-nècked** 形

roll·lock·ing /rɑ́lǝkɪŋ | rɔ́l-/ 形 =rollicking².

róll·òn 名 Ⓐ《薬品・化粧品などロールオン[回転塗布]式の《容器開口部にあるボールが回転して直接肌に塗布できる》: (a) ~ deodorant ロールオン式デオドラント.

róll·òn róll·òff 名《フェリーなど》車に乗ったまま上船下船ができる.

róll·òut 名 ❶ (新型車・新製品などの)初公開, 披露, 発表. ❷ 【アメフト】ロールアウト《クォーターバックがパスをするために横に回り込むこと》. ❸ 飛行機の接地後の滑走.

róll·òver 名 ❶ 〔融資契約などの〕更改, 支払い繰延べ, 借り換え; 〔資金の〕再投資. ❷ 〔車などの〕転覆.

Rolls-Royce /róulzrɔ́ɪs/ 名 【商標】ロールスロイス《英国製の高級自動車》. 【英国の 2 人の自動車製造業者の名から】

róll·tòp désk 名 ロールトップ机《たたみ込み式ふた付き机》.

róll·ùp 名 《英口》手巻きのたばこ.

roll-your-own /róuljǝróun/ 名 《口》手巻きのたばこ.

Ro·lo·dex /róulǝdèks/ 名 【商標】ローロデックス《米国製の回転式卓上カードファイル》.

ro·ly-po·ly /róulipóuliᐪ/ 名 ⓤⓒ《英》(ジャム入りの)渦巻きプディング. ❷ ⓒ (口) まるまるぽずんぐりした人[もの]. ── 形 Ⓐ (口) 〈人が〉ずんぐりした: a ~ puppy [baby] ずんぐりした子犬[赤ん坊].

róly-pòly púdding 名 =roly-poly 1.

Rom /róum | rɔ́m/ 名 《また Ro·ma** /róumǝ | rɔ́mǝ/》ロム《ジプシーの自称》. 【ROM(ANY)】

⁺**ROM** /rɔ́m | rɔ́m/ 名 ⓤ [または a ~] 【電算】ロム, 読み出し専用記憶装置. 【read-only memory】

rom. (略) [印] roman. **Rom.** (略) [聖] Roman(s); [言] Romance; Ro(u)mania(n).

Ro·ma·ic /rouméɪɪk/ 名 ⓤ 現代ギリシア語. ── 形 現代ギリシア(語)の.

ro·maine /rouméɪn/ 名 《米》=cos¹.

ro·ma·ji /róumɑdʒi/ 名 ⓤ ローマ字. 【Jpn】

⁺**Ro·man** /róumǝn/ 形 (more ~; most ~) ❶ (比較なし) **a** ローマの. **b** (古代)ローマ(人)風[風の]: an old ~ road 昔のローマ街道 / ~ Roman nose. ❷ (比較なし) (古代)ローマの: the ~ rite ローマカトリックの儀式. ❸ 【建築】(古)ローマ式の《アーチや円柱を好んで用いた》: a ~ arch 半円アーチ. ❹ (通例 r-) (比較なし) [印] ローマ体の. ── 名 (複 ~s) ❶ ⓒ a (古代)ローマ人: Do in Rome as the ~s do. ⇒ Rome 1. **b** (口) ローマ(カトリック)教徒. ❷ (通例 r-) ⓤ [印] ローマ体活字, ローマン《略 rom.》. ❸ [複数形で; 単数扱い] [聖] ローマ人への手紙, ロマ書《新約聖書中の一書; 略 Rom.》.

ro·man à clef /roumɑ́ːnɑːkléɪ/ 名 (複 ro·mans à clef /-mɑ́ːnzɑː-/) 実話小説. 【F=novel with a key】

Róman álphabet 名 [the ~] ローマ字.

Róman blínd 名 ローマンブラインド[シェード]《上に引き上げるとアコーディオン式に折りたためる布地でできた窓用よけ》.

Róman cándle 名 ローマ花火《円筒から火花や火の玉が飛び出す》.

⁺**Róman Cátholic** 形 (ローマ)カトリック教会の: the ~ Church (ローマ)カトリック教会. ── 名 (ローマ)カトリック教徒.

Róman Cathólicism 名 ⓤ (ローマ)カトリック教; カトリックの教義[儀式, 慣習].

⁺**ro·mance** /rouménns, -́-/ 名 ❶ ⓒ ロマンス, 恋愛; 情事: She had a ~ with an actor. 彼女には俳優とのロマンスがあった. ❷ **a** ⓒ 中世騎士物語. **b** ⓒ 伝奇[空想, 冒険]小説, 恋愛小説. **c** ⓤⓒ 架空のこと, 作り話. ❸ ⓤ ロマンチックな[夢をかきたてるような]雰囲気[気分]. ❹ ⓒ 【楽】ロマンス《形式にとらわれない抒情的な小曲》. ── 動 @ ❶ 〔...について〕作り話をする, 荒唐無稽なことを言う: ~ about one's youth 自分の若いころのことについてロマンチックな作り話をする. ❷ 〈男女が〉恋愛にふける. ── 他 口説く, 言い寄る; 歓心を買う, 取り入る. ── 形 [R~] [言] ロマンス語[系]の. 【F<L=(ラテン語ではなく各地の)ロマンス語で書かれたもの】 形 romantic

Rómance lánguages 名 複 [the ~] ロマンス語《ポルトガル語・スペイン語・フランス語・イタリア語・ルーマニア語のようにラテン語に由来する言語》.

ro·mánc·er 名 ロマンス作家, 空想冒険[恋愛]小説家; 作り話をする人, 荒唐無稽な事を言う人; 空想家, 夢想家.

Róman Émpire 名 [the ~] ローマ帝国: **a** 27 B.C. に Augustus Caesar により建設され, 395 A.D. に東西に分裂. **b** ビザンチン帝国. **c** 神聖ローマ帝国.

Ro·man·esque /ròumǝnésk/ 形 〈建築・彫刻・絵画など〉ロマネスク式の. ── 名 ⓤ ロマネスク式[風]《建築・絵画など》.

Róman hóliday 名 ローマ(人)の休日《他人の犠牲において楽しむ娯楽》. 《古代ローマで奴隷や捕虜などに武器を持たせて戦わせたことから; Byron の詩から】

Ro·ma·ni·a /ru:méɪniǝ, rou-/ 名 ルーマニア《ヨーロッパ南東部の共和国; 首都 Bucharest》. **Ro·ma·ni·an** /ru:méɪniǝn | rou-/ 形 ルーマニア(人, 語)の. ── 名 ❶ ⓒ ルーマニア人. ❷ ⓤ ルーマニア語.

Ro·man·ic /rouménɪk/ 形 ❶ [言] ロマンス語の, ラテン語系の (Romance). ❷ 古代ローマ人を祖先とする. ── 名 ロマンス語.

Ro·man·ism /róumǝnɪzm/ 名 ⓤ [しばしば軽蔑的] ローマカトリック教, ローマカトリックの教義[制度]; 古代ローマの制度[精神, 主義].

Ró·man·ist /-nɪst/ 名 [しばしば軽蔑的] ローマカトリック教徒; [しばしば軽蔑的] ローマカトリックびいき[かぶれ]の英国教徒; ローマ法学者; 古代ローマ研究家, ローマ学者, ローマンス語学者. ── 形 ローマカトリック教の; ローマ法の. **Rò·man-ís·tic** 形

Ro·man·i·za·tion /ròumǝnɪzéɪʃǝn | -naɪz-/ 名 ⓤ ❶ **a** ローマ活字印刷. **b** ローマ字化. ❷ (ローマ)カトリック教化.

Ro·man·ize /róumǝnàɪz/ 動 ❶ (時に r~) **a** ローマン活字で印刷する. **b** ローマ字で書く. ❷ (ローマ)カトリック教化する.

Róman láw 名 ⓤ ローマ法.

róman létter 名 [印] ローマ体(活字).

Róman nóse 名 ローマ鼻, 段鼻《鼻梁〔ʒ̆ɔ̃〕が高い》.

Róman númerals 名 複 ローマ数字《1 から 10 までのローマ数字は, I, II, III, IV, V, VI, VII, VIII, IX, X; L は 50, C は 100, M は 1000, XL は 40, XC は 90, CM は 900; 例: MCMXCIX=1999; cf. Arabic numerals》.

Ro·ma·no /roumɑ́ːnou/ 名 ⓤ (また **Rómano chéese**) ロマーノ(チーズ)《イタリア起源の, 刺激の強い硬質チーズ》.

Ro·ma·no- /roumérnou/ [連結形] 「ローマ(等)の」.

Ro·ma·nov /róumǝnɔ̀ːf | -nɔ̀f/ 名 ロマノフ《1613-1917 年ロシアに君臨した王朝; 初代皇帝は Michael Romanov (1596-1645)》.

Ro·mansh, -mansch /roumɑ́ːnʃ | -ménʃ/ 名 ⓤ ロマンシュ語《スイス東部地方で用いられるレートロマンス語の 3 方言の総称; スイスの公用語の一つ》. ── 形 ロマンシュ語の[に関する].

⁺**ro·man·tic** /rouméntɪk, rǝ-/ 形 (more ~; most ~) ❶ ロマンチックな: **a** 恋愛の, 情事の: a ~ novel 恋愛小説 / (a) ~ relationship 恋愛関係. **b** 恋愛感情を表わす[示す], 愛を伝える(ような); 恋愛に夢中の. **c** 恋愛に適した,

恋を誘うような; 甘美な; 空想的にする(ような): a ~ night ロマンチックな夜. d 《人が》空想にふける, 空想的な (unrealistic): He's very ~ about life. 彼は人生に対してとても空想的である. e 空想物語の[的な], 小説にありそうな. f 《計画・考えなど》非実際的な, 実行しがたい. g 《話などが》架空の, 虚構の. ❷ [しばしば R~] (比較なし) 《文学・芸術》ロマン主義[派]の: the R~ Movement ロマン主義運動 / the ~ poets (19世紀初頭の)ロマン派詩人. ── 图 ❶ ロマンチックな人. ❷ [しばしば R~] ロマン主義[派]の人. -ti·cal·ly /-kəli/ 副 ロマンチックに.《⇒ romance》

+**ro·man·ti·cism** /roʊmǽntəsɪzm/ 图 Ⓤ [しばしば R~] 《文学・芸術》ロマンチシズム, ロマン主義 (18世紀末から19世紀初頭に起こった擬古典主義に反対し熱烈な感情を謳(うた)おうとする主義・主潮; cf. classicism 1, realism 2). ❷ ロマンチックなこと[気分].

ro·man·ti·cist /-sɪst/ 图 [しばしば R~] ロマン主義者, ロマンチックな人, ロマンチスト (比較「ロマンチスト」は和製英語).

ro·man·ti·cize /roʊmǽntəsaɪz/ 動 《...をロマンチック[空想的]にする[描写する, 話す]. ── ロマンチックに話す[書く].

Romantic Móvement 图 [the ~] (18世紀末から19世紀初頭の)ロマン主義運動.

Rom·a·ny /rάməni | rɔ́m-/ 图 (複 Rom·a·nies) ❶ Ⓒ ジプシー (Gypsy). ❷ Ⓤ ロマニ語 (ジプシー語の総称).

Rom. Cath. (略) Roman Catholic.

*__Rome__ /roʊm/ 图 ❶ ローマ 《イタリアの首都; 古代ローマ帝国の首都》: All roads lead to ~. 《諺》 すべての道はローマに通ず 《同じ目的を遂げるにも方法はいろいろある》/ Do in ~ as the Romans do. =When (you are) in ~, do as the Romans do. 《諺》郷に入りては郷に従え / Rome was not built in a day. 《諺》ローマは一日にして成らず《大事業は短時日では成し遂げられない》. ❷ (ローマ)カトリック教会. fiddle while Róme is búrning 大切なものが破壊されようとしているのをよそに見て何の手も打たない《画展 Nero がローマが燃えているのを眺めてリラ (lyre) をひいていたという故事から》. **Tréaty of Róme** [the ~] ローマ条約 (EEC の基本法を定めた条約; 1957年締結).

Ro·me·o /roʊmiòʊ/ 图 ❶ ロミオ 《Shakespeare 作「ロミオとジュリエット」の主人公》. ❷ 《口》 恋する男.

ro·mer /roʊmə | -mə/ 图 ローマー 《地図上の地点の正確な位置を読み取るために用いる目盛り 《透明である場合は方眼》の付いた小さなプラスチック[カード]》.

Rom·ish /roʊmɪʃ/ 形 《軽蔑》 (ローマ)カトリック教会の[に似た].

Rom·mel, Erwin /rάməl/ ロンメル (1891-1944; ドイツの陸軍元帥; 第2次大戦中北アフリカでドイツ軍を指揮; 通称 the Desert Fox).

+**romp** /rάmp | rɔ́mp/ 動 ❶ (通例副詞(句)を伴って)《子供などが》[跳び]回る, ふざけ回る, 遊び戯れる: The children are ~ing around on the playground. 子供たちは運動場ではね回っている. ❷ 《口》 セックスをする. ちゃつく. **rómp awáy [ahéad]** 《英口》楽々と勝つ[手に入れる]; 快調[順調]に進む[上昇する, ふえる(など)]. **rómp hóme [to wín, to víctory]** 《口》(試合・競走などで)楽勝する: France ~ed to a 5-1 victory over Italy. フランスはイタリアに5対1で楽勝した. **rómp thróugh** (動+前)《英口》楽々と成功する: He ~ed through the entrance exams. 彼は入学試験に難なく通った. ── 图 ❶ はね回る子供, (特に)おてんば娘. ❷ 騒々しい遊戯; 遊び戯れること. ❸ 楽勝: It was ~ ― いとも簡単に, なんなく. ❹ 《口》軽快なテンポの楽しい映画[小説(など)]. ❺ 《口》セックス, 性的関係 (特に適宜上好ましくないもの).

rómp·er 图 ❶ はね回る人[もの]. ❷ [複数形で] ロンパース (上着とズボンの続いている小児の遊び着): a pair of ~s ロンパース1着.

Rom·u·lus /rάmjʊləs | rɔ́m-/ 图 《ロ神》 ロムルス 《古代ローマ建設者; Mars の子で彼と双生児の Remus と共にオオカミに養育されたという》.

Ron /rάn | rɔ́n/ 图 ロン 《男性名; Ronald の愛称》.

Ron·ald /rάn(ə)ld | rɔ́n-/ 图 ロナルド 《男性名; 愛称 Ron, Ronnie, Ronny》.

ron·da·vel /rάndəvèl | rɔ́n-/ 图 (南アフリカの)円形住居 《通例草ぶきの一室で客室などに使用》.

ronde /rάnd | rɔ́nd/ 图 輪舞, ロンド.

ron·deau /rάndoʊ | rɔ́n-/ 图 (複 ~x /-(z)/) 《韻》ロンドー体 《2個の韻で10行または13行から成り, 詩の最初の語が畳句 (refrain) として2度用いられる》. 《F=小さな輪く rond ROUND》.

ron·del /rάndl | rɔ́ndl/ 图 ❶ ロンデル体(の詩) 《rondeau の変形で通例14行からなる》; ロンド体の詩 (rondeau). ❷ 輪型[球形, 円形]のもの.

ron·de·let /rάndəlèt | rɔ́ndlèt/ 图 《詩学》 小ロンドー体(の詩) 《2個の韻で5行からなり, 最初の(数)語が第2および第5行のあとで繰り返される詩形》.

ron·do /rάndoʊ | rɔ́n-/ 图 (複 ~s) 《楽》 ロンド 《主題が数回繰り返される形式》. 《It く F; ⇒ rondeau》

ron·go·ron·go /rάŋgoʊrάŋgoʊ | rɔ́ŋgoʊrɔ́ŋ-/ 图 Ⓤ 《考古》ロンゴロンゴ文字 (Easter 島の木片にみられる象形文字).

Ron·nie, Ron·ny /rάni | rɔ́ni/ 图 ロニー: ❶ 男性名 《Ronald の愛称》. ❷ 女性名.

rönt·gen /réntgən | rɔ́nt-/ 图 形 =roentgen.
Rönt·gen /réntgən | rɔ́nt-/ 图 形 =Roentgen.

rood /rúːd/ 图 ❶ 十字架上のキリスト像《通例教会の内陣仕切り (rood screen) の上に置かれてあるもの》. ❷ ルード《英国の地積の単位; ¼ エーカー, 約 1011.7 m²》.

róod lòft 图 (教会堂の rood screen 上の)内陣高廊[さじき], カンテルリ.

róod scrèen 图 (教会堂の)内陣仕切り.

*__roof__ /rúːf, rʊ́f/ 图 (複 ~s /-s/) ❶ a 屋根: a thatched ~ かやぶき屋根. b 屋上. ❷ a (自動車の)屋根, ルーフ. b 口蓋(がい) (palate); [the ~ of the [one's] mouth] 口蓋(がい). c (洞窟(くつ)などの)天井. ❸ 最高部, 頂部: the ~ of heaven 天空 / the ~ of the world 世界の屋根《本来はパミール高原 (the Pamirs); のちにチベット (Tibet) や ヒマラヤ山脈 (the Himalayas) もさすようになった》.
bríng the roof dówn 《口》(屋根が壊れて落ちるほどに声高に話すのですうようにする); 騒々しい時に苦情または注意の言葉として用いる): Stop that noise. You'll *bring the ~ down.* 大声を出すのはやめなさい. うるさくてかなわない.
gó through the roof 《口》(1) (屋根を吹き飛ばすほどに)ひどく怒る, ひどく腹を立てる (go mad). (2) 《物価が》天井知らずに上がる[許容限度を越える].
hàve a [nó] roof óver one's héad 住む家がある[ない].
hít the roof (1) =go through the ROOF 成句(1). (2) 《物価などが》天井に達する.
ráise [lift] the roof (1) (かっさい・怒り・祝いなどで)屋根を持ち上げるほどに)大騒ぎする. (2) 大声で不平を言う.
the roof falls [càves] in 大惨事が起きる.
ùnder a person's roof 人の家に(泊めてもらって), 人の世話になって.
ùnder óne [the sáme] roof 同じ家屋の下に, 同じ家に.
── 動 他 ❶ a 《...を》屋根で[のように]おおう 《over, in》《★ しばしば受身で用いる》: The building was ~ed over with glass. その建物はガラスの屋根が付けられていた. b 《...の》屋根となる[の役割をする]. ❷ 《...に》[...で]屋根を付ける[ふく] 《with》: a tin-roofed house ブリキ屋根の家.

róof bòlt 图 《鉱》ルーフボルト 《坑道の天井を上の地層に固定するための鋼鉄棒》. **róof-bòlt·ing** 图

róof·er 图 屋根職人.

róof gàrden 图 ❶ 屋上庭園. ❷ 《米》庭園・レストランなどのあるビル[ホテル]の屋上[最上階].

roof·ies /rúːfiz/ 图 《米俗》ルーフィーズ 《意識が薄れ, 記憶喪失をもたらす強力な鎮静剤》.

róof·ing 图 Ⓤ ❶ 屋根ふき. ❷ 屋根ふき材料.

róof·less 形 ❶ 《建物が》屋根のない. ❷ 《人が》宿なしの.

róof lìght 图 天窓 《屋根に付けた窓(枠)》; 《パトカーなど緊急車両の屋根の上》の点滅灯.

róof prìsm 图 《光》屋根型プリズム.

róof ràck 图 (自動車の)ルーフラック《屋根上の荷台》.

†**róof·tòp** 名 屋上. **shóut…from the róoftops** 〈…を〉世間に吹聴(ちょう)する.

róof·trèe 名 =ridgepole.

rook¹ /rúk/ 名 ❶ 〘鳥〙ミヤマガラス《群居して巣を作る; ⇒ crow 〘解説〙》. ❷ いかさま師, ぺてん師. ── 動 〘俗〙〈人を〉ぺてんにかける, カモにする.

rook² /rúk/ 名 〘チェス〙ルーク, 城将《★将棋の「飛車」に当たる動きをする; 略 R》.

rook·er·y /rúkəri/ 名 ❶ ミヤマガラスの群居する所〔森, 集団繁殖地〕. ❷ アザラシ〔オットセイ, ペンギン〕の集団繁殖地.

†**rook·ie** /rúki/ 名 ❶ 〘米口〙 **a** 新兵. **b** 新人警官. ❷ 〘野〙(プロスポーツの)新人(選手), ルーキー. 〘RECRUIT の変形〙

‡**room** /rúːm, rúm/ 名 ❶ **a** ©〔しばしば複合語で〕部屋, 室: ⇒ bathroom, dining room, living room / My ~ is upstairs. 私の部屋は上〔2 階〕にある. **b** (ホテルの)部屋: reserve a single 〔double〕~ with a bath バス付きのシングル〔ダブル〕ルームを予約する. **c** 〔複数形で〕〘英古風〙ひと組の下宿部屋, 借間, アパート (lodging) 《★英国 flat や 〘米〙 apartment と違って調理炊事設備がついていない》: R~ to let.= R~ for rent. 貸間あり. **d** 〔通例 the ~〕部屋にいる人々, 一座の人々: set *the* whole ~ laughing 一座の者をどっと笑わせる. ❷ Ⓤ (人・ものなどの)場所; あき場所: a garage with ~ *for* three cars 車3台分のスペースのあるガレージ / The piano takes up too much ~. ピアノは場所を取りすぎる / We have 〔There's〕 ~ *for* one more person at our table. 我々のテーブルにはもう1人座れる余地がある / There's not much ~. あまり広くない 〔+*to do*〕 There wasn't ~ to swing a cat (in). ⇒ cat 名1 / The children need more ~ *to* play. 子供たちにはもっと遊ぶ場所が必要だ. ❸ Ⓤ 余地, 機会: There's plenty of ~ *for* improvement 〔doubt〕. 改善〔疑い〕の余地は大いにある 〔+*to do*〕 Children must be given ~ *to* develop their personalities. 子供たちに個性を伸ばす機会が与えられねばならない.

màke róom 〔…に〕通り道〔場所〕をあける, 席〔道〕を譲る: *make* ~ *for* an old man 〔the younger generation〕老人に席を譲る〔若い世代に道を譲る〕.

róom and bóard まかない付き貸間.

róom (and) to spáre 〘口〙十分な余地〔場所〕.

── 動 ❶ 〘米〙共に部屋を占める, 同居する 〔*together*〕. ❷ 〈人と〉同じ部屋に住む, 同居する 〔*with*〕; 〔場所に〕寄宿〔下宿〕する 〔*in, at*〕.

〘OE; 原義は「空き, 空間」》(形 roomy¹)

róom divìder 名 間仕切り(ついて・戸棚など).

roomed /rúːmd/ 形 〔数詞と複合語をなして〕 (…の数の)部屋がある, (…)間の: a five-roomed house 5部屋の家.

room·er /rúːmə/ 名 〘米〙間借り人, 下宿人.

room·ette /ruːmét/ 名 〘米〙〘鉄道〙ルーメット《寝台車の個室でトイレの設備がある》.

room·ful /rúːmfùl, rúm-/ 名 部屋いっぱい: a ~ of people 部屋いっぱいの人々.

room·ie /rúːmi, rúmi/ 名 〘米口〙=roommate.

róom·ing hòuse 名 〘米〙下宿屋.

róom·màte 名 同室者, 同居人, ルームメート.

róom nùmber 名 (ホテルなどの)部屋番号.

róom sèrvice 名 Ⓤ ❶ (ホテルなどの)ルームサービス. ❷ 〔集合的; 単数または複数扱い〕ルームサービス係〔課〕(の人たち).

róom tèmperature 名 Ⓤ (通常の)室温(20℃くらい).

room·y¹ /rúːmi, rúmi/ 形 (**room·i·er**; **-i·est**) 広い, 広々とした: a ~ bedroom ゆったりとした寝室. **róom·i·ness** 名 (⇒ room)

room·y² /rúːmi, rúmi/ 名 〘米口〙=roommate.

roor·back /rúəbæk | rúə-/ 名 〘米〙政治的中傷, 中傷的デマ.

Roo·se·velt /róuzəvèlt, -vəlt/, (**Anna**) **Eleanor** 名 ローズベルト, ルーズベルト (1884-1962; 米国の著述家・外交官・社会運動家; Theodore のめい, Franklin D. の夫人).

Roosevelt, Franklin Del·a·no /déləòu/ 名 ローズベルト, ルーズベルト (1882-1945; Theodore の遠縁で, そのめいと結婚; 第 32 代大統領 (1933-45)).

Roosevelt, Theodore 名 ローズベルト, ルーズベルト (1858-1919; 米国の第 26 代大統領 (1901-09)).

†**roost**¹ /rúːst/ 名 〘鳥, 特に鶏の〕止まり木; ねぐら; 鶏舎. **còme hóme 〔báck〕 to róost** 〘悪い事が自分にはね返ってくる〙: Curses (, like chickens,) *come home to* ~. 《諺》 ⇒ curse 名1. **rúle the róost** 〈人が家庭(など)を〉牛耳る. ── 動 ❶ 止まり木に止まる, ねぐらにつく.

roost² /rúːst/ 名 〔the ~, しばしば the R~〕スコットランド Orkney, Shetland 諸島近くの激しい潮流.

*__roost·er__ /rúːstə | -tə/ 名 〘米〙おんどり (⇒ cock¹ A 〘用法〙).

róoster tàil 名 高速のモーターボートが立てる高い波しぶき.

*__root__¹ /rúːt, rút | rúː t/ 名 ❶ **a** (植物の)根〔地下茎・球根・塊根・根茎などを含む〕. **b** 〔複数形で〕〘英〙根菜類. ❷ (舌・耳・翼・指などの)付け根, 根元〔歯・毛・つめなどの〕. ❸ 〔通例 the ~(s)〕根源, 根本; 核心, 基礎 〔*of*〕: Love of money is *the* ~ of all evil. 金銭欲は諸悪の根源だ / His unhappiness has its ~s in early childhood. 彼の不幸はその幼年時代に端を発している / We must get at 〔go to〕 *the* ~ *of* the matter. 事の真相をきわめねばならない. ❹ **a** 〔複数形で〕ルーツ (origins)《人の民族的・文化的・社会的な起源》; (土地との)結びつき; (精神的な)ふるさと: ~s for one's ~s 自分のルーツを探す / pull up (one's) ~s 定住地から新しい土地へ行く. **b** 始祖, 祖先. ❺ 〘数〙根, 根数 〔*of*〕〔符号 √〕: Two is the square ~ *of* four 〔the cube ~ *of* eight〕. 2 は 4 の平方根〔8 の立方根〕である. ❻ 〘言〙語根《語の基本を成してそれ以上分析できない究極要素》. ❼ 〘文法〙**a** 基本. **b** 原形《屈折接辞や派生接辞を含まない基本形; cf. base¹ 8》. ❽ 〘楽〙 (和音の)根音. ❾ 〘電算〙 =root directory.

púll…úp by the róot(s) (1) 〈草を〉根こそぎ引き抜く. (2) 〈…を〉根絶する.

pùt dówn róots (1) 〈植物が〉根づき始める. ⇒ root directory. (2) 新しい地に根を下ろす (settle).

róot and bránch 完全に〔な〕, まったく(の): We must eradicate this evil ~ *and branch*. この悪を完全に根絶しなくてはならない.

tàke 〔strìke〕 róot (1) 〈植物が〉根がつく. (2) 〈思想などが〉定着する.

── 形 A ❶ 根の: ⇒ root crop. ❷ 根本の: the ~ cause 根本原因. ❸ 〘電算〙ルートの: ⇒ root directory. ── 動 ❶ **a** 〈植物を〉根づかせる. **b** 〈恐怖などが〉〈人を〉(場所に)(根が生えたように)動けなくする (⇒ rooted 2): Terror ~*ed* me to the spot. あまりの恐ろしさに私はその場に立ちすくんだ. ❷ **a** 〈植物を〉根こそぎにする: ~ *up* a plant 植物を根こそぎにする. **b** 〈不必要なものを〉根絶する: ~ *out* crime 犯罪を根絶する. ── (植物が)根づく: Geraniums ~ easily. ゼラニウムはすぐ根がつく.

〘OE; ON *rót*〙 (形 rooty; 関形 radical)

root² /rúːt, rút | rúːt/ 動 ❶ 〈豚などが〉鼻で地面を掘って〈食物を〉探す 〔*about, around*〕 〔*for*〕. ❷ 〔…の中を〕(ひっかき回して)探す, 探し出す (rummage) 〔*about, around*〕 〔*in, among, through*〕. ── ❶ 〈豚が〉鼻で〈地面を〉掘り返して食物を探す 〔*up, out*〕. ❷ 〈ものを〉あちこちひっかき回して探す: ~ *out* something to eat 何か食べ物を探す.

root³ /rúːt, rút | rúːt/ 動 〘口〙 〈チームなどを〉応援する, 声援する; 励ます: The students were ~*ing for* their team. 学生たちは自分たちのチームを応援していた. **root a person ón** 〘米口〙 〈人を〉応援する, 励ます.

róot bèer 名 Ⓤ.Ⓒ 〘米〙ルートビヤ《草木の根などの汁を発酵させて造ったアルコール分を含まない炭酸入りの清涼飲料》.

róot canàl 名 〘歯〙 (歯の)根管; 根管治療.

róot cèllar 名 〘米〙根菜類貯蔵庫〔室〕, むろ.

róot cròp 名 根菜類(作物)《根を食用とするダイコン・ニンジン・ジャガイモなど》.

róot dirèctory 名 〘電算〙ルートディレクトリー《階層化さ

れたファイルシステムの基点となるディレクトリ)．

†root・ed /-ṭɪd/ 形 ❶《思想・習慣など》根深い; […に]深くしみ込んだ, 定着した: I have a ~ objection to driving. 自動車の運転が根から嫌いだ / The urge to reproduce is deeply ~ *in* human nature. 生殖本能は人間性に深く根ざしている. ❷ P《恐怖などで》《場所に》(根が生えたように)動けなくなって: Terrified, he stood ~ *to* the spot. ぎょっとして, 彼はその場に根が生えたように立ちすくんだ. ❸《植物が》根づいた.

root・er[1] /-ṭɚ | -tə/ 名 鼻で地面を掘る動物《豚など》.【ROOT[2] から】

root・er[2] /-ṭɚ | -tə/ 名《米口》応援者.【ROOT[3] から】

root fòrm 名 =root[1] 7 b.

root hair 名《植》根毛.

root・ing-toot・ing /rúːṭɪŋtúːṭɪŋ/, **root・in'-toot・in'** /rúːṭɪŋtúːṭɪŋ/ 形《米俗》騒々しい, 陽気な; 精力的な; 興奮(わくわく)させる, 刺激的な;《いま》評判の, 大人気の.

root・le /rúːṭl/ 動《英》=root[2].

root・less /-ləs/ 形 **a** 根なし草の; よりどころのない, 落ち着く場所のない, 社会的に行き場のない: the ~ young 社会的によりどころのない若者たち. **b** 不安定な: a ~ feeling よりどころのない不安感. ~**・ness** 名

root・let /rúːṭlət, rúːṭ- | rúːṭ-/ 名《植》小根, 細根.

róot-méan-squáre 名《数》二乗平均(平方根).

root nòdule 名《植》根粒.

root sìgn 名《数》根号 (radical sign)《√》.

róots mùsic 名 U ルーツミュージック《商業化されたポピュラー音楽のルーツとなったフォーク・ブルース・民族音楽など》.

róot・stòck 名 ❶《植》根茎. ❷《接ぎ木の》台木. ❸ 根源, 起源.

roots・y /rúːtsi, rútsi | rúːtsi/ 形《音楽の商業主義に冒されていない》根をおろした, 伝統的な, 民族特有の.

róot vègetable 名 =root crop.

root・y /rúːti, rúti | rúːti/ 形 (**root・i・er**; **-i・est**) ❶ 根の多い. ❷ 根のような. 【root[1]】

rop・a・ble /róupəbl/ 形 =ropeable.

***rope** /róup/ 名 ❶ **a** ⓒU ロープ, なわ, 綱; ザイル《繊維・鋼線などをより合わせて作った太くて丈夫なもの; [関連] 細い順から thread, string, cord, rope, cable になる》: (a) climbing ~《登山用の》ロープ[ザイル] / a length of ~ 1 本のロープ / jump [skip] ~《米》なわ跳びをする / tie a person (up) with (a) ~ 人をロープで縛(り上げ)る. **b** ⓒ《米》投げなわ, 輪なわ. ❷ ⓒ 綱渡りのロープ. ❸ [the ~]《ボクシングリングなどを囲う》ロープ. ❸ [the ~] 名 絞首索. **b** 絞首刑. ❹ ⓒ《なわ・ひもなどでつないだものの》ひとつなぎ, ひと下げ: a ~ of pearls [onions] ひとつなぎの真珠[タマネギ]. ❺ [the ~s]《仕事などの》秘訣(ひ), こつ: know the ~s こつを知っている, 内部の事情に明るい / learn the ~s こつを覚える / show a person the ~s こつを人に教える.

a rópe of sánd 人を惑わせる安全, 信頼できないもの.

at the énd of one's **rópe** ⇒ end 名 成句.

gíve a person enóugh [plénty of] rópe (to háng himsèlf [hersèlf])《人(特に愚か者)を》勝手に行動させて身を滅ぼさせる》.

on the rópe《登山者が》互いにザイルで縛り合って.

on the rópes (1)《ボクシングリングのロープに追いつめられて》. (2) 窮地に追い込まれて, 絶体絶命の.

— 他 ❶ [通例副詞(句)を伴って]〈もの・人を〉ロープで縛る: ~ *up* a chest 箱をロープで縛る / The climbers were ~d *together*. 登山者たちは互いにザイルで縛り合っていた / ~ a horse *to* a tree 牛を木にロープでつなぐ. ❷《米》〈馬・牛などを〉輪なわで捕まえる. ❸〈…を〉ロープで囲う[仕切る], ロープを張って隔離する[立ち入り禁止にする],〈…になわ張りする〉: They had ~*d in* [*off*] part of the meadow. 彼らはその牧草地の一部をロープで仕切った.

— 自 ❶《登山者同士がザイルで体を結びつける, アンザイレンする《*up*》. ❷《登山者がザイルを使って登る; 降りる: ~ *up* [*down*] (a cliff)《断崖を》ザイルで登る[降りる]．

rópe in (他+副) (1)《場所をロープで囲う》(⇒ 他 3). (2)《口》〈人を〉〈仲間に〉誘い込む; (そそのかして)仲間に入れる《★通例受身で用いる》: I was ~*d in* to help with the cooking. 私はそそのかされて料理の手伝いをさせられた.

rópe a person ínto...《口》〈人を〉誘い込んで…させる: I was ~*d into* doing the dishes. 私はうまく誘い込まれて皿洗いをさせられた.

【OE】

rópe・a・ble /róupəbl/ 形 P ❶ なわをかけられる. ❷《豪・ニュ》〈動物が〉御しにくい, 野生の. ❸《豪口・ニュ》〈人が〉おこった (angry).

rópe brìdge 名 ロープのつり橋.

rópe dàncer 名 綱渡り芸人.

rópe dàncing 名 綱渡り(芸).

rópe làdder 名 なわばしご.

rópe mólding 名《建》縄形線形(んけ).

rópe's ènd 名 なわむち《昔 特に船員を罰するのに用いた》; 絞首索.

rópe tòw 名 =ski tow 1.

rópe wàlk 名《細長い建物の》なわ製造場.

rópe・wàlker 名 綱渡り芸人.

rópe wàlking 名 U 綱渡り(芸).

rópe・wày 名 ロープウェー, 空中ケーブル.

rop・ey /róupi/ 形 =ropy.

rópe yàrd 名 =ropewalk.

rop・ing /róupɪŋ/ 名 ❶ なわで縛る[つかまえる]こと; ロープで固定すること. ❷ 索類, 綱具類.

rop・y /róupi/ 形 (**rop・i・er**; **-i・est**) ❶ ロープのような. ❷ ねばねばする, 粘着性の: a ~ consistency かなりの粘着性. ❸《英口》**a** 質の悪い: a ~ restaurant 汚い安食堂 / This report is pretty ~. この報告書はかなりひどい. **b**〈体の〉調子が悪い: I feel a bit ~. ちょっと調子がよくない.

roque /róuk/ 名《米》ローク《croquet の一種で, 短い木槌を使い, 低い壁に囲まれた堅いコートで行なう》.

Roque・fort /róukfɚt | rókfɔː/ 名 U《商標》ロックフォール《香りの強い青かびチーズ》.【南フランスの産地名】

ro・quet /roukéɪ | rouki, -keɪ/《クローケー・ローク》動〈打者が〉自分のボールを〈相手のボールに〉あてる;〈自分のボールが相手のボールにあたる. — 名 ボールをあてる[ボールがあたる]こと.

ror・qual /rɔ́ːkwəl /rɔ́ː-/ 名《動》ナガスクジラ.

Rór・schach tèst /rɔ́ːʃɑːk- | rɔ́ː-/ 名《心》ロールシャッハテスト.【H. Rorschach スイスの精神医学者】

ror・ty /rɔ́ːti | rɔ́ː-/ 形 (**ror・ti・er**; **-i・est**)《英俗》愉快な, 陽気な; 騒がしい, ばか騒ぎする; 品の悪い, 粗野な.

Ro・sa /róuzə/ 名 ローザ《女性名》.

ro・sa・ce /rouzéɪs/ 名《建》ばら花形飾り; ばら花形意匠; ばら形窓.

ro・sa・ce・a /rouzéɪʃiə/ 名 =acne rosacea.

ro・sa・ceous /rouzéɪʃəs/ 形《植》ばら科の; バラのような, ばら花形の; ばら色の.

Ros・a・lind /rázəlɪnd | róz-/ 名 ロザリンド《女性名》.

ros・an・i・line /rouzǽnəlɪn, -lɪn/ 名 U《化》ローザニリン《赤色染料, その塩基》.

ro・sar・i・an /rouzé(ə)riən/ 名《特に職業としての》バラ栽培者.

ro・sa・ry /róuzəri/ 名 (pl. **-ries**) ❶ ロザリオ, じゅず《小珠 10 個と大珠 1 個を 1 組 (decade) として通例 15 組 (165 個)または 5 組 (55 個)からなる》. ❷ [the ~, しばしば R~] **a** ロザリオの祈り: say *the* ~ ロザリオの祈りを唱える. **b** ロザリオの祈りを載せた本.【L=バラ園 < *rosa* < rose[1]】

Ros・coe /rɑ́skou | rós-/ 名 [しばしば r~]《米俗》ピストル.

***rose**[1] /róuz/ 名 ❶ ⓒ **a**《植》バラ: There's no ~ without a thorn.《諺》とげのないバラはない《世に完全な幸福はない》. **b** バラの花 [解説] キリスト教では白バラは純潔・美・貞節など, 赤バラは殉教の象徴で, イングランドおよび米国の国花. ❷ **a** U ばら色, 淡紅色. **b** [複数形で] ばら色の顔色: A drop of brandy put the ~s back in her cheeks. ブランデーをちょっと飲んだだけで彼

rosary

女のほおに赤みが戻った. ❸ [the ~]《…の》花形, 名花, 美人《of》. ❹ Ⓒ (じょうろなどの)散水口. ❺ =rosette.
be nót a béd of róses=be nót all róses 楽なことばかりではない: Life *is not all* ~s. 人生は決して楽しいことばかりではない. còme ùp róses [通例進行形]《口》成功する, うまくいく: Everything's *coming up* ~s. 万事うまくいっている. róse of Jéricho【植】アンゼンジュ (安産樹)《アブラナ科》. róse of Sháron ❶【植】ムクゲ. ❷【植】オトギリソウ. ❸【聖】シャロンのバラ《「雅歌」より》. the Wárs of the Róses ⇨ war 成句. ùnder the róse 秘密に, ないしょで《由来 昔, バラは秘密の象徴であった; sub rosa の英訳》. ── 形 ❶ ⓐ バラの: a ~ garden バラ園/a ~ petal バラの花びら. ❷ 〔通例複合語〕 バラ色の: ⇨ rose-colored, rose-pink, rose-red.《OE<L *rosa*》(形 rosy)

‡**rose**² /róuz/ 動 rise の過去形.

+**ro·sé** /rouzéɪ/ ˌˉˉˊ, ˉˊ 名 U,C ロゼ(ワイン)《薄いピンク色のワイン; 赤ぶどうを用い発酵(なん)の途中で皮を取り除く; cf. red wine, white wine》.《F (*vin*) *rosé* pink (wine)》

róse àpple 名【植】フトモモ, ホトウ (蒲桃)《熱帯果樹》.
ro·se·ate /róuziət, ziéɪt/ 形 ❶ ばら色の. ❷ ⓐ 幸せな, 明るい, 晴れやかな. ⓑ 楽観的な.
Ro·seau /rouzóu/ 名 ロゾー《ドミニカの首都・海港》.
róse·bày 名 ❶ セイヨウキョウチクトウ (oleander). ❷ (大)シャクナゲ (rhododendron). ❸ (また **rósebay wíllow hèrb**) ヤナギラン (fireweed).
róse bòwl 名 ❶ バラの切り花を生けるガラス鉢. ❷ [the R- B-]《アメフト》ローズボウル《解説 Los Angeles 郊外の Pasadena にある同名のスタジアムで毎年元旦に行なわれる試合で, 中西部のビッグテンカンファレンスと西海岸のパシフィックテンカンファレンスの覇者同士による決勝戦; アメリカでは正月の国民的行事となっている》.
róse·bùd 名 ❶ バラのつぼみ. ❷ 美しい若い女性.
róse·bùsh 名 バラの木.
róse-còlored 形 ❶ ばら色の, ピンクがかった赤色の. ❷ 明るい, 楽観的な: take a ~ view 楽観的な見方をする. sée [lóok at, víew]...through róse-colored spéctacles [glásses]...をばら色の眼鏡で見る《実際以上にすばらしいものと考える》.
róse còmb 名 (にわとりなどの)バラ冠.
róse cùt 名【宝石】ローズカット《底部は平面で, その上に多くの三角小面をもつ》. **róse-cùt** 形
róse dìamond 名 ©,U ローズカットのダイヤモンド.
róse fèver 名 U 春から初夏にかけての枯草熱 (hay fever).
róse·fìsh 名【魚】タイセイヨウアカウオ (redfish).
róse hìp 名 バラの実.
róse·lèaf 名 (複 -leaves) ❶ バラの葉. ❷ バラの花弁.
ro·sel·la /rouzélə/ 名 ❶【鳥】ナナクサインコ《オーストラリア産》. ❷《豪》毛の抜けた羊《刈りやすい》.
róse mádder 名 U ローズマダー《淡紅色の顔料》.
ro·se·ma·ling /róuzəmɑ̀ːlɪŋ/ 名 U ローズマリング《家具・壁・木製食器類に施されたスカンジナヴィア農民風の花模様の絵[彫刻]》.
róse màllow 名【植】 ❶ バラ色の花をつけるフヨウ, (特に)アメリカフヨウ. ❷ タチアオイ.

+**rose·mar·y** /róuzmeri, -m(ə)ri | -m(ə)ri/ 名 U,C【植】マンネンロウ《常緑低木; ★ 忠実・貞操・記憶の象徴》; U マンネンロウの葉《調味料・香料に用いる》.
Rose·mar·y /róuzmeri, -m(ə)ri | -m(ə)ri/ 名 ローズマリー《女性名》.
Ro·sen·berg /róuz(ə)nbə̀ːɡ/, **Julius** 名 ローゼンバーグ (1918–53; 米国人スパイ; ソ連に原爆に関する情報を流した容疑で妻 Ethel と共に処刑された).
ro·se·o·la /rouziːələ/ 名 U【医】ばら疹(ん); 風疹. **rosé·o·lar** /-lə-/ 形
róse-pínk 形 薄ばら色の, 淡紅色の.
róse quártz 名 U【鉱】ばら石英, ローズクォーツ.
róse-réd 形 濃いばら色の, 深紅色の.
róse-ròot 名【植】イワベンケイ(ソウ)《根茎がバラの香がする》.
róse-tìnted 形 =rose-colored.
Ro·sét·ta stòne /rouzétə-/ 名 [the ~] ロゼッタ石

1561 rot

(1799 年 Nile 河口 Rosetta 付近で発見; 古代エジプトの象形文字解読の手引きとなった碑石).

+**ro·sette** /rouzét/ 名 ❶ ⓐ (リボンなどの)ばら結び《★ バッジまたは賞などとして上着につける》. ⓑ (服飾などに用いる)ばら飾り. ❷【建】ⓐ 円花飾り. ⓑ =rose window.
ro·sét·ted /-tɪd/ 形 ばら花飾りを付けた《靴など》; ばら結びにしたリボンなど.
róse wàter 名 U バラ香水.
róse-wàter 形 U ばら(香)水の香りがする; 優しい, 感傷的な; 優雅な.
róse wìndow 名【建】ばら窓, 車輪窓《通例教会の正面に用いられる大きなバラ形の円形窓》.
róse·wòod 名 ❶ Ⓒ【植】シタン(紫檀). ❷ U シタン材《かすかにバラのような芳香がある》.
Rosh Ha·sha·na /róuʃhə:ʃɔːnə | rɔ́ʃ-/ 名 ロシュハシャーナ《ユダヤの新年祭》.
roshi /róuʃi/ 名 (禅宗の)師, 老師.
Ro·si·cru·cian /ròuzəkrúːʃən/ 名 ❶ ばら十字団員: ⓐ 17–18 世紀にオカルト的教義を信奉し, 錬金術等の術を行なった秘密結社の会員; 1484 年に Christian Rosenkreuz がドイツに創設したと伝えられる. ⓑ その流れを汲むとされる団体の会員. ── 形 ばら十字団員の. **~·ism** 名 ばら十字会の神秘思想《行事, 制度》.

ros·in /rɑ́z(ə)n | rɔ́zɪn/ 名 U ロジン《松やにからテレビン油を蒸留した後の残留物; バイオリンなどの弓に塗ったり, 野球でピッチャーなどの手にすべり止めに用いる; cf. resin 1》. ── 動 ⓣ (バイオリンの弓などに)ロジンを塗る, ロジンでこする.《F; RESIN の変形》

ro·so·lio /rouzóuliòu/ 名 U -li·os) ロゾリオ《スピリッツ・干しぶどう・砂糖に, バラの花びら・シナモン・チョウジなどで香りをつけた南欧人の好む強壮酒》.
Ross /rɔ́ːs | rɔ́s/ 名 ロス《男性名》.
Ross /rɔ́ː(ː)s | rɔ́s/, **Betsy** 名 ロス (1752–1836; 独立戦争当時, 最初の米国国旗を作ったといわれる女性).
Ros·set·ti /rouzéti, -séti | rəséti/, **Christina** 名 ロセッティ (1830–1894; 英国の女流詩人; D. G. Rossetti の妹).
Ros·set·ti, Dante Gabriel 名 ロセッティ (1828–82; 英国の画家・詩人).
Ros·si·ni /rousíːni | rɔ-/, **Gio·ac·chi·no** /dʒòuəkíːnou/ 名 ロッシーニ (1792–1868; イタリアの作曲家).
Ros·tand /rɔːstɑ́ːŋ | rɔs-/, **Edmond** 名 ロスタン (1868–1918; フランスの劇作家・詩人).

+**ros·ter** /rɑ́stə | rɔ́stə/ 名 ❶ 勤務表. ❷ 名簿, 登録簿《(英) rota》;【スポ】登録選手リスト.── 動 ⓣ 〈...を〉(当番順)名簿に載せる.

ros·tra 名 rostrum の複数形.
ros·tral /rɑ́strəl/ 形 ❶【動・解】くちばしの, くちばしのある, 口・鼻の近くに位置する. ❷ 船嘴(ん)装飾のある. **~·ly** 副
ros·trate /rɑ́streɪt, -trət | rɔ́s-/ 形 くちばし[吻(ん)]状突起を有する.
ros·trum /rɑ́strəm | rɔ́s-/ 名 (複 ~s, -tra /-trə/) ❶ 演壇, 講壇; 説教壇; (オーケストラの)指揮台: take the ~ 登壇する. ❷【動・解】くちばし, 吻(ん)状突起.《L=くちばし; 昔, ローマ軍が海戦で捕獲した敵船の船嘴(ん)(へさきからくちばし状に出た所)を forum (公会広場)に飾ったことから》
Ros·well /rɑ́zwel | rɔ́z-/ 名 ロズウェル《米国 New Mexico 州南東部, Texas 州との境の北にある都市; UFO の墜落疑惑事件があった (1947)》.

+**ros·y** /róuzi/ 形 (**ros·i·er; -i·est**) ❶ ばら色の, 淡紅色の. ⓑ 〈肌・ほおなど〉(健康で)赤らんだ, 紅顔の. ❷ 〈将来が〉有望な; 楽観的な: a ~ view of the future 将来についての楽観論 / His prospects are ~. 彼の前途は洋々だ. **rós·i·ly** /-zəli/ 副. **rós·i·ness** 名 U《形 rose¹》
rósy fínch 名【鳥】ハギマシコ《北米・東アジア産》.

*****rot** /rɑ́t | rɔ́t/ 動 (**rot·ted; rot·ting**) ⓘ ❶ 腐る, 腐敗する, 腐朽する (decompose) 《*away*, *off*, *out*》: Leaves ~ to form humus. 木の葉は朽ちて腐植土になる / The wood was *rotting away*. 木質部は朽ちかけていた. ❷ 〈社会・制度などが〉(道徳的に)腐敗[堕落]する; だめになる.

rota 1562

❸《囚人か》やせ衰える;《人が》元気がなくなる: The prisoners were left to ~ in prison. 囚人たちは監獄にやせ衰えるままに放置された. ❹《英口・古風》冗談を言う. — 他 ❶《...を》腐敗させる (decompose): Damp ~s wood. 湿気は木を腐敗させる. ❷《...を》堕落させる. ❸《英・古風》《人をからかう, 中傷する.

— 名 ❶ a 腐敗, 腐敗物. b (社会的・精神的)腐敗, 堕落, 退廃. ❷ [the ~] (説明のつかない) 失敗続き, 事態の悪化: stop the ~ 危機を防ぐ, 失敗しないように手を打つ / The rot set in when he left us. 彼が我々のもとを去った時から事態が悪くなり始めた. ❸《英・古風》たわごと, ばかげたこと (rubbish): Don't talk ~! ばかを言うな. ❹ U a (菌類による)腐敗病; ⇒ dry rot. b [the ~]《獣医》羊の肝臓病.

— 間《英口・古風》くだらない!, ばかばかしい!; ちくしょうめ!

ro·ta /róʊtə/ 名 ❶ (勤務)当番表 (roster); 当番(輪番)(制). ❷ [the R~]《カト》教皇庁控訴院.

Ro·tar·i·an /roʊtéə(ə)riən/ 名 ロータリークラブ (Rotary Club)の会員. — 形 ロータリークラブの; ロータリークラブの会員の.

†**ro·ta·ry** /róʊtəri/ 形 ❶ 回る, 回転する; 環状の: ~ motion 回転運動 / a ~ intersection 環状交差路. ❷ 機械などが回転する部分のある, 回転式の: a ~ converter《電》回転変流機 / a ~ engine ロータリーエンジン / a ~ fan 扇風機 / a ~ press 輪転機. — 名 ❶《米》環状交差路, ロータリー《英》roundabout). ❷ (輪転機などの)回転機械. 《L=回る(もの)＜rota 車輪; cf. rotate》

Rótary Clùb [the ~]《1905年 Chicago に創設された社会奉仕と世界平和を目的とする, 実業家および知的職業人の団体; 次第に発展して世界各地の支部が Rotary International (国際ロータリー)を構成する)》《もと会合を各会員の事務所で輪番制で行なったことから》

rótary wíng 名 (ヘリコプター・オートジャイロの)回転翼.

*ro·tate /róʊteɪt, —'—/—'/ 動 自 ❶ a《軸を中心として》回転する; 循環する: The seasons ~. 四季はめぐりくる. b《天》《天体が》自転する: The earth ~s on its axis. 地球は地軸を中心に自転する. ❷ 交替する, 輪番する: The workers ~ between the day and night shifts. 労働者は昼と夜の2交替で働いている. — 他 ❶《軸を中心として》《...を》回転させる; 循環させる: ~ the knob 握りを回転させる. ❷ a 《...を》交替させる: ~ jobs 仕事を交替させる / ~ the tires タイヤ(の位置)を交替させる. b 《作物を》輪作する. 《L=回転させる＜rota 輪, 車輪 (cf. rodeo, roll, rotary, rotund, round)》 名 rotation

《類義語》⇒ turn.

†**ro·ta·tion** /roʊtéɪʃən/ 名 U.C ❶ 回転; 循環, 5《天》(天体の)自転 (cf. revolution B 3). ❷ 交替, 輪番, ローテーション: in ~ 順に, 輪番制で / put ~ = the ~ of jobs 仕事の輪番式交替. ❸ (作物の)輪作: crop ~ = the ~ of crops 輪作. — al /-ʃ(ə)nəl/ 形 動 rotate

ro·ta·tive /róʊtəṭɪv/ 形 回転する; 循環する, 回転させる. — ly 副

ró·ta·tor /-tə-/ -tə-/ 名 ❶ (複 ~s) a 回転するもの. b 交替するもの. ❷ 《理》回転子. — s, ~·es /roʊtəːtɔˈːriːz/ /rəʊ-/)《解》回旋筋.

rótator cùff 《解》回旋筋腱, 回旋腱板《肩関節の周囲を取り巻いて支えている帯状の組織; 関節囊に付着した4本の筋で形成される》

ro·ta·to·ry /róʊtəṭɔːri/ -təri, -tri/ 形 ❶ 回転する. ❷ 循環する; 輪番(制)の.

ro·ta·vate /róʊtəvèɪt/ 動 他 《土を》Rotavator で耕す; Rotavator を使って土に混ぜる.

Ro·ta·va·tor /róʊtəvèɪtə/ -tə/ 名 《商標》ロータベーター, ロートベーター《回転歯付き耕耘機》.

ró·ta·vìrus /róʊtə-/ 名 《医》ロタウイルス《2層のキャプシド (capsid) を有し, 放射状の外観を示す RNA ウイルス; 幼児や動物の新生児に胃腸炎をひき起こす》.

ROTC /rάː(ɹ)tsi/ /róʊtiː/《略》《米》Reserve Officers Training Corps 予備役将校訓練隊.

rote /roʊt/ 名 ★ 通例次の成句で. **by róte** 機械的に; そらで: learn a poem by ~ 詩をそらで覚える[丸暗記する] / do things by ~ (意味も考えずに)物事を機械的に行なう.

róte lèarning 名 U 暗記.

ro·te·none /róʊtənoʊn/ 名 U《化》ロテノン《デリス (derris) などの熱帯植物の根から得られる結晶; 人畜には毒性が少ない殺虫剤として使用する》.

ROTFL, rotfl /rάtfl/ /rɔt-/《略》rolling on the floor laughing 笑いころげて;「大笑い」「爆笑」《チャットや電子メールなどで用いられる》.

rot·gut /rάtgʌt/ /rɔt-/ 名 U《口》安酒, 下等な酒.

Roth·ko /rάθkoʊ/ /rɔθ-/, **Mark** ロスコー (1903-70, ロシア生まれの米国の抽象表現主義の画家).

Roth·schild /róːθ(t)ʃaɪld/ /róʊθ(s)-/ 名 ロスチャイルド 《ユダヤ人の金融資本家の家系; ドイツの銀行家 Mayer Amschel Rothschild (1744-1812)が一族の祖》.

ro·ti /róʊṭi/ 名 U.C ロティー《平たくて丸くやわらかい酵母の入らないパン》; ロティーに包んで食べる肉・魚介類・野菜.

ro·ti·fer /róʊtəfə/ -fə/ 名 《動》ワムシ.

ro·tis·ser·ie /roʊtísəri/ 名 ❶ 回転肉焼き器. ❷ 焼肉店. 《F》

ro·to·gra·vure /ròʊtəgrəvjúə/ -vjʊə/ 名 ❶ U 輪転[ロート]グラビア印刷;[法]. ❷ C a ロートグラビア印刷物. b《米》(新聞・雑誌の)ロートグラビア写真ページ.

ro·tor /róʊtə/ -tə/ 名 ❶《機》(蒸気タービンの)軸車. ❷《電》回転子. ❸《空》(ヘリコプターなどの)回転翼, ローター.

rótor·cràft 名 回転翼航空機《ヘリコプター・オートジャイロなど》.

róto·scòpe 名 ロトスコープ《実写した個々のフィルムのコマを拡大してアニメーションにひきうつす装置》. — 動 他 《実写の映像を》ロトスコープを用いて別の映画の中にうつす.

Ro·to·till·er /róʊtətɪlə/ -lə/ 名《商標》回転耕耘機.

Ro·to·va·tor /róʊtəvèɪtə/ -tə/ 名 =Rotavator.

rot·ten /rάtn/ /rɔtn/ (~·er; ~·est) ❶ a 腐った: a ~ egg 腐った卵 / ~ leaves 朽ち葉 / go ~ 腐る《(匹較)milk goes sour 牛乳が腐る (rotten は不可); ただし飲食物には go bad を用いるのが普通). b 不潔な; 悪臭を放つ. ❷ (道徳的・社会的に)堕落した, 腐敗した: ~ to the core 骨の髄まで腐った, すっかり堕落した. ❸《口》とてもいやな, 不愉快な, ひどい (terrible); 気分がすぐれない; うしろめたい: a ~ book まったくつまらない本 / ~ weather うんざりする天気 / feel ~ 気分がすぐれない; 気がとがめる / It's a ~ shame that they didn't give you a prize. 君に賞を与えなかったとはひどい[あきれたもんだ]. ❹《岩石など》砕けやすい, もろい, 柔らかな. ~·ly 副 ~·ness 名

rótten bórough 名 ❶《英史》腐敗選挙区《有権者の激減により資格を失いながら代議士を出していた選挙区; 多くは 1832 年の選挙法改正で廃止). ❷ 人口に基づく割当以上に代表を出している選挙区.

rótten·stòne 名 U《岩学》トリポリ石《分解した珪質石灰石; 金属研磨用に用いる》.

rot·ter /rάtə/ /rɔtə/ 名《英俗》ろくでなし, いやなやつ.

Rot·ter·dam /rάtədæm/ /rɔtə-/ 名 ロッテルダム《オランダ南西部の港湾都市》.

rott·wei·ler /rάtwaɪlə/ /rɔtwaɪlə/ 名《しばしば R~》ロットワイラー《ドイツ原産の大型で黒色の牧畜犬・番犬》.

ro·tund /roʊtʌ́nd/ 形 ❶《人・顔など》丸い; 丸々と太った. ❷《声など》朗々とした, よく通る. **ro·tun·di·ty** /roʊtʌ́ndəṭi/ 名 《L=丸い＜rota 輪, 車輪; cf. rotate, round》

ro·tun·da /roʊtʌ́ndə/ 名《建》 ❶ (丸屋根がある)円形の建物. ❷ (丸天井のある)円形の広間. 《L=丸いもの; ↑》

rou·ble /rúːbl/ 名 =ruble.

rou·é /ruːéɪ, —'—/ 名《文》道楽[放蕩(ほうとう)]者, 快楽主義者.

Rou·en /ruːάːn/ —'—/ 名 ルーアン《フランス北西部セーヌ川下流の都市; ノルマンディー地方の古都》.

rouge /ruːʒ/ 名 ❶《古風》ほお紅 (blusher), 口紅: put on [wear] ~ ほお紅をつける[つけている]. ❷ べんがら《宝石・金属などの研磨用》. — 動 他《古風》(ほおに)

紅をつける[さす]. 〚F<L *rubeus* red; cf. ruby〛

rouge et noir /-eɪnwάː | -nwάː/ 名 Ū 赤と黒《赤黒の模様のあるテーブルでするトランプ賭博》.

*rough /rʌ́f/ 形 (〜・er; 〜・est) ❶ a 〈手ざわりが〉粗い, ざらざらした (↔smooth, soft): 〜 hands きめの粗い手 / This paper feels 〜. この紙は手ざわりがざらざらする. b 〈布地か〉地の粗い, ざっくりした地の: a skirt of 〜 tweed 地の粗いツイードのスカート. c 〈道路など〉でこぼこの: a 〜 road でこぼこ道. d 〈毛が〉もじゃもじゃした; もじゃもじゃの毛の; 毛の多い. ❷ A (比較なし) a 大ざっぱな, あらましの, 大体の, 概略の (approximate): a 〜 estimate [guess] 概算[大体の見当] / give a 〜 outline 概略を説明する. b 下書き[雑記]用の. ❸ a 乱暴な, 粗暴な; 手荒い, 荒っぽい: a 〜 sport 荒々しいスポーツ / 〜 treatment 手荒な扱い / a 〜 welcome 荒っぽい歓迎 / have a 〜 tongue 荒っぽい口のきき方をする / Don't be so 〜 *with* the child. その子をそんなに手荒く扱うな. b 粗野な, 下品な, 不作法な: 〜 manners 不作法な振舞い. ❹ 〈地域が〉治安の悪い, 危険な, 荒れた: That's a pretty 〜 part of town. 町のあのあたりはとても危険だ. ❺ a つらい, きつい, 苦しい, きびしい, 困難な (tough); 不運に, 不運な: 〜 luck 不運 / a 〜 deal つらい目 / have a 〜 time つらい思いをし, 難儀する / It's going to be a 〜 ride for us. 我々にとって苦しい時期になるだろう / It's 〜 that he has to work on Christmas. クリスマスに働くとは彼も不運だ. b 〈仕事など力仕事の: 〜 work 荒仕事, 力仕事; 荒仕上げ. ❻《口》a 気分が悪い, 体調が悪い (ill): I feel 〜 today. きょうは気分が悪い. b 不安[心配]で, 憂鬱(ゆううつ)な. ❼ a 〈海・空・天候など〉荒れた, 荒天の (choppy): a 〜 sea 荒海 / a 〜 night 荒しの夜. b 〈航海・飛行など〉荒天下での, 荒れた: have a 〜 flight 荒天下に飛行する, 飛行機が揺れる. ❽ a 細工[加工]をしない, 仕上げをしない, 念入りでない; 簡素な, 単純な: 〜 skin (なめしてない)生皮. b ぞんざいな: a 〜 writing style 雑な文体. c (あまり上等でない, 粗末な: 〜 clothes 粗末な服. ❾ a〈音が〉耳ざわりな, おかしい: a 〜 voice 耳ざわりな声. b〈味が渋い; 未熟な, 酸っぱい: a 〜 wine 渋い味のぶどう酒.

rough and ready = rough-and-ready.

━━ 副 (比較なし) 粗暴に; 手荒に: play 〜 荒っぽいプレーをする, ラフプレーをする.

cút úp róugh《英口》腹を立てる, 怒る.

líve [sléep] róugh《家・金がないなどのために》戸外[路上]で暮らす[寝る].

━━ 名 ❶ Ū《通例 the 〜》《ゴルフ》ラフ《芝生・雑草など刈り込んでないフェアウェーに接する地域》. ❷ C (絵の)下書き, スケッチ. ❸ C《英》乱暴者, 暴れ者, 不良.

bit of róugh《英口》(セックスの相手として魅力的な)野性的な[粗野な, 荒っぽい, たくましい]男.

in róugh《主に英》下書きで: write down one's ideas *in* 〜 自分の考えを下書きする.

in the róugh (1) 荒削りで, 未完成で: ⇨ a DIAMOND *in* the rough 成句. (2) ふだんのままで[の].

take the róugh with the smóoth 人生の浮き沈みを気にしない, のん気に構える.

━━ 動 他 ❶〈...に〉大体の形をつける, 〈...の〉荒仕上げをする. ❷《球技で〉〈相手を〉わざと手荒く攻撃[乱暴]する, 〈相手に〉ラフプレーをする.

róugh ín 《他+副》〈...の〉概略を書く, 〈...を〉素描する, 下書きする.

róugh it《口》不便を忍ぶ, 簡素で不自由な生活をする.

róugh óut《他+副》〈...の〉概略を書く, 素描する, 下書きする; 〈...の〉大体の計画を立てる (sketch).

róugh úp《他+副》(1)〈...に〉暴力を振るう (beat up). (2)〈...を〉乱雑にする, かき乱す.

rough・age /rʌ́fɪdʒ/ 名 Ū 食物繊維, 繊維食物《腸の蠕動(ぜんどう)を刺激するような栄養価が少なくかさの多い食物; 繊維素・食用始めと》; 粗飼料.

róugh-and-réady 形 ❶ 間に合わせ[大ざっぱ, ぞんざい]だけれども目的にかなう: a 〜 supper ぞんざいだけど十分な夕食 / There is only a 〜 cooking equipment. お粗末な調理用具しかない. ❷〈人が〉荒削りな, 野人的な.

róugh-and-túmble 形 むちゃくちゃな, 無鉄砲な, 入り乱れた: be engaged in a 〜 fight for market leadership 市場ナンバーワンを激しく争う. ━━ 名 Ū《また a 〜》❶ 乱戦, 乱闘. ❷ (子供などの)少し乱暴なじゃれ合い.

róugh-càst 名 Ū (壁などの)荒塗り《しっくいに小石・砂利などを入れたもの》. ━━ 形 ❶ 荒塗りの. ❷〈人の〉粗野な, 野蛮な. ━━ 動 他 (-cast) ❶〈壁を〉荒塗りにする. ❷〈計画などを〉荒造り[下ごしらえ]する;〈物語などの〉あら筋を立てる.

róugh cóat 名 (ペンキなどの)下地塗り.

róugh cópy 名 ❶ (原稿の)下書き. ❷ (絵の)概略の絵, 下絵.

róugh cút 名 未編集の映画フィルム.

róugh-cút 形 粗刻みの〈タバコなど〉. ━━ 動 他 おおまかに切る[写す].

róugh díamond 名 = DIAMOND in the rough 成句.

róugh-drý 動 他〈洗濯物を〉干すだけで乾かしアイロン仕上げをしない. ━━ 形 (アイロン仕上げをせずに)洗って乾かしたままの.

rough・en /rʌ́fən/ 動 他 粗くする, ざらざらにする, でこぼこにする. ━━ 自 粗くなる, ざらざらになる, でこぼこになる.

róugh grázing 名 Ū《英》自然のままの牧場.

róugh-hándle 動 他 手荒く扱う.

róugh-héw 動 他 荒切り[削り]する; 〈...に〉大体の形をつける.

róugh-héwn 形 ❶ 荒削りの; 荒ごしらえの: a 〜 statue 荒削りの彫像. ❷ 粗野な, 教養のない.

róugh・hòuse《俗》名 [単数形で] 大騒ぎ, ばか騒ぎ; (室内での)大げんか. ━━ 動 自 大騒ぎ[大げんか]する. ━━ 他〈人を〉手荒く扱う.

róugh jústice 名 Ū ❶ 不当な扱い. ❷ ほぼ公正な扱い.

*rough・ly /rʌ́fli/ 副 (more 〜; most 〜) ❶ (比較なし) およそ, ざっと, 概略的に (approximately): 〜 50 people ざっと 50 人 / somebody of 〜 my size だれか私とほぼ同じ寸法の人 / That's 〜 right [correct]. だいたいそんなところだ / There are, 〜 speaking, four types of magnetism. 大ざっぱに言えば 4 種類の磁力がある. ❷ a 荒く; 乱暴に; 不作法に: treat a person 〜 人を手荒く扱う. b 粗末に, むぞうさに: a 〜 built hut むぞうさに建てられた小屋. ❸ (表面を)でこぼこに.

róugh・nèck 名《口》❶ 不作法者, 乱暴者. ❷ 石油の井戸掘り人.

róugh・ness 名 ❶ Ū a 粗いこと, でこぼこ. b 荒れ, 荒天. c 乱暴, 粗野, 粗雑; 不作法. d 荒ごしらえ. ❷ C a 荒れている所, ざらざらしている部分. b 荒削りな所, 雑な部分.

róugh pássage 名 ❶ 荒海の航海. ❷ 苦難の時.

róugh・rìder 名 (荒馬の)調馬師; 荒馬を乗りこなす人.

róugh-shòd 形〈馬が〉すべり止めをつけた. **ríde 〜 shod óver**...《の迷惑を顧みず勝手にふるまう; ...を手荒く扱う: The government is *riding* 〜 *over* the people's rights. 政府は国民の権利を顧みず勝手にふるまっている.

róugh stúff 名 Ū《口》乱暴(な行為).

rough trade 名 Ū《俗》残虐でサド的なホモ; ホモ相手の男娼.

róugh wórk 名 Ū ❶ 試作[試行](品), 試し(でやったこと); 下仕事, 下書き(など). ❷ ⇨ rough 形 5 b.

roughy /rʌ́fi/ 名《魚》❶ マルスズキ科の海産魚《オーストラリア・ニュージーランド沿岸産の食用魚; さわると ざらざらする》. ❷ ラフィー《オーストラリアの浅海にすむヒウチダイ科の小魚; ひれにとげがある》.

rouille /rúːiː/ 名 Ū ルイユ《フランス Provence 地方の赤トウガラシの入ったソース; ブイヤベースにつかう》.

rou・lade /ruːlάːd/ 名 ❶ ルラード《ひき肉を薄く切った肉で巻いた料理》. ❷《楽》ルラード《装飾音の一種》.

rou・leau /ruːlóu, ⊥─/ 名 (❶-leaux /-(z)/, 〜s) 巻封した貨幣, 巻きたばこ等の筒形の包; 装飾リボン.

roule・ment /ruːlmάː/ 名《軍》(特に他の隊と交替するための)軍隊[装備]の移動.

rou・lette /ruːlét/ 名 Ū ルーレット《賭博(とばく)の一種》:

Roumania

~ wheel ルーレット(の回転盤) / ⇨ Russian roulette. 〖F=小さな輪<L rota 輪, 車輪 (cf. rotation); ⇨ roll, -ette〗

Rou·ma·ni·a /ruːméiniə, rou-/ 图 =Romania.
Rou·ma·ni·an /ruːméiniən, rou-/ 形 图 =Romanian.

‡**round** /ráund/ (~·er; ~·est) ❶ a 丸い, 円形の, ほぼ丸い: a ~ mirror 丸い鏡 / a ~ face 丸顔 / ~ eyes 丸い目 / ⇨ round table / His eyes grew ~ with surprise. 彼の目は驚きで丸く大きく見開いた. b 球形[状]の: The earth is ~. 地球は丸い形をしている. c 円筒形[状]の: a ~ air duct 円筒形の通風ダクト. d 《アーチが》半円形の, アーチ状の. e 円を描く, 回る, 回り, 順に回る: a ~ dance 円舞. f 一周する, ひと回りする: ⇨ round trip. ❷ a 丸々と太った; 丸くなった, 湾曲した: ~ cheeks 丸々としたほお / ~ shoulders 猫背. b 《筆跡の》丸みのある: a ~ round hand. ❸ Ⓐ (比較なし) a 端数のない, 端数を丸めた; 概数の, 大体の: a ~ number 端数のない数 / in ~ numbers [figures] 端数を切り捨てて[切り上げて], 概数で / a ~ half million 端数を丸めて)約 50 万. b 《数·量など》ちょうどの, 完全な: a ~ dozen ちょうど 1 ダース. c 《古》《金額などの》かなりの, 相当な《数の》. ❹ a 威勢のよい, 活発な; 迅速な, 快速な: a ~ pace 活発な歩調. b 《古》率直な, ありのままの; 遠慮のない, 露骨な: a ~ statement 率直 [露骨な]言葉. ❺ a 《音声》朗々とした, 朗々と響く. b 《文体》流暢(ちょう)な, 流麗な. ❻ 《音声》《母音など》円唇(じゅん)の: a ~ vowel 円唇母音.

── 图 ❶ (特により大きな過程の一部となる) 一連の[活動, 出来事], (交渉過程などの) 段階, ラウンド: the next ~ of projects 次の一連のプロジェクト / a new ~ of negotiations 新たな一連の交渉 / the [a] final ~ of peace talks 和平協議の最終ラウンド. ❷ a ひと勝負, ひと試合: play a ~ of golf ゴルフを 1 ラウンドする (18 ホールをプレイして回る). b 《ボクシング·レスリングなどの》1 回, 1 ラウンド; …ラウンド: a 10-round fight = a fight of ten ~s 10 回戦 / in R- Five 第 5 ラウンドで. c 《トーナメントなどの》…回戦, 試合 (heat); ⓘ play him in the third ~. 第 3 回戦で彼と対戦する. ❸ 《決まりきった仕事·日常の出来事などの》連続, 繰り返し: one's daily ~ = the daily ~ of activities 日々の生活[仕事, 務め] / a ~ of parties パーティーの連続. ❹ 回ること; a 回転; 循環: the ~ of the seasons 季節の巡り. b 〔しばしば複数形で〕ひと回り, 一巡; 巡回, 巡視; 《医師の》往診: take a ~ 一巡する, 歩き回る / 散歩する / do a paper ~ (一定の区域の)新聞配達をする / do [make, go] one's ~s 〔いつものルートを〕巡回[巡視]する (cf. 4 d) / Dr. Smith is out on his ~s. スミス先生は往診中で留守にしています. c 巡回区域]: milk round. d (うわさ·ニュースなどの) 広まる経路: go the ~(s) 《うわさなどが》広まる, 伝わる (cf. round). ❺ 丸いもの: a 円, 輪. b 円形のもの[部屋, 建物など]. c 車座に集まった人々》. ❻ a 球[円]状のもの. b 《牛の》もも肉. c 《パンの》丸いひと切れ (loaf の輪切り); それで作ったサンドイッチ. ❼ 《酒などの》全員[一同]へのひと渡り(分): buy a ~ of drinks 全員に酒をおごる. ❽ a 一斉射撃; 《弾薬の》1 発分. b 《喝采などの》ひとしきり: ~ after ~ of cheers 幾度となくわきる歓声 (★対句で無冠詞). ❾ a 円舞(曲). b 《楽》輪唱. ❿ (はしごの)横木.

in the róund (1) あらゆる角度から(見た), リアルな[に]. (2) 〖彫刻〗丸彫りで[の]. (3) 《劇場の》円形式の.

── 動 他 ❶ 《…の》を回る, 一周する (go round): The car ~ed the corner at 150 kph. その車は時速 150 キロで角を曲がった. ❷ 《…の》を丸くする, 球状[円]形にする: with ~ed eyes 目を丸くして / ~ one's lips 唇を丸める / Over the millennia ice and water have ~ed the stones. 何千年もの間に氷と水とが(浸食で)石を丸くしてしまった. ❸ 《音声》《母音》を唇を丸くして発音する.

── ⓘ ❶ 丸くなる, 丸みがつく. ❷ 回る; 振り向く. b 《…へ》回って入る (into).

róund dówn 《他+副》《数の》端数を《…に》切り下げる, 切り捨てる: ~ down £33.30 to £33 33 ポンド 30 ペンスを 33 ポンドに切り下げる.

róund óff 《他+副》(1) 《…の》かどを落とす; 《…に》丸みをつける: ~ off the corners of a table テーブルのかどを落として丸くする. (2) 《…を》《…で》手ぎわよく仕上げる [完結する] (conclude) 《by, with》: This passage needs ~ing off. この文章は手ぎわよくまとめる必要がある / Let's ~ off the party with a song. 歌を歌ってパーティーをお開きにしよう. (3) 《数》を《…の》概数で表わす, 《…に》四捨五入する: R- the answer off to three decimal places. 答えは小数点以下 3 位までにする.

róund on a person 《自+前》振り向いて急に《人》を襲う; 急に[出し抜けに]《人》を攻撃する (attack): The tiger ~ed on him. トラは急に彼に襲いかかってきた / His wife ~ed on him when he came home drunk. 酔って帰宅した時奥さんはいきなり彼に食ってかかった.

róund óut 《他+副》(1) 《…を》完成する, 仕上げる, 完全なものにする: ~ out one's education with a trip abroad 海外旅行で教育をしめくくる. ── 《自+副》(2) (特に女性》に体に丸みがつく.

róund úp 《他+副》(1) 《散っている人·ものを》集める, 寄せ集める. (2) 《犯人·仲間を》検挙する: The police ~ed up the gang members. 警察はそのギャングの一味を検挙した. (3) (英)《数の》端数を《…に》切り上げる: ~ up £33.70 to £34 33 ポンド 70 ペンスを 34 ポンドに切り上げる.

── 副 (比較なし) 《比較》《米》では round より around を用いる) ❶ a 回って, 回転して, ぐるぐると, 循環して: ⇨ LOOK round, TURN round / Spring comes ~ soon. 春がやがて巡ってくる. b (一定時間)始めから終わりまで, ずっと (cf. 前 7): (all) (the) year ~ 一年中. ❷ a 《場所の》周りに, 四方に; 近くに, かいわいに, あちこちに: all the country ~ 国中に / loaf ~ ほうぼうでうつく / show a person ~ 人を案内して回る / The garden has a fence all ~. その庭園はぐるりと垣根がしてある. b 《数字を伴って》周囲に…で: This tree is ten feet ~. この木は回りが 10 フィートある. ❸ (仲間のそれぞれに) 一巡して, 行き渡って, 次から次へと: Tea was carried ~. お茶がみんなに次々に運ばれた / Hand these glasses ~. 皆さんにこのグラスを渡してください. ❹ 回り道して, 迂回(うかい)して: go the long way ~ 遠回りして行く / The main gate of the park was closed, so we had to walk ~ (by the tennis courts). 公園の正門が閉まっていたので(テニスコートの方を)迂回しなければならなかった. ❺ 《ある場所から他に》回って, 回して: Bring my car ~. 車をこちらへ回してくれ. ❻ ある場所に; 出向いて: Let's go ~ to John's. ジョンの家に行こう / I used to go ~ (to her house) for supper. 以前はよく(彼女の家に)夕食に行ったものだ. ❼ 自宅に: ask [invite] a person ~ 人を(自宅に)招く / Come ~ sometime. いつか寄っていらっしゃい. ❽ a 《場所に》反対側[方向]に: turn ~ 振り返る. b 違った考えに: talk a person ~ 説得して人の考えを変える. ❾ 何もせずに, だらだらと, ぶらぶらと: sit [hang] ~ だらだらと座っている[ぶらつく].

róund abóut (1) 周りに, 周囲に: the houses ~ about 近所にある家. (2) 反対の側に: turn ~ about くるりと背を向ける.

róund and róund ぐるぐると回って: A carousel goes ~ and ~. 回転木馬はぐるぐる回る / The same tune went ~ and ~ in my head. 同じ調べが頭の中でぐるぐる回った.

the first [the sécond, this] tìme róund 最初の時[二度目の時, 今回]は.

── 前 /raund/ (《比較》《米》では round より around を用いる) ❶ 《…を》ぐるりと回って, 一周して: a tour ~ the world 世界一周旅行 / The earth moves ~ the sun. 地球は太陽の周りを回る. ❷ …を曲がって, …を迂回して: go ~ a corner 角を回る[曲がる] / ⇨ round the CORNER 成句. ❸ …の周りに[を], …の四方に: She looked ~ her [the room]. 彼女はあたり[部屋]を見回した. ❹ …の周囲に, …をぐるりと取り巻いて[囲んで]: A fence has been built ~ the garden. その庭園のぐるりには垣根が巡らされた / The members of the committee sat ~ the table. 委員たちはテーブルを囲んで着席した. ❺ …の近くに, …のか

いわいに: for ten miles ~ the town その町の10マイル四方. ❻ …くらい, …ごろ: I arrived ~ noon. 私は昼ごろ着いた / It takes somewhere ~ twenty minutes. 20分ぐらいはかかる. ❼ 〈時間〉中, …の間ずっと (cf. 囲 1 b): all ~ the year 年中(絶え間なく). ❽ 〈問題などを〉避けて, 回避して: find a way ~ a problem 問題の回避策を見つける

róund abóut… (1) …の周りを: dance ~ *about* a pole ポールの周りを踊る. (2) およそ…, ざっと…(cf. 副 6): He'll come back ~ *about* 10 o'clock. 彼はおよそ10時ごろに戻ってくるだろう. (3) …の近所に: A lot of my friends live ~ *about* here. 私の友人はたくさんこのあたりに住んでいる.

róund and róund …の周りをぐるぐると: argue ~ *and* ~ an issue 問題の(核心に触れないで)堂々めぐりをする.

~・ness 名

《OF *roond* < L *rotundus* 丸い < *rota* 輪, 車輪; cf. rotate, rotund》【類義語】**round**「丸い」を表す最も広い意味の語. **circular** (< *circle*) 円形の, またはほぼ円形の. **annular** (< *annulus*) 木の年輪のように輪の形をした. **spherical** (< *sphere*) 地球儀のように表面上のすべての点が中心から等距離にある. **globular** (< *globe*) 球状の, またはほぼ球状の.

⁺**róund・abòut** 形 Ⓐ ❶ 迂回(ぅぃ)の, 回り道の (circuitous): a ~ route 回り道. ❷ 〈言葉など〉遠回しの; 間接的な (indirect): in a ~ way 回りくどく, 遠回しに, 間接的に. ── 名 ❶ 〈英〉環状交差路, ロータリー (〈米〉traffic circle). ❷ 〈英〉回転木馬 (〈米〉carousel).

róund・ball 名 〈米俗〉バスケットのボール《卵形のアメリカンフットボールのボールに対して》.

róund brácket 名 〔通例複数形で〕〈英〉丸かっこ.

róund dànce 名 円舞: **a** 人びとが輪になって踊るダンス; 輪舞. **b** ワルツなどのカップルが回りながら進行するダンス.

⁺**róund・ed** 形 ❶ 〈体などが〉丸い形の, 丸みを帯びた (curved): a ~ corner 丸くしたかど / a ~ hill 丸い形をした丘. ❷ 丸く山盛りにした: a ~ teaspoonful of salt 茶さじに山盛り1杯の塩. ❸ 〔音声〕円唇の: a ~ vowel 円唇母音.

roun・del /ráʊndl/ 名 ❶ 小円盤; 円形パネル; 丸窓; 飾りメダル. ❷ 〈英軍機の赤・白・青の〉同心円標識.

roun・de・lay /ráʊndəlèɪ/ 名 短いリフレインのある歌[詩, 曲]; 円舞 (round dance).

róund・er /-də | -də/ 名 ❶ Ⓒ 物を丸くする[削る]道具[機械]. ❷ Ⓒ 〔ボク〕…回戦(の試合): a 10-*rounder* 10回戦. ❸ 〔~s で; 単数扱い〕ラウンダーズ《子供が游球に似た球技》. ❹ Ⓒ 〈米口〉酒びたりのだらけた生活をする人.

róund-éyed 形 〔驚き・感嘆などで〕目を大きくさせた.

róund hánd 名 丸みのある筆跡, 円形書体《主に製図用文字》.

Róund・hèad 名 〈英史〉〈17世紀の〉議会党員 (Parliamentarian) 《1642-49年内乱 (Civil War) で長髪の王党員 (Cavalier) に敵対した議会派の清教徒》. 【頭髪を短く刈っていたことから王党派がつけられた名】

róund・hòuse 名 ❶ 円形機関車庫《中央に転車台がある》. ❷ 〔ボク〕大振りのパンチ. ❸ 〔海〕〈昔の帆船の〉後甲板の後部船室.

róund・ish /-dɪʃ/ 形 丸みを帯びた, やや丸い.

róund・ly 副 ❶ 丸く, 円形に. ❷ **a** 勢いよく, 活発に. **b** 激しく, 容赦なく, 手厳しく: He was ~ criticized. 彼はこっぴどく批判された. ❸ 十分に, 完全に: We were ~ defeated. 我々は完敗した.

róund róbin 名 ❶ **a** 〈署名者の順序を隠すため〉円形に署名した嘆願[抗議]書(など). **b** 数人の連署による上申書. **c** 〈仲間の間に出す〉回状, 回章. ❷ 〈米〉〈テニス・チェスなどの〉総当たり戦, ラウンドロビン.

róund-shóuldered 形 猫背の.

rounds・man /ráʊndzmən/ 名 《覆 -men /-mən/》 ❶ 〈英〉御用聞き, 配達人: a milk ~ 牛乳配達人. ❷ 〈米〉巡査部長.

róund stèak 名 もも肉 (round) から取った厚切り肉.

⁺**róund tàble** 名 ❶ **a** Ⓒ 丸テーブル, 円卓. **b** Ⓤ 円卓

1565　　　　　　　　　route

会議. **c** Ⓤ 円卓会議出席者〈全体〉. ❷ 〔the R~ T~〕〈アーサー (Arthur) 王が部下を円形に座らせた大理石の〉円卓. **b** 円卓騎士たち.

róund-tàble 形 円卓の: a ~ conference [discussion] 円卓会議[討議].

róund-the-clóck 形 〈英〉= around-the-clock.

⁺**róund tríp** 名 ❶ 往復旅行. ❷ 周遊旅行.

⁺**róund-tríp** 形 Ⓐ 〈米〉往復(旅行)の (〈英〉return): a ~ ticket 往復切符.

róund túrn 名 〔海〕〈船を急に停めるための綱の〉ひと巻き.

⁺**róund・ùp** 名 ❶ 〈犯人一味などの〉一斉検挙, …狩り: a ~ *of* suspects 容疑者の一斉検挙. ❷ 〔ニュースなどの〕まとめ, 総括 (summary) 〔*of*〕.

róund・wòod 名 Ⓤ 〈柱などに使う〉丸材, 丸太.

róund・wòrm 名 〔動〕カイチュウ(回虫).

roup /ru:p, raʊp/ 名 〔獣医〕眼や鼻孔から粘液の出る家禽のウイルス性伝染病. **róupy** 形 roup にかかった, しゃがれた.

⁺**rouse** /ráʊz/ 動 ❶ 〈人を〉〔眠りなどから〕目覚めさせる (wake): The sound ~*d* him (*from* sleep). その物音で彼は(眠りから)目が覚めた. ❷ **a** 〈人を〉奮起させる, 鼓舞する; 〈人を〉…から〈奮起させて〉[刺激して]〈…〉させる (stir): ~ the audience 聴衆を鼓舞する / He ~*d* his listeners *to* action [*from* their depression]. 彼は聴衆を鼓舞して行動を起こさせた[無気力から立ち直らせた] / ~ [T+目+*to do*] ~ students *to* study 学生を奮起させて勉強させる. **b** 〔~ oneself で〕奮起する (stir): It's time we ~*d ourselves* and put up some resistance. 今こそ我々は奮起して抵抗すべき時だ. ❸ 〈感情〉を起こさせる, かき立てる (excite): ~ a person's anger [curiosity] 人の怒り[好奇心]をかき立てる. ❹ 〈人を〉怒らせる, 興奮させる, 腹立たせる《★通例受身で用いる》. ❺ 〈獲物を〉〈やぶなどから〉飛び立たせる, 狩り出す〔*from, out of*〕. ❻ 〈醸造中のビールを〉かき混ぜる〈発酵を促進するため〉. ── 名 目を覚ます (*up*). ❷ 奮い立つ, 奮起する (*up*). **rous・er** /ráʊzə | -zə/ 名

róus・ing 形 ❶ Ⓐ 〈声援など〉熱狂的[熱烈]な. ❷ 鼓舞する; 興奮させる. ❸ 活発な, 活況を呈する: do a ~ business 商売が活発である. **~・ly** 副

Róus sarcòma /ráʊs-/ 名 〔医〕ラウス肉腫《発癌ウイルスによる鶏の移植可能な紡錘細胞肉腫》. 〖Francis P. Rous 19-20世紀米国の病理学者〗

Rous・seau /ru:sóʊ | ──, ──/, **Henri(-Julien-Félix)** ルソー (1844-1910; フランスの画家; 愛称 'le Douanier' (税関吏); 素朴派の代表的画家).

Rous・seau, Jean-Jacques /ʒáːŋʒáːk/ 名 ルソー (1712-78; スイス生まれのフランスの思想家・文学者).

roust /ráʊst/ 動 〔強引に〕起こす, 引っ張り出す 〈*out, up*〉; 〈米俗〉乱暴な扱いをする, いやがらせをする.

roust・about 名 ❶ 〔油田で働く〕未熟練労働者. ❷ 〈米〉港湾労働者. ❸ 〈米〉サーカスの雑役夫.

⁺**rout**¹ /ráʊt/ 名 Ⓤ.Ⓒ ❶ 大敗北, 完敗: The game was a complete ~. 試合はまったくの完敗だった. ❷ 敗走, 潰走(ȋ:ぅ). ── 動 〈…を〉敗走させる, 完敗させる (defeat): The Fascists were ~*ed* in the elections. ファシストたちは選挙で完敗した. **pút・・to róut** …に完勝[圧勝]する; …を敗走[潰走]させる.

rout² /ráʊt/ 動 磨 ❶ 〈丸のみで〉掘る, 〈…に〉溝をつける. ❷ **a** 見つけ出す, 捜し出す. **b** 引きずり出す. ❸ = root². ❶ . ── 動 = root². 自

⁎**route** /rúːt, ráʊt | rúːt/ 名 ❶ **a** 道, 道筋; ルート; 航路, 航空路: an air ~ 航空路 / the great circle ~ 大圏航路 / take one's usual ~ いつもの道で行く / His house is on a bus ~. 彼の家はバス道路に沿ってある[バスで行ける]. **b** 〔R~〕〈米〉〈主要都市間を結ぶ〉幹線道路, …道路[ルート]: R~ 1 1 号線. **c** 成功・破滅などへの道 (way) 〔*to*〕. ❷ 〈米〉〈牛乳・新聞などの〉配達区域. **gó the róute** 〈米口〉 (1) 最後までやり遂げる. (2) 〔野〕完投する. ── 動 ❶ **a** 〈貨物などを〉〔…で〕発送する 〈*by, through*〉: ~ the goods *through* the Panama Canal パナマ運河のルートで品物を発送する. **b** 迂回させられる. **c**

〈...を〉〈...に〉決まったルートを経て送る[届ける]〔to〕. ❷ a 〈...の〉ルートを決める: ~ one's trip through northern Europe 旅行のルートを北欧諸国経由に決める. b 〔通信〕〈...の〉最適経路を定める. 【F<L *rupta* 切り開かれた(道); ⇒ rupture】

rou·ter[1] /rúːtə | -tə-/ 名 〔電算〕ルーター《ネットワークやデータ通信で, データ転送に際して最適経路を選択する装置》.

rout·er[2] /ráutə | -tə-/ 名 えぐり道具[機]; えぐりかんな.

Route 66 /ˈ-síkstisíks/ 名 《米》ルート 66, 国道 66 号線 《20 世紀の中頃 Chicago から Los Angeles の幹線だったハイウェイ》.

*__rou·tine__ /ruːtíːn◌-/ 名 C,U ❶ a 決まりきった仕事, 日常の仕事[課程]: one's daily ~ 毎日の決まった仕事, 日課 / establish a new ~ 日課を組み直す. b 慣例; 手順, 機械的操作. ❷ 〔演芸〕《型にはまった[お決まりの]》所作[演技]. ❸ 〔電算〕《プログラムによる電子計算機の一連の作業》, ルーチン. ── 形 (比較なし) ❶ 日常の, 定期的な: ~ business 経常的業務 / a ~ inspection 定期検査. ❷ 囚型にはまった, 機械的な: a boring, ~ job 退屈な型にはまった仕事. **~·ly** 副 【F; ⇒ route】

rou·tin·ize /ruːtíːnaɪz/ 動 他 ❶ 〈...を〉慣例化する. ❷ 〈...を〉日常のものにする.

roux /rúː/ 名 (複 ~ /-z/) ルー 《ソースやスープを濃くするのに用いる》. 【F (*beurre*) *roux* brown (butter)】

rove[1] /róuv/ 動 〔通例副詞(句)を伴って〕 ❶ (特にあてもなく) 移動する, うろつく, さまよう: These tribes ~d through the region hunting game. これらの種族はその地域を獲物を求めて歩いて回っていた. ❷ 〈目が〉...をきょろきょろする: His eyes ~d around the room. 彼の目は部屋をきょろきょろ見回した. ── 他 〈場所を〉うろつく: Gangs of young thieves ~d the streets. 若者の窃盗団が町をうろついた. ── 名 U 〔しばしば a ~〕歩き回ること, 漂泊, 流浪: on the ~ うろついて, 漂泊して. 【類義語】⇒ wander.

rove[2] /róuv/ 名 粗紡糸 (roving). ── 他 練紡する, 紡いであら撚(ょ)りをかける.

rove[3] /róuv/ 名 ❶ リベットを作る前にはめる座金.

rove[4] /róuv/ 動 reeve[2] の過去形・過去分詞.

róve bèetle 名 〔昆〕ハネカクシ《同科の甲虫の総称》.

róv·er /róuvə/ 名 流浪者, 流浪者.

róv·ing[1] /róuvɪŋ/ 形 流浪する; 動き回る, 移動する: a ~ life 流浪生活 / a ~ reporter あちこちの現場へ移動して報道する報道員.

róv·ing[2] 名 U,C 粗紡糸; 練紡, ロービング.

róving commíssion 名 ❶ 《調査員などの》自由旅行権限. ❷ [口] あちこち飛び回る件.

róving éye 名 [a ~] 《異性に次々と目を移す》色目, 目移り: have a ~ 目移りする, 浮気っぽい.

*__row__[1] /róu/ 名 ❶ (通例まっすぐな線に並んだ人・ものの) 列, 並び: a ~ of houses 立ち並ぶ家, 家並み / a ~ of teeth 歯列 / ~ upon ~ of... 幾列もの[何列にもわたる].... ❷ (劇場・教室などの) (横の) 席列の (cf. line 3 a): in the front [back] ~ いちばん前[後ろ]の列に, 最前[後]列に. ❸ a (両側に家並みのある) 通り, 町. b [R ~; 町名として用いて]《英》…街, …通り: Savile R~ 通り (London の町名; 一流の紳士服の仕立屋が軒を連ねる). a hárd [lóng] rów to hóe 難しい仕事 《画要 耕すのに骨の折れる畝(ぅ)のことから》. in a rów (1) 一列に: stand in a ~ 一列に並んで立つ / Set the glasses in a ~. グラスを(一列に)まっすぐに並べなさい. (2) [口] 連続的に: He won three games in a ~. 彼は 3 番勝負に勝った. in róws 幾列にもなって, 列をなして.

*__row__[2] /róu/ 動 他 ❶ a 〈ボートを〉こぐ: Who is going to ~ the boat? だれがボートをこぐのだ. b 〈あるピッチで〉こぐ: We ~ed 30 (strokes) to the minute. 1 分間に 30 のピッチでこいだ. c 〈何番の位置で〉こぐ: He ~s (No.) 4 in the Cambridge crew. 彼はケンブリッジ大学クルーで 4 番をこぐ. ❷ 〈...を〉舟で運ぶ: He ~ed us up [down, across] (the river). 彼は我々のために(川を)こいで上[下って, 渡して]くれた / He was ~ed to (the) shore. 彼

は岸まで船に乗せていってもらった. ❸ a 〈ボートレースに〉参加する. b 〈...と〉ボートレースをする. ── 自 ❶ [副詞(句)を伴って] (かい (oars) を用いて)船[ボート]をこぐ: We ~ed down [up] (the river). (川を)こいで下った[上った]. ❷ a 〈...のために〉ボートレースでこぐ: ~ for Oxford オックスフォード大学の選手としてレースでこぐ. b 〈何番の位置で〉こぐ〔at〕. ── 名 [a ~] ❶ こぐこと, ボート遊び. ❷ ボートこぎの距離[時間].

*__row__[3] /ráu/ 名 ❶ 《主に英口》(公の)論争, 議論 〔over〕: Her decision provoked a serious ~ in Parliament. 彼女の決断は議会で真剣な議論を引き起こした. b (騒々しい)大げんか, [口] quarrel): He had a ~ with his wife. 彼は妻と大げんかをした. ❷ [単数形で] 騒々しさ, 騒音 (din): make [kick up] a ~ 大きな音を立てる, 騒ぐ / What's the ~? 何の騒ぎだ, 一体どうしたのだ. ❸ 〔しかる〕こと: get into a ~ ひどくしかられる / There will be a ~ if we get found out. ばれたら大目玉をくらうぞ. ── 動 自 〈...のことで〉口論する: [口頭]する: Stop ~ ing with him over [about] such trifles. そんなつまらない事で彼とけんかをするのはよせ. 【ROUSE からの逆成 (?)】

row·an /róuən, ráu-/ 名 〔植〕ナナカマド; ナナカマドの実.

rów·boat /róu-/ 名 《米》(オールでこぐ)ボート《《英》rowing boat》 (⇒ boat 関連).

*__row·dy__ /ráudi/ 形 (**row·di·er; -di·est**) 〈人・行為が〉乱暴な, 粗暴な, けんか好きな; 騒々しい (noisy). ── 名 乱暴者[けんか好きな, 騒々しい]人. **rów·di·ly** /-dəli/ 副 **-di·ness** 名

rów·dy·ism /-diìzm/ 名 U 乱暴, がやがや.

rów·el /ráʊəl/ 名 (拍車 (spur) の先の)歯車.

rów·en /ráʊən/ 名 《米》牧草地用に夏の終わりまで耕さないでおく刈り株畑; [しばしば複数形で] (牧草の) 二番刈り.

rów·er /róuə | róuə/ 名 こぐ人, こぎ手. 【ROW[2] から】

rów hòuse 名 《米》連続住宅《《英》terraced house》《何軒もつながった同型の住宅の 1 軒》.

*__row·ing__ /róuɪŋ/ 名 U ボートこぎ, 漕艇(ぅぅ).

rówing bòat 名 《英》=rowboat.

rówing machìne 名 ローイングマシーン《ボートの漕法を練習する器械》.

Row·ling /róulɪŋ/, **J(oanne) K(athleen)** 名 ローリング (1965- ; 英国の作家; *Harry Potter and the Philosopher's Stone* (1997) に始まる一連のファンタジーの作者).

row·lock /rálək | rɔ́l-/ 名 《英》オール受け《《米》oarlock》.

Roy /rɔ́ɪ/ 名 ロイ《男性名》.

*__roy·al__ /rɔ́ɪəl/ 形 (比較なし) ❶ a [しばしば R~] 国王 [女王] の, 王室の: ⇒ royal family / a ~ palace 王宮 / a ~ house 王家 / of the blood ~ 王族の / a R-Princess 王女 / R~ "we" や 2 a. b 国王[女王]から出た [与えられた]: ~ assent 国王の裁可《英国では議会を通過した法案は国王の形式的裁可を必要とする》. ❷ [通例 R~]《英》国王の保護のある; 王権の下にある; [の解]公共の機関・協会・団体などの名称に用いるが, 必ずしも「王立」とは限らない]: the R~ Botanic Gardens 王立植物園 (Kew Gardens のこと). ❸ a 王者らしい, 王にふさわしい; 気高い, 高貴な, 威容のある; 寛容[寛大]な: ~ pomp 王者らしい[威容のある]華やかさ. b 堂々とした, りっぱな; すばらしい, すてきな: have a ~ time 歓を尽くす / a (right) ~ feast 盛大な祝宴 / a ~ welcome 盛大な歓迎 / in ~ spirits 大元気で. c. (口) ひどい, とてつもない: a ~ pain in the neck [米俗] ass] とてつもないいやなやつ[こと]. ── 名 ❶ [通例複数形で] [口] 王族の人. ❷ U ロイヤル判 (紙のサイズ; 20×25 インチまたは 19×24 インチ). 【F<L *regalis* REGAL <REX】【⇒ royalty】

Róyal Acádemy (of Árts) 名 [the ~] 《英国の》王立美術院 (1768 年創設; 略 RA).

Róyal Áir Fòrce 名 [the ~] 英国空軍《略 RAF》.

róyal ántelope 名 ローヤルアンテロープ《西アフリカ産の小レイヨウ》.

róyal blúe 名 U 花紺青(こん), ふじ紫.

Róyal Brítish Légion 名 =British Legion.

Róyal Commíssion 名 《英国・カナダなどの》王立委員会《首相の推薦で王室によって任命された委員会; 法の運

用・社会・教育事情の調査等を行ない政府に報告する).

Róyal Cóurts of Jústice 图 ® [the ~] 中央裁判所施設 (London の Strand 街にある高等法院の建物).

róyal fámily 图 [the ~; 集合的に] ❶ 王族[王室]の人々. ❷ [しばしば the R- F-] 英国王室の人々.

róyal férn 图 《植》セイヨウゼンマイ.

róyal flúsh 图 (ポーカーの)ロイヤルフラッシュ《同一組の最高の札の5枚続き; ⇒ poker² 解説》.

Róyal Gála 图 ロイヤルガラ《表面が赤と黄のニュージーランド産食用リンゴ》.

Róyal Híghness 图 殿下《皇族[王族]の敬称》; ⇒ highness.

róyal ícing 图 ⓤ ロイヤルアイシング《砂糖と卵白で作る硬い糖衣》.

Róyal Institútion 图 [the ~] 英国王立科学研究所《1799年創立; 科学研究と科学知識普及を目的とする; 略 RI》.

róy·al·ism /-lɪzm/ 图 ⓤ 王党主義, 王制主義.

†**róy·al·ist** /rɔ́ɪəlɪst/ 图 ❶ **a** 王党員, 王制主義者 (monarchist). **b** [R-]《英史》(清教徒革命時代の)王党員 (Tory). ❷ [しばしば R-]《米史》(独立戦争当時の)英国派.

róyal jélly 图 ⓤ ローヤルゼリー《女王バチになるハチに働きバチが分泌する粘性の栄養物》.

róy·al·ly /rɔ́ɪəli/ 副 ❶ 王として; 王らしく; 荘厳に; りっぱに. ❷《口》すばらしく.

Róyal Máil 图 [the ~] 英国郵政(省).

Róyal Marínes 图 [the ~] 英国海兵隊 (cf. Marine Corps).

róyal mást 图《海》最上檣(しょう), ロイヤルマスト《トゲルンマスト (topgallant) の上にある小さいマスト》.

Róyal Mínt 图 [the ~]《英国》王立造幣局.

Róyal Návy 图 [the ~] 英国海軍《略 RN》.

róyal octávo 图 ロイヤル八折判 (cf. royal 图 2).

Ròyal Ópera Hòuse 图 [the ~] ロイヤル・オペラハウス《London の代表的なオペラ劇場で, 通称は Covent Garden》.

róyal pálm 图《植》ダイオウヤシ (Florida 南部, Cuba 産).

róyal prerógative 图 [the ~; しばしば the R- P-] 王[女王]の特権, 大権.

róyal púrple 图 ⓤ 青みがかった紫.

róyal quárto 图 ロイヤル四折判 (cf. royal 图 2).

róyal róad 图 王道, 楽な方法, 近道: There is no ~ to learning. 学問に王道なし.

Róyal Society 图 [the ~] 王立協会《1662年認可; 正式名 the Royal Society of London for Improving Natural Knowledge; 略 RS》: a Fellow of the ~ 王立協会会員《略 FRS》.

róyal stág 图 枝角(えだづの)の尖(さき)が12以上のシカ.

róyal stándard 图 [the ~] 王旗《イングランド・スコットランド・アイルランドの国章を組み合わせたもので, 英海軍軍艦の将旗として用いたり, 英国王滞在を示すために掲げたりする》.

róyal ténnis 图 = court tennis.

†**roy·al·ty** /rɔ́ɪəlti/ 图 ❶ **a** ⓤ 王族(の人々); ⓒ 王家の人. **b** ⓤ 王位; 王権; 王の尊厳, 王威; 王者の風 (格). ❷ ⓒ [通例複数形で] **a** (著書・作曲などの)印税, 著作権使用料; (戯曲の)上演料; 特許権使用料: a ~ of ten percent on a book 著書に対する1割の印税 / an advance on *royalties* 印税の前払い金. **b** 鉱山[油田]使用料. (形 royal)

róyal wárrant 图 王室御用達許可書.

Róyal Wórcester 图 ⓤ ロイヤル・ウスター《磁器》.

roz·zer /rázə | rɔ́zə/ 图《英俗》警察官.

RP《略》Received Pronunciation. **RPI**《略》retail price index. **rpm**《略》revolutions per minute 毎分...回転. **rpt**《略》report. **RR**《略》railroad; rural route.

-r·rhea, **-r·rhoea** /ríːə | ríːə, rɪ́ə/ [名詞連結形] 「排出」「放出」「流出」: logorrhea.

rRNA《略》《生化》ribosomal RNA リボソーム RNA.

1567   **rub**

RRP《略》《商》recommended retail price. **RS**《略》Royal Society. **RSA**《略》Republic of South Africa; Royal Society of Arts 王立職業技能検定協会. **RSC**《略》Royal Shakespeare Company ロイヤルシェイクスピア劇団. **RSI**《略》《医》repetitive strain injury. **RSPCA**《略》Royal Society for the Prevention of Cruelty to Animals 英国動物愛護協会. **RSV**《略》Revised Standard Version (of the Bible).

RSVP /áɛèsvìːpíː | áː(r)ès-/ 图 招待状の返事. ── 動 (**RSVP'd; RSVP'ing**) 招待状の返事を出す; 参加申し込みをする. ── 他《...に》招待状の返事を出す.

RSVP《略》Répondez s'il vous plaît《ご返事お願いいたします; ★招待状などに添える文句》.

rt《略》right.

RTA /áːrtíːéɪ | áː-/ 形《米》(家具が)組み立て式の, 組み立て品の (ready to assemble).

rte《略》route. **RTF**《略》《電算》Rich Text Format 書式付きテキストフォーマット《書式などを制御するタグ情報を含めて文書をテキストファイルで表わす規格》. **RTM**《略》read the manual《コンピューターに関する問い合わせに対して》マニュアルを読んでください. **Ru**《記号》《化》ruthenium.

*****rub** /rʌb/ 動 (**rubbed; rub·bing**) 他 ❶ **a**〈もの・ものの表面〉を手などでこする; 摩擦する: He *rubbed* his eyes and yawned. 彼は目をこすってあくびをした / He *rubbed* his hands *together*. 彼は両手をこすり合わせた《★通例寒い時や満足のしぐさ》. **b**〈ものを〉こすって〈...にする〉:〔目+補〕He *rubbed* himself dry with a towel. 彼はタオルで体をこすって乾かした. ❷〔...の上に〉〈体などを〉こする, こすりつける〔*against*, *on*, *over*〕: The cat was *rubbing* itself *against* her legs. 猫は体を彼女の脚にこすりつけていた. ❸〔...に〉〈ワックスなどを〉こすりつける, すり込む〔*on*, *over*, *into*〕: ~ a lotion *on* one's face [*into* one's skin] 顔[肌]にローションをすり込む. ❹〈...を〉すりむく, こすってためる: My shoe ~s my heel. かかとに靴ずれができる.
── 自 ❶ こする; 摩擦する: He *rubbed* at his eyes. 目をこすった. ❷〈...に当たって〉こする, 〈...に〉〈体などを〉こすりつける〔*against*, *on*〕: This collar ~s *against* my neck. このカラーは首に当たってこすれる / The dog *rubbed against* her. 犬は彼女に体をこすりつけた.

nót háve twó...to rúb togèther《金を》一銭も[ほとんど]もっていない.

rúb alóng《自+副》《英口》(1) どうにかこうにかやっていく: I'm *rubbing along* OK. なんとかうまくやってるさ. (2)〈...と〉仲よく暮らしていく〔*with*〕. (3)〈2人以上の人がうまくやっていく〈*together*〉.

rúb dówn《他+副》(1)〈体〉を摩擦する, こすってふく[乾かす]: ~ *down* a horse 馬の体をこすってふく / I ~ myself *down* with a rough towel every morning. 私は毎朝乾布摩擦をする. (2) こすって〈...を〉平らにする[磨く]: ~ *down* a chair with sandpaper いすを紙やすりでこすって滑らかにする. ── 《自+副》(3) こすってふく[乾かす].

rúb élbows with ... ⇒ elbow 成句.

rúb in《他+副》〈薬などを〉すり込む, すりつける.

rúb it ín《口》人の失敗などを《意地悪く》たたみ込むように[繰り返して]言う: All right, all right. There's no need to ~ *it in*. もうよくわかったから, 何度もしつこく言わないでくれ.

rúb a person's nóse in it ⇒ nose 图 成句.

rúb óff《他+副》(1)〈泥などを〉こすって落とす, ふき取る: I've *rubbed* the skin *off*. 皮膚をすりむいた / She *rubbed off* the dirt from her boots. 彼女はブーツから泥をこすり落とした. ── 《自+副》(2) こすって取れる: Chalk ~s *off* easily. チョークはこするとすぐ消える.

rúb óff on to [ónto] ...〈性質・習慣などが〉...にうつる, 影響を与える: Some of her impatience has *rubbed off onto* him. 彼女のせっかちが彼に少しうつったみたいだ.

rúb óut《他+副》(1)〈...を〉すり消す, こすり取る (erase): I *rubbed out* the pencil marks [my mistakes]. 鉛筆の

Rub' al Khali

あと[誤り]を消しゴムで消した. (2)《米俗》〈人を〉殺害する,「消す」(kill). ── 《自+副》(3) こすれて取れる: Ink stains don't ~ out. インクのしみはこすっても落ちない.

rúb sált into the [a person's] wóunds ⇨ salt 名 成句

rúb shóulders with... ⇨ shoulder 名 成句

rúb úp《動+副》(1)〈…を〉十分にする, 磨く. (2)《英》〈…の〉磨きを復習する《《比較》brush up のほうが一般的》: ~ **up** one's Greek ギリシャ語の勉強をし直す.

rúb a person (úp) the wróng wáy 〈人を〉怒らせる, いらいらさせる (annoy) 《猫の毛を逆なですることから》.

── 名 [a ~] こすること; マッサージ: Give these silver candlesticks a good ~. これらの銀のろうそく立てをよく磨いてください. ❷ [the ~] 障害, 困難 (obstacle): There's the ~. それがやっかいな[危ない]のだ《★ Shakespeare「ハムレット」から》. ❸ [通例単数形で] 痛み止め用塗り薬.

Rub' al Kha·li /rùbælkɑ́:li/ 名 ルブアルハーリー《アラビア半島南部の大砂漠》.

ru·ba·to /ru:bɑ́:tou/ 名 (複 ~s) 形 副 《楽》ルバート(の[で])《一音を長く延ばす代わりに他音を短くする一楽句中のテンポ変化》.

***rub·ber**[1] /rʌ́bə | -bə/ 名 ▲ ❶ Ⓤ **a** ゴム, 生ゴム, 天然ゴム. **b** 合成ゴム. ❷ Ⓒ **a** 《英》消しゴム(《米》eraser). **b** 輪ゴム. **c** 《ゴム》タイヤ. **d** 《口》コンドーム. ❸ Ⓒ 《米》a [通例複数形で] (ゴム製の)オーバーシューズ. **b** レインコート. ❹ [the ~]《野》ピッチャープレート, 本塁. ── B ❶ あんま, マッサージ師. ❷ a 砥石(ごいし); あらやすり, 紙やすり; 磨き砂. **b** 黒板用[石盤]ふき. ── 形 《複合語》ゴム(製)の: ~ ball ゴムボール / a ~ boat ゴムボート / ~ cloth ゴム引き布 / a ~ plantation ゴム農場. 《RUB+-ER[1]》

rub·ber[2] /rʌ́bə/ 名 《トランプ》ブリッジ・クリケットなどの)三番勝負: have [play] a ~ of bridge ブリッジの三回勝負をする.

rúbber bánd 名 = rubber[1] A 2 b.

rubber boot 名 《米》[通例複数形で] ゴム長靴 (《英》wellington (boot)).

rúbber búllet 名 ゴム弾《暴動鎮圧用》.

rúbber cemént 名 Ⓤ ゴム糊, ゴムセメント《生ゴムを石油系溶剤で溶かした接着剤》.

rúbber chéck 名 《口》(銀行から返された)不渡り小切手.《はずんだボールがはね返ってくることから》

rúbber díngy 名 (空気でふくらませる)小型のゴムボート.

rúbber góods 名 《婉曲》ゴム製品《避妊用具・性具など》.

rub·ber·ize /rʌ́bəràɪz/ 動 〈布に〉ゴムを引く.

rúbber·néck 名 ❶ (首を伸ばして)むやみに見る人, 物見高い人. ❷ 観光客. ── 名 Ⓐ 観光(用)の: a ~ bus 観光バス. ── 動 ❶ (首を伸ばしてじろじろ見る[見物する]. ❷ ガイドに引率された団体旅行をする.

rúbber plánt 名 《植》❶ インドゴムノキ《室内装飾用観葉植物》. ❷ ゴムの木《ゴムを採取する各種の木》.

†**rúbber stámp** 名 ❶ ゴム印. ❷ めくら判を押す人; 十分考えずに賛成する人[官庁など].

†**rúbber-stámp** 動 ❶ 〈…に〉ゴム印を押す. ❷ 《計画・提案・法案などに》十分考えずに賛成する; 〈…に〉めくら判を押す.

rúbber trée 名 《植》パラゴムノキ《この木から生ゴムをとる》.

rub·ber·y /rʌ́bəri/ 形 ゴムのような; 弾性のある, 硬い: ~ meat 硬くて(まずい)肉. 《RUBBER[1]+-Y[3]》

rúb·bing /rʌ́bɪŋ/ 名 ❶ Ⓒ (碑銘などの)石ずり, 拓本: do [make] a ~ of ...の拓本をとる. ❷ Ⓤ こすること; 摩擦; あんま, マッサージ.

rúbbing álcohol 名 Ⓤ 《米》消毒用アルコール(《英》surgical spirit).

***rub·bish** /rʌ́bɪʃ/《英》名 Ⓤ ❶ ごみ, くず, がらくた, 廃物 (waste)《★《米》の garbage と trash を含む》. ❷ くだらないもの[考え] (nonsense): You're talking utter ~. 君はまったくくだらないことをしゃべっている. ── 形 《英口》とてもひどい; 使いものにならない. ── 間 ばかな!, くだらない! ── 動 他 《英口》〈…を〉くだらないと言って酷評する, けなす (trash).

rúbbish bìn 名 《英》くず入れ.

rub·bish·y /rʌ́bɪʃi/ 形 ❶ くずの, がらくたの. ❷ くだらない.

†**rub·ble** /rʌ́bl/ 名 Ⓤ ❶ (石・れんがなどの)破片, 瓦礫(がれき). ❷ 荒石, 割りぐり《基礎工事などに使う割った石塊》.

rub·bly /rʌ́bli/ 形

rúb·dòwn 名 [a ~] 身体摩擦, マッサージ: have [give a person] a ~ マッサージをしてもらう[人にマッサージをしてやる].

rube /rú:b/ 名 《米口》いなか者.

Rúbe Góld·berg /-góul(d)bə:g | -bə:g/ 形 《機械・計画・仕組みの》変に手の込んだ, わざわざ複雑にした(ような). 《Rube L. Goldberg 米国の漫画家》

ru·bel·la /ru:bélə/ 名 Ⓤ 《医》風疹(ぷうしん).

ru·bel·lite /ru:bélaɪt, rú:bəlàɪt/ 名 Ⓤ 《鉱》紅電気石, ルーベライト.

Ru·bens /rú:bənz/, **Peter Paul** 名 ルーベンス《1577-1640; フランドルの画家》.

ru·be·o·la /rubíóulə, -bí:ə-/ 名 《医》= measles. **ru·be·o·lar** /-lə- | -lə/ 形

ru·bes·cent /ru:bés(ə)nt/ 形 赤くなる, 赤みをおびる; 紅潮する. **-bés·cence** 名

Ru·bi·con /rú:bɪkɑn | -kən/ 名 [the ~] ルビコン川《イタリア中部の川》. **cróss [páss] the Rúbicon** 思い切った手段に出る, 重大決心をする《《由来》The die is cast. (さいは投げられた.) と言って Julius Caesar が渡ったことによる》.

ru·bi·cund /rú:bɪkʌ̀nd, -kənd/ 形 〈人が太って赤ら顔で健康そうな〉〈顔が赤みを帯びた, 血色のいい.

ru·bid·i·um /ru:bídiəm/ 名 Ⓤ 《化》ルビジウム《金属元素; 記号 Rb》.

ru·big·i·nous /ru:bídʒənəs/, **-nose** /-nòus/ 形 赤褐色の, 赤さびの.

Rú·bik('s) Cúbe /rú:bɪk(s)-/ 名 《商標》ルービックキューブ《さいころ形をした色合わせパズル》. 《E. Rubik ハンガリーの数学者でこの発明者》

†**ru·ble** /rú:bl/ 名 ルーブル《ロシアほか多くの旧ソ連諸国の通貨単位; = 100 kopecks; 記号 R, r.》. 《Russ》

rúb·òut 名 《米俗》殺人, 殺し.

ru·bric /rú:brɪk/ 名 ❶ **a** (試験用紙の上に印刷してある)受験心得; 説明, 注釈. **b** 慣例, 規程. ❷ (書物などの)章・節のもくじ; 題目, 題目. ❸ 《教》典礼法規《儀式の指図書き; 昔は朱書または朱刷りにした》.

ru·bri·cate /rú:brɪkèɪt/ 動 〈…を〉朱書する, 赤文字で書く, 朱刷りにする.

rúb·ùp 名 [a ~] 磨くこと, 磨き.

†**ru·by** /rú:bi/ 名 ❶ Ⓒ ルビー, 紅玉 (⇨ birthstone). ❷ Ⓤ ルビー色, 真紅色; ルビー色の, 真紅の: her ~ lips 彼女の真紅の唇. 《F < L rubinus (lapis) red (stone) < ruber red; cf. rouge》

Ru·by /rú:bi/ 名 ルービー《女性名》.

rúby-thròat·ed húmmingbird, **rúby·thròat** 名 《鳥》ノドアカハチドリ《北米東部産》.

rúby wédding 名 ルビー婚式《結婚40周年記念; ⇨ wedding》.

ruche /rú:ʃ/ 名 ルーシュ《ひだひも; 婦人服の襟・袖口などの飾り用》. ── 動 ルーシュで飾る. **rúch·ing** 名 Ⓤ,Ⓒ ルーシュ(飾り). **rúched** 形

ruck[1] /rʌ́k/ 名 ❶ **a** [the ~] 並の人間たち, 有象無象のやから: emerge from the ~ 凡人の群れから浮かび上がる. **b** Ⓒ がらくた; 多数 《of...》. ❷ [the ~] (競技・競馬の)後続集団. ❸ [単数形で]《ラグビー》ラック《地面にあるボールの周りにプレーヤーが密集して押し合っている状態》. ── 動 自《ラグビー》ラックを形成する.

ruck[2] /rʌ́k/ 名 (布などの)しわ, ひだ. ── 動 自 しわになる 〈up〉. ── 他 しわを作る 〈up〉. 《ON》

ruck[3] /rʌ́k/ 名 《英俗》騒ぎ, 乱闘.

ruck·le /rʌ́kl/ 名 《英》動 自 = ruck[2].

†**ruck·sack** /rʌ́ksæk, rúk-/ 名 (登山用の)リュックサック, 背嚢(はいのう) (backpack). 《G》

ruck·us /rʌ́kəs/ 名 [通例単数形で] 《米》騒ぎ, 騒動.

ru·co·la /rú:kələ/ 名 = arugula.

ruc·tion /rákʃən/ 名《口》❶《単数形で》騒ぎ, 騒動. ❷《特に英》《複数形で》激しい苦情; 激論.

ru·da·ceous /ruːdéɪʃəs/ 形 礫質（れきしつ）の.

rudd /rád/ 名 (徴 ~s, ~)《魚》ラッド《欧州原産; コイ科の釣魚; 背びれ・尾びれに赤みがある》.

†**rud·der** /rádə | -də-/ 名 ❶ a（船の）かじ. b（飛行機の）方向舵（だ）. ❷ 指導者, 指針.

rúdder·less 形 ❶ かじのない. ❷ 指導者のない.

rud·dle /rádl/ 名《U》紅土, 代赭（たいしゃ）石《特に, 羊に塗って目印にするのに用いる》. — 動 他《羊に》紅土でしるしをつける.

†**rud·dy** /rádi/ 形 (**rud·di·er**; **-di·est**) ❶《人・顔など》健康で赤い, 血色のよい: a ~ complexion 血色のよい顔色. b 赤い, 赤らんだ. ❷ A《強意語に用いて》《英口》いやな, いまいましい《★ bloody の婉曲語》: You've got a ~ nerve! 君はずいぶん厚かましいね. — 副《強意語に用いて》《英俗》ひどく, ものすごく: She makes me work ~ hard. 彼女は私をしゃかりきに働かせる.《OE=赤い》

rúddy dúck [díver] 名《鳥》アカオタテガモ《北米産》.

*****rude** /rúːd/ 形 (**rud·er**; **-est**) ❶《人・行為が》不作法な, 失礼な, 無礼な (impolite): say ~ things 無礼なことを言う / They're very ~. 彼らは実に不作法だ / Don't be ~ to each other. お互いに失礼な態度をとってはいけません《用法: with は用いない》/ Would it be ~ to inquire where you come from? 失礼ですがどちらのご出身でしょうか [+*of*+代名(+*to* do)] It was ~ *of* you *to* point at her. 彼が彼女を指さしたのは不作法だった. ❷《特に英》《冗談めかして》下品な, みだらな (obscene;《米》crude): a ~ gesture みだらな身ぶり / a ~ joke 品の悪い冗談. ❸ A だしぬけの, 荒っぽい; 激しい: ⇒ rude AWAKENING / a ~ shock 突然の衝撃 / ~ passions 激情. ❹ A《比較なし》 a 未加工の, 生（き）の; 未完成の: ~ ore 原（鉱）石. b 粗製の, 粗末な; 粗雑な: a ~ wooden bench 粗末な木のベンチ. c《人の》教養のない; 未開の, 野蛮な: ~ mountain dwellers 未開の山岳民族. ❺ 頑強な, 強壮な: in ~ health 頑健で. **~·ness** 名《F<L *rudis* 生（き）の; cf. rudiment》【類義語】**rude** 普通故意に他人の気持ちを無視したり感情を害したりして無礼・尊大に振舞う. **ill-mannered** 社交上の礼儀作法上のきまりを知らない. **impolite** 《行いなどが》礼儀作法に反する. **uncivil** 失礼にならない程度の最低の礼儀作法にも欠ける.

rude·ly /rúːdli/ 副 (**more ~; most ~**) ❶ 不作法に, 失礼に: behave ~ 失礼にふるまう. ❷ 突然に, 荒々しく, 激しく, だしぬけに: She was ~ awakened by what he said next. 彼女が次に言った言葉を聞いて彼女ははっとわれに返った. ❸ 粗末に, 粗雑に.

ru·der·al /rúːdərəl/《生態》形 荒れ地[廃物]に生育する. — 名 荒れ地[人里（ひとざと）]植物.

ru·di·ment /rúːdəmənt/ 名 ❶ [the ~s] a 基本, 基礎(原理): *the* ~s *of* economics 経済学の基礎. b 初歩; 始まり: *the* ~s *of* a plan 計画の初期段階. ❷《発生》原基;《生》退化[痕跡（こんせき）]器官. ❸《楽》ルーディメント《ドラム奏法の基本技術》.《L;⇒ rude, -ment》(形 **rudimentary**)

†**ru·di·men·ta·ry** /rùːdəméntəri, -tri-/ 形 ❶ a 基本的な; 初歩の (basic): a ~ knowledge 基礎的知識 / ~ mathematics 基礎数学. b 原始的な, 粗末な. ❷《生》未発達の; 痕跡器官の(ある): ~ organ 痕跡器官. (名 **rudiment**)

Ru·dolf, Ru·dolph /rúːdɑlf | -dɔlf/ 名 ルドルフ《男性名》.

†**rue¹** /rúː/ 動 他《…を》後悔する, 残念に思う (regret): You'll live to ~ it. いつかその事を後悔するよ / I ~ the day (when) I accepted the offer. 私はその申し出を引き受けたことを後悔している. — 名《U》《古》後悔, 悔い.《OE=悲しむ》

rue² /rúː/ 名《U》《植》ヘンルーダ《葉は苦く強い香りがあり, 昔薬用とされた》.

†**rue·ful** /rúːf(ə)l/ 形 ❶ 悔やんでいる, 悲しんでいる: a ~ smile 悲しげな微笑. ❷ 哀れな, 痛ましい: a ~ sight 痛ましい光景. **~·ly** /-fəli/ 副

ruff¹ /ráf/ 名 ❶ ひだ襟《16-17 世紀に男女共に用いた円

形のひだを取った白襟》. ❷《鳥獣の》ひだ襟状の首毛.

ruff² /ráf/《トランプ》名 切り札で取ること, 切り札を出すこと. — 動 自《札を》切り札で取る, 切り札を出す.

ruff³ /ráf/ 名《魚》❶ (また **ruffe** /ráf/) アセリナ《バーチ科の淡水魚; 欧州産》. ❷《豪》マルスズキ科の海産魚 (roughy).

rúffed gróuse 名《鳥》エリマキライチョウ《北米産》.

ruf·fi·an /ráfiən/ 名 悪党, ごろつき, やくざ者. **~·ly** 形

ruf·fle¹ /ráfl/ 動 他 ❶ a《頭髪などを》くしゃくしゃにする (rumple) ⟨*up*⟩: He stood there with his hair ~*d* by the wind. 彼は風に髪をかき乱されたままそこに立っていた. b《…を》波立たせる ⟨*up*⟩: A breeze ~*d* the water. そよ風で水面が波立った. ❷ a《鳥が》（怒った時などに）羽毛を》逆立てる ⟨*up*⟩. b《人・心・平静などを》乱す, あわてさせる; いらだたせる, 怒らす ⟨*up*⟩《★しばしば受身で用いる》: Nothing ever ~s his serenity. 彼の穏やかな気質はどんな事にもかき乱されることがない / She is not easily ~*d*. 彼女はやすやすといらだちを見せるような人ではない. ❸《…にひだを取る, ひだべりをつける. — 自 しわくちゃになる; くしゃくしゃになる. — 名 ❶ a ひだべり, ひだ飾り (frill). b《鳥の》首毛. ❷ 波立ち, さざなみ, 動揺; いらだち.

ruf·fle² /ráfl/ 名 動《太鼓を低くどろどろと鳴らす》(音).

rúf·fled 形 ❶ ひだ飾りのある, 首毛のある. ❷ しわくちゃの; 波立った. ❸ かき乱された.

RU 486 /áːjùː.fòəhɪsíksɪks | á:jù:fɔ:(r)éɪtɪ-/ 名《U》《商標》RU 486《妊娠初期用の経口流産誘発薬; 抗プロゲステロン作用をもつ》.《Roussel-*U*claf フランスの医薬品会社, *486* は研究所の通し番号》

ru·fous /rúːfəs/ 形 赤褐色の, 赤茶けた. — 名《U》赤褐色.

*****rug** /rág/ 名 ❶《床の一部分や炉の前に敷く》敷物, じゅうたん《《匹敵》carpet と違って継ぎ合わせず一枚で用い, 床の全部をおおわない》. ❷《英》ひざ掛け《米》lap robe): a traveling ~ 旅行用ひざ掛け. ❸《米俗》《男性用》かつら, 入れ毛. **púll the rúg (òut) from ùnder a person** = **púll the CARPET (out) from under a person** 成句. **swéep...ùnder the rúg**《米》= sweep...under the CARPET 成句.《Scand<ON=long hair》

†**rug·by** /rágbi/ 名《U》[しばしば R-] ラグビー (⇒ football 1).《Rugby school で初めてこのゲームが行なわれたことから》

Rug·by /rágbi/ 名 ラグビー: ❶ England 中部の都市; Rugby School がある. ❷ = Rugby School.

rúgby fóotball 名《U》[しばしば R-] = rugby.

Rúgby Lèague 名 ❶ [the ~] ラグビーリーグ《主にイングランド北部のチームの連合; 正式名 the Rugby Football League》. ❷《U》[時に r- l-] リーグラグビー《各チーム 13 名, プロも認められている》.

Rúgby Schòol 名 ラグビー校《Rugby にある有名な public school; 1567 年創立; rugby 発祥の学校》.

Rúgby Ùnion 名 ❶ [the ~] ラグビーユニオン《アマチュアチームの連合; 正式名 the Rugby Football Union》. ❷《U》[時に r- u-] ユニオンラグビー《各チーム 15 名; アマのみ》.

†**rug·ged** /rágɪd/ 形 (**~·er; ~·est**) ❶ a でこぼこの, 起伏の多い, 岩だらけの: a ~ mountain 岩だらけの山 / a ~ road でこぼこ道. b《顔が》ごつい, いかつい, いかめしい: ~ features いかつい顔立ち.《人・性格など》洗練されない, 荒削りな, 無骨な: ~ kindness 不器用な親切 / a ~ manner 粗野な態度. ❸《生活・訓練など》苦しい, つらい, 困難な; 厳しい, 厳格な: ~ training 厳しい訓練 / live a ~ life 苦しい生活をする / have a ~ time つらい目にあう. ❹《機械・設備など》頑丈な, 丈夫な: This vehicle is ~ and reliable. この車は丈夫で頼りがいがある. ❺《音声など》耳ざわりな. ❻《天候など》大荒れの. **~·ly** 副 **~·ness** 名

rug·ged·ize /rágɪdàɪz/ 動 他《米》《カメラなどの》耐久性を高める. **rug·ged·i·za·tion** /rágɪdɪzéɪʃən, -daɪz-/ 名

rug·ger /rágə | -gə/ 名《英口》= rugby.

ru·go·la /rúːgələ/ 名 = arugula.

ru·gó·sa (róse) /ruː.góʊsə(-)/ 名《植》ハマナス.

ru・gose /rúːgous/ 形 しわの多い; 《植》〈葉が〉しわのよった.
ru・gos・i・ty /ruːgɔ́səti | -gɔ́s-/ 名 U.C しわだらけ; しわ.
rúg ràt 名《米俗》赤ん坊, 幼児, チビ, ガキ.
Ruhr /rúər | rúə/ 名 ❶ [the ～] ルール川《ドイツ西部を西に流れて Rhine 川に合流》. ❷ ルール《ルール川流域の石炭鉱業・工業の盛んな地方》.

*__ru・in__ /rúːin/ 動 他 ❶ ⟨…を⟩破滅させる, 荒廃させる, 台なしにする, めちゃめちゃにする: ～ one's health 健康を害する / He ～ed his chances of promotion by his rudeness to the boss. 彼は昇進の機会を上司への不作法から台なしにしてしまった / The snow ～ed my weekend. 雪で私の週末はさんざんだった. ❷ a ⟨人を⟩没落[零落]させる, 破産させる: The contract ～ed them. あんな契約をしてやつは破産した / He was ～ed by drink. 彼は酒で身を持ちくずした. b《古》⟨女を⟩堕落させる. ── 自 ❶ 破滅する, 滅びる; 没落[零落, 堕落]する. ❷《文》崩れ落ちる, 落ちて激突する. ── 名 ❶ a U 破滅, 滅亡, 荒廃, 破産, 没落, 零落: come [go, run] to ～ = fall into ～ 荒れ果てる, 荒廃する; 滅びる / bring…to ～ …を破滅[没落]させる / face financial ～ 破産に直面する. b [the ～, one's ～] 破滅[没落]のもと: Drink [Women] will be the ～ of him [be his ～]. 彼は酒[女]でしくじるだろう. ❷ a C [しばしば複数形で] 荒廃の跡, 廃墟(はいきょ): the ～s of a castle 城の廃墟 / lie in ～ 荒廃している, 廃墟と化している / Much of the city has been reduced to ～ in the civil war. 市の大半は内戦で廃墟と化してしまった. b U 破壊[荒廃]したもの; 落ちぶれた人, 残骸(ざんがい): the ～ of a ship 船の残骸 / He's but the ～ of his former self [what he was]. 彼は昔とは違って⟨見る影もなくなった.
in rúins (1) ⟨建物など⟩廃墟となって, 荒廃して. (2) ⟨希望など⟩破れて, ⟨計画・経済など⟩破綻(はたん)して: Their hopes were [lay] in ～s. 彼らの希望はついえていた.【F < L = 激しく落ちる】名 ruination, 形 ruinous】【類義語】⇒ destroy.
ru・in・a・tion /ruːinéiʃən/ 名 U ❶ 破滅, 破壊, 荒廃, 没落, 零落, 破産. ❷ 破滅[堕落]のもと: Drink will be his ～. 彼は酒で失敗するだろう. (動 ruin)
†**rú・ined** 形 ❶ 破滅[荒廃]した: a ～ castle 荒れ果てた城. ❷ a 没落[破産]した: a ～ man 破産者. b《古》⟨女が⟩⟨性的に⟩堕落した, 身を持ちくずした.
ru・in・ous /rúːinəs/ 形 ❶ a 破滅をもたらす. b ⟨金額など⟩法外に高い: ～ taxes べらぼうな税金. ❷ ⟨建物など⟩破滅された, 荒廃した; 没落した. ～・ly 副 (名 ruin)
rukh /rúːk/ 名 = roc.

*__rule__ /rúːl/ 名 A ❶ C a 規則, 規定, ルール, 守るべきこと: the ～s of baseball 野球の競技規定 / hard and fast ～s 厳重な[がんじがらめの]規則 / unwritten ～s 不文律 / a breach of the ～s 規則違反 / ～s and regulations (こまごまとした多くの)規則や規定 / against ～s 規則に反して, 規則違反で / bend the ～s 規則を曲げる / stretch the ～s 規則を拡大適用[解釈]する / Rules are made to be broken. 規則は破られるために作られる / The exception proves the ～. ⇒ exception 2. b (科学・文法などの)記述的法則, 方式, 規則; (数学上の)規則, 解法《★科学的事実にうたう法則には law を用いる》: the ～s of grammar 文法規則. ❷ 常習, 習慣; 慣例, 通例, 常のこと: It's my ～ [My ～ is] to get home by six o'clock. 私は 6 時までには帰宅することにしている / He makes a ～ of reading for an hour before breakfast. 彼は朝食前に 1 時間読書をするのを習慣[決まり]にしている. b [the ～] 普通[当り前](のこと[状態]): Cell phones are the ～ (rather than the exception) in Japan. 日本では携帯電話の使用は(例外ではなく)当り前になっている. ❸ 物差し, 定規: a carpenter's ～ 折り尺. ❹ 《印》罫(けい), 罫線.
── B ❶ U 支配, 統治: majority ～ 多数(者)支配, 多数決 / mob ～ 暴民[愚民]政治 / a nation governed by the ～ of law 法治国家 / under military ～ 軍の支配下に / One-party ～ is dangerous. 一党による支配は危険である. ❷ U [修飾語を伴って] 統治期間, 治世: during the ～ of Queen Elizabeth I エリザベス 1 世の治世中に / His ～ lasted three days. 彼の天下は 3 日しか続かなかった.
accórding to rúle = by RULE 成句.
(a) **rúle of thúmb** 経験と常識に基づいたやり方, 経験則; 常識的でまず間違いのない一般則, 実際的な目安: as a ～ of thumb 大ざっぱに言うと, 大体 / Experienced gardeners work by ～ of thumb. 熟練した造園家は経験から得られるやり方で仕事をする.
as a (géneral) rúle 概して, 一般に, 通例 (generally): As a ～, business is slack in summer. 大体商売は夏はふるわない / "Is he punctual?" "Yes, as a ～." 「彼は時間を守りますか」「はい, 大体いつもそうです」.
by rúle 規則どおりに; 杓子(しゃくし)定規に: You can't do everything by ～. 何でも杓子定規にやれるものとは限らない.
màke it a rúle to dó…するのを習慣にしている: I make it a ～ never to watch television during the day. 私は昼間はテレビを絶対に見ないことにしている.
pláy by one's ówn rúles 独自のやり方でやる, 我が道を行く.
pláy by the rúles ルールに則って行動する; 公正[誠実]にふるまう.
the rúle of thrée 《数》三数法, 三の法則《比例の外項の積は内項の積に等しいという法則》.
the rúles of the gáme (特定の分野や活動の中での)守るべきこと, 規則, ルール.
wórk to rúle ⇒ work 動 成句.
── 動 他 ❶ a 支配する, 統治する: Elizabeth I ～d England for a long period of time. エリザベス 1 世は英国を長く統治した. b ⟨人⟩に指図する, 命令する; ⟨感情などを⟩抑える, 抑制する: ～ one's temper かんしゃくをこらえる / He allowed himself to be ～d by his wife. 彼は女房に牛耳られるままになっていた. c ⟨熱情などが⟩⟨人を⟩左右する: Don't be ～d by your passions [emotions]. 熱情[感情]に駆られてはならない. ❷ ⟨法廷などが⟩…だと規定[判決]し, 裁定[決定]する (pronounce): [+that] The court ～d that the evidence was admissible. 法廷はその証拠が認容できると裁定した. [+目+(to be) 補] The demonstration was ～d (to be) illegal. そのデモは違法と裁定された. ❸ ⟨紙・ノートなどに⟩線[罫(けい)]を引く: a ～d notebook 罫を引いたノート / ～ lines on a piece of paper = ～ a piece of paper with lines 紙上に線を引く.
── 自 ❶ a ⟨…を⟩支配する, 統治する: A small group of leaders ～s over millions of people. 少人数の指導者が何百万の人々を支配している《★ rule over... は受身可》. b ⟨…で⟩支配的である, 優勢[有力]である: Crime ～s in that part of the city. 町のその地区では犯罪が支配している / Among summer sports baseball ～s. 夏のスポーツでは野球が圧倒的に人気がある. ❷ 判決を下す, 裁決する: The court will ～ on the matter. 法廷がその問題に判決を下すだろう / The judge ～d against [for, in favor of] him. 判事は彼を敗訴[勝訴]とした.
rúle óff (他+副)⟨欄などを⟩線を引いて区切る.
rúle óut (他+副) (1) (規定などによって)⟨…を⟩除外する, 排除する, 無視する (exclude): You cannot ～ out that possibility. その可能性を無視することはできない / The police ～d him out as a suspect. 警察は彼を容疑者としては除外した. (2) ⟨…を⟩不可能にする: Rain ～d out a picnic. 雨でピクニックは不可能になった.
∴rúle(s) (OK)! ⟨スポーツチームなど⟩…が最強[最高](だ), 王者…: Bulls ～! ブルズ最高!
rúle with a ród of íron ⇒ rod 成句.
【F < L regulare 取り締まる < regula ものさし; cf. regular】【類義語】(1) ⇒ law. (2) ⇒ govern.
rúle・bòok 名 ❶ 規則書. ❷ [the ～] (特定の活動・スポーツなどの)規則集, ルール集.
ruled 形 罫(けい)線を引いた: ～ paper 罫紙.
rúle・less /-ləs/ 形 規則のない; 法の規制もない.
*__rul・er__ /rúːlə | -lə/ 名 ❶ 支配者, 統治者, 主権者. ❷ 定規, 物差し: a 12-inch ～ 12 インチの物差し.
*__rul・ing__ /rúːlɪŋ/ 形 A ❶ 支配する, 統治する: the ～

class(es) 支配階級 / the [a] ~ party 与党. ❷ 支配的な, 優勢[有力]な, 主な: one's ~ passion 自分がいちばん強い興味を抱いているもの, 主情 / the ~ spirit 主導者; (首脳) / the ~ price 通り相場, 時価. ❸ ❶ Ⓤ 支配, 統治. ❷ Ⓒ 裁定, 決定, 判決: a ~ *on* [*against, for*] physician-assisted suicide 医者の自殺幇助(ﾎｳｼﾞｮ)についての[を違法とする, を認める]判決 / [+*that*] The court handed down the ~ *that* he should pay her back the money. 法廷は彼が彼女にその金を払い戻すよう裁定を下した.

+**rum**[1] /rʌ́m/ 名 Ⓤ,Ⓒ ❶ ラム酒(糖分つまたはサトウキビから造る). ❷ 《米》アルコール飲料, 酒.

rum[2] /rʌ́m/ 形 (**rum·mer**; **rum·mest**) 《英口・古風》奇妙な, おかしな (odd): a ~ fellow 変わった男 / feel ~ 気分が悪い / a ~ go [start] 妙な出来事. ❷ 難しい, 危険な: a ~ customer うかつに手出しのできない相手.
~**·ly** 副   ~**·ness** 名

Ru·ma·ni·a /ruːméɪniə, roʊ-/ 名 =Romania. **Ru·má·ni·an** /-miən/ 形

Ru·mansh /ruːmǽnʃ/ -máːnʃ/ 名 =Romansh.

rum·ba /rʌ́mbə, rúm-/ 名 ルンバ《もとキューバの民族舞踏(曲)》. 《Am-Sp》

rum·ba·ba /rʌ́mbàːbɑː/ 名 =baba[1].

+**rum·ble** /rʌ́mbl/ 動 ❶ 〈雷・砲声・腹などが〉(低く)ゴロゴロ[ガラガラ, グーグー]鳴る: Thunder [Gunfire] is *rumbling* in the distance. 遠くで雷[砲声]がとどろいている / My stomach ~*d* with hunger. 私のおなかは空腹でグーグー鳴る. ❷ 〔副詞(句)を伴って〕〈車などが〉ガラガラ音を立てて(通る). ❸ 《米俗風》〈不良グループなどが〉けんかする, 衝突する. ― 他 ❶ …を低く重々しい声で言う: ~ an order どら声で命令する. ❷ 《英》〈悪事などを〉見破る, 見抜く. **rumble ón** 《他 +副》《主に英》〈話・議論などが〉だらだらいつまでも続く. ― 名 ❶ Ⓒ ゴロゴロ[ガラガラ, グーグー]という音; ガヤガヤという騒音: the ~ *of* passing trucks 通り過ぎるトラックのガタガタという音. ❷ Ⓒ 《米古風》《不良グループなどの路上での》けんか, 衝突, 乱闘. 《擬音語》

rúm·bler 名 ゴロゴロいうもの; タンブラー (tumbling barrel).

rúmble sèat 名 《米》(旧式の自動車後部の無蓋(ﾑｶﾞｲ)の)折りたたみ式補助席.

rúmble strìp 名 減速舗装《前方の危険をドライバーに知らせるための帯状のでこぼこ》.

+**rúm·bling** 名 ❶ 〔単数形で〕ゴロゴロ[ガタガタ, グーグー]いう音. ❷ 〔通例複数形で〕 **a** 不平[不満], 噂: I've been hearing ~*s* of discontent. 不満の声が耳に入ってきている. **b** うわさ.

rum·bus·tious /rʌmbʌ́stʃəs/ 形 にぎやかで陽気な, 騒々しい (boisterous). ~**·ly** 副   ~**·ness** 名

rúm bùtter 名 Ⓤ ラムバター《バターと砂糖でつくり, ラム酒で風味をつけた濃厚な甘いソース》.

ru·men /rúːmən/ 名 (*pl.* **ru·mi·na** /rúːmənə/, ~**s**) 反芻(ﾊﾝｽｳ)胃《反芻動物の第一胃》. 《L=のど》

ru·mi·nant /rúːmənənt/ 形 ❶ 反芻(ﾊﾝｽｳ)する; 反芻動物の. ❷ 〈反芻するように〉考え込む, 沈思黙考する. ― 名 ❶ 反芻動物《牛・ヒツジ・ヤギなど》. ❷ 熟考する人, 瞑想する人.

ru·mi·nate /rúːmənèɪt/ 動 自 ❶ …について思い巡らす, よく考える, 沈思黙考する (*about*, *over*, *on*): He ~*d on* [*over*] what had happened the previous day. 彼は前の日に起こったことに思いを巡らした. ❷ 〈牛などが〉反芻(ﾊﾝｽｳ)する. ― 他 〈牛などが〉〈食べ物を〉反芻する. 《L; ⇒ rumen》

ru·mi·na·tion /rùːmənéɪʃən/ 名 ❶ Ⓤ 反芻(ﾊﾝｽｳ). ❷ Ⓤ 沈思黙考, 熟慮. ❸ Ⓒ 〔しばしば複数形で〕熟慮の結果.

ru·mi·na·tive /rúːmənèɪṭɪv/, -nət-, -nèɪt-/ 形 〈人が〉考え込む, 黙想にふける (thoughtful). ~**·ly** 副

+**rum·mage** /rʌ́mɪdʒ/ 動 自 〈…の中を〉〈…を求めて〉ひっかき回して捜す, 捜索する (*root*, *around*) (*through, in, among*): I ~*d in* my pockets *for* the ticket. ポケットの中をかき回して切符を捜した / She ~*d* (*around*) *through* a lot of drawers before she found her ring. 彼女は引き出しをたくさんかき回してようやく指輪を見つけた. ― 他 〈…をくまなく捜す; 〈捜すため〉〈…を〉ひっくり返す; 〈かき回したりして〉〈…を〉捜し出す 《*up, out*》. ― 名 ❶ [a ~] くまなく捜すこと, 捜索 《*through, in, among*》. ❷ Ⓤ 《米》かき回して出てきたもの; がらくた, くず, 古着など).

rúmmage sàle 名 《米》がらくた市; (特に)慈善市 (《英》 jumble sale).

rum·mer /rʌ́mə | -mə/ 名 (通例 脚付きの)大酒杯.

rum·my[1] /rʌ́mi/ 形 (**rum·mi·er**; -**mi·est**) 《英口》=rum[2].

rum·my[2] /rʌ́mi/ 名 Ⓤ ラミー《二組でするトランプ遊び》.

rum·my[3] /rʌ́mi/ 名 《米俗》のんだくれ. 【RUM[1] から】

*ru·mor /rúːmə | -mə/ 名 Ⓒ,Ⓤ うわさ, 風聞, 流言: a wild ~ 根も葉もないうわさ / a ~ *of* [*about*] his death 彼が死んだという〈彼の死に関する〉うわさ / start a ~ うわさを立てる / R- has it [says] *that* the Cabinet will be reshuffled next month. 来月には内閣が改造されるといううわさだ / [+*that*] There's a ~ (circulating) *that* the country has nuclear weapons. その国は核兵器を保有しているといううわさがある. ― 動 〈…をうわさする 《⇒ rumored》. 《F<L》

+**rú·mored** 形 うわさされている: the ~ incident うわさの事件 / It's ~ *that* he's sick. =〔+*to do*〕He's ~ *to be* sick. 彼は病気だといううわさだ.

rúmor·mònger 名 うわさを触れ歩く人, デマ屋.

*ru·mour /rúːmə | -mə/ 名動 《英》=rumor.

rump /rʌ́mp/ 名 ❶ **a** (四足獣の)尻, 臀部(ﾃﾞﾝﾌﾞ) (backside). **b** 〈牛の〉尻肉, ランプ. **c** 《戯言》(人の)尻. ❷ **a** 残り物. **b** 残党, 残留派[組].

rum·ple /rʌ́mpl/ 動 他 〈服・髪などを〉しわくちゃにする, しゃくしゃにする: a ~*d* suit しわくちゃのスーツ / The wind ~*d* my hair. 風で髪が乱れた. ― 自 しわくちゃになる. 【名 (紙などの)しわ.

rúmp·sprùng 形 《英口》〈家具が〉使い古されていたんだ.

rúmp stèak 名 =rump 1 b.

rum·pus /rʌ́mpəs/ 名 〔単数形で〕《口》騒音, 騒ぎ, がやがや (commotion): make [cause, kick up, raise] a ~ 騒ぎを起こす / What's all this ~ about? 一体何を騒いでいるのか.

rúmpus ròom 名 《米》(通例地下にある)遊戯室, 娯楽室.

rum·py-pum·py /rʌ́mpipʌ́m(p)i/ 名 Ⓤ 《英俗》セックス.

*run /rʌ́n/ 動 (**ran** /rǽn/; **run**; **run·ning**) 自 A ❶ **a** 〈人・動物が〉走る, 駆ける; 急いで行く: She *ran* and caught the bus. 彼女は走ってそのバスに間に合った / ~ upstairs 2 階へ駆け上がる / ~ *for* the door ドアの方へ走る / ~ (*for*) two miles 2 マイル走る (cf. B 1 a) / ~ *around* [*about*] 走り回る / I *ran* out to see the parade. その行列を見ようとして外へ走り出した / He *ran down to* the store *for* some milk. 彼はミルクを買いに店へ駆けていった / He ~*s to* me with all his little problems. どんなささいな問題でも彼は私の所へ飛んで来る / R- and get a newspaper for me. ひと走りして新聞を買ってきて. **b** [...へ]ちょっと行く[訪ねる]; 急ぎの旅行をする: ~ *up to* New York ニューヨークへ急ぎ旅行する / She has *run down to* Oxford. 彼女はちょっとオックスフォードへ出かけています. **c** [...に]急に襲う: The dog *ran at* the boy. その犬は少年に襲いかかった.

❷ 逃げる, 逃げ出す: ⇒ RUN AWAY, RUN OFF 成句.

❸ **a** 競走に加わる[出る]; ランニングをする: This horse *ran in* the Derby. この馬がダービーに(競馬)に出た / I used to go *running* when I was still single. まだ独身だったころはよくランニングをしたものだ. **b** 走って〔…に〕なる: Bob *ran* second nearly all the way. ボブはほとんどずっと 2 位だで走り続けた.

❹ 《米》[議員などに]立候補する (《英》stand): ~ *in* the next election 次の選挙に立候補する / He's going to ~

for Congress [President]. 彼は国会議員[大統領]に立候補するだろう / ～ ***against*** Powell パウエルの対立候補として立つ.

❺ **a** 〈機械などが〉**運転する, 動く**: These lights ～ ***off*** the emergency power supply. これらの照明は非常用電源でつく / leave the engine *running* エンジンをかけっぱなしにする / The steel mills have ceased *running*. 製鋼工場は操業を停止した. **b** 〈プログラムが〉〔コンピューター上で〕動作する, 走る: These programs ～ ***on*** [***under***] UNIX. これらのプログラムは UNIX 上で走る. **c** するする動く, 滑る; 〈舌が〉よく動く: The curtains ～ ***on*** metal rods. カーテンは金属棒を滑って動く. **d** 〈テープなどが〉回転する; 〈ボールが〉転がる.

❻ **a** 〈車・列車・船などが〉**走る, 進行する**; 〈帆船が〉走る, 帆走する: Trains ～ on rails. 列車はレールの上を走る / The car is *running* at a speed of 70 miles an hour. 車は時速 70 マイルで走っている / The truck *ran* off the road into a tree. トラックは道路からそれて立木に激突した. **b** (定期的に)運行する, 通う: This bus ～*s* ***between*** New York *and* Washington, D.C. このバスはニューヨークとワシントン間を走っている / The ferryboats ～ every half hour. フェリーは 30 分ごとに通っている / The bullet trains are *running* 40 minutes late. 新幹線のダイヤは 40 分遅れている.

❼ 〈計画・生活などが〉進む, 進行する: Our arrangements *ran* smoothly. 我々の取り決めは順調にいった.

❽ **a** 〈痛みなどが〉〔…を〕さっと走る: He felt a pain ～ ***up*** his arm. 彼は痛みがじんと腕を伝わるのを感じた / A cold shiver *ran* ***down*** my spine. 背筋にぞっとする寒気を感じた. **b** 〈思い・記憶などが〉〔…に〕浮かぶ, 去来する 〔*in, into, through*〕; 〔…に〕向かう: The melody was *running* ***in*** [***through***] her head all day. そのメロディーが一日中彼女の頭の中で鳴り続けていた / My thoughts momentarily *ran* ***to*** violence. 私は一瞬暴力に訴えようかと思った. **c** 〈目が〉〔…を〕さっと走る; ざっと目を通す 〔*over, through*〕: His eyes *ran* ***over*** the audience. 彼の目はさっと聴衆を見渡した.

❾ 〈植物が〉〔地上などを〕はう, はびこる: Vines ～ ***over*** the ground [***up*** the wall]. つる草が地上をおおっている[壁をはい上がっている].

❿ 〈魚が〉川などをさかのぼる: The salmon began to ～. サケが川をさかのぼり始めた.

— B ❶ [しばしば副詞句を伴って] **a** 〈液体・砂などが〉**流れる** (flow); 漏れる, こぼれる; 〈液体が〉(場所に)**流れ出る[落ちる]**; 〈砂時計の砂が〉こぼれる: The tide is *running*. 潮が満ちて[引いて]きている / Tears were *running down* her cheeks. 涙が彼女のほおを伝って流れ落ちていた / The river ～*s into* the sea [*through* the town]. その川は海に流れている[町を貫流している] / 〔＋補〕 His blood *ran* cold. 彼は血の凍る思いをした《ぞっとした》. **b** 〈場所が〉(液体などを)**流す[出す]**, 〈鼻が〉鼻水を出す; [通例進行形で] 〈場所が〉〔…で〕おおわれている: The baby's nose was *running*. その赤ちゃんは鼻水を出していた / Somebody has left the faucet [bath] *running*. だれか蛇口[ふろ](の水)を出しっぱなしにした者がいる / Her eyes were *running* ***with*** tears. 彼女の目から涙が流れていた. **c** 〈バター・ろうそくなどが〉溶けて流れる. **d** 〈染色などが〉しみ出る; 〈インクなどが〉にじむ.

❷ [通例副詞(句)を伴って] **a** (時間的に)続く, 継続する; 〈時が〉経過する: The days *ran into* weeks. 1 日 1 日と経過してやがて数週間となった / The sale will ～ *until* January 15th. 大売り出しは 1 月 15 日までです. **b** 〈劇・映画などが〉〔…の間〕打ち続く: The play *ran for* six months. その劇は半年間上演された / The film ～*s for* two hours. その映画は上映時間が 2 時間かかる. **c** 〈法律・契約などが〉(…間)通用する, 効力をもつ: The contract ～*s for* ten years [*from* April *to* December]. その契約は 10 年間[4 月から 12 月まで]効力をもつ. **d** [通例進行形で] 〈人・ことが〉(…の)時間をとる: The whole schedule is *running* (ten minutes) late [to time]. スケジュール全体が (10 分)遅れている[予定通りである].

❸ [副詞(句)を伴って] **a** 〈道路などが〉(ある方向に)広がる, 延びる: The road ～*s along* the river. 道路は川に沿って通っている / A scar *ran across* his cheek. 切り傷の跡が彼のほおに長々と見えていた. **b** 〈話題・考えなどが〉〔…に〕及ぶ, 関する: The conversation *ran on to* various topics. 話はいろいろな話題に及んだ.

❹ **a** 〈性格・特徴が〉〔…の中に〕流れる, 伝わる: The desire for adventure ～*s* ***in*** his blood. 彼には冒険好きな血統がある. **b** 〈人・趣味などが〉〔…の〕傾向がある: My whole family ～ ***to*** fat. 私の家族は皆太る体質だ.

❺ 〈うわさなどが〉〔…に〕広まる, 流布する (go) 〔*in, over, through*〕: The news [rumor] ～*s* all ***over*** the school. そのニュース[うわさ]は学校中に広がっている / The story ～*s* that the president is having an affair with an actress. 大統領はある女優との不倫の関係にあるという話だ.

❻ 〈記事・写真などが〉〔…に〕載る, 掲載される 〔*in, on*〕: Articles about her ～ ***in*** all the papers. 彼女に関する記事はどの新聞にも掲載されている.

❼ [副詞(句)を伴って] 〈話などが〉(…と)書いてある, 述べてある (go): How does the proverb ～? その諺はどんなでしたかね / Our conversation *ran as follows* [something *like this*]. 私達の会話は次のようなものでした[こんな感じでした].

❽ 《米》〈編み物などが〉するするほどける; 〈ストッキングが〉伝線する (《英》 ladder): These stockings ～ easily. このストッキングはすぐ伝線する.

— C ❶ **a** (通例悪い状態に)なる, 変わる, 陥る: 〔＋補〕 The sea *ran* high. 海は荒れ狂った / Public indignation is *running* high. 国民の怒りは高まっている / Food supplies began to ～ short [low]. 食糧の蓄えが不足し始めた / She has ～ short of money. 彼女は金に困っている / The well has ～ dry. 井戸の水がかれた / ～ ***to*** ruin 荒廃する / ～ ***into*** debt 借金をこしらえる / ～ ***into*** trouble [difficulty] 困った立場に陥る. **b** 〔…の傾向に〕向かう, 傾く: His films ～ somewhat ***to*** the sentimental. 彼の映画はやや感傷に走る.

❷ [通例進行形で] 〈値段・事態などが〉〔あるレベルに〕ある, 達している; [進行形なし] 〔数量などに〕**達する**: Unemployment is *running* ***at*** 15 percent. 失業率は 15 パーセントにも昇っている / The costs ～ ***into*** the millions [***to*** several million]. 費用は数百万ドルに達する.

— [他] **A** ❶ **a** 〈機械・自家用車などを〉**動かす, 運転する**, 〈車などを〉持っている: I ～ my car on high-octane gas. 私は車をハイオクで走らせている. **b** 〈プログラムを〉**動作させる, 走らせる**, 利用する; 〈録音テープなどを〉回す: There's no cost to download and ～ the program. そのプログラムをダウンロードして使用するのには費用はかからない / ～ a software application ***on*** Windows XP ウィンドウズ XP でソフトを走らせる. **c** 〈実験などを〉**行なう**; 〈問題などを〉処理する: ～ a blood test 血液検査を行なう / ～ a problem ***through*** a computer コンピューターで問題を処理する. **d** 〈人などを〉指揮する, 支配する: ⇨ run a person's LIFE [成句].

❷ 〈会社・店などを〉**経営する**, 管理する; 〈講習会などを〉運営する: ～ a business [hospital] 事業[病院]を営む / The hotel is well ～. そのホテル(の経営)はうまくいっている / The college ～*s* summer courses open to the general. その大学は一般向けの夏期講習会を設けている.

❸ [通例副詞(句)を伴って] **a** 〈車・列車などを〉**通わせる**, 運行させる: They ～ extra trains (*to* Karuizawa) during the summer season. 夏季の間だけ(軽井沢まで)臨時列車が運転される. **b** 《口》〈人を〉車に乗せていく (drive); 〈ものを〉運ぶ: I'll ～ you *home* [*to* the station]. 家[駅]まで乗せていってあげよう. **c** 〈ものを〉〔…へ〕密輸する (smuggle) (cf. runner 3): ～ drugs (*across* the border) *into* the US. 麻薬を(国境を越えて)米国へ密輸する.

❹ **a** 〈人・馬などを〉走らせる; 〈ものを〉すばやく移動させる. **b** 〈人などを〉走らせて〔…の状態に〕させる 〔*to, out of*〕. **c** 〈人と〉〔…まで〕競走する 〔*to*〕. **d** 〈馬を〉〔競馬に〕出走させる 〔*in*〕. **e** 〈人を〉立候補させる: ～ a candidate ***in*** an elec-

tion [*for* the Senate] 選挙[上院]に立候補者を立てる. ❺ **a** 〈危険などを〉冒す,〈…に〉身命などをかける: ~ a risk 危険を冒す / If we stop for supper, we run the risk of missing our train. 夕食を食べていたら列車に乗り遅れるかもしれない. **b** [通例進行形で]〈熱を〉出す: Bob's caught the flu and is *running* a temperature [fever]. ボブは流感で熱を出している.
❻ [副詞(句)を伴って] **a** 〈指などを〉〈…の上などに〉走らせる〔*over, along, down*〕: She *ran* her hand [fingers] *through* her hair. 手[指]を髪に通した. **b** 〈…に〉ざっと目を通す〔*over, through*〕.
❼ 〈管を〉引く,〈…を〉延ばす,〈欄などを〉巡らせる: ~ a pipe *underneath* the road 道の下に管を通す / ~ a wire *in* (*from* an antenna) (アンテナから)電線を家の中へ引き込む.
❽ 〈針・剣などを〉〈…に〉突き刺す, 突き通す.
❾ [副詞(句)を伴って]〈…を〉打ち当てる, 打ちつける, 突き当てる.
── B ❶ **a** 〈道・コースなどを〉走って行く: I hadn't ~ that way before. その道はまだ走ったことがなかった / I can ~ a mile in five minutes. 1マイルを5分間で走れる (cf. 圓 A 1 a) / Let things ~ their course. 物事をなるようにさせておこう〈成り行きに任せよう〉. **b** 〈競走に出場する; [~ a race として]競走する: ~ the marathon マラソンに出場する. **c** [しばしば受身で]〈競走・競馬を〉行なう: Three races will be ~ in the afternoon. 午後には3つのレースが行なわれる. **d** 〈使い走りなどを〉走って果たす: ~ an errand (*for*...) (…のために)使い走りをする. **e** 〈赤信号などを〉走り[通り]抜ける: ~ a blockade ⇒ blockade / ~ a red light 赤信号を相無視する.
❷ **a** 〈水などを〉出す, 流す;〈蛇口・ホースなどから〉水を流す;〈手などの上に〉水を流す: R- the water a bit longer. もうしばらく水を出しておきなさい / ~ water *into* a bucket 水をバケツに入れる / R- the hose *over* the lawn. ホースで芝生に水をまいておきなさい / ~ the vegetables under water 野菜に水をかける. **b** 〈容器に〉水[湯]を満たす;〈…に〉ふろの用意をする: [+目+目] My husband *ran* me a hot bath [a hot bath *for* me]. 夫は私にふろを沸かしてうとした,〈…に〉注ぎ出す〔*from*〕.
❸ 〈新聞・雑誌などが〉〈記事・写真などを〉載せる, 掲載する (carry);〈ニュースを〉放送する: All the papers *ran* the article (on page one). すべての新聞がその記事を(1面に)掲載した.
❹ 〈記事・見出しなどが〉〈…と〉書いてある: [+引用] The headlines read "Germany renounces nuclear power". 見出しには「ドイツ原子力発電を廃止」とある.
❺ 〈獲物などを〉追い立てる;〈…の出所を突き止める〉: ~ a fox *to* earth キツネを穴に追い込む / R- that report *to* its source. そのうわさの出所を突き止めよ.
❻ 〈金属を〉溶かす; 鋳造する; 〔型に〕流し込む〔*into*〕.
── C ❶ 〈ものが〉〈人に〉〈いくら〉かかる: This room ~s $100 a night. この部屋はひと晩100ドルする / [+目+目] The car repair *ran* me $500. 車の修理は500ドルかかった.
❷ 〈勘定などを〉滞らせる, ためる: ~ an account at the butcher's 肉屋の勘定をためる.

be rùn (cléan) óff one's féet (口) とても忙しい, せっせと働かなければならない.

rún acròss...…に偶然出会う, …を偶然見つける (come across): I *ran across* Tom in [on] the street today. きょう通りでトムにひょっこり出会った.

rún afóul of... ⇒ afoul 成句

rún áfter... (1) …のあとを追う, …を追跡する. (2) (口) 〈人の〉尻を追い回す. (3) (口) 〈人〉の世話をする: I'm not going to ~ *after* you picking up your dirty clothes. よごれた衣類を拾い集めたりあんたの世話をするのはごめんです.

rún agáinst... (1) …にぶつかる. (2) …に偶然出会う. (3) (選挙・競技などで)…と対抗する, …と争う (⇒ 圓 A 3).

rún alóng 〈圓+副〉〔子供に向かって命令法で用いて〕《古風》立ち去る, 出て行く.

1573 **run**

rún aróund 〈圓+副〉 (1) 走り回る (⇒ 圓 A 1 a). (2) (口) (あれこれと)忙しく動き回る.
rún aróund àfter... =RUN after... 成句 (3).
rún aróund with...〈好ましくない人物〉とつき合う;〈異性〉と浮気する: Stop *running around with* those people. ああいう連中とつき合うのはやめなさい.
rún awáy 〈圓+副〉 (1) 〔…から〕逃げる, 逃げ出す, 逃亡[逃走]する: He *ran away from* home. 彼は家出をした. (2) 〈二人が〉駆け落ちする〔*together*〕. (3) 〔困難などを〕避けようとする,〈…から〉抜け出す〔*from*〕.
rún awáy with... (1) …を連れて逃げる; …と駆け落ちする: She *ran away with* the gardener. 彼女は庭師と駆け落ちした. (2) 〈感情などが〉〈人〉の自制心を失わせる,〈人〉を極端に走らせる: Don't let your feelings ~ *away with* you. 感情に駆られてはいけない. (3) [通例否定文で] …を早合点する: Now don't ~ *away with* the idea that the examination will be easy. 早合点して試験がやさしいなどと考えてはいけない. (4) (口) 〈賞などを〉(優勝して)さらう,〈競技会で〉圧倒的に勝つ: She *ran away with* all the prizes. 彼女はすべての賞をさらった. (5) …を持ち逃げする, 盗む: He *ran away with* the pearls. 彼はその真珠を持ち逃げした.
rún báck 〈圓+副〉 (1) 〈帰る人を〉(車で)送る: She *ran* me *back* home. 家まで送ってくれた. (2) 〈巻物・テープなどを〉巻き戻す. ── 〈圓+副〉 (3) 走って帰る. (4) 〔…を〕再考する, 見直す; 回想する (review)〔*over*〕.
rún...**by a person** 〈意見を聞くなどに〉…について人に話す[説明する, 尋ねる, 相談する]: Please ~ that *by* me again. (口) もう一度話して.
rún...**clóse** [**a clóse sécond**] 《英》〈人など〉とほぼ互角である.
rún dówn 〈圓+副〉 (1) 走り下る; 流れ落ちる. (2) 〈時計・機械などが〉止まる; 〈電池などが〉切れる; 〈産業などが〉衰える: The batteries in this radio are *running down*. このラジオの電池は切れかけている. (3) [...へ]急いで行く〔*to*〕(⇒ 圓 A 1 b). ── 〈圓+副〉 (4) 〈運転者が〉〈人などを〉ひく, はねる; 〈…を〉突き倒す, 〈船を〉衝突して沈める: The truck driver *ran down* two cyclists. そのトラックの運転者は自転車に乗っていた人を二人ひき倒した. (5) (口) 〈人を〉けなす, そしる (criticize): ~ oneself *down* 自分のことを悪く言う / He was constantly *running down* his boss. 彼はしょっちゅう上司の悪口ばかり言っていた. (6) 《主に英》〈会社などの能率[生産力]を〉落とす; 〈…の〉規模を縮小する (reduce); 〈電池などを〉切らす: ~ production at a factory 工場の生産を減らす. (7) 〈…を〉捜し出す, 突き止める: I managed to ~ *down* the lost manuscript. どうにかその紛失した原稿を見つけることができた. (8) 〈人・獲物を〉追い詰める; 追跡して捕らえる: The police have *run down* the thief at last. 警察はようやく泥棒を捕らえた. (9) 〈人を〉衰弱させる; 〈健康を〉衰えさせる 〔★ 通例受身で用いている; ⇒ run-down 2〕: He appeared to be much ~ *down*. 彼はひどく参っているような様子をしていた. (10) 『野』〈走者を〉挟殺 (きょうさつ) する.
rún dówn...…にざっと目を通す.
rún for it (口) 走って逃げ出す, 一目散に逃げる.
rún hígh ⇒ high 副 成句.
rún ín 〈圓+副〉 (1) 駆け込む. (2) (口) 〔人の家に〕ちょっと立ち寄る〔*to*〕: I'll just ~ *in* at about three. 3時ごろちょっと寄るよ. (3) 〈液体などが〉流れ込む. ── 〈圓+副〉 (4) 《英》〈新車などを〉ならし運転する. (5) 《古風》〈…を〉逮捕する, 拘留する: He was ~ *in* for speeding. 彼はスピード違反のかどで拘留された. (6) 〔印〕〈…を〉挿入する; 追い込む.
rún ínto... (1) 〈人に〉**偶然出会う** (meet). (2) 〈車が〉…と衝突する, …にぶつかる (crash into; ⇒ 圓 A 6 a); 〈困難・悪天候などに〉あう: The two cars *ran into* each other. 二台の車は衝突した. (3) 〈人が〉…にぶつかる: She *ran into* the table. 彼女はテーブルにぶつかった. (4) 〈…の状態に〉陥る (⇒ 圓 C 1 a). (5) 〈数量などが〉…に達する (amount to) (⇒ 圓 C 2).
rún it fíne =CUT it fine 成句.

run

run off [(自+副) ~ óff] (1) 逃げる, 逃げ出す, 逃走する: He *ran off* as we approached. 彼は私達が近づくと逃げ出した. (2) =RUN away 成句 (2). (3) 〈水などが〉流出する. (4) 〈カナダ〉 雪・雪が溶ける. —— (他+前) ~ óff (5) 〈…を〉さっさと作る[書き上げる]: ~ *off* a term paper in an hour 1時間で学期末のレポートをでっちあげる. (6) 〈…を〉印刷する: We have ~ off a thousand brochures. パンフレットを千部刷った. (7) 〈水などを〉流す, 流出させる. (8) 〈レースの〉決勝戦をやる; 決選投票をやる: The race will be ~ *off* on Friday. 決勝戦は金曜に行なわれる. (9) 〈体重などを〉走って減らす. —— [(他+前) …òff…] (10) 機械などを…で動かす. (11) 〈人などを〉…から追い払う; 〈…を〉道路などから飛び出させる. (12) 〈…を〉…から流す, 流出させる: It will take weeks to ~ all the water *off* the fields. 田畑から水をすべて流出させるには数週間かかるだろう.

rún óff at the móuth 《米口》 ぺらぺらとしゃべりすぎる.

rùn óff with… (1) 〈人と〉駆け落ちする. (2) …を持ち去る, 盗む.

rùn ón (自+副) (1) 走り続ける. (2) 長々と続く, 長引く: The meeting *ran on* until midday. 会議は正午まで続いた. (3) 続けざまに[ぺちゃくちゃ]しゃべる(*about*): Once she began to speak, she would ~ *on* (and *on*) for hours. 彼女はいったんしゃべりだすと(延延と)何時間もしゃべり続けた. (4) 〈文などが〉…まで[行・段の切れ目まで]続く; [印]〈…に〉追い込みになる: The paragraph ~s *on to* the next page. その節は次のページまで続いている.

rùn óut (自+副) (1) 流れ出る: All the water had ~ *out*. 水は全部流れ出てしまっていた. (2) 〈在庫品・補給・時間などが〉尽きる, 終わる; 〈忍耐力が〉切れる: Our food supplies are *running out*. 我々の食糧備蓄も尽きかけてきた / My money has ~ *out*. 無一文になってしまった / Time is *running out*. もうちょっとで時間切れになる. (3) 〈契約・パスポートなどが〉切れる, 満期になる (*expire*): The subscription has ~ *out*. 予約が切れてしまった. (4) 走って外へ出る (⇒ 自 A 1 a). (5) (ある方向に)…まで延びる [*to*]. (6) [補語を伴って] (競技で)〈勝者などに〉なる. (7) 〈海〉綱が繰り出される. —— (他+副) (8) 〈海〉綱を繰り出す. (9) 〔クリケ・野〕 〈ボールを打った走者を〉(走って)アウトにする.

rùn óut of… (自+副) (1) 〈ものを〉使い果たす, 〈品物・忍耐力などを〉切らす: We have ~ *out of* fuel and food. 燃料と食料が切れた / "*The Times*, please." "Sorry, we've ~ *out (of The Times*)." 「『タイムズ』をください」「すみません,『タイムズ』は売り切れました」(★ 目的語が自明の場合は省略可能). —— (他+前) (2) 《古風》 〈人を〉×町などから追い出す, 追放する.

rùn óut on… (口) 〈友・妻などを〉見捨てる (*abandon*).

rùn óver (自+副) (1) 〈車が〉〈人・ものを〉ひく (*knock down*) (★ over を前置詞として扱うこともある; ⇒ RUN over… 成句 (1)): I nearly got ~ *over*. 危なくひかれるところだった / The old man was ~ *over* and taken to (the) hospital. その老人は車にひかれて病院へかつぎ込まれた. (2) 〈…を〉あれこれ考える. —— (自+副+前) (3) 〈容器・液体から〉あふれる (*overflow*): The bath [water] *ran over*. ふろ[水]があふれだした. (4) 〈会・番組などが〉長引く, 時間を超過する, 〔…に〕食い込む (*into*). (5) 〔…に〕ちょっと立ち寄る: I have to ~ *over to* the bank. 銀行へちょっと寄らなければならない.

rún òver… (1) 〈車・人が〉…をひく: The truck *ran over* a dog. そのトラックは犬をひいた. (2) …からあふれる: The river *ran over* its banks. 川の水が土手からあふれた. (3) …を越える, 超過する: ~ *over* the time limit 時間を超過する / Her presentation *ran over* the ten-minute limit. 彼女のプレゼンは十分間の制限時間を超えた. (4) …を(さっと)見直す[説明する]; …を(ざっと)復習する; …のリハーサルをする: Let's ~ *over* the main points again. 重要な点をもう一度おさらいしておこう. (5) 〈感情が〉強く感じられる. (6) 〈ピアノのキーに〉さっと指を走らせる.

run through [(他+前) ~ thròugh…] (1) …を貫通する (⇒ 自 B 1). (2) 〈考えなどが〉〈心・頭〉を横切る, 〈感情などが〉〈作品・群衆などを〉貫く, …に行き渡る, 広がる (⇒ 自 A 8 a, b): A feeling of sadness ~*s through* the movie. その映画は全体に悲哀感がただよっている. (3) …をざっと調べる[説明する], 見返す, 通読する (*go through*); 〔劇〕を通しで練習する: He ~*s through* the newspaper before breakfast. 彼はいつも朝食前に新聞にざっと目を通す. (4) 〈財産などを〉浪費[空費]する, …を使い果たす: He *ran through* his inheritance in less than a year. 彼は遺産を1年もたたないうちに使い果たした. (5) =RUN over… 成句 (5). (6) 〈針などが〉〈指などに〉突き通る. —— [(他+副+前) …thròugh…] (7) 〈問題などを×コンピューターで〉処理する (⇒ 自 A 1 c). (8) 〈人を〉…に通す (⇒ 自 A 6 a). (9) 〈…を〉…に突き刺す (⇒ 他 A 8). —— [(他+副) ~ thróugh] (10) 《文》 〈…を〉突き刺す: I'll ~ you *through* with my sword. 剣で突き刺すぞ.

rùn tó… (1) (困って)援助を求めて…へ行く: ~ *to* the police 警察に助けを求めに行く. (2) …に達する (*amount to*) (⇒ 自 C 2). (3) …の状態になる (⇒ 自 C 1). (4) …に向かう傾向がある (⇒ 自 B 4 b). (5) 〈主に英〉〈人が〉…のための資力がある, 〈金が〉…に足りる: I'm afraid my finances won't ~ *to* the Hilton [tak*ing* a taxi]. 残念ながら私のふところ具合ではヒルトン(ホテル)に泊まる[タクシーに乗る]余裕はないようだ.

rùn úp (自+副) (1) 〔…まで〕走り上がる; 〔…に〕走り寄る: He *ran up* to me. 彼が私のほうへ駆け寄ってきた. (2) 〔都会へ〕急いで行く (*to*) (⇒ 自 A 1 b). (3) 〈出費・値段などが〉…まで〉かさむ: His debts had ~ *up* to more than a hundred pounds. 彼の借金は100ポンド以上になっていた. —— (他+副) (4) 〈出費・借金などを〉ふやす, 重ねる, 〈クレジットカードで〉多額の買物をする: ~ *up* a large bill at a bar 飲み屋の勘定をこたためる. (5) 〈旗などを〉するすると揚げる. (6) 〔主に英〕〈…を〉急造する, 〈食物を〉急いで作る: ~ *up* a tent 急いでテントを張る / She *ran up* a dress for the party. 彼女はパーティー用のドレスを大急ぎで作った. (7) 〔主に米〕〈勝利などを〉達成する.

rùn úp agàinst… (★ 受身可) (1) …に強くぶつかる, 衝突する: He *ran up against* a glass door. 彼はガラスのドアにぶつかった. (2) 〈人と〉偶然出会う. (3) 〈困難・反対などに〉遭遇する, 〈強敵などを〉相手にする (*encounter*): We *ran up against* unexpected problems. 我々は思いがけない問題に遭遇した.

rún with… (1) 〈米〉 =RUN around with… 成句. (2) 受け[採り]入れる.

rún with it 《米》 積極的に進める[取り組む], どんどんやる.

rùn wíld ⇒ wild 形 成句.

—— 图 **A ❶ a** 走ること, 走り: have a good ~ 十分[存分]に走る / go for a ~ ひと走りしに行く / break into a ~ 駆け出す / make a sudden ~ for… に向かって突然走りだす / take a ~ *at* the wall (飛び越すために)塀目がけて走る. **b** [a ~] (近い所へ)ちょっと出かけること, ひと走り; 急旅の旅, ドライブ: make a ~ *into* town ちょっと町まで行ってくる. **c** [U] 〈口〉 走力, 逃げる力: There's no more ~ left in him. 彼にはもう走る力がない. **d** [a ~] 〔…を狙う〕試み, 機会 〔*at, for*〕: have a clear ~ *at* the goal ゴールを十分狙える / make a ~ *at*…を(競って)達成[獲得]しようとする.

❷ [C] **a** 競走, 競馬: do a ten-mile ~ 10マイル競走を走る. **b** (特に乗り物などの)走る時間[距離]; 走程, 行程, (爆撃)航程: Bath is a 3-hour ~ *from* London by train. バースはロンドンから列車で3時間の所です. **c** [しばしば the ~] 〔列車・バス・船などの〕運行, 運航; 航行: The bus makes three ~*s* daily. バスは1日3便です / an express train on the ~ *between* Ogaki and Himeji 大垣と姫路間を走る急行列車 ⇒ school run.

❸ [C] 〔野・クリケなど〕 得点, 1点: We got [scored] two ~*s* in the fifth inning. 5回に2点入れた / a three-*run* homer 3点本塁打.

❹ [C] 《米》 (選挙・議員などに)打って出る[立候補する]こと: make a ~ *for* governor 知事に立候補する.

❺ [the ~] 出入り[使用]の自由: have (*the*) ~ *of* a person's house 人の家に自由に出入りを許される (★ the

を省くこともある》/ give a person *the* ~ *of* one's library 人に自由に蔵書を利用させる.
❻ Ⓒ (スポーツ用の)傾斜したコース: a ski [bobsleigh] ~ スキー[ボブスレー]コース.
❼ a Ⓒ 作業高, 製造[産出]量: print a ~ of 3000 copies 3000 部印刷する. b [単数形で] 操業(時間). c Ⓒ (プログラムの)実行, ラン.
❽ [the ~] 方向, 走向; 趨勢(すうせい); 進行, 成り行き: *the* ~ *of* events 事の成り行き, 形勢 / *the* ~ *of* play ゲームの流れ.
❾ Ⓒ [通例 the ~] (人・ものの)普通の種類, 並: I feel different from *the* common [ordinary] ~ of people. 私は(自分が)普通の人間とは違うと感じる.
❿ Ⓒ 〘楽〙 =roulade 2.
⓫ Ⓒ 〘トランプ〙 同種の連続札の揃い.
⓬ Ⓒ a (家畜・家禽の)飼養[飼育]場, 囲い: a chicken ~ 養鶏場. b (シカなどの)通り道, けもの道. c (記者の)受け持ち区域.
⓭ a [the ~] (特に産卵期の魚が)川をさかのぼること. b Ⓒ さかのぼる魚の群れ〔*of*〕.
── B ❶ Ⓒ **連続, 引き続き, 打ち続き**; (映画・演劇などの)長期公演, 続演: a (long) ~ ***of*** office (長い)在職期間 / a ~ *of* wet weather 雨天続き / a ~ *of* good [bad] luck 幸運[不運]続き / extend the ~ 公演期間を延ばす / The play had a long ~ [a ~ *of* 11 years]. その芝居はロングラン[11 年の長期興行]だった.
❷ [a ~] a 大需要, 大売れ行き: *a* great ~ ***on*** beer ビールの大需要. b (銀行の)取り付け: *a* ~ ***on*** the bank 銀行の取り付け. c (弱い通貨などの)売り投機: *a* ~ ***on*** the yen 円売り.
❸ Ⓒ 《米》 (ストッキングの)縦のほころび, 伝線 (《英》 ladder).
❹ [the ~s] 《口》 下痢(げり): She got *the* ~*s*. 彼女は下痢になった.
❺ a Ⓤ (水などの)流出, 流れ; 流出量. b Ⓒ 《米》 小川, 細流.
at a [the] rún 駆け足で.
gèt the rún of the báll 《英》 (スポーツで)運に恵まれる.
give a person a (góod) rún for his móney (1) 〈人と〉激しい競争をする, 接戦を演じる. (2) 金を出した[骨を折った]だけの満足を〈人に〉与える.
gó on a ∴rùn 《米口》 …を買いに出る《★ …に飲食物の名詞が入る》: *go on a* beer ~ ビールを買いに行く.
hàve [gèt] a góod rún for one's móney (1) 激しい競争をする, 接戦を演じる. (2) 金を出した[骨折った]だけの満足を得る.
in the lóng rùn 長い目で見れば, 結局は, 長期的には: This is cheaper *in the long* ~. 長い目で見ればこっちのほうが安あがりだ.
in the shórt rùn 短期的には, 目先だけのことを考えると, さしあたり(は): This will do *in the short* ~. さしあたりはこれでよい.
màke a rún for it 急いで逃げ出す.
on the rún (1) 走って, 奔走して: You're *on the* ~ all the time. 君はいつも走り回っているね. (2) 運行して (⇨ 図 A 2 c). (3) 逃げて, 逃走して; (特に警察から)姿をくらまして: The suspect has been *on the* ~ for three months. 容疑者はもう 3 か月も逃走中である. (4) 急いで, あわてて: eat lunch *on the* ~ 急いで昼食をとる. (5) (競走などで)後退して, 負かされて.
〘OE; cf. runnel〙

rún·abòut 图 ❶ うろつき[ほっつき]回る人; 忙しそうに走り回る人. ❷ 小型自動車[モーターボート, 飛行機].

rún·aròund 图 [the ~] 《口》 言い逃れ: get *the* ~ 言い逃れをされる; だまされる, 裏切られる / give a person *the* ~ 人に言い逃れを言う; 人をだます; 人を裏切る.

⁺**rún·awày** 形 Ⓐ ❶ a 逃亡した, 家出した: a ~ child 家出少年. b 〈馬など〉逃げ出した, 手に負えない: a ~ horse 放れ馬. c 〈乗り物が〉暴走した: a ~ truck 暴走トラック. ❷ 駆け落ちの: ~ lovers 駆け落ちをした男女 / a ~ marriage 駆け落ち結婚. ❸ 〈競走など〉楽勝した; 〈勝利・成功など〉楽々と得られた: a ~ victory 段違いの勝利. ❹ 〈物価など〉急に上がる: ~ inflation 天井知らずのインフレ. ── 图 ❶ a 逃亡[脱走, 出奔]者; 家出少年[少女]. b 放れ馬. c 暴走車. ❷ 逃亡, 脱走, 駆け落ち. ❸ 楽勝, 楽な成功.

rún·ci·ble spóon /rʌ́nsəbl-/ 图 三叉スプーン《外側の一方に刃がついているフォーク状のスプーン; ピクルス・オードブル用》.

rún·dòwn 图 ❶ [the ~] 《主に英》〔産業・会社などの〕縮小(化), 衰退: *the* ~ ***of*** the car industry 自動車産業の縮小(化). ❷ 《口》 概要(報告): Can you give me a ~ ***on*** the present situation? 現在の状況について概要を話してくれますか. ❸ 〘野〙 挾殺(きょうさつ).

⁺**rún-dówn** 形 ❶ 荒れ果てた, 荒廃した, 衰退した: a ~ area 荒廃した地域 / ~ houses 荒れ果てた家々 / a ~ industry 衰退した産業. ❷ Ⓟ 〈人が〉疲れきって, 健康を害して: feel ~ 疲労する / You look rather ~. 君はなんだか疲れてるみたいだね. ❸ 〈ぜんまい時計が〉(巻きが切れて)止まった.

rune /rúːn/ 图 ❶ ルーン文字, 北欧古代文字《古代ゲルマン人の文字》. ❷ 神秘的な記号[文字]. 〘Dan & Swed < ON=なぞなぞ〙 (形 runic)

⁑**rung**[1] /rʌ́ŋ/ 動 ring[2] の過去分詞.

⁺**rung**[2] /rʌ́ŋ/ 图 ❶ a (はしごの)格(こ). b (いすの脚や背の)桟(さん), 横木. ❷ (社会的な)段階.
the tóp [bóttom] rúng of the ládder (社会・組織などの)最高[最低]の地位: start on *the bottom* ~ *of the ladder* 平社員[下積み]からたたき上げる.

ru·nic /rúːnɪk/ 形 ❶ ルーン文字の. ❷ 〈詩・装飾など〉古代北欧風の. 〘RUNE+-IC〙

⁺**rún-ìn** 图 ❶ 《口》〔…との〕けんか, 口論, いざこざ (row): have a ~ ***with*** the police 警官とけんかする. ❷ [the ~] 《英》 =run-up 2. ── 形 《米》 〘印〙 〈節・行など〉追い込みの.

run·nel /rʌ́n(ə)l/ 图 小さな流れ, 小川. 〘OE; ⇨ run, -le〙

⁎**run·ner** /rʌ́nɚ | -nə/ 图 ❶ a (競)走者; 出走馬; 競走馬. b 〘野〙 走者, ランナー. ❷ a 使い走り, 小使い; 外交員, 集金人. b (昔の)使者, 飛脚. ❸ [通例複合語で] a 密輸業者: a gun-*runner* 拳銃密輸業者. b 密輸船. ❹ (機械の)運転者. ❺ a (そり・スケートなどの)滑走部, すべり. b (機械の)ころ. c (ひきうすの)回転石. d (滑車の)通索. ❻ a (テーブルの中央の)細長いテーブル掛け. b 細長いじゅうたん. ❼ 〘鳥〙 走る種類の鳥; (特に)クイナ. ❽ 〘植〙 (イチゴなどの)匍匐(ほふく)茎: ⇨ scarlet runner. ❾ 《英》 = runner bean.
dò a rúnner 《英口》 急いで去る, ずらかる.

rúnner bèan 图 《英》 〘植〙 ベニバナインゲン.

⁎**rúnner-úp** 图 (複 **runners-up, ~s**) (競技・競争の)次点者[チーム], 二着の者[チーム].

⁑**run·ning** /rʌ́nɪŋ/ 图 Ⓤ ❶ a **走ること; ランニング, 競走**: No ~. 〔掲示〕 走ることを禁ずる / *R*~ keeps you fit. ランニングは体によい. b 〘野〙 走塁. c [形容詞的に] **競走用の**: ~ shoes ランニングシューズ / a ~ track 競走用トラック. ❷ 経営: the ~ ***of*** an office 事務所の経営. ❸ 運転: the ~ ***of*** a machine 機械の運転. ❹ 走力. ❺ 流出物; 流出量.
in the rúnning 競走に加わって; 勝算があって: He's still *in the* ~ for the post of president. 彼にはまだ社長のポストにつける見込みがある.
màke [tàke úp] the rúnning (競走で)先頭に立つ; 率先する, リードする.
òut of the rúnning 競走から脱落して; 勝算がなくて: I'm *out of the* ~. 私には勝算がない.
── 形 Ⓐ (比較なし) ❶ a **走る, 駆ける; 走っている; 走りながらの**: a ~ start (三段跳びなどの)助走; 有利なスタート. b 〈水・川など〉流れる, 流動する: ⇨ running water. ❷ a 連続する, 引き続く (ongoing): a ~ pattern 連続模様 / ⇨ running fire / We had a ~ battle with the landlord about the rent. 大家と家賃の件でずっと争った. b 〈映画・演劇など〉長期公演の: a long-*run* TV se-

rial ロングランを続けた[続けている]テレビの連続物. ❸ a 〈機械など〉運転している, 運転中の: in ～ order 正常に動作する状態で, 可動状態で / ⇨ running repairs. b 〈費用・経費など〉〔機械・設備を〕運用する, 維持する: ⇨ running costs. ❹ 同時に行なわれている: a ～ translation 同時翻訳 / ⇨ running commentary. ❺ a 〈はれ物など〉うみの出る: a ～ sore うみの出るはれ物. b 〈鼻が〉鼻水の出る: I have a ～ nose. 私は鼻かぜを引いている. ❻ 〈書体が〉草書の: a ～ hand 草書体.

in rúnning òrder 〈機械が〉正常に動いて.

── [副] [複数名詞の後に置いて] 続けて, 連続して (in a row): It rained five hours ～. 5 時間ぶっ続けに雨が降った.

rúnning accóunt [名] 当座預金口座[勘定].

R

rúnning bàck [名] [CU] 〘アメフト〙 ランニングバック《ボールキャリアーとなるオフェンシブバック; 走りのスペシャリストで, ハーフバックとフルバックのこと》.

rúnning báttle [名] 長びく争い.

rúnning beláy [名] 〘登山〙 ランニングビレイ《登攀中に墜落しても落下距離が短くて済むように, トップとそのパートナーとの間にハーケンなどで中間支点を設け, そこにロープをカラビナなどを用いて設置して行なう確保, また そのロープ》.

rúnning bòard [名] (昔の自動車などの)ステップ, 踏み板.

rúnning cómmentary [名] ❶ (テキストまたは物事の進行に従ってつける)連続的な解説[批評, 注釈]. ❷ 〘テレビ・ラジオ〙 (競技などの進行に従って行なう)実況放送: a ～ *on* a baseball game 野球試合の実況放送.

rúnning còsts [名] [複] 運営費, 運転資金; (設備の)運用費.

rúnning dòg [名] 《軽蔑》 走狗, 手先.

rúnning fíre [名] [a ～] 〔銃砲・非難・質問などの〕連発: keep up *a* ～ *of* questions やつぎばやに質問する.

rúnning héad [名] 〘印〙 (各ページ上の)欄外見出し, 「柱」.

rúnning héadline [名] ＝running head.

rúnning jóke [名] 繰り返し使われるジョーク; いつまでも笑いを誘う話題[ことば(など)].

rúnning júmp [名] 助走をつけた跳躍.

tàke a rúnning júmp (1) (走り高[幅]跳びなどで)跳躍点まで走る. (2) 《俗》 [命令法で] あっちへ行け, 出て行け.

rúnning knót [名] 引けば締まるようにした結び方.

rúnning lìght [名] ❶ (船・飛行機の)夜間航海[航空]灯. ❷ (自動車の)走行灯.

⁺**rúnning màte** [名] 《米》 ❶ (選挙で)副…候補, (特に)副大統領候補. ❷ 練習相手馬 《競馬で出走馬の歩調を整えるため一緒に走らせる》.

rúnning òrder [名] ❶ [単数形で] (会議・番組などの)進行順序[手順], 段取り. ❷ ⇨ running [形] 3 a.

rúnning repáirs [名] [複] (運転中の)簡単な修理, 応急手当て.

rúnning stìtch [名] [U] 〘洋裁〙 ランニングステッチ《裏表同じ針目を出す》.

rúnning títle [名] ＝running head.

rúnning tótal [名] ある時点[現在]までの合計額.

rúnning wáter [名] [U] ❶ 流水. ❷ 配管で給水される水, 水道の水: Does this room have hot ～? この部屋はお湯が出ますか.

⁺**run·ny** /rʌ́ni/ [形] (**run·ni·er; -ni·est**) ❶ 〈バター・ジャムなど〉柔らかすぎる, 流れやすい. ❷ 〈鼻・目が〉粘液を分泌する: I have a ～ nose. 私は鼻水が出る.

Run·ny·mede /rʌ́nimìːd/ [名] ラニミード《London 南西部テムズ川南岸にある草原; 1215 年に John 王が Magna Carta に調印したという地》.

rún·òff [名] ❶ [C] (同点者の)決勝戦[レース]; 決選投票. ❷ [U] a 雨水, 雪解け水. b (地中に吸収されないで流れる)排水: agricultural ～ 農業排水.

rún-of-the-míll [形] 普通の, (月)並みの, 平凡な.

rún·òn [形] ❶ 〘詩学〙 (行末に休止がなく)次行に続く. ❷ 〘印〙 追い込みの. ── [名] 〘印〙 追い込み《文・節・行など》.

rún-on séntence [名] 《米》 無終止文《2 つ以上の主節を接続詞を用いずにコンマで続けた文》.

rún·òut [名] ❶ 〘クリケ〙 アウト. ❷ 〘機〙 振れ《ドリル・輪などの回転面における基準回転面からのずれ》.

runt /rʌ́nt/ [名] ❶ (動物のひと腹の子の中で発育不良の)小さな子. ❷ ちび, できそこない.

rún-thròugh [名] 通しげいこ, ランスルー, リハーサル (rehearsal).

rún tìme [名] 〘電算〙 実行時間《目的プログラムの実行に要する時間》; 実行時《目的プログラムが実行されている時間》.

⁺**rún·ùp** [名] ❶ [C] (幅跳び・棒高跳びなどの)助走. ❷ [the ～] 〔ある出来事へ向けての〕準備期間(の活動): *the* ～ *to* an election 選挙の運動期間. ❸ [C] 《米》 急増.

⁺**rún·wày** [名] ❶ (飛行場の)滑走路. ❷ (幅跳びなどの)助走路. ❸ a 〘劇〙 舞台から客席へ細長く突き出ている部分, 花道. b (ファッションショーでモデルが歩く)舞台, ステージ. ❹ (動物の水飲み場への)通り道.

Run·yon /rʌ́njən/, **(Alfred) Damon** [名] ラニヤン《1884–1946; 米国のジャーナリスト・作家》.

ru·pee /ruːpíː/ [名] ❶ ルピー《インド (＝100 paise), パキスタン (＝100 paise), スリランカ (＝100 cents)などの通貨単位; 記号 R, Re, r.》. ❷ 1 ルピー貨. 〖Hind < Skt＝鍛造した銀〗

Ru·pert /rúːpət | -pət/ [名] ルーパート《男性名》.

⁺**rup·ture** /rʌ́ptʃə | -tʃə/ [名] [CU] ❶ (血管・内臓などの)破裂, (腱などの)断裂; (一般に)破裂: the ～ of a blood vessel 血管の破裂. ❷ 決裂, 断絶; 仲たがい, 不和 〔*between, with*〕: a ～ ***between*** friends 仲たがい / come to a ～ 〈交渉が〉決裂する; 不和になる. ❸ 〘医〙 ヘルニア, 脱腸.

── [動] [他] ❶ 〈血管などを〉破る, 裂く, 破裂[断裂]させる: ～ a blood vessel 血管を破る. ❷ 〈関係などを〉断絶[決裂]させる; 仲たがい[不和]にする: ～ a connection 関係を断つ, 縁切りをする. ❸ 〘医〙 a 〈…に〉ヘルニアを起こす. b [～ one*self* で] ヘルニアになる. ── [自] ❶ 裂ける, 破裂する. ❷ 〘医〙 ヘルニアにかかる. 〖F < L *rumpere, rupt-* to break; cf. abrupt, bankrupt, corrupt, disrupt, erupt, interrupt〗

rúpture·wòrt [名] 〘植〙 ナデシコ科コゴメビユ属[ヘルニアリア属]の草本, (特に)コゴメビユ《ヘルニアに効くとされた匍匐(ほふく)植物》.

***ru·ral** /rú(ə)rəl/ [形] (**more** ～; **most** ～) [A] ❶ (都会 (urban) に対して)いなかの, 田園の, いなか風の, いなかじみた: ～ bus service いなかのバスの便 / ～ life 田園生活 / a ～ scene 田園風景. ❷ (比較なし) 農業の: a ～ economy 農業経済. 〖F < L < *rus, rur-* いなか (cf. rustic); 原義は「広い空間」〗 【類義語】**rural** 都会の (urban) 生活やものに対していなかの生活やものを示す. **rustic** 好意的にまたはけなして, いなかの人たちの粗野[素朴]なことを強調する. **pastoral** 田園の単純・素朴で平和な生活を強調し, 詩的な連想を持つ.

rúral déan [名] 〘英国教〙 地方監督[司祭] 《archdeacon の補助役》.

rúral (frée) delívery [名] [U] 《米》 地方(無料)郵便配達 《略 R(F)D》.

ru·ral·ism /rú(ə)rəlìzm/ [名] [U] いなか風; いなか[田園, 農村]生活; いなか風のことば[表現].

rú·ral·ist /-lɪst/ [名] 田園[農村]生活(主義)者.

ru·ral·ize /rú(ə)rəlàɪz/ [動] [他] いなか風にする, 田園化する. ── [自] 田園生活をする. **rù·ral·i·zá·tion** /rù(ə)rəlaɪ-/ [名]

rúral róute [名] 《米》 地方無料郵便配達路[区域].

rur·ban /rə́ːb(ə)n | rə́ː-/ [形] 田園都市の[に住む]; 都市郊外にある[住む].

Ru·rik /rú(ə)rɪk/ [名] リューリク《?–879; ロシアを建国したノルマン人の首長; リューリク朝 (862?–1598) の祖》.

Ru·ri·ta·ni·a /rù(ə)rətéɪniə/ [名] ルリタニア《Anthony Hope の冒険小説 *The Prisoner of Zenda* などの舞台となったヨーロッパ中部の架空の王国》; [比喩的に] ロマンスと冒険と術策に満ちた国. **Rù·ri·tá·ni·an** /-niən←/ [形]

ru·sa /rúːsə/ [名] 〘動〙 ＝sambar.

⁺**ruse** /ruːs, ruːz | ruːz/ [名] 策略, 計略 (trick).

***rush**[1] /rʌʃ/ [動] [自] ❶ [通例副詞(句)を伴って] a 急ぐ, 急行する; 急いで行動する; (ある方向に)突進する, 殺到する (hurry): Don't ～; there is plenty of time. あわてなさん

な, 時間はたっぷりある / I must ~. I'm late. 急がなくては. 遅れちゃったんだ / ~ home 家路を急ぐ / Fools ~ in where angels fear to tread. 《諺》天使が恐れて踏み込まぬ所へも愚者は突入する, 「めくら蛇におじず」/ The boys ~ed out of [~ed into] the room. 少年たちはどっと部屋から駆け出した[へ駆け込んできた]. b 急いで[…]する; 急いで[…]する: [+to do] I ~ed to send in my application. 急いで願書を出した. ❷ 性急[軽率]に〈行動などに〉移る: ~ into things [it] 〈事を〉あわてる, 早まる / ~ to extremes 極端に走る / We should avoid ~ing to conclusions. 早まって結論を下すことは避けるべきだ. ❸ 急に〈…〉に起こる[現われる]〈to, into, before〉: Blood ~ed to his face. 血がさっと彼の顔に上った. ❹ 《アメフト》ボールを持って突進する, ラッシュする; ラッシュして〈ヤードを〉稼ぐ〈for〉.
——他 ❶ 〈…を〉急がせる, 急いで行なう: Don't ~ him; he tends to panic. 彼をせかせないでくれ, 彼はあわてるたちだから / It's bad to ~ your meals. 食事を急いですませるのはよくない / I was ~ed into signing the contract. せきたてられてその契約書に署名してしまった. ❷ 〈…に〉押し寄せる, 突撃する: We ~ed the enemy. 我々は敵に突撃した / They ~ed the platform and knocked down the speaker. 彼らは演壇に押し寄せて演説者を殴り倒した. ❸ 〈もの・人を〉…へ急送する, 急いで連れていく: ~ off a message 至急報を送る / We ~ed him to a hospital. 我々は急いで彼を病院にかつぎこんだ / Relief supplies were ~ed to the stricken area. 救援物資が被災地に急送された. ❹ 《米口》 a 〈学生を〉〈学生クラブに勧誘するため〉歓待する; 〈学生から〉〈学生クラブの〉歓待を受ける. b 〈女性に〉しつこく言い寄る. ❺ 《アメフト》〈敵に〉突進する, ラッシュをする.

rúsh a person òff his féet 〈人を〉せきたてる; 〈人を〉忙しく働かせる.

rúsh aróund (自+副) 大急ぎで(たくさんのことを)やる, (あれやこれやと)とびまわる: We ~ed around and got everything ready. 大急ぎでとびまわってすべての準備を整えた.

rúsh óut (他+副) 〈製品・本などを〉緊急に[大急ぎで]発売[出版]する.

rúsh thróugh (他+副) 〈法案などを〉急いで通す; 〈仕事などを〉急いで片づける: They ~ed the bill *through*. 彼らはしゃにむにその議案を通過させた.

——名 ❶ C a 突進, 猛進, 殺到; 突撃, 急襲: a ~ of rain 激しい雨 / a ~ of wind 一陣の突風 / make a ~ for the door 戸口へ向かって突進する. b (感情の)激発(surge): a ~ of anger わき立つ怒り, 激怒. c 〈薬物などによる〉陶酔感, ハイな気分. ❷ U [また a ~] あわただしい活動, あわただしさ; 多忙, 繁忙; ラッシュ, 混雑時: the Christmas ~ クリスマス季節の混雑 / the ~ of city life 都会生活のあわただしさ / He's always in *a* terrible ~. 彼はいつもとてもあわただしい / There's no ~. 急ぐ[急ぐ]必要はない / The ~ is over. ラッシュは終わった / What's the ~? なぜそんなに急いでいるのか. ❸ [単数形で] 〈…への〉〈注文・人気などの〉殺到, 〈…の〉あこがれ: a ~ for [on] new-model cars 新型自動車への人気の殺到 / [+to do] There was a sudden ~ to get the best seats. いちばんいい席をとろうと注文が殺到した. ❹ [a ~] 新開地・新金山などへの殺到, ラッシュ: a gold ~ =a ~ for gold 金鉱熱, ゴールドラッシュ / a ~ to the gold fields 金鉱地への殺到. ❺ C [複数形で]《映》《アメフト》ラッシュ(撮影直後に作る下見・編集用プリント). ❻ C 《アメフト》ラッシュ(ボールを持って突進すること).

——形 殺到する, 忙しい; 急ぎの, 急いでこしらえた: a ~ order 急ぎの注文する / a ~ job 急いで[やっつけ]仕事 / ⇒ rush hour. ~**·er** 名

〖F〈L=押し返す〗

rush² /ráʃ/ 名《植》イグサ, イ, トウシンソウ(灯心草) 〔むしろ・かごなどを作る〕. ——形 A イグサで作った: a ~ bed [basket] イグサ製のベッド[かご].

rúsh cándle 名 =rushlight.

rushed 形 急いでいた, あわただしい.

†**rúsh hòur** 名 C,U 混雑時間, ラッシュアワー.

1577　　　　　　　　　　　　　**Russian Soviet**

rúsh-hòur 形 A ラッシュアワーの: get caught in (the) ~ traffic ラッシュアワーの交通渋滞に巻き込まれる.

rúsh·ing 名 U,C ❶ 《アメフト》ラッシュしてボールを進めること; (相手選手に)ラッシュすること; ランニングプレーで進んだ距離. ❷ 《米口》友愛クラブ勧誘のための歓待(の期間).

rúsh·lìght 名 灯心草ろうそく《昔トウシンソウ(rush)の髄を蠟(ろう)にひたして作った細いろうそく》.

Rush·more /ráʃmɔə | -mɔ:/, **Mount** 名 ラシュモア山《米国 South Dakota 州にある山; 花崗岩の絶壁に Washington, Jefferson, T. Roosevelt, Lincoln の4人の大統領の頭像が刻まれている; もとインディアンの聖域》.

Mount Rushmore

rush·y /ráʃi/ 形 (**rush·i·er**; -i·est) イグサ(rush²)のような[作った]; イグサの多い.

rusk /rásk/ 名 ラスク《薄切りのパンを天火で硬く焼いたもの》: ~*s* for babies 乳児に与える(歯固め)ラスク.

Russ. (略) Russia; Russian.

Rus·sell /rás(ə)l/, **Ber·trand (Arthur William)** /báː-/ 名 ラッセル (1872–1970; 英国の数学者・哲学者・著述家; Nobel 文学賞 (1950)).

Russell, Bill 名 ラッセル (1934– ; 米国のバスケットボール選手).

Russell, Charles 名 ラッセル (1852–1916; 米国の宗教指導者; エホバの証人 (Jehovah's Witnesses) を創始).

rus·set /rásɪt/ 名 U あずき色(の), 朽ち葉色(の).

*****Rus·sia** /ráʃə/ 名 ❶ ロシア(連邦) (the Russian Federation) 《ヨーロッパ東部からアジア北部に至る世界最大の面積を有する国; 首都 Moscow》. ❷ (1917 年以前の)ロシア帝国 (1917 年の革命で滅亡; 首都 St. Petersburg).

Rússia léather [**cálf**] 名 U ロシア革《製本用など》.

*****Rus·sian** /ráʃən/ 形 ロシア(人, 語)の. ——名 ❶ C ロシア人. ❷ U ロシア語(略 Russ.).

Rússian bóot 名 ロシア風長靴《ふくらはぎまであるゆったりしたもの》.

Rússian dóll 名《通例複数形で》マトリョーシカ《木製の人形の中にそれよりひとまわり小さい人形が入っていてそれが何体にもなったロシア民芸人形》.

Rússian Émpire 名 [the ~] ロシア帝国 (⇒ Russia 2).

Rus·sian·ism /ráʃənìzm/ 名 U ロシア(人)びいき; ロシア(人・語)の特質.

Rus·sian·ize /ráʃənàɪz/ 動 他 ロシア化する; ロシアの統制[影響]下に置く. **Rus·sian·i·za·tion** /rìʃənɪzéɪʃən | -naɪz-/ 名

Rússian ólive 名《植》ホソバグミ《地中海から中西部アジアにかけての原産》.

Rússian (Órthodox) Chúrch 名 [the ~] ロシア正教会《東方正教会の一派》.

Rússian Revolútion 名 [the ~] ロシア革命 (1917 年 3 月(旧ロシア暦 2 月)と同年 11 月(旧ロシア暦 10 月)の革命).

Rússian rouletté 名 U ロシア式ルーレット《弾丸が1発入っている拳銃の弾倉を回し, 自分の頭に向けて引き金を引く無謀な遊び》: play (at) ~ ロシア式ルーレットをやる.

Rússian sálad 名 ロシア風サラダ《さいの目に切った野菜をマヨネーズであえたサラダ》.

Rússian Sóviet Féderated Sócialist Repúblic 名 [the ~] (昔の)ロシアソビエト連邦社会主義共和国《旧ソビエト連邦の中核をなした共和国; 1991 年ロシア連邦 (the Russian Federation) として独立; 首都 Moscow; cf. Russia 1, Soviet Union》.

Rússian téa 名 ⓤ ロシア紅茶, ロシアンティー《ジャムやウオッカを加えて大きなタンブラーで飲む紅茶》.

Rússian víne 名 【植】ナツユキカズラ《アジア産のタデ科のつる性植物; 白色の花の長い房をつける》.

Rússian wólfhound 名 =borzoi.

Rus·si·fy /rÁsəfàɪ/ 動 他 =Russianize. **Rus·si·fi·ca·tion** /rÀsəfɪkéɪʃən/ 名

Russ·ki, Russ·ky /rÁski/ 名 (複 **Rúss·kies, -kis**) (口)《軽蔑または戯言的に》ロシア人[兵].

Rus·so- /rÁsoʊ/《連結形》「ロシア(人の)」「ロシアと…の」: the *Russo-*Japanese War 日露戦争 (1904-5).

Rus·so·phile /rÁsəfàɪl/ 名形 ロシアびいきの人(の), 親露家(の).

Rus·so·phil·i·a /rÀsəfíliə/ 名 ⓤ ロシア賛美.

Rus·so·phobe /rÁsəfòʊb/ 名形 ロシア嫌い[恐怖症]の人.

Rus·so·pho·bi·a /rÀsəfóʊbiə/ 名 ⓤ ロシア嫌い, ロシア恐怖症.

†**rust** /rÁst/ 名 ⓤ ❶ (金属の)さび: be covered with ~ さびている. ❷【植】さび病, 赤さび色. — 動 ⓘ ❶ a 〈金属が〉さびる, 腐食する: The lock had ~*ed away*. 錠前はすっかりさびついていた. b (使用しないため)鈍る, 役に立たなくなる 〈*out, away*〉: Better wear out than ~ *out*. (諺)さびきってしまうよりもすり減ってしまうほうがいい. ❷ さび色になる. ❸【植】さび病にかかる. — 動 他 ❶ a …をさびさせる, 腐食させる. b (使用せずに)…を鈍らせる. ❷【植】〈植物を〉さび病にかからせる. 〖OE; 原義は「赤くなった」〗(形 rusty; 関形 ferruginous)

rúst bèlt 名《米》〖しばしば R- B-〗さび地帯, 斜陽鉄鋼業地帯《かつては鉄鋼・自動車産業などで栄えたその後は不況にあえぐ, 米国中西部・北東部を中心とする工業地帯》.

rúst bùcket 名 (口) 老朽船, ぼろ船, ぼろ車, ひどくさびた車.

rúst-còlored 形 赤さび色の.

†**rus·tic** /rÁstɪk/ 形 (**more ~; most ~**) A ❶ a いなかの, いなか生活の; いなかじみた, 質朴な, 飾りのない: charm [peace] いなかの魅力[平穏]. b 不作法な, 粗野な: ~ manners 粗野な物腰. ❷ (比較なし)〈家具・建造物など〉荒造りの; 丸太造りの: a ~ bridge [chair] 丸太橋[いす] / ~ furniture いなか風の荒造り家具. — 名 いなか者;(特に)百姓. **rús·ti·cal·ly /-kəli/** 副 〖L *rus, rur-* いなか (cf. rural)〗(動 rusticate & rusticity)〖類義語〗⇒ rural.

rus·ti·cate /rÁstɪkèɪt/ 動 いなかに行く; いなか住まいをする. — 動 他 ❶ a 〈人を〉いなかへやる. b 〈…を〉いなか風にする. ❷ (英)〈大学生を〉停学処分にする. **rus·ti·ca·tion** /rÀstɪkéɪʃən/ 名 (形 rustic).

rus·tic·i·ty /rÁstísəti/ 名 ⓤ いなか風; 質朴, 質素; 粗野.

†**rus·tle** /rÁsl/ 動 ⓘ ❶ a 〈紙・木の葉・絹などが〉さらさら[かさかさ]音を立てる: The leaves ~*d* in the breeze. 木の葉がそよ風に揺れてさらさらと鳴った. b 〖通例副詞句を伴って〗さらさら[さかさか]音をさせて動く[歩く]. ❷《米》精力的に,活躍する. — 動 他 ❶ 〈紙・木の葉・絹などを〉さらさらゆるがす, がさがささせる: The wind ~*d* the leaves. 風に吹かれて木の葉がさらさらと音を立てた / Don't ~ your program. (開演中に)プログラムをがさがささせるな. ❷ 〈牛・馬を〉盗む. **rústle úp** (他+副)(口)〈…を〉骨折ってかき集める; 大急ぎで整える[作る]: We ~*d up* some food *for* our unexpected guests. 突然のお客のために大急ぎでごちそうの用意をした. — 名 [単数形で] さらさら鳴る音, 衣ずれの音. 〖擬音語〗

rús·tler 名 《米》牛[馬]泥棒.

rúst·less /-ləs/ 形 ❶ さびのない, さびついていない. ❷ (英)=rustproof.

rús·tling 名 ❶ ⓤⓒ さらさらいうこと[音]: the ~(*s*) of leaves 木の葉のさらさらいう音. ❷ ⓤ 《米》牛[馬]泥棒(行為).

rúst·pròof 形 〈金属が〉さびない.

†**rust·y** /rÁsti/ 形 (**rust·i·er; -i·est**) ❶ さびた, さびついた: a ~ old knife さびた古ナイフ / The machine is getting ~. その機械はさびかけている. ❷ P 〈能力などさびついて〉: My mathematics is pretty ~. 私の数学もずいぶんさびついた[あやしくなった]. b 〈人が〉(能力などに関して)(使用しないため)鈍く〈*at, on, in*〉. ❸ さび色の, 色のさめた. ❹ (声が)しゃがれた. **rúst·i·ly /-təli/** 副 **rúst·i·ness** 名 (名 rust)

rústy-dústy 名《米俗》尻《しばしば 'なまけ者の尻' という含みをもつ》.

†**rut¹** /rÁt/ 名 ❶ わだち, 車の跡. ❷ [a ~] 決まりきったやり方, 型: be (stuck) in a ~ …型にはまる / get into [out of] a ~ 型にはまる[型から抜け出る]. 〖ROUTE の変形〗

rut² /rÁt/ 名 ⓤ 〖the ~〗(雄ジカ・雄牛などの)さかり, 発情, 発情期. — 動 ⓘ (**rut·ted; rut·ting**) さかりがつく, 発情する.

ru·ta·ba·ga /rùːtəbéɪɡə/ 名 ⓤⓒ 【植】スウェーデンカブ, ルタバガ (swede)《アブラナ科; 根が黄色いカブ状に肥大する; 食用》.

Ruth /rúːθ/ 名 ❶ ルース《女性名》. ❷ 【聖】ルツ《Boaz と結婚し David の先祖となった婦人》. ❸ 【聖】ルツ記《旧約聖書中の一書》.

Ruth, George Her·man /hɚː´mən | há:-/ 名 (ベーブ)ルース (1895-1948; 米国の野球選手; 通算本塁打 714 本; 愛称 Babe Ruth).

ru·the·ni·um /ruːθíːniəm/ 名 ⓤ 【化】ルテニウム《白金に類する金属元素; 記号 Ru》.

Ruth·er·ford /rÁðəfəd | -ðəfəd/, **Ernest** 名 ラザフォード (1871-1937; ニュージーランド生まれの英国の物理学者; Nobel 化学賞 (1908)).

ruth·er·for·di·um /rÀðəfóːdiəm | -ðəfóː-/ 名 ⓤ 【化】ラザホージウム《人工放射性元素; 第 1 番目の超アクチニド元素; 第 12 番目の超ウラン元素; 記号 Rf》.

*__ruth·less__ /rúːθləs/ 形 (**more ~; most ~**) 無慈悲な, 無情な, 冷酷な (merciless): a ~ killer 冷酷な殺人鬼 / The Mafia are ~ in their methods. マフィアは自分たちのやり方に情け容赦をしない. **~·ly** 副 情け容赦なく, 無情に, 冷酷に. **~·ness** 名 ⓤ 無慈悲, 無情, 冷酷.

ru·ti·lant /rúːtələnt/ 形 赤く光る, ギラギラと輝く.

ru·tile /rúːtiːl | -tàɪl/ 名 ⓤ 【鉱】金紅石, ルチル.

ru·tin /rúːtɪn/ 名 ⓤ 【薬】ルチン《毛細管の脆弱(ぜいじゃく)性を軽減するのに用いられる生体フラボノイド》.

rut·ted /rÁtɪd/ 形 わだち[車の跡]のできた.

rút·ting /-tɪŋ/ 形 〈雄ジカなど〉発情している, 発情期の.

rút·tish /-tɪʃ/ 形 さかりのついた; 好色な, わいせつな.
~·ly 副 **~·ness** 名

rut·ty /rÁti/ 形 (**rut·ti·er; -ti·est**) 〈道路など〉わだちの多い. (名 rut¹)

Ru·wen·zo·ri /rùːənzóːri/ 名 ルウェンゾリ《ウガンダとコンゴ民主共和国の国境にある山群》.

RV (略) recreational vehicle; Revised Version (of the Bible).

Rwan·da /ruːáːndə | ruén-/ 名 ルワンダ《アフリカ中東部の共和国; 首都 Kigali》. **Rwán·dan /-dən/** 名形

Rx (記号) 処方. 〖L *recipe* を表わす記号〗

Ry (略) railway.

-ry /ri/ 接尾 〖名詞語尾〗 -ery の異形.

Ry·der Cùp /ráɪdə- | -də-/ 名 〖the ~〗ライダーカップ《欧米のプロゴルファーによる隔年開催のゴルフトーナメント (1927-)》.

†**rye** /ráɪ/ 名 ❶ ⓤ a 【植】ライムギ. b ライ麦《ライムギの種[粒]》; ライ麦パン; ライウイスキーの原料または家畜の飼料; ⇒ wheat 2【比較】. ❷ = rye bread. ❸ = rye whiskey.

rýe bréad 名 ⓤ ライ麦(製の黒)パン.

rýe gràss 名 ⓤ 【植】ドクムギ属の各種牧草,(特に)ホソムギ (ryegrass) 《牧草》.

rýe whískey 名 ⓤⓒ ライウイスキー《ライ麦を原料の 51% 以上用いたもの》.

Ryu·rik /rúː(ə)rɪk/ 名 =Rurik.

S s

s, S¹ /és/ 名 (複 ss, s's, Ss, S's /~ɪz/) ❶ C|U エス《英語アルファベットの第 19 字》. ❷ U 《連続したものの》第 19 番目(のもの).

S² /és/ 名 (複 S's, Ss /~ɪz/) S 字形(のもの).

S 《記号》second 秒. **S** 《略》siemens; small; 《記号》化 sulfur. **s**《略》see; set; shilling(s); solidus; son; south; steamer; substantive. **s., S.** 《略》school; secondary; senate; signature; singular; society; soprano. **S, S.** 《略》south; southern. **S.** 《略》Saint; Saturday; Señor; September; shilling(s); Signor; Society; Sunday.

$, $ 《略》dollar(s): $100 100 ドル《読み方》one [a] hundred dollars と読む. 《古代ローマの金貨 solidus の頭文字を装飾化したもの》

*-**s¹** /(有音音の後で) z, (無声音の後で) s/ 屈尾 名詞の複数語尾 (cf. -es¹): dogs, cats.

*-**s²** /(s, z, ʃ, ʒ, tʃ, dʒ の後で) ɪz, əz, (その他の有声音の後で) z, (その他の無声音の後で) s/ 屈尾 動詞の 3 人称単数現在形の語尾 (cf. -es²). It rains. / He works hard.

-**s³** /(有声音の後で) z, (無声音の後で) s/ 屈尾 副詞語尾: always, forwards, indoors, needs, Sundays, 《米》nights. 《古期英語では属格は副詞的に用いられた》

Sabean ⇨ Sabaean.

*-**'s¹** /(有声音の後で) z, (無声音の後で) s/ 屈尾 ❶ **a** 名詞の所有格語尾 《用法》(1) s で終わる固有名詞には通例 -'s, -s' のいずれでもよい: Dickens', Dickens's 《その他の特殊語尾の複数名詞にはアポストロフィー (') だけを付ける: a girls' school; 不規則変化の名詞 (s で終わるものを除く) には -'s をつける: women's wear; (2) 人間・動物以外の名詞のときは of 句を用いるのが原則 (cf. of A 1)): Tom's, men's, cat's, wife's, nurse's. **b** another, other, one のほか -one, -body で終わる不定代名詞の所有格語尾. ❷ 文字・数字・略語などの複数語尾 《用法》(') は略すこともある): t's / 3's / MP's / the 1990s 1990 年代 / get five As 成績で A を 5 つとる. ❸ 人の家の, 《英》特定の職業の店舗を表わす: at the Jackson's / at the florist's《《米》は at the florist という》.

*-**'s²** /(有声音の後で) z, (無声音の後で) s/《口》❶ **is** の短縮形: He's (=He is) a student. 彼は学生です / That's (=That is) right. そのとおりです. ❷ **has** の短縮形: He's (=He has) done it! 彼は(それを)やってのけたぞ! / The cake's (=cake has) been baked. ケーキはもう焼けているよ. ❸ **does** の短縮形《用法》疑問詞の後でのみ用いられる): How's (=How does) he do it? 彼はそれをどのようにするのだろう / What's (=What does) he want? 何が欲しいのかしら.

用法 いずれの短縮形も文末で用いることはできない. 従って I wonder where he is. (彼はどこにいるのだろうか) は正しいが, I wonder where he's. は正しくない.

*-**'s³** /s/《口》**us** の短縮形《用法》let's (=let us) の言い方の時以外は(方)): Let's go. さあ出かけましょう.

SA《略》Salvation Army; South Africa; South America; South Australia.

Saa·mi /sáːmi/ 名 =Sami.

Saa·nen /sáːnən, záː-/ 名 ザーネン《スイス原産の乳用種のヤギ》.

sab /sáb/《英口》流血を伴うスポーツ[狩猟]を妨害して反対する人: a hunt ~ 狐狩り反対者. ── 動 (sabbed, sab·bing) 他 狩猟を妨害して反対する. 〖SAB(OTEUR)〗

Sa·ba /sáːbə/ 名 (Sheba).

sab·a·dil·la /sæbədílə, -díː(j)ə/ 名 ❶ 〖植〗サバジラ(ユリ科の薬用植物; メキシコ・中央アメリカ原産). ❷ サバジラ子(¹)《その種子; veratrine の原料; かつて医薬用》.

Sa·bae·an, -be- /səbíːən/ 形 サバ[シバ] (Saba) の; サバ[シバ]人の. ── 名 サバ[シバ]人.

sa·ba·yon /sǽbaɪʒːn/ 名 =zabaglione.

Sab·ba·tar·i·an /sæbətéə(r)iən⁺/ 〔しばしば s~〕 形 安息日厳守(主義)の. ── 名 安息日を守るユダヤ[キリスト]教徒; 安息日厳守主義者; 土曜日を安息日とする浸礼教会員.

Sab·bath /sǽbəθ/ 名 ❶ [the ~] 安息日《仕事を休み, 娯楽を慎み, 祈りと休息にあてる日; キリスト教では日曜日, ユダヤ教・一部キリスト教では土曜日》: break *the* ~ 安息日を破る / keep [observe] *the* ~ 安息日を守る. ❷ witches' Sabbath. 〖L<Gk<Heb=「休息」(の日)〗形 sabbatical).

sab·bat·i·cal /səbǽtɪk(ə)l/ 形 研究休暇, サバティカル《研究や旅行のため本来 7 年ごとに大学教授などに与えられる 1 年または半年の有給休暇》: Professor Robins is *on* ~ this year. ロビンズ教授は今年サバティカル中(★ on ~ は無冠詞). ── 形 ❶ サバティカルの: (a) ~ leave サバティカル[研究]休暇. ❷ [S~] 安息日の. 名 Sabbath)

sabbátical yéar 名 =sabbatical.

Sabean ⇨ Sabaean.

*sa·ber /séɪbə/, -**bre** 名 ❶ C サーベル《やや身の重い昔の騎兵刀; cf. bayonet》. ❷ 〖フェン〗 **a** C サーブル《突きと斬りに用いる剣; cf. épée, foil³ 1). **b** U サーブル競技(種目). ── 動 他 〈…を〉サーベルで切る[傷つける]. 〖F<G<Hung or Pol〗

sáber ràttling 名 U 武力による威嚇.

sáber sàw 名 〖機〗携帯用電動鋸引きのこ.

sáber-tòoth 名 =saber-toothed tiger.

sáber-tòothed tíger 名 〖古生〗剣歯トラ[虎](˚⁺), スミロドン《絶滅したネコ科の動物; 犬歯がサーベル状に発達》.

sáber-wìng 名 〖鳥〗カタバネハチドリ《南米産》.

Sa·bi·an /séɪbiən/ 名 形 サービア教徒(の)《宗派としての実体には諸説あるが, Koran ではイスラム・ユダヤ・キリスト教徒と等しく真の神の信者と認めている》.

Sa·bin /séɪbɪn/, **Albert Bruce** 名 セービン《1906–93; ポーランド生まれの米国の医師・細菌学者; ポリオワクチンを開発した》.

Sábin vaccíne 名 U セービンワクチン《ポリオの経口生ワクチン》.

sa·ble /séɪbl/ 名 ❶ **a** C 〖動〗 クロテン. **b** U クロテンの毛皮. ❷ U 《詩》黒色. ── 形 ❶ クロテンの毛[皮]で作った: a ~ coat クロテンのコート / a ~ brush クロテンの画筆. ❷《詩》黒い, 暗黒の.

sáble àntelope 名 〖動〗セーブルアンテロープ《後方に曲がった長い角をもつ黒褐色の大型のレイヨウ; アフリカ南部・東部産》.

sáble-fìsh 名 〖魚〗ギンダラ《北太平洋産》.

sab·ot /sæbóu, -²-/ 名 (複 ~**s** /-z/) ❶ サボ, 木靴《木をくり抜いて作る靴; フランス・オランダなどの農民がはいた》. ❷ 〖軍〗弾底板, (縮射用の)送弾筒. ❸ 〖トランプ〗札箱. 〖F↓〗

+**sab·o·tage** /sǽbətɑː(d)ʒ/ 名 U ❶ サボタージュ《労働争議中に労働者が機械・製品などに故意に損傷を加えること; 匿意 日本語で言う「サボタージュ」は「怠業, サボること」の意で用いられ, 器物破壊の意はないが, 英語の sabotage には「怠業」の意はない;「怠業」の意味には《米》slowdown, 《英》go-slow を用いる》. ❷ 妨害[破壊]行為. ── 動 他 〈…を〉故意に妨害[破壊]する: ~ a person's plan(s) 人の計画を妨害する. 〖F; もとフランスの労働者が争議中木靴 (sabot) で機械などを破壊したことから〗

+**sab·o·teur** /sæbətɑː(r)/, -tɑː²-/ 名 サボタージュをする人. 〖F ↑〗

sa·bra /sáːbrə/ 名 〔時に S~〕イスラエル生まれのユダヤ人,

本国生まれのイスラエル人.
sa・bre /séibə│-bə/ 名 動 《英》 =saber.
sa・bre・tache /sǽbrətæʃ│sǽbrə-/ 名 騎兵用図嚢《サーベルの帯革から左腰に下げた》.
sa・breur /səbrə́ː, sæ-│-brə́ː/ 名 サーベルを帯びた騎兵; 剣士.
†**sac** /sǽk/ 名 《動・植》 囊(ゥ); 液嚢, 気嚢.
SAC /sǽk/ 《略》 Strategic Air Command.
Sac・a・ga・we・a, -ja- /sǽkədʒəwíːə, -wéiə/ 名 サカジャウェア (1786?–1812; 北米先住民の女性; 夫とともに W. Clark らの探検隊に従い, 太平洋岸に達した (1805)).
sac・cade /sækáːd/ 名 [通例 複数形で] 《動・生理》 断続的な[性]運動, サッカード《読書の際などの眼球の瞬間的な運動など》. **sac・cád・ic** 形
sac・cate /sǽkeit, -kət/ 形 《動・植》 袋[嚢]状の, 嚢[包]状に包まれた.
sac・cha・ride /sǽkəràid, -rid/ 名 《生化》 糖類.
sac・cha・rim・e・ter /sæ̀kərímətə│-tə/ 名 検糖計.
sac・cha・rin /sǽk(ə)rin/ 名 U 《化》 サッカリン《甘みの強い合成粉末》. 《L‹Gk‹Skt‹砂糖》
sac・cha・rine /sǽk(ə)rin, -kəriːn/ 形 ❶ 《態度・言葉・声などが》 いやに甘ったるい. ❷ 糖の(ような); 甘すぎる.
sac・cha・rom・e・ter /sæ̀kərámətə│-tə/ 名 検糖計.
sac・cha・rose /sǽkəròus, -ròuz/ 名 =sucrose.
sac・cu・lar /sǽkjulə│-lə/ 形 嚢状の.
sac・cule /sǽkjuːl/ 名 《解》 小嚢, (特に内耳迷路の)球形嚢.
sac・cu・lus /sǽkjuləs/ 名 (複 -li /-lài/) =saccule.
sac・er・do・tal /sæ̀sədóutl, sæk-′/ 形 ❶ 聖職(者)の, 司祭の, 僧侶の. ❷ 僧権[聖職]尊重の.
sàc・er・dó・tal・ism /-təlìzm/ 名 U ❶ 司祭制; 聖職者の慣行. ❷ 聖職尊重主義.
sa・chem /séitʃəm/ 名 ❶ 《北米先住民, 特にアルゴンキン部族同盟の》首長. ❷ 指導者, リーダー.
Sa・cher tor・te /sáːkətɔərtə, záː-│-kətɔ́ː-/ 名 ザッハトルテ《オーストリアのチョコレートケーキ; チョコレート風味のスポンジケーキにアプリコットジャムを塗り, さらに表面全体をチョコレートでコーティングしたもの》.
sa・chet /sæʃéi│-′-/ 名 ❶ 《英》 (1 回分のシャンプーや砂糖などが入っている)小さい袋[包み] (《米》 packet). ❷ (引き出しや洋服だんすに入れて洋服に香りをつける)におい袋. 《F‹sac 袋‹L‹-et》
*****sack**[1] /sǽk/ 名 ❶ a 大袋《穀物・石炭・粉・ジャガイモなどを入れる麻・ズックなど粗い布で作られた通例長方形の袋》. b そのひと袋分 (sackful): three ~s of potatoes ジャガイモ 3 袋. ❷ 《米》 袋《買い物客が購入した品物を詰めて渡す通例厚手の紙袋》: a grocery ~ (食料品店で品物を入れてくれる)買い物袋. b そのひと袋分: a ~ of candy キャンディーひと袋. ❸ C 《米》 袋《婦人・子供用の》 a ゆるやかな上着. b =sack dress. ❹ [the ~] 《米俗》 寝床: in the ~ 床についている / hit the ~ 床について寝る. ❺ C a 《野》 塁, ベース. b 《アメフト》 サック (cf. sack[2] 1). **gét the sáck** 《口》 首になる. **gíve a person the sáck** 《口》 人を首にする. ── 動 ❶ 〈…を〉(大)袋に入れる: ~ potatoes ジャガイモを大袋に詰める. ❷ 《口》 〈人を〉解雇する, 首にする (fire): You're ~ed! お前は首だ. ❸ 《アメフト》 〈クォーターバックを〉サックする《スクリメージラインの後方でパスを投げようとしているところにタックルする》. **sáck óut** (自+副) 《米俗》 寝る. 《L‹Gk‹Sem》
sack[2] /sǽk/ 動 (他) ❶ 〈占領町や×都市を〉略奪[蹂躙(ஜ゙゙ぅ)]する. ❷ 〈場所から〉貴重品を盗む. ── 名 [the ~] (占領地の)略奪, 蹂躙: put a city to the ~ 都市を略奪する.
sack[3] /sǽk/ 名 U,C サック(ワイン)《16,17 世紀にスペインどから英国に輸入された辛口の白ワイン》.
sack・but /sǽkbʌt, -bət/ 名 《楽》 サックバット《中世のトロンボーン》; サックバット奏者.
sáck・clòth 名 U ❶ 袋用麻布, ズック. ❷ (昔, 服喪・ざんげに着た)袋地の粗布. **in sáckcloth and áshes** 悲哀に沈んで; 深く後悔して《★聖書「マタイ伝」から》.

sáck còat 名 サックコート《ウエストラインのない短めのゆったりした男性用上着》.
sáck drèss 名 サックドレス《体の線に合わせないでゆったりと作った婦人用ドレス》.
sack・ful /sǽkfùl/ 名 (大袋)ひと袋分 (sack): a ~ of charcoal 炭ひと袋.
*****sack・ing** /sǽkiŋ/ 名 ❶ U =sackcloth 1. ❷ C [通例 複数形で] 首にすること, 解雇 (dismissal). ❸ =sack[1] 5b.
sáck lùnch 名 《米口》 弁当 (bag lunch).
sáck ràce 名 サックレース, 袋競走《足または下半身を袋に入れて跳びながら進む競走》.
sáck sùit 名 《米》 背広服《上着が sack coat の》.
sacra 名 sacrum の複数形.
sa・cral[1] /séikrəl, sǽk-/ 形 聖式の[による].
sa・cral[2] /séikrəl, sǽk-/ 形 《解》 仙骨 (sacrum) の.
sa・cral・ize /séikrəlàiz, sǽk-/ 動 (他) 神聖にする. **sa・cral・i・za・tion** /sèikrəlizéiʃən, sæk-, -laiz-/ 名
sac・ra・ment /sǽkrəmənt/ 名 ❶ C サクラメント《神の恩寵(ちょう)の印として考えられる宗教的儀式; カトリックでは「秘跡」といい, 洗礼 (baptism)・堅信 (confirmation)・聖体 (the Eucharist)・告解 (penance)・病者の塗油 (anointing of the sick)・叙階 (holy orders)・婚姻 (matrimony) の七つをさす; プロテスタントでは「聖礼典」, 聖公会では「聖奠(ŧhん)」といい, 洗礼と聖餐だけをさす. ❷ [通例 the ~, the S-] a 聖餐(式), 聖晩餐(式): the last ~ 臨終の聖餐[秘跡] / administer [receive, take] the ~ 聖餐式を行なう[受ける]. b 聖餐に用いるパン《カトリックでは the Blessed [Holy] Sacrament という》. 《L=神聖な誓い‹sacer 神聖な (cf. sacred)》 (形 sacramental)
sac・ra・men・tal /sæ̀krəméntl-/ 形 サクラメントの; 秘蹟(せき)の, 聖餐(式)の, 聖餐(式)の: ~ rites 聖餐式 / ~ wine 聖餐用ぶどう酒.
sàc・ra・mén・tal・ism /-təlìzm/ 名 U 《宗教》 サクラメント(礼典, 聖餐)重視(主義).
Sac・ra・men・to /sæ̀krəméntou/ 名 サクラメント《米国 California 州の州都》.
sa・cra・ri・um /səkré(ə)riəm, sæ-/ 名 (複 -i・a /-iə/) ❶ 《教会》 聖所 (sanctuary). ❷ 《カト》 聖水盤 (piscina). ❸ (古代ローマの神殿・邸宅内の)聖所.
sa・cré bleu /sæ̀kreiblə́ː/ 間 ウワッ, くそっ, ちくしょう!
*****sa・cred** /séikrəd/ 形 (more ~; most ~) ❶ a 神聖な, 宗教(的儀式)に関する, 宗教的な, 宗教上の: the ~ altar 聖壇 / the ~ name of Jesus イエスの聖なる名 / the ~ book(s) [writings] 聖書 (聖書・コーランなど) / a ~ concert 聖楽会, 宗教音楽会 / a ~ edifice [building] 教会, 聖堂, 寺院 / ~ history 聖書に記された歴史, 聖史; 宗教[教会]史 / ~ music 聖楽, 宗教音楽 / a ~ number 神聖な数《特に 7》/ be in ~ orders 聖職についている / ~ songs 聖歌, 賛美歌. b 〈動物など神の使いの, 神聖視された〉: ~ sacred cow, sacred ibis. ❷ (比較なし) 〈神・人の霊に〉献じられた, [...を]祭った: a temple ~ to Athena アテナを祭った神殿 / The memorial is ~ to the memory of the Holocaust victims. この記念館は第二次大戦で虐殺されたユダヤ人犠牲者を祭っている. b 〈ある人・目的などに〉専用の. ❸ a 非常に重要な, 不可侵の; 尊重すべき: Freedom of speech is ~ in our country. 私たちの国では言論の自由は不可侵である / Nothing is ~ to... …にとって尊重すべきものが何ひとつない, …は自分の(利益の)ためなら何でもする b (個人にとって)とても大切[大事, 貴重]な **the Sácred Héart (of Jésus)** 《カト》《イエズス》の聖心《やりで貫かれたキリストの心臓; 人類に対する愛の象徴》. **~・ly** 副 **~・ness** 名 《L sacrare 神聖にする‹sacer, sacr- 神聖な; cf. consecrate, sacrament, sacrifice》 《類義語》 ⇒ holy.
Sácred Cóllege 名 [the ~] 《カト》 枢機卿(きょう)会《教皇の最高諮問機関; 教皇を選挙し助言する》.
sácred ców 名 ❶ 《口・軽蔑》 神聖にして犯すべからざる人[もの]《批判・攻撃のできない人・思想・制度など》. ❷ (インドの)聖牛《インドでは牛は神聖な動物として大事に扱われる》.
sácred íbis 名 《鳥》 コシジロトキ《古代エジプトでは神の使

者として尊んだ).

*sac・ri・fice /sǽkrəfàɪs/ 名 ❶ a ＣＵ 神にいけにえをささげること: in … いけにえとして / make a ～ to God 神にいけにえをささげる. b Ｃ (ささげられたいけにえ, ささげもの): kill an ox as a ～ to the gods 神々へのいけにえとして牛を屠る)ふる. ❷ a ＣＵ 犠牲(にすること), 犠牲的行為: at the ～ of … …を犠牲にして / make a ～ of… …を犠牲にする / She made ～s so that her children could have a better life. 彼女は子供たち(自分たち)より豊かな人生を送れるように犠牲を払った. b Ｃ 犠牲になったもの: fall a ～ to …の犠牲となる. ❸ Ｃ (損を覚悟の捨て[投げ]売り: sell at a (considerable) ～ (大)見切りで売る. ❹ ＝sacrifice hit. the final [suprême, últimate] sácrifice (主義・国家・大切な人のために)命を犠牲にする[捨てる]こと. ── 動 ⓣ ❶ 〈動物などを〉神などにいけにえとしてささげる: ～ a sheep to a god 神に羊をいけにえとして供える. ❷ 〈…を〉犠牲にする: He ～d his life to save a wounded comrade. 彼は負傷した戦友を助けるためにわが身を犠牲にした / He ～d his principles for [to] profit. 彼は金もうけのために自分の主義を犠牲にした / I refuse to ～ my political beliefs for money. 私は金のために自分の政治的信念を捨てることを拒否する. ❸ (口) 〈商品を〉捨て[投げ]売りする. ❹ 『野』〈走者を〉犠打[犠牲バント]でに…に進塁させる: Tom ～d the runner to third. トムは犠打を打って走者を三塁へ進ませた. ── ⓘ ❶ 〈…〉にいけにえをささげる: ～ to idols 偶像にいけにえを供える. ❷ 〈…のために犠牲になる: A mother will ～ for her children. 母親は子供のためにはわが身も顧みない. ❸ (口) 捨て[投げ]売りする. ❹ 『野』 犠打を打つ; 犠牲バントをする. 〖F＜Ｌ sacer SACRED＋facere to make (cf. fact)〗

sácrifice búnt 名 『野』 犠牲バント, 犠打.
sácrifice flý 名 『野』 犠牲フライ.
sácrifice hít 名 ＝sacrifice bunt.
sac・ri・fi・cial /sæ̀krəfíʃ(ə)l/ 形 ❶ いけにえの: a ～ lamb [rite] いけにえの小羊[儀式]. ❷ 犠牲的な, 献身的な. -ly 副.
sac・ri・lege /sǽkrəlɪdʒ/ 名 ❶ Ｕ 神聖冒瀆(ぼうとく)(罪)(教会などの聖所侵入・聖具を盗むことなど). ❷ Ｃ (通例単数形で) 罰当たりなこと, けしからぬこと.
sac・ri・le・gious /sæ̀krəlídʒəs, -líː-/ 形 ❶ 神聖を汚す, 神聖冒瀆(ぼうとく)の: a ～ act 冒瀆行為. ❷ 罰当たりな, けしからぬ. -ly 副. -ness 名.
sácring bèll /séɪkrɪŋ/ 名 『カト』 (文) 祭鈴.
sac・rist /sǽkrɪst, séɪ-/ 名 ＝sacristan.
sac・ris・tan /sǽkrɪst(ə)n/ 名 (教会の)聖具保管係[人], 聖具室係; (古) 教会堂番人.
sac・ris・ty /sǽkrɪsti/ 名 (教会の)聖具保管室, 聖具室.
sac・ro・il・i・ac /sæ̀kroʊílɪæ̀k/ 形 『解』 仙腸関節の[に関する].
sac・ro・sanct /sǽkroʊsæ̀ŋ(k)t/ 形 神聖で犯すことのできない, きわめて神聖な: ～ rights 不可侵の権利.
sac・rum /sǽkrəm, séɪ-/ 名 (複 ～s, sa・cra /-krə/) 『解』 仙骨.

*sad /sǽd/ 形 (sad・der; sad・dest) ❶ 悲しい; 悲しそうな, 寂しげな (↔ glad): a ～ face [heart] 悲しい顔[心] / a ～ person 悲しそうな人 / Why are you so ～? どうしてそんなに悲しいの / The news of his death made her ～. 彼女は彼の死の知らせに悲しんだ / We all felt ～ about his death. 我々は皆彼の死を悲しんだ / [～ to do] She was ～ to see him go. 彼が去るのを見て彼女は悲しかった. ❷ 〈物事など〉〈人を〉悲しませる, 悲しむべき, 哀れな: a ～ event 悲しい出来事 / ～ news 悲しい知らせ, 悲報 / a ～ song [story] 悲しい歌[物語] / It is ～ to think that he has left us. 彼が我々のもとを去ったと思うと悲しい (変換 It makes me ～ to think…と書き換え可能で, このほうが口語的) / It is ～ that he should retire. 退き引退するのは悲しいことだ. ❸ Ａ 嘆かわしい, ひどい, けしからぬ, 話にならない: a ～ coward ひどい臆病者 / a ～ mistake とんでもない間違い / a ～ state of affairs 嘆かわしい[悲しむべき]事態[現状] / The children left the room in a ～ state. 子供たちはその部屋を(ちらかし放題にちらかして)惨憺(さんたん)たる状態にした. ❹ (口) 〈人が〉つまらない; 愚かな, どうに

1581 sadism

もならない, 哀れな; 場所[時代]に合わない. ❺ 〈色が〉くすんだ, 地味な: a ～ color くすんだ色. sádder but wíser 悲しい経験を経て賢明になった〘画来 S.T. Coleridge の詩から〙. sád to sáy (通例文頭に置いて) 悲しいことに(は), 残念だが. The sád fáct is (that)… ＝It is a sád fáct that… 悲しい[残念な, 嘆かわしい]ことに(事実は)…だ. 〖OE; 原義は「満足した, 十分な」で「飽き飽きした, うんざりした」を経て現在の意味に変わった (cf. sated)〗 (動 sadden)

SAD /ésèɪdíː, sǽd/ 略 〖医〗 seasonal affective disorder.
Sa・dat /sədáːt, -dǽt/, Mohammed An・war /áːnwaə/ 名 サダト (1918-81; エジプトの政治家; Nobel 平和賞 (1978)).

*sad・den /sǽdn/ 動 ⓣ 〈人を〉悲しませる: Her death ～ed him. 彼女の死は彼を悲しませた / He felt ～ed by her departure. 彼は彼女の出発に悲しい思いをした. ── ⓘ 〈…に〉悲しくなる: She ～ed at the thought of his departure. 彼が出発してしまうことを思って彼女は悲しくなった. (形 sad)

sad・dish /sǽdɪʃ/ 形 もの悲しい, 悲しげな; 〈色が〉少しくすんだ.

*sad・dle /sǽdl/ 名 ❶ Ｃ (馬などの)鞍(くら): put a ～ on a horse 馬に鞍を置く / take [get into] the ～ 馬に乗る. ❷ Ｃ (自転車・バイクなどの)サドル. ❸ ＣＵ (英) 〈羊・鹿の〉鞍下肉 (of). ❹ Ｃ (山の)鞍部(あんぶ) (二つの峰の間の低い背). in the sáddle (1) 馬に乗って. (2) (口) 権力を握って: Who is in the ～? 権力を握っているのはだれですか. ── 動 ⓣ ❶ 〈馬に〉鞍を置く: ～ (up) a horse 馬に鞍を置く. ❷ (通例受身で) a 〈人に〉(責任・負担などを)負わせる: ～ a person with a heavy task ＝saddle a heavy task on a person 人に骨の折れる仕事をやらせる. b [～ oneself で] (責任などを)背負い込む: He ～d himself with numerous debts. 彼はたくさんの借金を背負い込んだ. ── ⓘ ❶ 鞍にまたがる, 馬に乗る. ❷ 馬に鞍をつける 〈up〉. 〖OE＝座るもの〗

sáddle・bàck 名 ❶ 山稜の鞍部. ❷ 『建』 両切妻屋根. ❸ 背に鞍形の斑紋のある各種の鳥獣・魚 (など); 『鳥』 セアカホオダレムクドリ (ニュージーランド産).

sáddle・bàg 名 ❶ (馬などの両側につける)鞍袋. ❷ (自転車・オートバイなどの)サドルバッグ.

sáddle・clòth 名 鞍敷き, 鞍下毛布 (鞍の下に敷いて馬の皮膚を保護する).

sáddle hòrse 名 乗用馬.
sáddle・lèss 形 鞍なしの, 裸馬の.
sád・dler /sǽdlər/ 名 馬具製造[販売]人, 馬具屋.
sad・dler・y /sǽdləri/ 名 ❶ Ｃ 馬具一式, 馬具類. ❷ Ｕ a 馬具製造業, 馬具商. b 馬具製造技術. ❸ Ｃ 馬具製造所, 馬具商.

sáddle shòe 名 (通例複数形で)《米》 サドルシューズ (中央に黒または茶の鞍形の飾り革が入っている通例白のカジュアルシューズ).

sáddle sòap 名 Ｕ 牛脚油を含む革磨き用のせっけん.
sáddle sòre 名 (馬・乗用者の)鞍ずれ.
sáddle-sòre 形 〈人が〉鞍ずれができた, 鞍ずれで痛む.
sáddle stìtch 名 ❶ 『製本』 (週刊誌・パンフレットなどをとじる)中(鞍形)綴(と)じ. ❷ サドルステッチ (革具の周囲を縫う方法).

sad・do /sǽdoʊ/ 名 (複 ～s) (英口) なさけないやつ, しょうもないやつ.

Sad・du・ce・an /sæ̀dʒusíːən, -djuː-/ 形 サドカイ派の.
Sad・du・cee /sǽdʒusìː, -djuː-/ 名 サドカイ教徒 (復活・天使および霊魂の存在などを信じない古代ユダヤ教徒の一派).

Sade /sáːd/, Comte Do・na・tien Al・phonse Fran・cois de /dɔ̀ːnəsjǽːŋ ɑːlfɔ̀ːnz frɑːnswɑ́ː də/ 名 サド (侯爵) (1740-1814; フランスの作家; 通称 Marquis de /máːki də-ǀ máː-/ Sade).

sa・dhu /sɑ́ːduː/ 名 (ヒンズーの)苦行者.
sad・ism /sǽdɪzm, séɪd- ǀ séɪd-/ 名 ❶ Ｕ サディズム, 加

sadist 虐性愛《相手を虐待して性的快感を得る性癖; cf. masochism 2》. ❷《病的な》残酷好き. 《Marquis de SADE この性癖を小説で扱った》

sád·ist /-dɪst/ 图 サディスト, 加虐性愛者; 残酷好きな人.
+**sa·dis·tic** /sədístɪk/ 形 サディスト的な. **-ti·cal·ly** /-kəli/ 副

+**sad·ly** /sǽdli/ 副 (more ~; most ~) ❶〖文修飾〗悲しいことに(は), 残念ながら: S~, he failed (in) the exam. 残念ながら彼は試験に落ちた. ❷ 悲しげに, 悲しそうに: She stood ~ beside the grave. 彼女は墓のそばに悲しげな様子をして立っていた. ❸ ひどく, 嘆かわしいほど: He's lacking in common sense. 彼はひどく常識に欠けている / If you think he will help you, you are ~ mistaken. 彼が助けてくれるとでも思っているのならとんでもない間違いだ.

+**sad·ness** /sǽdnəs/ 图 ❶ Ⓤ 悲しみ, 悲哀. ❷ Ⓒ〖通例複数形で〗悲しい事.【類義語】sorrow.

sàd·o·más·o·chism /sædoʊ-, sèɪd- | sèɪd-/ 图 Ⓤ《精神医》サドマゾヒズム《一人の人間が sadism と masochism の両面をもつ異常性格》. **-masochístic** 形

sád sàck 图《米口》へまなやつ, しょうもないやつ.

s.a.e. /ésèɪ/ 图《略》stamped addressed envelope 切手記名つき返信用封筒.

*****sa·fa·ri** /səfɑ́:ri/ 图 ❶ a《特にアフリカでの》狩猟[探検]旅行, サファリ: go on ~ サファリに出かける. **b**《口》冒険旅行: a sightseeing ~ 観光冒険旅行. 《Arab=旅行》

safári jàcket 图 サファリジャケット (⇨ safari suit).

safári párk 图 サファリパーク《野獣が放し飼いになっていて見物人は車の中から見る動物園》.

safári sùit 图 サファリスーツ《半袖で4つのポケットつきのジャケット (safari jacket) とずぼんの軽装スーツ》.

Sa·fa·vid /sɑːfɑ́ːwɪd/ 图 [the ~s] サファビー朝《イラン最大の民族王朝 (1502-1736)》; サファビー朝の人.

*****safe** /séɪf/ 形 (saf·er; saf·est) ❶ a 安全な, 危険のない (↔ unsafe): a ~ place 安全な場所 / We're ~ here. ここにいれば安全だ / It's not ~ to swim here. ここで泳ぐのは危険だ / We're ~ from attack [discovery] here. ここなら攻撃を受ける[見つかる心配はない] / A child once infected with the measles is ~ from having it a second time. 一度はしかにかかった子供は二度はかからない. **b** 無事な, 安全な; [arrive, bring, come, keep などの後に補語として用いて] 無事に, 安全に: a person's ~ arrival [return] 人の無事な到着[帰り] / They all arrived ~. 皆無事に到着した / I saw her home ~. 彼女を無事な形に送り届けた. ❷ **a** 害のない[にならない], 無害の, 危険のない安全な: a ~ book *for* children 子供に安心して与えられる本 / This medicine is not ~ *for* children. この薬は子供には安全ではない / [+*to do*] I don't think that genetically modified foods are ~ to eat. 遺伝子組み換え食品を食べるのは安全ではないと思う. **b**《監禁などによって》逃亡の心配のない, 加害の恐れのない: We've got the murder suspect ~ in custody. 殺人容疑者はしっかり拘禁してある / The lions are ~ in the cage. ライオンはおりに入っているので危険はない. ❸ **a**〈推量・投資・方法など〉間違いのない, 無難な;〈会社・仕事など〉確実な, 堅実な: That's a ~ guess.《口》そう見ておけば無難である. **b**〈…しても〉差しつかえない[くて]: [+*to do*] a ~ person to confide in《秘密などを打ち明けても大丈夫な人》/ The weather is a subject quite ~ *to* talk about. 天気は話題としてまったく無難です / It's ~ to say that the storm is over. あらしは去ったと言っても間違いではない[大丈夫だ]. ❹ **a**〈人から危なげのない〉用心深い, 慎重な: a *driver* 慎重なドライバー. **b**〈情報源など〉確かな, 信頼できる: from a ~ source 確かな筋から. **c**〈選挙区など〉当選確実な: a ~ Republican seat 当選確実な共和党の議席 / The district is ~. その地区は大丈夫(わが党のもの)だ. **d**《…するのは》確実な, 確実に〈…する〉: [+*to do*] The President is ~ *to* be reelected. 大統領は再選確実だ. ❺〖野球〗セーフの: The runner is ~ (at first). ランナーは(一塁)セーフ.

a sáfe páir of hánds ⇨hand 成句. **(as) sáfe as hóuses** 成句. **be on the sáfe síde** 大事をとる: Let's *be on the* ~ *side* and take the child to the doctor. 大事をとって子供を医者に連れていこう / It's always better [best] to *be on the* ~ *side*. 大事をとることは常によいことだ;「君子危うきに近寄らず」. **bétter sáfe than sórry**〖諺〗用心に越したことはない. **in sáfe hánds** ⇨hand 成句. **pláy (it) sáfe**《口》大事をとる, 冒険をしない: We'd better *play* (*it*) ~ and start at once. 大事をとってすぐ出かけたほうがいい. **sáfe and sóund** 無事に, 恙(つつが)なく《★聖書「ルカ伝」から》: He returned home ~ *and sound* from the war. 彼は戦争から無事に帰還した. **sáfe in the knówledge that**...ということがわかって[かっているので]安心して[自信をもって].

— 图 (働 ~s) ❶ 金庫: a fireproof ~ 耐火金庫 / crack [break (into)] a ~《強盗に入って》金庫を破る. ❷《肉類などの食料を保存しておく》はい帳: ⇨ meat safe. ❸《米俗》コンドーム.

~·ness 图【F<L *salvus* 完全な, 安全な (cf. *salvage, salvation, salvo, save, savior*)】图 safety)【類義語】safe 危険・損害・冒険の恐れのない安全な. secure 危険などを心配する[恐れる]必要のない.

sáfe bét 图 必ずもうする[賭]け.
sáfe·brèaker 图《英》=safecracker.
sáfe·brèaking 图《英》=safecracking.
sáfe-cónduct 图 ❶ Ⓤ《主に戦時の》安全通行権. ❷ Ⓒ《安全を保障する》通行券.
sáfe·cràcker 图《米》金庫破り《犯人》(《英》safebreaker).
sáfe·cràcking 图 Ⓤ《米》金庫破り《行為》(《英》safebreaking).
sáfe depósit 图《貴重品の》安全庫, 保管所.
sáfe-depósit bòx 图 貸し金庫《銀行の地下室などにあって個人に貸す》.
*****sáfe·guard** /séɪfgɑɚd | -gɑ:d/ 動 他 ❶《…から》〈もの・人〉を守る, 保護する (protect)《*against, from*》: ~ one's property 財産を守る / ~ children *against* traffic accidents. 子供を交通事故から守る. — 图 ❶《…に対する》防衛《措置, 手段》, 保護条項《規約》: as a ~ *against*...に対する防衛[予防]《手段》として. ❷ 保護物, 安全装置: a ~ *against* fire 防火設備.

+**sáfe háven** 图 Ⓒ 安全な避難場所; Ⓤ 難民の保護.
+**sáfe hóuse** 图《スパイなどの》隠れ家, 連絡場所, アジト.
sáfe·kèeping 图 Ⓤ 保管, 保護: Those papers are in ~ with him. それらの書類は彼のところに保管されている.
sáfe·light 图《写真の暗室用》安全光.
*****safe·ly** /séɪfli/ 副 (more ~; most ~) ❶ 安全に, 無事に: The parcel reached me ~. 小包は無事手元に着いた. ❷ 間違いなく, 大丈夫: It may ~ be said that...と言っても差しつかえない.
sáfe pèriod 图 [通例 the ~]《妊娠しない》安全期間.
+**sáfe séx** 图 Ⓤ 安全な性行為, セーフセックス《性感染症などにかからないような, 特にコンドームを用いた性行為》.
*****safe·ty** /séɪfti/ 图 ❶ Ⓤ 安全, 無事, 無難, 安全性: ~ first 安全第一《危険防止の標語》/ in ~ 安全に, 無事に / look out for a person's ~ 人の安全を心がける / seek ~ in flight 避難する / The inhabitants have been removed for their own ~. 住民たちは安全のためよそへ移された / There's ~ in numbers.《何をするにも》数の多いほうが安全《★聖書「箴言(しんげん)」から》/ I'm anxious about his ~. 彼の安否が心配だ. ❷ Ⓒ《銃の》安全装置: He made sure the ~ was on. 彼は安全装置がかかっていることを確かめた. ❸〖球技〗安打, ヒット. ❹ 〖《アメフト》〗セーフティ. ❺ Ⓒ《米俗》コンドーム. — 图 安全を確保するための: a ~ device 安全装置 / take ~ measures 安全対策をとる / road ~ rules 道路安全運転規則.《形 safe》.
sáfety bèlt 图 ❶《飛行機・自動車などの》安全ベルト《匹 現在は seatbelt のほうが一般的》. ❷《高所で働く人の》命綱, 安全バンド.
sáfety càge 图〖車〗セーフティケイジ《衝突事故に備えて客室内を守るための補強支柱枠》.

sáfety càtch 名 〈機械・銃の〉安全装置.
sáfety-crítical 形 〈電気システム・プログラムなどの誤作動・故障などが〉人命などの安全に重大な影響を及ぼす; 高い安全性が要求される, 高安全性の.
sáfety cùrtain 名 〈劇場の〉防火幕.
sáfety depòsit 名 =safe deposit.
sáfety-depòsit bòx 名 =safe-deposit box.
sáfety fàctor 名 〖機〗安全率.
sáfety fìlm 名 Ｕ 不燃性フィルム.
sáfety-fírst 形 Ａ 安全第一主義の, とても慎重な: a ~ policy 安全第一主義.
sáfety fùse 名 ❶〈爆薬の〉安全な導火線. ❷〖電〗ヒューズ.
sáfety glàss 名 Ｕ〈割れても破片の散乱しない〉安全ガラス.
sáfety inspéction 名 Ｕ,Ｃ〈米〉車検〈英〉MOT (test)).
sáfety ìsland 名〈米〉〈街路上の〉安全島[地帯](refuge)〈縁石・ペンキなどで仕切って歩行者の安全を守るために設けられた地帯〉.
sáfety làmp 名 〈坑夫が使う〉安全灯.
sáfety lòck 名 安全錠;〈銃などの〉安全装置.
sáfety màtch 名 安全マッチ〈黄燐(%)ｱ)を用いない現在普通に用いられているマッチ〉.
⁺**sáfety nèt** 名 ❶ 安全を保障するもの, 安全策. ❷〈サーカスの〉安全網.
sáfety pín 名 安全ピン.
sáfety ràzor 名 安全かみそり.
sáfety vàlve 名 ❶〈ボイラーの〉安全弁. ❷〈感情・精力などの〉はけ口: act [serve] as a ~ for ...のはけ口になる[の役割を果たす].
sáfety zòne 名〈米〉=safety island.
saf·flow·er /sǽflàuɚ | -làuə/ 名 Ｃ 〖植〗ベニバナ. ❷ Ｕ べにばな〈染料〉.
⁺**saf·fron** /sǽfrən/ 名 ❶ Ｕ 〖植〗 サフラン〈秋咲きの crocus〉. **b** Ｕ サフランの花〈同上の雌しべの黄色い柱頭を乾燥したもの; もと薬用, 今は主に染料・香味料〉. ❷ =saffron yellow.
sáffron yéllow 名 Ｕ サフラン色, 鮮黄色.
S.Afr. (略) South Africa(n).
saf·ra·nine /sǽfrəni:n/, -**nin** /-nɪn/ 名 Ｕ 〖化〗サフラニン〈赤色の塩基性染料〉; 羊毛・絹・顕微鏡標本の染料).
⁺**sag** /sǽg/ 動 (sagged; sag·ging) 自 ❶〈橋・天井・棚などが〉(真ん中が重みで)下がる, たわむ: The shelves are *sagging* under the weight of the books. 棚が本の重みでたわんでいる. ❷ a 〈衣類・ズボンなどが〉たるむ: These trousers ~ in the crotch. このズボンは股がたるむ. **b** 〈筋肉・ほおなどが〉〈老齢・疲労などのため〉垂れ下がる: with *sagging* shoulders 肩を落として. ❸ **a** 〈人の元気がなくなる〉〈精神・気力が弱る, 衰える (droop): His spirits *sagged* when he was told he had to start the job again. 仕事を再び始めなければならないと言われて彼はがっくりきた. **b** 〈小説・劇などの〉途中でおもしろくなくなる. ❹ 〖商〗〈相場・売れ行きが〉一時的に下落する, だれる. ― 名 Ｕ [また a ~] ❶ たるみ: fix the ~ in the ceiling 天井のたるみを直す. ❷ 〖商〗〈相場・売れ行きの〉下落, だれ.
⁺**sa·ga** /sá:gə/ 名 ❶ a サガ〈中世のアイスランド, ノルウェーの英雄・国王などの戦争や業績を記した(散文)物語〉. **b** 武勇談, 冒険談. ❷ 大河小説, 年代記〈一家一門・一社会を伝記[歴史]的に描いた長編小説〉: *The Forsyte S~* フォーサイト家物語 (J. Galsworthy 作の小説). ❸ 〈長い期間にまたがる〉一連の出来事(の経緯をつづったもの). 〖ON=物語, 歴史〗
sa·ga·cious /səgéɪʃəs/ 形〈人・判断など〉賢明な, 利口な〈比較 wise より形式ばった語〉: a ~ choice of personnel 賢明な職員の人選. **~·ly** 副.**~·ness** 名.
sa·gac·i·ty /səgǽsəti/ 名 Ｕ 賢明, 利口.
sag·a·more /sǽgəmɔ̀ɚ | -mɔ̀:/ 名 (New England 地方のアルゴンキン族の)副首長, (下位)首長 (sachem).
Sa·gan /séɪgən/, **Carl (Edward)** 名 セーガン (1934-96; 米国の天文学者・科学解説者).
Sa·gan /sægɑ́:n, sɑ:-/, **Françoise** 名 サガン (1935- ; フランスの作家).

sága nòvel 名 =saga 2.
ság·bàg 名 大型のビーンバッグ (beanbag) 〈クッションタイプの椅子〉.
⁺**sage**¹ /séɪdʒ/ 名 ❶ 賢人, 哲人. ❷ 〈皮肉〉賢人ぶった人. **the Séven Ságes (of Gréece)** 古代ギリシアの七賢人. ―形 ❶ 思慮深く経験に富んだ〈文語〉, 賢明な: ~ advice 賢明な助言 / a ~ counselor 思慮深く経験に富んだ助言者. ❷ 〈皮肉〉賢人[哲人]ぶった. **~·ly** 副. **~·ness** 名. 〖F＜L〗
sage² /séɪdʒ/ 名 Ｕ ❶ 〖植〗セージ, ヤクヨウサルビア; サルビア属の植物の総称. ❷ セージ〈ヤクヨウサルビアの葉を乾燥させたもの; 薬用・香味料〉. 〖F＜L SALVIA〗
ság·brùsh 名 Ｕ 〖植〗ヤマヨモギ〈北米西部不毛地のヨモギ属の雑草; Nevada 州の州花とされる〉.
Ságebrush Státe 名 [the ~] ヨモギ州〈米国 Nevada 州の俗称〉.
ságe Dèrby 名 〈また **ságe Dèrby chéese**〉Ｕ セージダービー〈セージで香味をつけたダービーチーズ〉.
ságe grèen 名 Ｕ セージ色, 灰緑色.
ságe gróuse 名 Ｃ 〖鳥〗キジオライチョウ〈北米西部の sagebrush の平原に分布する大型のライチョウ; 雄は **ságe còck**, 雌は **ságe hèn**〉.
ságe téa 名 Ｕ セージティー〈セージの葉を煎じた健康飲料〉.
sag·ger, sag·gar /sǽgɚ | -gə/ 名 さや〈上質陶器をかまで焼くときに入れる耐火土製の保護容器〉.
sag·gy /sǽgi/ 形 (**sag·gi·er; -gi·est**) たるんだ, 垂れ下がった.
sag·it·tal /sǽdʒətl/ 形 〖解〗❶ 〈頭蓋の〉矢状縫合の. ❷ 矢状方向の, 矢状縫合の方向に位置すること, すなわち体の正中面に平行な断面についていう. **~·ly** 副.
⁺**Sag·it·tar·i·us** /sæ̀dʒətɛ́(ə)riəs/ 名 〖天〗射手(%)座 (the Archer). 〖占星〗**a** いて座, 人馬宮 (cf. the signs of the ZODIAC 成句). **b** Ｃ いて座生まれの人.
sag·it·tate /sǽdʒətèɪt/ 形 〖植・動〗矢じり状の.
sa·go /séɪgoʊ/ 名 (徳 ~s) ❶ Ｕ サゴ〈南洋産サゴヤシの髄から取れるでんぷん〉. ❷ =sago palm.
ságo pàlm 名 〖植〗サゴヤシ.
sa·gua·ro /sə(ɡ)wá:roʊ/ 名 (徳 ~s) 〖植〗ベンケイチュウ〈米国 Arizona 州産の背の高いハシラサボテンの一種; 茎は用材とし, 果実は食用にする〉.
Sa·har·a /səhǽrə, -héə)rə | -há:rə/ 名 [the ~] サハラ砂漠〈アフリカ北部にあり世界で最大〉. 〖Arab=砂漠〗
Sa·har·an /səhǽrən, -héə)r- | -há:r-/ 形 サハラ砂漠の(ような).
Sa·hel /sɑːhél/ 名 [the ~] サヘル〈サハラ砂漠に南接する半砂漠化した広大な草原地帯; モーリタニアからチャドに及ぶ〉. **Sa·hél·i·an** /-liən/ 形.
sa·hib /sɑ́:(h)ɪb | sɑ́:b, sɑ́:(h)ɪb/ 名 〖インド〗❶ [S~]; 人名や官職名の後につけて〉 ...様, 閣下, 殿: Jones S~ ジョーンズ様 / Colonel S~ 大佐殿. ❷ Ｃ だんな, 紳士.
sa·hi·wal /sɑ́:hɪwɑ̀:l | -/ 名 [しばしば S~] 〖動〗サヒワール〈角が短く背にこぶのあるインド産の乳用種の牛〉.
※**said** /séd/ 動 say の過去形・過去分詞. ―形 Ａ [通例 the ~] 前記の, 上述の: the ~ person 当該人物, 同人, 本人.
sai·ga /sáɪgə/ 名 〖動〗サイガ〈シベリア草原地帯産のレイヨウ〉.
Sai·gon /saɪgɑ́n | -gɔ́n/ 名 サイゴン (Ho Chi Minh City の旧称).
※**sail** /séɪl/ 名 (徳 ~s, (2 では) ~) ❶ Ｃ 〈船の〉帆: with all ~s set 帆を全部張って / The wind filled the ~s. 風をはらんで帆がふくらんだ / furl a ~ 帆をたたむ[巻く] / hoist [lower] a ~ 帆を揚げる[下ろす]. **b** Ｕ 帆〈一部または全部〉: in full ~ 総帆を揚げて / hoist [carry] ~ 帆を揚げる[揚げている] / shorten ~ 帆を減らす[絞る] / strike ~ 〈強風の時または敬意[降服の意]を表わして]帆を下ろす. ❷ (徳 ~s) 帆船; 船: the days of ~ 帆船時代 / a fleet of ten ~ 帆船 10 隻の船隊 / There wasn't a ~ in sight. 船は一隻も見当たらなかった / *S~* ho! 船が見

sailboard 1584

えるぞ！ 《無冠詞》． ❸ [a ~] (楽しみでする)帆走, 遊航, 航海, 船旅: We went on *a* ~ around the world. 我々は世界一周の船旅をした / go for *a* ~ 遊航[遊航]に出かける． ❹ ⓊⒸ [また a ~] 帆走距離, 航程: Copenhagen is two days' ~ from here. コペンハーゲンはここから2日の航程です． ❺ Ⓒ 帆形のもの: **a** 風車の羽根． **b** バショウカジキ (sailfish) の大背びれ． **màke sáil** (1) […をめざして]出帆する[*for*]． (2) (速力を加えるために)帆を広げる, 帆を増して急ぐ． **sèt sáil** (1) 帆を揚げる． (2) […へ]出帆する[*for*]: ~ *for* Hong Kong 香港へ向けて出帆する． **ùnder sáil** 帆を揚げて, 帆に風を受けて; 航行中で．

── 自 ❶ **a** (通例副詞(句)を伴って)(風に)帆走する, 航海する; 船で行く: The ship ~*ed into* the harbor [*up* the Indian Ocean]. 船は入港[インド洋を北上]した． **b** (スポーツとして)ヨットを操縦する, 帆走する; 遊航する: go ~*ing* 帆走[遊航]に出かける． ❷ (船・人が)…から[…へ向かって]出帆する, 出港する[*from*][*for, to*]． ❸ (副詞的を伴って) **a** (鳥・魚・雲・飛行船などが)(帆船のように)なめらかに進む, 泳ぐ, 飛ぶ, 浮かぶ: The clouds ~*ed across* the sky. 雲は空を流れていった / Swans were ~*ing* gracefully *on* the lake. 白鳥が優雅に湖を泳いでいた． **b** (人が)さっそうと[もったいぶって]歩く: The duchess ~*ed into* the room. 公爵夫人がさっそうと部屋へ入っていった．

── 他 ❶ (船・ヨットを)走らせる, 操縦する: He ~*ed* his yacht *out to* the island. 彼は沖の島をめざしてヨットを走らせた． ❷ **a** (船・人が)(海)を渡る, 航海する． **b** (鳥などが)(空)をわたる, 渡る． **sáil ín** (自)(副) (1) 入港する． (2) (口) 議論[活動など]を勢いよく始める． **sáil ínto** (口) (1) …に船に乗って行く, 入港する (⇒自 1a)． (2) …にさっそうと[もったいぶって]歩いて入る (⇒ 3b)． ❸ (口) (人を)(言葉で)激しく攻撃する, 責める, しかる: She ~*ed into* her children for making too much noise. 彼女はうるさすぎるといって子供たちをしかった． **sail through** [~ *thróugh*] (1) (試験・議会などを)やすやすと通る; (難しい仕事などを)なんなくやり遂げる: The bill ~*ed through* the House almost intact. その法案はほとんど無修正で下院を通過した． ── (自)(副) [~ *thróugh*] 試験などに楽に通る, 困難などをなんなく克服する．

〔OE; 原義は「切り取られた布」の意〕

sáil‧bòard 图 セールボード(ウインドサーフィン用ボード)．
sáil‧bòarder 图 ウインドサーファー (windsurfer)．
sáil‧bòarding 图 ウインドサーフィン (windsurfing)．
sáil‧bòat 图 《米》(競技・レジャー用の)帆船, ヨット (《英》 sailing boat) (⇒ boat 関連)．
sáil‧clòth 图 Ⓤ (帆・テントなどに用いる)帆布, 帆木綿．
sáil‧er 图 [しばしば修飾語を伴って](船足が…の)船: a good [fast] ~ 船足の速い船 / a bad [slow] ~ 船足の遅い船．
sáil‧fish 图 (優 ~, ~·es) 〔魚〕 バショウカジキ(背びれが著しく大きい)．

*sáil‧ing /séɪlɪŋ/ 图 ❶ Ⓤ 帆走(法), 航海(術), 航行(法): great circle ~ 大圏航法 / ⇒ plain sailing, plane sailing. ❷ Ⓒ 船旅, 航海: It's a six-day ~ from Southampton to New York. サウザンプトンからニューヨークへは船で6日かかる． **b** (定期船の)出帆, 出航: a list of ~*s* 出航表． ❸ [形容詞的] 航海の; 出帆の: the ~ date 出港日 / ~ orders 出港[航海]命令．

sáiling bòat 图 《英》 =sailboat.
sáiling canòe 图 帆走カヌー．
sáiling dày 图 ❶ (客船の)出帆[出港](予定)日． ❷ 〔海事〕 貨物船積み最終日．
sáiling lèngth 图 ヨットの全長(軸先(先)から艫(船)まで; 時にはの喫水線上の長さをいうこともある)．
sáiling lìst 图 出港(予定)表．
sáiling màster 图 航海長．

sáiling shìp 图 (また **sáiling vèssel**) 帆船, 帆前船．
sáil‧or /séɪlə/ -lə/ 图 ❶ 船員, 船乗り, 水夫． ❷ (将校 (officer) に対して)水兵; 海軍軍人． ❸ [good, bad などの修飾語を伴って] 船に…の人: a bad [poor] ~ 船に酔う[弱い]人 / a good ~ 船に酔わない[強い]人． (関形 nautical)

sáilor còllar 图 セーラーカラー(水兵の襟をまねた婦人服の折り襟)．
sáilor hàt 图 水兵帽, セーラーハット(婦人・子供用の麦わら帽子)．
sáil‧or‧ing /-lərɪŋ/ 图 Ⓤ 水夫[船乗り]生活, 水夫の仕事．
sáilor‧màn 图 (優 -men) (俗) 船乗り, 水夫: Popeye the ~ 船乗りのポパイ．
sáilor sùit 图 (子供などの)セーラー服．
sáil‧plàne 图 セールプレーン(上昇気流を利用して長距離を飛ぶグライダー)． ── 自 セールプレーンで飛ぶ．
sain‧foin /séɪnfɔɪn, sǽn-/ 图 〔植〕イガマメ(飼料・緑肥用)．

*saint /séɪnt/ 图 ❶ 聖人, 聖徒, 聖者 (生前高徳であった為死後聖人の列に加えられた人, または殉教者などを呼ぶ尊称; 用法 しばしばまたは慣用的に St. と略して名に冠し St. Peter (聖ペテロ), St. Thomas (聖トマス)のように用いる; この場合の発音は /s(ə)nt/; cf. St.; 解説 本辞典では聖人名は Saint を除いた固有名の見出し語のもとに扱い, 聖人名に由来する聖人, 祭日の名は複合名詞は慣用に従って St. Louis (セントルイス), St. Valentine's Day (聖バレンタインの祭日) などを見出し語にしてある; 見出し語の配列は St. とつづった時 Saint のつづり位置に置いた): ⇒ patron saint / make a ~ of… を聖人の列に加える, 列聖する． ❷ (聖人のように)高徳の人, りっぱな人, 君子: It would try the patience of a ~. それではどんな聖人でも堪忍袋の緒が切れるだろう / play the ~ 聖人らしくふるまう, 信心家[君子]ぶる． ❸ [通例複数形で] 天国に昇った人, 死者: the (blessed) *Saints* (神に選ばれし)天上に住む人々 / the departed ~ 故人, 死者 (用法 特に会葬者が使う言葉)． 〔<L *sanctus* 神聖なる <*sacer* (⇒ sacred); cf. sanction, sanctuary〕

St. Ándrew's cróss 图 聖アンデレ十字(X形の十字(形); 特に青地に白のX形の十字はスコットランドの旗章; St. Andrews はキリストの十二弟子の一人で, X字形の十字架にかかって殉教したという; ⇒ Union Jack)．
Sàint Ánthony('s) cróss 图 聖アントニウス十字(T字形の十字)．
Sàint Ánthony's fíre 图 Ⓤ〔医〕聖アントニー熱(麦角中毒・丹毒などの皮膚の炎症)．
Saint Ber‧nard /sèɪn(t)bənáːd | s(ə)n(t)bəˊːnəd/ 图 セントバーナード(犬)(大型の犬).《もとアルプスのグランサンベルナール峠 (Great Saint Bernard Pass) にある修道院で飼われていた救命犬にちなむ》．
St. Christopher and Névis 图 =St. Kitts and Nevis.
St. Croix /-krɔ́ɪ/ 图 セントクロイ, サンタクルス《西インド諸島の米国領 Virgin 諸島最大の島》．
sáint‧dom /-dəm/ 图 Ⓤ 聖人であること (sainthood)．
sáint‧ed /-tɪd/ 形 ❶ 聖人のような, 高徳な． ❷ 聖人の列に加えられた, 列聖された．
St. Él‧mo's fíre [líght] /sèɪntélmoʊz | s(ə)nt-/ 图 〔気〕聖エルモの火《暴風雨の夜に船のマストの先や飛行機の翼に現れる放電現象》．
St. George's /seɪn(t)dʒɔ́ːdʒɪz | s(ə)n(t)dʒɔ́ːjɪz/ 图 セントジョージズ《西インド諸島にあるグレナダの首都・港町》．
St. George's Chánnel 图 セントジョージ海峡《ウェールズとアイルランドの間の海峡》．
St. Géorge's cróss 图 聖ジョージ十字《白地に赤の十字(形)で英国国旗 (Union Jack) に用いられている》．
St. He‧le‧na /sèɪntlíːnə | sèɪntɪ-/ 图 セントヘレナ《アフリカ西海岸沖の南大西洋上にある英領の島; ナポレオン (Napoleon I) の流刑地》．
St. Hél‧ens /-hélənz/ 图 [Mt. ~] セントヘレンズ山《米国 Washington 州にある Cascade 山脈中の火山 (2550 m)》．

saint·hood 名 ⓤ ❶ 聖人[聖者]であること. ❷ 聖人[聖徒]たち.

St. Jámes's Párk 名 セントジェームズ公園 (London の中心, Buckingham 宮殿の東側にある歴史の古い公園; 長い池がある).

St. Jóhn's 名 セントジョンズ: ❶ 西インド諸島にある Antigua 島の中心都市で, アンチグアバーブーダの首都. ❷ カナダ Newfoundland 州の州都・港町.

St. Kítts and Névis 名 セントキッツネビス 《西インド諸島東部 Leeward 諸島の St. Kitts と Nevis 島からなる国; 首都 Basseterre; 公式名 the Federation of St. Christopher and Nevis (セントクリストファー・ネビス連邦)》.

St. Láw·rence /sɛ́ntlɔ́:rəns | s(ə)ntlɔ́r-/ 名 [the ~] セントローレンス川 《カナダ南東部の大河; 五大湖東端の Ontario 湖から大西洋へ注ぐ》.

St. Láwrence Séaway 名 [the ~] セントローレンス水路 (St. Lawrence 川を開削した運河).

St. Lég·er /-lédʒə | -dʒə/ 名 [the ~] セントレジャー競馬 《毎年 9 月イングランド South Yorkshire の Doncaster /dǽŋkəstə | dɔ́ŋkəstə/ で行なわれる; cf. classic races》.

St. Lóu·is /-lú:ɪs/ 名 セントルイス 《米国 Missouri 州 Mississippi 河畔の都市》.

Sàint Lóuis encephalítis 名 ⓤ 《医》セントルイス脳炎 《イエカ属の数種の力から伝染する北米に見られる脳炎》.

St. Lú·cia /-lú:ʃə/ 名 セントルシア 《西インド諸島南部の国; 首都 Castries》.

sáint·ly 形 (saint·li·er; -li·est) 聖人のような; 高徳な, 気高い: a ~ person 徳の高い人 / ~ behavior 気高いふるまい. **sáint·li·ness** 名

St. Mártin's súmmer 名 《英》小春日和. 〖Martinmas (11 月 11 日)から〗

St. Mo·ritz /-mərɪ́ts/ 名 サンモリッツ 《スイス南東部の町; ウィンタースポーツの中心地・リゾート地》.

St. Pátrick's Cathédral 名 セントパトリック大聖堂 《ニューヨークにあるカトリック教会; Saint Patrick を祭ってある》.

St. Pátrick's cróss 聖パトリック十字 《白地に赤の X 形の十字架で, アイルランドの国章; 紋章では銀の地に赤; ⇒ Union Jack》.

St. Pátrick's Dày 名 聖パトリックの祭日 《3 月 17 日; ⇒ Patrick 2》.

St. Pául 名 セントポール 《米国 Minnesota 州の州都》.

saint·pau·li·a /seɪn(t)pɔ́:liə | s(ə)n(t)-/ 名 《植》セントポーリア, アフリカスミレ (African violet) 《アフリカ原産; 花が美しく, 温室で栽培する》.

St. Pául's (Cathédral) 名 セントポール大聖堂 《解説 英国国教会の主教座教会; London を管区とし, その主教は Bishop of London》.

St. Pé·ter's サンピエトロ大聖堂 《バチカン市国にあり, カトリック教会の総本山》.

St. Pe·ters·burg /-pí:tɚzbɚːɡ | -təzbə̀:ɡ/ 名 サンクトペテルブルグ 《ロシア北西部の都市; 旧称 Leningrad》.

Saint-Saëns /sǽnsɑ̃:ns/, **(Charles-)Camille** 名 サンサーンス (1835-1921; フランスの作曲家).

sáint's dày 名 聖人の祝日.

sáint·shìp 名 聖人たること; 高徳.

Sàint Swíth·in's Dày /-swíðɪnz-/ 名 聖スイジンの日 《7 月 15 日; この日の天気がその後 40 日間続くという》.

St. Thómas 名 セントトマス 《西インド諸島の米国領 Virgin 諸島中の島》.

St-Tro·pez /sæntroupéɪ/ 名 サントロペ 《フランス南東部, 地中海の St-Tropez 湾に臨む町; 高級リゾート地; 1944 年の連合軍の上陸地》.

St. Válentine's Dày 名 バレンタインデー, 聖バレンタインの祭日 《解説 2 月 14 日; 当日恋人や友だち・家族に贈り物やカードを贈る習慣がある》.

St. Víncent and the Gren·a·dínes /-grènədí:nz/ 名 セントビンセントグレナディーン 《西インド諸島東部の Windward 諸島にある国; 首都 Kingstown》.

St. Ví·tus's dánce /seɪn(t)váɪtəsɪz- | s(ə)n(t)-/ 名 舞踏病 (chorea).

1585 salad oil

Sai·pan /sàɪpǽn, -pɑ́:n | -pǽn⸺/ 名 サイパン 《北マリアナ諸島 (Northern Mariana Islands) の中心地で, 最大の島》.

saith /séθ/ 動 《古・詩》say の 3 人称単数現在形.

saithe /séɪθ, séɪð/ 名 (複 ~) 《魚》 =pollack.

*****sake**¹ /séɪk/ 名 [for the ~ of..., for...'s ~ で] ...のために[で] 《匯換 for the ~ of..., for...'s ~ はは目的・利益を表わす; because of..., on account of... は原因・理由を表わす; 匯却 sake を修飾する名詞が /s/ の音で終わる場合は, 通例 所有格の s (時には 's 全体) を省略する》: for charity's [safety's] ~ 慈善[安全]のために / art for art's ~ 芸術のための芸術 《芸術至上主義》/ for appearance(') ~ 体裁上, 世間の手前 / for conscience(') ~ 良心に恥じないために, 気休めに / for convenience(') ~ 便宜上 / for old acquaintance' ~ 昔のよしみで / for shortness' ~ 簡潔に / for the ~ of argument [for argument's ~] 議論のために, 議論を始める[進める]ために / He would do anything for the ~ of money. 彼は金のためなら何でもやりかねない / I didn't do it for my own ~. 自分自身のためにやったのではない. **for Chríst's [Gód's, góodness('), Héaven's, mércy's, píty's] sàke** (1) [命令形を強めて] お願いだから 《匯換 (1) for Christ's ~ が最も強調的・俗語的で, for God's [Heaven's] ~ がそれに次ぎ, 《卑》とみなす人もいる; (2) for mercy's ~ はやや古風な表現》: For God's ~, do [stop] it. お願いだからやって[やめて]ください. (2) [疑問文を強めて] 一体全体: What are you doing, for goodness ~? 何をやってるの, 一体全体. **for óld times' sàke** ⇒ time 成句. 〖OE=訴訟, 論争〗

sa·ke² /sɑ́:ki/ 名 ⓤ 日本酒, 清酒. 〖Jpn〗

sa·ker /séɪkɚ | -kə/ 名 《鳥》ワキスジハヤブサ (タカ狩り用).

Sa·kha·lin /sǽkəli:n, -lɪn/ 名 サハリン, 樺太(ᄁ).

Sa·kha·rov /sɑ́:kərɔ̀:f, sǽk- | sǽkərɔ̀f/, **Andrei** 名 サハロフ (1921-89; ロシアの核物理学者・反体制運動家; Nobel 平和賞 (1975); かつて水爆開発を指揮した).

sa·ki /sǽki, sɑ́:ki; sɑ́:ki/ 名 《動》サキ (オマキザル科; 南米熱帯産).

sa·ki² /sɑ́:ki/ 名 = sake².

sal /sǽl/ 名 ❶ 《植》サラソウジュ, サラノキ 《インド北部原産, フタバガキ科の常緑高木》. ❷ 沙羅双樹 《材》.

sa·laam /səlɑ́:m/ 名 ❶ サラーム 《イスラム教徒のあいさつの言葉》. ❷ (あいさつの時にする)額手(〾)の礼 《体をかがめ右の手のひらを額に当てて行なう敬礼》: make one's ~ 額手の礼をする. — 動 ⊕ ⊜ (人に)額手の礼をする (to). 〖Arab=平安〗

sal·a·bil·i·ty /sèɪləbíləti/ 名 ⓤ 販売可能性; 売れ行き.

sal·a·ble /séɪləbl/ 形 ❶ 売れる, 売れ行きのよい. ❷ 〈値段が〉売りよい, 手ごろな.

sa·la·cious /səléɪʃəs/ 形 ❶ 〈言葉・書物・絵画などが〉みだらな, わいせつな. ❷ 〈人が〉好色な. **~·ly** 副 **~·ness** 名

sa·lac·i·ty /səlǽsəti/ 名 ⓤ みだらさ; 好色性.

*****sal·ad** /sǽləd/ 名 ❶ ⓒⓤ サラダ, サラダ料理: (a) mixed ~ 盛り合わせサラダ / (a) green [fruit, chicken] ~ 野菜[フルーツ, チキン]サラダ / make [prepare] a ~ サラダを作る / toss [mix] a ~ (ドレッシングをかけて)サラダをよくかき混ぜる. ❷ ⓤ サラダ用生野菜, (特に)レタス. 〖F<L=塩漬けにされたく L sal 塩; cf. salami, salary, salsa, sauce, sausage〗

sálad bàr 名 サラダバー 《レストランなどの, セルフサービスのサラダカウンター》.

sálad bòwl 名 サラダボール 《サラダを盛る器》.

sálad crèam 名 ⓤ クリーム状のサラダドレッシング 《マヨネーズなど》.

sálad dàys 名 [one's ~] ❶ 無経験な青二才時代, 駆け出しのころ (★ Shakespeare「アントニーとクレオパトラ」から). ❷ 最盛期.

sálad drèssing 名 ⓤⓒ サラダドレッシング, サラダ用ソース (cf. French dressing, Thousand Island dressing).

sa·lade /səlɑ́:d/ 名 = sallet.

sálad òil 名 ⓤ サラダ油.

sal·a·man·der /sǽləmæ̀ndə | -də/ 名 ❶ 《動》サンショウウオ. ❷ a 火とかげ《火の中にすむといわれた伝説上の動物》. b 火の精 (⇒ **nymph** 関連). ❸ (料理用の)天火, 焼き鉄板.

sa·la·mi /səlɑ́ːmi/ 名 U.C サラミソーセージ《イタリア原産; ニンニクなど香料が強く, 塩辛い》. 〖It<L *sal* 塩; cf. **salad**〗

Sal·a·mis /sǽləməs/ 名 サラミス: ❶ ギリシアの Attica 沖, Saronic 湾にある島; 紀元前 480 年に付近でギリシア海軍がペルシア海軍を破った. ❷ 古代キプロス島の都市; 島の東岸にあった.

sál ammóniac /sǽl-/ 名 U 《化》サルアンモニアク, 礦砂(ᡤᡣ)《塩化アンモニウムの結晶性鉱物》.

sa·lar·i·at /səlé(ə)riæt, -riæt/ 名 [the ~] 給料生活者[サラリーマン]階級.

†**sal·a·ried** /sǽlərid/ 形《人が》給料をもらっている《地位・仕事など》有給の: a ~ worker 俸給生活者, サラリーマン/ the ~ class サラリーマン階級 / The post is ~. その職は有給です.

S †**sal·a·ry** /sǽləri/ 名 C.U (公務員・会社員の)給料, 俸給, サラリー《通例月給として支払われる》: a high [low, small] ~ 高い[安い]給料 / a monthly [an annual] ~ 月給[年俸] / The company pays good [poor] *salaries*. その会社は給料がいい[悪い] / He draws [earns, makes, receives, is on, works for] a ~ of £50,000 per annum. 彼は年俸で 5 万ポンドもらっている / What [How much] ~ does he get? 彼は給料をいくらもらっているのだろう. 〖F<L (古代ローマで兵士に給料として支給された)塩を買うための金<*sal* 塩 (cf. **salad**); 塩は当時貴重品であった》【類義語】⇒ **pay**[1].

sálary·màn 名 《日本の》サラリーマン.

sa·lat /səlɑ́ːt/ 名 U 《イスラム》礼拝, サラート《信徒は日に 5 回(夜明け・正午・午後・日没後・夜)行なう義務をもつ》.

sal·bu·ta·mol /sælb(j)úːtəmɔːl | -mɔl/ 名 U 《薬》サルブタモール《気管支拡張薬》.

sal·chow /sǽlkouv, -kau/ 名《スケート》サルコウ《フィギュアジャンプの一種》.

‡**sale** /séil/ 名 ❶ a U.C 販売, 売却; 売買, 取引: (a) cash ~ (一件の)現金販売 / a ~s campaign [drive] 販売促進(活動) / the ~ of oil to Japan 日本への石油の売り渡し / lose a ~ 販売に失敗する, 売りそこなう / make a ~ 販売に成功する, 販売する, 売る / on SALE, for SALE 販売中/ a ~s manager 販売担当部長 / He works in ~s. 彼は販売部門で働いている[セールスの担当だ]. ❷ C 売れ行き, 需要: These articles have a ready ~. これらの品は飛ぶように売れる. b [しばしば複数形で] 売り上げ(高): hope for a large ~ 大きな売り上げを期待する / *Sales* of air conditioners are up this month. エアコンの売り上げは今月は上がっている. ❸ C 特売, 安売り, セール: clearance sale, jumble sale, white sale / a ~ price 特価 / an end-of-season ~ of winter wear 冬物衣料の季末特売 / I got this cheap at a department store ~. これはデパートの特売で安く手に入れた. ❹ C 競売, せり売り, 売り立て (auction). **for sále** 売り物で; 《特に個人が》売りに出した: used cars *for* ~ 売り物の中古車 / put...*up for* ~ ...を売りに出す / His house is (*up*) *for* ~. 彼の家は売りに出ている / Not *for* ~ 《掲示》非売品. **on sále** (1) (店などに)売り物として出て: These are *on* ~ at any supermarket. これはどこのスーパーでも売っている. (2) 《米》特価で: The butcher has beef *on* ~ today. 肉屋はきょう牛肉を特売している / These ten-dollar jeans are now *on* ~ for five. この 10 ドルのジーンズはただ今特価で 5 ドルです. **on sále or retúrn** 《英》(小売人へ渡す時)残品引き取りの条件で, 委託販売制で. **sále of wórk** 慈善市, バザー. **up for sále** ⇒ for SALE 成句. 〖ON, SELL と同語源〗(動 **sell**)

sale·a·ble /séiləbl/ 形 = **salable**.

Sa·lem /séiləm/ 名 セーレム: ❶ 米国 Oregon 州の州都. ❷ 米国 Massachusetts 州北東部の港町; 1692 年に魔女裁判が行なわれたところ.

sal·e·ra·tus /sæ̀lərértəs/ 名 U ふくらし粉, (特にベーキングパウダー用の)重曹.

sále·ròom 名《英》= **salesroom**.

sales /séilz/ 形 A 販売の: a ~ plan 販売計画 / a ~ department 販売部.

sáles chèck 《米》売り上げ伝票, レシート.

sáles clèrk 《米》(売り場の)店員 (《英》 shop assistant)《用法》女性にも用いる.

sáles depàrtment 名 販売部門, 営業部.

sáles enginèer 名 販売担当技術者, セールスエンジニア.

sáles gìrl 名 (通例若い)女子店員《★軽蔑的とみなす人もいる》.

Sa·le·sian /səlíːʒən, -ʃən/ 名 サレジオ会員《サレジオ会[現ドンボスコ会]は, 1859 年貧しい子供の教育のためにイタリアのカトリック司祭 St. John Bosco によって創設された》.

sáles·làdy 名 = **saleswoman**.

*‡**sales·man** /séilzmən/ 名 (複 -**men** /-mən/) ❶ 販売員, 店員; セールスマン, 外回りの販売員, 外交員, 営業員: a car ~ 車のセールスマン. ❷ 《米》男性店員.

sálesman·shìp 名 U 販売技術, 売り込みの手腕.

†**sáles·pèrson** 名 (複 ~s, **-pèople**) 販売員, 店員《用法》特に, salesman, saleswoman など男女別の語の使用を避ける時に用いる》.

sáles pìtch 名 = **sales talk**.

sáles promòtion 名 U 《商》販売促進(活動).

sáles represèntative, sáles rèp 名 外回りの販売員, 営業員《比較》salesman より形式ばった語》.

sáles resìstance 名 U (売り込みに対する消費者側の)購買抵抗[拒否].

sáles·ròom 名 売り場; (特に)競売場.

sáles slìp 《米》= **sales check**.

sáles tàlk 名 U ❶ (商品)売り込み(の口上). ❷ 口のうまい[説得力のある]議論.

*‡**sáles tàx** 名 U.C 物品販売税, 売り上げ税《通例販売価が価格に加えて徴収する; 米国では州によって税率が違う》.

sáles·wòman 名 (複 -**women**) 女性販売員[店員].

sal·i·cin /sǽləsən/ 名 U 《化》サリシン《ヤナギの樹皮中に含まれる配糖体; 解熱・鎮痛剤》.

sa·li·cio·nal /səlíʃən(ə)l/ 名 《楽》(オルガンの)笛声音管.

sa·lic·y·late /səlísəlèit/ 名 U C 《化》サリチル酸塩[エステル], サリチラート.

sál·i·cýl·ic ácid /sǽləsílik-/ 名 U 《化》サリチル酸.

sa·li·ence /séiliəns/, **sá·li·en·cy** /-liənsi/ 名 ❶ U.C 突出, 突起(物); 目立つ[顕著である]こと, 顕現性 ❷ C (話・議論などの)(重)要点.

†**sa·li·ent** /séiliənt/ 形 ❶ 顕著な, 目立った: a ~ feature / the ~ points of [in] the speech 講演の(重)要点. ❷ 突出[突起]した, 凸角(ᡣᡠᡟ)の: a ~ angle 《数》凸角. ❸ a 《動》魚などはねる, 跳ぶ; 躍る(後ろ足をそろえて)飛びかかる姿勢の. b 《水・噴水など》噴出する. ──名 《戦線・要塞などの》突出部; (岬などの)突端. ~·ly 副 〖L=跳んでいる<*salire* 跳ぶ; cf. **assail**, **result**, **sally**, **salmon**〗

sa·lif·er·ous /səlíf(ə)rəs/ 形 《地》《地層など》塩を含んだ[生じる].

sal·i·fy /sǽləfài/ 動 他 塩化する.

sa·li·na /səlámə, -líː-/ 名 塩水性沼沢, サリナ; 乾燥した塩湖, 塩田.

sa·line /séilin, -lain | -lain/ 形 塩分を含んだ; 塩気のある, 塩辛い: a ~ lake 塩水湖 / a ~ solution 食塩溶液[水] / a ~ taste 塩味の. ──名 マグネシウム[含塩]下剤; 生理的食塩水. 〖L<*sal* 塩; cf. **salad**〗

Sal·in·ger /sǽlindʒə | -dʒə/, **J**(**erome**) **D**(**avid**) 名 サリンジャー (1919- ; 米国の小説家).

sa·lin·i·ty /səlínəti, -nɪ-/ 名 U 塩分, 塩気; 塩度.

sal·i·nize /sǽlənàiz/ 動 他 ❶ 塩で処理する; 《...に》塩を染みこませる. ❷ 塩化する.

sal·i·ni·za·tion /sæ̀lənizéiʃən | -naiz-/ 名 U 塩(類)化(作用), 塩処理.

sal·i·nom·e·ter /sæ̀lənɑ́mətə | -nɔ́mətə/ 名 検塩計.

Sal·is·bury /sɔ́ːlzbèri, -b(ə)ri | -b(ə)ri/ 名 ソールズベリー:

❶ イングランド Wiltshire の市; 13 世紀の大聖堂がある. ❷ ジンバブエの首都 Harare の旧称.

Sálisbury Pláin 名 [しばしば the ~] ソールズベリー平原《イングランド Wiltshire 州 Salisbury の北方にある平原地帯; Stonehenge がある》.

Sálisbury stéak 名 ソールズベリーステーキ《牛のひき肉に卵・牛乳などを混ぜたハンバーグの一種》. 〖J. H. Salisbury 食生活改善を唱えた 19 世紀の英国の医師〗

†**sa·li·va** /səláɪvə/ 名 U 唾液(だ˘), つば. 〖L〗

sal·i·var·y /sǽləvèri | -v(ə)ri/ 形 唾液 (saliva) の; 唾液を分泌する: ~ glands 唾液腺.

sal·i·vate /sǽləvèɪt/ 動 自 (異常に)つば[よだれ]を出す.

sal·i·va·tion /sæ̀ləvéɪʃən/ 名 U ❶ 唾液の分泌. ❷ 口流涎(りゅうぜん)症.

Sálk vaccine /sɔ́ːl(l)k-/ 名 U ソークワクチン《小児まひ予防用》. 〖J. E. Salk 開発者である米国の細菌学者〗

sal·let /sǽlət/ 名 サレット《15 世紀に使われた, 後方で首をおおうようになっている軽い鉄かぶと》.

sal·low¹ /sǽloʊ/ 形 (~·er; ~·est) 〈顔・肌など〉(病的に)黄ばんだ, 土色の, 血色の悪い. ━━ 動 自 黄ばんだ色[土色]にする. ~·ish /-ɪʃ/ 形 少し黄ばんだ, 土色がかった. ~·ness 名

sal·low² /sǽloʊ/ 名 植 ヤナギ属の低木性の数種の総称.

***sal·ly** /sǽli/ 名 ❶ 気のきいた言葉, しゃれ, 警句; からかい, 皮肉. ❷ (籠城(ろうじょう)軍などの)出撃, 突撃《急襲してすぐ陣地に戻る》: make a ~ 出撃する. ❸ 遠足, 小旅行. ❹〔感情・機知などの]ほとばしり;〔行為などの〕突発《of》.
━━ 動 自 ❶《文》さっそうと[勇み立って]出ていく《forth, out》: We *sallied forth* on our excursion. 勇んで遠足に出かけた. ❷ 打って出る, (逆襲的に)出撃する: ~ *out against a besieging army* 包囲軍に向かって攻め込む.
〖F く L *salire* 跳ぶ; cf. salient〗

Sal·ly /sǽli/ 名 サリー《女性名; Sarah の愛称》.

Sálly Lúnn /-lʌ́n/ 名 CU《英》サリーラン《熱いうちにバターをつけて食べる軽い菓子パン》.

sálly pòrt 名〔築城〕出撃口, 非常門.

sal·ma·gun·di, -dy /sæ̀lməgʌ́ndi/ 名 ❶ サルミガンディー《刻み肉・アンチョビー・卵・コショウなどを混ぜ合わせ辛く調味した料理》. ❷ 寄せ集め, 雑集, 雑談.

Sal·ma·naz·ar /sæ̀lmənəzǽzə | -zɑː/ 名 サルマナザル《ボトル 12 本分入りのワインの名; アッシリア王 Shalmaneser(聖書「列王紀下」から)をもじったもの》.

sal·mi /sǽlmi/ 名 CU サルミ《軽く焼いた猟鳥の肉を濃厚なソースで煮込んだ料理》.

***salm·on** /sǽmən/ 名 (徽, ~s) ❶ C 魚 サケ《タイセイヨウサケや太平洋産のベニザケなど; 解説 知恵の象徴とされ, 淡水魚の王とよばれる》. ❷ 鮭(さけ)(肉): canned [《英》tinned] ~ 鮭の缶詰 / smoked ~ スモークサーモン. ❸ U サーモンピンク, 黄ろばんだピンク. 〖F く L *salire* 跳ぶ; cf. salient〗

sálmon·bèrry 名 植 サーモンベリー《北米の太平洋岸地方原産のキイチゴ属の一種; その実》.

sal·mo·nel·la /sæ̀lmənélə/ 名 (徽 -nel·lae /-liː/, ~s) サルモネラ菌《食中毒の原因の病原菌》. 〖D. E. Salmon 発見者である米国の獣医〗

sal·mo·nel·lo·sis /sæ̀lmənelóʊsɪs/ 名 U 医 サルモネラ症.

sálmon làdder [lèap] 名《産卵期の》サケ用魚梯(ぎ˘).

sálmon pínk 名 = salmon 3.

sálmon tròut (徽, ~s) = brown trout.

Sa·lo·me /səlóʊmi/ 名 サロメ《Herod 王の後妻 Herodias の娘; 王に願って John the Baptist の首をもらった》.

***sa·lon** /səlάn, sǽlɑn | sǽlɔn/ 名 ❶ [しばしば複合語で]《服飾・美容などの》しゃれた)店: a shoe ~ 《流行の靴をそろえた》靴屋 / ⇨ beauty salon. ❷ 《フランスなどの大邸宅の》大広間, 客間, サロン. ❸ 《特に, 17-18 世紀にはサロンで催す》名士の社交的会集会, サロン. ❹ a 美術展覧会場, 画廊. b [the S~] サロン《毎年パリで開かれる現代美術展覧会》. 〖F く It く sala 玄関の広間, 部屋; cf. saloon, -on, -oon は増大辞〗

Sa·lo·ni·ka /səlάnɪkə | -lɔ́n-/ 名 サロニカ《Thessaloníki の別称》.

---

salón mùsic 名 U [しばしばけなして] サロン音楽《サロン向きの軽い音楽》.

†**sa·loon** /səlúːn/ 名 ❶ 《英》= saloon car 1. ❷ 《米》《かつての西部の》酒場, バー (bar). b《英》= saloon bar. ❸ a 《客船の》談話室, 社交室: a dining ~《客船の》食堂. b《米》= saloon car 2. ❹ 《ホテルなどの》大広間《集会場・展覧会場などに使う》. ❺ [しばしば複合語で](...の)店,(...)場: a billiard ~ 玉突き場 / a dancing ~ ダンスホール / a hairdressing ~ 理髪店 / a shooting ~ 射的場.

saloón bàr 名《英》《パブの》特別室 (⇨ pub).

saloón càr 名 ❶《英》セダン型自動車《《米》sedan》. ❷ 特別客車《《米》parlor car》《客室が仕切ってなく談話室・食堂などして使う》.

saloón dèck 名 一等船客用甲板.

saloón kèep·er 名《米》酒場の主人.

saloón pìstol 名《英》射的用ピストル.

saloón rìfle 名《英》射的用小銃.

Sal·op /sǽləp/ 名 サロップ《Shropshire の別称》.

sal·o·pettes /sæ̀ləpéts/ 名 復 サロペット《オーバーオールのような形状の防寒着で, スキーウェアなどに用いられる》.

salp /sælp/, **sal·pa** /sǽlpə/ 名 (徽 ~s, -pae /-piː/) 動 サルパ《海のプランクトンとして生活する原索動物の一種》.

sal·pin·gec·to·my /sæ̀lpɪndʒéktəmi/ 名 UC 医 卵管切除.

sal·pin·gi·tis /sæ̀lpɪndʒáɪtɪs/ 名 U 医 卵管炎; 耳管炎.

sal·pin·gos·to·my /sæ̀lpɪŋgάstəmi | -gɔ́s-/ 名 医 卵管開口術.

†**sal·sa** /sάːlsə, sɔ́ːl- | sǽl-/ 名 ❶ a CU サルサ《ラテンアメリカ起源のダンス音楽》. b C サルサのダンス. ❷ U チリソース. 〖Am-Sp = sauce; 音楽用語はいろいろな要素が混ざり合っていることから〗

sal·si·fy /sǽlsəfi, -fàɪ/ 名 U 植 バラモンジン, セイヨウゴボウ《ヨーロッパ産; 根は食用》.

***salt** /sɔ́ːlt/ 名 ❶ U 塩, 食塩: common ~ 普通の塩(食塩)/ preserve vegetables in ~ 野菜を塩漬けにして保存する / Pass (me) the ~, please. 塩を取ってください《★食卓で人の前に手を伸ばすのは不作法とされる》/ Throw a pinch of ~ over your shoulder. ひとつまみの塩を肩越しに投げなさい《解説 塩をこぼす (spill salt) ことは不吉とされる; こぼした時には右手でこぼれた塩をつまみ左の肩越しに投げ捨てる風習がある》: ⇒ rock salt, sea salt, table salt. ❷ C 化 塩(えん), 塩類. ❸ [複数形で] a 薬用塩類《緩下剤・防腐剤など》: ⇨ Epsom salts / take a dose of ~s 塩を一服飲む. b 気つけ薬. ❹ U a 生気を与えるもの, 刺激, 興味: Traveling is the ~ of life. 旅は人生の刺激剤だ. b 辛辣な機知[とんち]. ❺ C [しばしば old ~] 老練な船乗り《水夫》. **éat salt with a person** 〈人の客となる〉〈人の家に居候する. **like a dóse of sálts**《口》《下剤がすぐ効くように》迅速に, 能率よく. **nót màde of sált** 雨が降っても平気で. **pút [dróp] salt on the táil of...** をつかまえる《面 鳥を捕まえるには尾に一つまみの塩を落とせと戯れに子供に教えることから》. **rúb sált into the [a person's] wóunds**《人の傷口に塩をすり込むように》人の恥辱[悲しみ, 苦痛(など)]をいっそうのらせる. **sít belów the sált** 社会的に低い地位[下層]に属する. **táke ... with a gráin [pínch] of sált** ~ を加減して[控えめに, 割引して]聞く. **the sált of the éarth** 地の塩《世の腐敗を防ぐ社会の健全な人(々), 世の師表となる人(々); ★ 聖書「マタイ伝」から》. **wórth one's sált** [しばしば否定文で]給料分のけの働きをある; 有能な, 役に立つ《面 昔は給料として塩が支給されたことから》.

━━ 形《比較なし》❶ 塩気を含んだ, 塩辛い: the ~ tang of the sea 潮の香り. b 塩漬けの: ~ cod [pork] 塩漬けのタラ[豚肉]. ❷〈土地など〉海水に浸る; 塩水の: a ~ marsh (海岸の)潮間帯沿沢地 / a ~ lake 塩水湖.

━━ 動 ❶ a〈... に〉塩で味をつける, 塩を振りかける《★通例受身》: ~ *potatoes* ポテトに塩を振る. b〈氷を溶かすまたは凍結を防ぐために〉道路に塩をまく. c〈家畜に〉塩を

SALT

与える. ❷〈魚・肉などを〉塩漬けにする: ~ (*down*) meat for the winter 冬に備えて肉を塩漬けにする. ❸〈話などに〉ぴりっとした味[興味]を添える (★ 通例受身). ❹《俗》a〈鉱山などを〉(よその良質の鉱石を置いて)よく見せようとする. b〈商品などを〉実際以上に見せる: ~ the books 帳簿をごまかす. **sált awáy**《他+副》《口》〈金を〉(将来のために)蓄えておく, しまっておく: I have some money ~*ed away*. 少しばかり蓄えがある. **sált óut**《他+副》《化》〈物質を〉溶液に塩を加えて分離する. 塩析する.

~·ness 名 〖OE〗(形 salty; 関形 saline)

SALT /sɔ́ːlt/《略》Strategic Arms Limitation Talks 戦略兵器制限交渉, ソルト.

sált-and-pépper 形 =pepper-and-salt.

sal·ta·rel·lo /sæltərélou/ 名 (後 ~s) サルタレロ《イタリア・スペインの, 急なスキップをする軽快な二人または一人で踊る踊り; その曲》.

sal·ta·tion /sæltéiʃən/ 名 UC ❶ 跳躍. ❷ 激変, 激動. ❸〖生〗跳躍[飛躍]進化: a ~=macroevolution. b ~ mutation. ❹〖地〗躍動《砂泥粒子が水・空気流によってはねながら運ばれること》.

sal·ta·to·ri·al /sæltətɔ́ːriəl‐/ 形《昆》跳躍の[に適する].

sal·ta·to·ry /sæltətɔ̀ːri | -təri, -tri/ 形 跳躍の[に適する]; 舞踊の, 跳躍的な, 躍進的な: the ~ theory (of evolution) 跳躍(進化)論.

sált·bòx 名 ❶《米》塩入れ型家屋《前が2階建て, 後ろが1階建ての家》. ❷ 塩入れ.

sált brídge 名 〖理〗塩橋(えんきょう)《2個の半電池を電気的に連結するガラス管に塩類溶液を満たしたもの》.

sált·cèllar 名《食卓用》塩入れ《振り出し式のものには深皿式のものにも用いる》.

sált dóme 名〖地〗岩塩ドーム《地下の岩塩がドーム状に盛り上がったもの》.

sált·ed 形 塩漬けの, 塩で味をつけた.

sált·er 名 ❶ 製塩業者, 塩商人; (肉・魚などの)塩漬け加工業者. ❷《英》(昔の)乾物商人《塩漬けの食品, 薬品, 染料などを扱った》.

sal·tern /sɔ́ːltən | -tən/ 名 塩田; 製塩所[場] (saltworks).

sált fláts 名 複《ソルトフラット《湖・池の水が蒸発してできた塩分の沈殿した平地》.

sált gláze 名〖窯〗塩釉(えんゆう)《焼成中に塩を入れて器の表面に化学変化させ, 釉とするもの》.

sált-glázed 形〖窯〗塩釉がけした.

sal·tim·boc·ca /sɔ̀ːltɪmbɑ́ːkə | sæltɪmbɔ́kə/ 名 UC〖イタリア料理〗サルティムボッカ《セージ・ハムスライス・チーズなどと調理した子牛[鶏]の薄切り肉料理》.

sal·tine /sɔːltíːn/ 名《米》塩振りクラッカー.

sal·tire /sɔ́ːltaɪər | -taɪə/ 名〖紋〗X 形十字.

sáltire·wìse 副 X 形十字に.

sált·ish /-tɪʃ/ 形 やや塩辛い, 塩気のある.

Sált Láke Cíty 名 ソールトレークシティー《米国 Utah 州の州都; 北西部に Great Salt Lake がある; Mormon 教の本山所在地》.

sált·less 形 ❶ 塩気のない, 塩のない. ❷ 生気[刺激]のない, つまらない.

sált lìck 名 ❶ 動物が塩をなめに行く所. ❷《家畜になめさせるための》塩塊.

sált màrsh 名 塩性沼沢(地), 塩湿地, 塩生草原《牧草地や製塩に利用》.

sált pàn 名《天然または人工の》塩田.

salt·pe·ter,《英》**salt·pe·tre** /sɔ́ːltpìːṭə | -tə-/ 名 U 硝石: Chile ~ チリ硝石.

sált·shàker 名《米》振り出し式食塩容器.

sált spòon 名《塩入れ用の》小さなさじ.

sált trùck 名 塩まきトラック《道路の凍結防止のため塩や砂をまくトラック》.

sal·tus /sæltəs, sɔ́ːl-/ 名 (後 ~·es)《発展途上での》急激な変動, 急転; 《論旨の》飛躍; 《議論などの》中断, ためらい.

sált wáter 名 U ❶ 塩水; 海水. ❷ 涙.

sált·wàter 形 A 塩水[海水](性)の; 塩水[海水]産の (↔ freshwater): a ~ lake 塩水湖 / (a) ~ fish 塩水魚.

sált·wòrks 名 (複 ~) 製塩所.

sált·wòrt 名 〖植〗オカヒジキ《ソーダ灰製造用》.

†**salt·y** /sɔ́ːlti/ 形 (salt·i·er, -i·est; more ~, most ~) ❶ 塩気のある, 塩辛い: ~ butter 塩辛いバター / Tears are ~. 涙は塩辛い. ❷《古風》〈言葉・ユーモアなどに〉しんらつな, ピリッとした; 〈言葉が〉きわどい; 粗野な, 露骨な. ❸ 海の(においがする); 船乗りの(ような). **salt·i·ly** /-təli/ 副 -i·ness 名 (名 salt)

sa·lu·bri·ous /səlúːbriəs/ 形《気候・土地など》健康によい, 健康的な: ~ mountain air 健康的な山の空気. ~·ly 副 ~·ness 名

sa·lu·bri·ty /səlúːbrəṭi/ 名 U 健康によいこと.

sa·lu·ki /səlúːki/ 名 サルーキ(犬)《古代から北アフリカ・中央アジアで飼われた大型の猟犬; グレーハウンドに似る》.

sa·lut /sɑːlúː/ 間 乾杯!

sal·u·tar·y /sæljutèri | -təri, -tri/ 形 ❶ 忠告・罰などに〉ためになる, 有益な: a ~ experience [lesson] ためになる経験[教訓]. ❷《古》健康によい. **sal·u·tar·i·ly** /sæljutérəli, -trə-/ 副 -i·ness 名

sal·u·ta·tion /sæljutéiʃən/ 名 ❶ CU あいさつ(の言葉): raise one's hat in ~ 帽子を上げてあいさつする. ❷ C《手紙の書き出しの》あいさつの文句《Dear Mr. Jones など》. (動 salute).

sa·lu·ta·to·ri·an /səlùːtətɔ́ːriən/ 名《米》《学校の卒業式で》来賓に対する歓迎の辞を述べる卒業生《通例次席の者; cf. valedictorian》.

sa·lu·ta·to·ry /səlúːtətɔ̀ːri | -təri, -tri/ 形 あいさつの, 歓迎の. —— 名《米》《学校の卒業式で来賓に対して通例次席卒業生が述べる》歓迎の辞 (cf. valedictory).

*__sa·lute__ /səlúːt/ 動 ❶ a《上官・軍旗などに》敬礼する: ~ the colors 軍旗に敬礼する / He ~*d* his commanding officer. 彼は(自分の部隊の)司令官に敬礼した. b〈挙手・捧(ささ)げ銃で〉…に敬意を表する〔*with, by*〕《用法》with の後は名詞, by の後は doing を用いる). ❷ a《頭を下げたり, 帽子を上げたりして》〈人に〉あいさつする, 会釈する〔*with, by*〕《用法》1 b と同じ; greet の方が一般的》. b〈笑顔・キスで〉人を迎える: ~ a person *with* a smile 人を笑顔で迎える. ❸《勇気・人などをたたえ, 称賛する (praise). —— 名 ❶ 敬礼. ❷ a 敬礼, 挙手の礼; 敬礼の姿勢: give [return] a ~ 敬礼する[敬礼を返す] / come to [take] the ~ 敬礼する《最高将校か執れいを受ける》/ stand at the ~ 敬礼の姿勢で立つ. b 礼砲: a Royal ~ of 21 guns 21 発の王礼砲 / exchange ~s 礼砲を交換する; 敬礼を交わす / fire [give] a 10-gun ~ 10 発の礼砲を放つ. ❸ 捧げ銃, 刀礼. ❹《頭を下げたり, 帽子を上げての》あいさつ, 会釈《比較》greeting のほうが一般的》: in ~ あいさつとして《★ 無冠詞》.〖F<L=(相手の)健康を祈る<L *salus* 健康〗(名 salutation)

Sal·va·do·ran /sælvədɔ́ːrən‐/, **Sàl·va·dór·i·an** /-riən‐/ 形 エルサルバドル共和国の. —— 名 エルサルバドル人.

*__sal·vage__ /sælvɪdʒ/ 名 U ❶ a 海難救助; (沈没船の)引き揚げ(作業), サルベージ. b (海難救助で)救出された船舶[貨物]: ~ from a sunken ship 沈没船からの回収品. ❷ a (火災・災害などでの)人命救助, 家財救出. b 救出財. ❸ a 廃物利用[回収]. b 利用できる廃物. —— 形 A ~ サルベージの; ~ company サルベージ会社. —— 動 ❶ a 〈船舶・貨物・家財などを〉《海難・火災・災害などから》救助する 〔*from*〕; 〈沈没船を〉引き揚げる. ❷〈…を〉悪化した[困難な]状況から救う, 〈誇り・評判などを〉守る; 〈状況などを〉立て直す. ❸〈廃物を〉利用する. ❹〈病人を〉救う; 〈患部を〉治す.〖F<L<*salvare, salvat-* 救済する<*salus* 安全な (cf. safe)〗

sal·vage·a·ble /sælvɪdʒəbl/ 形 ❶《海難・火災などから》救える, 救出できる. ❷《沈没船から》引き揚げられる.

sálvage yàrd 名《使用なくなった機械・自動車などからの》部品回収場.

Sal·var·san /sælvəsən | -və-/ 名《商標》サルバルサン

*sal·va·tion /sælvéɪʃən/ 名 ❶ Ⓤ 救済, 救助. ❷ Ⓒ 《通例単数形で》救済物; 救済手段: A cold beer would be my ~. 冷たいビールが飲めるありがたい[生き返る]のだが. ❸ Ⓤ《キ教》救い, 救世(主). 《F<L<salvare 救済する; ⇒ savage》

+Salvátion Ármy 名 [the ~] 救世軍 (1865年に英国人 William Booth /búːθ | búːð/ が London で組織した国際的な軍隊式キリスト教団体; 伝道と社会事業を目的とする).

sal·va·tion·ism /-ʃənɪzm/ 名 Ⓤ ❶ 福音伝道. ❷ [S~] 救世軍の教え, 信仰, やり方.

Sal·vá·tion·ist /-ʃənɪst/ 名 ❶ 救世軍軍人. ❷ しばしば s~] 福音伝道者.

salve¹ /sæv, sɑːv/ 名 ❶ Ⓤ.Ⓒ 軟膏(こう), 膏薬. ❷ Ⓒ 慰安, 慰め: a ~ for wounded feelings 傷ついた気持ちをいやすもの 《優しい言葉など》. ── 動 他 ❶ 〈自尊心・良心などを〉慰める, やわらげる: ~ one's conscience 良心のとがめをやわらげる. ❷ 〈...に〉軟膏を塗る.

salve² /sælv/ 動 =salvage.

sal·ver /sælvə/ 名 銀・しろめ製の円形盆《召し使いが手紙・名刺・食物などを載せて出す》.

Sal·ve Re·gi·na /sɑ́ːlveɪrɪdʒíːnə/ 名《カト》「サルヴェ レジナ」《聖母をたたえる最古の交唱の一つ; 'Hail, Holy Queen' の意》.

sal·vi·a /sælviə/ 名 Ⓤ《植》サルビア《夏に深紅色の花をつける》. 《L, cf. sage²》

+sal·vo /sælvoʊ/ 名 (徴 ~s, ~es) ❶ a 一斉射[砲]撃; (礼砲の)一斉発射. b (爆弾の)一斉投下. ❷ 一斉に起こる拍手かっさい[歓声(など)]: a ~ of applause [cheers] 盛んな拍手かっさい[歓声]. 《It<L salvus 安全な; cf. safe》

sal vo·lat·i·le /sǽlvəlǽṭəli/ 名 Ⓤ 炭酸アンモニア(水)《気つけ薬》.

sal·vor /sælvə/ -və/ 名 海難救助者[船].

sal·war /sɑlwɑː/ -wɑ́ː/ 名 =shalwar.

Sa·lyout /sæljuːt | səljúːt/ 名 サリュート《旧ソ連の宇宙ステーション》.

Salz·burg /sɔ́ːlzbəːɡ | sǽltsbəːɡ/ 名 ザルツブルク《オーストリア中部の都市; Mozart の生地》.

Sam /sǽm/ 名 サム《男性名; Samuel の愛称》.

SAM /sǽm/ 名 地対空ミサイル, サム. 《surface-to-air missile》

Sam. 《略》《聖》Samuel.

sa·ma·dhi /səmɑ́ːdi/ 名 Ⓤ.Ⓒ《仏教・ヒンドゥー教》深瞑想, 専心; (禅)定; 三昧.

Sa·man·tha /səmǽnθə/ 名 サマンサ《女性名》.

sa·ma·ra /sǽmərə/ 名《植》(トネリコ・ニレ・モミジなどの)翼果 (cf. key¹).

Sa·mar·i·a /səméɪ(ə)riə/ 名 サマリア《古代 Palestine の一地方; 名またその首都名》.

Sa·mar·i·tan /səmǽrətn/ 名 ❶ Ⓒ サマリア人. ❷ = good SAMARITAN. ❸ a [the ~s] サマリア人協会《1953年ロンドンに創設された, 精神的な悩みをもつ人々の救済を目的とする団体》. b Ⓒ サマリア人協会の会員.

a góod Samáritan 苦しんでいる人のよき友, 情け深い人《由来》日ごろユダヤ人に軽蔑されていたサマリア人が, 盗賊にあって苦しんでいたユダヤ人の旅人を助けたという聖書「ルカ伝」にある, よきサマリア人の話から》. ── 形 ❶ サマリアの. ❷ 《SAMARIA の形容詞形》

Sa·már·i·tan·ism /-tənɪzm/ 名 ❶ Ⓤ《ユダヤ教の》サマリア派の信仰《モーセ五書のみを正典と認める》. ❷ Ⓤ《時に s-》慈悲; 慈善.

sa·mar·i·um /səméɪ(ə)riəm/ 名 Ⓤ《化》サマリウム《希土類元素; 記号 Sm》.

Sam·ar·kand /sǽməkǽnd | sǽməkǽnd/ 名 サマルカンド《ウズベキスタン東部の市; 14 世紀末-15 世紀にはティムール帝国の首都》.

Sá·ma·Vé·da /sɑ́ːmə-/ 名 [the ~] サーマベーダ《歌詠を集録した Veda; 古代インド音楽研究に重要》.

sam·ba /sǽmbə/ 名 ❶ [the ~] サンバ《アフリカ起源の軽快なブラジルのダンス》. ❷ Ⓒ サンバの曲. 《Port》

sam·bal /sɑ́ːmbɑːl | sǽmbæl/ 名 Ⓤ.Ⓒ サンバル《トウガラシ・トマト・塩をベースに, 香辛料・調味野菜・ココナッツ粉・塩辛などを合わせてすりつぶしペースト状にした, マレーシア・インド ネシアの調味料・薬味》.

sam·bar, -bur /sǽmbə, sɑ́ː-m- | -bə/ 名〖動〗スイロク, サンバー《三叉の角をもつ大鹿; 東南アジア産》.

sam·bo¹ /sǽmboʊ/ 名 Ⓤ サンボ《柔道の技術を用いたレスリングの一種》.

sam·bo² /sǽmboʊ/ 名 (徴 ~s) [しばしば S~]《軽蔑》黒人 (Black); 黒人との混血.

Sám Brówne bèlt 名 サムブラウンベルト《肩に掛ける帯剣用ベルト》.

sam·bu·ca /sæmbúːkə/ 名 Ⓤ サンブーカ《アニスの風味のするイタリア産リキュール》.

*same /séɪm/ 形《比較なし》❶ [the ~] a《質・量・程度・種類など》同じ, 同一の, 同じの《用法》A でも B でも名をつけて用いる》: We eat the ~ food every day. 我々は毎日同じ(ような)ものを食べている / Her last name and mine are the ~. 彼女の姓と私の姓は同じだ / It's just the ~ with our family. わが家とてまったく同じことだ / He has made the very ~ mistake again. 彼はまたまったく同じ間違いをしでかした《用法》the same を強調する時には the very [exact] same を用いることがある; cf. one and the SAME 成句》. b (以前と同じ, 変わらない): The patient is much better [about] the ~. 病人は大体同じ状態だ / Tokyo was not the ~ city after the war. 戦後の東京はすっかり変わってしまった. ❷ [the ~; as, that, who, where などと相関的に用いて] a《質・量・程度・種類など》《...と》同じの, 同様の, 同一の《用法 1 と同じ》: I have the ~ watch as [that] you have. 君と同じ時計を持っている《用法》as は同種の時で that は同一のものとされているが, 現在厳密な区別はない》/ They met at [in] the ~ place (where) they had met before. = They met at [in] the ~ place as before. 彼らは前と同じ場所で会った《用法》従属節の主語・動詞が省略される時には as が用いられる》. b (以前と)同じ, 変わらない: His attitude is the ~ as ever [always]. 彼の態度はいつもと変わらない. ❸ [this, that, these, those に続いて]《用法》the same を強調するが, しばしば軽蔑的にもなる》: We are fed up with that ~ old sermon of his. 彼のお説教にはうんざりだ / Later this ~ boy became president. (ほかならぬ)この少年がのちに大統領になった.

àll [jùst] the sáme (1) (通例 it を主語として)[...には]まったく同じ; どうでもよい: if it is all the ~ (to you) おかまいなければ / You can pay now or later; it is all the ~ to me. 今払ってもらっても後からでもかまいません, 私はどちらでもかまいません. (2) [副詞的に] それでも, やはり (nevertheless): He has his faults, but I like him all the ~. 彼には欠点があるがそれでも私は彼が好きだ.

óne and the sáme まったく同一の: The two parts were played by one and the ~ actor. その二つの役は一人の俳優によって演じられた.

(the) sáme but [ònly] dífferent《口》ほぼ同じ, ちょっと違う.

── 代 ❶ [the ~] 同一のもの[こと, 人]: The ~ applies to you. 同じことは君にも当てはまる, 君もそうだ / He will do the ~ again. 彼はまた同じことをやるだろう / I'll have the ~. [注文をする時に] 私も同じものにします. ❷ the ~ を用いないで《戯言》同上のもの[こと, 人]《用法》it などの代名詞を用いるほうが一般的》: The charge is $100; please remit ~. 代金は 100 ドルです, ご送金ください.

móre of the sáme また同じこと[もの], 同じこと[もの]の繰り返し, 変わりばえのしないこと[もの]

Sáme hére. (口) (1) [相手の言葉に同意を示して] こっちも同じだ: "I'm very tired." "S~ here." 「もうくたくただ」「こっちもだ」. (2) [注文をする時に] こっち[私]にも同じものを下さい.

(The) sáme agáin (plèase). [同じものを注文して] お代わりをお願いします.

(The) sáme to yóu! (1) [Happy New Year! や Merry

Christmas! に答えて] あなたもご同様に. (2) [侮辱的な言葉に対して] 君も同じだろ, 自分だってそうだろ.
——副 (比較なし) ❶ [the ~] a 同様に: 'Rain' and 'reign' are pronounced *the* ~. rain と reign は発音が同じだ / I think *the* ~ of him. 彼に対する考えは変わっていない. b [as と相関的に用いて] (…と)同様に: I feel *the* ~ *as* you (do). 私の気持ちは君と同じだ. ❷ [the を用いないで; as と相関的に用いて]《口》…と同様に: He has his pride, ~ *as* you (do). 彼にも君同様に誇りがある.
〖ON *samr*〗〖類義語〗same 話題にしているものが全く同一のものであるか, あるいは同一ではないが種類・外観・分量などに違いのないことを表わす. selfsame same と同じ意味を強調するときに用いられる. identical 全く同一のものか, あるいは外観や性質が細かな点まで全く一致している. equal 同一のものではないが大きさ・量・程度などにおいて等しい.

sáme·ness /-nəs/ 名 Ⓤ ❶ 同一性, 同様なこと; よく似ていること, 酷似. ❷ 単調さ, 無変化.
S.Am(er). (略) South America(n).
sàme-séx 形 同性間の, 男[女]同士の: ~ marriage 同性同士結婚.
sam·ey /séɪmi/ 形 (sam·i·er, -i·est)《英口》単調な. ~·ness 名
sam·fu /sæmfu:/ 名 サンフー《上着とパンタロンからなる華僑の婦人服; 主にマレーシア・香港で着用される》.
Sa·mhain /sá:wɪn/ 名 サムハイン祭《古代ケルト人が11月1日に冬の始まりと新年を祝って行なった祭》.
sám híll [しばしば S~ H~]《米俗·婉曲》= hell: Who in (the) ~ are you? いったいきさまだれだ / What the ~ is the matter? ぜんたい何事だ.
Sa·mi /sá:mi/ 名 (徴 ~, ~s) ❶ a [the ~(s)] サーミ, サーメ《ラップランドを中心に, スカンジナビア半島北部からフィンランド北部, ロシアの一部などに居住する民族; Lapp とも呼ばれるが現在では差別的として避けられる》. b Ⓒ サーミ(人). ❷ Ⓤ サーミ[サーメ]語《フィン·ウゴル語派フィン系の言語》.
Sa·mi·an /séɪmiən/ 形名 サモス (Samos) 島の(住民).
Sámian wàre 名 サモス焼き《ローマ遺跡で大量に発掘された赤褐色または黒色のもろい陶器》.
sam·i·sen /sǽməsèn/ 名 三味線.
sam·ite /sǽmaɪt, séɪ-/ 名 Ⓤ 金襴, 銀襴《中世の服地》.
sam·iz·dat /sá:mɪzdà:t | sæmɪzdǽt/ 名 Ⓤ 《特に旧社会主義国家での》地下出版組織[活動], 地下出版物.
Sam·my /sǽmi/ 名 サミー《男性名; Samuel の愛称》.
Sa·mo·a /səmóʊə/ 名 ❶ サモア(諸島)《南太平洋の諸島; もと王国であったが, 現在西のサモア(独立国)と東の米領サモアとに分かれる》. ❷ サモア(独立国) (the Independent State of Samoa)《サモア諸島西半の島群からなる国; 首都 Apia》.
Sa·mo·an /səmóʊən/ 形 ❶ サモア島の. ❷ サモア人[語]の. — 名 ❶ Ⓒ サモア人. ❷ Ⓤ サモア語.
Samóa (Stándard) Tìme 名 Ⓤ 《米国》のサモア(標準)時《日本標準時より20時間遅い; ⇨ standard time 解説》.
Sa·mos /séɪmɑs | -mɔs/ 名 サモス《エーゲ海東部のギリシア領の島》.
sa·mo·sa /səmóʊsə/ 名 サモサ《小麦粉を練った皮にカレー味を付けたジャガイモなどを三角形にくるみ, 揚げたインドのスナック》.
sam·o·var /sǽməvàː | -vàː/ 名 サモワール《ロシアのお茶用湯沸かし; 通例銅製で中央に炭火を入れる》. 〖Russ〗
Sam·o·yed /sǽməjèd | ¯¯¯-¯/ 名 (徴 ~, ~s) ❶ a [the ~(s)] サモエード族《中央シベリアからロシア北部にかけて分布するモンゴル族》. b Ⓒ サモエード族の人. ❷ Ⓤ サモエード語. ❸ Ⓒ サモエード犬《シベリア原産のそり犬の一種; 白または白とクリーム色の中型犬》.
samp /sǽmp/ 名 Ⓤ 《米》ひき割りトウモロコシ(のかゆ).
sam·pan /sǽmpæn/ 名 サンパン《中国·東南アジアの河川や沿岸で使う小型木造の平底船》.〖Chin〗
sam·phire /sǽmfaɪə | -faɪə/ 名〖植〗❶ 海岸の岩などに生えるセリ科の多肉の草《葉を酢漬けにする》. ❷ アッケシソウ (glasswort).

*__sam·ple__ /sǽmpl | sá:m-/ 名 ❶ a (全体または種類を代表する)見本, 標本, サンプル (specimen);〖統〗標本, サンプル: a ~ *of* dress material (女性用)服地の見本 / a blood ~ 血液のサンプル / a random ~ 無作為に[ランダム]標本 / a representative ~ 〖統〗代表標本[サンプル]. b (無料で配布する)試供品, 商品見本. ❷ 実例: That's a fair ~ of his manners. 彼のマナーはあんなものだ. —— 形 A 見本の: a ~ copy 書籍見本 / a ~ bottle of perfume 見本[試用]用の香水の瓶. —— 動 他 ❶ (見本によって)…の(物を)味をみる; 味を見る (taste): ~ wine ワインの味を見る / She ~d the cake and found it very good. 彼女はそのケーキを試食したがとてもおいしかった. ❷ 〈…を〉経験する, 経験して(試す) (try): ~ the pleasures of mountain life 山の暮らしの楽しみを経験してみる. ❸〖統〗〈…を〉標本として抽出する. ❹〖電子·楽〗サンプリングする (⇨ sampling).《EXAMPLE の語重音が落ちられる》
sám·pler 名 ❶ (技量を示すために種々な縫い方をした)刺繡(じゅう)試作品《しばしば保存して壁に飾る》. ❷ 見本集; 選書. ❸〖楽〗サンプラー《サンプリングする装置》. ❹ a 見本[試料]検査係[器]. b 試食[試飲]者.
sám·pling 名 ❶ Ⓤ a 標本抽出(法), 試料採取. b 試食, 試飲.〖電子·楽〗サンプリング《アナログ信号のデジタル変換》. b〖楽〗サンプリング《既存の音源から録音·抽出した音を編集して再利用すること》. ❸ Ⓒ a 抽出[採取]した見本. b 試食[試飲]品.

sámpling èrror 名 Ⓤ〖統〗標本[抽出, サンプリング]誤差《標本から母集団における数値を推定するときに生ずる誤差》.
Sam·pras /sǽmprəs/**, Pete** 名 サンプラス (1971– ; 米国のテニスプレーヤー》.
sam·sa·ra /sʌmsá:rə/ 名 Ⓤ《ヒンドゥー教·仏教》輪廻(*ん*); 輪廻転生.
Sam·son /sǽms(ə)n/ 名 ❶ サムソン(男性名). ❷ サムソン《旧約聖書に出る大力の勇士; 愛人 Delilah に欺かれて盲目にされ敵に渡された》.
Sámson pòst 名〖海〗サムソンポスト《支柱》.
Sam·u·el /sǽmjuəl, -mjul/ 名 ❶ a サミュエル(男性名; 愛称 Sam, Sammy). b サムエル《ヘブライの士師で預言者の名》. b サムエル記 (The First [Second] Book of Samuel)《旧約聖書中の書; 本来一巻であったが上·下に分けられるようになった; 略 Sam.》.
sam·u·rai /sǽm(j)ʊrài/ 名 (徴 ~, ~s) 侍, 武士.〖Jpn〗
san /sǽn/ 名《口》= sanatorium.
San /sǽn/ 名 (徴 ~, ~s) ❶ a [the ~(s)] サン族《アフリカのカラハリ砂漠に住む, 元米狩猟採集を主にしてきた民族; 俗に Bushmen とも呼ばれる》. b Ⓒ サン族の人. ❷ Ⓤ サン語(派) (Khoisan 語族の一語派).
Sa·n'a /sænáː, ¯-¯/ 名 サヌア《イエメン (Yemen) の首都》.
Sán An·drè·as Fáult /-ændrèɪəs-/ 名 [the ~] サンアンドレアス断層《北米西岸沿った大断層》.
San An·to·ni·o /sænəntóʊniòʊ/ 名 サンアントニオ《米国 Texas 州中南部の都市; cf. Alamo》.
san·a·to·ri·um /sænətɔ́ːriəm/ 名 (徴 ~s, -ri·a /-riə/) ❶ a (結核患者などのための)サナトリウム, 療養所. b 保養地. ❷《英》(学校内の)病人用の部屋.《L=いやす所 <*sanus* sane; cf. sane》
San·cerre /sɑ:nséə | -séə/ 名 Ⓤ サンセール《フランス Loire 地方産の白ワイン》.
San·cho Pan·za /sǽntʃoʊpǽnzə/ 名 サンチョ パンサ《Cervantes 作 *Don Quixote* 中の人物; ドン キホーテの従者で常識豊かな俗物の典型》.
sancta sanctum の複数形.
sanc·ti·fi·ca·tion /sæŋ(k)təfɪkéɪʃən/ 名 ❶ 神聖化, 聖別. ❷ (罪の)清め. (動 sanctify)
sánc·ti·fied 形 ❶ 神聖化された; 聖別された; 清められた. ❷ 信心ぶった.
sánc·ti·fi·er 名 神聖にする人, 聖別する人; [S~] 聖霊 (Holy Spirit).

sanc・ti・fy /sǽŋ(k)təfài/ 動 他 ❶ 神聖にする, 聖別する: God blessed the seventh day and *sanctified* it. 神七日を祝してこれを神聖(ミネ)めたまえり(《聖書「創世記」から). ❷〈人・心の〉罪を清める: ~ a person's heart 人の心を浄化する. ❸ 正当化する, 是認する(*通例受身で用いる): a custom *sanctified* by long practice 長年の慣行で是認されている慣習. 〘F <L <*sanctus* 神聖な+-IFY; cf. saint〙

sanc・ti・mo・ni・ous /sæ̀ŋ(k)təmóuniəs←/ 形 信心ぶった, 殊勝ぶる: a ~ hypocrite 殊勝らしい顔をした偽善者. ~・ly 副. ~・ness 名.

sanc・ti・mo・ny /sǽŋ(k)təmòuni | -məni/ 名 U 信心ぶること, 殊勝らしく見せること. 〘L <*sanctus* (↓)〙

***sanc・tion** /sǽŋ(k)ʃən/ 名 ❶ C a 〘通例複数形で〙〔国際法〕(国際法違反国に対する)制裁力: impose economic ~s against [on]... に経済制裁(措置)を課す / lift ~s 制裁措置を解除する. b (法令・規則違反などに対する)制裁, 処罰; social ~s 社会的な制裁. ❷ C 道徳[社会]的拘束力: In Japanese society shame operates as the principal ~. 日本の社会では恥が重要な道徳的拘束力として機能している. ❸ U (法令などによる)裁可, 認可; (世論・慣習などによる)是認, 承認 (approval): popular ~ 世論の是認 / give ~ to... を裁可[是認]する. ❹ C ~を認可[裁可]する (approve): That expression has been ~*ed* by usage. その表現は慣用上認められている 〘+*doing*〙 Society now ~s cohabit*ing* before marriage. 現代社会では結婚前の同居を容認する. ❷〈...に〉制裁措置を課す; 〈...を〉制裁[処罰]する. 〘F <L = 神聖にすること <*sanctus* 神聖な; cf. saint〙

sanc・ti・tude /sǽŋ(k)tət(j)ùːd | -tjùːd/ 名 U 聖性, 神聖.

sanc・ti・ty /sǽŋ(k)təti/ 名 ❶ U 神聖, 尊厳. ❷ U 高潔, 敬虔(ﾂﾋ). ❸ 〘複数形で〙神聖な義務[感情など].

***sanc・tu・ar・y** /sǽŋ(k)tʃùèri | -tʃuəri/ 名 ❶ C (安全・保護を得られる)避難所, 逃げ場 (haven); 聖域(法律の力が及ばなかった中世の教会など). ❷ U (避難所が提供する)庇護(ﾋ), 保護; (教会などの)罪人庇護権: give ~ to... を庇護する, ...に「聖域」を提供する / take [seek] ~ 「聖域」に逃げ込む[庇護を求める] / violate [break] ~ 「聖域」を侵す(侵して罪人を捕らえる). ❸ C (鳥獣の)禁猟区, 保護区域, サンクチュアリ: a bird [an animal] ~ 鳥類[動物]保護区域. ❹ C a 神聖な場所, 聖所 (教会・神殿・神社・寺院など). b 聖壇, 至聖所(教会などの特に神聖ないちばん奥の祭壇を設けた所). 〘F <L = 神聖な場所 <*sanctus* 神聖な; cf. saint〙

sanc・tum /sǽŋ(k)təm/ 名 (働 ~s, -ta /-tə/) ❶ (口)(人の妨げを受けない)私室, 書斎. ❷ 神聖な場所, 聖所. 〘L (↓)〙

sánctum sanc・tó・rum /-sæŋ(k)tɔ́ːrəm/ 名 (幕屋・エルサレム神殿の)至聖所内, 内陣.

Sanc・tus /sǽŋ(k)təs/ 名 〘the ~〙〔教〕サンクトゥス, 三聖唱(ミサで用いる「聖なるかな, 聖なるかな, 聖なるかな」の聖歌). 〘L; ⇒ sanctuary〙

Sánctus bèll 名〔教〕祭鈴(ミサでサンクトゥスを歌うときなどに注意を喚起するために鳴らす).

***sand** /sænd/ 名 ❶ U a grain of ~ 砂粒 / I've got some ~ in my eye. 目に砂が入った. ❷ 〘しばしば複数形で〙a 砂地, 砂原; 砂浜; 砂丘; 砂漠: play on the ~ 砂浜で遊ぶ / the ~s of Arabia アラビアの砂漠. b 砂州(ﾂ): run on [strike] the ~s 砂州に乗り上げる. ❸ 〘複数形で〙a (砂時計の)砂粒. b 時刻, 寿命: The ~s (of time) are running out. 残り時間がなくなった; 寿命が尽きるようとしている. ❹ U 砂色, 赤みがかった黄色. ❺ U (米口)勇気, 気概: have plenty of ~ とても勇気がある. **búilt on sánd** (砂上に建てたように)不安定な, 当てにならない(*聖書「マタイ伝」から): a house built on ~ 砂上の楼閣(不安定なもののたとえ). **búry one's héad in the sánd** ⇒ head 成句. **dríve (...) ìnto the sánd** 行き詰まる, 停止する; ... を行き詰まらせる[停止させる]. **rún into the sánd** 行き詰まる, 停止する. **(the) shífting sánds** 絶えず変化する情勢: *the shifting* ~s *of party politics* 千変

1591　Sandinista

万化の党派政治. ―― 動 他 ❶ a 〈... を〉砂[紙やすり]で磨く: ~ (*down*) a door (ペンキを塗る前に)ドアを紙やすりでよく磨く. b 〈... を〉紙やすりでこすり落とす 〈*out*〉. ❷ 〈... に〉砂をまく: ~ a road (氷結した)道路に砂をまく. ❸ 〈... を〉砂でおおう[埋める]: The harbor has been ~*ed up* by the tides. その港は潮流に運ばれた砂で浅く[使えなく]なっている. (形 sandy)

⁺san・dal¹ /sǽndl/ 名 〘通例 複数形で〙 ❶ (ゴム底で, (革)ひもで足にとめる)サンダル. ❷ (米)(ハイヒール用の)浅いオーバーシューズ; スリッパ. ❸ (昔ギリシア・ローマ人が用いた革製の)サンダル. (⇒ sandaled). 〘L <Gk〙

san・dal² /sǽndl/ 名 U =sandalwood.

sán・daled, sán・dalled 形 サンダルをはいた.

sándal・wòod 名 U 〔植〕ビャクダン(白檀); 白檀材(質が堅く香気がある).

san・da・rac /sǽndəræ̀k/ 名 U サンダラック(カクミヒバ (sandarac tree) の樹脂; ワニスまたは香に用いる).

sánd・bàg 名 ❶ 砂袋, 土嚢(ﾄ); 〔拳闘〕ボクシングの練習で用いる「サンドバッグ」は (米) punching bag, (英) punchbag という). ❷ (棒先に付けて武器・凶器として用いる)砂袋. ―― 動 (**sand-bagged; -bag-ging**) ❶ 〈... を〉砂袋で防ぐ[ふさぐ]: ~ a rising river 増水する川に土嚢を積む. ❷ 〈人を〉砂袋で打ち倒す. ❸ (米口) いじめる, おどす; 〈人に〉強要する〈*into*〉. ❹ (米口) 予告なしに批判して〈計画などを〉失敗に終わらせる.

sánd・bànk 名 ❶ (河口などの)砂州(ﾂ). ❷ (風に吹きよせられてできる)砂丘.

sánd・bàr 名 (河口などの)砂州(ﾂ).

sánd・bàth 名 砂浴, サンドバス.

sánd・blàst 名 C 砂吹き(ガラスの表面をつや消しにしたり, 金属・石・建物などの表面をきれいにする). ❷ C 砂吹き機. ―― 動 他 〈... に〉砂を吹き付けて磨く[切る].

sánd・bòx 名 ❶ (米) (子供が中で遊ぶ)砂箱, 砂場 ((英) sandpit). ❷ (すべり止め用の砂を入れた, 機関車の)砂箱. ❸ (昔インクを乾かすために振りまく砂を入れた)砂入れ, 砂箱.

sánd・bòy 名 ★次の成句で. **(as) háppy as a sándboy** (英) 非常に陽気な.

Sand・burg /sǽn(d)bəːg | -bəːg/, **Carl** 名 サンドバーグ (1878-1967; 米国の詩人・伝記作家).

sánd・càstle 名 (子供が作る)砂の城, 砂山.

sánd cràck 名 〔獣医〕裂蹄(ﾀﾂ), つまわれ(馬のひづめがわれる疾患).

sánd dàb 名 〔魚〕カレイ, ヒラメ, (特に)コケビラメの類の魚.

sánd dòllar 名 〔動〕タコノマクラ目の棘皮動物(カシパンなど砂の砂地にすむウニの類).

sánd dùne 名 砂丘.

sánd・er 名 ❶ サンダー(研磨剤で物の表面をなめらかにしたり, 磨いたりする装置). ❷ 砂まき機(新しく舗装した道や氷ですべりやすい道に砂をまく機械), 砂まきトラック.

sand・er・ling /sǽndəliŋ | -də-/ 名 〔鳥〕ミユビシギ.

san・ders /sǽndəz | -dəz/, **sánders・wòod** 名 U 紅木紫檀(ﾀﾝ), 紅木 (red sandalwood).

sánd flèa 名 ❶ 〔動〕ハマトビムシ. ❷ 〔昆〕スナノミ.

sánd・fly 名 〔昆〕サシチョウバエ, ブユ(チョウバエ科などの吸血昆虫).

sánd・glàss 名 砂時計 (cf. hourglass).

sánd・gròuse 名 〔鳥〕サケイ (アジア・アフリカ・南欧の砂地に住むハトに似た鳥).

san・dhi /sǽndi/ 名 〔言〕連声(ﾚﾝ), サンディー(語が他の語と結合される場合に語頭[語尾]の音が変化[消失]する現象).

sánd hìll 名 砂丘, 砂山.

sánd・hòg 名 (米) 水底トンネル工事の工夫.

sánd hòpper 名 〔動〕=beach flea.

San Di・e・go /sǽn dièigou/ 名 サンディエゴ(米国 California 州の港市; 海軍・海運の基地).

San・di・nis・ta /sæ̀ːndəníːstə/ 名 サンディニスタ (1979年ソモサ (Somoza) 政権を倒した, ニカラグアの民族解放戦

線の一員).〖Sp<Augusto César *Sandino* 1933年に殺された同国の民族運動指導者〗

sánd ìron 名『ゴルフ』=sand wedge.

S & L (略) savings and loan association.

sánd・lòt 名《米》(都会の子供たちの遊ぶ)空き地(しばしば砂地).——形 Ⓐ 空き地の[で行なう]; 草野球的な, アマチュア(スポーツ)の: ~ baseball 草野球(空き地でする)草野球.

sánd・lòt・ter 名《米》草野球の選手.

S&M (略) sadomasochism; sadism and masochism.

sánd・màn 名[the ~] 眠りの精, 睡魔《子供の目に砂をまいて眠気を催させるという》: The ~ is coming.〔親が子に〕そろそろ寝る時間だよ.

sánd pàinting 名(北米先住民の)砂絵《種々に着色した砂などで描く儀式の飾り》.

sánd・pàper 名 Ⓤ 紙やすり(で磨く <down>).

sánd・pìper 名『鳥』シギ, イソシギ《海浜や河口などに生息するシギ科の鳥》.

sánd・pìt 名 ❶《英》(子供の遊ぶ)砂場(《米》sandbox). ❷ 砂取り[採取]場.

San・dra /sǽndrə/ 名 サンドラ《女性名; Alexandra の愛称》.

sánd shòe 名[通例複数形で]《英》サンドシューズ《砂浜ではくゴム底のズック靴》.

†**sánd・stòne** 名 Ⓤ 砂岩《主に建築用》.

sánd・stòrm 名(砂漠の)砂あらし.

sánd tràp 名《米》『ゴルフ』サンドトラップ《砂を入れた浅い穴のハザード; 《英》bunker》.

sánd wèdge 名『ゴルフ』サンドウェッジ《サンドトラップから打ち出すためのクラブ》.

*__sand・wich__ /sǽn(d)wɪʧ | -wɪʤ, -wɪʧ/ 名 ❶ サンドイッチ: make a ham ~ ハムサンドを作る《★ 短縮して「…サンド」と言うのは和製英語》. ❷《英》=sandwich cake. ❸ サンドイッチ状のもの.——動 ❶〈事を〉差し込む: I'll try to ~ the interview *in* after lunch.(予定は決まっていますが)インタビューを昼食の後に割り込ませるようにしてみましょう. ❷〈人などを〉…の間に, 詰め込む: I was ~ed (*in*) *between* two big men on the crowded train. 混雑した列車で私は二人の大男の間にはさまれた. ❸〈2つのものを〉のようにする, 間にはさむ, 間に割り込む: S~ the cakes (*together*) *with* raspberry jam. ラズベリージャムをケーキの間にはさんでください. 〖18 世紀英国の伯爵の名で, 食事に中断されずにトランプの賭(゛)け事に熱中できるようにこれを考案したと伝えられる〗

sándwich bàr (通例カウンター式の)サンドイッチ専門の軽食堂.

sándwich bòard 名(前後 2 枚で一対の)サンドイッチマンの広告板.

sándwich càke 名 ⒸⓊ《英》サンドイッチケーキ《ジャム・クリームなどを間に入れたケーキ》.

sándwich còurse 名『英教育』(技術専門学校などの)サンドイッチ課程《理論学習と現場実習を 3 か月ないし 6 か月交代で繰り返す教育制度》.

Sándwich Íslands 名 ⃝ [the ~] サンドイッチ諸島(Hawaiian Islands の旧称).

sándwich màn 名 サンドイッチマン《sandwich board で体をはさんで歩く広告屋》.

*__sand・y__ /sǽndi/ 形 (**sand・i・er**; **-i・est**) ❶ 砂の, 砂質の; 砂だらけの; 砂をまいた: a ~ shore 砂浜 / ~ soil 砂地. ❷〈髪が薄茶色の, 黄土色の. **sánd・i・ness** 名

San・dy /sǽndi/ 名 ❶ サンディー《男性名; Alexander の愛称》. ❷ サンディー《女性名; Alexandra の愛称》. ❸ Ⓒ サンディー《スコットランド人のあだ名》; ⇒ Uncle Sam 〔解説〕.

sánd yàcht 名(車輪付き)砂上ヨット.

†**sane** /séɪn/ 形 (**san・er**, **san・est**; **more ~**, **most ~**) ❶〈人が〉正気の, 気の確かな(↔ insane): He doesn't seem ~. 彼は正気とは思えない. ❷〈思想・行動など〉健全な, 穏健な; 分別のある: a ~ policy 穏健な政策 / ~ (a) judgment 分別ある[まともな]判断(力). **~・ly** 副 **~・ness** 名

〖L *sanus* 健康な (cf. sanatorium, sanitary) から〗

名 sanity)

San・for・ized /sǽnfəràɪzd/ 形〔商標〕サンフォライズド《特許防縮加工を施した布地についていう》.

*__San Fran・cis・co__ /sǽnfrənsískoʊ/ サンフランシスコ《米国 California 州中央部サンフランシスコ湾 (San Francisco Bay) に臨む都市で, 同国西部最大の貿易港》.

*__sang__ /sǽŋ/ 動 sing の過去形.

san・gar /sǽŋɡɚ | -ɡə/, **-ga** /-ɡə/ 名(凹地のまわりを丸石などで補強しただけの)防壁, 射撃壕.

san・ga・ree /sæ̀ŋɡərí/ 名 Ⓤ ❶ サンガリー《ワインを薄め香料を加えた甘味飲料》. ❷ =sangria.

Sang・er /sǽŋɚ | -ŋə/, **Margaret** 名 サンガー《1883-1966; 米国の産児制限運動指導者》.

sang・froid /sɑːŋfrwɑ́ː/ 名 Ⓤ 平気, 冷静, 沈着: with ~ 落ち着いて, 平然と. 〖F=cold blood (冷血)〗

san・gha /sʌ́ŋɡə/ 名 仏教の修道院, 教団, 僧伽, サンガ.

san・go・ma /sæŋɡóʊmə/ 名(南アフリカで)祈禱師《通例女性》.

San・graal, **-grail**, **-gre・al** /sæŋɡréɪl, sæn-/ 名 = Holy Grail.

Sán・gre de Crís・to Móuntains /sǽŋɡreɪdəkrístoʊ-/ 名 ⃝ [the ~] サングレデクリスト山脈(Rocky 山脈の一部で, 米国 Colorado 州と New Mexico 州にまたがる).

san・gri・a /sæŋɡríːə/ 名 Ⓤ サングリア《赤ワインに果汁・ソーダ水を加え, 冷やして飲むスペインの飲料》. 〖Sp=血のように赤い飲み物; cf. sanguine〗

san・gui・nar・y /sǽŋɡwənèri | -n(ə)ri/ 形 ❶ 血なまぐさい; 血にまみれた: a ~ battle 血なまぐさい戦い. ❷ 血に飢えた, 残忍な, 殺伐な: a ~ disposition [villain] 残忍な気質[悪党]. ❸〈法律が〉死刑を課す. **-nar・i・ly** /sæ̀ŋɡwənérəli/ 副 **-nar・i・ness** 名

†**san・guine** /sǽŋɡwɪn/ 形 ❶〈気質など〉陽気な, 自信のある, 楽観的な (optimistic) 〘解説〙古代生理学の四つの humor のうちの「多血質の」の意味で, この体質の人は血色がよく快活とされた): a ~ disposition ほがらかな気質 / take a ~ view of…について楽観的な見方をする. ❷ a〈顔色など〉血色のよい: a ~ complexion 血色のよい顔色. b〈色が〉紅(゛゛)の, 血紅色の. ❸〈古〉血なまぐさい. **~・ly** 副 **~・ness** 名 〖F<L=血の〗

san・guin・e・ous /sæŋɡwíniəs/ 形 ❶ a 血の. b 血紅色の. ❷ 血なまぐさい. ❸ 多血質の; 楽天的な.

San・hed・rin /sænhédrən | sǽndrən/, **-hed・rim** /-drəm/ 名〘ユダヤ史〙議会, サンヘドリン《古代 Jerusalem の最高法院; 宗教問題・司法・行政を担った》.

san・i・cle /sǽnɪk(ə)l/ 名 薬効をもつとされる数種の植物,(特に)ウマノミツバ《民間で根を鎮痛・収斂剤とするセリ科の多年草; 赤い実をつける》.

san・i・dine /sǽnədìːn, -dɪn/ 名 Ⓤ『鉱』玻璃(ྉ゛)長石, サニディン《火山岩中に産するガラス質の長石》.

san・i・tar・i・an /sæ̀nətéə(ə)riən/ 名 ⃝ (公衆)衛生学者[技師].

san・i・tar・i・um /sæ̀nətéə(ə)riəm/ 名 (複 **~s**, **-i・a** /-riə/)《米》=sanatorium.

*__san・i・tar・y__ /sǽnətèri | -təri, -tri/ 形 ❶ Ⓐ (比較なし)(公衆)衛生の, 保健衛生の: ~ fittings (家の)衛生設備, (特に)トイレ / ~ regulations 公衆衛生規則 / a ~ inspector 衛生検査官. ❷ 衛生的な, 清潔な (hygienic; ↔ unsanitary): in a ~ condition 清潔な状態で. **san・i・tar・i・ly** /sæ̀nətérəli | sǽnətərəli, -trə-/ 副 〖L *sanitas*; ⇒ sanity〗

sánitary bèlt 名 生理帯.

sánitary enginéer 名 衛生技師.

sánitary enginéering 名 Ⓤ 衛生工事[工学].

sánitary lándfill 名 地下埋込み式のごみ廃棄処理法.

sánitary nápkin [pàd] 名《米》生理用ナプキン.

sánitary protéction 名 Ⓤ 生理用ナプキン類.

sánitary tòwel 名《英》=sanitary napkin.

sánitary wàre 名 Ⓤ 衛生陶器(類)《便器・浴槽など》.

†**san・i・ta・tion** /sæ̀nətéɪʃən/ 名 Ⓤ ❶ 衛生設備[施設],(特に)下水設備. ❷ (公衆)衛生.

sanitátion wòrker [名] ごみ収集作業員, 清掃作業員 (garbage man).
san·i·tize /sǽnətàɪz/ [動] [他] ❶ 〈…から〉好ましくない部分を削除する. ❷ 〈…を〉(消毒・清掃などによって)衛生的にする.
⁺**san·i·ty** /sǽnəṭi/ [名] [U] (↔ insanity) ❶ 正気, 気の確かなこと: lose one's ~ 気が狂う. ❷ (思想などの)健全, 穏健. 〖F＜L *sanitas* 健康＜*sanus* 健康な; cf. sane, sanitary〗
San Jo·se /sæ̀nəzéɪ/ [名] サンノゼ《米国 California 州中西部の都市》.
San Jo·sé /sæ̀n(h)ouzéɪ, sæ̀nəzéɪ/ [名] サンホセ《コスタリカの首都》.
San Juan /sæ̀n(h)wɑ́:n/ [名] サンフアン《Puerto Rico の首都・港市》.
***sank** /sǽŋk/ [動] **sink** の過去形.
San Ma·ri·no /sæ̀nmərí:nou/ [名] サンマリノ《イタリア半島内にある世界最小の共和国; その首都》.
sann·ya·si /sʌnjɑ́:si/, **sann·ya·sin** /-s(ə)n/ [名] ヒンドゥー教の托鉢(たくはつ)僧.
sans¹ /sǽnz, sænz/ [前] 《古・戯言》…なしに, …がなくて: ~ teeth, ~ eyes, ~ taste, ~ everything (老いぼれて)歯なし目なし味なし何もなし《★ Shakespeare「お気に召すまま」から》. 〖F＜L *sine*〗
sans² /sǽnz/ [名] =sans serif.
San Sal·va·dor /sænsǽlvədɔ̀ɚ | -dɔ̀:/ [名] サンサルバドル《中米エルサルバドルの首都》.
sans·cu·lotte /sæ̀nzk(j)ʊlɑ́t | -kjʊlɔ́t/ [名] ❶ サンキュロット《フランス革命当時のパリの下層民共和党員に対するあだ名; 貴族的なキュロットをはかなかったことから; cf. Jacobin 1》. ❷ 過激共和主義者, 急進革命家 (cf. Bolshevik 3). 〖F; ⇨ sans, culottes〗
sàns·cu·lót·tism /-tɪzm/ [名] 過激共和主義; 過激主義, 暴民主義.
san·sei /sɑ:nséɪ, ⏑⏑⏑/ [名] ([複] ~, ~s) 三世《nisei の子; 米国で生まれて教育を受けた日系米人; ⇨ Japanese-American [関連]》. 〖Jpn〗
san·ser·if /sænsérɪf/ [名] =sans serif.
San·skrit /sǽnskrət/ [名] [U] [形] サンスクリット(の), 梵語(ぼんご)(の)《古代インドの文語; 略 Skr., Skrt., Skt.》. **San·skrit·ic** /sænskrítɪk/ [形]
sans ser·if /sæn(z)sérɪf/ [名] 〘印〙 ❶ [U] サンセリフ体《セリフ (serifs) のない活字体》. ❷ [C] サンセリフ体の活字.
San·ta /sǽnṭə/ [名] 《口》 =Santa Claus.
***San·ta Claus** /sǽnṭəklɔ̀:z | ⏑⏑⏑, ⏑⏑⏑/ [名] サンタクロース《[解説] 現在のサンタクロースの姿やイメージおよび贈り物と靴下という風習はオランダの伝承と他の伝承が混ざってアメリカで発達したもので, もともとはクリスマスと直接の関係はなかった; 《英》では Father Christmas ということも多い》. 〖Du; 子供の守護聖人 St. NICHOLAS から〗
San·ta Fe /sæ̀nṭəféɪ⁻/ [名] サンタフェ《米国 New Mexico 州の州都》.
Sánta Fè Tráil [名] [the ~] サンタフェ街道《Santa Fe と Missouri 州西部とを結んだ 19 世紀の重要通商路; cf. Oregon Trail》.
San·te·ri·a /sæ̀ntərí:ə, sɑ̀:n-/ [名] [U] [時に s~] サンテリア《アフリカ起源のキューバの宗教; ヨルバ族の宗教とカトリック的要素を含む》.
san·te·ro /sænté(ə)rou/ [名] ([複] ~s) (キューバで, 儀式を執り行なう)サンテリア僧.
San·ti·a·go /sæ̀nṭiɑ́:gou/ [名] サンティアゴ《チリの首都》.
san·to /sɑ́:ntou/ [名] ([複] ~s) (プエルトリコ・メキシコ・米国南西部などでみられる)木製の聖人像, サント.
San·to Do·min·go /sæ̀nṭədəmíŋgou/ [名] サントドミンゴ《中米ドミニカ共和国の首都》.
san·to·li·na /sæ̀nṭəlí:nə/ [名] 〘植〙 ワタスギギク, サントリナ《キク科ワタスギギク属の各種草本》.
san·ton·i·ca /sæntɑ́nɪkə | -tɔ́n-/ [名] ❶ 〘植〙 シナヨモギ, ミブヨモギ. ❷ [U] シナヨモギ[ミブヨモギ]の乾燥した頭花《駆虫薬》.
san·to·nin /sǽnṭənɪn/ [名] [U] 〘化〙 サントニン《santonica から分離した結晶; 虫下しに用いる》.
San·to·ri·ni /sæ̀ntərí:ni/ [名] サントリニ《Thera の別称》.
sa·nya·si /sʌnjɑ́:si/ [名] =sannyasi.
São Pau·lo /sàumpáulu:, -lou | -lou/ [名] サンパウロ《ブラジル南部の州, その州都; コーヒー産地》.
São To·mé and Prin·ci·pe /sauntəméɪən(d) prínsəpèɪ/ [名] サントメプリンシペ《西アフリカ大西洋上の共和国; 首都 São Tomé》.
⁺**sap**¹ /sǽp/ [名] ❶ [U] (植物の)樹液. ❷ [U] 元気, 生気, 活力: the ~ of life 活力, 精力 / the ~ of youth 血気. ❸ [C] 《米口》 ばか, まぬけ: You ~! このうすのろ. ❹ [C] 《米俗》 こん棒. — [動] [他] (**sapped; sap·ping**) ❶ 〈木から〉樹液を搾り取る. ❷ 〈人から〉〔活力などを〕奪う 〔*of*〕; 〈人の活力などを〉なくさせる. ❸ 《米俗》 〈人を〉こん棒で殴り倒す.
⁺**sap**² /sǽp/ [名] 〘軍〙 対壕(たいごう)《敵陣に迫るために掘る塹壕(ざんごう)》. — [動] (**sapped; sap·ping**) [他] ❶ 〘軍〙 〈地面に〉対壕を掘る, 対壕を掘って〈敵陣に〉迫る. ❷ 〈…〉の下を掘って壊す: The foundations were *sapped away* by termites in a few years. 土台は 2, 3 年のうちにシロアリに掘りくずされてしまった. ❸ 〈…を〉(徐々に)弱らせる, 害する: Her constant criticism *sapped* his confidence. 彼女の絶え間ない批判で彼の自信が徐々にうせていった. — [自] 〘軍〙 対壕を掘る, 対壕を掘って敵陣に近づく.
sa·pe·le /səpí:li/ [名] 〘植〙 サペリ《センダン科エンタンドロフラグマ属の各種の木; マホガニーに似て家具材とする》.
sáp grèen [名] [U] クロウメモドキの実から採った緑色顔料; 暗緑色.
sáp·hèad [名] 《米口》 ばか, まぬけ. **~·ed** [形]
sa·phé·nous véin /səfí:nəs-/ [名] 〘解〙 伏在静脈《下肢の 2 つの主な皮静脈》.
sap·id /sǽpɪd/ [形] 〈食べ物が〉味のよい, 風味のある; 〈話など〉興趣[魅力]のある (↔ insipid). **~·ness** [名]
sa·pid·i·ty /sæpídəṭi/ [名] 味, 風味; うま味, 興趣, 魅力.
sa·pi·ence /séɪpiəns/ [名] [U] 《文》 知恵.
sa·pi·ent /séɪpiənt/ [形] 《文》 ❶ 知恵のある, 賢い. ❷ 知ったかぶりの. **~·ly** [副]
sa·pi·en·tial /sèɪpiénʃ(ə)l/ [形] 《詩》 知恵の; 知恵のある.
sáp·less [形] ❶ 樹液のない; しなびた. ❷ 生気[活力]のない, 衰えた.
sap·ling /sǽplɪŋ/ [名] ❶ 若木. ❷ 若者. ❸ グレーハウンドの幼犬.
sap·o·dil·la /sæ̀pədílə/ [名] ❶ 〘植〙 サポジラ, チューインガムノキ《樹液からチューインガムの原料 chicle を採る》. ❷ (また **sapodílla plúm**) サポジラの実《食用》.
sap·o·na·ceous /sæ̀pənéɪʃəs⁻/ [形] せっけん質の, せっけん状の.
sa·pon·i·fi·ca·tion /səpɑ̀nəfɪkéɪʃən | -pɔ̀n-/ [名] [U] 〘化〙 鹸化; (一般に)加水分解.
sa·pon·i·fy /səpɑ́nəfàɪ | -pɔ́n-/ [動] [他] (油脂を)鹸化(けんか)する《アルカリで加水分解してせっけんを作る》.
sap·o·nin /sǽpənɪn/ [名] [U] 〘化〙 サポニン《種々の植物から得られる配糖体で, せっけんのようによく泡立つ》.
sap·per /sǽpɚ | -pə/ [名] 〘軍〙 ❶ 《英》 (英国陸軍の)工兵隊員. ❷ 《米》 敵前工作兵.
Sap·phic /sǽfɪk/ [形] ❶ サッフォー風[詩体]の: ~ verse サッフォー詩体. ❷ [s~] 〈女性が〉同性愛の, レズの. — [名] サッフォー詩体.
⁺**sap·phire** /sǽfaɪɚ | -faɪə/ [名] ❶ [C,U] 〘鉱〙 サファイア, 青玉 (⇨ birthstone). ❷ [U] サファイア色, るり色, 青空色. 〖F＜L＜Gk=るり (lapis lazuli)＜Sem〗
sap·phir·ine /sǽfərɪn, -rì:n/ [形] サファイア[青玉]色の; サファイアのような; サファイア製の.
sap·phism /sǽfɪzm/ [名] [U] (女性の)同性愛.
sáp·phist /-fɪst/ [名] (女性の)同性愛者, レズ.
Sap·pho /sǽfou/ [名] サッフォー《紀元前 600 年ごろの古代ギリシア第一の女性詩人; レスボス島生まれで, 同性愛者との推測がある》.
sap·py /sǽpi/ [形] (**sap·pi·er; -pi·est**) ❶ 《米口》 **a** ばかな. **b** いやに感傷的な. ❷ 樹液の多い[に富む]. ❸ (若くて)活気に富む. ([名] sap¹)

S

sap·ro- /sǽprou/ 〔連結形〕「腐敗した」「腐敗(物)」.

sàpro·génic 形 腐敗を起こす; 腐敗から生ずる. **sap·ro·ge·nic·i·ty** /sæproudʒənísəti/ 名

sa·proph·a·gous /səpráfəgəs | -próf-/ 形《生》腐敗物を栄養源とする, 腐生の, 腐食性の.

sap·ro·phyte /sǽprəfàɪt/ 名《生》腐生植物〔菌類〕.

sap·ro·phyt·ic /sæprəfítɪk‾/ 形《生》〈特に植物・菌類・微生物が〉腐敗有機物を栄養源とする, 腐生の: ~ nutrition 腐生植物性栄養. **sap·ro·phyt·i·cal·ly** /-tɪkəli/ 副

sàpro·tróphic 形《生》〈一般に生物が〉腐敗有機物を栄養源とする, 腐生の.

sáp·sùcker 名《鳥》シルスイキツツキ《北米産》.

sáp·wòod 名 U (木材の)辺材, 白太(ぷ)《心材を囲む, 樹液に富む白色の材部; cf. heartwood》.

sar·a·band(e) /sǽrəbænd/ 名 サラバンド《3 拍子のスペインの優雅な踊り》; サラバンドの曲.

Sar·a·cen /sǽrəs(ə)n/ 名 ❶ サラセン人《ローマ時代にシリア・アラビアの砂漠地方に住んでいた遊牧民》. ❷ 〔特に, 十字軍時代の〕イスラム教徒, アラブ人. ── 形 =Saracenic. 〔F<L<Gk<Arab=東方の民族<日の出の民〕

Sar·a·cen·ic /særəsénɪk‾/ 形 ❶ サラセン人(の)の. ❷ 〈建築など〉サラセン風の.

Sáracen's héad 名 サラセン人の頭《紋章・宿屋の看板》.

Sar·ah /sé(ə)rə/ 名 ❶ セーラ《女性名; 愛称 Sally》. ❷ 〔聖〕サラ《Abraham の妻で Isaac の母; 「創世記」から》.

Sa·ra·je·vo /særəjéɪvou/ 名 サラエボ《ボスニアヘルツェゴビナの首都》.

sa·ran·gi /sáːrəŋɡi | sɑːrǽŋɡi/ 名《楽》サーランギ《バイオリンに似たインドの弦楽器》.

Sa·rán (Wràp) /sərǽn/ 名 U 《商標》サラン《ラップ》.

sa·ra·pe /sərɑ́ːpi/ 名 =serape.

Sa·ra·sa·te /sàːrəsɑ́ːteɪ | sær-/, **Pa·blo de** /pɑ́ːblou də/ 名 サラサーテ《1844-1908; スペインのバイオリン奏者・作曲家》.

Sa·ra·wak /sərɑ́ːwɑː(k) | -wə(k)/ 名 サラワク《Borneo 島北西部にあるマレーシア連邦の一州》.

+sar·casm /sɑ́ːkæzm | sáː-/ 名 ❶ C 皮肉, あてこすり, いやみ《比較 sarcasm は相手を傷つけようとする悪意を含む点が irony と異なる》: in ~ 皮肉に. ❷ U 皮肉な言葉. 〔L<Gk=肉を裂くような言葉<*sarx, sarc*- 肉〕【類義語】⇒ satire.

+sar·cas·tic /sɑːkǽstɪk | sáː-/ 形 皮肉な, いやみを言う: a ~ comment 皮肉な〔いやみな〕言葉 / a ~ person 皮肉屋. **-cás·ti·cal·ly** /-kəli/ 副 《SARCASM の形容詞形》

sarce·net /sɑ́ːsnət | sáːs-/ 名 U サーセネット《平織りりました綾織りの柔らかい薄い絹織物》.

sar·coid /sɑ́ːkɔɪd | sáː-/ 名《医》類肉腫, サルコイド. ── 形 肉似の; 肉に, 肉の.《医》肉腫様の.

sar·coid·o·sis /sɑ̀ːkɔɪdóusɪs | sáː-/ 名 U《医》類肉腫症, サルコイドーシス《全身, 特にリンパ節・肺・骨・軟骨・皮膚に小結節を生ずる原因不明の難病》.

sar·co·lem·ma /sɑ̀ːkəlémə | sáː-/ 名《解》筋鞘維鞘(しょう), 筋鞘, サルコレマ. **sàr·co·lém·mal** /-m(ə)l/ 形

sar·co·ma /sɑːkóumə | sáː-/ 名 C U (働 ~s, sar·co·ma·ta /-tə/) 肉腫. 〔Gk; cf. sarcasm〕

sar·co·ma·to·sis /sɑːkòumətóusɪs | sáː-/ 名 U《医》肉腫症.

sar·co·mere /sɑ́ːkəmìə | sáː·kəmìə/ 名《医》筋節, サルコメア《横紋筋の筋原繊維の繰り返しの単位》.

sar·coph·a·gus /sɑːkɑ́fəgəs | sáːkɔ́f-/ 名 (働 ~-gi /-gàɪ/, ~-es) 石棺《ギリシア・ローマ時代の, しばしば精巧な彫刻などを施したもの》. 〔L<Gk=肉を食べるもの; 死体を急速に分解すると考えられたある種の石灰岩で石棺を作ったことから〕

sárco·plàsm 名 U《解》筋形質. **sàrco·plásmic** 形

sar·cóp·tic mánge /sɑːkɑ́ptɪk- | sáː-/ 名《医》疥癬(かいせん)《ヒゼンダニによる》.

sard /sɑ́ːd | sáːd/ 名 C U《鉱》紅玉髄.

sar·dar /sɑ́ː·dɑə | sáːdɑː/ 名 =sirdar.

sar·del·le /sɑːdélə, -dél | sɑː-/, **-del** /-dél/ 名 =sardine[1].

+sar·dine[1] /sɑːdíːn | sɑː-‾/ 名 (働 ~, ~s)《魚》イワシ, サーディン. **(packed [crammed]) like sardínes** 《口》《缶詰のイワシのように》すし詰めになって. ── 動 他 すし詰めにする.

sar·dine[2] /sɑ́ːdaɪn | sáː-/ 名 =sardius.

Sar·din·ia /sɑːdíniə | sɑː-/ 名 サルデーニャ《地中海のCorsica 島の南にあるイタリア領の大島; 中心都市 Cagliari /kɑ́ːljəri | kæ̀ljri/》.

sar·di·us /sɑ́ːdiəs | sáː-/ 名《聖》紅玉髄《ユダヤの大祭司が胸当てにちりばめめたルビーと想像される宝石; 聖書「出エジプト記」から》.

+sar·don·ic /sɑːdɑ́nɪk | sɑːdɔ́n-/ 形 冷笑的な, 人を嘲笑(あざわら)する; 皮肉な: a ~ laugh [smile] 冷笑, せせら笑い / ~ humor 皮肉なユーモア. **-i·cal·ly** /-kəli/ 副

sar·dón·i·cìsm /-nəsɪ̀zm/ 名 冷笑的性質, 皮肉っぽいユーモア.

sar·don·yx /sɑːdɑ́nɪks | sáː·də-/ 名 U C《鉱》サードニックス, 赤しまめのう (⇒ birthstone).

sa·ree /sɑ́ːri/ 名 =sari.

sar·gas·so /sɑːɡǽsou | sɑː-/ 名《植》ホンダワラ類の海藻.

Sar·gás·so Séa /sɑːɡǽsou- | sɑː-/ 名 [the ~] 藻海, サルガッソー海《北大西洋の西インド諸島と Azores 諸島との間の比較的静かな海域におおわれた海域》.

sarge /sɑ́ːdʒ | sáːdʒ/ 名《口》=sergeant.

Sar·gent /sɑ́ːdʒənt | sáː-/, **John Singer** 名 サージェント《1856-1925; 英国に住んだ米国の肖像画家》.

+sa·ri /sɑ́ːri/ 名 C サリー《インドの女性が腰から肩にかけて巻きつけ, 余った部分を頭にかぶる長い綿布〔絹布〕》. 〔Hind<Skt=衣服〕

sa·rin /sɑ́ːrɪn/ 名 U《化》サリン《致死性神経ガスの一種》.

sark·ing /sɑ́ːkɪŋ | sáːk-/ 名 U (垂木(たるき)と屋根の間の)下見板, 野地板.

sark·y /sɑ́ːki | sáː-/ 形 (**sark·i·er**; **-i·est**)《英俗》= sarcastic.

sar·nie /sɑ́ːni | sáː-/ 名《英口》=sandwich.

sa·rod, sa·ro·de /sərɔ́d/ 名《楽》サロッド《リュートに似たインドの撥弦楽器》. **sa·ród·ist** 名

sa·rong /sərɔ́ːŋ | -rɔ́ŋ/ 名 サロン《マレー諸島などの男女がスカートのように腰に巻く腰布》. 〔Malay〕

Sa·rón·ic Gúlf /sərɑ́nɪk- | -rɔ́n-/ 名 [the ~] サロニコ湾《ギリシア南東部, Peloponnesus 半島と Attica 半島に囲まれる》.

sar·os /sé(ə)rɑs | -rɔs/ 名《天》サロス《日食・月食の循環する周期: 6585.32 日(ほぼ 18 年)》.

Sa·roy·an /sərɔ́ɪən/, **William** 名 サロイヤン《1908-81; 米国の小説家》.

sa·ru·so·phone /sərúːzəfòun/ 名《楽》サリュソフォーン《バスーンに似た金属製の有簧(ゆう)管楽器》.

SARS /sɑ́ːz | sáːz/ 名《略》重症急性呼吸器症候群, 新型肺炎. 〔s(evere) a(cute) r(espiratory) s(yndrome)〕

sar·sa·pa·ril·la /sɑ̀ːs(ə)pərílə | sáː-/ 名 ❶ **a** C《植》サルサ《バリウ》《中米産, ユリ科》. **b** U サルサ根《強壮薬・飲料用》. ❷ U サルサパリラ《サルサ根で味をつけた炭酸水》.

sar·sen /sɑ́ːs(ə)n | sáː-/ 名《地》サルセン石《イングランド中南部にみられる砂岩のかたまりで, 浸食された第 3 紀層の一部とされる; ストーンヘンジにも使われている》.

sars(e)·net /sɑ́ːsnət | sáːs-/ 名 =sarcenet.

sar·to·ri·al /sɑːtɔ́ːriəl | sɑː-/ 形 ❶ 仕立屋の, 裁縫(師)の: the ~ art 裁縫の技術. ❷ 衣服に関する: (a) ~ taste 服装の好み.

sar·to·ri·us /sɑːtɔ́ːriəs | sɑː-/ 名 (働 **-ri·i** /-riìː/)《解》縫工筋.

Sar·tre /sɑ́ːtr(ə) | sáː-/, **Jean-Paul** /ʒɑ́ːŋpɔ́ːl | ʒɔ́ŋ-/ 名 サルトル《1905-80; フランスの実存主義哲学者・小説家》.

SAS /ésèɪés/《略》《英》Special Air Service 陸軍特殊空挺部隊《破壊活動・対ゲリラ活動を行なう特殊部隊》.

SASE《略》《米》self-addressed stamped envelope あて名を書いた切手つき返信用封筒.

sash[1] /sǽʃ/ 名 ❶ (女性・子供用の)帯, 飾り帯. ❷ (将

sash² /sæʃ/ 名 【建】サッシ《上げ下げ窓やドアの枠》. ━━ 動 ⊕ 《家などに》サッシを取り付ける. 〖F *châssis* 枠組; cf. chassis〗

sa·shay /sæʃéɪ/ 動 ⊜ 《米口》滑るように進む[動く, 歩く], 気取って歩く.

sásh còrd 名《上げ下げ窓の》つり綱.

sa·shi·mi /sɑːʃíːmi/ 名 Ü 刺身. 〖Jpn〗

sásh wèight 名《上げ下げ窓の》分銅.

sásh wíndow 名 上げ下げ窓 (cf. sash²).

sa·sine /séɪsɪn/ 名〖スコ法〗= seisin.

Sas·katch·e·wan /səskǽtʃəwɑːn, -wən, -wɔn/ 名 サスカチワン州《カナダ中西部の州; 州都 Regina /rɪdʒíːnə/》.

Sas·quatch /sǽskwɔtʃ -kwɒtʃ/ 名 サスクワッチ《北米・カナダの山中にすむという大きくて毛深い人間に似た動物; Bigfoot ともいう》.

sass /sæs/ 《米口》名 Ü 生意気な(な言葉). ━━ 動 ⊕ 《人に》生意気な口をきく. 〖SASSY からの逆成〗

sas·sa·fras /sǽsəfræs/ 名 ❶ Ĉ 〖植〗サッサフラス《クスノキ科の落葉樹; 北米原産》. ❷ Ü サッサフラスの根皮《強壮剤・香料用》.

Sas·sa·ni·an /səséɪniən/ 形 サザン朝の. ━━ 名 = Sassanid.

Sas·sa·nid /səsǽnɪd, -sén- | sǽsə-/ 名《~s, -san·i·dae /-ǽnɪdiː/》《ペルシアの》サザン朝の人; [the ~s, the Sassanidae] サザン朝 (226-651 A.D.). ━━ 形 = Sassanian.

sass·y /sǽsi/ 形 (**sass·i·er; -i·est**)《米口》❶ 生意気な, 厚かましい. ❷ しゃれた, 粋な.

sas·tra /sǽːstrə/ 名 = shastra.

sas·tru·ga /sǽstrəgə/ 名《⊕ **-gi** /-giː/》〖通例複数形で〗サスツルギ《極地で風に対して直角に生ずる固い雪でできた波形の尾根》.

*****sat*** /sæt/ 動 sit の過去形・過去分詞.

SAT /ésèɪtíː, sæt/《略》《商標》Scholastic Assessment Tests 学習基礎能力判定《米国で高校生が大学に入るために受ける全国統一試験》; 《英》standard assessment task. **Sat.**《略》Saturday.

+Sa·tan /séɪtn/ 名《キ教》魔王, サタン《『解題』「悪」の擬人化されたもの; ヘブライ語で「敵」という意味で, キリスト教では神に敵対する悪魔の王》. 〖L < Gk < Heb = 敵〗 〖**sa·tanic**〗

+sa·tan·ic, **-i·cal** /səténɪk, seɪ-/ 形《しばしば S-》魔王の, サタンの. ❷ 悪魔のような; 極悪非道の: ~ features 悪魔のような形相 / ~ cruelties 鬼のような残虐行為. **-tán·i·cal·ly** /-kəli/ 副

satánic abúse《英》= ritual abuse.

Sá·tan·ism /-tənɪzm/ 名 Ü 悪魔崇拝, 悪魔主義.

Sá·tan·ist /-tənɪst/ 名 悪魔崇拝[主義]者.

sa·tay /sǽːteɪ | sǽteɪ/ 名《料理》サテ《スパイスをまぶして焼いた羊肉・鶏肉・牛肉などの串焼きをトウガラシの辛味を効かせたラッカセイとココナツミルクのソースにつけて食べるマレーシア・インドネシアの料理》.

satch·el /sǽtʃəl/ 名 学生かばん《手に提げるように持ち手がついているが, 通例肩に掛けて持ち歩く》. 【類語語】⇒ bag.

sat·com /sǽtkɑm | -kɔm, -kɒm/ 名 Ü 衛星通信. 〖*sat*ellite *com*munications〗

sate /séɪt/ 動 ⊕ ❶《渇き・欲望などを》十二分に満足させる. ❷《人を飽きるほどうんざりさせる》(⇒ **sated**;《比較》satiate よりも意味が強い》.

sa·té /sɑːtéɪ | sǽteɪ/ 名 = satay.

sat·ed /séɪtɪd/ 形 飽きるほどうんざりした: feel ~ 飽き飽きして[うんざりして]いる / He was ~ *with* steak. 彼はステーキを食べ飽きた.

sa·teen /sætíːn/ 名 Ü 綿じゅす《satin に似せた綿布》.

*****sat·el·lite*** /sǽtəlàɪt/ 名 ❶ Ĉ a 〖天〗衛星: an artificial ~ 人工衛星. **b** 人工衛星: a broadcasting [military, scientific] ~ 放送[軍事, 科学]衛星 / ~ communications satellite, weather satellite / by ~ 衛星中継で《★ 無冠詞》/ place a ~ in(to) orbit 人工衛星を軌道に乗せる. ❷ Ü 衛星テレビ[放送]. ❸ Ĉ a 衛星国. **b** 衛星都市. ❹ Ĉ a 従者, お供. **b** おべっか者; 居候. ━━ 形 ❶ 衛星の, 衛星を利用した: ~ communications 衛星[宇宙]通信 / ~ television [broadcasting] 衛星テレビ[放送]. ❷ 衛星のような関係にある; 付随する: a ~ nation [state] 衛星国《独立国でありながら政治的・経済的に大国に従属する国》 / a ~ city [town] 衛星都市《都市の近郊, ベッドタウン》. ━━ 動 ⊕ 次の成句で. **sátellite óut**《⊕ + 副》《社員を》《別棟の》小さな部署[職場]に飛ばす. 〖F < L = 従者, 護衛〗

sátellite dísh 名 衛星テレビ受信用アンテナ.

sátellite stàtion 名 人工衛星[宇宙船]基地; 衛星放送基地.

sa·ti /sətíː, sǽti/ 名 = suttee.

sa·tia·ble /séɪʃ(i)əbl/ 形 満足させられる.

sa·ti·ate /séɪʃièɪt/ 動 ⊕ ❶《必要・欲望などを》十分に満足させる: This book ~s the reader's interest. この本は読者の興味を十二分に満たしてくれる. ❷ 《人を》飽き飽きさせる《⇒ **satiated**》. ━━ /-ʃiət/ 形《古》飽き飽きした. 〖L *satis* 十分に; cf. satisfy〗

sá·ti·àt·ed /-tɪd/ 形 十二分に満足した, 飽き飽きした: I'm ~ *with* chocolate. チョコレートにはうんざりだ.

sa·ti·a·tion /sèɪʃiéɪʃən/ 名 Ü 飽満, 飽き飽きしていること.

sa·ti·e·ty /sətáɪəti/ 名 Ü 飽き飽きすること, 飽満: to (the point of) ~ 飽き飽きするほど[いやという].

+sat·in /sǽtn | -tɪn/ 名 Ü しゅす(織), サテン《表面がなめらかで光沢のある絹織物で, cf. sateen》: figured ~ 紋じゅす / in ~ しゅすのドレスを着た. ━━ 形《比較なし》しゅすの(ような), なめらかな, 光沢のある: a ~ dress しゅすのドレス / a ~ finish《銀器の》しゅす仕上げ[磨き]. ━━ 動 ⊕《人に》しゅす光沢をつける. 〖F < Arab; 産地であった中国福建省の海港の名から〗

sat·in·et, **-ette** /sǽtənét/ 名 ❶ 綿の入った質の悪いサテン. **b** 薄手のサテン.

sátin spár [**stóne**] 名 Ü 《真珠光沢のある》繊維石膏.

sátin stítch 名 Ü しゅす刺繍, サテンステッチ.

sátin wòod 名 ❶ Ĉ 〖植〗インドシュスボク《インド・セイロン産のミカン科の高木》. ❷ Ü サテンウッド材《良質の家具用材; しゅすのような光沢がある》.

sat·in·y /sǽtəni, -tni/ 形 しゅすのような, つやつやした, なめらかな.

+sat·ire /sǽtaɪər | -taɪə/ 名 ❶ Ü 風刺, 皮肉, あてこすり《*on*》. ❷ **a** Ĉ 風刺文学. **b** Ĉ 風刺作品《詩・小説・演劇など》: Chaplin's *Modern Times* is a ~ *on* modern industrial civilization. チャップリンの『モダンタイムズ』は現代機械文明に対する風刺作品だ. 〖F < L〗 〖【類義語】satire 特に社会制度・社会的権威者などに対する皮肉. sarcasm 一般個人に対する当てこすり.〗

sa·tir·i·cal /sətírɪk(ə)l/, **sa·tir·ic** /sətírɪk/ 形 ❶ 風刺の, 風刺的な: a ~ novel 風刺小説. ❷ 風刺を好む: a ~ writer 風刺作家. **~·ly** /-kəli/ 副

sat·i·rist /sǽtərɪst/ 名 風刺(詩[文])作者; 風刺家, 皮肉屋.

sat·i·rize /sǽtəràɪz/ 動 ⊕ 風刺する, あてこする: ~ society 社会を風刺する.

*****sat·is·fac·tion*** /sǽtɪsfǽkʃən/ 名 ❶ Ü 満足, 満足させる[する]こと《↔ dissatisfaction》: for the ~ *of* one's curiosity 好奇心を満足させるために / have [give a person] the ~ *of* doing ...して満足する[...させて人を満足させる] / S- guaranteed or your money back. ご不満の場合は代金はお返しいたします《用語 広告などの文句》 / with great [much] ~ 非常に満足して / express one's ~ *at* [*with*] the result 結果に満足の意を表する / feel ~ *at* having realized a long-cherished hope 宿望がかなって満足する / Your father will find ~ *in* your success. 君のおとうさんは君の成功に満足されるでしょう. ❷ Ĉ 満足となるもの: It gives me a certain ~ to know that ...と知って一定の満足を感じる / His election was a great ~ to all concerned. 彼が当選して関係者一同は

satisfactorily 1596

たいへん満足だった / Listening to music is one of his greatest ~s. 音楽を聞くことは彼にとってのこの上ない喜びのひとつになっている. ❸ ⓤ a 〔義務の〕履行; 〔損害の〕賠償; 〔負債の〕償却: in ~ *of*... の支払い〔賠償〕/ demand ~ *for*... の賠償を要求する / give ~ to... に賠償しよう / make ~ *for*... を賠償する. b 〔名誉毀損などの〕謝罪, 〔決闘などによる〕名誉回復の機会: demand ~ *for* an insult 侮辱を晴らすために謝罪〔決闘〕を要求する. **to a person's satisfáction=to the satisfáction of a person** (1) 人が満足〔納得〕するように: The chicken was cooked *to* her ~. チキンは彼女の満足するように料理された / It's difficult to settle the matter *to* the ~ *of* all. 皆が満足するように問題を解決するのは難しい. (2) 〔文修飾〕 人が満足したことには. (動) satisfy

+**sat·is·fac·to·ri·ly** /sǽtɪsfæktərəli, -trə-/ 副 満足の〔ゆくように〕に, 申し分なく, 十分に.

+**sat·is·fac·to·ry** /sǽtɪsfǽktəri, -tri⁻/ 形 (more ~; most ~) ❶ 満足な, 申し分のない（ほど良好な）(acceptable; ↔unsatisfactory): a ~ answer [excuse] 満足のいく答〔もっともな言い訳〕/ That's very ~. それなら大いに満足です; それはとてもけっこうです / Is this place ~ *for* a picnic? この場所はピクニックに適していますか / The arrangement was ~ *to* both parties. その協定は双方にとって満足のいくものだった（用法 for の後の名詞は事, to の後の名詞は人をさす語が多い. ❷ 〈成績が〉普通の, 良の, C の (cf. grade A 3). (動) satisfy

sat·is·fice /sǽtɪsfàɪs/ 動 (自) 必要最小限の条件〔結果〕を追求する, 小さな成果でよしとする.

*****sat·is·fied** /sǽtɪsfàɪd/ 形 (more ~; most ~) ❶ 満足した, 満ち足りた (↔dissatisfied; cf. satisfy 1): a ~ customer お得意様 / He isn't ~ *with* the result. 彼はその結果に満足していない 〔+*to do*〕 They were ~ to get equal shares. 彼らは分け前を平等にもらえて満足だった. ❷ 〔+*of*〕納得びして, 確信して (convinced; cf. satisfy 4 b): I'm ~ *of* his innocence.=〔+(*that*)〕 I'm ~ *that* he's innocent. 私は彼の無罪を確信している.

*****sat·is·fy** /sǽtɪsfàɪ/ 動 (他) ❶ 〈人・欲求などを〉満足させる, 〈人の〉意を満たす, 〈欲望を〉満たす 〔★進行形なし; ⇒satisfied 1〕: Nothing *satisfies* her. 彼女はどんなことにも満足しない / ~ one's curiosity 好奇心を満足させる / ~ one's thirst のどのかわきをいやす. ❷ a 〈要件・標準などを〉かなえる, 満たす: ~ the conditions [requirements] 条件〔要件〕を満たす. b 〈数式〉の条件を満足する; 〈方程式などを〉満たす. ❸ 〈債務を〉果たして, 〈負債を〉皆済する: ~ a creditor [an obligation] 債権者に〔債務を〕弁済する / ~ a claim for damages 損害賠償の請求に応じる. ❹ a 〈人に〉(...を)納得させる, 確信させる (convince) 〔★進行形なし〕: Can you ~ him *of* your innocence? 彼にあなたの無罪を納得させられますか 〔+目+(*that*)〕 He *satisfied* me *that* he could finish it in time. 彼はそれを遅れずに完成させることができると私に得心させた. b 〔~ oneself〕 〔(...のことを)納得する, 確信する (⇒satisfied 2): I *satisfied* myself *of* his competence.=〔+目+(*that*)〕 I *satisfied* myself *that* he was competent. 私は彼に能力があると確信した. ❺ 〈疑念・心配などを〉晴らす: ~ one's doubts 疑念を晴らす. ━ (自) 人を満足させる, 人に十分満足を与える.

〖F く L=十分にする 〈 *satis* 十分に + *facere*, *fact*- 成すとする (cf. fact, -fy)〗 (名) satisfaction, satisfactory

〘類義語〙 **satisfy** 欲望・希望・必要などを十分に満足させる. **content** 必要なだけ満たして, ほしいものが全部手に入らないとは限らないがもうこれ以上はいらないと思わせ, 不平も言わない状態にする.

*****sat·is·fy·ing** /sǽtɪsfàɪɪŋ/ 形 満足を与える, 十分な. ~**·ly** 副

sat·nav /sǽtnæv/ 名 ⓤ サトナブ〔衛星を利用した電波による航法システム〕. 〖*satellite navigation*〗

sa·to·ri /sɑːtɔ́ːri/ 名 ⓤ 〔禅の〕悟り. 〖Jpn〗

sa·trap /séɪtræp, sǽt-| sǽtræp/ 名 ❶ 〔古代ペルシアの〕太守, 〔地方〕総督, 知事; 〔一般に属領地・植民地などの専制

的な〕総督, 知事.

sá·tra·py 名 satrap の統治〔管区, 領地〕.

sat·su·ma /sætsúːmə, sǽtsu-| ⁻⁻/ 名 ❶ ⓒ (英) ウンシュウミカン. ❷ 〔S-〕(また Satsúma wàre) ⓤ 薩摩(*さつま*)焼き〔陶器〕. 〖Jpn〗

sat·u·ra·ble /sǽtʃ(ə)rəbl, -tʃʊ-/ 形 飽和できる.

+**sat·u·rate** /sǽtʃərèɪt/ 動 ❶ 〈...を〉浸す, ずぶぬれにする, 〈...に〉深くしみ込ませる (⇒saturated 1): The rain had ~*d* our clothes by the time we got home. 家に着いた時には衣服は雨でぐっしょりぬれていた / A sponge *with* water 海綿に水をしみ込ませる. ❷ 〈...を〉(...で)飽和状態にする〔*with, in*〕. ❸ 〔化〕 〈溶液・化合物などを〉飽和させる. ━ 〔Cⓤ〕 =saturated fat. 〖L=満たす 〈 *satur* 満ちて〗 (名) saturation 〘類義語〙⇒wet.

+**sát·u·rát·ed** /-tɪd/ 形 ❶ **a** しみ込んだ, ずぶぬれの (soaked; cf. saturate 1): a ~ towel ずぶぬれのタオル / She was ~. 彼女はずぶぬれだった. **b** (...で)飽和状態〔いっぱい〕になった (cf. saturate 2): The room was ~ *with* the aroma of coffee. その部屋はコーヒーの香りが充満していた. **c** 〔伝統・偏見などが〕しみ込んだ, 浸透した 〔*with, in*〕: a college ~ *with* tradition 伝統がしみこんだ学寮 / His novel is ~ *with* religious prejudice. 彼の小説は宗教的偏見に満ち満ちている. ❷ 〔通例 A〕〔化〕飽和した: a ~ solution 飽和溶液. ❸ 〈色が〉(強度・彩度上)飽和度に達した.

sáturated fát 名 Cⓤ 飽和脂肪〔バター・肉・卵黄などに含まれる脂肪で, 摂取しすぎるとコレステロール値を高める〕.

+**sat·u·ra·tion** /sǽtʃəréɪʃən/ 名 ⓤ ❶ 浸透, 浸潤. ❷ 〔化〕飽和（状態）. ❸ 〔光〕（色の）彩度. ❹ 〔軍〕集中攻撃. (動) saturate

saturátion dìving 名 ⓤ 飽和潜水〔呼吸用混合ガスが体内に飽和するまで同一深度にとどまって減圧時間を短縮するもの〕.

saturátion pòint 名 飽和点; 極限: reach a [the, its] ~. 飽和点〔極限〕に達する.

*****Sat·ur·day** /sǽtədèɪ, -di | -tə-/ 名 ⓒⓤ 土曜日〔1週の第7日; 略 S., Sat.; ★用法・用例については ⇒Sunday〕. ━ 形 A 土曜日の. ━ 副 〔米〕土曜日に (=on Saturdays). 〖L *Saturni dies* Saturn's day（土星の日〕; OE で翻訳して借入〗

Sáturday night spécial 名 〔米〕〔簡単に入手できる安物の〕ピストル.

Sat·ur·days /sǽtədèɪz, -dìz | -tə-/ 副 〔口〕 土曜日に〔ごとに〕 (SATURDAY+-S).

Sat·urn /sǽtən | -tə(:)n/ 名 ❶ 〔天〕土星: ~'s rings 土星の環. ❷ 〔ロ神〕サトゥルヌス〔農耕の神; Jupiter 以前の黄金時代に世界を支配した主神; ギリシア神話の Cronos に当たる〕. 〖L〗

Sat·ur·na·lia /sǽtənéɪliə, -liə | -tə-/ 名 ❶ 〔古口〕 サトゥルヌスの祭り, 農神祭〔12月半ばすぎの収穫祭で, 大狂宴が催された〕. ❷ 〔s-〕 〔ⓒ (複 ~s, ~) お祭り騒ぎ: a *s-* of crime したい放題の悪事.

Sa·tur·ni·an /sætɔ́ːniən | -tɔ́ː-/ 形 〔天〕土星の.

sa·tur·ni·id /sǽtɔː:niːd | -tɔː:-/ 〔昆〕 名 ヤママユガ（繭は絹糸の原料〕. ━ 形 ヤママユガ科の.

sat·ur·nine /sǽtənàɪn | -tə-/ 形 〔人の気質・表情・人などが〕むっつりした, 陰気な, 憂鬱(*ゆううつ*)そうな. 〖F＜L=土星 (Saturn) の; 昔の占星術では土星の影響を受けると陰気になると考えられたことから〗

sát·urn·ism /-nìzm/ 名 ⓤ 〔医〕鉛中毒 (lead poisoning). **sa·tur·nic** /sǽtɔː:nɪk | -tɔː-/ 形

sat·ya·gra·ha /sǽtjə-|sǽtjəgrʌ́hə, sǽtjəgrɑ́hə/ 名 ⓤ ❶ サティヤーグラハ〔1919 年 Mahatma Gandhi が唱えた無抵抗不服従運動〕. ❷ 〔一般に〕無抵抗不服従運動.

sa·tyr /séɪtə | -tə/ 名 ❶ 〔ギ神〕サテュロス〔酒神 Bacchus に従う半人半獣の森の神で, 酒と女が大好き; ローマ神話の faun に当たる〕. ❷ 好色家.

sa·ty·ri·a·sis /sèɪtəráɪəsɪs, sæt-| sæt-/ 名 ⓤ 男子色情症〔異常性欲〕(cf. nymphomania).

sa·tyr·ic /seɪtírɪk, sə-|sə-/ 形 サテュロスの（ような）; 好色な.

*sauce /sɔ́ːs/ ❶ ⓒⓊ ソース: cranberry ~ with turkey 七面鳥にはクランベリーソース / Two ~s are served with the meat course. 肉料理には2種類のソースが出される / Hunger is the best ~. (諺) 空腹は最上のソース,「空腹にまずいものなし」/ S~ [What's ~] for the goose is ~ for the gander. (諺) 雌ガチョウにとってのソースは雄ガチョウにとってもソースである(一方[ある場合]に当てはまる事は他方[別の場合]にも当てはまる). ❷ Ⓤ (米) 果物の砂糖煮, 缶詰の果物 (デザートまたは料理の付け合わせ): ⇒ applesauce. ❸ ⓒ 味を添えるもの, 刺激, おもしろみ: Her affair was a ~ to the monotony of rural life. 彼女の情事にはいなかでの生活の単調さに刺激を与えるものだった. ❹ [the ~] (米古風) 酒. ❺ /米+sǽs/ Ⓤ (主に英・古風)(目上の者に対する)生意気な(言動), ずうずうしさ (cheek): What ~! なんて生意気な / None of your ~! 生意気を言うな. ── 動 ⊕ ❶ ⟨…に⟩ソースをかける; ⟨…を⟩⟨…で⟩味つける ⟨with⟩. ❷ ⟨…に⟩刺激[興味]を添える. ❸ (口) ⟨目上の者に⟩生意気な口をきく. 《F<L salsa 塩味のもの <sal 塩 (cf. salad, salsa)》 (形) saucy.

sáuce‧bòat 图 (船形の)ソース入れ.

sauced /sɔ́ːst/ 形 (俗) 酒に酔った, 酔っぱらった.

⁺sáuce‧pàn 图 シチューなべ, ソースパン (通例長柄で, ふた付きの深なべ).

⁺sau‧cer /sɔ́ːsə | -sə/ 图 ❶ (カップ (cup) の)受け皿, ソーサー: a cup and ~ ⇒ cup 1 / put a cup on a ~ カップをソーサーに置く. ❷ a 受け皿状のもの. b =flying saucer. ❸ ソース (sauce) 入れ. 【類義語】⇒ dish.

sáucer-èyed 形 目を皿のようにした, 目を丸くした.

sáucer‧fùl 图 ソーサー一杯(分).

sau‧cier /sousjéi/ 图 ソース専門のコック, ソース係.

sauc‧y /sɔ́ːsi/ 形 (sauc‧i‧er, -i‧est; more ~, most ~) ❶ (口) (性的に)いかがわしい, わいせつな. ❷ 〈人・言葉・ふるまいなど〉生意気な, 生意気を言う: a ~ child (小)生意気な子供 / Don't be ~! 生意気な口をきくな. ❸ (口)〈ものが〉気のきいた, 粋(いき)な, しゃれた: a ~ car [hat] スマートな車 [粋な帽子]. sáu‧ci‧ly /-səli/ 圖 ずうずうしく. -ci‧ness 图 (sauce) 【類義語】⇒ impertinent.

sau‧da‧de /saudáːdə/ 图 Ⓤ サウダーデ (ポルトガル人[ブラジル人]の気質に特徴的とされる懐旧の念, 哀愁, 甘美なせつなさ[なつかしさ]などの気分).

Sau‧di /sáudi, sɔ́ːdi/ 形 サウジアラビアの. ── 图 サウジアラビア人.

Sáudi Arábia サウジアラビア (アラビア半島の大部分を占める王国; 首都 Riyadh; イスラム教の聖地 Mecca がある).

sau‧er‧kraut /sáuəkràut | sáuə-/ 图 Ⓤ ザワークラウト (塩漬けにして発酵させた酸味のあるキャベツ). 《G <sauer 酸っぱい +kraut キャベツ》

Saul /sɔ́ːl/ 图 ❶ ソール (男性名). ❷ (聖) サウル (Israel の初代の王). ❸ (聖) サウロ (使徒 Paul のもとの名).

Sault Sainte Ma‧rie /súː‧sèintmɑríː/ スーセントマリー: a カナダ Ontario 州, Superior 湖と Huron 湖を結ぶ St. Marys 川に臨む港市. b その対岸の米国 Michigan 州の都市.

⁺sau‧na /sɔ́ːnə, sáu-/ 图 ❶ サウナ(ぶろ): take a ~ サウナぶろに入る. ❷ サウナ浴場. 《Finn》

⁺saun‧ter /sɔ́ːntə | -tə/ 動 [副詞(句)を伴って] (のんびり)散歩する: ~ about [along a street, through a park] あちこち[通りを, 公園の中を]ぶらぶら歩く. ── 图 [a ~] ぶらぶら歩き: have a ~ in the woods 森の中を散歩する. ~‧er /-tərə | -rə/ 图 散歩を楽しむ人.

-saur /sɔ̀ː | sɔ̀ː/ [名詞連結形]「トカゲ・竜」: dinosaur.

sau‧ri‧an /sɔ́ːriən/ 图 形 トカゲ(類)の(動物).

-sau‧rus /sɔ́ːrəs/ [名詞連結形]「トカゲ・竜」: brachiosaurus.

sau‧ry /sɔ́ːri/ 图 〔魚〕くちばしの長いサンマの類の魚, ニシンマ(など)〈大西洋産〉; (一般に)サンマ (太平洋産).

*sau‧sage /sɔ́ːsɪdʒ | sɔ́s-/ 图 ⓒⓊ ソーセージ, 腸詰め: ⇒ Vienna sausage / a string of ~s ひとつながりになったソーセージ. nòt a sáusage (英口・古風) まったく[何も, 少しも]ない, なんでもない. 《F<L salsus 塩味のもの <sal 塩; cf. salad》

sáusage dòg (英口) ダックスフント(犬).

sáusage mèat 图 Ⓤ (ソーセージ用の)ひき肉.

sáusage róll ソーセージロール (ひき肉をパイ生地で巻いて焼いたもの; 英国では軽食として人気).

sáusage trèe (植) ソーセージノキ (熱帯アフリカ産ノウゼンカズラ科の高木; ソーセージに似た実をつけるが食用にはならない).

Saus‧sure /sous(j)úə | -s(j)úə/, Ferdinand de 图 ソシュール (1857-1913; スイスの言語学者・言語哲学者).

⁺sau‧té /soutéi, sou- | sóutei/ 图 ⓒⓊ ソテー (少量の油でさっといためた料理): a ~ of onion and garlic タマネギとニンニクのソテー. ── 形 Ⓟ ソテーにした: ~ potatoes ポテトソテー. ── 動 (sau‧téed; sau‧té‧ing) ⊕ 〈肉・魚・野菜など〉ソテーにする, さっと油でいためる. 《F=跳ね上げた; 焼く時にフライパンの上で跳ね上げてひっくり返すことから》【類義語】⇒ cook.

Sau‧ternes /soutə́ːn | -tə́ːn/ 图 Ⓤ ソーテルヌ (フランスのボルドー地方の甘口の白ワイン).

sau‧vi‧gnon blanc /sóuvinjɔː mblɑ́ːŋ/ [しばしば S~] ソーヴィニョン ブラン: a フランスの Bordeaux か Loire 地方が原産といわれる白ワイン用ブドウ品種. b これから造られるブドウ酒; 単に Sauvignon とも.

sav‧a‧ble /séivəbl/ 形 ❶ 救える. ❷ 節約[貯蓄]できる.

*sav‧age /sǽvɪdʒ/ 形 (sav‧ag‧er, sav‧ag‧est; more ~, most ~) ❶ 〈動物・人・性格など〉獰猛(どうもう)な, 残忍な, 凶暴な, 残酷な (brutal): a ~ beast 獰猛な野獣 / a ~ temper 残忍な性格. ❷ 〈批判・攻撃など〉激しい, 容赦ない, 厳しい: ~ cuts in welfare spending 福祉支出の容赦ない削減 / ~ criticism 痛烈な批判. ❸ (古風・差別) 野蛮な, 未開の (primitive): ~ customs 野蛮な風習 / ~ tribes 未開民族. ❹ Ⓐ 〈土地・場所など〉(自然のままに)荒れた, 荒涼とした: ~ mountain scenery 荒れ果てた山の風景. ❺ 〈動物が〉飼い慣らされていない, 野生の. ❻ (口) 〈人〉かんかんに怒った: get ~ with ... に対してかんかんと怒る / That made him ~. それで彼はすっかり頭にきた.

── 图 ❶ (古風・差別) 野蛮人, 未開人. ❷ 野蛮[残忍]な人. ❸ 不作法者. ❹ 〈犬・馬などが〉...に暴れてかみつく. ── 動 ⊕ ⟨...を⟩猛烈に攻撃[非難]する. ~‧ly 圖. ~‧ness 图 《F<L=森の, 野生の <silva 森》

sav‧age‧ry /sǽvɪdʒri/ 图 ❶ Ⓤ 凶暴性, 残忍. ❷ Ⓤ 野蛮, 未開の状態. ❸ ⓒ [通例複数形で] 野蛮な行為, 蛮行.

⁺sa‧van‧na, sa‧van‧nah /səvǽnə/ 图 ⓒⓊ サバンナ (熱帯地方の樹木のない大草原; cf. pampas, prairie 2, steppe). 《Sp》

Sa‧van‧nah /səvǽnə/ 图 サバンナ 《米国 Georgia 州東部 Savannah 川の河口近くにある市・港町》.

sa‧vant /sævɑ́ːnt | sǽvənt/ 图 ❶ (特に専門分野での)学識豊富な人, 碩学(せきがく). ❷ =idiot savant. 《F=知っている》

sav‧a‧rin /sǽvərɪn | -ræŋ, -rɪn/ 图 ⓒⓊ サバラン (ラム酒などをしみこませた円筒形のケーキ). 《A. Brillat-Savarin 食通で知られたフランスの政治家》

sa‧vate /səvǽt/ 图 Ⓤ サバテ (フランス式キックボクシング).

*save¹ /séiv/ 動 (saves) ⊕ A ❶ a (危険などから)〈人・生命・財産など〉救う, 救助する, 助ける: ~ a person's life 人の命を救う / ~ one's country 自国を救う / He ~d her from drowning. 彼は彼女がおぼれそうになっているのを助けた / He tried to ~ the country from economic ruin. 彼は国を経済的破滅から救おうとした. b 〈人を〉(罪から)救う, 救済する: Christ came to ~ us from our sins. キリストは我々の罪をあがなうためにこの世に来られた. ❷ a 〈名誉・信用などを〉守る: ~ one's honor [name] 名誉[名声]を保つ / ~ one's face 顔をつぶさない, 面目を保つ, 顔が立つ. b 〈窮状を〉うまく切り抜ける: ~ the situation 急場を救う. c 〈神が〉国王などを〉守る, 長生きさせる (★通例次の表現で): God ~ the Queen! 神が女王陛下に加護を与えられんことを, 女王陛下万万歳! 【用法】 この save は仮定法現在で祈願を表わす]

── B ❶ a ⟨金・ものを⟩蓄える, とっておく, 貯蓄する: ~

save

money out of one's salary 給料から貯金する / A penny ~*d* is a penny gained [earned]. 《諺》ちりも積もれば山となる / She's *saving* money *for* her old age. 彼女は老後のためにお金をためている / He ~*d* what we left of the food *for* supper. 彼は夕食のために食べ物の残りをとっておいた / [+目+目]: S- me some fruit.=S- some fruit *for* me. 私に果物をとっておいてください. **b**《電算》〈データなどを〉保存[セーブ]する; (インターネットでの買い物で, 後で買うために)〈商品を〉注文リストなどに保存する. ❷ a〈労力・時間・時間などを〉節約する, 省く: ~ water [electricity] 節水[節電]する / A stitch in time ~ s nine. 《諺》早いうちに手を打てば手遅れにならずにすむ《きょうの一針あすの十針》/ We can ~ two hours by taking the express. 急行に乗れば2時間早く〈着く〉/ Now you can ~ 10% *on* the registration fee. 今なら登録料が10%引きになります / [+*doing*] You can ~ typing an e-mail address by using this function. この機能を使うと電子メールアドレスを打ち込まなくてすみます. **b** (人に)〈金銭・時間・労力などを〉省かせる: [+目+目] That will ~ me 3000 yen *on* the cost. それで費用が3千円助かる[浮く] / The bridge ~*d* them a lot of time and trouble. その橋のおかげで彼らは時間と労力が大いに省けた / He knows how to ~ himself trouble. 彼は手数の省き方を知っている / [+目+*doing*] If you telephone, it will ~ you writ*ing* a letter. 電話をかければ手紙を書かないで済む / A telephone call will ~ you *from* hav*ing* to write a letter. 電話ひとつで手紙を書く手間が省ける. ❸《スポーツ》〈敵の得点を〉防ぐ, セービングする.

— 動 ❶ 蓄える, 貯金する: We're sav*ing* (*up*) *for* a new house. 新しい家のために貯金している / One should ~ *for* a rainy day. まさかの時に備えて貯金すべきだ. ❷〈燃料などを〉節約する, 切り詰める: Living there will ~ *on* fuel. そこに住めば燃料代が節約できる. ❸《神学》救う, 済度する.

Sáve it!《米口》だまっていろ, 口をつぐめ.

— 名 ❶《サッカーなど》敵の得点を妨げること: make a good ~ うまく敵方の得点を妨げる. ❷《野》「セーブ《救援投手が自チームのリードを最終回まで守り切ること》.

〖F＜L *salvare* 安全にする＜*salvus* 安全な; cf. *safe*〗

【類義語】 save は「救う」意味のもっとも一般的な語. rescue 人を追い詰めた重大な危険から迅速に救う. redeem 罪・束縛などから解放してよい状態または自由の身にする. deliver 囚われの身・束縛・圧迫などから人を解放する.

save² /séɪv/ 前〈文〉…を除けば, …のほかは, …は別として (apart from): the last ~ one 最後から2番目 / No one ~ the Pope has this power. 教皇以外にこの権力を持つ者はいない / The store is open every day ~ on Sundays. その店は日曜日以外は開いている. **sàve for…**〈文〉…を除いて (apart from). **sàve [~ that for]**〈文〉…であることを除いては: There was not a sound ~ *that* from time to time a bird called. 時々鳥の鳴き声がするほかはほとんど音ひとつ聞こえなかった.〖F＜L *salvus* ↑〗

sáve-a-ble /séɪvəbl/ 形 =savable.

sáve-as-you-éarn 名 U《英》給料天引き預金.

sáv-e-loy /sævəlɔɪ/ 名 CU《英》サビロイ《香辛料をきかせた豚肉の乾燥ソーセージ》.

*†**sáv-er** 名 ❶ 節約家, 貯金家. ❷ [しばしば複合語で] (…の)節約器[装置]: This machine is a real time-*saver*. この機械は本当に時間の節約になる. ❸ 救助者, 救済者.

sav-in, -ine /sævɪn/ 名《植》❶ サビナ, サビン《欧州・アジア産のビャクシンの一種; 時に民間医薬用》. ❷ エンピツビャクシン (red cedar), (これに近い)アメリカハイネズ.

*‡**sav-ing¹** /séɪvɪŋ/ 名 ❶ C 節約(量, 額); U 節約(すること): the ~ of electricity 電力の節約 / a ten-percent ~ on fuel 燃料の1割の節約 / It would be a big ~ to walk [if we walked]. 歩けば大いに節約になるだろう. ❷ [複数形で] 貯金, 預金: considerable ~s 多額の貯金 / I keep my ~s in the bank.=My ~s are in the bank. 私は銀行に預金している. ❸ U 救助, 救済. ❹ U《法》保留, 除外. — 形 ❶ [複合語で] …が省ける, …の節約になる: ⇨ laborsaving, timesaving. ❷ 救いの, 救済となる; (欠点を補う)取り柄(*え*)[埋め合わせ]となる: ⇨ saving grace. ❸《法》〈条項などの〉保留の, 除外的な: a ~ clause 保留条項, ただし書き.

sav-ing² /séɪvɪŋ/ 前 …を除いて. **sàving your présence** あなたの前でこう申しては失礼ですが.

sáving gráce 名 (欠点を補う)取り柄: This novel is very dull, but it has the ~ *of* being short. この小説は実に退屈だが短いという取り柄がある.

sávings accòunt 名 ❶《米》普通預金(口座)《利息つき; cf. checking account》. ❷《英》貯蓄預金(口座)《deposit account より高い利息がつく》.

sávings and lóan associàtion 名《米》貯蓄貸付組合《消費者から受け入れた預金を原資として住宅抵当融資を行なう金融機関;《英》building society にあたる》.

sávings bànk 名 貯蓄銀行《savings account のみを扱う》.

sávings bònd 名《米》貯蓄債券.

sav·ior,《英》**sav·iour** /séɪvjə | -vjə/ 名 ❶ C 救助者, 救済者, 救い主. ❷ [the [our] S~] 救世主キリスト. 〖F＜L *salvare* to SAVE〗

sa·voir faire /sævwɑːféə | -wɑːféə/ 名 U (社交などでの)臨機応変の才, 気転.〖F=to know how to do〗

*‡**sa·vor,**《英》**sa·vour** /séɪvə | -və/ 動 他 ❶〈…を〉(ゆっくり)味わう, 賞味する (relish): I took a mouthful of the taste. ひと口食べて[飲んで]風味をゆっくり味わった / We ~*ed* (the pleasures) *of* mountain life to the full. 山の生活(の楽しみ)を十二分に味わった. — 自 ❶ [(…の)味[香り]がする: This sauce ~s *of* lemon. このソースはレモンの香りがする. ❷ [(…の)気味[気質]がある]: His talk ~s *of* self-conceit. 彼の話はどことなくうぬぼれの感じがする. — 名 ❶ U [また a ~] (特有の)味, 香り; Many things: This soup has a ~ *of* garlic. このスープはニンニクの味がする. ❷ U [また a ~] 趣(*翓*), おもしろみ, 興味, 味わい: Wit adds (*a*) ~ *to* conversation. 機知は会話に味わいを添える. ❸ [a ~] (…の)気味, 感じ: There was a slight ~ *of* insolence in his manner. 彼の態度にはどことなく高慢なところがあった.〖F＜L=味く*sapere* 味わう〗 **sávory², savoury**

sa·vo·ry¹ /séɪv(ə)ri/ 名 U《植》キダチハッカ, セイボリー《肉・豆の料理に香辛料として用いる》.

*‡**sa·vor·y²,**《英》**sa·vour·y** /séɪv(ə)ri/ 形 ❶〈食物が〉辛味の, ピリッとする, 塩のきいた: a ~ omelet《野菜・チーズなどを入れた》塩味のオムレツ. ❷ 味のよい, 風味のある, 香りのよい: the ~ smell of roast beef ローストビーフのおいしそうなにおい. ❸ 味わい[おもしろみ]のある. ❹ [通例否定文で] (道徳的に)健全な, りっぱな: His reputation is *not* very ~. 彼の評判はあまり芳しくない. — 名《英》セイボリー《通例食後に出す辛味の料理》. **sá·vor·i·ly** /-rəli/ **-i·ness** 名 savor, savour.

sa·voy /səvɔ́ɪ/ 名 =savoy cabbage.

Sa·voy /səvɔ́ɪ/ 名 サボイ, サボア《フランス南東部の地方, もと公国》.

Sa·voy·ard /səvɔ́ɪəd, sæ̀vɔɪɑ́ːd | səvɔ́ɪɑːd, səvɔ́ɪɑːd/ 名 サボア (Savoy) の住民, サボア人. — 形 サボアの(住民)の.

savóy cábbage 名《植》チリメンキャベツ.

Sa·vóy óperas /səvɔ́ɪ-/ 名 [the ~] サボイオペラ《英国の Gilbert と Sullivan の合作による一連の喜歌劇. 《ロンドンの Savoy Theatre で上演されたことから》

sav·vy /sævi/《俗》名 U 実際的知識: his political ~ 彼の政治的知識. — 形 (**sav·vi·er; -vi·est**)《米》(事情に)精通している: a ~ investor 情報通の投資家. — 動 他 知る, わかる: S-? わかったか.

*‡**saw¹** /sɔː/ 動 see¹ の過去形.

*‡**saw²** /sɔː/ 名 のこぎり《★日本ののこぎりと異なり押す時に切れる》: a power ~ 電動のこぎり / set the teeth of a ~ のこぎりの歯の目たてをする. — 動 (~**ed**;《米》~**ed**, 《英》sawn /sɔːn/) 他 ❶〈…をのこぎりで切る〉: ~ wood 木をのこぎりで切る / ~ a log in two のこぎりで丸太を2本に切る / ~ *up* a pile of wood 一山の木を《暖炉用に》細かく切る / ~ a tree *through* 木をのこぎりで完全に切

る / ~ a branch **off** (a tree) (木から)枝をのこぎりで切り落とす / ~ a tree 木をのこぎりでひき倒す. **b** 〈…を〉のこぎりでひいて[…に]作る: ~ timber (**up**) **into** planks 材木をひいて板を作る. ❷ 〈…を〉(のこぎりを使うように)左右[前後]に動かす: He ~*ed* his arm back and forth. 彼は腕をのばしたり振った. **c** 〈…を〉のこぎりを使うような手つきで切る[弾(ひ)く]: ~ *at* a steak with one's knife ナイフでステーキをごしごし切る / She was ~*ing* away *on* her violin. 彼女はバイオリンをキーキー弾き続けていた. ❸ [様態の副詞を伴って]〈木かのこぎりで〉(…に)ひける: This wood ~s easily. この木はのこぎりでたやすくひける. 〖OE, 「切る」の意から〗

saw³ /sɔ́ː/ 名 諺(ことわざ), 格言: an old ~ 昔からの諺, 古諺(こげん) / a wise ~ 金言.

sáw-bènch 名 (刃が台の溝穴から突き出た形式の)まるのこ台[盤].

sáw-bìll 名 〖鳥〗鋸歯状のくちばしをもつ鳥, (特に)アイサ.

sáw-bònes 名 (複 ~, ~**es**) 〖俗〗外科医. 〖「骨をのこぎりで切る(人)」の意〗

sáw-bùck 名 ❶ =sawhorse. ❷ 〖米俗〗10 ドル紙幣 〖由来〗ローマ数字の 10 を表わす X と木挽(こびき)台の足の形が類似していることから〗.

sáw-dòctor 名 〖英〗のこぎりの目立て器[職人].

sáw-dùst 名 Ⓤ おがくず.

sáw-édged 形 のこぎりの歯のような.

sáwed-òff 形 ❶ 〖米〗(端を切って)短くした: a ~ shotgun (扱いやすくするために)銃身を切り詰めた散弾銃. ❷ 〖俗〗人が背の低い, ちびの.

sáw-fìsh 名 〖魚〗ノコギリエイ.

sáw-flỳ 名 〖昆〗ハバチ(総称).

sáw-hòrse 名 〖米〗木挽(こびき)台.

sáw-mìll 名 ❶ 製材所. ❷ 製材のこぎり.

⁺**sawn** /sɔ́ːn/ 動 〖英〗saw² の過去分詞.

sáw-óff 形 〖英〗sawed-off 1.

sáw palmètto 名 〖植〗葉柄に鋸歯状のとげのあるヤシ, (特に)ノコギリパルメット(米国南部原産).

sáw-pìt 名 木挽(こびき)穴(昔, 上下二人で材木をひく時に, 下の人が入る穴).

sáw sèt 名 (のこぎりにあさりを付ける)歯振出し器, のこ目立て器.

sáw-tòoth 名 のこぎりの歯, 鋸歯状の歯. —— 形 鋸歯状の, ぎざぎざの: a ~ roof 鋸歯状屋根.

sáw-tòothed 形 のこぎり状の歯のある.

saw·yer /sɔ́ːjə, sɔ́ɪə | sɔ́ːjə, sɔ́ɪə/ 名 ❶ 木挽(こびき)(木材をのこぎりで切ることを職にする人). ❷ 〖米〗沈み木(川床に埋まり, 枝が水面に向かっているもの). ❸ 〖昆〗カミキリムシ.

sax¹ /sǽks/ 名 〖口〗サックス, サクソフォーン; サックス奏者.

sax² /sǽks/ 名 スレート工用なた, 石板切り.

saxe /sǽks/ 名 Ⓤ 明るい灰青色.

sáx·horn /sǽkshɔ̀ːn | -hɔ̀ːn/ 名 〖楽〗サクソルン(サクソルン属のバルブ式金管楽器; バリトン・大バスなど).

sax·i·frage /sǽksəfrɪdʒ/ 名 〖植〗ユキノシタ属の植物. 〖L=stone-breaker; 岩の割れ目から生えることから〗

sáx·ist /-ksɪst/ 名 サックス奏者(saxophonist).

Sax·on /sǽks(ə)n/ 名 ❶ **a** [the ~s] サクソン族(ドイツ北部の古代民族で 5, 6 世紀に Angles, Jutes とともにイングランドを侵略し, 融合してアングロサクソン族となった). **b** ⓒ サクソン人. ❷ ⓒ (アイルランド人・ウェールズ人・スコットランド人などに対して)イングランド人. ❸ Ⓤ (サクソン人が用いた)サクソン語. —— 形 ❶ [限定] ~ words (サクソン語に由来する)本来の英語, 純粋の英語. 〖L; もとはゲルマン語「剣を帯びたもの」の意か〗

Sáx·on·ìze /-sənàɪz/ 動 他 魯 (アングロ)サクソン風にする[なる].

Sax·o·ny /sǽks(ə)ni/ 名 ザクセン(ドイツの歴史的地域名; 古くはドイツ北部の Rhine 川と Elbe 川の間, サクソン族 (Saxons) の居住地で, 現在の Saxony, Saxony-Anhalt, Lower Saxony の 3 州を含む地域).

⁺**sax·o·phone** /sǽksəfòʊn/ 名 〖楽〗サクソフォーン, サキシホン(クラリネット属の一枚リードの吹奏楽器). 〖F < A. Sax ベルギーの楽器製作者+-O-+-PHONE〗

sax·o·phon·ist /sǽksəfòʊnɪst | sæksɔ́f(ə)n-, sǽksə-

---

fòʊn-/ 名 サクソフォーン奏者.

⁑**say** /séɪ/ 動 (**said** /séd/; 3 人称単数現在直説法 **says** /séz/) 他 ❶ **a** 〈人に〉〈…と〉言う, 話す, 述べる, 〈言葉を〉言う: What did you ~? 何とおっしゃいましたか / I have nothing more to ~ (*to* you). これ以上(君に)言うことはない / Easier *said* than done. 《諺》口で言うほどやさしくはない(言うは易く行なうは難し) / S- it with flowers. ⇨ flower 1 a / What did he ~ *about* the accident [*on* the subject]? その事故[件]について彼は何と言ってましたか / Something *said* to [should] be *said about* it. そのことについて述べておかなくてはならないことがある. [+引用] He *said* (*to* me), "Yes, I will." 彼は(私に)「はい, やります」と言った.《用法》(1) 次のように語順が変わることがある: "Yes, I will," he *said* (*to* me). または "Yes, I will," *said* he.; また " " の中が短い時には, He *said* "Yes" to me. の形も用いられる; (2) say to…に対して [+引用] は普通だが [+*that*] [+*wh*.] は一般的でない; この時には tell を用いる) / [+(*that*)] She *said* that she lived alone with her mother. 彼女は母親と二人だけで暮らしていると言った.《変換》She *said*, "I live alone with my mother." と書き換え可能 / It's not too much to ~ *that*…と言っても過言ではない / I must ~ you're exaggerating. 失礼ながらあなたは誇張している / They ~ [It is *said*] *that*…だということだ[そうだ] / I should [would] ~ (*that*)…. (断言をはばかって) …と言ってもよいでしょう, …でしょうね / "Will she come?" "I should [would] ~ so [not]." 「彼女は来るでしょうか」「もちろん来ますよ[来るわけないでしょう]」 / So they ~. (確かなことはわからない)そういうことです / So you ~. あなたはそう言いますが(果たしてどうでしょうか) / [+*wh*.] I cannot ~ *when* she'll come back. 彼女がいつ帰るのかわからない. **b** [be said to do で] 〈…だと〉言われている(《用法》この文型に対応する能動態はない): He's *said* to be dead. 彼は死亡したと言われている《変換》It is *said* that he is dead. と書き換え

❷ 〈掲示・新聞などが〉〈…と〉書いてある, 出ている; 〈法律に〉〈…と〉定めてある: [+引用] The sign ~s "Danger." その標識には「危険」と書いてある / [+(*that*)] The letter ~s (*that*) her mother is seriously ill. その手紙には彼女の母親が重病だと書いてある / The law says (*that*)…法律では…と定めてある.

❸ **a** 〈時計などが〉〈時を〉示す, さす: My watch ~s ten past ten. 私の時計では 10 時 10 分だ. **b** 〈表情などが〉〈…を〉表わしている: [+*wh*.] Your face ~s *how* much you want it. 君がそれをどんなに欲しがっているか顔に書いてある / [+(*that*)] Her eyes *said that* she was happy. 彼女の目に幸せだという気持ちが表われている.

❹ **a** 〈祈りなどを〉暗唱する, 読む, 唱える: ~ one's lesson(s) 学課を教師の前で暗唱する / a prayer [~ grace] お祈り[食前(または食後)の感謝の祈り]を唱える. **b** 〈聖職者が〉〈ミサを〉ささげる: ~ Mass ミサをささげる.

❺ [命令法または let's ~ で] (仮に)〈…だと〉すれば: [+(*that*)] S-(*that*) it's true, what then? 仮に本当だとすればどうだというのか.

❻ 《口》 〈…せよ〉と言う, 指示する (★ 進行形なし): [+*to* do] He *said to* tell you not to come. 君に来ないようにとの彼の言いつけです / The prescription ~s *to* take two pills after every meal. 処方箋に毎食後 2 錠ずつ服用するように書いてある.

—— 自 ❶ **a** 言う, 話す, しゃべる: just as you ~ 君の言うとおり. **b** [挿入的に用いて] 仮に言えば, たぶん: That, I should [would] ~, is true. それはたぶん事実だろう / She is, I'd ~, in her fifties. あの女性はまず 50 代といったところだ. **c** [通例数詞または例示するものの前に挿入的に用いて] たとえば, 言ってみれば, まあ; 約: Look at the map of a large city, ~ London or New York. 大都会, たとえばロンドンとかニューヨークの地図を見なさい / You will have to pay some money on account, ~ [let's ~] five dollars. 内金を少し, そうだね, まあ 5 ドルぐらい入れなければならないだろう.

❷ [否定または疑問文で] 意見を述べる, 断言する: I can't

[couldn*t*] ~. さあわからないな / I'd rather *not* ~. 私には何とも言えないが, あまり言いたくない(が)/ Who can ~? だれが言えるだろうか, だれにもわからはない.

❸ [It is *that* 節 [*wh* 節] の形式主語として]《…には》《…と》書かれている: It ~*s in* our contract *that* we get three weeks' summer vacation. 契約書には 3 週間の夏期休暇があると書かれている.

❹ a [間投詞的に用いて]《米口》ねえ, もし, おい (cf. I SAY 成句 (1)): S~, there! もしもし. b [賛意・感嘆などを表わして] 本当に, なるほど: S~, that's a good idea. いやまったく, それはいい考えだ.

and só sày áll of us みんな同意見ですって (★ We all say so. のほうが一般的).
ánything you sáy =whatever you SAY 成句.
as mùch as to sày… ⇒ much 副 成句.
Às you sáy! おっしゃるとおりです.
hàving sáid that[副詞的に] そうは言っても, (それは)そうだとして(も).
Hòw sáy you?《英》(陪審員で)あなたの判決は?
I dáre sày ⇒ dare 助動 成句.
Í'll sày!《口》そのとおり, まったくだ.
I mèan to sáy ⇒ mean¹ 動 成句.
I múst sày [文意を強めて] ほんとに, まったく.
I sày《英》(1) [人の注意を引いて] さあ, ちょっと, あのね (cf. 例 4 a): *I* ~, look at that girl over there. ほら, あそこにいる娘を見てごらん. (2) [軽い驚き・怒り・同情などを表わして]まあ!, ほんとに!: *I* ~! What a surprise! いや[まあ], 驚いた.
It gòes withòut sáying that… ⇒ GO without (2).
I wòuldn't sày nó.《口》喜んで, 承知しました, いただきましょう [*to*]: "Would you like a beer?" "*I wouldn't* ~ *no*." 「ビールはいかがですか」「けっこうですねえ」.
nót to sày… とは言えないまでも, …でなくとも《用法》控えめな表現): It's quite warm, *not to* ~ hot. かなり暖かい——暑いと言うのが言いすぎなら.
sáy a lót [sáy líttle] for…のすぐれていること [劣っていること] を示している, …の長所 [欠点] を物語っている: It ~*s a lot for* her (ability) that she solved the problem. その問題を解決したことは彼女の(能力)が優秀であることを示している.
sáy for onesèlf 弁解する, 言い訳をする: He had nothing to ~ *for himself*. 彼には弁解の言葉もなかった.
sày nó […に]反対する [*to*].
sáy óut《⊕+副》を全部言う, 率直に言う.
sáy to onesèlf (1) 心の中で考える, 自分に言い聞かせる. (2)《まれ》ひとりごとを言う《比較 現在では speak [talk] to oneself を用いる》.
Sáy whát?《米口》えっ, 何々, 何だって.
sáy whàt you líke あなたが同意しなくても.
Sày whén.《口》[相手に酒をつぐ時に; 通例命令法で] いいところで言ってください: "*S~ when*." "That's fine [enough]."「どのくらいかな」「それでいい」.
sày yés […に]同意与える, 賛成する [*to*].
sò to sày ⇒ so¹ 成句. **thàt is to sáy** ⇒ that 代 成句.
thát's not sáying múch そう言っても大したこと[もの]ではない: The new version of the software is better than the previous ones. But, *that's not* ~*ing much*. そのソフトの新しいバージョンは以前のものよりよいが, それほど大したものではない《元のがあまりよくなかったため》.
there's a lót [sómething, nòt múch, nóthing] to be sáid for (dóing)…(すること)について十分な理由がある[それなりの理由がある, ほとんど理由がない, 全く理由がない].
thòugh I sáy so [it] mysélf《米》=《英》**though I sáy it (who should nót)** 私の口から言うのは変だが.
to sày nóthing of…はさておき (no to mention)《比較 both…and や as well as のほうが一般的》: She can speak German and French, *to* ~ *nothing of* English. 彼女は英語はもちろんドイツ語とフランス語も話せる / He doesn't even drink beer, *to* ~ *nothing of* whiskey. 彼はウイスキーどころかビールさえ飲まない.
Wéll sáid!《口》よく言った!, その通り!, (まったく)同感!.

Whát do you sáy? [相手を誘う時に用いて] (1) 〔…〕はいかがですか《用法 不定詞は用いない》: *What do you* ~ *to* a glass of sherry [*going for a walk*]? シェリーを 1 杯[散歩してみる]のはいかがですか. (2)《米》〈…〉はいかがですか: *What do you* ~ we take in a movie? 映画を見に行くのはいかがですか, 映画を見に行きませんか 《用法 that は通例用いられない》.

what [whatèver] a person sáys góes《口》《結局》人が言った通りになる [しなければならない].

whatéver you sáy《口》(口論を避けるために)おっしゃる通りです, おっしゃるようにします.

when àll is sáid (and dóne) 結局, つまり, 要するに.

whó can sáy (…)?《口》(…なんて)だれがわかるもんか, だれもわからないよ.

whó sàys (…)? [他人の発言に不満を表わして]《口》(…なんて)だれが言ってるんだ: *Who* ~*s* you have to! だれがそうしろって言ってるんだ.

whó's to sáy (…)?《口》(…なんて)だれが言えるんだい[言い切れるんだい][もしかしたら違う[…じゃない]かもしれないじゃないか: In a case like that *who's to* ~ what's right and what's wrong? そういう場合に何が正しくて何が間違っているかだれが言えるのかね.

Yóu can sày thát agáin!《口》まったくそのとおりだ.

You dón't sáy (sò)! [軽い驚きを表わして]《口》まさか, どうだか, まあ (★ しばしば皮肉に用いる).

Yóu [Yóu've] sáid it!《口》→ まったくそのとおりだ, そうだとも.
── 名 ❶ a ⓊⒸ [また a ~] 発言権, 発言の番[機会]: We have *a* [no, some, not much] ~ *in* the matter. 我々にはその事に口を出す権利がある[ない, 多少ある, あまりない]. b [have [say] one's ~で] 言うべきこと, 言い分: Let me *have* my ~. 私にも言いたいことを言わせてください / Have you *had* your ~? 言いたいことは言ってしまいましたか. ❷ [the ~] 決定権 [*in, about, on*]: Who has the ~ *in* this matter? この事の決定権はだれにあるのか.

〖OE; 原義は「見る, 示す」〗

say·a·ble /séɪəbl/ 形 言い表わせる, うまく[簡単に]表現できる.

SAYE /éseɪwáɪ/《英》save-as-you-earn.

sáy·er 名 〔通例 複合語で〕言う人;《古》詩人.

***say·ing** /séɪɪŋ/ 名 ❶ Ⓒ 言い習わし, 諺(ことわざ), 格言: as the ~ goes [is] 俗にいわゆる…, 諺にも言うとおり… / It is a common ~ that…とは世間でよく言われることだ / [+*that*] There's an old ~ *that* time is money. 時は金なりという古い諺がある. ❷ a Ⓤ 言うこと, 発言: ~ and doing さ行と行い / He's better at ~ than at doing. 彼は実行より口のほうが達者だ. b Ⓒ 言った言葉, 言説: a collection of the ~s of famous people 有名人名言集. **It gòes withòut sáying** ⇒ GO without 成句 (2). **there's nó sáying**…など知りようがない [予測のしようがない] ということだ.
〖類義語〗⇒ proverb.

+**sáy-sò** 名 [単数形で]《口》❶ [通例 on a person's ~で] (独断的な)主張, (根拠のない)発言: I cannot accept it just *on* your ~. 君の言葉だけでそれを信じるわけにはいかない. ❷ [on the ~] (権威ある)言明, 断定, 許可: *on the* ~ *of* a medical specialist 医学の専門家の言明に基づいて.

Sb《記号》《化》antimony. **sb.**《略》《文法》substantive. **SB**《略》《野》stolen base(s). **SBA**《略》Small Business Administration (米国の)中小企業庁. **SbE**《略》south by east. **SbW**《略》stratocumulus. **SC**《略》Security Council (of the United Nations); 《米略》South Carolina; 《米》Supreme Court. **sc.**《略》scene; science; silicet; screw; scruple. **Sc.**《略》Scotch; Scotland; Scots; Scottish. **s.c.**《略》self-contained; single column; small capitals. **S.C.**《略》《軍》Signal Corps; South Carolina.

scab /skǽb/ 名 ❶ Ⓒ (傷口にできる)かさぶた. ❷ Ⓤ a (家畜の)疥癬(病). b (リンゴ・ジャガイモなどの)腐敗病. ❸ Ⓒ 《口・軽蔑》a いやな[むかつく]やつ. b 労働組合不参加者, 非組合員; スト破り《人》, スト不参加者の代替に雇われた人. ── 動 ⓐ (scabbed; scab·bing) ❶ 〈傷口がかさ

ぶたを生じる: The wound *scabbed over*. 傷口一面にかさぶたができた。❷ 《口・軽蔑》非組合員として働く; スト破りをする。【ON】─ 形 scabby

scab·bard /skǽbəd | -bad/ 名 ❶ (刀剣などの)さや《比喩 刃物・道具などのさやは sheath》. ❷ 《米》拳銃入れ.

scábbard fìsh 名 《魚》タチウオ.

scab·by /skǽbi/ 形 (**scab·bi·er; -bi·est**) ❶ a かさぶたのある. b 疥癬(かいせん)[腐敗病]にかかった. ❷ 《口》卑劣な: a ~ trick 卑劣なわざ. ❸ (= scab)

sca·bies /skéɪbiz/ 名 Ū 《医》疥癬(かいせん).

sca·bi·ous /skéɪbiəs/ 名 Ū 《植》マツムシソウ.

scab·rous /skǽbrəs/ 形 ❶ 《小説・ゴシップなどきわどい, わいせつな. ❷ (表面が)ざらざらした, とげとげしたある: a ~ leaf ざらざらした葉. ❸ 〔問題など〕やっかいな, 難しい.

scad¹ /skǽd/ 名 [複数形で]《米》たくさん: ~s *of money* [*guests*] たくさんの金[客].

scad² 名 《魚》アジ.

Sca·fell Píke /skɔ́ː fel-/ 名 スコーフェル山《イングランド北西部 Cumbria 州にあるイングランド最高の山 (978 m)》.

scaf·fold /skǽfəld, -foʊld/ 名 ❶ 絞首台, 断頭台;《比喩》《絞首・断頭による》死刑: go to [mount] *the* ~ 絞首台に登る, 死刑に処せられる / send [bring] a person to *the* ~ 人を絞首台に送る, 人を死刑に処する. ❷ (建築場などの)足場; (ビルの窓ふきなどに使う)吊り足場. ❸《廃》《野外の組み立てで舞台[ステージ, スタンド]》── 動 他 《建物に》足場を設ける.

***scáf·fold·ing** /-dɪŋ/ 名 Ū ❶ (建築現場などの)足場. ❷ 足場材料.

scag /skǽg/ 名 Ū 《俗》ヘロイン.

sca·glio·la /skæljóʊlə/ 名 Ū 人造大理石.

scal·a·ble /skéɪləbl/ 形 ❶ 登ることができる. ❷《電算》スケーラブルな: a フォントなどが拡大・縮小しても乱れを生じない. b 負荷の増大に応じて機能などを柔軟に向上[できる], ソフトウェアなどがシステムの大小にかかわらず, 同じような性能を実現できる. ❸ 特定の尺度で測定[等級付け]できる. **scal·a·bil·i·ty** /skèɪləbíləti/ 名 Ū 【SCALE¹ から】

sca·lar /skéɪlə | -lə/ 名 《数》スカラー, 数量《方向をもたない量; cf. vector》. ── 形 スカラーの.

scálar fíeld 名 《理・数》スカラー場《各点に数が割り当てられている領域》.

sca·lar·i·form /skəlǽrəfɔ̀ːm | -fɔ̀ː m/ 形 《植・動》はしごの.

scálar próduct 名 《数》スカラー積, 内積.

scal·a·wag /skǽləwæg/ 名 《米》❶ やくざ者; いたずら[腕白]者 (scally wag). ❷ 骨無し野郎《米国で南北戦争後の再建時代に共和党に味方した南部白人; 南部民主党員による悪口》.

scald /skɔ́ːld/ 動 ❶ a 〈…を〉〈熱湯・蒸気で〉やけどさせる: I ~ed my tongue *on* [*with*] the hot soup. 熱いスープで舌をやけどした. b 〔~ *oneself* で〕〈熱湯・蒸気で〉やけどする: The child ~ed *himself* in the hot bath. その子は熱いふろに入ってやけどした. c 〈器具を〉湯ですすぐ, 熱湯消毒する 〈*out*〉. ❸ a 〈牛乳などを〉沸騰点近くまで熱する. b 〈果物・鳥などを〉〈皮をむきやすくしたり羽毛をとりやすくするために〉熱湯処理する, 湯通しにする. ❹ ・・・を〈熱湯などで〉やけどする. **like a scálded cát**《口》(やけどした猫のように)あわてふためいて, 猛烈な勢いで. ── 名 ❶ Ū 《熱湯・蒸気などでの》やけど《比喩 火によるやけどは burn》. ❷ Ū 《植》(リンゴなどの)蒸れ腐れ, うれ腐れ. 【F < L *ex-+ cal(i)dus* 熱い, 熱い】

scald² /skɔ́ːld/ 名 = skald.

scáld·ing ❶ a やけどするような: ~ water 熱湯. b [副詞的に]やけどするほどに: The coffee was ~ hot. コーヒーはやけどするほど熱かった. ❷ 〔批評・意見などが〕痛烈な, しんらつな.

scálding téars 名 複 《悲嘆の》熱い涙, 血の涙.

***scale**¹ /skéɪl/ 名 ❶ Ū [単数形で; 時に無冠詞] **規模**, 程度, スケール: on a small ~ 小規模に, こぢんまりと / on a large [gigantic, grand, vast] ~ 大規模に, 大々的に, 大がかりな形で / reveal the full ~ of the problem その問題の全容を明らかにする / considering the sheer ~ of the project その計画の規模の大きさを考えると. ❷ C a

1601 scalene

目盛り, 度盛り: the ~ on a ruler 定規の目盛り / a thermometer with a Celsius ~ セ氏の目盛りのついた温度計. b (目盛りのついた)物差し, 定規. ❸ C a (模型・地図などの)**縮小[拡大]比率**: large-scale, small-scale / a map on [with] a ~ of 1:50,000 縮尺5万分の1の地図 《読み方》one to fifty thousand と読む 》/ The ~ is one inch to 10 miles. 縮尺は1インチが10マイルになっている. b (グラフ・地図などに添えた)縮尺線. ❹ C a **段階**, **等級**, **階級**: ⇒ wind scale / the social ~ 社会階級 / be high [low] in the ~ *of* civilization 文明の度が高い[低い]. b (料金・賃金・課税などの)率; 等級表, 賃金表: ⇒ wage scale / a ~ *of charges* [*pensions, taxation*] 料金[恩給, 課税]率. ❺ C 《楽》音階, ドレミファ: a major [minor] ~ 長[短]音階 / practice ~s on the piano ピアノで音階を練習する. ❻ C 《古》位取り, 進法: the decimal [ordinary] ~ 十進法. **on a scále of 1 to 10** /wɑ́n tə tén/《口》10 点満点で(評価すると). **òut of scále** 〔…と〕釣り合いがとれないで〔*with*〕. **to scále** 一定の比率に縮小[拡大]して: a model of a car made *to* ~ 一定の縮尺で作られた車の模型.

── 動 他 ❶ 〈…に〉(はしごで)登る, 〈山などに〉よじ登る (climb): ~ a wall with a [by] ladder 塀にはしごをかけて登る《★ by ladder は無冠詞》. ❷〈図・模型などを〉縮尺で描く[作る]: ~ a map 地図を縮尺する. ❸〈…を〉〔…に合わせて〕調整する: ~ a production schedule *to* actual demand 実際の需要に応じて生産計画を立てる. **scále dòwn** 《他+副》(1)〈…を〉縮小する, 減らす〈人員[予算]などを〉減らす, 減らす (decrease). ──《自+副》(2) 減少[縮小, 低下]する. **scále úp**《他+副》(1)〈…を〉増大[拡大]する, 上げる, ふやす, ふやす: Retail prices were ~d *up* by 5 percent. 小売り値が5パーセント上げられた. ── 《自+副》(2) 増大[拡大, 上昇]する, ふえる. 【L *scalae* ははしご *scandere* 登る; cf. escalate, scan】

***scale**² /skéɪl/ 名 ❶ C [しばしば複数形で] はかり: weigh oneself on the bathroom ~ [《英》~s] ふろ場のはかりで体重を量る. ❷ C (旧例複数形で) 天秤: a pair *of* ~s 天秤 1 台. b 天秤の皿. ❸ [the Scales]《天》天秤座. **túrn** [**típ**] **the scále(s)** (1)《口》〈…の〉目方がある: The boxer tipped *the* ~(s) at 125 pounds. そのボクサーの体重は 125 ポンドあった. (2) (天秤を傾かせるように)形勢 [局面]を一変させる. ── 動 他 ❶ 重さ[目方]が〈…だけ〉ある. ❷ 〈…を〉天秤で量る. 【ON *ská* 皿, わん】

scale³ /skéɪl/ 名 ❶ C a (魚類・爬(は)虫類などの)うろこ: scrape the ~s off a fish 魚のうろこを削り落とす. b (チョウの翅(はね)などの)鱗粉(りんぷん). ❷ C 歯石. c 金けけ(加熱した鉄などの表面にできる酸化物の皮膜). ❸ Ū a (うろこ状に脱落する)薄片. b (皮膚病による)かさぶた. ❹ 《植》(芽・つぼみを保護する)芽鱗(がりん), 包葉; 殻, さや. ❺ a = scale insect. b 《カイガラムシ病. **remóve the scáles from a person's éyes** 《だまされた人などの》目を覚まさせる, 誤りを悟らせる. **The scáles fáll from one's éyes**. 目からうろこが落ちる, 誤りを悟る, 迷いから覚める《★ 聖書「使徒行伝」から》. ── 動 他 ❶ 〈…の〉うろこを落とす; 〈…の〉殻をむく: ~ a fish 魚のうろこを落とす. b 〈ペンキなどを〉削り落とす. ❷ 〔歯から〕〈歯石を〉削りとる, = tartar 《*from* the teeth》〈歯から〉歯石を削りとる. ❸〈ボイラーなどに〉湯あかを生じさせる《★ 通例過去分詞で形容詞的に用い,「湯あかの生じた」の意に》: a heavily ~d boiler 湯あかがびっしりついたボイラー. ── 自 ❶ ほろほろと剥げ落ちる: The paint is *scaling off*. ペンキがはげかかっている. ❷ 湯あかがつく.【F=殻; cf. scallop; 関包 squamous】

scále àrmor 名 C 小さなよろい.

scále·bòard 名 Ū (書籍の表紙材にした)薄板(貼り合わせで合板にする); (絵画・鏡の)裏打ち板, 裏板.

scále ìnsect 名 《昆》カイガラムシ.

scále lèaf 名 《植》鱗片葉(りんぺんよう).

sca·lene /skéɪliːn/ 形 《幾》〈三角形が〉不等辺の: a ~

scalenus 1602

triangle 不等辺三角形. ── 图 不等辺三角形;〖解〗斜角筋.

sca·le·nus /skeɪlíːnəs/ 图 (圈 **-ni** /-naɪ, -niː/)〖解〗斜角筋《頸椎横突起に起こり上位肋骨に付く3つの筋》.

scál·er¹ 图 ❶ 魚のうろこを落とす人[道具]. ❷〖歯〗歯石除去器, スケーラー.

scál·er² 图 はかりで計る人, 計量人[係].

scáling làdder 图 (昔の) 攻城ばしご.

scal·lion /skǽljən/ 图《米》ワケギ, シャロット《ネギの一種》.

⁺**scal·lop** /skάləp, skǽl- | skǽl-, skɔ́l-/ 图 ❶〖貝〗ホタテガイ; ホタテガイの貝柱《食用》. ❷ **a** ホタテガイの貝殻. **b** (貝殻状の) グラタン皿. ❸ (通例複数形で) スカラップ《服飾で扇形のへり取りなど》. ── 動 他 (通例受身で) ❶〈...を〉ホタテガイ状[扇形]にする; スカラップで飾る. **a** ~ed cuff スカラップで飾られたそで口.《F=殻; cf. scale³》

scal·ly /skǽli/ 图《英俗》(特に Liverpool の) 不良, よた者, やくざ.

scal·ly·wag /skǽliwæg/ 图 =scalawag 1.

⁺**scalp** /skǽlp/ 图 ❶ 頭の皮, 頭皮 **a** 頭髪つきの頭皮《特に戦利品として敵の死体からはぎ取ったもの》. **b** 勝利の印; 戦利品. ── 動 他 ❶〈...の〉頭皮をはぐ. ❷《米口》〈株・入場券などを〉売買して利ざやを稼ぐ.

scal·pel /skǽlp(ə)l/ 图 外科[解剖]用メス.

scalp·er /skǽlpə | -pə/ 图《米口》利ざや稼ぎをする人, ダフ屋.

scal·y /skéɪli/ 图 (**scal·i·er; -i·est**) ❶ うろこのある; うろこ状の. ❷ (うろこのように) はげ落ちる. ❸ 湯あかのついた. ❹ 《英俗》いやな. **scál·i·ness** 图 (图 scale³)

scály ánteater 图〖動〗=pangolin.

⁺**scam** /skǽm/《俗》图 信用詐欺(罪); 詐欺, ペテン (swindle). ── 動 他〈人を〉(詐欺で) だます, ペテンにかける. **scám·mer** 图

scám àrtist《米口》詐欺師.

scam·mo·ny /skǽməni/ 图 スカモニア《小アジア産サンシキヒルガオ属のまきつき植物; その乾燥根から得た樹脂は下剤用》.

scamp /skǽmp/ 图《口》❶ いたずら[腕白]者; おてんば娘. ❷ ならず者, 悪者. ── 動 他〈仕事を〉いいかげんにする.

scam·per /skǽmpə | -pə/ 動 圓 (副詞(句)を伴って)〈子供・小さい動物などが〉はねまわる, ふざけ回る; あわてて逃げる. ── 图 はね回る[かけ回る]こと: have a ~〈子供・犬などが〉はね回る, かけ回る.

scam·pi /skǽmpi/ 图 U (単数または複数扱い) スキャンピ《ガーリックで味付けしたエビのフライ料理, またはバターで焼いた料理》.〖It scampo (エビ) の複数形〗

⁕**scan** /skǽn/ 動 (**scanned; scan·ning**) 他 ❶〈...を〉つくづく [じろじろ] 見る: ~ a person's face 人の顔をつくづく [じろじろ] 見る / They scanned the sky for the spacecraft. 彼らはその宇宙船が見えないかと空を見つめた. **b**〈...を〉細かく[入念に]調べる: I scanned the wall for centipedes. ムカデがいないかと壁を入念に調べた. ❷〈...にざっと目を通す, 〈...を〉走り読みする: ~ the headlines 見出しにざっと目を通す. ❸ **a**〖医〗〈人体などを〉走査[スキャン]する, CT[MRI, 超音波(など)] で検査する. **b**〖電算〗〈データなどを〉スキャナーで読み込む. **c**〈レーダーが〉〈ある地域を〉走査する; 〈...の〉放射能探査をする. **d**〈テレビ映像を〉走査する. ❹〈詩の〉韻律を調べる, 〈詩を〉韻脚に分ける. ─ 圓 ❶〖...に〗ざっと目を通す〖through〗. ❷ a 詩の韻律を調べる. **b**〈詩が〉韻律に合う: This line doesn't ~. この行は韻律に合わない. ── 图 [a ~]〖医〗CT や MRI などによる検査, スキャン; (妊婦などの) 超音波診断. ❷ (スキャン[走査]) した画像. ❸ a じっと見ること. **b** 細かく調べること. **c** スキャン(すること), 走査. ❹ 韻律を調べること.《L scandere (詩を) 韻律的に読む; 登る; cf. ascend, descend, transcend, scale》

Scan., Scand.《略》Scandinavia(n).

⁕**scan·dal** /skǽndl/ 图 ❶ CU 醜聞, スキャンダル; 不祥事; 疑獄: a political ~ 政治的不祥事 / hush up a ~ スキャンダルをもみ消す / The CEO resigned after the ~ broke. そのスキャンダルが明るみに出たので最高経営責任者は辞任した. ❷ C (醜聞に対する) 世間の反感, 物議: cause [give rise to] a ~ (世間の) 反感を買う, 物議をかもす. ❸ C 恥辱; 言語道断なこと (disgrace): to the ~ of...にとって恥さらしなことに / It's a ~ that such things should happen. そんなことが起こるとはけしからんことだ. ❹ U 中傷, 悪口, 陰口: talk ~ (about...) (...の) 悪口を言う, 陰口をたたく. 〖L scandalum < Gk わな, つまずきのもと; cf. slander〗(動 scandalize, 形 scandalous)

scan·dal·ize /skǽndəlàɪz/ 動 他 ❶〈人を〉あきれさせる, 憤慨させる: People were ~d at the slovenly management of the company. その会社のずさんな経営に人々はあいた口がふさがらなかった. ❷〖海〗〈...からの〉風を受け流す. (图 scandal)

scándal·mòng·er 图 人の悪口を言いふらす人, 悪口屋. ~·**ing** 图

⁺**scan·dal·ous** /skǽndələs/ 图 ❶ 恥ずべき, けしからぬ, 外聞の悪い, あきれた (shocking): ~ prices あきれるほど高い値段 / an absolutely ~ election 実にけしからぬ不正選挙. ❷〈うわさ・話など〉人を中傷するような: ~ reports 中傷的な報道. ~·**ly** 副 ~·**ness** 图

scándal shèet 图 スキャンダル(を満載した) 新聞[雑誌].

scan·dent /skǽndənt/ 图〖動・植〗よじのぼる, 攀縁(はんえん)の (climbing).

⁕**Scan·di·na·vi·a** /skæ̀ndənéɪviə⁺/ 图 スカンジナビア, 北欧《ノルウェー・スウェーデン・デンマークの総称; 時にアイスランド・フィンランドを含めることもある; 略 Scan., Scand.》.

⁺**Scan·di·na·vi·an** /skæ̀ndənéɪviən⁺/ 图 スカンジナビアの; スカンジナビア人[語]の. ── 图 ❶ C スカンジナビア人, 北欧人. ❷ U スカンジナビア語《ノルウェー語・スウェーデン語・デンマーク語など》.

Scandinávian Península 图 [the ~] スカンジナビア半島《ヨーロッパ北部の半島; ノルウェーとスウェーデンの両国が占める》.

scan·di·um /skǽndiəm/ 图 U〖化〗スカンジウム《希有金属元素; 記号 Sc》.

scán·na·ble 图 ❶ スキャン[走査]可能な. ❷〈詩行が〉韻脚に分けられる.

⁺**scan·ner** /skǽnə | -nə/ 图 ❶〖医〗(人体の中を調べる) スキャナー;〖電算〗スキャナー (⇒ optical scanner);⇒ CAT scanner. ❷〖通信〗走査装置, スキャナー. ❸ scan する人.

scan·ning /skǽnɪŋ/ 图 U ❶〖医〗スキャニング, 走査法. ❷〖テレビ〗走査.

scánning eléctron mìcroscope 图 走査(型)電子顕微鏡 (略 SEM).

scan·sion /skǽnʃən/ 图 U (詩の) 韻律分析.

⁺**scant** /skǽnt/ 图 ❶ 乏しい, わずかな, 不十分な (比較 scanty より形式ばった語): a ~ supply of water 不十分な水の供給 / with ~ courtesy さして丁寧にでもなく, ぞんざいに / pay ~ attention to...にあまり注意を払わない. ❷ A (全体に) ちょっと不足の, (...) 足らずの: There was a ~ spoonful of sugar. 砂糖はスプーン1杯分もなかった / We had a ~ hour to pack. 荷造りするのに1時間足らずしか時間がなかった.

scant·i·ly /skǽntəli/ 副 乏しく, 不十分に, 貧弱に: She's ~ clad. 彼女は肌もあらわである / a ~ furnished room 家具や調度品があまりない部屋.

scant·ling /skǽntlɪŋ/ 图 ❶ C 小角材, 小割り材《5インチ角以下》. ❷ U 小角材[小割り材]類.

scánt·ly 副 乏しく, 不足して, わずかに; かろうじて, ほとんど...なく.

scant·y /skǽnti/ 图 (**scant·i·er; -i·est**) 〈数・量・寸法など〉乏しい, わずかな, 不十分な, 貧弱な (⇒ scant 比較): a ~ harvest 乏しい収穫, 不作 / a ~ bathing suit 肌もあらわな水着 / The rainfall was rather ~ this month. 今月は雨量がむしろ少なかった. **scánt·i·ness** 图

scape /skéɪp/ 图〖植〗柄節《触覚の第1節 (根元) わ》. ❷〖植〗花茎《スイセンなどのように直接地中から出るもの》.

-scape /skeɪp/ [名詞連結形]「(...の)風景」: a city*scape* 都市の景観 / a sea*scape* 海景. 《(LAND)SCAPE》

⁺scape·goat /skéɪpgòʊt/ 名 ❶ 〖聖〗 贖罪(しょく)のヤギ 《古代ユダヤで贖罪の日に人の罪を負わせ荒野に放ったヤギ》. ❷ 他人の罪を負わされる人, 身代わり, 犠牲 ((俗)) fall guy》(人): he made the ~ for ...の身代わりにされる. ── 動 他 身代わりにする, 〈...に〉罪をきせる. 〖scape(《古)=escape)+GOAT〗

scape·grace /skéɪpgrèɪs/ 名 《古》やっかい者, ろくでなし.

scaph·oid /skǽfɔɪd/ 名 〖解〗舟状骨.

scap·u·la /skǽpjʊlə/ 名 〈pl -lae /-lìː/, ~s〉〖解〗肩甲骨.

scap·u·lar /skǽpjʊlə/ -lə/ 形 肩甲骨の, 肩の. ❶ 修道士の肩衣(けんえ). ❷ 〖鳥〗肩羽(かたばね).

scap·u·lary /skǽpjʊlèri/ -ləri/ 名 =scapular.

***scar¹** /skáə | skáː/ 名 ❶ **a** 傷跡, (やけど・できものなどの)跡, 瘢痕(はんこん): have a ~ on... ...に傷跡がある / leave a (permanent) ~ on... ...に(生涯消えない)傷跡を残す. **b** (家具などにできた)傷. ❷ 心の傷: His insults left a deep ~. 彼の侮辱は深い傷跡を残した. **b** (戦争などの)傷跡, 爪跡. ── 動 〈scarred; scar·ring〉他 ❶ 〈...に〉傷跡を残す (⇒ scarred): His cheek *was* badly *scarred from* a knife cut. 彼のほおにはひどいナイフの傷跡があった. ❷ 〈人〉の心に傷跡を残す. ❸ (戦争・開発などが) 〈...に〉傷跡[爪跡]を残す, 〈...の〉外観[景観]を傷つける. ── 自 〈傷が〉傷跡を残す 〈over〉. 〖F<L=やけど跡<Gk=暖炉〗

scar² /skáə | skáː/ 名 (山腹の)山肌の露出した崖[丘など], 切り立った岩.

scar·ab /skǽrəb/ 名 ❶ (また **scárab bèetle**) 〖昆〗オオタマオシコガネ. ❷ スカラベ, 甲虫石 《古代エジプト人が護符または装飾品として用いたオオタマオシコガネをかたどったもの》.

scar·a·mouch /skǽrəmàʊtʃ/ 名 ❶ [S-] スカラムーシュ, スカラムッチャ《古いイタリア喜劇のからいばりする道化役者》. ❷ からいばりする臆病者, ほら吹きのやくざ者.

***scarce** /skéəs | skéəs, -mùs: ቖ/ 形 〈scarc·er; scarc·est〉 ❶ ℙ 〈食物・生活必需品など〉不足して, 少なくて, 欠乏で: Oil will become ~. 石油は不足をきたすだろう / Housing is getting *scarcer*. 住宅が次第に不足してきている. ❷ 〈数が少ない, まれな: ~ Japanese prints 珍しい日本の版画. **màke onesélf scárce** ((口))(面倒を避けて)人前から姿を消す, いなくなる. ── 副 《文》=scarcely. 〖F<L=えり抜かれた *excerper* 取り出す, 選び出すで EX-²+*carpere* つみ取る; cf. excerpt, carpet〗【名scarcity】【類義語】 ⇒ rare¹.

***scarce·ly** /skéəsli | skéəs-/ 副 (比較なし) ❶ **a** ほとんど...ない〖用法〗a, b の文中での位置は hardly (⇒ 語法) と同じ〗: I can ~ hear him. 彼の言うことがほとんど聞こえない / At first he was so astonished that he ~ knew what to say. 初めはあまり驚いたので彼は何と言ってよいかまごついた / There was ~ anything left to eat. 食べられるものはほとんど残っていなかった. **b** (控えめ・皮肉などの感情をこめた not の婉曲語として) とても...ない; まさか...ない: He's ~ the right person for the job. 彼はとてもその仕事に適した人物ではない / She can ~ have said that. まさか彼女がそんなことを言ったとは思えない. ❷ かろうじて, やっと: S~ twenty people were present. 20 人そこそこしか出席しなかった. **scárcely...whèn [befòre]**...するかしないうちに (cf. HARDLY...when [before]... 成句): He had ~ begun his speech *when* the audience began to heckle him. 彼が演説を始めたかと思うと聴衆がやじり出した《〖用法〗 S~ had he begun... のように scarcely が文頭にくることもあるが, 文語的》. 【類義語】 ⇒ hardly.

⁺scar·ci·ty /skéəsəti | -sti/ 名 〈pl -ties〉ⓊⒸ (生活必需品などの)不足, 欠乏 (shortage): food ~ 食料不足 / a ~ *of* labor [teachers] 労働力[教員]不足 / There's a ~ *of* good housing in this area. この地域には良い住宅が不足している. ❷ Ⓤ まれなこと, 払底. (形 scarce)

***scare** /skéə | skéə/ 動 他 ❶ 〈人〉を〈突然〉怖がらせる, おびえさせる (⇒ scared): Being suddenly barked at ~d him. 突然ほえかけられて彼はぎくりとした / Don't ~ me like that! そんなふうにびっくりさせるなよ. ❷ 〈人〉を怖が

1603 scarify

せて〈...の状態に〉する: 〖+目+補〗 The accident ~*d* them senseless. その事故で彼らは気絶するほどおびえた. ── 自 (突然)怖がる, おびえる: He ~s easily. 彼はすぐおびえる. **scáre awáy [óff]** (他) (動(1): The dog ~*d away* [*off*] the burglar. 犬はほえて強盗を退散させた. (2) 〈事が人〉を不安にして[心配させて]遠ざけて[行動を控えさせて]しまう. **scáre a person ínto...** [**òut of...**] 人を怖がらせて...させる[...をやめさせる]: They ~*d* him *into* signing the document. 彼らは彼を脅して書類に署名させた / His threats ~*d* them *out of* carrying out the plan. 彼に脅迫されて彼らは計画の実施を中止した. **scáre the héll [shít] òut of...** ((俗)) ...をひどく怖がらせる [脅す]. **scáre úp [óut]** (他) (1) (口) 〈隠れている鳥獣〉を脅して狩り出す. (2) (口) 〈資料・金・人手など〉を〈...から〉苦労して見つけ出す; 〈食事などを〉いろいろなものをかき集めて〉用意する 〈*from*〉. ── 名 ❶ ⓒ (世間の間違ったわけでもないのに)恐れ騒ぐこと, (社会的)恐慌, パニック: The rumor caused a war ~. そのうわさが原因となり戦争パニックが起こった. ❷ [**a** ~] (突然の)恐れ, おびえ: have a ~ ぎくりとする, 怖がる / give a person a ~ =throw a ~ into a person 人をぎくりとさせる, 人の度肝を抜く. ❸ 〘形〙 (比較なし) ぎくりとさせる[怖がらせる]ように仕組んだ: a ~ headline ぎくりとさせるような新聞の見出し / ⇒ scare story. 〘ON〙 【類義語】 ⇒ frighten.

scáre·cròw 名 ❶ かかし《〘解説〙日本のかかしは１本足だが欧米のは２本足》. ❷ (かかしのような)こけおどし. ❸ みすぼらしい姿, やせた人.

***scared** /skéəd | skéəd/ 形 〈more ~; most ~〉怖がった, おびえた (frightened; cf. scare ❶): I was ~ *of* slipping on the ice. 氷で滑りはしないかと怖かった / He's ~ (stiff) *of* snakes. 彼は(体がこわばるほど)ヘビが怖い / 〖+*to* do〗 He was ~ *to* cross the rickety bridge. 彼はそのぐらぐらする橋を渡るのが恐ろしかった[怖くてそのぐらぐらする橋が渡れなかった] / 〖+(*that*)〗 I was ~ (*that*) we'd run out of gas [((英)) petrol]. ガス欠になるのではないかとひやひやした / a ~ child [look] ものおびえた子供[顔つき] / She was ~ (to death) *at* [*by*] the strange noise. 彼女はその奇妙な物音に(ひどく)おびえた.

scáred·y·càt /skéədi- | skéə-/ 名 ((口)) 臆病者, 怖がり屋, 弱虫.

scáre·hèad 名 =scareheading.

scáre·hèading 名 (新聞のセンセーショナルな)特大見出し.

scáre·mònger 名 (戦争・天災などの切迫した危険の)うわさ[デマ]を飛ばす人, (デマなどで)世間を騒がせる人.

scáre stòry 名 恐怖心をあおる話[記事].

scáre tàctics 名〘総〙脅しを使った説得戦術.

⁺scarf¹ /skáəf | skáːf/ 名 〈pl **scarves** /skáəvz | skáːvz/, ~s〉 ❶ スカーフ, 襟巻き, ネッカチーフ. ❷ ((米)) (細長い)テーブル掛け, ピアノ掛け(など). 〖F=(巡礼の)首から下げた財布〗

scarf² /skáəf | skáːf/ 動 他 ❶ 〈木材・金属・皮革〉を接合する, そぎ継ぎ[すべり刃継ぎ]にする. ❷ 〈鯨〉を切り裂く, 〈鯨〉の皮をはぐ. ── 名 (pl ~s) ❶ (木材・皮革・金属の)そぎ継ぎ, すべり刃継ぎ; 刻み, 溝. ❷ (はぐための)切り溝, はいだ鯨の皮.

scarf³ /skáəf | skáːf/ 動 他 ((米俗)) (がつがつと)食う, (がぶがぶと)飲む 〈*down, up*〉.

scarfed 形 scarf¹ をつけた[巻いた].

scárf pìn [rìng] 名 ((英)) スカーフ止め.

scárf·skìn 名 [the ~] (つめの)表皮.

scárf·wìse 副 肩から体に斜めに.

scar·i·fi·ca·tion /skæ̀rəfɪkéɪʃən/ 名 ❶ 土かき, 耕耘(こううん). ❷ 〖外科〗乱切(法); 乱切の傷跡. ❸ 酷評.

scár·i·fi·er /skǽrəfàɪə/ 名 〖農〗土かき具, 耙耕器; スカリファイヤー《スパイク付きの路面破壊機》.

scar·i·fy¹ /skǽrəfàɪ/ 動 他 ❶ (農耕・工事などで)〈畑・道路などの〉表面の土を掘り起こす. ❷ 〖外科〗〈皮膚〉を乱切する《種痘などで皮膚の表面を何か所も小さく切開すること》. ❸

scarify

〈人を〉酷評する, さんざんけなす.

scar・i・fy[2] /skǽrəfài/ 動 他《口》怖がらせる, おびえさせる.

scar・la・ti・na /skà(ə)lətí:nə | skà:-/ 名 = scarlet fever. scàr・la・tí・nal /-n(ə)l/ 形

Scar・lat・ti /skəlǽ:ţi | skɑ:lǽti/, **Do・men・i・co** /douménikòu | dɔ-/ 名 スカルラッティ《1685-1757; イタリアの作曲家》.

+**scar・let** /skάələt | skά:-/ 名 U ❶ 緋(ひ)色, 深紅色《聖職》罪悪を象徴する色であると同時に, 地位・身分の高さをも象徴する色. ❷ 緋色の服(地). ── 形 ❶ 緋(色)の, 深紅色の: turn ~ (with anger [shame])《怒り[恥ずかしさ]で》真っ赤になる. ❷ 性的にみだらな: ⇒ scarlet woman. 〖F<L<Pers〗

scárlet féver 名 U《医》猩紅(しょうこう)熱.

scárlet pímpernel《植》アカバナルリハコベ, ベニハコベ.

scárlet rúnner《植》ベニバナインゲン.

scárlet wóman《古風》ふしだらな女; 売春婦.

scarp /skάəp | skά:p/ 名《地》(断層または浸食による)急斜面, 急ながけ.

scar・per /skάəpə | skά:pə/ 動 自《英俗》逃げる, ずらかる.

scarred 形 傷跡を残した (cf. scar[1]): a war-*scarred* country 戦争の傷跡を残している国 / a face ~ *with* sorrow 悲しみの跡をとどめた顔.

Scart, SCART /skάət | skά:t/ 名 スカート《ビデオ装置を接続する21ピンのソケット》. 〖F Syndicat des Constructeurs des Appareils Radiorécepteurs et Téléviseurs; 考案した団体〗

scár tìssue 名 U 瘢痕(はんこん)組織.

scarved /skάəvd | skά:vd/ 形 = scarfed.

scarves 名 scarf[1] の複数形.

+**scar・y** /ské(ə)ri/ 形 (**scar・i・er; -i・est**)《口》❶ 〈物事が〉恐ろしい, おっかない, 薄気味悪い: a ~ movie 恐ろしい映画. ❷ 驚きやすい, 臆病な, 怖がりな; おびえる, びくびくする: Don't be so ~. そんなにびくびくするな. **scár・i・ly** /-rəli/ 副 **-i・ness** 名 (scare)

scat[1] /skǽt/《ジャズ》名 U スキャット《歌詞の代わりに無意味な音節を繰り返して歌い方》. ── 動 自 (**scat・ted; scat・ting**) スキャットを歌う. 〖擬音語〗

scat[2] /skǽt/ 動 自 (**scat・ted; scat・ting**) [通例命令法で]《古風》急いで行く: S-! 《犬, 猫, まとわりつく子供などに向かって》あっちへ行け!, シッ!

scat[3] /skǽt/ 名 U 動物の糞(ふん).

+**scath・ing** /skéɪðɪŋ/ 形《批評・あざけりなど冷酷な, 仮借のない, 痛烈な; 〈人など〉批判的[軽蔑的]で: a ~ remark 骨を刺すような言葉 / The report is ~ *about* the new product. 報告書は新製品に批判的である. **-ly** 副

sca・tol・o・gy /skætάlədʒi | -tɔ́l-/ 名 U ❶ スカトロジー《排泄物の研究または関心》. ❷ 排泄物に関するわいせつ. **scat・o・log・i・cal** /skæ̀tlάdʒɪk(ə)l | -lɔ́dʒ-/ 形

*****scat・ter** /skǽtə | -tə/ 動 他 ❶ 〈...を〉まく, まき散らす; 〈...を〉散布する, あちこちに置く《場所》にばらまく; 〈金を〉散財する (↔ gather): ~ seeds 種をまく / ~ gravel *on* the road → *The* road *with* gravel 道路に砂利をまく / Empty bottles and cans were ~ed *all over* the floor. あき瓶とあき缶が床中に散らばっていた / ~ clothes *around* the room 部屋中に服を脱ぎ散らかす / There are galleries and museums ~ed *around* [*all over*] the city. 美術館や博物館が市のあちこちにちらばっている. ❷ a 〈群衆・敵軍など〉を追い散らす, 四散させる: The police ~ed the crowd. 警官は群衆を追い散らした. b 〈風など〉が〉〈雲・霧など〉を散らす. ── 自 ❶ 四散する, 散り散りになる (→ gather): The crowd ~ed in fright. 群衆は恐れて散り散りになった. **be scáttered to the fóur wínds** 散り散りになる; 四散する; 散逸する; 雲散霧消する; 細かくなって[風にとばされるように]消えてなくなる. ── 名 ❶ U まき散らすこと; まき散らされた状態. ❷ [a ~] まき散らされた程度の数[量], 少数, 少量: a ~ *of* applause [rain] ばらばらの拍手[ぱらぱら降る雨].

scátter・bràin 名 頭の散漫な人, 気の散る人, そわそわした人.

scátter・bràined 形 頭の散漫な, すぐ気が散る, そわそわした.

scátter cùshion 名《ソファー用の》小型クッション.

scátter dìagram《統》散布図, 点図表, 分散[散点]ダイヤグラム.

*****scat・tered** /skǽtəd | -təd/ 形 ❶ 散り散りになった, 散在する, まばらな: ~ hamlets 散在している小村 / a ~ population まばらな人口. ❷ 散発的な: It will be cloudy today, with ~ showers in the afternoon. 今日は曇りで午後は小雨がぱらつくでしょう.

scátter・gràm, -gràph 名 = scatter diagram.

scátter・gùn 名 散弾銃 (shotgun). ── 形 手当たり次第の, なんでもござれの.

+**scát・ter・ing** /-tərɪŋ, -trɪŋ/ 名 ❶ 四散する; まばらな: ~ birds あちこちへ分散して飛んでゆく鳥. ❷《米》散在する, 分散した. ── 名 ❶ U 《稀》散布(すること). ❷ [a ~] まき散らされた程度の数[量], 少数, 少量: have *a* ~ *of* visitors 訪問者がわずかしかない. **-ly** 副

scátter plòt 名 = scatter diagram.

scátter rùg 名 (部屋のあちこちに置いて用いる)小型じゅうたん.

scátter・shòt 形 A《米》乱射の; 無差別な, 手当たり次第の.

scat・ty /skǽti/ 形 (**scat・ti・er; -ti・est**)《英口》頭の少々狂った; 頭の散漫な.

scaup /skɔ́:p/ 名《鳥》スズガモ; コスズガモ.

scau・per /skɔ́:pə | -pə/ 名 = scorper.

scav・enge /skǽvɪndʒ/ 動 他 ❶ 〈利用できるものを〉ごみ箱の中などから集める. ❷ 〈街路などを〉清掃する. ❸ 〈内燃機関・エンジンから〉不要物を除去する. ── 自 ❶ [利用できるものを]あさる [*for*]. ❷ 〈動物が〉〈肉・残飯などを〉あさって食べる [*on*].

scav・en・ger /skǽvɪndʒə | -dʒə/ 名 ❶ 清掃動物, 腐(肉)食動物《腐肉を食う動物; ハゲタカ・ハイエナなど》. ❷ (ごみ箱などから利用できるものをあさる)ごみあさり; 廃品回収者.

scávenger hùnt 名 借り集め[品ぞろえ]競争《定められた数種の品物を買わずに手に入れて早く戻るゲーム》.

sca・zon /skéɪzɑn/ 名《詩学》= choliamb.

SCE《略》《スコ》Scottish Certificate of Education 普通教育修了証書[試験]《中等学校の上級生を対象にして行われる試験(の合格証書); 科目は難度によって3レベルに分かれる》.

sce・na /ʃéɪnə | -nə/ 名 (複 **-nae** /-ni:/)《楽》シェーナ《歌劇の一場面; 劇的独唱曲》.

*****sce・nar・i・o** /sənéə(ə)riòu, -nά:r- | -nά:r-/ 名 (複 **~s**) ❶ (計画・予定などの)筋書き, 概要, 下書き (outline). ❷ **a**《劇・映画》, 撮影台本, シナリオ. **b** (劇・オペラなどの)筋書き. 〖It scena scene〗

sce・na・rist /sənéə(ə)rɪst, -nά:r- | sí:nər-/ 名 脚本家, シナリオライター.

scend /sénd/ 名 波の推進力, うねり, 船の縦揺れ. ── 自《海》波から波へと進む; 波に持ち上げられる.

*****scene** /sí:n/ 名 ❶ C **a**《映画・テレビなどの特定の》場面, シーン: a love ~ ラブシーン / the ~ where [in which] the boy shouts, "Shane, come back!" 少年が「シェーン, 戻ってきて!」と叫ぶ場面. **b** [しばしば複数形で]《劇・映画などの》舞台面, 背景, 道具立て, 書き割り: paint ~s 背景を描く / shift the ~s 背景[道具立て]を変える. ❷ C (舞台面を想像させるような)景色, 風景, 光景《匹敬》 scene は特定の場所からの景色, scenery はある地方の, 美しい地形・風景の全体的な特徴》: photographs of street ~s 街頭風景を写した写真. **b** 情勢, 状況; 舞台: the American ~ アメリカの風景《米国の政治・社会情勢など》. ❸ C [the ~] 〔事件・物語などの〕現場, 場面, 舞台《(目に浮かぶ)情景: the ~ *of* an accident 事故(の)現場 / Criminals often return to the ~ *of* the crime. 犯人はしばしば犯行現場に戻る / The police arrived quickly on the ~. 警察はすぐ現場にかけつけた / *The* ~ *of* this story is laid in London. この物語の舞台はロンドンに置かれている. ❹ C (劇・映画などの情景を思い出させるような)事件: A distressing ~ occurred. 痛ましい事件が

起こった. ❺ [C] (劇の幕 (act) を構成する)場《略 sc.》: Act I, S- ii 第1幕第2場《読み方》act one, scene two と読む. ❻ a [the ~; 修飾語を伴って] [口] (...の)活躍場面, (...)界: an intriguing newcomer on the rock-music ~ ロックミュージック界の魅惑的な新星. b [a person's ~] [口] 興味の対象, 好み: Golf isn't my ~. ゴルフは私の趣味ではない. ❼ [C] [口] (見苦しいふるまいの)大騒ぎ, 醜態: His old girlfriend made a ~ at his wedding. 彼の昔のガールフレンドが彼の結婚式で(泣いたりわめいたりして)騒ぎ立てた.

bád scéne 《米口》 いやなこと, 不快な経験, 面倒な状況.
behìnd the scénes (1) 舞台裏で, (2) 裏面で, こっそり. (3) 内幕に通じて. **cóme on the scéne** 登場する, 現われる. **quít the scéne** 死ぬ; 去る, 退場する. **sét the scéne** (1) [...に対する]舞台を設定する, [...への]準備をする [for]. (2) 状況を設定する, 状況を前もって説明する. **stéal the scéne** 〈わき役・予想外の人が〉人気をさらう.
〚F<L<Gk=tent, stage, scene〛 (形) scenic
【類義語】⇒ view.

scéne dòck [bày] 名 (劇場の)背景室, 道具部屋, 馬立て《通例 舞台の左右にある》.

scéne pàinter 名 ❶ (舞台の)背景画家. ❷ 風景画家.

***scen·er·y** /síːnəri/ 名 [U] ❶ (一地方全体の)風景, 景色 (cf. scene 2 a [比較]: the ~ in Scotland スコットランドの景色 / admire the mountain ~ 山の景色を愛(め)でる. ❷ (芝居の)舞台面, 道具立て, 背景. 〚SCENE+-ERY〛

scéne-shìfter 名 (芝居の)大道具方, 裏方.

scéne-stèaler 名 《口》 スターより人気をさらうわき役.

scen·ster /síːnstə/ -tə/ 名 《米口》 (ファッション・音楽などの)流行の世界の人, 特定の活動の場にしばしば現われる人.

***sce·nic** /síːnɪk, sén-/ 形 ❶ a 景色の, 風景の: ~ wall-paper 景色を描いた壁紙 / ~ beauty 風景の美, 景勝. b 眺めのよい, 風光明媚(び)な (beautiful): a ~ highway 景勝地に富んだ幹線道路 / a ~ route 観光ルート / a ~ spot 景勝地. ❷ 舞台(上)の; (舞台)背景の: ~ effects 舞台効果 / a ~ artist 舞台背景家. ❸ 〈絵・彫刻など〉場面を描写した. **scé·ni·cal·ly** /-kəli/ 副 (名) scene)

scénic ráilway 名 (遊園地の)豆鉄道.

sce·nog·ra·phy /siːnɒɡrəfi/ -nóɡ-/ 名 [U] 遠近図法; (古代ギリシアの)背景図法. **sce·no·graph·ic** /sìːnəɡrǽfɪk/ 形

***scent** /sént/ 名 ❶ [C] におい; (特に, よい)香り, 香気: a sweet ~ 甘い香り / the ~ of lilacs ライラックの香り. ❷ [C] [通例単数形で] 香り, 人・動物の体に残る遺臭; 臭跡, 手がかり: a cold ~ かすかな[古い]臭跡 / a fresh ~ 新しい臭跡 / follow up the ~ 〈猟犬などが〉遺臭をかぎながら追跡する; 〈人が〉手がかりをたどって追及する / lose the ~ 〈猟犬などが〉遺臭を失う; 〈人が〉手がかりを失う. ❸ [a ~] (猟犬などの)嗅覚(きゅう): Dogs have a keen ~. 犬は嗅覚が鋭い. b [...をかぎ出す勘, 直覚力: He has a good ~ for talent. 彼は人材を発掘する勘をもっている. c [...の存在に)感じること, [...の]気配: catch a ~ of danger 危険を感じとる. ❹ [U] 《英》 香水 (perfume): wear ~ 香水をつけ(ている). **on the scént** (遺臭を)かぎつけて; 手がかりを得て: They were on the ~ of a new plot. 彼らは新しい陰謀を発見する手がかりを得た. **pút [thrów]...òff the scént** 〈...に〉臭跡[手がかり]を失わせる: The criminal managed to throw [put] the police off the ~. 犯人はまんまと警官をまいた. ━ 動 他 ❶ 〈...を〉 嗅ぎ分ける, 香り[におい]をつける, 〈...を〉 香り[におい]で満たす (⇒ scented 1); 〈...に〉香水をつける[ふりまく]: Lavender ~ed the air. ラベンダーの香りが漂っていた. ❷ 〈猟犬などが〉〈獲物などを〉かぎつける, かぎ出す: The hound ~ed (out) a fox. 猟犬がキツネをかぎ出した. ❸ 〈人が〉秘密などをかぎつける; 〈...の〉存在に感ずる (sense): ~ gossip 人のうわさをかぎつける / ~ danger 危険に気づく. 〚F<〈sentire 感知する〉; cf. sense〛【類義語】⇒ smell.

scént bàg 名 におい袋.

scént·ed /-tɪd/ 形 ❶ よい香りのする, [...の)香り[におい]で満ちて: The room was ~ with (the fragrance of) flowers. その部屋は花の香りでいっぱいだった. ❷ 香水をつけた, 香り入りの: ~ soap 香水入り石けん.

scént glànd 名 [動] 麝香(じゃこう)分泌腺, 香腺.

scént·less 形 ❶ 香りのない, 無臭の. ❷ (狩猟で)遺臭の消えている.

scént màrk [màrking] 名 臭痕, 匂いのマーク《動物が自分の存在を他の動物に知らせるために尿その他で地面などに独特の匂いをつけること》. **scént-màrk** 動

scep·ter, 《英》**scep·tre** /séptə/ -tə/ 名 ❶ (王の)笏(しゃく); [the ~] 王権, 王位; 主権: wield the ~ 君臨[統治]する.

scep·tered 形 笏を持った; 王位についた, 王権を有する; 王権の, 王位の.

sceptic, sceptical, scepticism ⇒ skeptic, skeptical, skepticism.

sch. 《略》 scholar; school.

Scha·den·freu·de /ʃɑ́ːdnfrɔ̀ɪdə/ 名 [U] 人の不幸を痛快がること, 毀損(きそん), シャーデンフロイデ.

schap·pe /ʃɑ́ːpə/ /ʃǽpə/ 名 (また **scháppe sílk**) [U] (絹のくず繊維で作った)絹紡糸(ぼう), シャップシルク.

***sched·ule** /skédʒuːl, -dʒʊl/ /ʃédjuːl, skédjuːl/ 名 ❶ 予定(表), スケジュール: a publishing ~ 出版予定 / one's work ~ 仕事の予定(表) / have a busy [full] ~ 忙しいスケジュールである[スケジュールが詰まっている] / My ~ for next week is very tight. 来週は予定がぎっしり詰まっている / What is on the ~ (for) today? きょうの予定はどうなっていますか. ❷ a 《米》時間割り, 時刻(表) (timetable): a class ~ 授業の時間割り / a train ~ 列車時刻表. b 表, 一覧表 (list): a ~ of charges 料金(一覧)表. c (文書などに付属した)別表, 明細書, 付則.
accòrding to schédule (1) 予定どおりに. (2) 予定に従えば. **ahèad of schédule** 予定[定刻]より早く. **behìnd schédule** 予定[定刻]より遅く: The train is an hour behind ~. 列車は予定より1時間遅れている. **on schédule** 予定どおりに; 時間(表)どおりに, 定時に.
━ 動 他 ❶ 〈...を〉 予定する, 予定に入れる, 予定(表)に組み込む《★通例受身》: The match is ~d for Monday [1 p.m.]. 試合は月曜[午後1時]に予定されている / [~+目+to do] He's ~d to have an operation this afternoon. 彼はきょうの午後手術を受ける予定である / The trial is ~d to start on October 3. 公判は10月3日から始まる予定である / The bus company has ~d six special buses for hikers. バス会社はハイカー向けに6本の臨時バスを予定している. ❷ 〈...を〉[...として]正式なリストに加える[入れる] (as); 《英》〈建物を〉保存リストに載せる. 〚F<L=小さな紙<Gk=木片〛

schéd·uled cáste 名 [インド] 指定カースト《untouchables (不可触民)に代わる公式の呼称; 憲法に基づき差別解消のための各種優遇措置が実施されている》.

schéduled flíght 名 (飛行機の)定期便.

schéduled tríbe 名 [インド] 指定トライブ, 指定部族《インド憲法において scheduled castes とともに特別保護・優遇措置を受ける対象として定められている民族集団》.

schee·lite /ʃéːlaɪt/ /ʃíː-/ 名 [鉱] 灰(かい)重石《タングステンの主鉱石; 紫外線をあてると発光する》.

Sche·her·a·za·de /ʃəhèrəzɑ́ːdə, -zɑ́ːd/ 名 シェヘラザード《『アラビアンナイト』中のペルシア王の妻; 千一夜の間, 毎夜王におもしろい物語を聞かせていたために殺されるのを免れたという》.

Schel·ling /ʃélɪŋ/, **Friedrich (Wilhelm Joseph von) ~** 名 シェリング (1775-1854; ドイツ観念論の哲学者).

sche·ma /skíːmə/ 名 (複 ~**·ta** /-tə/) ❶ 図式, 図表, 図解, 予想, 大要. 〚L<Gk=form; cf. scheme〛

sche·mat·ic /skiːmǽtɪk/ 形 ❶ 図式の, 図式的な. ❷ 概要の. ━ 名 概略図, (電器などの)配線略図. **-i·cal·ly** /-kəli/ 副

sche·ma·tism /skíːmətɪzm/ 名 [U] (ある方式による)図式的配置; (物のとる)特殊な形態.

sche·ma·tize /skíːmətaɪz/ 動 他 図式化する.

scheme** /skíːm/ [名] ❶《主に英》(組織立った・公式)計画, 案: a ～ ***for build*ing* a new highway 新しい幹線道路の建設計画 / a governmental nuclear power generation ～ 政府の原子力発電計画. ❷ (悪い)たくらみ, 陰謀, 策動: 〔+***to*** do〕 Their ～ *to* evade taxes was very crafty. 彼らの脱税のたくらみは狡猾(こうかつ)きわまるものであった. ❸ **a** 組織, 機構, 体系, 仕組み: a philosophical ～ 哲学の体系 / in the ～ of things 物事の成り立ち[性質]上. **b** 配合, 構成: ⇨ color scheme. ❹《米》一覧表, 分類表: a ～ of postage rates 郵便料金(一覧)表. ── [動] [自] たくらむ, 陰謀を企てる, 策動[各策]する (plot): 〔+***to*** do〕 He ～*d to* become president. 彼は会長になろうと策動した / He's *scheming* ***against*** me behind my back. 彼は私に反対して陰で策動している. ── [他] 〈…を〉たくらむ, 計画する. 〖L＜Gk SCHEMA 形〗【類義語】⇨ plan.

schém·er [名] ❶ 計画[立案]者. ❷ 陰謀家, 策士.

schém·ing [形] 策動的な, ずるい: a ～ politician 策謀にたけた政治家. **～·ly** [副]

sche·moz·zle /ʃɪmɑ́zl | -mɔ́zl/ [名] ＝shemozzle.

scher·zan·do /skeətsɑ́ːndoʊ, -tsǽn- | skeətsɑ́ːn-/ [形] [副]〘楽〙諧謔的な[に], 戯れぎみの[に], スケルツァンドの[で].

scher·zo /skéətsoʊ | skéə-/ [名] ([複] **～s, -zi** /-tsiː/)〘楽〙スケルツォ. 〖It＝冗談〗

Schíck tèst /ʃík-/ [名]〘医〙シック(反応)試験《ジフテリア免疫性検査法》. 〖Béla Schick ハンガリー生まれの米国の小児科医〗

Schíff báse /ʃíf-/ [名]〘化〙シッフ塩基《一般式 RR′C＝NR″ で表わされる化合物; 多くの有機合成の中間体として生じる》. 〖Hugo Schiff ドイツの化学者〗

Schíff('s) reágent [名] [U]〘化〙シッフ試薬《アルデヒド検出用》.

Schil·ler /ʃílɚ | -lə/, **(Jo·hann Chris·toph) Fried·rich von** /joʊhɑ́ːn krístɔːf fríːdrɪk | -hǽn -tɔf-/ [名] シラー《1759–1805; ドイツの詩人・劇作家》.

schil·ling /ʃílɪŋ/ [名] ❶ シリング《オーストリアの旧通貨単位; 記号 S.》. ❷ 1 シリング貨.

schip·per·ke /skípɚki | ʃípə-, skíp-/ [名] シッパーキー(犬)《ベルギー原産の黒被無尾の番犬・愛玩犬》.

schism /sízm, skízm/ [名] [C,U] (団体の)分離, 分裂; (特に教会・宗派の)分派, 分立〔*in, between*〕.

schis·mat·ic /sɪzmǽṭɪk, skɪz-/ [形] 分離[分裂]の. ── [名] 教会[宗派]分離論者, 分離[分派]者.

schist /ʃíst/ [名] [U]〘地〙片岩.

schist·ose /ʃístoʊs/ [形]〘岩石〙片岩の, 片岩質[状]の. **schis·tos·i·ty** /ʃɪstɑ́səṭi | -tɔ́s-/ [名] [U,C] 片理《変成岩にみられる成層性[構造]》.

schis·to·some /ʃístəsòʊm/ [名]〘動〙住血吸虫.

schis·to·so·mi·a·sis /ʃìstəsoʊmáɪəsɪs/ [名] [U]〘医〙住血吸虫症.

schiz·o /skítsoʊ/ [名] ([複] **～s**)《口》統合失調症患者. 〖SCHIZO(PHRENIC)〗

schiz·o- /skítsoʊ/ [連結形]「分裂」. 〖Gk *schizein* to split〗

schiz·o·carp /skítsoʊkɑ̀ɚp | -kɑ̀ːp/ [名]〘植〙分離果.

schi·zog·o·ny /skɪzɑ́gəni, -tsɑ́g- | -ɔ́g-/ [名] [U]〘生〙増員生殖, 分裂体形成, シゾゴニー《原虫の無性生殖の一種》. **schi·zóg·o·nous** /-nəs/ [形]

schiz·oid /skítsɔɪd/〘医〙[形] 統合失調症傾向の, 分裂(病)質の. ── [名] 統合失調症傾向のある人.

schiz·ont /skízɑnt, -tsɑ̀nt | -ɔnt/ [名]〘生〙シゾント《胞子虫類の栄養体から生じた娘個体》.

schiz·o·phre·ni·a /skìtsəfríːniə/ [名] [U]〘医〙統合失調症, 精神分裂病 (cf. split personality). 〖SCHIZO-＋Gk *phrēn* 精神〗

schiz·o·phren·ic /skìtsəfrénɪk←/〘医〙[形] 統合失調症の. ── [名] 統合失調症患者. **-i·cal·ly** /-kəli/ [副]

schízo·tỳpe [名] (人格の)分裂病型.

schlang /ʃlɑ́ŋ | ʃlɔ́ŋ/ [名] ＝schlong.

schle·miel, -mihl /ʃləmíːl/ [名]《米口》だめな[ついてない]やつ, しょうもないやつ, うすばか.

schlep, schlepp /ʃlép/《米口》[名] ❶ のろまな人, 不器用者. ❷ 退屈な仕事[旅]. ── [動] [他] 無理[努力]して運ぶ. ── [自] ゆっくり[のろのろ]動く.

schlep·per /ʃlépɚ | -pə/ [名]《米口》まぬけ, どじなやつ (schlep).

Schlie·mann /ʃlíːmɑːn/, **Heinrich** [名] シュリーマン《1822–90; ドイツの考古学者; Troy, Mycenae などを発見した》.

schlie·ren /ʃlí(ə)rən/ [名] [複] ❶〘岩石〙シュリーレン《火成岩中の不規則の縞(しま)状部分》. ❷〘光〙かげろう, シュリーレン《透明媒質の中で屈折率のわずかに変化する部分》.

schlock /ʃlɑ́k | ʃlɔ́k/《米口》[形] 安っぽい, くだらない: ～ TV programs 低級なテレビ番組. ── [名] [U] 安物, がらくた. **schlock·y** /-ki/ [形]

schlóck·mei·ster /-màɪstɚ | -tə/ [名]《米口》安手のものを作る[売る]人.

schlong /ʃlɑ́ŋ | ʃlɔ́ŋ/ [名]《米俗》ペニス.

schloss /ʃlɔ́ːs | ʃlɔ́s/ [名] 城, 館 (castle).

schlub /ʃlʌ́b/ [名]《米俗》ばか, 役立たず, がさつ者.

schlump /ʃlʌ́mp/ [名]《米俗》ばかなやつ, なまけ者.

schmaltz, schmalz /ʃmɔ́ːlts/ [名] [U]《米口》(音楽・文学などの)極端な感傷主義. **schmaltz·y** /ʃmɔ́ːltsi/ [形]

schmear, schmeer /ʃmíɚ | ʃmíə/《米俗》[名] ❶ こと, もの (matter): ⇨ whole schmear. ❷ 賄賂. ── [動] [他] 〈人に〉お世辞を言う, ごまをする.

Schmídt tèlescope /ʃmít-/ [名] シュミット式望遠鏡《球面反射鏡と補正板をもつ望遠鏡; 視野が広く明るい》.

schmo, schmoe /ʃmóʊ/ [名]《米俗》ばか, うすのろ.

schmooze /ʃmúːz/《米俗》[動] [自] ばか話[おしゃべり]をする (chat). ── [名] ばか話, おしゃべり.

schmuck /ʃmʌ́k/ [名]《米俗》いやなやつ, 卑劣漢.

schnapps /ʃnǽps/ [名] ([複] ～) [U] シュナップス《アルコールの強い蒸留酒》. 〖G＜Du＝ひと飲み〗

schnau·zer /ʃnáʊtsɚ, -zɚ | -tsə, -zə/ [名] シュナウツァー, シュナウザー《ドイツ原産の犬》.

schnit·zel /ʃníts(ə)l/ [名] [U,C] シュニッツェル《薄切りの子牛肉のカツレツ》.

schnook /ʃnúːk/ [名]《米俗》ばか, だまされやすい人.

schnor·kel /ʃnɔ́ɚk(ə)l | ʃnɔ́ː-/ [名] ＝snorkel.

schnor·rer /ʃnɔ́ːrɚ | -rə/ [名]《米俗》乞食, たかり屋; いつも値切ろうとするやつ.

schnoz /ʃnɑ́z | ʃnɔ́z/ [名] ＝schnozzle.

schnoz·zle /ʃnɑ́zl | ʃnɔ́zl/ [名]《米俗》鼻; 大きな鼻.

Schoen·berg /ʃɚ́ːnbəːg, ʃóʊn- | ʃɜ́ːnbəːg/, **Arnold (Franz Walter)** [名] シェーンベルク《1874–1951; オーストリア生まれの米国の作曲家; 十二音技法を創始した》.

***schol·ar** /skɑ́lɚ | skɔ́lə/ [名] ❶ (特に人文科学の分野の)学者: an eminent Shakespeare ～ 著名なシェイクスピア学者. ❷ 奨学金受領者, 給費生, 特待生 (cf. scholarship 1): a British Council ～ ブリティッシュカウンシル給費生. ❸ [通例否定文で]《口》教育[学問]のある人: He is*n't* much of a ～. 彼は大して学問のある男じゃない. ❹《文・英古》学生, 生徒 (student). 〖L＝学校に関する＜*schola* 学校 (cf. school)〗 ([形] scholastic)

⁺**schól·ar·ly** [形] 学問のある; 学者[学究]的な; 学術[学問]的な (academic): a ～ journal 学術雑誌.

schol·ar·ship** /skɑ́lɚʃɪp | skɔ́lə-/ [名] ❶ [C] **奨学金**, 育英資金: a ～ association [society] 育英会 / receive a ～ ***to Yale University イェール大学進学の奨学金を受ける / study on a Fulbright *S*～ フルブライト奨学金をもらって勉学する. ❷ [U] (特に人文学の)**学問**; 学識, 博学: a person of great ～ 大学者. (2: [関形] academic)

scho·las·tic /skəlǽstɪk/ [形] ❶ [A] **a** 学校の, 学校教育の: a ～ institution 教育施設, 学校 / ～ attainments 学業成績 / the ～ profession 教職. **b** 学者の, 学問的な: ～ life 学究的な生活. ❷ [しばしば S～] [A] (中世の)スコラ哲学の. ❸ 学者ぶった, 衒(げん)学的な. ── [名] ❶ [しばしば S～] (中世の)スコラ哲学者;〘カト〙イエズス会の修道生. ❷ 学者ぶる人. **-ti·cal·ly** /-tɪkəli/ [副] ❶ 学問的に; 学業的に. ❷ 学者ぶって; スコラ哲学者風に. ([名] scholar)

scho・lás・ti・cìsm /-təsìzm/ 名 ⓤ ❶ [しばしば S~] (中世の)スコラ哲学. ❷ 伝統尊重, 学風固陋.

scho・li・ast /skóuliæ̀st, -liəst/ 名 [注解学者, (特に)古典注釈者. **scho・li・as・tic** /skòuliǽstɪk/ 形

scho・li・um /skóuliəm/ 名 (徴 -li・a [-liə]) [通例 複数形で] (ギリシャ・ローマの古典に付けられた)傍注.

*****school**[1] /skúːl/ 名 ❶ ⓒ [しばしば複合語で] (施設・校舎としての)学校 《用法》普通は小・中・高の学校をさすが, 米国では大学も school ということがある): ⇒ nursery school, primary school, secondary school, high school / build a new ~ 新しい学校を建てる / keep [run] a ~ (私立)学校を経営する / teach in a ~ 学校で教える, 教師をする / He's at the ~. 彼は学校にいる 《用法》この意味でも無冠詞で He's at school. のほうが一般的; cf. 2). ❷ ⓤ [無冠詞で] (学校教育の意味での)学校, 就学 《用法》high school, art school などの複合語についても用法は同じ): start ~ 〈子供が〉学校へ上がる, 就学する / send a child to ~ 子供を学校へ上げる, 就学させる / finish ~ 学校を終える, 卒業する / leave ~ 退学する / 〈英〉卒業する / teach ~ 〈米〉学校で教える, 教師をする / My son is old enough for ~. 息子は学校へ行く年齢です / His daughter is still in [at] ~. 彼の娘はまだ学校へ通っている (★ in は《米》, at は《英》) / He went to ~ at Eton. 彼は学校はイートンへ行った. ❸ ⓤ [無冠詞で] 授業, 学校; 授業のある日: after ~ 放課後に / be late for ~ 学校に遅刻する / There's no ~ today. きょうは学校は休みだ / S~ begins at 8:30. 授業は8時半から始まる / S~ starts [ends] tomorrow. 学校はあすから始まる[休みとなる]. ❹ [the ~; 集合的; 単数または複数扱い] 全校生徒(および教師): The whole ~ knows [knew] it. 学校の者は皆それを知っている. ❺ ⓒ a [しばしば複合語で] (特殊技能を教える)学校, 教習所, 練習所, 養成所: a driving ~ 自動車教習所 / a finishing ~ の花嫁学校 / a trade [vocational] ~ 職業訓練所. b (経験・境遇などの)道場, 練成場: in the hard ~ of adversity 逆境という試練の場にて. ❻ ⓒ a (大学の)学部, (大学院級の)専門学部; 大学院: Yale Law S~=the Yale S~ of Law エール大学法学部(大学院)[ロースクール] 《匿飲》後者のほうが形式ばった表現) / Harvard Business S~ ⇒ GRADUATE school. b その建物, 校舎. ❼ ⓒ a (学問・芸術などの)流派, 学派, 一門: the classical ~ (芸術史上の)古典派 / the ~ of Plato プラトン学派 / Raphael and his ~ ラファエロとその流派[一門]. b (生活などの)流儀: a gentleman of the old ~ 旧式な[昔風の]紳士. go to school (1) 通学する, 登校する: Where do you *go to* ~? どこの学校へ行っているのですか. (2) 学校に上がる, 就学する. of the óld schòol 古い伝統を守る; 旧式な. schóol of thóught (= schòols of thóught) 考え[意見]を同じくする人々, 学派, 流派. the schóol of hárd knócks (古風) 実社会の厳しい試練の場.

— 形 学校の: ~ education [life] 学校教育[生活] / ~ fees 授業料 / a ~ library 学校図書館 / ~ supplies 学用品.

— 動 他 ❶ a しつける, 訓練する (train): ~ a horse 馬を調教する. b [~ oneself] 〈...するように〉修養する, 養う: [+目+to do] S~ *yourself* to control your temper. かんしゃくを抑えるように修養しなさい. c 〈人に〉...に教え込む 〈in, to〉: ~ an athlete *in* timing 運動選手にタイミングのこつを教え込む / She's well ~ed in languages. 彼女は外国語が十分に教育されている. d [~ *oneself* to ...] 〈...を〉鍛える 〈in, to〉: He ~ed himself to patience. 彼は忍耐力を鍛えた. ❷ 〈人を教育する, 〈人に〉学校教育を受けさせる (educate): He was ~ed by adversity. 彼は苦難にあってさまざまなことを学んだ.

〖L *schola* (cf. scholar) < Gk *scholē* 暇; 暇な時間が思索や教育に使われるようになったから〗

米国の学校制度: 米国の教育制度は各州の権限に属し, 全国共通の統一的な学校制度はない. 義務教育年数も州や郡によって異なる. 現在最も多い制度は 6-3-3 制, または 6-2-4 制, 8-4 制, 6-6 制などである. 6-3-3 制の場合は, 最初の 6 年が elementary school (小学校)で, 通常 6 歳で入学する. 中間の 3 年が junior high school, 上の 3 年が senior high school という. 4-4-4 制の場合は, 最初の 4 年を elementary [一部では primary] school, 中間 4 年を middle school, 上を high school とよんでいる. 初等・中等教育の私立学校は約 11 %あるが, その大半は教会によって設立運営されている.

英国の学校制度: 英国には全国画一的な教育制度はないが, 義務教育は 5-16 歳までの 11 年間で, 公立学校体系ではほぼ 11 歳を区切りとし, それ以前を初等, 以後を中等としている. 初等教育を行なうのは primary school (小学校)で, 地域によってはこれを 5-7 歳までの infant school (幼児学校)と 7-11 歳までの junior school (上級小学校)に分けているところもある. また first school (5-8 歳または 9 歳), middle school (8-12 歳または 9-13 歳)と分けている地区もある. 中等教育は 11-16 歳または 18 歳で終わる. 公営の中等学校には 1944 年の教育法により系列化された grammar school, (secondary) modern school, (secondary) technical school の 3 種の学校があるが, 現在では comprehensive school への統合・移行されたものが多い. 公費補助を受けない初等・中等教育段階の私学の学校は independent school とよばれるが, この中には 13-18 歳までを対象とした preparatory school やその卒業生のほとんどが進学する public school がある.

---

school[2] /skúːl/ 名 (魚・クジラなどの)群れ: in ~s いくつも群れをなして / a ~ *of* sardines [porpoises] 一群のイワシ[イルカ]. — 動 @ (魚が)群れをなす, 群れをなして泳ぐ. 〖Du〗 【類義語】⇒ group.

schóol àge 名 ⓤ ❶ 学齢, 就学年齢. ❷ 義務教育年齢.

schóol・bàg 名 通学[学校]かばん (通例 布製).

+**schóol bòard** 名 《米》(学区の)教育委員会.

+**schóol・bòok** 名 教科書.

+**schóol・bòy** 名 (小学校・中学校・高等学校の)男子生徒 《解説》通例まだ子供であるという語感を伴う; 米国ではあまり用いない; cf. schoolgirl).

+**schóol building** 名 校舎.

schóol bùs スクールバス.

+**schóol・chìld** 名 (徴 -children) 学童 (schoolboy または schoolgirl).

schóol dày ❶ 授業日: on a ~ 学校のある日は. ❷ [通例 ~s] (過ぎし日の)学校[学生]時代: in one's ~s 学校時代に.

schóol district 名 《米》学区.

-schóol・er /skúːlə | -lə/ 名 [複合語で] ...学生: gradeschooler 小学生.

schóol・fèllow 名 =schoolmate.

+**schóol・gìrl** 名 (小学校・中学校・高等学校の)女子生徒, 女学生 (cf. schoolboy).

schóol・hòuse 名 ❶ (特に, いなかの小学校の小さい)校舎. ❷ (英国の学校に付属した)教員住宅.

schóol hóuse (英国の public school または boarding school の)校長寄宿舎.

+**schóol・ing** 名 ⓤ ❶ a 学校教育 (education): He has little real ~. 彼は正式な学校教育はほとんど受けていない. b (通信教育の)教室授業, スクーリング. ❷ 学費. ❸ (馬の)調教.

schóol・kíd 名 《口》(学齢の)子供, 学童, 生徒.

+**schóol・lèaver** 名 《英》(義務教育の)新卒業生, 新卒.

schóol・mà'am /-mæ̀m/ 名 《米》=schoolmarm.

schóol・màn /-mən/ 名 (徴 -men /-mən/) [しばしば S~] (中世の)スコラ哲学者, スコラ学者.

schóol・màrm /-màːm/ 名 《米口》(頭の古い)女の先生, 女教師.

schóol・màrm・ish 形 《口》口やかましく厳格な.

+**schóol・màster** 名 《英》❶ (小・中・高校の)男性教員. ❷ =headmaster 1.

schóol・màte 名 学友, 同窓生 (cf. classmate).

schóol・mìstress 名 《英》❶ (小・中・高校の)女性教

員. ❷ ＝headmistress.

schóol repòrt [名]《英》成績表, 通信簿《《米》report card》.

schóol·ròom [名] 教室《[比較] classroom のほうが一般的》.

schóol rùn [名] [単数形で]《英》学校に通う子供の送り迎え《通例 車での》: do the ～ 子供を学校に送る[迎えにいく].

⁺**schóol·tèacher** [名] (小・中・高校の)教員, 教師《★《英》では幼児学校・小学校の教員をいう》.

schóol·tèaching [名] [U] 教職.

schóol·tìme [名] ❶ [U] 授業時間. ❷ [C] [通例複数形で] 学生[学校]時代.

schóol·wòrk [名] [U] 学校の勉強, 学業: neglect one's ～ 学業を怠ける.

schóol·yàrd [名] 校庭, 運動場.

schóol yéar [名] 学年《★ 英米では通例 9 月から 6 月までをいう》.

S

schoo·ner /skúːnə | -nə/ [名] ❶ スクーナー《通例 2 本マスト, 時には 3 本マスト以上の縦帆式帆船》. ❷ ＝prairie schooner. ❸ **a**《米》(ビールの)大ジョッキ: a ～ of beer 大ジョッキ 1 杯のビール. **b**《英》(シェリー用などの)背の高いグラス.

Scho·pen·hau·er /ʃóup(ə)nhàuə | -hàuə/, **Ar·thur** /ɑ́ətuə | ɑ́ːtuə/ [名] ショーペンハウアー《1788–1860; ドイツの哲学者》.

schorl /ʃɔ́əl | ʃɔ́ːl/ [名] [U]〘鉱〙黒電気石, ショール《最も普通の電気石》.

schot·tische /ʃɑ́ṭɪʃ | ʃɔtíːʃ/ [名] ショッティーシュ《polka の類の輪舞; その曲》.

Schrö·ding·er /ʃróuḍɪŋə, ʃréɪ- | ʃrɑ́ː-/, **Erwin** [名] シュレーディンガー《1887–1961; オーストリアの物理学者; Nobel 物理学賞 (1933)》.

Schrödinger equàtion /⸗⸗⸗-/ [名]〘理〙(波動量子力学における)シュレーディンガー方程式.

schtick /ʃtík/ [名] ＝shtick.

schtuck, schtook /ʃtúk/ [名] ＝shtuck.

schtum /ʃtúm/ [形][動] ＝shtoom.

schtup /ʃtúp/ [動][名] ＝shtup.

Schu·bert /ʃúːbət | -bət/, **Franz** /frǽnts/ [名] シューベルト《1797–1828; オーストリアの作曲家》.

Schu·mann /ʃúːmɑːn, -mən/, **Ro·bert** /róubət | -bət/ [名] シューマン《1810–56; ドイツの作曲家》.

schuss /ʃús/ [名]〘スキー〙直滑降, シュス. ── [動] [自] 直滑降をする: ～ down a slope 斜面をスキーで直滑降する.〖G＝shot〗

schwa /ʃwɑ́ː/ [名]〘音声〙❶ シュワー《アクセントのないあいまい母音; *a*bout の *a* [ə], circ*u*s の *u* [ə]など》. ❷ シュワーの記号 [ə]: ⇨ hooked schwa.〖G＜Heb〗

Schweit·zer /ʃwáɪtsə, ʃváɪ- | -tsə/, **Al·bert** /ɑ́ːlbeət | -beət/ [名] シュバイツァー《1875–1965; フランスの医師・哲学者・伝道者; アフリカで医療と伝道に献身的に従事した; Nobel 平和賞 (1952)》.

sci.《略》science; scientific.

sci·at·ic /saɪǽṭɪk/ [形] ❶ 坐骨(ざこつ)の: the ～ nerve 坐骨神経. ❷ 坐骨神経痛の[にかかった]: ～ pain 坐骨神経痛の痛み.

sci·at·i·ca /saɪǽṭɪkə/ [名] [U]〘医〙坐骨神経痛.

⁑**sci·ence** /sáɪəns/ [名] ❶ **a** [U] (体系化された知識としての)科学; (特に)自然科学; 理科: a man [woman] of ～ 科学者 / the laws of ～ 科学の法則 / *S*～ is verified knowledge. 科学とは検証された知識をいう. **b** [U,C] (細分された個々の)科学, …学: basic [applied, practical] ～ 基礎[応用, 実用]科学 / medical ～ 医学 / ⇨ natural science, political science / Economics and sociology are social ～*s*. 経済学と社会学は社会科学に属する. ❷ [U] (競技・料理などの訓練による)わざ, 術: use ～ rather than strength 力よりむしろわざを使う. **blínd... with scíence** ⇨ blind [動] [成句].〖F＜L *scientia* 知識＜*scire* 知る (cf. conscience, conscious, nice) から〗([形] scientific)

⁺**scíence fíction** [名] [U] 空想科学小説, SF《略 SF, sf》.

scíence pàrk [名]《英》サイエンスパーク《科学研究・科学産業集中地域》.

sci·en·ter /saɪénṭə | -tə/〘法〙[副] 意図的に, 故意に. ── [名] [U] 故意.

sci·en·tial /saɪénʃ(ə)l/ [形] 学問の, 知識の; 学識のある.

⁑**sci·en·tif·ic** /sàɪəntífɪk⁻/ [形] (**more** ～; **most** ～) ❶ [A] (比較なし) 科学の; 自然科学(上)の; 理科の: a ～ discovery 科学上の発見 / a ～ instrument 理科の道具 / ～ knowledge 科学知識. ❷ 科学的な, 精確な, 厳正な; 系統立った: ～ farming [management] 科学的農業[経営]. ❸《口》(競技などで)わざの巧みな: a ～ boxer 技巧派のボクサー. **-tif·i·cal·ly** /-kəli/ [副] 科学的に; 科学に従って: *scientifically* correct [proven] 科学的に正しい[証明された]. ([名] science)

scíentific méthod [名] (データを集めて仮説をテストする)科学的研究法.

sci·en·tism /sáɪəntìzm/ [名] [U] ❶ 科学主義; 科学万能主義. ❷ 科学的方法.

⁑**sci·en·tist** /sáɪəntɪst/ [名] 科学者; (特に)自然科学者.

sci·en·tis·tic /sàɪəntístɪk⁻/ [形] 科学的方法[態度]の, 科学(万能)主義的な.

Sci·en·tol·o·gy /sàɪəntɑ́lədʒi | -tɔ́l-/ [名] [U]〘商標〙サイエントロジー《L. Ron Hubbard が Dianetics を発展させて創始した応用宗教哲学》.

sci-fi /sáɪfáɪ/ [名] [U] [形] [A]《口》空想科学小説(の), SF (の).〖SCI(ENCE) FI(CTION)〗

scil·i·cet /síləsèt/ [副] すなわち, 言い換えれば《略 scil., sc.》.〖L＝it is permitted to know〗

Scíl·ly Ísles [Íslands] /síli-/ [名] [複] [the ～] シリー諸島《イングランドの西端 Land's End の西南沖の諸島》. **Scil·lo·ni·an** /sɪlóuniən/ [形][名]

scim·i·tar /símәṭə | -tə/ [名] 三日月刀《アラビア人・トルコ人・ペルシア人などが用いた》.

scin·ti·gram /sínṭəgræ̀m/ [名]〘医〙シンチグラム《放射性同位元素の投与によって得られる体の放射能分布図》.

scin·tig·ra·phy /sɪntígrəfi/ [名] [U]〘医〙シンチグラフィー, シンチ造影[撮影](法). **scin·ti·graph·ic** /sìnṭəgrǽfɪk⁻/ [形]

scin·til·la /sɪntílə/ [名] [a ～; 通例疑問・否定文で]〔…の〕微量, ごくわずか: There's *not a* ～ *of* evidence. 証拠のひとかけらもない.〖L＝火花〗

scin·til·lant /sínṭələnt/ [形] 火花を発する, きらめく.

scin·til·late /sínṭəlèɪt/ [動] [自] ❶ 火花[閃光]を発する. ❷ **a**〈才気・機知が〉きらめく, ひらめく. **b**〈人・文章などが〉〔才気などで〕きらめく, あふれる: The essay ～*s with* wit. そのエッセーは機知にあふれている.〖L; ⇨ scintilla〗

scín·til·làt·ing /-ṭɪŋ/ [形] ❶ きらきら光る; きらめくようにすばらしい. ❷ **a**〈才気など〉きらめく: ～ wit きらめく才気. **b**〈話・文章など〉機知にあふれる: ～ conversation 才気縦横の会話. ～**·ly** [副]

scin·til·la·tion /sìnṭəléɪʃən/ [名] [U] ❶ 火花を発すること, きらめき. ❷ (才気の)ひらめき.

scín·til·là·tor /-ṭə | -tə/ [名]〘理〙シンチレーター《放射線が衝突して発光する物質》.

scín·ti·scàn /sínṭə-/ [名]〘医〙＝scintigram.

sci·o·lism /sáɪəlìzm/ [名] [U] 生かじりの学問[知識], 半可通. **-list** /-lɪst/ [名] えせ学者, 知ったかぶり《人》. **sci·o·lis·tic** /sàɪəlístɪk⁻/ [形]

sci·on /sáɪən/ [名] ❶ (貴族・名門の)御曹子(おんぞうし), 子孫〔*of*〕. ❷ (接ぎ木の)接ぎ穂, 若枝.

sci·re fa·ci·as /sáɪrifèɪʃiəs | sàɪərɪféɪʃiæ̀s/ [名]〘法〙(執行・取消しの不可である理由を示すべき旨の)告知令状(の手続き).

sci·roc·co /ʃɪrɑ́kou | -rɔ́k-/ [名] ＝sirocco.

scir·rhus /s(k)írəs | sír-/ [名] (⦅複⦆ **scir·rhi** /-raɪ/)〘医〙硬性癌(がん). **scír·rhous** /-rəs/ [形]

scis·sel /sís(ə)l/ [名] [U]〘冶〙板金の切りくず.

scis·sile /sís(ə)l | -saɪl/ [形] 容易に切断できる, 切れ[裂け]やすい.

scis·sion /síʒən, -ʃən/ [名] [U] 切断, 分離, 分裂.

scis·sor /sízə | -zə/ [動] [他] (はさみで)切る, 切り取る, 切り

抜く〈*out, off, up*〉〈*out of*〉. 【(逆説)〈SCISSORS〉】

scíssor·bìll 名〖鳥〗ハサミアジサシ (skimmer).

†**scís·sors** /sízəz | -zəz/ 名 ❶ はさみ《複数扱いだが時に単数扱いもする; ただしその際には a pair of ~ のほうが一般的》: a pair [two pairs] of ~ はさみ 1[2]ちょう / Where are my ~? 私のはさみはどこ. ❷ [a ~; 単数扱い] **a** 〖レス〗はさみ締め, シザーズ《相手の頭か胴体を両足で締める》. **b** 〖体操〗両脚開脚. 【F<L<*caedere, caes-* 切る (*cf.* decide)】

scíssors-and-páste 形 〖A〗〖口〗のりとはさみの《他人の著書などを適切に切り抜いてつなぎ合わせた, 独創性・独立の研究のない》: This book is just a ~ job. この本はのりとはさみででっちあげた代物にすぎない.

scíssors kìck 名〖泳〗あおり足.

sclaff /skléf/〖ゴルフ〗名 スクラフ《打球直前に地面をこすらせること》.── 動 (自) スクラフする.

scle·ra /sklí(ə)rə/ 名〖解〗(眼の)強膜. **scler·al** /-rəl/ 形

scle·ren·chy·ma /sklərénkəmə/ 名 〖植〗厚膜[厚壁]組織 (*cf.* collenchyma). **-chym·a·tous** /-kímətəs/ 形

scle·rite /sklí(ə)raɪt/ 名 〖動〗硬皮《体表の, 発達したキチン板》.

scle·ri·tis /sklə(ə)ráɪtəs/ 名 〖医〗強膜炎.

scle·ro- /sklí(ə)rou/ [連結形]「堅い」「(眼の)強膜」.

sclèro·dérma 名 〖医〗強皮[硬皮]症.

sclèro·phýll /-fìl/ 名 〖植〗《砂漠などの》硬葉植物(の). **scle·ro·phyl·lous** /sklí(ə)rəfìləs | sklɪərɪfíləs/ 形

sclèro·prótein 〖生化〗硬たんぱく質《コラーゲン・ケラチンなど, 水や塩類水溶液などに溶けないたんぱく質の総称》.

scle·rosed /sklərόʊst, -róʊzd/ 形 〖医〗硬化症にかかった, 硬化した.

†**scle·ro·sis** /sklərόʊsɪs/ 名 〖U.C〗(複 **-ro·ses** /-siːz/) 〖医〗硬化(症) (*cf.* arteriosclerosis).【L<Gk=硬くなること<*sklēros* 固い+-OSIS】

sclèro·thérapy 名 〖U〗〖医〗硬化療法《痔疾や静脈瘤の治療のために硬化剤を注射して血流をそらし血管を虚脱させる治療法; しみ除去のための美容整形にも用いる》.

scle·rot·ic /sklərάtɪk, -rɔ́t-/ 形 ❶ 〖医〗硬化(症)の, 硬直化した. ❷ 〖解〗強膜の (sclera).

scler·o·tin /sklí(ə)rətɪn/ 名 〖U〗〖生化〗スクレロチン《キチン質を硬化する硬たんぱく質》.

scle·ro·ti·um /sklə(ə)róʊʃiəm/ 名 (複 **-ti·a** /-ʃiə/) 〖菌類〗菌核《菌糸体の集合塊》; 皮体《変形菌類の変形体の休眠体》.

scler·o·tized /sklí(ə)rətaɪzd/ 形《特に昆虫の表皮が》キチン質 (chitin) 以外のもので硬化した. **scler·o·ti·za·tion** /sklí(ə)rətɪzéɪʃən / -taɪz-/ 名

scoff¹ /skάf, skɔ́f | skɔ́f/ 動 (自) あざける, ばかにする (mock): ~ *at* others' religious beliefs 他人の信仰をばかにする / He ~ed *at* difficulties. 彼は窮境をものともしなかった. ── 名 ❶ あざけり, 嘲弄(ホ_ょ_ュ), 冷やかし. ❷ [the ~] 笑いぐさ, もの笑い: the ~ *of* the world 世間のもの笑い. **~·er** 名 **~·ing·ly** 副 あざけって, ばかにして.

scoff² /skάf, skɔ́f/ 動 (他)(自)〖口〗むさぼり食う, 急いで食う. ── 名 〖U〗食べ物.

scóff·làw 名 〖米口〗法律をばかにする者; 罰金の支払いに応じない者.

†**scold** /skόʊld/ 動〈子供などを〉しかる, (がみがみ)小言を言う: Don't ~ the child without reason. 理由なしにその子をしかってはいけない / She ~ed her son *for* being out late. 彼女は遅くまで出歩いたといって息子をしかった. ── 自〈子供などを〉しかる, がみがみ小言を言う〈*at*〉. ── 名 〖通例単数形で〗口やかましい人, (特に)がみがみ女.【ON *skáld* 詩人; 風刺的な詩を作ったことから】【類義語】**scold** 怒ったでいらいらしてがみがみしかる. **admonish** 誤りを正したうえで注意・忠告する. **reprove** 他人の過去・不注意を改めさせる目的で, おだやかに注意を与える. **rebuke, reprimand** 激しくまたはきびしく権威をもって時として公にしかる. **reproach** がっかりした気持ちで落度を責める. **upbraid** あるはったい感じや悪い行為に対してしかるべくきびしくしかる. **chide** 悪い点を直そうと思ってとがめる[しかる]; 激しい意味はない.

scóld·ing 名 〖U.C〗叱責(しっ_せッ), 小言: give [get, receive] a good ~ (*for*...)(...の理由で)うんとしかる[しかられる]. ── 形《特に女がかみがみ言う, 口やかましい.

sco·lex /skόʊleks/ 名 (複 **scole·ces** /skoʊlíːsiːz/, **sco·li·ces** /skάləsìːz | skɔ́l-/) 〖動〗《多節条虫類の》頭節《頭と頸部》.

sco·li·o·sis /skoʊliάʊsɪs | skɔ́l-/ 名 〖U.C〗〖医〗《脊柱》側湾(症) (*cf.* kyphosis, lordosis). **sco·li·ot·ic** /skoʊliάtɪk, skɔ́l- | skɔliɔ́t-/ 形

scol·lop /skάləp/ 名 動 =scallop.

sconce¹ /skάns | skɔ́ns/ 名《壁などに取り付けた》突き出し燭台(ᡌょ_ょ); 突き出し燭台式電灯.

sconce² /skάns | skɔ́ns/ 名 小さいとりで, 堡塁(¤ぃ).

***scone** /skόʊn, skæn | skɔ́n, skόʊn/ 名 スコーン《ベーキングパウダーを加えて焼いた小型の柔らかいパンの一種; バターをつけて食べる》.

Scone /skúːn/ 名 ★ 次の成句で. **the Stóne of Scóne** スクーンの石〖解説〗昔, スコットランド Perth /pə́ːθ | pə́ːθ/ 郊外の村スクーンの宮廷内にあり, スコットランド王が戴冠の時に座った石; 持ち去られ, Westminster Abbey で英国王が戴冠式に使用する玉座の下にはめこまれていたが, 1996年スコットランドに返還された.

***scoop** /skúːp/ 名 ❶ **a** ひしゃく, 大さじ《柄のついた半球状の》アイスクリーム[マッシュポテト]すくい, ディッシャー. **b** 《穀物・石炭などをすくう》シャベル. **c** 《波渫(ᡌょっ)》機・パワーショベルなどの》泥すくい, バケット. **d** 外科用さじ. ❷ ひとすくい, すくい取り; 《大さじなどの》ひとすくいの量: at a [in one] ~ ひとすくいで, 一挙に / I used three ~*s of* flour and one (~) *of* sugar. 小麦粉大さじ3杯に砂糖を大さじ1杯使った. ❸ 《新聞などの》特ダネ, スクープ (exclusive); [the ~] 《口》最新の情報: The newspaper got a ~ on the airplane crash. その新聞はその飛行機墜落事故をスクープした / What's the ~?《米口》《人に情報を求めて》何か面白いことはありませんか. ❹ 《口》《競争者などを出し抜いて》の大もうけ: He made a ~ *with* the shares. 彼はその株で大もうけした. ── 動 (他) ❶ **a** 〖通例副詞(句)を伴って〗〈...を〉すくう, くむ: ~ *up* snow 雪をすくい上げる / ~ *out* the last bit of soup《スープ皿を傾けて》残りのスープをすくい出す. **b** 〈...の中身[水など]を〉すくい出す: [+目+間] ~ a boat dry ボートの水をかい出す. **c** 〈穴・溝などを〉(すくって)掘る, 掘って作る: ~ (*out*) a hole in the sand 砂の中に穴を掘る. ❷ 〖副詞(句)を伴って〗〈...を〉すくい上げる, すくい上げる. ❸ 特ダネで〈他社を〉出し抜く; 〈特ダネを〉出す: The *New York Times* ~*ed* its rivals with an early report on the accident.「ニューヨークタイムズ」はその事故をいち早く報道して競争紙を出し抜いた. ❹ 〈賞などを〉さらう.【Du=ひしゃく】

scoop·ful /skúːpfùl/ 名《大さじ・シャベルなどの》ひとすくい分: a ~ *of* ice cream ひとすくいのアイスクリーム.

scóop nèck 名 スクープネック《ドレス・ブラウスの半円状に深くえぐられた襟ぐり》.

scóop nèt 名 すくい網.

scoot /skúːt/ 動 (自)《口》かけ出す, 走り去る: The car ~*ed* off into the dark. 車はやみの中へ走り去った.

scóot·er /-ɚ | -tə/ 名 ❶ 《モーター》スクーター: ⇒ motor scooter. ❷ 《子供の》スクーター《片足を乗せ, もう一つの足で地面をけって走る》. ❸ 《米》《水上・氷上を滑走する》帆走船.

***scope¹** /skόʊp/ 名 ❶ 《活動や思考などを働かせる》余地, 機会, 可能性: give (full) ~ to one's abilities 才能を(十二分に)働かせる / There's not much ~ *for* imagination in this job. この仕事には想像力を働かせる余地はあまりない. ❷ 《知力・研究・活動などの及ぶ》範囲, 視野 (range): a scheme of vast ~ 大規模の企画 / a mind of wide [limited] ~ 視野の広い[狭い]心 / beyond [within] the ~ of one's powers 自分の能力の及ぶ[及ばない]ところに.【It<L<Gk *scopos* 見るもの, 標的 (*cf.* bishop)】【類義語】⇒ range.

scope² /skόʊp/ 名《口》見る器械《特に microscope,

periscope, telescope など).
-scope /-‚skòup/ [名詞連結形]「…を見る器械」「…鏡」「…検器」: telescope, stethoscope.
-scop·ic /-skápık/ [形容詞連結形]「見る」「観察[観測]する」「-scope の」
sco·pol·a·mine /skoupǽləmìːn | -pɔ́l-/ 名 Ⓤ 【薬】スコポラミン (ナス科の数種の植物の根に含まれるアルカロイド; 鎮痛薬・催眠薬にする).
-s·co·py /-‚skəpi/ [名詞連結形]「見る術」「検査」「観察」: microscopy, laryngoscopy, radioscopy.
scor·bu·tic /skɔːəbjúːtɪk | skɔː-/ 形 壊血病 (scurvy) の[にかかった].
†**scorch** /skɔːəʧ | skɔːʧ/ 動 ⓣ ❶ …を焦がす, 焼く: I ~ed the shirt with the iron. アイロンでシャツを焦がしてしまった. ❷ 〈日照り・太陽などが〉草木をしなびさせる, 枯らす: The grass was ~ed by the hot summer sun. 芝生は夏の熱い太陽を浴びて枯れた. ❸ 〈…を〉こきおろす, 罵倒(‪ば‪とう‬)する. ❹ 〔熱のために〕しなびる, 枯れる. ❷ [副詞(句)を伴って] (ㅁ)〈自動車などが〉疾走する; 〈人が〉〈自動車・バイクなどで〉ぶっ飛ばす: He ~ed away on his motorcycle. バイクでぶっ飛ばしていった. ── 名 ❶ Ⓒ 焼け焦げ, 焦げ跡. ❷ Ⓤ 〔植物の〕葉枯.
scorched 形 焦げた, しなびた, 枯れた.
scórched éarth pòlicy 【軍】焦土戦術 (敵軍に利用されないように退却時に作物・施設・街などをすべて焼き払う作戦).
scórch·er 名 ❶ [a ~] (ㅁ) 焼けつくように暑い日: That day was a ~. その日は日やけに暑い日だった. ❷ [a ~] 痛烈な非難[批評]. ❸ 自動車などをめちゃくちゃに飛ばす人. ❹ [a ~] (俗) とびきりすばらしいもの[こと], ひどく興奮させるもの.
†**scórch·ing** 形 (ㅁ) ❶ 猛烈に暑い: ~ heat 酷暑, 灼熱. [副詞的に] 焼けつく[焦げる]ほどに: It's ~ hot. 焼けつくほど[ものすごく]暑い. ❷ 〈批評・非難など〉痛烈な, 手厳しい. **~·ly** 副
scor·da·tu·ra /skɔ̀ːədətúərə | skɔ̀ːdətjúərə/ 名 Ⓤ.Ⓒ (徸 -tu·re /-reɪ/, ~s) 【楽】スコルダトゥーラ (特殊な効果を出すため弦楽器を普通と違った音程に調弦すること).
‡**score** /skɔ́ːə | skɔ́ː/ 名 (徸 ~s, (4 ã では)~) ❶ [通例単数形で] (競技・試合の)得点: our first ~ わがチームの最初の得点. b 総得点, 得点記録, スコア: keep (the) ~ スコアをつける (★無冠詞の場合もある) / win by a ~ of 4 to 2 4 対 2 で勝つ / What's the ~? 今何点ですか; 形勢はどうですか / The ~ is [stands at] 10-3 in our favor. 得点は 10 対 3 で我々が勝っている (「読み方」ten to three と読む). ❷ 〔試験の〕点数, 成績: He had a perfect ~ on [in] the math exam. 彼は数学の試験で満点を取った. ❸ a 【楽】楽譜, スコア; (特に)総譜 (合奏[唱]・重奏[唱]などで各パートの楽譜を上下に重ねて一目で見られるようにした楽譜): an orchestral ~ 管弦楽用総譜 / a vocal ~ 声楽(用楽)譜 / full ~ 総譜で, 各部併記して (★無冠詞). b (映画・劇などの)背景音楽. ❹ a (徸 ~) 20 (人, 個): three ~ (years) and ten (人生) 70 年 (★聖書「詩篇」でいう寿命) / four ~ and seven years ago 87 年前に (★ Lincoln の Gettysburg Address の言葉) / ~s of people 20 人の人. b [複数形で] 多数, たくさん: in ~s くさんに / ~s of times 何度も何度も / ~s of years ago 数十年前に / a ~ の借金である. ❺ [the ~] 現状, 事態; 実態, 真相. ❼ [通例単数形で; on the ~] 点; 理由, 根拠: on the same ~ 同じ理由で. ❻ (ㅁ) a 〔議論で〕相手をやりこめること, 以返し, 言い返し. b 成功, 幸運: What a ~! 何たる幸運. ❾ (俗) 違法薬物の購入, 麻薬取引.
know the score (ㅁ) (不愉快な)真相[内幕]を知る; 世間(の裏)がわかっている.
on thát [thís] score (1) その[この]理由で: I refused on that ~. そういうわけで私は断った. (2) その[この]点に関して(は) (in that [this] respect): He had no anxiety on that ~. その点は何の心配もなかった.
on the score of… (1) …の点[件]に関しては: On the ~ of money, don't worry. 金のことなら心配するな. (2) …の理由で [因] on the grounds of …の理由で (一般的用法).
séttle [páy] a [the] scóre 仕返し[報復]する; 雪辱する.
── 動 ⓣ ❶ a 〈何点を〉得点する, とる: ~ a goal (フットボールで) 1 点をとる / The team ~d three runs in the second half of the ninth inning. そのチームは 9 回の裏に 3 点あげた. b 〈何点に〉数えられる: A touchdown ~s six points. タッチダウンは 6 点になる. c 〈審判が〉(…に)〈点を〉与える: [+目+目] The judge ~d him 10 points. = The judge ~d 10 points *for* him. 審判は彼に 10 点を与えた. ❷ a [試験で]〈点を〉とる: He ~d 80 points *on* [*in*] the English exam. 彼は英語の試験で 80 点をとった. b (米) 〈試験・志願者などを〉採点する: ~ a test 試験を採点する. ❸ 〈利益・成功・人気などを〉得る, 収める: ~ an advantage 利益をあげる / ~ a great victory 大勝利を収める / He ~d a success with this novel. 彼はこの小説で成功を収めた / She ~d a great hit as Eliza in *My Fair Lady*. 彼女は「マイフェアレディー」のイライザ役で大ヒットを収めた. ❹ 〔管弦楽・声楽用などに〕楽曲を編曲[作曲]する (★ 通例は受身): a piece ~d *for* full orchestra フルオーケストラ用に編曲した曲. ❺ a 〈…に〉刻み目[切れ目, 傷跡]をつける: ~ a leg of lamb 子羊の脚肉に切れ目を入れる. b (印を)つけて[借金などを]つけにしておく, 貸しにしておく: ~ *up* ten pounds *against* [*to*] a customer 10 ポンドを客のつけにしておく. ❻ a 〈…に〉印線, スコア〉をつける: S~ the paper before tearing it. その紙を裂く前に折り目をつけなさい. b 線を引いて〈…を〉消す, 抹消する: ~ *out* [*through*] the wrong figure 間違った数字を線を引いて消す. ❼ (俗) 〈麻薬を〉手に入れる, 買う.
── ⓘ ❶ a (競技で)得点する: He ~d several times. b 得点[スコア]をつける. c 〔…に〕 (*over* others). そこが君の(ほかの人より)優れているところだ. ❷ [様態の副詞を伴って] (試験などで)〈良い・悪い〉成績を得る, 〔…と〕評価される: ~ *high* on [in] an exam 試験で良い成績をとる / The car ~d well in fuel consumption. その車は燃費の点でよい成績をあげた. ❸ (ㅁ) 〈…が〉成功する, うまくいく; 成功する: She ~d *by* knowing English well. 彼女は英語をよく知っているので有利だ / He ~d *with* that idea. 彼はそのアイディアで当てた. ❹ 刻み目[切れ目]をつける. ❺ (俗) a うまく性交の相手を見つける. b 麻薬を売人から買う.
scóre a póint [póints] òff [agáinst, òver] a person (英) 〈議論などで〉〈人〉にまさる, 〈人〉より優位に立つ.
scóre óff (徸+副) (英) 〈議論などで〉〈相手を〉〈見事なしっぺ返しで〉やりこめる, へこませる.
【ON *skor* 刻み目, 20; 昔北欧で, 羊などを数えるのに, 20 頭ごとに棒切れに刻み目を入れたことから】
scóre·bòard 名 得点掲示板, スコアボード.
scóre·bòok 名 得点記録表, スコアブック.
scóre·càrd 名 ❶ 得点カード (ゴルフのスコアカード, ボクシングのジャッジペーパー). ❷ 選手一覧表.
scóre·kèeper 名 (競技の)得点記録係[員].
scóre·less 形 〈試合が〉無得点の, 0 対 0 の.
scóre·lìne 名 (英) 試合の最終結果 (★ 主に新聞用語).
‡**scór·er** /skɔ́ːrə | -rə/ 名 ❶ = scorekeeper. ❷ (試験の点数の)得点者: a high [low] ~ 高[低]得点者.
scóre·shèet 名 得点記入表[カード], スコアシート.
sco·ri·a /skɔ́ːria/ 名 Ⓤ.Ⓒ (徸 -ri·ae /-rìiː/) 鉱滓(ｺ̈ウｻｲ), スコリア; 岩滓 (燃えかす状の多孔質溶岩). **sco·ri·a·ceous** /skɔ̀ːriéɪʃəs/ 形
†**scorn** /skɔ́ːrn | skɔ́ːn/ 名 ❶ Ⓤ (怒りをこめた激しい)軽蔑, さげすみ, あざけり: with ~ 軽蔑して, さげすんで / have [feel] ~ *for*… に軽蔑の念を抱く / hold a person *in* ~ 人を軽蔑する / laugh a person *to* ~ 人をあざ笑う[冷笑する] / pour ~ *on* [*over*]…を軽蔑する, さげすむ / think

[hold] it ~ to do…するのを潔しとしない / think ~ of…を軽蔑する, さげすむ. ❷ [the ~]〔…の〕軽蔑の的, 笑いぐさ, もの笑い: He's *the* ~ *of* his neighbors. 彼は近所のもの笑いだ. — [動][他] ❶ 〈…を〉軽蔑する, さげすむ: ~ delights and live laborious days 楽しみを恥とし勉励の日々を送る (★ Milton から) / We ~ liars and hypocrites. 我々はうそつきや偽善者を軽蔑する. ❷ **a** 〈…を〉(軽蔑して)拒絶する, 突っぱねる (reject): She ~*ed* his proposal. 彼女は彼のプロポーズ[提案]をにべもなくはねつけた. **b** 〈…することを〉潔しとしない, 恥とする: 〔+*to* do / +do*ing*〕 He ~*s to* tell [~*s* tell*ing*] a lie. 彼はうそをつくような卑劣なことはしない / The judge ~*ed to* take a bribe. 判事はわいろに目もくれなかった. 【類義語】⇨ despise.

+**scorn·ful** /skɔ́ənf(ə)l | skɔ́ːn-/ [形] (more ~; most ~) 軽蔑する, さげすむ: a ~ attitude [smile] 軽蔑するような態度[笑い] / He's ~ *of* honors. 彼は栄誉なんか軽蔑している. ~**·ly** /-fəli/ [副] ~**·ness** [名]

scorp /skɔ́əp | skɔ́ːp/ [名] =scorper.

scor·per /skɔ́əpə | skɔ́ːpə/ [名] 彫刻用丸のみ.

Scor·pi·an /skɔ́əpiən | skɔ́ː-/ [形] [名] さそり座生まれの(人).

+**Scor·pi·o** /skɔ́əpiòʊ | skɔ́ː-/ [名] ❶ 〔天〕さそり座. ❷ 〔占星〕 **a** さそり座, 天蝎宮(てんかつきゅう) (cf. the signs of the ZODIAC [成句]). **b** [C] さそり座生まれの人. 〖L; ↓〗

scor·pi·on /skɔ́əpiən | skɔ́ː-/ [名] ❶ [C] 〔動〕サソリ. ❷ [the S~] 〔天〕さそり座. 〖F＜L＜Gk〗

scórpion fìsh [名] 〔魚〕カサゴ, (特に)フサカサゴ.

scórpion flỳ [名] 〔昆〕シリアゲムシ.

scor·zo·ne·ra /skɔ̀əzəní(ə)rə | skɔ̀ː-/ [名] 〔植〕フタナミソウ (フタナミソウ属の草本の総称; キク科).

scot /skɑ́t | skɔ́t/ [名] 〔英史〕税金, 割り前. **scót and lót** 〔英史〕(各人の支払い能力に応じて課した)市民税.

+**Scot** /skɑ́t | skɔ́t/ [名] ❶ **a** [C] スコットランド人 ([用法] スコットランド人自身は Scot, Scotsman, Scotswoman (一人のスコットランド人), または; the Scots, the Scottish (スコットランド人全体)を用い, Scotchman, Scotchwoman; the Scotch は軽蔑的と考えている). **b** [the ~s] スコットランド人 (全体). ❷ **a** [the ~s] スコット族 (6 世紀にアイルランドからスコットランドへ移住したゲール人 (Gaels) の一派; Scotland の名はこの種族名から). **b** [C] スコット人.

Scot. (略) Scotch; Scotland; Scottish.

+**scotch**[1] /skɑ́tʃ | skɔ́tʃ/ [動][他] ❶ 〈うわさ・誤報などを〉(確かな証拠を示して)消す, つぶす. ❷ 〈計画・陰謀などを〉くじく, つぶす.

scotch[2] /skɑ́tʃ | skɔ́tʃ/ [名] 輪止め, 車輪止め, まくらくさび. — [動][他] 止める, すべらないようにする, 支える.

+**Scotch** /skɑ́tʃ | skɔ́tʃ/ [名] ❶ [U,C] (口) スコッチ(ウイスキー): Waiter, three ~*es*, please. ボーイさん, スコッチ 3 つお願いします. ❷ [the ~; 複数扱い] スコットランド人 (全体; ⇨ Scot 1 a [用法]). ❸ [U] スコットランド英語[方言] ([比較] Scots のほうが一般的). — [形] ❶ **a** スコットランド(産)の ([用法] スコットランド人自身はスコットランドの事物・産物についていう時以外は Scotch を軽蔑的と考え, Scottish または Scots を用いる): ~ tweed スコットランドツイード. **b** スコットランド人[語]の. ❷ [通例 S~] つましい, けちな. 〖SCOTTISH の短縮形〗 ([名] Scotland)

Scótch bróth [名] [U] スコッチブロス (牛肉または羊肉と野菜に大麦を混ぜた濃厚なスープ).

Scótch cáp [名] スコッチキャップ (スコットランド高地の縁なし帽; glengarry, tam-o'-shanter など).

Scótch cátch [名] 〔楽〕スコッチスナップ (短音の次に長音の続く特殊なリズム).

Scótch égg [名] スコッチエッグ (固ゆで卵をひき肉でくるんでパン粉をつけて揚げた料理).

Scotch·gard /skɑ́tʃgɑəd | -gɑːd/ [名] [U] 〔商標〕スコッチガード (ソファー・衣類の防水・防濁用の炭化フッ素スプレー).

Scótch-Írish [形] スコットランド系アイルランド人の (特に, 米国に移住したスコットランド系の北アイルランド人にいう).

Scótch·lite /-laɪt/ [名] [U] 〔商標〕スコッチライト (微小なレンズ状のガラスの層をもった光反射板シート).

Scótch·man /-mən/ [名] (複 **-men** /-mən/) スコットランド人 (⇨ Scot 1 a [用法]).

Scótch míst [名] [C,U] (スコットランド山地に多い)ぬか雨まじりの濃霧.

Scótch páncake [名] パンケーキ.

Scótch píne [名] 〔植〕ヨーロッパアカマツ.

Scótch snáp [名] 〔楽〕=Scotch catch.

Scótch tápe [名] [U] (米) 〔商標〕スコッチテープ, セロテープ (cf. Sellotape).

scótch-tápe [動][他] スコッチテープではる.

Scótch térrier [名] =Scottish terrier.

Scótch whísky [名] =Scotch [名] 1.

Scótch·wòman [名] (複 **-women**) スコットランド女性 (⇨ Scot 1 a [用法]).

Scótch wóodcock [名] [U] スコッチウッドコック (anchovy のペーストをつけていり卵をのせたトースト).

sco·ter /skóʊṭə | -tə/ [名] (複 ~s, ~) 〔鳥〕クロガモ (大型黒色の海ガモの総称).

scot-free /skɑ́tfríː | skɔ́t-⁻/ [形] [P] 罰を免れて, 無事に: go [get off] ~ 無罪放免になる.

sco·tia /skóʊʃə/ [名] 〔建〕大えぐり, 喉(のど) (深くえぐった繰形(くりかた)).

Sco·tia /skóʊʃə/ [名] (文) =Scotland.

Scot·i·cism /skɑ́ṭəsìzm | skɔ́t-/ [名] =Scotticism.

***Scot·land** /skɑ́tlənd | skɔ́t-/ [名] スコットランド (Great Britain 島の北部を占め, England, Wales などとともに the United Kingdom を構成する; 1707 年に England と合併するまでは独立国であった; 首都 Edinburgh; 略 Scot.). 〖OE＝スコット族 (Scots) の国〗 ([形] Scotch, Scottish)

Scótland Yárd [名] ❶ ロンドン警視庁 ([解説] もとは Scotland 王の離宮があった Great Scotland Yard 街に建っていたが, 1890 年に Parliament Street に移転し, 1967 年に現在の Broadway に移った; 移転後は New Scotland Yard とよぶのが正式だが, 昔からの習慣で今も Scotland Yard とよばれる). ❷ (ロンドン警視庁の)捜査課刑事部 (cf. CID): call in ~ 〈地方警察が〉(難事件などに際して)ロンドン警視庁刑事部に捜査を依頼する.

sco·to·ma /skətóʊmə/ [名] (複 **-ma·ta** /-ṭə/, ~s) 〔医〕(網膜上の)(視野)暗点.

Scots /skɑ́ts | skɔ́ts/ [形] スコットランド(人, 語)の (⇨ Scotch [形] 1 a [用法]): a ~ girl スコットランド人の女の子 / the ~ community スコットランド人社会 / ~ law スコットランド法. — [名] [U] スコットランド英語[方言]. 〖SCOTTISH の別形〗

+**Scóts·man** /-mən/ [名] (複 **-men** /-mən/) スコットランド人 (⇨ Scot 1 a [用法]).

Scóts píne [名] 〔植〕=Scotch pine.

Scóts·wòman [名] (複 **-women**) スコットランド女性 (⇨ Scot 1 a [用法]).

Scott /skɑ́t | skɔ́t/ [名] スコット (男性名).

Scott /skɑ́t | skɔ́t/, **Dred** [名] スコット (1795?–1858; 米国の黒人奴隷; 自由を求める訴訟を最高裁で却下された)

Scott, Robert Falcon [名] スコット (1868–1912; 英国の海軍軍人・南極探険家; 1912 年南極点到着後遭難).

Scott, Sir Walter [名] スコット (1771–1832; スコットランドの小説家).

Scot·ti·cism /skɑ́ṭəsìzm | skɔ́t-/ [名] スコットランド語法[なまり] (標準英語に対して言う).

Scot·tie /skɑ́ṭi | skɔ́ti/ [名] (口) ❶ =Scottish terrier. ❷ =Scotsman.

+**Scot·tish** /skɑ́ṭɪʃ | skɔ́t-/ [形] スコットランド(人, 語)の (⇨ Scotch [形] 1 a [用法]): the ~ character スコットランド人気質 / ~ dialects スコットランド諸方言 / ~ history スコットランド史 / I am ~. 私はスコットランド人です. — [名] ❶ [the ~; 複数扱い] スコットランド人 (全体; ⇨ Scot 1 a [用法]). ❷ [U] スコットランド英語[方言]. ([名] Scot, Scotland)

Scóttish Bláckface [名] スコティッシュブラックフェース (スコットランド作出の黒面長毛の丈夫な肉用品種のヒツジ).

S

Scóttish Bórders 名 スコッティッシュボーダーズ《スコットランド南東部の行政区; 中心地 Melrose /mélrouz/》.

Scóttish Nátionalist 名 スコットランド民族党員[支持者], スコットランド独立主義者.

Scóttish térrier 名 スコティッシュテリア.

scoun·drel /skáʊndrəl/ 名 悪党, ならず者. **~·ly** 形 悪党の(ような).

scour¹ /skáʊə | skáʊə/ 動 他 ❶ ごしごし磨く[洗う] (scrub): ~ the floor *with* a brush ブラシで床をごしごし磨く / ~ *out* a milk bottle 牛乳瓶の中をこすって洗う. ❷ 〔…から〕さび・よごれなどをこすり落とす, 洗い流す〈*off, away*〉: He ~ed *off* the grease *from* the dishes. 彼は皿の油よごれをこすり落とした. ❸ a 〈パイプ・溝・水路などを〉水を流してきれいにする: ~ a ditch [toilet] 溝[トイレ]を水を流して掃除する. b 〈水などが激しく流れて〈水路などを〉形成する: The torrent ~ed (*out*) a channel (down the hillside). 奔流で(山腹に)ひと筋の水路ができた. ❹ 〔…を〕ごしごし磨くこと; 洗い[押し]流し: give a pot a good ~ 深なべをごしごしとよく磨く. 《Du〈F〈L=洗い落とす》

†**scour**² /skáʊə/ 動 他 〔…を求めて〕〈場所などを〉〈大急ぎで〉捜し回る, あさり回る (search): They ~ed the neighborhood *for* the lost child. 彼らはその近辺をくまなく駆けめぐって迷子を捜した. — 自 〔副詞(句)を伴って〕〔…を求めて〕〈急いで〉捜し回る, あさり歩く: ~ *about for* firewood あちこちたきぎを捜す.

scour·er /skáʊ(ə)rə/ 名 (ナイロン・金属製の)たわし.

†**scourge** /skə́ːdʒ | skɔ́ːdʒ/ 名 ❶ 〈人間をこらしめる〉天罰, 災難, 悩み(の種)〈戦乱・疫病・社会悪など〉: the ~ of God 神の罰, 天罰 / the ~ of war 戦争の惨害, 戦禍. ❷ (昔, 罰を与える時に使った)むち. — 動 他 ❶ 大いに苦しめる[悩ます]. ❷ 〈…を〉むち打つ; 〈…を〉厳しく罰す. 《F〈L=革ひも, むち》

scóur·ing pàd /skáʊ(ə)rɪŋ-/ 名 =scourer.

scóuring rùsh 名 〖植〗 トクサ属の多年草 (equisetum), (特に)トクサ《以前は研磨用いた》.

Scouse /skáʊs/ 名 《英口》 ❶ ⓒ リバプール出身の人. ❷ Ⓤ リバプール (Liverpool) の方言(なまり). — 形 リバプールの.

Scóus·er 名 =Scouse 1.

†**scout**¹ /skáʊt/ 名 ❶ ⓒ **a** 斥候(ξ κουν), 偵察兵. **b** 偵察艦 [機]. ❷ 〈スポーツ・芸能界などの〉スカウト: a talent ~ タレントスカウト. ❸ [The Scouts] ボーイ[ガール]スカウト (協会); [しばしば S~] ボーイスカウト (Boy Scouts) の一員《用法: 《米》ではガールスカウト (Girl Scouts) をも含めていう》. ❹ [a ~] 偵察すること; 捜し歩くこと: take a ~ around [《英》 round] あちこち偵察する[捜し回る]. ❺ ⓒ 《英》(Oxford 大学の学寮の)用務員, 部屋係. ❻ ⓒ 《口》男; 人. **on the scóut** 偵察中で. — 動 自 ❶ …を捜し歩く, スカウトする (search): S~ *around* and see if you can find it. あちこち捜し歩いてそれが見つかるかどうか確かめてみなさい / We ~ed *about for* a place to eat. 我々は食べ物屋をあちこち捜し回った. ❷ 〔…のためのスカウトとして〕働く: ~ *for* a college team 大学チームのにスカウトをする. ❸ 斥候に出る, 偵察する: He's out ~ing. 彼は斥候に出ている. — 他 ❶ 〔…の情報を求めて〕〈場所を〉偵察する, 捜す, 調べる: ~ (*out*) an area *for* danger 危険がないかある地域を調べる. ❷ 〈…を〉捜して見つけ出す 〈*out*〉. **~·er** /-tə | -tə/ 《F〈L=聞く》

scout² /skáʊt/ 動 他 〈申し出・意見などを〉(ばかにして)はねつける, 鼻であしらう.

scóut càr 名 《米軍》 偵察用装甲車.

scóut·ing /-tɪŋ/ 名 Ⓤ ❶ ボーイ[ガール]スカウトの活動. ❷ 斥候[偵察]活動.

scóut·màster 名 ボーイ[ガール]スカウトの(大人の)隊長.

scow /skáʊ/ 名 《米》 スカウ(船), 大型平底船《砂・鉱石・廃棄物などを運ぶ運送船》.

†**scowl** /skáʊl/ 動 自 〔…に〕顔をしかめる, いやな顔をする (frown); 怒りを表わす: The teacher ~ed *at* the noisy boy [*at* his rudeness]. 先生は騒々しい男の子をにらみつけた[彼がぶしつけなのに顔をしかめた]. — 他 しかめっつらをする. — 名 しかめっつら, 怖い顔: have a ~ on one's face しかめつらをする.

SCPO 《略》 senior chief petty officer.

SCPS 《略》 《英》 Society of Civil and Public Servants 公務員協会.

scrab·ble /skrǽbl/ 動 自 ❶ 〈…を〉(手または足で)かき回して捜す 〈*about, for*〉: He ~d *about* in the bushes *for* the ball. 彼は茂みの中でボールをごそごそ捜し回った. ❷ **a** ひっかき回すこと. **b** 殴り書きする. — 名 [a ~] ❶ ひっかき回すこと. ❷ 取り合い, 争奪. 《Du=ひっかく》

Scrab·ble /skrǽbl/ 名 Ⓤ 《商標》 スクラブル《盤面で行なう字並べゲーム》.

scrag /skrǽg/ 名 ❶ ⓒ 《口》 やせこけた人[動物]. ❷ Ⓤ 羊の首肉《シチュー・スープ用》. ❸ ⓒ 《口》(人の)首. — 動 (scragged; scrag·ging) 他 《口》 ❶ 《古》〈動物の〉首を絞めて殺す; 〈鳥などの〉首をひねる. ❷ 《主に英》〈人を〉乱暴に扱う, ひどいめにあわす. ❸ 《米》〈人を〉(首を絞めて)殺す.

scrag·gly /skrǽgli/ 形 (scrag·gli·er; -gli·est) 〈ひげなどが〉ふぞろいの, 〈毛などが〉じゃもじゃの.

scrag·gy /skrǽgi/ 形 (scrag·gi·er; -gi·est) ❶ やせこけた, 骨ばった: a ~ neck 細くやせた首. ❷ ごつごつした, でこほこの: ~ cliffs ごつごつしたがけ. **scrág·gi·ly** 副 **-gi·ness** 名

scram¹ /skrǽm/ 動 自 (scrammed; scram·ming) [通例命令法で] 急いで出ていく; 逃げる: S~! さっさと出ていけ / S~! It's the cops! サツだ, 逃げろ.

scram² /skrǽm/ 名 原子炉の緊急停止, スクラム.

****scram·ble** /skrǽmbl/ 動 自 〔副詞(句)を伴って〕 **a** 〈急いで〉はうように進む, はい回る, 〈きびきびと〉はい登る (clamber): ~ *up* a steep hill 険しい山をはい登る / The children ~d *over* [*under*] the fence. 子供たちはフェンスをよじ登って越えた[の下をよつんばいになってくぐった]. **b** 急いで動く, あわてて…する: ~ to one's feet あわてて立ち上がる. ❷ 〈先を〉争う, 〈先を〉争って…する: The players ~d *for* the ball. =[+*to do*] The players ~d *to* get the ball. 選手たちは先を争ってボールを取ろうとした. ❸ 《空軍》 〈戦闘機が〉〈敵機迎撃のため〉緊急発進する, スクランブルをかける. — 他 ❶ 〈…を〉〈急いで〉かき集める, かき集めてする: ~ *up* some data 資料をかき集める / ~ *up* a hasty supper 残り物の寄せ集めでさっと夕食のしたくをする. ❷ **a** 〈ページ・トランプの札などを〉ごちゃごちゃにする; 〈計画などを〉混乱させる: Bad weather ~d the air schedules. 悪天候のため空のダイヤが乱れた / Drugs will ~ your brains. 麻薬は頭を混乱させてしまうだろう. **b** 〈卵を〉かきまぜながら焼く, スクランブルエッグにする. ❸ 〈盗聴防止のため〉電話・無線通信の信号を混乱させる, 周波を変える. ❹ 《空軍》〈戦闘機を〉(迎撃のため)緊急発進させる. — 名 ❶ [a ~] はい登り, よじ登り: It was a long ~ to the top of the hill. 丘の頂上まではい上がることはずいぶんなければならなかった. ❷ [a ~] 〔…の〕奪い合い, 〔…しようとする〕争い: a ~ *for* the best bargains =[+*to do*] a ~ *to* get the best bargains 目玉商品の奪い合い. ❸ [a mad ~] 無秩序な寄せ集め, ごちゃませ. ❹ [a ~] 死に物狂い; 緊急事態. ❺ ⓒ スクランブル《起伏の多いコースで行なうレース》. ❻ ⓒ 《空軍》(敵機迎撃のための戦闘機の)緊急発進, スクランブル.

scrám·bled égg 名 Ⓤ ❶ [また ~s で単数扱い] いり卵, スクランブルエッグ. ❷ 《俗》(将校の軍帽の)金色の縫い取り.

scrám·bler 名 《通信》(盗聴防止用の)周波数帯域変換器.

scrám·jèt 名 スクラムジェット(エンジン)《吸入空気を超音速に保った状態で燃料を燃焼させ, 推力を得るラムジェットエンジン》. 《supersonic combustion ramjet》

scran /skrǽn/ 名 Ⓤ 《俗》 食い物, 食べ残し, 残飯.

****scrap**¹ /skrǽp/ 名 ❶ ⓒ **a** 〈…の〉切れ端, 小片; 断片: a ~ of paper 一片の紙切れ / ~s of conversation 会話の断片. **b** [a ~; 否定文で] 少し, わずか: I don't care a ~. ちっともかまわない / He couldn't produce a ~ of evidence

against it. 彼はそれの反証を何ひとつ提出できなかった / It didn't make a ~ of difference. それによって状況は少しも変わらなかった. ❷ 〖複数形で〗食べ残し, 残り物 (leftovers): feed a dog on (kitchen) ~s 犬に食べ残しをやる. ❸ Ⓤ くず, 廃物, がらくた; 鉄くず, スクラップ: ~ value 廃物としての価値 / ⇒ scrap paper / This car will soon be ~. この車はもうすぐスクラップだ. ❹ Ⓒ 〖通例複数形で〗(新聞・書き物などの)切り抜き, スクラップ. ── 形 Ⓐ ❶ 小片の, 切れ端からなる. ❷ くずの; くずとして捨てられる: ~ iron くず鉄. ── 動 ⓣ (scrapped; scrap・ping) ❶ 〈計画などを〉やめにする, ほごにする. ❷ 〈…を〉くずとして捨てる, くず鉄にする. 〖ON〗

scrap² /skrǽp/ 《口》 名 いさかい, けんか. ── 動 ⓘ (scrapped; scrap・ping) 〖人と〗けんかをする〖with〗.

scrap・book 名 スクラップブック, 切り抜き帳.

*__scrape__ /skréip/ 動 ⓣ 圈 ❶ a 〖通例副詞(句)を伴って〗〈付着物を〉(鋭いもの・ざらざらのもので)こすり落とす, 削り取る: ~ peeling paint off [away] はげかけているペンキをこすり落とす / ~ off the scales 魚のうろこを削り落とす / ~ the mud from [off] one's shoes 靴の泥をこすり落とす. b 〈…を〉こする, 磨く, こすってきれいにする: ~ one's muddy shoes 泥靴をこすって泥を落とす / ~ a ship's bottom (貝などを落とすために)船底をこする / ~ a door (down) (紙やすりなどで)ドアをこすってきれいにする / 〖+目+補〗 She ~d her boots clean. 彼女はブーツをこすってきれいにした. ❷ a 〈…を〉こすって傷をつける (graze): He fell and ~d his knee. 彼はころんでひざをすりむいた / He ~d his car *against* a wall. 彼は塀で車をこすって傷つけた. b 〈…を〉〖…に〗(荒々しく, または音を立てて)引きずる〖against, on〗: ~ a chair on the floor いすを床の上をきしらせて引きずる. ❸ a 〈生活費をやっと稼ぎ出す〉: manage to ~ a living なんとか生活費を稼ぎ出す, どうにか食べていく. b 〈…をかき集める〈*together, up*〉: ~ *up* a few dollars やっと 2, 3 ドルをかき集める. ❹ 〈穴などを〉(ひっかいて)掘る, えぐって作る: ~ (*out*) a hole (in the sand) (砂に)穴を掘る. ── 動 ⓘ ❶ こする, する, きしる.

bów and scrápe ⇒ bow¹ 動 成句. **scrápe acquáintance with…** と知り合いになろうとする. **scrápe alóng** (圈+圏)＝SCRAPE by (1). **scrápe bý** (圈+圏) どうにか暮らしを立てる: The family just ~d *by on* his meager wages. その家族は彼のわずかな賃金でかろうじて暮らしていった. (圈+圏)＝SCRAPE through (1). **scrápe ín** (圈+圏) 《米》かろうじて入学[就職(など)]する. **scrápe íntoto…** 〈学校・職(など)に〉なんとか入る[就く]: ~ *into* college やっと大学に入る. **scrápe thróugh** (圈+圏) (1) すれすれに通る, やっと合格する: The lane is narrow but I think we can ~ *through*. 道は狭いがなんとか通れると思う. (圈+圏) (2) 〈試験などに〉やっと合格する, すれすれで切り抜ける: I ~d *through* the exam (with a D). (可の成績で)試験にすれすれ及第した.

── 名 ❶ a こする[きしる]こと. b こする[きしる]音: with a ~ ギーッときしらせて. ❷ こすった[かいた]跡; すり傷: get a ~ on the knee ひざにすり傷をつくる. ❸ 《口》(自ら招いた)難儀, 面倒 (fix): get into a ~ with the law 警察ざたを起こす.

〖ON skrapa〗

scráp・er 名 ❶ (玄関などの)靴の泥落とし. ❷ (ペンキを削り落とす)こて. ❸ スクレーパー (なべなどについた食べ物をかき落とすか硬いゴム製のへら).

scráp・ing 名 ❶ 〖複数形で〗削り落としたもの, かきくず. ❷ Ⓤ こすること, 削ること.

scráp mèrchant 名 廃品回収業者.

scráp pàper 名 ❶ くず紙. ❷ 《英》＝scratch paper.

scra・pie /skréipi/ 名 Ⓤ 〖獣医〗 羊海綿状脳症, スクレーピー (ヒツジの神経系統を冒す致死性の疾患; 振翅(ﾋﾞｸ)・掻痒(ﾄｳﾖ)などが最後に麻痺症状を呈する).

scrap・ple /skrǽpl/ 名 Ⓤ 《米》 スクラップル (豚肉のこま切れとトウモロコシ粉をいっしょに煮て冷やし固め, 薄切りにして炒めた料理).

scrap・py¹ /skrǽpi/ 形 (**scrap・pi・er**; **-pi・est**) ❶ 断片的な, ちぐはぐな; まとまりのない: This report is a bit ~. このレポートはちょっとまとまりがない. ❷ くずの, 残り物の: a ~ meal 残り物の食事. **scrap・pi・ly** /-pɪli/ 副. **-ness** 名.

scrap・py² /skrǽpi/ 形 (**scrap・pi・er**; **-pi・est**) 《口》 けんか[議論]好きな.

scráp・yàrd 名 くず鉄[廃品]置き場.

*__scratch__ /skrǽtʃ/ 動 ⓣ 圈 ❶ a 〈…を〉ひっかく: The cat ~ed my face. 猫が私の顔をひっかいた. b 〈…から〉〈…を〉ひっかいて[とって]取り去る: Will you ~ that sticker *off* the car window? 車の窓にはったあのステッカーをはがしてくれない? / ~ the paint *away* ペンキをはがす. c 〖…で〗〈…に〉かき傷をつける: He ~ed his hand *on* a nail. 彼は手にひっかき傷をつくった / The child ~ed the tabletop *with* his toy. 子供はおもちゃでテーブルの上にかき傷をつけた. d 〈穴などを〉ひっかいて掘る: ~ (*out*) a hole ひっかいて穴を掘る. ❷ a 〈かゆい所を〉(つめなどで)かく: ~ a mosquito bite 蚊にさされた所をかく / *S*~ my back and I will ~ yours. 《諺》ぼくの背中をかいてくれれば君の背中をかいてやる, 「魚心あれば水心」. b 〈~ oneself〉 体をかく: The dog was ~ing itself (with its hind leg). 犬は (後ろ足で) 体をかいていた. c 〈…に〉〈…を〉こする: He ~ed a match *on* the sole of his shoe. 彼は靴の底でマッチをシュッとすった. ❸ a 〈…に〉印・名前などをひっかくようにつける[書く]: ~ one's name *on* a wall (with a nail) (くぎで) 壁に名前を彫りつける. b 〈…を〉走り書きする, 殴り書きする: ~ one's signature さっとサインをする / ~ a note to a friend 友人にさっと一筆手紙を書く. ❹ 〖副詞(句)を伴って〗〈…を〉(線を引くなどして)消す, 削除する: ~ *out* [*off*] a name 名前を消し去る / The name had been ~ed *off* [*from*] the list. その名前はリストから消されていた. ❺ 〈選手・競走馬などを〉出場名簿から消す, 〈選手などの〉出場を取り消す: The runner was officially ~ed. その馬は正式に出走を取り消された / We had to ~ him *from* the race because of his injury. 我々は彼がけがをしたのでレースに出場することを取り消さねばならなかった. ❻ a 〈生活費などを〉やっと稼ぎ出す: ~ a living 生活費を稼ぎ出す, どうにか食べていく. b 〈金などを〉(なんとか)かき集める: ~ *up* [*together*] some money いくらかの金をかき集める / ~ *up* a team from here and there あちこちから寄せ集めてやっとチームを編成する. ❼ 〈計画などを〉やめる, 断念する.

── ⓘ ❶ (つめなどで) ひっかく: That cat ~es. その猫はひっかく / The cat is ~ing *at* the door. 猫がガリガリドアをひっかいている. ❷ かゆい所をかく: This dog is always ~ing. この犬はいつも体をかいている. ❸ 〈ペンなどが〉ひっかかる, ガリガリいう; ひっかく音を出す: This pen ~es a little. このペンはちょっとひっかかる. ❹ 〖競技〗 〈選手・競走馬などが〉競技[競走]から退く, 出場[出走]を取り消す. ❺ どうにか暮らして[やって]いく 〈*along*〉. ❻ 〖楽〗 スクラッチする (cf. 名 5).

scrátch abóut (圈+圏) 〖…を探して〗ひっかき回す: The hens were ~ing *about* in the barnyard (*for* food). めんどりたちは (えさを探して) 納屋の前庭をほじくり回していた.

scrátch one's héad 頭をかく (困惑・いらだちなどのしぐさ); 頭を悩ませる, 懸命に考える.

scrátch the súrface of… ⇒ surface 名 2.

── 名 ❶ Ⓒ a かき跡, かき傷; かすり傷: There were deep ~es on the desk. 机の上には深いかき傷があった / He escaped without a ~. 彼はかすり傷ひとつ負わずに逃げきった / It's only [just] a ~. 《口》ほんのかすり傷だよ. b (ひっ)かく音, スクラッチ(レコードなどの傷): the ~ of a pen on paper 紙にペンがこする音. ❷ 〖a ~〗(かゆい所を)かくこと: The dog had a good ~. その犬はかゆい所を十分にかいた. ❸ Ⓒ 〖競技〗 出場を取り消した選手, 出走を取り消した馬. ❹ Ⓤ 《俗》 お金. ❺ Ⓤ 〖楽〗 スクラッチ (ラップ音楽でレコードプレーヤーのターンテーブルを前後に動かして針とレコードがこすれる音を出すこと).

from scrátch 《口》最初(ゼロ)から: start (again) *from* ~ (再び)ゼロ[裸一貫]から始める.

ùp to scrátch 《口》標準に達して, よい状態に: bring a person *up to* ~ 人を標準に達するようにさせる, 人に相応の力をつけさせる / His work isn't *up to* ~. 彼の仕事(ぶり)はあまり芳しくない.

── 形 ❶ 寄せ集めの: a ~ team 寄せ集めチーム. b あり合わせの: a ~ meal あり合わせの食事. ❷ 《競技》ハンディキャップなしの: a ~ golfer ハンディゼロのゴルファー / a ~ race (ハンディなしの)対等レース.

scrátch·er 名

scratch-and-sniff 形 《本·雑誌広告などこすると香りの出る.

scrátch·bòard 名 U 《米》スクラッチボード (厚紙に白粘土を塗り, つや出し仕上げをしたもの; インクで絵を描き, ところどころひっかいて白地を出す).

scrátch càrd 名 スクラッチカード (不透明の蠟物質をかき取って当選かどうかを見るくじのカード).

scrátch hìt 名[野] 当たりそこねの安打.

scrátch·ing 名 ❶ 〔通例 複数形で〕 《英》ラードを取ったあとのカリカリした豚肉 (つまみ). ❷ =scratch 名 5.

scrátch pàd 名 ❶ 《米》(はぎ取れ式の)メモ帳, メモ用紙つづり. ❷ 《電算》スクラッチパッド (高速の作業用メモリー).

scrátch pàper 名 U 《米》メモ用紙《英》scrap paper).

scrátch plàte 名 スクラッチプレート(ギター前面のピックによるひっかき傷を防止する板).

scratch·y /skrǽtʃi/ 形 (**scratch·i·er**; **-i·est**) ❶ 〈衣類などが〉かゆくなる, ちくちくする: a ~ wool sweater ちくちくするウールのセーター. ❷ 〈ペン·レコードなどひっかかる, ガリガリいう. ❸ 〈文字·絵などそんざいな, 走り書きの: ~ handwriting そんざいな筆跡. **scrátch·i·ly** 副 **-i·ness** 名 【SCRATCH+-y³】

⁺scrawl /skrɔ́ːl/ 動 他 ❶〈...を〉殴り[走り]書きする (scribble): ~ one's signature 署名を殴り書きする. ❷ 〈...を〉無造作に消す 〈*out*〉. ── 自 〈...に〉ぞんざいに書く, 落書きする 〈*on, over*〉: The children ~*ed* all *over* the wall. 子供たちは塀一面に落書きをした. ── 名 ❶ 〔通例単数形で〕 殴り[走り]書き(の手紙) (scribble). ❷ [one's ~] ぞんざいな筆跡: Excuse my ~. 悪筆をお許しください.

scráwl·y /-li/ 形 殴り書きの[で読みにくい]; 走り書きの; ぞんざいな.

scraw·ny /skrɔ́ːni/ 形 (**scraw·ni·er**; **-ni·est**) 〈人·動物·体の一部などやせこけた, 骨ばった.

⁺scream /skríːm/ 動 自 ❶ (恐怖·苦痛などのために)叫び声をあげる: She ~*ed* when she bumped into me in the dark. 彼女は暗やみで私にぶつかって金切り声をあげた / She ~*ed in* fright [*with* sudden pain]. 彼女は恐怖のあまり急に痛みを覚えて[驚いて]叫んだ / ~ *for* help 助けを求めて叫ぶ. / She lost her temper and ~*ed at* her brother. 彼女はかっとなって兄[弟]に金切り声で叫んだ. ❷ a 〈フクロウなどが〉鋭い声で叫ぶ; 〈汽笛などが〉ピッと鳴る; 〈風がヒューヒュー吹く〉: A blast of wind ~*ed* through the streets. 一陣の風がヒューと街路を吹き抜けた. b [副詞(句)を伴って] 〈ジェット機·バイクなどが〉鋭い音を立てて飛ぶ[走る]: Police cars ~*ed* past. パトカーがけたたましい音を立てて走りすぎた. ❸ 〈人が(笑いで)〉キャッキャッという, 笑いころげる: We all ~*ed with* laughter at his jokes. 彼の冗談に我々一同腹をかかえて大笑いした. ❹ 〈衣類·色などがけばけばしく目立つ: Her red dress ~*ed* (for attention). 彼女の赤いドレスは(人目を引きつけるように)派手に目立った. ❺ 〈人が〉〈...に対して〉声をはりあげて[激しく]抗議する 〔*about*〕. b 〈新聞などが〉〈大見出しで〉〈...について〉派手[ヒステリックに]書き立てる 〔*about*〕. ❻ 《英口》 密告する. ── 他 ❶〈...を〉大声で言う, 叫ぶ: ~ *out* a warning 危ないと絶叫する / She ~*ed* (*out*) curses *at* him. 彼女は彼に向かって悪態をついた / [+*that*] He ~*ed that* there was a mouse under the bed. ベッドの下にネズミがいると彼は大声で叫んだ / "Look out!" he ~*ed*. 「危ない!」と彼は絶叫した. ❷ [~ oneself

で] 大声をあげて〈...の状態に〉なる: [+目+補] He ~*ed* himself hoarse. 彼は絶叫して声をからした. ── 名 ❶ (恐怖·苦痛などの)叫び, 怒り·いらだちの叫び声: give a ~ (*of pain*)〔痛く〕大声をあげる[ギャッと叫ぶ]. b 〈タカ·ワシなどの〉鋭い鳴き声; (汽笛などの)ピーと鳴る音; (タイヤ·ブレーキなどのきしむ)キーッという音. c キャッキャッと笑う声. ❷ [a ~] 《口》すごくこっけいな人[もの, 事]: It [He] was a perfect ~. それ[やつ]はまったくのお笑いぐさだった.

【類義語】**scream** 耳をつんざくような声で叫ぶ. **shriek** scream よりも激しくヒステリックに叫ぶ. **screech** 耳ざわりで不愉快な声を出して叫ぶ.

scréam·er 名 ❶ 鋭く[叫ぶ]人; キーキーいう人[もの], 鋭い音を出すもの. ❷ 《口》 a おかしくて人を吹き出させる話[人, など]. b あっと言わせるもの. ❸ 《米口》(新聞の)人目を引きつける大見出し.

scréam·ing 形 ❶ a 鋭く[叫び立てる, 金切り声を出す. b キーキー鳴く, ピーピー鳴る, キーときしる. ❷ a 〈人が〉キャッキャッと笑う. b 〈話などがおかしくてたまらない. ❸ 〈色などがけばけばしい: a ~ red けばけばしい赤色. ❹ 〈見出しなど大げさな, センセーショナルな. ~·**ly** 副 たまらないほど, とても.

scree /skríː/ 名 ❶ C (山の)がれ, がれ場. ❷ U (がれ場にある)小石, 岩屑(くず).

⁺screech /skríːtʃ/ 動 自 ❶ a (恐怖·苦痛などのために)鋭い[かん高い, 耳障りな]叫び声をあげる. b 〈鳥·サルなどが〉キーキー[ギャーギャー]鳴く]: I heard some grackles ~*ing* in the trees. ムクドリが木立の中でかん高い声で鳴いているのが聞こえた. ❷ 〈自動車·ブレーキなどがキーと音を立てる: The car ~*ed* to a halt. 車はキーっと音を立てて止まった. ── 他 ❶ 〈...を〉かん高い声で叫ぶ; ~ (*out*) a slogan 金切り声でスローガンを叫ぶ / [+目+引用] "You animal!" she ~*ed*. 「ひとでなし」と彼女は金切り声で叫んだ. ❷ 〈自動車·ブレーキなどを〉キーと音を立てさる. ── 名 ❶ かん高い声, 金切り声. ❷ キーと鳴る音. 【類義語】 ⇨ scream.

scréech·ing 形 ❶ かん高い声[金切り声]を立てる. ❷ キーと音を立てる: come to a ~ halt 〈車などがキーと音を立てて止まる; 計画などが〉突然中止される.

scréech òwl 名[鳥] ❶ 《米》コノハズク属のミミズク(特にアメリカオオコノハズク). ❷ 《英》メンフクロウ. 【hoot (ホーホー)ではなく screech (鋭い声)で鳴くことから】

screech·y /skríːtʃi/ 形 (**screech·i·er**; **-i·est**) ❶ 〈声·音など〉金切り声の, かん高い. ❷ 〈人が〉かん高い声を出す. (名 screech).

screed /skríːd/ 名 〔しばしば複数形で〕 長たらしい(退屈な)話[レポート, 文章(など)].

⁺screen /skríːn/ 名 ❶ a C (テレビ·コンピューターの)画面: on ~ 画面上で. b C (映画·スライドの)スクリーン: ⇨ silver screen. c U 〔通例 the ~〕映画; 映画界: a star *of the* ~=a ~ star 映画スター / appear *on the* ~ 映画に出演する. d C (レーダーの)スクリーン. ❷ C a ついたて, びょうぶ; 仕切り: a folding ~ びょうぶ / a sliding ~ 障子, ふすま. b (窓·戸などの防虫用)網; 網戸. c (教会の)内陣仕切り: ⇨ rood screen. ❸ C 遮蔽(しゃへい)物, 保護物, 目隠し: ⇨ windscreen / A ~ of trees hides our house from the road. 木が目隠しになって私たちの家は道路からは見えない / hide behind a ~ of indifference そしらぬ顔をする. ❹ C (土·砂·石·石炭などをより分ける)粗目のふるい. ❺ 《米》[スポ] スクリーン (ボールを持っている味方選手を防御する役割の選手).

ùnder (the) scréen of ... ... に紛れて, 隠れて: *under (the)* ~ *of* night 夜のやみに紛れて, 夜陰に乗じて.

── 動 他 ❶ a 〈...を〉さえぎる, 隠す: A row of trees ~*ed* our view. 並木が私たちの視野をさえぎっていた / The fence ~*s* our house *from* view. 私たちの家は塀に囲まれて人目をさえぎっている / She ~*ed* her face *from* the sun with her hand. 彼女は日が当たらないように手を顔にかざした. b 〈窓·部屋などに〉〈...を〉防止するために網戸を取り付ける 〔*against*〕. ❷〈...をかばう, 〈人を〉〈罪·危険などから〉守る, 保護する: ~ a person's faults *from* scrutiny / ~ children *from* the harmful effects of television 子供たちをテレビの悪影響から守る. ❸ (病原菌などについて)〈人を〉調べる, 検査する. ❹ a 〈願書·志願者を〉

ふるいにかける, 審査[選抜]する (★しばしば受身): ~ visa applications ビザの申請書を審査する / The students are carefully ~ed before being granted scholarships. 学生たちは奨学金を受ける前に厳重に審査される. **b** 〈自分にかかった電話〉をふるいにかける《秘書に応対させたり留守番電話を利用して直接応対するかを決める》; 〈秘書などが〉かかった電話を選別する. **c** 〈穀物・石炭などを〉ふるう, ふるい分ける. ❺ **a** 〈映画・テレビ〉を上映[放映]する (通例受身): The film will be ~ed next week. その映画は来週上映される. **b** 〈小説・劇〉などを映画化する.

scréen óff 《他+副》〈場所〉を〈…から〉(ついたてなどで)仕切る, 区切る: His desk is ~ed off (from the rest of the room). 彼の机は(部屋の他の部分から)ついたてで仕切られている. **scréen óut** 《他+副》(1) 〈光・音・熱などを〉遮断する: The curtains ~ed out the sunlight. カーテンが日光をさえぎった. (2) 〈不適当な志願者などを〉(審査して)ふるい落とす, 排除する.

【F〈Gmc=防護する物】

scréen·ag·er /-eɪdʒə | -dʒə/ 图 (口) コンピューター操作に特に長けたティーンエイジャー, コンピューター少年.
scréen dóor 图 網戸.
scréen dúmp 图 スクリーンダンプ《現在の画面表示をプリンター・ファイルに出力すること; またそのプリントアウト》.
scréened pórch 图 虫よけの網を張ったベランダ.
scréen gríd 图 『電子工』《電子管の》遮蔽格子, スクリーングリッド.
scréen·ing 图 ❶ [C] (映画・テレビなどの)上映, 映写. ❷ **a** [U] 審査, 選抜, 選考, スクリーニング. **b** [形容詞的に] 審査の(ための): a ~ committee 適格審査委員会. **c** [U] 集団検診. ❸ [U] (窓などの防虫用)網, 金網. ❹ [複数形で] **a** (小麦などの)ふるいかす, ふるい残り. **b** (ふるいにかけた)石炭くず.
*__scréen·pláy__ 图 映画脚本, シナリオ (script).
scréen pórch 图 =screened porch.
scréen prínting 图 = silk screen.
scréen sàver 图 『電算』スクリーンセーバー《同じ画面表示を続けることによる CRT の焼けを防止するためのプログラム》.
scréen tèst 图 (映画俳優志願者の)映画テスト, 撮影オーディション.
*__scréen·wríter__ 图 映画脚本家, シナリオライター.
*__screw__ /skruː/ 图 ❶ ねじ; ねじくぎ, ボルト: a male [female] ~ おす[めす]ねじ / tighten a ~ ねじを締める / give the ~ another turn ねじをもうひとひねりする; 締めつけを強化する. ❷ **a** コルク栓抜き: ⇒ corkscrew. **b** (船の)スクリュー; 《飛行機の》プロペラ: a screw propeller. ❸ ひとひねり, ひと回し: give a nut a few ~s ナットを2, 3 回ひねる. ❹ (俗・卑) **a** 性交. **b** 性交の相手. ❺ (俗) (刑務所の)看守. ❻ (英) (少量のたばこや塩を入れる)ひねり袋; ひねり袋ひとつ分: a ~ *of* tobacco たばこひと袋《約半オンス》. ❼ (英口) けちんぼ. ❽ (英俗) 給料, 賃金: a starting ~ of £100 a week 週 100 ポンドの初任給. ❾ (俗) 役に立たなくなった馬.

hàve a scréw lóose (口) 頭が少々おかしい《由来 ねじのゆるんだ[抜けた]器具との連想から》: He must *have* a ~ *loose* to do that. そんな事をするとは彼はどうかしているに違いない.
pút [tíghten] the scréws on a person (口) (言うことを聞かせようと)人〉に圧力をかける, 〈人〉を締めつける《由来 昔の責め道具の親指締め (thumbscrew) にかける, の意から》.

── 動 《他》❶ [副詞(句)を伴って] 〈…〉をねじで締める; 〈…〉をねじで取り付ける《up, down》: ~ *on* [*up*] the handle 取っ手をねじで締める / *S*~ the handle *on* last. 取っ手をねじで付けるのは最後にしなさい / a license plate *to* [*on*] a car 車にナンバープレートをねじで留める / He ~ed the lock *off* the door. 彼はドアからねじを取って錠をはずした. ❷ [副詞(句)を伴って] 〈身体・腕など〉をねじる, ひねる: ~ one's head *around* [*round*] 首を(ねじるように)ぎゅっと回す. **b** 〈ふたなどを〉ねじって…する: ~ a lid *on* [*off*] ねじってふたを[はずす] / ~ *S*~ the two pipes *together*. 2 本のパイプの端と端をねじってつなぎなさい / ~ a hose *to* a hydrant ホースを消火栓にねじ込む / ~ the lid *on* a jam jar ジャム入れのふたをねじ込む / ~ the lid

off a jam jar ねじってジャム入れのふたを取る / [+目+補] ~ a bottle open [shut] ふたをひねって瓶を開ける[締める]. ❸〈…を〉(いらいらしたりて)くしゃくしゃに丸める〉~: ~ *up* a letter 手紙をくしゃくしゃに丸める / She ~ed (*up*) her handkerchief *into* a ball. 彼女はハンカチをくしゃくしゃに丸めた. ❹ [〈…から〉〈…を〉搾り取る, 搾取(ざくしゅ)する《*out of, from*》: ~ water *out of* a wet towel ぬれたタオルから水を絞り出す / ~ money *out of* the poor 貧しい人々から金を搾取する / They ~ed (his) consent *out of* him. 彼らは彼から無理やり同意を取り付けた. ❺ (俗) 〈人〉をだます (★しばしば受身): He *was* completely ~ed. 彼はすっかりだまされた. **b** 〈人〉をだまして〈…〉を巻き上げる (★しばしば受身): I *was* ~ed *out of* 50 dollars. だまされて 50 ドル巻き上げられた. ❻ (俗・卑) 〈人〉と性交する. **b** [ののしりなどに用いて] 〈…〉なんかくたばってしまえ: *S*~ you! くたばれ!

── 動 《自》❶ **a** ねじれる, 回る: This nut won't ~ anymore. このナットはこれ以上回らない. **b** ねじで留まる[締まる]: This lid won't ~ *on*. このふたはねじってもきちっと締まらない. **c** [〈…に〉ねじで取り付けられる: This rack ~s *on* easily [~s easily (*on*)*to* the wall]. この棚はねじで簡単に取り付けられる[壁に取り付けられる]. ❷ 〈ボール〉が曲がる, 切れる. ❸ (口) やりそこなう, 間違える, しくじる《up》. ❹ (俗・卑) 性交する.

hàve one's héad scréwed ón (right [the right wáy]) ⇒ head 成句.
scréw aróund 《自+副》(1) ぶらぶらして時間を空費する. (2) (俗) 乱交する.
scréw úp 《他+副》(1) 〈顔・目・口などを〉(不安・痛み・不賛成などのために)しかめる, ゆがめる: ~ *up* one's face 顔をしかめる / ~ *up* one's eyes 目を細める / ~ *up* one's lips [唇]をとがらす / He ~ed his face *up into* a frown. 彼は顔をしかめて渋い表情をした. (2) 〈勇気などを〉奮い起こす, 奮い立たせる: ~ *up* one's courage 勇気を奮い起こす. (3) [~ *oneself up* で] 勇気を奮い起こす. (4) (英口)〈人〉を緊張させる, 神経質にする (★しばしば受身): He gets very ~ed *up* before exams. 試験の前には彼はとても緊張する. (5) (口) 〈ことを〉やりそこなう, 台なしにする (★しばしば受身): ~ *up* one's exam 試験をしくじる / Things *were* ~ed *up* from start to finish. 事態は初めから終わりまで収拾がつかなかった. (6) (口) 〈人〉を不安にさせる, 混乱させる, みじめにさせる: His brother's death really ~ed him *up* for a while. 彼は兄の死でしばらくの間相当混乱していた.

【F〈L *scrofa* 雌豚; しっぽのねじれの連想から; また *scrobis* (溝)の影響もあるとされる】 (形 screwy)

scréw·bàll 图 ❶ (米口) 変人, 奇人. ❷ (野) スクリューボール, シュートボール 《比較 シュート(ボール)は和製英語》. ── 形 (米口) 変わった, いかれた.
scréw càp 图 =screw top.
scréw cóupling 图 《機》ねじ継手, ねじ連結器.
scréw-dríver 图 ❶ [C] ねじ回し, ドライバー. ❷ [U,C] スクリュードライバー 《ウオツカとオレンジジュースのカクテル》.
scréwed-úp 形 (口) ❶ 動揺した, ノイローゼの. ❷ 混乱した, めちゃめちゃの.
scréw éye 图 ねじ丸環(かん)《先がねじになっている》.
scréw géar 图 《機》ねじ歯車.
scréw hóok 图 ねじフック, ねじ折れ釘.
scréw jàck 图 スクリュー[ねじ]ジャッキ.
scréw pìne 图 《植》タコノキ《熱帯植物》.
scréw plàte 图 《機》ねじ切り(型)板, ねじ羽子板.
scréw tàp 图 《機》雌ねじ切り, (ねじ)タップ.
scréw thréad 图 ねじ山.
scréw tòp 图 (瓶などの)ねじぶた《ひねって開閉する》.
scréw-úp, scréw-ùp 图 (俗) ❶ 失敗, へま. ❷ いつもへまをやる人, どじなやつ.
scréw válve 图 ねじで開閉する止め弁.
scréw·wòrm 图 《昆》らせん虫, ラセンウジバエ《温帯アメリカ産のクロバエの幼虫(または成虫); 哺乳類の細胞組織に寄生し, しばしばそれが致命的結果となる》.

screw·y /skrúːi/ 形 (screw·i·er; -i·est) 《俗》気が変な、一風変わった、おかしな.

scrib·al /skráib(ə)l/ 形 筆写の, 書記(上)の.

†**scrib·ble**[1] /skríbl/ 動 ⓣ ⟨…を⟩ぞんざいに書く; 走り[殴り]書きする (scrawl) 〈*down*〉. — ⓘ ❶ ぞんざいな字を書く, 走り書きをする. ❷ 落書きをする. ❸ 著述業をする, 物書きである. — 名 ❶ [また a ~] 走り書き, 乱筆 (scrawl): *an illegible* ~ 読みにくい悪筆. ❷ ⓒ [しばしば複数形で] 走り書きしたもの, 落書き; 雑文. 【L *scribere* 書く +-LE[3]】

scrib·ble[2] /skríbl/ 動 ⟨羊毛などを⟩あらすきする.

scríb·bler 名 ❶ 三文文士. ❷ 乱筆の人.

scribe /skráib/ 名 **a** (印刷術発明以前に写本を筆写した)写本筆写者, 写字生. **b** 筆記者, 代書人, 書記. ❷ 《米口》作家, ジャーナリスト. ❸ [通例 S-] 法律学者. ❹ [時に S~] 聖書学者. — 動 ⓣ ⟨木・金属に⟩罫書(ゖがき)針で線を刻みつける. 【L *scribere* 書く; cf. script】

scríb·er 名 罫書(ゖがき)針, 罫(ゖ)引き.

scrim /skrím/ 名 ❶ スクリム (目の粗い薄手の綿布[麻布]; 家具の裏張り・カーテン用など). ❷ 《米》 (舞台で用いる)紗(しゃ)の(背景)幕.

scrim·mage /skrímiʤ/ 名 ❶ 組み打ち, つかみ合い, 乱闘; 小ぜり合い. ❷ 【アメフト】**a** スクリメージ (ボールがスナップされてからデッドになるまでのプレー). **b** (同一チームでふた組に分かれて行なう)練習試合. **líne of scrímmage** 【アメフト】スクリージライン (攻撃・守備がニュートラルゾーンをはさんで対峙(たいじ)するライン). — 動 ⓘ ❶ 乱闘する. ❷ 【アメフト】**a** スクリメージをする. **b** 練習試合をする.

scrimp /skrímp/ 動 ⓘ 《口》けちけちする, 倹約する: They had to ~ and save to send their son to college. 彼らは息子を大学へやるために苦労して貯金しなければならなかった. — ⓣ ⟨…を⟩けちる, (極端に)切り詰める. **scrímp on…** に金を掛けるのを惜しむ, …の(出費)を安くすませる.

scrimp·y /skrímpi/ 形 (scrimp·i·er; -i·est) けちけちした. **scrímp·i·ly** /-pili/ 副

scrim·shan·der /skrímʃændɚ | -də/ 名 =scrimshaw.

scrim·shank /skrímʃæŋk/ 動 ⓘ 《英俗》仕事を怠ける [サボる].

scrim·shaw /skrímʃɔː/ 名 ⓤⓒ 水夫の慰み細工 (長い航海中に貝殻・鯨骨などに彫刻や彩色を施したもの; またそれを作ること[技術].

scrip[1] /skríp/ 名 ⓤ 仮株券; (緊急時に発行される)臨時紙幣; (占領軍の)軍票.

scrip[2] /skríp/ 名 《口》処方箋 (prescription).

scri·poph·i·ly /skrɪpɑ́fəli | -pɔ́f-/ 名 額面上は価値のない古い株券や証書の趣味としての収集, 古証券収集.

*__script__ /skrípt/ 名 ❶ ⓒ (演劇・映画・ラジオ[テレビ]放送などの)台本, 脚本, スクリプト: *a film* ~ 映画の台本. ❷ ⓤ **a** 手書き; 筆跡. **b** 【印】筆記体 (活字), スクリプト体. ❸ ⓤ 文字 (alphabet): *Arabic [Russian]* ~ アラビア[ロシア]文字. ❹ ⓒ [通例複数形で] 答案. — 動 ⓣ ⟨映画などの⟩台本を書く. 【L=書かれたもの ← *scribere*, *script*- 書く; cf. manuscript, transcript; description, prescription, subscription; scripture; describe, prescribe, subscribe, transcribe】

scrípt·ed 形 ⟨演説・放送など⟩原稿[台本]のある[による].

scrip·to·ri·um /skrɪptɔ́ːriəm/ 名 (像 ~s, -ri·a /-riə/) (修道院の)写字室, 筆写室.

scrip·tur·al /skríptʃ(ə)rəl/ 形 時に S-] 聖書に基づく: *a ~ scholar* 聖書学者.

†**scrip·ture** /skríptʃɚ | -tʃə/ 名 ❶ [the S~] 聖書【解説】旧約・新約の双方またはその一方をさし, Holy Scripture または the (Holy) Scriptures ともいう). ❷ ⓒ 聖書の中の言葉. ❸ ⓤ [また複数形で; しばしば S~] (キリスト教以外の)聖典, 経典: *the Buddhist Scriptures* 仏典. 【L=書かれたもの; ⇒ script, -ure】

scrípt·wrìter 名 台本作者, スクリプトライター.

scrive·ner /skrív(ə)nɚ | -nə/ 名 (昔の)代書人, 公証人.

scrod /skrɑ́d | skrɔ́d/ 名 《米》ⓒ タラの幼魚; ⓤ (特に)料理用に裂いたタラ.

scrof·u·la /skrɑ́fjulə | skrɔ́f-/ 名 ⓤ 【医】瘰癧(るいれき) (結核性の頸(けい)部リンパ節炎). **scróf·u·lous** /-ləs/ 形 瘰癧のにかかった.

†**scroll** /skróul/ 名 ❶ 巻物 (パピルス・羊皮紙で作った古代の書物・文書で, 巻きやすいように両端は軸がついている). ❷ ⓤ 【電算】 [通例形容詞的に] スクロール(機能) (コンピューターディスプレー上で一画面に表示しきれないテキストや画像を上下左右に動かすこと, その機能). ❸ ⓒ 渦巻き形の装飾 (イオニア式柱頭・いす・テーブルの脚などに施されている). ❹ (バイオリンなど弦楽器の頭部の)渦巻き形. — 動 【電算】 [副詞句を伴って] ⟨ファイル・テキストなどを⟩スクロールで見る, スクロールする: ~ *through the text* テキストをスクロールして見る [スクロールする]. — ⓣ ⟨テキスト・画像などを⟩スクロールする. 【F; 元は「紙切れ」の意で現在の形は roll との連想による】

scróll bàr 名 【電算】スクロールバー (ウインドーの縁にある棒状の領域; スクロールのためのマウスで操作するボタンを備える).

scrolled 形 渦巻き装飾のある.

scróll sàw 名 雲形のこぎり, 糸のこ.

scróll·wòrk 名 ⓤ 渦巻き装飾; 雲形模様.

scrooch /skrúːtʃ/ 動 ⓘ 《米口》かがみ込む, うずくまる, しゃがむ, ちぢこまる.

Scrooge /skrúːdʒ/ 名 ⓒ けちん坊, 守銭奴. 【Dickens 作の物語 *A Christmas Carol* の中の主人公の名から】

scro·tum /skróutəm/ 名 (像 scro·ta /-tə/, ~s) 【解】陰嚢(いんのう). **scro·tal** /skróutl/ 形 【L】

scrounge /skráundʒ/ 動 ⓣ 《口》⟨…を⟩⟨…から⟩ねだる, せびって手に入れる (sponge): ~ *a cigarette off a person* 人からたばこを1本もらう. ❷ あさる. — ⓘ あちこちあさる, あさり回る ⟨*around*⟩. **scróung·er** 名 たかり屋; 食客, 居候.

*__scrub__[1] /skrʌ́b/ 動 (scrubbed; scrub·bing) ⓣ ❶ **a** ⟨床・よごれたものなど⟩を⟨ブラシ・モップなどで⟩ごしごしこすって洗う: ~ *the dirty collar of a shirt* シャツのよごれた襟をごしごし洗濯する / ~ *the floor with a scrub brush* たわしで床をごしごし洗う / [+目+補] He *scrubbed* the walls clean. 彼は塀をごしごしてきれいにした. **b** ⟨よごれ・しみなどを⟩ごしごしこすって(洗い)落とす: ~ *a mark away [off, out]* しみをごしごしこすって洗い落とす / She *scrubbed* the cold cream *off* her face with a tissue. 彼女はティッシュで顔をこすってコールドクリームを取り除いた. ❷ 《口》⟨行事・計画・命令などを⟩取りやめる, 中止する: The game was *scrubbed* because of the rain. その試合は雨のため中止された. — ⓘ ごしごしこすって洗う: ~ *at* the stain 汚れを洗う. **scrúb róund** ⟨ⓣ+副⟩ 《英口》⟨…を⟩避ける, 回避する. **scrúb úp** ⟨ⓘ+副⟩ (外科医・看護婦が)(手術前に)手や腕を洗う. **給 [a ~]** ごしごしこすって洗う[磨く]こと: give a pan *a* ~ なべをごしごし洗う / This floor needs *a* good ~. この床はごしごしとよく磨く必要がある.

scrub[2] /skrʌ́b/ 名 ❶ ⓤ (密集した低木の)やぶ, 低木林, 雑木林. ❷ ⓒ ちっぽけな人; つまらないもの. ❸ 《米口》補欠[二軍]選手. — 形 ❶ 小さい. ❷ 劣った, つまらない. 【SHRUB[1] の別形】

scrúb·ber 名 ❶ 《英俗》身持ちの悪い女; 売春婦. ❷ **a** ごしごし洗う道具, ブラシ, たわし. **b** 床の掃除人. ❸ 集器, スクラッパー.

scrúb·bing brùsh 名 (洗濯・床掃除用の)洗いブラシ, たわし.

scrúb brùsh 名 《米》=scrubbing brush.

scrub·by /skrʌ́bi/ 形 (scrub·bi·er; -bi·est) ❶ 低木[雑木]の茂った. ❷ ⟨木・動物など⟩いじけた, 小さい. ❸ ⟨人⟩かちっぽけな, みすぼらしい.

scrúb lànd 名 ⓤ 低木地帯.

scrúb òak 名 【植】アメリカのやせた乾燥地に多い低木性のナラ属の数種の木, (特に)ヒイラギガシ.

scrúb tùrkey 名 【鳥】(ヤブ)ツカツクリ (brush turkey).

scrúb týphus 名 【医】=tsutsugamushi disease.

scrúb·wòman 名 (像 -women) 《米》掃除婦.

scruff[1] /skrʌ́f/ 名 [通例 the ~ of the neck で] 襟首, 首

筋: take a person by *the* ~ *of the neck* 人の襟首をつかまえる.

scruff² /skrʌ́f/ 名《英口》うす汚い[だらしない]人.

†**scruff・y** /skrʌ́fi/ 形 (**scruff・i・er, -i・est**)《口》うす汚い, みすぼらしい (shabby).

†**scrum** /skrʌ́m/ 名 ❶《ラグビー》スクラム. ❷《英口》(満員電車・バーゲンなどに)殺到する群衆. ── 自《ラグビー》スクラムを組む.

scrúm hàlf 名《ラグビー》スクラムハーフ.

scrum・mage /skrʌ́mɪʤ/ 名 動 =scrum.

scrum・my /skrʌ́mi/ 形《英俗》= scrumptious.

scrump /skrʌ́mp/ 動 自《英口》〈果実を〉果樹園から盗む.

scrum・ple /skrʌ́mpl/ 動 他《英》〈紙・布を〉しわくちゃに[くしゃくしゃ]にする (*up*).

scrump・tious /skrʌ́m(p)ʃəs/ 形《口》〈食事など〉すごくおいしい (delicious); すてきな, すばらしい: We had a ~ lunch. 私たちはすてきなランチを食べた.

scrump・y /skrʌ́mpi/ 名 U《英口》(イングランド南西部産の)酸味の強いリンゴ酒.

scrunch /skrʌ́nʧ/ 動 自 ❶ バリバリ[ガリガリ, ザクザク]音がする. ❷ 砕ける, つぶれる; くしゃくしゃになる, ゆがむ. ── 他 ❶ 〈…を〉バリバリ砕く, 押しつぶす. ❷ 〈…を〉くしゃくしゃにする[丸める]〈*up*〉. ❸ 〈…を〉くるめる〈ものを〉(足)でこする. ── 名 [a ~] バリバリ[ガリガリ, ザクザク]砕けること[音].

scrúnch-drỳ 動 他〈髪を〉スクランチドライする〈根元にドライヤーを当て, 手でもみくしゃにしながら髪を乾かす〉.

scrunch・y, scrunch・ie /skrʌ́nʧi/ 名 (ゴムひもをつけた布を小さな輪にした)髪留め, シュシュ.

†**scru・ple¹** /skrúːpl/ 名 C,U [普通複数形で](事の正邪・当否についての)疑念, ためらい, 良心のとがめ: a person of no ~s 良心の呵責を感じない人, 平気で悪いことをする人 / I have ~s *about* playing cards for money. 金を賭(か)けてトランプをするのは気がとがめる / He will lie [steal] *without* ~. 彼は平気でうそをつく[盗みをはたらく]. ── 動 自 [通例否定文で] ためらう, 気がとがめる (+*to do*) She didn't ~ *to* take Tom from his wife. 彼女は平気でトムを彼の妻から奪った / He doesn't ~ *about* lying. 彼は平気でうそをつく. 【F<L 「ちくちく刺すような疑惑[不安], 良心のとがめととがった小石」】(形 scrupulous)

scru・ple² /skrúːpl/ 名 ❶ スクループル《(1) 古代ローマの重量単位: =¹⁄₂₄ ounce; (2) 薬量単位: =20 grains =1.296 g; 略 sc.》. ❷ 少し, 少々, 微量.

scru・pu・los・i・ty /skrùːpjuləsəti | -lɔ́s-/ 名 U 綿密[周到]性, きちょうめんさ, 入念.

†**scru・pu・lous** /skrúːpjuləs/ 形 ❶ 良心的な, 厳正な, 実直な (↔ unscrupulous): a ~ treasurer 実直な会計係 / with ~ honesty (一点のやましさもなく)まったく正直に / She is *in* performing [the performance of] her duties. 職務を果たすことに実直である. ❷ (小さい点まで)きちょうめんな, 細心の, 用心深い, 周到な (meticulous): with ~ care 細かく気を使って, 入念に / pay ~ attention to...に細心の注意を払う / The company is ~ *about* [*in*] protecting user information. その会社は利用者の情報を保護することに細かい点まで配慮している. **~・ly** 副 **~・ness** 名 【L=不安な】(名 scruple¹)【類義語】⇒ honest.

scru・ta・tor /skruːtéɪtə | -tə/ 名 検査人, 調査官.

scru・ti・neer /skrùːtəníə | -níə/ 名《英》検査官; (特に)投票検査人.

†**scru・ti・nize** /skrúːtənaɪz/ 動 他 ❶ 〈…を〉細かい所まで徹底的に調べる, 綿密に検査する: He ~d the diamond for flaws. 彼はダイヤモンドに傷がないかと子細に検査した. ❷〈…を〉じっと[よくよく]見る: She ~d herself in the mirror. 彼女は鏡に映る自分の姿をつくづくと見つめた. **scru・ti・niz・ing・ly** /-nàɪzɪŋli/ 副 じっと(と), つくづく(と). (名 scrutiny)【類義語】⇒ examine.

*‎**scru・ti・ny** /skrúːtəni/ 名 ❶ U,C 精密[厳密]な調査[検査], 吟味; 凝視 [見られること]: have come under intense ~ 非常に厳密な調査を受けている, たいへん厳しい視線を向けられている / His theory won't bear ~. 彼の理論は綿密に検討すればぼろが出るだろう / Every product undergoes (a) close ~. 商品はすべて厳

重な検査を受ける / under public ~〈有名人などが〉公衆の視線にさらされて. ❷ C《英》投票(再)検査. 【L=(がらくたの中から)捜すこと<*scruta* がらくた】(動 scrutinize)

scry /skráɪ/ 動 自 水晶で占う (cf. crystal gazing). **~・er** 名 =crystal gazer.

SCSI /skʌ́zi/ 名 U《電算》SCSI (スカジー)《ハードディスクなどの周辺装置をパソコンに接続する仕様を規定した規格》. 《*small computer systems interface*》

scu・ba /skúːbə | skj(ùː-/ 名 スキューバ《解説 aqualung はこれ以前の商標名》. 《*self-contained underwater breathing apparatus* (自給式水中呼吸装置)》

scúba dìve 動 自 スキューバダイビングをする.

scúba dìver 名 スキューバダイビングをする人.

scúba dìving 名 U スキューバダイビング《スキューバをつけて潜水するスポーツ》.

scud /skʌ́d/ 動 自 (**scud・ded; scud・ding**) [副詞(句)を伴って]〈雲が〉(風に追われて)すっと飛ぶ;〈船が〉(強風に追われて)ほとんど帆を揚げずに走る: Clouds were *scudding across* the sky. 雲が空を横切って飛んでいた / The boat *scudded along* before the rising wind. 帆船は高まる風を受けて疾走した. ── 名 ❶ [a ~] すうっと走る[飛ぶ]こと. ❷ U (風に追われる)ちぎれ雲. ❸ C **a** (吹きつける)ひと雨, 通り雨. **b** 一時の風, 突風.

Scúd mìssile /skʌ́d-/ 名 スカッドミサイル《旧ソ連製の地対地長距離誘導ミサイル》.

scuff /skʌ́f/ 動 自 〈靴・床などが〉すれて傷つく[痛む]〈*up*〉. ❷ 足を引きずって歩く. ── 他 ❶〈靴・床などを〉傷つける, すり減らす: ~ (*up*) one's shoes 靴をすり減らす. ❷ 〈…を〉引きずる. **b** 〈ものを〉(足)でこする. ── 名 ❶ こすれてできた表面の傷(跡). ❷ [通例複数形で] スリッパ (cf. slipper).

†**scuf・fle** /skʌ́fl/ 名 取っ組み合い, 乱闘, 格闘. ── 動 自 ❶ 〈…と〉取っ組み合う, つかみ合いをする, 乱闘する: The demonstrators ~d *with* the police. デモ隊は警官隊と乱闘になった. ❷ あわてて走る[動き回る]. ❸ 足を引きずって歩く.

scúff màrk 名 =scuff 1.

scull /skʌ́l/ 名 ❶ C **a** スカル《両手に 1 本ずつ持ってこぐオール》. **b** スカル(船)《左右のスカルでこぐ競漕用の軽いボート》. ❷ **a** [a ~] スカルでこぐこと. **b** [複数形で] スカル競技. ── 他 自 〈ボートを〉スカルでこぐ. ── 自 こぐ.

scul・ler・y /skʌ́l(ə)ri/ 名 食器洗い場《大邸宅や旧家の調理室に接する》.

scul・lion /skʌ́ljən/ 名 台所下働き, 皿洗い《人》.

sculp /skʌ́lp/ 動《口》=sculpture.

scul・pin /skʌ́lpɪn/ 名 (徽 ~s, ~)《魚》❶ カジカ. ❷ South California 沿岸のカサゴ.

sculpt /skʌ́lpt/ 動 =sculpture.

sculpt・ed /skʌ́lptɪd/ 形 =sculptured 2.

†**sculp・tor** /skʌ́lptə | -tə/ 名 彫刻家.

sculp・tress /skʌ́lptrəs/ 名 女性流彫刻家.

sculp・tur・al /skʌ́lpʧ(ə)rəl/ 形 彫刻の, 彫刻的な.

*‎**sculp・ture** /skʌ́lpʧə | -ʧə/ 名 ❶ C,U 彫刻; 彫像. ❷ U 彫刻(術). ── 動 他 ❶ 〈人・ものの〉像を彫る, 彫刻する;〈…を〉彫刻で飾る. ❷ 〈風雨が〉侵食して〈地表の〉形を〈…に〉変える (*into*). 【L=彫られたもの】

sculp・tured 形 ❶ 彫刻した[で飾った]: ~ columns 彫刻を施した円柱. ❷ 彫刻のような, 形の整った.

sculp・tur・esque /skʌ̀lpʧərésk⁻/ 形 彫刻を思わせるような.

*‎**scum** /skʌ́m/ 名 ❶ U [また a ~] 浮きかす, 泡, (液体の)上皮. ❷ [複数扱い; また U] 人間のくず: the ~ of the earth 世間のくず者 / He is ~. あいつはくずだ. ── 動 (**scum・med; scum・ming**) 浮きかす[泡]ができる. 【Du】

scúm・bag 名《俗・軽蔑》いやなやつ, くず.

scum・ble /skʌ́mbl/ 動《画》動 (不透明色を薄く塗って)〈絵画・色彩の〉色調を和らげる;〈絵の線[色]をこすってぼかす. ── 名 色調を和らげること, 線のぼかし; ぼかしに使う色[素材].

scum·my /skʌ́mi/ 形 (scum·mi·er; -mi·est) ❶ 浮きかす[泡]の生じた: a ~ pond 浮き泡のある池. ❷《口》人・ものなど下等な, つまらない.

scun·ner /skʌ́nə|-nə/ 名 嫌悪(すべきもの), いやな[信用しないやつ. ─ 自《スコ》気持ちが悪くなる, へどが出る, いやになる, うんざりする《at, with》.

+**scup·per** /skʌ́pə|-pə/ 名 -pə/ 動 他《英俗》❶ 〈計画などを〉ぶち壊す, だめにする (foil)《★通例受身》. ❷ 〈船を意図的に〉沈める. ❸ 〈人を〉殺す. ─ 名《通例複数形で》《海》甲板排水口.

scurf /skə́ːf|skə́ːf/ 名 Ⓤ (体の)あか; (頭の)ふけ.

scurf·y /skə́ːfi|skə́ː-/ 形 (scurf·i·er, -i·est) ❶ ふけだらけの. ❷ ふけのような.

scur·ril·i·ty /skərílə̣ti/ 名 ❶ Ⓤ 下品, 下劣. ❷ Ⓤ 口汚いこと; Ⓒ 口汚い言葉.

scur·ril·ous /skə́ːrələs|skʌ́r-/ 形 〈人・言葉など〉下卑た, 下品な; 口汚い, 口の悪い. ~·ly 副 ~·ness 名

+**scur·ry** /skə́ːri|skʌ́ri/ 動 自《副詞(句)を伴って》あわてて(ちょこちょこ)走る, 小走りに急ぐ (scuttle); 急ぐ, あわてる, あたふたする: ~ for…を求めて急ぐ / Mice were ~ing about above the ceiling. ネズミが天井裏で走り回っていた. ─ 名 ❶ [a ~, the ~] (あわてた)急ぎ足, 疾走; 急ぐ足音: She crossed the street in a ~. 彼女は小走りに通りを横切った / a ~ of activity あわただしい動き, 急ぐ人の急いで[あたふたと]動き回ること / the ~ of feet 人々があわただしく走る足音. ❷ Ⓒ (にわか雨・雪の)激しい吹き降り.

S-cùrve 名 (道路の) S 字(形の急)カーブ.

scur·vy /skə́ːvi|skə́ː-/ 名 Ⓤ《医》壊血病 (vitamin C の欠乏が原因で起こる病気). ─ 形 (scur·vi·er, -vi·est)《口》卑しい, 下劣な, あさましい: a ~ fellow 卑しいやつ, げす / a ~ trick 卑劣なたくらみ. **scúr·vi·ly** /-vɪli/ 副 **-vi·ness** 名

scúrvy gràss [wèed] 名 Ⓤ《植》(ヤクヨウ)トモシリソウ《アブラナ科; 以前 壊血病薬として用いられた》.

scut /skʌ́t/ 名 (ウサギ・シカなどの)短い尾.

scuta /skjúːtə/ scutum の複数形.

scu·tage /skjúːtɪʤ/ 名 Ⓤ《史》(封建時代の)軍役代納金, 賦役免除税.

scutch /skʌ́tʃ/ 動 他《麻・綿》を打ちほぐく,〈…の〉もつれをとく. ~·er 名 麻(綿)打ち機.

scutch·eon /skʌ́tʃən/ 名 = escutcheon.

scute /skjúːt/ 名《動・昆》= scutum.

scu·tel·lum /skjuːtéləm/ 名 (閥 -la /-lə/)《動・植》小盾板, (地衣類の)小盾; (鳥の足の)角質鱗片; 《植》(イネ科植物の)胚盤. **scu·tél·lar** /-lə/ 形

scut·ter /skʌ́tə|-tə/ 動 名《口》= scurry.

+**scut·tle¹** /skʌ́tl/ 動 自《副詞(句)を伴って》急いで行く, あわてて走る (scurry): The pickpocket ~d away [off] when he saw the policewoman. すりは婦警を見るとあわてて逃げた. ─ 名 [a ~] 急ぎ足(の出発・退散・逃走).

scut·tle² /skʌ́tl/ 動 他 ❶《計画・企てなどを》ぶちこわしにする (foil), やめる, 放棄[廃棄]する. ❷ 〈船底または船側に〉穴をあけて〈船を〉沈める. ─ 名《海》(甲板と舷側のふた付きの)小窓, 小型の昇降口《屋根や壁のふた付きの》; 天窓, 明かり窓.

scut·tle³ /skʌ́tl/ 名 (室内用)石炭入れ (coalscuttle).

scúttle·bùtt 名《口》うわさ, ゴシップ.

scu·tum /skjúːtəm/ 名 (閥 -ta /-tə/)《動》(カメ・アルマジロなどの)角鱗, 鱗甲;《古》盾板(器名).

scút·wòrk 名 Ⓤ《米口》おまけのつまらない仕事.

scuzz /skʌ́z/ 名《米俗》❶ 汚い[不潔な, むかつく]もの. ❷ いやなやつ. = scuzzy¹.

scúzz·bàg, -bàll, -bùcket 名《米俗》= scuzz 2.

scuzz·y¹ /skʌ́zi/ 形 (scuzz·i·er, -i·est)《米俗》汚い, いやな. 不潔な, いやな.

scuz·zy² /skʌ́zi/ 名 = SCSI.

Scyl·la /sílə/ 名 ❶ スキラの巨岩 (Sicily 島とイタリア本土の間にある巨岩; その前方に大渦巻き Charybdis があり, 航海の難所). ❷《ギ・ロ神》スキュラ《スキラの巨岩にすむ6 頭 12 足の女の怪物; Charybdis の難を逃れようとこの岩に近づいた船乗りたちを餌食(ﾞ)にしたという). **between Scýlla and Chárybdis**《文》(スキュラとカリブディスにはさまれたように)進退きわまって.

scythe /sáɪð/ 名 (長柄の)大鎌《解説》長い柄を両手に持って大きく払うように草・穀物を刈る; 死神の持ち物とされている; ⇒ Father Time; 匹豸 片手に持つ小鎌は sickle). ─ 他 〈穀物・草などを〉大鎌で刈る 《down》. ─ 自 大鎌で刈る. 【OE = 切るもの】

Scyth·i·a /síθiə|síð-/ 名 スキタイ《黒海・カスピ海の北東部を中心とした古国》.

SD《略》《米》South Dakota. **S.D(ak).**《略》South Dakota. **SDI**《略》Strategic Defense Initiative 戦略防衛構想. **SDLP**《略》《北アイルランド》Social Democratic Liberal Party 社会民主自由党. **SDP**《略》《英》Social Democratic Party. **SDR**《略》special drawing rights. **Se**《記号》《化》selenium.

se- /sə, sɪ/ 接頭「離れて」「別に」「…がなく」《L》.

s.e., SE, S.E.《略》southeast(ern).

✱**sea** /síː/ 名 ❶ a [C] (通例 the ~; また複数形で) 海, 海洋 (↔ land): ⇒ high sea, seven seas / swim in the ~ 海で泳ぐ / sail on the ~ 〈船が〉海上を行く, 海を走る. b [the ~] 海岸, 海辺《用法》 海の 浜 の時には Bexhill-on-Sea のように -on-Sea になる): spend one's summer vacation at the ~ 海辺で夏休みを過ごす / He lives by the ~. 彼は海辺に住んでいる / Naples is on the ~. ナポリは海に臨んでいる. ❷ [the (…) S~] 《地球・月・火星などの地名の一部として》 a …海: ⇒ Black Sea, Mediterranean Sea / the ~ of Japan 日本海. b (内陸の大きな)湖; 塩水湖: the S~ of Galilee ガリラヤ湖 / ⇒ Dead Sea. ❸ [C] [しばしば複数形で; 通例修飾語を伴って] 《ある状態の》海; 波, 波浪: a calm [rough] ~ 穏やかな[荒れた]海 / a broken ~ 砕け波 / a long ~ 大きくうねる波[海面] / short ~s 不規則に波立つ海面, 不規則さ波 / ship a ~〈船が〉波をかぶる / Heavy ~s nearly overturned the ship. 海が荒れていて船は危うく転覆しそうになった. **a séa of…** (海のように)多量の(…), 多数の(…): a ~ of troubles [care(s)] 限りない心配事[悩みごと]. **at séa** (1) 海上に[で]; 航海中に[で]: The ship was lost at ~. その船は航海中行方不明になった. (2) [しばしば completely [all] at ~ で] 途方に暮れて: He was completely at ~ as to how to run the machine. その機械をどうやって動かしたらよいか彼にはまったくわからなかった. **beyónd [acróss, òver] the séa(s)**《文》海のかなたで; 外国で. **by séa** 海路で, 船で; 船便で. **fóllow the séa** 船乗りを職業とする. **gò to séa** (1) 船乗りになる. (2) 出帆する, 船出する. **pùt (óut) to séa** 出帆する, 出港する. **séas of…** = a SEA OF … 成句. ─ 形 A ❶ 海の, 海上の: the ~ air 海(辺)の空気 / a ~ chart 海図 / ~ traffic 海上交通. ❷ 海辺の: ~ bathing 海水浴. ❸ 海軍の: a ~ force 海軍(部隊). (関連語) marine, maritime, nautical.【類義語】⇒ shore¹

SEA Single European Act.

séa ànchor 名《海》シーアンカー《海中に投げて船首を風上に保つ, また 漂流防止用の帆布製の抵抗物》.

séa anèmone 名《動》イソギンチャク.

séa àngel 名《魚》= angel shark.

séa bàg 名 セーラーバッグ《船員が衣類などを入れる円筒状のズック袋》.

séa bèd 名 [the ~] 海底.

Sea·bee /síːbiː/ 名《米海軍》設営部隊(員).

séa bìrd 名 海鳥.

séa bíscuit 名 堅パン (hardtack).

séa bòard 名 海岸, 海岸地帯; 海岸線: the Atlantic ~ 大西洋岸. ─ 形 A 海に臨んだ, 海岸の.

sea-bor·gi·um /siːbɔ́ːrgiəm|-bɔ́ː-/ 名 Ⓤ 《化》シーボーギウム《カリホルニウム 249 に酸素 18 のイオンを照射するなどしてつくられた人工放射性元素; 記号 Sg》.

séa-bòrne 名 船で運ばれた, 海上運搬の; 海を渡ってくる: ~ goods 海運貨物 / a ~ invasion 海からの侵略 / ~ trade 海上貿易.

séa bréam 名 ❶ Ⓒ《魚》タイ科の海水魚の総称; (特に)

アメリカチヌ《食用魚》. ❷ Ⓤ アメリカチヌの身.
séa brèeze 图《気》海風《昼間海から陸に吹く; ↔land breeze》.
séa càptain 图《商船の》船長.
Séa-Cát 图《商標》シーキャット《短距離(カー)フェリーに用いられる大型高速双胴船》.
séa chànge 图《文》目覚ましい《急激な》変化, 変貌; undergo a ~ 面目を一新された.
séa chèst 图《海》(水夫の)私物箱.
séa còast 图 海岸, 海浜, 沿岸.
séa còck 图《海》(蒸気機関の)海水コック; 船底弁.
séa còw 图《動》海牛《ジュゴン(dugong), マナティー(manatee)など海生哺乳動物の総称》. ❷ セイウチ.
séa cùcumber 图《動》ナマコ.
séa dòg 图 老練な船乗り.
séa èagle 图《鳥》海魚を捕る各種のワシ, (特に)オジロワシ.
séa-èar 图《貝》セイヨウトコブシ, アワビ.
séa èlephant 图《動》ゾウアザラシ.
séa fàn 图《動》(八放サンゴ亜綱の)ヤギ(海楊), (特に)ウミウチワ《Floridaや西インド諸島産》.
séa·fàr·er /-fè(ə)rə | -rə/ 图 船乗り; 海の旅人.
séa·fàr·ing /-fè(ə)rɪŋ/ 形 Ⓐ《文》航海の; 船乗り業の; 海に生きる: a ~ man 船乗り / a ~ nation 海国.
— 图 Ⓤ 航海; 船乗り業.
séa fíght 图 (戦艦同士などの)海戦.
séa flòor 图 海底(seabed).
séa fòg 图 ⓊⒸ (海から陸へ漂ってくる)海霧.
séa·fòod 图 Ⓤ 海産食品《魚介類》. — 形 Ⓐ シーフードの: a ~ restaurant シーフードレストラン.
séa fòwl 图《~, ~s》 海鳥.
séa frònt 图《通例 the ~》(都市の)海岸通り, 臨海地区, シーフロント: a hotel on the ~ 海岸通りのホテル / a ~ restaurant 海岸通りのレストラン.
séa gìrt 形《文》(島など)海に囲まれた.
séa gòing 形 Ⓐ 遠洋航海の[に適する]; 〈人が〉船乗り業の: a ~ fisherman 遠洋漁業者.
séa gòoseberry 图《動》テマリクラゲ.
séa gràpe 图《植》ハマベブドウ(の実)《ブドウ科の低木の実; 食用》.
séa gràss 图 Ⓤ 海草《アマモなどの海産顕花植物》.
séa-gréen 图 海緑色の《青みがかった緑色にいう》.
séa·gùll 图 カモメ(gull), (特に)海岸にみられるカモメ.
séa hàre 图《動》アメフラシ(裸鰓類)類の軟体動物.
séa hòrse 图 ❶《魚》タツノオトシゴ. ❷ (伝説上の)海馬《馬頭魚尾の怪物》.
séa ìsland 图 = sea island cotton.
séa ìsland cótton 图 Ⓤ《植》カイトウメン(海島綿)《西インド諸島・北米南部産の良質綿》.
séa kàle 图《植》ハマナ(浜菜)《ヨーロッパ西海岸地方に自生するアブラナ科の植物; 英国では野菜として栽培され, 食用にする》.
séa·kèeping 图 Ⓤ《海》凌波(りょうは)性《船舶の荒海に耐える能力》.

*seal¹ /síːl/ 图 ❶ a 判, 印, 印鑑《(解説)欧米では官庁・大学・会社などの公文書に用い, 最近では一般の人は署名(signature)だけですまして seal は用いない》: an official ~ 公印 / ⇨ great seal, Privy Seal, seal ring. b (王・領主などが信書・布告書などに, 蠟(ろう)・鉛などに押印された)印章, 証印《(解説)あらかじめ小紙片(wafer)に印を押したもので文書にはりつけたり, または書類にリボンをつけ, そのリボンを封じる形に赤色の封蠟(sealing wax)を溶かして塗りその上に押印した》. ❷ a (封書用の)封緘(かん)紙; 封印: break the ~ 封印を破る; 開封する. b (社会事業団などの発行するシール《封筒・小包などに貼る》: a Christmas ~ クリスマスのシール. ❸ a (空気・水などのもれを防ぐ)封蠟, 密閉. b 人の口を封じるもの, 秘密を保つもの: put a ~ upon a person's lips 人の口を封じる, 口止めする / under ~ of secrecy 秘密厳守の約束で《★under ~ は無冠詞; cf. 成句》. ❹ a (保証・確認としての)しるし: the ~ of love 愛のしるし《キス・結婚・出産など》 / A handshake is the ~ of friendship. 握手は友情のしるし. b 《…の》保証, 確認: give the ~ of approval [consent] 認可[同意]の確認を与える, 正式に認可[同意] する. ❺《通例 the ~s》《英》大法官[国務大臣]の官職: receive [return] the ~s of office 国務大臣に就任する [を辞職する]. **gíven ùnder a pérson's hánd and séal** 署名捺印(なついん)して. **sét** [pút] one's **séal to** [on]… (1) …に判を押す. (2) …を是認[認可, 認可]する. **sét the séal to** [on]… …の決着をつける, …を終了する. **ùnder séal** (文書など)封印されて, 機密[秘密]扱いで (cf. 3 b).
— 動 ❶ a〈文書などに〉判を押す, 捺印する: They signed and ~ed the treaty. 彼らは条約に署名調印した. b〈商品などに〉(品質保証の)~を押す; 〈手紙などに〉封をする; 封印をする《up, down》: ~ (up) an envelope 封筒に封をする / ~ (up) a warehouse 倉庫に封印をする / ~ (up) a parcel with adhesive tape 接着テープで小包に封をする. ❸〈瓶・窓などを〉《…で》密封する; 〈割れ目・穴などを〉《…で》ふさぐ, 埋める: ~ (up) a leaky pipe 水漏れのするパイプに目塗りをする / ~ (up) a crack with putty 割れ目をパテで埋める. ❹〈目・唇などを〉固く閉じる: Death ~ed her eyes. 死が彼女の目を閉ざした / They tried to ~ his lips with a bribe. 彼らはわいろで彼の口を封じようとした / My lips are ~ed. 私の口は堅い, 私はしゃべらない. ❺ 〈…を〉封じ込める; 〈…を〉締め出す: Use a tight lid to ~ the flavor *in* [the air *out*]. 風味を逃さない[空気を入れない]ようにきついふたを使いなさい. ❻〈契約・約束・友情などを〉《…で》保証[確認]する, 固める: They ~ed their bargain *by* shaking hands [*with* a handshake]. 彼らは握手をして契約の確認をした. ❼《口》〈運命などを〉定める, 決定する: His fate [doom] was ~ed by her testimony. 彼女の証言で彼の運命が決まった. **séal ín**《動+副》[~ ín] (1)〈…を〉密封する; のがさないようにする, 封じ込める (cf. 5). (2)〈物を〉…に入れて封をする[密封する], 閉じ込む. 動《+前》[séal…in…] (2)〈物を〉…に入れて封をする[密封する], 閉じ込む. **séal óff**《動+副》〈入り口・建物・地域などを〉封鎖する, 立入禁止にする: The police ~ed off the area from demonstrators. 警察はその地域を封鎖してデモ隊の立ち入りを禁止した.
《F<L sigillum 小さな目じるし, 判〈signum しるし, 記号; cf. sign》

+**seal²** /síːl/ 图《~s, ~》 ❶ Ⓒ アザラシ, アシカ, オットセイ《(解説)セイウチ(walrus)を除くアザラシ・アシカ類の総称; 耳殻のあるのがアシカ(eared seal), 耳殻のないのがアザラシ(earless seal), オットセイは fur seal という》. ❷ Ⓤ アザラシ[アシカ, オットセイ]の毛皮. — 動 自 アザラシ[オットセイ]狩りをする.

séa-làne 图 海上交通輸送路, シーレーン.
séal·ant /síːlənt/ 图 ⓊⒸ 密閉剤; 封水剤.
séa láwyer 图《海口》不平[理屈]を言う水夫; 《俗》理屈っぽいやつ, うるさいやつ.
séaled 形 Ⓐ 印を押した, 封印された: a ~ letter 封書.
séaled-bèam 图《電》シールドビームの《焦点を合わせた反射鏡・レンズ内にフィラメントを密封して一体成形した; 自動車の前照灯用など》.
séaled bóok 图 神秘, なぞ: Young people were always a ~ to him. 若い人の心は彼には常に理解できなかった.《「封印されて内容のわからない本」の意》
séaled órders 图 《軍》(指定の時まで発表されない)封緘(かん)命令.
séa lègs 图 《口》揺れる船内をバランスをとって歩く船乗りの足つき. **fínd [gét]** one's **séa légs** 甲板をよろけないで歩けるようになる, 船に慣れる.
séal·er¹ 图 ❶ Ⓒ《米》度量衡検査官《合格したものには検印を押す》. ❷ Ⓒ 捺印器具. ❸ ⓊⒸ シーラー《木材などがペンキやニスを吸収しないようにするための塗装下地用塗料》.
séal·er² 图 ❶ アザラシ[アシカ, オットセイ]狩り猟師[猟船].
séa léttuce 图 Ⓤ《植》アオサ《食用海藻》.
+**séa lével** 图 Ⓤ《測量》平均海面. **abóve [belòw] séa lével** 海抜《★》: Mt. Fuji rises 3776 meters *above* ~. 富士山は高さが海抜[標高]3776 メートルである / Fully one-fourth of Holland is *below* ~. オランダのまるまる4分の1は海面より低い.

séa lìly 名 《動》ウミユリ.

séal・ing wàx 名 Ⓤ 封蠟(ふうろう)《普通赤色で棒状になっている; cf. seal¹ 1 b 解説》.

séa lìon 名 《動》アシカ, (特に)トド.

Séa Lòrd 名 《英》海軍本部軍司令委員《もとは海軍省(Admiralty) の, 現在は国防省の海軍委員会(Admiralty Board)の委員をつとめる2人の海軍武官(First ~, Second ~)の一人》.

séal pòint 名 シールポイント《四肢の先・尾・耳・顔などが濃褐色をしているクリーム色のシャムネコ; その模様》.

séal rìng 名 印章付き指輪.

séal・skìn 名 ❶ Ⓤ アザラシ[アシカ, オットセイ]の毛皮. ❷ Ⓒ アザラシ[アシカ, オットセイ]の毛皮で作ったコート(など). ── 形 Ⓐ シールスキンの.

séa・stòne 名 石製の印章, 石印.

Séa・ly・ham (térrier) /síːlihæm, -liəm/ | -liəm-/ 名 シーリアムテリア《犬》《Wales 原産の脚の長い白毛の猟犬》.

⁺seam /síːm/ 名 ❶ (布・毛皮・服などの)縫い目, 継ぎ目: My jacket is coming apart at the ~s. 上着は縫い目があちこちほころびかけている. ❷ 《地》(2つの地層間の)薄層: a coal ~ 石炭層. ❸ a 傷跡. b 《外科・解》縫合線. c (顔などの)しわ. **be búrsting [búlging] at the séams** 〈場所などが〉はち切れんばかりにいっぱい[満員]である《由来「縫い目が裂ける」の意から》. **cóme [bréak, fáll] apárt at the séams** (1) 縫い目がほころびる. (2) 《口》《計画・会社・人などが》(あちこちで破綻をきたして)だめになる. ── 他 動 ❶ 《2枚の布などを》縫い[継ぎ]合わせる. ❷ 〈...に〉傷跡をつける; 〈...に〉しわをよらせる (⇒ seamed). 〖OE〗
(形 seamy)

⁺séa・man /-mən/ 名 (複 -men /-mən/) ❶ a 船乗り, 海員, 船員, 水夫 (sailor); 水兵: a merchant ~ 商船の船員. b 《米海軍》上等兵. ❷ [形容詞を伴って] 船の操縦が(...の)人: a good [poor] ~ 船の操縦の巧みな[下手な]人.

séaman・líke 形 船乗りらしい.

séaman・shìp 名 Ⓤ 船舶操縦術.

séa・màrk 名 ❶ 航路標識 (cf. landmark 1). ❷ 《波打ち際の》満潮水位線.

séa màt 名 《動》コケムシ (bryozoan), (特に)アミメコケムシ.

seamed 形 ❶ 縫い目[継ぎ目]のある. ❷ しわのよった; 傷跡のついた: a deeply ~ face 深いしわのよった顔 / a face ~ with scars [care, old age] 傷跡のある顔[苦労が重なって, しわ年波で]しわがよった顔].

séa mèw 名 《鳥》カモメ (seagull).

séa mìle 名 海里.

séa mìst 名 Ⓤ.Ⓒ 海から発生する霧, 海霧.

⁺séam・less 形 ❶ 縫い目[継ぎ目]のない, シームレスの: ~ stockings シームレスのストッキング. ❷ (完全に)一体となった; 途切れることのない; 円滑な, スムーズな. ~・**ly** 副 ~・**ness** 名

séa・mòunt 名 《地》(深い海床の)海面下の山, 海底火山, 海山.

séa mòuse 名 《動》ウミネズミ《遊在類の環形動物》.

seam・ster /síːmstər, sém- | sémstə/ 名 仕立屋.

seam・stress /síːmstrəs, sém- | sém-/ 名 お針子, 女性裁縫師[仕立屋].

seam・y /síːmi/ 形 (seam・i・er; -i・est) ❶ [通例 the ~ side of...で] 裏面の, 見苦しい (sordid): the ~ side of life [New York] 人生[ニューヨーク]の裏側[暗黒面]. ❷ 縫い目のある[出た]. **séam・i・ness** 名 (⇒ seam)

Sean /ʃɔːn/ 名 《アイル》ショーン 《John に相当する男性名》.

Sean・ad Éir・eann /ʃænəd(éə)rən/ 名 [the ~] 《アイルランド共和国の》上院 (cf. Dáil (Éirean)). 〖Ir=Senate of Ireland〗

se・ance, sé・ance /séɪɑːns | -ɔns/ 名 《霊媒を通じて死者と交信する》降霊術の会. 〖F=座ること〗

séa òtter 名 《動》ラッコ.

séa pèn 名 《動》ウミエラ《腔腸動物門花虫綱の動物》.

séa pìnk 名 《植》ハマカンザシ.

séa・plàne 名 水上機, 飛行艇.

séa・pòrt 名 海港, 港町.

séa pòwer 名 ❶ Ⓤ 海軍力. ❷ Ⓒ 《海(軍)》国.

séa・quàke 名 海震《海底での地震》.

sear /síə | síə/ 動 他 ❶ 〈...の〉表面を焼く, 焦がす: The hot iron ~ed the trousers. 熱いアイロンでズボンが焦げた. ❷ a 《傷などを》(治療のために)焼灼(しょうしゃく)する. b 〈...に〉やけどさせる: She ~ed her hand on the hot iron. 彼女は熱いアイロンで手にやけどをした. ❸ 〈良心・感情などを〉無感覚にする. ── 形 《文》〈植物が〉枯れた, しおれた.

‡search /sə́ːtʃ | sə́ːtʃ/ 動 他 ❶ 〈身体・場所などを〉捜す, 捜索する; 〈データベースなどを〉検索する《用法 捜し求めるものは for の目的語で表わす; cf. 自 1》: ~ a house 家の中を捜す, 家宅捜索する / ~ the records of the case 《真相を探ろうと》その事件の記録を調べる / ~ a house for evidence 家宅捜索して証拠を捜す / They ~ed the woods for the missing child. 彼らは行方不明の子供をさがそうと森の中をくまなく捜した / ~ the database [the network, the (World Wide) Web] データベース[ネットワーク, ウェブ]を検索する. ❷ a 《場所・顔などを〉〈...を〉見つけ出そうとして〉じろじろ見る, じっと見つめる: ~ the sky with one's binoculars 双眼鏡で空をあちこち見渡す / He ~ed her face for a sign of her true feelings. 彼は本心が表われていないか探ろうとして彼女の顔をうかがった. b 《傷・心・記憶などを〉...をよく探る[調べる]: ~ one's conscience [soul] 《やましいことはないかと》自分の良心[己れの心]にきいてみる / ~ a person's heart 人の心中を穿鑿(せんさく)する / I ~ed my memory for his name. 彼の名前を思い出そうと記憶を探った. ❸ 《光・風・寒さなどが》...にくまなく入り込む: The icy wind ~ed the room. 凍てつくような風が部屋の隅々まで吹き込んだ. ── 自 ❶ a [副詞(句)を伴って] [人・ものを] (丹念に)捜す, 捜し求める; 検索する《用法 捜し求めるものが前置詞 for の目的語となる; cf. 他 1》: They ~ed around all day. 彼らは一日中捜し回った / She ~ed in her purse. 彼女は財布の中を捜した / I ~ed through the telephone directory for his number. 電話帳をあちこちめくって彼の電話番号を捜した / He ~ed for the answer [solution] in vain. 彼は懸命に答え[解決策]を捜したがだめだった. b 〔富・名声・真理などを〕求める, 探求する: ~ after fame [truth] 名声を追う[真理を探求する]. ❷ 《事件・問題などを》調べる, 調査する: We must ~ into the matter. 我々はその事件を調査する必要がある.

Sèarch mé. 《口》私にはわからない, 知るものか 《由来「私を捜してごらん(答えは出ないよ)」の意から》: "What happened?" "S~ me." 「何が起こったんだ」「知らないね」.

séarch óut 動 他 [+副] 〈...を〉(調査・探索などによって)捜し出す (seek out): ~ out an old friend 旧友を捜し出す / ~ out the weaknesses in an argument 議論の弱点を捜し出す.

── 名 ❶ 〈...の〉捜索, 追求: the ~ after truth 真理の探求 / a house-to-house ~ (しらみつぶしの)戸別捜査 / The ~ for the lost plane is still in progress. 行方不明機の捜索は今なお続行中です / The police made a thorough ~ of the city for the suspect. 警察は容疑者を捜し出そうと, 町を徹底的に捜索した / call off [mount] a ~ 調査を中止[開始]する. ❷ 《危険物などの有無を確かめる》検査, 調査: a body ~ 《危険物・密輸品を所持しているかどうかを調べる》身体検査 / a strip ~ 《裸にして不法所持品や麻薬注射の跡などを調べる》身体検査, 皮膚検査 / a customs ~ 税関の検査. ❸ 《電算》(データ・情報の)検索. **in séarch of...** ...を捜して, ...を求めて: They all went in ~ of the buried treasure. 皆がその埋蔵されている宝を捜しに出かけた. **the ríght of séarch** 捜索権《公海上で交戦国が中立国の船舶に対して行使する》. 〖F＜L circare ひと回りする＜circus 円; cf. circle〗

séarch èngine 名 《電算》検索エンジン: a 検索を行なうプログラム. b それによるインターネット上の検索サービス.

séarch・er 名 ❶ 捜索者, 探求者. ❷ a 調査者, 検査者. b 税関[船舶]検査官; 身体検査官. ❸ 《電算》＝ search engine.

séarch・ing 形 ❶ a 厳重な, 綿密な, 徹底的な: a ~ investigation 徹底的な調査. b 《目つき・観察など》鋭い,

give a person a ~ look 人を鋭い目つきで見る / a ~ question 鋭い質問. ❷ 〈寒さなど〉身にしみる: a ~ cold [wind] 身にしみる寒さ[風]. **~ly** 副

séarch·light 名 サーチライト, 探照灯; サーチライトの光: play a ~ on... にサーチライトを当てる.

search pàrty 名 [集合的; 単数または複数扱い] 捜索隊.

séarch wàrrant 名 [法] 捜索令状.

†**sear·ing** /síə(ə)rɪŋ/ 形 ❶ 焼けつくような: a ~ pain 焼けつくような痛み. ❷ 〈意見 批判など〉手厳しい, 痛烈な.

séa ròom 名 U [海] 操船余地.

séa ròver 名 海賊; 海賊船.

Sears /síərz/, **Richard** シアーズ (1863-1914; 米国の実業家; 通信販売による小売企業 Sears, Roebuck 社を創立).

séa sàlt 名 U 海塩 (cf. rock salt).

séa·scàpe 名 海景画, 海の絵; 海の景色.

Séa Scòut 名 海洋少年団員.

séa sèrpent 名 (伝説上の)大うみへび.

séa·shèll 名 貝, 貝殻: She sells ~s by [on] the seashore. 彼女は海辺で貝を売っている (★ この文は英語の早口言葉 (tongue twister) のひとつ).

séa·shòre 名 U 海岸, 海浜 (shore). ── 形 海岸の, 海沿いの: a ~ cottage 海辺の別荘 / a ~ village 海沿いの村.

séa·sìck 形 船に酔った: get ~ 船に酔う.

séa·sìckness 名 U 船酔い.

†**séa·sìde** 名 [the ~] 海岸 (★ 特に[英]では避暑地などとしての海岸地帯); go to the ~ (海水浴・避暑・休養などで)海岸へ行く. ── 形 A 海岸の, 海に臨んだ: a ~ hotel 海浜ホテル / a ~ resort 海岸避暑[避寒]地, 海水浴場. 〘類義語〙 ⇒ shore¹.

séa slùg 名 [動] ❶ ナマコ. ❷ 裸鰓(らさい)類, ウミウシ.

séa snàil 名 ❶ 海産巻貝. ❷ [魚] クサウオ.

séa snàke 名 [動] ウミヘビ.

*‡**sea·son** /síːz(ə)n/ 名 ❶ **a** 季節, 季 [四季のひとつ]: the (four) ~s (一年の)四季 (spring, summer, autumn [(米) fall], winter) / in all ~ 四季を通じて. **b** 時候: ~'s greetings = compliments of the ~ 時候のあいさつ (用法 特にクリスマス [新年]の賀詞) / *Season's* Greetings! ⇒ greeting 成句. ❷ (通例修飾語を伴って) **a** (...の)時季, 時節, 季節: the dry [rainy] ~ 乾期[雨期] / the harvest ~ 収穫期 / [米] the vacation [tourist] ~ = [英] the holiday ~ 年休のシーズン (通例複に限る) / the ~ of good will 善意の季節 (クリスマスの時期) / a busy [peak] ~ (for hotels) (ホテルの)書き入れ時 / the off [slow, slack] ~ 霜枯れ時. **b** 出盛り期, 旬(ピ゚): (the) strawberry ~ イチゴの出回る時期 / (the) oyster ~ = the ~ for oysters カキの旬節 / Everything is good in its ~. 〘諺〙 物はすべて旬が良い, 「鬼も十八, 番茶も出花」. **c** 流行期, 活動期, シーズン: the (London) ~ ロンドン社交期 / a Ascot 競馬 & Wimbledon テニスが開催される初夏(のころ) / (the) baseball ~ 野球のシーズン / at the height of the ~ シーズンの盛りに / Autumn is a good ~ for travel[ing] [to make a trip]. 秋は旅行に良い季節だ. **d** (映画・演劇・テレビ番組などの)上映[上演, 放映]期間. ❸ 時期, 期間: The months after Christmas are a good [bad] ~ for the company. クリスマス後の数か月間は会社にとっていい[悪い]時期だ. ❹ [英口] = season ticket. **in góod séason** 十分間に合って, 早めに. **in séason** (1) 〈果実・魚類など〉出盛り [旬]で, 食べごろで: Peaches are *in* ~ now. 桃が今食べごろだ. (2) 〈猟獣の〉猟期で, 解禁で. (3) 〈動物が〉盛りがついて. (4) 〈ホテル・観光など〉書き入れ時で. (5) 〈忠告など〉時宜を得た, タイミングのよい: a word (of advice) *in* ~ 時宜を得た忠告. **ín (sèason) and óut of sèason** (時を選ばず)いつも, 間断なく (★ 聖書「テモテへの第二の手紙」から). **òut of séason** (1) 〈果実・魚類など〉季節はずれで, 旬でない. (2) 〈猟獣が〉禁猟期で. (3) 〈ホテル・観光など〉シーズンオフで. (4) 〈忠告など〉時期を失して, タイミング悪く.

── 動 ❶ **a** 〈食物・料理など〉に味をつける, 調味する: ~ a dish too highly 料理に味をつけすぎる / ~ beef *with* ginger 牛肉にショウガで味をつける. **b** 〈話などに〉機知・ユーモアで〉興味を添える: He ~ed his speech *with* jokes. 彼はジョークで演説をおもしろくした. ❷ 〈材木を〉(使用に適するように)乾燥させる, 枯らす: ~ timber in the open air 材木を戸外で乾燥させる. ❸ 〈人を〉〈経験・訓練などを通じて〉困難な状況などに〉慣らす, 習熟させる (★ 通例受身): These soldiers *are* ~ed *to* the rigors of the climate. この兵隊たちは気候の厳しさに慣れるように訓練されている. ❹ 〈...を〉緩和させる, やわらげる: Let mercy ~ justice. 慈悲の心で裁きをやわらげよ (★ Shakespeare「ベニスの商人」から). ── 自 〈材木が〉乾燥する, 枯れる.

〘L = 種まきの時期〙 (形 seasonal)

sea·son·a·ble /síːz(ə)nəbl/ 形 ❶ 季節にふさわしい, 時節柄の (~ unseasonable): ~ weather 時季らしい天候. ❷ 時宜にかなった, タイムリーな: ~ advice 時宜を得た忠告 / ~ gifts [help] タイムリーな贈り物[援助]. **-a·bly** /-nəbli/ 副. **~·ness** 名

*‡**sea·son·al** /síːz(ə)n(ə)l/ 形 ❶ 特定の季節だけの: a ~ laborer 季節労働者 / ~ rates 季節料金. ❷ 季節の, 周期的な: ~ changes of weather 天候の季節的変化 / ~ norm [英] 各季節の平均的気象状態. **~·ly** /-nəli/ 副 (名 season)

séasonal afféctive disórder 名 U [精神医] 季節性情緒[感情]障害 (晩秋・冬期になると鬱症状を呈する; 日照時間との関連があるとされる)).

†**séa·soned** 形 ❶ **a** 〈人が〉経験豊かな, 練達の: a ~ traveler 経験豊かな旅行者 / a ~ politician 老練な政治家. ❷ 味つけした, 調味した. ❸ **a** 〈木材など〉よく乾燥[枯らし]た. **b** 〈パイプなど〉よく使い込んだ.

séasoned sált 名 U (香辛料などを混ぜた)調味塩.

†**séa·son·ing** /-z(ə)nɪŋ/ 名 **a** 調味, 味つけ: This soup needs more ~. このスープはもっと味をつけないといけない. **b** U C 調味料, 薬味, 香辛料. **c** C 趣を添えるもの: a ~ of humor ユーモアの味. ❸ U (材木などの)乾燥.

séason première 名 シーズンプレミア (連続テレビ番組のシーズン初回).

†**séason tìcket** 名 ❶ [英] 定期乗車券 ([米] commutation ticket). ❷ (演奏会・野球試合などの)定期入場券, シーズンチケット.

séa squìrt 名 [動] ホヤ (原索動物).

séa stàte 名 海上模様, 海況.

‡**seat** /síːt/ 名 ❶ 腰かけ (chair, bench, sofa など腰かけるものの総称): use a box for a ~ 箱を腰かけに使う / ⇒ hot seat. ❷ 席, 座席: have [take] a ~ 座る, 着席する / get up from one's ~ 席を立つ / He took the ~ next to me. 彼は私の隣の席に着いた. ❸ **a** [単数形で] (いす・腰かけなどの)座部, 座: This chair has a broken ~. このいすは座る所が壊れている. **b** 〈衣服・ズボンなどの〉尻(当て): These trousers are tight in the ~. このズボンはお尻のところが窮屈だ. **c** 〈体の〉尻: I had a sore ~ after sitting so long. 長い間座っていたのでお尻が痛くなった. **d** (機械などの)台, 台座: a valve ~ 弁座. ❹ (劇場・列車などの)切符を買って座る)座席, 予約席, 指定席: a 500-*seat* theater 500 席の劇場 / take one's ~ (劇場・会議場などで)決められた席に着く / reserve a ~ on a plane [train] 飛行機[列車]の席を予約する. ❺ 議席, 議員[委員 (など)]の地位: lose one's [win a] ~ 〈議員が落選[当選]する〉 / have a ~ in Parliament 国会議員である / resign one's ~ on the committee 委員会の委員を辞任する / a safe ~ 当選確実の選挙区(議席). ❻ **a** (活動の)所在地, 中心地: the ~ of government 政庁所在地 / Oxford is a ~ of learning. オックスフォードは学問の府である. **b** (体の機能・病気の)所在地, 源: the ~ of the disease 病巣. **c** (貴族のいなかの)邸宅, 屋敷: The family ~ is in Devon. その家族の邸宅はデボン州にある / ⇒ countryseat. ❼ (馬の)乗り方, 乗った姿勢: She has a good ~. 彼女は馬に乗った姿が美しい. **by the séat of one's pánts** (口) 経験に基づいて, (経験から得た)勘で (~ seat-of-the-pants) (由来 計器などに頼らずに飛行機を操縦することから). **kéep one's séat** (1) 席に着いたままでいる: Please *keep* your ~s! お立ちにならないで, (どうぞ)その

seatbelt

ままで. (2) 〈議員が〉議席を守る, 再選される. **on the edge of one's seat** 期待に身をのり出して.
—— 動 他 ❶ a 〈人を〉着席させる, 座らせる: She ~ed her guests around the table. 彼女は客たちを食卓に着かせた / The usher ~ed me. 案内人は私を座席に通してくれた. b 〔~ oneself で〕〈…に〉座る, 着席する〔★また受身でも用い,「座っている」の意になる〕: She ~ed herself quietly before the piano. 彼女は静かにピアノの前に座った / He was ~ed at his desk. 彼は自分の机に座っていた / Please be ~ed, ladies and gentlemen. 皆さん, どうぞご着席ください〔比較 Please sit down… よりていねいな言い方〕/ remain [stay] ~ed 着席したままでいる. ❷ 〈建物・乗り物・食卓などが〉…人分の座席をもつ, 〈…人を〉収容する〔★進行形なし〕: This hall ~s 2000 people. この講堂は2千人を収容できる / This car ~s the driver and four passengers. この車には運転手と(他に) 4人が乗れる. ❸ 〔~ oneself で〕〈ある場所に〉位置する, 定住する〔★通例受身で用い,「位置している, 定住している」の意になる〕: The US government *is* ~ed at Washington in the District of Columbia. 米国の政府はワシントン D.C. にある / an old family long ~ed *in* Kent ケント州に長く根を下ろした旧家. ❹ 〈機械・部品などを〉〈…に〉固定する, 据えつける 〔*in*, *on*〕: Make sure that the pipe is properly ~ed. パイプがちゃんと固定されているか確かめなさい. ❺ 〈いす・ズボンなどに〉〈…の〉座部[尻当て]をつける: a chair *with* strong cane seat いすに丈夫な籘(とう)の座をつける. 《ON sǽti》

⁺**séat·ed** /-t̬ɪd/ 形 シートベルト, 安全ベルト (safety belt).
séat·ed /-tɪd/ 形 〔通例複合語で〕❶ 座部[腰かけ]が…の: a hard-*seated* sofa 座部が硬いソファー. ❷ 根が…の: (a) deep-*seated* hatred 根深い憎悪.
-séat·er /-t̬ə| -tə/ 〔複合語で〕 …人乗りの車[飛行機(など)]: a four-*seater* 4人乗りの自動車[飛行機(など)].
séat·ing /-t̬ɪŋ/ 名 ⓤ ❶ 座席, 着席; 座席への乗り方. ❸ (いすの)おおい[詰め物]材料: strong cotton ~ 丈夫なコットンの張り布. —— 名 A 座席の: a ~ capacity of 50 50の座席数 / ~ room for fifty persons 50人分の座席数[収容力] / the ~ arrangement 席順.
séat·màte 名 (飛行機などで)隣に座り合わせた人.
SEATO /síːtou/ 略 Southeast Asia Treaty Organization 東南アジア条約機構 (1954–77).
séat-of-the-pánts 形 《口》(計器・理論でなく)経験と勘による: a ~ landing 無計器着地.
séa tròut 名 【魚】 ❶ 降海型のマス, (特に)ブラウントラウト. ❷ マスに似た海魚 (アイナメなど).
Se·at·tle /siǽt̬l/ 名 シアトル《米国 Washington 州, Puget Sound に臨む都市》.
séa úrchin 名 ❶ ⓒ 【動】ウニ. ❷ ⓤ ウニの身〖食用〗.
séa wàll 名 (海岸の)護岸堤防, 防波堤.
sea·ward /síːwəd| -wəd/ 副 形 海のほうの[へ].
sea·wards /-wədz| -wədz/ 副 = seaward.
séa wàsp 名 【動】立方クラゲ(類), アンドンクラゲ〖猛毒〗.
⁺**séa wàter** 名 海水.
séa wày 名 ❶ ⓒ (外洋船が航行できる)深い内陸水路: the St. Lawrence *S*– (米国の)セントローレンス水路. ❷ ⓒ 荒海, 激浪. ❸ ⓤ 航路, 航路. ❹ ⓒ 船足, 航行: make (good) ~ 〈船が(速い船足で)進航する.
⁺**séa·wèed** 名 ⓤ 海藻.
séa wólf 名 【魚】 ❶ 大きくて貪食な海魚《オオカミウオ・スズキなど》; 海賊; 私掠船, 潜水艦.
séa·wòrthy 形 〈船が〉航海に適する, 耐航性のある. **-wòrthiness**
se·ba·ceous /sɪbéɪʃəs/ 形 【医】 脂肪性の; 脂肪を分泌する: a ~ cyst 皮膚嚢胞(のうほう)〖嚢腫〗 / a ~ gland 皮脂腺.
Se·bas·tian /sɪbǽstʃən| -tiən/ 名 セバスチャン (男性名).
Se·bas·to·pol /sɪbǽstəpəʊl| -pɒl/ 名 Sevastopol の別称.
SEbE (略) southeast by east.
seb·or·rhea, -rhoea /sèbərí:ə/ 名 【医】 脂漏(症).
-rhé·ic, -rhóe·ic 形
SEbS (略) southeast by south.
se·bum /síːbəm/ 名 〖生理〗 皮脂.
sec¹ /sék/ 形 〈ワインが〉辛口の. 〖F〗
sec² /sék/ 名 〈口〉ちょっとの間, 瞬時 (mo): in just a ~ すぐに〈〉/ Wait a ~. = Just a ~. ちょっと待って.
〖SE(COND²)〗
sec (略) 【数】 secant; second(s) 秒; second(ary); secretary; section; sector. **SEC** /ésíːsíː/ (略) Securities and Exchange Commission.
se·cant /síːkənt, -kænt| -kənt/ 【数】 形 切る, 分ける, 交差する: a ~ line 割線(かっせん). —— 名 セカント, 正割, 割線 (略 sec).
sec·a·teurs /sékətə̀ːz| -tə̀ːz/ 名 《英》(植木の)剪定(せんてい)ばさみ: a pair of ~ 剪定ばさみ1丁.
sec·co /sékoʊ/ 名 ⓤ 風乾〔乾式〕フレスコ画法, セッコ《乾いた漆喰壁に石灰水などで溶いた顔料を用いる画法》.
⁺**se·cede** /sɪsíːd/ 動 自 〈政党・教会などから〉脱退[分離]する: ~ *from* the Party 政党を脱退する. 〖L ‹ SE-+ cedere, ces- 行く (cf. cease)〗 名 secession
se·ced·er /-də| -də/ 名 脱退[分離]者.
⁺**se·ces·sion** /sɪséʃən/ 名 ❶ (政党・教会などからの)脱退, 分離. ❷ 〔しばしば S–〕(米国で 1860–61年の南部11州の)連邦脱退《南北戦争 (Civil War, War of Secession) の原因となった》. 動 secede
se·ces·sion·ism /-ʃənìzm/ 名 ⓤ ❶ 分離論, 脱退論. ❷ 〔しばしば S–〕(米国南北戦争時代の)連邦脱退論.
⁺**se·ces·sion·ist** /-ʃənɪst/ 名 ❶ 分離[脱退]論者. ❷ 〔しばしば S–〕(米国南北戦争時代の)連邦脱退論者.
se·clude /sɪklúːd/ 動 他 ❶ 〈人を〉〈…から〉引き離す, 隔離する: ~ one's children *from* bad influences 子供を悪影響から引き離す. ❷ 〔~ oneself で〕〈…から〉隠遁(いんとん)する; 引きこもる (⇒ secluded 2): ~ oneself *from* society 社会から隠遁する / He has ~d himself *in* his room. 彼は部屋に閉じこもりっきりだ. 〖L ‹ SE-+ claudere, claus- 閉める (cf. close)〗 名 seclusion, seclusive
⁺**se·clud·ed** /-dɪd/ 形 ❶ 〈場所など〉引っ込んだ所にある, 人里離れた: a ~ mountain cottage 人里離れた山荘. ❷ 〈人・生活など〉世間と交わらない; 隠遁(いんとん)した, 引きこもった: the ~ life of a convent 修道院の世間から隔絶された生活 / live ~ *from* the world 隠遁生活をする / He remains ~ *in* his room. 彼は部屋に閉じこもったままだ.
se·clu·sion /sɪklúːʒən/ 名 ⓤ ❶ 隔離, 隔絶: a policy of ~ 鎖国政策 / in the ~ of one's room 自分の部屋に引きこもって. ❷ 隠遁(いんとん), 閑居: live in ~ 閑居する, 隠遁生活を送る. ❸ 僻地, 人里離れた場所.
動 seclude
se·clu·sive /sɪklúːsɪv/ 形 〈人が〉引きこもりがちな, 隠遁(いんとん)的な. **~·ly** 副 **~·ness** 動 seclude

⁕**sec·ond**¹ /sékənd/ 〖序数の第2番; しばしば 2nd と略記; 基数は two; 用法は cf. fifth, first〗 形 〔通例 the [one's] ~〕第2(番目)の: ⇒ second base, second floor / the ~ chamber (二院制議会の)上院 / in the ~ place 第2に, 次に / the ~ largest city in the world 世界第2の大都市〔★以下 the third [fourth, fifth…] largest… 世界第3[第4, 第5…]の…と続く〕. ❷ a 〈順位・重要度など〉2等の, 次位の: win the ~ prize 2等賞を取る / He was [came in] ~ in the race. 彼は競走で2位だった〔用法 補語のときには無冠詞〕. b P 〔…に〕次いで; 〔…に〕劣って: *S*– *to* him, I'm the fastest runner on [in] our team. 彼に次いでぼくがチームで2番目に足が速い / He's ~ only *to* his teacher. 彼は先生を除けばだれにもひけをとらない. ❸ a もうひとつの, 別の, 代わりの: have a ~ helping (食事の)おかわりをする. b よく似た, 第二の, 再来の: a ~ Caruso (大テナー)カルーソの再来. ❹ 〖楽〗第2の: 〈音・声が〉低い: (the) ~ violin 第2バイオリン / ~ alto 第2アルト. ❺ 〖機〗第2速の, セカンド(ギヤ)の. **sécond to nóne** 〈口〉 何もの[だれ]にも劣らない: He's ~ *to* none in French [as a cook]. 彼はフランス語では[コックとしては]だれにも負けない. —— 代 〔通例 the ~〕〈…する〉第2番目[もう一人, 別]の人[もの]: 〔+*to do*〕You are *the* ~

to arrive. 君は2番目に到着した人だ。── 副 ❶ **a** 第2位(目)に, 次に: come [place] ~ 2番(目)になる[くる], 次席になる. **b** [列挙する時文頭に用いて] 第二に, 次に (secondly). ❷ 二等で: travel ~ 二等で旅行する. ── 名 ❶ Ⓤ[通例 the ~; 時に ~, a ~ø] 第2(番目); 第2位, 2等, 2着 »~ second-in-command / be *a* close (distant, poor) ~ 1着と大差のない[大差のある] 2着である. **b** (月の)2日: *the* ~ of April 4月2日 (⇒ January 解説). **b** [複数形で] (口) (食事の)おかわり: Does anyone want ~*s on* [*of*] the pie? パイのおかわりが欲しい人いる? ❸ (衣類などの商品の)2級品, キズモノ. ❹ [通例複数形で] (決闘・ボクシングなどで)介添え人, セコンド; 補助役. ❺ Ⓒ[楽] 2度; 2度音程. ❻ Ⓤ[車] 第2速, セカンド(ギヤ): in ~ セカンドで. ❼ Ⓤ[無冠詞で][野] 二塁. ❽ [the ~][野] 第2回. ❾ [the ~s] 第2控えチーム. ❿ Ⓒ (英)(大学の試験の)第2級: get *a* ~ 2級[良]を取る. ⓫ [the ~] 第2学年. ⓬ [*a* ~](議会での)動議支持(者). ── 動 ❶ 〈動議・決議に〉賛成する: He ~*ed* our motion. 彼は我々の動議に賛成した. **b** 〈...を〉支持する, 後援する, 裏付けする《◆通例受身》: He *was* ~*ed* in his opinion by his friends. 彼の意見は友人の支持を得た. ❷ (決闘・ボクシングなどで)人の介添えをする. 《F < L *secundus* (後に)続く, 次の《*sequi* ...の次に来る, ...について行く; cf. sequence》

‡sec·ond² /sékənd/ 名 ❶ Ⓒ 秒(1分間の ¹⁄₆₀; 時間の国際単位 ⇒ SI unit); 略 sec; cf. hour 1 **a**, minute¹ 1): three minutes and thirty ~s 3分 30秒 / 50 miles a [per] ~ 1秒につき 50マイル 《★ per ~ は無冠詞》. ❷ **a** Ⓒ [通例単数形で] 瞬間 (moment): in a ~ たちまち / every ~ 刻々と. **b** [*a* ~; 副詞的に] ちょっと(の間): Wait *a* ~. =Just *a* ~. ちょっと待って. ❸ Ⓒ (角度の単位としての)秒《1分の ¹⁄₆₀; 記号 ″; cf. degree 1, minute¹ 3). 《L *secunda* (*minuta*) 第二の分, 次のもの; ⇒ second¹》

sec·ond³ /síkɑnd | -kɔnd/ 動 (英)❶〈将校に〉(一時的に)...の隊外勤務を命じる,〈隊付きを解いて〉...の勤務を命じる: He has been ~*ed for* special duties. 彼は特別任務を命じられている. ❷〈公務員を〉(一時的に)...に配置替えする《*for*, *to*》.《F *en second* in the second (position)》

Sécond Ádvent 名 [the ~] キリストの再臨.

***sec·ond·ar·y** /sékəndèri | -dəri, -dri/ 形 (比較なし) ❶ (重要性・順序などが)第2位の, 二次の; 二次的, 副次的な, 派生的な; 従属的な, 補助的な (cf. primary 1): a matter of ~ importance 二次的な問題 / This matter is ~ *to* that. この問題はそれに次ぐ問題だ / a ~ meaning 派生的意味 / a ~ product 副産物. ❷ Ⓐ 中等教育[学校]の (cf. primary 3): ~ education 中等教育 / a *secondary*-school teacher 中学校の先生. ── 名 ❶ **a** 二次的なもの. **b** 代理人, 補佐. ❷ [天] 伴星; 衛星. ❸ [アメフト] セカンダリー(守備チームのバックフィールドにいる第2守備陣). **sec·ond·ar·i·ly** /sèkəndérəli | sékəndərəli, -drə-/ 副 第2位に, 従属的に, 補助的に. 《SECOND¹+-ARY》

sécondary áccent 名 =secondary stress.

sécondary cólor 名 等和色(2原色を等分に混ぜた色).

sécondary féather 名 (鳥の)次列風切羽.

sécondary índustry 名 Ⓤ [経] 第二次産業, 製造工業.

sécondary inféction 名 [医] 二次感染.

sécondary mód 名 (口) =secondary modern (school).

sécondary módern (schòol) 名 (英) (1970年代までの)モダンスクール, 近代中等学校《一般基礎教育と実務教育を施すことを目的とする公立中学校のひとつ》.

sécondary plánet 名 衛星.

⁺sécondary schóol 名 中等学校《米国の high school, 英国の公立中等学校 (日本の中学校・高等学校などです): lower [upper] ~ (日本の)中[高等]学校.

sécondary séx [séxual] characterìstic 名 [医] 二次性徴.

secóndary sóurce 名 二次資料《研究・調査の対象に関して言及・分析している資料; cf. primary source》.

sécondary stréss 名 Ⓤ.Ⓒ 第2強勢[アクセント]《第1強勢 (primary stress) と弱強勢の中間の強勢; examination /ɪgzæmənéɪʃən/ のように / ˋ / で表わす》.

sécond bállot 名 決選(第二回)投票.

sécond banána 名 (米俗) ❶ (喜劇のわき役. ❷ (一般に)次位者, ナンバーツー.

sécond báse 名 Ⓤ [通例無冠詞で] [野] 二塁; 二塁の位置[守備]: play ~ 二塁を守る.

sécond báseman 名 [野] 二塁手.

sécond bést 名 2番目によい人[もの], 次善の人[もの].

⁺sécond-bést 形 2番目によい, 次善の: one's ~ suit 2番目によいスーツ / the ~ policy 次善の策. ── 副 次位に: come off ~ 次位に落ちる, 負ける.

sécond chámber 名 (二院制議会の)第二院, 上院.

sécond chíldhood 名 [a ~, one's ~] 老衰, もうろく: I'm not in my ~. 私はもうろくなどしていない.

sécond cláss 名 ❶ Ⓤ 2級, 二流. ❷ Ⓤ (乗り物の)二等 (cf. first class 1, cabin class, tourist class). ❸ Ⓤ (郵便の)第2種《解説》米国・カナダでは新聞・雑誌などの定期刊行物用; 英国では非優先扱いの普通便で first class より遅い》. ❹ Ⓒ (英国の大学の試験で)第2級.

⁺sécond-cláss 形 ❶ 二等の, 2級の: a ~ passenger [ticket] 二等客[切符]. ❷ 二流の, 平凡な (mediocre). ❸ (郵便が)第2種の. ── 副 二等で; 第2種で: travel ~ 二等で旅行する / send a letter ~ (英)手紙を第2種扱いで出す.

Sécond Cóming 名 [the ~] キリストの再臨 (⇒ advent 2 b).

sécond cóusin 名 またいとこ, はとこ.

sécond-degrée 形 Ⓐ ❶ 〈謀殺が〉第二級の (⇒ murder). ❷ 〈やけどが〉第2度の.

sécond·er 名 後援者, (特に動議の)賛成者.

sécond flóor 名 [the ~] ❶ (米) 2階《関連》3階以上ある場合の2階が second floor, 2階家の場合の2階は通例 upstairs, 納屋や馬屋の2階は loft という》. ❷ (英) 3階.

sécond-generátion 形 二代目の, 第二世代の; 〈機械など〉第一期に次ぐ改良段階の, 第二期の.

sécond-guéss 動 (口) ❶ 予言[予測]する. ❷ 〈人(のしたこと)を〉(ああすればよかったと)後知恵で批判する.

sécond hánd¹ 名 ★ 次の成句で. **at sécond hánd** ⇒ hand 成句.

sécond hánd² 名 (時計の)秒針.

⁺sécond·hánd /sékəndhǽnd/ 形 (比較なし) ❶ **a** 〈商品が〉中古の: a ~ car 中古車. **b** Ⓐ 〈商人・店など〉中古品を売買する: a ~ bookstore 古本屋 / a ~ dealer 古物商(人). ❷ 間接の, また聞きの, 受け売りの: ~ information また聞き / ~ knowledge 受け売り. ── 副 (比較なし) ❶ 中古で: We bought the car ~. その車を中古で買った. ❷ また聞きで, 間接に.

sécondhand smóke 名 Ⓤ 副流煙《非喫煙者が吸い込む他人のたばこの煙》.

sécond-in-commánd 名 (ⓟ seconds-in-command) 副司令官; 次長.

sécond inténtion 名 Ⓤ [医] 二次癒合《2つの肉芽面の癒合》.

sécond lánguage 名 ❶ 第2言語《母語 (mother tongue) の次に学ぶ》. ❷ (母語・現地語以外の)共通語, 第二公用語.

sécond lieuténant 名 [陸軍・海兵隊・米空軍] 少尉.

sécond líne 名 ❶ (戦場で前線の後の)第二線. ❷ [形容詞的に] 二級の; 代わりの, 予備の.

***sécond·ly** /sékəndli/ 副 第二に, 次に (⇒ first 副 4).

sécond máster 名 (英) 副校長.

sécond máte 名 [海] 二等航海士《商船で first mate の次位》.

sécond mórtgage 名 第二順位抵当, 第二抵当.

sécond náme 名 姓; =middle name.

sécond nature 图 U 第2の天性《習慣や性癖》: Habit is ~.《諺》習慣は第2の天性 / Dancing is ~ *to* him. 踊りは彼の第2の天性だ.

se·con·do /sikóundou, -kán-, sekón-/ 图 (徰 **-di** /-di/) 《楽》(合奏曲, 特にピアノ二重奏の)低音部 (cf. primo).

sécond ófficer 图《海》二等航海士 (second mate).

sécond pérson 图 [the ~]《文法》2 人称 (you で表わされる; cf. first person 1, third person).

sécond position 图 [the ~]《バレエ》第二ポジション《両つまさきを外側に向けて両足を一直線上に置き, 両かかとの間は一足分だけ離す》.

†**sécond-ráte** 形《口》二流の, 劣った, 平凡な (mediocre): a ~ actor [hotel] 二流の俳優[ホテル].

sécond-rát·er /-tɚ | -tə/ 图 二流の人物[もの], つまらない人[もの].

sécond réading 图《議会》第二読会(읽): **a**《英》委員会へ細部の審議を付託する前に法案の要点を討議する. **b**《米》委員会の答申で示され, 法案の全面討議・修正を行なう.

sécond sélf 图 腹心の友, 心友.

sécond síght 图 U 透視力, 千里眼.

sécond-síghted 形 千里眼のある, 予知能力のある.

sécond-stóry màn 图《米口》2 階の窓から侵入する泥棒[夜盗].

sécond string 图 ❶ [集合的; 単数または複数扱い]《スポーツなどの》二軍. ❷ 次善の策, 代案.

sécond-string 形《米》❶《チーム・選手など》二軍の, 補欠の. ❷ 二流の, つまらない.

sécond-stringer 图 二軍選手, 補欠.

sécond téeth 图 徰 永久歯.

†**sécond thóught** 图 CU [しばしば複数形で] 再考, 考え直し: have ~s about... を考え直す, 再考する / 二の足を踏む / *Second thoughts* are often best. 再考はしばしば最善の策を生む,「念には念を入れよ」. **gìve...a sécond thóught** = **gìve a sécond thóught to...** [通例否定文で] ...についてもう一度考える[よく考える, 気を配る], ...を顧慮する. **on sécond thóughts** [《米》**thóught**] よく考えて, やっぱり. **withòut a sécond thóught** あとのことを考えずに; とっさに.

sécond wínd /-wínd/ 图 [単数形で] ❶ 新たな精力[元気]: get one's ~ 元気を回復する; 調子を取り戻す. ❷ (激しい運動後の)息つき, 呼吸整復.

Sécond Wórld 图 [the ~] 第二世界《かつて政治経済ブロックを形成していた, ソ連を中心とした社会主義諸国》.

Sécond Wórld Wár 图 [the ~] 第二次世界大戦 (1939–1945).

*__se·cre·cy__ /síːkrəsi/ 图 U ❶ 秘密(の状態), 内密: in ~ 秘密に, ひそかに / Guard the ~ of the plan. 計画の秘密を守れ. ❷ 秘密厳守: promise ~ 秘密を守ることを約束する / You can rely on his ~. 彼の口の堅さは信頼できる. **swórn to sécrecy** 秘密厳守を誓った. (形 **secret**)

‡**se·cret** /síːkrət/ 形 (**more** ~; **most** ~) ❶ 秘密の, 内密の, ないしょの; ひそかな, 人に知られたくない ~: a ~ messenger 密使 / ~ negotiations 秘密交渉 / We must keep this ~ *from* them. これは彼らに秘密にしておかねばならない / a ~ admirer (人を)ひそかに恋い慕う人 / a ~ drinker こっそり酒を飲む人 / a ~ ...fan 隠れ...ファン. ❷《場所などが》隠れた, 人目につかぬ, 奥まった: a ~ door [drawer] 隠し戸[引き出し] / a ~ passage 秘密の通路, 間道. ❸ [A]《人が...について》秘密を守って, 口が堅くて《*about*》《この意味では secretive のほうが一般的》. ❹ [A] (比較なし)《人の》公表されていない, 認められていない: a ~ bride 世間に公表されていない花嫁. —— 图 ❶ C 秘密(の事), 機密(事項), ないしょごと: an open ~ 公然の秘密 / industrial ~s 企業秘密 / make a [no] ~ of... を秘密にする[しない] / keep a ~ 秘密を守る / The ~ has leaked out. 秘密がもれた. ❷ C (自然界の)不思議, 神秘, なぞ: Science unlocks the ~s of nature. 科学は自然の神秘を解き明かす. ❸ [the ~] (...の)秘訣(냃), 秘伝, 極意: *The ~ of* invention is (in) thinking hard. 発明の秘訣は一心に考えることだ. **in (on) the sécret** 秘密を知っている: let a person in on the ~ 人に秘密を明かす. **in sécret** 秘密に, ないしょで, こっそり. 《ラ L =分離したく SE-+*cernere, cret-* 区分する, えり分ける (cf. certain)》(图 **secrecy**)

sécret ágent 图 秘密諜報員, スパイ, 密偵 (spy).

se·cre·ta·gogue /sikríːtəɡɑ̀ɡ, -ɡɔ̀-|-ɡɔ̀ɡ/ 图《胃・膵臓などの》分泌促進薬《物質》.

sec·re·taire /sèkrətéə | -téə/ 图 =escritoire.

†**sec·re·tar·i·al** /sèkrətéə(ə)riəl/ 形 A ❶ 秘書(官)の, 書記の: ~ work 秘書の仕事 / a ~ pool [section] 秘書室[課]. ❷ [S~] 長官の, 大臣の. (图 **secretary**)

†**sec·re·tar·i·at** /sèkrətéə(ə)riət, -riàt/ 图 ❶ (国連・政府などの)事務[書記]局; 秘書[文書]課. ❷ [集合的; 単数または複数扱い] 事務局員, 秘書課職員.

‡**sec·re·tar·y** /sékrətèri | -tri, -təri/ 图 ❶ (個人付きの)秘書: an executive ~ 重役付き秘書 / She is [acts as] ~ to the president. 彼女は社長秘書です《用法 **称呼**として用いる場合は無冠詞》. ❷ (団体・協会の)書記, 幹事; (官庁の)書記官, 秘書官, 事務官: a chief ~ 書記長 / the First [Second] S~ at the Japanese Embassy 日本大使館付き一[二]等書記官. ❸ [S~] **a**《米》(省 (Department)の)長官《★ 他国の大臣 (Minister) に当たる》. **b**《英》英国では特定の省の大臣を the SECRETARY of State 廢成 (2), その次位には MINISTER of State 廢成 と呼ぶ; 大臣一般の総称は minister. ❹《引き出し・折りたたみ式のふた・書棚などのついた書き物机. **the Sécretary of Státe** (1)《米国の》国務長官《国務省 (Department of State) の長官で首席閣僚; 他国の外務大臣に当たる》. (2)《英国の所管大臣, ...相. 《ラ L =秘密を任された人; ⇒ secret, -ary》(形 **secretarial**)

解説 (1) 米国の長官: the Attorney General 司法長官 / the S~ of Agriculture 農務長官 / the S~ of Commerce 商務長官 / the S~ of Defense 国防長官 / the S~ of Education 教育長官 / the S~ of Energy エネルギー長官 / the S~ of Health and Human Services 保健社会福祉長官 / the S~ of Housing and Urban Development 住宅・都市開発長官 / the S~ of the Interior 内務長官 / the S~ of Labor 労働長官 / the S~ of State 国務長官 / the S~ of Transportation 運輸長官 / the S~ of the Treasury 財務長官 / the S~ of Veterans Affairs 復員軍人長官.

(2) 英国の主な大臣 (⇒ department): the Prime Minister (首相), the S~ of State for the Home Department (内務大臣, 通例 the Home S~), the Lord High Chancellor (大法官), the S~ of State for Foreign and Commonwealth Affairs (外務大臣, 通例 the Foreign S~), the Chancellor of the Exchequer (大蔵大臣), the S~ of State for Trade and Industry (通商産業大臣), the S~ of State for Defence (国防大臣), the S~ of State for Scotland (スコットランド大臣), the S~ of State for Wales (ウェールズ大臣), the S~ of State for Northern Ireland (北アイルランド大臣), the S~ of State for Transport (運輸大臣), the Chancellor of the Duchy of Lancaster (ランカスター公領相).

sécretary bìrd 图《鳥》ヘビクイワシ, ショキカンチョウ(書記官鳥)《アフリカ産》.

*__secretary-géneral__ 图 (徰 **secretaries-general**) 事務総長, 事務局長; 書記長.

sécretary·shìp 图 UC 秘書(官)[書記(官), 大臣(など)]の職[任務].

sécret bállot 图 秘密投票.

se·crete¹ /sikríːt/ 動 徰《ものを》こっそり隠す (hide).

†**se·crete²** /sikríːt/ 動 徰《生理》...を分泌する.

se·cre·tion¹ /sikríːʃən/ 图 U 隠すこと, 隠匿.

†**se·cre·tion²** /sikríːʃən/ 图《生理》❶ U 分泌(作用); hormone ~ ホルモンの分泌. ❷ C 分泌物[液].

se·cre·tive /síːkrətɪv, sikríː-/ 形《人・性質など》打ち解けない, 秘密主義の, 隠しがる: He's rather ~ *about* his private life. 彼は私生活についてはあまり話したがらない / a ~ nature 打ち解けない性質. **~・ly** 副 **~・ness** 名

se・cret・ly /síːkrətli/ 副 隠れて, こっそりと, ないしょで.

se・cre・tor /sɪkríːtə | -tə-/ 名 ❶ 分泌器官. ❷ 分泌型の個体[人], Se 型の人《ABO 式血液型の型物質が唾液・精液・胃液・尿などの中にも分泌される人》.

se・cre・to・ry /síːkrətə(ʊ)ri | sɪkríːtəri, -tri-/ 形《生理》分泌(性)の: a ~ organ [gland] 分泌器官[腺]. (動 secrete²)

†**sécret políce** 名 [the ~] 秘密警察.

†**sécret sérvice** 名 ❶ [the ~] (国家の)秘密情報機関, 諜報部. ❷ [the S- S-] シークレットサービス: **a** 《米》財務省秘密検察局《大統領など要人の警護と偽造貨幣の摘発を行なう》. **b** 《英》内務省秘密検察局.

sécret socíety 名 秘密結社.

†**sect** /sékt/ 名 ❶ 分派, 宗派, 学派, 党派, セクト. 〖Ｆ＜Ｌ 従うもの《sequī, sect- ...について行く; cf. sequence》〗 (形 sectarian)

sect. (略) section.

†**sec・tar・i・an** /sekté(ə)riən/ 形 ❶ 分派の, 宗派の, 学派の, 党派の: ~ politics 派閥政治. ❷ 党派心の強い, 偏狭な. ── 名 派閥[学派]的な人; 党派心の強い人. (名 sect)

sec・tár・i・an・ism /-nìzm/ 名 Ⓤ 宗派心, 派閥心, セクト主義.

sec・tár・i・an・ize /-nàɪz/ 動 ❶ 分派[反主流]行動をとる, 分派に分かれる. ── 他 派閥的にする; 〈...に〉党派心を吹き込む; 派閥下に置く.

sec・ta・ry /séktəri/ 名 =sectarian.

‡**sec・tion** /sékʃən/ 名 ❶ Ⓒ 〘もの〙の部分, 断片: the freezer ~ *of* a refrigerator 冷蔵庫の冷凍庫部分 / cut a cake into four equal ~s ケーキを 4 等分に切る 〘建物・部屋などの〙仕切られた部分, 区画: a smoking [non-smoking] ~ 喫煙[禁煙]場所. **c**〈全体を組み立てる〉部分品: a bookcase built in ~s 部分品から組み立てる[組み立て式の]本箱. **d**〈オレンジ・ミカンなどの〉袋, 房. ❷ Ⓒ 〘書物・文章の〙節, 段落, 項〘★chapter の下位区分; § (section mark) で示す〙: S~ 1 第 1 節 〘読み方〙 section one と読む〙. **b** 〘新聞・雑誌の〙欄: the business ~ of *Time*「タイム」のビジネス欄. **c** 〘法文の〙(個)条. **d** 〘楽〙楽節〘独立しない楽句〙. ❸ Ⓒ 〘米〙の〘都市などの〙区域, 地区: a city's business [residential] ~ 都市の商業[住宅]地区. **b**〘政府の測量単位での〙セクション〘1 平方マイル区域; 36 セクションで township になる〙. ❹ Ⓒ 〘社会などの〙(階)層, 階級: a politician popular with all ~s of society 社会のあらゆる階層に人気のある政治家. ❺ Ⓒ 〘組織の中の〙部門: a〘会社・官庁の〙部, 課: a ~ chief 課長 / an accounts ~ 会計課. **b**〘団体などの〙部門〘学会などの〙分科. **c**〘米〙〘主に大学の〙小クラス. ❻ Ⓒ Ⓒ Ⓤ 〘医・生〙(外科・解剖の)切開, 切断: ⇨ Caesarean section. **b** Ⓒ 薄片, 切片〘顕微鏡で調べるために切り取った生物の組織など〙. **c** Ⓒ 切り取った部分の切片: a triangular ~ of cloth 三角に裁断した布地. **d** Ⓒ 〘立体の〙断面(図), (図)の切断面: ⇨ cross section. **e** Ⓒ 〘米〙〘列車の〙部門, 部. **f** Ⓒ 〘建物構造の〙断面. ❼ Ⓒ 〘オーケストラなどの〙部門, パート, セクション: the string ~ 弦楽部門. ❽ Ⓒ 〘軍〙分隊. **in séction** 断面で. ── 動 他 ❶ 〈...を〉区分[区画]する: ~ a room ひと部屋をいくつかに分割する. ❷ 〈組織・鉱物などを〉〘顕微鏡で調べるために〙薄片に切り分ける. ❸ 〈...を〉断面がわかるように切る. ❹ 〈...の〉断面図を描く. 〖Ｌ 切られたもの, 切ること《se-care, sect-》切る; cf. dissect, insect, intersect, sector, segment〗 (形 sectional)

sec・tion・al /sékʃ(ə)nəl/ 形 ❶ 部門的な, (特に)地方的な: ~ quarrels 派閥争い / ~ interests 地方的な(相反する)利害. ❷〈家具など〉組み立て式の; ユニット式の: a bookcase 組み立て式本箱. ❸ 断面(図)の: a ~ plan of a building 建物の断面図. ❹ 《米》の部分的な: the ~ renovation of a building 建物の部分的補修. (名 sect(ion)) **~・ly** 副 /-ʃ(ə)nəli/ (名 section)

séc・tion・al・ism /-ʃ(ə)nəlìzm/ 名 Ⓤ ❶ 地方主義, 地方偏重, 地方的偏見. ❷ 派閥主義〔根性〕, セクト主義, セクショナリズム.

sec・tion・al・ize /sékʃ(ə)nəlàɪz/ 動 他 〈...を〉区分する, 地域[区域]別にする.

séction gàng 名 《米》保線区作業班.

séction hòuse 名 《英》独身警察官寮; 《米》保線区員宿舎.

séction màrk 名 〘印〙節標(§).

‡**sec・tor** /séktə | -tə-/ 名 ❶ 〘産業・経済などの〙部門, 活動分野, 領域, セクター: the banking ~ 金融部門 / the private [public] ~ 〘国の産業の〙私企業[公企業]部門. ❷ 〘軍〙戦区, 地区〘一戦区を受け持つ部隊〙. ❸ 〘数〙扇形. ❹ 〘軍〙防御地区, 防衛区域: (一般に) 地区, 区域. ❺ 〘電算〙セクター〘ディスク表面の分割で, 情報が読み書きされる分割の最少単位〙. **sec・to・ri・al** /sektɔ́ːriəl/ 形 〖Ｌ＜cutter; ⇒ section〗

séctor fùnd 名 〘証券〙セクターファンド〘特定の業種・産業部門を対象とした投資信託〙.

†**sec・u・lar** /sékjʊlə | -lə-/ 形 ❶ 俗界の, 世俗の; 現世の; 非宗教的な, 宗教と関係のない (↔ religious): ~ affairs 俗事 / a ~ society 世俗化した社会 / ~ education (宗教教育に対し)普通教育 / ~ music (宗教音楽に対し)一般[世俗]音楽. ❷ 〘カト〙〈聖職者が〉修道院に住まない, 教区付きの (↔ regular): the ~ clergy 教区在住の聖職者. ── 名 ❶ (聖職者に対して)俗人. ❷ 〘カト〙(修道院に住まない)教区付きの聖職者, 在俗司祭. **~・ly** 副 〖Ｆ＜Ｌ〗

sécular árm 名 [the ~] (かつての, 教権に対する)俗権, 〘史〙(重罪を科するために宗教裁判所から罪人を送る)世俗裁判.

sec・u・lar・ism /-lərìzm/ 名 Ⓤ ❶ 世俗[現世]主義 (↔ clericalism). ❷ 教育宗教分離主義. **-ist** /-rɪst/ 名 ❶ 世俗主義者. ❷ 教育宗教分離主義者. **sec・u・lar・is・tic** /-lərístɪk/ 形 〘世俗主義(的)を信奉する〙.

sec・u・lar・i・ty /sèkjʊlǽrəti/ 名 Ⓤ ❶ 世俗性. ❷ 俗事.

sec・u・lar・i・za・tion /sèkjʊlərɪzéɪʃən | -raɪz-/ 名 Ⓤ ❶ (世)俗化. ❷ 教育などの宗教からの分離.

sec・u・lar・ize /sékjʊləràɪz/ 動 他 ❶ 〈...を〉(世)俗化する. ❷ 〈...から〉宗教を除く: ~ education 教育を宗教から分離する.

se・cund /sɪkʌ́nd/ 形 〘動・植〙一方に偏した, 片側だけに並ぶ, 偏向性の 〘スズランの花など〙.

se・cur・a・ble /sɪkjʊ́ə(ə)bl/ 形 手に入れられる, 確保できる.

‡**se・cure** /sɪkjʊ́ə | -kjʊ́ə, -kjɔ́ː/ 形 (**se・cur・er**, **-cur・est**; **more ~**, **most ~**) (↔ insecure) ❶ 安全な, 危険のない: a ~ investment [shelter] 安全な投資[避難所] / This building would be ~ in an earthquake. この建物は地震にあっても安全だろう / a nation ~ *from* [*against*] attack 敵から攻撃されるおそれのない国家 / You're ~ *from* [*against*] danger here. 君(たち)はここなら危険はない. ❷ **a** 〈地位・生活・未来など〉安定した, 心配のない, 保証された: a ~ job with good pay 給料のよい安定した職 / We all hope for a ~ old age. 我々はだれしも心配のない老後を願っています. **b** 〈勝利・成功・昇進など〉確実な, 約束された: His success is ~. 彼の成功は間違いない. **c** 安心した, 自信のある, 心配していない: He feels ~ *about* his future. 彼は自分の将来に不安を感じていない / an emotionally ~ child 感情の安定した子供. ❸ **a** 〈足場・土台・体など〉しっかりした, 手に入る, しっかりと締まった: a ~ foothold しっかりした足場 / a ~ knot しっかり結ばれた結び目 / Is the door ~? ドアはしっかり閉まってますか. **b** 〈信念など〉確固とした: a ~ belief 揺るぎない信念. ❹ Ⓟ 厳重に保管[監禁]して: keep a prisoner ~ 囚人を厳重に監禁しておく / Are you sure the money is ~? そのお金は確かにきちんと保管してありますか. ❺ Ⓟ 〘of...〙〈...を〉確信して: We were ~ *of* victory. 我々は勝利を確信していた.

── 動 他 ❶ **a** 〈...を〉(努力の結果)確保する, 手に入れる, 獲得する; 確実にする; 取りつける: ~ a prize 賞を獲得する / S~ your seats early. 早めに席を確保しておきなさい / a promise *from* a person 人から約束を取りつける. **b**

securement

(人に)〈ものを〉確保[入手]してやる: 〔+目+目〕 He ~d me two tickets. = He ~d two tickets *for* me. 彼は私に切符を2枚取ってくれた《用法》受身は通例 Two tickets were ~d for me.》 b He ~d himself a good job. 彼はよい職にありついた. ❷ 〈…を〉安全にする, 守る: ~ the nation *against* attack 国家を敵から攻撃されないようにする / She locked the door to ~ the house (*against* intruders). 彼女は家に誰も侵入しないようにドアにかぎをかけた. ❸ 〈…を〉しっかり閉める[留める], 固定する 〔*with*〕〔*to*〕《比較 lock のほうが一般的》: ~ a door [window] ドア[窓]をしっかり閉める / ~ a boat *with* a rope ボートをロープで固定する. ❹ **a** 〈貴重品などを〉厳重に保管する: ~ valuables 貴重品を保管する. **b** 〈人などを〉捕捉する; 取り押さえる: ~ the suspect with handcuffs 容疑者に手錠をかけて動けないようにする. ❺ **a** 〈権利・自由などを〉保証する: This bill will ~ the rights of strikers. この法案はストライキ参加者の権利を保証することになろう. **b** 〈担保などで〉〈債務などの〉支払を保証する; 〈人に〉支払を保証する: a loan ~*d by* that property その財産を抵当にして[支払いを保障]したローン / a loan *with* [*by* a pledge of] collateral 担保をつけてローンの支払いを保証する / a creditor 債権者に支払を保証する. **c** 〈遺言をして〉財産などを〈…に〉譲る 〔*to*〕. ❻ (出血を防ぐために)〈静脈を〉圧迫する. ❼ 〈笑いなどを〉引き起こす: ~ a laugh 笑わせる. **-ly** 副 安全に, 確実に, しっかりと.
《L=心配のない SE-+*cura* 心配 (cf. cure)》 名 security) 【類義語】(1) ⇒ safe. (2) ⇒ get.

se·cúre·ment /-mənt/ 名

secure sérver 名【電算】安全なサーバー, セキュアサーバー《情報のやりとりの暗号化や, 外部からの不正侵入に対する防御など, 機密保持や安全性確保のための対策を施しているサーバー》.

Secúrities and Exchánge Commíssion 名 [the ~]《米》証券取引所委員会《略 SEC》.

se·cu·ri·ti·za·tion /sɪkjʊ(ə)rətɪzéɪʃən | -taɪz-/ 名《金融》金融の証券化, セキュリタイゼーション《銀行が事業金融・住宅ローン・消費者ローンなど各種貸付債権をプールして市場性ある証券に変え, 資本市場で投資家に売ること》.

se·cu·ri·tize /sɪkjʊ(ə)rətaɪz/ 動 他《金融》securitization により資金を調達する. **se·cú·ri·tiz·er** 名

*se·cu·ri·ty /sɪkjʊ(ə)rəṭi | -kjʊ́ər-, kjɔ́:r-/ 名 A Ｕ ❶ 安全, 無事; 安全性, セキュリティー: public ~ 治安, 公安 / in ~ 安全に, 無事に. ❷ **a** 安心, 心丈夫: with ~ 安心して / feel great ~ 大いに安心する / A sense of ~ is the greatest enemy.《諺》安心は最大の敵, 「油断大敵」. **b** 〈身分などの〉安定, 保障: job ~ 職務保障, 雇用確保[保障] / ⇒ social security. ❸ 〈危険・危害などに対する〉防衛(手段), 警備(態勢), 安全保障; 安全[機密]保護 〔*against, for*〕: Security ~ is in force. 厳しい警備態勢がとられている / Is our ~ *against* theft adequate? 泥棒に対する安全策は十分ですか. ━ Ｂ ❶ Ｕ **a** (負債の支払いに対する)保証, 担保, 抵当(物件) (collateral): on (the) ~ of... を担保[抵当]にして / He has given his house as ~ for the loan. 彼はローンの保証[担保]として家を提供している. **b** 保証人: go ~ for...の保証人となる. ❷ Ｃ 〔通例複数形で〕有価証券: government *securities* 政府発行の有価証券《国債・公債など》. ━ 形 Ａ 安全(保安)の(ための), 保安用の: ~ measures 安全[保安]対策 / ~ police [a ~ force] 保安隊《警察・軍隊》/ ~ company 警備保障会社 / for ~ reasons 保安上の理由で / ~ software【電算】セキュリティソフト《コンピューターウイルスや不正アクセスを防止するためのソフト》.《名 secure》

secúrity blànket 名 ❶ 精神的安定を得るために幼児がいつも手にしている毛布. ❷ それがあると安心できるもの, 気を落ち着かせるもの.

secúrity cleàrance 名 ＣＵ 保全許可《機密資料の閲覧・立ち入り制限区域への立ち入りなどの許可》.

*Secúrity Còuncil 名 [the ~] (国連の) 安全保障理事会《略 SC》.

secúrity depósit 名 (賃貸住宅の)保証金

*secúrity guàrd 名 警備員, ガードマン.

secúrity hòle 名【電算】セキュリティーホール《外部からの不正侵入や機密の漏洩(ろうえい)などを許すシステムやプログラムの欠陥》.

secúrity líght 名 (人の存在を検知して点灯する)安全灯.

secúrity rìsk 名 危険人物《国家機密を漏らすなど国の安全を危うくするような人物》; 危険ともいうべき状況.

secúrity trèaty 名 安全保障条約: the US-Japan S~ T~ 日米安全保障条約.

secy., sec'y.《略》secretary.

*se·dan /sɪdǽn/ 名 ❶《米》セダン《英》saloon》《運転席を仕切らない普通の箱型の自動車》. ❷ = sedan chair.

sedán chàir 名 (17-18 世紀に用いられた)かご.

*se·date /sɪdéɪt/ 形 (**se·dat·er**; **-dat·est**) 〈人・態度などが〉平静な, 落ち着いた (unhurried). ━ 動 他 (鎮静剤を与えて)〈人を〉鎮静させる. **-ly** 副 **-ness** 名 《L *sedare, sedat*- 落ち着かせる》《名 sedation, 形 sedative》

se·da·tion /sɪdéɪʃən/ 名 Ｕ (鎮静剤による)鎮静作用[状態]; 鎮静 ━ 鎮静状態にある / put a person under ~ 人を鎮静させる.《動 sedate》

*sed·a·tive /sédəṭɪv/ 名【医】鎮静剤. ━ 形 鎮静(作用)の.《動 sedate》

sed·en·tar·y /sédntèri | -təri, -tri/ 形 ❶ 座っている, 座りがちの: lead a ~ life (老年・けがなどで)座りがちの生活を送る. **b** 座ってする, 座業の: a ~ job《業的な職》, 座職 / a ~ worker 座って仕事をする人. ❷ **a** 定住(性)の. **b** 【動物】移動[移住]しない, 定着している, 固着性の. **sed·en·tar·i·ly** /sèdntéɪrəli | sèdntəɾə-, -ri-/ 副 **-i·ness** 名《F<Ｌ<*sedere* 座る; cf. session》

se·der /séɪdə | -də/ 名 [the ~, しばしば the S~]《ユダヤ教》セデル《ユダヤ人のエジプト脱出を記念して Passover の夜(と次の夜)に行なう祝祭》.

se·de·runt /sɪdí(ə)rənt, -dér-/ 名《スコ》聖職者会議; (長時間に及ぶ)会議.

*sedge /sédʒ/ 名 Ｕ【植】スゲ.

sédge wàrbler 名【鳥】ヌマヨシキリ, スゲヨシキリ《欧州・アジア・アフリカ産》.

sedg·y /sédʒi/ 形 スゲの茂った; スゲ(のような).

se·di·le /sɪdáɪli/ 名 (@ **se·dil·ia** /sɪdíljə/) 司祭[牧師]席《内陣祭壇南側》.

sed·i·ment /sédəmənt/ 名 ❶ Ｕ [または a ~] 沈殿物, おり. ❷ Ｕ【地質】堆積物.《Ｌ<*sedere* 座る, 沈む; cf. session》

sed·i·men·ta·ry /sèdəménṭəri, -tri/ 形 ❶ 沈殿物の; 沈殿作用による. ❷【地質】堆積によって生じた: ~ rock 堆積岩.

sed·i·men·ta·tion /sèdəmənteɪʃən/ 名 Ｕ ❶ 沈降: a test of the blood ~ rate 血沈検査. ❷【地質】堆積(作用).

se·di·tion /sɪdíʃən/ 名 Ｕ (反政府的な)扇動, 治安妨害.

se·di·tion·ist /-ʃ(ə)nɪst/ 名

se·di·tious /sɪdíʃəs/ 形 扇動的な, 治安妨害の. **-ly** 副 **-ness** 名

*se·duce /sɪd(j)ú:s | -djú:s/ 動 他 ❶ 〈人を〉(性的に)誘惑する: Don Juan ~*d* many young women. ドンファンは多くの若い娘を誘惑した. ❷ 〈人を〉巧みに誘う; 誘い込む, (うまく)誘って〈…させる〉; 〈人を〉釣る, そそのかす; 〈人などを〉魅了する, 引きつける: His doctrines have ~*d* a great many people *into* error. 彼の説は多くの人々を誤らせた / They were ~*d into* buying imitations. 彼らは口車に乗せられてまがい物を買わされた / 〔+*to do*〕He was ~*d to* betray his friend. 彼はそそのかされて友人を裏切った / The beauty of the evening ~*d* me out of the house. 私は夕景の美しさに引かれて戸外に出た / ~ a person (*away*) *from*... 人を(巧みに)誘って[引きつけて]…からそらす […をやめさせる].《Ｆ<Ｌ<わきへ導く<SE-+*ducere, duct*- 導く (cf. duct)》《名 seduction, 形 seductive》【類義語】⇒ lure[1].

se·dúc·er 名 誘惑者; (特に)女たらし, 色魔.

se·duc·tion /sɪdʌ́kʃən/ 名 ❶ ＵＣ 性的に誘惑(するこ

と), そそのかし; 婦女誘拐. ❷ C [通例複数形で] 人を魅惑するもの, 魅力: the ~s of city life 都市生活の魅力. (動 sedúce)

se‧duc‧tive /sɪdʌ́ktɪv/ 形 誘惑[魅惑]的な, 人を引きつける: a ~ woman 男好きのする女性 / a ~ smile 男心をそそる笑み. ‒**ly** 副 ‒**ness** 名 (動 sedúce)

se‧duc‧tress /sɪdʌ́ktrəs/ 名 誘惑する女, (特に)男たらし.

se‧du‧li‧ty /sɪd(j)úːləti, -djúː-/ 名 U 勤勉, 精励.

sed‧u‧lous /sédʒʊləs | ‒dju‒/ 形 ❶ 勤勉な, せっせと働く: a ~ student こつこつと勉強する学生. ❷ 〈行為が〉入念な, 周到な: pay ~ attention to... に周到な注意を払う. ‒**ly** 副 ‒**ness** 名

*__see__¹ /síː/ 動 (saw /sɔ́ː/; seen /síːn/) 他 ❶ **a** 〈...を〉見る, 〈...が〉見える (★通例進行形なし): I ~ some people in the garden. 庭園に数人の人が見える / Can you ~ the dog over there? 君はあそこの犬が見えるか (用法 can, could とともに用いると, 見ようとする努力が示される) / [+wh.] He saw who did it. 彼は誰がそれをやったかを見た / [+(that)] I saw (that) she was talking to Wendy. 彼女がウェンディーに話しかけているのが目に入った / [+目+原形] I saw him enter the room. 彼が部屋に入るのが見えた (用法 受身では to 不定詞を用いる; ただし文語的に: He was seen to enter the room. 彼は部屋に入るのを見られた) / [+目+doing] I can ~ some little fish swimming about in the water. 水の中で小さな魚が泳ぎ回っているのが見える (用法 [+目+原形] では原形不定詞がひとまとまりの動作を表わすのに対し, [+目+doing] では現在分詞は継続中の動作を表わし, いっそう記述的な色彩を帯びる) / [+目+過分] I have twice seen bribery overlooked. わいろが大目に見られているのを 2 度見た. **b** [通例命令法で] 参照せよ, 見よ (略 s.): S~ p. 8. 8ページを見よ.

❷ **a** 〈...を〉確かめる, 調べる, よく見る: Let me ~ your passport. パスポートを見せてください / [+wh.] S~ how to operate the machine before turning it on. スイッチを入れる前にその機械の操作法を(説明書などで)よく確かめなさい / Go and ~ if the door is locked. ドアにかぎがかかっているか確かめてください. **b** 〈未来にどうなるかを〉見てみる, 確かめる: [+wh.] I'll ~ how things go. 事の成り行きを見てみます, 実際にどのような状況になるか[どのようなのか]確かめてみます / Let's wait and ~ what he does next. 次に彼が何をするか見てみましょう[見守っていましょう].

❸ (新聞などで)〈...を〉見る, 知る, 読む (understand) (★通例進行形なし): I saw the report of his death in today's newspaper. きょうの新聞で彼の死亡記事を見た / I saw in the paper that another earthquake has occurred in Italy. イタリアにまた地震があったのを新聞で知った.

❹ 〈...が〉わかる, 〈...に〉気づく (★進行形なし): Do you ~ the point of my remark? 私の発言の要点がわかりますか / [+(that)] He didn't ~ that she was mistaken. 彼は彼女の勘違いがわからなかった / [+目+to be 補] I saw him to be a liar. 彼がうそつきだということがわかった. / [+wh.] I ~ what you mean. 君の言いたいことはわかる. / I don't ~ how to prevent it. どうしたらそれが避けられるのかわからない.

❺ **a** 〈名所・演劇などを〉見物する, 見る: ~ the sights 名所を見物する / Have you ever seen Rome? ローマを見物したことがありますか / ~ a movie 映画を見る / I'm on my way to ~ a baseball game. 野球試合を見に行くところだ. **b** 〈テレビ・番組を〉見る (比較 watch のほうが一般的): Did you ~ the baseball game on TV yesterday? きのうのテレビでその野球の試合を見ましたか.

❻ **a** 〈人に〉会う, 面会する: I'm glad [pleased] to ~ you. =It's nice to ~ you. お会いできてうれしいです, よくいらっしゃいました (比較) 初対面には通例 meet を用いる). **b** 〈人に〉会いに行く, 〈人を〉訪問する, 見舞う; 〈医者にみてもらう〉: You'd better ~ a doctor at once. すぐ医者にみてもらったほうがよい / I'm ~ing one of my clients today. きょうは依頼人に会うことになっている. **c** 〈人に〉偶然出会う, 出くわす: Guess who I saw at the party! パーティーで誰に会ったと思う. **d** 〈人と〉交際する, 交流がある; (特に)〈異性と〉つき合っている (★この意味では通例進行形): Are you still ~ing her? まだ彼女とつき合っているの.

❼ [副詞(句)を伴って] 〈人を〉〈...まで〉見送る, 送り届ける: Let me ~ you home [to your car]. お宅まで[お車のところまで]送らせてください.

❽ 〈...を〉経験する, 〈...に〉遭遇する (★進行形なし): He has seen a lot of life [the world]. 彼は相当人生経験を積んだ / He has seen better days. 彼は立派だった頃もあった (今は落ちぶれている) / I have seen the time when it didn't rain for a month. ひと月雨が降らなかった時があった / He will never ~ 50 again. (口) 彼はもう 50 の坂を越した / It was the worst heat wave that the nation had ever seen. かつてその国民が出くわしたこともないような猛烈な熱波だった / This coat has seen hard wear. この上着はだいぶ着古した.

❾ 〈ある時代・場所が〉〈事件・事態などを〉生じさせる, 〈ある時代・場所で〉〈事件・事態などが〉起こる (witness): The eighteenth century saw the Industrial Revolution. 18世紀に産業革命が起こった / The autumn saw a cruel recurrence of Spanish flu. その年の秋にスペインかぜが再びすさまじく流行した.

❿ 〈...のことに〉気をつける, 手はずをする, 取り計らう (★進行形なし): [+that] S~ that he does it properly. 気をつけて彼にそれをきちんとさせるようにしなさい (用法 that 節中, 未来の動作を表わすのに, 未来を表わす助動詞は用いられない; cf. SEE to it that... (成句)) / S~ that you shut the window. 窓を必ず閉めておきなさい / [+目+過分] ~ it done right それをきちんとやらせる / ~ justice done 事の公平を期する; 報復する.

⓫ **a** [通例様態の副詞を伴って] 〈...を〉〈...と〉考える, 見なす: I ~ things differently now. 今では違った考え方をしている / [+目+as補] Some saw the affair as a tragedy. その事件を悲劇として見る人もいた. **b** [通例 will [would] ~ で] 〈人が〉〈...されてほしい: [+目+過分] I'll ~ you fired before I'm finished. お前が首にされるまで上司に訴え続けるぞ.

⓬ 〈...を〉想像する, 予想する (imagine) (★進行形なし): ~ a catastrophe in the near future 近い将来大災害のあることを予測する / Can you ~ him agreeing to our plan? 彼が我々の計画に同意するなど考えられますか / He saw himself as a social reformer. 彼は自分のことを社会改革家だと思っていた.

⓭ [通例否定・疑問文で] **a** 〈...の中に〉〈良さなどを〉見出す: What can he possibly ~ in her? 彼は一体彼女のどこがよいと思うのだろうか. **b** 〈...することに〉賛成する, 〈...することを〉黙認する, 看過する, 見逃ごす: [+(目)+doing] I don't ~ myself doing that. 私がそのようなことをすることはずない / I don't ~ giving up so soon. 始まったばかりなのにあきらめるなんて早すぎる / [+目+原形] She won't ~ them starve. 彼らが餓死するのを彼女がただ見ていることはしないだろう.

── 自 ❶ **a** 見える (用法 しばしば can を伴う; 進行形なし): Owls can ~ in the dark. フクロウは暗やみでも目が見える / It's so dark (that) I can't ~. 暗くて見えない. **b** [命令法で] 見なさい; ほらごらん: S~, here comes the bus! ごらん, バスが来た.

❷ わかる, 理解する (★進行形なし): (Do you) ~? わかりましたか; ほらね / I ~. わかった, なるほど / We will [shall] ~. (どうなるか)今にわかるだろう / You'll ~. (私の言ったとおりだと)今にわかるでしょう / as far as I can ~ 理解できるかぎり(では).

❸ 確かめる, 調べる: "Did somebody knock?" "I'll go and ~." 「だれかがノックしましたか」「行って見てこよう」.

as Í sèe it 私の考えでは.

I dón't sèe why nót もちろんですとも, どうぞ, 結構ですよ, いいですよ; 問題ない[差し支えない]と思います.

I'll be séeing you! さようなら!, じゃまた(ね)!

I'll sèe you déad [in héll] fírst! 断じて同意できない, まっぴらごめんだ.

Lèt me sée. =**Lèt's sée.** ええと, そうね (《何か思い出そうと》

したり, 答えが出ない時などに用いる): Let me ~, what shall I say? ええっと[さて]何を言おうかな.

sée abóut... (1) ...を取り計らう, ...の処置をする; ...のことを考えておく: I'll ~ *about* mailing it. 郵送のことは何とかしましょう / I'll ~ *about* it. そのことはなんとかしましょう, 善処しましょう (【用法】 すぐ実行しない時の表現). (2) ⇒ We'll (soon) SEE about that! 〖成句〗.

sée àfter... の世話をする (【比較】 look after... のほうが一般的).

sée a person aróund (1) ⇒ SEE you around. (2) 人を(たびたび)[時々]見かける.

sèe fít [góod] to dó... するのがよいと思う, ...しようと決心する (【用法】 形式目的語の it を see の後に用いないのが慣用的): We must wait until they ~ *fit to* help us. 彼らが手伝ってもよいと思うようになるまで待っていなければならない.

sée...for whàt it [he, she] ís [whàt they áre] ...が見かけほど[思っていたほど]よくないことに気づく, ...の実態[実像, 実際の姿]を知る.

Sée hére! [しばしば警告・禁止の意で] おい, これこれ.

sée ín [ín+(副)] (1) 〈人を〉案内して部屋[家]に入れる: Will you ~ our guest *in*? お客さんを中へ案内してください. (2) 〈新年を〉迎える: ~ *in* the New Year = ~ the New Year *in* 新年を迎える.

sée ínto... (1) ...を調査する (【比較】 look into... のほうが一般的). (2) ...を見抜く, 見通す: ~ *into* the future 将来を見通す.

sée múch [nóthing, sómething] of... 〈人〉にたびたび会う[まったく会わない, 少しは会う]: I've seen *nothing of* her for the past ten years. この10年間彼女とは全然会っていません / Do you ~ *much of* him? 彼とよくお会いになりますか (【用法】 この構文で nothing や much を用いる時には通例否定文は疑問文で用い, 肯定文の時には a good [great] deal を用いる) / Let's ~ *more of* each other. これからはお互いにもっと会うようにしましょう.

sée óff [(他)+(副)] (1) [~ +目+off] 〈人を〉(...で)見送る[at] (⇒ 7): ~ one's friend *off* at the airport 空港で友人を見送る. (2) ...を追い払う, 撃退する. (3) 敵の攻撃などをもちこたえる, 受け流す.

sée óut [(他)+(副)] (1) [~ +目+out] 〈人を〉玄関まで見送る: I'll ~ myself *out*. わざわざ(玄関まで)お見送りいただかなくて結構です, ひとりで帰ります. (2) 〈事を〉終わりまで見(届け)る: The play was so bad (that) I could not ~ it *out*. その芝居はつまらなくて終わりまで見ていられなかった. (3) 《口》〈...が〉終わるまで[〈...〉よりも長く]もちこたえる (★ 進行形なし): She won't ~ the winter *out*. 彼女はとても冬いっぱいもつまい[冬の終わる前に死ぬだろう].

sée óver... (1) 〈家などを〉見回る, 検分する. (2) ...を調べさせない.

sée a person ríght 〈人が〉報われているのを確かめる, 〈人に〉損をさせない.

sée róund = SEE¹ over... 〖成句〗 (1).

see through [(自)+(前)] ~ thróugh...] (1) ...を見通す; ...を看破する (★ 進行形なし; 受身可): ~ *through* a person 人物[人の腹]を見抜く. —— [(他)+(前) ~ thróugh...] (2) 〈人を〉助けて〈...を〉切り抜けさせる: Father is ~*ing* me *through* college. 父が大学の仕送りをしてくれている. — [(他)+(副) ~ thróugh] (3) 〈...を〉最後まで届ける; 〈...を〉最後までやり遂げる: I'll ~ you *through*. 君を最後まで見てあげよう / She *saw* the project *through*. 彼女はそのプロジェクトをやり遂げた.

sée to... するように取り計らう, 面倒を見る, 責任をもつ (【用法】 《口》では to it を略すのが (米) 10になる): Help John do the dishes while I ~ *to* the bedding. 私が寝具を引き受けるからジョンの皿洗いを手伝ないさい / I ~ *to* that. それは私が取り計らう[引き受けた].

sée to it that... するように取り計らう, 面倒を見る, 責任をもつ (【用法】 《口》 では to it を略すのが (米) 10になる): Please ~ *to it that* the door is locked. ドアを必ず閉めておいてください.

sée you aróund じゃあまたそのうちに(に), じゃあまた, さようなら (★ 次に会う予定が決まっていない時に言う).

Sée you (láter [sóon])! = I'll be SEE¹ing you! 〖成句〗.

Só I sée. そのようだね, おっしゃるとおりです.

We'll (sóon) sée abòut thát! それは(すぐ)やめさせる!

You sée. ねえ(ご承知のとおり), そら; いいですね, だって(...ですからね).

【OE】 (【原】 sight) 【類義語】 ⇒ look.

see² /síː/ (名) 司教[主教]の(bishop) 管区; 大司教[大主教] (archbishop) 管区: the ~ of Canterbury カンタベリー大主教管区. **the Hóly Sée** = the Sée of Róme 教皇の座[職].

sée・a・ble /síːəbl/ (形) 見ることのできる; わかる. ~**・ness** (名)

*****seed** /síːd/ (名) ((複) ~s, [集合的に] ~) ❶ 〖C, U〗種, 種子 (【用法】 大量の種に言及する時には 〖U〗 扱いが一般的): a handful of ~s 一握りの種 / grape ~s ブドウの種 / sow [plant] ~s 種をまく / save part of the crop for ~ 作物の一部を種にとっておく. ❷ 〖C〗 [通例複数形で] 〔争い・善行などの〕種, 根源: sow the ~s *of* discontent [doubt, virtue] 不満[疑い, 善行]の種をまく. ❸ 〖U〗子孫(たち) (【用法】 聖書などで用いられる以外は 《古》): the ~ of Abraham アブラハムの子孫 (ヘブライ人). ❹ 〖U〗魚精, 白子. **b** 精液. ❺ 〖C〗 〔競技〕シード選手. **go [rún] to séed** (1) 〈草花などが〉花が過ぎる, 種になる. (2) 〈人などが〉盛りを過ぎる, みすぼらしくなる, 衰える. **in séed** (花が過ぎて)種ができて. —— (形) Ⓐ ❶ 種(用)の: ⇒ seed potato / a ~ coat 種皮. ❷ 小粒の: ⇒ seed pearl. —— (動) (他) ❶ 〈土地に〉に〈...を〉種をまく(sow): ~ a field 畑に種をまく. ❷ 〈果物から〉種を取り除く: ~ grapes ブドウの種をとる. ❸ 〈選手をシードする (〔トーナメントで優秀な選手同士が初めから顔が合わないように組み合わせる; ★ 通例受身で用いる): He *was* ~*ed* second in the tournament. 彼は選手権大会で第2シードだった. ❹ 〈人工降雨用に〉〈雲に〉〔ドライアイス・ヨウ化銀などを〕散布する〔*with*〕. —— (自) ❶ 種をまく. ❷ 〈植物が〉種を生じる. (形) seedy; (関形) seminal)

séed・bèd (名) ❶ 苗床. ❷ 〔罪悪などの〕温床, 育成所 〔*of, for*〕.

séed・càke (名) 〖C, U〗シードケーキ (キャラウェーの種子入りケーキ).

séed càpital (名) 〖U〗 = seed money.

séed càse (名) 〖植〗果皮.

séed còrn (名) ❶ 〖(次季用の)種トウモロコシ. ❷ 将来の利益に再利用される資本.

séed・ed /-dɪd/ (形) ❶ 種子のある, 〈果物など〉有核の; [複合語で] ...な種子を有する. ❷ 種を蒔き付けた. ❸ 種子を抜き取った, 種なしの. ❹ 〈プレーヤー・チームなど〉シードされた.

séed・er /-də/ |-də/ (名) ❶ 種まき人[機]. ❷ 種取り機.

séed fèrn (名) シダ状種子植物, ソテツシダ.

séed hèad (名) 種子稔りの頭状花.

séed lèaf (名) 〖植〗子葉 (cotyledon).

séed・less (形) 〈ブドウなど〉種のない, 種なしの.

†**séed・ling** /síːdlɪŋ/ (名) ❶ 実生(しょう)の植物. ❷ (3フィート以下の)苗木.

séed・lìp (名) 《英》 (種まき用の)種入れ.

séed mòney (名) 〖U〗(新事業の)元金, 着手金.

séed òyster (名) (養殖用の)種ガキ.

séed pèarl (名) ケシ珠 (¹/₄ grain 以下の小粒真珠).

séed plànt (名) 種子植物.

séed potàto (名) 種(た)ジャガイモ, 種イモ.

seeds・man /síːdzmən/ (名) ((複) -men /-mən/) ❶ 種をまく人. ❷ 種屋, 種屋【人】.

†**seed・y** /síːdi/ (形) (seed・i・er; -i・est) ❶ みすぼらしい, 見苦しい: ~ clothes よれよれの服 / a ~ hotel みすぼらしいホテル. ❷ 〖P〗 《口》気分のすぐれない: He felt [looked] ~. 彼は気分が悪ぬった[悪そうに見えた]. ❸ 種の多い; 種のある: ~ grapes 種の多いブドウ. **séed・i・ly** /-dəli/ (副) **-i・ness** (名) (名 seed)

*****see・ing** /síːɪŋ/ (名) 〖U〗 ❶ 見ること: *S~* is believing. 〖諺〗見るほど確かなことはない, 見るまでは何とも言えない, 「百聞は一見にしかず」 ❷ 視覚, 視力. —— (接) [しばしば 〖接〗 [(〖口〗) as] を伴って] ...である点から見ると, ...であるからには: *S~* (*that*) he's so young, his salary is not bad. 彼

がこんなに若いことを思えば給料は悪くない.

Seeing Eye (dog) 名〖商標〗シーイングアイ(ドッグ)《米国 New Jersey 州の慈善団体 Seeing Eye の供給する盲導犬》

seek /síːk/ 動 (sought /sɔ́ːt/) 他 ❶〈人・ものなどを〉捜す, 捜し求める (★ 囗 look for のほうが口語的; cf. 自): ~ a solution 解決策を捜す / ~ the truth 真理を探究する / ~ shelter from the rain 雨宿りの場所を捜す. ❷〈…を〉求める, 得ようとする: one's fortune in business 商売で出世の道を求める / ~ fame [employment] 名声[仕事]を求める / ~ a doctor's advice 医者に診てもらう / a person's forgiveness 人の許しを請う / I sought information *from* him. 私は彼に問い合わせてみた. ❸〈…しようと〉努める (★ 囗 try のほうが一般的): [+*to do*] I sought *to* persuade him, but in vain. 彼を説得しようとしたがむだだった. ❹〈古〉〈…を求めて〉〈場所へ〉行く; 〈…の方向に〉動く: ~ one's bed 床につく.
── 自 捜す; 捜し求める: S~ and you shall find. 捜せ, そうすれば見出すであろう《★聖書「マタイ伝」から》/ She sought *for* an answer to her question. 彼女は自分が抱いた疑問に対する答えを捜し求めた. **be nòt fár to séek** 〈理由などが〉近い所にある; 明白である: The reason for his success is not far to ~: he worked hard. 彼が成功した理由は明白だ, 一生懸命働いたからだ. **séek àfter...** を得ようとする (★受身形): His pictures *are* much sought after by collectors. 彼の絵は収集家に引っぱりだこだ. **séek óut** (他・句動) 〔人・ものを〕捜し出す; 〈欲しいものを捜して〉求める (search out): S~ him *out* and pass on the news. 彼を捜し出してそのニュースを伝えなさい.

seek·er 名 捜す[求める]人, 搜索者.

seem /síːm/ 動 自 ❶〈…と〉見える, 思われる, 〈…〉らしい《囗法》通例話し手の推量をこめた見方・判断を示す語で, 文法上の主語と判断の主体は一致しないことがあり, 時に判断の主体を示すのに to *a* person を従えることがある. ★ 進行形なし》: [(+*to*+(代名)+(*to be*)補] He ~s (*to be*) sick. 彼は病気らしい[のようだ] / He ~s *to* have been sick. 彼は病気だったらしい[ようだ] / I ~ unable *to* do it. それはどうもできそうにない / It ~s likely *to* snow. 雪が降りそうだ / Things are not always what they ~. 物事はいつも見かけどおりとは限らない / She ~ed *to* her father *to be* unhappy. 彼女の父には彼女はふしあわせに見えた / It ~s probable that he will resign. どうやら彼は辞職するらしい / It ~s obvious *to* me that the building needs to be rebuilt. その建物は建て直す必要があることは私には明白に思える / There ~s (*to be*) no need to help him. 彼を助けてやる必要はなさそうだ / To me there ~ed no reason to hold a meeting. 私には会を開催する理由はないように思われた. [+*to be doing*]: She ~ed *to be* trembling. 彼女は震えているようだった.《囗法》形容詞以外の現在分詞形が来る時には通例 to be は略されない》[+*to do*] He ~s *to* know everything about it. 彼はそれに関するすべてを知っているらしい / I ~ *to* have left my umbrella behind. どうやら傘を置いてきてしまったらしい / He ~ed not *to* know her name. 彼は彼女の名前を知らないようだった.
❷ [it を主語として] [...には X...のように]思われる: [(+*to*+(代名)+(*that*)] It ~s (*that*) you were lying. 君はうそをついていたように思われる / It would ~ *that* she is hiding something. どうも彼女は何かを隠しているようだ《囗 It ~s that... よりも婉曲な表現方》/ It ~s *to* me that you are not really interested in her. 私にはあなたが彼女にあまり関心をもってはいないように思われる / [+*as if*] It ~s *as if* he will be elected. どうも彼が選ばれるようだ《囗法》節中必ずしも仮定法を用いるとは限らない》/ It ~ed *as if* she would recover. 彼女は回復するように思われた.
cán't [cánnot] séem to dó...《囗》…できないようだ[ような気がする]: He can't [cannot] ~ *to* understand it. 彼にはそれが理解できないらしい《囗 He *doesn't* [*does not*] ~ *able* to understand it. のほうがややていねいな表現》.
séem like... …のように思われる[見える], …のようである: I've only known her a week, but she ~s *like* an old friend of mine. 知り合って一週間しか経っていないが, 彼

女はまるで幼なじみのようだ.
[ON < *scemr* 適している, 似合う] 【類義語】⇒ appear.

seem·ing 形 ❶〖文〗うわべ, 表面だけの; 見せかけの, もっともらしい (apparent): a ~ friend うわべだけの友 / with ~ kindness さも親切そうに. ❷ 〖文〗うわべ, 外観: to all ~ どう見ても.

seem·ing·ly /síːmɪŋli/ 形 副 見たところ, うわべは[は], どうやら(…のようで) (apparently) (★ 文修飾可): two ~ unrelated cases 表面上無関係にみえる二つの事件 / S~ he is mistaken. 見た限りでは彼は間違っている.

seem·ly /síːmli/ 形 (seem·li·er, -li·est) 〈態度・ふるまいなど〉礼儀にかなってふさわしい, 適当な; 上品な (↔ unseemly): ~ behavior 上品なふるまい. 〖SEEM+-LY²〗

seen /síːn/ 動 see¹ の過去分詞.

seep /síːp/ 動 自 ❶〈液体がしみ出る[込む], 漏れる. ❷〈思想・理解などが〉浸透する, 行き渡る, 広まる. ── 名 《米》石油などがしみ出る所.

seep·age /síːpɪdʒ/ 名 U 〔また ~s〕 漏出[浸透](液, 量).

seer /síə | síə/ 名 ❶ 先見者, 予言者. ❷ 見る人.

seer·suck·er /síəsʌkə | síəsʌkə/ 名 U (シア)サッカー《しまのある縮れた薄織りリンネル》.

see·saw /síːsɔ̀ː/ 名 ❶ a シーソー(遊び), ぎっこんばったん. b C シーソー(板). ❷ C a 上下動, 変動. b 一進一退: the ~ of supply and demand 需要と供給のシーソーゲーム. ❸ 一進一退の: a ~ game [match] 追いつ追われつの接戦, シーソーゲーム. ── 動 自 ❶ シーソーに乗る, シーソーで遊ぶ. ❷ 上下[前後]に動く[揺れる]; 動揺する, 変動する: Prices ~ wildly. 物価が激しく変動する / He ~ed between two opinions. 彼は二つの意見のどちらを取るか迷った. 〖SAW² の最初の音を重ねたもの〗

seethe /síːð/ 動 自 ❶〔通例進行形で〕a〈人など〉怒りなどで煮えくり返る (fume): He was seething (*with* rage). 彼は怒りで煮えくり返った. b〈群衆・国などが〉怒り・不満などで沸き返る(ように騒ぐ), 騒然とする: The nation *is seething with* political unrest. その国は政情不安で騒然としている. c〈場所が〉〈人〉でごった返す (swarm): The town *is seething with* tourists. その町は観光客でごった返している. ❷ a 煮え立つ, 沸騰する. b〈波浪などが〉逆巻く, 渦巻く. 〖OE〗

seeth·ing 形 ❶ a〈怒り・興奮など〉煮えくり返る(ような): ~ anger 煮えくり返るような怒り. b P〔…で〕騒然として, 動揺して: a country ~ *with* revolution 革命で騒然としている国. ❷ a 沸騰している. b〈波浪など〉逆巻いている: the ~ breakers 逆巻く波浪. ~·ly 副

see-through /síːθruː/ 形 A〈衣服など〉中が透けて見える, シースルーの (transparent). ── 名 シースルーの服.

see-thru 形 = see-through.

seg·ment /ségmənt/ 名 ❶ 区切り, 区分, 部分 (section); (番組の中の)枠, コーナー: the ~s of an orange オレンジの袋. ❷〖機〗 線分; (円の)弓形. ❸〖生〗体節, 環節. ❹〖音声〗 分節音. ❺〖電算〗 セグメント: a ブリッジ・ルーター・ハブなどで区切られる, ネットワーク上の物理的なーグループ. b 仮想記憶システムにおける, 大きさの可変な論理的メモリ単位. ── /ségment | ségmənt/ 動 他〈…を〉分割する, 分ける. ── 自 分かれる. 〖L=切られたもの < *secare* 切る; cf. section〗 名 segmentation)

seg·men·tal /ségméntl/ 形 部分の, 部分に分かれた; 部分から成る.

seg·men·tar·y /ségməntèri | -təri, -tri/ 形 = segmental.

seg·men·ta·tion /sègməntéɪʃən/ 名 ❶ U.C 分割, 分裂. ❷ U〖生〗 (受精卵の)卵割, 分割. (動 segment)

seg·ment·ed /ségməntɪd | ségmənt-/ 形 segment に分かれた[からなる].

se·go /síːgoʊ/ 名 = sego lily.

ségo líly 名〖植〗セゴリ《米国西部産のユリの一種; 花が美しく球根は食用》.

seg·re·gate /ségrɪgèɪt/ 動 他 ❶〈人・団体などを〉〈人種・性別などに従って〉分離[差別]する (↔ integrate) (★

segregated 通例受身. ❷ 〈人・団体を〉分離する, 隔離する: ~ the sexes 男女別にする / ~ boys and girls 男子と女子を分ける / ~ the sick children *from* the rest of the group 病気の子供を集団の他の子供から隔離する. ── 圓 圓 ❶ (人種・性別などによる)分離政策をとる. ❷ 分離する. 〖L =群れから離す <SE-+*grex, greg-* 群れ (cf. gregarious) +-ATE²〗 图 segregation)

†**ség·re·gàt·ed** /-tɪd/ 厖 ❶ (人種・性別などによる)分離政策を行なっている (↔ integrated): ~ education 人種別[性別]施設による教育. ❷ 特定の人種[グループ]に限られた: ~ **bars** [stores, schools] 黒人[白人]専用のバー[店, 学校]. ❸ 分離した, 隔離された.

†**seg·re·ga·tion** /sègrɪgéɪʃən/ 图 Ⓤ ❶ 人種[性別]の分離(待遇). ❷ 分離, 隔離. 〖 ⇨ segregate〗

sèg·re·gá·tion·ist /-ʃ(ə)nɪst/ 图 人種[性別]的分離主義者. ── 厖 人種[性別]的分離主義の.

seg·re·ga·tive /ségrɪgèɪtɪv/ 厖 ❶ (人が)社交嫌いの, 非社交的な. ❷ 人種[性別]分離的な.

se·gue /séɪgweɪ, séɡ-/ 图 【楽】セグエ (次の楽章・曲などに間をおかずに移行すること); (一般に)途切れない[スムーズな]移行. ── 圓 圓 (次の楽曲・シーンなどに)途切れずに移行する 〔*into*〕.

se·gui·di·lla /sègɪdíːljə/ 图 セギディリャ (2人で踊る3拍子のスペインダンス; その曲).

Sehn·sucht /zéɪnzʊkt/ 图 Ⓤ 〖詩・文〗あこがれ, 憧憬.

sei /séɪ/ 图 (また **séi whàle**) 【動】イワシクジラ.

sei·cen·to /seɪfénto/ 图 Ⓤ 〖しばしば S-〗〖イタリア芸術〗17世紀; 17世紀美術[文学].

Séid·litz pòwder /sédlɪts-/ 图 セドリッツ散 (薬効がチェコ Seidlitz の鉱泉に似た沸騰性緩下剤).

séif (dùne) /séɪf/ 图 セイフ砂丘 (砂漠で風の方向に沿って形成される細長い砂丘).

sei·gneur /seɪnjə́ːr, se-|-njə́ː/, **sei·gn(i)or** /séɪnjə|-njə/ 图 〖史〗〖しばしば S-〗(中世フランスの)領主, 藩主; (17世紀仏領カナダで勅許で土地を与えられた)地主.
sei·gneu·ri·al /seɪnjə́riəl, -njə́ːr-/ 厖 領主の.

sei·gnior·age, -gnor- /séɪnjərɪdʒ/ 图 Ⓤ 貨幣鋳造利差(金[額]); 貨幣鋳造権.

sei·gn(i)or·y /séɪnjəri/ 图 〖史〗領主権, 藩主権; (領主の)領地.

seine /séɪn/ 图 引き網, 地引き網. ── 圓 圓 引き網で魚をとる. ── 圓 引き網で〈魚を〉とる; 〈海などに〉引き網をかける.

Seine /séɪn/ 图 〖the ~〗セーヌ川 (フランス北部を流れ Paris を貫流してイギリス海峡に注ぐ).

séine nèt 图 =seine.

séin·er /séɪnə|-nə/ 图 引網漁船[漁船].

seised /síːzd/ 图 =seized.

sei·sin /síːzɪn/ 图 Ⓤ 〖法〗(土地・動産の)占有権.

†**seis·mic** /sáɪzmɪk/ 厖 ❶ 地震の; 地震性の: a ~ area 震域 / a ~ center 震源(地) / a ~ belt 地震帯 / ~ waves 地震波. ❷ 変化などの地殻変動的な.
〖Gk <*seismos* 地震; ⇨ -ic〗

seis·mic·i·ty /saɪzmísəti/ 图 (特定地域の)地震頻度[分布].

seis·mo- /sáɪzmoʊ/ 〖連結形〗「地震」「震動」.
〖⇨ seismic〗

seis·mo·gram /sáɪzməgræm/ 图 (地震計による)震動記録.

seis·mo·graph /sáɪzməgræf|-grɑ̀ːf/ 图 地震計.
seis·mo·graph·ic /sàɪzməgrǽfɪk¯/, **-i·cal** /-k(ə)l¯/ 厖 地震図(計)の; 震動計の.

seis·mo·log·i·cal /sàɪzməládʒɪk(ə)l|-lɔ́dʒ-¯/ 厖 地震学の: a ~ **laboratory** 地震研究所.

seis·mol·o·gy /saɪzmɑ́lədʒi|-mɔ́l-/ 图 Ⓤ 地震学.
-o·gist /dʒɪst/ 图 地震学者.

seis·mom·e·ter /saɪzmɑ́mətə|-mɔ́mətə/ 图 地震計.

seiz·a·ble /síːzəbl/ 厖 捕らえられる, つかめる; 差し押え[押収]できる.

***seize** /síːz/ 圓 圓 ❶ 〈...を〉(ぎゅっと・乱暴に)つかむ, 握る, 捕まえる; ひったくる, 取り上げる: The child ~d his father's arm in terror. 怖くなって子供は父親の腕をぎゅっとつかんだ / The policeman ~d the suspect *by* the neck. 警官は容疑者の首をむずとつかんだ〖用法 ⇨ by¹ 6〗/ He ~d the paper *from* me and scanned the article. 私から新聞をひったくると, その記事に目を通した. ❷ 〈人を〉捕らえる, 〈犯人などを〉逮捕する: ~ a thief 泥棒を逮捕する. ❸ 〈禁制品・文書などを〉(権限をもって)差し押える, 押収する: ~ a person's property 人の財産を差し押える / The police ~d a large quantity of cocaine. 警察は大量のコカインを押収した. ❹ 〈敵陣・権力などを〉奪う, 強奪する, 掌握する (grab): ~ an air base 空軍基地を奪取する / ~ the throne 王位を奪う / ~ power 権力を掌握する. ❺ **a** 〈意味・要点などを〉(さっと)つかむ, 了解する, 飲み込む: ~ an idea ある考えをつかむ. **b** 〈機会などを〉(すばやく)つかむ, (申し出などに)とびつく: ~ an opportunity 機会を逃さずにつかむ / ~ an invitation [offer] with both hands それとばかりに招待に応じる[申し出にとびつく]. ❻ 〈感情・病気などが〉〈人を〉(急に)襲う(★ しばしば受身で用いる): Terror ~d him. 恐怖が彼を襲った / He was ~d *with* a sudden rage. 彼は突然怒りがこみあげてきた. ❼ 【海】〖古〗〈ロープなどを〉くくり合わせる; 〈...を〉...にくくりつける. ❽ ⇨ seized. **séize on** [**upòn**]...〖句動〗(機会・欠点などを)つかむ, 捕らえる; 〈提案・考えなどに〉とびつく: ~ *on* a chance [pretext] 機会をとらえる[口実を見つける] / They ~d *on* my suggestion. 彼らは私の提案にとびついてきた / He ~d *on* the flaws in the argument. 彼はその論拠の弱点を突いた. **séize úp**〖圓+圓〗〈機械が〉急に止まる, 動かなくなる; 〖英〗〈体の一部が〉(痛くて)急に動かなくなる: The engine ~d *up*. エンジンが(オーバーヒートして)動かなくなった. 〖もと「法的に押収する」の意〗 图 seizure)【類義語】⇨ take.

seized 厖 Ｐ 图 ❶ 〈...を〉所有して, 占有して: He is [stands] ~ *of* much property. 彼は大きな資産を持っている. ❷ 〈...を〉承知していて, わかっていて 〔*of*〕.

sei·zin /síːzɪn/ 图 =seisin.

seiz·ing /síːzɪŋ/ 图 つかむこと, 捕えること; 占有; 押収, 差し押え; 【海】シージング (結束法の一つ); 【海】括着索.

†**sei·zure** /síːʒə|-ʒə/ 图 ❶ Ⓤ 差し押え, 押収, 没収; 強奪; 占領 〔*of*〕. ❷ Ⓒ (病気の)発作; (特に)脳卒中: a heart ~ 心臓発作. ❸ Ⓤ 捕らえること, つかむこと 〖⇨ seize〗.

Sejm /séɪm/ 图 セイム (ポーランド議会の下院).

Sekt /sékt/ 图 Ⓤ (ドイツ産の)スパークリングワイン, シャンペン.

se·la·dang /səlɑ́ːdɑːŋ|-dǽŋ/ 图 【動】=gaur.

se·lah /síːlə|-lɑː/ 图 セラ (聖書の詩篇などに出る意味不明のヘブライ語; 楽曲の指図として「休止」「揚音」の意とされる).

*__sel·dom__ /séldəm/ 圖 めったに...(し)ない, まれにしか...(し)ない (rarely; ↔ often) 〖用法 文中の位置は often と同じ〗: He ~ eats fish. 彼はめったに魚を食べない / I ~ see him. 彼にはめったに会うことがない / She attends our meetings very ~. 彼女は私たちの会合にはほとんど出席しない / It's ~ that such things happen here. そんな事はここではめったに起こらない / 〖諺〗S~ seen, soon forgotten. 〖諺〗まれにしか会わない人はすぐに忘れられる. 「去る者は日々にうとし」. **nòt séldom** 往々, しばしば: It *not* ~ happens that... ...ということはよくある(ことだ). **séldom, if éver** たとえ...(する)としてもきわめてまれに: He ~, *if ever*, goes out. 彼は外出することはまずない. **séldom or néver** めったに...(し)ない: He ~ *or never* reads books. 彼はおよそ書物を読むことはない.

*__se·lect__ /səlékt, sɪ-/ 圓 圓 〈...を〉選ぶ, 選び出す, 選出[選抜]する: S~ the book you want. 欲しい本を選びなさい / She ~ed a birthday present *for* her husband. 彼女は夫のために誕生日のプレゼントを選んだ / I ~ed a passage *from* Milton. ミルトンから一節を選んだ / He was ~ed *out of* a great number of candidates. 彼は大勢の候補者から選出された / 〖+目+**as** 補〗They ~ed John *as* leader of their group. 彼らはジョンを彼らのリーダーとして選んだ / 〖+目+*to do*〗I was ~ed *to make* a speech. 私が選ばれて演説をした. ── 圓 選ぶ, 選択する.

—形 (more ~; most ~) ❶ Ⓐ (比較なし) **a** 選んだ, 抜粋した: ~ passages from Shakespeare シェイクスピアから抜粋した名節. **b** えり抜きの, 精選した, 極上の (exclusive): ~ wines えり抜きの各種ワイン / a small but ~ library 数は少ないが精選された蔵書. ❷ 選び方の厳しい (うるさい, 気難しい), 〈会・社交などが入会条件のやかましい, 高級な; 上流(向き)の; えり好みする, 好みのうるさい: **a** ~ club 入会資格のうるさいクラブ / ~ society [circles] 上流社会 / This hotel is very ~. このホテルはきわめて上流向きだ / She's ~ *in* her choice of friends. 彼女は友人の選択にうるさい. ~·ness 名 〖L=選び出すSE-+*legere*, *-lect* 選ぶ, 集める (cf. lecture)〗 (名 selection, 形 selective) 【類語】⇒ choose.

seléct commíttee 名 (議会の)特別(調査)委員会: the Senate *Select Committee* on Intelligence Activities (米国の)上院諜報活動特別委員会.

se·léct·ed 形 選ばれた; えり抜きの, 精選された, 上等の.

se·léct·ee /səlèktíː, sɪ-/ 名 ❶ 選ばれた人. ❷ (米) 選抜徴兵応召者.

*se·léc·tion /səlékʃən, sɪ-/ 名 ❶ Ⓤ **a** (慎重な)選択, 選抜; 精選. **b** Ⓒ (…の)えり抜きの[人]; 選択物; 抜粋: The new leader is a good ~. 今度のリーダーは人選がよかった[適任者だ]. ❷ Ⓒ (通例単数形で) **a** 〈…の〉えり抜きの品々 (range): That store has a good ~ of furniture. あの店はさまざまな種類の家具をそろえている. **b** (抜粋を集めた)選集: S~ *from* Shakespeare シェークスピア選集 《書名》. ❸ Ⓤ 〖生〗選択, 淘汰 (とうた); ⇒ natural selection. (動 select) 【類語】⇒ choice.

selection rùle 名〖理〗選択規則〈量子力学的状態について許容される変化を決める規則; エネルギー・角運動量などの状態を指定する量子数の保存法則に由来する〉.

*se·léc·tive /səléktɪv, sɪ-/ 形 ❶ 選択的な; 注意深く選ぶ, 選択眼の高い, 選択眼の鋭い読者 / This medicine is ~ *in* its effects. この薬品は効果は選択的に働く《特定の個所に効果が表われる》 / She's ~ *about* who she meets. 彼女は会う相手を選ぶ. ❷ 〖通信〗〈受信機など〉分離感度のよい. ~·ly 副 ~·ness 名 (動 select)

seléctive atténtion 名 Ⓤ〖心〗選択的注意(力)〈特定のものにだけ注意を向けること, またその能力〉.

seléctive sérvice 名 Ⓤ 《米》 (以前の)義務兵役(制度) (《英》national service) 〖解説〗ベトナム戦争後は志願兵制度 (voluntary service) に変更されている).

se·lec·tiv·i·ty /səlèktívəṭi, sɪ-/ 名 Ⓤ ❶ 選択力[性], 精選. ❷ 〖通信〗(受信機などの)選択度. (形 selective)

seléct·man /-mən/ 名 (ニューイングランドの town の)理事 (Rhode Island 以外の諸州の town で選出された行政官).

se·léc·tor /-tə̩/ /-tə/ 名 ❶ **a** 選ぶ人, 選択者. **b** (英)(スポーツ委員会の)選手選抜委員. ❷〖機・通信〗選択装置, セレクター (車のギヤセレクターなど).

Se·le·ne /səlíːni/ 名〖ギ神〗セレネ《月の女神で Hyperion の子; ローマ神話の Luna に当たる》.

sel·e·nide /sélənàɪd/ 名 Ⓤ〖化〗セレン化物.

sel·e·nite /sélənàɪt/ 名 Ⓤ〖鉱〗透明石膏.

se·le·ni·um /səlíːniəm/ 名 Ⓤ〖化〗セレン《非金属元素; 記号 Se》.

selénium cèll 名〖理〗セレン光電セル.

sel·e·nog·ra·phy /sèlənɑ́grəfi | -nɔ́g-/ 名 Ⓤ〖天〗月面(地理)学 《月の特徴・地勢などを研究する》.

sel·e·nol·o·gy /sèlənɑ́lədʒi | -nɔ́l-/ 名 Ⓤ〖天〗月学《月表面や内部の物理的特性を研究する》.

Se·leu·cid /səlúːsɪd/ 名 (シリアなど南西アジアを治めた Macedonia の) セレウコス王朝 (312–64 B.C.) の (人).

*self /sélf/ 名 (複 selves /sélvz/) ❶ **a** Ⓒ [通例修飾語を伴って] 自己, 自身, 自分: my humble ~ ふつつかな私, 小生 / one's own ~ 自分自身 / ⇒ second self / for his own ~ 彼自身のために / I put my whole ~ into the job. 私は仕事に自分のすべてをうち込んだ. **b** Ⓤ [しばしば the ~]〖哲〗自我: the study of (*the*) ~ 自我の探求. ❷ [one's ~; 修飾語を伴って] (ある時期・状態での)自分, その人自身: one's better ~ よい自分, 自分のよい面, 自分の

1631　**self-censorship**

良心 / one's former [present] ~ 以前[現在]の自分 / reveal one's true ~ 本性を現わす / He's not looking like his old ~ lately. 近ごろはいつもどおりの(元気[平静]な)彼には見えない. ❸ Ⓤ 私利, 私欲, 利己心: He always puts ~ first. 彼は常に自分の利害を第一に考える[自己本位だ] / She takes no thought of ~. 彼女は自分のことは考えない [他人本位だ]. ❹ [所有格+self で]《文》 (…)自身, (…)そのもの: Caesar's ~ シーザー自身 / beauty's ~ 美そのもの, 美の本質. ❺ Ⓤ〖商〗本人《私[君, 彼]自身など》: a check drawn [payable] to ~ 本人当てに振り出した[署名人払いの]小切手. ❻ Ⓒ〖免疫〗自己 (↔ nonself)《自分の体を構成する物質》. ——形 (他のものと)同形の, 同種の, 同一材料の: a dress with a ~ belt 共ぎれのベルトがついた婦人服.〖OE〗

+**self**- /sélf/ [複合語で]「自己, 自分を, 自分で, 自分に対して; 自分だけで, 自動的な」.

〖語法〗(1) この複合語はほとんど全部ハイフンでつなぐ.
(2) ほとんど全部 self- に第1アクセントを置くが, 第2要素となる語も本来のアクセントを保持する.
(3) 本辞典に示されていない複合語の語義は第2要素の意味から類推すること.

-**self** /sélf/ (複 -selves /sélvz/) [複合(再帰)代名詞を造る]「…自身」: my*self*, your*self*, him*self*, her*self*, it*self*, one*self*; ourselves, yourselves, themselves.

sélf-abándoned 形 すてばちな, 自暴自棄な; 放縦な.
sélf-abándonment 名 Ⓤ 自暴自棄, すてばち; 放縦.
sélf-abásement 名 Ⓤ 卑下; 謙遜 (けんそん).
sélf-abhórrence 名 Ⓤ 自己嫌悪.
sélf-abnegátion 名 Ⓤ 自己否定; 自己犠牲, 献身.
sélf-absórbed 形 自分の事[考え, 利益]に夢中になった.
sélf-absórption 名 Ⓤ ❶ 無我夢中, 自己陶酔. ❷〖理〗自己吸収.
sélf-abúse 名 Ⓤ 自己の才能の悪用, 自虐; 自慰.
sélf-accusátion 名 Ⓤ 自責(の念).
sélf-ácting 形 自動(式)の.
sélf-actualizátion 名 Ⓤ 自己実現《自己の潜在能力・可能性を最高の形で現実化する》.
sélf-addréssed 形 〈封筒など〉(返信用に)自分[本人]の宛 (あ) 名を記した.
sélf-adhésive 形 〈封筒・切手など〉のりのいらない.
sélf-adjústing 形 自動調整の.
sélf-adjúst·ment 名 Ⓤ.Ⓒ 自動調整; 順応.
sélf-advertísement 名 Ⓤ 自己宣伝.
sélf-affirmátion 名 Ⓤ 自己確認.
sélf-aggrándizement 名 Ⓤ (権力・財産などの)自己強化[拡大]. **sélf-aggrándizing** 形
sélf-alienátion 名 Ⓤ (精神病の際における)自己疎外.
sélf-análysis 名 Ⓤ 自己分析.
sélf-appóinted 形 Ⓐ 自薦の, 自称の.
sélf-assémbly 名 Ⓤ ❶ (家具などの購入者自身による)組立て(式). ❷〖生化〗(生体高分子の)自己集合.
sélf-assérting 形 =self-assertive.
sélf-assértion 名 Ⓤ 自己主張; でしゃばり.
sélf-assértive 形 自己を主張する, 我を張る, でしゃばり, 無遠慮な. ~·ly 副 ~·ness 名
sélf-assúrance 名 Ⓤ 自信; 自己過信.
sélf-assúred 形 自信のある. ~·ness 名
sélf-awáre 形 自己を認識している, 己れを知った; 自意識過剰の.
sélf-awáreness 名 Ⓤ 自己認識.
sélf-betráyal 名 Ⓤ =self-revelation.
sélf-búild 名 Ⓤ 自宅の手作り建築, 自作建築. **sélf-búilder** 名
sélf-cáncelling 形《英》自らを相殺する, 自ら無効となる; 〈機械装置など〉不要になったとき自動的に停止する.
sélf-cátering 形 〈休暇用宿泊施設など〉自炊(用)の. ——名 Ⓤ 自炊.
sélf-cénsorshìp 名 Ⓤ 自己検閲.

sélf-céntered 形 自己中心[本位]の, 利己的な. ~·ness 名

sélf-certificátion 名 U 自己証明《特に被雇用者が病気で欠勤した旨文書で申告すること》.

sélf-cértified 形《英》〈ローンか〉自己証明による《自分の財政状態を自己証明することで得られる》.

sélf-cértify 動 他《英》(正式文書で)〈自分の収入など〉を自己証明する.

sélf-cléaning 形 自洗[自浄]式の.

sélf-cóck·ing 形〈銃が〉自動コック式の《撃鉄が手でなく引き金などで上がる方式にいう》;《写》〈シャッターが〉自動セットの.

sélf-cólored 形 ❶〈花・動物・織物など〉単色の. ❷〈布地など〉自然色の.

sélf-commánd 名 U 自制, 克己, 沈着.

sélf-complácent 形 自己満足した, ひとりよがりの, うぬぼれた. **sélf-complácency** 名

sélf-compósed 形 落ち着いた, 沈着な.

sélf-concéit 名 U 自己 うぬぼれ, 自負心, 虚栄心.

sélf-concéited 形 うぬぼれの強い.

sélf-condémned 形 自責の, 良心のとがめを受けた.

sélf-conféssed 形 A (欠点を)自ら認めた, 自認の: a ~ liar 自認するうそつき.

sélf-conféssion 名 公言, 自認.

+**sélf-cónfidence** 名 U 自信.

sélf-cónfident 形 自信のある. ~·ly 副

sélf-congratulátion 名 U 自己満悦, 自己満足.

sélf-congrátulatory 形 自己満悦の[にふける].

+**sélf-cónscious** 形 ❶ 自意識過剰の; 人前を気にする; はにかむ, 内気の: He is too ~ *about* his appearance. 彼は見かけを気にしすぎる. ❷《哲・心》自己を意識する, 自覚をもった. ~·ly 副 ~·ness 名

sélf-consístency 名 U 自己矛盾のない性質[状態], 首尾一貫(%)した, 理路整然.

sélf-consístent 形 自己矛盾のない, 筋の通った.

+**sélf-constitúted** 形 自分で決めた, 自己設定の.

+**sélf-contáined** 形 ❶ a 必要物がすべてそろった, それだけで完備[完結]した; 自己充足の, 独立した (independent). b《英》〈家屋・アパートなど〉各戸独立式の《バス・トイレ・キッチンを専有し, 出入り口も普通別になっている》. ❷ a〈人か〉無口な, 打ち解けない. b 自制心のある, 冷静な.

sélf-contémpt 名 U 自己卑下.

sélf-contént 名 U 自己満足.

sélf-conténted 形 自己満足の[した]. ~·ly 副

sélf-contradíction 名 ❶ U 自己矛盾. ❷ C 自己矛盾した陳述[命題].

sélf-contradíctory 形 自己矛盾の[した].

+**sélf-con·tról** 名 U 自制(心), 克己(心): exercise [lose] ~ 自制心を働かせる[失う].

sélf-contrólled 形 自制心のある.

sélf-corrécting 形〈機械など〉自動修正(式)の.

sélf-críticism 名 U 自己批判.

sélf-decéit 名 U = self-deception.

sélf-decéiver 名 自分を欺く人.

sélf-decéiving 形 = self-deceptive.

sélf-decéption 名 U 自己欺瞞(*).

sélf-decéptive 形 自己を欺く, 自己欺瞞の.

sélf-deféating 形〈計画など〉目的[意図]に反する《結果を招く》, 自滅的な.

+**sélf-defénse** 名 U ❶ 護身, 自衛, 自己防衛: the right of ~ 自衛権 / the (noble) art of ~ 護身術《ボクシング》/ use a gun in ~ 自衛のために銃を使う. ❷《法》正当防衛.

sélf-defénsive 形 自己防衛の[な], 自衛の.

sélf-delúsion 名 U 自己欺瞞(*).

sélf-deníal 名 U 禁欲, 克己, 無私.

sélf-denýing 形 克己の, 無私の.

sélf-depéndence 名 U 自力本願.

sélf-depéndent 形 自力による, 独立独行の.

sélf-déprecating 形 自らを軽視する, 卑下[謙遜]する, 自嘲(ボ)ぎみの. ~·ly 副

sélf-deprecátion 名 U 自己軽視, 卑下.

sélf-déprecatory 形 = self-deprecating.

sélf-depreciátion 名 U = self-deprecation.

sélf-descríbed 形 A 自称....

sélf-destrúct 動《ロケット・ミサイルが》(故障などの際に)自己破壊する, 自爆[自滅]する. ── 形 A 自己破壊する.

sélf-destrúction 名 U 自己破壊, 自滅, 自殺.

sélf-destrúctive 形 自滅的な.

+**sélf-determinátion** 名 U ❶ 民族自決(権). ❷ 自己決定, 自決.

sélf-devótion 名 U 献身; 没頭.

sélf-dirécted 形 自ら方向を決める, 自発的な;《米》〈社員が〉自己裁量で働く.

sélf-diréction 名 U 自らによる方向決定; 自己裁量.

sélf-díscipline 名 U 自己訓練[修養, 規制].

sélf-dísciplined 形 自己訓練できる, 修養のできた, 自己を律した.

sélf-discóvery 名 U 自己発見.

sélf-displáy 名 U 自己顕示[宣伝].

sélf-dóubt 名 U 自信喪失.

sélf-drive 形《英》〈借りた自動車など〉(運転手つきでなく)借り手自身が運転する: a ~ car レンタカー.

sélf-éducated 形 独学の, 自学自修の.

sélf-educátion 名 U 独学, 自習.

sélf-efácement 名 U (控えめにして)表に出ないこと, 控えめな態度.

sélf-eféacing 形 控えめな, でしゃばらない (modest).

+**sélf-emplóyed** 形 ❶ 自(家)営業の. ❷ [the ~; 名詞的に; 複数扱い] 自営業者(層).

sélf-emplóy·ment 名 U 自営.

sélf-enclósed 形〈人・社会・システムが〉他[外部]と交流しない[できない]; 閉じた, 内閉的な; 自己完結した, それだけで完備した.

*sélf-es·téem /sélfistí:m, -es-/ 名 U 自尊(心), 自負心, うぬぼれ.

sélf-evaluátion 名 U 自己評価.

sélf-évidence 名 そのもの自体の示す証拠; 自明.

sélf-évident 形 自明の, わかりきった (obvious). ~·ly 副

sélf-examinátion 名 U ❶ 自省, 反省. ❷《医》自己診断.

sélf-explánatory 形 自明の, そのままで明白な.

sélf-expréssion 名 U 自己表現. **sélf-expréssive** 形

sélf-fáced 形 刻まれていない, 手を加えてない, (特に)〈石の表面が〉天然のままの.

sélf-féeder 名 ❶ (家畜に自動的にえさを補給する)自動給餌(**⑦*) 器. ❷ 燃料[材料]自動供給式の炉[機械].

sélf-féeding 名 自給式の.

sélf-fértile 形《生》自家受精する, 自家稔(½)性の (↔ self-sterile). **sélf-fertílity** 名 U 自家受精性.

sélf-fertilizátion 名 U《生》自家受精 (cf. cross-fertilization).

sèlf-fináncec 形 資金調達をみずから行なう, 自己資金による, 自己金融による. **sèlf-fináncing** 形

sélf-flagellátion 名 U 自責, 自虐.

sélf-forgétful 形 自分を忘れての, 献身的な.

sélf-fulfíll·ing 形 自己達成[実現]的な: a ~ prophecy 自己実現的予言《予言したという事実がその実現をもたらす》.

sélf-fulfíl(l)ment 名 U 自己達成[実現].

sélf-góverned 形 自治の.

+**sélf-góverning** 形 自治(制)の, 独立の: a ~ state 自治国家.

+**sélf-góvernment** 名 U ❶ 自治. ❷ 自制, 克己.

+**sélf-hátred** 名 U 自己憎悪.

sélf-héal 名 病気に効く植物, 薬草, (特に)ウツボグサ.

sélf-hélp 名 U 自助, 自立: *S-* is the best help.《諺》自助は最上の助け. ── 形 A 自助(のための).

sélf·hòod 名 U ❶ 個性; 自我. ❷ 自己本位, 利己心.

sélf-hypnósis 名 U 自己催眠.

sélf-identificátion 名 U (自分の属性・障害などの)自己確認.

sélf-idéntity 名 U (自己)同一性.

+**sélf-ímage** 名 自己イメージ.

sélf-immolátion 名 U (積極的な)自己犠牲.

sélf-impórtance 名 U 自尊, うぬぼれ.

sélf-impórtant 形 尊大な, もったいぶった, うぬぼれの強い. **~·ly** 副

+**sélf-impósed** 形〈仕事・義務など〉自ら課した, 自分から好んでする.

sélf-impróvement 名 U 自己改善[修養].

sélf-indúced 形 自己導入の;〖電〗自己誘導の.

sélf-indúctance 名 U.C 〖電〗自己インダクタンス.

sélf-indúction 名 U 〖電〗自己誘導.

sélf-indúlgence 名 U 好き放題(をすること), 放縦(ほうじゅう), 自堕落.

sélf-indúlgent 形 わがままな, 放縦(ほうじゅう)な, 自堕落な. **~·ly** 副

sélf-inflícted 形〈けが・被害など〉自ら招いた, 自分の手で加えた.

sélf-insúrance 名 U 自家保険.

+**sélf-ínterest** U.C 私利, 私欲; 利己心.

sélf-ínterested 形 自己本位の, 利己的な.

sélf-introdúction 名 U 自己紹介.

sélf-invíted 形〈客など〉押しかけの.

sélf-invólved 形 =self-absorbed.

*__self·ish__ /sélfɪʃ/ 形 (**more ~, most ~**) 利己的な, 自分本位の, わがままな (↔ unselfish, selfless): a ~ attitude [motive] 利己的な態度[動機] / [~ *of*+(代名)(+*to do*) / +*to do*] It was ~ *of* you *to* go there without me.=You were ~ *to* go there without me. 私を置いて一人でそこへ行くなんて君も身勝手なことをしたものだ. **~·ly** 副 **~·ness** 名

sélf·ism /-fɪzm/ 名 U 自分の関心にのみ集中すること, 自己中心, 自己専念. **sélf·ist** 名

sélf-jústification 名 U 自己正当化, 自己弁護.

sélf-knówledge 名 U 自己認識, 自覚.

+**sélf·less** 形 私心のない, 無私の, 無欲の (↔ selfish). **~·ly** 副 **~·ness** 名

sélf-límiting 形 自己制限[制約]的の; 自己制御式の.

sélf-líquidating 形 〖商〗〈商品など〉仕入先に支払いをする前に現金になる, すぐはける;〈事業など〉(借入金の巧みな運用によって)借入金を弁済できる, 自己回収[弁済]的の.

sélf-lóader 名 自動装填式[半自動式]の銃器.

sélf-lóading 形〈小銃・カメラなど〉自動装填(そうてん)式の.

sélf-lócking 形〈ドアなど〉(閉めると)自動的に錠がかかる, 自動ロックの.

sélf-lóve 名 U 自己愛; 利己主義.

sélf-máde 形 ❶ 自力で仕上げた, 自作の. ❷ 自己の力で成功した[金持ちになった], 独立独行の: a ~ man 自力で出世した男.

sélf-mánagement 名 U 自主管理, 自己管理.

sélf-mástery 名 =self-control.

sélf-máte 名 U 〖チェス〗自負け.

sélf-motivátion 名 U.C 自律的動機づけ, 自己動機づけ.

sélf-móving 形 自動(式)の.

sélf-múrder 名 U 自殺.

sélf-mutilátion 名 U 自傷(行為).

sélf·ness 名 U 個性, 人格; 利己主義.

sélf-óperating 形 自動(式)の.

sélf-opínion うぬぼれ, 過大な自己評価.

sélf-opínionated 形 ❶ 自分の意見に固執する, 片意地な, 強情な. ❷ うぬぼれの強い.

sélf-párody 名 U 自己諷刺, 自己パロディー.

sélf-perpétuating 形 いつまでもとどまることができる, いすわり続ける.

+**sélf-píty** 名 U 自己憐憫(れんびん).

sélf-pólicing 形 自ら警備を行なう, 自警組織をもつ. ── 名 自ら行なう警備, 自警; 自己検閲.

sélf-póllinate 動 自 他〖植〗自家[自花]受粉する[させる].

1633　　**self-sow**

sélf-pollinátion 名 U 〖植〗自家受粉.

sélf-pórtrait 名 自画像.

sélf-posséssed 形 冷静な, 沈着な. **~·ly** 副

sélf-posséssion 名 U 冷静, 沈着.

sélf-práise 名 U 自賛.

sélf-preservátion 名 U 自己保存, 自衛本能.

sélf-procláimed 形 自ら主張[宣言]した, 自称の.

sélf-propélled 形〈ミサイルなど〉自己推進の.

sélf-protéction 名 U 自己防衛.

sélf-ráising 形《英》=self-rising.

sélf-réalization 名 U 自己実現.

sélf-recórding 形 自動記録(式)の.

sélf-referéntial 形 自己に言及する, 自己言及的な《当該作品や作者自身(の他の作品)に言及する》.

sélf-regárd 名 U ❶ 利己(心). ❷ 自尊(心).

sélf-regárding 形 自己中心[本位]の.

sélf-régistering 形 自動記録(式)の: a ~ barometer 自動記録式晴雨計.

sélf-régulating 形 自動調節(式)の; 自己規制する.

sélf-regulátion 名 U 自動調節[制御]; 自己規制.

sélf-régulatory 形 =self-regulating.

sélf-relíance 名 U 自分を頼むこと, 独立独行.

sélf-relíant 形 自己を頼む, 独立独行の (independent).

sélf-renunciátion 名 U 自己放棄; 無私, 無欲.

sélf-repróach 名 U 自己非難, 自責.

+**sélf-respéct** 名 U 自尊(心), 自重.

sélf-respécting 形〔通例否定文で〕自尊心のある.

sélf-restráin·ing, -restráined 形 自制する[した], 自制的な.

sélf-restráint 名 U 自制, 克己.

sélf-reveáling 形 (故意でなく)自己の本心を現わす.

sélf-revelátion 名 U (人柄・思想・感情などの)たくまざる自己表出.

sélf-révelatory 形 =self-revealing.

sélf-rewárding 形 それ自体が報酬となる.

Sel·fridg·es /sélfrɪdʒɪz/ 名 セルフリッジ百貨店《London の Oxford Street にある大型百貨店》.

sélf-ríghteous 形 ひとりよがりの, 独善的な. **~·ly** 副 **~·ness** 名

sélf-ríghting 形〈ボートが〉自動的に復元する.

sélf-rísing 形《米》〈粉が〉ふくらし粉入りの: ~ flour ふくらし粉入りの小麦粉 (cf. plain flour).

sélf-rúle 名 U 自治.

sélf-sácrifice 名 U 自己犠牲, 献身.

sélf-sácrificing 形 自己を犠牲にする, 献身的な.

sélf-sáme 形 [the ~] まったく同じ, 同一の《用法 same の強調形》: The two accidents happened on *the* ~ day. その二つの事件はまったく同じ日に起こった. 【類義語】⇒ same.

sélf-satisfáction 名 U 自己満足, ひとりよがり.

sélf-sátisfied 形 自己満足の, ひとりよがりの (smug).

sélf-séaling 形 ❶〈タイヤなど〉(パンク時に)自動的にパンク穴がふさがる. ❷〈封筒など〉糊(の)のいらない.

sélf-séed 動 自 =self-sow. **sélf-séed·er** 名

sélf-séeker 名 利己主義の人, 身勝手な人.

sélf-séeking 形 利己的な, 身勝手な. ── 名 U 利己主義, 身勝手.

sélf-seléction 名 U 自主的選択; 客が商品などを自由に選ぶこと.

sélf-sérve 形 セルフサービスの (self-service).

*__self-ser·vice__ /sélfsə́ːvɪs | -sə́ː-/ 形 A ❶〈食堂など〉セルフサービスの: a ~ restaurant セルフサービスの食堂. ❷〈機械など〉自動販売(用)の: a ~ ticket machine チケット[切符]の自動販売機. ── 名 ❶ U セルフサービス, 自給式. ❷ C 《日》セルフサービスの店.

sélf-sérving 形 私利的な, 利己的な: ~ propaganda 自己宣伝.

sélf-sów /-sóʊ/ 動 自 (種子が自然に落ちたり風で運ばれたりして)自然にまかれ(て生え)る[実生(みしょう)で増える].

sélf-sówn [形] 〈植物など〉自生の, 天然に生えた.
sélf-stárter [名] ❶ 物事を率先してやる人, 自発的な人. ❷ 自動始動機[セルフスタータ](付きの自動車・オートバイ(など)).
sélf-stárt·ing [形] 自動スタートできる.
sélf-stérile [形]〖生〗自家不稔(ねん)(性)の, 自家不妊の (↔ self-fertile). **sèlf-sterílity** [名] 自家不稔(性).
+**sélf-stýled** [形] [A] 自称の, 自任の.
+**sélf-sufficiency** [名] [U] 自給自足.
+**sélf-suffícient, sélf-suffícing** [形] ❶ 自給自足できる: ~ economy 自給自足経済 / Is Japan ~ ***in*** rice? 日本は米を自給できるか. ❷ うぬぼれの強い, 尊大な.
sélf-suggéstion [名] [U] 自己暗示.
sélf-suppórt [名] [U] 自活; 自営, 独立経営.
sélf-suppórting [形] 〈人が〉自活できる[する]; 〈会社など〉自営する, 独立経営の.
sélf-surrénder [名] [U] 忘我, 没頭; 自己放棄.
sélf-sustáined [形] 自立した, 援助を必要としない.
sélf-sustáining [形] 自活する, 自立する.
sélf-tàpping scréw [名] タッピンねじ《ねじ山のない穴に雌ねじを切り込みながらねじ込むねじ》.
sélf-táught [形] 独習の, 独学の: ~ knowledge 独学で得た知識 / a ~ painter 独学の画家.
sélf-tímer [名]〖写〗セルフタイマー, 自動シャッター.
sélf-títled [形] [A] 〈CD・レコードなど〉演奏者名[バンド名(など)]が表題についた[となった].
sélf-wíll [名] [U] 我意, 片意地.
sélf-wílled [形] 意地っぱりの.
sélf-wínding /-wáɪndɪŋ←/ [形] 〈腕時計が〉自動巻きの.
sélf-wórth [名] =self-esteem.
Sel·juk /selʤúːk, ⌒ー/ [名] (11–13 世紀に西アジアを支配した)セルジューク朝の人, セルジュークトルコ; セルジューク朝治下の人民. ── [形] セルジューク朝(治下の人民)の. **Sel·jú·ki·an** [名] [形]
⁑**sell** /sél/ [動] (**sold** /sóʊld/) [他] ❶ 〈ものを〉**売る, 売り渡す, 売却する** (↔ buy): ~ books [insurance] 本を売る[保険の契約をとる] / ~ a painting by auction 絵を競売で売る / He *sold* the watch ***for*** a good price [£100]. 彼はその時計を相当な値段[100 ポンド]で売った / He *sold* his house ***for*** $50,000. 彼は家を 5 万ドルで売却した / 〔+目+目〕I *sold* him my car.=I *sold* my car ***to*** him. 私は彼に車を売り渡した《[用法] 受身形は My car *was sold* (*to*) him. または He *was sold* my car.》. ❷ 〈商品を〉**商う, 販売する**: That store ~*s* candy.=They ~ candy ***at*** [***in***] that store. あの店は菓子を売っている: Do you ~ cigars (*in* this shop)? (この店には)葉巻きがありますか. ❸ 〈物事が〉〈...の〉売れ行きを助ける[促進する]: Comic strips ~ newspapers. 漫画のおかげで新聞が売れる / His name on the cover will ~ the book. 表紙に彼の名前を入れればその本が売れるだろう. ❹ 〈ものが〉〈いくつ〉売れる, さばける: Her book *sold* a million copies. 彼女の本は百万部売れた. ❺ 〈国・仲間などを〉売る, 裏切る; 〈名誉・貞操などを〉売る: ~ one's vote 金で票を売る / ~ a game [match] 金をもらって試合の勝ちを譲る / ~ one's honor [chastity] 名誉[貞操]を売る / ~ one's soul ***to*** the devil 悪魔に魂を売り渡す; 金[権力(など)]のために破廉恥な行いをする / ~ one's body 体を売る《金のために性行為をする》/ He *sold* his fellow spies *to* the police. 彼は仲間のスパイを警察に売った / The traitor *sold* his country ***for*** money. その反逆者は金で祖国を売った / ~ oneself (to...) (金のために)(...に)自分を売る《信条に背くなど》. ❻《口》**a** 〈人に〉〈考えなどを〉売り込む, 宣伝する, 説得する: 〔+目+目〕You'll never ~ me that. =You'll never ~ that ***to*** me. そんなことをぼくに売り込もうたってだめだよ. **b** [~ one*self* で]〔...に〕自分を売り込む, 自薦する《[用法] 良い意味でも用いる》: It's important to know how to ~ *yourself* (*to* the interviewers). (面接員に)自分を売り込む法を知ることは重要なことだ. ❼《口》〈人に〉〔...の〕価値を説得する, 納得させる: She has sold me ***on*** the idea of moving to the countryside. 彼女は私にいなかに移るという考えを納得させた / be sold on ⇨ sell [成句]. ❽《口》〈人を〉だます, かつぐ《★ 通例受身で用いる》: We've *been sold* again. またいっぱい食わされた. ── [自] ❶ 〈人が〉**売る, 商う**: Merchants buy and ~. 商人は売買をする. ❷ **a** 〈ものが〉**売れる**: The pictures he paints won't ~. 彼の描く絵は売れはしまい / These apples are ***~ing at*** ten cents each today. きょうこのリンゴは 1 個 10 セントで売られている / This painting will ~ ***for*** 10,000 dollars. この絵は 1 万ドルで売れるだろう. **b** [well などの様態の副詞(句)を伴って] 売れ行きが(...で)ある: Does this product ~ well? この製品はよく売れますか / The new products are *~ing* badly. 新製品は売れ行きがかんばしくない. ❸《口》〈考えなどが〉認められる, 賛同を得る: Your excuse isn't going to ~, you know. 君の言い訳なんか通用しないだろうよ.
be sóld on...に夢中になっている; ...の価値[よさ(など)]を認めている (cf. [他] 7): He's completely *sold on* the idea. 彼は完全にその考えを信じ込んでいる[その考えに夢中になっている]. **be sóld óut of**... 〈人・店が〉...を全部売り切っている (cf. SELL out [成句]): We *are sold out of* new models. 新型は全部売り切れです. **séll one's lífe déar** [**déarly**] 敵に大きな損害を与えて死ぬ, 犬死にしない《[由来]「命を高く売る」の意から》. **séll óff** 《[他]+[副]》(1) 〈在庫品・所有物などを〉(安く)売り払う. (2) 〈会社や事業(の一部)を〉売却する. **séll ón** 《[他]+[副]》(1) ⇨ [他] 7. (2)《英》〈ものを〉転売する, 売り抜ける. **séll óut** 《[他]+[副]》(1) 〈商品などを〉売り切る, 売り尽くす《★ しばしば受身で用いる; cf. be sold out of... (SELL [成句])》: The performances [tickets] are *sold out*. その公演[切符]は売り切れになりました / *Sold out*.〔掲示〕売り切れ. (2) 〈店・のれんなどを〉売り払う, 処分する, 〈事業部門などを〉売却する. (3)《米》〈債務者の〉財産を売り立てる: He went bankrupt and was *sold out*. 彼は破産したので財産を競売に付された. (4)《口》(金などのために)〈主義・友などを〉売る, 裏切る: Do you intend to ~ us *out*? 我々を売るつもりか. ──《[自]+[副]》(5) 〈店・人が〉(商品を)売り切る: Sorry, we've *sold out*. すみません, 売り切れです. (6) 〈商品が〉売り切れる: The tickets soon *sold out*. 切符はすぐに売り切れた. (7) 店[のれん(など)]を売り払う, 事業部門(など)を手放す: The shop is *~ing out* next week. その店は来週店じまいをする. (8)《口》〔敵側に〕身売りする, 寝返る〔*to*〕. **séll óut of**... 〈店・人が〉〈商品〉を売り切る: The store *sold out of* summer goods. その店は夏物を売り尽くした. **séll úp** 《英》《[他]+[副]》(1) 〈店・のれんなどを〉売り払う, 処分する. (2) 〈債務者の〉財産を売り立てる. ──《[自]+[副]》(3) 店[のれん(など)]を売り払う.
── [名]《口》❶ [U] 販売(法): ⇨ hard sell, soft sell. ❷ [a ~] 期待はずれのもの[事]; ぺてん: What *a* ~! ああがっかりした; まんまといっぱい食わされた.
〖OE=与える; 現在の意は, 人に物を与えて代価を得るようになったことから〗 ([名] sale)
séll-by dàte [名]《英》(包装食品などの)販売有効期限の日付 (《米》pull-by date).
*__sell·er__ /sélə | -lə/ [名] ❶ **売り手, 販売人** (vendor; ↔ buyer): ⇨ bookseller. ❷ [通例修飾語を伴って] 売れる物: a good [poor] ~ 売れ行きのよい[悪い]物 / a hot ~ 飛ぶように売れる物 / ⇨ best seller.
séllers' màrket [名] [通例単数形で] 売り手市場《商品不足のため売り手に有利な市場; cf. buyers' market》.
séll-ìn [名] [U] (小売りに先立って)商品を小売業者に販売すること, 先行[事前]販売.
séll·ing pòint [名] (販売時の)商品の強調点, (商品・人の)セールスポイント《[比較] 日本語の「セールスポイント」は和製英語》: Her ~ is her charm. 彼女のセールスポイントはなまめかしさだ.
sélling prìce [名] 実売価格.
sélling ràce [名] 売却競馬《競走後, 勝馬を競売にする》.
+**séll-òff** [名] [U] (株・債権などの)急落.
Sel·lo·tape /sélətèɪp/ [名] [U]〖商標〗セロテープ (cf. Scotch tape). ── [動] [他] [また s~]〈...を〉セロテープではる.
+**séll·òut** [名]《口》❶ [通例単数形で] (売り尽くした)札止めの興行, 大入り満員: Every concert of hers has been a ~. 彼女のコンサートはいつも札止めになる[大入り満

séll-thròugh 名 ❶ 小売り(比率)《卸売り数に対する小売実売数(の比率);またビデオソフトなどでレンタル数に対する小売実売数(の比率)》. ❷ [通例単数形で] […への]裏切り, 寝返り [to]. ❸ 売り尽くし; 売り切れ.

sélt·zer /sélts‍ɚ(-) | -tsə(-)/ 名 U [時に S~] セルツァ水(ドイツ西部 Wiesbaden の近く Nieder-Selters 産の発泡ミネラルウォーター);(一般に)発泡ミネラルウォーター, 炭酸水.

sel·va /sélvə/ 名 (特に 南米の)熱帯多雨林, セルバ.

sel·vage, sel·vedge /sélvɪdʒ/ 名 ❶ 織物の耳, 織り端. ❷ [地] 盤composs.

***selves** /sélvz/ 名 self の複数形.

Selz·nick /sélznɪk/, **David Oliver** 名 セルズニック(1902-65; 米国の映画プロデューサー).

SEM 《略》 scanning electron microscope.

se·man·tic /sɪmǽntɪk/ 形 語義に関する, 意味論(上)の.

se·man·ti·cist /sɪmǽntəsɪst/ 名 意味論学者.

se·man·tics /sɪmǽntɪks/ 名 U 《言》意味論.

sem·a·phore /séməfɔ̀ɚ | -fɔ̀ː/ 名 ❶ U 手旗信号; send a message by ~ 手旗で信号を送る. ❷ 信号装置, (特に鉄道の)腕木信号機, シグナル. ── 動 他 自 手旗で知らせる.

***sem·blance** /sémbləns/ 名 [単数形で] ❶ **a** 外形, 外観: in ~ 外見は / The rock has the ~ of a large head. あの岩は大きな頭のかっこうをしている. **b** 見せかけ, 風;装い: put on a ~ of penitence 後悔したふりを見せかける. ❷ 類似, 似通い: without the ~ of an apology わびらしいわびもせずに. 《F=類似 L simulare まねる; ⇒ simulate》

seme /si:m/ 名 《言》記号; 意義素《形態素の意味の基本的構成要素》.

se·mi·ol·o·gy /sì:maɪάlədʒi, sèmi- | -ɔ́l-/ 名 =semiology.

sem·eme /sémi:m/ 名 《言》意義素 (morpheme の意味, または意味の単位).

se·men /sí:mən/ 名 U 精液. 《L semen, semin- 種子》(cf. seminar) (形 seminal)

se·mes·ter /səméstɚ | -tə/ 名 (2学期制度で)半学年, 1 学期 《解説》 米国・ドイツなどの大学でいう; 9月から1月までが秋学期 (the first [fall] semester), 2月から6月までが春学期 (the second [spring] semester); cf. term 《解説》. 《G<L=6 か月の<sex six=mensis 月 (cf. menstrual)》

+**sem·i·** /sémi/ 形 ❶ 《米口》[通例 the ~s] =semifinal. ❷ 《英口》=semidetached. ❸ 《米口》=semitrailer.

sem·i· /sémi, -maɪ | -mi/ 接頭 ❶ 「半…; …の半分」(cf. hemi-, demi-): semicircle. ❷ 「いくぶん…, やや…」: semidarkness うす暗がり. ❸ 「…に 2 回」: semiannual. 《用法》 この複合語は固有名詞または i- で始まる語以外一般にハイフンを用いる. 《L》

sèmi·ánnual 形 半年ごとの, 年 2 回の. **~·ly** 副

sèmi·aquátic 形 《動・植》 なかば水中に育つ, 半水生の.

sèmi·árid 形 《地域・気候などの》降雨量の少ない, 半乾燥の.

sèmi·autobiográphical 形 半自伝的な.

sèmi·automátic 形 名 半自動式の(機械[小銃]).

sèmi·autónomous 形 (大きい政治組織内で, 特に内政に関して)ほぼ自治権をもつ, 半自治の.

sèmi·básement 名 半地階.

sèmi·bóld 形 《印》セミボールドの(活字[印刷物])《medium と bold の中間》.

sémi·brève 名 《英》 《楽》全音符(《米》whole note).

sémi·cìrcle 名 半円, 半円形(のもの).

sèmi·círcular 形 半円(形)の: the ~ canals 《解》(内耳にある)三半規管.

sémi·còlon 名 セミコロン(;) 《用法》 period (.) よりは軽く, comma (,) よりは重い句読点.

+**sèmi·condúctor** 名 《理》半導体.

sèmi·cónscious 形 半ば意識のある.

sèmi·cýlinder 名 半円筒. **-cyĺindrical** 形

sèmi·dárkness 名 うす暗闇, うす暗がり.

sèmi·dèmi·sémiquaver 名 《英》《楽》六十四分音符(《米》hemidemisemiquaver, sixty-fourth note).

sèmi·detáched 形 (家など)仕切り壁で分けられた, 準独立式の: a ~ house 二軒連続住宅《解説》中央の仕切り壁(party wall)をはさんで 2 軒が左右対称に建てられた連続住宅; 建築費が安く英国の郊外に多く見られる. ── 名 《英》二軒連続住宅(《米》 duplex (house); cf. terraced house).

sèmi·diámeter 名 半径.

sèmi·documéntary 形 名 セミドキュメンタリー(の)《事実や実際の事件を脚色して作られた(映画, 番組など)》.

sémi·dòme 名 《建》(特に 後陣 (apse)の)半円ドーム.

sèmi·dóuble 形 《植》半八重の.

***sèmi·fínal** /sèmifáɪn(ə)l, -maɪ- | -mi-ˊ/ 名 《スポ》準決勝. ── 形 準決勝の.

sèmi·fínalist 名 準決勝出場選手[チーム].

sèmi·fínished 形 ほぼ完成した; 《鋼鉄》半仕上げの.

sèmi·fítted 形 (ぴったりではなく)ある程度体の線に合った《衣服》.

sèmi·flúid 形 名 U.C 半流動体(の).

sèmi·fórmal 形 《服装・パーティーなど》やや格式ばった, 準公式の: a ~ dinner 準公式[準礼装]の晩餐(ばんさん)会.

sèmi·glóss 形 やや光沢のある, 半光沢仕上げの.

sèmi·indepéndent 形 なかば独立した; 準自治の.

sèmi·ínfinite 形 一方にのみ無限な, 半無限の.

sèmi·intélligible 形 半分ぐらいは分かる.

sèmi·intóxicated 形 ほろ酔いに酔っている.

sèmi·ínvalid 形 名 半病人(の).

sèmi·líquid 形 名 半流動体(の). **-liquidity** 名

sèmi·líterate 形 初歩の読み書きはできる(人), 読めるが書けない(人), ろくに読み書きのできない(人), 知識[理解]を半ば欠く(人). **-literacy** 名

sèmi·lúnar 形 半円状の, 三日月形の.

sémilùnar bóne 名 《解》月状骨.

sémilùnar cártilage 名 《解》(膝関節内の)月状軟骨, 半月.

sémilùnar válve 名 《解》(大動脈・肺動脈の)半月弁.

sèmi·métal 名 半金属《金属的特性が低く展性がない; 砒素など》. **-metállic** 形

sèmi·mónthly 形 半月ごとの, 月 2 回の. ── 副 月に 2 回. ── 名 月 2 回刊の出版物.

+**sem·i·nal** /sémən(ə)l/ 形 ❶ 発達の可能性[将来性]のある; 将来の発展を助ける, 影響力の強い: a ~ idea 発展性のある考え. ❷ 精液の: a ~ duct (輸)精管. ❸ 《植》種子の: a ~ leaf 子葉. 《形 semen》

***sem·i·nar** /sémənɑ̀ɚ | -nɑ̀ː/ 名 ❶ セミナー, (短期集中の)研究会 ❷ **a** (大学の)ゼミナール, 演習《指導教授の下で少数の学生が特殊なテーマを研究討議するクラス》: a ~ on *Hamlet*「ハムレット」演習. **b** ゼミ演習室. 《L=苗床; semen, semin- 種; cf. semen》

sem·i·nar·i·an /sèmənέ(ə)riən/ 名 神学生.

sem·i·nar·ist /sémənərɪst/ 名 =seminarian.

sem·i·nar·y /sémənèri | -nəri/ 名 カトリック神学校; (各宗・各派の)神学校.

sem·i·nif·er·ous /sèmənífərəs/ 形 《植》種子を生ずる; 精液を生ずる《導》.

Sem·i·nole /sémənòʊl/ 名 (復 ~(s)) セミノール族(の)《Florida, Oklahoma 州の先住民》; U セミノール語.

sèmi·offícial 形 半官的な, 半公式の: a ~ statement 半ば公式の声明.

se·mi·ol·o·gy /sì:miάlədʒi, sèmi- | -ɔ́l-/ 名 =semiotics. **se·mi·ol·o·gist** /-dʒɪst/ 名

se·mi·o·sis /sì:mióʊsɪs, sèmi-/ 名 U 《言・論》記号現象《事物が記号として機能する過程》.

se·mi·ot·ic /sì:miάtɪk, sèmi- | -ɔ́t-ˊ/ 形 《論・言》記号(論)の. ── 名 =semiotics.

se·mi·ot·ics /sì:miάtɪks, sèmi- | -ɔ́t-/ 名 U 《論・言》記号論. **se·mi·o·ti·cian** /-ʃən/ 名

sèmi·pálmated 形 《動》半水かき足の, 半蹼(はんぼく)の.

sèmi·pérmeable 形 《膜など》半透性の.

sèmi·précious [形] 〈鉱石が〉半宝石の, 半貴石の: ～ stones 半宝石《amethyst, garnet など》.
sèmi·prívate [形] 〈病室など〉準個室の.
sémi·prò [形][名]《米口》＝semiprofessional.
sèmi·proféssional [名][形] 半ば職業的な, セミプロの(人).
sèmi-próne posìtion [名] ＝recovery position.
sémi·quàver [名]《英》〔楽〕16 分音符 (《米》sixteenth note).
sèmi·retíred [形] (老齢・病気などのため)半ば退職した, 非常勤(勤務)の.
sèmi·retírement [名] 非常勤(勤務).
sèmi·rígid [形] 半剛体の; 〔空〕〈飛行船が〉半硬式の.
sèmi·skílled [形] 半熟練の.
sèmi-skímmed [名] [U] [形]《英》乳脂肪分を半ば除去した(牛乳), セミスキムの(ミルク).
sèmi·sóft [形] 〈チーズなど〉ほどよい軟かさの, 固形ではあるが容易に切れる.
sèmi·sólid [形][名] 半固体(の).
sèmi·submérsible [形][名] (沖合での掘削作業に用いる)半潜水型掘削船[作業台船](の).
sèmi·swéet [形] 〈ケーキ・チョコレートなど〉ちょっと甘くした, 甘味をおさえた.
sèmi·synthétic [形] 〈繊維など〉半合成の.
Sem·ite /sémaɪt | síːm-, sém-/ [名] ❶ セム人, セム族の人《現代の Jew, Arab, 古代の Babylonian, Phoenician, Assyrian など》. ❷ (特に)ユダヤ人.
⁺**Se·mit·ic** /səmítɪk/ [形] ❶ **a** セム人[族]の. **b** セム語(族)の. ❷ ユダヤ人の. ── [名] [U] セム語(族)《Hebrew, Arabic などを含む》.
Sem·i·tism /sémətìzm/ [名] ❶ [U] セム族的気質; ユダヤ人気質. ❷ [U,C] セム語法.
sémi·tòne [名]《英》〔楽〕半音 (《米》halftone).
sémi·tràiler [名] セミトレーラー《その前部を牽引車の後部にもたせかける構造のトレーラー; また, セミトレーラー式の大型貨物自動車》.
sèmi·transpárent [形] 半透明の.
sèmi·trópical [形] 亜熱帯の.
sèmi·trópics [名] [複] ＝subtropics.
sémi·vòwel [名]〔音声〕半母音《英語の /j, w/の音など》; 半母音字 (y, w).
sèmi·wéekly [形] 週 2 回の. ── [副] 週に 2 回. ── [名] 週 2 回の刊行物.
sèmi·yéarly [形] 半年ごとの, 年 2 回の. ── [副] 半年ごとに, 年に 2 回.
sem·o·li·na /sèməlíːnə/ [名] [U] セモリナ《小麦の粗びき粉; マカロニやプディングなどに用いる》. 〖It〗
sem·per fi·de·lis /sémpəfɪdéɪlɪs | -pə-/ [形] 常に忠実な《米国海兵隊の標語》. 〖L＝always faithful〗
sem·pi·ter·nal /sèmpətə́ːn(ə)l | -tə́ː-/ [形]《文》永遠の (eternal). ～·ly [副] **sèm·pi·tér·ni·ty** /-nəṭi/ [名]
sem·pli·ce /sémplətʃèɪ/ [形][副]〔楽〕単純な[に], 純粋な[に], センプリチェ.
sem·pre /sémpreɪ/ [副]〔楽〕常に, 絶えず, センプレ: ～ forte 常にフォルテで.
semp·stress /sém(p)strəs/ [名] ＝seamstress.
Sem·tex /sémteks/ [名] [U] [しばしば s~] セムテックス《チェコ製のプラスチック爆弾》.
SEN《略》State Enrolled Nurse.
sen., Sen.《略》senate; senator; senior.
se·nar·i·us /sənɛ́(ə)riəs/ [名] ([複] **-ii** /-riàɪ, -riː/)〔詩学〕(ラテン詩の)短長三詩脚, 六詩脚.
sen·a·ry /síːnəri, sén-/ [形] 六 (six) の.
‡**sen·ate** /sénət/ [名] ❶ **a** [the S~] 上院《米国・カナダ・オーストラリア・フランスなどのもの; [解説] 米国の上院議員 (Senator) は各州から 2 名ずつ計 100 名が選出される; 任期は 6 年で 2 年ごとに 1/3 が改選される; 副大統領 (vice-president) が議長を務める; cf. lord 3 d; ⇨ congress [解説]》. **b** [C] [しばしば S~] (米国の州の)上院. **c** [C] 上院議事堂; 上院議場. ❷ [C,U] [しばしば the ～] (大学などの)評議員会. ❸ [単数形で]《古ロ》元老院. 〖F＜L＝元老院＜*senex, sen-* 年をとった (cf. senior)〗
*__sen·a·tor__ /sénəṭə | -tə/ [名] ❶ [しばしば S~] **上院議員** (⇨ congress [解説]): S~ Smith《米》スミス上院議員. ❷ (大学の)評議員. ❸ (古代ローマの)元老院議員. 〖↑＋-OR〗
sen·a·to·ri·al /sènətɔ́ːriəl⁻/ [形] ❶ 上院(議員)の: a ～ district〖米〗上院議員選挙区. ❷ (大学の)評議員(会)の. ❸ 元老院(議員)の. ([名] senate, senator)
se·ná·tus con·súl·tum /sənáːṭəskənsʌ́ltəm, -sʊ́l-/ [名] ([複] **-súl·ta** /-tə/)《古ロ》元老院令[布告]《略 SC》.
‡**send**[1] /sénd/ [動] (**sent** /sént/) [他] ❶ 〈もの・言葉などを〉**送る, 届ける**; 〈電報などを〉発信する, 打つ: ～ a gift 贈り物を送る / ～ a letter [parcel] by mail 郵便で手紙[小包]を送る / ～ a message by e-mail 電子メールでメッセージを送信する / ～ a telegram 電報を打つ / ～ word 伝言する / He *sent* the package by airmail *to* Europe. 彼は小包をヨーロッパへ航空便で送った / 〔＋目＋目〕He *sent* me a letter of thanks.＝He *sent* a letter of thanks ***to*** me. 彼は私に感謝の手紙をよこした / *S~* her my best regards. 彼女にどうぞよろしくお伝えください. ❷ **a** [通例副詞(句)を伴って]〈人・軍隊などを〉行かせる, やる, 派遣する: ～ troops 軍隊を派遣する / ～ one's son *to* school 息子を学校にやる / ～ one's child *to* bed 子供を寝かせる / ～ a servant *on* an errand 召し使いを使いにやる / ～ a boy *home* 少年を家へ帰らす / be *sent* out *into* the world この世に送られる, 生まれる / ～ an ambassador *abroad* 大使を海外に派遣する / I *sent* him *to* her with a message. 彼に言づけをもって彼女のところへ行かせた. **b** 〈人を〉(…を求めに[呼びに])やる: I *sent* him *for* some milk. 彼に牛乳を買いに行かせた / *S~* someone *for* the doctor. 医者を呼びにだれかをやりなさい / 〔＋目＋*to* do〕I *sent* her *to* get some sugar from the kitchen. 彼女を台所へ砂糖を取りに行かせた. ❸ 〈…を〉(…の状態に)追いやる, する: ～ a person ***to*** his death 人を死に追いやる / The music *sent* him *to* sleep. その音楽を聞いて彼は眠り込んだ / Her remark *sent* him ***into*** a rage. 彼女の言葉に彼はかっとなった / 〔＋目＋補〕The smell is ～*ing* me crazy! あのにおいには気が変になりそうだ. ❹ **a** 〈矢・球・ロケットなどを〉〔…に〕放つ, 射る, 投げる: ～ an arrow flying toward the target 矢を的に向けて射る / ～ a space probe to Mars 宇宙探査機を火星に発射する. **b** 〈打撃などを〉〔…に〕与える, くらわせる: ～ a punch ***to*** the chin あごにパンチをくらわせる. ❺ [副詞(句)を伴って] **a** 〈自然物が〉〈光・煙・熱などを〉〔…に〕放つ, 噴き出す 〈*forth, out*〉〔*to, into*〕. **b** 〈木が〉〈芽・枝などを〉ふき出す 〈*forth, out*〉. ❻ **a** 〈電流・電磁波などを〉送る; 〈信号を〉送る: ～ a current [signal] 電流[信号]を送る. **b** [副詞(句)を伴って] 〈感情などを〉(…に)走らせる: The news *sent* a thrill *through* him. そのニュースを聞いて彼は体中に興奮が走った. ❼ 〈神が〉〈…を〉許す, 与える: 〔＋目＋目〕May God ～ us rain!＝May God ～ rain ***to*** us! 神様が雨をお恵みくださいますように. ❽《俗》〈音楽・芸術などが〉〈聴衆・演奏者を〉熱狂[興奮]させる: His music really ～*s* me. 彼の音楽には実に熱狂させられる. ── [自] ❶ 〈…するように〉〈人に〉使いを出す: 〔(＋*to*＋[代名])＋*to* do〕They *sent to* me *to* come. 私に来るようにと使いをよこした / We *sent to* invite her to supper. 彼女を夕食に招待するために使いをやった. ❷ 信号を送る.
sénd áfter… (1) …の後を追わせる[追う]. (2) …に伝言を送る.
sénd awáy《[自]＋[副]》(1) 〔…を〕遠くから取り寄せる, (郵便で)注文する: ～ *away for* a catalog カタログを取り寄せる. ──《[他]＋[副]》(2) 〈…を〉追い払う, 〈…に〉暇を出す: ～ *away* a servant 召し使いに暇を出す. (3) 〈…を〉遠くへやる[送る].
sénd báck《[他]＋[副]》〈…を〉〔…に〕送り返す〔*to*〕: They *sent* the manuscript *back*. 原稿を送り返してきた
sénd dówn《[他]＋[副]》(1) 〈…を〉下落[下降]させる: ～ prices *down* 物価を下げる. (2)《英》〈人を〉刑務所に入れる, 投獄する. (3)〖英大学〗《古風》〈人に〉停学を命じる, 〈人を〉放校する《★ 通例受身で用いる》.
sénd for…を取り[呼び]に(人を)使いにやる; …を求めて注文する, 取り寄せる《★ 受身可》: ～ *for* a doctor 医者を呼び

にやる / ~ for help 助けを求める / The doctor has been sent for. 医者のところへは使いを出しました / I'll ~ for the book. その本を注文する.

sénd ín 《他+副》(1) 〈人を〉(部屋などに)入れる: S~ him *in*. 中にお通しして. (2) 〈...を〉郵送する; 〈辞書・申込書などを〉提出する; 〈名刺などを〉取り次ぎに出す. (3) 〈警察・軍隊などを〉投入する, 派遣する. (4) 〈絵などを〉〈展示に〉出品する; 〈選手を〉〈競技に〉出場させる 〔*for*〕.

sénd óff 《他+副》(1) 〈手紙・小包などを〉発送する; 〈電報などを〉打つ: We have *sent off* all the letters. 手紙はすべて発送しました. (2) 〈妻・子などを〉(旅・学校などに)送り出す. (3) 〈人を〉見送る 〔*to*〕. (2) 〈人を〉先に行かせる (4) =SEND away 成句 (3). (5) 《英スポ》〈審判が〉〈選手を〉退場させる. —《自+副》(6) 〔...を〕手紙などを送って注文する, 取り寄せる 〔*for*〕.

send on 《他+副》~ **ón** (1) 〔...へ〕郵便物などを転送[回送]する; 〈案件などを〉〈しかるべき部署などに〉回す, 送る, 送致する 〔*to*〕. (2) 〈人を〉先に行かせる. (3) 〈俳優・選手を〉舞台[試合]に出す. —《他+副》~ ...on[...] (4) 〈人を〉旅行・休暇などに行かせる.

sénd óut 《他+副》(1) 〔...を〉発送する; 〈人を〉派遣する, 送り出す: ~ *out* invitations 招待状を発送する. (2) 〈信号などを〉発信する. (3) 〈警告・メッセージなどを〉発する, 〈合図などを〉出す. (4) 〈自然物が〉〈光・煙・熱などを〉放つ (⇒ 5).

sénd foot fór...の出前を頼む: ~ *out for* sandwiches サンドイッチの出前を取る.

sénd a person pácking ⇒ pack¹ 成句.

sénd úp 《他+副》(1) 〈価格・費用などを〉上昇させる. 〈人・ものを〉(まねて)からかう, ちゃかす. (3) 〈...を〉(上に)上げる, 上昇させる; 〈ロケットなどを〉打ち上げる. (4) 〈要望書などを〉上役・上の機関などに〉提出する 〔*to*〕. (5) 《米》〈人を〉刑務所に送る, 投獄する.

《OE; 原義は「行かせる」》

send² /sénd/ 動 《自》 =scend.

sen・dal /séndl/ 名 センダル《中世の, タフタに似た薄い絹織地の衣服》.

†**sénd・er** 名 ❶ 送り主, 発送人, 差出人, 発信人: If undelivered, please return to ~. 配達不能の場合は発送者へ返送してください《用法》封筒などの上書きに, 無冠詞》. ❷ 《電》送信[送話]器.

sénding-óff 名 《英スポ》退場.

sénd-óff 名 歓送[壮行](会), 〈事業の)門出を祝うこと: give a person a good [big, warm] ~ 盛大に人を見送る.

sénd-úp 名 〈まねて〉からかう[ちゃかす]こと; からかい, パロディー: do a ~ of a person 人をからかう[ちゃかす].

Sen・e・ca /sénikə/ Lucius Annaeus 《4 B.C.?-A.D. 65》 ローマのストア派の哲学者・政治家・劇作家; Nero の教師・執政官. **Sén・e・can** 形.

Sen・e・gal /sènigɔ́ːl/ セネガル《西アフリカの共和国; 首都 Dakar》.

Sen・e・gal・ese /sènigəlíːz⁻/ 形 セネガルの. —名 《複 ~》 セネガル人.

se・nesce /sinés/ 動 《自》 《生》 〈生物が〉老化する.

se・nes・cence /sinés(ə)ns/ 名 《U》 老齢, 老境.

se・nes・cent /sinés(ə)nt/ 形 老齢の, 老境の.

sen・e・schal /sénəʃ(ə)l/ 名 《中世貴族の》執事 (majordomo, steward); 〈英大聖堂の)職員, 判事.

se・nhor /senjɔ́ːr | -njɔ́ː/ 名 《複 ~s, se・nho・res /senjɔ́ːreɪs/》 ...さま, ...君, だんな (Mr., Sir)《敬称として姓に冠して, または単独に用いる》; ポルトガル[ブラジル]紳士.

se・nho・ra /senjɔ́ːrə/ 名 奥さま, 夫人 (Mrs., Madam) 《ポルトガル[ブラジル]の既婚女性に対する敬称》.

se・nho・ri・ta /sènjərítə/ 名 令嬢, お嬢さま, ...嬢《ポルトガル[ブラジル]の未婚女性に対する敬称》.

se・nile /síːnail/ 形 老衰の; 老いぼれた, もうろくした, ぼけた: ~ decay 老衰, 老朽. —名 老人, 老いぼれた人. 《F<L *senex*, *sen-* 年をとった (cf. senior)》 (名 senility)

sénile deméntia 名 《U》 《医》 老人性痴呆, 老年痴呆.

se・nil・i・ty /sinílət̬i/ 名 《U》 老衰, もうろく. (形 senile)

1637 señorita

se・nior /síːnjə | -niə, -njə/ (↔ *junior*) 形 《比較なし》 ❶ **a** 〈地位〈役職など〉が〉上の, 高い, 上位の, 上級[上席]の; 先輩の, 先任の, 古参の: a ~ advisor 上級顧問 / (the) ~ counsel 首席弁護士 / a ~ partner (合名会社などの)代表社員 / the ~ service 《英》〈陸軍に対し〉海軍 / She is ~ *to* me. 彼女は私よりも上の職についている[私の上司である]. **b** 優先順位の高い; より重要な. ❷ 《P》...より年上で《用法 than は用いない》: She's three years ~ *to* me. 彼女は私より3歳年上だ. ❸ 年上のほうの《用法 男性で, 特に同姓同名の親子のうちの父, また同姓の2人の生徒のうちの年長者を示すために, その後につける》: Smith(,) ~ 年上のほうのスミス《用法 親子などでは通例 Sr, Sr., sr., Sen., sen. などとする, 人名》: John Smith(,) Sr. 《父のほうのジョン・スミス》の形をとる》. ❹ **a** 《米》《4年制大学・高校の》最上級の; 《2年制大学の》2年級の; 《3年制高校の》3年級の. **b** 《英》上級〈生の〉. ❺ 《スポ》〈競技会などで〉《ある年齢以上または実力の高さを認められた選手が参加する》. —名 ❶ **a** 年長者, 年上: He's three years my ~.= He is my ~ by three years. 彼は私より3つ年上だ. **b** 《主に米》= senior citizen. ❷ 上司, 上役, 上席者; 先輩, 先任者, 古参. ❸ **a** 《米》〈大学・高校の〉最上級生 (⇒ freshman 解説). **b** 《英》上級生. ❹ 《米スポ》シニア〈クラス, レベル〉の選手. 《L《比較級》< *senex*, *sen-* 年をとった; cf. senate, senile, sir, sire》 (名 seniority)

sénior áircraftman 名 《英空軍》 一等兵.

sénior áircraftwoman 名 senior aircraftman の女性形.

sénior chíef pétty òfficer 名 《米海軍・米沿岸警備隊》 上等兵曹.

†**sénior cítizen** 名 高齢者, お年寄り; 高齢の年金生活者.

sénior cómmon ròom 名 《Oxford 大学などの》特別研究員[教員]社交室 (略 SCR; cf. junior [middle] common room).

sénior hígh schòol 名 《米》シニアハイスクール (senior high ともいう; 解説 6-3-3 制の場合 junior high school の3年間に続く後半の3年間を指す; 4-4-4 制では最後の4学年; 日本の高校 (upper secondary school) は大体これに当たる; ⇒ high school).

se・nior・i・ty /siːnjɔ́ːrət̬i | -siːniɔ́r-/ 名 《U》 ❶ 年上. ❷ 先輩であること, 先任, 古参. ❸ 先任順位, 年功序列. (形 senior)

sénior máster sérgeant 名 《米空軍》 曹長.

sénior mòment 名 《通例単数形で》 《米口》 《特に高齢者の》ど忘れ, もの忘れ: have a ~ ど忘れをする.

sénior núrsing òfficer 名 《英》 〈病院の〉看護部長, 〈総〉婦長.

sénior próm 名 ⇒ prom 2.

sénior tútor 名 《英》シニアチューター《カリキュラムの調整役もする大学のチューター》.

sen・na /sénə/ 名 ❶ 《C》 《植》 センナ《マメ科カワラケツメイ属の植物, アカシアの類》. ❷ 《U》 《薬》 センナ葉《緩下剤》.

sen・net¹ /sénit/ 名 《劇》 らっぱ信号《エリザベス朝演劇で俳優の登場・退場の際の舞台合図》.

sen・nit, **sen・net**² /sénit/ 名 《海》 組みひも, 雑索, センニット《通例 3-9 本の細索を編んだもの》; 編んだ麦わら《稲わらなど》《帽子材料》.

se・ñor /seɪnjɔ́ːr, siː- | senjɔ́ː/ 名 《複 se・ñor・es /-njɔ́ːreɪs/, ~s》 ❶ **a** あなた, 先生, だんな 《英語の sir に当たる; cf. don²¹ 》. **b** [S-] 《敬称として》 ...様, ...君, ...殿, ...先生 《英語の Mr. に当たる; 略 Sr.》. ❷ 《C》 《スペイン(語圏)の〉紳士, 男性. 《Sp < L SENIOR》

se・ño・ra /seɪnjɔ́ːrə, siː- | sen-/ 名 ❶ **a** 奥様, 奥さん, あなた 《スペインの既婚女性に対する敬称》. **b** [S-] 《敬称として》 ...さん[様], ...夫人 《英語の Mrs., Madam に当たる; 略 Sra.》. ❷ 《C》 《スペイン(語圏)の〉既婚女性, 淑女. 《Sp; señor の女性形》

se・ño・ri・ta /sèɪnjərítə | sèn-/ 名 ❶ **a** お嬢様, お嬢さん, あなた, 娘さん. **b** [S-] 《敬称として》 ...さん[様], ...嬢 《英語の Miss に当たる; 略 Srta.》. ❷ 《C》 《スペインの〉未婚

sensa

女性, 娘. 〖Sp; señora の指小形〗

sensa 图 sensum の複数形.

sen·sate /sénseɪt/ 形 五感で知る, 感覚知の; 感覚のある; 感覚中心の. **~·ly** 副

*__sen·sa·tion__ /senséɪʃən/ 图 ❶ C,U (五官による)感覚, 知覚: ~s of warmth and cold 温かい冷たいという感覚. ❷ C (漠然とした)感情, 感じ, 気持ち, …感 (感覚 feeling のほうが一般的): a pleasant [disagreeable] ~ 気持ちのよい[いやな]感じ / He felt a ~ of dizziness [fear]. 彼は目が回るような[怖い]感じがした / [+*that*] In my dream I had the ~ *that* I was falling. 夢の中で下へ落ちていくような感じがした. ❸ C a 大評判, 大騒ぎ, センセーション: The movie caused a ~. その映画は大評判になった / His new theory created a ~ in the scholarly community. 彼の新説は学界にセンセーションを巻き起こした. b 大評判のもの[こと, 人]; 大事件: He was a real ~ as Hamlet. 彼はハムレット役でえらい評判をとった. 〖L < *sensus* SENSE〗 (形 sensational) 【類義語】⇒ sense.

*__sen·sa·tion·al__ /senséɪʃ(ə)nəl/ 形 ❶ 世間をあっと言わせる(ような), センセーショナルな, 人騒がせな: a ~ crime 世間の耳目を驚かせる犯罪. ❷ 〈新聞記事など〉扇情的な, 興味本位の: a ~ novel 扇情的な小説. ❸ 《口》すばらしい, すてきな: That's ~! そいつはすげえ. ❹ 《主に英》感覚(上)の, 知覚の. **~·ly** /-ʃ(ə)nəli/ 副 (图 sensation)

sen·sa·tion·al·ism /-ʃ(ə)nəlizm/ 图 ❶ U (芸術・ジャーナリズム上の)扇情主義, 興味本位, 人気取り. ❷ 〖哲〗感覚論.

sen·sa·tion·al·ist /-ʃ(ə)nəlɪst/ 图 扇情主義者, 人騒がせ[人気取り]をする人.

sen·sa·tion·al·ize /-nəlàɪz/ 動 センセーショナルにする[表現する].

*__sense__ /séns/ 图 **A** ❶ C 感覚(機能) (五感の一つ): the ~ of hearing 聴覚 / the (five) ~s 五感 / ⇒ sixth sense. ❷ U [また a ~] (漠然とした)感じ, 気持ち, 感: a ~ *of* hunger [pain] 空腹感[痛みの感じ] / a ~ *of* uneasiness [fulfillment] 不安[充足]感 / [+*that*] I had the ~ *that* he didn't understand. 彼はわかっていないという感じがした. ❸ U [また a ~] **a** (美などに対する本能的な)センス, 勘, 判断能: a ~ *of* beauty 美的センス, 審美眼 / a ~ *of* humor ユーモアを解する心 / a ~ *of* rhythm リズム感 / I have a poor ~ *of* direction. ぼくは方向音痴だ. **b** (知的・道徳的な)感覚, 観念, 認識: the moral ~ 道徳感 / a ~ *of* guilt 罪悪感 / a ~ *of* honor 廉恥心 / a ~ *of* responsibility. 責任感. ❹ [one's ~] 正気, 意識: in one's right ~s 正気で / out of one's ~s 正気を失って; 気が違って / be frightened out of one's ~s ぎょっとして正気を失う / bring a person to his [her] ~s 人を正気づかせる; 人の迷いをさます / come to one's ~s 正気になる; 迷いからさめる / lose one's ~s 気絶する; 気が狂う / recover [regain] one's ~s 正気を取り戻す. ❺ U **a** 思慮, 分別, 常識: a man [woman] of ~ 分別のある人, 物のわかった人 / ⇒ common sense, horse sense / There's some ~ in what you say. 君の言うことにも一理ある / [+*to do*] She had the ~ *to* see that he was lying. 彼女には彼がうそをついているのだということを見抜くだけの分別があった / He has more ~ than *to do* that. 彼は常識があるからそんなことはしない. **b** [...することの]意義, 価値, 合理性: What is the ~ *of* waiting any longer? これ以上待っていて何になる《何にもなりはしない》/ There's no ~ [No ~] (in) *doing* that. = It makes no ~ *doing* that. そんなことをしても無意味[むだ]だ.

── **B** ❶ C 意味, 意義: *in all* ~s あらゆる意味で; その点においても / *in a narrow* [*broad*] ~ 狭い[広い]意味で / He's a gentleman *in every* ~ of the word. 彼はあらゆる意味で紳士だ / There's a ~ *in which* this applies to all such cases. ある意味ではこのことがすべてのそのような場合に当てはまる. ❷ 意図, 趣旨: the ~ of a statement 声明の意図[趣旨] / You miss my ~. 君は私の言わんとすることを取り違えている. ❸ U (全体の)意見, (多数の)意向: What was the ~ of the meeting? その会の意向はどのようなものでしたか.

in a [**óne**] **sénse** ある意味[点]では; ある程度まで: What he says is true *in a* ~. この 1 節は言えることはある程度実である.

in nó sénse (どんな意味においても)決して…でない: He is *in no* ~ normal. 彼は決して正常ではない.

knóck some sénse into a person = **talk some** SENSE **into** a person 〖成句〗

màke sénse (1) 〈話・文など〉意味をなす, 意味がとれる: This passage doesn't *make* ~. この 1 節は意味をなさない. (2) 〈事が〉道理にかなう, 有意義である; 分別のある, 賢い: Your decision *makes* ~. 君の決定はもっともだ.

màke sénse (**òut**) **of**... [通例否定・疑問文で] …の意味を理解する: I couldn't *make* ~ (*out*) *of* the situation. 私は状況がのみ込めなかった / Can you *make* ~ *of* what he's saying? 君は彼が言っていることが理解できますか.

sée sénse 思慮[分別]をもつ(ようになる), 合理的[常識的], 理性的になる.

tàke léave of one's **sénses** 気が狂う; 気でも狂ったようにふるまう.

tálk sénse 物のわかった話をする, もっともなことを言う.

tálk some sénse ìnto a person 人を言葉[体罰]で諭(さと)す.

── 動 他 ❶ 〈…を〉感じる, 〈…に〉感づく, 気づく: ~ danger 危険に感じる / [+(*that*)] He ~*d that* he was an unwelcome guest. 彼は自分が歓迎されない客であることに感づいた / [+*wh.*] I ~d what he was thinking. 彼が何を考えているか察しがついた / [+目+屬罰] She ~*d* a flush rise to her cheeks. 彼女は(恥ずかしくて)顔が赤くなるのがわかった / [+目+*doing*] He ~*d* danger approach*ing*. 彼は危険が近づいてくるのを感じた. ❷ 〈米〉〈意味などを〉理解する: I don't ~ your meaning. 君の言う意味がのみ込めない. ❸ 〈計器が〉〈…を〉感知する.

〖F < *sentire*, *sens-* 感じること cf. consent, dissent, resent, scent, sentence, sentiment; consensus, sensation; sensual, sensuous〗

【類義語】(1) **sense** 感覚; 外部の影響や刺激に対応する能力; 身体の反応によりむしろ精神的な意識を意味する. **sensation** 体の感覚器官が外界の刺激を受けたときの感覚. **sensibility** 特に感情的あるいは知的にあることを感じたり認めたりする能力. (2) ⇒ meaning.

sénse-dàtum 图 (褸 **-dàta**) 〖哲〗 感覚与件, センスデータ (感覚を通じて直接に与えられるとされるもの).

*__sense·less__ /sénsləs/ 形 (**more ~**; **most ~**) ❶ 無意味な, 無益な (pointless): a ~ murder むだな殺人. ❷ (比較しない)意識を失った, 無感覚の, 人事不省の: fall ~ 卒倒する / knock a person ~ 人を殴って気絶させる. ❸ 非常識な, 無分別な, ばかげた, 良識のない: What a ~ idea! なんてばかげた考えだ. **~·ly** 副 **~·ness** 图

sénse òrgan 图 感覚器官.

*__sen·si·bil·i·ty__ /sènsəbíləti/ 图 ❶ U,C **a** (芸術家などの)繊細な感受性, 鋭敏な感性: a writer's ~ *to* words 作家の言葉に対する鋭い感受性. **b** (人の)こまやかな感情: a woman of ~ 感情のこまやかな女性 / wound a person's sensibilities 人の感情を害する. ❷ U **a** (神経などの)感覚力, 感覚: The skin has lost its ~. 皮膚の感覚がなくなった. **b** [刺激に対する]敏感さ, 感受性: ~ *to* pain 痛みに対する敏感さ / ~ *to* praise [shame] 称賛[恥辱]に対して感じやすいこと. (形 sensible) 【類義語】⇒ sense.

*__sen·si·ble__ /sénsəbl/ 形 (**more ~**; **most ~**) ❶ 〈人・行動など〉**分別のある**, 思慮のある, 賢明な, 道理にかなった: a ~ man 物のわかった男 / a ~ suggestion 賢明な提案 / [+*of*+(代名)(+*to do*)] It was ~ *of* you *to* refuse the proposal. = You were ~ *to* refuse the proposal. その提案を拒絶したとは君も賢明だった / That's very ~ of him. (それをするとは)彼もなかなかの男だ. ❷ **a** 感じられる, 知覚できる (↔ insensible): Her distress was ~ from her manner. 彼女の悲しみは彼女の態度から知れた. **b** 気づく[目立つ]ほどの, かなりの: There's a ~ increase in air pollution. 大気汚染が目立って増加している. **c** P [...に感じて, [...に]感づいて (用法 現在では古風または形式ばった感じを与える): He was ~ *of* the danger. 彼はその危険に感じていた. ❸ Ⓐ 〈衣服など〉(おしゃれより)実用本位の, 機能的な: ~ clothes 実用的な衣服. ~ness 名 〖F<L; ⇒ sense, -ible〗【類義語】⇒ rational.

sén·si·bly /-səbli/ 副 ❶ 分別よく, 賢く, 気がきいて: act ~ in a crisis 危機に臨みて賢明に行動する. ❷ 目立つほどに, かなり. ❸ Ⓐ (おしゃれより)実用本位に: She was ~ dressed in tweeds. 彼女はてきぱきと動けるようにツイードの服を着ていた.

sen·síl·lum /sensíləm/ 名 (複 -síl·la /-lə/) 〔動〕(昆虫の体表などの)感覚子.

***sen·si·tive** /sénsətɪv/ 形 (more ~; most ~) ❶ a 〈よく気のつく; 気配りのできる, 配慮がゆきとどく; 思いやりのある: a caring and ~ teacher 思いやりがあってよく気のつく先生 / We must be more ~ to the needs of the handicapped. 障害者たちが必要としている物事にもっと気を配らなければならない. b 〈人が気にしやすい, 神経質な: a ~ child 神経質な子供 / He's ~ to criticism. 彼は人にとやかく言われることを気にするたちだ / Don't be so ~ about your appearance. 外観をそんなに気にするな. ❷ 敏感な, 感じやすい; 傷つきやすい, 過敏な: a ~ ear 敏感(鋭]い耳 / (a) ~ skin 敏感[繊細]な肌 / Dogs are ~ to smell. 犬はにおいに敏感である / He's very ~ to heat [cold]. 彼は大変な暑[寒]がりやだ. ❸ a 〈人・演技などが〉感受性の鋭い, 鋭敏な, 繊細な: a ~ actor 微妙な演技をする俳優 / give a ~ performance きめの細かい演技[演奏]をする. b 〈計器など〉感度の高い, 高感度の: 〈フィルムなどが〉感光性の: ~ paper 感光紙 / a ~ radio receiving set 高感度電波受信機. ❹ a 〈話題・問題など〉微妙な, 要注意の, デリケートな: a ~ issue デリケートな問題. b 〈文書・職務などが〉国家機密にかかわる, 機密扱いの: ~ documents 機密書類. ~·ly 副 ~·ness 名 〖F<L; ⇒ sense, -ive〗 〔sensitivity 名〕【類義語】sensitive 外部からの刺激に反応しやすい, 敏感に反応する. susceptible 外部からの影響を受けやすい.

sénsitive plánt 名 〔植〕 オジギソウ.

sen·si·tiv·i·ty /sènsətívəti/ 名 Ⓤ ❶ よく気のつくこと, 感受性, 思いやり; 感性, 感じやすさ, 敏感(さ); 傷つきやすさ. ❷ (フィルムなどの)感光度; (計器・受信機などの)感度. (形 sensitive)

sensitívity tráining 名 Ⓤ (異人種・障害者などに対する)配慮の教育.

sen·si·tize /sénsətàɪz/ 動 ⓔ [通例受身で] ❶ 敏感[鋭敏]にする: become ~d to...に敏感になる. ❷ 〈紙・フィルムなどに感光性を与える: ~d paper 感光紙, 印画紙. ❸ 〈...を〉〈異物に対して〉過敏反応するようにする, 過敏(症)にする 〔to〕. sen·si·ti·za·tion /sènsətɪzéɪʃən | -taɪz-/ 名

sen·si·tom·e·ter /sènsətámətə | -tómtə/ 名 〔写〕 感光度計.

†**sen·sor** /sénsɔə, -sə | -sə/ 名 センサー (光・熱・音などに反応する感知器).

sen·so·ri·al /sensɔ́ːriəl/ 形 =sensory.

sen·so·ri·mo·tor /sènsərimóʊtə | -tə/ 形 Ⓐ 〔心〕感覚運動(性)の; 〔生理〕感覚[知覚]運動の: a ~ area (脳の皮質の)感覚運動野(").

sen·so·ri·um /sensɔ́ːriəm/ 名 (複 -ri·a /-riə/, ~s) 感覚中枢; (広く)感覚システム.

†**sen·so·ry** /sénsəri/ 形 感覚(上)の, 知覚の: ~ nerves 知覚神経 / a ~ organ 感覚器官. 〖L; ⇒ sense, -ory〗

†**sen·su·al** /sénʃuəl/ 形 ❶ a (知的・精神的と区別して)肉体的感覚の, 官能的な, 肉欲的な: a ~ appetite 情欲 / ~ pleasure 官能[肉体]的快楽. b 官能をそそる, 肉感的な (sensuous): ~ music 官能的な音楽 / a mouth 肉感的な口元. ❷ 肉欲にふける: a ~ person 好色家. ~·ly /-əli/ 副 〖L; ⇒ sense, -al〗 (名 sensuality)

sén·su·al·ìsm /-lìzm/ 名 Ⓤ ❶ 官能主義, 肉欲[酒色]にふけること. ❷ 〔美〕肉感[官能]主義.

sén·su·al·ist /-lɪst/ 名 ❶ 好色家. ❷ 〔美〕肉感[官能]主義者.

sen·su·al·i·ty /sènʃuǽləti/ 名 Ⓤ 官能[肉欲]性; 官能[肉欲]にふけること, 好色. (形 sensual)

sen·su·al·ize /sénʃuəlàɪz/ 動 ⓔ 肉欲にふけらせる; 堕落させる. **sen·sual·i·za·tion** /sènʃuəlɪzéɪʃən | -laɪz-/ 名

sen·su la·to /sénsu léɪtoʊ/ 副 広い意味で, 広義で (cf. sensu stricto).

sen·sum /sénsəm/ 名 (複 sen·sa /-sə/) 〔哲〕=sense-datum.

†**sen·su·ous** /sénʃuəs/ 形 ❶ a 感覚的な, 感覚に訴える: ~ colors [music] 感覚的な色[音楽]. b 感覚を喜ばせる, 気持ちのよい: velvet 手ざわりのよいビロード / He stretched himself with ~ pleasure in the bath. 彼はふろにつかって気持ちよさそうにのびをした. ❷ 官能をそそる, 肉感的な (sensual). ❸ 感覚の鋭敏な, 敏感な. ~·ly 副 ~·ness 名 〖L; ⇒ sense, -ous〗

sen·su stric·to /sénsu:stríktoʊ/ 副 厳密な意味で, 狭義で (cf. sensu lato).

‡**sent** /sént/ 動 send¹ の過去形・過去分詞.

‡**sen·tence** /séntəns, -tns | -təns/ 名 ❶ Ⓒ 文, 文章. ❷ ⒸⓊ 判決, 〔刑事上の〕宣告; 刑 (cf. verdict): be under ~ of...の(刑に処せられる / give [pass, pronounce] ~ (up)on a person 人に刑を申し渡す / serve a ~ 刑に服する [修飾語を伴って] (...の)刑: a life ~ 終身刑 / a death ~ 死刑 / receive a light [heavy] ~ 軽い[重い]刑を受ける / get [be given] a suspended ~ 執行猶予である. ── 動 ⓔ 〈人に...の〉刑を宣告する, 判決をくだす (★ しばしば受身): The man was ~d to three years' imprisonment (for the crime). 男は(その犯罪で)3年の禁固刑を宣告された / [＋目＋to] I was ~d to pay a fine of $1000. 私は千ドルの罰金を支払うように宣告された. 〖F<L=感じること, 意見<sentire 感じる; cf. sense〗

séntence ádverb 名 〔文法〕 文副詞 (たとえば Frankly, you don't have a chance. の Frankly (率直に言って)のように, 意味上文全体を修飾する副詞).

sen·ten·tia /sentén ʃ(i)ə/ 名 (複 -ti·ae /-ʃi:/) [複数形で] 警句, 金言, 格言.

sen·ten·tious /senténʃəs/ 形 ❶ 〈人・話など〉教訓めいた(ことを言う), お説教的な. ❷ 金言的な, 警句的な. ~·ly 副 ~·ness 名

sen·ti·ence /sénʃ(i)əns/ 名 Ⓤ 知覚力, 直覚.

sen·ti·en·cy /sénʃ(i)ənsi/ 名 =sentience.

sen·ti·ent /sénʃ(i)ənt/ 形 ❶ Ⓐ 感覚[知覚]力のある: a ~ being 感覚のある生物. ❷ 意識する, 敏感な; 〔...を〕意識して 〔of〕.

‡**sen·ti·ment** /séntəmənt/ 名 ❶ a Ⓤ 感情, 情緒, 情操: religious [patriotic] ~(s) 宗教[愛国]心 / Japanese ~ toward the U.S. 日本人の対米感情 / have friendly [hostile] ~s toward a person 人に対して好意[敵意]を抱く / Art appeals to ~. 芸術とは感情に訴えるものだ. b Ⓤ (芸術品に表われる)洗練された感情, 情趣: a poem of refined ~ 情趣に満ちた[味わい深い]詩. ❷ Ⓒ (しばしば感情の交じった)感想, 所感, 意見(view): popular ~ 一般の意見[思い] / Those are my ~s. それが私の感想です / I share your ~s on the matter. その件に関しては私は君と同意見だ. ❸ Ⓤ (愛着・思い出などによる)感傷, 多感, 涙もろいこと: There's no place for ~ in business. 商売には感傷は禁物だ. ❹ Ⓒ (ありきたりの)あいさつ(の言葉), 短句に印刷されていたり乾杯の時などの言葉). 〖F<L<sentire 感じる (cf. sense)+-MENT〗 (形 sentimental)【類義語】⇒ feeling.

‡**sen·ti·men·tal** /sèntəméntl˥/ 形 ❶ a 〈人が〉感傷的な, 情にもろい, 涙もろい, 多感な (↔ unsentimental): a ~ person 感情家 / She's getting ~ in her old age. 彼女は年をとって感傷的になってきている. b 〈小説・演劇などが〉涙ちょうだいの, センチメンタルな: a ~ melodrama お涙ちょうだいのメロドラマ. ❷ (理性・思考より)感情に動かされる, 感情的な: for ~ reasons 感情的な理由で. ~·ly /-t̬əli/ 副 (名 sentiment, sentimentality)

sèn·ti·mén·tal·ìsm /-təlìzm/ 名 Ⓤ ❶ 感情[情緒, 感傷]主義. ❷ 多情多感, 感激性, 感傷癖.

sen·ti·men·tal·ist /-lɪst/ 名 感傷的な人, 多情多感な人, 涙もろい人.

sen·ti·men·tal·i·ty /sèntəmentǽləti/ 名 Ü 感傷的なこと, 感傷主義[癖].

sen·ti·men·tal·ize /sèntəméntəlàɪz/ 動 《...を》感傷的に考える[扱う], 感傷化する: We tend to ~ the past. 我々は過去を感傷的に考えがちだ. — 《...について》感傷にふける, 感傷的になる《*over*, *about*》.

séntimental válue 名 U.C 個人的な思い入れの混じった評価[価値].

sen·ti·nel /séntən(ə)l/ 名 歩哨, 哨兵 《比較 現在では sentry のほうが一般的》.

†**sen·try** /séntri/ 名 歩哨, 哨兵; 見張り番.

séntry bòx 名 哨舎, 番兵小屋.

séntry-gò 名 U《英》歩哨勤務: stand ~ 歩哨勤務をする, 歩哨に立つ.

***Seoul** /sóʊl/ 名 ソウル《韓国の首都》.

***Sep.** 《略》September.

se·pal /síːp(ə)l, sép-/ 名《植》萼(ʿ)片 (cf. calyx).

sep·a·bil·i·ty /sèp(ə)rəbíləti/ 名 U 分かち[離し]うること, 可分[分離]性.

sep·a·ra·ble /sép(ə)rəbl/ 形 分かちうる, 分離できる (↔ inseparable)《*from*》. **sep·a·ra·bly** /-bli/ 副

***sep·a·rate** /sép(ə)rət/ 形 (more ~; most ~) ❶《比較なし》分離した, 同じでない, 異なる, 独自の (different): This word has five ~ meanings. この単語には 5 つの異なる意味がある / They went their ~ ways. 彼らはそれぞれ別々の道を行った; 彼らはおのおの独自の道を進んだ. b A 別々の, 個々の: ~ checks 《英》bills》別勘定 / sit at ~ tables 別々のテーブルに座る. ❷ P 離れての, 分かれての, 独立して: The leaves are ~. 葉は個々に分かれている / keep one's private life ~ *from* one's work 私生活と仕事を区別する.

— /sépərèɪt/ 動 ❶《...を》切り離す, 引き離す, 分離する: ~ lettuce leaves レタスの葉を 1 枚 1 枚むく / ~ two boxers （特にクリンチした）二人のボクサーを引き離す / ~ church and state 教会と国家[政教]を分離する / War ~s families [children from their parents]. 戦争は家族を引き裂く[子供たちを親から引き離す] / ~ cream *from* milk クリームを牛乳から分離する. ❷ a 《...を》隔てる, 隔てている《★進行形なし》: A hedge ~s the two gardens. 生け垣が二つの庭を隔てている / The two towns *are* ~d by a river. 二つの町は川で隔てられている / The English Channel ~s Great Britain *from* the Continent. イギリス海峡がグレートブリテン島と大陸を隔てている. b《...を》《...から》別離させる《★ 通例受身で用いる》. The land had been ~d (*up*) *into* smaller plots. その土地は小さい区画に分割されていた. c〈点数が〉2 つのチームの勝敗を分ける. ❸ （二つのものを）区別する, 識別する (distinguish): ~ (*out*) the two arguments 二つの論点を分けて考える / ~ butterflies *from* moths チョウをガと区別する / ~ sense *from* nonsense 条理と不条理を区別する. ❹ a 〈友人などを〉仲たがいさせる: Spiteful gossip ~d the two old friends. 意地悪い中傷のために二人の旧友は仲たがいした. b 《...を》《...から》別居させる《★通例受身で用いる》: At that time he *was* ~d *from* his first wife. 当時彼は最初の妻と別居中だった. ❺ 《米》《...を》〈軍務・会社・学校などから〉除隊させる, 解雇する, 退学させる《★通例受身》: He *was* ~d *from* the army. 彼は除隊になった.

— 自 ❶ a 離れる, 分離する: Oil and water ~ (*out*). 水と油は分かれる. b 《...から》分離する, 離脱する: ~ *from* a party 脱党する / America ~d *from* Britain in 1776. アメリカは 1776 年にイギリスから独立した. ❷ 《...に》分かれる: High Street ~s leave *into* East Street and Elm Street. ハイストリートはここでイーストストリートとエルムストリートに分かれる / The party ~d (*up*) *into* three groups. 一行は 3 つのグループに分かれた. ❸ a 〈人々が〉別れる: We ~d after leaving the cinema. 我々は映画館を出てから別れた. b 〈夫婦が〉別居する《★通例受身》. ❹〈ロープなどが〉切れる.

— /sép(ə)rət/ 名 ❶ [複数形で] セパレーツ《ブラウスとスカートなどを自由に組み合わせて着られるようになっている婦人・女児服》. ❷ C 《雑誌論文などの》抜き刷り.

~·ness 名

《L=分けて準備する SE-+parare, parat- 準備する (cf. prepare)》 〖類義語〗separate もともと結びついていたものを切り離す. **divide** 分割・分配などのためにいくつかの部分に分ける. **part** 密接な関係にある人や物を分け離す. **sever** 無理やり[力ずくで]全体の一部を切断する. **sunder** 裂いたりねじったりして乱暴に切断する意のやや形式ばった語.

***sep·a·rat·ed** /sép(ə)rèɪtɪd/ 形《...と》別居して《*from*》; 《...から》離れて《*from*》, 離れ離れの.

***sep·a·rate·ly** /sép(ə)rətli/ 副 別々に, 分けて, 単独に.

***sep·a·ra·tion** /sèpəréɪʃən/ 名 ❶ U.C a 分離, 独立, 離脱《*of*》: ~ of church and state 教会と国家の分離, 政教分離 / ~ of the three powers 三権分立. b 分離, 離別: after a ~ of ten years 別れて以来 10 年ぶりに. ❷ U.C《法》〈夫婦の〉別居: a legal [judicial] ~ 判決に基づく夫婦の別居 / ⇒ trial separation. ❸ C a 分離点[線, 個所]. b 別れ目, 裂け目. ❹ C 間隔, 距離. ❺ U《米》除隊, 解雇, 放校《*from*》. ❻ U《字》《多段ロケットの》切り離し. (動 separate)

separátion anxìety 名 U《心》分離不安《特に子が親から引き離されるときに抱く不安》.

separátion òrder 名《法》《裁判所が出す》《夫婦》別居命令.

sep·a·ra·tism /sép(ə)rətɪzm/ 名 U 《政治・宗教・人種・階級上の》分離主義.

***sep·a·ra·tist** /-tɪst/ 名 分離主義者; 分離派の人. — 形 分離主義(者)の.

sep·a·ra·tive /sép(ə)rəṭɪv/ 形 分離性の; 独立的な.

sep·a·ra·tor /réɪṭə-/ 名 a 《牛乳からクリームを分離する》分離器. b 選鉱器. c 《電池の》隔離板. ❷ 分離する人.

Se·phar·di /səfáːrdi | -fáː-/ 名 (複 **-dim** /-dɪm/) セファルディ《スペイン・ポルトガル系のユダヤ人; cf. Ashkenazi》. **Se·phár·dic** /-dɪk/ 形

se·pi·a /síːpiə/ 名 ❶ U セピア《イカ (cuttlefish) のすみからとる褐色の絵の具》. ❷ セピア色. — 形 セピア色(色, 画)の. 《L<Gk=イカ》

se·poy /síːpɔɪ/ 名 《もと英領インド軍の》インド人傭兵(ʿʿʿ). 《Port<Hind<Pers=騎兵》

sep·sis /sépsɪs/ 名 U《医》敗血症.

sept /sépt/ 名 氏族; 《一般に》氏族, 一族, 一門 (clan).

***Sept.** 《略》September.

sept- /sépt/ [連結形]「7...」.《L septem 7》

sep·ta /séptə/ 名 septum の複数形.

sep·tal[1] /sépt(ə)l/ 形《生》【解】〈隔膜, 隔壁〉(septum) の.

sep·tal[2] 形 氏族 (sept) の.

sep·tate /séptet/ 形《生》中隔[隔膜, 隔壁] を有する.

***Sep·tem·ber** /septémbə- | -bə/ 名 9 月《略 Sep., Sept.》: in ~ 9 月に / on ~ 4 = on 4 ~ =on the 4th of ~ 9 月 4 日に (⇒ January 解説).《L=7 番目の月; ローマ暦では一年が今の 3 月から始まったことから; ⇒ sept-》

Septémber 11 /-ɪlévən)n/ 名 9 月 11 日 (⇒ 9-11).

sep·te·nar·i·us /sèptənéəriəs/ 名 (複 -nar·i·i /-iàɪ, -iːɪ/)《詩学》septenary.

sep·te·nar·y /séptənèri | -nəri/ 形 7 の, 7 からなる.
— 名 ❶ 7; 7 個, 7 組; （特に）7 週[7 日]間.❷《詩学》《特にラテン語の》七詩脚の詩句.

sep·ten·ni·al /septéniəl/ 形 7 年目ごとの; 7 年間続く. **~·ly** 副 7 年目ごとに; 7 年間引き続いて.

sep·ten·ni·um /septéniəm/ 名 7 年間, 七年期.

sep·tet(te) /septét/ 名《楽》七重唱[奏](曲); 七重唱[奏] 団 (⇒ solo 関連).

sep·ti- /sépti/ [連結形]《子音の前での》sept- の異形.

sep·tic /séptɪk/ 形 腐敗(性)の; 敗血(症)の: ~ poisoning 敗血症. (名 sepsis)

sep·ti·ce·mi·a, -cae- /sèptəsíːmiə/ 名 U《医》敗血症 (blood poisoning).

séptic tànk 名 《下水処理の》腐敗槽(ʿ), 浄化槽《バクテ

sep·til·lion /septíljən/ 名 形 セプティリオン(の): a 10^{24} (の). b 《英古》 10^{42} (の).

sep·ti·mal /séptəm(ə)l/ 形 7 の[に基づく].

sèp·ti·válent 形 《化》7 価の.

sep·tu·a·ge·nar·i·an /sèpt(j)uədʒənéəriən | -tjuə-⁻/ 形 名 70 歳代の(人).

Sep·tu·a·ges·i·ma /sèpt(j)uədʒésəmə/ | -tjuə-/ 名 《カト》七旬節(の主日);《聖公会》大斎 (Lent) 前第三主日《四旬旬節前の第三日曜日》.《L=70 日目》

Sep·tu·a·gint /sépt(j)ú:ədʒint | séptjuə-/ 名 [the ~] 七十人訳聖書, セプトゥアギンタ《エジプト王 Ptolemy 2 世(紀元前 3 世紀)の命によりアレキサンドリアで 70[72] 人のユダヤ人が 70[72] 日間に訳したと伝えられるギリシア語訳旧約聖書》.《L=70 (人) < septem 7+-ginta 10》

sep·tum /séptəm/ 名 (-ta /-tə/)《生・解》隔膜, 隔壁.

sep·tup·let /septáplət, -t(j)ú:p- | séptju-, septjú:-/ 名 七つ子の 1 人; 7 個[7 人]組; 七連符.

sep·ul·cher 《英》**-chre** /sépəlkə | -kə/ 名 墓《石, 岩に掘った, または石・れんがで造ったもの》.《F<L=埋葬する場所から》

se·pul·chral /səpʌ́lkrəl/ 形 ❶ 墓の; 埋葬に関する. ❷ 墓のような;〈顔つき・声など〉陰気な.

sep·ul·ture /sépəlʧə | -ʧə/ 名《文》埋葬.

se·qua·cious /sɪkwéɪʃəs/ 形 独自性[自主性]のない. ~·ly 副 **se·quac·i·ty** /sɪkwǽsəti/ 名

+**se·quel** /sí:kwəl/ 名 ❶〈小説などの〉続き, 続編, 後編 《to》. ❷〈事の〉成り行き, 結果《of, to》: as a ~ to...の結果としての(の). in the séquel その後になって, 結局.《F<L《sequi; 》sequence》

se·que·la /sɪkwí:lə, -kwéɪlə/ 名 (榎 -lae /-li:/) [通例複数形で]《医》続発症, 後遺症, 余病.

+**se·quence** /sí:kwəns, -kwens, -kwəns/ 名 ❶ U 連続, 続発; (因果的)連鎖: the ~ of the seasons 四季の循環 / a cause-and-effect ~ of events 事件の因果的連鎖. b ⬜ [単数形で起こる] 系統: What was the ~ to that? その結果はどうなったか. ❷ C ひと続き, 連続: a ~ of rich harvests 豊作続き / Do you think life is a ~ of agreeable events? 人生は楽しい出来事の連続だと思いますか. ❸ U (起こる)順序: in ~ 順序正しく; 次々と / out of ~ 順序が狂って / in alphabetical [chronological] ~ アルファベット[年代]順に. ❹ C 《トランプ》(同じ組の)続き札, 順位札. ❺ C 《映》シークエンス《まとまりのある一連のシーン》. ❻ C 《数》(数)列.

the séquence of ténses《文法》時制の一致[呼応].

—— 動 《…を》順番に配列する.

《L=後に従うもの<sequi, secut-, sequent- 従う; cf. consequence; consequent, subsequent; execute, persecute, prosecute; pursue, sue; suit, suite》【類義語】⇒ series.

se·quenc·er /sí:kwənsə | -sə/ 名 ❶ シーケンサー: 順序に従って制御を進めていく装置. ❷《楽》シンセサイザーなどの周辺機器, 一連の音の情報を記憶・再出力して, 自動演奏を可能にする. ❸ アミノ酸配列分析装置.

se·quent /sí:kwənt/ 形 ❶ 次に来る, 順々に続く. ❷ 結果として起こる.

se·quen·tial /sɪkwénʃ(ə)l/ 形 連続した, 続いて起こる. ❷ 結果として起こる. **~·ly** /-ʃəli/ 副

se·ques·ter /sɪkwéstə | -tə/ 動 ❶《法》〈債務者の財産などを〉仮差し押えする. ❷ 〈…を〉隔離する. ❸ 〈…を〉…から〉隠退させる《from》. b [~ oneself で]〈…から〉隠退する: ~ oneself from the world 世間から引きこもる, 隠遁(いん)する.

se·ques·tered 形 ❶〈場所など〉へんぴな, 人里離れた. ❷〈人・生活など〉隠退した: lead a ~ life 隠遁(いん)生活を送る.

se·ques·trate /sí:kwəstreɪt, sɪkwéstreɪt/ 動 ⬜ = sequester 1.

se·ques·tra·tion /sì:kwəstréɪʃən/ 名 U,C ❶《法》(財産の)仮差し押さえ. ❷ 隔離. **-tral** **-tral-**

sé·ques·trà·tor /-tə | -tə/ 名 仮差押え人; 仮差押え財産管理委員.

se·ques·trec·to·my /sì:kwestréktəmi/ 名 U,C《医》腐骨摘出(術).

se·ques·trum /sɪkwéstrəm/ 名 (⬜ ~s, -tra /-trə/)《医》(健全な骨から分離残存する)腐骨. **-tral**

se·quin /sí:kwɪn/ 名 シークイン, スパンコール《衣服などに縫いつけて飾りにするピカピカの小円形の金属[プラスチック]片》.

se·quoi·a /sɪkwóɪə/ 名《植》セコイア《米国 California 州産のスギ科の巨木; giant sequoia と redwood の 2 種がある》.

Se·quoy·ah, Se·quoya, Se·quoia /sɪkwóɪə/ 名 セコイア《1760?–1843; 北米先住民チェロキー (Cherokee) 族の学者; チェロキー語の文字のシステムを作った》.

se·ra 名 serum の複数形.

se·rac /sərǽk, seɪ-/ 名 /séræk/ 名 [通例複数形で] セラック《氷河のクレバスの交差した部分に生ずる氷塔屋》.

se·ra·glio /sərǽljou, -rɑ́:l- | -rɑ́:l-/ 名 (⬜ ~s)《イスラム教国の》ハーレム, 後宮(ぐう).

se·ra·i /sərɑ́ːɪ, -rɑ́i- | seráɪ/ 名《アジア・北アフリカの》隊商宿; 《トルコの》宮殿.

se·ra·pe /sərɑ́:pi/ 名 /sərɑ́:pi/ 名 セラーペ《ラテンアメリカ人の用いる派手な色彩の肩掛け》.

ser·aph /sérəf/ 名 (⬜ ~s, ser·a·phim /-fɪm/) 熾(し)天使《9 天使中最高位の天使; cf. hierarchy 4》.

se·raph·ic /sərǽfɪk/ 形 ❶ 〈微笑・子供など〉天使のような, 美しく神々しい, 清らかな. ❷ 熾(し)天使の.

ser·a·phim 名 seraph の複数形.

ser·a·skier /sèrəskíə/ 名《史》《トルコの》軍司令官.

Serb /sə́:b | sə́:b/ 名 形 =Serbian.

Ser·bi·a /sə́:biə | sə́:-/ 名 セルビア《バルカン半島の共和国; 旧 Yugoslavia 連邦《2003 年「セルビア・モンテネグロ」(Serbia and Montenegro) となった》を構成; 首都 Belgrade》.

Ser·bi·an /sə́:biən | sə́:-/ 形 ❶ セルビアの. ❷ セルビア人[語]の. — 名 ❶ C セルビア人. ❷ U セルビア語.

Ser·bo- /sə́:bou | sə́:-/ [連結形]「セルビア」.

Ser·bo-Croá·tian 名 Serbia と Croatia の. — 名 セルビアクロアチア語《クロアチア, セルビアなどのスラブ系の言語》.

sere[1] /síə | síə/ 形 しなびた, ひからびた.

sere[2] /síə | síə/ 名《生態》遷移系列.

Ser·en·gé·ti Nátional Párk /sèrəŋgéti-/ セレンゲティ国立公園《タンザニア北部, ケニア国境に近いセレンゲティ平原 (Serengeti Plain) にある; 野生動物の楽園》.

+**ser·e·nade** /sèrənéɪd, ⁻⁻⁻/ 名 セレナーデ《夜 男が恋人の家の窓の下で歌う》楽曲》; 《楽》セレナーデ, 小夜(さよ)曲, 夜の調べ. — 動〈人に〉セレナーデを歌う[奏でる]. **sèr·e·nád·er** /-də | -də/ 名《F<It<L=clear (cf. serene); のちに It sera (夜)の連想が加わった》

ser·e·na·ta /sèrənɑ́:tə/ 名《楽》セレナータ a 18 世紀の世俗カンタータ. b 組曲と交響曲との中間的な器楽曲.

ser·en·dip·i·ty /sèrəndípəti/ 名 U 思わぬものを偶然に発見する才能[能力].《おとぎ話 The Three Princes of Serendip から; 主人公が捜してもいない珍宝を偶然に発見する》

+**se·rene** /sərí:n/ 形 (**se·ren·er**; **-est**) ❶〈人・心・生活など〉落ち着いた, 穏やかな, 平和な: a ~ life 平穏な生活. ❷ a〈天候など〉晴朗な, うららかな, さわやかな. b〈空など〉澄み渡った, 雲ひとつない. c〈海など〉穏やかな, 静かな. ❸ ⬜ [比較なし]《ヨーロッパ大陸で王侯[王妃]に対する敬称に用いて》高貴な: His [Her] S- Highness 殿下《略 HSH》 / Your S- Highness 殿下. **áll seréne**《英俗》異状なし, 大丈夫, オーケー. **~·ly** 副 **~·ness** 名《L=clear; cf. serenade》【類義語】⇒ calm.

se·ren·i·ty /sərénəti/ 名 ❶ U 静穏, 平静, 落ち着き. ❷ U 晴朗, うららかさ, のどけさ. ❸ [S-] 殿下《称号》: Your [His, Her] S- 殿下.

serf /sə́:f | sə́:f/ 名《中世の》農奴《農民の最低階級で土地に付属し, 土地と共に売買された》.

serfdom /sə́ːfdəm | sə́ː-f-/ 图 ⓤ 農奴の身分; 農奴制.

sérf·hòod 图 =serfdom.

Serg.（略）Sergeant.

†**serge** /sə́ːʤ | sə́ːʤ/ 图 ⓤ サージ《服地の一種》.

***ser·geant** /sáːʤənt | sáː-/ 图 ❶《陸空軍・米海兵隊》**a** 軍曹, 曹長《略 Serg., Sergt., Sgt.》. **b**（広く）下士官: ⇒ first sergeant, master sergeant. **c** 巡査部長（police sergeant;⇒ police 解説）.《F＜L＝兵士, 召使, 公官＜servire 仕える＜servus 奴隷; cf. service》

sérgeant-at-árms 图（⓿ sergeants-at-arms）《英》《議院・法廷などの》衛視, 守衛官.

sérgeant májor 图（⓿ sergeants major, ~s）《米陸軍・海兵隊》上級曹長.

Sergt.（略）Sergeant.

***se·ri·al** /síəriəl/ 图 ❶《小説・映画・番組などの》続き物, 連載物, 連載版（⇨ series 2 b）: a four-part ~ 全 4 回の続き物 / a television ~ テレビの連載番組. ❷ 定期刊行物. —— 形 ❶ 連続的な; ひと続きの, 通しの: ~ murders 連続殺人 / in ~ order 連続して, 番号順に. ❷《小説など》続き物の, 連載の;《出版物が》定期の: a ~ novel 連載小説 / a ~ publication 定期刊行物. **~·ly** /-əli/ 副《⓿ series》

sé·ri·al·ism /-lìzm/ 图 ⓤ《楽》セリー［音列］技法［主義］《十二音技法など, セリー［音列］を基盤とした 20 世紀無調音楽の作曲法》.

se·ri·al·i·ty /sì(ə)riǽləti/ 图 ⓤ 連続（性）, 順列をなすこと.

se·ri·al·i·za·tion /sì(ə)riəlɪzéɪʃən, -lɑɪz-/ 图 ⓒⓤ 連載; 連続放送［放映, 上映］.

se·ri·al·ize /síəriəlàɪz/ 動 ⓗ《…を》続き物として連載［刊行, 放送, 放映, 上映］する.

sérial monógamy 图 ⓤ《戯言》連続単婚《常に特定の一人とっての関係をもたないが, その相手を頻繁に変えること; 元来は社会学用語》.

sérial númber 图《一連》番号.

sérial pórt 图《電算》シリアルポート《データの送受信をシリアル伝送によって行なう機器を接続するための端子》.

sérial ríghts 图 ⓿《物語などを雑誌などに載せる》連載権.

se·ri·ate /síəriət, -riət/ 形 連続した, ひと続きの.
—— /-rièɪt/ 動 ⓗ《…を連続的に配列する.

se·ri·a·tim /sì(ə)riéɪtɪm/ 副 逐次, 順次, 続いて.《L》

ser·i·cul·ture /sérəkʌ̀ltʃə/ 图 ⓤ 養蚕（業）. **ser·i·cul·tur·al** /sèrəkʌ̀ltʃ(ə)rəl/ 形 **ser·i·cul·tur·ist** /sérəkʌ̀ltʃərɪst/ 图 養蚕家, 養蚕業者.

***se·ries** /síəriːz, -rɪz/ 图（⓿ ~）《…の》ひと続き, 一連, 連続: a ~ of victories [misfortunes] 連戦連勝［打ち続く不幸］ / a ~ of discussions 一連の討論［討議］ / A ~ of tremors often precedes an earthquake. 地震の前には微震が続いて起こることが多い《用法》a series of の次には複数名詞がくるが, 単数扱い》. ❷ ⓒ **a**《出版物の》続き物, 双書, シリーズ. **b**《ラジオ・テレビ・映画などの》連続番組, シリーズもの《比較 一作一作が完結しながら続くのが series; クライマックスで終わり, 次に続く連続物が serial》. **c**《貨幣・切手などの》ひとそろい, セット, シリーズ《特に研究・収集の対象になるようなもの》: a ~ of bird issues 鳥類の切手シリーズ. ❸ ⓒ《野球などの》連続試合, シリーズ（戦）: The World S~ ワールドシリーズ《米国のプロ野球選手権試合》. ❹ ⓒ《数》級数: an arithmetic ~ 等差級数. ❺ ⓤ《電》直列（連結）. **in séries** (1) 系列をなして; 連続して. (2) 双書として, シリーズもので. (3)《電》直列に［で］（↔ in parallel). —— 图 《直》直列の: a ~ circuit 直列回路.

《L＜serere, sert- 結びつける, 並べる（cf. assert, desert1,2, exert, insert)》（形 serial）

【類義語】**series** いくつかの似かよった多少とも関連のあるものが順次続くこと. **sequence** 相互に因果関係があったり, 論理的に密接な関係にあるものが続くこと. **chain** 原因結果の関係や論理的な関連が更にはっきりと認められる sequence. **succession** 単に事件や物が連続して起こることを意味し, 相互の間には必ずしも関連があるとは限らない.

ser·if /sérɪf/ 图《印》セリフ《H, I などの上下のひげ飾り; cf. sans serif》.

ser·i·graph /sérəgrǽf | -gràːf/ 图 セリグラフ《シルクスクリーンによる印画》. **~·er**

se·rig·ra·phy /sərɪ́grəfi/ 图 ⓤ セリグラフィー《シルクスクリーン印画法》.

ser·in /sérɪn/ 图《鳥》セリン, セリンヒワ《飼鳥カナリヤの原種》.

ser·ine /sériːn/ 图 ⓤ《生化》セリン《多くの蛋白質に含まれる α-アミノ酸の一種》.

se·ri·o·com·ic /sì(ə)rioukɑ́mɪk | -kɔ́m-/ 形 まじめでしかもこっけいな. **-com·i·cal·ly** /-kəli/ 副

*⌬**se·ri·ous** /síəriəs/ 形（more ~; most ~） ❶ **a**《事態・問題など》重大な, 重要な, 容易ならない: ~ damage 重大な損害 / a ~ mistake 重大な誤り / Your involvement in it would put you in a ~ position. そんなことに関わると容易ならぬ立場に追いこまれるぞ. **b**《病気, けが・罪など》重い: a ~ illness 重病 / a ~ charge [offense] 重罪. ❷ **a** まじめな; 本気の, 真剣な, 冗談でない: a ~ talk まじめな話 / a ~ look on one's face まじめ［深刻］そうな表情 / a ~ fisherman 本格的な釣師 / Are you ~? あなたは本気で言っているのか / You cannot [can't] be ~! ご冗談でしょう / He was ~ about the matter. 彼はそのことについて真剣だった. **b** 入念な, 徹底的な: give the matter ~ consideration その問題を熟慮する. **c**《趣味などに》熱心な, 打ち込んだ. **d**《異性のことを本気で考えて（about)》: a ~ boyfriend [girlfriend] 真剣に交際している恋人. **e**《人のこと心配して, 憂鬱（ゅぅ）で, 深刻で. ❸ Ⓐ **a**《文学・音楽など》娯楽本位でなく》まじめな, 硬い, シリアスな: a ~ book まじめな本 / a ~ play シリアスな芝居. **b**《作家・俳優など》硬いものを書く, シリアスな演技をする. ❹《口》**a** みかけが[相当な]数量, 量, 額, 大きさ（など）] の. **b** 質の高い, とてもよい, 最高の. —— 副《米俗》非常に, とても.《F＜L; 原義は「重い」》【類義語】**serious** 性格や態度が思慮深い; 遊びやふざけなしに仕事や重大な事柄を一生懸命に考えていることを暗示する. **grave** 重大な問題・責任・心配事などのために, 人の外観・言動などが重々しく威厳が感じられることを表わす. **sober** 顔の表情・言動に自制心・冷静さ・まじめさがある; 時には陰気なほどの感じを示す. **solemn** 畏（ぃ）れの念をいだかせるほどまじめでいかめしい; 格式ばった様子を暗示する.

***se·ri·ous·ly** /síəriəsli/ 副（more ~; most ~） ❶ **a** まじめに, 真剣に; 本気で: Don't take it so ~. そんなにまじめにとらないでください / Do you ~ mean what you say? 君は本気でそんなことを言うのかね. **b**《文修飾》まじめな話だが, 冗談はさておき. **c** 入念に, 徹底的に; 熱心に. ❷ 重く, ひどく; 深刻に: She's ~ hurt. 彼女は重傷だ. **sériously spéaking** まじめな話だが, 冗談はさておき.

sérious móney 图 ⓤ 多額の金（ね）.

se·ri·ous·ness 图 ⓤ ❶ まじめなこと: in all ~ 大まじめに, 真剣で; 冗談ぬきに. ❷ 重大さ, ゆゆしさ: the ~ of an illness 病気の重さ, 重態.

ser·jeant /sáːʤənt | sáː-/ 图《英》=sergeant.

sérjeant-at-árms 图《英》=sergeant-at-arms.

†**ser·mon** /sə́ːmən | sə́ː-/ 图 ❶ 説教: preach a ~ 説教をする. ❷《口》お小言, お説教, 長談義: get a ~ on...のことでお小言をくう. **the Sérmon on the Móunt**《キリスト》の山上の垂訓 (★ 聖書「マタイ伝」から).《F＜L＝speech》

ser·mon·ize /sə́ːmənàɪz | sə́ː-/ 動 ⓗ ❶《…に》説教する. ❷《…に》小言を言う.

se·ro- /síə(ə)rou, sér-/ 《連結形》「血清 (serum)」.

sèro·convérsion 图 ⓤⓒ《免疫》血清変換《ワクチンとして投与した抗原に応答して抗体が出現すること》. **-convért** 動

se·rol·o·gy /sərɑ́ləʤi | -rɔ́l-/ 图 ⓤ 血清学.

sèro·négative 形《医》血清反応陰性の. **sèro·negativity** 图

sèro·pósitive 形《医》血清反応陽性の. **sèropositivity** 图

se·ro·sa /səróusə, -zə, sə-/ 名 (複 ~s, -sae /-siː, -ziː/) 〖解・動〗漿膜. **se·ró·sal** 形

se·ro·si·tis /sì(ə)rousáɪtɪs, sèr-/ 名 〖医〗漿膜炎.

se·o·tine /séɪətiːn/ 名 〖動〗ホリカワ[クビワ]コウモリ《欧州産》.

se·o·to·nin /sèrətóʊnɪn/ 名 〖生化〗セロトニン《哺乳動物の血清・血小板・脳などにある血管収縮物質; 神経伝達物質の一つ, cf. SSRI》.

séro·type 名 〖医〗(微生物の抗原性による)血清型, 抗原型. ― 動 他 …の血清[抗原]型を決定する.

se·rous /sí(ə)rəs/ 形 ❶ 〖生理〗漿液(ˈˌえき)(性)の, 血清の. ❷ 〈液体が〉希薄な, 水のような.

sérous mémbrane 名 〖動・解〗漿膜.

se·row /sérou/ 名 〖動〗カモシカ.

⁺ser·pent /sə́ː.pənt | sə́ː-/ 名 ❶ ヘビ《解說》エデンの園(Eden)で Eve を誘惑して禁断の木の実を食べさせたのが serpent; 陰険で悪意を秘めたというイメージがある》. ❷ ヘビのような人, 陰険な[ずるい]人. ❸ 〖楽〗セルパン《16–18 世紀のヘビ状に湾曲した低音管楽器》. **the (óld) Sérpent** 悪魔《★聖書「創世記」などから》. 〖F<L; 原義は「はうもの」〗 (形 serpentine)

ser·pen·tine /sə́ː.pəntìːn, -tàɪn | sə́ː.pəntaɪn/ 形 ❶ ヘビ状の, ヘビのような: ~ movement ヘビのような動き. ❷ 曲がりくねった: a ~ road [river] 蛇行する道[川]. ❸ 陰険な, ずるい, 人を陥れる. (名 serpent)

ser·pen·ti·nite /sə́ː.pəntɪnàɪt | sə́ː-/ 名 〖岩石〗蛇紋岩.

ser·pig·i·nous /sə.pídʒənəs | sə-/ 形 〖医〗皮膚病などが〉蛇行性[状]の, はいひろがる. ~**·ly** 副

SERPS /sə́ː.ps | sə́ː.ps/ 名 (略) (英) State earnings-related pension scheme 収入を基礎とする国家年金.

ser·rate /séreɪt/ 形 ❶ のこぎり状の, ぎざぎざ(のある). ❷ 〈葉など〉鋸歯(ˈˌよ)状の, のこぎり(歯)状の.

ser·rat·ed /séreɪtɪd/ 形 =serrate.

ser·ra·tion /səréɪʃən/ 名 ❶ U 鋸歯(ˈˌよ)状. ❷ C 鋸歯状の歯, 鋸歯[刻み目].

ser·ried /sérɪd/ 形 A 密集した, すし詰めの: ~ ranks of soldiers 密集した兵隊の列.

⁺ser·um /sí(ə)rəm/ 名 (複 ~s, -ra /-rə/) ❶ U 〖生理〗漿液, リンパ液. ❷ U,C 血清 (cf. vaccine): a ~ injection 血清注射 / ~ therapy 血清療法. 〖L〗

ser·val /sə́ː.v(ə)l | sə́ː-/ 名 〖動〗サーバル(キャット)《アフリカ産ヤマネコ》.

⁎ser·vant /sə́ː.vənt | sə́ː-/ 名 ❶ a 召し使い, 使用人(domestic): a female ~ 下女, 女中 / an outdoor ~ 外働き, 園丁(など) / a general ~ 雑働き. ❺ (神・芸術などの)しもべ: Ministers are called the ~s of God. 牧師は神のしもべと呼ばれる. ❷ 公務員: ⇒ civil servant, PUBLIC SERVANT. **your húmble sérvant** (古) 敬具 (用法) 目上の人に出す手紙の結び文句). **Your obédient sérvant** (古) 敬具 (用法) 公式の書簡での結び文句). 〖F =tit.le d(え)〗

⁎serve /sə́ːv | sə́ːv/ 動 他 ❶ 〈人に〉仕える, 奉仕する; 〈国・組織などの(ため)に〉尽くす, 務める; 〈神に〉仕える: ~ the [one's] community 地域社会に奉仕する / ~ one's country 母国のために尽くす / ~ a master 主人に仕える / ~ two masters 二君に仕える; 二つの相反する主義を信じる / ~ God 神に仕える.

❷ 〈人の役に立つ, 〈人に〉役立つ: Can I ~ you in any way? 何か私でお役に立つことがありましょうか / That excuse will not ~ you. その言い訳では役に立つまい / If (my) memory ~s me right,... 私の記憶が正しければ,... / [+目+as補] Pieces of stone ~d primitive men as tools. 石は原始人には道具として役立った.

❸ a 〈鉄道・病院などが〉〈ある地域に〉便宜を与える; 〈医者・牧師などが〉〈ある地域を〉受け持つ: Long Island is ~d by a commuter railway. ロングアイランドには通勤電車の便がある / One doctor ~s the whole town. 一人の医師がその町全体を受け持っている. **b** 〈…に〉〈必要物を〉供給する, 配給する: ~ a town *with* water 町に水道を供給する / The district is not ~d *with* gas. その地域はガスが通っていない. **c** 〈食物・料理が〉〈何人分ある: This dish will ~ five (persons). この料理は 5 人分ある.

❹ 〈目的・必要・用途に〉かなう, 合う: This will ~ my purpose [needs]. これなら私の目的にかなう[必要が満たせる].

❺ **a** 〈人・料理店などが〉〈飲食物を〉(食卓に)出す: That restaurant ~s top-quality food. あのレストランは最高級の料理を出す / Fish is often ~d with tomato sauce. 魚はしばしばトマトソースをつけて出される / Dinner is ~d. 夕食のご用意ができました / [+目+目] She ~d them beer. =She ~d beer to them. 彼女は彼らにビールを出した. **b** 〈飲食物を〉〈…の状態で〉出す: [+目+補] Please ~ the coffee hot. コーヒーは熱いのにしてください. **c** 〈人に〉給仕する: Which waitress ~d you? どのウェートレスが給仕してくれましたか.

❻ 〈店の人が〉〈客の注文を聞く, 〈客の〉用を承る (★ しばしば受身で用いる): Have you *been* ~d? ご用は承りましたでしょうか / Are you *being* ~d, sir? だれかご用を承っておりますでしょうか.

❼ 〈任期・刑期などを〉務める: ~ time 刑期を務める, 服役する / ~ a (life) sentence (終身)刑に服する / ~ five years *in* Parliament [*in* the Army] 5年間国会議員を務める[軍役に服する] / He ~d seven years *for* armed robbery. 彼は武装強盗の罪で 7年間の刑に服した / [+目+as補] Franklin Roosevelt ~d three full terms *as* President. フランクリン ローズベルトは大統領をまる 3期務めた.

❽ [通例様態の副詞(句)を伴って] 〈人を〉〈…に〉取り扱う, 待遇する[軍役に服する] / He ~d me ill [unfairly]. 彼女は私をひどい目にあわせた[不公平な扱いをした].

❾ 〖法〗〈人に〉〈令状などを〉送達する: ~ a person *with* a summons = ~ a summons *on* a person = [+目+目] ~ a person a summons 人に呼び出し状を送達する.

❿ 〖テニス・バレーなど〗〈ボールを〉サーブする: ~ a ball ボールをサーブする.

⓫ 〈雄が〉〈雌と〉交尾する; 〈雌に〉種付けをする.

― 自 ❶ 〈…で〉仕える, つとめる, 勤務する; 〈委員会[陪審]で〉委員になる; 〈…の下で〉働く, つとめる: He ~s *in* the army. 彼は兵役に服している / He is serving *on* the jury. 彼は陪審員を務めている / His grandfather ~d *under* Lincoln. 彼の祖父はリンカーンの下で勤務していた / [+as補] He ~s *as* a clerk. 彼は事務員として働いている / She ~s as secretary. 彼女は書記官をしている (用法) 官職の時は無冠詞).

❷ 〈…に〉役に立つ, 間に合う: This tool ~s (*for* many purposes). この道具は(いろいろな)役に立つ / This wrench is too small to ~. このレンチは小さすぎて役に立たない / [+as補] Many of the stars have ~d as guides for mariners. 星の中には船乗りたちの案内役として役立ったものが多い / [+*to* do] This accident ~s to show what drunk driving can lead to. この事故のおかげで飲酒運転をするとどんなことになるかがわかる.

❸ 〈天候・時間などが〉都合がよい: when the tide ~s 潮[都合]のよい時に / as occasion ~s 機会のあり次第.

❹ 給仕をする: ~ at (the) table 給仕をする.

❺ 〖テニス・バレーなど〗サーブをする.

❻ 〖キ教〗(ミサで司祭の)侍者 (server) を務める.

sérve óut (他+副) (1) 〈飲食物などを〉配る. (2) 〈任期・刑期を〉終わりまで務める, 務めあげる.

sérve a pérson ríght (口) 〈人に〉とって当然の報い[自業自得]となる: *It* ~s him *right*. そうなるのも彼には当然のことだ / *Serve*(s) *you right*! (お前のしたことから見ろ)仕方がないさ, さまあ見ろ, いい気味だ.

sérve úp (他+副) 〈飲食物を〉食卓に出す.

―名 〖テニス・バレーなど〗サーブ; サーブ権; サーブの打ち方. 〖F<L *servus* 奴隷, 召使 (cf. sergeant)〗 (名 service)

⁺sérv·er 名 ❶ 〖電算〗サーバー《分散処理システムにおいて, client からの要求に応じてサービスを供給する機器》. ❷ (テニスなどの)サーバー, サーブする人. ❸ **a** 〈料理をのせる〉大型の皿, 盆. **b** 〈料理を取り分ける〉大型のフォーク[スプーン], サラダばさみ(など). **c** 料理運搬用ワゴン. ❹ **a** 仕える人, つ

とどめる. **b** 給仕人. **c** 《カト》(ミサで司祭を助ける)侍者.

sérver fàrm 名《電算》サーバーファーム《同じサービスを提供するために負荷を分担しているサーバー群(を集積している場所)》.

serv・ery /sə́ːvəri | sə́ː-/ 名《英》(キッチンと食堂の間の)料理受け渡し口《カウンター》.

*__**serv・ice**__ /sə́ːvɪs | sə́ː-/ 名 **❶ a** ⓤ 奉仕: community ~ 地域(社会)奉仕 / receive [offer] ~ 奉仕を受ける[申し出る]. **b** ⓒ 役に立つこと, 有用, 助け: do a person a ~ 人の役に立つ You have done me a great ~ by giving me this information. このことを知らせていただいて本当に助かりました / You need the ~s of a doctor [lawyer]. 君は医者にみてもらう[弁護士に相談する] 必要がある.

❷ ⓒⓤ 公共サービス, 公共事業《ガス・電気・電話・水道・輸送などの》; (列車・バスなどの)便, 運行, 運転: emergency medical ~ 救急医療サービス / have [have no] telephone ~ 電話がつながっている[いない] / water ~ 配水, 給水 / ⇒ public service / hourly train ~ 1 時間に1 本の列車の便 / We have regular air ~ to London. ロンドン行きの定期航空便がある.

❸ ⓒ **a** 《通例修飾語を伴って》(官庁などの)部門, 部局: ⇒ civil service / government ~ 官庁 / go into the diplomatic ~ 外交官になる, 外務省に勤める. **b** サービス機関《公共サービスを目的とする公的組織または民間企業》.

❹ a ⓤ 《また複数形で》勤務, 奉職, 勤め, 勤続; 尽力, 骨折り; 功労, 功績, 勲功: retire after 35 years' ~ 35 年の勤務ののち退職する / his long ~ *to* the university 彼の大学への長年の奉職 / her distinguished ~*s to* music 彼女の音楽への優れた功績. **b** ⓤ (陸・海・空軍の)軍務, 兵役: military ~ 兵役 / on active ~ 現役で[に]. **c** ⓒ 《通例 the ~》(陸・海・空)軍: *the* senior ~《英》(陸軍に対して)海軍 / *the* (armed [fighting, three]) ~s 陸海空軍, **d** 《古風》奉公, (召使として)仕えること.

❺ ⓒ サービス(業)《生産に関係ない労務・便宜・娯楽などの提供》; サービス産業 (service industry).

❻ ⓤⓒ **a** (ホテル・レストラン・店などの)接客, 客への対応, サービス: That restaurant gives good ~. あのレストランはサービスがいい. **b** サービス料 (service charge): Is ~ included in the bill? 請求書にはサービス料が入っていますか **c** (ホテルなどの)給仕, 注文取り: ⇒ room service / telephone ~s (電話で頼むといろいろな用事をしてくれる)テレホンサービス.

❼ ⓤⓒ (商品・顧客に対する)(アフター)サービス, 点検修理, 保守点検《距「アフターサービス」は和製英語》: provide repair ~ (製品に対する)修理サービスを提供する / regular ~ (自動車などの)定期点検 / provide a special ~ to an important customer 大事な顧客に特別のサービスを提供する.

❽ ⓒ 《通例修飾語を伴って》(食器・茶器などの)ひとそろい, 一式: a tea ~ *for* six 6人用茶器一式.

❾ ⓒⓤ 礼拝(の式), お勤め: a funeral ~ 葬式 / a marriage ~ 結婚式 / church ~s 教会の礼拝 / attend a ~ 礼拝に出る.

❿ ⓒ (テニスなどで)サーブ; サーブの仕方[球, 番]; サーブ権を有するチーム: Whose ~ is it? サーブはどちらの番か / win [keep, hold] one's ~ サービスゲームを勝つ[キープする] / lose [drop] one's ~ サービスゲームを失う[落とす].

⓫ [~s で] 《英》(高速道路の)サービスエリア (service station): It's a mile to the next ~s. 次のサービスエリアまで1マイルです.

⓬ ⓤ 《法》(令状その他訴訟書類の)送達.

⓭ ⓤ (動物の)種付け.

at a person's sérvice = **at the sérvice of** a person いつでも(人の)役に立つ, (人の)自由に: I am *at* your ~. 何なりとお申しつけください / put [place] technology *at the* ~ *of* people 科学技術を人々の役に立たせる[人々が自由に使えるようにする].

be of sérvice 役に立つ; 有益である: Can I be of (any) ~ to you? 何かご用がおありですか; [困っている人に] 何かお役に立てましょうか.

in sérvice (1) 軍隊に入って. (2) 奉公して, 雇われて. (3) 《機械など》正常に動いて, 運転中で: The number you have called is no longer *in* ~. おかけになった電話番号は現在使われておりません.

in the sérvices 《英》軍隊に入って.

on áctive sérvice (戦時に)出征して.

On His [Her] Májesty's Sérvice 《英》公用扱いで《公文書などの無料配達の表示; 略 OHMS》.

sée sérvice (1) 戦争に出る, 実戦の経験をする. (2) [完了形で] 服なども使い古されている, 古びている: This jacket [car] *has seen* good ~. この上着[車]もずいぶん着た[使った]ものだ.

tàke sérvice with ...に雇われる.

── 形 **❶** ⓐ 軍の, 軍用の: a ~ rifle 軍用(ライフル)銃 / (a) ~ uniform [dress] (軍人の)制服. **❷** サービス業の: ⇒ service industry. **❸** アフターサービスの: the ~ department アフターサービス部門. **❹** 従業員用の, 業務用の: a ~ elevator [stairway] 業務[従業員]用エレベーター[階段]. **❺** サービスの, 徳用の.

── 動 ⓐ **❶** 《...の》アフターサービスをする, 《...を》保守点検する: I have my car ~d regularly. 私は車を定期的に点検してもらっている. **❷** 《...に》サービスを提供する; 《...の》ために働く; 《...の》役に立つ, 必要などにかなう. **❸** 《負債の利子を払う. **❹** 《人に》性的に奉仕する, (自分はともかく)《人を》性的に満足させてやる; 《人に》フェラチオをしてやる. 【F<L】 (serve)

ser・vice・a・bil・i・ty /sə̀ːvɪsəbíləṭi | sə̀ː-/ 名 ⓤ 重宝, 便利, 役に立つこと, 有用性; もちのよいこと.

ser・vice・a・ble /sə́ːvɪsəbl | sə́ː-/ 形 **❶** 使える, 役に立つ. **❷** じょうぶな; 実用向きの: ~ shoes じょうぶな靴. **-a・bly** /-əbli/ 副 **~・ness** 名

sérvice áce 名《テニス》サービスエース《相手が返すことのできなかったサーブ》.

sérvice àrea 名 **❶** 《英》サービスエリア《高速道路などに隣接したガソリンスタンド・食堂などのある区域》 (services). **❷** (ラジオ・テレビの)放送区域.

sérvice・bèr・ry /-bèri | -b(ə)ri/ 名《植》ザイフリボク(の実) (Juneberry).

sérvice bòok 名 (教会の)祈禱(きとう)書.

sérvice brèak 名《テニスなど》サービスブレーク《相手のサーブを破ったゲーム》.

sérvice càp 名《米陸軍・空軍》(まびさしのついた)軍帽, 制帽 (cf. garrison cap).

sérvice chàrge 名 手数料, サービス料; (アパートなどの)管理費.

sérvice clùb 名 **❶** (地域社会への奉仕を目的とする)親睦団体《ロータリークラブ (Rotary club) など》. **❷** (軍人用)社交クラブ.

sérvice còurt 名《テニス》サービスコート《サーブを打ち込むべき場所》.

sérvice flàt 名《英》サービス付きアパート《まかない付きで掃除などもしてくれる》.

*__**sérvice ìndustry**__ 名 ⓤⓒ サービス(産)業.

sérvice line 名《テニス》サービスライン.

*__**sérvice・màn**__ 名 《⑳ -men》 **❶** 男性軍人: ⇒ ex-serviceman. **❷** (アフターサービスの)修理員. **❸** (service station の)係員.

sérvice màrk 名 役務標章, サービスマーク《自社のサービスを他社のものと区別するために使用する標章・文句など》.

sérvice províder 名《電算》サービスプロバイダー, 接続サービス会社《一般個人ユーザーのインターネットへのアクセスを取り持つ施設・会社》.

sérvice ròad 名 = frontage road.

sérvice stàtion 名 **❶** ガソリンスタンド, 給油所. **❷** 《英》(高速道路の)サービスエリア (service area). **❸** サービスステーション《電気製品などの修理や部品の供給をする》.

sérvice trèe 名《植》ナナカマド(の実).

sérvice・wòman 名 《⑳ -women》女性軍人.

ser・vi・ette /sə̀ːviét | sə̀ː-/ 名《英》(テーブル)ナプキン (napkin).

ser・vile /sə́ːv(ə)l, -vaɪl | sə́ː vaɪl/ 形 **❶ a** 奴隷根性の, 卑屈な: ~ flattery 卑しいおべっか. **b** ⓟ 《...に》盲従《ぺこ

ぺこ]して: be ~ *to* people in authority 権力者にぺこぺこする. ❷ **a** 奴隷の. **b**「労働など」奴隷的な. ❸〈芸術などが〉盲従的な, 独創性のない. ~・ly 副〖L; ⇨ serve, -ile〗

ser・vil・i・ty /səːvíləti | səː-/ 名 ① 奴隷状態. ❷ 奴隷根性, 卑屈.

✝sérv・ing 名 ❶ C〈食物・飲物の〉ひとり分, 一人前. ❷ **a** U 給仕をすること. **b**[形容詞的に]食事を給仕する[盛り付ける]ための: a ~ tray 給仕用の盆.

Ser・vite /sə́ːvaɪt | sə́ː-/ 形[カト]聖母マリアの下僕会(Order of the Servants of Mary)の(会員)(1233年 Florence で設立された).

ser・vi・tude /sə́ːvətʃùːd | sə́ːvətjùːd/ 名 U ❶ 奴隷であること, 隷属[*to*]. ❷ 強制労働, 懲役.

ser・vo /sə́ːvou | sə́ːvəu/ 名 ❶ =servomotor. ❷ =servomechanism.

sérvo-mèchanism 名 U[機]サーボ機構, 自動制御装置.

sérvo-mòtor 名[機](自動制御装置で動く)サーボモーター.

✝ses・a・me /sésəmi/ 名〖植〗ゴマ; ゴマの実. **ópen sésame** (1)[間投詞的に]開けゴマ!, 開門!(画家『アラビアンナイト』の「アリババと 40 人の盗賊」(*Ali Baba and the Forty Thieves*)の話で盗賊が洞窟(𥑿)を開く時に用いたまじないから). (2)[名詞的に](望みをかなえてくれる)魔法の合い鍵[*to*]. 〖L〈Gk; Sem〗

sésame òil 名 U ゴマ油.

ses・a・moid /sésəmòid/ 形[解]種子(状)骨(の).

sesh /seʃ/ 名《口》セッション(session);《英口》痛飲, 飲み会.

ses・qui- /séskwɪ/[連結形]「一倍半」〖化〗化合物の元素の比率が 3 対 2 の, セスキ…」

ses・qui・cen・ten・ni・al /sèskwɪsenténial/ 名 150 年祭. ── 形 150 年(祭)の.

ses・sile /sés(ə)l | -saɪl/ 形[動・植]着生の, 着生の;[植]無柄の: ~ leaves 無柄葉.

✱ses・sion /séʃən/ 名 ❶ **a** U(議会・会議の)開会(していること),(裁判所の)開廷(していること): go into ~ 開会[開廷]する / Congress is now in [out of] ~. 議会は今 開会中[閉会]中だ. **b** C 会議, 会合: a plenary [an extraordinary] ~ 本[臨時]会議 / a secret ~ 秘密会議. ❷ C 会期, 開会[開廷]期: The Diet will have a long ~. 国会の会期は長くなるだろう. ❸ C **a**《米・スコ》(大学の)学期: a summer ~ 夏学期, サマースクール. **b**《米》授業(時間): the morning ~ 午前の授業 / double ~s 二部授業. **c**《英》(大学の)学年: the ~ 2009-10 2009 年(9月)から10年(6月)までの学年. ❹ C **a**(特に集団でする)一定期間の活動, 講習会, 集い(ひとしきりの)演奏, セッション: a gossip ~ ゴシップの集い / jazz dance ~ ジャズダンスの講習会. **b**《口》(二人での)打ち合わせ, 話し合い. ❺〖電算〗セッション(1 回のシステムの利用時間). 〖L=座っていること〈*sedere*, *sess*- 座る(assess, obsess, possess; assiduous, dissident, insidious, preside, reside, sediment, subside, supersede)〗 (形 sessional)

ses・sion・al /séʃ(ə)nəl/ 形 開会[開廷, 会期](中)の; 会期ごとの: ~ orders (英国議会で)会期中の議事規程. (名 session)

séssion clèrk 名《長老教会》長老会事務長.

séssion màn 名(また **séssion musician**)スタジオミュージシャン, セッションマン(他のミュージシャンのサポート役としてレコーディングなどに個別参加する).

ses・tet /sestét/ 名〖詩学〗六行連句《sonnet の終わりの 6 行》, 六行の詩, 六行連.《楽》=sextet.

ses・ti・na /sestíːnə/ 名〖詩学〗六行六連体《6 行の節 6 節および最後 3 行の対句からなる》.

✱set /sét/ 動 (set; set・ting) ── 他 ❶ [副詞(句)を伴って]〈…を〉置く, 据え付ける; 立てる, のせる: She ~ the dish *on* the table. 彼女はその皿をテーブルに深く置いた / He ~ the ladder *against* the wall. 彼ははしごを壁にたてかけた / She ~ her baby *in* the chair. 彼女は赤ん坊をいすに座らせた. **b**〈人を〉〈ある関係に〉位置づける;〈人を〉〈部署などに〉

配置する: ~ a watch 見張りを配置する / ~ spies *on* a person 人にスパイをつける / ~ a guard *at* the gate 門に守衛を配置する / They ~ him *over* the group as its leader. 彼らは彼をそのグループの指導者の地位につけた. **c**(評価として)〈…を〉〈…に〉位置づける: ~ Shakespeare *above* all other writers シェイクスピアをだれよりもすぐれた作家とする / ~ duty *before* pleasure 楽しみよりも仕事を優先させる.

❷ **a**〈柱などを〉〈…に〉固定する, 打ち立てる: ~ a flagpole *in* concrete 旗ざおをコンクリートに埋め込んで立てる. **b**〈苗木などを〉〈…に〉植える;〈種子を〉〈…に〉まく: ~ a plant *in* a pot 鉢に草花を植える. **c**〈宝石などを〉〈…に〉はめこむ: ~ a ruby *in* a ring 指輪にルビーをはめこむ / a ring ~ *with* diamonds ダイヤをちりばめた指輪.

❸〈…を〉〈…に〉あてがう, 当てる, つける: He ~ his lips *to* the glass [~ the glass *to* his lips]. 彼はグラスに口をつけた[グラスを口へもっていった] / ~ the ax(e) *to*…を切り倒す; …を破壊する / ~ …*on* fire; set fire *to*… ⇨ fire 成句. [成句]〈文書に〉〈署名・捺印を〉する: ~ one's hand [name] *to* a document 書類に署名する.

❹〈仕事・問題などを〉課する, 出す, あたがう: ~ a paper [an examination paper] 試験をする / ~ questions in an examination 試験問題を出す / [+目+目] The chief ~ me a difficult task. = The chief ~ a difficult task *for* me. 主任は私に難しい仕事を命じた.

❺ **a**〈模範・先例などを〉示す;〈流行などの〉先駆けをする: Don't ~ a bad example. 悪い模範を見せるな / ~ the fashion 流行をつくり出す / [+目+目] You should ~ your younger brother a good example. = You should ~ a good example *to* [*for*] your younger brother. 君は弟によい手本を見せるべきだ / This model ~ the standard *for* the whole car industry. この型(の車)が自動車産業全体の標準になった. **b**〈記録を〉打ち立てる (cf. SET up 成句 (5)): He ~ a new record *in* [*for*] the 10,000 meters. 彼は 1 万メートルで新記録を樹立した.

❻ **a**〈時計を〉合わせる;〈カメラのレンズを〉合わせる: She ~ the alarm (clock) *for* 7 o'clock. 彼女は目覚まし(時計)を 7 時にセットした / I always ~ my watch *by* the station clock. いつも自分の時計を駅の時計に合わせる. **b**〈器具などを〉整える, 調節する: ~ a saw のこぎりの目を立てる[整える]. **c**〈食卓を〉用意する (lay): ~ the table *for* dinner 夕食の食卓の準備をする. **d**〈わな・爆発物などを〉仕掛ける: ~ a trap *for*…にわなを仕掛ける. **e**〈活字を組む〉 (cf. SET up 成句 (15)): ~ type 活字を組む. **f**〈髪を〉セットする: have one's hair ~ 髪をセットしてもらう. **g**〈骨折した骨などを〉接ぐ, 整復する.

❼ **a**〈時間・場所などを〉取り決める, 定める, 指定する (fix): ~ the place [date, time] *for* the meeting 会合の場所[日取り, 時間]を決める / ~ one's wedding day 結婚式の日取りを決める. **b**〈規則・形式などを〉定める: ~ the terms of a contract 契約条件を定める. **c**〈…に〉限界・目標などを設ける: ~ a limit *to* [*on*]…を制限する.

❽ **a**〈値を〉つける: ~ a price *on* an article 商品の値を決める / ~ the value of a horse *at* $1000 馬の値を千ドルとつける. **b**〈…に〉〈…に〉価値を置く;〈…と〉評価する: He ~s a high value *on* friendship. = He ~s friendship *at* a high value. 彼は友情を重く見ている.

❾〈鶏に〉〈卵を〉抱かせる: ~ a hen (*on* eggs) = ~ eggs (*under* a hen) 卵を鶏に抱かせる.

❿ **a**[副詞(句)を伴って]〈進路などを〉〈…に〉向ける, 向かわせる: ~ one's course *for* Yokohama 横浜へ向けて進路を取る / The premier ~ his mind *against* all the appeals. 首相は訴えに耳を貸さないことにした. **b**〈…を〉けしかけて〈…を〉攻撃させる[*on*, *at*, *against*]: ~ the dogs *on* the trespasser. 彼は侵入者に犬をけしかけた. [~ oneself で]〈…に〉強硬に反対する, 反抗する〈*against*〉.

⓫〈劇・物語などの(場面・舞台)を〉〈ある時代・国などに〉設定する(★ しばしば受身): The (scene of the) novel *is* ~

set 1646

in Vienna just after World War II. その小説の舞台は第二次大戦直後のウィーンだ.
⓬ a 〈ものを〉固める, 固くする: ~ milk for cheese チーズを作るために牛乳を固める. **b** (しばしば決意などを示して) あご・顔などを固くする, 不動にする: He ~ his jaw and said, 'No.' 彼はあごを引き締めて「だめだ」と言った. **c** 〈色・染料を〉定着させる.
⓭〖楽〗〈歌詞に〉〈曲を〉つける, 作曲する: ~ a poem *to* music 詩に曲をつける.
⓮ 〈猟犬が〉不動の姿勢をとって〈獲物の〉所在を鼻で示す (cf. setter 1).

── **B ❶**〈…を×の状態に〉する, させる: 〔+目+補〕~ slaves free 奴隷を解放する / ~ a person right 人の誤りを正す; 人の健康を取り戻させる / ~ a boat adrift 船を漂流させる / He ~ the house on fire. 彼は家に火をつけた (⇒ A 3 a) / Her words ~ my mind at rest. 彼女の言葉は私を安心させた /〔+目+*doing*〕He ~ the engine *going*. 彼はエンジンをかけた / These words ~ me thinking. 彼らの言葉に私は考え込んでしまった.
❷ a〈人に×…〉させる:〔+目+*to do*〕I ~ my children *to* rake the fallen leaves. 子供たちに落ち葉をくまでで集めさせた / S~ a thief *to* catch a thief. (諺) 盗賊を捕らえるのには盗賊を使え, 「じゃの道はへび」. **b**〔~ oneself〕…しようと努める:〔+目+*to do*〕She ~ *herself to* master her job. 彼女は懸命になって仕事に熟達しようとした. **c**〔~ oneself〕〔仕事などに懸命に取りかかる: She ~ *herself to* the task. 彼女は仕事に取りかかった.
── **❶ a**〈日・月が〉沈む (↔ rise); 〈勢いが〉傾く: The sun [moon] has ~. 日[月]が沈んだ. **❷**〈果樹・花が〉結実する. **❸ a**〈液体などが〉凝固する. **b**〈顔が〉こわばる. **c**〈色・染料が〉定着する. **❹**〈めんどりが〉卵を抱く. **❺ a**〈髪が〉セットできる; 〈人が〉髪のセットをする. **b**〈骨などが〉整復する; 骨折が治る. **❻**〔副詞(句)を伴って〕〈流れ・風などが(…へ)向かう, 吹く, 流れる;〈感情・意見などが〉傾く: The current ~s *to* the south. 潮流は南方へ流れる. **❼** [well などの様態の副詞を伴って] 〈衣服が〉合う(匹敵 この意味では fit のほうが一般的). **❽**〈猟犬が〉不動の姿勢で獲物の所在を示す.

set about [(⓶+⓷) ~ abóut…] (★ 受身可) (1)〈仕事などに〉着手する, …し始める: ~ *about* a job 仕事を始める /〔+*doing*〕We ~ *about* repairing our hut. 小屋の修理に取りかかった(★〔+*to do*〕は〈古〉). (2) …を攻撃する: The two men ~ *about* each other in fine style. 二人の男は派手な殴り合いを始めた. ──[(⓶+⓷) ~ *about*] (3)〈うわさを〉言いふらす: Who has ~ this gossip *about*? だれがこんなうわさを言いふらしたのか.

set against [(⓶+⓷) ~ …agàinst…] (1)〈ものを〉…と比べる, …に釣り合わせる;〈…を〉…から差し引く: ~ gains *against* losses 利益を損失と突き合わせる. (2)〈人を〉他の人と対立[反抗]させる: Her policies have ~ the people *against* her. 彼女の政策は国民の反感を買った. (3)〈…を〉…の反対の方向に向ける;〈…に〉しかけて…を攻撃させる; …に強硬に反対する (⇒ A 10).

sèt apárt (⓶+⓸) (1)〈…を×…のために〉取りのけておく: She ~s *apart* some of her salary *for* her wedding. 彼女は給料中の幾分かを結婚式のために取りのけておく. [~+目+*apart*]〈…を〉〈他と〉別にしておく[する]; 〈物事が〉〈…を〉〈他と〉区別する: Her imagination ~s her *apart* from the others. 彼女は豊かな想像力のために他から際立っている.

sèt asíde (⓶+⓸) (1)〈ものを〉わきに置く; 〈事を〉一時片づける. (2)〈金・時間などを〉〈…のために〉取っておく, 蓄えておく: ~ *aside* some money *for* a rainy day まさかの時のために貯金する. (3)…を無視する, 除外する, 捨てる: The financial problems were ~ *aside*. 経済的な問題は除外された. (4)〖法〗〈判決を〉破棄する;〈協定などを〉無効と宣言する.

sèt báck (⓶+⓸) (1)〈家などを〉〈…から〉(ある距離だけ)離して置く[建てる](★ しばしば受身): The house *was* ~ some distance *back from* the road. その家は道路から少し引っ込んだ所にあった. (2)〈ものを〉後ろへ移す;〈時計の針を〉戻す: He ~ *back* his watch five minutes. 彼は時計の針を5分戻した. (3)〈動物などの〉〈耳などを〉後ろに寝かせる: The dog ~ *back* its ears. その犬は耳を寝かせた. (4)〈進歩などを〉後退させる, 遅らせる; 阻止する: Our plans were ~ *back* by bad weather. 悪天候で我々の計画が遅れた. (5)〔口〕〈人に〉費用がいくらかかる (cost) (★ 受身不可):〔+目+目〕The fine ~ him *back* a hundred dollars. その罰金で彼は100ドル取られた.

sét…besíde (1)〈ものを〉…の横に置く. (2)〈…を〉…と比べる(★ しばしば受身で用いる): As a singer there's no one to ~ *beside* her. 歌手として彼女に並ぶ者はいない.

sèt bý (⓶+⓸)〈もの・金などを〉(取り)のけておく, 蓄える.

sèt dówn ((⓶+⓸)) (1)〈もの・人などを〉下に置く (匹敵 put down のほうが一般的). (2) 〈英〉〈乗客などを〉降ろす: I'll ~ you *down* at the corner. 角の所で降ろしてあげます. (3)〈…を〉書き留める (write down). (4)〈…を〉〈…と〉みなす, 考える:〔+目+*as*補〕We ~ him *down as* a liar. 我々は彼をうそつきだと考えている[考えた]. (5)〈原因などを〉…のせいにする, 帰す: I ~ *down* your failure *to* laziness. 君の失敗は怠慢のせいだと私は思う. (6) 〈規則などを〉規定する;〈日時などを〉取り決める. (7)〈…と〉規定する〈*that*〉. (8)〈飛行機を〉着陸させる. ── (⓶+⓸) (9) 〈飛行機が〉着陸する.

sèt fórth (⓶+⓸) (1)〈…を〉明らかにする, 発表する. ── (⓶+⓸) (2) 旅に出る, 出発する.

sét fórward (⓶+⓸)〈時計の針を〉進める.

sèt ín (⓶+⓸) (1) 悪天候・冬などが始まる: The cold weather has ~ *in*. 寒い気候となった. (2) [it を主語として]〈…し〉始める〈*to do*〉: It was setting in *to* rain. 雨が降りだした. (3)〈病気・流行などが〉起こる, 広まりだす. (4)〈潮が〉海岸に向かって流れる;〈風が〉陸に向かって吹く.

sèt líttle by …を軽視する.

sèt múch by …を尊重する, 重視する.

sèt óff (⓶+⓸) (1) 出発する (set out): ~ *off* for home 家路につく / ~ *off* on a [one's] journey [trip] 旅に出る. (2) 〈爆弾・火薬などを〉爆発させる;〈花火・ロケットなどを〉打ち上げる, 発射する: ~ *off* fireworks 花火を打ち上げる. (3) 〈機械・装置などを〉始動させる: ~ *off* a fire alarm 火災報知器を鳴らす. (4) [~+*off*+名]〈事・活動を〉(急に)引き起こす (trigger): His story ~ *off* some laughter. 彼の話に笑い声が起こった. (5)〈人を〉〈どっと〉…させる:〔+*doing*〕That ~ us *off* laughing. それで我々はどっと笑いだした. (6)〈…を〉引き立たせる, 〈…の〉飾りとなる: The green curtain ~ *off* the brown carpet. 緑色のカーテンで褐色のじゅうたんが引き立った. (7)〈…を〉〈…と〉釣り合わせる;〈…を〉〈…で〉相殺(穀)する, 埋め合わせる: The debts were ~ *off* by money from selling the house. 借金は家を売った金で相殺した. (8)〈文字などを〉〈…で〉仕切る, 区切る〈*by, in*〉(★ 通例受身): Sentences are ~ *off* by full stops. 文はピリオドで区切られる.

set on (⓶+⓷) (1)〈…を〉攻撃する, 襲う (★ 受身可): He ~ *on* her with a knife. 彼は彼女にナイフで襲いかかった. ── [(⓶+⓷) ~ ón]〔~+*on*+目〕〈…を〉しかけて〈…に〉させる:〔+*to do*〕~ a person *on to* attack another 人をけしかけて他人を襲わせる. ── [(⓶+⓷) ~ …on…]〈…を〉…をしかける;〈…を〉攻撃させる (⇒ A 10 b). (4)〈…に〉×値をつける;〈…に〉×価値を置く (⇒ A 8).

sèt óut (⓶+⓸) (1)〈考え・議論などを〉(整然と)提示する, 述べる (set forth): ~ *out* one's views 自分の考えを開陳する. (2)〈…を〉飾る, 陳列する;〈食物などを〉出す;〈テーブル・いすなどを〉並べる (arrange): ~ *out* books on a counter 本を陳列台に並べる. (3)〈苗木などを〉開墾して植える. ── (⓶+⓸) (4) […に]出発する (set off) 〔*on, for*〕: We ~ *out on* our return journey. 我々は帰路についた. (5)〈…に〉始める:〔+*doing*〕He ~ *out* looking *for* India and found America. 彼はインドを見つけに出かけてアメリカを発見した. (6)〈…し〉始める, 〈…するのに〉着手する: 〔+*to do*〕He ~ *out to* educate the masses. 彼は大衆の教育に乗り出した.

set to [((⓶+⓸)) ~ to…] (1)〈仕事に〉着手する: ~ *to* work 仕事を始める. (2) (スクエアダンスで)〈相手と〉向かい

合いになる: ~ to one's partner 相手と向かい合う. ── [(自＋副)] ~ tó] (3) 本気でやり出す; 食べ始める: As soon as the food was served, the men ~ to. 食物が出されるとすぐに男たちは食べだした. (4) けんか[戦い, 議論］を始める: The two men ~ to in earnest. ふたりの男は本気で殴り始めた.

sèt úp [(他＋副)] (1) 〈柱・像などを〉立てる; 〈旗・看板などを〉掲げる, 上げる: ~ up a pillar [flag] 柱[旗]を立てる / ~ up a sign 看板を出す. (2) 〈三脚台・テーブルなどを〉据える, 〈テントを〉張る: ~ up a tent テントを張る. (3) 〈小屋などを〉建てる, 〈バリケードなどを〉築く (erect): ~ up a barricade 〈道路に〉バリケードを築く. (4) 〈会・組織・事業などを〉設立する, 起こす: ~ up a hospital [school] 病院[学校]を設立する / ~ up a bookshop 本屋を始める / ~ up housekeeping 所帯を持つ. (5) 〖英〗〈新記録などを〉樹立する. (6) 〈人に〉〈資金などを〉提供して〉〈商売などを〉始めさせる: He ~ up his son *in* business. 彼は息子に商売を始めさせた. (7) [~ oneself で] 〈...として〉身を立てる, 〈...を〉職とする: He ~ *himself up as* a composer. 彼は作曲家として身を立てた. (8) 〈人に〉〈必要な資金などを〉提供する 〈★ 通例受身〉: He's well ~ *up*. 彼は資金は十分提供されている / I *was* ~ *up with* a lot of money and a team of researchers. 多額のお金と研究者チームをあてがわれた. (9) 〈会議・活動などの〉準備をする, 手配をする; 〈設備などを〉整える, 設置する; 〈機械などを〉調整する, 設定する; 〖電算〗〈システムなどを〉構成する, セットアップする: ~ *up* a loom 織機を組み立てる / ~ *up* a printer プリンターの設定をする. (10) [~＋up＋图] 〈叫び声などを〉あげる; 〈騒ぎなどを〉起こす; 〈症状などを〉生じる: ~ *up* a chorus of protests 抗議の声をあげる. (11) [~＋目＋up] 〈休暇・食事などが〉〈人を〉元気にする: A few weeks' stay at the seaside will ~ her *up*. 海岸で2, 3 週間もいれば彼女は元気になるだろう. (12) [~ oneself で] 〈自分を〈...だと〉主張する, 〈...のふりをする 〈★受身不可〉: He ~s *himself up as* a great scholar. 彼は大学者を自認している. (13) 〈鍛錬などで〉〈体を〉丈夫にする 〈★ 通例受身で次のに用いる〉: He's well ~ *up*. 彼はいい体つきをしている. (14) 〖米〗〈人に〉〈酒などを〉おごる 〖*to*〗〖*for*〗. (15) 〈活字を〉組む 〈...に活字を組む. (16) 〈犯罪をたくらむ, 仕組む; 〈...の〉手はずをととのえる. (17) 〈人を〉〈策略で〉危険な立場に陥れる (frame): He was ~ *up*. 彼ははめられた[だまされた]. ── [(自＋副)] (18) 〈...として〉開業する: She ~ *up as* a beautician. 彼女は美容師として開業した. (19) 〈...だと〉主張[公言]する, 〈...を〉気取る 〔*as*, *for*〕: He ~ *up for* an authority. 彼は大家気取りでいた.

── 形 (more ~; most ~) **❶** (比較なし) **a** (あらかじめ)定められた, 決まった, 規定の, 所定の: a ~ rule 規定のルール / begin at a ~ time 所定の時間に始まる. **b** 〈図書など〉〈勉強用に〉指定された, 課題の: the ~ books for an examination 試験指定図書. **c** 〔A〕〖英〗〈レストランの料理が〉定食の: a ~ meal 定食. **d** 前もって用意された; 計画的な: a ~ question 用意した質問 / ~ of purpose 故意. **e** 型にはまった, 型どおりの: a ~ phrase 決まり文句, 成句 / in ~ terms 決まり文句で. **❷ a** 〈筋・体など〉〈じっとして〉動かない, 据った: ~ eyes 据った目 / a ~ smile こわばった笑い, 作り笑い / with ~ teeth 歯をくいしばって. **b** 断固とした, 決意した: a man of ~ opinions 強固な意見の持ち主 / He's ~ *in* his opinions [ways]. 彼は考えが[自分の流儀に]凝り固まっている / He's ~ *on* being a doctor. 彼は医者になろうと決心している. **❸** (比較なし) **a** 〈目・場所など〉〈ある位置に〉置かれた: ⇒ deep-set, close-set / a village ~ in a wood 森の中にある村. **b** 〈あらかじめ〉組み立てられた, 既製の: ~ fireworks 仕掛け花火. **❹** 〔P〕(比較なし) [しばしば all ~ で] 用意ができて; 〈...しようとして, しそうで: All ~? 〖口〗用意できたか? / Ready, get ~, go! 位置について, 用意, どん! / get ~ *for* a picnic ピクニックの準備をする 〔＋*to do*〕 We were (all) ~ to leave when the telephone rang. 我々がちょうど出かけようとしていた時に電話が鳴った.

── 图 **❶** 〔C〕〈道具・茶器などの〉ひとそろい, ひと組, 一式, セット: a ~ *of* chairs いすひと組 / writing utensils in ~*s* of three 三つひと組になっている筆記用具 / a ~ *of*

1647　　　　　　　　　　　　　　　　　　　　　　**setter**

twins ひと組のふた子 / a complete ~ *of* Shakespeare シェイクスピア全集 / The cups don't make a ~. その茶わんはセットになっていない. **❷** [単数形で; 通例修飾語句を伴い集合的に; 単数または複数扱い]〈職業・地位・年齢などが同じ〉一国の人々〉, 連中, 仲間; 社会, 集団: a ~ *of* thieves 泥棒集団 / a golf(ing) ~ ゴルフ仲間 / ⇒ jet set / the best ~ 上流社会 / the smart ~ 流行の先端を行くと自任する人たち / His friends are a nice ~ of people. 彼の友だちはいい人たちだ / He's not one of our ~. 彼は我々の仲間ではない. **❸** 〔C〕 〈テレビ・ラジオなどの〉セット, 受像機, 受信機. **❹** [the ~] a 〈体の〉姿勢, 様子; かっこう, 体格: the ~ of a person's shoulders ある人の肩のかっこう. **b** 〈衣服の〉体の合い具合, 着心地: the ~ *of* a coat 上着の着心地. **❺** [単数形で] **a** 〈潮流・風の〉流れ, 方向. **b** 〈世論の〉傾向, 趣勢〈(...)〉. **c** 〈性格上の〉傾向, 方向 (*toward*). **d** 傾斜, ゆがみ, 反〈(...)〉り, 曲がり. **e** 心構え〈刺激に対する反応準備(傾向)〉. **❻** 〔C〕 〈テニスなどの〉セット. **❼ a** [単数形で] 凝固, 凝結: hard ~ 〈セメントの〉凝結. **b** 〈猟犬が獲物を見つけて〉立ち止まること (dead set). **❽** [単数形で] 〈髪の〉セット: have a ~ セットする. **❾** 〔C〕 さし木, 若木, 苗. **❿** 〔U〕 〖詩〗〈日・月の〉沈む[没する]こと, 入り: at ~ of sun 日没に. **⓫** 〔C〕 〖劇〗 大道具, 舞台装置, 書き割り. **⓬** 〔C〕 〖映〗 セット: be on the ~ 〈俳優などが〉セットに入っている. **⓭** 〔C〕 〈数〕集合. **⓮** ＝sett.

〖OE; SIT と同語源で原義は「座らせる」〗

〖類義語〗 ⇒ put.

se·ta /síːtə/ 图 (複 -tae /-tiː/) 〖動・植〗剛毛 (bristle), 刺毛, とげ, とげ状部〖器官〗, 萼柄〈(...)〉, 子嚢柄. **sé·tal** 形 剛毛の.

se·ta·ceous /sɪtéɪʃəs/ 形 〖動・植〗剛毛(状)の; 剛毛を有する〔だらけの〕.

sét-a·side 图 〔C,U〕 (特定の目的のために)取り分けておくもの, 保留物(分, 枠, 金); 〖米〗(特にマイノリティーの中小企業に対する)政府の助成; 〖英〗休耕地の指定〖生産量・価格の調整のため, 政府が指定〗.

*****set·back** /sétbæk/ 图 **❶ a** (進行などの)妨げ, 停止; 後退, 挫折: He had [suffered] a ~ in business. 彼は商売に挫折〈(...)〉した. **b** (病気の)ぶり返し. **❷** 〖建〗セットバック, 段階後退〈街路への日照を妨げないためや通風をよくするために, 高層建築物の上階を引っこめる〉.

se·te·nant /sátenént/ 形 〈切手か〉シートになった.
── 图 二枚切手シート.

sét-in 形 はめ込みの: a ~ bookcase はめ込みの本箱.

sét-óff 图 **❶** (借金の)棒引き; 相殺. **❷** (他の物を)引き立てるもの; 飾り. **❸** 〖印〗(インクの)裏移り.

Se·ton /síːtn/, **Saint Elizabeth Ann** 图 シートン〈1774–1821; 米国の宗教家; 米国生まれの聖教徒として初めて列聖された〉.

se·tose /síːtoʊs/ 形 〖生〗とげ[剛毛]の多い, とげだらけの.

sét-óut 图 **❶** 〔C〕 (食卓に並べられた)一膳(...)の食事. **❷** 〔C〕 したく; 装い, いでたち. **❸** 〔U〕 開始; 出発: at the ~ まず最初に.

sét piece 图 **❶** 〈芸術・文学などの〉既成の形式(による構成) 〈特に一定の効果を生み出すもの〉; 苦心の[型通りの]作品. **❷** 〖英〗〖スポ〗〈特にサッカーなど〉組み立てられたプレー, 組織的プレー〈コーナーキック, フリーキック, スローインなど〉; 〈戦闘などでの〉組織的行動. **❸** 仕掛け花火.

sét póint 图 〖テニスなど〗セットポイント〈そのセットの勝利を決定する得点〉.

sét·scrèw 图 止めねじ, 押しねじ.

sét scrùm 图 〖ラグビー〗セットスクラム〈審判の指示によるスクラム〉.

sét shòt 图 〖バスケ〗セットショット〈フリースロー・コーナースローの時, 止まってうつシュート〉.

sét·squàre 图 〖英〗三角定規 (〖米〗triangle).

sett /sét/ 图 **❶** アナグマの穴, 巣穴. **❷** (床・道路用の四角の)敷石.

set·tee /setíː/ 图 (背付きの)長いす (couch, sofa).

*****set·ter** /sétə | -tə/ 图 **❶** セッター(犬)〈獲物を指示する猟犬; cf. pointer 2, set Ⓐ A 14〉. **❷** [しばしば複合語で]

set theory

〈人, 並べる人〉: ⇨ bonesetter, typesetter.
sét thèory 图 Ⓤ 《数》集合論.

*__set・ting__ /sétɪŋ/ 图 ❶ Ⓒ 〔通例単数形で〕 **a** 環境, 背景; 状況, 境遇; (出来事の)舞台; (物語などの)**舞台背景**: a beautiful mountain — 美しい山の環境 / The play has its ~ in Vienna. その劇の背景はウィーンに置かれている. **b** 〔演劇〕道具立て, 舞台装置. ❷ Ⓒ 〔計器などの〕**調節; 調節点**: change the ~ of a thermostat サーモスタットの調節点を変える. ❸ Ⓒ 1 人分の食器類. ❹ Ⓒ 〔宝石などの〕はめ込み(口). ❺ **a** Ⓤ 〔詩・歌詞などの〕節付け, 作曲. **b** Ⓒ 〔作曲された〕曲. ❻ Ⓤ 据え付け(ること): the ~ of a vase on a table テーブルの上に花瓶を置くこと. ❼ Ⓤ 〔日・月の〕沈むこと: the ~ of the sun 日の入り, 日没.

*__set・tle__¹ /sétl/ 動 他 ❶ **a** 〈問題・争議・紛争などを〉**解決**する: ~ a dispute [a lawsuit] 紛争[訴訟]を解決する / We ~d our differences. 意見の違いを解決した / The issue [problem] is not ~d yet. その問題はまだ解決されていない. **b** 〈…に〉**勘定を済ませる, 支払う, 清算する**: ~ the bill 勘定を払う / I have a debt to ~ with him. 彼に払わなければならない借金がある / ~ an account with... ⇨ account 图 A 2 a. ❷ 〈日取りなどを〉(最終的に)**決める**: ~ the day for the meeting 会合の日取りを決める / That ~ s it! 〔口〕それで話が決まった / It's all ~d. 事は決まった / [+that] We ~d that we would go on Wednesday. 我々は水曜日に出かけることに決めた. ❸ **a** 〔副詞(句)を伴って〕〈人を〉〔…に〕**定住させる**: ~ one's family *in* a new place 家族を新しい場所に定住させる. [~ oneself で] 〔…に〕定住する (cf. settled ❷): They have ~d themselves in their new house. 彼らは新居に落ち着いた. **c** 〈人が〉〈土地に〉定住する, 植民する (★ しばしば受身): The Pilgrim Fathers ~d Plymouth. ピルグリムファーザーズはプリマスに植民した / This town was originally ~d by gold prospectors. この町は初め金鉱試掘者が住みついた町であった. ❹ 〔副詞(句)を伴って〕〈…を〉〔…に〕(動かないように)**置く, 据える**: She ~d her child *in* a chair. 彼女は子供をいすに座らせた. **b** [~ oneself で] 〔…に〕**座る**: He ~d himself in the armchair. 彼はそのひじ掛けいすにどっしりと腰を下ろした. ❺ **a** (揺すって)〈中身を〉**安定させる**: ~ the contents of a test tube 試験管を振って中身を落ち着かせる. **b** 〈ほこりなどを〉**静める**; 〈液体を〉**澄ます**; 〈かすを〉沈ませる, 沈殿させる: A little rain will ~ the dust on the road. 一雨降れば通りのほこりが静まるだろう. **c** 〈神経などを〉**鎮静**にする: This medicine will ~ your nerves. この薬を飲めば君の神経は静まるだろう. ❻ **a** 〈人を〉〔職業などに〕つかせて[安定させる]; 〈人の〉**身を固めさせる**: ~ one's son *in* a business 息子を仕事につかせる / ~ one's daughter 娘の身を固めさせる. **b** [~ oneself で]〔職業などに〕つく: ~ oneself in a career 定職につく.

── 自 ❶ **解決する, 決着をつける**: ~ out of court 法廷の外で[裁判によらず]解決する, 示談にする. ❷ 〔…に〕**定住する, 住みつく**; 移民する: Many Germans ~d *in* Pennsylvania. 多数のドイツ人がペンシルベニアに定住した. ❸ **a** 〔副詞(句)を伴って〕〔…に〕**腰を下ろす, くつろぐ**: He ~d in [*into*] an armchair. 彼はひじ掛けいすに腰を下ろした / They ~d in the parlor to watch TV. 彼らは休憩室に落ち着いてテレビを見た. **b** 〈ある状態に〉**定着する**: ~ *into* shape 形が定まる, 目鼻がつく. **c** 〈視線が〉…にじっと注ぐ: His eyes ~d *on* her wedding picture. 彼は彼女の結婚式の写真に目をとめた. ❹ 〔…の分の勘定を〕**払う**: Let me ~ *for* all of you. 皆さんの分を私に払わせてもらおう. ❺ **a** 〈鳥などが〉…に止まる 〔*on, upon, over*〕: A fly ~d *on* his nose. ハエが彼の鼻に止まった. **b** 〈病気などが〉…に局部化する 〔*in, on*〕. **c** 〈寒けが〉〈…に〉かかる; 〈静寂・やみなどが〉〈…を〉襲う 〔*on, upon, over*〕: An eerie calm ~d *over* her. 異様な静けさが彼女を包んだ / Dusk was *settling over* the city. 夕やみがその町に垂れ込めかけていた. ❻ **a** 〈液体が〉澄む; 〈かすが〉沈む: The coffee grounds will soon ~. コーヒーかすはすぐに沈みます. **b** 〈ほこりなどが〉…におりる, 積もる 〔*on, upon,*

over〕: Dust has ~d *on* the furniture. 家具にはほこりがたまっている. ❼ **a** 〈天気などが〉定まる, 落ち着く. **b** 〈人の〉気持ちを鎮める, 落ち着く; 〈騒ぎ・興奮などが〉静まる. ❽ 〈地盤・土台などが〉**沈下する**.

séttle one's affáirs (1) 仕事の処理をする. (2) (特に, 遺言書を作成して)身辺の始末をつける.

séttle dówn (他＋副) [~ + 目 + *down*] (1) [~ *oneself* で](快く)腰を落ち着ける: He ~d himself *down* into his chair. 彼はどっしりといすに座った. (2) 〈人を〉落ち着かせる, おとなしくさせる: She tried to ~ the baby *down*. 彼女は赤ん坊をだまらせようとした. ──(自＋副) (3) 腰を落ち着ける. (4) 〔新しい職業・生活などに〕落ち着く; 身を固める: ~ *down to* a new life 新しい生活に慣れて落ち着く / All his daughters have married and ~d *down*. 彼の娘はみな結婚して身を固めた. (5) 〔…に〕落ち着いて取りかかる: They quickly ~d *down to* business. 彼らは早速仕事に取りかかった. (6) 〈鳥などが〉止まる. (7) 〈船が〉沈みかかる, 傾く. (8) 〈液体が〉…に垂れ込める 〔*on, upon, over*〕. (9) 静かになる: S~ *down!* 静かに(せよ).

séttle for... 〔不満足なものに〕同意する, 〔…で〕よいとする, 手を打つ: I want $ 20,000 for my car and I won't ~ *for* less. 車は 2 万ドルで売りたいと思っている, それ以下ならご免だ / Why should such a well-educated man ~ *for* being a butler? あんな学のある人がどうして召し使い頭などに甘んじているのだろう.

séttle ín (自＋副) (1) (新居に)引っ越して落ち着く. ──(他＋副) (2) 〈人を〉(新居などに)落ち着かせる.

séttle (a person) ín [*into*] …〔新しい環境・職業などに〕落ち着く[〈人を〉落ち着かせる]: He soon ~d *into* his new position. 彼はすぐに新しい職に落ち着いた.

séttle on... 決める, 決定する (★ 受身可): Have you ~d *on* a date for your departure? 出発の日を決めましたか.

séttle... on a person 〔法〕〈人に〉財産を分与する; 〔…に〕〈…の〉終身継承権を与える: ~ one's property *on* one's niece 姪(めい)に財産を分与する.

séttle to... ⇨ settle down (5).

séttle úp (自＋副) 〔…の〕借金を済ます, 〔…と〕清算する 〔*with*〕(★ 受身可).

séttle with... (1) …の借金を済ます, …と清算する 〔*with*〕(★ 受身可): I have ~d *with* my creditors. 債権者たちに借金を返した. (2) …と和解する; …と決める[話をつける]. (3) …に仕返しをする, …を片付ける.

〔OE《*setl* seat〕【類義語】⇨ decide.

set・tle² /sétl/ 图 (木製の)長いす(ひじ掛け付きで背部が高く箱の下が物置になっている).

*__set・tled__ /sétld/ 形 ❶ **a** 〈人・生活など〉**落ち着いた, 安定した** (steady, ↔ unsettled): lead a quiet, ~ life 静かな安定した生活を送る. **b** 〈状態などが〉定まった, 安定した: ~ weather 安定した天気, 晴天続き. **c** **固定した, 確立した**; 確固たる: a ~ income 定収(入) / ~ convictions 確固たる信念. ❷ 〈悲しみなど〉根深い. ❷ 〈人が〉定住した, 〈土地が〉植民された, 人の住んでいる: The desert has no ~ population. 砂漠には定住民はいない / They are ~ *in* their new house. 彼らは新居に落ち着いている. ❸ 勘定[清算]済みの: a ~ account 清算済みの勘定.

*__set・tle・ment__ /sétlmənt/ 图 ❶ Ⓒ Ⓤ **解決, 決定; 和解**: the ~ of a dispute 紛争解決 / a political ~ 政治的解決 / come to [reach] a ~ 和解にいたる, 示談にする. ❷ Ⓤ **清算, 決算**: the ~ of one's debts 借金の返済. ❸ **a** Ⓤ **植民, 移民, 開拓**: the ~ *of* the Pilgrim Fathers in Plymouth ピルグリムファーザーズのプリマス植民. **b** Ⓒ **植民地, 居留地; 新開地, 開拓地**. **c** Ⓒ **村落**: a fishing ~ 漁民の村落. ❹ Ⓤ **a** (住居を定めて)**身を落ち着けること, 定住**: ~ *in* a new house 新居に落ち着くこと. **b** 定職につくこと; (特に結婚して)身を固めること. ❺ **a** Ⓤ **セツルメント(運動)**(貧しい人々が住む地域に住んで生活改善や啓発にあたる運動). **b** Ⓒ **セツルメント(センター)**(セツルメント運動の拠点・施設). ❻ Ⓤ (液体が)澄むこと; (かすが)沈むこと, 沈殿. ❼ Ⓤ 地盤・地検などの沈下; 沈下量. ❽ Ⓒ 〔法〕〔財産〕贈与; 贈与財産: make a ~ *on*... に財産を贈与する. **in séttlement of** …の支払として, …の決済に. (動 settle¹)

séttlement hòuse 名 =settlement 5 b.
***sét·tler** /sétlɚ | -lə/ 名 ❶ (初期の)植民者, 移民, 移住者; 開拓者. ❷ a 解決する人: a ~ of disputes 紛争の解決. b (口) けりをつけるもの, とどめ (決定的な打撃・議論・事件など).
séttling dáy 名 清算日.
set·tlings /sétlɪŋz/ 名 複 沈殿物, かす, おり.
set·tlor /sétlɚ | -lɔː/ 名 【法】財産譲渡者; (継承的不動産処分や信託の)設定者.
sét-to 名 [a ~] (口) (短い)殴り合い; 口論《with》.
sét-top bòx 名 セットトップボックス《テレビに接続して衛星放送・ケーブルテレビを受信し, インターネットを通じたデジタル情報サービスなども受けられるようにする機器》.
***set·up** /sétʌp/ 名 ❶ C (通例単数形で) a (組織などの)機構, 仕組み; 構成. b (機械などの)組み立て, 装置; 装備. C U a ⟨事業などの⟩準備, 手配, 立ち上げ, 設立. b ⟨機器などの⟩設定, 準備, 構築《システムのセットアップ, 構成». ❸ (米口) C [通例単数形で] a 八百長 (☆☆)の)(試合). b 楽(☆☆)(ように仕組んだ)仕事[目標]. ❹ (物語などの)冒頭, 導入 (舞台背景を設定する電動). ❺ (米口) (自分の好みの酒をつくるのに必要な)炭酸水・氷・グラスなどの一式. ❻ C [通例単数形で] (球技) セットアップ《バレーでのスパイカーへのトスなど, 得点を補助するプレー). ❼ (米) 身のこなし, 姿勢; 体格.
Seu·rat /sɔːrá: | sɔ́:ra:/, **Georges** /ʒɔːʒ | ʒɔ:ʒ/ 名 スーラ (1859–91; フランスの画家).
Seuss /sɔːs/ 名 [Dr. ~] スース博士 (1904–91; 米国の作家・さし絵画家; 子供向けの絵本で有名; 本名 Theodor Seuss Geisel).
Se·vas·to·pol /sɪvǽstəpòʊl | -pɔ̀l/ 名 セバストポリ (ウクライナ南部, Crimea 半島南西部黒海に面する港市; クリミア戦争・第 2 次大戦の激戦地; 別称 Sebastopol).
***sev·en** /sévən/ 名 (基数の 7; 序数は seventh; 用法は five) 形 ❶ A 7 の, 7 個の, 7 人の. ❷ [名詞の後に用いて] (一連のものの中の) 第 7 の: Lesson S~ (=The Seventh Lesson) 第 7 課. ❸ P 7 歳で: He's ~. 彼は 7 歳だ. **the City of (the) Séven Hílls** 七丘の都 (Rome 市の別称). **the séven cárdinal [príncipal] vírtues** ⇒ virtue 成句. **the séven déadly síns** ⇒ sin 成句. **the Séven Hílls (of Róme)** ローマの七丘 《Tiber 川東岸の七つの丘; 古代ローマはこれらの上および周辺に建設された》. **the Séven Wónders of the Wórld** (古代の)世界の七不思議 [七大建造物] (解説) Egypt のピラミッド (Pyramids), Alexandria の灯台 (Pharos), Babylon の空中庭園 (Hanging Gardens), Ephesus /éfəsəs/ の Artemis 神殿, Olympia の Zeus 神像, Halicarnassus /hæ̀ləkɑːnǽsəs | -lɪkɑː-/ の霊廟 (Mausoleum), Rhodes の巨像 (Colossus)). ── 代 [複数扱い] 7 つ, 7 個, 7 人. ── 名 ❶ a U [時に C; 通例無冠詞](解説) 神秘的な数として完全または多数の意味を表わすことがある): Two from ~ leaves five. 7 引く 2 は 5. b C 7 の数字[記号] (7, vii, VII). ❷ U 7 時; 7 歳; 7 ドル[ポンド, セント, ペンス(など)]. ❸ C 7 個[人]ひと組. ❹ C (衣服などの)7 号サイズ(のもの). ❺ C (トランプなどの) 7. 〖OE; 関連 septenary〗
séven·fòld 形 7 倍[重]の; 7 (部)よりなる. ── 副 7 倍[重]に.
séven séas 名 複 [the ~] ❶ 七つの海 《南北太平洋・南北大西洋・インド洋・南北極海および北極海). ❷ 世界の海.
***sev·en·teen** /sèvəntíːn(⁺)/ ≪基数の 17; 序数は seventeenth; 用法は ⇒ five》形 ❶ A 17 の, 17 個の, 17 人の. ❷ [名詞の後に用いて] 17 番目の. ❸ P 17 歳で. ── 代 [複数扱い] 17 個, 17 人. ── 名 ❶ a U [時に C; 通例無冠詞] 17. b C 17 の数字[記号] (17, xvii, XVII). ❷ U (24 時間制で) 17 時; 17 歳; 17 ドル[ポンド, セント, ペンス(など)]. ❸ C 17 個[人]からなるひと組. ❹ C (衣服などの) 17 号サイズ(のもの). 〖OE〈seven+-teen ten〗
sev·en·teenth /sèvəntíːnθ(⁺)/ ≪序数の第 17 番; ★17th と略記; 基数は seventeen; 用法は ⇒ fifth》形 ❶ [通例 the ~] 第 17(番目)の. ❷ 17 分の 1 の. ── 代 [通例 the ~] 第 17 番目の人[もの]. ── 名 ❶ U [通例 the ~] a 第 17(番目). b (月の) 17 日. ❷ C 17 分の 1.

sev·enth /sévənθ/ ≪序数詞の第 7 番; ★しばしば 7th と略記; 基数は seven; 用法は ⇒ fifth》形 ❶ [通例 the ~] 第 7(番目)の. ❷ 7 分の 1 の. ── 代 [通例 the ~] 第 7 番目の人[もの]. ── 副 第 7(番目)に. ── 名 ❶ U [通例 the ~] a 第 7(番目). b (月の) 7 日. ❷ C 7 分の 1. ❸ C (楽) 7 度, 7 度音程. 〖SEVEN+-TH¹〗
Séventh Dáy 名 [the ~] 週の第 7 日 (ユダヤ人およびフレンド教会では土曜日の安息日).
Séventh-Dày Ádventist 名 安息日再臨派の信者; [the ~s] 安息日再臨派, セブンスデーアドベンチスト (キリストの再臨を信じ, 安息日厳守を主張する).
séventh-ínning strétch 名 [単数形で] (野) 七回裏開始前のひと息 (観客が立ち上がって手足を伸ばしたりする).
séventh·ly 副 第 7 に, 7 番目に.
sev·en·ti·eth /sévəntiəθ/ ≪序数詞の第 70 番; ★70th と略記; 用法は ⇒ fifth》形 ❶ [通例 the ~] 第 70(番目)の. ❷ 70 分の 1 の. ── 代 [通例 the ~] 第 70 番目の人[もの]. ── 名 ❶ U [通例 the ~] 第 70(番目). ❷ C 70 分の 1.
sev·en·ty /sévənti/ ≪基数の 70; 用法は ⇒ five》形 ❶ A 70 の, 70 個の, 70 人の. ❷ [名詞の後に用いて] 70 番目の. ❸ P 70 歳で. ── 代 [複数扱い] 70 個, 70 人: There're ~, 70 (個)ある; 70 人いる. ── 名 ❶ a U [時に C; 通例無冠詞] 70. b C 70 の数字[記号] (70, lxx, LXX). ❷ U 70 ドル[ポンド, セント, ペンス(など)]; 時速 70 マイル. b [the seventies] (世紀の) 70 年代; (温度が華氏で) 70 度台. c [one's seventies] (年齢の) 70 代. ❸ C (衣服などの) 70 号サイズ(のもの). 〖OE; ⇒ seven, -ty¹〗
séventy-éight, 78 名 78 回転レコード盤.
séven-yèar ítch 名 U [しばしば the ~] (口) 七年目の浮気[倦怠(%%)]期.
sev·er /sévɚ | -və/ 動 ❶ ⟨…を⟩切断する, 切る: ~ a rope ロープを切る / The road was ~ed at several places. 道路は数か所で分断された / ~ a bough *from* a tree 木から大枝を切り取る. ❷ ⟨関係などを⟩断つ; ⟨…の⟩仲を裂く[断つ]: ~ a friendship 友人同士の仲を裂く / ~ diplomatic relations *with*…との外交関係を断つ. ── 自 ❶ 切断する; 二つに裂ける, 切れる: The rope ~ed under the strain. ロープは強く張りすぎて切れた. ❷ 断絶する; 分裂する. 〖F⟨*sevrer* ⟨ L *separare* to SEPARATE〗 名 severance 〖類語〗⇒ separate.
sév·er·a·ble /sév(ə)rəbl/ 形 切断できる; (法) ⟨契約などが⟩分離できる, 可分の. **sèver·abílity** 名
sev·er·al /sév(ə)rəl/ 形 ❶ A (比較なし) [通例複数の名詞を修飾して] ❶ いくつかの, 数名[数個, 数度]の (比較 a few よりも *many* よりも少ないという気持ちで; a few は「少数」を含意するのに対し, several にはその含意はなく, また some のように漠然とした感じはない): He can speak ~ languages. 彼は数か国語を話せる / I have met him ~ times. 彼に何回か会ったことがある. ❷ (文) a [通例 one's ~ で] 別々の, それぞれの, 各自の (*separate*): The students went *their* ~ ways. 学生たちはそれぞれの道へ別れた. 学生たちは別々の方面に進んだ. b いろいろの: S~ men, ~ minds. (諺) 十人十色. ── 代 [複数扱い] いくつか, 数個, 数人; S~ (of them) were absent. (彼らのうちの)数名は欠席だった. ~·ly /-rəli/ 副 別々に; 各自. 〖F⟨L 分かれた, 別々の; ⇒ sever〗
séveral·fòld 形 副 数重[倍]の[に], 数倍の[に].
sev·er·ance /sév(ə)rəns/ 名 ❶ U,C 断絶, 分離; 切断. ❷ (雇用の)契約解除.
séverance pày 名 U 退職[解雇]手当.
se·vere /səvíɚ | -víə/ 形 (se·ver·er, -est; more ~, most ~) ❶ a ⟨天候などが⟩非常に悪い, ひどい, 厳しい, ⟨損害など⟩深刻な, 重大な, ⟨病気など⟩重い, ⟨自然現象など⟩猛烈な: a ~ financial crisis 深刻な財政危機 / a food shortage ひどい食糧難 / (a) ~ injury 重傷 / (a)

～ headache ひどい頭痛 / a ～ heat spell 酷暑 / a ～ winter 厳寒の冬. **b** 〈仕事・試験など〉困難な, 難しい, 骨の折れる (stiff): ～ competition 激烈な競争 / a ～ problem 困難な問題. **❷** 〈罰・要求など〉**厳重な, 過酷な**, 容赦のない (harsh); 〈批評・批評家など〉痛烈な, 厳しい; 〈人・顔つきなど〉**厳しい, 厳格な**; 〈調査など〉**厳正な**, 厳密な: a ～ teacher 怖い先生 / put on a ～ face [look] いかめしい顔つきをする / a ～ test 厳正な検査 / 《[用法] with の後には人, on の後には人・ことを示す(代)名詞がくる》: He's very ～ *with* [*on*] his children. 彼は子供には非常に厳しい / Don't be too ～ *on* others' errors. 他人の過ちに厳しすぎてはならない / (a) ～ punishment [a ～ sentence] 厳罰[刑] / make ～ demands 容赦なく要求する / a ～ critic 酷評家. **❸** 〈服装・建築・文体など〉地味な, 渋い, 簡素な (austere): He dresses in a ～ style. 彼は地味なスタイルの服を着る / That dress looks too ～ on you. そのドレスは君には地味すぎる. 〚F＜L〛 ([名] severity) 【類義語】⇨ strict.

S

*__se·vere·ly__ /səvíəli | -víə-/ [副] **❶** ひどく; 厳しく: a ～ damaged area ひどい損害を受けた地域 / be ～ injured 重傷を負う / be ～ punished 厳罰に処せられる. **❷** 地味に, 簡素に.

se·ver·i·ty /səvérəṭi/ [名] **❶** [U] **a** 激しさ, ひどさ, 厳しさ: the ～ of the problem [pain, winter]. その問題の深刻さ[その痛みの激しさ ,その冬の厳しさ]. **b** (仕事・試験などの)苦しさ, つらさ. **c** 厳しさ, 厳格さ: the ～ of a punishment 罰の厳しさ / with ～ 厳しく. **d** (批評などの)痛烈さ. **e** (服装などの)地味, 簡素. **❷** [C] [通例複数形で] 厳しい経験[仕打ち]. ([形] severe)

Sev·ern /sévən | sévən/ [名] [the ～] セバン川《Wales 中部から Bristol Channel に注ぐ》.

sev·er·y /sév(ə)ri/ [名] [U] 〔建〕ゴシック建築の丸天井の一区画.

se·vi·che /səví:ʧeɪ, -ʧi/ [名] [U] 〔料理〕セビーチェ《生の魚を時に油・タマネギ・コショウなどに加えたライム[レモン]果汁でマリネにした前菜》.

Se·ville /səvíl/ [名] セビリア《スペイン南西部の都市》.

Sevílle órange [名] ダイダイ《マーマレード用》.

Sè·vres /sévr(ə)/ [名] [U] セーブル(焼き)《高級磁器》. 〚*Sèvres* パリ郊外の地名〛

sev·ru·ga /səvrú:gə, sev-/ [名] セヴルーガ《カスピ海産の, ごく小さな魚卵をもつ種類のチョウザメ *Acipenser sevru* の雌から採れる明灰色または暗灰色のキャビア; そのチョウザメ》.

+**sew** /sóu/ [動] (～ed; sewn /sóun | sə́un/, ～ed) [他] **❶ a** 〈布・革などを〉縫う, 縫い合わせる; 縫い付ける; 縫い込む: ～ pieces of cloth ***together*** 布切れを縫い合わせる / ～ a button ***on*** ボタンを縫い付ける / ～ a button ***on*** [***onto***] a shirt シャツにボタンを縫い付ける / ～ money ***into*** the lining 金を裏地に縫い込む. **b** 〈衣服・靴などを〉縫って作る: ～ curtains カーテンを縫う / ～ a buttonhole ボタンホールをかがる. **❷** 〈穴・傷などを〉縫い合わせる, 縫ってふさぐ: ～ (***up***) a wound 傷口を縫い合わせる. ── [自] 縫い物[裁縫, 針仕事]をする, ミシンを使う. **séw úp** 《[他]+[副]》 (1) 〈穴・傷などを〉縫い合わせる (⇨ [他] 2). (2) 《口》〈交渉などを〉うまくまとめる, 締結する: The deal was soon *sewn up*. 取引はすぐにまとまった. (3) 《米口》〈マーケットなどを〉独占する, 〈…の〉支配権を握る. 〚OE〛

+**sew·age** /sú:ɪʤ/ [名] [U] 下水汚物, 汚水: raw ～ (化学処理を受けていない)生(なま)汚水. 〚SEWER[2]+-AGE〛

séwage dispòsal [名] [U] 汚水処理.

séwage fàrm [名] ＝sewage works.

séwage wòrks [名] (複 ～) 下水処理場《下水を処理して肥料を作る》.

Sew·ard /sú:əd | s(j)ú:əd/, **William H**(**enry**) [名] シューアド《1801–72; 米国の政治家; 奴隷制反対運動家》.

se·wel·lel /səwéləl/ [名] ＝mountain beaver.

sew·er[1] /sóuə | sə́uə/ [名] 縫う人, 裁縫師, お針子; 縫う機械.

+**sew·er**[2] /sú:ə | sú:ə/ [名] 下水道, 下水溝, 下水本管. 〚F＜L＜EX-[2]+*aqua* 水〛

sew·er·age /sú:ərɪʤ/ [名] [U] **❶** 下水設備, 下水道. **❷** 下水処理. **❸** ＝sewage.

séwer ràt [名] 〔動〕ドブネズミ.

+**sew·ing** /sóuɪŋ/ [名] [U] 裁縫, 針仕事; 縫い物.

+**séwing machìne** [名] ミシン《[比較] 日本語の「ミシン」は (sewing) machine のなまったもの》.

+**sewn** /sóun/ [動] sew の過去分詞.

‡**sex** /séks/ [名] **❶** [U] **性, 性別** (gender) 《男[雄]と女[雌]の別》: without distinction of race, age or ～ 人種年齢男女の別なく. **❷** [C] [通例 the ～; 修飾語を伴って] **男性, 女性; 雄, 雌**: the equality of *the* ～*es* 男女平等 / a member of the same [opposite] ～ 同[異]性の人 / *the* male ～ 男性 / *the* female [fair, gentle] ～ 女性. **❸** [U] **セックス, 性行為**; 性的なこと: have ～ with…とセックスする / ～ in advertising 宣伝広告におけるセックス. ── [形] [A] 性の, 性的な. ── [動] [他] **❶** 〈ひよこなどの〉雌雄を鑑別する. **❷ a** 〈人を〉性的に興奮させる 〈*up*〉. **b** 〈…の〉性的魅力を増す 〈*up*〉. 〚L ***sexus***〛 ([形] sexual, sexy)

sex- /seks/ [連結形]「6…」.

séx àct [名] [the ～] 性行為, 性交.

sex·a·ge·nar·i·an /sèksəʤəné(ə)riən⁻/ [形] [名] 60 歳代の(人).

Sex·a·ges·i·ma /sèksəʤésəmə/ [名] (また ～ **Súnday**) 〔カト〕六旬節(の主日), 〔英国教〕大斎前第二主日《四旬節 (Lent) 前の第 2 日曜日, 復活祭より約 60 日前》.

+**séx appèal** [名] [U] 性的魅力, セックスアピール.

séx bòmb [名] 《俗》セクシーな女.

sex·cen·ten·ar·y /sèksenténəri, sekséntənèri | sèksentí:nəri/ [形] 600 の; 600 (周)年の. ── [名] 六百年記念日; 六百年祭 (cf. centenary).

séx chànge [名] [通例単数形] 性転換(手術).

séx chròmosome [名] 〔生〕性染色体 (cf. X chromosome, Y chromosome).

séx crìme [名] 《口》性犯罪.

séx discriminàtion [名] [U] 性差別.

séx drìve [名] [U] [しばしば the ～] 性衝動, 性欲, 性的欲求: a strong [weak] ～ 強い[弱い]性衝動.

sexed [形] **❶ a** 性欲のある. **b** 性的魅力のある. **❷** [通例複合語で] (…な)性欲のある, 性欲が…な: highly-*sexed* 性欲の強い / ⇨ oversexed, undersexed.

+**séx educàtion** [名] [U] 性教育.

sex·en·ni·al /sekséniəl/ [形] 6 年に 1 回の, 6 年ごとの; 6 年間続く. ── [名] 6 年ごとの行事, 六年祭. **～·ly** [副]

séx·fòil [名] 〔建〕六葉飾り (cf. trefoil).

séx gòddess [名] 《口》セックスシンボルの女性《特に 女優》.

séx hòrmone [名] 性ホルモン.

sex·i- /séksɪ/ [連結形] ⇨ sex- の異形.

séx ìndustry [名] [単数形で] 性[セックス]産業, 性風俗(産)業; 売春.

+**séx·ism** /-sɪzm/ [名] [U] 性差別(主義); (特に)女性蔑視, 男性上位主義.

+**séx·ist** /-sɪst/ [名] (特に男性の)性差別主義者. ── [形] 性差別の, 女性蔑視の.

séx kìtten [名] 《口》性的魅力のある若い女性.

séx·less [形] **❶** 性行為[性感情, 性欲]のない. **❷** 性的魅力のない. **❸** 無性の, 男女[雌雄]の別のない.

séx lìfe [名] 性生活.

séx lìnkage [名] [U] 〔遺〕伴性《遺伝子が性染色体上にあること》.

séx-lìnked [形] 〔遺〕伴性の.

séx mànìac [名] 《口》色情狂の人.

séx òbject [名] セックスの対象(とされるだけの人).

séx offènder [名] 性犯罪者.

séx offènse [名] ＝sex crime.

sex·ol·o·gy /seksáləʤi | -sɔ́l-/ [名] [U] 性科学.

séx òrgan [名] 性器.

sex·par·tite /sekspáəṭaɪt | -pá:-/ [形] 6 部に分かれた[から成る].

sex·ploi·ta·tion /sèksplɔɪtéɪʃən/ [名] [U] 《俗》(映画などで)性を利用すること. 〚SEX+EXPLOITATION〛

séx·pòt [名] 《口》セクシーな女性.

séx-stàrved [形] 性に飢えた.

séx sỳmbol [名] 性的魅力のある有名人, セックスシンボル.
sext /sékst/ [名] [しばしば S~] 〘キ教〙 六時課《正午の祈り; cf. canonical hours》.
sex·tant /sékstənt/ [名] 六分儀《船上で太陽の水平線からの高度など, すべての角度を測る航海計器; cf. quadrant 2, octant 2》.
sex·tet(te) /sekstét/ [名] 六重唱[奏](曲); 六重唱[奏]団 (⇨ solo [関連]).
séx thèrapy [名] [U] (性機能障害などを治療する)セックスセラピー, 性治療.
sex·tile /sékst(ə)l | -taɪl/ [名] [U] 〘天〙 互いに 60 度離れた 2 惑星の位置[相]; 〘占星〙 六分(ろくぶん), セクストゥス《黄径差 60° の aspect》.
sex·til·lion /sekstíljən/ [名] [形] セクスティリオン(の): **a** 10^{21}(の). **b** 《英古風》 10^{36}(の). **-lionth** /-θ/ [形] [名]
sex·to·dec·i·mo /sèkstədésəmòʊ/ [名] (複 ~s) = sixteenmo.
sex·ton /sékst(ə)n/ [名] 会堂管理人, 寺男《鐘を鳴らしたり墓穴を掘ったりする》.
Sexton /sékst(ə)n/, **Ann** [名] セクストン《1928–1974; 米国の詩人》.
séxton bèetle [名] 〘昆〙 =burying beetle.
séx tòurism [名] [U] セックスツアー, 買春ツアー《特に自国では違法な行為が目当ての外国旅行》. **séx tòurist** [名]
sex·tu·ple /sekst(j)úː- | sékstjʊ-/ [形] ❶ 6 重の; 6 倍の. ❷ 〘楽〙 6 拍子の. **—** [名] 6 倍(のもの). **—** [動] [他] 〈…を〉 6 倍にする. **—** [自] 6 倍になる.
sex·tu·plet /sekstʌ́plət | sékstjʊ-/ [名] ❶ **a** 六つ子の一人 (⇨ twin [関連]). **b** [複数形で] 六つ子. ❷ 六つ組, 六つぞろい.
‡sex·u·al /sékʃuəl, -ʃəl/ [形] (more ~; most ~) ❶ (比較なし) **性の, 性行為の, 性的な**: ~ desire 性欲. ❷ **性別の, 性の, 男女[雌雄]の**: ~ equality 男女平等. ❸ 〘生〙 生殖の[に関する]; 有性の: ~ reproduction 有性生殖. **~·ly** /-ʃuəli, -ʃəli/ [副] 〘L〙 ([名] sex, sexuality)
séxual abúse [名] [U,C] 性的虐待; 性行為の強要.
séxual actívity [名] [C,U] 性行為.
séxual assáult [名] [C,U] 〘法〙 性犯罪, 性的暴行, 強制猥褻(わいせつ).
séxual cóngress [名] 《文》 =sexual intercourse.
séxual discriminátion [名] =sex discrimination.
⁺séxual harássment [名] [U] (職場などでの)性的いやがらせ, セクシュアルハラスメント.
⁺séxual íntercourse [名] [U] 性交.
***sex·u·al·i·ty** /sèkʃuǽləṭi/ [名] [U] ❶ **性的関心[傾向]; 性的欲求**; 性行為. ❷ 男女[雌雄]の別, 性別. ([形] sexual)
séx·u·al·ìze /-làɪz/ [動] [他] 〈…に〉男女[雌雄]の別をつける, 〈…に〉性的特色を付与する; 〈…に〉性感を与える.
séxually transmítted disèase [名] [C,U] 性感染症, 性病《略 STD》.
séxual orientátion [名] [U] 性的指向《特に 異性愛か同性愛かの》.
séxual pólitics [名] 性の政治学《男女両性間の秩序・支配関係》.
séxual préference [名] [U] =sexual orientation.
séxual relátions [名] (複) 性交, 交接 (coitus).
séxual seléction [名] [U] 〘生〙 雌雄淘汰, 雌雄選択.
séx wòrker [名] 《婉曲》 性を売り物にする人, (特に)売春婦, ストリッパー.
***sex·y** /séksi/ [形] (sex·i·er; -i·est) 《口》 ❶ **性的魅力のある, セクシーな**: a ~ man 性的魅力にあふれた男性. ❷ 性的な, 挑発的な: a ~ dress 挑発的なドレス / a ~ novel 色っぽい小説. ❸ 性的に興奮した. ❹ 魅力的な, 興味をそそる. **séx·i·ly** /-sɪli/ [副] **-i·ness** [名] ([名] sex)
Sey·chelles /seɪʃél(z)/ [名] セーシェル《インド洋西部の島群から成る共和国; 首都 Victoria》.
Séy·fert gàlaxy /sáɪfət-, síː- | -fət-/ [名] 〘天〙 セイファート銀河《銀河系外星雲の一種で中心核が凝集して強い輝線を発する》. 〘Carl K. Seyfert 米国の天文学者〙
sez /séz/ [動] 《俗》 =says. **Séz yóu!** ほんとかねえ, まさか.
sf 《略》 〘楽〙 sforzando.

SF, sf /éséf/ 《略》 science fiction.
sfor·zan·do /sfɔətsáːndoʊ | sfɔːtsǽn-/ 〘楽〙 [形] [副] スフォルツァンドの[に], 特に強めた[強めて] 《略 sf, sfz.; 記号 >》. 〘It〙
sfu·ma·to /sfuːmáːṭoʊ/ [名] [U] 〘美〙 スフマート《物と物との境界線を煙のようにぼかして描くこと》.
SFX 《略》 special effects 特殊効果. **sfz.** 《略》 〘楽〙 sforzando. **Sg** 《記号》 〘化〙 seaborgium. **SG** 《略》 Solicitor General; 〘理〙 specific gravity. **sgd** 《略》 signed. **SGML** 《略》 〘電算〙 Standard Generalized Markup Language 標準一般化マークアップ言語《電子テキストで, 章立てや段落といった文章の論理構造を記述するための言語》.
sgraf·fi·to /skræfíːṭoʊ, zgrɑː-/ [名] (複 **-fi·ti** /-íːti/) [U,C] (プラスター・陶器などの)掻(か)き取り仕上げ(法), スグラフィート; 掻取り仕上げの陶磁器.
Sgt., SGT, Sgt 《略》 Sergeant. **sh.** 《記号》 shilling(s).
⁺sh, shh /ʃː/ [間] [沈黙を命じて] しーっ!
Shaan·xi /ʃàːnʃíː/ [名] 陝西(せんせい)(シャンシー) 《中国北部の省; 省都西安 (Xi'an)》.
Shab·bat, -bath /ʃəbǽt, ʃáːbəs/ [名] (複 **-ba·tim, -thim** /ʃəbáːtɪm/) 〘ユダヤ教〙 安息日, シャバット (Sabbath).
⁺shab·by /ʃǽbi/ [形] (**shab·bi·er; -bi·est**) ❶ 〈衣服など〉ぼろぼろの, 着古した, みすぼらしい, 粗末な: a ~ raincoat よれよれのレインコート / a ~ sofa 粗末なソファー. ❷ 〈人が〉みすぼらしいなりをした, ぼろをまとった: a ~ old man みすぼらしいなりをした老人. ❸ 〈街路・住居など〉むさ苦しい, 汚らしい: a ~ boarding house むさ苦しい下宿. ❹ 〈行為が〉卑しい, 卑劣な; けちな, ひどい: get ~ treatment ひどい待遇を受ける / a ~ trick 汚いやり方. **shább·bi·ly** /-bɪli/ [副] **-bi·ness** [名]
shábby-gentéel [形] 落ちぶれていても気位の高い, 斜陽(族)的な.
⁺shack /ʃǽk/ [名] 掘っ建て小屋. **—** [動] [自] 《俗》 同棲する: They have ~*ed* ***up together***. 彼らは同棲中だ / He has ~*ed* ***up with*** his girlfriend. 彼はガールフレンドと同棲している.
⁺shack·le /ʃǽkl/ [名] ❶ [通例複数形で] **a** 手かせ, 足かせ. **b** 束縛, 拘束: break the ~*s* of convention 因習の束縛を打破する. ❷ (なんきん錠などの U 字形の)掛け金, つかみ. **—** [動] [他] ❶ **a** 〈…に〉手かせ[足かせ]をかける. **b** 〈…を〉〔…に〕鎖で縛り付ける 〔*to*〕. ❷ 〈…を〉束縛する, 〈…の〉自由を奪う《★ 通例受身》: They *are* ~*d* by convention. 彼らは因習にがんじがらめになっている.
shad /ʃǽd/ [名] (複 ~, ~s) [C,U] 〘魚〙 ニシンダマシ《北米北大西洋岸に多い》.
shád·blòw, -bùsh [名] 〘植〙 《米》 =Juneberry.
shad·chan, -chen /ʃáːtxən/ [名] ユダヤ人の結婚周旋人[仲介業者].
shad·dock /ʃǽḍək/ [名] ❶ 〘植〙 ザボン, ブンタン. ❷ ザボン[ブンタン]の実.
***shade** /ʃéɪd/ [名] ❶ **a** [U,C] (薄暗い)**陰, 日陰, 木陰**: in the ~ 日陰に[で], 木陰に[で] / take a rest in the cool forest ~ 森の涼しい木陰でひと休みする / There's not much ~ there. あそこにはあまり日陰がない / The tree gives (*a*) pleasant ~. その木は気持ちのよい日陰を作る. **b** [複数形で] 《文》 (夕)やみ, 薄暗がり: the ~*s* of night 夜のとばり. ❷ **a** [C] 《米》 日よけ, ブラインド; (ランプの)かさ, シェード: ⇨ sunshade, window shade. **b** [複数形で] 《口》 サングラス. ❸ **a** [C] [通例修飾語を伴って] (通例同じ色彩の)**濃淡, 色合い**: a lighter ~ of green より薄い色合いの緑. **b** [U] [また複数形で] (絵画・写真などの)**陰(の部分), 陰影** (↔ light): This artist uses ~ to good effect. この画家は陰を有効に使っている / Light and ~ in this picture are balanced well. この絵の明暗はよく釣り合いが取れている. ❹ [C] 〔意味などの〕わずかな相違, あや, ニュアンス 〔*of*〕: appreciate delicate ~*s of* meaning 意味の微妙な違いを味わう. ❺ [a ~] **a** ごくわずか, 〔…の〕

S

shaded

気味: There was a ~ of irony in his voice. 彼の声にはかすかに皮肉のひびきがあった. **b** [副詞的に] わずかに, 少し (a little): The child is a ~ sulky. その子はちょっとすねている / This coffee is a ~ too bitter. このコーヒーは少々苦すぎる. **⑥** 《文》 **a** ⓒ 亡霊, 幽霊. **b** [the ~s] 死者の世界, 黄泉(よみ)の国.
in the sháde (1) 日陰に[で], 木陰に[で] (⇨ 1 a). (2) 目立たないで; 人に忘れられて.
pút ... in [into] the sháde 〈...を〉目立たなくする, 負かす, 顔色をからしめる: He's *put in the ~* by his more brilliant younger brother. 彼も頭のいい弟と比べられては顔色なしだ.
Sháde of...! 《口》 ...を思い出させる: *Shades of* Hitler! How horrible! ヒットラーを彷彿(ほうふつ)させるね, なんて恐ろしいんだ.
— 動 ❶ **a** 〈...を〉陰にする, 暗くする: The trees ~ the house nicely. その木立で家は気持ちのよい陰になる / She ~d her face *from [against]* the sun *with* her hand. 彼女は顔に手をかざして日ざしをさけた. **b** 〈光を〉あいまいにする, 隠す. **❷ a** 〈絵・写真などに〉陰をつける, 明暗[濃淡]をつける: ~ *in* a portrait 肖像画に陰影をつける. **b** 〈意見・意味などを〉次第に変化させる. **❸** 〈値段を〉少し下げる: He ~d the price (for me). 彼は(私に)値段を少しまけてくれた.
— 自 〈色彩・意見・方法・意味などが〉 〈...から〉 〈...に〉次第に変化する: red *shading off into* vermilion だんだん朱色に薄れてゆく紅色 / The color of the cloth ~d *from* blue *into* purple. その布の色は青から紫へと徐々に変わった.
《OE; 原義は「暗いこと」》 (形 shady) 〔類義語〕 **shade** 建物や木などにさえぎられて日光の直射を受けない薄暗い部分. **shadow** は光がさえぎられてできる輪郭のはっきりした影. (2) ⇨ color.

+**shad·ed** /-dɪd/ 形 〈図版の一部など〉周囲より色を濃くした; 陰[影]取りをした. ❷ [連結形で] ...で光をさえられた, ...で陰になった: an oak-*shaded* garden オークの木陰のある庭.
sháde·less 形 (日)陰のない.
sháde trèe 图 陰を作る木, 日よけの木 (ニレ・カエデ・スズカケなど).
shád·ing /-dɪŋ/ 图 ❶ Ⓤ (絵の)描写[明暗]法, 濃淡. ❷ Ⓒ (色・性質などの)わずかな[漸次の]変化[相違]. ❸ Ⓤ 陰にすること, 遮光, 日よけ.
sha·doof, -duf /ʃɑːdúːf, ʃæ-/ 图 (エジプトなど近東諸国の)灌漑用にはねつるべ.

‡**shad·ow** /ʃǽdoʊ/ 图 ❶ Ⓒ (輪郭のはっきりした)影, 人影, 影法師: I saw a man's ~ on the wall. 壁に映った男の影が見えた / *Shadows* lengthen in the afternoon. 昼下がりになると影は長くなる / May your ~ never grow less! いく久しくご健康でありますように(「あなたの影が細くなりませんように」の意から). ❷ Ⓒ (水・鏡などに映る)影, 映像, 姿 《匹較 reflection のほうが一般的》: one's ~ in the mirror [on (the) water] 鏡[水面]に映った自分の姿. Ⓒ **a** (ある物の)影のようなもの, かすかな面影: She wore herself to a ~ with anxiety and overwork. 彼女は心配と過労で影のようにやせ細ってしまった / She's only a ~ of her former self. (病気をしたりして)彼女は以前の影もないやせ方だ / They had only the ~ of freedom. 彼らには名ばかりの自由しかなかった. **b** 実体のないもの, 幻影, 幻: run after a ~ 影[まぼろし]を追う / catch at ~s 影に付きまとう; 腰がぬける. **c** 亡霊, 幽霊. ❹ Ⓒ **a** (影のように)付きまとう者; 腰がぬける. **c** 尾行者, 刑事, スパイ. ❺ **a** Ⓤ 日光の当たっていない所, 陰: The rear of the room is still in ~. 部屋の奥はまだ暗いままだ / The thieves lurked in the ~ of the house. 泥棒は家の物陰にひそんでいた. **b** [the ~s] 暗がり, (夕)やみ: *The ~s of* night are gathering. 夜のやみが迫っている. **c** [the ~s] 人目につかない状態[場]: live in the ~s ひっそりと暮らす. ❻ Ⓒ 暗い部分; (絵・写真・レントゲンなどの)影: eye shadow / She had ~s under [(a)round] her eyes from fatigue. 彼女は疲労で目の下(周り)に限(くま)ができていた. ❼ [単数形で; 通例否定・疑問文で] ごくわずか, 気味 [of]: without [beyond] a [the] ~ of (a) doubt 疑いなく / He had *not* the ~ of an alibi. 彼はまったくアリバイがなかった. ❽ Ⓒ 《不幸・疑惑などの》暗い影, かげり, 曇り: the ~ of death 死の影, 死相 / A ~ of disappointment passed over her face. 彼女の顔を失望の暗い影がよぎった / The event cast a ~ on [over] our friendship. その出来事のため我々の友情にかげりができた. ❾ Ⓒ 前兆, 前触れ: the ~ *of* coming war 戦争の影[前触れ] / Coming events cast their ~(s) before (them). 《諺》(よくない)事が起こる時には前兆があるものだ.
be afráid of one's ówn shádow ひどくびくびくしている.
in the shádow of... (1) ...の陰で目立たずに. (2) = under the SHADOW of... (成句) (1) (2).
únder the shádow of... (1) ...のすぐ近くの[で]: We met in a café *under the* ~ *of* the Opera. 私たちはオペラ座近くのカフェで落ち合った. (2) ...の庇護(ひご)[保護]のもとで: live *under the* ~ *of* the Almighty 全能の神の加護のもとに生きる. (3) ...の危険があって: We live *under the* ~ *of* death. 我々は死の影のもとに生きている.
—一形 ❶ 影の, 陰の: **a** ~ play [show] 影絵芝居. **b** 実質のない, 形だけの. ❷ 《英》 影の(内閣の): ⇨ shadow cabinet. **b** いざという時に活動する: a ~ army 影の軍隊.
— 動 他 ❶ 〈...を〉陰にする, 陰でおおう, 暗くする: The mountain is ~ed by clouds. その山は雲の陰になっている / Sudden gloom ~ed her face. 彼女の顔は突然憂鬱(ゆううつ)そうに曇った. ❷ 〈...を〉尾行する (follow): The detective ~ed the suspect. 刑事は容疑者を尾行した. ❸ 〈...の〉前兆となる; 〈...の〉大体を表わす 《forth》.
《ME; SHADE の変形から》 (形 類義語) ⇨ shade.
shádow·bòx 動 シャドーボクシングをする.
shádow bòxing 图 Ⓤ シャドーボクシング.
shádow càbinet 图 《英》 影の内閣 《野党が政権をとった場合の閣僚候補で構成される》.
shádow ecónomy 图 影の経済 《闇取引・無申告労働などの不法経済活動》.
shádow·gràph 图 ❶ 影絵. ❷ X 線写真.
shádow·lànd 图 影の世界; 幻影[亡霊]の住みか; 無音識の境地; 薄暗がり, あいまい.
shádow·lèss 形 影のない.
shádow plày 图 影絵(芝居).
shádow príce 图 《経》 影の価格, 潜在価格, シャドープライス 《市場価格の存在しない財・サービスに, 正常な市場があればつくと考えられる価格》.
shádow púppet 图 影絵人形.
shádow stìtch 图 Ⓤ シャドーステッチ 《透ける生地の裏側にステッチを刺して表側に縫目が見えるようにしたもの》.

+**shad·ow·y** /ʃǽdoʊi/ 形 (shad·ow·i·er; -i·est) ❶ 影の多い, 暗い: ~ woods 陰の多い暗い森. ❷ 影のような; かすかな, ぼんやりした: ~ firelight ほのかな暖炉の光 / a ~ outline on a window shade 窓の日よけに映るかすかな影. ❸ 知られていない, うかがい知れない, 怪しい, やみの (mysterious): the ~ world of espionage スパイが活動するやみの世界. **shád·ow·i·ness** 图 (图 shadow)
shaduf ⇨ shadoof.

+**shad·y** /ʃéɪdi/ 形 (shad·i·er; -i·est) ❶ **a** 日陰になった, 陰の多い: **a** ~ path 日陰の小道. **b** 陰をつくる: ~ trees 陰になる木立. ❷ いかがわしい, うさんくさい: a ~ character いかがわしい人物. **shád·i·ly** /-dəli/ 副 -i·ness 图 (图 shade)

‡**shaft** /ʃæft | ʃɑːft/ 图 A ❶ [しばしば複合語で] **a** (エレベーターが上下する)シャフト. **b** 換気孔. **c** 《鉱》 たて坑. ❷ (円柱の)柱身, 柱体. ❸ 《米》 記念柱[塔]. — B ❶ (ハンマー・おの・ゴルフクラブなどの)柄, 取っ手. ❷ [しばしば複合語で] (機械の)軸, 心棒, シャフト ⇨ crankshaft. ❸ [通例複数形で] (馬車などの)ながえ, かじ棒, かじ. ❹ ❺ 矢の軸; やりの柄. ❹ 矢, やり; the ~s of love (キューピッドが放つ)恋の矢 / ~s of wit [satire] (寸鉄人を刺すような)鋭い機知[風刺]. ❺ ひとすじの光線: a ~ of light [lightning] 一条の光[電光]. ❻ (鳥の羽の)羽軸. **gét the sháft** 《米俗》 ひどい目にあう. **gíve a person the sháft** 《米俗》 〈人を〉ひどい目にあわせる. — 動 他 《米俗》 〈人を〉

ひどい目にあわせる (★しばしば受身): I got ~ed in that deal. あの取引ではひどい目にあった.
sháft・ing 名 ❶ 《機》軸系; 軸材. ❷ 《米俗》むごい仕打ち, ひどい[不当な]扱い.
⁺shag¹ /ʃǽg/ 名 U ❶ あら毛, むく毛, もつれ毛. b 《織物の》け. ❷ 強い刻みたばこ. ― 形 shaggy.
shag² /ʃǽg/ 動 《英俗・卑》動 〈…と〉セックスする. ― 名 性交.
shag³ /ʃǽg/ 名 《鳥》ウ(鵜), (特に)ヨーロッパヒメウ.
shag⁴ /ʃǽg/ 名 《米》シャグ(交互に片足で跳ぶダンス; 1930-40年代に米国で流行).
shagged /ʃǽgd/ 形 [しばしば ~ out で] 《英俗・卑》疲れ果てて: I'm ~. へとへとだ.
⁺shag・gy /ʃǽgi/ 形 (shag・gi・er; -gi・est) ❶ a 毛深い, 毛むくじゃらの: a ~ dog 毛むくじゃらの犬. b 《髪・毛などが》もじゃもじゃの, くしゃくしゃの: ~ eyebrows もじゃもじゃのまゆ毛. ❷ 《織物がけば立った, 毛足の長い: a ~ rug 毛足の長いじゅうたん. **sh**á**g・gi・ly** /-ɡɪli/ 副 **-gi・ness** 名 (名 shag¹)
shá**ggy-d**ó**g st**ò**ry** 名 話し手は得意だが聞き手には退屈な長話, 長くておちのつまらない笑い話. ¶毛むくじゃらの犬が登場する退屈な話から¶
sha・green /ʃəɡríːn, ʃæ-/ 名 U ❶ シャグリーン革, 粒起なめし革. ❷ さめがわ(研磨用).
⁺shah /ʃáː/ 名 [しばしば S~] (王制時代の)イラン国王の尊称.
sha・ha・da, -dah /ʃɑːháːdə/ 名 《イスラム》シャハーダ(『証し』を意味するアラビア語で, 「アッラーのほかに神なく, ムハンマドはその使いである」という信仰告白).
shai・tan /ʃaɪtáːn, ʃaɪ-/ 名 ❶ [しばしば S~] (イスラム伝承で)悪魔(Satan, the devil). ❷ 《口》悪人, 悪党, 癖の悪い動物, 御しがたい馬.
Shak. (略) Shakespeare.
shak・a・ble /ʃéɪkəbl/ 形 動揺させる[ぐらつかせる]ことができる.
⁎shake /ʃéɪk/ 動 (shook /ʃúk/; shak・en /ʃéɪkən/) 他 ❶ **a** (上下[前後]に)さっと〈…を〉振り動かす, 揺すぶる: shake a tree 木を揺する / ~ dice (投げる前に)さいころをよく振り混ぜる / He shook his head at the plan. 彼はその計画に対して首を横に振った(不承知・不賛成・非難・失望の意味) / ~ oneself 体を揺すぶる / She shook her son by the shoulders. 彼女は息子の両肩をつかんで揺すった(強くたしなめる等の動作; 用法 by 8). ⟨a ~ing で[揺すって] ⟨…の状態にする⟩: [+目+補] ~ oneself awake 体を揺すって目を覚ます / She shook herself [her arm] free from his grasp. つかまえている彼から彼女は体[腕]を振り離した.
❷ ⟨…に向けて⟩⟨こぶし・棒などを⟩打ち振る, 振り回す: ~ one's finger [in a person's face] 人差し指を振る(警告・非難・叱責()などの身振り) / The demonstrators shook their fists at the police. デモ隊は警官隊に向かってこぶしを振り上げた.
❸ ⟨…を⟩震動させる, 震わせる, 揺さぶる: The explosion shook the house. その爆発で家が揺れた.
❹ **a** ⟨信念・自信などを⟩動揺させる, ぐらつかせる; ⟨勇気・決意などを⟩くじく: ~ one's faith [the credit of a bank] 信念[銀行の信用]をぐらつかせる / Nothing can ~ my belief in his integrity. 彼が誠実であると信じる気持ちは何があっても揺るがせません. **b** ⟨人を⟩狼狽()させる, ぎくりとさせる (★しばしば受身): I'll bet that shook you (up). あれにはさぞかし君も驚いたろう / They were shaken (up) by the report. 彼らはその報告に気が動転した.
❺ 《米口》**a** ⟨心配・病気・悪習などを⟩払いのける: ~ off one's feelings of guilt 罪の意識を払いのける / I can't ~ off my cold. かぜがなかなか治らない. **b** ⟨追跡者などを⟩振り離す, まく: ~ off reporters 新聞記者たちをまく.
❻ ⟨声・楽音を⟩震わせる, 震え声で歌う.
― 自 ❶ 揺れる, 震動する: The earth shook violently. 大地が激しく揺れた / The trees shook in the wind. 木々は風に揺れていた.
❷ **a** (寒さ・怒りなどで)ぶるぶる震える: ~ like a leaf ぶるぶる[わなわな]震える / He shook in every limb. 彼は体中(手足の先まで)ぶるぶる震えた / She shook with cold

---

1653 **shake-out**

[fear]. 彼女は寒さ[恐怖]でがたがた震えた / His hands shook from excitement. 彼の手は興奮で震えた. **b** ⟨声が震える; 声を震わせる, 震え声で歌う⟩: His voice shook with anger. 彼は怒りに声が震えた.
❸ ⟨信念などが⟩動揺する, ぐらつく; ⟨勇気などが⟩くじける.
❹ (よく混ざるように)振る, 振り動かす: S~ before use [using]. 振ってからご使用ください(注意書き).
❺ 《口》握手をする: Let's ~ and make up. さあ握手をして仲直りしよう.
sháke dówn (他+副) (1) ⟨…を⟩振り払う[落とす]. (2) ⟨船・飛行機・機械などを⟩ならし運転する, 調整する. (3) 《米口》⟨…から⟩(脅したりだましたりして)金を巻き上げる, ⟨…を⟩ゆする. (4) 《口》⟨人の体・場所などを⟩捜す[調べて調べる]. ― (自+副) (5) ⟨人が⟩落ち着く, (仲間や周囲に)なじむ; ⟨新しい制度・体制などに⟩なじむ, 定着する: He will soon ~ down in his new job. 彼は新しい仕事にじきに慣れるだろう. (6) 仮の寝床を作って寝る.
sháke a person's hánd = **sháke hánds with a person** = **sháke a person by the hánd** 人と握手する.
sháke on... (自) ⟨…に⟩(握手して)同意する: Let's ~ on that. それに同意して[その取り決めの印として]握手をしましょう.
sháke óut (他+副) (1) ⟨…を⟩振って出す. (2) ⟨旗・テーブルクロス・ハンカチなどを⟩振って広げる. (3) ⟨容器・ポケットなどから⟩振ってふるい落とす. (4) ⟨マッチなどを⟩振って消す. (5) ⟨不要な物をふるい落として⟩刷新する, 整理[合理化]する. ― (自+副) (6) ⟨事態が⟩(最終的に)落ち着く.
sháke úp (他+副) (1) ⟨液・桃などを⟩振って混ぜる; ⟨カクテルなどを⟩振って作る. (2) ⟨まくら・クッションなどを⟩振って形を直す. (3) ⟨人を⟩ろうばいさせる, ぎくりとさせる (⇒ 他 4 b). (4) ⟨人を⟩奮い立たせ, やる気にさせる: He needs shaking up. やつは目を覚まさせてやる必要がある. (5) 《口》⟨組織などを⟩大刷新[改造]する.
― 名 ❶ C [通例単数形で] **a** 振ること, ひと振り: with a ~ of the head 首を横に振って ('No' という身ぶり) / give a pole a ~ さおを揺すぶる. **b** 握手: welcome a person with a hearty ~ of the hand 心のこもった握手で人を歓迎する. ❷ C **a** 震動, 動揺, 揺れ. **b** 《米口》地震. ❸ **a** C ぶるぶる震えること: a ~ in one's voice 声の震え / He was all of a ~. 彼はぶるぶる震えた. **b** [the ~s] 《口》(熱・寒さ・アル中などによる)震え, 悪寒(). ❹ C ミルクセーキ: ⇒ milkshake. ❺ [a ~; 形容詞を伴って] 《米口》⟨人の⟩扱い, 仕打ち: give [get] a fair [good] ~ 公平に扱う[扱われる]. ❻ C 《楽》顫音(). **in twó sh**á**kes (of a lámb's [dóg's] táil)** = **in a sh**á**ke** すぐに, たちまち. **nó gréat sh**á**kes** 《口》⟨人・ものなど⟩大したものではない, 平凡な: He's no great ~s as a pianist. 彼はピアニストとしては大したものじゃない.
[類義語] **shake** 「震える」意味の最も一般的な語. **tremble** 興奮, 怒り, 恐怖や疲労・寒さなどのために体の一部が無意識に細かく震える. **shiver** 寒さや恐怖で瞬間的に体全体がぶるぶっと震える. **quake** 激しい興奮や恐怖で体が大きく震える. **quiver** 小刻みにぴりぴりっと振動する. **shudder** 恐怖や強い嫌悪感, けいれんで突然引きつったように体をがたがた震わせる.
shake・a・ble /ʃéɪkəbl/ 形 = shakable.
shá**ke・d**ò**wn** 名 ❶ 《米口》ゆすり, 脅し. ❷ 《米口》徹底的な捜索. ❸ 《船・飛行機などの》ならし運転, 試運転, 調整; (新しい制度・体制などの)試行(期間), 定着期間. ❹ 《口》(組織などの)改革, 整理, リストラ. ❺ (金融市場における)価格低下, 下落. ❻ 間に合わせの寝床. ― 形 ならし運転の, 試運転の: a ~ cruise [flight] テスト航海[飛行].
sháke hòle 名 = swallow hole.
⁎shak・en /ʃéɪkən/ 動 shake の過去分詞.
sháken báby sỳndrome 名 《医》ゆさぶられっ子症候群 (激しくゆさぶられた乳幼児に起きやすい四肢の麻痺・癲癇・視力喪失・精神遅滞などの症候群で, 死亡することもある; 略 SBS).
sháke-òut 名 ❶ (生産過剰・過当競争の後の)弱小生

shaker 1654

産者がつぶれるような急激な落ち込み. ❷ (人員整理などによる)組織の刷新, 企業の合理化.

shák·er 图 ❶ **a** 振る人. **b** 振るもの; 攪拌(かくはん)器. **c** (カクテルの)シェーカー. **d** (塩・コショウなどの卓上用)ふり出し瓶; ⇨ saltshaker. ❷ [S~] シェーカー信者《米国のキリスト教の一派の信者; 礼拝中に体を振って踊ることから; 財産の共有・独身を唱道する》.
—— 图 [S~] 《家具などが》シェーカー(風)の《直線主体の簡素で機能的なデザイン》.

Shák·er·ìsm /-kərìzm/ 图 シェーカー派の信念と実践, シェーカー教.

Shake·speare /ʃéɪkspɪə | -pɪə/, **William** 图 シェイクスピア(1564-1616; 英国の劇作家・詩人).

Shake·spear·e·an, -i·an /ʃeɪkspíə(ɾɪ)ən/ 形 シェイクスピア(風)の. —— 图 シェイクスピア学者[研究家].

⁺**sháke·up** 图 《人事・組織の》大刷新, 大改造: a cabinet ~ 内閣改造.

shak·o /ʃǽkoʊ/ 图 (複 ~(e)s) シャコー《前立てのついた筒形の軍帽》. 《F<Hung=とがった帽子》

Shak·ti /ʃɑ́ːkti/ 图 Ⓤ 《ヒンドゥー教》シャクティ, 性力 《Siva 神の妃として人格化された(宇宙の)エネルギー》.

⁺**shak·y** /ʃéɪki/ 形 (shak·i·er; -i·est) ❶ 《体が》ぶるぶる震える, よろめく /《声・筆跡など》震える; 虚弱な: in a ~ voice 震え声で / be ~ on one's legs 足元がよろめく / I feel a bit ~ still. まだちょっと足元がふらする. ❷ 揺れる, ぐらぐら, がたくる: a ~ table ぐらぐらテーブル. ❸ 《地位・信用・政権・知識など》不安定な, 危なっかしい, 心もとない, 当てにならない: a ~ coalition cabinet 不安定な連立内閣 / ~ evidence 当てにならない証拠 / be ~ in one's belief 信念がふらついている / He's rather ~ at English. 彼の英語はかなり怪しい. **shák·i·ly** /-kɪli/ 副 **-i·ness** 图 (⇨ shake).

shale /ʃéɪl/ 图 Ⓤ 《地》頁岩(けつがん), 泥板岩.

shále òil /ʃéɪl/ 頁岩(けつがん)油.

﹡**shall** (弱形) /ʃ(ə)l/; (強形) /ʃǽl/ 助 [語形] 短縮形 **'ll**; 否定形 **shall not**, 否定短縮形 **shan't**; 過去形 **should**; ★ shan't は主に《英》で用いられる》 ❶ [話者の意志の関係なく未来の出来事を表わして] [用法] 通例 1 人称に用いるが, 形式ばった文体で, 特に《英》に見られる; 日常口語では《米》《英》とも shall の代わりに will が用いられる傾向が強い]: a [平叙文で] ...でしょう, ...だろう, ...することになっている: I hope I ~ succeed this time. 今度は成功するでしょう / I ~ be twenty years old next month. 来月で 20 歳になる / I ~ be very happy to see you. お会いできれば大変うれしい《喜んでお会いしましょう》/ We ~ have to hurry to get there in time. 遅れずにそこへ着くためには急がなければならないだろう / I ~ have come home by six o'clock. 6 時までには家に帰っているでしょう [用法] 未来完了を表わす]. **b** [疑問文で] ...でしょうか, ...だろうか [用法] 通例 1 人称に用いるが, 2 人称に用いる場合 I shall... の答えを期待しての質問だが, (II) では will または won't を用いる]: When ~ we see you again? いつまた私たちはあなたとお会いできるでしょうか / S~ you be at home tomorrow afternoon? あすの午後ご在宅ですか.

[用法] (1) 直接話法の文の引用節における単純未来の shall は, 対応する間接話法の文の従節で主語が 2・3 人称になる時は, しばしば will に変わる: He said, "I shall never succeed."⇒ He says [said] that he will [would] never succeed. 自分はとても成功しまいと彼は言っている.

(2) 直接話法の文の引用節における単純未来の will は, 対応する間接話法の従節で主語が 1 人称になる時は shall [should] となることがある (⇨ will¹ 助動 [用法] (2)).

❷ [意志未来を表わして] **a** [2,3 人称を主語とする平叙文または従属節に用い, 話者の意志を表わして] ...させてやる: You ~ have my answer tomorrow. あす返事をしましょう 《比較》 形式ばった表現で, You will have my answer tomorrow. のほうが一般的》 / I'm determined that nobody else ~ do that. ほかのだれにもそれをさせまいと決心している. **b** [通例 Shall I [we] ...? で相手の意向・決断を尋ねて] ...しましょうか, ...したらよいでしょうか: "S~ I show you some photographs?" "Yes, do, please." 「写真を少しお見せしましょうか」「ええ, どうぞお願いします」/ What ~ I do next? 次に何をしたらよいでしょうか / S~ we go out for a walk?" "Yes, let's." 「散歩に行きましょう」「ええ, 行きましょう」. **c** [Let's..., ~ we? で] ...しましょうか: Let's go to see a movie, ~ we? 映画を見に行こうじゃないか. **d** [1 人称を主語に用いて義務的感覚または強い決意を表わして] きっと...する 《★ 肯定文では /ʃǽl/ と強く発音することが多い》: I ~ go, come what may. どんなことがあってもぼくは絶対に行くぞ / I ~ never forget your kindness. ご恩は決して忘れません.

❸ **a** [命令・規定を表わして] ...すべきである (cf. shalt): The fine ~ not exceed $300. 料金は 300 ドルを超えないものとする. **b** [命令・要求・協定などを表わす動詞に従う that 節内に用いて]: The law demands that the money ~ be paid immediately. 法律はすぐにその金を支払うべきを要求している.

❹ [不可避的とみなす事態への予言を表わして]《文》...であろう, ...なるべし: Oh, East is East, and West is West, and never the twain ~ meet. 東は東, 西は西, 両者相会うことなかるべし 《★ J.R. Kipling の詩から》.
《OE; 原義は「義務がある」》

shal·lop /ʃǽləp/ 图 スループ型の舟;《浅瀬用の》小舟, 軽舟; 2本マストの帆舟.

⁺**shal·lot** /ʃəlɑ́t | -lɔ́t/ 图 《植》(エ)シャロット 《ワケギに似たネギの一種; その鱗茎を食用にする》.

﹡**shal·low** /ʃǽloʊ/ 形 (~·er; ~·est) ❶ 流れ・器物などの》浅い (↔ deep): a ~ dish 浅い皿 / Cross the stream where it is ~est. 《諺》流れはいちばん浅いところを渡れ 《事をなす時には最も簡単な方法を選べ》. ❷ 浅薄な, 浅はかな, 皮相な: a ~ person [mind] 浅薄な人[心]. ❸ [複数形で; 通例 the ~] 浅瀬, 洲(す): wade across the ~s 浅瀬を歩いて渡る. —— 動 ⾃ 他 浅くなる[する]. 《OE; 原義は「乾いた」》

sha·lom /ʃɑːlóʊm | ʃælɔ́m/ 間 シャローム 《ユダヤ人のあいさつ・別れの言葉》. 《Heb=平安》

shalt 《廃》 /ʃ(ə)lt; (強) ʃǽlt/ 助動 《古》 shall の主語が 2 人称単数 thou の時の直説法現在形: Thou ~ not steal. なんじ盗むなかれ 《★ 聖書「出エジプト記」から》.

shal·war /ʃʌ́lwɑː | -wɑː/ 图 [しばしば複数形で] シャルワール 《南アジアや他地域のイスラム教徒の, 特に女性が着用するズボン》.

shal·y /ʃéɪli/ 形 頁岩(けつがん)の, 頁岩質[状]の.

⁺**sham** /ʃǽm/ 图 ❶ Ⓤ [また a ~] 見せかけ, ごまかし, いんちき: What she said was all ~. 彼女の言ったことはみんなうそだった / His anger was just a ~. 彼の怒りはほんの見せかけにすぎなかった. ❷ Ⓒ ぺてん師, 詐欺師, いかさま野郎. ❸ Ⓒ 装飾用の枕カバー. —— 形 Ⓐ ❶ ごまかしの, 偽の (false): ~ diligence 偽の勤勉 / ~ tears うそ涙. ❷ 模擬の, まねの: a ~ battle [fight] 模擬戦, 演習. —— 動 (shammed; sham·ming) 他《...のふりをする,《...を》装う: ~ madness 狂気を装う / ~ sleep 寝たふりをする. —— ⾃ 見せかける, 装う: You're only shamming. 君はただ装っているだけだ / ~ being dead 死んだふりをする.

⁺**sha·man** /ʃɑ́ːmən/ 图 シャーマン, まじない師, 巫(かんなぎ).

shá·man·ìsm /-nìzm/ 图 Ⓤ シャーマニズム 《みこによる交霊術を中心とする原始宗教の一種》.

sham·a·teur /ʃǽləˌtɜː, -tə, -ˌtjʊə/ 图 《英口》金をもらっているアマチュアスポーツ選手. 〖SHAM+AMATEUR〗

⁺**sham·ble** /ʃǽmbl/ 動 ⾃ [通例副詞(句)を伴って] よろよろ歩く: A drunk ~d on down the street. 酔っぱらいが通りをよろよろ歩いていった. —— 图 よろめく足どり.

sham·bles /ʃǽmblz/ 图 (複 ~) ❶ [a ~]《口》大混乱, めちゃめちゃ (mess): make a ~ (out) of...をめちゃめちゃにする, 台なしにする / The general meeting was a complete ~. 総会はてんやわんやの大騒ぎだった. ❷ Ⓒ 《古》屠

畜(ちく)場. ❸ [a ~] 流血の場面, 修羅の巷(ちまた).

sham·bol·ic /ʃæmbάlɪk | -bɔ́l-/ 形《英口》乱雑な, 無秩序な (disorganized).

***shame** /ʃéɪm/ 名 ❶ Ｕ 恥ずかしい思い, 恥ずかしさ, 羞恥(しゅうち)心: in ~ 恥じて / Her face was flushed with ~. 彼女は恥ずかしくて顔が赤くなっていた / S~ keeps me from doing that. 恥ずかしくてそんなことはできない / Don't you feel any ~ at having lied to me? 私にうそなんかついて恥ずかしくないのか / He has no ~. 彼は恥知らずだ. ❷ Ｕ 恥辱, 恥, 不面目: bring ~ on one's family 家名を汚す / bring ~ on oneself 面目をつぶす / to a person's ~ 恥ずかしいことには. ❸ [a ~] 不名誉となる事柄[人], つらよごし: He [His misconduct] was *a* ~ to his friends. 彼[彼の不品行]は友人たちのつらよごしだった. ❸ [a ~] 残念な[ひどい, 気の毒な]こと: It's *a* ~ (that) they treat you like that. 君をそんなふうに扱うはあんまりだ / It's *a* ~ (that) you didn't pass the exam. 君が試験に合格しなかったのは残念だ / What *a* ~! 何と残念な, 何と不運[気の毒]な!

For sháme! = **Sháme (on you)!** だめじゃないか!, 困るね!, みっともないぞ! ([比較] For shame! のほうが大げさで形式ばった言い方; 時に Shame, shame! とも言う).

pút to sháme (1) 〈人を〉赤面させる, 恥ずかしい思いをさせる. (2) 〈人・技量・ものなどを〉しのぐ, 圧倒する: Her English *puts* mine *to* ~. 彼女の英語は私の英語と比較にならない(ほどすばらしい) / This new car will *put* other cars *to* ~. この新車は他車を圧倒するだろう.

— 動 ❶ 〈…に〉恥をかかせる, 〈…の〉面目をつぶす: ~ one's family 家名を汚す / Your dishonesty ~s me. お前が正直でないせいで私は恥ずかしい. ❷ 〈優秀さで〉…を顔色なからしめる, 赤面させる: His hard work ~s us all. 彼の勤勉さには我々はみな恥じ入るばかりだ.

sháme a person into... 人を恥じさせて...させる: He *was ~d into* working. 彼は恥じて働く[勉強する]ようになった.

sháme a person òut of... 人を恥じさせて...をやめさせる: He *was ~d out of* his bad habits. 彼は恥じ入って悪習をやめた.

【類語】⇒ disgrace.

sháme·fáced /-féɪst⁻/ 形 ❶ 恥じ入った: a ~ apology 恥じ入ってる謝罪. ❷ 恥ずかしがり, 内気な: in a ~ way 恥ずかしそうに. **-fac·ed·ly** /-féɪstdli, -féɪst-/ 副. **-fac·ed·ness** /-féɪstdnəs, -féɪst-/ 名

+**shame·ful** /ʃéɪmf(ə)l/ 形 (**more ~; most ~**) ❶ 恥ずべき, 不面目な: ~ conduct 恥ずべき行為 / a ~ secret (人に言えない)恥ずべき秘密. ❷ けしからぬ, 不届きな: It's ~ that he behaves that way. 彼がそんなふるまうのはけしからん. **-ly** /-fəli/ 副

sháme·less 形 恥知らずの, 破廉恥な, ずうずうしい: a ~ deception [liar] 破廉恥な詐欺[行為][うそつき] / You're absolutely ~! お前はまったく恥知らずだ. **~·ly** 副 **~·ness** 名

sham·mer /ʃǽmɚ | -mə/ 名 (病気などの)ふりをする人, いつわる人, ごまかし屋.

sham·my /ʃǽmi/ 名《口》= chamois 2.

+**sham·poo** /ʃæmpúː/ 名 (後 ~**s**) ❶ Ｃ.Ｕ シャンプー, 洗髪剤. ❷ Ｃ 頭[髪]を洗うこと, 洗髪: give oneself a ~ 髪を洗う / have a ~ and set at the hairdresser's 美容院でシャンプーとセットをしてもらう. — 動 (~**ed**; ~**·ing**) ❶ 〈髪・じゅうたんなどを〉シャンプー[洗剤]で洗う. ❷ 〈人〉の髪を洗う.

sham·rock /ʃǽmrɑk | -rɔk/ 名《植》シャムロック《[解説] クローバーの類の三つ葉の植物; Ireland の国花; Ireland の守護聖人 St. Patrick はキリストの三位一体 (Trinity) をこの三つ葉の草を使って説明したと伝えられ, 3 月 17 日の St. Patrick's Day にはこの草を束ねて帽子や胸にさしたりする). 《Ir》

sha·mus /ʃάːməs, ʃéɪ-/ 名《米俗》私立探偵; 警察官, デカ.

shan·dy /ʃǽndi/ 名 Ｕ.Ｃ《英》シャンディー《ビールとレモネードまたはジンジャービールを混ぜた飲料》.

shang·hai /ʃæŋháɪ/ 動 ⑭ (~**ed**; ~**·ing**) ❶《古風》〈人を〉だまして[強要して]〈...を〉させる: He was ~*ed into*

1655　shape

buy*ing* her a mink coat. 彼はむりやり彼女にミンクのコートを買わされた. ❷ (昔)〈人を〉〈水夫にするため〉麻薬を使って[酔いつぶして, 脅して]船に連れ込む; 誘拐する. 《↓; もと東洋航路の船員を集めるための方策を言った》.

Shang·hai /ʃæŋháɪ/ 名 上海(シャンハイ)《中国の港市》.

Shan·gri-la, Shan·gri-La /ʃæŋgrɑːlɑː/ 名 地上の楽園, 桃源郷, ユートピア. 《J. Hilton の小説 *The Lost Horizon* に描かれた不老長寿を保てるというチベットの架空の土地から》

+**shank** /ʃæŋk/ 名 ❶ Ｃ (いかり・くぎ・かぎ・釣り針・さじなどの)柄, 軸. ❷ Ｃ (人・動物の脚の)すね ⟨ひざ (knee) と足首 (ankle) の間; cf. shin). ❸ Ｃ (靴底の)土ふまず. ❹ Ｕ.Ｃ (牛・羊などの)すね肉. ❺ Ｃ《ゴルフ》〈ボールをヒールで打ってひどくそらす, シャンクする.

shánk's [shánks's] máre [póny] 名 Ｕ《口》自分の足, 徒歩: by ~ 歩いて / ride (on) [go on] ~ てくてく歩いて行く.

Shan·non /ʃǽnən/ 名 [the ~] シャノン川《アイルランド共和国中部に発し大西洋に注ぐ; イギリス諸島中最長の川》.

shan·ny /ʃǽni/ 名《魚》ニシイシギンポ《欧州産》.

*shan't /ʃæːnt, ʃάːnt/《口》shall not の短縮形.

shan·tey /ʃǽnti/ 名 = chantey.

shan·tung /ʃæntʌ́ŋ/ 名 Ｕ シャンタン, 山東絹《つむぎ風の絹布》.

shan·ty¹ /ʃǽnti/ 名 = chantey.

shan·ty² /ʃǽnti/ 名 (掘っ建て)小屋.

shánty·man /-mən, -mæn/ 名 (後 **-men** /-mən, -mèn/) (カナダの森林で)掘っ建て小屋 (shanty) に住む者 (きこり).

shánty·tòwn 名 (都市の)掘っ建て小屋などの地区; 貧民街, スラム街.

shap·a·ble, shape- /ʃéɪpəbl/ 形 ❶ 形づくられる, 具体化できる. ❷ = shapely.

*shape /ʃéɪp/ 名 ❶ Ｃ.Ｕ 形, 形状, かっこう: a rock in the ~ of a human head 人間の頭の形をした岩 / Italy has the ~ of a boot. イタリアの形はブーツをしている / These dresses come in all ~s and sizes. この手のドレスならどんな形・サイズのものもあります / What ~ is it? それはどんな形をしていますか《用法 Of what...? は形式ばった表現》 / A ball is round in ~. ボールは形が丸い / These shoes are rather out of ~. この靴はかなり形がくずれてきた[くたびれている]. ❷ **a** [また a ~] 姿, 様子, 人影: an angel in human ~ 人間の姿をした天使 / She has *a* slender ~. 彼女はすらりとした体つきをしている. **b** Ｃ (おぼろげな・奇怪な)物の姿, 幻影, 幽霊: The night shadows took frightening ~s. 夜の影はいろいろな恐ろしい形になった. ❸ Ｕ (計画などの)まとまった形, 具体的な形: get [put, knock] ~ into... にかっこうをつける / give ~ to... に形をつける, ...をまとめる / put one's thoughts into ~ 考えをまとめる[具体化する]. ❹ Ｕ [修飾語を伴って]《口》(健康・経営などの)状態, 調子: I want to get (myself) into good ~ for the exam. 試験に備えて体調をよくしておきたい / He's in good [poor] (physical) ~. 体の具合はよい[悪い] / This car is in perfect ~. この車は申し分のない整備状態だ. ❺ Ｕ (ものの)特質, 特徴, あり方[様]: changes in the ~ *of* market expectations 市場予想動向[状況]の変化. ❻ Ｃ **a** (ゼリー・帽子などの)入れ型, 型. **b** (ゼリー・寒天などの)型に入れて作られたもの, 型物.

in ány shápe or fòrm [否定文で] どんな形ででも(...ない), 少しも(...ない): You may *not* use my ideas *in any ~ or form*. 私のアイディアをどんな形であっても利用してはならない.

in shápe (1) 形は (⇒ 1). (2) 体の調子がよくて, 健康で (↔ out of shape): Physical exercise keeps you *in ~*. 体操をすると健康が保たれる.

in the shápe of... (1) ...の形をした (⇒ 1). (2) ...の姿をした. (3) ...の形で[の], ...としての: a reward *in the ~ of* $200 200ドルというお金の謝礼.

SHAPE

lick [knock]...into shápe 《口》《未熟者を》(一人前に)仕上げる, 物にする, 《物事に》目鼻をつける《由来 クマは産んだ子をなめてその形を作るといわれることから》.

òut of shápe (1) 形がくずれた (⇨ 1). (2) 体の調子が悪くて, 不調で (unfit; ↔ in shape): I am rather *out of* ~ these days. このごろどうも体の調子がよくない.

take shápe 《計画・案などが》形ができる, かっこうがつく, 具体化[実現]する.

take the shápe of...の形をとって現われる.

the shápe of things to cóme 来たるべき事態, 未来像.

whíp...into shápe ⇨ whip 動 成句.

── 動 他 ❶ 《ものを》形づくる, 作る; 《思想などを》形成する: ~ a pot on a wheel ろくろでつぼを作る / The earth is ~d like an orange. 地球はオレンジのような形をしている / ~ clay *into* a cup 粘土をこねて茶碗を作る / ~ public opinion 世論を形成する / help to ~ a person's beliefs 人の信条の形成を助ける[に役立つ]. ❷ 《計画などを》具体化する, 《質問・答えなどを》(言い)表わす, 《考えなどを》まとめる: ~ a plan 計画を練り上げる / ~ a statement 声明文をまとめる / ~ one's ideas *into* a book 考えをまとめて本にする. ❸ 《...を》《...に》適合させる《★しばしば受身》: ~ one's ideas *to* the times 考えを時代に合わせる. ❹ 《進路・方針・未来・一生などを》定める, 決める: ~ one's future 将来の方針を決める / ~ one's course in life 人生の進路を決める.

── 自 ❶ 形をとる, できあがる, 《...の》形になる《*into*》: The project is *shaping up* nicely. その企画はうまくまとまりかけている. ❷ 発展する, 発達する, うまくいく: Things are *shaping up*. 万事円滑に進んでいる / His political career was *shaping (up)* well. 彼の政治家としてのキャリアも順調に進展している. ❸ 《球技》《ボールを蹴るために》構える, 《...する》姿勢をとる《*to do*》.

shápe úp (自＋副) (1) 形をとる (⇨ 他 1). (2) 発展[発達]する (⇨ 自 2). (3) しっかりやる, 行ないを改める《用法 人をしかったりする時に言う》: S- up or get out. しっかりしろ, さもなければやめてしまえ. (4) 体調を整える, 美容[健康]のために運動する.

〖OE; 原義は「切って形づくる」〗 (形) shapely.

【類義語】 (1) ⇨ figure. (2) ⇨ make.

SHAPE /ʃéɪp/ 《略》Supreme Headquarters Allied Powers Europe 欧州連合軍最高司令部.

shapeable ⇨ shapable.

*****shaped** /ʃéɪpt/ 形 〔しばしば複合語で〕(...の)形をした: an egg-*shaped* head 卵形の頭 / well-*shaped* よい形の / ill-*shaped* 形の悪い.

shápe・less 形 ❶ 形[定形]のない: a ~ coat 形のくずれた上着. ❷ ぶかっこうな: a fat, ~ figure 太ってぶかっこうな姿. ❸ 《本や計画が》構成の明確でない. ~・ly 副 ~・ness 名

shápe・ly /ʃéɪpli/ 形 (shape・li・er; -li・est)《女性の体・脚が》かっこうのよい, 姿のよい, 均整のとれた. **shápe・li・ness** 名 (名 shape)

shápe-mémory álloy 名 形状記憶合金.

sháp・er 名 ❶ 形づくる人. ❷ 形削り機, シェーパー.

shápe・shìft・er 名 変身能力があるもの《werewolfなど》.

shard /ʃάːrd/ 名 《瀬戸物・陶器などの》破片.

*****share¹** /ʃéə | ʃéə/ 動 他 ❶ 分ける, 分配する, 分け合う: How shall we ~ *(out)* the money? このお金はどうやって分けようか / He ~d his packed lunch *with* me. 彼は弁当を分けてくれた / Let's ~ the profits *between* us. 利益を二人[みな]で分けにしよう / The teacher ~d the tasks *among* the pupils. 先生は仕事を生徒たちに割り当てた. ❷ a 《ものを》共有する; 《費用・責任などを》分担する; 《意見・苦楽などを》共にする: They ~ a room. 彼らは同じ部屋を共有している / I don't ~ your opinion. ぼくは君の意見には同調しない / Please ~ my umbrella. どうぞ私の傘にお入りください / He ~s an apartment *with* his brother. 彼は兄とアパートを共有している / He ~d my joys and sorrows. 彼は喜びも悲しみも私と共にしてくれた. b 《...を》《人に》話す; 打ち明ける: I have very happy news to ~ *with* you. 君にぜひ伝えたいうれしいニュースがあるんだ.

── 自 ❶ a 《ものを》分け合う: "I don't have a textbook." "Never mind; let's ~." 「教科書がないんだ」「心配するな, 一緒に使おう」 b 分け前を取る, 分配を受ける. ❷ a 《苦楽・出費・仕事などを》《人と》分担する, 共にする: He ~d *in* the expenses *with* me. 彼は私と出費を分担した / He ~d *in* my sorrows as well as *in* my joys. 彼は喜びばかりか悲しみも私と共にしてくれた. b 人に話す[打ち明ける].

sháre and sháre alíke 平等に分配する, 等分にする: You must ~ *and* ~ *alike* with your brother. あなたは弟と何でも平等に分け合わねばならない.

── 名 ❶ 〔単数形で〕(一人の人が持つ)分け前, 取り分: get a [one's] fair ~ 正当な[当然の]分け前をもらう / This is my ~ *(of it* [them]). これは私の取り分だ / He has some ~ *of* his father's genius. 彼は父親の天分をいくらか受けついでいる / He had his ~ *of* luck. 彼も人並みに幸運だった / Each had [was given] a ~ *in* [*of*] the profits. めいめいが利益の分け前[一部]をもらった. ❷ 〔単数形で〕(一人の人が持つ費用・仕事・責任などの)出し分, 割り当て, 負担: pay a fair ~ 正当な分担分を出す, 当然の負担をする / Please let me have a ~ *in* the investment. 私にもその投資を分担させてください / Your ~ *of* the expenses comes to five dollars. 君の費用の出し分は5ドルだ / We must assume our ~ *of* the responsibility. 我々はみなその責任の一端を負わなければならない / The task falls to your ~. その仕事は君の分担になる. ❸ Ⓤ 〔また a ~〕《...における》(一人の人が持つ)役割; 参加, 貢献: He took no ~ *in* the plot. 彼はその陰謀には加担しなかった / I had no ~ *in* the decision. 私はその決定に関係がない / He had *a* large ~ *in* building up the company. 彼はその会社を築き上げるのに大きな貢献をした. ❹ a Ⓒ 株; 株券: ordinary ~s 《英》普通株 / preferred [《英》preference] ~s 優先株 / I have 50,000 ~s in that steel company. その製鉄会社の株を5万株もっている. b 《会社などの》出資, 共有権: He has a ~ *in* the bank. 彼はその銀行に出資している.

gò sháres 《口》等分に分ける; 共同でやる; 分担する: I *went* ~ *s with* him for the taxi fare. タクシー代を彼と割り勘にした.

sháre and sháre alíke 平等の分配, 等分: It's ~ *and* ~ *alike*. 山分けする.

the líon's sháre ⇨ lion 成句.

── 形 A 《英》株(式)の: ~ capital 株式資本 / a ~ certificate 株券.

shár・er 名

〖OE; 原義は「切り分けたもの」; cf. shear〗

share² /ʃéə | ʃéə/ 名 鋤〔すき〕べら: ⇨ plowshare.

sháre・cròp 動 《米》《土地を》小作人として耕す.

── 自 小作する.

sháre・cròpper 名 《特に昔の米国南部の》分益小作人, シェアクロッパー〔農園主から土地・肥料などを借りて小作料を収穫物で納める小作農民〕.

*****sháre・hòlder** /ʃéəhòʊldə | ʃéəhòʊldə/ 名 《英》株主.

†**sháre índex** 名 〔通例単数形で〕株価指数.

sháre óption 名 《英》❶ 自社株購入権制度《従業員に数年後に一定数の自社株を有利な価格で購入する権利を与える制度》. ❷ = stock option.

sháre-òut 名 〔単数形で〕分配, 山分け〔of〕.

sháre・òwner 名 = shareholder.

sháre・wàre 名 《電算》シェアウェア《無料あるいはわずかな金額で体験版が配布されるソフトウェア; ユーザーが気に入って継続使用するためには所定の料金を払う必要がある》.

sha・ri・'a, sha・ri・a, sha・ri・ah /ʃəríːə/ Ⓤ 〔しばしば S-〕イスラム法, 聖法, シャリーア《コーランとスンナ (sunna) を基礎にして, 個人の信仰や社会・経済・政治全般のことについて規定したもの》.

sha・rif /ʃəríːf/ 名 ❶ シャリーフ《Muhammadの娘 Fatimaの子孫》. ❷ 《アラブの》君主, 首長. ~・ian 形

†**shark¹** /ʃάːk | ʃάːk/ 名 《魚》サメ.

†**shark²** /ʃάːk | ʃάːk/ 名 ❶ 他人を食いものにする人; 詐欺 (ペテン) 師; ⇨ loan shark. ❷ 《米口》名人, 達人: a card ~

shárk repéllent 名 C|U 《米口》企業乗っ取り防止策.
shárk·skin 名 U ❶ さめ皮[革]. ❷ シャークスキン《外観がさめ革に似た織り方をした布地》.
shárk wàtcher 名《口》シャークウォッチャー, 乗っ取り監視者《企業買収の動きを見張って, 標的会社に対策を助言するコンサルタント(会社)》.
shár·on frúit /ʃǽrən/ 名《イスラエルの Sharon 平野で多く栽培されている》カキ (persimmon); シャロンフルーツ.

*__sharp__ /ʃɑ́ːp | ʃɑ́ːp/ 形 (~·er; ~·est) ❶ a 鋭い, 鋭利な (↔ blunt, dull): a ~ knife [edge] 鋭いナイフ[刃]. b 《先の》とがった, とがっている: ~ features 鋭い顔だち / a ~ pencil とがった鉛筆《比較》「シャープペンシル」「シャーペン」は和製英語で, a mechanical [《英》propelling] pencil という》.
❷ a 〈カーブ・転回など〉急な; 急カーブの: a ~ turn in the road 道路の急カーブ / make a ~ turn 急カーブする. b 〈坂など〉急勾配の, 険しい: a ~ rise [fall] 急な上り[下り]. c 〈角度が〉鋭い, 鋭角の: a ~ angle 鋭角.
❸ はっきりした, 鮮明な: a ~ outline くっきりした輪郭 / a ~ contrast 明確な対照 / a ~ impression 鮮明な印象 / The focus of this photograph isn't very ~. この写真のピントはあまり鮮明でない / The tower stood ~ against the clear sky. その塔はくっきりと澄んだ空にそびえていた.
❹ a 〈音・声など〉鋭い, 金切り声の, かん高い; とげとげしい: a ~ cry かん高い叫び声 / Her voice was ~ with indignation. 彼女の声は怒気を含んでとげとげしかった. b 〈視線が〉鋭い: He shot her a ~ glance. 彼は彼女に鋭い視線を投げかけた. c 〈光が〉ぎらぎらした, 強烈な: a ~ flash 強烈な閃光.
❺ a 〈味・においなど〉刺激の強い; 苦い, 辛い, 酸っぱい: a ~ taste ぴりっとした味 / a ~ smell 《鼻をつく》強いにおい. b 《米》〈チーズが〉ぴりっとした味の.
❻ a 〈気候・風など〉肌を刺すような, 身を切るような: a ~ wind 肌を刺すような冷たい風 / a ~ frost 《降り始める》厳しい寒さ, 厳寒. b 〈痛みなど〉鋭い; 〈悲しみ・失望など〉激しい, 胸を刺す(ような) (↔ dull); 〈食欲・飢えなど〉激しい, 強い: a ~ pain 激しい痛み / a ~ appetite 旺盛な食欲.
❼ a 〈目・鼻・耳など〉鋭敏な, よくきく: have a ~ eye [ear, nose] for ... によく目[耳, 鼻]がきく. b 〈監視など〉油断のない, 敏感な: keep a ~ watch [lookout] for ... を厳重に監視する.
❽ a 〈行動の〉活発な, 迅速な; 〈変化など〉速い, 急激な: We must be ~ or we'll miss the train. さあ急がないと列車に間に合わないぞ / There was a ~ rise [fall] in prices last month. 先月は物価が急激に上がった[下がった]. b 〈打撃など〉鋭い, 激しい: a ~ push 強く押すこと / get a ~ blow on the head 頭を一発ごつんと殴られる. c 〈試合・議論など〉激しい, 猛烈な: a ~ argument 激しい論戦 / a ~ contest 猛烈な競争.
❾ a 〈言葉・気性などの〉激しい, しんらつな, 痛烈な: a ~ answer とげとげしい返事 / a ~ tongue 毒舌 / ~ words 激しい言葉 / a ~ temper 激しい気性 / I got a ~ scolding. こっぴどくしかられた. b P 《...に対して》厳しくて, 厳格で 《with, on, upon》: He's ~ with his children. 彼は子供に厳しい.
❿ 利口な, 聡明な, 〈頭の〉切れる: a ~ child 利発な子 / judgment 聡明な判断力 / a ~ intelligence 鋭い知能 / ~ wits 鋭い才知 / He's ~ at math. 彼は数学がよくできる.
⓫ こうかつな, 抜けめのない, ずるい: a ~ gambler [lawyer] こうかつなギャンブラー[弁護士] / a ~ practice ずるい取引, いんちき / He's too ~ for me. 彼はずるくて私の手に負えない.
⓬ 《口》いきな(身なりの), しゃれた服装の, スマートな: a ~ suit いきなスーツ / a ~ dresser しゃれた服装をする人.
⓭ (比較なし) [記号の後に置いて] 《楽》嬰(えい)音の, シャープの (記号 ♯; cf. flat¹ 6 b): B ~ 嬰ロ調 (記号 B♯).
(as) shárp as a néedle 非常に鋭利な, 頭がいい; 抜けがけない. **Shárp's the wórd!** 早く早く!

── 副 (~·er, ~·est; more ~, most ~) ❶ (比較なし)[時刻を表わす副詞句の後で] きっかり, ぴったり (precisely): at three (o'clock) ~. 3時きっかりに. ❷ 急に, 突然, 急角度に: The train pulled up ~. 列車は突然止まった / The car turned ~ left [right]. 車は急に左[右]に曲がった. ❸ 《楽》正しい音より高く: You're singing ~. 君の歌は調子が高すぎる.
lòok shárp [通例命令法で] 《口》(1) 気をつける, 注意する. (2) 急ぐ.

── 名 ❶ 《楽》嬰音, シャープ (半音高い音); 嬰記号《♯; cf. flat¹ 4》. ❷ 《口》詐欺(し)師. ❸ 《米口》専門家, エキスパート.
shárps and fláts 《楽》《ピアノ・オルガンの》黒鍵.

── 他 《楽》〈音・調子を〉半音だけ高める, シャープさせる (《英》sharpen). ── 自 半音高く歌う[演奏する] (《英》sharpen).
~·**ness** 名 U ❶ 鋭さ; 厳しさ, 荒々しさ. ❷ 鮮明. ❸ 急激, すばやさ. ❹ 抜けめなさ; 敏感.
〖OE; 原義は「よく切れる」 (cf. shear, short)〗 (動 sharpen)

【類義語】 sharp, keen 共に鋭く切れる, 突き通す意から転じて比喩的にも用いられるが, sharp は物を鋭く見通す力, 賢明さ, 利益をつかむ道さ, 抜けめのなさ, また言葉などには人を傷つける毒舌などを表わす. keen は明敏・判断力・思考力の速さなどを示す. acute 先のとがった意味から転じて物をはっきり見分ける理解力や刺すような鋭さを示す.

shárp-éared 形 聴覚の鋭い, 耳がいい.
shar-pei /ʃɑ́ːpéɪ | ʃɑ́ː-/ 名 [しばしば Shar-Pei] シャーペイ《中国産の大型の犬; 茶色の毛をもち体には皺(しわ)がある》. 〖Chin 沙皮〗

†**sharp·en** /ʃɑ́ːp(ə)n | ʃɑ́ːp-/ 動 他 ❶ 〈...を〉鋭利にする, とぐ; とがらせる, 削る: ~ a pencil with a knife ナイフで鉛筆をけずる / ~ a razor on a strop 革砥(かわと)でかみそりをとぐ. ❷ a 〈食欲・痛みなどを〉強く[激しく]する: Exercise ~s your appetite. 運動は食欲を増進させる. b 〈感覚・知性などを〉鋭敏にする. c 〈言葉などを〉しんらつにする: ~ an attack on a person 人への非難を強める. ❸ 《英》《楽》 =sharp. ── 自 ❶ 鋭くなる, とがる. ❷ 激しくなる: The debate ~ed considerably. 論争は著しく激化した. ❸ 鋭敏になる. ❹ 《英》《楽》 =sharp. **shárpen úp** (他 自 +副) 向上[進歩, 上達]させる[する] (improve). (形 sharp)

shárp énd 名 [the ~] 《英口》最も難しい場面, 山場.
shárp·en·er /-p(ə)nə- | -nə/ 名 とぐ[削る]人[もの]: a knife ~ ナイフとぎ / a pencil ~ 鉛筆削り.
sharp·er /ʃɑ́ːpə | ʃɑ́ːpə/ 名 詐欺(し)師; (特に) トランプのいかさま師.
Shárpe·ville mássacre /ʃɑ́ːpvɪl- | ʃɑ́ːp-/ 名 シャープビルの虐殺《1960年3月21日南アフリカ共和国 Johannesburg 市の黒人居住区 Sharpeville で, アパルトヘイト反対のデモに治安部隊が発砲し69名が死亡した事件》.
shárp-éyed 形 ❶ 敏感な, 洞察力の鋭い: ~ criticism 洞察力の鋭い批評. ❷ 目の鋭い: a ~ detective 目つきの鋭い刑事.
sharp·ie /ʃɑ́ːpi | ʃɑ́ː-/ 名 《米》 ❶ 非常に抜けめのない人. ❷ 詐欺師. ❸ 三角帆の1[2]本マストの長い平底帆船.
sharp·ish /ʃɑ́ːpɪʃ | ʃɑ́ː-/ 副 《口》 ❶ 敏速に, すばやく. ❷ 幾分鋭く[鋭敏に]. ── 形 幾分鋭い[鋭敏な].
***shárp·ly** /ʃɑ́ːpli | ʃɑ́ː-/ 副 ❶ 鋭く; 厳しく; 荒々しく, とげとげしく. ❷ 急に, 急激に, すばやく (dramatically). ❸ はっきりと, くっきりと. ❹ 抜けめなく, 敏感に.
shárp-nósed 形 ❶ 鼻のとがった. ❷ 《飛行機・弾丸などの》頭部のとがった. ❸ 鼻のよくきく: a ~ dog 嗅覚(きゅうかく)の鋭敏な犬.
shárp-sét 形 ❶ 非常に空腹な, 飢えた. ❷ 先端を鋭角にした.
shárp·shòoter 名 射撃の名手; 狙撃(そげき)兵.
shárp·shòot·ing 名 正確無比の射撃; (言論などによる) ねらいの確かな[急所を突く]攻撃.
shárp-síghted 形 ❶ 目の鋭い. ❷ 抜けめのない.
shárp-tóngued 形 口の悪い, 言葉のしんらつな.

shárp-wítted [形] 才気の鋭い, 頭の切れる.
sharp·y /ʃáəpi | ʃá:-/ [名] 《米》＝sharpie.
shash·lik, -lick, shas·lik /ʃá:ʃlɪk/ [名] シャシリク《kebab のカフカス・中央アジア・ロシアでの呼称》.
Shas·ta /ʃǽstə/, **Mount** [名] シャスタ山《California 州北部の, Cascade 山脈の火山 (4317 m)》.
Shás·ta dáisy /ʃǽstə-/ [名]〘植〙シャスタデージー《フランスギクとハマギクの交配種》.
shas·tra /ʃá:strə/ [名] [しばしば S~]〘ヒンドゥー教〙サストラ《学術的典籍》.
shat /ʃǽt/ [動] shit の過去形・過去分詞.
Shatt al Arab /ʃǽtælǽrəb/ [名] [the ~] シャッタルアラブ川《イラク南東部 Tigris, Euphrates 両河の合流点からペルシア湾までの部分》.
*__shat·ter__ /ʃǽṭə | -tə/ [動] [他] ❶ 〈ガラスなどを〉粉みじんに壊す, 粉砕する: The explosion ~*ed* every window in the house. 爆発で家中の窓がみな壊れた. ❷ 〈健康・神経などを〉損なう, 害する; 〈希望などを〉くじく: The noise is ~*ing* our nerves. 騒音で神経がどうかなりそうだ / His health was ~*ed* by the war. 彼の健康は戦争ですっかり損なわれた / My dream was completely ~*ed*. 私の夢は完全に打ち砕かれた. ❸ 〈人の〉心に衝撃を与える (⇨ shattered 3). ❹ 《英》〈人を〉くたくたに疲れさせる (⇨ shattered 4): The hard work absolutely ~*ed* him. その激しい労働で彼は完全に参ってしまった. ── [自] ❶ 粉々になる. ❷ 損なう, だめになる. ── [名] [複数形で] 破片, 砕片: break into ~*s* 粉砕する. 【類義語】⇨ break[1].
*__shat·tered__ /ʃǽṭəd | -təd/ [形] ❶ 粉々になった: a ~ cup 粉々に割れたカップ. ❷ 損なわれた, だめになった: ~ health 損なわれた健康. ❸ (気が)動転した, ひどく動揺した[衝撃を受けた]: He had a ~ look on his face. 彼の顔には衝撃の色が浮かんでいた / He was ~ by the news. 彼はその知らせに大変な衝撃を受けていた[気が動転していた]. ❹ 《英》くたくたに疲れた (exhausted): She felt ~ after the long journey. 長い旅行が終わって彼女はくたくただった.
+__shát·ter·ing__ /-ṭərɪŋ, -trɪŋ/ [形] ❶ 〈体験など〉衝撃的な, 驚くべき (devastating). ❷ 耳を聾(ろう)するような, 大音響の. **~·ly** [副].
shátter·pròof [形] 〈ガラスなど〉割れても粉々にならない.
*__shave__ /ʃéɪv/ [動] (~d; ~d, **shav·en** /ʃéɪvən/) 《[語形] 特に分詞形容詞としては shaven を用いる》 [他] ❶ **a** 〈顔・ひげを〉そる; 〈顔・脚の〉毛をそる; 〈人の〉顔[頭, ひげを]そる; 〈...を〉そって〈...の状態に〉する: ~ one's head 頭をそる / I had a barber ~ me. 床屋に顔をそってもらった / 〔+目+補〕 A barber ~*d* him bald. 床屋は彼を丸坊主にそった. **b** [~ one*self* で] (自分の)顔[ひげ(など)]をそる. ❷ 〈芝生などを〉刈り込む. ❸ 〈...を〉薄く削る, 〈...に〉かんなをかける: ~ a piece of lumber 木材にかんなをかける. ❹ 〈...を〉すれすれに通る, かする: The car ~*d* the wall. その自動車は塀をこすって通った. ❺ 〈...を〉減らす, 〈価格を〉値引きする. ── [自] ひげをそる, かみそりを使う. **shave off** 《[他]+[副]》 [∽ óff] (1) 〈ひげなどを〉そり落とす: He ~*d off* his mustache. 彼は口ひげをそり落とした. (2) 〈...を〉(固まりなどから)薄く削る[切る]: ~ *off* thin slices of cheese チーズを何枚か薄く切り取る. ── 《[他]+[前]》 [∽...òff...] (3) 〔...から〕〈数・量などを〉少し減らす, 〈価格などを〉少し割り引く, 〈時間などを〉若干縮める, 短縮する. (4) 〔...から〕〈...を〉薄く削る[切る]. ── [名] ❶ [C] [通例単数形で] ひげをそること: have a ~ ひげをそる[そってもらう] / You need a ~. 君ひげをそる必要があるよ, ひげが伸びてるぞ. ❷ [C] 薄片, 削りくず: beef ~*s* 牛肉の薄切り. **a close shave** (1) かろうじて逃れること, 危機一髪: ⇨ *close* shave. (2) (ひげそりの)深ぞり. 〘OE; 原義は「切り取る, 削り取る」(cf. shear)〙
*__shav·en__ /ʃéɪv(ə)n/ [動] shave の過去分詞. ── [形] [しばしば複合語で] ❶ そった: a ~ chin [head] ひげをそったあご[つるつるにそった頭] / a clean-*shaven* face きれいにそった顔. ❷ 〈芝生など〉刈り込まれた.
+__sháv·er__ [名] ❶ **a** そり[削り]道具. **b** (電気)かみそり. ❷ そる[削る]人; 理髪師. ❸ 《口》若者, 小僧.
sháve·tàil [名] (仕込まれたばかりの)荷運び用のラバ《目印に断尾したことから》; 未熟者, 新米; 《米軍俗》新任将校, 少尉.
Sha·vi·an /ʃéɪviən/ [形] (バーナード)ショー (Shaw) の; ショー流の. ── [名] ショー崇拝者.
+__sháv·ing__ [名] ❶ [C] [通例複数形で] 削りくず, かんなくず: pencil ~*s* 鉛筆の削りくず. ❷ [U] **a** そること, ひげ[顔]そり. **b** 削ること.
sháving brùsh [名] ひげそり用ブラシ.
sháving crèam [名] [U] ひげそり用クリーム.
sháving fòam [名] [U] シェービングフォーム.
Sha·vu·ot /ʃəvú:out/ [名]〘ユダヤ教〙五旬節, シャブオート, ペンテコステ (⇨ Pentecost).
Shaw /ʃɔ́:/, **George Bernard** [名] ショー《1856–1950; アイルランド生まれの英国の劇作家・批評家; Nobel 文学賞 (1925); 略 G.B.S.》. ([形] Shavian)
+__shawl__ /ʃɔ́:l/ [名] ショール, 肩掛け. 〘Pers〙
sháwl cóllar [名] ショールカラー, へちま襟《ショールのように首から垂れる襟》.
shawm /ʃɔ́:m/ [名]〘楽〙ショーム《中世の竪笛の一種で, oboe の前身》.
Shaw·nee /ʃɔ̀:ní:⁻/ [名] ([複] ~, ~s) ❶ **a** [the ~(s)] ショーニー族《北米先住民の一部族》. **b** [C] ショーニー族の人. ❷ [U] ショーニー語.
sha·zam /ʃəzǽm/ [間] シャジャーン, えいっやー!《物を消したり出したりするときの呪文》; ジャーン, やったー.
shchi /ʃtʃí:/ [名] [U]〘料理〙ロシアのキャベツスープ.
‡__she__ /(弱形) ʃi; (強形) ʃí:/ [代] 《[語形] 所有格 **her,** 目的格 **her,** 所有代名詞 **hers,** 複合人称代名詞 **herself;** ⇨ they》[3 人称単数女性主格] 彼女は[が] 《[用法] 船・車・列車・国家・月・都市その他女性に擬したものにも用いる》: My mother says ~ likes you. 母は君が好きだと言っている / What a beautiful ship! What is ~ called? なんて美しい船だろう, 何という名ですか. ── /ʃí:/ [名] ❶ 女, 女の子, 女性. ❷ 雌 (cf. he[1] [名] 2). ── /ʃí:/ [形] [A] [動物名などに冠して複合語で] 雌の (cf. he[1] [形]): a *she*-cat 雌猫 (⇨ cat [関連]); 意地悪女 / ⇨ she-goat.
s/he [代] ＝she or he, he or she. 《[発音] she or he と読む》.
shea /ʃí:, ʃéɪ | ʃíə, ʃí:ə/ [名] (また **shéa trèe**)〘植〙シアバターノキ.
shéa bùtter [名] [U] シアバター《shea tree の実から採る植物性のバター; 食用またはせっけん・ろうそく製造用》.
shead·ing /ʃí:dɪŋ/ [名] 村, 部落《Isle of Man の六分された行政区画の一つ》.
sheaf /ʃí:f/ [名] ([複] **sheaves** /ʃí:vz/) ❶ 〔書類などの〕束 (⇨ bundle [比較]): a ~ ***of*** letters ひと束の手紙. ❷ 〔穀物を刈った〕束, ひと束: a ~ ***of*** barley ひと束の大麦. ── [動] [他] 〈穀物・書類などを〉束ねる, 集める.
+__shear__ /ʃíə | ʃíə/ [動] (~ed; ~ed, **shorn** /ʃɔ́ən | ʃɔ́:n/) 《[語形] [他] 2, 4 および分詞形容詞としては shorn を用いる》 [他] ❶ **a** (大ばさみで)〈羊の〉毛を刈る: ~ a sheep 羊の毛を刈る. **b** 〈羊毛を〉刈り取る: ~ wool (from a sheep) (羊から)毛を刈り取る. ❷ 《文》〈髪を〉切る; 〈人の〉髪を切る: ~ ***off*** a person's hair 人の髪を切り落とす. ❸〘機〙剪断する 〈*off*〉. ❹ 〈人から〉〈...を〉奪う, 奪い取る 〔*of*〕 (⇨ shorn 2). ── [自]〘機〙剪断される 〈*off*〉. ── [名] ❶ [複数形で] **a** 大ばさみ, 植木ばさみ: garden ~*s* 園芸用大ばさみ《1丁》/ a pair of ~*s* 大ばさみ 1 丁. **b** 剪断(せんだん)機. ❷ [C] 《英》(羊の)刈り込み回数; (羊の)年齢. 〘OE; 原義は「切る」; cf. score, shore, share[1], shave〙
shear·er /ʃí(ə)rə | -rə/ [名] (羊などの)毛を刈る人.
shéar·ling /-lɪŋ/ [名] ❶ 1 回剪毛した当歳の羊. ❷ [U] 当歳羊の毛. ❸ [U] (最近毛を刈った)(子)羊のなめし革.
shéar·wàter [名]〘鳥〙❶ ミズナギドリ. ❷ ハサミアジサシ.
sheat·fish /ʃí:tfɪʃ/ [名]〘魚〙ダニューブ[ヨーロッパ]ナマズ《欧州中部・東部産; 長さ 3 m に及ぶものもある》.
+__sheath__ /ʃí:θ/ [名] ([複] ~s /ʃí:ðz, ʃí:θs/) ❶ **a** (刃物の)さや. **b** (道具の)おおい. ❷ (ケーブルの)鎧装(がいそう). ❸ コンドーム (condom). ❹ シース(型のドレス)《女性用の体にぴったりフィットする細身の服》. ❺〘解〙鞘. 〘OE; 原義は「裂いたもの」〙 ([動] sheathe)
shéath·bìll [名]〘鳥〙サヤハシチドリ, カオグロサヤハシチドリ《南極周辺産》.

sheathe /ʃíːð/ 動 ❶ 〈…を〉さやに納める. ❷ (保護のため)〈…を〉〈…で〉おおう, 包む: ~ a roof *with* copper 屋根を銅板でおおう / ~ a mummy *in* linen ミイラを亜麻布で包む. (名 sheath)

sheath·ing /ʃíːðɪŋ/ 名 U ❶ (保護用の)おおい, 被覆材料: (a) waterproof ~ 防水の被覆材料. ❷ さやに納めること.

shéath knìfe さや入りナイフ.

sheave[1] /ʃíːv/ 名 滑車輪, 溝車.

sheave[2] /ʃíːv/ 動 他 =sheaf.

sheaves 名 sheaf の複数形.

She·ba /ʃíːbə/ 名 シバ《アラビア南西部の古国》.
the Quéen of Shéba シバの女王《ソロモンの偉業と知恵を聞き, その教えを受けるためにたくさんの宝物を持って彼を訪ねた; ★ 聖書「列王紀上」から》.

she·bang /ʃɪbǽŋ/ 名 [the whole ~ で]《米口》何もかも, いっさいがっさい.

She·bat /ʃəbάːt/ 名《ユダヤ暦》セバト, シェヴァト《政暦の第 5 月, 教暦の第 11 月; 現行太陽暦で 1-2 月》.

she·been, -bean /ʃəbíːn/ 名《アイル・スコ・南ア》もぐりの酒場 (speakeasy), (一般に)酒場《きたないらしい》居酒屋.

*shed[1] /ʃéd/ 名 [しばしば複合語で](ものをしまっておく)小屋, 物置; 置き場, 車庫, 格納庫: a ~ for tools 道具置き場 / ⇒ toolshed / a bicycle ~ 自転車置き場 / a cattle ~ 家畜小屋 / a train ~ 列車車庫.

*shed[2] /ʃéd/ 動 (shed; shed·ding) 他 ❶ a 〈動・植物などが〉〈葉・角・皮・毛・羽など〉(自然に)落とす, 脱ぎ[生え]かえる: Trees ~ their leaves in autumn. 木は秋に葉を落とす. **b** 〈衣服〉脱ぎ捨てる: He ~ his clothes and jumped into the river. 彼は服を脱ぎ捨てると川へ飛び込んだ. ❷ 〈不要なものを〉取り除く, 処分する: The company is *shedding* 35% of its employees. その会社は従業員の 35% を削減しようとしている / The actress tries to ~ her cutie-pie image. その女優は「かわい子ちゃん」のイメージを払拭(ふっしき)しようとしている / ~ excess fat 余分な脂肪を取り除く. ❸ 〈光線・香気などを〉〈…に〉発する, 放つ: The moon ~ a silver light *over* the landscape. 月はあたりの景色に銀色の光を注いでいた / This book ~s no light *on* the question. この本はその問題に何の光も投げかけない[その問題を何ら解明するところがない]. ❹ 〈水などを〉はじく: This cloth ~s water. この布は水をはじく[防水になっている]. ❺《英》〈トラックなどが〉〈積み荷を〉誤って落とす. ❻ 〈血・涙などを〉流す, こぼす: ~ tears 涙を流す, 泣く / ~ blood 血を流す, 流血の惨事を起こす. ── 自 〈動・植物が〉葉[角, 皮, 毛, 羽]を(自然に)落とす, 脱ぎかえる. 《OE=分ける, 裂く; cf. shear》

*she'd /ʃiːd/ she had [would] の短縮形.

shéd·der /-də/ -də/ 名 ❶ 流す人, 注ぐもの. ❷ 産卵後のサケ.

shé·dèvil 悪魔のような女, 意地悪女, 悪女, 毒婦.

shéd·lòad 名 [~s of …で]《英口》たくさん, 多数.

+sheen /ʃíːn/ 名 U [また a ~] 輝き, 光沢, つや: Her hair has *a* healthy ~. 彼女の髪は健康そうにつやつやしている / polish a coin to *a* ~ コインをぴかぴかに磨く. ── 動 自《詩・文》光輝く.

sheen·y[1] /ʃíːni/ 形 (sheen·i·er, -i·est) ぴかぴかの, 光沢[つや]のある.

shee·ny[2] /ʃíːni/ 名《俗》《軽蔑》ユダヤ人 (Jew).

*sheep /ʃíːp/ 名 (徴 ~) ❶ C 羊, めん羊 《解説 柔順・臆病(おっきょう)者のイメージがあり, 羊飼いと羊の関係は支配する者と支配される者, 牧師と信者の関係を象徴する; 【関連】 去勢しない雄は ram, 去勢した雄は wether, 雌は ewe, 子は lamb; 羊肉は mutton, 子羊の肉は lamb; メーと鳴くは bleat, 鳴き声は baa》: a flock of ~ 羊の群れ / a black sheep / count ~ 羊を数える《解説 眠れないときは羊の群れを想像し 1 匹, 2 匹, …と数えたり牧場の柵(さく)を越える羊を 1 匹, 2 匹…と思い浮かべる》/ One may [might] as well be hanged for a ~ as (for) a lamb. 《諺》毒を食らわば皿まで《《由来》「子羊を盗んで絞首刑にされるよりは親羊を盗んで絞首刑にされるほうがよい」から》. ❷ C 臆病者, 気の弱い人. ❸ U 羊皮. **a wólf in shéep's clóthing** ⇒ wolf 成句. **líke shéep** 自分の意志をもたず他人の行動[意

1659 **sheet**

見]に流されて[同調して], 付和雷同して. **séparate the shéep and [from] the góats** 善人と悪人 [有能な人と無能な人]とを区別する《★ 聖書「マタイ伝」から》. 《OE》 (形 sheepish; 【関連】 ovine)

shéep-dìp 名 ❶ U 洗羊液《寄生虫駆除のために羊を浸す消毒液》. ❷ C 洗羊槽.

shéep·dòg 名 ❶ 羊の番犬, 牧羊犬 (collie など).

shéepdog trìals 名 牧羊犬の能力競争.

shéep·fòld 名 羊の囲い, 羊小屋, 羊舎.

shéep·hèrder 名 《米》羊飼い, 牧羊者.

+shéep·ish /-pɪʃ/ 形 (羊のように)内気な, 恥ずかしがる, 気の弱い, おどおどした: a ~ boy 気の弱い少年 / a ~ smile 恥ずかしそうな笑み. **~·ly** 副 **~·ness** 名 (名 sheep)

shéep-rùn 名 《英》広い牧羊場.

shéep's-bìt 名《植》山地ヤシオネ《欧州原産; マツムシソウに似たキキョウ科の草》.

shéep's èyes 名 複 内気にあこがれる目つき: make [cast] ~ at …におずおずした色目を使う.

shéep·shànk 名《海》縮め結び, シープシャンク《一時的にロープを縮めるための結索》. ❷《スコ》つまらないもの.

shéep·shèarer 名 羊毛を刈る人[器械].

shéep·shèaring 名 ❶ U 羊毛刈り. ❷ C a 羊毛刈りの時期. b 羊毛刈りの祝い.

shéep·skìn 名 ❶ **a** U 羊皮. **b** U 羊のなめし革. **c** C 羊の毛皮外套(がい); 羊皮の敷き物. ❷ U 羊皮紙. ❸ C 《米口》卒業証書.

shéep·wàlk 名《英》牧羊場.

*sheer[1] /ʃɪə/ | ʃɪə/ 形 (~·er; ~·est) ❶ A まったくの, 本当の: ~ folly 愚の骨頂 / by ~ luck まったくの幸運で / talk ~ nonsense まったくのたわごとを言う. **b** [量・大きさ・程度などを強調して] はなはだしい: the ~ number [quantity] of… はなはだしい [莫大な]数[量]の… / the ~ size of… 途方もない大きさの…. ❷ 〈布地がごく薄い, 透ける(ような): ~ stockings [tights] 薄く透けて見えるストッキング[タイツ]. ❸ 〈がけなど〉切り立った, 険しい: a ~ cliff 切り立ったがけ. ── 副 (比較なし) ❶ 全然, まったく: The date went ~ out of my head. 私はその日取りをすっかり忘れていた. ❷ 垂直に, 切り立って, まともに: The cliff rises ~ from the sea. そのがけは海面から垂直にそそり立っている. ── 名 ❶ U 透きとおるように薄い織物. ❷ C 薄織物製の服.

sheer[2] /ʃɪə | ʃɪə/ 動 ❶ 〈船などが〉(衝突しないように)急に向きを変える *off*, *away*. ❷ 〈嫌いな人・いやな話題などを〉避ける: I saw him coming and ~ *ed off*. 彼がやって来るのを見て会わないように避けた / He always ~s *away from* this topic. 彼はいつもこの話題を避ける.

shéer·lègs 名 複 二又クレーン.

*sheet[1] /ʃíːt/ 名 ❶ 敷布, シーツ 《解説 ベッドには上下 2 枚用い, その間に寝る; 【匹敵】 防水布などをさす日本語の「シート」は tarpaulin》: get between the ~s シーツの間にもぐり込む, 寝る / change the ~s (on a bed) (ベッドの)シーツを替える. ❷ (紙・鉄板などの) 1 枚 (⇒ sheet 用法): a ~ of wrapping paper 包装用紙 1 枚 / tear a ~ from a pad メモ帳から 1 枚はがす / a ~ of glass [iron] 板ガラス[鉄板] 1 枚. ❸ a 印刷物: a fly ~, ちらし, ビラ / a specification ~ 仕様書. **b** 〈低級な〉新聞: a news ~ (簡単な) 1 枚刷り新聞 / a scandal ~ スキャンダル新聞, 赤新聞. **c**《切手》シート (1 枚の紙に印刷されたままの切手). **d**《印》刷り紙《本の形に折る前の大きな印刷紙》. ❹ [しばしば複数形で] (水・雪・火・光などの)広がり: a ~ *of* ice 一面の氷 / a ~ *of* fire 一面の火の海 / ~s *of* rain どしゃ降りの雨. **a cléan shéet** =a clean slate[1] 成句. **(as) white as a shéet** (顔が)〈病気・恐怖・ショックなどで〉まっさおな, 血の気のない. **in shéets** (1) 〈雨などが〉激しく: The rain fell [came down] *in* ~s. 雨はどしゃ降りだった. (2) (刷ったままで)製本してない, 綴(と)じていない, 一枚一枚ばらばらの. ❺ A 薄板状の: ~ glass 薄板ガラス / ~ iron 薄鉄板 / ~ metal 金属の薄板, 板金. ── 動 ❶ 〈…に〉シーツを敷く[かける]: a ~ed corpse シーツをかけた死体. ❷ 〈…を〉(シーツのように)一面におおう. ── 自

〈雨が激しく降る〉《down》.

sheet² /ʃiːt/ 图 《海》帆脚索(ほぎゃく), シート(帆を船につなぐ綱). ❷ [複数形で] (ボートの船首・船尾の)余地, 座.
three sheets in [to] the wind 《米俗》酔っぱらって《画ома帆脚索が3本も外れて風の吹くままになった船の形容から》.

shéet ànchor 图 ❶ 《海》非常用大いかり. ❷ いざという時の頼みの綱《人・もの》.

shéet bènd 图 《海》(2本のロープを結ぶときの)ほん結び, シートベンド.

sheet·ing /ʃíːtɪŋ/ 图 Ⓤ ❶ (被覆・裏張り用)板金(ばんきん). ❷ 敷布地.

shéet líghtning 图 幕電(光)《雲に反射して幕状に光る稲光》.

shéet métal 图 Ⓤ 板金, 金属薄板.

shéet músic 图 Ⓤ (とじてない)1枚刷りの楽譜.

Sheet-rock /ʃíːtrɑk | -rɔk/ 图 Ⓤ 《商標》シートロック《石膏板; 建材》.

Shef·field /ʃéfiːld/ 图 シェフィールド《イングランド South Yorkshire 地域の工業都市; 鋼鉄業の中心地》.

Shéffield pláte 图 Ⓤ 硬質の銀きせ銅板, 銀きせ.

shé-goat 图 雌やぎ(↔ he-goat).

⁺sheik(h) /ʃiːk/ 图 ❶ (イスラム教国, 特にアラブ諸国で)シャイフ, 族長, 長老, 首長《用法》称号・敬語としても用いる》.

shéik(h)·dom /-dəm/ 图 sheik の管領地, 首長国.

Shei·la /ʃíːlə/ 图 シーラ《女性名》.

shek·el /ʃékəl/ 图 ❶ シェケル《イスラエルの通貨単位; また古代ユダヤの衡量単位・銀貨》. ❷ [複数形で] 《口》お金, 富: have a lot of ~ 大金持ちである.

shel·drake /ʃéldreɪk/ 图 《鳥》ツクシガモ.

shel·duck /ʃéldʌk/ 图 《鳥》ツクシガモ(の雌).

***shelf** /ʃélf/ 图 (働 **shelves** /ʃélvz/) ❶ a 棚: Put this book on the ~, would you? この本を棚に置いてください. **b** ひと棚分のもの: a ~ of books ひと棚分の本. ❷ a (がけの)岩棚, 砂州(す); 浅瀬: ⇒ continental shelf. **òff the shélf** (在庫があって)いつでも買える. **on the shélf** 《口》(1) 〈人・計画などが〉用いられないで, 棚上げされて; 使いものにならなくなって, 不要になって. (2) 〈女性が〉婚期を過ぎて, 売れ残って. (3) 〈音楽・映画の録音[収録]を終えて発売[公開]待ちで. 【ME; 原義は「割った板」】(働 shelve)

shélf lìfe 图 (薬・食品などの)貯蔵寿命[期間].

shélf-màrk 图 (図書館の書物の背につけた)書架記号.

***shell** /ʃél/ 图 Ⓒ,Ⓤ ❶ a 貝殻; (カキの)殻: pick up ~s 貝殻を拾う / buttons made of ~ 貝(で作られた)ボタン. **b** (カメ・エビ・カニなどの)甲羅: ⇒ tortoiseshell. **c** (カブトムシなどの)硬い外皮. **d** (鳥の卵の)殻. **e** (果実・種子などの)殻. **f** (豆類の)さや. ❷ **a** (建物・乗り物などの)骨組み, 外郭; 船体; 車体. **b** (料理で, 詰め物をする前の)パイの外皮. **c a** (内実のない)外観, 見せかけ: a ~ of religion 宗教の見せかけ, うわべだけの宗教. **b** (人間の)抜け殻: She has become a mere ~. (やる気をなくした)抜け殻みたいな人になった. ❹ Ⓒ (炸裂する)砲弾, 破裂弾 ⇒ **bullet** 《比較》. **b** 《米》薬莢(きょう), 薬包. **c** 実弾を込めた小銃の薬莢. ❺ Ⓒ シェル型ボート《スカル(scull)に似た競走用の軽量ボート》. ❻ Ⓒ 《理》(電子の)殻. ❼ 《電算》シェル《プログラムのユーザーインターフェースを決定する最外殻; 特に OS でユーザーが入力したコマンドを解釈するプログラム》. **ìnto one's shéll** 《口》自分の殻に閉じこもって: go [retreat, withdraw] *into* one's ~ 自分の殻に閉じこもる, 打ち解けない, 無口になる. **òut of one's shéll** 《口》自分の殻から出て: come *out of* one's ~ 自分の殻から出る, 打ち解ける / bring a person *out of* his ~ 人を自分の殻から出させる, 人を打ち解けさせる. ── 働 働 **a** 〈...を殻から取り出す, 〈...の〉殻を取る, 〈...の〉皮をむく: ~ peas 豆のさやをむく. **b** トウモロコシの実を芯(しん)から取る, 小麦などの穀粒を穂から取る. ❷ 〈...を〉砲撃する: ~ a town 町を砲撃する. ── 働 ❶ さや[皮]がむける. ❷ 砲撃する.

shéll óut 《口》(働+働) ❶ 必要なだけの金を払う[渡す]. ── (働+働) (2) 〈金を〉払う, 渡す. 【OE; 「分離されるおおい」の意から】 (形 shelly)

***she'll** /ʃiːl/ she will [shall] の短縮形.

shel·lac /ʃəlǽk/ 图 Ⓤ セラック《lac を精製して薄板状に固めたものでワニスなどの原料》. ── (-lacked /~t/; -lack·ing) 働 ❶ 〈...に〉セラックを塗る. ❷ 《米俗》〈...を〉ぶちのめす, めちゃめちゃに負かす.

shel·lácked 形 ❶ セラックを塗った. ❷ 《米俗》めためたにやっつけられた. ❸ 《米俗》酔っぱらった.

shel·lác·ing 图 [通例単数形で] 《米》殴打; 大敗: give a person a ~ 人をぶちのめす[完全に負かす] / take a ~ 大敗を喫する.

shéll·bàck 图 ❶ 老練の水夫. ❷ 《口》船で赤道を越えた経験のある人.

shéll bìt 图 シェルビット, さじ形錐《丸みな型の穿孔錐の穂先》.

shéll còmpany [corpòration] 图 ペーパーカンパニー, ダミー会社, 幽霊会社《資産も営業実体もない名目会社》.

shelled 形 ❶ 殻をとった: a ~ oyster むきガキ. ❷ [複合語で] (...な)殻をもった: **soft-shelled** 柔らかい殻をした.

shéll égg 图 殻付き卵《脱水・粉化しない普通の卵》.

shéll·er 图 ❶ 殻をむく[とる]人; 殻むき機. ❷ 貝殻収集家.

Shel·ley /ʃéli/, **Mary** (**Woll·stone·craft** /wúlstənkræft | -krɑːft/) 图 シェリー (1797-1851; 英国の小説家; P. B. Shelley の2度目の妻; cf. Frankenstein).

Shelley, **Percy Bysshe** /bíʃ/ 图 シェリー (1792-1822; 英国の叙情詩人).

shéll·fìre 图 Ⓤ 砲火.

***shéll·fìsh** 图 (優 ~, ~·es) Ⓒ,Ⓤ ❶ (特に食用となる)貝《カキ・ハマグリなど》. ❷ 甲殻類《カニ・エビなど》.

shéll gàme 图 ❶ 豆隠し手品《3個の(くるみの殻または)くるみ状の杯を伏せて, 中に豆または小球を隠し, 殻・杯を動かしてから, どれにはいっているかを観客に当てさせるいんちき賭博の一種; cf. thimblerig》; (一般に)いんちき(勝負事), 詐欺.

shéll hèap 图 貝塚.

shéll·ing 图 砲火.

shéll jàcket 图 シェル(ジャケット)《夏期用・熱帯地方用の男子の略礼装ジャケット》.

shéll-lìke 形 殻[貝]殻のような. ── 图 《英口》耳: a word in your ~ ちょっとお耳に.

shéll-lìme 图 Ⓤ 貝殻灰, 貝灰, カキ灰.

shéll mìdden [mòund] 图 貝塚.

shéll pínk 图 シェルピンク《黄味をおびたピンク》.

shéll-pròof 形 砲撃に耐える, 防弾の.

shéll shòck 图 Ⓤ 砲弾ショック, 戦争神経症《戦争での精神的緊張によって起こる兵士のノイローゼ・精神異常》.

shéll-shòcked 形

shéll sùit 图 シェルスーツ《防水のナイロンの外層と綿の内層からなるトラックスーツ》.

shéll wòrk 图 Ⓤ 貝細工.

shell·y /ʃéli/ 形 (**shell·i·er**; **-i·est**) 貝殻 (shell) の多い[でおおわれた]; 貝殻質の.

Shel·ta /ʃéltə/ 图 Ⓤ シェルタ《アイルランドなどの漂泊民やジプシーなどに限って用いられ続けてきた俗語》.

***shel·ter** /ʃéltə | -tə/ 图 ❶ Ⓒ **a** (風雨・危険などを避ける)避難所, (避難)小屋 (refuge): The hut provided a ~ from the storm. その小屋はあらしの避難場所になった. **b** (バス停などの)待合所; 雨宿りの場所; a bus-stop ~ (雨よけのある)バス待合所. **c** 防空壕(ごう), 待避壕 (⇒ **basement** 《比較》): a nuclear bomb ~ 核シェルター. **d** (路上生活者などの)保護施設. ❷ Ⓤ 避難所, 保護, 庇護(ひご); 掩護: find ~ from a storm あらしから避難する[をよける] / take ~ in a doorway 戸口[軒下]へ雨宿りする / get under ~ 退避する / They sought ~ at my house. 彼らは私の家に避難してきた. ❸ Ⓤ 住まい, 宿: food, clothing and ~ 衣食住《比較》日本語には順序が違う》. ── 働 働 ❶ 〈...を〉保護する, 守る, かばう, ~する: an escaped prisoner (*in* one's *house*) 脱獄囚を(家にかくまう) / You can't ~ the children *from* real life forever. 子供を世間の荒波からいつまでも守ってはやれない / The wall ~s the house *from* the north wind. その塀は家を北風から守っている. ❷ [~ oneself で] 〔...の〕庇護

(ᵍ)に頼る,〔…(の威光)を〕かさに着る〔*under, beneath, behind*〕. ❸〈貿易・産業などを〉(国際競争から)保護する. ── [自] ❶ 避難する, 隠れる: ~ ***from*** the rain 雨宿りする. ❷ 日[風, 雨(など)]をよける: He ~*ed* ***in*** a cave [***under*** a tree]. 彼はほら穴[木の下]に逃げ込んだ. ❸〔…の〕庇護(ᵍ)に頼る〔*under, beneath, behind*〕. **~·less** [形] 避難所のない, 逃げる[隠れる]所のない, おおいのない. 〘OE=盾で守られた軍隊〙

shélter·bèlt [名] 防風林.

⁺**shél·tered** [形] ❶ (風雨・危険などから)守られた: a ~ spot 風雨にさらされない場所. ❷ 世間の荒波から守られた, 過保護の: lead a ~ life 過保護な生活を送る. ❸〈建物が〉老人・障害者などの便を考えてつくられた.

shéltered accommodátion [hóusing] [名] [U] 《英》 (老人・障害者などのための)保護住宅.

shélter tènt [名] (持ち運び用)小型テント.

shélter·wòod [名] [U] 防風林, 保安林.

shel·tie, shel·ty /ʃélti/ [名] シェルティー: ❶ =Shetland sheepdog. ❷ =Shetland pony.

⁺**shelve**¹ /ʃélv/ [動] [他] ❶〈法案などを〉棚上げする, 握りつぶす;〈計画などを〉お流れにする, 延期する: ~ a bill 法案を棚上げにする. ❷ **a**〈…を〉棚に載せる[置く]: ~ books 本を棚に置く. **b**〈…に〉棚をつける. ❸〈人を〉解雇する, 退職させる. ([名] shelf)

shelve² /ʃélv/ [動] [自] [通例副詞(句)を伴って]〈土地が〉(だらだら)坂になる, (ゆるい)勾配(こうばい)になる: The land ~*s down to* the beach. その土地はゆるやかに傾斜して浜へと続いている.

***shelves** /ʃélvz/ [名] **shelf** の複数形.

shelv·ing [名] [U] ❶ 棚《全体》. ❷ 棚(を作る)材料.

she·moz·zle /ʃəmázl | -mɔ́zl/ [名] [通例単数形で]《俗》ごたごた, 大騒ぎ, 騒動.

Shen·an·do·ah /ʃènəndóuə⁻/ [名] [the ~] シェナンドア川《Virginia 州北部を北東へ流れ Potomac 川へ注ぐ》.

she·nan·i·gan /ʃənǽnɪgən/ [名] 《口》 ❶ [通例複数形で] いたずら, 悪ふざけ. ❷ ごまかし, 偽り.

Shen·si /ʃènsí:/ [名] =Shaanxi.

Shen·yang /ʃʌ̀njá:ŋ/ [名] 瀋陽(しんよう)(シエンヤン)《中国遼寧省の省都; 旧称 奉天 (Mukden)》.

shé-òak [名] 〔植〕 モクマオウ《豪州原産》.

She·ol /ʃí:oul | ʃí:ɔl/ [名] [U] (ヘブライ人の)死者の国, 冥土(めいど) (cf. Hades 1).

Shep·ard /ʃépəd | -pəd/, **Alan B(artlett)** [名] シェパード《1923–98; 米国で最初の宇宙飛行士》.

Shepard, Sam [名] シェパード《米国の劇作家・俳優; 本名 Samuel Shepard Rogers, Jr.》.

***shep·herd** /ʃépəd | -pəd/ [名] ❶ [C] 羊飼い, 牧羊者. ❷ **a** [C] (教会員を羊に見立てて)牧師. **b** [C] (精神的)指導者. **c** [the (Good) S~] よき羊飼い, イエスキリスト. ❸ = shepherd dog. ── [動] [他] ❶〈羊を〉飼う, 見張る, 世話する. ❷ **a** [副詞(句)を伴って]〈人の集団を〉(…に)導く, 案内する: The guide ~*ed* the tourists *around*. ガイドは観光客をあちこち案内して回った. **b**〈人を〉精神的に導く[指導する]. 〘OE < SHEEP+*herd* 牧夫〙 ([関形] bucolic)

shépherd dòg [名] 牧羊犬.

shep·herd·ess /ʃépədəs | ʃèpədés/ [名] 女性の羊飼い.

shépherd's chéck [名] ❶ [C] 白黒碁盤じま模様. ❷ [U] 白黒碁盤じま模様の布地.

shépherd's cróok [名] 牧杖(ぼくじょう)《一方の先が曲がっている》.

shépherd's píe [名] [C,U] シェパードパイ《ひき肉をマッシュポテトで包んで焼く》.

shépherd's pláid [名] =shepherd's check.

shépherd's púrse [名] [U,C] 〔植〕 ナズナ, ペンペングサ.

sher·ard·ize /ʃérədàɪz | -rə-/ [動] [他]〈鉄鋼〉の表面に亜鉛を拡散浸透させる,〈…を〉シェラダイズする.

Sher·a·ton /ʃérət(ə)n/ [形] シェラトン様式の《18 世紀末に始まった軽快優美な家具のデザインにいう》. 〘T. Sheraton 英国の家具製作者〙

sher·bert /ʃə́bət | ʃə́:bə:t/ [名] [U] =sherbet《★ 非標準的用法》.

sher·bet /ʃə́:bət | ʃə́:-/ [名] ❶ [C,U] シャーベット: **a** 《米》果汁に牛乳・卵白・ゼラチンを加えて凍らせたアイスクリームのような氷菓. **b** 果汁に甘味を加えて薄めた冷たい飲み物. ❷ [U] 《英》 ソーダ水の素, 粉末ソーダ. 〘Turk < Arab=飲み物〙

sherd /ʃə́:d | ʃə́:d/ [名] =shard.

she·reef, she·rif /ʃərí:f/ [名] =sharif.

Sher·i·dan /ʃérɪdn/, **Richard Brins·ley** /brínzli/ [名] シェリダン《1751–1816; 英国の劇作家》.

***sher·iff** /ʃérɪf/ [名] [C] ❶ 〔米〕 郡保安官, 法執行官《郡民に選出されて, 郡の通例司法権と警察権をつかさどる官吏》. ❷ 〔英〕 州長官《county (または shire) の執政長官で今は正式には high sheriff とよび, 任期 1 年の名誉職; cf. bailiff 2 b》. ❸ 〔スコ〕 州裁判所主任判事. 〘OE; ⇨ shire, reeve〙

shériff('s) còurt [名] 〔スコ〕 州裁判所.

sher·lock /ʃə́:lɑk | ʃə́:lɔk/ [名] [しばしば S~] 名探偵, 名推理[解決]者; [S~] 《米俗》 仲間, 相棒.

Sher·lock Holmes /ʃə́:lɑkhóumz | ʃə́:lɔk-/ [名] ❶ シャーロックホームズ《Conan Doyle 作の推理小説中の主人公で名探偵》. ❷ [C] 名探偵.

Sher·man /ʃə́:mən | ʃə́:-/, **John** [名] シャーマン《1823–1900; 米国の政治家; 反トラスト法 (Sherman Antitrust Act) (1890) の提案者》.

Sherman, William Tecumseh [名] シャーマン《1820–91; 米国南北戦争時の北軍の将軍》.

Sher·pa /ʃéəpə | ʃə́:-/ [名] ([複] ~, ~s) ❶ シェルパ《★ ヒマラヤ山脈に住むチベット系部族の人; しばしば登山の案内人や人夫をつとめる》. ❷ 首脳会議の下準備をする役人[外交官].

⁺**sher·ry** /ʃéri/ [名] [U,C] シェリー酒《アルコール分を強めた白ワイン; 通例食前酒として飲む》. 〘スペインの原産地名から〙

Sher·wood /ʃə́wʊd/, **Robert** [名] シャーウッド《1896–1955; 米国の劇作家》.

Shér·wood Fórest /ʃə́:wʊd | ʃə́:-/ [名] シャーウッドの森 《イングランド Nottinghamshire にあった王室林; Robin Hood の根拠地》.

‡**she's** /ʃi:z/ **she is [has]** の短縮形.

Shét·land Íslands /ʃétlənd-/ [名] [複] [the ~] シェトランド諸島《スコットランド北東沖にある大小約 100 の島々で, 一州をなす; 州都 Lerwick》.

Shétland láce [名] [U] シェトランドレース《縁取り用》.

Shétland póny [名] シェトランドポニー《シェトランド諸島原産の頑健なポニー》.

Shétland shéepdog [名] シェトランドシープドッグ, シェルティ(犬).

Shétland wóol [名] [U] シェトランドウール《シェトランド諸島原産の極細の羊毛[毛糸]》.

She·vard·na·dze /ʃèvə(d)ná:dzeɪ | -vəd-/, **Ed·uard** /édwəd | -wəd/ **A.** [名] シュワルナゼ《1928– ; ソ連・グルジア共和国の政治家; グルジア共和国大統領 (1995–)》.

Shevat /ʃəvá:t/ [名] =Shebat.

shéw·brèad /ʃóu-/ [名] [U] 〔ユダヤ教〕 供えのパン《古代イスラエルでユダヤの祭司が安息日に幕屋の至聖所の祭壇にささげた種なしのパン》.

SHF 《略》 〔通信〕 superhigh frequency.

shh, shhh. . . /ʃ(:)/ [間] =sh.

Shi·a, Shiʻa /ʃí:ə/ [名] ❶ シーア派《イスラムの二大分派の中の一派; cf. Sunni》. ❷ シーア派の信徒 (Shiite).

shi·at·su /ʃiá:tsu: | -ǽts-/ [名] [U] 指圧.

shib·bo·leth /ʃíbəlèθ, -ləθ/ [名] ❶ 陳腐[旧式]な文句[考え]. ❷ (特定の階級・団体などの)特殊な合い言葉[言葉づかい, 主義, 慣習]. 〘Heb=流れ; 'sh' を発音できなかったエフライム人をギレアデ人と区別するために用いたためし言葉〙

shick·er /ʃíkə | -kə/ 《俗》 [形] 酔っぱらって. ── [名] 酔っぱらい.

***shield** /ʃí:ld/ [名] ❶ **a** 盾(たて)《矢・槍(やり)・刀などを防ぐための昔の武具》. **b** (機動隊などの)暴動鎮圧用盾. ❷ **a** 保護物, 防御物: ⇨ human shield. **b** (機械などの)外装.

S

shield bug

c シールド《トンネル・鉱坑を掘る時に坑夫を保護する枠》. d 《原子炉を包む》遮蔽(しゃへい)物. ❸ 保護者, 擁護者, 後ろ盾: God is our ~. 神は我らの盾. ❹ a 盾形のトロフィー, 優勝盾. b 《米》(盾形の)警官証[保安官など]のバッジ. c 《英》盾形. ─ 動 他 ❶ ‹…を›保護する, かばう; かくまう《正確に protect のほうが一般的》: ~ one's eyes *from* [*against*] the sun 目をまぶしい太陽から守る[さえぎる] / He ~*ed* me *from* hostile criticism. 彼は私を敵意に満ちた非難からかばってくれた / The wide-brimmed straw hat ~*ed* his face. つばのひろい麦わら帽子で彼の顔は隠れていた. 《OE; 原義は「木を割って作った板」》《類義語》⇒ protect.

shield bùg 名《昆》カメムシ.

*__shift__ /ʃíft/ 動 他 ❶ ‹ものを›移動させる, 移す, 転じる: I ~*ed* the heavy bundle *to* my other hand. 私は重い包みを持ちかえた / He didn't ~ his gaze *from* the television. 彼はテレビから目をそらさなかった. ❷ ‹場所・位置などを›変える, 移す: ~ the scenes (舞台・小説などの)場面を変える / The center fielder ~*ed* his position for the next batter. センターは次の打者に備えて守備位置を変えた. ❸ ‹意見・態度などを›変える, ‹重点などを›移す, ‹注意などを›ほかへ向けさせる: Our goal is to ~ the focus of education from memorizing facts *to* [*toward*] exploring ideas. 私たちの目標は教育の焦点を事実を覚えることから考えを深めることに移すことだ. ❹ ‹責任・罪などを› ‹…に›転嫁する: He tried to ~ the blame *to* [*onto*] me. 彼はその罪を私に着せようとした. ❺ ‹…を›‹別のものに›変える: ~ jobs 職を変える. ❺《米》‹自動車のギヤを›替える, シフトする《change》. ❻ ‹汚れを›処分する. ─ 動 自 ❶ a 移る, 転じる; 位置を変える: The load ~*ed*. (車の動揺で)積み荷が動いた / He ~*ed* from place to place. 彼はあちこち移動した. b 《舞台などが》変わる, 《風が》向きが変わる. ❷ 《意見・態度などが》変わる, 《重点・注意などが》移る: Public concern is ~*ing* from development to environmental restoration. 人々の関心は開発から環境の回復へと移りつつある. ❸ 《米》《自動車の》ギヤを‹…に›入れ替える 《up, down》 《into, to》《change》: ~ *up* [*down*] *into* third サードにシフトアップ[ダウン]する. ❹ 《キーボードの》シフトキーを押す.

shift for onesélf (人に頼らず)やりくり算段する, 何とかやっていく: You have to ~ *for yourself* when you live in the city. 都会で暮らすなら(一人で)何とかやりくりしなければならないだろう. **shift óff**(動＋副)‹責任・義務などを›回避する.

─ 名 ❶ 《位置・方向・状態などの》変化, 変更, 転換: a ~ *in* policy [public opinion] 政策の変更[世論の変化] / a ~ *from* an industrial society *to* an information society 工業社会から情報社会への転換 / a ~ *of* scenery 場面の転換 / the ~*s* and changes of life 人生の転変. ❷ a 交替(制); 交替時間: ⇒ night shift / an eight-hour ~ 8時間交替 / We worked eight hours a day in three ~*s*. 我々は1日8時間3交替で働いた. b 《集合的; 単数または複数扱い》交替組. ❸ 《通例複数形で》a 手段, 方法; 方便, やりくり算段, 工夫直し, 計略. ❹ シフトドレス《肩からまっすぐにたれ下がるゆるやかなドレス》. ❺ 《競技で》守備位置の変更, シフト. ❻ 《タイプライターを打つ》切り換え, シフト《大文字を打つためにタイプバーを下げること》. ❼ 《米》《自動車の》変速装置. ❽ 《楽》《バイオリンをひく時の》左手の移動. ❾ 《言》音の推移.

màke shíft ‹…を›工面する, 工面する: They must make ~ *with* a small income. 彼らはわずかな収入でやっていかねばならない / There was no desk, so I had to make ~ *with* a box. 机がなかったので箱で間に合わせなければならなかった. (2) どうにか…する, 骨折って…する: [~ *to do*] I must make ~ *to* finish this work by tomorrow. あすまでにこの仕事を終えなければならない.

《OE=整える; 形 shifty》《類義語》⇒ move.

shíft·er 名 移す人[もの], 移動装置.

*__shift·ing__ /ʃíftɪŋ/ 形 移動する; 移動(性)式)の, 流動(性)の.

shíft kèy 名 《タイプライターなどの》シフトキー.

shíft·less 形 無能な, 怠惰な; ふがいない, 働きのない: a ~ husband ふがいない[働きのない]亭主. ~**·ly** 副 ~**·ness** 名

shift·y /ʃífti/ 形 (**shift·i·er; -i·est**) ❶ ずるそうな, こそこそする. ❷ 策略(ごまかし)の多い. ❸ いいかげんな, 不誠実な. **shíft·i·ly** /-təli/ 副 **-i·ness** 名

shi·gel·la /ʃɪgélə/ 名 (pl. ~**·lae** /-liː/, ~**s**) シガエラ, シゲラ《赤痢菌の典型種》.

shih tzu /ʃíː tsùː/ |ˈ-ˈ| 名 (pl. ~, ~**s**) [しばしば S-T-] シーズー《中国原産の長毛の愛玩犬》. 《Chin 獅子》

Shi·ism, Shi'·ism /ʃíːɪzm/ 名 シーア派 (Shia) の教義.

shi·i·ta·ke /ʃìːɪtɑ́ːkeɪ, ʃiːtɑ́ːki/ 名 シイタケ(椎茸).

Shi·ite, Shi'·ite /ʃíːaɪt/ 名 形 シーア派の(人)《ムハンマドの女婿アリーを正統的後継者とみなすイスラム教の一派; cf. Sunni》.

shik·ker /ʃíkə | -kə/ 形 名 =shicker.

shik·sa, -se /ʃíksə/ 名 (ユダヤ人でない)少女, 女, (正統派ユダヤ人からみて)非ユダヤ女, だめな女.

shill /ʃíl/ 名 《米俗》《賭博場などでの》さくら. ─ 動 自 ‹…の›さくらをする 《for》.

shil·ling /ʃílɪŋ/ 名 ❶ a シリング (Norman Conquest 以降1971年2月まで続いた英国の通貨単位; 1ポンドの1/20, 12 旧ペンス; 略 s., 記号 /; cf. pound¹ 2, penny): 3s. [3/] 3シリング / 5s.10d. 5シリング10ペンス. b シリング銀貨 (1946年からは白銅貨). ❷ シリング《ケニア・ウガンダ・ソマリア・タンザニアの通貨単位; =100 cents》.

shil·ly-shal·ly /ʃíliʃæli/ 動 ためらう, 迷ってぐずぐずする (dither). ─ 名 U 優柔不断, ためらい. ─ 形 優柔不断の, ためらった. 《Shall I? Shall I? と繰り返すことから; 同じような意味の dillydally にならったもの》

shi·ly /ʃáɪli/ 副 =shyly.

shim /ʃím/ 名 《ものを水平にしたり, すき間に入れる》詰め木[金]. ─ 動 他 (**shimmed; shim·ming**) ‹…に›詰め木[金]を入れて水平にする《ふさぐ》.

+__shim·mer__ /ʃímə | -mə/ 動 自 ❶ ちらちら[かすかに]光る: The moonlight ~*ed* on the pond. 月光が池の水に揺れめいた. ❷ 《陽炎(かげろう)などが》揺らめく: Heat waves ~*ed* above the pavement. 舗道から陽炎がゆらゆらと立ち上っていた. ─ 名 ❶ 《また a ~》 きらめき, 揺らめく光, 微光: the ~ of the morning sun 朝日の輝き / The jewel has an eerie ~. その宝石は怪しい微光を放つ. ❷ C (熱気の)揺らめき, 揺らめく像, 陽炎: The hot pavement sent up ~*s*. 熱せられた道路から陽炎が立っていた.

shim·my /ʃími/ 《米》名 ❶ シミー《第一次大戦後に流行した肩や腰を震わせながら踊るラグタイムダンス》. ❷ 《特に自動車の前輪の》異常な振動. ─ 動 自 ❶ シミーを踊る. ❷ 振動する.

*__shin__ /ʃín/ 名 ❶ C 向こうずね《ひざからくるぶしまでの前面》. ❷ U,C 牛のすね肉. ─ 動 (**shinned; shin·ning**) ❶ よじ登る: ~ *up* a tree 木によじ登る. ❷ すがりついて下りる: ~ *down* a tree 木にすがりながら下りる.

shín·bòne 名 すねの骨.

shin·dig /ʃíndɪɡ/ 名 《口》 ❶ (騒がしい・盛大な)パーティー, 宴会, 踏舞会. ❷ =shindy.

shin·dy /ʃíndi/ 名 《英口》騒動, いざこざ: kick up a ~ 騒ぎを起こす.

*__shine__ /ʃáɪn/ 動 (**shone** /ʃóʊn | ʃɒ́n/) 《語形》 2 では **shined** を用いる ─ 自 ❶ 光る, 輝く, 照る: The sun is *shining* bright(ly). 太陽が明るく輝いている / The sun *shone* out. 太陽がさっと照りだした / The moon *shone* brightly *in through* the window. 月があかあかと窓から差し込んでいた / Wax makes the floor ~. ワックスをかけると床がぴかぴかに光る. ❷ a 《顔・目などが›‹…で›輝く: Her face *shone with* youth [health, happiness]. 彼女の顔は若さ[健康, 幸福感]で輝いていた. b 《希望・幸福感などが》‹…に›輝く: with hope *shining* in one's eyes 瞳を希望に輝かせて. c 《…から›輝き出る 《*from, out of*》: Enthusiasm *shone from* his face. 熱狂が彼の顔から輝きあふれていた. ❸ 《性質などが›はっきり見てとれる 《*through*》. ❹ 《…において›秀でる, 優れる, 異彩を放つ《excel》: She ~*s at* [*in*] foreign languages. 彼女は外国語に秀でてい

る. ― 他 ❶ 〈…を〉照らす; 〈…の〉光をあてる: Someone *shone* a flashlight on us. だれかが我々を懐中電灯で照らした. ❷ (shined) 〈靴・金具などを〉光らせる, 磨く 《比較》この意味では polish のほうが一般的): ~ shoes [windows] 靴[窓]を磨く. **ríse and shíne** ⇒ rise 動 成句. **shíne úp to a person** 《米俗》〈人に〉取り入る, 〈人の〉機嫌を取る《語形》shine の変化は規則変化. ― 名 [また a ~] **a** 光, 輝き: the ~ of street lights 街灯の光. **b** 輝かしさ, 華やかさ [また a ~] **a** 光沢, つや (sheen): Silk has a ~. 絹には光沢がある. **b** 《米》(靴の)ひと磨き: put a (good) ~ on one's shoes=give one's shoes *a* (good) ~ 靴をぴかぴかに磨く. **(còme) ráin or (còme) shíne** ⇒ rain 名 成句. **tàke a shíne to a person** 《口》(ひと目でまたは何となく)〈人〉が好きになる, 気に入る. **tàke the shíne óut of** … (1) …から輝きを奪う. (2) …を見劣りさせる. 《類義語》shine 光を放つ, 光を反射して輝くの意の最も一般的な語. **twinkle** 星・光などがきらきら光る. **glitter** 星などが強い光でぴかぴか光る. **flash** ぱっと光る.

shín・er 名 ❶ 光る人[もの]; 異彩を放つ人. ❷ 磨く人[もの]. ❸ 《口》(殴られてできた)目のまわりの黒あざ: get a ~ 殴られて目の周りが黒くなる.

+**shin・gle**¹ /ʃíŋɡl/ 名 ❶ (屋根・外壁に用いる)こけら板, 石綿板. ❷ 《米口》(医者・弁護士などの)小看板 (★ 通例次の句で): hang out [up] one's ~ 〈医者・弁護士が〉看板を出す, 開業する. ❸ 《女性の頭髪の》シングルカット, 刈り上げ. ― 動 他 ❶ 〈屋根などを〉こけら板でふく. ❷ 〈女性の頭髪を〉シングルカットに刈り上げる.

shin・gle² /ʃíŋɡl/ 名 U (岸の)小石, 玉砂利《gravel より大きい》.

shin・gles /ʃíŋɡlz/ 名 U 《医》帯状疱疹(ﾎｳｼﾝ).

shin・gly /ʃíŋɡli/ 形 小石の多い, 砂利だらけの: a ~ beach 砂利の多い浜辺.

shín guàrd 名 [通例複数形で] (野球・ホッケーなどで用いる)すね当て.

*****shin・ing** /ʃáɪnɪŋ/ 形 Ⓐ ❶ 光る, 輝く, ぴかぴかする: ~ eyes きらきら輝く目 / the ~ sun 輝く太陽. ❷ 明るい, 輝かしい: a ~ future 輝かしい前途. ❸ 目立つ, すぐれた: a ~ example りっぱな手本. **~・ly** 副 《類義語》⇒ bright.

shin・ny¹ /ʃíni/ 名 ❶ U シニー(子供たちが行なうホッケーを簡単にした遊戯) 《英》shinty). ❷ Ⓒ (シニー用の)打球棒.

shin・ny² /ʃíni/ 動 自 《米》手足を使ってよじ登る 〈*up*〉.

Shi・no・la /ʃaɪnóʊlə/ 名 ❶ U 《商標》シャイノーラ(靴墨). ❷ =shit. **dòn't knòw [cán't tèll] shít from Shinóla** 《米俗》何も知っちゃいねえ, ほんとにばかだ.

shín pàd 名 =shin guard.

shín・plàster 名 《米口・豪口》濫発(して下落した)紙幣.

shín・splints 名 [単数または複数扱い] 脛(ｽﾈ)副木(特にトラック競技選手に多い脛の炎症・疼痛).

Shin・to /ʃíntoʊ/ 名 U 形 神道(の): a ~ priest 神主(ｶﾝﾇｼ). 《Jpn》

Shín・to・ism /-ɪzm/ 名 =Shinto.

Shín・to・ist /-ɪst/ 名 神道家, 神道信者.

Shín・to・is・tic /ʃìntoʊístɪk/ 形 神道の.

shin・ty /ʃínti/ 名 《英》=shinny¹.

*****shin・y** /ʃáɪni/ 形 (shin・i・er; -i・est) ❶ **a** 光る, 輝く, ぴかぴかの: ~ new cars [shoes] ぴかぴかの新車[新しい靴]. **b** 日の照る, 晴天の: It's warm and ~. 天気がよくて暖かい. ❷ 〈衣服などが〉すれて[手あかなどで]光る, てかてかになった: The seat of his trousers is ~. 彼のズボンの尻はてかてかになっている. (名 shine)

*****ship** /ʃíp/ 名 ❶ **a** (大きい)船 (通例帆・動力で動く航海・輸送用の大型船をいう; 用法 しばしば女性代名詞で受ける): a ~'s doctor 船医 / the ~'s journal 航海日誌 / the ~ of the desert 砂漠の船 (ラクダの異称) / a ~ (bound) for America アメリカ行きの船. **b** 《口》競漕用ボート. ❷ 《口》**a** 《米》飛行船. **b** (大型の)航空機; 宇宙船. **by shíp** 船[船便]で, 海路で. **júmp shíp** 〈船員が〉船を捨てる, 船から逃れる. **on bóard shíp** 船内[船上]に[で], 乗船して. **rún a tíght shíp** 会社[組織など]を厳しく監督する. **tàke shíp** 船で行く: He *took ~* at New York for Europe. 彼はニューヨークで乗船しヨーロッパへ向かった. **when one's shíp còmes hóme [ín]** 《口》金が入ったら, 金をもうけたら (由来 「貨物を積んだ船が入港したら」の意から). ― 動 (ships; shipped; ship・ping) 他 ❶ 〈…を〉送る, 輸送する; 船で送る[運ぶ]: We have *shipped* your order via International Airmail. ご注文の商品を国際航空便で発送いたしました / A vast quantity of food was *shipped* (*off* [*out*]) *to* Africa. 大量の食料がアフリカへ向けて(船で)送られた. ❷ 《電算》〈商品を〉入手[購入]可能にする, 発売する. ❸ 〈波を〉かぶる: ~ a sea 〈ボートなどが〉波をかぶる / The boat *shipped* water in a storm. 船はあらしにあって波をかぶった. ― 自 ❶ 送る, 運ぶ. ❷ 《古風》 a 船に乗る, 乗船する. **b** 船で行く. ❸ 〈船に〉働きを求める. **shíp óff** 《他+副》〈人を〉〈…〉へ送り出す; 追い払う: I was *shipped off to* jail. 監獄にぶちこまれた.

《OE》(名 shipment; 関形 marine, maritime).

《類義語》**ship** 船を意味する最も一般的な語. **boat** 普通は小型の船で, オール・帆・小型エンジンで動くものに用いるが, 広い意味では船一般をさすこともある. **vessel** 大型の船をさすのが普通だが, 形式ばった.

-ship /ʃíp/ 接尾 ❶ 形容詞につけて抽象名詞を造る: hard*ship*. ❷ 名詞につけて状態・身分・職・任期・技量・手腕などを示す名詞を造る: friend*ship*, governor*ship*, horseman*ship*.

shíp bíscuit 名 U 堅パン.

shíp・bòard 名 U ★ 次の成句で用いて. **on shípbòard** 船[艦]上[で[に]. ― 形 U 船での, 船上での: ~ life 船の生活.

shíp bréad 名 =ship biscuit.

shíp-brèaker 名 古船解体業者.

shíp bròker 名 船舶仲立人.

shíp-bùilder 名 造船業者, 造船技師.

+**shíp-bùilding** 名 U 造船(業); 造船術.

shíp búrial 名 《考古》船棺(ﾌﾅﾋﾂｷﾞ)葬 (塚の中に船にのせて葬ること; 特に尊敬される人を葬るスカンディナヴィアおよびアングロサクソンの習慣).

shíp canàl 名 大型船の通れる運河.

shíp chàndler 名 船舶雑貨商 (食料雑貨・船用品を船舶に供給する商人).

shíp・làp 《木工》 名 合いじゃくり(板). ― 動 他 〈板を〉合いじゃくりで合わせる.

shíp・lòad 名 船 1 隻分の積み荷量 〈*of*〉.

shíp・màster 名 船長.

shíp・màte 名 (同じ船の)船員仲間.

*****shíp・ment** /ʃípmənt/ 名 ❶ U,C 輸送, 発送; 船積み. ❷ C 積み荷; 船積み荷. (動 ship)

shíp mòney 名 U 《英史》船舶税.

shíp of the líne 名 《史》戦列艦 (相手から距離を保って戦列を構成し, 一斉砲撃を行なう).

shíp-òwner 名 船主, 船舶所有者.

shíp・pa・ble 形 発送[輸送]できる.

shíp・per 名 ❶ 荷主, 荷送り人. ❷ 運送業者.

*****shíp・ping** /ʃípɪŋ/ 名 U ❶ 運送, 輸送; 船積み. ❷ 船舶; 船舶トン数. ❸ 海運業; 運送業.

shípping àgent 名 船舶取扱店, 船会社代理店.

shípping àrticles 名 =ship's articles.

shípping bíll 名 《英》積荷[船積み]送り状.

shípping clèrk 名 積荷[回漕]事務員, 運送店員; (会社などの)発送係.

shípping màster 名 《英》海員監督官 (船員の雇用契約に立ち会う).

shípping òffice 名 (shipping master [agent] の)事務所.

shíp-rígged 形 =square-rigged.

shíp's árticles 名 船員契約書.

shíp's bíscuit 名 =ship biscuit.

shíp's bóat 名 船載のボート.

shíp's chàndler 名 =ship chandler.

shíp's cómpany 名 《海》全乗組員.

shíp・shàpe 形 P 副 きちんと(して), 整然と(して): keep

ship's husband 名 船舶管理人.

shíp's pápers 名 《海》船舶書類《船の国籍証明書・航海日誌・船員名簿・乗客名簿・載貨明細書など》.

shíp-to-shíp 形《ミサイルなど》艦対艦の: a ~ missile 艦対艦ミサイル.

shíp-to-shóre 形 船から陸への; 船と陸の間の. ― 副 船から陸へ. ― 名 海陸間の無線機.

shíp·way 名 造船台.

shíp·worm 名《貝》フナクイムシ《二枚貝の一種; 木造船舶などに付着して大害を与える》.

ship·wreck /ʃíprèk/ 名 ❶ a ᴜ/ᴄ 難破(すること), 難船: suffer ~ 難破する / There're many ~s in these waters. この海域では難破事故が多い. b ᴄ 難破船: explore a ~ 難破船を調査する. ❷ ᴜ 破滅, 破壊, 失敗: the ~ of one's hopes [plans] 希望[計画]の挫折. ― 動 他 ❶〈人を〉難破させ, 難船させる《★通例受身; 此較目的語が「船」の時にはwreckを用いる》: They were ~ed off the coast of Alaska. 彼らはアラスカ沖で難破した. ❷〈人・希望などを〉破滅させる, くじく《★通例受身》: His hopes were ~ed by the war. 戦争で彼の希望がついえた.

shíp·wrècked 形 ❶ 難破[難船]した. ❷ 打ち砕かれた: ~ dreams 打ち砕かれた夢.

shíp·wright 名 船大工, 造船工.

†shíp·yàrd 名 造船所.

shire /ʃáɪɚ | ʃáɪə/ 名 ❶《英》州《用法 正式な呼称はcounty で, shire は今は主に州名の語尾として用いる; -shire》. ❷ [the Shires] (-shire を語尾とする) イングランド中部諸州. ❸ =shire horse.

-shire /ʃɚ, -ʃɪɚ |ʃə, -ʃɪə/《英》…州《用法 Devon(shire) のように略しうるほか, Essex, Kent のように -shire のつかない州もある》: Derby*shire*, Hamp*shire*.

shíre cóunty 名《英》(metropolitan county に対して) 非都市圏州.

shíre hòrse 名 シャイア《イングランド中部諸州原産の大型で強力な荷馬車馬》.

shirk /ʃɚːk | ʃɔ́ːk/ 動 他〈責任・義務・仕事などを〉回避する, 逃れる: ~ one's duty 義務を逃れる / It's no use ~*ing* facts. (どんなに逃げても)事実から逃れるわけにはいかない. ❷〈…することを〉避ける, 怠ける: He ~ed facing up to the problem. 彼はその問題に直面するのを避けた. ― 自 責任逃れをする, 怠ける. ― 名 =shirker.

shírk·er 名 責任[仕事]逃れをする人, 怠け者.

Shir·ley /ʃɚ́ːli | ʃɔ́ː-/ 名 シャーリー《女性名》.

shirr /ʃɚː | ʃɔ́ː/ 動 他 ❶《服飾》〈…に〉シャーリングをつける. ❷《料理》(バターを塗った浅い皿などで)〈卵を〉落とし焼きにする. ― 名 =shirring.

shirr·ing /ʃɚ́ːrɪŋ | ʃɔ́ː-/ 名 ᴜ《服飾》シャーリング《2段以上にギャザー (gather) をつける縫いしわ目》.

✲shirt /ʃɚːt | ʃɔ́ːt/ 名 ᴄ ❶ a (特に男性用の)シャツ; ワイシャツ: He doesn't have a ~ to his back. 彼はワイシャツも着れないほどひどく貧乏である / a ⇒ boiled shirt. b (女性用の)シャツブラウス: ⇨ shirt blouse. ❷ 下着, 肌着, シャツ. ❸ =nightshirt.
bét one's shírt ⇨ bet 成句. gíve (awáy) the shírt òff one's báck《口》(持ち物を)何もかもくれてしまう. kèep one's shírt òn《通例命令法で》《口》あせらずには, 興奮しない, 怒らない《由来「怒ってワイシャツを脱いでけんかをするようなことをしない」の意から》. lóse one's shírt《口》《ギャンブルや投資で》無一物になる, すってんてんになる《由来「着ているワイシャツまで失う」の意から》. pút one's shírt on …《英口》〈馬などに〉有り金を全部賭(か)ける《由来「着ているワイシャツまで賭ける」の意から》. táke the shírt òff a pérson's báck 持ち物[有り金]をすべて取り上げる[巻き上げる], 身ぐるみはぐ.
《OE; 原義は「短く切られたもの」; cf. short, skirt》

shírt blóuse 名 (女性用の)シャツブラウス.

shírt·drèss 名 シャツドレス《襟・袖・フロントなどがワイシャツのようなドレス》.

shírt·frónt 名 シャツの胸; (特に礼装用ワイシャツの)固くのり付けした胸.

shírt·ing /-tɪŋ/ 名 ᴜ シャツ地.

shírt·lèss 形 シャツを着ていない.

shírt·slèeve 名 シャツのそで. **in (one's) shírtsleeves** 上着を脱いで, シャツ1枚になって.

shírt-slèeve /-slíːv/《米》ᴀ ❶ a 上着を着ない, シャツ姿の: ~ spectators ワイシャツ姿の観衆. b (上着がいらないほどに)暖かい: ~ weather 暖かい天候. ❷ 非公式の, 形式ばらない: ~ diplomacy (しきたりにとらわれない)直接外交. ❸ 実際的な仕事[実務]をする.

shírt·tàil 名 シャツのすそ: with one's ~(s) showing シャツのすそをのぞかせて.

shírt·wàist 名《米》❶ (ワイシャツ式の飾りのない)シャツブラウス. ❷ =shirtdress.

shírt·wàist·er 名《米》=shirtdress.

shirt·y /ʃɚ́ːti | ʃɔ́ː-/ 形 (shirt·i·er; -i·est)《口》不機嫌な, 怒った. [ʃャツを無作為にむかむかとしてるように見える]

shish ke·bab /ʃíʃkəbɑ̀ːb | -bǽb/ 名 シシカバブ《羊肉の小片を漬け汁につけ, 串に刺して焼いた料理》.

✲shit /ʃít/《俗・卑》間〔怒り・いらだちなどを表わして〕くそ！, くしょう！, いまいましい！ ― 名 ❶ ᴜ くそ, 大便 (excrement). b [a ~] 大便をすること: have [take] a ~ 大便をする. c [the ~s] 下痢: have [get] the ~s 下痢をしている[になる]. ❷ ᴜ たわごと: talk ~ たわごとを言う. ❸ ᴄ くだらないやつ, くそったれ. ❹ ひどい仕打ち[扱い]. ❺ 持ち物, もの. ❻ [a ~; 通例否定・疑問文で] つまらぬもの: not worth a ~. 少しの値打ちもない / I don't give a ~ about politics. 政治なんかなんとも思わない《くそくらえだ》. **bèat [kíck, knóck] the shít òut of a pérson**〈人〉をたたきのめす. **fèel like shít** ひどい気分である, 気持ちが悪い. **gìve a pérson shít** 人に嘘をつく: Don't *give* me any of *that* ~! うそ言え！, ばか言え！. **in the [dèep] shít**〈人の面目が, ひでえことになって. **lóok lìke shít** ひどいようす[なり, 顔]だ, 気分[調子]が悪そうだ. **nó shít** (1)〔同意を表わして〕まったくだ, その通り. (2)〔驚きを表わして〕うそだろ, 本当かよ. (3) 冗談じゃないよ, ふざけるな, 何言ってんの, ばか言うな. (4) うそじゃないよ, 本当だよ. **shít háppens** よくない[まずい, やばい]ことは起こるものだよ. **tàke shít** (…からばかにされる, けなされる, 侮辱される《*from*, *for*》. **the shít hìts the fán** まずい[やばい]ことになる, 大変なことになる. **thìnk one's shít dòesn't stínk** 自分はうぬぼれいる, うぬぼれてる; ひどくうぬぼれてる. **trèat a pérson lìke shít** 人を侮辱する[非難する], けなす, なめる, ばかにする]. ― 動 (shits, shat /ʃæt/, shit·ted; shit·ting) 自 大便をする. ― 他 ❶〈…〉に大便をする. ❷ [~ one*self* で] a 思わず大便をもらす. b (大便がもれるほど)びくくする. ― 形《主に英》ひどい, くだらない.

shite /ʃáɪt/ 名 動 ― 形《英卑》=shit.

shít-èating 形《卑》❶ 見下げ果てた, ひどい. ❷ 満悦の, うれしい気になった: a ~ grin ニタニタした笑い.

shít-fàced 形《卑》ばかりひどく下げた; べろべろんの.

shít-hót 形《卑》えらくうまい, できる; ピカ一の.

shít-kìck·er 名《米卑》❶ 田舎もん, どん百姓. ❷ [複数形で] どた靴.

shít·less 形《卑》 次の成句で. **scáre a pérson shítless** ひどく〈くそも出ねえほど〉怖がらせる.

shít·list 名《米卑》いけすかない連中のリスト.

shít·lòad 名《卑》[a ~ of で] 多量, 多数, どっさり.

shít-scàred 形《卑》まるきり怖がって, おびえきって.

shít stìrrer 名《卑》わざと面倒を起こすやつ.

shit·ty /ʃíti/ 形 (shit·ti·er; -ti·est)《卑》いやな, 不愉快な: feel ~. 不愉快だ.

shít·wòrk 名 ᴜ《米卑》くだらない(うんざりする)仕事, 家事.

shi·ur /ʃíːʊr | -ʊə/ 名 (複《ヘ語》shi·u·rim /-í(ː)rɪm/)《ユダヤ教》(特に Talmud の) 学習(会).

shiv /ʃív/ 名《米卑》(ジャック)ナイフ.

shi·va /ʃíːvə/ 名 ᴜ《ユダヤ教》(7日間の)服喪期間, シヴァ: sit ~ 喪に服する.

Shi·va /ʃíːvə, ʃívə/ 名 =Siva.

shi·vah /ʃívə/ 名 =shiva.

shiv·a·ree /ʃìvərí:, ˈ-ˌ-/ 名 《米》(新郎新婦のために演ずる)どんちゃんセレナーデ; (一般に)お祭り騒ぎ.

shive /ʃáɪv/ 名 (広口瓶などの)コルク栓.

*__shiv·er__¹ /ʃívɚ | -və/ 自 (恐怖・寒さで)震える: I ~ed all over. 私は体中が震えた / He's ~ing with fear. 彼は怖がってぶるぶる震えている. ── 他 ⦅[類義]⦆ 震わす: with a ~ 体を震わせて / The shriek sent ~s (up and) down my spine. その悲鳴を聞いて身震いが私の背筋を走った. ❷ [the ~s] (口) 寒け, 悪寒(ぉゕ), 戦慄(ｾﾝ): Just the thought of it gives me the ~s. それを考えただけでぞっとする. ·ing·ly /-v(ə)rɪŋli/ 副 震えながら, ぶるぶる[わなわな]と. ⦅[類義語]⦆ ⇒ shake.

shiv·er² /ʃívɚ | -və/ 名 《まれ》 ❶ [通例複数形で] 粉みじん, 破片: in ~s 粉みじんになって. ── 他 自 粉みじんに砕く[砕ける].

shiv·er·y /ʃívəri/ 形 ❶〈人が〉震える; ぞくぞくする, 寒けがする: I feel ~. 寒けがする. ❷〈天候が〉(ぞくぞくするほど)寒い; ~ a winter day 寒い冬の日. (名 shiver¹)

shlub /ʃlʌ́b/ 名 《米俗》=schlub.

shmeer, shmear /ʃmíɚ | ʃmíə/ 名 動 他 =schmear.

shmo(e) /ʃmóʊ/ 名 =schmo.

shmuck /ʃmʌ́k/ 名 =schmuck.

shnook /ʃnúk/ 名 =schnook.

Sho·ah /ʃóʊa:/ 名 [the ~] (ナチスによる)ユダヤ人大虐殺 (the Holocaust).

*__shoal__¹ /ʃóʊl/ 名 ❶ 群れ; (特に)魚群: a ~ of salmon サケの群れ. ❷ 多数, 多量: ~s of people 大勢の人々.

in shóals (1)〈魚が〉群れをなして. (2) たくさん, 大量に: The refugees came *in* ~s. 難民がどっと来た.
⦅[類義語]⦆ ⇒ group.

shoal² /ʃóʊl/ 名 浅瀬; 州(ｽ), 砂州(ｻ). **shoal·y** /ʃóʊli/ 形 浅瀬の(多い).

shoat /ʃóʊt/ 名 (乳離れした)子豚.

*__shock__¹ /ʃɑ́k | ʃɔ́k/ 名 ❶ a ⓒⓊ (精神的な)ショック, 打撃, 衝撃, 驚き: He was white with [from] ~. 彼はショックで真っ青だった / I'm still in a state of ~. 私はまだショックを受けている / His words gave me a ~. 彼の言葉は私にはショックだった / Her death came as a great ~ to me. 彼女の死は私にとって大きな打撃だった. b ⓒ (社会的ショックを与える)大事件, (信用・安全などに対する)打撃. ❷ Ⓤ 〘医〙ショック(症): die of ~ ショック死する. ❸ ⓒⓊ (衝突・爆発・地震などの)衝撃, 震動: the ~ of an explosion 爆発の衝撃 / an earthquake ~. 地震の衝撃. ❹ ⓒ (電流が体内に流れて起こる)電撃, 感電: You'll get a ~ if you touch it. それに触ると感電するぞ. ❺ (口) (自動車・飛行機などの)緩衝装置, ショックアブソーバー. ── 動 ❶ 〈人に〉衝撃を与える, 〈人を〉ぎょっとさせる; 〈人を〉あきれさせる, 憤慨させる (cf. shocked 1): His behavior ~ed me. 彼のふるまいにはあきれた / She was deeply ~ed by her husband's sudden death. 彼女は夫の急死に大きな衝撃を受けた. ❷〈電気が×...を〉感電させる (cf. shocked 2). ❸〘医〙〈...に〉ショックを起こさせる.

shock² /ʃɑ́k | ʃɔ́k/ 名 (穀物・トウモロコシなどの)刈り束の山. ── 他〈...を〉刈り束の山にする.

shock³ /ʃɑ́k | ʃɔ́k/ 名 [通例 a ~ of hair で] もじゃもじゃの髪: a boy with *a* ~ *of red hair* もじゃもじゃの赤毛の少年.

shóck absòrber 名 緩衝器[装置], ショックアブソーバー.

shóck còrd 名 Ⓤ =bungee (cord).

shocked 形 ❶ ショックを受けた, あきれかえった (cf. shock¹ 1): They were ~ *at* the news. 彼らはその知らせにショックを受けた / They were ~ *to* hear the news. 彼らはその知らせを聞いてぎょっとした / I was ~ *that* he could be so careless. 彼がよくもあんなにむとんちゃくでいられるものだとショックを受けた. ❷ 感電した. (cf. shock¹ 2).

shock·er /ʃɑ́kɚ | ʃɔ́kə/ 名 (口) ❶ 扇情的な小説[劇, 映画]. ❷ ぞっとさせる人[もの].

shóck-héaded 形 もじゃもじゃ頭の.

shóck-hórror 形 (口) 衝撃的な, 扇情的な.

*__shock·ing__ /ʃɑ́kɪŋ | ʃɔ́k-/ 形 ❶ 衝撃的な, ショッキングな, ぞっとするような (appalling): a ~ accident 衝撃的な事

1665 **shoestring**

故. ❷ けしからぬ, 不都合な: ~ behavior ふらちなふるまい. ❸ (口) a 話にならぬ(ほどの), ひどい, あきれた: a ~ dinner とてもまずい食事. b [副詞的に] 話にならぬほど, ひどく: ~ bad manners 話にならぬほどに悪い態度.

shóck·ing·ly 副 (口) 話にならぬほど, ひどく: ~ rude behavior けしからぬほどに不作法なふるまい / It's ~ expensive. それはたまげるほど高価だ.

shócking pínk 名 あざやか[強烈]なピンク, ショッキングピンク.

shóck jòck 名 ショックジョック《過激な発言やどぎついことばづかいを売り物にするラジオのディスクジョッキー》.

shóck-pròof 形〈時計など〉耐震性[耐衝撃性]の.

shóck stàll 名 (飛行機が音速付近で生じる)衝撃波失速.

shóck tàctics 名 Ⓤ ❶ 〘軍〙 (騎兵隊の)急襲戦術. ❷ 急激な行動.

shóck thèrapy [trèatment] 名 Ⓤ 〘医〙ショック[衝撃]療法.

shóck tròops 名 複 〘軍〙奇襲部隊, 突撃隊.

*__shóck wàve__ 名 ❶ 〘理〙衝撃波; 爆風. ❷ (大事件などの)余波.

shod /ʃɑ́d | ʃɔ́d/ 動 shoe の過去形・過去分詞. ── 形 (文) 靴をはいた: badly-*shod* children そまつな靴をはいた子供たち.

*__shod·dy__ /ʃɑ́di | ʃɔ́di/ 形 (shod·di·er; -di·est) ❶ 見かけ倒しの, まがいものの, 粗雑な: ~ merchandise 見かけ倒しの[いかさま]商品. ❷ 卑劣な, ずるい, 不正な. ❸ 再生羊毛[毛織物]の. ── 名 ❶ a 再生羊毛糸. b 再生毛織地[物].
shód·di·ly /-dəli/ 副 **-di·ness** 名

*__shoe__ /ʃú:/ 名 ❶ [通例複数形で] 靴 ⦅[解説] boot と区別してくるぶしまでの靴, 短靴をさすことがある⦆: a pair of ~s 靴 1足 / put on [take off] one's ~s 靴をはく[脱ぐ] / She has new ~s on. 彼女は新しい靴をはいている. ❷ 蹄鉄(ﾃｲ). ❸ a (車輪の)輪止め. b (そりの滑走部の)すべり金. c (自動車の)タイヤの外装. d (自動車などの)ブレーキシュー《ブレーキのドラムに圧着して制動する》. e (机・いすなどの足にかぶせる)キャップ. f (つえなどの)石突き. *díe in one's shóes*=*díe with one's bóots òn* 横死する, (闘ったりして)勇敢に死ぬ; 絞首刑に処せられる. *fíll a pérson's shóes* 人に代わる, 人の後任となる. *If the shóe fíts, wéar it.* 《米》その評言に思い当たるところがあれば(自分のことと思うがよい). *in a pérson's shóes* 人の立場に立って. *pút onesèlf in [ìnto] a person's shóes* 人の立場に立って[身になって]考える. *sháke [shíver] in one's shóes* 恐ろしくて震える, びくびくする. *stép ìnto a pérson's shóes* 人の後任にすわる. *whère the shóe pínches* (口) 困った[やっかいな]こと. ── 動 (shod /ʃɑ́d | ʃɔ́d/, ~d) 他 ⦅[語法] 特に過去分詞形容詞としては shod を用いる⦆ a 〈...に〉靴をはかせる. b 〈馬に〉蹄鉄を打つ. c 〈...に〉輪金などをつける: a stick *shod with* iron 鉄の石突きのついたステッキ. **~·less** 形 靴をはかない, 靴なしの. 〖OE; 原義は「(足を)おおうもの」〗

shóe·bìll, shóe·bìrd 名 〘鳥〙ハシビロコウ《コウノトリに近いくちばしの巨大な鳥, アフリカ産》.

shóe·blàck 名 靴磨き(人).

shóe·bòx 名 (ボール紙の)靴箱; (口) 靴箱のようなもの《特に単調な狭苦しい部屋・四角い建物など》.

shóe·hòrn 名 靴べら. ── 動 他 狭い所へ押し[詰め]込む.

shóe·làce 名 靴ひも.

shóe·màker 名 靴屋, 靴直し, 製靴業者.

Shoe·mak·er /ʃú:meɪkɚ | -kə/, **Willie [William Lee]** 名 シューメーカー (1931– ; 米国の競馬騎手).

shóe·màking 名 Ⓤ 靴作り, 靴直し.

shóe·shìne 名 《米》靴を磨くこと, 靴磨き: get a ~ from a ~ boy 靴磨きの少年に靴を磨いてもらう.

shóe·strìng 名 靴ひも. *on a shóestring* (口) わずかな金[資本]で (⦅[由来]⦆ 昔, 貧しい行商人が靴ひもを売って生計を立てたことから): live *on a* ~ 細々と暮らす / He started his business *on a* ~. 彼はわずかな資本で商売を始めた. ― 形 A ❶ 〈靴ひものように〉細長い: ~ potatoes 細長く切って揚げたポテト / a ~ tie ひもタイ. ❷ 〈資金・予算など〉わずかな, 乏しい; 危ぶしない: a ~ budget 乏しい予算.

shóe trèe 靴型 (形を保つため入れる).

sho・far /ʃóufɚ/ -fɑː/ 名 (履 **sho・froth** /ʃoufróut/, ~s) ショファル (雄羊の角で作ったユダヤの軍らっぱ; 今は宗教儀式で使う).

sho・gun /ʃóugʌn, -guːn/ 名 (日本の)将軍. 《Jpn》

sho・gun・ate /ʃóugənət, -nèit/ 名 U (日本の)将軍職 [政治]; 幕府(時代): the Tokugawa ~ 徳川幕府. 《↑ +-ATE³》

*****shone** /ʃóun | ʃɔ́n/ 動 **shine** の過去形・過去分詞.

shoo /ʃúː/ 動 他 (**shooed**) [副詞(句)を伴って] 〈小鳥などを〉シッと言って追い払う; 〈子供などを〉さあさあと言って追い払う: ~ birds *away* [*off*] シッと言って小鳥を追い払う / She ~ed the children *out of* the house *into* the garden. 彼女はさあさあと声をかけて子供たちを家から庭に追い出した. ― 間 [鳥などを追い払う時に] シーッ!, シッ! 【擬音語】

shoo・fly /ʃúːflai/ 名 ❶ 〈動物をかたどった〉子供用揺りいす. ❷ ハエを追い払うとされる植物《ムラサキセンダイハギなど》. ❸ 《俗》(警察内部の不正の)秘密調査官.

shóofly pìe 名 《米》糖蜜・黒砂糖入りパイ.

shoo-in /ʃúːìn/ 名 《米口》楽勝が予想される人[馬, 試合(など)].

shook /ʃúk/ 動 **shake** の過去形.

shook(・úp) 形 P 《米口》動揺した, 心が乱れた, うろたえた; 興奮した, 頭に乗った[*about*]: She was ~ about losing her job. 彼女は職を失ったことで動揺していた.

*****shoot¹** /ʃúːt/ 動 (**shot** /ʃɑ́t | ʃɔ́t/) 他 ❶ 〈人・銃砲で〉〈銃弾・弾丸を〉撃つ, 発射する, 放つ; ~ a gun [bullet] 銃砲[弾丸]を撃つ / ~ a bow [an arrow] 弓[矢]を射る / I *shot* an arrow *at* the target. 私は的をねらって矢を放った. **b** 〈人・物を〉撃つ, 撃ち殺す《比較 shoot は「撃って当てる」の意で, shoot at は「ねらって撃つ」; cf. 自 1 a》: He *shot* a rabbit (*with* his gun). 彼は(銃で)ウサギをしとめた (⇒ 7 a) / He *shot* and badly injured her. 彼は彼女を撃って重傷を負わせた / He was *shot in* the arm [*through* the head]. 彼は腕を撃たれた[頭部を射抜かれた]. **c** 〈…を〉撃って〈…の状態にする〉: [~+目+補] The prisoner (of war) was *shot dead*. その捕虜は銃殺された. **d** [~ oneself で] 銃で自殺する. **e** [~ one's way で] 発砲しながら前進する: He *shot* his way *through* the police cordon. 彼は発砲しながら警察の非常線を突破した.

❷ 〈言葉・質問などを〉(弾丸のように)次々に発する, 浴びせかける〈★受身不可〉: He *shot out* a stream of curses. 彼は次から次へと悪態をついた / He *shot* one question after another *at* me. 彼は私に次々と質問を浴びせた.

❸ **a** 〈人に〉〈視線・微笑などを〉投げかける: [~+目+目] She *shot* me an angry glance.＝She *shot* an angry glance *at* me. 彼女は私に怒りの視線を投げかけた. **b** 〈光などを〉発する: The sun *shot* its beams *through* a break in the clouds. 太陽が雲間からさっと光線を放った. **c** 〈炎などを〉噴き出す〔*forth*〕.

❹ 〈人・ものを〉ほうり出す, 投げる: He *shot* a line to the drowning boy. 彼はおぼれかけている少年に綱を投げた / He *shot out* of the car (when it crashed). (衝突した時)彼は車外へほうり出された.

❺ **a** 〈…を〉突き出す: She *shot out* her hand and caught the ball. 彼女はさっと手を出してボールをつかんだ / The snail *shot out* its horns. カタツムリがすっと角を出した. **b** 〈芽・枝を〉出す: ~ *out* [*forth*] sprouts 芽を出す.

❻ **a** 〈船が〉〈早瀬などを〉勢いよくさっと通る; 〈橋などを〉くぐり抜ける. **b** 〈口〉〈車が〉〈信号を〉無視して突っ走る. **c** 〈…を〉さっと動かす[運ぶ].

❼ **a** 〈猟で〉〈獲物を〉撃つ: ~ ducks カモを撃つ. **b** 〈ある場所を〉銃猟する: ~ the woods 森で銃猟をする.

❽ **a** 〈ビー玉を〉はじく; 〈球を玉受け (pocket) 〉めがけて突く; 〈さいを〉投げる, 振る. **b** 《米》〈ビー玉・玉突き・クラップ

賭博などを〉する.

❾ 〈写真・映画・場面などを〉撮る, 撮影する: ~ a film at a studio スタジオで映画を撮る / This scene was *shot* on location. この場面はロケーションで撮影された.

❿ 〈ドアの掛け金・錠を〉さっとかける[はずす]: She closed the door and *shot* the bolt. 彼女はドアを閉めるとさっと掛け金を下ろした.

⓫ 〈…に〉〈別の色などで〉変化を与える, 彩りを添える〔*with*〕 (⇒ shot² 形 1 b).

⓬ 《俗》〈麻薬を〉(静脈に)射つ.

⓭ 〔スポ〕 **a** 〈球技で〉〈ボールを〉(ゴールに)ける, 投げ入れる, シュートする. **b** 〈シュートして〉得点を入れる. **c** 《口》(ゴルフで) 〈X…〉打数の(最終)スコアをあげる.

⓮ 〔海〕 〈天体の〉高度を測る: ~ the sun 六分儀で太陽の高度をはかる.

― 自 ❶ **a** 〈人が〉撃つ, 射撃する, 射る: Don't ~! 撃つな / He ~s well. 彼は射撃がうまい / Can you ~ straight? 君はまっすぐ撃てるかい 〈命中できるかい〉 / He *shot at* a rabbit but missed it. 彼はウサギをねらって撃ち損じてしまった. **b** [様態の副詞を伴って] 〈銃・大砲などが〉弾丸を発射する: This gun ~s straight [high]. この銃は正確に[上方にそれる] / The gun *shot off* accidentally. 銃が暴発した. **c** 銃猟をする: ~ in the woods 森で銃猟をする / go ~*ing* 銃猟に行く.

❷ [副詞(句)を伴って] **a** 勢いよく動く[走る]: He then *shot* ahead. (競走で)その時彼は(相手を)さっと抜いた / A cat *shot by* us. 1 匹の猫がさっと我々のそばを通り抜けた / A meteor *shot across* the sky. 流れ星がさっと空を横切って流れた. **b** 〈炎・煙・水・血などが〉噴き出る; 〈光がぱっとさす〉: Water was ~*ing up out of* a broken main. 壊れた水道管から水が噴き出していた / Blood *shot from* the wound. 血が傷口からどっと流れ出た / Rays of sunshine *shot through* the clouds. 太陽の光線が何本も雲間からもれた. **c** 〈痛み・悪寒・快感などが〉走る: Pain *shot through* [*up*] my arm. 痛みがずきずきと腕を走った.

❸ **a** 〈芽が〉出る; 〈草木が[枝が]〉伸びる〔*forth, up*〕: Buds ~ *forth* in (the) spring. 春には芽が出る. **b** 〈子供などが〉ぐんぐん成長する: You've *shot up*, haven't you, Dick? ずいぶん大きくなったね, ディック. **c** 〈物価・人気などが〉急に上がる, 急騰する: The price of gasoline *shot up* overnight. ガソリンの値段が一夜にして急騰した.

❹ **a** そびえ立つ: The tower ~s *up* head and shoulders above the surrounding buildings. その塔は周囲のビルからずば抜けて高くそびえ立っている. **b** 突き出る: A cape ~s *out* into the sea. 岬が海に突き出ている.

❺ 撮影する, 映画[テレビ(など)]を撮る.

❻ 〈ドアの掛け金・錠が〉かかる, はずれる.

❼ 《米》めざす, 目標にする〔*for, at*〕: We are ~*ing for* a 10 ％ increase in wages. 我々は10％の賃上げを目標にしている.

❽ [命令法で] 〈言いたいことを〉言ってごらん, さあどうぞ: "Will you do me a favor?" "Certainly. S―!"「お願いしたいことがあるのですが」「けっこうですよ, 言ってごらんなさい」.

❾ 〔スポ〕 〈ゴールめがけてボールをける[投げる], シュートする.

I'll be shót if… [強い否定・否認を表わして] 《口》 …なら首をやる, そんな事があるものか: *I'll be shot if* it is true. もし本当なら首をやる, 本当なはずがない.

shóot dówn 《他+副》 (1) 〈飛行機・ミサイルなどを〉撃ち落とす, 撃墜する. (2) 〈人を〉撃ち殺す. (3) 《口》〈提案・人などを〉論破する.

shóot from the híp 《口》せかせか[早合点して]話す[行動する].

shoot onesèlf in the fóot よけいなことをして自分に災いを招く.

shóot it óut 《俗》撃ち合って決着をつける: The two gunmen *shot it out* (with each other). 二人のガンマンは(互いに)撃ち合いで決着をつけた.

shóot óff 《他+副》 (1) 〈…を〉撃ってちぎり取る[破壊する]. (2) 空に向けて〈銃を〉発射する (cf. 自 1 b). (3) 〈花火を〉打ち上げる.

shóot úp 《他+副》 (1) 《口》 〈町などを〉発砲して回る, 銃をやたらに撃って回って〈町などを〉脅す; 撃ちまくって被害を与え

る. (2) 《俗》〈ヘロインなどを〉うつ. ― ⾃＋副 (3) 〈芽が〉出る; 〈子供などが〉ぐんぐん成長する; 〈物価などが〉急騰する (⇒ 名 3). (4) そびえ立つ. (5) 《俗》ヤクをうつ.
― 名 ❶ **a** 射撃, 発砲. **b** 《英》射撃会, 遊猟会. **c** 遊猟地, 猟場. ❷ 《米》ミサイルの発射. ❸ 新芽, 若枝: a bamboo ~ 竹の子. ❹ 〈映画などの〉撮影. ❺ 〈の〉射水路, 斜面(の), 落とし樋(の), シュート.
the whóle shóot 《口》何もかも, 一切合切.
〖OE; 原義は「前に投げる, 突き出す」〗(名 shot¹)

shoot² /ʃúːt/ 間 [驚き・いらだち・後悔などを表わして] 《米口》うわー!, くそ!, ちぇっ!《SHIT の婉曲語》

shoot-'em-up /ʃúːtəmʌ̀p/ 名《口》打ち合い, 流血場面の多い映画[テレビ].

⁺**shóot·er** /-tə‒/ -tə/ 名 ❶ **a** 〈ライフル・弓などの〉射手. **b** 銃猟者. ❷ 〈通例複合語で〉…連発銃, …銃: a pea-shooter 豆鉄砲 / a six-shooter 6 連発銃.

⁺**shóot·ing** /-tɪŋ/ 名 ❶ Ⓒ 銃撃, 狙撃. ❷ Ⓤ 《英》銃猟. ❸ Ⓤ 〈映画などの〉撮影.

shóot·ing bòx /-tɪŋ-/ 名 《英》狩猟用別荘.

shóoting bràke 名 《英》ステーションワゴン.

shóoting gàllery 名 **a** 《英》屋内射撃練習場. **b** 〈縁日などの〉射的場. **c** 《米俗》麻薬の密売場所, 麻薬常用者のたまり場.

shóoting íron 名 《米口》銃, 拳銃.

shóoting jàcket 名 《英》狩猟服, サファリジャケット.

shóoting lódge 名 =shooting box.

shóoting mátch 名 Ⓒ 射撃競技会. **[the whole ~ で]** 《口》何もかも, 一切合切: run the whole ~ 一切を取りしきる.

shóoting páin 名 Ⓒ,Ⓤ 〈突然襲う〉鋭い痛み.

shóoting rànge 名 〈ライフルの〉射撃練習場.

shóoting scrìpt 名 〈映・テレビ〉撮影台本, シューティングスクリプト 〈ショット単位に記述してある台本〉.

shóoting stár 名 流星 (meteor).

shóoting stìck 名 狩猟ステッキ 〈上部が開いて腰掛けになる〉.

shóoting wàr 名 〈兵器を使用する〉実戦.

⁺**shóot-òut** 名 ❶ 《口》〈決着をつける〉撃ち合い; 決戦. ❷ 〖サッカー〗 シュートアウト 〈同点で終わった時, 5 人ずつの PK戦で勝者を決めること〉.

＊**shop** /ʃáp | ʃɔ́p/ 名 ❶ Ⓒ **a** 商店, 小売店 〖解説〗主に《英》で用いる; 《米》では store のほうが一般的だが, flower shop, gift shop, curiosity shop などを用いることもある. 〖用法〗職種名を示す名詞の所有格の後では省略されることが多い): a flower ~ 花屋 / ⇒ bookshop / a chemist's (~) 薬屋, 薬局 / a grocer's (~) 食料品店 / a stationer's (~) 文房具屋 / a bar ~ / run a ~ 店を経営する / buy things at a ~ 店で買い物をする. **b** 専門店; 〈デパートなどの中にある〉精選商品売り場 〖語形〗この意味では《英》《米》共通). ❷ Ⓒ 〈しばしば複合語をなして〉 **a** 〈仕事場を兼ねた〉店: a barbershop 《米》理髪店, 床屋 / a beauty ~ 美容院. **b** 仕事場; 〔工場内の〕部門, 工場: a carpenter's ~ 大工の仕事場 / the engine ~ 〈工場の〉機関部門 / a repair ~ 修理工場. **c** 職場, 勤務先: ⇒ closed shop, open shop, union shop. ❸ 《米》**a** Ⓒ 〈小・中学校の〉工作室. **b** Ⓤ 〈教科としての〉工作: do well in ~ 工作の成績がよい. ❹ Ⓤ 〈専門の〉仕事の話: talk ~ 〈時・所を選ばず〉自分の商売[職業, 専門]の話(ばかり)をする. ❺ [単数形で] 〈仕事・日用品の〉買い物.

àll óver the shóp 《英口》(1) ほうぼう, 至る所に[で] (everywhere): He looked for the key all over the ~. 彼はそこらじゅうかぎを捜した. (2) 乱雑に, 取り散らして: Everything was all over the ~. 何もかもめちゃくちゃに散らかっていた. **clóse shóp** =shut up SHOP 成句 (1). **cóme [gó] to the ríght [wróng] shóp** 《口》うってつけの[門違いの]人の所にやってくる. **hít the shóps** =hit 成句. **kéep shóp** 店の番をする. **sét úp shóp** 店を出す, 開業する: set up ~ as a lawyer 弁護士を開業する. **shút úp shóp** (1) 〈夜など〉店を閉める, 閉店する. (2) 店をたたむ, 店じまいする. (3) 〈仕事などを〉やめる.

1667　shore

― 動 (**shopped; shop·ping**) ⾃ 買い物をする, 買い物に行く: go shopping 買い物に行く / Mother is out shopping. 母は買い物に出かけています / I'm shopping for a new dress. 新しいドレスを買いに来ているのです / She usually ~s at supermarkets. 彼女はたいていスーパーで買い物をする. ― 他 ❶ 《米》〈買い物をするために〉〈店〉を見て歩く, 訪れる. ❷ 《英俗》〈人〉を密告する. **shóp aróund** ⾃＋副 (1) 〈買う前に〉何軒かの店を見て回る: You'd better ~ around before deciding what to buy. 何を買うか決める前に何軒か店を見て歩いたほうがよい. (2) 〔…を〕捜す, 物色する: ~ around for an apartment [a job] アパート[職]を捜す.

〖OE=〈差し掛け〉小屋〗【類義語】⇒ factory.

shop·a·hol·ic /ʃɑ̀pəhɔ́ːlɪk | ʃɔ̀pəhɔ́l-/ 名 買物せずにはいられない人, 買物中毒[依存症]の人.

⁺**shóp assístant** 名 《英》〈小売店の〉店員 (《米》salesclerk).

shóp·bòy 名 《英》男店員.

shóp·fìtter 名 店舗設計者[装飾業者].

shóp·fìt·ting 名 [複数形で] 〈台・棚などの〉店舗用備品; 店舗設計[装飾].

shóp flóor 名 [the ~] 〈工場の〉作業現場; 〈工場〉労働者.

shóp·frònt 名 〔主に英〕店舗の正面(の部屋), 店先 (《米》storefront).

shóp·gìrl 名 《英》女店員.

⁺**shóp·kèeper** 名 小売店主, 小売商人 〖比較〗主に《英》で用いる; 《米》では storekeeper のほうが一般的.

shóp·kèeping 名 Ⓤ 小売商(売).

shóp·lìft 動 ⾃ 万引きする. ― 他 〈品物を〉万引きする. 〖SHOPLIFTER からの逆成〗

shóp·lìfter 名 万引き(人).

shóp·lìfting 名 Ⓤ 万引き(行為).

shoppe /ʃáp | ʃɔ́p/ 名 =shop 1 〈看板などに使われる古風な[気取った]つづり〉: Smith's Gift S~ スミスみやげ物店.

shóp·per 名 ❶ 買い物客: Christmas ~s クリスマスの買い物客. ❷ 《英》買い物袋; 買い物ワゴン. ❸ かご付きの車輪の小さい自転車. ❹ 《米俗》密告者.

＊**shóp·ping** /ʃápɪŋ | ʃɔ́p-/ 名 Ⓤ **a** 買い物, ショッピング: I've some ~ to do. 少し買い物がある. **b** [形容詞的に] 買い物のための: a ~ bag 〈手でったる紙・プラスチック製の〉買い物袋 / a ~ street 商店街. ❷ 買った品物(全体): Put the ~ in the kitchen. 買ってきたものを台所に置いてくれ.

shópping-bàg làdy 名 《米》=bag lady.

shópping càrt 名 《米》〈スーパーマーケットなどの〉買い物用手押し車, ショッピングカート.

⁺**shópping cènter** 名 ショッピングセンター 〈共用の大きな駐車場を備えていて, 商店が集まった区画・施設〉.

⁺**shópping lìst** 名 購入品目リスト, 買い物表; 欲しい物リスト.

shópping màll 名 ショッピングモール 〈遊歩道や歩行者専用の買い物広場を中心とした商店街[施設]).

shópping plàza 名 《米・カナダ》=shopping center.

shóp-sòiled 形 《英》=shopworn.

shóp stèward 名 〈労働組合の〉職場代表.

shóp·tàlk 名 Ⓤ ❶ 職業(用)語. ❷ 〈職場外でする〉仕事の話 (cf. talk shop (⇒ SHOP 名 4)).

shóp·wàlker 名 《英》売り場見回り人.

shóp·wìndow 名 陳列窓, ショーウインドー (show window).

shóp·wòrn 形 ❶ 〈商品など〉店(さき)ざらしの. ❷ 〈文句・考えなど〉古くさい, 陳腐な.

sho·ran /ʃɔ́ːræn/ 名 Ⓤ ショーラン 〈航空機・船舶の出す 2 種の電波が二つの地上局と往復する時間によって自分の位置を割り出す装置; cf. loran〉. 〖short-range navigation〗

＊**shore¹** /ʃɔ́ə | ʃɔ́ː/ 名 Ⓒ 〈海・湖・川の〉岸; 海岸: walk along the ~ of the lake 湖岸を歩く / There are some dangerous rocks just off the ~. ちょっと沖にいくと危

険な国がいくつかある. ❷ ⓤ (海に対して)陸(地). ❸ ⓒ [通例複数形で](海岸を境とする)国: foreign ~s 外国 / one's native ~ 故郷. óff shóre 岸を離れて, 沖に. on shóre 陸に, 上陸して: go [come] on ~ 上陸する.《関連》littoral.《類義語》shore 海・湖・川の緑をなす「岸」を表わす最も普通の語. coast 大陸や大きな島の海に面した長い土地, 海に対して陸地の緑をなす部分. beach 波が打ち寄せる砂あるいは小石におおわれた浜辺. 人々がくつろぐために集う場所としての浜辺. seaside 《英》では避暑地・行楽地としての海岸地帯や浜辺の町を表わすが, この意味では最近は sea を用いるのが一般的.

shore² /ʃɔ́ər | ʃɔ́ː/ 名 (船体・建物・塀・樹木などの)支柱, 支え. ── 動 ❶ 支柱で支える, ⟨...⟩につっかいをする: ~ *up* a leaning tree 傾いている木を支柱で支える / ~ *up* a shaky building *with* timbers がたがたの建物に角材でつっかいをする. ❷ ⟨経済・通貨・体制などを⟩支える; ⟨士気などを⟩高める ⟨*up*⟩.

shóre・bìrd 名 岸辺の鳥 (河口や海岸にすむシギ・チドリ類など).
shóre dìnner 名 《米》魚貝料理, 磯料理.
shóre lèave 名 ⓤ ❶ (船員・水兵などに与える)上陸許可. ❷ (その)上陸時間.
shóre・less 形 ❶ (詩)果てしない. ❷ (上陸に適した)岸のない.
shóre・lìne 名 海岸線.
shóre patròl 名《米海軍》海軍憲兵(隊)《海岸を監視する; 略 SP》.
shóre・ward /-wəd | -wəd/ 副 形 岸(陸)のほうへの).
†**shóre・wards** /-wədz | -wədz/ 副 =shoreward.
shor・ing /ʃɔ́ːrɪŋ/ 名 ⓤ (建物・船などの)支柱, つっかい(全体).

shorn /ʃɔ́ərn | ʃɔ́ːn/ 動 shear の過去分詞. ── 形 ❶ 刈り込んだ: God tempers the wind to the ~ lamb. (諺) 神は刈りたての小羊(弱い者)には風を加減する. ❷ ⟨...⟩を奪い取られて, ⟨...⟩のない: a dictator ~ *of* his power 権力を奪い取られた独裁者.

‡**short** /ʃɔ́ərt | ʃɔ́ːt/ 形 (~・er; ~・est) ❶ 短い (↔long): **a** ⟨寸法が⟩短い, 短めの: a ~ line [tail] 短い線[尾] / ~ hair 短い髪 / This skirt is too ~ for me. このスカートは私には短すぎる. **b** ⟨距離が⟩短い, 近い: a ~ walk 短い散歩 / at a ~ distance 近くに / The bus stop is only a ~ way from my house. バス停は私の家からわずかしか離れていない. **c** ⟨時間・時期・行為など⟩短い: a ~ time ago 少し前に / a ~ trip 小旅行 / I waited only (for) a ~ time before he appeared. ほんのしばらく待っただけで彼が現われた / S~ pleasure, long repentance. (諺) 短い楽しみ, 長い後悔, 「楽は一日苦は一年」. **d** ⟨時間・行為など⟩短く感じる, あっという間の: in just a few ~ years わずか2, 3年の間に / It was a ~ day (at work) today. きょうは(職場で)短い一日だった. ❷ 背の低い, 丈が短い (↔tall): a ~ man 背の低い男 / ~ grass 丈が短い草 / She's ~ and plump. 彼女は背が低くてぽっちゃりしている. ❸ a ⟨もの・数量など⟩(標準・一定量に達しなくて)不足している, 不十分な: ~ measure 量目不足 / Oil is now in ~ supply. 石油は今不足している / The budget is ~ by $10 million. 予算が 1千万ドル不足している / The budget is $10 million. = の of breath 息切れして / We're ~ of food [hands, money]. 我々には食料[人手, 金]が不足している / He's long on ambition but ~ on brains. (口) 彼は野心は十分だが知恵が足りない. ⓟ ⟨人や金が⟩不足している, short change, short weight. **b** ⓟ ⟨人や金が⟩不足している: I'm a bit ~ today. きょうは持ち合わせがあまりない, ちょっとふところが寂しい. ❹ **a** ⟨視力・見識などが⟩遠くに及ばない: ~ sight 近眼, 近視 / take a ~ view 目先のことしか考えない, 先見の明がない. **b** ⟨記憶力が悪い, 短い間しか覚えていられない: He has a ~ memory. 彼は記憶力が悪い, よくもの忘れをする (★「彼は恩知らずだ」という意味にもなりうる). ❺ **a** そっけない, 無愛想な, 口数が少ない: a ~ answer そっけない返事 / in a ~ manner そっけない態度で / The policeman was very ~ *with* him. 警官は彼にひどく無愛想だった. **b** 短気な, 怒りっぽい: He has a ~ temper. 彼は短気だ. ❻ **a** 簡潔な, 簡単な: a ~ speech 簡潔なスピーチ / to make a long story ~ 簡単に言えば, 要するに / Be ~ and to the point when you speak. 話す時は簡潔にして要を得ること. **b** ⓟ ⟨...の⟩略: 'Phone' is ~ *for* 'telephone'. phone は telephone の省略形である. ❼ **a** ⟨パイ・クッキーなど⟩(ショートニングがたくさん入って)さくさくする, ぼろぼろする: a ~ piecrust さくさくするパイの皮. **b** ⟨金属が⟩もろい. ❽ Ⓐ ⟨酒が⟩強い, 生(き)で; (簡単に言えば)小さいグラスで出される: a ~ drink (小さなグラスに注がれた)強い酒《ウイスキー・ラムなど》/ Let's have something ~. 何か一杯きゅっとやろう. ❾ 《音声》短音の (↔long): ~ vowels 短母音. ❿ 《商》**a** 《手形など》短期の. **b** 空(ぎ)売りの: a ~ sale 空売り / a ~ seller 空売り筋[相場師].

gét [háve] a pèrson by the shórt and cúrlies =get [have] a person by the short HAIRS 成句.
in shórt órder ⇨ short order 成句.
in the shórt rùn ⇨ run 成句.
màke shórt wórk of... …をさっと片づける.
nóthing [líttle] shórt of... まったく[ほとんど]...で: His conduct is *nothing* ~ *of madness*. 彼の行ないは狂気のさただ / His success was *little* ~ *of miraculous* [a miracle]. 彼の成功は奇跡に近かった.
shórt and swéet (く)短く心し; 簡潔で要を得た: Keep it ~ *and sweet*, please. 簡潔にお願いします.
shórt of... (cf. SHORT of... 副 成句) (1) ⟨...⟩が不足して (⇨ 3 a). (2) ...より以下で: They will try everything ~ *of* war. 彼らは戦争はしかけないまでもあらゆる策を弄(ろう)するだろう / She's a few weeks ~ *of* (being) twenty. 彼女はあと四週間かすると 20 歳になる. (3) ...から離れて: We were still some miles ~ *of* our destination. 我々は目的地までまだ数マイルのところにいた.

── 副 (~・er; ~・est) ❶ (比較なし)突然, 急に: bring [pull] up ~ 急に止まる[止める] / stop ~ 急に止まる[止める]. ❷ 無愛想に, そっけなく: He answered me ~. 彼は私にそっけなく答えた. ❸ **a** ⟨...⟩の手前で, 手前で (に): The arrow fell ~. 矢は(的の)手前で落ちてしまった. **b** ⟨...の⟩手前で: He parked ~ *of* the gate. 彼は門の手前に駐車した. ❹ 《商》空(ぎ)売りで: ~ sell SHORT の成句.

be cáught [táken] shórt (1) 不意をつかれる. (2)《英口》(トイレのない場所などで)トイレを我慢できなくなる(に行きたくなる).
còme shórt of... =fall SHORT of... 成句.
cùt shórt (他 + 副) (1) ⟨...を⟩切り詰める, 短縮する: to *cut* a long story ~ 手短に言えば / *Cut it* ~! 簡単に言え. (2) ⟨...を⟩中断する, さえぎる: He *cut* me ~. 彼は私の言葉をさえぎった / We had to *cut* our holiday ~. 我々は休暇を途中で切り上げなければならなかった.
fáll shórt of... (1) ...に達しない, 届かない: The arrow *fell* ~ *of* the target. 矢は的に届かなかった. (2) ...に不足する: The result *fell* ~ *of* our expectations. その結果は我々の期待に添わなかった.
gó shórt (of...) (...)なしでやっていく, 不自由を忍ぶ: I don't want you to *go* ~ (*of* money). 君に(金の)不自由はさせたくない.
rún shórt (1) ⟨ものが⟩不足する, なくなる: Our stock is *running* ~. 在庫が不足しそうだ / My patience is *running* ~. 私の忍耐もそろそろ限界にきている. (2) ⟨ものが⟩...を下回る: The supply is *running* ~ *of* demand. 供給が需要に追いつかなくなってきた. (3) ⟨...に⟩不足する, ⟨...を⟩切らす: We *have run* ~ *of* tea. お茶が切れた.
séll shórt (他 + 副) (1) 《商》空(ぎ)売りする. ── (他 + 副) (2) ⟨...を⟩軽視する, 見くびる: They *sold* him ~. 彼らは彼を見くびった.
shórt of... (cf. SHORT of... 副 成句) (1) ⟨...⟩の手前で (⇨ 3 b). (2) [前置詞的に] ...を除いて, ...は問題外として (except for): S~ *of* theft, I will do anything I can for you. 盗みはともかく君のためなら何でもしてあげよう. (3) [前置詞的に] ...がなければ: Nothing, ~ *of* a miracle, can save the company. 奇跡以外にその会社を救済できるものはない.

── 名 ❶ 短編映画; 短編小説; (新聞雑誌の)短い記事

❷ (ウイスキー・ラムなど)強い酒の1杯: He only drinks ~s. 彼は強い酒しか飲まない. ❸ [複数形で] ⇒ shorts. ❹ =shortstop. ❺ [音声] 短母音, 短音節. ❻ ⓐ =short circuit. ❼ [商] ⓐ 空(ポ)売り. ⓑ 相場師.

for shórt 略して: Her cousin, Margaret, is called 'Maggie' *for* ~. 彼女のいとこのマーガレットは略して「マギー」と呼ばれている.

in shórt 一口に言えば, 要するに: *In* ~, it was a failure. つまりそれは失敗だった.

the lóng and (the) shórt of it ⇒ long¹ 名 成句.
— 動 =short-circuit.
~・ness 《OE; 原義は「短く切られた」》 名 shortage, 動 shorten)

【類義語】**short, brief** ともに「短い」という意味であるが, short は切りつめられた結果「不完全だ, 足りない」という意味を含むことがある. 一方 brief は時間的な意味を含み, よくまとまっていて余分なものがなく簡潔であることを表わすことが多い.

shórt-àct・ing 形 [薬] 短時間[非持続的]作用性の.

****shórt・age** /ʃɔ́ətɪdʒ | ʃɔ́ː-/ 名 CU 不足, 払底: a housing ~ 住宅難[不足] / a ~ *of* food [housing] 食料[住宅]不足 / An energy ~ is the problem. エネルギーの不足が問題だ. (形 short)

shórt-àrm 形 腕を伸ばしきらない, 短い〈パンチ等〉.

shórt báck and sídes 名 [単数扱い] ショートバックアンドサイド《耳のまわりと後頭部を短く切った男性の髪型; 軍隊にある》.

shórt・brèad 名 U ショートブレッド《ショートニングをたくさん入れた厚いビスケットの一種》.

shórt・càke 名 ❶ (米)ショートケーキ《解説 通例 biscuit とよばれるパンの間にイチゴなどをはさみ, 上にクリームをのせたケーキ; 日本のものとは異なる》. ❷ (英) =shortbread.

shórt-chánge 動 他 [しばしば受身で] ❶ 〈客に〉(故意に)釣り銭を少なく渡す. ❷ 〈人を〉だます.

shórt chánge 名 U 少ない[不足の]釣り銭.

shórt círcuit 名 [電] 短絡, 漏電, ショート.

shórt-círcuit 動 ❶ [電] 短絡[ショート]させる. ❷ 〈障害・手続きなどを〉避けて通る, 避ける. ❸ じゃまする, 中断させる. — 自 [電] 短絡する.

+**shórt・còming** 名 [通例複数形で] 短所, 欠点 (defect) 《匪較 fault のほうが一般的》: make up for one's ~s 短所を補う.

shórt・crùst 名 (また shórtcrust pástry) U ショートクラスト《パイなどの, もろくずれやすい生地》.

+**shórt-cùt** 名 ❶ 近道: take the ~ through the orchard 果樹園を通って近道をする / by a ~ 近道をして[通って]. ❷ 手っ取り早い方法: There's no ~ *to* success. 成功への近道はない. ❸ [電算] ショートカット: a ~ shortcut key. ⓑ Windows で, アイコンのダミー; デスクトップなど利用しやすい場所において使う.

shórtcut kéy 名 [電算] ショートカットキー《GUI 環境で, メニューを経由せずにキーボード操作だけで機能を実現するキーの組み合わせ》.

shórt-dáted 形〈手形など〉短期の.

shórt-dáy 形 [植] 植物の短日性の (cf. LONG-DAY).

shórt divísion 名 U [数] 短除法.

+**shórt・en** /ʃɔ́ətn | ʃɔ́ː-/ 動 ❶ 〈…を〉短くする, つめる (↔ lengthen); 〈期間を〉短くする / ~ the trousers an inch ズボンを1 インチつめる / ~ the report to 1000 words レポートを縮めて千語にする. ❷ ショートニングを加えて〈菓子などの〉舌ざわりを[口当たりを]軽くする. ❸ [海] 〈帆を〉絞る: ~ sail 縮帆する. — 自 短くなる, つまる: The days are ~*ing*. 日が短くなってきた. (形 short)

【類義語】**shorten** 長さ・期間・程度などを短くする意味の最も一般的な語. **curtail** やや形式ばった語で, やむをえない事情のため予定より短くする. **abridge** 大事な点や要旨を損わず, 一部を省略したり圧縮したりして全体の大きさを小さくする. **abbreviate** 一部の文字だけを残して単語を短く書く.

shórt-en・ing /ʃɔ́ətnɪŋ, -tn- | ʃɔ́ː-t-/ 名 U ❶ ショートニング《菓子などをさくさくさせるためのバター・ラードなど》. ❷

1669　　short subject

ⓐ 短縮. ⓑ [言] 省略(法).

+**shórt・fàll** 名 不足; 不足分[額] (deficit).

shórt fíeld 名 [野] ショートの守備範囲.

shórt fúse 名 (口) 短気, かんしゃく.

shórt-hàir 名 ショートヘア(被毛の短い家ネコ).

shórt-hàired 形〈動物が〉短毛の.

+**shórt-hànd** 名 ❶ U 速記: take ~ 速記をとる / make notes in ~ 速記でメモをとる. ❷ 省略表記(法), 略記(法). — 形 A 速記の[による]: a ~ writer 速記者.

shórt-hánded 形 人手不足の (short-staffed).

shórthand týpist 名 (英)速記者 ((米) stenographer).

shórt-hàul 形 A〈飛行機が〉短距離輸送の (↔ longhaul).

shórt héad 名 (英) [競馬] 頭の差より小さい開き.

shórt-héad 動 (英) short head で勝つ.

shórt-hóld 名 期限付き賃借の, 短期賃借の.

shórt-hórn 名 ショートホーン, 短角牛 《England 原産の肉牛》.

short・ie /ʃɔ́ətɪ | ʃɔ́ː-/ 名 =shorty.

short・ish /ʃɔ́ətɪʃ | ʃɔ́ː-/ 形 やや短い, 短めの.

shórt lìst 名 (英)選抜候補者名簿(この名簿の中から最終の選出を行なう).

shórt-lìst 動 他 選抜候補者名簿に入れる.

shórt-líved /-lívd, -láɪvd/ 形 ❶ 短期間の, 一時的な, はかない: My hopes were ~. 私の望みははかなかった. ❷ 短命の: ~ insects 短命な昆虫.

+**shórt・ly** /ʃɔ́ətli | ʃɔ́ː-t-/ 副 (more ~; most ~) ❶ (比較なし)まもなく, じきに: ~ before [after]... のちょっと前[後]に / He will arrive ~. 彼はまもなく到着するだろう. ❷ 簡単に, 短く: ~ but clearly 簡単かつ明瞭に / to put it ~ 手短に言えば, つまり. ❸ 無愛想に, そっけなく: answer ~ そっけなく答える. 【類義語】⇒ soon.

shórt màrk 名 [音声] 短音符号 (breve) (˘).

shórt méter 名 [韻] 短韻律歌(6, 6, 8, 6 音節 4 行の賛美歌スタンザ).

shórt ódds 名 覆 ほぼ五分五分の賭け率.

shórt órder 名 (米)(カウンター式レストランなどで)注文するとすぐ出てくる料理[即席料理](の注文). **in short òrder** (米)手っ取り早く, 即座に.

shórt-órder 形〈米〉即席料理を作る[出す]: a ~ cook 即席料理専門のコック.

+**shórt-rànge** 形 ❶ 短距離の, 射程の短い (↔ longrange): a ~ missile 短距離ミサイル. ❷ (未来に向かって)短期間の: a ~ forecast 短期予報.

shórt ríbs 名 覆 ショートリブ《牛のリブロース (rib roast) とバラ肉 (plate) の間の小片肉》.

****shorts** /ʃɔ́əts | ʃɔ́ːts/ 名 覆 ❶ 半ズボン, 運動パンツ, ショーツ: a pair of ~ 半ズボン 1 着. ❷ (米)(男子用)パンツ.

shórt scóre 名 [楽] ショートスコア《大規模な作品のスケッチとして略記した総譜》.

shórt sélling 名 U 空売り.

shórt-shéet 動 (人を困らせるため)一枚のシーツを二つ折りにして〈ベッドに〉敷く.

shórt shórt stòry 名 ショートショート, 超短編小説.

shórt shrìft 名 U ❶ 容赦のない取り扱い: give [get] ~ さっさと片づける[られる], 容赦なくやっつける[られる] / make ~ of...をさっさと片づける; 容赦なくあしらう. ❷ (死刑執行直前の)懺悔(ポ゚)と赦罪のための短い時間.

+**shórt-síghted** 形 ❶ [主に英] 近眼の, 近視の (↔ longsighted): a ~ person 近眼の人 / She's very ~. 彼女はひどい近眼だ. ❷ 近視眼的な, 先見の明がない (↔ farsighted). **-ly** 副 **-ness** 名

shórt-spóken 形 無愛想な, そっけない.

shórt-stáffed 形 スタッフ不足の (short-handed).

shórt・stòp 名 [野] ❶ C 遊撃手, ショート. ❷ U ショートの位置: play ~ ショートを守る.

+**shórt stóry** 名 短編小説.

shórt sùbject 名 (米) [映] 短編映画《記録・教育映画が

shórt súit 名 〖トランプ〗ショートスーツ《4枚そろわない持ち札, その組; cf. long suit》.

shórt-témpered 形 短気な, 怒りっぽい.

***short-term** /ʃɔ́ːttə́ːm | ʃɔ́ːttə́ːm‾/ 形 短期の (↔ long-term): a ~ loan 短期のローン.

shórt-term·ism 名 Ⓤ (政治家・投資家などの)短期的収益[成果]に力点を置く傾向, 短期主義. -ist 名

shórt tíme 名 Ⓤ 操業短縮.

shórt títle 名 〖図書〗簡略表題, 簡略書名《目録などで著者名・表題・出版社・発行年(月)・場所のみを記載する記入》.

shórt tón 名 米トン, 小トン (=2000 pounds, 907.2kg; ⇒ ton 1).

shórt wáist 名 ウエストの高いドレス, ハイウエスト.

shórt-wáisted 形 ウエストの高い《肩とウエストの間が平均より短い服にいう》.

shórt·wàve 名 ❶ Ⓤ 〖通信〗短波《約10-100mの波長; cf. long wave, medium wave》: transmit on ~ 短波で送信する. ❷ Ⓒ 短波ラジオ[送信機].

shórt wéight 名 Ⓤ 量目不足.

shórt-wéight 動 他 《...に》(商品を)量目不足で売る.

shórt-wínd·ed /-wíndɪd‾/ 形 ❶ 息切れのする, 息の続かない. ❷ 《文章など短い, 簡潔な.

short·y /ʃɔ́ːti | ʃɔ́ː-/ 名 ❶ 《口》背の低い人, ちび. ❷ 短い服《ナイトガウンなど》. ❸ 《ヒップホップ俗》ショーティー: **a** 女の子, 女. **b** 子供, 赤ん坊. **c** 男女を問わず, 親しい呼び掛け. 〖A〗 《衣服など丈の短い.

Sho·sta·ko·vich /ʃàstəkóʊvɪtʃ | ʃɒs-/, **Dmi·try (Dmi·tri·ye·vich)** /dmíːtri (dmíːtrɪyɪtʃ)/ 名 ショスタコーヴィチ (1906-75) 〈ソ連の作曲家〉.

***shot**[1] /ʃát | ʃɔ́t/ 名 ❶ Ⓒ **a** 発砲, 発射: take a ~ at a bird 鳥をねらって撃つ / He fired five ~s. 彼は5回発砲した[5発撃った]. **b** 銃声, 砲声: The ~ echoed through the hills. 銃声は山々にこだました. **c** 《宇宙船・ロケットなどの)発射, 打ち上げ. ❷ **a** Ⓒ (猟銃の)散弾 (⇒ bullet〖比較〗): a charge of ~ (装填(おき)した)1発分の散弾 / Several pieces of ~ still remain in his leg. 彼の脚にはまだ数個の散弾が残っている / S- is usually made of lead. 散弾は通例鉛で作られる. **b** ⒸⓊ (昔の, 丸い炸裂(^{きる})しない)砲丸, 砲弾 《比較 炸裂弾は shell》. ❸ Ⓤ 射程, 着弾距離: out of [within] ~ 射程外[内]に. ❹ Ⓒ 〖通例修飾語を伴って〗射撃が...の人: He's a good [poor] ~. 彼は射撃がうまい[下手だ]. ❺ Ⓒ 〖通例単数形で〗**a** 試み: have [take] a ~ at ...を試みる, やってみる / I'll give it my best ~. ベストを尽くします, (それを)一所懸命やります. **b** 当て推量, 当てずっぽう: It's a long ~, but I should say she's about forty. 当て推量だが彼女は40前後かなあ. ❻ Ⓒ 〖スポ〗(砲丸投げ (shot put) の)砲丸. **b** (球技》(ゴールなどに向けての)シュート, ショット, 投げ, 打ち, けり, 突き: practice golf ~s ゴルフショットの練習をする / Good ~! いい当たり!, いい球! ❼ Ⓒ **a** スナップ(写真): a mug ~ 《口》(犯人・容疑者の)顔写真 / take a ~ of ...の写真をとる. **b** (映画・テレビの)ショット《カメラが回転し始めてから止まるまでの一場面の(撮影)》: ⇒ close shot, long shot. ❽ Ⓒ **a** 《口》注射 (injection). **b** (ウイスキーなどの)1杯: toss off a ~ of whiskey ウイスキーをきゅっと1杯飲む. ❾ Ⓒ 《英》(飲み屋の)勘定 (★ 主に次の句で): pay one's ~ 飲み代を払う. ❿ 〖単数形で〗(競馬の出走馬などの)勝ち目, 公算. **a shót acròss the bóws** 《人に計画を実行しないよう説得する》警告. **a shót in the árm** (1) 腕への注射. (2)《口》刺激(となるもの), 助け(となるもの), 酒. **a shót in the dárk** 当て推量, 当てずっぽう《画来「暗やみでの発砲」の意から》: take a ~ in the dark 当て推量(をする). **big shòt** ⇒ big shot. **cáll the shóts** 《口》命令をする, 采配(^{さい})を振るう 《画来「撃てと命令する」の意から》. **like a shót** (弾丸のように)速く; すぐに, 快く: He went off like a ~. 鉄砲玉のように飛んで行った. **nót by a lóng shòt** 少しも...ない: He's *not* a businessman *by a long ~*. 彼は決して商売人なんかではない. 《OE》 動

shoot[1])

***shot**[2] /ʃát | ʃɔ́t/ 動 **shoot**[1] の過去形・過去分詞.

— 形 (**more** ~; **most** ~) ❶ **a** (比較なし)〈織物など〉玉虫色の, 見る角度で色の変わる織り方の: ~ silk 玉虫色の絹布. **b** Ⓟ 〈別の色・ものなどで〉変化がつけられた: His hair is ~ with gray. 彼の髪には白髪がまじっている. ❷ Ⓟ 《口》〈物など〉使い古して; 〈神経など〉疲れ切って: His nerves were ~. 彼の神経はすっかり参っていた. **gèt shót of...** 《英口》〈物〉を処分[始末]する, ...を終える. **shót through with...** (1) 〈衣服など〉〈異なる色の糸を〉織り込まれて, 縞(^し)目の入った, 斑(^{ぶち})入りの. (2) 〈...に〉満ちて, 彩られて: a sad story ~ *through with* humor ユーモアたっぷりの悲しい話.

shote /ʃóʊt/ 名 =shoat.

shót-fìrer 名 〖鉱〗(発破の)点火係.

shót glàss 名 ショットグラス《ウイスキーひと口 (shot) 分の小さなグラス》.

***shót·gùn** 名 散弾銃, 猟銃.

shótgun márriage [wédding] 名 《口》妊娠がわかってやむをえず行う結婚, できちゃった結婚《画来 妊娠させられた娘の父親が相手の男に shotgun をつきつけて結婚を強制したことから》.

shótgun mìcrophone 名 =gun microphone.

shót hòle 名 ❶ 装薬〖発破〗孔, ショットホール《ダイナマイトを入れるためドリルであけた孔》. ❷ (木の)虫食い孔.

shót pùt [the ~] 〖競技〗砲丸投げ.

shót-pùtter 名 砲丸投げの選手.

shot·ten /ʃátn/ 〖名〗産卵後の〈ニシンなど〉.

shót tòwer 名 《溶解鉛を水に落として造る》弾丸製造塔.

***should** /(弱形) ʃəd; (強形) ʃʊ́d/ 動 〖語形〗短縮形 **'d**; 否定形 **should not**; 否定短縮形 **shouldn't** A 〖仮定法で〗

❶ 〖人称を問わず義務・当然さを表わして〗**a** ...すべきである, するのが当然だ, したほうがいい 《画来 ought to, must よりも意味が弱く, しばしば義務より勧告を表わす》: You ~ be more punctual. 君はもっと時間を守るべきだ / You *shouldn't* speak so loud. そんな大声で話すんじゃありませんよ. **b** 〖~ have + 過分〗...すべきであった(のにしなかった): You ~ *have seen* the film. 君はその映画を見るべきだった《見ればよかったのに》/ You *shouldn't have done* that. 君はそんなことをすべきではなかった.

❷ **a** 〖遺憾・驚きなどを表わす主節に続く*that* 節, または I'm surprised, I regret などに続く *that* 節に用いて〗...する(のは, とは): It's a pity *that* he ~ miss such a golden opportunity. 彼がこういう絶好の機会を逃すのは惜しいことだ / It's strange [surprising] *that* you ~ not know it. 君がそれを知らないとは不思議だ[驚いた] / I wonder *that* a person like you ~ make such a mistake. あなたのような人がこんな間違いをするとはねえ. **b** 〖必要・当然などを表わす主節に続く *that* 節に用いて〗...する(のは): It's not necessary *that* I ~ go there. 私がそこに行く必要はない / It's natural *that* he ~ have refused our request. 彼が我々の要求を拒絶したのはもっともだ. **c** 〖命令・要求・主張・意向などを表わす主節に続く名詞節に用いて〗...する(ように): It was proposed *that* we ~ do it at once. 我々はすぐそれをすべきだということが提案された / I insist *that* he ~ stay where he is. 私が今いる所にとどまることを主張する. ★ 〖用法〗(1) **a** では現在では *that* 節中に should を用いず直説法を用いるのが普通. (2) **b, c** でも should を用いず《米》では動詞の原形を用いるのが普通; また《英》の形式ばらない用法では直接法を用いることも多い.

❸ **a** 〖why, how などとともに用い, 当然のことを強調して〗...しなければならない, ...して悪いはずがない: *Why* ~ he go for you? どうして彼が君の代わりに行かねばならないのか / There's no reason *why* philosophers ~ not write novels. 哲学者が小説を書いて悪いという理由はない. **b** 〖who [what] ~ ...but... の構文で, 驚きを表わして〗(...以外のだれ[何]が)...したろうか: *Who* ~ they see *but* Hannah! 彼らの見たものがだれあろうはずがないハンナだった / *What* ~ I find in my soup *but* a maggot! スープの中になんと蛆(^{うじ})が!. **c** 〖通例 ~ worry で〗《米・反語》(気づかう)必要があろうか: With his riches, he ~ *worry* about a few pennies! 彼ほどの富をもってし

てはした金に気づかう必要があろうか.
❹ [可能性・期待を表わして] きっと…だろう, …のはずである《[比較] ought to よりも穏やかな意味》: If you leave now, you ～ get there by five o'clock. 今出発すれば 5 時にはそこに着くはずです / The plane ～ be landing right on schedule. その飛行機は予定どおりに着陸するはずです.
❺ **a** [条件節に用いて実現の可能性の少ない事柄に対する仮定・譲歩を表わして] **万一**(…ならば, …しても), もしかして…ということでもあれば[あっても]: If such a thing ～ happen, what shall we do? 万一にもそのようなことが起こったらどうしよう / *S*～ he [If he ～] be given another chance, he will [would] do his best. もし彼がもう 1 度機会を与えられれば最善を尽くすでしょう / Even if he ～ deceive me, I would [will] still love him. たとえ万一彼が私を欺いても私はどこまでも彼を愛する / If I ～ fail, I will [would] try again. もし万一失敗してもぼくはまたやってみる. **b** [条件文の帰結節で, I [we] ～ で現在または未来の事柄についての想像を表わして] …だろうに《[用法]《米》と《英口》では would が用いられることが多い》: If you were to quarrel with him, *I* ～ feel very sorry. もし君が彼とけんかするようなことがあれば私はとても残念に思うだろう. **c** [条件文の帰結節で, I [we] ～ have+ [過分] で過去の事柄についての想像を表わして] …だったろうに《[用法]《米》と《英口》では would が用いられることが多い》: *We* ～ *have been* glad to be there, if only we'd had enough money. お金さえ十分あったなら喜んで行くところでしたが.
❻ [I ～ として話者の意見・感情を婉曲に表現して] (私としては)…したいが, (私なら)…するところだが《[用法]「もし私があなたなら」「もし聞かれたら」「もし勧められたら」などの条件を言外に含んだ表現で, would が用いられることがある》: He's over fifty, *I* ～ think. 彼は 50 歳は過ぎていると思いますが / That's impossible, *I* ～ say. それはまず不可能だ / *I* ～ say so. まあそうでしょうね / "Can you do it for me?" "Yes, *I* ～ think so."「やっていただけますか」「ええ, できるでしょう」/ *I* ～ think not. そんなことはないでしょう / *I* ～ have thought it was worse than that. もっとひどい[とてもそれぐらいのことでは済まされない]と思ったのに《★言外に if you hadn't told me, などの意味が含まれている》/ *I* ～ refuse. 私なら断わるね, 断わるほうがいいね.
❼ **a** [目的の副詞節に用いて] …する(ように): He lent her the book so that she ～ study the subject. 彼は彼女がその科目の勉強をするように本を貸してやった. **b** [lest に続く節で] …し(ないように)《[用法] should を用いない場合が多い》: We gave them bread, *lest* they ～ starve. 我々は彼らが餓死しないようにパンを与えた.
I should lìke to …したいものだ《[用法] ていねいな願望を表わす; should の代わりに would を用いることが多い; I should [would] like to は《口》ではしばしば I'd like to と略される; 相手の希望を尋ねるには *Would* you like to…? を用いる》: *I* ～ *like to* go with you. ご一緒したいと思います.
B [直説法で未来を表わす shall の過去形で] ❶ [時制の一致で従節内に用いて; 単純未来の場合] …であろう《[用法] 2 人称, 3 人称の場合 should の代わりに would が用いられることが多い; また《米》と《英口》では 1 人称でも would になることが多い》: I knew that I ～ soon get quite well. 私はやがてすっかりよくなることがわかっていた / He said that he ～ get there before dark. 彼は暗くならないうちにそこに着くだろうと言った《[変換] He said, "I shall get there before dark." と書き換え可能》/ I told him that I ～ be twenty years old next month. 私は彼に来月 20 歳になると言った《[変換] I said to him, "I shall be twenty years old next month." と書き換え可能》.
❷ [時制の一致で従節内に用いて; 意志未来の場合] **a** [話者の強い意向・決意を表わして] …するぞ《[用法] 1 と同じ》: He said he ～ never forget it. 彼はそれを決して忘れないぞと言った《[変換] He said, "I shall never forget it." と書き換え可能》. **b** [相手の意志を確かめて] …しましょうか(と言う)《[用法] 主語の人称にかかわらず should を用いる》: I asked him if I ～ shut the window. 窓を閉めましょうかと彼に尋ねた《[変換] I said to him, "Shall I shut the window?" と書き換え可能》.

***shoul·der** /ʃóuldɚ | -də/ [名] ❶ [C] **a** 肩; 肩甲関節; [通例複数形で] 上背部, 肩部: carry a child on one's ～*s* 子供を肩車に乗せる / with a bundle on one's ～ 荷物を肩にかついで / square one's ～*s* 肩を怒らせる / shrug one's ～*s* 肩をすくめる《困惑・疑惑・驚き・絶望・あきらめなどを表わす》. **b** (衣服の)肩. ❷ [C] [通例複数形で] (責任を負う)双肩(そうけん): shift the responsibility to other ～*s* 他人に責任を転嫁する / take the work on one's own ～*s* 仕事の責任を一身に引き受ける / The future of our country rests on your ～*s*. わが国の将来は諸君の双肩にかかっている. ❸ [U,C] 肩肉《食用獣の肩付き前足・前身部》: a ～ of mutton 羊の肩肉. ❹ [C] **a** (山の)肩《頂上近くのスロープ》. **b** (瓶・弦楽器などの)肩. **c** (道路の)路肩(ろかた).
a shóulder to crý òn 悩みを聞いてくれる人.
give a person the cóld shóulder＝túrn a cóld shóulder to a person よそよそしい[すげない]態度を見せる; 無視する; 避ける.
hàve a chíp on one's shóulder ⇨ chip [名] [成句].
hàve an óld héad on yóung shóulders ⇨ head [成句].
hàve bróad shóulders (1) 肩幅が広い. (2) 重荷[重任]に耐える; 頼りになる.
héad and shóulders abòve… ⇨ head [成句].
pút [sét] one's shóulder to the whéel 努力する, ハッスルする《[由来] 車輪に肩を当てて押すことから》.
rúb shóulders with… 〈名士など〉と交際する, つき合う.
shóulder to shóulder (1) 肩と肩が触れ合って; 密集して. (2) 心を同じくして, 協力して.
stráight from the shóulder《口》ずけずけと, 率直に《[由来] ボクシングのストレートのパンチから》: I told them *straight from the* ～ that… 私は…だと彼らにきっぱり言ってやった.
── [動] [他] ❶ 〈責任・責めなどを〉負う; 〈仕事などを〉引き受ける (accept): You don't need to ～ the blame for this failure. この失敗の責めを君が負う必要はない / You must ～ the future of the company. 諸君はわが社の将来を双肩に担わなければならない. ❷ 〈…を〉かつぐ, 肩に負う, 担う: ～ a heavy load 重い荷物を背負う / *S*～ arms! 《米》『号令』担え銃(つつ)! ❸ [副詞(句)を伴って] **a** 〈…を〉肩で押す[突く]: ～ a person *out of* the way 人を肩で押しのける / I was ～*ed aside*. 私は肩で押しのけられた. **b** [～ one's way で] 肩で突いて[押し分けて]進む: He ～*ed his way through* the crowd. 彼は群衆を肩で押し分けて進んでいった.
〘OE〙
shóulder bàg [名] ショルダーバッグ.
shóulder bèlt [名]〘軍〙負い革, 肩帯; (自動車の)肩かけ式シートベルト.
shóulder blàde [名]〘解〙肩甲骨.
shóulder bòard [名] ＝shoulder mark.
shóul·dered [形] [複合語で] …な肩をした: ⇨ round-shouldered.
shóulder hàrness [名] (自動車の)シートベルト.
shóulder-hígh [副] [形] 肩の高さまで(の).
shóulder hòlster [名] 拳銃装着肩帯, ホルスター.
shóulder knòt [名] ❶ (レース・リボンの)肩飾り. ❷ (士官の)正装肩章.
shóulder-léngth [形] 〈髪など〉肩まで届く(長さの).
shóulder lòop [名]〘米軍〙(将校の)階級肩章(台).
shóulder màrk [名]〘米海軍〙(将校の)階級肩章.
shóulder pàd [名] 肩パッド.
shóulder sèason [名] 旅行シーズンのピークの前後 (特に春・秋) の料金が比較的安い時期, 通常期.
shóulder stràp [名] ❶ (スカート・スリップ・ショルダーバッグなどの)つりひも, 肩ひも. ❷〘軍〙肩章.
***should·n't** /ʃúdnt/ **should not** の短縮形.
shouldst /(弱形) ʃədst; (強形) ʃúdst/ [助動]《古》shall の 2 人称単数 (thou) shalt の過去形: thou ～＝you should.
should've /ʃúḍəv/ should have の短縮形.
***shout** /ʃáut/ [動] [自] **叫ぶ, 大声で叫ぶ,** どなる: Don't ～. I can hear you. 大きな声を出すな, ちゃんと聞こえるよ /

shouting 1672

They ~ed with [for] joy. 彼らは歓呼した / S~ when you're ready. 準備ができたら大声で言え知らせろ / ~ for help 大声で助けを求める / He ~ed for a waiter. 彼は大声で給仕を呼んだ / You must not ~ at him. 彼をどなりつけてはいけない / [~+to do] She ~ed angrily at us to go away. 彼女は我々に出ていけと怒ってどなった. ― 他 ❶ a 〈…〉を大声で言う: ~ (out) an answer 大きな声で答を言う / He ~ed (out) his orders. 彼は大声で命令した / [~+(that)] I ~ed that everyone was safe. みんな無事だと私は叫んだ / I ~ed (to them) that I was ready. 私は(彼らに向かって)準備ができたと大声で言った / [+目+引用] "Get out of the room!" he ~ed. 「部屋から出ていけ」と彼は大声を張りあげて言った. b [~ oneself で] 叫んで〈…〉の状態にする: [+目+補] I ~ed myself hoarse. 私は叫びすぎて声がかれてしまった. ❷ 〈喜びなどを〉大声で表わす: The audience ~ed their pleasure. 観客はどっと歓声をあげた. **shóut dówn**《他+副》大声で人を黙らせる: They ~ed down the speaker. 彼らは弁士をやじり倒した. ― 名 ❶ 叫び; 大声; 歓声; 歓呼, かっさい: with a ~ 叫び交わらて / a ~ for help 助けを求める叫び / give a ~ of triumph かちどきをあげる. ❷ [単数形で; 通例 one's ~ で]《英口》〈酒を〉おごる番: It's my ~. ぼくがおごる番だ. **-er** 名 【ME=声を前に出す (cf. shoot¹), また ON *skúta*（あざける）か】【類義語】⇨ cry.

shóut·ing /-tɪŋ/ 名 Ⓤ 叫び/声, 歓呼. **be áll óver bùt [bùt] the shóuting**《口》〈競争・試合などで〉大勢が決まった, 勝負は見えた 〔由来〕「歓声だけを残してほとんど全部が終了した」の意から〕. **within shóuting dístance** 大声で呼べば聞こえる所に.

shóuting mátch 名 激しい口論, ののしり合い.

shóut-úp 名《英口》うるさい議論.

shove /ʃʌv/ 動 他 ❶ 〈…〉を(乱暴に)押す, 突く; 押しやる, 押し[突き]のける: ~ a person *aside* [*out of the way*] 人を(わきに)押しのける / She ~d the dictionary *across* the desk to him. 彼女は辞書を机の向こうから彼のほうへ押しやった. b [~ one's way で] 〈…を〉強引に押し進む: He ~d *his way through* the crowd. 彼は人込みを押しのけながら進んだ. ❷ 〈副詞(句)を伴って〉〈口〉〈…を〈…に〉置く, 突っ込む 〔正囲 put の代わりに用いられるが, ぞんざいな意味が加わる): He ~d it *back* in the drawer. 彼はそれを無造作にまた元の中へ戻した. ― 自 押す, 突く, 押し進む: S~ *over*, would you? 少し(席を)詰めてくれ / They ~d *up* to the bargain counter. 彼(女)らはバーゲン売り場に殺到した / We got *into* [*onto*] the train with a lot of pushing and *shoving*. 我々は押し合いへし合いながら電車に乗り込んだ. **shóve·· aróund**《他+副》〈口〉〈人を〉あれこれとこき使う. **Shóve it!**《米俗》かってにしやがれ (★ it は口論の種になったもの). **shóve óff**《他+副》(1)〈岸からさおで〉船を押し出す; 船が岸を離れる. (2)〈通例命令法で〉《俗》立ち去る, 行く: S~ *off*! あっちへ行け. ― 名〈通例単数形で〉ひと押し, 突き: He gave me a ~. 彼は私をぐっと押した[突いた]. 【類義語】⇨ push.

shóve-há'penny /ʃʌvˈheɪp(ə)ni/ 名 Ⓤ《英》銭(ぜに)あて〈テーブルの上でコインを使ってするゲーム〉.

⁺**shov·el** /ʃʌv(ə)l/ 名 ❶ a (長柄で幅広の刃のついた)スコップ, シャベル (土・砂・石炭などをすくって他の所に移すのに用いられる; 〔正囲 日本語の片手で持つ「シャベル」は trowel; cf. spade¹ 1): remove snow with a ~ スコップで雪をかく. b ショベルカー. ❷ スコップ1杯(分): a ~ of coal スコップ1杯の石炭. ― 動 他 (**shov·eled**,《英》**-elled**; **shov·el·ing**,《英》**-el·ling**) ❶ a 〈…を〉シャベルですくう[どかす]: ~ up coal 石炭をシャベルですくい取る / ~ the snow away from the steps. 上がり段から雪をすくってのける. b 〈…を〉シャベルで〔道を〕作る: a *path through* the snow 雪の中にシャベルで道を作る. 〈…を〉〈…に〉無造作に[どんどん]ほうり込む: ~ sand *into* a cart 砂をシャベルですくって車に積む / He ~ed the food *into* his mouth. 彼は食べ物をがつがつと口の中へ詰め込んだ. 【OE】

shóv·el·bòard 名 = shuffleboard.

shóv·el·er,《英》**shóv·el·ler** 名 ❶ シャベルですくう人; すくう道具. ❷ 【鳥】ハシビロガモ.

shóv·el·fùl /ʃʌv(ə)lˌfʊl/ 名 シャベル1杯(分) (*of*).

shóv·el hàt シャベル帽〈英国国教会の牧師がかぶる広ぶちの帽子〉.

shóv·el·wàre 名 Ⓤ シャベルウェア〈工夫を凝らさず CD-ROM に載せただけの詰め込みソフト〉.

※**show** /ʃoʊ/ 動 (~ed /ʃoʊd/; **shown** /ʃoʊn/,《米》~ed) ❶ 〈…を〉明らかにする, 証明する: The new album ~s her talents as a soloist. その新しいアルバムは彼女のソロ奏者としての才能を証明している / [+目+*to be* 補] New evidence ~ed the man *to be* innocent.=[+(*that*)] New evidence ~ed *that* the man was innocent. 新しい証拠がその男が潔白だということを証明した / [+*wh*.] That ~s *how* happy she is. それで彼女がどんなに幸福かわかる / [+目+*that*] Research ~s us *that* children do better in smaller classes. 調査(が私たちに示すところ)によれば子供たちは小人数のクラスになるほど成績がよくなっている / [+目+*wh.*] She ~ed me *how* to tie it. 彼女は私にその結び方を教えてくれた.

❷ 〈人に〉〈ものを〉見せる, 示す: S~ your ticket, please. 切符を拝見いたします / This picture ~s a variety of dogs. この写真にはさまざまの犬が写っている / "This is a new coin." "S~ me." 「これは新しい硬貨です」「見せて」/ [+目+目] He ~ed me some of his photos.=He ~ed some of his photos *to* me. 彼は私に自分の写真を何枚か見せてくれた / [+目+*wh*.] I ~ed the doctor *where* my leg hurt. 医者に脚の痛い所を見せた.

❸ **a**〈…を〉見せるようにする; 現わす, 目立たせる: That color will not ~ dirt. その色ならよごれが目立たないでしょう / Your coat is ~*ing* signs of wear. あなたの上着は着古した跡が見えている. **b** [~ oneself で] 《古》出席する; 現われる: I doubt if he'll ~ *himself* at such a big party. 彼がそんな大きなパーティーに出席するとは思えない.

❹ **a**〈動物・草花を〉出品する;〈絵画を〉展示する, 陳列する: He got a prize for the dog he ~ed. 彼は出場させた犬で賞を獲得した. **b**〈映画・芝居を〉上映[上演]する: What do you think of the films shown at that cinema? あの映画館で上映中の映画をどう思いますか.

❺ **a**〈感情・態度・気配などを〉表わす,〈好意・感謝などを〉示す: His face ~ed (his) disappointment. 彼の顔に失望の色が浮かんだ / She ~ed no interest in shopping. 彼女は買い物には関心を示さなかった / [+*wh*.] I tried hard not to ~ *how* upset I was. 自分がどれほど動揺しているかを懸命に表に出さないようにした / [+目+目] He didn't ~ me any friendliness.=He didn't ~ any friendliness *to* me. 彼は私に全然親しさを見せてくれなかった / Lord, ~ mercy *on* us. 主よ, 我々に恵みを垂れたまえ. **b**〈特徴・性質などを〉示す, 表わす: [+目+*to be* 補] She ~ed herself to be a talented artist. (作品などによって)才能ある芸術家であることを示した. **c** [~ oneself で] 〈感情・特徴などが〉現われる: Her fear ~ed *itself* in her speech. 彼女の話す言葉に恐怖が現われていた.

❻ 〈時計・温度計・表などが〉〈…を〉表示する: The thermometer ~s ten below zero. 温度計は零下10度をさしている / The clock ~s just 6 o'clock. 時計はちょうど6時を示している.

❼ 〈通例副詞(句)を伴って〉〈人を〉〈…に〉案内する, 送っていく;〈人に〉〈道・場所などを〉(さして, 同行して)教える 〔正囲 入り口で教える場合は tell を用いる; teach は用いない〕: ~ a person *in* [*out*] 人を中へ通す[送り出す] / He ~ed me *into* his room. 彼は私を自分の部屋に通した / He ~ed her *to* the door. 彼は彼女を戸口まで見送った / [+目] Follow me. I'll ~ you the way. ついて来て. 案内します.

❽ 〈人に〉〈…を〉(示して)教える: [+目+目] Please ~ me the way. どうしたらよいか(方法)を教えてください.

❾ 《会社が》〈利益を〉上げる,〈損失を〉こうむる: ~ a profit [a loss] 利益を上げる[損失をこうむる].

― 自 ❶ 見える; 目立つ: Your slip is ~*ing*. スリップが

見えていますよ / Her embarrassment ~ed on her face. 彼女の当惑が顔に表われていた / [+補] The walls ~ed white in the moonlight. 壁は月光を浴びて白く見えた. ❷ [口] 顔を見せる, 現われる, やってくる (turn up). ❸ [口]〈映画などが〉上映[上演]される: What's ~ing at that theater? その劇場では何がかかっていますか. ❹ 〈米〉(競馬で)3着になる, 上位に入る (cf. place).
…and it shóws [口] (よくないことが)見え見えである.
gó to shów (1) 〈…ということの証明となる〈that〉. (2) [It just [only] goes to show で] [言おうとしていることが]よくわかる, まさによく証明されている.
hàve something [nóthing] to shów for…の努力の跡を示すものがある[何もない]: I have nothing to ~ for all these thirty years of work. ここ 30 年間働いて見せるべきものがない.
I'll shów you [him, her, them] [口] 今に見てろ, 見返してやるぞ.
show aróund (他+副) [~ aróund]〈人〉を案内してまわる.
——(他+前) [~ aróund]〈人に〉〈場所〉を案内してまわる: My friend ~ed me around (the) town. 友人は私に町中を案内してくれた.
shów óff (他+副) (1)〈力量・学問など〉を見せびらかす; 引き立てる, よく見せる: This dress will certainly ~ off your figure. このドレスはきっとあなたの容姿を引き立てるでしょう / Mothers will always ~ off their children. 母親はいつも自分の子供を見せびらかそうとするものだ.
——(自+副) (2)〈自分の力量・学問などを〉見せびらかす, 人目を引くようなことをする: He's always ~ing off. 彼は自己顕示に終始している.
shów a person óver…〈主に英〉(販売目的で)人に〈施設や家〉を案内する.
shów thróugh (自+副) (1) 〈ものが〉透けて見える. (2) 真の感情が現われる.
shów úp (他+副) (1) 〈…〉を暴露する: ~ up an imposter ぺてん師を暴露する. (2) 〈…〉をはっきり見えるようにする; 際だたせる. (3) [+目+up] [口] 〈人に〉恥ずかしい思いをさせる: He ~ed me up in front of my girlfriend. 彼は私のガールフレンドの前で私を辱めた. (自+副) (4) 際だつ, 目立つ: The stain ~ed up clearly in the light. そのしみは光が当たってはっきり見えた. (5) [口] (会合などに)出る, 現われる: We invited him to the party, but he didn't ~ up. 彼をパーティーに招いたが彼は顔を見せなかった.
——名 ❶ ⓒ a ショー, 興行, 見せ物; (テレビ・ラジオの)番組: a TV ~ テレビの番組 / the greatest ~ on earth 地上最大のショー (サーカスのこと) / What ~s are on tonight? 今晩の(テレビの)番組はどんなのがありますか / ⇨ LORD MAYOR's Show. b 展覧会, 共進会 (exhibition): a flower ~ 花の品評会, フラワーショー / an auto ~ 自動車展示会 / a solo ~ of one's paintings 自分の絵の個展. c (映画の)上映, (劇の)上演. d 笑いぐさ, 恥さらし: make a ~ of oneself ものわらいになる / He is no ~. 彼はたいしたことはない.
❷ [a ~] 見せること: a ~ of hands (賛否を示す)挙手の表示 / make a ~ of force 武力を誇示する. b [感情・性能などの]表示, 誇示 (display): He greeted me with a great ~ of cordiality. 彼は大歓迎の意を体いっぱいに表わして迎えてくれた.
❸ [a ~] Ⓤ [また a ~] ふり, 見せかけ; 外観, 風(ふう), 様子: He hurt her by a [his] ~ of indifference. 彼は冷淡さを装って彼女の心を傷つけた / He was only making a ~ of working. 彼はただ働いているふりをしていただけだった. b Ⓤ 見せびらかし, 見え, 虚飾: He's fond of ~. 彼は派手好きだ / She did it for ~. 彼女は見せびらかしにやったのだ.
❹ [単数形で] a [修飾語を伴い, 企て; (成し遂げた)行為: put up a good [poor] ~ りっぱにやってのける[下手にやる]. b 企画, 事業, 仕事; 出来事, 事: She's running the whole ~ now. 今は彼女が全体の管理をしています. c 〈英口〉機会, (腕を見せるまたは弁解の)好機: give a person a (fair) ~ 人に(よい)機会を与える.
❺ Ⓒ 〈米〉(競馬などで)3着, 上位 (cf. place 10 b).
❻ Ⓒ [医] 産徴, 「しるし」(出産開始前の出血).
Bád shów! 〈英口〉 (1) ひどい出来だ!, 下手だね! (2) それは不運だったね!
gèt the shów on the róad 〈口〉仕事に取りかかる, 活動を開始する.
gìve the (whóle) shów awáy 内幕を明かす, 馬脚を現わす.
Góod shów! 〈英口〉 (1) よくやった!, でかした!, すばらしい! (2) それは幸運だったね!, よかったね!
in shów 見せびらかして.
on shów 陳列されて: goods on ~ 陳列品.
Póor shów! =Bad SHOW! 戯句.
rún the shów 〈口〉(企業などが)采配を振る, 運営する.
stéal the shów 〈口〉〔脇役・予想外の人が〕人気をさらう.
《OE =見る → 見させる》(形) showy 【類義語】show 人に物を見せる意味の最も普通の語. display そのものの優れた点や特徴などがよくわかるように, 広げて[並べて]見せる. exhibit 人の目を引くように積極的に公衆の前に展示する. expose 隠れていたものや新しく見つかったものが人の目につくようにする.

shów-and-téll 名 Ⓤ 生徒に珍しいものを持って来させて説明させること, 「見せてお話」(小学校低学年の教育活動).
shów-bànd 名 ショーバンド: a ポピュラーソングのカバーヴァージョンを演奏するバンド. b 芝居がかったショーを交えて演奏する〈ジャズ〉バンド.
shów bíll 名 広告ビラ[ポスター].
⁺**shów bíz** 名 〈口〉 =show business.
shów-bòat 名 ❶ ショーボート, 演芸船(舞台設備をもち, 芸人一座を乗せて川沿いの町を巡業した蒸気船). ❷ 〈米口〉目立ちたがり, 人目につきたがるやつ. ——動 他 自 〈米口〉目立ちたがる, 見せびらかす.
⁺**shów búsiness** 名 Ⓤ 芸能界, ショービジネス.
shów cárd 名 広告ビラ.
⁺**shów-càse** 名 ❶ 披露の場[手段]. ❷ (ガラス張りの)陳列箱[棚], ショーケース. ——動 他〈能力などを〉見せる, 披露する.
⁺**shów-dòwn** 名 [通例単数形で] ❶ Ⓒ (決着をつける)決定的対決: when it comes to ~ いよいよという時には / have a ~ with…と対決する, 決着をつける. ❷ [トランプ] (ポーカーで)ショーダウン(持ち札を全部見せること).
⁺**shów·er¹** /ʃáuɚ- | ʃáuə/ 名 ❶ a シャワー(を浴びること): take [have] a (quick) ~ (さっと)シャワーを浴びる. b シャワーの設備, シャワールーム: have a ~ installed シャワーをつけてもらう. ❷ a にわか雨; 急に降りだした雪[みぞれ, ひょう(など)]: I was caught in a ~. にわか雨にあった / March winds and April ~s bring forth May flowers. 3月の風と4月のにわか雨は5月の花を咲かせる《★イングランドの言い伝え》. b (弾丸・手紙などの)雨, 洪水: a ~ of applause あらしのような拍手 / a ~ of blows げんこつの雨 / A ~ of sparks went up from the bonfire. 火の粉がどっと火の粉が舞い上がった. ❸ 〈米〉(花嫁などへの)贈り物をするパーティー: have a bridal [stork] ~ 近く花嫁となる人[母となる人]へお祝い品贈呈パーティーを催す. ❹ [単数形で]〈英俗〉いやなやつ[連中]. ——動 自 ❶ シャワーを浴びる. ❷ [副詞(句)を伴って]雨のように降り注ぐ, どっと降びせられる: Leaves ~ed down on us. 木の葉が我々の頭上に雨のように降り注いだ / Congratulations ~ed (down) on [upon] the newlyweds. おめでとうの言葉が新婚夫婦にどっと浴びせられた. ❸ [通例 it を主語として] にわか雨が降る. ——他 ❶〈…を〉〈…に〉あられと浴びせる; [〈…〉を]〈…に〉どっさり与える: The audience ~ed applause on [upon] him.=The audience ~ed him with applause. 観客は彼にあらしのような拍手を浴びせた. ❷ [~ oneself で] シャワーを浴びる. 《OE》 (形) showery.
shów·er² /ʃóuɚ- | ʃóuə/ 名 見せる人[もの]. 《SHOW+-ER¹》
shów·er bàth /ʃáuɚ- | ʃáuə-/ 名 =shower¹ 1.
shówer càp 名 シャワーキャップ (髪がぬれないようにかぶる).
shówer gèl 名 Ⓤ シャワージェル《シャワー用のゲル状せっけん》.
shówer héad 名 シャワー装置のノズル.
shówer·próof 形〈コートなど〉〈雨に〉ぬれても大丈夫な, 撥

showery 水加工の. ── 動 ⦅…に⦆撥水加工を施す.

show·er·y /ʃáu(ə)ri/ 形 にわか雨の(多い); にわか雨のような. (名 shower¹)

shów·gìrl 名 ショーガール ⦅ミュージカルなどの歌手兼ダンサー⦆.

shów·gròund 名 品評[展覧]会場.

shów hòuse [hòme] 名 ⦅英⦆展示住宅, モデルハウス ⦅≒ model home⦆.

shów·ing 名 ❶ Ⓒ **a** (映画・演劇の)上映, 上演. **b** 展示(会), 展覧(会): a ~ of new-model cars ニューモデルカー展示会. ❷ [a ~] 成績, できばえ: He made a good ~ in the finals. 彼は決勝戦で見事な成績をあげた. ❸ [a ~] 外観, 体裁, 見ばえ. ❹ [単複形で; 通例 on ~ で] **a** 情勢, 形勢: on any ~ 情勢がどうであろうと, どうみても / On this [(the) present] ~ he will pass. この状態でいけば彼は合格するだろう. **b** (情勢の)説明, 主張, 申し立て: on the administration's own ~ 政府の発表[説明]によれば.

shów jùmping 名 Ⓤ ⦅馬⦆障害飛越(競技).

shów·man /-mən/ 名 (-men /-mən/) ❶ 演出の巧みな人, ショーマン. ❷ (ショー・サーカスなどの)興行師.

shówman·shìp 名 Ⓤ ❶ 演出上手; 聴衆[観客など]を引きつける手腕. ❷ 興行手腕.

Shów Mè Stàte 名 [the ~] 証拠を見せろ州 ⦅米国 Missouri 州の俗称⦆.

*__shown__ /ʃóun/ 動 show の過去分詞.

*__shów-òff__ ❶ Ⓒ ⦅口⦆見せびらかす人, 目立ちたがり屋. ❷ Ⓤ 見せびらかし, 誇示.

*__shów·pìece__ 名 ❶ (見本となるような)優れた傑作. ❷ 実力[技術]などを示すもの[機会]. ❸ 展示品.

shów·plàce 名 (由緒ある建造物・庭園など).

shów·rèel 名 (自己) PR 用の出演[制作]作品の短いビデオ, プロモーションビデオ.

*__shów·ròom__ 名 陳列室, ショールーム: a car ~ 車のショールーム.

shów·stòpper 名 ⦅口⦆拍手喝采で中断させるほどの名演技[演奏]; 人目を引きつける人[もの].

shów·stòpping 形 ⦅演技など⦆一時中断するほどの喝采を受ける.

shów trìal 名 (特に かつての)世論操作のための裁判.

shów tùne 名 ミュージカル中の歌.

shów wìndow 名 陳列窓, ショーウインドー.

show·y /ʃóui/ 形 (show·i·er; -i·est) ❶ 華やかな, 人目を引く: a ~ flower 目にも鮮やかな花. ❷ けばけばしい, 派手な: This dress is too ~. このドレスは派手すぎる. ❸ 見えをはる: a ~ person 見えっぱり. **shów·i·ly** /-ili/ 副 **-i·ness** 名 (名 show)

shpt. ⦅略⦆ shipment.

*__shrank__ /ʃræŋk/ 動 shrink の過去形.

*__shrap·nel__ /ʃræpnəl/ 名 Ⓤ ❶ (炸裂(さくれつ)した)砲弾[爆弾]の破片. ❷ 榴(りゅう)散弾. 〖H. Shrapnel 発明者の英国陸軍将校〗

*__shred__ /ʃréd/ 名 ❶ [通例複数形で](細長い)一片, 断片, 破片: in ~s ずたずたになって, 寸断されて / She tore his letter to ~s. 彼女は彼の手紙をずたずたに引き裂いた. ❷ [a ~; 否定・疑問文で] ほんの少し (scrap): without a ~ of interest まるで興味を示さずに / There's not a ~ of evidence for his guilt. 彼が有罪だという証拠は少しもない. ── 動 (shred·ded; shred·ding) ⦅…を⦆細かく切る, ずたずたに裂く, 寸断する, ちぎる; シュレッダーにかける: ~ cabbage キャベツを細かく刻む / ~ paper into little pieces 紙を細かく裂く. ❷ ⦅米⦆スノーボードで(あざやかに)滑る. 〖OE=切られた(もの)〗

shréd·der /-də | -də/ 名 ❶ 寸断機, シュレッダー. ❷ ⦅口⦆スノーボーダー (snowboarder).

shrew /ʃrú:/ 名 ❶ 動 トガリネズミ. ❷ 口やかましい女; 荒々しい女, じゃじゃ馬.

*__shrewd__ /ʃrú:d/ 形 (~·er, ~·est; more ~, most ~) ❶ 抜けめのない, すばしこい (astute): a ~ lawyer [politician] 抜けめのない弁護士[政治家] / He's ~ in [about] business (matters). 彼は商売に関しては抜けめがない. ❷ 鋭敏な, 鋭い, 賢い, 洞察力のある: a ~ choice 賢い選択 / a ~ observer 鋭敏な観察者 / make a ~ guess (ある ことに…) (…について)鋭い[うがった]推測をする. ❸ ⦅古⦆⦅風・寒⦆さが刺すような, 身にしみる. ❹ (殴打など)痛烈な. ❺ 意地悪な, いたずらな. **~·ly** 副 **~·ness** 名

shrew·ish /ʃrú:iʃ/ 形 ⦅古風⦆⦅女が⦆がみがみ言う; 意地の悪い. **~·ly** 副

shri /ʃrí:/ 名 =sri.

*__shriek__ /ʃrí:k/ 動 ❶ キャッと言う[叫ぶ, 笑う], 金切り声を出す; 高く鋭い音を出す: ~ with laughter キャッキャッと笑う / She ~ed whenever she saw a snake. 彼女はヘビを見るたびにキャッと叫んだ / A jet plane ~ed low overhead. ジェット機が頭のすぐ上をキーンと飛んでいった. ❷ ⦅…を⦆金切り声で発する[言う]: ~ (out) a warning 金切り声で警告を発する / "Help!" he ~ed. 「助けてくれ」と彼は金切り声で叫んだ / She ~ed curses at me. 彼女は私に金切り声で毒づいた. ── 名 ❶ 悲鳴, 金切り声, かん高い叫び声; 高く鋭い音: ~s of laughter かん高い笑い声 / give [utter] a ~ of pain [terror] 痛くて[怖くて]悲鳴をあげる. ❷ ⦅口⦆感嘆符, 雨だれ (!). 〖類義語〗⇒ scream.

shriev·al /ʃrí:v(ə)l/ 形 sheriff の[に関する].

shriev·al·ty /-ti/ 名 ⦅英⦆州長官 (sheriff) の職[任期, 管轄区域].

shrike /ʃráik/ 名 ⦅鳥⦆モズ.

*__shrill__ /ʃríl/ 形 (~·er, ~·est; more ~, most ~) ❶ ⦅声・音など⦆鋭い, 金切り声の, かん高い: a ~ cry [whistle] 鋭い悲鳴[警笛]. ❷ ⦅要求・批判などしつこい, 激しい, 強烈な: Their demands became ever ~er. 彼らの要求は一段と激しくなってきた. ── 動 ❶ 鋭い音を出す, 鋭く鳴る: The telephone ~ed and she ran to answer it. 電話がけたたましく鳴ったので, 彼女はいそいで駆け寄った. ❷ ⦅…を⦆金切り声で言う[歌う]: ~ a song かん高い声で歌を歌う. ── 名 金切り声, 鋭い音. **shril·ly** /ʃríli/ 副 **~·ness** 名

*__shrimp__ /ʃrímp/ 名 (複 ~, ~s) ❶ ⦅動⦆小エビ, シュリンプ. ❷ ⦅口⦆ちび; 取るに足らない者. ── 動 小エビを捕まえる: go ~ing 小エビを捕りに行く. **~·er** 名 小エビを捕る人; 小エビ漁船. **~·ing** 名 Ⓤ 小エビ捕り.

*__shrine__ /ʃráin/ 名 ❶ **a** 聖堂, 廟(びょう), 社(やしろ). **b** (日本の)神社. ❷ 聖骨[聖物]箱. ❸ (神聖視されている)殿堂, 聖地, 霊場: a ~ of learning 学問の殿堂. ── 動 ⦅詩⦆⦅…を⦆社に祭る. 〖L=書物を納めた箱〗

Shrin·er /ʃráinə | -nə/ 名 シュライン会員 ⦅フリーメーソンの外郭団体の友愛結社 Ancient Arabic Order of Nobles of the Mystic Shrine (1870 年設立) の会員⦆.

*__shrink__ /ʃríŋk/ 動 (shrank /ʃræŋk/, ⦅米⦆ shrunk /ʃráŋk/; shrunk, shrunk·en /ʃráŋkən/) 〖語形〗特に分詞形容詞としては shrunken を用いる ❶ **a** ⦅…が⦆縮む, つまる: This cloth won't ~ in the wash. この布は洗っても縮まない. **b** 減る, 少なく[小さく]なる: My savings quickly shrank. 私の貯金は急速に減った / American cars are generally ~ing in size. アメリカ製の車は総じて小型化してきている. ❷ 体が縮まる, 縮みあがる: ~ (up) with cold 寒くて縮みあがる. ❸ [副詞(句)を伴って] しり込みする: The child shrank away from him. その子は彼から離れようとあとずさりした. ── 動 ❶ ⦅…を⦆縮ませる, つまらせる. ❷ ⦅布など⦆に防縮加工を施す. **shrink from** …からしり込みする; …を避ける: She never ~s from her responsibilities. 彼女は決して自分の責任から逃げない / He shrank from facing the facts. 彼は事実を直視するのを避けた. ── 名 ❶ しり込み, 縮み上がり. ❷ 縮み. ❸ ⦅俗⦆精神科医[分析医]. 〖OE; 原義は「曲がる, 縮む」〗

shrink·a·ble /ʃríŋkəbl/ 形 縮みやすい.

shrink·age /ʃríŋkɪdʒ/ 名 [また a ~] 収縮; 縮小, 減少: allow for ~ 縮むだけの余裕をみておく / budget ~ 予算の縮小. 〖SHRINK+-AGE〗

shrínking vìolet [名] すごく内気な人, はにかみや.
shrínk·wràp [動] [他] 収縮包装する. ── [名] [U] 収縮包装のフィルム.
+**shriv·el** /ʃrív(ə)l/ [動] (**shriv·eled,** 《英》 **-elled; shriv·el·ing,** 《英》 **-el·ling**) [他] 〈…を〉しなびさせる, しぼませる, 縮ませる, 〈…に〉しわを寄らせる: a ~*ed* face しわの寄った顔 / The hot sun ~*ed* (*up*) the leaves. 暑い太陽で葉がしおれた. ── [自] しなびる, しぼむ, しおれる 〈*up*〉: Leaves ~ in autumn. 木の葉は秋にはしなびる.
shroom /ʃrúːm/ [名] [通例複数形で] 《米俗》 =magic mushroom.
Shrop·shire /ʃrɑ́pʃɚ | ʃrɔ́pʃə/ [名] シュロップシャー州 《イングランド中西部の州; 州都 Shrewsbury /ʃróuzbèri | -b(ə)ri/》.
+**shroud** /ʃráud/ [名] ❶ (埋葬する死体を包む)白布, きょうかたびら. ❷ 包むもの, おおい, 幕, とばり: under the ~ *of* night 夜のとばりの下で[の]. ❸ [通例複数形で] 〘海〙 横静索, シュラウド 《マストの先から左右の舷側(げんそく)に張る》. ── [動] [他] [通例受身で] ❶ 〈…を〉おおい隠す, おおう, 包む: The airport *was* ~*ed* ***in*** a heavy mist. 空港は濃い霧に包まれていた. ❷ 〈情報などを〉隠す, 隠蔽(いんぺい)する. 〘OE=衣服〙
shróud-làid [形] 〘海〙 〈索が〉四つ右撚(よ)り芯入りの.
Shrove·tide /ʃróuvtàɪd/ [名] 懺悔(ざんげ)の三が日 《Ash Wednesday 前の 3 日間》.
Shróve Túesday /ʃróuv-/ [名] 懺悔(ざんげ)火曜日 《Ash Wednesday の前日》.
***shrub**[1] /ʃrʌ́b/ [名] 低木, 灌木(かんぼく). 【類義語】 ⇨ tree.
shrub[2] /ʃrʌ́b/ [名] [U] シラブ 《レモンなどの果汁に砂糖やラム酒を入れた飲料; 氷水にレモン果汁などを入れた飲料》.
shrub·ber·y /ʃrʌ́bəri/ [名] ❶ [U] 低木(林). ❷ [C] (庭園内などの)低木の植え込み.
shrub·by /ʃrʌ́bi/ [形] (**shrub·bi·er; -bi·est**) 低木 (shrub) の多い[茂った]; 低木の(ような).
***shrug** /ʃrʌ́g/ [動] [他] [自] (**shrugged; shrug·ging**) (両方の手のひらを上に向けて)(肩を)すくめる 《困惑・疑惑・絶望・驚き・あきらめなどのしぐさ》: He just *shrugged* his shoulders. 彼は(だまって)ただ肩をすくめただけだった. **shrúg óff** 《[他]+[副]》 (1) 〈…を〉無視する: ~ *off* a protest 抗議を無視する. (2) 〈…を〉振り捨てる: ~ *off* sleep 眠気を払う. (3) 身をくねらせて〈衣服を〉脱ぐ. ── [名] [通例単数形で] 肩をすくめること: with a ~ of disappointment がっかりして肩をすくめて / give a ~ 肩をすくめる.
***shrunk** /ʃrʌ́ŋk/ [動] 《米》 **shrink** の過去形・過去分詞.
***shrunk·en** /ʃrʌ́ŋkən/ [動] **shrink** の過去分詞. ── [形] [A] しなびた: a ~ face しなびた顔.
shtetl, shtet·el /ʃtétl̩, ʃtéɪ-/ [名] (複 **shtet·lach** /-lɑːx/, **shtetls**) (かつて東欧・ロシアにみられた)小さなユダヤ人町[村].
shtick, shtik /ʃtík/ [名] [U] [また a ~] 《俗》 ❶ (ショーなどの)お決まりのこっけいな場面[しぐさ]. ❷ (人の)特別の興味[才能], 特技.
shtoom, shtum(m) /ʃtúm/ 《俗》 [形] 物を言わない, だんまりの: keep [stay] ~ ひとことも言わない. ── [動] [自] 黙っている 〈*up*〉.
shtuck, shtook /ʃtúk/ [名] ★ 次の成句で. **in (déad) shtúck** 《俗》 (すっかり)困って, (ひどく)悩んで.
shtup /ʃtúp/ 《卑》 [動] [他] [自] (**shtupped; shtupping**) (女と)やる. ── [名] 性交, 一発.
shuck /ʃʌ́k/ [名] 《米》 ❶ **a** (トウモロコシ・ナンキン豆などの)皮, 殻, さや. **b** (カキ・ハマグリの)殻. ❷ [複数形で] 無価値なもの 《★ しばしば次の句で》: It's not worth ~*s*. そんなもの三文の値打ちもない. ── [動] [他] 〈…の〉皮[殻, さや]を取る[むく].
shucks /ʃʌ́ks/ [間] [不快・失望・当惑・謙遜(けんそん)などを表わして] 《米口》 ちぇっ!, くそ!, あーあ!, とんでもない!
+**shud·der** /ʃʌ́dɚ | -də/ [動] [自] ❶ (恐れ・寒さなどで)震える, 身震いする: He ~*ed* with horror. 彼は恐怖で震えた / 〔+ ***to*** **do**〕 I ~ *to* think what might happen. どんなことになるのか考えると身震いがする. ❷ 〔…に〕(いやで)ぞっとする: She ~*ed* ***at*** the sight [thought] of it. 彼女はそれを見て[思うと]ぞっとした. ── [名] ❶ 身震い, 戦慄(せんりつ): with a ~ ぶるぶるしながら. ❷ [the ~s] 《口》 ぞっとする気持ち: It gives me *the* ~*s*. それにはぞっとする. **~·ing·ly** /-dərɪŋli, -drɪŋ-/ [副] ぶるぶる震えて, ぞっとしながら. 【類義語】 ⇨ shake.
shuf·fle** /ʃʌ́fl/ [動] [自] ❶ **a** [副詞(句)を伴って] **足を引きずって(のろのろ)歩く**: ~ *away* [*off*] 足を引きずって歩いていく / ~ *along* (a street) (通りを)足を引きずって歩く / ~ *out* (*of* a room) 足を引きずるようにして(部屋から)外へ出ていく. **b** (退屈・不安などのために) (座ったまま)姿勢[体勢]を変える, (立ったまま)足を動かす. ❷ **a** 〔…について〕言い紛らす, ごまかす: She ~*d* ***on that point. 彼女はその点に関しては言葉を濁(にご)した. **b** 〔仕事・責任などを〕うまく逃れる: ~ ***out of*** responsibility 責任を回避する. ❸ トランプを切り混ぜる. ── [他] ❶ 〈足を〉引きずる, 引きずって歩く. ❷ **a** (トランプで)〈カードを〉切り混ぜる. **b** 〈…を〉混ぜる, ごちゃまぜにする: Don't ~ the papers together. 書類をごちゃまぜにしないように. ❸ 〈…を〉あちこちに動かす[移し変える]. ❹ 〈メンバーなどを〉入れ替える, 〈組織などを〉組み換える. ❺ 〔衣服・靴などに〕ぎこちなく体を通す[足を入れる(など)] 〔*into*〕; 〈衣服などを〉ぞんざいに身に着ける[脱ぐ] 〈*on, off*〉. ❻ 〈わずらわしいものなどを〉捨てる, 除く: ~ ***off*** this mortal coil 人の世のわずらいをなくす; 死ぬ 《★ Shakespeare 「ハムレット」から》. ❼ 〈責任などを〉逃れる, 〔…に〕転嫁する 〈*off*〉 〔*onto*〕: ~ ***off*** responsibility 責任を逃れる. **shúffle the cárds** (1) トランプを切って混ぜる. (2) 政策を変更する. **shúffle thróugh…** (1) …を手早く分ける[分類する]. (2) …に急いで目を通す. ── [名] ❶ [a ~] **a** 足を引きずって歩くこと: walk with *a* ~ 足を引きずって歩く. **b** 〘ダンス〙 急激なすり足動作(の踊りかた). ❷ トランプの切り混ぜ; トランプを切る番: give the cards a (good) ~ トランプを(よく)切る / It's your ~. 君が切る番だ. ❸ (メンバーなどの)入れ替え, (組織などの)組み換え: a Cabinet ~=a ~ of the Cabinet 内閣の改造. ❹ ごまかし, 言い逃れ. **gèt [be] lóst in the shúffle** 《口》 混雑の中で見落とされる[されている].
shúf·fler [名]
shúffle·bòard [名] [U] シャッフルボード 《長い棒で円盤を突いて点数を書いた枠の中に入れるゲーム》.
shuf·ty, -ti /ʃʌ́fti/ [名] [a ~] 《英口》 ちらりと見ること, 一見: have [take] *a* ~ (***at***…) (…を)ちらっと見る.
shul /ʃúl, ʃúːl/ [名] (複 **shuln** /ʃúln, ʃúːln/) ユダヤ教会 (synagogue), シュール. 〘Yid < G=school〙
+**shun** /ʃʌ́n/ [動] [他] (**shunned; shun·ning**) 〈…を〉避ける, 遠ざける: ~ company [publicity] 人付き合い[世に知られること]を避ける / He *shunned* meeting any of his friends. 彼は友だちにはだれにも会わないようにした.
+**shunt** /ʃʌ́nt/ [動] [他] ❶ [副詞(句)を伴って] 〈列車・車両を〉〔別の線に〕入れ替える 《★ 通例受身》: The train *was* ~*ed* (*on*)*to* a branch line. 列車は支線に入れられた. ❷ [副詞(句)を伴って] 〈人を〉追いやる; 左遷する: The boss ~*ed* him *to* a branch office. 社長は彼を支店へ左遷した. ❸ [副詞(句)を伴って] 〈問題を〉回避する; 〈計画などを〉棚上げする; 〈話題などを〉変える: He ~*ed* the conversation *onto* [*toward*] a more interesting subject. 彼は会話をもっとおもしろい話題のほうに向けた. ❹ 〘医〙 〈血液を〉別の血管に流す. ❺ 〘電〙 〈…に〉分路をつくる, 用いる. ── [名] ❶ 転轍(てんてつ)機, 分岐(ぶんき)器. ❷ [通例単数形で] わきに向けること. ❸ 〘医〙 血液の側路, シャント; 短絡. ❹ 《俗》 自動車事故, (特に)追突事故.
shunt·er /ʃʌ́nṭɚ | -tə/ [名] ❶ 転轍作業員. ❷ 車両入れ替え用機関車.
shush /ʃʌ́ʃ/ [間] シッ!, 静かに! ── [動] [他] シッ! と言って〈人を〉黙らせる.
‡**shut** /ʃʌ́t/ [動] (**shut; shut·ting**) [他] ❶ 〈ドア・窓などを〉閉める, 閉じる (close; ↔ open); 〈目・口・耳などを〉閉じる, ふさぐ: ~ a door [window, drawer] ドア[窓, 引き出し]を閉める / ~ one's mouth 口をつぐむ / (It is too late to) ~ the stable door when the horse has been stolen. 《諺》 馬を盗まれてから馬小屋の戸を閉め(ては遅すぎ)る, 後の祭り, 「泥棒を見てなわをなう」: ~ one's mind ***to***…を受けつけない, 承知しない / He ~ his ears *to* their entrea-

S

ties. 彼は彼らの懇願に耳を貸さなかった / The examiner ~ his eyes *to* that fact. 審査員はその事実に目をつぶった / We ~ the door ***against*** [***on***] him. 我々は彼を締め出した. ❷ 〈本・傘・扇子(せんす)・ナイフなどを〉閉じる, たたむ《[比較] この意味では close[1] のほうが一般的》: ~ a book [a (folding) fan] 本[扇子]を閉じる. ❸ 《英》〈店を〉閉める, 閉店する. — [自] ❶ 〈ドア・窓などが〉閉まる; ふさがる: The door would not ~. ドアがなかなか閉まらなかった. ❷ 《英》閉店する, 店じまいする.

be [gèt] shút of… 《俗》…を追い払う, …と縁を切る.

shút awáy 《[他]+[副]》 (1) 〈…を〉しまっておく. (2) [~+目+away] 〈…を〉隔離する, 人から遠ざける. (3) [~ one*self*+away] 世間から遠ざかる: He ~ *himself away* in the country. 彼はいなかに閉じこもった.

shút dówn 《[他]+[副]》 (1) 〈店・工場などを〉閉鎖する; 〈機械などを〉停止する, 〘電算〙〈システムを〉終了する, シャットダウンする: Heavy snow caused the airport to be ~ *down*. 大雪のためその空港は(一時的に)閉鎖された. — 《[自]+[副]》 (2) 〈店・工場などが〉閉鎖する. (3) 〈夜のとばり・霧などが〉〔…に〕降[下]りる, たち込める〔*over*〕.

shút in 《[他]+[前]》 (1) 〈…を〉〈…〉に閉じ込める, 囲む; ふさぐ: They ~ the man *in* a cell. 彼らはその男を小室に閉じ込めた / The area is ~ *in* by a wire fence. その場所はワイヤーフェンスに囲まれている. (2) [~ one*self* in で] 〈…〉に閉じこもる: He ~*s himself in* his room all day long. 彼は一日中部屋に閉じこもっている. (3) 〈手・衣服などを〉〈…〉にはさむ: He ~ his fingers *in* the door. 彼はドアに指をはさんだ.

shút óff 《[他]+[副]》 (1) 〈ガス・水道・ラジオ・機械などを〉止める: ~ *off* the gas [electricity] ガス(の元栓)[電気]を止める. (2) 〈交通を〉遮断(しゃだん)する: ~ *off* access to a road 道路を通行止めにする. (3) 〔…から〕〈…を〉切り離す, 隔離する: The village was ~ *off* ***from*** the world by mountains. その村は山によって外界から隔絶されていた. — 《[自]+[副]》 (4) 〈機械などが〉止まる, 停止する.

shút óut 《[他]+[副]》 (1) 〈…を〉締め出す, 〈…を〉入らないようにする (block out): ~ a person *out* 人を締め出す / ~ *out* idle thoughts from one's mind 雑念を捨てる. (2) 〈…を〉さえぎる, 見えないようにする: These trees ~ *out* the view. これらの木で見通しがきかない. (3) 《米》〘競技〙〈相手を〉シャットアウトする, 零敗させる: We ~ them *out* five to nothing. 彼らを5対0でシャットアウトした.

shút tó /túː/ 《[他]+[副]》 (1) 〈ドアなどを〉閉じる: *S*~ the door *to*. ドアを閉じろ. — 《[自]+[副]》 (2) 〈ドアなどが〉閉まる: The door ~ *to*. ドアが閉まった.

shút úp 《[自]+[副]》 (1) [しばしば命令法で] 黙る: *S*~ *up*! 黙れ! (2) 〈店・工場などが〉閉鎖する; 閉店する. — 《[他]+[副]》 (3) [~+目+up] 《口》〈人を〉黙らせる. (4) 〈人を〉閉じ込める, こもらせる; [~ one*self* で] 〔…に〕閉じこもる: He ~ *himself up in* his room and began to write the novel. 彼は部屋に閉じこもってその小説を書き始めた. (5) 〈家を〉閉ざす. (6) 〈店などを〉閉店する: He ~ *up* shop for the night. 夜になったので彼は店を閉めた.

shút úp shóp ⇨ shop [名] [成句]. **Shút your fáce!** ⇨ face [名] [成句].

— [形] [P] (比較なし) ❶ 閉じた. ❷ 《英》業務を停止した. 〖OE; 原義は「かんぬきを(投げて)掛ける」; cf. shoot[1]〗

^+^**shút·dòwn** [名] 一時休業[閉鎖]; 操業停止; (機械の)停止, 〘電算〙(システムの)終了, シャットダウン: an emergency ~ 緊急(操業)停止.

shút-èye [名] [U] 《口》睡眠: get some ~ 少し眠る.

shút-ìn 《米》[名] 病弱(など)で外出できない人, 寝たきりの人[患者]. — [形] ❶ 病弱(など)で家[病院]に引きこもった, 寝たきりの. ❷ 引っ込み思案の, 内気な, 非社交的な.

shút·òff [名] ❶ 止める[遮断する]もの. ❷ 停止, 遮断.

shút·òut [名] 〘野〙シャットアウト(ゲーム), 完封: pitch a ~ 〈投手が〉完封する.

^+^**shut·ter** /ʃʌ́tə | -tə/ [名] ❶ 雨戸, よろい戸: close [open] the ~*s* 雨戸[よろい戸]を閉める[開ける]. ❷ (カメラの)シャッター. ❸ (オルガンの)開閉器. **pùt úp the shútters** (1) (開閉時に)よろい戸を下ろす, 店を閉める. (2) (永久に)店を閉める, 廃業する. — [動] [他] 〈…の〉雨戸[よろい戸]を閉める《★ 通例受身》: All the windows *were* ~*ed* before the storm came. あらしが来る前に窓の雨戸は全部閉められた.

shútter·bùg [名] 《米口》アマチュア写真家.

***shut·tle** /ʃʌ́tl/ [名] ❶ **a** (近距離間の)**定期往復便**, 折り返し運転: He caught the nine-o'clock ~ to New York. 彼は9時発ニューヨーク行きのシャトル便に飛び乗った. **b** 定期往復[シャトル]バス[列車, 飛行機(など)]. **c** 宇宙往復船, スペースシャトル (space shuttle). ❷ **a** (機(はた)の)杼(ひ)《横糸を左右に通す器具》. **b** (ミシンの)シャトル《下糸入れ》. ❸ =shuttlecock. — [形] [A] 定期往復の, 折り返しの, シャトルの: a ~ bus [train, plane] 定期往復[シャトル]バス[列車, 飛行機] / a ~ flight (飛行機の)定期往復便. — [動] [自] [副詞(句)を伴って] ❶ (定期に)往復する: This plane ~*s between* Washington and New York. この飛行機はワシントンとニューヨークの間を定期的に往復している. ❷ 行ったり来たりする. — [他] [副詞(句)を伴って] 〈…を〉(…に)(定期)往復便で輸送する: The buses ~ visitors *to* Disneyland. バスが客をディズニーランドへピストン輸送している. 〖OE; 原義は「飛ばすもの」; cf. shoot[1]〗

shúttle·còck [名] (バドミントンなどの)羽根, シャトル.

shúttle diplòmacy [名] [U] (特使などによる)往復外交.

shúttle sèrvice [名] [C,U] (近距離の)折り返し運転, シャトル便.

shy**[1] /ʃáɪ/ [形] (**shy·er, -est; shi·er, shi·est**) ❶ **恥ずかしがりの, 内気な**, はにかんだ, 引っ込み思案の; **恥ずかしそうな**, はにかんだ: a ~ girl 恥ずかしがりやの女の子 / Don't be ~. 恥ずかしがらないで / He's ~ *with* strangers. 彼は人見知りする / a ~ look [smile] はにかんだまなざし[微笑]. ❷ [P] 〔…に〕用心深くて, 〔…を〕ためらって: My children are ~ ***of strangers. うちの子供は知らない人に対しては用心深い / Don't be ~ *of* tell*ing* me. ためらわずに私に言いなさい / The politician is not ~ ***about*** us*ing* his influence. その政治家はみずからの影響力を行使するのをためらわない[積極的に行使する]. ❸ **a** 〈鳥・獣など〉物に驚きやすい. **b** 〈態度など〉おずおずした, びくびくした: with a ~ manner おずおずした態度で. ❹ (比較なし) **a** [P] 《口》〔…が〕不足で, 欠けていて; 〔…に〕(いくら)足りなくて: I'm ~ by three dollars. 私は3ドル足りない / We're still $1000 ~ (***of*** the target figure). (目標額に)まだ千ドル足りない. **b** 〔…の〕前で: She was just two weeks ~ ***of*** her 20th birthday when she had her baby. 彼女はちょうどあと2週間で20歳の時に赤ん坊を生んだ. ❺ [複合語で] …嫌いの, (…を)恐れる《[用法] 比較変化は more ~; most ~ のみ》: ⇨ camera-shy, gun-shy. **fíght shý of** …を嫌う, 避ける: He *fought* ~ *of* meet*ing* her. 彼は彼女に会うことを避けた. — [動] [自] (**shied; shy·ing**) ❶ 〈馬が〉〔…に驚いて〕飛びのく; 後ずさりする: The horse *shied* ***at*** the sudden noise. 馬は突然の物音におびえてしりごみした. ❷ 〈人が〉〔…に〕しりごみする, 〔…を〕避ける: He *shies* (***away***) ***from*** speak*ing* in public. 彼は人前でしゃべるのをいやがる. — [名] (馬の)飛びのき; 後ずさり. **~·er** [名] **~·ly** [副] 恥ずかしそうに, 内気に. **~·ness** [名] [U] はにかみ, 内気. 【類義語】**shy** 性格的に, あるいは人との交際に慣れていないために, 人に接したがらなかったり, または人前ではにかみの強いこと. **bashful** 人前で赤面したり, ぎこちない動作などをして恥ずかしがるようす. **coy** 人の気を引くために恥ずかしがるふりをする. **diffident** 自信がないために自己主張をしない. **timid** 自信がなく, おずおずした内気さをいう.

shy[2] /ʃáɪ/ [動] (**shied; shy·ing**) [他] 〈石などを〉〔…に〕投げる〔*at, over*〕: ~ stones ***at*** a bottle 瓶に石を投げつける. — [自] (ものを)投げつける. — [名] ❶ 投げ(ること): ⇨ coconut shy. ❷ 《口》試み: have a ~ at…を試みる. ❸ ひやかし, あざけり.

Shy·lock /ʃáɪlɑk | -lɔk/ [名] ❶ シャイロック《Shakespeare「ベニスの商人」中の冷酷なユダヤ人の高利貸し》. ❷ [C] 冷酷な金貸し.

shy·ster /ʃáɪstə | -stə/ [名] 《米口》いかさま師, いんちき弁護士.

si /síː/ 名《楽》=ti.
Si〔記号〕《化》silicon. **SI**〔略〕〔ニュ〕South Island; Système International d'Unités (フランス語=International System of Units) 国際単位.
si·al·a·gogue /saíələgɔ̀ːg | -gɔ̀g/ 名《医》唾液分泌促進薬.
si·al·ic ácid /saɪélɪk-/ 名 U《生化》シアル酸《血液の糖たんぱく質，ムコ多糖分子中に存在》.
Si·am /saɪǽm, ←ー/ 名 シャム《Thailand の旧名》.
si·a·mang /síːəmæŋ, sáɪə-/ 名《動》フクロテナガザル《Sumatra 島産》.
Si·a·mese /sàɪəmíːz/ 形《古風》シャムの; シャム語[人]の《★この意味と Si 1 では現在は Thai を用いる》. ── 名 (複 ~) ❶《古風》a C シャム人. b U シャム語. ❷ = Siamese cat.
Síamese cát 名 シャム猫.
Síamese twíns 名〔複〕シャム双生児《体の接合した双生児》.
Si·an /ʃíːáːn/ 名 =Xi'an.
sib /síb/ 名 ❶ 兄弟姉妹《の関係にある動植物》. ❷ 血縁者, 親戚(の人). ❸《人》氏族.
Si·be·li·us /səbéɪljəs/, **Jean** /ʒáːn/ 名 シベリウス《1865-1957; フィンランドの作曲家》.
Si·be·ri·a /saɪbíə(ə)riə/ 名 シベリア.
Si·be·ri·an /saɪbíə(ə)riən/ 形 シベリアの. ── 名 シベリア人.
Sibérian húsky 名 シベリアンハスキー(犬)《シベリア原産の中型犬; 被毛は中くらいの長さで直立した耳を持つ; そり犬として知られる》.
sib·i·lant /síbələnt/ 形 ❶ シューシューいう. ❷《音声》歯擦音の. ── 名《音声》歯擦音 (/s, z, ʃ, ʒ/ など).
sib·li·cide /síbləsàɪd/ 名 U《動》きょうだい殺し《行為》.
sib·ling /síblɪŋ/ 名 きょうだい《男女の別をつけないいう》きょうだい《兄, 弟, 姉, または妹》.【SIB+-LING】
síb·shìp 名 ❶ C《生/医》同胞群, 兄弟姉妹《特定の両親をもつすべての子孫》. ❷ U《人》氏族 (sib) であること, 氏族の一員であること.
sib·yl /síb(ə)l/ 名 ❶《古ギ・古ロなど》シビュラ, みこ. ❷ a 女予言者. b 魔女.
Sib·yl /síb(ə)l/ 名 シビル《女性名》.
sib·yl·line /síbəlàɪn/ 形 ❶ シビュラの(書いた[語った]): the ~ books シビュラの書《古代ローマの神託集》. ❷ 予言[神託]的な; 神秘的な: ~ riddles 神秘的ななぞ.
sic¹ /sík/ 副 原文のまま《疑わしいまたは誤った原文をそのまま引用した際, 引用語句の後に [sic] と記す》.
sic² /sík/ 動 (**sicked, sicced; sic·ing, sic·cing**) ❶〔通例犬に対する命令に用いて〕〈人を〉攻撃する: S~ him, Fido! ファイドー, やっにかかれ! ❷〈犬を〉けしかける: He sicked his dog on the burglar. 彼は強盗に犬をけしかけた.
sic·ca·tive /síkətɪv/ 名 U,C《ペンキなどの》乾燥剤. ── 形 乾燥力のある.
sice /sáɪs/ 名《さいころの》6の目.
Si·chuan /ʃíːtʃwáːn/ 名 四川《中国中西部の省; 省都成都 (Chengdu)》.
Si·cil·i·an /sɪsíliən/ 形 シチリア(人)の. ── 名 シチリア人.
si·cil·i·a·no /səsiliáːnoʊ, -tʃíl-/ 名 (複 ~s) シチリア舞踊[舞曲].
Sic·i·ly /sísəli/ 名 シチリア[シシリー]島《イタリア南方の島; 地中海で最大》.
‡**sick¹** /sík/ 形 (~·er; ~·est) ❶ a 病気の, 病にかかった, かげんの悪い: a ~ man 病人 / a ~ child 病気の子供 / be ~ 病気である / fall [《米》get] ~ 病気になる / be taken ~ 病気になる / as a dog 重病で / He was ~ with pneumonia.《米》彼は肺炎にかかっていた 〔比較〕《英》

1677　sick leave

では ill を用いるほうが一般的. **b** A《比較なし》病人(用)の: the ~ ward 病棟 / ⇒ sick leave, sick pay. **c**〔the ~; 名詞的に〕《既略》病人たち《既略この用法に対応する ill は《まれ》》. ❷ a P 吐きそうで, むかついて; 吐いて: feel ~ 胸が悪い / get ~ 吐く / I'm going to be ~. 吐きそうだ / He was [felt] ~ to his stomach. 彼は胸がむかついている. **b** A《悪臭などむかつくような, 吐き気を催すような》: a ~ smell むかつくようなにおい. **c**〔複合語で〕《...に》酔った: ⇒ airsick, carsick, seasick. ❸〔〈and ~ and tired の形で〕《...にいや気がさして, うんざりして (fed up)》: I'm ~ of writing letters. 手紙を書くのにうんざりしている / He's ~ of this hot, sticky weather. 彼はこの蒸し暑い天気に閉口している / I'm ~ and tired of her complaints. 彼女のぐちにあきあきしている. ❹〔...にあこがれて, ...を)恋しがって〕: They were ~ for home. 彼らは故郷[うち]を恋しがっていた. ❺ P しゃくにさわって, 失望して〔at, about〕: It makes me ~ to think of it. それを思うといやになる. ❻《顔など青白い; 元気のない, しょげた: a ~ look [voice] 元気のない顔[声] / You look ~. 顔色が悪いね / ~ as a parrot《英·戯言》ひどくがっかりして. ❼ a《精神など不健全な》: a ~ thought 不健全な思想. **b**《気味の悪い, ぞっとするような, 病的な: a ~ joke 不気味なジョーク.

be óff síck (with...)《...の》病気で《仕事や学校を》休む.
cáll in síck 病気で欠席すると電話で伝える.
gó [**repórt**] **síck** 病気欠勤する, 病気の届けをする.
màke a pérson síck《人に》吐き気を催させる, 怒らせる, しっとを感じさせる: You *make* me ~! おまえは虫が好かないやつだ / Her brilliance *made* him ~ with envy. 彼女が秀才なので彼はしっとでむかむかした.
síck at héart《文》失望して, 悲観して: He was ~ *at heart* about failing the exam. 彼は試験に失敗したことでくよくよした.
wórried síck =síck with wórry〔...のことで〕《病気になるほど》とても心配して: He's *worried* ~ *about* his son. 彼は息子のことでひどく悩んでいる.

── 動《英口》《食べたものを》吐く, もどす《*up*》.
── 名 U《英口》嘔吐(ﾄ)(vomit).
〔OE〕動 sicken, 名 sickness〕

sick² /sík/ 動 =sic².
síck báy 名《船内の》病室, 医務室.
síck·bèd 名 病床.
síck bénefit 名 U《国民保険の》疾病手当.
síck búilding sỳndrome 名 シックビル症候群《断熱性能が高く換気が少ないオフィスビルで働く人にみられる症状; 頭痛·眼の炎症·かぜに似た症状·無気力など》.
síck cáll 名《医師·牧師などによる》応診, 慰問.
síck dáy 名 病気欠勤日《病気欠勤でも給料の支払われる》.

‡**sick·en** /síkən/ 動 ❶〈人に〉嫌悪感を催させる,〈人を〉不愉快にさせる, うんざりさせる (disgust): He was ~ed by the blatant racism of the government. 彼は政府の露骨な人種差別に腹立ちした. ❷〈人に〉吐き気を催させる. ── 動 ❶ 病気になる, 病気になりかけている. ❷〔...に〕吐き気を催す〔*at*〕. ❸〔...に〕うんざりする,〔...が〕いやになる〔*of*〕. (形 sick¹)

síck·en·er /-k(ə)nə, -nə/ 名 ❶ 病気にかからせる[吐き気を催させる]もの. ❷ 飽きあきさせる[こりごり]させるもの.

‡**sick·en·ing** /-k(ə)nɪŋ/ 形 嫌悪感を催させる, 腹立たしい, うんざりさせる; 吐き気を催させる, 胸の悪くなるような: a ~ smell いやなにおい. ~·**ly** 副.

síck héadache 名 嘔吐(ﾄ)性頭痛; 偏頭痛.
sick·ie /síki/ 名 ❶《英口》《仮病による》ずる休み. ❷《米俗》精神異常者, 倒錯者.
sick·ish /síkɪʃ/ 形 少し気分が悪い[吐き気がする]; 病気ぎみの. ~·**ly** 副. ~·**ness** 名.
‡**sick·le** /síkl/ 名 かま, 小がま《片手で持って使う三日月形のもの》.
síck léave 名 U《有給の》病気休暇: on ~ 病気休暇で[を取って)].

síckle-cèll anémia 名 U 《医》鎌状赤血球貧血《慢性溶血性貧血と血流障害を特徴とする遺伝性疾患; ヘモグロビンの異常により鎌状を呈した赤血球が多く現われる》.

sick list 名 [通例 the ~] 患者名簿.

†**sick・ly** /síkli/ 形 (sick・li・er; -li・est) ❶ a 病身の, 病弱な, 病気がちな: a ~ woman 病弱な女性. b 病人らしい, 弱々しい, 青ざめた: a ~ complexion 不健康な顔色. ❷ a 《悪臭など吐き気を催させる(ような)》: a ~ taste 吐き気を催すような味. b 《胸がむかつくほど》めそめそした, 甘ったるい: ~ sentimentality 甘ったるい感傷. ❸ 《色・光が》青白い, 薄い.

síck・màking 形 《口》= sickening.

***síck・ness** /síknəs/ 名 ❶ U.C 病気, 病い: in ~ and in health 病気の時も健康の時も 《解説 キリスト教徒の結婚式の誓いの言葉から》/ on account of ~ 病気で / suffer from a strange ~ 奇妙な病気にかかる / Viruses and germs cause most ~es. たいていの病気はウイルスや細菌が引き起こす / mountain sickness, sleeping sickness. ❷ U 吐き気 (nausea): be overcome by a feeling of ~ 吐き気を催す, 胸がむかむかする / ⇒ seasickness. ❸ 《政治・社会システムなどの》弱点, 問題点. (形 sick¹) 〔類義語〕⇒ illness.

síckness bènefit 名 U 《英》《国民保険などの》疾病手当.

sick・o /síkou/ 名 (複 ~s)= sickie 2.

síck・òut 名 《米》病欠スト 《病気を口実にした欠勤ストライキ》.

síck pày 名 U 《病気中雇用者が支払う》疾病手当.

síck・ròom 名 病室; 保健室, 医務室.

Sid・dhar・tha /sɪdáːrʔə, -θə | -dáː-/ 名 シッダルタ《釈迦の名; cf. Gautama》.

sid・dhi /sídi/ 名 《仏教》 ❶ U 悉地(シッチ)(シッジ)《「成就」「完成」の意》. ❷ C 不思議力.

‡**side** /sáɪd/ 名 ❶ C a 《左右・上下・前後・東西などの》側, 方: the right [left] ~ of the road 道の右[左]側 / on this ~ of the post office 郵便局のこちら側[手前][の]/ on the east [west] ~ of town 町の東[西]のほうの[に] / The reading room was lined on three ~s with books. その閲覧室は三方にずらりと本が並んでいた. b 《内外・表裏などの》面, 側: the other ~ of the moon 月の裏側 / put one's socks on (the) wrong ~ out 靴下を裏返しにはく 《比較 inside out のほうが一般的》. c 《本・ノートなどの》片面, ページ.

❷ C 《前後・上下以外の》側面, 横, わき: the ~ of a house 《外から見た》家の側面[横] / Your tie is over to one ~. 君のネクタイは曲がっている / The bus lay on its ~. バスは横倒しになっていた.

❸ C a 《体の》横腹, わき腹: I had a pain in my right ~. 私は右のわき腹が痛かった / They burst [split] their ~s (laughing [with laughter]). 《口》彼らは腹の皮がよじれるほど笑った. b 《頭の》側面, わき: hair graying at the ~s 両わきが白髪(シラガ)になりかけている髪. c 《複合語》山腹, 斜面: on the ~ of a hill 山腹に / ⇒ hillside, mountainside. d 《豚・牛の》わき腹肉, 肋(アバラ)肉: a ~ of beef 牛のわき腹肉.

❹ C 《通例単数形で》《人の》かたわら, そば, わき: take a person to one ~ 人をわきへ呼ぶ《ないしょ話などのために》/ Come and sit by [at] my ~. 私のそばへ来て座りなさい / The child never leaves his mother's ~. その子は片時も母親のそばを離れない.

❺ C a 《敵・味方の》側, 味方: take a person's ~ 人の味方をする / support the losing ~ 負けているほうを応援する / He's on Fraser's ~. 彼はフレーザーのほうについている[味方だ] / Whose ~ are you on? 君はどっちの味方なんだ / There's much to be said on both ~s. どちら側にも言い分はたくさんある / He changed ~s in our favor. 彼は寝返って我々の味方になった / They chose [picked] ~s for the game. 彼らはゲームをするために敵味方に分かれた. b [集合的; 単数または複数扱い] 《英》《スポーツの》チーム (team): a strong cricket ~ 強いクリケットのチーム.

❻ C 《物事・性格の》側面, 一面: think of the practical ~ of things 物事の実際的な面を考える / look on the bright [dark] ~ (of things) 物事の明るい[暗い]面を見る; 楽観[悲観]する.

❼ C a 《しばしば複合語で》《ものの》端, 縁 (edge); 《川などの》岸: the ~ of the desk [one's nose] 机の端[鼻の脇] / by the ~ of the road [river] 道端[川岸]に[の] / ⇒ roadside, seaside. b 《幾》《三角形などの》辺, 《立体の》面. ❽ C 《通例父・母の修飾語を伴って》《血統で》…方《に》: an uncle on the paternal [maternal] ~ 父[母]方のおじ / He's French on his mother's ~. 彼は母方がフランス系です.

❾ C 《通例単数形で》《英口》《テレビの》チャンネル.

❿ U 《俗》尊大, 傲慢(ゴウマン), 尊大《で》: put on ~ もったいぶる, いばり散らす / be without ~ = have no ~ もったいぶらない, いばらない.

be on the sáfe síde ⇒ safe 形 成句.

by the síde of... = **by a pérson's síde** (1) …のそばに, …の近くに. (2) …に比べて.

críticize [scóld] a person úp óne síde and dówn the óther 《米口》《相手の気持ちも考えず》〈人を〉非難する[しかる].

from áll sídes [évery síde] 四方八方から; あらゆる面から.

from síde to síde 左右に: The cart rattled by, swaying *from* ~ *to* ~. 荷車はがたごとと左右に揺れながら通っていった.

gèt on the ríght [wróng] síde of a person 《口》〈人〉の気に入る[人に嫌われる].

háve...on one's síde 強みとして...を持っている.

lèt the síde dówn 《英》味方[同僚, 家族]を失望させる[に恥をかかせる].

No síde! 《ラグビー》試合終了!

on áll sídes [évery síde] 四方八方に[で], 至る所に[で].

on the ríght [súnny] síde of... 〈人がまだ〉...歳前で (cf. on the wrong [shady] side of... 成句): I'm still *on the right* ~ *of* sixty. 私はまだ 60 の坂を越えていない.

on the síde (1) アルバイトに, 副業として. (2) 《英》《ごまかして》余分に, おまけに. (3) ひそかに, ないしょで. (4) 添え料理に.

on the ... síde 幾分[どちらかと言えば]...の気味で: *on the small* [*large*] ~ やや小さい[大きい]ほうで / He's a bit *on the stingy* ~. 彼はどちらかと言えばけちなほうだ.

on the wróng [shády, fár] síde of... 〈人が〉...歳を超して (cf. on the right [sunny] side of... 成句): I'm *on the wrong* ~ *of* sixty. 私は 60 の坂を越えている.

on the wróng síde of the trácks 町の貧しい地域に 《由来 しばしば貧しい地域が鉄道をはさんで町の反対側にあることから》.

pùt...on [to] óne síde (1) 〈ものを〉片づける, とっておく. (2) 〈問題・仕事などを〉一時中止[棚上げ]する.

síde by síde [...と]並んで (*with*): The two boys stood ~ *by* ~. 二人の少年は並んで立っていた.

tàke sídes 一方に味方する; [...の]味方につく (*in* the argument): I *took* ~*s with* him *against* them in the argument. 私はその議論では彼を支持して彼らに反対した.

thís síde of... (1) ...にまで行かなくて: the best French cuisine *this* ~ *of* Paris パリまで行かなくても賞味できる最高のフランス料理. (2) ...の一歩手前の: He's barely (on) *this* ~ *of* madness. 彼はかろうじて狂気の一歩手前で踏みとどまっている.

── 形 A (比較なし) ❶ わきの, 横の; 側面の, 横からの: a ~ door [entrance] わき[通用]口 / a ~ road 側道, 間道 / a ~ street 《本町に通じる》横町. ❷ a 従の, 副の; 付けたりの, 付随的な: a ~ order 《米》《レストランで》追加注文, サイドオーダー / a ~ issue 枝葉の問題. b 内職の: a ~ job 内職, アルバイト / a ~ business 副業, サイドビジネス.

── 動 《...に》味方する; 《...の反対側に》味方する: He always ~*s with* [*against*] the strongest party. 彼はいつもいちばん強いほうに味方する[の反対側に味方する].

《OE; 原義は「長い(表面)」》 〔関形 lateral〕

síde・àrm 形 副 〖野〗横手の[で]: a ~ pitch サイドスロー / pitch ~ 横手投げをする.

síde àrm 名 腰につける武器, 携帯武器《刀・ピストル・銃剣など》.

síde・bànd 名〖通信〗側波帯.

síde・bàr 名 ❶ (主なニュースの)補足情報, 付随[関連]記事; (印刷体裁を変えた)補足[添えもの]記事欄. ❷〖法〗サイドバー《裁判官と弁護士による, 陪審のいないところでの協議》.

*__síde・board__ /sáidbɔ̀əd│-bɔ̀:d/ 名 ❶ 食器台[棚], サイドボード. ❷ [複数形で] =sideburns.

síde・bùrns 名 覆 短いほおひげ, もみあげ. 〖BURNSIDES の綴り換え〗

síde・càr 名 ❶ (オートバイの)サイドカー. ❷ (米) サイドカー《ブランデー・リキュール・レモンジュースのカクテル》.

síde chàin 名〖化〗側鎖《主鎖または炭素鎖に付いている炭素鎖》.

síde chàir 名 (食堂などに置く)ひじかけのない小椅子.

síd・ed /-dɪd/ 形 [通例複合語で] (...の)面[側, 辺]をもった: ⇒ one-sided, many-sided / a steep-*sided* hill 急斜面の山.

síde dìsh 名 (main course に添える)添え料理, サイドディッシュ.

síde drùm 名 =snare drum.

*__síde effèct__ 名 ❶ (薬などの)副作用. ❷ 予想外の結果.

síde・fòot 動《サッカー》〈ボールを〉足の横側でキックする.

síde glànce 名 横目で見ること: take a ~ at …を横目で見る.

síde・hìll 名 (米・カナダ) 山腹 (hillside).

síde hòrse 名 (米) (体操用の)鞍馬(ぁ).

síde・kìck 名 《口》親友, 仲間; 相棒, グル.

síde・less 形 わきのない, ソデなしの.

síde・lìght 名 ❶ ⓒ 間接[付帯]的説明[情報], 側光: It throws an interesting ~ on…それは…に興味ある側光を投じる. ❷ ⓒ [通例複数形で] (米) (自動車の)サイドライト. **b** (船で夜間につける)舷灯《右舷に緑色, 左舷に赤色》. ❸ ⓒ (大窓・ドアなどの横についている)横窓. ❹ Ⓤ 横から入る光, 側面光, 横明かり.

+**síde・lìne** 名 ❶ 副業, 内職, サイドビジネス《比較》「サイドビジネス」は和製英語. ❷ **a** (競技場・コートなどの)側線, サイドライン. **b** [通例複数形で] サイドラインの外側《観客や控え選手のいる所》. ❸ (商店の)専門品以外の商品. **on the sidelines** 傍観者で[として]. ── 動 他 [通例受身で]〈負傷・病気などが〉〈選手を〉出場できなくする; 〈人の〉参加をじゃまする.

síde・lòng 形 副 横の[に], 斜めの[に], わきの[に]: cast a ~ glance at…を横目でちらっと見る.

síde・màn 名 (愛 -men) (バンドの)サイドマン, 伴奏楽器奏者.

+**síde・òn** 副 形 A 横から(の).

síde pìece 名 [通例 the ~] (ものの)側面部.

si・de・re・al /saɪdí(ə)riəl/ 形 A ❶ 星の; 星座の. ❷ 恒星の[に関する]; 恒星で測定された: a ~ clock 恒星時計 / a ~ revolution 恒星周期 / a ~ day 恒星日($\frac{1}{2}$) 《23 時間 56 分 4.09 秒》/ a ~ year 恒星年 《365 日 6 時間 9 分 9.54 秒》. 〖L<*sidus, sider-* 星の; cf. consider〗

sidéreal tíme 名〖天〗恒星時.

sid・er・ite /sídəràɪt/ 名 Ⓤ〖鉱〗菱(ᵿ)鉄鉱; 隕鉄.

síde・sàddle 名 片鞍《女性用で, 両足を同じ側にたれる》. ── 副 (馬に)横乗りに: ride ~ 馬に横乗りする.

síde sàlad 名 添え料理としてのサラダ.

síde・shòw 名 ❶ (サーカスなどの)余興, つけたりの出し物. ❷ 枝葉の問題, 小事件.

síde・slìp 動 自 (-slipped; -slip・ping) 横すべりする. ── 名 (自動車・飛行機などの)横すべり.

sídes・man /-mən/ 名 (愛 -men /-mən/) 〖英国教〗教会世話役《献金を集めたりする》.

síde・spìn 名 Ⓤ 〖球技〗サイドスピン《水平にボールを回転させる》.

síde splìt 名 ❶〖建〗両側が異なる階になっている住宅. ❷ 脚の内側が下を向く左右 180°の開脚. ❸ (スカートなどの)横のスリット.

1679 siege mentality

síde・splìtting 形 (おかしなどで)腹の皮をよじらせる: a ~ joke 抱腹絶倒のジョーク.

síde・stèp 動 (-stepped; -step・ping) 他 〈質問・責任などを〉避ける, 回避する, はぐらかす (evade): ~ a question [difficulty] 質問[困難]を回避する. ❷ (ボクシング・サッカーなどで)〈攻撃を〉横に寄ってかわす. ── 自 ❶ 回避する. ❷ 横に寄ってよける.

síde stèp 名 横歩(ポ), 横へ一歩寄ること.

síde-strèam smòke 名 =secondhand smoke.

síde・stròke 名 Ⓤ [通例 the ~] 〖泳〗横泳ぎ, サイドストローク.

síde・swìpe 名 ❶ (かすめるような)横なぐり. ❷ (車などにこすること. ❸ 《口》ついでの批判. ── 動 他 ❶ 横なぐりする. ❷〈…に〉こすって接触する.

síde tàble 名 わき[サイド]テーブル《食堂などの壁際またはメインテーブルの横に置く》.

síde・tràck 動 他 [通例受身で] ❶〈人を〉はぐらかす, 脱線させる: The teacher *was* ~ed by questions on other subjects. 先生はほかの問題への質問で脱線させられた. ❷〈列車などを〉側線に入れる. ── 名 ❶ 主題からそれること, 脱線. ❷ (鉄道の)側線, 待避線, 引き込み線.

síde-válve èngine 名〖機〗側弁式機関.

síde vìew 名 側景, 側面図; 横顔, プロフィール.

síde vìew mírror 名〖車〗サイドミラー.

*__síde・walk__ /sáidwɔ̀:k/ 名 (米) (舗装した)歩道, 人道 (《英》pavement).

sídewalk àrtist 名 (米) 街頭画家 (《英》pavement artist) 《歩道に色チョークで絵をかいて通行人から金をもらう画家》.

sídewalk cafè /-kæféɪ/ 名 (米) 歩道にテーブルを出しているレストラン.

sídewalk superinténdent 名《戯言》街頭監督《工事現場の見物人》.

síde・wàll 名 側壁, 袖壁; (タイヤの)サイドウォール.

síde・wàrd 形 副 横向きの[に]: a ~ look 横目.

síde・wàrds 副 =sideward.

síde・wày 副 形 =sideways.

*__síde・ways__ /sáidwèɪz/ 副 横向きに, 横方向に, はすかいに: look ~ (at a person) (人を)横目で見る / turn ~ to get through a door 横向きになってドアを通る. **knock a person sideways** ⇒ knock 動 成句. ── 形 横向きの, 斜めの: a ~ glance 横目 / a ~ jump 横跳び.

síde whèeler 名 (米) 側輪車船.

síde・whìskers 名 覆 ほおひげ.

síde wìnd /-wìnd/ 名 ❶ 横風. ❷ (英) 間接的な影響.

síde・wìnd・er /-wàɪndə/ 名 ❶ [S-] ヨコバイガラガラヘビ《北米西南部の砂漠にすむガラガラヘビの一種; 体を斜め前方に移動させる》. ❷ 横からの激しい一撃. ❸ (米軍) サイドワインダー《赤外線誘導の短距離空対空ミサイル》.

síde・wìse 副 形 =sideways.

sid・ing /sáɪdɪŋ/ 名 ❶ ⓒ (鉄道の)側線, 待避線. ❷ Ⓤ (米) (建物の外壁の)下見張り, 壁板.

si・dle /sáɪdl/ 動 自 [副詞(句)を伴って] 体を横にして歩く[動く]; こっそり歩く[行く]: He ~d through the crowd. 彼は人混みの中を体を横にして進んだ / She ~d *away* [*up to him*]. 彼女はそっと立ち去った[彼のそばまでにじり寄った].

SIDS /ésàrdi:és/ 《略》 sudden infant death syndrome.

*__siege__ /síːdʒ/ 名 ❶ ⒸⓊ (城・都市などの)包囲攻撃;《警察などの》包囲作戦, 包囲期間: ~ warfare 攻囲戦 / withstand a long ~ 長い包囲にもちこたえる. ❷ (病気・説得などの)しつこさ: have a ~ of flu しつこい流感にかかる. **láy siege to**…を包囲攻撃する. **ráise the [a] síege of**… 〈包囲軍が〉…の攻囲をやめる. ❷〈援軍が〉…の包囲を解く. **ùnder síege** (1) 包囲されて: Troy was *under* ~ for ten years. トロイは 10 年間も包囲された. (2) 批判にさらされて, 質問攻めにあって. 〖F<L *sedere* 座る; cf. session〗

síege mentàlity 名 Ⓤ [また a ~] 被包囲心理《自分の周囲は敵ばかりだと感じる抑圧的な心理状態》.

Siegfried /síɡfriːd, síːɡ-/ 名《ドイツ・北欧伝説》ジークフリート《大竜を退治した英雄; *Nibelungenlied* 前編の主人公》.

sie・mens /síːmənz/ 名《電》ジーメンス《mho に相当するコンダクタンスの SI 単位; 記号 S》.

Si・ena /siénə/ 名 シエナ《イタリア中部 Tuscany 地方の市》.

si・en・na /siénə/ 名 U ❶ シエナ土《酸化鉄などを含む土; 顔料》: burnt ～ 焼きシエナ土《赤褐色の顔料》/ raw ～ 生(*)シエナ土《黄褐色の顔料》. ❷ シエナ色, 黄褐色. 〔It *terra di Siena* earth of Siena《イタリアの産地名》〕

si・er・ra /siérə/ 名〔しばしば複数形で〕《スペイン・南北アメリカの》のこぎり状の山脈《連山》.〔Sp<L *serra* のこぎり〕

Siérra Clùb 名〔the ～〕シエラクラブ《米国の環境保護団体》.

Si・er・ra Le・one /siérəlióun/ 名 シエラレオネ《アフリカ西岸にある共和国; 首都 Freetown》. **Siérra Le・ó・ne・an** /-lióunən/ 名 形

Siérra Má・dre /-máːdreɪ/ 名〔the ～〕シエラマドレ《メキシコの山脈》.

Siérra Neváda /-(s) シエラネバダ: **a** 米国 California 州東部の山脈. **b** スペイン南部の山脈.

si・es・ta /siéstə/ 名《スペイン・南米などで日中の暑い盛りにとる》昼寝, シエスタ: take a ～ after lunch 昼食の後シエスタをとる.〔Sp<L *sexta* (*hora*) sixth hour=noon〕

⁺**sieve** /sív/ 名《目の細かい》ふるい; 《液体の》こし器《茶こしなど》. **hàve a héad** [**mémory**, **mínd**] **lìke a síeve** 《口》ざるのような頭の持ち主だ, 物覚えが悪い. ── 動 他 ⟨…を⟩ふるう, ふるいにかける; ⟨…を⟩ふるい分ける ⟨*out*⟩ (sift).〔OE; sift と同語源〕

sie・vert /síːvət | -vət/ 名《理》シーベルト《電離放射線の線量当量の SI 単位; 記号 Sv》.

si・fak・a /səfáːkə | -fáː-/ 名 シファカ《マダガスカル島産の原猿類; 独特の跳躍をする》.

⁺**sift** /síft/ 動 他 **a** ⟨…を⟩ふるいにかける; ふるい分ける (sieve): ～ sand 砂をふるいにかける / ～ (*out*) pebbles *from* sand 砂から小石をふるい分ける. **b** 《砂糖・粉などを》〈ふるいにかけて〉⟨…に⟩振りかける ⟨*on*, *over*⟩. ❷ ⟨…を⟩選別する: ～ the candidates 候補者を選別する / They ～*ed out* the pertinent facts *from* his testimony. 彼らは彼の証言から直接関係のある事実を選別した. ❸〔証拠などを〕厳密に調べる: We ～*ed* the evidence for pertinent facts. 我々は直接関係のある事実を得るために証拠を厳密に調べた. ── 自 ❶ ふるいを使う. ❷〔副詞(句)を伴て〕〈雪·光などが〉降り込む, 入り込む: ～*ed* through a chink in the wall. 光が壁のすき間からさし込んだ. ❸〔…を厳密に調べる〕: ～ *through* the evidence 証拠を取捨選択する.〔OE; sieve と同語源〕

síft・er ふるい, (コショウ·砂糖などの)振りかけ器.

síft・ing 名 ❶ U.C ふるい分け, 鑑別, 精査. ❷〔複数形で〕ふるい〔残り〕.

SIG /ésàɪdʒíː, síɡ/ 名 SIG 《特定の活動[研究]領域に関心をもつ人々の集まり; 電子掲示板などを通じて特定の情報や話題について情報や意見の交換を行なう人々の集まり》.〔*s*pecial *i*nterest *g*roup〕

sig. 《略》signal; signature.

Sig. 《略》signor; signora.

⁺**sigh** /sáɪ/ 動 自 ❶ 〈悲しみ·安心·疲れなどで〉ため息をつく, 吐息をつく: ～ *with* vexation [relief] いらいらして[ほっとして]安堵(*ど*)のため息をつく / ～ *in* grief 嘆息する / ～ heavily [deeply] 深いため息をつく / ～ *over* one's misfortunes わが身の不遇を嘆く / All the girls ～*ed over* Betty's beautiful dress. どの子もベティーの美しいドレスを見て吐息をついた. **b** 〈風·木が〉木の枝のようなを音を立てる: The wind ～*ed* in the branches. 風が木の枝をそよぎ吹いた. ❷〔…を〕慕う, こがれる: She ～*ed for* her lost youth. 彼女は失った青春を懐かしんだ. ── 他 ❶ ⟨…⟩をため息をついて言う ⟨*out*⟩: [+引用] "I feel tired." he ～*ed.* 「疲れた」と彼はため息まじりに言った. ── 名 ため息, 吐息, 嘆息: (with) a ～ of grief [relief] 悲しみの[ほっとした]ため息(をついて) / heave [breathe, give, let out] a ～ ため息をつく.《擬音詞》

‡**sight** /sáɪt/ 名 ❶ U 視力, 視覚 (vision): have good [bad] ～ 目がよい[悪い] / lose one's ～ 失明する / have one's ～ tested 視力を検査してもらう. ❷ U 〔また a ～〕見ること, 見えること, 一見: at (the) ～ *of*… を見て / faint at the ～ *of* blood 血を見て卒倒する / catch [get] ～ *of* … を見つける / They were waiting to catch ～ *of* the popular actress. 彼らはその人気女優をひと目見ようと待っていた. ❸ U 視界, 視域: in a person's ～ 人の目の前で / come into ～ 見えてくる / disappear from ～ 見えなくなる / We came in [within] ～ *of* land. 我々は陸の[から]見える所へ来た / The land is still in ～. 陸地はまだ見えている / She did not let the child out of her ～. 彼女は子供から目を離さなかった / Out of ～, out of mind.《諺》去る者は日々に疎(*うと*)し. ❹ C 光景, 風景, 眺め: The flowers in the garden were a wonderful ～. 庭園の花はすばらしい眺めだった. ❺〔the ～s〕名所, 観光地: see [do] *the* ～*s* of London ロンドン見物する. ❻ 〔a ～〕(口)物笑いの種《人·もの》, ひどい様子, ざま: a perfect [sorry] ～ まったくの物笑の[ひどい笑い], 見られたまでない / look a ～ 変に[粗末に]見える / What a ～ (you are)! そのざまはどうだ, 大様い. ❼ U 見方, 判断: In his wife's ～, he's an angel. 彼の奥さんのみるところでは彼は天使みたいだ. ❽ C〔しばしば複数形で〕《銃などの》照準; 照星, 照門: a telescopic ～ 望遠鏡つきの照準 / have… in one's ～*s* …を照準にとらえる; …を目標にする. ❾ **a** 〔a ～〕(口)たくさん: *a* ～ *of* questions たくさんの質問 / *a* ～ *of* money 金をどっさり. **b** 〔a (far, damn) ～〕〔副詞的に比較級を修飾して〕非常に: This is *a far* ～ *better* than that. これはそれよりはるかによい.

a síght for the góds [**sóre éyes**]《口》見るもうれしいもの, 目の保養, 珍品; 歓迎すべき客人, 珍客.

at first síght (1) 一見して(の), すぐに(の): love *at first* ～ ひと目ぼれ. (2) 一見したところでは: It isn't as bad as it appears *at first* ～. 最初にそう見えるほどには悪くない.

at síght 見てすぐ, 初見で, 即座に: translate a Japanese sentence *at* ～ 日本語の文を(見て)即座に訳す.

háte [**be síck of, cánnot stánd**] **the síght of…**《口》…を見るのもいやだ, 大嫌いだ.

in síght (1) 〔(…の)見える所に; 視界で (⇨ 3). (2) 間近で: No agreement is *in* ～. 協定の見込みはまだない.

knów a pérson by síght《人の》顔は見知っている.

lóse síght of… (1) …を見失う. (2) …の音信が絶える. (3) …を忘れる (forget)《用法》いずれも be lost ～ of の形で受身可》.

lówer one's síghts 目標を下げる.

nót a prétty síght《しばしば戯言》とても見られたものではない.

nót (…) by a lóng sìght《口》決して…でない.

on síght 《敵などを》見てすぐ, 即座に: shoot looters *on* ～ 略奪者を見かけたらすぐに撃つ.

Òut of my síght! すぐに立ち去れ!

òut of síght (1)〔(…の)見えない所に (⇨ 3): put a thing *out of* ～ ものを見えない所に置く, ものを隠す. (2)《口》法外に[な], べらぼうに[な]: Labor costs have risen *out of* ～. 人件費が法外に高くなっている. (3)《口》すばらしい, いかす: He's [That's] *out of* ～. 彼[それ]は抜群だ.

ráise one's síghts 目標を高くする.

sét one's síghts hígh [**lów**] 高い[低い]目標を定める, 目標を高く[低く]もつ.

sét one's síghts on… …に目標[ねらい]を定める; …に照準を合わせる.

sight unseen 現物を見ずに: She ordered the article ～ *unseen*. 彼女はその物品を現物を見ずに注文した.

── 形 Ⓐ ❶ 見てすぐに[理解する], 初見の: ⇨ sight reading. ❷〈手形など〉一覧払いの: ⇨ sight draft.

── 動 他 ❶ **a** 〈物を〉⟨…を⟩見る, 見つける (spot): At last they ～*ed* land. 遂に彼らは陸地を認めた / Several rare animals have been ～*ed* there in recent years. 近年そこでは何種類かの珍しい動物が目撃されてい

る. b 〈天体などを〉観測する. ❷ a 〈銃の〉照準を[…に]合わせる〔on〕. b 〈銃などに〉照準装置をつける. —— 自 ❶ ねらいをつける, 照準を合わせる. ❷ 〈ある方向を〉注意深く見る〔on, along〕.
〖OE〗 (動 SEE¹; 関形 optic, optical, visual) 〖類義語〗⇒ view.

sight depòsit 名〔英〕〔金融〕要求払い預金《当座預金 (current account) など》.

sight dràft 名〔商〕要求払い為替手形.

+sight·ed /sáɪtɪd/ 形 ❶ 〈人が〉目の見える. ❷ [複合語で] 視力が…の: ⇒ nearsighted, farsighted / weaksighted 視力が弱い.

sight·er /-ṭɚ | -tə/ 名〔射撃・弓〕(競技会で) 6 発[本]の練習玉[矢].

sight gàg 名 (演劇などでの)滑稽なしぐさ, (言葉によらない)身振りによるギャグ.

sight glàss 名 (容器内部を見るための透明の)のぞき.

sight·ing /-tɪŋ/ 名 ❶ [C] (意外なもの・珍しい動物などの)目撃(例), 発見(例)〔of〕. ❷ [U] 照準を合わせること.

sighting shòt 名 (照準調整の)試射(弾).

sight·less 形 ❶ 盲目の(blind). ❷ 〔詩〕目に見えない.

sight line 名 (観客の目とステージを結ぶ)視線.

sight·ly /sáɪtli/ 形 (sight·li·er; -li·est) ❶ 見て美しい, 見ばえのよい: a ~ house 美しい家. ❷ 〔米〕見晴らしのよい, 展望のきく: a ~ location 見晴らしのよい場所.
sight·li·ness 名

sight-read /-ríːd/ 動 (-read /-rèd/) 他 自 〈楽譜を〉初見で読む[歌う, 演奏する]. **~·er** 名

sight rèading 名 [U] (楽譜の)初見歌唱[演奏].

sight·screen 名〔クリケ〕サイトスクリーン《打者がボールを見やすいように境界線近くにおく車輪付き白幕》.

sight-sèe 動 自 [通例 go ~ing の形で] 観光旅行をする, 見物し遊覧する〖用法〗この語の過去・過去分詞形は用いないで, went sightseeing, has been sightseeing を用いる》: go ~ing in London ロンドンの観光に出かける.
〖SIGHTSEEING からの逆成〗

+sight·see·ing ❶ [U] 観光(旅行), 遊覧: do some ~ 観光をする. ❷ [形容詞的に] 観光[遊覧]の: a ~ bus [coach] 観光バス ⇒ bus 名 / a ~ tour 観光旅行.

sight·sè·er 名 観光客, 遊覧客.

sight-sìng 動 自 〈楽譜を〉初見で歌う. —— 自 楽譜を初見で歌う.

sight sìnging 名 [U] (楽譜の)初見歌唱.

sight·wòrthy 形 一見に値する, 見がいのある.

sig·il /síʤɪl/ 名 ❶ 印形(いんぎょう), 印, 認印 (seal, signet). ❷ (占星術などで)神秘的なしるし[言葉, 仕掛け].

sig·lum /síɡləm/ 名 (複 -la /-lə/) (書物の)記号[略語] (表).

sig·ma /síɡmə/ 名 シグマ《ギリシャ語アルファベットの第 18 字; Σ, σ, ς; 英語の S, s に当たる; ⇒ Greek alphabet 表》.

sig·mate /síɡmət, -mèɪt/ 形 [C] S 字形の.

sig·moid /síɡmɔɪd/ 形 S [C] S 字状の, ―― 名 〔解〕 S 字状湾曲部, S 状 [S 字] 結腸. **sig·mói·dal** 形

sig·moido·scope /síɡmɔɪdəskòʊp/ 名〔医〕 S 字状結腸鏡. **sig·moid·os·co·py** /sìɡmɔɪdɑ́skəpi | -dɔ́s-/ 名
sig·mòid·o·scóp·ic /-skɑ́p-/ | -skɔ́p-/ 形

‡sign /sáɪn/ (同音 #sine) 名 ❶ [C] (数字・音楽などの)符号, 記号(symbol) 〖比較〗日本語で「署名」を意味する「サイン」はsignature または autograph; ただし「サインする」は sign): the negative [minus] ~ 負符号 [-] / the positive [plus] ~ 正符号 [+]. ❷ [C] 信号, 合図; 手まね, 身ぶり: ⇒ call sign / communicate by [through, with] ~s 信号で伝達する / make the ~ of the cross 十字を切る / make [give] a ~ 合図を送る / [+that] She made a ~ that I (should) approach. 彼女は私に近くに来るように身ぶりで示した. ❸ [C] a 標識, 標示, 掲示; 揭示: a road [traffic] ~ 道路[交通]標識. b 看板. c 合い言葉: (a) ~ and countersign 合い言葉「山」といえば「川」など). ❹ [C,U] 徴候, 兆候, 前兆 (indication): a ~ of the times 時代の動向, 時勢 / The robin is a ~ of spring. コマドリは春の先触れ[先駆け]である / [+that] Yawning is a ~ that you are sleepy or bored. あくびは眠けや退屈

を示すものである. ❺ [C] [通例否定文で] あと, 痕跡(こんせき): There're no ~s of human habitation. 人の住んでいる形跡がない / He looked at me with no ~ of anger. 彼は少しも怒っている気配も見せずに私を見た. ❻ [C] 〔聖〕神力[神威]のしるし, お告げ, 奇跡: pray for a ~ おしるし(の出現)を祈る / seek a ~ 奇跡を求める / ~s and wonders 奇跡. ❼ [C] 〔天〕宮(きゅう) (黄道(こうどう))12 区分の一つ). ❽ [U] 見ぶり言語; 手話: ⇒ sign language.

màke nó sígn 意識していないようである.

sign of life 人がいる兆し, 人が生きているしるし.

—— 動 他 A ❶ 〈…に〉署名する, 記名調印する;〈…に〉〈名前を〉書き込む: ~ a letter 手紙に署名する / ~ a treaty 条約に調印する / ~ one's name on [to] a check 小切手に署名する. ❷ 〈選手などを〉署名させて雇う〔on, up〕: ~ a player 署名のうえ選手を雇い入れる / The team ~ed on two more players yesterday. そのチームはきのうさらに 2名の選手と雇用契約を交わした.

—— 自 ❶ 手まね[身ぶり]で合図する: He ~ed his assent. 彼は承知したという身ぶりをした / [+that] He ~ed that he was ready to start. 彼は出発の用意ができたと合図した. ❷ 〈…を〉示す;〈…の〉前兆[兆し]となる 〖比較〗この意味では signal のほうが一般的》.

—— 自 A ❶ a 署名する, 記名調印する: refuse to ~ 署名を拒む / Please ~ here. どうぞここにご署名ください. b 〈…に〉署名して受け取る: ~ for delivered goods 署名して配達品を受け取る. ❷ 署名のうえ雇われる, 就業契約をする: He ~ed for three years. 彼は 3 年間の契約で雇われた / He ~ed on at the factory [as a welder]. 彼はその工場に[溶接工として]就職した / [+to do] She ~ed (up) to be a model. 彼女はモデルになる契約をした.

—— B ❶ 〈人に〉…するように〉手まね[合図]する: [+to do] He ~ed to me to open the window. 彼は私に窓を開けろと合図した / The patrolman ~ed for them to halt. 巡回中の警官は彼らに止まれと合図した. b 身ぶり言葉[手話]を用いる. ❷ 標識を出す.

sígn awáy 他+副〉〈権利などを〉(十分考えないで)署名して譲り渡してしまう.

sígn ín 自+副 (1) 署名して到着を記録する;〔電算〕パスワードなどを入力してシステム[保護されたページ(など)]に入る (↔ sign out). —— 他+副 (2) 〈人を〉署名して入会させる.

sígn óff 自+副 (1) 〔ラジオ・テレビ〕(音楽などで)放送の終了をアナウンスする, 放送をやめる (= sign on); (cf. off the AIR 成句). (2) 〔口〕署名して手紙を書き終える. (3) 仕事をやめる. (3) 〔電算〕= SIGN out 成句 (1).

sígn ón 自+副 (1) 就業契約をする (⇒ 自 A 2). (2) 〔ラジオ・テレビ〕(音楽などで)放送の開始を知らせる (↔ sign off). (3) 〔電算〕= SIGN in 成句 (1).

sígn óut 自+副 (1) 署名して外出を記録する;〔電算〕システム[保護されたページ(など)]から出る (↔ sign in). —— 他+副 (2) 〈本などを〉署名して持ち出す[借りる].

sígn óver 他+副〈財産などを〉署名して〈人に〉譲り渡す 〔to〕: He ~ed over his rights. 彼は権利を譲渡した.

sígn úp 自+副 (1) 就業契約をする (⇒ 自 A 2). (2) 〔…と契約する〕: ~ up for insurance 保険と契約する. (3) 〔…に〕届け出をする, 登録を申し込む: He ~ed up for the advanced class. 彼は上級クラスに登録を申し込んだ / You can ~ up online. オンラインで登録できます. (4) 入隊する: ~ up for the Marine Corps 海兵隊に入隊する.
—— 他+副 (5) 〈人を〉契約して雇う. (6) 〈人を〉入隊させる.

sígn with… 〔米〕〈…と〉契約する, 契約を結ぶ.

〖F<L *signum* 記号, 目じるし; cf. assign, consign, design, resign, signal, signature, significant, signify〗〖類義語〗⇒ signal.

sígn·age /-nɪdʒ/ 名 信号 (signs); 信号系.

*sig·nal /síɡn(ə)l/ 名 ❶ 信号, 合図: a distress ~ 遭難信号 / a traffic ~ 交通信号 / a ~ of danger 危険信号 / a ~ for departure 出発の合図 / at a given ~ 合図が出る[示される]と(すぐ) / by ~ 信号[合図]によって《★無

signal box

冠詞) / send smoke ~s のろしを上げる / give the ~ to attack 攻撃せよという合図を送る / 〔+*to do*〕 Thunder is a ~ *that* a storm is near. 雷はあらしの近いことを告げる. ❷ 信号機〔鉄道〕のシグナル: The ~ failure 信号機の故障. ❸ きっかけ, 導火線: The demonstration was the ~ *for* the riot. そのデモが暴動の引き金になった. ❹ (テレビ・ラジオなどの) (送信[受信]される電波・音声・映像など): send out [transmit] a ~ to... に信号を送る / pick up [receive] a ~ 受信する.
―― 形 (*more* ~; *most* ~) ❶ 〔比較なし〕信号の: the ~ corps 〔軍〕信号[通信]隊 / a ~ fire のろし / a ~ flag 信号旗. ❷ 顕著な, 注目すべき; すぐれた (cf. signalize): a ~ success [exploit] 目覚ましい成功[功績].
―― 動 (sig・naled, 〈英〉-nalled; sig・nal・ing, 〈英〉-nal・ling) ⓥ ❶ 合図する: ~ a taxi タクシーに(止まれと)合図する / 〔+*目*+*to do*〕 The commander ~*ed* his men *to* fire. 隊長は部下に撃てと合図した / He ~*ed* the bartender *for* another drink. 彼はバーテンにもう1杯おかわりをくれと合図した / 〔+*that*〕 He ~*ed that* the coast was clear. 彼は今がチャンスだと合図した / 〔+*目*+*that*+節 +代名+*that*〕 The captain ~*ed* (*to*) the lifeboat *that* the ship was out of danger. 船長は救命艇に本船はもう危険を脱したと信号した. ❷ 〈...を〉信号[合図]で知らせる: ~ a message [an order] 通信[命令]を信号で送る / The school bell ~*ed* the end of class. ベルが鳴って授業時間の終わりを告げた. ❸ **a** 〈...を〉示し, 特徴づける: A camera and an aloha shirt ~ a tourist. カメラとアロハシャツで観光客であるとわかる. **b** 〈...の〉前兆[兆し]となる: ~ a new era 新時代の兆しとなる. ❹ 〈意図などを〉示す, 明らかにするような行動を取る.
―― ⓥⓘ 合図[信号]する: ~ *to* them with a flashlight. 彼らに懐中電灯で信号を送った / The doorman ~*ed for* a cab. ドアボーイは(手を上げて)タクシーを呼んだ / The catcher ~*ed for* a low fast ball. キャッチャーは低めの速球を投げろとサインを送った / 〔+*to*+代名+*to do*〕 The policeman ~*ed to* the truck *to* stop. 警官はそのトラックに止まれと合図した.
〔F<L; ⇒ sign, -al〕 (動 signalize)
【類義語】**signal** 主に光・音・煙・手(旗)などによって, 特に遠くへ送られるあらかじめ定められた合図. **sign** 主に身ぶり・手ぶりで何かを伝えようとする合図.

sígnal bòx 名〈英〉=signal tower.

sig・nal・er /-nələ/ 名 信号手[機]; 〔軍〕通信隊員.

sig・nal・ize /sígnəlàɪz/ 動 ⓥ ❶ はっきり示す, 指摘する. ❷〈...に〉信号機を取り付ける. ❸ 〈古〉有名にする, 際立たせる: Man's conquests in space ~ the twentieth century. 人類の宇宙征服が20世紀を際立ったものにしている. (形 signal)

sig・nal・ler /-nələ/ -lə/ 名 〈英〉=signaler.

síg・nal・ly /-nəli/ 副 著しく, 大いに.

signal・man /-mən/ 名 (穩 **-men** /-mən/) ❶ (鉄道の)信号手. ❷〔軍〕通信隊員.

sígnal-to-nóise ràtio 名〔電〕信号対雑音比, SN 比.

sígnal tòwer 名〈米〉(鉄道の)信号所[塔].

†**sig・na・to・ry** /sígnətɔ̀ːri | -təri, -tri/ 名 (調印)国; (条約の)加盟[調印]国. ―― 形 参加調印した: the ~ powers to a treaty 条約加盟国. 〔L ↓〕

*sig・na・ture /sígnətʃə, -tʃʊə | -tʃə/ 名 ❶ [C] 署名, サイン 《比較 日本語の「サイン」は署名の意では signature; 作家・芸能人などのするサインは autograph; 合図の意では signal, sign; その動詞「サインする」はそれぞれ sign, autograph, signal》: write one's ~ 署名する 〔用法 one's ~ とは通例いわない〕 / put one's ~ on [to]... に署名する. ❷ [U] 署名(すること): witness a person's ~ 人が署名する場に立ち会う. ❸ [C] 特徴, 特性. ❸ [C]〔楽〕(調子・拍子)記号: a key ~ 調号 / a time ~ 拍子記号. ❹ [C]〔ラジオ・テレビ〕(番組の)テーマ音楽. ❺ [C]〔印〕**a** 背丁(印刷紙の折帳の記号). **b** 折り丁(折りたたんだ1枚の印刷紙; それを重ねて1冊の本にする). ❻ [C]〈米〉(薬の容器に書く)用法注意 《略 S., sig.》. 〔L<*signare*, *signat*- 署名する〈*signum*; ⇒ sign〕

sígnature tùne 名 =signature 4.

sígn-bòard 名 看板.

signed 形 署名された, サイン入りの: a ~ first edition (著者の)署名入り初版本.

sign・ee /sàɪníː, -́́ -/ 名 署名者 (signer, signatory).

sígn・er 名 署名者.

síg・net /sɪ́gnɪt/ 名 (指輪などに彫った)認印, 印鑑.

sígnet rìng 名 認印[印鑑]つき指輪.

*sig・nif・i・cance /sɪgnɪ́fɪkəns/ 名 [U] [また a ~] ❶ 重要性 (↔ insignificance): be a person [matter] of little [no] ~ あまり[まったく]重要でない人[事]である / Money has no ~ for him. 彼にとって金は重要なものではない. ❷ 意味, 意義, 趣旨: the ~ of this remark この言葉の意味. ❸ 意味あること, 意味深長: a look of great ~ 非常に意味ありげな目つき. ❹ 〔統〕有意(性). (形 significant) 【類義語】(1) ⇒ importance. (2) ⇒ meaning.

*sig・nif・i・cant /sɪgnɪ́fɪkənt/ 形 (*more* ~; *most* ~) ❶ かなりの, 著しい: a ~ change [increase] 著しい変化[増加] / a ~ number of students かなりの数の学生. ❷ 重要な, 意義深い: a ~ date 重要な日《記念日など》/ It is ~ *that* her fingerprints have been found in the house. 家の中で彼女の指紋が発見されたことは重要なのだ. ❸ 意味ありげな, 意味深長な: a ~ nod 意味ありげなうなずき. ❹ **a** 意味のある, 意義深い. **b** 〔[...を]意味して, 表わして (*of*)〕. ❺〔統〕有意の. 〔L<*significare* to SIGNIFY+-ANT〕 (名 significance)

signíficant fígures [dígits] 名〔数〕有効数字(位取りのための0を除いた数字).

*sig・nif・i・cant・ly /sɪgnɪ́fɪkəntli/ 副 ❶ かなり, 著しく, はっきりと. ❷ 〔文修飾〕意義深いことに(は): S-, her name was missing from the will. 意義深いことに彼女の名前がその遺言書から消えていた. ❸ 意味ありげに.

signíficant óther 名 重要な他者《影響力のある親・友人》; 〈米〉夫人 《配偶者・恋人》.

sig・ni・fi・ca・tion /sɪ̀gnəfɪkéɪʃən/ 名 ❶ [C] (語の)意味, 語義. ❷ [U] 表示. 〔L〕 (動 signify)

†**sig・ni・fy** /sɪ́gnəfàɪ/ 動 (-fies; -fied; -fy・ing) ⓥ ❶ 〈...を〉意味する, 表わす: The sign + *signifies* 'plus'. + という記号は「プラス」を意味する / 〔+*that*〕 The wrinkles on his face *signified that* he had lived a hard life. 彼の顔のしわが彼の辛い生活をしてきたことを物語っていた. ❷〈人が〉〈意向などを〉示す, 知らせる (indicate), 表明する: ~ one's approval [satisfaction] (*with* a nod)(うなずいて)賛成[満足]の意を表明する / She *signified* her consent *by* raising her hand. 彼女は挙手をして同意の意を示した / He shook his head to ~ *that* nothing could be done for the patient. 彼は首を振ってその患者には手の施しようがないことを示した. ❸〈...の〉前兆[前触れ]となる: A red sunset *signifies* fine weather. 夕焼けは晴天の予兆となる. ❹ 〔通例疑問文で〕どれほど重要である (cf. ⓥⓘ): What does it ~? それがどれほど重要だというのか《そんなこと何でもないじゃないか》. ―― ⓥⓘ 〔通例否定・疑問文で; little, much などを伴って〕重大である: That does *not* ~. それは何でもない / It *signifies* little.=It doesn't ~ much. それは大したことじゃない. 〔F<L *significare*; ⇒ sign, -fy〕 (名 signification)

*sign・ing /sáɪnɪŋ/ 名 ❶ [U] 署名(すること); 契約. ❷ [C] サイン会. ❸〈英〉(スポーツチーム・レコード会社などと)契約したばかりの人. ❹ [U] 手話.

sígn lànguage 名 [U] 手まね[身ぶり]言語, (聾啞(ろうあ)者の)手話, 指話法.

si・gnor /síːnjɔː | síːnjɔː/ 名 (穩 **~s, -gno・ri** /síːnjɔ́ː riː/) ❶ [S-]...様, ...殿, ...君 ★ 英語の Sir, Mr. に当たる. ❷ (イタリアの)貴族, 紳士; 閣下, だんな様. 〔It<L SENIOR〕

si・gno・ra /siːnjɔ́ːrə/ 名 (穩 **~s, -gno・re** /-reɪ/) ❶ [S-]...夫人, ...夫人 (★ 英語の Madam, Mrs. に当たる). ❷ 奥様. 〔*signor* の女性形〕

si・gno・re /siːnjɔ́ːreɪ/ 名 (穩 **-ri** /-riː/) =signor (呼び掛けとして人名の前に添えるときは Signor の形を用いる).

si·gno·ri·na /sìːnjəríːnə/ 图 (徽 ~s, -ne /-neɪ/) ❶ [S~] ...嬢(★英語の Miss に当たる). ❷ 令嬢, お嬢さん.《signora の指小語》

si·gno·ri·no /sìːnjəríːnou/ 图 (徽 ~s, -ri·ni /-niː/) (イタリアの)令息, 若だんな(★英語の Master に当たる).

sígn pàinter 图 看板描き(人).

sígn·pòst 图 ❶ 道標, 道しるべ. ❷ 明確な手がかり. —— 動 他 〈道路に〉道標を立てる;〈方向・方針などを〉示す, 指示する.

sígn wrìter 图 =sign painter.

si·ka /síːkə/ 图 動 ニホンジカ.

Sikh /síːk/ 图 シク教徒(の).

Síkh·ism /-kɪzm/ 图 Ü シク教《イスラム教の影響を受けたヒンズー教の改革宗教》.

Sik·kim /síkɪm/ 图 シッキム(インド北東部の州).

Si·kor·sky /sɪkɔ́ərski/, **Igor (Ivanovich)** 图 シコルスキー(1889–1972; ロシア生まれの米国の航空技術者).

si·lage /sáɪlɪdʒ/ 图 Ü サイレージ《サイロ(silo)に入れて発酵・貯蔵された飼料》.

si·lane /sáɪleɪn, sáɪ-/ 图 Ü 化 シラン(水素化ケイ素).

sild /síld(ɪ)/ 图 (徽 ~, ~s) シルド《ノルウェー産の, sardine として缶詰にするニシンの幼魚》.

*****si·lence** /sáɪləns/ 图 ❶ **a** Ü 沈黙, 無言; 音を立てぬこと, 静寂: in (dead) ~ (まったく)黙って, 無言のまま / break [preserve] ~ 沈黙を破る[続ける] / Speech is silver, ~ is golden. ⇒ speech 2 a. **b** Č 沈黙の時間: a breathless ~ かたずをのむ沈黙 / a stony ~ (意外なことを聞いたときの)固まった沈黙 / When he had finished the story, there was a (short) ~. 彼がその話を終えると(しばらく)沈黙が続いた. **c** Ü,Č 黙禱(ᵗᵒᵘ): observe (a) two minutes' ~ 2分間の黙禱をする. ❷ Ü 静寂, 静けさ: the ~ of the night 夜の静けさ. ❸ **a** Ü 無沙汰(ˢᵃᵗᵃ), 音信不通: after ten years of ~ 10年無音(ᵒⁿ)の後 / I apologize for my long ~. 長のご無沙汰をおわびします. **b** Č 無沙汰の期間: There're always long ~s between his letters. 彼の手紙にはいつも長い間音信が途絶えた後にくる. ❹ Ü 沈黙を守ること; 秘密厳守: buy a person's ~ 金で人に口止めする. ❺ Ü 黙殺: The government's ~ *on* this issue is inexplicable. 政府がこの問題を黙殺しているのは不可解だ. **reduce a person to silence** 〈人を〉(激しく攻撃して)だまらせる. —— 動 他 〈...〉を〉沈黙させる, 静まらせる; 殺す: ~ a barking dog ほえる犬を黙らせる / ~ criticism 批判を封じる / ~ a rumor うわさを静める / ~ the enemy's guns 敵の砲火を沈黙させる. —— 間 静かに! 黙れ! 配 silent).

si·lenced 形 沈黙させられた, 静かにさせられた, (特に)銃かが消音装置をつけた.

si·lenc·er 图 ❶ **a** (拳銃などの)消音装置, サイレンサー. **b** (英) (内燃機関の)消音器, マフラー((米) muffler). ❷ 沈黙させる人[もの].

*****si·lent** /sáɪlənt/ 形 (more ~; most ~) ❶ **a** 黙っている, 無口な: a ~ man 無口な男 / fall ~ 黙り込む / Be ~! 黙れ!, 静かに!, ご静粛に! / the strong, ~ type 無口で強そうな人 **b** (比較なし)声[音]を出さない, 無言の: a ~ protest 無言の抗議 / (a) ~ prayer 黙禱(ᵗᵒᵘ) / ~ reading 黙読. **c** (比較なし)〈映画が〉無声の: a ~ film 無声映画. ❷ 静かな, 静寂な, 音のしない: a ~ engine (騒音をほとんど出さない)静かなエンジン / a ~ night 静かな夜. ❸ 〔...に関して〕沈黙を守って, 言及しないで: He was ~ *about* the plan. 彼は計画のことは何も話さなかった / History is ~ *on* this event. 歴史はこの事件に関しては何も記していない. ❹ 無沙汰(ˢᵃᵗᵃ)している, 音信不通の: I have been ~ for a long time. 長いことご無沙汰しました. ❺ (比較なし)〈仕事・火山など〉活動しない, 休止した: a ~ volcano 休火山. ❻ (比較なし)〈文字が〉発音されない, 黙音の: a ~ letter 黙字 / The "k" in "knife" is ~. knife の k は発音されない. **give a person the sílent trèatment** 人を無視[しかと]する. —— 图 [通例複数形で] 無声映画. —— **·ly** 副〖L<*silere* to be silent〗(图 silence).【類義語】silent, noiseless 共に音を出さないことを表わし, その動きや存在が気づかれないことを暗示する. quiet 目立った騒音・動き・動揺・興奮などがなく静かな.

1683

silk hat

still 音・動きのない.

sílent majórity 图 Ü [通例 the ~; 集合的; 単数または複数扱い] 声なき大衆《現行の政治を容認しているために政治的発言をしないと考えられている大多数の民衆》.

sílent pártner 图 (米) 匿名社員 ((英) sleeping partner)《事業に出資し利益配当を受けるが業務に関与しない》.

Si·le·sia /saɪlíːʒə | -zɪə/ 图 シロンスク, シュレジエン, シレジア(ヨーロッパ中東部 Oder 川上・中流域に広がる地方; 現在はポーランド南西部とチェコ東部に属する). **Si·lé·sian** /-ʒən | -zɪən/ 形

si·lex /sáɪlèks/ 图 Ü サイレックス, シレックス《シリカ(silica), 粉末トリポリなどのケイ酸含有物; 目止め剤・歯科用》.

†**sil·hou·ette** /sìluét/ 图 ❶ シルエット, 影絵 (通例黒色の半面だけの影像). ❷ 輪郭, 外形. **in silhouétte** (1) シルエットで[をなして]. (2) 輪郭だけで. —— 動 他 〈...〉をシルエットに描く;〈...の〉輪郭だけ見せる(★通例受身): The mountain was ~*d against* the sky. 山が空を背景に黒く見えていた / He stood ~*d against* the light. 彼は光を背にシルエットとなって立っていた.〖E. de Silhouette フランスの政治家; 影絵を描くのを趣味としたともいわれる〗

sil·i·ca /sílɪkə/ 图 Ü 化 二酸化ケイ素, シリカ.

sílica gèl 图 Ü シリカゲル(乾燥剤).

sil·i·cate /sílɪkèɪt/ 图 Č,Ü 化 ケイ酸塩.

si·li·ceous, si·li·cious /səlíʃəs/ 形 シリカ(のような), シリカを含む, ケイ質の.

si·lic·ic /səlísɪk/ 形 化 ケイ素を含む, ケイ質の; シリカの.

silícic ácid 图 Ü 化 ケイ酸.

sil·i·cide /sílɪsàɪd, -sɪd/ 图 Ü 化 ケイ素化合物, ケイ化物.

sil·i·fi·ca·tion /səlɪsəfɪkéɪʃən/ 图 Ü ケイ化(作用).

sil·i·fy /sílɪsəfàɪ/ 動 他 シリカにする[なる], ケイ化する.

†**sil·i·con** /sílɪkən/ 图 Ü 化 ケイ素(非金属元素; 記号 Si).

sílicon cárbide 图 Ü 化 炭化ケイ素.

sílicon chíp 图 電子工 シリコンチップ《シリコンの結晶小片上に集積回路をつけたもの》.

sil·i·cone /sílɪkòun/ 图 Ü 化 シリコーン(合成樹脂の一種).

sil·i·con·ized /sílɪkənàɪzd/ 形 シリコーン (silicone)処理をした.

Sílicon Válley 图 シリコンバレー《米国 California 州 San Francisco 郊外の高度のエレクトロニクス産業が集中している地域の通称》.

sil·i·co·sis /sìlɪkóʊsɪs/ 图 Ü 医 ケイ肺症《炭坑夫・石工などがかかる》.

sil·i·qua /sílɪkwə/ 图 (徽 -quae /-kwiː/) =silique.

si·lique /səlíːk/ 图 植 長角果《アブラナ科の果実に多い細長い蒴果》.

sil·i·quose /sílɪkwòʊs/, **-quous** /-kwəs/ 形 植 長角果(siliques)のある; 長角果状の.

*****silk** /sílk/ 图 ❶ **a** Ü 絹, 絹糸, 生糸: artificial ~ 人絹 / raw ~ 生糸. **b** Ü 絹布, 絹織物. **c** [複数形で] 絹物, 絹の服: be dressed in ~s and satins 絹でも絹やしゃの衣服をとまとうている, 着道楽をしている. ❷ Č 米 〈絹の法服 (silk gown) を着る〉勅選弁護士 (King's [Queen's] Counsel). ❸ [複数形で]〈競馬の〉騎手服《所属する厩(ᵏⁱᵃ)舎によって色が異なる》. ❹ Ü トウモロコシの毛. ❺ Ü 〈クモの〉糸. **take sílk** (英) 勅選弁護士となる. —— 形 絹(製)の; 生糸の: ~ stockings 絹の靴下 / a ~ handkerchief 絹のハンカチ / a ~ gown 絹の法服《英国の勅選弁護士の制服》 / This dress is ~. このドレスは絹です.〖? L<Gk〗(形 silken, silky)

sílk còtton 图 Ü 絹綿, パンヤ, カポック.

sílk-còtton trèe 图 植 パンヤ, カポック.

silk·en /sílkən/ 形 ❶ 絹のような; 柔らかくてつやつやした, なめらかな. ❷ 絹(製)の: a ~ dress 絹のドレス.(图 silk)

sílk glànd 图 動 〈カイコ・クモなどの〉絹糸腺.

sílk hát 图 シルクハット.

silk moth 名《口》カイコガ《幼虫がいわゆる蚕》.

Silk Road 名 [the ~] シルクロード, 絹の道《中国からインド・アフガニスタン・ジシアを経てローマに至る東西交易・文化交流の道》.

silk screen 名 ① シルクスクリーン《捺染》法).

silk-screen 形 シルクスクリーン捺染法の[で作った, を用いた]. ── 動 シルクスクリーン捺染法で作る[印刷する].

silk-stocking 形《米》ぜいたくな服装をした; 上流の, 貴族的な, 富裕な.

silk·worm 名《昆》カイコ.

†**silk·y** /sílki/ 形 (silk·i·er; -i·est) ❶ 絹の(ような), すべすべした: a ~ dress 絹のような生地のドレス. ❷《態度など》もの柔らかな; なれなれしい, 口のうまい. **silk·i·ness** 名 名

†**sill** /síl/ 名 ❶ 敷居; 窓の下枠: ⇨ doorsill, windowsill. ❷《塀・家などの》土台.

sil·la·bub /sílabàb/ 名 ＝syllabub.

sil·li·man·ite /sílamanàit/ 名《U》《鉱》ケイ線石, シリマナイト.

†**sil·ly** /síli/ 形 (sil·li·er, -li·est) ❶ a 〈人が〉愚かな, ばかな, 思慮のない: a ~ fellow ばかな人 / Don't be so ~. そんなばかなことを言うな[するな] / [+of (+代名) (+to do) / +to do] It's ~ of you to trust him.＝You're ~ to trust him. 彼の言うことを信用すると君はばかだね / How ~ of you! おませちばかだね. b 〈言動などが〉ばかげた, ばかばかしい; ひょうきんな: ~ behavior 愚かなふるまい / a ~ joke ばかげたジョーク. ❷ (比較なし) [P]《口》目を回して, ふらふらに[ぼうっとなって](★ 通例次の句で): bore [knock] a person ~ 気が遠くなるほど人を退屈させる[人を殴ってぼうっとさせる] / drink oneself ~ へべれけに酔う. ❸《口》とるに足らぬ, つまらない: a ~ book とるに足らぬ本. ──❹《古》ばか者: Don't be frightened, ~! 怖がらなくていいのよ, おばかさんには. 《OE=幸せな, その後「無邪気な」「ばかな」に変化した; 日本語の「おめでたい」を参照》【類義語】foolish.

sil·ly bíl·ly 名《口》おばかさん, 痴れ者.

sílly sèason 名 [the ~]《新聞記事の》夏枯れ時.

si·lo /sáilou/ 名 (像 ~s) ❶ サイロ《穀物・まぐさなどを貯蔵するための塔状建築物または地下室》. ❷ 地下ミサイル格納庫, サイロ. 《F＜Sp＜L＜Gk》

†**silt** /sílt/ 名《U》シルト, 沈泥《砂よりは細かいが粘土よりは粗い沈積土》. ── 動《河口などを》沈泥でふさぐ《up》. ── 沈泥でふさがる《up》. **silt·y** /sílti/ 形

sílt·stone 名《U》シルト岩《silt 粒子を主成分とする》.

Si·lu·ri·an /sIlú(a)rian, sai-/ 形《地》シルル紀[系]の. ── 名 [the ~]《地》シルル紀[系].

sil·van /sílv(a)n/ 形 ＝sylvan.

Sil·va·nus /sIlvéinas/ 名《ロ神》シルバヌス《森と農牧の神; cf. Pan》.

†**sil·ver** /sílva | -va/ 名 ❶《U》《化》銀 (記号 Ag): pure [solid] ~ 純銀. ❷《U》銀貨: a pocketful of ~ ポケットいっぱいの銀貨. ❸《U》銀器, 銀食器類, 銀製品 (silverware): table ~ 食卓用銀器, 銀食器. ❹《U》銀の光沢, 銀色, 銀白. ❺ ＝silver medal. ── 形 (比較なし) ❶ 銀の, 銀製の: a ~ spoon スプーンの / ~ coins 銀貨 / This watch is ~. この時計は銀(製)です. ❷ 銀のような, 銀白色の; 銀色に光る: a ~ fox / a ~ moon 銀のように光る月. ❸ a〈音色・音声の〉澄んだ. b〈弁舌の〉たくみな: He has a ~ tongue. 彼は雄弁だ. ❹《記念日などの》25 年目の: a ~ anniversary 25 周年記念 / ⇨ silver jubilee, silver wedding. ── 動 ❶《U》〈…に〉銀をかぶせる, 銀めっきする: ~ ten-cent coins 十セント玉を銀めっきする. ❷〈…を〉銀色にする;〈髪を〉白髪にする: Age has ~ed his hair. 老齢で彼の髪は銀色になった. ──《U》銀白色になる, 銀色に光る;〈髪などが〉銀色に変わる. 《OE》（形 silvery）

Sílver Áge 名 [the ~, 時に the s- a-]《ギ・ロ神》《黄金時代に次ぐ》銀時代 (cf. golden age 2).

sílver·bàck 名《動》シルバーバック《高齢のために背中の毛が灰色になった雄のマウンテンゴリラ; 通例 群れのリーダー格》.

sílver bírch 名《植》❶ シダレカンバ. ❷ アメリカシラカンバ.

sílver dísc 名 シルバーディスク (gold disc に準ずる特定枚数のシングル盤・アルバムが売れたアーティスト・グループに贈られるフレームにはめた銀色のレコード).

sílver dóllar 名《米国・カナダの》1 ドル銀貨.

sílver·fish 名 ❶ (像 ~, ~·es) 銀色の魚《ターポン (tarpon), フナなど》. ❷ (像 ~)《昆》シミ《書物や衣類の害虫》.

sílver fóil 名《U》銀箔; 《英》《食品などを》包むホイル.

sílver fóx 名 ❶ [C]《動》ギンギツネ（アカギツネ (red fox) の 1 色相の呼び名》. ❷《U》ギンギツネの毛皮《高級品》.

sílver gílt 名《U》金張りの銀(器).

sílver-gráy 形 銀灰色の.

sílver·ing /-v(a)rIŋ/ 名《U》銀きせ[銀張り, 銀めっき](の銀色被覆膜).

sílver íodide 名《U》《化》ヨウ化銀.

sílver júbilee 名 25 周年祝典.

sílver líning 名 [a ~]《逆境にあっての》希望の光 (cf. Every CLOUD has a silver lining)

†**sílver médal** 名 銀メダル (2 等賞).

sil·vern /sílvan | -van/ 形《古・文》銀(製)の; 銀のような; 銀白色の.

sílver nítrate 名《U》《化》硝酸銀.

sílver páper 名《U》銀紙, すず[アルミ]箔.

sílver pláte 名《U》❶ 銀器. ❷ ＝silverware.

sílver-pláte 動《…に》銀めっきをする.

sílver-pláted 形《食器など》銀めっきの.

sílver póint 名《U》銀筆素描(法)《先端に溶接銀のある金属筆で描く》.

sílver sánd 名《U》白砂《造園・園芸用の細かい砂》.

sílver scréen 名 ❶ [C]《映画を映す》映写幕, 銀幕. ❷ [the ~] 映画(界).

sílver sérvice 名《U》スプーン・フォークを片手で操り食事をする人の席で皿に盛りつける給仕法.

sílver·sìde 名《英》牛のもも肉の上の部分.

sílver·smìth 名 銀細工師.

sílver stándard 名《U》《通貨の》銀本位制.

Sílver Státe 名 [the ~] 銀州《米国 Nevada 州の俗称》.

sílver tháw 名 雨氷.

sílver-tóngued 形 雄弁な.

sílver·wàre 名《U》銀器 (silver); (特に)食卓用銀器.

sílver wédding 名 (また sílver wédding anniversary) 銀婚式 (結婚後 25 年目に行なう記念式).

sílver·weed 名《植》ヨウシュツルキンバイ, ウラジロウゲ《ともにキジムシロ属》.

†**sil·ver·y** /sílv(a)ri/ 形 ❶ 銀の(ような); 銀白色の: ~ hair 銀髪 / ~ moonbeams 銀白色の月光. ❷〈声・音などが〉銀鈴を振るような, 澄んだ, さえた. (名 silver)

Sil·vi·a /sílvia/ 名 シルビア《女性名》.

sil·vi·cul·ture /sílvakàltʃa | -tʃa/ 名《U》林学, 植林[育林]《法》 **sil·vi·cul·tur·al** /sílvakáltʃ(a)ral/ 形 **sil·vi·cul·tur·ist** /-tʃ(a)rIst/ 名 林学者, 植林法研究家.

sim /sím/ 名《口》シミュレーションゲーム.

si·ma·zine /símazìn, -zIn/ 名《U》シマジン《植物によって選択性のある畑作除草剤》.

SÍM càrd /sím-/ 名 SIM カード《携帯電話の使用者同定用カード》. [subscriber identity module]

Sim·e·on /símian/ 名《聖》シメオン《Jacob の息子; イスラエルの十二部族の一つの祖》.

sim·i·an /símian/ 形 サル(類)の: ~ features サルのような容貌. ── 名 類人猿, サル. 《L＝ape》

‡**sim·i·lar** /símala | -la/ 形 (more ~; most ~) ❶ 類似した, 同様の, 同類の (＋ different, dissimilar): ~ colors 同系色 / ~ tastes 同じような趣味 / Our opinions are ~. 我々の意見は似ている / Your opinion is **to** mine. 君の意見は私のと似ている. ❷ (比較なし)《幾》相似の: ~ figures 相似形. 《F＜L similis 似た, 同様の; cf. assimilate, resemble, simulate》 (名 similarity)

‡**sim·i·lar·i·ty** /símaléerati/ 名 ❶《U》類似, 相似 (↔

difference, dissimilarity): points of ~ 類似点. ❷ [C] 類似[相似]点 〔*between, in, with*〕: There're some *similarities* ***between*** the two poets. その二人の詩人には互いに似ているところがいくつかある. ([形] similar) 【類義語】⇨ likeness.

*****sim·i·lar·ly** /símələli | -lə-/ [副] ❶ 類似して. ❷ [文修飾] 同様に, 同じく (likewise): I am wrong. *S*~, are you. 僕が悪い, 同様に君もよくない.

sim·i·le /síməli/ [名] [C,U] 〘修〙 直喩(ゆ), 明喩《A is as… as B [like B] の形式で比喩を表現する修辞法; cf. metaphor》.

si·mil·i·tude /səmílət(j)ù:d | -tjù:d/ [名] ❶ **a** [U] 類似, 相似. **b** [C] 類似物, 似ているもの[人]. ❷ [U] (似)姿, 外形: in the ~ of…の姿[形]で[をした]. ❸ [C] たとえ(話): talk in ~*s* たとえ話をする. 〚F < L < *similis* (⇨ similar)+-TUDE〛

SIMM /sím/ [名] 〘電子工〙 SIMM(ジム) 《いくつかのメモリー[RAM] チップを搭載した小回路板で, コンピューターなどのメモリーの増設用スロットに挿入する》. 〚*s*ingle *i*n-line *m*emory *m*odule〛

Sim·men·tal, -thal /zíməntà:l/ [名] 〘畜〙 シンメンタール《スイス原産の黄[赤]斑に頭部と四肢が白色の大型の乳肉役兼用牛》.

*****sim·mer** /símə | -mə/ [動] [自] ❶ **a** 〈スープ・肉などが〉とろとろ煮える[煮え立つ]. **b** 〈やかんなどが〉チンチン音を立てる. ❷ **a** 〈人が〉〔強い感情で〕爆発しそうである: He was ~*ing* ***with*** anger. 彼は今にも怒りが爆発しそうだった. **b** 〈激しい感情や争いなどが〉爆発寸前である, 煮えくり返っている. ── [他] 〈…を〉(沸騰寸前の温度で)とろとろ煮る: ~ stew シチューをとろ火で煮る. **simmer dówn** 《([自]+[副])》 (1) 〈食品などが〉(とろ火で)煮つまる. (2) 〈怒り・争いなどが〉静まる (subside). ── 《([他]+[副])》 (3) 〈食品などを〉(とろ火で)煮つめる. ── [名] [単数形で] ぐつぐつ煮えた[沸騰しそうな]状態; 抑えている怒り[笑い]が今にも爆発しそうな状態: at a [on the] ~ ぐつぐつ煮え[沸騰し]だして; 今にも爆発しようとして. 〚擬音語〛 【類義語】⇨ cook.

sím·mer·ing /-m(ə)rɪŋ/ [形] 〈怒り・反逆など〉今にも爆発しようとしている: ~ anger 爆発寸前の怒り.

sím·nel càke /símn(ə)l-/ [名] 《英》 (イースターに食べる)フルーツケーキ.

si·mo·le·on /sɪmóuliən/ [名] 《米俗》 1 ドル(札).

Si·mon /sáɪmən/ [名] ❶ サイモン《男性名》. ❷ [St. ~] 〘聖〙 シモン《キリスト十二使徒の一人; シモンペテロまたは熱心党員のシモン》.

Si·mon /sáɪmən/**, Neil** [名] サイモン《1927– ; 米国の劇作家》.

si·mo·ni·ac /saɪmóuniæ̀k, sɪ-/ [名] 聖職売買者.

si·mo·ni·a·cal /sàɪmənáɪək(ə)l/ [形] 聖職売買の.

si·mo·nize /sáɪmənàɪz/ [動] [他] (ワックスで)磨く, つや出しする.

sí·mon-púre /sáɪmən-/ [形] 本物の, 正真正銘の.

si·mo·ny /sáɪməni/ [名] [U] 聖物売買によって利益を得ること; 聖職売買(罪).

si·moom /sɪmú:m/ [名] シムーム《アラビア砂漠などで砂あらしを起こす熱風》.

si·moon /sɪmú:n/ [名] =simoom.

simp /símp/ [名] 《米口》 ばか. 〚SIMP(LETON)〛

sim·pa·ti·co /sɪmpá:ṭɪkòu, -pǽṭ-/ [形] 《口》 ❶ 〈人が〉感じがよい, 好ましい. ❷ 気の合う, 波長が合う.

sim·per /símpə | -pə/ [動] [自] 間の抜けた笑い方をする, にやにや[にたにた]笑う. ── [名] 間の抜けた笑い. **~·ing·ly** [副] にやにや笑って.

‡**sim·ple** /símpl/ [形] (**sim·pler, -plest; more ~, most ~**) ❶ **a** 簡単な, やさしい (↔ complicated): a ~ task 簡単な仕事 / This problem is not as ~ as you think. この問題は君が考えているほどやさしくはない / It's ~ to answer the question.＝The question is ~ to answer. その問題を解くのは簡単だ. **b** 単純な, 込み入ってない, 基本的な: a ~ design [style] 単純なデザイン[スタイル] / ~ forms of life 単純な生命体《バクテリアなど》. ❷ 簡素な, 凝ってない; 地味な, 質素な (↔ fancy): a ~ dress 簡素なドレス / lead a ~ life 質素な生活を送る. ❸ 純真な, 無邪気な; 気取らない, 誠実な: (as) ~ as a child 子供のように純真な, 実に天真爛(らん)漫な / with a ~ heart 純真に, ひたすら / She has a ~ manner. 彼女には気取ったところがない. ❹ お人よしの, だまされやすい; 無知な, 愚かな: a ~ soul お人よし / She's not so ~ as to believe him. 彼女は彼の言うことをうのみにするほどばかではない. ❺ [A] (比較なし) 純然たる, まったくの (plain): the ~ facts 純然たる事実 / ~ madness まったくの狂気. ❻ (素姓・身分の)低い, 平民の(出の): a ~ farmer 一介の農夫 / ~ people 庶民. ❼ (比較なし) (複合に対して)単純な, 単一の, 単… (↔ compound): a ~ sentence 〘文法〙 単文 / a ~ substance 〘化〙 単体. **púre and símple** ⇨ pure [成句]. ── [名] 無知な人, 愚か者. **~·ness** [名] 〚F < L *simplus* or *simplex* (共に simple の意)〛 ([動] simplify, [名] simplicity) 【類義語】**simple** 内容・構造が単純で扱いやすくてやさしい. **easy** 肉体的・精神的な努力を必要とせずやさしい. **effortless** 本人が経験や技術を持っているので, 見た目には楽々としているように見える. **facile** たやすく行なえる, 安易な.

símple éye [名] 〘動〙 (節足動物, 特に昆虫の)単眼.

símple frácture [名] 〘医〙 単純骨折.

símple harmónic mótion [名] [U] 〘理〙 単振動.

símple·héarted [形] 純真な, 無邪気な.

símple ínterest [名] [U] 〘金融〙 単利: at ~ 単利で.

símple ínterval [名] 〘楽〙 単音程, 単純音程《1 オクターブ以内の音程》.

símple machíne [名] 単純機械《あらゆる機械のもとになるてこ (lever)・車輪と車軸 (wheel and axle)・滑車 (pulley)・斜面 (inclined plane)・くさび (wedge)・ねじ (screw) の 6 種についていう》.

símple-mínded [形] 単純な, 愚かな, 頭の弱い, 低能な. **~·ly** [副] **~·ness** [名]

Símple Símon [名] ばかな男(の子). 〚英国伝承民謡の人物から〛

símple tìme [名] [U] 〘楽〙 単純拍子.

sim·ple·ton /símplt(ə)n/ [名] ばか, まぬけ. 〚SIMPLE+-*ton* (姓につく語尾)〛

sim·plex /símpleks/ [形] ❶ 単一の, 単純な. ❷ 〘通信〙 単信方式の. 〚L〛

sim·pli·ci·ter /sɪmplísəṭə | -tə/ [副] 絶対的に, 無条件に, 無制限に, 全面的に, 全然, 全く.

⁺**sim·plic·i·ty** /sɪmplísəṭi/ [名] [U,C] ❶ 簡単, 平易; 単一, 単純: It's ~ itself. それはまったく簡単だ. ❷ 簡素, 質素, 地味: I like the ~ of her dress. 私は彼女のドレスのシンプルなところが好きだ. ❸ 純真, 無邪気, 気取りのないこと: with ~ 無邪気に. ❹ 人のよいこと, 実直; 無知. 〚L < *simplex, simplec-* simple+-ITY〛 ([形] simple)

sim·pli·fi·ca·tion /sìmpləfɪkéɪʃən/ [名] ❶ [U] 平易化, 簡易化. ❷ [C] 平易化した[された]もの.

sim·pli·fied [形] [A] 簡易[単純]化した[された]: a ~ spelling 簡易つづり《though を tho とつづるなど》.

⁺**sim·pli·fy** /símpləfàɪ/ [動] [他] 〈…を〉簡単[平易]にする: ~ one's explanation [language] 説明[言葉]をわかりやすくする / That will ~ matters. そうなれば話は簡単だ. ([形] simple)

⁺**sim·plis·tic** /sɪmplístɪk/ [形] 過度に単純化した, 簡単に割り切りすぎた: a ~ explanation 簡単すぎる説明. **sìm·plís·ti·cal·ly** /-kəli/ [副]

‡**sim·ply** /símpli/ [副] (**more ~; most ~**) ❶ (比較なし) 単に, ただ(…のみで) (just): read books ~ for pleasure ただ娯楽のためにのみ本を読む / work ~ to get money 単に金を得るために働く. ❷ (比較なし) **a** [強調的に] まったく, 実に; 事実上, 実際: ~ awful とてもひどい / You ~ must come. 実際君には来てもらわないと困る. **b** [否定文で] 全然, 絶対に: I ~ do*n't* believe it. とても信じられない / It ~ ca*n't* be done. それはとてもできるものではない. ❸ 簡単に, 平易に; 単純に: explain ~ わかりやすく説明する / to put it ~ 簡単に言えば / You see things too ~. 君は物事を単純に考えすぎる. ❹ 簡素に, 質素に, 飾りなく, 地味に: live ~ 簡素に暮らす / She was ~ dressed. 彼

simul 1686

女יあ質素な服装をしていた. ❺ [文修飾] 単純に言えば, 要するに; 率直に言って.

si·mul /símjəl/ 名 《チェス》 同時対局.

sim·u·la·crum /sìmjəléikrəm, -lǽk-/ 名 (複 -cra /-rə/, ~s) ❶ 像; 似姿. ❷ 幻影, 面影. ❸ 偽物.

sim·u·lant /símjulənt/ 名 似たもの, にせもの.

†**sim·u·late** /símjulèit/ 動 ❶ 〈…のふりをする,〈…を〉装う(copy); ~ illness 仮病をつかう / You are merely simulating pleasure. あなたは単に楽しいふりをしているだけだ. ❷ 〈…の模擬実験[訓練]をする, シミュレーションを行なう. ❸ 〈…を〉まねる. ❹ 《生》〈…を〉擬態する: Some moths ~ dead leaves. ガの中には枯れ葉に擬態するものがある.《L=まねる similis 似た, 同様の; cf. similar》名 simulation.

sím·u·làt·ed /-ṭid/ 形 ❶ 似せた, まねた: a ~ diamond 模造ダイヤ. ❷ 模擬実験[訓練]の: a ~ moon landing 月面着陸の模擬実験.

†**sim·u·la·tion** /sìmjuléiʃən/ 名 U.C ❶ 模擬実験[訓練], シミュレーション. ❷ 見せかけ, ふり, まね. ❸ 《生》擬態. 《動 simulate》

sim·u·la·tive /símjulèitiv/ 形 まねる, ふりをする. ~·ly 副

sím·u·làt·or /-ṭə-/ -ṭə/ 名 《実際と同じ状況をつくり出す》模擬訓練[実験]装置, シミュレーター.

si·mul·cast /sáiməlkæst | sàiməlkà:st/ 動 (~, -cast·ed) 〈番組を〉《テレビとラジオで》同時放送する. — 名 同時放送(番組). 《SIMUL(TANEOUS)+(BROAD)CAST》

si·mul·ta·ne·i·ty /sàiməltəníːəti | sìməltəní-, -néi-/ 名 U 同時であること[に起こること], 同時性.《形 simultaneous》

*__si·mul·ta·ne·ous__ /sàiməltéiniəs, sìm- | sìm-, sàim-/ 形 (比較なし) 同時の, 同時に起こる: ~ broadcasting ラジオ・テレビ同時放送 / ~ interpretation 同時通訳 / The explosion was almost ~ with the announcement. 爆発は通信とほとんど同時だった. ~·ly 副 同時に《with》. ~·ness 名《L simul 同時に+(INSTAN)TANEOUS》 ≒ contemporary.

simultáneous equátions 名 《数》 連立方程式.

*__sin__ /sín/ 名 ❶ U.C 《宗教・道徳上の》罪, 罪業: ⇒ original sin / a ~ against the Holy Ghost 聖霊を汚す罪, 許しがたい罪《★聖書「マタイによる福音書」から》/ ~s of omission and commission 不作為と作為の罪《すべきことをせず, すべきでないことをする罪》/ commit [forgive] a ~ 罪を犯す[許す]. ❷ C 《世間の習慣・礼儀作法に対する》過失, 違反: ~s against propriety 礼儀作法に反する行為, 不作法. ❸ C (口) ばち当たりなこと, ばかげたこと: It's a ~ to waste so much money. そんなにお金をむだ遣いしてはばち当たる. (as) ~ as sin (口) とても…. for one's síns (英) 何の因果か. líke sín (口) 激しく, 猛烈に. líve in sín (口) 《結婚せずに》同棲する. the séven déadly síns 七つの大罪《傲慢(ぞう) (pride), 貪欲(どんよく) (covetousness), 邪淫 (lust), 怒り (anger), 食貪 (gluttony), ねたみ (envy), 怠惰 (sloth)》. — 動 (sinned; sin·ning) 自 〈…に対して〉《宗教上・道徳上, 多くは意識的に》罪を犯す; [習慣・礼儀作法などに]そむく: ~ against public decency 良俗にそむく. be móre sínned agáinst than sínning 悪いことをしたというよりもむしろ自分が被害者である; 犯した罪以上に非難される《★ Shakespeare「リア王」から》. 〔類義語〕⇒ crime.

sin (略) 《数》 sine.

Si·nai /sáinai, -niəi/ 名 ❶ [Mount ~] シナイ山《シナイ半島の山; モーセが神から十戒を授かった所; 現在どこの山であるかは不明》. ❷ =Sinai Peninsula.

Sínai Península 名 [the ~] シナイ半島《紅海と地中海の間の半島》.

Sin·bad /sínbæd/ 名 =Sindbad.

sín bìn 名 《俗》 ❶ 《アイスホッケー》ペナルティーボックス. ❷ 少年院, 感化院.
sín-bìn 動〈選手を〉ペナルティーボックスに送る.

*__since__ /síns/ 接 ❶ [時点・期間] a ~以来, …の時から

ずっと《用法 通例, 主節の動詞は継続・経験を表わす完了形, since の節中の動詞は過去形》: He has been abroad (ever) ~ he left me. 彼は私と別れて以来ずっと海外にいる / I've been doing this work (ever) ~ I retired. 引退してからずっとこの仕事をしてきている / The city has changed a lot ~ I have lived here. ここに住むようになってから町はずいぶん変わった《用法 since の節中の完了形は動作・状態が継続中で, 現在も住んでいることを示す》/ He hadn't seen her ~ he married. 彼は結婚してから彼女に会っていなかった. b [It's [It has been] ...~...の構文で] ...してから…年目になる《用法 since の節中の動詞は過去形》: It's [It has been] two years ~ I left school. 学校を出てから2年たちます《変換 Two years have passed ~ I left school. または I left school two years ago. と書き換え可能》. ❷ [理由] …だから, …のゆえに《比較 because のような直接的な因果関係を示さないので, because と書き換えができないものがある》: S~ there's no more time, we must stop. もう時間がないからやめざるをえない / We must do it ourselves, ~ we can expect no help from others. 他の人からの援助は期待できないのだから私たちでやらねばならない. — 前 [通例継続・経験を表わす完了形の動詞に伴って] …以来(ずっと), …から(ずっと): They have been very happy together ever ~ their marriage. 彼らは結婚以来ずっとともに幸せに過ごしている / S~ then I had wondered where he lived. その時以来彼がどこに住んでいるのかなと思っていた / S~ when have you lived here? いつからここに住んでいるのですか / She has changed a good deal ~ her sickness. 彼女は病気をしてからずいぶん変わった / He's the greatest novelist ~ Henry James. (口) 彼はヘンリー・ジェイムズ以来最高の小説家です. ❷ [It is [It has been] ~...の構文で] …以来(…の時間[期間])になる: It's [It has been] a long time ~ her death. 彼女が死んでからずいぶんになる. — /síns/ 副 (比較なし) ❶ [通例完了形の動詞に伴って] [しばしば ever ~ で] (その時)以来(ずっと), それ以来(ずっと今まで): He went to America twenty years ago and has stayed there ever ~. 彼は20年前にアメリカへ渡ったがそれ以来ずっとそこにいる / I have not seen him ~. (あの時)以来彼に会っていません. ❷ [通例 lóng ~ で] (今から)(何年)前: lóng ~ ずっと前に / not lóng ~ つい近ごろ / He has lóng ~ arrived. 彼はずっと前に到着した.
〔OE=after that〕

*__sin·cere__ /sinsíə | -síə/ 形 (sin·cer·er, -cer·est; more ~, most ~) ❶ 〈感情・行動などの〉心からの, 偽らない, 本当の(genuine): ~ sympathy 心からの同情 / It's my ~ hope that...というのが私の衷心からの希望です. ❷ 〈人が〉うそ偽りのない, 言行一致の, 正直な, 誠実な (↔insincere): a ~ man 正直な人 / He's ~ in his promises. 彼は約束をちゃんと守る.《F<L=clean, pure》名 sincerity. 〔類義語〕sincere, genuine 言葉や行動が誠実でうそやごまかしがない. unfeigned うそやいつわりなく本心から自然に発生したものであることを強調する. unaffected 気取りやわざとらしさがない純真で素朴なこと. heartfelt 感情などが心からのものであることを示す.

†**sin·cere·ly** /sinsíəli | -síə-/ 副 (more ~; most ~) 心から, 本当に: I ~ hope (that) you'll pass the exam. あなたが試験に合格するよう心から願っています. **Yóurs sincérely** = (米) **Sincérely (yóurs)** 敬具 《知人などへの私信の結びの文句; cf. yours 3》.

sin·cer·i·ty /sinsérəti/ 名 U 誠実, 正直; 表裏のないこと: one's ~ of heart 人の心の誠実さ / in all ~ うそ偽りなく / in the ~ of one's heart うそ偽りなく. 《形 sincere》 〔類義語〕⇒ honesty.

sin·ci·put /sínsəpʌt/ 名 (複 ~s, sin·cip·i·ta /sinsípəṭə/) 《解》前頭(部) (cf. occiput). **sin·cip·i·tal** /sinsípəṭl/ 形.

Sin·clair /siŋkléə, sin- | -léə/, **Up·ton** /ʌptən/ 名 シンクレア (1878–1968; 米国の作家).

Sind·bad /sín(d)bæd/ 名 シンドバッド《「アラビアンナイト」中の人物; 7回の不思議な航海をする船乗り》.

sine /sáin/ 名 《数》サイン, 正弦《略 sin》.

si‧ne‧cure /sínikjùə, sái- | -kjùə/ 名 (収入のある)ひまな職, 名誉職, 閑職; 楽で収入のいい仕事: This is hardly a [not a, no] ~. これはなかなか楽な仕事ではない (非常に多忙だ).

síne cùrve /sáin-/ 名《数》正弦曲線.

si‧ne di‧e /sáinidáiː, síneidíːei/ 副 無期限に: adjourn the meeting ~ 会議を無期限に延期する. 《L sine without+dies day》

si‧ne qua non /sínikwɑːnán | -nɔ́n/ 名 (通 ~s)ぜひ必要なもの, 必須条件. 《L=without which not (それなしにはできない)》

sin‧ew /sínju/ 名 ❶ C U 腱(ぐ). ❷ [複数形で] a 筋肉; 体力, 精力. b 力の根源, 原動力: the ~s of war 軍資金. 《OE; 原義は「結びつけるもの」》

síne wàve /sáin-/ 名《理》正弦波.

sin‧ew‧y /sínju:i | -nju:i/ 形 ❶ 腱質の, 筋っぽい. ❷ 筋骨たくましい, 丈夫な: a strong, ~ frame 頑丈な体格. ❸〈文体など〉力のこもった, 力のこもった. (⇒ sinew)

sin‧fo‧ni‧a /sìnfəníːə/ 名 -nie -níːei/《楽》交響曲; (初期のオペラの)序曲; 交響楽団. 《It; ⇒ symphony》

sinfonía concertánte /-fou-/ 名《楽》協奏交響曲.

sin‧fo‧niet‧ta /sìnfanjétə, -fou-/ 名《楽》シンフォニエッタ (小規模なシンフォニー; 小編成のオーケストラ).

sin‧ful /sínfl/ 形 ❶ 罪のある, 罪深い: a ~ act [man] 罪深い行為[人]. ❷ (口)罰当たりの, もったいない: a ~ waste of money 罰当たりなお金のむだ遣い. ~‧ly /-fəli/ 副 ~‧ness 名 《SIN+-FUL¹》

sing /síŋ/ 動 (sang /sǽŋ/; sung /sʌŋ/) ❶ 歌う: ~ in a chorus 合唱団に入って歌う / ~ along いっしょに歌う / She ~s well. 彼女は歌がうまい / You're not ~ing in tune. 君の歌い方は調子はずれだ / He sang to the piano. 彼はピアノに合わせて歌った / Come on for [to] us. さあ一つ我らために歌を歌ってきかせよう. ❷ a 〈鳥・虫などが〉鳴く: The birds were ~ing in the trees. 鳥が木々の間でさえずっていた. b 〈風・小川などが〉ピュービュー[さらさら]いう; 〈湯沸かし・弾丸などが〉チンチン[ピュー]と音をたてる: The kettle was ~ing on the fire. やかんが火にかかってチンチン沸いていた. ❸ a 〈耳が〉(ジーンと)鳴る: This cold makes my ears ~. かぜを引いて耳鳴りがする. b 〈言葉・声などが〉いつまでも残る[響く]: His voice sang in her ears. 彼の声が彼女の耳に快く響いた. ❹ [~ of] 〈詩[歌]に作って〉讃美 [礼賛]する: Homer sang of Troy. ホメロスはトロイのことを詩に歌った. ❺ [well などの様態の副詞を伴って] 〈歌詞などが〉(...に) 歌われる, 歌になる: This song ~s well in French. この歌はフランス語では歌いやすい. ❻《米俗》犯罪者が密告する, たれこむ. —— 他 ❶ a 〈歌などを〉歌う: ~ a German song ドイツ歌を歌う / ~ the tenor part テナーを歌う / [+目+目] Please ~ us a song. =Please ~ a song for [to] us. ひとつ我らために歌を歌ってください / ~ 〈...を〉歌うように言う, 唱える: Don't ~ your lines; speak them. せりふをそのように歌いあげてはだめだ, 自然に言いなさい. ❷ 〈鳥・虫などが〉〈歌を〉歌う. ❸ a 〈...を〉歌って送る[迎える]: They sang the old year out and the new year in. 彼らは歌を歌って旧年を送り新年を迎えた. b 〈...を〉歌って晴らす: ~ away one's troubles 歌って憂さを晴らす. ❹ 〈歌を歌って〉〈人を〉〈...の状態に〉至らせる: She sang her child to sleep. 彼女は歌を歌って子供を寝かしつけた / He sang himself into a happier humor. 彼は歌を歌って自分でご機嫌をなおした. ❺〈...を詩[歌]に作る〉〈...を詩[歌]に作って〉讃美する: ~ a person's praises 人を称賛する.

sing for one's **súpper** 応分のお返しをする (《由来》「夕食のお返しに歌を歌う」の意から).

sing óut (自+副) (1) 大きな声で歌う; 《米》声をより張りあげて歌う (《英》呼ぶ) (2) 叫ぶ, どなる; 〈人を〉呼ぶ: S- out if you need help. 助けがいるなら呼んでくれ. —— 他 (+副) (3) 大声で言う[叫ぶ]: ~ out a command 大声でものを言いつける / [+that] He sang out that land was in sight. 陸が見えたぞと彼は大声で叫んだ / [+引用] "Ready?" he sang out. 「用意はできたか」と彼は大声で言った. (4)〈...を〉歌って送る (⇒ 他 3a).

sing the práises of... 〈...を〉ほめそやす.

síng úp (自+副)《英》=SING out (1).

—— 名 ❶ 歌うこと, 歌唱. ❷《米》合唱会[の集い] (《英》singsong).

《OE》 名 song

sing. (略) singular.

sing‧a‧ble /síŋəbl/ 形 歌える, 歌いやすい.

síng-alòng 名 =songfest.

Sin‧ga‧pore /síŋ(g)əpɔ̀ə | síŋ(g)əpɔ́ː-/ 名 シンガポール (マレー半島南端の島で 1965 年マレーシアから独立した英連邦内の共和国; その首都).

singe /síndʒ/ 動 (singed; singe‧ing) 他 ❶〈...の〉表面を焼く, 焦がす. ❷ a 〈毛の先端を焼く〉. b 〈鳥・豚などを〉毛焼きする. c 〈布のけばを焼く〉. sínge one's wíngs 手を焼く, しくじる (《由来》 ガが炎や照明に近づいて羽を焦がすことから). —— 名 焼け焦げ, 焦げ跡.

*****sing‧er** /síŋə | -ŋə/ 名 ❶ 歌う人, 歌手, 声楽家: a good [bad] ~ 上手[下手]な歌い手, 歌のうまい[下手な]人. ❷ 詩人, 歌人. ❸ 鳴き鳥.

Sing‧er /síŋə | -ŋə/, Isaac Ba‧shev‧is /bɑːʃévis/ 名 シンガー (1904-91; 米国のユダヤ系小説家; Nobel 文学賞 (1978)).

Sing‧er, Isaac Merrit 名 シンガー (1811-75; 米国の発明家; ミシンを発明).

⁺**síng‧er-sóng‧wrìter** 名 シンガーソングライター(歌手兼作曲家).

Sin‧gha‧lese /sìŋgəlíːz | -ŋ(h)ə-, -ŋgə-ˊ/ 形 名 =Sinhalese.

*****sing‧ing** /síŋɪŋ/ 名 ❶ a U C 歌うこと, 歌唱. b [形容詞的に] 歌(うた)の: a ~ lesson [teacher] 歌のレッスン [先生] / have a good ~ voice 歌声がきれいだ. c U 声楽: study ~ 声楽を学ぶ. ❷ U a 〈鳥・虫などが〉鳴くこと, さえずること. b 〈ものが〉鳴ること, ブンブン[シューシュー(など)]いう音. ❸ [a ~] 耳鳴り: have a ~ in one's ears 耳鳴りがする.

*****sin‧gle** /síŋgl/ 形 (比較なし) ❶ A a たったひとつ[一人]の, ただ 1 個の: a ~ survivor 唯一の生存者 / a ~ drop of water たった 1 滴の水. b [否定語を伴って] ただのひとつ[一人]も(ない): I have not a ~ penny. びた一文もない / They parted without speaking a ~ word. 彼らはただのひとも言葉を交わさずに別れた. ❷ 独身の (↔ married); 独りの: a ~ girl 独身の若い女性 / ~ blessedness (戯) 独身の気楽さ(?) / remain ~ 独身で通す. ❸ A 〈ベッド・部屋など〉一人用の, シングルの: a ~ bed [room] シングルベッド[(ホテルの)一人部屋]. ❹ 個々の, 別々の, それぞれの: write down every ~ word 一語一語を書き留める / the ~ most important problem まさにひとつの最も重要な問題. ❺ A 〈競技・戦いなど〉一対一の, 一騎打ちの, シングルスの: engage in ~ combat 一騎打ち[決闘]をする. ❻ A 《英》切符・料金・行程などが片道 (《米》one-way) (cf. return 形 1 b): a ~ fare [ticket] 片道料金[切符]. ❼ A 一様な, すべてに共通な: a ~ pay scale for men and women 男女に共通な給与体系. ❽ 一致した, 団結した: with a ~ purpose 心をひとつにして / We're ~ in our aim. 我々は目的に向かって一致団結している. ❾ 純真な, 誠心誠意の: ~ devotion 献心 / with a ~ eye [heart, mind] 誠実に, ひたむきに, 一意専心. ❿ A 《植》〈花など〉単弁の, 一重(ぴ)の (↔ double). ⓫ A 〈ウイスキーなどが〉

—— 名 ❶ a 一人. b (ホテルなどの)一人部屋. ❷ 独身者: ⇒ singles bar. ❸ (レコードの)シングル盤 (cf. EP, LP). ❹《英》片道切符 (《米》one-way ticket; return 名 1 b): A ~ to Oxford, please. オックスフォードまで片道切符を 1 枚下さい. ❺《米俗》 1 ドル紙幣. ❻《野》単打, シングルヒット. ❼ [通例複数形で] (ゴルフ) シングル, 二人試合. ❽ ⇒ singles.

—— 動 他 〈...を〉独身にする ⇒ SINGLE out 成句.
—— 自《野》a 〈ランナーを〉...塁へシングルヒットで進塁させる (to). b シングルヒットで〈得点をあげる〉: ~ in a run シングルヒットで 1 点をあげる. —— 自《野》シングルヒットを放つ. **single**

out 《他+副》《...を》選抜する: The department manager ~d Mr. Jones *out for* promotion. 部長はジョーンズ氏を昇進の対象に選んだ / [+*as*補] Why did you ~ him *out as* your successor? どうして彼を後継者に選んだのか.
〖F<L *singulus* ひとつの, 個々の〗

síngle-áction 形 〈銃器が〉一発ごとに撃鉄を起こす方式の, 単発式の.

síngle-blínd 形 《医》〈臨床試験が〉単純盲検の《医師か患者のどちらか一方だけがどのような実験が行なわれているかを知っている; cf. double-blind》.

síngle bónd 名 《化》単結合, 一重結合.

síngle-bréasted 形 〈コート・スーツなどが〉シングルの, 片前の, ボタンが1列の (cf. double-breasted).

síngle-céll prótein 名 U 《生化》単細胞たんぱく質《石油の微生物・酵母発酵により生産されたんぱく質》.

síngle créam 名 U シングルクリーム《低脂肪のクリームでコーヒー用にする》.

síngle cúrrency 名 [単数形で] 〈数か国共通の〉単一通貨.

síngle-décker 名 《英》2階なしのバス (cf. double-decker): by ~ 2階なしのバスで 《★無冠詞》.

síngle-dígit 形 A 一桁(率)の.

síngle dígits 名 複 一桁の数字.

síngle-énd·ed 形 片端接地の, 不平衡の.

síngle éntry 名 U 《簿》単式記帳法 (cf. double entry): by ~ 単式(簿記)で.

Síngle Européan Áct 名 [the ~] 単一欧州議定書《欧州単一市場創設の合意; 略 SEA》.

síngle-fámily 形 A 〈住居が〉一家族用の.

síngle fáther 名 シングルファザー (⇒ single parent).

síngle fíle 一列縦隊: form a ~ 一列縦隊になる / walk in ~ 一列縦隊で歩く 《★ in ~ は無冠詞》. ― 副 一列縦隊で.

síngle-fóot 動 自 〈馬〉軽駆けで進む.

síngle-hánded 形副 ❶ 一人の[で]; 単独の[で], 独力で[の]. ❷ 片手の[で]; 片手用の. **~·ly** 副

síngle-hánd·er 名 単独航海をする人.

síngle-héarted 形 純真な, 誠実な; いちずな, ひたむきな. **~·ly** 副 **~·ness** 名

síngle-láne róad 《米》一車線道路.

síngle-léns réflex 名 一眼レフ(カメラ) 《略 SLR》.

síngle-líne 《英》〈一時〉一方通行の 《《米》one-way》.

síngle-málà 名 (また **síngle-málà whískey**) U シングルモルトウイスキー《特にスコッチ》.

síngle márket 名 [通例単数形で] 単一市場《EU 域内などで商品・サービス・金・人の自由移動を保証した統合市場》.

síngle-mínded 形 〈一つの目的に〉ひたむきな, 一意専心の. **~·ly** 副 **~·ness** 名

síngle móther 名 シングルマザー (⇒ single parent).

sín·gle·ness /síŋglnəs/ 名 U ❶ 熱心, 専心: with ~ of purpose [mind, heart] 一意専心に, 誠心誠意(に). ❷ 独身. ❸ 単一, 単独.

síngle párent 名 シングルペアレント《離婚または未婚などの理由で, 配偶者なしで子供を育てている親》, 父子[母子]家庭の父親[母親].

sin·gles /síŋglz/ 名 複 ~ (テニスなどの)シングルス, 単試合 (cf. doubles).

síngles bár 名 〈相手を求め合う〉独身者向きのバー.

síngle-séater 名 1人乗り自動車[飛行機(など)] (cf. -seater).

síngle-séx 形 〈男または女の〉一方の性だけの.

síngle-sít 名 《英》一人住まいの住居.

síngle-spáce 動 行間をあけずにタイプする[印刷する].

síngle-stíck 名 ❶ C (フェンシング用の)木刀. ❷ U 刀術[試合].

sin·glet /síŋglət/ 名 《英》シングレット《袖なしのアンダーシャツ, 運動着》.

sin·gle·ton /síŋglt(ə)n/ 名 ❶ 単生児; ひとりっ子. ❷ 《トランプ》1枚札(の手).

síngle-tráck 形 ❶ 〈鉄道が〉単線の. ❷ 〈頭など〉一方にしか働かない, 融通のきかない: a ~ mind 偏狭な心(の人).

Síngle Transférable Vóte 名 単式委譲投票《有権者が好ましいと思う順に候補者を列挙し, 1位としての票が規定数に達した者がまず当選する; 規定数を上回る票および最下位者への票は, 選好順位に応じて再度配分される》.

síngle-trée 名 =whiffletree.

síngle-vísion 形 〈眼鏡が〉単焦点(レンズ)の.

sin·gly /síŋgli/ 副 単独に; 独力で; 一つ[一人]ずつ; 別々に (individually): ~ or in pairs 独力でまたは2人で / Misfortunes never come ~. 不幸は決して単独ではこない.

síng·sòng 名 ❶ C 《英》合唱会 《米》sing). ❷ [a ~] お経を読むような調子, 抑揚のない話しぶり: in a ~ お経を読むような調子で, 単調に. ― 形 A お経を読むような, 抑揚のない: in a ~ voice 抑揚のない声で.

⁺sin·gu·lar /síŋgjulə|-lə-/ 形 [通例 the ~] 《文法》単数(形); 単数形の語: use a noun in the ~ 名詞を単数形で使う. ― (*more* ~; *most* ~) ❶ (比較なし) 《文法》単数(形)の (cf. plural): a ~ noun 単数名詞 / The noun 'tooth' is ~. 名詞 tooth は単数(形)です. ❷ 並はずれた, まれにみる, 非凡な (remarkable): a woman of ~ beauty まれにみる美人 / We had ~ success. 我々は並はずれた成功を収めた. ❸ 奇妙な, 風変わりな, 珍しい: a ~ event 奇怪な出来事. 〖F<L *singulus* SINGLE〗

sin·gu·lar·i·ty /sìŋgjulérəṭi/ 名 ❶ U たぐいまれなこと, 非凡. ❷ U 風変わり, 奇妙(さ). b C 風変わりな点, 特(異)性. ❸ U 単独.

sin·gu·lar·ize /síŋgjuləràɪz/ 動 他 ❶ 単数(形)にする. ❷ 目立たせる.

sin·gu·lar·ly 副 ❶ 並はずれて, 非常に: a ~ charming woman とびきり魅力的な女性. ❷ 風変わりに, 奇妙に: be ~ dressed 奇妙な服装をしている.

sinh /sínʧ, sáɪnéɪʧ | ʃáɪn, sínʧ, sáɪnéɪʧ/ 《略》《数》hyperbolic sine 双曲(線)正弦.

Sin·ha·lese /sìn(h)əlíːz-/ 形 (複 ~) ❶ a [the ~] シンハラ族 (Sri Lanka の多数派民族). b C シンハラ族の人. ❷ U シンハラ[スリランカ]語. ❸ シンハラ(人, 語)の.

***sin·is·ter** /sínɪstə|-tə/ 形 (*more* ~; *most* ~) ❶ 不吉な, 縁起の悪い: ~ symptoms 不吉な兆候. ❷ 悪意のある, 邪悪な: a ~ face [plot] 意地悪そうな顔[悪だくみ]. ❸ 〈盾〉(向かって左の) 《向かって左; ↔ dexter》. **~·ly** 副 〖L *sinister, sinistr-* 左の; 左は不吉なことと考えられていたことから〗

sin·is·tral /sínɪstrəl/ 形 (↔ dextral) ❶ 左側の; 左の, 左きわの. ❷ 〈巻貝など〉左巻きの. ❸ 《地》左ずれの. **~·ly** /-trəli/ 副

***sink** /síŋk/ 動 (sank /sǽŋk/, 《米·英まれ》 sunk /sʌ́ŋk/; sunk, sunk·en /sʌ́ŋkən/; 〖語形〗sunken は今は通例形容詞としてのみ用いる) 自 ❶ a 〈重いものが〉〈液体・雪・ぬかるみなどに〉沈む, 沈没する 《in, into, under》 (↔ float): The ship *sank*. 船が沈んだ / She *sank* up to her knees *in* the snow. 彼女はひざまで雪に埋まった / He *sank under* the waves. 彼は波の下に沈んだ. b 〈日・月などが〉〈...に〉没する, 見えなくなる 《in, behind, below》: The sun was slowly *~ing in* the west. 日がゆっくり西に沈むところだった / The sun *sank behind* the mountain. 太陽が山の陰に沈んだ.

❷ [通例副詞(句)を伴って] a 〈地盤・建物などが〉〈...に〉沈下する, 陥没する: A portion of the road suddenly *sank in*. 道路の一部が突然陥没した / The house has *sunk* about ten centimeters. 家の(土台)が約10センチ沈下した. b 〈目が〉落ち込む, 〈ほむ〉〈ほおがこける〉: Her eyes [cheeks] have *sunk (in)*. 彼女の目がくぼんだ[ほおがこけた]. c 〈土地が〉〈...のほうに〉傾斜する, 傾く: The land ~s gradually *to [toward]* the lake. その土地は湖のほうにゆるやかに傾斜している. d 〈首・肩などが〉〈...に〉垂れる, 下がる; 〈目が〉下を向く: His head *sank forward* on his breast. 彼はがっくりとうなだれた.

❸ a 〈人が〉[…に]〔力が尽きて〕倒れる, 身を投げかける: ~ *to* one's knees がくっとひざをつく / ~ *to* the ground くずれるように地面に倒れる / She sank *into* his arms. 彼女は彼の腕に身を投げかけた. b […に]〈ぐったりと〉腰を下ろす〈*back, down*〉〈*in, into, on*〉: ~ *back into* a chair (疲れて)身を投げかけるようにいすに座る;〈気持ちよさそうに〉深々といすに腰かける.

❹ 〈風・火勢・洪水などが〉弱まる, 衰える, 静まる;〈声などが〉[弱]くなる: The flood water is ~*ing*. 洪水がひき始めている / The wind [flames] eventually sank *down*. 風[火炎]がやっとおさまった / His voice sank *to* a whisper. 彼の声は低くなってささやきに変わった / The fire sank *to* embers. 火が弱まって残り火になった.

❺ a 〈価値・評価・水準などが〉[…まで]下がる, 下落する;〈数が〉[…から]減る (drop): The dollar is ~*ing*. ドル(の価値)が下がっている / The shares sank *to* a quarter of their value. その株は暴落して価値が4分の1になった / Unemployment sank *from* 12.3 *to* 10.9 percent. 失業率は12.3から10.9パーセントに減少した. b 〔評価・評判〕を失う, 落とす: He sank *in* the opinion of his girlfriends. 彼はガールフレンドたちの間で評判を落とした《男を下げた》.

❻ a 衰弱する, 体力が衰える: The patient was ~*ing* fast. 患者は急速に衰弱していった. b 〔不幸・苦痛などで〕へこたれる, くじける〔*under, from*〕: She began to ~ *under* the burden of her worries. 彼女は心配事の重荷に憔悴(しょうすい)し始めた. c 〈心・意気などが〉滅入る, 沈む, 消沈する: My heart sank (within me) at the news. そのニュースに私は気がめいった[がっかりした] / His courage [heart, spirits] sank (into his boots). 彼は気がめいった[意気消沈した, 気がめいった] / ~ *so* low 精神的に落ち込む.

❼ 〔副詞(句)〕〈ある状態に〉陥る, 〔思い・夢想・悲しみなどに〕ふける: He sank *into* (a) sleep [reverie]. 彼は眠りに陥った[夢想にふけった] / ~ *into* poverty 貧困に陥る, 零落する / The company sank deeper *into* the red. 会社はますます赤字になった.

❽ a 〈液体が〉しみ込む, 浸透する: This dye ~*s in* well. この染料はしみ込みがよい / Water ~*s through* sand. 水は砂にしみ込む / The ink immediately sank *into* the blotting paper. インクはすぐ吸い取り紙に吸い取られた. b 〈教訓・戒めなどが〉十分に理解される, 身にしみる: The idea took a long time to ~ *in*. その考えが理解されるまでには長い時間がかかった / The words sank slowly *into* his dull brain. その言葉がゆっくりと彼の鈍い頭に浸透していった. c 〔刻印・言葉などを〕[…に]刻み込む, 彫る. 〖*L*; ⇒ sinus〗: ~ letters *into* stone 石に文字を刻む.

❸ 〈頭などを〉うつむける;〈物を〉下ろす: He sank his head *on* his chest. 彼は頭をたれた[うなだれた] / ~ a bucket *into* a well 井戸の中へバケツを下ろす.

❹ 〈声・調子などを〉下げる, 低くする: She sank her voice *to* a whisper. 彼女は声を低くしてささやいた.

❺ 〔評判・威信などを〕落とす: That will ~ you *in* her estimation. そんなことをすると彼女の評価が下がるぞ.

❻ a 〈人を〉弱らせる;〈人の〉身を滅ぼす: The difficulties would have sunk a rasher man. あの苦難はもっと向こう見ずな人だったら身を滅ぼしていただろう / We're sunk. もうだめだ, 万事休す. b 〔計画などを〕台なしにする, くじく.

❼ 〔もうからない事業に〕〈資本を〉つぎ込む, 投資する: He had sunk a lot of money *in* [*into*] the ill-starred business. 彼は多額の金をその不運に終わった事業に投資してしまった.

❽ 〈素姓・証拠などを〉隠す, 不問に付す; 無視する, 抑える: ~ one's own interests 自己の利益を捨て(て人の利益を図る) / ~ one's pride 得意な気持ちを抑える / We sank our differences. 我々は意見の相違は度外視した.

❾ 〔~ oneself で〕〔思いなどに〕ふける;〔絶望などに〕陥る (⇒ sunk 3): He sank himself *in* thought [his work]. 彼は思いにふけった[仕事に没頭した].

❿ 〈借金を〉払う, 清算[弁済]する.

⓫ 〘球技〙〈ボールを〉バスケット[ホール, ポケット(など)]に入れる.

⓬ 《英口》〈酒を〉(大量に)飲む.

sink or swim 一か八(ばち)か, のるかそるか〔曲来〕昔, 魔女の嫌疑者を水中に投げ込んで「沈めば無罪, 浮けば魔女」とした試罪法から〕.

── 图 ❶ a (台所の)流し: a stainless steel ~ ステンレスの流し台. b 《米》 へこみ皿. ❷ a 下水だめ, 汚水溝(ぞ). b 水のたまる低地. ❸ a 〔悪・不正などの〕巣, 掃きだめ: a ~ *of* iniquity 悪の巣窟(そうくつ). b 〔形容詞的に〕《英》掃きだめの, 荒廃した: a ~ school 掃きだめ学校, 荒廃した学校 / a ~ estate 荒廃した団地. **éverything [áll] but the kitchen sínk** ⇒ kitchen sínk 〔成句〕.
〖OE〗

sink·a·ble /síŋkəbl/ 形 沈められる;沈むおそれのある.

sink·age /síŋkɪdʒ/ 图 U 沈下(度);くぼみ.

sínk·er /síŋkə/ 图 ❶ 《釣り糸や漁網の》おもり. ❷ a 〘野〙シンカー〘打者の近くで急に沈むボール〙. ❸ 《米俗》 ドーナツ. ❹ 沈む[沈める]もの[人]. ❺ 井戸掘り人.

sínk·hòle /-hòʊl/ 图 ❶ 水のたまる穴, 下水だめ. ❷ =swallow hole.

Sin·kiang Ui·ghur /ʃɪndʒɪáː ŋwíːɡʊə | -ɡʊə/ 图 = Xinjiang Uygur.

sínking féeling 图 [a ~] (空腹・恐怖などによる)無力感, 虚脱感.

sínk·ing fúnd 图 減債基金, 負債償却積立金.

sín·less 形 罪のない, 潔白な. ~**·ness** 图

sín·ner 图 ❶ 《宗教・道徳上の》罪人(ぴと), 罪深い者. ❷ 《口》 罰当たりな人.

sin·net /sínət/ 图 =sennit.

Sinn Fein /ʃínféɪn/ 图 シンフェイン党《アイルランドの完全独立をめざして1905年に結成》. 《Ir=we ourselves 〈sinn we+fein self〉》

Si·no- /sáɪnoʊ/ 〖連結形〗「中国の;中国と…との」: *Sino*-Japanese 日中の.

sí·no·a·tri·al nóde /sáɪnoʊéɪtriəl-/ 图 〘解〙〔通例 the ~〕洞房結節.

Si·nól·o·gist /-dʒɪst/ 图 中国学者.

Si·nól·o·gy /saɪnáləʤi, sɪ- | -nɔ́l-/ 图 U 中国学《中国の言語・歴史・制度・風習を研究する》.

sin·se·mil·la /sɪnsəmíːlə | -míːjə/ 图 U シンセミーリャ《種子なしマリファナ》.

sín tàx 图 《米口》「罪悪」税《酒・タバコ・賭博などの税》.

sín·ter /síntə | -tə/ 图 ❶ 《温泉中に沈殿する》温泉華, 「湯の花」《珪華(けいか)》, 石灰華など》.

sin·u·ate /sínjuət/ 形 ❶ 曲がりくねった. ❷ 〘植〙〈葉が〉波(ば)状の縁をした. ── /-èɪt/ 動 くねくねと曲がる;くねくねとうねる. 〖L; ⇒ sinus〗

sin·u·os·i·ty /sìnjuásəti | -ɔ́s-/ 图 ❶ U 曲がりくねり. ❷ C (川・道の)曲がりかど, 湾曲部. (形 sinuous)

sin·u·ous /sínjuəs/ 形 ❶ 曲がりくねった, 波状の: a ~ shape 曲がりくねった形. ❷ 〈動作などが〉しなやかな. (图 sinus, sinuosity)

si·nus /sáɪnəs/ 图 ❶ 〘解〙洞, 副鼻洞. ❷ 〘医〙瘻(ろう). ❸ 〘植〙〈葉の〉裂片間のくぼみ. ❹ 曲がり, 湾曲. 〖L=湾曲〗

si·nus·i·tis /sàɪnəsáɪtəs/ 图 U 〘医〙副鼻腔炎.

si·nu·soid /sáɪnəsɔ̀ɪd/ 图 ❶ 〘数〙サヌソイド (sine curve). ❷ 〘解〙類洞, 洞様血管, シヌソイド. **si·nu·soi·dal** /sàɪnəsɔ́ɪdl/ 形 sinusoid の. **-dal·ly** 副

Si·on /sáɪən/ 图 =Zion.

Sioux /súː/ 图 (働 ~ /~(z)/) ❶ a [the ~] スー族, ダコタ族《北米先住民 ダコタ族 (Dakota) の別称》. b C スー[ダコタ]族の人. ❷ U スー語. ── 形 ❶ スー[ダコタ]族の. ❷ スー語の.

Síoux Stàte 图 [the ~] スー州《米国 North Dakota

sip

州の俗称）.

*__sip__ /síp/ 動 (sipped; sip·ping) 他 ⟨…を⟩少しずつ［ちびりちびり］飲む: He *sipped* his brandy. 彼はブランデーをちびりちびり飲んだ. ― 自 ⟨…を⟩少しずつ飲む; I *sipped* on the coffee. (熱いので)コーヒーを少しずつ飲んだ. ― 名 (飲み物・スープなどの)ひと口, ひとなめ, ひとすすり: in ~ s 少しずつ, ちびりちびり / She took a ~ of the cocktail. 彼女はそのカクテルをひとなめしてみた［ちびりちびり飲んだ］.

sipe /sáɪp/ 名 (車輪・タイヤの)踏み面の溝.

†**si·phon** /sáɪfən/ 名 ❶ サイホン, 吸い上げ管. ❷ (炭酸水を入れる)サイホン瓶. ❸ 動 水管, 吸管. ― 動 他 ❶ ⟨…を⟩サイホンで吸う［移す］: ~ *off* some water for tests 水を吸い上げていろいろな検査をする / ~ petrol (*out*) *from* a tank *into* a can 石油をタンクから缶へサイホンで移す. **a** ⟨収入・利益などを⟩吸い上げる, 吸収する: Heavy taxes ~ *off* the profits. 重税が利益を吸収する. **b** ⟨資金などを⟩…から…へ流用する ⟨*off*⟩ [*from*] [*into*] (divert). ― 自 サイホンを通る, サイホンから(のように)流れ出る.

si·phon·age /sáɪfənɪdʒ/ 名 U [理] サイホン作用.

síphon bòttle 名 =siphon 2.

si·phon·ic /saɪfɑ́nɪk | -fɔ́n-/ 形 サイホンの.

si·phon·o·phore /saɪfɑ́nəfɔ̀r | -fɔ́-/ 名 動 クダクラゲ.

síp·per b ちびちび飲む人; 酒飲み.

sip·pet /sípət/ 名 (焼)パン粉, クルトン (crouton).

Si·quei·ros /sɪkéɪroʊs/, **David Alfaro** 名 シケイロス (1896-1974; メキシコの壁画家).

*__sir__ /(強形) sə́ː | sə́ː;; (弱形) sə | sə/ 名 ❶ [男性への呼び掛け] あなた, 先生, 閣下, お客さん, だんな (cf. madam 1) 《用法》見知らぬ人, 召し使いから主人に, 生徒から先生に, 店員から客に, 目下から目上に, または議会で議長に対する敬称; 日本語では文脈を訳さず文全体を丁寧に訳せばよい場合が多い》: Good morning, ~. おはようございます / *S*~, may I ask a question? 先生質問してもよろしいですか 《★文頭は常に *S*~; sir·/) / Don't call me ~. サーづけはよしてくれ. **b** [意見などをする時または皮肉に] 君!, おい!, こら!: Will you be quiet, ~! 君, 静かにしてもらえないかな! **c** [*S*~] 拝啓 (商用・公用の手紙の書き出し): (My) Dear *S*~ 拝啓 〔個人あての場合〕; (Dear) *Sirs* 拝啓, 謹啓 〔会社・団体などにあてた場合; 米国では通例 Gentlemen を用いる〕. **d** [性別に関係なく否定を強調する] [米口]: No, ~. 違いますよ, とんでもない. ❷ [*S*~] サー-《英国で準男爵 (baronet) またはナイト爵 (knight) の人の氏名と併用する敬称; cf. dame 1 a, lady 3: *S*~ Isaac Newton サーアイザック ニュートン 《用法》日常の呼び掛けとしては Mr. とは逆に *Sir* Isaac のように first name につけ, *Sir* Newton のように surname にはつけない).

sir·dar /sə́ːdɑr | sə́ːdɑː/ 名 (インド・パキスタンの)軍司令官, 高官.

†**sire** /sáɪər | sáɪə/ 名 ❶ (四足獣, 特に家畜の)雄親; 父親 (cf. dam²). ❷ [国王への呼び掛けに用いて] [古] 陛下. ― 動 他 ⟨種馬が⟩⟨子⟩を生ませる; [古風] ⟨男が⟩⟨子⟩をもうける.

sir·ee /sə(ː)ríː | sə(ː)-/ 名 =sirree.

*__si·ren__ /sá(ɪ)rən/ 名 ❶ サイレン: an ambulance ~ 救急車のサイレン / blow [sound] a ~ サイレンを鳴らす. ❷ [しばしば *S*~] セイレーン (Sicily 島近くに住み, 美しい歌声で近くを通る船人を誘い寄せて難破させたという半女半鳥の海の精). ❸ 魅惑的な美人; (特に男を惑わす)妖婦 (femme fatale). **b** 美声の歌手.

síren sòng [**càll**] 名 誘惑[欺瞞]の言葉[訴え].

Sir·i·us /síriəs/ 名 [天] シリウス, 天狼()星 《恒星の中で最も明るい》.

sir·loin /sə́ːlɔɪn | sə́ː-/ 名 CU サーロイン (牛の腰肉の上部): a ~ steak サーロインステーキ(用の肉). 《F *surlonge* ← sur-¹, loin); sir- の綴りは SIR の連想》

si·roc·co /sɪrɑ́koʊ | -rɔ́k-/ 名 (〜s) シロッコ 《北アフリカから南ヨーロッパに吹きつける砂まじりの熱風. 《It ← Arab=東(風)》

sir·ree /sə(ː)ríː | sə(ː)-/ 名 [米口] [性別に関係なく yes, no の後に強調に用いて]: Yes, ~. まったくそのとおりです / No, ~. (とんでもない)そんなことありません, まったく違います.

sir·up /sə́ːrəp, sír- | sə́ːr-/ 名 [米] =syrup.

sis /ˈes.ès/ 名 [口] ❶ [呼び掛けで] お嬢さん, 娘さん, あなた, 君, 彼女. ❷ [姉・妹への呼び掛け] あなた, さん, あねき.

〖SIS(TER)〗

SIS /ˈes.aɪ.ès/ 名 (略) Secret Intelligence Service [英] 情報局保安秘密情報部 (通称 MI6; cf. MI).

si·sal /sáɪs(ə)l/ 名 U ❶ サイザル麻 《各種ロープ用》. ❷ [植] サイザル (メキシコ・中米産のリュウゼツランの一種).

sis·kin /sískɪn/ 名 [鳥] マヒワ 《欧州・アジアの温帯産).

Sis·ley /sízli/, **Alfred** 名 シスレー (1839-99; フランスの画家).

sis·si·fied /sísɪfàɪd/ 形 =sissy.

sis·sy /sísi/ [口] 名 めめしい少年[男], いくじなし, 弱虫. ― 形 めめしい, いくじなしの. 〖SIS+-Y²〗

*__sis·ter__ /sístər | -tə/ 名 ❶ 姉, 妹; (義理の)姉妹 【解説】英語では通常姉と妹の区別をしない; お互いに呼ぶ時も名前 (first name) で呼び合うのが普通. 特に区別の必要がある時には姉は older [big] sister, 妹を younger [little] sister という; [英] では elder sister, younger sister という; cf. brother 1): the Brontë ~ s ブロンテ(三)姉妹. ❷ 姉[妹]の人, 女の親友. ❸ **a** 女性同士, 同胞姉妹. **b** 同級の女生徒; 同一団体[教会]の女性会員; (女性解放運動などの)女性の同志. ❹ [米] 女子学生クラブ (sorority) の仲間. ❺ [称号・呼び掛けに用いて] [英] 看護婦[人]; (特に)看護婦長: *S*~ Betts ベッツ婦長. ❻ [カト] **a** [称号・呼び掛けに用いて] 修道女, シスター: *S*~ Theresa (Teresa) シスターマリア(テレサ) 《用法》姓だけには用いない). **b** [the *Sisters*] 修道女会: the *Sisters* of Mercy 慈善修道女会. ❼ [米] [呼び掛けにも用いて] 娘さん, おねえちゃん. **b** [黒人同士で黒人女性への呼び掛けで用いて] シスター. **the Fátal [thrée] Sísters**=the *Sísters thrée* [ギ神] 運命の三女神 (⇒ fate 3). ― 形 ⟨…と⟩姉妹のような関係にある, 姉妹の…: ~ cities 姉妹都市 / a ~ language (同じ祖語をもつ)姉妹語 《英語とドイツ語など》 / a ~ ship (同じ設計に基づく)姉妹船. 〖ON *systir*〗 形 sis·ter·ly

síster-gérman 名 (pl. **sisters-**) 同父母姉[妹].

sister-hòod 名 ❶ U 姉妹である; 姉妹関係; 姉妹の道[義務]. ❷ C [集合的; 単数または複数扱い] 女性団体, (特にカトリックの)女子修道会, 修道女会.

†**sister-in-làw** 名 (pl. **sisters-in-law**) 義理の姉妹の姉[妹]; 配偶者の姉妹, 兄[弟]の妻または配偶者の兄[弟]の妻.

sis·ter·ly 形 姉妹の[らしい]; 姉妹のような, 仲のよい, 親しい. **sis·ter·li·ness** 名

Sis·tine /sístiːn/ 形 ローマ教皇シクストゥス (Sixtus) の; Sistine Chapel の.

Sístine Chápel 名 [the ~] システィナ礼拝堂 (ローマの Vatican 宮殿内の教皇の礼拝堂; ミケランジェロの壁画で有名》.

sis·trum /sístrəm/ 名 (pl. **-tra** /-trə/, **~s**) シストルム 《古代エジプトで Isis の礼拝に用いたガラガラに似た打楽器》.

Sis·y·phe·an /sìsəfíːən/ 形 ❶ シシュフォスの. ❷ ⟨苦労が⟩果てしない, 全く骨折りの.

Sis·y·phus /sísəfəs/ 名 [ギ神] シシュフォス (コリントの邪悪な王; 地獄で, 山頂まで押し上げるがすぐころげ落ちてしまう石を繰り返し山頂に押し上げるよう運命づけられた).

*__sit__ /sít/ 動 (sat /sǽt/; sit·ting /-t̬ɪŋ/) 自 ❶ 座る, 腰かける 《★通例状態を表わし, 動作を表す時は sit down が一般的》: ~ next to a person 人の隣に座る / ~ crosslegged on the floor 床にあぐらをかく[かいて座る] / with one's legs bent beneath one 正座する / He *sat down* (*on* the bench). 彼は(ベンチに)座った / ~ *at* (*the*) table [one's desk] 食卓に着く[机に着る] / be sitting *on* [*in*] a chair いすに座っている / [+補] She *sat* still for hours. 彼女は何時間もじっと座っていた / [+*doing*] She *sat* reading in the sitting room. 彼女は居間に座って本を読んでいた.

❷ **a** ⟨犬などが⟩⟨…で⟩座る, うずくまる; ⟨鳥が⟩⟨枝⟩に止まる: The dog was *sitting on* its haunches. その犬は(きちんと)お座りしていた / *Sit!* お座り! / A bird was *sitting in* the tree. 鳥が木に止まっていた. **b** 〈鳥が〉巣につく; 〔卵を〕抱く 〔*on*〕: The hens won't ~ this year. めんどりは今年は巣につかない.

❸ **a** 〔委員会・議会などの〕一員である: ~ *on* a jury [committee] 陪審員[委員]である / ~ *in* Parliament [Congress] 国会議員である. **b** 〈英〉選挙区を代表する: ~ *for* a constituency 〈議会で〉選挙区を代表する.
❹ **a** 〈議会・裁判所が〉開会[開廷]する, 議事を行なう: The court will ~ next week. 開廷は来週の予定. **b** 〈…について〉事件を調べる, 調査する〔*on, upon*〕.
❺ 〈英〉〔試験などを〕受ける: ~ *for* an examination 試験を受ける.
❻ **a** 〔画家に〕肖像を描かせる; 〔写真家に〕写真をとらせる: ~ *for* an artist [a photographer] 肖像画を描いて[写真をとって]もらう. **b** 〔肖像画を描いて[写真をとって]もらうために〕ポーズをとる: ~ *for* one's portrait 肖像画を描いてもらう.
❼ [well などの様態の副詞を伴って] **a** 〈衣服・地位などが〉〈…に〉似合う, 合う, 調和する: The jacket ~s badly *on* your shoulders. その上着は肩の所がうまく合っていませんよ. **b** [通例否定・疑問文で] 〈事が〉〈人の〉気に入る, 〈人に〉しっくりいく: It didn't ~ well *with* him that she got the appointment. 彼女が任命されたことが彼にはおもしろくなかった.
❽ 〔損害・責任・苦労などが〕〈…に〉(重く)負担になる, 苦しむ; 〈食物が〉〈胃に〉(重く)もたれる 《用法》 (重く)の意に通例 heavy または heavily を用いる: Care *sat* heavy *on* his brow. 心痛の跡が彼の額に深く刻まれていた / Rich foods ~ heavy *on* the stomach. こってりした食べ物は胃にもたれる.
❾ [副詞(句)を伴って] **a** 〈ものが〉〈…に〉位置する〈stand〉: The house ~s *on* a hill. その家は丘の上にある. **b** 〈風が〉〈…から〉吹いてくる: The wind ~s *in* the east. 風は東から吹いている[東風だ]. **c** 〈もの・事が〉〈…に〉放置されている, そのままである: His car sat *in* the garage. 彼の車はガレージに入れたままにしてある.
❿ **a** 〈米〉赤ん坊[子供]のお守りをする, ベビーシッターをする. **b** 〈病人を〉看病する〔*with*〕.
⓫ **a** 〈人・クラスなどを〉押さえつける, 黙らせる; 非難する〔*on, upon*〕《受身可》. **b** 〈報道・調査などを〉押さえる, 伏せておく〔*on, upon*〕. **c** [通例進行形で] 〔…の処理を〕遅らせる〔*on, upon*〕.

— 他 ❶ [副詞(句)を伴って] **a** 〈…を〉〈…に〉座らせる: He *sat* the child *at* (the) table. 彼はその子を食卓に座らせた. **b** [~ oneself で] 〈…に〉座る: He *sat* himself *at* my side. 彼は私の横に座った / S~ yourself *down*. おかけください. ❷ 〈馬に〉乗る, 乗りこなす: She *sat* her horse well [gracefully]. 彼女は上手に[しとやかに]馬を乗りこなした. ❸ 〈英〉〈筆記試験を〉受ける.

be sitting prétty ⇒ **pretty** 副 (成句).

sit aróund [abóut] (自+副) ぶらぶら過ごす.
sit at the féet of... …の生徒である.
sit báck (自+副) (1) (いすに)深く座る. (2) 傍観する. (3) (ひと仕事した後で)くつろぐ. (4) 〈家が〉〈…から〉引っ込んでいる〔*from*〕.
sit bý (自+副) 無関心[消極的, 控えめ]な態度をとる〈stand by〉.
sit dówn and dó 腰を…する.
sit dówn on...に反対する.
sit dówn to...〈食事の席に着く: ~ *down* to lunch [supper] 昼食[夕食]の席に着く. (2) 〈仕事に〉熱心に取りかかる.
sit dówn únder...〈待遇・軽蔑などを〉すなおに受ける, 甘受する.
sit ín (1) (試合・会議などで)〈…として〉〈…の〉代役をする: ~ *in* for a person *as* chair 議長として人の代行をする. (2) 座り込みスト[デモ]をやる. (3) 〔討論会・クラスなどを〕(オブザーバーとして)参観する, …を見学する〔*on*〕.
sit óut (1) 〈催し〉戸外の(ひなた)へ出て座る. — (他+副) 〈ダンスに〉仲間入りしない. (3) 〈芝居・音楽会などを〉(退屈でも)終わりまで見る[聞く], 〈…が〉…するまでいる: He decided to ~ the lecture *out* until the end. 彼はその

1691 **situated**

講演を最後まで聞こうと決めた.
sit thróugh (他+副) = SIT OUT (成句) (3).
sit tíght ⇒ **tight** 副 (成句).
sit úp (自+副) (1) 〈寝た姿勢から起き上がって座った姿勢になる意味で〉起き直る[上がる], 上体を起こす: ~ *up* in bed 〈病人などが〉ベッドに起き上がる. (2) きちんと座る: ~ *up* (straight) まっすぐに座り直す / Come and ~ *up* [*to*] the table. さあテーブルに着いてください. (3) 寝ずに[起きて]いる〈stay up〉: ~ *up* late [all night] 夜遅くまで起きている[徹夜する] / ~ *up* at work 夜業する / ~ *up* for a person 寝ないで人を待つ / ~ *up* with a patient 寝ずの看病をする / ~ *up* with the departed お通夜をする. (4) (口) 〈びっくりして, はっとする〉しっかりする. make a person ~ *up* 人をびっくりさせる; (無気力な)人を元気づける, 人に活を入れる. (5) 〈犬が〉ちんちんする: ~ *up* and beg 〈犬が〉ちんちんをする. (6) 〈人を〉起き上がらせる.

sít úp and táke nótice (口) 驚く, 興奮する, おびえる.
si·tar /sɪtάː/ 〔-tάː/〕 名 シタール(インドの弦楽器).
sit·a·tun·ga /sɪtətʌ́ŋɡə/ 名 動 シタツンガ(水中生活の多い, 中央アフリカのレイヨウ).
sit·com /sɪ́tkὰm | -kɔ̀m/ 名 (口) = situation comedy.
*****sit-down** /sɪ́tdὰʊn/ 名 ❶ 座り込みストライキ(sit-down strike). ❷ (休息などのために)すわること. — 形 Ⓐ 〈食事など食卓に座ってする〈cf. buffet²〉.

sit-down strike 名 座り込みストライキ(sit down).
*****site** /sάɪt/ 名 ❶ (現在または予定の)敷地, 用地: a building [construction] ~ 建築用地[現場] / the ~ of [for] a new school 新設校[新校舎]の敷地 / a nuclear test ~ 核実験場. ❷ (町・建物などのあった)跡, 遺跡; 〔事件などの)あった現場: a historic ~ 史跡. ❸ 〔電算〕サイト(ネットワーク上での占有場所). — 他 [副詞(句)を伴って] 〈…の〉用地を定める, 〈…を〉位置させる (★ しばしば受身で用いる): They have decided to ~ the new school *in* this town. 彼らは新しい学校をこの町に造ることに決定した. 〖F＜L *situs* 位置, 場所; cf. situation〗

site-specific 形 特定の場所のために作られた[設計された], 特定地域限定の.
*****sit-in** /sɪ́tɪ̀n/ 名 ❶ 座り込み抗議: stage [hold] a ~ 座り込み抗議を行なう. ❷ = sit-down strike.
sit·rep /sɪ́trèp/ 名 [しばしば S~] 〔軍官〕状況[戦況]報告. 〘situation report〙
*****sit·ter** /sɪ́tə | -tə/ 名 ❶ 〈肖像画・写真の〉モデルになる人. ❷ ベビーシッター. ❸ 〈口〉楽な仕事. ❹ 巣についている鳥. ❺ (病人などの)看護人, 付き添い人.
sit·ting /-tɪŋ/ 名 ❶ Ⓒ (議会などの)会期, 開会[開廷]期間 (session). ❷ Ⓒ (一団当の人に割りふられた)食事時間: We have two ~s for dinner. 我々は夕食を2回に割りふってとる. ❸ Ⓒ (座って中断せずに行なう)ひと仕事[勝負]: read a book at a [one] ~ 本を一度[一気]に読み切る / win one thousand dollars in a [one] ~ ひと勝負で千ドル稼ぐ. ❹ Ⓒ 肖像画[写真]のモデルになること: This painting took five ~s. この画を描いてもらうのに5回モデルになって[座った]. ❺ Ⓤ 着席(すること), 着座: ~ with one's back straight 背筋をまっすぐ伸ばして座ること. ❻ **a** Ⓤ 〈鳥が〉抱卵. **b** Ⓒ 1回にかかえる卵. — 形 Ⓐ Ⓟ ❶ 〈議員など〉現職の (incumbent): the ~ members 現職議員; 〈選挙時に〉前職(議員). ❷ 〈英〉借家人〉居住中の. ❸ 〈鳥が〉巣についている.

Sít·ting Búll /sɪ́tɪŋ-/ 名 シッティング・ブル(1831?–90; Sioux 族の指導者; 1876 年 Little Bighorn の戦いで Custer 中佐の部隊を破った).

sítting dúck 名 格好の標的, 「いいかも」.
*****sítting ròom** 名 〈英〉居間, 茶の間 (living room).
sítting tárget 名 = sitting duck.
sítting ténant 名 〈英〉現借家[借地]人.
sit·u·ate /sɪ́tʃuèɪt/ 動 (他) 〈…を〉〈…に〉置く, 位置させる (⇒ situated).
*****sit·u·at·ed** /sɪ́tʃuèɪtɪd/ 形 Ⓟ ❶ (…に)位置して; 敷地が…で〈located〉: The school is ~ *on* the top of a hill. 学校は丘の頂上にある. ❷ 〈人が〉〈…の〉立場[境遇]にあっ

situation /sìtʃuéɪʃən/ 名 ❶ (町・建物などの)位置, 場所; 立地条件 (location): His house stands in a fine ~. 彼の家はすばらしい場所にある. ❷ (人が置かれた)立場, 境遇: That will put us in an awkward ~. そんなことをすれば我々は困った立場に追い込まれることになる / a no-win ~ 八方ふさがりの状態. ❸ a (事の)状態, 情勢, 事態: the oil ~ 石油事情 / the political ~ 政治情勢 / save the ~ 事態を収拾する. b (物語・劇などの)急場, きわどい場面, 大詰め. ❹ 《古》勤め口, 就職口: *Situation* Wanted [Vacant] 〔広告〕職人を求む / the *situations*-vacant columns 《英》(新聞などの)求人欄. 〔L<*situare*, *situat*- to place <*situs* SITE〕〔類義語〕(1) ⇒ state. (2) ⇒ position.

sit·u·a·tion·al /sìtʃuéɪʃ(ə)nəl/ 形 場面[状況]の(による). ~·**ly** 副

situátion cómedy 名 C,U 状況喜劇, シチュエーションコメディー〔登場人物と場面設定とのからみで面白さを出す連続放送コメディー〕.

sit·u·a·tion·ism /-nìzm/ 名 U 《心》状況主義〔行動決定に対する状況の影響を重視する立場〕. **-ist** 名

†**sít-up** 名 起き上がり腹筋運動〔あおむけの姿勢から上体を起こす腹筋運動〕.

sít·upòn 名 《英口》尻.

si·tus /sáɪtəs/ 名 ❶ 《法》位置, 場所. ❷ (特に身体・植物などの器官の)正常位置, 原位置.

sítus in·vér·sus /-ɪnvɜ́ːsəs/, /-vɜ́ː-/ 名 U 《解》内臓逆位.

sítz bàth /síts-/ 名 腰湯, 座浴, 座浴の浴槽.

SÍ ùnit /sí-/ 名 SI [国際]単位〔基本的物理量として国際的に公認された長さ・質量・時間・電流・温度・照度などの単位; ⇒ SI〕.

Si·va /ʃíːvə, síːvə/ 名 〔ヒンドゥー教〕シバ〔三大神格の一つで破壊を象徴する; cf. Brahma, Vishnu〕.

Si·van /síːvən/ 名 〔ユダヤ暦〕シワン, シヴァン〔政暦の第9月, 教暦の第3月; 現行太陽暦で5-6月〕.

Si·wash /sáɪwɒʃ, -wɔːʃ/ 《米北西部》〔しばしば s~〕《軽蔑》❶ C インディアン. ❷ U インディアン語. ── 動 自 〔s~〕野宿する.

*****six** /síks/ (基数の6; 序数は sixth; 用法は ⇒ five) 形 ❶ 6の, 6個[人]の. ❷ 〔名詞の後に置いて〕(一連のものの中の)6番目. ❸ P 6歳で. It is **síx** of óne and háll-a-dózen of the óther. 似たり寄ったりで; どっちもどっち. ── 代 〔複数扱い〕六つ, 6個, 6人. ── 名 ❶ a U 〔時に〕C; 通例無冠詞〕6: Divide ~ by two and you get three. 6 を 2 は 3. b C 6 の数字[記号] (6, vi, VI). ❷ U 6時; 6歳; 6ドル[ポンド, セント, ペンス(など)]. ❸ C 6個[人]からなるひと組. ❹ C 衣服などの6号サイズ(のもの). ❺ C 《口》= six-pack. ❻ C 〔トランプ・さいころなどの〕6: the ~ of hearts ハートの6. ❼ C 《クリケ》6点打: hit a ~ 6点打を打つ. **at síxes and sévens** 《英・口》(1) 混乱して, (2) 意見などが不一致で. **hít [knóck] a pérson for síx** 《英・口》〈人〉を打ちのめす, 苦しめる. **síx féet únder** 《口》(死んで)埋葬されて.

six·ain /sɪséɪn, síksen/ 名 〔詩学〕六行連.

síx·er 名 ❶ (英・カナダの) Boy [Girl] Scout 幼少団員の六人隊長. ❷ 〔クリケ〕6 点打. ❸ 《米》(ビールなどの)6 本入りパック.

síx·fòld 形 ❶ 6 倍の, 6 重の, 6 個[6部]からなる. ── 副 6 倍に, 6 重に.

six-fóoter 名 《口》身長が6フィート(以上)もある人, のっぽ.

síx-gùn 《米》= six-shooter.

síx-páck 名 ❶ (ビールなどの)6 本入りパック. ❷ 《口》出っ張った腹; よく発達した腹筋.

six·pence /síkspéns⁻, -p(ə)ns/ 名 ❶ C (英国の)6 ペンス銀貨〔1946 年以来白銅貨; 1971 年廃止〕. ❷ U 6 ペンスの価.

six·pen·ny /síkspéni⁻, -pəni/ 形 《英》❶ (昔の)6 ペンスの. ❷ 安物の, つまらない.

síx-shòoter 名 6 連発拳銃[ピストル].

*****six·teen** /síkstíːn⁻/ (基数の 16; 序数は sixteenth; 用法は ⇒ five) 形 ❶ 16 の, 16 個[人]の. ❷ 〔名詞の後に置いて〕16 番目の. ❸ P 16 歳で. ── 代 〔複数扱い〕16 個, 16 人. ── 名 ❶ a U 〔通例無冠詞〕**16**. b C 16 の数字[記号] (16, xvi, XVI). ❷ U (24 時間制で)16 時; 16 歳; 16 ドル[ポンド, セント, ペンス(など)]. ❸ C 16 個[人]からなるひと組. ❹ C 衣服などの 16 号サイズ(のもの). 〔OE<SIX+-*teen* ten〕

six·teen·mo /síkstíːnmoʊ/ 名 (複 ~s) ❶ U 十六折り判[紙]〔普通は 7×5 インチ大; 略 16mo, 16⁰〕. ❷ C 十六折り判の本.

*****six·teenth** /síkstíːnθ⁻/ (序数の第16番; ★ 16th と略記; 基数は sixteen; 用法は ⇒ fifth) 形 ❶ 〔通例 the ~〕第 16 (番目)の. ❷ 16 分の 1 の. ── 代 〔通例 the ~〕第 16 番目の人[もの]. ── 名 ❶ U 〔通例 the ~〕a 第 16 (番目). b (月の) 16 日. ❷ C 16 分の 1.

sixtéenth nòte 《米》《楽》16 分音符 《英》semiquaver).

*****sixth** /síksθ, síkstθ/ (序数の第 6 番; ★ しばしば 6th と略記; 基数は six; 用法は ⇒ fifth) 形 ❶ 〔通例 the ~〕第 6 (番目) の: ⇒ sixth sense. ❷ 6 分の 1 の. ── 代 〔通例 the ~〕第 6 番目の人[もの]. ❷ 6 分の 1 に. ── 名 ❶ U 〔通例 the ~〕a 第 6 (番目). b (月の) 6 日(ʰ). ❷ C 6 分の 1. ❸ C 〔楽〕6 度, 6 度音程. ❹ 〔the ~〕〔野〕第 6 回. ❺ 〔the ~〕《英》= sixth form. ~·**ly** 副

*****síxth fórm** 《英》❶ 中等学校高等部, シックスフォーム〔中等学校程度の第 6 学年(級)〔解説〕義務教育終了後, A レベル (A level) を取るために残る 16 歳以上の学生からなる最上学年〕. ❷ 〔集合的; 単数または複数扱い〕中等学校高等部在学生.

síxth-fòrm cóllege 《英》第 6 学年カレッジ.

síxth fórmer 名 《英》第 6 学年生.

síxth sénse 名〔単数形で〕第六感, 直感.

*****six·ti·eth** /síkstiəθ/ (序数の第 60 番; ★ 60th と略記; 用法は ⇒ fifth) 形 ❶ 〔通例 the ~〕第 60 (番目)の. ❷ 60 分の 1 の. ── 代 〔the ~〕第 60 番目の人[もの]. ── 名 ❶ U 〔通例 the ~〕第 60. ❷ C 60 分の 1. 〔SIXTY+-TH¹〕

*****six·ty** /síksti/ (基数の 60; 用法は ⇒ five) 形 ❶ 60 の, 60 個[人]の. ❷ 〔名詞の後に置いて〕60 番目の. ❸ P 60 歳で. ── 代 〔複数扱い〕60 個[人]. ── 名 ❶ a U 〔時に C〕; 通例無冠詞〕**60**. b C 60 の数字[記号] (60, lx, LX). ❷ a U 60 歳; 60 ドル[ポンド, セント, ペンス(など)]; 時速 60 マイル. b 〔the sixties〕(世紀の) 60 年代; (温度が華氏で) 60 度台. c 〔one's sixties〕(年齢の) 60 代. ❸ C (衣服などの) 60 号サイズ(のもの). 〔OE<SIX+-TY¹〕

síxty-fòld 形 副 60 倍の[に].

síxty-fóur·mo /-moʊ/ 名 (複 ~s) ❶ U 六十四折り判[紙] (複 64mo, 64⁰). ❷ C 六十四折り判の本.

síxty-fóurth nòte 名 《米》《楽》六十四分音符 《英》hemidemisemiquaver).

síxty-níne 名 《卑》シックスナイン〔互いに性器をなめ合うこと〕.

†**siz·a·ble** /sáɪzəbl/ 形 相当の大きさの; かなり(多く)の (substantial): a ~ salary かなりの給料. **-a·bly** /-bli/ 副 かなり大きく; かなりの程度に.

siz·ar /sáɪzə⁻/ -zə/ 名 特待免費生〔Cambridge 大学や Dublin 大学の Trinity カレッジの給費生; かつては下働きの義務があった〕. ~·**ship** 名

*****size¹** /sáɪz/ 名 ❶ U,C (もの・人の)大きさ, 規模, 背格好; 寸法: take the ~ of …の寸法をとる / It's (half, twice) the ~ of an egg. それは卵の(半分の, 倍の)大きさである / try on a sweater for ~ 寸法が合うかどうかセーターを着てみる / He's of average ~ for an American. 彼はアメリカ人としては平均的背丈の人である / a class this ~ こ のくらいの大きさのクラス / dogs the ~ of cats ネコくらいの大きさの犬 / This room is a good [nice] ~. この部屋はちょうどいいような大きさだ. ❷ U (服・靴などの)サイズ, 番, …型;(ヒップ・バストなどの)サイズ (cf. vital statistics

2): a ~ 10 jacket サイズ10番の上着 / They're of [come in] all ~s. それらは大小とりどりである / May I take your ~, ma'am? 奥様, 寸法をお測りしましょう / What ~ (shoes) do you take?=What ~ do you take (in shoes)? (靴の)サイズはどれほどでしょうか. ❸ Ⓤ 大きいこと, 偉さ; (人の)力量, 器量: a town of some ~ かなり大きい町. ❹ [the ~] (口) 真相, 実状: That's about *the* ~ of it (as it stands). (今のところ)実状はまあそんなところだ. **cút** [**chóp**] ...**dówn to síze** 〈過大評価されている〉人・問題などを実力[実状]相応の評価に下げる. **of a síze** 同じ大きさの: children all *of a* ~ 全員が同じ背格好の子供たち. **to** [**up to**] **síze** ❶ 〈...を〉大きさに従って分け[並べる]: ~ apples リンゴを大きさに従って仕分けする. ❷ 〈...を〉〈ある大きさ・寸法に〉合わせて作る 〔*to, for*〕. **síze úp** (他+副) (1) 〈...の〉寸法を計る. (2) (口) 〈人を〉値踏みなどを評価する, 判断する (weigh up). ── 形 [複合語で] ...なサイズの, サイズが...の: ⇨ pocket-size.

size² /sáɪz/ 名 Ⓤ 陶砂(どう)〈ゼラチン液にみょうばんを溶かしたもの; 紙のにじみ止め用〉; 織物用のり(主にでんぷん). ── 動 〈...に〉陶砂を塗る.

⁺**size·a·ble** /sáɪzəbl/ 形 =sizable.

-sized /sáɪzd/ 形 [複合語で] (...の)大きさの: large-[small-]*sized* 大[小]型(版)の.

size·ism, siz·ism /sáɪzɪzm/ 名 Ⓤ 人の体の大小に基づいた偏見[差別], サイズ差別. **síz(e)·ist** 形

siz·er /sáɪzə | -zə/ 名 大きさをそろえる人; 整粒器, 選別機, 選果機; 寸法測定器.

siz·ing¹ /sáɪzɪŋ/ 名 Ⓤ 大きさ[身長]順に並べること.

siz·ing² /sáɪzɪŋ/ 名 =size².

⁺**siz·zle** /sízl/ 名 動 ⦿ ❶ 〈揚げ物などが〉シューシュー[ジュージュー]いう: Sausages are *sizzling* in the pan. ソーセージがフライパンの中でジュージューいっている. ❷ (口) 焼けるように暑い. ❸ (口) 〈人々が〉怒ってかっかとしている. ── 名 [単数形で] シュージュー[ジュージュー](いう音). (擬音語)

síz·zler 名 (口) 非常に暑い日.

síz·zling 形 ❶ シュージュー[ジュージュー]いう. ❷ (口) 非常に暑い, うだるような. b [副詞的に] 焼けるほどに: ~ **hot** うだるほど暑い.

SJ (略) Society of Jesus (★ イエズス会士が名前の後につける): Francis Xavier, *SJ* イエズス会士フランシスコザビエル.

Sjæl·land /ʃélɑːn/ 名 シェラン島〈デンマーク東部の同国最大の島; 首都 Copenhagen はその東端にある; 英語名 Zealand〉.

ska /skɑː/ 名 Ⓤ スカ〈ジャマイカ起源のポピュラー音楽; 初期のレゲエ (reggae)〉.

skag /skǽg/ 名 =scag.

skald /skɔ́ːld/ 名 (古代北欧の)吟唱詩人.

Skan·da /skǽndə/ 名 (ヒンドゥー教) スカンダ〈戦争の神; Siva とその妃 Parvati の子〉.

skank¹ /skǽŋk/ 名 (米俗) ❶ 不快なもの[者], 気持の悪いやつ[物]. ❷ (軽蔑) だれとでも寝る女.

skank² /skǽŋk/ 名 (俗) ❶ Ⓒ スキャンク〈レゲエに合わせて踊るダンス〉. ❷ Ⓤ レゲエ. ── 動 ⦿ レゲエを演奏する; スキャンクを踊る.

skánk·y /skǽŋki/ 形 (米俗) 〈女が〉不快な, いやな, ブスの.

skat /skɑːt, skǽt | skɑːt/ 名 Ⓤ スカート〈3人が32枚の札でするドイツ起源の pinochle 系のゲーム〉.

⁺**skate**¹ /skéɪt/ 名 ❶ [通例複数形で] スケート靴. ❷ [a ~] (スケートの)ひと滑り: go for a ~ ひと滑りしに行く. **gét** [**pút**] **óne's skátes òn** (英俗) 急ぐ. ── 動 ⦿ スケートで滑る, スケートをする: ~ on a lake 湖(の上)でスケートをする / go *skating* (at Karuizawa) (軽井沢へ)スケートに行く (★ *to* Karuizawa は誤り). ❷ [問題などに]深入りしない, ちょっと触れる [*over, around, round*]. **skáte on thín íce** (薄氷を踏むように)危険な状態にある, 危ない橋を渡る. (Du、F)

skate² /skéɪt/ 名 (種 ~, ~s) Ⓒ. Ⓤ (魚) ガンギエイ.

skate³ (米俗) 卑しむべき人物.

skáte·bòard 名 動 ⦿ スケートボード(をする). ~·er 名 ~·ing 名

skáte·pàrk 名 スケートボーディング場.

sketchbook

skát·er /-ṭə- | -ṭə/ 名 スケートをする人, スケーター.

skát·ing /-ṭɪŋ/ 名 Ⓤ (遊び・スポーツとしての)スケート.

skáting rínk 名 スケートリンク, アイス[ローラー]スケート場.

skean /skíː(ə)n/ 名 (アイルランドやスコットランドで用いた)両刃の短刀[短剣].

skéan dhú /-dúː | -dúː/ 名 (昔のスコットランド高地人の正装時の)短刀.

sked /skéd/ 名 動 ⦿ (**sked·ded; sked·ding**) (口) = schedule.

ske·dad·dle /skɪdǽdl/ 動 ⦿ (口) 急いで[あわてて]逃げる, 逃走する.

skeet /skíːt/ 名 (また **skéet shòoting**) Ⓤ (射撃) スキート射撃 (クレー射撃の一つ; 左右から放出されるクレーを撃つ).

skee·ter¹ /skíːṭə- | -ṭə/ 名 (米口・豪口) =mosquito.

skee·ter² /skíːṭə- | -ṭə/ 名 =skitter.

skeg /skég/ 名 ❶ (造船) (船尾下端の)かかと, 舵の下部の支え. ❷ サーフボードの底の尾, スケグ.

skein /skéɪn/ 名 ❶ 〔糸の〕かせ 〔*of*〕. ❷ 〔ガンなど飛ぶ鳥の〕群れ 〔*of*〕. ❸ もつれ, 混乱.

⁺**skel·e·tal** /skéləṭl/ 形 ❶ 骨格の, 骸骨の(ような). ❷ 概略の, 輪郭だけの. (名 skeleton)

skéletal múscle 名 (解) 骨格筋 (骨に直接付いており随意に動かせる横紋筋).

⁺**skel·e·ton** /skélətn/ 名 (~s) ❶ (人間・動物の)骨格; (特に) 骸骨. ❷ (口) 骨と皮ばかりの人: a mere [living, walking] ~ 骨と皮ばかりの人, 骨皮筋右衛門 / be reduced to a ~ 骨と皮ばかりになる, すっかりやせこける. ❸ (建物などの)骨組み: the steel ~ *of* a building ビルの鉄骨の骨組み. ❹ (物語・事件などの)骨子, 輪郭, 概略 〔*of*〕. **skéleton at the féast** 興ざめになる人[もの], 一座を白けさす人[物] (画家 宴会で目立つ場所に骸骨を置いた古代エジプト人の習慣から). **skéleton in the clóset** [(英) **cúpboard**] 外聞をはばかる家庭内(などの)秘密の, 内輪の恥 (画家 何びとつ苦労の種がないと思われていた婦人が, 実は毎夜戸棚の中においてある骸骨にキスをするように夫から命じられていたという話から). ── 形 ❶ [限定] 骨組みだけの, 概略の. ❷ 〈人員・サービスなど〉最小限度の, 基幹だけの: a ~ staff [crew] 最小限度の人員, 基幹定員[乗組員]. 〖L<Gk =ひからびた(体)〗 (形 skeletal)

skel·e·ton·ize /skélətənàɪz/ 動 ⦿ ❶ 骸骨にする. ❷ 〈...の概略[概要]〉を記す. ❸ 〈...の(数)を〉大削減する.

skéleton kéy 名 合いかぎ (かかりの部分を削り落とし, 多くの錠に合うように作ったかぎ).

skep /skép/ 名 ❶ (わら[柳]作りの)ミツバチの巣箱. ❷ (柳細工などの)かご.

⁺**skep·tic**, (英) **scep-** /sképtɪk/ 名 ❶ 懐疑的な人, 疑い深い人; (哲) 懐疑論者. ❷ 無神論者. 〖L<Gk=思索深い〗 (形 skeptical)

⁺**skep·ti·cal**, (英) **scep-** /sképtɪk(ə)l/ 形 ❶ 懐疑的な, 疑い深い: a ~ person 懐疑的な人 / a ~ look 疑ぐるような目つき / He's ~ *about* [*of*] everything. 彼は何事にも懐疑的だ. ❷ 無神論的な. ~·**ly** /-kəli/ 副 (名 skeptic)

⁺**skep·ti·cism**, (英) **scep-** /sképtəsìzm/ 名 Ⓤ ❶ 懐疑, 疑念 (doubt). ❷ 懐疑論[説]; 無神論.

⁺**sketch** /skétʃ/ 名 ❶ スケッチ, 写生(図), 下絵, 素描; 見取り図, 略図: make a ~ (*of...*) (...を)スケッチ[写生]する; (...の)見取り図をかく. ❷ (事件などの)概要, 概略, (人物などの)素描, 点描: a ~ of one's career 略歴 / It's just a ~ of the plan. それはその計画の概略にすぎない. ❸ (文学作品の)小品, 写生文, 短編. ❹ (演芸中の)寸劇, 小劇. c (音楽の)素描曲 (スケッチ風の通例ピアノ用小曲). ❹ (口) こっけいな人[もの]. ── 動 ⦿ ❶ 〈...を〉写生する; 〈...の〉略図をかく: ~ roses バラを写生する. ❷ 〈...の〉概略を記す[述べる] (*in, out*) (outline): ~ *out* a plan 計画の概略を述べる. ── ⦿ 写生する; 略図をかく: **go** ~**ing**=go out to ~ 写生に出かける. 〖Du<It<?L<Gk=即席でなされた(もの)〗 (形 sketchy)

sketch·bòok 名 ❶ 写生帳, スケッチブック. ❷ (文学

作品の)小品集, 短篇集.
skétch màp 图 略図, 見取図.
skétch·pàd 图 (はぎとり式の)写生帳, スケッチ帳.
†**sketch·y** /skétʃi/ 形 (**sketch·i·er**; **-i·est**) ❶ スケッチ[素描, 写生図]の(ような); 概略だけの. ❷ 〔口〕(実質のない)うわべだけの, 皮相な; 不完全な: a ~ knowledge of French フランス語のうわべだけの知識. **sketch·i·ly** /-tʃili/ 副 **-i·ness** 图

skeu·o·morph /skjúːəmɔ̀ːf | -mɔ̀ːf/ 图 (先史時代の陶器にみられるような)器物形, スケウオモルフ《器物・用具を表現した装飾「デザイン」》. **skeu·o·mor·phic** /skjùːəmɔ́ːfɪk | -mɔ́ː-/ 形

†**skew** /skjúː/ 動 働 斜めにする; ゆがめる, 歪曲する. ―働 斜めの, ゆがんだ, 曲がった. ―图 U.C ゆがみ, 斜め, 曲り; [統] 非対称性. **on the skéw** 斜めに, 曲がって.

skéw àrch 图 [建] 斜めアーチ.

skéw·bàck 图 [建] スキューバック《アーチの端を受ける斜面のある迫石》; スキューバックの斜面.

skew·bald /skjúːbɔ̀ːld/ 形〈馬が駁毛(ぶち)の〉(黒以外の色と白のぶちになっている被毛にいう). ―图 駁毛の馬.

skéw brìdge 图〈両岸に対して直角でない〉すじかい橋.

skewed 斜めの, 曲がった, 〈意見・情報など〉偏った, ゆがんだ; [統] 〈分布の〉非対称の.

†**skew·er** /skjúːə | skjúːə/ 图 くし, 焼きぐし. ―動 働〈肉などを〉くしに刺す.

skéw-èyed 形〔英〕やぶにらみの.

skéw·ness 图 U ゆがみ, ひずみ; [統] ひずみ度, 非対称度, 歪度(わいど).

skéw·whìff 形 P [英口] 斜めで, ゆがんで.

*****ski** /skíː/ 图 [通例複数形で] ❶ スキー(板)《[比較] スポーツとしての「スキー」は skiing): a pair of ~s スキーひと組 / put [bind] on one's ~s スキーをはく[つける]. ❷ 水上スキー(板). ―形 A スキー(用)の: ~ boots [pants] スキー靴[ズボン] / a ~ suit スキー服 / ~ sticks [poles] スキーストック / a ~ resort スキー場《ゲレンデ・ホテルなどを含めた行楽地》. ―動 働 (~ed; ski·ing) [通例副詞(句)を伴って] スキーをする, スキーで滑る: go ~ing (on a hill) (丘へ)スキーに行く(★ *to* a hill は誤り) / ~ *down* a slope 斜面をスキーで滑り下りる. 《Norw <ON; 原義は「細く裂いた木」; cf. sheath, shed》

ski·bòb 图 スキーボブ《前部はハンドル付きのスキー, 後部は低い座席付きのスキーからなる自転車に似た乗り物》.

†**skid** /skíd/ 動 (**skid·ded**; **skid·ding**) 働〈車輪・自動車などが〉滑る, 横滑りする, スリップする《[比較] 日本語では車の「スリップする」というが, これに当たる英語は skid): The car *skidded* into ours [*over* the *cliff*]. その自動車がスリップして我々の車にぶつかった[がけから落ちた]. ―图 ❶ a ~](自動車・車輪などの)滑り, 横滑り, スリップ: The car went into a ~. 車が横滑りした. ❷ (ヘリコプターなどの着陸用の)滑走部, そり. ❸ (車・車輪の)滑り止め, 歯止め. ❹ [通例複数形で](重いものを滑らせる道を作る)滑り材, まくら木, ころ. **hít the skíds** 〔口〕急速に衰える, 零落する. **on the skíds** 〔口〕〈人の〉落ち目で, 下り坂で. **pút the skíds ùnder [on]** ... 〔口〕〈人・企画などを〉失敗[挫折]させる.

skid·doo /skidúː/ 動 働 [米口] (さっさと)立ち去る, 出て行く.

skíd·lìd 图〔英口〕(レーサー・バイク用の)ヘルメット.

ski·doo /skidúː/ 動 =skiddoo.

Ski·doo /skidúː/ 图 [商標] スキドゥー《スノーモービル》.

skíd·pàd 图 [米] =skidpan.

skíd·pàn 图 [英] スキッド[スリップ]運転練習場《スリップしやすい場所での車の運転の練習用に作った滑りやすい場所》.

skíd róad 图 [米] ❶ 丸太を滑らせて引き出す道. ❷ 町の盛り場. ❸ =skid row.

skíd rów 图 U [米] (町の)どや街.

ski·er /skíːə | skíːə/ 图 スキーヤー.

skiff /skíf/ 图 スキフ《1 人用の小舟》.

skif·fle /skíft/ 图 スキッフル: **a** 1920 年代に米国で流行した手製楽器を交えたジャズのスタイル. **b** 1950 年代に英国で流行したギターと手製楽器を用いる民謡調ジャズ.

ski·ing /skíːɪŋ/ 图 U スキー(を滑ること); スキー競技.

skí·jòr·ing /-dʒɔ̀ːrɪŋ/ 图 U 馬や犬や乗り物にスキーを引かせて雪や氷の上をすべる冬季スポーツ. **skí·jòr·er** 图

skí jùmp 图 ❶ スキーのジャンプ台[場], シャンツェ. ❷ スキージャンプ(競技).

skí jùmping 图 U (スキーの)ジャンプ競技.

†**skil·ful** /skílf(ə)l/ 形 [英] =skillful.

skí lìft 图 (スキー場の)リフト, スキーリフト.

*****skill** /skíl/ 图 ❶ U 手腕, 腕前: political ~ = ~ *in* politics 政治的手腕 / play the piano with ~ 上手にピアノを弾く / He has great ~ *in* handiwork [*in* [*at*] teaching young people]. 彼は工作[年少者に教えるの]が非常にうまい. ❷ C (特殊)技能, 技術: Mastering a foreign language means mastering the four ~s of hearing, speaking, reading and writing. 外国語をマスターするということはその外国語を聞き, 話し, 読み, 書くという四つの技能をマスターすることだ. 【ON=区別(する能力)】 ⇔ skillful) 【類義語】 ⇔ art[1].

*****skilled** /skíld/ 形 (**more** ~; **most** ~) ❶ 熟練した, 腕のいい: a ~ driver 腕のいいドライバー / a ~ politician 老練な政治家 / ~ hands [workmen] 熟練工 / He's ~ [*at*] music [*keeping* accounts]. 彼は音楽に[帳簿をつけることに]熟練している. ❷〈仕事などが〉熟練[わざ, 特殊技術]を要する: ~ labor 熟練労働. 【類義語】skilled は過去の経歴・修練による状態をいい, skillful は現在の能力に重点をおく.

skil·let /skílɪt/ 图 ❶ [米] フライパン. ❷ 〔英〕長柄のなべ《通例脚付き》.

*****skill·ful** /skílf(ə)l/ 形 (**more** ~; **most** ~) ❶ 熟練した, 上手な, 巧みな: a ~ bridge player ブリッジの名手 / a ~ surgeon 熟練した外科医 / be ~ *at* dancing [handicraft] ダンス[手芸]が上手である / The child has become ~ *in* reading and writing. その子は読み書きがうまくなった / He's ~ *with* his fingers. 彼は手先が器用だ. ❷ 上手に作られた, みごとな: a ~ evasion 上手な言い訳 / a ~ piece of bricklaying みごとなれんが積み. **~·ly** /-fəli/ 副 **~·ness** 图 (图 skill) 【類義語】 ⇒ skilled.

skil·ly /skíli/ 图 U 〔英〕(特にオートミールの)薄がゆ.

†**skim** /skím/ 動 (**skimmed**; **skim·ming**) 働 ❶〈液体の〉上澄みなどをすくう, 〈上皮・浮きかすなどを〉液体からすくい取る: ~ soup スープの上澄みをすくい取る / ~ (*off*) the cream *from* milk 牛乳からクリームをすくい取る. ❷ a〈水面などを〉すれすれに通って[飛んで]いく《★ 受身なし》: A swallow flew west *skimming* the lake. ツバメが湖上すれすれに西の方に飛んでいった. **b**〈石などを〉すれすれに飛ばす: He *skimmed* a flat stone over the water. 彼は平たい石を水面すれすれに飛ばした. ❸〈本などを〉ざっと読む, 拾い読みする: ~ a book 本をざっと読む. ❹〈情報・データを〉読み取る, 盗み取る《*from*, *off*》(⇒ skimming). ―働 ❶ かすめていく, 滑るように進む: A swallow *skimmed* low (over the ground). 1 羽のツバメが地面すれすれに飛んでいった / The motorboat *skimmed* over the water. モーターボートは水面をかすめるように走っていった. ❷ [本などを]ざっと読む, 拾い読みする: I *skimmed through* [*over*] the novel. 私はその小説をざっと読んだ. **skím óff** (働+副)(1)〈液体の上澄みなどを〉すくう(⇔ 働 1). (2)〈最上の部分を〉抜き, 選抜する《★ しばしば受身》: The best students *were skimmed off* from leading universities. 最もできのよい学生が一流大学から選抜された. ―图 U ❶ a すくい取ること. **b** かすめて通ること. ❷ (すくい取った)上澄み.

skí màsk 图 スキーマスク《目・口(・鼻)の部分だけあいていて頭からすっぽりかぶるニットのマスク》.

skimmed mílk 图 =skim milk.

skím·mer 图 ❶ (上澄みをすくう)網じゃくし. ❷ [鳥](水面を切って飛ぶ)ハサミアジサシ. ❸ (クレジットカードなどの)磁気データ読み取り器 (cf. skimming).

skim·mi·a /skímiə/ 图 [植] ミヤマシキミ《ミカン科ミヤマシキミ属の常緑低木の総称》.

skím mílk 图 U 脱脂乳, スキムミルク (⇔ milk 関連).

skím·ming 图 U スキミング《偽造や不正利用を目的に,

ski·mo·bile /skíːməbìːl/ 名 =snowmobile.

skimp /skímp/ 動 ❶ 十分に使わない, 節約して使う: Don't ~ the butter on the toast. トーストにはバターを惜しむな. ― 自《...を》節約する, 切り詰める: They had to ~ (on everything) to send their sons to college. 彼らは息子たちを大学へやるために(何事も)倹約しなければならなかった. ― 形 乏しい, 小さい. ―《口》小さいもの; 窮屈な服.

skimp·y /skímpi/ 形 (**skimp·i·er**, **-i·est**) ❶〈衣服など〉短い, 小さい. ❷〈量が〉乏しい, 貧弱な: a ~ meal 粗末な食事. **skímp·i·ly** /-pɪli/ **-i·ness**

＊skin /skín/ 名 ❶ U.C (人間の)皮膚, 肌: a fair [dark] ~ 白い[浅黒い]肌 / an outer ~ 外皮 / next to the ~ 肌にじかに; 身をはなさず / fit like (a) ~ (体に)ぴったり合う / be wet [drenched] to the ~ ずぶぬれである / have dry [oily] ~ 肌がかさかさ[べたべた]している / have bad ~ 肌が荒れている. ❷ C.U **a** (動物からはいだ)皮, 毛皮, 皮革 (cf. leather 1): a green [raw] ~ 生皮. **b** (敷物などにする)獣皮: a tiger ~ トラの皮. **c** (飲物用の)皮(酒などを入れる)革製の器, 革袋: ⇒ wineskin. ❸ C (果物・野菜の薄い)皮 (⇒ rind 比較): an onion ~ タマネギの皮 / slip on a banana ~ バナナの皮を踏んで滑る. **b** (ハム・ソーセージなどの)皮. ❹ C (熱くしたミルクなどの表面の)薄い膜, 薄皮. ❺ C (船体・機体・建物などの)外板, 外装. ❻《英俗》= skinhead. ❼ U《電算》スキン(画面上でのデータの表面上の見え方・デザイン). **be nò skín óff** *a person's* **nóse** [**báck**] 《口》人の知ったことじゃない, 人には関係ないことだ. **be skín and bóne(s)** (1) (口) 骨と皮ばかりである; やせこけている. (2) 骨と皮ばかりの人[皮膚筋肉衰弱]である. **by the skín of** *one's* **téeth** (口) (1) かろうじて: I passed the entrance exam *by the* ~ *of my teeth*. かろうじて入試に受かった. (2) 命からがら: He escaped *by the* ~ *of his teeth*. 彼は命からがら逃げた. **gèt únder** *a person's* **skín** (口) 人を怒らせる[いらいらさせる]. **hàve a thíck** [**thín**] **skín** (人の言葉・批判などに対して)鈍感[敏感]である. **in** *one's* **(báre) skín** 衣服を着ないで, 裸で. **júmp óut of** *one's* **skín** (驚きのあまり)飛び上がる. **sáve** *one's* **(ówn) skín** (口) (自分だけ)無事に逃れる. **ùnder the skín** ひと皮むけば, 本心は, 内実は. **with a whóle skín** けがもなく, 無事に. ― 形 A 皮膚の[に関する]: ~ cream 肌荒れ防止用クリーム / a ~ disease 皮膚病. ―《俗》ヌード専門の, ポルノの: a ~ film [flick] ポル映画 / a ~ magazine [mag] ヌード雑誌. ― 動 (**skinned**; **skin·ning**) 他 ❶〈動物の〉皮をむく;〈果物・野菜の〉皮をむく: a rabbit ウサギの皮をはぐ / ~ onions [potatoes] タマネギ[ジャガイモ]の皮をむく. ❷〈...を〉すりむく, 〈...に〉すり傷をつける: ~ one's knee ひざをすりむく. ❸ (口) **a**〈人を〉完膚なきまでにやっつける: He got *skinned* at cards. 彼はトランプですっからかんになった. **b**〈人から〉金を巻き上げる, だまし取る: They *skinned* him of all his money. 彼らから金を全部巻き上げた. ― 自 ❶ 皮でおおわれる: The wound has *skinned* over. 傷口に皮がはった. ❷ (狭い所を)かろうじて通り抜ける[る], (試験などに)すれすれで合格する〈*through, by*〉. **skín...alíve** (1) 〈...の〉生皮をはぐ. (2) (口) 〈...を〉厳しく罰する. 【ON; 原義は「はいだもの」】 [形] skinny, cutaneous 【類義語】 **skin**, **pelt**, **hide** いずれも動物の外側を包む皮を表わす語. **skin** が最も意味的に広い語で, 人間の皮膚にも用いられる. **pelt** はテンやキツネ・羊などのような細かい毛を持つ動物のまだなめしていない皮. **hide** は馬・牛・象などのような大きな動物の丈夫な皮.

skín·càre 名 U 肌の手入れ(用の), スキンケア(の).

skín-dèep 形 ❶ うわべの, 皮相(的)な (superficial): Beauty is but ~. 美貌(ぼう)は皮一重. ❷ 皮一重の(深さの): a ~ wound かすり傷.

skín-dìve 動 スキンダイビングをする.

skín dìver 名 スキンダイビングをする人.

skín dìving 名 U スキンダイビング(シュノーケルや足ひれ(flippers)をつけてする潜水).

skín·flìnt 名 (非常な)けちん坊 (miser).

skín fòod 名 U (肌の)美容クリーム.

1695　ski-plane

skín·fùl /skínfùl/ 名 [a ~] (英口) 酔うだけの酒量: have a ~ 酔っぱらう.

skín gàme 名《米口》いかさま勝負, 詐欺(ぎ), ぺてん, いんちき.

skín gràft 名 (医) 皮膚移植用の皮膚片.

skín gràfting 名 U(医) 皮膚移植.

†**skín·hèad** 名 ❶ (英) スキンヘッド《丸刈り頭に特異な服装をした, 通例 白人の若者; 時に集団で暴力をふるい, しばしば白人優越主義に傾倒》. ❷ 丸刈り頭の男[若者].

skink /skíŋk/ 名 トカゲ《トカゲ科の爬虫類の総称》.

skín·less 形 皮のない, (ソーセージなど)皮なしの.

skinned /skínd/ 形 ❶ 皮をはがれた. ❷ [複合語で]〈...の〉皮膚をもった: fair-[dark-]*skinned* 肌の白い[浅黒い].

skín·ner 名 ❶ **a** 皮をはぐ人. **b** 毛皮商人. ❷《米》(ラバなどの)荷車用の家畜の御者.

Skin·ner /skínər -nə/, **Bur·rhus** /bə́ːrəs | bə́rəs/ **Frederic** スキナー《1904-90; 米国の心理学者; オペラント行動条件づけの実験装置としての Skinner box が有名》.

skin·ny /skíni/ 形 (**skin·ni·er**, **-ni·est**) ❶〈人が〉やせこけた, 骨と皮ばかりの = skintight. ― 名 [the ~] 《米口》 (内部の(確かな))情報〈*on*〉. 名 skin

†**skínny-díp** 動 自 (口) すっ裸で泳ぐこと.

skínny-dípping 名 U (口) 裸で泳ぐこと.

skínny-ríb 名 スキニーリブ《体にぴったりフィットしたセーター[カーディガン]》.

skín-pòp 動《米俗》薬物を皮下注射する.

skint /skínt/ 形 P《英俗》文なしで.

skín tèst 名 (アレルギー体質などをみる)皮膚試験[テスト].

skín-tìght 形〈衣服などが〉体にぴったり合う: ~ jeans 体にぴったりしたジーパン.

＊**skip¹** /skíp/ 動 (**skipped**; **skip·ping**) 自 ❶ [通例副詞(句)を伴って] **a**〈子羊・子供などが〉跳ね回る; スキップする: The kids were *skipping* (about) in the park. 子供たちが公園で跳ね回っていた. **b**〈ボールなどが〉跳ねて[はずんで]飛んで行く. ❷ **a** (英) なわ跳びする. **b**〈...を〉ひょいと跳ぶ〈*over, across*〉. ❸ とばす, とばして読む, 拾い読みをする: read without *skipping* 飛ばさずに読む / ~ *over* certain chapters あるいくつかの章をとばして読む / ~ *through* a book 本を拾い読む. ❹ [副詞(句)を伴って]〈話があちこちにとぶ;〈話し手が〉次から次へと話題を変える: His speech *skipped* around a lot. 彼の講演は話題が縦横にとんだ / The speaker *skipped from* one subject *to* another. 講演者は次から次へと話題を変えた. ❺ (口) 逃げる, 姿をくらます, 高飛びする〈*off, out*〉. ❻ (教育) 飛び級する. ― 他 ❶ **a**〈話などの(一部)〉をとばす, とばして読む: ~ the difficult parts of a book 本の難しい部分をとばす. **b** (口)〈食事など〉を抜く: ~ breakfast 朝食を抜く. **c** (口)〈授業・会合など〉をサボる, 休む: ~ school 学校を休む / ~ a lecture 講義をサボる. ❷〈...を〉跳び越す. ❸ (口) 〈場所から〉急いで逃げる, 姿をくらます, 高飛びする. ❹ (教育) 〈級〉を飛び越す. ❺〈石などを投げて(水面などで)〉はずませる[水切りをする]. ❻ (米) [~ rope] になわ跳びをする. **Skip it.** 《俗》 (1) もういいよ, やめよ. (2) 気にするな. **skíp óut on...** 〈家族など〉を突然見捨てる, 〈...のもとから姿をくらます. (2)〈場所など〉を突然抜け出す,〈活動などの〉途中で消える[抜ける];〈支払いなど〉をすっぽかしていなくなる, すっぽかす. ― 名 ❶ 軽く跳ぶこと, 跳躍; スキップ. ❷ とばす[抜かす]こと, 省略; とばし読み(した部分); (電算) (データ・コマンドなどの)スキップ. ❸《米口》逃げた[すっぱした]人. 【ON *skopa* to run】 【類義語】 **skip** かわるがわる片足で軽くぴょんぴょん跳ぶ. **bound** 走るときなどのように, skip よりも歩幅が長く, 力強い跳躍. **hop** 片足で 1 回または何回か続けて短く跳ぶ.

skip² /skíp/ 名 (英) (廃物運搬用などの)大型容器.

skip³ /skíp/ 名 curling [lawn bowling] のチームの主将. ― 動 (**skipped**; **skip·ping**) 〈チームの〉主将をする.

skíp·jàck 名 (優 ~, ~s) 水中からとび上がる魚《カツオなど》.

skípjack túna 名 (優 ~, ~s) 《魚》カツオ.

skí-plàne 名 (車輪のかわりにスキーのついた)雪上機.

*__skip·per__[1] /skípə | -pə/ [名] ❶ (小型船・ヨットなどの)船長 (captain). ❷《口》(飛行機の)機長. ❸《口》a〘スポ〙主将 (captain). b《米》マネージャー. ━[動] [他] ❶〈船の〉船長を務める. ❷《口》〈チームの〉主将[《米》マネージャー]を務める. 〘Du < *schip* ship〙

__skíp·per__[2] [名] 跳ねる人[もの].

__skip·pet__ /skípət/ [名] (印章を保護するための)小さな木箱[包み], スキペット.

__skípping ròpe__ [名]《英》なわ跳びのなわ (《米》skip rope).

__skíp ròpe__ [名]《米》=skipping rope.

__skirl__ /skə́ːl | skə́ːl/ [動] [自] (風笛 (bagpipe) のように)ピーピーいう, 金切り声を出す. ━[名] [単数形で] 風笛の音; 金切り声.

+__skir·mish__ /skə́ːmɪʃ | skə́ː-/ [名] ❶ 小競り合い. ❷ 小論争. ━[動] [自]〔…と〕小競り合い[小衝突]をする〔*with*〕. ~·er [名]

__skirr__ /skə́ː | skə́ː/ [動] [自] 急いで去る[行く]; 速く走る[飛ぶ, 帆走する]〈*off, away*〉.

__skir·ret__ /skírət/ [名]〘植〙ムカゴニンジン.

*__skirt__ /skə́ːt | skə́ːt/ [名] ❶ [C] a スカート: ⇨ miniskirt / wear a ~ スカートをはく. b (衣服の腰から下の)すそ. ❷ [C] a (機械・車両などの)鉄板のおおい, スカート. b (鐘の)外に広がっている縁. ❸ [複数形で]〔町などの〕周辺, 郊外, はずれ: on the *~s of* the village 村はずれに. ❹ [U] [通例 a bit [piece] of ~ で]《俗・軽蔑》(性的対象としての)女: *a* nice *bit of* ~ いい女 / chase ~ 女の尻を追い回す. ❺《英》a (肉牛の)横隔膜. b (牛の)わき腹肉. ━[動] [他] ❶ a〈…を〉囲む, めぐる: The path *~s* the wood. その道は森の周囲をめぐっている. b〈…の〉端を通る: ~ a puddle 水たまりをよけて通る. ❷〈問題・困難などを〉避ける, 回避する: Stop *~ing* the issue. 問題を避けるのをやめろ. ━[自] ❶ a〈川・道などが〉〔…に沿って〕ある〔*along*〕. b〔…に沿って〕行く〔*along*〕. ❷〔問題・困難などを〕避ける, 回避する〔*round, around*〕. 〘ON=shirt; 原義は「短く切ったもの」; cf. shirt, short〙

__skirt·ed__ /skə́ːṭɪd | skə́ːt-/ [形] [通例複合語で] …なスカートの: a short-[long-]*skirted* 短い[ロングの]スカートの.

__skírt·ing (bòard)__ /-ṭɪŋ-/ [名] [C,U]《英》〘建〙(壁下の)幅木, すそ板 (《米》baseboard).

__skí rùn__ [名] (また __skí slòpe__) スキー滑走路, ゲレンデ (〔比較〕「ゲレンデ」はドイツ語 (Gelände) から).

__skit__[1] /skít/ [名] ❶ (風刺的またはこっけいな)寸劇, スキット〔*on*〕. ❷ (軽い)風刺文, 戯文〔*on*〕.

__skit__[2] /skít/ [名]《英口》❶ 多数のもの, 群れ. ❷ [複数形で] 多数, どっさり.

__skí tòw__ [名] ❶ スキートウ《ロープにつかまらせてスキーヤーを上に運ぶリフト》. ❷ =ski lift.

__skit·ter__ /skíṭə | -tə/ [動] [自] ❶ [副詞(句)を伴って] a 軽快に[すばやく]進む[走る]: A rabbit *~ed across* the road. ウサギが道をさっと横切っていった. b〈鳥などが〉水面すれすれに飛ぶ. ❷ 流し釣りをする. ━[他]〈釣り針を〉水面でぴくぴく動かす.

__skít·ter·y__ /skíṭəri/ [形] =skittish.

__skit·tish__ /skíṭɪʃ/ [形] ❶〈馬など〉ものに驚きやすい, ものおじする. ❷ 気まぐれな; 変わりやすい, 浮き沈みの激しい. ❸〈女が〉はねっ返りの, おてんばな; 陽気な, 元気な. ~·ly [副] ~·ness [名]

__skit·tle__ /skíṭl/ [名]《英》❶ [C] スキットルズ用のピン. ❷ [~s で; 単数扱い] スキットルズ《木製の円盤または球を投げて 9 本のピンを倒すゲーム》. __nòt áll béer and skíttles__ ⇨ beer [成句].

__*skive*__[1] /skáɪv/ [動] [自] [他]《英口》(仕事・学校などを)サボる〈*off*〉. __skív·er__ [名]

__skive__[2] /skáɪv/ [動] [他]〈革などを〉削る, 薄く切る.

__skiv·vy__[1] /skívi/ (英口) [名] 下女, 女中. ━[動] [自] 下女の(ような)仕事をする.

__skiv·vy__[2] /skívi/ [名]《米》❶ [複数形で]〘商標〙スキビーズ《男性用下着》. ❷ =skivvy shirt.

__skívvy shìrt__ [名] スキビーシャツ《長袖の T シャツ》.

__skoal, skol__ /skóʊl/ [間] 乾杯! 〘Scand < ON=わん〙

__skoo·kum__ /skúːkəm/ [形]《米北西部・カナダ》大きい, 力強い, 強力な; 一流の, すばらしい.

__skóokum hòuse__ [名]《米口》刑務所, 「ホテル」.

__Sko·pje__ /skápjeɪ | skóʊp-/ [名] スコピエ《マケドニアの首都; Vardar 川に臨む》.

__skosh__ /skóʊʃ/ [名] [a ~; しばしば副詞的に]《俗》少し, ちょっと. 〘Jpn〙

__Skr., Skt__《略》Sanskrit.

__sku·a__ /skjúːə/ [名]〘鳥〙トウゾクカモメ.

__skul·dug·ger·y__ /skʌldʌ́g(ə)ri/ [名] [U]《戯言》不正行為, 卑劣なふるまい.

__skulk__ /skʌ́lk/ [動] [自] ❶ [副詞(句)を伴って] こそこそ歩く[する]; こそこそ隠れる[逃げる]: ~ *about* あちこちこそこそと忍び歩く / ~ *behind* the door ドアの後ろに隠れる. ❷《英》仕事をサボる, 義務[責任]を回避する. ━[名] キツネの群れ. ~·er [名]

*__skull__ /skʌ́l/ [名] ❶ __頭蓋骨__(とうがいこつ)(ずがいこつ), 頭骨; どくろ. ❷《口》(知力の意での)頭, 頭脳: have a thick ~ 頭が鈍い. __gét it ìnto one's thíck skúll__《口》理解する (★ 通例否定・疑問文で用いる). __òut of one's skúll__《俗》気が狂って. __skúll and cróssbones__ どくろと大腿(たい)骨《どくろの下に交差した大腿骨を描いた図形; 死の象徴》. 〘Scand < ON *skalli* はげ頭〙 ([関形] cephalic, cranial)

__skúll·càp__ [名] ❶ スカルキャップ《頭蓋のみをおおう小さな縁なし帽; 老人・聖職者・ユダヤ人などがかぶる》. ❷ 脳天.

__skull·dug·ger·y__ /skʌldʌ́g(ə)ri/ [名] =skulduggery.

__skulled__ /skʌ́ld/ [形] [通例複合語で] …な頭蓋をもつ.

__skúll sèssion__ [名]《米口》❶ 討論(会), 意見交換(会). ❷ 会議, 戦略会議, (運動部の)作戦会議[研究会].

__skunk__ /skʌ́ŋk/ [名] ❶ a [C]〘動〙スカンク. b [U] スカンクの毛皮. ❷ [C]《口》すごくいやなやつ, 「鼻つまみ」. ━[動] [他]《米俗》❶〈相手に〉楽勝[完勝]する. ❷〈借金などを〉踏み倒す. ❸〈人を〉だます〈*out*〉.

skunk 1 a

__skúnk càbbage__ [名]〘植〙❶ (北米産の)ザゼンソウ《サトイモ科の多年草; 悪臭が強い》. ❷ アメリカミズバショウ《悪臭がある》.

__skúnk·wòrks__ [名] [複] [通例単数扱い]《米口》(企業・組織内の)(秘密)研究開発部門[チーム].

‡__sky__ /skáɪ/ [名] ❶ a [the ~] 空, 大空, 天空 (〔用法〕《文・詩》ではしばしば the skies): There were no clouds in *the* ~. 空には全然雲がなかった / from the look of *the* ~ 空模様からすると / the star-studded *skies* over the desert 砂漠を覆う星空. b [U] [また a ~; 修飾語を伴って] (ある状態の)空; 空模様 (〔用法〕《文・詩》ではしばしば複数形): *a* clear ~ 澄んだ空 / *a* starry ~ 星空 / *a* stormy ~ 荒れ模様の空 / leaden *skies* 鉛色の空. ❷ [C] [しばしば複数形で] 気候, 風土: a foreign ~ 異郷(の空) / under the sunny *skies* of southern France 南フランスの陽光さんさんたる空のもとで. ❸ [the ~, the skies]《文・詩》天(国): be raised to *the skies* 昇天する, 死ぬ. __òut of a [the] cléar (blúe) ský__ にわかに, 不意に. __The ský is the límit.__《口》(なんでも注文したまえ)制限なしだ; (稼ごうと思えば)限度はない; (賭(か)けで)いくらでも賭けてよい. __to the skíes__ 大いに: praise [laud] a person *to the skies* 人をほめちぎる. __ùnder the ópen ský__ 大空の下で, 戸外で. ━[動] [他] (__skied__ /skáɪd/) ❶〈ボールを〉高く飛ばす. ❷〈絵を〉壁の高いところにかける. ━[自]《俗》〘バスケ〙(ダンクシュートするために)高く跳ぶ. 〘ON *ský* 雲; 原義は「おおうもの」〙

__ský blúe__ [名] [U] 空色. __ský-blúe__ [形]

__ský-blùe pínk__ [名] [U]《戯言》空色のピンク《存在しない[未知の, どうだってよい]色のこと》.

__ský·bòrne__ [形] 空輸の[による].

__ský·bòx__ [名]《米》スカイボックス《スタジアムなどの高い位置に仕切られた屋根付きの豪華な特別観覧席》.

__ský·brìdge__ [名] (二つのビルなどを結ぶ)(空中)連絡通路.

__ský bùrial__ [名] (チベットやインドの一部で行なわれる)鳥葬.

__ský·càp__ [名]《米》空港の手荷物運び人.

sky-clad 形 蒼穹を着たる, 服を着けない《魔女》.
sky cloth 名《劇》空色の背景幕.
sky-dive 動 スカイダイビングをする.
sky-diver 名 スカイダイビングをする人.
sky-diving 名 Ⓤ スカイダイビング《飛行機から低空までパラシュートを開かずに落下し, 各種の演技をするスポーツ》.
Skye /skáɪ/ 名 スカイ島《スコットランドの北西 Inner Hebrides 諸島中の島》.
Skye térrier 名 スカイテリア(犬)《長毛短脚のテリア》.
sky-ey /skáɪi/ 形 天の(ような); 空色の; 非常に高い.
sky-glow 名 Ⓤ《都市などの人工光源による》夜空の輝き, 夜光.
sky-high 副 空高く, 非常に高く. **blów ský-hígh**《...を》粉砕する, 論破する. ── 形 非常に高い; 法外な: ~ inflation 天井知らずのインフレ.
sky-hook 名 ❶《天にぶらさがっていると考えられている》天空の鉤(ﾌｯｸ). ❷《バスケ》高く弧を描くフックシュート.
sky-jack /skáɪdʒæk/ 動 他《航空機》を乗っ取る (hijack). 《SKY+(HI)JACK》
sky-jack-er 名 航空機乗っ取り犯人.
sky-jack-ing 名 航空機乗っ取り.
Sky-lab /skáɪlæb/ 名 スカイラブ《米国の有人宇宙実験ステーション(1973-1979)》.
sky-lark /skáɪlɑːk | -lɑːk/ 名《鳥》ヒバリ《空に舞い上がる時に鳴くことで有名》. ── 動 ⓘ《口》はね回る, ばか騒ぎをする, ふざける《about》.
sky-less 形 空[天]の見えない, 曇った.
sky-light 名《屋根・天井の》明かり取り, 天窓.
sky-light-ed, -lit 形 天窓のある.
sky-line 名 ❶ スカイライン《連山・都市の建築物などが空を画する輪郭(線)》. ❷ 地平線.
sky marshal 名《米》航空保安官.
sky pilot 名《俗》牧師, 軍隊付き牧師.
sky rocket 名 流星花火, のろし. ── 動 ⓘ《物価などが急騰する, うなぎ登りに上がる.
sky-sail /-seɪl, -s(ə)l/ 名《海》スカイセイル《最上帆 (royal) のすぐ上の横帆》.
sky-scape /skáɪskeɪp/ 名 空の景色(の絵).
sky-scrap-er /skáɪskreɪpə | -pə/ 名 超高層ビル, 摩天楼. 《SKY+SCRAPER;「空をこするもの」の意》
sky sign 空中[屋上]広告.
sky surfing 名 スカイサーフィン《スカイダイビングの一種で, スノーボードのような板をはいて飛行機から飛び降り, 空中をサーフィンしながら降下する》.
sky-walk 名《二つのビルなどを結ぶ》空中連絡通路.
sky-ward 副 形 空の方へ(向けた), 上へ(向けた).
sky-wards 副 =skyward.
sky-watch 名 飛行機などを捜して空を見張ること.
sky wave 名《通信》上空波《電離層や人工衛星に反射して伝わる》.
sky-way 名 ❶ 航空路. ❷ =skybridge. ❸《米》高架式高速道路.
sky-writer 名 skywriting を行なう人[飛行機].
sky-writing 名《飛行機による》空中文字[広告].
SL《略》sea level.
slab /slæb/ 名 ❶ **a**《石・木・金属などの》厚板, 平板: a marble ~ 大理石板. **b**《パン・チーズ・肉などの》厚い厚切り: a ~ of chocolate 板チョコ. ❷ [the ~]《英口》《病院・死体置場の》死体仮置台.
slab-ber /slæbə | -bə/ 名《米・英方》=slobber.
slack¹ /slæk/ 形 (~·er; ~·est) ❶《ロープ・ねじなどゆるい, たるんだ (↔ tight): a ~ rope ゆるんだロープ / The cable hung ~. ケーブルがたるんで垂れ下がっていた. ❷《商売など》不景気な, 活気のない, 閑散とした (quiet): the ~ season 不景気シーズン / the ~ hour《乗り物・食堂などのすいている時間 / Business is ~ now. 商売は今活気がない. ❸《人・規律などいいかげんな, 不注意な, 怠慢な: ~ legal controls ずさんな法的規制 / a ~ official たるんだ役人 / He's ~ **in** [**at**] his duties. 彼は勤務怠けいかんだ. ❹ **a**《人・歩調などの》のろい, ぐずぐずした: at a ~ pace ゆっくりした足どりで. **b**《流れなどゆるやかな, よどんだ: ⇒ slack water. ── 名 ❶ Ⓤ《ロープ・帆などの》たるみ; たるんだ部分: There's too much ~ in the rope. ロープがたるみすぎている. ❷ Ⓤ 余剰《人員・資金など》. ❸ Ⓒ《商売などの》不景気(の時期). ❹ [複数形で] ⇒ slacks. **take úp the sláck** (1) (ロープなどの)たるみを引き締める. (2)《不振の産業などに》活を入れる. ── 動 ❶《義務・警戒などを》怠る: ~ (up) one's efforts 努力を怠る. ❷《速度・帆なるめる: ~ off speed 速度を落とす. ──《口》怠ける; いいかげんにやる, 手を抜く: He was scolded for ~ing (on the job). 彼は(仕事を)怠けてしかられた. ❷ **a**《風雨・熱狂・景気などが弱まる, 不活発になる: The rain has ~ed up. 雨脚が弱まった / Their enthusiasm ~ed off. 彼らの熱狂はおさまった. **b** 速力が遅くなる《off, up》. ── ·ly 副. ── ·ness 名.《動 slacken》

slack² /slæk/ 名 Ⓤ 粉炭.

slack-en /slǽkən/ 動 ❶ 他《努力・速度などを》減じる, 弱める: ~ (up) speed for a curve カーブで速度を落とす. ❷ 《...をゆるめる: ~ (off) a rope ロープをゆるめる / Don't ~ your grip. (握った)手をゆるめるな. ── ⓘ ❶ **a**《人がたるむ, 怠ける《off》. **b**《速度などのろくなる / 《商売などが》不活発になる《off》. **c**《風・戦闘などが弱まる《off》. ❸《ロープなどがゆるむ; (ロープなどを)ゆるめる: S~ off! ロープをゆるめろ.《形 slack¹》

slack-er 名 ❶ 怠け者, 仕事をいいかげんにする人. ❷ 兵役忌避者. ❸ スラッカー《社会通念に背を向け, 目的的・無関心な生き方をする高学歴の若者》.

slack-jawed 形 ぽかんと口をあけた.

slacks /slæks/ 名 複 スラックス《上着と対でないかしこまったズボン》: a pair of ~ スラックス1本.【類義語】⇒ trousers.

slack suit 名《米》スラックスーツ《スラックスとジャケット[シャツ]のふだん着》.

slack water 名 Ⓤ ❶ 憩潮(時), 潮だるみ《干潮時または満潮時に潮が一時的に静止している状態》. ❷《川などの》よどみ.

slag /slæg/ 名 ❶ Ⓤ スラグ, 鉱滓(ｺｳｻｲ), かなくそ《鉱石を精錬する時に出るかす》. ❷ Ⓤ 火山岩滓(ｻｲ). ❸ Ⓒ《英俗》淫乱な女; 売春婦. ❹ 役に立たない人, やくざ. ── 動 《英俗》《...を》ののしる, けなす, こきおろす《off》. **slág-gy** /-gi/ 形.

slag hèap 名《英》ぼた山.

slag wool 名 Ⓤ 鉱滓綿, スラグウール.

slain 動 slay¹ の過去分詞.

slain-te /slɑːnʧə/ 間 健康を祝して, 乾杯!

slake /sleɪk/ 動 ❶《渇き・飢え・欲望などを》満足させる. ❷《火を》消す. ❸《石灰を》消和[沸化]する. ──ⓘ 《石灰が》消和[沸化]する.

slaked líme 名 Ⓤ 消石灰.

sla-lom /slɑːləm/《スキー》名 Ⓤ [通例 the ~] スラローム, 回転滑降, 回転競技. ── 動 ⓘ スラローム[回転競技]をする. 《Norw <sla sloping+låm track》

slam¹ /slæm/ 動 (**slammed; slam·ming**) 他 ❶《窓・ドアなどを》バタンと閉める: He slammed the door to. 彼はドアをバタンと閉めた / ~ (+目+補) ~ a window shut 窓をバタンと閉める. ❷ **a** [副詞(句)を伴って]《ものを》(...に)ドンと置く: He slammed his book (down) on the desk. 彼は(怒って)机の上に本をドンと叩き付けた. **b**《ブレーキなどを》急に踏む[押しつける]: ~ **on** the brakes = ~ the brakes **on** 急にブレーキを踏む. ❸《ボールなどを打つ, 打ち当てる: ~ the ball over the fence フェンスの向こうまでボールを打つ. ❹《口》《...を》酷評する, こきおろす. ❺《俗》《...に》楽勝する. ── ⓘ《窓・ドアなどがバタンと閉まる: The door slammed (to) in the wind. 風でドアがバタンと閉まった. **slám ínto [agàinst]** (他+前) (1)《...に》激突する. ── (他+副)《...を強くぶつける. ── 名 ❶ [a ~] バタン: with a ~ バタンと; 手荒く. ❷ Ⓒ《口》酷評. ❸ [the ~]《米俗》刑務所.

slam² 名 ❶《トランプ》《ブリッジ》スラム, 総取り, 完勝《解説》13組全部とると grand slam, 12組とると small slam または little slam という》.

slam-bang《口》副 バタンと, ドシンと. ── 形 ❶ ドタン

ボタンの, うるさい. ❷ すごい, わくわくする. ❸ ストレートな, 徹底した.

slám dàncing 名 U スラムダンシング《ヘビーメタルなどの音楽に合わせて踊るダンス; 熱狂的に飛び跳ね激しくぶつかり合う》. **slám dànce** 動

slám dùnk 名〘バスケ〙スラムダンク (dunk shot).

slám-dùnk 動 他〘バスケ〙(ボールを)スラムダンクする.

slam・mer /slǽmɚ | -mə/ 名［通例 the 〜］《米俗》刑務所.

slam・min /slǽmɪn/ 形《米俗》最高の[に], すばらしい[すばらしく].

slám・ming 名 U スラミング《ローカル電話会社がユーザーの同意を得ずに長距離電話会社を代えること》.

+**slan・der** /slǽndɚ | slɑ́ːndə/ 名 ❶ C 中傷, 悪口 (defamation). ❷ U〘法〙口頭名誉毀損(きそん) (cf. libel 1). ── 動 他 〜 の名誉を毀損する. 〜・er 名〘F＜L *scandalum* 攻撃の理由, つまずきのもと, cf. scandal〙

slan・der・ous /slǽndərəs, -drəs | slɑ́ːn-/ 形 ❶「言葉など」中傷的な. ❷〈人など〉口の悪い: a 〜 tongue 毒舌. 〜・ly 副 〜・ness 名 (slander)

+**slang** /slǽŋ/ 名 U ❶ 俗語, スラング《くだけた会話などでは用いられるが, まだ品位のある正統的な語(法)と認められないもの》: a 〜 word フランス語 "Pot" is 〜 for "marijuana." pot は marijuana の俗語である. ❷ (特定の職業・社会の)用語; (盗賊などの)隠語, 符丁, 合い言葉: doctors' 〜 医者用語 / students' 〜 学生(用)語. ── 動 他《口》〈人の悪口を言う, 人を〉ののしる.

sláng・ing mátch 名《英》ののしり合い.

slang・y /slǽŋi/ 形 (**slang・i・er**; **-i・est**) ❶ 俗語の, 俗語めいた. ❷ 俗語を使う. **sláng・i・ness** 名

+**slant** /slǽnt | slɑ́ːnt/ 動 他 ❶ 斜めにする, 傾斜させる: 〜 a line 線を斜めに引く. ❷〈記事などを〉…向きに書く［*for, toward, in favor of*］《通例受身》: This magazine is 〜ed for rural readers. この雑誌は農村の読者向きに書かれている. ── 自［副詞(句)を伴って〕(…に)斜めになる, 傾斜する: Most handwriting 〜s to the right. たいていの筆跡は右に傾斜している. ── 名 ❶［単数形で］傾斜, 勾配: the 〜 of a roof 屋根の勾配 / at [on] a [the] 〜 傾斜して, 斜めに. ❷ 坂, 斜面. b 斜線. ❸ C a (心などの)傾向, 偏向［*toward*］. b (特殊な・個人的な)観点, 見地: a new 〜 *on* the incident 事件に対する新しい見方. ❹ C《米口》横目, 一目: take a 〜 *at* a person 人をちらっと見る. ── 形 (比較なし) 斜めの, 傾斜した: a 〜 line 斜線.〘Scand., 原義は「滑る」〙

slánt-èyed 形 目尻の上がった.

slánt hèight 名 U,C〘数〙斜高.

slánt・ing /-tɪŋ/ 形 傾いた, 斜めの: the 〜 rays of the sun 夕日の光, 斜陽. 〜・ly 副

slánt・ways 副 =slantwise.

slánt・wise 副形 斜めに［の], はすに［の].

***slap** /slǽp/ 名 ❶ (平手で)ぴしゃりと打つこと). ❷ 拒絶, 侮辱, 非難. **a sláp in the fáce** (1) 顔をピシャリと打つこと. (2) 拒絶, ひじ鉄砲. **a sláp on the báck** 称賛, 祝意. **a sláp on the wríst** 軽い罰; 軽い警告. **sláp and tíckle** U《英口》(男女の)いちゃつき. ── (**slapped**; **slap・ping**) 他 ❶〈…を〉(平手で)ピシャリと打つ (⇒ pat¹〘比較〙): 〜 a person's *cheek* 顔をピシャリと手でたたく / 〜 a person *across* [*in, on*] the face 人の横っつら［顔］をピシャリとたたく / He slapped me *on* the back. (親しみをこめたあいさつとして)私は私の背中をぽんとたたいた. ❷［副詞(句)を伴って]〈ものを…に〉ピシャリと［ばしゃりと]置く: He slapped the album (*down*) on the desk. 彼はそのアルバムをバタンと机の上に置いた. ❸〈…を〉ピシャリと音をたてる. **sláp a person aróund** 人を日常的に［頻繁に]たたく［殴る]. **sláp dówn** (他＋副) (1)〈…を〉厳しく批判する, 酷評する, こき下ろす. (2)〈…を〉強く［力強く]抑える; 拒絶する, 反対する. (3)〈ものを〉ドンと置く (⇒ 他 2). **sláp on** (他＋副)《口》 (1) […に]X〈罰金・罰・税などを〉課す, 〈禁止［制限]措置などを〉(急に)敷く; […に]〈ある金額を〉(突然)値上げする. (2)〈ものを〉

を〈…に〉すばやく［無造作に]置く［つける]: 〜 butter *on* a slice of bread パンにバターをベタベタと塗る. ── 副 ❶ まともに, もろに, 真正面に: run 〜 *into*... と正面衝突する. ❷ ちょうど, まさに. **sláp・per** 名〘撥音語〙

sláp-báng 副《英口》❶ ちょうど, まさに, ぴったり. ❷ まともに, もろに. =slapdash.

sláp báss /béɪs/ 名 U《音楽》スラップベース(奏法)《弦が指板を音をたててはじくように, 弦を大きく引いて弾く》.

sláp-dàsh 形 ぞんざいの, 急ごしらえの. ── 副 向こう見ずに, むやみに, しゃにむに.

sláp-háppy 形《口》❶ 陽気で無責任な, いいかげんな, ちゃらんぽらんな. ❷ (殴られすぎり)ふらふらになった.

sláp-hèad 名《俗》頭のはげた［頭を剃っている]やつ, はげ頭.

sláp-jàck 名 ❶《米》=pancake. ❷ U スラップジャック《トランプ遊びの一種》.

sláp shòt 名〘アイスホッケー〙スラップショット《スティックを大きく振りかぶってからパックを強くシュートすること》.

sláp・stick 名 ❶ C どたばた喜劇. ❷ C 先の割れた打棒《昔, 道化芝居で相手を打つのに用いた; 打つと音は大きいが痛くない》. ── 形 A どたばた芝居の: a 〜 comedy どたばた喜劇.

sláp-ùp 形 A《英口》〈食事など〉すばらしい, 一流の.

*****slash** /slǽʃ/ 動 他 ❶ a〈…を〉(刃物で)深く切る, めった切りにする, 切り裂く; 〜 one's way through 〘…を〙切り裂く: 〜 a tent テントを切り裂く. b〈木・枝を切り払って〉〈…を〉進む: He 〜ed his way through the jungle. 彼は木を切り倒してジャングルの中を進んだ. ❷ a〈…を〉大幅に切り下げる［削減する] (cut)《★ しばしば受身》: 〜 prices [taxes, salaries] 値段［税金, 給料]を大幅に下げる. b〈書物などを〉削除する; 〈…に〉大改訂を加える. ❸〈…に〉（裏地[下着]を見せるための〉切り込み［スラッシュ]を入れる (⇒ **slashed**). ❹〈古〉〈人・動物を〉むちなどで打つ［*with*］. ❺〈古〉〈…を〉酷評する, 貶きおろす. ── 自 ❶〘…で〙振り回す: She 〜ed *at* him *with* a kitchen knife. 彼女は彼に向かって包丁を振り回した. ❷〈雨などが〉〘…に〙激しく打ちつける［*against*］. ── 名 ❶ 切り［つ]こと, 一撃, ひと切り. ❷ 深傷(ふかで), 切り傷. ❸ (裏地［下着]を見せるための衣服の)スラッシュ, 飾り口. ❹ 切り下げ, 削減. ❺ 斜線. ❻ [a 〜]《英俗》放尿, 小便: have a 〜 おしっこをする.

slásh-and-búrn 形 農耕か焼き畑式の.

slashed 形〈衣服が〉（裏地[下着]を見せるために)スラッシュをつけた: a 〜 sleeve そで口を切り上げたそで.

slásh・er 名 ❶ (ナイフ・かみそりなどで)切りつける人. ❷ スラッシャー《刃物などで人間を切り刻む残虐場面を売り物にする映画》.

slásh・ing 形 ❶ 鋭い, 激しい, 容赦ない: (a) 〜 rain どしゃ降り. ❷ 鮮明な, 派手な.

slat /slǽt/ 名 (ブラインドなどの)スラット, 小割板《木・金属・プラスチック製などの薄い細長い板》.

*****slate** /sleɪt/ 名 ❶ a U 粘板岩. b C (粘板岩の)スレート《屋根ふき用》. c C 石板《昔, 学童がノート代わりに用いた粘板岩製の薄い板; 石筆で書いて消す》. ❷ C《米》(指名)候補者名簿 (list). **a cléan sláte** 汚点のない経歴: start over with *a clean* 〜 (過去を清算して)新しく出直す. **on the sláte**《英》掛けで, つけで. **wípe the sláte cléan** 過去のことを水に流す, 行きがかりを捨てる. ── 形 A 石板質の, 石板の(ような). ❷ 石板色の, ねずみ色の. ── 動 他 ❶《米》〈…を〉予定する (schedule)《★ 通例受身》: The election is 〜d for October. 選挙は 10 月に予定されている /［＋*to do*］The delegation is 〜d *to* arrive next week. 代表団は来週到着するはずである. ❷《米》〈…を〉候補者に立てる《★ 通例受身》: He is 〜d *for* the office. 彼がその職の有力な候補にあげられている / He is 〜d *for* High Court [新聞見出しで]スミス氏最高裁判事候補となる /［＋目＋*to be* 補］He is 〜d *to be* the next chairman. 彼は次の議長候補推になっている. ❸〈屋根を〉スレートでふく. ❹〈屋根を〉スレートでふく. 〘F＜木の細片〙

sláte pèncil 名 (石板に書く)石筆 (cf. slate¹ 名 1 c).

slat・er /sléɪtɚ | -tə/ 名 スレート工, 屋根葺.

slath・er /slǽðɚ | -ðə/ 名《米口》［複数形で]大量, たっぷり: 〜s of money たくさんのお金. ── 動 他 ❶〈…を〉

(…に)たっぷり塗る: ~ the toast *with* butter トーストにバターをたっぷり塗る / ~ on butter バターをたっぷり塗る. ❷ 《…を》たっぷり使う, 浪費する: ~ money *on* clothes 衣装にたっぷりお金をかける.

slát·ted /-tɪd/ 形 スラット[小割板]のある[で作られた].

slat·tern /slǽtərn/ 名 だらしのない女.

slát·tern·ly /-li/ 形 副 だらしない[なく], 自堕落な[に].

slat·y /sléɪti/ 形 (**slat·i·er**; **-i·est**) ❶ スレートの, 石板状の. ❷ スレート色の, 灰色の.

*__slaugh·ter__ /slɔ́ːtər/ -ta- 名 ❶ ⓤ 屠殺(とさつ), 屠殺. ❷ ⓤ (大量)虐殺, 殺戮(さつりく) (massacre). ❸ ⓒ (通例単数形で) 完敗. ━動 ❶ 《…を》虐殺する, 大量殺戮する (butcher). ❷ 《…を》虐殺する, 大量殺戮する. ❸ (口) 《…を》完全にやっつける: Our team was ~ed. わがチームが完敗を喫した. ~·**er** /-tərə/ -rə/ 名 《ON=打ち殺すこと》 形 slaughterous》

sláugh·tered 形 (俗) 酔っぱらった: get ~ 酔っぱらう.

sláughter·hòuse 名 屠畜場. ❷ 大量殺戮の現場.

slaugh·ter·ous /slɔ́ːtərəs/ 形 殺戮(さつりく)を好む, 残忍な. ~·**ly** 副 (~ slaughter)

*__Slav__ /sláːv, slǽv/ 名 ❶ [the ~s] スラブ民族 (Russians, Bulgarians, Czechs, Poles その他). ❷ ⓒ スラブ人. ━形 =Slavic. 《L⇐Gk 〈Slav〉》

*__slave__ /sléɪv/ 名 ❶ 奴隷. ❷ 奴隷のように(あくせく)働く者; ⇨ white slave. ❸ **a** 《…の》とりこになった人: a ~ *of [to]* drink 酒の奴隷 / ~s *of* fashion 流行の奴隷. **b** 《主義などに》献身する人: a willing ~ *to* one's duties 義務のために献身的に働く人. ❹ =slave ant. ❺ (機) 従属装置, 子機, スレーブ. ━動 ❶ 《…に》奴隷のように(あくせく)働く《away》《at, over》: ~ 《away》 for a living 生活費を稼ぐためにあくせく働く / I have ~d away at the translation for years. ここ数年間私はこの翻訳にあくせくと精を出してきた. 《F⇐L =スラブ人 (Slav); 中世に多くのスラブ人が奴隷にされたことから》 形 slavish; 関形 servile)

sláve ànt 名 (昆) 奴隷アリ.

sláve bàngle [bràcelet] 名 スレーブバングル[ブレスレット] 《上腕部にはめる婦人用腕輪》.

sláve driver 名 ❶ 人使いが荒い雇い主. ❷ 奴隷監督.

sláve·hòlder 名 奴隷所有者.

sláve·hòlding 名 ⓤ 形 奴隷所有(の).

sláve lábor 名 ❶ ⓤ 奴隷の労働. ❷ 奴隷の労働《強制労働・低賃金労働》; 割に合わない仕事.

slav·er[1] /sléɪvər | -və/ 名 ❶ 奴隷売買者[商人]. ❷ 奴隷船.

slav·er[2] /slǽv-, slév- | slǽvə/ 動 ❶ よだれを流す. ❷ 《…を》ひどく欲しがる, 渇望する《*over*》. ━名 ⓤ よだれ.

*__slav·er·y__ /sléɪv(ə)ri/ 名 ❶ ⓤ 奴隷であること, 奴隷の身分. ❷ 奴隷制度, 奴隷所有. ❸ 《色欲・食欲など》奴隷であること, 心酔: ~ *to* cigars 葉巻きを吸いふけること. ❹ 骨の折れる仕事, 苦役. 《SLAVE+-ERY》

sláve shíp 名 (昔の)奴隷船.

Sláve Státe 名 奴隷州 《米国で、南北戦争まで奴隷制度が認められていた南部の州; cf. Free State》.

sláve tràde [tràffic] 名 ⓤ 奴隷売買.

sláve tràder 名 奴隷売買者[商人].

slav·ey /sléɪvi/ 名 (英 口) 雑役係の女中[メイド].

Slav·ic /sláːvɪk, slǽv-/ 形 スラブ人[民族]の. ━名 ⓤ スラブ語.

slav·ish /sléɪvɪʃ/ 形 ❶ すっかり模倣する, 独創性のない. ❷ 奴隷的な. ❸ 奴隷のような, 奴隷根性の, 卑しい, 卑屈な. ~·**ly** 副 ~·**ness** 名 《⇐ slave》

Sla·von·ic /sləvɒ́nɪk | -vɔ́n-/ 形 名 =Slavic.

slaw /slɔ́ː/ 名 ⓤ (米) =coleslaw.

*__slay__[1] /sléɪ/ 動 (**slew** /slúː/; **slain** /sléɪn/) ❶ 《人を》殺害する (murder) 《★ 通例受身; 主に (米) のジャーナリスティックな用語》; (文) 《人・動物を》乱暴に殺す, 虐殺する, 退治する: He was *slain* by his enemy. 彼は敵に殺された. ❷ (口) 《人をひどく喜ばせる, 笑いころげさせる. ~·**er** 名 《OE=打つ》《類義語》⇨ kill.

slay[2] /sléɪ/ 名 =sley.

sláy·ing 名 殺人 (murder).

SLBM (略) submarine-launched ballistic missile 潜水艦発射弾道ミサイル.

sleaze /sliːz/ 名 ❶ いかがわしさ, 低俗さ. ❷ ⓒ だらしない人, いかがわしい人.

sléaze·bàg 名 (俗) いやなやつ, うすぎたない[不愉快な]やつ.

sléaze·bàll 名 (米俗) 虫の好かない[いやったらしい]やつ.

*__slea·zy__ /slíːzi/ 形 (**slea·zi·er**; **-zi·est**) ❶ いかがわしい, 低俗な. ❷ みすぼらしい; 安っぽい: a ~ hotel 安ホテル. ❸ (織物など)薄っぺらな. **sléa·zi·ness** 名

sled /sléd/ 名 (米) そり (《英》 sledge). ━動 (**sled·ded; sled·ding**) 自 そりで行く[に乗る]; そり滑りをする. ━他 (米) そりで運ぶ. 《Du》

sléd·ding /-dɪŋ/ 名 ❶ ⓤ そり滑り; そりでの運搬. ❷ (米) (仕事などの)進み具合: The work was hard ~. その仕事はなかなかはかどらなかった.

sléd dòg 名 そり(を引く)犬.

*__sledge__[1] /sléʤ/ 名 ❶ (米) 荷物用そり. ❷ (英) =sled. ━動 ❶ そりで行く, そり滑りをする: ~ *down* a hill そりで丘を滑りおりる. ❷ (米) そりで運ぶ. 《Du》

sledge[2] /sléʤ/ 名 =sledgehammer.

sledge·ham·mer /sléʤhæmər/ 名 大づち (ハンマー). ━形 Ⓐ 強力な, 圧倒的な: a ~ *blow* (致命的)大打撃.

*__sleek__ /slíːk/ 形 ❶ 《毛髪・毛皮などなめらかな, つやのある (glossy). ❷ 《身なりなど》きれいな, めかした; スマートな. **b** 口先(だけ)にお世辞)のうまい; 人あたりのよい. ━動 《…を》なめらかにする, 光沢を出す; なでつける《*down, back*》. ~·**ly** 副 ~·**ness** 名 《SLICK の変形》

sléeky 形 =sleek.

*__sleep__ /slíːp/ 名 ❶ ⓤ **a** 睡眠, 眠り: get some ~ 少し眠りをとる / I didn't get enough ~ last night. ゆうべは十分に眠れなかった / The boy cried himself to ~. その少年は泣きながら眠ってしまった. **b** 眠気: She rubbed the ~ from her eyes. 彼女は目をこすって眠気を払った. ❷ [a ~] 睡眠期間, ひと眠り: after *a* good night's ~ 一晩ぐっすり眠った[よく眠れた夜の]あとで[は, の] / have *a* good ~ ぐっすり眠る / fall into a deep ~ ぐっすり眠りこむ / *a* short [*an* eight-hour] ~ 短い[8時間の]睡眠. ❸ ⓤ 永眠, 死: one's last [long] ~ 最後の[永遠の]眠り. ❹ ⓤ 目やに.

can dó…in one's sléep (慣れていて)眠っていても[目をつぶっても]…できる.

gèt to sléep [通例否定・疑問文で] 寝つく: I couldn't *get to* ~ last night. ゆうべはどうしても寝つけなかった.

gò to sléep (1) 寝つく. (2) 《手・足などが》しびれる.

in one's sléep 眠りながら: talk in one's ~ 寝言をいう.

lóse sléep òver [abòut] … (口) …について眠れないほど心配する.

pút…to sléep (1) 《人を》眠らせる, 寝つかせる. (2) 《人に》麻酔をかける. (3) 《動物などを》安楽死させる.

━動 (**slept** /slépt/) 自 ❶ **a** 眠る: ~ late 朝おそくまで寝る, 朝寝する / Did you ~ well yesterday [last night]? 昨夜はよく眠れましたか / I *slept* only three hours last night. 昨夜は3時間しか眠らなかった. **b** 《…に》泊まる, 寝る: I *slept at* his house [*in* the living room] last night. 私は昨夜は彼の家に泊まった[居間に寝た]. **c** 永眠する, 葬られている: Keats ~s in an old cemetery in Rome. キーツはローマの古い墓地に葬られている. ❷ (文) 《家・町などが》寝静まる, 眠りについて, 活動しない, 静まっている, おさまっている: His hatred never *slept*. 彼の憎しみはおさまることがなかった. ❸ 《こま (top) が》静止しているように見える, 澄む. ━他 ❶ 《…人が泊まるだけの》寝室がある (★ 受身・進行形なし): Our house can ~ ten people. わが家には10人分の寝室がある. ❷ **a** 《時を…》こして(時を)過ごす: I *slept* the night *through*. 私はその夜朝まで(1 度も起きずに)眠り通した / He *slept* the day *away*. 彼は1日を眠って過ごした. **b** [~ oneself 形 で] 《…の状態になる》: [主語+目+補] He *slept himself* sober. 彼は眠って酔いをさました. ❸ [修飾語を伴った同族目的語を伴って] 眠る: ~ a sound ~ 熟睡する / ~ one's last ~ 永眠する, 死ぬ.

sleep around 《自+副》《口》いろいろな相手と寝る[性交する].

sleep in 《自+副》(1)〈雇い人が〉住み込む. (2) 朝寝する, 寝すごす.

sleep it óff 《口》眠って酔いをさます.

sleep off 《他+副》眠って〈…を〉治す, 除く: I slept off my headache. 眠って頭痛を治した.

sleep on [upon, over]... 《口》〈問題など〉をひと晩寝て寝る, …の決定を翌日に[あとに]延ばす: I'll ~ on it. ひと晩寝て考えてみます.

sleep out 《自+副》(1) 外泊する. (2) 外で寝る. (3) 〈雇い人が〉(住み込みでなく)通勤する.

sleep óver 《自+副》《米》〈人の家に〉外泊する, ひと晩泊まる [at].

sleep through... 〈物音など〉に目覚めないで眠り続ける: ~ through an earthquake 地震にも気づかずに眠り続ける.

sleep tight 《通例命令形で》(ぐっすり)お休みなさい《★ 子供に向けて言う》.

sleep togéther 〈二人が〉ベッドを共にする, 寝る.

sleep with... 〈異性〉とベッドを共にする, …と寝る.

〘OE; 原義は「ゆったりする」〙 (形) sleepy.

+**sleep・er** /slíːpɚ | -pə/ 名 ❶ 眠っている人; [修飾語を伴って] 眠りが〈…の〉人 寝ぼう: a good [bad] ~ よく眠れる[眠れぬ]人, a light [heavy] ~ 眠りの浅い[深い]人, 目ざとい[ぐっすり眠る]人. ❷ a 寝台車. b (寝台車の形式). c 寝台ベット. ❸《英》〈鉄道〉まくら木《米》tie. ❹《米口》予想外に当たった映画[芝居・商品(など)]. ❺ 《通例複数形で》《米》(幼児用の)寝巻き, パジャマ《足が出ないようになっている》.

sleep-ín 形《召し使いが》住み込みの.

sleep・ing /slíːpɪŋ/ 形 ❶ Ⓐ 眠っている《★ Ⓟ には asleep を用いる》. ❷ 活動していない, 休止している. ❸〈手・足が〉しびれた. **lét sleeping dógs líe** 面倒になりそうなことはそっとしておく, 寝た子は起こさない, やぶへびならぬようにする. —名 ❶ a 睡眠. b [形容詞的に] 睡眠用の: ⇒ sleeping bag. ❷ 不活動, 休止.

+**sleeping bàg** 名 (登山用などの)寝袋.

sleeping càr [càrriage] 名《列車の》寝台車.

sleeping dráught 名 催眠薬《水薬》.

sleeping pártner 名《英》匿名社員《《米》silent partner》《会社の実践面に参加していない社員》.

+**sleeping píll** 名 睡眠薬.

sleeping policeman 名《英》スピード防止帯《《米》speed bump》《スピードを抑えるために道路上に設けられた傾斜路》.

sleeping sìckness 名 Ⓤ 〔医〕❶ (熱帯アフリカの)睡眠病, 眠り病, アフリカトリパノソーマ病. ❷ 嗜眠(しみん)性脳炎.

sleeping táblet 名 睡眠薬.

sleep-lèarning 名 Ⓤ 睡眠学習(法).

+**sleep・less** 形 ❶ 眠れない: He was [lay] ~ with worry. 彼は心配で眠れなかった / spend a ~ night 眠れない夜を過ごす. ❷ 休まない; 油断のない: ~ care 不断の注意. **~・ly** 副. **~・ness** 名.

sleep mòde 名 Ⓤ,Ⓒ 〔電子工〕スリープ(モード), 休止状態.

sleep-òver 名《主に米》外泊.

sleep-sùit 名《英》(幼児用の)つなぎの寝巻き.

sleep-wàlk 動 夢遊する. —名 夢遊. **sleepwàlker** 名 夢遊病者.

sleep-wàlking 名 Ⓤ 夢遊病.

sleep-wèar 名 寝巻き.

+**sleep・y** /slíːpi/ 形 (**sleep・i・er**; **-i・est**) ❶ 眠い, 眠たがる; 眠そうな (drowsy): I feel very ~. とても眠い / a ~ voice 眠そうな声. ❷ 眠っているような, 活気のない; 静かな: a ~ fishing village 静かな漁村. ❸ 眠気を催す: a ~ song [lecture] 眠くなるような歌[講義]. ❹〈果物などが〉熟して腐りかけてかすかけの. **sleep・i・ly** /-pɪli/ 副 **-i・ness** 名 (形) sleep).

sleepy-hèad 名 眠たがり屋, 寝ぼう.

sleepy sìckness 名《英》=sleeping sickness 2.

sleet /slíːt/ 名 Ⓤ みぞれ: The rain turned to ~. 雨はみぞれに変わった. —動 自 [it を主語として] みぞれが降る.

sleet・y /slíːti/ 形 (**sleet・i・er**, **-i・est**) みぞれの(ような), みぞれの降る: a ~ rain みぞれまじりの雨.

*****sleeve** /slíːv/ 名 ❶ (衣服の)そで, たもと. ❷《英》(レコードの)カバー, ジャケット《《米》jacket》. ❸〔機〕スリーブ管, 軸さや. **háve [kéep]...úp one's sléeve** いざという時のためにこっそり〈…〉を用意している. **láugh úp one's sléeve** 陰で[こっそり]笑う, ほくそえむ《由来》手で笑いを隠すしぐさから》. **róll úp one's sléeves** (まじめに)仕事にとりかかる《由来》ワイシャツのそでをまくしあげる》.

sleeved 形 ❶ そでのある. ❷ [複合語で] …そでの: half-[long-, short-]*sleeved* 半[長, 短]そでの.

sleeve・less 形 そでなしの, そでのない.

sléeve lìnks 名 =cuff links.

sléeve nòte 名《英》(レコードジャケットの)レコード解説.

sléeve nùt 名〔機〕締め寄せナット, スリーブナット.

sléeve vàlve 名 スリーブ弁《内燃機関の円筒形吸排弁》.

sleev・ing /slíːvɪŋ/ 名 Ⓤ 〔電〕スリービング《裸線用の絶縁チューブ》.

sleigh /sléɪ/ 名 そり《金属製の滑走部 (runners) がついていて, 通例馬に引かせる; 主に乗用》: go in a ~ そりで行く. —動 自 そりで乗る[で行く]. 〘Du; SLED と同語源〙

sléigh bèll 名 そりの鈴.

sleight /sláɪt/ 名 ★ 次の成句で. **sléight of hánd** (1) 手先の早わざ. (2) 手品, 奇術. 《ON=ずるさ》

+**slen・der** /sléndɚ | -də/ 形 (**~・er**, **~・est**; **more** ~, **most** ~) ❶ **a** ほっそりした, すらっとした: a ~ girl ほっそりした少女. **b** 細い, 細長い: a ~ twig 細長い梢. ❷ **a** 〈収入・食事など〉わずかな, 貧弱な. **b** 〈見込み・根拠など〉薄弱な. **~・ly** 副. **~・ness** 名 〔類義語〕⇒ thin.

slen・der・ize /sléndəràɪz/ 動 他 ❶ 〈体〉を細くする, スマートにする. ❷ [~ oneself で] (ダイエット・スポーツなどで)体をスマートにする. —自 細くなる, スマートになる.

*****slept** /slépt/ 動 sleep の過去形・過去分詞.

sleuth /slúːθ/ 名《口》刑事, 探偵 (detective). —動 自 (刑事のように)調査する, さぐる. —他《古》探偵する, 調べる.

sléuth・hòund 名 ❶ 警察犬. ❷《口》探偵.

sléuth・ing 名 Ⓤ 調査.

S lèvel 名〔英教育〕学問級 (⇒ General Certificate of Education). 〘S(cholarship) level〙

slew[1] /slúː/ 動 slay[1] の過去形.

slew[2] /slúː/ 名 =slue.

slew[3] /slúː/ 名 [a ~]《米口》たくさん, 多数, 多量: a ~ of relatives 大勢の親類.

slew・ing 名 Ⓤ 〔電子工〕転回《アンテナやマイクなどを急激に水平・垂直に動かすこと》.

sley /sléɪ/ 名〔織機の〕おさ.

*****slice** /sláɪs/ 名 ❶ 薄いひと切れ; 1 枚: a ~ *of* bread ひと切れのパン (⇒ bread 関連). ❷ 一部分; 分け前; 負担: a small ~ *of* the database そのデータベースのほんの一部 / battle for a ~ *of* a $300 million market 3億ドル市場のシェアを求めて争う. ❸ (薄刃の)へら《いためもの裏返したり食卓で料理を取り分けたりするのに用いる》: ⇒ fish slice. ❹ **a** 〔ゴルフなどで〕 スライス 《ボールが途中から利き腕の方向に曲がること; cf. hook 2 b》. **b** 〔テニスなどの〕 スライス. **a slíce of lífe** 人生の一変[断片]《映画・本などが描き出すもの》. —動 他 ❶ 〈…を〉(**up**) 薄く切る: ~ a loaf of bread パンを薄く切る / ~ a lemon thinly [in half, in two] レモンを薄く[半分に, 二つに]切る. ❷〈指などを〉(ナイフなどで)切る, 割く. ❸〈…を〉スライスさせる, 切る. ❹《米口》〈…を〉大幅に減らす[削減する, カットする]. —自 ❶ **a** ボールをスライスさせて打つ. **b** 〈ボールが〉スライスして飛ぶ. ❷ **a** 〈…を〉すばっと切る [*into*, *through*]. **b** 〈水・空気などが〉切るように進む [*through*, *into*]. **ány wày you slíce it** 《米口》どう考えても. **slíce óff**《他+副》〈…〉を〈…から〉薄く切り取る: ~ *off* a piece of meat 肉をひと切れ切り取る / ~ *off* a piece *from* a loaf パンをひと切れ切り取る. 〘F =薄く[細く]裂いたもの〙

slice・a・ble /-əbl/ 形 薄く切ることができる.

slic・er 名 ❶ 薄切り機, スライサー《パン・ベーコン・野菜などを薄く切る道具》. ❷ 薄く切る人.

*****slick** /slík/ 形 ❶ **a** 巧みな, 器用な, 軽妙な; 功妙だが[見

映えするが]中身のない、見てくれだけの. **b** 流暢(りゅうちょう)な、舌のよく回る、巧妙な；口先のうまい (glib); 〈態度など〉如才ない；ずる賢い. ❷ **a** なめらかな、すべすべした；つやつやしてかてかした. **b** つるつる滑る: The roads were ~ with rain. 道路は雨で滑りやすかった. ❸ Ⓐ 〈雑誌が〉つや出し上質紙を使った: a ~ magazine (つや出し上質紙を使った)高級雑誌. ― 图 ❶ 水面の油膜 ⇨ oil slick. ❷ なめらかな部分, 滑りやすい部分. ❸ 《米》(つや出し上質紙で印刷し, 内容は通俗平凡な)高級雑誌. ❹ 《米俗》口先のうまい人, 如才ない人. ❺ スリック(タイヤ) (レース用の溝のないタイヤ; 晴天用). ― 副 ❶ なめらかに. ❷ 巧みに, 上手に. ― 動 ❶ 〈口〉 ❶ 〈…を〉なめらかにする: ~ the skid with grease 滑材にグリースを塗ってよくする. ❷ 〈髪を〉水[油]でてかてかにする 〈*down*〉. ❸ 〈…を〉スマートにする 〈*up*〉. **~·ly** 副 **~·ness** 图

slick·en·side /slíkənsàɪd/ 图 〔通例複数形で〕〖地〗鏡はだ, 滑面, 鏡岩《断層による摩擦のためなめらかになった岩石の面》.

slick·er 图 《米》❶ 長いゆるやかなレインコート. ❷ 〈口〉 **a** いんちき師, 詐欺(さぎ)師. **b** いきな[世慣れた]都会人: ⇨ city slicker.

*slid /slíd/ 動 slide の過去形・過去分詞.

slíd·a·ble /-dəbl/ 形 滑らせることができる.

*slide /sláɪd/ 動 (slid /slíd/ /) ❶ 〔通例副詞(句)を伴って〕 **a** 滑る, 滑走する, 滑るように動く: We *slid down* the slope. 坂を滑り下りた / The bureau drawers ~ *in* and *out* easily. たんすの引き出しは出し入れの滑りがよい. **b** 滑り落ちる: Her blouse *slid from* the chair [*onto* the floor]. 彼女のブラウスがいすから[床の上に]滑り落ちた / The glass *slid out of* his hand. コップが彼の手から滑り落ちた. **c** 〖野〗滑り込む: The runner *slid into* second base. 走者は二塁に滑り込んだ. ❷ 〔副詞(句)を伴って〕〈人に気づかれず〉そっと動く: The boy *slid out of* the classroom. その少年は教室からそっとぬけ出した / The thief *slid behind* a curtain [*into* the room]. 泥棒がそっとカーテンの陰に隠れた[部屋に忍び込んだ]. ❸ (次第に価値などが)低下する, 下がる; 徐々に(悪い状態に)なる: Her world ranking *slid from* 5th *to* 11th. 彼女の世界ランキングは5位から11位へと下がった / The economy *has slid into* a recession. 経済は後退局面に入った. ❹ 〔時などが〕(知らないうちに)過ぎる: The years *slid past* [*away*]. 年月が流れ過ぎた / Time *slid by*. 時が流れた. ❺ 〈微妙な問題などに〉さっと触れるだけにする 〈*over*〉. ― 動 ❶ 〔通例副詞(句)を伴って〕〈…を〉滑らせる, 滑走させる, 滑るように動かす / He *slid* the glass *along* the wall 壁にそって手をわせる / He *slid* the glass *across* the counter to me. 彼はグラスをカウンターの上を滑らせてよこした. ❷ 〈ものを〉〈…へ〉すっと入れる: He *slid* his hand *into* his pocket. 彼は手をポケットに滑り込ませた. **lèt ~ slíde**《口》〈…を〉ほっておく, 構わないでおく, 成り行きに任せる. ― 图 ❶ 滑ること, ひと滑り, 滑り遊び, 滑走. ❷ 下落, 低下. ❸ **a** 滑走場; 滑走台. **b** (子供の遊び用の)滑り台. ❹ (ものを滑り落とすための)斜構, おとし. ❺ **a** (スライド映写用の)スライド《顕微鏡の載物ガラス, スライド. ❻ 〔通例複合語で〕山崩れ, 地滑り; 雪崩(なだれ) ⇨ landslide, snowslide. ❼ (トロンボーンの)スライド, U形管. ❽ 髪留め, ヘアクリップ. ― 動 滑り込み. 〖OE; 原義は「滑る」で, 多くの関連語に; cf. sled, slime〗〖類義語〗⇨ slip¹.

slíde fàstener 图《米》ファスナー, チャック.

slíde guitár 图〖楽〗=bottleneck 4.

slíde projèctor 图 スライド映写機[プロジェクター].

slíd·er /-də/ 图 ❶ 滑るもの[人]; スライド料金, 滑動器. ❷ 〖野〗スライダー《内角[外角]に流れる球》. ❸ 〖電算〗書込み禁止つまみ (write-protect tab).

slíde rùle 图 計算尺.

slíde vàlve 图 ❶ 〖機〗すべり弁. ❷ 〖楽〗スライドバルブ《パイプの空気を遮断する穴のあいたオルガンのスライド》.

slíd·ing dóor /-dɪŋ-/ 图 引き戸.

slíding róof 图 スライディングルーフ《自動車などの開閉する屋根》.

slíding scále 图 〖経〗スライディングスケール, 変動制, 伸縮法, 順応率《賃金・物価・税などが経済状態に応じて上下する率》.

slíding séat 图 (競漕用ボートの)滑り座.

*slight /sláɪt/ 形 (~·er; ~·est) ❶ **a** わずかな, 少しの, ちょっとした (small): a ~ difference わずかな差異 / pay a person ~ attention 人にほとんど注意を払わない《無視する》. **b** 〔最上級で; 否定文で〕少しも(…ない): There's *not* the ~*est* doubt about it. それには少しの疑いもない. ❷ **a** 取るに足らない, くだらない: a ~ problem くだらない問題. **b** 軽微な, 軽い; 弱い: a ~ cold 軽いかぜ. ❸ 細い, やせ型の, ほっそりした. **nót in the slíghtest** 少しも…でない: I *don't* mind your smoking *in the* ~*est*. あなたのお喫煙は少しも気になりません. ― 图 軽視, 軽蔑〔*on*, *to*〕: suffer ~*s* 軽蔑を受ける. ― 動 ❶ 〈…を〉軽んじる, 無視する, 侮辱する: They ~*ed* Mary by not inviting her. 彼らはメアリーを招待しないことで彼女を侮辱した. ❷ 〈仕事などを〉いいかげんにする. **~·ness** 图 〖類義語〗⇨ thin.

slíght·ing /-tɪŋ/ 形 軽視する, 侮辱する. **-ly** 副

*slight·ly /sláɪtli/ 副 (more ~; most ~) ❶ (比較し)わずかに, 少し: It's ~ colder. 少しばかり寒い / She shivered ~. 彼女はかすかに震えた. ❷ 細く, きゃしゃに: He's very ~ built. 彼はひどくきゃしゃだ.

sli·ly /sláɪli/ 副 =slyly.

*slim /slím/ 形 (slim·mer; slim·mest) ❶ ほっそりした, すらりとした, きゃしゃな: a ~ waist 細いウエスト / a ~ girl ほっそりとした少女. ❷ 〈議論など〉くだらない, 薄っぺらな. ❸ 〈見込みなど〉ほんのわずかした (faint): a ~ chance of success かすかな成功の見込み. ― 動 (slimmed; slim·ming) (減食・運動などで)体重を減らす: She ought to ~ 〈*down*〉. 彼女は減量する必要がある. ― 〈体の一部を〉細く[スリム]する: ~ 〈*down*〉 one's [the] waist. ウエストを細くする. **slím dówn** 《他+副》(1) 〖組織などを〗スリム化する (2)〖効率化のため〗(とかして)〔スリム化する. 《自+副》(2) 〖組織などが〗スリム化する. **~·ly** 副 **-·ness** 图 〖Du 悪い, 弱い〗〖類義語〗⇨ thin.

slím disèase 图 Ⓤ エイズ《体重が激減することから; アフリカでの用法》.

slime /sláɪm/ 图 Ⓤ ❶ どろどろ[ぬるぬる, ねばねば]するもの; (川底などの)軟泥, へどろ. ❷ (カタツムリ・魚などの)粘液. ねめり. 〖ME; 原義は「滑る」; cf. slick, slide〗

slíme·bàll 图《俗》いやなやつ, 不愉快なやつ, げす.

slíme·lìne 图 ほっそりしたデザインの.

slím·mer 图《英》(減食・運動などで)減量している人.

slím·ming 图 ❶ Ⓤ スリミング, 痩身(そうしん)法. ❷ 〔形容詞的に〕スリミングの[に関する].

slim·y /sláɪmi/ 形 (slim·i·er, -i·est) ❶ **a** ぬるぬるした, 粘液性の. **b** 泥だらけの. ❷ 不快な, いやらしい. ❸ こびへつらう, さもしい; 誠実ぞのない. **slím·i·ness** 图

*sling¹ /slíŋ/ 動 (slung /slíŋ/) ❶ 〔通例副詞(句)を伴って〕ほうる, ほうり投げる, ほうり出す; 無造作に置く: He *slung* the bag *into* the trunk. そのバッグを車のトランクにほうり込んだ. ❷ 〔通例副詞(句)を伴って〕〈…を〉つるす, 掛ける; つり下げる, ぶら下げる, つり包帯でつる《★ しばしば受身》: ~ one's coat *over* one's shoulder 上着を肩にひっかける / *with* a camera *slung around* one's neck カメラを首にぶらさげて / a low-*slung* belt ロースラングベルト《ウエストで締めるのではなく腰のあたりにつけるベルト》. ❸ 《口》〈人を〉追い出す, 追い払う《★ しばしば受身》. ❹ 〈石などを〉(ぱちんこで)〈…に〉投げつける 〔*at*〕. ― 图 ❶ **a** つり包帯: have one's arm in ~ 腕を(つり包帯で)つる. **b** (重い物をつるす)つり索, つり鎖. **c** 子守り帯, ベビーホルダー. **d** (銃などの)つり帯, 負い革. ❷ **a** 投石器《昔の武器》. **b** ぱちんこ《子供が小石などを飛ばすのに用いる》. **the slíngs and árrows** 痛烈な批判, しんらつな攻撃《★ Shakespeare「ハムレット」から》.

sling² /slíŋ/ 图 Ⓒ スリング《ジンなどに果汁・砂糖水・香味などを加えて冷やした飲料》.

slíng·bàck 图 ❶ スリングバック(かかとの部分がベルトの婦人靴). ❷ =sling chair.

slíngbàck chàir 图 =sling chair.

slíng chàir 图 スリングチェア《木[鉄]の骨組みにカンバスなどを張ったいす》.

slíng·er 图 投げる人; (昔の)投石戦士.

slíng·shòt 图 《米》ぱちんこ《《英》catapult》《Y 形の棒にゴムひもをつけて小石などを飛ばす》.

slink /slíŋk/ 動 (slunk /slʌŋk/) 《副詞(句)を伴って》こそこそ歩く[逃げる], そっと歩く. **slínk·ing·ly** 副 こそこそと, こっそり.

slink·y /slíŋki/ 形 (slink·i·er; -i·est) ❶ a 《動き・姿などしなやかで優美な. b 《婦人服などしなやかで体の線をいかした. ❷ こそこそした. **slínk·i·ly** 副 **-i·ness** 图

*__slip__¹ /slíp/ 動 (slipped; slip·ping) ❶ 《通例副詞(句)を伴って》滑る, ずり落ちる; 滑ってころぶ; 《飛行機が横滑りする《区別》自動車が「スリップする」は skid): ~ out [off] 滑って抜ける[滑り落ちる] / The snow sometimes ~s, forming avalanches. 雪は時に滑り落ちて雪崩(なだれ)となる / The rug slipped off [from] her knees. ひざ掛けが彼女のひざからずり落ちた / Some stones slipped down the face of the cliff. 石ころが斜面を滑り落ちた / Be careful not to ~ on the icy sidewalk. 凍った歩道で滑ってころばないように注意しなさい / I slipped on a banana peel [skin]. バナナの皮に足を滑らせた. ❷ a 《通例副詞(句)を伴って》そっと動く, 忍び込む[出る]; そっと通り過ぎる: An error has slipped in [into the text]. いつのまにか誤りがひとつ紛れ込んで[本文中に紛れ込んでいる] / She slipped away (from the doorway). 彼女はこっそり(戸口から)姿を消した / The hijackers slipped through airport security checkpoints. そのハイジャック犯たちは空港のセキュリティーチェックポイントをすり抜けた. b 《時が知らぬ間に過ぎる》《away, past, by》: Time [The hours] slipped by [past]. いつしか時が過ぎた. c 《機会などがさっと消える, 逃げる》《away, past, by》: let an opportunity ~ (by) 機会を逃す. ❸ a 落下する, [低下]する; 《副詞(句)を伴って》《次第に》悪い状態になる, [困難などに]陥る: The unemployment rate slipped (to 4.8% in June from 5.0% in May). 失業率が(5月の5%から6月は4.8%に低下した / ~ into unconsciousness 《次第に》意識を失う / ~ into obscurity 徐々に忘れ去られる / ~ into the red 赤字になる. b 《進行形で》いつもの調子でない, 調子が悪い. ❹ a 《頭・記憶などから》抜ける, 消える《from, out of》: His name had slipped from my mind [memory]. 彼の名前がどうしても思い出せなかった. b 《秘密・言葉などが》《口から思わず出る, うっかり漏れる: The secret slipped from his lips. その秘密がうっかり彼の口から漏れてしまった. ❺ 《するりと身を乗り入れる[脱ぐ]》: ~ into [out of] one's dress するりとドレスを着る[脱ぐ].

—— 他 ❶ 《副詞(句)を伴って》《指輪などをそっとはめる[はずす], 《ものをそっと入れる[出す]: She slipped the ring onto [from] her finger. 彼女は指輪をするりと指にはめた[指からはずした] / He slipped the letter into her bag. 彼は彼女のバッグに手紙をそっと入れた / She slipped the comb out of its case. 彼女はケースからくしを出した. ❷ 〈衣服をそっと[するっと]着る[脱ぐ]〉: ~ on [off] a coat = ~ a coat on [off] コートをそっと着る[脱ぐ]. ❸ 〈人にX...〉をこっそり与える, そっと渡す: 〔+目+目〕 He slipped the porter a quarter.=He slipped a quarter to the porter. 彼はポーターにそっと25セントを渡した. ❹ 〈記憶から〉去る, 〈注意から〉それる: Your name has slipped my mind [memory]. お名前を忘れてしまいました / It slipped my mind that I was supposed to visit him today. きょう彼を訪問する予定だったことをうっかり忘れていた. ❺ 〈縛ったものから〉逃れる; 〈追跡者などを〉振り切る: The dog slipped its leash. その犬はひもをちぎって逃げ出した / He slipped his pursuers. 彼は追跡者たちを振り切って逃げた. ❻ 〈...の関節をはずす[ずらす], 〈...を〉脱臼する. ❼ 〈動物が〉〈...を〉早産[死産, 流産]する.

lèt slíp ⇨ let¹ 成句. **slíp awáy** 《自+副》《婉曲》ひそかに死ぬ. **slíp òne óver on a person** 《米》《人》をごまかす, 〈人〉をだます. **slíp through a person's fíngers** ⇨

finger 成句. **slíp through the crácks [the nét]** (1) (監視などの)網の目をくぐる[すり抜ける]. (2) (組織制度などの)欠落となり落ちこぼれる, 見落とされる. **slíp úp** 《口》不注意なミスをする, うっかり誤る: He often ~s up in his grammar. 彼はよく文法上の誤りをする.

—— 图 ❶ [C] a 滑ること, 滑り, b (飛行機などの)スリップ, 横滑り. ❷ [C] 滑ってころぶこと, 踏みはずし, つまずき. ❸ [C] 《ふとした軽い》過ち, しくじり; 言いそこない, 書き損じ: a ~ of the pen 書きそこない / a ~ of the tongue 言いそこない, 失言 / There's many a ~ 'twixt [between] (the) cup and (the) lip. 《諺》茶わんを口に持っていくまでのわずかな間にもいくらでもしくじりはある, 「百里を行く者は九十里を半ばとせよ」. ❹ [C] 低下, 下落《in》. ❺ [C] スリップ (petticoat)《女性用下着》. ❻ [C] まくらおおい; ⇨ pillow slip. ❼ [C] 《通例複数形で》《造船》(傾斜したも)船台. ❽ [クリケ] **a** [the ~s] スリップス《三柱門から数ヤード後の(打者から見て)左側の部分》: in the ~s 外野手となって. **b** [U] スリップ《スリップの守備位置》. **c** [C] スリップに立つ外野手. ❾ [the ~s] 《英》《劇》(舞台のわき口 (wing). ❿ [U] 《地》滑動; (断層の)ずれ.

gíve a person the slíp 《口》《人》をまいて逃げる.

[※MLG; 原義は「滑る」か; cf. slide]

【類義語】(1) **slip** ひとりでに, または誤って[事故のため]物の表面をつるつるとすべる. **slide** なめらかな物の表面にわざと軽くすべる. **glide** なめらかな表面を静かに流れるようにすべる; 表面に常に接触していなくてもよい. (2) ⇨ error.

*__slip__² /slíp/ 图 ❶ [C] **a** long narrow ~ of paper 細長い紙切れ(1枚). **b** 伝票, メモ用紙, スリップ: a wage ~ 給与明細書. ❷ 《園》接ぎ穂, 挿し枝. ❸ 《古風》ほっそりした小さな若者《★通例次の句で》: a (mere) ~ of a boy [girl] ほっそりした男[女]の子.

slip³ /slíp/ 图 [U] 《窯》スリップ, 泥漿(でいしょう)《陶土にうわぐすりを混ぜ, 水で溶いた》.

slíp càrriage [còach] 图 《英鉄道》切放し車両《列車が通過駅に切り離していく客車》.

slíp·càse 图 《本を保護する》紙箱, ブックケース.

slíp càsting 图 [U] 《窯》《石膏製鋳型に泥漿を流し込んで陶器を製する》スリップ鋳造(法).

slíp·còver 图 ❶ (ソファーなどの)カバー, おおい. ❷ 本のカバー.

slíp drèss 图 スリップドレス《肩ひもだけでつるしたドレス》.

slíp fòrm 图 《建》スリップフォーム《コンクリート打設に用いる滑動型枠》.

slíp·knòt 图 ❶ ひっこぬき結び, 引き結び《一方を引くとすぐ解ける》. ❷ =running knot.

slíp-òn 形 A 《衣服・靴・手袋などスリップオンの《ひもやボタンがなくて簡単に身につけられるものにいう》. —— 图 スリップオン《セーター・靴など》.

slíp·òver 形 A 頭からかぶって簡単に着られる. —— 图 プルオーバー(セーター).

slíp·page /slípɪdʒ/ 图 [U] ❶ (計画などの)遅れ, 不履行. ❷ (価値などの)低下, 減少. ❸ 滑ること; 《機》(ギヤなどの)ずれ, 滑り(量).

slípped dísk [dísc] 图 [U] 《また a ~》《医》椎(つい)間板ヘルニア: get a ~ 椎間板ヘルニアになる.

*__slip·per__ /slípɚ/ | -pə/ 图 《通例複数形で》《ひものない容易にはけるかかとの低い》室内ばき, 上靴(うわぐつ), 上ばき《《区別》日本でいうスリッパは mule または scuff という》; 英米では日本式スリッパはあまり用いられない》.

slípper bàth 图 スリッパ型ぶろ.

slíp·pered 形 スリッパを履いた; くつろいだ.

slípper flòwer 图 =calceolaria.

*__slip·pery__ /slípəri/ 形 (more ~, most ~; slip·per·i·er, -i·est) ❶ 《道などつるつるした, よく滑る. ❷ つかみにくい, 《つる》にくい: a ~ eel つかみにくいウナギ. ❸ 《人》あてにならない, ずるい: a ~ person あてにならない人. ❹ 意味のはっきりしない, あいまいな. ❺ 〈問題など〉扱いにくい; 〈状況など〉不安定な. **a [the] slíppery slópe** 破滅に至る[落ち

slippers

slip·per·i·ness 名

slip·py /slípi/ 形 (**slip·pi·er; -pi·est**) 《英口》= slippery 1. **Lòok slíppy!** 急げ!, ぐずぐずするな!

slíp ring 名 《電子工》集電〔滑動〕環, スリップリング.

slíp ròad 名 《英》(高速道路への)進入路.

slíp ròpe 名 《海》(係船などすぐ解けるように)両端を結んでいるロープ.

slíp shèet 名 (よごれ防止のために刷りたての印刷紙の間に入れる)合紙(あいし).

slíp·shòd 形 ❶ だらしのない, いいかげんな (careless): a ~ style 締まりのない文体 / a ~ piece of work いいかげんな細工品. ❷ かかとのすりへった靴を

slíp stìtch 名 ❶ 【C】【洋裁】まつり縫い, スリップステッチ. ❷ 【U】【編物】すべり目《編まないで針から針へその糸を渡すこと》. **slíp-stitch** 動

slíp·stòne 名 (丸のみを研ぐための)油砥石.

slíp·strèam 名 ❶ 《空》(プロペラの)後流. ❷ 《車》スリップストリーム 《高速走行中のレーシングカーの後ろにできる低圧部分; 後続車がここに入るとスピードの維持が容易になる》. ❸ 余波, 影響.

slíp·ùp 名 《口》誤り, 間違い.

slíp·wàre 名 【U】スリップウェア《slip³ をつけて焼いた陶器》.

slíp·wày 名 = slip¹ 名 6.

†**slit** /slít/ 名 ❶ (細長い)切り口, 裂け目, スリット. ❷ = slot 1 b. ── 他 (**slit; slit·ting** /-tɪŋ/) 〈…に〉長いまっすぐの切り目を入れる, 〈…を〉切り開く: ~ an envelope with a knife ナイフで封筒を切り開く / a person's throat 人ののどをかっ切る / He ~ the bag open. 彼はその袋を切り開いた. ─ 〈縦に〉細長く切る[裂く, 破る]: ~ cloth into strips 布を細長く切り裂く. 《OE; 原義は「細かく切る」; cf. slice》

slít-èyed 形 細長い目をした, 切れ長の目の 《★ 時に差別的》.

†**slith·er** /slíðə/ -ðə/ 《口》動 [副詞(句)を伴って] ずるずる滑る; 滑っていく: We ~ed down the muddy slope. 我々はぬかるんだ斜面をずるずると滑り下りた. ─ 名 ずるずる滑ること. 《SLIDE と同語源》.

slith·er·y /slíð(ə)ri/ 形 すべすべした, つるつるした.

slít·ter /-tə/ -tə/ 名 細長く裂く[切る]器具[を扱う人].

slít trènch 名 《軍》各個掩体(えん), たこつぼ《特に爆撃弾(片)を防ぐための細長い 1~2 人用掩蔽壕》.

slit·ty /slíti/ 形 (**slit·ti·er; -ti·est**) 〈目が〉切れ長の 《★ 時に差別的》.

*****sliv·er** /slívə/ -və/ 名 《木·材木などの》細長い小片 《of》. ── 他 〈…を〉縦に長く切る[裂く], 細長く切る. ── 自 裂ける, 割れる.

sliv·o·vitz /slívəvits/ 名 【U】スリボビッツ《東欧地方で造られるスモモのブランデー》.

Sloane /slóun/ 名 = Sloane Ranger.

Slóane Ránger 名 《英俗》スローン族《上流階級出身のおしゃれで保守的な若者》. 《*Sloane square* ロンドンの高級住宅地 + *Lone Ranger* 米国の西部劇のヒーロー》

slob /sláb | slɔ́b/ 名 《口》だらしない人; のろま. ── 動 ★ 次の成句で. **slob aróund** [óut] だらだら過ごす.

slob·ber /slábə | slɔ́bə/ 動 ❶ よだれをたらす. ❷ 〈…のことを〉いやに感情をこめて[感傷的に]話す 《over》. ── 他 〈…で〉よだれでぬらす[よごす]: Baby has ~ed his bib. 赤ん坊がよだれかけをぬらしてしまった. ── 名 ❶ 【U】よだれ. ❷ 感傷的な言葉, 泣き言.

slob·ber·y /slábəri | slɔ́b-/ 形 ❶ よだれを流す; よだれでぬれた. ❷ 泣き言を言う.

slob·by /slábi | slɔ́b-/ 形 だらしない人《のろま》の.

sloe /slóu/ 名 ❶ 《植》スロー(ベリー), リンボク(スモモの一種). ❷ スローベリー[リンボク]の実.

slóe-èyed 形 ❶ (青みがかった)黒目の. ❷ つり上がった目をした.

slóe gín 【U】スロージン《スローベリーで香味をつけたジン》.

†**slog** /slág, slɔ́:g | slɔ́g/ 動 (**slogged; slog·ging**) 自 ❶ a 〈…に〉たゆまず努力する 《*away, at, through*》: S~ *away at* your studies. 研究に励みなさい. b [副詞(句)を伴って] 重い足どりで歩く: He *slogged* (*on*) *through* the mud.

1703 slosh

重い足どりでぬかるみを歩いた[歩き続けた]. ❷ 〈ボールを〉強く打つ: ~ *at* the ball ボールを強打する. ❸ 《略式《英》》〈…〉を強打する. **slóg it óut** 《英口》とことんまで戦う. ── 名 ❶ 【U】[また a ~] たゆまずする退屈でつらい仕事《の期間》. ❷ 【C】(クリケットでの)強打. **slóg·ger** /-gə | -gə/ 名 ❶ (ボクシング·クリケットなどの)強打者. ❷ 勤勉家, 勉強家.

*****slo·gan** /slóugən/ 名 標語, スローガン, モットー. 《Ir = 戦いの関(とき)の声》

slo·gan·eer /slòugəníə | -níə/ 名 標語作者[使用者]. ── 自 標語を作る[使用する].

slo-mo /slóumou/ 形 《口》= slow motion.

sloop /slú:p/ 名 スループ型帆船《1 本マストの帆船》.

slóop of wár 名 スループ型軍艦《10~32 門の砲を装備した軍艦; また 上甲板のみに砲を備えた小型のもの》.

sloosh /slú:ʃ/ 名 《口》 ❶ 【C】洗う[どっと注ぐ]こと. ❷ 【U】洗う[注ぐ, 浴びせる]音, パシャパシャ, ザブザブ, ザブン, バシャー. ── 自 勢いよく流れる. ── 他 〈…を〉水で勢いよく洗う[すすぐ].

†**slop¹** /sláp | slɔ́p/ 動 (**slopped; slop·ping**) 自 ❶ [副詞(句)を伴って] 〈容器の液体が〉(うっかり)こぼれる: The baby *slopped* milk *on* the floor. 赤ん坊が床にミルクをこぼした. ❷ 《米》〈豚などに〉内臓の残飯をやる. ❸ [副詞(句)を伴って] 〈液体が〉こぼれる: The coffee *slopped over* (the rim of the cup) *into* the saucer. [*onto* the table]. コーヒーが(カップのふちから)受け皿にテーブルに]こぼれた. ❹ ぬかるみを進む: I had to ~ *through* the slush. 解けかかった雪の中をびしゃびしゃ歩いていかなければならなかった. **slóp abóut** [**aróund**] (自+副) (1) 〈液体がパシャパシャする[揺れ動く]. (2) ぶらぶら動きまわる. (3) (水たまりなどで)はねまわる: The boy *slopped about* [*around*] in the mud. その少年はぬかるみの中ではねまわった. **slóp óut** (自+副) 《英俗》〈刑務所の受刑者が〉房の汚水[汚物]を外に捨てる. ── (他+副) (1) 《米》〈豚などに〉残飯を与える. (2) 《英》〈受刑者が〉〈容器の汚水[汚物]を〉外に捨てる. **slóp óver** (自+副) 《米》感傷的になりすぎる. ── 名 ❶ [複数形で] **a** 残飯《豚などの飼料》. **b** 汚水, 洗い流し水. **c** (かゆ·シチューなどの)味のない水っぽい食物; 病人向けの半流動食. ❷ 【U】こぼれ水, はね水. **b** 汚水; (特に)ぬかるみ. ❸ 【U】《米》安っぽい感傷, オーバーな表現.

slop² /sláp | slɔ́p/ 名 ❶ ゆったりした上っ張り[仕事着]. ❷ [複数形で] 安物の既製服.

slóp bàsin 名 《英》茶こぼし.

*****slope** /slóup/ 動 [通例副詞(句)を伴って] 傾斜する, 傾く, 坂になる (slant): His handwriting ~*s forward* [*backward*]. 彼の書く字は右に[左に]傾いている / The bank ~*s gently* (*down*) *to* the water's edge. その土手は水際へとゆるやかな傾斜をなしている. ── 他 〈…を〉傾斜させる: ~ the roof of a house 家の屋根に勾配をつける. **Slópe árms!** [通例命令法で] 《英》《軍》になえ銃(つつ)! **slópe óff** (自+副) 《英俗》こっそり逃げる, ずらかる. ── 名 ❶ 【C】坂, 斜面. ❷ 【U,C】傾斜(度), 勾配 (incline). ❸ 【U】《米》《軍》になえ銃(つつ)の姿勢: at the ~ になえ銃の姿勢[状態]で. **(A)SLOPE)**

slóp·ing 形 傾斜した, 勾配のある, はすの: ~ shoulders なで肩. **-ly** 副

slop·py /slápi | slɔ́pi/ 形 (**slop·pi·er; -pi·est**) ❶ 〈仕事·服装などが〉だらしない, いいかげんな (slack). ❷ 感傷的な, めそめそした, ぐちゃぐちゃの (slushy). ❸ 薄くて水っぽい. ❹ **a** 〈道路など〉水たまりだらけの, 泥んこの. **b** 〈床など〉水びたしの, よごれた. **slóp·pi·ly** /-pili/ 副 **-pi·ness** 名

slóppy jóe 《米》スロッピージョー《バーベキューソースなどで味付けした牛のひき肉; 丸型パン[バン]に載せて食べる》. ❷ (1940 年代に流行した)ゆったりした女性用セーター.

slosh /sláʃ | slɔ́ʃ/ 動 [副詞(句)を伴って] ❶ 〈水がパチャパチャとはね散る. ❷ 〈水[泥]の中をはねて回る[はねていく]. ── 他 [副詞(句)を伴って] **a** 〈…を〉(水などの中で)パチャパチャはねて回す. **b** 〈水などを〉盛んにはねかす. ❷ 《英俗》〈…を〉強く打つ回る 《*on, in*》: He ~ed me *on* the chin. 彼は私のあごを強く打った. **slósh aróund** (自+副) [進行形で] 《口》〈金がうなるほどある, ありあまっている.

sloshed

— 名 ❶ =slush. ❷ Ⓤ [また a ~] (液体の)バチャバチャする音.

sloshed 形 🅟 《俗》酔っぱらって.

slosh·y /slάʃi | slɔ́ʃi/ 形 =slushy.

*__slot__¹ /slάt | slɔ́t/ 名 ❶ a 溝(౽), 細長い小さい穴, スロット. b (自動販売機などの)料金差し入れ口. c 《電算》(拡張)スロット (⇒ expansion slot). ❷ a (組織·計画·表などの中の)位置, 場所: find [make] a ~ in one's schedule (何かを割り込ませるために)スケジュールをあける. b (テレビ·ラジオなどの)時間帯. —— 動 (slot·ted; slot·ting) ❶ ~ 差し込む, 差し入れる. ❷ 《サッカー》《英口》〈ゴールに〉入れる, 決める《特に正確なシュートで》. —— 自 〈スロットに〉入る, 差し込める, おさまる《in, into》. **slot in** 〈人·物等を加える, 組み込む, 組み入れる. **slót into**... 〈人が〉地位·役割などにすぐなじむ, はまり役である. 〖ME=胸骨のくぼみ〗

slot² /slάt | slɔ́t/ 名 足跡, (特に鹿の)臭跡.

slót bàck 名 《アメフト》スロットバック《攻撃側のエンドとタックルの間にやや後方に位置するハーフバック》.

sloth /slɔ́:θ, sláθ | slóʊθ/ 名 Ⓒ 《動》ナマケモノ. ❷ Ⓤ 怠惰, ものぐさ, 無精. 〖ME < SLOW+-TH²〗

slóth bèar 名 《動》ナマケグマ《インド·スリランカ産;シロアリを食べる》.

sloth·ful /slɔ́:θf(ə)l, sláθ- | slóʊθ-/ 形 怠惰な, 無精な. ~·ly /-fəli/ 副 ~·ness 名

slót machìne 名 ❶ 《米》スロットマシーン《《英》fruit machine》. ❷ 《英》(切符·菓子などの)自動販売機.

slót·ted /-tɪd/ 形 溝穴のあいた, 溝つきの.

⁺**slouch** /sláʊʧ/ 動 ❶ a [通例副詞(句)を伴って] 前かがみに座る[立つ]. b 前かがみに歩く: The man ~ed along [about] exhausted. その男は疲れきって肩をがっくり と落として歩いていった[歩き回った]. ❷ 〈帽子のへりが〉たれる: a hat with a ~ing brim 縁のたれさがっている 帽子. —— 他 ❶ 〈肩などを前に曲げる; 傾ける〉 ~ed shoulders 肩をすぼめた姿勢. ❷ 〈帽子の〉一方の縁をたらす;〈帽子を〉まぶかにかぶる: He had his hat brim ~ed over his eyes. 彼は帽子をまぶかにかぶった. —— 名 ❶ [a ~] (大儀そうに)前かがみに歩く[座る, 立つ]こと, うつむき, 前かがみの姿勢: walk with a ~ 前かがみに歩く. ❷ [通例否定文で] 《口》[...の]下手な人, だめな人: He's no ~ at the job. 彼はその仕事はよくできる. ~·ing·ly 副 前かがみに, 肩を落として.

slóuch hát 名 スローチハット《縁のたれる[下に曲げられる]ソフト帽》.

slouch·y /sláʊʧi/ 形 (**slouch·i·er; -i·est**) ❶ 前かがみになった. ❷ だらしない.

⁺**slough**¹ /sláf/ 動 ❶ 〈皮を〉脱ぎ落とす, 脱ぎ変える (shed): The snake ~ed off its skin. ヘビが皮を脱ぎ捨てた. ❷ 〈悪い習慣などを〉棄て去る, 脱却する: He managed to ~ off these bad habits. 彼はどうやらこれらの悪癖から脱却した. —— 自 ❶ 〈ヘビなどが〉脱皮する 《off》. ❷ 〈皮が〉脱け落ちる 《off》. —— 名 a (ヘビなどの)抜け殻. b 捨てた習慣[偏見]. ❷ 《医》腐肉, かさぶた.

slough² /slúː | sláʊ/ 名 ❶ 〈堕落·絶望などの〉抜け出せない状態, 泥沼. ❷ ぬかるみ, 泥の深い場所; 泥 道. ❸ 《米》沼地, 沼. **the Slóugh of Despónd** 絶望の沼《★John Bunyan 作 *The Pilgrim's Progress* から》.

slough·i /slúː | sláʊ/ 形 ぬかるみ[泥沼]の.

slough·y² /sláfi/ 形 抜け殻のような; かさぶた.

Slo·vak /slóʊvɑːk, -væk | -væk/ 名 ❶ Ⓒ スロバキア人. ❷ Ⓤ スロバキア語. —— 形 スロバキア人(,語)の.

***Slo·va·ki·a** /slouvάːkiə, -væk- | -væk-/ 名 スロバキア《ヨーロッパ中部の共和国; 首都 Bratislava》.

Slo·va·ki·an /slouvάːkiən, -væk- | -væk-/ 名 形 =Slovak.

slov·en /slávən/ 名 身なりのだらしない人, 無精者.

Slo·vene /slóʊviːn/ 名 ❶ Ⓒ スロベニア人. ❷ Ⓤ スロベニア語. —— 形 スロベニア(人,語)の.

Slo·ve·ni·a /slouvíːniə/ 名 スロベニア《バルカン半島北西部の共和国; 首都 Ljubljana》.

Slo·ve·ni·an /-niən/ 名 形 =Slovene.

slóv·en·ly 形 副 だらしない[なく], 無精な[に]. **-li·ness** 名

*__slow__ /slóʊ/ 形 (~·er; ~·est) ❶ 遅い, のろい, ゆっくりした (↔ fast, quick, swift): a ~ ball 緩球, スローボール / a ~ runner 走るのが遅い人 / a ~ waker 寝起きのよくない人 / a ~ train 鈍行[普通]列車 / in ~ motion のろのろとした動き方で;〈映画の画面など〉(高速度撮影によって)スローモーションで / Don't be so ~. そんなにのろのろするな / S~ and [but] sure [steady] wins the race. 《諺》ゆっくりと着実なのが結局勝つ,「急がば回れ」. ❷ 時間がかかる, ゆっくりした, 手間どる; のろい, 鈍い; なかなか...しない: ~ growth ゆっくりした成長[発育] / a ~ reader 読むのが遅い人 / a ~ poison 回りの遅い毒薬 / [+*to do*] He was ~ *to* admit his mistakes. 彼はなかなか自分の間違いを認めようとしなかった / Sorry to be ~ *in* responding. 返事が遅くなってしまい申し訳ありません 《用法》《口》では in はしばしば略される; 《比較》Sorry to be ~ to respond. のほうが一般的》 / ~ *at* learning 学ぶのに時間がかかる, 学習が遅い / ~ *of* speech 口が重い《★聖書「出エジプト記」より》 / ~ *to* anger なかなか怒らない《★聖書「箴言(μ)」より》. ❸ 活気のない; 不景気な, 不振な: a ~ month 不景気な月 / Business is ~. 商売[経営]は不振だ, 景気がよくない. ❹ 🅟 〈時計が〉遅れて: Your watch is (two minutes) ~. 君の時計は(2分)遅れている. ❺ 理解[学習など]が遅い, 鈍い: a ~ pupil 覚えの悪い生徒. ❻ 〈道路が低速度用の: ⇒ slow lane. ❼ 《写》〈フィルムが〉低感度の, 遅いシャッタースピード用の. ❽ a 〈ストーブなどが〉火力の弱い: a ~ fire とろ火. b (おもしろくなくて)時のつのが遅い; つまらない, 退屈な: The game was very ~. その試合はとてもつまらなかった.

—— 副 (~·er; ~·est) ❶ 遅く, のろく, ゆっくり 《比較》slowly よりも強調的で, 感嘆文以外では運動の動詞のすぐ後に置かれ口語的: I told the driver to go ~. 私は運転手にもっとゆっくり行くようにと言った. ❷ [現在分詞と複合語をなして] ゆっくり, 遅く: slow-burning 燃えの遅い / 耐火性の / ~ slow-moving.

—— 動 他 〈...を〉遅くする, 遅らせる; 〈自動車などの〉速力を落とす[ゆるめる]: The policeman suddenly ~ed his pace. 警官は突然歩調をゆるめた / The train ~ed *down* [*up*] its speed. 列車はスピードを落とした / *S~ down* (your car). (自動車の)速度を落としなさい. —— 自 速度が落ちる, 遅くなる; 速度を落とす: The driver *slowed down* [*up*] at the intersection. 運転手は環状交差点で速度を落とした / The train ~ed (down) to thirty miles an hour. 列車は時速 30 マイルに減速した.

~·ness 名 〖OE; 原義は「鈍い, のろい」〗(名 sloth)
【類義語】**slow** 早くない, 急いでいない, の意の最も一般的な語. **leisurely** 時間がたっぷりあるのでゆっくりと[のんびり]する. **deliberate** 計画や行動が慎重で自制心があるために言行が注意深く落ち着いていて急がない.

slow búrn 名 [a ~] 《米口》徐々につのる怒り. **dò a slów búrn** だんだん腹が立ってくる.

slów·còach 名 《英》のろま《《米》slowpoke》.

slow cóoker 名 緩速調理鍋, スロークッカー《肉などを比較的低い温度で数時間調理するための電気鍋》.

⁺**slów·dówn** 名 ❶ a 減速. b (景気などの)低迷, 鈍化. ❷ 《米》《同盟》怠業, サボタージュ《《英》go-slow》.

slów drág 名 ゆっくりとしたブルースのリズム, スローな曲.

slów-fóoted 形 足の遅い, のろい.

slów hándclap 名 ゆっくりとした拍手《不満·退屈を表わす観客の拍手》.

slów·ish /-ɪʃ/ 形 やや遅い.

slów làne 名 [単数形で] 低速車線. **in the slów làne** 発達[進歩]などが)穏やかで[ゆっくりで].

*__slow·ly__ /slóʊli | slóʊ-/ 副 (**more ~; most ~**) ゆっくり, 遅く (cf. slow 副) 《比較》: drive ~ ゆっくり運転する / Please speak a little more ~. もうちょっとゆっくり話してください.

slów márch 名 [単数形で] 《軍》緩歩行進《葬儀の行進など》.

slów mátch 名 Ⓤ 火縄, 導火索[線].

⁺**slów mótion** 名 Ⓤ 《映·テレビ》スローモーション.

slów-mótion ❶ スローモーションの: a ~ (video) replay スローモーション(ビデオ)再生. ❷ のろい.

slów-móving 形 ❶ ゆっくり動く, 動きがのろい. ❷ 〈商品などが〉売れ足[行き]が遅い.

slów-pítch 名 U スローピッチ《投球をスローボールに限定して行なうソフトボールの一種》.

slów-póke 名 《米口》のろま 《《英》slowcoach》.

slów púncture 名 徐々に空気が抜けていくパンク.

slów-scán 形《通信》低速度走査の, スロースキャンの《静止画を低周波数帯で精密に送信するために, 時間をかけて走査・伝送する(方式の)》.

slów vìrus 名 スローウイルス, 遅発性ウイルス《発病までの潜在期間の長いウイルス》.

slów-wáve slèep 名 =S sleep.

slów-wítted 形 飲み込みの遅い, 頭の悪い.

slów-wórm 名 ヒメアシナシトカゲ《ユーラシア産》.

SLR《略》single-lens reflex.

slub /sláb/ 名 ❶ 始紡糸, より綿. ❷ C スラブ《糸の不均等な部分》. — 動 (slubbed; slub-bing)《羊毛・綿に初めてゆるいよりをかける, 始紡する. — 形 不均斉な.

⁺**sludge** /sládʒ/ 名 U ❶ 泥, ぬかるみ; 雪解け(のぬかるみ). ❷ 《下水などの》汚泥, へどろ. ❸ 《タンク・ボイラーなどの底にたまる》スラッジ, 沈殿物. **sludg·y** /sládʒi/ 形 (sludg·i·er; -i·est) ぬかるみの, どろどろの.

slue /slúː/ 動 他 回す; ねじる 〈around, round〉. — 自 回る; ねじれる 〈around, round〉: The boat suddenly ~d around. ボートが急にぐるりと回った. — 名 回転; ねじれ.

⁺**slug**¹ /slág/ 名 ❶ 動 ナメクジ. ❷ 〈俗〉a 怠け者. b のろのろした動物[車(など)].

slug² /slág/ 名 ❶ 《米口》《ウイスキーなどの》一杯(shot). ❷ a 金属の小さな塊. b 《空気銃などの》一発弾(など), スラグ弾. c《俗》《ピストルの》弾. ❸ 《米》《自動販売機を不正に使うための》代用硬貨. ❹ 《印》大型の込め物, インテル《6ポイント程度以上のもの》.

slug³ /slág/ 《米》動 他 (slugged; slug-ging) ❶ 〈げんこつで〉ひどく打つ, 殴りつける. ❷ 《バットで》強打する[遠くへ飛ばす]. **slúg it óut** (1) とことんまで猛烈に戦う. (2) 耐えぬき, がんばる. — 名 強打.

slug·abèd 名 《起床時間後もなかなか起きない》寝坊(広く)不精者.

slúg·fèst 名 《米口》 ❶ 《野球の》打撃戦, 乱打戦. ❷ 激しい打ち合いのボクシングの試合. ❸ 激しい戦い.

slug·gard /slágəd | -gəd/ 名 怠け者, のらくら者, 無精者. — 形 怠惰な.

slug·gard·ly 形 無精な, ものぐさな. **-li·ness** 名

⁺**slug·ger** /slágə | -gə/ 名 《米》《ボクシング・野球などの》強打者, スラッガー.

slúgging àverage [percéntage] 名 《野》塁打率《塁打数を打数で割ったもの》.

⁺**slug·gish** /slágɪʃ/ 形 ❶ 動きののろい; 〈流れなど〉ゆるやかな. ❷ a 機能の鈍い, 不活発な. b 不振な, 不景気な. ❸ 怠ける, 怠惰な. **-ly** 副 **-ness** 名 【SLUG¹+-ISH¹】

slúg pèllet 名 《植物の間に置く》ナメクジよけ丸薬.

⁺**sluice** /slúːs/ 名 ❶ a 水門. b 《水門のついた》せき. ❷ 放水路, 《材木などを流す》用水路. — 動 他 ❶ 《水門を開けて》ざぶざぶと〈…を〉洗う; 〈…に〉水をどんどん流す〈out, down〉: ~ (down) a pavement with a hose ホースで歩道を洗う. ❷ 水門を開いて〈貯水池などの〉水を放水する〈out, down〉. ❸ 《丸太などを》水路に流し込む. — 自 《副詞句を伴って》〈水が〉水門を流れ出る; 奔流する: The rush of water ~d down the channel. 水が水路を勢いよく流れた. 【F =締め出す(もの) 《L excludere 締め出す; ⇒ exclude》】

slúice gàte [vàlve] 名 =sluice 1 a.

slúice·wày 名 =sluice 2.

⁺**slum** /slám/ 名 ❶ 《しばしば複数形で》不良住宅[市街]地区, スラム街: the ~s of New York ニューヨークのスラム街. ❷ 〈口〉不潔な場所. — 動 (slummed; slum-ming) 《通例 go slumming の形で》《好奇心などから》スラム街を訪れる. **slúm it** 《口》苦しい[かつかつの]生活をする.

slum·ber /slámbə | -bə/ 《文》名 ❶ U,C 眠り, うたた

寝, まどろみ. ❷ U 無気力状態, 沈滞. — 動 自 ❶ 《すやすや眠る; まどろむ. ❷ 〈火山などが〉活動を休止する: His talents had ~ed until this time. 彼の才能はこの時まで眠っていた. — 他 《時間・生涯などを》〈…して〉一生を無為に過ごす: He ~ed away his years in college. 彼は大学での年月を何もしないで過ごした. **-er** 名

slum·ber·ous /slámbərəs/, **slum·brous** /-brəs/ 形《文》❶ 眠気を催させる, 眠い, うとうとしている. ❷ a 眠っているような; 静かな. b 不活発な.

slúmber pàrty 名 パジャマパーティー《10代の少女たちがパジャマ姿で一夜を語り明かすパーティー》.

slúm clèarance 名 U スラム撤去.

slum·gul·lion /slàmgáljən, ⌐⌐⌐/ 名 《米》《スラングリアン(シチュー)》《水っぽい肉シチュー》.

slúm·lòrd 名 《米》《スラム街住宅の》悪徳家主. 【SLUM+(LAND)LORD】

slúm·mer 名 スラム街居住者. ❷ スラム街訪問者.

slum·my /slámi/ 形 (slum·mi·er; -mi·est) スラム街の(らしい).

⁺**slump** /slámp/ 動 自 ❶ a 〈物価などが〉暴落[急落]する; 〈売り上げなどが〉がた落ちする: Bank stocks ~ed. 銀行株が急落した / PC sales ~ed (by) 40% パソコンの売り上げが40%も落ちた. b 〈事業・人気などが〉急に衰える. c 〈元気などが〉急になくなる. ❷ 《副詞句を伴って》ドスンと落ちる; ばったり倒れる, 倒れ込む; くずれるように座る: He ~ed (down) to the floor in a faint. 彼は気を失って床にばったり倒れた / Utterly wearied, I ~ed into the chair. 疲れ果ててていすにぐったりと座りこんだ. — 名 ❶ a 暴落, 急落. b 不況, 不景気(recession). ❷ a 不評, 不人気. b 《米》《活動・元気などの》スランプ, 不調, 不振: get [fall] into a ~ スランプになる.

slumped /slámpt/ 形 P ぐたっと座り込んで[なって].

⁺**slung** 動 sling の過去形・過去分詞.

slúng shòt 名 《米》なわ・皮の先に重い分銅をつけた凶器.

slunk 動 slink の過去形・過去分詞.

⁺**slur** /sláː | sláː/ 動 (slurred; slur·ring) 他 ❶ 〈…を〉早口に不明瞭に言う: If you 'won't you', it sounds like 'wancha'. 'won't you' を早口に不明瞭に発音すれば /wántʃə/ のように聞こえる. ❷ 〈…を〉けなす, 中傷する. ❸ 《楽》a 〈音を〉続けて演奏する[歌う]. b 〈音符に〉連結線をつける. ❹ 〈問題などを〉避ける, ごまかす: He slurred over the details to head off disagreement. 彼は意見の相違を回避するために細部をはかした. — 自 《言葉が》早口で不明瞭に発せられる. — 名 ❶ 中傷, 非難; 恥辱, 汚名 (smear): take offense at a ~ 中傷に立腹する / cast [put, throw] a ~ on [upon] …に恥辱を与える, 汚名を着せる. ❷ [a ~] 不明瞭に続けて発音すること[話す]こと. ❸ 《楽》連結(線), スラー《⌒ または ⌣ の記号; cf. tie 7》.

slurp /sláːp/ 動 他 音を立てて食べる[飲む]. — 名 音を立てて飲食すること.

slur·ry /sláːri | slári/ 名 U スラリー, 懸濁液《泥・粘土・石灰などの水の混合物》.

slush /sláʃ/ 名 U ❶ 半解けの雪. ❷ ぬかるみ. ❸ 安っぽい[行き過ぎた]感傷; 感傷的な三文文学[映画(など)].

slúsh fùnd 名 裏工作資金, 買収資金, 賄賂《(米)》資金.

slush·y /sláʃi/ 形 (slush·i·er; -i·est) ❶ 雪解けの, ぬかるみの. ❷ ひどく感傷的な, 安っぽい.

slut /slát/ 名 ❶ 身持ちの悪い女; 売春婦. ❷ だらしない女.

slút·tish /-tɪʃ/ 形 《女性が》不品行な; だらしない.

⁺**sly** /slái/ 形 (sly·er, sli·er; sly·est, sli·est) ❶ ずるい, 悪賢い, 陰険な: give a person a ~ look ずるそうな目つきで人を見る / ~ questions 人の悪い質問. ❷ いたずらな, ちゃめな, さも知ってるような; a ~ wink ちゃめっけたっぷりのウィンク. — 名 ★ 次の成句で. **on the slý** 《よからぬことを》こそこそと, ひそかに (secretly). **~·ly** 副 **·ness** 名 【ON=打つ力が強い】【類義語】**sly** 陰でこそこそずるい悪だくみをする. **cunning** 頭の働きがずる賢くて人を欺いたり計略にかけたりすることがうまい. **crafty** cunning よりもさらに秘密・謀略・陰謀などの意が強く含まれる. **tricky** いつも策略をめぐらして

ばかりいて信頼がおけない. **foxy** 長年の間ずるいことをやってきて抜け目のない; 上の語より悪い意味はない.

slý·boots 名 〖単数扱い〗《口》巧妙なやつ, ずるいやつ, 悪いやつ《「憎めない」の意を含む》.

slype /sláɪp/ 名〖建〗通廊《英国の教会堂の狭い渡り廊下》.

Sm 《記号》《化》samarium.

SM 《略》Master of Science; sergeant major.

*__smack__¹ /smǽk/ 動 他 ❶〈…を〉びしゃとたたく, ひっぱたく: Dad ~ed me for talking back. 父は口答えをするといって私を打った. ❷ 〘副詞(句)を伴って〙〈…を〉〈…に〉パシッ[ガーン]と音を立てて置く[打つ]. ❸〈唇を動かして舌鼓を打つ〙を伴って: He ~ed his lips over the soup. 彼はスープに舌鼓を打った. ❹〈…に〉音を立ててキスをする: He ~ed his cousin *on* the cheek. 彼はいとこのほっぺたにチュッとキスをした. **smack a person úp**《俗》〈人に何度も平手打ちをかます. ── 名 ❶ 平手打ち, びんた〖*on, in*〗: give a person a ~ 人に平手打ちを加える. ❷ パシッ[ピシッ, ピシャ]という音. ❸ 音の高いキス. **a smack in the éye [fáce]**《口》びしゃりと拒絶されること, 出鼻をくじかれること: get a ~ *in the eye [face]* ぴしゃりと拒絶される, 出鼻をくじかれる. **hàve a smáck at…**〈…を〉やってみる. ── 副《口》❶ まともに; ぴったり: ~ in the middle of…のどまん中に; …のまっ最中に / run ~ into…と正面衝突する. ❷ ぴしゃりと; いきなり: He hit me ~ in the face. 彼は私の顔をぴしゃりと打った. 〖擬声音〗

smack² /smǽk/ 名 ❶〈独特の〉味, 風味, 香り, 持ち味: The stew has a ~ *of* rosemary in it. そのシチューにはローズマリーの風味がする. ❷ [a ~] **a** 〈…の〉気味, 〈…〉風, 〈…〉じみたところ: There's [He has] a ~ *of* recklessness in his character. 彼の性格には少し向こう見ずなところがある. **b** 少しがかり: add a ~ *of* pepper to a dish 料理に少しコショウを加える. ── 動 自 ❶〈…の〉味がある, 香りがする: ~ *of* ginger ショウガの風味がする. ❷〈…の〉気味がある: The book ~s *of* fascism. その本にはファシズムめいたところがある.

smack³ /smǽk/ 名〈いけすを備えた〉小型漁船.

smack⁴ /smǽk/ 名 U《俗》ヘロイン.

smáck-dáb 副《米口》= smack¹ 1.

smáck·er 名 ❶《俗》大きな音を立てるキス. ❷《俗》**a** 《米》ドル. **b**《英》ポンド. ❸ 舌鼓を打つ人.

smack·er·oo /smækərúː/ 名《俗》(~s)《俗》= smacker 1, 2.

smáck·ing 形 ❶〈キスなど〉大きな音を立てる. ❷〈風など〉強い. ❸ 早い: at a ~ pace 早いペースで, どんどん. ❹《口》〖副詞的に〗: big, good などを修飾して〙並はずれて. ── 名 U [また a ~] びしゃりと打つこと.

*__small__ /smɔ́ːl/ 形 (~·er; ~·est) ❶ **a** 小さい, 小型の (↔ *big, large*): a ~ town 小さな町 / a ~ man 小男《★ 3 **b** の意味にもなる》/ a ~ bottle of beer ビールの小瓶 / a ~ whiskey 普通の量の半分のウイスキー / a ~ chance 小さな機会[チャンス] / a ~ victory 小さな勝利 / It's a ~ world (, isn't it). 世間は狭い(ね) 〖用法〗 思いがけず知人に出会った時などに言う. **b**〈家など〉狭い《★ この意味で narrow は用いない》: a ~ room 小さい部屋. **c** 〈数, 量が〉少ない: a ~ number 少数 / a ~ sum 少額 / no ~ sum of money なかなかの大金. **d** 〖A〗小規模の: a ~ farmer 小規模農場主 / on a ~ scale 小規模に〖の〗. ❷ 幼い, 年が若い; 未成熟の. ❸〈重大でない, ささいな; つまらない, くだらない (*minor*): a ~ error ちょっとした間違い / a ~ change 若干の変更; わずかな変化. ❹ 狭量の, けちな, 卑劣な: a man with a ~ mind 度量の狭い男. **c**《古》地位[階層]の低い, 平凡な. ❹〈声など〉低い, 小さい (↔ *loud*): in a ~ voice 小声で. ❺〖名詞を修飾して〙ほとんどない, ほんの少しの: She left him, and ~ blame to her. 彼女は彼を見捨てたが彼女が悪いのではない / (It's) ~ wonder that…は驚くに当たらない. **feel small** しょげる, 恥ずかしく思う. **in a smáll wáy** 小規模に, つつましく. **lòok smáll** 小さくなる, はにかむ. ── 副 (~·er; ~·est) ❶ 片々に, 細かく. ❷〈声・文字など〉小さく. ── 名 ❶ [the ~] 小さな[細い]部分: the ~ of the back 腰のくびれた部分. ❷ 〖複数形で〙《英口》〈洗濯の〉小物類〖下着・ハンカチなど〙. **~·ness** 名 〖OE; 原義は「小さな動物」または「ひいて細かくした」〗【類義語】**small, little** ともに小さいことを表わす一般的な語でどちらを用いても大体同じ意味のことが多いが, しかし **small** が客観的に容量・量・大きさなどが小さいことを表わすのに対して, **little** は「小さくてかわいらしい」, あるいは「重要性が低い」という意味を表わすことがある. **tiny** 極めて小さいことを意味し, 模型とか小さな生物などに用いられる.

small ád 名《英》(新聞などの)三行広告.

small árms 名〖複〗携帯兵器 (小銃・ピストル).

small béer 名 ❶ 取るに足らないもの[事, 人]. ❷ U,C 弱いビール.

small-bòre 形 22 口径の〈銃〉.

small cáp 名 = small capital.

small-cáp 形 小資本会社(の株)に関する). ── 名 小資本会社(の株).

small cápital 名 小型頭文字, スモールキャップ《例: SMALL; 略 sc》.

small chánge 名 U ❶ 小銭. ❷ 取るに足らないもの[事, 話].

small círcle 名 [単数形で]〈球面上の〉小円〈球の中心以外を通る平面と球面が交わってできる円; cf. great circle〉.

small-cláims còurt 名《英》〖法〗小額裁判所.

small cóal 名 U 小粒の石炭, 粉炭.

small cráft 名 小型船.

small énd 名〖機〗〈連接棒の〉スモールエンド, 小端《ピストン側》.

small fórward 名〖バスケ〗スモールフォワード《フォワード 2 人のうち, 動作が俊敏で, 主にシュートをする役目のプレーヤー》.

small frý 名 (*~s*) 〖通例複数扱い〗 ❶ 雑魚, ざこ, 取るに足らないやつら[もの]. ❷ 幼魚, 小魚. ❸ 子供たち, じゃりども.

small gáme 名 U 〈狩猟で〉小さい獲物 (cf. big game 1).

small·hòlder 名《英》小自作農.

small hólding 名《英》小自作農地《通例 50 エーカー未満》.

small hóurs 名 [the ~] 深更, 深夜〈夜 12 時以後 3, 4 時ごろまで〉: in *the* ~ 深更に.

small intéstine 名 [the ~] 〖解〗小腸 (cf. large intestine).

small·ish /-ɪʃ/ 形 やや小さい, 小さめの.

small létter 名 小文字〈例: a, *a*, b, *b*; ↔ capital letter〉.

small-mínded 形 狭量な, 卑劣な, けちくさい. **~·ness** 名

small potátoes 名 〖単数または複数扱い〗《口》取るに足らない人[もの].

small-pòx 名 U〖医〗天然痘, ほうそう.

†**small prínt** 名 = fine print.

†**small-scále** 形 ❶ 小規模の (↔ *large-scale*). ❷ 〈地図が〉小縮尺の, 比率の小さい.

small scréen 名 [the ~]《口》テレビ《★ 特に映画(のスクリーン)に対して用いる》.

small slám 名〖トランプ〗〈ブリッジで〉スモールスラム《13 組中 12 組まで取ること; little slam ともいう》.

small-swórd 名 突き剣《17-18 世紀の決闘・フェンシングで突きだけに用いた》.

small tálk 名 U 世間話, 雑談.

small-tíme 形《口》つまらない, 小物の, けちな (*petty*): a ~ gambler けちな賭博家.

small-tímer 名 つまらない人.

small-tówn 形 〖A〗 ❶ いなかくさい; やぼったい, 狭量な, 偏狭な. ❷ いなか町の.

smalt /smɔ́ːlt/ 名 U 花紺青《花こう》, スマルト《カリ・酸化コバルトを溶かして得たケイ酸塩ガラス; 粉末にして顔料として使う》.

smarm /smάːm | smάː/ 動 他《英口》 ❶ 塗りつける,

なでつける ⟨down⟩. ❷ ⟨人に⟩へつらう, お世辞を言う.

smarm・y /smáəmi | smá:-/ 形 (smarm・i・er; -i・est) (口) へつらう, おべっかを言う.

*****smart** /smáət | smá:t/ 形 (~・er; ~・est) ❶ a 頭のよい, 聡明な (clever). b 気のきいた, 抜けめのない, 油断のならない, 悪賢い. c ⟨子供などが⟩ませた; ⟨言葉など⟩無礼な, 生意気な. ❷ ⟨主に英⟩ a ⟨服装などが⟩きちんとした, こざっぱりした, きまっている (neat). b 流行の, はやりの; しゃれた, いかす. ❸ ⟨動作など⟩活発な, きびきびした; すばやい: **make a ~ job of it** 手ぎわよくやってのける. ❹ a ⟨痛みなど⟩刺すような, ひりひりする, 激しい. b ⟨罰など⟩厳しい. c ⟨打撃など⟩強い, 猛烈な. ❺ ⟨ミサイルなど⟩高性能を持つ, インテリジェントな: a ~ bomb 高性能爆弾. **lòok smárt** (1) スマート[粋]に見える. (2) [通例命令法で] ❶ 急げ, てきぱきやる. ── 副 ❶ 賢明に. ❷ [古] きびきびと, てきぱきと. ── 動 ❶ a [...に]うずく, ずきずき[ひりひり]痛む (sting): This cut ~s. 切り傷が痛む / My eyes ~ed from the smoke. 煙で目が痛んだ. b [...で]心が痛む, 悩む; 良心がとがめる, 憤慨する; 動揺する: ~ *under* a guilty conscience 良心の呵責(かしゃく)に悩む / ~ *from* an insult 侮辱されて憤慨する / He was ~ing *with* vexation. 彼はひどくいらだっていた. ❷ 罰を受ける. **smárt óff** (自)(+副) (口) 小ばかにした[からかうような]ことを言う ⟨*to*⟩. ── 名 ❶ [複数形で] (口) 知能, 知性: You gotta have some ~s. 頭がよくなくっちゃ. ❷ Ⓤ 痛み, うずき. ❸ [古] 苦痛; 苦悩, 傷心. **~・ness** 名 【OE; 原義は「痛みを感じる」】

smárt àl・eck [àlec] /-æ̀lɪk/ 名 (口) いやにうぬぼれの強い人, 利口ぶった人. ~・**y** =smart-alecky.

smárt-al・eck・y /-æ̀lɪki/ 形 うぬぼれの強い, 利口ぶった.

smárt àss [àrse] 名 ⟨俗⟩ 知ったかぶりをする人.

smárt bómb 名 スマート爆弾 ⟨レーザー光線誘導の爆弾《ミサイル》⟩.

smárt cárd 名 スマートカード, IC カード ⟨マイクロプロセッサーやメモリーを組み込んだプラスチックカード; クレジットカードまたはデビットカードとして利用⟩.

smart・en /smáətn | smá:tn/ 動 ⟨主に英⟩ ⟨身なり・建物など⟩をきれいにする; しゃれる, きれいに身じまいする: ~ *up* one's clothes 衣服を小ぎれいにする. ── (自) おしゃれをする ⟨*up*⟩. 【形 smart】

smárt・ish /-tɪʃ/ ⟨英口⟩ 速く, 急いで, サッと.

***smart・ly** 副 ❶ こぎれいに. ❷ 利口に, 抜けめなく. ❸ すばやく.

smárt móney 名 Ⓤ ⟨米⟩ ❶ a 経験ある[情報通の]投資家《全体》. b その投資金. ❷ 〖法〗 懲罰賠償金.

smárt-móuth 名 ⟨米俗⟩ こうるさくて生意気な口; 生意気な口きき.

smárt-mòuth 動 (自) ⟨米俗⟩ (人に) 生意気な口をきく, こざかしい口答えをする.

smart・y /smáəti | smá:-/ 名 利口ぶる人.

***smash** /smǽʃ/ 動 (他) ❶ a ⟨...⟩を[ばらばらに]打ち壊す, 割る, 粉砕する; ⟨衝突して⟩⟨...⟩を大破する: ~ a window 窓を打ち壊す / ~ a plate *into [to]* pieces 皿を粉々に割る / [+目+補] He ~ed the door open. 彼はドアをたたき壊して開けた / The police detective ~ed *down [in]* the door. 刑事はドアを打ち倒した[打ち抜いた] / The rioters ~ed *up* his shop. 暴徒たちは彼の店を壊した. b ⟨衝突して⟩⟨...⟩を大破する: He ~ed *up* his car. 彼は車をぶつけて壊した. c ⟨制度など⟩を破壊する; ⟨組織など⟩を壊滅する. ❷ a ⟨...⟩を強打する, ぶん殴る: He ~ed the man *with* his fist. 彼はその男をこぶしで殴った / ~ a person *on* the nose [*in* the belly] 人の鼻[腹]を殴る. b 〖テニス〗 ⟨ボール⟩をスマッシュする ⟨ボールを上から強く打ち落す⟩. ❸ ⟨...⟩を強く投げつける, ぶつける: He ~ed a stone *through* the window. 彼は石を投げて窓ガラスを破った / He ~ed his head *against* the wall. 彼は壁に頭を打ちつけた. ❹ ⟨軍・組織など⟩を撃破する, 打破する: ~ the enemy 敵を打ち破る / ~ a record 記録を大きく破る / ~ a theory 理論を打ち倒す. ❺ 〖理〗 ⟨原子・原子核⟩を破壊する. ── (自) ❶ 粉々に壊れる, 割れる: The dishes fell and ~ed on the floor. 皿が床に落ちて粉々に割れた. ❷ [副詞(句)を伴って] **a** 激突する: The car ~ed *into* a telephone pole. 自動車は 電柱に激突した. **b** 突き抜ける, 突進する: ~ *through* a thicket 茂みの中を突っ走る. ❸ 破産[倒産]する ⟨up⟩. ❹ 〖テニス〗 スマッシュする. ── 名 ❶ [通例単数形で] 粉砕; 粉砕する音: The dishes fell with a ~. 皿がガチャンと音を立てて割れた. ❷ a 強打. b 〖テニス〗 スマッシュ. ❸ ⟨車・列車などの⟩**衝突(事故)(の音)**; 倒壊; 墜落. ❹ 失敗, 破産, 倒産, 破滅. ❺ (口) =smash hit. **gò to smásh** 破滅する; 破産する. ── 副 ガチャンと, ピシャッと: The two cars ran [went] ~ into each other. 2 台の車が正面衝突した. 【S(MACK²)+MASH】【類義語】⇒ break¹.

smásh-and-gráb 形 Ⓐ ⟨英⟩ ⟨泥棒が⟩店の陳列窓を壊してものを盗む.

smáshed 形 Ⓟ (口) 酔っぱらって.

smásh・er 名 ❶ (口) すばらしいもの[人]. ❷ a 粉砕者, 破砕者. b 粉砕するもの, 粉砕機.

smásh hít 名 大当たり, 大成功.

smásh・ing 形 ❶ (口) すばらしい, すてきな: have a ~ time とても愉快に過ごす / That's a ~! それはすてきだ. ❷ 粉砕する. b ⟨打撃など⟩猛烈な: It was a ~ blow. 痛烈な一撃だった.

smásh-úp 名 ❶ 衝突(事故), 転覆; 墜落. ❷ 失敗, 破産; 破滅.

smat・ter /smǽtə | -tə/ 動 (自) 生半可な知識でしゃべる; ⟨学問など⟩を生かじりする ⟨*in, at*⟩. ── 名 生かじり, 半可通. ❷ 半可通(人).

smat・ter・ing /smǽtərɪŋ, -trɪŋ/ 名 [a ~] 生かじりの知識; 少量: He has a ~ *of* knowledge about physics. 彼は物理学をちょっぴりかじっている.

smaze /sméɪz/ 名 Ⓤ スメイズ ⟨煙ともやの混じったもの⟩. 【SM(OKE)+H(AZE)】

***smear** /smíə | smíə/ 動 (他) ❶ (...に)⟨油など⟩を塗りつけ る, よごす ⟨*with; on, over*⟩: ~ the pan *with* butter = ~ butter *on* the pan なべにバターを引く / The walls were ~ed *with* blood. 壁は血でよごれていた. ❷ ⟨人の名声など⟩を汚す, 傷つける (sully): ~ a person's (good) reputation 人の名声を傷つける. ❸ ⟨...⟩をこすって[にじませて]不鮮明にする (smudge): Rain had ~ed the address. 雨で字が読めなくなっていた. ❹ ⟨米俗⟩ ⟨...⟩を徹底的にやっつける, 完敗させる: Our team got ~ed. わがチームは完敗した. ── (自) 油・生乾きのインクなどでよごれる, 不鮮明になる: The ink had ~ed. インクはこすれてきたなくなっていた. ── 名 ❶ 汚点, しみ. ❷ 中傷, 誹謗(ひぼう) (slur). ❸ 〖医〗 塗抹(標本) ⟨血液・たんなどをスライドグラスに塗りつけて作った顕微鏡の標本⟩. 【OE=油を塗る】 (形 smeary)

***sméared** 形 (泥などで)よごれた.

sméar tèst 名 〖医〗 塗抹検査 (cf. smear 名 3).

smear・y /smí(ə)ri/ 形 (smear・i・er; -i・est) ❶ ⟨生乾きのインクなど⟩しみになりやすい; しみのある, よごれた. ❷ べたつく. (名 smear)

smec・tic /sméktɪk/ 形 〖理〗 スメクチックの ⟨液晶で, 細長い分子が長軸を平行にして稠密に配列された分子層をなし, かつ長軸方向に積層した相についていう; cf. nematic⟩.

smeg・ma /smégmə/ 名 Ⓤ 〖生理〗 恥垢(ちこう).

***smell** /smél/ 名 ❶ Ⓒ a におい, 香り: a bad [good] ~ 悪臭[いいにおい] / This flower has a strong ~. この花のにおいは強烈だ. b 悪臭. ❷ Ⓤ 嗅覚(きゅうかく): He has a good sense of ~. 彼は鼻がいい. ❸ Ⓒ [通例単数形で] (ひと)かぎ: have ~ of ... ...をかいでみる. ❹ Ⓒ 気味, 疑い: There's a ~ of fraud about it. それにはどうもくべんくさいところがある. ── 動 (~ed /-d/, ⟨また英⟩ smelt /smélt/) (自) ❶ ⟨...の⟩においがする [★通例進行形なし]: [+補] This flower ~s sweet. この花はいい香りがする / The room ~ed musty. その部屋にはしめっぽい臭気が立ちこめていた / It ~s *like* violets. それはスミレのようなにおいがする / His breath ~s (strongly) *of* tobacco. 彼の息は(ひどく)たばこくさい. ❷ 悪臭がある, ひどくにおう [★進行形なし]: The meat began to ~. 肉が臭くなってきた / His breath ~s. 彼の息が臭い. ❸ においがかぎ分ける, 嗅覚がある [★進行形なし]: Not all animals can ~. どの動物にも嗅覚があるわけではない. ❹ [...の]においを

smelling bottle 1708

かぐ [かいでみる] (at). ❺ […の]気味がある, […]くさい: His proposal ~s of deception. 彼の提案はどことなくいんちきくさい. ❻ […く[であるよう]に]思われる, 感じられる. ── 他 ❶ 〈…の〉においを感じる, 〈…を〉香り[におい]で知る (★ 受身・進行形不可): You can ~ (the smell of) cheese. チーズのにおいがするでしょう / I can't ~ anything. 何もにおわないよ / Is it true that a camel can ~ water a mile off? ラクダが1マイル離れた所から水をかぎつけることができるというのは本当だろうか / [+目+doing] I ~ something burning. 何か焦げくさいにおいがする / [+(that)] I can ~ that this meat is rotten. この肉が腐っているのがにおいでわかる. ❷ 〈…の〉においをかぐ (sniff) (★ 通例受身不可): She picked up a flower and ~ed it. 彼女は花を拾い上げてにおいをかいだ. ❸ 〈陰謀などに〉感づく, 〈…に〉気づく (★ 受身不可): ~ a good idea いい考えだとわかる / I ~ed trouble. やっかいなことが起こりそうだと感づいた. **sméll óut** (他+副) (1) 〈人が…〉を見つける, 探り出す, かぎ当て, 〈…に〉気づく. (2) 〈犬が〉〈獲物などを〉かぎ出す: The dogs ~ed out a fox. 犬たちがキツネをかぎつけた. (形) smelly, 関連 olfactory. 【類義語】 **smell** 「におい」を意味する語の最も一般的な語. **odor** 薬品などのように強くてかぎつけられるにおい; 特に悪臭. **scent** 嗅覚の鋭い人でなければ分からないようなかすかなにおい. **perfume, fragrance** ともに花などのよい香りをさすが, 前者はやや強い香り, 後者は植物の香りにも用いられる. **aroma** しばしば飲食物の芳ばしいよい香りを指す. **stench** 強い悪臭.

smélling bòttle 名 気つけ薬瓶, かぎ瓶.
smélling sàlts 名 [単数または複数扱い] 気つけ薬 [炭酸アンモニア主剤の気つけ薬].
†**smell·y** /sméli/ 形 (smell·i·er; -i·est) 強い[いやな]においのする. **sméll·i·ness** 名
*smelt¹ /smélt/ 動 (英) smell の過去形・過去分詞.
smelt² /smélt/ 動 他 ❶ 〈鉱を〉(溶解して)製錬する; 〈金属を〉溶解する. ~ copper 銅を製錬する.
smelt³ /smélt/ 名 (複 ~, ~s) ❶ [C] [魚] キュウリウオ (ワカサギの類の食用魚). ❷ [U] キュウリウオの肉.
smélt·er 名 ❶ 製錬所; 溶鉱炉. ❷ 製錬業者, 製錬工.
Sme·ta·na /smétənə/, **Be·dřich** /bédəʒɪk/ 名 スメタナ (1824-84; チェコの作曲家).
smew /smjúː/ 名 [鳥] ミコアイサ (カモの一種).
smid·gen, smid·gin, smid·geon /smídʒən/ 名 [a ~] 少量; a ~ of salt 少量の塩.
smi·lax /smáɪlæks/ 名 [植] ❶ シオデ属の各種の低木 [草本] [ユリ科]. ❷ クサナギカズラ, アスパラガス [南アフリカ原産].

*smile /smáɪl/ 動 ❶ 〈人・動物が〉(声をたてないで)笑う; 〈人・顔・目などが〉微笑する, ほほえむ, にっこりする, ほほえみかける: ~ sweetly [bitterly, cynically] にこやかに[苦々しげに, 皮肉っぽく]笑う / She never ~s. 彼女は決して笑わない / Her gentle eyes ~d. 彼女のやさしい目が笑った / He ~d at the girl. 彼女はその少女にほほえみかけた / He ~d back at him. 彼女は彼に笑い返した. ❷ a 〈風景などが〉晴れやか[ほがらか]である: All nature ~d in the sunlight. すべての自然が陽光を浴びて輝いていた. b 〈運・機会など〉〈人・ことに〉向く: Fortune has ~d on [upon] him at last. ついに運命の女神が彼にほほえみかけた[彼にも運が向いてきた] / The weather ~d on us. 天候が我々に幸いした. ── 他 ❶ 〈…と〉ほほえんで言う, 〈承諾・感謝などを〉ほほえんで表わす (★ 受身不可): [+引用] "Thanks," she ~d. 「ありがとう」と言って彼女はほほえんだ / He ~d his consent [thanks]. 彼は微笑して承諾[感謝]の意を表わした. ❷ [修飾語を伴った同族目的語を伴って] 〈…の〉笑い方をする (★ 受身不可): He ~d a cynical smile. 彼は皮肉な笑いを浮かべた. ❸ 微笑でもなくさせる: S~ your grief *away*. 笑って悲しみを忘れてしまいなさい. **còme úp smíling** (に)笑って[陽気で]立ち直る. **kèep smíling** [しばしば命令法で] 気楽にやる, 気にしない. ── 名 ❶ a ほほえみ, 微笑 (cf. laugh 1, laughter): a big [wide] ~ にこやかな; 満面の笑み / with a ~ にこにこして / with a forced ~ むりにほほえんで, 引きつった笑顔で / She had a hard [faint] ~ on her face. 彼女の顔には温かい[かすかな]ほほえみが浮かんでいた. b [all ~s で, 補語に用いて] 大喜びの(表情)で: He was all ~s. 彼は喜色満面だった. ❷ 〈自然などの〉晴れやかな様子; 〈運命などの〉恩恵, 恵み: the ~s of fortune 運命の恵み. 〚? Scand〛【類義語】⇒ laugh.

smil·er /smáɪlə/ | -lə/ 名 微笑する人; (口) 酒(の一杯).
smil·ey /smáɪli/ 形 名 スマイリー: **a** 黄色の地に黒で目と口だけ簡単に描いた丸いにこにこ顔. **b** ASCII 文字でこれをまねて作った図; emoticon の一種.
smíley fàce = smiley a.
smíl·ing 形 ❶ 微笑する, ほほえむ: a ~ face にこにこ顔. ❷ 〈風景などが〉晴れやかな: the warm and ~ countryside 暖かでほほえむような田園風景. **~·ly** 副 にこにこと, ほほえんで; 晴れやかに.
smirch /smə́ːtʃ | smə́ːtʃ/ 動 ❶ 〈…を〉(泥などで)よごす. ❷ 〈名声などを〉汚す. ── 名 ❶ よごれ. ❷ 〈名声などの〉汚れ, 汚点 [*on, upon*].
†**smirk** /smə́ːk | smə́ːk/ 動 自 (得意そうに)にやにや笑う. ── 名 にやにや笑い. **~·er** 名
smirk·y /smə́ːki | smə́ː-/ 形 得意げに笑みを浮かべた, うすら笑いをする.
smite /smáɪt/ 動 他 (smote /smóʊt/; smit·ten /smítn/) (文) ❶ a 〈…を[に]〉で打つ, 強打する (*with*). b 〈敵などを〉打ち倒す, 負かす; 殺す. ❷ [通例受身で] a 〈病気・災難などが〉〈人を〉襲う: I *was smitten with* [*by*] the flu. 私は流感にかかっていた. b 〈良心などが〉〈…を〉とがめる: She *was smitten with* [*by*] remorse. 彼女は強く後悔の念を感じた. c 〈美人・美しものが〉〈…を〉魅惑する, 感動させる: He *was smitten with* [*by*] her charms. 彼はその娘の魅力にすっかりまいってしまった. 〚OE=塗りつける, こする〛
smith /smíθ/ 名 [通例複合語で] ❶ 金属細工師, 鍛冶(じ)屋: ⇒ goldsmith, tinsmith, whitesmith. ❷ 製造人, 製作人: ⇒ gunsmith. 〚OE=職人〛
Smith /smíθ/, **Adam** 名 スミス (1723-90; スコットランド生まれの英国の経済学者).
Smith, Bessie 名 スミス (1894/98-1937; 米国のブルース歌手).
Smith, Captain John 名 スミス (1580?-1631; 英国人でアメリカへの最初の移住民の一人; cf. Pocahontas)
Smith, Joseph 名 スミス (1805-44; 米国のモルモン教会の創始者).
smith·er·eens /smɪðərí:nz/ 名 複 (口) 粉みじん, 破片: smash a cup to [*into*] ~ 茶わんを粉みじんに砕く.
Smith·field /smíθfiːld/ 名 スミスフィールド (もと家畜市があった, London の City 北西方向の一地区; 肉市場で有名).
Smith·só·ni·an Institútion /smɪθsóʊniən-/ 名 [the ~] スミソニアン協会 (科学知識の普及向上を図るため 1846年米国の Washington, D.C. に設立された学術協会). 〚英国の化学者 J. Smithson /smíθs(ə)n/ (1765-1829) の寄付による〛
smith·y /smíθi/ 名 鍛冶(じ)屋の仕事場, 鍛冶工場.
smit·ten 動 smite の過去分詞.
smock /smɑ́k | smɔ́k/ 名 ❶ (小児・婦人・画家などの)上っ張り, 上着, スモック. ❷ = smock frock. ── 動 他 〈服に〉…にスモッキング (smocking) をする.
smóck fròck 名 (農民の)仕事着, 野良着.
smóck·ing 名 [U] スモッキング (幾何学的模様になるようにギャザーを入れたひだ飾りの一種).
†**smog** /smɑ́g, smɔ́:g | smɔ́g/ 名 [U] スモッグ, 煙霧 (都会などに発生する煙の混じった霧): photochemical ~ 光化学スモッグ. 〚SM(OKE)+(F)OG〛【類義語】⇒ mist.
smog·gy /smɑ́gi, smɔ́:gi | smɔ́gi/ 形 (smog·gi·er; -gi·est) スモッグ(の多い).

*smoke /smóʊk | sməʊk/ 名 ❶ [U] 煙: (There's) no ~ without fire.=Where there's ~, there's fire. 〘諺〙 火のない所に煙は立たぬ. ❷ [U] 煙に似たもの, 霧; しぶき. ❸ 湯気, 蒸気. ❸ [C] a (たばこの)一服, 喫煙: have [take] a ~ 一服する. b (口) 葉巻き; 巻きたばこ. ❹ [the S-] (英古) 大都会, (特に)ロンドン. **gò úp in smóke** (1) 〈家などが〉焼

失する. (2) 〈計画・希望などが〉煙のように〈(はかなく)〉消える.
──動 ⓐ ❶ 煙を出す, 噴煙する: The volcano is *smoking*. その火山は煙をはいている. ❷ 喫煙する, たばこをすう: I don't ~. 私はたばこをすいません / He ~s like a chimney. 彼はやたらにたばこをすう. ❸ 煙る, いぶる, くすぶる: The stove ~s badly. このストーブはひどく煙る. ──ⓐ ❶ 〈たばこ・あへんなどを〉すう: ~ a cigarette [one's pipe] 紙巻きたばこ [パイプたばこ] をすう. ❷ 〈...を燻製(ミミ)にする: ~ salmon サケを燻製にする. ❸ 〈ガラスなど〉スモーク処理する, スモークガラスにする. ❹ 〈...を〉煙で消毒する; 〈植物をいぶして虫を除く. **smóke óut** (⟨ⓐ+副⟩) (1) 〈...を〉いぶし出す, 狩り出す: ~ out bees *from* their hive 巣箱からハチをいぶし出す. (2) 〈犯罪者などを〉探り出す, あばく. **smóke óut of** (⟨ⓐ+副⟩) 〈...を×...〉からいぶし出す, 狩り出す.

smóke alàrm 名 ＝smoke detector.
smóke bàll 名 発煙筒[弾], 煙幕弾.
smóke bòmb 名 発煙弾[筒].
smóke bùsh 名 ＝smoke tree.
smoked 形 A ❶ 燻製(ミミ)にした: ~ ham スモークハム. ❷ (すすで)いぶした; スモーク処理をした: ~ glass スモークガラス.
smóke detèctor 名 (天井などにつけられた煙を感知する)煙探知器.
smoke-drìed 形 燻製にした.
*smóked sálmon 名 ⓤ サケの燻製, スモークサーモン.
smóke-fílled róom 名 (米) 紫煙の間《政治家が秘密会議や交渉を行なうホテルなどの一室》.
smóke-hòuse 名 燻製場[室], いぶし小屋.
smóke jùmper 名 (地上から接近困難な所にパラシュートで降下する)森林消防隊員.
smóke·less 形 無煙の: ~ coal [powder] 無煙炭[火薬] / a ~ zone 無煙地帯《煙を出す燃料の使用が禁じられている地域》.
smókeless tobácco 名 ⓤ かぎたばこ (snuff), かみたばこ (chewing tobacco).
smók·er 名 ❶ 喫煙家: a heavy ~ 愛煙家, ヘビースモーカー. ❷ 喫煙車[室]. ❸ (米) 男だけの気楽な集まり.
smóker's cóugh 名 過度の喫煙によるせき.
smóke scrèen 名 ❶ 煙幕. ❷ (軍) (真の意図などを隠すための)偽装, 煙幕, カムフラージュ.
smóke sìgnal 名 ❶ 煙信号, のろし. ❷ 兆候, 動向.
smóke·stàck 名 (船・機関車・工場などの)煙突.
──形 重工業の: a ~ industry 重工業.
smóke stòne 名 ＝smoky quartz.
smóke trèe 名 〖植〗ハグマノキ, スモークツリー《花や果実が煙のように見える装飾用のウルシ科の低木》.
Smok·ey /smóuki/ 名 (⟨ⓐ ~s⟩) (米) ❶ スモーキー《森林消防団員の服をきた熊の漫画で, 森林火災防止マーク》. ❷ [しばしば s~] (俗) ハイウェーパトロール警官《その制帽が1の熊のかぶる帽子に似ているところから》.
Smókey the Béar 名 ＝Smokey 1.
*smók·ing /smóukɪŋ/ 名 ⓤ ❶ a 喫煙: No ~ (in this building). (構内)禁煙. b [形容詞的に] 喫煙のための, 喫煙用の: a ~ area 喫煙所, 喫煙コーナー. ❷ 煙る[いぶる]こと. ❸ 発煙; 蒸気を立てること. ──形 A ❶ 煙る, いぶる. ❷ たばこをすう. ❸ a 湯気の立つ [立てている]: a ~ horse 汗を出している馬. b [副詞的に] 湯気の出るほど: ~ hot food ほかほかの温かい食べ物.
smóking càr 名 (米) (列車の)喫煙車.
smóking càrriage 名 (英) (列車の)喫煙車.
smóking compàrtment 名 (列車の)喫煙客室.
smóking gún 名 (米) (犯罪の)決定的証拠となるもの.
smóking jàcket 名 スモーキングジャケット《家でくつろぐ時に着る男子用上着》.
smóking ròom 名 喫煙室.
*smók·y /smóuki/ 形 (smók·i·er; -i·est) ❶ 煙だらけの, 煙の多い. ❷ 煙で黒くなった, すすけた. ❸ 煙る, くすぶる, 黒煙を出す. ❹ a 煙の[いぶしたような]におい[味]がする. b 煙のような, 煙色の, くすんだ. **smók·i·ly** /-kɪli/ 副 -i·ness 名 (形 smoke)
smóky quártz 名 ⓤ 〖鉱〗煙水晶.
*smol·der /smóuldə/ | -də/ 動 ⓐ ❶ いぶる, くすぶる: The wood was ~*ing* in the fireplace. まきが暖炉でくすぶっていた. ❷ 〈人が〉感情を鬱積(ﾗﾝｾｷ)させる, 〈人・目などが〉抑えた感情を表わす; 〈感情が〉鬱積する: eyes ~*ing* with anger 秘めた怒りに燃える目 / ~*ing* discontent 鬱積した不満. ❸ 〈人などが〉性的に引きつける[魅力がある], 〔官能などを〕感じさせる 〈*with*〉. ❹ 〈反乱・議論などがくすぶる. ──名 [通例単数形で] いぶり, くすぶり. ❷ (感情の)くすぶり.

smolt /smóult/ 名 〖魚〗(初めて海へ下る)二年子のサケ.
SMON /smán, smɔːn | smɔn/ 名 〖医〗スモン, 亜急性脊髄視神経障害《キノホルムによる神経障害》.《*suba-cute myelo-optico-neuropathy*》
smooch /smúːtʃ/ (口) 動 ⓐ キスをする; キスをして抱き合う〈*with*〉. ──名 [a ~] キス, 抱擁.
*smooth /smúːð/ 形 (~·er; ~·est) ❶ a ⟨表面などの⟩なめらかな, すべすべした (↔ rough): ~ skin すべすべの肌. b ⟨道路など〉平坦(ﾍｲﾀﾝ)な, でこぼこのない: a ~ road 平坦な道. c 〈水面などが〉静かな; 平穏な. d ⟨縁などでこぼこのない, ぎざぎざのない. e ⟨毛髪などが〉すべすべした, つやのある, 柔らかい. f 〈体など毛[ひげ]のない. g 〖動・植〗すべすべした, 無毛の. ❷ a ⟨物事などが〉なめらかに動く. b ⟨物事などが〉順調な, 好都合の, すらすらいく (easy): make things ~ 障害を除いて事を容易にする. c ⟨旅程・乗り心地など〉快適な, 揺れのない. ❸ a ⟨言葉・文体などが流暢(ﾘｭｳﾁｮｳ)な. b 〈音楽の〉流れるな, 心地よい. c 口先のうまい; 人をそらさない, 人当たりのよい: say very ~ things とても人当たりのよいことを言う. ❹ 〈飲み物などが〉口当たりのよい, 柔らかい. ❺ 〈物質・液体などが〉むらがなく練られた[混ざった].
──副 (~·er; ~·est) (古) なめらかに; すらすらと.
──動 ⓐ ❶ a ⟨...を〉なめらかにする, 平らにする. b ⟨...を〉でこぼこを除く⟨*down, out*⟩: ~ asphalt with a roller ローラーでアスファルトを平らにする. b 〈布などのしわをのばす, のす; 〈しわなどを〉のばす⟨*away, out*⟩: S~ this dress with the iron. このドレスにアイロンをかけなさい. ──*out* a rumpled bedsheet しわくちゃの敷布をのばす. c 〈髪・羽を〉なでつける: ~ (*down*) one's hair 髪をなでつける. ❷ ⟨...を〉〈困難などを〉取り払う[除く]⟨*away, out*⟩: ~ the difficulties *away* 困難を除去する. b (困難を取り除いて)〈...を〉容易にする: ~ the way (for...) (...の)行く手の障害を除く. c 〈怒り・動揺などを〉なだめる, 静める. ❸ ❶ なめらかになる, 平らになる ⟨*down*⟩. ❷ 穏やかになる, おさまる, 円滑にいく: Things are gradually ~*ing down*. 事態はおさまりつつある. **smóoth óver** ⟨ⓐ+副⟩ (1) ⟨欠点・過失などを⟩言い[取り]繕う, かばう: ~ *over* flaws 欠点を取り繕う. (2) ⟨ことを⟩穏便にすます, 丸くおさめる.
──名 ❶ [a ~] 平らにすること; ならし; なでつけ: give *a* ~ *to* one's hair 髪をなでつける. ❷ 平面, 平地. **táke the róugh with the smóoth** 人生の浮き沈みを気にしない, のんきに構える.
~·ness 名

smóoth-bòre 名 滑腔(ｶｯｺｳ)銃[砲]. ──形 ⟨銃砲や砲腔が〉旋条のない, 滑腔の.
smóoth·er 名 smooth にする人[器具, 装置].
smóoth-fáced 形 ❶ 表面がすべすべした, なめらかな. ❷ つるつる顔の, ひげのない; ひげをきれいにそった. ❸ (うわべは)人当たりのよい; ねこをかぶった.
smóoth hóund 名 〖魚〗ホシザメ属の小型のサメ,《特に》ホトホシザメ《欧州産》.
smooth·ie /smúːði/ 名 ❶ (口) 当たりの柔らかな人; 口先のうまい人. ❷ (米・豪) スムージー《バナナなどのフルーツをミルク[ヨーグルト, アイスクリーム]と混ぜた飲み物》.
smóoth·ing ìron 名 アイロン, 火のし, こて (flatiron); スムーザー《アスファルト舗装用の圧延具》.
smóothing plàne 名 仕上げかんな.
smóoth·ly 副 すらすらと, 難なく, 円滑に; 穏やかに; なめらかに.
smóoth múscle 名 ⓤ 〖解〗平滑筋.
smóoth-spóken[-tóngued] 形 口先のうまい.
smóoth-tàlk 動 ⓐ 口達者に丸め込む, お世辞を使って言いくるめる. **smóoth tàlk** 名 ⓤ (口) 口達者, うまい話し

smooth talking

ぶり. **smóoth tàlker** 图

smóoth tàlking 形 =smooth-spoken[-tongued].
smooth‧y /smúːði/ 图 =smoothie.
smor‧gas‧bord /smɔ́ːrgəsbɔ̀ːrd | smɔ́ːgəsbɔ̀ːd/ 图 ❶ スモーガスボード,バイキング(料理)《サンドイッチや肉・魚・野菜・果物・デザートなどの料理が並び,自由に取って食べる立食形式の料理; 英語では Viking とはいわない》. 《Swed *smörgåsbord* < *smörgås* バターをつけたパン+*bord* テーブル》
smor‧zan‧do /smɔːrtsáːndou | smɔː‐tsáːn‐/ 形 副《楽》徐々に音を弱めおそくして(ゆく),スモルツァンドの[で]《略 smorz.》.
smote 動 smite の過去形.
†**smoth‧er** /smʌ́ðər | ‐ðə‐/ 動 他 ❶ 〈…を〉窒息死させる (suffocate): She ~ed her own baby (*with* a pillow). 彼女は自分の赤ん坊を(まくらで)窒息死させた. ❷ 〈火を[で…]〉おおい消す: He ~ed the fire *with* sand. 彼は砂をかけてその火を消した. ❸ 〈…を〉あくびをかみ殺す; 〈言葉・感情〉を抑える,のみ込む (stifle): ~ a yawn あくびをかみ殺す / ~ one's grief 悲しみを抑える. **b** 〈罪・うわさなどを〉隠蔽(ぱい)する,もみ消す; 〈反対・不満などを〉抑え込む: ~ (*up*) a rumor うわさ話をもみ消す. **c** 〈…の〉発言[発育]を抑える. ❹ [キス・贈り物・親切などで〈…を〉]息もつけないようにする,圧倒する: She ~ed the child *with* kisses. 彼女はその子が息もつけないほどにキスをした. ❺ 〈…を〉包む,厚くおおう: The town *was* ~ed *in* fog. その町は霧に包まれている / The cottage *was* ~ed *with* roses. そのいなか家には一面バラがおおわれていた. ❻《料理》**a** 〈…を〉蒸す,蒸し煮にする: ~ed chicken 蒸し焼きのチキン. **b** 〈…に[で]…を〉たっぷりかける [添える]: ~ a salad *with* [*in*] dressing サラダにドレッシングをたっぷりかける. ❼ 息が詰まる; 窒息(死)する.
── 图 [a ~] (息が詰まるほどの)濃い煙, 濃霧, くすぶり.

smóth‧ered máte 图《チェス》キングが味方のコマで動けないときのナイトによる詰み.

†**smoul‧der** /smóuldər | ‐ldə/ 動 自《英》=smolder.
smri‧ti /smríti/ 图 聖伝書,スミリティ《Veda の教えを基にしたヒンドゥー教の聖典》.
SMS /ésèmés/ 图 ⓤ《通信》(携帯電話の)ショートメール機能[サービス]. 《*s*hort *m*essaging *s*ystem, *s*hort *m*essage *s*ervice》
SMTP《略》《電算》simple mail transfer protocol SMTP 《電子メールを送信する際の基本的の通信規約》.
†**smudge** /smʌ́dʒ/ 图 ❶ よごれ,しみ. ❷《米》(害虫駆除用・霜よけ用の)いぶし火,蚊やり火. ── 動 他 ❶ (こすって)不明瞭にする,ぼかす (smear). **b** 〈…に〉しみをつける,〈…を〉よごす: His soiled hands ~d the paper. 彼の手あかで紙がよごれた. **c** 〈…に〉汚点を残す. ❷《米》〈テント・果樹園などを〉いぶす. ── 自 よごれる, にじむ.
smúdge pòt 图《米》(霜よけ用の)いぶし器.
smudg‧y /smʌ́dʒi/ 形 (**smudg‧i‧er**, ‐i‧est) よごれた, しみだらけの; 不鮮明な. **smúdg‧i‧ly** /‐dʒəli/ 副 **‐i‧ness** 图
†**smug** /smʌ́g/ 形 (**smug‧ger**; **smug‧gest**) ひとりよがりの,自己満足している,いやに気取った. **~‧ly** 副 **~‧ness** 图
* **smug‧gle** /smʌ́gl/ 動 他 ❶ 〈…を〉密輸[輸出]する: ~ heroin ヘロインを密輸する / ~ weapons *from*…[*into*…, *to*…] 武器を…から[…(内)へと,…に向けて]密輸する. ❷ [通例副詞(句)を伴って] 〈…を〉秘密に持ち込む[持ち出す]: ~ an agent *into*…からひそかにスパイを忍び込ませる / ~ information *out of*…からひそかに情報を持ち出す. ❸ 〈ものを〉隠す 〈*away*〉. ── 自 密輸入[輸出]する.
†**smug‧gler** /smʌ́glər/ 图 ❶ 密輸入[輸出]者, 密輸業者. ❷ 密輸船.
smúg‧gling 图 ⓤ 密輸.
smut /smʌ́t/ 图 ❶ 猥談(わいだん), 好色[エロ]文学; みだらなこと. ❷ ⓒⓤ すす,石炭・煙などの)一片,かたまり; よごれ,しみ. ❸ ⓤ (麦などの)黒穂(くろほ)病. ── 動 (**smut‧ted**; **smut‧ting**) 他〈…を〉煙[すす]でよごす,黒くする. ── 自 ❶ よごれる,黒くなる. ❷ 黒穂病になる.
smút bàll 图《植》黒穂菌の厚胞子; 黒穂病にかかった穀物の穀粒.

smut‧ch /smʌ́tʃ/ 動 他 〈…を〉よごす, 〈…に〉しみをつける.
── 图 しみ, よごれ (smudge).
smút mìll 图 黒穂病の穀粒をきれいにする機械.
smut‧ty /smʌ́ti/ 形 (**smut‧ti‧er**; ‐ti‧est) ❶ わいせつな. ❷ 黒くなった, すすだらけの. ❸ 黒穂病にかかった. **smut‧ti‧ly** /‐təli/ 副 **‐ti‧ness** 图
Smyr‧na /smə́ːrnə | smə́ː‐/ 图 スミルナ《Izmir の旧称; 古代ギリシアの植民市, 初期キリスト教の中心地》.
Sn《記号》《化》tin. 《L *stannum*》
***snack** /snǽk/ 图 ❶ **a** 軽い食事, 軽食, スナック《間食として, または間の食事がわりに食べる》. **b** = snack food. ❷ (食べ物・飲み物の)ひと口, 少量. ── 動 自 軽食をとる: ~ *on* potato chips ポテトチップスを軽く食べる. 《Du=ひと噛み》
snáck bàr 图 (カウンター式の)軽食堂, スナックバー《★ 日本のスナックと異なり酒類は出さない》.
snáck fòod 图 ⓤ スナック食品《ポテトチップなど》.
snaf‧fle /snǽfl/ 動 他 ❶《英口》〈ものを〉くすねる, 盗む. ❷〈馬に〉小勒(しょうろく)をくませる; 〈馬を〉小勒で制する. ── 图 小勒(のはみ)《馬のくつわ》.
snáffle bìt 图 =snaffle.
sna‧fu /snæfúː/ 图 ⓤ《俗》混乱(状態). ── 形 混乱した. ── 動 (**~ed**; **~ing**) 混乱させる. 《*s*ituation *n*ormal *a*ll *f*ucked [*f*ouled] *up*》
†**snag** /snǽg/ 图 ❶ 思わぬ障害[故障, 欠点] (hitch): strike [come up against] a ~ 思わぬ障害にぶつかる. ❷ 鋭く突き出たもの. ❸ **a** (切りとったり折れたりした後に残る)枝株. **b** (水中から出ていて船の進行を妨げる)倒れ木, 沈み木. ❹ 出っ歯, そっ歯, 歯の欠け残り. ❺ (靴下などの)かぎ裂き. ── 動 (**snagged**; **snag‧ging**) 他 ❶〈靴下などに〉かぎ裂きを作る, ひっかける. ❷《米口》〈…を〉すばやくつかむ. ❸〈船を〉倒れ木に乗り上げる: The raft *was* snagged near the bank. いかだは岸の近くで倒れ木にひっかかった. ❹〈…を〉妨げる: Commerce was snagged by the lack of foreign exchange. 外国為替の不足で取引が停滞した. ── 自 ❶ ひっかかる, からまる. ❷〈船が倒れ木にひっかかる. 《ON=point, projection》
snag‧gle /snǽgl/ 图 もつれた塊り. ── 動 自 もつれる, からまる.
snággle‧tòoth 图 (覆 -teeth) 乱ぐい歯, そっ歯.
snággle‧tòothed 形 乱ぐい歯[そっ歯]の.
snag‧gy /snǽgi/ 形 (**snag‧gi‧er**; ‐gi‧est) ❶ (切りとったり折れたりした後の)枝株 (snag) の多い. ❷ 倒れ木[沈み木]の多い.
†**snail** /snéɪl/ 图 ❶《動》**a** カタツムリ. **b** 巻き貝. ❷ のろま. **at a snáil's páce** のろのろと, ゆっくりと. 《OE; cf. snake, sneak》
snáil‧fìsh 图 =sea snail.
snáil màil 图《戯言》カタツムリ郵便《E メールに対して, 普通の郵便》.
***snake** /snéɪk/ 图 ❶《動》ヘビ(蛇). ❷ 蛇のような人間, 陰険[冷酷]な人, 悪意のある人. ❸ へび《下水管などのつまりを掃除するワイヤー》. ❹ [the ~]《EC 時代の, 通貨の》共同フロート制, 共同変動相場制《変動幅を 2.25% に固定しているため蛇のような動きを見せるから》. **snáke in the gráss** 信用できない人. **snákes and ládders** [単数扱い] 蛇とはしご《すごろく遊びの一種; 蛇の頭に来ると尾まで戻り, はしごの下に来ると上まで前進できる》. ── 動 自 (蛇のように)くねる, くねって進む. ── 他 [~ *one's way* で] くねくね曲がりながら進む: The stream ~*s its way* across the field. その小川は野原を蛇行している. 《OE; 原義は「はうもの」; SNAIL, SNEAK と同語源》 (形 snaky; 関形 serpentine)
snáke‧bìrd 图《鳥》ヘビウ.
snáke‧bìt, snáke‧bìtten 形 ❶ 毒蛇にかまれた. ❷《米俗》不運な, 不遇な.
snáke‧bìte 图 ⓒⓤ 蛇にかまれた傷; 蛇にかまれた傷の症状[痛み].
Snáke‧bòard /snéɪkbɔ̀ːrd | ‐bɔ̀ːd/ 图《商標》スネークボード《2 枚の板を金属棒でつないだ形のスケートボード》.
snáke chàrmer 图 蛇使い.
snáke dànce 图 ❶ 蛇踊り《北米先住民 ホピ族の宗教

snake èyes 名 〘米俗〙❶ (craps で) 1 が 2 つ出ること, ピンぞろ. ❷ 不運, ついてないこと.

snake màckerel 名〘魚〙クロタチカマス《熱帯・温帯の深海に生息し, 突き出た顎と強い歯をもつ》, (広く)バラムツ (escolar).

snake òil 名 U 〘米〙いんちき薬《行商人などが万能薬として売る》.

snake pìt 名 ❶ 蛇穴. ❷ 大混乱の場所.

snake·skin 名 U 蛇革.

snak·y /snéɪki/ 形 ❶ a 蛇の; 蛇状の. b 蛇の多い. ❷〈川・道など〉曲がりくねった. ❸ 陰険な, ずるい. (名 snake)

*__snap__ /snǽp/ 動 ❶〈…をポキッと折る, プツッと切る: ~ a stick 棒をポキッと折る / ~ off a twig 小枝を折り取る / ~ a piece of thread in two 糸をプツンと二つに切る. ❷ a〈通例副詞(句)を伴って〉〈…をパチン[パタン]と〉〈(…の状態)にする〉［+目+補］She snapped her coin purse open [shut]. 彼女はコイン入れを開けた[閉めた] / He snapped down the lid of the box. 彼はその箱のふたをパタンと閉めた. b〈…をパチン[ピシャリ, ピシッ]と鳴らす;〈ピストルなどを〉撃つ: ~ a whip むちを鳴らす / ~ a rubber band ゴムひもをパチンといわせる. ❸〈…を〉鋭く[いきなり]言う: He snapped out a retort. 彼は鋭く[すかさず]言い返をした /［+引用］"Quiet!" snapped the teacher. 「静かに!」と先生は厳しい口調で言った. ❹〘口〙〈写真を〉パチリととる,〈…のスナップ写真をとる〉: He snapped the scene. 彼はその場面をスナップした. ❺ 〘スポ〙〈連敗などを〉断ち切る. ❻〈…を〉スナップで留める. ── 自 ❶ a プツッと切れる, ポキンと折れる: He heard one of the strings of his violin ~. 彼は自分のバイオリンの弦が 1 本プツリと切れる音を聞いた / The mast snapped off. マストがポキンと折れてしまった /［+補］The stick snapped short. その棒はポキンと短く折れた. b〈人が〉自制をなくす, キレる;〈自制心・神経など〉が耐えきれなくなる, プツッと切れる: His nerves snapped. 彼の神経は(緊張に耐えかねて)まいってしまった. ❷ a〈通例副詞(句)を伴って〉〈ドアなどが〉カチッ[パチン, パタン]と音をたてて〈(…の状態)になる〉:［+補］The lock snapped shut [open]. 鍵がカチッ[パチン]と閉まった[あいた] / Press it in until it ~s into the socket. それが受け口にパチンといっぱまるまで押してください. b パチン[ピシッ]と鳴る[いう];〈ピストルなどが〉カチッという, 不発に終わる: The wood snapped as it burned. その木は燃える時にパチパチと音を立てた. ❸〈…を〉いきなりかむ, 食いつく: That dog ~s at people's hands. あの犬は人の手にかみつく. ❹ 写真を取る. ❺ スナップで留める. ❻ 申し出などに飛びつく, 二つ返事で承知する 〈at〉. ❼〈…に〉がみがみ言う 〈at〉.

snáp báck(自＋副)(1)パチンとはじき戻る.(2)鋭く言い返す.(3)(元の状態に)急に戻る; すばやく立ち直る. **snáp one's fíngers** ⇒ finger 成句. **snáp a person's héad òff** ⇒ head 名 成句. **snáp it úp**〘米〙〘命令法〙急げ. **snáp óff**(自＋副)(1) ポキンと折れる(⇒ 自 ❶).（他＋副）…をポキッと折る(⇒ 他 ❶).(3)〈…を〉ぱくっとかみ取る.(4)〈明かり・ラジオなどを〉パチッと消す.(5)〈写真を〉パチリととる.(6)〈銃などを〉さっと撃つ. **snáp ón**(他＋副)〈ボタンなどを〉パチンとつける. **snáp óut of…**〘俗〙〘意志の力で〉〈気分・病気などからさっと脱け出る. **snáp to atténtion** すばやく気をつけをする. **snáp úp**（他＋副）〘好機・物などに〉とびつく,〈…を〉先を争って[われがちに]取る[買う],〈人を〉即座に獲得する: ~ up an offer 申し出に飛びつく / The cheapest goods were soon snapped up. いちばん安い物がすぐに売り切れてしまった.

── 名 ❶ C パチン[パタン, ピシャ, ピシッ]といわせること; ポキンと折れること, プツリ切れること, パチンと割れること; パチンと閉まる音: He heard the ~ of a twig broken underfoot. 彼は小枝が踏まれて折れる音を聞いた. ❷ C 〘口〙スナップ(写真). ❸ [a ~]〘米口〙楽な仕事［科目］: The homework was a ~. その宿題は実に簡単だった. ❹ U スナップ(トランプ遊びの一種). ❺ = snap fastener. ❻ U〘口〙精力, 元気, 活気; きびきびしたところ: a writing style without much ~ あまりぴりっとしない文体. ❼ C a 食いつくこと. b〈すばやく〉ひっとかむこと, ひっつかむこと. ❽ C〘天候の〉急変, 激変; (特に)急なひどい寒さ, 寒波: a cold ~ 急な寒さ. ❾ U.C ［通例複合語］薄くてもろいクッキー: ⇒ gingersnap.

── 形 ❶〈締め金・留め金などが〉パチンと締まる. ❷ 急の, 不意の(打ち)の: a ~ decision (必要に迫られての)即断. ❸〘米口〙楽な: a ~ exam やさしい試験.

── 副 ポキンと, プツリと, パチンと.

── 間〘英〙❶(トランプのスナップ遊びで)スナップ!《同じカードが 2 枚出た時に言う》.❷〘口〙(同じものが二つ出た時に)同じだ!, 同じだ!

（形 snappish, snappy）

snap bèan 名 〘植〙サヤインゲン, サヤエンドウ.

snáp-brìm (hát) 名 スナップブリム《上をへこませつばの前を下ろし後ろを上げた(フェルト)ハット》.

snáp·dràgon 名 〘植〙キンギョソウ(金魚草).《この花を竜(dragon)の口に見立てたことから》

snáp fàstener 名〘米〙（衣服などの）スナップ, ホック（〘英〙press-stud）.

snáp hòok 名 = spring hook.

snáp lìnk 名 スナップリンク《鎖などに付ける, スナップばね付きの環; 他の環につなぐもの》.

snáp-lòck 名 所定の位置に押し込むと締まる[固定する], スナップロック式の.

snáp-òn 形 △ スナップ(で留める)方式の.

snáp pèa 名 〘園〙スナップエンドウ (sugar snap pea) 《丸くパリパリしたさやのついたエンドウ》.

snap·per /snǽpər/ 名-pə/ 名 ❶ (後, ~s)〘魚〙フエダイ. ❷〘口〙写真家《特に有名人の新聞・雑誌用の写真を撮る》. ❸ a パチッと鳴るもの. b がみがみ言う人. ❹ = snapping turtle.

snápping tùrtle 名〘動〙カミツキガメ（北米産）.

snap·pish /snǽpɪʃ/ 形 ❶〈犬などが〉かみつく癖のある. ❷ がみがみ言う, ぶっきらぼうな, 怒りっぽい. ~·ly 副 ~·ness 名 （名 snap）

snap·py /snǽpi/ 形 (**snap·pi·er; -pi·est**) ❶〈ことばなど〉簡潔な, 気のきいた. ❷ しゃれた, 粋な, スマートな: a ~ dresser 粋な身なしの人. ❸ = snappish 2. ❹〘口〙a ~ worker 仕事の速い人. ❺ きびきびした, 勢いのよい, 元気のよい, てきぱきした. ❺〈風・寒気など〉身を切るような. ❻〈火などが〉パチパチいう. **Máke it snáppy! = 〘英〙Lóok snáppy!** 〘口〙(話などを)てきぱきしろ; 急げ. （名 snap）

snap ròll 名 〘空〙急横転 (flick roll).

⁺**snáp·shòt** 名 スナップ(写真), 速写: take a ~ of…のスナップ写真をとる.

snap shòt 名〘サッカー・ホッケー〙クイックシュート, スナップショット《振りの小さいシュート》.

⁺**snare**¹ /snéər | snéə/ 名 ❶ (動物・鳥などをつかまえる)わな (trap). ❷ (人を陥れる)わな・落とし穴, 誘惑: lay a ~ for…にわなをかける, …を陥れようとする. ── 動 ❶〈…をわなで捕る: ~ a rabbit (in a trap) わなでウサギをつかまえる. ❷〈人を〉陥れる, 誘惑する, つり込む. ❸〘米〙巧妙に〈…を〉手に入れる: ~ a high-paying job うまく立ち回って給料のよい仕事を得る. 【類義語】⇒ catch.

snare² /snéər | snéə/ 名 ❶ (小太鼓の)響線, さわり弦. ❷ = snare drum.

snáre drùm 名 スネアドラム, 小太鼓《軍楽隊用小太鼓で, 下面の皮にさわり弦 (snares) がはってある》.

snarf /snɑ́rf | snɑ́ːf/ 動 〘米口〙がつがつ食う, ガーッと飲む, 平らげる, がっつく 〈up, down〉.

snark /snɑ́rk | snɑ́ːk/ 名 スナーク《えたいの知れない怪動物; Lewis Carroll の詩 'The Hunting of the Snark' (1876) より》.

snark·y /snɑ́rki | snɑ́ː-/ 形 〘人のことばなど〉不機嫌な, 意地の悪い, 辛辣な.

⁺**snarl**¹ /snɑ́rl | snɑ́ːl/ 動 ❶〈怒った犬などが〉〈…に〉(歯をむきだして)うなる: That dog usually ~s at strangers.

snarl 1712

あの犬はたいてい見知らぬ人を見るとうなる. ❷ 〈人が〉(…に)がみがみ言う, どなる: Don't ~ at me like that. そんなにがみがみ私に言わないでくれ. ❸ 〈…を〉厳しい語調で言う, うなるような声で言う: He ~ed out his answer. 彼はどなりつけるように返事をした / [+引用] "Get out!" he ~ed.「出ていけ」と彼はうなるような声で言った. — 图 [通例単数形で] うなり; ののしり: answer with a ~ うなるように答える.

snarl[2] /snάːl | snάːl/ 图 ❶ [a ~] 混乱: a traffic ~ 交通まひ. ❷ [通例単数形で] (毛・髪などの)もつれ. — 動 ❶ 〈問題・交通などを〉混乱させる 《up》[★通例受身]: The accident ~ed traffic. 事故で交通が混乱した. ❷ 〈髪などを〉もつれさせる 《up》[★通例受身]: Her hair is ~ed. 彼女の髪はもつれている.

snarl[3] /snάːl | snάːl/ 動 snarling iron で〈金属細工に〉浮出し模様をつける.

snárl·ing íron 图 打出しがね.

snárl-ùp 图 混乱; (特に)交通渋滞.

snarl·y /snάːli | snάː-/ 形 がみがみ言う, 意地の悪い, つむじまがりの.

*****snatch** /snǽtʃ/ 動 他 ❶ a 〔通例副詞(句)を伴って〕〈もの〉をひったくる, ひっつかむ: The man ~ed up a stick and swung at me. その男は棒をひっつかんで私に打ってかかった / Snatching off his hat, he took her hand. ひょいと帽子を取ると彼女の手を取った / He ~ed the knife (away) from the burglar [out of the burglar's hand]. 彼は泥棒から[泥棒の手から]ナイフをもぎ取った. **b** 〈…を〉盗む, 強奪する, 奪い去る, かっぱらう; 〈人を〉(むりやり)連れ去る, 誘拐する. ❷ 〈…を〉(機を見て)急いで取る[食べる]: ~ a few hours of sleep 暇を見て2, 3時間眠る / ~ a hasty meal 急いで食事をとる. **b** 〈…を〉…から〉(相手の許可なく, 機を見て)すばやく手に入れる: He ~ed a kiss from her. 彼は彼女からキスを奪った. ❸ (米俗)〈人を〉誘拐する. **snátch at …** (1) …をひったくろうとする: The boy ~ed at the woman's purse. 少年はその女性のハンドバッグをひったくろうとした. (2)〔機会などに〕とびつく: I ~ed at the chance to travel. 私は旅行の機会にとびついた. **snátch úp** (他+副) 〈…を〉先に争って取る[買う], …に飛びつく. — 图 ❶ **a** (歌・話などの)断片, 一片 (snippet): short ~es of song ときれどきれの歌. **b** (仕事・睡眠などの)短い時間, ひととき: work in ~es (思い出したように)時々働く / a ~ of sleep ひと眠り. ❷ ひったくり, 強奪, とびつき; 強奪: make a ~ (at…) 〈…〉をひったくろうとする, 〈…〉につかみかかる, とびつく. ❸ 誘拐. ❹ 《卑》女性器. 〔? Du (cf. snack)〕 形 snatchy)

snátch·er /snǽtʃɚ/ 图 ❶ ひったくり, かっぱらい: a body ~ 死体泥棒. ❷ 《米俗》誘拐者.

snatch·y /snǽtʃi/ 形 (snatch·i·er; -i·est) 時々の, 折々の, 断続的な. (图 snatch)

snaz·zy /snǽzi/ 形 (snaz·zi·er; -zi·est) 《俗》パッと人目をひく, しゃれた, 粋な. 〔? SNAPPY+JAZZY〕

Snead /sníːd/, **Sam(uel Jackson)** 图 スニード (1912- ; 米国のプロゴルファー).

*****sneak** /sníːk/ 動 (sneaked, 《米》snuck /snʎk/) 自 ❶ 〔副詞(句)を伴って〕こそこそと入る[出る, うろつく]; うろうろする: ~ into [out of] a room こっそり部屋に入る[部屋を出る] / What are you doing ~ing around here? こんなところをこそこそうろつきまわって何をやっているんだ. ❷ 《英古風》〈…のことを〉教師に告げ口する 《on》. — 他 ❶ 《口》〈…を〉こっそり(…へ)持ち出す[持ち込む]. ❷ 《口》〈…を〉こっそり盗む, くすねる (steal); 〈…を〉こっそりとやる: ~ a look at …を盗み見る. **snéak úp on [behínd]** … 〈人〉にそっと近寄っていった: He ~ed up on [behind] her. 彼は彼女に[後ろに]そっと近寄っていった. — 图 ❶ **a** こそこそすること. **b** 卑怯(きょう)者; こそ泥. ❷ 〔通例複数形で〕=sneaker 1. ❸ 《英古風》告げ口する生徒. 〔A〕 こっそりやる, 内密の. ❷ 《古風》不意打ちの: a ~ attack 奇襲. 〔OE ~y; cf. snail, snake〕 形 sneaky)

snéak bòx [bòat] 图 《米》忍猟(にんりょう)船 (小木・雑草などで偽装した水鳥[カモ]猟用の平底の小船).

+**sneak·er** /sníːkɚ | -kə/ 图 ❶ 〔通例複数形で〕《米》スニーカー, ゴム底のズック靴, 運動靴 (《英》plimsoll). ❷ こそこそする人, 卑劣な人.

snéak·ing A〈感情など〉秘密の, 口には出さない: have a ~ suspicion 何かの疑惑をもつ. ❷ 忍び歩く, こっそりやる. ❸ 卑劣な, 卑しい; いくじなしの. **~·ly** 副

snéak préview 图 (非公式・限定)試写会; 内覧会; 先行公開.

snéak thíef 图 (暴力を用いない)こそ泥.

sneak·y /sníːki/ 形 (sneak·i·er; -i·est) こそこそする, 卑劣. **snéak·i·ly** /-kɪli/ 副 **-i·ness** 图 (图 sneak)

sneer /sníɚ | sníə/ 動 自 ❶ 〈…〉をあざ笑う, 冷笑する, 鼻であしらう (★~は at を受身): He ~s at religion. 彼は宗教を冷笑している. — 他 ❶ 〈答えなどを〉せせら笑いながら言う, 〈…と〉軽蔑的に言う: [+引用] "Who are you to criticize me?" she ~ed.「私を批判するなんて何様なの」と彼女はせせら笑って言った. ❷ 〈…を〉冷笑して無視する: ~ a person's reputation away 人の名声を一笑に付す / ~ a person down 人に冷笑を浴びせる, 人を冷笑で黙らせる. — 图 冷笑, 軽蔑 (at). **-er** 图 **sneer·ing·ly** /sníɚɪŋli/ 副 冷笑して.

+**sneeze** /sníːz/ 動 自 くしゃみをする. **nót to be snéezed at** (口) 軽視できない, 考慮に値する: It's not to be ~d at. それは軽視できない. — 图 くしゃみ [解説] くしゃみの「ハクション」は《米》achoo, 《英》atishoo; くしゃみをした人は "(God) bless you."(お大事に) といわれ, いわれた人は "Thank you."と答える. **snéez·er** 图 くしゃみをする人.

snéeze guàrd 图 くしゃみよけ (汚染防止のためにサラダバー・ビュッフェなどの食品上に張り出したプラスチック[ガラス]板).

snéeze·wèed 图 U (植)ダンゴギク (匂いをかぐとくしゃみが出るという; 北米原産).

snéeze·wòrt 图 オオバナノコギリソウ (乾燥葉はくしゃみを起こさせる).

sneez·y /sníːzi/ 形 くしゃみの出る; くしゃみを起こさせる.

snell /snél/ 图 (釣) はりす (leader) (おもりと釣針の間の糸). — 動 他 〈釣針を〉はりすにつける.

SNG (略) substitute [synthetic] natural gas 代替[合成]天然ガス.

snick[1] /sník/ 動 他 少し切る; 〈…に〉切り込みを入れる. — 图 小さな切り目; 切り込み.

snick[2] /sník/ 動 自 カチカチ鳴らす[鳴る] (click); 発砲する, 〈引金を〉カチリと鳴らす. — 图 カチリという音.

+**snick·er** /sníkɚ | -kə/ 動 自 ❶ =snigger. ❷ 《英》いななく. — 图 ❶ =snigger. ❷ 《英》馬のいななき.

snide /snáɪd/ 形 ❶ 人の名誉を傷つけるような, 意地悪な, いやみを言う: make ~ comments いやみを言う. ❷ 《英》偽の. ❸ 《米》卑劣な. **~·ly** 副 **-·ness** 图

snid·ey, snid·y /snáɪdi/ 形 (口) 偽の, 卑劣な.

+**sniff** /sníf/ 動 自 ❶ (音が出るほど)鼻で吸う, (息を吸って)鼻を鳴らす; 鼻をすする. ❷ 〈…〉をふんふん[くんくん]かぐ: The dog ~ed (at the bone). 犬はくんくん(その骨)のにおいをかいだ. — 他 ❶ 〈…の〉においをかぐ (smell): She ~ed the fish. 彼女はその魚のにおいをかいでみた. ❷ 〈…と〉鼻であしらって言う [+引用] "I'm prettier than she is," she ~ed.「私のほうが彼女よりもきれいだわ」と彼女は小ばかにしたように言った. ❸ 〈…を〉鼻から吸う; 〈コカインなどを〉吸引する: This medicine is to be ~ed 《up》. この薬は鼻から吸い込むこと. **sniff aróund [róund]** (他+副) (秘密などを求めて) 探り歩く, かぎまわる. **sniff at …**を鼻であしらう (scoff) 〔★受身可〕: You shouldn't ~ at that offer. その申し出を小ばかにしてはいけない / This report is not to be ~ed at. この報告は軽視できない. **sniff óut** (他+副) ❶ 〈人・物を〉かぎ出す, かぎつける. ❷ 〈…を〉探り出す, かぎ回り, 〈…に〉感づく: ~ out a plot 陰謀に気づく [をかぎつける]. — 图 ❶ ふんふん[くんくん]かぐこと; ひとかぎ, 鼻で吸い: get a ~ of …のにおいをかぐ / give a ~ …とかいである. ❷ [単数形で] (口) わずかなチャンス [機会] 《of》. ❸ [単数形で] (口) 気配, かすかな徴候 《of》.

sniff·er 图 ❶ 〔しばしば複合語で〕鼻で吸う人: a glue ~ シンナーをかぐ人. ❷ (口) (ガスのにおい) 探知機. ❸ 《俗》鼻.

sníffer dòg 图 (口) 麻薬[爆発物]捜索犬.

snif・fle /snífl/ 名 =snuffle.
sniff・y /snífi/ 形 (**sniff・i・er**; **-i・est**) 《口》鼻であしらう; 軽蔑的な, 高慢な.
snif・ter /sníftɚ | -tə/ 名 ❶ 《米》スニフター (上が狭くなったブランデーグラス). ❷ 《口》(酒などの)ほんのひと口, 軽い一杯.
snífter vàlve, snífting vàlve /sníftɪŋ-/ (蒸気機関の)空気調節バルブ, 漏らし弁.
snig・ger /snígɚ | -gə/ 動 (自) 《...を》(ばかにして)くすくす笑う, 忍び笑いをする 〔at〕. —— 名 くすくす笑い, 忍び笑い.
snig・gle /snígl/ 動 ウナギを穴釣りする.
snip /snɪp/ 動 (**snipped; snip・ping**) ❶ 〈...を〉チョキンと切る, はさみで切る: ~ *off* the ends 端をはさみでちょんと切る. ❷ 〈...を〉〈...から〉切り取る〔*off, out of*〕: ~ a bud *off* a stem 茎からつぼみを切り取る. —— (自) ❶ 〈...を〉チョキンと切る. ❷ 〈...を〉〈...で〉チョキンと切る: ~ *at* a hedge 生け垣をチョキンチョキンと切る. —— 名 ❶ **a** チョキンとはさみで切ること[音]. **b** 切れ端. (はさみによる)切り口. ❷〔複数形で〕(鼻を切るための)手ばさみ. ❸ 〔a ~〕《英口》**a** 買い得品 (bargain). **b** 簡単な仕事. ❹ 《米口》**a** 取るに足らぬやつ, 青二才. **b** 生意気な人, あつかましい人.
snipe /snáɪp/ 動 (他) ❶ **a** (潜伏地から)〈...を〉狙撃(そげき)する (★ ~ は受身可): He was ordered to ~ *at* anyone moving about the camp. 彼は兵営の周りをうろついている者はだれでも撃てと命じられた. **b** 〈...を〉中傷する, けなす〔*at*〕(★ 受身可). ❷ タシギ猟をする. ❸ sniping をする. ——(自) ❶ sniping で〈入札を〉行なう, 〈品物・オークションに〉sniping で値をつける. —— 名 (徼 ~, ~s) 〔鳥〕タシギ (猟鳥として知られている); シギ.
snipe-fìsh 〔魚〕 サギフエ.
snip・er /snáɪpɚ | -pə/ 名 ❶ 狙撃兵. ❷ シギ猟をする人. ❸ sniping をする人〔ソフト〕.
snip・ing /-ɪŋ/ (インターネットオークションで)スナイピング (締切り間際に最高値で入札して目指す品物を獲得すること).
snip・pet /snípɪt/ 名 ❶ **a** 切れ端. **b** 〔しばしば複数形で〕断片, 少し, わずか: ~*s of* information [knowledge] 断片的な情報[知識]. **c** (文章・楽曲などの)部分的引用, 抜粋. ❷ 〈口〉取るに足らぬ人.
snip・pet・y /-pɪti/ 形 きわめて小さい; 断片からなる; ひどくそっけない.
snip・py /snípi/ 形 (**snip・pi・er, -pi・est**) 《米》 ❶ ぶっきらぼうな, 横柄な. ❷ 断片[的]な; 寄せ集めの.
snit /snít/ 名 〔a ~〕《米》いらだち, 興奮: be in *a* ~ — いらいらしている.
snitch /snítʃ/ 《口》 動 (自) 〈...を〉告げ口する (inform)〔*on*〕. —— (他) 〈つまらぬものを〉かっぱらう. —— 名 密告者 (informer).
sniv・el /snív(ə)l/ 動 (**sniv・eled**, 《英》 **-elled; sniv・el・ing**, 《英》 **-el・ling**) ❶ **a** はなをすすりながら泣く. **b** 泣き声で後悔した[悲しい]ふりをする, 泣き言を言う, めそめそする. ❷ **a** はなをたらす. **b** はなをすする. —— 名 ❶ □ 哀れっぽい話しぶり. ❷ はな, 鼻汁. **snív・el・er**, 《英》 **-el・ler** 名
snob /snáb | snɔ́b/ 名 ❶ スノッブ, 俗物 (上流気取りで地位・財産などを崇拝し, 上にこび, 下に横柄な人). ❷ 〔修飾語を伴って〕(人よりも)教養[知識]がある[趣味がよい]かのようにふるまう人, 通ぶる人: a musical ~ = a ~ about music 音楽通を気取る人. 〔元来は「靴屋」の意であったが, ケンブリッジ大学の学生用語で「大学以外の者, 俗人」の意で用いられたという〕 (形 snobbish)
snob・ber・y /snábəri | snɔ́b-/ 名 ① □ スノッブ根性, 上流気取り. ② □ スノッブの言動. 〖〚+-ERY〛〗
snob・bish /snábɪʃ | snɔ́b-/ 形 スノッブ的な, 俗物的な, 上流気取りの. **-ly** 副 **-ness** 名 (動 snob)
snób・bism /-bɪzm/ 名 =snobbery.
snob・by /snábi | snɔ́bi/ 形 (**snob・bi・er, -bi・est**) = snobbish.
SNOBOL /snóʊbɔ:l | -bɔl/ 名 □ 〔電算〕スノーボル (文字列を扱うためのプログラム言語). 〖*String Oriented Symbolic Language*〗
Sno-Cat /snóʊkæt/ 名 〔商標〕スノーキャット (キャタピラー付きの雪上車; そり牽引用).

1713   snow

snog /snág, snɔ́ːg | snɔ́g/ 《英俗》 動 (自) (**snogged; snogging**) キスして抱擁する. —— 名 〔a ~〕キスして抱擁すること.
snood /snú:d/ 名 ❶ スヌード (垂れ下がった後ろの髪を入れる袋型のヘアネット; またはヘアネット式の帽子). ❷ (昔, スコットランドで処女のしるしに用いた)はち巻き型リボン. ❸ 〔釣〕はりす (snell).
snook¹ /snúk, snú:k/ 《英》スヌーク (親指を鼻先に当てほかの4本の指を広げて見せる軽蔑のしぐさ; 日本語の「あかんべー」に相当する; 通例次の成句で). **cóck a snóok** 《英》(スヌークして)人をばかにする〔*at*〕.
snook² /snúk/ 名 アカメ (熱帯アメリカ主産の釣り用・食用魚), (広く)スズキ類の魚.
snook・er /snúkɚ, snú:- | snú:kə/ 名 □ 〔玉突き〕スヌーカー (15個の赤玉と6個の他の種々の色の玉を用いるゲーム). —— 動 (他) 〈人・計画などを〉窮地に陥れる; 〈人を〉だます, 負かす (★ しばしば受身).
snoop /snú:p/ 動 (自) うろつき回る, のぞき回る〈*around, about*〉: ~ *around* うろうろ捜し回る. ❷ 〔...を〕せんさくする: ~ *into* a person's private life 他人の私生活をせんさくする. —— 名 ❶ =snooper. ❷ うろうろすること.
snóop・er 名 《口》うろつく人, せんさくする人.【Du】
snoop・y /snú:pi/ 形 (**snoop・i・er; -i・est**) 〈口〉 ❶ のぞき回る. ❷ せんさく好きの. (動 snoop)
Snoop・y /snú:pi/ 名 スヌーピー (米国人の漫画家 Charles Schulz の漫画 *Peanuts* に登場するビーグル犬).
snoot /snú:t/ 名 ❶ 鼻. ❷ 俗物.
snoot・y /snú:ti/ 形 (**snoot・i・er; -i・est**) 《口》俗物的な, 気取った, 横柄な, 人を見下した, うぬぼれた. **snóot・i・ly** /-ṭəli/ 副 **-i・ness** 名
snooze /snú:z/ 《口》 動 (自) 居眠りする. —— 名 〔a ~〕うたた寝, 居眠り, 午睡.
snóoze bùtton (目覚まし時計の)スヌーズボタン (押すと, しばらく間をおいてまたベルが鳴る).
snore /snɔ́ɚ | snɔ́ː/ 動 (自) いびきをかく. —— 名 ❶ いびき.
snor・kel /snɔ́ɚk(ə)l | snɔ́ː-/ 名 シュノーケル: **a** 2本の吸排気管を用いて長時間潜航を可能にする潜水艦の装置. **b** 潜水者が呼吸するための管. —— 動 (**snor・keled**, 《英》 **-kelled; snor・kel・ing**, 《英》 **-kel・ling**) シュノーケルを用いて泳ぐ. 〖G; 原義は「鼻」〗
snort /snɔ́ɚt | snɔ́ːt/ 動 (自) ❶ (軽蔑・驚き・不同意などで)〈...に〉鼻を鳴らす: ~ *at* a person 人を軽蔑して鼻でふんと言う. ❷ 〈...を〉鼻息荒く言う; 鼻をならして〈...を〉表わす:〔+引用〕 "Indeed!" he ~ *ed*. 「まったくだ」と彼はどなった. ❸ 《口》〈コカインなどを〉吸引する. —— 名 ❶ 荒い鼻息, 鼻を鳴らすこと. ❷ 麻薬の鼻飲. ❸ 《口》(強いアルコール飲料の)ぐい[一気]飲み.
snórt・er /-ṭɚ | -ṭə/ 名 ❶ **a** 鼻息の荒い人. **b** 鼻あらしを吹く馬[豚]. ❷ 〔通例単数形で〕《口》特にすばらしい[猛烈な, 難しい]もの.
snot /snát | snɔ́t/ 名 □ 《俗》 ❶ 鼻水, 鼻汁. ❷ 生意気なやつ, いやなやつ.
snót-nòsed 形 《口》(若造のくせに)生意気な, はねっかえりの, 鼻のたれの.
snot・rag /-ræg/ 名 《俗》 =handkerchief.
snot・ty /snáti | snɔ́ti/ 形 (**snot・ti・er; -ti・est**) 《俗》 ❶ 横柄な, 思い上がった. ❷ 鼻水をたらした. ❸ 見下げ果てた, 情けない.
snout /snáʊt/ 名 ❶ □ (豚などの)突き出た鼻 (⇒ nose 関連). ❷ □ (人の)鼻; (特に)大鼻. ❸ □ 突き出た部分. ❹ □ 紙巻きたばこ.
snóut・y /-ṭi/ 形 鼻[筒形]のような, とがった鼻を有する.
snow /snóʊ/ 名 ❶ **a** □ 雪: a road deep in ~ 雪に深く埋もれた道路 / play in the ~ 雪の中で遊ぶ. **b** 降雪: We had a heavy ~ yesterday. きのうは大雪が降った / We had heavy ~*s* last year. 昨年は雪が何度も降った. ❷ □ 〔詩〕雪白, 純白. ❸ □ 《俗》粉末コカイン;

ヘロイン. ❹ Ⓤ〖テレビ〗(画面の)ちらつき. (as) white as snow 雪のように白い; 潔白な. ── 動 ⾃ ❶ [it を主語として] 雪が降る: It was ~ing heavily. 雪が激しく降っていた. ❷ 殺到する, どっと押し寄せる: Congratulations came ~ing in. 祝辞が雨と注がれた. ❷《米俗》〈人を[に]〉言葉たくみにだます[信じさせる], たらし込む. be snowed in [up] 雪で閉じ込められて[閉ざされて]いる: They were ~ed up in the valley. 彼らは谷間に雪で閉じ込められた. be snowed under 《俗+副》(1) 雪でおおわれる[閉ざされる]: The cars were ~ed under by drifts. 自動車は雪の吹きだまりに埋もれてしまった. (2)《口》[...に(数量で)]圧倒されている, [...を]さばき[こなし]きれない, [...で]手一杯である: I'm ~ed under with correspondence. 私は殺到する手紙で身動きもできない. 〖OE〗 snowy; 関形 niveous〗

+snów・báll 图 ❶ 雪玉, 雪つぶて. ❷〖通例 形容詞的に〗雪だるま式に増大する(こと). ❸〖植〗ヨウシュカンボク, テマリカンボク. nót stánd [háve] a snówball's chánce in héll 《口》(成功などの)チャンスが皆無である. ── 動 ⾃ 雪だるま式に増大する. ── 他 ❶〈...に〉雪玉を投げつける. ❷〈...を〉雪だるま式に増大させる.

snów・bánk 图 雪の吹きだまり.
snów・bélt 图 豪雪地帯; [the S~] スノーベルト《太平洋から大西洋に及ぶ米国の北部地域; cf. Sunbelt》.
snów・bèr・ry /-bèri | b(ə)ri/ 图〖植〗セッコウボク《北米産スイカズラ科の低木》.
snów・bírd 图 ❶〖鳥〗ユキヒメドリ; ユキホオジロ. ❷《米口》避寒者. ❸《米俗》コカイン常用者.
snów-blínd 形 雪盲の.
snow blíndness 图 雪盲.
snów・blínk 图〖気〗雪映《雪原の反映によって地平線近くの空が明るく見えること》.
snów・blówer 图《米》噴射式除雪機[車].
snów・bòard 图 スノーボード《両足を固定し立った姿勢で乗って雪の上をすべるための, 幅の広いスキーのような形の板》.
snów・bòarder 图 スノーボーダー.
snów・bòarding 图 スノーボード《スポーツ》.
snów・bòot 图《足首またはそれ以上に達する》雪靴.
snów・bòund 形 雪に閉じ込められた, 雪で立ち往生した.
snów búnny 图《米俗》スキーの初心者《特に若い女の子》; 《ボーイハントのために》スキー場通いをする女性.
snów búnting 图〖鳥〗ユキホオジロ《全北区に分布》.
snów cánnon 图《スキー場の》人工降雪機.
snów・cáp 图 ❶ 山頂《木のこずえ》の雪, 雪冠. ❷〖鳥〗ワタボウシハチドリ《中米産の頭の白いハチドリ》.
snów・càpped 形〈山が〉雪をいただいた.
snów・cát 图 雪上車.
snów・clád [-còvered] 形 雪でおおわれた.
snów cóne 图 スノーコーン《氷菓》.
snów dáy 图《学校などが休みになる》降雪日, 雪の日.
Snow・don /snóudn/ 图 スノードン《ウェールズ北西部にあるウェールズで最も高い山 (1085m)》.
snów・dríft 图 雪の吹き寄せ[吹きだまり].
snów・dròp 图〖植〗マツユキソウ, スノードロップ.
snów・fáll 图 Ⓒ Ⓤ 降雪(量).
snów・fíeld 图 雪原.
snów・fláke 图 ❶ 雪片. ❷〖植〗スノーフレーク, スズランズイセン.
snów góose 图〖鳥〗ハクガン.
snów-in-súmmer 图 Ⓤ〖植〗シロミミナグサ.
snów jób 图《米俗》《うまいことを言って》人を説得する[だます]こと, 口車, 甘言.
snów léopard 图〖動〗ユキヒョウ《中央アジアの山岳地帯に棲息するもの》.
snów líne 图 [the ~] 雪線《万年雪のある最低境界線》.
snów・màn 图 《複 -men》❶ 雪だるま, 雪人形. ❷ [S~] =Abominable Snowman.
snów・mélt 图 Ⓤ 雪解けの水.
snow・mo・bile /snóumoubì:l/ 图 スノーモービル, 雪上車.

snów・páck 图 雪塊氷原《夏季に少しずつ溶ける氷で固まった高原》.
snów pártridge 图〖鳥〗ユキシャコ《ヒマラヤ山系産》.
snów・plòw, 《英》snów・plòugh 图 雪かき, 除雪機[車].
snów róute 图《米》スノールート《降雪時に除雪作業のために道路外への車の移動が求められる重要な市街道路》.
snów・scàpe /-skèɪp/ 图 雪景色; 雪景色を描いた絵画.
snów・shòe 图〖通例複数形で〗かんじき.
snowshoe rábbit [hàre] 图〖動〗カンジキウサギ《夏毛は褐色で冬毛は白く足の被毛が厚い; 北米産》.
snów・slíde 图 雪崩(なだれ).
snów・stòrm 图 吹雪.
snów・sùit 图《米》スノースーツ《子供用防寒服》.
snów tíre 图《自動車の》スノータイヤ.
snów-white 形 雪白の, 純白の.
Snow Whíte 图 白雪姫《Grimm 童話の主人公》.

+snów・y /snóui/ 形 (snow・i・er, -i・est; more ~, most ~) ❶ a 雪の降る, 雪の多い. b 雪の積もった, 雪におおわれた. ❷ 雪白[純白]の; 清浄な. snów・i・ness 图 (图 snow)

snówy ówl 图〖鳥〗シロフクロウ《ユーラシア北方・北米北辺産》.

Snr. 《略》Senior.

+snub /snʌb/ 動 他 (snubbed; snub・bing) ❶《目下の者などに対して》〈ひじ鉄砲〉を食わせる, 〈...を〉冷たく扱う《★しばしば受身で用いる》. ❷〈人の発言などを〉急にやめさせる; 〈申し込みなどを〉つれなく断わる. ── 图 けんつく, ひじ鉄砲; 冷遇. ── 形 Ⓐ 鼻があぐらをかいた: a ~ nose しし鼻. snúb・ber 图

snúb・by /snʌ́bi/ 形 (snub・bi・er, -bi・est) しし鼻の; 〈鼻が〉あぐらをかいた.
snúb-nósed 形 しし鼻の.
snuck 動《米》sneak の過去形・過去分詞.
snuff¹ /snʌf/ 動 他〈犬・馬などが〉鼻をふんふん[くんくん]いわせる《比較 sniff を用いるほうが一般的》. ── 图 ❶〈海風・たばこなどを〉鼻から吸う: ~ the sea air 海の空気を吸い込む. ❷〈...を〉かぎつける, かぎ出す〈up〉. ❷ Ⓤ かぎたばこ: take a pinch of ~ かぎたばこを一服吸う. ❸ Ⓒ〖通例単数形で〗鼻をふんふん[くんくん]いわせて息を吸う[物をかぐ]こと. úp to snúff 《口》《人の(健康)・品質など調子よい, 標準に達して. ❷《英口》抜け目のない, 簡単にはだまされない.

+snuff² /snʌf/ 動 他 ❶〈ろうそくなどの〉芯(しん)を切る. ❷ a〈ろうそくを〉消す〈out〉. b〈...を〉消滅させる, 滅ぼす: Our hopes have been nearly ~ed out. 我々の希望は消えたも同然だ. c《俗》〈人を〉殺す, 消す〈out〉. snúff it《英俗》死ぬ.

snúff・bòx 图 かぎたばこ入れ.
snúff-còlored 形 暗黄褐色の.
snúff・er 图 ❶ ろうそくの火消し具. ❷〖通例複数形で〗(ろうそくの)芯切り(はさみ).
snúff fílm [mòvie] 图《俗》実際の殺人を撮影した(ポルノ)映画, 殺人(ポルノ)映画.
snúf・fle /snʌ́fl/ 動 ⾃ ❶ a《かぜなどで》鼻がつまる, 鼻汁をすする. b《犬・猫などが(においをかぐために)》鼻をふんふんいわせる. ❷ 鼻声で話す, 鼻声を出す. ── 他 鼻声で歌う[言う]: ~ (out) a song 鼻声で歌を歌う. ── 图 ❶ 鼻をふんふんいわせること, 鼻づまり. ❷ [the ~s] 鼻かぜ, 鼻カタル. ❸ 鼻声, 哀れっぽい声: speak in a ~ 鼻声で話す.
snúff・y /snʌ́fi/ 形 ❶ かぎたばこ色の; かぎたばこでよごれた[臭い]. ❷ 怒りっぽい, 尊大な.

+snug /snʌg/ 形 (snug・ger; snug・gest) ❶〈部屋・席など〉居心地のよい, 気持ちよい, 心地よく暖かい: a ~ seat by the fire 暖炉のそばの暖かい席. ❷〈衣服などが〉ぴったり合う. ❸〈収入などが〉不自由のない. ❹ こぎれいな. ❺ 隠れた, 見えない, 秘密の: lie ~ 隠れている. (as) snúg as a búg in a rúg ぬくぬくと納まって, 居心地よく. ── 图《英》《特にパブの》奥まった部屋, 個室. ── -ly 副 ❶ 居心地よく, 快適に. ❷ ぴったりと. ❸ こぎれいに. ~・ness 图 〖類義語〗⇒ comfortable.

snug・ger・y /snʌ́g(ə)ri/ 图 居心地のよい場所, こぢんまりした部屋; (特にパブの)私室.

snug・gle /snʌ́gl/ 動 ⓐ ❶ 気持ちよく横たわる (nestle): ~ *down* in bed 気持ちよくベッドに寝そべる. ❷ (心地よさ・暖かさ・愛情などを求めて)(...に)すり寄る, 寄り添う: The little boy ~*d up to* his mother (~*d into* his mother's arms). その少年は母親にすり寄った[寄り添って母親の腕の中に抱かれた]. ── 他 〈子供などを〉(...に)すり寄せる, 抱きしめる (*up, to, against*): The mother ~*d* the baby *in* her arms. 母親は赤ん坊を両腕に抱きしめた.

so[1] /(強形) sóu/; (弱形) sə/ 副 (比較なし) **A** [様態を表して]
❶ そのように, このように, そのとおりに, このように[して]: Hold your chopsticks *so*. おはしをこんなふうに持ちなさい / *So* was I [I was *so*] engaged, when the telephone rang. ちょうどそうしているところに電話が鳴った / It *so* happened (that) he was not at home. たまたまその時には彼は不在だった(用法 この文の *so* は省くことが可能).

❷ **a** [前出または文脈上明伯の事柄を受けて] そのとおりで, 本当で: Is that *so*? そうですか, 本当ですか / You probably don't believe it, but it's *so*. 君には信じられないだろうが, 事実なんだ / Are you married? If *so*, what is your wife's maiden name? 結婚してるのですか, だったら奥さんの旧姓を教えてください / "Things will remain like this for some time." "Quite [Just] *so*." 「しばらくこんな事態が続きそうですね」「そのとおりだね」. **b** [just などに修飾されて] 整然と(して); きちんと整って[そろって]: He wants everything (to be) *just so*. 彼は何もかもきちんとしておきたがる / His room is always (arranged) *exactly so*. いつも彼の部屋はきちんと整頓(ﾎﾟ)している. **c** [前出の名詞・形容詞などに代わって] そう: He became a clergyman and remained *so*. 彼は牧師になりその後もそうだった(用法 *so* は a clergyman の代用) / Everybody says Tom's a genius, but he doesn't like being called *so*. だれもがトムのことを天才だと言うが, トムはそう言われるのをいやがっている / She was sad, and rightly *so*. 彼女は悲しんだがそれも無理のないことだった / He's quite poor; so much *so that* he hardly has enough to eat. 彼は貧乏だ ── ひどいものでほとんど食うにも困るくらいだ (用法 あとの *so* は B 3 a の用法のもの).

❸ [be, have, do などの(助)動詞を伴って] **a** ['so+主語+(助)動詞'の語順で, 先行の陳述に対する同意・確認を表わして] まったく, いかにも, 実際: You said it was good, and *so it is* /íz/. 君はいいと言ったがいかにもいいね / "You look very tired." "*So I am* /æm/." 「ずいぶん疲れているようだね」「まったく疲れたよ」/ "They work hard." "*So they do* /dúː/." 「彼らは勉強家だね」「まったくね」/ "You promised to buy me a ring!" "*So I did* /díd/!" 「指輪を買ってくれると約束したじゃないの」「そうだった」. **b** ['so+(助)動詞+主語'の語順で, 異なった主語に従う肯定の陳述を付加して]... もまた: My father was a Conservative, and *so am* I /aɪ/. 父は保守党員だったが私もそうです / The door is shut, and *so are* the windows. ドアが閉まっているし窓も閉まっている / Bill can speak French, and *so can* his brother. ビルはフランス語が話せるが, ビルの弟[兄]も話せる / He has lots of books, and *so has* his wife. 彼はたくさんの本を持っているが, 彼の奥さんもそうだ. **c** [相手の否定の言葉に反駁(ﾊﾝﾊﾞｸ)して] (口・小児) (そうしたよ): "I didn't touch it." "You did *so*!" 「ぼくはさわらなかったよ」「さわったよ, さわったくせに」.

❹ [代名詞的に] **a** [動詞 say, tell, think, hope, expect, suppose, believe, fear, hear などの目的語として] そう (用法 この用法は *that* 節の代用になるので, この辞書では [+*that*]) に入れておく): I thínk sò. そうだと思う / I dòn't thínk so. そうではあるまい (比較 I think not. ともいうが, 形式ばった表現) / I tóld you sò. だから言わないか / You dòn't sáy sò?=*So* I suppose. たぶんそうだと思うが / I suppóse sò.=*So* I suppose. たぶんそうだと思うが / You dòn't sáy sò? まさか, そうですか (驚き). **b** [代動詞 do の目的語として] そう, そのように (用法 do *so* は do の代わりに do it も用いられるが, it は *so* よりも文脈上いっそう明確な意志的動作を表わす動詞(句)を指す場合に用いられる; 従って, 意志にかかわりのない経過を表わす動詞句をさす場合には do *so* が用いられ, do it は用いられない): He was

1715 **so**

asked to leave the seat, but he refused to *dó sò*. 彼は席を立ってくれと頼まれたが, そうしなかった. **c** [like so として] こう(いうふうに), こんな(具合に): Swing the club *like so*. (ゴルフの)クラブをこんな具合に振りなさい.

❺ [As...so...で] **a** ...と同様に...: Just *as* the lion is the king of beasts, *so* the eagle is [*so* is the eagle] the king of birds. ちょうどライオンが百獣の王であるのと同様にワシはすべての鳥の王である. **b** ...と同時に...,...につれて...: *As* it darkened, *so* did the wind blow harder. 暗くなってきてますます風が強く吹いてきた (比較 *so* を使わない文より文語的的).

❻ **a** [*so*...*that*...で; 様態・目的を表わして] ...(ということになる)ように: It *so* happened *that* he was not at home. たまたま彼は不在だった(用法 この文の *so* は省くことが可能) / They *so* arranged matters *that* one of them was always on duty. 彼らは常に一人が必ず勤務についているようにはからった. **b** [*so*...*as to do*で] (...すること になる)ように: The house is *so* designed *as to* be invisible from the road. その家は道路から見えないように設計されている.

❼ [接続詞的に; and so として] それゆえ, だから, それで: He was biased, *and so* unreliable. 彼は偏見がありそのため信頼できなかった / I felt very tired, *and so* went to bed at once. とても疲れていたのですぐに床についた.

❽ [間投詞的に文頭に用いて] **a** [言葉の切り出しとして] そういうわけで, それで: *So* you don't love me. そういうわけで私を愛してないのですね. **b** [前言を受けて] そうすると, つまり: "I have been watching for it...." "Oh, *so* you already knew about it." 「そのことには気をつけていたんだけど...」「あっ, わかってたんだね」. **c** [発見の驚き・軽蔑・反抗などの感情を表わして] そうだったのか, やっぱり, なんだ, いかにも: *So*, that's who did it. あ, そうだったのか, あの人がそれをしたのか / *So*, it was me [I] who broke it. いかにも私が壊しました / *So* there! ほら間 感応.

❾ [人名などの前に置いて] (口) まさに(...らしい), 実に(...的だ) (行動やふるまいがその人物などに典型的な場合に用いる).

── **B** [程度を表わして] ❶ **a** それ[これ]ほど, そんな[こんな]に, これくらい: I caught a very big fish, about *so* long. とても大きな魚を釣った, これくらいの長さのものだった / Excuse me for having been silent *so* long. こんなに長くとぶさたしてすみませんでした / *So long!* ⇒ so long / Don't get *so* worried.=Don't worry *so*. そう心配しなさんな / I have never seen *so* beautiful a sunset. 今までこんなにきれいな夕日を見たことがない (★ 不定冠詞 a の位置に注意; 比較 これは ...*such a* beautiful sunset よりも文語的) / He could hardly speak, he was *so* excited. 彼は物も言えなかった, それほど興奮したのだ (変換 He was *so* excited (*that*) he could hardly speak. と書き換え可能). **b** [一定の限度をさして] せいぜいその[この]程度までは, それ[これ]くらいまでは: I can eat only *so* much and no more. せいぜいその程度までは食べれるがそれ以上は無理だ. **c** [強意的に] (口) とても, 非常に, 大変: That's *só* sweet of you! 本当にご親切さま / (I'm) *só* sorry! ごめんなさい, すみません; それはお気の毒に / Thank you *só* much. どうもありがとうございます / You've been *só* kind. 本当にご親切にしていただきました / My husband *só* wants to meet you. 主人がぜひお目にかかりたいと申しております.

❷ [*so*...*as*...で] **a** [否定語の後で] ...ほどには..., ...と同じ程度には...(でない): He isn't *so* tall *as* you. 彼は君ほど背が高くない (用法 He isn't *as* tall *as* you. と not *as*... *as*... を用いることもある) / She wasn't *so* clever *as* I (had) expected. 彼女は思ったほどには賢くなかった / I don't have *so* many friends [*so much money*] *as* you have. 私はあなたほど友だちが多くない[金持ちではない] (用法 *so* は関係代名詞). **b** [高い程度を強調して] ...ほど...(にも): Someone *só* intelligent *as* you ought to know better. 君ほど賢明な人ならそれがいけないことはわかるはずだ.

❸ [程度・結果を表わして] **a** [so…that…で] …なほど…で; [順送りに訳して] 非常に…なので…《[用法]《口》ではしばしば that が略される》: No one is *so* busy *that* he can't read the newspaper for a week. (どんなに忙しくても)1週間も新聞を読めないほど忙しい人はいない / He was *so* excited (*that*) he couldn't speak. 彼はひどく興奮して物も言えないほどだった / These lakes are *so* small *that* they aren't shown on maps. これらの湖は小さいので地図には出ていない. **b** [so…as to do で] …するほど…で; [順送りに訳して] 非常に…なので…する, …にも…する (cf. A 6 b): Nobody is *so* stupid *as to* believe that. だれもそれを信じるほどばかではない / Would you be *so* kind *as to* hold the door for me? ちょっとドアを押さえていてくださいませんか《[比較] Would you be kind enough to hold…? よりもいっそう形式ばった言い方》.

and só òn [fòrth] ⇨ and [成句]. **éver so** ⇨ ever [副] [成句]. **Hów só?** ⇨ how [副] [成句]. **in so fár as…** = insofar as. **jùst só** ⇨ just [副] [成句].

nòt so mùch as… ⇨ so¹ much as… [成句].

nòt sò mùch∴**as**∴ [順送りに訳して] …というよりむしろ: He's *not so much* an academic *as* a writer. 彼は学者というよりもむしろ物書きだ.

or sò [数量・期間の表現に続いて] …ばかり, …ほど: It'll be finished in a day *or so*. 1日かそこらで終わります / He must be fifty *or so*. 彼は50歳ぐらいにちがいない / There were ten *or so* customers. 10人ばかりの客がいた.

sò as to [sò as nót to] dó ⇨ as [接] [成句].

Sò bé it! それならそれでよい.

só cálled ⇨ so-called.

sò fár from dóing…するどころか(かえって): *So far from* work*ing* as fast as my father, I could not even work half as fast. 父と同じ速さで仕事をするどころか父の半分の速さでもできなかった《[比較] far from do*ing* の慣用的強調形》.

só múch (1) せいぜいその[この]程度までは, それ[これ]くらいまでは (⇨[副] B 1 b). (2) [[U] の名詞を修飾して] まったくの: It's just *so much* rubbish. それはまったくのがらくただ. (3) [一定量[額]をさして] いくらいくらの: at *so much* a week [a head] 1週につき[一人[1頭]当たり]いくらで / *so much* brandy and *so much* water ブランデーいくらに水いくら. (4) [the+比較級を修飾して] それだけいっそう[ますます]: "It's begun to rain." "*So much the better* [*worse*] (for us)!"「雨が降ってきた」「それならますます[かえって]具合がよい[悪い]」.

so mùch as… [not, without に伴い, また条件節に用いて] …さえも, …すらも: He can*not so much as* write his own name. 彼は自分の名前を書くことさえもできない / He left us *without so much as* a good-bye. 彼はさようならさえ言わないで私たちのもとを立ち去った / If I *so much as* speak to another man, my husband makes the most frightful scenes. 私がほかの男と口をきこうものなら, 夫はもうたいへんな騒ぎようなのです.

sò mùch for∴ (1) …のことはそれだけ[それでおしまい]: *So much for* today. きょうはこれまで[これで終わり] / *So much for* that subject. Next…. その話題はそれでよろしいとして次は…. (2) …はそんなところ《[用法] 言行不一致の時に皮肉に言う》: Late again: *so much for* his punctuality! また遅れた, あいつの時間厳守なんてこんなものさ[とんでもない].

só nót…《米口》まったく…でない: It's *so not* true. 全然本当じゃない.

sò that (1) [目的の副詞節を導いて] …するために, …となるように《[用法] (1)《口》では that がしばしば略される; cf. [接] 2; (2) 通例 so that の前にコンマを置かない》: Switch the light on *so* (*that*) we can see what it is. それが何か見えるように明かりをつけなさい. (2) [結果の副詞節を導いて] それで, そのため《[用法] (1)《口》では that がしばしば略される; cf. [接] 1; (2) 通例 so that の前にコンマを置く》: The roof had fallen in, *so that* the cottage was not habitable. 屋根が落ち込んでいたのでその小屋は住めなかった.

sò to sày [spèak] いわば, まあ言ってみれば: The dog is, *so to speak*, a member of the family. その犬はいわば家族の一員のようなものだ.

Sò whát? ⇨ what [代] [成句].

withòut so mùch as… ⇨ so¹ much as… [成句].

── [接] ❶ [等位接続詞として] そこで, それで, …ので《cf. [副] A 7; [用法] ⇨ so¹ that [副] [成句] (2)》: The wind was blowing harder, *so* I decided not to go. 風がますます強く吹いていたので出かけるのをやめた / I'm feeling slightly unwell today, *so* can you come some other day? きょうちょっとかげんが悪いんです, ですから, いつか別の日に来てくれませんか. ❷ [従位接続詞として] **a** …するために, …となるように《[用法] ⇨ so¹ that [副] [成句] (1)》: Speak a little louder *so* we can all hear you. 皆に聞こえるようにもう少し大きな声で話してください. **b** [just so として]《口》…さえすれば, …である限りは: I don't care what they say, *just so* I get paid. 給料さえもらえれば彼らが何と言おうとかまいはしない.

so² /sóʊ/ [名] =sol¹.

So.《略》south; southern.

*__soak__ /sóʊk/ [動] [他] ❶ **a** 〈ものを〉浸す, つける: *S~* the blanket before you wash it. その毛布を洗う前に水につけなさい / *S~* the dirty clothes ***in*** water. そのよごれた服を水につけなさい. **b** [~ one*self* で] つかる: ~ *oneself in* a hot bath 熱いふろにつかる. ❷ 〈液体が〉〈…を〉ずぶぬれ[びしょぬれ]にする (⇨ soaked 1). ❸《口》〈人に〉法外な値を吹っかける, 〈人から〉巻き上げる; 〈…に〉重い税金を課す: They ~ you at that store. あの店はぼられるぞ. ── [自] ❶ 浸す, つける: Let the shirt ~ (***in*** soapy water) for an hour. そのシャツを(せっけん水に)1時間つけておきなさい. ❷ [副詞(句)を伴って] 〈液体が〉しみとおる, しみ込む〔*in, into, through*〕; しみ出す, にじみ出る〔*out of*〕: Blood from the wound has *~ed* ***through*** the bandages. 傷口からの血が包帯ににじんできた / The rain has *~ed* ***into*** the ground. 雨が地面にしみ込んだ. ❸ ゆっくりとふろに入る. ❹《古》大酒を飲む. **sóak oneself in** …に専心する, 没頭する (cf. soaked 2): He *~ed himself in* literature. 彼は文学に専念した. **sóak óut [óff]**《[他]+[副]》〈…を〉水につけ落とす[取り除く]. **sóak úp**《[他]+[副]》(1) 〈液体を〉吸い込む: Sponges readily ~ *up* water. 海綿は水を吸収しやすい. (2) 〈…を〉楽しむ, 満喫する; 〈雰囲気などに〉ひたる; 〈陽光を〉浴びる: ~ *up* the sun 日光浴をする. (3) 〈…を〉(心に)吸収する: ~ *up* information 知識を吸収する. (4) 〈計画・製品などが〉〈ある金額〉かかる, 要する, 使い果たす《特に莫大な額の時に用いる》. (5) 〈重圧・批判・要条件などに〉よく耐える, 負けない, 大きな影響を受けない. ── [名] ❶ 浸すこと, つけること; しみ込み: Give the clothes a good ~. 衣類をよく水につけておきなさい. ❷《口》大酒飲み. **~·er** [名] 【類義語】⇨ wet.

soak·age /sóʊkɪʤ/ [名] [U] ❶ 浸すこと, 浸されること. ❷ しみ込み, 浸出. ❸ 浸出液[量], 浸透液[量].

sóak·awày [名]《英》(荒石などを詰めた)排水穴.

⁺**soaked** [形] [P] ❶ びしょぬれで (saturated, sodden; cf. soak [他] 2): He was ~ ***through*** [to the skin]. 彼はずぶぬれだった / The jacket was ~ ***with*** blood. 上着は血で染まっていた / The ground was ~ ***by*** the rain. 地面は雨でびしょぬれだった. ❷〔…に〕専心して, 没頭して (cf. SOAK oneself in). ❸《口》酔っぱらって.

⁺**sóak·ing** [形] ❶ ずぶぬれになるほどの: a ~ rain どしゃ降り. ❷ [副詞的に] びしょびしょに (sopping): get ~ wet びしょぬれになる.

⁺**só-and-sò** [名] (複 ~s) ❶ [U] **a** だれそれ, だれだれ: Mr. *So-and-So* [*So-and-so*] 某氏. **b** 何々: say ~ しかじかと言う. ❷ [C] いやなやつ《[用法] bastard などの婉曲語》.

*__soap__ /sóʊp/ [名] ❶ [U] せっけん: a piece [cake] of ~ せっけん1個 / toilet [laundry] ~ 化粧[洗濯]せっけん / hard ~ 硬せっけん, ナトリウムせっけん / ⇨ soft soap / in ~ and water せっけん水で. ❷《口》=soap opera. **nó sóap**《米口》(申し出・提案に対して)だめ(だ), 不承知(だ). ── [動] [他] 〈…を〉せっけんで洗う[こする]: ~ (*up*) one's hands 手をせっけんで洗う. 〖OE〗 ([形] soapy; [関形] saponaceous)

soap・ber・ry /-bèri | -b(ə)ri/ 名 [植] ムクロジ(の実).

sóap・bòx 名 ❶ (街頭演説のための)演台用のから箱 〖解説〗ロンドンの Hyde Park にある Speakers' Corner ではせっけん箱を演壇代わりにして演説したことで有名). ❷ 意見を公にするための機会. ❸ せっけんを詰める木箱. ── 形 A 街頭演説の: a ~ orator 街頭演説家.

sóap bùbble 名 シャボン玉: blow ~s シャボン玉を吹く.
sóap flàkes 名 複 鱗片[フレーク]せっけん (洗濯用).
sóap・less 形 せっけん(分)のない; 洗濯していない, よごれた.
sóapless sóap 名 [U] ソープレスソープ (油脂または脂肪酸を用いない合成洗剤).
sóap・màking 名 [U] せっけん製造(業).
†**sóap òpera** 名 (テレビ・ラジオの)メロドラマ 〖解説〗平日の昼間に放映しているテレビの連続ドラマ; 1920 年代の米国のラジオ放送で主なスポンサーが石けん会社であったことから)).
sóap plànt 名 せっけんの代用にする植物, (特に)シャボンノキ; シャボンソウ.
sóap pòwder 名 [U,C] 粉せっけん, 粉末洗剤.
sóap・stòne 名 [U] せっけん石.
sóap・sùds 名 複 泡立ったせっけん水, せっけん泡.
sóap・wòrt 名 [植] サボンソウ (ナデシコ科サボンソウ属の植物, 特に bouncing Bet と呼ばれる植物)).
soap・y /sóupi/ 形 (**soap・i・er; -i・est**) ❶ a せっけんを含んだ, せっけんだらけの: ~ water せっけん水. b せっけん(質)の; せっけんのような. ❷ 人あたりのよい, お世辞たっぷりの, へつらいの. ❸ (口) メロドラマ (soap opera) のような, メロドラマ風の. (名 soap)

*__soar__ /sɔ́ə | sɔ́ː/ 動 ❶ 〈価格などが〉暴騰[急騰]する, 〈数量が〉急増する (rocket): Prices have ~ed. 物価が暴騰した. ❷ 〈鳥・飛行機などが〉高く上がる, 舞い上がる; 滑空する: The eagle ~ed into the sky. そのワシは空に舞い上がった / The glider ~ed on an updraft. グライダーは上昇気流に乗って滑空していた. ❸ 〈希望・元気などが〉高まる, 高揚する. ❹ 〈塔・山などがそびえる〉(★ 進行形なし). ❺ 〈音楽・演奏の音が〉高く大きくなる. 【類義語】⇒ fly¹.

soar・ing /sɔ́ːrɪŋ/ 形 ❶ 〈物価などが〉急上昇する: ~ prices 暴騰する物価. ❷ **a** 舞い上がる: a ~ eagle 空に舞い上がるワシ. **b** 雲にそびえる: a ~ spire 天にも届く尖塔. ❸ 〈思想・理想などが〉高邁な, 遠大な: (a) ~ ambition 天翔ける大望. **~・ly** 副

Soa・ve /swɑ́ːveɪ, souɑ́ː-/ 名 ソアベ (イタリアの Verona 近郊で造られる白ワイン).

So・ay /sóʊeɪ/ 名 (また **Sóay shéep**) [動] ソーア羊 (スコットランド西方 St. Kilda 諸島の Soay 島産)).

†**sob** /sɑ́b | sɔ́b/ 動 (**sobbed; sob・bing**) ❶ すすり泣く, 涙にむせぶ. ❷ 〈風・波などが〉ざわざわいう: A cold wind was *sobbing* in the trees. 寒風が木立にむせび泣くような音を立てていた. ❸ 〈...〉をすすり泣きながら話す[言う]: She *sobbed out* an account of her sad life. 彼女は自分の悲しい身の上話をすすり泣きながら物語った / "But I still love you," *sobbed* the girl. 「でもまだあなたを愛しているの」と娘はすすり泣きながら言った. ❹ [~ oneself で]すすり泣いて[...の状態]になる: The poor boy *sobbed* himself to sleep. かわいそうな少年は泣きながら寝てしまった. ── 名 ❶ すすり泣き, 泣きじゃくり. **sób・ber** 名 **sób・bing・ly** 副 (むせび)泣きながら. 【擬音語】【類義語】 ⇒ cry.

SOB /ésoʊbíː/ 名 (複 ~**s**, ~'**s**) (米俗) 野郎, ちくしょう. 〖*son of a bitch*〗

*__so・ber__ /sóubə | -bə/ 形 (~・**er**, ~・**est**; **more** ~, **most** ~) ❶ **a** しらふの, 酒を飲んでいない (↔ *drunken*): become[get] ~ 酔いがさめる. **b** 〈人などを〉ふだん酒を飲まない. ❷ 考え方・意見などが穏健な, 冷静な; 〈人・性質・態度などが〉落ち着いた, 謹直な, まじめな. ❸ 〈色などが〉地味な, 落ち着きのある. ❹ 〈事実など〉誇張のない, ありのままの. (**as**) **sóber as a júdge** ⇒ judge 成句. ── 動 他 ❶ 〈...の酔い〉をさます: We had to ~ him *up* before taking him home. 彼を家に連れて帰る前に酔いをさまさせなければならなかった. ❷ 〈...〉を落ち着かせる, まじめにする, 反省させる (*up, down*): The seriousness of the situation ~*ed* me. 事態の深刻さに私はまじめになった. ── 自 ❶ 酔いがさめる: The drunk soon ~*ed up*. その酔っぱらいはまもなく酔いが

1717   **social Darwinism**

さめた. ❷ 落ち着く, まじめになる, 反省する: The demonstrators ware ~*ed* by the arrival of the police. 警察の到着でデモ参加者たちは静まった. **~・ly** 副 **~・ness** 名 〖F〈L=酔っていない〉(名 sobriety)【類義語】⇒ serious.

†**só・ber・ing** /-bərɪŋ/ 形 人をしらふ[まじめ]にさせる: have a ~ effect 人をしらふに[反省]させる効果がある.

sóber-mínded 形 落ち着いた, 冷静な.
sóber-síded 形 まじめな, 謹厳な.
sóber・sìdes 名 [複] まじめで落ち着いた人, 謹厳な人.
so・bri・e・ty /səbráɪəṭi, sou-/ 名 ❶ **a** 酔っていないこと, しらふ (↔ *inebriety*). **b** 酒に溺れないこと, 節酒. ❷ まじめ; 平静, 落ち着き. (形 sober)
sobriety chéckpoint 名 (警官が運転者チェックのために車を停止させる)飲酒[麻薬使用]運転チェックポイント.
so・bri・quet /sóubrɪkèɪ/ 名 あだ名, 仮名, 愛称.
sób sister 名 (米) ❶ お涙ちょうだい式記事専門の記者. ❷ 感傷的慈善家.
sób stòry 名 お涙ちょうだい式物語; 同情をひくような弁解.
sób stùff 名 [U] センチメンタルな[お涙ちょうだいの]話.
soc. (略) society.
so・ca /sóukə/ 名 [U,C] ソカ (カリブにソウル音楽の要素をとり入れたダンス音楽). 〖SO(UL)+CA(LYPSO)〗
†**so-cálled** 形 いわゆる, ...とやら (★ 通例不信・軽蔑の意を含む; what is called, what we[you, they] call にはこの含みはない; cf. 2): ~ high society いわゆる上流社会 / a ~ feminist いわゆるフェミニスト. ❷ 世間で言うところの, いわゆる.
†**soc・cer** /sɑ́kə | sɔ́kə/ 名 [U] サッカー (⇒ football 1). 〖*soc-* 〈association football〉+-ER¹〗
sóccer mòm 名 (米) サッカーママ (都市郊外に住み, 学校に通う年ごろの子供がいて, そのスポーツや習い事の送り迎えに明け暮れる母親, 主に中・上流階級の典型的とされる)).
so・cia・bil・i・ty /sòʊʃəbíləṭi/ 名 [U] 社交性, 交際好き, 愛想のよいこと, 交際上手.
†**so・cia・ble** /sóʊʃəbl/ 形 ❶ **a** 社交的で, 交際好きな, 交際上手な (↔ *unsociable*). **b** 人好きのする, 愛嬌(きょう)のある. ❷ 〈会など〉打ち解けた, なごやかな. ── 名 (米) 懇親[親睦]会. **so・cia・bly** /-bli/ 副 〖F〈L ↓〗

*__so・cial__ /sóʊʃəl/ 形 (**more** ~; **most** ~) ❶ (比較なし) **a** 社会の, 社会に関する, 社会的な: ~ morality 社会道徳 / ~ justice 社会正義 / ~ problems 社会問題 / ~ statistics 社会統計学. **b** 社会的地位に関する: a ~ class 社会階級. ❷ (比較なし) **a** 人づき合いの, 交際の, 社交(上)の, 懇親の: ~ skills 社交術 / a ~ gathering 懇親会. **b** 社交界の, 上流社会の: the ~ register (米) 社交界名士録. ❸ **a** 社会生活を営む: Man is a ~ animal. 人間は社会的動物である. **b** [動] 群居する. **c** 〈動物〉群生する, 叢生(そう)の. ❹ 社交性に富む, 社交的な (*sociable*). ── 名 (教会などでの)懇親会, 親睦会. 〖F〈L〈*socius* 仲間 (cf. society)〗(名 sociality, 動 socialize)

sócial anthropólogy 名 [U] 社会人類学.
sócial assístance 名 [カナダ] (政府の)社会扶助, 生活保護 (*social security*).
sócial áudit 名 社会監査, ソシアルオーディット (企業の労働者への待遇, 環境問題への取り組みなどを公的・客観的に評価すること).
sócial clímber 名 立身出世をねらう野心家; (特に)社交界に入ろうとする野心家.
sócial cónscience 名 [U] [また an ~] (社会問題・社会的不正などに対する)社会的良心[道義心, 責任感].
sócial cóntract 名 [the ~] (社会の)契約, 民約説.
sócial crédit 名 [U] [時に S~ C~] (経) 社会的信用説 (資本主義社会では購買力の分配が不適当なので国民配当を消費者に支給し需要の典型を刺激せよとする説)).
sócial Dárwinism 名 [U] 社会ダーウィン主義 (Darwinism を社会現象に適用しようとするもので, 社会文化の進歩は社会集団間の抗争・競争の産物であり, 社会的エ

リート階級は生存競争において生物学的に優越性を有しているとする).

sócial demócracy 名 社会民主主義.
sócial démocrat 名 社会民主主義者; [S- D-] 社会民主党員.
Sócial Démocratic Pàrty 名 [the ~] (英国・ドイツなどの)社会民主党 (略 SDP).
sócial disèase 名《口》性病.
sócial drínking 名 Ⓤ つき合い酒(を飲むこと).
sócial engineering 名 社会工学 (社会科学とシステム工学とを結びつけた応用社会科学).
sócial exclúsion 名 Ⓤ《英》社会的排除 (失業, 犯罪, 住居の貧困などの複合的要因で生活改善の機会がほとんど奪われている状況).
sócial fúnd 名 [the ~]《英》社会基金 (生活困窮者に対するローンと補助金のために政府が留保している資金).
sócial góspel 名 社会的福音 (イエスの教えを社会問題に適用すること). **sócial góspeler** 名
sócial insúrance 名 Ⓤ 社会保険.
*__so·cial·ism__ /sóuʃəlɪzm/ 名 [しばしば S-] Ⓤ 社会主義: state ~ 国家社会主義.
*__so·cial·ist__ /sóuʃ(ə)lɪst/ 名 ❶ 社会主義者. ❷ [通例 S-] 社会党員. —— 形 ❶ 社会主義の. ❷ [通例 S-] 社会党(員)の.
so·cial·is·tic /sòuʃəlístɪk⁻/ 形 社会主義(者)の, 社会主義的な. **-ti·cal·ly** /-kəli/ 副
Sócialist Párty 名 [the ~]《英》(英国の)労働党 (⇒ Labour Party 解説).
sócialist réalism 名 Ⓤ 社会主義リアリズム《マルクス主義芸術理論で, 現実をその革命的発展において描き, 人民大衆を教育する創作方法).
so·cial·ite /sóuʃəlàɪt/ 名 (社交界の)名士.
so·ci·al·i·ty /sòuʃiǽləti/ 名 ❶ a Ⓤ 交際好き, 社交性. b Ⓒ [通例複数形で] 社交的な活動. ❷ Ⓤ 群居本能, 群居性.
so·cial·i·za·tion /sòuʃəlɪzéɪʃən | -laɪz-/ 名 Ⓤ ❶ 社会化. ❷ 社会主義化.
*__so·cial·ize__ /sóuʃəlàɪz/ 動 ⓘ 社交的に活動する; […と]交際する 〔with〕. —— 他 ❶ 〈人を〉社会生活に適合させる; 社交化する. ❷ 〈...を〉社会の要求に合致させる, 社会化する. ❸ 〈...を〉社会主義化する; 〈...を〉国営化する (★ 通例受身). (形 social)
só·cial·ìzed médicine 名 Ⓤ《米》医療社会化制度.
†**sócial lífe** 名 人づきあい, 社交生活.
só·cial·ly 副 ❶ 社会的に. ❷ 社交上. ❸ 打ち解けて, 親しく.
sócial márket (ecónomy) 名 社会的市場経済《政府による社会保障制度の枠組の中で行なわれる自由市場経済》.
†**sócial órder** 名 (人間関係の)社会組織.
sócial psychólogy 名 Ⓤ 社会心理学.
sócial réalism 名 Ⓤ《芸》社会的リアリズム.
†**sócial scíence** 名 Ⓤ,Ⓒ 社会科学 (歴史学・経済学・政治学・社会学など).
sócial scíentist 名 社会科学者.
sócial sécretary 名 社交上の約束や通信などを処理する個人雇いの秘書.
*__sócial secúrity__ 名 Ⓤ ❶ [しばしば S- S-]《米》社会保障(制度) (失業保険・社会医療・養老年金など). ❷《英》生活保護 (《米》welfare).
*__sócial sérvice__ 名 ❶ [通例複数形で] (政府などによる)社会福祉事業. ❷ 公共サービス, 公共事業.
sócial stùdies 名 働 (教科としての)社会科.
sócial wáge 名 社会的賃金 (市民生活の便益のために公的財源から支払われている一人当たりの費用).
sócial wélfare 名 Ⓤ ❶ 社会福祉. ❷ 社会奉仕.
†**sócial wórk** 名 Ⓤ ソーシャルワーク, 社会福祉事業.
*__sócial wòrker__ 名 ソーシャルワーカー, 社会福祉事業担当指導員[主事].
so·ci·e·tal /səsáɪətl/ 形 社会の[に関する].

*__so·ci·e·ty__ /səsáɪəti/ 名 ❶ Ⓤ,Ⓒ 社会; 共同体: a benefit [threat] to ~ 社会[人々]にとっての利益[脅威] / protect ~ 社会[人々]を守る / human ~ 人間社会 / primitive ~ 原始社会 / a closed ~ 閉鎖的な社会 / a peaceful ~ 平和な社会 / the information ~ 情報社会 / Islamic *societies* イスラム社会. ❷ Ⓒ 会, 協会, 学会, 組合, 団体, 講 (association): a literary ~ 文学会 / ⇒ Royal Society / the S- for the Propagation of the Gospel 福音伝道協会 (略 SPG) / ⇒ the Society of FRIENDS, the Society of JESUS 成句. ❸ Ⓤ 社交界 (の人々), 上流社会: move in ~ 社交界に出入りする. ❹ Ⓤ a 交際, つき合い, 交際 (company): seek [avoid] the ~ of... ...との交際を求める[避ける]. b (人との)同席, 人前: in ~ 人前で. 〖F<L<*socius* 仲間, 友; cf. associate, dissociate, sociable, social〗
Socíety Íslands 名 𝔸 [the ~] ソシエテ諸島《南太平洋のフランス領ポリネシア (French Polynesia) に属する島群; 最大の島は Tahiti 島》.
so·ci·o- /sóusiou, -siou/ [連結形]「社会の, 社会学の」. 〖L *socius*; ⇒ society〗
sòcio·biólogy 名 Ⓤ 社会生物学.
sòcio·cúltural 形 社会文化的な.
sòcio·ecólogy 名 Ⓤ 社会生態学.
*__sòcio·económic__ 形 社会経済的な.
so·ci·o·lect /sóusiəlèkt, -siə-/ 名 社会方言 (特定の社会集団が使用する言語変種).
sòcio·linguístic 形 言語の社会的な面に関する; 社会言語学の. **-linguistically** 副
sòcio·linguístics 名 Ⓤ 社会言語学.
so·ci·o·log·i·cal /sòusiəládʒɪk(ə)l, -ʃiə- | -lɔ́dʒ-⁻/ 形 社会学的な, 社会学上の. **-cal·ly** /-kəli/ 副 社会学的に(見て), 社会学上.
*__so·ci·ol·o·gy__ /sòusiálədʒi, -ʃi- | -ɔ́l-/ 名 Ⓤ 社会学. **-gist** /-dʒɪst/ 名 社会学者.
sòcio·métric 形 ソシオメトリーの; 社会関係を測定する, 社会関係の存在[程度, 質]を示す. **-merically** 副
so·ci·om·e·try /sòusiámətri, -ʃi-/ 名 Ⓤ ソシオメトリー, 社会測定(法) (社会関係の測定・診断・変革の技法). **-trist** 名
so·ci·o·path /sóusiəpæθ, -ʃiə-/ 名 社会病質者 (人格に障害があり, 反社会的な行動をとる人).
sòcio·polítical 形 社会政治学的な.

*__sock__¹ /sák | sɔ́k/ 名 ❶ [通例複数形で] ソックス (cf. sox): a pair of ~s ソックス 1 足 / knee ~s (ひざまでくる)ニーソックス. ❷ a Ⓒ [通例複数形で] (ギリシア・ローマで喜劇役者のはいた)軽い靴. b [the ~] 喜劇 (cf. buskin 2). **knóck [blów] a person's sóck óff**《口》人をあっと驚かす, 人のどぎもを抜く; 人を驚嘆させる. **púll one's sócks úp**《英口》がんばれ, しっかりやる. **Pùt a sóck in it!**《英俗》黙れ. 〖L〗〖類語語〗⇒ stocking.
sock² /sák | sɔ́k/ 動《口》(人を)殴る 〔*on, in*〕: He ~ed me *on* the jaw. 彼は私のあごを(げんこで)殴った. **sóck it to a person** (1)〈人を〉激しくやっつける. (2) (議論・演技などで)〈人〉を圧倒する. —— 名 [通例単数形で] (口)げんこで殴ること, 強打: I gave him a ~ *on* the jaw 彼のあごを殴った.
†**sock·et** /sákɪt | sɔ́k-/ 名 ❶ a 受け口, 軸受け, 電球受け, ソケット. b 《英》コンセント. c 〈燭(しょく)台の〉ろうそくさし. ❷ [解] 窩(か), 腔(こう): the eye ~ 眼窩. —— 動 〈...を〉受け口[ソケット]に入れる. 〖F=すきの刃〗
sócket wrènch 名《米》〖機〗箱スパナ, ソケットレンチ.
sóck·eye (sálmon) /sákaɪ- | sɔ́k-/ 名 ベニザケ《北太平洋産》.
sock·ing /sákɪŋ | sɔ́k-/ 副《英口》とても, ものすごく.
sock·o /sákou | sɔ́k-/ 形《米俗》すばらしい, 大当たりの: a ~ performance 名演奏[演技].
so·cle /sóukl | sɔ́k-/ 名 〖建〗(柱・壁の)台石, 礎石.
Soc·ra·tes /sákrətì:z | sɔ́k-/ 名 ソクラテス《470?-399 B.C.; 古代アテネの哲学者》.
So·crat·ic /səkrǽtɪk | sɔ-/ 形 ソクラテス(哲学)の: the ~ method ソクラテスの問答教授法. —— 名 ソクラテスの学徒.

Socrátic írony 名 ソクラテス的反語《論敵に教えを請うふりをしてその誤りを暴露する》.

So·cred /sóukred/ 名 形 [カナダ] Social Credit 派[運動]支持者(の).

sod[1] /sád | sɔ́d/ 名 ❶ Ⓤ 芝, 芝生, 芝地. ❷ Ⓒ 芝土(の一片). **únder the sód** (土に)葬られて, 墓の中に.

†**sod**[2] /sád | sɔ́d/ 名《英俗·卑》❶ **a** ばか者, やっかい者. **b** やつ; a funny 〜 変なやつ. **c** 男色者, ホモ. ❷ やっかいなもの: This puzzle is a real 〜. このパズルは難問だ. **nót gíve [cáre] a sód** 全然気にしない. ━━ 動 他 自 (…を)のろう. **sód óff** [通例命令法で]《英俗》消えうせろ, 出ていけ.〖SOD(OMITE)〗

†**so·da** /sóudə/ 名 ❶ Ⓤ ソーダ水《プレーンソーダまたは味付け》(a) brandy and 〜 ブランデーソーダ《ブランデーをソーダ水で割ったもの》. ❷ Ⓒ クリームソーダ. ❸ Ⓤ ソーダ, ナトリウム化合物《特に炭酸ソーダ, 重炭酸ソーダ(重曹)(baking soda), 苛性(ぎん)ソーダ (caustic soda) などをいう》.〖L=オカヒジキ (saltwort)〈? Arab; ソーダ分を含むことから〗

sóda àsh 名 Ⓤ《化》ソーダ灰《工業用炭酸ソーダ》.

sóda bìscuit 名 ❶ ソーダビスケット《重曹・サワーミルクまたはバターミルクでふくらませた菓子パン》. ❷ = soda cracker.

sóda brèad 名 Ⓤ ソーダパン《イーストを使わず重ソウと酒石英でふくらませたパン》.

sóda cràcker 名《米》ソーダクラッカー《薄味の軽焼きクラッカー》.

sóda fòuntain 名《米》ソーダ水売り場, ソーダファウンテン《ドラッグストア (drugstore) やスーパーマーケットなどの一角にあり, 通常カウンター式になっている; アイスクリームや各種の清涼飲料・軽食なども出す》.

sóda jèrk [jèrker] 名《米口》ソーダファウンテンの売り子.

so·da·lite /sóudəlàit/ 名 Ⓤ《化》方ソーダ石.

so·dal·i·ty /soudǽləṭi/ 名 ❶ Ⓒ a 組合, 協会. **b** [カ](平信者の)信心会《信心・慈善のための信者の団体》. ❷ Ⓤ 友情.

sóda pòp 名《米》(通例瓶入りの)味付けソーダ水.

sóda sìphon 名 ソーダサイホン《口に曲がったチューブが通してあり, バルブを開くとソーダ水が噴き出すようになっている》.

sóda wàter 名 =soda 1.

sód·bùster 名《米西部口》農夫, 農場労働者.

†**sod·den** /sádn | sɔ́dn/ 形 ❶ 水につかった, びしょぬれの (soaked): 〜 ground 水びたしの地面 / His clothes were 〜 with rain. 彼の服は雨でびしょぬれになっていた. ❷ 酔っぱらった, 酒浸りの.

sod·ding /sádiŋ | sɔ́d-/ 形 Ⓐ《英俗》いまいましい, ひどい, いやな.

so·dic /sóudik/ 形 ナトリウム (sodium) の[を含む].

*so·di·um /sóudiəm/ 名 Ⓤ《化》ナトリウム, ソディウム《記号 Na》《比較》「ナトリウム」はドイツ語から》.〖SODA+-IUM〗

sódium bicárbonate 名 Ⓤ 重炭酸ナトリウム, 重曹.

sódium cárbonate 名 Ⓤ 炭酸ナトリウム.

sódium chlóride 名 Ⓤ 塩化ナトリウム, 食塩.

sódium cýanide 名 Ⓤ シアン化[青酸]ナトリウム.

sódium hydróxide 名 Ⓤ 水酸化ナトリウム, 苛性(ぎん)ソーダ.

sódium làmp 名 =sodium-vapor lamp.

sódium nítrate 名 Ⓤ 硝酸ナトリウム.

sódium thiosúlfate 名 Ⓤ チオ硫酸ナトリウム (⇒ hypo[1]).

sódium-vàpor làmp 名《電》ナトリウム灯[ランプ]《橙黄色光を発する; 主に道路照明用》.

Sod·om /sádəm | sɔ́d-/ 名 ❶ ソドム《旧約聖書「創世紀」に現われる, 死海南岸にあったと推定される古都市; 倫理的堕落のため神に滅ぼされたといわれる》. ❷ 罪悪[堕落]の場所.

Sod·om·ite /sádəmàit | sɔ́d-/ 名 ❶ ソドム人. ❷ [s~] 男色者; 獣姦者.

sod·om·it·ic /sàdəmítik | sɔ̀d-/, **-i·cal** /-k(ə)l/ 形 [しばしば S~] 男色の, ソドミーの. **-i·cal·ly** 副.

sod·om·ize /sádəmàiz | sɔ́d-/ 動《…に》ソドミーを行なう.

sod·om·y /sádəmi | sɔ́d-/ 名 Ⓤ ソドミー《同性間の性行為, 獣姦, 異性間の異常性行為》, (特に)男色, 肛門性交.

Sód's láw /sádz- | sɔ́dz-/ 名《英戯言》=Murphy's Law.

so·ev·er /souévə | -və/ 副《文》❶ [譲歩の表現を強調して] たとえ[どのように]…とも: how wide 〜 the difference may be 違いがどんなに大きくても. ❷ [any, no, what に続く名詞を強調して] 少しも, 全然.

*so·fa /sóufə/ 名 ソファー (settee)《背もたれ (back) およびひじ掛け (arms) のある長いす》.〖It, Sp & Port〈Turk〈Arab=じゅうたんのクッションを置いた台〗

sófa bèd 名 ソファーベッド, 寝台兼用ソファー《背を倒せばベッドになる》.

sof·fit /sáfit | sɔ́f-/ 名《建》(部材・建築部位などの)下の面, 下端(な).

So·fi·a /sóufiə/ 名 ソフィア《ブルガリアの首都》.

*soft /sɔ́:ft | sɔ́ft/ 形 (〜·er; 〜·est) ❶ **a** 柔らかい, 軟らかい, 硬くない (↔ hard, tough): a 〜 mattress [pillow] 柔らかいマットレス[まくら] / a 〜 cake 軟らかいケーキ / (a) 〜 ice cream ソフトクリーム / 〜 ground 軟らかい地面. **b**《木材・金属など》加工しやすい, 軟質の: 〜 metal 軟質金属. **c**《チーズなど》塗ることができる, ソフトな: 〜 cheese ソフトチーズ. ❷ (手ざわりの)柔らかな, なめらかな, すべすべした (↔ rough); 丸みをおびた, かどのない: 〜 hands 柔らかい手 / 〜 skin 柔らかい肌 / 〜 clothes 柔らかい衣服. ❸ **a**《色彩・光線など》落ち着いた, 地味な (↔ harsh). **b**《音声など》静かな, 低い[静かな, 穏やかな (gentle): 〜 music 静かな音楽 / in a 〜 voice 穏やかな声で. **c**《輪郭・線など》穏やかな; 柔らかな, ぼやけた: the 〜 curve of her cheek 彼女のほおの柔らかな曲線. ❹ **a**《季節・気候・空気など》温和な, 温暖な: a 〜 winter 温暖な冬 / 〜 air さわやかな空気 **b**《風雨が激しくない, 穏やかな: a 〜 rain そっと降る雨 / a 〜 breeze 穏やかなよ風. ❺《行動・処分・態度など》甘い, 手ぬるい, 寛大な; (政治的に)穏健な, 柔軟な: a 〜 sentence 手ぬるい判決 / take a 〜 line 寛大な措置をとる / He's 〜 **on** his students [**with** his children]. 彼は学生[子供たち]に甘い. ❻ **a**《気性・態度など》優しい, 柔和な, 慈悲深い, 情にもろい (tender): a 〜 **heart** 優しい心 / He appealed to the 〜**er** side of her nature. 彼は彼女の情のもろさに訴えた. **b** [P] 《人に》のぼせて, 《人を》恋して: Bill is 〜 on Kate. ビルはケイトにのぼせている[恋をしている]. ❼《仕事など》楽な; 楽に金のもうかる (easy): a 〜 job《俗》ぼろい仕事. ❽《言葉など》甘い; 口のうまい: 〜 nothings 睦言 / 〜 glances 色目 / A 〜 answer turneth away wrath.《諺》優しい返事は怒りをそらす. ❾ **a**《体[性格]の》弱い; 男らしくない, 弱々しい. **b**《筋肉など》軟弱な, ぐにゃぐにゃの. **c**《口》うすばかの: He's (a bit) 〜 in the head. 彼は頭が少し足りない / Bob's gone 〜. ボブは頭がおかしくなった. ❿ **a**《水が軟性の (↔ hard): ⇒ soft water. **b**《比較なし》飲み物中のアルコール分を含まない: ⇒ soft drink. **c**《合成洗剤が生物分解性のある: (a) 〜 detergent ソフト洗剤. ⓫《口》**a**《比較なし》麻薬が弱い, 習慣性の低い (marijuana, hashish など; cf. hard 9 a). **b**《ポルノなど》わいせつ度が弱い (↔ hard). **c**《情報の確実度が低い. ⓬《学問がソフトな《事実や数字などより思想を扱うものについう》. ⓭《比較なし》音声》**a** 軟音の, 口蓋化音の. **b**《c, g が /s, dʒ/ と発音される (cf. hard 10). ⓮《商》《市価など》弱気の, 軟調の (↔ hard). ━━ 副 (〜·er; 〜·est) 柔らかに, 優しく, 穏やかに.〖OE=心地よい〗(動 soften).

sof·ta /sɔ́:ftə, sáf- | sɔ́f-/ 名 イスラム神学研究の初心者.

sóft·bàck 形 ペーパーバックの (paperback).

sóft·báll 名 Ⓤ ソフトボール《球技》; Ⓒ そのボール.

sóft-bóiled 形《卵が》半熟の (cf. hard-boiled 1).

sóft·bóund 形 =softcover.

sóft-céntered 形《チョコレートなど》中にクリームなどを詰めた.

sóft cóal 名 Ⓤ 軟炭.

sóft cópy 名《電算》ソフトコピー《スクリーンに表示されたり、音声によって与えられたりする情報、あるいは、磁気テープ・ディスクにおけるように人が直接に読み取れない形で記憶された情報》.

sóft-córe 形《ポルノ映画・小説など》性描写が露骨でなく暗示的な、ソフトコアの (cf. hard-core 2).

sóft-cóver 名 形 ペーパーバックの(本).

sóft crédit 名 =soft loan.

sóft cúrrency 名 ©U《経》軟貨《金または外貨に換えられない通貨》(↔ hard currency).

†**soft drínk** 名 清涼飲料, ソフトドリンク.

*__sof·ten__ /sɔ́:(f)ən/ 動 他 ❶ 〈...を柔らかくする (↔ harden): ~ leather 革を柔らかくする. ❷〈影響などを〉やわらげる、弱める、緩和する;〈態度などを〉軟化させる;〈印象を〉やわらげる: ~ the impact of ...の影響[衝撃]をやわらげる / ~ a demand 要求を緩和する / ~ one's stance 態度を軟化させる. ❸〈心などを〉優しくする、ほぐす: ~ a person's heart 人の心をやわらげる. ❹〈...を柔弱にする, 弱々しくする. ❺〈音・声を〉やわらげる, 低くする: He ~ed his voice. 彼は声を低くした. ❻〈色・光などを〉やわらげる, 穏やかにする: This filter ~s the light. このフィルターは光をやわらげる. ❼〈水を〉軟水化する. ── 自 ❶ 柔らかくなる 〈up〉: Wax ~s in heat. ろうは熱で柔らかくなる. ❷〈影響などが〉やわらぐ, 〈態度などが〉軟化する. ❸〈心などが〉優しくなる、やわらぐ: Her heart ~ed. 彼女の心はやわらいだ. **sóften úp** (他+ 副) (1)〈敵の〉抵抗力を弱める. (2)〈人の〉気持ちをやわらげ、態度を軟化させる、なびかせる、機嫌を取る. (自+ 副) (3) 柔らかくなる (⇒ 自 1). 形 soft).

sóf·ten·er /sɔ́:(f)ənɚ/ 名 -na/ 名 C ❶ 〈硬水を軟水に変える〉軟化剤[装置]. ❷ ©U 〈衣類を柔らかくする〉柔軟剤. ❸ C 柔らかくする人[もの]; やわらげる人[もの].

sóft·en·ing /sɔ́:(f)ənɪŋ/ 名 U 軟化. **sóftening of the bráin**《医》脳軟化症.

sóft fócus 名 ©U《写》軟焦点, 軟調. **sóft-fócus** 形

sóft frúit 名 ©U 柔らかい果物《イチゴ・スグリなど皮が硬くなく種も硬くない果実》.

sóft fúrnishings 名 [複]《英》(室内の)装飾備品《カーテン・敷物など》.

sóft góods 名 [複] 非耐久財, (特に)繊維製品.

sóft-héaded 形 ばかな, 頭の弱い.

sóft-héarted 形 心の優しい, 情け深い, 慈愛深い, 思いやりのある (↔ hard-hearted). ~·ly 副 ~·ness 名

soft·ie /sɔ́:fti, sáf-/ 名 = softy.

sóft íron 名 U 軟鉄《炭素含有量が低く磁気化しやすい鉄; 筒形コイルの鉄芯を作るのに用いられる》.

sóft·ish /-tɪʃ/ 形 やや柔らかい.

sóft-lánd 動 他〈宇宙船などを〉軟着陸させる. ── 自〈宇宙船などが〉軟着陸する.

sóft lánding 名《宇》軟着陸.

sóft lóan 名 長期低利貸付, ソフトローン.

*__sóft·ly__ /sɔ́:ftli, sáft-/ sɔ́:ft-/ 副 柔らかに、静かに、そっと、優しく、穏やかに.

sóftly-sóftly 形 A《接近・策戦など》注意深い, 慎重な.

sóft móney 名《米俗》楽にもうけた金; 規制の対象にならない選挙運動資金.

*__sóft·ness__ /sɔ́:ftnəs, sáft-/ sɔ́:ft-/ 名 U ❶ 柔[軟]らかさ. ❷ 優しさ, 柔和. ❸ 温和, 穏やかさ.

sóft-nósed 形〈弾丸が〉軟弾頭の〈衝撃で先端が広がる〉.

sóft óption 名 楽なほうの選択[もの].

sóft pálate 名 《解》軟口蓋 (↔ hard palate).

sóft páste 名 U 《また **sóft-páste pórcelain**》軟磁器, ソフトペースト《1300℃以下の比較的低温で焼かれた磁器》.

sóft pédal 名《楽》ソフトペダル, 弱音ペダル.

sóft-pédal 動 他 ❶〈事を〉目立たないようにする. ❷〈ソフトペダルで〉〈ピアノなどの〉音を弱める. ❸〈語気・調子などを〉やわらげる. ── 自 《ピアノ・オルガンなどで》ソフトペダルを用いる.

sóft pórn 名 U 《性描写が》どぎつくないポルノ.

sóft róck 名 U《楽》ソフトロック《電気楽器の音を抑えたデリケートなロック; 通例 曲よりも歌詞のほうが重要; cf. hard rock》.

sóft róe 名 C 魚精, しらこ.

sóft scíence 名 ソフトサイエンス《社会科学・行動科学など; cf. hard science》.

sóft séll 名 U [通例 the ~] 穏やかな販売(法), ソフトセル 《静かな説得による販売(法); ↔ hard sell》.

sóft-shéll clám 名 《また **sóft-shèlled clám**》《貝》セイヨウオオノガイ《殻の薄い食用二枚貝》.

sóft-shéll túrtle 名《動》スッポン.

sóft shóe 名 ソフトシュー《底に金具の付いていない靴をはいて踊るタップダンスの一種》.

sóft-shóe 動 自 ❶ ソフトシューを踊る. ❷ [動詞(句)を伴って][用心深く]動く.

sóft shóulder 名 軟路肩《舗装してない路肩》.

sóft sóap 名 ❶ U 軟[カリ]せっけん. ❷《口》お世辞, おべっか.

sóft-sóap 動 他《口》お世辞でうまく丸め込む, 〈...に〉おべっかを使う. ~·**er** 名

sóft-spóken 形 ❶〈人など〉言葉づかいの穏やかな. ❷〈言葉などの〉柔らかな.

sóft spót 名 [a ~] 〈...に対する〉好み: He has a ~ for her. 彼は彼女にぞっこんだ.

sóft súgar 名 U グラニュー糖, 粉末糖.

sóft táck 名 U 《hardtack に対して》普通のパン.

sóft tárget 名《軍事/テロ攻撃などに対して》比較的無防備な人[もの], ソフトな標的.

sóft-tóp 名 屋根が折りたためる車[モーターボート].

sóft tóuch 名 《口》だまされやすい人, すぐお金を貸す[出す]人.

*__soft·ware__ /sɔ́:ftwèə, sáft-/ sɔ́:f(t)wèə/ 名 U ❶《電算》ソフトウェア《コンピューターのプログラム; cf. hardware 1》. ❷ ソフト(ウェア)《ビデオテープ, コンパクトディスクなど, 特定の機材とともに利用される製品》.

sóft wáter 名 U 軟水.

sóft whéat 名 U 軟質小麦《でんぷんが多くグルテンが少ない; cf. hard wheat》.

sóft·wòod 名 ©U 軟材, 軟木 (pine, fir などの針葉樹材).

sóft·y /sɔ́:fti, sáf-/ sɔ́:fti/ 名 《口》❶ 優しい人, センチメンタルな人. ❷ だまされやすい人, あほう, うすばか, 柔弱な人. 形

sog·gy /sági, sɔ́:gi/ sɔ́gi/ 形 (sog·gi·er; -gi·est) ❶ ずぶぬれの, 水浸しの. ❷ 〈パンなど〉生焼けの, ふやけた. ❸ 元気のない, だれた. **sóg·gi·ly** /-gɪli/ 副 -gi·ness 名

soh /sóʊ/ 名 = sol[1].

So·ho /sóʊhoʊ/ 名 ソーホー《London の中央, 外国人経営のナイトクラブ・料理店などの多い地区》.

So·Ho, So·ho /sóʊhoʊ/ 名 ソーホー地区《New York 市 Manhattan 島南西部のファッション・芸術の中心地》. 《South of Houston Street》

SO·HO /sóʊhoʊ/ 名 ソーホー《パソコンを活用して自宅などで行なう小規模な業務形態》. ── A 小規模企業や個人(事業)(向け)の, ソーホー(向け)の. 《small office home office》

soi-di-sant /swà:di:zá:ŋ/ 形《軽蔑》自称の, いわゆる, にせの. 《F》

soi·gné /swɑ:njéɪ/ 名《語尾》女性形 **soi·gnée** /-njéɪ/》 ❶ 身なりのきちんとした, 品のよい. ❷〈化粧など〉念入りな, 凝った. 《F soigner「心を配る」の過去分詞》

*__soil[1]__ /sɔ́ɪl/ 名 ❶ U 土, 土壌, うわ土《特に, 植物の生長に関係のある表層部の土》: rich [poor] ~ 肥えた/やせた土 / break (up) the ~ 土地を耕す. ❷ [the ~] 農地, 田園(生活): a son of the ~ 農夫. ❸ U 土地, 国 (land): one's native ~ 母国, 故郷. 《F<L solum 土地》

soil[2] /sɔ́ɪl/ 動 他 ❶ 〈...(の表面)を〉よごす, 〈...に〉しみをつける: The pages are badly ~ed. ページはひどくよごれている. ❷〈家名などを〉汚す. ── 自 よごれる, しみがつく: White shirts ~ easily. 白いワイシャツはすぐよごれる. ❸ 堕落する. **sóil one's hánds with...** と関係のある事をする: I would not ~ my hands with it. 私はそんなことに関係して身を汚したくない. ── 名 U ❶ よごれている状態. ❷ 汚点, しみ. ❸ 汚物, 下肥. 《F<L sus 豚》

soil³ /sɔ́il/ 動 働 〈牛馬に〉青草を食わせる[食わせて太らせる]; 〈…に〉青草で通じをつける.
sóil·age 名 青刈り飼料, 青草《家畜の飼料》.
sóil·less 形 土壌を用いない: ~ agriculture 無土壌[水耕]農業.
sóil mechànics 名 U 土質力学.
sóil pìpe 名《トイレの汚物を流す》汚水管.
sóil scìence 名 U 土壌学.
sóil stàck 名 垂直の汚水管, 汚水スタック.
soi·ree, soi·rée /swɑːréi/ ━━ 名《音楽・談話の》夜会, …の夕 (cf. matinee).《F=夜の集い》<*soir* 夕, 晩<L *serus* 遅い》
soix·ante-neuf /swàːsɑːn(t)nɔ́ːf | swæ̀sɔːnt-/ 名《卑》=sixty-nine.
so·journ /sóudʒəːn | sɔ́dʒ(ə)n/《文》名 逗留, 滞在. ━━ 動 自《副詞(句)を伴って》《…に》一時逗留(とうりゅう)[滞在]する: They ~ed briefly *in* the town. 彼らは短期間その町にとどまった / They ~ed *at* a hotel. 彼らはホテルに逗留した / He ~ed with his uncle. 彼はおじの家に一時やっかいになった. ~**·er** 名
soke /sóuk/ 名《英史》領主裁判権, ソーク(国王から移譲された私的裁判権で, 通例 領主が有する); 裁判管区.
sol¹ /sɑ́l | sɔ́l/ 名 (働 ~s)《楽》《ドレミファ唱法の》ソル, ソ《全音階的長音階の第5音; cf. sol-fa》.
sol² /sɑ́l, sɔ́l/ 名 (働 **so·les** /sóuleis/) ソル《ペルーの通貨単位; =100 centavos》.
sol³ /sɑ́l, sɔ́l | sɔ́l/ 名 U《化》コロイド溶液《液体とコロイドの混合物; cf. gel》.
Sol /sɑ́l | sɔ́l/ 名 ❶《口神》ソル《太陽の神; ギリシャ神話のHelios に当たる; cf. Apollo》. ❷《擬人化された》太陽.
Sol.《略》Solicitor; Solomon.
SOL /ésòuèl/ 形《米俗·卑》まるで運のない, つきに見放された.《*shit out of luck*》
so·la¹ /sóulə/ 名《植》ショウ《インド産マメ科クサネム属の低木性草本》; ショウの髄 (sola topee を作るのに使う).
so·la² /sóulə/ 形 solus の女性形.
sol·ace /sɑ́ləs | sɔ́l-/ 名 ❶ U 慰め, 慰安: find [take] ~ *in*… …を慰めとする. ❷ C 慰めになるもの. ━━ 動 他 ❶〈…を〉慰める: I ~*d* myself *with* the fine scenery. その美しい風景を見て心を慰めた. ❷〈苦痛・悲しみなどを〉やわらげる: I don't know how to ~ his grief. どうやって彼の悲しみをやわらげたらよいのかわからない.《F<L *solari* 慰める》【類義語】⇒ comfort.
so·la·nine /sóulənìːn, -nɪn, -nɪn/ 名 U《生化》ソラニン《ナス科植物の有毒な結晶アルカロイド》.
***so·lar** /sóulər | -lə/ 形 (比較なし) ❶ 太陽の, 太陽に関する: ⇒ solar flare. ❷ 太陽光線[熱]を利用した: ~ heating 太陽熱暖房.《F<L *serus* 遅い》
sólar báttery 名 太陽電池(装置)《太陽光線のエネルギーを電気エネルギーに変換する装置》.
sólar céll 名 太陽電池.
sólar colléctor 名 太陽熱収集器.
sólar cónstant 名《天》太陽定数《途中減衰のない場合の地表での太陽放射日エネルギーの量》.
sólar dáy 名《天》太陽日(ʹ)《太陽が子午線を通過して次に通過するまでの時間》.
sólar eclípse 名《天》日食.
sólar énergy 名 U 太陽エネルギー.
sólar fláre 名《天》太陽面爆発, フレア.
sólar hóuse 名 ソーラーハウス《太陽エネルギー利用冷暖房住宅》.
so·lar·i·um /soulé(ə)riəm/ 名 (働 -i·a /-riə/, ~s) ❶ 人工日焼け[日光浴]室. ❷ サンルーム, 日光浴室.《L *sol* 太陽+-*arium* (場所を表わす語尾)》
so·lar·i·za·tion /sòulərizéiʃən, -raɪz-/ 名 U《写》ソラリゼーション《露光過度による反転現象》.
so·lar·ize /sóulərɑ̀ɪz/ 動 他《写》露光過度にする《ネガに》ソラリゼーションを行なう.
sólar pánel 名 太陽電池板.
sólar pléxus 名 [the ~] ❶《解》太陽神経叢(ʹ), 腹腔(ʹ)神経叢. ❷ みぞおち.
sólar pówer 名 U 太陽エネルギー.

1721　**solemn**

***sólar sỳstem** 名《天》❶ [the ~] 太陽系. ❷ C《他の》太陽系.
sólar wínd 名《天》[the ~] 太陽風《太陽から遠方まで毎時 200万マイルにも及ぶ速さで吹き出している微粒子流群》.
sólar yéar 名《天》太陽年《365日5時間48分46秒; cf. lunar year》.
so·la·ti·um /souléiʃiəm/ 名 (働 -ti·a /-ʃiə/) 慰謝料, 賠償金.
sóla tópee 名 ソラトピー《sola¹ の髄で作った日よけ帽》.
***sold** /sóuld/ 動 sell の過去形・過去分詞.
sol·der /sɑ́də | sóuldə, sɔ́l-/ 名 ❶ U はんだ, しろめ: hard [soft] ~ 硬[軟]ろう. ❷ C 接合物, かすがい, かせ, きずな. ━━ 動 他 ❶ はんだづけする, はんだで修繕する《up》: ~ a leaky pipe 水漏れするパイプをはんだづけする. ❷ 結合する《up, together》.《F<L *solidare* 固くする<*solidus* 固い》
sól·der·ing ìron /-dərɪŋ-, -drɪŋ/ 名 はんだごて.
***sol·dier** /sóuldʒə | -dʒə/ 名 ❶ a 陸軍軍人, 軍人《将校から兵士まで全部を含む》: ~s and sailors 陸海軍人 / an old ~ 老兵; その道の経験者, ベテラン / play (at) ~s 兵隊ごっこをする. b《将校に対して》兵士; 下士官. ❷《主義などのために努力する》闘士: a ~ in the cause of peace 平和のために戦う闘士. ❸ =soldier ant.　**sóldier of fórtune** /ː/ ❶《利益・冒険などのためなら雇われてどこにでも行く》傭兵(ʹ), 《俗》冒険家.━━ 動 自 ❶ 軍人[兵隊]として勤める, 軍務に服する: go ~*ing* 軍人[兵隊]になる. ❷《口》忙しそうなふりをする; 仮病を使う.　**soldier on**…《口》《困難などに》負けずにがんばる.《F<L=金貨をもらって戦う者<*soldius* (*nummus*) 金(貨)<*solidus* 固い; cf. solid》
sóldier ànt 名《昆》兵隊アリ.
sóldier bèetle 名《昆》ジョウカイ《成虫・幼虫ともに捕食性》.
sol·dier·ing /-dʒ(ə)rɪŋ/ 名 U 軍人生活[行為]; 軍人の務め, 兵役.
sól·dier·ly 形 軍人らしい, 勇ましい.
sóldier·shìp 名 軍人たる身分[地位, 資質], 軍人精神; 軍事科学.
sol·dier·y /sóuldʒəri/ 名 U《集合的; 単数または複数扱い》《通例よくないタイプの》軍隊, 兵隊.
sóld-óut 形 売切れの, 完売の.
***sole**¹ /sóul/ 形 Ⓐ (比較なし) ❶ ただひとつの, 唯一人の (only): the ~ reason 唯一の理由 / the ~ survivor 唯一の生存者. ❷ 単独の, 独占的な, 一手の (exclusive): the ~ agent 一手[総]代理人 / the ~ right 独占権 / be the ~ responsibility of…《ある事についての》全責任[負担]は…に帰す[…が負う], …の自己責任[負担]で行なう. ❸《法》未婚の, 独身の.《F<*solus* alone, single; cf. desolate, solitary, solitude, solo, sullen》
sole² /sóul/ 名 ❶ a《人・動物の》足の裏. b《靴・靴下などの》底: a rubber ~《靴の》ゴム底, ラバーソール. ❷ a《その》底面; かんなの裏(ʹ). b《ゴルフクラブの》底, ソール. ━━ 動 他〈靴などに〉底をつける《★ 通例受身》.《L *solum* 足の裏》《関形 plantar, volar》
sole³ /sóul/ 名 U.C《魚》シタビラメ.《F<L ↑; 形状の連想》
sol·e·cism /sɑ́ləsìzm | sɔ́l-/ 名 ❶ 文法[語法]違反, 破格. ❷ 不作法. ❸ 誤り, 不適当.
sol·e·cis·tic /sɑ̀ləsístɪk | sɔ̀l-/, **-ti·cal** /-k(ə)l/ 形 ❶ 文法違反の, 破格の. ❷ 無作法な, 不穏当な.
soled /sóuld/ 形《複合語で》…の底の, …底の.
***sole·ly** /sóulli/ 副 ❶ 単独で, 唯一, たった一人で: You're ~ responsible for it. 君一人に責任がある, 君の単独責任だ. ❷ ただ, 単に, まったく: I did it ~ for his sake. ただ彼のためにやったのだ.
***sol·emn** /sɑ́ləm | sɔ́l-/ 形 (~·er, ~·est; more ~, most ~) ❶ 厳粛な, まじめな, 荘重な, 荘厳な, 謹厳な: a ~ face 謹厳な顔つき / a ~ festival 厳粛な祭礼 / a ~ sight 荘厳な光景. ❷ まじめくさった, しかつめらしい, もったいぶった: You look very ~. ずいぶんまじめくさっ

た顔をしているね. ❸ 宗教上の, 神聖な. ❹《法》正式の: a ~ oath 正式の誓い. ~·ly 副 ~·ness 名《F<L=儀礼的な<慣例の》(名)solemnity, 動 solemnize》
【類義語】⇒ serious.

so·lem·ni·ty /səlémnəti/ 名 ❶ Ⓤ まじめ; まじめくさっていること. ❷ Ⓤ 厳粛, 荘厳, 荘重, こうごうしさ. ❸ Ⓒ [しばしば複数形で] 儀式, 祭典. ❹《法》正式.（形 solemn)

sol·em·nize /sáləmnàiz | sól-/ 動 他 ❶〈式(特に結婚式)を〉挙げる: ~ a marriage おごそかに結婚式を挙げる. ❷ 式を挙げて祝う[たたえる]. **sol·em·ni·za·tion** /sàləmnizéiʃən | sòləmnaiz-/ 名 Ⓤ (特に結婚式の)挙式.

sólemn máss 名［しばしば S~ M~]《カト》荘厳ミサ (High Mass).

so·le·noid /sóulənɔ̀id/ 名《電》線輪装置, 筒形コイル, ソレノイド).

so·le·noi·dal /sòulənɔ̀idlˈ/ 形《電》ソレノイドの.

sóle·pláte 名 ❶《建》(間柱の)敷板, 床板, ソールプレート. ❷《機》基礎板. ❸ アイロンの底面.

sóle propríetorship 名 個人企業.

so·les 名 sol² の複数形.

so·le·us /sóuliəs/ 名（複 -le·i /-liài/）（また **sóleus mùscle**）《解》(すねにある)ひらめ筋.

sol-fa /sòulfá:/ 名《楽》音階のドレミファ (do, re, mi, fa, sol, la, ti): sing ~ ドレミファを歌う.【It】

sol·fa·ta·ra /sàlfətá:rə | sòl-/ 名《地》硫気孔, 硫気噴気孔, ソルファタラ.

sol·feg·gi·o /salfédʒiou | sɔl-/ 名（複 **-feg·gi** /-dʒi:/, ~s) ソルフェージュ, ドレミファ練習.【It; ⇒ sol-fa】

so·li 名 solo の複数形.

†so·lic·it /səlísit/ 動 他 ❶ 懇願する, せがむ: ~ advice [trade] 忠告［取引］を求める / We ~ you *for* your custom. ごひいきに[お引き立てを]願います / He ~*ed* aid *from* various politicians. 彼はいろいろな政治家に援助を懇請した. ❷〈売春婦が〉客を誘う, 声をかける. ❸〈…を〉(贈賄して)悪事に誘う. ── 自 ❶〈…を〉懇願する: They are ~*ing for* contributions. 彼らは寄付を勧誘している. ❷（特に)売春婦が)客を誘う, 客に声をかける.《F<L=心を動かされた》(名 solicitation, 形 solicitous)

so·lic·i·ta·tion /səlìsətéiʃən/ 名 ⓊⒸ 懇願, 懇請; 勧誘, 誘い.

*so·lic·i·tor /səlísətə | -tə/ 名 ❶《英》(市・町などの)法務官.《英》(事務)弁護士［法律問題を務めたり, 法廷弁護士 (barrister) と訴訟依頼人の間に立って裁判事務を扱う弁護士で, 上位裁判所での弁護はできない; ⇒ barrister 解説). ❷《米》勧誘員, 注文取り, 選挙運動員(など).【類義語】⇒ lawyer.

solícitor géneral 名（複 solicitors general）《米国の）法務次官, 訟務局長《米国最高裁判所において連邦政府の代理人として訴訟遂行にあたる; 略 SG);(英国の)法務次官 (略 SG).

so·lic·i·tous /səlísətəs/ 形 ❶ 案じる, 気づかう《about, for, of》: ~ parents 心配そうな両親 / They were ~ *for* their son's health. 彼らは息子の健康を案じていた. ❷ ◨ (古)〈…しようとして, 熱心に〈...しようと〉努めて〈*to do*〉, 〈…を〉熱心に求めて, 切望して〈*of*〉. ~·ly 副 ~·ness 名（動 solicit)

so·lic·i·tude /səlísətj(ju:d | -tju:d/ 名 ❶ Ⓤ 心配, 気づかい, 憂慮. ❷ [複数形で] 心配事, 心配の種.

*sol·id /sálid | sól-/（~·er; ~·est）❶ a 固体の, 固形体の (cf. liquid 1): a ~ body 固体 / ~ fuel 固形燃料 / in a ~ state 固体状の. b〈雲・霧などが〉濃い, 厚い: a ~ mass of clouds もくもくした雲のかたまり. c〈物質が〉密で堅い; 〜 rock 硬い岩 / ~ ground 固くしまった地面. ❷ a〈物〉(中空でなく)中まで堅い, 中身のある (~ hollow): a ~ tire [ball] ソリッドタイヤ［ボール］(中までゴムのタイヤ[ボール]). b きっしり詰まった, 実質(密実)な; be packed ~ *with* ...がぎっしり詰まっている, …でぎゅうぎゅう詰めになっている. c〈食事などが〉食べでのある, 実質的な: a ~ meal 食べでのある食事. ❸ Ⓐ (比較なし) a 中まで

で同じ物質の, めっきでない《比較》pure は純度を示す): a ~ gold spoon 中までの金のスプーン. b《米》〈色が〉一様の, 同色調の: a ~ black dress 黒一色のドレス. ❹（体の）がっしりした, がんじょうな: a man of ~ build 体格のがっしりした人 / a ~ door [desk] がんじょうなドア［机］. ❺ a 基礎のしっかりした; 堅実な, 手堅い, 安定した: ~ reasons [arguments] 根拠のしっかりした理由［議論］/ a ~ fact 根拠のある事実. b (財政的に)堅実な, 資産のある: a ~ bank 堅実な銀行. c 信頼できる (reliable): a ~ friend 信頼できる友. ❻ 結束した, 満場〔挙国〕一致の: a ~ vote 満場一致の投票 / (a) ~ accord 一致団結 / go [be] ~ *against* [*for, in favor of*] …に反対[賛成]して一致団結する[している]. ❼ (比較なし)〈時間など)間断のない, 継続した;〈線・面など〉切れ目のない, 連続した: He spoke for a ~ hour. 彼は丸1時間話した / for three ~ weeks まる3週間ぶっ通して. ❽《俗》〈音楽などが〉すばらしい. ❾ (比較なし)《数》立体の: a ~ angle 立体角 / ~ solid geometry. ❿ 〈印〉行の切れてない, ベタ組みの. ⓫ (比較なし)《複合語がハイフンなしで1語に書かれた): a ~ compound ハイフンなしでつづられる複合語 (例: anything, barbershop, *etc*.). ── 名 ❶ a 固体, 固形体 (cf. liquid 1). b [通例複数形で] (液体中の)かたまり. c [通例複数形で] 固形食. ❷《数》立体. ── 副 ❶ 一致して. ❷ 完全に, 一杯に, すっかり: be booked ~ 予約で一杯になって. ❸ 連続して: for five days ~ 連続［ぶっ通し］5日間. ~·ly 副 ~·ness 名《F<L *solidus* 完全な, 固い; cf. consolidate, soldier》(名 solidity, solidarity, 動 solidify)【類義語】⇒ firm¹.

*sol·i·dar·i·ty /sàlədǽrəti | sòl-/ 名 Ⓤ 結束, 一致, 団結; 連帯.（形 solid）【類義語】⇒ union.

sol·i·dar·y /sálədèri | sóləderi/ 形 連帯(責任)の, 共同(利害)の, 合同の.

sólid-dráwn 形〈鉄管が〉引抜きの〈継ぎ目がない〉.

sólid geómetry 名 Ⓤ 立体幾何学.

solidi 名 solidus の複数形.

so·lid·i·fi·ca·tion /səlìdəfikéiʃən/ 名 Ⓤ ❶ 凝固. ❷ 団結, 結束.

so·lid·i·fy /səlídəfài/ 動 他 ❶ 凝固［凝結, 結晶］させる, 固める: ~ concrete コンクリートを固まらせる. ❷ 団結［結束］させる: the factors that *solidified* public opinion 世論をまとめさせた要因. ── 自 ❶ 凝固する, 固まる: Wait for the concrete to ~. コンクリートが固まるのを待ちなさい. ❷ 団結［結束］する.（形 solid)

so·lid·i·ty /səlídəti/ 名 Ⓤ ❶ 固いこと, 固体性. ❷ (うつろでなく)実質的な; 中身の充実. ❸ 堅固; あてになること; 堅実.

sólid solútion 名《理》固溶体.

sólid státe 名《理》固体の状態, 固態.

sólid-státe 形 ❶《理》固体物理の. ❷《電子工》ソリッドステートの《電子管の代わりに半導体素子などを用いた回路》.

sol·i·dus /sálədəs | sól-/ 名（複 **-di** /-dài/) 二つの文字を分ける斜線: a《英》(昔の)シリングマーク（⁶⁄₆ は 3 shillings 6 pence). b 日付や分数を示す斜線（腰題 ¹⁄₆ は《英》6月1日,《米》1月6日; または6分の1). c 比率を示す斜線（例: miles / day).《もと∫が / になりシリング (shilling) の記号に用いられたことから》

so·li·fluc·tion /sòuləflʌ́kʃən, sàl- | sòul-, sɔ̀l-/ 名 Ⓤ《地》土壌流, 流土, ソリフラクション《通例 凍土地帯で, 水で飽和した土壌が斜面をゆるやかに移動する現象》.

sol·il·o·quist /səlíləkwist/ 名 独語する人, 独白者.

sol·il·o·quize /səlíləkwàiz/ 動 自 ❶《劇》独白する. ❷ ひとり言を言う.

sol·il·o·quy /səlíləkwi/ 名（複 **-quies**）ⒸⓊ ❶《劇》(劇などの)独白 (cf. monologue). ❷ ひとり言(を言うこと).

so·lip·sism /sóulipsizm | sól-/ 名 Ⓤ《哲》唯我論《存在するのは自我だけだとする立場》.

só·lip·sist /-sist/ 名《哲》唯我主義者. **so·lip·sis·tic** /sòulipsístik | sòl-/ 形

sol·i·taire /sálətèə | sòlətéə/ 名 ❶ Ⓤ ソリテール: a《英》盤上のます目のコマを1か所あけておいて一つ飛び越しては一つコマを拾って最後にコマ一つにするひとり遊び. b《米》

トランプのひとり遊び((英) patience). ❷ ⓒ **a** (特にダイヤモンドの)ひとつはめの宝石. **b** ひとつだけ宝石をはめたイヤリング[カフスボタンなど].

sol・i・tar・i・ly /sɑ́lətərəli | sɔ́lətərəli, -trə-/ 圓 ひとり寂しく.

†**sol・i・tar・y** /sɑ́lətèri | sɔ́lətəri, -tri/ 圏 (**more ~**; **most ~**) ❶ **a** Ⓐ (比較なし) ひとりの, ひとりぼっちの; 孤独な: a ~ cell 独房 / a ~ walk ひとりの散歩. **b** 孤独を好む, 孤独癖の. ❷ (場所などに人通りのあまりない, 人里離れた; 孤立した, 寂しい: a ~ house 一軒家. ❸ Ⓐ (比較なし) (通例否定・疑問文で) 唯一の, 単一の: There's *not* a ~ exception. たった一つの例外もない. ❹ (植)房をなさない, 単生の. ── 图 ⓒ 独居者; 隠者 =solitary confinement. 〚L<*solus* alone; cf. sole¹〛〖類義語〗⇒ alone.

sólitary confínement 图 Ⓤ (囚人の)独房監禁.

sólitary wáve 图 (海理) 孤立波 (ただ一つの波頭が形を変えずに進行する波).

sol・i・ton /sɑ́lətɑ̀n | sɔ́lətɔ̀n/ 图 (理) ソリトン (粒子のようにふるまう孤立波).

†**sol・i・tude** /sɑ́lət(j)ùːd | sɔ́lətjùːd/ 图 ❶ Ⓤ ひとりでいること, 孤独: live in ~ ひとりで[孤独に]暮らす. ❷ ⓒ 寂しい場所, 荒野. 〚F<L<*solus* alone (cf. sole¹)+-TUDE〛〖類義語〗⇒ loneliness.

sol・mi・za・tion /sɑ̀lməzéɪʃən | sɔ̀l-/ 图 (楽) 階名[音名]唱法, ソルミゼーション. **sól・mi・zàte** 動 ⓘ ⓣ

*__**so・lo**__ /sóʊloʊ/ 图 (~**s**, -**li** /-liː/) ❶ (楽) ソロ (独唱[奏]・独唱[奏]曲; 関連 二重唱[奏](曲)から九重唱[奏](曲)は duet, trio, quartet, quintet, sextet, septet, octet, nonet): a piano ~ ピアノ独奏. ❷ 単独演技[車], 単独舞踊, ソロ; 単独飛行. ── 圏 (比較なし) ❶ ソロの, 独唱[奏]の; 独演の. ❷ 単独の: a ~ flight 単独飛行 / a ~ homer ソロホーマー / a ~ 単独で, ひとりで: fly ~ 単独飛行をする / play ~ 独奏をする. ── 動 ⓘ 単独で[ひとりで]やる; (特に)単独飛行する. 〚It<L *solus* alone; cf. sole¹〛

†**sól・o・ist** /-ɪst/ 图 独奏[独唱]家, ソリスト 【比較】「ソリスト」はフランス語から).

Sol・o・mon /sɑ́ləmən | sɔ́l-/ 图 ❶ ソロモン (紀元前10世紀イスラエルの賢明な王). ❷ ⓒ 賢人. **be nó Sólomon** 利口ではない, ばかである. **the Sóng of Sólomon** ⇒ song (成句).

Sol・o・mon・ic /sɑ̀ləmɑ́nɪk | sɔ̀ləmɔ́n-/, **-mo・ni・an** /-móʊniən/ 圏 ソロモンの; ソロモンのような; 知恵[思慮分別]のある, 賢明な.

Sólomon Íslands 图 (the ~) ソロモン諸島 (New Guinea 島の東方の島々; 北西部の2島を除いた島群で英連邦内の立憲君主国を構成する; 首都 Honiara; 北西部の2島はパプアニューギニア領).

Sólomon's séal ソロモンの封印 (通例明暗二つの三角形を組み合わせた6星形; 神秘の力があるとされた).

So・lon /sóʊlən | -lɔn/ 图 ❶ ソロン (638?-?559 B.C.; アテネの立法家でギリシア七賢人の一人). ❷ [しばしば s~] ⓒ 賢明な立法者.

*__**so long, so-long**__ /sòʊlɔ́ːŋ | -lɔ́ŋ/ 圏 (口) じゃまた, さようなら (用法) すぐまた会う親しい人に対して用いる).

sólo stòp 图 (楽) ソロストップ (ソロオルガン用のストップ).

sólo whìst 图 Ⓤ (トランプ) ソロホイスト (1人で3人を相手にする方式を含むホイスト).

†**sol・stice** /sɑ́lstɪs | sɔ́ls-/ 图 ❶ (天) (太陽の)至(し) (太陽が赤道から北または南に最も離れた時): ⇒ summer solstice, winter solstice. ❷ 最高点, 極点. 〚F<L<*sol* 太陽; cf. solar〛

sol・sti・tial /sɑlstɪ́ʃ(ə)l, soʊl- | sɔl-/ 圏 (天) 至の, (特に)夏至の; 至の時に起こる[現われる].

sol・u・bil・i・ty /sɑ̀ljubɪ́ləti | sɔ̀l-/ 图 ❶ Ⓤ 溶けること, 溶解性, 可溶性; 溶解度. ❷ (問題・疑問などの)解決できること.

sol・u・bi・lize /sɑ́ljubəlàɪz/ 動 ⓣ 可溶性にする, (…の)溶解度を高める. **sol・u・bi・li・za・tion** /sɑ̀ljubəlɪzéɪʃən | -laɪz-/ 图 Ⓤ 可溶化.

*__**sol・u・ble**__ /sɑ́ljubl | sɔ́l-/ 圏 ❶ 溶ける, 溶解できる (↔ insoluble): Salt and sugar are ~ in water. 塩や砂糖は水に溶ける. ❷ (問題など)解決できる. 〖F<L; ⇒ solve〛

so・lus /sóʊləs/ 圏 ひとりで (alone) (主に 脚本のト書(ڳ)用語; 戯言的にも用いる; 女性形 sola /sóʊlə/).

sol・ute /sɑ́ljuːt | sɔ́l-/ 图 (化) 溶質.

*__**so・lu・tion**__ /səlúːʃən/ 图 ❶ Ⓒ Ⓤ (問題などの)解決(策), 解明, 解答 〔*to, for*〕: a peaceful ~ 平和的解決策 / the ~ of a problem [riddle] 問題[なぞ]の解明 / find a permanent [better] ~ *to*... 恒久的な[よりよい]解決法[策]を見いだす. ❷ ⓐ Ⓤ 溶かす[溶ける]こと, 溶解: a chemical substance held in ~ in water 水に溶かして含まれている化学物質. **b** Ⓒ Ⓤ 溶液, 溶剤: a strong [weak] ~ 濃[希薄]溶液. (動 solve)

solv・a・ble /sɑ́lvəbl | sɔ́l-/ 圏 ❶ (問題・なぞなど)解ける, 解決[解決]できる. ❷ 分解できる.

solv・ate /sɑ́lveɪt | sɔ́l-/ 图 (化) 溶媒和物, 溶媒化合物. ── 動 ⓘ ⓣ 溶媒和[化]する. **sol・vá・tion** 图 Ⓤ 溶媒和.

*__**solve**__ /sɑ́lv | sɔ́lv/ 動 ⓣ (問題などを)**解決する**, 解明する; 解答する (resolve): ~ a problem 問題を解く / Nobody has ever ~d the mystery. その神秘を解明したものはまだいない. **sólv・er** 图 〚F<L *solvere*, *solut-* ゆるめる, 解く, 支払う; cf. absolve, dissolve, resolve, solvent; absolute, dissolution, resoluble〛 (图 solution)

sol・ven・cy /sɑ́lvənsi | sɔ́l-/ 图 Ⓤ (法) 支払い[弁済]能力のあること.

*__**sol・vent**__ /sɑ́lvənt | sɔ́l-/ 图 ❶ 溶剤, 溶媒. ❷ 解決策 (法). ── 圏 ❶ (法) 支払い能力がある (↔ insolvent). ❷ 溶解力がある. 〚L<*solvere* to SOLVE+-ENT〛

sólvent abúse 图 Ⓤ 有機溶剤の蒸気を吸入して酩酊すること, 溶剤摂取[濫用], シンナー遊び.

Sol・zhe・ni・tsyn /sòʊlʒənɪ́ːtsɪn | sɔ̀lʒənɪ́tsɪn/, **A・lek・sandr I・sa・ye・vich** /ɪsɑ́ɪvɪtʃ/ 图 ソルジェニーツィン (1918-; ロシアの作家).

Som. (略) Somerset.

so・ma¹ /sóʊmə/ 图 (图 **-ma・ta** /-tə/, **~s**) ❶ (生) 体(た) (生物体の生殖細胞を除く全組織・器官). ❷ (精神に対して)身体. 〚Gk〛

so・ma² /sóʊmə/ 图 Ⓤ 蘇摩(ぞ), ソーマ (植物の樹液から造ったといわれる古代インドヴェーダ時代の聖酒).

So・ma・li /soʊmɑ́ːli, sə-/ 图 (图 **~s**, **~**) ❶ ⓒ ソマリ人. ❷ Ⓤ ソマリ語.

So・ma・li・a /soʊmɑ́ːliə, sə-/ 图 ソマリア (アフリカ東部の共和国; 首都 Mogadishu).

So・ma・li・land /soʊmɑ́ːlilænd, sə-/ 图 ソマリランド (ソマリアなどを含む東アフリカの一地方).

so・mat- /soʊmǽt, sóʊmət/ [連結形] (母音の前にくるときの) somato- の異形.

so・mat・ic /soʊmǽtɪk/ 圏 (精神に対し)身体(上)の, 肉体の. **so・mát・i・cal・ly** /-kəli/ 圓

somátic céll (生) 体細胞 (生殖細胞以外).

so・ma・ti・za・tion /sòʊmətɪzéɪʃən | -taɪz-/ 图 Ⓤ (精神医) 身体化 (精神状態の影響で生理的な不全を起こしたり心理的葛藤を身体的症状に転換すること).

so・mato- /soʊmǽtoʊ, sóʊmət-/ [連結形] 「身体」「体(た) (soma¹)」.

somáto-sénsory /-sɛ́nsəri/ 圏 (生理) 体性感覚の, 体知覚の.

somáto・stát・in /-stǽtɪn/ 图 Ⓤ (生化) ソマトスタチン (somatotropin 放出抑制因子).

somáto・tró・pin /-tróʊpɪn/, **-phin** /-fɪn/ 图 (生化) 成長ホルモン, ソマトトロピン (growth hormone).

somáto・tỳpe 图 (心) 体型 (cf. endomorph, mesomorph, ectomorph).

†**som・ber** (英) **som・bre** /sɑ́mbə | sɔ́mbə/ 圏 ❶ **a** 薄暗い, 黒ずんだ; 曇った: a ~ sky 薄暗い空. **b** (色などが)くすんだ, 地味な. ❷ 陰気な, 憂鬱(ぢ)な: He had a ~ expression on his face. 彼は陰鬱な表情をしていた. **~・ly** 圓 **~・ness** 图 〚F<L<SUB+UMBRA〛

som・bre・ro /sɑmbréə(ə)roʊ, səm- | sɔm-/ 图 (图 **~s**)

some 1724

ソンブレロ《米国南西部・メキシコなどで用いられる広つばの
フェルト・麦わら帽》. 〖Sp=hat<*sombra* 陰(↑)〗

‡**some** 形 Ⓐ (比較なし) ❶ /s(ə)m/ [複数形の Ⓒ の名詞または Ⓤ の名詞を伴い, 若干の数や量などを表わして]: **a** [肯定文で] いくらかの, 多少の, 少しの 《用法》意味が弱く, 日本語に訳さなくてもよい場合もある; 従って複数形の Ⓒ は「a+単数形」に対応する複数表現とも考えられる]: I want ~ books [money]. 本[金]が(少し)ほしい / I saw ~ people walking across the bridge. 何人かの人が歩いて橋を渡っているのを見た. [疑問文で] いくらかの, 少しの 《用法》疑問・否定文・条件節では通例 some に代えて any を用いるが, 勧誘など話者の肯定の気持ちが強い場合には some を用いる]: Will you have ~ more coffee? もう少しコーヒーを召しあがりませんか / Won't you have ~ chocolates? チョコレートを少しいかがですか / Didn't I give you ~ money? お金をあげませんでしたか(あげたでしょう). **c** [条件節で] いくらか, 多少: If I have ~ time, I'll read it. 時間があればそれを読むさ. ❷ /sám/ [不明または不特定のものをさして]: **a** [単数形の Ⓒ の名詞を伴って] 何かの, ある, どこかの 《用法》しばしば名詞の後に or other を添えて意味を強める]: in ~ way (*or other*) 何とかして, どうこうして / for ~ reason (*or other*) 何かの理由で, どういうわけか / He went to ~ place in Africa. 彼はアフリカのどこかへ行った / S~ careless person has taken my umbrella. だれか不注意な人が私の傘を持っていってしまった / He's staying with ~ artist (*or other*) in Paris. 彼はパリで芸術家とか(何とか)いっている人と一緒に暮らしている / Come back ~ other day. またいつか話かの日にきてください. **b** [複数形の Ⓒ の名詞を伴って] (ある)いくらかの, 何人かの: She's honest in ~ ways. 彼女はある面では正直だ / S~ people think they know everything. 知らないことは何もないと考えている人もいる (cf. 3). ❸ /sám/ [複数形の Ⓒ の名詞または Ⓤ の名詞を伴い, 全体のうちの一部を表わして] 人[もの]によると …の(もある), 中には… 《用法》しばしば後に対照的に (the) other(s), the rest または some を従えて用いる]: S~ people like that sort of thing, and *others* don't. そんな事が好きな人もいれば嫌いな人もいる / S~ fruits are sour. 果物には酸っぱいものもある. ❹ /sám/ **a** 相当な, かなりの: I stayed there for ~ days [time]. 何日も[相当長い間]そこに滞在した / The airport is (at) ~ distance from here. 空港へはここからかなりの距離がある. **b** 《口》たいした, なかなかの, 大変に; すばらしい, すてきな: It was ~ party. なかなかの盛会だった / He's ~ scholar. 彼はたいした学者だ / I call that ~ movie. あれはすごい映画だと思う. **c** [some+名詞を文頭に置いて] 《口・皮肉》たいした(!) 《全然…でない》: S~ friend you were! 君はだいへん好きな友人だったよ(ひどい目にあわせてくれたね) / "Can you finish it by Monday?" "S~ chance!" 「月曜日までに終わりますか」「見込みは全然ありませんよ」.

—— 代 《用法》(1) 用法は形容詞の場合に準じる; (2) Ⓒ の名詞を表わす時には複数扱い, Ⓤ の名詞を表わす時には単数扱い》 ❶ /sám/ 多少, いくぶん: "Is there any sugar?" "Yes, there is ~." 「まだ砂糖が残っていますか」「はい残っています」/ "Are there any eggs?" "Yes, there are ~." 「まだ卵が残っていますか」「はい残っています」/ S~ of these books are quite interesting. これらの本の中にはたいへんおもしろいのもある《用法》some of books のように some of の後に限定詞を伴わない名詞を用いるのは間違い; ただし some of them のように代名詞の時は可》 / S~ of that information is true. その情報は一部本当です. ❷ /sám/ ある人たち, あるもの; 人[もの]によると, …の人[もの](もある) 《用法》しばしば後に対照的に others または some を用いる》: S~ say it's true, ~ say it's not. 本当だと言う人もいるしそうでないと言う人もいる / S~ are good, ~ are bad, and *others* are indifferent. 良いのもあり, 悪いのもあり, またどっちつかずのもある / Not all labor is hard; ~ is pleasant. 労働はすべて苦しいとは限らない, 楽しいのもある.

and thén sòme [文尾に置いて] 《口》…とそれ以上, そのうえどっか: He's smart *and then* ~. 彼は頭が切れるだけではない.

—— 副 (比較なし) ❶ /sám/ [数詞の前に用いて] 約 《比較》 about のほうが口語的》: ~ fifty books 約 50 冊の書物. ❷ /sám/ 《米口》いくらか, 少し 昨夜はいくらか眠った. ❸ /sám/ 《米口》ずいぶん, 大いに: It's going ~ to say he's the best, but he is good. 彼が一番だというのは言いすぎだが, いい線いることはうまい / You'll have to study ~ to catch up with the others. しっかり勉強しないとみんなに追いつかないよ. **sòme féw** ⇒ **few** 形 成句. **sòme little** ⇒ **little** 形 成句.

-**some**¹ /səm/ 接尾 ❶ [名詞・形容詞・他動詞につけて, 形容詞語尾] …に適する, …を生じる, …をなす, …させる, …の; …しやすい, …の傾向にある; …する: trouble*some*, lone*some*. ❷ [数詞につけて, 形容詞・名詞語尾] …の群(の): two*some*.

-**some**² /‐sòum/ [名詞連結形] 「体(⸢)(soma)」「染色体」: chromo*some*.

‡**some·bod·y** /sámbàdi, ‐bədi | ‐bədi, ‐bɔ̀di/ 代 だれか, ある人 《someone より口語的; 通例肯定文に用い, 否定・疑問文には nobody, anybody を用いるが, 疑問文に用いる somebody の用法は some 形 1 b の用法に準じる; (2) 単数形に対して, それを受ける人称代名詞は通例単数の he, his, him または she, her であるが, 《口》ではしばしば they, their, them を用いる; (3) some people (幾人かの人たち)と混同しないように注意》: There's ~ on the phone for you. だれかさんからお電話ですよ / Will ~ please turn the light on? だれか明かりをつけてくれませんか / If ~ telephones, remember to ask who it is. だれかから電話があったら忘れずにその人の名前をきいてください / Let's ask ~ else. 誰かほかの人に頼んでみよう.

..**or sòmebody** …かなんかそんな人: It looks like we need a plumber *or* ~. 水道屋かなんかが必要みたい.

—— 名 《口》 何某(⸢⸣)といわれる(偉い)人, 大物, 相当な人 《用法》(1) しばしば不定冠詞を伴うことがあり, 複 ~s も考えられる; (2) ⇨ 用法 (1)》: He seems to think he's ~. 彼は自分が偉いと思っているようだ.

†**some·day** /sámdèi/ 副 (比較なし) いつか, 他日 《比較》 someday は未来についてのみ用い, 過去には one day を用いる》: S~ you'll understand. いつか君もわかるだろう.

†**some·how** /sámhàu/ 副 (比較なし) ❶ 何とかして, どうにかして, 何とかかんとか, ともかくも 《用法》しばしば後に or other を添える》: I have to get it finished ~ (*or other*). 何とかしてそれを仕上げてしまわねばならない / S~ I managed to do it. どうにかそれをやってのけた. ❷ どういうわけか, なぜか, どうも 《用法》しばしば後に or other を添える》: S~ I don't like him. どうも彼が好かない / It got broken ~ *or other*. 何かの拍子でそれが壊れた.

‡**some·one** /sámwàn/ 代 ある人, だれか (⇨ **somebody** 比較): S~ is ringing the doorbell. だれかがドアのベルを鳴らしています.

sóme·pláce 副 《米口》どこかに, どこかへ (somewhere).

som·er·sault /sáməsɔ̀:lt | ‐mə‐/ 名 ❶ とんぼ返り, 宙返り: do [turn] a ~ とんぼ返りをする. ❷ (意見・態度などの)反転, 百八十度の転換. —— 動 ⒜ [通例副詞(句)を伴って] とんぼ返り[宙返り]をする.

som·er·set /sáməsèt | ‐mə‐/ 名 動 =somersault.

Som·er·set /sáməsèt | ‐mə‐/ 名 サマセット《イングランド南西部の州; 州都 Taunton /tɔ́:ntən/》.

‡**some·thing** /sámθiŋ/ 代 ❶ **a** [肯定文で] 何か, あるもの, ある事 形容詞は後に置く》: S~ must have gone wrong. 何か悪い事[異常]が起きたに違いない / I want ~ to eat [drink]. 何か食べ[飲み]物がほしい / I'll look for ~ cheaper. もっと安いものを探そう / There is ~ sad about the scene. その情景にはどこか悲しいところがある. **b** [疑問文で] 何か, あるもの, ある事 《用法》疑問・否定文・条件節では通例 something に代えて anything が用いられるが, 話者に肯定の気持ちが強い場合には something が用いられる》: Is there ~ to eat? 何か食べるものがありますか 《比較》 Is there anything to eat? 何か食べるものがありませんか》 / How about going to see ~ interesting? 何かおもしろいものを見に行きましょうよ / Can't you do ~? 何とかなりませんか 《比較》 Can't you do anything? どうにもなりませんか》. **c** [条件節で] 何か, あるもの, ある事: If ~

happens, I'll come at once. もし何かあったらすぐ行きます. ❷ **a** [...の]いくらか, 少し, いくぶん: There was ~ of uncertainty in his reply. 彼の返答にはどこか不確かな点があった / I have seen ~ of his work. 彼の作品をいくらか見たことがある / He knows ~ of psychology. 彼は心理学を少々心得ている. **b** [通例 ~ of a [an] ... で, 補語に用いて] ちょっとした, かなりの, 相当の...: He's ~ of a musician. 彼はちょっとした音楽家だ / His novel was ~ of a success. 彼の小説はちょっとした成功作だった. ❸ **a** 何か食べ[飲み]物: Shall we have ~ with our tea? お茶と一緒に何か食べましょうか. **b** (忘れた, またはうろ覚えの)あること, 何とか. [通例 ~ or other で用いる]: He does ~ (or other) in the UN. 彼は国連で何かをしている. **c** [人名・年号・時刻などの一部をさして] ...なんとか, ...何年[何時, 何分]: What was his name? Bobby ~, isn't it? 彼の名前は何といいましたっけ, ボビーなんとかでしたよね / The train leaves at three ~. その列車は3時何分かに発車する / A 20 something parent 20(歳)代の親.

dó sómething abòut... に対して何か対処する, ...をどうにかする.

màke sómething of... (1) ...を利用する. (2) ...を重要視する. (3) ...を問題にする.

máke sòmething óf it 《俗》そのことでけんかを始める: You want to make ~ of it? お前, やろうってのか.

...or sómething (1) [先行する表現が不正確なことを表わして] ...か何か: He's a lawyer or ~. 彼は弁護士か何かだ / She felt dizzy or ~ and went to bed. 彼女はめまいがしたか何かでベッドに入った. (2) [先行する語の意味に対する不信を表わして] ...とか何とか: Why did he say that? Is he neurotic or ~? 彼はなぜあんなことを言ったのだろう, ノイローゼか何かになっているんじゃないのか.

sáy sómething 二言三言しゃべる, 短いスピーチをする.

sómething élse (1) 何か他のもの[事]. (2) 《口》格別にすばらしいもの[人], 実にすてきなもの[人]: Her marmalade was ~ else. 彼女の作るマーマレードは実においしかった.

sómething télls me 何となく...と私は思う《(that)》《★ that は通例用いない》: S~ tells me we've taken the wrong road. 道を間違えたような気がする.

sómething to dò with... (...との)関係[かかわり]: He has ~ to do with the murder. 彼はその殺人に関係がある.

You knów sómething? ⇒ know 動 成句.

—图 ❶ [口] 重要なもの[人], たいしたもの: He thinks he's (quite [really]) ~. 彼は自分をひとかどの人だと思っている. ❷ ある真理, いくらかの価値[意義]: There's ~ in [to] what he says. 彼の言うことには一理ある / It meant ~ to him. それは彼にとって意味のあること[もの]だった. ❸ まずまずのこと, せめてものこと: At least we're all safely home again. That's ~! ともかく皆無事に家にたどり着いた, まずよかった.

a líttle sómething ちょっとした(贈り)物; (軽くひっかける)一杯; (ちょっと)一口, 軽食.

màke sómething of... を重要な人[もの]に仕立てる: make ~ of oneself [one's life] 成功する, 出世する.

sómething to dò with... の(...の)関係[かかわり]のある人[もの]: I think he has ~ to do with the government. 彼は政府に関係していると思う.

— 副 (比較なし) ❶ [前置詞つきの句の前に用いて] いくぶん, 多少: It cost ~ over $10. 10 ドルとちょっとかかった. ❷ 《口》ひどく, とても: This engine sounds ~ awful. このエンジンは実にひどい音がする.

sómething líke ⇒ like¹ 成句.

*some·time /sÁmtàɪm/ 副 (比較なし) ❶ いつか, そのうち, 近々 [語法] sometime は未来または過去 (⇒ ❷) の時を表わす; しばしば ~ or other で用いる; 《英》では some time と 2 語につづられることもある: ~ or other いつか, 早晩. ❷ いつか, かつて: He was in Paris ~ in April. 彼は4月のある時期パリにいた. — 形 (比較なし) ❶ 前の (former): a ~ professor 前教授. ❷ 時おり, 時々起こる; 頼りにならない: His wit is a ~ thing. 彼の機知はあてにならないものだ.

*some·times /sÁmtàɪmz/ 副 (比較なし) 時には, 時々, たまに: S~ I feel like quitting my job. 時々仕事をやめたいと思うことがある / I walk to school ~. たまには歩いて行く.

sóme·wày, sóme·wàys 副 《米口》何とかして, どうにかこうにか.

*some·what /sÁm(h)wÀt, -(h)wÀt | -wɔ̀t/ 副 (比較なし) やや, いくぶん, 多少: It's ~ different. それはいくらか違う / He looked ~ annoyed. 彼はいくぶん当惑したような顔をしていた. **móre than sómewhat** 《口》ひどく, 本当に: I was more than ~ displeased. まったく不快だった. — 代 [~ of...で] いくぶん, やや: He's ~ of an artist. 彼には芸術家肌のところがある.

sóme·whèn 副 《古》いつか, そのうち, 早晩 (sometime).

*some·where /sÁm(h)wèə | -wèə/ 副 (比較なし) ❶ **a** どこかに[で, へ]: ~ around here どこかこの辺に[で] / You'll find the passage ~ in chapter three. その一節は第3章のどこかにある. **b** [名詞的に; 前置詞・他動詞の目的語に用いて] どこか, ある所: from ~ どこからか / He needed ~ to stay. 彼はどこか泊まる場所が必要だった. 《語法》 **a**, **b** とも疑問・否定文・条件節では通例 anywhere を用いる) ❷ [通例前置詞句の前に用いて] (数量・時刻・年齢など)およそ, 大体に: a woman ~ around [about] fifty 50 歳前後の女性.

...or sómewhere ...かどこかに[で, へ]: He went off to Mexico or ~. 彼はメキシコかどこかへ行ってしまった.

sóme·whères 副 =somewhere.

som·ite /sóʊmaɪt/ 图 [発生] (原)体節, 中胚葉節, 上分節.

som·me·lier /sàməljéɪ | sɔmélɪə/ 图 ソムリエ《レストランのワイン専門サービス係》. 《F》

som·nam·bu·lant /sɑmnǽmbjʊlənt/ 形 夢遊する. **~·ly** 副

som·nam·bu·lism /sɑmnǽmbjʊlɪzm | sɔm-/ 图 Ⓤ 夢中歩行, 夢遊病. 《L somnus 睡眠+ambulare 歩く+-ISM》

som·nám·bu·list /-lɪst/ 图 夢遊病者. **som·nam·bu·lís·tic** /sɑmnæmbjʊlístɪk | sɔm-ˊ/ 形

som·nif·er·ous /sɑmnɪ́f(ə)rəs | sɔm-/ 形 催眠の, 眠くする.

som·no·lent /sɑ́mnələnt | sɔ́m-/ 形 ❶ 眠い. ❷ 眠けを誘わせる, 催眠の. **som·no·lence** /sɑ́mnələns | sɔ́m-/ 图 **~·ly** 副

Som·nus /sɑ́mnəs, sóm-/ 图 《ローマ神話》 ソムヌス《眠りの神; ギリシア神話の Hypnos》.

*son /sÁn/ 图 ❶ Ⓒ **a** 息子, せがれ (↔ daughter): I have two ~s. 私には息子が2人いる / one's ~ and heir 大切な息子, 長男. **b** 義理の息子, 養子. ❷ Ⓒ (通例複数形で)(男子の)子孫: the ~s of Abraham アブラハムの子孫, ユダヤ人. ❸ Ⓒ [...の]子, [...に]従事する人 (通例複数形): **a** ~ of the Muses 詩人 / **a** ~ of the soil 農夫, いなかの人 / **a** ~ of toil 労働者. ❹ [年上の者が年下の男に呼び掛けに用いて] 若者, 君: my ~ 若いの, 君; 《教会》わが子よ《司祭から信徒の男性への呼び掛けり》/ old ~ よそよそしくなく, きみ. ❺ [the S~] 《キ教》(三位一体の第2位である)子, イエスキリスト. **són of a bítch** (復 sons of bitches) 《俗・卑》 (1) 野郎, やつ《略 SOB》. (2) [間投詞的に] ちくしょう!. ❻ **són of a gún** (復 ~s, sons of guns) 《口》 (1) 君, お前 《語法》 親しみを表わす》. (2) [驚き・失望などを表わして] おやおや, しまった, ちぇっ. **the Són of Gód** 神の子 《三位の第2位, イエスキリスト》. **the Són of Mán** 人の子 《救世主, イエスキリスト》. 《関連 filial》.

so·nance /sóʊnəns/ 图 Ⓤ ❶ 鳴り響き. ❷ 〔音声〕有声. 《sonant》

so·nant /sóʊnənt/ 形 ❶ 響く, 鳴る. ❷ 〔音声〕**a** 有声の, 有声音の音節主音的な. — 图 ❶ 有声音《/b, v, z/ など》. ❷ 音節主音をなす子音. 《L <sonare to sound》

so·nar /sóʊnɑːr | -nɑː/ 图 Ⓤ ソナー《水中音波探知装置》. 《sound navigation and ranging》

+**so·na·ta** /sənɑ́ːṭə/ 图 〔楽〕ソナタ, 奏鳴曲. 《It <L; ⇒ sonant》

sonáta fòrm 图 U 〖楽〗ソナタ形式《提示部・展開部・再現部からなる楽曲形式》.

son·a·ti·na /sànətíːnə | sɔ̀n-/ 图 《複 ~s, -ne /-neɪ/》〖楽〗ソナチネ, 小奏鳴曲. 〖It; SONATA の指小語〗

sonde /sánd | sɔ́nd/ 图 ゾンデ: **a** 上空の気象観測などに用いる気球・ロケットなど. **b** 体内検査用消息子[ブジー].《F》

Sond·heim /sǽndhàɪm | sɔ́nd-/, **Stephen** 图 ソンドハイム (1930- ; 米国の作曲作詞家).

Son·dra /sándrə | sɔ́n-/ 图 ソンドラ《女性名; Alexandra の愛称》.

sone /sóʊn/ 图 〖音響〗ソーン《感覚上の音の大きさの単位》.

son et lu·mière /sɔ́ːn eɪ luːmjéər | sòʊneɪluːmìèə/ 图 ソンエリュミエール《俳優や舞台装置を使わず照明と録音された効果音とナレーションで歴史上の出来事を再現する大規模なショー》. 〖F=sound and light〗

***song** /sɔ́ːŋ | sɔ́ŋ/ 图 **①** C 歌; 歌曲: a popular ~ 流行歌 / a marching ~ 進軍歌, 行進歌. **②** U 歌うこと, 唱歌: the gift of ~ 歌う才能 / break [burst] into ~ 歌いだす. **③** C (特に, 歌うのに適した)短詩, バラッド. **④** U.C (鳥などの)さえずり; (流れや風の)鳴る音: The birds are in full ~. 小鳥たちは今を盛りと歌っている. **for a sóng** (口) 二束三文で, 捨て値で: buy a used car *for a* ~ 中古車をただ同然の値段で買う / go *for a* ~ 捨て値で手放される. **sóng and dánce** (1) (米口) 陽気な騒ぎ, 浮かれ, ごまかしの話. (2) (英口) 大げさに騒ぎ立てること, 空騒ぎ: Don't make such a ~ *and dance* about the news. そのニュースにそんなに騒ぎ立てないで. **the Sóng of Sóngs [Sólomon]** 〖聖〗雅歌《旧約聖書中の一書; 略 Song of Sol.》.

sóng·bìrd 图 **①** 鳴鳥, 鳴禽(%n). **②** 女性歌手, 歌姫.

sóng·bòok 图 唱歌集, 歌の本.

sóng cỳcle 〖楽〗連作歌曲《全体で一つの音楽的まとまりをなす一連の歌曲; 例 Schubert の *Winterreise* (冬の旅)》.

sóng·fèst 图 (米) 歌の集い.

sóng·less 形 **①** 歌のない. **②** 〈鳥が〉さえずらない.

sóng·smìth 图 =songwriter.

sóng spàrrow 图 〖鳥〗ウタスズメ《米国産のホオジロ科の鳴鳥》.

song·ster /sɔ́ːŋstər | sɔ́ŋstə/ 图 **①** 歌手. **②** 鳴鳥. **③** 詩人.

song·stress /sɔ́ːŋstrəs | sɔ́ŋ-/ 图 **①** 歌姫. **②** 雌の鳴鳥. **③** 女流詩人.

sóng thrùsh 图 〖鳥〗ウタツグミ (旧世界産).

†**sóng·wrìter** 图《ポピュラーソングの》作詞家, 作曲家.

son·ic /sánɪk | sɔ́n-/ 形 **①** 音の, 音速の. **②** 《通例複合語で》音速の[に等しい]: ⇒ hypersonic, subsonic, supersonic, transonic / at ~ speed 音速で. 〖＜ *sonus* 音; cf. sound〗

son·i·cate /sánəkèɪt | sɔ́n-/ 動 《細胞・ウィルスなどに》超音波をあてて分解する, (超)音波処理する. **son·i·ca·tion** /sànəkéɪʃən | sɔ̀n-/ 图

sónic báng 图 =sonic boom.

sónic bárrier 图 [the ~] 音(速)の障壁《⇨ sound barrier》.

sónic bóom 图 ソニックブーム《超音速機などによる衝撃波が地上に達して発する轟音》.

són·ics 图 **①** [複数扱い] 音響効果 (acoustics). **②** U ソニックス《広義の音波を利用する工学》.

són·in·làw 图 《複 sons-in-law》娘の夫, 娘婿, 女婿(%hg).

†**son·net** /sánɪt | sɔ́n-/ 图 ソネット《イタリア起源で種々の形式があり, 通例弱強 5 歩格》. 〖(F) It *suono* ＜L *sonus* SOUND〗

son·net·eer /sànətíər | sɔ̀nətíə/ 图 **①** ソネット詩人. **②** へぼ詩人.

son·ny /sáni/ 图 (口) [少年に対する呼び掛けで] 坊や.

son·o- /sánoʊ/ 連結形 「音」.

son·o·gram /sánəɡræm | sóʊn-/ 图 **①** 音響記録図. **②** 〖医〗超音波検査図.

son·o·graph /sánəɡræf | sóʊnəɡrὰːf/ 图 **①** 音響記録装置. **②** 〖医〗超音波検査器.

sòno·luminéscence 图 U 〖理〗音ルミネセンス《気泡溶液に(超)音波をあてると発光する》.

so·nom·e·ter /sənámətər | -tə/ 图 **①** ソノメーター《弦の震動数測定器》. **②** 〖医〗聴力計.

son·o·rant /sánərənt | sɔ́n-/ 图 〖音声〗自鳴音《閉鎖音や摩擦音と母音との中間音; /m, n, ŋ, l/ など》.

so·nor·i·ty /sənɔ́ːrəti | -nɔ́r-/ 图 U **①** 鳴り響くこと. **②** 〖音声〗 (音の)聞こえ(度).

so·no·rous /sənɔ́ːrəs, sánər- | sɔ́n(ə)r-, sənɔ́ːr-/ 形 **①** 鳴り響く, 響き渡る, 朗々とした. **②** 〈文体・演説など〉調子[格調]が高い, 堂々とした. ~·ly 副 〖L＜*sonus* 音; cf. sound〗

són·ship 图 U 息子の父に対する関係, 息子たること (to).

***soon** /súː | n/ 副 (~·er; ~·est) **①** (比較なし)まもなく, (もう)すぐ; そのうちに: He will come ~. 彼はもなく来るだろう / I will ~ be back. じきに帰ってくるよ / She left ~ after ten. 彼女は 10 時少し過ぎに(家を)出た / ~ after the event その事の出来事のすぐあとに[で] / How ~ can I get confirmation for my order? その注文に対する確認はいつごろもらえますか. **②** 早めに, 早く: as ~ as possible = ~ as one can できるだけ早く / I'll be home at five at the ~*est*. 帰宅はいくら早くても 5 時になる / Winter has come so ~. 冬のくるのが早すぎた / The day ended all too ~. その一日はあまりにも早く[あっという間に]終わって[過ぎて]しまった / The ~*er*, the better. 早ければ早いほどよい. **③** すみやかに, すばやく; やすやすと, わけなく: *S*~ got, ~ spent. (諺) 得やすければ失いやすし, 「悪銭身につかず」 / *S*~ learned, ~ forgotten. (諺) 覚えることの早いものは忘れることも早い, 「早合点の早忘れ」.

as sóon as... [接続詞に用いて] …するとすぐに, …するやいなや: Tell me *as* ~ *as* you have finished. 終わり次第教えてください.

as sòon as nót どちらかといえば, むしろ: I would *as* ~ *as not* go there. どちらかといえばそこへ行きたくない.

had sòoner dó than... = had as sòon dó as... = would sooner do than... 成句

nòt a móment tòo sóon = nóne tòo sóon 決して早すぎるということはなくて, ぎりぎり間に合って, すんでに; ようやく, やっとのところで.

nò sòoner...than... [接続詞に用いて] …するとすぐ, …するやいなや 《比較》 as soon as よりも文語的; cf. hardly》: He had *no* ~*er* arrived *than* he fell sick. = *No* ~*er* had he arrived *than* he fell sick. 彼は到着するやいなや病気になった 《用法》 no sooner が文頭にくる時には倒置される》: *No* ~*er* said *than* done. 言うやいなや実行される; 電光石火の速さでとる.

sóoner or láter 遅かれ早かれ, いつかは, 早晩 (eventually): *Sooner or later* things will all come right again. いずれ事態はみな元どおりにうまく納まるだろう.

sòoner than... …よりはむしろ: I'd die *sooner than* hurt her. 彼女を傷つけるぐらいなら死んだほうがましだよ.

so sòon as... = as SOON as... 成句 《用法》 主として否定語の後か, 理由や条件の観念が加わっている場合に用いる》: We didn't get there *so* ~ *as* we'd expected. 思ったほど早くは着かなかった.

would sòoner dó than... = would as sòon dó as... するよりむしろ…したい: I *would* ~*er* die *than* do it. それをするくらいなら死んだほうがましだ / I *would* just as ~ stay at home (*as* go). (行くよりむしろ)家にいたい / "Will you have a drink?" "I'd just as ~ *not*." 「1 杯やるかい」「あんまり飲みたくないな《まあ遠慮しとこう》」 《用法》 not の後に have が略されている》.

〖OE=直ちに, すぐに〗【類義語】 (1) **soon** あまり時間がたたないうちに. **presently** 同義だがやや形式ばった語. **shortly** soon や presently より同時間が短いことを言う. **immediately** 時間的な間隔を置かないですぐに. (2) ⇒ early.

Sóon·er Státe /súːnə- | -nə-/ 图 [the ~] 先駆け移住者《米国 Oklahoma 州の俗称》.

soon·ish /súːnɪʃ/ 副 あまり時をおかないで, かなり早目に.

†**soot** /sút, súːt | sút/ 图 U すす, 煤煙(&n). ── 動 《《...

を〉すすだらけにする 〈*up*〉 《★ 通例受身》.
sooth /súːθ/ [名] [U] 《古・詩》真実 (truth), 事実. **in (góod [véry]) sóoth** 実際, 真に (truly).
*__soothe__ /súːð/ [動] [他] ❶ 〈人を〉なだめる, なだめすかす; 慰撫(いぶ)する: She tried to ～ the crying child. 彼女は泣いている子供をなだめようとした. ❷ 〈神経・感情を〉鎮静させる; 〈苦痛などを〉やわらげる: I tried to ～ her nerves [anger]. 彼女の神経[怒り]を静めようとした. **sóoth·er** [名] 〚OE＝真実だと言う〛
sóoth·ing /súːðɪŋ/ [形] なだめる, 慰める, やわらげる: in a ～ voice (相手の動揺・興奮などを)なだめるような声で. **～·ly** [副] なだめるように; 静める[やわらげる]ように.
sóoth·sày [動] [自] 占う, 予言する. **～·ing** [名] [U] 占い, 予言.
sóoth·sàyer [名] 占い師; 予言者.
soot·y /súṭi, súːṭi | súti/ [形] (**soot·i·er; -i·est**) ❶ すすの(ような); すすけた, すすだらけの: a ～ building すすけた建物. ❷ 〈鳥・動物が〉すす色の, 薄黒い. **sóot·i·ness** [名] ([名] soot)
sop /sáp | sɔ́p/ [名] ❶ **a** (人の機嫌をとるための)えさ〔*to*〕. **b** わいろ, 鼻薬〔*to*〕. ❷ ソップ《牛乳・スープ・ぶどう酒などに浸して食べる物, (特に)パン切れ》. **gíve [thrów] a sóp to Cérberus** ⇨ Cerberus [成句]. **—** [動] (**sopped; sop·ping**) [他] ❶ 〈パン切れなどを〉〔汁に〕浸す: ～ some bread *in* one's soup パンをスープに浸す. ❷ 〈液体を〉〔…で〕吸い取る, 吸わせて取る: She *sopped up* the spilt milk *with* a cloth. 彼女はこぼれたミルクを布で吸い取った. **—** [自] ずぶぬれになる.
soph /sáf | sɔ́f/ [名] ＝sophomore.
So·phi·a /soufíːə, -fáɪə/ [名] ソフィーア《女性名; 愛称 Sophie, Sophy》.
So·phie /sóufi/ [名] ソフィー《女性名; Sophia の愛称》.
soph·ism /sáfɪzm | sɔ́f-/ [名] ❶ [C] 詭(き)弁, こじつけ《形式・外見上は正しくとも, 実際には誤っている議論》. ❷ [U] 詭弁法.
sóph·ist /-fɪst/ [名] ❶ 詭(き)弁家. ❷ [S～] ソフィスト《古代ギリシアの弁論術・修辞学・哲学などの教師》. 〚L＜Gk *sophistēs*＜*sophos* 賢い; cf. philosophy〛
so·phis·tic /sɑfístɪk, sə- | sə, sɔ-/ [形] ❶ 〈議論など〉詭(き)弁の, こじつけの. ❷ 〈人が〉詭弁を弄(ろう)する, へ理屈を並べる.
so·phís·ti·cal /-tɪk(ə)l/ [形] ＝sophistic. **～·ly** /-kəli/ [副]
so·phis·ti·cate /səfístəkèɪt/ [動] [他] ❶ 〈機械などを〉複雑化する, 精巧なものにする. ❷ **a** 〈人を〉世間慣れさせる; (都会的・知的に)洗練させる. **b** 自然[純真]でなくす. **—** /-kət/ [名] 洗練された人; 世慣れた人. 〚L＜Gk *sophistēs* SOPHIST〛
*__so·phis·ti·cat·ed__ /səfístəkèɪṭɪd/ [形] (**more ～; most ～**) ❶ 〈機械・技術など〉きわめて複雑な, 精巧な; 高性能の, 進んだ: a ～ computer 精巧なコンピューター / a ～ fighter plane 高性能戦闘機. ❷ **a** (都会的・知的に)洗練された, (高度の)教養のある (refined; ↔ unsophisticated). **b** 〈文体など〉凝った; 〈雑誌など〉インテリ向きの. **c** 〈人・趣味など〉世慣れた, 純真でない; 如才ない. **～·ly** [副]
+__so·phis·ti·ca·tion__ /səfìstəkéɪʃən/ [名] [U] ❶ **a** (高度の)知的[都会的]素養, 洗練: linguistic ～ 言葉の素養 / ～ in linguistics 言語学の素養. **b** 世慣れ, 世間ずれ; 如才なさ. ❷ (機械などの)精巧化, 複雑化; 高機能化.
soph·ist·ry /sáfɪstri | sɔ́f-/ [名] ❶ [U] 詭(き)弁法. ❷ [C] [通例複数形で] 詭弁, こじつけ.
Soph·o·cles /sáfəklìːz | sɔ́f-/ [名] ソフォクレス《496?–406 B.C.; 古代ギリシアの悲劇詩人》.
soph·o·more /sáfəmɔ̀ə, sáfmɔə | sɔ́fəmɔ̀ː/ [名] 《米》(4年制大学・高校の) 2 年生 (⇨ freshman [解説]). 〚*sophumer* (SOPHISM の古い異形)〛
soph·o·mor·ic /sɑ̀fəmɔ́ːrɪk | sɔ̀fə-ˊ/ [形] 《米》 ❶ 2 年生の. ❷ 気取っているが未熟な, 生意気な.
So·phy[1] /sóufi/ [名] ソフィー《女性名; Sophia の愛称》.
So·phy[2], **So·phi** /sóufi/ [名] 〔史〕(ペルシアの)サファヴィー朝の王(の称号).
sop·o·rif·er·ous /sɑ̀pəríf(ə)rəs | sɔ̀p-ˊ/ [形] 催眠の.

sop·o·rif·ic /sɑ̀pərífɪk | sɔ̀p-ˊ/ [形] ❶ 眠くさせる, 催眠の. ❷ 眠りの; 眠い, 眠気のする. **—** [名] 催眠剤, 麻酔剤.
sóp·ping [形] 《口》 ❶ ずぶ[びしょ]ぬれの: ～ clothes ずぶぬれになった服. ❷ [副詞的に] びしょびしょになるほどに: ～ wet ずぶぬれの.
sop·py /sápi | sɔ́pi/ [形] (**sop·pi·er; -pi·est**) ❶ 《英口》 **a** いやに感傷的な, めそめそした. **b** [P] 〔…に〕べたぼれして, うつつを抜かして〔*on*〕. ❷ **a** びしょぬれの, ぐしゃぐしゃの. **b** 〈天候が〉雨の. 〚SOP＋-Y[3]〛
so·pra·ni·no /sòuprəníːnou, sɑ̀- | sɔ̀p-, sòup-/ [名] (複 **～s**) 〔楽〕 ソプラニーノの楽器《ソプラノよりももっと高い音域をもつ》.
+__so·pra·no__ /səprǽnou, -prάː- | -prάː-/ [名] (複 **～s, -ni** /-niː/) 〔楽〕 ❶ **a** [U] ソプラノ, 最高音部《女性・少年の最高音; ⇨ bass[1] [関連]》: sing ～ ソプラノ(歌手)である / in ～ ソプラノで. **b** [C] ソプラノの声. ❷ [C] ソプラノ歌手. **—** [形] ソプラノの: a ～ voice ソプラノの声. 〚It＜*sopra*＜L *supra* above〛
sopráno clèf [名] 〔楽〕 ソプラノ記号《第 1 線に書かれたハ音記号 (C clef); これによって第 1 線が一点ハ音になる》.
sorb /sɔ́əb | sɔ́ːb/ [名] (また **sórb àpple**) オウシュウナナカマドの実.
sor·bent /sɔ́əbənt | sɔ́ː-/ [名] 〔化〕 吸収剤, 吸着剤.
sor·bet /sɔ́əbéɪ, sɔ́əbɪt | sɔ́ːbeɪ, -bɪt/ [名] [C,U] シャーベット (water ice, 《米》 sherbet).
sor·bi·tol /sɔ́əbətɔ̀ːl | sɔ́ːbətɔ̀l/ [名] [U] 〔化〕 ソルビット, ソルビトール《ナナカマド (sorb) など種々の果汁に含まれる; 砂糖の代用品として糖尿病患者に用いられる》.
Sor·bonne /sɔəbán | sɔːbɔ́n/ [名] [the ～] ソルボンヌ(大学)《旧パリ大学神学部; 今はパリ第 4 大学の通称》.
sor·cer·er /sɔ́əs(ə)rə | sɔ́ːs(ə)rə/ [名] 魔法使い, 魔術師.
sor·cer·ess /sɔ́əs(ə)rəs | sɔ́ː-/ [名] 女魔法使い, 魔女.
sor·cer·y /sɔ́əs(ə)ri | sɔ́ː-/ [名] [U] 魔法, 魔術.
+__sor·did__ /sɔ́əḍɪd | sɔ́ː-/ [形] ❶ 〈行為・人物など〉卑劣な, あさましい, さもしい. ❷ 〈環境など〉むさくるしい, 汚い (seedy). ❸ くすんだ色の. **～·ly** [副] **～·ness** [名] 〚F＜L＝汚い〛
sor·di·no /sɔədíːnou | sɔː-/ [名] (複 **-ni** /-niː/) 〔楽〕 弱音器, ミュート (mute); (ピアノの)止音器.
sor·dor /sɔ́əḍə | sɔ́ːdə/ [名] [U] 《文》 むさくるしさ, あさましさ, 強欲.
*__sore__ /sɔ́ə | sɔ́ː/ [形] (**sor·er; -est**) ❶ **a** 〈炎症・傷の患部など〉痛い, ひりひりする (painful): ～ muscles 痛む筋肉 / feel ～ 痛む / have a ～ throat (かぜなどで)のどが痛い, 咽喉(いんとう)炎にかかる / I'm ～ all over. 体中が痛い. **b** [A] 心を痛める, 人の感情を害する: a ～ subject 話題にしてほしくない話題, 不愉快な話題 / That's a ～ spot with him. そこが彼の痛い所だ. ❷ 悲嘆に暮れた, 悲しむ (annoyed): with a ～ heart 悲嘆に暮れて, 傷心を抱いて / She's ～ at heart. 彼女は悲嘆に暮れている. ❸ [P] 《米口》 怒って, 腹を立てて, 悔しがって〔*at, about*〕: She's ～ *at* you. 彼女は君に腹を立てている. **a síght for sóre éyes** ⇨ sight [成句]. **—** [名] ❶ さわると痛い所; 傷, ただれ, はれもの. ❷ 古傷, いやな思い出. **～·ness** [名] 〚OE＝痛い; cf. sorry〛
sóre·hèad [名] 《米口》 怒りっぽい人, 不満屋; 試合に負けてぼやく人.
sor·el /sɔ́ːrəl | sɔ́r-/ [名] 《英》 3 歳のダマジカ (fallow deer) の雄.
+__sóre·ly__ [副] ❶ ひどく, はなはだしく, 非常に: They're ～ in need of support. 彼らは切実に支援を必要としている. ❷ 痛ましく, 痛んで: be ～ tried 痛々しく悩まされる.
sor·ghum /sɔ́əgəm | sɔ́ː-/ [名] [U] ❶ 〔植〕 モロコシ属の各種. ❷ (サトウモロコシから作った)モロコシシロップ.
sori [名] sorus の複数形.
so·ro·ral /sərɔ́ːrəl/ [形] 姉妹の(ような).
so·ror·i·ty /sərɔ́ːrəṭi | -rɔ́r-/ [名] 《米》 (特に大学の)女子学生クラブ (cf. fraternity 2 c).
so·ro·sis /səróusɪs/ [名] (複 **-ses** /-siːz/) 〔植〕 桑果(そうか)《クワの実・パイナップルなど多数の花の集合が成熟してできた多肉・多汁の果実》.

S

sorp·tion /sɔ́əpʃən | sɔ́ːp-/ 名 ⓤ 〘理・化〙吸着.

sor·rel¹ /sɔ́ːrəl | sɔ́r-/ 形〈馬など〉赤褐色の (cf. bay⁵). ── 名 ❶ ⓤ 薄赤褐色. ❷ ⓒ くり毛の馬〈薄赤褐色の馬; しばしば尻尾が白〉.

sor·rel² /sɔ́ːrəl | sɔ́r-/ 名 ⓤ 〘植〙酸味のある植物《スイバ, カタバミなど》.

Sor·ren·to /sərɛ́ntou/ 名 ソレント《イタリア南部, ナポリ湾南岸の保養地》.

sor·ri·ly /sɔ́ːrəli, sɔ́ːri- | sɔ́r-/ 副 気の毒に思って; すまないと思って; 残念に思って; みじめに.

†**sor·row** /sárou, sɔ́ː- | sɔ́r-/ 名 ❶ ⓤ 悲しみ, 悲哀, 悲痛, 悲嘆〔over, at, for〕: the ~ of parting 別れの悲しさ / to a person's ~ 人の不幸を悲しんで / feel ~ at a person's misfortunes 〔for a person〕人の不幸を悲しむ / more in ~ than in anger 怒りというより悲しみで〔の〕(cf. *Hamlet* 1.2) / In ~ and in joy, he thought of his mother. 悲しみにつけうれしきにつけ彼は母のことを思い出した. ❷ ⓒ 〔しばしば複数形で〕悲しみのもと[種]; 不幸, 不幸せ; 難儀: He's a ~ to his parents. 彼は両親の頭痛の種だ / She has had many ~*s*. 彼女はいろいろ不幸な目にあってきた. ── 動 ⓘ 〘文〙〈…を〉悲しむ, 気の毒に思う〔at, for, over〕: a ~*ing* widow 悲しみに暮れている未亡人 / ~ *for* a person's death 人の死を嘆く. 〖OE=心configured; 語源的には sorry と無関係〗 ~·ful 形 sorrowful; 関連 dolorous. 【類義語】 sorrow 不幸などに対する悲しみを表わす最も普通の語, しばしば長期にわたる深い悲しみを表わす. grief 親しい人の死など, ある特定の不幸による非常に強い悲しみ. sadness 何かの原因によるか, または何ということない沈んだ悲しい気持ち.

sor·row·ful /sároufəl, sɔ́ː-, sɔ́ːri- | sɔ́r-/ 形 〈*more* ~; *most* ~〉 ❶ 悲しむ, 悲嘆に暮れる; 〈顔・言葉など〉悲しそうな, 憂いを帯びた (mournful). ❷ 悲しませる, 悲しい; 悲惨な: a ~ sight 悲惨な光景. ~·ly /-fəli/ 副

‡**sor·ry** /sári, sɔ́ːri | sɔ́ri/ 形 〈**sor·ri·er**; -ri·est〉 ❶ ⓟ すまないと思って, 悪かったと〔申し訳なく〕思って, 後悔して (cf. 間 1): I'm so 〔very〕 ~. ほんとうにすみません, 失礼しました / We are ~ *for* any inconvenience this may have caused. このためにご迷惑をかけておりましたらお詫び申し上げます / He was ~ *about* his behavior. 自分のふるまいを悔いていた / 〔+*to do*〕 I'm ~ *to* trouble you, but could 〔would〕 you (be so kind as to)...? ご迷惑をかけてすみませんが...していただけますか / I'm ~ *to* have kept you waiting. お待たせして申し訳ありませんでした / 〔+(*that*)〕 I'm ~ (*that*) I have not written to you for so long. 長いことお手紙を差しあげなくてごめんなさい. ❷ ⓟ 気の毒〔かわいそう〕に思って: I'm (very) ~. (まことに)お気の毒です / I feel ~ *for* her. 彼女が気の毒だ / I'm deeply ~ *about* his death. 彼が死んだのは本当にお気の毒だ / 〔+*to do*〕 I'm ~ *to* hear it. それはお気の毒な話です / 〔+(*that*)〕 We're ~ (*that*) you're sick. ご病気でお気の毒です. ❸ ⓟ 残念に思って, 遺憾で (cf. 間 2): "Can you come with me?" "I'm ~, but I can't." 「私と一緒に来られ〔行け〕ますか」「残念ながらだめです」 / I'm ~ *about* the way things turned out. こんなふうになってしまったことは遺憾です / 〔+*to do*〕 I'm ~ *to* say (that) I cannot come to the party. 残念ながらそのパーティーには出られません / 〔+(*that*)〕 I'm ~ (*that*) you cannot stay longer. あなたがもっと長く滞在できないのが残念です. ❹ 限 〈状態・場所など〉情けない, くだらない; みじめな, 哀れな: a ~ sight みじめな光景 / in a ~ plight 悲惨な境遇に陥って, みじめな状態で. **féel sórry for onesèlf** みじめな気に持ちになる. ── 間 〘用法〙 I'm ~. の略から〉 ❶ a 〔謝罪の意を表わして〕 すみません, ごめんなさい (cf. 形 1): Did I step on your toes? S-! 足を踏みましたか, すみません. **b** 〔言い間違いを訂正して〕失礼〔すみません〕(...でした): We have discussed the devaluation issue, ~, the deflation issue. 我々は平価切り下げの問題, 失礼, デフレの問題について話し合いました. ❷ 〔残念の意を表わして〕 すみません, 残念です (cf. 形 3): S-, we are closed. すみません, 閉店です. ❸ 〔問い返す時に用いて〕 〘主に英〙 すみませんがもう一度言ってください, 何ですって (pardon (me)) 〘発音 上昇調で言う〉: "I'm hungry." "S-?" "I said, I'm hungry." 「腹がへったな」「何だって？」「腹がへったと言ったんだ」 〖OE; 原義は「痛い」; cf. sore〗

‡**sort** /sɔ́ət | sɔ́ːt/ ❶ ⓒ 〔~ *of*〕 種類 (type) 〘用法〙 sort of に続く単数形の ⓒ に a(n) をつけるのは口語的で, 感情的色彩を帯びる場合が多い〉: this ~ *of* house=a house of this ~ この種の家 / these ~*s of* trees=trees of these ~*s* これらの種類の木 / problems of this ~ = 〔口〕 these ~ *of* problems この種の〔こういう〕問題 / all ~*s and* conditions *of* people あらゆる種類〔階級〕の人々 / nothing *of* the ~ 決してそのようなものではない / That's the ~ *of* thing I want. そんなのが欲しいのだ / What ~ *of* (a) book do you want? どんな本が欲しいのですか. ❷ 〔通例単数形で; 修飾語を伴って〕 〘口〙 (...の)人, もの 〘用法〙 sort の後の *of* a (person 〔thing〕 が略されたもの〉: He's a good 〔bad〕 ~. 彼はいい〔悪い〕やつだ / She's not my ~. あの娘はお似合いじゃない / It takes all ~*s* (*to* make a world). 世の中にはいろんな人がいるものだ 〘だから我慢しろ〙. ❸ 〘電算〙 〔単数形で〕 ソート《特定の規則に基づくデータの並べ換え》. ❹ 〘印〙 ソート《ある型の活字のひとそろいの中のひとつ》. **àfter a sórt** (不十分ながら) まずまず, 一応は. **a sórt of...** 一種の..., ...のようなもの: a ~ *of* politician まあ政治家と言ってよい人. **in a sórt** =after a sort 〘成句〙. **óf óne sòrt or another** さまざまな種類の. **of sórts** =of a sort 〘口〙 いいかげんな, 粗末な (of a kind): a poet *of* ~s 二流詩人. **òut of sórts** 〘口〙 (1) かげんが悪くて, 元気がなくて. (2) 機嫌が悪くて, ぶりぶりして. **sòrt of** 〔副詞的に; 主に形容詞・動詞に先立ってそれを修飾して〕 〘口〙多少, いくらか; まあまあ (kind of) 〘用法〙 なまって〘米〙 ではしばしば sort o', sort a', sorta, sorter となることがある〉: He was ~ *of* angry. 彼はいくぶん怒っていた / The building ~ *of* tilted. その建物は傾きかけた / "Do you like movies?" "Well, ~ *of*." 「映画は好きですか」「ええ, まあまあです」 / I ~ *of* agree with you. あなたの言うことにどちらかというと賛成している / I ~ *of* thought you were joking. 冗談を言っているのかと思ってしまっただけなんだ. **sórt of** (**like**) 〔正確な表現を思いつかない時に〕ような, みたいな, その,何ていうか: She's ~ *of like* you in that way. その点について彼女はちょっと君みたいだね.

── 動 ❶ 〈...を〉分類する, 区分する, 〘電算〙 〈データを〉ソートする: S- these cards according to their colors. このカードを色別に分類しなさい / ~ recyclables *into* the four categories: paper, glass, plastic, and aluminum リサイクル可能なものを紙, ガラス, プラスチック, アルミニウムの 4 つのカテゴリーに分類する / ~ data in ascending order データを昇順にソートする. ❷ 〘主に英口〙 〈...を〉解決する, 〈...に〉対処する 〘★ しばしば受身〙. **sórt óut** 〈他+副〉 (1) 〈...を〉分類する, えり分ける: ~ *out* the sheep *from* the goats ヒツジとヤギを分ける; 善人と悪人を区別する / She ~*ed out* her summer clothes. 彼女は夏物の服をえり分けた. (2) 〈...を〉整理する, 整頓〘とん〙する; 〈考えなどを〉まとめる. (3) 〈...に〉取り組む, 対処する; 〈問題・紛争などを〉解決する; 〈事態を〉改善する. (4) 〘英口〙 〈人を〉こらしめる; やっつける. **sórt onesèlf óut** 〈人・事態などが〉正常な状態に落ち着く. **sórt thróugh**...をえり分ける, 整理する. 〖F<L sors, sort- くじ, 運命; cf. assort, consort〗 【類義語】 ⇒ kind¹.

sort·a /sɔ́ətə | sɔ́ː-/ 副 ⇒ SORT *of* 〘成句〙.

sórt·a·ble /sɔ́ətəbl | sɔ́ːt-/ 形 分類〔類別〕できる, そろえられる. **-ably** 副

sórt·ed /-tɪd/ 形 〘英口〙 ❶ ちゃんとして, 整って, 用意ができて. ❷ 麻薬を手に入れて. ❸ (情緒的に)バランスがとれていて.

sort·er¹ /sɔ́ətə | sɔ́ːtə/ 名 えり分ける人, 選別者; 選別機.

sort·er² /sɔ́ətə | sɔ́ːtə/ 副 ⇒ SORT *of* 〘成句〙.

sor·tie /sɔ́ətiː | sɔ́ːti/ 名 ❶ **a** (包囲された陣地からの)突撃, 出撃 (raid). **b** (軍用機の)出撃. ❷ (特に慣れないところへの)小旅行. ❸ (新しい)試み, 進出〔*into*〕. 〖F=出かけること〗

sor·ti·lege /sɔ́ətəlɪdʒ | sɔ́ːt-/ 名 ⓤ くじ占い.

sórt·ing òffice /-tɪŋ-/ 名 (郵便物の)区分〔選別〕所.

so·rus /sɔ́ːrəs/ 名 〈複 -ri /-rai/〉 〘植〙 (シダ類の)胞子囊群.

SOS /ésòués/ [名] (複 ~'s, ~s) ❶ 遭難[救難]信号. ❷ 緊急援助要請. 〖危急の際最も打電しやすいモールス符号の組み合わせ《…———…》で, 俗にいわれる *S*ave *O*ur *S*ouls [*S*hip] の略語ではない〗

so's /sóuz/《俗》=so as (=so that): Stand still ~ I can get your picture. 写真をとれるようにじっと立っててください.

⁺**só-sò**《口》[形] 大したことのない; よくも悪くもない, まずまずの: a ~ golfer まあまあのゴルファー / "How is your father?" "He's ~." 「おとうさんはどうかね」「まあまあだ《あまり元気ではない》」. **—** [副] どうやら, まあまあ.

sos·te·nu·to /sɑ̀stənúːṭou | sɔ̀s-/ [形] [副] 〖楽〗ソステヌート, 音を延ばした[て]. 〖It=持続された (sustained)〗

sot /sɑ́t | sɔ́t/ [名] のんだくれ, のんべえ. **—** [動] [自] 酒浸りになる, のんだくれる.

so·te·ri·ol·o·gy /sətì(ə)riɑ́lədʒi | -ɔ́l-/ [名] [U] 〖神学〗救済[救世]論. **so·tè·ri·o·lóg·i·cal** [形]

Soth·e·by's /sʌ́ðəbiz/ [名] サザビーズ《世界最大の競売商; London の New Bond Street に本店がある》.

So·thic /sóuθɪk/ [形] 狼星(ろうせい) (Sirius) の.

so·tol /sóutoul/ [名] [U] ❶ 〖植〗ユッカに似たリュウゼツラン科ダシリリオン属の植物《米国南西部・メキシコ北部産》. ❷ (1 の搾液から造る)リュウゼツラン酒, ソトル.

sot·tish /sɑ́ṭɪʃ | sɔ́t-/ [形] ❶ のんだくれ[のんべえ]の. ❷ ばかな, 愚かな. **~·ly** [副] **~·ness** [名] 〖SOT+-ISH[1]〗

sot·to vo·ce /sɑ́ṭouvóutʃi | sɔ́t-/ [副] 小声で; わきぜりふで. 〖It=under the voice〗

sou /súː/ [名] [a ~; 否定文で]《口》小銭: I have*n't a* ~. 一文なしだ. 〖F; 昔の 5 サンチームの銅貨から〗

sou·brette /suːbrét/ [名] ❶ **a** (喜劇・オペラでの小生意気な)侍女, 小間使い. **b** 侍女役の女優[歌手]. ❷ 元気のいいこましゃくれた娘. 〖F〗

sou·bri·quet /súːbrəkèɪ/ [名] =sobriquet.

sou·chong /súːtʃɔːŋ, -ʃɔːŋ | sùːtʃɔ́ŋ, -ʃɔ́ŋ/ [名] [U] 小種, スーチョン《一番若い芽から取る大葉の上等紅茶; 特に中国産のもの》.

souf·fle /súːfl/ [名] 〖医〗(聴診で聞く器官の)(吹鳴)雑音.

⁺**souf·flé** /suːfléɪ | ⌣⌣/ [名] [C,U] スフレ《泡立てた卵白に卵黄・魚・チーズなどを加えて焼いた料理》: cheese ~ チーズスフレ. 〖F=blown up〗

sough /sáu, sʌ́f/ [動] [自] 〈風が〉ヒューヒュー鳴る; 〈木などが〉ざわざわいう, ざわめく. **—** [名] 風の鳴る音, ヒューヒュー, ざわざわ.

⁑**sought** /sɔ́ːt/ [動] **seek** の過去形・過去分詞.

⁺**sóught-àfter** [形] 珍重される, ひっぱりだこの《[綴り] [P] の時には sought after と書く》.

souk /súːk/ [名] (イスラム教国の)市場, スーク.

sou·kous /súːkuːs/ [名] [U] スクース《中央アフリカ起源のダンス音楽; ラテンアメリカのリズムをもつ》.

*__soul__ /sóul/ [名] ❶ [C] **a** 霊魂, 魂; 死者の霊, 亡霊: the immortality of the ~ 霊魂の不滅 / the abode of departed ~*s* 肉体を離れた霊魂のすみか, 天国. **b** 精神, 心 (spirit): His ~ is above material pleasures. 彼の心は物質的快楽を超越している. ❷ [U] **a** 情, 感情: He has no ~. 彼には情がない. **b** 気迫, 生気; 情熱: His painting lacks ~. 彼の絵には気迫がない. ❸ [the ~] **a** (事物の)精髄, 極意, 根源, 生命: Brevity is *the* ~ *of* wit. 簡潔は機知の精髄, 言は簡潔を尊ぶ《★ Shakespeare 「ハムレット」から》. **b** 〔行動・運動などの〕中心人物, 指導者: *the* (life and) ~ *of* the party 一座の中心人物[人気者]. **c** 〔ある徳の〕化身, 手本: He's *the* ~ *of* honesty. 彼は正直の権化(ごんげ)だ. **d** 〔国家・政党などの〕思想, 理念 〔*of*〕. ❹ [C] **a** [数詞または否定語句を伴って] 人, 人命: There was *not* a ~ there. そこには人っ子ひとりいなかった / Do*n't* tell a ~. だれにも言うな / The jetliner crashed with 130 ~*s* on board. そのジェット旅客機は 130 人を乗せたまま墜落した. **b** [修飾語を伴って] 人《[用法] しばしば愛情・哀れみを表わす》: an honest ~ 正直者 / a kind ~ 親切な人 / Be a good ~ and do it. いい子だからそうしておくれ / She's lost her son, poor ~! かわいそうに彼女は息子を失った. **c** [複数形で]《文》(ある地域の)人々. ❺ =soul music. **báre one's sóul** 胸のうちを明かす, 心の中を打ち明ける. **for the sóul of me** [否定文で] どうしても《思い出せない, など》. **Gód [Lórd] bléss my sóul!** ああ!, おお!《驚きの発声》. **góod for the sóul**《戯言》ためになって, 有益で: Laughter [Hard work] is *good for the* ~. 笑うのはいいことだ[きつい仕事はためになる]. **héart and sóul** ⇨ heart [成句]. **kèep bódy and sóul togéther** ⇨ body [成句]. **(May) Gód rést one's sóul!** ⇨ rest[2] [他] 1 a. **séll one's sóul** (金・権力を得るために)良心に恥じることをする, 魂を売る〔*for*〕. **upòn my sóul!**《古風》[間投詞的に] これは驚いた! **—** [形] [A]《口》黒人(特有)の.

sóul bròther [名]《米口》[若い黒人同士で用いて] 黒人の男.

sóul-destròying [形] 気が滅入るほどに単調な, すごくつまらない.

souled /sóuld/ [形] [複合語で] 精神[心]が…な: high-*souled* 高潔な / mean-*souled* 心の卑しい.

sóul fòod [名] [U] ソウルフード《米国南部黒人の伝統的な食べ物; 豚の小腸[脚]・サツマイモ・トウモロコシパンなど》.

⁺**soul·ful** /sóulf(ə)l/ [形] ❶ 魂[感情]のこもった, 深い感情[悲しみ]を表わす. ❷《口》非常に感傷的な. **~·ly** /-fəli/ [副] **~·ness** [名]

sóul·less [形] 魂のこもっていない, つまらない; 無情な; 霊魂のない. **~·ly** [副] **~·ness** [名]

sóul màte [名] 気性の合った人, 愛人.

sóul mùsic [名] [U] ソウルミュージック《リズムアンドブルースと黒人霊歌が結びついた黒人音楽》.

sóul-sèarching [名] [U] (動機・真意などに関する)自己反省[省察]. **—** [形] 自己省察の.

sóul sìster [名]《米口》[若い黒人同士で用いて] 黒人の女.

soul·ster /sóulstə | -tə/ [名]《口》ソウル歌手.

⁑**sound**[1] /sáund/ [名] ❶ **a** [C,U] 音, 音響: the ~ of voices 人声 / a musical ~ 音楽的な[美しい]音 / a vowel ~ 母音 / Not a ~ was heard. 物音ひとつ聞こえなかった / *S*~ travels in waves. 音は波になって伝わる. **b** [U] (テレビ・映画などの)音声. ❷ **a** [単数形で; 通例修飾語(句)を伴って] 声, 調子; (声・言葉の)響き, 感じ, 印象: a joyful [mournful] ~ うれし[悲し]そうな声 / This sentence has a queer ~. この文は妙に聞こえる / I don't like the ~ of it. その調子が気にくわない. **b** [C,U] (歌手やバンドの独特の)サウンド, 演奏スタイル. ❸ [U] (意味のない)騒音, 騒ぎ, ざわめき: ~ and fury 騒音と怒り《★ Shakespeare「マクベス」から》/ It's just so much ~; it makes no sense. 音だけで意味がない, から騒ぎだ. ❹ [U] 音[声]が聞こえる範囲: within ~ of the sea 海の音の聞こえる所で. ❺ [複数形で] 音楽, (特に)ポピュラー音楽, サウンド: ~*s* of the eighties 80 年代のサウンド.
— [形] [A] 〈録音・フィルムなど〉サウンドの: ⇨ sound track.
— [動] [自] ❶ 音を出す, 鳴る, 響く: The bell ~*ed*. 鐘が鳴った / Some of the keys on that piano don't ~. あのピアノのキーには音が出ないものがある. ❷ 〈…に〉**聞こえる**, 見える, 思われる: 〔+補〕 "Rough" and "ruff" ~ the same. rough と ruff とは同じ発音である / That excuse ~*s* odd. その言い訳は変だ / Her explanation ~*s* all right (*to* me). 彼女の説明は(私には)申し分ないように聞こえる / strange as it may ~ 妙に聞こえるかもしれないが / I suppose the story ~*s* absurd *to* you. その話は君にはおかしいと思えるでしょう / It ~*ed* ***like*** thunder. それは雷のような音がした / I must ~ *like* a fool *to* you. あなたには私がばか者のように聞こえるにちがいない / That ~*s like* a lot of fun. すごくおもしろそうだ / 〔+*as if*〕 It ~*ed* (*to* me) *as if* the roof was falling in. (私には)屋根が落ちてくるように聞こえた / It ~*s as if* somebody is calling you. だれかが君を呼んでいるように聞こえる《[用法] (1) as if の代わりに as though, また《米口》では like も用いる; (2) as if 節内は《口》では直説法を用いる》/ He ~*s like* he's a real nice person.《米口》(今の話を聞くと)彼はいいやつのようだね. **—** [他] ❶ 〈らっぱなどを〉鳴らす; 吹く: ~ the trumpet らっぱを吹く. ❷ 〈文字を〉発音する《★ 通例受身》: The 'h' in 'honest' *is* not ~*ed*. honest の h は発音されない. ❸ **a** (音で)〈…を〉知らせる, 合図する; 〈警報などを〉

S

発する: ~ one's horn (車の)警笛を鳴らす / the retreat 退却の合図をする. **b** 〖評判などを〗広める: He ~ed her praises far and wide. 彼は彼女のことをいたるところでほめそやした. ❹ 〖医〗〈胸を〉打診する〔聴診する〕.

sóund óff 〔(自)+(副)〕(1) 〔口〕〔…について〕あらさまに〔自慢げに〕言う, まくしたてる〔*about, on*〕. (2) 〔米〕〖軍隊で〗〈自分の名前などを〉大声で言う.

〖F<L=*sonus* 音; cf. sonic, sonnet, sonorous, unison〗〖関形 acoustic〗【類義語】 **sound** 音の意の最も一般的な語. **noise** 聞いて不快な騒音や雑音に用いられることが多い. **tone** 音質・高低・強弱などの面からみた音.

*__sound__*² /sáund/ 形 (~·er; ~·est) ❶ **a** 〈身体・精神が〉健全な, 正常な (↔ unsound): be of ~ body 体が健全である / good ~ sense 健全な良識 / A ~ mind in a ~ body. 〖諺〗健全な身体に健全な精神. **b** 傷んでいない〔腐っていない〕; 完全な, 無きずの. ❷ 〈理論・判断などが〉しっかりした, 確実な根拠のある (reliable); 合理的な, 妥当な, 分別のある: a ~ opinion [judgment] しっかりした意見〔判断〕 / He's ~ *on* democracy. 彼は民主主義に関してしっかりした考えを持っている. ❸ **a** 〈財政状態が〉堅実な, 安全な; 資産〔支払い能力〕がある. **b** 〈建物など〉堅固な, 安全な. ❹ 〈睡眠が〉十分な: (a) ~ sleep 熟睡. **b** 〈打撃などが〉思う存分の, したたかの: a ~ beating [thrashing] したたか殴ること. ❺ 〖法〗有効な, 容赦のない. (as) **sound as a béll** ⇒ bell¹ 〖成句〗. **sáfe and sóund** ⇒ safe 形〖成句〗. —— 副 (~·er; ~·est) 深く, ぐっすり (★通例次の句で: sleep ~ 熟睡する / ~ asleep 熟睡して. ~·ness 名 〖OE; 原義は「強い」〗【類義語】 ⇨ healthy.

*__sound__*³ /sáund/ 動 他 ❶ 〈測鉛線で〉〈海・湖などの〉深さを測る. ❷ 〖医〗〈ゾンデ等で〉〈…の〉状態を入れる: ~ a patient's bladder 患者の膀胱を探る. —— 自 ❶ 水深を測る. ❷ 〈鯨・魚などが〉海底にもぐる. **sóund óut** 〔(他)+(副)〕〈人の〉考えを探る, 打診する〔*about, on, as to*〕: Has anyone ~*ed out* his views yet? だれかもう彼の考えを打診したか / We must ~ him *out about* his willingness to help us. 彼が我々を助けてくれる意志があるかについて打診しなければならない / I'm going to ~ *out* the manager *on* the question of wages. 賃金の件について支配人の考えを探ってみようと思っている. 〖医〗(外科用)ゾンデ, 消息子, ブジー. 〖F<L SUB-+*unda* 波〗

*__sound__*⁴ /sáund/ 名 ❶ 海峡, 瀬戸 〖匹較 strait より大きい〗. ❷ 小湾, 入り江, 河口. 〖OE; 原義は「泳ぐこと」〗

sóund·alíke 形 似たように聞こえる人〔もの〕, 似たような名前の人〔もの〕.

sóund-and-líght shòw 名 =son et lumière.

sóund bàrrier 名〔the ~〕音の障壁〈航空機などの速度が音速に近づいた時の空気抵抗〉.

sóund bìte 名 サウンドバイト〈ラジオ・テレビのニュース番組に挿入される録音〔録画〕されたスピーチ・インタビューからの簡潔な抜粋〉.

sóund·bòard 名 =sounding board 2.

sóund bòx 名 〈楽器の〉音響室, 共鳴室.

sóund càrd 名 〖電算〗サウンドカード〈音の入出力用の拡張カード〉.

sóund chèck 名 (演奏前の)音合わせ.

sóund effécts 名 音響効果.

sóund enginèer 名 音響技師.

sóund·er¹ 名 ❶ 鳴るもの, 響くもの. ❷ 〖電〗音響機.

sóund·er² 名 ❶ 測深機〔手〕. ❷ 〖医〗ゾンデ, 消息子.

sóund hòle 名 〈弦楽器の〉響孔, f字孔.

sóund·ing¹ 形 Ⓐ ❶ 鳴る; 鳴り響く. ❷ 偉そうに聞こえる; 大げさな: a ~ title 堂々たる肩書き / ~ oratory 大げさな演説.

sóund·ing² 名 ❶ Ⓤ Ⓒ (測鉛線による)水深測量. ❷ [複数形で]測鉛線の達する(測定)範囲: in [on] ~s〈船が〉測鉛線の達する所に / off [out of] ~s〈船が〉測鉛線の達しない所に. ❸ [複数形で](ひそかな)調査, 打診: take ~s 探りを入れる.

sóunding bòard 名 ❶ (考え・意見などに対する)反応を見るために使われる人〔グループ〕; (意見などを)広く知らせる手段〈新聞の投書欄など〉〔*for*〕. ❷ **a** (楽器の)共鳴板. **b** (演壇上に備え音響を明瞭に伝える)反響板.

sóunding lìne 名 測鉛線.

sóunding ròd 名 測棒, 測量ロッド.

sóund·less¹ 形 音のしない, 音を出さない, 静かな. ~·ly 副

sóund·less² 形 非常に深い.

⁺**sóund·ly** 副 ❶ (睡眠が)ぐっすり, 深く (deeply): sleep ~ 熟睡する. ❷ 健全に, 正しく: train students ~ 学生を正しく訓練する. ❸ 完全に, 全く. ❹ しっかりと, 堅固に. ❺ 手堅く, 堅実に: She has established herself ~ in the company. 彼女は今では押しも押されもせぬ(りっぱな)社員になっている. ❻ (打撃などが)ひどく, 激しく: beat a person ~ 人をしたたかにたたく.

sóund pòst 名 〖楽〗(バイオリン属楽器の表板・裏板間の)魂柱(こんちゅう), 響柱.

sóund·pròof 形 防音の: a ~ door 防音ドア. —— 動 他 〈…に〉防音装置を施す.

sóund·scàpe 名 音の風景〔景観〕, サウンドスケープ.

sóund shìft 名 〖言〗音韻推移〈Great Vowel Shift のような推移〉.

sóund spèctrograph 名 音響スペクトログラフ〈周波数スペクトルの時間的変化を記録する装置〉.

⁺**sóund sỳstem** 名 音響システム.

*__sóund·tràck__ 名 ❶ (映画のフィルムの端の)録音帯, サウンドトラック. ❷ サウンドトラックに録音した音楽〔音〕. —— 動 他 〈フィルムに〉サウンドトラックを付ける.

sóund trùck 名 〔米〕(スピーカーを備えた)宣伝用トラック, 宣伝カー, 宣伝車.

sóund wàve 名 〖通例複数形で〗〖理〗音波.

*__soup__*¹ /súːp/ 名 Ⓤ Ⓒ スープ (cf. consommé, potage): chicken [onion] ~ チキン〔オニオン〕スープ / ⇨ pea soup / eat ~ (スプーンで)スープを飲む 〖匹較 スプーンを用いずカップなどから直接飲む場合は drink soup という〗. **from sóup to núts** 〔米〕初めから終わりまで, 一部始終. **in the sóup** 〔口〕苦境〔困難〕に陥って. —— 形 Ⓐ スープ(用)の: a ~ plate スープ皿 / a ~ spoon スープ用のスプーン. 〖F; cf. sup, supper〗

soup² /súːp/ 名 他 ★ 次の成句で. **sóup úp** 〔口〕(1) 〈車の(エンジン)などを〉(改造して)馬力〔性能〕を増す, チューンアップする: He bought an old car and ~*ed it up*. 彼は古い車を買ってエンジンをパワーアップした. (2) 〈…に〉精彩を添える, いっそうおもしろく〔魅力的に〕する.

sóup-and-físh 名 〔口〕男子の正式な夜会服. 〖正式なディナーに出る料理から〗

soup·çon /suːpsóːn | súːpsɔn/ 名 〔a ~〕少し, 少量; 気味, 気配: It needs a ~ of garlic [humor]. これにはガーリック〔ユーモア〕がちょっぴり必要だ. 〖F<L=*suspicion*〗

souped-up /súːptʌ́p⁻/ 形 〔俗〕パワーアップした, 高性能にした〈エンジン・車〉. 性能を高めた.

sóup kìtchen 名 (貧困者のための)給食施設.

soup·y /súːpi/ 形 (soup·i·er; -i·est) ❶ スープのような, どろどろした. ❷ 〈霧が〉どんよりした. ❸ 〔口〕めそめそした, いやに感傷的な.

__sour__ /sáuɚ | sáuə/ 形 (~·er; ~·est) ❶ 酸っぱい, 酸味のある (↔ sweet): a ~ apple 酸っぱいリンゴ / ⇨ sour grapes. ❷ 〈牛乳など〉(発酵して)酸っぱい; 酸っぱいにおいのする (↔ fresh): go ~ 酸っぱくなる. ❸ **a** 意地の悪い, ひねくれた (surly). **b** 不機嫌な, 気難しい: look ~ 不機嫌な顔をする. **c** Ⓟ 〔米〕〔…を〕嫌って: He is [has gone] ~ *on* me. 彼は私を嫌っている〔嫌いになった〕. **gò (tùrn) sóur** (1) 酸っぱくなる (⇨ 2). (2) 嫌いになる (⇨ 3 c). (3) うまくいかなくなる, 疎遠になる〔*on*〕. —— 動 他 ❶ 〈…を〉酸っぱくする; 酸敗させる: Hot weather will ~ milk. 暑いと牛乳が酸っぱくなる. ❷ 〈関係・態度などを〉険悪にする, とげとげしいものにする, 悪化させる: The premier's insensitive remarks ~ed relationships between the two countries. 首相の無神経な発言が二国間の関係を険悪にした. —— 自 ❶ 酸っぱくなる. ❷ 〈関係・態度などが〉険悪になる, とげとげしくなる, 悪化する: Our relationship ~ed after the incident. その出来事のあ

と私たちの関係はとげとげしくなった. **sóur on**…に対して関心[熱意]を失う, 冷淡になる, 背を向ける. **sóur a person on**…に対して人の関心[熱意]を失わせる, 人を冷淡にする; 人に〔…を〕嫌いにさせる. ― [名] ❶ [C] 酸っぱいもの, 酸味. ❷ [the ~] 不快なもの: *the* sweet and ~ of life 人生の苦楽. ❸ [U,C] 《米》 サワー《ウイスキーなどに酸味や砂糖を加えたカクテル》. **~·ly** [副] **~·ness** [名] 【類義語】**sour** 発酵または腐敗してすっぱい味またはにおいがする. **acid** その物が本来すっぱいものであるときに用いる. **tart** 少しぴりっとするような酸味があること, 普通は味がよいときに用いる.

sóur bàll [名] ❶ サワーボール《酸味のある固くて丸い小型のキャンディー》. ❷ 《口》 いつも不平ばかり言っている人, 不平家.

‡**source** /sɔ́ːs | sɔ́ːs/ [名] ❶ **a** 〔もの・事の〕**源泉**; 元, 源, 原因: a ~ *of* light [electricity] 光[電]源 / a ~ *of* political unrest 政治不安の源 / a ~ *of* revenue 財源. **b** 〔川・流れの〕水源(地) 〔*of*〕. ❷ [しばしば複数形で] **情報源**, 出所, 消息筋: a ~ *of* information 情報源 / a news ~ ニュースの出所 / a reliable ~ 確かな筋 / historical ~*s* 史料 / primary [secondary] ~*s* 一次[二次]資料. **at sóurce** 根元で, 源で; (控除など)源泉(徴収)で. ― [動] [他] 〈原料・部品などの〉調達先[供給元]を見つける, 〈…を〉調達する, 仕入れる 〔*from*〕. 〖F < L < *surgere* to rise, grow; cf. surge〗

sóurce·bòok [名] ❶ 原典, 底本. ❷ 史料集.

sóurce còde [名] [U] 〘電算〙 ソース[原始]コード《コンパイラーやアセンブラーを用いて機械語に変換するもとになる形のプログラム》.

sóurce crìticism [名] [U] 原典批評.

sóurce lànguage [名] ❶ 〘言〙 起点言語《翻訳の原文の言語; cf. target language》. ❷ 〘電算〙 原始言語《自然言語に近くそのままではコンピューターを作動させられない》.

sóur crèam [名] [U] サワークリーム《クリームに乳酸を加えて発酵させたもの; 料理用》.

sóur·dòugh [名] 《米・カナダ》 ❶ [U] (パン種にする)発酵生地. ❷ [C] (アラスカ・カナダ北西部)初期入植者[探鉱者].

sóur-fáced [形] 〈人の顔つきが〉苦虫を噛みつぶしたような.

sóur grápes [名] [複] 負け惜しみ. 〖ブドウを取ろうとしたキツネが手が届かなくて取れなかったので, あのブドウはきっと酸っぱいと言って去っていったという「イソップ物語」の話から〗

sóur másh [名] [U] 《米》 サワーマッシュ《ウイスキー蒸留で乳酸発酵を高めるための麦芽汁》.

sóur órange [名] ❶ [C] 〘植〙 ダイダイ. ❷ [C,U] ダイダイの実《マーマレードの材料にする》.

sóur·pùss [名] 《口》 ひねくれ者, 不満屋.

sóur·sòp [名] 〘植〙 トゲバンレイシ《熱帯アメリカ原産; 酸っぱく白い果実はひょうたん形; cf. sweetsop》.

sóur·wòod [名] 〘植〙 葉に酸味のある北米原産のツツジ科の高木.

Sou·sa /súːzə/, **John Philip** [名] スーザ《1854–1932; 米国の軍楽隊長・作曲家で 'マーチの王' (the March King) といわれる》.

sou·sa·phone /súːzəfòun/ [名] スーザフォーン《ブラスバンドで用いる大きな金管楽器》. 〖↑〗

souse /sáus/ [動] [他] ❶ **a** 〈…を〉〔水などに〕浸す, ずぶぬれにする: ~ a thing ***in*** water ものを水に浸す. **b** (…に)(水などを)かける: ~ a person ***with*** water = ~ water ***over*** a person 人に水をかける. ❷ 塩[酢]漬けにする. ❸ 《口》 〈人を〉酒に酔わせる (⇨ soused 2). ― [名] ❶ [U] **a** 塩漬け汁, 塩水. **b** 《米》 (豚の頭・足・耳, ニシンなどの)塩[酢]漬け. ❷ [C] ずぶぬれ, 水浸し. ❸ [C] 《口》 **a** 酒宴. **b** 大酒飲み, 酔っぱらい.

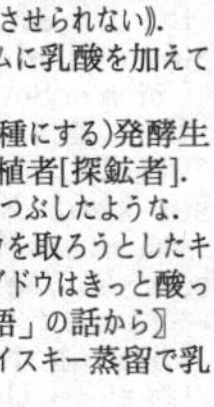

sousaphone

soused [形] ❶ 塩[酢]漬けの: ~ herrings 塩[酢]漬けのニシン. ❷ 《俗》 酔っぱらった: get ~ 酔っぱらう.

sou·tache /suːtǽʃ/ [名] スータッシュ《矢筈(やはず)模様の細い飾りひも》.

sou·tane /suːtáːn/ [名] 〘カト〙 スータン《聖職者の通常法衣》.

sou·te·neur /sùːṭənə́ː | -nə́ː/ [名] ヒモ (pimp).

sou·ter·rain /súːṭərèɪn/ [名] 〘考古〙 地下室, 地下道.

‡**south** /sáʊθ/ [名] ❶ [the ~] **南, 南方**; 南部 《略 S, S.; ↔ north; ⇨ north [用法]》: in *the* ~ of…の南部に / on *the* ~ of…の南側に[南に接して] / to *the* ~ of…の南方に(当たって). ❷ **a** [the ~] 南部地方. **b** [the S~] 《米》 南部(諸州) 《Pennsylvania の南境から Missouri 州の東境と北境との間の地方; もと南北戦争当時の南軍の地域》. ❸ [the S~] 南半球; (特に)南極地方; 発展途上国. **sóuth by éast** 南微東《略 SbE》. **sóuth by wést** 南微西《略 SbW》. ― [形] [A] ❶ **南の[にある]**; 南向きの: a ~ window 南向きの窓. ❷ [しばしば S~] 南部の, 南国の; 南部の住民の. ❸ 〈風が〉南からの[吹く]: a ~ wind 南風. ― [副] **南に[へ]**, 南方に[へ], 南部に[へ]: due ~ 真南に / down ~ 南(のほう)に[へ] / go ~ 南に行く; 《米俗》 下向きになる, 落ち目になる. **sóuth by éast [wést]** 南微東[西]へ (cf. [名]). **sóuth of**… の南方に: That village is [lies] 15 miles ~ *of* London. その村はロンドンの南方 15 マイルの所にある. 〖OE; 原義は「太陽 (sun) の照る側」〗 ([関形] austral, meridional)

Sòuth África [名] 南アフリカ《アフリカ南端部の共和国; 首都(行政上) Pretoria, (立法上) Cape Town, (司法上) Bloemfontein /blúːmfəntèɪn/》. **Sòuth Áfrican** [形][名] 南アフリカ(共和国)の(人).

Sóuth América [名] 南アメリカ, 南米. **Sóuth American** [形] 南米(人)の. ― [名] 南米人.

South·amp·ton /sauθ(h)ǽm(p)tən/ [名] サウサンプトン《イングランド南岸, Hampshire 州の港市》.

Sóuth Ásia [名] 南アジア.

Sóuth Austrália [名] サウスオーストラリア州《オーストラリア南部の州; 州都 Adelaide》.

sóuth·bòund [形] 南行き[向き, 回り]の.

Sóuth Carolína [名] サウスカロライナ州《米国南東部大西洋岸の州; 州都 Columbia; 略 S.C., 〘郵〙 SC; 俗称 the Palmetto State》. **Sóuth Carolínian** [形][名] サウスカロライナ州の(人).

Sóuth Chína Séa [名] [the ~] 南シナ海.

Sóuth Dakóta [名] サウスダコタ州《米国中央北部の州; 州都 Pierre; 略 S. Dak., 〘郵〙 SD; 俗称 the Coyote State》. **Sóuth Dakótan** [形][名] サウスダコタ州の(人).

South·down /sáuθdàun/ [名] サウスダウン種の羊《角がない; 肉は美味》.

‡**south·east** /sàʊθíːst←; 〘海〙 sàuíːst←/ [名] ❶ [the ~] 南東《略 SE》. ❷ **a** [the ~] 南東部[地方]. **b** [the S~] 《米》 米国南東部. **southéast by éast** 南東微東《略 SEbE》. **southéast by sóuth** 南東微南《略 SEbS》. ― [形] [A] (比較なし) ❶ **南東の[にある]**; 南東向きの. ❷ 〈風が〉南東からの[吹く]. ― [副] (比較なし) **南東に[へ]**, 南東方に[へ], 南東部に[へ].

south·east·er /sàʊθíːstə | -tə; 〘海〙 sàuíːstə | -tə/ [名] 南東の強風.

sòuth·éast·er·ly [形] ❶ 南東の. ❷ 〈風が〉南東からの. ― [副] 南東へ[から]. ― [名] 南東の風.

⁺**sòuth·éastern** [形] ❶ 南東の[にある]. ❷ [S~] 米国南東部(特有)の. ❸ 〈風が〉南東からの[吹く].

sòuthéast·ward [副] 南東(方)へ[に]. ― [形] 南東への; 南東にある. ― [名] [the ~] 南東(方).

sòuthéast·ward·ly [形][副] =southeasterly.

sòuthéast·wards [副] =southeastward.

south·er /sáuðə | -ðə/ [名] (強い)南風.

south·er·ly /sʌ́ðəli | sʌ́ðə-/ [形] ❶ 南方への. ❷ 〈風が〉南からの[吹く]. ❸ 南寄りの. ― [副] ❶ 南のほうへ. ❷ 〈風が〉南から. ― [名] 南風.

‡**south·ern** /sʌ́ðən | -ðən/ [形] (比較なし; cf. southernmost) ❶ **南の[にある]**; 南向きの; ⇨ southern lights. ❷ [しばしば S~] 《米》 **a** 南部(諸州)の: the *S~* States 南部諸州. **b** 南部(地方)方言の. ― [名] [通例 S~] ❶ = Southerner. ❷ [U] 《米》 南部(地方)方言. 〖SOUTH+-ERN〗

Sóuthern Álps [名] [複] [the ~] 南アルプス《ニュージーラン

S

ド南島の山脈; 最高峰 Mt. Cook)).
Southern Baptist 名 南部バプテスト教会員.
Southern Comfort 名 U《商標》サザンカンフォート《米国製のリキュール》.
Southern Cross 名 [the ~]《天》南十字星; 南十字座.
Southern drawl 名 南部の引き延ばし《米国南部人特有の母音を引き延ばす話し方》.
Southern English 名 U 南部英語《特にイングランド南部の教養人の話す英語》.
†**South・ern・er** 名 ❶ 南国人, 南部の人. ❷ 米国南部(諸州)の人.
Southern-fried 形《米》南部風に揚げた, 南部風のフライにした《特にころもをつけて揚げたチキンについていう》.
southern hemisphere 名 [the ~] 南半球.
southern lights 名 [the ~] 南極光《南極圏地域のオーロラ; cf. northern lights》.
southern・most 形 最南端の.
south・ing /sáuðɪŋ, -θɪŋ/ 名 ❶ U《海》南距 (⇒ northing). ❷ C《天》南中; 南[負]の赤緯.
South Island 名 [the ~] (ニュージーランドの2主島のうちの)南島.
South Korea 名 韓国《公式名 the Republic of Korea (大韓民国); 首都 Seoul》.
south・land 名 南国; 南部地方.
South Pacific 名 [the ~] 南太平洋.
south・paw 名 ❶《野球の》左腕投手, サウスポー. ❷ 左ききの選手と(特に)左ききのボクサー. ❸ 左ききの.《多くの球場でピッチャーの左手 (left paw) が南向きになる位置にあったことからか》
South Pole 名 ❶ [the ~] (地球の)南極. ❷ [the s-p~] **a** [the ~] 《天の》南極. **b**《磁石の》南極, S極.
South Sea Islander 名 南太平洋諸島の住民.
South Sea Islands 名 複 [the ~] 南太平洋諸島.
South Seas 名 [the ~] 南太平洋.
south-southeast 名 [the ~] 南南東(略 SSE).
── 形 副 南南東の[に].
south-southwest 名 [the ~] 南南西 (略 SSW).
── 形 副 南南西の[に].
South Vietnam 名 南ベトナム《北緯17度線以南; 統一前のベトナム共和国》.
†**south・ward** /sáuθwərd | -wəd/ 副 (比較なし) 南に向かって, 南方へ. ── 形 (比較なし)南に向いた, 南方への. ── 名 [the ~] 南方: **to** [**from**] *the* ~ 南方へ[から].
south・ward・ly 形 ❶ 南向きの. ❷《風が》南からの[吹く]. ── 副 =southward.
†**south・wards** /sáuθwədz | -wədz/ 副 =southward.
South・wark /sʌ́ðək | -ðək/ 名 サザーク《Londonの自治区で Thames 川の南岸地域》.
‡**south・west** /sàuθwést⁻;《海》sàuwést⁻/ 名 ❶ [the ~] 南西 (略 SW). ❷ **a** [the ~] 南西部[地方]. **b** [the S~]《米》米国南西部《New Mexico, Arizona および南 California》. **southwest by south** 南西微南 (略 SWbS). **southwest by west** 南西微西 (略 SWbW). ── 形 A (比較なし) 南西[部]の. ❷《風が》南西からの[吹く]. ── 副 (比較なし)南西に[へ], 南西方に[へ], 南西部に[へ].
south・west・er /sàuθwéstə | -tə;《海》sàuwéstə | -tə/ 名 ❶ 南西の強風. ❷ =sou'wester 2.
south・west・er・ly 形 ❶ 南西の. ❷《風が南西からの[吹く]. ── 副 南西方に[へ]. ── 名 南西の風.
†**south・western** 形 ❶ 南西の[にある]. ❷ [S~] 米国南西部(特有)の. ❸《風が南西からの[吹く].
southwest・ward 副 南西の方[へ]に. ── 形 南西への; 南西にある. ── 名 [the ~] 南西(の方).
southwest・ward・ly 形 副 =southwesterly.
southwest・wards 副 =southwestward.
South Yorkshire 名 サウスヨークシャー州《イングランド北部の旧州 (⇒ Yorkshire))》.
†**sou・ve・nir** /sù:vəníə, ⸌⸌ | sù:vəníə, ⸌⸌/ 名

(旅行・場所・出来事などの思い出となるような)記念品, みやげ (memento) 〔*of*〕. 《F=思い出す<L *subvenire* 心に浮かぶ<SUB-+L *venire* 来る (cf. venue)》
sou・vla・ki /su:vlá:ki/ 名 (複 -ki・a | -kiə/) U|C スブラキ《ギリシア風の肉の串焼き》.
sou'wester /sauwéstə | -tə/ 名 ❶ =southwester 1. ❷ 暴風雨帽《荒天の時に水夫が用いる防水帽》.
sov.(略)《英》sovereign.
*‡**sov・er・eign** /sáv(ə)rən | sɔ́vrɪn/ 名 ❶ 主権者, 元首, 君主, 国王 (monarch). ❷《英》ソブリン《1ポンド金貨; 現在は使用されていない; 略 sov.》. ── 形 ❶ **a** 主権を有する, 君主である: ~ authority 主権 / a ~ prince 君主, 元首. **b** 〈国が〉独立の, 自治の (autonomous): a ~ state 独立国, 主権国家. ❷ 最上[至高]の; 卓越した: the ~ good 〔倫〕至上善. ❸《薬が》特効のある: a ~ remedy 妙薬, 霊薬. **~・ly** 副《F<L<*supra above* (cf. supra-); 原綴は「人の上に立つ者」; 現在の綴りは reign の影響による》《関連》 regal》
*‡**sov・er・eign・ty** /sáv(ə)rənti | sɔ́vrɪn-/ 名 ❶ U 主権, 統治権, 自治権〔*over*〕. ❷ C 独立国. 〔↑ -TY²〕
so・vi・et /sóuviɛt | 名 ❶ [the ~]《会議, 評議会. ❷ [the Soviets] ソ連政府; ソ連国民; ソ連軍. ── 形 ❶ (旧ソ連の)会議の, 評議会の. ❷ [S~] ソ連(政府, 国民)の. 《Russ=会議, 議会》
so・vi・et・ism /sóuviətìzm/ 名 U 労農社会主義, 共産主義.
so・vi・et・ize /sóuviətàɪz/ 動 他 ソビエト[共産主義]化する.
So・vi・et・ol・o・gy /sòuviətáləʤi | -tɔ́l-/ 名 U ソビエト学[研究]《ソビエトの政治・外交などの研究》. **-gist** 名
Soviet Russia 名 ❶ Soviet Union の通称. ❷ = Russian Soviet Federated Socialist Republic.
Soviet Union 名 [the ~] ソビエト連邦《正式名称 the Union of Soviet Socialist Republics ソビエト社会主義共和国連邦; 1991年解体; cf. CIS; 首都 Moscow; 略 USSR》.
sov・khoz /safkó:z, -kó:s | -kó:z/ 名 (複 **-kho・zy** /-kɔ́:zi; -kózi, ~・es) (旧ソ連諸国の)国営農場, ソフホーズ.
*‡**sow¹** /sóu/ 動 (~ed; sown /sóun/, ~ed) ❶ 〈種子を〉...にまく: ~ wheat *in* a field = ~ a field *with* wheat 畑に小麦をまく. ❷〈うわさ・争いなどの原因を作る, 種をまく: ~ the seeds of hatred 憎しみの種をまく. ── 自 種をまく: As you ~, so shall you reap. 《諺》まいたからには刈らねばならない, 「自業自得」. 《OE; seed と同語源》
sow² /sáu/ 名 雌豚 (⇒ pig|関連|): You cannot make a silk purse out of a ~'s ear. 《諺》雌豚の耳(品質の悪いもの)から絹の財布(品質のいいもの)はできない, 「うりのつるになすびはならぬ」.
sow・bread /sáu-/ 名〔植〕マルバシクラメン.
sow bug /sáu-/ 名《米》ワラジムシ (woodlouse).
sow・er /sóuə | -ə/ 名 ❶ **a** 種をまく人. **b** 種まき機械. ❷ 流布[首唱]者.
So・we・to /səwétou/ 名 ソウェト《南アフリカ共和国 Johannesburg 南西の旧黒人居住区域; 1976年の反アパルトヘイト蜂起の地》. 《*South Western Townships*》
*‡**sown** /sóun/ 動 sow¹ の過去分詞.
sox /sáks | sóks/ 名 靴下, ソックス《用法》《商》または非標準的な語). 《SOCKS の別形》
soy /sɔ́ɪ/ 名 ❶ =soy sauce. ❷ U〔植〕ダイズ. 《Jpn》
soy・a /sɔ́ɪə/ 名 =soy.
sóya bèan 名《英》=soybean.
sóya sàuce 名 =soy sauce.
sóy・bèan 名〔植〕ダイズ: ~ oil 大豆油 / ~ sprouts 大豆もやし.
sóy sàuce 名 U しょうゆ.
So・yuz /sɔ́:ju:z | ⸍⸍/ 名 ソユーズ《旧ソ連の有人宇宙船の名》.
soz・zled /sázld | sɔ́z-/ 形《口》酔った, 泥酔した.
sp. special; species; specific; specimen; spelling.
SP(略)shore patrol. **Sp.**(略)Spain; Spaniard; Spanish.

spa /spá:/ 图 ❶ 鉱泉, 温泉. ❷ 鉱泉[温泉]の出る保養地. ❸ (体育設備やサウナなどを備えた)保養所, ヘルスセンター《★「ヘルスセンター」は和製英語; cf. health centre》. 《*Spa* ベルギー東部の有名な温泉保養地》

*****space** /spéɪs/ 图 **A** ❶ [U.C] **a** 空所, あき場所, 余地, 余裕, スペース (room); (新聞・雑誌などの)紙面: (a) blank ~ 余白 / a ~ between two buildings 建物と建物との間の空所 / make [leave] ~ for... にスペースをあける[残しておく] / take up [occupy] too much ~ スペースを取りすぎる / sell ~ in a paper (広告などで)新聞の紙面を売る. **b** 間; 間隔: for the ~ of a mile 1マイルの間 / There's not enough ~ between our car and the next. 前の車と十分な間隔がない. ❷ [C] (特定の目的のための)場所, 区域: an enclosed ~ 囲った場所 / find a parking ~ 車を止める場所を見つける / clear a ~ for... のために場所を片づける. ❸ [U] 《米》 (列車・飛行機などの予約)座席: reserve ~ for four [one's ~] 4人分[自分]の座席を予約する. ❹ **a** [C] (通例単数形で) (一定の)時間, 時間: for a ~ of four years 4年の間 / I can't do it in such a short ~ of time. そんなに短い時間ではやれません. **b** [a ~] しばらくの間: for a ~ しばらくの間. **c** [U] (ラジオ・テレビ) (スポンサーに売る)時間. ❺ [C] **a** [印] 語間, 行間, スペース. **b** (ワープロの)文字分の幅, スペース. ❻ [U] 行動の自由, 裁量の余地, 時間の猶予[余裕]. **B** [U] ❶ 空間: time and ~ 時間と空間, 時空 / stare into ~ 虚空を見つめる. ❷ [U] (地球気圏外の)宇宙: launch a probe into ~ 宇宙に宇宙探測機を発射する / ▷ outer space. Watch this space. (新聞などで)引き続きご注目ください, 乞ご期待. ── 形 [A] 宇宙の: ~ travel 宇宙旅行. ── 動 他 〈... の間隔[距離]を保たせる; 〈... に〉語間[行間]を空ける 〈*out, along*〉 《★しばしば受身で用いる》: S~ *out* the type more. 活字の行間[語間]をもっとあけなさい / The seedlings *were* equally ~*d* (*out*). 苗木は一定の間隔で植えられ(てあっ)た. ── 自 ❶ ぼうっと[ぼんやりと]する, うろうろとする, (麻薬などで)陶酔する 〈*out*〉. 〖F<L *spatium*〗(〖*spacious, spatial*〗)

spáce àge [しばしば S~ A~; the ~] 宇宙時代.
spáce-àge 形 ❶ 宇宙時代の. ❷ 最新式の.
spáce bàr [the ~] スペースバー《字間[語間]をあけるためのタイプライター・ワープロの横長のキー》.
spáce biólogy 图 宇宙生物学.
spáce blànket 图 スペースブランケット《アルミニウムのコーティングを施した光沢のある極薄のプラスチックシート; 体表からの輻射熱を逃さないため保温効果が高い》.
spáce cadét 图 ❶ 宇宙飛行訓練生. ❷ 《口》ぼうっとした人, 忘れっぽい人.
spáce càpsule 图 宇宙カプセル.
spáce·craft 图 (⑱ ~) 宇宙船.
spaced 形 《俗》=spaced-out.
spáce débris 图 [U] 宇宙ごみ《廃棄された人工衛星・ロケットやその破片など, 宇宙空間にある人工物》.
spáced-óut 形 《俗》(麻薬・酒・疲れなどで)ぼうっとなった.
spáce·fàr·er /-fèə(ə)rə | -fèəərə/ 图 宇宙旅行者; 宇宙飛行士.
spáce·fàr·ing /-fèə(ə)rɪŋ | -fèərɪŋ/ 图 [U] 宇宙旅行.
spáce flíght 图 [U.C] 宇宙飛行: a manned ~ 有人宇宙飛行.
spáce fràme 图 スペースフレーム《建物・レーシングカーなどの構造を定め, 構造体の重量を全方向に均一に分布させた骨組》.
spáce hèater 图 スペースヒーター《室内のどこにでもおける暖房器》.
spáce héating 图 [U] 暖房.
spáce làb, spáce láb 图 スペースラブ, 宇宙実験室. 〖*space lab*oratory〗
spáce·less 形 ❶ 無限の. ❷ 空間を占めない.
spáce·màn 图 (⑱ -men) ❶ 宇宙飛行士 (astronaut). ❷ 宇宙人 (alien).
spáce médicine 图 [U] 宇宙医学.
spáce òpera 图 スペースオペラ《宇宙旅行・宇宙戦争などをテーマとするテレビドラマ・映画・小説など》.
spáce·plàne 图 スペースプレーン《着陸・再突入などのためのロケットエンジンを備えた宇宙航行機》.
spáce·pòrt 图 宇宙観基地.
spáce pròbe 图 宇宙探査用[観測]ロケット.
spac·er /spéɪsə | -sə/ 图 ❶ 間隔をあけるもの[装置, 人], スペーサー. ❷ 〘電〙逆電流器. ❸ = space bar.
spáce rócket 图 宇宙船打ち上げ用ロケット.
spáce science 图 宇宙科学.
spáce·shìp 图 宇宙船.
*****spáce shúttle** 图 スペースシャトル, 宇宙連絡船.
*****spáce státion** 图 宇宙ステーション.
spáce súit 图 宇宙服.
spáce-tìme 图 [U] 〘理〙時空四次元の世界: a ~ continuum 時空連続体.
spáce véhicle 图 =spacecraft.
spáce wàlk 图 動 宇宙遊泳(をする).
spáce wàrp 图 (SF で)宇宙ワープ《空間の仮想的な超空間的歪曲または歪曲空間への裂け目; それによって星間旅行が可能となるとする》.
spáce wríter 图 《米》(新聞などの一定の紙面に)行きめで原稿を書く人.
spac·ey /spéɪsi/ 形 (**spac·i·er; -i·est**) 《俗》(麻薬・酒・疲れなどで)ぼうっとなった.
spa·cial /spéɪʃ(ə)l/ 形 =spatial.
spác·ing 图 [U] ❶ 〘印〙字や行のあき具合; 語間, 行間. ❷ 間隔をあけること.
*****spa·cious** /spéɪʃəs/ 形 広々とした, ゆったりした (roomy); 雄大な. **~·ly** 副 **~·ness** 图 (〖*space*〗)
spack·le /spǽk(ə)l/ 图 [U] [S~] 《商標》スパックル《水と混ぜてペンキ塗りの下地に詰める填充用粉末》. ── 動 他 自 〈...に〉スパックルをつける, スパックルで修理する.
spac·y /spéɪsi/ 形 =spacey.
SPAD /spǽd/ 图 《英》(列車による)危険な信号無視[見落とし]. 〖*s*ignal *p*assed *a*t *d*anger〗
*****spade**[1] /spéɪd/ 图 スペード, スコップ《 比較 spade は通例幅広い刃のついたシャベル状の農具で, 足で押して土を掘るのに用いる; shovel は石炭・砂などをすくって移動するのに用いる》. ❷ =spadeful. **cáll a spáde a spáde** あからさまに言う, 直言する. ── 動 他 自 ❶ 踏みすきで掘る.
spade[2] /spéɪd/ 图 〘トランプ〙❶ [複数形で] スペードひと組: the seven [queen] of ~s スペードの7[クイーン]. ❷ スペード. 〖It=刃の広い刀 <L <Gk〗
spáde béard 图 スペード[鋤]形のあごひげ.
spáde·fìsh 图 〘魚〙西大西洋熱帯産マンジュウダイ科の食用・釣り用の魚.
spáde fóot 图 スペードフット《18世紀の家具の, 踏みすき形の先が細くなった足》.
spáde·fòot (tóad) 图 〘動〙スキアシガエル.
spade·ful /spéɪdfùl/ 图 ひとすき(分) [*of*].
spáde máshie 图 〘ゴルフ〙スペードマシー《6番アイアン》.
spáde·wòrk 图 [U] (骨の折れる)予備作業, (退屈な)下準備.
spa·dille /spədíl/ 图 〘トランプ〙最高の切り札, スパディール (ombre におけるスペードのエースという).
spa·dix /spéɪdɪks/ 图 (⑱ **spa·di·ces** /spéɪdəsìːz/) 〘植〙肉穂(にくすい)花序.
spaetz·le /ʃpétslə/ 图 (⑱ ~, ~s) [U.C] シュペッツェ《小麦粉に牛乳・卵・塩を加えて作った生地をだんご状または紐状にして, ゆでたもの》. 〖G〗
*****spa·ghet·ti** /spəɡéti/ 图 [U] スパゲッティ. 〖It (複数形) <*spaghetto* <*spago* ひも〗
spaghétti Bo·lo·gnése /-bòulənjíːz/ 图 [U] スパゲッティ・ボロネーゼ《牛の挽肉・トマト・タマネギなどを入れたソースで食べる》.
spa·ghet·ti·ni /spəɡetíːni/ 图 [U] スパゲッティーニ 《spaghetti より細く vermicelli より太いもの》.
spaghétti stráp 图 〘服〙スパゲッティストラップ《婦人服の肩紐などに使用される細く丸みのある吊り紐》.
spaghétti wéstern 图 [しばしば s~ W~] マカロニウェスタン《イタリア製西部劇》.
spa·hi, spa·hee /spáːhiː/ 图 (Janissaries 全滅後の)

Spain | 1734

不正規トルコ騎兵; アルジェリア人騎兵《フランス軍隊に所属》.

*Spain /spéɪn/ 名 スペイン《ヨーロッパ南西部, イベリア半島の大部分を占める国; 首都 Madrid》.

spake 動 《古・詩》 speak の過去形.

spall /spɔ́:l/ 動 ⦅鉱石などを⦆砕く, 荒割りする. ── 自 砕ける, 剥離する. ── 名 ⦅鉱石などの⦆切片, 砕片, かけら.

spall·ation /spɔːléɪʃən/ 名 U ⦅理⦆ 破砕《高エネルギー粒子の衝突後, 原子核が数個の破片に分離する核反応; cf. fission》.

spam /spǽm/ 名 ⦅電算⦆ スパム(メール)《広告などを目的に無差別・大量に送信される電子メール》. ── 動 他 ⦅メッセージを⦆無差別大量に送信する.

Spam /spǽm/ 名 U ⦅商標⦆ スパム《豚肉のコンビーフ風の缶詰》. 〔spiced ham〕

*span¹ /spǽn/ 名 ❶ ⦅ある物事が及ぶ⦆期間; 短時間, しばらくの間: the average life ~ 平均寿命 / a memory [attention] ~ 記憶[注意力]が持続する期間 / within a ~ of twenty-four hours 24 時間内に / His life had almost completed its ~. 彼の寿命はほぼ尽きていた. ❷ ⦅端から端までの⦆全長, 全範囲: the ~ of a bird's wings 鳥が羽を伸ばした長さ / the ~ of a bridge 橋の全長. ❸ ⦅建⦆ 径間(ｹｲｶﾝ), スパン《追持(ｵｲﾓﾁ)・橋梁などの支柱から支柱まで》. ❹ ⦅空⦆ 翼長, 翼幅. ❺ スパン《親指と小指を張った長さ; 通例 9 インチ, 23 センチ》. ── 動 他 (spanned; span·ning) ❶ ⦅年月について⦆, ⦅記憶・想像などが...に⦆及ぶ, 広がる; ⦅活動などが...に⦆わたる, 及ぶ: His active career spanned those two decades. 彼の現役時代はこの 20 年間にわたった. ❷ a ⦅橋などが⦆川などにかかる, ⦅...の⦆両岸をつなぐ: A bridge ~s the river there. その川にはそこに橋がかかっている. b ⦅川などに⦆橋などをかける ⟨with⟩. ❸ ⦅...を⦆両腕を広げて測る.

span² /spǽn/ 形 真新しい, 新調の. 〔(SPICK-AND-)SPAN〕

span³ /spǽn/ 名 ❶ ⦅海⦆ 張り綱《両端に縛りつけその中間が V 字型にたむ》. ❷ ⦅米⦆ 一くくりの牛[馬, ロバなど], ⦅南アフリカなどで⦆ 2 対以上の牛. ── 動 他 (spanned; span·ning) 縄で結びつける.

spa·na·ko·pi·ta /spænəkápɪṱə | -kɔ́p-/ 名 スパナコピータ《伝統的ギリシア料理の一つ; ホウレンソウ・フェタチーズ (feta cheese) と香辛料を, フィロ (phyllo) でくるんで焼いたパイ》.

span·dex /spǽndeks/ 名 U スパンデックス《ゴムに似たポリウレタン系の合成繊維; ガードルや水着などに使われる》.

span·drel, span·dril /spǽndrəl/ 名 ⦅建⦆ 三角小間(ｺﾏ)《アーチの背面と, その額縁をなす水平・垂直部材で形成される三角形の部分》.

spang /spǽŋ/ 副 ⦅米口⦆ 完全に; ちょうど, まさに; もろとも.

span·gle /spǽŋgl/ 名 ❶ スパンコール (sequin)《ぴかぴか光る金銀・すず箔(ﾊｸ)で, 芝居の衣装などにつける》. ❷ ぴかぴか光るもの《星・露・雲母など》. ── 動 ❶ ⦅...に⦆スパンコールをつける. ❷ ⦅...を⦆⦅...で⦆ぴかぴか光らせる, ちりばめる ⦅★ 通例受身で用いる⦆: The sky was ~d with stars. 空に星がきらめいていた. 〔Du〕

Span·glish /spǽŋglɪʃ/ 名 U スパングリッシュ《英語とスペイン語の混ざった言語》. 〔(SPAN(ISH) & (EN)GLISH〕

†Span·iard /spǽnjəd | -njəd/ 名 スペイン人.

span·iel /spǽnjəl/ 名 ❶ スパニエル《耳のたれた毛の長い犬》. ❷ おべっか者, 追従者. 〔OF=Spanish; 1 はスペイン産であることから〕

*Span·ish /spǽnɪʃ/ 形 スペイン(人, 語)の. ── 名 ❶ U スペイン語. ❷ [the ~; 複数扱い] スペイン人 ⦅全体; cf. Spaniard⦆.

Spánish América 名 スペイン系アメリカ《ブラジルなどを除くスペイン語を用いる中南米; cf. Latin America》.

Spánish-Américan 形 ❶ スペイン系アメリカの. ❷ スペインとアメリカの. ── 名 スペイン系アメリカ人.

Spánish-Américan Wár 名 [the ~] 米西戦争《1898 年キューバの独立運動に米国が介入したことに起因する; スペインが敗北しキューバが独立し, フィリピン・プエルトリコ・グアムを米国に割譲》.

Spánish Armáda 名 [the ~] ⦅スペインの⦆ 無敵艦隊 (⇒ Invincible Armada).

Spánish Cívil Wár 名 [the ~] スペイン内乱 (1936-39).

Spánish flú 名 U ⦅また Spánish influénza⦆ ⦅医⦆ 流行性感冒, スペインかぜ.

Spánish flý 名 ❶ C ⦅昆⦆ ゲンセイ (芫青)《欧州南部に多い blister beetle の一種》. ❷ U ⦅薬⦆ =cantharis.

Spánish guitár 名 ⦅楽⦆ スパニッシュギター, クラシックギター.

Spánish Máin 名 [the ~] ❶ スペイン系アメリカ本土《南米北岸地方, 特にパナマ地峡からベネズエラ東部までのカリブ海沿岸; もとスペイン領》. ❷ ⦅海賊が出没した当時の⦆カリブ海.

Spánish móss 名 U ⦅植⦆ サルオガセモドキ《根をもたず樹木の枝より下垂する; 米国南東部・西インド諸島などに多い》.

Spánish ómelette [ómelet] 名 スペイン風オムレツ《タマネギ・トマト・ピーマンなどの野菜入り》.

Spánish ónion 名 スペインタマネギ《大型で多肉多汁; しばしば生食用》.

Spánish ríce 名 U スペイン風米料理《タマネギ・ピーマン・トマト入り》.

Spánish Sahára 名 [the ~] スペイン領サハラ (Western Sahara の旧称).

Spánish wíndlass 名 ひもを強く張るねじり棒.

spank¹ /spǽŋk/ 動 他 ⦅罰として⦆ 平手⦅スリッパなど⦆で人の尻を打つ. ── 名 尻の平手打ち.

spank² /spǽŋk/ 動 自 ⦅馬・船の⦆ 疾走する ⟨along⟩.

spank·er 名 | -kə/ 名 ❶ ⦅口⦆ すばらしいもの[人]. ❷ 速く走る馬, 駿馬(ｼｭﾝﾒ). ❸ ⦅海⦆ スパンカー《横帆船の最後檣(ｼｮｳ)の下部に掛ける縦帆》.

spank·ing¹ 名 C U ⦅罰として⦆ お尻を(平手で)たたくこと: get a ~ お尻をたたかれる.

spank·ing² 形 A ❶ ⦅歩調など⦆ 活発な, 威勢のよい. ❷ ⦅風など⦆ 強い. ❸ ⦅口⦆ すごくりっぱな, すてきな. ── 副 [new, clean などの形容詞の前に置いて] 非常に: a ~ new [clean] dress 真新しい[洗濯したての]ドレス.

span·ner /spǽnə | -nə/ 名 ⦅英⦆ スパナ ⦅⦅米⦆ wrench). thrów [pút] a spánner in the wòrks ⦅英口⦆ ⦅物事の進行に⦆じゃまだてする, 妨害する.

spán ròof 名 (複 ~s) 切妻(ｷﾘﾂﾞﾏ)式屋根《両側とも同じ勾配の山形の屋根》.

spán·wòrm 名 ⦅昆⦆ シャクトリムシ (looper).

†spar¹ /spáə | spá:/ 動 自 (sparred; spar·ring) ❶ ⦅ボク⦆ a ⦅相手と⦆スパーリングする, 実戦同様の練習試合をする ⟨with⟩. b ⦅...と⦆軽く打つ ⟨at⟩. ❷ ⦅人と⦆口論する ⟨with⟩. ❸ 闘鶏かけり合う. ── 名 ❶ ⦅ボク⦆ スパーリング. ❷ 口論.

spar² /spáə | spá:/ 名 ❶ ⦅海⦆ 円材《帆柱・帆げたなど》. ❷ ⦅空⦆ 翼桁(ｹﾞﾀ)《翼骨組のうち翼幅方向の主材》.

spar³ /spáə | spá:/ 名 ⦅鉱⦆ スパー《良劈開(ﾍｷｶｲ)性で光沢のある鉱物の総称》.

Spar, SPAR /spáə | spá:/ 名 ⦅米⦆ 米国沿岸警備隊婦人予備隊員. 〔第二次大戦中の同隊のラテン語の標語 S(emper) Par(atus) (そなえよ常にから)〕

spar·a·ble /spǽrəbl/ 名 ⦅靴底の⦆ 無頭の小釘, 切釘.

spár bùoy 名 ⦅海⦆ 円柱浮標[ブイ].

spár dèck 名 ⦅海⦆ 軽甲板(ｺｳﾊﾝ)《軽甲板船の上甲板》.

*spare /spéə | spéə/ 形 (spar·er; -est) ❶ ⦅比較なし⦆ a 予備の: a ~ player 補欠選手 / ~ parts 予備部品 / a ~ room 予備の客用寝室. b ⦅時間など⦆ 余分の, 余計な: ~ cash 余分の現金 / ~ spare time. ❷ 乏しい, 貧弱な; 倹約な, 切り詰めた, 質素な: a ~ moustache 貧弱な[薄い]口ひげ. ❸ ⦅人・体格など⦆⦅ぜい肉がなく⦆やせた (lean): a ~ form ほっそりした容姿 / a person of ~ frame やせ型の人. (be) góing spáre ⦅英⦆ 手に入る, 利用できる, 空いている. gò spáre ⦅英口⦆ ひどく怒る[めんくらう]. ── 動 他 ❶ ⦅時間・金などを⦆さく, 与える: We can't ~ the time to finish it. それを完成する暇がない / Be sure to drop in on me when you can ~ a moment. ちょっ

とお暇ができたら忘れずに私の所へお立ち寄りください / [+目+目] Can you ~ me one of those pencils? = Can you ~ one of those pencils for me? その鉛筆を1本譲っていただけませんか / Can you ~ me a few minutes? 2, 3 分さいてくださいませんか《比較 a few minutes の前に for が省かれているものときは, この文は「2, 3 分座をはずして[失礼して]よろしいでしょうか」などの意味になる》/ ~ land for a garden 庭園用に土地を残しておく / I was too busy to ~ time for a vacation. 忙しすぎて休暇(用に時間)がとれなかった / ⇒ spare a THOUGHT for... 成句. ❷ 〈人に〉〈苦労・苦痛を〉免れさせる; 〈人を〉〈不快な目などに〉あわせない: [+目+目] He tried to ~ his friend trouble. 彼は友人に苦労をかけまいと努めた / Phone me and ~ yourself the trouble of writing a letter. お電話くださればわざわざお手紙をくださらなくてもけっこうです / "Shall I tell you the story of my life?" "No! S~ me that!"「私の身の上話をしてあげようか」「いや! それだけは勘弁してくれ! (聞きたくない)」❸ a 〈人に〉危害[害]を与えないですむ; 〈人の〉命を助けてやる, 〈命を〉助ける: They were killed but their children were ~d. 彼らは殺されたが子供は助かされた / Caesar ~d the life of the gladiator. カエサルは剣闘士の命を助けてやった [+目+目] Please ~ me my life. どうか命はお助けください 《用法》[+目+前+代名]への書き換えは不可》b 〈人の感情を〉傷つけないようにする: ⇒ spare a person's FEELINGS [BLUSHES] 成句. ❹ [しばしば否定文で] a 〈金・労力を〉惜しんで使わない, 惜しむ, 節約する: ~ no trouble [pains, effort, expense] 労[骨折り], 努力, 費用を惜しまない / S~ the rod and spoil the child. 《諺》むちを惜しむと子供がだめになる,「かわいい子には旅をさせよ」. b [~ oneself で] 労を惜しむ: He didn't ~ himself. 彼は骨身を惜しまず努力した. ❺ 〈人・ものなしですませる: I can't ~ him [the car] today. きょうは彼[車]がどうしても必要だ. enough and to spáre 十分すぎるほど〔成句〕. spáre a person (the détails) 〈人〉に不快な思いをさせないようにこまごまとした点まで話さない. to spáre [形容詞用法で] 余った, 余分の: money [time] to ~ 余分の金[時間].
— 图 ❶ a 予備のもの, 予備品, スペア. b スペアタイヤ. c [しばしば複数形で] 予備部品. ❷ 《ボウリ》スペア (2回の投球で全部のピンを倒すこと); その得点 (cf. strike 图 4 a). ~·ness 图

spáre·ly 圖 ❶ けちに, 控えめに: drink ~ 少しずつ飲む. ❷ 貧弱に, 乏しく: The room was ~ furnished. その部屋の家具の備えつけは貧弱だった. ❸ やせて: a ~ built man やせた男.

spáre párt 图 予備部品, スペア部品.

⁺**spáre-pàrt súrgery** 图 ①《死体からの》臓器移植手術.

spáre·ribs 图 覆 スペアリブ《肉が少しだけついている豚のあばら骨》.

⁺**spáre tíme** 图 ① 余暇.

spáre tíre [《英》týre] 图 ❶ スペアタイヤ, 予備タイヤ. ❷ 《口》腰回りの贅肉.

sparge /spáːdʒ/ 動 他 自 ① まきちらす(こと), 散布[噴霧]する(こと).

spárg·er 图 《化》多孔分散管, スパージャー; 噴霧器.

⁺**spár·ing** /spé(ə)rɪŋ/ 形 控えがちな, 倹約な (~ unsparing) 《with, of, in》: She's rather ~. 彼女はどちらかといえばしまり屋だ / a ~ use of sugar 控えめな砂糖の使用 / be ~ of oneself 骨を惜しむ / You should be more ~ with your money. お金をもっと大事に使わなければならない.

spár·ing·ly 副 ❶ 控えめに, 倹約して: use ~ 節約して使う. ❷ わずかに, かろうじて: The land was ~ planted with fruit trees. その土地には果樹がまばらに植えられていた.

⁺**spark**¹ /spáːk/ 图 ❶ C a 火花, 火の粉; 閃光(ૠ(¾)): throw (off) ~s 火花を散らす / strike a ~ from (a flint) (火打ち石で) 火を切る. b 《電》電気火花, スパーク. c 《宝石・金属などの》きらめき. ❷ [U C] 《才気などの》ひらめき; 才気, 活気; the vital ~ 生気, 活気 / strike ~s out of a person 人の才気 [活気 など] を発揮させる. ❸ C [出来事などの] きっかけ, 原因, 誘因; 刺激, 動機: the ~ for [of] the uprising その反乱のきっかけ. ❹ C [通例単数形で] 〈性質・感情などの〉一端, わずか, 少し: I saw a ~ of anger in her eyes. 彼女の目に怒りの色が浮かぶのを見た / I haven't a ~ of interest in the plan. その計画には全然興味がない. ❺ [複数形で] ⇒ sparks. **spárks flý** 激しい[活発な]やり取り[応酬, 議論 など] がある[起こる], 議論が弾む.
— 動 ❶ 自 ① 火花を出す, 散らす. ❷ 〈...への〉導火線となる, 〈...を〉引き起こす (cause): ~ (off) a chain reaction 連鎖反応を誘発する / A casual remark ~ed off the altercation. ふとしたひとことがもめ事が起こった. ❸ a 〈怒り・好奇心・希望などを〉起こさせる, 〈人に〉火をつける. b 〈...を〉刺激[鼓舞]する, 〈人に〉行動[活動]を起こさせる.

spark² /spáːk/ 图 《古》元気で愉快な男, いきな若者. — 動 他 求愛する, 言い寄る, 口説く.

Spark /spáːk/ spáːk/, **Mu·ri·el** /mjúə(ə)riəl/ 图 スパーク (1918– ; 英国の女流小説家).

spárk chàmber 图 《理》放電箱, スパークチェンバー《荷電粒子の飛跡を観測する装置》.

spárk gàp 图 《電》《放電が行なわれる両電極間の》火花距離, スパークギャップ.

spárk·ing plùg 图 《英》= spark plug 1.

spárk·ish 形 派手な, いきな; 色男ぶる.

⁺**spar·kle** /spáːkl/ spáːk-/ 图 [C,U] ❶ 火の粉, 閃光; 〈宝石 などの〉きらめき, 光沢. ❷ 〈才気 などの〉きらめき; 光彩, 活気: put ~ in a person's life 人の生活に生気を加える. ❸ 《ワインなどの》泡立ち.
— 動 自 ❶ 火花を発する: Fireworks ~d in the distance. 遠くで花火がパーッと光った. ❷ 〈宝石・才気 などが〉きらめく, きらきら光る, 輝く (glitter): The pearl ~d in the moonlight. 真珠が月光を受けてきらめいた / Her eyes ~d with joy. 彼女の目は喜びで輝いた. ❸ 《ワインなどが》泡立つ, 発泡する.
《SPARK+-LE》

spár·kler 图 ❶ a 輝くもの. b 《口》《手に持つ》花火. c 宝石, ダイヤ. ❷ 美人; 才人.

spárk·less 形 火花を発しない, スパークしない.

⁺**spár·kling** 形 ❶ a 火花を発する. b きらめく, 光る. ❷ 〈ワインが〉発泡性の (↔ still). ❸ 〈才気など〉ひらめく, 光彩を放つ; 生き生きした (brilliant): a ~ speech 才気あふれるスピーチ. ~·ly 副

spárkling wíne 图 [U,C] 発泡性ワイン.

spárk plùg 图 ❶ 点火プラグ (《英》sparking plug). ❷ 指導者, 中心人物 (of).

sparks /spáːks/ spáːks/ 图 《俗》《船・飛行機の》無線電信技師.

spár·ling /spáːlɪŋ/ spáː-/ 图 (複 ~, ~s) 魚 ニシキュウリウオ 《欧州産》.

spár·ring mátch /spáːrɪŋ-/ 图 ❶ 《仲間うちの軽い》議論. ❷ 《ボク》練習試合.

spárring pàrtner 图 ❶ 論争相手. ❷ 《ボク》スパーリングパートナー《試合用の練習相手になるボクサー》.

⁺**spar·row** /spǽroʊ/ 图 《鳥》スズメ: a house [English] ~ イエスズメ.

spárrow·gràss 图 《方・口》《植》アスパラガス.

spárrow hàwk 图 《鳥》ハイタカ; 小型のタカ.

spar·ry /spáːri/ 形 《鉱》スパー (spar) (状) の; スパーの多い.

⁺**sparse** /spáːs/ spáːs/ 形 ❶ 〈人口など〉希薄な, まばらな (↔ dense). ❷ 〈髪の毛・茂みなど〉薄い; a ~ beard 薄いあごひげ. ~·ly 副 ~·ness 图 《L spargere, sparsus まき散らす; cf. disperse》

spar·si·ty /spáːsəti/ spáː-/ 图 [U] 希薄, まばら.

Spar·ta /spáːtə/ spáː-/ 图 スパルタ《古代ギリシアの強大な都市国家; 兵士に対する厳格な訓練は「スパルタ式訓練」として有名》.

Spar·ta·cus /spáːtəkəs/ spáː-/ 图 スパルタクス (?–71 B.C.; トラキア出身の奴隷剣士; ローマに対して奴隷の大反乱を起こした).

⁺**Spar·tan**¹ /spáːtn/ spáː-/ 形 ❶ 〈古代〉スパルタ (人) の. ❷ スパルタ式の; 剛毅の, 質実剛健な, 厳格な (aus-

Spartan ... tere; ↔ luxurious). — 名 ❶ スパルタ人. ❷ 剛勇[質実剛健, 厳格]な人.

Spar・tan² /spáːtn | spáː-/ 名 [圏] スパータン《カナダ産の生食用リンゴ; 果肉は白くてパリパリとし, 皮はえび茶がかった黄色》.

Spár・tan・ism /-tənìzm/ 名 U スパルタ主義.

†**spasm** /spǽzm/ 名 ❶ C U けいれん (convulsion). ❷ [C] 発作 (fit): have a ~ of conscience [nausea] 突然良心が頭をもたげる[吐き気を催す]. 《F<L<Gk; 原義は「急に引っぱること」》 spasmodic, spastic]

spas・mod・ic /spæzmádik | -mɔ́d-/, **-i・cal** /-dɪk-/ 形 ❶ 発作的な, 断続的な. ❷ 〖医〗けいれん(性)の. **-i・cal・ly** /-kəlɪ/ 副 《L(Gk)》 (名 spasm)

spas・tic /spǽstɪk/ 形 ❶ けいれん(性)の; けいれん性まひの: ~ paralysis けいれん性まひ. ❷ 《俗》ばかな, へたくそな. — 名 ❶ けいれん患者. ❷ 《俗》ばか, へたくそ. 《L(Gk)》 (名 spasm)

***spat**¹ /spǽt/ 動 spit¹ の過去形・過去分詞.

spat² /spǽt/ 名 動 ちょっとした口論, 口げんか: I had a ~ with my wife. 妻と口げんかした.

spat³ /spǽt/ 名 [通例複数形で] スパッツ《くるぶしの少し上まである短いゲートル》. 〖SPAT(TERDASH)〗

spat⁴ /spǽt/ 名 《複 ~, ~s》 カキ (oyster) の卵.

spatch・cock /spǽtʃkɑ̀k | -kɔ̀k/ 名 《ねかせずに, 殺してすぐに作る》鳥の即席料理. — 動 ❶ 《鳥を即席料理にする. ❷ 《口》《後で思いついたことなどを》…に書き込む, 挿入する(into).

†**spate** /spéɪt/ 名 ❶ [a ~] 多数, 続発 《of》. b [言葉などの]ほとばしり: a ~ of words ほとばしり出る言葉. ❷ [C] 《英》大水: in ~ 《河水がはんらんして》(★ 無冠詞).

spathe /spéɪð/ 名 《植》仏炎苞(ぶつえんほう)の. **spathed** 形 仏炎苞のある.

spath・u・late /spǽθjʊlət, -lèɪt/ 形 =spatulate.

†**spa・tial** /spéɪʃ(ə)l/ 形 空間の[に存在する], 空間的な, 場所の. **~・ly** /-ʃəlɪ/ 副 (名 space)

spa・ti・al・i・ty /spèɪʃiǽləti/ 名 U 空間性, 広がり.

spa・ti・o・tem・po・ral /spèɪʃioʊtémp(ə)rəl‐/ 形 時間と空間(上)の, 時空の.

spat・ter /spǽtə | -tə/ 動 他 ❶ 《…に》《水・泥などを》はねかけてよごす 《with》《on, over》: ~ the floor 床をよごす / The car ~ed us with mud. = The car ~ed mud on us. その自動車は我々に泥をはねかけた. 〔悪口・中傷などを〕…に浴びせる: ~ a person with dirt 人を中傷する. — 自 ❶ 《水などが》《…に》はねる;《雨などが》《…に》ぱらぱら降る: Raindrops were ~ing on the doorstep. 雨が戸口の上り段にぱらぱらと降りかかっていた. — 名 ❶ [通例単数形で] ぱらぱら: a ~ of rain 小雨. ❷ 《水などの》はね, はねたもの.

spat・ter・dash 名 [通例複数形で] 《膝の下まである》ゲートル《昔, 主に乗馬に用いた; cf. spat³》.

spat・u・la /spǽtʃʊlə | -tjʊlə/ 名 ❶ へら, スパチュラ《食料・絵の具などを練ったり広げたりするのに用いるナイフ状のもの》. ❷ 《医》舌押し器. **spát・u・lar** /-lə | -lə/ 形

spat・u・late /spǽtʃʊlət, -lèɪt | -tjʊ-/ 形 《植》へら状の.

spätz・le /spǽtslə/ 名 =spaetzle.

spav・in /spǽvɪn/ 名 C U 《獣医》飛節内腫《軟腫》飛節軟種. **spáv・ined** 形 《馬が飛節内腫《軟腫》にかかった.

†**spawn** /spɔ́ːn/ 動 他 ❶ 《魚・カエルなどが》卵を産む. b 《軽蔑》《人が》《子供を》どっさり産む. ❷ 《…を》大量に生み出す. — 自 《魚・カエルなどが》卵を産む. — 名 U ❶ a 《魚・カエル・貝・エビなどの》卵, はらんご. b 《軽蔑》《どうしようもない》子供. ❷ 《植》菌糸. 《F=流すL expandere 広げる (⇒ expand); 魚が卵を水中で産み流すことから》【類義語】⇒ roe¹.

spay /spéɪ/ 動 他 《動物の》卵巣を除去する.

spaz, spazz /spǽz/ 《米俗》名 どじなやつ, ひどく不器用なやつ. — 動 自 ❶ 次の成句で. **spáz óut** 《米》自制がきかなくなる, ひどく興奮する, かーっとなる.

SPCA 《略》 Society for the Prevention of Cruelty to Animals 動物虐待防止協会.

SPCC 《略》 Society for the Prevention of Cruelty to Children 児童虐待防止協会.

‡**speak** /spíːk/ 動 《spoke /spóʊk/, 《古・詩》spake /spéɪk/; spo・ken /spóʊkən/》 ❶ **a** 話す, ものを言う, 話をする, 話しかける: Only man can ~. ものを言えるのは人だけだ / Would you ~ more slowly? もっとゆっくり話していただけませんか / (This is) William ~ing. 〖電話で〗《こちらは》ウィリアムです / I'll ~ to [with] her about [on] the matter. 私はそのことについて彼女に[と]話しましょう. 〖用法〗 to, with の場合には談合・意見の交換が暗示される; ~ to は受身可》 / He always spoke of you lovingly. 彼はいつもあなたのことを愛情をこめて話していました / Language is often spoken of as a living organism. 言語はしばしば生きた有機体と言われる. **b** [generally などの様態の副詞を伴って ~ing で] 《…の言い方で》話せば: strictly [roughly, generally, honestly] ~ing 厳密に[大ざっぱに, 一般的に, 正直に]言えば. ❷ 《人に》演説をする, 講演する: The lecturer spoke (for) about an hour. 講師は約1時間講演した / It's an honor for me to be able to ~ to you today. 本日皆さんにお話ができるのを光栄に思っております. ❸ **a** 《本・新聞などが》…に[に]話し, 伝える;《…のことを》語っている: The newspaper ~s to a lot of people. 新聞は大勢の人に語りかけている / This poem ~s of memories of his childhood. この詩は彼の幼年時代の思い出を語っている. **b** 《行動・表情などが》意思・感情などを表わす: Actions ~ louder than words. 《諺》言葉より行動のほうが雄弁である / His eyes spoke of sleepless nights. 彼の目を見ると何日も眠っていないことがわかった. ❹ 《楽器・鉄砲などが》音を発する, 鳴る: The cannon spoke. 大砲が鳴った. ❺ 《犬が》ほえる. — 他 ❶ 《事実・意見などを》話す, しゃべる(★ 進行形なし): Mr. Jones ~s three languages. ジョーンズ氏は3か国語を話す / What language do they ~ in Canada? カナダでは何語が話されますか. ❷ **a** 《人に》《言葉を》話す: No one spoke a word. だれも何も言わなかった / No one spoke a word to me. だれも私にひとことも話しかけてくれなかった. **b** 《事実・思想などを》話す, 伝える: ~ the truth 真実を語る / ~ one's opinion 意見を言う.

nót [nóthing] to spéak of... は言うまでもなく, …はもちろんのこと (not to mention): She knows French and Spanish, not to ~ of English. 彼女は英語はもちろんのことフランス語とスペイン語ができる.

sò to spèak 言わば, あたかも, まるで (as it were): He's, so to ~, a grown-up baby. 彼は言わば成人した赤ん坊だ.

speak agàinst... に反対[反論]する.

speak for... (1) …を代弁[代表]する: ~ for the group そのグループを代表する. (2) …を弁護する, …に賛意を示す: ~ for a motion 動議賛成の発言をする / ~ for oneself 自分のために弁ずる, 自分の事だけを言う; 自分の思う事[考え]を言う / S~ for yourself! 人の意見まで代弁したと思うな, こちらの考えとは別だ 〖用法〗相手の意見に不同意の表現). (3) [~ for itself [themselves] で] 《事態・事実などが》おのずから明らかである《他に説明を必要としない》: The facts ~ for themselves. 事実はおのずから明白になる. (4) …をあらかじめ注文する[申し込む], 予約する (★ 通例受身で用いる): These seats have already been spoken for. これらの席はもう予約済みです.

speaking of... について言えば, …の話のついでだが, …と言えば: Speaking of music, do you play any instrument? 音楽といえば君は何か楽器をやりますか.

speak one's mínd 思うことをはっきり言う: S~ your mind. 心の内を打ち明けなさい.

speak óut (自+副) 《…について》思い切って言う, 遠慮なく話す 《on, about》: ~ out on a subject ある問題について思い切って意見を述べる.

speak to... (1) 《…について》…と話す (⇒ 自 1). (2) …に演説する (⇒ 自 2). (3) 《本・新聞などが》…に伝える (⇒ 自 3 a). (4) …に関して話す, 言及する. (5) 《婉曲》《人を》たしなめる, 注意する. (6) 《物事が》《人の心に訴える》: The music ~s to me. その音楽は私の心に訴えかけてくる.

speak úp (自+副) (1) 〖しばしば命令法で〗もっと大きな声で話す. (2) 自分の意見を自由に[遠慮なく]話す.

spéak vólumes (for...) ⇨ volume 成句.
spéak wéll for... 〈行為などが〉...にとって有利な証拠となる: His work ~s well for him. 彼の仕事から彼の優秀さがわかる.
spéak wéll [íll] of... のことをよく[悪く]言う, ほめる[けなす]《★ 受身形は be well [ill] spoken of または be spoken well [ill] of》.
to spéak of [否定文で] 語るに足る, 重要な: That's nothing to ~ of. それはたいしたことではない / She has no ability to ~ of. 彼女にはこれといった才能がない.
〖OE〗 图 speech; 関連 lingual, oral 【類義語】
speak, talk 両方とも同じ意味に用いられることが多い最も普通の語だが, speak はしばしば大勢の聴衆に対する改まった演説, 講演あるいは発話という行為そのものを指すのに用いられ, talk は打ち解けた少人数の会話に用いられることがある. **converse** 何人かの人が意見や情報を交換し合うために話し合う. **discourse** やや形式ばった語だが, ある問題について詳しい, または改まった内容の話しをする.

-speak /spìːk/ [名詞連結形]「...特有の言いまわし[専門語, 用語]」「...語」: computerspeak コンピューター用語.★ George Orwell の造語 Newspeak に由来し, 通例軽蔑的なニュアンスで使用される.

spéak·a·ble /-kəbl/ 形 話してもよい; 話すのに適した.
spéak·éasy 图《米俗》(禁酒法時代 (1920-33)の)酒類密売店, もぐり酒場.
*__spéak·er__ /spíːkə | -kə/ 图 ❶ 話す人; 話し手: He's a good [poor] English ~. 彼は英語を話すのがうまい[下手だ]. ❷ 演説者, 弁士; 雄弁家: a fine [poor] ~ 演説のうまい[下手な]人. ❸ [通例 the S~] (下院, その他の議会の)議長. ❹ スピーカー, 拡声器. **the Speaker of the Hóuse**《米》下院議長. **the Speaker of the (Hóuse of) Cómmons**《英》下院議長.
spéaker·phòne 图《電話》スピーカーホン《マイクロホンとスピーカーが一つになっている送受話器》.
Spéakers' Còrner 图 スピーカーズコーナー《ロンドンの Hyde Park の東北の一角にある, だれでも自由に演説ができる広場》.
spéaker·shìp 图 [U.C] 議長職[任期].
*__spéak·ing__ /spíːkɪŋ/ 图 ❶ [U] 話すこと; 談話, 演説. ❷ [形容詞的に] 談話用の, 談話に適する: the ~ voice (歌声に対して)話し声 / within ~ range [distance] 話のできる範囲[距離]に. **in a mánner of spéaking** ⇨ manner 成句. ── 形 ❶ a 話す: a ~ part せりふのある役. b 話せる程度の: have a ~ knowledge of English 英語でものが言えるくらいは知っている / a ~ acquaintance あいさつ言葉を交わすくらいの(深くない)交際(相手). ❷ a ものを言うような; 表情たっぷりの, 人を感動させる: ~ eyes 表情豊かな目. b 実物に似た, 生き生きした: a ~ likeness 肖像画などが本物に実によく似た作. ❸ [複合語で] (...語を)話す: an English-speaking people 英語を話す国民. **on spéaking térms** (1) [通例否定文で] 口を利く程度の間柄で(なくて) (隠喩)仲が悪いことを意味する): I'm not on ~ terms with him. 彼と会っても話をするほど親しくはない; 彼とは仲たがいしている. (2) [人と](会えば言葉を交わす程度には親しくて[with].

spéaking clóck 图 [the ~] 《英》電話時報.
spéaking trúmpet 图 伝声管, 拡声器, メガホン.
spéaking tùbe 图 (船などの2室間の)伝声管.
†**spear¹** /spíə | spíə/ 图 ❶ 槍(やり), 投げ槍 ⇨ lance 比較. ❷ (魚を突く)やす. ── 動 他 ❶ a ...を槍で突く[刺す]. b [とがったもので]... を突き刺す [with]. ❷ (魚を)やすで刺す[捕まえる]. ── 图 父(親)の; 男の.
spear² /spíə | spíə/ 图 芽; 若枝, 若葉, 若根. ── 動 自 発芽する.
spéar·fish 图 《魚》フウライカジキ.
spéar gùn 图 水中銃.
†**spéar·hèad** 图 ❶ [通例単数形で] (攻撃・事業などの)先鋒(せんぽう), 先頭, 一番乗り《先頭を務める人[もの]》[of]. ❷ 槍の穂先. ── 動 他 (攻撃・事業)の先頭に立つ, 一番槍を務める: You will ~ the sales campaign. 君に販売キャンペーンの先頭に立ってもらう.
spéar·man /-mən/ 图 (複 -men /-mən/) (昔の)槍兵

(など), 槍(やり)持ち; 槍使い.
spéar·mìnt 图 [U] 《植》オランダハッカ, ミドリハッカ《普通のハッカ》. 《花の形が槍に似ていることから》
spéar síde 图 [the ~] (家系の)父方, 男系 (↔ distaff side): on the ~ 父方の.
spéar·wòrt 图 《植》キンポウゲ属の槍形の葉を有する植物, 特にイトキンポウゲ.
†**spec¹** /spék/ 图 《英口》思わく, 投機 (speculation): on ~ 投機として, やまを張って.
spec² /spék/ 图 [しばしば複数形で] 《口》明細書, 仕様書; (機能面の)仕様, スペック (specification).
spec. 《略》special; specifically.
*__spe·cial__ /spéʃəl/ 形 (more ~; most ~) ❶ (比較なし) 特別の, 特殊の (↔ general, ordinary): a ~ agency 特別代理店 / a ~ case 特別な場合, 特例 / (a) ~ education 特殊教育 / a ~ offer 特別提供(商品). ❷ (比較なし) a 独特の, 特有の (unique): a ~ flavor 独特の風味 / That's ~ to Scotland. それはスコットランド特有のものだ. b 専用の, 個人用の: my father's ~ chair 父専用のいす. ❸ (比較なし) 専門の, 専攻の (↔ general): make a ~ study of... を専攻する. ❹ (比較なし) 特別用の; 臨時の: a ~ correspondent 特派員 / ~ delivery 速達 / a ~ train 臨時列車. ❺ (量・程度など) 並はずれた, 例外的な, 異例の; 格別の: a ~ friend 親友 / a matter of ~ importance 特に重要な問題. **nóthing spécial** 特別にすぐれた, これといったところ[こと]はない. ── 图 ❶ 特別の人[もの]: a 特派員, 特使. b 特別[臨時]列車[列車など]. c 特別通信, 特電. d 号外, 臨時増刊. e (テレビの)特別[特集]番組, スペシャル. f 《米》(商店の)特価(品): on ~ 特価で《★ 無冠詞》. 〔F<L=特別な(種類の)<species 外観, 形, 種類; <species〕 ── 動 他 specialize, specialty 【類義語】 **special** 同類の他のものと比べて, 特別に違った性質や用途があることを意味する. **especial** special と同じ意味で用いられることも多いが, 特に際立って他と異なることを意味する.

spécial ágent 图 (FBI の)特別捜査官.
Spécial Áir Sérvice 图 [the ~] 《英》特殊空挺部隊 (⇨ SAS).
spécial área 图 《英》特別地域《政府の特別給付を受ける地域》.
Spécial Bránch 图 《英》[(the) ~; 集合的; 単数または複数扱い] (警察の)公安部.
spécial cónstable 图 《英》特別警察官《非常時に治安判事が任命する一般人》.
spécial dráwing ríghts 图 複 (IMF の)特別引き出し権 《略 SDR》.
†**spécial effécts** 图 複 (映画・テレビの)特殊効果; 特殊撮影, 特撮.
Spécial Fórces 图 複 《米軍》特殊(勤務)部隊.
spécial ínterest 图 特別利益団体《経済の特定部門に特別の権益を有する人[団体]》, (特に)院外圧力団体 (lobby).
spécial ínterest gròup 图 ❶ =special interest. ❷ =SIG.
spe·cial·ise /spéʃəlàɪz/ 图 動 《英》=specialize.
spe·cial·ism /spéʃəlìzm/ 图 ❶ [C] 専門(分野). ❷ [U] 専門化.
*__spe·cial·ist__ /spéʃəlɪst/ 图 ❶ 専門家 (expert) [in]. ❷ 専門医: an eye ~ 眼科医 / a ~ in dermatology 皮膚科医 / see a ~ 専門医に見てもらう. ── 形 A 専門(家)の, 専門的な: ~ knowledge 専門知識.
spe·ci·al·i·ty /spèʃiǽləṭi/ 图 《英》=specialty.
spe·cial·i·za·tion /spèʃəlɪzéɪʃən | -laɪz-/ 图 ❶ [U] 特殊[専門]化. ❷ [C] 専門課目[分野].
*__spe·cial·ize__ /spéʃəlàɪz/ 動 自 (...を)専門に扱う; 専攻する: ~ in English literature 英文学を専攻する / This restaurant ~s in French cuisine. このレストランはフランス料理専門だ. ❷ (...の)特殊化する. ❸ (研究などを)専門化する (⇨ specialized). (形 special)
†**spé·cial·ìzed** 形 専門の, 専門化した.

spécial júry 名〖法〗特別陪審 (cf. common jury).

spécial lícence 名〖英法〗結婚特別許可証《予告(banns) なしに時と場所を選ばずに結婚式を挙げてもらえる, 英国国教会が出す許可証》: marriage by ~ 特別許可証による結婚《★ by ~ は無冠詞》.

__spe·cial·ly__ /spéʃəli/ 副 (more ~; most ~) ❶ 特別に, 格別に; わざわざ. ❷ (比較なし)特に. ❸ (比較なし)臨時に. ❹ (比較なし)特別の方法で, 特別で. 〖類語〗⇒ especially.

⁺spécial néeds 形 〘障害者などに生じる〙特殊ニーズ.

spécial óffer 名 CU 特別提供(商品), 特売(品).

Spécial Olýmpics 名 〘the ~〙特別オリンピック《4年に一回開催される心身障害者の国際スポーツ大会》.

spécial pléading 名 U ❶〖法〗特別訴答《相手方の陳述を直接否定する代わりに新事実を主張して行なう》. ❷ 手前勝手な主張[議論].

spécial relatívity 名 U 特殊相対性理論.

spécial schóol 名 〘障害児のための〙特殊学校.

spécial sórt 名〖英〗〖印〗特殊活字.

spécial téam 名〖アメフト〗スペシャルチーム《キックオフ・パント・エクストラポイント・フィールドゴールなど特定の場面だけに起用される選手の一団》.

⁺spécial·ty /spéʃəlti/ (〖標〗〖英〗では speciality を用いる) ❶〘料理店・土地などの〙名物, 名産, 特産品(of). ❷ 専門, 本職; 得意, 得手: His ~ is Japanese history. 彼の専門は日本史だ. (形 special)

spe·ci·ate /spíːʃièɪt, -si-/ 動〖生〗新しい種(species) に分化する.

spe·ci·a·tion /spìːʃiéɪʃ(ə)n, -si-/ 名 U〖生〗種形成, 種分化.

spe·cie /spíːʃiː, -si-/ 名 U (紙幣に対して)正金, 正貨: in ~ 正金で.

__spe·cies__ /spíːʃiːz, -si:z/ 名 (複 ~) ❶〖生〗(分類上の)種(ジ) (cf. classification 1 b): birds of many ~ 各種の鳥 / the human ~ = our ~ 人類 / The Origin of S- 「種の起源」《Darwin の著書 (1859)》. ❷ 種類: a new ~ of watch 新種の時計 / I felt a ~ of shame. ある種の恥ずかしさを感じた. 〖L species 外観, 形, 種類; cf. especial, special, specific, spice〗

spécies bàrrier 名 ❶〖生〗種の障壁, 種の壁, 種間障壁《病気がある種から別の種に転移するのを妨げると考えられている自然界の機構; しばしば, 牛の狂牛病がヒトのクロイツフェルト・ヤコブ病にうつることが例に用いられる》. **cross [júmp] the spécies bàrrier** 種の障壁を越える.

spé·cies·ism /-zìzm/ 名 U 動物軽視, 人間優位主義.

specif. (略) specific; specifically.

spec·i·fi·a·ble /spésəfàɪəbl/ 形 明記[明述]できる.

__spe·cif·ic__ /spɪsífɪk/ 形 (more ~; most ~) ❶ 特定の, 一定の; 明確な, 具体的な; 正確な, 詳細な (↔ general, generic): for a ~ purpose あるはっきりした目的で / a sum of money 一定の金額 / with no ~ aim これといった目的もなく / ~ instructions [ways] 具体的な指示[方法] / ~ directions 詳しい案内[順路] / Be more ~ *about* what you want to do. 何をしたいのかをもっとはっきりしなさい. ❷ A (比較なし)〘薬が〙特効のある; 特効の: ~ medicine 特効薬 / a ~ remedy 特殊療法. ❸ 特有の (peculiar); 限定的な, 限られた; 特異的な: a style ~ *to* that school of painters その一派の画家特有の画風. ❹ 〖生〗種の; その種に特有な. ❺ 〘税などが〙従量(制)の.
— 名 ❶〘複数形で〙細目; 詳細: get down to [get into] ~s 各論に入る. ❷ C 特効薬 (*for*). 〖L ⇒ species, -fic〗 (動 specify) 〖類語〗⇒ particular.

__spe·cif·i·cal·ly__ /spɪsífɪk(ə)li/ 副 (more ~; most ~) ❶ 特に, とりわけ; 限定的に, 限られて, 特異的に: These facilities are designed ~ for disabled persons. これらの設備は特に障害のある方々のために設計されています / an anti-smoking campaign ~ targeted [aimed] at teenagers 特に10代の若者を対象にした禁煙運動. ❷ 明確に, はっきりと: The bottle was ~ labeled "poison." その瓶にははっきり「毒物」とラベルがはってあった. ❸ 具体的に言うと, つまり. 〖類語〗⇒ especially.

⁺spec·i·fi·ca·tion /spèsəfɪkéɪʃ(ə)n/ 名 ❶ C 〘通例複数形で〙**a** 明細書, 設計書, 仕様書. **b** 明細, 内訳, 仕様 (spec). ❷ U 詳述; 列挙(*of*). (動 specify)

specífic chárge 名〖理〗比電荷《荷電粒子の電気量と質量の比》.

specífic épithet 名〖生〗〘学名の〙種小名《二名命法で属名のあとに, 通例ラテン語の小文字で示す種名形容語》.

specífic grávity 名〖理〗比重《略 SG, sp. gr.》.

specífic héat 名 U〖理〗比熱.

spec·i·fic·i·ty /spèsəfísəti/ 名 U 特定; 特殊性.

specífic perfórmance 名〖法〗特定履行《契約不履行に対する救済が損害賠償では不十分な場合, 契約条件どおりの履行を裁判所が強制すること》.

__spec·i·fy__ /spésəfàɪ/ 動 ❶〘...を〙明示[明記]する, 明細に言う[記す]: He *specified* the reasons for the failure. 彼は失敗の理由を細かに指摘した / [+*that*] The ticket *specifies that* the concert begins at 8:00. 入場券にはコンサートは8時開演と明記されている / [+*wh*-] The invitation doesn't ~ *what* we should wear. 招待状には何を着用すべきかの明記はされていない. ❷〘...を〙明細書[設計書, 仕様書]に記入する: ~ oak flooring ナラ材の床を設計書に指定する. (形 specific, 名 specification)

__spec·i·men__ /spésəmən/ 名 ❶ **a** 見本, 実例 (sample): Could I see a ~ *of* the material? その生地の見本を見せていただけますか. **b**〖生・医〗標本, 試料, 検査材料: stuffed ~s 剝製(ミミ) / preserve a ~ in spirits 標本をアルコール漬けにして保存する. ❷〘通例修飾語を伴って〙〖口〙〘変わった〙人, やつ: a queer ~ 変人 / What a ~! 何という変人だ! 〖L = 目じるし<*specere* 見る; cf. spectacle〗

spe·cious /spíːʃəs/ 形 〘実際は違うが〙正しく見える, もっともらしい, 見かけ倒しの. **~·ly** 副. **~·ness** 名.

speck /spék/ 名 ❶ 小さい点, ぽつ, 点: a ~ *of* dust 一片のほこり / The Earth is only a ~ in the universe. 地球は宇宙の1点にすぎない. ❷〘通例否定文で〙少量, わずか: There's *not* a ~ of dust in the room. 部屋にはちりひとつ落ちていない.

specked 形 点[きず]のついた: ~ apples きずのあるリンゴ.

speck·le /spékl/ 名 小さなはん点, ぽつ, 斑(ベ).

spéck·led 形 小さなはん点のついた, 斑(ベ)入りの.

spéck·less 形 斑点のない, しみのない, 清らかな.

specs /spéks/ 名〖口〗眼鏡 (spectacles).

__spec·ta·cle__ /spéktəkl/ 名 ❶ CU **a**〘目を見張るような〙光景, 美観, 壮観. **b**〘大仕掛けな〙ショー, スペクタクル. ❷〘複数形で〙眼鏡《〖比較〗 glasses より形式ばった語》: a pair of ~s 眼鏡一つ / put on [take off] one's ~s 眼鏡をかける[はずす]. **màke a spéctacle of oneself** 人に笑われるようなこと[服装]をする, もの笑いの種になる. 〖F < L *specere*, *spect*- 見る (cf. spectrum)〗 (形 spectacular)

spéc·ta·cled 形 ❶ 眼鏡をかけた. ❷〖動〗眼鏡形の斑(ベ)のある.

spéctacled cóbra 名〖動〗インドコブラ.

__spec·tac·u·lar__ /spektǽkjʊlə | -lə/ 形 ❶ 壮観な; 目覚ましい, 華々しい; 劇的な. ❷ 見せ物の, 見せ物的な. — 名〘長時間の〙豪華(テレビ)ショー (extravaganza): a TV ~ 豪華テレビショー. **~·ly** 副. (名 spectacle)

spec·tate /spéktert/ 動 傍観する, 見物する.

__spec·ta·tor__ /spékteɪtə, -´-´- | spektéɪtə/ 名 見物人, 観客. 〖L; ⇒ spectacle〗

spéctator spòrt 名 多くの観客を集めるスポーツ.

⁺spec·ter /spéktə | -tə/ 名 ❶〘心に浮かぶ〙怖いもの, 恐ろしい幻影. ❷ 幽霊, 亡霊, 妖怪, お化け. 〖F < L SPECTRUM〗 (形 spectral)

spec·ti·no·my·cin /spèktənə-/ 名 U〖薬〗スペクチノマイシン《淋病用抗菌薬》.

spec·tra /spéktrə/ 名 spectrum の複数形.

spec·tral /spéktrəl/ 形 ❶ お化けの(ような); 怪奇の. ❷〖光〗スペクトルの: (a) ~ analysis 分光[スペクトル]分析 / ~ colors 分光色《にじ色》. **~·ly** /-trəli/ 副. (名 spectrum)

spec·tre /spéktə | -tə/ 名《英》= specter.
spec·tro- /spéktrou/ [連結形]「スペクトル(の)」「分光器の付いた」.
spec·tro·gram /spéktrəgræm/ 名 分光[スペクトル]写真.
spec·tro·graph /spéktrəgræf | -grà:f/ 名 分光[スペクトル]写真機.
spèctro·héliograph 名 単光太陽写真機, スペクトロヘリオグラフ.
spèctro·hélioscope 名《天》単光太陽[望遠]鏡, スペクトロヘリオスコープ.
spec·trom·e·ter /spektrámətə | -trɔ́mətə/ 名 分光計.
spèctro·photómeter 名《光》分光光度計[測光器]. **-photometry** 名 U 分光測光法. **-phò·to·mét·ric** 形 **-ri·cal·ly** 副
spec·tro·scope /spéktrəskòup/ 名《光》分光器. **spec·tro·scop·ic** /spèktrəskápɪk | -skɔ́p-/ 形
spec·tros·co·py /spektrάskəpi | -trɔ́s-/ 名 U 分光学.
*__spec·trum__ /spéktrəm/ 名 (複 -tra /-trə/, ~s) ❶《光》スペクトル. ❷ (目の)残像. ❸ U 変動するものの連続体;範囲: a wide ~ of interests 広範囲の趣味 / a whole ~ of topics ピンからキリまでの話題. 〖L=見えるもの〈*specere*, *spect*- 見る; cf. aspect, expect, inspect, perspective, prospect, respect, retrospect, suspect; spectacle〗(形 spectral)

spec·u·la /spékjʊlə/ speculum の複数形.
spec·u·lar /spékjʊlə | -lə/ 形 磨いた金属など鏡のような.
*__spec·u·late__ /spékjʊlèɪt/ 動 自 ❶ (確実な根拠なしに)思いめぐらす, 思索[沈思]する; 推測をする: ~ about [on] time and space [the origin of the universe] 時空[宇宙の起源]について思いを凝らす / She often ~d as to what sort of man she would marry. 彼女はよくどんな人と結婚するのだろうかと考えてみることがあった. ❷ 投機をする, 思わく買い[売り]をする: ~ in stocks [shares] 株に手を出す / ~ on a rise [fall] 騰貴[下落]を見越してやをはる. ── 他 (...であると)推測する [+*that*] He ~*d that* this might lead to success. 彼はこれがもし成功するかもしれないと考えた. [+*wh*-] He ~*d who* might have done it [*what* might happen]. 彼はだれがそれをしたのか[何が起こるか]と考えた. 〖L *speculari*, *speculat*- 注視する〈*specere* 見る; cf. spectrum〗(名 speculation, 形 speculative)

*__spec·u·la·tion__ /spèkjʊléɪʃən/ 名 U.C ❶ (確実な根拠ない)思索, 沈思; 推測, 憶測 [*on*, *about*]. ❷ 投機, 思わく買い, 「やま」: ~ *in* land 土地の思わく買い / buy land as a ~ 土地の思わく買いをする / make some good [bad] ~*s* うまい[下手な]投機をやる. (動 speculate)

+__spec·u·la·tive__ /spékjʊlətɪv, -lèɪ-/ 形 ❶ A 思索的な; 推論的な. ❷ 探るような, 好奇の: a ~ glance 好奇の視線. ❸ 投機的な, 思わくの: ~ buying 思わく買い. ❹ 不確かな, 危険な. **~·ly** 副 (動 speculate)

spéculative búilder 名 建て売り業者.
*__spéc·u·là·tor__ /spékjʊlèɪtə | -tə/ 名 ❶ 相場師, 山師. ❷ 思索家; 空論家.
spec·u·lum /spékjʊləm/ 名 (複 -la /-lə/, ~s) ❶ 〖医〗(口・鼻・子宮などの)検鏡. ❷ (望遠鏡の)反射鏡, 金属鏡. ❸ 〖鳥〗(カモなどの翼の)燦点(さんてん). 〖L=見るもの, 鏡〈*specere* 見る; cf. spectrum〗
spéculum métal 名 U 鏡金(望遠鏡などの反射鏡用).
*__sped__ /spéd/ 動 speed の過去形・過去分詞.
*__speech__ /spiːtʃ/ 名 ❶ C 演説, スピーチ, (...の)辞: an after-dinner ~ (食後の)テーブルスピーチ 《匯錾「テーブルスピーチ」は和製英語》 / a farewell ~ 告別の辞 / make [deliver, give] a ~ 演説をする. **b** U a 話すこと, 発言; ものを言う力: freedom of ~ = 言論の自由 / lose the power of ~ 口がきけなくなる / burst into ~ いきなりしゃべりだす / Speech is silver, silence is golden. 《諺》雄弁は銀, 沈黙は金. **b** 話し方, 話しぶり: He's slow of ~. 彼はとつ弁である. ❸ U a 話し言葉: daily [everyday] ~ 日常語. **b** 国語; 方言: American ~ 米語. ❹ U 談話, 会話: They walked on without ~. 彼らは言葉を交わさずに歩き続けた. ❺ U スピーチ研究, スピーチ学《口頭伝達・音声などの理論・実践研究》. ❻ U 〖文法〗話法: direct [indirect] ~ 直接[間接]話法 / ⇒ represented speech. (動 speak; 関形 lingual, oral) 〖類義語〗**speech** 聴衆を相手に行なう話や演説を意味する最も一般的な語で, 前もって準備したものでも即席のものでもよい. **talk** 非公式の場での会話調のくだけた形式ばらない **speech**. **address** 重要な問題について, またはある特定の場で行なわれる前もって準備された公式の **speech**. **oration** ある特別な場合に行なわれる荘重な, またはしばしば大げさな雄弁・美文調の **speech**.

spéech àct 名〖哲・言〗言語[発話]行為《要求・忠告・警告・説得など話者の発話 (utterance) がそれ自体で一つの行為を形成するもの》.
spéech búbble 名 (漫画の)吹き出し.
spéech dày 名《英》(学校の)スピーチデー《来賓スピーチ・賞品授与などが行なわれる》.
speech·i·fi·ca·tion /spìːtʃəfɪkéɪʃən/ 名 C.U 演説, 訓辞.
speech·i·fy /spíːtʃɪfàɪ/ 動 自《戯言》演説をぶつ, しゃべり立てる, 長談義をする.
speech·less 形 ❶ (強い感情で)ものが言えない, 唖然とした〔*with*, *from*〕: Wonder left him ~. 驚きで彼は口がきけなくなった / He was ~ *with* rage [joy]. 彼は激怒のあまり[うれしくて]口もきけなかった. ❷ 口のきけない. ❸ 口をきかない, 黙っている, 無口の. ❹ A 言葉で言い表せないほどの: ~ grief 筆舌に尽くしがたい悲しみ. **~·ly** 副 **~·ness** 名 〖類義語〗⇒ dumb.
spéech·réading 名 = lipreading.
spéech recognìtion 名 U〖電算〗音声認識.
spéech sòund 名〖音竟〗言語音.
spéech sýnthesizer 名 (コンピューターシステムによる)音声合成装置.
spéech thèrapist 名 言語治療[療法]士.
spéech thèrapy 名 U 言語(障害)治療(法).
spéech·wrìter 名 スピーチ原稿代作者.
*__speed__ /spíːd/ 名 ❶ C.U 速度, スピード: the ~ of sound 音速 / (at) full [top] ~ 全速力で / at (a) breakneck ~ 猛スピードで / at half [(an) ordinary] ~ 半分の[普通の]速度で / get [pick] up ~ = gather ~ 速度を増す / reduce (the) ~ 《匯錾「スピードダウン」は和製英語》 / travel at a ~ of 30 miles an hour 1 時間 30 マイルの速度で進む. ❷ U (動作・行動などの)速いこと, 速さ, 迅速(炭): with great ~ 大急ぎで / Safety is more important than ~. 急ぐより安全のほうが大切 / More haste, less ~. 《諺》急がば回れ. ❸ C (自動車などの)変速ギヤ: a 4-*speed* automatic transmission 4 速の自動変速機 / a 10-*speed* bike 10 段変速機つき自転車. ❹ U《俗》覚醒剤《アンフェタミンなど》. ❺《古》成功, 繁栄; 幸運: God send [give] you good ~. ご成功を祈る.
at spéed スピードを出して, 高速で: The train is traveling *at* ~. 列車はスピードを出して走っている. **Fúll spéed ahéad!** どんどんやれ[働け]! **ùp to spéed** (1) 目いっぱいに(稼動して), 最大限に(機能して, 成果をあげて). (2) 通常の[目標の]水準[割合]で(機能[稼動]して, 成果をあげて). (3) 十分に知識があって, よく理解できて; 最新の情報に通じて.
── 動 (**sped** /spéd/, ~·ed) 自 ❶ [副詞(句)を伴って] 急ぐ; 疾走する (race): The car *sped* along [*down*] the street. その自動車は通りを疾走していった. ❷ 速度を増す: The hydrofoil soon ~*ed up*. 水中翼船はまもなく速度を上げた / Can you ~ *up* (a bit)? (もう少し)急いでくれない? ❸ [通例進行形で] (自動車で) 違反速度を出す: Slow down. You're ~*ing*. 速度を落とせ, スピード違反だぞ. ❹《古》〈人が〉栄える; 〈物事がうまくゆく〉. ❺《俗》覚醒剤をうつ[やる], 覚醒剤が効いている. ── 他 ❶ [副詞(句)を伴って](...を)急がせる, 速やかに送る[行かせる]: She *sped* the children *toward* the emergency exit. 彼女は子供たちを非常口へと急がせた / Jack *sped* her *to* the hospital. ジャックは彼女を車に乗せて病院へと

急いだ. ❷ 《…の》速度を速める, [スピード]を上げる, 《…を》迅速にする; 促進する: ~ (*up*) production [(a) process] 生産の[進行, プロセス]速度を上げる / ~ (*up*) recovery 回復を速める. ❸ 《古》《人を》成功させる, 繁栄させる: God ~ you! ご成功を祈る.
〖OE=成功, 前進〗 (形 speedy)

speed bag 图 《米》スピードバッグ《ボクサーがすばやいパンチを練習するための小さいパンチバッグ》.

spéed·báll 《俗》图 Ⓤ スピードボール《コカインにヘロインまたはモルヒネを混ぜた麻薬》. —— 動 圓 スピードボールを注入する.

spéed·bòat 图 快速艇, スピードボート.

speed bùmp 图 《米》スピード防止帯《車の速度を落とさせるための道路上の段差》.

spéed càmera 图 スピードカメラ《速度違反車を感知してそれを写真[ビデオ]に撮るカメラ》.

spéed dìal 图 《また spéed dìaling》Ⓤ 《電話の》スピードダイヤル機能, 番号登録機能. —— 動 圓 ⑮ スピードダイヤルで電話をかける.

spéed·er /-də|-də/ 图 高速で運転する人; スピード違反者.

spéed·ing /-dɪŋ/ 图 Ⓤ スピード違反.

⁺**spéed lìmit** 图 制限速度; 最高速度.

spéed mèrchant 图 《英口》《自動車の》スピード狂.

spee·do /spíːdoʊ/ 图 (後 ~s) 《英口》スピードメーター. 〖SPEEDO(METER)〗

speed·om·e·ter /spiːdɑ́məɾə, spɪ-|-dɔ́mətə/ 图 速度計, スピードメーター.

spéed-rèading 图 Ⓤ 速読(法).

spéed skàting 图 Ⓤ スピードスケート.

speed·ster /spíːdstə|-stə/ 图 ❶ スピードを出す運転者[ランナー]. ❷ 高速が出せる車, 高速車.

spéed tràp 图 スピード違反取り締まり区間.

spéed-úp 图 Ⓤ.Ⓒ 速度を上げること, 《機械・生産などの》能率促進, スピードアップ.

spéed·wày 图 ❶ a Ⓒ スピードウェー《オートバイなどの楕円(だん)形の競走路》. b Ⓤ 《スピードウェーでの》オートバイレース. ❷ Ⓒ 《米》高速道路.

spéed·wèll 图 Ⓤ 《植》クワガタソウ属の植物.

⁺**speed·y** /spíːdi/ 形 (**speed·i·er**; **-i·est**) ❶ 早速の, 即座の: a ~ answer 即答. ❷ 速い; 迅速な, きびきびとした: a ~ worker 仕事の速い人 / a ~ recovery 急速な回復. **spéed·i·ly** 副 速く, 急いで, 速やかに. **spéed·i·ness** 图 (图 speed) 〖類義語〗 ➡ quick.

speiss /spáɪs/ 图 《冶》砒鈹(ʌˊ), スパイス《ある種の金属鉱石を製錬する際に発生する金属祖化物》.

spe·le·ol·o·gy /spìːliɑ́ləʤi|-liɔ́l-/ 图 Ⓤ ❶ 洞窟(ジラ)学. ❷ 洞窟探検. **spe·le·o·log·i·cal** /spìːliəlɑ́ʤɪk(ə)l|-lɔ́ʤ-/ 形. **spè·le·ól·o·gist** /-ʤɪst/ 图 Ⓒ 洞窟学者; 洞窟探険家.

spe·le·o·them /spíːliəθèm/ 图 Ⓒ 洞窟二次生成物《鍾乳石など》.

＊**spell¹** /spél/ 動 (**spelt** /spélt/, ~**ed** /-d, -t/) 《語形》《英》では **spelt** のほうが一般的》⑮ ❶ 《語を》つづる, 《…の》つづりを書[言]く: ~ a word correctly 単語を正しくつづる / Would you ~ that for me? そのつづりをおしえてくれませんか / [+目+補] How do you ~ the word? その語はどうつづりますか / My name is ~ed B-O-Y-D. 私の名はB-O-Y-D とつづる. ❷ 《…とつづって×…と読む, 《…が…という》単語になる 《★受身不可》: O-n-e ~s 'one.' オーエヌイーとつづってワンと読む. ❸ 《結果を招く》, 《…という》結果になる: Failure ~s death. 失敗すれば命はないThat can only ~ trouble. そうなれば面倒なことになるのは目に見えている. ❹ 《物事が》《…を》意味する, 示す 《signal》. —— 圓 字を《正しく》つづる: Learn to ~ (correctly). 正しく字がつづれるように勉強しなさい. **spéll óut** (他) 《略式》(1) 《語を 1 字 1 字で書く》; 1 字 1 字つづる, 《省略せずに》完全につづる. (2) 《…をはっきりと[詳細に]説明する, 《…かを》詳細に説明する 《*wh-*》. 〖OF=音読する〗

＊**spell²** /spél/ 图 ❶ a 《天候などの》一時, ひと続き: a ~ of fine [hot] weather 晴天[暑気]続き / a dry ~ 乾燥続き. b しばらくの間 (*period*): work for a ~ しばらく働く. ❷ a 《交替でやる》ひと仕事, ひと続き: a ~ of work ひと仕事. b 《仕事などの》順番, 交代: by ~s かわるがわる / have [take] a ~ at…を交代する / give a person a ~ 人に仕事を交代してやる. ❸ 《口》一時的な発作, 発病: a ~ of coughing=a coughing ひとしきりのせき込み. ❹ 《豪》《人と》交替して, 代わって働く. 〖OE=交代する〗

⁺**spell³** /spél/ 图 ❶ 呪(ぶ)文, まじない, 魔法, 魔力: break a ~ まじないを解く / 迷夢をさます / cast a ~ on [over]…=put a ~ on…=cast [lay, put]…under a ~…に魔法をかける. を魅する / under a ~ 呪文で縛られて, 魔法にかかって. ❷ 《通例単数形で》魅力: under the ~ of a person's eloquence 人の雄弁に魅せられて. 〖OE=話, 言葉〗

spéll·bìnd 動 (他) (-**bound**) 魅する; 呪文で縛る.

spéll·bìnder 图 雄弁家; 《特に》聴衆を引きつける政治家.

spéll·bìnd·ing 形 魅了する, 引きつけて離さない.

spéll·bòund 形 ❶ 魅せられた, うっとりした. ❷ 呪文で縛られた, 魔法にかかった.

spéll-chéck 動 (他) 《…を》スペルチェックする.

spéll-chècker 图 《電算》スペルチェッカー《文書ファイル中の単語のスペリングを検査して誤りを指摘するプログラム》.

spéll·er 图 ❶ つづる人: a good ~ つづりを間違えない人. ❷ 《米》= spelling book.

＊**spell·ing** /spélɪŋ/ 图 ❶ Ⓤ つづり方, つづること: in full (略さないで) つづりのとおりに. ❷ Ⓒ つづり, スペリング 《[比較]「スペル」を名詞に用いるのは和製英語》: 'Colour' is a British ~. 'colour' は英国式つづりである.

spélling bèe 图 スペリング[つづり字]競争 (cf. bee 3).

spélling bòok 图 つづり字教本.

spélling chècker 图 = spellchecker.

spélling pronunciàtion 图 Ⓤ.Ⓒ つづり字発音 《*boatswain* /bóʊs(ə)n/ を /bóʊtswèɪn/, often /ɔ́ːfən/ をɔ́fən/ を /ɔ́ːftən/ と発音するなど》.

spelt¹ /spélt/ 動 spell¹ の過去形・過去分詞.

spelt² /spélt/ 图 Ⓤ スペルト小麦《家畜飼料用》.

spel·ter /spéltə|-tə/ 图 Ⓤ 亜鉛《鋳塊》; 《はんだ用》亜鉛棒.

spe·lunk·er /spɪlʌ́ŋkə|-kə/ 图 《米》《趣味の》洞窟探検家.

spe·lunk·ing /spɪlʌ́ŋkɪŋ/ 图 《米》《趣味としての》洞窟探検.

spen·cer¹ /spénsə|-sə/ 图 スペンサー: **a** 19 世紀初期の短い外套[上着]. **b** 昔の女性用胴着[ベスト].

spen·cer² /spénsə|-sə/ 图 《海》スペンサー《前檣(ぎょ)[大檣]の補助となる縦帆》.

＊**spend** /spénd/ 動 (**spent** /spént/) ⑮ ❶ 《金を使う, 費やす: She ~s ten dollars a day. 彼女は 1 日に 10 ドル使う / He ~s a lot of money *on* CDs. 彼は多額の金を CD に使う / [+目+*on*+*doing*] She ~s a lot of money (*on*) *entertaining* her friends. 彼女は友人の歓待に大金を使う. ❷ 《時・休暇などを》過ごす; 《時間を》費やす, かける: ~ a pleasant day 楽しい一日を過ごす / ~ a sleepless night 眠れぬ夜を過ごす / Where did you ~ your vacation? 休暇はどこで過ごしましたか / He **spent** a day at the beach. 彼は浜辺で一日過ごした / He ~s very little time *on* his work. 彼は仕事にはほとんど時間をかけない / [+目(+*in*)+*doing*] He ~s too much time (*in* [*on*]) *watching* television. 彼はテレビを見る時間が多すぎる / He **spent** much of his spare time *roaming* about the streets. 彼は通りをぶらついて暇な時間の多くを費やした. ❸ **a** 《…に》精力・労力などを **使う**, 使い果たす: ~ all one's energies (*on* one's work) 《仕事に》精力を使い果たす / The storm soon **spent** its force. あらしはまもなくおさまった. **b** ~ *oneself* で 精力が尽きる, 消耗する: The storm soon **spent** *itself*. あらしはまもなくおさまった. —— 圓 金を使う[費やす]; 浪費する. 〖L *expendere* 支払う〗
⇒ **expend**〗

⁺**spénd·er** 图 [修飾語を伴って] 金づかいの《…の》人, 浪費家: a lavish ~ 金づかいの荒い人 / a big ~ 気前よく金を使う人.

Spen·der /spéndə | -də/, **Stephen** 图 スペンダー (1909-95; 英国の詩人・批評家).

spénd·ing mòney 图 Ⓤ こづかい銭.

spénd·thrift 图 金づかいの荒い人, 浪費家. — 形 金づかいの荒い.

Spen·ser /spénsə | -sə/, **Edmund** 图 スペンサー (1552?-99; 英国の詩人).

Spen·se·ri·an /spensí(ə)riən/ 形 スペンサー(流)の. — 图 =Spenserian stanza.

Spensérian stánza 图 [the ~] [詩学] スペンサー連(**解説** Spenser が *The Faerie Queene* (1590-96) に用いたもので, 1-8 行までが弱強 5 歩格, 9 行目は弱強 6 歩格).

spent /spént/ 動 spend の過去形・過去分詞. — 形 (**more ~; most ~**) ❶ 疲れきった, 弱った. ❷ (比較なし) **a** 〈燃焼料など〉使用済みの: ~ nuclear fuel 使用済み核燃料. **b** 〈弾丸など〉使い切った. ❸ (比較なし) 〈魚が〉産卵[放精]した.

sperm /spə́ːm | spə́ːm/ 图 (**@** ~, **~s**) ❶ Ⓒ 精子, 精虫. ❷ Ⓤ 精液 (semen). 《F<L<Gk *sperma* 種》

sper·ma·ce·ti /spə̀ːməsíːti | spə̀ː-/ 图 Ⓤ 鯨蠟(ろう) 《マッコウクジラ油から取れる白色の結晶様のろう; 軟膏・化粧品・ろうそくにする》.

sper·ma·the·ca /spə̀ːməθíːkə | spə̀ː-/ 图 (昆虫・無脊椎動物の雌性生殖器にある) 貯精嚢. **-thé·cal** /-k(ə)l/ 形

sper·mat·ic /spə́ːmǽtɪk | spə̀ː-/ 形 精液の, 精子の.

sper·ma·tid /spə́ːmətɪd | spə̀ː-/ 图 [動] 精子細胞.

sper·mat·o- /spə̀ːmǽtoʊ-, spə́ːmə- | spə̀ːmə-/ [連結形]「種子; 精子」.

spermáto·cỳte /-sàɪt/ 图 [生] 精母細胞.

spermàto·génesis 图 Ⓤ [生] 精子形成[発生].

sper·ma·to·go·ni·um /spə̀ːmæt̬əgóʊniəm, spə́ːmə- | spə̀ːmə-/ 图 (**@** **-ni·a** /-niə/) [生] 精原細胞. **-gó·ni·al** /-niəl-/ 形

spermáto·phòre /-fɔ̀ə | -fɔ̀ː/ 图 [動] (ある種の昆虫・軟体動物などの) 精莢(じょう), 精包.

spermáto·phỳte /-fàɪt/ 图 [植] 種子植物. **spermàt·o·phýt·ic** /-fítɪk-/ 形

sper·ma·to·zo·al /spə̀ːmǽtəzóʊəl, spə̀ːmə-/ 形 [動] 精子[精虫]の[に似た].

sper·ma·to·zo·an /spə̀ːmǽtəzóʊən, spə̀ːmə-/ 形 =spermatozoal.

sper·ma·to·zo·id /spə̀ːmǽtəzóʊɪd, spə̀ːmə-/ 图 [植] 植物の雄性配偶子, 精子.

sper·mat·o·zo·on /spə̀ːmǽtəzóʊən, spə̀ːmə- | spə̀ːmətəzóʊən/ 图 (**@** **-zo·a** /-zóʊə/) [生] 精子, 精虫.

spérm bànk 图 (人口受精用の) 精子バンク.

spérm cóunt 图 [医] 精子数測定 (精液中の生存精子数の測定; 男子の授精能力の尺度とする).

sper·mi·ci·dal /spə̀ːməsáɪdl | spə̀ː-/ 形 殺精子(剤)の.

sper·mi·cide /spə́ːməsàɪd | spə̀ː-/ 图 殺精子剤 (避妊剤).

sper·mi·dine /spə́ːmədìːn | spə̀ː-/ 图 Ⓤ [生化] スペルミジン (特に 精液中に含まれるポリアミン).

sperm·ine /spə́ːmiːn | spə̀ː-/ 图 Ⓤ [生化] スペルミン (精液中に含まれる一種のポリアミンで, 精液の特異臭はこれによる).

spérm òil 图 Ⓤ 鯨油, マッコウクジラ油.

spérm whàle 图 [動] マッコウクジラ.

spes·sar·tite /spésətàɪt | -sə-/, **-tine** /-tiːn/ 图 Ⓤ [鉱] マンガンざくろ石.

spew /spjúː/ 動 (他) ❶ **a** 〈煙などを〉吹き出す *out*. **b** 〈怒りなどを〉ぶちまける *out*. ❷ 〈食べたものを〉吐く *up*. — (自) ❶ **a** 〈煙などが〉吹き出る *out*. **b** 〈怒りなどが〉とばしる *out*. ❷ へどを吐く *up*.

SPF (略) sun protection factor 日焼け止め指数.

SPG (略) Society for the Propagation of the Gospel 福音伝道協会.

sp. gr. (略) [理] specific gravity.

sphag·num /sfǽgnəm/ 图 Ⓤ [植] ミズゴケ (園芸用に鉢に詰めるのに用いる; cf. peat moss).

sphal·er·ite /sfǽləràɪt/ 图 Ⓤ [鉱] 閃亜鉛鉱.

sphene /sfíːn/ 图 Ⓤ [鉱] くさび石, 楔石(ぐさび), チタン石 (宝石ともする).

sphe·noid /sfíːnɔɪd/ 形 [解] 蝶形骨の. — 图 (また **sphénoid bóne**) [解] 蝶形骨. **sphe·noi·dal** /sfɪnɔ́ɪdl-/ 形 くさび状[形]の.

spher·al /sfí(ə)rəl/ 形 球 (sphere) の, 球状の; 天体の; 均斉[調和]の とれた. **sphe·ral·i·ty** /sfɪréləti/ 图

sphere /sfíə | sfíə/ 图 ❶ **a** 球; 球形, 球体, 球面. **b** 天体. ❷ **a** 〈活動・知識・勢力などの〉範囲, 領域, 分野: a ~ of activity [influence] 活動[勢力]範囲 / He's active in many ~s. 彼は多くの分野で活躍している. **b** 社交範囲, 階級. ❸ (古代天文学で) 天球 (全ての天体を乗せて地球の周りを運行すると想像された透明で空の); ⇒ the MUSIC of the spheres 成句. ❹ (詩) 天, 天空. 《F<L <Gk=球》 形 spherical)

-sphere /ː- sfɪə | -sfɪə/ [名詞連結形]「球」: atmo*sphere*. 《↑》

spher·ic /sférɪk, sfí(ə)r- | sfér-/ 形 球(体)の; 球状の; 球面の.

spher·i·cal /sfí(ə)rɪk(ə)l, sfér- | sfér-/ 形 球形の, 球状の, 丸い; 球(面)の; 天体の: **a ~ body [surface]** 球体[球面] / **a ~ triangle** 球面三角形 / **~ trigonometry** 球面三角法. (图 sphere) [類義語] ⇒ round.

sphérical aberrátion 图 [光] 球面収差.

sphérical ángle 图 [数] 球面角.

sphérical coórdinates 图 [数] 球(面)座標.

sphe·ric·i·ty /sfərísəti/ 图 Ⓤ.Ⓒ 球形, 球面; 球形度.

sphe·roid /sfí(ə)rɔɪd/ 图 [幾] 回転楕円(だ)体[面]. **sphe·roi·dal** /sfɪrɔ́ɪdl/ 形

spher·oid·ic·i·ty /sfɪ(ə)rɔɪdísət̬i/ 图 Ⓤ.Ⓒ 長球形であること.

spher·ule /sfí(ə)ruːl, sfér- | sfér-/ 图 小球(体).

spher·u·lite /sfí(ə)rjulàɪt, sfér- | sfér-/ 图 [鉱] 球顆, スフェルライト (火成岩にみられる, 一種以上の鉱物が放射状に集まり, 外側が球状になっているもの). **spher·u·lit·ic** /sfí(ə)r·julítɪk, sfèr- | sfèr-/ 形 球顆の[からなる].

sphinc·ter /sfí(ŋ)k|tə | -tə/ 图 [解] 括約(かつ)筋.

sphin·go·my·e·lin /sfíŋgoʊmáɪəlɪn/ 图 [生化] スフィンゴミエリン (生体組織に広く存在し, 特に 脳組織に多い燐脂質).

sphin·go·sine /sfíŋgəsìːn/ 图 Ⓤ [生化] スフィンゴシン (特に 神経組織や細胞膜に含まれている不飽和アミノグリコール).

sphinx /sfíŋks/ 图 (**@** **~·es, sphin·ges** /sfíndʒiːz/) ❶ **a** スフィンクスの像. **b** [the S-] (エジプトの Giza にある)大スフィンクス. ❷ [the S-] [ギ神] スフィンクス (女の頭とライオンの胴に翼を備えた怪物; 通行人になぞをかけ, 解けない者は殺した). ❸ なぞの人物, 不可解な人.

Sphinx /sfíŋks/ 图 スフィンクス (カナダ原産の無毛種の猫).

sphyg·mo- /sfígmoʊ/ [連結形]「脈拍 (pulse)」.

sphýgmo·gràph 图 [医] 脈波計.

sphỳgmo·manómeter 图 血圧計 (単に manometer ともいう).

spic /spík/ 图 =spik.

spi·ca /spáɪkə/ 图 (**@** **-cae** /-kiː, -siː | -siː/, **~s**) ❶ [医] 麦穂(ばく)帯, 麦穂包帯 (麦の穂状に重ねて巻く包帯法). ❷ [S~] [天] スピカ (乙女座のアルファ星; 漢名は角(かく)).

spic-and-spán 形 =spick-and-span.

spic·ca·to /spɪkɑ́ːtoʊ/ 形[副] [楽] 弓を弦上に跳躍させる[させて], 分断的に, スピッカートの[で]. — 图 Ⓤ スピッカート奏法.

spice /spáɪs/ 图 ❶ Ⓒ.Ⓤ 薬味, 香辛料, スパイス. ❷ Ⓤ 趣, 情趣: This fact gave [lent] ~ to the story. この事実が話に趣を添えた. **b** [a ~] 気味, …らしいところ: There was *a ~ of* malice in his words. 彼の言葉にはちょっと意地悪なところがあった. — 動 (他) ❶ 〈…に〉香辛料を入れる *up* *with*. ❷ 〈…に〉趣を添える *up* *with*.

〖F<L *species* 商品, (特に)香料; 種類 (⇒ species)〗(形 spicy)

spice・bush /-bùʃ/ 名〖植〗ニオイベンゾイン《クスノキ科クロモジ属; 北米原産》.

†**spiced** 形 香辛料を入れた[きかせた].

spic・er・y /spáisəri/ 名 ❶ Ⓤ 薬味(類). ❷ 芳香; ぴりっとした味.

spice・y /spáisi/ 形 =spicy.

spick /spík/ 形 =spik.

spick-and-span /spík(ə)nspǽn⁻/ 形 真新しい, ぴかぴかの, 新調の.

spic・u・lar /spíkjulə/ -lə/ 形 針骨状の; 《小片など》針状の.

spic・u・late /spíkjulət, -lèit/ 形 針骨状の, とがった; 針骨のある[でおおわれた]. **spic・u・la・tion** /spìkjuléiʃən/ 名

spic・ule /spíkju:l/ 名 ❶ 針状体. ❷ 〖動〗《海綿などの》骨片, 針骨. ❸ 〖天〗スパイキュール《太陽の彩層からコロナに鋭く突出する短寿命の火炎》.

*†**spic・y** /spáisi/ 形 (**spic・i・er**; **-i・est**) ❶ 薬味[スパイス]のきいた. ❷ ぴりっとした, 痛快な. ❸ きわどい, わいせつな: ~ conversation 猥談(だん). **spíc・i・ly** /-səli/ 副 **-i・ness** 名

*†**spi・der** /spáidə/ -də/ 名 ❶ 〖動〗クモ: a ~ ('s) web クモの巣. ❷ 三脚台, 五徳. ❸ 《米》(鉄製の)フライなべ. ❹ 〖電算〗スパイダー, ネット自動検索プログラム. 〖OE=紡ぐもの〗(形 spidery)

spíder cràb 名 〖動〗クモガニ.

spíder・màn 名 (働 -**men**) 《英口》ビル建築現場の高所作業員, とび職人.

spíder mìte 名 〖動〗ハダニ.

spíder mònkey 名 〖動〗クモザル.

spíder plànt 名 〖植〗オリヅルラン《ユリ科; 特に吊鉢で栽培される》.

spíder-wèb 動 他 くもの巣状のものでおおう.

spíder・wòrt 名 〖植〗ムラサキツユクサ.

spi・der・y /spáidəri/ 形 ❶ 《クモの足のように》細長い. ❷ クモのような. ❸ クモの多い. (名 spider)

spie・gel・ei・sen /spí:gəlàɪz(ə)n/, **spíegel (ìron)** 名 Ⓤ 鏡鉄《多量のマンガンを含む銑鉄》.

spiel /spi:l/ 名 Ⓤ C《俗》長広舌, 客寄せ口上.

Spiel・berg /spí:lbə:g/ -bə:g/, **Steven** 名 スピルバーグ《1947-; 米国の映画監督・作家・プロデューサー》.

spiel・er 名 《俗》❶ 能弁家; 客引き. ❷ 《豪》《トランプ》詐欺師; 賭博師. ❸ 賭博クラブ.

spiff /spif/ 動 他 《米俗》こぎれいにする 〈up〉.

spiff・ing /spifiŋ/ 形 《英・古俗》すばらしい.

spif・fy /spifi/ 形 (**spif・fi・er**; **-fi・est**) 《米俗》きちんとした, 気のきいた, スマートな; すばらしい.

spif・li・cate, spif・fli- /spifləkèit/ 動 他 《俗・戯言》暴力で[手荒に]片をつける, バラす; なぐる.

spig・ot /spígət/ 名 ❶ 《たるなどの》栓. ❷ 《米》蛇口, コック.

spik /spík/ 名 《米俗・軽蔑》スペイン系アメリカ人, ラテンアメリカ人.

*†**spike**¹ /spáik/ 名 ❶ くぎ, びょう; 《太い木材を留める》大くぎ《鉄道用の犬くぎ; 忍び返し《尖頭(なん)を外にして塀・垣に打ちつけて侵入者を防ぐもの》. ❷ **a** 《競技用の靴の底につける》スパイク. **b** 《通例複数形で》スパイクシューズ. **c** 《グラフや記録図の》波形の尖端(なん), スパイク波形. **b** 《物品などの》急騰. **c** 〖理・生理〗スパイク《電位の一過性の急激な変化》. ❹ 〖バレー〗スパイク. ❺ 《馬》皮下注射針. ❻ 《英俗》安宿, どや. — 動 他 ❶ **a** 《…に》くぎ[びょう]などで打ちつける[留める]. **b** 《…に》くぎ(など)をつける. ❷ 《口》《飲食物に》酒[薬物, 毒(など)]を加える. ❸ 《野球などで》競技者を》靴のスパイクで傷つける. ❹ 〖バレー〗《ボールを》スパイクする. ❺ 《記事などを》不採用[ボツ]にする. ❻ 《計画などを》妨げる, 阻止する; 終わらせる. — 自 急に上昇[増加]する 〈up〉.

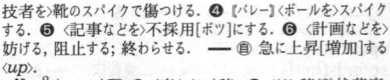

spike² /spáik/ 名 ❶ 《麦などの》穂. ❷ 〖植〗穂(状花序).

†**spiked** /spáikt/ 形 先のとがった, スパイクのついた; 《髪が》突っ立った.

spíke héel 名 スパイクヒール (stiletto)《婦人靴の非常に高く先のとがったかかと》.

spike・let /spáiklət/ 名 〖植〗《イネ科植物の》小穂(ほ).

spike・nard /spáiknɑ:d/ -nɑ:d/ 名 ❶ 〖植〗カンショウ(甘松). 《インド・ネパール産のオミナエシ科多年草》. ❷ 甘松香《カンショウの根から採り, 古代人が珍重したという香油》.

†**spik・y** /spáiki/ 形 (**spik・i・er**; **-i・est**) ❶ 先のとがった; 釘[スパイク]だらけの. ❷ 《口》怒りっぽい, 気難しい.

spile /spáil/ 名 ❶ 《家の土台などに打つ》くい. ❷ 《たるなどの木製の》栓. ❸ 《米》《サトウカエデの幹に差し込んで樹液をおけに導く》差し管(く).

*†**spill**¹ /spíl/ 動 (~**ed** /-d, -t/, **spilt** /spílt/) 他 ❶ 《液体・粉などを》こぼす: He ~*ed* beer all over my dress. 彼は私のドレス一面にビールをこぼした / It's unlucky to ~ salt. 塩をこぼすのは縁起が悪い 〔→ salt 【解説】〕 / It's no use crying over *spilt* milk. 《諺》こぼれた牛乳を嘆いても仕方がない,「覆水盆に返らず」. ❷ 《血などを》流す: ~ blood 《傷つけて》人の血を流す; 流血事件を起こす / ~ the blood of a person 人を殺す. ❸ 《馬・乗り物などが》《人を》投げ出す, 振り落とす. ❹ 《口》《秘密などを》漏らす, ばらす, 言いふらす. — 自 ❶ 《液体が》こぼれる, あふれ出る: Water ~*ed* from the pail. 水がおけからこぼれた. ❷ [副詞(句)を伴って] 《人などが》あふれる, はみ出る. **spill óut** (自+副) (1) 《…を》こぼれ出させる; ほうり出す. (2) 《話・秘密などを》自由に話す, 打ち明ける. — (自+副) こぼれる, あふれる. **spill óver** (自+副) (1) 《液体が》あふれ出る. (2) 《問題・状況が》広まる, 拡大する, 及ぶ, 波及する 〈*into*〉. (3) 《事が》悪化する, 《悪い状態に》なる: The disturbance ~*ed over into* a nationwide protest. そのいざこざは全国的な抗議へと発展した. **spill the béans** ⇒ bean 成句. — 名 ❶ a Ⓒ こぼす[こぼれる]こと. **b** Ⓤ こぼした[こぼれた]量, こぼれ. ❷ Ⓒ 《馬などから投げ出されること, 振り落とされること》: take [have] a ~ 投げ出される. 〖OE=殺す, 壊す〗

spill² /spíl/ 名 《点火用の》つけ木, こより.

spill・age /spílidʒ/ 名 ❶ Ⓤ こぼす[こぼれる]こと. ❷ Ⓒ 流出(量).

spill・er 名 spill¹ する人; 〖ボウ〗スピラー《当たりはまともでないが結果的にはストライクになる球》.

spil・li・kin /spílikin/ 名 《jackstraws に用いる》木片, 骨片(など); [~s で; 単数扱い]=jackstraws.

spill・òver 名 Ⓒ あふれ出たもの[量]; 過剰. ❷ Ⓤ あふれ出ること, 流出.

spill・wày 名 《貯水池・ダムなどの》水吐き口.

*†**spilt** /spílt/ 動 spill¹ の過去形・過去分詞.

spilth /spílθ/ 名 Ⓤ こぼし[こぼれ]たもの, こぼれたもの.

*†**spin** /spín/ 動 (**spun** /spʌ́n/; **spin・ning**) 自 A ❶ **a** 《急速に》回る, 回転する. **b** 《人が》くるりと向きを変える 〈around, round〉. ❷ めまいがする. ❸ きりきり舞いをする: The blow sent him *spinning*. その一撃で彼はきりきり舞いした. ❹ 《車輪が》空転する, スピンする. ❺ 《空》きりもみ降下する. ❻ 紡ぐ, 糸を作る. ❼ 《クモ・蚕》が糸を吐く, 巣[まゆ]をかける. — 他 A ❶ 《…を》《急速に》回す, 回転させる: ~ a top コマを回す / ~ a coin 《表が出るか裏が出るか》コインを指ではじいて回転させる / ~ a swivel chair 回転いすをくるりと回す. ❷ 《水上・砂中などで》《車輪などを》空転させる, スピンさせる; 《車を》急に回転させる. ❸ 《洗濯物を》《脱水機で》遠心脱水する. — B 自 ❶ 《綿・羊毛などを》紡ぐ; 《糸を》紡ぐ: ~ cotton [flax, wool] *into* thread 綿[亜麻, 羊毛]を紡いで糸にする / ~ thread *out of* cotton 綿から糸を紡ぐ. ❷ **a** 《クモ・蚕》が糸をかける, 吐く: Spiders ~ webs. クモは巣を作る / Silkworms ~ cocoons. 蚕はまゆを作る. **b** 《繊維ガラス・金などを》糸状に加工する (★ 通例

過去分詞で形容詞的に用いる; ⇨ spun). ❸ 〈話・物語などを〉〈長々と〉話す: ~ a tale 長々と物語をする / ~ yarns about adventures at sea 航海中の冒険談をする. **spín óff**《働+副》(1)〈会社・資産などを〉分離独立させる;〈テレビで〉同じ登場人物を使って〈別の番組を作る〉;〈…を〉付随的に生み出す. (2)〈…を〉〈遠心力で〉振り落とす. **spín óut**《働+副》(1)《米》〈車がスピンする. (2)《英》〈話・物語・討論などを〉引き延ばす (prolong);〈金銭などを〉長く保たせる. **spín one's whéels** 努力をむだにする. ── 图 ❶ U [また a ~]〈急速な〉回転; 回転運動, スピン: give a ball (*a*) =put ~ on a ball 〈テニスなどで〉ボールに回転を与える. [a ~]〈自転車などの〉ひと走り: have [go for] *a* ~ in a car 車でドライブをする[に出かける] / take a person for *a* ~ を ドライブに連れていく. ❷ C きりもみ降下. a flat ~ 水平きりもみ / ⇨ tailspin. ❸ [a ~]〈価格などの〉急落. ❹ U [また a ~]〈政治家・企業・メディアなどによる情報の〉偏向, 解釈, 見方: put a positive [negative] ~ on …について肯定的[否定的]な解釈[見方]をする. ❺ ❻【理】スピン《素粒子などのもつ固有角運動量》. **in a (flát) spín** 混乱[動揺, 心配]して. 【関形】rotary) 【類義語】⇨ turn.

spi·na bi·fi·da /spáɪnəbífədə/ 图 U【医】脊椎(きつい)破裂.

+**spin·ach** /spínɪtʃ | spínɪtʃ, -nɪdʒ/ 图 U ホウレンソウ.【F〈Sp〈Arab〈Pers〉

spínach béet 图 フダンソウ(葉を食用とするbeet).

spi·nal /spáɪn(ə)l/ 形【解】背骨の, 脊柱(せきちゅう)の: the ~ column 脊柱 / the ~ cord 脊髄(spine).

spínal canál 图【解】脊柱管.

spí·nal·ly 副 脊髄に関して; 脊髄に沿って.

spínal táp 图【医】脊髄穿刺(せんし)《分析または麻酔薬注入のために髄液を採ること》.

spín contròl 图《米俗》スピンコントロール《問題・事件・人物などに関し, 特定の印象を植えつける目的で行なう情報操作》.

+**spin·dle** /spíndl/ 图 ❶ 軸, 心棒: a live [dead] ~ 回る[回らない]軸. ❷ つむ, 紡錘《両端が先細りになった長い棒で糸を紡ぐ軸棒となる》.

spindle-legged /-lègɪd〈-ɡd〉 形 細長い脚(あし)の.

spíndle-lègs 图 優 ❶ 細長い脚(あし). ❷ [単数扱い]《口》細長い脚の人.

spíndle-shànked 形 =spindle-legged.

spíndle-shànks 图 優 =spindlelegs.

spíndle-shàped 形 紡錘状の.

spíndle síde 图 =distaff side.

spíndle trèe 图【植】ニシキギ属の植物《特にセイヨウマユミ; その材で昔 spindle を作った》.

spin·dly /spíndli/ 形 (**spin·dli·er; -dli·est**) 細長い, ひょろ長い.

spín dòctor 图《米俗》スピンドクター《政治問題などでスピンコントロールのうまいスポークスマン》.

spín dríer 图 =spin dryer.

spin·drift /spíndrɪft/ 图 U 《強風による》波しぶき; 雪煙.

spin-dry /spíndráɪ/ 働 遠心分離機で脱水する.

spín drýer 图 遠心分離式の脱水機.

*__spine__ /spáɪn/ 图 ❶ 脊柱(せきちゅう), 脊椎(せきつい)骨 (back-bone). ❷《書物の》背. ❸ とげ, 針, とげ状突起. ❹《土地・岩などの》突起, 山の背.【F〈L spina とげ】(形 spi-nal, spiny)

spíne-chìller 图 恐怖物《小説・映画など》.

spíne-chìlling 形〈話など〉背筋がぞっとするような, 恐ろしい.

spi·nel /spɪnél/ 图 U【鉱】尖晶石, スピネル.

spíne·less 形 ❶ いくじのない,「骨」のない, 決断力のない. ❷〈動物が〉無脊椎(せきつい)の, 背骨のない. ❸ とげのない.

spinél rúby 图【宝石】紅宝石ルビー, スピネルルビー.

spin·et /spínɪt/ 图 ❶ スピネット《16-18世紀ごろの小型のチェンバロ》. ❷《米》小さい縦型ピアノ; 小型電子オルガン.

spíne-tìngling 形 わくわくする, スリリングな.

spin·na·ker /spínəkə | -kə/ 图【航】スピネーカー《大きな三角形のレース用ヨットの帆》.

spin·ner 图 ❶【クリケ】回転ボール; 回転ボールを投げる投

1743 spirillum

手. ❷ 紡ぎ手, 紡績工, 紡績業者. ❸【釣】スピナー《水中で回転する小金属片のついたルアー》. ❹【サーフィン】スピナー《直進するサーフボードの上で1回転すること》.

spin·ner·et /spínərèt, ˌ━━́━/ 图【動】《クモ・カイコなどの》出糸[紡糸]突起. ❷ 紡糸口金《合成繊維製造用》.

spin·ney /spíni/ 图《英》雑木林, やぶ (coppice).

spin·ning 图 U 糸紡ぎ, 紡績, 紡績業. ❷ [形容詞的に]紡績(用)の: a ~ machine 紡績機 / a ~ mill 紡績工場.

spínning jènny 图 ジェニー紡績機《初期の多軸紡績機》.

spínning múle 图 ミュール精紡機.

spínning tòp 图《おもちゃの》こま.

spínning whèel 图 紡ぎ車, 糸車.

+**spín-off** 图 ❶ C《産業・技術開発などの》副産物. ❷ C《好評を博した番組・映画などの》続編, 焼き直し. ❸ C スピンオフ《親会社が株主に子会社の株を分配すること》; C スピンオフによって設立された子会社.

spi·nose /spáɪnoʊs/ 形 とげでおおった, とげの多い.

spi·nous /spáɪnəs/ 形 とげの《多い》, 針状の, とげでおおわれた; とがった; とげのある《評・ユーモア》; 困難な, 扱いにくい.

spin·out 图 ❶ =spin-off. ❷ スピンアウト《自動車がスピンして道路から飛び出すこと》.

Spi·no·za /spɪnóʊzə/, **Ba·ruch** /bərú:k/ 图 スピノザ (1632-77; オランダの哲学者).

Spi·nó·zism /-zɪzm/ 图 U スピノザの哲学説, スピノザ主義. **-zist** 图 スピノザ哲学信奉[研究]者. **-zis·tic** /spɪnoʊzístɪk/ 形

spin·ster /spínstə | -stə/ 图 ❶《古風・軽蔑》《婚期を過ぎた》独身女性. ❷ 紡ぎ女.【ME=紡ぐ人; ⇨ -ster】

spinster·hood 图 U《古風・軽蔑》《女性の》独身, 未婚の身分[状態].

spin·thar·i·scope /spɪnθǽrəskòʊp/ 图【理】スピンサリスコープ《放射線源からの α 線による蛍光板のきらめきを見る拡大鏡》.

spín the bóttle 图 U《米》瓶回し《瓶を寝かせて回し, 止まったときに瓶の口が向いた人にキスをしてもらうゲーム》.

spin·to /spíntoʊ/ 形《声が》基本はリリックだが非常にドラマティックな要素ももった, スピントの. ── 图 (優 ~**s**) スピントの声[歌手].

spi·nu·lose /spáɪnjʊlòʊs/ 形 小さなとげでおおわれた, 小さいとげ状の.

spin·y /spáɪni/ 形 (**spin·i·er; -i·est**) ❶ とげのある; とげだらけの. ❷〈問題など〉困難な, めんどうな.

spíny ánteater 图【動】ハリモグラ (echidna).

spíny lóbster 图【動】イセエビ.

spir·a·cle /spáɪrəkl/ 图 ❶ 空気孔, 換気孔. ❷ a【動】《クジラ・サメなどの》噴気[水]孔. b【昆】気門.

*__spi·ral__ /spáɪr(ə)l/ 形 ❶ 渦巻, らせん. ❷ らせん形のもの《ルーズリーフをとじる背のらせんばね》. ❸【経】《悪循環による》らせん状進行過程: an inflationary ~ 悪性インフレ. ── 图 ❶ 渦巻状の, らせん《形》の: a ~ balance らせんばかり / a ~ staircase らせん階段 / a ~ nebula 渦巻き星雲. ❷ 渦線の. ── 働 (**spi·raled**,《英》**-ralled; spi·ral·ing,**《英》**-ral·ling**) [通例副詞句を伴って] ❶ らせん形に進む;〈煙, 蒸気など〉渦巻状に立ちのぼる: The smoke ~**ed up** from his cigarette. 彼のたばこから煙がらせん状にのぼっていった. ❷ とげのある. ❸ らせん状に上昇[下降]する: ~ing prices うなぎ昇りの物価. ~**·ly** /-rəli/ 副 (图 spire²)

spíral nótebook 图 らせん綴じのノート.

spi·rant /spáɪrənt/ 图【音声】摩擦音(の).

+**spire**¹ /spáɪə | spáɪə/ 图 ❶《教会などの塔の上の》尖塔(せんとう), とがり屋根. ❷ **a** 先の細くとがったもの. **b**《山などの高くとがった》頂, 尖峰. ❸ 細茎, 細い葉[芽].【OE】(形 spiry)

spire² /spáɪə | spáɪə/ 图 ❶ 渦巻, らせん. ❷《貝の》螺塔(らとう)《巻貝のねじれた部分》.【F〈L〈Gk=渦巻き, ねじれ】

spired 形 尖塔のある.

spi·ril·lum /spaɪrɪ́ləm/ 图 (優 **-la** /-lə/)【菌】スピリルム《らせん状の形態をもつグラム陰性菌》; (広く)らせん菌.

spir·it /spírɪt/ 名 ❶ ⓤ 心 (soul): in (the) ～ 心の中で, 内心 / the poor in ～ 心の貧しい人たち [★聖書「マタイ」による福音書」から]. ❷ a ⓒ (人体と離れた)霊魂, 幽霊, 亡霊 (ghost). b [しばしば S-] ⓒ (神の)霊, 神霊: the ～ world 霊の世界 / the Holy S- 聖霊. c [the S-] 神; 聖霊. d ⓒ (天使・悪魔などの)超自然的存在: evil ～s 悪魔. ❸ ⓤ (心の働きとしての)精神, 魂: fighting ～ 闘志 / public ～ 公共心 / the frontier ～ 開拓者精神[魂]. b (団体・学校などに対する)熱烈な忠誠心: school ～ 愛校心. ❹ ⓤ 元気, 勇気, 気迫, 意気: people of ～ 気骨のある人たち; 容易に屈服しない人々 / with some ～ やや意気込んで / That's the ～! その意気[調子]だ / break a person's ～ 人の意気をくじく. ❺ a [複数形で] 気分, 心持ち: (in) high [great] ～s 上機嫌(で) / in low [poor] ～s=out of ～s 意気消沈して / Keep up your ～s! 元気を出して! / one's ～s sink 意気消沈する, 気持ちが沈む. b ⓤ 気質, 気立て: meek in ～ 気立てのやさしい / He's a poet in ～. 彼は詩人気質(%)の. ❻ ⓒ [時代などの]精神, 傾向: the ～ of the age [times] 時代精神. ❼ [単数形で; 通例修飾語を伴って] ～的な態度, 意図: speak in a kind ～ 親切心で言う / take...in the wrong ～ ...を悪くとる[怒る] / in a ～ of chivalry 騎士道精神を発揮して. ❽ [単数形で; 通例 the ～] (形式に対して法文書などの)本心, 真意: the ～ of the law 法の精神 / For the letter killeth, but the ～ giveth life. 文字は人を殺し, 霊は人を生かす [★聖書「コリント人への第二の手紙」から]. ❾ ⓒ [修飾語を伴って] (...の性格[気質]を持った)人, 人物: a noble [generous] ～ 高潔な[寛大な]人 / leading ～s 指導する[先頭に立つ]人たち. ❿ a ⓤ 酒精, アルコール. b [複数形で] 強い酒: distilled ～s 蒸留酒 (whiskey, brandy, gin, rum, vodka など). c [しばしば複数形で] ⓒ 化 酒精, アルコール: ～s of salt 塩酸(溶液) / ～(s) of wine エチルアルコール. ⓬ ⓤ (降神術などの): ～ rapping (降神術で)亡霊がテーブルなどをこつこつ打ちならすこと, 招魂術 / a ～ rapper 霊媒. ⓫ アルコール (の燃焼)による: ⇒ spirit lamp, spirit level. be in ～ 心は...にある. be with a person in spírit 心の中では人のことを思っている. gét [énter] into the spírit (祭り・行事などの)雰囲気にとけこむ, 没入する. when [as] the spírit móves a person 気が向いた時に, 気の向くままに. ━ 動 他 ❶ <...を>(こっそり)さらう, 誘拐する; (こっそり)連れ出す: The child was ～ed off [away] from the house. その子供は家から誘拐された. ❷ <人を>元気づける, 鼓舞する <up>. 〘F<L *spiritus* 息, 元気 < *spirare*, *spirat-* 呼吸する; cf. expire, inspire, perspire; inspiration, respiration〙 (形 spiritual, spirituous)

*spír·it·ed /-tɪd/ 形 ❶ 元気のよい, 勇ましい, 活発な: a ～ horse 張り切っている馬. ❷ [複合語で] (...の)精神を持つ, 元気[気分]が...の: high-*spirited* 元気のよい / low-*spirited* 意気消沈した.

spírit gùm 名 ⓤ 付けひげなどに用いるゴム糊の一種.
spír·it·ism /-tɪzm/ 名 ⓤ 心霊主義 (spiritualism). **-ist** **spìr·it·ís·tic** 形
spírit làmp 名 アルコールランプ.
spírit·less 形 元気のない, しおれた, 活気[気力]のない.
spírit lèvel 名 アルコール水準器.
spir·i·tous /spírətəs/ 形 =spirituous.

*spir·it·u·al /spírɪtʃuəl, -tʃul/ 形 (more ～; most ～)
❶ 精神(上)の, 精神的な (↔ material, physical): ～ enlightenment 精神の啓蒙. ❷ a (比較なし) (物質界のことと区別して)精神の, 霊の; 聖霊の. c 崇高な, 気高い. ❸ (比較なし) [しばしば名詞の後に置いて] 宗教上の; 教会の: the ～ peers=the lords ～ 聖職の上院議員. ━ 名 黒人霊歌. 〘OE 〙

spirituál hóme 名 [one's ～] 心のよりどころとなる場所, 精神的な[心の]ふるさと.

spir·i·tu·al·ism /-lɪzm/ 名 ⓤ ❶ a 心霊主義 (死後も心霊は霊媒を通じて交信できるとする). b 降神術, 降霊術. ❷ 哲 唯心論, 観念論 (↔ materialism).
spir·i·tu·al·is·tic /spìrɪtʃuəlístɪk⁺/ 形

spír·it·u·al·ist /-lɪst/ 名 ❶ 降霊術者. ❷ 唯心論者.
spir·i·tu·al·i·ty /spìrɪtʃuǽləti/ 名 ⓤ 霊性, 霊的なこと; 崇高.
spir·i·tu·al·ize /spírɪtʃuəlàɪz, -tʃul-/ 動 他 ❶ 精神(的)にする; 霊化する. ❷ <...に>精神的な意味を与える.
spir·i·tu·al·i·za·tion /spìrɪtʃuəlɪzéɪʃən, -tʃul- | -laɪ-/ 名
spir·i·tu·ous /spírɪtʃuəs/ 形 ❶ 多量のアルコール (spirits)を含む. ❷ 蒸留した.
spi·ro-¹ /spáɪrou/ [連結形] 「渦巻」「らせん」.
spi·ro-² /spáɪrou/ [連結形] 「呼吸」.
spi·ro·che·te /spáɪrəkìːt/ 名 菌 スピロヘータ (梅毒などのらせん状とした細菌).
spíro·gràph 名 呼吸運動記録器. **spì·ro·gráph·ic** 形
Spiro·graph /spáɪrəɡræf | -ɡrɑːf/ 名 商標 スパイログラフ (いろいろな大きさの歯車を使って複雑な曲線を描くプラスチック玩具).
spi·ro·gy·ra /spàɪrədʒáɪrə/ 名 植 アオミドロ.
spi·rom·e·ter /spaɪrɑ́mətər, -rɔ́mətə/ 名 肺活量計.
spirt /spə́ːt | spə́ːt/ 動 名 =spurt.
spi·ru·li·na /spàɪrəláɪnə/ 名 植 ラセン藻, スピルリナ (栄養価が高くビタミン・必須アミノ酸も豊富に含み, しばしば食物に添加される. (亜)熱帯産で, 栽培もされている).
spir·y /spáɪ(ə)ri/ 形 (spir·i·er; -i·est) ❶ 尖塔(奈)の多い. ❷ 尖塔状の. (名 spire¹)

*spit¹ /spít/ 動 (spat /spǽt/ または spit; spit·ting) 他 ❶ <つばなどを>吐く: He ～ [spat] out the medicine. 彼は薬をぺっと吐き出した. b <血などを>吐き出す <up>; <食物を>吐く <out, up>. ❷ <悪口・暴言などを>吐く, 言ってのける: ～ out an oath のろいの言葉を吐く / He spat (out) curses at me. 彼は私に悪態をついた. ━ 自 ❶ つばを吐く; つばを吐きかける <at, on>. ❷ <怒った猫などが>つばを吹く, うなる (⇒ cat 関連). ❸ a [it を主語として] 英 [雨・雪が]パラパラ降る <with>. b <沸騰した湯・油など が>ジュージューいう. **spit it óut** (口) 吐き出すように言う; [命令法で] 早く言え!, 白状しろ!, 吐け! **withìn spítting dístance** 非常に近くに[で]. ━ 名 ❶ ⓤ a つば (saliva). b つばを吐くこと. ❷ ⓤ アワフキムシの出す唾液(状)の泡. **spít and pólish** (1) (軍隊などの)磨き作業. (2) (過度に思えるほどの)清潔整頓. **the (déad) spít of...** = **the (véry) spít and ímage of...** ...の生き写し, ...にそっくりな人. [擬音語]

spit² /spít/ 名 ❶ 岬, 砂嘴(ミ), 出洲(ﾃ). ❷ (焼き肉用の)くし, 焼きぐし. ━ 動 (spit·ted; spit·ting) <肉を>焼きぐしに刺す.

spit³ /spít/ 名 英 踏みぐわ (spade) の刃の分だけの深さ.

spít-and-sáwdust 形 英口 <パブなど>飾りもなく粗末にできない.

spít·bàll 名 米 ❶ (かんで固めた)紙つぶて. ❷ 野 スピットボール (球につばをつけてカーブさせる反則球).

spitch·cock /spítʃkɑ̀k | -kɔ̀k/ 名 ウナギの蒲焼[フライ]. ━ 動 他 <ウナギを>開いて蒲焼き[フライ]にする.

spít cùrl 名 米 額(ほお, びん)に平たくぴったりとつけた巻き毛.

*spite /spáɪt/ 名 ⓤ 悪意, 意地悪 (malice): He did it from [out of] ～. 彼はそれを[腹いせに]それをしたのだ. **in spíte of...** ...にもかかわらず: *In* ～ *of* all our efforts, the enterprise ended in failure. 我々のあらゆる努力にもかかわらずその仕事は失敗に終わった. **in spíte of onesélf** 我知らず, 思わず: She smiled *in* ～ *of herself*. 彼女は思わずほほえんだ. ━ 動 他 <...に>意地悪をする, <...を>いじめる: He did it just to ～ me. 彼は私に意地悪をするためだけにそれをしたのだ. 〘(DE)SPITE〙

spite·ful /spáɪtf(ə)l/ 形 意地悪な, 悪意のある (malicious). **-ly** /-fəli/ 副 **～·ness** 名
spít·fire 名 短気者, かんしゃく持ち.
spít-ròast 動 <肉を>串焼きにする. **spít-ròast·ed** 形
spít·ter /-tər/ 名 つばを吐く人. ≒ =spitball.
spítting cóbra [snáke] /-tɪŋ-/ 名 動 攻撃してくる相手に毒液を噴射するコブラ, (特に)クロクビコブラ (アフリカ産).

spít·ting ímage 名 [the ~] 生き写し 《of》.
spit·tle /spítl/ 名 Ü (吐き出された)つば (spit).
spíttle·bùg 名 アワフキムシ.
spit·toon /spitú:n/ 名 たんつぼ.
spitz /spíts/ 名 スピッツ(犬) 《小形で口のとがったポメラニア種の犬》.〖G＝(口の)とがった(犬)〗
Spitz /spíts/, **Mark** スピッツ (1950– ; 米国の水泳選手; Munich 五輪 (1972) で 7 つの金メダルを獲得).
spiv /spív/ 名 《英口》悪知恵で世を渡る人, 小悪人.
spív·ish /spívíʃ/, **spív·vy** /-vi/ 形.
splanch·nic /splǽŋknɪk/ 形 内臓の.
*__splash__ /splǽʃ/ 動 ⓐ ❶ 〈水などが〉はねる, 飛び散る: The water ~ed all over me. 水が私の全身にはねかかった. **b** 〈人が〉水をはねかる 《about, around》: The boy ~ed 《around》 in the tub. 男の子は湯の中でジャブジャブ水をはねていた. ❷ [副詞(句)を伴って] 水音を立てて動く, 動いて水をはねる [道を作る]: The stone ~ed into the water. 石が水の中にザブンと落ちた / He ~ed into the tub. 彼は湯をはねて風呂に入った. ── ⓣ ❶ 〈水·泥などを〉はねかす, はねかける, 飛び散らす: ~ water about 水をあたりにはねかす / The car ~ed me with mud.＝The car ~ed mud on [over] me. 自動車が私に泥をはねかけた. ❷ 〈水·泥などを〉〈…に〉はねかける: The mud ~ed my dress. 泥がドレスにはねかった. ❸ **a** 〈水〉を水音を立てて [水をはねるように]動かす: ~ one's feet about in a puddle 水たまりで足をピチャピチャさせる. **b** [副詞(句)を伴って] ~ one's way 《through》 ザブザブ進む. ❹ 《口》〈ニュースなどを〉派手に取り上げる [書き立てる]: Her story was ~ed across the TV screens and front pages of the newspapers. 彼女の話はテレビでも新聞の一面にも大々的に取り上げられた. **splásh dówn** 《(米+副)》〈宇宙船が〉着水する. **splásh óut** 《(英)+副》〈…に〉《金を》派手に使う 《on》. ── 名 ❶ **a** はねかし, はねかけ. **b** はねる音, ザブザブ: with a ~ ザブンと, パチャッと. **c** はね, しみ, よごれ: ~es of mud 泥のはね. ❷ (新聞·雑誌などの)派手な記事: The news got a front-page ~. そのニュースは第一面に大きく取り上げられた. ❸ 《英口》(ウイスキーなどを割るための)少量の(ソーダ)水: a Scotch and ~ 《ソーダ》水で割ったスコッチウイスキー. **máke a splásh** 《口》あっといわせる, 大評判をとる. ── 副 (比較なし)ザブンと, パチャッと: He fell ~ into the river. 彼はザブンと川に落ちた. [PLASH の変形]

splásh·bàck 名 (流し台·ガスレンジなどの)はねよけ板[壁].
splásh·dòwn 名 (宇宙船などの)着水(地点).
splásh guàrd 名 《米》(自動車の後輪のうしろの)はねよけ.
splash·y /splǽʃi/ 形 (splash·i·er; -i·est) ❶ はねる, バチャバチャする; 泥のはねる. ❷ はね[泥]だらけの. ❸ 《米》目立つ, 派手な.
splat[¹] /splǽt/ 名 [a ~] ピシャッという音 《ぬれたものが表面にたたきつけられた時などの音》. ── 動 (**splatted; splatting**) ⓐ ⓣ ピシャッという音をたてる[たてさせる]. ── 副 ピシャッと.【擬音語】
splat[²] /splǽt/ 名 (椅子の背の中央に張った)縦長の平板.
*__splat·ter__ /splǽtə | -tə/ 動 ⓐ ⓣ 〈水などが〉はねとばす (spatter). ── ⓐ 水などがバチャバチャいう音. ── 名 はねかし; バチャバチャいう音.
splátter mòvie [fìlm] 名 スプラッタームービー 《グロテスクな場面を売り物にする大量殺人·ホラーなどを扱う映画》.
splátter·pùnk 名 Ü 《口》スプラッターパンク 《恐怖·暴力·ポルノなどの露骨な描写を特徴とする文学ジャンル》.
splay /spléi/ 動 ⓣ ❶ 〈腕·脚などを〉広げる 《out》. ❷ 〈窓·ドアの側面を〉隅切(ケャシ)にする 《窓枠が内側よりも外側の方が広くなるように》: a ~ed window ラッパ状に広がった窓. ── ⓐ 外へ斜めに広がる 《out》. ── 形 広がっている, 外へ開いた. ── 名 (窓·ドアの側面の)隅切. [(DI)SPLAY]
spláy·fòot 名 (圏 -**feet**) 扁平(淪)足 (flatfoot); 扁平で外に広がった足.
spláy-fòoted 形 扁平足の.
*__spleen__ /splí:n/ 名 ❶ Ó 《解》脾(ヒ)臓, 脾臓. ❷ Ü 不機嫌, かんしゃく (anger) 《由来 昔これらの感情が脾臓に宿ると考えられたことから》: in a fit of ~ 腹立ちまぎれに / He vented his ~ on me. 彼は私にうっ憤をぶちまけた [当たり散らした]. 〖＜L＜Gk〗 (形 **spleenful, splenetic**)

spleen·ful /splí:nf(ə)l/ 形 不機嫌な, 怒りっぽい.
spléen·wòrt 名 《植》チャセンシダ 《かつて憂鬱症の薬に用いた》.
splen- /splí:n, splén/ [連結形] 母音の前にくるときの splenoの異形.
*__splen·did__ /spléndɪd/ 形 (**more ~; most ~**) ❶ 華麗な, 壮麗な (magnificent): a ~ scene 華麗な光景. ❷ 輝かしい, あっぱれな, りっぱな, 見事な: a ~ success 大成功 / ~ talents すばらしい才能. ❸ 《口》すばらしい, すてきな: a ~ idea すばらしい考え. ~**·ly** 副. ~**·ness** 名.【L くsplendere 輝く】
splen·dif·er·ous /splendíf(ə)rəs/ 形 《口·戯言》すばらしい, たいした.
+**splen·dor**, 《英》 **splen·dour** /spléndə | -də/ 名 Ü [しばしば複数形で] ❶ 輝き, 光輝, 光彩. ❷ 華麗, 堂々たること.〖＜L＜splendere; ⇒ splendid〗
sple·nec·to·my /splinéktəmi/ 名 《医》脾臓摘出(術).
sple·net·ic /splinétɪk/ 形 ❶ 脾(ヒ)臓の, 脾の. ❷ 不機嫌な, 気難しい, 怒りっぽい, 意地の悪い. ❸ 気難しい人, 怒りっぽい人. **-i·cal·ly** /-kəli/ 副. ── 名 splenic.
splen·ic /splénɪk/ 形 《医》脾(ヒ)臓の, 脾の: ~ **fever** 脾脱疽(ソ) (anthrax).
sple·ni·tis /splináɪtɪs/ 名 Ü 《医》脾炎.
sple·ni·us /splí:niəs/ 名 (圏 **-ni·i** /-niàɪ/) 《解》(首·頭の)板状筋.
sple·no- /splí:noʊ, splén-|splí:-/ [連結形]「脾臓」.
sple·no·meg·a·ly /splì:nəmégəli, splèn-|splì:n-/ 名 Ü 《医》脾腫, 巨脾(症).
splice /spláɪs/ 動 ⓣ ❶ 〈両索の端を〉解いて組み継ぎする, より継ぎする; 〈二つのフィルム·木材などを〉継合せる 《together》. ❷ 《口》〈人を〉結婚させる 《★通例受身で用いる》: get ~d 結婚する. ❸ 《生》〈遺伝子·DNA の切片など〉を接合する: ~ **genes** 遺伝子をつなぎ合わせる. ── 名 組み継ぎ, より継ぎ.【Du; cf. split】
splíc·er 名 スプライサー 《フィルム·テープをつなぐ器具》.
spliff, splif /splíf/ 名 《俗》マリファナタバコ.
spline /spláɪn/ 名 ❶ 《機》(心棒の)キー, キー溝, スプライン. ❷ (金属やきの)細長い薄板, へぎ板 (slat). ❸ しない定規, たわみ尺. ❹ 《数》スプライン関数[曲線]. ── 動 《機》〈…に〉キー(溝)をつける.
splint /splínt/ 名 ❶ (骨折の治療などに用いる)そえ木, 当て木. ❷ (箱·いすの底などを編むのに用いる)へぎ板, 小割り. ── 動 ⓣ 〈…に〉そえ木[当て木]を施す.
splínt bòne 名 《解》腓(ヒ)骨.
+**splin·ter** /splíntə | -tə/ 名 ❶ (木·骨·砲弾などの)裂片, 砕片, こっぱ. ❷ (木·竹などの)細片, とげ: I have a ~ in my finger. 指にとげが刺さっている. ❸ (政党などの)分離した, 分裂した: ⇒ splinter group [organization, party]. ── 動 ⓣ 〈…を〉裂く, 割る. ── ⓐ ❶ 裂ける, 割れる. ❷ 〈組織などが〉分裂する, 割れる 《off》.【類義語】⇨ break[¹].
splínter bàr 名 《英》＝whiffletree.
splínter gròup [orgànizàtion, pàrty] 名 (大政党などから分離した)分派.
splínter·pròof 形 弾片に耐える; 飛散防止の〈ガラス〉.
splin·ter·y /splíntəri, -tri/ 形 ❶ 〖割れ〗やすい. ❷ 裂片(のような). ❸ 鉱石などぎざぎざのある.
*__split__ /splít/ 動 (**split; split·ting**) ⓣ ❶ 〈木材などを〉(縦に)割る, 裂く; 〈布などを〉縦に裂く (tear): ~ **logs** 丸太を割る / The gale ~ **the sails**. 強風が帆を引き裂いた / ~ a board **in** two 板を 2 枚に割る / ~ a piece of lumber **into** three boards 1 本の材木を 3 枚に割る / ~ a piece 《off》 **from** a block かたまりから 1 片を裂きとる. ❷ 〈党·グループなどを〉**分裂させる**; 仲たがいさせる: This issue ~ the party 《up》. この問題で党は分裂した / The proposal ~ our class **in** two [**into** two groups]. その提案でクラスが 2 つに割れた. ❸ 〈…を〉**分割する**, 分ける, 分配する: ~ one's vote (連記式投票で, 相反する党派の候補者に)投

票を分割する / ~ (*up*) the profits 利益を分ける / ~ (*up*) a class *into* small groups クラスを小グループに分ける / The three girls (*up*) the cost of the lunch between [*among*] them. 3人の少女は昼食代を割り勘にした. ❼【理】〈分子・原子〉を分裂させる. ── ⓐ ❶ (縦に) 割れる, 裂ける: This wood ~s easily. この木材は裂けやすい / My dress ~ at the seam. ドレスが縫い目の所で裂けた / ~ *in* two [*into* two pieces] まっぷたつに[ふたつに]割れる / (+補) The chestnut ~ open. クリがぱっと割れた. ❷ a〈党などが〉**分裂する**, 分かれる: The party ~ *on* the issue. その問題で党は分裂した / Our class has ~ (*up*) *into* five groups [*in* two]. クラスは5つのグループに分裂した[まっぷたつに]分かれた. b〔…から〕分離する 〈*away, off*〉: His faction ~ *off from* the party. 彼の派閥は党から離脱した. ❸〈二人以上の者が〉不和になる; 離婚する, 別れる: They ~ *up* last year. 去年彼らは仲たがいした / I ~ (*up*) *with* my business partners. 私は共同経営者だったもとを分かった. ❹ [進行形で]〈頭が〉割れるように痛い. ❺ a〔…と〕張り合う: Let's ~ (*with* them). (彼らと)山分けしよう. b (米)〈株が〉分割される. ❻ (英口)〔共犯者など〕を密告する: ~ *on* a person 人の告げ口をする. ❼ (俗) 急いで行く[立ち去る]. split háirs ⇒ hair 成句. split one's sídes ⇒ side 3 a. split the difference ⇒ difference 成句.

── 名 ❶ C 裂け目, 割れ目, ひび [*in*]. ❷ C 分裂, 仲間割れ, 不和: a ~ *in* the party 党の分裂. ❸ C (米) 株の分割: a stock ~ 株の分割. ❹ C (口) (もうけなどの) 分け前. ❺ (口) (二者間の) 相違点, 不一致点. ❻ C スプリット (縦半分に切ったバナナなどにアイスクリームをのせ、その上にシロップやナッツをかけたもの). ❼ [通例複数形で] 通例複 ~s] スプリット, 開脚 (一直線に両足を広げて地に座る演技). ❽ C (ボウル) スプリット (ピンをスペアにするには難しい間隔で並んでいること; cf. spare 5). ❾ CU スプリット (レース競技中の特定区間の所要時間). 《Du; 原義は「割る, 裂く」で, splice, splint, splinter と関連》【類義語】⇒ break¹.

split énd 名 ❶ [アメフト] スプリットエンド (フォーメーションから数ヤード外に位置している攻撃側のエンド). ❷ [通例複数形で] (髪の) 枝毛の割れ始めの部分.

split infinitive 名 【文法】 分離不定詞 (to-infinitive の間に副詞(句)のはさまれた形; 例: He doesn't want to *always* work.).

split-lével 形 ❶〈住宅が〉段違いの (一階二階とそれに隣接する中二階の3層に分かれている). ❷〈レンジが〉オーブンとバーナーが別のユニットになっている.

split mind 名 統合失調症.

split péa 名 スプリットピー (皮をむいて干して割ったさやえんどう; スープに用いる).

split personálity 名 ❶ 二重[多重]人格. ❷ 統合失調症.

split pín 名【機】割りピン.

split ríng 名 C キーリング (キーホルダーなどの二重に巻いた輪).

split scréen 名 (映画・テレビの) 分割スクリーン(法) (同時に2つ以上の画像を並べる).

⁺**split sécond** 名 1秒の何分の1の間, ほんの一瞬.

split-sécond 形 ほんの一瞬の.

split shift 名 分割シフト [勤務] (制) (勤務時間を2つ以上にわける就労形).

split shót 名 ❶ U【釣】かみつぶし, ガン玉 (小型のおもり). ❷ C [ビリヤード] スプリットショット, 散らし打ち (相接した鉄球を別々の方向へ打つこと).

split·ter /-tə | -tə/ 名 C 裂く[割る]人[道具], スプリッター. ❷ (生物分類上の) 細分派の学者 (↔ lumper).

split ticket 名 (米) 分割投票 (複数政党の候補者に投票する連記投票; cf. straight ticket): vote a ~ 分割投票する.

split·ting /-tɪŋ/ 形 ❶〈頭痛など〉割れるような, 激しい: My head is ~. 頭が割れるように痛い / a ~ headache 激しい頭痛. ❷ (米口) おかしくてたまらない.

split·tism /-tɪzm/ 名 U (共産党・共産国家内の) 分派傾向[主義].

split-úp 名 分裂, 分割.

splodge /splɑ́ʤ | splɔ́ʤ/ 名 (英) =splotch.

splosh /splɑ́ʃ | splɔ́ʃ/ (口) 動 ⓐ ザブンザブン[バシャバシャ]と音を立てて進む. ── 名 ❶ ぶちまける水(の音). ❷ (英俗) お金, 銭.

splotch /splɑ́ʧ | splɔ́ʧ/ 名 ぶち, 斑点 (はん), しみ, よごれ: an ink ~ インクのよごれ. ── 動 …に斑点[しみ]をつける.

splotch·y /splɑ́ʧi | splɔ́ʧi/ 形 (**splotch·i·er, -i·est**) 斑点[しみ]のある.

splurge /splə́ːʤ | splə́ː-/ (口) 名 ❶ 派手な金づかい, 散財: go on [have] a ~ 派手に金を使う. ❷ 派手な見せびらかし, 自己宣伝. ── 動 ⓐ 〔…に〕派手に金を使う, 散財する: ~ *on* a movie 奮発して映画を見る. ❷ 派手に見せびらかす. ── 他 〔…に〕〈金〉を派手に使う 〔*on*〕.

⁺**splut·ter** /splʌ́tə | -tə/ 動 ⓐ ❶ (興奮・怒りなどのために) せきこんで話す (sputter). ❷ プツプツ[パチパチ] という音を出す. ── 他 〈…を〉せきこんで言う (sputter). ── 名 せきこんだ話し声などの音; プツプツ[パチパチ]という音.

Spock /spɑ́k | spɔ́k/, **Benjamin (McLane)** 名 スポック (1903-98; 米国の小児科医).

spod /spɑ́d | spɔ́d/ 名 (英口) 社会性のないやつ, 退屈なやつ, ガリ勉, おたく.

Spode /spóud/ 名 U スポード焼 (英国産の陶磁器). 《J. Spode 英国の陶芸家》

spod·o·sol /spɑ́dəsɔːl | spɔ́dəsɔl/ 名【土壌】スポドゾル (多孔性の灰白色の表層と鉄分に富む下層からなる森林性湿性土壌).

spod·u·mene /spɑ́ʤəmiːn | spɔ́ʤə-/ 名 U 勲輝(くんき)石, リジア輝石.

⁺**spoil** /spɔ́ɪl/ 動 (~ed /-d, -t/, spoilt /spɔ́ɪlt/) 他 ❶ a〈…を〉役に立たなくする, 台なしにする【用法】器物には用いない;〈食物を〉腐らせる: The heavy rain ~ed the crops. 大雨で作物がだめになった / My mistake ~ed everything. 私の失敗ですべてが台なしになってしまった / Too many cooks ~ the broth. (諺)料理人が多ければスープがまずくなる,「船頭多くして船山に上る」. b〈興味などを〉そぐ: ~ a person's pleasure [sport] 人の興をそぐ / ~ one's appetite (食前に食べて) 食欲をなくす. ❷ a〔甘やかしたりして〕〈人の〉性格[性質]をだめにする (pamper): ~ a child (*by* [*with*] indulgence) (わがままをさせて) 子供の性格をだめにする / Spare the rod and ~ the child. ⇒ spare ❹ 4 a. b〈人〉を過度に甘やかす, ちやほやする;〈ホテルなどが〉〈客〉に大サービスする: "A month's paid vacation? You ~ me." 「一ヶ月間の有給休暇ですか. いただきすぎですよ」. c [~ oneself で] 自分を甘やかす, したい放題[自堕落]にふるまう. d 〈…では〉人に満足できなくする: This hotel will ~ you *for* other places. このホテルに泊まったらよそのホテルでは満足できなくなってしまうだろう. ❹ 〈投票用紙など〉をわざと間違えて記入する, 意図的に無効票にする. ── ⓐ 台なしになる, 傷む;〈食物が〉腐敗する: Fruit ~s if kept too long. 果物はあまり長く置くと傷む. be spóiling for a fight けんかをしたくてむずむずしている. spoilt for chóice あまり選択肢が多くて決めるのに困って. ── 名 ❶ U [また複数形で] ぶんどり品, 略奪品, 戦利品: (the) ~s of war 戦利品. ❷ [複数形で] 利権, 役得 (選挙に勝った政党が任命できる官職など): the ~s of office 役得. 《F < L *spoliare* 動物の皮をはぐ; 略奪する》 (名 spoilage, spoliation)

spoil·age /spɔ́ɪlɪʤ/ 名 U ❶ だめ[台なし]にすること, 損傷, (食物の) 腐敗. ❷ 損傷物[高]. 《SPOIL+-AGE》

spoil·er /-ə/ 名 ❶ スポイラー: a【空】揚力を減らし抗力を増加する主翼上面の可動板. b【車】特にレーシングカーの高速時の車体の浮上を防ぐ装置. ❷ (米) (有力候補の票を食う) 自分自身では当選の見込みのない候補者. ❸ 台なしにする人. ❹ 甘やかす人.

spoils·man /spɔ́ɪlzmən/ 名 (複 -men /-mən/) (米) 猟官者, 利権屋.

spóil·spòrt 名 他人の興をそぐ人, 興ざめな人.

spóils sỳstem 名 [the ~] (米) 猟官制度 (政権をとった政党が官職を山分けすること).

*spoilt /spɔ́ɪlt/ 動 spoil の過去形・過去分詞. ── 形 甘やかされて増長した: a ~ child だだっ子.

*spoke¹ /spóʊk/ 動 speak の過去形.

spoke² /spóʊk/ 名 ❶ (車輪の)輻(*や*), スポーク. ❷ [海] 舵輪(*だ*)の取っ手. **pùt a spóke in** a person's **whéel** 人の計画のじゃまをする.

*spo·ken /spóʊkən/ 動 speak の過去分詞. ── 形 ❶ 口頭の, 口上の: a ~ message 口頭の伝言. ❷ 話[談話]に用いられる, 口語の (↔ written); ~ language 話し言葉, 音声言語, 口語 / ~ English 口語英語; 英会話. ❸ [複合語で] **fair-spoken** 口先のうまい.

spóken-wórd 形 話し言葉[口語]の[による].

spóke·shàve 名 南京鉋(*なんきん*) (刃の両側に2本の柄をもち, 凹凸面を削る; もと車輻を削った).

*spokes·man /spóʊksmən/名 (圈 -men /-mən/) スポークスマン, 代弁者, 代表者.

*spókes·pèrson 名 (圈 -persons, -people) 代弁者, 代表者 (性差別を避けた語).

*spókes·wòman 名 (圈 -women) スポークスウーマン.

spo·li·ate /spóʊlièɪt/ 動 値 個 略奪する. -**a·tor** /-tə/ 名.

spo·li·a·tion /spòʊliéɪʃən/ 名 ① 略奪, ぶんどり; 破壊.

spon·da·ic /spɑndéɪɪk | spɔn-/ 形 [韻] 強弱[長長]格の. (名 spondee)

spon·dee /spɑ́ndi | spɔ́n-/ 名 [韻] 強弱格 (-́-), 長長格.

spon·du·lic(k)s, -lix /spɑnd(j)ú:lɪks | spɔn-/ 名 (圈 (英口) 金 (money).

spon·dy·li·tis /spɑ̀ndəláɪtɪs | spɔ̀n-/ 名 ① [医] 脊椎炎.

+sponge /spʌ́ndʒ/ 名 ❶ ⓒⓊ **a** スポンジ, 海綿 (海綿動物の繊維組織; 浴用・医療用). **b** 海綿状のもの, 吸収物. **c** =sponge cake. ❷ ⓒ [動] 海綿動物. ❸ ⓒ (口) 食客, 居候(*いそうろう*). ❹ ⓒ (口) 大酒飲み, 酔っぱらい. **thrów in [úp] the spónge** 敗北を認める, 降参する, 「参った」と言う (由来 ボクシングの選手の体をふくスポンジを敗北のしるしにリングに投げたことから; cf. towel 成句). ── 動 個 ❶ 〈...を〉海綿でぬぐう 〈*down, off, out*〉: ~ **out** a stain 汚れを海綿でふき取る. ❷ 〈液体を〉〈海綿で〉吸い取る: ~ **up** spilled ink こぼれたインクを吸い取る. ❸ (口) 〈...を〉〈人に〉たかる 〈*off, from*〉 (scrounge): ~ a meal (*off* a person) (人にたかって) ただで食事にありつく. ── 値 ❶ (口) 〈人に〉...を頼る, 寄食する, たかる: ~ **on** one's friends 友だちに頼る[たかる] / He ~s on his uncle **for** money. 彼はおじから金をせしめている. ❷ 海綿を採集する.

spónge bàg 名 (携帯用) 化粧品入れ.

spónge càke 名 ⓒⓊ スポンジケーキ (カステラなど).

spónge púdding 名 Ⓤⓒ (英) スポンジプディング.

spong·er /spʌ́ndʒə | -dʒə/ 名 ❶ 食客, 居候(*いそうろう*) 〈*on*〉. ❷ 海綿でぬぐう人[もの].

spónge rúbber 名 Ⓤ スポンジゴム (加工ゴム; クッション用; cf. foam rubber).

spónge trèe 名 [植] キンゴウカン (huisache).

spon·gi·form /spʌ́ndʒəfɔ̀əm | -fɔ̀:m/ 形 海綿[スポンジ]状の.

spong·y /spʌ́ndʒi/ 形 (**spong·i·er; -i·est**) ❶ 海綿状[質]の. ❷ **a** 小穴の多い. **b** ぶくぶく[ふわふわ]した; 吸水性の.

spon·son /spɑ́nsən | spɔ́n-/ 名 ❶ [海] (外車汽船などの) 〈砲側〉張出し工. ❷ (軍艦・タンクなど) 張出し砲門, 側面砲塔. ❸ (カヌーの舷側の) うき. ❹ スポンソン (飛行艇の安定性を増し離水を容易にする艇側の短翼).

*spon·sor /spɑ́nsə / spɔ́nsə/ 名 ❶ⓒ **a** 後援者, スポンサー, 協賛者, 提供者, 広告主 〈*for, to*〉: a ~ **for** a TV program テレビ番組のスポンサー. **b** (チャリティーの催しの) 参加者, 寄付者 (チャリティーのマラソンや歩行大会に参加して寄付する人). ❷ (法案などの) 起草者, 支持者, 推進者. ❸ [人・ものの] 保証人 〈*of, for*〉. ❹ [...の] 名づけ親 (godparent) [進水式の命名を] **stand ~ for** a person ある人の名づけ親になる (★ 無冠詞). ── 動 個 ❶ 〈...を〉後援する, 〈...の〉スポンサーになる, 〈商業放送などの〉提供者 [広告主]になる: ~ a television program テレビ番組のスポンサーになる. **b** チャリティー行事に参加して〈...に〉寄付をする (cf. sponsored). ❷ 〈法案などを〉起草する, 支持する, 後押し[推進]する. ❸ 〈交渉・会談などを〉仲介する, 間に入って進める [まとめる]. ❹ 〈テロ行為などを〉黙認[支持], 支援する. ❺ 〈人の〉保証人になる. 〖L=約束をした人く *spondere, spons-* 約束する, 誓う; cf. respond; espouse, spouse 〗

*spon·sored /spɑ́nsəd | spɔ́nsəd/ 形 〈行事など〉参加者からの寄付を募る, チャリティーの.

spón·sor·ship /spɑ́nsəʃɪp | spɔ́nsə-/ 名 Ⓤ ❶ 後援, 支援; **資金提供**; 助成金. ❷ 後援者[スポンサー]であること. ❸ (法案の) 起草, 支持, 推進.

+spon·ta·ne·i·ty /spɑ̀ntəní:əti | spɔ̀n-/ 名 Ⓤ ❶ 自発性. ❷ 無理のなさ, 自然さ. (形 spontaneous)

*spon·ta·ne·ous /spɑntéɪniəs | spɔn-/ 形 (**more ~; most ~**) ❶ 〈行為が〉外的な強制でなく〉**自発的な**, 任意の: a ~ action 自発的な行動. **b** 〈衝動など〉自然に起こる, 思わず知らずに生じる, 自動的な: a ~ cry of joy 思わず発する喜びの叫び声. ❷ 〈文体など〉自然な, 流暢な, のびのびした. ~**·ly** 副 自然に, のびのびと; 自発的に. ~**·ness** 名. 〖L=自由意志で〗【類義語】 **spontaneous** 本人の性格や考え方から〈に〉自然に出たもので, 外部からの強制や刺激によるものではない. **involuntary** 意志や思考によらずに反射運動のように思わず知らずのうちに行なわれた. **instinctive** 考えた上で行なわれたものでなく, 外部からの刺激に対して本能的に即座になされた. **impulsive** 理性よりもむしろ一時の衝動的な感情にかられた行動にいう. **automatic** 外界からの刺激を機械仕掛のような自動的な行為.

spontáneous combústion [**ignítion**] 名 Ⓤ 自然発火[燃焼].

spontáneous generátion 名 Ⓤ [生] 自然発生.

spoof /spú:f/ 名 ❶ (口) もじり, パロディー 〈*on, of*〉. ❷ (冗談に) だますこと, かつぐこと. ── 動 個 〈人を〉だます, かつぐ; からかう.

spóof·ing 名 Ⓤ [電算] スプーフィング, なりすまし (コンピューターウイルスを送りつけたり, 情報を不正に取得したりするために, 他人の IP アドレスや電子メールアドレス・ウェブサイトを不正に利用して別人になりすますこと).

+spook /spú:k/ 名 ❶ (口) 幽霊. ❷ (米俗) 諜報員, スパイ. ── 動 個 (米俗) 〈動物などを〉びっくりさせ (て立ち去らせる) (scare). ── 値 びっくりする, おびえる. 〖Du〗

+spook·y /spú:ki/ 形 (**spook·i·er; -i·est**) ❶ (口) 幽霊 (spook) のような[出そうな], 気味の悪い (creepy): a ~ house 幽霊[お化け] 屋敷. ❷ (米俗) 怖がる, おびえる. ❸ (米俗) スパイの.

+spool¹ /spú:l/ 名 ❶ **a** (米) 糸巻き, 糸巻き枠 (reel). **b** (テープ・フィルムなどの) リール, スプール. ❷ 巻き分け [量]: a ~ *of* tape テープひと巻き. ── 動 個 [副詞(句)を伴って] 〈...を〉スプールに巻く [からほどく]. 〖F<Du〗

spool² /spú:l/ 動 個 値 [電算] スプールする (送出データを一時的にバッファーにためる). 〖simultaneous *p*eripheral *o*perations *o*n-*l*ine〗

*spoon /spú:n/ 名 ❶ **a** [しばしば複合語で] スプーン, さじ: ⇒ tablespoon, teaspoon. **b** スプーン 1 杯: **two ~s of** sugar スプーン 2 杯の砂糖. ❷ さじ形のもの: **a** (釣り) さじ櫂(*かい*) (水かきがスプーン状になった櫂). **b** [ゴルフ] スプーン (3 番ウッド). ❸ (口) **a** 〈いちゃつく恋人. **b** ばか, まぬけ. **be bórn with a sílver spóon in** one's **móuth** 裕福な家に生まれる (由来 金持ちの親は子供に銀のスプーンで食べさせて育てることから). ── 動 個 [副詞(句)を伴って] 〈...を〉スプーン [さじ] ですくい取る, スプーンで移す [配る]: ~ **up** one's soup スープをさじですくう / ~ **out** peas エンドウ豆をさじですくって (他の皿に分けて) 出す. ❷ 〈ボールをすくって上げるように〉打つ. ❸ (古風・口) 〈男女が愛撫(*ぶ*)し合う, いちゃつく. 〖OE=薄い木片〗

spóon·bìll 名 [鳥] ヘラサギ (トキ科; オランダの国鳥).

spoon·er·ism /spú:nərìzm/ 名 頭音転換 (例: *r*eceived a *cr*ushing *bl*ow (壊滅的な打撃を受けた) を *r*eceived a *bl*ushing *cr*ow (赤面するカラスを受け取った) と

言うなど). 〖W. A. Spooner オックスフォード大学の学寮長; よくこの種の言い間違いをした〗

spóon-fèd [形] ❶ 〈子供・病人など〉スプーン[さじ]で食べさせられる. ❷《口》**a** 甘やかされた, 過保護の. **b** 〈産業など〉極端に保護された.

spóon-fèed [動] [他] (-fed) ❶ 〈人に〉スプーン[さじ]で食べさせる. ❷《口》**a** 〈人を〉甘やかす, 過保護にする. **b** 〈産業などを〉極端に保護する. ❸ 〈…に〉(自発的な思考が不要になるほど)懇切丁寧に教える.

⁺**spoon·ful** /spúːnfʊ̀l/ [名] ([複] ~s, spoonsful) スプーン[さじ]1杯(分): a ~ *of* salt スプーン1杯分の塩.

spoon·ing /spúːnɪŋ/ [名] [U]《古風》(男女の)いちゃつき, (特に)キス.

spoon·y /spúːni/《口》[形] (spoon·i·er; -i·est) ❶ 女に甘い, でれでれした. ❷ ばかな, まぬけた. ── [名] ばか, まぬけ.

spoor /spʊ́ɚ | spɔ́ː, spʊ́ə/ [名] [U] (野獣の)足跡, 臭跡.

Spor·a·des /spɔ́ːrədiːz | spɔ́r-/ [名] [複] [the ~] スポラデス諸島《エーゲ海にあるギリシア領の2つの群島; ギリシア東岸沖の the Northern Sporades および, トルコ西岸沖の the Southern Sporades》.

⁺**spo·rad·ic** /spərǽdɪk/ [形] ❶ **a** 時々起こる, 散発的な. **b** 〔医〕散発性の. ❷ **a** 孤立した. **b** 〈植物の種類など〉散在する, まばらの. **-i·cal·ly** /-kəli/ [副] 〖L＜Gk＝(種のように)まき散らされた *spora* ↓〗

spo·ran·gi·um /spərǽndʒiəm/ [名] ([複] **-gi·a** /-dʒiə/) 〔植〕胞子嚢, 芽胞嚢. **-rán·gi·al** [形] 胞子嚢の[からなる].

⁺**spore** /spɔ́ɚ | spɔ́ː/ [名] 〔生〕(菌類・植物の)芽胞, 胞子; 胚種, 種子, 因子. 〖L＜Gk *spora* 種〗

spork /spɔ́ɚk | spɔ́ːk/ [名] (特にプラスチック製の)先割れスプーン, スポーク.

spo·ro- /spɔ́ːroʊ/ [連結形]「種子」「胞子」.

spóro·cỳst /-sɪst/ [名] 〔動〕スポロシスト: **a** 胞子虫類で胞子が形成される場合の被嚢, またその内容. **b** 吸虫類の発育における単性虫の第一代.

spòro·génesis [名] [U] 〔生〕胞子生殖; 胞子形成. **-génic, -rog·e·nous** /spərɑ́dʒənəs | -rɔ́dʒ-/ [形]

spóro·phòre /-fɔ̀ɚ | -fɔ̀ː/ [名] 〔植〕担胞子体.

spóro·phỳte /-fàɪt/ [名] 〔植〕胞子体, 造胞体 (cf. gametophyte). **spòro·phýt·ic** /-fíṭɪk⁻/ [形]

spo·ro·zo·an /spɔ̀ːrəzóʊən/〔動〕[形] 胞子虫類 (Sporozoa) の. ── [名] 胞子虫《マラリア原虫はこれに属する》.

spo·ro·zo·ite /spɔ̀ːrəzóʊaɪt/ [名] 〔動〕(胞子虫の)種虫(しゅちゅう).

spor·ran /spɔ́ːrən | spɔ́r-/ [名] スポラン《スコットランド高地人が短いスカート (kilt) の前に下げる革の袋》.

⁑**sport** /spɔ́ɚt | spɔ́ːt/ [名] ❶ [C,U] スポーツ, 運動, 競技: the ~ of kings 王者のスポーツ《競馬など》/ Do you play [take part in] any ~*s*? 何かスポーツをやりますか / He's fond of ~(*s*). 彼はスポーツが好きである / What ~ do you like best? スポーツは何がいちばん好きですか. ❷ [複数形で]《英》(学校などの)運動会, 競技会. ❸ [U] **a** 娯楽, 楽しみ: spoil a person's ~ 人の興をそぐ / What ~! おもしろいなあ! / We had great ~. 大いに楽しんだ. **b** 冗談, ふざけ, からかい: in [for] ~ 冗談に. ❹ **a** [the ~] もてあそばれるもの: *the* ~ *of* fortune 運命にほんろうされる人. **b** [C] もの笑い(の種). ❺ **a** [C]《口》(失敗・避けられぬ事などを)潔く受け入れる人, さっぱりした人; 寛大な人: Be a ~! 潔くやれ / He's a good ~. 彼はいいやつだ[男らしい] / That's a [the] ~. それでいい / Be a good ~ and help me. お願いだから手伝ってくれないか. **b** [親しい男性同士の呼び掛けで]《豪・米》君: old ~! 君. ❻ [C]〔生〕(動植物の)突然変種. ***make spórt of***... をばかにする, からかう. ── [形] ⇨ sports. ── [動] [他]《口》〈…を〉見せびらかす, 誇って示す: ~ a new hat 新しい帽子をかぶって見せびらかす / ~ a moustache 口ひげを自慢そうに生やしている. ── [自] 〈子供・動物が〉ふざける, 戯れる, 遊ぶ; 〔…を〕もてあそぶ, からかう〔*with*〕. 〖(DI)SPORT「遊び戯れる」〗([形] sportive, sporty)

spórt còat [名]《米》＝sports jacket.

spórt·er /-ṭɚ | -tə/ [名] ❶ スポーツマン. ❷ 派手な浪費家. ❸ (スポーツとしての)狩猟用の猟銃, 猟犬.

spórt·fìsh·ing [名] [U] スポーツフィッシング《趣味・遊びとしての, 特に ルールを決めた釣り》.

spor·tif /spɔɚtíːf | spɔː-/ [形] ❶ スポーツ好きの. ❷ 〈衣類が〉スポーツ向きの, カジュアルな. ❸ ＝sportive.

⁎**sport·ing** /spɔ́ɚṭɪŋ | spɔ́ːt-/ [形] ❶ **a** スポーツ(用)の. **b**《主に英》スポーツマンらしい, 公正な. ❷《口》冒険を伴う, 賭博的な: a ~ chance 勝てる[成功する]見込み. **~·ly** [副]《主に英》スポーツマンらしく, 公正に.

spor·tive /spɔ́ɚṭɪv | spɔ́ː-/ [形] ふざけた, ひょうきんな, 陽気な, 冗談の. **~·ly** [副]

spórt jàcket [名] ＝sports jacket.

sports /spɔ́ɚts | spɔ́ːts/ [形] [A] ❶ スポーツの[に関する]: the ~ page(s) (新聞などの)スポーツ欄. ❷ **a** スポーツ用の: ~ shoes 運動靴. **b** 〈服装など〉スポーツに適した, カジュアルな: ⇨ sports shirt, sports jacket.

spórts bàr [名] スポーツバー《テレビのスポーツ中継が絶えず見られるバー》.

⁺**spórts càr** [名] スポーツカー.

spórts·càst [名]《米》スポーツ放送.

spórts·càster [名]《米》スポーツ放送アナウンサー.

spórts cènter [名] スポーツセンター.

spórts còat [名]《米》＝sports jacket.

spórts dày [名] ＝field day 2 b.

spórt shìrt [名] ＝sports shirt.

sports jacket [名] スポーツジャケット《ツィードなどで作ったカジュアルな上着》.

⁺**sports·man** /spɔ́ɚtsmən | spɔ́ːts-/ [名] ([複] **-men** /-mən/) ❶ スポーツマン《[解説] 狩猟・魚釣りなどの野外運動を好む人; [比較] 日本語の「スポーツマン」は athlete に相当することが多い》. ❷ スポーツマンシップをもっている[正々堂々とやる]人, 勝ち負けにこだわらない人.

spórtsman·lìke [形] スポーツマンらしい, 正々堂々とした.

spórtsman·shìp [名] [U] スポーツマン精神[気質], スポーツマンシップ; 公正なこと.

spórts mèdicine [名] [U] スポーツ医学.

spórts·pèrson [名] スポーツパーソン《性差別を避けた語》.

spórts schòlarship [名]《米》(大学の)スポーツ奨学金.

spórts shìrt [名] スポーツシャツ《カジュアルな男性用シャツ》.

spórt·ster [名] スポーツカー (sports car).

spórts·wèar [名] [U] 運動着, スポーツウェア; カジュアルウェア.

spórts·wòman [名] ([複] **-women**) スポーツウーマン.

spórts·wrìter [名] (新聞などの)スポーツ記者.

spórt tòp [名] スポーツトップ: **a** (飲料水などのボトルに付ける)ワンタッチキャップ《スポーツ時などに片手で開閉できる》. **b** スポーツをするときに着用する上衣.

spórt utílity vèhicle [名] 〔車〕スポーツ汎用車《軽トラック車台のがんじょうな四輪駆動車; オフロード用にも使える》.

⁺**sport·y** /spɔ́ɚṭi | spɔ́ː-/ [形] (**sport·i·er; -i·est**)《口》❶ スポーツマンらしい, スポーツ好きの. ❷ 〈服装など〉派手な, かっこいい; スポーティーな. ❸ スポーツカータイプの. **spórt·i·ness** [名] ([形] sport)

spor·u·late /spɔ́ːrjʊlèɪt | spɔ́r-/ [動] [自] 〔生〕胞子形成をする. **spor·u·la·tion** /spɔ̀ːrjʊléɪʃən | spɔ̀r-/ [名] [U] 胞子形成.

⁑**spot** /spɑ́t | spɔ́t/ [名] ❶ **a** (特定の)場所, 地点: a dangerous ~ 危険な地点 / a tourist ~ 観光地 / one's favorite ~ 気に入った場所 / a good fishing ~ よい釣り場. **b** [a ~; 修飾語を伴って] (感情・気持ちなどの)点, 所, 個所: *a* weak ~ (批判・反対されると)弱い所 / *a* tender [soft] ~ (感情を害する)弱点, 痛い所 / ⇨ blind spot. ❷ **a** (周囲と違った色の小さな)ぶち, 斑点(はんてん), まだら; (布地の)水玉模様: a black dog with white ~*s* 白いぶちのある黒犬. **b** ほくろ; 発疹(はっしん), おでき, にきび. **c** (太陽の)黒点: a ~ on the sun 太陽の黒点 (cf. sunspot). ❸ **a** (インクなどの)しみ, よごれ. **b** (人格の)きず, 汚点: a ~ *on* one's honor 名声の汚点. ❹ [a ~]《英口》少し, 少量, ちょっぴり (bit): *a* ~ *of* lunch 軽い昼食. ❺ **a** (順番などの)順位, 位置; (番組の)出番: the third ~ on the program 番組で3番目の出番. **b** (番組中の)特別コーナー (slot): an interview ~ 対談コーナー. **c** 職, 地位. ❻《口》(番

組間の)短いニュース[広告(など)], スポット. ❼ スポットライト: ⇨ spotlight. ❽ **a** (トランプ札の)点. **b** 《米》2から10までのトランプ札: He drew a three ～. 彼は3のカードを引いた. ❾ [複数形で]〔商〕現金売り物, 現物, スポット(買い). **bríght spót** (悪い状況での)良い点, 救い, 明るい材料, 希望. **chánge** one's **spóts** [通例否定・疑問文で] 生まれつきの性質を変える: ⇨ A LEOPARD never changes [cannot change] its spots. [成句]. **hít the spót** 《口》〈食べ物・飲み物などが〉必要を満たす, 空腹[渇き]をいやす. **in a (tíght, róugh, dífficult) spót** 《口》ひどく困って, 困難な状態で, 苦境で. **in spóts** 所々に; 時々; ある点で. **knóck spóts òff** a person 《英口》〈人〉にはるかにまさる; 〈人〉を完敗させる《由来 トランプの点の意から》. **on the spót** (1) 即座に: decide a matter *on the* ～ 問題を即決する / He was killed *on the* ～. 彼は即死した. (2) 現場で; その場で: He was *on the* ～ then. 彼はその時現場にいた. (3) 困った立場に; 責任ある立場に: put a person *on the* ～ 人を窮地に陥れる, 人に難しい決断[返答]を迫る.

── [動] (**spot·ted; spot·ting**) [他] ❶ **a** 〈…を〉見つける, 見抜く, 見分ける, 気づく《★ 進行形なし》: ～ an error 誤りを見つける / Right away I *spotted* my friend in the crowd. 人ごみの中に友人をすぐ見つけ出した / 〔＋目＋*doing*〕 I *spotted* him *going* out the back way. 彼が裏口から出て行くのを目にした. **b** 〈勝ちそうな馬などに〉目星をつける, 言い当てる: ～ the winner in a race 競馬で勝ち馬を言い当てる. ❷ 《米口》 **a** 〈競技の相手に〉〈点を〉ハンディとして与える: 〔＋目＋目〕 I'll ～ you two points. 2点ハンディをあげるよ. **b** 〈人に〉〈金を〉貸す: 〔＋目＋目〕 Will you ～ me $50? 50ドル貸してくれないかい. ❸ 〔スポ〕〈人の〉補助をする《器械体操やウェートリフティングで怪我を防ぐため》. ❹ **a** [通例受身で] 〈…を〉(点々としみをつけて)よごす; 〈…に〉斑点をつける, 〈…を〉ぶちにする: a shirt *spotted with* blood 飛び散った血のついたシャツ. **b** 〈名声などを〉よごす, 〈…に〉どろを塗る. ❺ 〈…を〉(…に)配置する《★ 通例受身で用いる》. ❻ 《米》〈…から〉しみ[よごれ]を取る 〈*up, out*〉.

── [自] ❶ しみ[汚点]がつく, よごれる: This silk ～*s* easily. この絹はすぐしみがつく. ❷ [it を主語として] 《英口》ぽつぽつ〔雨が〕降る: *It*'s beginning to ～.＝*It*'s *spotting with* rain. 雨がぽつぽつ降り始めた.

── [形] [A] ❶ **a** 即座の: ～ cash 即金 / a ～ answer 即答. **b** 現金払いの, 現物の: ～ delivery 現場渡し / the ～ market 現物市場 / a ～ price 現物価格 / a ～ transaction 現金取引 / ～ wheat [cotton] 小麦[木綿]の現物. ❷ 現地の; 地方局からの: ～ broadcasting 現地[地方局]放送. ❸ 〔ラジオ・テレビ〕〈広告・ニュースなど〉番組の間に挿入される, スポットの: ～ news スポットニュース.

── [副] 《英口》ちょうど, かっきり: He came ～ on time. 彼はちょうど時間どおりにやってきた.

spót bàll [名] 〔玉突〕黒点のある白球.

spót chèck [名] 抽出検査, 抜き打ち検査.

spót-chèck [動] [他] 〈…の〉無作為抽出[抜き打ち]検査をする.

spót hèight [名] 独立標高.

spót kìck [名] 《口》〔サッカー〕＝penalty kick.

spót làmp [名] スポットライト(用電球) (spotlight).

spót·less [形] ❶ しみのない. ❷ 無垢(むく)の, 清浄な; 潔白な. ～**·ly** [副] ～**·ness** [名]

***spot·light** /spátlàɪt | spɔ́t-/ [名] ❶ **a** [C] (舞台の)スポットライト《光線・装置》; スポットライトの当たる場所. **b** [the ～] (世間の)注視, 注目: He wanted to be in *the* ～. 彼は世間の注目を集めたがった / come under *the* ～ 注目を浴びる; 徹底的に検討[吟味]される. ❷ [C] (自動車などの)スポットライト 《狭い範囲を強烈に照射する》. ── [動] [他] 〈…を〉スポットライトで照らす; 〈…に〉スポットライトを当てる; 〈…に〉注目させる (highlight).

+**spót-ón** [形] [副] 正確な[に], ぴったりの[と].

+**spót·ted** /-tɪd/ [形] ❶ 斑点のある, まだらの. ❷ **a** しみのついた. **b** 〈名誉など〉傷つけられた.

spótted díck [dóg] [名] [C,U] 《英》干しぶどう入りスエットプディング.

spótted féver [名] [U] 〔医〕斑点熱《脳脊髄膜炎・発疹チフスなど》.

spótted hyéna [名] 〔動〕ブチハイエナ.

+**spót·ter** /-ṭɚ | -tə/ [名] ❶ **a** [通例修飾語を伴って] 監視[観察]者, 探す人; (機関車などの型・ナンバーを)識別できる人: a bird ～ 野鳥観察者 / a train-*spotter* 機関車の型を識別できる人. **b** (戦時などの)民間対空監視員. **c** 《米》(従業員の不正を監視する)お目付け. **d** 私立探偵. ❷ 偵察機. ❸ 《米》(ドライクリーニングで)しみを取る人.

spot·ty /spáṭi | spɔ́ti/ [形] (**spot·ti·er; -ti·est**) ❶ 《英》にきびのある, ぽつぽつのある. ❷ 《米》質的にむらのある. ❸ 斑点(はんてん)の多い, 斑(ふ)入りの, まだらな. ([名] spot)

spót-wèld [動] [他] スポット溶接する. ── [名] スポット溶接による接合部. ～**·er** [名]

spous·al /spáuz(ə)l, -s(ə)l/ [形] [A] 《米・文》結婚の.

***spouse** /spáus, spáuz/ [名] 配偶者. 〘F＜L＝誓った者＜*spondere, spons-* 誓う; cf. sponsor〙

+**spout** /spáut/ [名] ❶ **a** (水差し・ポットなどの)注ぎ口, 飲み口. **b** (噴水・ポンプなどの)噴出口. ❷ **a** 噴水, 噴流; ほとばしり. **b** 竜巻. ❸ (鯨の)噴水孔. **úp the spóut** 《英俗》 (1) 〈人が〉落ちぶれて, 困って; 絶望的で. (2) 質に入って. (3) 妊娠して. ── [動] [他] ❶ 〈水・蒸気などを〉吹き出す, 噴出する: Whales ～ water after sounding. 鯨は海底にもぐった後潮を吹く / The chimney ～*ed out* smoke. 煙突が煙を吐き出した. ❷ 〈詩などを〉とうとうと朗読する, 長々と吟じる: ～ Latin verses ラテン語の詩を朗読する. ── [自] ❶ 〔…から〕噴出する, ほとばしり出る 〈*out*〉 (spurt): Blood ～*ed from* the wound. 血が傷口から吹き出した. ❷ 〈鯨が〉潮を噴く. ❸ とうとうと弁ずる, 朗唱する.

spóut·ed /-ṭɪd/ [形] 〈容器が〉つぎ口のある.

spóut·er /-ṭɚ | -tə/ [名] ❶ **a** (何かを)噴出するもの. **b** 噴出しっぱなしの油井(ゆせい)[ガス井]. **c** 潮噴き鯨. ❷ とうとうとしゃべる人. ❸ 捕鯨船(長).

SPQR 《略》 small profits and quick returns.

Sprach·ge·fühl /ʃprá:xgəf(j)ù:l, ʃprá:k-/ [名] [U] 言語感覚, 語感; 言語の特質.

sprad·dle /sprǽdl/ [動] [他] [自] (両脚を)広げる, 大股に歩く.

sprag /sprǽg/ [名] (荷車などの後退防止用の)輪止め; (炭坑内の)支柱.

sprain /spréɪn/ [動] [他] 〈足首などを〉捻挫(ねんざ)する: ～ one's ankle 足首をくじく. ── [名] 捻挫.

spraint /spréɪnt/ [名] [U] [また複数形で] カワウソの糞.

***sprang** /sprǽŋ/ [動] **spring**[1] の過去形.

sprat /sprǽt/ [名] 〔魚〕ニシン類の小魚. **a sprát to cátch a máckerel [whále]** 大きな見返りを期待しての小さなリスク (cf.「エビでタイを釣る」).

spraun·cy /sprɔ́:nsi/ [形] 《英俗》かっこいい, スマートな, パリッとした.

+**sprawl** /sprɔ́:l/ [動] [自] ❶ [副詞(句)を伴って] (…に)手足を伸ばして座る[横になる], (大の字になって)寝そべる: He was ～*ing on* the sofa. 彼はソファーに手足を伸ばして横になって[寝そべって]いた. ❷ [副詞(句)を伴って] 〈陸地・建物・筆跡などが〉不規則に広がる[伸びる], スプロールする; のたくる: The handwriting ～*ed across* the page. 筆跡がページいっぱいにのたくっていた / The city ～*s out to* the west. その市は西方にぶざま[不規則]に広がっている. ❸ ひっくり返ってぶざまに大の字になる: I slipped and went ～*ing*. つるっと滑ってぶざまに倒れた / send a person ～*ing* 人を殴り倒す. ── [他] ❶ 〈手足などを〉ぐっと伸ばす 〈*out*〉. ❷ [副詞(句)を伴って] 〈人を〉(…に)大の字に横にさせる (⇨ sprawled). ── [名] ❶ [U] [また a ～] 不規則な広がり[伸びかた]; (都市などの)スプロール現象. ❷ [C] [通例単数形で] だらしなく大の字に横たわること; 腹ばい.

+**sprawled** [形] 大の字になって, 手足を投げ出して: I found him ～ *on* the bed. 彼がベッドで大の字になって寝ているのを見つけた.

spráwl·ing [形] ❶ 〈都市・街路など〉不規則に広がる[伸びる], スプロールしている. ❷ 〈筆跡が〉ぞんざいな, のたくった. ❸ 〈人など〉手足をぶざまに伸ばした. ～**·ly** [副]

***spray**[1] /spréɪ/ [名] ❶ **a** [U,C] しぶき, 水煙. **b** [C] しぶき状のもの: a ～ of sand 砂煙 / a ～ of bullets 雨と降る弾

S

spray /spréɪ/ 名 ❶ U.C スプレー液: hair ~ ヘアスプレー. ❸ C スプレー, 噴霧器, 香水吹き, 吸入器. ❹ C スプレーで吹きかけること, 噴霧. ── 動 他 ❶ ⟨…に⟩しぶきを飛ばす. ❷ ⟨…に⟩⟨スプレーを⟩吹きかける: She ~ed deodorant under her arms. 彼女はわきの下に防臭スプレーを吹きかけた / ~ insecticide *on* plants=~ plants *with* insecticide 植物に殺虫剤を吹きかける / ~ a building *with* machine-gun fire 建物にマシンガン掃射を浴びせる. ── 自 ❶ 霧を吹く. ❷ しぶき[飛沫(ひまつ)]となって飛び散る.

spray² /spréɪ/ 名 ❶ ⟨先が分かれて花や葉のついた⟩小枝. ❷ 小枝飾り[模様]. ❸ ⟨枝・花などの⟩束. 【類義語】 ⇒ branch.

spráy bòttle 名 スプレーボトル.

spráy càn 名 スプレー缶(容器).

spráy-dèck 名 (カヤックの上部に張る)しぶきよけ.

spráy-drý 動 他 ⟨スープ・ミルク・卵などを⟩吹付け乾燥する, スプレードライする.

spráy·er 名 ❶ 霧吹き. ❷ スプレーする人.

spráy gùn 名 スプレーガン(ペンキ・殺虫剤などの吹き付け器).

spráy pàint 名 U スプレー式塗料[ペンキ]. **spráy-pàint** 動 他 スプレー塗装する.

spráy·skìrt 名 =spraydeck.

*__spread__ /spréd/ 動 (spread) 他 ❶ a ⟨たたんだものなどを⟩開く, 広げる: He ~ *out* the map on the table. 彼はテーブルに地図を広げた. b ⟨腕・翼などを⟩広げる, 伸ばす: ~ (*out*) one's arms broadly 腕を広げる. ~ one*self* で) 手足を伸ばして[大の字に]横たわる, (広々とした所で)ゆったりとくつろぐ. ❷ ⟨毛布・テーブル掛けなどを⟨…に⟩広げて掛ける, おおう: ~ a tablecloth *on* the table=~ a table *with* the tablecloth テーブルにテーブルクロスを掛ける. ❸ ⟨…を⟩⟨…に⟩(むらなく)塗る, つける: ~ paint evenly ペンキをむらなく塗る / ~ butter *on* bread = ~ bread *with* butter パンにバターを塗る. ❹ a (通例副詞(句)を伴って) ⟨…を⟩まき散らす, 散布する; 分散させる, 分布させる; ⟨病気などを⟩蔓延(まんえん)させる: Some diseases are ~ by flies. ハエによって蔓延する病気もある. b ⟨報道・うわさを⟩流布させる, 広める: Somebody has ~ the news. だれかがその知らせを広めた. ❺ ⟨食卓に⟩飲食物を並べる, 出す; ~ the table 食卓に料理を並べる, 食事の用意をする / ~ the table *with* Christmas dinner 食卓にクリスマスのごちそうを並べる. ❻ a ⟨研究・仕事・支払いなどを⟩⟨…にわたって⟩行なう, 広める: ~ payment *over* a period of two years 2年にわたって支払いをする. b (~ one*self* で) 長々と話す[書く] (*over*). ❼ ⟨利益・負担などを⟩分配する, 分ける, 分担する: ~ responsibility for the project's success among the participants 企画を成功させるための負担を関係者で分担する. ❽ (~ one*self* で) 見栄を張る, 気前のよさを見せる. ── 自 ❶ (副詞(句)を伴って) (空間的に)広がる, 延びる, 及ぶ; 展開する: The fields ~ *out* before us. 畑が眼前に広がっていた / The ink ~ *over* the desk. インクが机一面に広がった / The town ~ s (*for*) twenty miles to the south. その町は南へ20マイル延びている. b ⟨関心などが⟩⟨…に⟩わたる; ⟨笑い・怒りの色などが⟩⟨顔に⟩広がる: His interests ~ *over* various related subjects. 彼の興味は関連したいろいろな主題にわたっている / Apprehension ~ *across* [*over*] his face. 不安の色が彼の顔に広がった. ❷ ⟨知らせ・病気・戦火などが⟩広まる, 流布する, 延び広がる: The news ~ fast. そのニュースは急速に広まった / The disease ~ rapidly. その病気は急速に蔓延(まんえん)した. ❸ ⟨ペンキ・バターなどが⟩塗れる, 伸びる: Butter from the refrigerator doesn't ~ easily. 冷蔵庫から出したバターはよく塗れない. **spréad óut** (自+副) (1) ⟨集団が⟩散開する, 広がる, 散らばる, 別々の方向に分かれる. (2) ⟨広い物が⟩おおう, 大きく広がる, 延びる, 及ぶ. ── (他+副) (3) ⟨…を⟩開く, 広げる (⇒ 他 1). (4) ⟨複数のものを⟩並べる, 広げて置く. (5) ⟨一定の期間にわたって⟩行なう (⇒ 他 6 a). **spréad oneself (tòo) thín** 同時にいろいろなことに手を広げすぎる.

── 名 ❶ a U (通例 the ~) 広まり, 流布, 普及; 蔓延(まんえん): the ~ *of* education 教育の普及 / the ~ *of* (a) disease 病気の蔓延. b U.C (通例単数形で) ⟨利益・負担などの⟩分配, 分担 (*of*). ❷ U (通例単数形で) (空間的な)広がり, 幅, 広さ: a ~ of thirty miles 30マイルの広がり. b [a ~] ⟨陸地・水面などの⟩広がり (*of*). c C (米) 大農場. ❸ a C (通例単数形で) ⟨集団・活動などの⟩範囲, 分布, 広がり, 幅 (range): a wide [broad] ~ *of*… 広範な[幅広い, 多様な]…. b C (証券) (買い値と売り呼値の)差額, スプレッド. ❹ C パンに塗る(ものの)もの: cheese ~ チーズスプレッド. ❺ C (口) 食卓に並べたごちそう: What a ~! たいしたごちそうだ. ❻ C (新聞・雑誌の)見開き記事[広告, 写真(など)]. ❼ (米) =bedspread.

spréad·a·ble /-dəbl/ 形 広げることができる.

spréad bètting 名 スプレッド賭け(賭ける人があらかじめ指定したレベルと試合などの結果[得点]との開き[点差]の程度に応じて勝つ[負ける]金額が定まる賭け).

spréad éagle 名 翼を広げたワシ(米国の紋章).

spréad-éagle 形 限定 ❶ 翼を広げたワシのような. ❷ (米) 自国一辺倒の, 盲目的愛国主義の. ── 動 他 (~ one*self* で) 大の字に寝る (★また過去分詞で受身的形にも用いる): lie ~d on the ground 大の字になって地面に倒れている. ── 自 大の字になる.

spréad·er /-də |-də/ 名 ❶ a バターナイフ: ⇒ butter spreader. b ⟨種・肥料などの⟩散布機. ❷ a 広げる人. b 流布する人.

spréad·shèet 名 (電算) スプレッドシート: a データを表形式に表わしたもの. b そのようなデータの編集・計算処理などをするソフトウェア.

Sprech·ge·sang /ʃpréçɡəzà:ŋ, ʃpræk-|-sæŋ, -zæŋ/ 名 U (楽) シュプレヒゲザング(歌と語りの両方の性格をもつ声楽演奏法).

†**spree** /sprí:/ 名 (口) ばか騒ぎ, 景気よくやること; 浮かれ騒ぎ, 酒宴: be on a [the] ~ 浮かれ騒いでいる / have a ~ 浮かれ騒ぐ / go on a drinking [shopping] ~ 飲み放題に飲む[派手に買い物を楽しむ].

sprez·za·tu·ra /sprètsətú(ə)rə/ 名 (特に 芸術・文学で)故意の無頓着, さりげなさ. 【It】

†**sprig** /sprɪɡ/ 名 ❶ a 小枝, 若枝: a ~ *of* lilac ライラックの小枝. b 小枝模様. ❷ a 子, 子孫. b ⟨古・主に軽蔑⟩ 若者, 青二才.

sprigged 形 小枝模様の: ~ muslin 小枝模様のモスリン.

sprig·gy /sprɪɡi/ 形 小枝の多い.

spright·ly /spráɪtli/ (**spright·li·er**, **-li·est**) 形 副 活発な, 元気な; 陽気な[に]. **spríght·li·ness** 名

__spring__¹ /sprɪŋ/ 名 ❶ U (時に C; 通例 (米), または特定の時には the ~) 春 (天文学では春分から夏至(げし)まで; 通俗には北半球では 3, 4, 5 月, 南半球では 9, 10, 11 月)): in (*the*) ~ 春に(なると) / in the ~ of 2003 2003年の春に / They got married last ~. 二人は昨春結婚した (★用前置詞の時を伴なう副詞的的形式). ❷ U (人生の)青春期: in the ~ of life 人生の春に, 青春期に. ❸ [A] 春の; 春向きの: ~ flowers 春の花 / a ~ coat スプリングコート. 〖OE=季節の始まり: (↓)〗 関形 vernal.

*__spring__² /sprɪŋ/ 動 (sprang /spræŋ/, (米) sprung /sprʌŋ/; sprung) 自 ❶ (副詞(句)を伴って) (ばねのように)跳ぶ, はねる, さっと[急に]動く: ~ *up* はね上がる / ~ *back* 後ろに跳びのく / ~ *over* the fence 塀を跳び越える / The dog *sprang at* his throat [*on him*]. その犬は彼ののどに[彼に]跳びかかった / ~ *out of* bed ベッドからはね起きる / ~ *to* one's feet ぱっと立ち上がる / The soldier *sprang to* attention. その兵士はぱっと気をつけの姿勢をとった. ❷ (通例副詞(句)を伴って) ⟨ばね・弾力のあるものが⟩はじく, 跳ねる: The boy let the branch ~ *back*. 少年は枝をはね返した / The lid *sprang to*. ふたがパタンと閉まった (★ *to* /tú:/ は副詞) (+補) The door *sprang* open [shut]. ドアがぱっと開いた[閉じた]. ❸ 一躍(突然)(…になる): ~ *into* [*to*] fame 一躍有名になる / ~ *into* a rage 突然激怒する / ~ *to* mind ひらめく / ~ *to* life 急に活気を見せる / ~ *into* action 直ちに行動する[に入る] / ~ *into* existence 突然現われる. ❹ a ⟨水・涙などが⟩出る, わき出る: Tears *sprang up* in her eyes [*sprang to* her eyes]. 彼

女の目に涙が浮かんだ / The sweat *sprang up* on his forehead. 汗が彼の額に吹き出した. ❺〈植物が生える, 芽を出す〉: Weeds ~ *up* after rain. 雑草はひと雨降ると芽を出す. c〈もの・事が〉(突然)起こる, 生じる;〈風が吹き出す〉: A hot, dry wind *sprang up* in the afternoon. 暑い乾いた風が午後になって起こった / A doubt *sprang up* in his mind. 疑念が急に彼の心に浮かんだ. ❺ a〈川などが〉[…に]源を発する;〈涙などが〉[…から]わき出る: Tears *sprang from* her eyes. 涙が彼女の目から流れ出した. b〈もの・事が〉[…から]起こる, 生じる: Errors often ~ *from* carelessness. 誤りはしばしば不注意から生じる. c〈人から〉[…の]出である: The young man ~*s from* royal stock. その若者は王家の出である. d〈人が〉[…から]突然姿を現わす《★ 通例次の表現で》: Where have you *sprung from*? 君は突然どこから現われたのですか. ❻〈材木・板などが〉そる, ひずむ, 裂ける. ❼〈塔などが〉そびえ立つ. ❽《米俗》〈ものに〉金を払う, 人におごってやる《*for*》. ❾ ❶〈ばね・わななどが〉はね返る: ~ *a trap* わなのばねではね返らせる. ❷〈…を〉〈人に〉急に持ち出す[言いだす]: ~ *a joke on* a person 人に急にジョークを言う / a surprise *on* a person 人を驚かす. ❸《俗》〈人を〉出獄[脱獄]させる. ❹〈…に〉スプリングをつける[入れる]《⇒ sprung》. ── 图 ❶ [C] ばね, ぜんまい, スプリング. ❷ a [C] [しばしば複数形で] 泉: a hot ~・温泉 / mineral ~*s* 鉱泉. b [C] 本源, 根源: the ~ *of* Western civilization 西欧文明の起源. ❸ [C] 跳ぶ[はねる]こと, 跳躍, 飛躍. ❹ [U] 弾性, 弾力: There's not enough ~ in this bed. このベッドは弾力が足りない. b [U] [また a ~] 〈足どりの〉軽快さ《★ 通例次の句で》: She walks with a ~ in her step. 彼女は足どりも軽く歩く. ❺ ❶《俗》出獄; 脱獄. ── 图 囚 ばねのある: a ~ mattress [bed] ばねのあるマットレス[ベッド] / a ~ balance ばねばかり, ぜんまいばかり.《OE; 原義は「急に動く」》《形 springy》《類義語》⇒ jump.

Spring Bánk Hóliday 图 [the ~] 春の公休日《イングランド・ウェールズ・北アイルランドでの 5 月の最終月曜日》.

spring·bòard 图 ❶《競技》スプリングボード《水泳・体操の跳躍板》. ❷〈…への〉きっかけを与えるもの, 跳躍台, 出発点, 立脚点《*for, to*》.

spring·bok /spríŋbàk | -bòk/ 图《動》スプリングボック《南アフリカ産のガゼル (gazelle) の一種》.

spring chícken 图 ❶ [通例 no ~で]《口》若者, 小娘: I'm *no* ~. もう若くはない《いい年だ》. ❷ フライ・ブロイル用の若鶏.

spring-cléan 動〈…の〉〈家の〉大掃除をする. ── 图 [a ~]《英》(春季)大掃除.

spring-cléaning 图 [a ~] (春季)大掃除.

springe /sprɪndʒ/ 图 (小動物を捕る)わな.

spring·er /spríŋə | -ŋə/ 图 ❶ 跳ぶ人[もの]; はねるもの. ❷ = springer spaniel. ❸《建》(アーチの)起拱(こきょう)石, 迫元(せりもと)石. ❹ 出産間近の牛.

spríng spániel 图 スプリンガースパニエル《犬》《獲物を狩り出すのに使うスパニエル種の犬》.

spring féver 图 [U] 春先の, 落ち着かない[何かやりたい]気分.

Spring·field /spríŋfiːld/ 图 スプリングフィールド《米国 Illinois 州の州都》.

spring gréen 图 [通例複数形で] 若いキャベツの葉.

spring·hèad 图 水源, 源泉 《*of*》.

spring hòok 图 (ばねがパチッと閉まる)ホック.

spring·less 形 スプリング[ばね]のない, 元気[生気]のない.

spring·let 图 小さな泉, 小さな流れ.

spring·like 形 ❶ 春のような, 春らしい (vernal): become ~ 春めく. ❷ スプリング[ばね]のような, ばね状の.

spring-lóad 動 〈…に〉ばねを利用して力を加える; ばね上げる. **-lóad·ed** 形.

spring lóck 图 ばね錠 《cf. deadlock》.

spring ónion 图 ネギ《サラダ用》.

spring péeper 图 ジュウジアマガエル《早春に笛を鳴らすような高い声を出す, 背に X 形状のある北米東部産のカエル》.

spring ròll 图 (中国料理の)春巻き.

spring·tàil 图《昆》トビムシ.

1751 spruce

spring tíde 图 ❶ 大潮《新月時と満月時に起こる》. ❷ 奔流, 高潮 《*of*》.

***spring·time** /spríŋtàɪm/ 图 [しばしば the ~] ❶ 春, 春季. ❷ 青春. ❸ 初期 《*of*》.

spring tráining 图 [U]《米》(プロ野球チームの)春季トレーニング.

spring wáter 图 [U] わき水, 湧水.

spring·y /spríŋi/ 形 (**spring·i·er**; **-i·est**) ❶ ばねのような; 弾力[弾性]のある. ❷ 軽快な: a ~ step 軽快な足どり. 《spring²》

***sprin·kle** /spríŋkl/ 動 ❶ a〈液体・粉末などを〉〈…に〉振りかける, (まき)散らす: ~ water *on* the street = ~ the street *with* water 街路に水をまく / ~ salt *over* a chicken thigh 鶏のもも肉(の表面全体)に塩をふりかける. b〈花などに〉水をやる; 〈人を〉軽くぬらす: ~ a lawn 芝生に水をやる. c (アイロンをかける前に)〈…に〉霧を吹きかける. ❷〈…に〉〈…を〉散在[点在]させる; 〈話などを〉〈…に〉多彩にする; 〈…を〉あちこちに[散らばせて]置く《★ しばしば受身で用いる》: Her face *is* ~*d with* tiny freckles. 彼女の顔には小さなそばかすが点々とある. ── 動 [it を主語として] 雨がぱらぱら降る: *It* began to ~. 雨がぱらぱら降り始めた. ── 图 [通例単数形で] ❶ 少量, 少し, ちらほら: a ~ *of* rain ぱらぱら雨 / a ~ *of* attendants わずかの出席者. ❷ ばらぱら雨: a brief ~ つかの間の小雨.

sprín·kler 图 ❶ a 散水装置, スプリンクラー. b (小さな穴のたくさんあいた)じょうろの散水口. c 散水車. ❷〈水などを〉振りかける人.

sprínkler sỳstem 图 スプリンクラー[消火・散水]装置.

sprín·kling 图 [通例単数形で] ❶〈雨・雪などの〉小降り, ぱらつき: a ~ *of* rain 小雨. ❷ (客などそのものが, ぽつぽつ(来ること); 少し, 少量: a ~ *of* visitors ちらほらと来る客.

***sprint** /sprɪnt/ 图 ❶ 短距離競走[競技], スプリント. ❷ 全力疾走: make a ~ *for* shelter 全力疾走で避難する. ── 動 ⦁ (短距離を)全力疾走する.《ON=走る》

*⁺**sprint·er** /-tə | -tə/ 图 短距離走者, スプリンター.

sprit /sprɪt/ 图《海》斜桁(とく), スプリト《帆を張り出すのに用いる円材; cf. bowsprit》.

sprite /spraɪt/ 图 ❶ 妖精, 小妖精. ❷《電算》スプライト《背景と独立に動く図形》.

spríte·ly 形 = sprightly.

sprít·sàil 图《海》斜桁帆.

spritz /sprɪts, ʃprɪts/《米》動 ⦁ 吹きかける, 撒(ま)く. ── 图 (液体などを)しっかり)吹きかけること: a ~ *of* deodorant 防臭剤のひと吹き.

spritz·er /spríts· | -tsə/ 图 [U.C] スプリッツァー《白ワインをソーダ水で割った飲み物》.

sprock·et /sprɑ́kɪt | sprɔ́k-/ 图《機》❶ a 鎖歯車 (sprocket wheel). b 鎖歯車の歯. ❷ スプロケット《フィルムの耳 (perforation) をかける》.

sprócket whèel 图《自転車などの》鎖歯車.

sprog /sprɑ́:g, sprɑ́g | sprɔ́g/ 图《英俗》子供; 新兵.

*⁺**sprout** /spraʊt/ 動 ⦁ ❶ 芽を出す; 生え始める, 発生する《*up*》: The asparagus hasn't ~*ed* yet. アスパラガスはまだ芽を出さない. ❷ 急速に成長する: He ~*ed up* six inches in one year. 彼は1年で6インチも背が伸びた. ── 動 ⦁ ❶〈芽を〉出させる; 〈…に〉芽生えさせる. ❷〈角を〉出す, 〈ひげを〉生やす: ~ *a* mustache 口ひげを生やす / The deer are beginning to ~ horns. 鹿が角を出し始めている. ── 图 ❶ [複数形で] 芽キャベツ. ❷ 芽, 新芽. ❸《口》若者, 青年.

spruce¹ /spruːs/ 形 こぎれいな, きちんとした, ぱりっとした. ── 動 ⦁〈人・ものを〉こぎれいにする《*up*》. ~ *oneself up* 身なりを整える, めかす: ~ *oneself up* for dinner 晩餐(ばんさん)のためにきちんとした服装をする. ── 動 ⦁ 身なりを整える《*up*》. **~·ly** 副. ~·**ness** 图.《[; 15 世紀に Prussia 産の Spruce leather が流行したことから》

*⁺**spruce²** /spruːs/ 图 ❶ [C.U] 《植》トウヒ《マツ科の常緑針葉樹》. ❷ [U] トウヒ材《建築用, パルプ原料》.《*Spruce*》《廃》= *Pruce*《廃》Prussia《F<L》

spruce³ /sprúːs/ 動 自 他 《英俗》うそをつく、でたらめを言う、(うそを言って)ごまかす、欺く、仮病をつかう。 **sprú·cer** 名

sprúce bèer 名 ⓤ スプルースビール《トウヒの枝や葉を香りづけに加えて造る発酵酒》.

sprue¹ /sprúː/ 名 ❶ (鋳造用の)湯口. ❷ 押し金《縦》湯口に残る金属のかす.

sprue² /sprúː/ 名 ⓤ 医 スプルー(口腔炎と下痢を伴う腸吸収不全症; 熱帯性のものと非熱帯性のものがある).

*__sprung__ /spráŋ/ 動 spring¹ の過去形・過去分詞. —— 形 スプリング付きの.

sprúng rhỳthm 名 ⓤ 《詩学》スプラングリズム《一つの強勢が4つまでの弱い音節を支配し、主に頭韻・中間韻および語句の繰り返しによってリズムを整える韻律法; G. M. Hopkins の造語》.

spry /sprái/ 形 (spri·er, spri·est; ~·er, ~·est) 活発な、元気な、すばしこい. ~·ly 副 ~·ness 名

spt. 《略》 seaport.

spud /spád/ 名 ❶ 《俗》ジャガイモ. ❷ スパッド《除草用の小型のスペード (spade)》. —— 動 (雑草を)スパッドで取り除く.

spúd-bàshing 名 ⓤ 《英俗》ジャガイモの皮むき《軍隊などにおける懲罰》.

spu·man·te /spuːmάːnteɪ | -mǽnti/ 名 ⓤ (イタリアの)スパークリングワイン、スプマンテ.

spume /spjúːm/ 名 ⓤ (特に海の)泡 (foam).

spu·mo·ni, -ne /spumóuni/ 名 ⓤ スプーモーネ《味・香りの異なる層のある(フルーツ[ナッツ]入り)アイスクリーム》.

spu·mous /spjúːməs/ 形 泡を含んだ, 発泡性の.

*__spun__ /spán/ 動 spin の過去形・過去分詞. —— 形 つむいだ: ~ gold [silver] 金[銀]糸 / ⇒ spun silk / ~ rayon スパンレーヨン, スフ.

spunk /spáŋk/ 名 ⓤ ❶ 《口》勇気, 気力: have ~ 気力がある. ❷ 《英俗》精液. ❸ (点火用の)つけ木.

spunk·y /spáŋki/ 形 (spunk·i·er, -i·est) 勇気のある、元気な. **spúnk·i·ness** 名

spún sílk 名 ⓤ 絹紡糸、スパンシルク; 絹紡糸の織物.

spún súgar 名 ⓤ 《米》綿菓子.

spún yárn 名 ⓤ 《海》よりなわ、スパンヤン.

*__spur__ /spə́ːr/ 名 ❶ 拍車《馬に乗る人が靴のかかとにつける U 型の金具; これで馬の腹をけって走らせたりする》: put [set] ~s to a horse 馬に拍車をかける. ❷ 刺激、激励: need the ~ 刺激を与える必要がある / put [set] ~s *to* a person 人に刺激を与える、人を激励する. ❸ 拍車状のもの: **a** 突き出た短い枝. **b** 《植》距《専》または花冠の基部の突出した部》. **c** (鶏などの)けづめ. **d** (シャモのけづめにつける)鉄けづめ. **e** (登山用カンジキの)アイゼン. **f** 《山》(山などの横に突出した)尾根, 支脈. **b** =spur track. **on the spúr of the móment** 時のはずみで、出来心で、とっさに (on (an) impulse). **wín one's spúrs** 初めて偉功を立てる、名をあげる《直訳 昔、勲爵士 (knight) になった時に王から金の拍車を贈られたことから》. —— 動 (spurred; **spur·ring** /spə́ːrɪŋ | spə́ːr-/) 他 ❶ 〈人を〉刺激する, 激励する (urge): Ambition ~s a person *on*. 大望は人を駆り立てる / 〜 a person *into* action 人を行動へ駆り立てる / Her encouragement *spurred* him (on) to success. 彼は彼女の後押しに奮起して成功を収めた / [+目+*to do*] What *spurred* you to fight? 何があなたをそんなたたかおうという気にさせたのですか. **b** 〈事態を〉引き起こす, 促す, 急に進める, 助長する, 刺激する: ~ a price hike 値上げを引き起こす / ~ further development さらなる発展を促す. ❷ 〈馬に〉拍車を当てる [*on*]. 【OE; 原義は「ける」】

spúr-dòg 名 《魚》アブラツノザメ.

spúr fòwl 名 《鳥》インドケヅメシャコ(インド産).

spurge /spə́ːrdʒ | spə́ːdʒ/ 名 《植》トウダイグサ(樹液は下剤).

spúr gèar 名 《機》平歯車.

spúrge làurel 名 《植》黄花沈香のジンチョウゲ属の常緑低木.

+**spu·ri·ous** /spjúəriəs | spjúər-, spjə́ːr-/ 形 ❶ **a** 偽の、偽造の. **b** 〈論理・言い訳などが〉もっともらしい、うわべだけの. ❷ 《古》非嫡出の, 庶出の. ❸ 《生》まがいの、擬似の.

~·ly 副 ~·ness 名 【L】

spúr·less 形 拍車のない; けづめをもたない[付けない].

+**spurn** /spə́ːrn | spə́ːn/ 動 他 ❶ 〈申し出などを〉はねつける (reject): ~ a bribe わいろをはねつける / I ~ your offer. あなたの申し出を断じて拒否します. ❷ 〈人を〉けとばす, (けって)追いはらう. —— 名 ❶ (申し出などを)鼻であしらうこと. ❷ (人などを)けとばすこと. 【OE; SPUR と同語源】

spúr-of-the-móment 形 A 《口》即席の, とっさの: **a** ~ decision [idea] とっさの決断[思いつき].

spurred /spə́ːrd | spə́ːd/ 形 拍車[けづめ]を付けた[もった]; 《植》距(%)のある.

spur·rey /spə́ːri | spʌ́ri/ 名 =spurry.

spur·ri·er /spə́ːriə | spʌ́riə/ 名 拍車職人.

spúr róyal 名 《英》スパーロイヤル(James 1 世時代の 15 シリング金貨).

spur·ry /spə́ːri | spʌ́ri/ 名 《植》オオツメクサ.

+**spurt** /spə́ːrt | spə́ːt/ 動 自 ❶ [...から]噴出する (gush): Blood ~*ed* (*out*) *from* the wound. 血が傷口から噴き出した. ❷ (副詞(句)を伴って)(急に)速度を上げる[全速力を出す], スパートする: ~ *into* the lead スパートして先頭に出る. ❸ (短期で)急速に進歩する(成果を上げる). —— 名 ❶ ほとばしり, 噴出 (*of*). ❷ (感情などの)激発 (*of*). ❸ (速度などの)急上昇, スパート; 急成長(期): put on a ~ 急ぐ、スパートをかける / a growth ~ 急成長(期).

spúr tráck 名 《鉄道》(一方だけが本線に連絡している)分岐線.

spúr whèel 名 =spur gear.

sput·nik /spútnɪk-, spʌ́t-/ 名 ❶ [S~] スプートニク(旧ソ連の人工衛星; 第 1 号は 1957 年打ち上げ). ❷ 人工衛星. 【Russ=同行者】

sput·ter /spátə | -tə/ 動 自 ❶ パチパチ[ブツブツ]音を立てる: The match ~*ed out*. マッチはパチパチと音を立てて消えた. ❷ (興奮・混乱などで)つばを飛ばしてしゃべる, わけのわからないことを言う (splutter). ❸ 〈活動・事態などが〉断続的にぼそぼそと続く. —— 他 ❶ 〈食物を〉口から飛ばす. ❷ (興奮・混乱などで)早口に言う: "Who...who are you?" he ~*ed* in surprise. 「だ, だれだ, お前は」と彼はびっくりして言った. —— 名 ⓤ [また a ~] ❶ パチパチ, ブツブツ. ❷ (興奮・混乱などによる)わけのわからない[せきこむよう な]言葉. 【擬音語】

spu·tum /spjúːtəm | spjuː-/ 名 (徳 **spu·ta** /-tə/) ⓤⓒ つば, 唾液; 痰(&). 【L】

*__spy__ /spái/ 名 スパイ《人》; 探偵《比較 スパイ行為は espionage》: an industrial ~ 産業スパイ / be a ~ *for*... ...のためにスパイをする. —— 動 他 ❶ 〈…を〉スパイをする, ひそかに探る. ❷ 《文》〈…を〉見つける, 見つけ出す (spot): [+目+*doing*] He *spied* a stranger *entering* the backyard. 彼は見知らぬ人が裏庭に入ってくるのを見つけた. —— 自 ❶ [...を]こっそり見張る: Stop ~*ing on* me. 私を見張ったりするな. ❷ スパイをする[として働く] (*for*, *on*, *against*). **b** [...を]こっそり調査する, スパイする (*into*, *on*): ~ *into* a secret ひそかに秘密を探る. **spý óut** (他+副) 偵察する; かぎ出す: ~ *out* a plot 陰謀をかぎ出す. 【F】

spý·glàss 名 小型望遠鏡.

spý·hòle 名 のぞき穴.

spý·màster 名 スパイ組織のリーダー, スパイの親玉.

spý·wàre 名 《電算》スパイソフト《インターネット閲覧中のパソコンに入りこみ, 利用状況を記録するソフト; 得た情報は広告会社などに利用される》.

sq. 《略》 square. **Sq.** 《略》 Squadron; Square.

sq. ft. 《略》 square foot [feet]. **sq. in.** 《略》 square inch(es). **sq. mi.** 《略》 square mile(s). **SQL** 《電算》 structured query language 構造化問い合わせ言語《関係データベースでデータを定義したり操作したりするための言語》.

squab /skwάb | skwɔ́b/ 形 ❶ 〈鳥が〉かえりたての, まだ羽の生えない. ❷ ずんぐりした. —— 名 ❶ (まだ羽の生えない)ひなバト(食用にする). ❷ ずんぐりした人. ❸ 《英》(車のシートの)柔らかい背. **b** ソファー.

squab·ble /skwάbl | skwɔ́bl/ 動 自 [人と]つまらない事で けんか[口論]する, 言い争う (quarrel): I don't like to ~ *with* my wife *about* [*over*] money. 金のことなどで妻と

口論はしたくない. ― 图 (つまらない事についての)けんか, 口論: have a ～ *about* [*over*]…のことで口論する.

squab·by /skwábi | skwóbi/ 形 ずんぐりした.

squáb pìe 图 鳩肉パイ; タマネギ・リンゴ入りのマトンパイ.

squac·co /skwɑ́:kou | skwǽk-/ 图 (覆 ～s) (また **squácco hèron**) 〖鳥〗カンムリアマサギ〖アジア・アフリカ・南欧産〗.

*__squad__ /skwɑ́d | skwɔ́d/ 图 [集合的; 単数または複数扱い] ❶ (軍隊の分隊; 〜 drill 分隊教練. ❷ a (同じ仕事に従事する)隊, 団, チーム: a ～ *of* police 警官隊 / ⇨ vice squad. **b** (米) 二軍を含むスポーツチーム全体.〖F<Sp EX-+*quadrum* SQUARE; 原義は四角い陣形をとったもの〗

squád càr 图 (米) パト(ロール)カー.

squad·die, -dy /skwɑ́di | swɔ́di/ 图 (英俗) 兵卒, 兵士.

†**squad·ron** /skwɑ́drən | skwɔ́drən/ 图 [集合的; 単数または複数扱い] ❶ 〖陸軍〗騎兵大隊 (cf. battalion 1). ❷ 〖海軍〗小艦隊, 戦隊 (艦隊の一部). ❸ 〖空軍〗飛行大隊, 飛行体 (2個以上の中隊 (flights) から成る; cf. wing 6 a).

squádron léader 图 〖英空軍〗少佐.

†**squal·id** /skwɑ́lid | skwɔ́l-/ 形 ❶ むさ苦しい, ごみごみした, 汚い (sordid). ❷ 卑しい, さもしい. **~·ly** 副

squall[1] /skwɔ́:l/ 图 ❶ スコール (短時間の局部的突風; しばしば雨・雪・みぞれなどを伴う). ❷ [複数形で] 騒動; 混乱, 困難.

squall[2] /skwɔ́:l/ 動 悲鳴をあげる, わめき声を立てる.
― 他 ⟨…⟩をわめき声で言う ⟨*out*⟩. ― 图 (赤ん坊の)悲鳴, 金切り声, わめき声. **~·er** 图

squáll lìne 〖気〗スコールライン (しばしば寒冷前線の前方に発生する線上に連なる雷雨域).

squall·y /skwɔ́:li/ 形 (**squall·i·er, -i·est**) スコールの; しけになりそうな. ❷ = squall[1].

squal·or /skwɑ́lər | skwɔ́l-/ 图 ① ❶ 汚さ, むさ苦しさ. ❷ 卑しさ, さもしさ.

squa·mate /skwéimeit, skwɑ́-/ 形 うろこ〖鱗片〗のある, うろこ状の.

squa·mous /skwéiməs, skwɑ́-/ 形 うろこでおおわれた;〖植〗うろこ状のある;うろこ状の〖解〗扁平の〖鱗状する〗.

squam·u·lose /skwǽmjuloʊs, skwɑ́-/ 形 小鱗でおわれた.

squan·der /skwɑ́ndə | skwɔ́ndə/ 他 〈金・時間・精力など〉を〖…に〗浪費する (waste): It's money ～*ed*. それは死に金だ / ～ money *on* having fun 遊びに金を浪費する. **~·er** 图

Squan·to /skwɑ́ntou | skwɔ́n-/ 图 スクワント (?-1622; Plymouth 植民地でトウモロコシ栽培法を教えて入植者を救った北米先住民).

*__square__ /skwéə | skwéə/ 图 ❶ **a** 正方形, 四角. **b** 四角いもの: a ～ of cloth 四角い布. **c** (チェス・将棋盤などの)目 ❷ 広場, スクエア (cf. circus 4 a): Madison S～ マジソンスクエア (New York 市にある) / Trafalgar S～ トラファルガースクエア (London の中心地にある). ❸ **a** (米) 街区 (都市で, 通例街路に囲まれた方形の区画; cf. block 2 a). **b** (米) 街区の1辺の距離, 丁 (cf. block 2 b). **c** スクエア (都市で, 小公園の周囲に(高級)住宅などが方形に並んだ区域; 地名にも用いる): live in [on] a ～ スクエアに住む / She lived at 56 Russell S～. 彼女は(ロンドンの)ラッセルスクエア 56 番地に住んでいた. ❹ 直角定規, 曲尺: a T [an L] ～ ティー[エル]定規. ❺ (米) 平方, 2乗: The ～ of 3 is 9. 3 の 2 乗は 9. ❻ [複数形で] (米口) 十分な食事. ❼ (俗) 遅れている人, かたぶつ, へそ曲がり. **on the squáre** (1) (口) 真正直に. (2) 直角をなして. **òut of squáre** (1) 直角でない. (2) 不正[公正]な.

― 形 (**squar·er** /skwé(ə)rə | -rə/, **-est** /-rist/) ❶ (比較なし)正方形の, 長方形の: a ～ house 四角い家. ❷ (ほぼ)直角の, 直角の 〖*with, to*〗: a ～ corner 直角の角(ど) / ～ *with* the ground 地面と直角になって,〖…に〗対して. ❸ 〈肩・あごなどが〉角ばった, がっしりした: a ～ jaw 角ばったあご / ～ shoulders がっちりした肩. ❹ 公明正大な, 正々堂々の, 公平な: ⇨ square deal / You're not being ～ *with* me.

1753　　square measure

君はぼくに対して公平じゃないぞ. ❺ ⓅⒸ (比較なし)〖…と〗同等で, 五分五分で: 〈試合のスコアが〉同点で 〖*with*〗. ❻ ⓅⒸ (比較なし)〖…と〗貸し借りなしで, 勘定済みで 〖*with*〗: Let's get these accounts ～. この貸借を清算しよう / make accounts ～ 決済する. ❼ **a** 整頓(な)した, きちんとした: get things ～ 整頓〖整理〗する. **b** 〈矛盾など〉明瞭な. ❽ (比較なし) 〈食事の中身の〉十分な, 通例次の句で): a ～ meal 実質のある食事. ❾ (比較なし) **a** 〖数〗平方の, 2 乗の (略 sq.): a ～ foot [inch, yard, mile] 1 平方フィート[インチ, ヤード, マイル] / ～ square root. **b** [正方形の一辺を表わす数字を伴った名詞の後に置いて] …平方の: A table 4 feet ～ has an area of 16 ～ feet. 4 フィート平方のテーブルは面積 16 平方フィートだ (★ 後の square は 9 a の意味). ❿ (俗) 旧式の, 時代遅れの, 古くさい, やぼったい. **àll squáre** (1) (ゴルフなどで)互角の. (2) (スコアが)同点で. (3) 貸し借りなしで. **a squáre pég in a róund hóle** ⇨ peg 〖成句〗. **báck to squáre óne** (口) 振り出しに戻って (由来 四角のます目を用いる盤上ゲームから). **fáir and squáre** ⇨ fair[1] 〖成句〗. **gèt squáre with**…(1)…と五分五分〖対等〗となる. (2)…と貸し借りなしにする. (3)…に仕返しする.

― 副 (**squar·er, -est; more ～, most ～**) (口) ❶ 四角に; 直角に (squarely). ❷ 公平に, 正々堂々と. ❸ (比較なし)[副詞句の前に置いて] まともに, かっきりと: look a person ～ in the face 人の顔をじっと見る.

― 動 ❶ ⟨…⟩を正方形[直角]にする 〖*up*〗: ～ a log 木材を正方形に切る. ❷ ⟨…⟩を四角[直角]にする; 四角に仕切る 〖*off*〗. ❸ 〈肩〉を張る: ～ one's shoulders 肩を怒らせる / with elbows ～*d* ひじを張って. ❹ **a** 〈支払いなど〉を清算する: ～ a bill 〖*up*〗 one's debts 勘定[借金]を払う / ～ accounts. 貸し借りをする. 貸し借りを清算しよう. **b** 〖～ oneself〗 (米) 〖過去の過ちなど〉を清算する 〖*for*〗. ❺ 〈試合の得点をタイ[同点]にする. ❻ ⟨…⟩を〖…に〗適合[適応]させる, 合致させる: I tried to ～ my opinions *with* [*to*] the facts. 自分の意見を実情に合わせようとした. ❼ (口) ⟨…⟩を買収する, ⟨…⟩にわいろを使う: ～ the police 警察を買収する. ❽ (俗) ⟨…⟩を 2 乗する: Four ～*d* is sixteen. 4 の 2 乗は 16 である. ― 国 ❶ 〖…と〗一致する, 調和する, 適合の行為が〉一致する言葉と一致しない. ❷ (口) 決済する: Have we ～*d* up yet? もう清算は済んだのだろうか. ❸ **a** (ボクシングで)試合の身構えをする 〖*up*〗. **b** 〖相手に向かって〗身構える; 〈相手に〉けんかをふっかける〖がっちり取り組む〗(★ 疑争可): It's time you ～*d up to* these facts. あなたがこれらの事実と四つに取り組んでもいいころだ. **squáre awáy** (自+副) (1) 〈…〉をきちんと整頓する. (2) (米) (二人かけんかの身構えをする. (3) 〖海〗追い風を受ける. (自+副) (4) (米) ⟨…⟩をきちんと整頓する, 片づける (★ しばしば受身). **squáre óff** (自+副) (1) 〈…〉を直角[四角]にする; 四角に仕切る (⇨ 2). (2). (自+副) (米) けんかの身構えをする.
~·ness 图 〖F<EX-+L *quadrum* 四角〗

squáre-báshing 图 ① (英俗) 軍事教練.

squáre brácket 图 [通例複数形で] 〖印〗角括弧 (〖〗).

squáre-búilt 形 肩の張った.

squáre dànce 图 スクエアダンス(二人ずつ組んで 4 組が方形を作って踊る).

squáre déal 图 ❶ 公正な取り決め[取引]. ❷ 公平な扱い方: give a person a ～ 人を公平に取り扱う / get a ～ 公平に取り扱われる.

squáred páper 图 ⓊⓒⒼ 方眼紙.

squáre èyes 图 徴 (英・戯言) テレビの見すぎで視力の落ちた目; [単数扱い] テレビを見てばかりいる人. **squáre-èyed** 形

squáre knòt 图 (米) こま結び (〖英〗reef knot): tie a ～ こま結びにする.

†**squáre·ly** 副 ❶ まともに, 正面切って (directly): look a person ～ in the face 人の顔をまともに見る. ❷ 四角に; 直角に. ❸ 正直に; 公平に; 堂々と.

squáre méasure 图 〖数〗平方積; 面積 (144 平方インチ

(sq. in.)=1平方フィート (sq. ft.) / 9平方フィート (sq. ft.)=1平方ヤード (sq. yd.) / 640 エーカー (acres)=1平方マイル (sq. mi.).

squáre númber 名〖数〗平方数《1, 4, 9, 16など》.

squáre piáno 名〖楽〗スクエアピアノ《18世紀に流行した長方形のピアノ》.

squar·er /skwé(ə)rə | skwéərə/ 名《石材·材木などを》四角にする人.

squáre-rígged 形〖海〗《船が横帆艤装》の, 横帆式の.

squáre-rígger 名 横帆《艤装》船.

squáre róot 名〖数〗平方根, 2乗根〔*of*〕《記号 r, √》《画果 √ は r 字の変形》.

squáre sáil 名〖海〗横帆.

squáre shóoter 名《米口》真っ正直な人.

squáre-shóuldered 形 肩の張った, 怒り肩の.

squáre-tóed 形 ❶《靴などつま先が四角な; つま先が四角な靴をはいた. ❷ 旧式な, 保守的な.

squáre wàve 名〖電〗矩形(くけい)波, 方形波.

squar·ish /skwé(ə)rɪʃ/ 形 四角ばった.

squark /skwáːk | skwáːk/ 名〖理〗スクォーク, スカラークォーク《超対称性によりクォークと対になる粒子》.

*****squash**[1] /skwáʃ, skwɔ́ːʃ | skwɔ́ʃ/ 動 他 ❶〈ものを〉押しつぶす; ぺちゃんこにする: ～ a cockroach ゴキブリを押しつぶす / 〔+目+補〕My hat was ～ed flat. 私の帽子がぺちゃんこにされて(て)いた. ❷〈人·ものを〉狭い所に押し込める (cram): ～ many people *into* a bus バスにたくさんの人を詰め込む. ❸ a〈暴動などを〉封じ込める, 鎮圧する. b〈提案などを〉拒絶する, はねつける. ❹〔+目〕〈人を〉黙らせ; やり込める: My wife always ～es me. 私はいつも妻にやり込められている. ── 自〔副詞(句)を伴って〕割り込んでいく, 押し合う; 無理やりにして ～ *in* [*into* a theater] 中に[劇場に]押し入るようにして入る / The people ～ed *through* the gate [*onto* the bus]. 人々は門を押し合いながら通り抜けた[押し合いながらバスに乗り込んだ]. ── 名 ❶〔a ～〕(ぐシャッと落ちる音), ペシャリ《重くて柔らかいものがつぶれる音》. ❷〔a ～〕人込み, 雑踏; 群衆: There was a dreadful ～ at the door. ドアのところはひどい人込みだった / It's a ～.《口》ぎゅうぎゅうです. ❸〚U, C〛《英》スカッシュ《果汁に通例水を加えた飲み物》: lemon ～ レモンスカッシュ. ❹ a ＝squash racquets [rackets]. b ＝squash tennis. 〔〔＜EX.+L *quassare* 揺り動かす (*<quatere*, *quas-* 揺らす); cf. discuss, percussion〕

⁺**squash**[2] /skwáʃ | skwɔ́ʃ/ 名〚U, C〛〖植〗カボチャ, トウナス, ウリの仲間). 〔N-Am-Ind〕

squashed 形 押しつぶした, ぺちゃんこの.

squásh ràcquets [ràckets] 名〚U〛スカッシュ《四方を壁で囲まれたコートで柄の長いラケットとゴムボールを使用する球技の一種》.

squásh tènnis 名〚U〛《米》スカッシュテニス《スカッシュに似た球技》.

squash·y /skwáʃi, skwɔ́ːʃi | skwɔ́ʃi/ 形 (squash·i·er; -i·est) ❶ つぶれやすい. ❷〔土などぐ〕どろどろの. **squásh·i·ly** /-ʃɪli/ 副 **-i·ness** 名

⁺**squat** /skwɑ́t | skwɔ́t/ 動 (squat·ted; squat·ting) 自 ❶ a しゃがむ, うずくまる (crouch): She *squatted down* by the fire. 彼女はたき火のそばにしゃがみ込んだ. b《英口》座る〈*down*〉. ❷ 他人の土地[空屋]を不法占拠する. ❸〈動物が〉地に伏す, 身をひそめる. ── 他〔～ oneself で〕しゃがむ: She *squatted* herself *down*. 彼女はしゃがみ込んだ. ── 形 (squat·ter; squat·test) ❶ ずんぐりした. ❷〖P〗(比較なし)しゃがんだ: sit ～ on the ground 地面にしゃがみ込む. ── 名 ❶ 不法占拠地. ❷〔a ～〕しゃがんだ姿勢. 〔F=押しつぶす〕

squatt /skwɑ́t | skwɔ́t/ 名 ハエうじ《釣りの餌にする》.

⁺**squat·ter** /skwɑ́tə | skwɔ́tə/ 名 ❶ a (公有地·空屋の)不法占拠者. b (所有権を得ようとして)所有者のない新開拓地に定住する人. ❷《米》しゃがむ人[動物].

squát thrùst 名 スクワットスラスト《立位からしゃがんで両手を床につき, 次いで腕立て伏せの姿勢をとってから, 再びしゃがんだ体勢になり立位に戻る運動》.

squat·ty /skwɑ́ti | skwɔ́ti/ 形 (squat·ti·er; -ti·est) ずんぐりした.

squaw /skwɔ́ː/ 名 ❶ 北米先住民の女[妻]. ❷《米俗》女; 妻.

squawk /skwɔ́ːk/ 動 自 ❶《カモメ·アヒルなどが》ガーガー鳴く. ❷(大声で)やかましく不平を言う. ── 名 ❶ ガーガーいう鳴き声. ❷ やかましい不平. 〔擬音語〕

squáwk bòx 名《米口》(インターホンなどの)スピーカー.

squáw màn 名 北米先住民の女を妻とする白人.

*****squeak** /skwíːk/ 動 自 ❶ a〈ネズミなどが〉チューチュー鳴く. b〈ものが〉(きしって)キーキー音を立てる; きしむ, きしる. c《靴のがキュッキュッ鳴る. d キーキー声で話す[をあげる]. ❷《俗》密告する, 告げ口する. ❸〔副詞(句)を伴って〕《口》ようやく[やっとのことで]成功する[パスする, 勝つ]〈*by*, *through*〉. ── 他 キーキー声で言う: ～ *out* a few words キーキー声で二言三言言う. ── 名 ❶ a (ネズミなどの)チューチュー(鳴く声). b (ものの)キーキー(きしる音). c (靴の)キュッキュッ(鳴る音). d (人の)キーキー声. ❷〔通例 a narrow [close, near] ～ で〕《口》きわどい脱出, 危機一髪. 〔?Scand〕

squeak·er 名 ❶ チューチュー[ギャーギャー, キーキー, キューキュー]いうもの. ❷《口》(競技·選挙などでの)辛勝.

squeak·y /skwíːki/ 形 (squeak·i·er; -i·est) チューチュー[キーキー, キュッキュッ]いう. ── 名 (squeak).

squéaky-cléan, squéaky cléan 形 ❶ とてもきれいな, 清潔な. ❷ 非の打ちどころがない, 完璧(ぺき)な.

⁺**squeal** /skwíːl/ 動 自 ❶ キーキーいう[泣く]; 悲鳴[歓声]をあげる: ～ with delight 喜んでキーキー声をあげる / The taxi ～ed to a halt. タクシーがキーッといって止まった. ❷《俗》〈人を〉密告する, たれ込む〈*on*〉. ── 他〈…を〉キーキー声で言う. ── 名 (子供·豚などの)悲鳴, キーキー声. 〔擬音語〕

squéal·er 名 ❶ キーキーいうもの. ❷《俗》密告者.

squea·mish /skwíːmɪʃ/ 形 ❶ a すぐこわがる, びくつく. b 気難しい, 神経質な. c すぐに吐き気を催す, むかつきやすい. ❷ (道徳的に)潔癖すぎる. ── **·ly** 副 **～·ness** 名

squee·gee /skwíːdʒiː/ 名 ❶ ゴムぞうきん《棒の先に直角につけた板にゴム板を張りつけたもの; 窓などの掃除·水ふき取り用》, スキージ《写真現像で表面の水を取るのに使うゴム板[ローラー]》. ❷《口》スキージ《信号待ちなどで止まった車のフロントガラスを squeegee で掃除して金を要求する人》. ── 他 〔…を〕スキージで拭き取る[掃除する].

squeez·a·ble /skwíːzəbl/ 形 搾れる; ゆすり取れる, 圧迫にへこむ, 無気力な; 抱きしめたくなるような. **squèez·a·bíl·i·ty** 名

*****squeeze** /skwíːz/ 動 他 ❶〈ものを〉圧搾(あっさく)する, 搾る, 押しつぶす: ～ a tube of toothpaste 歯磨きのチューブを搾る / ～ an orange オレンジを搾る / ～ lemon on one's fish 魚にレモンを搾ってかける / A boa constrictor ～s its victims to death. ボアは獲物を締め殺す / ～ toothpaste *out* (チューブから)歯磨きを搾り出す / ～ the juice *from* [*out of*] an orange オレンジの汁を搾り出す /〔+目+補〕～ a lemon dry レモンをからからに搾る. ❷ a〈手などを〉ぎゅっと握る; 〈人などを〉きつく抱く: ～ a person's hand 人の手をぎゅっと握る / She ～d the child. 彼女は子供をぎゅっと抱き締めた. b〈銃の引き金を〉引く: ～ the trigger (慎重に)引き金を引く. ❸ a〈人などを〉(経済的に)圧迫する, 搾取(さくしゅ)する: ～ the peasants 小作人を搾取する / Industry is being ～d by heavy taxation. 産業界は重税を課せられて苦しんでいる. b〔…から〕〈金を〉搾り取る, 搾取する; 〈自白を〉無理に引き出す: The dictator ～d money *from* [*out of*] the people. その独裁者は人民から金を搾り取った / They ～d a confession *from* [*out of*] him. 彼らは彼に口を割らせた /〔+目+補〕～ a person dry 人から金を搾り取る. ❹〔副詞(句)を伴って〕a〈人を〉(…に)押し[詰め]込む, 〈予定などを〉無理して入れる: ～ things *into* a suitcase スーツケースにものを詰め込む / We can't ～ any more people *in*. もうこれ以上は人を中に詰め込めません / ～ *in* a meeting (ある時間帯やスケジュールなどに)会議[会見]を割り込ませる. b〔～ *oneself* で〕(…に)無理やり入る: ～ *oneself in* 無理に入る / I managed to ～ *myself into* the crowded theater. 大

入りの劇場にどうやら割り込めた. **c** [~ one's way で] (…を押し分けて進む): He ~d his way *through* the crowd. 彼は群衆を押し分けて進んだ. ❺ 〖野〗〈三塁ランナーを〉スクイズで返す 〈*in*〉. **b** 〈得点を〉スクイズであげる 〈*in*〉. ❻ 〈経済を〉引き締める. ── 圓 ❶ 圧搾される, 搾れる: Sponges ~ easily. スポンジはらくに搾れる. ❷ 〖副詞(句)を伴って〗 **a** (…を)押し分けて進む, 無理に通る: I ~ *through* the narrow opening. その狭い口を無理に通り抜けた. **b** (…に)押し込む, 割り込む: ~ *between* two cars 2 台の車の間に割り込む / He tried to ~ *in*. 彼は割り込もうとした / Can you ~ *into* that parking space? あの(狭い)駐車スペースに入り込めるかい.

── 图 ❶ **a** 圧搾; 搾ること. **b** 〘少量の〙搾り汁: a ~ of lemon 少量のレモンの搾り汁. ❷ 強い握手; 抱き締め: give a girl a ~ 女の子をぎゅっと抱き締める. ❸ [a ~] 押し合い, 雑踏, 寿し詰め. ❹ (財政上の)圧迫, しわよせ; (経済上の)引締め: a credit ~ 金融引締め. ❺ 〘通例単数形で〙(口)のっぴきならぬ状態, 苦境; be in a (tight) ~ 苦境に立つ. ❻ =squeeze play. ❼ (米口)恋人 (main squeeze). **pút the squéeze on**… (1) …に圧力をかける, …に強要〖強制〗する. (2) …を苦しめる. (3) 〔価格などを〕抑制する, 厳しく管理する.

squéeze bòttle 图 中身を搾り出せるプラスチック容器.
squéeze-bòx 图 (俗) アコーディオン.
squéeze plày 〖野〗スクイズプレー.
squéez·er 图 ❶ (果汁)圧搾器, 搾り器 ((米) reamer). ❷ 搾取者.
squeez·y /skwíːzi/ 形 ❶〈特に容器が〉搾り出し式の. ❷ (古) 狭苦しい.

squelch /skwéltʃ/ 動 ❶ ガボガボと音を立てる; ビシャビシャいう. ❷ ガボガボ〖グチャグチャ〗音を立てて歩く: She ~ed along the muddy path. 彼女は泥んこの小道をグチャグチャ音を立てながら進んだ. ── 他 押しつぶす; やり込める, 黙らせる (squash). ── 图 〘通例単数形で〙 ❶ ガボガボ〖ビシャビシャ〗(の音). ❷ やり込めること〖言葉〗, 押しつぶし, 鎮圧. **~·er** 图 〖擬音語〗
squelch·y /skwéltʃi/ 形 〈地面などが〉ガボガボいう, ビシャビシャいう.

squib /skwíb/ 图 ❶ 爆竹; 導火爆管, 小花火. ❷ (政治家などを攻撃する)機智に富んだ文, 風刺.

squid /skwíd/ 图 (徼 ~, ~s) ❶ 〖動〗イカ (特に, 体の細長いジンドウイカ・スミイカなど). ❷ 〖U〗イカの身.

squidge /skwídʒ/ 動 〘口〙グシャッとつぶれる〖つぶれる〙, グシャッとする.
squid·gy /skwídʒi/ 形 (**squid·gi·er**; **-gi·est**) (英口) 柔らかくされている, どろどろした.
squiffed /skwíft/ 形 (米口) =squiffy.
squif·fy /skwífi/ 形 (**squif·fi·er**; **-fi·est**) (英俗) ほろ酔いの, 一杯機嫌の.
squig·gle /skwígl/ 图 ❶ 短い不規則な曲線, くねった線. ❷ なぐり書き.
squig·gly /skwígli/ 形 (**squig·gli·er**; **-gli·est**) くねった, のたくった.
squill /skwíl/ 图 **a** ©〖植〗カイソウ (海葱). **b** U 海葱根 (乾燥させたものは去痰剤; 新鮮な鱗茎は殺鼠剤). ❷ ©〖植〗シラー (ユリ科ツルボ属の草本の総称).
squil·lion /skwíljən/ 图 〘口〙巨大な数, 何億.
squinch[1] /skwíntʃ/ 動 〈目を細くする, 〈まゆを〉寄せる, 〈鼻に〉しわを寄せる, 〈顔を〉しかめる. ── 他 目を細くする; 小さくなる, うずくまる 〈*up, down, away*〉.
squinch[2] /skwíntʃ/ 图 〖建〗入隅迫持 (いりすみせりもち), スキンチ (塔などを支えるために方形の隅に設けるアーチなど).

squint /skwínt/ 動 ❶ 目を細くする; 斜視である: ~ *into* the sun 目を細くして太陽を見る. ❷ 斜視である. ── 图 ❶ 斜視. ❷ **a** 目を細くして見ること. **b** (英口) ちらっと見ること (★通例次の句で): have [take] a ~ *at*…をちらっと見る. ── 形 ❶ 斜視の, やぶにらみの. ❷ 目を細くして見る. **~·er** 图
squint-èyed 形 ❶ 〘差別〙斜視の. ❷ 意地の悪い, 悪意のある.
squint·y /skwínti/ 形 〘差別〙斜視の, やぶにらみの.
squire /skwáɪɚ | skwáɪə/ 图 ❶ (昔の, 英国の地方の)大地主. ❷ [名を知らぬ男性などへの呼び掛けに用いて] 〘英口〙だんな. ❸ 騎士の従者. ❹ (米) 治安判事; 裁判官, 弁護士. ── 動 〈男性が〉〈女性を〉(パーティーなどに)エスコートする. 〘F; esquire と同語源〙
squire·arch /skwáɪ(ə)rɑːk | skwáɪərɑ̀ːk/ 图 地主階級の人, 地主.
squire·arch·y /skwáɪ(ə)rɑːki | skwáɪərɑ̀ː-/ 图 [the ~; 集合的; 単数または複数扱い] (昔の, 英国の地方の)地主階級.
squire·dom /-dəm/ 图 U ❶ 地主の身分〖威信, 領地〗. ❷ =squirearchy.
squire·ship 图 =squiredom.
squirl /skwə́ːl | skwə́ːl/ 图 〘口〙手書き文字の飾り.
squirm /skwə́ːm | skwə́ːm/ 動 圓 ❶ 〈人が〉(苦痛・不快・いらだちなどで)身もだえする, もがく (wriggle). ❷ もじもじする, きまり悪がる.
squir·rel /skwə́ːrəl, skwə́ːl | skwírəl/ 图 (徼 ~s, ~) ❶ ©〖動〗リス. ❷ U リスの毛皮. ── 動 他 〈金銭・ものを〉ためておく 〈*away*〉. 〘F< L< Gk; 原義は「しっぽで陰をつくるもの」か (*skia* 陰+*oura* しっぽ)〙

squírrel càge 图 ❶ リスかご (回転筒のついたかご). ❷ 単調でむなしい仕事〖生活〗.
squírrel·fìsh 〖魚〗イットウダイ (に似たスズキ科の魚).
squir·rel·(l)y /skwə́ːrəli, skwə́ːli | skwírəli/ 形 ❶ リスのような. ❷ (俗)〈人が〉風変わりな, 何をするかわからない; 頭のおかしい.
squírrel mònkey 图 〖動〗リスザル《南米産》.

squirt /skwə́ːt | skwə́ːt/ 動 他 ❶ 〈液体を〉〈…に〉噴出させる, ほとばしらせる: ~ soda water *into* a glass ソーダ水をコップの中に吹き出させる. ❷ 〈…に〉噴出する液体を〉吹きかける, 〈…を〉でぬらす 〈*with*〉. ── 圓 噴出する, ほとばしる: Water ~ed *from* the hose. ホースから水が吹き出した. ── 图 ❶ 噴出, ほとばしり. ❷ (口) 生意気でつまらぬやつ, しゃばり屋. ❸ 注射器; 水鉄砲. 〖擬音語〗

squírt bòttle 图 (ケチャップなどの)指で押すと細い口から中身の出るプラスチック容器.
squírt·er /-tɚ | -tə/ 图 (液体の)噴出装置.
squírt gùn 图 ❶ (鉄砲状の)吹きつけ器. ❷ 水鉄砲.
squírt·ing cúcumber /-tɪŋ-/ 图 〖植〗テッポウウリ (地中海地方原産).
squish /skwíʃ/ 動 ぐしゃっとつぶす. ── 圓 びしゃびしゃ〖ごぼごぼ〗と音を立てる〖立てて歩く〗. ── 图 [a ~] びしゃびしゃ〖ごぼごぼ〗という音.
squish·y /skwíʃi/ 形 ❶ ぐにゃぐにゃの. ❷ びしゃびしゃ〖ごぼごぼ〗いう. ❸ センチメンタルな, 感傷的な. **squísh·i·ness** 图
squit /skwít/ 图 (英俗) ❶ 役立たず, 生意気なやつ, げす. ❷ [the ~s] 下痢.
squit·ters /skwítɚz | -təz/ 图 [the ~] (英方) (特に家畜の)下痢.

sq. yd. (略) square yard(s). **sr** (記号) steradian. **Sr** (記号) 〖化〗strontium. **Sr.** (略) Senior; Señor; Sister. **Sra.** (略) Señora.
SRAM /ésræm/ 图 〖電算〗エスラム, スタティックラム (記憶保持動作が不要な随時読み出し書き込みメモリー).
sri /ʃríː, sríː/ 图 スリー《ヒンドゥーの神・至尊者・聖典に付ける敬称》; …様, …先生 (Mr., Sir に相当するインドの敬称).
Sri Lan·ka /sriːláːŋkə | -lǽŋ-/ 图 スリランカ《インド南東方の Ceylon 島から成る共和国; 旧名 Ceylon》.
Srì Lán·kan /-kən/ 图 スリランカ人. ── 形 スリランカ(人)の.
SRN (略) (英) State Registered Nurse. **SRO** (略) (英) self-regulatory organization (証券・金融などの)自主規制機関; single-room occupancy (ホテルなどの)シングルルーム利用; standing room only 立ち見席のほか満員. **Srta.** (略) Señorita.
SS /ésés/ 图 [the ~] エスエス, ナチス親衛隊.
SS (略) Saints; 〖野〗shortstop; social security;

ssh /ʃ/ 〔略〕 steamship; Sunday school. **SSA** 〔米〕 Social Security Administration 社会保障局. **SSE** 〔略〕 south-southeast.

ssh /ʃ/ 〔間〕 =sh.

SSI 〔略〕〔米〕 Supplementary Security Income 補足的保障所得（65 歳以上の人または低所得の身体障害者が受給できる公的扶助）. **SSL** 〔略〕〔電算〕 secure socket layer（暗号化と認証を用いてデータをやりとりするためのインターネット通信プロトコル）.

S sleep 〔U〕〔生理〕徐波[ノンレム]睡眠 (slow-wave sleep)〔レム睡眠と交互に起こる深く安定した睡眠で，夢はほとんど見ない; cf. REM sleep〕.

SSN 〔略〕〔米〕 Social Security Number 社会保障番号. **SSRI** 〔略〕〔薬〕 selective serotonin reuptake inhibitor 選択的セロトニン再取込み阻害薬〔鬱(ｳﾂ)病・強迫神経症の治療用〕. **SST** 〔略〕 supersonic transport. **SSW** 〔略〕 south-southwest. **st.** 〔略〕〔詩学〕 stanza; statute(s); 〔印〕 stet; stone〔重量の単位〕; strait; street;〔クリ 間〕 stumped.

St. /sèin(t) /s(ə)n(t)/ 〔略〕 (圏 **SS, Sts.**〕 聖…, セント…: **a**〔聖人・使徒名などにつける〕: *St.* Paul. **b**〔教会・学校名などにつける〕: *St.* Peter's. **c**〔町名・人名などにつける〕: *St.* Andrews. **d**〔saint 以外のものにつけて教会名〕: *St.* Saviour's.

St. 〔略〕 Saturday; Strait; Street.

-st /st/ 〔接尾〕 ❶ ⇒ -(e)st². ❷〔1 および 1 で終わる序数詞を表わして〕(...)1 番目〔★ 11 を除く〕: 1*st*, 31 *st*.

Sta. 〔略〕 Station.

***stab** /stáeb/ 〔動〕 (**stabbed; stab·bing**) ⓣ ❶ （とがったもので）突く，刺す (*in, through*, etc.)〔比較〕 pierce はとがったもので突き通す，または穴をあける〕: ~ a person to death 人を刺し殺す / ~ a person *in* the arm 人の腕を刺す / ~ a person *with* a knife = ~ a knife *into* a person 人をナイフで刺す. ❷〈人・名声・良心などを〉鋭く傷つける: Remorse *stabbed* her conscience. 彼女は良心の苛責を感じた / His words *stabbed* me to the heart. 彼の言葉が私の肺腑(ﾊｲﾌ)をえぐった. ⓘ 突く，突きかかる: The thief *stabbed at* him. その泥棒は彼に突きかかった. *stáb* a person **in** the **báck** (1)〈人の〉背を刺す (cf. 图 成句). (2)〈友人などを〉卑劣に中傷する，裏切る (betray). —— 图 ❶ 突き刺すこと. ❷ 刺し傷，突き傷. ❸ 刺すような痛み，ずきんずきんと痛むこと: a ~ of anguish 苦悩の刺すような痛み. ❹〔口〕試み: have [take] a ~ *at*…をやってみる. **a stáb in the báck** 友人などの中傷，裏切り (cf. 動 成句).

Sta·bat Ma·ter /stɑ̂ːbɑːtmɑ́ːteə | -bǽtmɑ́ːtə/ 图 スターバト マーテル(の曲)，「悲しみの聖母は立ちて」〔キリストが十字架にかけられた時の聖母マリアの悲しみを歌った曲〕. 〔L=the Mother was standing〕.

stáb·ber 图 突き刺す人[もの]，刺客.

⁺stáb·bing 图 刺傷(事件), 突き刺すこと. —— 形 ❶〈痛みなど〉刺すような: a ~ pain 刺すような痛み. ❷〈言葉などが〉らつな. **-ly** 副

sta·bile /stéɪbiːl | -baɪl/ 图〔米〕スタビル〔金属板・鉄線・木材などで作られる静止した抽象彫刻[構築物]; cf. mobile〕.

sta·bil·i·ty /stəbíləti/ 图〔Ｕ〕〔また ~〕 ❶ 安定，確固 (↔ instability): emotional ~〔心〕情動[情緒]安定 (性). ❷ 堅実，不抜. ❸（船舶・航空機の）復原力，安定性. 〔形 **stable¹**〕

sta·bi·li·za·tion /stèɪbəlɪzéɪʃən | -laɪz-/ 图〔Ｕ〕 ❶ 安定(させること). ❷ 価格・通信・政治の安定.

***sta·bi·lize** /stéɪbəlaɪz/ 動 ⓣ〈…を〉**安定させる**, 固定させる (↔ destabilize): ~ prices 物価を安定させる. —— 图 安定する，固定する. 〔形 **stable¹**〕

stá·bi·liz·er 图 ❶ a（航空機の）安定板〔垂直安定板や水平安定板〕. **b**（船舶の）安定装置. ❷〔複数形で〕〔英〕（子供用自転車の）補助輪. ❸ 安定させる人[もの]. ❹ 安定剤.

***sta·ble¹** /stéɪbl/ 形 (**sta·bler, -blest; more ~, most ~**) ❶ a 安定した，しっかりした，腰のすわった (steady; ↔ unstable): emotionally ~ 情緒的に安定した / ~ foundations しっかりした基礎. **b** 変動のない，永続性のある: a ~ peace 永続的な平和. ❷〈性格・目的などが〉着実な，決心の固い. ❸〔機〕安定した，復原力のある，復原率の大きい: ~ equilibrium 安定. ❹〔化〕（分解・変化しない）安定性の. **sta·bly** /stéɪbli/ 副 安定して，しっかりと. 〔F＜L *stabilis* しっかり立っている (cf. establish)＜*stare, stat*- 立つ (cf. stay)〕 图 **stability,** 動 **stabilize**)

⁺**sta·ble²** /stéɪbl/ 图 ❶ **a**〔しばしば複数形で〕**厩（小）屋，家畜小屋**: It's too late to lock the ~ door after the horse has been stolen.〔諺〕馬を盗まれてから馬小屋の戸にかぎをかけても手遅れだ, 後の祭り,「泥棒を見てなわをなう」. **b**〔しばしば複数形で〕厩舎(ｷｭｳｼｬ). **c**（ある厩舎に属する）競走馬，…所有馬. ❷〔通例単数形で〕〔口〕同じ組織内[マネージャーの下]の人たち，…所属[部屋]の人たち（新聞記者・ボクサー・力士・騎手など）. —— 動 ⓣ〈馬を〉馬小屋に入れる[入れて飼う]. 〔F＜L＜*stare* †; 原義は「立っている場所」〕

stáble·bòy 图 少年の馬丁(ﾊﾞﾃｲ).

stáble còmpanion 图〔口〕同じチーム[クラブ]の選手 (stablemate).

stáble flý 图〔昆〕サシバエ.

stáble làd 图 =stableboy.

stáble·man /-mən/ 图 (圏 **-men** /-mən/) 馬丁(ﾊﾞﾃｲ).

stáble·màte 图 ❶ **a** 同じ厩舎の馬. **b** 同じ馬主の馬. ❷ 同じクラブ[ジム]のボクシング選手. ❸（資本・目的・関心）を共にする人[グループ, もの]，(特に)同じ学校[クラブなど]の人.

stá·bling 图〔Ｕ〕 ❶ 馬屋の設備[スペース]. ❷ 馬屋.

stacc. 〔略〕〔楽〕 staccato.

stac·ca·to /stəkɑ́ːtoʊ/〔楽〕 形 副 スタッカートの[で], 断音の[で]（〔略 stacc.〕: a ~ mark 断音符. —— 图 (圏 ~**s**) スタッカート，断音. 〔It〕

staccáto màrk 图〔楽〕スタッカート記号〔音符上[下]の記号:・'〕.

***stack** /stǽk/ 图 ❶ 積み重ね: a ~ of wood 積み重ねた材木. ❷（戸外に積み重ねた）干し草[麦わら]の山. ❸〔a ~ また複数形で〕〔口〕たくさん, 多量 (load): ~s *of* work 山積みの仕事. ❹ **a**（屋根にまとめてある）一群の煙突: ⇒ chimney stack. **b**（汽車・汽船などの単独の）煙突: ⇒ smokestack. ❺〔複数形で〕（図書館の）書架. ❻〔軍〕叉銃(ｻｼﾞｭｳ)〔3 丁の小銃を床尾 (butt) を下に円錐状に組む〕: a ~ of arms 叉銃. ❼〔電算〕スタック《データを次々に「積み上げ」いき, 最後に入れたデータから順に利用する記憶領域》. **blów one's stáck** 怒りを爆発させる. —— 動 ⓣ ❶〈干し草・薪などを〉積み重ねる: ~ hay [firewood] 干し草[まき]を積む / The dishes were ~*ed* up in the sink. 皿が流しに積み重ねてあった / There were numerous paintings ~*ed against* the walls. 何枚もの絵が壁に立てかけてあった / The desk was ~*ed with* papers. 机の上に書類が積み上げてあった. ❷〈飛行機を〉（着陸前に）旋回待避させる (*up*). ❸〔軍〕〈銃を〉組んで立てる: S- arms! 組銃(ｸﾐﾂﾞﾂ)! ❹〔トランプ〕〈カードを〉不正な切り方でそろえる. —— ⓘ ❶ 山のように積める (*up*). ❷ 飛行機が（着陸前に）旋回待避する. **stáck úp**〔口〕 (1) 山のように積まれる (⇒ ⓣ 1). (2)〈飛行機が〉（着陸前に）旋回待避する (⇒ ⓣ 2). (3)〔口〕…を買いだめする (*with*). (4)〈車などが〉渋滞する. (5)〔米口〕総計が…になる (to). (6)〔米口〕〔…に〕匹敵する, 負けない (compare)〔*against*, *with*〕: How do we ~ *up against* them? 彼らと比べて我々のほうはどうか〔どこが強くどこが弱いか〕. (7)〔米口〕形勢がある方向に進んでいく: That's how things ~ *up* now. それが今の情勢だ. —— 副) ❶〔干し草などを〕積み重ねる (⇒ ⓣ 1). ❷〔飛行機を〕（着陸前に）旋回待避させる (⇒ ⓣ 2). ❸〈交通を〉渋滞させる. **the cárds [ódds] are stácked agàinst** one きわめて不利な状況下にある (cf. ⓣ 4).

stacked 形〔米俗〕〈女性の〉胸の大きい.

stad·dle /stǽdl/ 图（乾草などの）堆積の下層部[支え枠, 台];（一般に）支え枠, 土台.

***sta·di·um** /stéɪdiəm/ 图 (圏 ~**s**, **-di·a** /-diə/)（野外）競技場, 野球場, スタジアム. 〔L＜Gk=racecource〕

stád(t)·hòld·er /stǽt-/ 图〔史〕（15 世紀から 18 世紀末

のネーデルラント連邦共和国 (United Provinces) の総督, 統領. ~·ship 名

staff[1] /stǽf | stáːf/ (複 ~s) [集合的; 単数または複数扱い] ❶ 職員, 部員, 局員, スタッフ: a thirty ~=a ~ of thirty (people) 30 名の職員 / a ~ member スタッフ(の一人) / disagreement between the research and technical ~s 研究部門と技術部門のスタッフの意見の相違 / Our ~ is [主に英] are] professionally trained. 我々のスタッフは専門的な訓練を受けている. ❷ (学校の) 教職員: the teaching ~ 教授陣 / be on the ~ 職員[部員]である. ❸ [軍] 参謀, 幕僚. ── 動 (他 (...に〉職員[部員]を配する (★ 通例受身). The office is not sufficiently ~ed. その事務所は職員が不足である / a department ~ed with 20 clerks 20人の事務員が配置されている部局. 〖↓,「職杖」の意からか〗

staff[2] /stǽf | stáːf/ (複 ~s, staves /stéɪvz, stéɪvz/) ❶ a つえ, 棒, こん棒. b (旗の)さお, 旗ざお. c (職能・権威などを象徴する)職杖(しょくじょう): ⇨ pastoral staff. ❷ [楽] 譜表. ❸ 頼りとなるもの[人], 支え: the ~ of a person's old age 老後の頼り / the ~ of life 命の糧(特にパン). 〖OE=つえ〗

staff[3] /stǽf | stáːf/ 名 [U] つた入り石膏 (麻くずを入れた建築材料; 一時的建造物用).

staf·fage /stɒfɑ́ːʒ/ 名 点景(物) (風景画の人物など).

stáff còllege 名 [英軍] 幕僚養成大学 (選ばれた将校が幕僚職に就くための研修機関; 終了後は名前の後ろに psc (=passed Staff College) と記される).

⁺**stáff·er** 名 [米] スタッフの一員, 職員; 新聞記者[編集員].

⁺**stáff·ing** 名 [U] 職員配置; 職員.

stáff notàtion 名 [U] [楽] 譜表記法.

stáff nùrse 名 [英] 看護婦次長 (sister (看護婦長))に次ぐ身分の看護婦).

stáff òfficer 名 [軍] 参謀将校.

Staf·ford·shire /stǽfədʃə | -dʃə/ 名 スタフォードシャー州 《イングランド中部の州; 州都 Stafford; 略 Staffs.》.

stáff·ròom 名 [英] (学校の)職員室.

Staffs. /stǽfs/ (略) Staffordshire.

stáff sèrgeant 名 [米陸軍・海兵隊] 二等軍曹; [米空軍] 三等軍曹; [英陸軍] 曹長.

⁺**stag** /stǽg/ 名 (~, ~s) ❶ 雄鹿; (特に)5歳以上のオスカの雄. ❷ [口] a (パーティーなどで)女性同伴でない男. b =stag party. ❸ [英] 利ざや稼ぎを目的に新株に応募する人. ❹ [動] a [形] 雄; 女性同伴なしの (名 2 b). ❺ 男性向けの, ポルノの: a ~ magazine ポルノ雑誌. ── 副 [米口] 男だけで: go ~ (パーティーなどに)女性を同伴せずに行く. ── 動 ⇨ 次の成句. **stág an íssue** 短期利食いのために新株買いをする.

stág bèetle 名 [昆] クワガタムシ.

※**stage** /stéɪdʒ/ 名 A ❶ [C] a (劇場の)舞台, ステージ: a revolving ~ 回り舞台 / on the ~ 舞台上で [★ 無冠詞] / off ~ 舞台の陰で [★ 無冠詞]. b (講演・演奏などの)演壇, ステージ. ❷ [the ~] 演劇, 劇; 俳優業; 演劇界; 劇文学: go on [take to] the ~ 俳優になる / tread the ~ 舞台を踏む[に立つ], 俳優である[になる]. ❸ [C] [通例 the ~] [活動の]舞台, 活動範囲, (戦争・殺人などの)舞台, 場所 (of). ── 名 B ❶ (発達などの)期, 段階 (phase): at this ~ この[今の]段階では, 現在のところ / at a later ~ あとの段階で / in the initial [last] ~ of... の第1[最終]段階 / take one's plan a ~ further 計画を1段階先に進める. b (病気・症状などの)...期: the early ~s of cancer がんの初期. ❷ 昔(の駅馬車の)駅, 宿場; (宿場間の)旅程, 行程; 駅馬車 ≒ 駅馬車で (★ 無冠詞). ❸ (多段式ロケットの)段 《それぞれにタンクと燃料をもっているもの》. **by [in] éasy stáges** 楽な行程で; ゆっくりと: travel by easy ~s 休み休み[ゆっくり]旅行する. **hóld the stáge** (1) 注目の的になる. (2) 会話を独占する. **sét the stáge for...** (1) ...の舞台装置をする. (2) ...のお膳立てをする. **stáge by stáge** 段階を踏んで, 一歩一歩. **táke cénter stáge** 人の注目を浴びる. ── 動 (他) ❶ 〈劇を〉(舞台に)上演する: We are going to ~ Macbeth.

「マクベス」を上演する予定である. b 〈試合などを〉公開する, 公にする. ❷ 〈目立つ事柄を〉計画する, 企てる; (華々しく)実現する; 行なう: ~ a comeback もうひと花咲かせる / They ~d a protest march. 彼らは抗議デモをした. ── (自) [well などの様態の副詞を伴って] 上演できる, 芝居になる. 〖F<L=立つ場所 〈stare 立つ; cf. stay〗

stáge·còach 名 駅馬車: by ~ 駅馬車で (★ 無冠詞).

stáge·cràft 名 [U] 劇作法, 演出法[術].

stáge diréction 名 ❶ [C] (脚本の)ト書(がき). ❷ [U] 舞台監督.

stáge diréctor 名 ❶ 演出家. ❷ =stage manager.

stáge dóor 名 (劇場の)楽屋口.

stáge effèct 名 [通例複数形で] 舞台効果.

stáge fríght 名 舞台負け, 気おくれ, あがること: get [have] ~ あがる[あがっている].

stáge hànd 名 舞台係[作業員].

stáge léft 名 [U] 舞台左手, 上手(かみて) (観客に向かって左半分).

stáge-mànage 動 (他) ❶ 〈...の〉舞台主任をする. ❷ 〈...を〉手際よく[効果的に]指示する. b 〈...を〉陰で操る.

stáge mànager 名 舞台主任 《けいこ中は演出家の助手, 上演中は舞台についての責任をもつ》.

stáge mòther 名 ステージママ 《子供の芸能活動に必死になる母親》.

stáge nàme 名 (俳優の)舞台名, 芸名.

stáge plày [prodúction] 名 舞台劇.

stag·er /stéɪdʒə | -dʒə/ 名 [通例 an old ~] [《口》] 老練家, ベテラン.

stáge ríght 名 [U] 舞台右手, 下手(しもて) (観客に向かって右半分).

stáge sètting 名 [通例単数形で] 舞台装置.

stáge-strúck 形 舞台生活にあこがれている, 俳優熱にかかった.

stáge whìsper 名 ❶ [演劇] (観客に聞こえるようにいう)大声のわきぜりふ. ❷ 聞こえよがしの私語.

stag·y /stéɪdʒi/ 形 (stag·i·er; -i·est) =stagy.

stag·fla·tion /stægfléɪʃən/ 名 [U] [経] スタグフレーション (不況下のインフレ). 〖STAG(NATION)+(IN)FLATION〗

⁺**stag·ger** /stǽgə | -gə/ 動 ❶ [副詞(句)を伴って] よろめく, ふらふら歩く: ~ to one's feet よろよろと立ち上がる / The drunk ~ed along [across the road]. その酔っぱらいはよろよろと歩いて[道路を横切って]いった. ❷ 〈...に〉心がぐらつく, ためらう (at). ── (他) ❶ 〈人を〉よろめかせる. ❷ 〈決心などを〉ぐらつかせる, 動揺させる; 〈人の〉自信を失わせる: The news ~ed his resolution. そのニュースで彼の決心がぐらついた. ❸ 〈人を〉びっくりさせる, ぼう然とさせる: She was ~ed by the news. 彼女はその知らせを聞いてぼう然とした. ❹ 〈休暇・出勤時間などを〉ずらす: ~ office hours 会社の出勤時間をずらす, 時差出勤にする. ── 名 [単数形で] よろめき, ふらつき; よろよろ歩き, 千鳥足. 〖ON stakra, staka 押す, よろめく〗

stág·ger·er /-gərə | -rə/ 名 よろめく人; 仰天させるもの, 大事件, 難題.

⁺**stag·ger·ing** /stǽg(ə)rɪŋ/ 形 ❶ a よろめく, 千鳥足の: a ~ gait 千鳥足. b よろめかす: a ~ blow 痛撃. ❷ 啞然(とさせる, 驚異的な, びっくりするほどの (astounding): a ~ piece of news 啞然とするニュース. -**ly** 副 ❶ よろよろと, 千鳥足で. ❷ びっくりするほど.

stág·gers /stǽgəz | -gəz/ 名 [通例単数扱い] (馬・羊などの)旋回病.

stág·hòrn 名 ❶ 雄鹿の角(ツノ). ❷ (また stághorn móss), [植] ヒカゲノカズラ. ❸ (また stághorn férn) [植] ビカクシダ. ❹ (また stághorn córal) [動] ミドリイシ 《サンゴの一種》.

stág·hòund 名 スタッグハウンド 《もと 鹿など大型動物の狩りに用いたフォックスハウンドに似た大型猟犬》.

stag·ing /stéɪdʒɪŋ/ 名 ❶ [C,U] (劇の)上演. ❷ [U] 足場. ❸ ロケットの多段化.

stáging àrea 名 [軍] 中間準備地域 《新作戦[任務]に参加する人員が集結し態勢を整える地域》.

stáging póst 名 ❶ =staging area. ❷ 《英》(飛行機の)定期寄航地.

stag・nan・cy /stǽgnənsi/ 名 Ⓤ ❶ 沈滞, 停滞. ❷ 不景気, 不況.

†**stag・nant** /stǽgnənt/ 形 ❶ 〈空気・水など〉流れない, よどんでいる; 停滞した. ❷ 不活発な, 不景気な. ~・ly 副 〖L↓〗

†**stag・nate** /stǽgneɪt/ 動 ⓐ ❶ 〈生活・心・仕事・人などが〉沈滞[停滞]する. ❷ 〈液体が〉流れない, よどむ. —— ⓣ ❶ …をよどませる, 停滞させる. ❷ 〈水などを〉よどませる. 〖L =よどむ < stagnum たまり水〗

stag・na・tion /stæɡnéɪʃən/ 名 Ⓤ ❶ 沈滞, 停滞; 不振, 不景気, 不況. ❷ 【類義語】⇒ depression.

stág nìght 名 =stag party.

stág pàrty 名 男だけのパーティー《特に結婚式の前夜に花婿が男性の友人達と開くパーティー; ↔ hen party》.

stág's hórn 名 《植》ヒカゲノカズラ (staghorn).

stag・y /stéɪdʒi/ 形 (**stag・i・er; -i・est**) ❶ 芝居がかった, 大げさな, 場当たりをねらう. ❷ 舞台の. **stág・i・ly** /-dʒəli/ 副 **-i・ness** 名 〖stage〗

staid /stéɪd/ 形 落ち着いた, まじめな, 着実な. ~・ly 副 ~・ness 名

*****stain** /stéɪn/ 名 ❶ Ⓒ (コーヒー・ジュース・血などによる)しみ, よごれ 【比較】⇒ blot): a coffee ~ on the tablecloth テーブルクロスについたコーヒーのしみ / remove [get out] a ~ しみを取る. ❷ 汚点, きず: a ~ on one's reputation 名声のきず. ❸ Ⓤ,Ⓒ (木材などの)着色剤; (顕微鏡検査用の)染料. —— 動 ⓣ ❶ よごす, しみをつける: His fingers were ~ed with red ink. 彼の指は赤インキでよごれていた. ❷ 〈名声・人格など〉汚(ﾙﾞ)す, 傷つける: ~ a person's reputation 人の評判を傷つける. ❸ 〈ガラス・材木・壁紙などに〉着色する, 焼き付ける 〈標本などに〉着色剤で染める; ⇒ stained glass / [＋目＋補] The wood was ~ed yellow. その木は黄色に染められていた. —— ⓐ ❶ よごれる, しみがつく: White cloth ~s easily. 白い布はよごれやすい. ❷ しみをつける, よごす: Coffee ~s. コーヒーはしみになる. **~・a・ble** 形 〖ME (di)stain〗

†**stáined gláss** 名 Ⓤ ステンドグラス.

†**stáin・er** 名 着色工, 染工; 着色剤.

stáin・less 形 ❶ よごれのない, しみの(つかない)ない, さびない; ステンレス(スチール)製の. ❷ 清浄な, 潔白な. —— 名 Ⓤ ステンレス製食器類.

†**stáinless stéel** 名 Ⓤ ステンレス(スチール) 《クロム含有》.

*****stair** /stéə | stéə/ 名 ❶ a [複数形で] 階段《★建物の階 (floor) から階まで, または踊り場 (landing) から踊り場までのひと続きの踏み段 (flight of steps) をいう》; a flight of ~s ひと続きの階段 / go up [down] (the) ~s 階段を上る[下りる]. b [単数形で] 《文》 =staircase. ❷ (階段の)1 段: the top [bottom] of the ~s (階段のいちばん上[下])の段. **belòw stáirs** 使用人部屋で. —— 形 Ⓐ 階段(用)の. 〖OE; 原義は「登るもの」〗

†**stáir・càse** 名 (手すりなどを含む)階段: a corkscrew [spiral] ~ らせん階段 / a grand ~ 大階段など / ⇒ moving staircase.

stáir・hèad 名 《英》階段の頂上.

stáir・lìft 名 《英》(階段のへりに付けた)椅子形式の昇降機, 階段リフト.

stáir ròd 名 (階段の)じゅうたん押えの金属棒.

†**stáir・wày** 名 ❶ =staircase.

stáir・wèll 名 《建》階段吹き抜け《階段を入れてあるの井戸状の空間》.

staithe /stéɪð/ 名 《英》(給炭用)桟橋, 突堤.

*****stake[1]** /stéɪk/ 名 ❶ Ⓒ (標識・支柱などとして地面に突き刺して用いる)くい, 棒 (post). ❷ a Ⓒ (昔の)火刑柱. b [the ~] 火刑, 火あぶり: be burned at the ~. 火あぶりにせられる. **púll (úp) stákes** 立ち去る; 転居[転職]する. —— 動 ⓣ ❶ 〈…を〉くいに縛る, 〈くいで〉支える 〈up〉: ~ a tree 木をくいで支える. ❷ 〈…を〉くいで囲う; くいで区画する: ~ *off* [*out*] the boundary 境界にくいを打って区画する. **stáke óut** 《ⓣ＋副》 (1) 〈…を〉くいで囲う; くいを

打って区画する (⇒ ⓣ 2). (2) 《俗》 〈場所などを〉警察の監視下に置いて動静を探る; 〈人を〉張り込ませる (cf. stakeout). 〖OE; 原義は「突きさすもの」〗

*****stake[2]** /stéɪk/ 名 ❶ [しばしば複数形で] 賭(ｶ)け: play for high ~s 大ばくちを打つ. ❷ [複数形で] **a** (競馬などの)賭け金, 賞金. **b** [単数扱い] 賭け競技, (特に)賭け競馬《主としてレース名に用いる》. ❸ 利害関係: have a ~ *in* a company ある会社に利害関係をもつ. **at stáke** 賭けられて; 危うくなって, 問題となって: My honor is *at* ~. 私の名誉が問われている. (**be prepáred to**) **gó to the stáke** [信念などを] 何があっても貫く (覚悟がある) [for, over]. —— 動 ⓣ ❶ 〈金・生命・評判など〉〈…に〉賭ける (risk): He ~d his life *on* the job. 彼はその仕事に生命を賭けた. ❷ 《米》〈人に〉〈金品などを〉与える, 提供する: ~ a person *to* a meal 人に食事を与える.
〖↑; くいの上に賭けるものを置いたことから〗

stáke bòat 名 (ボートレースで出発点などを示すための)係留ボート.

stáke bòdy 名 ステークボディー《トラックの荷台の枠代わりに棒を差し込むようにしたボデー》.

stáke・bùild・ing 名 (ある会社の)持株を増やすこと.

stáke・hòld・er 名 ❶ (事業などの)利害関係者, 出資者. ❷ 賭(ｶ)け金の保管人. —— 形 《経済システム・組織がステークホルダー方式の《全員が利害関係者とみなされる》.

stáke nèt 名 (杭に掛けて張った)立て網.

stáke・òut 名 《米口》(警察の)張り込み 〈on〉.

Sta・kha・nov・ìsm /stəká:nəvìzm | -kǽn-/ 名 スタハーノフ法《能率を上げた労働者に報酬を与えて生産の増強をはかる方法》. **-ist** /-vɪst/ 名 形 《A. G. Stakhanov ソ連の炭鉱労働者》.

Sta・kha・nov・ite /stəká:nəvàɪt | -kǽn-/ 名 生産能率を上げて報酬を得た労働者.

sta・lac・tite /stəlǽktaɪt | stǽləktàɪt/ 名 鍾乳石.

sta・lag /stá:la:g | stǽlæg/ 名 [時に S~] (第二次大戦中のドイツの下士官・兵卒用の)捕虜収容所.

sta・lag・mite /stəlǽgmaɪt | stǽləgmàɪt/ 名 石筍(ｼﾞｭﾝ) 《鍾乳石と反対に洞底から上に向かってできる》.

†**stale[1]** /stéɪl/ 形 (**stal・er; -est**) ❶ **a** 〈パン・菓子など〉新鮮でない, 古くなった (↔ fresh). **b** 〈酒など〉気の抜けた. **c** 〈肉・卵など〉腐りかけた. **d** 〈空気が〉こもってよごれた, むっとする. ❷ 陳腐な, おもしろくない, つまらない: a ~ joke 陳腐なジョーク. ❸ 〈人が〉生気のない; 疲労した (jaded). ❹ 《法》(行使されなかったため)失効した. —— 動 ⓐ 古臭くなる, つまらなくなる. ~・ly 副 ~・ness 名 〖F=じっと立っている, よどんでいる〗

stale[2] /stéɪl/ 動 ⓐ 〈馬・ラクダが〉放尿する.

†**stale・mate** /stéɪlmèɪt/ 名 Ⓤ,Ⓒ ❶ (論争などでの)行き詰まり (deadlock). ❷ 《チェス》さし手がなくて勝負のつかぬこと, 手詰まり (cf. mate[2]). —— 動 ⓣ ❶ 〈…を〉行き詰まらせる《★通例受身》. ❷ 《チェス》〈相手を〉手詰まりにさせる.

Sta・lin /stá:lɪn/, **Joseph** /dʒóuzəf/ 名 スターリン (1879-1953; ソ連の政治家; 共産党書記長 (1922-53), 首相 (1941-53)).

Stá・lin・ism /-lənìzm/ 名 Ⓤ スターリン主義《Stalin が行なった独裁的官僚主義など》.

Stá・lin・ist /-nɪst/ 名 スターリン主義者. —— 形 スターリン主義(者)の.

*****stalk[1]** /stɔ́ːk/ 動 ⓣ ❶ 〈敵・獲物などに〉忍び寄る; そっと〈…の〉跡をつける (trail): The hunter ~ed the bear through the woods. 猟師は森中クマの跡をつけた. ❷ (時に犯意をもって) 〈人に〉しつこくつきまとう. ❸ 〈病気などが〉〈…に〉広まる: Panic ~ed the streets. 恐怖感が街中に行きわたった. —— ⓐ ❶ [副詞(句)を伴って] 気取って大またに歩く, 闊歩(ﾎﾟ)する: He ~ed *out* (*of* the room). 彼は大げさに部屋を出ていった. ❷ **a** 〈幽霊がなどが〉さまよい出る. **b** 〈病気・災厄などが〉〈…に〉広がる, はびこる, 蔓延する: Cholera ~ed the land. コレラが国中に広がった. —— 名 ❶ 〈獲物に〉忍び寄ること, そっと追跡すること. ❷ 気取って大またに歩くこと, 闊歩. 〖OE=こっそり歩く〗

†**stalk[2]** /stɔ́ːk/ 名 ❶ 《植》 **a** [しばしば複合語で] 茎, 軸 (stem): ⇒ beanstalk. **b** 葉柄, 花梗(ﾋﾟｳ). ❷ **a** (機械などの)細長い支え. **b** (ワイングラスの)脚(ｱ). **c** (工場の)細

長い煙突. **hàve one's éyes òut on stálks**〖英口〗目とび出るほど驚く.

stálk·er 图 ❶ (異性・有名人につきまとう)ストーカー. ❷ 獲物を追跡する人.

stálk·ing 图 Ⓤ ストーカー行為をすること.

stálk·ing-hòrse 图 ❶ (本心を見せないための)偽装, 口実. ❷〖米〗あて馬候補. ❸ 隠れ馬, 忍び馬〖猟師が獲物に近づく時にその陰に隠れるための馬または馬形のもの〗.

stálk·less 形 茎のない;〖植〗無柄の (sessile).

stalk·y /stɔ́ːki/ 形 (stalk·i·er, -i·est) ❶ 茎の多い. ❷ 茎のような; 細長い, ひょろ長い.

*__stall__¹ /stɔ́ːl/ 图 ❶ 馬屋[牛舎] (stable) のひと仕切り(競馬の)出走枠. ❷ a 陳列台; 屋台店, 露店 (stand): ⇨ **bookstall**. b (シャワー・トイレなどの)仕切った小部屋: a shower ~ シャワー室. c (大教会堂の内陣 (chancel) の固定した)聖職者席. ❸ 指サック: ⇨ **fingerstall**. ❹ [the ~s で]〖英〗(劇場の)一階前方の一等席 (〖米〗orchestra). ── 形 Ⓐ〖英〗(劇場の)一階前方の一等席の: a ~ seat 一階前方の一等席. ── 動 他 ❶〈馬・牛を〉馬屋[牛舎]に入れる. ❷〈馬屋・牛舎に〉仕切りをつける.〖OE=立っている場所〗

*__stall__² /stɔ́ːl/ 動 ❶ 〈活動などが〉停止する, 止まる, 足踏みする, 行き詰まる: Global warming talks have ~ed again. 地球温暖化に関する協議が再び行き詰まっている. ❷〈エンジン・車が動かなくなる, エンストする;〈飛行機が〉失速して不安定になる: My car keeps ~ing in this cold weather. このような寒いと私の車はエンストしてばかりいる. ❸〈馬・馬車が〉泥[雪]に埋まる, 立ち往生する. ── 他 ❶〈活動などを〉停止させる, 行き詰まらせる: resume the ~ed peace talks 一度停止した和平協議を再開する / Delay after delay ~ed the project. 度重なる遅れがその計画を行き詰まらせた. ❷〈エンジン・車を動かなくする[止める], エンストさせる;〈飛行機を〉失速させる. ❸〈車・馬車などを〉立ち往生させる: His car was ~ed in a traffic jam. 彼の車は交通渋滞で動けなかった. ── 图 エンジンの停止, エンスト;〖空〗失速.

*__stall__³ /stɔ́ːl/〖口〗動 ❶ 時間かせぎをする, 実行を引き延ばす;〔時間などを〉(ごまかして)かせぐ, 言い逃れをする. ❷〈人を〉遅らせる / Quit ~ing! ぐずぐずしないで. ── 他〈時間かせぎのために〉人を(ごまかして)引き留める, 待たせる: He could ~ off his creditors no longer. 彼はそれ以上債権者をごまかして支払いを延ばすことができなかった. ── 图 (引き延ばしの)口実, 言い逃れ.

stall·age /stɔ́ːlɪdʒ/ 图 Ⓤ〖英法〗(市などにおける)売店設置権(料).

stáll-fèed 動 他〈家畜を〉小屋に入れて飼育する.

stáll·hòlder 图〖英〗屋台店の所持者, 露店者.

⁺**stal·lion** /stǽljən/ 图 種馬 (⇨ **horse** 图).

stal·wart /stɔ́ːlwət | -wət/ 图 ❶ (特に政治的に)信念の固い人. ❷ 体のがっしりした人. ── 形 ❶ (特に政治的に)信念の固い, 愛党心の強い. ❷ たくましい, 頑丈な, 体のがっしりした.

sta·men /stéɪmən/ 图〖植〗雄蕊(ずい) (cf. pistil, anther).〖L=糸〗

⁺**stam·i·na** /stǽmənə/ 图 Ⓤ 持久力, 根気, スタミナ 《比較 日本語では「体力, 精力」の意に用いられるが, 英語では疲労少・苦労に耐える持久力をいう》.〖L stamen (上の複数形); 運命の女神 (Fates) が紡ぐ「人間の寿命の糸」の意から〗

stam·i·nate /stǽmənət/ 形〖植〗雄蕊 (stamen) のある, おしべだけの.

⁺**stam·mer** /stǽmə | -mə/ 動 ❶ どもる, 口ごもる. ── 他 どもって〔言うことを〕言う: He ~ed out a few words. 彼は二言三言どもって[口ごもって]言った / "G-g-good-bye," he ~ed.「さ, さ, さようなら」と彼はどもって言った. ── 图 どもり, 口ごもり. ~·**er** /-mərə | -rə/ 图 吃音(きつおん)の人; どもる人. ~·**ing·ly** /-m(ə)rɪŋ-/ 副 どもりながら.〖OE; 原義は「(言葉が)妨げられた」〗【類義語】 **stammer** 興奮・当惑・恐怖などのためにどもる. **stutter** 習慣的にどもる.

⁕**stamp** /stǽmp/ 動 ❶ **a**〈足を〉踏み鳴らす (stomp): ~ one's foot [feet] in anger 怒って足を踏み鳴らす, じだ

1759 stanch

んだを踏む. **b**〈地面・床などを〉(足で)踏みつける: ~ the ground 地面を踏み鳴らす / ~ the floor 床を踏み鳴らす / He ~ed out the cigarette. 彼はたばこの火を踏みつけた. ❷〔+目+補〕They ~ed the grass flat. 彼らは草を踏みつぶした. ❷ **a**〈…に〉押印する: ~ a person's passport 人の旅券に判を押す. **b**〈…に〉(印章・木判・ゴム印などを)押す: ~ one's name *on* an envelope=~ an envelope *with* one's name 封筒に名前の印を押す. ❸〈封筒・書類に〉切手[印]をはる: ~ a letter 手紙に切手をはる. ❹〈人・ものに〉〈…であるという〉刻印を押す,〈人・ものが〉…であることを明らかにする:〔+目+(as)補〕His manners ~ him (as) a gentleman. 彼の態度から彼が紳士であることがわかる. ❺ 〈印象・思い出・悲しみなどを〉〈心などに〉深く刻み込ませる, 銘記させる: The scene is ~ed *on* my mind. その光景が私の心に深く刻まれている / The incident was ~ed *in* my memory. その出来事は私の記憶に焼きついて離れなかった / His face was ~ed *with* the marks of grief. 彼の顔には悲しみの跡が刻み込まれていた. ❻〈ものを〉型に合わせて切る[打ち抜く]: ~ *out* rings from metal sheets 金属板から輪型を打ち抜く. ❼〈鉱石などを〉粉砕する. ── 目 ❶ **a** じだんだを踏む. **b** 〔副詞(句)を伴って〕足を踏み鳴らして歩く: He ~ed downstairs. 彼は 2 階からドンドンと足を踏み鳴らして下りてきた / He ~ed about [*out of*] the room. 彼はドンドンと部屋を歩き回った[部屋から出てきた]. ❷〈…を〉踏みつぶす, (踏みつけるように)足で押す: ~ *on* a cockroach ゴキブリを踏みつぶす / ~ *on* the accelerator アクセルをぐっと踏む / ~ *on* every opinion あらゆる意見をねじ伏せる. **stámp óut**〔他+副〕(1)〈…を〉踏み消す (⇨ 他 1 b). (2)〈ものを型に合わせて切る[打ち抜く] (⇨ 他 6). (3)〈反乱などを〉鎮圧する;〈感情などを〉抑える. (4)〈病気・悪癖などを〉根絶する.

── 图 ❶ 切手, 印紙: No ~ necessary. 切手不要. ❷ スタンプ, 印章, 刻印, 極印: a rubber ~ ゴム印. ❸ ~ of payment 支払い済みの印. ❹ 打ち出し機, 圧断機. ❹ [通例単数形で] 特質, 特徴, しるし: It bears the ~ *of* genius. それは天才の特徴を表わしている. ❺ [通例単数形で] 種類, 型: of the same ~ 同種類の. ❻ 足を踏みつけること, じだんだ.

〖OE=押しつぶす〗

Stámp Àct 图 [the ~] 印紙法 (1765 年英国がアメリカ植民地に課した; 1766 年廃止).

stámp collècting 图 切手収集.

stámp collèctor 图 切手収集家.

⁺**stámp dùty** 图 印紙税.

⁺**stámped addrèssed énvelope** 图〖英〗切手付き返信用封筒.

⁺**stam·pede** /stæmpíːd/ 图 ❶ **a**〈動物などが〉驚いてどっと逃げ出すこと. **b**〈群衆が〉先を争って逃げ出すこと, 総くずれ; 大敗走. ❷ どっと押し寄せること, 殺到. ❸ 衝動的な大衆行動, 殺到 (rush). ── 動 目 ❶ **a**〈動物などが〉どっと逃げ出す. **b** われがちに逃げ出す. ❷ 殺到する. ❸ 衝動的に行動する. ── 他 ❶〈動物などを〉どっと逃げ出させる. ❷〈人に〉衝動的行動をとらせる: Don't be ~d *into* buying things. 衝動買いに走るな.

stámp·er 图 ❶ 印[刻印, スタンプ]を押す人; (郵便局の)消印[スタンプ]係. ❷ 自動押印機. ❸ (砕鉱機の)きね.

stámp·ing gròund 图 ❶〖口〗(人の)行きつけの場所, たまり場. ❷ (動物の)よく集まる場所 (haunt).

stámp machìne 图 切手自動販売機.

stámp mìll 图〖鉱〗砕鉱機.

stámp òffice 图 印紙局.

⁕**stance** /stǽns/ 图 [通例単数形で] ❶ 〔社会問題などに対する〕**姿勢**, 態度 (position) [*on*]: take [adopt] an antiwar ~ 反戦の態度をとる. ❷ (ゴルフ・野球などの打者の)足の位置, スタンス; 姿勢: a batting ~ 打撃の構え.〖F＜It *stanza*＜L (現在分詞)＜*stare* 立つ; cf. stay〗

stanch¹ /stɔ́ːntʃ, stɑ́ːntʃ | stɔ́ːntʃ/ 動 他〈血・涙などを〉止める;〈体の〉血止めをする.〖F＜L *stare* (↑)〗

stanch² /stɔ́ːntʃ, stɑ́ːntʃ | stɔ́ːntʃ/ 形 =staunch².

~·**ly** 副. ~·**ness** 图

stan‧chion /stǽntʃən | stάːn-/ 名 ❶ 柱, 支柱. ❷ 《牛舎の中の》仕切り棒《牛の首のまわりにつけて前後にあまり動けないようにする金属製の枠》. ―― 動 他 ❶ 《…に》支柱を設ける. ❷ 《牛を》仕切り棒につなぐ.

＊**stand** /sténd/ 動 (**stood** /stúd/) 自 ❶ **a** 立つ, 立っている: You need not ~ if you are tired. 疲れているのなら立っていなくてもよろしい / The train was so crowded that I had to ~ all the way to Tokyo. 列車が非常に込んでいて私は東京まで立ち通しだった / S~ straight. まっすぐ立ちなさい / Don't ~ there. そんな所に立つな / ~ on tiptoe つま先で立つ / The chair will not ~ on three legs. そのいすは 3 本脚では立たない / My hair stood on end. 私の髪は(恐ろしさで)逆立った. **b** 立ち上がる: Everyone stood when the band started to play the national anthem. 楽隊が国歌を奏し始めるとみな立ち上がった / Please ~ up. 立ってください; ご起立願います. **c** [副詞(句)を伴って]《ある姿勢・位置に》立つ: ~ aside わきに寄る / ~ apart from…から離れて立つ / ~ away 近寄らない / ~ back 後ろへ下がる, 引っ込んでいる / ~ in line 列に並ぶ / ~ to attention 気をつけの姿勢をとる. **d**《…の状態で》立つ:〔+補〕 ~ alone 孤立する[している] / S~ still while I am taking your photograph. 写真をとっている間じっと立っていなさい / She stood astonished at the sight. 彼女はその光景に啞然(ぁん)として立ちすくんだ / 〔+doing〕I stood waiting for more than an hour. 私は 1 時間以上も立って待っていた.

❷ [副詞(句)を伴って] **a** 〈ものが〉立てて[置いて]ある; 〈木などが〉立っている: A table stood in the center of the room. テーブルが一つ部屋の中央に置かれてあった / A tall tree once stood here. もとここに高い木が立っていた / A ladder stood against the wall. はしごが壁に立てかけてあった. **b** 〈ものが〉〈…に〉位置する, ある《★進行形なし》: The church is on a hill. その教会は丘の上にある / The building ~s at 34th Street and 5th Avenue. その建物は 34 番街と 5 番通りとの交差点にある.

❸ **a** 立ち止まる, 停止する: The train was ~ing at the station. 列車は駅に停車していた / S~ and deliver! 止まれ, あり金を全部置いて行け《★昔の追いはぎの言葉》. **b** 《米》《自動車が》《路上に》一時駐車する: No ~ing《掲示》駐車禁止. **c** 〈液体が〉よどむ; 〈汗が〉たまる; 〈涙が〉たまる: Tears stood in her eyes. 涙が彼女の目にあふれていた.

❹ 〈…の状態に〉ある:〔+補〕The door stood open. ドアはあいていた / Many of our factories are ~ing idle. 我々の工場の多くは使用されないままになっている / His reputation ~s higher than ever. 彼の評判はますます高まっている / He ~s ready for anything. 彼はどんなことにも覚悟ができている / They ~ in need of help. 彼らは援助を必要としている / I stood in a special relation to him. 彼とは特別な関係にあった /〔+過分〕He stood convicted of treason. 彼は反逆罪の宣告を受けていた / How [Where] do things ~? ことの次第はどうなっているか. **b** 〔…の中で〕《ある順位に》位置する;〈…の地位に〉ある: He ~s first in our class. 彼は我々の組ではいちばん成績がいい / It's important to know how [where] you ~ with your colleagues. 自分が同僚にどのように思われているかを知ることは大事です.

❺ **a**《物価・スコア・寒暖計などが》〈…に〉ある: The thermometer ~s at 38°C. 温度計はセ氏 38 度をさしている. **b**《高さが》〈…に〉である;《値段が》〈…に〉である:〔+補〕He ~s six feet two. 彼は身長が 6 フィート 2 インチある / Prices stood higher than ever. 物価はますます高かった. **c**《…しそうである:〔+to do〕We ~ to win [lose]. 勝ち[負け]そうな形勢である / Who ~s to gain by his death? 彼が死んで得するのはだれだ.

❻ **a** 現状のままでいる, 有効である《★進行形なし》: The rule still ~s. その規則は今も有効である / Let that word ~. その語はそのままにしておけ. **b**《ある状態で》続く, もつ,《…間》もつ:〔+補〕This house will ~ at least a hundred years. この家は少なくとも 100 年はもつだろう / How long will the agreement ~? 契約はいつまで

で有効ですか / ~ pat on…《米口》《決心などを》翻さない. ❼〔…に〕賛成[反対]の態度をとる《★進行形なし》: ~ for [against] rearmament 再軍備に賛成[反対]である / I want to know where you ~ on nuclear weapons. 君が核兵器についてどう考えなのか知りたい.

❽〔…の〕候補に立つ《米 run》: Smith is ~ing for Parliament. スミス氏は国会議員に立候補している.
❾ [副詞(句)を伴って]《海》《船が》《ある》針路をとる;《ある方向に》進む: ~ out to sea《船が》沖に乗り出す.

―― 他 ❶ [副詞(句)を伴って]〈…を〉立たせる, 立てる: ~ a thing on its head [upside down] ものを逆さに立てる; 逆転させる / a bottle on the bar 瓶をカウンターに立てる / The teacher stood the naughty boy in the corner. 教師はそのいたずらな坊主を部屋の隅に立たせた / ~ a ladder against a wall はしごを塀に立てかける.
❷ **a** [通例否定・疑問文で]〈人が〉〈…を〉我慢する, 耐える, 辛抱する《★進行形なし》: I can't ~ this noise any longer. もうこの音には我慢できない / She can't ~ cold [garlic]. 彼女は寒さ[ニンニク]には耐えられない /〔+doing /+to do〕I can't ~ working [to work] here. ここの仕事には我慢できない /〔+doing /+to do〕I can't ~ people spitting on the street. 人が道路につばを吐くのには耐えられない. **b** 〈ものが〉〈…に〉耐えられる: This machine can ~ hard use. この機械は酷使に耐えられる. **c** [could ~]〈…〉しても悪くない,〈…〉した方がよい: Your report could ~ another look. 君のレポートはよく見直すべきだ / I could ~ another drink. もう一杯飲んでもいいね.

❸ **a**《攻撃などに》立ち向かう, 抵抗する. **b**〈…を〉固執する《★通例次の句で》: ~ one's ground 自分の立場を固執する.
❹〈試練・裁判などを〉受ける: It failed to ~ the test of time. それは時の試練に耐えられなかった / ~ trial 裁判を受ける.
❺《立ったり歩いたりして》《警備などの》任務を勤める: ~ guard 歩哨に立つ / ~ watch 警備につく.
❻〈人に〉〈…の〉代金を支払う,〈人に〉…をおごる:〔+目+目〕I will ~ you a drink. 君に 1 杯おごろう.
❼ [~ a chance で]《成功などの》見込みが》ある: ~ a good [fair] chance of success [succeeding] 成功の見込みがかなりある / They don't ~ much chance of getting back alive. 彼らが生還する見込みはあまりない.

as mátters [affáirs, things] stánd = **as it stánds** 現状では; そのままで.

as the cáse stánds こういうわけで.

stánd aróund《自+副》何もしないで立っている.

stánd at báy ⇒ bay³ 成句.

stand by〔《自+前》 ~ bý〕(1) そばにいる. (2)《何もしないで》傍観する: I can't ~ by and see them ill-treated. 私は彼らが虐待されるのを黙って見ていられない. (3)《いつでも行動できるように》待機する. (4)《ラジオ・テレビ》《放送開始に備えて》待機する, スタンバイする. ―― 〔《自+副》 ~ by…〕(5) …を援助[味方]する: He always stood by his friends in difficult times. 彼は友人が困っている時にはいつも援助した. (6) 〈約束などを〉守る: I will ~ by my promise. 私は約束を守ります.

stánd cléar 遠ざかる: S~ clear of the gates. 門のそばから立ち去れ《閉門時などに言う》.

stánd corrécted ⇒ correct 動 成句.

stánd dówn《自+副》 (1)《他の候補に譲って》身をひく, 辞退する (step aside). (2)《法廷の》証人席から退く. (3)《英》《兵士の》非番になる. ―― 《他+副》(4)《部隊を》解散させる.

Stánd éasy! ⇒ easy 副 成句.

stánd for… (1) …を表わす, 表象する; …の代わりとなる: "What does MS ~ for?" "It ~s for manuscript." 「MS とは何を表わすのですか」「manuscript (原稿)を表わします」. (2) …に賛成の態度をとる, …に賛成する (⇒ 自 7). (3) …の候補に立つ (⇒ 自 8). (4)《主義・階級などのために公然と戦う, …の味方をする, …を支持する. (5) [否定文で]《口》…を我慢する, …に従う, 黙従する: I won't ~ for such rude behavior. こんな無礼なふるまいは我慢できない.

stand ín ((自+副))〔人の〕代役[代理]を務める (for) (deputize).

stand in a person's **wáy** [**páth**] 人のじゃまをする.

stand ín with... と仲がよい, 懇意である.

stand óff ((自+副)) (1) 〖海〗 〈岸・危険個所から〉離れている. (2) 遠ざかっている; 遠ざけておく: S~ *off*! (危ないから)離れていなさい, どきなさい. (3) よそよそしくする; 同意しない. ── ((他+副)) (4) 〈借金取りなどを〉避ける; 遠ざける; 〈攻撃などを〉撃退する. (5) ((米)) 〈従業員を〉一時解雇する.

stand on... (1) ...の中での順位に)位置する; (ある高さ)に評価されている. (2) 〈ものが〉...で立つ. (3) ...に基づく. (4) 〈儀式などを強く守る, ...にやかましい; ...を主張[固執]する: ~ *on* ceremony 儀式ばる.

stand on one's **héad** (1) 逆立ちする (⇨ on one's HEAD 成句). (2) できるかぎりのことをする (to do).

Stand on me! 信じてください, 本当です.

stand or one's **ówn (twó) féet [légs]** 自立[独立]する.

stand or fáll on [by]...にかかっている, ...と生死を共にする.

stand óut ((自+副)) (1) 目立つ, 際立つ: The skyscraper *stood out* against the sky. 高層ビルが空を背景にくっきり見えていた. / A vein *stood out* on his forehead. 血管が1本彼の額にくっきり浮き出ていた. (2) 〈他より〉人・ものが際立つ, すぐれている 〔*from, among*〕: It ~s *out from* the others. それは抜群だ. (3) 〈他が屈しても〉あくまでがんばる 〔*for, against*〕.

stand óut a míle ⇨ mile 成句.

stand over [((自+副)) ~ óver...] (1) ...を監督する, 注意して見ている (★ 受身可). ── ((自+副)) ~ óver) (2) 延期になる.

stand to [((自+副)) ~ to...] (1) 〈約束などを〉守る; 〈主義などを〉主張する: ⇨ stand to one's COLORS. ── [((自+副)) tó] (2) 活動の部署につく; (特に夜ふけ・未明に)敵の攻撃に備えて待機する.

stand úp ((自+副)) (1) 立ち上がる (⇨ (自) 1 b). (2) 〈ものが〉長もちする. (3) 〈理論などが〉検討に耐える, 持ちこたえる; 正しいとして受け入れられる[認められる]. ── ((他+副)) ((口))〈異性との〉デートをすっぽかす, 〈異性を〉待ちぼうけを食わせる: Her boyfriend *stood* her *up*. 彼女のボーイフレンドは彼女とのデートをすっぽかした.

stand úp for... (1) 〈人・権利などを〉擁護[弁護]する (defend). (2) ((米))〈結婚式で〉...の花婿[花嫁]の付添人となる.

stand úp to... (1) ...に立ち向かう, 対抗する. (2) 〈ものが〉...に耐える (withstand): This car will ~ *up to* rough use. この車は酷使に耐えます.

stand úp with...((口))〈結婚式で〉...の花婿[花嫁]の付添人となる.

stand wéll with...に受けがよい, ...の気に入られている: Do you ~ *well with* your boss? 上司の受けはよいですか.

── 名 ❶ 立ち止まること, 停止, 行き詰まり 〖匹義〗 standstill のほうが一般的); bring [put]...to a ~. ...を停止させる; ...を行き詰まらせる / Business has come to a ~. 事業は停止した[行き詰まった]. ❷ a (断固とした)抵抗, 反抗: make a ~ for independence 独立のために抵抗する / make [take] a ~ against aggression 侵略に抵抗する. b (踏みとどまっての)防御(線): a goal-line ~ ゴールインでの抵抗. ❸ (通例単数形で)(問題に対する人の)明確な)立場, 見解, 態度: take a strong ~ against racial discrimination [for freedom of worship] 強硬に人種差別反対[信仰の自由擁護]の立場を取る / take a firm ~ on [against]...に断固とした態度をとる. b (人の立つ)位置, 場所: He took his ~ near the front. 彼は最前線の近くに位置した. ❹ [しばしば複合語で] 台, ...掛け, ...立て, ...入れ: an umbrella ~ 傘立て 〖参照〗inkstand, music stand, washstand. ❺ a 屋台店, 露店, スタンド (stall). b (駅・路上などの, 新聞雑誌)売店: a newspaper ~ 新聞売店 / ⇨ newsstand. ❻ ((米)) (タクシーの)駐車場 (((英)) rank). b (バスの)停留所. ❼ [しばしば複数形] (野球場・競馬場の)スタンド, 観覧席. ❽ ((米))(法廷の)証人席 ((英)) witness box): take the ~ 証言台に立つ. ❾ 畑に生えたままの作物; 立ち木.

[OE] 〖類義語〗⇨ endure.

1761 **standby**

stand-alóne 形 〖電算〗 ネットワーク接続が不要の; 他のハードウェア[ソフトウェア]から独立の.

*stan·dard /stǽndəd | -dəd/ 名 ❶ [しばしば複数形で] **a 標準, 基準**: The ~ of living is [Living ~s are] declining. 生活水準は低下しつつある / safety ~s 安全基準 / set [meet, reach, attain] a high ~ 高い水準を設定する[に達する] / by a person's ~s ...の基準からでは / by any ~(s) どこからみても / raise [lower] a ~ 水準を上げる[下げる] / let ~s fall (drop, slip) 水準を落とす / below ~ 標準以下で (無冠詞) / up to ~ 標準に達して, 合格して / an academic paper of a low [high] ~ 低[高]水準の論文. **b** (道徳的)規範 (principle): He has no ~s. 彼は節操がない. ❷ (度量衡の)標準(器), 原器. ❸ **本位**(通貨制度の価値基準): the gold [silver] ~ 金[銀]本位制. ❹ 燭台; ランプ台. ❺ (ものの)支え, 支柱, 電柱(など). ❻ **旗; 軍旗**, (特に)騎兵連隊旗: the Royal S~ 王旗 / join the ~ of...の旗の下にはせ参じる / march under the ~ of...の軍に加わる / They raised the ~ of revolt [free trade]. 彼らは反旗[自由貿易の旗印]を翻した. ❼ スタンダードナンバー (標準の演奏曲目となった曲). ❽ 〖園芸〗 **a** (低木を接ぐ)台木, もと木. **b** (まっすぐな)自然木, 立ち木. ── 形 (more ~; most ~) ❶ **a 標準の, 普通の**: (a) ~ size 標準サイズ. **b** 〈言語・発音など〉標準の, 標準語の: ~ English 標準英語. ❷ (に)広く認められ定評のある, 権威のある: a ~ textbook 標準教科書 / That is the ~ work on this subject. それはこの問題に関する標準的な著作である. ❸ ((米))(比較なし)(食肉など)中以下の品質の, 劣った (⇨ beef 関連). 〖F; 原義は「立っている場所」〗 (動 standardize; 関形 normative)

〖類義語〗 (1) **standard**「標準」: 同じようなものの間で量[価値・優劣]を評価するときに比較・参照する一定の尺度や基準. **criterion** あるものが適当[正確]であるか, 優れているかなどを判定する基準; 他との比較は必ずしも意味しない. (2) ⇨ flag¹

stándard asséssment tàsk 名 ((英)) 標準評価課題 (national curriculum の主要3教科である英語・数学・理科について行なわれるテスト; 略 SAT).

stándard-bèarer 名 ❶〖政党・運動などの〗首唱者, 唱導者 〔*of*〕. ❷〖軍〗旗手.

stándard·brèd 名 [しばしば S~] スタンダードブレッド (北米産の品種の馬; 主に 繋駕競走用).

stándard dedúction 名 [通例単数形で] ((米)) 標準控除額.

stándard deviátion 名 〖統〗標準偏差.

stándard gáuge 名 〖鉄道〗標準軌 (レールの間隔が 1435 mm のもの).

stándard gráde 名 〖スコ教育〗標準級 (GCSE に相当する試験).

stándard-íssue 形 標準装備の.

stan·dard·i·za·tion /stændədɪzéɪʃən | -daɪz-/ 名 ⓤ 標準化, 規格化; 統一, 画一.

⁺stan·dard·ize /stǽndədàɪz | -də-/ 動 他 〈...を〉標準に合わせる; 標準[規格]化する: ~*d* goods [articles, products] 規格品 / ~*d* production 規格化生産. (名 standard)

stándardized tést 名 統一試験.

stándard làmp 名 ((英)) フロアスタンド (床に立てる電気スタンド).

stándard tìme 名 ⓤ 標準時 (一国・一地方で公式に採用されている時間; 〖参照〗英国は Greenwich (Mean) Time で, 日本ではこれより9時間早い; 米国は, 東から Atlantic, Eastern, Central, Mountain, Pacific, Alaska, Hawaii-Aleutian, Samoa, の各標準時があり, それぞれの時差は1時間; cf. local time).

⁺stánd·by 名 (~s) ❶ (いざという時に頼り[力]になるもの[人]. ❷ **a** (非常時用)交替要員; 非常用物資. **b** 代役. **c** 待機者; キャンセル待ちの乗客. ❸ 〖ラジオ・テレビ〗スタンバイ, 予備番組 (予定した番組が放送[放映]不能になった時の代替番組). **on stándby** (1) 待機して. (2) キャンセル待ちをして. ── 形 Ⓐ 副 ❶ 予備の[に], 代替の[に]; 待

standby time 1762

機の: a ~ player 代役. ❷ 〈飛行機の旅行がキャンセル待ちの[で]〉.

stándby tìme 图 Ⓤ (携帯電話の)待機可能時間 (cf. talk time).

stand·ee /stændíː/ 图 〖口〗 (劇場などの)立ち見客,(列車などの)立ち客.

stánd·er 图 立っている人[もの];〖狩〗狩り出される獲物を待つハンター.

stánd-ín 图 ❶ 代人, 替え玉 〖for〗. ❷ (映画・テレビ俳優の)代役, 吹き替え, スタンドイン 〖for〗.

✝**stand·ing** /stǽndɪŋ/ 图 ❶ a Ⓤ 身分, 地位;名声 (status): people of high [good] ~ 身分の高い人々 / people of ~ in society 社会で信望[名声]のある人たち. b 〖複数形で〗〖競技〗順位表, ランキング. ❷ Ⓤ 継続, 持続: a custom of long ~ 久しい[長年の]慣習 / a friend of long ~ 長いつき合いの友人. ❸ Ⓤ 立っていること, 起立. **in góod stánding** 〈会員が〉会費を納めている. ── 厖 A (比較なし) ❶ 常備の;〈委員会など〉常置の, 常任の (permanent): a army 常備軍 / a ~ committee 常任委員会. ❷ **a** 立っての, 立ったままの: (a) ~ position 立った姿勢 / a ~ audience 立ち見の観客. **b** 立った姿勢[位置]からなされる, 立ったままで行なう: a ~ start 立ったままでのスタート / the ~ broad jump (助走なしの)立ち幅跳び / a ~ vote 起立による投票[採決]. **c** 〈作物など〉生えたままの;〈木〉立ち木の: ~ timber 立ち木 / ~ corn 刈ってない穀草. ❸ **a** 〈機械など〉止まった, 動かない. 〈水などよどんだ〉: ~ water よどんだ水たまり. ❹ **a** 確立された, 慣習的な; 持続[永続]的な, お決まりの, いつもの: a ~ joke いつもの[いつ聞いてもおもしろい]ジョーク. ❺ 〖印〗〈活字など〉組み置きの.

stánding órder 图 ❶ Ⓒ 〖英〗(銀行などの)自動振替 (の依頼): by ~ 自動振替(の依頼)で 〖★無冠詞〗. ❷ Ⓒ (取り消し・変更があるまで続く)継続注文. ❸ 〖the ~s〗〖議会〗議事規則. ❹ 〖軍〗永続命令 (撤回・変更されるまで有効).

✝**stánding ovátion** 图 ❶ Ⓒ 総立ちの拍手喝采: receive a ~ (観客の)総立ちの拍手喝采を浴びる.

stánding ròom 图 ❶ Ⓤ (劇場などの)立ち見席; ~ only ⇒ SRO. ❷ 立つだけの余地.

stánding stòne 图 立石 (menhir).

stánding wàve 图 〖理〗定常波, 定在波 (cf. traveling wave).

stan·dish /stǽndɪʃ/ 图 インク壺, ペン立て.

Stan·dish /stǽndɪʃ/, **Myles [Miles]** 图 スタンディシュ (1584?-1656; Mayflower 号でアメリカに渡った Pilgrim Fathers の一人, Plymouth 植民地の軍事的指導者).

✝**stánd·óff** 图 ❶ Ⓒ 〖米〗 **a** 行き詰まり (deadlock). **b** (試合などの)引き分け, タイ. ❷ Ⓤ 〖米〗離れていること, 孤立. ❸ Ⓤ 〖米〗よそよそしさ. ❹ Ⓒ 埋め合わせ. ❺ 〖ラグビー〗= standoff half. ── 厖 ❶ 〖米〗離れている, 孤立している. ❷ = standoffish.

stándoff hálf 图 〖ラグビー〗スタンドオフ(ハーフ) (スクラムの後方に位置しスクラムハーフからのパスを受けるハーフバック).

stánd·óff·ish /-dɔ́ːfɪʃ | -óf-–/ 厖 よそよそしい, 冷淡な, つんとした (aloof). **~·ly** 副 **~·ness** 图

stánd·óut 〖米〗 图 厖 〖すばらしい〗傑出した 〖人, もの〗.

stánd·pát 〖米口〗 厖 現状維持を主張する; あくまで保守的な. ~·**ter** =standpatter. **stánd·pàt·ter** 〖米口〗 图 現状維持派の人, 改革反対者.

stánd·pìpe 图 配水[給水]塔.

✝**stánd·pòint** 图 立場, 見地, 観点, 見方 (perspective): judge a matter from a moral ~ 事柄を道徳的観点から判断する.

St. Andrew's cross ⇒ Saint Andrew's cross のつづり位置.

✝**stánd·still** 图 〖a ~〗停止, 休止; 行き詰まり, 立ち往生 (halt): be at a ~ 行き詰まっている / Business came [was brought] to a ~. 事業は停止した, 行き詰まった / The train came to a ~. 列車は停止した.

stand-to 图 Ⓤ 〖軍〗待機: be on ~ 待機している (cf. STAND to 成句).

✳**stánd-úp** 厖 ❶ **a** (立ったまま)客前で独演する, スタンドアップの: **a** ~ comedian スタンドアップコメディアン / ~ comedy スタンドアップコメディー. **b** 〈食事など〉立ちながらの: a ~ meal 立食. ❷ 〖米口〗信頼できる, 誠実な. ❸ 〈主に英〉〈口論など〉激しくつかみあわんばかりの, 〈けんかなど〉まともにぶつかり合う. ❹ 〈襟など〉立っている (↔ turndown). ── 图 ❶ Ⓒ スタンドアップコメディー: do ~ スタンドアップコメディーをする. ❷ Ⓒ スタンドアップコメディアン.

stan·hope /stǽnəp, stǽnhoup/ 图 幌のない二輪[四輪]軽馬車.

Sta·ni·slav·sky /stæ̀nəslɑ́ːvski, -slɑ́ː-‖-lǽv-/, **Kon·stan·tin** /kɑ̀nstəntíːn | kɔ̀n-/ 图 スタニスラフスキー (1863-1938; ロシアの俳優・演出家).

stank /stǽŋk/ 動 stink の過去形.

Stan·ley /stǽnli/ 图 (ポート)スタンリー (南大西洋, 英領 Falkland 諸島の中心の町; Port Stanley ともいう).

Stan·ley /stǽnli/, **Sir Henry Mor·ton** /mɔ́ːrtn | mɔ́ː-/ 图 スタンリー (1841-1904; 英国生まれの米国のジャーナリスト・アフリカ探検家).

Stánley knìfe 〖商標〗 スタンリーナイフ (交換の可能な短い丈夫な刃の付いた万能ナイフ).

stan·na·ry /stǽnəri/ 图 〖通例 the Stannaries〗〖英〗 (Devon と Cornwall の)スズ鉱区[鉱山], スズ鉱業地.

stánnary cóurt 〖英〗 スズ鉱山裁判所 (the Stannaries における採鉱問題を扱った).

stan·nic /stǽnɪk/ 厖 〖化〗スズの, 第二スズの (cf. stannous).

stan·nous /stǽnəs/ 厖 〖化〗スズの, 第一スズの (cf. stannic).

Stan·ton /stǽnt(ə)n/, **Elizabeth Ca·dy** /kéɪdi/ 图 スタントン (1815-1902; 米国の婦人参政権運動指導者).

✝**stan·za** /stǽnzə/ 图, スタンザ (一定の韻律をもった 4 行以上からなる詩の単位; 略 st.). **stan·za·ic** /stænzéɪɪk/ 厖 〖It;〗⇒ stance〗

sta·pes /stéɪpiːz/ 图 (複 ~, **sta·pe·des** /stəpíːdiːz/) 〖解〗 (中耳の)あぶみ骨.

staph /stǽf/ 图 〖口〗 =staphylococcus.

staph·y·lo·coc·cus /stæ̀fəloukɑ́kəs ‖ -kɔ́k-/ 图 (複 -**coc·ci** /-kɑ́k(s)aɪ, -kɔ́k-/) 〖菌〗ブドウ球菌.

sta·ple[1] /stéɪpl/ 图 〖通例複数形で〗❶ **a** 主要産物, 重要商品: the ~s of Japanese industry 日本の主要生産物. **b** (季節・流行などによらない)基本食料品 (砂糖・塩など). ❷ 要素, 主成分 〖of〗. ── 厖 A 主要な, 重要な: Our ~ diet is rice. 我々の主食は米である / the ~ industries of Japan 日本の重要産業. 〖F<Du=(支柱のある)店, 市場〗

sta·ple[2] /stéɪpl/ 图 ❶ **a** ホッチキスの針, ステープル. **b** U 字形, またくぎ, かすがい (U 字形の留め金). ❷ (掛け金 (hasp), 留め金 (hook) などを受ける輪形の受け金, ひじつぼ. ── 動 ❶ 〈...を〉ホッチキスでつづる[留める]. ❷ 〈...に〉U 字くぎをつける[で留める]. 〖OE=柱, 支え〗

sta·ple[3] /stéɪpl/ 图 Ⓤ (綿・麻・羊毛などの品質をいう場合の)繊維.

stáple gùn 图 ステープルガン (大型のステープラー).

sta·pler[1] ホッチキス 〖匹較〗「ホッチキス」は考案者の Hotchkiss に由来するが, 英語では用いない.

sta·pler[2] 图 ❶ 主要商品商. ❷ (羊毛)選別者[機].

✳**star** /stɑ́ːr | stɑ́ː/ 图 ❶ 星: a fixed ~ 恒星 / the morning [evening] ~ 明け[宵(ʦ)の]明星 / a shooting ~ 流れ星 / North Star. ❷ 星形のもの (通例 5 つまたは 6 つの放射した形). **b** 星章; 星形勲章. **c** 星印 (*). **d** (ホテル・レストランなどの格付けに用いる)星印 (★ 五つ星が最高): a five-*star* hotel 五つ星[一流]のホテル. ❸ スター, 花形; 人気者: a film ~ 映画スター / a football ~ フットボールの花形選手 / She's the ~ of the group. 彼女はグループの人気者だ. ❹ 〖しばしば複数形で〗星回り, 運勢: be born under a lucky [an unlucky] ~ 幸運[不運]の星下に生まれる, 幸運[不運]に生まれつく / thank one's (lucky) ~s U 字 幸運に感謝する / read a person's ~s ~ の星占いをする. ❺ 〖単数形で〗成功, 幸運: Her ~ is rising. 彼女に運が向きつつある. **My stárs!**

《口》ああびっくりした! **reach for the stárs** ⇨ reach 動 成句. **sée stárs** 《口》(頭をぶつけたりして)目から火が出る, 目がくらむ: The blow made me *see* ~*s*. その一撃で目から火が出た. **stárs in** one's **éyes** 楽観, 安易な気持ち; 夢想. **Stár of Béthlehem** [the ~] ベツレヘムの星《キリスト降誕時に現われ, 東方の三博士を導いた;『聖書「マタイ伝」』から》. **Stár of Dávid** [the ~] ダビデの星《イスラエル共和国の象徴; 2つの正三角形を上下に組み合わせたもの》. **Stárs and Bárs** [the ~; 単数扱い]《米as》南部連盟旗《赤白赤の横線と, 左上に青地に脱退した州を表わす7つの白星を環状にあしらったもの》. **Stárs and Strípes** [the ~; 単数扱い]星条旗《米国国旗;〖解説〗赤と白の13の条(stripe)と青地に50の星(star)からなる旗で, それぞれ独立時の州数と現在の州の数を表わす》.

— 名 A ❶ 星[に関する]: a ~ map 星座表. ❷ 花形の, スターの: a ~ player 花形選手 / a ~ student ピカ一の学生 / ⇨ star turn.

— 動 (**starred**; **stár·ring**) 他 ❶〈...に〉〈...で〉星(飾り)をちりばめる(★ 通例受身で用いる): The garden *was starred with* daisies. 庭園にはヒナギクが星のようにちりばめられていた. ❷〈...に〉星印(*)をつける. ❸〈人〉を主役にする(feature): a movie *starring* Robert Redford ロバート・レッドフォード主演の映画. — 自《...で》主役を演じる, 主演する: Brad Pitt *starred in* California. ブラッド・ピットは「カリフォルニア」で主役を演じた / She *starred* as the princess. 彼女は王女の(主)役を演じた / a *starring* role 主役.

(形 starry) 関わ astral, sideral, stellar)

stár ànise 名 U 植 ダイウイキョウ, トウシキミ.

stár àpple 名 植 カイニット《熱帯アメリカ原産アカテツ科の果樹》; カイニットの果実《食用; 横断面が星形の芯があり, リンゴ大》.

star·board /stáɚbəd | stá:bəd/ 名 U (船舶の)右舷, (航空機の)右側《船尾[機体後部]から機[船]首に向かって右側; 夜間などに緑色灯をつける; ⇔ port》: on the ~ bow 船首右舷に, 方向舷方に. — 形 右舷(側)の. — 自《船が》右に向かう: S-! 【号令】おもかじ!

stár·bùrst 名 ❶ スターバースト: **a** 中心点から線・光線が放射状に広がったパターン. **b** そのような効果をもたらす爆発. **c** 【天】銀河誕生期の爆発的な星形成.

starch /stáɚtʃ | stá:tʃ/ 名 ❶ U でんぷん. **b** [複数形で]でんぷん質の食物. ❷ U (洗濯用の)のり. ❸ U 堅苦しいこと, きちょうめん, 形式ばること. ❹ U《米》勇気.

— 動 他 ❶〈...に〉のりをつける: ~ sheets シーツにのりをつける. ❷《米口》(ボクサーが)ノックアウトで倒す, のす. 【OE=かたくなるもの; cf. stark】

Stár Chámber 名 ❶ [the ~](昔の英国の)星室庁(1641年廃止された裁判所; 陪審を用いず, 専断不公平で有名》. ❷ [s- c-] C 専断不公平な裁判所.

stárch blòcker 名 でんぷん質遮断剤《でんぷん質を消化する働きの酵素を阻害し体重増加を防止する薬》.

stárch-redúced 形《食品が》でんぷんを減らした.

starch·y /stáɚtʃi | stá:-/ 形 (**starch·i·er**; **-i·est**) ❶ でんぷん(質)の: ~ foods でんぷん質の多い食物. ❷ のりをつけた, こわばった. ❸《口》堅苦しい, 四角ばった. **stárch·i·ly** /-tʃɪli/ 副 (名 starch)

stár connèction 名 【電】星形結線[接続]《多相交流でのトランスコイル・インピーダンスなどの結線方式》.

stár-cróssed 形《文》《恋人同士など》星回りの悪い, 薄幸な: ~ lovers 薄幸な恋人たち《★ Shakespeare「ロミオとジュリエット」から》.

***stár·dom** /-dəm/ 名 ❶ U スターの地位[身分, 座], スターダム: rise to ~ スターダムにのしあがる. ❷ スターたち.

stár·dùst 名 U ❶ 星くず. ❷ 夢みるようなロマンチックな気持ち, 恍惚感: Get the ~ out of your eyes and face reality. 甘い気持ちは捨てて現実を直視えよ.

***stare** /stéɚ | stéə/ 動 自 《人がじっと見る, 凝視する; じろじろ見る: The sight made me ~. その光景には思わず目を見張った / It's rude to ~. じろじろ見るのは不作法だ / Don't ~ *at* me like that. 私をそんなにじろじろ見ないでくれ / She ~*d* in wonder *at* the strange scene. 彼女は驚きでその奇妙な光景を見つめていた / He was *staring into* the distance. 彼は遠くのほうを見つめていた. — 他〈...〉をじっと見る; 〈人〉を見つめて《ある状態〉にする: He ~*d* me up and down. 彼は私を頭のてっぺんからつま先までじろじろ見た / He ~*d* me *in* the face. 彼は私の顔をじっと見つめた / ~ a person *into* silence にらみつけて人を黙らせる. **stáre a pèrson óut** 《英》《人〉の目をそらさせる; じっと見て《人〉をきまり悪くさせる: His teacher ~*d* him *down* [《英》*out*]. 先生に顔をじっと見られて彼はきまりが悪くなってしまった. **stáre a pèrson in the fáce** (1)〈人〉の顔をじっと見つめる(⇨ 他). (2)《悪い事が》〈人〉の眼前に現われる[迫る]; 〈答えなどが〉〈人〉に明白である: Ruin [Death] ~*d* them *in* the face. 破滅[死]が彼らの目前に迫った. — 名 じっと見ること, 凝視: give a person a cold ~ 人を冷たい目でじっと見る. 【OE=視線を固定する】 【類義語】⇨ look.

sta·re de·ci·sis /stéɚi:ˌrɪdɪsáɪsɪs/ 名 U 【法】先例拘束力の原則.

stár·fish 名 (複 ~, ~·**es**) 動 ヒトデ.

stár frúit 名 植 ゴレンシ (carambola)《果実》.

stár·gàze 動 自 ❶ 星を眺める. ❷ 空想にふける.

stár·gàzer 名 ❶《口・戯言》占星家; 天文学者. ❷ 夢想家.

stár·gàzing 名 U ❶ 星学, 天文学. ❷ 空想にふけること; 放心状態, うわのそら.

***stark** /stáɚk | stá:k/ 形 ❶ a ありのままの, 赤裸々な; 厳しい, 容赦のない; 避けられない, 厳然たる: ~ reality ありのままの現実 / a ~ choice 厳しい選択. **b** くっきりした, 際立った, はっきりした. ❷ 正真正銘の, 純然たる, 完全な: ~ madness まったくの狂気. ❸ **a**《景色など》荒涼とした. **b**《部屋など》飾りのない, がらんとした. ❹《まれ》まる裸の. ❺《古》死体がこわばった, 硬直した. — 副 完全に, まったく: ~ naked まる裸で[の], すっぱだかで[の] / ~ (raving) mad 完全に気が狂った. **~·ly** 副 【OE 強い, かたい; cf. starch】

Stárk effèct /stáɚk- | stá:k-/ 名 U 【理】シュタルク効果《光源が電場にあると, スペクトル線が分散する現象》.

stark·ers /stáɚkɚz | stá:kəz/ 形《英俗》まる裸で, すっぱだかで (naked).

stárk-náked 形 まる裸の, すっぱだかの.

stár·less 形 星(明かり)のない.

star·let /stáɚlət | stá:-/ 名 ❶ スターを約束されている映画女優, 若手女性スター. ❷ 小さな星.

stár·light 名 U 星明かり. — 形 A 星明かりの; 星月夜の: a ~ night 星月夜.

stár·like 形 星のような; きらきらする.

star·ling /stáɚlɪŋ | stá:-/ 名 鳥 ホシムクドリ《人家近くに巣を作り, 飼育しやすく, 物まね・おしゃべりと盗癖で有名》.

stár·lit 形 =starlight.

stár nètwork 名 【電算】星形ネットワーク《各装置(node)が1つの中心装置に接続されるもの》.

stár prísoner 名《英俗》初めての[新入りの]囚人.

stár ròute 名《米》民間契約による特別郵便配達ルート.

star·ry /stáɚi/ 形 (**star·ri·er**; **-ri·est**) ❶《空など》星の多い, 星をちりばめた, 星明かりの. ❷ 星形の. ❸ 星のように光る, ぴかぴか光る. ❹ 星の[から出る]. (名 star)

stárry-éyed 形《口》夢想的な, 非現実的な.

stár sápphire 名 宝石 星彩青玉, スターサファイア.

stár shèll 名 照明弾, 曳光弾.

stár·shìp 名 (恒星間)宇宙船, スターシップ.

stár sìgn 名 【占星】宮, ...座 (sign).

stár-sixty-níne 動 他 (また **stár-sìx·ní·ne**)《米口》《電話機の *, 6, 9のボタンを押して》《一番最近かかってきた相手》にかけ直す.

stár-spàngled 形 星をちりばめた.

Stár-Spangled Bánner 名 [the ~] 星条旗: **a** 米

starstruck

国国旗. **b** 米国国歌 (解説) 1814 年に英国の歌のメロディーに Francis Scott Key (1780–1843) が作詞したもの; 1931 年に正式の国歌になった).

stár-strúck 形 スターたち[スターの世界]に魅せられた.

stár-stúd·ded /-stʌ̀dɪd/ 形 ❶ スターたちがずらりと居並ぶ: a ~ cast オールスターキャスト. ❷ 星いっぱいの, 星をちりばめた: a ~ sky 満天の星空.

*__start__ /stάɚt | stάːt/ 動 自 ❶ 始まる, 起こる: How did the war [fire] ~? どうしてその戦争[火事]が起こったか / The performance ~ed at eight. 演奏は 8 時に始まった / The railway line ~s from Paddington. その鉄道路線はパディントンが始発だ / The fight ~ed from a misunderstanding. けんかは誤解から始まった / The meal ~ed with soup. その食事はスープから始まった / The day ~ed badly. その日は始まりがひどかった. ❷ **a** [仕事など](に)...に着手する: She has ~ed on a new work. 彼女は新作に取りかかっている / When did you ~ in business? いつ商売を始めたのですか / S- by making a fire. まず火を起こすことから始めなさい / We ~ed with soup. スープから食べ始めた. **b** 初任給[...で]職につく: I ~ed (off) at 30 dollars a week. 初任給週 30 ドルでスタートした. ❸ 出発する 《off, out》《比較》列車・飛行機などには leave を用いる》: Let's ~ early [at five]. 早めに[5 時に]出発しましょう / He ~ed on a journey. 彼は旅行に出発した / He ~ed for London yesterday. 彼はきのうロンドンに向けて出発した / I am going to ~ from Yokohama. 私は横浜から出発する予定です. ❹ [副詞(句)を伴って]歩きだす; [自動車などが]動き始める: ~ down the steps [up the stairs] 踏み段を下り始める[階段を上り始める] / She ~ed for the door. 彼女はドアの方に向かって歩き始めた. ❺ **a** [副詞(句)を伴って](驚いて)跳び上がる, 飛び出す (jump): ~ out of a reverie はっとして夢想から目を覚ます / He ~ed aside [back]. 彼は横に[後ろに]飛びのいた / I ~ed up from my chair. (びっくりして)いすから飛び上がった. **b** 〈…に〉びっくりする: She ~ed at the strange sound. 彼女はその異様な物音を聞いてびっくりした. ❻ **a** 〈…から〉飛び出す, 飛び出る: His eyes seemed to ~ out of their sockets. 彼の目玉は飛び出しそうに見えた. **b** 〈涙・血などが〉急に出る: I saw tears ~ing to [from] her eyes. 突然涙が彼女の目に浮かんで[から流れ出て]くるのを見た. ❼ 〈機械が〉動く, 運動を始める: The engine ~ed at last. やっとエンジンがかかった.

── 他 **a** 〈…を〉始める, 開始する; 〈事業などを〉起こす: ~ a conversation with a person 人と会話を始める / ~ school = (米) ~ (the) first grade 就学する, 1 年生になる / ~ a journey 旅に出る / ~ work 仕事を始める / ~ a company 会社を設立する / ~ a magazine 雑誌を創刊する / ~ a rumor うわさを広める / Who ~ed the war [this quarrel]? だれがその戦争[このけんか]を仕掛けたのか / The game finally got ~ed. 試合がついに始まった / I ~ the day with a cigarette. 私の一日は一本のタバコから始まる. **b** 〈人に〉〈商売などを〉始めさせる, 取りかからせる: ~ a person in business 人に商売を始めさせる / When are you going to ~ the baby on solid food? いつから赤ちゃんに固形物を食べさせ始めるのですか. **c** 〈人を〉〈(初任給)…で〉職につかせる: I'll ~ you (off) at 300 dollars a week. 初任給は週 300 ドルでスタートさせましょう. **d** 〈…し〉始める: [+doing / +to do] He ~ed crying. 彼は泣きだした / He ~ed walking slowly. 彼は(歩調をゆるめて)ゆっくり歩き始めた / It ~ed snowing [to snow]. 雪が降り始めた / They're ~ing to move. 彼らは動きはじめた / The butter ~ed to melt. バターが溶け始めた 《用法》「もの」が主語のときには [+doing] より [+to do] のほうが一般的; 進行形には [+doing] では不可, [+to do] では可》. **e** 〈人に〉〈…し〉始めさせる: [+目+doing] That ~ed him thinking [laughing]. それで彼は考え[笑い]始めた / The heavy smoke ~ed me coughing. あのすさまじい煙で私はせきこんだ. ❷ 〈機械などを〉始動させる: I could not ~ (up) the engine. エンジンを始動させることができなかった. ❸ (競走で)〈走者に〉出発の合図をする, スタートさせる; 先発

させる. ❹ 〈獲物などを〉飛びたたせる, 狩り出す.

Dón't (you) stárt! (口) 文句を言うな!

stárt a fámily ⇒ family 成句. **stárt a háre** ⇒ hare 成句. **stárt from scrátch** ⇒ from SCRATCH 成句.

stárt ín (自+副)(口)(1) 始まる. (2)《米》〈仕事・食事などに〉取りかかる; 人に職をあてがう. (3)《米》〈…に〉始める: [+to do] He ~ed in to write a novel. 小説を書き始めた.

stárt óff (自+副)(1) 旅に出る. (2) (勢いよく)出かける, 動き始める: The runner ~ed off at full speed. 走者は全速力で走りだした. (3) 始める: It's going to ~ off fair in Los Angeles. ロサンゼルスでは初めは晴れるでしょう「天気予報」. ── 他 (自+副) (4)〈…に〉活動を始めさせる. (俗)〈…を〉怒らせる, 笑わせる.

stárt ón at...... 〈...〉に文句を言い始める.

stárt óut (自+副)(1) 出発する (⇒ 自 3). 〈目が飛び出す (⇒ 自 6 a). (3) 旅に出る. (4) 〈…に〉取りかかる: ~ out on the project その計画に取りかかる. (5) 〈…し〉始める: [+to do] He ~ed out to write a short story, but it turned into a novel. 彼は短編を書き始めたが, 結果的には長編になってしまった.

stárt óver 《米》やり直す.

stárt sòmething (口)争い[騒動]を起こす: Are you trying to ~ something? やろうってのかい.

stárt úp (自+副)(1) 歩きだす; 〈自動車などが〉動き始める (⇒ 自 4). (2) (驚いて)飛び上がる, びっくりする (⇒ 自 5 a). (3) 〈仕事などを〉始める. ── 他 (自+副) (4) 〈車・エンジンなどを〉始動させる. (5) 〈人を〉〈…として〉採用する (as).

to stárt with (1) [通例文頭に置いて]まず第一に: To ~ with, I'll explain the purpose of this meeting. まず第一に私はこの会合の目的を説明しなければならないと思う. (2) 初めに[は]: They had only five members to ~ with. 始めには会員が 5 人しかなかった.

Yóu stárted it! (議論などを)お前がしかけたんだ.

── 名 ❶ 始まり, 開始, 発端; 着手, 始動: make a ~ 始める, 着手する / give a person a ~ in life 人を世の中へ出してやる, 人に商売(など)を始めさせる / He got a good [poor] ~ in life. 彼はさい先よく[悪く]世間に出た / get off to a good [bad] ~ さい先よい[悪い]スタートを切る / a housing ~ 住宅建築着工. ❷ Ⓒ **a** (旅行などの)出発: You had better make an early ~. あなたは早く出発したほうがよい. **b** 競走の)出発, 出走; ... の出発点. ❸ Ⓤ [また a ~] **a** (競走で)出足, 先発(権): We gave him five-minutes' [a five-minute ~]. 彼に 5 分先発させた. **b** 有利, 便益, 便宜: get the ~ of... の機先を制する. ❹ [the ~] 最初の部分, 出だし, 発端: the ~ of a film 映画の出だし / at [from] the ~ 初めに[から]. ❺ Ⓒ [通例単数形で](驚いて)はっとすること, びっくり; 飛び上がり: get a ~ はっとする / give a person a ~ 人をびっくりさせる. ❻ [複数形で]発作, 衝動的な動き. ❼ Ⓒ (口) 驚くべき出来事.

for a stárt (口) [理由などを列挙して]まず第一に.

from stárt to fínish 終始一貫, 徹頭徹尾.

《OE=急に動く, 跳ぶ》【類義語】⇒ begin.

START /stάɚt | stάːt/ 名 Ⓤ 戦略兵器削減交渉, スタート (1982 年 Geneva で米ソで交渉が開始された). 《Strategic Arms Reduction Talks》

*__start·er__ /stάɚṱɚ | stάːtə/ 名 ❶ (競走・競馬などの)出発係, スターター. ❷ 競走に出る人; 出走車[馬]. ❸ 起動器, 始動機. ❹ [通例修飾語を伴って]〈(...な)人〉: a slow ~ 出だしの遅い人, エンジンのかかるのが遅い人. ❺ (過程の)第一歩, 口火, 皮切り. ❻ [否定文で]《英》成功しそうな人[もの, 事]: The plan isn't a ~, I'm afraid. 計画はどうも成功しそうもない. ❼ 《英》(コース料理の)最初に出る料理 (hors d'oeuvre). ❽ 《野》先発投手. **for stárters** (俗) 手始めに. **ùnder stárter's órders** 競技を始めようとして.

stárter hòme 名 初めて購入した住まい, 初めて購入するのに手ごろな住まい.

stárter kit 名 (コンピューターなどの)基礎的な備品[機器と使用説明書など] (《英》starter pack).

stárter mòtor 名 = starter 3.

stárt·ing blòck /-tɪŋ-/ 图 (競走の)スターティングブロック.

stárting gàte 图 (競馬などの)スターティングゲート, 出走ゲート.

stárting line 图 スタートライン.

stárting line-up 图《スポ》スターティングラインナップ, 先発メンバー.

stárting pìstol 图 スタート用ピストル.

*__stárting pòint__ 图 出発点, 起点.

stárting pòst 图 (競馬の)出走標識柱.

stárting prìce 图 (競馬の)出走最終賭け率.

stárting stàll 图《英》《競馬》出走枠 (stall).

*__stár·tle__ /stáɚtl | stá:-/ 動 〈人を〉びっくりさせる, 跳び上がらせる (cf. startled): The noise ~d me. その物音にびっくりした / The noise ~d me *out of* my sleep. その物音で私はびくっとして目を覚ました. —— 图 跳び上がるような驚き. 【START+-LE】【類義語】⇒ surprise.

stár·tled 形 驚いた, びっくりした (*at, by*): She gave me a ~ look. 彼女はびっくりしたように私を見た / I was ~ *at* the sound. その音にはっとした / I was ~ *to* see him. 彼を見てびっくりした.

stár·tler 图 ❶ 驚かせる人. ❷ 驚かせること[事実, 陳述].

*__stár·tling__ /stáɚtlɪŋ | stá:t-/ 形 びっくりさせる, 驚くべき: ~ news 驚くニュース. **~·ly** 副

stárt·up 图 ❶ 行動[操業]開始, 設立, 立ち上げ, (コンピューターの)起動. ❷ 新設会社. —— 形 操業[活動]開始の, 設立の(ための), 始動[起動]の: ~ capital 設立資金 / (a) ~ drive 【電算】起動ドライブ.

stár túrn 图《英》(演劇・ショーなどの)呼び物.

*__stár·va·tion__ /stɑɚvéɪʃən | stɑ:-/ 图 ❶ 飢餓, 餓死, 窮乏: die of ~ 餓死する. —— 形 飢餓の; (給料が)薄給の: ~ diet 断食療法, 飢餓食 / ~ wages 薄給. 【動 starve】

*__starve__ /stáɚv | stá:v/ 動 ❶ a 飢え死にする, 餓死する. b 飢える: The poor dog ~d *to* death. かわいそうにその犬は餓死した. ❷ 空腹に悩む; ひもじい思いをする: I'm simply *starving*. まったく腹ぺこだ. ❸ 〈...を〉切望する: They are *starving for* affection [news, knowledge]. 彼らは愛情[ニュース, 知識]に飢えている. —— 動 他 ❶ 〈人を〉飢え死にさせる; 餓死させる; 飢えさせる (cf. starved 1): ~ a person (to death) 人を餓死させる / The garrison was ~d *into* surrender [surrendering]. 守備隊は兵糧攻めにあって降服した / ~ a person *out* 人を兵糧攻めにして追い出す. ❷ 〈...に〉〈...を〉不足[欠乏]させる 《*of*》 (cf. starved 2). 《OE; 原義は「固くなる」》 图 **starvation**)

starved 形 ❶ 飢えた, ひもじい; 餓死した: a ~ cat 飢えた猫. ❷ C〈...に〉欠乏した: children *for* [*of*] affection = affection-starved children 愛情に飢えている子供達 / Our project is ~ *for* funds. 我々の事業は資金難だ.

starve·ling /stáɚvlɪŋ | stá:v-/ 图《文》餓えてやせこけた人[動物]. —— 形 餓えた, やせこけた.

Stár Wàrs 图［単数扱い］《米》スターウォーズ《SDIの俗称; ⇒ SDI》.

stár·wort 图【植】ハコベ《ナデシコ科ハコベ属の各種草本》.

*__stash__ /stǽʃ/《口》動 他〈ものを〉こっそりしまう, 隠す; 蓄える 《*away*》. —— 图 隠し場所[家].

sta·sis /stéɪsɪs/ 图 (® -ses /-si:z/) U.C ❶ 停滞, 沈滞. ❷【病理】血行停止.

-sta·sis /stéɪsɪs, stǽs-/ [名詞連結形] /-si:z/ 「停止」「安定状態」: hemo*stasis*, homeo*stasis*.

stat¹ /stǽt/ 副 《処方などで》直ちに, 至急.

stat² /stǽt/ 图《口》= statistic.

-stat /╌─(─) stæt/ [名詞連結形]「安定装置」: thermo*stat*. 《Gk *statos* 立っている》

stat. (略) static; statuary; statue; statute(s).

*__state__ /stéɪt/ 图 A ❶ C a ［通例単数形で］状態, ありさま, 様: a ~ of war 戦争状態 / We found the hut in a dirty ~. 行って見るとその小屋は不潔だった / the married [single] ~ 結婚[独身]状態 / be not in a fit ~ *to* do ...するほど元気でない / be in a good [bad] ~ of repair 修理の必要がない[ある]. b［通例 in [into] a ~で］《口》興奮[神経質な]状態: She's *in* quite *a* ~. 彼女はかなり興奮している, 苛立っている / Don't get *into* such *a* ~. そんなに興奮するな. ❷ U 威厳, 威儀, 荘厳; 公式: in ~ 堂々と, 盛装で; 正式に / live [travel] in ~ ぜいたくな生活[旅行]をする / lie in ~〈国王などの遺骸が〉(埋葬の前に公衆の面前に)正装安置される / a visit of ~ 公式訪問.

—— B ❶ a ［しばしば S~］C 国家, 国《一定の領土を有し政治的に組織され主権を有するもの》: a welfare ~ 福祉国家 / the Arab oil ~s アラブの産油国 / NATO's member ~ NATO 加盟国. b U ［しばしば church に対し］政府: separation of church and ~ 教会と国家の分離, 政教分離. ❷ a C 《米国などの》州: ⇒ Slave State, state's attorney / There're fifty ~s in the U.S.A. 米国には州が 50 ある. b ［the States］米国《しばしば米国人が国外で用いる》. ❸ U ❶ a 《一国の》国事, 国政: a head of ~（国家）元首 / matters [affairs] of ~ 国事, 国務 / the Department of S~ = State Department. b [S~]《米国の》国務省 (the Department of State): the Secretary of S~《米国の》国務長官《他国の外務大臣に当たる》. ❷ 《英国の》所管大臣.

a **státe of emérgency**（災害時などに政府が宣言する）非常事態. the **státe of the árt**（科学・技術・芸術などの）最新, 最先端. the **Státe of the Únion Méssage**《米国大統領の》一般教書, 年頭教書. the **státe of thíngs** [**affáirs**, 《英》**pláy**]（事の）形勢, 現状.

—— 形 ❶ ［しばしば S~］国家［国]の; 国に関する: ~ control 国家管理 / ~ policy 国の政策 / ~ papers 国家［政府関係］書類 / a ~ prisoner 国事犯. ❷《米》州の; 州立の: a ~ flower 州花 / a ~ university 州立大学 / the ~ police 州警察 / a ~ fair《米》（農・畜産物などの）州共進会, ステートフェア (⇒ fair²1). ❸ 公式の, 儀式用の: a ~ visit 公式訪問 / ~ chambers [apartments]《宮廷など》の儀式用の広間 / ~ ceremonies [occasions] 公式行事.

—— 動 他 ❶〈...を〉（公式に）述べる, 明言する; 言う (declare): ~ one's views 自分の見解を述べる / as ~d above 上述のとおり / ［+*that*］ He ~d that the negotiations would continue. 交渉は継続されるであろうと彼は述べた / ［+*wh*.］ The contract doesn't ~ clearly *whether* a travel allowance will be paid. 契約書では旅費が支給されるかどうか明確に述べていない. ❷〈日取り・値段などを〉前もって決める (⇒ stated).

《F<L *status* 立つこと, 位置, 状態 (⇒ status)》 图 **statement**) 【類義語】 **State** 最も一般的な意味の広い語で, ある時期にある人やものが存在している状態や事情. **condition** ある状態や事情を一時的に作り出した原因や環境. **situation** ある人をいろいろな行動や他の相互関係または状況とその人の間の関係を重視する語. **status** 元来は法律用語であるが, 人については職業や性別などある特定の側面から見たその人の地位・状態について言い, 物(事)についてはある特定の時間における状態を言う. ⇒ country.

státe attórney 图 = state's attorney.

státe cápitalism 图 U 国家資本主義《国家管理の資本主義》.

státe cóurt 图《米》州裁判所.

státe·cràft 图 U 政治, 政治的手腕.

stát·ed /-tɪd/ 形 定まった, 定期の (cf. state 他 2): Meetings are held at ~ times [intervals]. 会合は定刻[定期]に開かれる. **~·ly** 副

*__Státe Depártment__ 图 [the ~]《米》国務省《他国の外務省に当たる》.

Státe Enrólled Núrse 图《英》(かつての)国家登録看護婦 (State Registered Nurse の次位; 略 SEN).

+**státe·hood** 图 U ❶ 国家であること, 国家の地位. ❷ ［しばしば S~］州であること, 州の地位.

státe·hòuse 图 ［しばしば S~]《米》州議事堂.

státe·less 形 国籍のない, 市民権のない. **~·ness** 图

státe líne 图《米》州境界線.

†**state·ly** /stéɪtli/ 形 (**state·li·er; -li·est**) 威厳のある, 堂々とした; 荘厳な, 品位のある. **státe·li·ness** 名 【類義語】⇒ grand.

stately hóme 名 《英》(由緒あるいなかの)大邸宅《最近では有料で一般に公開しているものが多い》.

‡**state·ment** /stéɪtmənt/ 名 ❶ Ⅱ 述べること: require clearer ~ もっとはっきり述べる必要がある. ❷ Ⅽ (文書・口頭による)陳述, 声明, 供述: make [issue] a ~ (*about* [*on*])(…について)陳述する, 声明する / a ~ in the police station 警察署での供述. ステートメント: a joint ~ 共同声明. ❸ Ⅽ 《商》 計算書, 貸借表: ⇒ bank statement. ❹ Ⅽ 《文法》 陳述文. ❺ Ⅽ 《楽》(主題の)提示. (動 state)

Stát·en Ísland /stǽtn-/ 名 スタテンアイランド《米国 New York 湾内の島; この島を含む New York 市の行政区 (borough) の一つ》.

státe-of-the-árt 形 Ⓐ 最新式の, 最先端をいく, 最高水準の: ~ technology 最先端科学技術.

state párk 名 《米国などの》州立公園.

stát·er¹ /-tə | -tə/ 名 述べる人, 陳述者, 声明者.

sta·ter² /stéɪtə | -tə/ 名 スタテル《古代ギリシア都市国家の各種の金貨[銀貨, 金銀合金貨]》.

Státe Régistered Núrse 名 《英》(かつての)国家公認看護婦(略 SRN).

státe·room 名 ❶ (船・米国の列車の)専用室, 特等室. ❷ 《英》(宮廷などの)大広間.

state's attórney 名 《米》 州検事.

†**Státe schóol** 名 《英》 公立学校.

státe sécret 名 国家秘密[機密].

state's évidence 名 [しばしば S~] 《米法》検察側証拠《特に司法取引により免責や罪の軽減を約束された共犯者や関係者などの証言): turn ~ 共犯者に不利な証言をする.

Státes Géneral 名 [the ~] ❶ 全国会議《16-18 世紀オランダ共和国の国家最高機関). ❷ 《フランス史》 三部会 (Estates General) 《フランス革命以前の聖職者・貴族・第三身分からなるフランスの身分制議会》.

state·side (米国 形) (海外から見て)米国の[に, へ].

***states·man** /stéɪtsmən/ 名 (複 **-men** /-mən/) (公正でりっぱな)政治家. **~·like, ~·ly** 形 【類義語】⇒ politician.

státes·man·ship 名 Ⅱ 政治的手腕.

státe sócialism 名 Ⅱ 国家社会主義《国家管理の社会主義》.

states' ríghts 名 復 《米》 州権 《州が憲法上有する固有の権利》.

states·wòman 名 (複 -women) 女性政治家.

státe tríal 名 国事犯裁判.

státe tróoper 名 《米》 州警察官.

†**state·wíde** 形 州全体の[にわたって].

†**stat·ic** /stǽtɪk/ 形 ❶ a 《理》静的な, 静止の (↔ dynamic). b 変化[動き]のない, おもしろみのない. ❷ 《電》 空電の, 静電気の: ~ electricity 静電気. ── 名 ❶ 《電》 空電, 電波障害. ❷ 《電》 静電気. ❸ 《米口》 猛烈な反対[非難]. 《L<Gk=立っていること》

-sta·tic /stǽtɪk/ [形容詞連結形] 「位置の」「状態の」「…の成長を阻害する」.

stat·i·cal /-tɪk(ə)l/ 形 =static. **~·ly** /-kəli/ 副

státic clìng 名 静電気による衣服のまとわりつき.

stat·i·ce /stǽtəsi/ 名 《植》スターチス《イソマツ科リモニウム属の植物の通称》.

státic líne 名 自動索《パラシュート収納袋と飛行機を結ぶ柔軟な索; 自動的に傘体を開かせる》.

stat·ics /stǽtɪks/ 名 Ⅱ 静力学《物体に作用する力の釣り合いを論じる力学の一部門; cf. kinetics》.

‡**sta·tion** /stéɪʃən/ 名 ❶ (鉄道の)駅; (バスの)発着所《解題 通例 station だけでは他の語義と区別がつかないので, 鉄道の「駅」の場合 railroad [train, 《英》 railway] station という》: a terminal ~ 終着駅 / a goods ~ 貨物駅 / subway [《英》 underground] ~ 地下鉄の駅. ❷ [通例修飾語を伴って] (官庁・施設などの)…署, 局, 所: a broadcasting ~ 放送局 / a fire ~ 消防署 / a police ~ 警察署 / a power ~ 発電所 / a meteorological ~ [gas] ~ 給油所, ガソリンスタンド《比較 ガソリンスタンドは和製英語). b 《米》(中央郵便局をもつ都市での)郵便局支局[分局]. ❹ 《軍》(軍などの)基地, 駐屯地; 根拠地; a naval ~ 要港 / ⇒ space station. ❺ 位置, 場所; 持ち場, 部署: take up one's ~ 部署につく / be at action ~s 戦闘配置につく. ❻ 《古》 身分, 地位; 高位: a lowly ~ in life 低い身分 / people of (high) ~ お歴々《★ of ~ は無冠詞) / a marriage below one's ~ 身分以下の人との結婚. ❼ 《豪》(建物・土地を含む)牧場, 農場. **Áction státions**! 持ち場につけ! **be on státion** 地位[成功の座]についている. **kéep státion** 地位を保っている. **the státions of the Cróss** 《カト》 十字架の道行, 留中の留《キリストの苦難を表わす 14 の像の前で順次に祈願する》.

── 動 他 [副詞(句)を伴って] ❶ <…を>(部署に)つかせる, 配置する, 駐在させる《★通例受身で用いる》: ~ a guard *at the gate* 門に警備員を置く / Soldiers have been ~*ed around* the building. 兵士たちが建物の周りに配置されている. ❷ ~ oneself で [...自身を], 立つ: He ~*ed himself behind* the tree. 彼は木陰に立った. 《L=立つこと[場所]; <stare, stat- 立つ; cf. stay) (形 stationary)

***sta·tion·ar·y** /stéɪʃəneri | -ʃ(ə)nəri/ 形 ❶ **a** 動かない, 静止した, 止まっている: remain ~ 静止している. **b** 定住した. **c** 変化のない, 停滞した; 増減[変動]のない: a ~ population 増減のない人口. ❷ 据え付けの: a ~ engine 据え付けのエンジン. (名 station)

stationary bícycle [**bíke**] 名 =exercise bicycle.

stationary póint 名 《数》定留点《連続な曲線上で, その傾きが零または無限大となる点》.

stationary sátellite 名 静止衛星.

stationary wáve 名 《理》定常波 (standing wave).

státion bìll 名 《海》(乗組員の)非常時配置表.

státion brèak 名 《米》(ラジオ・テレビの)ステーションブレイク《番組の途中に番組と番組の間に入れる局名やスポットアナウンスの短い時間》.

sta·tion·er /stéɪʃ(ə)nə | -nə/ 名 文房具商《人》: a ~'s (shop) 文房具店.

†**sta·tion·er·y** /stéɪʃəneri | -ʃ(ə)nəri/ 名 Ⅱ ❶ 文房具. ❷ (封筒付き)便箋(びんせん): write on hotel ~ ホテルの便箋に(手紙を)書く.

†**státion hòuse** 名 《古風》 警察署; 消防署.

státion identificátion 名 ⅭⅡ =station break.

státion kèeping 名 Ⅱ 《海》(移動する艦隊における)占位保持.

station·màster 名 《鉄道の》駅長.

státion pòinter 名 《測》三脚分度器[分度規].

státion-to-státion 《米》 形 副 《長距離電話が番号通話の》《★先方が受話器を取るまでは課金しない; 日本の場合は通例この方式による; cf. person-to-person》.

státion wàgon 名 《米》ステーションワゴン(《英》 estate car)《後部座席が折りたたみ[取りはずし]式で, 後部ドアから荷物を出し入れできる大型乗用車》.

stat·ism /stéɪtɪzm/ 名 ❶ 国家主権主義. ❷ 国家統制(主義).

stat·ist /stéɪtɪst/ 名 国家主権[統制]主義者. ── 形 国家主権[統制](主義者)の.

sta·tis·tic /stətɪ́stɪk/ 名 ❶ 統計値[量]. ❷ 統計値としてしか認識されない人[こと], その他大勢.

***sta·tis·ti·cal** /stətɪ́stɪk(ə)l/ 形 統計の; 統計学上の. **-cal·ly** /-kəli/ 副 統計(学)的に: ~ speaking 統計的に言うと.

statistical mechánics 名 Ⅱ 統計力学.

statistical significance 名 Ⅱ 統計的有意性.

stat·is·ti·cian /stæ̀tɪstɪ́ʃən/ 名 統計学者, 統計家.

***sta·tis·tics** /stətɪ́stɪks/ 名 ❶ [複数扱い] 統計: S~ show that the population of this city has doubled in ten years. 統計によればこの市の人口は 10 年で 2 倍になった. ❷ Ⅱ 統計学. 《G=政治学<L STATUS; 政治学の一分野から発達した》

sta·tive /stéɪtɪv/ 【文法】形 状態を表わす, 状態的.... ― 名 状態動詞.

stat·o·cyst /stǽtəsɪst/ 【動】平衡胞《無脊椎動物の平衡感覚をつかさどる器官》.

stat·o·lith /stǽtəlɪθ/ 【動】平衡石, 耳石《平衡胞にある分泌物》.

sta·tor /stéɪtə | -tə/ 名 【電】(発電機などの)固定子.

stat·o·scope /stǽtəskòup/ 名 微気圧計; 【空】昇降計.

stats /stǽts/ 名 《口》= statistics.

stat·u·ar·y /stǽtʃuèri | -tʃuəri/ 名 ⓤ ❶ 彫像, 塑像. ❷ 彫塑術. ― 形 彫像[彫塑]の; 彫像用の.

*__stat·ue__ /stǽtʃu:/ 名 像, 彫像, 塑像.
the **Státue of Líberty** 自由の女神像《米国 New York 湾頭のリバティー島 (Liberty Island) にある; Liberty Enlightening the World が公式名》.
〖F < L = 立てられたもの < statuere; ⇒ statute〗

stat·u·esque /stæ̀tʃuésk/ 形 彫像のような; 威厳のある; 輪郭の整った, 優美な.

stat·u·ette /stæ̀tʃuét/ 名 小像.

stat·ure /stǽtʃə | -tʃə/ 名 ⓤ ❶ (精神的な)偉大さ; 才能, 技量, 器量: be a writer of ～ 才能ある作家. ❷ (人の)身長, 背丈: be of short ～ = be short of ～ 背が低い.
〖F < L = 立った姿勢 < stare, stat- ↓〗

*__sta·tus__ /stéɪtəs, stǽt-/ 名 ❶ a ⓤⓒ (社会的・法的)地位, 身分, 資格 (of, in): improve the ～ of women 女性の地位を改善する / high [low, equal] ～ 高い[低い, 対等な]地位 / non-profit [refugee, student] ～ 非営利団体[難民, 学生]資格. b ⓤ 高い地位, 威信, 信望. ❷ ⓤ 事情, 事態, 状態: the present ～ of affairs 現在の状態.
〖L = 立つこと, 位置, 状態 (cf. estate, state, statistics, statute) < stare, stat- 立つ (cf. stay)〗 【類義語】 ⇒ state.

státus quó /-kwóu/ 名 [the ～] そのままの状態, 現状.
〖L = the state in which (something is)〗

státus quò án·te /-ǽnti/ 名 [the ～] 以前の状態.

status sỳmbol 名 地位の象徴, ステータスシンボル《社会的地位を示す所有物・慣行など》.

+**stat·ute** /stǽtʃu:t | -tju:t, -tʃu:t/ 名 【法】 ❶ 制定法, 法令, 成文法, 法規: ～s at large 法令集 / by ～ 法令によって《★無冠詞》. ❷ (法人などの)規則, 定款. the **státute of limitátions** 【法】出訴期限法. 〖F < L = statuere, statut- -stitut- 立てる ↔ status; cf. constitute, destitute, institute, prostitute, substitute, superstition, statue〗 形 statutory) 【類義語】 ⇒ law.

státute-bárred 形 【法】法定出訴期限[期間]を過ぎて訴権を失った.

státute bòok 名 制定法全書.

státute làw 名 成文法 (cf. common law).

státute mìle 名 法定マイル (⇒ mile 1 a).

+**stat·u·to·ry** /stǽtʃutɔ̀:ri | -tjutəri, -tʃu-, -tri/ 形 法定の, 法令の[による]: a ～ tariff 国定税率. (名 statute)

státutory ínstrument 名 【英法】(行政機関の制定する)命令.

státutory offénse 名 【米法】制定法上の犯罪.

státutory órder 名 【英法】statutory instrument の旧称.

státutory rápe 名 ⓤⓒ 【米法】制定法上の強姦《同意能力を認められる年齢未満の女性との性交》.

staunch[1] /stɔ́:ntʃ, stɑ́:ntʃ | stɔ́:ntʃ/ = stanch[1].

+**staunch**[2] /stɔ́:ntʃ, stɑ́:ntʃ | stɔ́:ntʃ/ 形 ❶ 〈人が〉しっかりした, 当てになる, 信頼できる. ❷ 〈船など〉堅固な, じょうぶな; 防水の. ～**·ly** 副 ～**·ness** 名

stau·ro·lite /stɔ́:rəlaɪt/ 名 ⓤ 十字石《十字形の双晶をなすことが多い》.

+**stave** /stéɪv/ 名 ❶ おけ[たる]板; (はしごなどの)桟(さん), 竪桟; 棒, さお. ❷ 【楽】譜表. ❸ 詩の1節, 連, 詩句. ― 動 (～d, **stove** /stóuv/) 他 〈...を〉突き破る, 〈...に〉穴をあける 〈in〉. **stáve óff** 他 (～ed) 過去形・過去分詞は staved 〈危険・破滅など〉を止める, 避ける.

+**staves** /stéɪvz/ 名 staff[2] の複数形.

*__stay__[1] /stéɪ/ 動 ⓘ ❶ [副詞(句)を伴って] (場所に)居残る, とどまる: Shall I go or ～? 席をはずしましょうか, それともここにいましょうか / I can't ～ long. 長居する時間はない, こうしてはいられない / S~ here till I return. 私が帰ってくるまでここにいなさい / I ～ed at home [in bed] all day. 一日中家に[床について]いた / How long can you ～ underwater? どのくらい水中にもぐっていられますか / My socks won't ～ up. ソックスがどうしてもずり落ちてしまう / I keep inserting the plug but it won't ～ in. プラグを何度差し込んでもすぐに抜けてしまう / S~ where you are. そのままそこにいなさい / ～ after school (罰として)居残りする / Please ～ for [to] dinner. 夕食までゆっくりしていてください. ❷ [通例副詞(句)を伴って] 滞在する, 客となる: ～ overnight 1 泊する / ～ (for) a month 1 か月滞在する / ～ the night over 《用法》the night は副詞句》/ I don't live here; I'm just ～ing (for) a while. ここの者ではありません, 一時滞在しているだけです / He ～ed at the hotel [in New York]. 彼はこのホテルに宿泊した[ニューヨークに滞在した] / I'm ～ing with my uncle. おじの家にやっかいになって[同居して]いる. ❸ a 〈...の状態に〉とどまる, 〈...のままでいる〉: The weather ～ed hot for a week. 1 週間暑い日が続いた / Prices have ～ed up [down]. 物価が上がった[下がった]ままである / Please ～ seated. どうぞ座ったままでいてください / How long are you going to ～ a student? いつまで学生のままでいるのですか. b 〈...に〉居続ける, 〈...から〉離れない: Go west and ～ on this road until you reach the gate. 西に行って門に達するまでこの道をずっと進んでください. ― 他 ❶ a 〈手続き・判決など〉延期する, 猶予する: ～ a punishment (宣告された)刑の執行を猶予する / ～ (a) judgment 判決[判決]を延ばす. b 〈...を〉止める, くい止める, 防ぐ: ～ one's hand (打とうとする)手を止める / ～ the spread of a disease 病気の蔓延(まんえん)をくい止める. ❷ (一時的に)〈欲望〉を満足させる, 〈飢えを〉しのぐ: ～ one's hunger [thirst] 一時的に空腹[渇]をいやす. ❸ 《古》止まる, 待つ.

be hére to stáy 《口》〈流行・慣習など〉定着する: The compact car *is here to* ～. 小型車が市場に定着している.

have cóme to stáy = be here to STAY[1] 成句.

stáy áfter (他+副) (米) =STAY[1] in 成句 (3).

stáy awáy (自+副) (1) 離れている, 近寄らない (keep away). (2) 〈...を〉留守にする, 欠席する: ～ *away from* work [school] 仕事[学校]を休む.

stáy behínd (自+副) (みんなが去った後に)居残る.

stáy ín (自+副) (1) (場所に)とどまる (⇒ (自) 1). (2) 家にいる, 外出しない: I had to ～ *in* because I developed fever. 熱が出て外出できなかった. (3) (罰として学校に)居残る: He was made to ～ *in.* 彼は(放課後に)居残りをさせられた.

stáy lóose ⇒ loose 成句.

stáy ón (自+副) (任務・年限などの後も)居続ける, 残留する; 留任する.

stáy óut (自+副) (1) 外にいる, 家に帰らない. (2) ストライキを続ける.

stáy óut of...に関与しない.

stáy óver (自+副) (家から離れた所で)泊まる.

stáy pút 《口》もとの所にとどまる, そのままでいる 《★ put は過去分詞》: S~ *put* until I come and pick you up. (車で)迎えにいくまでそこを動くな.

stay the cóurse ⇒ course[1] 成句.

stáy úp (自+副) (1) (場所に)とどまる (⇒ (自) 1). (2) (夜遅くまで)起きて[寝ないで]いる: ～ *up* reading till late [up all night reading] 読書して夜ふかし[徹夜]する.

― 名 ❶ ⓒ [通例単数形で] 滞在, 逗留(とうりゅう): make a long ～ 長滞在する / have an overnight ～ at Banff バンフに1泊する / He checked into the Grand Hotel for a three-day ～. 彼は3泊しようとグランドホテルにチェックインした. ❷ ⓒⓤ 【法】延期, 猶予: (a) ～ of execution 死刑執行の延期. ❸ ⓒⓤ 抑制, 抑止, 防止, 停止.
〖F < L stare, stat- 立つ; cf. stage, stance, state, stature; circumstance, constant, distant, instant, substance; contrast, cost, oust; arrest, rest[2]〗

stay

【類義語】**stay** ある場所に引き続きいるという意味の最も一般的な語. **remain** 他人が立ち去っても本人は残っているという意味が強い. **wait** 人や出来事を待つため stay している. **tarry**, **linger** 共に出発や予定の時間が過ぎても残っている意味が強いが, *linger* は特に立ち去り難い気持を表わす.

stay² /stéi/ 名 ❶ 支柱. ❷ 頼り, つえとも柱とも頼むもの[人]: He's the ~ *of* my old age. 彼は私の老後のつえ(と頼む人)だ. —— 動 他 ❶ 支柱で支える. ❷ 支える; 安定させる, (精神的に)励ます.

stay³ /stéi/ 名 [海] 支索 《マストをその上部から斜め下方に固定して倒れないようにしている索》. **in stáys** 《船が》回って, 間切って. —— 動 他 ❶ 《帆》を支索で支える. ❷ 《船》をうら手回しにする.

⁺**stáy-at-hóme** 名 家にばかりいる人, 出無精の人.
—— 形 家にいたがる, 出無精の; (子育てなどのために)ずっと家にいる.

stáy bàr [**ròd**] 名 《建物・機械の》支え棒, ステーバー.

stáy·er¹ 名 ❶ 根気強い人, 持久力のある人[動物]. ❷ 長距離馬. ❸ 滞在者; とどまる人.

stáy·er² 名 支える者, 擁護者.

stáy·ing pòwer 名 ⓤ 耐久力, 持久力 (stamina).

stáy-ìn strike 名 座り込みストライキ.

stáy·sàil /-sèil, -sl/ 名 [海] ステースル 《支索に張った長三角形の帆》.

stáy-stìtch·ing 名 ⓤ [服] ステイステッチング 《あとでへりがくずれるのを防ぐために, シームラインの外側にステッチをしておくこと》.

stáy-ùp 名 [通例複数形で] ステイアップ 《靴下留め不要のストッキング》.

St. Christopher and Nevis ⇨ Saint Christopher and Nevis のつづり位置.

St. Croix ⇨ Saint Croix のつづり位置.

std (略) standard. **STD** (略) sexually transmitted disease;《英》subscriber trunk dialling.

⁺**stead** /stéd/ 名 ★ 次の成句で用いて: **in a person's stéad** 人の代わりに. **in stéad of**...=INSTEAD of... 成句. **stánd a person in góod stéad** 《人》に大いに役立つ. 《OE=場所》

⁺**stead·fast** /stédfæst | -fà:st/ 形 ❶ 《人・信念など》しっかりした, 断固とした, 不動の: ~ *friendship* 変わらぬ友情 / He's ~ *in* his faith. 彼は信念を曲げない. ❷ 固定した, ぐらつかない. ~**·ly** 副 ~**·ness** 名 《↑+FAST》

Stead·i·cam /stédikæm/ 名 [商標] ステディキャム 《手で持ったり移動したりしながら撮影するとき用いる映画カメラ固定装置》.

stead·i·ly /stédəli/ 副 (more ~; most ~) 着実に, しっかりと; どんどん: He went on working ~. 彼は着々と仕事[勉強]を続けていった / Her health is getting ~ worse. 彼女の健康はどんどん衰えていている.

⁺**stead·y** /stédi/ 形 (**stead·i·er**, **-i·est**) ❶ **a** 一様の, むらのない, 間断のない: a ~ wind 方向の一定した[むらのない]風 / (a) ~ growth [increase] 安定した成長[着実な増加] / a ~ pace 一様の速度 / make ~ progress 着実な進歩をとげる. **b** 定まった, 決まった: a ~ income [job] 定収入[定職] / a ~ boyfriend 決まったボーイフレンド. ❷ **a** 堅実な, 着実な, まじめな: a ~ worker 堅実な働き手, まじめな勉強家 / Slow but ~ wins the race. ⇨ slow 形 1. **b** 落ち着いた; 節制のある, 規律正しい. ❸ **a** 《足場・基礎など》しっかり《固定》した, ぐらつかない, 安定した (↔unsteady): Hold the ladder ~. ぐらつかないようにこのはしごを押さえてくれ / be ~ on one's féet 足どりがしっかりしている. **b** 震えない, きょうきょうとしない: give a person a ~ look 《恐れずに, 冷静に》じっと見詰める, 凝視する / a ~ hand 震えない手; 断固とした指導. ❹ [海] 針路の変わらない: Keep her ~! 《海》舵《の針路》をそのままで! / S~! 《船首をそのままに保て!》の意).

gò stéady 《口》決まった異性と交際する, 恋人同士になる (*with*). **Stéady** (**ón**)! 《口》落ち着け!; あわてるな; 用心しろ!

—— 名 《口》決まった恋人, ステディ.

—— 動 他 ❶ 《...を》しっかりさせる, 強固にする, 安定させる: ~ a table leg テーブルの脚を安定させる / ~ oneself ぐらつかないようにする, きりっとする. ❷ 落ち着かせる: A little responsibility should ~ him. 少し責任を持たせれば彼もしっかりするだろう. —— 自 ❶ しっかりする, 落ち着く. ❷ 安定する: Prices seem likely to ~. 物価は安定しそうだ.

stéad·i·er 名 **stéad·i·ness** 名

【STEAD·Y³】【類義語】**steady** 行動や運動が規則的に一定していて中断・変動がなく, また横にもれたりしない. **even** 不規則でなくいつも平均していることを強調する. **regular** 同じようなことが規則的に続くためにきちんとまたは安定した状態が続いている. **uniform** 特にある規準に従っているために運動[行為]の1つ1つが非常に似ている.

stéady-gó·ing 形 《人が》堅実な, しっかりした.

stéady státe thèory [**the ~**] [天] 定常宇宙論.

⁺**steak** /stéik/ 名 ❶ ⓤ⒞ ステーキ 《牛肉・魚肉の厚い切り身》; (特に)ビーフステーキ. ❷ ⓤ 《英》こま切れ牛肉: ⇨ Hamburger steak. 《ON *steik* く steikja 串焼きにする》

stéak·house 名 ステーキハウス 《主にビーフステーキを専門とするレストラン》.

stéak knife 名 ステーキ用ナイフ (しばしば歯がのこぎり状になっている肉料理用食卓ナイフ).

stéak tartár(e) 名 ⓤ タルタルステーキ 《卵黄・タマネギなどを添えた粗挽きの生の牛肉料理》.

⁺**steal** /stí:l/ 動 (stole /stóul/; sto·len /stóulən/) 他 ❶ 《財布・金など》を《...から》盗む: His wallet was *stolen*. = He had his wallet *stolen*. 彼は札入れを盗まれた 《他法》 He was stolen his wallet. は間違い / A thief *stole* the money in the safe. 泥棒が金庫にあった金を盗んだ. ❷ 《...を》こっそり取る; うまく手に入れる: ~ a person's heart 知らぬ間にうまく人の心をつかむ / ~ a nap こっそりうたた寝する / ~ a kiss from a girl 少女の知らぬ間にキスする / ~ a glance at a person 人をぬすみ見る. ❸ [野] 《...塁》に盗塁する: ~ a base 盗塁する / ~ second [third] 二[三]塁に盗塁する. —— 自 ❶ 盗みをする, 窃盗を働く: Thou shalt not ~. 汝(%ºª)盗むなかれ 《★聖書「出エジプト記」から; 十戒 (the Ten Commandments) の一つ》. ❷ [副詞(句)を伴って] そっと行く, 忍び込む; 抜け出る: The years *stole* by. いつしか年月が流れた / He *stole* up on the woman. 彼はその女性にこっそり近づいた / ~ *into* a room 部屋に忍び込む / ~ *out of* a house そっと家から抜け出る. ❸ 《いつのまにか...》を襲う[おおう]: A mist *stole* over the valley. いつのまにか霧が谷間一面にかかった / A sense of happiness *stole* over [*upon*] him. 幸福感がいつのまにか彼を包んだ. ❹ [野] 盗塁する. **stéal a márch** (**on**...) ⇨ march¹ 成句.

—— 名 ❶ 《米口》**a** 盗み. **b** 盗品. ❷ [a ~]《口》格安品, ただみたいなもの (bargain): It's a ~ at that price. その値段じゃただみたいなものだ. ❸ [野] 盗塁. **·er** 名 《OE》 名 stealth) 【類義語】**steal** 他人のものをこっそり盗む. **rob** 脅し・暴力を用いて奪う. **pilfer** 価値のないものをこそどろする.

⁺**stealth** /stélθ/ 名 ⓤ こっそりすること, 忍び 《★ 通例次の句で》. **by stéalth** こっそりと, ひそかに. —— 形 [しばしば S-] ステルス技術の[によって設計された], レーダー捕捉(%)不能の: a ~ jet [bomber] ステルスジェット機[爆撃機]. (動 steal, 形 stealthy)

stéalth tàx 名《英》目に見えない税, ステルス税《間接税など》.

stealth·y /stélθi/ 形 (**stealth·i·er**, **-i·est**) 人目を盗む, 人目をさけるようにする, 内しょの. **stéalth·i·ly** /-θəli/ 副 こっそりと, ひそかに. **-i·ness** 名 (名 stealth)

⁺**steam** /stí:m/ 名 ⓤ ❶ **a** 蒸気, スチーム. **b** 蒸気の力. ❷ 湯気(なだ): windows clouded with ~ 湯気で曇った窓. ❸《口》力, 元気: get [pick] up ~ 元気を出す; 勢いがつく, 盛んになる / run out of ~ 気力がなくなる, 息切れする. **blów òff stéam** うっ憤を晴らす. **fúll stéam ahéad** 全速力で前進して. **lét òff stéam** =BLOW¹ off steam 成句. **únder one's ówn stéam** 自力で, 人の力を借りずに. —— 形 蒸気の[に関する]. ❷ 蒸気で動く[動かす]: a ~ engine [locomotive, turbine] 蒸気エンジン[機関車, タービン]. —— 動 他 ❶ 《...》を蒸す, ふかす: ~ potatoes ジャ

ガイモをふかす. ❷ ⟨…に⟩蒸気を当てて⟨…の状態に⟩する: [+目+補] He ~ed open the envelope. 彼は封筒に湯気を当てて開封した / ~ a stamp *off* a postcard 湯気を当てて葉書から切手をはがす. ❸ ⟨ガラスなどを⟩⟨湯気などで⟩曇らせる (★ しばしば過去分詞で形容詞的に用いる): My glasses have become ~*ed up*. 眼鏡が曇ってしまった. ❹ 《米口》⟨人を⟩興奮させる, 怒らせる (⇨ steamed): He got ~*ed up* about the remark. 彼はその言葉のことでかんかんになって怒った. ── 圁 ❶ **a** 湯気を立てる: The kettle is ~*ing*. やかんが[盛んに]湯気を立てている. **b** ⟨馬などが⟩汗をかく. ❷ ⟨ガラスなどが⟩⟨湯気などで⟩曇る: My glasses ~*ed up*. 眼鏡が曇った. ❸ [副詞(句)を伴って] **a** 蒸気で進む: The vessel ~*ed off*. 汽船は岸を離れた. **b** 勢いよく進む, 急いで行く: He ~*ed out of* the house. 彼は家から急いで出て行った. ❹ 怒る, いきまく. [?擬音語] [形 steamy] 【類義語】⇨ cook.

stéam àge 名 蒸気[蒸機]時代《蒸気機関車が活躍していた時代》.
stéam bàth 名 蒸しぶろ, スチームバス.
stéam·bòat 名 (河川用などの)汽船, 蒸気船.
stéam bòiler 名 ⟨蒸気ボイラー, ボイラー⟩.
stéam clèan 動 ⟨布製品などを⟩蒸気の出る機械で浄化する.
stéam distillàtion 名 Ⓤ 蒸気蒸留《液混合物に蒸気を吹き込むことによって, 揮発性成分をその沸点より低い温度で留出させる蒸留法》.
steamed 形 [しばしば ~ *up*]《米口》怒って, かっかして (cf. steam 動 4); 《英口》酒[麻薬]に酔って.
⁺**stéam·er** ❶ 汽船: by ~ 汽船で (★ 無冠詞). ❷ 蒸し器, せいろ.
stéamer dùck 名 【鳥】フナガモ《水面をはうように進む; ニュージーランド産》.
stéamer rùg 名 《米》(甲板の椅子に腰かけるときに使う)ひざ掛け毛布.
stéamer trùnk 名 ⟨船の寝台の下に入るような⟩薄い幅広の旅行かばん.
stéam·ing 形 ❶ ぼっぼっと湯気を立てる: a ~ cup of coffee 湯気が出ている熱いコーヒー. ❷ [副詞的に] 湯気を立てるほど: ~ hot 湯気が出るほど熱い, 非常に熱[暑]い. ❸《英口》酔っぱらった. ❹《英口》かっとなった. ── 名 Ⓤ《英俗》若者の集団強盗, スティーミング《バス·列車·商店などを急襲し警察が来る前に逃走する》.
stéam ìron 名 蒸気[スチーム]アイロン.
stéam jàcket 名 《シリンダー·汽機などをおおうようにした内部加熱用の⟩蒸気ジャケット.
stéam ròll 動 ⟨= steamroller.
stéam·ròller 名 ❶ (道路をならす)スチームローラー. ❷ (反対を押し切る)強引な手段, 強圧. ── 動 圁 ❶ ⟨道路を⟩スチームローラーでならす. ❷ 圧倒する, 強引に押し通す[進める]: We were ~*ed into* adopting the plan. 我々は強引に押し切られてその案を採択させられた.
stéam shìp 名 (大型の)汽船《略 SS》.
stéam shòvel 名 (掘削用の)蒸気シャベル.
stéam tàble 名 《米》スチームテーブル《料理保温用のスチームの通った金属製の台》.
⁺**steam·y** /stíːmi/ 形 (**steam·i·er**; **-i·est**) ❶ 蒸気の(ような), 湯気でもうもうとした. ❷《口》性的な, エロチックな (erotic). **stéam·i·ly** /-mɪli/ 副 蒸気を出して; 湯気でもうもうとして. 《口》エロチックに. (名 steam)

ste·ap·sin /stiǽpsɪn/ 名 Ⓤ【生化】ステアプシン《膵液(ᵃⁱˢᵁⁱ)中の脂肪分解酵素》.
ste·a·rate /stíːərèɪt/ 名 Ⓤ【化】ステアリン酸塩[エステル].
ste·ar·ic /stiǽrɪk/ 形【化】ステアリンの[から得た].
steáric ácid 名【化】ステアリン酸.
ste·a·rin /stíːərɪn/ 名 Ⓤ【化】ステアリン, 硬脂ステアリン酸《ろうそく製造用》.
ste·a·tite /stíːətàɪt/ 名 Ⓤ【鉱】凍石, ステアタイト《soapstone の一種》. **stè·a·tít·ic** /-tít-/ 形.
ste·a·to- /stíːətoʊ/ [連結形]「脂肪」.『Gk *stear*, *steat*- 獣脂』
ste·a·to·py·gi·a /stìːətəpáɪdʒɪə/ 名 Ⓤ【医】臀部(ᵗᵉⁿ)脂肪蓄積. **-py·gous** /-təpáɪgəs, -túpəgəs/ 形.

ste·a·tor·rhe·a, -rhoe·a /stìːətəríːə/ 名 Ⓤ【医】脂肪便.
ste·a·to·sis /stìːətóʊsɪs/ 名 Ⓤ【医】脂肪症.
steed /stíːd/ 名《古·文》(乗馬用の)馬.
⁺**steel** /stíːl/ 名 Ⓤ ❶ 鋼(ʰᵃᵍᵃⁿᵉ), 鋼鉄 (cf. iron 1): hard [soft] ~ 硬[軟]鋼. ❷ はがねのような性質; 硬さ; 非情さ: with a grip of ~ 固く握りしめて / a heart of ~ 鋼鉄の心 / nerves of ~ 鋼のように強い精神. ❸《文》剣(類), 刀(類): ⇨ cold steel / an enemy worthy of one's ~ 好敵手. ❹ 鋼鉄製の物: a ~ helmet 鉄かぶと / a ~ pen ペン軸. ❺ 鋼に似た; 硬い; 無感覚な. ── 動 ❶ ⟨…に⟩鋼をかぶせる; ⟨…に⟩鋼で刃をつける. ❷ [~ one's heart または ~ oneself で] ⟨…に対して⟩心を固くする, 心構えをする: I ~ed my heart [*myself*] *against* their sufferings. 心を鬼にして彼らの苦しみに目をつぶった / S- *yourself for* a shock. The company has gone bankrupt. 気持ちをしっかり持ってください. 会社が倒産しました / [+目+*to do*] He ~ed himself *to* endure the pain. 彼は心を鬼にしてその苦痛に耐えた.《OE; 原義は「硬い(もの)」》(形 steely)

stéel bánd 名【楽】スチールバンド《カリブ海諸島でドラム缶を利用した打楽器バンド》.
stéel-blúe 形 はがね色の, 暗青灰色の.
stéel-clád 形 よろいをつけた.
stéel drúm 名 スチールドラム《スチールバンド (steel band) で打奏するメロディー打楽器; ドラム缶の底をへこませてすり鉢状の部分をいくつかの面に分けてたたき上げ, 各面が異なった音階を出すようにしたもの》.
stéel engráving 名 鋼版彫刻(術); 鋼版印刷.
stéel gráy 名 Ⓤ 鉄灰色《青みがかった金属性灰色》.
stéel guitár 名 スチールギター.
stéel-hèad 名 (圊 ~s, ~)【魚】スチールヘッド(トラウト)《北米産の大きな降海型のニジマス》.
stéel·màker 名 製鋼業者, 製鋼メーカー.
stéel·màking 名 Ⓤ 製鋼.
stéel míll 名 製鋼工場.
stéel pán 名 = steel drum.
stéel wóol 名 Ⓤ スチールウール, 鋼綿《研磨用の鋼鉄くず; cf. wire wool》.
stéel·wòrk 名 Ⓤ 鋼鉄製品.
stéel·wòrker 名 製鋼所工員.
⁺**stéel·wòrks** 名 (圊 ~)製鋼所.
⁺**steel·y** /stíːli/ 形 (**steel·i·er**; **-i·est**) ❶ 頑固な; 無情な, 容赦しない; きわめて厳格な. ❷ 鋼鉄の(ような); 硬い; はがね色の, 暗青灰色の. **stéel·i·ness** 名.
stéel·yàrd 名 さおばかり.
stéely-éyed 形 鋼鉄のような冷たい目つきの, 冷酷な目をした.
steen·bok /stíːnbɑ̀k/ -bɔ̀k/ 名 (圊 ~s, ~)【動】スタインボック《アフリカ産の小型のレイヨウの一種》.
⁺**steep¹** /stíːp/ 形 (**~·er; ~·est**) ❶ **a** ⟨斜面など⟩急勾配(ᵏᵒᵘᵇᵃⁱ)の, 険しい: a ~ hillside 険しい丘の斜面 / a ~ staircase 急な階段. **b** ⟨上昇·下降などが⟩急激な (sharp): (a) ~ decline [drop, fall] 急激な減少[低下, 衰退] / a ~ rise in unemployment 失業率の急上昇. ❷ **a** ⟨値段·要求など⟩法外な, ひどい, 途方もなく高い. **b** ⟨話などが⟩大げさな, 仰々しい, むちゃな: That's [It's] a bit ~.《英口》そんなむちゃな. ❸《古》急な坂; 絶壁. **~·ly** 副. **~·ness** 名.《OE=非常に高い (steepen)》
steep² /stíːp/ 動 ⟨…を⟩液に浸す, つける: ~ tea *in* boiled water 紅茶をお湯に入れる / ~ vegetables *in* vinegar 野菜を酢につける. ❷ **a** ⟨人を⟩⟨…に⟩深くしみ込ませる; ⟨…を⟩⟨…に⟩没頭させる, 夢中にさせる (*in*) (⇨ steeped 2 a). **b** ⟨…を⟩⟨…に⟩包む (*in*) (⇨ steeped 2 b). ── 圁 ⟨液体に⟩浸って[つかって]いる (*in*). ❷ Ⓤ.Ⓒ 浸す[つける]こと, 浸る[つかる]こと. ❷ Ⓤ つける液; (種子を)浸す液.
steeped 形 ❶ 液に浸した, つけた. ❷ Ⓟ **a** ⟨…に⟩深くしみ込んで: ~ *in* evil 悪に染まった / a university ~ *in* tradition 伝統が深くしみ込んだ大学. **b** ⟨…に⟩包まれて:

ruins ～ *in* gloom すっぽりと夕やみに包まれた廃墟(はいきょ) / a castle ～ *in* mystery なぞに包まれた城.

steep·en /stíːp(ə)n/ [動] [他] 急勾配にする, 険しくする. ── [自] 急勾配になる, 険しくなる. ([形] steep[1])

stéep·ish /-pɪʃ/ [形] やや険しい.

+**stee·ple** /stíːpl/ [名] (教会などの)尖塔(せんとう) (spire). 〘OE; cf. steep[1]〙

+**stéeple·chàse** [名] ❶ 障害物競馬 《競馬場の平地コースの内側コースで, 人工の溝・垣・柵などの障害物を跳び越えていく競馬》. ❷ 〘陸上〙障害物競走 《ハードルや水たまりなどを越えていく競技》. 〘昔この競馬を教会の尖塔 (steeple) を目標に行なったことから〙

stéeple-cròwned [形] 〈帽子が〉てっぺんが尖塔状の.

stéeple·jàck [名] 尖塔[煙突]職人 《補修を行なう》.

steer**[1] /stíə | stíə/ [動] [他] ❶ **a** 〈船・自動車などを〉(かじ・ハンドルで)操舵(だ)する: ～ a boat [an airplane] 船[飛行機]のかじをとる, 操縦する. **b** [副詞(句)を伴って] 〈船・自動車などを〉(…に)向ける; 〈人や会社などを〉指導する (guide): *S*～ the boat *for* [*toward*] that island. 船をあの島に向けろ / ～ a person *towards* [*away from*]… 人を…へと導いてやる[…から引き離す]. ❷ **a** 〈進路・方向を〉たどる, 進む: ～ a steady course 着々と進む / ～ a course ***for a harbor 進路を港に向ける. **b** [～ one's way で] (…に向かって)進む (*to, for*): ～ one's way across the ocean 海洋を横断する. ── [自] ❶ (…に向けて)かじを操る: The pilot ～*ed for* the harbor. 水先案内人は港へ向けてかじをとった. ❷ [副詞(句)を伴って] (ある方向に)向かう, 進む; 身を処する: ～ *between* two extremities 両極端の間をとる / Where are you ～*ing for*? どこに向かっているのか. ❸ [well などの様態の副詞を伴って] 操縦[運転]される. **stéer a míddle cóurse** 中道を行く. **stéer cléar of…** 《口》…を避ける, に関係しない: *S*～ *clear of* that woman. あの女には近づくな. ── [名] 《米口》(行動方針についての)助言; 内報: a bum ～ でたらめな助言[情報].

steer[2] /stíə | stíə/ [名] (食用)去勢牛.

steer·a·ble /stí(ə)rəbl/ [形] 〈気球などが〉舵がきく, 操縦できる.

steer·age /stí(ə)rɪʤ/ [名] [U] ❶ (昔の)三等船室. ❷ 操舵(だ), 操縦. ❸ かじきき, 操舵性.

stéerage·wày [名] [U] 〘海〙舵(だ)効速度 《かじをきかせるのに必要な微速度》.

stéer·er /stí(ə)rə | -rə/ [名] ❶ 舵取り (steersman). ❷ 《俗》(取込み詐欺・賭博などの)客引き.

+**steer·ing** /stí(ə)rɪŋ/ [名] [U] ステアリング, かじ取り装置.

stéering còlumn [名] 〘車〙舵取り柱, ステアリングコラム 《steering wheel と steering gear の連結棒とそれを保持する円柱部》.

+**stéering commìttee** [名] 運営委員会.

stéering gèar [名] [U] かじ取り装置.

+**stéering whèel** [名] ❶ (自動車の)ハンドル 《[比較] 日本語の「ハンドル」は自転車の場合は handlebar(s), 自動車は (steering) wheel》. ❷ (船の)舵(だ)輪.

steers·man /stíəzmən | stíəz-/ [名] ([複] **-men** /-mən/) 〘海〙舵手(だしゅ).

steeve[1] /stíːv/ [名] 〘海〙仰角 《第一斜檣(しゃしょう)と水平面との角度》. ── [動] [他] [自] 斜めにする[なる].

steeve[2] /stíːv/ [名] 〘海〙起重檣.

steg·a·nog·ra·phy /stègənágrəfi | -nɔ́g-/ [名] [U] 〘電算〙ステガノグラフィー 《秘密情報をほかのデータの中に埋め込んで, 秘密の存在自体を隠す技術; たとえば文章データを画像データの中に埋め込むなど》. 〘Gk *steganos* おおわれた＋-GRAPHY〙

steg·o·saur /stégəsɔ̀ə | -sɔ̀ː/ [名] 〘古生〙ステゴサウルス, 剣竜. 〘Gk *stegos* 屋根＋*sauros* トカゲ〙

Stei·chen /stáɪkən/, **Edward** [名] スタイケン 《1879–1973; 米国の写真家》.

stein /stáɪn/ [名] スタイン 《約 1 pint 入りの陶器製のビール用ジョッキ; cf. tankard》. 〘G＝stone〙

Stein /stáɪn/, **Gertrude** [名] スタイン (1874–1946) 《Paris に住んだ米国の女性小説家》.

Stein·beck /stáɪnbek/, **John** (**Ernst**) [名] スタインベック 《1902–68; 米国の小説家; Nobel 文学賞 (1962)》.

stein·bok /stáɪnbàk | -bɔ̀k/ [名] ＝steenbok.

Stei·nem /stáɪnəm/, **Gloria** [名] スタイネム 《1934–　; 米国の女権拡張運動家・作家》.

stele /stíːl, stíːli/ [名] ([複] **-lae** /stíːliː/, ～**s**) ❶ 〘考古〙記念石柱, 石碑. ❷ 〘植〙中心柱. **sté·lar** /-lə | -lə/ [形] 〘植〙中心柱の[に関する].

Stel·la /stélə/ [名] ステラ 《女性名》.

Stel·la /stélə/, **Frank** [名] ステラ 《1936–　; 米国のミニマルアートの画家》.

stel·lar /stélə | -lə/ [形] ❶ 星の; 星から成る. ❷ (俳優などの)スターの, 花形の; 主要な; 傑出した. ❸ (形が)星のような, 星形の. **gò stéllar** 《英口》一躍有名に[人気者に]なる. 〘L＜*stella* star〙

stéllar wínd [名] [the ～] 〘天〙恒星風 《恒星から放出される帯電粒子の流れ》.

stel·late /stéleɪt/, **-lat·ed** /-eɪṭɪd/ [形] 星形の; 星状の; 放射状の.

stel·li·form /stéləfɔ̀əm | -fɔ̀ːm/ [形] 星形の; 放射状の.

St. El·mo's fire [**light**] ⇨ Saint Elmo's fire [light] のつづり位置.

stem**[1] /stém/ [名] ❶ **a** (草木の)茎, 幹 (stalk). **b** 葉柄, 花梗(かこう). **c** (果物の)果柄; (バナナの)果房. ❷ 茎状のもの: **a** (杯・ワイングラスの)脚. **b** (道具の)柄. **c** (パイプの)柄. **d** (温度計の)胴. ❸ 種族, 系統, 血統, 家系. ❹ 〘文法〙語幹 《語の語形変化に対する基本形; cf. base[1] 8, root[1] 7》. ❺ 〘楽〙符尾 《音符につけるたて棒》. ❻ 〘海〙船首 (↔ stern). **from stém to stérn** (1) 〘海〙船首から船尾まで, 全船に. (2) 至る所くまなく. ── [動] (**stemmed; stem·ming**) [自] (…から)生じる, 起こる, 由来する: His failure ～*s* ***from his carelessness. 彼の失敗の原因は不注意だ. ── [他] 〈果物の〉果柄[へた]を取り去る. ～**·less** [形] 茎[柄, 脚]のない. 〘OE; 原義は「立っている(部分)」〙

***stem**[2] /stém/ [動] [他] (**stemmed; stem·ming**) ❶ 〈…(の拡大・進展)を〉食い止める, 抑止する (stop): ～ (the) brain drain 頭脳流出を食い止める / ～ the tide of nuclear proliferation 核拡散の流れを止める. ❷ 〈…(の流れ)を〉くい止める, せき止める: ～ a torrent 急流をせき止める. ❸ 〘スキー〙〈スキーを〉制御回転する. ── [自] 〘スキー〙制御する, シュテムする. 〘ON＝せき止める〙

stém cèll [名] 〘生〙幹細胞.

stém gìnger [名] [U] 上質の砂糖漬けショウガ.

stem·ma /stémə/ [名] ([複] **-ma·ta** /-tə/, ～**s**) (写本の)系統, 系図; (古代ローマなどの)家系図.

stemmed [形] [しばしば複合語で] (…の)茎をした: short-*stemmed* 短い茎の.

stem·ple /stémpl/ [名] 〘鉱〙立坑の足場材.

stém stìtch [名] [U] ステムステッチ 《芯糸上に針目を詰めて巻くようにかがるステッチ》.

stém tùrn [名] 〘スキー〙制動回転, シュテムターン.

stém·wàre [名] [U] 《米》(洋酒用の)脚付きグラス(類).

stém·wìnd·er /-wàɪndə | -də/ [名] ❶ 《米》竜頭(りゅうず)巻きの時計. ❷ 《口》熱烈な演説, 熱弁.

+**stench** /sténʧ/ [名] [通例単数形で] いやなにおい, 悪臭 (stink). 【類義語】⇨ smell.

sténch tràp [名] (下水管の)防臭弁.

+**sten·cil** /sténs(ə)l/ [名] ❶ 刷り込み型, 型(付け)板, ステンシル. ❷ 謄写版原紙: cut a ～ (謄写用に鉄筆で)原紙を切る. ── [動] [他] (**sten·ciled;** 《英》**-cilled; sten·cil·ing,** 《英》 **-cil·ling**) ❶ 型板で〈型を〉置く. ❷ (原紙を使って)謄写する.

Sten·dhal /stendáːl | stɑːn-/ [名] スタンダール 《1783–1842; フランスの小説家》.

Stén gùn /stén-/ [名] 《英》ステンガン 《軽機関銃》.

sten·o /sténoʊ/ [名] 《米口》 ❶ ＝stenographer. ❷ ＝stenography.

sten·o·graph /sténəgræ̀f | -grɑ̀ːf/ [動] [他] 速記する.

ste·nog·ra·pher /stənágrəfə | -nɔ́grəfə/ [名] 速記者.

ste·nog·ra·phy /stənágrəfi | -nɔ́g-/ [名] [U] 速記(術). **sten·o·graph·ic** /stènəgrǽfɪk←/ [形]

sten·o·ha·line /stènəhéɪlaɪn/ [形] 〘生態〙狭塩性の, 狭

鹹(かん)性の (↔ euryhaline).
ste·nosed /stənóust/ 形 〖医〗狭窄した[にかかった].
ste·no·sis /stənóusis/ 名 U.C. (複 **-ses** /-si:z/) 〖医〗狭窄(症). **ste·not·ic** /stənάtik/ 形 **-not-**.
sten·o·therm /sténəθə:m | -θə:m/ 名 〖生態〗狭温性生物 (↔ eurytherm). **steno·ther·mal** /stènəθə́:m(ə)l | -θə́:-/ 形.
Sten·o·type /sténətàip/ 名 〖商標〗❶ ステノタイプ (速記用タイプライターの一種). ❷ ステノタイプ用文字.
stén·o·týp·ist /-pist/ 名 (ステノタイプによる)速記タイピスト.
sten·o·typ·y /sténətàipi/ 名 U ステノタイプ速記(術).
stent /stént/ 名 〖医〗ステント: **a** 管や血管の中に治癒促進や閉塞を緩和する目的で入れる副子. **b** 植皮を固定するために用いる鋳型.
Sten·tor /sténtɔə | -tɔ:/ 名 ❶ 〖ギ神〗ステントール (Homer の *Iliad* に出る大声の伝令; 50人に匹敵する声をもっていたという). ❷ [s~] (C) 大声の人.
sten·to·ri·an /stentɔ́:riən/ 形 大声の.

*__step__ /stép/ 名 ❶ a C 歩み, 歩(ほ): take [make] a forward [back, backward] 1歩前に出る[後ろにさがる] / miss one's ~ 足を踏みはずす. **b** [複数形で](歩む)方向: retrace one's ~s 戻る / turn one's ~s toward [to]... のほうへ足を向ける / bend [direct] one's ~s 《文》足を進める, 行く. ❷ C 1歩の間隔, ひと走り, 近距離: It's only a ~ to the store. 店まではほんのひと足です. ❸ C a 足音: hear ~s approaching 足音の近づくのが聞こえる. **b** 足跡. ❹ U.C **a** 歩きぶり, 足どり, 歩調; keep ~ (with ...) (...と)歩調を合わせていく, 歩調を取る / break ~ 歩調を乱す[やめる] / Change ~! [号令] 歩調変え! / I walked with long [rapid] ~s. 大またに[急ぎ足で]歩いた / fall into ~ with ...と足並みをそろえる. **b** (ダンスの)ステップ. ❺ **a** C 踏み段, (はしごの)段; (戸口の)上がり段; (乗り物などの)昇降段, ステップ: sit on the top [bottom] ~ いちばん上[下]の踏み段に腰を下ろす / Each flight of stairs has 20 ~s. 各階段は20の段がある / Mind the ~. 足もとにご用心. **b** [複数形で] (ひと続きの)階段: He ran down the ~s. 彼は階段を駆け下りた. ❻ C 手段, 処置, 方法: What's the next ~? 次の処置は?, 次は何をなすべきか / a ~ in the right direction 正しい方策 [+to do] We must take ~s to prevent such crimes. そのような犯罪を防ぐための手段を講じなければならない. ❼ C (ある過程の)段階, 進歩, はかどり, 進捗(しんちょく): They made a great ~ forward in their negotiations. 彼らの交渉は大きく進捗した / a ~ backwards 後退. **b** 階級, 昇進, 昇級: He has taken [moved] a ~ up in the hierarchy. 彼は階級が一つあがった. **c** (温度計などの)目盛り. ❽ C 〖米〗半音: a half [whole] ~ 半[全]音程.

in stép 歩調[足並み]をそろえて; 調和して: keep in ~ (with ...) (...と)足並みをそろえる / march in ~ 歩調をそろえて行進する; (進歩・変化などに)後れを取らない.

in a person's stéps 人の後について; 人の例にならって: follow [walk, tread] *in* a person's ~s 人の後についていく; 人(の例)にならう.

màke a fálse stép (1) 足を踏みはずす. (2) 間違いをする.

óne stép ahéad of ...より一歩すすんでいる.

óut of stép (...と)歩調を乱して; 調和しないで 〈*with*〉: fall out of ~ 歩調[調和]を乱す.

stép by stép 一歩一歩; 着実に.

wátch [《英》 mínd] one's stép (1) 足もとに気をつける: *Watch* your ~. 足もとにご用心. (2) 用心する.

―― 動 (**stepped; stép·ping**) 自 ❶ [副詞(句)を伴って] 一歩踏み出す: ~ *aside* わきへ寄る / ~ *forward* [*back*] 前進する[後退する]. ❷ **a** [副詞(句)を伴って] (近い距離を)歩く, 進む, 行く: ~ *into* a room 部屋の中に入る / ~ *across* a stream 小川を渡す / ~ *down* (車などから)降りる / ~ *up* 上がる, 登る / ~ *up to* a person 人に歩み寄る / Please ~ this way. どうぞこちらへ / He stepped onto the sidewalk from the bus. 彼はバスから歩道に降り立った. **b** [様態の副詞を伴って] (特殊な)歩き方をする: ~ high 〈馬が足を高く上げる, だくを踏む〉 / ~ lively 急ぐ; [命令法で]急げ! ❸ [...を]踏む: The man standing

1771　　　　　　　　　　　**step-up**

next to me stepped *on* my foot. 私の隣に立っている男が私の足を踏んだ / He stepped *on* the accelerator. 彼はアクセルを踏んだ. ❹ 〖口〗急ぐ 〈*along*〉. ―― 他 ❶ 〖米〗[副詞(句)を伴って] 〈足を〉(...に)踏み入れる: I've never stepped foot *into* that shop. あの店に足を踏み入れたことがない. ❷ 〈...を〉歩測する 〈*off*, *out*〉. ❸ 〈ダンスの〉ステップを踏む: ~ a minuet メヌエットを踊る / ~ a measure ダンスをする.

stép asíde (自+副) (1) わきへ寄る (⇒ 自 1). (2) (選挙などで他人に譲るために)身を引く, 引退する (stand down).

stép dówn (自+副) (1) (車などから)降りる (⇒ 自 2 a). (2) =STEP aside (2).

stép fórward (自+副) (証人が)進み出る, 出頭する.

stép ín (自+副) (1) 立ち寄る, 入る; [命令法で]お入り! (2) (他人の話・行為などに)割り込む, 介入する, 参加する (set in): She stepped *in* with some good advice. 彼女は話に入り込んできて適切な助言をしてくれた.

stép it 踊る.

stép on it 〖口〗(1) (自動車の)アクセルを踏む. (2) スピードを出す. ❸ 急ぐ (hurry up).

stép on the gás ⇒ gas² 名 成句.

stép óut (自+副) (1) 〖米〗(ちょっと)家[部屋]を出る, 外出する. (2) 〖古〗歩調を速める: (もっと)急ぐ: Let's ~ *out*. (もっと)急ごう. (3) [通例進行形で] 〖口〗遊びに出かける, 愉快にする. ❹ 〈...を〉歩測する (⇒ 他 2).

stép óut of líne (1) 他人と違った行動をする. (2) 予想外の行動をする.

stép óut on 〖米口〗〈妻・夫〉に不貞を働く, ...を裏切って浮気をする.

stép outsíde (けんかの決着をつけるために)外に出る.

stép úp (自+副) (1) 上がる, 登る (⇒ 自 2 a). ―― (他+副) (2) 〈速力などを〉増す; 〈電圧を〉上げる. (3) 〈仕事・生産などを〉促進する, 向上させる: Production must be stepped *up*. 増産を図らなければならない.

〖OE=高い〗

step- /stép/ [連結形]「再婚により生じた親子[兄弟姉妹]の関係で直接血縁のない...」「まま...」「義理の...」「継(けい)...」.

stép aeróbics 名 U ステップエアロビクス (踏台の昇り降りを組み込んだエアロビクス).

stép·bròther 名 まま兄弟 (まま父[母]の前配偶者との間の男子; cf. half brother).

step-by-stép 形 段階的な.

stép·child 名 (複 **-children**) まま子, 継子.

stép·dàughter 名 まま娘.

stép-dówn 形 ❶ 漸(ぜん)減する. ❷ 電圧を下げる: a ~ transformer 降圧変圧器.

⁺**stép·fàther** 名 まま父, 継父.

Ste·phen /stí:vən/ 名 ❶ スティーブン (男性名; 愛称 Steve). ❷ [Saint ~] 聖ステパノ (原始キリスト教会最初の殉教者で, 使徒を補佐するための7人の一人; 祝日12月26日; 聖書『使徒行伝』から).

Ste·phen·son /stí:vənsən/, **George** 名 スティーブンソン (1781–1848; 英国の技師; 蒸気機関車の発明者).

stép-ín A (衣服・靴などを突っ込んで着る[履く], ステップインの. (名 ステップインの衣類[靴].

stép·làdder 名 脚立(きゃたつ), 踏み台.

⁺**stép·mòther** 名 まま母, 継母.

stép·pàrent 名 まま親 (継父・継母).

steppe /stép/ 名 C,U [通例複数形で] ステップ (降雨が少なく樹木のない大草原); [the steppes] (特にシベリア・アジアの)大草原(地帯). 〖Russ〗

stepped /stépt/ 形 段のある, 階段...; 段階的な.

stépped-úp 形 増加した, 増大する[した][増強した.

⁺**stép·ping stòne** 名 ❶ 踏み石, 飛び石. ❷ [昇進などの]手段, 方法, 足掛かり 〈*to*〉.

stép·sìster 名 まま姉妹 (まま父[母]の前配偶者との間の女子; cf. half sister).

stép·sòn 名 まま息子.

stép-úp 形 ❶ 漸(ぜん)増する, 増大する. ❷ 電圧を上げる:

a ~ transformer 昇圧変圧器.
stép·wise 副 1 歩[1 段]ずつ; 階段風に.
-ster /stə | stə/ 腰尾 [名詞語尾] ❶「する人, 作る人, …な人」を rhyme*ster*; young*ster*. ❷ [その他特別な意味を表わす]: gang*ster*, road*ster*, team*ster*.
ste·ra·di·an /stəréɪdiən/ 名 [数] ステラジアン (立体角の大きさの単位; 略 sr).
stere /stíə | stíə/ 名 ステール《メートル法の体積の単位: = $1 m^3$》.
*__ster·e·o__ /stériòu, stí(ə)r-/ (複 ~s) ❶ C ステレオ(装置). ❷ U ステレオ[立体]音響: record music in ~ ステレオで音楽を録音する. ━━ 形 ステレオの, 立体音響の. 《stereophonic》
ster·e·o- /stériou, stí(ə)r-/ [連結形]「固い」「実体的な, 実[立]体鏡の」. 《Gk stereos 固い》
ster·e·o·bate /stériəbèɪt/ 名 [建] 土台; ステレオベート (古典建築でスタイロベート (stylobate) を含む台座; その上に円柱が立つ).
stèreo·chémistry 名 U 立体化学 (原子(団)の空間的配置およびその化学物質の性質との関係を研究する). **stèreo·chémical** 形
stéreo·gràm 名 ❶ (物体の実体的印象を写し出すようにした)実体図表, 実体画. ❷ 《英》ステレオ装置.
ster·e·o·graph /stériəgræf | -grà:f/ 名 (特に立体鏡 (stereoscope) に用いる)立体写真, 立体写真.
ster·e·og·ra·phy /stèriágrəfi | -óg-/ 名 U 実体[立体]画法(立体幾何学の一分野); 立体写真術. **ster·e·o·graph·ic** /stèriəgréfɪk~/ 形
stèreo·ísomer 名 [化] 立体異性体. **stèreo·isoméric** 形 立体異性の. **-isomerism** 名 U 立体異性.
ster·e·o·phon·ic /stèriəfánɪk | -fɔ́n-~/ 形 ステレオの, 立体音響(効果)の (cf. monaural, monophonic 1, binaural 2): a ~ broadcast ステレオ[立体]放送.
ster·e·oph·o·ny /stèriáfəni, stì(ə)r- | -ɔ́f-/ 名 U 立体音響(効果).
ster·e·op·sis /stèriápsɪs | -ɔ́p-/ 名 U [生理] 立体視 (距離のわかる二眼視).
ster·e·op·ti·con /stèriáptɪkən | -ɔ́p-/ 名 (溶暗装置のある)実体[立体]幻灯機.
ster·e·o·scope /stériəskòup/ 名 実体[立体写真]鏡, ステレオスコープ. **ster·e·o·scop·ic** /stèriəskápɪk | -skɔ́p-~/ 形
ster·e·os·co·py /stèriáskəpi | -ɔ́s-/ 名 U 実体鏡学, 立体知覚. **-pist** 名
stèreo·spécific 形 [化] 立体特異性の: ~ rubber ステレオゴム. **-ically** 副 **-specificity** 名 U 立体特異性.
stéreo sýstem 名 =stereo 1.
stèreo·táctic /-téktɪk/ 形 =stereotaxic.
stèreo·táx·ic /-téksɪk/ 形 [医] 定位的の(脳深部の特定な部位に電極などを三次元座標に従って挿入する技術・装置についての). **-i·cal·ly** 副
stèreo·táxis 名 [医] 定位固定 (技術・処置).
*__stèr·e·o·type__ /stériətàɪp/ 名 ❶ (新鮮さ・独創性を欠いた)定型, 典型, 紋切り型(決まり文句); 固定観念. ❷ ステロ(版), ステロタイプ, 鉛版. ━━ 動 (複合自身) ⟨…を⟩定型[類型]化する, 型にはめる (★ 通例受身): Mathematics is often ~*d as* masculine. 数学には男性がすることと紋切り型に考えられることがしばしばある. ❷ ⟨…を⟩ステロ版にして印刷する.
stér·e·o·typed 形 ❶ 型にはまった, 類型的な, 陳腐な, 紋切り型の. ❷ ステロ版の.
ster·e·o·typ·ic /stèriətípɪk~/, **-i·cal** /-k(ə)l/ 形 ❶ 紋切り型の, 陳腐な. ❷ ステロ版の; ステロ印刷[製造]の.
ster·e·o·typ·y /stériətàɪpi/ 名 ❶ ステロ印刷法, ステロ製造法. ❷ [医] 常同症.
ster·ic /stérɪk/ 形 [化] (分子中の)原子の空間的[立体的]配置に関する, 立体の. **-i·cal·ly** /-ɪk(ə)li/ 副
ster·il·ant /stérələnt/ 名 殺菌[殺害]剤, 消毒薬.
*__ster·ile__ /stérəl | -raɪl/ 形 (more ~; most ~) ❶ (比較なし) 不妊の. ❷ 殺菌した, 消毒した. ❸ ⟨議論など⟩実りのない, 無意味な. ❹ ⟨文体・思想など⟩独創性の乏しい, 想像

力のない; 無味乾燥な, おもしろくない. ❺ ⟨土地が⟩不毛の, やせた (infertile; ↔ fertile). **~·ly** 副 [L]
ste·ril·i·ty /stəríləti/ 名 U ❶ 不妊(症). ❷ 無菌(状態). ❸ (議論などの)実りのないこと, 無意味. ❹ [通例複数形で] (文体・思想の)貧弱, 無味乾燥. ❺ (土地の)不毛.
ster·il·i·za·tion /stèrələzéɪʃən | -laɪz-/ 名 ❶ U.C 不妊にすること, 断種(手術). ❷ U 殺菌, 滅菌, 消毒. ❸ U 土地を不毛にすること.
ster·i·lize /stérəlàɪz/ 動 他 ❶ 不妊にする, 断種する. ❷ 殺菌[滅菌, 消毒]する. ❸ ⟨土地を⟩不毛にする.
stér·i·lìzed 形 ❶ 殺菌した, 消毒した: ~ milk 滅菌牛乳. ❷ 断種した.
stér·i·lìz·er 名 ❶ 殺菌[滅菌]機, 消毒器. ❷ 殺菌するもの; 消毒者.
ster·let /stə́:lət | stə́:-/ 名 [魚] カワリチョウザメ (カスピ海とその付近の川の産で美味; この卵で作った caviar は最高級品).
*__ster·ling__ /stə́:lɪŋ | stə́:-/ 名 U ❶ 英貨: payable in ~ 英貨で支払うべき. ❷ =sterling silver. ━━ 形 ❶ ⟨金・銀⟩が法定の純分を含む; 英貨の, 英貨による (stg と略し, 形式的に通例金額のあとに付記する: 例えば £500 stg): five pounds ~ 英貨 5 ポンド / the ~ area [bloc] スターリング(ポンド (通用))圏. ❷ 真正の, 純粋の; りっぱな: a ~ fellow 掛け値のない(信頼できる)男 / ~ worth 真価. 《?OE=小さな星 (cf. star, -ling); 昔の銀貨には小さな星が刻印されたものもあった》
stérling sílver 名 U スターリングシルバー, シルバー 925 (銀含有率が 92.5% 以上の銀合金).
*__stern__[1] /stə́:n | stə́:n/ 形 (**~·er;** **~·est**) ❶ 厳格な, 厳しい断固たる: a ~ teacher 厳格な先生 / issue a ~ warning 厳重な[断固とした]警告を発する / take ~ measures 断固とした処置をとる. ❷ ⟨外観・顔つきなど⟩人を寄せつけない, 恐ろしい; 険しい: a ~ face 険しい表情, 厳格な顔. ❸ ⟨事情・境遇など⟩苦しい, 容赦のない, 仮借ない: (a) ~ necessity のっぴきならない必要 / (a) ~ reality 厳然たる現実 / face one's [the] ~*est* test (それまでに)最も厳しい試練に直面する. **be máde of stérner stúff** (人よりも)強い[断固とした]性格[意志]をもっている. **~·ly** 副 厳格に, 厳しく, 断固として. **~·ness** 名 《OE; 原義は「固い」》【類義語】⇒ strict.
stern[2] /stə́:n | stə́:n/ 名 ❶ [海] 船尾, とも (↔ bow, stem): down by the ~ 船尾が下がって. ❷ (ものの)後部.
Stérn áll!=**Stérn hárd!** [海] あとへ! **stérn fóremost** [海] 船尾を前にして, 後退して. **stérn ón** [海] 船尾を向けて.
Stern /stə́:n | stə́:n/, **Isaac** 名 スターン (1920-2001; ロシア生まれの米国のバイオリン奏者).
ster·na /stə́:nə | stə́:-/ 名 sternum の複数形.
ster·nal /stə́:n(ə)l | stə́:-/ 形 [解] 胸骨 (sternum) の.
stérnal ríb 名 胸骨肋骨 (true rib).
Sterne /stə́:n | stə́:n/, **Laurence** 名 スターン (1713-68; 英国の小説家).
stérn·mòst 形 ❶ [海] 船尾にいちばん近い. ❷ 最後の, しんがりの.
ster·no·clei·do·mas·toid /stə̀:nouklàɪdəmés-tɔɪd | stə̀:-/ 形 [解] 胸骨鎖骨乳様突起の, 胸鎖乳突の.
stérn·pòst 名 [海] 船尾材.
stérn shèets 名 (複) (ボートなど無甲板船の)船尾床板, 艇尾座 (↔ foresheets).
ster·num /stə́:nəm | stə́:-/ 名 (複 **~s, -na** /-nə/) [解] 胸骨. 《L<Gk》
ster·nu·ta·tion /stə̀:njutéɪʃən | stə̀:-/ 名 U [医] くしゃみ.
ster·nu·ta·tor /stə́:njutèɪtə | stə́:njutèɪtə/ 名 くしゃみ誘発薬.
ster·nu·ta·to·ry /stən(j)ú:tətɔ̀:ri | stəːnjú:tətəri, -tri/ [医] 形 くしゃみ誘発性の; くしゃみ性の. ━━ 名 = sternutator.
stérn·ward 形 副 船尾の[へ], 後部の[に].
stérn·wards 副 =sternward.
stérn·wày 名 U [海] (船の)後進.

stérn-whéeler 名《海》船尾外輪船.

ster·oid /stéroid, stí(ə)r-/ 名 ステロイド《男[女]性ホルモン・ステロールなど脂肪溶解性化合物の総称》. ― 形 ステロイドの.

ster·ol /stéroːl | -rol/ 名《生化》ステロール, ステリン《生物体から得られるアルコール性の固体状の類脂質》.

ster·to·rous /stə́ːtərəs | stɑ́ː-/ 形 ❶ いびきをかく. ❷ ゼーゼーした息づかいの. ― **ly** 副

stet /stét/ 動 (**stet·ted**; **stet·ting**) 〖印〗 〈命令法で〉生かす, イキ《校正刷り・原稿などで消した個所をもとに戻すための指示; 略 st.; cf. dele》. ― 他 〈消した個所に〉イキと記す《消した個所の》.

steth·o·scope /stéθəskòup/ 名 聴診器. **steth·o·scop·ic** /stèθəskάpɪk | -skɔ́p-/, **-i·cal·ly** /-kəli/ 形 《F＜Gk *stēthos* 胸＋-SCOPE》

Stet·son /stéts(ə)n/ 名 〖また s-〗 ステットソン帽《カウボーイがかぶるような広いつば高い山高フェルト帽; 米国では商標》.

Steve /stíːv/ 名 スティーブ《男性名; Stephen, Steven の愛称》.

ste·ve·dore /stíːvədɔ̀ː | -dɔ̀ː/ 名 港湾労働者.

Ste·ven /stíːv(ə)n/ 名 スティーブン《男性名; 愛称 Steve》.

Sté·ven·gràph /stíːv(ə)n-/ 名 スティーブングラフ《19世紀に制作された絹地に織り込んだカラフルな絵》. 【Thomas *Stevens* 英国の織り師】

Ste·vens /stíːv(ə)nz/, **Wallace** 名 スティーブンズ (1879-1955; 米国の詩人).

Ste·ven·son /stíːv(ə)ns(ə)n/, **Ad·lai E(w·ing)** /ǽdleɪdʒuːɪn/ 名 スティーブンソン (1900-65; 米国の政治家).

Stevenson, Robert Louis /lúːɪs/ 名 スティーブンソン (1850-94; スコットランド生まれの英国の小説家・詩人; 略 R.L.S.).

†**stew**[1] /st(j)úː | stjúː/ 名 ❶ 〖U C〗 シチュー《料理》: a beef ~ ビーフシチュー / (an) Irish ~ アイリッシュシチュー《羊肉・ジャガイモ・タマネギで作る》. ❷ 〖a ~〗《口》気をもむこと, 心配, いらいら: He was in *a* ~.＝He got into *a* ~. 彼はいらいらしていた《きた》. ❸ 〖a ~〗《俗・人・ものの》ごたまぜ（の山). ❹ 《古》蒸し汁ろ. ❺ 《古》売春宿. ― 動 他〈肉・果物などを〉とろ火で煮る, シチューにする. ― 自 ❶ とろ火で煮える. ❷ 《口》〈蒸し暑さに〉うだる. ❸ 《口》〈…に〉気をもむ《*about*, *over*》. ❹ 《英口》猛勉強する. **stéw in one's ówn júice** ⇒ **juice** 成句. 〖類義語〗⇒ **cook**.

stew[2] /st(j)úː | stjúː/ 名 カキ養殖所; (英) 生簀（ふ・）.

stew[3] /st(j)úː | stjúː/ 名 《米口》＝steward, stewardess.

***stew·ard** /st(j)úːəd | stjúː·əd/ 名 ❶ (旅客機・客船などの)客室乗務員. ❷ (クラブ・大学の)用度係. ❸ (展覧会・舞踏会・競馬などの)世話役, 幹事. ❹ 執事, 家令. ― 動 他 steward を務める.

stew·ard·ess /st(j)úːədəs | stjùːədés, stjúːədəs/ 名 (旅客機・客船などの)女性客室乗務員, スチュワーデス.

stéward·ship 名 〖U〗 steward の職〖地位〗.

stewed 形 ❶ 《英》〈茶が〉出すぎて濃い〖苦く〗なった: The tea is ~. 茶が出すぎた. ❷ とろ火で煮た. ❸ 〖P〗《口》酔って: get ~ 酔っぱらう.

stéw·pàn 名 シチューなべ〖パン〗.

stéw·pòt 名 (取っ手の2つある深い)シチュー鍋.

stg (略) sterling.

St. George's Channel, St. George's cross, St. He·le·na ⇒ Saint George's Channel, Saint George's cross, Saint Helena のつづり位置.

St. Helens ⇒ Saint Helens のつづり位置.

sthen·ic /sθénɪk/ 形 〖医〗〈心臓・動脈など〉病的に活発な, 昂進性の.

stib·nite /stíbnaɪt/ 名 〖U〗 〖鉱〗輝安鉱《アンチモンの重要鉱石》.

stich·o·myth·i·a /stɪkəmíθiə/ 名 〖U〗 隔行対話《1行おきに書いた対話; 古代ギリシア劇に用いられた一形式》.

*__stick__[1] /stík/ 名 ❶ 〖C〗 **a** (細長い)棒きれ, 棒; 枝木《＞ bar》〖圧縮〗: ~ *s* for the fire たき火用の木の枝. **b** 《英》ステッキ, つえ: walk with a ~. つえをついて歩く. **c** 細長い木, さお, 軸; (ほうきの)柄; ⇒ broomstick, matchstick. ❷ 〖C〗 棒状のもの: **a** (チョコレート・口紅・セロリの茎などの)

1773 **stick**

棒; 1本: ~ lipstick / a ~ *of* candy キャンディー棒 / seven ~*s of* chewing gum チューインガム 7 枚. **b** (バイオリンの)弓 (bow). **c** (ドラムなどの)ばち. **d** 指揮棒. **e** 〖印〗植字架, ステッキ. **f** (ホッケーなどの)スティック. **g** (玉突きの)キュー. **h** (ゴルフの)クラブ. **i** (スキーの)ストック. **j** (飛行機の)操縦桿（\"）. **k** 《米口》〈車〉変速レバー. ❸ 〖U〗 むち打ち, 折檻; 罰; 〖英〗非難: give a person ~ 人を折檻する, 罰する; 人を非難する / get [take] ~ 罰を受ける; 非難される. ❹ 〖C〗〈家具の〉1 点: a few ~*s of* furniture わずかの家具. ❺ 〖the ~ s〗 (口) 僻地(^²), いなか. ❻ 〖C〗 〖修飾語を伴って〗(古風)人; (特に)つまらない人: a dull [dry] ~ 退屈な人, のろま. **stick to béat a person with** 人を非難する材料. 〖OE＝突き刺すもの; ↓〗

*__stick__[2] /stík/ 動 (**stuck** /stʌ́k/) ― 他 ❶ **a** 〈とがったものを〉〈…に〉刺す, 突く, 突き刺す, 突き通す: ~ a fork *into* a potato フォークをジャガイモに突き刺す / ~ a knife *in* a person's back 人の背中にナイフを突き刺す / a pin *through* a piece of cloth 布にピンを刺す. **b** 〈…を〉〈とがったものに〉刺し止める: ~ insect specimens *to* a board 板に昆虫標本をピンで止める / ~ pieces of meat *on* a skewer 肉片を串に刺す.

❷ 〖副詞(句)を伴って〗 **a** 〈…を〉〈…に〉差し込む, 突っ込む: ~ a flower *in* a buttonhole ボタン穴に花を差す / ~ a pipe *between* one's teeth パイプをくわえる / ~ a few commas *in* コンマを二つ三つ入れる / I stuck my hands *into* my trouser pockets. ズボンのポケットに両手を突っ込んだ. **b** 〈…を〉突き出す: He *stuck* his tongue *out* at me. 彼は私に舌を出した / She *stuck* her head *up* and laughed. 彼女はぱんと顔を上げて笑った / It's dangerous to ~ your head *out of* the car window. 車の窓から顔を出すのは危ない. **c** 《口》〈ものを〉〈ある場所に〉ぽんと[無造作に]突っ込む, 入れ込む: ~ papers *in* a drawer 書類を引き出しにしまう / S- it *back under* the bed when you've finished. 終わったらそれをベッドの下に戻しておきなさい.

❸ 〖副詞(句)を伴って〗〈…を〉はり付ける; はる, くっつける: labels *on* ラベルをはる / ~ a poster *up* ポスターをはり出す / He *stuck* the broken pieces *together*. 彼は壊れた破片をくっつけ合わせた / ~ a stamp *on* a letter 手紙に切手をはる / ~ clippings *in* a scrapbook スクラップブックに切り抜きをはる.

❹ 〖通例副詞(句)を伴って〗〈…を〉〈…に〉はまり込ませる, 行き詰まらせる; 動けなくする (⇒ stuck 形 1 a, c).

❺ 《口》〈人を〉当惑させる, 閉口させる (★ 通例受身で): When I asked him that question, he *was stuck* (for an answer). その質問をしたら彼は答えに窮した.

❻ 〖否定・疑問文で〗〖英〗〈…を〉我慢する: I can't ~ that bloke. あいつには我慢できない / (〖+目+*doing*〗) I cannot ~ people watching me while I work. 働いている間人々が私を監視しているのは我慢できない.

❼ 〈人に〉〈やっかいな人・ものを〉押しつける 《*with*》 (⇒ stuck 形 2).

❽ 〈人を〉〈…に〉夢中にさせる, ほれさせる 《*on*》 (⇒ STUCK on 成句).

― 自 ❶ 〈…に〉刺さ(っている): The arrow *stuck in* the tree. 矢が木に突き刺さった.

❷ **a** 〈…に〉粘着する; そばを離れない: Mud has *stuck to* my shoes. 泥が靴にくっついた / The pages have *stuck together*. ページがくっついている / Whatever may happen, we must ~ *together*. どんなことが起ころうとも離れてはならない (cf. STICK[2] together 成句). **b** 〈考え・言葉などが〉〈頭に〉こびりついて離れない: a fact that ~*s in* the memory 頭にこびりついて忘れられない事実.

❸ **a** 〈…に〉固執する, 〈…を〉守る; 〈…に〉忠実である: ⇒ STICK[2] by [to, with] 成句. **b** 〈仕事などを〉着実にやる, こつこつやる: ⇒ STICK[2] at 成句.

❹ 〈…の中に〉止まって動かない; はまり込む: The gears have *stuck*. ギヤが動かなくなった / The car *stuck in* the mud. 自動車が泥の中にはまり込んだ.

❺ 〈あだ名などが〉定着する,一般的になる.
❻ [副詞(句)を伴って] 突き出る: His hair ~s up. 彼の髪の毛は立っている / How his stomach ~s out! 彼のおなかはずいぶん突き出ているね / A comb stuck out of his pocket. くしが彼のポケットから突き出ていた.

máke...stíck (1) 〈...を〉有効にする, 恒久化する. (2) 〈告発などを〉立証する.
stick aróund (自+副)(口) (1) 近く[そば]にいる; あたりで待っている. (2) 関係・関心を続ける.
stick at... (口) 〈仕事などを〉辛抱強く続ける: You will certainly succeed if you ~ at your work. 仕事をこつこつやっていれば必ず成功する.
stick at it (口) 我慢する, がんばる.
stick at nóthing 何事にもためらわない[左右されない]; 平気である.
stick bý... (1) 〈人に〉忠実である, 〈人を〉支え続ける: ~ by one's friends 友人に忠実である. (2) ＝STICK² to 〈成句〉(1).
stick dówn (他+副)(1) (口) 〈...を〉書きつける. (2) 〈...を〉はり付ける: He stuck down (the flap of) the envelope. 彼は封筒(のふた)をはり返ししをした.
Stíck 'em úp! (口) 手を上げろ!
stick it ón (英俗) (1) 法外な値をつける. (2) 大げさな話をする, ほらを吹く.
stick it óut (口) 最後までがんばる.
Stíck it thére! 握手してください.
stick it to... (米)(口) ...を苛酷[不当]に扱う.
stick...on a pérson ...を人のせいにする.
stick óut (自+副)(1) 突き出る (⇒ 自 6). (2) 目立つ, 明瞭である. (3) (他+副) 〈...を〉突き出す (⇒ 他 2 b). (4) (口) 〈長い旅などを〉終わりまで我慢する; 最後までがんばり抜く.
stick óut a míle (口) いやに目立つ.
stick óut for... 〈賃上げなどを〉あくまで要求する.
stick to... (1) 〈約束・決定などを〉守る; 〈...を〉変えることなく続ける; 〈...に〉固執する; 〈...を〉離さないと言い続ける: ~ to the agreement [the rules] 約束を守る[きまりに従う]. (2) 〈...に〉限定する, 制限する, 限る; 〈本論などから〉離れない: Our discussion stuck to one topic. 我々の議論は一つの論題について行なわれた.
stick togéther 助け合う, 結束する.
stick to it がんばる, あくまでもやり通す.
stick úp (自+副)(1) 突き出る (⇒ 自 6). (2) (他+副) 〈...を〉突き出す (⇒ 他 2 b). (3) (俗) 〈列車・銀行などを〉凶器で脅して襲う.
stick úp for... 〈人・ものを〉支持する, 弁護する (defend).
stick wíth... (口) (1) (安全のためなどに) 〈人から〉離れないでいる. (2) 〈人に〉忠実である, 〈人を〉支え続ける. (3) 〈...を〉辛抱強く[変えずに]続ける[守る], 守り通す. (4) 〈人の〉記憶から消えない, 頭を離れない.

— 图 ❶ ⓒ ひと突き. ❷ ⓤ (口) 粘着力[性]; のり. ❸ ⓒ 行き詰まり.
[OE=突き刺す] (形 sticky) 【類義語】 stick のりなどである物を他の物にくっつける, しっかりとめる, またはある考えなどから離れない. 最も一般的な語. adhere しっかりと付く[付ける]; 人の場合には教の指導者・主義・考えなどに自分から進んで忠実に従う. cohere 一体となるほど非常に密接にくっつく. cling 他のものに抱きついているからみついたりする.

stick·a·bil·i·ty /stìkəbíləṭi/ 图 ⓤ 忍耐力, 我慢強さ.
stíck·báll 图 ⓤ (米) スティックボール 《ボールとほうきの柄を使ってする野球》.
⁺**stíck·er** 图 ❶ のり付きレッテル[ラベル], ステッカー. ❷ a 刺す人. b 突き具. ❸ 粘り強い人, 執拗(レ⑨)な人, がんばり屋. ❹ 困らせるもの, 難問. ❺ (口) いばら, とげ.
sticker príce 图 値札表示価格 《自動車などの, 通例 割引の対象とされるメーカー希望小売価格》.
stícker shóck 图 (米)(口) 値札ショック, (特に車などの)高額の値札表示価格を見て驚愕する.
stíck fígure 图 (人や動物を, 頭は丸, 体と手足は線で描いた)棒線画.

stícking plàster 图 ⓒⓤ ばんそうこう.
⁺**stícking pòint** 图 行き詰まり, 難局, 難題.
stíck ìnsect 图 [昆] ナナフシ.
stick-in-the-múd 图 (口) 新しいことを嫌う人, 時代遅れの人.
stick·le /stíkl/ 動 ❶ (つまらないことを)しつこく言う. ❷ 異議を唱える, ためらう [at, about].
stíckle·báck 图 [魚] トゲウオ.
stick·ler /stíklɚ | -klə/ 图 ❶ [...に]うるさい人: a ~ for good manners 行儀作法にうるさい人. ❷ (米口) 難問, 難題.
stíck màn 图 ＝stick figure.
stick-òn 图 Ⓐ (裏に接着剤付きで)ぺたっとはりつく.
stíck·pìn 图 (米) ネクタイピン.
stíck shìft 图 (米) (自動車の)手動変速機.
stick-to-it·ive /stìktúːɪṭɪv/ 圏 (米口) 根気強い, 粘り強い. ~·**ness** 图
stick·um /stíkəm/ 图 ⓤ (口) 粘着物, 接着剤.
stíck·ùp 图 (口) ピストル強盗(行為).
⁺**stick·y** /stíki/ 圏 (stick·i·er; -i·est) ❶ a ねばねばする, べとつく, 粘着する; ねばねばに付く, ねばねばで汚れた: a ~ candy べとつくあめ玉. b 〈道路などが〉どろどろの. c 〈価格・利率などが〉変動しにくい, 動きが鈍い. ❷ (口) 〈天候などが〉蒸し暑い; 〈人が〉蒸し暑さを感じて: a ~ day むしむしする日. ❸ (口) 難しい, やりにくい, 困った: a ~ problem やっかいな問題 / come to [meet] a ~ end 困った結末になる. ❹ 〔電算俗〕 〈ウェブサイトが〉はまりやすい, 長居したくなる.
háve a stícky fínger (口) 盗癖のある, 手ぐせの悪い. **stíck·i·ly** /-kɪli/ 副 **-i·ness** 图
stícky-fíngered 圏 (米口) 盗癖のある, 手癖の悪い.
stícky fíngers 图 覆 (米口) 盗癖.
stícky nòte 图 スティッキーノート 《繰り返し貼りなおしできる粘着メモ用紙[付せん]》.
stic·tion /stíkʃən/ 图 ⓤ [工] (特に可動部品間の)静止摩擦 (static friction).
⁺**stiff** /stíf/ 圏 (~·er; ~·est) ❶ a 〈曲がらなくて〉硬い, 硬直した: a ~ collar 硬いカラー / ~ paper 硬い紙 / ~ sheets ごわごわのシーツ / stand straight and ~ 直立不動の姿勢で立つ. b 〈筋肉・関節などの凝った, (動かすと)痛い: I have a ~ shoulder [~ shoulders]. 肩が凝っている. c 〈機械・扉などが〉なめらかに動かない: a ~ hinge 固いちょうつがい. d 死後硬直した: lie ~ in death 死んで硬直している. e 〈綱など〉張り切った, ぴんと張った. ❷ a 〈動作・態度などが〉堅苦しい, ぎこちない: make a ~ bow 堅苦しいおじぎをする. b 〈文体などが〉不自然な, 堅苦しい: a ~ style of writing 堅苦しい文体. ❸ a 難しい, つらい; 骨の折れる, 手ごわい; 厳しい: a ~ exam 難しい試験 / That book is ~ reading. あの本は読むのに骨が折れる / a ~ sentence 厳しい判決. b 断固とした, 不屈の, 猛烈な: offer ~ resistance 頑強な抵抗をする. ❹ 固練りの, 粘りのある: ~ dough 固い練り粉 / ~ clay 固い粘土. ❺ a 〈風・流れなど〉激しい: a ~ wind 強い風. Ⓐ 〈酒などアルコール分の多い, 強い: a ~ drink 強い酒. ❻ (口) a 〈物価などが〉高い, 法外な: a ~ price [fine] べらぼうな値段[罰金]. b Ｐ とんでもなく, ひどくて: It's a bit ~. 少しどぎすぎる. ❼ Ｐ (口) 〔...が〕いっぱいで, 〔...で〕動きがとれなくて [with]. **kéep** [**cárry, hàve**] **a stìff úpper líp** (口) 耐え忍ぶ, 気丈にふるまう. — 副 (~·er; ~·est) 途方もなく, ひどく 《★ 圏 とも解される》: I was bored [scared] ~. ひどく退屈した[おびえた]. — 图 (口) ❶ Ⓒ 死体. ❷ (主に米) やつ, 男. ❸ 不器用者; やつ. ❹ (米) 酔っぱらい. ❺ (米) チップをけちる人, しみったれ. — 他 (米俗) 〈人に〉チップを[金を]やらない. -·**ly** 副 -·**ness** 图 【類義語】 stiff 堅くて容易には曲がったり伸びたりしない; 人の場合には, 堅苦しくて形式ばったまたは自分の意志を曲げない. **rigid, inflexible** 自分の形や位置を, 無理に曲げると変形する; 人の場合には, 意志[気持]が変わらない, 厳格な.
stíff-árm 動 他 ＝straight-arm.
⁺**stíff·en** /stífən/ 動 ❶ 〈...を〉かたくする, こわばらせる, 硬直する 《up》: ~ sheets with starch シーツをのりで硬くする. ❷ 〈態度などを〉硬化させる; 堅苦しくする: ~ one's resolve 決意を固める. ❸ 〈のりなどを〉固練りにする, どろど

ろにする: ~ paste のりを固練りにする。 ― 自 ❶ かたくなる, こわばる ⟨up⟩. ❷ 強情[がんこ]になる; 堅苦しくなる, よそよそしくなる: I noticed him ~ when I mentioned money. お金のことにふれたら彼がよそよそしくなったのに気づいた。 ❸ ⟨のりなどが⟩固まる, 濃くなる: Canvas ~s as it dries. 画布は乾くと硬くなる。【STIFF+-EN³】

stiff·en·er 名 ❶ かたくするもの[人], 固まらせるもの[人]. ❷ (襟・帯・表紙などの)芯(し).

stiff-nécked 形 ❶ がんこな. ❷ 首がこわばった.

stiff-tail 名 [鳥] アカオタテガモ (ruddy duck).

stiff·y /stífi/ 名 [卑] 勃起.

†**sti·fle**¹ /stáɪfl/ 動 ❶ ⟨…を⟩抑える, 妨げる (suppress): ~ a revolt 反乱を抑える / ~ a laugh [a yawn] 笑い[あくび]をかみころす。 ❷ ⟨人の⟩息を止める, ⟨人を⟩窒息させる; 息苦しくさせる: They were ~d by the heat. 彼らはその熱で息苦しくなった。 ― 自 息苦しい; 窒息する. 【類義語】stifle 新鮮な空気がないために息をできなくする. suffocate 酸素不足で息ができなくする。

sti·fle² /stáɪfl/ 名 (また **stifle jòint**) (馬・犬などの)後(こう)ひざ(関節).

stifle bòne 名 (馬の)膝蓋骨(しつがいこつ) (patella).

†**sti·fling** /stáɪflɪŋ/ 形 ⟨空気など⟩息詰まるような, むっとする, 重苦しい; 窮屈な: ~ heat 息の詰まるような暑さ。 **~·ly** 副

†**stig·ma** /stígmə/ 名 (覆 ~s, 3 では **stig·ma·ta** /stígmətə, stígmə-/) ❶ 汚名, 恥辱. ❷ [植] 柱頭. ❸ [the stigmata] [カト] 聖痕(せいこん)(え)(聖人の身体に現われた, 十字架上のキリストの傷と同一形状のもの). ❹ [医] 小(紫)斑, 紅斑. 【L<Gk=しるし】

stig·mat·ic /stɪɡmǽtɪk/ 形 不名誉な. ― 名 stigma.

stig·ma·tism /stígmətɪzm/ 名 [U] ❶ [カト] 聖痕発現. ❷ [医] 紅斑[出血性]のある状態. ❸ [医] 正視. ❹ [光] 無非点収差 (↔ astigmatism). **-tist** 名 [カト] 聖痕のある人.

stig·ma·tize /stígmətàɪz/ 動 ⟨人に×⟩…の汚名を着せる, ⟨×…と⟩非難する: They ~d him as a traitor. 彼に裏切り者の汚名を着せた。 **stig·ma·ti·za·tion** /stìɡmətɪzéɪʃən | -taɪz-/ 名

stilb /stɪlb/ 名 [物] スチルブ(輝度の単位: =1 cd/cm²).

stil·bene /stílbi:n/ 名 [U] [化] スチルベン(染料製造用).

stil·bes·trol, (英) **-boes-** /stɪlbéstrɔːl, stɪlbíːstrɔl/ 名 [U] [生化] スチルベストロール (合成発情ホルモン物質).

stile¹ /stáɪl/ 名 ❶ 踏み越し段 (牧場などを人などが越して家畜は通れないようにする). ❷ =turnstile. 【OE =登るもの】

stile² /stáɪl/ 名 [建] 縦がまち, 縦桟 (cf. rail¹).

sti·let·to /stɪlétou/ 名 (覆 ~s, ~es) ❶ (英) **a** = stiletto heel. **b** (通例複数形で) [口] スチレットヒールの靴. ❷ (先の細くとがった)小剣, 錐刀(すいとう). ❸ (裁縫用の)穴あけ, 目打ち.

stiléttо héel 名 スチレットヒール (spike heel) (婦人靴の高くて細い踵).

***still**¹ /stíl/ 副 (比較なし) ❶ **a** まだ, 今までどおり: He's ~ angry. 彼はまだ怒っている / They ~ do not know the truth. 彼らはまだ依然として真相を知らない / [比較] They haven't learned the truth yet. 彼らはまだ真相を知っていない) / Is he ~ here? 彼はまだここにいるのですか / [S-] Is he here yet? 彼はもうここに来ているのですか / I'm ~ waking up. まだ目が覚めきっていない。 **b** 今後も, これからもなお引き続き: Much work has ~ to be done. まだ今後も多くの作業を行なわなねばならない / The situation could ~ change in the next few years. 状況は今後まだこれから数年のうちに変わりうる。 ❷ それでもやはり, なお (nonetheless): I've practiced a lot, but I ~ miss the ball every time. 練習はかなりしたのだが, それでもいつもボールを打ち[捕り]そこなう。 ❸ [接続詞的に] それにもかかわらず: He has his faults. S-, I love him. 彼は欠点はあるが, それでも私は好きだ。 ❹ [比較級を強めて] なお(いっそう), もっと, なおさら (even): That's ~ *better*. そのほうがさらによい / That exercise was difficult, but this is ~ *more* difficult. あの練習問題は難しかったが, これはもっと難しい / ~ later なおあとになって。 ❺ [another, other を伴って] そのうえ, さらに: I've found ~ *another* mistake. さらにもう一つ間違いを見つけた。

stíll and áll [口] それにもかかわらず。

stíll léss [否定を受けて] いわんや, まして: He doesn't know, and ~ less do I. 彼が知らないのだから, ましてやぼくなどは知るはずがない。

stíll móre [肯定を受けて] まして, いわんや: Her appearance disturbed him. S~ *more* did her words. 彼女の様子は彼を動揺させたが, 彼女の言葉はなおさらだった。

― 形 (~·er; ~·est) ❶ **a** 静止した, じっとした: keep ~ じっとしている / sit ~ じっと座っている / stand ~ じっと立っている; 活動しない, 停滞している。 **b** ⟨水など⟩流れのない; 風のない, ないだ: The air was ~. 風は全然なかった / S- waters run deep. (諺) 静かな川は水が深い (解説) 「考えの深い人は物静か」の意に解するのが一般的だが,「静かさの中にぞすごみがひそむ」の悪い意味にも用いる)。 ❷ 静かな, しんとした, 物音のしない, 黙った: The night [audience] was very ~. 夜[聴衆]は非常に静かだった。 ❸ 穏やかな, やさしい; 静穏な, 平和な: a [the] ~ small voice 静かな細い声(神・良心の声; ★聖書「列王紀上」から)。 ❹ (主に英) ⟨ぶどう酒など⟩泡立たない (↔ sparkling). ❺ (映画に対して)スチール写真(用)の: a ~ picture スチール写真.

― 名 ❶ [the ~] 静けさ, 静寂: in the ~ of the night 夜のしじまに。 ❷ [C] (映画に対し)スチール (宣伝用に映画の一場面を写真にとったもの)。

― 動 他 ❶ **a** ⟨…を⟩静める, 落ち着かせる. **b** ⟨泣く子を⟩なだめる. **c** ⟨食欲・良心などを⟩やわらげる. ❷ ⟨音・動きなどを⟩止める, 黙らせる. ― 自 静かになる.

〖OE=立っている, 動かない〗【類義語】(1) still 前の動作や状態がその時なお続いている場合に用いる。yet 動作や状態がもう終わったか, まだ終わらないかをいう場合に用いる.
(2) ⇒ silent.

still² /stíl/ 名 蒸留器[所]. (D(DI)STILL)

still·age /stílɪʤ/ 名 (樽などを載せる)低い台, 物置台.

stíll·bìrth 名 ❶ [C|U] 死産. ❷ [C] 死産児.

stíll·bòrn 形 ❶ 死産の. ❷ ⟨計画など⟩(初めから)失敗の.

stíll hùnt 名 (米) (獲物・敵などに)忍び寄ること.

†**stíll lífe** 名 (覆 **still lifes** -láɪfs/) [C|U] 静物画(果物・花瓶などの無生物の絵画; そのジャンル).

stíll-lífe 形 静物(画)の.

stíll·ness 名 [U] 静けさ, 静寂; 沈黙; 静止.

stíll·ròom 名 (英) ❶ 蒸留室. ❷ (大邸宅の)食料貯蔵室.

Stíll·son wrènch /stílsən/- 名 [商標] スチルソンレンチ(ハンドルを押すとあごが締まるスパナ). 〖D. C. Stillson 考案者の米国人〗

still·y /stíli/ 形 副 (詩) 静かな[に].

stilt /stílt/ 名 (通例複数形で) ❶ (建造物の)支柱, 脚柱. ❷ 竹馬. **on stílts** (1) 竹馬に乗って: walk *on* ~s 竹馬に乗って歩く. (2) 大げさに, 誇張して.

stílt·ed 形 ❶ ⟨話・文体など⟩大げさな, 気どった; 形式ばった, 堅苦しい: a ~ style 大げさな文体. ❷ 竹馬に乗った. **~·ly** 副

Stil·ton /stílt(ə)n/ 名 [U|C] スティルトンチーズ (濃厚な上質チーズ). 〖このチーズを旅人に売っていたイングランド中東部の村名から〗

†**stim·u·lant** /stímjulənt/ 名 ❶ 興奮剤; アルコール性飲料, 酒. ❷ 刺激(物); 激励 ⟨to⟩. ― 形 ❶ 刺激性の, 興奮性の: a ~ drug 興奮剤. ❷ 刺激する. 〖↓〗

***stim·u·late** /stímjulèɪt/ 動 他 ❶ ⟨…を⟩刺激する; 活気づける, 激励する, 鼓舞する: ~ a person's interest [curiosity] 人の興味[好奇心]を刺激する / ~ the economy 経済を活気づける / [+目+*to* do] Warm weather ~s seeds to germinate. 暖かい気候は種子の発芽を活気づける。 ❷ ⟨器官などを⟩興奮させる, 刺激する. 〖L *stimulare, stimulat-* 突き棒で突く<STIMULUS〗 名 stimulation.

†**stim·u·la·tion** /stìmjuléɪʃən/ 名 [U|C] 刺激; 鼓舞, 激励. (動 stimulate)

stim·u·la·tive /stímjulèɪtɪv, -ləṭ-/ 形 刺激的な, 興奮させる; 鼓舞する.

*__stim·u·lus__ /stímjuləs/ 名 C (複 -li /-làɪ/) ❶ 刺激; 激励, 鼓舞: a ~ *to* growth [development] 成長[発達]への刺激 / under the ~ of... に刺激されて. ❷ 〈…する〉刺激; 激励. 【L=突き棒】

sti·my /stáɪmi/ 動 名 =stymie.

*__sting__ /stíŋ/ 動 (stung /stʌ́ŋ/) ❶ 〈昆虫・植物などが〉〈人・体の部分を〉刺す: She was *stung* by a bee. 彼女はハチに刺された / A bee *stung* her *on* the cheek. ハチが彼女のほおを刺した. ❷ a 〈…を〉ひりひりさせる, ずきずきさせる: The smoke began to ~ his eyes. その煙で彼の目はひりひりし始めた. b 〈人の〉心を痛める (hurt): I was *stung* by the insult. 侮辱されて感情を害した / My conscience *stung* me. 私は良心がとがめた. ❸ 〈…を〉刺激して[駆り立てて][…に]: Her words *stung* me *to* [*into*] action. 彼女の言葉に刺激されて私は行動を起こした. ❹ 《俗》a 〈人を〉欺く, 〈人から〉大金を要求する, ふっかける; 〈人からだまし取る〉 (★通例受身) / He *got stung* on the deal. 彼は取引でだまされた / He *got stung for* $100. 彼は100ドル巻き上げられた. b 《英》〈人から〉金を借りる. ── 名 ❶ 刺す; とげ[針]がある: Not all bees ~. ハチがみな刺すとは限らない. ❷ a 苦痛を与える: Insults ~. 侮辱は人の心を苦しめる. b ぴりっとした味[香り]がする: Ginger ~s. ショウガはぴりっとした味がする. ❸ ひりひりする[痛む]: Her slap made his cheek ~. 彼女に平手打ちをされて彼のほっぺたがひりひりした. ── 名 ❶ a 〈昆虫・植物の〉刺すこと. b 刺し傷. ❷ 〈昆虫の〉針; 〈植物の〉刺毛. ❸ a 刺傷; 刺すような痛み; 激痛: take the ~ out of ... から痛みを取り去る, 苦痛をやわらげる. b しららつき, 皮肉: the ~ of a person's tongue 毒舌. ❹ 《俗》 = 詐欺, 詐取, ぺてん. ❺ 《米》おとり捜査. **have a sting in the tail** 〈話・手紙などが〉(末尾に)皮肉を含んでいる, あと味が悪い.

sting·a·ree /stíŋəri/ 名 =stingray.

sting·er /stíŋɚ/ | -ŋə/ 名 ❶ 刺すもの: a 刺す動物[植物]. b 〈刺す動物の〉針, 〈植物の〉刺毛. ❷ 《口》 a 強く当てこすり, 皮肉. b 痛打, 痛撃. ❸ [S-] スティンガー(ミサイル) (携帯用肩撃ち地対空ミサイル).

stíng·ing /-ŋɪŋ/ 形 ❶ 針[とげ]をもつ, 刺す. ❷ 刺すように痛ませる, ずきずきする. ❸ 苦悩を与える, 苦しめる. c しんらつな. **~·ly** 副

stínging néttle 名 《植》イラクサ (葉の刺毛にさわると刺すような痛みを感ずる).

stin·go /stíŋgou/ 名 U.C 《英》スティンゴウ (強いビールの一種).

stíng·rày 名 《魚》アカエイ (尾に針がある).

stin·gy /stíndʒi/ 形 (**stin·gi·er**; **-gi·est**) ❶ けちくさい, しみったれた, みみっちい: a ~ person けちな人 / a ~ tip みみっちいチップ / Don't be so ~ *with* the butter. バターをそうけちけちするな. ❷ 少ない, わずかな. **stín·gi·ly** /-dʒɪli/ 副 **-gi·ness** 名 《STING+-Y³; 「刺すような」>「意地の悪い」の意から》

+**stink** /stíŋk/ 動 (**stank** /stǽŋk/, **stunk** /stʌ́ŋk/; **stunk**) 自 ❶ 悪臭を放つ, いやなにおいがする: This fish ~s. この魚はいやなにおいがする / He ~s *of* beer. 彼はビールくさい. ❷ 《口》 a 不愉快である, いやだ. b ひどく評判が悪い, 〈…が〉ひどく下手である: He ~s *at* tennis. 彼はテニスがひどく下手だ. ❸ たくさんいやというほど持っている: He ~s *of* [*with*] money. 彼は金が腐るほどある. ── 他 ❶ 悪臭で追い出す; いぶり出す: ~ *out* a fox キツネを穴からいぶり出す. ❷ 〈場所を〉悪臭で満たす (*out*). ── 名 ❶ (がまんできない)悪臭, 臭気 (stench). ❷ [a ~] 《口》不愉快な騒ぎ, 物議 (fuss): His comments caused a ~. 彼の発言が物議をかもした. **like stínk** ひどく, すごく, 猛烈に. **ráise** [**creáte, kíck úp**] **a stínk** 《口》(ぶつぶつ文句[不満]を言って)騒ぎを起こす, 騒ぎ立てる [*about*]. 《OE; 原義は「におい」》

stink bòmb 名 悪臭弾.

stínk·bùg 名 《米》悪臭を発する虫, (特に)カメムシ.

stink·er 名 ❶ 《俗》 a いやな人[もの]. b いやな[難しい] 問題(など). c 不快な手紙[批評](など). ❷ 悪臭を放つ人[もの].

stínk·hòrn 名 《植》スッポンタケ《悪臭がある》.

stink·ing 形 A ❶ 悪臭を放つ, くさい. ❷ 《俗》 a いやらしい, むかつく, 不愉快な. b [副詞的に] ひどく, 非常に: ~ rich どえらい金持ちの.

stink·o /stíŋkou/ 形 《俗》酔っぱらった.

stink·pòt 名 《俗》 ❶ いやなやつ. ❷ (いやな排気ガスを出す)モーターボート.

stínk·wòod 名 臭木 (悪臭のある各種の樹木; 特にアフリカ南部産のクスノキの一種).

stínk·y 形 ❶ 《口》臭い; いやな; くだらん.

*__stint__ /stínt/ 名 C ❶ 割り当て仕事; 一定期間の労働: do a ~ in the army (一定期間)兵役に服する. ❷ U 出し惜しみ, 制限: without [with no] ~ 無制限に, 惜しみなく. ── 動 ❶ 〈金・食料などを〉切り詰める: Don't ~ the sugar. 砂糖をけちるな. ❷ a 〈人に〉〈ものを〉出し惜しむ: ~ a person *of* food 人に食べ物を出し惜しみする. b [~ oneself] 〈…を〉切り詰める, けちけちする: ~ *oneself of* sleep 睡眠を切り詰める.

stipe /stáɪp/ 名 《植》茎, (キノコの)柄, (シダ類の)葉柄, (藻類の)茎; 動 =stipes.

sti·pend /stáɪpend/ 名 ❶ (牧師の)俸給. ❷ 給費, 給付金; 年金. 《F<L=tax, pay, gift <*stips* gift+*pendere* to pay》

sti·pen·di·ar·y /staɪpéndièri | -diəri/ 名 ❶ (また **stipéndiary mágistrate**) 《英》有給の治安判事. ❷ 有給者. ── 形 俸給を受ける, 有給の.

sti·pes /stáɪpiːz/ 名 (複 **stip·i·tes** /stípətìːz/) 《昆》蝶咬; 柄. 動 =stipe.

stip·i·tate /stípətèɪt/ 形 《植》柄[茎]のある, 有柄の.

stip·ple /stípl/ 動 C 点刻[点彩]する. ── 名 ❶ U 点刻法, 点画法. ❷ C 点画.

stip·u·lar /stípjulə | -lə/ 形 《植》托葉 (stípjulə)(状)の; 托葉の; 托葉(の近く)に生ずる.

+**stip·u·late**[1] /stípjulèɪt/ 動 〈契約書[者]・条項などが〉〈…を〉規定する, 明記する (specify): The material is not of the ~d quality. その材料は契約どおりの品質のものではない / [+*that*] The contract ~s *that* the tenant is responsible for all repairs. 修繕はすべて借家人の責任であると契約書に明記されている / It was ~d (in writing) *that* the delivery (should) be effected this month. 引き渡しは今月済ますということが(契約書に)明記されていた. ── 自 〈…を〉約定の条件として要求する: We ~d *for* inclusion of these items in the agreement. 我々はこれらの条件を含ませるよう要求した. **stíp·u·là·tor** /-tə | -tə/ 名 《L》(名 stipulation)

stip·u·late[2] /stípjulət/ 形 《植》托葉 (stipule) のある.

stip·u·la·tion /stìpjuléɪʃən/ 名 ❶ U 規定, 明文化. ❷ C 条項, 条件 (condition): on [under] the ~ *that* ... という条件で. (動 stipulate[1])

stip·ule /stípjuːl/ 名 《植》托葉.

*__stir__[1] /stɚː | stɚː/ 動 (**stirred**; **stir·ring**) 他 ❶ a 〈液体・火などを〉〈…に〉かき回す, かき混ぜる (*up, around, round*): ~ one's coffee (*with a spoon*) (スプーンで)コーヒーをかき混ぜる / ~ the fire (火かき棒で)火をおこす / ~ *up* the mud at the bottom of a pond 池の底の泥をかき回す. b 〈…を〉〈…に〉入れてかき回す, かき混ぜる: She *stirred* sugar *into* her tea. 彼女はお茶をかき回しながら砂糖を混ぜた. ❷ 〈…を〉奮起させる; 扇動する: This town needs *stirring up*. この町は活気づかせる必要がある / He *stirred* the other boys *to* mischief. 彼はほかの少年たちをそそのかしていたずらをさせた. ❸ 〈感情などを〉起こさせる: ~ a person's imagination [curiosity] 人の想像[好奇心]をかき立てる / There's nothing like a sleeping child to ~ *up* affection in the beholder. 眠っている子供の姿ほどほど見る人の愛情をかき立てるものはない. ❹ 〈…を〉動かす: The breeze *stirred* the leaves. そよ風が木の葉を揺り動かし(ていた). b [~ oneself で] 体を動かす, 身動きする, 行動にかかる: She *stirred* herself to answer the door. 彼女は玄関に取り次ぎに出るために腰をあげた. c 〈人を〉目覚めさせる, 起こす. ❺ 〈闘争・不満などを〉かき立てる, 引き起こす:

~ *up* trouble もめごとを起こす. ── 自 ❶ 〔かすかに〕動く; 動きだす: Something *stirred* in the water. 水の中で何かが動いた. ❷ 身動きする: She *stirred* in her sleep. 彼女は寝返りをうった. ❸ 〔場所から動く,離れる〕: He didn't ~ *from* the place. 彼はその場から動かなかった[離れなかった]. ❹ 起きる; 活動する: He never ~s before seven. 彼は7時前に起きることは決してない. ❺〈感情が〉動く, 起こる: Strange emotions were *stirring* in her heart. 奇妙な感情が彼女の心にわいていた. ── 名 ❶ かき回すこと, かき混ぜ: Give the stew a ~. (焦げつかないように)シチューをかき混ぜなさい. ❷ 動かすこと; そよぎ: There was a ~ of leaves in the trees. 木の葉がそよいだ. ❸〔通例単数形で〕動き: a ~ *of* curiosity 好奇心の動き. ❹ [a ~] 〔世間の〕騒ぎ (commotion); 評判: cause [make] a ~ 騒ぎを起こす; 評判になる. 〖OE; 原義は「回す」; cf. storm〗

stir² /stə́ːr | stə́ː/ 名 ⒰ 《俗》 刑務所.

stir·a·bout 名 ⒰ 《英》(アイルランド起源の)オートミール[ひき割りトウモロコシ]のかゆ.

stir-crazy 形 《俗》(長い刑務所暮らしで)頭が変になった.

†**stir-fry** 動 他 〈野菜・肉などを〉(かき混ぜながら)強火ですばやくいためる.

stirk /stə́ːk | stə́ːk/ 名 《英》1歳の雄牛[雌牛].

Stir·ling /stə́ːlɪŋ | stə́ː-/ 名 スターリング (スコットランド中部の町; Stirling 行政区の中心; スコットランド王の居城が残る).

Stírling éngine 名〖機〗スターリングエンジン (スターリングサイクルで働く熱機関).

stir·rer /stə́ːrə | stə́ːrə/ 名 ❶〔口〕騒ぎを起こす人, 扇動者. ❷ **a** 攪拌(%)器. **b** (飲み物をかき混ぜるための長い柄にスプーンのついた)攪拌棒, マドラー.

†**stir·ring** /stə́ːrɪŋ | stə́ː-/ 名 〔しばしば複数形で〕芽生え, 兆し, 動き: ~s *of* war 戦争の兆し. ── 形 ❶ 感動させる, 鼓舞する (rousing): a ~ speech 感動的な演説. ❷〈生活・市況など〉活動的な, 活発な, 忙しい. **-ly** 副

stir·rup /stə́ːrəp | stír-/ 名 ❶ あぶみ, あぶみ革(乗馬の時に足を掛ける金具). ❷〖解〗あぶみ骨, 鐙骨(%). ❸ 〔複数形で〕あぶみ (婦人科の検診や出産の際に足首を持ち上げて支える, 診察台の付属具).

stírrup cùp 名 ❶ (昔, 馬に乗って出立する人に勧めた)いでたちの杯. ❷ 別れの杯.

stírrup pànts 名 〘服〙スティラップパンツ (裾のひもを足の裏に掛けてはく女性用ズボン).

stírrup pùmp 名 (消火用)手押しポンプ.

stish·ov·ite /stíʃəvaɪt/ 名《鉱》スチショバイト, スチショフ石 (ケイ酸鉱物の高圧多形の一つ).

*__stitch__ /stítʃ/ 名 ❶ ⒞ **a** (縫い物・刺繍などの)ひと針, 縫い, ひと縫い, ひと編み; (衣服を)ひと針縫う / A ~ in time saves nine. 〘諺〙適当な時にひと針縫えば後で九針の手数が助かる, 「きょうの一針あすの十針」. **b** 針目, 縫い目, 編み目 (編み物で)ひと目落とす. **c** 〖外科〗(傷口を縫う)ひと針 (suture): put three ~es in a person's forehead (けがをした)人の額を3針縫う / take out the ~es から糸を抜く, 抜糸する. ❷ ⒞⒰ 〔通例複合語で〕かがり方, 縫い[編み]方, ステッチ: ⇒ cross-stitch, lockstitch. ❸ ⒞ [a ~; 否定文で] 〔口〕衣服: He didn't have a ~ on [wasn't wearing a ~]. 彼は身に一糸もまとっていなかった (丸裸だった). ❹ [a ~] (走った後などのわき腹の)激痛, さし込み: have a ~ in one's side 横腹が痛む[痛くなる]. **in stítches** 動 他 〔口〕(...を)大笑いさせて. ── 動 他 ❶ 〈...を〉縫う; 縫いとじる (sew); 〖外科〗縫合する (stitch) ; ── *(up)* a rip ほころびを縫う. ❷ 〈契約などを〉まとめる, 結ぶ 〈*up*〉. ❸〈英俗〉〈人を〉だます 〈*up*〉. ── 自 縫う. 〖OE=刺す(もの)〗

stitch·er·y /-tʃ(ə)ri/ 名 ⒰ 針仕事 (needlework).

stitch·ing 名 ⒰ 〔かがること〕; 縫い目; 縫い.

stítch·wòrt 名〖植〗ハコベ.

St. James's Park, St. Kitts and Nevis, St. Law·rence, St. Louis, etc. ⇒ Saint James Park, Saint Kitts and Nevis, Saint Lawrence, Saint Louis, etc. のつづり位置.

STM 〖略〗scanning tunneling microscope 走査トンネル型(電子)顕微鏡.

St. Moritz ⇒ Saint Moritz のつづり位置.

sto·a /stóʊə/ 名 (働 ~**s, sto·ae** /stóʊaɪ/) ⒞ 〖古ギ〗柱廊, 歩廊, ストア. ❷ [the S~] ストア哲学(派).

stoat /stóʊt/ 名 〖動〗オコジョ (夏毛は赤褐色で, 胸が白); ⇒ ermine 1).

sto·chas·tic /stəkǽstɪk/ 形 推計学[推測統計学]的な, 確率論的な: a ~ function 確率関数 / ~ limits 推計限度[限界] / a ~ variable ~ [偶然]変数. **-ti·cal·ly** /-kəli/ 副

*__stock__ /stɑ́k | stɔ́k/ 名 **A** ❶ ⒰⒞ 在庫品, 仕入れ品: in [out of] ~ 在庫があって[品切れで] / availability 在庫状況, 在庫の有無. ❷ ⒞⒰ **a** 貯蔵, 蓄え, 備蓄: an oil ~ 石油備蓄 / keep things in ~ ものを貯蔵しておく. **b** (知識などの)蓄積, 蘊蓄(%): increase one's ~ *of* information 情報量をふやす. **c** 資源(量), 供給可能数 [量], ストック: salmon ~s in Alaska アラスカのサケ資源 / housing ~ in Canada カナダの供給可能住宅数. ❸ ⒰ 家畜: fat ~ 食肉用家畜 / ⇒ livestock. ❹ ⒞ 〔通例複数形で〕株式資本; 株式, 株: railway ~s 鉄道株 / 20 percent of the company's ~ その会社の株の20パーセント. **b** ⒰ 株式資本, 資本金; (企業の)資産. **c** ⒰⒞《英》公債, 国債. ❺ ⒰ (人などの)評判, 人気, 株: His ~ is rising. 彼の評判は上がっている. ── **B** ❶ ⒞ **a** (木の)幹. **b** (接ぎ木の)台木, 親木. ❷ **a** ⒞ (器具・機械などの)台木, 台座, 台: the ~ of an anvil かなとこの台. **b** ⒞ (小銃・標題銃などの)銃床. **c** 〔複数形で〕船台, 造船台. **d** 〔複数形で〕〔昔, 罪人の足をはさんでさらし者にした〕さらし台. **e** ⒞ (1頭[1匹]だけ入れる動物の)おり. ❸ ⒞ **a** (むち・傘などの)柄. **b** (いかりの)横木, ストック. ❹ ⒰ 〔通例修飾語を伴って〕血統, 家系, 家柄 (descent): of Irish [farming] ~ アイルランド系[農家の出]の / He comes of good ~. 彼はよい家柄の出だ. **b** 〖生〗群体, 群落群. **c** 〖言〗語族. ❺ ⒰ **a** 原料: paper ~ 製紙原料. **b** (肉・野菜などの)煮汁, スープのもと, ストック. ❻ ⒞〖植〗アラセイトウ, ストック. ❼ ⒞ (昔, 男子の用いた革製の)襟飾り. ❽ ⒰ 《米》レパートリー劇団の公演. **lóck, stóck, and bárrel** ⇒ lock¹ 名 成句. **on the stócks** 工事[建設], 建造中で; 準備中で. **pùt stóck in...** =take STOCK 成句 (3) (4) (5). **táke stóck** (1) 在庫調べをする, 棚卸しをする. (2) ~ を評価する, 吟味する 〈*of*〉. 〔会社の〕株を買う 〈*in*〉. (4) 〔...に〕関心を持つ: He doesn't *take* much ~ *in* literature. 彼は文学にはあまり興味を持っていない. (5) ~ を重んじる, 信用する: I don't *take* much ~ *in* religion. 宗教はあまり信じない.

── 形 ❶ **a** 在庫の, 手持ち合わせの: ~ articles 在庫品. **b** 在庫係の: a ~ clerk 在庫品係. ❷ **a** (常に在庫のあることから)標準の: ~ size in shoes 標準サイズの靴. **b** ありふれた, 陳腐な, 古くさい: a ~ phrase 決まり文句 / one's ~ jokes お決まりのジョーク. ❸ 家畜飼育の: ⇒ stock farmer. ❹ 株の: ⇒ stock exchange.

── 動 他 ❶ 〈品物を店に置く, 在庫する〉; 〈店に〉在庫を備える, 仕入れる: That store ~s a full range of plumbing supplies. あの店は水回り用品を幅広く取りそろえている. ❷ 〈場所に〉備える 〈*up*〉: a kitchen ~ed *with* all the basic cooking equipment 基本的な調理器具のそろった台所. **c** 〈心・記憶に〉〈知識などを〉備える, 蓄える: He has a mind well ~ed *with* information. 彼はいろいろな情報をよく記憶している. ❷ **a** 〈農場に〉家畜を入れる: ~ a farm 農場に家畜を入れる. **b** 〈土地に〉(...を)供給する; 〈川に〉魚を放流する: This river is well ~ed *with* fish. この川にはたくさんの魚が放流されている. ❸ 〈...に〉柄[台木, 銃床など]をつける. ── 自 〔...に〕蓄えて[用意して, 準備する] 〈*on, with*〉 〔*for*〕: We must ~ *up* (*on* food) *for* the winter. 冬のために食料を仕入れなければならない. 〖OE=幹〗

stock·ade /stɑkéɪd | stɔk-/ 名 ❶ 防御柵, 砦柵(%). ❷ 柵内の土地囲い地. ❸ 《米》営倉 (軍隊の拘置所).

stóck·brèeder 名 牧畜業者.

stock・broker 名 株式仲買人.
stockbroker belt 名 [the ~] 《英》(大都市近郊の)高級住宅地.
stock・broking 名 U 株式仲買(業).
stock car 名 ❶ ストックカー(レース用に改造した一般車). ❷《米》(鉄道の)家畜(運搬)車.
stock certificate 名 =stock car 1.
stock company 名 《米》❶ 株式会社 (《英》joint-stock company). ❷ レパートリー劇団 (レパートリー劇場所属の劇団).
stock control 名 U 在庫管理.
stock cube 名 固形スープの素.
stock dividend 名 株式[株券]配当.
stock dove 名【鳥】ヒメモリバト《カワラバト属; 欧州産》.
stock・er 名 ❶ 若い食肉牛. ❷ (商店・スーパーの棚に商品を並べる)商品配置係.
*__stock exchange__ 名 ❶ [しばしば S- E-] 証券取引所: the New York S~ E~ ニューヨーク証券取引所. ❷ [しばしば the ~] 取引所の商い〔取扱高, 取引値(など); 証券[株式]取引(市場): on the ~ 株式取引で.
stock farm 名 牧畜場.
stock farmer 名 牧畜業者.
stock farming 名 U 牧畜業.
stock・fish 名 (複 ~, ~・es) (塩引きをしない)干し魚, 干物(₀).
*__stock・hold・er__ /stákshòʊldə | stɔ́khòʊldə/ 名 《米》株主 (《英》shareholder).
stock・hold・ing 株式を所有する. — 名 U 株式所有, 株式保有.
Stock・holm /stákhoʊ(l)m | stɔ́khoʊm/ 名 ストックホルム《スウェーデンの首都》.
stock index 名 株価指数.
stock・i・nette, stock・i・net /stàkənét | stɔ̀k-/ 名 メリヤス編み.
+**stock・ing** /stákɪŋ | stɔ́k-/ 名 [通例複数形で] ストッキング, 長靴下: a pair of ~s ストッキング1足. **in** (one's) **stockings [stocking feet]** (靴を脱いで)靴下だけで: She stands six feet **in** her ~s [~ *feet*]. 彼女は靴を脱いで6フィートある / walk around **in** (one's) ~ *feet* 靴下のまま歩き回る. 【類義語】 **stockings** 普通ひざの上まである長くて脚にぴったりしているもの. **socks** 短い靴下.
stocking cap 名 ストッキングキャップ《先に房のついた毛編みの円錐帽》.
stock・inged 形 ❶ 靴下をはいた: in one's ~ feet (靴を脱いで)靴下だけで. ❷ [複合語で] (...の)靴下をはいた.
stocking filler 名《英》(靴下に入れる)クリスマスのプレゼント.
stocking mask 名 ストッキングマスク《強盗などが使うナイロンストッキングの覆面》.
stocking stuffer 名《米》=stocking filler.
stock-in-trade 名 ❶ 手持ち品, 在荷; 商売道具. ❷ いつもの手口, 常套(ピ,)手段.
stock・ist /-kɪst/ 名《英》(特定商品の)販売業者, 取り扱い店 (retailer).
stock・jobber 名 ❶ 《英》(Big Bang 以前の仲買人相手の)株式売買業者. ❷ 《米》株屋 《用法》しばしば軽蔑的に用いる》.
stock・less 形 《いかりなど》横木のついていない.
stock・man /-mən/ 名 (複 -men /-mən/) ❶ 牧畜業者. ❷ 《米》倉庫係.
*__stock market__ 名 [通例 the ~] ❶ 株式市場; 証券取引所. ❷ 株価, 株式相場; 株式売買.
stock option 名 《米》株式買受[選択]権, ストックオプション《会社役員などに報奨として与えられる一定株数の自社株を一定値段で買い取る権利》.
stock parking 名 U《証券》ストックパーキング《将来買い戻すことを条件にして行う株式の売却》.
+**stock・pile** 名 (不時の用または当座に払底しての)備蓄(品). — 動 他 (大量に)備蓄する.
stock・pot 名 ストック[煮出し汁]用のなべ.

stock raising 名 U 牧畜.
stock room 名 貯蔵室.
stock split 名 《米》株式分割《株主に新株を発行すること; 額面価は減少する》.
stock-still 形 動かないで, じっとして《★ 副 とも考えられる》: stand ~ じっと立っている.
stock・taking 名 U [また a ~] ❶ 在庫調べ, 棚卸し. ❷ 実績[現状]調査.
+**stock・y** /stáki | stɔ́k-/ 形 (stock・i・er; -i・est) ずんぐりした, がっしりした. **stock・i・ly** /-kɪli/ 副 -i・ness
stock・yard 名 《米》(市場などへ送る前の)家畜一時置き場.
stodge /stádʒ | stɔ́dʒ/ 名 《口》❶ 腹にもたれる[こってりした]食べ物. ❷ 退屈な[つまらない]もの[読み物].
stodg・y /stádʒi | stɔ́dʒi/ 形 (stodg・i・er; -i・est)《口》❶《食べ物か》腹にもたれる. ❷ a《書物・文体など》おもしろくない, つまらない. b 《人が》退屈な. c 《服装などか》やぼったい; 個性のない. **stodg・i・ly** /-dʒɪli/ 副
sto・gy, sto・gie /stóʊgi/ 名 《米》❶ 長い粗製葉巻き. ❷ 丈夫な安靴, どた靴.
Sto・ic /stóʊɪk/ 形 ❶ ストア哲学(派)の《古代ギリシアの哲学者ゼノン (Zeno) が創設した, 苦楽超越の禁欲冷静を主唱する学派をいう》. ❷ [s~] 禁欲の; 冷静な. — 名 ❶ ストア哲学者. ❷ [s~] (ストア流の)禁欲主義者. 【L〈Gk〈*stoa* 柱廊; Zeno がアテネの 広場にあった柱廊で教えたことから》
sto・i・cal /-ɪk(ə)l/ 形 =Stoic. ~・**ly** /-kəli/ 副
stoi・chi・o・met・ric /stɔ̀ɪkiəmétrɪk⁻/ 形 化学量論の; 化学式どおりの(化合物); 化学式どおりの化合物を生成する(混合物). **-ri・cal・ly** /-kəli/ 副
stoi・chi・om・e・try /stɔ̀ɪkiámətri | -ɔ́m-/ 名 U 化学量論; 化学量論性, ストイキオメトリー《化合物の構成要素間の量的関係》.
Sto・i・cism /stóʊɪsìzm/ 名 U ❶ ストア哲学[主義]. ❷ [s~] 禁欲; 冷静, 平然.
+**stoke** /stóʊk/ 動 他 ❶ 《機関車・炉などに》火をくべる, 燃料をくべる: ~ (*up*) a furnace かまに燃料をくべる. ❷ 《感情》をかきたてる, あおる 〈*up*〉. ❸ 《口》[...を]うんと食べる 〈*up*〉 〔on, with〕. — 自 ❶ 火をたく 〈*up*〉. ❷ 《口》[...を]うんと食べる〔on, with〕.
stoked /stóʊkt/ 形 《俗》大喜びして, 狂喜する〔on, about〕; とても気に入って, 夢中で〔on〕.
stoke・hold /stóʊkhòʊld/ 名 《汽船の》汽罐(。)室, 火夫室.
stoke・hole /-hòʊl/ 名 =stokehold.
stok・er 名 ❶ (機関車・汽船の)火手, 機関員. ❷ 給炭機.
Sto・ker /stóʊkə | -kə/, **Bram** /brǽm/ 名 ストーカー《1847-1912; アイルランドの作家; *Dracula* (1897)》.
stokes /stóʊks/ 名《理》ストーク(ス)《運動粘性率の cgs 単位; 記号 St》.
STOL /stɔ́ːl, éstɔ̀ːl | stɔ́l, éstɔ̀l/ 名 ストール, 短距離離着陸. 《short *t*ake *o*ff and *l*anding》
*__stole__[1] /stóʊl/ 動 steal の過去形.
stole[2] /stóʊl/ 名 ❶ (女性用の)肩掛け, ストール. ❷ 〖カト〗ストラ《聖職者が肩にかけてひざ下までたらす帯状の布》.
*__sto・len__ /stóʊlən/ 動 steal の過去分詞形. — 形 盗んだ: ~ goods 盗品 / a ~ car 盗難車 / a ~ base 盗塁.
stol・id /stálɪd | stɔ́l-/ 形 (~・er; ~・est) 感情を見せない; 無感動な, 鈍感な. ~・**ly** 副 ~・**ness** 名
sto・lid・i・ty /stalídəti | stə-/ 名 U 無感動, 鈍感.
stol・len /stóʊlən, ʃtóʊ-/ 名 (複 ~, ~s) シュトーレン《ナッツと果物の入った甘いパン》.
sto・lon /stóʊlən/ 名【植】匍匐(ほ,)枝[茎], ストロン. ❷【動】走根, 芽。 **stó・lon・ate** /-nət, -nèɪt/ 形
sto・lo・nif・er・ous /stòʊlənífə(ə)rəs/ 形 ❶【植】匍匐枝[茎]を生ずる. ❷【動】走根[芽]のある.
sto・ma /stóʊmə/ 名 (複 ~・ta /-tə/, ~s) ❶【動】小孔, 口. ❷【植】気孔. ❸【医】瘻(,).
*__stom・ach__ /stámək/ 名 ❶ C 胃: lie (heavy) on one's ~ 〈食べ物か〉胃にもたれる / on a full [an empty] ~ 満腹[空腹]で / have a strong ~ 胃がじょうぶである. ❷ C 腹部, 腹; (突き出た)下腹: the pit of the ~ みぞおち / have a pain in the ~ 腹が痛む / He lay at full length on [upon] his ~. 彼は長々と腹ばいに寝そべっていた. ❸ U

[通例否定文で] **a** 食欲: I have no ~ for anything sweet now. 今は甘いものは食べたくない. **b** 好み, 気分, 気持ち: I have no [don't have the] ~ for a fight. けんかをするつもりはない. **hàve bútterflies in the [one's] stómach** ⇒ butterfly 名 3. **túrn a person's stómach** 人に吐き気を催させる, 人の胸をむかつかせる; 人をひどく不快にする. ── 動 他 [通例否定・疑問文で] ❶ 〈侮辱などを〉我慢する: Who could ~ such insults? だれがこんな侮辱に耐えられようか. ❷〈…を〉食べる, 腹に納める: I cannot ~ sweets. 甘いものは食べられない. 〖F＜L＝食道, 胃＜Gk＝のど, 食道＜*stoma* 口〗 (形) stomachic; 関形 gastric)

stómach·àche 名 C|U 胃痛, 腹痛: have a ~ 胃が痛い / suffer from ~ 胃痛に悩む.

stómach·chùrning 形 胃をむかつかせる(ような), 不快で, 不安にする(ような); 恐ろしい.

stom·ach·er /stʌ́məkə | -kə/ 名 ストマッカー(15-17世紀に流行した, 女性が石刺繡(しゅう)飾りつきの胸衣).

stom·ach·ful /stʌ́məkfʊl/ 名 ❶ 胃[腹]いっぱい (*of*). ❷ 耐えられるだけ: I've had my ~ *of* insults. これ以上の侮辱には我慢できない.

sto·mach·ic /stəmǽkɪk/ 形 ❶ 胃の. ❷ 胃によい.
── 名 健胃剤. (名 stomach)

stómach pùmp 名【医】胃洗浄器, 胃ポンプ.

sto·mal /stóʊm(ə)l/ 形 =stomatal.

stomata 名 stoma の複数形.

stom·a·tal /stʌ́mət̬l | -mət-/ 形【植】気孔の[をなす].

sto·mate /stóʊmeɪt/ 名【植】気孔 (stoma).

sto·ma·ti·tis /stòʊmətáɪtɪs/ 名 U【医】口内炎.

stomp /stɑmp | stɔmp/ 動 自 **❶** 〈副詞(句)を伴って〉(口) 足を踏み鳴らして歩く[踊る]. ── 名 ストンプ (激しく足を踏み鳴らしてジャズ音楽に合わせて踊るダンス). 〖STAMP の別形〗

stómp·ing gròund 名 =stamping ground.

*stone /stóʊn/ 名 ❶ C (個々の)石: a precious ~ 宝石 / rolling stone / throw ~s 石を投げる. ❷ U 石材, 石: a wall of ~ 石の壁 / a heart of ~ 石のような心, 無情, 冷酷 / be made of ~ 石造りである; 〈人が〉冷酷[無情]である. ❸ C 石で作られた: **a.** 石(いし)の彫刻; 石の彫像. **b** 砥石(といし). **c** 墓石, 記念碑, 石碑. **d** 宝石. **e** 敷石. ❹ C 小石状のもの: **a** (ウメ・モモなどの果実の)核, 種, さね. **b** ひょう, あられ. **c** (碁の)石, 碁石. **d** C (カーリングの球)丸. ❺ C【医】結石. ❻ C (*pl.* ~s) (英) ストーン (特に体重を表わす単位; 略 st.; =14 pounds, 6.350 kg): I weigh 12 ~. 私は12ストーン (76.2 kg) ある. (as) **hárd as stóne** 石のように硬い[無情な]. **cást the first stóne** 真っ先に非難する (★ 聖書「ヨハネ伝」から). **léave nó stóne untúrned** ⇒ leave¹ (成句). **thrów stónes** (1) 石を投げる (⇒ 1). (2) 〈…を〉非難する 〈*at*〉. **wrítten** [**cást, engráved, sét**] **in stóne** 変えられない, 変更できない, 不変で, 固定の. ── 形 石の, 石製の, 石造の: a ~ wall 石垣, 石塀 / a ~ building 石造の建物. ── 副 完全に, すっかり: The kettle was ~ cold. やかんはすっかり冷たくなっていた (⇒ stone-cold. ── 動 他 ❶〈…に〉石を投げつける; 〈人を〉石打ちの刑に処する: ~ a person to death 人に石を投げつけて[人を石打ちの刑に]殺す. ❷〈果物の核[さね]〉をとる. 〖OE; 原義は「かたいもの」〗 (形 stony; 関形 lithic) 〖類義語〗 **stone** rock のかけらで, あまり大きくない石. **rock** 地球の表面を形成している大きな岩石, 大きな石. 石の意にも用いる. **gravel** stone より小さい石で, 道路に敷いたりする. **pebble** 水の作用で丸くなった小石.

Stone /stóʊn/, *Harlan Fiske* 名 ストーン (1872-1946; 米国の法律家; 合衆国最高裁判所長官 (1941-46)).

Stóne Àge 名 [the ~]【考古】石器時代.

stóne-blínd 形 全盲の.

stóne·brèaker 名 ❶ (道路用の)石割り工. ❷ 砕石機.

stóne-bróke 形 (米) 一文なしで, 破産して.

stóne·chàt 名【鳥】ノビタキ.

stóne cìrcle 名【考古】環状列石, ストーンサークル.

stóne-cóld 形 冷えきった. ── 副 まったく: ~ sober まったくのしらふで.

stóne·cròp 名【植】ベンケイソウ, マンネングサ.

stóne cúrlew 名【鳥】イシチドリ.

stóne·cùtter 名 ❶ 石切り工. ❷ 石切り機.

stoned 形 P (俗) 〈酒・麻薬などに〉酔(よ)って: get ~ 酔っぱらう.

stóne-déad 形 完全に死んだ.

stóne-déaf 形 まったく耳が聞こえない.

stóne-fáced 形 〈石のように〉無表情な, 感情をまるで表わさない. **stone face** 名 無表情な顔.

stóne·fìsh 名【魚】オニダルマオコゼ (インド洋・太平洋熱帯のサンゴ礁に多い; 猛毒).

stóne flỳ 名【昆】カワゲラ.

stóne frúit 名 U|C【植】核果 (ウメ・モモなど堅い核のある果物).

stóne-gróund 形 〈粉を〉石うすでひいた.

Stone·henge /stóʊnhènʤ/ 名 ストーンヘンジ (イングランド Wiltshire 州の Salisbury 平原にある巨石柱群; 石器時代後期のものといわれる).

stóne·less 形 ❶ 石[宝石]のない. ❷ 〈果実が〉種[核]のない.

stóne màson 名 石工, 石屋.

stóne pìne 名【植】イタリアカサマツ, カサマツ (地中海沿岸原産のマツの一種; 食用のマツの実がなる).

stóne pìt 名 石切り場, 砕石場.

ston·er /stóʊnə | -nə/ 名 (俗) 麻薬常習者, マリファナ吸引が大好きなティーンエージャー.

stóne's thrów 名 [a ~] 石を投げて届く距離, 近距離 〈*away*〉: within a ~ *of* [*from*]… (…)から)すぐ近い所に.

stóne·wàll 動 自〈質問などに〉答えない, 口を閉ざす, 〈人に〉情報(など)を出さない; 〈要求などを〉受けつけない, 無視する; 〈議論・決定などを〉遅らせる, 妨害する. ── 他 ❶ 口を閉ざし, だんまりを決め込む; 〈議論[決定(など)]を妨害する: ~ over [*on*] key issues 要点について口をつぐむ. ❷【クリケ】(アウトにならぬよう)慎重にボールを打つ. **-er** 名

stóne·wàre 名 U 炻器(せっ) (陶磁器の一種; cf. earthenware).

stóne·wàshed 形 〈ジーンズなど〉ストーンウォッシュ加工した〈生地を柔らかくして使い込んだ感じを出すために, 製造工程の最終段階で研磨作用のある石といっしょに機械洗いをした〉.

stóne·wòrk 名 U 石造物; 石細工: a piece of ~ 石細工品.

stóne·wòrt 名【植】シャジクモ (淡水産の緑藻).

stonk /stɑ́ŋk | stɔ́ŋk/ 名 動 他 (英俗) 集中砲撃[爆撃] (する).

stónk·er 名 (英俗) どぎもを抜くもの, どえらいやつ.

stónk·ing 形 (英俗) すごい, たいへんな, えらい.

*ston·y /stóʊni/ 形 (**ston·i·er**; **-i·est**) ❶ **a** 石の多い, 石ころだらけの (pebbly). **b** 石のように硬い. ❷ **a** (石のように)冷たい, 冷酷な, 無情な (icy). **b** 〈目・目つきなど〉不動の, 無表情な. **stón·i·ly** /-nəli/ 副 (名 stone)

stóny bróke 形 P (英俗) 一文なしで, 破産して.

stóny-fáced 形 =stone-faced.

stóny-héarted 形 冷酷な, 無情な.

*stood /stʊ́d/ 動 stand の過去形・過去分詞.

stooge /stúːʤ/ (口) 名 ❶ (他人のために行動する)手先, 傀儡(かいらい). ❷ 「太鼓持ち」 (喜劇で)主役にからかわれる役, ぼけ役. ❸ 相手の言いなりになる人, 引き立て役. ── 自 ❶ 〈…の〉手先[ぼけ役]を務める 〈*for*〉. ❷ (英) あてもなくぶらぶらする 〈*around, about*〉.

stook /stʊ́k, stúːk/ 名 動 他 (英) =shock².

*stool /stúːl/ 名 ❶ **a** スツール (ひじ掛け・背のない腰掛け). **b** 足のせ台. ❷ **a** 大便 (feces). **b** 便器, 便座. ❸ (芽の生ずる)根, 切り株. **fáll between twó stóols** あぶはち取らずに終わる, 二兎を追って一兎も得ない.

stóol·bàll 名 U スツールボール (一種のクリケットで, 16世紀ごろの主に女子のゲーム; 今も Sussex に残る).

stool·ie /stúːli/ 名 (米俗) =stool pigeon 1.

stóol pìgeon 名 ❶ (俗) (警察の)スパイ, 密告者, 「い

ぬ. ❷ おとりバト《おとりに使うハト》. ❸《口》「さくら」, 客引き.

stoop¹ /stúːp/ 圓 ❶ かがむ; 前かがみになる: He ~ed *down* and picked up a pencil. 彼はかがんで鉛筆を拾いあげた / He ~ed to pet the dog. 彼はその犬をなでようと身をかがめた. ❷ 猫背である; 前かがみで立つ[歩く] (hunch): He ~ed with age. 彼は年をとって腰が曲がっていた. ❸ (…をするほど)身を落とす, 身を落として(…)する: ~ *to* dishonesty [*cheating*] 不正[ごまかし]をあえてする(ほどに堕落する) / The magazine will ~ *to* anything. その雑誌はどんな恥ずべきことでもやりかねない / ~ *to* conquer 屈辱を忍んで勝つ / ~ so low as *to do*...するほどまでに身を落とす. ❹〈タカなどが〉急降下して〈獲物に〉襲いかかる〈*at, on*〉.
—— 他 ❶〈頭・首・肩・背を〉かがめる, 曲げる: ~ one's head 身をかがめる. ❷ [~ oneself で] 身をかがめる.
图 [a ~] 前かがみ, 猫背.

stoop² /stúːp/ 图《米》玄関口[入り口]の階段.

stooped /stúːpt/ 形 前かがみになった, 猫背の.

stóop·ing 形 かがんだ, 腰を曲げた, 猫背の.

‡**stop** /stɑ́p | stɔ́p/ 動 (**stopped**; **stop·ping**) 他 ❶ **a**〈くるまを〉止める, 停止させる: ~ a car [a horse, an engine] 自動車[馬, エンジン]を止める / The earthquake *stopped* the train. 地震で列車が止まった. **b**〈供給・支払いなどを〉**中断する, 停止する**: ~ supplies 供給をやめる / ~ a person's wages 人の給料を停止する. **c**〈銀行が〉〈小切手の支払い〉を停止する: ~ (payment of [on]) a check 小切手の支払いを停止する. ❷〈行動を〉やめる, 中止する, 停止する: He *stopped* work. 彼は仕事を中止した / *S*~ that nonsense! そんなばかなことを言うのはよせ / *S*~ it! (そんなことは)よせ, やめなさい / [+*doing*] 比較 [+*to do*] は「…するために)立ち止まる, 止まって…する」の意; cf. 圓 1 b〉~ talking [smoking] おしゃべりを[タバコを吸うのを]やめる / ~ working〈人が働くのをやめる〉/〈物の動作[機能]しなくなる〉/ It has *stopped* raining. 雨がやんだ. ❸〈…を〉やめさせる, 止める; 妨げる: ~ a quarrel けんかを止める / ~ a speaker 弁士の話をやめさせる / He's determined to go; no one can ~ him. 彼は行こうと決心している, だれも思いとどませることはできない / Thick walls ~ the sound. 厚い壁はその音をさえぎる / Nothing will ~ him *from* going. =[+目[所有格]+*doing*]《英》Nothing will ~ him *going*. 《文》Nothing will ~ his going. どんなことがあっても彼は行くだろう. **b** [~ *oneself* で] 自制する: The word slipped out before I could ~ *myself*. 不用意にその言葉が口から出てしまった / She could not ~ *herself* (*from*) crying aloud. 彼女は思わず大声で叫んでしまった.〈用法〉then では from を使うことがあるある. ❹ **a**〈穴・出口などを〉埋める, ふさぐ;〈瓶などの〉口に栓をする:〈*up*〉a hole 穴をふさぐ / ~ a bottle 瓶の口に栓をする / The drain is *stopped up*. 排水管がつまっている / He *stopped* his ears. 彼は耳をふさいだ. **b**〈出血・傷口などを〉抑える, 止める〈*up*〉: ~ the bleeding 出血を止める. **c**《英》〈歯に〉詰め物をする. ❺《英口》〈給与・積立金などから〉〈…を〉差し引く: The cost was *stopped from* [*out of*] his wages. その費用は彼の給料から差し引かれた.〈楽〉音を変えるために〈バイオリンの弦・フルートの穴などを〉指で押さえる. ❼〈ボク〉〈打撃を〉かわす, そらす. **b**〈相手を〉ノックアウトする. ❽〈園〉〈木の芯を〉止める.

—— 圓 ❶ **a** 止まる, 停止する; 停車する: Let's ~ and have a rest. 止まってひと休みしよう / The sound made him ~ short [dead]. その物音を聞いて彼はぴたりと足を止めた / This train does not ~ *at* every station. この列車は各駅には停車しない. **b**〈…するために〉立ち止まる, 立ち止まって〈…〉する〈⇒ ❷ 比較; cf. 他 3〉: [+*to do*] We *stopped to* talk. 私たちは話をするために立ち止まった[立ち止まって話をした]. **c**〈雨・雪などがやむ;〈仕事・話などが〉中止される: The snow has *stopped*. = It has *stopped* snowing. 雪がやんだ. / Suddenly the music *stopped*. 突然音楽がやんだ. ❸ [通例否定文で] じっくり〈…〉する〈用法〉通例 don't [rarely, never, *etc*.] ~ to think [consider, ask, *etc*.] の形で用いる; cf. 圓 1 b]: [+*to do*] We don't

~ *to think* how different these two worlds are. 我々はこの二つの世界がどんなに違っているかをじっくり考えようとはしない. ❹ **a**〈…の(ところ)に泊まる: ~ *at* a hotel ホテルに泊まる / I'm *stopping with* my uncle. おじの家にやっかいになっている. **b** [副詞(句)を伴って]《英》(…に)とどまる, 居残る: ~ *in* [*indoors*] うちにいる / ~ *out* 外出する, 留守にする / ~ *behind* (会のなど)後まで居残る / ~ *at* home 家にとどまる. **c**〈…に〉ちょっと立ち寄る; 居残る〈*to, for*〉: Will you ~ *for* a cup of coffee? ちょっと寄って[もう少し残って]コーヒーを1杯飲んでいきませんか.

stóp aróund《自+副》《米口》(ちょっと)立ち寄る.

stop at nóthing(目的のために)何でもする, 手段を選ばない: will [would] ~ *at nothing* (*to do*...)(…するためには)何でもする[するつもりだった].

stóp báck《自》あとでまた立寄る.

stop by《口》[《(自+副)》~ *bý*] (1)(人の家に)立ち寄る, 訪れる. —— [《(他+副)》~ *by*...] (2)〈人の家に〉立ち寄る.

stóp déad 急に止まる; ~ 急に停止する.

stóp dówn《他+副》《写》〈レンズを〉絞る.

stóp ín《自》(1) うちにいる〈⇒ ❹ 4 b〉. (2) ちょっと立ち寄る.

stóp óff《自+副》(旅行中)〈…〉に途中下車する, 途中下車する〈*at, in*〉.

stóp óut《自》《米》(大学などで)一時休学する.

stóp óver《自+副》(1)〈…〉に途中で立ち寄る〈*at, in*〉: ~ *over at* Baltimore 途中でボルティモアに立ち寄る. (2)《米》(旅行先で)しばらく泊まる.

stóp róund《自+副》《米口》(ちょっと)立ち寄る.

stóp shórt = STOP DEAD 成句.

stóp shórt at...〈にまでは到らない,〉...の手前で踏みとどまる〈cf. STOP at nothing 成句〉: He will ~ *short at* nothing to get his way. 彼は自分の思いどおりにするためならどんなことでもする.

stóp shórt of *dóing*...するまでには到らない, ...の手前で踏みとどまる.

Stop, thief! 泥棒! 捕まえてくれ!〈追跡者の叫び声〉

stóp úp《自+副》(1)《米口》(遅くまで)起きている, 夜ふかしする. ——《他+副》(2)〈穴・出口などを〉ふさぐ;〈瓶などの〉口に栓をする〈⇒ ❹ 4 a〉.

—— 图 ❶ **a** 止まること, 停止, 終止; 休止: be at a ~ 停止している, 進まない / come to a (full) ~ (完全に)止まる / bring a car to a ~ 車を止める / make a ~ 止まる, ひと休みする / put a ~ *to*...を止める, 中止させる, 終わらせる / without (a) ~ 止まることなく, 絶えず〈★ without ~ は時に無冠詞〉. **b** (旅の途中での)立ち寄り, 停車, 着陸, 滞在: The train goes through without a ~. その列車は途中止まらずに直行する. ❷ **停留所, 停車場**: a bus ~ バスの停留所 / I'm going to get off at the next ~. 次の停留所で降ります. ❸ [しばしば複合語をなして] 止め具; 栓, つめ; ⇒ doorstop. ❹〈楽〉(オルガンの)音栓, ストップ. ❺〈言〉句読点, (特に)終止符: come to a full ~ 文章が終わる. ❻〈光・写〉絞り(の目印づけ). ❼〈音声〉閉鎖音〈/p, b, t, d, k, g/ など; cf. plosive, continuant〉.

púll out áll the stóps できるだけの努力をする〈画来〉「オルガンの全音栓を出して演奏する」の意から〉.

with áll the stóps óut できるだけの努力をして.

〈OE=ふさぐ, せき止める ?L<*stuppa* 目の粗い麻<Gk; 麻くずでふさいだことからか〉〈stoppage〉

〈類義語〉**stop** 最も一般的な語で, 動作・行動などが止まる. **cease** 今まで続いていた状態が終わる. または存在がなくなる. **pause** 一時中止[休止]する, 再び運動[行進]を開始することを暗示する.

stóp-and-gó ❶ 少し進んでは止まる, のろのろ運転の. ❷〈交通が〉信号規制の.

stóp·cóck 图《英》コックの栓〈栓〉.

stope /stóup/ 图 圖〈鉱〉(階段状)採掘場(で採鉱する).

stóp·gàp 图 ❶ 埋め草, 間に合わせ. ❷ 穴ふさぎ, 穴埋め. —— 形 A 間に合わせの, 一時しのぎの: ~ measures 当座しのぎの手段.

stóp-gó 图 Ü《英》《経》経済の引き締めと拡大を交互に行なう政策.

stop·ing /stóupɪŋ/ 图 Ü〈地〉ストーピング《上昇するマグ

stóp knòb 名《楽》(オルガンの)ストップ[音栓]ハンドル.
stóp làmp 名《車の》停止灯, ブレーキランプ.
stóp·light 名 ❶ 《交通の》停止信号. ❷ =stop lamp.
stóp lìst 名 ❶ 取引禁止[差し止め]対象者リスト. ❷ 《電算》(検索対象や索引から自動的に排除されるべき)排除対象語リスト, ストップリスト.
stóp mótion 名 U《映》微[低]速度撮影, コマ抜き撮影, ストップモーション(植物の生長など動きの遅いものを速く見せるために時間をおいて1コマずつ撮る映画の撮影法).
stóp-mótion 形.
stóp òrder 名《また **stóp-lòss òrder**》《証券》逆指値注文(ある値以上になれば買い,以下になれば売りを依頼する仲買人に対する指図).
stóp-òut 名《米》一時休学の大学生.
stóp·òver 名 途中下車, 立ち寄り.
stóp·pa·ble /-əbl/ 形 止めることができる, 中止可能.
†**stop·page** /stάpɪdʒ | stɔ́p-/ 名 ❶ (争議中の)休業, ストライキ (strike). ❷ a (活動を)止めること; 停止. b (機能)障害, 閉塞(ﾍﾞｲｿｸ). ❸ [複数形で] (給料からの)天引き(額). (動 stop)
stóppage tìme 名 U (サッカー・ラグビーなどの試合で)競技が中断した分の延長時間.
stóp páyment 名 (小切手振出人が銀行に対して要求する特定の小切手の)支払い停止指図.
stóp·per 名 ❶ 《瓶・たるなどの》栓(ｾﾝ), つめ. ❷ a 止める人[もの]; 妨害者[物]. b (機械などの)停止装置. ❸ 《野》切り札投手, 救援投手. **pùt a stópper on**... (1)...を止める, 抑える. (2)〈人〉をだまらせる. ── 動 他〈...に〉栓をする[つける].
stóp·ping 《英古風》(歯の)詰め物, 充塡(ｼﾞｭｳﾃﾝ)材.
stópping dìstance 名 C U (安全な)車間距離.
stop·ple /stάpl | stɔ́pl/ 名 栓(ｾﾝ). ── 動 他〈...に〉栓をする.
stóp-préss 名 U《英》《新聞》輪転機を止めて差し入れた最新記事, 締め切り後の重大ニュース.
stóp vòlley 名《テニス》ストップボレー(返球できないようにネットのすぐそばにゆるい球を落とすこと).
stóp·wàtch 名 ストップウォッチ.
stor·a·ble /stɔ́ːrəbl/ 形 貯蔵 (store) できる. ── 名 [複数形で] 貯蔵できるもの.
*__stor·age__ /stɔ́ːrɪdʒ/ 名 ❶ U 貯蔵, 保管: in cold ~ 冷蔵されて / information ~ 情報蓄積. ❷ U 倉庫(保管): put one's furs in ~ 毛皮類を倉庫に保管してもらう. ❸ U a 倉庫の収容","ryo. b 保管料. ❹《電算》U 記憶, 記憶容量; U C 記憶装置. (動 store)
stórage bàttery [cèll] 名 蓄電池.
stórage device 名《電算》(大容量)記憶装置.
stórage hèater 名《英》蓄熱ヒーター.
stórage ròom 名 納戸, 物置部屋.
sto·rax /stɔ́ːræks/ 名 ❶ U エゴノキの樹脂(安息香の一種), (また **Levánt stórax**) 蘇合香(ｿｺﾞｳｺｳ)(フウの樹皮から採る樹脂で医薬や香料に用いた). ❷ C《植》エゴノキ(総称).
‡**store** /stɔ́ː | stɔ́ː/ 名 ❶ a《米》《小売りの)店, 商店(《英》shop)(⇒ shop 解説): a candy ~ 菓子屋 / buy things at a ~ 店で買い物をする. b 大きな店: a department ~ 百貨店, デパート / a chain store does. c [しばしば複数形で]《英》雑貨店, デパート: I get most things at the ~s. たいていの買い物は百貨店でします. ❷ a [しばしば複数形で](食料などの)蓄え, 貯え, 備え, (知識などの)蓄積; 蓄え(stock): have great ~s [a great ~] of wine ぶどう酒をたくさん貯蔵している / lay in a ~ of fuel 燃料を買い込む/a ~[~s] of information [knowledge] 情報[知識]の蓄積, 蓄積された情報[知識]. b [複数形で](陸軍・海軍などの)衣食の備え, 用品, 備品. ❸ [しばしば複数形で] たくさん, 大量: a ~ [~s] of apples 大量のリンゴ. ❹ 店, 貯蔵所. **hít the stóres** ⇒ hit 成句. **in stóre** (1) 蓄えて, 用意して: have [keep, hold]...in ~ ...を蓄えておく. (2)〈未来・運命などが人にふりかかろうとして, 待ち構えて: Who knows what is in ~ for us? 将来何が起こるかわからない / I have a surprise in ~ for you. 君を

驚かすことがある. **sèt [lày, pùt] stóre by [on]**...を重んじる, 大切にする, 重視する: *set great [much] ~ by*...を非常に尊重する / *set no [little] ~ by*...を少しも[あまり]大事にしない, 軽視する. ── 形《米》既製の, でき合いの: ~ clothes 既製服. ── 動 他 ❶〈...を〉蓄える, 備蓄する(keep): ~ (up) fuel for the winter 冬に備えて燃料を蓄える / The proliferation of cars ~ up problems for the future. 自動車の普及で将来解決しなければならなくなる問題が蓄積する. ❷ a《電算》〈データを〉記憶装置に記憶させる. b〈人が〉...を記憶する. ❸〈...に〉通例徒さつものを〉供給する, 用意する, 備えさせる: a mind ~d with knowledge 知識を蓄えた頭. ❹〈家具などを〉収納する, 保管する, しまう. **stóre awày** 他+副〉...を安全な場所に蓄える, 保管[保存]する. 【F<L *instaurare* 更新[修復]する (cf. restore)】 (名 storage)
stóre brànd 名 自社ブランド, ストアブランド(小売店(特にスーパーマーケット)独自のブランドで売られる商品).
stóre càrd 名 ストアカード(特定の店が発行したクレジットカード・代用硬貨で, その店内だけに使用できる.
stóre detéctive 名 (店の)私服警備員, 保安員[士], 万引き監視員.
stóre·frònt 名《米》❶ 店の正面, 店先, 店頭. ❷ (店舗ビル1階の)通りに面した部屋. ❸ インターネット店舗(のウェブサイト).
stóre·hòuse 名 ❶ 倉庫 (warehouse). ❷ (知識などの)宝庫 [*of*].
†**stóre·kèeper** 名 ❶《米》店主, 小売商人(《英》shopkeeper). ❷ (特に軍需品の)倉庫管理人.
stóre·man /-mən/ 名 (複 -men /-mən/) ❶《米》(特にデパートの)店主, 支配人. ❷《英》(船・商店の)貯蔵係, 倉庫係.
stóre·ròom 名 貯蔵室, 物置, 収納室.
stóre·wíde 形《米》店全体の: a ~ sale 全店売り出し.
*__sto·rey__ /stɔ́ːri/ 名《英》=story[1].
sto·reyed 形《英》=storied[2].
sto·ri·at·ed /stɔ́ːrièɪtɪd/ 形 凝ったデザインで飾った.
sto·ried[1] /stɔ́ːrid/ 形 A《文》物語[歴史, 伝説など]で名高い.
sto·ried[2] /stɔ́ːrid/ 形 [複合語で] ...階[層]の: a *two-storied* house 二階家.
stork /stɔ́ːk/ 名《鳥》コウノトリ【解説 コウノトリが巣を作る家は幸運が訪れるとされ, 赤ん坊はコウノトリがくちしに下げて運んでくるという言い伝えは欧米に広く伝えられている】. **hàve a vísit from the stórk** 子供が生まれる.
stórks·bìll 名《植》オランダフウロ.
*__storm__ /stɔ́ːm | stɔ́ːm/ 名 ❶ あらし, 暴風(雨), 大しけ; 《気》暴風 (⇒ wind scale) (関連 typhoon は太平洋西部に発生するもの; hurricane は大西洋, 北太平洋東部, メキシコ湾などに発生するもの; cyclone はインド洋方面に発生するもの; ⇒ rainstorm, snowstorm, thunderstorm / The ~ swept across the island. そのあらしは猛スピードでその島を通過した / After a ~ comes a calm. (諺) あらしのあとにはなぎが来る. ❷ a《弾丸・かっさいなどの》あらし, 雨あられ (roar): a ~ *of* applause あらしのような拍手かっさい. b《感情などの》激発, あらし: a ~ *of* tears あふれ出る涙. ❸《軍》強襲, 急襲. **a stórm in a téacup**《英》「コップの中のあらし」から騒ぎ. **táke...by stórm** (1) 急襲して奪う: *take a fort by* ~ とりでを急速で奪う (⇒ 3). (2)〈聴衆などを〉たちまち魅了する[心酔させる, うっとりさせる]: *take London by* ~ あっという間にロンドンの人気者になる. **wéather [ríde out] the stórm** 難局を切り抜ける. ── 動 ❶ [副詞(句)を伴って]〈怒って・狼狽(ﾛｳﾊﾞｲ)して〉勢いよく[猛然と]進む (charge): ~ *into* [*out of*] the room 部屋に飛び込むよ[部屋から飛び出す]. ❷ [副詞(句)を伴って] 急速に[勢いよく](よい方向に)進む[向かう]: The company is ~*ing ahead* in biotechnology. その会社はバイオテクノロジーの分野で急速に台頭しつつある / *Italy* ~ *to the finals*. イタリアは決勝へと突き進んだ. ❸ [it を主語として]〈天気が〉荒れる: *It* ~*ed last night*. ゆうべはあらしだった. ── 他 ❶〈...を〉急襲[強襲]する: The enemy ~*ed the*

storm and stress

castle. 敵が城を急襲撃した. ❷ 〈…と〉どなり散らす, 怒って言う (rage) 《印屈》. 〖OE; 原義は「かき回すこと」〗(形 stormy)

stórm and stréss 名 Ⓤ [しばしば the S~ and S~]＝Sturm und Drang.

stórm·bòund 形 暴風(雨)に妨げられた[で立ち往生した].
stórm cèllar 名 暴風雨避難地下室.
stórm cènter 名 ❶ 暴風の中心. ❷ 騒ぎの中心(人または問題).
stórm clòud 名 ❶ あらし[しけ]雲. ❷ [通例複数形で] 動乱の前兆.
stórm còat 名 ストームコート《厚地の裏地と毛皮の襟のついたコート; 防水されている場合が多い》.
stórm·còck 名《鳥》ヤドリギツグミ (mistle thrush).
stórm còne 名《英》暴風(雨)警報円錐標識.
stórm cùff 名 嵐雨よけ袖口, 風防カフ《二重袖口の内側のカフで, 手首にぴたっと締まるもの》.
stórm dòor 名 防風ドア《入口のドアの外側につける》.
stórm dràin 名 ＝storm sewer.
stórm·er 名《英俗》すごい[でかい]もの, すばらしいもの.
stórm flàp 名 《テントやコートの開口部の》雨よけフラップ.
stórm glàss 名 暴風雨予報器《密封瓶で天候によってその内容液の沈殿状態が変化する》.
stórm·ing 形 Ⓐ《俗》猛烈な, ものすごい, ずばぬけた力を見せる.
stórming pàrty 名 襲撃隊.
stórm làntern 名《英》風防つきランプ.
stórm pètrel 名 ＝stormy petrel 1.
stórm·pròof 形 暴風(雨)に耐える, 耐暴風雨性の.
stórm sàil 名《海》荒天(用)の帆, ストームスル.
stórm sèwer 名《舗道・屋根などの》雨水の排水管.
stórm tròoper 名《ナチスの》突撃隊員.
stórm tròops 名 ❶ ＝shock troops. ❷ [S~ T~] 《ナチスの》突撃隊.
stórm window 名《主に米》防風窓《荒天に備えて普通の窓の外側につける》.

*⁺**stórm·y** /stɔ́ːmi ǀ stɔ́ː-/ 形 (**stórm·i·er**; **-i·est**) ❶ 暴風(雨)の, あらしの, しけの; 暴風雨を伴う (↔ calm). ❷ 《感情・言動・人生など》あらしのような, 荒れ狂う, 激しい, 論争的な: ~ passions 激しい情熱 / a ~ life 波乱万丈の生涯. (名 storm)

stórmy pétrel ❶《鳥》ウミツバメ《★この鳥はあらしを予報すると信じられた》. ❷ いつももめ事を起こす人.

Stor·no·way /stɔ́ːnəwèi ǀ stɔ́ː-/ 名 ストーノウェイ《スコットランド北西の Lewis with Harris 島の Lewis 地区にある町, 同島の中心地; 旧 Western Isles 州の州都》.

*[*]**sto·ry**¹ /stɔ́ːri/ 名 (**-ries**) ❶ ❶ 物語, 話: a ghost ～ 怪談 / a true ～ 実話 / a nursery ～ おとぎ話 / ⇒ shaggy-dog story. ❷ ❶ 話, うわさ話, 所説; 申し立て, 言い訳: according to his ～ 彼の話では《用法》疑念をほのめかす時に用いる) / change one's ～ (それまで)言うことを変える / She tells a very different ~. 彼女の話だとまるで違う / It's a long ~. その話をすると長くなる(ので詳しい話はやめておく) / It's the (same) old ~. 例のよくある話(事)だ / It's another ～ now. 今はまったく話が違っている / The ~ goes *that* his wife ran away with another man. 彼の妻は別の男と駆け落ちしたという話だ[と伝えられている]. ❸ ❶ 小説, 話《特に》短編小説, ストーリー: a detective ～ 推理小説. b Ⓤ《小説・劇などの》筋, 構想, ストーリー (plot): a novel with little ~ 筋らしい筋のない小説. ❹ a ❶ 素姓, 身の上, 話: She told me her ~ [*the* ～ *of her life*]. 彼女は私に身の上話をした. b ❶ 言い伝え, 伝説: famous in ～ 伝説に名高い. ❺ ❶ うそ: tell **stories**《小児》うそをつく / tell a tall ～ ほらを吹く. ❻ ❶《新聞》記事; 記事のたね. **A líkely stóry!** ⇒ likely 形《成句》. **but thàt's (quìte) anóther stóry.** しかしそれは話が違うが［別な話だ］. **énd of stóry** 《口》話はそれだけだ, これ以上言うことはない. **to máke [cút] a lóng stóry shórt** かいつまんで話せば. **Thàt's the stóry of a pérson's lífe.**《戯言》それが人生だ.

〖F＜L *historia* 歴史, 物語, 絵; ⇒ history〗【類義語】 **story** 最も広い意味の語で, 人々を楽しませたり知識を与えたりするために書かれたり話されたりする実際のまたは架空の話. **tale** story よりもやや文学的な含みを持つ語で, 架空の伝説的な昔話やおとぎ話. **narrative** story よりも形式ばった語で, 出来事を時系列で語られるもの. **anecdote** 有名な人や事件に関する短いおもしろい話.

*[*]**sto·ry**² /stɔ́ːri/ 名 (**-ries**)《建物の》階, 階層 (cf. floor 2): a house of one ～ 平屋 / on the second ～ 2階に / ⇒ upper story. 〖L＜?;「建物の各階にあった絵の描かれた窓」の意から転じたものか〗【類義語】 **story** 主に建物の何階層であるかを表わす時に用いる. **floor** は特定の階を示す時に用いる.

stóry·bòard 名 ストーリーボード, 絵コンテ《テレビ・映画の主要場面を簡単に描いた一連の絵を並べて貼り付けたパネル》.

stóry·bòok 名 物語の本, 童話の本. ― 形 Ⓐ ❶ おとぎ話の; 非現実的な. ❷《おとぎ話の結びのように》めでたしめでたしの: a ～ ending ハッピーエンド.

stóry èditor 名 ストーリーエディター《映画やテレビの台本の内容・形式について助言する編集者》.

*⁺**stóry lìne** 名《劇・小説などの》筋 (plot).

*⁺**stóry·tèller** 名 ❶ a 話の上手な人. b 物語作家. ❷《口》うそつき《特に子供》.

stóry·wrìter 名 物語作家, (短編)小説家.

stoup /stúːp/ 名《カト》❶《教会入り口の》聖水盤. ❷ 大コップ. b 大コップ1杯の量.

*⁺**stout** /stáut/ 形 (~·**er**; ~·**est**) ❶ 太った, かっぷくのよい: a ~, middle-aged gentleman でっぷりした中年の紳士. ❷ じょうぶな, 頑丈な (sturdy): a ～ ship 頑丈な船. ❸ 勇敢な; 断固とした, 頑強な: a ～ heart 勇気. ― 名 Ⓤ,Ⓒ スタウト《強い黒ビール》. ～·**ly** 副 ～·**ness** 名【類義語】⇒ fat.

stóut·héarted 形 勇敢な, 豪胆な. ～·**ly** 副 ～·**ness** 名

stove¹ /stóuv/ 名 ❶ a 《暖房用》ストーブ. b 《料理用》コンロ, レンジ. ❷《英》《園》《人工熱による》温室. ― 動 ❶ 熱処理機で熱する. ❷《英》《植物を》温室栽培する. 〖Du＝暖められた部屋〗

stove² 動 stave の過去形・過去分詞.

stóve enàmel 名 Ⓤ 耐熱エナメル(ほうろう).
stóve·pìpe 名 ❶ ストーブの煙突. ❷《口》シルクハット.
stóvepipe hát 名 ＝stovepipe 2.
stóve·tòp 名 レンジの上部《調理する部分》. ― 形 レンジ(で使う); レンジで調理できる.

*⁺**stow** /stóu/ 動 他 ❶《ものを》《場所・容器に》しまい込む, 詰め込む: S~ your bags under the seats. バッグは座席の下にお入れください / He ~ed these papers *away in* the drawer. 彼はそれらの書類を引き出しにしまい込んだ / ~ a ship's hold *with* cargo 船倉に貨物を積み込む. ❷《食物を》詰めこむ, 平らげる《*away*》. ❸《通例命令法で》《俗》《騒ぎ・ばかげた話などを》やめる: S~ it! やめろ!, 黙れ! ❹《船・飛行機などに》密航する; こっそりただ乗りする《*away*》.

stów·age /stóuidʒ/ 名 Ⓤ ❶ 積み込むスペース. ❷ 積み[詰め]賃. ❸ 積み荷料.

stów·awày 名《船・飛行機などの》密航者; 無賃乗客.

Stowe /stóu/, **Harriet (Elizabeth) Beecher** 名 ストウ (1811-96; 米国の作家; *Uncle Tom's Cabin* (1852)).

STP (略) standard temperature and pressure 標準温度と気圧.

St. Patrick's Cathedral, St. Paul, St. Peter's, etc. ⇒ Saint Patrick's Cathedral, Saint Paul, Saint Peter's, etc. のつづり位置.

str. (略) strait; streamer; 《楽》string(s).

stra·bis·mus /strəbízməs/ 名 Ⓤ《医》斜視. **stra·bís·mal** /strəbízm(ə)l/, **-mic** /-mık/ 形

Strad /stræd/ 名《口》＝Stradivarius

*⁺**strad·dle** /stǽdl/ 動 自 ❶ 両足を広げる; または広げて立つ(歩く, 座る). ❷ ひより見をする. ― 他 ❶ a 〈…にまたがる; 〈…を〉またぐ: ～ a horse 馬にまたがる / The building ~s the road. その建物は道路をまたいでいる. b 《両足を広げて立つ》. ❷《米》《争議などに》ひより見をする.

──名 ❶ 両足をふんばること, またがること. ❷《米》ひより見の態度.

Strad·i·var·i·us /strædəvé(ə)riəs/名 ストラディバリウス《イタリア人 Stradivari /-vá:ri/ (1644?-1737) 製作のバイオリンなどの弦楽器》.

strafe /stréɪf | strá:f/ 動 ⓣ ❶〈低空飛行で〉…に〉機銃掃射を加える. ❷〈人を〉しかる; 非難する.

strag·gle /strǽgl/ 動 ⓘ ❶［副詞句を伴って］**a** だらだらと連なる [広がる]: The town ~s *out into* the country. 町はだらだらと郊外へ広がっている. **b** だらだらと歩く [進む]: The schoolchildren ~*d along* the country lane. 学童たちがいなか道をぞろぞろと歩いていた. ❷ **a** 落伍する, 列［連れ］からはぐれる. **b**〈毛髪などが〉ほつれる: Her hair ~*d over* her collar. 彼女の髪が襟の上にほつれていた.

strág·gler 名 ❶ 落伍者,〈連れに〉はぐれたもの. ❷ はびこる枝.

strág·gling 形 ❶ 落伍した; 連れから離れた. ❷〈行列などが〉ばらばらに進む. ❸〈村・家などが〉不規則に伸びた; まとまりのない形の. ❹ 髪がほつれた. ❺ 枝などがはびこった.
~·**ly** 副

strag·gly /strǽgli/ 形 ❶ 不規則に伸びた; まとまりのない形の. ❷〈髪が〉ほつれた. ❸〈枝などが〉はびこった.

*__straight__ /stréɪt/ 形 (~·**er**; ~·**est**) ❶ **a** まっすぐな, 一直線の: a ~ line 一直線 / a ~ road 直線道路 / make a wire ~ 針金をまっすぐにする. **b**〈毛髪などが〉縮れていない. **c**〈衣服・スカートが〉フレアでない, ストレートの. ❷ **a** 直立した, 垂直な: a ~ back (猫背でない) まっすぐな背 / Keep your back [legs] ~. 背中［脚］をまっすぐにしなさい. **b**〈脚の〉湾曲していない, がにまたでない. ❸ P **a** 整頓(ﾄﾞﾝ)して, きちんとして: keep [set, put] a room ~ 部屋を整頓しておく [片づける] / put [set] one's affairs ~ 身辺の諸事を整理する. **b** 間違いがなく, 正しく: set [put] the record ~ 記録を正す / set [put] a person ~ 人の誤りを正す / Let's get this ~. この事ははっきりさせて [訂正して] おこう. ❹ **a**（目的に向かって）ひたむきな; 理路整然とした, 筋の通った; 単純明快な: ~ thinking 筋の通った考え方. **b** 包み隠しのない, 単刀直入な: ~ talk 直言 / I'll be ~ *with* you. 率直に申しましょう. **c** とぎれずに続く, 連続した: for seven ~ days 7日間続けて / in ~ succession 絶えることなく続けて / get ~ A's《米》（学校で）全秀［A］をとる. ❺ 正直な, 公明正大な; 公正な: ~ dealings 公正な取引 / I'm trying to keep ~. まともな生活を心がけている. ❻ 確かな, 信頼できる: a ~ report 信頼できる報告 / a ~ tip（競馬・投機などの）確かな筋からの情報［予想］. ❼《口》**a** 徹底的な: a ~ Republican 正真正銘の共和党員. **b**〈投票が〉（ある政党の）全部の公認候補に投じられた: ⇒ straight ticket. ❽〈選択・争いが〉二者択一の, 一騎討ちの: ⇒ straight fight. ❾（比較なし）〈酒が〉純粋の, ストレートの, 生(*°*)の: ~ whiskey 生のウイスキー / drink bourbon ~ バーボンをストレートで飲む. ❿〈顔が〉まじめくさった: keep one's face ~=keep a ~ face にこりともしない, まじめくさった顔でいる. ⓫ A（比較なし）〈劇が〉喜劇でなく正劇の. ⓬《口》**a** 普通の, まともな, 月並な. **b** 同性愛者でない (↔ gay). **c** 貸し借りのない **d** 犯罪者でない. **e** 麻薬を用いない.

── 副 (~·**er**; ~·**est**) ❶ まっすぐに, 一直線に: walk ~ （よろけないで）まっすぐ歩く / shoot ~ 命中させる / Go [Keep] ~ on! まっすぐに行き [進み] なさい. ❷ 直立して, 垂直に: sit up ~ まっすぐに座り直す. ❸ 直接に, 直行して (directly): go ~ to London ロンドンに直行する. ❹《口》率直に, 包み隠しなく: Is it cancer? Tell me ~. ガンですか? 隠さずに言ってください. ❺ 続けて, とぎれずに: keep ~ on ずんずん続けていく. ❻《口》正しく, 正直に: go ~ 曲がったことをしなく［正直に］なる; かたぎになる / live ~ 地道に暮らす. ❼ 事実どおりに, 客観的に: set a person ~ 人にありのままに伝える.

stráight awáy 直ちに, すぐ (immediately).
stráight from the shóulder ⇒ shoulder 成句
stráight óff ⇒ off 副 成句
stráight óut 率直に, あからさまに.
stráight úp (1)［質問をする時, また答える時に用いて］《英俗》本当に. (2)《米口》水で割らない, 生(*°*)の: whiskey ~ up ストレートのウイスキー.

── 名 ❶ C《口》**a** 普通の［平凡な］人. **b** 非同性愛者. **c** 麻薬常用者でない人. ❷ **a** C［通例単数形で］直線部分;《主に英》（特にゴール近くの）直線コース. **b** [the ~] まっすぐ, 一直線に: on *the* ~ まっすぐで［に］. ❸ C（ポーカーの）ストレート《異なる組の5枚続きの手; ⇒ poker² 解説》.

the stráight and nárrow 道徳的に正しい生活, 正道《★聖書「マタイ伝」から》: keep to [on] *the* ~ *and* narrow 正道を守る.

~·**ly** 副 ~·**ness** 名 U ❶ まっすぐなこと, 一直線. ❷ ひたむき, 率直さ; 公明正大.

《ME=引き伸ばされた; stretch の古い過去分詞から》

stráight Á 形《米》（学業成績が）全秀［A］の, オールAの (cf. straight A 4 c): a ~ student 全秀［A］の学生.
stráight ángle 名［数］平角.
stráight-árm 動 ⓣ《アメフト》〈敵に〉腕をまっすぐに突き出してタックルを防ぐ.
stráight árrow 名《米口》まじめ人間, 正直者, 堅物(たの).
*__stráight-awáy__ 副 直ちに, すぐに. ── 形 一直線の.
── /⌐-⌐-/ 名 直線（走路）.
stráight-bréd 純血種の.
stráight cháin 名《化》〈分子構造の〉直鎖(きぅ).
stráight-cút〈タバコの〉葉を縦に長く切った［刻んだ］, ストレートカットの.
stráight-èdge 名 直（線）定規.
stráight-éight 名 直列8気筒エンジン（の車）.
†**stráight·en** /stréɪtn/ 動 ⓣ ❶ **a**〈…を〉まっすぐにする 〈*out*〉: ~ one's tie ネクタイをまっすぐに直す / ~ a bent nail 曲がった釘をまっすぐにする. **b** [~ *oneself* で] 体をまっすぐに伸ばす〈*out*〉. ❷ **a**〈…を〉整頓(ﾄﾞﾝ)［整理］する, きちんとする〈*up*, *out*〉: ~ one's thinking 頭を整理する / ~ (*up*) one's room 部屋を整頓する. **b**〈…を〉清算する〈*up*, *out*〉: ~ *out* one's accounts 勘定を清算する. ❸ **a**〈…の〉困難を取り除く〈*out*〉. **b**〈人を〉正道に戻す, 矯正する〈*out*〉. ── ⓘ〈…が〉体をまっすぐにする〈*up*, *out*〉. ❷ きちんとなる〈*out*, *up*〉. 《形 straight》
stráight fáce [a ~]（笑いをこらえた）まじめくさった顔: keep a ~ まじめくさった顔をしている. **stráight-fáced** 形
stráight fíght 名《英》（選挙などの）二候補者の一騎打ち
stráight flúsh 名（ポーカーの）ストレートフラッシュ《同一組の札の5枚続きの手; ⇒ poker² 解説》.
*__stráight·for·ward__ /stréɪtfɔ́ə(r)wəd | -fɔ́:wəd⁻/ 形 ❶ 簡単な, 容易な, 単純な, 明快な. ❷ 正直な, 率直な (frank). ❸ まっすぐな. ── 副 ❶ 簡単に, 容易に. ❷ 正直に, 率直に. ❸ まっすぐに. ~·**ly** 副 ~·**ness** 名
stráight·fórwards 副=straightforward.
stráight-jácket 名=straitjacket.
stráight-láced 形=straitlaced.
stráight-líne 形 ❶ 直線の［よりなる］;〈機械装置が〉直線運動の［をする］: ~ motion 直線運動機構. ❷《会計》（毎期同一額を償却する）定額［直線］方式の, 定額….
stráight mán 名（喜劇役者の）引き立て役.
stráight-óut 形《米》❶ 率直な, あからさまな. ❷ まったくの, 徹底的な.
stráight rázor 名《米》西洋かみそり.
stráight shòoter 名《米口》正直で信頼できる人.
stráight-síx 名 直列6気筒エンジン（の車）.
stráight tícket 名《米》一括投票《同一政党の候補者ばかりに投票する連記投票; cf. split ticket》: vote a ~ 一括投票する.
stráight tíme 名 U （週間）規定労働時間（数）.
stráight-to-vídeo 名（劇場上映されずに）ビデオでのみ公開される映画.
stráight-úp 形《口》正直な, まっすぐな.
stráight·wày 副《古》直ちに (at once).
*__strain¹__ /stréɪn/ 名 ❶ U,C（心身の）極度の緊張, 重圧, ストレス (stress); 過大な負担: the ~ of worry 心労 /

strain

under ~ 緊張した状態で, 精神的重圧を受けて, 負担を背負って / without ~ 無理をしないで, 楽に / put a ~ on... に大きな負担をかける[となる]. ❷ U.C 張り, 張っている状態; 張る力: Keep a ~ on the rope. ロープをぴんと張っておけ. ❸ C.U (無理な使い方により足・背中などを)痛めること, 筋違え. **at (fúll) stráin** 全力を尽くして. ── 動 他 ❶ ⟨...の一部を⟩動かす, ⟨声をふりしぼる⟩: ~ one's eyes 目をみはる / ~ one's voice 声をふりしぼる / ~ one's ears 耳をすます, 聞き耳を立てる. **b** [~ oneself で] 精いっぱい努力する: ~ oneself to do ...するために精いっぱいやる. ❷ **a** ⟨無理なことを⟩⟨体の一部を⟩痛める; ⟨足・背中などを⟩痛める, ⟨筋を⟩違える (比較)足首・関節をくじく時には sprain を用いる): He has ~ed his eyes by reading too much. 彼は読書が過ぎて目を痛めた / Don't ~ your nerves. 神経を使いすぎるな. **b** [~ oneself で] 無理をして健康を損なう: ~ oneself by overwork 過労で体をこわす / Don't ~ yourself! 無理をするな! ❸ ⟨...に⟩過大な負担をかける, ⟨...を⟩逼迫⟨させる⟩: Increasing military spending ~s the national economy. 増大する軍事費で国の経済が逼迫している. ❹ ⟨関係を⟩そこなわせる, こじらせる, 悪く[難しく]する, 緊張させる. ❺ ⟨法・意味・意味を曲げる, ゆがめる: ~ the meaning of a word 単語の意味を曲げて解釈する / ~ the truth 事実を歪曲(わいきょく)する. ❻ ⟨網などを⟩⟨ぴんと⟩張る, 引っぱる: ~ a rope to the breaking point ロープを切れそうになるまで引っぱる. ❼ **a** ⟨液体を⟩漉(こ)す: ~ soup スープを漉す. **b** ⟨かすなどを⟩漉して除く: ~ *out* coffee grounds コーヒーのかすを漉し取る. ❽ 〈古〉⟨...を⟩抱き締める. ── 自 ❶ **a** 懸命に努める, 懸命になる: [+*to do*] I ~ed to hear what she said. 私は彼女の言っていることを聴こうと努めた. **b** [...の下で]耐える: The porter was ~ing *under* his load. その赤帽は重荷に耐えていた. ❷ [...を]引っぱる: ~ *at* a rope ロープを引っぱる / The crew ~ed at the oars. 乗組員たちは一生懸命オールをこいだ. ❸ [...に抗して]力を込める [*against*]. ❹ ⟨液体が⟩漉される.

〖F ← L 強く引っぱる; cf. strict〗

strain[2] /stréɪn/ 名 ❶ C 種族, 血統, 家系: of a good ~ 血統のよい. **b** 〖生〗系統, 株. **c** (思想などの)系統, 流れ. ❷ [a ~] (性格の傾向, 特徴, 気味; 素質 (streak): There was a ~ of melancholy in his character. 彼の性格にはどこか憂うつなところがあった. ❸ C [しばしば複数形で] 曲, 旋律; 詩歌, 歌; 調子: ~s of music 遠くから聞こえる楽の音(ね). ❹ [単数形で; 修飾語を伴って] 調子, 口調, 書き[話し]ぶり: speak in a solemn ~ まじめな調子で話す / in the same ~ 同じ調子で.

+**strained** 形 ❶ 張りつめた, 緊張した; 緊迫した (tense): ~ relations 緊張した関係. ❷ **a** 不自然な, わざとらしい (forced): a ~ laugh 作り笑い. **b** こじつけの: a ~ interpretation こじつけの解釈.

stráin·er 名 漉(こ)し器, 水切り, ストレーナー: a tea ~ 茶漉し.

stráin gàuge 名 〖機〗ひずみゲージ.

+**strait** /stréɪt/ 名 ❶ [しばしば ~s で単数扱い; S- で地名に用いて]海峡, 瀬戸 (复 St.): the Bering S- ベーリング海峡 / the S- of Hormuz ホルムズ海峡 (イランとアラビア半島の間にあるペルシア湾への入り口となる海峡). ❷ [複数形で; 通例単数で ~s で] 窮乏, 難境, 難局, 困難: be *in* serious [desperate] ~s 難儀をする, 窮境にある. ── 形 (~·er; ~·est) 〈古〉狭い, 窮屈な: the ~ gate 狭き門 (★ 聖書「マタイ伝」から). 〖F ← L *strictus* 狭い所; cf. strict〗

strait·ened /stréɪtnd/ 形 金銭的に困った (★ 通例次の句で): in ~ circumstances 窮乏して.

stráit·jàcket 名 ❶ (狂暴な精神病者・囚人などに着せるズック製の)拘束服. ❷ 拘束, 束縛.

stráit·láced 形 (倫理的に)厳格な, 堅苦しい.

strake /stréɪk/ 名 〖造船〗外板の条列(の幅); 〖機〗(車輪の)輪鉄(わてつ).

*strand[1] /strǽnd/ 名 ❶ (特にねじれた)細い糸状のもの (髪/繊維, 針金などの)一本); (綱・ロープの)子なわ, 片撚(ひ

り; 撚り糸 ⟨*of*⟩. ❷ 要素, 成分 (element) ⟨*of*⟩. ❸ 〖生〗(DNA の)鎖, 分子鎖.

strand[2] /strǽnd/ 動 他 [通例受身で] ❶ **a** ⟨人を⟩立ち往生させる, 行き詰らせる: They *were* ~*ed* in a strange city. 彼らは未知の都会でにっちもさっちもいかなくなってしまった. **b** ⟨人を⟩⟨…な状態に⟩する: He *was* ~*ed* penniless. 彼は無一文になってしまった. ❷ ⟨船を⟩を座礁させる, 岸に打ち上げる. ── 名 《詩》(海・湖・川などの)岸, 浜.

stránd·ed 形 [通例複合語で] ...な[...本の]要素をもつ.

*strange /stréɪndʒ/ 形 (stran·ger; -est) ❶ 奇妙な, 不思議な, 一風変わった: a ~ accident 不思議な出来事 / ~ clothes 変わった服 / Something is ~. どこかおかしい, 様子が変だ / ~ as it may sound 妙なことを言うようだが / It's ~ (that) we should meet here. 我々がこんなところで会うなんて不思議だ. ❷ (比較なし) **a** 未知の, 見[聞き]なれない, 不慣れな: a ~ man [face, place] 見知らぬ男 [見なれない顔, 初めての[不慣れな]場所] / The language was quite ~ *to* him. その言語は彼にまったく未知のものであった. **b** P (比較なし) 〈古〉[...に]慣れないで, 未熟で. ❸ 場違いな, 居心地の悪い, 気持ち[気分]の悪い. **féel stránge** ⟨人が体の調子が変である. **stránge to sáy** 不思議な話だが. ── 副 〈口〉strangely. -**ness** 名 〖F ← L の, 外国の ← *extra* 外で[に]; cf. extra-〗〖類義語〗 strange 「奇妙な」の意味の一般的な語で, 見たり, 聞いたり, 経験したりしたことがないので奇妙に感じる. odd 普通のものと違って, または周囲のものと調和しないで奇妙な. queer とっぴな, 異常な感じを与える. peculiar 他のものとは違った性質を持っているものに目立つ.

stránge attráctor 名 〖数〗ストレンジアトラクター (attractor の一つ; 非周期的な軌道をもつ).

*strange·ly /stréɪndʒli/ 副 (more ~; most ~) ❶ 奇妙に, 変に, 打ち解けずに: He was acting ~. 彼は態度が変だった. ❷ [文修飾] 不思議なことには: S- (enough), she said nothing about it. 不思議なことには彼女はそれについて何もしゃべらなかった.

*strang·er /stréɪndʒə | -dʒə/ 名 ❶ (見)知らぬ人, 他人; 客: He's a [no] ~ *to* me. 私は彼を知りません[知っている] / an utter ~ 赤の他人 / You're quite a ~. -Hello- ! まあずいぶん久しぶりですね / make a ~ *of*... をよそよそしく[冷たく]扱う. ❷ [場所などに]不慣れな人, 初めての人, 未経験者: I'm a ~ *in* this city [*to* that city]. この町[この町]は不案内だ. **be a [nó] stránger to...** にまったく経験がない[経験が豊かである], ...をまったく知らない[よく知っている]: He's a [no] ~ *to* poverty. 彼は貧乏の味をよく知っている[よく知っている].

+**stran·gle** /strǽŋgl/ 動 他 ❶ ⟨人を⟩絞め殺す; 窒息させる (throttle). ❷ ⟨議案などを⟩握りつぶす, ⟨活動・成長などを⟩抑える: ~ free speech 自由な発言を抑えつける. **stránger** 名

+**stránglé·hòld** 名 ❶ [レスなど]のど輪, 締めつけ 《反則技》. ❷ 活動をはばむもの, 束縛.

stran·gles /strǽŋglz/ 名 [単数または複数扱い] (馬などの)腺疫.

stran·gu·late /strǽŋgjʊlèɪt/ 動 他 ❶ 〖医〗⟨血行を⟩絞扼(こうやく)して阻害する. ❷ =strangle. ── 自 〖医〗⟨血行が⟩絞扼[阻害]される.

stran·gu·la·tion /strǽŋgjʊléɪʃən/ 名 U ❶ 絞殺. ❷ 活動[成長]の阻止. ❸ 〖医〗嵌頓(かんとん), 絞扼(こうやく).

stran·gu·ry /strǽŋgjʊri/ 名 U 有痛排尿困難.

+**strap** /strǽp/ 名 ❶ ひも, つりひも, ストラップ; 革ひも, 革帯; (乗り物などの)つり革; (かみそりなどの)革砥(と). ❷ [the ~] (革ひもでの)せっかん. ── 動 他 (straps; strapped; strap·ping) ❶ [副詞(句)を伴って] ⟨...を⟩⟨ひもで⟩結びつける, しばる: ~ *up* a trunk トランクをひもで縛る / ~ *on* a watch 革バンドの時計をする. **b** ⟨ oneself *in* ⟨シートベルトなどで⟩固定する. ❷ (英) ⟨...にばんそうこうを貼る ((米) tape) ⟨*up*⟩. ❸ ⟨人を⟩革ひもでせっかんする.

stráp·hàng 動 自 つり革にぶらさがる.

stráp·hànger 名 つり革にぶらさがっている乗客.

stráp·hànging 名 U つり革につかまって立っていくこと.

stráp hìnge 名 帯蝶番(ちょうつがい) 《留める面の長いもの》.

strap·less 形 《ドレス・水着など》肩つりひもなしの.
strap·line 名 《新聞・雑誌の》小見出し.
strap·pa·do /strəpéɪdoʊ, -páː/ 名 (複 ~s) つるし刑《罪人を後ろ手に縛り, 高所に吊り上げ吊り落とす》; つるし刑具.
⁺strapped 形 ❶ 〖口〗〖金などがなくて, すかんぴんの〗〖for〗. ❷ ひもで結びつけた.
strap·ping 形 A (大柄で)がっしりした; 大きい, でっかい.
strap·work 名 帯模様, 帯飾り; ひも状細工.
Stras·berg /strǽsbəːg| -bəːg/, **Lee** 名 ストラスバーグ (1901–82; 米国の演出家・演劇教育者).
Stras·bourg /strǽsbʊərg| strǽzbəːg/ 名 ストラスブール, シュトラスブルク《フランス北東部の都市; 欧州議会の所在地》.
stra·ta 名 stratum の複数形.
strat·a·gem /strǽtədʒəm/ 名 ❶ 計略, 策略, 術策. ❷ 軍略, 計略. 〖F<L<Gk=将軍職〗
stra·tal /stréɪtl, strǽtl/ 形 【地質】 (stratum) の, 地層の.
⁺stra·te·gic /strətíːdʒɪk/ 形 戦略的な; 戦略(上)の; 戦略上重要[必要]な: ~ planning [thinking] 戦略的立案[思考] / ~ bombing 戦略爆撃 / ~ materials 戦略物資. (名 strategy)
Stratégic Áir Commànd 名 《米》戦略空軍総司令部 (略 SAC).
stra·té·gi·cal /-dʒɪk(ə)l/ 形 =strategic. **~·ly** /-kəli/ 副
Stratégic Defénse Inìtiative 名 〖the ~〗⇒ SDI.
stra·te·gics /strətíːdʒɪks/ 名 U 戦略学, 兵法.
⁺strat·e·gist /strǽtədʒɪst/ 名 戦略家; 策士.
strat·e·gize /strǽtədʒàɪz/ 動 ⦿ (…に対する)戦略[作戦]を練る, 入念に計画する.
⁑strat·e·gy /strǽtədʒi/ 名 ❶ C,U (目的達成のための)計画, 方策, 対策, 方針, 方法, 手順: a ~ for protecting the environment 環境保護計画 / a cancer prevention ~ がん予防策. ❷ U,C 戦略. 〖F<Gk 軍を導くこと, 将軍職 <stratēgos 将軍<stratos 軍+agein 導く〗 (形 strategic) 【類義語】 strategy 全体の作戦計画. tactics 個々の戦闘の用兵.
Strat·ford·up·on-A·von /strǽtfədəpɒnéɪvən, -əpɑ̀ːn- | -fədəpɔn-/ 名 ストラットフォード アポン エイボン《イングランド中部の都市; Shakespeare の生地; Stratford-on-Avon ともいう》.
strath·clyde /strǽθkláɪd/ 名 ストラスクライド州《スコットランド西部の旧州; 州都 Glasgow》.
strath·spey /strǽθspéɪ/ 名 ストラススペー《スコットランドの, reel に似るがそれよりおそい快活なダンス; その曲》.
stra·ti 名 stratus の複数形.
strat·i·fi·ca·tion /strætəfɪkéɪʃən/ 名 U ❶ 《地質》地層, 層理. ❷ 階層化, 階級化(of). **~·al** /-ʃ(ə)nəl/ 形
stráti·fòrm 形 層状の, 層をなす;《地質》成層(性)の, 層理の.
strat·i·fy /strǽtəfàɪ/ 動 ⦿ 〈…に〉層を形成させる, 層状にする: stratified rock 成層岩, 水成岩. ❷ 〈社会などを〉階層化する, 階級に分ける. — ⦾ ❶ 層になる. ❷ 〈社会などが〉階層化する, 階級に分かれる.
strat·ig·ra·phy /strətígrəfi/ 名 U ❶ 【地質】 層位[層序, 地層]学. ❷ 【考古】 地層解析. **-pher** 名 層位学者. **strati·graph·ic** /strǽtəgrǽfɪk¯/, **-i·cal** /-k(ə)l/ 形 層位学(上)の.
strat·o- /strǽtoʊ/ 〖連結形〗「層雲」「成層圏」. 〖L STRATUM〗
stra·toc·ra·cy /strətɒ́krəsi| -tɔ́k-/ 名 U,C 軍政; 軍閥政治.
strà·to·cúmulus /-ˌkjuːmjʊləs/ 名 (複 -li) 【気】層積雲 (略 Sc).
stráto·pàuse 名 【気】成層圏界面.
⁺strat·o·sphere /strǽtəsfɪ̀ər/ 名 〖the ~〗❶ 【気】成層圏《対流圏上の大気層》. ❷ (階級・等級などの)(最)上層部.
strat·o·spher·ic /strǽtəsférɪk, -sfɪ́ər-| -sférɪk¯/ 形 成層圏の: ~ aviation 成層圏飛行.
strà·to·volcáno /-/ 名 【地】成層火山.
⁺stra·tum /stréɪtəm, strɑ́ː- | strɑ́ː-, stréɪ-/ 名 (複 -ta

/-tə/, ~s) ❶ 【地】地層; 層. ❷ 層, 階級 (class): the **strata of** society 社会層. 〖L=広がり, おおい<ster-nere, strat- 広める, 伸びる; cf. street〗
strátum córne·um /-kɔ́ːniəm| -kɔ́ː-/ 名 (複 **stráta córne·a** /-niə/) 【解】角質層.
stra·tus /stréɪtəs/ 名 U 【気】層雲.
Strauss /stráʊs, stráʊs/, **Jo·hann** /joʊhɑ́ːn| -hǽn/ 名 ❶ シュトラウス (1804–49; オーストリアの作曲家). ❷ シュトラウス (1825–99; オーストリアの作曲家; 1の息子).
Strauss, Richard 名 シュトラウス《1864–1949; ドイツの作曲家》.
Stra·vin·sky /strəvínski/, **I·gor** /íːgɔːə- | -gɔː-/ 名 ストラビンスキー (1882–1971; ロシア生まれの米国の作曲家).
⁑straw /strɔ́ː/ 名 ❶ U わら, 麦わら; C わら 1本: made of ~ (麦)わらで作った / spread ~ わらを敷く / A ~ will show which way the wind blows. 《諺》ちょっとした兆候で全体の風潮がわかる,「一葉落ちて天下の秋を知る」/ It's the last ~ that [The last ~] breaks the camel's back. 《諺》ぎりぎりのところまで重荷を負ったラクダはその上から 1本でも積まされると参ってしまう(たとえわずかでも限度を越せば取り返しのつかない事になる; cf. last straw). ❷ ストロー. ❸ C 〖否定文で〗わら 1本ほどのもの, 無価値なもの, つまらないもの: do not care a ~ [two ~s, three ~s] 少しもかまわない / not worth a ~ 一文の価値もない. **a mán of stráw** =straw man. **a stráw in the wínd** 風向き[世論の動向]を示すもの (hint). **cátch [clútch, grásp] at a stráw** わらにもすがろうとする, 困ってどんなものにも助けを求めようとする: A drowning man will catch at a ~. ⇒ drown 成句. **dráw [gét] the shórt stráw** 《口》貧乏くじを引く. **màke brícks without stráw** ⇒ brick 成句. —形 ❶ わらの, 手製の: a ~ hat 麦わら帽子. ❷ わら色の, 淡黄色の. 〖OE; 原義は「まかれたもの」〗
⁺straw·ber·ry /strɔ́ːbèri, -b(ə)ri| -b(ə)ri/ 名 ❶ a C イチゴ (実). b C 【植】オランダイチゴ, イチゴ. ❷ U イチゴ色, 深紅色. 〖OE<↑+BERRY; わらで実を保護したことからか〗
stráwberry blónde 形 《髪がストロベリーブロンドの《赤みがかったブロンド》. — 名 ストロベリーブロンドの女性.
stráwberry màrk 名 【医】イチゴ状血管腫, イチゴ状[色]母斑(ほん), 赤あざ.
stráwberry róan 名 地色がはっきりした赤の糟毛(かすげ)の馬.
stráwberry trèe 名 =arbutus 1.
stráw·bòard 名 U 黄板紙, 黄ボール紙.
stráw bòss 名 《米口》職(工)長代理.
stráw-còlored 形 わら色の, 淡黄色の.
stráw·flòwer 名 【植】ムギワラギク《切ってもしおれずもとのままの姿を保つ》.
stráw màn 名 ❶ わら人形. ❷ つまらない人間; 資産のない人. ❸ 議論の弱い[手ごろな]相手[対象]. ❹ 看板としてかつぎ出される人物, あやつり人形.
stráw pòll [vòte] 名 《投票形にする》非公式世論調査.
straw·y /strɔ́ːi/ 形 わらの(ような), わら製の; わらを敷いた[詰めた], わらぶきの; つまらない.
⁑stray /stréɪ/ 動 ⦾ 〖通例副詞(句)を伴って〗 **a** 離れる, (はぐれる)迷う, さまよう: Our sheep have ~ed from the fold. 我々の羊は群れからはぐれた. / Don't let the children ~ **into** the woods. 子供たちを森の中に迷い込ませるな. **b**〖目などが無意識に[うつろに]〗動く. ❷〈議論・考えなどが〉わきにそれる, 脱線する. ❸ 定まった相手以外と関係をもつ, 浮気をする. — 形 (比較なし) ❶〈動物など〉迷い出た, 道に迷った, はぐれた (★ P 形容詞は astray): a ~ cat のら猫 / a ~ sheep 迷い出た羊; 迷える羊(人). **b**〈弾丸など〉(コースから)それた: a ~ bullet 流れ弾(だん). **c**〈髪の毛が〉ほつれた: (a) ~ hair (1本の)ほつれ毛. ❷ 時たまの, 偶然の; 離れ離れの, まばらな: a ~ visitor ふりの訪問客. — 名 ❶ 迷い出た家畜; のら犬[猫]; はぐれ者. ❷ 浮浪者, 浮浪児; 迷子. ❸〖複数形で〗【理】空電. **wáifs and stráys** ⇒ waif 成句. 〖F=道からそれる<L

strata 通り; ⇒ street〕

*streak /stríːk/ 图 ❶ **a** (地色と異なる)筋, しま, 線: He has ~s of gray in his hair. 彼は髪の毛に白髪がまじっている. **b** 稲妻; 光線: ~s of lightning 稲妻. **c** (肉の脂肪などの)層: ~s of fat and lean = ~s of lean and fat (ベーコンなどの)しまになっている脂身(ゑ/ゑ)と赤身. **d** 〖生〗画線培養(物). ❷ 傾向, 気味, 調子 (strain): There's a violent ~ [a ~ of violence] in her nature. 彼女の性格には狂暴なところがある. ❸ (短)時間; (勝ち・負けなどの)連続: We had a ~ of good [bad] luck. 我々には少し運[不運]が続いた / be on a winning [losing] ~ 勝ち[負け]続ける. **like a stréak of líghtning** 電光石火のごとく; 全速力で. **with a stréak of** ...がまじった: His hair *was* ~*ed with* gray. 彼の髪は白髪まじりだった. ― 動 ⓘ ❶ [副詞(句)を伴って] 疾走する, 大急ぎで行く (dart): When I opened the door, the cat ~*ed out*. ドアを開けると猫がとび出してきた. ❷ 《口》ストリーキングをする (⇒ streaking 2). 〖OE; 原義は「印, 線」〗(形 streaky).

stréak・er 图 ストリーカー (streaking 2 をする人).

stréak・ing 图 Ⓤ ❶ ストリーキング 《髪の毛の色を部分的に変えてしま状にすること》. ❷ ストリーキング 《公衆の面前を裸で走り抜けること》.

streak・y /stríːki/ 形 (**stréak・i・er; -i・est**) ❶ **a** 筋のついた, しまの入った. **b** 〈肉の〉層のある: ~ bacon 脂肪と赤身がしまになっているベーコン. ❷ むらのある, 一貫しない, 変わりやすい, あてにならない. **stréak・i・ly** -kɪli 副 -i・ness 图 (名 streak).

*stream /stríːm/ 图 ❶ 流れ, 川; (特に)小川. ❷ (液体・気体などの)一定の流れ; 流出; 奔流 〖*of*〗. ❸ 〈動くもの・人の流れ〉; 〈出来事の〉連続: an endless ~ of cars [people] 絶え間なく続く車の列[人波] / a ~ of discoveries 次々と続く発見. ❹ 〖通例単数形で; 通例 the ~〗 〈時・思想などの〉流れ, 傾向: the ~ of time 時の流れ / go with [against] the ~ 時勢に従う[逆らう]. ❺ 《英》(学力別による)学級, 分級. **on stréam** 〈工場など〉生産して, 生産中で. **(the) stréam of cónsciousness** 意識の流れ. ― 動 ⓘ ❶ **a** [副詞(句)を伴って] 流れる, 流れ出る: I saw sweat ~*ing down* his face. 汗が彼の顔を流れ落ちているのが見えた. **b** 〈人・体が〉〈汗・涙などを〉流す: Her eyes were ~*ing with* tears. 彼女の目から涙が流れていた. ❷ 絶え間なく続く: People ~*ed out* of the courtroom. 人々が法廷からぞろぞろ出ていた. ❸ 〈旗などが〉翻(ﾟﾎｰ)る; 〈髪などが〉なびく; 〈光・火などが〉流れ込む. ― ⓣ ❶ 〈水・涙などを〉流れ出させる: The wound ~*ed* blood. その傷口は血を吹いていた. ❷ 《英》〈学童・クラスなどを〉能力別に分ける. ❸ 〖電算〗ストリーミングに従う (⇒ streaming). 〖OE=流れるもの〗〖類義語〗⇒ river.

stréam・er 图 ❶ **a** 吹き流し, 長旗 **b** 翻(ﾟﾎｰ)る飾り, 飾りリボン. ❷ (出航の際用いる)テープ. ❸ (通例新聞第一面の)トップ全段抜き大見出し. ❹ 〖釣〗ストリーマー 《小魚を模した毛針》. ❺ **a** (極光などの)射光, 流光. **b** [複数形で] (日食の時見える)太陽のコロナの輝き. ❻ (また **téape stréamer**) 〖電算〗ストリーマー 《大容量ハードディスクの内容を磁気テープに高速バックアップする装置》.

stréam・ing 图 〖電算〗ストリーミング 《ネットワークで音声・動画などを配信する際、受け手が全データをダウンロードする必要がなく、受信しながら同時に再生できる方式》.

stream・let /stríːmlət/ 图 小川, 細流.

⁺stream・line 動 ⓣ ❶ 〈...を〉流線型にする. ❷ 〈仕事・生産などを〉合理[能率]化する. ― 图 流線(型). ― 形 Ⓐ 流線型の.

⁺stream・lined 形 ❶ 流線型の. ❷ 最新式の. ❸ 能率化した.

*street /stríːt/ 图 ❶ **a** Ⓒ 街路, 通り: the high [《米》main] ~ 大通り, 本通り / I met her in [on] the ~. 通りで彼女に会った 《用法》on を用いるのは主として 《米》. **b** [the ~s] 都会のスラム (通例 St., 通例 St. とも). 《通例 St. とも》. 街, 街路 《通り名《固有名詞》よりは弱く発音される; 例: Oxford St. /áksfəd strìːt/ ˈɔ́ksfəd-/; ⇒ avenue 解説》: West 39th *Street* (ニューヨークの)西 39 番街. ❸ Ⓒ (歩道と区別した)車道: Don't play in the ~. 車道で遊んではいけません. ❹ [the ~; 集合的; 単数または複数扱い] 街の人たち: *The* whole ~ was [were] out for the parade. 街の人たちは皆パレードを見る[に参加する]ために出てきた. **be on the stréets** (1) 宿なしである. (2) 売春婦をする. **gó on the stréets** (1) 宿なしになる. (2) 売春婦になる. **hít the stréet** ⇒ hit 成句. **nót in the sáme stréet with** [as] ...《口》...とは比べものにならない. **(right) úp a person's stréet** 《英口》(1) 人の得意とするところで. (2) 人の好み[性]に合って. **stréets ahéad of ...** 《英口》 ...よりもはるかにすぐれた[まさった]《用法》 the ~ s は副詞で「はるかに」の意. **the mán in** [《米》 **on] the stréet** ⇒ man 成句. **wálk the stréets** = be on the STREETS 成句. ― 形 Ⓐ 街路(通りなど)の: street map [plan], street light [lamp]. 〖L (via) *strata* 舗装された(道) *sternere*, *strat*- まく, おおう, 舗装する; cf. stray〗【類義語】**street** 街中で両側に建物が立ち並んでいる道路. **road** 都市と都市を結ぶ(車の通行のための)道路.

stréet Árab 图 宿なし子, 浮浪児.

⁺stréet・càr 图 《米》市街電車 (《英》tram).

stréet clóthes 图 《制服・舞台衣裳などに対して》普段着, 街着, 私服.

stréet credibílity [**créd**] 图 Ⓤ 《主に英口》(特に都会の)流行の先端を行く若者の間での信用[人気].

stréet críes 图 《英》行商人の呼び売りの声.

stréet dòor 图 (街路に接した)表戸口.

stréet・ed /-tɪd/ 形 通り[街路]のある.

stréet fùrniture 图 Ⓤ 街路備品, ストリートファニチャ 《屋根付きのバス停・街灯・くず入れなど》.

stréet làmp 图 = streetlight.

stréet-lègal 形 〈車などが〉道路で使用するために必要な法的条件を満たした.

stréet líght 图 街灯.

stréet máp [plàn] 图 市街地図.

stréet musícian 图 ストリートミュージシャン, 街頭音楽家.

stréet náme 图 〖証券〗仲買人名義, 証券業者名義, 名義貸し 《譲渡手続きを簡素化するためまた担保にするために, 顧客名義ではなく株式仲買人名義となっている有価証券を表わす語》.

stréet pèople 图 路上生活者, ホームレス.

stréet・scàpe 图 街[街路]の光景; 街景写真, 街の絵.

stréet smárts 图 《米》都会の環境で生き抜く術, 都会の生活知. **stréet-smàrt** 形.

stréet úrchin 图 宿なし子, 浮浪児.

stréet vàlue 图 (麻薬などの)末端価格.

stréet・wàlker 图 売春婦, 街娼(ﾃﾞ).

stréet・ward 副 通りの方へ[の].

stréet・wìse 形 《米》都会の環境で生き抜く術を持った, 都会の生活知のある.

Stre・ga /stréɪgə/ 图 Ⓤ 〖商標〗ストレガ 《オレンジ風味のリキュール; イタリア製》.

stre・lit・zi・a /strəlítsɪə/ 图 〖植〗ゴクラクチョウカ属の各種草本, ストレリチア 《バショウ科; アフリカ原産》.

*strength /stréŋ(k)θ/ 图 ❶ Ⓤ Ⓒ **a** 強さ, 強いこと, 力, 体力: a man of great ~ 大力の男 / with all one's ~ 力いっぱい, 全力を振り絞って / [+*to do*] I don't have the ~ to lift this box. 私にはこの箱を持ち上げる力がない. **b** 強さ, 強さ: the ~ of a light [sound] 光[音]の強さ. **c** (成分の)濃度, 強度 (concentration): the ~ of a solution 溶液の濃度. ❷ Ⓤ (精神的な)力, 知力, 能力, 道義心: ~ of mind [will] 精神[意志]力. ❸ Ⓒ Ⓤ 強み, 長所: His ~ lies in his honesty. 彼の長所は正直さにある. **b** 力となるもの, 頼り, 支え: God is our ~. 神はわれらの力. ❹ Ⓤ 抵抗力, 耐久力: the ~ of a bridge 橋の耐久力. ❺ Ⓤ 勢力, 威力, 権力, 影響力; 資力: military ~ 軍事力 / the ~ of the anti-war movement その反戦運動のもつ力. ❻ Ⓤ 人数, 人手, 戦力, 兵力: battle ~ 戦闘兵力 / at full ~ 全員こぞって, 勢ぞろいして / under [below] ~ 戦力[主力]を欠いて, 人員不足で, 定員割れで / in full [great] ~ 全員[大勢]そろって. ❼ Ⓤ (通貨など

の)価値の高さ, 強さ. ❼ Ⓤ Ⓒ (議論などの)説得力, 迫力.
from stréngth to stréngth ますます有名[強力]に: He goes *from ~ to ~* with each new novel. 彼は新作小説を発表するたびに有名になっている. **Gíve me stréngth!** [相手の愚かさなどにうんざりした気持ちを表わして]《口》まいったなあ, 勘弁してよ, いいかげんにしろ. **on the stréngth of** …を力[もと]にして, …のおかげで, …を見込んで: *On the ~ of* your recommendation I decided to employ her. あなたの推薦があったので彼女を雇うことに決めた. 〖動〗strengthen, 〖形〗strong. 【類義語】⇒ power.

*strength·en /stréŋ(k)θən/ 〖動〗 ❶ <…を>強くする, 丈夫にする; 増強する. (↔weaken): ~ one's body 体を丈夫にする / ~ security [a relationship, an argument] 安全性[関係, 議論]を強化する. ― 〖自〗強くなる, 強まる; 丈夫になる, 増強される. 〖名〗strength, 〖形〗strong).

strength·less 〖形〗力のない, 無力な. ~**ness** 〖名〗

*stren·u·ous /strénjuəs/ 〖形〗 ❶ <仕事・行為など>奮闘を要する, 困難な. ❷ 奮闘的な, 熱心な: make ~ efforts 奮闘努力をする, 大いに骨折る. ~**ly** 〖副〗 ~**ness** 〖名〗 〖L〗

strep /strép/ 〖名〗《口》連鎖球菌 (streptococcus).
strép thròat 〖名〗《米口》連鎖球菌咽頭炎.
strep·to- /stréptou/ [連結形]「よった (twisted)」「連鎖球菌」

strep·to·car·pus /strèptəkáːrpəs | -káː-/ 〖名〗〖植〗ウシノシタ (アフリカ・アジア原産のイワタバコ科ウシノシタ属の各種の一年草[多年草]; 白・淡紅色などの派手ならっぱ状の花をつけ観賞用に栽培される).

strèpto·cóccus 〖名〗(徽 -cocci) 連鎖状球菌. **-cóc·cal** 〖形〗

strèpto·kínase 〖名〗Ⓤ〖生化〗ストレプトキナーゼ (fibrinolysin)(連鎖球菌から採った繊維素分解酵素).

strèpto·mýcete 〖名〗〖菌〗ストレプトミセス科の放線菌.

strep·to·my·cin /strèptəmáisin | -sin/ 〖名〗Ⓤ〖薬〗ストレプトマイシン (抗生物質の一種で結核などの特効薬).

*stress /strés/ 〖名〗 ❶ Ⓤ Ⓒ (精神的な)圧迫感, ストレス, 精神的重圧: suffer from the ~ of city life 都会生活のストレスに悩む / The examination put a lot of ~ on him [put him under a lot of ~]. その試験が彼にはたいへんな精神的重圧になった. ❷ Ⓤ (物理的な)圧力, 重圧: the ~ of a roof *on* a beam 梁(はり)にかかる屋根の圧力 / How much ~ can the walls bear [take]? その壁はどのくらいの圧力に耐えられるか. ❸ Ⓤ 強調, 力点, 重点 (emphasis): lay [put, place] ~ *on*… を力説[強調]する. ❹ Ⓤ Ⓒ **a** 〖音声〗強勢, 語勢, 力点, アクセント: the ~ falls on…に強勢がある. **b** 〖音声〗アクセント, ビート. ― 〖他〗 ❶ <…を>強調する (emphasize): He ~ed the importance of health. 彼は健康の重要性を強調した. ❷ <…に>強勢[アクセント]をつける. ❸ <…を>緊張させる, ストレスで疲れさせる (*out*). 〖(DI)STRESS〗

stréss àccent 〖名〗Ⓤ Ⓒ 〖音声〗 (英語などの)強さアクセント.

*stressed 〖形〗 ❶ ストレスのたまった. ❷ 〖音声〗<音節が>強勢のある (↔unstressed): a ~ syllable 強勢のある音節. ❸ A 圧力の加えられた.

stréssed-óut 〖形〗《口》ストレスで疲れきった, ストレスのたまった.

stréss fràcture 〖名〗〖医〗疲労骨折 (繰り返しあるいは長時間圧迫をうけることによって生じる足の骨などの毛細状のひび).

+**stress·ful** /strésf(ə)l/ 〖形〗<仕事など>ストレスの多い, 精神的に疲れる. ~**ly** /-fəli/ 〖副〗 ~**ness** 〖名〗

stréss·less 〖形〗 ❶ 圧迫のない; 緊張[ストレス]のない. ❷ 〖音声〗強勢[アクセント]のない. ~**ness** 〖名〗

stréss màrk 〖名〗強勢符, アクセント(符号).

stréss·or /-sə | -sə/ 〖名〗ストレッサー (stress をひきおこす刺激).

*stretch /strétʃ/ 〖動〗 ❶ **a** <…を>引き伸ばす, 引っぱる: ~ a rubber band ゴムバンドを引き伸ばす / I ~ed the gloves to make them fit. 手袋を手にうまくはまるように伸ばした / [+目+補] He ~ed the rope tight. 彼はロープをぴんと引っぱった. **b** <…を…に>張り渡す, 張りつめる: ~ a rope *between* two trees [*across a field*] ロープを2本の木の間に張る[野原に張り渡す]. ❷ <手足などを>伸ばす, 差し伸べる[出す]: He ~ed his arms and yawned. 彼は両腕を伸ばしてあくびをした / I ~ed out my hand for the book. その本を取ろうとして手を伸ばした. **b** [~ oneself で] 伸びをする; 大の字になる: The boy ~ed himself *out* on the lawn. その少年は芝生の上に大の字に横たわった. **c** <人を>大の字に打ち倒す: A blow behind the ear ~ed him (*out*) on the floor. 耳の後ろに一撃をくらって彼は床の上に大の字に倒れた. ❸ **a** <…を>無理に解釈する; 乱用[悪用]する; 誇張する: ~ a point 無理なこじつけをする, 事実を曲げる / That's ~*ing* it a bit. それはちょっとこじつけだ / ~ the law 法律を曲げる, 法律に融通をきかす / ~ the truth 真実[真相]を強引に曲げる. **b** <…を>極度に緊張させる; 精いっぱいに働かせる: ~ every nerve 全神経を緊張させる / ~ one's patience じっと我慢する. **c** [~ oneself で] 全精力を出しきる: He's not *being* fully ~ed in this job. 彼はこの仕事では十分に力を発揮していない. ❹ <番組・議論などを>長引かせる, 引き延ばす: He ~ed the story *out* by creating new episodes. 彼は新たに挿話を作り出してその物語を引き延ばした. ❺ <品物・お金などを>長くもたせる; <金をやりくり[算段]する>: We'll have to ~ *out* the rations (to last a week). 我々はその配給食糧を(1週間)もたせなければならないだろう. ❻ <事物や>く金・資産などを>多大に要する, 使い尽くす: Our current budget is ~ed to the limit. 我々は現在の予算をぎりぎりまで使っている. ❼ <仕事などが><人の能力を>十分に発揮[生かす] ― 〖自〗 ❶ 伸びる, 伸縮性がある: Rubber ~es. ゴムは伸びる. ❷ [副詞(句)を伴って] **a** (…に)広がる, 及ぶ, 達する: The forest ~ed *for* miles. 森林は何マイルも続いていた / The desert ~es eastward *across* Arabia *into* Central Asia. 砂漠は東の方へアラビアを横切り中央アジアに及ぶ. **b** <時・記憶などが>(…に)続く, 及ぶ, わたる; <事が>長引く, 続く: His memory ~es *back to* the 1890s. 彼の思い出は 1890 年代にさかのぼっている. ❸ (背)伸びをする; 手足を伸ばす: She ~ed and yawned. 彼女は伸びをしてあくびをした / ~ *out* for a book 本を取ろうと手を伸ばす. ❹ [通例否定文で] <金が>十分にある, 間に合う [*to*].

― 〖名〗 ❶ **a** Ⓒ <身体を>(特に, 体を)伸ばすこと, 伸び, ストレッチ; 伸ばし, 張り; 伸張: with a ~ and a yawn 伸びとあくびをして. **b** Ⓤ 伸びる性質, 伸縮性: There's not much ~ in this girdle. このガードルはあまり伸びない. ❷ Ⓒ **a** (陸地・海などの)広がり: a wide ~ of grassland 広々と開けた草原. **b** (距離・時間の)長さ, ひと続き: *for a long ~ of* time 長時間にわたって. **c** 《俗》懲役の期間, 刑期: do a ~ in prison 刑務所に服役する. ❸ Ⓒ [通例単数形で] 一気, ひと息, 一度, ひと続きの仕事 [努力, 時間] (spell). ❹ Ⓒ (競走路などの) 直線コース, (特に) 最後の直線コース (straight). **b** (野球・選挙などの)最後の追い込み. **at a strétch** (1) 一気に, 休まずに. (2) 全力を尽くして, 精いっぱい. **at fúll strétch** (1) 体をいっぱいに伸ばして. (2) 全力を尽くして, 精いっぱい. **by ány strétch of the imaginátion** [否定文で] どんなに想像をたくましくしても.

〖OE; 原義は「まっすぐにする」; cf. straight〗

+**stretch·er** 〖名〗 ❶ **a** 担架, ストレッチャー: on a ~ 担架に乗って. **b** カンバス[画布]台. ❷ **a** (机・椅子の脚を結ぶ)横木. **b** (ボートの)足掛け. **c** (煉瓦[石]造り壁の)長手積みにした煉瓦[石]. ❸ **a** 伸ばす[張る, 広げる]人. **b** 張り器, 伸張具, 手袋張り, 靴[帽子]の型つけ. ❹ 《口》ほら, 大ぼら.

strétcher-bèarer 担架かつぎ(人).

strétcher pàrty 〖名〗[集合的; 単数または複数扱い] 担架救助隊.

strétch lìmo [lìmousine] 〖名〗《口》(より多くの席(6人以上)と豪華さを与えるために)車体を長くしたリムジン.

strétch màrk 〖名〗[通例複数形で] 妊娠線 (経産婦の腹部に出る).

stretch·y /strétʃi/ 〖形〗(stretch·i·er; -i·est) 伸び, 伸縮性のある.

stret·to /strétou/ 〖楽〗〖名〗(徽 -ti /-tiː/, -tos) ストレッタ: **a** フーガの終結部で主題・応答が重なり合って緊迫すること

[部分]. **b** テンポが速くなり緊張感が増す終結部. **—** [副] 速めて, ストレットで.

streu·sel /strúːs(ə)l, strɔ́ɪ-, ʃtrɔ́ɪ-, -z(ə)l/ [名]《米》シュトロイゼル《バター・砂糖・小麦粉・シナモンなどで作った, ケーキの上に載せて焼く飾り》.

+**strew** /strúː/ [動] (~**ed**; **strewn** /strúːn/, ~**ed**) [他] **1** (…を)(…に)まき散らす, ばらまく〔*about, on, over; with*〕: Garbage was *strewn **about*** the alley.=The alley was *strewn **with*** garbage. 路地には一面にごみが散らばっていた. **2** 〈…に〉ばらまかれている: Autumn leaves *~ed* the lawn. 落ち葉が芝生に散らばっていた.

+**strewn** [動] strew の過去分詞.

strewth /strúːθ/ [間] [困惑・驚きを表わして]《英口》ちぇっ!, ちくしょう! 〘God's truth から〙

stri·a /stráɪə/ [名] ([複] **stri·ae** /stráɪiː/) (細い)溝; 〔解〕線, 線条.

stri·a·tal /straɪéɪtl/ [形]〔解〕線条体 (corpus striatum) の.

stri·ate /stráɪət/ [形] =striated. **—** /-eɪt/ [動] [他] 〈…に〉筋[線, しま]をつける.

strí·at·ed /-eɪtɪd/ [形] 筋[線, しま, 溝(みぞ)]のある; 線状の.

stríated múscle [名] [U] 横紋筋 (cf. smooth muscle).

stri·a·tion /straɪéɪʃən/ [名] **1** [U] 筋つけ, 筋入り; 筋具合. **2** [C] 細みぞ, しま. 〘STRIATE+-ION〙

+**strick·en** /stríkən/ [動]《古・文》strike の過去分詞. **—** [形] **1 a** [P]〔病気に〕かかって; 〔不運・災害などで〕ひどく打撃を受けて: be ~ ***with*** measles はしかにかかっている. **b** [しばしば複合語をで] (病気に)かかった; (不幸に)見舞われた: a ~ area 被災地区 / drought-*stricken* regions 旱魃地帯 / ⇨ awe-stricken, panic-stricken. **2** [A] **a** (弾丸などで)打たれた, 傷ついた, 手負いの: a ~ deer 手負いの鹿. **b** 悲嘆に暮れた, 打ちひしがれた: a ~ expression [look] 悲嘆に暮れた表情[顔つき].

strick·le /stríkl/ [名] **1** 斗かき, 升かき《升に盛った穀物を平らにならす棒》. **2** (大鎌用の)砥石(といし).

*__strict__ /stríkt/ [形] (~·**er**; ~·**est**) **1** 〈人・規則など〉厳しい, 厳格な: ~ parents 厳格な両親 / a ~ vegetarian 徹底した菜食主義者 / ~ rules 厳しい規則 / He is ~ ***with*** his children. 彼は子供たちに厳しい / She is ~ ***in*** her work [***about*** deadlines]. 彼は自分の仕事に対して[締切に]厳しい. **2** 厳密な, 精密な: in the ~ sense 厳密な意味での, 厳密に言えば. **3** 完全な, まったくの: in ~ secrecy 極秘で / in ~ seclusion まったく世を捨てて. **~·ness** [名] 〘L=強く引っぱられた < *stringere, strict-* 強く引っぱる; cf. constrict, restrict; constrain, restrain, strain; astringent, stringent; distress, stress; strait〙 【類義語】**strict** ルールや規準を守ることを相手に強く求めること. **severe** 人やその言行, または規則・おきてなどが厳しくて, やさしさ・寛容さがないこと. **stern** 特に表情や態度などが厳しくて情け容赦のないこと. **austere** 道徳心が強く, 自制が厳しいこと.

stríct constrúction [名]〔法〕(法令や文書の, 法廷による)厳格解釈.

stríct liabílity [名] [U]〔法〕厳格責任, 無過失責任《発生した事故などについて, 故意・過失の立証を要することなく行為者に負わせられる責任; 製造物責任 (product liability) がその一例》.

*__strict·ly__ /strík(t)li/ [副] (**more** ~; **most** ~) **1** 厳しく; 厳密に. **2** [文修飾] 厳密に言えば. **3** まったく, 断然 (purely): ~ in confidence 完全に秘密で / He acted ~ on his own. 彼はまったく自分だけの意志で行動した. **stríctly spéaking** 厳密に言えば.

stric·ture /stríkʧə | -ʧə/ [名] **1** [通例複数形で] 非難, 酷評, 弾劾: pass ~*s* ***on***…を非難[弾劾]する. **2** 拘束, 制限〔*against, on*〕(restriction). **3** 〔医〕狭窄(きょうさく).

*__strid·den__ /strídn/ [動] **stride** の過去分詞.

*__stride__ /stráɪd/ [動] (**strode** /stróʊd/; **strid·den** /strídn/) [自] **1** [副詞(句)を伴って] 大またに歩く《[用法] 完了時制はまれ》: He *strode across* the street [up to them, *down* the sidewalk]. 彼は大またで通りを横切った[彼らに近づいた, 歩道を歩いて行った]. **2** 〔…を〕またぎ越す, またぐ: The boy *strode over* [*across*] the brook. 少年はその小川をまたいだ. **—** [他] **1** 〈道などを〉大またに歩く, 闊歩(かっぽ)する. **2** 《詩・文》〈ものに〉またがる; 〈…を〉またにかける, 牛耳る. **—** [名] **1 a** 大またの一歩; 大またに歩くこと, 闊歩(かっぽ): walk with rapid ~*s* 急いで大またに歩く. **b** [通例単数形で] 歩幅; (歩く)ペース. **c** ひとまたぎ. **2** [通例複数形で] 進歩, 発展: make great [rapid] ~*s* 長足の進歩をする. **gèt ínto** one's **stríde** 仕事[運動]の調子が出る. **táke…in** one's **stríde** (1) 苦もなく〈障害物を〉飛び越す. (2) 難なく〈困難などを〉切り抜ける, 〈…を〉楽にこなす; 〈…に〉冷静に対処する: You must learn to *take* things *in* your ~. 多少のことには動じないようにならなくてはいけない. **stríd·er** [名] 【類義語】⇨ walk.

stri·den·cy /stráɪdnsi/ [名] [U] かん高いこと, 耳障り.

+**stri·dent** /stráɪdnt/ [形] **1** かん高い, 耳障りな (raucous): a ~ voice 耳ざわりな声. **2** 攻撃的な, 押しの強い. **~·ly** [副] 〘F < L *stridere* to creak〙

stri·dor /stráɪdə, -dɔə/ [名] [U]〔医〕喘鳴(ぜんめい); ギシギシ[キーキー]いう音, きしり声.

strid·u·late /stríʤulèɪt | -djʊ-/ [動] [自] 〈コオロギなどが〉(翅をすり合わせて)鳴く. **strid·u·la·tion** /strìʤuléɪʃən | -djʊ-/ [名]

+**strife** /stráɪf/ [名] [U] 争い, 不和, 闘争 (conflict): cause ~ 争いを引き起こす / be at ~ (with…) (…と)争っている, 不和である. 〘F〙 ([動] strive)

strig·il /stríʤəl/ [名] **1** 〔古ギ・古ロ〕(浴場の)肌かき器. **2** 〔昆〕(ハチなどの前脚末にある)脛節櫛歯(しっし).

stri·gose /stráɪgoʊs/ [形]〔植〕剛毛のある, 粗面の〈葉など〉; 〔動〕細溝のある.

*__strike__ /stráɪk/ [動] (**struck** /strʌ́k/; **struck,** 《古・文》 **strick·en** /stríkən/) [他] **1 a** 〈…を〉打つ, たたく, 殴る; 〈…を〉〔…に〕打ちつける: He *struck* the table ***with*** his fist. 彼はこぶしでテーブルをドンとたたいた / He *struck* his attacker ***on*** the head [***in*** the face].=He struck his attacker's head [face]. 彼は彼を襲ってきた人の頭[顔]を殴った / ~ a person ***down*** 人を殴り倒す / 〔目+補〕~ a person dead 人を殴り殺す / She *struck* the man senseless. 彼女はその男を殴って失神させた. **b** 〈一撃を〉くらわす: ~ a blow 一撃を加える. **c** 〈ボールを〉打つ, 蹴る; 〈得点を〉入れる, 〈ゴールを〉決める: 〔+目+目〕I *struck* him a blow (***on*** the nose [***in*** the face]). 彼(の鼻[顔面])に一撃をくらわした. **d** 〈刀・おのなどを〉〔…に〕突き刺す, たたきつける〔*in, into*〕. **e** 〈恐怖・不安などを〉〔人・人の心に〕しみ込ませる〔*in, into, to*〕.

2 a 〈…に〉突き[打ち]当たる, ぶつかる, 衝突する: The ship *struck* the rocks. 船は岩礁に乗り上げた / The first bullet *struck* his arm. 最初の銃弾は彼の腕に命中した. **b** 〈雷・あらしなどが〉〈…を〉襲う: Lightning *struck* the pine tree. 雷がその松の木に落ちた / An earthquake *struck* the country. 地震がその国を襲った. **c** 〈…を〉〔…に〕打ち当てる, ぶつける: Be careful not to ~ your head ***against*** [***on***] the beam. 梁(はり)に頭をぶつけないように注意しなさい. **d** 〈光が〉〈…を〉照りつける; 〈音が〉〈耳に〉入ってくる: The curtain is faded where the sun ~*s* it. そのカーテンは日光が当たる所が色あせている / A shrill voice *struck* my ear. かん高い声が耳に入ってきた / The sun *struck* me (full) ***in*** the face. 太陽がまっこうから照りつけた.

3 a 〈病気・苦痛などが〉〈…を〉襲う, 苦しめる, 悩ます (cf. stricken 1): Measles used to ~ four million children a year. 年間 400 万人の子供がはしかにかかったものだ / She *was struck* (***down***) ***by*** breast cancer. 彼女は乳がんにかかった《[用法] down があると「乳がんにかかって死んだ」の意にもなる》/ I *was* immediately *struck **with*** sadness. とたんに悲しくなった. **b** 〈人を〉衝撃で[急に]〈…に〉する《★ 通例受身》: 〔+目+補〕I *was struck* dumb with astonishment. 私はびっくりして口もきけなかった / The audience *was struck* silent. 聴衆は(感動のあまり)しんと静まり返った.

4 〈人の〉心を打つ, 〈人を〉感心させる, 感銘させる《★ しばしば受身で用いる》: I *was struck* by her charm. 彼女の魅力に感銘を受けた / 〔+目+***as***補〕She *struck* me *as* being very practical. 彼女は大変実務向きの人であるように思われた〔★ *as* 補は主格に対するもの; ★ 受身不可〕/ The idea *struck* him *as* a silly one [*as* silly]. その考えは彼にはばかげたものに思えた.

❺ 〈考えが〉人の心に浮かぶ〔★ 進行時制なし〕: A great idea has just *struck* me. すばらしい考えが頭にひらめいたところだ / It ~s me (*that*) she's not telling the truth. 彼女は本当のことを話していないような気がする.

❻ a 〈時計が〉時を打って報じる: The clock has *struck* three. 時計が3時を打った. b 〈音を〉打ち鳴らす: He *struck* a chord on the piano. 彼はピアノで和音を鳴らした.

❼ 〈火を〉打ち[すり]出す; 〈マッチを〉する: S~ a light, please. 火をつけてください / The man *struck* a match and lit his cigar. その男はマッチをすって葉巻きに火をつけた.

❽ 〈文字・語などを〉(線を引いて)消す, 〈名前などを〉削除[抹消]する, 〈訴えなどを〉却下する 《*from*》.

❾ a 〈地下資源を〉掘り当てる, 発見する. b 〈道路などに〉ふと出る: ~ a trail 山道に出る.

❿ a 〈メダル・硬貨などを〉打って造り出す, 鋳造する: ~ a medal メダルを鋳造する. b 〔…と〕〈取引・協定などを〉取り決める, 確定する: ~ an agreement [a bargain, a truce] (*with*…) …と協定[契約, 休戦協定]を取り決める. c 〈平均を〉算出する, 〈…を〉決済する, 計算する: ~ an average 平均を出す.

⓫ a 〈テントを〉取りはずす; 〈キャンプを〉引き払う (↔ pitch): ~ a tent テントを取り払う / ~ camp キャンプを引き払う. b 〈旗・帆などを〉降ろす: ~ one's colors (降服のしるしとして)旗を降ろす.

⓬ ストライキをして〈操業を〉一時停止する; 〈工場に対して〉ストに入る.

⓭ a 〈態度を〉とる: ~ a pose (写真・肖像画のための)ポーズをとる; (意識的に)ある態度をとる, 気取る. b (急に)〈…を〉し始める: The horse suddenly *struck* a gallop. 馬は突然全速力で走り始めた.

⓮ 〈植物が〉〈根を〉張る. b 〈挿木を〉根づかせる.

⓯ 《軍》敵などを攻撃する.

── ⓐ ❶ 打つ, 殴る, 殴りかかる: S~ while the iron is hot. 《諺》鉄は熱いうちに打て / He *struck* *at* me, but missed. 彼は私を目がけて打ってかかったが当たらなかった.

❷ a 〔…を〕襲う〈か〉襲いかかる〔*at*〕. b 〈病気・不幸などが〉〔…を〕襲う, 襲来する〔*at*〕. c 〔…を〕襲撃する, 攻撃する: ~ *at* the enemy 敵を攻撃する / The enemy *struck* at dawn. 敵は明け方に攻撃してきた. d 〈…の〉根本を衝(つ)く; 〔…を〕根底からくつがえそうとする: We must ~ *at* the root of the evil. その悪弊は根こそぎに[根絶]しなければならない.

❸ 衝突する, 当たる: There was a scream when the bullet *struck*. 弾が当たった時叫び声がした / Her head *struck* *against* the wall. 彼女の頭が塀にぶつかった / The ship *struck* on a rock. 船は岩礁に乗り上げた.

❹ 〈寒さ・光などが〉〈…を〉突き通す, 貫く, しみ込む〔*through, into, to*〕: The sunlight *struck* *through* the clouds. 日光が雲を通して差していた / The cold ~s *to* the marrow. 寒さが骨の髄までしみ込んでくる.

❺ 〈マッチなどが〉点火する, つく: Damp matches won't ~. しめったマッチはなかなか火がつかない.

❻ 〔副詞(句)を伴って〕〔…に〕向かう, 行く, 出発する: ~ *east* 東に行く / ~ *to* the right 道を右にとる / ~ *into* the woods 森へ入っていく / We *struck* out *into* [*through*] the woods [*for* the peak]. 我々は森の中へと[頂上をめざして]進んでいった.

❼ a 〈時計・時刻が〉鳴る, 打つ: The clock *struck*. 時計が鳴った. b 〈時機が〉到来する: The hour for reform has *struck*. 改革の時機が到来した.

❽ 〈…を要求に反対して〉ストライキをやる: They *struck* *for* higher pay. 彼らは賃上げストをした / They *struck* *against* the bad working conditions. 彼らはその悪い労働条件に抗議してストをやった.

❾ 〈植物・切り枝が〉根づく. b 〈種子が〉発芽する.

❿ 《釣》〈魚が〉餌に食いつく, 当たりがある.

1789　strike price

be struck on… 《口》…に夢中になる, ほれる.

strike báck 〔⊕+副〕〔⊕+副〕(1) 報復[反撃]する, し返しする (retaliate). (2) 〈バーナーの火が〉逆流する.

strike hóme 〔⊕+副〕(1) 急所を突く[に当たる]. (2) 〈言葉などが〉核心を突く, 効く: His bitter words *struck home*. 彼のしんらつな言葉が胸に強くこたえた.

strike ín 〔⊕+副〕(1) (会話の中に)入りこむ, 口を出す (cut in). (2) 〈病気が〉内攻する.

strike it rích 《口》(1) 大鉱脈[油脈]を掘り当てる. (2) 思わぬ大成功を収める, (突然)大金持ちになる.

strike lúcky 運よく成功する.

Strike me déad! 驚いた!, うそ!

strike on [upòn]… ふと…に思い当たる, …を思いつく: I've finally *struck on* the solution. ついに解決策を思いついた.

strike óff [〔⊕+副〕~ óff] (1) 〈首・枝などを〉打ち落とす: ~ *off* a person's head 人の首をはねる. (2) 〈人・人名を〉(名簿などから)削除[抹消]する〔★ しばしば受身で用いる〕: His name *was struck off*. 彼の名前が名簿から削られた. (3) 〈…を〉印刷する: They have *struck off* 300,000 copies of the dictionary. その辞典を30万部刷った. ── [〔⊕+副〕~ …òff…] (4) 〈名前を〉〈名簿から〉削る〔★ しばしば受身で用いる〕: You had better ~ his name *off* the list. 彼の名を名簿から削ったほうがよい. ── [〔⊕+副〕~ óff] (5) 〔…に〕向かって進む; 先立つ.

strike óut 〔⊕+副〕(1) 〈…を〉削除する: He *struck out* the last three names on the list. 彼は名簿から最後の3人の名前を削った. (2) 《野》〈打者を〉三振させる. ── 〔⊕+副〕(3) 〔…に〕(勢いよく)打ってかかる: He *struck out at* his assailant. 彼は攻撃してきた相手に向かって打ってかかった. (4) 新しい方向に[独立して]活躍する〔次の次の句で〕: ~ *out* on one's own 新たに独立独歩の道を踏み出す. (5) 〔…に向かって〕進む; 出発する (⇒ ⓐ ❻). (6) 《泳》手足で水をかいて泳ぐ: ~ *out* for the shore 手足で水をかきながら岸に向かって泳ぐ. (7) 《野》〈打者が〉三振する. (8) 《米口》失敗する.

strike róot ⇒ root[1] 成句.

strike thróugh 〔⊕+副〕〈…を〉削除する (cross out): ~ a word *through* 1語を抹消する.

strike úp 〔⊕+副〕(1) 〈曲を〉歌い[演奏し]始める: The band suddenly *struck up* a tune. バンドは突然演奏を始めた. (2) 〔人と〕交わりを結ぶ: ~ *up* a friendship [an acquaintance] (*with* a person) (人と)交わりを結ぶ. ── 〔⊕+副〕(3) 歌を歌い始める; 曲を演奏し始める.

── ⓝ ❶ ストライキ, 同盟罷業: a general ~ ゼネスト, 総罷業 / call a ~ ストライキを指令する / go on ~ ストに入る〔用法: ~ は無冠詞〕/ come [go] out on ~ ストを決行する / be (out) on ~ スト中である. ❷ (油田・金鉱などの)発見; 大当たり, 大成功: a lucky ~ 大当たり. ❸ a 《野》ストライク (↔ ball; ⇒ count[1] 名 ❺ 解説): three ~s. b 不利な点, ハンディ: have one ~ [two [three] ~s] against…に対して1つ[2つ, 3つ]不利な点がある. ❹ a 《ボウル》ストライク (第1投で全部のピンを倒すこと; その得点; cf. spare 名 2, split 名 8). b ボールを打つ[蹴る]こと; 得点, ゴール. ❺ 打つこと, 打撃, 殴打.

〔OE; 原義は「こする」; 後に「強く打つ」の意が生まれた〕

【類義語】 strike 打つの意の最も一般的な語. hit strike と同義だが, やや口語的な言い方. knock こぶしや固いものでたたく. beat 繰り返しさかんにたたく. punch げんこつで殴る. pound 重いもので繰り返し力強くたたく.

strike·bóund 形 ストライキで停止[まひ]した.

strike·bréaker 名 スト破り(人); スト中労働者の代替要員として雇われる労働者.

strike·bréaking 名 Ⓤ スト破り(行為).

strike-óut 名 《野》三振.

strike·óver 名 ❶ Ⓤ タイプライター文字の二重打ち. ❷ Ⓒ 二重打ちした文字.

strike páy 名 Ⓤ (労働組合から支給されるスト中の)賃金補償手当.

strike príce 名 《金融》行使価格 (exercise price).

*__strik·er__ /stráɪkə | kə/ [名] ❶〘サッカー〙ストライカー《得点をねらうことを主とするプレーヤー》. ❷ スト中の労働者, 同盟罷業者.

__stríke ràte__ [名](スポーツチームの, ゴールなどの)成功率.

__stríke zòne__ [名][the ~]〘野〙ストライクゾーン.

*__strik·ing__ /stráɪkɪŋ/ [形](__more ~; most ~__) ❶ 目立つ, 著しい; 印象的な (marked): a ~ resemblance 顕著な類似点 / a ~ beauty 目をみはるような美人. ❷ 打つ, 鳴る: a ~ clock 鳴る[時を打つ]時計. ❸ スト[罷業]中の. __withìn stríking dístance__ ⇨ distance [成句]. __~·ly__ [副]

__stríking cìrcle__ [名]〘ホッケー〙ストライキングサークル《ゴール前の半円で, その中からボールを打って得点となるエリア》.

__stríking prìce__ [名] =strike price.

__Strim·mer__ /strímə | -mə/ [名]〘商標〙ストリマー《金属の刃ではなく強い合成樹脂のひもを回転させて刈る草刈り機》.

__Strind·berg__ /strín(d)bə:g | -bə:g/, __(Johan) August__ [名] ストリンドベリ《1849–1912; スウェーデンの劇作家・小説家》.

S

__Strine__ /stráɪn/ [名][U] オーストラリア英語, オーストラリア英語発音をもじった音訳《例 Gloria Soame<glorious home》.

*__string__ /stríŋ/ [名] ❶ a [U,C] ひも, 糸 (⇨ rope [関連]): a piece of ~ 1本のひも. b [C](ラケットの)ガット. ❷ [C] ひもに通したもの, 数珠つなぎになったもの, 一連: a ~ *of* pearls 一連の[になった]真珠 / a ~ *of* onions ひとさげのタマネギ. ❸ [C] a〔人・車などの〕ひと続き, 1列: a ~ *of* cars 一線をなして続く自動車. b〔質問・うそなどの〕連続, 連発: a ~ *of* questions [lies] 質問[うそ]の連続 / make a ~ *of* phone calls 次々と電話をかける. ❹ [C]〘電算〙文字列, ストリング. ❺ a [C](楽器の)弦, 糸. b [the ~s] 弦楽器《全体》; (楽団の)弦楽セクション. ❻ [複数形で]《口》付帯条件,「ひも」: with no ~*s* (attached)=without ~*s* (援助金など)ひも付きでなく. ❼ [C] (能力別の)競技者名列, 級: the first [second] ~ 一軍[二軍]. __anóther [a sécond] stríng to one's bów__《口》第2の策, 別の手. __hárp on óne [the sáme] stríng__ 同じことを繰り返す. __háve a person on a stríng__〈人を〉操る《[由来] 操り人形のイメージから》. __hàve twó stríngs to one's bów__ 両天秤(てんびん)にかける, 第2の手段[策]をもつ. __pláy sécond stríng__ (1)《米》補欠を務める (cf. [名] 7). (2) 脇役を務める. __púll stríngs__ (裏で)操る, 糸を引く《[由来] 操り人形のイメージから》. ── [形][A] ❶ ひもで編んだ: ⇨ string bag. ❷ 弦楽の: ⇨ string quartet. ── [動] (__strung__ /strʌ́ŋ/) [他] ❶ a〈…を〉糸に通す[さす], 数珠なりにする: ~ beads ビーズを糸に通す. b〔…を〕〈糸などに〉つける: ~ a cord *with* beads ビーズをひもに通す. ❷ [副詞(句)を伴って] a〈…を〉〔…に〕ひもにつけて(高く)つるす: Chinese lanterns were *strung up across* the street for the festival. 祭りでちょうちんが通りをまたいでずらりとつるされていた. b〈…を〉〔…に〕一列に並べる, 配列する: Policemen were *strung out along* the street. 警察官が沿道に配置された. ❸ a〈弓・ラケットに〉弦[ガット]を張る: I'll have my tennis racket *strung.* テニスのラケットにガットを張ってもらおう. b〈楽器に〉弦をつける. ❹ [~ one*self* で] 緊張する, 興奮する (⇨ strung [形] 2): He *strung himself up* to a high pitch of expectancy. 彼は期待で極度に緊張した. ❺〈人を〉絞首刑にする: If there's a revolution, they will ~*up* people like us. 革命が起こったら彼らは我々のような連中を縛り首にするだろう. ── [自] ❶ 糸になる, ひも状になる. ❷ 広がる, 散開する〈*out*〉. __stríng alóng__《口》([他]+[副])[~+目+along] (1) (から約束などで)〈人を〉引っぱっておく. (2) (同調するように見せていて)〈人を〉だます. ── ([自]+[副]) (3)〔人に〕同調する; ついて行く〔*with*〕. __stríng óut__ ([他]+[副])〈…を〉長引かせる, 引き伸ばす. __stríng togéther__ ([他]+[副])〈…を〉つなぎ合わせる, 〈…を〉まとめる. 〘OE; 原義は「強く張ったもの」〙

__stríng bàg__ [名](ひもを編んで作る)網袋.

__stríng bánd__ [名][集合的; 単数または複数扱い] 弦楽団.

__stríng báss__ /-béɪs/ [名] =contrabass.

__stríng bèan__ [名] ❶ (さやのふちに糸状の筋のある)サヤエンドウ. ❷《口》やせて背の高い人.

__stríng·bòard__ [名]〘建〙階段側木.

__stríng·còurse__ [名]〘建〙蛇腹(じゃばら)層, 胴蛇腹, 帯, ストリングコース.

__stringed__ [形] ❶ 弦を有する: a ~ instrument 弦楽器. ❷ [複合語で] 弦が…の: four-*stringed* 4弦の.

__strin·gen·cy__ /strínʤənsi/ [名][U] ❶ 厳重. ❷ (財政上の)切迫, 金詰まり. ❸ (学説などの)説得力. ([形] stringent)

__strin·gen·do__ /strɪnʤéndoʊ/ [形][副]〘楽〙ストリンジェンドの[で], 次第に速い[速く]. 〘It＜L *stringere* ↓〙

+__strin·gent__ /strínʤənt/ [形] ❶〈規則など〉厳重な (rigorous). ❷〈金融など〉切迫した, 金詰まりの. ❸〈学説など〉説得力のある. __~·ly__ [副] 〘L＜*stringere* 強く引っぱる+-ENT; cf. strict〙

+__string·er__ /stríŋə | stríŋə/ [名] ❶ (非常勤で働く新聞などの)通信員, 記者. ❷ a〘建〙階段ばり, 側桁; 大桁, 縦材. b (航空機の胴体の)梁(はり)受け縦材, ストリンガー. ❸ (テニス・弦楽器などの)弦を張る人[器具], ストリンガー.

__stríng·hàlt__ [名](馬の)跛行症.

__stríng·lìne__ [名] =balkline.

__stríng órchestra__ [名] 弦楽合奏団.

__stríng·pìece__ [名]〘建〙横梁(ばり), 横桁(げた).

__stríng quartét__ [名] 弦楽四重奏(曲, 団).

__stríng tìe__ [名] ストリングタイ《幅の狭い(蝶)ネクタイ》.

__stríng vèst__ [名] メッシュ織り地のチョッキ.

__string·y__ /stríŋi/ [形] (__string·i·er; -i·est__) ❶〈髪が〉くたびれた感じの, よれよれの. ❷〈食物が〉繊維質の; 〈肉など〉筋だらけの. ❸〈人(の体)が〉筋ばった. ❹〈液体など〉糸を引く, 粘質の. ❺ 糸[ひも]の; 筋の.

*__strip__[1] /stríp/ [動] (__stripped; strip·ping__) [自] ❶ 衣服を脱ぐ; 裸になる: ~ to the waist 上半身裸になる / 〔+補〕~ naked 服を脱いで裸になる. ❷ ストリップをする. ── [他] ❶ a〈人を〉裸にする: The robbers *stripped* him to the skin. その強盗たちは彼を丸裸にした / 〔+目+補〕She *stripped* the child naked. 彼女はその子を丸裸にした. b [~ one*self* で] 服を脱ぐ, 裸になる (⇨ stripped 1): He *stripped himself* and ran into the sea. 彼は服を脱いで海の中に走って入った. ❷〈外皮・外衣などを〉はぐ, むく; 〈…の〉外皮[葉(など)]をはぐ: ~ the bark *off* 木の皮をはぐ / ~ *off* one's clothes [socks] 衣服[ソックス]を脱ぐ / ~ a tree 木の葉[外皮]を取る / ~ the bark *off* [*from*] a log 丸太の皮をむく / ~ a mold *from* a casting 鋳物から鋳型をはずす / ~ the trees *of* all their leaves=~ all the leaves *from* [*off*] the trees それらの木からすべての葉を落とす / 〔+目+補〕Winter *stripped* all the trees bare. 冬が来て木の葉がすっかり落ちた. ❸ a〈人などから〉〔…を〕奪う, 奪い取る: ~ a person *of* his possessions [citizenship] 人から財産[市民権]を奪う. b〈場所などから〉〔備品などを〕取り去る, はずす: ~ a room *of* its furniture 部屋から家具類を持ち出す. ❹〈機械の〉部品を取りはずす (dismantle): ~ *down* an engine エンジンの部品を取りはずす. ❺〈ねじの〉ねじ山をすり減らす. __stríp awáy__ ([他]+[副]) (1)〈上の層を〉はぎ取る, 取り除く. (2)〈うわべ・気取りなどを〉取り去る, 取り除く. ── [名] ストリップ(ショー).

*__strip__[2] /stríp/ [名] ❶ a (布・板などの)細長い一片: a ~ *of* paper ひときれの紙 / in ~*s* 細長く切れ切れになって. b 細長い土地 (belt): a ~ *of* grass 1区画の細長い草地. ❷ (飛行機の)滑走路. ❸ [the ~]《米》(各種の商店などが大通り沿いに両側に立ち並ぶ)街路, 通り《しばしば固有名詞にも用いられる》. ❹ =strip cartoon. ❺《英口》〘スポ〙ユニフォーム. __téar a person òff a stríp__《口》人を厳しくしかる.

__stríp ártist__ [名] ストリッパー.

__stríp cartóon__ [名]《英》コマ割り漫画 (comic strip).

__stríp clùb__ [名] ストリップ劇場.

*__stripe__ /stráɪp/ [名] ❶ しま, ストライプ. ❷〘軍〙そで章. ❸ むち打ち. __éarn one's strípes__ (職・地位に)ふさわしい業績をあげる, 十分な手腕を示す. __of évery strípe__=__of áll strípes__ あらゆる種類[タイプ]の.

__stríped__ [形] しま[ストライプ]のある.

__stríped múscle__ [名][U] 横紋筋 (striated muscle).

stríp jòint 名《口》=strip club.
stríp・light 名 棒状蛍光灯.
strip-lighting 名 U (細長い)蛍光灯による照明.
strip・ling /stríplɪŋ/ 名 青二才, 若者.
stríp màll 名 ストリップモール《商店やレストランが一列ひと続きに隣接し合い, 店の前に細長い駐車スペースがあるショッピングセンター》.
stríp màp 名 (進路沿いの地域を細長く示した)進路要図.
stríp mìll 名 ストリップミル《鉄・アルミニウム・銅などの帯状の金属板を連続的につくる圧延機[工場]》.
stríp mìne 名《米》露天鉱. **stríp-mìne** 動 露天掘りする. **stríp mìner** 名 露天掘り鉱山労働者.
stríp mìning 名 U《米》露天掘り.
stripped 形 ❶ 衣服を脱いだ, 裸の: He was ~ to the waist. 彼は上半身裸になっていた. ❷ 外皮[葉など]のはがれ, むかれた: a ~ log 皮をはいだ丸太.
stripped-down 形《車などが余分な装備をいっさい除いた.
†**stríp・per** 名 ❶ C ストリッパー. ❷ U.C 表面からニス・ペイントなどをはがす薬品, 剝離(ﾊﾂﾘ)剤. ❸ C a はぐ人. b 皮むき器(など).
stríp pòker 名 負けたら衣服を一枚ずつ脱いでいくポーカーゲーム.
stríp sèarch 名 (麻薬捜査などで)裸にして所持品検査をすること. **strip-search** 動 他
stríp shòw 名 =strip tease.
stríp・tèase 名 CU ストリップ(ショー).
stríp・tèaser 名 ストリッパー.
strip・y /stráɪpi/ 形 (strip・i・er, -i・est) 筋(stripe)のある, しまのある.
*strive /stráɪv/ 動 (strove /stróuv/; striv・en /strívən/) ⓘ ❶ (...のために)努力する, 励む(struggle): We have to ~ *for* what we want. 求めるものを得るために努力しなければならない / He strove *after* honor. 彼は栄誉をめざして努力した / [+to do] I strove *to* overcome my bad habits. 悪癖を直そうと努力した. ❷ 戦う, 抗争する: The people strove *against* their oppressors. 人民たちは圧制者に抵抗して戦った. **striv・er** 名 (名 strife)
*striv・en /strívən/ 動 strive の過去分詞.
strobe /stróub/ 名 (また **stróbe lìght**) ❶《写》ストロボ(放電による閃光灯). ❷ ストロボライト《ディスコなどの照明灯》.
strob・i・lus /stroubáɪləs, stróubə-/ 名 (榎 -li /-báɪlaɪ, -bəlàɪ/) 《植》円錐体, 胞子嚢穂(ﾉｳｽｲ).
stro・bo・scope /stróubəskòup/ 名 ❶ ストロボスコープ《物体の高速回転[振動]の運動の状態を観察する装置》. ❷《写》ストロボ.
stro・bo・scop・ic /stròubəskάpɪk | -skɔ́p-/ 形 ストロボ(スコープ)の. **-scóp・i・cal・ly** /-kəli/ 副
*strode /stróud/ 動 stride の過去形.
stro・ga・noff /strɔ́:gənɔ̀:f | strɔ̀gənɔ́f/ 名 U ストロガノフ《肉とタマネギをいためサワークリームで煮込んだもの》: beef ~ ビーフストロガノフ.
*stroke¹ /stróuk/ 名 ❶ 脳卒中; 発作: have a ~ 卒中を起こす ❷ 打つこと, 打撃; ひと突き[打ち], 一撃: a ~ of the lash むちのひと打ち / ⇒ finishing stroke / a ~ of lightning 落雷 / Little ~s fell great oaks.《諺》ちりも積もれば山となる. ❸ (鳥の翼の)ひと打ち, 羽ばたき. ❹ a (クリケット・ゴルフ・テニスなどの)一打, ストローク; 打法. b (水泳の)ひと搔き, ストローク; 泳法: ⇒ backstroke, breaststroke. c《ボート》ひとこぎ; 漕法; 整調, ストローク. ❹ a 一筆, 筆法, 筆使い, 一刀, ひと彫り. b (文学作品の)妙技. c (字の一画, 筆画, 字画. ❺ a (鐘・時計などが)鳴ること: on [at] the ~ of five 5時が鳴る時に; 5時きっかりに. b (心臓の)鼓動, 脈拍. ❻ [a ~] 見事な出来ばえ, 手腕; 手柄, 成功, 偉業: a ~ of genius 天才的手際[考え, ひらめき] / a fine ~ of humor 当意即妙のユーモア / a good ~ of business もうかる取引. ❼《英口》斜線(slash). ❽《機》(ピストンの)ストローク, 行程. **at a [óne] stróke** (1) 一撃で. (2) 一挙に; 直ちに, いっぺんに. **nót [néver] dò a stróke of wórk** ひと働きもしない. **òff one's stróke** いつものようにやれないで. **on the stróke** 時

1791　　　　　　　　　　　　　　　　**strong**

間どおりに. **stróke of lúck [góod fórtune]** 思いがけない幸運, もっけの幸い. **with [at] a [the] stróke of the pén** 署名[サイン]して[することで, するだけで]《重要なことが成される》. ─ 動 他 ❶ 《ボート》の整調をこぐ: He ~d the Cambridge crew. 彼はケンブリッジ大学の整調をこいだ. ❷ [副詞(句)を伴って]《球技》《ボールを》(...に)打つ. 《ME = 軽くさわる; cf. strike》
*stroke² /stróuk/ 動 他 《...を》なでる, なでつける, さする (caress): ~ a cat [one's hair] 猫[髪]をなでる. **stróke a person dówn** 《人の怒りをなだめる. **stróke a person [a person's háir] the wróng wáy** 人を怒らせる. ─ 名 なでること, ひとなで. 《OE = 軽くさわる》
stróke òar 名 ❶ (ボートの)整調手のこぐオール. ❷ 整調手.
stróke plày 名 U《ゴルフ》ストロークプレー《コースを一巡する間の打数の少ない者から順位を決める打数競技; cf. match play》.
*stroll /stróul/ 動 [通例副詞(句)を伴って] ❶ ぶらつく, 散歩する (wander): I ~*ed* about (through) the town. 町中をぶらつき回った. ❷ 流浪する, 巡業する. ─ 名 ぶらぶら歩き, 散歩: go for [have, take] a ~ 散歩をする.
stróll・er 名 ❶ ぶらぶら歩く人, 散歩する人. ❷ 流浪者. ❸《米》ベビーカー (《英》 pushchair)《一般に折りたたみ式で赤ん坊用のいすを備え, 手で押す; 比較「ベビーカー」は和製英語》.
stróll・ing 形 A 《役者など》旅回りの, 放浪の.
stro・ma /stróumə/ 名 (榎 -ma・ta /-tə/) ❶ U《解》ストロマ《赤血球などの無色の細胞膜》, 支持質, 支質: cancer ~ 癌の基質. ❷ a U《植》子座《密集した菌糸》. b C《植》(葉緑体の)ストロマ《葉緑素の微粒が散在するたんぱく質の細胞間質》. **stró・mal, stro・mat・ic** /stroumǽtɪk/
stro・mat・o・lite /stroumǽtəlàɪt/ 名 U ストロマトライト《多くは藍藻(ｿｳ)類により形成された石灰質》.
Strom・bo・li /strámbəli / strɔ́m-/ 名 ストロンボリ《イタリア Sicily 島の北東岸沖にある火山島》.
*strong /strɔ́:ŋ / strɔ́ŋ/ 形 (~・er /strɔ́:ŋɚ | strɔ́ŋə/; ~・est /strɔ́:ŋɪst | strɔ́ŋ-/) ❶ a 体力のある; 強健な, 強壮な, 丈夫な (↔ weak): a ~ firefighter 力の強い消防士 / ~ thighs 強い太もも / He's ~ *in* body and mind. 彼は心身ともに強健である. b 病気が治って, 体力が回復して: Are you feeling quite ~ again? もうすっかり元気になりましたか / She's not yet ~ enough to go back to school. 彼女はまだ体が本当でなく学校へは戻れない. ❷ a 《ものが》頑丈な, 丈夫な: ~ cloth 丈夫な布. b 《とりでなど》強固な, 堅固な: a ~ fort 堅固なとりで. ❸ a 《精神力・記憶力など》強い, 強力な; 《感情など》激しい; 《信念など》堅固な: have a ~ spirit 精神力が強い / ~ affection 強い愛情 / a ~ dislike 強い嫌悪 / He's ~ *in* faith. 彼は信仰心が強い. b 《関係・きずなが》強い, かたく結びついた. ❹ a 《風・打撃など》強い, 激しい. b 《臭気・光など》強烈な. c 《薬などがよく効く, 強い, 強烈な. d 《茶などが》濃い《用法 この意味では thick は不可》: ~ black coffee 濃いブラックコーヒー. e 《酒類が強い》; アルコール分を含む. f 《レンズなど》強度の. ❺ a 《議論・証拠などが》説得力のある, 有力な (convincing): ~ evidence 有力な証拠. b 《手段・意見など》強硬な, 強力な, 厳しい; 《抵抗など》激しい, 強い: take ~ measures 強硬策をとる. c 《作品・文体など》力のこもった, 迫力のある: He gave a ~ performance in the role of Hamlet. 彼はハムレットの役を力強く演じた. d 《言葉など》激しい, 乱暴な: ~ language 激烈[乱暴]な言葉, 悪態, ののしり. e 《可能性などが》高い, 強い: f 《要求などが》強い; 《需要など》大きい. g 《なまりなど》強い. ❻ 自信(のある), 得意の, 達者な: a [one's] ~ point 得意(な点), 長所 / She's ~ *in* arithmetic. 彼女は算数が得意だ / He's ~*est on* American literature. 彼はアメリカ文学が最も得意だ. ❼ 《食物・息など》強いにおいのある, 悪臭のする: ~ bacon においの強いベーコン / ~ breath 臭い息[口臭]. ❽ 《鼻立ちがはっきりした, 目立つ. ❾ a 力のある, 強力な, 多数の, 優勢な: a ~ army 強力な軍隊 / a ~ candidate

(多数の支持者をもつ)有力な候補 / be in a ~ position 優位な立場にある. **b** [数詞の後に置いて] 人員[兵員]が…の, …の兵力の: a 200,000-*strong* army 兵力 20 万の軍隊. **⑩** 〈通貨・経済など〉強い, 高い指標を示す. **⑪** 〘商〙 強気の. **⑫** (比較なし) 〘文法〙 強変化の, 不規則変化の (cf. weak 7): ⇨ (a) strong CONJUGATION / a ~ verb 強変化動詞 《*sing–sang–sung* など》. **⑬** (比較なし) 〘音声〙 強勢のある (cf. weak 8). **(as) stróng as a hórse [an óx]** とても頑健な. **cóme it stróng** 《英口》 極端に走る: That's *coming it* rather [a bit] ~. そりゃちょっとひどすぎる 《途方もない要求だ, など》. **cóme ón stróng** 《口》 積極的[強引]にふるまう. **(stíll) gòing stróng** 《口》 (まだ)元気で, 盛んで, 衰えないで: He's eighty and *still going* ~. 彼は 80 歳でまだかくしゃくとしている. 〘OE〙 ([名] strength)

【類義語】strong「力が強い」の意の最も一般的な語. **robust** 精神的または肉体的にたくましく, ゆるぎない. **tough** 精神的, 物理的に外部からの力や破壊に抵抗できるほど頑丈な. **powerful** 精神的, 物理的に強い影響力を与えうる.

[S]

stróng-árm [形] [A] 《口》 力[暴力]による, 力ずくの: use ~ methods 強引なやり方をする. **—** [動] [他] **❶** 〈…に〉暴力を用いる. **❷** 強奪する.

stróng·bòx [名] 金庫, 貴重品箱.

stróng bréeze [名] 〘気〙 雄風 (⇨ wind scale 表).

stróng drínk [名] [U,C] 酒.

stróng fórce [名] ＝strong interaction.

stróng gále [名] 〘気〙 大強風 (⇨ wind scale 表).

stróng·héarted [形] 勇敢な, 剛胆な.

+**stróng·hòld** [名] **❶** 〔思想・信仰などの〕本拠, 拠点 〔*of*〕. **❷** とりで, 要塞; 根拠地.

stróng interáction [名] 〘理〙 (素粒子間の)強い相互作用 (cf. weak interaction).

stróng·ish /-ŋɪʃ/ [形] 丈夫そうな, 強そうな, かなり強い.

stróng·ly [副] **❶** 丈夫に, 頑丈に. **❷** 強く, 強硬に; 猛烈に; 熱心に: I ~ dislike gossip. うわさ話は大嫌いだ / I ~ urge you to give up smoking. 本当に悪いことはいわない, たばこはやめなさい.

stróng·màn [名] (複 **-men**) **❶** (力で支配する)政治指導者, 独裁者. **❷** (サーカスなどの)力持ちの人.

stróng méat [名] (多くの人に)恐怖心・怒り・反発などを起こさせるもの, どぎつい[ぞっとする]もの 《★ 旧約聖書から》.

stróng-mínded [形] 意志の強い, 決然とした (determined). **~·ly** [副] **~·ness** [名]

stróng póint [名] **❶** 防衛拠点. **❷** 長所 (⇨ strong 6).

stróng·ròom [名] (銀行などの)金庫室, 貴重品室.

stróng súit [名] **❶** (トランプの)強い組札. **❷** (人の)長所, 強み.

stróng-wílled [形] **❶** 意思の強い. **❷** がんこな.

stron·gyle /strándʒaɪl, -dʒəl/ [名] 〘動〙 円虫, ストロンギルス 《円虫科の寄生虫; 馬に寄生して下痢を起こさせる》.

stron·ti·a /strán∫iə | strɔ́ntiə, -∫iə/ [名] [U] 〘化〙 ストロンチア 《酸化ストロンチウムまたは水酸化ストロンチウム》.

stron·ti·um /strán∫iəm, -ṭiəm | strɔ́n-/ [名] [U] 〘化〙 ストロンチウム 《金属元素; 記号 Sr》: ~ 90 ストロンチウム 90 《ストロンチウムの放射性同位体の一つ; 放射性降下物に含まれ人体に有害》.

strop[1] /stráp | strɔ́p/ [名] (かみそりの)革砥(かわと). **—** [動] [他] (**stropped; strop·ping**) 革砥でとぐ.

strop[2] /stráp | strɔ́p/ [名] [単数形で] 《英口》 不機嫌, かんしゃく.

stro·phan·thin /stroufǽnθɪn/ [名] [U] 〘薬〙 ストロファンチン 《キンリュウカ類から採る配糖体; 強心剤用》.

stro·phe /stróufi/ [名] **❶** ストロペ: **a** 古代ギリシア合唱舞踊隊の左方転回. **b** (その時歌う)歌章 (cf. antistrophe 1). **❷** (詩の)連, 節.

stroph·ic /stróufɪk, stráf- | strɔ́f-, stróuf/ [形] **❶** ストロペ (strophe) の. **❷** 〘楽〙 有節の〈歌曲〉 《詩の各節が第 1 節の旋律を繰り返す; cf. through-composed》.

strop·py /strápi | strɔ́pi/ [形] (**strop·pi·er; -i·est**) 《英口》 反抗的な, 手に負えない, 怒りっぽい.

***strove** [動] strive の過去形.

***struck** /strʌ́k/ [動] **strike** の過去形・過去分詞. **—** [形] [A] (比較なし) 《米》 ストで閉鎖中の: a ~ factory スト中の工場.

***struc·tur·al** /strʌ́ktʃ(ə)rəl/ [形] **構造(上)の, 組織の**: a ~ defect [problem] 構造上の欠陥 / ~ changes 構造上の変化. ([名] structure)

strúctural engíneer [名] 構造技術者.

strúctural engineéring [名] [U] 構造工学 《大規模な建物, ダムなどを扱う土木工学の分野》.

strúctural fórmula [名] 〘化〙 構造式 《原子結合の幾何学的関係を示す》.

strúc·tur·al·ìsm /-lìzm/ [名] [U] 構造主義.

strúc·tur·al·ist /-lɪst/ [名] 構造主義者.

strúctural linguístics [名] [U] 構造言語学.

strúc·tur·al·ly /-rəli/ [副] 構造的に, 構造上.

strúctural stéel [名] [U] 〘建〙 構造用鋼.

strúctural unemplóyment [名] [U] (経済構造の変化に起因する)構造的失業.

struc·tur·a·tion /strʌ̀ktʃəréɪʃən/ [名] [U] 組織構造 《組織体における構成部位相互の関係》.

‡**struc·ture** /strʌ́ktʃə | -tʃə/ [名] **❶** [U] **構造, 機構, 組織,** 組み立て: the ~ *of* DNA [the economy, an organization] DNA の構造[経済の仕組み, 組織の機構]. **❷** [C] 建造物, 建物 (building): a red brick ~ 赤れんが造りの建物. **—** [動] [他] 〈考え・計画などを〉組み立てる, 組織立てる. 〘L < *struere, struct-* 積み上げる, 立てる; cf. construct, instruct, obstruct; destroy, instrument〙 ([形] structural)

strúc·tured [形] 構造化された.

strúcture·less [形] 構造のない, 無組織の. **~·ness** [名]

strúcture plàn [名] 構造計画 《指定地区における土地の開発・利用・保全などについて地方自治体が策定する計画》.

stru·del /strú:dl/ [名] [U,C] シュトルーデル 《リンゴなどの果物・チーズなどを薄い生地に巻いて焼いたデザート用菓子》. 〘G＝渦巻き〙

strug·gle** /strʌ́gl/ [動] [自] **❶** もがく, あがく, 努力する: He ~*d* to his feet. 彼はやっとのことで立ち上がった / *Struggling* will do you no good. もがいてもだめだ / ~ ***for independence 独立しようと努力する / 〔+***to do***〕 ~ ***to*** escape 逃れようともがく. **❷** 〔困難な状況などと〕戦う; 〔…に〕取り組む: He's still *struggling* ***with*** TB. 彼は依然として結核と闘病を続けている / They had to ~ ***against*** narrow nationalism. 彼らは偏狭な国家主義と戦わなければならなかった. **❸** [副詞(句)を伴って] 苦労して進む: She succeeded in *struggling out of* the snow. 彼女は何とか雪の中から抜け出ることができた. **—** [他] **❶** 苦労して〈…を〉もたらす[得る]. **❷** [~ one's way で] 苦労して進む. **—** [名] **❶ a** [通例単数形で] **努力, 苦闘**: with a ~ 努力して / 〔+***to do***〕 the ~ *to* meet the deadline 締め切りに間に合わせようとする努力. **b** [単数形で] 苦しい[辛い, 難しい]こと, たいへんなこと. **❷ 闘争, 戦闘**; 組み打ち 〔*for, against*〕 〔*with*〕: a power ~ 権力闘争 / a ~ ***with*** disease 闘病. **❸** もがき, あがき. **the strúggle for exístence [lífe]** 生存競争.

+**strum** /strʌ́m/ [動] (**strummed; strum·ming**) [他] 〈楽器・曲を〉軽く[無器用に]かき鳴らす: ~ a tune ***on*** the banjo バンジョーを不器用にかき鳴らして曲を弾く. **—** [自] 〔楽器を〕つまびく 〔*on*〕. **—** [名] かき鳴らすこと[音].

stru·ma /strú:mə/ [名] (複 **stru·mae** /-mi:/) **❶** 〘医〙 甲状腺腫. **❷** 〘植〙 こぶ状の突起.

strum·pet /strʌ́mpɪt/ [名] 《文》 売春婦.

strung /strʌ́ŋ/ [動] string の過去形・過去分詞. **—** [形] **❶** [通例 highly ~ で] 〈人が〉興奮しやすい, 神経質な: a *highly* ~ person 非常に神経質な人. **❷** [P] [~ up で] 《英》 緊張して (cf. string [他] 4): Relax; you're too ~ *up*. 気を楽にして, あなたは緊張しすぎてますよ.

strúng-óut [形] 《俗》 **❶** 麻薬常用で神経がいかれている 〔*on*〕. **❷** 体が衰弱して, 疲労して.

+**strut** /strʌ́t/ [動] (**strut·ted; strut·ting**) [自] [副詞(句)を伴って] もったいぶって[そりかえって]歩く: The turkeys *strutted about* (the barnyard). 七面鳥が尾を立てて(前

庭を)歩き回った / The actor *strutted about* [*onto*] the stage. その俳優は気取って舞台を歩き回った[に登場した]. ── [他] 〈…を〉見せびらかす, 誇示する. ── [名] ❶ [通例単数形で] 気取った[もったいぶった]歩き方. ❷ 〘建・機〙 支柱. ～·ter /-ṭɚ | -tə/ [名]

'struth, struth /strúːθ/ [間] ＝strewth.

strút·ting [形] 気取って歩く, もったいぶった. ～·ly [副]

strych·nine /stríknaɪn, -niːn/ [名] [U] 〘化〙 ストリキニーネ, ストリキニン《もと中枢神経興奮剤に用いられた》.

St. Thomas, St-Tropez ⇨ Saint Thomas, Saint-Tropez のつづり位置.

Stu·art /st(j)úːɚt | stjúːət/ [名] ❶ スチュアート《男性名》. ❷ [C] スチュアート家の人《英国の旧王家の人》. **the Stúarts＝the Hóuse of Stúart** スチュアート王家《1603–1714; James I, Charles I & II, James II, Mary, Anne》.

^+^**stub** /stʌ́b/ [名] ❶〔鉛筆・たばこなどの〕使い残り, 端くれ〔*of*〕. ❷ (小切手帳などの)控え; (入場券などの)半券. ❸ (木の)切り株, 株. ── [動] [他] (**stubbed; stub·bing**) ❶ 〈つま先を〉(切り株・石など硬いものに)打ちつける. ❷ 〈たばこなどの〉先を押しつぶして火を消す: ～ *out* one's cigar 葉巻きの火を押しつぶして消す. ❸ 〈切り株などを〉引き抜く〈*up*〉.

stúb àxle [名] 〘車〙 スタブアクスル《車のフレームに取り付けられた, 前輪を支える短い車軸》.

stub·bed /stʌ́bɪd, stʌ́bd | stʌ́bd/ [形] ❶ 切株にした. ❷ 〈鉛筆・たばこなど〉短くなった, ずんぐりした.

stub·ble /stʌ́bl/ [名] [U] ❶ (麦などの)刈り株. ❷ 無精ひげ: I have three days' ～ on my chin. あごに 3 日間分の無精ひげが生えている. 〘F＜L＜*stipula* わら, 茎〙

stub·bly /stʌ́bli/ [形] (**stub·bli·er, -bli·est; more** ～, **most** ～) ❶ 刈[切]り株だらけの; 刈り株のような. ❷ 〈ひげなど〉短くて硬い; 無精ひげの生えた.

***stub·born** /stʌ́bɚn | -bən/ [形] (**more** ～; **most** ～) ❶ がんこな, 強情な. ❷ 頑強な, 不屈の: put up (a) ～ resistance 頑強に抵抗する. ❸ 〈問題など〉扱いにくい, 手に負えない; 〈風邪などが〉しつこい, なかなかぬけない; 〈汚れなど〉落ちにくい. ❹ **a** 〈石・木材など〉かたい. **b** 〈金属など〉溶けにくい. **(as) stúbborn as a múle** ⇨ mule[1] [成句]. ～·ly [副] ～·ness [名] 【類義語】**stubborn** 生来の性格としてがんこまたは強情で, 自分の考え方・方針などを譲らないまたは考えが変わらない. **obstinate** 人の忠告などに耳を貸さず, たとえ間違っていてもかたくなに自分の考え方・方針を変えない.

stub·by /stʌ́bi/ [形] (**stub·bi·er; -bi·est**) ❶ 〈姿など〉ずんぐりした, 短く太い: ～ fingers 短く太い指. ❷ 〈頭髪が〉短くてこわい, いがぐりの; 〈ひげが〉無精ひげの. ❸ 切り株[根]だらけの.

stuc·co /stʌ́koʊ/ [名] [U] 化粧しっくい; 化粧しっくい細工. ── [動] [他] (**stuc·coed; -co·ing**) 〈…に〉化粧しっくいを塗る. 〘It〙

****stuck** /stʌ́k/ [動] **stick**[2] の過去形・過去分詞. ── [形] (比較なし) ❶ **a** 動かない: a ～ window 動かない窓 / The door is ～. ドアが動かない. **b** [P] 〔…に〕くっついて〔*on, to*〕. **c** [P] 行き詰まって: We're ～. 我々は行き詰まってしまった; 我々は動けなくなってしまった / We're ～ ***for*** money [***on*** the problem]. 我々は金に困っている[その問題につかえている]. ❷ [P] 〔やっかいな人・ものを〕押しつけられて: I'm [I got] ～ ***with*** the work. あの(やっかいな)仕事を押しつけられてしまった. **gèt stúck ín** 《英俗》 気合いを入れてやる, 懸命にやる. **gèt stúck ínto…** 《英俗》 …に気合いを入れてやる, 懸命に取りかかる. **stúck on…** に夢中になって, ほれこんで: He's ～ *on* her. 彼は彼女に首ったけだ.

stúck-úp [形] 《口》 お高くとまった, 高慢な (haughty).

^+^**stud**[1] /stʌ́d/ [名] ❶ **a** びょう, 飾りびょう; びょう型のピアス. **b** (区画などのために路面につける)びょう, スタッド. **c** (スノータイヤ・靴底などに打ちこむ)びょう, スパイク. ❷ (取りはずしのできる)カラー[カフス]ボタン, 飾りボタン: ⇨ collar stud. ── [動] [他] (**stud·ded; stud·ding**) ❶ **a** 〈…に〉びょうをつける. **b** 〈…に〉〔…を〕ちりばめる《★ 通例受身》: The sword hilt *was studded with* jewels. その刀のつかには宝石がちりばめられ(てい)た. ❷ **a** 〈…に〉点在させる (⇨ studded). **b** 〈ものが〉〈…に〉点在する: Little islands ～ the bay. 小さな島々が湾内に点在している. 〘OE＝支柱〙

stud[2] /stʌ́d/ [名] ❶ (遊猟・競馬・繁殖・乗用などの)馬匹(ばっ)群. ❷ 種馬. ❸ 《口》 精力絶倫の男.

stúd·bòok [名] (馬などの)血統台帳.

^+^**stúd·ded** /-dɪd/ [形] (…の)点在した; ちりばめられた: ⇨ star-studded / The sky was ～ ***with*** twinkling stars. 空には一面に星がきらめいていた / The lawn is ～ *with* daisies. 芝生にはヒナギクがちらほら咲いている.

stúd·ding /-dɪŋ/ [名] [U] 〘建〙 間柱; 間柱材.

stud·ding·sail /stʌ́dɪŋsèɪl, 〘海〙 stʌ́nsl/ [名] 〘海〙 スタンスル, 補助帆.

****stu·dent** /st(j)úːdənt, -dnt | stjúː-/ [名] [C] ❶ **学生**, 生徒: a medical ～ 医学生 / girl [women] ～*s* 女(子)学生 / He's a ～ at Harvard. 彼はハーバード(大学)の学生だ《[用法] a student of…は 2 の意味に解される》. ❷ 学者, 研究家: a ～ ***of*** linguistics [ornithology] 言語[鳥類]研究家. ❸ **a** (大学・研究所などの)研究生. **b** [しばしば S～] 《英》 (Oxford 大学の学寮の一つ Christ Church などの)給費生. 〘F＝学んでいる(者)＜L *studiare* 学ぶ (＜ *studium* 勉強; ⇨ study)+-ENT〙 【類義語】**student** 米国ではハイスクール以上の生徒・学生をいい, 英国では通例大学・専門学校の学生をいう. **pupil** 米国では小学生, 英国では大学より下の生徒にいい, また個人指導を受けている人にもいう.

stúdent bódy [名] (大学などの)全学生, 学生(全体).

stúdent cóuncil [名] [C,U] 《米》 学生自治委員会.

stúdent góvernment [名] [U,C] 《米》 学生自治(会).

stúdent lóan [名] 学生ローン《大学生が借り入れ, 就職後返済するローン》.

stúdent·shìp [名] ❶ [U] 学生の身分[であること]. ❷ [C] 《英》 (大学の)奨学(資)金.

Stúdent's t distribútion /-tíː-/ [名] [U] 〘統〙 スチューデント t 分布 (t distribution). 〘*Student* 英国の統計学者 W. S. Gossett のペンネーム〙

stúdents' únion [名] ＝student union.

stúdent téacher [名] 教育実習生, 教生.

stúdent téaching [名] [U] 教育実習.

stúdent únion [名] ❶ 学生会館《課外活動に当てられ, 休憩室・娯楽室・クラブ室などがある》. ❷ [単数または複数扱い] (大学の)学友会, 学生自治会.

stúd fàrm [名] 種馬飼育場.

stúd·hòrse [名] 種馬.

stúd·ied /-ḍid/ [形] ❶ 故意の, 不自然な: a ～ smile 作り笑い. ❷ 熟慮された, 考え抜かれた; 意図的な: a ～ reply 十分考え抜かれた返答. ～·ly [副]

***stu·di·o** /st(j)úːḍiòʊ | stjúː-/ [名] ([複] ～s) ❶ (画家・彫刻家・写真家などの)**仕事場, アトリエ, 工房**. ❷ **スタジオ**: **a** (レコードなどの)録音室: a ～ recording スタジオ録音. **b** (テレビ・ラジオの)放送室, 撮影[録画, 録音]室; (映画の)撮影所; 映画製作会社. **c** ダンス教室[練習室]. 〘It＜L *studium* study〙

stúdio apàrtment [名] ひと間のアパート, ワンルームマンション.

stúdio àudience [名] [集合的; 単数または複数扱い] ラジオ[テレビ]の放送スタジオの観客.

stúdio còuch [名] 寝台兼用ソファー.

stúdio thèater [名] スタジオシアター《実験的・革新的な上演が行なわれる小劇場》.

stu·di·ous /st(j)úːḍiəs | stjúː-/ [形] ❶ 勉強好きな, 学問に励む: a ～ child 勉強好きの子供. ❷ 《文》 熱心な, 努めて行なう, 非常に…したがる〔*of*〕: a ～ effort 熱心な努力 / We're ～ *to* please our customers. 私どもはお客様を満足させようと一生懸命です. ❸ **a** 慎重な, 念入りの: with ～ attention 念入りに注意して. **b** 故意の, わざとらしい. ～·ly [副] ❶ 熱心に, 苦心して. ❷ 慎重に, 念入りに. ～·ness [名] ([名] study)

stúd·mùffin [名] 《米俗》 筋骨たくましい男; かっこいい男, いかすやつ, 男前.

stúd póker [名] [U] 〘トランプ〙 スタッドポーカー《最初の 1 枚は伏せて配り, 残り 4 枚は 1 枚ずつ表にして配るごとに賭けをする方式のポーカー》.

stud・y /stÁdi/ 【名】 ❶ Ⓤ 勉強, 勉学, 学問: He likes ～ better than sport(s). 彼はスポーツより勉強のほうが好きだ. **b** Ⓒ 〖複数形で〗(従事している)研究, 学業: He's devoted to his *studies*. 彼は研究に余念がない / He's engaged in language *studies*. 彼は言語の研究に取り組んでいる. **b** 〖複数形で; 単数または複数扱い〗研究(分野), 学問: classical [African] *studies* 古典[アフリカ]研究 / graduate *studies* 大学院研究科目. **c** Ⓒ 研究(書, 論文), 論考. ❸ **a** Ⓒ 研究, 検討, 調査: the ～ *of* birds [history] 鳥類[歴史]の研究 / on further ～ もっと調べてみると, さらに研究した結果 / under ＜計画など＞検討中で, 研究中で / make [carry out, conduct] a ～ *of*…を研究する. **b** 《古》研究対象: The proper ～ of mankind is man. 人間の真の研究対象は人間である《A. Pope より》. ❹ Ⓒ 書斎, 研究室: I found him in his ～. 行ってみると彼は書斎にいた. ❺ Ⓒ (画家などの)スケッチ, 習作, 試作: a ～ *of* a vase 花瓶のスケッチ. ❻ Ⓒ 《楽》練習曲, エチュード. ❼ 〖単数形で〗Ⓐ 〈…の〉鑑にされているもの, 見本, 典型: a ～ *in [of]* sincerity 誠実さの典型. **b** 〖注目〗に値するもの, 見もの: His face was a ～. 彼の顔は見ものだった. ❽ Ⓒ 〖修飾語を伴って〗〖劇〗せりふ覚えの…な人[役者]: a slow [quick] ～ せりふの覚えが遅い[早い]役者. **in a brówn stúdy** ⇒ brown study.
— 【動】 ㊉ ❶ 〈…を〉勉強する, 学ぶ: ～ English 英語を勉強する. ❷ 〈…を〉研究する: ～ medicine 医学を研究する. ❸ **a** 〈…を〉(綿密に)調査する, 検討する: ～ archaeological ruins 考古学の遺跡を調査する / We're ～*ing* Los Angeles as a possible site for the convention. 我々は大会の開催地としてロサンゼルスを検討している. **b** 〈…をよく調る, 調べうる: ～ a map [timetable] 地図[時刻表]を調べる / He *studied* himself in the mirror. 彼は自分の姿を鏡で見た. ❹ 〈他人の希望・感情・利益などを〉考慮する, 心に止める. ❺ 〖…ing〗〈台詞を〉覚える. — ㊀ ❶ 勉強する, 学ぶ: ～ *at* (《米》the) university 大学で勉強する / ～ *under* Dr. Freeman フリーマン博士のもとで学ぶ[に師事する] / ～ *about* Britain 英国のことを勉強する / ～ *abroad* 留学する / ～ *for* the bar [ministry] 弁護士[牧師]になるために勉強する / ～ *hard* for an exam 試験に備えて一生懸命勉強する 〖＋*to do*〗He was ～*ing* to be a biochemist. 彼は生化学者になろうとして勉強していた. ❷ 《古》〈…しようと〉努める. **stúdy úp on**…《米口》…を十分に調べる[検討する].
〖F＜L *studium* 熱心さ, 勤勉さ, 勉強＜*studere* 熱心に求める, 学ぶ; cf. student〗 【形】studious〗
【類義語】⇒ learn.

stúdy gròup 【名】 研究グループ, 研究会.
stúdy hàll 【名】《米》 ❶ Ⓒ (勉強や宿題をする, 学校の)自習室. ❷ Ⓤ (この室での)自習時間.

stuff /stÁf/ 【名】 Ⓤ ❶ **a** 〈漠然と〉もの, 物質; 物事, 問題 (matter): soft ～ 柔らかいもの / sticky ～ ねばねばするもの / the real ～ 本物. **b** 食物, 飲み物: green ～ 野菜類 / sweet ～ 甘いもの, 菓子. **c** [the ～] 《俗》薬; 麻薬: ion [off] *the* ～ 麻薬を常用して[やめて]. **d** 織物, 反物. **e** [the ～] 《政》お金. ❷ **a** 材料, 原材, 原料 (material): buy the ～ for a cake ケーキを作るための材料を買う / We are such ～ as dreams are made on. 我々は夢が作り出されているような材料でできている《★ Shakespeare 「あらし」から》. **b** 本質, 実体: the very ～ of dreams 夢の実体そのもの. **c** 要素, 素質: He has plenty of good ～ in him. 彼にはよい素質が十分ある / the right ～ 必要な素質. ❸ **a** 《口》持ち物: Leave your ～ here. 所持品はここに置いておきなさい. **b** 家財道具, 家具. ❹ **a** くず; がらくた, ごみ: Do you call this ～ wine? こんな《まずい》ものがワインと言えるか. **b** くだらないもの, たわごと, ばかげたこと. **c** ばかげた考え[話, 作品など]: poor ～ おそまつなもの / S～ (and nonsense)! とんでもない, ばか言え! ❺ 自分のなすべきこと; 自分の得意とするところ, 専門: know one's ～ 万事心得ている, 抜かりがない / show one's ～ 真価を発揮する. ❻ 〖通例 a bit of ～ で〗《英卑》(セックスの対象としての)若い娘. *…and* **stúff** 《口》…そのほか, …など. **dó**

one's stúff 《口》やるべきことをやる; いつものように[自分らしく]ふるまう. **hót stuff** ⇒ hot stuff. **Thát's the stúff!** 《口》それが望むものだ!, それに限る!, その調子だ!
— 【動】 ㊉ ❶ **a** 〈…に〉〈…を〉詰め込む (cram): She ～*ed* the bag *with* old clothes.＝She ～*ed* old clothes *into [in]* the bag. 彼女は袋に古着を詰めこんだ. **b** 〖ふとんなどに〗綿(など)を入れる: ～ a cushion クッションに詰め物をする. ❷ **a** 〈人・腹に〉〈食物を〉詰め込む: ～ one's stomach [a child] *with* food 腹に食物をうんと詰め込む[子供にたらふく食べさせる]. **b** [～ oneself または one's face で]〈食物を〉うんと食べる: He ～*ed himself* (*with* doughnuts). 彼は(ドーナツを)食べすぎた, 腹いっぱい食べた. ❸ 〈料理の鳥などに〉〈調味料などの〉詰め物をする: a ～*ed* turkey (料理前に)詰め物をした七面鳥 / The duck is ～*ed with* sage and onions. カモにはセージとタマネギが詰めてある. ❹ 〖剥製(はく)の〗鳥獣に綿を詰める; 〈鳥獣を〉剥製にする: a ～*ed* bird 剥製の鳥 (cf. 1 b). ❺ 〈頭の中を〉〈知識などでいっぱい〉にする; 〈人に〉〈間違えたなどを〉吹き込む: ～ a person's head *with* facts 人の頭を事実でいっぱいにする. ❻ **a** 〈鼻を〉詰まらせる 〖★ 通例受身で〗: My nose is ～*ed up*. 鼻が詰まっている. **b** 〖～で〗〈穴・耳などを〉塞ぐ: He ～*ed* (*up*) his ears *with* cotton wool. 彼は耳に脱脂綿を詰めた. ❼ 《米》〈投票箱に〉〈不正投票を〉入れる. ❽ 《英卑》〈女と〉性交する. ❾ 〈…に〉圧勝する.
— ㊀ がつがつ[たらふく]食う.
Gèt stúffed!＝Stúff it! 《俗》〖人の言ったことに嫌悪を表わして〗もういい!, あっちへ行け! **Yóu can stúff…!** (怒って)お前の…なんかくそくらえだ.
～-er 【名】〖F＝material, 原料〗 【形】stuffy.

stúffed 【形】 ❶ ぬいぐるみの; 〈ふとんなど〉綿(など)を詰めた: a ～ toy [bear] ぬいぐるみ[クマのぬいぐるみ]. ❷ **a** Ⓟ 《口》満腹で, おなか一杯で. **b** 〈ものを〉一杯にした. ❸ 詰め物をした (⇒ stuff ⓥ 3). ❹ 剥製の (⇒ stuff ⓥ 4).

stúffed shírt 【名】《口》気取り屋, 堅苦しいやつ.
stúff gòwn 【名】《英》ラシャの法服〖勅選弁護士でない一般の法廷弁護士が着用するガウン〗.

stúff・ing 【名】Ⓤ ❶ **a** (ふとんなどに詰める)羽毛, 綿, わら. **b** (料理の鳥などに詰める)詰め物. **c** (新聞などの)埋めくさ. ❷ 詰めること. **knóck [táke] the stúffing òut of a person** 〈人を〉すっかり弱らせる, やっつける.

stúffing bòx 【名】《機》パッキン箱, 詰箱.
stúff sàck 【名】スタッフサック〖収納のためあるいは運搬を容易にするために寝袋・衣類などを入れる袋〗.

stuff・y /stÁfi/ (stuff・i・er; -i・est) 【形】 ❶ 〈部屋・空気など〉風通しの悪い, 息が詰まる, むっとする (airless). ❷ 〈人など〉鼻の詰まった. ❸ **a** 〈考え方など〉古くさい, 堅苦しい. **b** つまらない, 退屈な, さえない. **stúf・fi・ly** /-fili/ 【副】 **-fi・ness** 【名】 〖形 stuff〗

stul・ti・fy /stÁltəfài/ 【動】 ㊉ ❶ 台なしにする, 無意味にする, 無効にする. ❷ ばからしく見せる. **stul・ti・fi・ca・tion** /stÀltəfikéiʃən/ 【名】

stum /stÁm/ 【名】Ⓤ (未発酵の)ぶどう液. — 【動】 ㊉ (stummed; stumming)〈ぶどう液を混ぜて〉〈ワインを〉再発酵する; 〈ぶどう液の〉発酵を防止する.

stum・ble /stÁmbl/ 【動】 ㊀ ❶ **a** つまずく; よろめく: The boy ～*d* and fell. 少年はつまずいてころんだ / ～ *on [over]* a stone 石につまずく. **b** 〖副詞(句)を伴って〗よろめく歩く, よろよろしながら行く: The old woman ～*d* along [*over* to the door]. 老婆はよろよろ歩いて[ドアまで歩いて]いった. ❷ 〖…に〗つかえる, とちる, どもる: ～ *over* a hard word [*at* a few places] 難しい単語に[2, 3個所で]つかえる / ～ *through* one's introduction つかえながら自己紹介を最後まで述べる. ❸ 〖…に〗偶然出合う, たまたま見つける: I ～*d on* a misprint in my dictionary. 辞書の誤植を偶然見つけた / He ～*d across* a clue. 彼は偶然手がかりを見つけた. ❹ 《文》**a** (道徳的に)つまずく; 罪悪を犯す. **b** 〖…に〗犯す: ～ *into* crime 過って犯罪を犯す. — 【名】 ❶ つまずき, よろめき, 倒れかかること. ❷ 失策, 過失. **stúm・bler** 【名】 **stúm・bling・ly** 【副】つまずきながら, よろよろ; どもりどもり. 〖Scand〗

stúmble・bùm 【名】《米口》 ❶ 二流[下手な]ボクサー. ❷ へまなやつ, ぐず.

stúm·bling blòck 名 ❶ じゃま物, 障害 [*to*]. ❷ 悩みの種.

stu·mer /stˈ(j)úːmə | -məˈ/ 名《英俗》❶ にせもの; 偽造小切手, にせ金[札]. ❷ 失敗, へま. ―― 形 A にせの.

*__stump__ /stˈʌmp/ 名 ❶ C 切り株. ❷ C 切り株状のもの: **a**〈植物・野菜などで葉を取った〉幹, 軸. **b**〈折れた〉歯の根. **c**〈手足の〉切れ残り, 基部. **d**〈葉巻きの〉吸いさし[残し]. **e**〈鉛筆の〉端切れ. ❸ [the ~]《米》遊説: on the ~ 遊説して回って / ⇒ stump speech. ❹〖クリケ〗（ウィケットの柱（3本ある）: pitch [draw] ~s クリケットを始める[終わる]. ❺ C 擦筆 (クレヨンや鉛筆で描いた部分をこすり, やわらかい感じを出したり, 輪郭をぼかしたりする道具).

stír one's stúmps《口》(1) 急いで行く, 急ぐ. (2) 活動的になる. **úp a stúmp**《米》答えに窮して, 途方に暮れて.
―― 動 ❶《米》〈質問などが〉〈人を〉悩ます, 困らせる: This riddle ~ed everybody (=This riddle had everybody ~ed). このなぞなぞにみんなまいった. ❷《米》〈場所を〉遊説する[して回る]: ~ the country [a constituency, a state] 全国[選挙区, 州内]を遊説する. ❸〖クリケ〗柱を倒して打者を〈アウトにする. ―― 自 ❶ [副詞句]句と共に] ❶ ぎこちなく[重い足どりで]歩く, どしんどしんと歩く (stomp): He ~ed over to the door. 彼は重い足どりでドアのところに歩いていった. ❷〖副詞(句)と共に〗《英口》《他+副》(1)〈金を〉しぶしぶ支払う, 渡す: I had to ~ up £80 *for* my son's debts. 私は息子の借金の80ポンドを払わなければならなかった. ―― 《自+副》(2)〈金を（しぶしぶ）支払う [*for*]. 〖ME; stamp と同語源〗

stúmp·er 名 ❶ 難問, 難題. ❷《米口》(遊説中の)演説者, 弁士, 街頭演説家. ❸〖クリケ〗=wicketkeeper.

stúmp spèech 名《米》(遊説などで行なわれる)政治演説, 街頭演説.

stúmp wòrk 名 Ⓤ スタンプワーク (詰め物をしたところに複雑な題材を高く浮き彫り状にした刺繍).

stump·y /stˈʌmpi/ 形 (**stump·i·er**, **-i·est**) ❶ ずんぐりした, 太くて短い (chunky). ❷ 切り株 (stump) だらけの.

*__stun__ /stˈʌn/ 動 (**stunned; stun·ning**) ❶〈頭を打って〉〈人を〉気絶[失神]させる: The fall *stunned* him. 倒れたショックで彼は気絶した / They *stunned* him with a blow to the head. 彼らは頭への一撃で彼を失神させた. ❷〈人に〉(反応できないほどの)驚き[ショック]を与える, 呆然自失に陥らせる; (極度に)感動する, ぼうっとさせる: The tragedy *stunned* the whole nation. その悲劇は国中に大きな衝撃をもたらした / We *were* completely *stunned* by the disaster [at the news]. 我々はその災害にあって[ニュースに]呆然とした / a *stunned* silence 驚きのあまりの沈黙. ❸〈音響が〉〈人の〉耳をがーんとさせる. 〖F; astonish と同語源〗

stung /stˈʌŋ/ 動 sting の過去形・過去分詞.

stún gùn 名 スタンガン (電気ショックを与える銃; 暴徒鎮圧などに用いる).

stunk 動 stink の過去形・過去分詞.

stún·ner 名 ❶《口》すばらしい人[もの]; 絶世の美人. ❷ 気絶させる人[もの, 一撃].

*__stun·ning__ /stˈʌnɪŋ/ 形 ❶《口》すてきな, 魅力的な, すばらしい (beautiful): She's absolutely ~. 彼女は実にすてきだ. ❷ 気絶させる, 驚くような; 耳をつんざく. ~·ly 副 驚くほど, すごく: a ~*ly* beautiful woman すごい美人.

stun·sail, stun·s'l /stˈʌnsl/ 名 =studdingsail.

†**stunt**¹ /stˈʌnt/ 名 ❶ **a** 妙技, 離れわざ, スタント: do [perform] a ~ スタントを行なう. **b** 曲乗り飛行. ❷ 人目を引くための行動, 人気取り. **púll a stúnt** 愚かなことをする: Don't ever *pull a* ~ like that again. 二度とそんな下手な芝居を打つな. ―― 動 ❶ 離れわざ[スタント]をやる; 曲乗り飛行をする.

stunt² /stˈʌnt/ 動〈植物・知能などの〉発育を妨げる: a ~ed tree 矮小 (ᵂᵃⁱˢʰᵒ̄) 樹木. ―― 名 発育阻止.

stúnt màn 名 スタントマン (危険な場面などで俳優に代わって特技を演ずる人).

stúnt wòman 名 stunt man の女性形.

stu·pa /stˈuːpə/ 名《仏教》ストゥーパ, (仏)舎利塔 (神聖な遺物を納めた円形の供養塔; 比較 日本の墓に立てる卒塔婆 (ˢᵒᵗᵒᵇᵃ) はその音写で, その頂点がこの塔の形に擬してある).

---

sty

〖Skt〗

stupe¹ /stˈ(j)úːp | stjúːp/〖医〗温湿布. ―― 動 他〈…に〉温湿布する. 〖Ｌ<Gk *stupē* 目の粗い麻; この布を湯で湿らせたことから〗

stupe² /stˈ(j)úːp | stjúːp/ 名《俗》ばか, まぬけ (stupid).

stu·pe·fa·cient /stˌ(j)uːpəfˈeɪʃənt | stjùː-/ 形 昏睡状態にさせる, 麻酔する. ―― 名 麻酔剤.

stu·pe·fac·tion /stˌ(j)uːpəfˈækʃən | stjùː-/ 名 Ⓤ ❶ 麻痺(させること). ❷ ぼうっとすること, 仰天.

stu·pe·fy /stˈ(j)uːpəfàɪ | stjúː-/ 動 ❶〈人を〉びっくりさせる, 仰天させる（★ しばしば受身）: He *was stupefied at* the news [*by* her words]. 彼はその知らせに[彼女の言葉に]びっくりした[していた]. ❷〈人を〉ぼうっとさせる,〈人の〉感覚を鈍くする（★ しばしば受身）: She *was stupefied with* drink [*by* the heat]. 彼女は酒に酔って[その暑さで]頭がほうっとしていた. 〖Ｆ<Ｌ; ⇒ stupid, -fy〗

stú·pe·fy·ing 形 ❶ 無感覚にする, 麻酔させる: a ~ drug 麻酔薬. ❷ ぼうっとさせる, びっくりさせるような: the ~ cost of medical care 目玉が飛び出るほど高い医療費.

stu·pen·dous /stˌ(j)uːpˈɛndəs | stjuː-/ 形 途方もない; すばらしい; 巨大な: a ~ success 大成功. ~·ly 副 〖Ｌ=麻痺させるような (↓)〗

*__stu·pid__ /stˈ(j)úːpɪd | stjúː-/ 形 (~·**er**, ~·**est**; **more** ~, **most** ~) ❶〈人・言動が〉愚かな; ばかな: a ~ fellow 愚かなやつ / ~ behavior 愚かな行為 / Don't be ~! ばかな事をするな[言うな]! / [+*of*+（代名）+*to do*) / +*to do*] It was ~ *of* her *to* believe that.=She was ~ *to* believe that. それを信じるとは彼女も愚かだった. ❷ くだらない, つまらない, 退屈な: a ~ joke [question] くだらないジョーク[質問] / a ~ party つまらないパーティー. ❸ 無感覚の, 麻痺した: I *was* ~ *with* liquor. 酔って頭がぼうっとしていた. ―― 名《口》ばか者, まぬけ. 〖Ｌ=呆然(ᵃᶻᵉⁿ)とした, 意識をなくしたく *stupere* 麻痺[呆然と]している〗 (名 stupidity)【類義語】⇒ foolish.

*__stu·pid·i·ty__ /stˈ(j)uːpˈɪdəti | stjuː-/ 名 ❶ Ⓤ ばか, 愚かさ. ❷ Ⓤ.Ⓒ [しばしば複数形で] 愚行, ばかげた言動. (形 stupid)

stú·pid·ly 副 愚かに, まぬけて（★ 時に文修飾）: S~ (enough), I left my umbrella on the train. うかつにも列車に傘を忘れてきた.

stu·por /stˈ(j)úːpə | stjúːpə/ 名 Ⓤ [また a ~] 麻痺; 昏睡(ᵏᵒⁿˢᵘⁱ), 人事不省; ぼうっとすること: in a ~ 茫然自失して.

†**stur·dy**¹ /stˈəːdi | stˈəː-/ 形 (**stur·di·er**, **-di·est**) ❶ **a**〈体が〉たくましい, 頑健な (robust). **b**〈ものが〉丈夫な, 頑丈な: a ~ house 頑丈な造りの家. ❷ **a**〈抵抗・勇気など〉強い, 不屈の (determined). **b**〈性格など〉しっかりした, 健全な: ~ common sense 健全な常識. **stúr·di·ly** /-dəli/ 副 ❶ 頑健に, 頑丈に. ❷ 頑強に, 断固として. **-di·ness** 名

stur·dy² /stˈəːdi | stˈəː-/ 名 Ⓤ〖獣医〗(羊の)旋回病 (gid).

stur·geon /stˈəːdʒən | stˈəː-/ 名 Ⓒ.Ⓤ〖魚〗チョウザメ (そのはらこを塩漬けにしたものがキャビア (caviar)).

Sturm und Drang /ʃtˈʊəmʊn(t)drˈæŋ | ʃtˈʊəmʊn(t)drˈæŋ/ 名 Ⓤ 疾風怒濤(ᵈᵒ̄) (18世紀後半ドイツに起こったロマン主義的文学運動; Schiller, Goethe などが中心).

†**stut·ter** /stˈʌtə | -tə/ 動 ❶ どもる, 口ごもる. ❷ (機械などが)連続音を発する. ―― 他〈…を〉どもりながら言う〈*out*〉: "Th-th-thank you," he ~ed. 「ど, ど, どうもありがとう」と彼はどもって言った. ―― 名 どもり(癖). ~·**er** /-tərə | -tərə/ 名 どもる人. ~·**ing·ly** /-tərɪŋli, -trɪŋ-/ 副【類義語】⇒ stammer.

Stutt·gart /stˈʌtgɑːt | stˈʊtgɑːt/ 名 シュトゥットガルト (ドイツ南西部, バーデンビュルテンベルク (Baden-Württemberg) 州の州都).

St. Valentine's Day, St. Vincent and the Grenadines, St Vitus's dance ⇒ Saint Valentine's Day, Saint Vincent and the Grenadines, Saint Vitus's dance のつづり位置.

sty¹ /stˈaɪ/ 名 ❶ 豚小屋. ❷ 汚ない家[部屋]. ―― 動 他 豚小屋に入れる.

sty² /stái/ 名 麦粒腫(ばくりゅうしゅ), ものもらい: have a ~ in one's eye 目にものもらいができている.

stye /stái/ 名 =sty².

Styg·i·an /stídʒiən/ 形 ❶ ステュクス (Styx) の. ❷ 《文》陰鬱(いんうつ)な, 真っ暗な: ~ gloom 真っ暗やみ.

sty·lar /stáilə/ 形 《植》花柱の.

‡**style** /stáil/ 名 ❶ Ⓒ Ⓤ **a** やり方, スタイル, 方式, 流儀: the modern ~ of life 現代風生活様式 / food prepared in the Italian ~ イタリア風に調理した食物 / It's not my ~. それは私の流儀ではない / American food is more my ~. (冗談めかして)アメリカ料理の方が私には合っている. **b** (文芸・建築などの)**様式**, 風, 流: in the ~ of Wagner ワグナー風に / the Norman ~ ノルマン様式(英国建築の一様式). **c** 〔副詞的に〕…風[流]に: sit Japanese ~ 日本式に座る / live Italian ~ イタリア風に生活する. **❷** Ⓤ Ⓒ **a** 文体: the ~ and the matter of a book 書物の文体と内容. **b** 話しぶり, 思想の表現法: in a plain [heavy] ~ 平明な[重苦しい]文体で. **❸** Ⓒ Ⓤ (服装などの)**スタイル, 流行(型)** 〖比較〗 日本語の時につかう「スタイルがよい」と表現するが, それに当たる英語は have a good figure): the latest ~ in shoes 靴の最新流行型 / in [out of] ~ 流行で[流行遅れで]. **❹** Ⓤ 優雅, 気がき く: Let's eat in ~. 豪勢な食事をしよう / live in (great [grand]) ~ 豪勢な暮らしをする. **❺** Ⓤ 上品, 品格, 品位: He has no ~. 彼には品がない / dress in (good) ~ 上品な服装をする. **❻** Ⓒ (よい品物などの)種類, 型, タイプ: a hair ~ ヘアスタイル / They are made in all sizes and ~s. それらはあらゆる大きさと型に作られている / What ~ of house do you require? どんな家をお求めですか. **❼** Ⓒ (正式の)称号, 肩書, 商号: under the ~ of …の称号で. **❽** Ⓒ 尖筆(せんぴつ), 鉄筆. **❾** Ⓒ 暦法: ⇨ Old Style, New Style. **❿** Ⓒ 《植》花柱. **crámp a person's stýle** (口) 人の行動を作る, 人に調子を出させない. —— 動 他 ❶ **a** 〈服を〉流行に合わせて作る; 〈髪を〉整える; 〈原稿などを〉一定の様式に合わせる: She had her hair ~d at the beauty parlor. 彼女は美容院で髪型を整えてもらった. **b** 〈…を〉〈…で〉型に合わせて作る (*in*). ❷ 〈…を〉〈…と〉呼ぶ, 称する: 〔+目+補〕Jesus Christ is ~d the Savior. イエスキリストは救世主と呼ばれる. **stýl·er** 名 〖F＜L＝尖筆, 書き方〗 (形 stylish) 【類義語】 ⇨ fashion.

-style /stàil/ 〔複合語で〕「…のスタイルの[で]」, 「…風の[で]」の意の形容詞・副詞を造る: American-style アメリカンスタイルの[で].

style·bòok 名 スタイルブック(服装の新型を図示した本).

style·shèet 名 《電算》スタイルシート(ワープロなどで, 用紙の大きさ, 余白, 字体など文書のレイアウトを決める要素を指定したもの).

sty·let /stáilət/ 名 ❶ 《医》スタイレット: **a** 細い探針. **b** カテーテルなどに挿入する細い針金. ❷ 〔動〕吻針.

sty·li stylus の複数形.

⁺**stýl·ing** 名 Ⓤ ❶ 様式, デザイン, スタイル. ❷ (衣服・髪などに)あるスタイルを与えること, スタイリング. —— 形 《米俗》かっこいい (stylin' ともつづる).

‡**styl·ish** /stáiliʃ/ 形 おしゃれな, 洗練された, 流行に合った, スタイリッシュな (fashionable). **～·ly** 副 **～·ness** 名 〖style 3+-ISH〗

⁺**stýl·ist** /-list/ 名 ❶ 〔複合語で〕 スタイリスト(室内装飾・服飾・髪型などのデザイナー・コンサルタント). ❷ 文章家, 名文家.

⁺**sty·lis·tic** /stailístik/ 形 文体(論)の; (芸術の)様式の, 様式的な. **-ti·cal·ly** /-kəli/ 副

sty·lis·tics /stailístiks/ 名 Ⓤ 文体論.

sty·lite /stáilait/ 名 《教》柱頭行者(高い柱の上に住み, 苦行した古代・中世シリアなどの修道僧).

styl·ize /stáilarz/ 動〈表現・手法を〉ある様式に一致させる, 様式化する, 型にはめる.

⁺**stýl·ized** 形〈美術作品が〉様式化された, 型にはまった.

sty·lo·bate /stáiləbèit/ 名 《建》スタイロベート, ステュロバテス《列柱を支える基礎[土台]の最上段).

sty·lo·graph /stáiləgræf | -grɑ̀:f/ 名 万年尖筆(せんぴつ), 鉄筆. **sty·lo·graph·ic** /stàiləgræfik⁻/ 形

sty·loid /stáiloid/ 形 《解》尖筆状の, 茎状の, 棒状の.

stýloid prócess 名 《解》(側頭骨などの)茎状突起.

sty·lom·e·try /stailámətri | -lɔ́m-/ 名 統計文体論 《作家[ジャンル]間の文体の相違を統計的に分析する研究》.

sty·lo·met·ric /stàiləmétrik/ 形

sty·lops /stáilɑps | -lɔps/ 名 (複 ～·es) 〔昆〕ネジレバネ《ネジレバネ科の昆虫; 他の昆虫に寄生する》.

sty·lus /stáiləs/ 名 (複 -li /-lai/, ～·es) ❶ (レコードプレーヤーの)針. ❷ (昔, ろう板[紙]に書いた)尖筆, 鉄筆.

sty·mie, sty·my /stáimi/ 名 ❶ 《ゴルフ》 スタイミー《グリーン上で打者の球とホールとの間に相手の球がある状態; またその相手の球). ❷ 窮地. —— 動 他 ❶ 《ゴルフ》〈…に対し〉スタイミーを置く. ❷ 〈…を〉挫折させる, 困った立場に追い込む (foil).

styp·tic /stíptɪk/ 形 止血(用)の. —— 名 止血薬.

stýptic péncil 名 (ひげそり傷などの)スティック状止血薬.

sty·rene /stáiri:n, stí(ə)r-/ 名 Ⓤ 《化》スチレン《合成樹脂ゴム原料).

Sty·ro·foam /stáirəfòum/ 名 Ⓤ 〔商標〕スタイロフォーム《発泡スチロールの一種》.

STYS 《略》(主に英) speak to you soon (電子メールなどで)あとで話す.

Styx /stíks/ 名 〔the ～〕《ギ神》ステュクス, 三途(さんず)の川 (cf. Charon 1). 〖L＜Gk; 原義は「冷たさ, 憎しみ」〗

sua·sion /swéiʒən/ 名 Ⓤ 勧告, 説得.

sua·sive /swéisiv/ 形 説きつける, 説得する, 口のうまい. **～·ly** 副 **～·ness** 名

suave /swɑ́:v/ 形 ❶ 〈人・態度・話しぶりなどが〉(いやに)人当たりのよい, もの柔らかな, いんぎんな. ❷ 〈ワインなど〉口当たりのいい. **～·ly** 副 **～·ness** 名 〖F＜L=sweet〗

sua·vi·ty /swɑ́:vəti/ 名 ❶ もの柔らかさ, いんぎん. ❷ Ⓒ 〔通例複数形で〕ていねいなふるまい[言葉]. 〖↑+-ITY〗

‡**sub** /sʌ́b/ (口) 名 ❶ 代理人; (特に)補欠選手 (substitute); 代用教員 (substitute teacher). ❷ 潜水艦 (submarine). ❸ (クラブなどの)会費 (subscription). ❹ 《英》(給料の)前借り (cf. subsidy). ❺ 副主筆, 編集次長 (subeditor). —— 動 (subbed; sub·bing) ⓘ ❶ 〈…の〉代わりをする (*for*). ❷ 《英》(給料の)前借りを渡す[受け取る]. —— 他 ❶ 《英》〈給料の前借りを〉渡す[受け取る]. ❷ 〈新聞・雑誌の〉副主筆をする (subedit). 〖略〗

sub. 《略》subaltern; subject; submarine; subscription; substitute; suburb(an); subway.

sub- /sʌ̀b, səb/ 接頭 「下, 下位, 副; 亜; やや, 半」 (↔ super-) 《**c** の前では suc-, **f** の前では suf-, **g** の前では sug-, **m** の前では時に sum-, **p** の前では sup-, **r** の前では sur-, **c, p, t** の前では時に sus-となる). 〖L *sub* under, below〗

sùb·ácid 形 ❶ やや酸っぱい. ❷ ややしんらつな.

sùb·acúte 形 ❶ やや鋭い〈角度など〉. ❷ やや強い〈痛み〉, 亜急性の〈病気など〉.

sùb·adúlt 名 成長期をほぼ終了した人[動物], 半成人. —— 形 亜成体の.

sùb·áerial 形 地面の, 地表の. **～·ly** 副

sùb·ágent 名 副代理人.

sùb·álpine 形 《生態》亜高山帯の.

sub·al·tern /səbɔ́:ltən | sʌ́bəlt(ə)n/ 名 《英軍》准大尉, (特に)少尉. —— 形 ❶ 下位の, 次位の, 副の. ❷〈命題が〉特称の.

sùb·antárctic 形 亜南極の, 南極に近い.

sub·a·qua /sʌ̀bɑ́:kwə, -ǽk- | -ǽk-⁻/ 形 潜水の, 水中の.

sùb·aquátic 形 〔動・植〕半水生の; =subaqueous.

sùb·áqueous 形 水中にある, 水中(用)に起こる; 《比喩》実質を欠いた, 弱々しい.

sùb·árctic 形 亜北極の, 北極に近い.

sùb·assémbly 名 《機》小組立部品, サブアセンブリー.

sùb·atómic 形 〔理〕原子スケール以下の: ~ particles 原子スケール以下の粒子《電子・核子など》.

sùb·cátegory 名 下位範疇(はんちゅう), 下位区分. **-cátegorize** 動 **-categorizátion** 名

súb·clàss 名 〔生〕亜綱.

sùb·cláuse 名 ❶ 〖法〗下位条項. ❷ 《文法》従属節

sub·cla·vi·an /sʌbkléɪviən/ 〖解〗形 鎖骨 (clavicle) の下の; 鎖骨下動脈[静脈(など)]の.

sub·clínical 形〖医〗亜臨床的な, 無症状の, 潜在性の: a ~ infection 無症状感染. **~·ly** 副

⁺súb·commìttee 名〖集合的; 単数または複数扱い〗分科委員会, 小委員会.

sùb·cómpact 名 準小型車 (コンパクト車より小さい車). —— 形〈自動車が〉準小型の.

⁺sub·cónscious 形 潜在意識の; ぼんやり意識している. —— 名 [the ~] 潜在意識. **~·ly** 副 **~·ness** 名

sùb·cóntinent 名 亜大陸 (インドやグリーンランド).

sùb·continéntal 形 亜大陸の.

sub·contract /ーーー/ 名 下請負, 下請け契約. — /ーーーーー/ 動 他 自 下請けする.

sub·cóntractor 名 下請け(負い)人.

sùb·cóntrary 〖論〗形 小反対の. —— 名 小反対命題.

sùb·córtical 〖解〗形 皮質下の.

sùb·cóstal 形〖解〗助骨下の.

sùb·crítical 形〖理〗臨界未満の: a ~ experiment 臨界未満実験.

sùb·cúlture 名 U 下位文化, サブカルチャー.

sub·cu·ta·ne·ous /sʌ̀bkjuːtéɪniəs/ 形 ❶ 皮下の; 皮下に行なう: ~ fat 皮下脂肪 / a ~ injection 皮下注射. ❷〈寄生虫など〉皮下にすむ. **~·ly** 副

sùb·déacon 名〖キ教〗副助祭, 副補祭, 副執事.

sùb·débutante 名 社交界にデビューする前の 10 代の娘.

sùb·divíde 動 他 〈...を〉に小分けする; 細分する: He ~d the farm *into* housing lots. 彼はその農場をいくつかの住宅敷地に細分した. —— 自 細分化される.

sùb·divísion 名 ❶ U 細分(化), 小分け. ❷ C a 下位区分, 一部分の, 一部. **b**〖米〗分譲地.

súb·domàin 名〖電算〗サブドメイン(名)〈ネットワークドメインに副次的に設定されるグループ, またその名称; ドメイン名の所有者が自由に設定できる; cf. domain, domain name〗.

sùb·dóminant 名〖楽〗下属音〈各音階の第 4 音〉.

sub·du·al /səbd(j)úːəl | -djúː-/ 名 U ❶ 征服. ❷ 抑制. ❸ 緩和.

sub·duc·tion /səbdʌ́kʃən/ 名〖地〗沈み込み, もぐり込み, サブダクション〈プレートのへりが別のプレートのへりの下に沈み込むこと〉. **sub·duct** /-dʌkt/ 動 他 自

⁺sub·due /səbd(j)úː | -djúː/ 動 他 ❶〈敵・国などを〉征服する, 鎮圧する (defeat): Julius Caesar ~d Gaul in 50 B.C. ジュリアスシーザーは紀元前 50 年にガリアを征服した. ❷〈感情を〉抑える, 抑制する: ~ a desire to laugh 笑いたい気持ちをぐっと抑える. ❸〈色・音・態度などを〉やわらげ, 緩和[軽減]する (⇒ subdued). 〖F←L=下に導く<SUB-+ducere 導く〗

⁺sub·dúed 形 ❶ a 抑制された. **b**〈人・性格・態度など〉控えめな, 静かな, 沈んだ: ~ manners 静かな物腰 / She looked ~. 彼女は元気がない[沈んでいるよう]に見えた. ❷〈音・色などが〉やわらいだ, 柔らかな: a ~ color 落ち着いた色, じみな[しぶい]色 / a ~ light 柔らかい光 / talk in ~ voices 低い声で話す.

sùb·dúral 形〖解〗硬膜下の.

sùb·édit 動 他〈新聞・雑誌などの〉副主筆の仕事をする, 〈...の〉編集を助ける.

sùb·éditor 名 副主筆, 編集次長.

súb·family 名〖生〗亜科. ❷〖言〗語派.

súb·floòr 名 [仕上げ床の下の] 下張り床.

súb·freezing 形 氷点下の.

sub·fusc /sʌ̀bfʌ́sk/ 形〖文〗形 黒ずんだ, くすんだ. —— 名〖英〗(大学の) 式服.

súb·gènus 名 (後 -gen·era, ~es) 〖生〗亜属.

sùb·glácial 形 氷河下[の底]の[にあった]. **~·ly** 副

súb·gròup 名 下位グループ[集団]; 下位群.

súb·hèad 名 小見出し, 見出しの小区分, 副題.

súb·hèading 名 =subhead.

sùb·húman 形 ❶〈知能・行動が〉人間以下の, 人間にふさわしない. ❷〈動物が〉人間に近い, 類人の.

subj. (略) subject; subjective(ly); subjunctive.

1797 subjectivity

sub·ja·cent /sʌ̀bdʒéɪs(ə)nt/ 形 下の[にある].

⁑sub·ject /sʌ́bdʒɪkt/ 名 ❶ **a** (議論・研究などの) 主題, 問題, 題目, テーマ: a contentious ~ 異論のある問題 / a ~ for discussion [conversation] 議題[話題] 〈となる事柄〉《比較》the ~ under discussion は(議論中の)議題, the ~ of (a) conversation は(ある会話での)話題) / change the ~ 話題を変える / get onto [off] the ~ of...の話題に入る[からそれる]. **b** 〔研究・調査などの〕対象: the [a] ~ of consideration [further study, (an) inquiry] 考察[今後の研究, 捜査]の対象. **c** 〔感情・行動などの〕原因, 対象: a ~ *of* [*for*] criticism [complaint] 批判[不満]の原因[対象]. **d** 被験者, 実験動物[対象]: a ~ of a clinical trial 臨床試験の被験者. **e** 題材, 画題; (写真の) 被写体. ❷ (学校の) 学科, 科目: a required [an elective] ~ 必修[選択]科目. ❸〖文法〗主語, 主部 (cf. predicate): a compound ~ 複主語〈2 個以上の名詞(相当語句)から成る〉 / a formal [grammatical] ~ 形式[文法的]主語 / a real [logical] ~ 真[論理的]主語. ❹〖楽〗テーマ, 主題. ❺〖論〗主位, 主詞. ❻〖哲〗主体, 主観, 自我 (↔ object); 実体, 物自体. ❼ (王国・君主国の) 国民, 臣民〈★共和国では citizen〉; 臣, 家来: a British ~ 英国民 / rulers and ~s 統治者と被統治者, 君臣. ❽ 被実験者, 被験者, 実験材料; (催眠術などの) 被術者: a ~ for dissection 解剖用死体. ❾ 素質者, 患者: a hysterical ~ ヒステリー性の人. **on the súbject of**...に関して, ...について

—— 形 (*more* ~; *most* ~) ❶ (比較なし) 服従する, 従属する, 属国の: a ~ province 属領 / You're ~ *to* the laws of this country. あなたはこの国の法律に従わなければならない. ❷ P […を]受けやすくて, こうむりやすくて; […に]かかりやすくて, 陥りやすくて: These prices are ~ *to* change. これらの価格は変更することがあります / He's ~ *to* colds [attacks of fever]. 彼はかぜをひき[発熱し]やすい. ❸ P [承認などを]受けることを必要として, [...を]条件として: The plan is ~ *to* your approval. その計画にはあなたの承認が必要です. **subject to** …を(得ることを)条件として, …を仮定して: S~ *to* your consent, I will try again. ご承認くださるならもう 1 度やってみます.

—— /səbdʒékt/ 動 他 ❶〈...を...に〉服従させる, 従属させる (*to*): King Alfred ~ed all England *to* his rule. アルフレッド王はイングランド全体を自分の下に収めた. ❷ **a** 〈人を〉[いやな目に〉あわせる; 受けさせる 〈★しばしば受身〉: be ~ed *to* ridicule 冷笑される. **b** [~ oneself *to*] […に〉身をさらす: It would be ~*ing* yourself *to* insult. そんなことをするのはわざわざ侮辱に身をさらすようなものだ / He willingly ~ed himself *to* investigation by the committee. 彼は自ら進んで委員会の審問を受けた. **c** 〈ものを〉[...に〉当てる, かける: ~ the metal *to* intense heat その金属を高熱に当てる.

〖L=下に投げられた(もの)<SUB-+jacere, *jact*-, *-ject* 投げる (cf. jet¹)〗 (名 subjection, 形 subjective)

【類義語】(1) **subject** 計論されたり作品などで扱われような題目や主題; 最も一般的な語. **topic** 具体的な個々の作品や議論の一部で扱われた題目あるいは話題を示す. **theme** 作品の根底にある考え方. 作品によって最終的に表現しようとする主題. (2) ⇒ citizen.

súbject càtalog 名 主題別分類カタログ.

sub·jec·tion /səbdʒékʃən/ 名 U 征服; 服従, 従属 (*to*). (動 subject)

⁺sub·jec·tive /səbdʒéktɪv, sʌb-/ 形 ❶ 主観の, 主観的な; 想像(上)の (↔ objective): a ~ test 主観テスト / It's a very ~ view. それはとても主観的な見方だ. ❷〖文法〗主語としての; 主格の (cf. mood²): the ~ case 主格 / the ~ complement 主格補語 (例: He lies dead. の *dead*) / the ~ genitive 主語属格 (例: the doctor's arrival の *doctor's*). **~·ly** 副 (名 subject)

sub·jec·tiv·ìsm /-vìz(ə)m/ 名 U 主観主義; 主観論 (↔ objectivism). **-ist** /-vɪst/ 名

sub·jec·tiv·i·ty /sʌ̀bdʒektɪ́vəti/ 名 U 主観的なこと, 主観性 (↔ objectivity); 主観(主義).

†**súbject màtter** 名 U (著作などの)内容; 主題, 題目.
sub·join /səbdʒɔ́ɪn, sʌb-/ 動 他 (終わりに)語句などを〔...に〕追加する, 付言する: ~ a postscript *to* a letter 手紙に追伸を書き加える.
sub jú·di·ce /sʌ́bdʒú:dəsì:/ 副 P 【法】審理中で, 未決で. 《L=under a judge》
sub·ju·gate /sʌ́bdʒugèɪt/ 動 他 征服する, 服従させる, 従属させる.
sub·ju·ga·tion /sʌ̀bdʒugéɪʃən/ 名 U 征服(すること, された状態); 服従, 従属.
súb·ju·gà·tor /-ṭɚ | -tə/ 名 征服者.
sub·junc·tive /səbdʒʌ́ŋ(k)tɪv/【文法】形 仮定法の, 叙想法の: the ~ mood 仮定法, 叙想法の動詞(たとえば God save the Queen! の save). — 名 ❶ [the ~] 仮定法, 叙想法. ❷ C 仮定法[叙想法]の動詞. ~·ly 副
súb·kìngdom 名【生】亜界.
sub·late /sʌbléɪt/ 動 他【論】(ヘーゲル哲学で)止揚する. **sub·lá·tion** 名
súb·lèase 転貸, また貸し. — 動 他 《借りている》土地・部屋などを》また貸しする. — 自 転貸する.
sùb·lessée 名 転借人, また借人, 再賃借人.
sùb·léssor 名 また貸しする人, 転貸人.
sùb·lét 動 (**sub·let**; **-let·ting**) ❶ 〈...を〉また貸しする. ❷ 〈仕事を〉下請けさせる.
sùb·lieuténant 名【英海軍】中尉.
sub·li·mate /sʌ́bləmèɪt/ 動 他 ❶ 【心】〈性衝動などを〉(望ましい行為に)転化する, 昇華させる: Sport is ~d war. スポーツとは戦争を昇華させたものである. ❷ 【化】昇華する. ❸ 純化する. — /sʌ́bləmət, -mèɪt/ 名【化】昇華物; 昇汞(⁻). 《L; ⇒ sublime》
sub·li·ma·tion /sʌ̀bləméɪʃən/ 名 U ❶【心】昇華. ❷【化】昇華. ❸ 純化, 理想化.
†**sub·lime** /səbláɪm/ 形 (**sub·lim·er**; **-lim·est**) ❶ **a** 荘厳, 崇高な, 雄大な (heavenly): ~ scenery [music] 荘厳な風景[音楽]. **b** [the ~; 名詞的に; 単数扱い] 荘厳美, 崇高なもの: from the ~ to the ridiculous 崇高(なもの)から滑稽(⁻)(なもの)へ. ❷ 〈思想・文体・人などが〉高尚な, 卓越した, 抜群の. ❸ (比較なし) 〈皮肉〉この上ない, 途方もない: ~ ignorance どえらい無知. — 動 他【化】〈...を〉昇華させる. ❷ 〈...を〉高尚にする, 浄化する. — 自 ❶【化】昇華する. ❷ 高尚になる, 浄化される. ~·ly 副 ~·ness 名 《L=浮かんだ, 気高い》
sub·lim·i·nal /sʌ̀blímən(ə)l/ 形 U 【心】意識にのぼらない, 潜在意識の: the ~ self 識閾(⁻)下自我, 潜在自我 / ~ advertising サブリミナル広告 (人に意識させずに識閾下に訴えるテレビなどの広告). 《SUB-+L *limen, limin-* しきい (cf. limit) +-AL》
sub·lim·i·ty /səblíməṭi/ 名 ❶ U 荘厳, 雄大, 高尚, 絶頂, 極致. ❷ C 崇高なもの, 崇高な人[もの].
sub·lin·gual /sʌ̀blíŋgwəl/ 形【解】舌下の; 舌下腺の: the ~ gland [artery] 舌下腺[動脈] / ~ tablets 舌下錠.
sùb·líttoral【生態】岸辺近くの水中にある, 低潮線から大陸棚との間の, 亜沿岸[潮間](帯)の. — 名 [the ~] 亜沿岸帯, 亜潮間帯.
sub·lúnar 形 ❶ 月下の. ❷ 地上の; この世の.
sub·lú·na·ry /sʌ̀blú:nəri/ 形 =sublunar.
sùb·luxátion 名【医】亜脱臼, 不全脱臼.
sub·ma·chíne gùn /sʌ́bməʃí:n-/ 名 小型軽機関銃 《(半)自動式》.
sùb·mandíbular 形【解】下顎の; 顎下腺の.
submandíbular glànd 名【解】顎下腺.
sùb·márginal 形 必要最低限以下の; 〈土地が〉耕作限界以下の.
*†**sub·ma·rine** /sʌ́bməri:n, ⌣ ⌣ ́/ 名 ❶ 潜水艦. ❷ 海底植物[動物]. ❸ 【米】=submarine sandwich. — 形 (比較なし) 海底の; 海底に生じる[生息する]; 海中で使う: a ~ cable [volcano] 海底電線[火山] / a ~ tunnel 海底トンネル.
submarine cháser 名 駆潜艇.

sub·ma·rín·er /sʌ̀bməríːnɚ, ⌣ ⌣ ⌣ ́ ⌣ | sʌ̀bmǽrɪnə/ 名 潜水艦乗組員.
submarine sándwich 名【米口】サブマリーンサンドイッチ(皮の固いパンを縦に切ってハム・野菜などをはさんだもの).
sùb·máxillary glànd 名 =submandibular gland.
sùb·médiant 名【楽】下中音(音階の第6音).
†**sub·merge** /səbmɚ́:dʒ | -má:dʒ/ 動 他 ❶ 〈...を〉水中に入れる, 水中に沈める: This part of the village will be ~d. 村のこのあたりは冠水するだろう. ❷ **a** 〈...を×...に〉おおい[包み]隠す *in* (★ しばしば受身): She *was* ~d under the bedding. 彼女は寝具の下にすっぽりと隠れていた. **b** 〈人を×仕事・思索などに〉没頭させる (*by, in, with, under*) (★ 通例 ~ oneself または受身で用いる): I'm completely ~*d by* [*with, under*] all this work. この仕事にすっかり没頭している. — 自 ❶ 水中に沈む, 没没する. ❷ 〈潜水艦などが〉潜水[潜航]する.
sub·mérged 形 ❶ 浸水した, 水没した. ❷ 最低生活をする, 極貧の. **the submérged ténth** 最下層階級, どん底生活者たち.
sub·mer·gence /səbmɚ́:dʒəns | -má:-/ 名 U 水中に沈むこと, 潜水; 浸水, 水没; 沈没.
sub·mérg·i·ble /-dʒəbl/ 形 =submersible.
sub·merse /səbmɚ́:s | -má:s/ 動 =submerge.
sub·mers·i·ble /səbmɚ́:səbl | -má:-/ 形 ❶ 水中に沈めうる. ❷ 潜航できる. — 名 潜水艦; (科学測定用の)潜水艇.
sub·mer·sion /səbmɚ́:ʒən | -má:ʃən/ 名 =submergence.
sùb·microscópic 形 〈物体が〉超顕微鏡的な.
sùb·míniature 形 超小型の.
sùb·míniaturize 動 他 〈...を〉超小型化する.
†**sub·mis·sion** /səbmíʃən/ 名 ❶ U 服従, 降服 (capitulation): in ~ *to* the will of God 神の意に服従して. ❷ U 言いなりになること, 従順: ~ of the people *to* a dictator 独裁者への国民の服従. ❸ (意見の)開陳, 具申, 提案: My ~ is that ... 私の考えますところでは... / In my ~, ... 私見によりますれば... / We rejected his ~ *that* this (should) be done at once. 我々はこのことを直ちに行なえという彼の提案を拒否した. 《動 submit》
sub·mis·sive /səbmísɪv/ 形 服従する, 柔順な, (人の)言いなりになる (↔ assertive). ~·ly 副 ~·ness 名
*†**sub·mit** /səbmít/ 動 (**sub·mit·ted**; **-mit·ting**) 他 ❶ 〈...を×...に〉提出する, 提示する; 寄託する, 付託する: The motion was *submitted to* the city council. その動議は市議会に提出された. ❷ [~ oneself] 〈...に〉服従する, 〈...に〉甘受する: We must ~ *ourselves to* God's will. 我々は神の意志に従わなければならない. ❸【法】〈弁護士などが〉×...だと言う, 具申する: 〔+*that*〕I ~ *that* some important evidence has been passed over. ある重大な証拠が見落とされていると申し上げたい. — 自 ❶ 服従する, 〈...に〉甘受する (yield): He was too proud to ~ *to* such treatment. 彼は自尊心が高くてそのような扱いを甘受しなかった / I will not ~ *to being* treated like this. このように扱われるのを甘受はしません. 《L=下に送る[置く] 〈SUB-+*mittere, miss-* 送る (cf. mission)》 《名 submission》
sub·mucósa 名【解】粘膜下組織. **-mucósal** 形
sùb·múltiple 名【数】約数(の).
sùb·nórmal 形 普通[正常]以下の; (特に)知能が普通以下の.
sùb·núclear 形【理】原子核内の, 原子核より小さい, 素粒子の.
sùb·óptimal 形 最適に及ばない, 最適下限の, 次善の.
sùb·órbital 形 ❶ 〈人工衛星など地球を完全に一周することのない, 軌道に乗らない. ❷【解】眼窩(⁻)下の.
súb·òrder 名【生】亜目.
*†**sub·or·di·nate** /səbɔ́ɚdənət | -bɔ́ː-/ 形 (比較なし) ❶ 下(位)の, 次位の, 劣った: a ~ officer 下級将校 / a ~ position 下位 / In the army colonels are ~ *to* major generals. 陸軍では大佐は少将の下位にある. ❷ 従属する, 付随する: a ~ task 付随する仕事 / Pleasure should

be ~ *to* duty. 義務は娯楽に優先すべきだ. ❸《文法》従属の: a ~ clause 従(属)節《複文の中で主節に従属した節》; 例: I'll go *if it's sunny*.; cf. PRINCIPAL clause) / a ~ conjunction 従位接続詞 (as, if, that など; ↔ coordinate conjunction). ── 图 ❶ 従属者, 部下, 属官. ❷ 従属するもの. ── /səbɔ́ːrdənèɪt/ 動 他 ❶〈…を〉〈…の〉下(位)に置く; 〈…を〉〈…に〉従属[服従]させる: ~ passion *to* reason 情欲を理性に従わせる. ❷〈…を〉〔…に〕軽視する. 彼は~s work *to* pleasure. 彼は仕事を娯楽よりも軽く考えている. ~·ly 〖L=下位に置かれた〈SUB-+*ordo, ordin-* 順, 列 (cf. order)〗》名 subordination》

sub·or·di·na·tion /səbɔ̀ːrdənéɪʃən | -bɔ̀ː-/ 名 U ❶ 下位に置くこと; 従属, 下位: in ~ *to*…に従属して. ❷ 軽視. ❸《文法》従属関係. ⇨ subordinate.

sub·or·di·na·tive /səbɔ́ːrdənèɪtɪv, -ɔ́ː-dənət-/ 形 ❶ 従属的な; 下[次]位の. ❷《文法》従属の.

sub·orn /səbɔ́ːrn | -bɔ́ː-/ 動 《法》〈わいろなどを与えて〉〈人に〉偽誓[偽証]させる; 悪事を働かせる.

sub·or·na·tion /sʌ̀bɔːrnéɪʃən | -bɔː-/ 名 U《法》偽誓[偽証]させること: ~ of perjury 偽誓[偽証]教唆(ウャゥサ)罪.

sub·óx·ide 名《化》亜酸化物.

sub·phý·lum 名《生》亜門.

súb·plòt 名 (小説などの)わき筋.

†sub·poe·na, sub·pe·na /səpíːnə | sə(b)p-/《法》名 (証人などに対する)召喚令状. ── 動 (~ed, ~'d) 〈人を〉召喚する, 〈人に〉召喚状を発する.

sùb·póstmaster 名《英》副郵便局 (sub-post office) の局長.

sùb·póstmistress 名《英》女性の副郵便局長.

sùb-póst òffice 名《英》副郵便局 (main post office (主郵便局) に対して, 新聞店や雑貨屋などと併営されている小規模な郵便局).

sùb·prógram 名 =subroutine.

sub·ro·gate /sʌ́brougèɪt/ 動 他《法》代位弁済する, 肩代わりする. **sub·ro·ga·tion** /sʌ̀brougéɪʃən/ 名

sub ro·sa /sʌ̀bróuzə/ 副 秘密に, 内密に.〖L=under the rose〗; 天井にバラの花を彫り, 宴席での話の秘密厳守を求めた古い習慣から》

sub-rosa /sʌ̀bróuzə◂/ 形《連絡・会談など》内密の.

súb·routìne 名《電算》サブルーチン《主プログラムに組み込まれて特定の機能を実行させる一連の命令作業》.

sùb-Sahàran 形 サハラ砂漠以南の.

súb·sàmple《統》名 副標本. ── 他 /-ˌ-ˌ-/〈…の〉副標本をとる.

†sub·scribe /səbskráɪb/ 動 他 ❶〈金額を〉〔…に〕寄付する (donate): He ~d 10,000 dollars *to* the earthquake relief fund. 彼は地震救援基金に1万ドル寄付した / The sum needed was ~d several times over. 応募金額は必要額の数倍に達した. ❷ 応募する, 申し込む, 予約する. ❸〈証書などに〉署名する: ~ a petition 請願書に署名する. b〈名前を〉書く: ~ one's name *to* a petition 請願書に署名する. c [~ oneself S で]〈…と〉署名する: [+目+(as)補] ~ oneself (*as*) S.B. S.B.と署名する. ── 自 ❶ [新聞・雑誌などを]予約(購読)する: ~ *to* a newspaper [magazine] 新聞[雑誌]を予約購読する / I have ~d *for* the encyclopedia. 私は百科事典の購入申し込みをした. ❷ 寄付(を約束)する: Mr. Smith ~s liberally *to* charities. スミス氏は慈善事業に惜しみなく寄付をする / ~ *for* 10,000 dollars 1万ドルを寄付する. ❸〔株式などに〕申し込む: I ~d *for* 1000 shares in the new company. 新しい会社の株を千株申し込んだ. ❹ [しばしば否定文で]〔…に〕同意する, 賛成する: I cannot ~ *to* that opinion. その意見には賛成できない. ❺〔…に〕署名する〔*to*〕.〖L=(書類の)下に(名前を)書く〈SUB-+*scribere, script*- 書く (cf. script)〗》名 subscription》

†sub·scríb·er 名 ❶〔新聞・雑誌の〕購読者〔*to*〕. ❷ 寄付者〔*to*〕. ❸ a〔株式・書籍などの〕申し込み者, 応募者, 予約者〔*for*〕. b〔クラブなどの〕加入者: a telephone ~ 電話加入者. ❹ 記名者, 署名者.

subscríber trúnk dìalling 名 U《英》(交換手を通さ

1799 **subsist**

ない)ダイヤル直通長距離電話《略 STD》.

sub·script /sʌ́bskrɪpt/ 形 下に書いた; 下付きの. ── 名 下に記した文字[記号, 数字] 《例: H₂SO₄ の 2, 4 など; ↔ superscript). 《⇨ subscribe》

†sub·scrip·tion /səbskrípʃən/ 名 ❶ a U 予約購読; 予約出版: by ~ 予約で. b C 予約(代)金. ❷ C《英》(クラブなどの)会費. ❸ a U 寄付(申し込み). b C 寄付金: raise a ~ 寄付金を募る. ❹ U 同意, 賛成. ❺ C 署名.《動 subscribe》

subscríption còncert 名 予約(制)音楽会.

subscríption télevision [TV] 名 U 会員制有料テレビ.

súb·sèction 名 小部, 小分, 細項, 分課.

sub·sel·li·um /sʌbséliəm/ 名《複 -li·a /-liə/》=misericord.

sub·se·quence /sʌ́bsɪkwəns, -kwèns | -kwəns/ 名 U あと[次]であること, 続いて起こること, 継起. (形 subsequent)

†sub·se·quent /sʌ́bsɪkwənt, -kwènt | -kwənt/ 形 《比較なし》その次の, 続いて起こる; あとの, その後の: ~ events その後の事件 / a ~ change その次の変化 / on the day ~ *to* his arrival 彼が到着した翌日に.〖L<*subsequi* あとに続く《SUB-+*sequi* 続く; cf. sequence》+-ENT》

†sub·se·quent·ly /sʌ́bsɪkwəntli, -kwènt- | -kwənt-/ 副 その後, 後に, 続いて: S~, he became famous. その後彼は有名になった / One of the injured ~ died. けが人の一人がその後死んだ.

sub·serve /səbsə́ːrv | -sə́ːv/ 動 他 補助する, 促進する; 〈目的に〉役立つ.

sub·ser·vi·ence /səbsə́ːrviəns | -sə́ː-v/ 名 U ❶ 役立つこと, 貢献. ❷ おべっか, 卑屈.

†sub·ser·vi·ent /səbsə́ːrviənt | -sə́ː-v/ 形 ❶ 卑屈な, へつらう: He's ~ *to* his superiors. 彼は上役にぺこぺこする. ❷ 従属的な, 従位の〔*to*〕. ❸ 役立つ, 貢献する: Experience is ~ *to* knowledge. 経験は知識に役立つ. ~·ly 副

súb·sèt 名《数》部分集合.

súb·shrùb 名《植》亜低木. **sùb·shrúbby** 形

†sub·side /səbsáɪd/ 動 自 ❶ a〈あらし・激情などが〉静まる, やわらぐ: The typhoon began to ~. 台風が静まり始めた. b〈洪水などが〉ひく: The floods have not yet ~d. 洪水の水かさがまだ減っていない. ❷ a〈土地・建物などが〉沈下する. b〈船が〉沈む. ❸〈人が〉(いすなどに)(どっかと)腰を下ろす: He ~d *into* his armchair. 彼はどっかとひじ掛けいすに腰を下ろした.〖L=下に座る〈SUB-+*sidere* 座る》

sub·si·dence /səbsáɪdəns, sʌ́bsə-, -dns/ 名 U.C ❶ 陥没, 沈下: soil ~ 土壌沈下. ❷ 鎮静, 減退.

†sub·sid·i·ar·i·ty /səbsìdiǽrəti/ 名 U 補完原則《中央の権力が下位または地方的組織が効率的に果たせない機能だけを遂行するという原則》.

†sub·sid·i·ar·y /səbsídièri | -diəri/ 形 ❶ 補助(的)の, 補足する; 従属(的)の: play a ~ role わき役を演じる / This function is ~ *to* the others. この機能は他の機能を補助している. ❷ 助成金[による]. ❸ a〈他国の〉雇い兵になった. b〈過半数の株を有する〉親会社に支えられた: a ~ company 子会社 (a parent company). ── 名 ❶ 補助材[物]; 付属[付加]物, 子会社. ❸《楽》副[第二]主題. (名 subsidy)

†sub·si·dize /sʌ́bsədàɪz/ 動 他 ❶〈…に〉助成[補助, 奨励]金を支給する: ~d industries 助成産業. ❷ 報酬金を払って〈…の〉援助を得る. **sub·si·di·za·tion** /sʌ̀bsədɪzéɪʃən | -daɪz-/ 名 U.C. (形 subsidy)

†sub·si·dy /sʌ́bsədi/ 名 助成金, 補助金, 奨励金: a ~ for agriculture 農業助成金 / food subsidies 食糧補助金 / housing subsidies 住宅助成金.〖F<L=援助する〈SUB-+*sedere* 座る (cf. session)〗》

sub·sist /səbsíst/ 動 自 ❶《収入・食糧が不足している時に》生存する, 「辛じて」暮らしていく: They ~ed *on* meager savings [*on* water only]. 彼らは乏しい貯蓄で暮らしていた[水だけで生き長らえていた]. ❷ 存在[存続]する: A club cannot ~ without members. 会は会員なしには存続できない. ── [他] ‹…に›食糧を与える[供給する]. 〖L＝下に立つ‹SUB-+*sistere* 立つ (cf. consist)〗 ([名] subsistence)

⁺**sub·sis·tence** /səbsístəns/ [名] [U] ❶ 最低限の生活のかて, 生計: ~ wages 最低生活賃金. ❷ (収入・食糧不足の時の)生存. ([動] subsist)

subsístence allòwance [名] [U] 《主に英》 特別手当, (出張)手当.

subsístence fàrming [名] [U] 自給農業.

subsístence lèvel [名] [the ~] 最低生活水準.

subsístence mòney [名] ＝subsistence allowance.

subsístence wàge [名] ＝subsistence level.

sub·sis·tent /sʌbsístənt/ [形] ❶ 存在する, 生き続ける. ❷ 内在する, 固有の.

súb·sòil [名] [U] [通例 the ~] 下層土, 心土(しんど) 《表土と基岩の間にある地層》.

sùb·sónic [形] 〘空〙 亜音速の, 音速以下の: ~ speed 亜音速.

súb·spàce [名] ❶ 〘数〙 部分空間. ❷ [U] (SF の)亜空間.

sub spe·cie ae·ter·ni·ta·tis /sʊbspékièɪaɪtèənətáːtɪs | -teən-/ [副] 永遠の姿の下に. 〖L＝under the aspect of eternity〗

súb·spècies [名] (複 ~) 〘生〙 亜種, 変種.

sùb·specífic [形] 亜種の.

***sub·stance** /sʌ́bstəns, -tns/ [名] ❶ [C] **物質, 物; 薬物**: a radioactive ~ 放射性物質 / Soil consists of various chemical ~*s*. 土は種々の化学的物質から成り立っている / ⇨ substance abuse. ❷ [the ~] 〔話・講義などの〕**要旨**, 大意: *the* ~ *of* his lecture 彼の講演の要旨. ❸ [U] **a** (物の)**実質**, 実体, 中身: an argument without ~ 中身のない[空疎な]議論 / matters [issues] of ~ 実質的な問題 / sacrifice (the) ~ for (the) shadow 虚のために実を捨てる, 名を取ろうとして実を捨てる. **b** (人の)誠実味, 実(じつ). ❹ [U] 資産, 財産: a man of ~ 資産家.

in súbstance (1) 実質的には, 大体は: I agree with you *in* ~. 大体は君に同意する. (2) 実際に, 事実上.

〖F‹L＝本質, 下にあるもの‹SUB-+*stare* 立つ (cf. stand)+-ANCE〗 ([形] substantial, [動] substantiate)

【類義語】⇨ matter.

súbstance abùse [名] [U] 〘医〙 物質濫用, (俗に)アルコール[薬物]濫用, アルコール[薬物]中毒. **súbstance abùser** [名]

sùb·stándard [形] 標準以下の.

***sub·stan·tial** /səbstǽnʃ(ə)l/ [形] (more ~; most ~) ❶ **a 相当な**, たくさんの, 大した (considerable): a man of ~ means かなりの資産家 / make a ~ contribution 大いに貢献する. **b** 重要な, 価値のある. ❷ **a 堅固な**, 頑丈な: a ~ building 堅固なつくりの建物 / a man of ~ build がっしりした体格の男. **b** ‹学者など›実力のある, しっかりした. ❸ ‹食事など›**実のある**, たっぷりした: have a ~ meal たっぷりした食事をとる. ❹ [A] (比較なし) (架空でなく)**実体のある**, 実在する, 本当の: a ~ entity 実体のあるもの. ❺ [A] (比較なし) **本質的な**, 事実上の. ❻ 資産のある, 裕福な. ([名] substance)

sub·stán·tial·ìsm /-ʃəlìzm/ [名] [U] 〘哲〙 実体論.

sub·stán·tial·ist /-ʃ(ə)lɪst/ [名] 実体論者.

sub·stan·ti·al·i·ty /səbstæ̀nʃiǽləṭi/ [名] [U] ❶ 実在性, 実質のあること. ❷ 本体, 実質. ❸ 堅固.

sub·stan·tial·ize /səbstǽnʃəlàɪz/ [動] [他] 実体とする, 実体化する; 実在させる, 実在化する; 実現する.

***sub·stan·tial·ly** /səbstǽnʃ(ə)li/ [副] ❶ かなり, 相当; 大幅に, 大いに; しっかりと (considerably). ❷ 実質上; 大体は: This criticism is ~ *correct*. この批評はおおむね的を射ている.

⁺**sub·stan·ti·ate** /səbstǽnʃièɪt/ [動] [他] ❶ ‹…を›実証する (validate): ~ a claim 要求の正当性を実証する. ❷ ‹…を›実体化する, 具体化する.

sub·stan·ti·a·tion /səbstæ̀nʃiéɪʃən/ [名] [U] ❶ 実証. ❷ 実体化, 具体化.

sub·stan·ti·val /sʌ̀bstəntáɪv(ə)l←/ [形] 〘文法〙 実(名)詞の, 名詞の. **~·ly** /-vəli/ [副]

sub·stan·tive /sʌ́bstənṭɪv, səbstǽn-/ [形] ❶ 実在的な; 本質的な. ❷ 独立の, 自立の: a ~ motion 正式動議. ❸ 相当多量[多数]の. ❹ 〘文法〙 **a** 実(名)詞の, 名詞に用いられた: a ~ clause 名詞節. **b** ‹動詞が›存在を示す: a ~ verb 存在動詞 《be 動詞のこと》. ── [名] 〘文法〙 実(名)詞, 名詞. **~·ly** [副]

súb·stàtion [名] ❶ 変電所, 変圧所. ❷ 分署, 分局, 出張所, 派出所; (郵便局の)支局.

sub·sti·tut·a·ble /sʌ́bstət(j)ùːṭəbl | -tjùː-/ [形] 代用可能な. **sub·sti·tut·a·bil·i·ty** /sʌ̀bstət(j)ùːṭəbíləṭi | -tjùː-/ [名]

***sub·sti·tute** /sʌ́bstət(j)ùːt | -tjùːt/ [動] [他] ‹…を›〔…の〕代わりに用いる, 〔…を〕‹…に›代える, 取り替える: ~ margarine *for* butter バターの代わりにマーガリンを用いる 《[変換] replace butter with margarine と書き換え可能》 / Word processors now ~ for typewriters. ワープロがタイプライターに取って替わった. ── [自] 〔…の〕代わりをする, 代理をする: Mr. Brown is *substituting for* me as principal. ブラウン氏が校長として私の代理をしている. ── [名] ❶ **a 代理(人), 補欠(者)**; 補欠選手〔*for*〕. **b** (劇の)代役〔*for*〕. **c** 代用(食)品: ~*s for* rubber ゴムの代用品. ❷ 〘文法〙 代用語 《代名詞や He sang better than I did. の *did* (＝sang)》. ── [形] [A] 代理[代用]の: a ~ teacher 《米》 代用教員. 〖L＝下に置く‹SUB-+*statuere, statut-, -stitut-* 建てる〗 ([名] substitution)

sub·sti·tu·tion /sʌ̀bstət(j)úːʃən | -tjúː-/ [名] [U,C] ❶ 代理, 代用. ❷ 〘文法〙 (語の)代用. **~·al** /-ʃ(ə)nəl/ [形] ([動] substitute)

sub·sti·tu·tive /sʌ́bstət(j)ùːṭɪv | -tjùː-/ [形] 代用[代理]となる. **~·ly** [形]

substrata [名] substratum の複数形.

sub·strate /sʌ́bstreɪt/ [名] 下層, 土台 (substratum); 〘生化〙 基質 《酵素の作用をうけて化学反応を起こす物質》; 〘生・菌〙 培養基; 〘電子工〙 回路基板.

sùb·strátosphere [名] [the ~] 亜成層圏 《成層圏の下, 対流圏の最上部層》.

sub·stra·tum /sʌ́bstrèɪṭəm, ⌐⌐─/ [名] (複 **-ta** /-ṭə/) ❶ 下層. ❷ 土台, 根底, 根本〔*of*〕.

súb·strùcture [名] ❶ 下部構造, 土台. ❷ 基礎工事.

sub·sume /səbsúːm | -s(j)úːm/ [動] [他] ‹…を›〔規則・範疇(はんちゅう)などに〕包摂[包含]する: ~ an instance ***under*** a rule 例を規則に包摂する.

sub·sump·tion /səbsʌ́mpʃən/ [名] [U] 〘論〙 包摂, 包含.

sub·teen /sʌ̀btíːn←/ [名] 《米口》 ❶ 準ティーンエイジャー, サブティーン 《11–12 歳の思春期前の子供; cf. teenager》. ❷ サブティーンサイズの衣服.

sùb·ténancy [名] [U,C] (家屋・土地の)また借り, 転借.

sùb·ténant [名] (家屋・土地の)また借り人, 転借人.

sub·tend /səbténd/ [動] [他] 〘幾〙 ‹弦・三角形の辺が›‹弧・角に›対する: The chord AC ~*s* the arc ABC. 弦 AC は弧 ABC に対する.

sub·ter·fuge /sʌ́btəfjùːʤ | -tə-/ [名] [U,C] ごまかし, 詐術, トリック, 偽装.

sùb·términal [形] 端[終わり]近く(で)の.

⁺**sub·ter·ra·ne·an** /sʌ̀btəréɪniən←/ [形] ❶ 地下の (underground): a ~ stream 地下の水流. ❷ 隠れた, 秘密の. ── [名] 地下に住む[を掘る, で働く]人. 〖L‹SUB-+*terra* 地面〗

sub·ter·ra·ne·ous /sʌ̀btəréɪniəs | -tə-←/ [形] ＝subterranean.

súb·tèxt [名] サブテキスト 《文学作品のテキストの背後の意味》.

sub·til·ize /sʌ́ṭəlàɪz/ [動] [他] ❶ 微妙[高尚]にする. ❷ ‹感覚などを›鋭敏にする. ❸ 細かく区別する; 細かく論じる. ❹ 薄くする, 希薄にする. ── [自] 細かく区別を立てる.

súb·tìtle [名] ❶ [複数形で] (映画の)説明字幕, スーパー(インポーズ). ❷ [C] 小見出し, 副題, サブタイトル. ── [動] [他] [通例受身で] ❶ ‹…に›副題をつける. ❷ ‹…に›字幕を入れる.

***sub·tle** /sʌ́ṭl/ [形] (**sub·tler**; **-tlest**) ❶ **a 微妙な**, とらえがたい; 名状しがたい, いわく言いがたい: a ~ charm 不思議な魅力 / a ~ delight 名状しがたい喜び. **b** ‹区別など›つけに

くい, 微細な: a ~ distinction 微細な区別 / The difference is very ~. その相違は微妙だ. ❷《知覚・感覚など》敏感な, 緻密(ち)な: an ~ intellect 明敏な識者 / make a ~ observation 含蓄のある見解を述べる. ❸ 巧みな, 巧妙な: a ~ craftsman 器用な職人. ❹《溶液などが》薄い; 気体などが薄く広がる. 【F<L subtilis 微細な<SUB-+tela 織機; 原義は「見事に織られた」】(動 subtilize, 名 subtlety)

+**sub·tle·ty** /sʌ́tlti/ 名 ❶ a U 微妙; 名状しがたいこと. b C [しばしば複数形で] 細かい区別立て; 微妙な点. ❷ U 鋭敏, 敏感. ❸ U 巧みさ, 巧妙. (形 subtle)

sùb·tónic 名 =leading tone.
sub·to·pi·a /sʌbtóupiə/ 名 U.C《英》サブトピア《郊外の美観を損ねる新興住宅地域》.《suburbs+utopia から》
súb·tòtal 名 小計.

+**sub·tract** /səbtrǽkt/ 動 他 …を…から減じる, 引く (↔add): If you ~ two from five you get [have] three.=Two ~ed from five leaves three. 5から2を引くと3が残る. ── 自 引き算をする.【L=下に引く<SUB-+trahere, tract- 引く (cf. tract)】(名 subtraction)

sub·trac·tion /səbtrǽkʃən/ 名 U.C ❶ 引くこと, 削減. ❷《数》引き算 (↔addition). (動 subtract)
sub·trac·tive /səbtrǽktɪv/ 形 減じる, 引く.
sub·tra·hend /sʌ́btrəhènd/ 名《数》減数, 引く数 (↔minuend).
sùb·trópical 形 亜熱帯の: a ~ plant 亜熱帯植物.
sùb·trópics 名 [the ~] 亜熱帯地方.
su·bu·late /sʌ́bjulèɪt/ 形《動・植》錐(ぎり)状の.
súb·ùnit 名《生化》サブユニット《生体粒子[高分子]を成り立たせる基本単位》.

*_**sub·urb**_ /sʌ́bəːb/ -bə:b/ 名 ❶《都市の》郊外, 近郊: They live in a Chicago ~ [a ~ of Chicago]. 彼らはシカゴの郊外に住んでいる. ❷ [the ~s]《都市の》郊外[近郊]住宅地区: in the ~s of Tokyo 東京の郊外に.【L=都市の近くにあるもの<SUB-+urbs 都市 (cf. urban)】(形 suburban)

*_**sub·ur·ban**_ /səbə́ːb(ə)n/ -bə́ː-/ 形 ❶ A 郊外の[に住む]. ❷《軽蔑》いなかくさい, 教養のない, 偏狭な. (名 suburb)

sub·ur·ban·ite /səbə́ːbənàɪt/ -bə́ː-/ 名 郊外居住者.
sub·ur·ban·ize /səbə́ːbənàɪz/ -bə́ː-/ 動 他 郊外(住宅)化する. **sub·ur·ban·i·za·tion** /səbə̀ːbənɪzéɪʃən/ -bə̀ːbənaɪz-/
sub·ur·bi·a /səbə́ːbiə/ -bə́ː-/ 名 U ❶ a 郊外. b 郊外居住者[住民]. ❷ 郊外風の生活様式[習慣, 風俗].
sub·vent /səbvént/ 動 他《文》補助[助成]金によって援助する.
sub·ven·tion /səbvénʃən/ 名《特に 政府の》補助金, 助成金.

+**sub·ver·sion** /səbvə́ːʒən/ -vɔ́ːʃən/ 名 U 破壊, 転覆. (動 subvert)

+**sub·ver·sive** /səbvə́ːsɪv/ -vɔ́ː-/ 形 破壊する, 倒壊させる: engage in ~ activities 破壊活動に従う. ── 名 破壊活動家[分子]. **~·ly** 副. **~·ness** 名 (動 subvert)

+**sub·vert** /səbvə́ːt/ -və́ːt/ 動 他 ❶《国家・政府などを》転覆する, 倒す; 揺るがす, 弱体化させる, 力をそぐ: Democracy can easily be ~ed from within. 民主主義は内部からたやすく崩壊することがある. ❷《信念などを》次第に失わせる, 腐敗させる (undermine).【L=下からひっくり返す<SUB-+vertere, vers- 回す, 回転させる (cf. verse)】(名 subversion, 形 subversive)

*_**sub·way**_ /sʌ́bwèɪ/ 名 ❶ [通例 the ~]《米》地下鉄《《英》underground》: take the ~ 地下鉄に乗る[で行く] / on the ~ 地下鉄で / go by ~ 地下鉄で行く《★無冠詞》. ❷《英》《特に街路を横断する》地下道《《米》underground》.【SUB-+WAY】
sùb·zéro 形《特に氏の》零度以下の.
suc- /sʌk, sək/ 接頭 (c の前に続くとき) sub- の異形.
suc·cah /sʊ́kə/ 名 =sukkah.
suc·ce·da·ne·um /sʌ̀ksədéɪniəm/ 名《~s, -ne·a /-niə/》《古風/詩/文》代用物 (substitute). **suc·ce·da·-**

ne·ous /sʌ̀ksədéɪniəs/ 形

*_**suc·ceed**_ /səksíːd/ 動 自 A ❶ 成功する, うまくいく (↔fail): The experiment ~ed beyond all expectations. 実験は予想外に上首尾に行なわれた / He ~ed in its discovery. 彼はその発見に成功した /［＋in+doing］They ~ed in reaching the top of the mountain. うまい具合に山頂に到達できた / He succeeded to ~ with him. 彼は万事が順調になりはじめた. ❷ 出世する, 立身する: ~ in life 立身出世する /［＋as 補］~ as a doctor 医者として出世する. ❸《…として》後任となる, 跡を継ぐ; [動(+as 補)] On Kennedy's death, Johnson ~ed (as President). ケネディーの死後ジョンソンが大統領の地位を継いだ. ── B 他 ❶《…を》継承する, 相続する: He ~ed to his uncle's estate. 彼はおじの財産を相続した. ❷ 続く, 続いて起こる: The war ended and a long peace ~ed. 戦争が終って長い平和が続いた. ❸《…の》後を継ぐ, 後任となる,《…に》代わる: Queen Mary was ~ed by Elizabeth I. メアリー女王の後にはエリザベス1世が即位した / She ~ed Prof. Blake as chair of the department. 彼女は学部長としてブレイク教授の後任になった. ❷《…に》続く,《…の》後に来る: Day ~ed day. 1日また1日と日が過ぎていった.【L=近くに行く, 引き継ぐ<SUC-+cedere, cess- 行く】(自 A: 名 success, 形 successful; 自 B, 他: 名 succession, 形 successive)《類義語》⇒follow.

suc·ceed·ing /-dɪŋ/ 形 A 続いて起こる, 続く, 次の. **~·ly** 副

suc·cen·tor /səksénṭə/ -tə/ 名《教会聖歌隊の》先詠者代理.

suc·cès de scan·dale /sʌksédəskɑ:ndɑ́:l/ 名 スキャンダルによって有名になった作品, 問題作;《ひどい悪評, 悪名.【F=success of scandal】

suc·cès d'es·time /-destí:m/ くろうとうけした作品; 批評家にうけること, くろうとうけ.【F=success of esteem】

*_**suc·cess**_ /səksés/ 名 ❶ U a 成功; 上出来, 上首尾 (↔failure): ~ in business 事業での成功 / meet with ~ 成功する, うまくいく / with great ~ 大成功で / drink to the ~ of …が成功するよう乾杯する / have ~ in …に成功する / I made inquiries without (much) ~. いろいろと問い合わせしたが(あまり)効果はなかった / Nothing succeeds like ~.《諺》一事成れば万事成る. b 出世, 立身: He met with ~ in his career. 彼は自分の選んだ道で成功を収めた. ❷ C [通例 be 動詞の補語として] a 成功した人, 成功者: He was a ~ as an actor. 彼は俳優として成功した. b《パーティーなどの》成功, (劇などの)大当たり: The evening was a ~. その晩[夜会]は盛会だった / Her second book was a great ~. 彼女の二作目は大成功だった. **màke a succéss of…** を首尾よくする: She made a ~ of her business. 彼女は事業を成功させた. **pròve a succéss** うまくいく. (動 succeed 自 A, 形 successful)

*_**suc·cess·ful**_ /səksésf(ə)l/ 形 (more ~; most ~) ❶ 成功した, 好結果の, 上出来の;《興行など》大当たりの;《パーティーなど》盛大な (↔unsuccessful): a ~ experiment 成功した[うまくいった]実験 / ~ candidates 合格[及第]者; 当選者 / a ~ play 大当たりの劇 / He's ~ in everything. 彼は何をやってもうまくいく / She was ~ in finding a new job. 彼女はうまく新しい職を見つけることができた. ❷ 立身[出世]した; 栄えている: a ~ banker 成功した[はぶりのよい]銀行家 / a ~ business 繁盛している事業. (動 succeed 自 A)

*_**suc·cess·ful·ly**_ /səksésfəli/ 副 (more ~; most ~) 首尾よく, うまく; 幸運に(も).

*_**suc·ces·sion**_ /səkséʃən/ 名 ❶ U a 連続(すること): in ~ 連続して[した], 引き続いて[いた] / win three victories in rapid ~ やつぎばやに3度勝利を収める / five times in ~ 5回連続して. b [a ~] 連続するもの, 連続物: a ~ of fine days 晴天続き / a ~ of victories 連勝. ❷ U a 継承, 相続: the ~ to the throne 王位継承 / the law of ~ 相続法 / by ~ 世襲によって / in ~ to …を継承[相

続]して. **b** 継承[相続]権; 王位継承権. ❸ ⓤ 〖生態〗遷移. 【動】succeed ⓐ B) 〖類義語〗⇒ series.

suc·cés·sion·al /-ʃ(ə)nəl/ 形 ❶ 継承の, 相続の. ❷ 連続の, 遷移の.

*__suc·ces·sive__ /səksésɪv/ 形 (比較なし) 連続する, 継続的な (consecutive): It rained (for) three ~ days. 3日間続いて雨だった. 〖類義語〗, 【動】succeed ⓐ B)

suc·cés·sive·ly 副 引き続いて, 連続的に: It rained three days ~. 3日間続いて雨だった.

*__suc·ces·sor__ /səksésə | -sə/ 名 ❶ 後任, 後継者, 相続者, 継承者 (cf. predecessor): the ~ to the throne 王位継承者. ❷ 後にくるもの[人]; 後継機 《to》. 【動】succeed ⓐ B, ⓒ)

+__succéss stòry__ 名 成功談, 出世物語 《大成功をおさめた人[もの]》.

suc·ci·nate /sáksənèɪt/ 名 〖化〗 こはく酸塩[エステル].

+__suc·cinct__ /səksíŋ(k)t/ 形 簡潔な, 簡明な (concise). ~·ly 副 簡潔に: to put it ~ly 手短に言うと. ~·ness 名

suc·cín·ic ácid /səksínɪk-/ 名 〖化〗 こはく酸 《主に塗料·染料·香水製造用》.

suc·cor, (英) -cour /sákə | -kə/ 名 ⓤ 《まさかの時の》救助, 援助. ━━ 【動】他 〈困っている人などを〉援助する, 救う.

suc·co·ry /sákəri/ 名 =chicory.

suc·co·tash /sákətæʃ/ 名 ⓤ (米) サコタッシュ 《ライマビーンとトウモロコシ[オート麦と大麦]を煮た豆料理》.

Suc·coth /súkəs, -koʊt | -koʊt/ 名 =Sukkoth.

suc·cu·bus /sákjubəs/ 名 (複 **-bi**/-bàɪ/) スクブス 《睡眠中の男と情交するという女の夢魔; cf. incubus 1》.

suc·cu·lence /sákjuləns/ 名 ⓤ

suc·cu·lent /sákjulənt/ 形 ❶ 汁の多い, 水気の多い (juicy). ❷ 〖植〗 (サボテンのように) 多肉多汁組織の. ━━ 名 〖植〗 多肉多汁植物 《サボテンなど》. ~·ly 副

suc·cumb /səkám/ 【動】自 ❶ 〔誘惑などに〕屈服する, 負ける (give in): ~ to temptation 誘惑に負ける. ❷ 〔病気などに〕倒れる; 〔…のために〕死ぬ: ~ to cancer がんに倒れる / Some of the passengers ~ed to their injuries. 乗客の中には負傷のため死んだ人もいた. 〖L=下に横たわる suc-+cumbere 横たわる〗

suc·cur·sal /səkə́ːs(ə)l | -káː-/ 形 〈教会などが〉従属的な, 付属の.

suc·cuss /səkás/ 【動】他 むりやり[激しく]ゆさぶる.

suc·cus·sion /səkáʃən/ 名

*__such__ /《強形》sátʃ; 《弱形》sətʃ/ 形 (比較なし) ❶ Ⓐ 《種類·範囲を表わして》 **a** 《…の》ような, こんな, そんな, あんな: ~ a person そんな人, こんな人 / ~ people そんな[こんな]人たち / all ~ men そう[こう]いう男は皆 / many ~ houses 《この》ような多くの家 / any [some] ~ person [thing] だれかそんな人[何かそんなもの] / No ~ place exists. そのような場所は存在しない.

〖用法〗(1) 単数形の Ⓒ を限定する時は不定冠詞に先立ち, 他の形容詞を伴う場合にはその形容詞は such a(n) と名詞との間に置かれる.
(2) all, another, any, many, no, some などとともに用いられる場合には such はその後に置かれ (例: another ~ experience), その後の Ⓒ の単数形の時でも不定冠詞を用いない; ただし, 代 の another, others は such のほうが先に立つ (例: such another [others]).
(3) such は先に話題となったものについて用い, 実際に目の前の事物を指す場合には like this [that, etc.] を用いる: a book like this [that] この[あの]ような本.

b [such(…) as で] …のような (cf. as 代 1): S~ poets as Milton are rare. =Poets ~ as Milton are rare. ミルトンのような詩人はまれである / No machine can work without a fuel ~ as coal or oil. どんな機械も石炭や石油のような燃料がなければ運転することはできない / We're only concerned with ~ distinctions as are necessary to explain the usage. 我々はその慣用法を説明するのに必要であるような相違点だけに注目しているのである.

❷ 《程度を表わして》[形容詞+名詞の前で; 副詞的にも] あれほど[これほど]の, あんな[そんな]に, このように; 非常に, とても: You can't master English in ~ a short time. そんな短期間では英語をものにすることはできない / We had ~ a pleasant time. とても愉快だった / It was ~ a lovely day. 実にすばらしい一日[天気]だった. **b** [名詞の前に直接用いて] 非常な, たいへんな: He was in ~ a hurry. 彼はひどく急いでいた. **c** [名詞の前に直接用いて; 強意的に]《口》大した, すごい, 途方もない, とんでもない: We had ~ fun! とてもおもしろかった / He's ~ a coward. 彼はひどい臆病者だ / Did you ever see ~ weather? こんない[ひどい]天気を今まで見たことがありますか. **d** [such(…)that で] 非常に…なので 《用法》ではしばしば that が省かれる: She had ~ a fright *that* she fainted. 彼女は怖さのあまり卒倒した 《変換》She was *so* frightened *that* she fainted. と書き換え可能で, このほうが口語的 / It was ~ a lovely day *that* I decided to walk. とてもすばらしい天気だったから歩くことにした. **e** [such を補語として, such(…)that で]《文》たいへんなので: His anger was ~ *that* he lost control of himself. 彼の怒りは激しく我を忘れてしまった 《変換》He got so angry that… と書き換え可能で, このほうが口語的 / S~ was her fright *that* she closed her eyes. あまりの怖さに彼女は目を閉じた. **f** [such(…)as to do] 《文》〈…する〉ほどの[で], 〈…する〉ような[で]: His stupidity was ~ *as to* fill us with despair. 彼の愚かさは我々をがっかりさせてしまうほどのものだった 《変換》He was so stupid that he filled us with despair. と書き換え可能. **g** [such…as で] この[その]ひどい…: I never had ~ bad headaches *as* I do now. 今みたいにひどい頭痛を味わったことはない.

súch and súch 《口》これこれの, しかじかの: ~ *and* ~ a street 何々街 / the payment of ~ *and* ~ sums to ~ *and* ~ persons だれだれへのこれこれの金額の支払い.

súch as it ís [they áre] こんなものだが, というほどでもないが, たかだかそれだけのものだが: You can use my car, ~ *as it is*. お粗末な車ですが私の車をお使いください / He told his father his grades, ~ *as they were*. 大した出来ではなかったが彼は成績を父に教えた.

━━ /sátʃ/ 代 [単数または複数扱い] ❶ **a** こんな事[もの, 人], そんな事[もの, 人]: another ~ もう一つそんなもの[もう一人такой]. **b** [先行する名詞に代わり, または既述内容をさして補語に用いて] そのような人[もの]: S~ is the world! 世の中とはそんなものだ / S~ was not my intention. 私の意図はそういうものではなかった / S~ were the results. 結果はこのようなものだった / ~ being the case こう[そう]いうわけだから.

❷ **a** [such as で] 〈…する〉ようなもの[人] (cf. as 代 1): S~ of us *as* know her will deeply regret her death. 我々のうちで彼女を知っているものは彼女の死を深く悔やむことであろう《比較》Those of us who know her… のほうが口語的. **b** [such that で] 〈…の〉ような《種類, 性質の》もの: His behavior was ~ *that* everyone disliked him. 彼の態度は皆から嫌われるようなものだった / The facts are ~ *that* the project has had to be postponed. 真相はその企画を延期せざるをえなくなったということだ.

__…and súch__ …など.

as súch (1) そういうもの[人]として, それとして, それなりに: He was a foreigner and was treated *as* ~. 彼は外国人だったので外国人として扱われた. (2) あるがままの; それ自体: History *as* ~ is too often neglected. 歴史は単にそれ自体としては軽視されがちだ. (3) [否定文で] …と呼べるようなもの: There is *no* department store *as* ~. とてもデパートと呼べるようなものはありません.

súch and súch [これこれの人], しかじかのもの[人]: Suppose you go to the shop and ask for ~ *and* ~. たとえばその店へ行ってしかじかのものを求めるとしてみなさい.

súch·like 《口》形 Ⓐ そんな, こんな: We played baseball and ~ games. 我々は野球とかそういったゲームをした. ━━ 代 [複数扱い] そんな[こんな] もの: artists and ~ 芸術

家などなど.

*suck /sÁk/ 動 ❶ a 〈液体を〉吸う, 吸い込む: She ~ed the lemonade through a straw. 彼女はレモネードをストローで吸った / ~ the poison *out of* a wound 傷口から毒を吸い出す / ~ the juice *from* an orange オレンジから汁をする. b 〈吸っているものから〉吸う: She tried to get the baby to ~ her breast. 彼女は赤ん坊に乳を吸わせようとした / [+目+補] She ~ed the orange dry. 彼女はオレンジを汁が出なくなるまで吸った. 〈あめ・指などを〉(口の中で)しゃぶる, なめる (⇔舐 lick): That child still ~s his thumb. あの子はまだ親指をしゃぶる. ❷ [副詞(句)を伴って] 〈液体・空気などを〉吸い込む, 吸い取る: The engine ~s in air from outside. エンジンは外部から空気を吸い込む / A sponge ~s in [*up*] water. 海綿は水を吸い取る / Plants ~ *up* moisture from the earth. 植物は地中から水分を吸い取る. b 〈強い力で〉巻き込む, 飲み込む: The boat was ~ed into the whirlpool. ボートは渦巻きに飲み込まれた / The mud ~ed off one of my shoes. ぬかるみにはまって片方の靴が脱げてしまった. ❸ 〈知識などを〉吸収する; 〈利益を〉得る, 搾取する; 〈人から〉〈知識[財産]〉を吸収する: ~ *in* knowledge 知識を吸収する. ❺ 〈人を〉〈活動などに〉(強引に)引き入れる[引き込む] (draw): They were [got] ~ed *into* washing his car [the confidence trick]. 彼らはまんまと彼の車を洗わされた[その信用詐欺に引っかかった]. b 《口》〈人を〉だます〈*in*〉. ― 自 ❶ a 〈...を〉吸う, すする: The old gentleman began ~*ing at* his pipe. 老紳士はパイプを吸い始めた. b 乳を吸う[飲む]. ❷ 〈あめ・指などを〉しゃぶる〈*at, on*〉: The boy is ~*ing on* a piece of ice. 少年は氷をしゃぶっている. ❸ 《米俗》ぺこぺこする, おもねる: politicians ~*ing around* for votes 票を得ようとおもねっている政治家. ❹ 《米俗》〈事が〉むかつく, 不快だ, ひどい.

súck drý 〈...を〉吸い尽くす, からにする.
súck úp to... 《口》...にぺこぺこ使う.
― 名 a Ⓤ 乳を飲むこと; 吸い込み, 吸引: give ~ to ...に乳を飲ませる. b ひと吸い[すすり, なめ], 1 杯に: have a ~ on one's drink 飲み物をひと口飲む / have [take] a ~ at...をひと吸い[すすり]する, 〈あめなどを〉しゃぶる. ❷ 《複数形で; 間投詞的に》何というざまだ, ざまあみろ《用法》自信ありげな相手が失敗したときをおもしろがって言う言葉.
〖OE〗 (名 suction)

súck·er ❶ 《口》 a だまされやすい人, おめでたい人. b 〔...に〕夢中になる人: a ~ *for* movies 映画狂 / He's a ~ *for* blondes. 彼はブロンド女性に弱い. ❷ 〈ゴムなどの〉吸着版. b 《動》 吸枝 (地下の茎から出た枝). ❹ 《機》吸い子, 吸い込み管. ❺ 《米口》あれ, あいつ. ❻ 《米》棒つきキャンデー. ❼ 吸う人[もの]; 乳飲み子.
súcker·fìsh 名 (榎 ~, ~·es)《魚》コバンザメ (remora).
súcker pùnch 名 いきなりくらわすパンチ, 不意討ち.
― 動 他 不意に〈人に〉パンチをくらわす, いきなりなぐる.
súck·ing 形 〈子供・動物が〉乳離れしていない.
súck·le /sÁkl/ 動 他 〈...に〉乳を飲ませる. ― 自 乳を飲む. 〖SUCKLING からの逆成〗
súck·ler 名 ❶ =suckling. ❷ 哺乳動物; 哺乳牛.
súck·ling /sÁklɪŋ/ 名 乳児; 乳獣. 〖SUCK +-LING〗
súckling pìg 名 まだ乳を吸っている豚 (クリスマスなどの特別料理として丸焼きにする).
súck-ùp 名 《米俗》人にこびへつらうやつ, おべっか使い.
súck·y /sÁki/ 形 《俗》不快な, 下等な, いやな, いけすかない, ひどい.
su·crase /súːkreɪs, -kreɪz | sj(j)úːkreɪz/ 名 Ⓤ《生化》スクラーゼ (invertase).
su·cre /súːkreɪ/ 名 スクレ《エクアドルの通貨単位; =100 centavos, 記号 S, S/》.
Su·cre /súːkreɪ/ 名 スクレ《ボリビア中南部にある同国の憲法上の公式首都; cf. La Paz》.
su·cri·er /súːkriéɪ/ 名 《通例 ふた付きの》砂糖壺.
su·crose /súːkroʊs/ 名 Ⓤ《化》スクロース, 蔗糖 (cane sugar).
suc·tion /sÁkʃ(ə)n/ 名 ❶ Ⓤ a 吸うこと, 吸引, 吸い上げ[込み]. b 吸引力. ❷ Ⓒ 吸い込み管, 吸水管. ― 動 他 吸い出す, 吸引して除去する. (動 suck)

1803 **suffer**

súction cùp 名 《ゴム・ガラス・プラスチック製の》吸着[吸引]カップ, 吸盤.
súction pùmp 名 吸い上げポンプ.
suc·to·ri·al /sʌktɔ́ːriəl/ 形 ❶ 吸入の. b 吸うのに適した. ❷ 動 血や汁を吸って生きている. ❸ 吸盤をもつ.
Su·dan /suːdǽn, -dɑ́ːn, -dǽn/ 名 [the ~] スーダン《アフリカ北東部の共和国; 首都 Khartoum》.
Su·da·nese /sùːdəníːz/ 形 スーダンの. ― 名 (褄 ~) スーダン人. 〖SUDAN+-ESE〗
su·dar·i·um /sʊdéəriəm/ 名 (榎 -i·a /-riə/) ベロニカの聖布(談) (⇒ Veronica); キリストの顔を描いた布巾, 聖顔布 (信心のしるし).
su·da·to·ri·um /sùːdətɔ́ːriəm/ 名 (榎 -ri·a /-riə/) (汗を出すための) 蒸しぶろ.
su·da·to·ry /súːdətɔ̀ːri | -təri, -tri/ 形 発汗の[させる].
sudd /sÁd/ 名 [the ~] 浮芝(ぢ), 浮草草塊 (White Nile で航行を妨げる植物塊).

*sud·den /sÁdn/ 形 (more ~; most ~) 突然の, 急な, 思いがけない, にわかに: sudden death / a ~ accident 突発事故 / a ~ change 急変 / a ~ stop 急停止 / a ~ drop in temperature 温度の急激な低下. ― 名 ★次の成句で. **áll of a súdden** 《口》急に, 突然. ~·ness 名.
〖F *soudain* < *subire*, *subit-* 下を[こっそり] 行く SUB-+*ire* 行く (cf. exit)〗

†**súdden déath** ❶ Ⓤ《スポ》サドンデス (延長戦でどちらかが得点した時点で試合終了となること), 《サッカー》Vゴール[ゴールデンゴール]方式. ❷ Ⓤ,Ⓒ 急死: die a ~ 急死する.
súdden ínfant déath sýndrome 名 Ⓤ 乳児突然死症候群, 乳児ぽっくり病 略 SIDS.
*sud·den·ly /sÁdnli/ 副 (more ~; most ~) 突然に, 急に, にわかに: She ~ stood up and left. 彼女は突然立ち上がって行ってしまった.
su·do·rif·er·ous /sùːdərɪ́f(ə)rəs/ 形 〈腺が〉発汗する.
su·do·rif·ic /sùːdərɪ́fɪk/ 形 発汗させる, 発汗性の. ― 名 発汗薬.
Su·dra /súːdrə/ 名 スードラ《インド四姓中の最下級の人; cf. caste 1》.
suds /sÁdz/ 名 榎 ❶ せっけんの泡. ❷ 《米俗》ビール.
suds·y /sÁdzi/ 形 (suds·i·er, -i·est) 泡立った, 泡だらけの.

*sue /súː | sjúː/ 動 他 〈人を〉告訴する: She ~d her neighbor *for* damages. 彼女は隣人に対して損害賠償の訴訟を起こした. ― 自 ❶〔...のかどで〕訴訟を起こす, 告訴する: ~ *for* libel 名誉毀損で告訴をする / ~ *for* (a) divorce 離婚訴訟を起こす. ❷〔...を〕懇願する, 請う: ~ *for* peace 講和を求める. 〖AF<L *sequi* ...に従う, ...の後を追う; cf. sequence〗 (名 suit)
Sue /súː/ 名 スー《女性名; Susan, Susanna(h) の愛称》.
†**suede, suède** /swéɪd/ 名 Ⓤ スエード《子ヤギ・子牛などの革の裏面のけば立て, ビロードにした革》. ― 形 A スエードの. 〖F=Swedish (gloves)〗
suéde·hèad 名 《英国の》スエードヘッド (1970 年代後半の skinhead より少し髪の毛を伸ばした若者).
su·et /súːɪt/ 名 Ⓤ スエット《牛[羊]の腎臓(ぢ)の周りの脂肪; 料理に用いる》. **su·et·y** /súːɪti | sj(j)úː-/ 形.
súet púdding 名 Ⓤ,Ⓒ スエットプディング《スエットで作るプディング》.
Su·ez /suːéz, ― | súːɪz/ 名 スエズ《エジプト北東部の港市; スエズ運河南端》. **the Gúlf of Suéz** スエズ湾《紅海北西端》. **the Ísthmus of Suéz** スエズ地峡《アフリカとアジアを結ぶ》.
Suéz Canál 名 [the ~] スエズ運河《地中海と紅海とを結ぶ; F. Lesseps /leɪséps | léséps/ が設計工事し, 1869 年に完成》.
suf- /sʌf, səf/ 接頭 腰頭 《f の前にくる時の》sub-の異形.
Suff. 略 Suffolk.

*suf·fer /sÁfə | -fə/ 動 ❶〈苦痛・不快な事を〉経験する, こうむる, 受ける: ~ serious injuries 重傷を負う / ~ great losses 大損害を受ける / Are you ~*ing* any pain? 何か苦痛を感じていますか; どこか痛いですか / Jesus Christ ~ed death upon the cross. イエスキリストは十

sufferable

字架上で受難した. ❷ [否定・疑問文で] 《古》〈...を〉忍ぶ, 辛抱する, 我慢する: I can*not* ~ such insults. このような侮辱には耐えられない. ❸ 《古》〈人に〉〈...することを〉許す, (黙って)〈人に〉〈...を〉させる: [＋目＋*to do*] She ~*ed* her hand *to* be held. 彼女は(恋人などに)手を握らせておいた.
— 圓 ❶ [...に]苦しむ, 悩む: ~ terribly ひどく苦しむ / ~ *with* ((米)) a toothache 歯痛に悩む / ~ *from* poverty and disease 貧乏と病気に苦しむ. ❷ 損害をこうむる, 傷がつく, 悪くなる: Trade ~*ed* greatly during the war. 貿易は戦時中ひどい痛手をこうむった / His reputation will ~ if he does that. あんなことをしたら彼の名声に傷がつくだろう. ❸ [病気などを]病む, 患う: ~ *from* depression 鬱病を患う / He is ~*ing from* lung cancer 彼は肺がんを患っている. ❹ [...で]罰せられる, 苦しめられる: You'll ~ *for* this! こんなことをしてただではすまないぞ! not súffer fools gládly ばかなもの[者ども]は容赦しない. 〖F＜L＝下から支える〈SUF-＋*ferre* 運ぶ〉〗
(名) sufferance. 【類義語】⇨ endure.

suf·fer·a·ble /sʌ́f(ə)rəbl/ 形 忍べる, 耐えられる, 我慢できる. **súf·fer·a·bly** /-rəbli/ 副

suf·fer·ance /sʌ́f(ə)rəns/ 名 Ⓤ 黙許, 寛容, 許容 (★通例次の句で): on ~ 黙許されて, 大目に見られて, お情けで. (動 suffer)

*__súf·fer·er__ /-f(ə)rə | -rə/ 名 苦しむ者, 受難者, 罹災(ʲ)者, 患者: Aspirin brings relief to most ~*s from* this complaint. アスピリンはこの病気に悩んでいる人々の大部分を楽にしてくれる.

*__súf·fer·ing__ /sʌ́f(ə)rɪŋ/ 名 ❶ Ⓤ 苦しみ, 苦痛 (torment). ❷ Ⓒ [通例複数形で] 災害, 難儀, 苦痛. 【類義語】⇨ distress.

+__suf·fice__ /səfáɪs/ 動 ⦅食物などが⦆〈人を〉満足させる, 〈人に〉十分な: Two meals a day ~ an older person. 老人は 1 日 2 食で十分だ. — 圓 [...に]十分である, 足りる (do): Will $100 ~ *for* you [*for* your needs]? 100 ドルで間に合いますか. **Sufféce to sáy that...** と言えば十分である, (今は)...とだけ言っておこう ((用法) suffice は仮定法現在形). 〖F＜L＜SUF-＋*facere* 作る (cf. fact).〗

+__suf·fi·cien·cy__ /səfíʃənsi/ 名 ❶ Ⓤ 十分, 足りること, 充足. ❷ [a ~] 十分な量[資力], たくさん: *a* ~ *of* food [fuel] 十分な食物[燃料]. (形) sufficient.

*__suf·fi·cient__ /safíʃənt/ 形 (比較なし) 十分な, 足りる (↔ insufficient): ~ food [evidence] 十分な食物[証拠] / The pension is not ~ *for* our living expenses. その年金は我々の生活費に足りない / [＋*to do*] This is ~ *to* show that his argument is false. このことだけで十分彼の議論が間違っていることが証明できる / There's ~ food *to* support the people. 国民を養うだけの十分な食糧がある. (名 sufficiency, 名 sufficiency) 【類義語】⇨ enough.

*__suf·fi·cient·ly__ /safíʃəntli/ 副 十分に, 足りるだけ: You haven't made it ~ clear. あなたはそれを十分明らかにはしていない / [＋*to do*] My income is not ~ large *to* support us. 私の収入は我々を養うほど多くはない.

suf·fix /sʌ́fɪks/ 名 〖文法〗接尾辞 (-er, -less, -able など; ★この辞書では〖接尾〗という記号を用いている; ↔ prefix).
— 動 接尾辞として付ける.

+__suf·fo·cate__ /sʌ́fəkèɪt/ 動 ❶〈...の〉息を止める, 〈人を〉窒息(死)させる. ❷〈人の〉息を苦しくする, 声を出なくする (★しばしば受身): She *was* ~*d* by the smoke. 彼女は煙で息が詰まった / I feel ~*d* 息が詰まるような気がする. — 圓 ❶ 窒息(死)する. ❷ むせる, 息が詰まる[切れる]: *a suffocating* atmosphere 息が詰まるような雰囲気. 〖L ＝のどを締めつける〈SUF-＋*fauces* のど〉〗
(名) suffocation, 名 stifle¹.

suf·fo·ca·tion /sʌ̀fəkéɪʃən/ 名 Ⓤ 窒息, 窒息させること, 息の根を止めること.

suf·fo·ca·tive /sʌ́fəkèɪtɪv/ 形 窒息させる, 息を詰まらせる.

Suf·folk /sʌ́fək/ 名 サフォーク州 《イングランド東部の州; 州都 Ipswich; 略 Suff.》.

suf·fra·gan /sʌ́frəgən/ 名 〖カト〗属司教; 〖プロ〗副監督; 〖英国教〗属主教.
súffragan bíshop 名 ＝suffragan.

suf·frage /sʌ́frɪdʒ/ 名 ❶ Ⓤ 選挙権, 参政権: manhood ~ 成年男子選挙[参政]権 / universal [popular] ~ 普通選挙権. ❷ Ⓒ (賛成)投票.

suf·fra·gette /sʌ̀frədʒét/ 名 (特に 20 世紀初頭の英国の)参政権拡張論者; (特に女性の)婦人参政権論者.

suf·frag·ism /sʌ́frədʒìzm/ 名 Ⓤ 参政権拡張論, 婦人参政論.

suf·fra·gist /sʌ́frədʒɪst/ 名 婦人参政権論者.

suf·fuse /səfjúːz/ 動 〈光・色・涙などが〉〈...をおおう, いっぱいにする (★しばしば受身): The sky *was* ~*d with* the pale light of dawn. 空には夜明けの淡い光がみなぎっていた / Her eyes *were* ~*d with* tears. 彼女の目は涙でいっぱいだった. 〖L＝下に注ぐ〈SUF-＋*fundere, fus-* 注ぐ (cf. fusion)〉〗

suf·fu·sion /səfjúːʒən/ 名 Ⓤ.Ⓒ ❶ おおうこと, みなぎること. ❷ (顔などが)さっと赤くなること, 紅潮.

Su·fi /súːfi/ 名 スーフィー教徒[信者].

Su·fi·ism /súːfiːɪzm/ 名 Ⓤ スーフィー教 《禁欲教義で神秘主義のイスラム教の一派》.

sug- /sʌg, səg/ 〖接頭〗 (g の前にくる時の) sub- の異形.

*__sug·ar__ /ʃúgə | -gə/ 名 ❶ **a** Ⓤ 砂糖: a lump of ~ 角砂糖 1 個 / block [cube, cut, lump] ~ 角砂糖. **b** Ⓒ 砂糖 1 個[ひとさじ]: How many ~s in your tea? 紅茶にお砂糖はいくつ? ❷ Ⓤ 〖化〗糖類. ❸ 《男性が女性への呼び掛けで用いて》《米口》おまえ, あなた (honey). ❹ 甘言, お世辞. **(Óh) súgar!** 《英口》 (いらいらして)畜生, くそ. **súgar of léad** 〖化〗酢酸鉛, 鉛糖 (lead acetate). — 動 ❶〈...に〉砂糖を入れる, 〈...を〉砂糖で甘くする; 〈...に〉砂糖をかぶせる[振りかける]. — 圓 ❶ 砂糖になる. ❷ 《米》(カエデ糖をとる)粒状になるまで煮つめる *off*. **súgar the píll** ⇨ **pill** 成句. 〖F＜It＜Arab＝砂糖＜Skt＝砂利, 砂粒〗

súgar ápple 名 〖植〗バンレイシ (sweetsop) の果実.
súgar bèet 名 Ⓤ 〖植〗テンサイ, サトウダイコン.
Súgar Bòwl [the ~] 〖アメフト〗シュガーボウル 《毎年元日に New Orleans で行なわれる 4 大ボウルの一つ》.
súgar càndy 名 Ⓤ.Ⓒ ❶ 《英》氷砂糖 (《米》rock candy). ❷ 《米》砂糖菓子.
súgar·cane 名 Ⓤ 〖植〗サトウキビ.
súgar·coat 動 ❶〈不快なことを〉甘美に見せる, 〈...の〉体裁をよくする (⇨ sugarcoated 1). ❷〈丸薬・食物などに〉糖衣をかける (⇨ sugarcoated 2).
súgar·còated 形 ❶ 見かけをよくした, 不快なことを隠した (cf. sugarcoat 1). ❷ 〈丸薬・食物など〉糖衣をかけた (cf. sugarcoat 2).
súgar cùbe 名 角砂糖.
súgar dàddy 名 《俗》若い女に贈り物をして言い寄る中年の男, 「甘いおじさま」.
súgar-frée 形 砂糖の入っていない, 無糖の.
súgar glíder 名 〖動〗フクロモモンガ (オーストラリア産).
súg·ar·ing /-g(ə)rɪŋ/ 名 ❶ Ⓤ 《米》 ＝sugaring off. ❷ シュガリング (むだ毛処理法の一つ; レモン果汁・砂糖・水を混ぜたものを皮膚に塗って乾かし, 体毛といっしょにはがす).
súgaring óff 名 Ⓤ カエデ糖製造.
súgar·less 形 ❶ 砂糖の入っていない, 無糖の. ❷ 〈食品が〉(砂糖の代わりに)人工甘味料を入れた.
súgar lòaf 名 ❶ 円錐(なん)形に固めた白砂糖. ❷ 円錐形の山.
súgar lùmp 名 《主に英》 ＝sugar cube.
súgar màple 名 〖植〗サトウカエデ (北米東部産; 樹液から maple syrup, maple sugar を作る).
súgar pèa 名 ＝snow pea.
súgar plùm 名 (丸い)砂糖菓, あめ玉.
súgar snáp pèa 名 ＝snap pea.
súgar sòap 名 Ⓤ 《英》黒砂糖石鹸 《水溶液はアルカリ性で, 塗装面の洗浄に使う》.
Súgar Státe 名 [the ~] 砂糖州 《米国 Louisiana 州の俗称》.
sug·ar·y /ʃúg(ə)ri/ 形 ❶ 砂糖の(ような), 砂糖でできた;

sug・gest /sə(g)dʒést | sədʒést/ 動 ❶ <...を>**提案する**, 提唱する: She ~ed a drink. 彼女は一杯やらないかと持ちかけた / He ~ed a new procedure to the committee. 彼は新しい議事手続きをその委員会に提案した / I ~ed George *for* president, and they all agreed. ジョージを会長にしようと言い出したら皆それに賛成した〔[+*to*+(代)名]+*that*〕I ~ed (to him) *that* the sum (should) be paid immediately. その金はさっそく支払ってはどうかと(彼に)持ちかけた〔[+*doing*〕She ~ed *going* to the theater. 彼女は劇を見に行こうはと言い出した〔(変換) She ~ed (*to me*) *that* we (should) go to the theater. と書き換え可能〕/ She ~ed my sell*ing* the car. 彼は私にその車を売ってはどうかと言った〔[+*wh.*] Can you ~ how we can get [*how to get*] there in time? どうしたらそこへ間に合うように着けるかお考えがありませんか〔[+引用]"Let's start," he ~ed. 「さあ出発しよう」と彼は提案した. ❷ <...を>**暗示する**, 示唆する: His lecture ~s the depth of his knowledge. 彼の講義で彼の知識の深さがわかる〔[+*that*〕Are you ~*ing* that he is guilty? 君は彼が有罪だとほのめかしているのか / Those seagulls ~ *that* land is not distant. カモメが飛んでいるから陸地が遠くないことがわかる. ❸ **a** <...を>思いつかせる, 連想させる: This music ~s a still, moonlit night. この音楽を聞くと静かな月夜が頭に浮かぶ. **b** ~ oneself で〔に〕[念頭]に浮かぶ: A solution ~ed itself *to* me. 解決策が頭に浮かんできた. 〖L=下に持ち出す, 運ぶ<SUG-+*gerere*, *gest-* 運ぶ (cf. gesture)〗 (名) suggestion, (形) suggestive
【類語】(1) **suggest** 相手に考慮してもらえないかと控えめに提案する. **propose** 積極的に提案する. (2) **suggest** 意識的にまたは無意識のうちにあることを考えさせる. **hint** 相手に間接的なきっかけを与えて, 自分の考えを悟らせようと持ちかける. **intimate** hint よりさらにぼかした方法でわからせようとする. **insinuate** 不愉快なことやあからさまには言えないようなことをそっと hint する. **imply** ある考え・意思・意味などをはっきりと表現しないで, 相手に推理させるようにする.

sug・gest・i・bil・i・ty /sə(g)dʒèstəbíləti | sədʒèst-/ 名 U 暗示のかかりやすさ, 被暗示性.

sug・gest・i・ble /sə(g)dʒéstəbl | sədʒést-/ 形 ❶ 暗示[提案]できる. ❷ (催眠術・広告などの)暗示にかかりやすい.

sug・ges・tion /sə(g)dʒéstʃən | sədʒés-/ 名 ❶ C,U 提案(すること); 提言, 提議: The party was given at my ~. そのパーティーは私が言い出して催された / make [offer] a ~ 提案する / ~s *for* improving English teaching 英語教育改善案〔[+*that*〕He made the ~ *that* we (should) all go for a picnic. 彼は我々みんなでピクニックに行こうと提案した. ❷ U,C 〔通例単数形で〕(...ということを)**示唆する**もの, (...と考えるに足る)理由, わけ, (...しなければならない)いわれ (*of*): [+*that*〕There's no ~ *that* he should leave his job. 彼が仕事をやめるべき含みは少しもない. ❸ U,C 思いつき, 連想: by ~ 連想で / call up ~s of the sea 海を連想させる. ❹ 〔単数形で〕風(ふう), 様子, 気味: blue with a ~ *of* green 緑がかった青 / There's no ~ *of* a foreign accent in his speech. 彼の言葉には外国なまりらしいところは少しもない. ❺ **a** U (催眠術の)暗示. **b** C 暗示された事物. (動 suggest)

sug・ges・tive /sə(g)dʒéstiv | sədʒés-/ 形 ❶ 暗示的な, 連想させる, 示唆に富む: weather ~ *of* autumn 秋を思わせる天候 / The melody is ~ *of* rolling waves. その旋律はうねる波を暗示する / a ~ comment 示唆に富む論評. ❷ みだらな思いを誘う, 挑発的な, きわどい (provocative). ❸ (催眠術的)暗示の. **~・ly** 副 **~・ness** 名 (動 suggest)

su・i・ci・dal /sù:əsáɪdl⁻/ 形 ❶ **a** 自殺の. **b** <人の>自殺したい衝動にかられた, とても気がめいった. ❷ <行動・政策などの>自殺的な, 自滅的な. **~・ly** /-dəli/ 副 自殺したくなるほど. (名 suicide)

su・i・cide /sù:əsàɪd/ 名 ❶ U,C **自殺**: commit [attempt] ~ 自殺をする[しようとする] / two ~s 自殺 2 件. ❷ C 自殺者. ❸ U 自殺(的行為), 自滅: economic [political] ~ 経済的[政治的]自殺. **súicide by cóp** (戯言) 警官による自殺《警官を脅かすような行動をして, 自分を殺すようにしむける自殺行為). 〖L *sui* of oneself+-CIDE〗 (形) suicidal

súicide pàct 名 心中の約束.

súicide wàtch 名 自殺監視《囚人の自殺を防止するための監視).

su・i ge・ne・ris /sú:aɪdʒénərɪs/ 形 独特な, 独自の, 特殊な (unique). 〖L=of its own kind〗

súi júr・is /-dʒú(ə)rɪs/ 形 〖法〗法律上の能力を十分にもった; 成年に達した. 〖L=of one's own right〗

su・int /sú:ɪnt, swínt/ 名 U スイント《羊毛に付着している脂肪》.

suit /sú:t/ 名 **A** (cf. suit 動) ❶ **a** スーツ 〖解説〗男性用は上着 (jacket, coat), ズボン (trousers) の二つまたはそれにベスト (vest) の三つぞろい; 女性用はジャケット (jacket), スカート (skirt) またはパンツ (pants) の二つ〗: a tweed ~ ツイードのスーツ / a two-piece ~ ツーピースのスーツ. **b** 〔修飾語を伴って〕…服[着]: a gym ~ 運動着 / ⇒ bathing suit, birthday suit, space suit. **c** (俗) 〔通例複数形で〕(スーツを着込んだ)重役, 御偉方. ❷ 〔よろい・馬具などのひと揃い〕: **a** ~ *of* armor [mail] よろいひと揃い[一領]. ❸ 〖トランプ〗a 組, 組札 〖hearts, diamonds, clubs, spades で各 13 枚〗. **b** 同じ組の持ち札: a long ~ そろった組札 4 枚以上 / a strong [long] ~ 強い組札.
— **B** ❶ 訴訟: a civil [criminal] ~ 民事[刑事]訴訟 / ⇒ lawsuit / a ~ at law 訴訟 / bring [institute, file] a ~ against…<を相手取って>訴訟を起こす. ❷ 求婚: plead [press] one's ~ 結婚をせまる. **b** (文・詩) 請願, 懇願.

fóllow súit 人のまねをする, 先例に従う 〖由来〗トランプで最初に出された札と同じ組の札を出すことから〗: The chairman rose and we *followed* ~. 議長が席を立ったので我々もそれにならった.

— 動 (他) ❶ <人に>**都合がよい**, 便利である; <スケジュールに>さしつかえない 〖用法〗通例「時間・場所」を主語とし, 「人」を主語にしない; 受身なし〗: Would ten o'clock ~ you? 10時ではご都合いかがですか / Come whenever it ~s you. いつでも都合のよい時においでください / "Shall we meet at my house?" "Your office would ~ me better." 「私の家で会いましょうか」「あなたのオフィスのほうが私には都合がいいです」. ❷ **a** <人の気に入る, 人を>満足させる; <気候・食べ物などが×目的・好み・条件などに>合う, 適する: That does not ~ all tastes. それは万人向きというわけにはいかない / The climate here ~s me [my health] very well. ここの気候は私[私の体]によく合う. **b** ~ oneself で; 通例命令法で〔口〕好きなようにする; S~ yourself. 好きなようにしなさい; いやならよせばいい. ❸ <服装などが…に>**似合う**〖★受身・進行形なし〗: Blue hats ~ her fair skin. 彼女の色白の肌には青い帽子が似合う / A miniskirt doesn't ~ you. ミニスカートはあなたには似合わない. ❹ **a** <...を>〔…に〕適応[適合]させる, 合わせる: ~ the punishment to the crime 犯罪に相応した罰を加える / ~ the action to the word 言いながらその行為をする; (特に脅迫で)言った言葉どおりにすぐ実行する / He tried to ~ his speech to his audience. 彼は講演を聴衆に合わせるように努めた. **b** <...を×...にふさわしくする〔*to, for*〕⇒ suited 1). ❺ [ill, little などの副詞を伴って]<...にふさわしい: It ill ~s you to criticize me. 君はぼくを非難できる立場ではない. — 動 好都合である, さしつかえない: Which date ~s best? 何日がいちばんご都合がよろしいですか.
〖F *suite*<L=続いたもの<*sequi*, *secut-* 続く; cf. sequence〗 (B: 動 sue)

suit・a・bil・i・ty /sù:təbíləti/ 名 U 適当, 適合, 相当, 似合うこと.

suit・a・ble /sú:təbl/ 形 (more ~; most ~) **適当な**, ふさわしい〔*for, to*〕(⇔ unsuitable): a ~ marriage partner 結婚相手としてふさわしい人 / an actress ~ *for* the play その劇にぴったりの女優 / a ~ apartment *for* a family of four 4 人家族に適したアパート / This present is ~

for a girl of ten. この贈り物は 10 歳の女の子向きだ. ~・ness 图 【類義語】⇨ fit¹.

†**suit・a・bly** /súːtəbli/ 副 適当に, 適切に, ふさわしく; 予想されるとおり, 当然のように: be ~ impressed 予想どおり感銘を受ける.

*__suit・case__ /súːtkèɪs/ 图 スーツケース《服ひと揃(ぞ̀ろ)いを入れるぐらいの大きさの旅行かばん》. **líve óut of a súitcase** 居場所を定めず暮らす, 旅から旅の生活を送る. 【類義語】⇨ bag.

*__suite__ /swíːt/ 图 ❶ **a** スイートルーム, 続きの間《ホテルで寝室・居間・浴室のひと揃い》. **b** ひと組(揃い)の家具: a dining-room ~ 食堂セットひと組《食卓・いす・食器棚》. **c** 組, 揃(そろ)い: a ~ *of* software ソフトウェアひと揃い. ❷ [集合的; 単数または複数扱い] 一行, 随(行)員: in the ~ of...に随行して. ❸ 《楽》組曲. 【F; ⇨ suit】

*__suit・ed__ /súːtɪd/ 形 ❶ [P] (...に)適して, ふさわしくて (↔ unsuited): His speech was ~ *to* the occasion. 彼のスピーチはその場にふさわしいものだった / Dick and his wife seem well ~ *to* each other. ディックと奥さんとは似合いの夫婦のようだ / You're not ~ *for* teaching. お前は人に物を教えるがらじゃない / [+*to do*] Is he ~ *to* be a salesman? 彼はセールスマンに向いているか. ❷ [通例複合語で] (...の)スーツを着た: gray-suited グレーのスーツを着た.

súit・ing /-tɪŋ/ 图 U 男性用(洋)服地.

†**suit・or** /súːtə | -tə/ 图 ❶ (男性の)求婚者. ❷ 企業買収をはかる者[企業]. ❸ 起訴者, 原告.

suk, sukh /súːk/ 图 ⇨ souk.

su・ki・ya・ki /sùːkɪjáːki/ 图 すきやき. 【Jpn】

suk・kah /súkə/ 图 スッカー《Sukkoth の期間, 食事に使われる牧車で屋根をふいた仮庵》.

Suk・kot(h) /súkəs, -kout | -kɔt/ 图《ユダヤ教》仮庵(いおり)の祭, スッコート, スコット《荒野を漂泊した天幕生活を記念して第 7 月 (Tishri) の 15 日から祝う秋の収穫の祭》.

sul・cate /súlkeɪt/ 形 《茎などにみられる縦溝のある; 《ひづめなどが》割れた.

sul・cus /súlkəs/ 图 (⑥ -ci /-saɪ/) 溝 (groove), 縦溝, 〖解〗(特に 大脳の)溝(う).

sulf- /sʌlf/ [連結形] (母音の前にくる時の) sulfo- の異形.

sul・fa, -pha /súlfə/ 形 サルファ薬の: a ~ drug サルファ薬[剤].

sul・fám・ic [sul・phám・ic] ácid /sʌlfǽmɪk-/ 图 U 〖化〗スルファミン酸《金属表面の洗浄・有機合成に用いる》.

sul・fa・nil・a・mide, -pha- /sʌlfənílэmàɪd, -mɪd/ 图 〖薬〗スルファニルアミド《最初に発見されたサルファ薬》.

†**sul・fate, -phate** /súlfeɪt/ 图 C, U 〖化〗硫酸塩: calcium ~ 硫酸カルシウム, 石膏(せっ̀こう) / magnesium ~ 硫酸マグネシウム / ~ of potash 硫酸カリ / ~ of soda = sodium ~ 硫酸ソーダ. 【F ＜ L SULFUR+-ATE²】

sul・fide, -phide /súlfaɪd/ 图 C, U 〖化〗硫化物: ~ of copper 硫化銅 / ~ of iron 黄鉄鉱 / ~ of mercury 硫化水銀, 辰砂(しんしゃ).

sul・fite, -phite /súlfaɪt/ 图 C, U 〖化〗亜硫酸塩[エステル].

sul・fo-, -pho- /súlfoʊ/ [連結形]「硫黄(いおう)」.

sul・fon・a・mide, -phon- /sʌlfɑ́nэmàɪd/ 图 C, U 〖薬〗スルホンアミド: **a** スルホン酸のアミド. **b** サルファ薬 (sulfa drug).

sul・fo・nate, -pho- /súlfэnèɪt/ 图 C, U 〖化〗スルホン酸塩[エステル]. ── 動 他 スルホン化する. **sùl・fo・ná・tion, -pho-** /sʌ̀lfənéɪʃən/ 图

sul・fone, -phone /súlfoʊn/ 图 C, U 〖化〗スルホン《2 つの炭化水素鎖をスルホニル基で結んだ化合物の総称》.

sul・fón・ic ácid /sʌlfɑ́nɪk- | -fɔ́n-/ 图 C, U 〖化〗スルホン酸《スルホン基を含む酸》.

†**sul・fur, -phur** /súlfə | -fə/ 图 U 〖化〗❶ 硫黄《非金属元素; 記号 S》: flowers of ~ 硫黄華 / milk of ~ 硫黄乳. ❷ 硫黄色, 黄緑色. **súl・fur・y, -phur・y** /súlfəri/ 形 【F ＜ L】

sul・fu・rate, -phu- /súlfjʊrèɪt/ 動 他 ⟨...に⟩硫黄をまぜる, ⟨...を⟩硫化する.

súlfur dióxide 图 U 〖化〗二酸化硫黄(ガス), 亜硫酸ガス.

sul・fu・re・ous, -phu- /sʌlfjʊ́(ə)rɪəs/ 形 ＝sulfurous.

súl・fu・rèt・(t)ed hýdrogen, -phu- /súlfjʊrètɪd-/ 图 ＝hydrogen sulfide.

sul・fu・ric, -phu- /sʌlfjʊ́(ə)rɪk/ 形 硫黄を多量に含む: ~ acid 硫酸.

sul・fu・rous, -phu- /súlfərəs/ 形 ❶ 硫黄の, 硫黄状の, 硫黄臭い. ❷ ⟨非難のことばなど⟩痛烈な, 冒瀆的な.

súlfur spríng 图 硫黄泉.

†**sulk** /sʌ́lk/ 動 倒 すねる: Why is she ~*ing*? どうして彼女はすねてるの. ── 图 [the ~s] すねること, 不機嫌, ふくれっ面《★通例次の句で》: She's in a fit of *the* ~*s*. ＝She has *the* ~*s*. ＝She's in a fit of *the* ~*s*. 彼女はむっつりして[すねて, ふくれて]いる. 【SULKY¹ からの逆成】

sulk・y¹ /súlki/ 形 (**sulk・i・er**; **-i・est**) ❶ すねた, むっつりした, 不機嫌な. **b** すぐふくれる, すねがちな. ❷ ⟨天候など⟩陰鬱な, うっとうしい. **súlk・i・ly** /-kɪli/ 副 **-i・ness** 图

sulk・y² /súlki/ 图 (昔の)1 人乗り 1 頭立て 2 輪馬車.

sul・lage /súlɪʤ/ 图 U 残りもの, かす; 下水, 汚水.

†**sul・len** /súlən/ 形 ❶ (**more** ~; **most** ~) むっつりした, 不機嫌な. ❷ ⟨天気など⟩陰気な, 陰鬱(いんうつ)な. ~**・ly** 副 ~**・ness** 图

Sul・li・van /súləvən/, **Sir Arthur** 图 サリバン (1842-1900) 英国のサボイオペラ (Savoy operas) の作曲家.

sul・ly /súli/ 動 他 ⟨名声・品性・功績など⟩汚す, 傷つける. ❷ よごす, 不潔にする.

sulph-, sulpho- ⇨ sulfo-.

sulpha, sulphate, sulphur ⇨ sulfa, sulfate, sulfur, etc.

Sul・pi・cian /sʌlpíʃən/ 图 〖カト〗シュルピス会士《同会は, 1642 年 Paris のサンシュルピス教会 (St. Sulpice) の聖職者によって創設された修道会》.

†**sul・tan** /súlt(ə)n/ 图 ❶ C スルタン, サルタン, イスラム教国君主. ❷ [the S~] 旧トルコ皇帝. 【F ＜ Arab ＜ Aram ＝power】

sul・tan・a /sʌltǽnə | -táːnə/ 图 ❶ サルタナ《小粒の種なし干しぶどう; 地中海沿岸地方産》. ❷ イスラム教国王妃[王女, 王姉妹, 皇太后].

sul・tan・ate /súltənət, -nèɪt/ 图 ❶ サルタンの位[統治]. ❷ サルタン国《サルタンの支配する国》.

sul・try /súltri/ 形 (**sul・tri・er**; **-tri・est**) ❶ ⟨天候が⟩蒸し暑い, 暑苦しい, むしむしする. ❷ ⟨人・性格など⟩情熱的な, 興奮した; みだらな; 官能的な. **súl・tri・ly** /-trəli/ 副 **-tri・ness** 图

su・lu /súːlu/ 图 スールー《フィジーそのほかのメラネシアで着用する sarong に似た腰布》.

*__sum__ /sám/ 图 (~**s** /~z/) ❶ [the ~] 合計; 総額, 総数: *the* whole ~ 総額, 総数 / *The* ~ *of* 2 and 3 is 5. 2 と 3 の和は 5 です / ⇨ sum total. ❷ 総体, 全体: *the* ~ *of* one's knowledge 知識全体. ❸ C [しばしば複数形で] 金額: a good [large, round] ~ かなりの大金, まとまった金 / a large [small] ~ *of* money 多[少]額の金 / spend large ~*s* 大金を使う. ❸ C [しばしば複数形で] 算術問題; 計算: I'm good [bad] at ~*s*. 私は計算が得意[下手]だ / do a ~ 計算する. ❹ [the ~] 概要, 大意, 大要: *the* ~ and substance 要点. **in súm** 要約して[言えば], 要するに. ── 動 (**summed**; **súm・ming**) 他 ❶ ⟨...を⟩総計する, 合計する: She *summed up* the grocery bills. 彼女は食料品店からの勘定書を合計した. ❷ ⟨...の⟩概要を述べる, ⟨...を⟩要約する (summarize): The judge *summed up* the case for the jury. 裁判官は訴訟の要点を陪審員たちに要約した. ❸ ⟨物事が⟩⟨...⟩を典型的に示す, ⟨...の⟩特徴を表わす (epitomize): His word *summed up* the feeling of the entire audience. 彼の言葉がすべての観衆の気持ちをよく表わしていた. ❹ ⟨...を⟩すばやく判断する, 見て取る (size up): I *summed* her *up* in a minute. すばやく彼女の人柄を見て取った. ── 倒 ❶ 概説する; ⟨判事が⟩(原被両告の申し立てを聴取後)申し立てを略説する: The judge *summed up*. 判事は証言を略説した. ❷ 合計して[...に]なる (*to, into*). **to súm úp** 要約すれば, 要するに. **Thát súms ít úp.** 《口》(言っておくべきことは)こんなと

ころむ. 《F<L *summa* total<*summus* highest (cf. summit)》 (名 summation)

【類義語】**sum** 個々の数を加えて得た値. **amount** 関係のあるすべての金額の他を加えた総額. **total** 合計されたものの全体; しばしば大きな数は **amount** に用いる.

sum- /sʌm, səm/ 接頭 (m の前にくる時の) sub- の異形.

su·mac, su·mach /ʃúːmæk, súː-/ 名 〖植〗 ウルシ.

Su·ma·tra /suməˈtrə/ 名 スマトラ島《インドネシアの島》.

Su·mer /súːmə | -mə/ 名 シュメール《古代バビロニアの南部地方; シュメール文化の発生地》.

Su·me·ri·an /suˈmɪəriən, -mɪˈə/ 名, 形 シュメール人(人・語)の. ── 名 ❶ ⓒ シュメール人. ❷ ⓤ シュメール語.

sum·ma /súmə, sʌ́mə/ 《⑭ **-mae** /súmaɪ, sʌ́miː/》 総合的研究論文, 学問的集大成, 大全.

súmma cum láude 《米》 最優等で[の]《卒業証書などに用いる句; ⇒ cum laude》.

sum·ma·ri·ly /səˈmerəli | sʌ́m(ə)rə-/ 副 ❶ 即座に, 直ちに. ❷ 略式で, 即決で.

sum·ma·rize /sʌ́məraɪz/ 動 要約する, 手短に述べる.

sum·ma·ri·za·tion /sʌ̀məriˈzeɪʃən, -raɪz-/ 名 (名 summary)

***sum·ma·ry** /sʌ́m(ə)ri/ 名 概要, 要約, 梗概(誤); ⟨*of*⟩: in ~ 要約すると. ── 形 ❶ (比較なし) 要約した, かいつまんだ; 手短な: a ~ account 大体の話, 略説. ❷ 〖法〗即決の, 略式の: (a) ~ judgment 即決裁判 / ~ jurisdiction 略式[即決]裁判権 / a ~ court 簡易裁判所. 《L<*summa* summary, total; ⇒ sum》 (動 summarize)

súmmary offénse 名 〖法〗略式起訴犯罪, 軽犯罪.

sum·mat /sʌ́mət/ 代副形 《口·方》 = somewhat. ── 代 《英方》 = something.

sum·ma·tion /səˈmeɪʃən/ 名 ❶ ⓒ 要約. ❷ a ⓤ 合計すること. b ⓒ 合計, 和. ❸ ⓒ 《米法》《双方弁護人の》最終弁論.

sum·ma·tive /sʌ́mətɪv, -meɪ-/ 形 付加の, 累積的な.

***sum·mer**[1] /sʌ́mə | -mə/ 名 ❶ ⓤⓒ 夏《北半球では、または特定の地域では the ~》夏, 夏季《天文学的には, 夏至(◇)から秋分まで; 通俗には北半球では 6, 7, 8 月, 南半球では 12, 1, 2 月》: in (the) ~ 夏には(は) / in the ~ of 1992 1992 年の夏に / high ~ 真夏 / go away for the ~ 夏の間行楽地に出かける / They got married last ~. 二人は昨年夏に結婚した 《前置詞を伴わず副詞的に用いられる》. ❷ [the ~] 青春, 盛りの年《of (one's) life 壮年期. ❸ ⓒ 〖通例複数形で〗《文》年, 年齢, 歳: a girl of twenty ~s 20 歳の女性. ── 形 A 夏の, 夏向きの: a ~ course 夏期講習 / the ~ holidays [vacation] 暑中休暇, 夏休み / a ~ resort 夏の行楽地 / ~ rental 《米》《アパートや家の》夏期賃貸(借). ── 動 ⓘ 《夏を...で[に]》避暑する: They ~ *at* the seashore [*in* Switzerland]. 彼らは海辺で[スイスで]夏を過ごす. ── ⓣ 《家畜を...に[で]》夏の間放牧する《at, in》. (関形 estival)

sum·mer[2] /sʌ́mə | -mə/ 名 〖建〗 大梁(ﾊﾘ); まぐさ; まぐさ石, 台石.

Súmmer Bánk Hóliday 名 [the ~] 夏の一般公休日《イングランド・ウェールズで 8 月の最終月曜日》.

súmmer cámp 名 《米》《児童のための》夏期キャンプ.

súmmer hóme 名 夏の住まい.

súmmer·hòuse 名 ❶ 《庭園·公園などに》あずまや. ❷ 夏の別荘.

súmmer house 名 = summerhouse.

súmmer líghtning 名 稲妻 (heat lightning).

súmmer púdding 名 ⓒⓤ 《英》 サマープディング《柔らかい果実の入ったプディング》.

sum·mer·sault /sʌ́məsɔ̀ːlt | -mə-/ 名動 = somersault.

súmmer sáusage 名 ⓤ 《米》 サマーソーセージ《夏までもつように乾燥させて燻製にしたソーセージ》.

súmmer schòol 名 ⓒⓤ 夏期学校《講習会》, サマースクール.

súmmer sólstice 名 [the ~] 夏至(ﾄﾞ)《北半球では 6 月 21 日または 22 日; ↔ winter solstice》.

súmmer squásh 名 〖植〗 ペポカボチャ《系のカボチャ》, ポンキン《実が熟して皮や種子が硬くなってしまわないうちに野菜として利用する》.

súmmer stóck 名 ⓤ 《レパートリー劇団の》夏期軽劇場, 夏期劇公演.

súmmer tíme 名 ⓤ 《英》 ❶ 夏時間 《《米》 daylight (saving time)》《夏期に時計を 1 時間早める; 略 ST》. ❷ 夏時間の期間.

súmmer·tìme 名 ⓤ 〖しばしば the ~〗夏期, 夏時, 暑中.

súmmer·trèe 名 〖建〗大梁 (summer[2]).

súmmer wéight 名 《服》夏向きの, 軽い.

sum·mer·y /sʌ́m(ə)ri/ 形 夏の, 夏のような, 夏らしい, 夏向きの.

***súm·ming-úp** 名 《⑭ **summings-up**》❶ 〖法〗《判事が陪審員に与える》事件要点の説示[陳述]. ❷ 要約, 略述, 略説.

***sum·mit** /sʌ́mɪt/ 名 ❶ ⓒ 《山の》頂, 頂上, 山頂. ❷ [the ~] 絶頂, 極点, 極致: reach *the* ~ of one's fame 名声の絶頂に達する. ❸ ⓒ 首脳[頂上]会談, サミット. ❹ [the ~] 《国家の》最高レベル, 首脳級. ── 形 A 首脳級[レベル]の: a ~ conference [meeting] = ~ talks 首脳会談, サミット. 《F<L *summus* highest; cf. sum》 【類義語】 ⇒ top[1].

sum·mit·eer /sʌ̀mɪtɪə | -tɪə/ 名 首脳会談出席者.

súm·mit·ry /-tri/ 名 ⓤ 《外交問題における》首脳会談の開催.

***sum·mon** /sʌ́mən/ 動 ❶ 《人を×...に》召喚する, 呼び出す, 《人に...へ》出頭を命じる (summons): The shareholders *were* ~*ed to* a general meeting. 株主たちは総会に召集された / They *were* ~*ed into* his presence. 彼らは彼の面前に呼び出された / [*+to do*] He *was* ~*ed to* appear in court. 彼は法廷への出頭を命じられた. ❷ 《議会などを》召集する (convene): The State legislature has been ~*ed*. 州議会が召集された. ❸ 《助けなどを》《緊急に》要請する, 求める: ~ help 援助[救助]を要請する. ❹ 《勇気などを》奮い起こす (muster): He could not ~ (*up*) the courage to tell her about it. 彼は彼女にそれを告げる勇気を奮い起こせなかった. 《F<L =そっと思い起こさせる SUM-+*monere* 思い出させる, 警告する (cf. monitor)》

súm·mon·er 名 ❶ 召喚者. ❷ 《古》《法廷の》召喚係.

sum·mons /sʌ́mənz/ 名 《⑭ **-es**》 ❶ 召喚, 呼び出し. ❷ 《議会などの》召集, 召集状. ❸ 〖法〗《裁判所への》出頭命令, 召喚状: serve a ~ on a person 人に召喚状を発する. ── 動 《人を法廷へ召喚する, 呼び出す (summon).

sum·mum bo·num /sʌ́məmbóunəm/ 名 [the ~] 最高善. 《L=highest good; ⇒ sum, bonus》

su·mo /súːmou/ 名 ⓤ 相撲(ｽﾓｳ). 《Jpn》

sump /sʌmp/ 名 ❶ 汚水だめ. ❷ 《鉱山の坑道の》水だめ. ❸ 《自動車エンジン底部の》油だめ, オイルパン.

sump·tu·ar·y /sʌ́m(p)tʃuèri | -tʃuəri/ 形 出費を規制する, ぜいたく規制の: ~ laws 節倹令.

***sump·tu·ous** /sʌ́m(p)tʃuəs/ 形 豪華な, 壮麗な; ぜいたくな. ❷ 高価な. **~·ly** 副 **~·ness** 名

súm tótal 名 [the ~] ❶ 総計, 総額, 総数 《*of*》 (sum). ❷ 要旨, 骨子 《*of*》.

***sun** /sʌn/ 名 ❶ 〖単数形で; 通例 the ~〗太陽, 日: *the* rising ~ 昇る太陽 / *the* setting ~ 落日 / a tropical ~ 熱帯の日 / *The* ~ rises [comes up]. 日が昇る / *The* ~ sets [goes down]. 日が沈む / Let not *the* ~ go down upon your wrath. 怒りをあすまで持ち越すな《★聖書「エペソ人への手紙」》 / Make hay while *the* ~ shines. 〖諺〗 ⇒ make HAY 成句 (1). ❷ ⓤ 〖また the ~〗 **a** 日光 (sunshine): bathe in [take] *the* ~ 日光浴をする / be in [shut out] *the* ~ 日を入れる[さえぎる] / There wasn't much [any] ~ today. きょうはあまり[全然]日がささなかった. **b** ひなた: sit in *the* ~ ひなたに座る / get out of *the* ~ 日陰に入る. ❸ 《衛星をもつ》恒星. **agàinst the sún** 左回りに. **cátch** [《米》**gét**] **the sún** 日焼けする. **on which the sún néver séts** 世界中どこでも. **ùnder [benèath] the sún** この世での): We talked about everything *under the* ~. ありとあらゆることを話し合った / There is nothing new [no new thing] *under the* ~. 日の下[世の中]には新しいものはなにもない《★ 聖書「伝道の書」から》. **with the sún** (1) 右回りに. (2) 日の出に; 日の入りに: get up [rise] *with the* ~ 早起きする / go to bed *with the* ~ 早寝する. ── [動] (**sunned; sunning**) [他] ❶〈…を〉日にさらす, 日干しにする. ❷ [~ one*self* で] ひなたぼっこする, 日光浴をする (sunbathe). ── [自] ひなたぼっこ[日光浴を]する: We were *sunning* in the yard. 庭でひなたぼっこしていた. 〘OE〙 ([形] sunny; [関形] solar)

*__Sun.__ 《略》 Sunday.

sún-and-plánet gèar [名]〘機〙遊星歯車装置.

+**sún·bàked** [形] ❶ 日光で熱せられた. ❷ 陽光の照りつける, 日ざしの強い. ❸ 天日で焼いた: ~ bricks 天日がわら[れんが].

sún·bàth [名] 日光浴.

+**sún·bàthe** [動] [自] 日光浴をする. **sún·bàther** [名]

sún·bèam [名] 太陽光線, 日光.

sún bèar [名]〘動〙マレーグマ《東南アジアの森林に分布する小型のクマ》.

sún·bèd [名] ❶ 太陽灯を浴びるためのベッド. ❷ (日光浴用の)軽い折りたたみいす.

Sún·bèlt [名] [the ~] サンベルト《米国南部を東西に延びる温暖地帯》.

sún·bìrd [名]〘鳥〙タイヨウチョウ《アフリカ・アジアの熱帯産》.

sún bìttern [名]〘鳥〙ジャノメドリ《中南米産》.

sún·blìnd [名]《英》日よけ, ブラインド.

sún·blòck [名] [U,C] 日焼け止めクリーム.

sún·bònnet [名] (女性・赤ん坊用)日よけ帽.

sún·bùrn [名] [U] ❶ (皮膚が赤くなってひりひりするような)日焼け (cf. suntan). ❷ 日焼けした個所. ── [動] (**-burnt,** 《米》 **~ed**) [他]〈…を〉日に焼く《★ 通例過去分詞で形容詞的に用いる; ⇨ sunburned, sunburnt》. ── [自] 日に焼ける.

sún·bùrned, sún·bùrnt [形] ❶ (皮膚が赤くなるほどひりひりに)日焼けした. ❷《英》小麦色に日焼けした.

sún·bùrst [名] ❶ (急に雲間をついて現われる)強い日ざし. ❷ 日輪型ブローチ. ❸ 日輪花火.

sún·crèam [名] [U] (肌を保護し, きれいに日焼けさせる)サンクリーム, 日焼けクリーム.

sun·dae /sʌ́ndei, -dɪ/ [名] サンデー《果物・シロップ・ナッツなどを上に載せたアイスクリーム》.

Sún·da Íslands /sʌ́ndə-, sʊ́n-/ [名] [複] [the ~] スンダ列島《Sumatra, Java, Borneo, Celebes その他付近の島々からなる Greater Sunda と, Bali 島から東の Timor 島へ延びる Lesser Sunda がある》.

sún dànce [名] サンダンス《北米先住民の太陽崇拝に関連する宗教的行事; 夏至に行なう》.

‡**Sun·day** /sʌ́ndeɪ, -dị/ [名] [原則的に無冠詞で [U]; ただし意味によって冠詞をもち [C] にもなる] **日曜日**《《米》では1週の第1日, 《英》では週の最終日と通例される; キリスト教の安息日; 略 S., Sun.》: Today's ~. きょうは日曜日だ / next [last] ~=on ~ next [last] この次[前]の日曜日に《★ 後の形は主に《英》》/ on ~ (この次[前]の)日曜日に《★ on は省略可; ⇨ [副]》; いつも日曜日に / on ~*s* =every Sunday 日曜日ごとに, いつも日曜日に / on a ~ (過去・未来の)ある日曜日に; (いつも)日曜日に / on (《英》 the) ~ of next week 来週の日曜日に / We met on a wet ~ in May. 5月の雨の日曜日に会った / Let's get together this ~. この日曜に集まろう / (the) ~ after next [before last] この次の次[前の前]の日曜日, 再来週[先々週]の日曜日. ── [形] [A] ❶ 日曜日の: (on) ~ morning [afternoon] 日曜日の午前[午後]に. ❷ しろうとの, アマチュアの: a ~ driver 休日ドライバー / a ~ carpenter 日曜大工. ── [副] 日曜日に (⇨ Sundays): See you ~. じゃ(また)日曜日に(ね). 〘OE=day of the sun; L *dies solis* の翻訳〙 ([関形] dominical)

Súnday bést [clóthes] [名] [one's ~] 晴れ着, よそ行きの服.

Súnday-gò-to-méeting [形] [A] 《米》よそ行きの, 最高の: ~ clothes 晴れ着.

Súnday púnch [名]《米口》(ボクシングの)強打, ノックアウトパンチ.

Sun·days /sʌ́ndeɪz, -diz/ [副]《口》日曜日に, 日曜ごとに.

+**Súnday schòol** [名] [C,U] (聖書・信仰について学ぶ)日曜学校.

sún·dèck [名] ❶ サンデッキ《日光浴用の屋上・テラス》. ❷ (客船の)上甲板《日が最もよく当たる》.

sun·der /sʌ́ndə | -də/ [動] [他]《文・古》二つに分ける, 切り離す. ── [名] ★ 次の成句で. **in súnder** ばらばらに: break [cut, tear]... *in* ~ ばらばらに壊す. 【類義語】⇨ separate.

sún·dèw [名]〘植〙モウセンゴケ《食虫植物》.

sún·dìal [名] 日時計.

sún dìsk [dìsc] [名] 日輪像《円板の両側に, たとえばエジプトの太陽神 Ra などを象徴する翼が広がる》.

sún·dòg [名] 仮日, 幻日 (parhelion).

sún·dòwn [名] [U] 日没 (sunset).

sún·dòwn·er [名]《英口》夕暮れ時の一杯の酒.

sún·drènched [形]〈場所が〉陽光の照りつける, 日ざしの強い《[用法] 主に宣伝文に用いられる誇張表現》.

sún·drèss [名] サンドレス《ローネック, ノースリーブなどの夏服》.

sún·drìed [形]〈れんが・果物など〉日干しにした.

sun·dries /sʌ́ndriz/ [名] [複] ❶ 雑多な小物, 雑品, 雑貨. ❷ 雑事, 雑件.

+**sun·dry** /sʌ́ndri/ [形] [A] 種々様々の, 雑多な. ── [名] ★ 次の成句で. **áll and súndry** 《口》ありとあらゆる人, みんな.

sún·fàst [形]《米》〈染料が〉日にあせない.

sún fìlter [名] =sunscreen.

sún·fìsh [名] ([複] ~, ~·es)〘魚〙マンボウ.

+**sún·flòwer** [名]〘植〙ヒマワリ.

Súnflower Stàte [名] [the ~] ひまわり州《米国 Kansas 州の俗称》.

‡**sung** /sʌ́ŋ/ [動] **sing** の過去分詞.

sún gèar [名]〘機〙太陽歯車《遊星歯車装置の中心歯車》.

sún·glàss [名] ❶ [複数形で] サングラス. ❷ 天日取り(レンズ)《凸レンズ》.

sún·glòw [名] [単数形で] 朝焼け, 夕焼け.

sún·gòd [名] 太陽神.

sún hàt [名] (つばの広い)日よけ帽.

sún hèlmet [名] (熱帯地方の)日よけ帽.

*__sunk__ /sʌ́ŋk/ [動] **sink** の過去分詞・過去形. ── [形] ❶ =sunken. ❷ [P]《口》負けて, 参って: Now we're ~! もうだめだ. ❸ [P] 〈人が〉〔思いなどに〕ふけって; 〔絶望などに〕陥って: He was ~ ***in*** thought [gloom]. 彼は思いにふけっていた[憂鬱(ゆう)な気分に陥っていた].

sunk·en /sʌ́ŋkən/ [形] ❶ [A] **a** 沈没した; 水底の: a ~ ship 沈没船 / a ~ rock [reef] 暗礁. **b** 地面より低い(所にある): a ~ bath 埋め込み式の浴槽. ❷ 〈目など〉くぼんだ; 〈ほおなど〉やせこけた.

súnken gárden [名] 沈床園《周囲より低いまたは周りにテラスのある庭園》.

súnk fénce [名] (地境に設けた)沈め[隠れ]垣《見晴らしを妨げないように掘り下げて作る》.

sún·kìssed /-kìst/ [形] 日光を十分に浴びた, 日焼けした.

sún·làmp [名] ❶ 太陽灯《美容・医療用》. ❷〘映〙放物面鏡を有する大電灯.

sún·less [形] ❶ 日のささない; 曇った. ❷ 暗い, 陰気な.

*__sun·light__ /sʌ́nlàɪt/ [名] [U] 日光.

sún·lìt [形] 太陽で照らされた, 日がさす.

sún lòunge [名]《英》=sun parlor.

sun·na /sʊ́nə, sʌ́nə/ [名] [the ~, しばしば the S~] スンナ《預言者 Muhammad の言行に基づいてできたというイスラムの口伝律法》.

Sun·ni /sʊ́ni/ [名] ❶ [U] スンニー[スンナ]派《イスラムの二大分派の一つ; コーランよりもムハンマドのスンナ(慣行)を重視し, 4代カリフまでをムハンマドの正統的後継者と見なす; cf. Shiite》. ❷ [C] スンニー派の信者.

Sun·nite /sʊ́naɪt/ [名] [形] スンニー派の(信者).

*__sun·ny__ /sʌ́ni/ [形] (**sun·ni·er; -ni·est**) ❶ 日のよくさす;

日が照る; 日当たりのよい; 雲ひとつない, 晴れ渡った: a ~ day 太陽が照っている日 / a ~ room 日当たりのよい部屋. ❷ 太陽の(ような). ❸ 陽気な, 快活な: a ~ smile にこやかな微笑 / a ~ nature 快活な性質. **sún・ni・ly** 副 **-ni・ness** 名 (名 sun)

súnny sìde 名 [the ~] ❶ 太陽の当たる側. ❷ 明るい面. **lóok on the súnny sìde of things** 物事を楽観する.

sùnny-sìde úp 形 《米》〈卵の片面だけ焼いた[て], 目玉焼きの[で]: fry an egg [two eggs] ~ (卵)1個[2個]を目玉焼きにする / have eggs ~ 卵を目玉焼きにしてもらう.

sún pàrlor 名 《米》サンルーム (《英》sun lounge).
sún・pòrch 名 サンポーチ 《ガラス張りのベランダ》.
sún・pròof 形 A 日光を通さない.
sún・rày 名 太陽光線. —— 形 A (医療用)紫外線の[を利用する]: ~ treatment 人工太陽光線治療.
⁺**sun・rise** /sʌ́nrὰɪz/ 名 U,C ❶ 日の出; 日の出時; 朝焼け (dawn; cf. sunset): at ~ 日の出に.

súnrise ìndustry 名 新興産業 《特にエレクトロニクス・通信面での》.
sún・ròof 名 ❶ (自動車の)サンルーフ 《日光を入れるために開閉できる屋根》. ❷ 日光浴用[向き]の屋根.
sún・ròom 名 = sun parlor.
⁺**sún・scrèen** 名 C,U 日焼け止め剤[クリーム, ローション], サンスクリーン.

*****sun・set** /sʌ́nsèt/ 名 U,C ❶ 日没, 入り日 (sundown; cf. sunrise); 夕焼け: at [after] ~ 日没時[後]に.

súnset ìndustry 名 斜陽産業.
súnset provísion [làw] 名 《米》期限条項, サンセット条項 《計画・合意などが, 特に延長しない限り, 特定期日で自動的に失効することを記した条項》.
Súnset Státe 名 [the ~] 日没州 《米国 Oregon 州の俗称》.
sún・shàde 名 ❶ 日よけ, 日傘. ❷ [複数形で] サングラス.

*****sun・shine** /sʌ́nʃὰɪn/ 名 ❶ U 日光: let in the ~ 日光を入れる. ❷ [the ~] ひなた: in the warm ~ 暖かいひなたで. ❸ U 快活, 陽気; 晴れ晴れとするもの. ❹ 《英口》おい, よお 《男性間で親しく, 時に威嚇的に用いる》. **a ráy of súnshine** (1) (不幸・退屈な среди) 喜び, 楽しみ. (2) 《口》陽気な人. ❺ 《英口》いい天気ですね.

súnshine làw 名 《米》サンシャイン法, 議事公開法.
súnshine ròof 名 = sunroof 1.
Súnshine Státe 名 [the ~] 陽光州 《米国 Florida, New Mexico, South Dakota 州の俗称》.
sún・shìn・y /-ʃὰɪni/ 形 ❶ 日当たりのよい, ひなたの; 晴天の. ❷ 明るい, 朗らかな, 陽気な.
sún・spàce 名 サンスペース 《サンルームや温室などのように, 太陽熱によって暖められる住宅内[住宅付属]の部屋》.
sún spìder 名 【動】 ヒヨケムシ 《大きな鋏角(¹)をもつクモ形類の節足動物》.
sún・spòt 名 【天】 太陽黒点.
sún stàr 名 【動】ニチリンヒトデ.
sún・stòne 名 【鉱】 日長石, サンストーン.
sún・stròke 名 U 日射病: get [have] ~ 日射病にかかる[かかっている].
sún・strùck 形 日射病にかかった.
sún・sùit 名 サンスーツ 《日光浴用の子供の遊び着》.
sún・tàn (肌の)日焼け 《小麦色に健康に焼けること; cf. sunburn 1). **sún・tànned** 形
súntan lòtion [òil] 名 日焼けローション[オイル].
sún・tràp 名 《英》 《風よけを施した, 庭やテラスの)日だまり.
sún・ùp 名 《米》日の出.
sún vìsor 名 (自動車などの)日よけ, サンバイザー.
sun・ward /sʌ́nwəd/ 形 | -wəd/ 副 太陽のほうへの[向かって], 太陽に向かった[向かって].
sún・wards /-wədz | -wədz/ 副 = sunward.
sún whèel 名 = sun gear.
sún wòrship 名 U ❶ 太陽崇拝. ❷ 《口》日光浴好き.
Sun Yat-sen /sʌ́njɑːtsén, sún/ 名 孫文 (Sun Wen) (1866-1925; 中国の政治家・革命家; 国民党の指導者で中華民国を創始, 国父と称された; 欧米では字(ᵃ)の逸仙に基づく Sun Yat-sen の呼称で呼ばれることが多い).

1809 **supercontinent**

sup¹ /sʌ́p/ 動 (supped; sup・ping) 他 ❶ 少しずつ飲む, すする. ❷ 《北英》飲む. —— 自 ❶ 〈飲み物・スープなどを〉少しずつ飲む, すする. ❷ 《北英》〈ビールなどを〉ごくりと飲む. —— 名 ❶ C 〈飲み物の〉ひと口, ひとすすり [of]. ❷ 《北英・アイル》酒.

sup² /sʌ́p/ 動 自 (supped; sup・ping) 《古》 ❶ 夕食を食べる. ❷ 〈...を〉夕食に食べる [on, off].

sup. 《略》superior; superlative; supplement; supra; supreme.

sup- /sʌp, səp/ 接頭 《p の前にくる時の》 sub- の異形.

supe /súːp/ 名 ❶ = supervisor. ❷ = superintendent.

⁺**su・per** /súːpə | -pə/ 《口》 形 ❶ すばらしい, 極上の: We had a ~ time. とても楽しく過ごした. ❷ 特大の. —— 副 非常に, ひどく. —— 名 ❶ a 《米》 (アパートなどの)管理人 (superintendent). b 監督 (など). c 《英》警察本部長 (superintendent). ❷ (せりふなしの)端役, エキストラ (supernumerary). ❸ 【商】特製品; 特大品.

su・per- /súːpə- | -pə-/ 接頭 「以上に; 過度に, 極度に; 超越」 (↔ sub-). 〔L super above; cf. superior〕

su・per・a・ble /súːp(ə)rəbl/ 形 打ち勝てる, 征服できる (↔ insuperable).

sùper・a・bún・dance 名 U [また a ~] あり余り, 過剰: a ~ of food あり余るほどの食べ物 / in ~ あり余るほどに[の].

sù・per・a・bún・dant 形 あり余る, 過剰な.

su・per・add /sùːpəréd/ 動 他 〈...を...に〉さらに加える [to].

sú・per・àl・tar 名 携帯祭壇.

su・per・an・nu・ate /sùːpərénjuèit/ 動 他 ❶ 〈人を〉老齢のため退職させる. ❷ 〈...を〉時代遅れのゆえに取り除く [despair].

sù・per・án・nu・àt・ed /-tɪd/ 形 ❶ 老齢で退職した. ❷ 老齢で現役の職に耐えない, 古くなって使用に耐えない. ❸ 旧式の, 時代遅れの: a ~ factory 時代遅れの工場.

su・per・an・nu・a・tion /sùːpərénjuéiʃən/ 名 U ❶ 老齢退職[退役]. ❷ 老齢退職手当[年金].

⁺**su・perb** /suːpə́ːb, su-/ -pə́ːb/ 形 (比較なし) ❶ (他を圧するほど)すばらしい, すてきな, 実に見事な, とび切り上等な (excellent): a ~ view 絶景 / The dinner was ~. ディナーは最高だった. ❷ 〈建物などが〉堂々とした, 壮麗な: a ~ palace 壮麗な宮殿. **~・ly** 副 〔F < L = 傲慢(ご3)な, よりすぐれた〕

Súper Bòwl 名 [the ~] スーパーボウル 《米国プロフットボールの王座決定戦》.

súper・bùg 名 ❶ スーパーバグ 《特定の目的に活用するため遺伝子操作によりつくり出された細菌》. ❷ a 薬剤[抗生物質]耐性細菌. b 駆除しにくい昆虫, 〈特に〉殺虫剤耐性昆虫.

sùper・cár・go 名 (複 ~s, ~es) 《商船の》船荷監督人.

súper・càt 名 《英》 企業経営で大もうけする人 《特に民営化企業の経営者》.

su・per・cede /sùːpəsíːd | -pə-/ 動 = supersede.

súper・chàrge 動 他 ❶ 〈エンジンなどに〉過給する. ❷ 〈...に〉〈感情などを〉過剰なまでに込める [with].

súper・chàrger 名 【機】過給機, スーパーチャージャー.

su・per・cil・i・ar・y /sùːpəsílɪəri | -pəsílɪəri-/ 形 【解・動】眉(¹)の; 眉に接した; 眼窩(¹²)上の.

su・per・cil・i・ous /sùːpəsílɪəs | -pə-/ 形 人を見下ろす, 傲慢(ご3)な, 横柄な. **~・ly** 副 **~・ness** 名

súper・city 名 巨大都市, メガロポリス.

súper・clàss 名 【生】 (分類上の)上綱.

⁺**súper・compùter** 名 超高速コンピューター, スーパーコンピューター.

sùper・condúct 動 自 【理】 超伝導する.

sùper・condúctive 形 超伝導の.

sùper・conductívity 名 U 【理】超伝導.

⁺**súper・condúctor** 名 超伝導体.

sùper・cónscious 形 【心】人間の意識を超えた, 超意識の. **~・ness** 名

súper・còntinent 名 超大陸 《過去の地質時代に存在

sùper·cóol 動 ❶ 〖化〗〈液体を〉凍らせずに氷点下に冷却する. ― ⑪ 〖生〗氷点下の体温で生き残る.

super·crítical 形 超臨界の: **a** 〖理〗臨界量を超えた. **b** 〖空〗〈翼(ﾂﾊﾞｻ)が〉遷音速飛行中に, 衝撃波が弱く, より後部に発生するように, 上面を平らにして後縁を下に曲げた. **c** 〈流れが流速が臨界点より高い伝搬速度より大きい. **d** 〈流体が臨界点より高い温度・圧力下にある. ~·ly 副

su·per·du·pe /sùːpədjúːpə | -pədjúːpə⁻/ 形 〖口〗 ❶ 非常にすばらしい. ❷ 大型の, 巨大な.

sùper·égo 名 [通例 the ~] 〖精神分析〗超自我.

sùper·elevátion 名 Ⓤ 片(ｶﾀ)勾配《鉄道[道路]の曲線部における内側レールと外側レール[外側端と内側端]の高さの差》.

sùper·éminent 形 卓越した, 抜群の. **-éminence** 名

su·per·er·o·ga·tion /sùːpərèrəɡéɪʃən/ 名 Ⓤ 義務以上の働き, 余分の努力; 〖神学〗功徳(ｸﾄﾞｸ): works of ~ 〖ｶﾄ〗余徳の業(ﾜｻﾞ).

su·per·er·og·a·to·ry /sùːp(ə)rɪrɑ́ɡətɔ̀ːri | -rɔ́ɡətəri, -tri⁻/ 形 ❶ 職務[必要]以上の事をする. ❷ 余分の, 余計な.

su·per·ette /sùːpərét/ 名 〖米〗小型スーパーマーケット.

sùper·éxcellent 形 極上の.

súper·fàmily 名 〖生〗〖分類上の〗上科, 超科.

sùper·fátted 形〈せっけんが〉脂肪分過剰の.

sùper·fecundátion 名 Ⓤ 過剰娠,《同期》複妊娠《同じ排卵期に出た2個以上の卵子が, 特に異なる父の精子によって受胎すること》.

sùper·fetátion 名 Ⓤ 過剰産出[蓄積], 累積.

*****su·per·fi·cial** /sùːpəfíʃ(ə)l | -pə⁻/ 形 (more ~; most ~) ❶ (比較なし) 表面の, 外面の, 見かけの: bear a ~ resemblance うわべだけ類似している / a ~ wound 浅い傷. ❷ 浅薄な, 皮相な, 表面的な, 中身のない (shallow): ~ knowledge 浅薄な知識 / a ~ observer 皮相な観察者. ~·ly /-ʃəli/ 副 〖F＜L＜SUPER-+facies 表面 (cf. face)+-AL〗

su·per·fi·ci·al·i·ty /sùːpəfìʃiǽləti, -pə-/ 名 ❶ Ⓤ 浅薄, 皮相. ❷ Ⓒ 浅薄な事物.

su·per·fi·cies /sùːpəfíʃiːz, -pə-/ 名 (⑳ ~) ❶ 表面, 外面. ❷ (本質に対して)外観, 外貌.

sùper·fíne 形 ❶〈品物など〉極上の, とび切りの. ❷ あまりに細かすぎる; 上品すぎる. ❸ きちょうめんすぎる.

sùper·flúid 名 Ⓤ 〖理〗超流(動)体の. ― 形 超流(動)体の. **-flúidity** 名 Ⓤ 超流動.

su·per·flu·i·ty /sùːpəflúːəti | -pə-/ 名 ❶ Ⓤ,Ⓒ 余分, 過剰, 過多: a ~ of food 余りある十分な食糧. ❷ Ⓒ 余分[過剰]なもの.

⁺**su·per·flu·ous** /suːpə́ːfluəs | -pə́ː-/ 形 ❶ 余分の, 余計な (redundant). ❷ 不必要な, なくてもよい (unnecessary). ~·ly 副 ~·ness 名 〖F＜L＜*superfluere* あふれる＜SUPER-+*fluere* 流れる (cf. fluent)〗

súper·flỳ 〖米口〗 形〈服装・かっこうが〉派手な, きざな. ― 名 派手な[きざな]やつ.

Súper·fùnd 名 〖米〗[単数形で] スーパーファンド《放置された有害産業廃棄物の撤去のための基金》.

súper·gìant 名 〖天〗超巨星.

súper·glùe 名《特にシアノアクリレート (cyanoacrylate) 系の》強力[瞬間]接着剤. ― ⑪ 強力[瞬間]接着剤で接着する.

súper·gràss 名 〖英口〗(大勢の人物についての情報あるいは重大な情報を提供する)大物情報屋[提供者].

súper·gròup 名 スーパーグループ: **a** 解散したいくつかのグループの有力メンバーにより再編成されたロックバンド. **b** 大成功したロックバンド.

sùper·héat 動 ⑪〈液体を〉高圧下で(沸騰させないで)沸点以上に熱する, 過熱する.

sùper·héavyweight 名 (オリンピックの重量挙げ・レスリング・ボクシングなどの)スーパーヘビー級の選手.

súper·hèro 名 スーパーヒーロー《漫画などで, 超人的パワーをもつヒーロー》.

sùper·héterodyne 形 〖通信〗スーパーヘテロダインの《到来電波の周波数を一度それより低い周波数に変換して安定な増幅をする方式についていう》. ― 名 スーパーヘテロダイン受信装置.

súper·hìgh fréquency 名 〖通信〗超高周波 (3-30 ギガヘルツ; 略 shf, SHF).

sùper·híghway 名 ❶ 〖米〗(多車線の)高速幹線道路 (expressway, turnpike など). ❷ =information superhighway.

sùper·húman 形 超人的な, 人間わざでない; 神わざの: make [require] a ~ effort 超人的努力をする[要する].

⁺**sùper·impóse** 動 ⑪ ❶ ⟨…を⟩…の上に重ねる, 重ねる ⟨on⟩. ❷ 〖映〗⟨像・文字などを⟩⟨…に⟩重ねる ⟨on⟩. **sùper·imposítion** 名

sùper·incúmbent 形 上にある, おおいかぶさる《圧力から》上からの.

super·in·duce /sùːpərɪndjúːs | -djúːs/ 動 ⑪ ❶ さらに引き起こす[もたらす]. ❷ 〈病気などを〉併発させる. **su·per·in·dúc·tion** /sùːpərɪndʌ́kʃən/ 名

su·per·in·tend /sùːp(ə)rɪnténd/ 動 ⑪ 〈仕事・従業員などを〉監督する, 管理する (supervise).

su·per·in·ten·dence /sùːp(ə)rɪnténdəns/ 名 Ⓤ 監督, 管理: under the ~ of …の監督下に.

su·per·in·tén·den·cy /sùːp(ə)rɪnténdənsi/ 名 Ⓤ 監督者の職[地位, 任期, 持場]; =superintendence.

⁺**su·per·in·tén·dent** /sùːp(ə)rɪnténdənt | sjùː-/ 名 ❶ 監督(者), 管理者, 取締役, 指揮者: a ~ of schools [education] 教育長. ❷ 長官, 部長, (管理)局長, 院長. ❸ 〖英〗警視; 〖米〗警察本部長 (⇒ police 解説). ❹ 〖米〗(アパートなどの)管理人.

⁺**su·pe·ri·or** /supíəriə, sə-/ supíəriə, sjuː-/ (↔ inferior) 形 (more ~; most ~) (比較なし) ❶ (位置・階級などで)上位の, 上級の, 高位の: a ~ officer 上級の将校, 高官; (自分より)上位の将校 / A general is ~ **to** a colonel. 将官は大佐より上位である《用法 than は用いない》. ❷ (質・程度などより)すぐれた, 上位の, 上質の: ~ leather 上質の革 / goods of ~ quality 上質の品, 高級品 / Their computer is ~ **to** ours. 彼らのコンピューターのほうが我々のよりすぐれている《用法 than は用いない》. ❸ (数・量的に)まさった, 優勢な: escape by ~ speed 相手より速い速力で逃れる / ~ numbers 多数, 優勢. ❹ 傲慢(ｺﾞｳﾏﾝ)な: with a ~ air 傲慢に. ❺ 〖⁺〗(誘惑・障害などに)屈しないで, 左右されないで: He's ~ to flattery [temptation]. 彼はへつらい[誘惑]にのらない. ❻ 上部の, 上方の; 〖植〗がく[子房]の上にある, 上位の. ❼ 〖印〗上付きの: a ~ figure [letter] 肩付き数字[文字] (shock², Xⁿ の ² ⁿ など). ― 名 ❶ a すぐれた人[もの], 優越者, うわて. b 上官, 上役; 目上の人, 先輩. ❷ [S~; しばしば the Father [Mother] S~ で] 修道院長. ❸ 〖印〗肩付きの文字[数字]. 〖F＜L (比較級)＜*super* above (cf. super-)〗 名 superiority)

Su·pe·ri·or /supíəriə, sə-/ supíəriə, sjuː-/, **Lake** ~ スペリオル湖《米国 Michigan 州とカナダ Ontario 州との間にあり, 五大湖 (the Great Lakes) 中で最大; 世界最大の淡水湖》.

supérior cóurt 名 高等[上位]裁判所.

su·pe·ri·or·i·ty /supíəriɔ́ːrəti, sə-/ supíəriɔ́r-, sjuː-/ 名 Ⓤ 優越, 卓越, 優勢 ⟨over, to⟩ (↔ inferiority). 形 superior)

superiórity còmplex 名 [通例単数形で] ❶ 〖精神分析〗優越コンプレックス, 優越複合《自分が他人より優れているという潜在観念; ↔ inferiority complex》. ❷ 〖口〗優越感.

supérior pèrsons 名 ⑳ 〖皮肉〗おえら方.

supérior plánet 名 〖天〗外惑星《地球より大きな軌道をもつ6惑星の一つ》.

sù·per·ja·cent /sùːpədʒéɪs(ə)nt | -pə-/ 形 上にある, 上に横たわった.

súper·jèt 名 超音速ジェット機.

súperl. 略 superlative.

⁺**su·per·la·tive** /supə́ːlətɪv, sə-/ supə́ː-, sjuː-/ 形 ❶ 最高の; 最上の; 無比の: ~ goodness 最高善. ❷ 〖文法〗最上級の: the ~ degree 最上級. ― 名 ❶ 〖文法〗a [the ~] 最上級: the absolute ~ 絶対最上級《他と対比したものでなく，漠然と程度の(最も)高いことを示す最上級》. **b** C 最上級の語(形). ❷ C **a** 最高[無比]のもの]. **b** [通例複数形で] 最大級の[大げさな]言葉[賛辞]: full of ~s《話など》誇張たっぷりな / speak [talk] in ~s この上なく affect る; 大げさに言う. ~·ness 图 《F<L=より上に運ばれたにSUPER-+ferre, lat- 運ぶ (cf. translate)》

súper·lúminal 形《天》超光速の.

su·per·lu·na·ry /sùːpəlúːnəri | -pə-/ 形 月上の, かなたの, 天の, 現世の外の.

súper·majórity 图 超多数, (過半数をはるかに超えた)圧倒的多数(たとえば60％以上).

súper·màn 图 (@ -men) ❶ 超人的な男. ❷ (Nietzscheの) 超人.

*****súper·már·ket** /súːpəmàːkɪt | s|ú|juː·pəmàː-/ 图 スーパーマーケット, スーパー.

súper·mìni 图 スーパーミニ《強力エンジンを搭載した小型車》.

+súper·mòdel 图 スーパーモデル《高い収入と世界的な名声を得たファッションモデル》.

súper·mòm 图 [通例単数形で] 《口》スーパーママ《外での仕事から家事・子育てまでこなし, 一目置かれている母親》.

sùper·mundáne 形 超俗界の, 超現世的な.

su·per·nal /supəˈnəl | -pə´-/ 形《詩》❶ 天(上)の, 神の (↔ infernal): ~ beings 天に住む)天使たち. ❷ この世のものでない, 崇高な. ❸ この上なくすぐれた, 卓越した. ~·ly /-nəli/ 副

sùper·nátant 形 表面に浮かぶ;《化・生》上澄みの, 上清の. —— 图《化》上澄み(液), 上清.

sùper·nátural 形 ❶ 超自然の; 不(可)思議な, 神秘的な: ~ beings 超自然的存在. ❷ [the ~; 名詞的に] 超自然的な存在[現象, もの]. ~·ly 副

sùper·náturalism 图 U 超自然性[力]. ❷ 超自然力崇拝[主義].

sùper·nórmal 形 通常[並み]でない, 平均を超えた, 超常の. -nor·mál·ity 图

sùper·nóva 图 (@ -novae) 《天》超新星《普通の星の何万倍も明るい新星; cf. nova》.

su·per·nu·mer·ar·y /sùːpən(j)úːmèreri | -pənjúː-m(ə)rəri/ 形 ❶ 〈人・ものが〉規定数以上の, 定員外の《役者が〉〈せりふのない〉端役の, エキストラの. **b** 定員外の人; 臨時雇い. **c** 余分なもの, 過剰物. ❷ 〈せりふのない〉端役[人], エキストラ.

súper·órder 图《生》〈分類学上の〉上目(%).

sùper·órdinate 形《比較なし》❶ 〈地位などが〉上(位)の《to》. ❷ 《論》〈概念が〉上位の, 上位関係にある. —— 图 ❶ 上位の人[もの]. ❷ 《言》上位語.

sùper·óxide 图《化》超酸化物, スーパーオキシド.

sùper·pátriot 图 超愛国者.

sùper·phósphate 图 U《化》過燐酸(%)塩; 過燐酸肥料.

su·per·pose /sùːpəpóuz | -pə-/ 動《他》〈…を〉〈…の上に〉重ねる《on》. **su·per·po·si·tion** /sùːpəpəzɪʃən | -pə-/ 图

sù·per·pósed 形《植》上生の, 上位の.

*****sú·per·pów·er** /súːpəpàuə | -pəpàuə/ 图 ❶ C 超大国. ❷ U a 異常[強大]な力. **b**《電》過力, 超出力.

sùper·sáturate 動《他》〈…を〉過飽和にさせる.

sùper·saturátion 图 U 過飽和.

su·per·scribe /sùːpəskráɪb | -pə-/ 動《他》〈名などを〉上に書く.

su·per·script /súːpəskrɪpt | -pə-/ 形 肩付きの, 上付きの. —— 图 上付き(右上に書く)上付き文字[記号, 数字]《例: $a^3 \times b^n$ など; cf. subscript》.

*****su·per·sede** /sùːpəsíːd | -pə-/ 動《他》❶ 〈…に〉取って代わる, 〈人に代わって就任する〉 (replace)《★しばしば受身》: Robots will someday ~ manual labor. いつの日かロボットが筋肉労働に取って代わるだろう / The old system has been ~d. 古い制度は一新された. ❷ 〈…を〉〈不用なものとして〉(…と)取り替える: The old generation of machines has been ~d by the new. 古い世代の機械は新しいのに取って代わられた. 《F<L<…の上に座るにSU-

---

1811 superwoman

PER-+sedere, sess- 座る (cf. session)》 (图 supersession)

sùper·sénsitive 形 ❶ 敏感すぎる, 過敏な. ❷ 《写》高感度の.

su·per·ses·sion /sùːpəséʃən | -pə-/ 图 U 取って代わる[代われる]こと, 交替.《動》supersede

súper·sìze《米》形 Ⓐ《ファーストフードレストランの飲み物・料理が》特大の. — 動《他》〈飲み物・食べ物を〉特大サイズで用意する[出す].

su·per·son·ic /sùːpəsɒ́nɪk | -pəsɔ́n-/ 形 ❶ 超音波の; 超音速の: ~ speed 超音速 / a ~ airplane 超音速機. ❷《理》超音波の《周波数が20 kHz以上》: ~ waves 超音波. **-són·i·cal·ly** /-kəli/ 副 超音速に.

súper·sónics 图 U 超音波学.

súpersonic tránsport 超音速輸送機[旅客機]《略 SST》.

+súper·stàr 图 大スター, スーパースター.

súper·stàte 图 超大国.

súper·stàtion 图 スーパーステーション《通信衛星経由で全国に番組を提供するラジオ・テレビ局》.

+su·per·sti·tion /sùːpəstíʃən | -pə-/ 图 U,C 迷信: spurn ~ 迷信を忌避する / That's just (a) ~. それは迷信にすぎない.《F<L<SUPER-+stare 立つ (cf. stay)》原義は「上に立つこと」で, 精神の高揚状態を意味するようになった》(形 superstitious)

+su·per·sti·tious /sùːpəstíʃəs | -pə-´/ 形 ❶ 迷信の, 迷信的な. ❷ 迷信深い. ~·ly 副 (图 superstition)

+súper·stòre 图 《英》大型スーパー, スーパーストアー.

súper·strátum 图 上層.

súper·strìng 图《理》超ひも《素粒子を輪ゴムのようなひもとして考え, その相互作用を説明しようとする超ひも[超弦]理論 (superstring theory)》の単位.

súper·strúcture 图 ❶ 上部構造: **a** 船の甲板上の部分. **b** 土台の上の建物. ❷ **a** 《社会・思想などの》上層, 上部構造. **b** 《マルクス主義における》上部構造《下部構造としての経済構造の上に形成される政治・法律・文化など》.

súper·sýmmetry 图 U《理》超対称性《素粒子間の相互作用を統一的に説明するため, ボソンとフェルミオンの間に導入された対称性》. **sùper·symmétric** 形

súper·tànker 图 超大型タンカー.

súper·tàx 图 U,C ❶ 付加税. ❷《英》高額所得特別付加税《1909-29年; 以後は改正されて surtax となる》.

súper·tìtle 图 [通例 ~s]《米》スーパータイトル, 《英》surtitle《オペラ上演の際に, 台本の一部の翻訳やあらすじなどを舞台上のスクリーンに映し出すもの》. —— 動《他》〈…に〉スーパータイトルをつける.

sùper·tónic 图《楽》上主音《音階の第2音》.

Súper Túesday 图 スーパーチューズデー《米国で, 秋に大統領選挙を控えた年の3月の火曜日で, 予備選挙が多くの州で行なわれる日》.

su·per·vene /sùːpəvíːn | -pə-/ 動《自》〈事件が〉〈予想しない形で〉起こる. **su·per·ven·tion** /sùːpəvénʃən | -pə-/ 图

su·per·ve·nient /sùːpəvíːnjənt | -pə-/ 形 続発的な, 付随的な, 思いがけなく起こる.

*****su·per·vise** /súːpəvàɪz | -pə-/ 動《他》〈人・仕事などを〉監督する, 管理する: ~ work [workers, a project] 仕事[労働者, 計画]を監督する. —— 《自》監督する, 管理する.《L=上から見るにSUPER-+videre, vis- 見る (cf. vision)》(图 supervision, 形 supervisory)

*****su·per·vi·sion** /sùːpəvíʒən | -pə-/ 图 U 監督, 管理: under the ~ of…[under a person's ~]…の監督下に.《動》supervise

supervísion òrder 图《英法》〈少年裁判所などの〉保護観察命令.

su·per·vi·sor /súːpəvàɪzə | -pəvàɪzə/ 图 ❶ 監督者, 管理人. ❷《米》〈公立学校の〉指導主事. ❸《英》〈大学の〉個人指導教官.

+su·per·vi·so·ry /sùːpəváɪzəri | -pə-/ 形 監督の[する], 管理の[を行なう].《動》supervise

súper·wòman 图 (@ -women)《口》超人的な女性,

supinate 1812

スーパーウーマン《特に仕事・家事・子育てをすべて見事にこなす女性》.

su·pi·nate /súːpənèɪt/ 動 《生理》《手のひら[足の裏]を》上に向ける, 回外させる (↔pronate). **su·pi·na·tion** /sùːpənéɪʃən/ 名 Ü (手・足の)回外.

sú·pi·nà·tor /-tə-/ -tə/ 名 《解》回外筋.

su·pine[1] /suːpáɪn/ 形 **①** あおむけになった (cf. prone[2]). **②** 怠惰な, 不精な. ~**·ly** 副

su·pine[2] /súːpaɪn/ 名 《ラテン文法》(過去分詞幹からつくられた)動詞状名詞, 動名詞.

supp. (略) supplement(ary).

‡**sup·per** /sápə/ -pə/ 名 **①** ÇÜ 夕食, サパー《解説 普通は夕食がディナー (dinner) であるが, 昼食をディナーとした場合の比較的軽い夕食; また夕食をとって観劇などから帰った後に食べる夜食もいう》: It's time for ~. 夕食の時間です / What is there for ~? 夕食に何がありますか / at [before, after] ~ 夕食中[前に, 後に] / have [take] ~ 夕食をとる / She didn't eat much ~. 彼女は夕食をあまり食べなかった / It was a good ~. けっこうな夕食だった / the Last Supper. **②** C 夕食会: a church ~ 教会での夕食会. **sing for one's súpper** ⇨ sing (成句).
~**·less** 形 夕食をとらない, 夕食抜きの.

súpper clùb 名 (食事・飲み物を供する)高級ナイトクラブ.

†**sup·plant** /səplǽnt/ -plάːnt/ 動 《...に》取って代わる, 《...を》押しのけて代わる: Will electronic media completely ~ print-based media? 電子メディアは印刷メディアに完全に取って代わるだろうか. ~**·er** 名 《F<L= つまずかせる, 足元をすくう sub-+*planta* 足の裏》

‡**sup·ple** /sápl/ 形 (**sup·pler**; **-plest**) **①** しなやかな, 柔軟な. **②** 《頭・精神など》柔軟な, 順応性のある. **b** 《人が》素直な, 従順な. ── 動 他 《...を》しなやかにする. ── 自 しなやか[柔軟]になる. ~**·ly** /-pli/ -p(l)i:/ 副 ~**·ness** 名 【類義語】 ⇨ flexible.

súpple·jàck 名 《植》フジ・ヤナギの類の攀縁(はんえん)植物, (特に)クマヤナギ.

‡**sup·ple·ment** /sápləmənt/ 名 **①** **a** 補足, 追加; 補助. **b 栄養補助食品**, サプリメント. **2** 補遺, 増補, 付録, 増刊: the annual ~ *to* the encyclopedia 百科事典の年刊補遺. **③** 《数》補角, 補弧. **④** 追加料金. ── /-mènt/ 動 他 《...を》補う, 補足する; 《...を》追加する《...に》増補する: ~ the existing system 既存の制度を補う / He ~ed his diet *with* milk. 彼はミルクで食事を補った / ~ one's income [salary] *by* doing... することで収入を補う. **sup·ple·men·ta·tion** /sàpləməntéɪʃən/ 名 《F<L *supplere* 満たす; ⇨ supply》

【類義語】 **supplement** 内容を新しくしたり, 不十分な個所を補ったり, 誤りを訂正したりするために後につけ加えた部分. **appendix** 付録としてつけ加えた部分).

sup·ple·men·tal /sàpləméntl/ 形 補遺[補足]的な. ~**·ly** 副

†**sup·ple·men·ta·ry** /sàpləméntəri, -tri/ 形 **①** 補う, 補足の; 補遺の; 付録の: ~ information 追加[補足]情報 / ~ instruction 補習授業 / This lecture is ~ *to* the main curriculum. この講義は主要カリキュラムの補習です. **②** 《数》補角[補弧]の 《*to*》: ~ angles 補角.

súpplementary bènefit 名 ÇÜ 《かつての英国の》補足給付 《該当する社会保障制度による給付が少額である場合国が補足して与える給付金; 現在は income support という》.

sup·ple·tion /səplíːʃən/ 名 《言》補充法 《語形変化の一項を別の語の変化形で充当すること: go の過去形を went とするなど》. **sup·ple·tive** /səplíːtɪv/ 形

Sup·plex /sápleks/ 名 Ü 《商標》 サプレックス《空気や水蒸気を通す伸縮性のある合成織物; スポーツ用・アウトドア用衣類に用いる》.

sup·pli·ant /sápliənt/ 形 **①** 嘆願する, 哀願する. **②** 嘆願するような, すがりつくような. ── 名 嘆願者, 哀願者.
~**·ly** 副

sup·pli·cant /sáplɪkənt/ 名 嘆願者, 哀願者.

sup·pli·cate /sáplɪkèɪt/ 動 他 **①** 嘆願する: ~ par-don 許しを請う / ~ a person *to* help 人に助けてくれと懇願する. **②** 《神に》祈願する. ── 自 〔...を〕嘆願[哀願]する: ~ *for* pardon 許しを請う.

sup·pli·ca·tion /sàplɪkéɪʃən/ 名 ÇÜ 懇願, 哀願.

‡**sup·pli·er** /səpláɪə/ -láɪə/ 名 供給者[会社, 国].

‡**sup·ply**[1] /səpláɪ/ 動 (**-plies**; **-plied**; **-ply·ing**) 他 **①** 《...に》《...を》供給する, 与える: We can ~ any quantity of these goods. この品はいくらでもご用命に応じられます / Cows ~ us *with* milk. 雌牛は我々に牛乳を供給する / The country *supplies* food *to* [*for*] children.=The country *supplies* children *with* food. 国が子供に食糧を供給する / The libraries in large cities are well *supplied with* books on most subjects. 大都市の図書館にはたいていの題目の図書が豊富に備えてある / Adequate water is *supplied to* every household. 十分な水が各家庭に供給されている / 〔+目+目〕 S~ me the exact dates, please. 正確な日取りをお知らせください. **②** 《人に》物品を配給[配達]する: Which store are you *supplied by*? お宅はどの店に品物を配達してもらっていますか. **③** 《不足を》補充する, 埋め合わせる; 《必要を》満たす, 《需要に》応じる: ~ a want 不足を満たす / ~ the need for cheap houses 安い家屋の需要にこたえる / Imports enabled us to ~ (the) increased demand. 輸入のおかげで(その)増加する需要を満たせた. **④** 《古》《地位を》代わって占める 《通例次の句で》: ~ the place of... ...の代わりとなる[代役をする].

── 名 (**-plies**) **①** Ü 供給, 配給: ~ and demand 需要と供給 《★この語順のほうが demand より一般的) / in short ~ 供給不足して / electricity [gas] ~ 電力[ガス]供給. **②** C **a** 《しばしば複数形で》供給物, 支給物, 備え; 供給[支給]量: food ~ 食糧の備え / relief *supplies* 救援物資 / Japan gets its *supplies* of raw materials from abroad. 日本は海外から原料の供給を受けている. **b** 《通例単数形で》《備えの品物などの》量: a small ~ *of* provisions 食糧品のわずかな蓄え / have a large ~ *of* food 食糧は十分用意してある. **③** 《複数形で》《軍隊・探検隊などの一定期間の)糧食, 生活用品. ── 形 A **①** 供給用の: a ~ pipe 供給パイプ. **②** 《軍隊の》補給(係)の: a ~ depot 補給部隊. **③** 代理の: a ~ teacher 《英》 代用教員. 《F<L= 満たす ‹ sup-+*plere*, *plet*- 満たす (cf. complete)》 【類義語】 ⇨ provide.

sup·ply[2] /sápli/ 副 =suppletly.

supply chàin 名 サプライチェーン, 供給連鎖《製品の生産から流通までを一貫したシステムとしてとらえる連鎖構造》.

supply lìne 名 《通例複数形で》補給線, 兵站(へいたん)線.

supplý-síde 形 A 《経済》供給面重視の《減税で供給を増加させ経済成長を刺激しようとする経済理論にいう》.

‡**sup·port** /səpɔ́ət/ -pɔ́ːt/ 動 他 **①** **a** 《人・主義・政策などを》支持する, 支援する: ~ a motion 動議を支持する / ~ a person (*in*) doing... 人が...するのを支援する / We are ~*ing* the NPO *in* its environmental protection activities. そのNPOの環境保護活動を支援[支持]している. **b** 《軍》《他の部隊を》援護する. **c** 《人を》《精神的に》支える, 力づける, 元気づける: Hope ~*ed* him when he was in trouble. 彼が困った時希望が彼の心の支えとなった. **②** 《...の(重さ)を》支える: That bridge is not strong enough to ~ heavy trucks. あの橋は重いトラックを支えきれない / She came in, ~*ed* by her son. 彼女は息子に支えられて入ってきた / He ~*ed* himself *with* crutches. 彼は松葉づえで体を支えていた. **③ a** 《家族などを》扶養する, 養う: I have a wife and two children to ~. 妻と子供2人を養ってゆかなければならない. **b** 〔~ *oneself* で〕自活する: He's old enough to ~ *himself*. 彼はもう自立する年になっている. **c** 《施設などを》《財政的に》援助する: ~ the local orchestra 地元の管弦楽団を援助する. **④** 《生命・気力などを》維持する, 持続させる: The planet cannot ~ life. その惑星では生命を維持できない. **⑤** 《陳述などを》証拠立てる, 裏書きする, 確認する (substantiate): The doctors ~*ed* his testimony. 医師たちは彼の証言を確認した / The theory is ~*ed* by facts. その理論は事実によって裏付けられている. **⑥** 《電算》**a** 《ソフト[ハード]ウェアが》《プログラム・言語など》使用できる, サポートする, 《...

に)対応している: This browser ~s the Japanese language. このブラウザーは日本語に対応している. **b** 〈メーカーが〉〈製品を〉〈更新などの〉サービス対象とする, サポートする. ❼ 《主に英》〈スポーツチームを〉応援する, サポートする. ❽ 〈主演者を〉助演する, 〈スターの〉わき役を務める. ❾ 〈…を〉我慢する, 辛抱する: I was unable to ~ my grief. 悲しみに耐えられなかった. ── 图 ❶ **a** U 支持, 支援, 援助, (精神的な)支え, 助け; 賛成; 鼓舞: give ~ to …を支持[後援]する / get [receive] ~ from …から支持[後援]を得る / in ~ of …を支持して, …に賛成して / lend ~ to [for] …に支持[支援, 援助]する. **b** C 支持者, 後援者. **c** U 《軍》援護(射撃). ❷ **a** U 支える[支えている]こと, 支持; 維持: stand without ~ 支えなしで立つ / She leaned against the door for ~. 彼女は体を支えるためにドアによりかかった. **b** C 支えとなるもの, 支柱, 土台: the ~ s of a building 建物の支柱[土台]. **c** 《スポ》サポーター; 《医》副木. ❸ U 証明(すること); 裏付け, 証拠 (evidence). ❹ U 助演者, 脇役, サポート. ❺ U 技術サポート (technical support). ❻ U (家族などの)扶養, 養育; 生活費: a means of ~ 衣食の道 (職業など). **b** C 生活を支える人. 《F<L=下から支えく*portare* 運ぶ (cf. portable)》

【類義語】**support** 人や主義・運動などに援助を与えたり声援を送ったりして支持する; 一般的な語. **maintain** 今の状態・権利などが損なわれないように support する. **sustain** やや改まった感じの語で, 失敗を防ぐため, あるいは更に強くするために積極的に支持する. **advocate** 人を説得したり議論したりして support する. **uphold** support しているものが現在苦境にあるか危険にさらされていることを暗示する. **back (up)** 精神的に激励したり物質的に援助したりして失敗しそうなのを守ってやる.

sup·port·a·ble /səpɔ́ətəbl/ -pɔ́:t-/ 形 ❶ 支持[賛成]できる. ❷ 扶養できる. ❸ 〖通例否定文で〗我慢できる.
sup·port·a·bly /-təbli/ 副

*****sup·port·er** /səpɔ́ətə/ -pɔ́:tə/ 图 **a** 支持者, 支援者, 援助者, 後だて; 賛成者. **b** 扶養する人. **c** 《スポ》(特にサッカーチームの)サポーター, 応援者 (fan). ❷ **a** 支持物, 支柱. **b** 《米》(競技者用の)サポーター. ❸ 《紋》紋章の左右に立ちそれを支える一対の動物の一方. 【類義語】⇒ follower.

support group 图 協同支持グループ, サポートグループ《アルコール中毒者や遺族など共通の悩みや経験をもつ人びとが集まって接触を深め, 精神的に支援し合うグループ》.
support hose 图 U 《医》サポートホーズ《脚部保護用の伸縮性のあるストッキング》.

sup·port·ing /-tɪŋ/ 形 ❶ 支える, 支持する; 裏付けとなる. ❷ 〈俳優・役柄が〉助演する; 〈人・役割が〉わき役の: a ~ actor [actress] 助演男優[女優] / play a ~ part [role] わき役を演じる, 助演する. ❸ 《英》〈映画・番組など補助(用)の: a ~ film [picture] 補助映画 《主要長編映画に添えて上映する短編映画など》 / a ~ programme [program] 補助番組.

*****sup·port·ive** /səpɔ́ətɪv/ -pɔ́:t-/ 形 (困った時などに)支える, 支え[助け]になる, 手助けする; 思いやりのある, 優しい, 協力的な.
supportive therapy 图 U,C 《医》支持(的)療法.
support price 图 《農家などに対する政府補助金の》最低保障価格.
support system 图 支援体制, 支援者ネットワーク.
sup·pos·a·ble /səpóuzəbl/ 形 想像できる, 考えられる.

*****sup·pose** /səpóuz/ 動 他 ❶ **a** (知っていることから)推測する, 思う, 考える (★ 通例進行時制なし): [+*that*] I ~ (*that*) you're right. 君の言うとおりだろう / What do you ~ she'll do? 彼女はどうすると思いますか / "He'll be there this time." "I ~ so [I ~ he will]." 「今度は彼は来るだろう」「たぶん来るでしょうね」《用法⇒ so 副 4》 / "I don't think he'll be there this time either." "I ~ nòt [I don't ~ sò]." 「彼は今度も来ないんじゃないかね」「来そうもないね」《用法⇒ not 5》 / I ~ it didn't occur to you to check the brakes. ブレーキの点検をしようとは思いもつかなかったんでしょうね《用法 相手の言動に対する苛立ちが込められている》: [+目+(*to be*)補] Most people ~d him (*to be*) innocent. たいていの人は彼を潔白だと思って

いた《変換 Most people ~d that he was innocent. と書き換え可能》 / He's generally ~d to be guilty. 彼は世間一般に有罪だと思われている / [+目+*to do*] 《用法 to do に通例状態を表わす動詞か完了不定詞がくる》 They ~d me to be older. 彼らは私がもっと年上だと思った《変換 They ~d that I was older. と書き換え可能》 / This tree is ~d to have been here for eight hundred years. この木は800年ここに立っているそうですよ. **b** 〖婉曲・丁寧な依頼を表わして〗〈…して〉いただけませんか: You don't ~ you could lend me some money, do you? = Do you ~ you could lend me some money? お金を少し貸していただけないでしょうか《用法》You don't ~ は相手に対する遠慮の度合いが強い). ❷ **a** 〈…と〉仮定する, 想定する: [+*that*] Let's ~ (*that*) you're right. 君の言い分が正しいと仮定してみよう. **b** 〖命令法で; 接続詞的に〗 もし〈…したら〉; 〈…だとしたら(どうだろう)〉《用法 that 節の内容が話者からみて可能性のあるものを仮定するなら直説法が用いられ, 現実にありえないことを仮定するなら仮定法が用いられる》: [+*that*] S~ (*that*) he refuses. What'll we do then? もし彼が断わったとしたらどうしようか / S~ you were left alone on a desert island, what would you do? もし無人島に取り残されたらどうしますか / S~ I have [had] an accident! 事故にでもあったらどうしよう. **c** 〖提案を示し〗〈…してはどうだろう〉: [+*that*] S~ we change the subject. 話題を変えてみましょう / It's late. S~ we go to bed. もう遅い. 寝よう. ❸ 〈…を〉(条件として)必要とする, 前提とする: Your proposal ~s more money than we have. あなたの提案は我々の今ある金以上のお金を前提にしている. ❹ 《慣習上・義務上》(人が)〈…すると〉期待する (⇒ supposed 1). ❺ 〖否定文で〗《口》〈人に×…してよいと〉認める (⇒ supposed 1). **Whát's thát supposed to mèan?** 《当惑して》それはどういう意味か, 何を言いかかりか. 《F<L=下に置く<SUP- +*ponere*, *posit*- 置く (cf. position)》 图 《類義語》⇒ imagine.

*****sup·posed** /səpóuzd/ 形 ❶ 〖句 ~ to do〗〈…する[である]ことになっていて, ことが当然とされていて; 〖否定文で〗〈…する〉ことが禁じられて: Judges are ~ to be impartial. 裁判官は公平であることが求められている / We are ~ to meet at seven. (その人と) 7時に会うことになっている / You're not ~ to smoke here. ここではたばこを吸ってはいけないことになっています. ❷ **a** 〘A〙推測された, 仮定の, 思われている; うわさの (alleged): The ~ prince turned out to be a beggar in disguise. 王子だと思われていた人は変装したこじきであった / His ~ illness didn't exist. 彼は病気だと思われていたが仮病だった. **b** ⇒ suppose 1 a.

*****sup·pos·ed·ly** /-zɪdli/ 副 〖文修飾〗世間では, おそらく〈…と思われる[いわれる]〉: He's ~ 85 years old. 彼は85歳だといわれている.

*****sup·pos·ing** /səpóuzɪŋ/ 接 〖仮定を表わして〗もし …ならば: S~ you can't come, who will do the work? 君が来られない場合だれがその仕事をしますか / S~ (that) it were true, nothing would be different. それが本当だとしても何も違わないだろう.

sup·po·si·tion /sʌ̀pəzíʃən/ 图 ❶ U 仮定, 推定, 推測 (assumption): The theory is based on mere ~. その理論は推測に基づいているだけだ / I was acting on the ~ *that* what he told me was true. 私は彼の言ったことが本当だとして行動した. ❷ C 仮説, 仮定: That's a very likely ~. それは大いに考えられることだ. (動 suppose)

sup·po·si·tion·al /-ʃ(ə)nəl⁺/ 形 想像(上)の; 仮定の, 推定の. **-ly** /-ʃ(ə)nəli/ 副
sup·po·si·tious /sʌ̀pəzíʃəs⁺/ 形 =supposititious.
sup·pos·i·ti·tious /səpɑ̀zətíʃəs | -pɔ̀z-⁺/ 形 〈手紙など〉偽りの, にせの. ❷ 仮定の, 仮想の. **-ly** 副
sup·pos·i·tive /səpɑ́zətɪv | -pɔ́z-/ 形 ❶ 仮定の, 推定の. ❷ 《文法》仮定を表わす. ── 图 《文法》仮定を表わす語 (if, providing, supposing など).
sup·pos·i·to·ry /səpɑ́zətɔ̀:ri | -pɔ́zətəri, -tri/ 图 《医》坐薬.

*sup·press /səprés/ [動] [他] ❶ 〈反乱・暴動などを〉(警察力・権力によって)抑圧する, 鎮圧する: ～ a revolt 反乱を抑える. ❷ a 〈氏名・証拠・事実などを〉隠す: All the newspapers ～*ed* the news. どの新聞もみなそのニュースを差し止めにした. b 〈本などを〉出版禁止にする. ❸ 〈うめき・あくび・感情を〉抑える, (かみ)殺す: ～ a yawn あくびをかみ殺す / ～ one's anger 怒りを抑える / He ～*ed* an inclination to laugh. 彼は笑いたい気持ちをぐっとこらえた. ❹ 〈…の〉成長[活動]を妨げる (check). 〖L＝下に押しつける＜SUP-+*premere, pres-* 圧する, 押す (cf. press)〗 ([名] suppression)

sup·pres·sant /səprés(ə)nt/ [名] 抑制剤; 抑制するもの: a cough ～ 鎮咳(ちんがい)剤, せき止め.

sup·press·i·ble /səprésəbl/ [形] ❶ 抑制[抑圧]できる. ❷ a 隠すことのできる. b 出版禁止にできる. ❸ 抑えることのできる.

sup·pres·sion /səpréʃən/ [名] [U] ❶ (反乱などの)抑圧, 鎮圧. ❷ a (事実などの)隠蔽(いんぺい). b (本などの)発売禁止. ❸ (感情などの)抑制. ([動] suppress)

sup·pres·sive /səprésɪv/ [形] ❶ a 抑圧[抑制]する. b 〈薬が〉鎮静力のある. ❷ a 隠蔽する. b 公表を禁止する, 発禁にする. ～·ly [副] ～·ness [名]

sup·prés·sor /-sə | -sə/ [名] ❶ 抑圧[鎮圧]する人[もの]; 〘生・医〙抑制因子[細胞, 遺伝子]: a tumor ～ gene がん[腫瘍]抑制遺伝子. ❷ 〘ラジオ・テレビ〙サプレッサー《混信遮断(しゃだん)装置》.

sup·pu·rate /sʌ́pjʊrèɪt/ [動] [自] 〈傷が〉うむ, 化膿(かのう)する.

sup·pu·ra·tion /sʌ̀pjʊréɪʃən/ [名] [U] ❶ 化膿, 膿形成. ❷ うみ.

sup·pu·ra·tive /sʌ́pjʊrəṭɪv, -rèɪṭ-/ [形] 化膿する[させる], 化膿性の.

su·pra /sú:prə/ [副] 上に; (書物・論文で)前に (↔ infra): ⇨ VIDE supra. 〖↓〗

su·pra- /sú:prə/ [接頭] 「上の[に]」 (↔ infra-). 〖L *supra* above; cf. supreme〗

sùpra·nátional [形] 超国家的な.

sùpra·órbital [名] 〘解〙眼窩(がんか)の上の.

sùpra·rénal [名][形] 〘解〙副腎(の).

sùpra·segméntal [形] 〘音声〙超分節的な.

su·prém·a·cist /-sɪst/ [名] [修飾語を伴って] (…)至上主義者: a white ～ 白人至上主義者.

+**su·prem·a·cy** /səpréməsi, sʊ- | sʊ-, su:-/ [名] [U] ❶ 至高, 至上; 最高位; 優越性: ～ ***over*** others 他者への優越性. ❷ 主権; 覇権(はけん), 支配権 〔*over*〕: gain military ～ 軍事的支配権を獲得する. ([形] supreme)

su·prém·a·tism /-tɪzm/ [名] [U] [しばしば S~] 〘美〙絶対主義, シュプレマティスム《1913 年ごろロシアに始まった芸術運動で, 単純な幾何学模様による造形をする》. **-tist** [形][名]

*su·preme /səprí:m, sʊ- | sʊ-, su:-/ [形] (比較なし) ❶ [しばしば S~] (地位・権力など)**最高位の**, 最高権威の: ⇨ supreme court / the ～ commander 最高司令官. ❷ (程度・品質など)**最高の**, 最上の, 最優秀の: ～ wisdom 最高の英知 / the ～ good 至上善. ❸ 絶大の; 極度の, この上ない, 非常な: ～ folly この上ない愚かさ. ❹ 最後の, 終局の: at the ～ moment [hour] いよいよという時に.
màke the supréme sácrifice (国・主義のために)身を献げる. ～·ly [副] ～·ness [名] 〖L *supremus* highest＜*supra* above; cf. supra〗 ([名] supremacy)

su·prême /sʊprí:m, su:-, -préim/ [名] [U] シュープレーム《鶏の出し汁とクリームで作るソース; これを添えて出す料理[鶏のささみ]》.

Supréme Béing [名] [the ～] 至上者, 神.

supréme cóurt [名] [the ～] (国または州の)最高裁判所.
Supréme Cóurt of Júdicature [the ～] 〘英〙最高法院《High Court, Court of Appeal, Crown Court からなる》.

Supréme Sóviet [名] [the ～] 最高会議《旧ソ連邦の最高の権力機関・立法機関》.

+**su·pre·mo** /səprí:moʊ, sʊ- | sʊ-, su:-/ [名] ([複] ～s) 《英口》最高指導者; 最高司令官.

su·pre·mum /səprí:məm, sʊ- | sʊ-, su:-/ [名] 〘数〙上限 (cf. infimum).

supt., Supt. 《略》Superintendent.

suq /sú:k/ [名] ＝souk.

sur-[1] /sə:r, sər | sʌr, sər/ [接頭] (r の前にくる時の) sub- の異形.

sur-[2] /sə:r, sər | sʌr, sə:r/ [接頭] ＝super-. 〖F＜L SUPER-〗

su·ra, -rah[1] /sʊ́(ə)rə/ [名] (Koran の)章, スーラ.

su·rah[2] /sʊ́(ə)rə | sjʊ́ərə/ [名] [U] シュラー《柔らかい軽めの絹・レーヨン》.

su·ral /sʊ́(ə)rəl/ [形] 〘解〙腓腹(ひふく)の, ふくらはぎの.

sur·cease /sə:sí:s | sə́:si:s/ [名] [U] 《米・英古》終わり, 一時的休止. ── [動] [自] 《古》やむ, 止まる; 終結する.

+**sur·charge** /sə́:ʧɑ̀əʤ | sə́:ʧɑ̀:ʤ/ [名] ❶ 追加(料)金, 割増金. ❷ (郵便の)不足額表示. ❸ (課税財産の不正申告に対する)加重罰金. ❹ 積みすぎ, 過重. ── [動] [他] ❶ 〈人に〉〔…の〕特別[追加]料金を課する; 〈人に〉〔不正申告の〕加重罰金を課する 〔*on*〕. ❷ 〈郵便切手に〉価格変更印を押す. ❸ 〈…に〉積みすぎる.

sur·cin·gle /sə́:sìŋgl | sə́:-/ [名] (馬の)上腹帯《通例腹帯 (girth) の上に鞍(くら)の上から締める革または布製の帯》.

sur·coat /sə́:kòʊt | sə́:-/ [名] (中世騎士の鎖かたびらの上に着た)陣羽織.

surd /sə́:d | sə́:d/ [名][形] ❶ 〘数〙無理数(の). ❷ 〘音声〙無声音(の).

sure /ʃʊ́ə, ʃə́: | ʃɔ́:, ʃʊ́ə/ [形] (**sur·er; -est**) ❶ [P] (比較なし) 確信して (↔ unsure): I think he will agree, but I'm not ～. 彼は同意すると思うがはっきりしない / He's ～ ***of*** his success. 彼は成功の自信がある (⇨ 2 a [用法]) / Are you quite ～ ***about*** the number? その数には間違いありませんか / 〔+***that***〕《[用法] 《口》では that が略される》 The general was ～ (*that*) he could defeat the enemy. 将軍は敵を打ち破れると確信していた / I'm ～ I don't know. 私はほんとに知りません / That man there is her brother. I'm ～ of it. あそこにいる男が彼女の兄だ. 間違いないよ / 〔+***wh.***〕《★ 通例否定・疑問文で》 *None* of the doctors were ～ *what* the trouble was. どの医者も皆その病気が何であるかはっきりわからなかった.
❷ [P] (比較なし) a きっと〈…〉して: 〔+***to do***〕 He's ～ *to* succeed. 彼はきっと成功する《[用法] 彼の成功を確信しているのは彼ではなく話し手である「私」; cf. 1; 従って It's certain [I am sure] that he will succeed. と書き換え可能; ただし It's sure that… は《まれ》; He is ～ of his success. では, 彼本人が自分の成功を確信しているので, He is sure (that) he will succeed. と書き換えが可能》 / The weather is ～ *to* be wet. 天気はきっとくずれる / Be ～ *to* close the windows. 必ず窓を閉めてください. b 必ず〔…が得られて: At that hotel you're ～ *of* a good dinner. あのホテルでは必ずすばらしい食事にありつける / He's ～ *of* success. 彼は絶対に成功するだろう.
❸ [A] **確実な, 安全な**, しっかりした; 信頼できる, あてになる: a ～ sign of disease 確実な病気の徴候 / ～ proof 確かな証拠 / ⇨ sure thing / There's only one ～ way to success. 成功への確実な道は一つしかない.
be súre and dó [命令法で] 《口》必ず[間違いなく]…しなさい: *Be ～ and* do what I just told you. 私の言ったことを必ずしなさい.
be [féel] súre of onesèlf 自信を抱いている: A leader must *be ～ of himself*. トップに立つ人は自信を持たないとだめです.
for súre 《口》 (1) 確かに, 確かなこととして, きっと (for certain): I saw it *for ～*. 確かにそれを見た / We don't know *for ～* that he has resigned. 彼は辞職したというが確かなことはわからない. (2) 確かで, そのとおりで: That's *for ～*. それは確かだ, そのとおりだ.
màke súre (1) **確かめる** (make certain): "Did you shut the window?" "Yes, but I'll make ～." 「窓を閉めましたか」「ええ, でも確かめてみます」 / *make ～ **of*** a fact 事実を確かめる / 〔+***that***〕 I telephoned to *make ～ that* he was coming. 彼が来ることを確かめるために電話をした / 〔+***wh.***〕 You'd better *make ～ whether* there's a

performance that day [whether [if] he's coming or not]. その日に公演がある[彼が来る]かどうか確かめたほうがいい. (2) 〈…〉をあらかじめ手に入れる: Make ～ of two seats. 2人分の席を確保してください. (3) 必ず〈…するように〉手配する[計らう]: 〔+*that*〕 Make ～ (*that*) you get there ten minutes early. 必ず10分前に行ってください.
to be sùre (1) 確かに: "French is difficult." "*To be* (*it is*)." 「フランス語は難しい」「確かにね」. (2) [後に but を伴って譲歩を表わして] なるほど, いかにも(…だが): It's not new, *to be* ～, *but* it works all right. それは新品とはいえないが, でもちゃんと動く.
Wéll I'm súre! [間投詞的に] これは驚いた!, これはこれは!
━━ 圓 (比較なし) (口) ❶ (米) 確かに: It ～ is hot. いやまったく暑い / I ～ was right. [予想が当たった時などに] やっぱり私の言ったとおりになった / "Japanese is difficult." "It ～ is." 「日本語は難しい」「確かにそうだ」. ❷ [依頼・質問の答えに用いて] いいですとも, もちろん: "Are you coming?" "S-!" 「来るかい」「いくとも」 / "Do you want a cup of coffee?" "S- do!" (米) 「コーヒーいるかい」「ぜひください」(★ (英) では通例 "I certainly do." と答える). ❸ [Thank you の相づちに用いて] (米) どういたしまして, いやいや(かまいません), いいえ.
(as) súre as héll [fáte, déath] 確かに, 間違いなく.
sùre enóugh (口) はたして; きっと, 本当に: I thought he'd do that; and ～ *enough*, he did. 彼がそうするんじゃないかと思っていたら, やっぱりそうした.
súre•ness 名
〖F＜L *securus* 心配のない SE-+*cura* 心配 (cf. cure); secure と二重語〗
〖類義語〗sure, certain ほぼ同義だが, 前者は主に主観的・直観的な判断による場合, 後者は客観的事実・証拠に基づく場合に用いることが多い. confident 自分自身や他人への信頼に基づく強い確信がある. positive 意見や判断などに対するゆるぎない確信がある.

súre-fìre 形 A (口) 確実な, 成功疑いなしの.

súre-fóoted 形 ❶ 足の確かな, ころばない. ❷ 確かな, 着実な. **-ly** 圓 **-ness** 名

*súre•ly /ʃúəli, ʃə-: | ʃɔ́:-, ʃúə-/ 圓 (*more* ～; *most* ～) ❶ 確実に, 確実に, 間違いなく: work slowly but ～ のろいが確実に働く. ❷ (比較なし) きっと, 必ずや: He ～ didn't know. 彼はきっと知らなかったのだ. ❸ (比較なし) まさか, よもや; 確か 〖用法〗多く文頭・文尾に置き, 不確かさは確信の意を強める〗: S- you won't desert me? 君はまさか私を見捨てやしないだろうね 〖用法〗書く時にはしばしば疑問符をつけることがある〗. ❸ I've heard you say so. 確か君がそういうのを聞いたことがある / "They've got divorced." "S- not." 「二人は別れたよ」「まさか(信じられない)」. ❹ (比較なし) [強い肯定の返答に用いて] 確かに, きっと, もちろん: "Would you come with me?" "S-!" 「ご同行願えますか」「もちろんですよ」.

súre thìng 名 (口) ❶ [a ～] (成功・勝利など)確実なもの. ❷ [副詞的または間投詞的に用いて] (米) 確かに, もちろん; ようし, オーケー.

sur•e•ty /ʃúərəti, ʃə-/ 名 ❶ 保証, 抵当. ❷ 引き受け人, (保釈)保証人: stand [go] ～ for …の保証人になる. 〖F＜L=安全 < *securus* ⇒ sure〗

súrety•shìp 名 U 〖法〗他人の債務・不履行などに対する保証人の責任, (連帯)保証契約[責任].

†**surf** /sə́:rf | sɔ́:f/ 名 U (海岸・岩などに砕ける)打ち寄せる波, 砕け波. ❷ (打ち寄せる)波の泡[しぶき]. ━━ 圓 ❶ 波乗り遊びをする, サーフィンをする: go ～*ing* サーフィンをしに行く. ❷ (口) 走る列車[車など]の屋根に乗って遊ぶ. ❸ netsurfing をする, 漫然とインターネットをあちこち見てまわる. 〖類義語〗⇒ wave.

‡**sur•face** /sə́:rfəs | sɔ́:-/ 名 ❶ C **a** 表面, 外面: the earth's ～ 地球の表面 / This desk has a smooth ～. この机の表面はすべすべしている. **b** 水面: come [rise] to the ～ (水面に)浮上する / Her head sank below the ～. 彼女の頭は水中に沈んだ. **c** 〖幾〗面: a plane ～ 平面 / a curved ～ 曲面. ❷ [単数形で] うわべ, 見かけ, 外観: on the ～ 外観上は / scratch the ～ of …のう

わっつらをなでる 《問題の核心まで掘り下げない》 / look be-neath [below] the ～ (of things) (事物の)内面を見る.
━━ 形 A ❶ 表面だけの, 外観の, 皮相な: ～ politeness うわべだけのていねいさ. ❷ **a** 地上の, 路面の: ～ troops 陸上部隊. **b** 水上の: a ～ boat 水上艇. **c** (航空便に対して)陸[海]上郵便の: ⇒ surface mail. ❸ 表面の: ～ noise (レコードの)表面雑音 ━━ 副 (航空便に対して)陸[海]上郵便で: send a letter ～ 手紙を普通便で出す.
━━ 動 ⑭ ❶ (路面を…で)舗装する: ～ a road (*with* asphalt) 道路を(アスファルトで)舗装する. ❷ 〈潜水艦など〉を浮上させる. ━━ ⓘ ❶ 〈潜水艦・鯨・ダイバーなどが〉浮上する (emerge). ❷ 〈問題・話題が〉表面化する, 表われる. ❸ 〈…が〉人が起きてくる. 〖F; ⇒ sur-², face〗

súrface-áctive 形 〖化〗表面[界面]活性の, 界面張力を著しく低下させる: a ～ agent 表面[界面]活性剤.

súrface àrea 名 表面積.

súrface chèmistry 名 U 界面科学.

súr•faced 形 [しばしば複合語で] …の表面をもつ, 表面が …の: smooth-*surfaced* 表面がなめらかな.

súrface màil 名 U 陸上[船舶]郵便物; 船便, 普通便.

súrface nòise 名 U (レコードの溝で生じる)表面雑音.

súrface sòil 名 U 表土.

súrface strùcture 名 〖言〗表層構造 《(変形)生成文法で仮定されている構造の一つ》.

súrface tènsion 名 U 〖理〗表面張力.

súrface-to-áir 形 A 地対空の: a ～ missile 地対空ミサイル.

súrface-to-súrface 形 A 地対地の: a ～ missile 地対地ミサイル.

súrface wàter 名 U ❶ 地上[地表]水, 表流水. ❷ (海・湖沼などの)水面.

sur•fac•tant /sə(:)rfǽktənt | sə(:)-/ 名 〖化〗表面[界面]活性剤.

súrf and túrf 名 (一皿に盛った)シーフードとステーキ 《通常 ロブスターとフィルミニョン》.

súrf•bòard 名 波乗り板, サーフボード.

súrf•bòat 名 サーフボート 《浮力を大きくした丈夫な荒波乗り切りボート; 救命作業などに用いる》.

súrf càsting 名 U 投釣釣り, 磯釣り.

sur•feit /sə́:rfət | sɔ́:-/ 名 [通例単数形で] ❶ 過剰; 氾濫(はんらん): a ～ of advice うんざりするほどの忠告. ❷ 暴食, 暴飲 [*of*]. **to (a) súrfeit** 飽き飽きするほどに, うんざりするほどに. ━━ 動 ⑭ ❶ 〈人〉に…を食べ[飲み]すぎさせる, 飽き飽きさせる (*with*). ❷ [～ oneself で] 〈…〉を食べ[飲み]すぎる; 〈…に〉飽き飽きする (★ 通例受身): They *were* ～*ed with* entertainment. 彼らは娯楽には食傷気味だった. 〖F＜L=やりすぎる < SUR-²+*facere* 成す, 作る〗

súrf•er 名 波乗り遊びをする人, サーファー.

sur•fi•cial /sə:rfíʃ(ə)l | sə:-/ 形 〖地〗地表の.

†**súrf•ing** 名 U 波乗り遊び, サーフィン.

súrf-rìding 名 =surfing.

sur•fy /sə́:rfi | sɔ́:-/ 形 (**sur•fi•er; -fi•est**) ❶ 砕け波の多い. ❷ 押し寄せる(波のような).

surg. (略) surgeon; surgery; surgical.

*surge /sə́:rdʒ | sɔ́:dʒ/ 名 ❶ a 急騰, 急上昇, 急増: a ～ in the price of living 生活費の急上昇. **b** 〖電〗サージ 《電流・電圧の急増[動揺]》. ❷ **a** (群衆などの)大波, 殺到: a ～ of shoppers 押し寄せる買い物客. **b** (感情などの)うねり, 高まり: a ～ of affection [sympathy] こみあげてくる愛情[同情]. ❸ 大波, うねり. ━━ ⓘ [通例副詞(句)を伴って] 〈群衆などが〉波のように押し寄せる; 〈海・麦などが〉波打つ, 揺れる: The audience ～*d out of* the theater. 観客が劇場からどっと出てきた / Waves ～*d over* the breakwater. 波が防波堤におおいかぶさってきた. ❷ 〈価値などが〉急騰[急上昇, 急増]する; 〈暴力・抵抗などが〉(急)に激しくなる, 強まる, 大きくなる: The price of oil ～*d*. 石油価格が急騰した. ❸ 〖電〗〈電流・電圧が〉急増する, 激しく変動する. 〈感情などが〉わき立つ, 渦巻く: Strong emotions ～*d up* within her. 激情が彼女の胸にわき上がった. 〖F＜L =上がる < SUR-¹+*regere* まっすぐに導く (cf. region)〗

surge chamber

súrge chàmber 图 =surge tank.

*__sur·geon__ /sə́ːdʒən | sə́ː-/ 图 ❶ 外科医 (cf. physician); ⇒ dental surgeon, house surgeon. ❷ 軍医. 〖F; ⇒ surgery〗

súrgeon·fìsh 图【魚】ニザダイ《ひれに有毒なとげをもつ》.

súrgeon géneral (覆 surgeons general, ~s) 《米》 ❶ 軍医総監. ❷ [S- G-] 公衆衛生局長官.

súrgeon's knòt 图 外科結び.

súrge protèctor 图【電】サージプロテクター《サージから機器を保護するための回路[装置]》.

*__sur·ger·y__ /sə́ːdʒ(ə)ri | sə́ː-/ 图 ❶ Ⓤ a 外科 (cf. medicine 1): plastic ~ 形成外科 / clinical ~ 臨床外科. b 《外科》手術; 外科的処置. ❷ Ⓤ《米》手術室. ❸《英》a Ⓒ 医院, (医院の)診察室. b Ⓤ 診察時間. ❹ Ⓒ《英》議員[弁護士など]の面会[相談受付]時間. 〖F<L<Gk cheirurgia<cheir 手+ergon 仕事 (cf. energy)〗 (形 surgical; 関形 operative).

súrge suppréssor 图 =surge protector.

súrge tànk 图【機】サージタンク《水量水圧の急変を抑える調整タンク》.

*__sur·gi·cal__ /sə́ːdʒɪk(ə)l | sə́ː-/ 形 ❶ a 外科の, 外科的な. b 外科医の. ❷ Ⓐ《衣服·靴などの整形用の: ~ boots [shoes]《足の整形治療に用いる》整形外科靴, 矯正靴. ❸《爆撃など》迅速·精密な. ~·ly /-kəli/ 副 (图 surgery, surgeon).

súrgical spírit 图 Ⓤ 《英》(消毒用)エチルアルコール(《米》rubbing alcohol).

súrgical stríke 图【軍】局部攻撃《特定目標だけに対する迅速·精確な攻撃》.

súrg·ing 形 押し寄せる: ~ crowds 押し寄せる人波.

su·ri·cate /sú(ə)rəkèɪt/ 图【動】スリカタ《ジャコウネコ科; アフリカ南部産》.

Su·ri·nam(e) /sú(ə)rənà:m, -næm | ー一一/ 图 スリナム《南米北東部の共和国; 首都 Paramaribo》.

sur·ly /sə́ːli | sə́ː-/ 形 (**sur·li·er; -li·est**) ❶《意地悪く》不機嫌な; 無愛想な, ぶっきらぼうな. ❷《天候》荒れ模様の, 険悪な. **súr·li·ly** /-ləli/ 副 **-li·ness** 图

sur·mise /səmáɪz, sə́ː-; sə́ː-, səmáɪz | sə́ː-, səmáɪz, -一一/ 動 推量する, 推測する; 〈...かと〉思う《比較 guess のほうが一般的》: ~ a person's motive 人の動機を推量する / From what he said I ~d (that) she was not very well. 彼の言葉から私は彼女の具合があまりよくないのだと推測した. ── 自 推測を下す. ── /səmáɪz, sə́ː-; sə́ː-, səmáɪz, -一一/ 图 推量, 推測. 〖類義語〗⇒ guess.

*__sur·mount__ /səmáʊnt | sə(:)-/ 動 ❶〈困難·障害など〉に打ち勝つ, 〈...〉を乗り越える, 克服する: ~ many difficulties 多くの困難に打ち勝つ (overcome). ❷ a〈山〉を越える. b〈垣根などを〉乗り越える. ❸〈...の〉上に置く, 載せる〔by, with〕《★ 通例受身》: The hill was ~ed by a church. その丘の上には教会があった. 〖F; ⇒ sur-², mount¹〗

sur·mount·a·ble /səmáʊntəbl | sə(:)-/ 形 ❶ 克服[打破]できる. ❷ 乗り越えることができる.

sur·mul·let /sə́ːmʌ́lət | sə:-/ (覆 ~**s**, ~)【魚】ヒメジ.

*__sur·name__ /sə́ːnèɪm | sə́ː-/ 图 ❶ 姓, 名字《⇒ name 解説》: Jones is a common ~. ジョーンズはよくある姓である. ❷ 異名, 添え名.

*__sur·pass__ /səpǽs | sə(:)pá:s/ 動 他〈...を〉上回る, 越える (exceed): ~ (one's) comprehension 理解できない / ~ description 言語に絶する / The result ~es all hopes [expectations]. 結果は希望[予期]以上のものだ / This year's trade surplus ~es those of all previous years. 今年の貿易黒字はこれまでのどの年をも上回っている. ❷ 〔...において〕〈...に〉まさる, 〈...を〉しのぐ 〔in, at〕: He ~es me at English. 彼は英語では私にまさっている. **surpáss oneself** それまで[予想]以上の結果を出す.

sur·pass·a·ble /-əbl/ 形 越えることができる.

sur·pass·ing 形 すぐれた, 卓越した; 非常な: the ~ beauty of the bay 湾の絶景. ~·**ly** 副 並はずれて, 非常に.

sur·plice /sə́ːplɪs | sə́ː-/ 图 サープリス, 短白衣《儀式に聖職者·聖歌隊員などが着る》.

súr·pliced 形 サープリス[短白衣]を着た.

*__sur·plus__ /sə́ːplʌs, -pləs | sə́ː pləs/ 图 C,U ❶ 余り, 余剰: a ~ of births over deaths 死亡数に対する出生数の超過 / in ~ 過剰に《★ 無冠詞》. ❷ 《金銭の》黒字; 黒字金 (↔ deficit): (a) trade ~ 貿易黒字. ── 形 過剰の, 余剰の (extra): ~ food 余剰食糧 / ~ population 過剰人口 / ~ to requirements 必要以上で, 余分で, 不要で, 不可欠ではなくて. 〖F<L; ⇒ sur-², plus〗

súrplus válue 图 Ⓤ《経》剰余価値.

*__sur·prise__ /səpráɪz | sə-/ 图 ❶ Ⓒ 驚くべきこと[もの], 意外なこと[もの]《事件·報道·贈り物など》: His failure was a great ~ to us. 彼が失敗したのには我々は大いに驚いた / I have a ~ for you. 君にびっくりするニュース[贈り物]がある / This may come as a ~ to you, but... こんなことを言うとあなたはびっくりなさるかもしれませんが, 実は.... ❷ Ⓤ 驚き, びっくり: His eyes opened wide in ~. 彼の目は驚きで大きく見開かれた / jump with ~ びっくりして跳び上がる / to a person's ~ 驚いたことには / Her visit did not cause me much ~. 彼女の訪問を受けた私はたいして驚きもしなかった. ❸ Ⓤ 不意打ち, 奇襲.

tàke...by surprise (1)〈人の〉不意を襲う, 〈人に〉不意打ちを食わせる: Their sudden visit *took* me *by* ~. 彼らの突然の訪問に面くらった. (2)〈要塞·町などを〉奇襲して陥れる.

── 形 Ⓐ 突然の, 予告なしの: a ~ attack 奇襲 / a ~ visit だしぬけの訪問 / a ~ ending 《劇·小説の》どんでん返し / a ~ party 《主賓には知らせないで準備する》不意打ちのパーティー; 奇襲攻撃パーティー.

── 動 他 ❶ a 〈人を〉驚かす, びっくりさせる《★ 進行時制はまれ; ⇒ surprised》: His behavior ~d me. 彼の行動にはびっくりした / He sometimes ~s us *with* a sudden visit. 彼は突然訪問して我々を時々驚かせる / It may ~ you to learn that...ということを知れば驚かれるでしょう / It wouldn't ~ me if.... であっても私は驚かない. b〔~ oneself で〕驚く, びっくりする: Take the entrance exam. You might ~ *yourself*. 入試を受けてみろ. 案外受かるぞ. ❷ a〈...を〉奇襲する, 不意打ちする《★ 進行時制はまれ》: Our fighters ~d the harbor at dawn. 当方の戦闘機が夜明けに港を奇襲した. b〈...が...しているところを〉とらえる, 押しえる〔+目+*doing*〕: The police ~d a man breaking into the bank. 警察は男が銀行に押し入るところを逮捕した. 〖F=上からつかまえる SUR-²+prendere, pris 取る《prehendere; cf. prison》〗

〖類義語〗**surprise** 予期しないことで, または不意を突いて相手を驚かす意で, 最も一般的な語. **astonish** surprise より意味が強く, 信じられないほど人を驚かす. **amaze** 相手がおろおろしたり途方に暮れたりするくらいの驚きを与える. **astound** 人を仰天させるほど驚かす. **startle** 突然跳び上がらんばかりの驚きを与える.

*__sur·prised__ /səpráɪzd | sə-/ 形 (**more ~; most ~**) 驚いた, びっくりした: a ~ look びっくりした顔つき / She looked a little ~. 彼女は少々驚いた様子だった / "His wife walked out on him." "I'm not ~." 「彼の奥さんは彼を捨てて出ていってしまったよ」「やっぱりね」/ I wouldn't [shouldn't] be ~ if it snowed tonight. 今晩はどうやら雪が降りそうだ / You will be ~ *at* [*by*] his progress. 彼の《予想外の》進歩に驚くだろう《用法 by は受身性が強い》/ We were ~ *at* finding the house empty. = 〔+*to* do〕 We were ~ *to* find the house empty. その家が空き家になっているのを見て驚いてしまった / I'm very [much] ~ to hear of his failure. 彼が失敗したということを聞いて驚いている《用法 much は《文》》/ 〔+*that*〕 He was ~ *that* his father sold the farm. 彼は父が農園を売り払ったのに唖然《然》とした / 〔+*wh*.〕 You'll be ~ *how* beautiful she is. 彼女が美人なのに驚くだろう. **sur·prís·ed·ly** /-zɪdli/ 副 驚いて, びっくりして; 不意《打ち》を食らって.

*__sur·pris·ing__ /səpráɪzɪŋ | sə-/ 形 (**more ~; most ~**) 驚くべき, 意外な (↔ unsurprising): make ~ progress めざましい進歩を遂げる / It's ~ how many people are afflicted with mental illness. 心の病に襲われている人がどれほど多いかは驚くべきことだ.

*sur·pris·ing·ly /səpráɪzɪŋli | sə-/ 副 驚くほど(に), 非常に (★ 文修飾可): not ~ 驚くことではないが, 予想されたことだが / S- (enough), we won. 驚いたことに我々が勝った.

†sur·re·al /sərí:əl | -ríəl/ 形 超現実的な (surrealistic).

*sur·re·al·ism /sərí:əlɪzm | -ríə-/ 名 Ⓤ 超現実主義, シュールレアリズム.

†sur·re·al·ist /-lɪst/ 名 超現実主義者. —— 形 超現実主義(者)の.

†sur·re·al·is·tic /sərì:əlístɪk | -rìə-́-/ 形 超現実(主義)的な.

sur·re·but·tal /sə̀:rəbʌ́tl | sə̀r-/ 名 [法] 再抗弁, 再反論 (被告の反論に抗弁するための証拠の提出).

sur·re·but·ter /sə̀:rəbʌ́tə | sə̀rəbʌ́tə/ 名 [法] (原告の)第四訴答.

sur·re·join·der /sə̀:rɪdʒɔ́ɪndə | sə̀rɪdʒɔ́ɪndə/ 名 [法] (原告の)第三訴答.

*sur·ren·der /səréndə | -də/ 動 自 ❶ 〔…に〕降伏[降参]する; 自首する: We shall never ~. 絶対に降伏はしない / ~ on terms 条件付きで降伏する / ~ to the enemy 敵に降服する / ~ to justice [the police] 自首する. ❷ 〔習慣・感情などに〕身を任せる, おぼれる, ふける 〔to〕. —— 他 ❶ a 〈要求・強制によって〉〈…を〉〈…に〉引き渡す, 手渡す, 明け渡す; 〈権利・要求などを〉放棄する: He was ordered to ~ his passport. 彼は旅券を引き渡す[返納する]よう命じられた / They ~ed the capital (to the rebel army). 彼らは首都を(反乱軍に)明け渡した. ~ right(s) 権利を放棄する. b [~ oneself で] 〈敵などに〉降伏する; 〈警察などに〉自首する: ~ oneself to the police 自首する. c [スポ] 〈得点・リードなどを〉失う, 〈ゲームなどを〉落とす. ❷ 〈生命保険を〉解約する, 解約して保険料の一部を取り戻す 〈リース・賃貸契約などを〉(途中)解約する. ❷ [~ oneself で] 〈習慣・感情・主義・職などに〉身を任せる, おぼれる, ふける: ~ oneself to despair [bitter grief, sleep] 自暴自棄に陥る[深い悲しみに沈む, 眠りに落ちる]. ❸ 〈希望・信念・主義・職などを〉捨てる. —— 名 Ⓤ [また a ~] ❶ a 降服; 屈服: agree to an unconditional ~ 無条件降服する. b 自首, 出頭; 投降. c 〈生命保険・賃貸契約などの〉解約. ❷ a 引き渡し, 明け渡し; 〈権利などの〉放棄: (a) ~ of wealth (to a person) (ある個人への)財産の引き渡し. b 〈信念・主義などの〉放棄. 【F; ⇒ sur-², render】 【類義語】 ⇒ yield.

surrénder válue 名 Ⓤ [保] 解約返還金額.

†sur·rep·ti·tious /sə̀:rəptíʃəs | sə̀r-/ 形 〈特に, 不正な理由で〉人目を忍んで行なう, 内密の, こそこそとする (furtive): take a ~ glance at... 〜を盗み見る. ~·ly 副 ~·ness 名 【F＜L＜surrepere しのび寄る＜SUR-²+rapere つかむ (cf. rape¹)】

sur·rey /sə́:ri | sʌ́ri/ 名 (米) サリー型馬車 (2 座席の 4 輪遊覧馬車).

Sur·rey /sə́:ri | sʌ́ri/ 名 サリー州 (イングランド南東部の州; 州都 Kingston-upon-Thames /kíŋstənəpɑ̀ntémz | -əpɔ̀n-/).

sur·ro·ga·cy /sə́:rəɡəsi | sʌ́r-/ 名 ❶ 代理人 (surrogate)の役目[任務], 代理制. ❷ 代理母を務めること, 代理母制度.

†sur·ro·gate /sə́:rəɡèɪt | sʌ́r-/ 名 ❶ a 代理, 代用物 (substitute). b 〈英国教〉監督代理 (banns なしに結婚の許可を与えることができる人). ❷ 〈米〉遺言検認判事. —— 形 Ⓐ 代理の, 代用の.

súrrogate móther 名 代理母 (通常の妊娠・出産ができない男女に代わりその男女の間にできた受精卵を子宮に移植することにより, または人工授精によって妊娠・出産を引き受ける女性).

*sur·round /səráʊnd/ 動 他 ❶ 〈…を〉囲んでいる, 巡らしている (encircle) (★ しばしば受身): A stone wall ~s the palace. 石垣が宮殿を囲っている / The town is ~ed by [with] walls. その町は城壁に取り巻かれている. ❷ 〈…を〉囲む, 取り巻く; 包囲する: Fans ~ed the star. ファンがそのスターを取り巻いた / He ~ed the garden with a fence. 彼は庭園をさくで囲った. b [~ oneself で] 〈…

1817 survive

に〉取り巻かれている; 〔…を〕手近に置く: He ~s himself with guards. 彼はボディーガードを身の回りに置いている / He's ~ed by sycophants. 彼は追従(ついしょう)者に取り巻かれている / She's ~ed by an excellent staff. 彼女の周囲にはすぐれたスタッフがいる. ❸ 〈…が〉〈状況などに〉ついて回る: The bill is ~ed by controversy. その法案には論争がついて回る[論争が絶えない]. —— 名 ❶ 取り囲むもの. ❷ 〈英〉 a 縁(ふち)飾り, 縁取り. b 壁とじゅうたんの間の空間 (に敷く敷物). 【F＜L＝水があふれる＜SUR-²+undare 波うつ＜unda 波; cf. abundant, redundant】

*sur·round·ing /səráʊndɪŋ/ 名 [複数形で] 環境, 周囲. —— 形 Ⓐ 囲む; 周囲の: York and the ~ countryside ヨークとその周辺地域. 【類義語】 ⇒ environment.

surróund-sòund 名 Ⓤ サラウンドサウンド (スピーカーへの信号配分を工夫して臨場感を高めるようにした再生音).

sur·tax /sə́:tæks | sə́:-/ 名 Ⓤ 付加税; 所得税特別付加税.

sur·title /sə́:taɪtl | sə́:-/ 名 動 〈英〉=supertitle.

sur·tout /sə:tú: | sə́:tu:/ 名 シュルトゥ (男性用のぴったりした外套).

sur·veil /səvéɪl/ 動 他 監視[監督]する.

sur·veil·lance /səvéɪləns | sə(:)-/ 名 Ⓤ 監視, 見張り, 監督: be kept under ~ 監視される. 【F】

sur·veil·lant /səvéɪlənt | sə(:)-/ 形 監視する, 監督する. —— 名 監視者, 監督者.

*sur·vey /sə́:veɪ, sə(ː)véɪ | sə́:veɪ, sə(:)véɪ/ 名 ❶ 〈意見などの〉調査: conduct [carry out, perform] a ~ 調査を実施する / according to the ~ その調査によれば / the ~ shows [found] that... その調査の示すところでは[で分かったことは]...である. ❷ 見渡すこと; 概観, 通覧: make a ~ of the situation 情勢を見渡す / A S~ of American History 米国史概説 (書名). ❸ 測量, 実地踏査: make a ~ of the land 土地を測量する / ⇒ Ordnance Survey. ❹ 〈英〉〈建物などの〉査定, 鑑定 (inspection): make a ~ of a house 家屋を査定する. —— /sə(:)véɪ, sə́:veɪ | sə(:)véɪ, sə́:veɪ/ 動 他 ❶ 〈質問などで〉多数の…の意見[態度]について調査する; 〈意見などを〉調査する: 66% of those ~ed opposed the bill. 調査した人の 66% がその法案に反対だった. ❷ a 〈…を〉〈注意深く〉見渡す; 〈…を〉全体にわたって調べる; 概観する; 概説する: The President first ~ed the current situation. 大統領はまず現在の情勢を概説した. b 〈人などを〉〈上から下まで〉しげしげ見る: He ~ed my clothes with a critical gaze. 彼は私の服装を批判するような目でしげしげと見た. ❸ 〈土地などを〉測量する: ~ land 土地を測量する. ❹ 〈英〉〈家屋などを〉査定[鑑定]する (inspect). 【F＜L supervidere 上から見る＜SUPER-+videre 見る (cf. vision)】

súrvey cóurse 名 概説講義, 概論コース.

Sur·vey·ing /səvéɪɪŋ/ 名 Ⓤ 測量(術).

sur·vey·or /səvéɪə | sə́:veɪə, sə(:)vérə/ 名 ❶ 測量者, 測量技師. ❷ 〈建物の〉鑑定士. ❸ a 〈米〉(税関の)調査官. b 〈英〉検査官: a ~ of weights and measures 度量衡調査官.

sur·viv·a·ble /səváɪvəbl | sə-/ 形 生き残りうる; 〈物事が〉生き残りをもたらす[許す].

*sur·viv·al /səváɪvəl | sə-/ 名 ❶ Ⓤ 生き残ること, 生存, 残存. ❷ Ⓒ 残存物[者], 遺物 (relic): The custom is a ~ from the past. この習慣は過去の遺物だ. the survival of the fittest [生] 適者生存 (cf. natural selection). (動 survive)

sur·viv·al·ism /-lɪzm/ 名 Ⓤ 生き残り[生残]第一主義, サバイバリズム. ❷ サバイバルゲーム (スポーツ; 遊び).

sur·viv·al·ist /-lɪst/ 名 サバイバリスト (備えによって災害に生き残れるように準備をする人).

survíval kít 名 非常時用品セット.

*sur·vive /səváɪv | sə-/ 動 他 ❶ 〈災害・事故などを〉切り抜けて生き残る, 〈…から〉助かる, 生き延びる, 行き抜く 〈自身・命令法不可〉: ~ an operation 〈患者が〉手術を無事に切り抜ける / He ~d the war. 彼はその戦争で死ななかった / No crops ~d the drought. どの作物もその日照りで

surviving

助からなかった. /〈…より〉**長生きする**, 生き残る (outlive) 《★命令法不可》: She ~d her husband (by four years). 彼女は夫に先立たれ(てから)4年生きていた / Mr. Smith is ~d by his wife and two sons. スミス氏の遺族は夫人と2人のご子息です. ── ⓘ ❶ **生き延びる**, 生き残る: None of the passengers ~d. 乗客でだれ一人生き残ったものはいなかった / ~ **on** bread and water パンと水で生き延びる. ❷ **残存する**: This custom still ~s. この慣習は今日なお残存している. 〖F < L *supervivere* < SUPER-+*vivere* 生きる (cf. vivid)〗 (名 survival)

sur・vív・ing 形 Ⓐ 生き残っている, 残存している: one's only ~ brother ただ一人の生き残っている兄[弟] / a ~ superstition 残存している迷信.

***sur・ví・vor** /sərváivər | səváivə/ 名 ❶ **生き残った人, 生存者**, 助かった人; 遺族. ❷ 残存物, 遺物.

survívor・shìp 名 Ⓤ 生き残り, 残存; 生存率.

sus /sʌs/ 略 = suss.

sus- /sʌs, səs/ 接頭 (c, p, t で始まるラテン語およびその派生語の前にくる時の) sub- の異形.

Su・san /súːz(ə)n/ 名 スーザン《女性名; 愛称 Sue, Susie, Susy》.

Su・san・na(h) /suːzǽnə, sʊ-/ 名 スザンナ《女性名; 愛称 Sue, Susie, Susy》.

***sus・cep・ti・bil・i・ty** /səsèptəbíləti/ 名 ❶ Ⓤ a 〈…に〉感じやすいこと, 敏感性: ~ **to** emotion 情にもろいこと. b 〔病気などに〕感染し[かかり]やすいこと: ~ **to** colds かぜをひきやすいこと. ❷ [複数形で] 〔傷つきやすい〕感情: wound a person's *susceptibilities* 人の感情を傷つける. (形 susceptible)

***sus・cep・ti・ble** /səséptəbl/ 形 ❶ Ⓟ〈…を〉受けやすくて, 〈…に〉影響されやすくて, 感染しやすくて: She's ~ **to** flattery. 彼女はお世辞にのりやすい / She's ~ **to** colds. 彼女はかぜをひきやすい. ❷ 感受性の強い, 多感な, 敏感な: a ~ heart 敏感な心 / a girl of a ~ nature ものに感じやすい性質の少女. ❸ Ⓟ 〈…を〉許して, 〈…をいれて〉, 〈…が〉可能で: Your theory is not ~ of proof. あなたの理論は証明できない / This passage is ~ of another interpretation. この節には別な解釈を下すことができる. **-ti・bly** /-təbli/ 副 〖L = 受け入れることのできる < *sus-*+*capere*, *-cept-* 取る, つかむ (cf. capture)〗 (名 susceptibility)

〖類義語〗 ⇨ sensitive.

sus・cep・tive /səséptiv/ 形 = susceptible.

su・shi /súːʃi/ 名 Ⓤ すし. 〖Jpn〗

Su・sie /súːzi/ 名 スージー《女性名; Susan, Susanna, Susannah の愛称》.

***sus・pect** /səspékt/ 動 ❶ 〈…ではないかと〉思う《用法 思う内容は通例よくないこと, 望ましくないことを表わす; ⇨ doubt 他 2 (比較)》: [+*that*] I ~ (*that*) he's sick. 彼は病気ではないかと思う / The police ~ed he was the murderer. 警察は彼が殺人犯人だとにらんだ / [+目+*to be* 補] The police ~ed him *to be* the murderer. 警察は彼が殺人犯人だとにらんだ / [+目+*to do*] I ~ him *to* have broken the window. 私は彼が窓を割ったのではないかと思う. ❷ 〈…の存在に〉感じる, 〈…に〉うすうす気づく《★進行時制・命令法不可》: ~ danger [a plot] 危険[陰謀の恐れ]があると思う / ~ a hoax かつがれているのではないかと思う / [+(*that*)] I ~ed (*that*) there had been an accident. 何か事故でも起こったのではないかと感じた. ❸ 〈人に〉疑いをかける, 〈人を〉怪しいと思う (⇨ suspected): Who(m) do you ~? 君はだれが怪しいと思うか / Several people have been ~ed **of** the murder. 何人かの人がその殺人の疑いをかけられてきた《用法 以下は犯罪を表わす名詞または動名詞》: I ~ed him **of** drinking [*lying*, *a* crime]. 私は彼が飲んでいる[うそを言っている, 罪を犯している]とにらんだ. ❹ 〈ことを〉疑う, 怪しむ, 怪しいと思う: I strongly ~ the authenticity of the document. その文書が本物であるかひどく疑わしいと思う. ❺ (口) **a** 〈…であると〉思う: [+(*that*)] I ~ (*that*) he's right. 彼は正しいと思う. **b** [I ~ で主な文に並列的または挿入的に用いて] 思う: He doesn't care, I ~. 彼は気にしないだろうね.

── /sʌ́spekt/ 名 **容疑者**, 注意人物: a murder ~ 殺人容疑者. ── /sʌ́spekt/ 形 (**more ~**; **most ~**) **疑わしい**, 怪しい, うさんくさい: rather ~ evidence 何だか怪しげな証拠 / These statements are ~. これらの供述は信用できない. 〖L = 下から見る < *sus-*+*specere*, *spect-* 見る (cf. spectrum)〗 (名 suspicion)

sus・péct・ed 形 ❶ 〈病気など〉診断は未確定だが可能性の疑われる, 疑われる: a patient with ~ breast cancer 乳がんの疑いのある患者. ❷ 疑わしい, 怪しい: a person ~ **of** bribery 贈賄[収賄]の嫌疑 / ~ murder 殺人の疑いがある死亡事件.

***sus・pend** /səspénd/ 他 ❶ a 〈活動・支払い・営業などを〉**一時中止する**, **一時停止する**: ~ payment [*hostilities*] 支払いを停止する[休戦する] / All flights were ~ed because of a typhoon. 台風のために全便が欠航になった. **b** 〈判断・決定・刑罰などを〉しばらく見合わせる, 保留する, 延期する: ~ judgment until the facts are clear 事実が明確になるまで判断を保留する. ❷ 〈…を〉出場停止[処分]にする, 停学にする《★通例受身で用いる》: He *was* ~ed from playing for three months. 彼は3か月間出場停止処分を受けた / He *was* ~ed from school for a month. 彼は1か月の停学を申し渡された. ❸ 〈…から〉つるす, 掛ける《★通例受身で用いる》: Chandeliers *are* ~ed *from* the ceiling. シャンデリアが天井からつるされている. ❹ 〈ちり・微粒子などを〉〈空[水]中に〉(沈みも落ちもしないで)宙に浮かせておく, 浮遊させる (*in*) (⇨ suspended 3). 〖F < L = 下につるす < *sus-*+*pendere*, *pens-* つるす (cf. suspense, suspension)〗

sus・pénd・ed 形 ❶ **a** (一時)停止した, 止まった. **b** 停職になった; 停学になった. **c** 出場停止になった. **d** 〈判決など〉執行猶予の. ❷ つるした, ぶらさがった. ❸ 〈ちり・微粒子など〉(空中・水中に)浮かんだ, 漂っている: particles of dust ~ **in** the air 空中に浮遊するほこりの粒子.

suspénded animátion 名 仮死状態; 人事不省.

suspénded céiling 名 〖建〗つり天井.

suspénded séntence 名 執行を猶予された刑: get [*give* a] person a ~ 執行猶予になる[を与える].

sus・pénd・er bèlt 名 (英) ガーターベルト((米) garter belt).

sus・pénd・ers 名 復 ❶ (米) ズボンつり((英) braces). ❷ (英) 靴下つり((米) garters).

***sus・pense** /səspéns/ 名 Ⓤ ❶ (精神的に)宙ぶらりんの状態, あやふや, どっちつかず, 不安, 気がかり: She waited in great ~ for her husband's return. 彼女はずいぶん気をもみながら夫の帰りを待った. ❷ (映画・小説などの)サスペンス, 持続的緊張感[興奮], はらはらする状態: a film full of ~ サスペンスに満ちた映画 / The movie kept [*held*] me in ~ until the final scene. その映画には最後のシーンまでずっとはらはらさせられた. ❸ 未定の状態, 未決: hold one's judgment in ~ 判断を決めずにおく. (動 suspend)

suspénse accòunt 名 〖簿〗仮勘定.

sus・pense・ful /səspénsf(ə)l/ 形 サスペンスに満ちた, はらはらさせる: a ~ film サスペンス映画.

***sus・pen・sion** /səspénʃən/ 名 ❶ Ⓤ Ⓒ (一時)**中止**, 停止, 不通. **b** 停職, 出場[資格]停止; 停学. ❷ Ⓤ Ⓒ (自動車・列車などの)車体懸架装置, サスペンション. ❸ Ⓒ Ⓤ 〖化〗懸濁(液). **suspénsion of séntence** 〖法〗刑の執行猶予; 判決の宣告猶予. (動 suspend)

suspénsion brìdge 名 つり橋.

suspénsion pòints [pèriods] 名 (米) 省略符《文中の省略を示すために, 通例 3 点ドットの…, 文尾には…と打つ》.

sus・pen・sive /səspénsiv/ 形 ❶ 未決定の, 不安な, あやふやな, 不確かな. ❷ 〈映画・小説などサスペンスのある[好む], はらはらさせる. ❸ (一時的に)中止する, 休止する. **~・ly** 副

sus・pen・so・ry /səspéns(ə)ri/ 形 つる, つり下げの, 懸垂の. ── 名 ❶ 懸垂筋[帯]. ❷ つり包帯.

***sus・pi・cion** /səspíʃən/ 名 ❶ Ⓤ Ⓒ **容疑**, 疑い; いぶかり: with ~ 疑って, 怪しんで / arouse ~ 疑惑を招く / throw ~ **on** a person 人に嫌疑をかける / S- kept me awake. 疑念で眠れなかった / I resent your ~s about my motives. 君から動機に疑いをかけられるとは腹が立つ / [+*that*] There was a slight ~ *that* he was a spy. 彼はスパイだという疑いが少しあった. ❷ C 感じる[思う]こと, 気がすること; 懸念: [+*that*] I had a ~ *that* he was there. どうも彼がそこにいるような気がした / confirm (a person's) suspicions 疑念を確信へと変える, 懸念が事実であることを確認する. ❸ [a ~] 微量, 気味 (hint): *a* ~ *of* a smile ほのかな微笑 / with *a* ~ *of* irony ちょっぴり皮肉をまじえて. abòve suspícion 疑いをはさむ余地がない(ほどすぐれて[りっぱで]). on (the) suspícion 疑いで, ...の容疑で: He was arrested *on* ~ *of* fraud [*being* a spy]. 彼は詐欺の[スパイだという]容疑で逮捕された. ùnder suspícion 疑われて, 嫌疑がかかって.

*sus·pi·cious /səspíʃəs/ 形 (more ~; most ~) ❶ 疑っている, 怪しんでいる; 疑い[疑念, 疑惑]をもつような: get [become] ~ *about*... について疑い[疑念]をもつ / I am ~ *of* the drug's effects. その薬の効果に疑問をもっている / The police are ~ *of* him. 警察は彼を怪しいとにらんでいる / a ~ glance [look] 疑いの目. ❷ 疑い深い, (容易に)信じない: a ~ mind [nature] 疑い深い心[性質] / He's very ~. 彼は非常に疑い深い / She's ~ *of* strangers. 彼女は見知らぬ人を疑う. ❸ 疑惑を起こさせる, うさんくさい, 怪しい: ~ behavior 不審な挙動 / a ~ person 怪しげな人物 / The incident seemed ~ to him. その事件は彼には怪しいように思われた.

(名 suspicion) 【類義語】 ⇒ doubtful.

+sus·pí·cious·ly 副 疑わしげに; あやしげに.

sus·pi·rá·tion /sʌ̀spəréɪʃən/ 名 《古·詩》ため息, 嘆息.

sus·pire /səspáɪə | -páɪə/ 動 《古·詩》嘆息する; 呼吸する.

suss /sʌs/ 《英俗》動 他 ❶ a ⟨...を⟩調べる ⟨*out*⟩. b ⟨...⟩を見抜く, わかる, 悟る ⟨*out*⟩. ❷ ⟨人⟩に犯罪の疑いをかける. —— 名 ❶ C 容疑者. ❷ U 疑い, 容疑: on ~ 容疑がかけられて. 【SUSPECT, SUSPICION の短縮形】

sussed /sʌst/ 形 《英俗》人がよく知っている, 事情に通じている.

Sus·sex /sʌ́sɪks/ 名 サセックス州 《イングランド南東部の旧州; 1974 年 East Sussex と West Sussex の 2 州に分かれた》.

*sus·tain /səstéɪn/ 動 他 ❶ ⟨生命·家族などを⟩維持する, 養う, 扶養する; ⟨施設などを⟩支える: ~ a family 一家の生計を支える, 家族を扶養する / ~ an institution 公共施設を維持する. ❷ a ⟨活動·興味·努力などを⟩持続させる, 続ける: ~ one's efforts 努力を続ける / ~ a discussion 討論をとぎれないように続ける / This novel ~s the reader's interest to the end. この小説は読者の興味を最後まで失わせない. b ⟨...を⟩元気づける, ⟨人を⟩励ます: ~ a person's spirits 人を元気づける / Hope ~ed us in our troubles. 希望があったので我々は困難にめげずにがんばった. ❸ ⟨損害などを⟩受ける, 被る (suffer): ~ a defeat 敗北する / ~ losses 損害を被る; 《戦争で》死傷者を出す / ~ severe injuries 重傷を負う. ❹ ⟨発言を⟩(法的に)承認する, 支持する: The judge ~ed his objection. 裁判官は彼の異議を認めた. ❺ ⟨陳述·学説·予言などを⟩裏書きする, 確証する: Events ~ed his prediction. 事態の進展で彼の予言が真実だとわかった. ❻ ⟨ものを⟩支える《比較的 support のほうが一般的》: These columns ~ the arches. これらの円柱がアーチを支えている. ❼ ⟨重さ·圧力·苦痛などに⟩耐える, 屈しない: We couldn't have ~ed such difficulties for long. 我々だったらあんな困難には長く耐えられなかっただろう. -er 名 【F く L から支える 〈sus- の nere 保つ (cf. contain)〉 (名 sustenance)【類義語】⇒ support.

+sus·táin·a·ble /səstéɪnəbl/ 形 ❶ 持続できる, 耐えうる; ⟨開発·農業などの⟩資源を維持できる方法の: ~ development 持続可能な開発. ❷ 支持できる.

sus·táined /səstéɪnd/ 形 一様の: ~ logic 一貫した論理 / ~ efforts 不断の努力.

sustáined yíeld 名 U 持続的生産 《木材や魚などが生物資源の収穫した分が次の収穫以前に再び生育するように管理すること》.

sus·táin·ing 形 ❶ 支持する; 維持する. ❷ ⟨食物など⟩体に元気をつける: ~ food 体力を保つ食物. ❸ 持久する, 耐えられる: ~ power 持久力, 耐久力.

sustáining prògram 名 《米》 ラジオ·テレビ 自主番組, サスプロ 《スポンサーのつかない番組》.

sus·te·nance /sʌ́stənəns/ 名 U ❶ 生計, 暮らし. ❷ 生命を維持するもの, 食べ物; 栄養物, 滋養(物). ❸ 支持, 維持; 耐久, 持続. (動 sustain)

sus·ten·ta·tion /sʌ̀stəntéɪʃən/ 名 U 支持, 生命[生活]の維持, 扶助.

su·sur·ra·tion /sùː-səréɪʃən/ 名 U 《文》ささやき.

Su·sy /súːzi/ 名 スージー 《女性名; Susan, Susanna(h) の愛称》.

sut·ler /sʌ́tlə | -lə/ 名 (かつての軍隊の)酒保の商人, 従軍商人.

su·tra /súːtrə/ 名 《バラモン教·仏教》経, 経典. 【Skt=糸; 規則】

sut·tee /sʌtíː | --/ 名 U ❶ 妻の殉死 《昔インドで夫の死体と共に妻が生きながら焼かれた風習》. ❷ C 夫に殉死する妻. 【Hind く Skt=貞淑】

su·ture /súːtʃə | -tʃə/ 名 ❶ 《医》 傷の縫い合わせ, 縫合; 縫合糸. ❷ (特に頭蓋(ひ)の)縫合線. —— 動 ⟨傷を⟩縫い合わせる, 縫合する.

SUV /ésjùːvíː/ 名 =sport utility vehicle.

Su·va /súːvə/ 名 スバ 《フィジーの首都·港町; ビティレブ (Viti Levu) 島にある》.

su·ze·rain /súːzərən, -rèɪn/ 名 ❶ 宗主国. ❷ (封建時代の)藩主, 領主.

su·ze·rain·ty /súːzərənti, -rèɪn-/ 名 U ❶ 宗主権[の地位]. ❷ (封建時代の)藩主[領主]の位[権力].

Sv (記号) 《理》 sievert(s).

svelte /svélt/ 形 《女性がすらりとした, すんなりとした. 【F く I】

Sven·ga·li /svengɑ́ːli/ 名 ❶ スベンガーリ 《Du Maurier の小説 *Trilby* (1894) で, ヒロインを催眠状態に陥れる人物》. ❷ C 抗しがたい魅力で人をあやつる人物.

SW (略) southwest; southwestern.

Sw. (略) Sweden; Swedish.

swab /swɑb | swɔ́b/ 名 ❶ 《医》 a 綿棒(誌). b スワッブ 《綿棒で集めた細菌検査用の分泌物》. ❷ (床·甲板ふきに用いる)モップ. ❸ 《俗》のろま, 不器用なもの. —— 動 他 (swabbed; swab·bing) ❶ a 《医》 ⟨のどなどを⟩綿棒でふく. b 綿棒で⟨...に⟩薬を塗る ⟨*with*⟩. ❷ a (床·甲板などに)ぞうきんがけをする: ~ (*down*) the decks 甲板をモップでふく. b ⟨水を⟩ふき取る ⟨*up*⟩.

swáb·bie, -by /swɑ́bi | swɔ́bi/ 名 《米俗》海軍下士官, 水兵.

swacked /swǽkt/ 形 《米口》(酒·麻薬で)酔った.

swad·dle /swɑ́dl | swɔ́dl/ 動 他 ⟨新生児を⟩細長い布で巻く[くるむ].

swáddling clòthes [bànds] 名 複 ❶ (昔の)赤ん坊の(動きを抑える)巻き布. ❷ (子供などに対する)束縛, 厳しい監視.

swag /swǽg/ 名 U ❶ 《俗》盗品 (loot). ❷ 花綱, 花飾り. ❸ 《豪》(旅行者·放浪者が持ち歩く)身の回りの品袋.

+swag·ger /swǽgə | -gə/ 動 ❶ いばって[ふんぞり返って]歩く: The bully ~ed about [~*ed* into the classroom]. がき大将は肩をいからせながら歩き回った[教室に入ってきた]. ❷ ⟨...のことで⟩ほらを吹く, 自慢する ⟨*about*⟩. —— 名 ❶ [また a ~] いばって歩くこと: walk with *a* ~ んぞり返って歩く. ❷ 形 《英口》粋な, スマートな. ~-er /-gərə | -rə/

swág·ger·ing /-g(ə)rɪŋ/ 形 いばって[ふんぞり返って]歩く, いばる. ~-ly 副

swágger stìck 名 (将校などが持ち歩く)短いステッキ.

Swa·hi·li /swɑhíːli/ 名 (~, ~s) ❶ U スワヒリ語 《Bantu 語に属するアフリカの代表的言語; アフリカ東部で諸部族間の共通語として広く用いられる》. ❷ C スワヒリ人 《アフリカの Tanzania と付近の沿岸に住む Bantu 族の一人》. 【Arab=海岸の】

swain /swéɪn/ 名 ❶ 《詩》色男, 愛人. ❷ 《古》いなかの

若者.

SWAK /swǽk/ 《略》《米》sealed with a kiss 《ラブレターなどに記す》.

swale /swéɪl/ 图《米》草の生い茂った湿地帯.

SWALK /swɔ́lk/ 《略》《米》sealed with a loving kiss (⇒ SWAK).

*__swal・low__¹ /swálou | swɔ́l-/ 動 他 ❶〈飲食物を〉ぐっと飲む, 飲み込む: a mouthful of food 食物をひと口飲み込む / ~ a glass of beer at one gulp 1杯のビールを一気に飲む. ❷《口》〈人の話などを〉うのみにする, 軽信する: Don't ~ everything people tell you. 人々が言うことを何から何までうのみにするな. ❸ a 〈無礼を〉忍ぶ: ~ an insult 侮辱を忍ぶ. b〈怒り・笑いなどを〉抑える (suppress): ~ one's anger [disappointment] 怒りを抑える[失望をこらえる]. c〈前言を〉取り消す: ~ one's words 言ったことを取り消す. ― 自 ❶ 飲む, 飲み込む. ❷ (緊張して)ぐっとつばを飲み込む. **swállow úp** (他+副) ❶〈企業・国などを〉吸収する, 併合する: Russia ~ed up most of Poland. ロシアがポーランドの大部分を併合してしまった. (2)〈利益・収益などを〉使い尽くす, むだに使う: Most of my salary is ~ed up by school fees. 給料の大半は授業料に消えた. (3)〈群衆・炎・やみなどが〉〈…を〉飲み込む, 見えなくする: Their figures were ~ed up in the dark. 彼らの姿はやみの中に吸い込まれた. **swállow...whóle** (1)〈食べ物などを〉まる飲みにする. (2)〈人の話などを〉うのみにする. ― 图 ❶ 飲むこと, 飲み下すこと, 嚥下(%): at [in] one ~ ひと飲みに. ❷ ひと飲み; ひと飲みにしたもの, ひと飲みの量: take a ~ of water 水をひと口飲む. ~・a・ble 形〈飲み込める.【OEがつがつ食べる】

+**swal・low**² /swálou | swɔ́l-/ 图《鳥》ツバメ: One ~ does not make a summer. 《諺》ツバメ 1 羽来ただけで夏にはならない《早合点は禁物》.

swállow dìve 图《英》= swan dive.

swállow hòle 图《英》《地》(石灰岩地方にできる雨水が地下に流れ込む)吸い込み穴.

swállow-tàil ❶ ツバメの尾. ❷《昆》アゲハチョウ.

swállow-tàiled 形 燕尾(形)の: a ~ coat 燕尾服.

*__swam__ /swǽm/ 動 swim の過去形.

swa・mi /swáːmi/ 图 スワーミー《ヒンドゥー教の学者・宗教家などに対する尊称》.

*__swamp__ /swámp, swɔ́ːmp | swɔ́mp/ 图 C,U 低湿地, 沼地. ― 動 他 ❶〈船・道路などを〉浸す, 水浸しにする, 浸水[沈没]させる: The boat was ~ed by the waves. ボートは波をかぶって沈没した. ❷〈手紙・仕事・問題などを〉…にどっと押し寄せる, 〈…を〉圧倒する, 身動きできなくする (inundate) 《★ しばしば受身で用いる》: Hundreds of letters ~ed the newspaper. 何百通もの手紙がその新聞社に殺到した / I'm ~ed with work [invitations for Christmas]. 仕事の依頼[クリスマスの招待]が殺到している / He's ~ed by debts. 彼は借金で首が回らない.

swámp cábbage 图 U,C《植》ザゼンソウ (skunk cabbage).

swámp féver 图 U ❶《獣医》(ウマの)伝染性貧血. ❷ マラリア (malaria).

swámp・lànd 图 U 沼沢地.

swamp・y /swámpi, swɔ́ːm- | swɔ́m-/ 形 (swamp・i・er; -i・est) ❶ 沼地の; 沼地のような. ❷ 沼地の多い.

+**swan** /swán | swɔ́n/ 图 ❶《鳥》ハクチョウ, スワン: ⇒ black swan. ❷《詩》歌手, 名人: the (sweet) S~ of Avon エイボンの白鳥《Shakespeare のこと》. ❸ [the S-]《天》白鳥座. ― 動 自 (swanned; swan・ning)《英口》あてもなく行く (off, about, around).

swán dìve 图《米》《泳》スワンダイブ《英》swallow dive《両腕を広げ伸ばして水中にまっさかさまに飛び込む》.

swank /swǽŋk/《口》動 自 自慢する, いばる, 自慢げに, もったいぶって歩く. ― 图 見せびらかし. ― 形《口》= swanky.

swánk・pòt 图《英口》見えっぱり, 気取り屋.

swank・y /swǽŋki/ 形 (swank・i・er; -i・est) 《口》❶ 派手な, 豪奢な; しゃれた. ❷〈人が〉見えっぱりの, 気取り屋の (posh). **swánk・i・ness** 图

swán-nèck 图 白鳥の首のようなもの, 雁首形(のもの).

swán・ner・y /-nəri/ 图 白鳥飼育場.

swáns・dòwn 图 ❶ 白鳥の綿毛《おしろいのパフ・衣服のふち飾りに用いる》. ❷ 厚い綿ネルの一種.

Swan・sea /swánzi | swɔ́n-/ 图 スウォンジー《ウェールズ南部の港町》.

swán sòng 图 ❶ (詩人・作曲家などの)最後の作品, 辞世, 絶筆. ❷ 白鳥の歌《白鳥が臨終に歌うとされる歌》.

swán-úpping 图《英》白鳥調べ《白鳥の所有者を明らかにするため年々白鳥のひなを捕えてくちばしに所有者のしるしを刻む; Thames 川の年中行事の一つ》.

*__swap__ /swáp | swɔ́p/ 動 (swapped; swap・ping) 他 ❶ a〈…を〉〈人と〉交換する (exchange): ~ seats 席を交換する / Don't ~ horses while crossing a stream.《諺》流れを渡っている間に馬を取り替えるな《危機が去るまで現状を保て》/ He offered to ~ his camera for hers. 彼は自分のカメラを彼女のと換えてほしいと申し出た / Will you ~ places with me? 私と場所を入れ替わってくれませんか / [+目+目] I'll ~ you this for that. これとそれを交換しよう《★非標準的用法》. b〈それぞれの話を〉語り合う, 〈意見などを〉交換し合う: ~ stories 自分のという, についての, の経験した話を語り合う. ❷〈仕事・役割などを〉入れ替える, 取り替える, 交替する. ❸《英》〈…を〉〈別のものと〉取り替える, 入れ替える, (for). ❹ [通例単数形で] 交換: do [make] a ~ 交換する. ❷ 交換物. 【ME; 原義は「打つ」; 現在の意味は「取引が成立して手を打ち合った」ことから】

swáp fìle 图《電算》スワップファイル《仮想メモリー上で, RAMに入りきれないデータを一時的に書き出すためのディスク上の隠しファイル》.

swáp mèet 图《米》不要品交換[即売]会《英》car-boot sale).

sward /swɔ́ːd | swɔ́ːd/ 图 U 芝生, 草地.

swarf /swɔ́ːf | swɔ́ːf/ 图 U (金属・木などの)切り端; 削りくず.

+**swarm**¹ /swɔ́əm | swɔ́ːm/ 图 ❶〔ハチ・アリなどの〕群れ, うじゃうじゃした群れ, 大群: a ~ of bees ハチの群れ. ❷〔人・動物の〕群れ, 群衆; 大勢, たくさん: a ~ [~s] of schoolchildren [tourists] 大勢の学童[観光客]. ― 動 自 ❶〔副詞(句)を伴って〕群れる, たかる, 群れをなして動き[飛び]回る: Bees ~ed about their nest. ハチが巣の回りを飛び回った / The crowd ~ed out of the stands onto the field. 群衆は観客席から群れ出てフィールドに殺到した. ❷〈ハチなどが〉巣分かれする, 分封(%)する. ❸〈場所が〉〈…で〉いっぱいになる: The place was ~ing with flies. そこにはハエがたくさんいた / The beach here ~s with children during the holidays. ここの浜辺は休暇中子供たちでごった返す. 【類義語】(1) ⇒ group. (2) ⇒ mob.

swarm² /swɔ́əm | swɔ́ːm/ 動 他 〈木・綱などに〉よじ登る (up).

swárm・er 图 = zoospore.

swart /swɔ́ət | swɔ́ːt/ 形《古・文》= swarthy.

swar・thy /swɔ́əði | swɔ́ː-/ 形 (swar・thi・er, -i・est) 浅黒い, 黒ずんだ, 日に焼けた. **swárth・i・ly** /-ðɪli/ 副 **-i・ness** 图

swash¹ /swáʃ, swɔ́ːʃ | swɔ́ʃ/ 動 自 ザブンという. ― 图 岸に打ち寄せる波;《古》ザブンという音.

swash² /swáʃ, swɔ́ːʃ | swɔ́ʃ/ 形《印》〈文字が〉巻きひげのついた.

swash・buck・ler /swáʃbàklə, swɔ́ːʃ- | swɔ́ʃbàklə/ 图 ❶ (物語・映画などの)派手な活劇ヒーロー, 向こう見ずな冒険家. ❷ 派手な冒険活劇.

swash・buck・ling /-lɪŋ/ 图《映画などが〉冒険とスリルに満ちた.

swásh plàte 图《機》(回転)斜板.

+**swas・ti・ka** /swástikə | swɔ́s-/ 图 ❶ まんじ(卍)《十字架の変形; 昔は幸運をもたらす印とされた》. ❷ かぎ十字(%)《ナチスドイツの国章》. 【Skt←幸運】

swat /swát | swɔ́t/ 動 (swat・ted; swat・ting)《ハエなどを〉(手または平たいもので)ぴしゃりと打つ,〈人を〉ひっぱたく.

― 名 ❶ ぴしゃり(というひと打ち). ❷ ハエたたき.

SWAT /swɑ́t/ |swɑ́t| 《略》《米》Special Weapons and Tactics 特別機動隊, スワット.

swatch /swɑ́tʃ/ |swɒ́tʃ| 名 ❶ 〔布地・革などの〕(小さく切った)見本, 小切れ 〔*of*〕. ❷ 部分, 区画.

Swatch /swɑ́tʃ/ |swɒ́tʃ| 名《商標》スウォッチ《スイスのクォーツ式腕時計メーカー Swatch 社の製品》.

swath /swɑ́θ, swɔ́ːθ/ |swɒ́θ, swɔ́ːθ| 名 (複 ~s /swɑ́θs, swɔ́ːθs, swɑ́ðz, swɔ́ːðz/, ~s /swɑ́z, swɔ́ːz/) ❶ a (牧草・麦などの)1 列の刈り跡. **b** (大がまで刈った)ひと刈り分の牧草[麦(など)]. **c** ひと刈りの幅. ❷ 帯状のもの. **cút a swáth through...** なぎ倒し, ひどく破壊する《画来「草を刈って道をつける」の意から》: The tornado *cut a ~ through* the town. 竜巻は破壊のつめ跡を残してその町を通過していった. **cút a wíde swáth** (1) 広範囲に破壊する. (2)《米》見えを張る; 目立つことをする.

⁺**swathe**¹ /swéɪð/ 動 他 〈...を〉〈...で〉包む, 巻く《★ 通例受身》: with her arm ~*d in* bandages 腕に包帯を巻いて / My mother ~*d me in* blankets. 母は私を毛布でくるんでくれた / The skyscrapers *were* ~*d in* fog. 超高層ビル群は霧に包まれていた.

swathe² /swɑ́ð, swéɪð | swɔ́ːð, swéɪð/ 名 = swath.

swath·er /swɑ́ðə, swéɪðə | swɔ́ðə, swéɪ-/ 名 ウインドローアー: **a** 穀類を刈り取って並べる収穫用機械. **b** モーアーに取り付け, 刈った草を並べるための装置.

swat·ter /swɑ́tə | swɒ́tə/ 名 ❶ ぴしゃりと打つ[たたく]人[もの]. ❷ **a** ハエたたき. **b** ハエたたき状のもの.

*****sway** /swéɪ/ 動 自 (前後・左右に)揺れる, 振れる; 体[頭(など)]動かす[揺らす]: The branches ~*ed* in the breeze. 枝がそよ風になびいていた / He ~*ed* for a moment and then collapsed. 彼は一瞬体をぐらつかせ, それから倒れた / They ~*ed* to the music. 彼らは音楽に合わせて体をゆすった. ― 他 ❶ **a** 〈...を〉(前後・左右に)ゆさぶる, ゆする, 振り動かす: ~ one's hips 腰をゆする / The wind ~*ed* the branches of the trees. 風が木々の枝を揺るがした. **b** [~ one*self* で] 体をゆさぶる. ❷ 〈...の意見[決意]を動かす, 〈...を〉左右する (influence): The President's statement ~*ed* popular opinion. 大統領の声明が世論を揺り動かした / I'm easily ~*ed by* my emotions. 私はすぐに感情に左右されてしまう. ❸ 〈詩・文〉〈...を〉支配する, 統治する: ~ the realm 領土を支配する. ― 名 U ❶ 揺らぐ[揺れる]こと, 振動. ❷ 左右[自由に]すること, 影響(力): Tom has great ~ with the boss. トムはボスに非常な影響力をもっている. ❸ 〈文〉支配, 統治: under the ~ of...の統治[勢力]下にあって / hold ~ (over...) 〈...を〉支配する. 《ON *sveigja* to bend》【類語語】⇒ swing.

swáy·báck 名 《獣医》(馬の)脊柱湾曲症.

swáy·backed 形

Swa·zi·land /swɑ́ːzilænd/ 名 スワジランド《アフリカ南東部の王国; 首都 Mbabane》.

SWbS 《略》southwest by south.

SWbW 《略》southwest by west.

*****swear** /swéə | swɛ́ə/ 動 (swore /swɔ́ə | swɔ́ː; sworn /swɔ́ən | swɔ́ːn/) 自 ❶ ののしる, 悪口雑言を吐く; 神の名を汚す, 罰(ばち)当たりなことを言う《解説 驚き・軽蔑・ののしりを表わすために, By God!, Jesus Christ! などの口汚い言葉を用いることで, 日本語の「ちくしょう」, 「くそっ」などに相当する》: He *swore* loudly. 彼は「こんちくしょう」と大声で罵った / The captain *swore at* the crew (*for* be*ing* slow). 船長は(遅いと言って)乗組員たちをののしった / He resented being *sworn at*. 彼は悪態をつかれて腹を立てた《★ ~ *at* は受身可》. ❷ **a** 誓う, 宣誓する《感配 swear は神や聖書その他神聖なものにかけて誓う, あるいは固い約束をする場合にも用いられる; vow は自分が実行することを誓う》: Do you ~? (それが本当だと)誓いますか / ~ **to** [**by**] God 神にかけて誓う / ~ *on* the Bible 聖書に手を置いて誓う. **b** [通例否定・疑問文で] 〈...と〉言って[断言して]言える; 断言する: I can*not* ~ *to* it. そんなことはとても断言できない / I can*not* ~ *to* his hav*ing* done it. 彼がそれをやったとは断言できない / Will

1821 **sweat**

you ~ *to* the truth of your statement? 君は君の言ったことが本当だと誓えますか. ― 他 ❶ 〈...を〉誓う, 宣誓する; 〈陳述などを〉真実であると誓う: ~ an oath 誓う, 宣誓する / They *swore* eternal friendship. 彼らは永遠の友情を誓い合った / 〔+*to* do〕He *swore* to pay the money back immediately. 彼は金はすぐ返すと誓った《用法 〔+ do*ing*〕は不可》/ I ~ *by* Almighty God *to* tell the truth, the whole truth and nothing but the truth. 全能の神にかけて真実を, すべての真実を, そして真実だけを述べることを誓います《用法 法廷での宣誓の言葉》/ 〔+(*that*)〕He *swore* he *would* love her forever. 彼はいつまでも彼女を愛すると誓った《用法 *that* 節 内では通例 will, would が用いられる》. ❷ [しばしば I could ~ ... で]《口》〈...であると〉断言する, 確かに〈...であると〉言える: 〔+(*that*)〕 I *could* ~ I've seen him before. 確かに彼には前に会ったことがある / I *could* ~ that was a gun shot. 今のは確かに銃声だと思う. **swéar blínd**《英口》誓う, 主張する, 言い張る. **swéar by...** (1) ...にかけて誓う (⇒ 2 a). (2)《口》...を絶対に信用している《★ 進行時制なし》: Try this medicine; my wife ~*s by* it. この薬を試してみなさい, 妻の私が絶対効くと信じていますので. **swéar ín**《他+副》〈人を〉宣誓させて職につける: The new President will be *sworn in* tomorrow. 新大統領は明日宣誓式を行なって正式に就任する. **swéar óff**《他+副》《口》〈酒・たばこなどを〉断つと誓う. **swéar óut a wárrant**《他+副》《米》宣誓して逮捕状を出してもらう. **swéar a person to sílence** [**sécrecy**] 人に秘密を誓わせる, 口外しないよう約束させる. **swéar úp and dówn**《米口》〈...であると〉強く主張する, 言い張る, 強調する〈*that*〉.

swear·er /swéə(r)ə | -rə/ 名 ❶ 宣誓者. ❷ ののしり言葉を使う人.

swear·ing /swéə(r)ɪŋ/ 名 U ❶ 誓うこと, 誓い. ❷ ののしること, ののしり, 悪たれ口.

swéar·wòrd 名 ののしりの言葉, 悪たれ口.

*****sweat** /swét/ 名 ❶ **a** U 汗 (perspiration): wipe the ~ *off* one's forehead 額の汗をふく. **b** [a ~] 汗をかくこと, ひと汗かくこと: in a ~ 汗を流して / in a cold ~ 冷や汗をかいて / A ~ will do you good. ひと汗かくと体にいいでしょう. **c** U《ガラスなどの表面につく》水蒸気, 水滴. ❷ [a ~]《口》冷や汗, 不安, 心配, 悩み: He's *in a* (terrible) ~ *about* the exam. 彼は試験のことを《ひどく》心配している. ❸ U《口》懸命に働くこと, 努力, 苦心, 奮闘. ❹ [a ~]《口》骨の折れる[たいへんな]仕事: *an* awful ~ ひどく骨の折れる仕事. ❺ [C] [複数形で]《米》= sweatpants; = sweat suit. **be áll of a swéat** (1) 汗びっしょりである. (2) ひどく心配している. **by the swéat of** one's **brów** 額に汗して, 正直に働いて《★ 聖書 「創世記」 から》. **nó swéat** (口) (1) 簡単なこと. (2) [間投詞的に] 平気平気, 心配なし. ― 動 (**sweat, sweat·ed**) 自 ❶ **a** 汗をかく, 汗ばむ (perspire): ~ *with* fear 恐ろしさのあまり(冷や)汗をかく / ~ *at* night 寝汗をかく / The long exercise made me ~. 長時間の運動で私は汗をかいた. **b**《壁など表面的が物が》露を結ぶ: The glass is ~*ing*.《ガラス(グラス)》が汗をかいている. ❷《口》冷や汗をかく, ひどい目にあう; 心配する, 気をもむ, やきもきする. ❸ 汗を流して働く, 懸命に取り組む, せっせとやる: He's still ~*ing over* his thesis. 彼はまだせっせと論文に取り組んでいる. ― 他 ❶ 〈...に〉汗をかかせる, 発汗させる: ~ a horse 馬に汗をかかせる. ❷《米口》〈人を〉心配させる, 不安に思う. ❸ 〈人を〉酷使する. ❹《口》〈人を〉詰問する, (おどして)〈人に〉しゃべらせようとする; 〔人から〕〈...を〉おどして[むりやり]聞き出す 〈*out of*〉. **swéat blóod** = bleed 成句. **swéat búckets** たくさん汗をかく, 汗だくになる. **swéat búllets**《米俗》ひどく心配する[おそれる], びくびくする. **swéat ít** (口) 心配する, 思い悩む. **swéat ít óut** (1) 激しい運動をする. (2) 不愉快なことを最後まで我慢する. **swéat óff**《他+副》発汗させて〈体重を〉減らす: ~ *off* some weight 汗を流して体重を減らす. **swéat óut**《他+副》(1) 発汗して〈かぜなど〉を治す; 汗をかいて〈老廃物などを〉出す: ~ *out* a cold 発汗によってかぜを治す. (2)《俗》〈...を〉最後ま

で我慢する. (3)《米口》《仕事などに》打ち込む, がんばる.
(形) sweaty; 関連 perspiratory)

swéat・bànd 图 ❶(額・手首などに巻く)汗止めバンド. ❷(帽子の内側の)汗取り.

swéat・ed /-tɪd/ 形 A 搾取(労働)の[で生産された]: ~ labor 搾取労働.

swéat èquity 图 U 《米》スウェットエクイティ《所有者が土地・家屋に施した改善(増)の純資産(増)の額》.

***swéat・er** /swétɚ | -tə/ 图 ❶ a セーター. b (運動競技用の)厚地のセーター《もとは汗をかかせて体重を減らすために用いた》. ❷ a 汗かきの人. b 発汗剤. ❸ 労働搾取者.

swéater girl 图《口》胸の豊かな女性, 体にぴったりのセーターを着てバストを強調する娘.

swéat glànd 图《解》汗腺.

swéat・ing sìckness 图 U《医》粟粒(ぞくりゅう)熱.

swéat・lòdge 图 (北米先住民の)スチームバス.

swéat・pànts 图 複 トレーニングパンツ, トレパン《競技者が冷えを防ぐため競技の前後にはく, ゆるやかなズボン; cf. training pants》.

***swéat・shìrt** 图 スウェットシャツ, トレーナー《冷えを防ぐため競技の前後に着るゆるい厚地のセーター; ★この意味での「トレーナー」は和製英語》.

swéat・shòp 图 搾取工場《低賃金で長時間労働させる工場》.

swéat sòck 图《米》スウェットソックス《汗を吸いやすい厚手のスポーツ・レジャー用ソックス》.

swéat sùit 图 スウェットスーツ《sweatshirt と sweatpants の揃(そろ)い》.

***swéat・y** /swéti/ 形 (sweat・i・er; -i・est) ❶ 汗にまみれた, 汗でぬれた, 汗臭い: a ~ face 汗だらけの顔 / feel [get] ~ 汗ばむ[ばんでくる]. ❷〈気候などが〉汗の出るような, ひどく暑い. ❸《仕事などが》骨の折れる. (图 sweat)

Swed.(略) Sweden; Swedish.

Swede /swiːd/ 图 ❶ C スウェーデン人: the ~s スウェーデン人《全体》. ❷ [s~] C,U《英》《植》スウェーデンカブ《rutabaga》.

Swe・den /swíːdn/ 图 スウェーデン《スカンジナビア半島の東側を占める王国; 首都 Stockholm》.

Swe・dish /swíːdɪʃ/ 形 ❶ スウェーデン(人)の; スウェーデン風の: ~ gymnastics スウェーデン式体操. ❷ スウェーデン語の. ― 图 ❶ U スウェーデン語. ❷ [the ~; 複数扱い] スウェーデン人.

Swédish túrnip 图 = Swede 2.

***sweep** /swíːp/ 動 (sweeps /~s/; swept /swépt/) 他 ❶ a 〈場所を〉掃除する, 掃く〈out〉: ~ the floor with a broom ほうきで床を掃く / ~ a chimney 煙突を掃除する. b 〈...の〉状態に掃除する: 〔+目+補〕~ a room clean 部屋をきれいに掃除する / ~ a chimney clear [free] of soot 煙突のすすを払う. c [通例副詞(句)を伴って]〈ちり・ほこりなどを〉払う, 掃きのける: ~ up dead leaves 枯れ葉を掃き除く / She swept the dust out (of the door). 彼女はちりを(ドアから)掃き出した. ❷ [通例副詞(句)を伴って] a 〈...を〉運び去る; 〈急流・雪崩(なだれ)などが〉...を押し流す; 〈...を〉吹き飛ばす: They were swept away [along] in the crowd. 彼らは人波に押し流されていた / He swept his audience away [along] with her beauty. 彼は聴衆の心をさらった / He was swept away by her beauty. 彼は彼女の美しさに心を奪われた / The flood swept away the bridge. 洪水がその橋を押し流した / The current was ~ing the boat along. 潮流がぐんぐんボートを押し流していた. b 〈あらし・風などが〉〈場所に〉猛威をふるう; 〈騒乱・うわさなどが〉〈場所に〉たちまち[急激に]広まる: The storm swept the plain. あらしはその平原を吹きまくった / Fire swept the town from one end to the other. 火は町を端から端まで焼き尽くした / The new fashion is ~ing the country. その新しい流行が全国を風靡している. ❸〈光・視線が〉〈場所を〉通る, (さっと)見渡す: The searchlight swept the sea. 探照灯がさっと海上を掃照した / They swept the sky (for the plane). 彼らは(その飛行機が見えないかと)さっと空を見渡した. ❹ a《米》〈シリーズ戦に〉連勝[全勝]する: Our team swept the series. 我々のチームがシリーズ戦に連勝した. b 〈選挙に〉圧倒的に勝つ; 〈地域の〉選挙に大勝する: Labour swept the country. 労働党が全国で圧勝した. ❺ a [副詞(句)を伴って]〈...を〉〈...に〉動かす: ~ one's hair back 髪を後ろにさっとなでつける / ~ one's brush across the canvas 絵筆をカンバスにさっと走らす / He swept his hand across (my face). 彼はさっと手で(私の顔を)なでた. b〈...の〉上をさっと(すれすれに)通る, 〈...を〉さっとなでる. ❻〈指・手が〉〈弦楽器などを〉さっと触れてかき鳴らす: Her hands swept the keyboard. 彼女の手はピアノの鍵盤(けんばん)をたたき鳴らした. ❼〈人に〉〈お辞儀を〉する:〔+目+目〕She swept me a bow. 彼女は私にさっとお辞儀をした.

― 自 ❶ 掃除する, 掃く〈up〉. ❷ [副詞(句)を伴って] a〈あらし・大波・伝染病などが〉〈...を〉襲う, 吹きまくる, 荒れる: A powerful storm swept across [through] Florida yesterday. 昨日強いあらしがフロリダ全域を襲った[フロリダを襲って通り抜けた]. b〈人・車が〉さっと行く[通る], さっと飛び去る: ~ through the entrance 入口をさっと通り抜ける / A car swept past (us). 車が一台さっと(我々を)通り過ぎていった. c〈感情などが〉〈...を〉襲う, こみ上げてくる: A deadly fear swept over me. ぞっとする恐怖感が私を襲った. d〈ニュースなどが〉さっと広がる: The news swept through the town. そのニュースは町中にさっと広がった. e〈視線などが〉通る;〈手や腕が〉さっと動く. ❸ [副詞(句)を伴って]〈平野・道路・海岸などが〉(カーブを描いて)広がる, 伸びる;〈山が〉すそを引く: The valley ~s down towards the sea. その谷は海の方に伸びている / The river ~s around to the left. その川は左に曲がっている. ❹ [副詞(句)を伴って]〈衣を引いて歩く; あたりを払って堂々と進む: The lady swept in [into the room, out of the room]. その婦人は堂々と入って[部屋に入って, 部屋を出て]いった.

be swépt from pówer 選挙で惨敗して政権からすべり落ちる. **swéep áll [éverything, the wórld] befóre one** 破竹の勢いに進む. **swéep asíde**《他》(1)〈...を〉さっと払いのける. (2)〈批判・反対などを〉一蹴(いっしゅう)する. **swéep awáy**《他+副》(1)〈...を〉運び去る (⇒ ~ 2 a). (2)〈...を〉一掃する. (3) [通例受身で]〈人の〉心を動かす, 心を奪う: She was swept away by the beauty of the scene. 彼女はその情景の美しさに心を奪われた. (4) = sweep aside (2). **swéep a person óff his féet** (1)〈人の〉足をさらう;〈人を〉ひっくり返す. (2)〈人を〉たちまち夢中にさせる[熱狂させる]: She was swept off her feet by the handsome young man. 彼女はたちまちそのハンサムな若者に夢中になった. **swéep into pówer** 選挙で圧勝して政権に就く. **swéep to víctory** 試合[選挙など]に圧勝する. **swéep... ùnder the cárpet [《米》rúg]** ⇒ carpet 成句.

― 图 ❶ a 掃除すること, 掃くこと: give a room a good ~ 部屋をよく掃除する. b 一掃, 全廃: make a clean ~ of... ...を一掃する, 大整理する. ❷ a〈手などを〉さっと動かすこと, ひと振り, (オールの)ひとこぎ, (刀の)ひとなぎ: at one ~ 一撃で, 一挙に / with a ~ of one's [the] hand 手をひと振りして. b さっと見回すこと: His eyes made a ~ of the room. 彼の視線はさっと部屋に回った. ❸ [通例単数形で] a〈土地などの〉広がり, 一帯: the wide ~ of the meadows 広々とした牧草地. b 長くゆるやかな曲線, 湾曲: From the hilltop we could see the whole ~ of the river below. 丘の頂上からそのゆるやかに湾曲して流れる川全体が見えた. ❹ (及ぶ)範囲: within [beyond] the ~ of one's influence 〈人の〉[影響力]が及ぶ範囲内[外]の / the whole ~ of Western thought 西洋思想の全領域. ❺ [風・水などの〉強い連続した]流れ; 吹きつけ, 吹きまくり: the ~ of the wind 風の吹きつけ. ❻ 〔文明などの〉(急速)進歩, 発展: the onward ~ of civilization 文明の急速な進歩. ❼ [通例 clean ~ で]〈競技などの〉全勝: It was a clean ~ for Japan. 日本勢の全勝だった. b 〈選挙の〉大勝, 圧勝. ❽ 煙突掃除人: ⇒ chimney sweep. ❾ 風車の羽根. ❿ 長柄のオール, 大かい《はしけまたはなぎの時など帆船を引いてこぐ》. ⓫ はねつるべ(のさお). ⓬ [複数形で] = sweepstakes. ⓭ [しばしば複数形で]《米》(テレビ・ラジオの)スイー

swéep·báck 图 ⓤ 《空》後退角.

†**swéep·er** 图 ❶ a 掃き手, 掃除人; ⇨ chimney sweeper. b 掃除機. ❷ 『サッカー』スイーパー, リベロ 《ゴールキーパーとディフェンスラインの間に位置する》.

†**swéep·ing** 形 ❶ a 広範囲に及ぶ, 全面的な (far-reaching): ~ reforms 全面的な改革. b 大まかな, 大ざっぱな: a ~ generalization 大ざっぱな概括. ❷ さっと掃くような, 押し流す, 一掃する: He made a ~ gesture with his arm. 彼は片手をさっと横に[左から右に]動かした 《★拒絶などの しぐさ》. ❸ 広く見渡す, 大きく広がる: a ~ glance ひと渡り見ること, 一望. ─ 图 ❶ 掃除. ❷ [複数形で] 掃き寄せたもの, ごみくず. **~·ly** 副

swéep·stake 图 =sweepstakes.

swéep·stakes 图 (֊) ❶ ステークス競馬 《賭(か)け金を一人または数人で独占する仕組みの競馬》. ❷ 富くじ, 宝くじ.

*__sweet__ /swíːt/ 形 (~·er; ~·est) ❶ a 甘い, 砂糖を入れた (↔ bitter, sour): ~ stuff [things] 甘いもの, 菓子 / This cake tastes too ~. このケーキは甘すぎる / He likes his tea ~. 彼は砂糖をたっぷり入れた紅茶が好きだ. b 〈酒・ぶどう酒の〉甘口の, 甘みの強い (↔ dry): ~ wine 甘口のワイン. ❷ a 香りのよい: This rose smells ~. このバラはいい香りがする / The park was ~ with roses. 公園にはバラの香りが立ち込めていた. b 〈空気・水・食物が〉新鮮な, まじりけのない. ❸ 〈音・声の〉調子のよい, 甘美な: ~ music 甘美な音楽. b 〈人の〉声の美しい: a ~ singer 声の美しい歌手. ❹ 気持ちよい, 楽しい, 快い: Love is ~. 恋は甘い / ~ sleep 快い眠り / It's ~ to hear oneself praised. 自分がほめられるのを聞くのは気持ちのいいものだ. ❺ a 優しい, 親切な: a ~ woman 優しい女性 / a ~ temper 優しい気質, 気だてのよさ /[+of+(代)名(+to do)]+to do] It's very ~ of you to invite me. = You're very ~ to invite me. 私をお招きくださってどうもありがとう 《用法》特に女性がよく用いる; 以下 3 つも同様》/ That's ~ of you. ほんとにご親切に. / How ~ of you! 心優しい方なんでしょう / He was very ~ to me. 彼は私にとても親切にしてくれた. b ⓟ 《口》〈人に〉ほれて, 〈人が〉好きで: He's ~ on her. 彼は彼女に夢中だ. ❻ 《口》 きれいな, かわいらしい, すてきな (cute): a ~ baby かわいい赤ちゃん / a ~ little dog かわいらしい小犬 / What a ~ blouse! なんてすてきなブラウスだこと. ❼ 《間投詞的に》《口》 すばらしい!, すてき! **cléan and swéet** こざっぱりした[して]. **in one's (ówn) swèet wáy [tíme]** 好き勝手に[好き勝手な時に], 自由気ままに[たっぷり時間をかけて]. **kéep a pérson swéet** 《口》 人に好かれるようにしている, 人に取り入っている, 人をおだてておく. ─ 图 ❶ ⓤ 甘さ, 甘味. ❷ ⓒ a [しばしば複数形で] 《英》砂糖菓子, キャンディー (candy) 《ドロップ・ボンボンの類》. ❸ ⓒⓤ 《英》《甘いものの》デザート (dessert) 《食後のプディング・ゼリー・アイスクリームなど》: What are we having for ~? デザートに何を食べよう. ❹ [the ~s] 愉快, 快楽: taste the ~s of success 成功の喜びをかみしめる. ❺ a [my ~ で呼び掛けに用いて; しばしば ~est] 愛する人, いとしい人 (darling): Yes, my ~(est). そうよおまえ[あなた]. b 恋人, 愛人. **~·ly** 副 (動 sweeten).

swéet-and-sóur 形 甘酸っぱく料理した: ~ pork 酢豚(ぶた) 《中華料理》.

swéet·bread 图 〈子牛などの〉膵(ば)臓または胸腺 《食用》.

swéet·brier, swéet·bri·ar 图 《植》 《ユーラシア産の》野バラの一種 《葉がよい香りを出し, 花はピンク》.

swéet cícely 图 《植》 ミリス (オドラータ) 《セリ科の観賞用植物》.

†**swéet córn** 图 ⓤ スイートコーン 《甘味種トウモロコシ》.

†**sweet·en** /swíːtn/ 動 ❶ ❶ 〈食品を〉甘くする: ~ one's coffee コーヒーを甘くする. ❷ 〈...の〉機嫌をとる, 取り入る: ~ a person (up) with a bribe わいろで人を懐柔する. ❸ 〈音・におい・空気などを〉よくする, 快いものにする. ❹ 〈怒り・悲しみなどを〉やわらげ, 軽減する. ❺ 〈取引の条件などを〉緩和する, 〈...にいろどりをつける: We shall have to ~ the offer a bit. その付け値には少しいろどりをつけねばなるまい. ─ ⓐ 甘くなる; 快くなる. (形 sweet).

swéetened condénsed mílk 图 =condensed milk.

†**swéet·en·er** /-tnə/ -nə/ 图 ❶ ⓤⓒ 《人工》甘味料. ❷ 《口》鼻薬.

swéet·en·ing /-tnɪŋ/ 图 ❶ ⓤ 甘味をつけること. ❷ ⓤⓒ 甘味料.

swéet FÁ, **-èFéɪ/** =Fanny Adams 1.

swéet gále 图 《植》 ヤチヤナギ 《ヤマモモ属の黄色の花に芳香のある沼沢地の低木》.

swéet gráss 图 ⓤ 甘味があり飼料とされる草, 《特に》ドジョウツナギ, コウボウ 《イネ科》.

swéet gúm 图 《植》 モミジバフウ 《マンサク科フウ属; 北米原産; 芳香性の液体樹脂が採れる》.

†**swéet·héart** 图 ❶ 《呼び掛けに用いて》 いとしい人 (darling). ❷ ⓒ 《古風》恋人.

swéetheart còntract [déal] 图 《口》仲間うちだけで利益をはかる不正な契約[協定, 取り引き], 談合.

swéetheart nèckline 图 スイートハートネックライン 《婦人服の前空きがハート形の上部のようになっている》.

swéet·ie /swíːti/ 图 ❶ ⓒ 《英口》甘いもの; キャンディー. ❷ 《口》a ⓒ かわいい人[もの]. b 《呼び掛けに用いて》 いとしい人, かわいい人.

swéetie píe 图 =sweetie 2.

swéet·ing /-tɪŋ/ 图 ❶ 甘味リンゴ. ❷ 《古》 =sweet-heart.

swéet·ish /-tɪʃ/ 形 ❶ 幾分甘い. ❷ いやに甘い.

swéet·mèal 形 〈ビスケットが〉全粒粉製で甘味のついた.

swéet·mèat 图 砂糖菓子, 糖菓; 《果物の》砂糖漬け.

swéet mílk 图 ⓤ 《バターミルクに対して》新鮮な全乳.

swéet·ness 图 ⓤ 甘さ, 甘味; 甘美さ; 快さ; 優しさ: ~ and light 甘美と光明; 温和と理性.

swéet nóthings 图 《口》甘い愛の言葉.

swéet órange 图 ❶ ⓒ 《植》 スイートオレンジ, アマダイダイ. ❷ ⓤ アマダイダイの実 《最も普通の食用のオレンジ》.

swéet péa 图 《植》 スイートピー.

swéet pépper 图 ❶ ⓒ 《植》 アマトウガラシ. ❷ ⓒⓤ アマトウガラシの実, ピーマン.

swéet potáto 图 ❶ ⓒ 《植》 サツマイモ. ❷ ⓒⓤ サツマイモ 《塊根》. ❸ ⓒ 《米口》 オカリナ.

swéet rócket 图 《植》 ハナダイコン.

swéet ròll 图 スイートロール 《レーズン・ナッツなどが入った甘いロールパン》.

swéet·shòp 图 《英》菓子屋.

swéet·sòp 图 ❶ 《植》 バンレイシ 《熱帯アメリカ原産》. ❷ バンレイシの果実.

swéet spót 图 《スポ》 スイートスポット 《クラブ・ラケット・バットなどの面で, そこに当たるとボールが最も飛ぶ箇所》.

swéet tálk 图 ⓤ 《口》 おだて, 甘言.

swéet-tálk 動 ❶ 《口》〈人を〉おだてる, 甘言でだます: He ~ed them into working. 彼は彼らをおだてて働かせた. ─ ⓐ おだてる.

swéet-témpered 形 心の優しい.

swéet tóoth 图 [a ~] 《口》 甘いもの好き, 甘党: have a ~ 甘いものが好きである, 甘党である.

swéet vérnal gráss 图 ⓤ 《植》 ハルガヤ, スイートバーナルグラス.

swéet víolet 图 《植》 ニオイスミレ.

swéet wílliam 图 [しばしば s~ W~] 《植》 アメリカナデシコ, ビジョ(美女)ナデシコ.

swéet wóodruff 图 《植》 セイヨウクルマバソウ 《乾燥させたものは芳香がある》.

*__swell__ /swél/ 動 (~·ed; ~·ed, swol·len /swóʊlən/) ⓐ ❶ a ふくれる, ふくらむ, 膨張する, 大きくなる; はれる, 盛り上がる; むくむ: A balloon ~s as it fills with air. 風船は空気が入るとふくらむ / His leg began to ~ (up). 彼の足ははれた. b 〈帆などが〉はらむ: The sails ~ed (out) in the strong wind. 帆は強風を受けてふくらんだ. ❷ a 〈数量・強さなどが〉《...に》増加する, 増大する, 〈音などが〉高まる 《to, into》 (increase): The membership ~ed to 200. 会員

が増加して 200 名となった. **b** 〈音が〉高まる, 大きくなる〔*to*〕. **c** 〈河水などが〉増水する, 水かさを増す; 〈潮が〉さす; 〈海が〉うねる. ❸ **a** 〈人・胸が〉〔感情で〕いっぱいになる: He ~*ed* ***with*** pride. 彼は誇らしさで胸がいっぱいになった. **b** 〈感情が〉〔…に〕高まる, こみ上げる〔*in*〕. ── [他] ❶ **a** 〈…を〉ふくらませる; 張り出させる 〈*out*〉 (⇨ swollen 1 a). **b** 〈帆などを〉はらます: The wind has *swollen* the sails. 風をはらんで帆がふくらんでいる. ❷ **a** 〈…(の数量・強さなど)を〉増す, 増大させる: ~ one's costs 費用をかさませる / The baby boom ~*ed* the population. ベビーブームで人口が増えた. **b** 〈声・音などを〉高くする, 強める. **c** 〈河水などを〉増水させる. ❸ 〈感情が〉〈胸を〉ふくらませる: Pride ~*ed* his heart. 慢心で彼は増長した. ❹ 〈人を〉得意にする, 尊大にする (⇨ swollen 3). ── [名] ❶ [U] [また a ~] 膨張, ふくれ(ること), はれること; 増加, 増大. ❷ [単数形で; しばしば the ~] **a** (波の)うねり, 大波. **b** 〔土地の〕起伏; 隆起部 〔*of*〕. **c** 〔胸などの〕隆起 〔*of*〕. **d** 〔音の〕高まり 〔*of*〕. ❸ 〘楽〙 **a** [U] [また a ~] 抑揚, 増減. **b** [C] その記号《＜ ＞》. ❹ [C] 《古風》 **a** ハイカラ《人》, しゃれ者. **b** 名士, 大立者. ── [形] (比較なし) 《米古風》 ❶ ハイカラな(服装をした), いきな: He looks ~. 彼はいきな格好をしている. ❷ 一流の, すばらしい: a ~ car すてきな車 / have a ~ time 楽しく過ごす. 【類義語】 (1) ⇨ expand. (2) ⇨ wave.

swéll bòx [名] (オルガンの)増音箱, スエルボックス.

swelled /swéld/ [形] ＝swollen.

swélled héad [名] [単数形で] うぬぼれ, 思いあがり: have [suffer from] a ~ うぬぼれる, 思いあがる.

swélled-héaded [形] うぬぼれた, 思いあがった.

swéll·hèad [名] うぬぼれ屋.

+**swéll·ing** [名] ❶ [C] (体の)はれもの, こぶ; 隆起部. ❷ [U] 膨張; はれ上がり.

swel·ter /swéltə | -tə/ [動] [自] 〈人が〉暑さにうだる, 汗だくになる. ── [名] [通例単数形で] うだるような暑さ, 炎暑.

swél·ter·ing /-tərɪŋ, -trɪŋ/ [形] ❶ 暑さにうだっている. ❷ [副詞的に] うだるほど: a ~ hot day うだるような暑い日. **~·ly** [副]

*__swept__ /swépt/ [動] **sweep** の過去形・過去分詞.

swépt-báck [形] ❶ 〘空〙 **a** 〈翼が〉後退角のついた. **b** 〈航空機が〉後退翼の. ❷ 〈髪が〉後ろのほうになでつけた, オールバックの.

swépt-úp [形] 〈髪が〉アップの.

swépt·wìng [形] 〘空〙 後退翼を有する.

+**swerve** /swə́ːv | swə́ːv/ [動] [自] ❶ (急に)それる, はずれる, 急に向きを変える: He ~*d* to miss the dog. その犬を避けようと彼はとっさに車の進路を変えた. ❷ [通例否定文で] 〔…から〕はずれたことをする: *Nothing* will make him ~ ***from*** his decision. どんなことをしても彼の決意をくつがえすことはできないだろう. ── [他] ❶ 〈…を〉〈…に〉そらせる, はずれさせる, 〈…の〉向きを変えさせる: He ~*d* the car into the passing lane. 彼は急に車を追い越し車線へ移した. ❷ 〈人に〉〔…から〕はずれたことをさせる 〔*from*〕. ── [名] それ, はずれ; 曲がり, ゆがみ. 【類義語】 ⇨ deviate.

swid·den /swídn/ [名] 焼き畑《雑木などを焼き払った一時的耕作地》.

*__swift__ /swíft/ [形] (~·er; ~·est) ❶ すばやい, 即座の, 迅速な: a ~ response 即答 / [＋*to* do] They were ~ *to* act. 彼らは直ちに行動に移った / She was ~ *to* take advantage of the opportunity. 彼女はすばやくその機会をとらえた. ❷ **a** 速い, 敏捷(びんしょう)な (↔ slow) 《[比較] fast, rapid よりも形式ばった語》: a ~ runner 足の速いランナー. **b** 〈年月など〉つかの間の. ── [副] (~·er; ~·est) 《詩・文》 すばやく, すみやかに, 迅速に. ── [名] 〘鳥〙 アマツバメ. **~·ly** [副] **~·ness** [名] 【類義語】 ⇨ quick.

Swift /swíft/, **Jonathan** [名] スウィフト《1667–1745; 英国の文人; *Gulliver's Travels* (1726)》.

swíft-fóoted [形] 足の速い, 俊足の.

swift·ie, swift·y /swífti/ [名] 《豪口》 ❶ 機敏な人, すばしっこいやつ, はしこいの. ❷ 策略, 計略, いんちき.

swift·let /swíftlət/ [名] 〘鳥〙 アナツバメ《アマツバメ科; 南アジア産; 巣は中国料理でスープに使う燕巣(えんそう)》.

swig /swíg/ 《口》 [動] (**swigged; swig·ging**) [他] がぶ飲みする, 一気に飲む 〈*off, down*〉. ── [自] がぶっと[一気に]飲む. ── [名] がぶ飲み: take a ~ ***of*** whiskey from the bottle ウイスキーをらっぱ飲みする.

swill /swíl/ [動] [他] ❶ 水を注いで洗う, すすぐ, 洗い流す 〈*out, down*〉: ~ ***out*** a dirty bucket よごれたバケツを洗い流す. ❷ がぶがぶ飲む 〈*down*〉: ~ beer ビールをがぶ飲みする. ── [自] ❶ がぶ飲みする. ❷ [副詞(句)を伴って] 勢いよく流れる. ── [名] ❶ [U] (豚などに与える)食べ残し, 残飯. ❷ [a ~; また a ~ down [out] で] 洗い流し: Give the pail *a* good ~ (*out*). その手おけをよくゆすぎなさい. ❸ [C] がぶ飲み.

swíll·er [名] 《口》 大酒飲み, 酒豪.

*__swim__ /swím/ [動] (**swam** /swǽm/; **swum** /swʌ́m/; **swim·ming**) [自] ❶ **a** 泳ぐ, 水泳する: ~ in a river 川で泳ぐ / go *swimming* [go to ~] in the sea 海に泳ぎに行く《★ …to the sea とはしない》/ ~ on one's back [side] 背泳ぎ[横泳ぎ]する / ~ underwater もぐって泳ぐ / He *swam* back to the shore. 彼は岸まで泳いで戻った / I *swam* across the river. 川を泳いで渡った. **b** [副詞(句)を伴って] (泳ぐように)スーッと進む, 軽やかに動く. ❷ **a** 〈頭が〉(めまいで)くらくらする (spin): My head *swam*. めまいがした. **b** (めまいがして)〈ものが〉回るように見える: The room *swam* around me. 部屋がくるくる回っていた. ❸ **a** 〈ものが〉〈…に〉浮く, 浮いて流れる: Fat ***swam on*** the surface of the soup. スープの表面に脂(あぶら)が浮いていた. **b** 〔…で〕あふれる 〔*in, with*〕: The tub overflowed and the bathroom floor was ***swimming with*** water. ふろがあふれて浴室の床が水浸しになっていた. ── [他] ❶ **a** 〈場所を〉泳いで渡る; 〈ある距離を〉泳ぐ: He *swam* the Strait(s) of Dover. 彼はドーバー海峡を泳いで渡った / She can ~ two lengths of the pool. 彼女はプールを 1 往復泳げる. **b** 〈…の泳ぎ方を〉する: ~ (the) backstroke 背泳ぎをする / I cannot ~ a stroke. 全然泳げない. **c** 〈競泳に〉加わる: Let's ~ a race. 競泳をしよう. ❷ [副詞(句)を伴って] 〈…に〉〈…を〉泳いで渡らせる. **sínk or swím** ⇨ sink [成句]. ── [名] [通例単数形で] 水泳, ひと泳ぎ: have [take] a ~ ひと泳ぎする / go for a ~ 泳ぎに行く. **in the swím** 実情に明るい; 時流に乗って. **òut of the swím** 実情に暗い; 時流からそれて.

swím blàdder [名] (魚の)浮き袋.

swím clùb [名] スイミングクラブ(に属するチーム).

swím·fèeder [名] 〘釣〙 まき餌を少しずつ出す穴のあいた管.

+**swím·mer** [名] 泳ぐ人, 泳者: a good [poor] ~ 泳ぎのうまい[下手な]人.

*__swím·ming__ [名] 水泳.

swímming bàth [名] 《英》 (通例屋内の)水泳プール (cf. swimming pool).

swímming càp [名] 水泳帽.

swímming còstume [名] 《英》 水着.

swímming hòle [名] 《口》 (川中の)水泳のできる深み.

swím·ming·ly [副] とんとん拍子に, すらすらと: go [get] on [along] ~ 順調にいく[暮らしていく].

*__swímming pòol__ [名] (水泳)プール.

swímming sùit [名] 水着.

swímming trùnks [名] [複] 水泳パンツ.

+**swím·sùit** [名] 水着《特に女性用のワンピース型のもの》.

swím tèam [名] 水泳チーム.

swím·wèar [名] [U] スイムウェア《水着・海浜着など》.

Swin·burne /swínbəːn | -bəːn/, **Al·ger·non Charles** /ǽldʒənən- | -dʒə-/ [名] スウィンバーン《1837–1909; 英国の詩人》.

+**swin·dle** /swíndl/ [動] [他] だまして金を取る, かたる: I'm not so easily ~*d*. 私はそうたやすくはぺてんにかからないよ / ~ a person ***out of*** his money 人からあり金全部だまし取る / ~ a person's money ***out of*** him 人の金(の一部)をだまし取る. ── [自] 詐欺(さぎ)を働く. ── [名] ❶ 詐取, 詐欺, かたり; ぺてん. ❷ 《口》 食わせもの, いかさま, いんちき.

swín·dler [名] 詐欺(さぎ)師, ぺてん師.

swine /swáɪn/ [名] ❶ (複 ~s, ~) 卑劣なやつ, いやなやつ: You ~! この野郎! ❷ (複 ~) 《文》 豚.

swíne·hèrd [名] 養豚者, 豚飼い.

swine vesicular disease 名 U 〖獣医〗豚水疱病.

*__swing__ /swíŋ/ 動 (swung /swʌ́ŋ/) 自 ❶ a [通例副詞(句)を伴って]〈ぶらさがったものが〉揺れ動く, ぶらぶら揺れる: ~ like a pendulum 振り子のように揺れる / ~ back and forth 前後に揺れる / A pendulum ~s with great regularity. 振り子は非常に規則正しく揺れる / Her body swung from side to side. 彼女の体は左右に揺れた. b ぶらんこをする, ぶらんこに乗る. ❷ [副詞(句)を伴って] a 円[弧]を描くように動く, ぐるりと回る, カーブを切る: He swung around and faced the detective. 彼はぐるりと振り向いて刑事とまともに向かい合った / The taxicab swung out into traffic. タクシーはカーブを切って車の流れに入った. b〈道路などが〉弧を描いて続く: The highway ~s (to the) south here. 幹線道路はここで緩やかに南へカーブしている. c〈ドアなどが〉(ちょうつがいで)動く: The door swung in the wind. ドアが風に揺れた / The door swung open [shut, to]. ドアはスーッと開いた[閉まった]. ❸ a ぶらさがる: A lamp swung from the ceiling. ランプが天井からぶらさがっていた. b [副詞(句)を伴って] ぶらさがりながら進む: The monkeys ~ from branch to branch. サルは枝から枝へぶらさがって渡る. c [for ...] 〈...の罪で〉絞首刑になる: ~ for murder 殺人の罪で絞首刑になる / You'll ~ for this. この落とし前は必ずつけるぞ《★脅し文句》. ❹ [副詞(句)を伴って] a 〈体をゆすって〉威勢よく行く[動く, 進む]: The soldiers came ~ing down the road. 兵士たちは威勢よく道路を進んできた. b〈ものにつかまって〉体を勢いよく動かす: ~ aboard the train (手すりにつかまって乗降口の手すりを握らせて)列車に飛び乗る. ❺ 〈腕を振って〉...を打つ, スイングする: ~ at the ball ボールをスイングする. ❻〈感情・考え・状態などが揺れ動く, 行ったり来たりする, 変化する: His emotions [He] swung between anger and sadness. 彼の感情[彼]は怒りと悲しみの間で揺れていた / The economy swung between boom and bust. 経済は好況と不況を交互に繰り返した / Public opinion is ~ing against nuclear power. 世論は原子力発電に反対する方向に変わりつつある. ❼〈口〉〈バンドなどが〉スイング(swing music)を演奏する.
── 他 ❶ a〈...を〉揺り動かす, 振る: ~ one's legs [arms] 脚[腕]をぶらぶらさせる / ~ a tennis racket テニスのラケットを振る. b〈...を〉ぶらんこに乗せて(揺する), 揺する. c〈棒などを〉(ぐるぐる)振り回す: ~ Indian clubs (体操用の)インディアンクラブを振り回す. ❷ [副詞(句)を伴って] a 円[弧]を描くように動かす, 振り回す: ~ cargo into the hold of the ship クレーンで積み荷をさっそり上げて船倉に入れる. b〈...を〉さっと...にかける: He swung his jacket over his shoulder. 上着をさっと肩にかけた. b〈...の向きを〉(...に)変える, 〈...を〉カーブさせる: He swung the car around [around the corner]. 彼は自動車をぐるっと転回させた[自動車で角を曲がった] / He swung the car into the parking lot. 彼はさっとカーブを切ると車を駐車場に入れた. c〈ドアなどを〉さっと〈...の状態〉にする: [+目+補] He swung the door open [shut]. 彼はドアをさっと開けた[閉めた]. ❸〈ものをつるす〉: ~ a chandelier from the ceiling 天井からシャンデリアをつるす / He swung the hammock between pillars of the veranda. 彼はハンモックをベランダの柱の間につるした. ❹〈感情・考えなどを〉変化させる, 〈...に〉影響を与える; 〈口〉〈...を〉思いどおりに動かす, うまく処理する: You won't ~ him around to your point of view. 彼を君の意見に同調させることはできないだろう / ~ the vote 投票(結果)に影響を与える / ~ an election 選挙を(思いどおりに)左右する / That concession swung the deal. その譲歩がものを言って取引が成立した. ❺〈曲を〉スイング風に演奏[編曲]する.

swing both ways バイセクシュアル[両性愛者]である.
swing by 〈米口〉(自+前)(1)〈...に〉ちょっと立ち寄る.
── (自+副)(2) ちょっと立ち寄る. **swing into action** さっと[すかさず, 直ちに]行動に移る. **swing it** 〈口〉(策略・不正などによって)うまくやる, 成功する.

── 名 ❶ C a 揺り動かすこと, 振動, 動揺: the ~ of a pendulum 振り子の揺れ / 振動範囲, 振幅: a ~ of 3 inches 3 インチの振幅. ❷ C (棒・腕)などを〉振り回すこと, 回転. b (ゴルフ・野球などで)振り(方), スイング: a

---

1825 swirl

long [short] ~ 大[小]振り. ❸ C ぶらんこ; ぶらんこに乗ること: sit on [in] a ~ ぶらんこに乗る / have (a ride on) a ~ ぶらんこに乗って遊ぶ. ❹ C 体を振って歩くこと: walk with a ~ 体をゆすって歩く. ❺ (景気・世論などの)(大)変動, 動揺: a ~ in public opinion 世論の変動. b [...への]変更, くら替え: a sharp ~ to the conservative side 保守派への急なくら替え. ❻ U〈米〉自由な活動: let it have its ~ = give full [free] ~ to it それを思うままに活動させる. ❼ U [また a ~](音楽・詩などの)律動, 音律, 調子. ❽ U〈米〉(周遊)旅行: take a ~ through Europe ヨーロッパを周遊する. ❾〖楽〗スイング (1930–40 年代に流行したビッグバンドによるジャズ). **go with a swing** (1)〈曲・詩などが〉調子がよい. (2)〈仕事などが〉調子よく[すらすら]いく;〈会などが〉盛会である. **in full swing** (1) たけなわで, フル回転して. (2) 調子よくいって, とんとん拍子で.

【類義語】**swing** ぶら下がったもの, ちょうつがいで留められたもの, 軸をもったものなどが規則的に揺れ動く. **sway** 他の者につかっているといないにかかわらず, 外部からの力で不安定に揺れる. **rock** ゆっくり規則的に前後左右に揺られるか, または激しく振動あるいは傾く.

swing bin 名 回転ふた式ゴミ容器.
swing boat 名 (遊園地の)ボート型のぶらんこ.
swing bridge 名 旋開橋.
swing-by 〖宇〗スイングバイ(軌道変更をするのに惑星の重力場を利用する飛行).
swing door 名 自在ドア, スイングドア(前後に開き自然に閉じる).
swinge-ing /swíndʒɪŋ/ 形 A〈英〉❶ 打撃が強烈な. ❷ 途方もない, 大変な.
swing-er /swíŋɚ | -ŋə/ 名 ❶〈俗〉活発で現代的な人, 時代の先端をいく人. ❷〈俗〉性的に自由奔放な人, フリーセックスをする人. ❸ 揺れる人[もの].
swing-ing /swíŋɪŋ/ 形 ❶〈口〉活気のある, 時流に乗った. ❷〈俗〉性的に自由奔放な. ❸ 前後[左右]に揺れる. ❹ (体をゆすって)調子のよい, 軽快な; リズムに乗った: at a ~ trot 軽快な速足で / a ~ chorus 軽快な調子の合唱. **-ly** 副.
swinging door 名 = swing door.
swin-gle /swíŋgl/ 名 (からざおの)振り棒, 麻打ち棒.
── 動 他〈麻〉を振り棒で打って精製[製繊]する.
swingle-tree 名 = whiffletree.
swing-man 名 異なったポジションをこなせる選手, (特に)守りと攻めの両方に強いバスケットボールのプレーヤー.
swing music 名 = swing 9.
swing-om-e-ter 名 ŋámətɚ | -ŋómətə/ 名 (総選挙期間中のテレビ報道で)政党間の票の動きを示す装置.
swing set 名 ぶらんこセット(フレームにぶらんこをつるした遊戯器具).
swing shift 名〈米口〉夜間交代(番) (通例午後 4–12時).
swing voter 名 浮動票層の人.
swing-wing 〖空〗形 可変後退翼の[を用いた]. ── 名 可変後退翼(機).
swing-y /swíŋi/ 形 **swing-i-er**, **-i-est**) ❶〈音楽が〉スイング風の. ❷ 揺れる, 揺れ動く.
swin-ish /swáɪnɪʃ/ 形 豚 (swine) のような; 意地きたない, 下品な. **~-ly** 副. **~-ness** 名.
*__swipe__ /swáɪp/ 動 他 ❶〈...を〉力いっぱい打つ. ❷〈口〉〈...を〉かっぱらう, くすねる (pinch). ❸〈クレジットカードなどを〉読み取り機に通す. ── 自〈...を〉強打する: ~ at the ball ボールを強打する. ── 名 ❶ 力いっぱい打つこと, 強打: have [take, make] a ~ at the ball ボールを力いっぱい打つ. ❷ 非難, 悪口.
swipe card 名〈英〉(読み取り機に swipe させる)磁気カード.
swipes /swáɪps/ 名〈英口〉水っぽいビール.
*__swirl__ /swə́:l | swə́:l/ 動 自 ❶ [副詞(句)を伴って]渦を巻く: Snowflakes were ~ing about (the streets). 雪片が(通りに)渦巻いていた / A fog ~ed up from the valley. 谷底から霧が渦を巻いて昇ってきた. ❷〈頭が〉ふらふら[くら

くら)する. ― 他 [副詞(句)を伴って] 〈...に〉渦を巻かせる: The wind ~ed the dead leaves *away*. 風が落ち葉を渦を巻くように吹き飛ばした. ― 名 渦巻き, 渦; 渦巻き形(のもの): a ~ *of* dust ほこりの渦.

swirl・y /swə́ːli | swə́ː-/ 形 渦巻く, 渦巻き形の, 渦の多い. 《スコ》もつれる, よじれた, ねじれた.

†**swish** /swíʃ/ 動 他 〈つえ・むち・尾などを〉ヒュッと振り回す: ~ a whip ヒュッとむちを振る / The cow ~ed her tail. 牛はしっぽをヒュッと振った. ― 自 [副詞(句)を伴って] ❶ ヒュッと音を出す: The whip ~ed *past* his ear. むちがヒュッと鳴って彼の耳もとをかすめた / The windshield wipers ~ed *back and forth* monotonously. ワイパーが単調にヒュッヒュッと動いていた. ❷ きぬずれの音をさせる: The ladies ~ed *in and out*. 婦人たちはきぬずれの音をさせて出入りした. ― 名 ❶ (つえ・むちなどの)ヒュッという音; きぬずれの音. ❷ 《米俗》女性的な同性愛者, おかま. ― 形 ❶ 《英口》しゃれた, スマートな. ❷ 《米俗》〈男が女みたいな, おかまっぽい. [擬音語]

swish・y /swíʃi/ 形 ❶ ヒューと音をたてる. ❷ 《俗》めめしい, なよなよした.

*__Swiss__ /swís/ 形 ❶ スイスの, スイス人の: the ~ Confederation スイス連邦《スイスの正式名》. ❷ スイス風[産, 製]の: a ~ watch スイス製時計. ― 名 (複 ~) ❶ スイス人. ❷ [the ~; 複数扱い] スイス人《全体》. 【F<G】名 Switzerland).

Swiss chárd 名 =chard.

Swiss chéese 名 U.C スイスチーズ《硬くて大きい穴だらけの淡黄[白色]チーズ》.

Swiss chéese plànt 名 《植》ホウライショウ《中米原産のサトイモ科の多年生つる性植物》.

Swiss gúard 名 スイス人傭兵; [複数扱い] スイス人護衛隊.

Swiss róll 名 C.U スイスロール《ジャム入りロールカステラ》.

Swiss stéak 名 C.U 《米》スイス風ステーキ《ステーキ肉に小麦粉をまぶして焦げ目をつけ, タマネギ・トマトなどと煮込んだ料理》.

*__switch__ /swítʃ/ 名 ❶ a (電気の)スイッチ: turn [flip, flick] off [on] a ~ スイッチを切る[入れる] / press the ~ スイッチを押す. b 【電算】スイッチ《コマンドに付加してコマンドのはたらきを修飾するオプション》; MS-DOS /など). ❷ (思いがけない)転換, 変更《比較 change より口語的》: a ~ *of* plans 計画の変更. ❸ [複数形で] 《米》【鉄道】ポイント, 転轍(てん)器, 分岐器 《英》points). ❹ (木から切り取った)しなやかな小枝; むち. ❺ (女性用の長い)ヘアピース, 入れ毛.

― 動 他 ❶ 〈...を〉変える, 切り替える (change) (*between*; *from*, *to*): ~ one's position 《物事に対する》姿勢 [態度]を変える / ~ the subject *to* something safer 話題をもっと無難なものに変える. ❷ 〈...を〉交換する, 取り替える; 〈役目などを〉交替する, 入れ替わる (swap): ~ roles 役割を交替する / He ~ed seats *with* her. 彼は彼女と席を交換した. ❸ 〈...を〉振る, 振り回す; 〈尾を〉振る: ~ a stick ステッキを振り回す / The cow ~ed its tail. 牛は尾を振った. ❹ 《米》〈列車を〉...に〉転轍する (*into*, *to*). ❺ 《古》〈...に〉むちで打つ, 〔...で〕むち打つ. ― 自 ❶ 切り替えをする, 変える 〈*between*; *from*, *to*): ~ *from* coal *to* oil 石炭から石油に切り替える / Let's ~ *to* some other topic. 話題を変えましょう. ❷ 〈...と〉交替する: Will you ~ *with* me? 私と交替してくれないか. **switch óff** (他+副) (1) 〈...のスイッチを切る (turn off). (2) 〈人に〉話をやめさせる. (3) (口) 〈人に〉興味をなくさせる. (自+副) (4) スイッチを切る. (5) (口) 興味を失う. **switch ón** (他+副) (1) 〈...のスイッチを入れる (turn on): ~ *on* the computer コンピュータのスイッチを入れる. (2) (口)〈人に〉興味を起こさせる. (3) 〈態度などを急に変え, 突然表わす. ― (自+副) (4) スイッチを入れる. (5) (口) 〈人が〉興味を持つ, 興奮する. **switch óver** (他+副) (1) 〈...を〉〈...に〉切り替える 〈*from*; *to*): They ~ed us *over to* a bus. 彼らは我々をバスに振り替えた. (自+副) (2) 〈...から〉〈...に〉切り替わる: He ~ed over (*from* whiskey) *to* sake. 彼は(ウイスキーから)酒に変えた. (3) ラジオの局[テレビのチャンネル]を変える: S~ *over to* Channel 3. 3チャンネルに切り替えなさい.

switch・báck 名 ❶ 【鉄道】スイッチバック《急坂を登るためのジグザグ鉄道》. ❷ (山間の)ジグザグ道路, つづら折りの道. ❸ 《英》=roller coaster.

switch・bláde 名 《米》飛び出しナイフ《英》flick knife.

†**switch・board** 名 ❶ (電信・電話の)交換台[機]. ❷ (電気の)配電盤.

switched-ón 形 ❶ (口) 生き生きした, 敏感な. ❷ (口) すごく現代的な, 流行の先端をいく. ❸ (俗) 〈麻薬で〉幻覚状態にある.

switch・er 名 ❶ 《米鉄道》入換え機関車. ❷ 【テレビ】(複数のカメラなどの)画面切換え装置.

switch・e・ròo /swítʃərúː/ 名 (複 ~s) 《米俗》不意の転換[逆転], 突然の変化, どんでん返し.

switch-géar 名 U 【電】開閉装置.

switch-gráss 名 U 【植】スイッチグラス《米国西部産のキビ属の一種; 乾草用》.

switch-hít 自 【野】左投手に対しては右打ちを右投手に対しては左打ちをする.

switch-hítter 名 ❶ 【野】スイッチヒッター《左右どちらの打席でも打てる打者》. ❷ 《米俗》両性愛の男.

switch-hítting 形

switching húb 名 【電算】スイッチングハブ《送られてきたデータを宛て先ごとにふり分ける機能をもつハブ》.

switch-man /-mən/ 名 (複 -men /-mən/) 《米》(鉄道の)転轍(てん)手 《英》pointsman).

switch-òver 名 切り替え, 転換, 変更.

switch-yàrd 名 《米》【鉄道】操車場《英》marshalling yard).

Switz. (略) Switzerland.

†**Swit・zer・land** /swítsələnd | -tsə-/ 名 スイス《ヨーロッパ中部の連邦共和国; 正式名 the Swiss Confederation; 首都 Bern).

swiv・el /swív(ə)l/ 名 ❶ 【機】回り継ぎ手, 自在軸受け. ❷ (回転などの)台. ― 動 (**swiv・eled**, 《英》**-elled**; **swiv・el・ing**, 《英》**-el・ling**) 他 旋回[回転]させる: He ~ed his chair (*a*)*round* and looked at me. 彼はいすをぐるりと回して私のほうを見た. ― 自 旋回[回転]する.

swivel chàir 名 回転いす.

swiv・et /swívit/ 名 [単数形で] 《方・米》焦燥, 激昂.

swiz, swizz /swíz/ 名 [a ~] 《英口》期待はずれ(のもの), 失望させるもの.

swiz・zle /swízl/ 名 ❶ スウィズル《ラムを基酒とするカクテル》. ❷ (英口) =swiz.

swízzle stìck 名 マドラー《カクテルなどをかき混ぜる棒》.

*__swol・len__ /swóulən/ 動 swell の過去分詞. ― 形 ❶ a はれ上がった: have a ~ wrist 手首がはれている / Her eyes were ~ from crying. 彼女は目を泣きはらしていた. b 水かさの増した, 増水した: a ~ river 増水した川. ❷ 感情でいっぱいになった: one's ~ heart 感極まった胸. ❸ 思い上がった, 得意になった: He has a ~ opinion of himself. 彼は自分自身を買いかぶっている / He's ~ *with* his own importance. 彼は自分が偉いつもりで[増長して]いる.

swóllen héad 名 [単数形で] =swelled head.

swóllen-héaded 形 =swelled-headed.

swoon /swúːn/ 自 (文) ❶ 卒倒する, 気絶する《比較 現在では faint のほうが一般的》. ❷ うっとりする, 恍惚(こう)となる. ― 名 卒倒, 気絶《比較 現在では faint のほうが一般的》.

†**swoop** /swúːp/ 自 ❶ 〈鳥が〉(空から舞い降りて)〈獲物に〉飛びかかる (swoop): The hawk ~ed (*down*) *on* its prey. タカは獲物をめがけてサーッと舞い降りた. ❷ 〈軍隊・爆撃機などが〉〈...に〉急襲する: The fighter planes ~ed *down on* the air base. 戦闘機はその航空基地を急襲した. ― 名 ❶ (猛禽(きん)などの)急降下. ❷ 急襲: make a ~ *on* ...を急襲する. **at [in] óne féll swóop** 一挙に.

swoosh /swúːʃ, swúʃ/ 動 自 シューッという音をたてる; 勢いよく動く[ほとばしり出る]. ― 他 シューッと音をたてて吹き出す[移動させる]. ― 名 シューッという音.

swop /swáp | swɔ́p/ 動 名 =swap.

*__sword__ /sɔ́ːd | sɔ́ːd/ 名 ❶ 剣, 刀: a court [dress] ~ 大礼服[礼服]に着用する剣. ❷ [the ~] 《文・詩》武力, 戦争: The pen is mightier than the ~. ⇨ pen¹ 2. at swórd póint 武力で脅して; (殺そうと)刀を突きつけて. cróss swórds with... (1) ...と剣を交える. (2) ...と論争する. fíre and swórd ⇨ fire 名 成句. pút...to the swórd 〈...を〉刀にかける, 切り殺す. the swórd of jústice 司法権. the swórd of Státe 御剣《英国で国家的式典の際に国王の前に捧持する宝剣》.

swords 1

swórd-bèarer 名 《英》剣[太刀]持ち.

swórd dànce 名 剣(ツʳʸ)の舞い《交差した剣の下または地上に並べた剣を踏み踊る》.

swórd·fish 名 (複 ~, ~·es) ❶ ⓒ 〖魚〗メカジキ. ❷ [the S~] 〖天〗かじき座.

swórd knòt 名 《剣の》つかふさ, 下げ緒.

swórd·plày 名 Ⓤ フェンシング, 剣術.

swórds·man /sɔ́ːdzmən | sɔ́ːdz-/ 名 (複 -men /-mən/) 剣客, 撃剣家: be a good [bad] ~ 剣術が上手[下手]である.

swordfish

swórdsman·shìp 名 Ⓤ 剣術; 剣道.

swórd·stìck 名 仕込みづえ《ステッキの中に剣が入っているもの》.

swórd-tàil 名 ❶ 〖魚〗ソードテール《熱帯淡水魚; 雄は尾びれに刀状の突起がある》. ❷ 〖動〗カブトガニ.

*__swore__ /swɔ́ə | swɔ́ː/ 動 swear の過去形.

*__sworn__ /swɔ́ən | swɔ́ːn/ 動 swear の過去分詞. ― 形 (比較なし) Ⓐ ❶ 誓い合った, 契(ちぎ)った; 絶対的な, まったくの: ~ brothers 盟友 / ~ enemies [foes] 不倶戴天(ふぐたいてん)の敵同士 / ~ friends 盟友, 無二の友. ❷ 《証言など》宣誓しての: a ~ statement 宣誓の供述.

swot¹ /swát | swɔ́t/ 《英口》名 ❶ がり勉家. ❷ がり勉. ― 動 (swot·ted; swot·ting) 猛勉強をする. ― 他 猛勉強する《up》. swót·ter 名

swot² /swát | swɔ́t/ 動 名 =swat.

SWOT /swát, swɔ́t | swɔ́t/ 《商》スウォット, SWOT 《新商品の強み, 弱み, 《販売》機会《時宜を得た商品であるかどうか》, 脅威《当該商品に対する外的マイナス要因や競争相手によるもの》》: a ~ analysis スウォット分析. 《strength, weakness, opportunities, threats》

*__swum__ /swám/ 動 swim の過去分詞.

*__swung__ /swáŋ/ 動 swing の過去形・過去分詞.

swúng dàsh 名 スワングダッシュ《~ の記号》.

syb·a·rite /síbəràɪt/ 名 奢侈(しゃし)逸楽にふける人, 遊蕩者. 《L<Gk; イタリア南部にあった古代ギリシア都市 Sybaris の住民で, その富と奢侈で有名》

syb·a·rit·ic /sìbərítɪk⁻/ 形 奢侈逸楽にふける.

syb·a·rit·ism /síbəràɪtɪzm/ 名 Ⓤ 奢侈逸楽.

syc·a·more /síkəmɔ̀ː | -mɔ̀ː/ 名 ❶ a ⓒ 〖植〗セイヨウカジカエデ. b Ⓤ セイヨウカジカエデの堅材. ❷ 《米》 a ⓒ 〖植〗アメリカスズカケノキ. b Ⓤ アメリカスズカケノキの堅材. ❸ a ⓒ 〖植〗エジプトイチジク《シリアおよびエジプト産》. b Ⓤ 〖植〗エジプトイチジク《の実》.

sy·co·ni·um /saɪkóunɪəm/ 名 (複 -ni·a /-nɪə/) 〖植〗イチジク果, 隠花果, 嚢托果.

syc·o·phan·cy /síkəfənsɪ/ 名 Ⓤ へつらい, おべっか.

syc·o·phant /síkəfənt/ 名 へつらう人, おべっか者.

syc·o·phan·tic /sìkəfǽntɪk⁻/ 形 へつらう, 追従する, おべっかを使う.

sy·co·sis /saɪkóusɪs/ 名 Ⓤ 〖医〗毛瘡(もうそう).

Sýd·en·ham's choréa /sídənəmz-/ 名 Ⓤ 〖医〗シドナム舞踏病《リウマチ熱に伴う舞踏病; 青少年に多い》.

Syd·ney /sídnɪ/ 名 シドニー《オーストラリア東海岸の港市; New South Wales 州の州都》.

1827 symbol

sy·e·nite /sáɪənàɪt/ 名 Ⓤ 閃長岩. **sy·e·nit·ic** /sàɪənítɪk⁻/ 形

syl- /sɪl/ 接頭 《l の前にくる時の》 syn- の異形.

syl·la·bar·y /síləbèrɪ | -bərɪ/ 名 音節文字表: the Japanese ~ 日本語の五十音図, かな表.

syllabi 名 syllabus の複数形.

syl·la·bic /sɪlǽbɪk/ 形 ❶ a 音節の, つづりの. b 音節を表わす. ❷ 各音節を発する, 発音がきわめて明瞭な. ❸ 〖音声〗音節主音の: a ~ consonant 音節子音. ― 名 ❶ 音節を表わす文字. ❷ 〖音声〗音節主音. **syl·láb·i·cal·ly** /-kəlɪ/ 副 《L<Gk; ⇨ syllable》

syl·lab·i·cate /sɪlǽbɪkèɪt/ 動 他 〈語を〉音節に分ける.

syl·lab·i·ca·tion /sɪlæ̀bɪkéɪʃən/ 名 Ⓤ 音節に分けること, 分節法.

syl·la·bic·i·ty /sìləbísətɪ/ 名 Ⓤ 成節(性), 音節(主音)をなすこと.

syl·la·bi·fi·ca·tion /sɪlæ̀bəfɪkéɪʃən/ 名 =syllabication.

syl·la·bi·fy /sɪlǽbəfàɪ/ 動 =syllabicate.

syl·la·bize /síləbàɪz/ 動 =syllabicate.

*__syl·la·ble__ /síləbl/ 名 ❶ 音節, シラブル: 'Simply' is a word of two ~s. simply は 2 音節の語である. ❷ 〖通例否定文で〗ひと言: Not a ~! ひと言たりとも口をきくな / He didn't utter a ~. 彼はひと言もしゃべらなかった. in wórds of óne sýllable 簡単な言葉で. 《F<L<Gk=文字の集まり》

sýl·la·bled 形 〖複合語で〗...つづり[音節]の: a three-syllabled word 3 音節の語.

syl·la·bub /síləbʌ̀b/ 名 ⒸⓊ シラバブ《牛乳にぶどう酒などを混ぜ, 砂糖と香料を加えて泡立てた飲料》.

*__syl·la·bus__ /síləbəs/ 名 (複 -bi /-bàɪ/, ~·es) 授業・講演などの摘要, 概要, シラバス.

syl·lep·sis /sɪlépsɪs/ 名 (複 -ses /-siːz/) ⓊⒸ ❶ 〖文法〗兼用法《Neither he nor I am wrong. の文中の am が he と I に呼応しているように, 同一語をもって二つ(以上)の異なった機能をもたせる語法》. ❷ 〖修〗双叙法《He lost his hat and his temper. 《帽子をなくしてむかっ腹を立てた》の文中の lost のように, 同一語を同時に二つの意味に用いること》.

syl·lo·gism /síləʤɪzm/ 名 ❶ 〖論〗三段論法《大前提 (major premise), 小前提 (minor premise), および結論 (conclusion) から成る推論》. ❷ 詭(き)弁.

syl·lo·gis·tic /sìləʤístɪk⁻/ 形 三段論法の.

syl·lo·gize /síləʤàɪz/ 〖論〗動 自 三段論法を使う, 推論する. ― 他 〈事実・議論を〉三段論法にする, 三段論法で論じる.

sylph /sílf/ 名 ❶ 空気の精《⇨ nymph 関連》. ❷ ほっそりした優美な少女[少女].

sýlph·like 形 《女性が》ほっそりして優美な.

syl·van /sílv(ə)n/ 形 森の(ある), 森の中の, 樹木の多い[ある]. 《F<L<sylva 森》

syl·vat·ic /sɪlvǽtɪk/ 形 《病気が》野生鳥獣に発生[伝染]する.

Syl·vi·a /sílvɪə/ 名 シルビア《女性名》.

syl·vite /sílvaɪt/, **syl·vine** /sílviːn/ 名 Ⓤ カリ岩塩.

sym. 《略》symbol; symphony.

sym- /sɪm/ 接頭 《b, m, p の前にくる時の》 syn- の異形.

sym·bi·ont /símbɪònt, -baɪ-/ 名 〖生態〗共生者, 共生生物.

sym·bi·o·sis /sìmbɪóusɪs, -baɪ-/ 名 (複 -o·ses /-siːz/) ⓊⒸ ❶ 〖生〗《相利》共生《↔ parasitism》. ❷ 共存, 共同生活. **sym·bi·ot·ic** /sìmbɪátɪk, -baɪ-, -ɔ́t-⁻/ 形 《Gk<SYM-+bios life+-osis》

*__sym·bol__ /símb(ə)l/ 名 ❶ 象徴, 表象, シンボル: The cross is the ~ of Christianity. 十字架はキリスト教の象徴である. ❷ 記号, しるし, 符号: a phonetic ~ 発音記号 / the chemical ~ for water 水を表わす化学記号 (H_2O). 《L<Gk=誓い, しるし《原義は「一緒に投げられたもの」》SYM-+ballein 投げる (cf. problem)》 形

symbolic, (動 symbolize)

*sym・bol・ic /sɪmbάlɪk | -ból-/, **-ból・i・cal** /-lɪk(ə)l/ 形 ❶ 象徴的な, 象徴する: a ~ meaning 象徴的な意味 / The dove is ~ of peace. ハトは平和を象徴している. ❷ 記号の, 記号的な: ~ language 記号言語. ❸ =symbolist. **-i・cal・ly** /-kəli/ 副 (名 symbol)

symbolic interáctionism 名 [U] [社] 象徴的相互作用理論《慣習化された意味をもつことば・身振りなどの作用によって人間の相互作用が容易になるという理論》.

symbolic lógic 名 [U] 記号論理学.

symbolise ⇒ symbolize.

*sym・bol・ism /símbəlɪzm/ 名 [U] ❶ [しばしば S-] [文学・美] 象徴主義. ❷ 象徴的意義, 象徴性. ❸ 記号使用; 記号体系.

sým・bol・ist /-lɪst/ 名 ❶ [しばしば S-] [文学・美] 象徴主義者. ❷ 記号学者; 記号使用者. ── 形 [文学・美] 象徴主義的な.

sym・bol・i・za・tion /sìmbəlɪzéɪʃən | -laɪz-/ 名 [U] 象徴化; 記号化.

*sym・bol・ize /(英) **-ise** /símbəlàɪz/ 動 他 ❶ 〈…を〉象徴する; 〈…の〉記号[表象]である (represent): The lily ~s purity. ユリの花は清純さを象徴する. ❷ 〈…を〉記号で表わす[表象]化する. ── 自 記号を用いる; 象徴化する. (名 symbol)

sym・bol・o・gy /sɪmbάləʤi | -ból-/ 名 [U] 象徴学, 記号論.

\+**sym・met・ri・cal** /sɪmétrɪk(ə)l/, **-met・ric** /-trɪk/ 形 (左右)対称的な, 釣り合った, 均整の取れた (↔ asymmetric). **-ly** /-kəli/ 副

sym・me・trize /símətràɪz/ 動 他 (左右)対称にする, 〈…の〉釣り合いをよくする.

\+**sym・me・try** /símətri/ 名 [U] (左右)対称, 釣り合い, 均整(美), 調和(美). 〖F<L<Gk=同じ尺度<SYM-+*metron* 尺度 (cf. meter[1])〗

sym・pa・thec・to・my /sɪ̀mpəθéktəmi/ 名 [U] [医] 交感神経切除(術).

*sym・pa・thet・ic /sɪ̀mpəθétɪk/ 形 (**more** ~; **most** ~) ❶ 同情的な, 思いやりのある (↔ unsympathetic): a ~ look [word] 同情的なまなざし[言葉] / a ~ listener 人の話を親身に聞いてくれる人 / He was very ~ *to* [*toward*] me when I was ill. 病気の時彼は私にとても同情してくれた. ❷ 〈…に〉同感して, 共感して, 賛成して: She was ~ *to* [*toward*] their demands. 彼女は彼らの要求に賛同した. ❸ 好ましい, 気持ちよい, 心地よい; 〈登場人物などが〉共感を呼ぶ: a ~ environment 心地よい環境 / a ~ person 共感を呼ぶ人物. ❹ (A) (比較なし) 交感的な, 感応する: the ~ nerve 交感神経 / ~ pain 同情苦痛; 交感苦痛 / ~ magic 交感魔術. ❺ 気の合った, 同じ気持ちを持ち合った. ❻ (A) (比較なし) [理] 共鳴する: ~ vibrations 共振 / ~ resonance 共鳴. **-i・cal・ly** /-kəli/ 副 同情して, 同情[好意]的に: She smiled (at me) ~*ly*. 彼女は気持ちを察してくれて(私に)ほほえんだ. (名 sympathy)

sympathetic stríng 名 (楽器の) 共鳴弦.

\+**sym・pa・thize** /símpəθàɪz/ 動 自 ❶ 〈…に〉同情する: He ~d *with* me in my troubles. 彼は困っている私に同情してくれた. ❷ 〈…に〉同感する, 共鳴する, 賛成する: His parents did not ~ *with* his desire to become a journalist. 彼の両親はジャーナリストになりたいという息子の意向に同意してくれなかった. **-thiz・ing・ly** /-ɪŋli/ 副 同情して; 賛成して. (名 sympathy)

\+**sým・pa・thìz・er** 名 ❶ 同調者, 支持者, シンパ. ❷ 同情者.

sym・pa・tho・mimétic /sɪ̀mpəθoʊ-/ 形 交感神経(様)作用の. ── 名 交感神経(様)作用薬.

*sym・pa・thy /símpəθi/ 名 [U] [また複数形で] ❶ 同情, 思いやり, あわれみ: in [with] ~ 同情して / excite (a person's) ~ (人の)同情をそそる / have [feel] ~ (*for*...) 〈…に〉同情する / You have my *sympathies*. あなたにご同情申しあげます / She's a person of ready *sympathies*. 彼女は何にでも同情する人だ. **b** 弔慰(ちょうい), 弔問, 悔やみ: a letter of ~ お悔やみの手紙 / express ~ *to* a person 人に弔慰を示す / I send my *sympathies* to the family of Mr. Peterson. ピーターソンさんのご家族にお悔やみを申し上げます. ❷ [U] [また複数形で] 同感, 同意, 共感 *(with, for)*: be in [out of] ~ *with* a plan 計画に賛成している[いない] / The faculty expressed their ~ *with* the students' action. 教授団は学生たちの行動に共鳴を示した / My *sympathies* lie [are] *with* the Republican Party. 私は共和党に共感する. ❸ [U] [生理] 交感, 共感. ❹ [U] [理] 共振, 共鳴. **còme óut in sýmpathy** 同情[支援]ストをする. 〖L<Gk=共感<SYM-+*pathos* 感情 (cf. pathetic)〗 (形 sympathetic, 動 sympathize) 〖類義語〗⇒ pity.

sýmpathy stríke 名 同情[支援]スト.

sym・pat・ric /sɪmpǽtrɪk/ 形 [生・生態] 同所(性)の (↔ allopatric). **sym・pat・ry** /símpətri/ 名 [U] 同所性.

sym・pet・al・ous /sɪmpétələs/ 形 [植] 合弁の. **-pet・aly** /-pét(ə)li/ 名 合弁.

sym・phon・ic /sɪmfάnɪk | -fón-/ 形 交響曲の: a ~ poem 交響詩 / a ~ suite 交響組曲. (名 symphony)

sym・pho・nist /símfənɪst/ 名 交響曲作者[作曲家].

*sym・pho・ny /símfəni/ 名 ❶ 交響曲, シンフォニー. ❷ シンフォニア (バロックオペラの序曲). ❸ =symphony orchestra. 〖F<L<Gk=音の調和<SYM-+*phōnē* 音 (cf. phone)〗 (形 symphonic)

\+**symphony òrchestra** 名 交響楽団.

\+**sym・phy・sis** /símfəsɪs/ 名 (徽 -ses /-sìːz/) [U.C] ❶ [植] 合生, 癒合. ❷ [解・動] (繊維軟骨) 結合(線). ❸ [医] (病的な) 癒合. **sym・phy・se・al** /sɪ̀mfəsíːəl/, **-phys・i・al** /sɪmfízɪəl/ 形

sym・plast /símplæst/ 名 [植] 共原形質体. **sỳm・plás・tic** 形

sym・po・di・al /sɪmpóʊdiəl/ 形 [植] 仮軸の.

sym・po・di・um /sɪmpóʊdiəm/ 名 (徽 **-di・a** /-diə/) [植] 仮軸(cf. monopodium).

sym・po・si・ast /sɪmpóʊziæst, -əst/ 名 シンポジウム出席者; 論文集寄稿者; 酒宴参加者.

*sym・po・si・um /sɪmpóʊziəm/ 名 (徽 **-si・a** /-ziə/, ~s) ❶ シンポジウム, 討論会. ❷ (ある問題に関して何人かの人が寄稿した)論(文)集, 論叢. ❸ (古代ギリシアの)酒宴, 宴会. 〖F<L<Gk=一緒に飲む会<SYM-+*posis* 飲むこと〗

*symp・tom /sím(p)təm/ 名 ❶ [医] (病気の)症状, 徴候, 症候 (*of*). ❷ (悪い物事の)兆候, しるし, 兆し: premonitory ~s *of* an earthquake 地震の前兆. 〖F<L<Gk=降りかかること, 起こること SYM-+*piptein* 落ちる〗 (形 symptomatic)

\+**symp・to・mat・ic** /sɪ̀m(p)təmǽtɪk—/ 形 徴候[症候]的な, 前兆となる; 〈…を〉表わす: a ~ fever 症候的な高熱 / This fever is ~ *of* malaria. この高熱はマラリアの徴候である. **sỳmp・to・mát・i・cal・ly** /-kəli/ 副 (名 symptom)

symp・tom・a・tol・o・gy /sɪ̀m(p)təmətάləʤi | -tól-/ 名 [U] (病気の)総合的症状.

syn. (略) synonym; synonymous.

syn- /sɪn/ 接頭 「共に」「同時に」「類似」などの意を表わす, ギリシア語からは同系の語につく《用法 l の前では syl-, b, m, p の前では sym-, r の前では syr-, s の前では sys-, sy-》.

synaesthesia ⇒ synesthesia.

\+**syn・a・gogue** /sínəgὰg | -gɔ̀g/ 名 ❶ [C] ユダヤ教会. ❷ [the ~] ユダヤ教会の集会. 〖F<L<Gk=集会<SYN-+*agein* 導く, 駆り立てる (cf. agony)〗

syn・apse /sínæps/ 名 [生理] シナプス《二つの神経細胞 [ニューロン]の接合部》.

syn・ap・sis /sənǽpsɪs/ 名 [U] [生] 対合, シナプシス《細胞の減数分裂初期の相同染色体の, 通例 並列的接着》. **syn・áp・tic** /-tɪk/ 形 **-ti・cal・ly** /-tɪkəli/ 副

syn・ar・chy /sínɑrki | -nɑː-/ 名 [U] 共同支配.

syn・ar・thro・sis /sìnɑːrθróʊsɪs/ 名 (徽 **-ses** /-siːz/) [解] 不動結合, 関節癒合.

sync, synch /sɪŋk/ 名 [U] 同調 (★ 通例 次の句で): in ~ 同調して, 一致して / out of ~ 同調[一致]しないで. ── 動 自 他 =synchronize. **sýnc [sýnch] úp** (自+動)

(1) 同調する. ——《他＋副》(2)《...を》同調させる.

syn·chon·dro·sis /sɪŋkɑndróʊsɪs | -kɔn-/ 名《複 -ses /-siːz/》〖解〗軟骨結合.

syn·chro- /síŋkroʊ, sín-/〖連結形〗「同時(性)の」「同時発生の」.

syn·chro·mesh /síŋkroʊmèʃ/ 名 U (自動車の)シンクロメッシュ《ギヤ同期かみ合い装置》.

syn·chron·ic /sɪŋkrɑ́nɪk | -krɔ́n-/ 形 ❶〖言〗共時的な《言語を一時期における静的な体系を備えたものとみなし、その構造と意味を記述する研究法にいう; ↔ diachronic》: ~ linguistics 共時言語学. ❷ = synchronous.

syn·chro·nic·i·ty /sɪŋkrənísəti | -krɔn-/ 名 ❶ 同時発生, 同時性. ❷〖精神医〗共時性《2つ以上のできごとが同時に生じ, 意味のある関連があるようにみえていて因果関係が判明しない, という現象を説明するための原理》.

syn·chro·nism /síŋkrənìzm/ 名 ❶ a 同時発生, 同時性. b〖映〗映像と音声との一致. ❷ a U (歴史的事件などの)対照年表. ❸ U 対照歴史年表. ❸ U〖理·電〗同期(性). 形 synchronous.

⁺**syn·chro·nize** /síŋkrənàɪz/ 動 ⓘ ❶ 同時に起こる, 同時性をもつ《with》. ❷《数個の時計から標準時計で一定時》を示す, 同じ時刻を示す. ❸《映・テレビ》《映像と音声が》一致する, 同調する. —— 他 ❶《...に》同時性をもたせる, 《...を》同調させる: We ~d our steps. 歩調を合わせた / The sound track of a film should be ~d with the action. フィルムのサウンドトラックは動きと一致させなければならない. ❷《時計などの時間を合わせる》: We ~d our watches. 我々は時計を合わせた. ❸《映・テレビ》《映像と音声》を同調させる. ❹《写》《カメラのシャッターをストロボと同調させる》.

syn·chro·ni·za·tion /sɪŋkrənɪzéɪʃən | -naɪz-/ 名 形 synchronous.

sýn·chro·nìzed swímming 名 U シンクロナイズドスイミング《音楽に合わせて泳ぐ水中バレエ》.

syn·chro·nous /síŋkrənəs/ 形 ❶ 同時(性)の; 同時に起こる. ❷〖理·電〗同位相の, 同期の. ❸《人工衛星が静止の, 静止軌道を回る. **~·ly** 副 **~·ness** 名

sýnchronous mótor 名〖電〗同期電動機.

syn·chro·ny /síŋkrəni/ 名 U = synchronism. ❷〖言〗共時態[相], 共時的な研究, 共時言語学.

syn·chro·tron /síŋkrətrɑ̀n | -trɔ̀n/ 名〖理〗シンクロトロン《荷電粒子の加速装置の一種》.

sýnchrotron radiátion 名 U〖理〗シンクロトロン放射《相対論的に大きなエネルギーをもつ荷電粒子が加速される際に放出する電磁波; 星雲·シンクロトロンなどでみられる》.

syn·cli·nal /sɪŋkláɪnl/ 形〖地〗向斜した[の].

syn·cline /síŋklaɪn/ 名〖地〗向斜 (↔ anticline).

syn·co·pate /síŋkəpèɪt/ 動 他 ❶〖楽〗《音》を切分する. ❷《語》を中略する《every を ev'ry とするなど》.

syn·co·pa·tion /sɪŋkəpéɪʃən/ 名 ❶〖楽〗切分(音), シンコペーション. ❷〖言〗中略, 語中音消失.

syn·co·pe /síŋkəpi/ 名 ❶〖医〗卒倒, 気絶. ❷ = syncopation 2.

syn·cret·ic /sɪŋkrétɪk/ 形 ❶ 混合主義的の. ❷〖言〗他の異なる格の機能を吸収した.

syn·cre·tism /síŋkrətìzm/ 名 U ❶《哲学·宗教などにおける》混合(主義), 習合(主義), シンクレティズム. ❷〖言〗《異なった機能の語形の》融合. **-tist** 名 **sỳn·cre·tís·tic** 形

syn·cre·tize /síŋkrətàɪz/ 動 他《思想上の違和はひとまずおいて》諸派を融和統合しようと努める.

syn·cy·ti·um /sɪnsíʃiəm | -tiəm/ 名《複 -tia /-ʃə | -tiə/》〖生〗融合細胞, シンチチウム《2個以上の細胞が癒合した多核体》; =coenocyte. **syn·cy·tial** /-ʃəl | -tiəl/ 形

syn·dac·ty·ly /sɪndǽktəli/ 名〖医〗合指(症);〖獣医〗癒合趾, 指趾[U]癒合.

syn·des·mo·sis /sɪndezmóʊsɪs/ 名《複 -ses /-siːz/》〖解〗靱帯結合.

syn·det·ic /sɪndétɪk/ 形〖文法〗接続詞の[を用いた].

syn·dic /síndɪk/ 名 ❶ 地方行政長官. ❷《英》《大学などの》理事, 評議員. **syn·di·cal** /-k(ə)l/ 形

syn·di·cal·ism /síndɪkəlìzm/ 名 U サンディカリズム《ゼ

1829 synopsize

ネスト・サボタージュなどの直接行動で政治や産業を組合の手中に収めようとする労働組合運動》.

sýn·di·cal·ist /-lɪst/ 名 サンディカリスト.

⁺**syn·di·cate** /síndɪkət/ 名 ❶ **a** シンジケート《共通の利益を追求するために集まった集団》; 企業組合［連合］; 犯罪組織. **b** 債券発行［株式］引受組合［銀行団］. ❷ 新聞雑誌用記事［写真, 漫画］配信企業, シンジケート. ❸《大学などの》理事会, 評議会. —— /-kèɪt/ 動 他 ❶《...をシンジケート組織にする. ❷《記事·漫画などを》シンジケートを通じて配信する, 多数の新聞［雑誌］に同時に売る. **syn·di·ca·tion** /sɪndɪkéɪʃən/ 名《F<L=代表者の集まり<L syndicus 代表者《<Gk<SYN-+diké 正義》+-ATE³》

⁺**syn·drome** /síndroʊm/ 名 ❶〖医〗症候群, シンドローム. ❷ 病的現象. ❷ 同時に発生する一連のもの［事件, 行動］. ❸ (一定の)行動様式.《Gk=症状が同時に起こること《SYN-+dromos 走ること》

syne /sáɪn/〖援〗前〖スコ〗=since.

syn·ec·do·che /sɪnékdəki/ 名 U.C〖修〗提喩法, 代喩《一部で全体を, または全体で一部を比喩で表現する修辞法; blade で sword を, sail で ship を示すなど; cf. metonymy》.

sỳn·ecólogy 名 U 群(集)[群落]生態学 (cf. autecology). **-gist** 名 **sỳn·ecológical** 形

syn·er·e·sis /sənérəsɪs | -níərə-/ 名《複 -ses /-siːz/》 ❶〖言〗合音《2母音または2音節を一つに縮める》, 特に二重母音化》. ❷〖化〗離液, シネレシス《ゲルの収縮によりゲルから液体が分離されること》.

syn·er·get·ic /sɪnədʒétɪk | -nə-/ 形 = synergic.

syn·er·gic /sɪnə́ːdʒɪk | -nə́ː-/ 形 共に働く, 共同する.

syn·er·gism /sínədʒìzm | -nə-/ 名 = synergy.

syn·er·gist /-dʒɪst/ 名 ❶〖化・薬〗共力薬, 相乗剤. ❷〖医〗共力器官[筋].

syn·er·gis·tic /sɪnədʒístɪk | -nə-/ 形《薬·筋肉など》共力性の, 《反応·効果など》相乗(作用)的な. **-ti·cal·ly** /-kəli/ 副

syn·er·gy /sínədʒi | -nə-/ 名 U ❶ 共働; 相乗効果[作用]. ❷《薬·筋肉などの》共力作用.《L<Gk<SYN-+ergon 仕事 (cf. energy)》

syn·es·the·sia, -aes- /sìnesθíːʒ(i)ə | -ni:esθíːziə/ 名 U ❶〖生理〗共感《刺激された部位と別の部位に感じる感覚》. ❷〖心〗共感覚《ある音である色, ある色である匂いを感じるなど》. **syn·es·thet·ic** /sìnesθétɪk | -niːs-/ 形

syn·ga·my /síŋgəmi/ 名 U〖生〗配偶子合体; 有性生殖.

sýn·gàs /sín-/ 名 U《石炭から得られる》合成ガス.

Synge /síŋ/, **John Mil·ling·ton** /mílɪŋtən/ 名 シング《1871-1909; アイルランドの劇作家》.

syn·od /sínəd/ 名 教会会議, 宗教会議.

syn·od·ic /sənɑ́dɪk | -nɔ́d-/, **-i·cal** /-k(ə)l/ 形 ❶ 教会[宗教]会議の. ❷〖天〗合の.

synódic mónth U 朔望月 《lunar month の別称》.

synódic périod U〖天〗会合周期《2つの惑星間の, 合から次の合［衝から次の衝］までの期間》.

syn·o·nym /sínənɪm/ 名 同意語, 類義語《of, for》 (↔ antonym): 'Quick' is a ~ of 'fast.' quick は fast の類義語である.《L<Gk<SYN-+onyma 名》 synonymous)

⁺**syn·on·y·mous** /sɪnɑ́nəməs | -nɔ́n-/ 形 同意語の, 同義の, 同じ事を表わす[意味する]: ~ words 同義語 / 'Upon' is ~ with 'on.' upon は on と同義である. **~·ly** 副 名 synonym).

syn·on·y·my /sɪnɑ́nəmi | -nɔ́n-/ 名 U ❶ 同義(性). ❷《強調のための》同意語畳用《例: in any shape or form》. ❸ 類義語研究.

syn·op·sis /sɪnɑ́psɪs | -nɔ́p-/ 名《複 **syn·op·ses** /-siːz/》 ❶ 概要, 要約, 梗概(テォ), 大意, あらすじ《of》. ❷ 一覧(表)《of》.《L<Gk=全体を見ること《SYN-+opsis 見ること (cf. optic)》

syn·op·size /sínəpsaɪz | -nɔ́p-/ 動 他《...の》梗概[一覧]を作る.

syn·op·tic /sɪnάptɪk | -ɔ́p-/ 形 概要の, 要約の; 概括的な; 全体像の, 通覧的な. **syn·óp·ti·cal·ly** /-kəli/ 副

synóptic Góspels 名 [the ~; しばしば S- G- で] 共観福音書《マタイ・マルコ・ルカの三福音書》.

syn·os·to·sis /sìnɑstóʊsɪs | -nɔs-/ 名 (複 -**ses** /-siːz/) 解·医 骨癒合(症).

syn·o·vi·al /sɪnóʊviəl/ 形 生理 滑液の[を分泌する].

syn·o·vi·tis /sìnəváɪtɪs/ 名 U 医 滑膜炎.

syn·tac·tic /sɪntǽktɪk/, **-ti·cal** /-tɪk(ə)l/ 形 統語論 (syntax) の, シンタックスの. **-ti·cal·ly** /-kəli/ 副

syn·tagm /síntæm/ 名 = syntagma.

syn·tag·ma /sɪntǽgmə/ 名 (複 ~**s**, **-ma·ta** /-tə/) 言 シンタグマ《統語的関係をもつ語句; 発話の秩序だった集合》. **syn·tag·mat·ic** /sìntægmǽtɪk⁺/ 形

syn·tax /síntæks/ 名 ❶ 言·文法 統語論, シンタックス. ❷ 電算《プログラミング言語や機械命令などの》文法, シンタックス.《F<L<Gk=一緒に並べること》

synth /sɪnθ/ 名 口 = synthesizer 1.

syn·thase /sínθeɪz/ 名 生化 シンターゼ, 合成酵素《逆方向にリアーゼ (lyase) 反応をする酵素》.

⁺**syn·the·sis** /sínθəsɪs/ 名 (複 **syn·the·ses** /-siːz/) ❶ ⓤ 総合, 統合 (⇔ analysis). ⓑ Ⓒ 総合体[物]. ❷ 化 合成. 《L<Gk=一緒に置くこと SYN-+tithenai 置く (cf. thesis)》 (形 synthetic, 動 synthesize)

⁺**syn·the·size** /sínθəsaɪz/ 動 ❶ 化《…を》合成する, 合成して作る. ❷ 《…を》総合する, 統合する. (名 synthesis)

⁺**syn·the·siz·er** /sínθəsaɪzər/ 名 ❶ シンセサイザー《電子回路を用いて音を合成する装置》. ❷ 総合する人[もの].

syn·the·tase /sínθətèɪs, -tèɪz/ 名 生化 シンテターゼ《ATP などのリン酸化合物の分解と共役して 2 個の分子を結合させる反応を触媒する酵素》.

⁺**syn·thet·ic** /sɪnθétɪk/, **-thet·i·cal** /-k(ə)l/ 形 ❶ 合成の (man-made): ~ chemistry 合成化学 / a ~ detergent [fiber] 合成洗剤[繊維] / a ~ resin 合成樹脂[ゴム]. ❷ 総合の, 統合的な: Turkish is a ~ language. トルコ語は総合(言)語である. ❸ 口 本物でない, にせの; 人工的な: ~ sympathy 偽りの同情. ── 名 合成品[物質]. **-i·cal·ly** /-kəli/ 副 (名 synthesis)

syn·the·tize /sínθətaɪz/ 動 = synthesize.

syn·ton·ic /sɪntάnɪk | -tɔ́n-/ 形 心 《環境に対して》同調性を有する.

sýn·type /sín-/ 名 生 等価基準[総模式]標本.

syph·i·lis /sífəlɪs/ 名 U 医 梅毒. 《L; 神を冒瀆した天罰でこの病気にかかったという羊飼いの名から》(形 syphilitic)

syph·i·lit·ic /sìfəlítɪk⁺/ 形 梅毒(性)の. ── 名 梅毒患者. (名 syphilis)

sy·phon /sáɪfən/ 名 動 = siphon.

syr- /sɪr/ 腰頭《r の前にくる時の》syn- の異形.

Syr·a·cuse /sírəkjùːs, -kjùːz/ 名 ❶《英》sái(ə)rəkjùːz/ シラクーザ, シラクサ, シュラクサイ《イタリアの Sicily 島南東部の都市・港町; 古代ギリシア人の植民都市》. ❷ シラキュース《米国 New York 州中部の都市》.

Syr·i·a /síriə/ 名 シリア《地中海東岸西アジアの共和国; 首都 Damascus》.

Syr·i·an /síriən/ 形 シリア(人)の. ── 名 シリア人.

⁺**sy·ringe** /sɪríndʒ, -⁺-/ 名 ❶ 注射器: a hypodermic ~ 皮下注射器. ❷ 洗浄器, スポイト, 浣腸器. ── 動 ❶ 《…に》注射する. ❷ 《…を》洗浄する.《L<Gk=羊飼いの笛》

syr·inx /sírɪŋks/ 名 (複 **sy·rin·ges** /səríndʒiːz/, ~**es**) ❶ = panpipe. ❷ 《鳥の》鳴管.

⁺**syr·up** /sírəp, sə́ːrəp | sírəp/ 名 U ❶ シロップ. ❷ 糖蜜, 蜜. ❸ シロップ剤: cough ~《薬用》せき止めシロップ.《F<L<Arab=飲み物》(形 syrupy)

syr·up·y /sírəpi, sə́ːr- | sír-/ 形 ❶ a シロップの(ような).

b ねばねば[どろどろ]した. ❷ 甘ったるい, 感傷的な: ~ compliments 甘ったるいお世辞. (名 syrup)

sy(s)- /sɪ(s)/ 腰頭《s の前にくる時の》syn- の異形.

syst. 《略》 system.

⁺**sys·tem** /sístəm/ 名 ❶ a Ⓒ《政治・経済・社会などの》機構, 制度, 組織, システム: ~ of government 政治組織 / the feudal ~ 封建制度 / an educational ~ = a ~ of education 教育制度. ⓑ [the ~]《支配》体制: upset the ~ 体制を覆す. ⓒ 《学問・思想などの》体系: the Copernican ~ コペルニクスの体系. ⓓ Ⓒ《通信・輸送などの》組織(網) (network): a communications ~ 通信網 / a railroad [《英》railway] ~ 鉄道網. ⓔ 《山・河川などの》系統: a river ~ 河川系. ⓕ Ⓒ 生理 系統, 器官: ⇨ nervous system. ⓖ Ⓒ 天 系, 系統: ⇨ solar system. ❷ Ⓒ a《組織的な》方式, 方法 (method): a sales ~ 販売方法 / the decimal ~ 十進法 / a ~ of classification 分類方式. ⓑ 分類(法). ❸ U《きちんとした》順序, 規則, 統一性: to do a thing without ~ 行き当たりばったりに事を行う / This book has no ~ to it. この本は系統だって書かれていない. ❹ Ⓒ《組織の》機械装置,《オーディオ・コンピューターなどの》システム: a brake ~《自動車の》ブレーキ装置 / a ventilation ~ 換気装置 / an operating system. ❺ [the ~, one's ~] 身体, 五体, 全身. **Áll sýstems gó!** 口 すべて準備完了, 万事オーケー《由来 宇宙船の打ち上げ準備完了の合図から》. **gét …óut of one's sýstem** 口 悩み・心配などを捨て去る, 忘れる.《L<Gk=いっしょに置いたもの SYN-+histanai 置く》(形 systematic, 動 systematize)

⁺**sys·tem·at·ic** /sìstəmǽtɪk⁺/, **-át·i·cal** /-k(ə)l⁻/ 形 (**more ~**; **most ~**) ❶ 組織的な, 系統的な (⇔ unsystematic). ❷ きちょうめんな, 計画的な, 規則正しい. ❸《比較なし》生 分類法の: ~ botany [zoology] 植物[動物]分類学. **-i·cal·ly** /-kəli/ 副 (名 system)

systemátic érror 統 定誤差, 系統誤差《原因が明らかで補正可能な誤差》.

sys·tem·át·ics /sìstəmǽtɪks/ 名 U 生 系統分類学; 分類法 (taxonomy).

systemátic théology 名 U 組織神学.

sys·tem·a·tist /sístəmətɪst/ 名 体系[系統, 組織]を作る人; 体系[系統, 組織]に従う[固執する]人; 分類学者 (taxonomist).

sys·tem·a·ti·za·tion /sìstəmətɪzéɪʃən | -taɪz-/ 名 U 組織化, 系統化, 体系化. ❷ 分類.

sys·tem·a·tize /sístəmətàɪz/ 動 ❶ 組織化する, 系統だてる. ❷ 分類する. (名 system)

⁺**sys·tem·ic** /sɪstémɪk/ 形 ❶ 生理 全身の, 全身性の: the ~ arteries 全身動脈. ❷《殺虫剤など植物体の全体にわたって浸透し効果を発揮する. ❸ 組織の, 系統の, 体系の.

sýstem [sýstems] íntegrator 名 電算 システムインテグレーター《ハードウェア・ソフトウェア・ネットワーク環境などを統合したシステムを開発・提供する企業》.

sys·tem·ize /sístəmàɪz/ 動 = systematize.

sys·tem·i·za·tion /sìstəmɪzéɪʃən | -maɪz-/ 名

sýstem [sýstems] óperàtor 名 電算 システムオペレーター[管理者],《特に》電子掲示板管理者, シスオペ.

sýstems análysis 名 システム分析.

sýstems ánalyst 名 システム分析者.

sýstems enginèering 名 U システム[組織]工学.

sýstem sóftware 名 U 電算 システムソフト(ウェア)《アプリケーションソフトに対し, オペレーティングシステムやコンパイラーなど》.

sys·to·le /sístəli/ 名 生理 心収縮(期) (cf. diastole). **-tol·ic** /-stάlɪk | -tɔ́l-/ 形

syz·y·gy /sízədʒi/ 名 ❶ 天 シジジー《惑星の合 (conjunction) または衝 (opposition); 月の同様の位置》. ❷ 対のものの一組.

Sze·chuan, Sze·chwan /sètʃwάːn/ 名 = Sichuan.

T t

t, T[1] /tíː/ 名 (複 **ts, t's, Ts, T's** /~z/) ❶ C,U ティー《英語アルファベットの第20番目; cf. tau》. ❷ U 《連続したものの》第20番目(のもの). **cróss the [one's] t's** /tíːz/ 《t を書く時にこの横棒を引くことを忘れないように》過度に細心の注意を払う. **to a T** /tíː/ 正確に, ぴったりと《to a TITTLE 成句から》: suit [fit]...*to a T* ぴったり合う.

T[2] /tíː/ 名 (複 **T's, Ts** /~z/) T字形(のもの): ⇨ T square, T-bone steak, T-shirt.

T《記号》《化》tritium. 《略》《理》tesla. **t.**《略》teaspoon(s); telephone; temperature; tenor; tense; territory; time; ton(s); tonne(s); town(ship); transit; 《文法》transitive; troy. **T.**《略》tenor; Territory; Testament; Tuesday; Turkish.

't /t/ 代《詩》it の短縮形: **'tis** =it is / **'twas**=it was / **on't**=on it.

ta /táː/ 間《英》ありがとう: *Ta* ever so. どうもありがとう.《thank you のなまった形》

Ta《記号》《化》tantalum. **TA**《略》transactional analysis; 《英》Territorial Army; 《米》teaching assistant.

+**tab**[1] /tǽb/ 名 ❶ タブ《引っぱったり, 下げたり, 確認・飾り用につける小さなたれ・つまみ》: **a**《主に米》《缶ビール・ジュースなどの》口金のつまみ《英》ring-pull: a pull ― 切り離し式に引っぱる口金のつまみ / a stay-on ― 缶から離れない口金のつまみ. **b**《服を掛けるための》襟づり. **c**《服・リボンなどの》たれ飾り. **d**《帳簿などのへりにつける見出しの》つまみ. ❷ 付け札, はり札. ❸《米口》勘定書, 伝票. ❹《口》(LSD などの》錠剤. ❺《英口》タバコ. **kèep tábs [a táb] on...**《口》(1) ...を帳簿につけておく, 勘定する. (2) ...を監視する: *Keep ~s on* the kids! 子供に十分注意しなさい. **pick úp the táb**《口》勘定を払う. ―― 動 他《...に》タブをつける.

tab[2] /tǽb/ 名 ❶ =tabulator 2. ❷ タブ《位置》《タイプライターやコンピューターでタブキーにより入力位置が進められる桁位置》; 《電算》タブ《桁位置合わせ用のコード》.

TAB《略》typhoid-paratyphoid A and B vaccine 腸チフス・パラチフス混合ワクチン.

tab·ard /tǽbəd | -bəd/ 名 タバード: **a** 伝令官が着た紋章入りの官服. **b** 中世の騎士がよろいの上に着た一種の陣羽織.

tab·a·ret /tǽbərət/ 名 U タバレット《波紋織としゅすを交互に織った家具用の強い絹織物》.

Ta·bas·co /təbǽskoʊ/ 名 U《商標》タバスコ《トウガラシから作られる辛い赤色のソース》.《Sp; メキシコ南東部の州名から》

tab·bou·leh /təbúːlə, -liː/ 名 U タブーラ《タマネギ・パセリ・トマトにひき割った小麦を混ぜたレバノン風サラダ》.

táb·by (càt) /tǽbi(-)/ 名 ❶ ぶち猫, とら猫《⇨ cat 関連語》. ❷ 雌猫.

tab·er·na·cle /tǽbənæk1 | -bə-/ 名 ❶C ユダヤ神殿. ❷ 礼拝堂; 《非国教派の》会堂. ❸《教会》(聖体を入れる》聖櫃(ひつ). ❹ [the ~]《聖》幕屋《ユダヤ人がパレスチナに最後の住居を定めるまで荒野を放浪した時, 契約の箱をその中に納めて移動する神殿》.《L=テント<*taberna* 小屋+-CLE; cf. tavern》

ta·bes /téɪbiz/ 名 U《医》癆(ろう)(症), 消耗.

ta·bes·cent /təbésənt/ 形 消耗性の; やせ衰えた, やつれる.

ta·bet·ic /təbétɪk/ 形《医》《脊髄》癆(ろう)(のような).

táb kèy /tǽb-/ 名 タブキー《タブ位置まで進むキー; ⇨ tab[2] 2》.

ta·bla /táːblə/ 名 タブラ《特にインド音楽の, 大小2個の手打ちの組太鼓》.

tab·la·ture /tǽblətʃə | -tʃə/ 名 U《楽》タブラチュア《音符でなく文字・数字・符号などを用いる記譜法》.

*‡**ta·ble** /téɪb1/ 名 A ❶C テーブル, 卓《解説》引き出しのない一枚板などでできた机; 食卓・仕事台・遊戯台・細工台・手術台など; cf. desk 1 a》: a green ― 賭博(と)台《緑色のテーブルかけを用いる》. ❷《単数形で; しばしば U》食物, ごちそう, 料理: book a ~《レストランに》食事の予約をする / the pleasures of the ~ 飲食の快楽, 食道楽 / clear the ~ 食事の後片づけをする / lay [set, spread] the ~ 食卓の用意をする / rise from the ~=leave the ~《食事が終わって》席を立つ / wait at ~ =《米》wait (on) ~ 食事の給仕をする / They spread a good ~. 彼らはいつもごちそうを出す. ❸C [集合的; 単数または複数扱い]《食事・会議などの》テーブルを囲む人々: a ~ of cardplayers トランプをしている一座の人々 / keep the ~ amused 一座の取り持ちをする. ❹C 台地, 高原.

――B C ❶ 表, 目録・株式一覧表 / the ~ of contents《本の》目次, 目録 / a ~ of interest [taxation] rates 利息[税率]表 / ⇨ timetable / a ~ of weights and measures 度量衡表. ❷ 九九表: learn one's ~s 九々を覚える / the three times ― 三の段 / ~ multiplication table.

at《米》**at the table** (1) 食事中に. (2) 食卓について; 食事をして: be *at* (the) ~ 食事中である / sit (down) *at* (the) ~ 食卓につく.

drínk a pèrson ùnder the táble ⇨ drink 動 成句.

láy·on [ùpon] the táble (1)《米》《議案などを》棚上げする, 延期する. (2)《英》《議案などを》討議に付する, 上程する.

the tábles of the láw =Ten Commandments.

túrn the tábles《相手に対し》形勢[局面]を逆転させる,《人の》立場を逆にする《*on*》《由来》backgammon の競技者の位置の変更から;《用法》the tables を主語に受ける形で》.

ùnder the táble (1) こっそりと; その下で. (2)《口》酔いつぶれて.

―― A ❶ テーブルの, 机の: a ~ lamp《食卓の上などに置く小さな》電気スタンド. ❷ 食卓(用)の; 食事の: ~ salt 食卓塩 / a ~ knife 食卓用ナイフ / ⇨ table manners. ❸ 表に作る, 表に入れる.

《F《L *tabula* 板》《形 tabular》

+**tab·leau** /tǽbloʊ/ 名 (複 **~x** /~z/, **~s**) ❶ タブロー, 活人画《扮装した役者などが静止した姿勢で無言のまま表現した歴史などの》. ❷ **a**《一幅の》絵画, 絵画的な描写. **b**《歴史・聖書などの》一場面を描いた絵画[群像].《F↑》

tábleau cùrtains 名《劇》割緞(どん)(帳)《中央から斜め上に開閉する引幕》.

tábleau vi·vánt /-viːvɑːŋ | -víːvɔŋ/ 名 (複 **tab·leaux vi·vant(s)** /~/) 活人画《TABLEAU》.《F》

+**ta·ble·cloth** /téɪb1klɔːθ | -klɔːθ/ 名 (複 **~s** /~s/) テーブルクロス.

táble dàncing 名 U テーブルダンス《ナイトクラブなどで, ダンサーがテーブルのそばで踊るエロチックなダンス》.

ta·ble d'hôte /táːb1dóʊt/ 名 (複 **tables d'hôte** /~/)《ホテル・レストランなどの》定食《あらかじめ決められたコース料理》.《F=host's table》

táble·fùl 名 一食卓に上る数量[を囲める人数].

táble·hòp 動《レストラン・ナイトクラブなどで》テーブルからテーブルへしゃべりながら歩き回る.

táble·lànd 名 台地, 高原, 卓状地.

táble lìcence 名 U《英》《食事の時にのみ出せる》酒類販売許可.

táble lìnen 名 U 食卓用リネン[白布]《テーブルクロス・ナプキンなど》.

táble mànners 名 複 テーブルマナー, 食事作法.

táble·màt 名 テーブルマット《熱い料理の皿などの下に置く食卓用下敷き》.

táble nàpkin 名 テーブルナプキン (napkin).
táble sàlt 名 U 食卓塩.
táble skìttles 名 U テーブルスキットルズ《ひもにつるしたボールを揺らして盤上のピンを倒すゲーム》.
*__ta·ble·spoon__ /téɪblspùːn/ 名 ❶ a (英)(食卓で料理を取り分けるのに用いる)テーブルスプーン. b (米) 中程度の大きさのスプーン; 大さじ《スープ用で, 通例茶さじ (teaspoon) の 3 杯分》. ❷ =tablespoonful.
ta·ble·spoon·ful /téɪblspuːnfʊl/ 名 (複 ~s, table-spoonsful) テーブルスプーン[大さじ] 1 杯(分) 《of》《略 tbsp.》.
*__tab·let__ /tæblət/ 名 ❶ a (金属·石·木の)平板《その上に銘などを書いたりする》, 銘板: a memorial ~ 記念牌, 位牌. b 書字板, 書き板《stylus で古代の人が書いた》. c (平たい)石けん. ❷ 錠剤, タブレット (pill; ⇒ medicine 関連): three aspirin ~s アスピリン 3 錠. ❸ (米)(はぎ取り式の)ノートパッド, メモパッド. ❹ タブレット《単線の鉄道で列車運転の際機関手に渡す円形証票》. ❺ [形容詞的に]《電脳》コンピューターがタブレット型の, 〈OS 抔がタブレットコンピューターに対応した《ペン型入力装置とタッチパッド式の画面を組み合わせデータの入力や操作ができる》. 〖TABLE+-ET〗
táble tàlk 名 U 食卓での雑談.
táble tènnis 名 U ピンポン, 卓球 (ping-pong).
táble·tòp 名 テーブルの表面. — 形 卓上用の.
táble·wàre 名 卓上用器具《皿·スプーン·ナイフ·フォークなど》.
táble wìne 名 U.C テーブルワイン《主に食事の時に供される, アルコール分が 14 パーセント以下のワイン》.
tab·li·er /tæblièr/ 名 (婦人服の)エプロン風装飾.
*__tab·loid__ /tæblɔɪd/ 名 ❶ タブロイド(版)新聞《普通の新聞の半分ページ大で写真が多い; しばしば扇情的で, 有名人のゴシップ記事が主体の大衆紙》: ~ journalism タブロイドジャーナリズム. ❷ 要約, 摘要. — 形 A ❶ 要約した, 縮小した. ❷ 扇情的な, どぎつい.
+__ta·boo__ /təbúː/ 名 U.C ❶ (社会的な)タブー, タブー視されていること[もの], 禁制, 法度(ᵗ²): put a ~ on...=put... under ~ ... を厳禁する. ❷ (宗教的な)禁忌, タブー《ポリネシアや南太平洋の先住民の間で, 特定の人やものを神聖または不浄として触れることや口にすることを禁じる風習》: be under (a) ~ タブーになっている. — 形 タブーの; 禁制の: a ~ word 禁忌語, 禁句, 忌み言葉 / The topic is ~. その話題はタブーだ. — 動 他 ⟨...⟩をタブーにする; 禁制にする. 〖Polynesian〗
ta·bor /téɪbə | -bə/ 名 テーバー《中世に用いられた小太鼓; 右手でこれをたたき, 左手で小笛を吹いた》.
tab·o·ret /tæbərɪt/ 名 (米) 円い腰掛け, スツール.
tab·ou·ret /tæbərét | tæbərɪt/ 名 (英) =taboret.
táb stòp =tab² 2.
ta·bu /təbúː/ 名 形 動 =taboo.
tab·u·lar /tæbjʊlə | -lə/ 形 ❶ 表(ᵒ²)の, 表にした: in ~ form 表になって[して]. ❷ 平板状の, 平たい, 卓状の. 〖L=板の; ⇒ table, -ar〗
ta·bu·la ra·sa /tæbjʊlɑ́ːrə, -sə/ 名 (複 **ta·bu·lae ra·sae** /tæbjʊlìːrɑ́ːzai, -saɪ/) ❶ 文字の消された石板. ❷ (精神の)白紙状態. 〖L〗
tab·u·late /tæbjʊlèɪt/ 動 他 表に作る. 〖⇒ table, -ate²〗
tab·u·la·tion /tæbjʊléɪʃən/ 名 ❶ U 表作成. ❷ C 表, 目録.
táb·u·là·tor /-tə | -tə/ 名 ❶ 図表作成者. ❷ タビュレーター《タイプライター·コンピューターなどの図表作成装置》.
ta·bun /tɑ́ːbuːn/ 名 U 《化》 タブン《液体の有機燐酸エステル; 神経ガス》.
tac-au-tac /tækoutǽk/ 名 《フェン》 かわして突き返すこと.
ta·cet /tǽsət, téɪs-, tɑ́ːket/ 動 自 《命令法で》《楽》休止せよ.
tach /tǽk/ 名 =tachometer.
tache /tǽʃ/ 《英口》 =mustache.
tach·ism /tǽʃɪzm/, **ta·chisme** /tæʃíːsm/ 名 U 《美》タシスム《第二次大戦後から 1950 年代に Paris を中心に行なわれた, カンバスにえのぐをたらしたりかけたりする抽象画の様式》.
ta·chis·to·scope /təkɪ́stə-, tæ-/ 名 《心》瞬間露出器, タキストスコープ《絵·文字などの視覚的刺激を与える装置》.
ta·chis·to·scóp·ic /-skáp- | -skɔ́p-/ 形 **-i·cal·ly** 副
ta·cho /tækou/ 名 (複 ~s) 《英口》 =tachometer.
ta·chom·e·ter /tækɑ́mətə | -kɔ́mətə/ 名 タコメーター, 回転速度計.
tach·y- /tǽki, tǽkɪ/ 〖連結形〗「急速な」.
tach·y·car·di·a /tækɪkɑ́ədɪə | -kɑ́ː-/ 名 U 《医》 頻脈, (心)頻拍.
ta·chyg·ra·phy /tækíɡrəfi, tə-/ 名 U 速記法, (特に古代ギリシア·ローマの)早書き法; (中世のギリシア·ラテン語の)省略体による続け書き体法. **tàch·y·gráph·ic** 形
ta·chym·e·ter /tækímətə | -tə/ 名 ❶ 《測》 タキメーター, スタジア測量器, 視距儀. ❷ 速度計.
tach·y·on /tǽkiàn | -ɔ̀n/ 名 《理》 タキオン《光より速い速度を持つとされる仮説的素粒子》.
tach·y·phy·lax·is /tækɪfɪlǽksəs/ 名 U 《医》タキフィラキシー《生理学的有効成分の反復投与によって反応が次第に弱まること》.
+__tac·it__ /tǽsɪt/ 形 ❶ 暗黙の; 言葉に表わさない, 無言の: a ~ agreement [understanding] 暗黙の同意[了解] / ~ approval [consent] 黙認[諾]. **~·ly** 副 〖L **tacere**, **tacit**- be silent〗
tac·i·turn /tǽsətə̀ːn | -tə̀ːn/ 形 無口な, 口数の少ない.
tac·i·tur·ni·ty /tæ̀sətə́ːnəṭi | -tə́ː-/ 名 U 無口, 寡黙(ᵏ).
Tac·i·tus /tǽsətəs/ 名 タキトゥス《55?-?120; ローマの歴史家》.
*__tack¹__ /tǽk/ 名 ❶ C びょう, 留め金《英 drawing pin》: a carpet ~ じゅうたんの留めびょう / ~ thumbtack. ❷ C 《服》タック, しつけ, 仮縫い. ❸ U.C 方針, 政策: try a different ~ 方針を変えてみる. ❹ 《海》 a C 帆の下隅(ᵈ²)の, 隅. b C 上手(ᶠᵒ)回し, 間切り《向かい風を斜めに受けて船をジグザグに進めること》. c C.U (帆の位置によって決まる船の)針路. **gèt [còme] dówn to bráss tácks** ⇒ **brass tacks** 成句. — 動 他 ❶ [副詞(句)を伴って] ⟨...⟩をびょうで留める, 取り付ける: She ~ed down the folds in the carpet. 彼女はじゅうたんの折り返しのところをびょうで留めた / He ~ed the picture onto the wall. 彼は絵を壁にびょうで留めた. ❷ ⟨...を⟩⟨...に⟩仮に縫いつける[合わせる]: She ~ed a large ribbon to her dress. 彼女はドレスに大きなリボンを(仮に)縫いつけた. ❸ 付加する, 添える: He ~ed on an appeal for help to the end of his speech. 彼は最後に援助の訴えを付け加えて講演を終えた. / They ~ed an amendment to the bill. 彼らはその議案に修正条項を付け加えた. ❹ 《海》 ⟨船⟩を上手回しにする (↔ wear). — 自 ❶ 方針[政策]を変える. ❷ 《海》 (船)を上手回しにする, 間切る ⟨about⟩ (cf. 名 4 b).
tack² /tǽk/ 名 馬具一式.
tack³ /tǽk/ 名 U 《口》俗悪なもの, 安ピカもの, ごみ, くず.
táck·er /tǽkə/ 名 **tack** する人[もの]; 鋲打ち機; 仮縫い人.
*__tack·le__ /tǽkl/ 名 ❶ a C 《アメフト·ラグビー》 タックル《ボールを持つ敵に組みついて前進を妨げること》. b 《アメフト》 タックル《攻撃線にいる 2 選手中の一人》. ❷ [海語では /téɪkl/] C 船の索具, U (特に動索共通の)滑車装置, テークル: a single [compound] ~ 単[複]滑車. ❸ U 道具, 用具, 装置: fishing ~ 釣り具. ❹ U 《俗》男性性器. **blóck and táckle** ⇒ **block** 名 5. — 動 他 ❶ 《アメフト·ラグビー》⟨相手に⟩タックルする. ❷ a ⟨仕事·問題などに⟩取り組む: ~ an urgent problem 緊急の問題に取り組む. b ⟨人と⟩⟨...について⟩議論をたたかわせる ⟨on, about⟩: I ~ed him on the question of the future of the Cabinet. 内閣の将来に関する問題について彼と大いに論じ合った. ❸ ⟨人など⟩をつかむ, とらえる: He ~d the thief fearlessly. 彼は勇敢に泥棒に組みついた. — 自 《アメフト·ラグビー》タックルする. 〖Du〗

táckle blòck 图 枠付き滑車.
táckle fàll 图 《滑車装置の》通索.

⁺**tack·y¹** /tǽki/ 形 (**tack·i·er; -i·est**) 〈にかわ・ワニスなど〉くっつく, べとつく.

tack·y² /tǽki/ 形 (**tack·i·er; -i·est**) 《口》❶ 〈服装・様相など〉みすぼらしい, 安っぽい, 見苦しい. ❷ 悪趣味な, 品の悪い: a ~ joke 下品なジョーク. ❸ 質の悪い, 安物の: a ~ house 安普請の家. **táck·i·ly** /-kɪli/ 副 **táck·i·ness** 图

ta·co /táːkou | tǽk-/ 图 (~s) タコス《トルティーヤ (tortilla) に肉・チーズ・野菜などをくるんだメキシコ料理》. 《Mex-Sp》

⁺**tac·o·nite** /tǽkənàɪt/ 图 U 《鉱》タコナイト《含鉄チャート》.

⁺**tact** /tǽkt/ 图 U 《人をそらさない》機転, 如才なさ: He lacks ~. 彼は機転がきかない / [+*to do*] have the ~ *to* say 如才なく言う. 《F<L *tangere*, *tact*- 触れる; cf. tax》【類義語】**tact** 人間関係でしこりにならないようにうまくこなす如才さ, 気配り. **diplomacy** しばしば自分の目的のために抜け目なくふるまうこと.

⁺**tact·ful** /tǽktf(ə)l/ 形 機転がきく, 如才ない, 機転のきく (↔tactless). ~·**ly** /-fəli/ 副 ~·**ness** 图

⁺**tac·ti·cal** /tǽktɪk(ə)l/ 形 ❶ 戦術的な, 戦術上の, 用兵上の: a ~ point 戦術上の要点 / ~ nuclear weapons 戦術核兵器. ❷ 《一般的な意味で》戦術上の, 戦術的な, かけひきの(うまい): a ~ error 戦術上の誤り. ~·**ly** /-kəli/ 副 ⇒ **tactics**)

tac·ti·cian /tæktíʃən/ 图 戦術家; 策士.

⁺**tac·tics** /tǽktɪks/ 图 U ❶ [単数または複数扱い] 戦術 (学), 兵法, 用兵: T- differ(s) from strategy. 戦術に戦略とは異なる. ❷ [複数扱い] 方策, 策略, かけひき: The opposition's delaying ~ in the Diet were deplorable. 国会での野党側の引き延ばし戦術は遺憾だった / strong-arm ~ 実力行使. 《L<Gk=整理, 配置の意》形 **tactical** 【類義語】⇒ **strategy**.

tac·tile /tǽktl | -taɪl/ 形 ❶ 触覚の: ~ organs 触覚器官. ❷ 触知できる: a ~ impression [sensation] 触感, 触感. 《TACT+-ILE》

tac·til·i·ty /tæktíləti/ 图 U 触知できること; 触覚の鋭さ 《感度》.

táct·less 形 機転のきかない, へまな, 不用意な (↔tactful). ~·**ly** 副 ~·**ness** 图

tac·tu·al /tǽktʃuəl/ 形 触覚の, 触覚による. ~·**ly** /-əli/ 副

tad /tǽd/ 图 《米》口 ❶ [副詞句にも用いて] 少量, わずか: It's a ~ difficult. それはちょっと難しい. ❷ 男の子, 少年.

Tad /tǽd/ 图 タッド《男性名; Theodore の愛称》.

ta·da(h) /taːdáː/ 間 ジャジャーン《人や物を発表・示すとき》.

tad·pole /tǽdpoʊl/ 图 おたまじゃくし. 《TOAD+POLL 頭》

Ta·dzhik, Ta·djik /taːdʒíːk, -dʒíːk/ 图 = Tajik.

Ta·dzhik·i·stan /taːdʒɪkɪstǽn⁺/ 图 = Tajikistan.

Tae-Bo /taɪbóʊ/ 图 U 《商標》タエボー《キックボクシングのような動きとダンスを組み合わせたエクササイズ; tae kwon do と box の語頭を合わせた名称》.

tae·di·um vi·tae /tíːdiəmváɪti, táɪdiʊmíːtaɪ/ 图 U 生の倦怠, 厭世(観).

tae kwon do /táɪkwɑ́ndoʊ | -kwɔ́n-/ 图 U 跆拳(テコンドウ)道, テコンドー《朝鮮の護身術》.

tae·ni·a, te·ni·a /tíːniə/ 图 (~s /~z/, ~·ae /-niì:/, -niàɪ/, ~s) ❶ 《古代ギリシア・ローマの》頭に巻くリボン[ひも]. ❷ 《建》タイニア《ドーリス式建築の entablature の frieze と architrave の間の平縁(タイイ)》. ❸ 《解》《神経組織・筋肉の》ひも(状組織), 帯.

tae·ni·oid, te- /tíːnɪɔ̀ɪd/ 形 ひも[リボン]状の.

Taff /tǽf/ 图 《英口・しばしば軽蔑》ウェールズ人の男 (Taffy).

taf·fe·ta /tǽfətə/ 图 タフタ, こはく織りの(布)《やや堅い平織りの》.

taff·rail /tǽfrèɪl/ 图 《海》船尾の手すり, 船尾の上部.

taf·fy /tǽfi/ 图 U,C 《米》タフィー《英》toffee《砂

1833 **Tagore**

糖とバターなどを煮つめて作る一種のキャンディー》. ❷ U 《口》おべっか.

Taf·fy /tǽfi/ 图 ❶ タフィー《男性名》. ❷ C 《英口・しばしば軽蔑》タフィー《ウェールズ人のあだ名; ⇒ Uncle Sam 解説》.

taf·i·a /tǽfiə/ 图 U タフィア《ラム酒の一種; 西インド諸島産》.

Taft /tǽft/, **William Howard** 图 タフト《1857-1930; 米国第 27 代大統領》.

⁺**tag¹** /tǽg/ 图 ❶ **a** 《名前・定価などを記した》付け札, 下げ札, 標識札: a name ~ 名札 / a price ~ 正札, 値札. **b** 《電算》タグ, 標識《テキストに段落や文字種など文章の構造・体裁を示すための記号》. ❷ 《服・リボンなどの》たれ飾り. ❸ 《靴ひもなどの》先の金具. **b** 《ジッパーなどの》つまみ. ❹ **a** 毛の房. **b** 《羊の》もつれ毛. **c** 《キツネの尾の白い先端》. ❺ 《特に, ラテン語などの紋切り型の》引用節句. ❻ タグ《スプレーペンキなどで落書きしたサイン[シンボルマーク]》. — 動 (**tagged; tag·ging**) 他 ❶ 〈...に〉付け札[下げ札, 標識札]をつける; 〈...に〉たれ飾りをつける: ~ every item in the store 店の品物全部に正札をつける / He *tagged* his trunk *with* his name and address. 彼はトランクに住所氏名をつけた. ❷ 〈...に〉〈...と〉あだ名[レッテル]をつける (label): [+目+(*as*)補] We *tagged* him "Sissy" [(*as*) a sissy]. 彼に弱虫とあだ名をつけた. ❸ 〔...に〕〈...を〉つける, 付加する: ~ a moral *onto* a story 物語に教訓を添える / They *tagged* various abusive epithets *onto* our names. 彼らは我々の名にあらゆる悪口をつけ加えた. ❹ 〈文章・演説などに〉〈引用句句〉を添える: He *tagged* his speech *with* a quotation from the Bible. 彼は演説を終わるにあたって聖書からの引用句句を添えた. ❺ 《口》〈...に〉怪きつく, くっついて離れない. ❻ 《米》**a** 交通違反シールを〈車などに〉張る. **b** 〈ドライバーに〉交通違反カードを渡す. — 動 [副詞(句)を伴って] 後についていく, 付きまとう. **tág alóng** (動+副) 後についていく, 付きまとう (*behind*, *with*): I went first and the children *tagged* along. 私が先に行き子供たちが後についてきた / John ~s *along* wherever his big sister goes. ジョンは姉が行くところはどこでもくっついて行く. **tág ón** (動+副) 〈...を〉付け加える.

tag² /tǽg/ 图 ❶ U 鬼ごっこ (tig) 《解説》ひとりの鬼が他の人を追いかけて触れればその人が鬼になるという子供の遊び; 「鬼」は it²の》: play ~ 鬼ごっこをする. ❷ C 《野》タッチアウト. — 動 (**tagged; tag·ging**) 他 ❶ 《口》〈鬼が〉〈人を〉捕まえる. ❷ 《野》〈走者に〉タッチ(してアウト)する. **tág úp** (動+副) 《野》〈走者がタッチアップする《フライがとられて走塁する前に塁に足をつける》.

Ta·ga·log /təgáːləg/ 图 (~, ~s) ❶ **a** [the ~(s)] タガログ族《フィリピンの Luzon 島中部の先住民》. **b** C タガログ族の人. ❷ U タガログ語《フィリピンの公用語》.

tág·alòng 图 《米》口 しつこく[うるさく]人に付きまとう(者).

tág dày 图 《米》街頭募金日. 《寄付者の襟に TAG¹《小札》をつけてやることから》

tág énd 图 ❶ C [通例複数形で] 切り端, 断片. ❷ [the ~] 最終部分, 最後.

tág·ger 图 《自分のサインやシンボルマークをスプレーペンキで落書きするやつ, タグアーチスト》.

ta·glia·tel·le /tàːljətéleɪ/ 图 U タリアテッレ《ひもかわ状のパスタ》.

tág líne 图 ❶ 《ジョークなどの》おち. ❷ 《直ちに特定の個人・団体・商品などが連想される》標語, キャッチフレーズ, うたい文句.

tag·ma /tǽgmə/ 图 (~ **-ma·ta** /-tə/) 《動》《節足動物の》合体節《昆虫の頭部・胸部・腹部など》.

tág mátch 图 《プロレスの》タッグマッチ.

tag·meme /tǽgmiːm/ 图 《言》文法素, タグミーム《意味をもつ文法上の最小単位》.

tag·mé·mics /tægmíːmɪks/ 图 U 《言》文法論, タグミーミックス.

Ta·gore /təgɔ́ː | -gɔ́ː/, **Sir Ra·bin·dra·nath** /rəbíndrənɑːθ/ 图 タゴール《1861-1941; インドの詩人; Bengal

出身, 作品はベンガル語で書いた; Nobel 文学賞 (1913)》.

tág quèstion [名]〘文法〙付加疑問 (questioning tag)《平叙文の後に添えられる簡単な疑問文; 例: You like it, *don't you*? / It isn't true, *is it*?》.

tág sàle [名] ガレージセール, フリーマーケット《売り物に値札が付いていることから》.

tág tèam [名]〘プロレス〙タッグチーム《互いに交代する 2 人(以上の)組》.

Ta·gus /téɪgəs/ [名] [the ~] タグス[タホ, テージョ]川《スペイン中部からポルトガルを経て大西洋に注ぐ Iberia 半島最長の川》.

ta·hi·ni /təhíːni, tɑː-/, **ta·hi·na** /-híːnə/ [名] [U] タヒニ《ゴマの実で作る練り粉》.

Ta·hi·ti /təhíːṭi/ [名] タヒチ(島)《南太平洋のフランス領ソシエテ諸島の主島》.

Ta·hi·tian /təhíːʃən/ [形] タヒチ島(人, 語)の. — [名] ❶ [C] タヒチ島人. ❷ [U] タヒチ語.

Ta·hoe /tɑ́ːhoʊ/, **Lake** [名] タホー湖《米国 Nevada 州と California 州にまたがる湖》.

tahr /tɑ́ɚ | tɑ́ː/ [名]〘動〙タール《野生ヤギ》, (特に)ヒマラヤタール《ニュージーランドに移入された》.

tai chi chu'an /tàɪʤìːʧùːɑ́ːn/, **t'ai chi** /táɪʤìː/ [名] [U] 太極拳(けん)《中国の拳法・健康法》. 〖Chin〗

tai·ga /táɪgə/ [名] タイガ《シベリアなどの針葉樹林帯》. 〖Russ〗

***tail**¹ /téɪl/ [名] ❶ [C] 尾, しっぽ. ❷ [C] 尾のようなもの: **a** (服・シャツなどの)すそ. **b** たこ (kite)の尾. **c**〘天〙彗星(すいせい)の尾. **d**〘印刷〙テール《g, y など文字の並び線以下に下げて書く部分》. **e**〘楽〙(音符の)符尾. **f** おさげ, 弁髪. ❸ [複数形で]《口》燕尾(えんび)服 (tailcoat): a gentleman in ~*s* 燕尾服を着た紳士. ❹ [C] [通例単数形で] **a** [通例 the ~] 末尾, 後部; 終わり: at *the* ~ of…のいちばん後に. **b**〘空〙(飛行機・ミサイルなどの)尾部. ❺ [C] **a** 随行者, 供回り. **b**《口》尾行者[車]: put a ~ on a person 人に尾行をつける; 人を尾行する. ❻ [C] [通例複数形で; 単数扱い] (硬貨の)裏面 (cf. head [名] 5 a): ⇨ HEADS or tails [成句]. ❼ [C]《俗》尻. ❽ [U]《俗・卑》**a** (セックスの対象としての)女: a bit [piece] of ~ 女. **b** 性交.

hàve one's **táil dòwn** [**ùp**] 元気がない[元気でいる].

màke héad(s) or táil(s) of… ⇨ head [名] [成句].

on a person's **táil** 人の後ろで, 人を追って: close *on a* person's ~ 人のすぐ後ろに迫って / sit *on a* person's ~ 人の背後にいて片時も離れない.

the táil wágging the dóg 主客転倒.

túrn táil (and rún) (背・尻を向けて)逃げる.

twíst a person's **táil** 人の気にさわるようなことをする, 人をいじめる.

with one's **táil betwèen** one's **légs** (敗北して)しっぽを巻いて, しょげて《[由来] 負け犬のさまから》.

with one's **táil dòwn** [**ùp**] 元気なく[元気で].

— [形] [A] ❶ 尾部の, しんがりの: ⇨ tail end. ❷ 後ろから来る: a ~ wind 追い風.

— [動] [他] ❶《口》〈人を〉尾行する (shadow): A detective was ~*ing* me. ひとりの刑事が私の後をつけてきていた. ❷〈果実などの〉へたを切り取る; 〈植物などの〉端を切り落とす. — [自] ❶〔…の後に〕ついていく: A lot of children ~*ed after* the circus parade. たくさんの子供たちがサーカスのパレードについていった. ❷ 次第に小さく[少なく, かすかに, まばらに]なる: The noise ~*ed away*. 騒音は次第に消えていった / Sales are beginning to ~ *off*. 売り上げが落ち始めている. **tail báck**《[自]+[副]》《英》〈交通が〉(事故や修理で)車の渋滞の列を作る.

([関形] caudal)

tail² /téɪl/ [名] [U]〘法〙相続人限定, 限嗣.

táil·bàck [名] ❶〘アメフト〙テールバック《オフェンスの最後尾のランニングバック》. ❷《英》(交通事故などによる)車の渋滞の列.

táil·bòard [名] (トラック・荷馬車の)尾板 (tailgate)《ちょうつがいで動かしたり, 取りはずしたりすることができる》.

táil·bòne [名]〘解〙尾骨.

táil·còat [名] 燕尾服, モーニング (tails).

tailed [形] [通例複合語で] 尾が…の: long-*tailed* 尾の長い.

táil énd [名] [単数形で; 通例 the ~] 末端; 終わり, 末尾〔*of*〕.

táil-ènd Chárlie [名]《英空軍俗》(軍用機の)後部砲手[射手], 最後尾機;《英俗》最後尾の者.

táil-ènd·er [名] (競走などの)最下位の人[動物], びり.

táil fìn [名] ❶ (魚の)尾びれ. ❷ テールフィン: **a** 自動車などの尾部にあるひれ状突起. **b** 飛行機の垂直安定板.

táil·gàte [名] ❶《米》**a** =tailboard. **b** (ステーションワゴン車などの)後尾扉. ❷ (閘門(こうもん)の)尾門. — [動]《米》[自] 前の車の後ろにぴったりついて運転する. — [他]〈前の車の〉後ろにつけて運転する.

táilgate pàrty [名]《米》テールゲートパーティー《アメフトの試合前に駐車場などでワゴン車の後部扉を開け飲食物を並べて行なうパーティー》.

táil·gàt·er [名] 先行する車にぴったりつけて運転するドライバー, あおり屋.

táil·ing [名] ❶ [U] (果実などの)へた[柄]取り. ❷ [C] (煉瓦などの)積込み尻, 際梁(きわばり)受け. ❸ [[U] または複数形で] くず, 残りかす, くず殻[粉]《など》, (特に)尾鉱, 廃石.

táil làmp [名] =taillight.

taille /téɪl, táɪ, tɑ́ːjə/ [名]〘フランス史〙タイユ《国王または領主が臣民・領民あるいはその保有地に課した租税》.

táil·less [形] 尾のない.

táil·lìght [名] (自動車・列車などの, 赤い)尾灯, テールライト.

táil·òff [名] 漸減; 逓減.

***tai·lor** /téɪlɚ | -lə/ [名] (洋)服屋; 仕立屋, テーラー《[解説] 主に男子服を注文で作る; 婦人服の仕立屋には通例 dressmaker を用いる》: The ~ makes the man.《諺》「馬子にも衣装」. — [動] [他] ❶ **a**〈服を〉仕立てる:〔+目+目〕He ~*ed* me a tweed suit. 彼は私にツイードの服を仕立ててくれた. **b**〈人の〉服を仕立てる: She's well ~*ed*. 彼女の服は仕立てがよい. ❷〈…を〉適合させる, 合うようにする: *T*~ your lecture *to* [*for*] the [your] audience. 講演の調子を聴衆に合わせなさい /〔+目+*to* do〕We can ~ our designs *to* meet your requirements. あなたの要望に合わせて設計を調整できます. — [自] 服を仕立てる; (洋)服屋をする. 〖F=切る人〗 ([関形] sartorial)

táilor·bìrd [名]〘鳥〙サイホウドリ《南アジア・南中国・アフリカ産; 枝についた葉を縫い合わせて巣を作る》.

tái·lored [形] ❶ **a** 注文仕立ての; [通例複合語で] (…)仕立ての: a well-*tailored* suit 仕立てのよいスーツ. **b**〈婦人服が〉紳士服仕立ての. ❷ あつらえたような, ぴったり合う.

tái·lor·ing /-lərɪŋ/ [名] [U] ❶ (洋服)仕立業. ❷ 仕立て方.

⁺**tailor-máde** [形] ❶ テーラー[注文]仕立ての (made-to-measure); (特に)〈婦人服が〉紳士服仕立ての, テーラー型の. ❷ [P] 〔…に〕よく合って, ぴったりして〔*for, to*〕: furniture ~ *for* a small room 小部屋にぴったり合った家具.

táil·pìece [名] ❶ 尾片; 尾部(の付属物). ❷ (弦楽器の)緒(お)止め板. ❸〘印〙(書物の)末章[巻末]余白のカット (cf. headpiece 2).

táil·pìpe [名] ❶ (自動車の)排気管 (exhaust (pipe)). ❷ (ジェットエンジンの)テイルパイプ, 尾管.

táil·plàne [名]〘空〙水平尾翼.

táil·ràce [名] (水車の)放水路.

táil·spìn [名] ❶〘空〙尾部きりもみ(落下). ❷ (経済的)混乱, 不景気; 意気消沈. — [動] [自] ❶ 尾部きりもみ落下する. ❷ 急激に落下する; 不景気になる; 意気消沈する.

táil·stòck [名]〘機〙(工作機械の)心(しん)押し台.

⁺**taint** /téɪnt/ [動] [他] [しばしば受身で] ❶〈…を〉腐らせる; (道徳的に)堕落させる: The political world *is* ~*ed with* corruption. 政界は腐敗している. ❷〈…を〉よごす, 汚染させる: The air *was* ~*ed with* the smell of blood. あたりの空気は血のにおいで汚れていた. — [自] 腐敗する; 堕落する. — [名] [U] [また a ~] ❶ 腐敗, (道徳的)堕落: moral ~ 道徳上の害毒. ❷ よごれ, 汚点; 汚名: the ~ *of* scandal 醜聞という汚名 / *a* ~ *on* one's honor 名声についた汚点. ❸〔不名誉なものの〕気味, 痕跡(こんせき)〔*of*〕. 〖F＜L

tingere, tinct- 色をつける, 染める〕
táint・ed /-tɪd/ 形 〈食物など〉汚染された; 堕落[腐敗]した, 不正な, 信用できない.
táint・less 形 汚点のない; 腐敗していない; 純潔な; 無害の.
tai・pan¹ /táɪpæn/ 名 大班《旧中国における外国商社の支配人・経営者》.
tai・pan² /táɪpæn/ 名 [動] タイパン《オーストラリア北部・太平洋諸島産のコブラ科の巨大な猛毒のヘビ》.
Tai・pei /tàɪpéɪ/ 名 台北《台湾の首都》.
Tai・wan /tàɪwáːn/ 名 台湾.
Tai・wa・nese /tàɪwəníːz⁻/ 形 台湾(人, 語)の. — 名 (複 ~) [↑ +-ESE]
taj /tɑːʒ, tɑːdʒ/ 名 ❶ ターじ《ダルウィーシュ (dervish) がかぶる, イスラム教国の縁なし円錐帽》. ❷ 《かつてのインドの》王冠.
Ta・jik /tɑːdʒíːk, tɑːdʒɪ́k/ 名 ❶ [C] タジク人《タジキスタンなどに住むイラン系の人》. ❷ [U] タジク語《タジク人の用いるペルシア語の方言; タジキスタンの公用語》.
Ta・jik・i・stan /tɑːdʒìkɪstǽn⁻/ 名 タジキスタン《中央アジアの共和国; 首都 Dushanbe》.
Taj Ma・hal /tɑ́ːdʒ məhɑ́ːl/ 名 [the ~] ターじマハル《インドの白大理石の霊廟(ホ゛ウ)》.
ta・ka・he /tɑ́ːkəhì:, tɑ́kə-, tɑkáː-/ 名 [鳥] ノトルニス《ニュージーランド産のクイナ科の希少鳥》.

※**take** /téɪk/ 動 (**took** /tók/; **tak・en** /téɪk(ə)n/) 形 **A** ❶ **a** 《手などで》取る, つかむ: The child *took* my hand. = The child *took* me *by* the hand. 子供は私の手を取った[手につかまった] / I *took* the pen between my fingers. 私はそのペンを指の間にはさんだ. **b** 〈…を〉〈…に〉抱く, 抱き締める: She *took* her child *to* her breast [*in* her arms]. 彼女はわが子を胸[腕]に抱き締めた.

❷ **a** 《わな・えさなどで》鳥獣を捕らえる; 〈犯人などを〉捕縛する, 捕虜にする《★ 通例進行形なし》: ~ three trout マスを3匹つかまえる / The thief was *taken* in the act. 泥棒は現行犯でつかまった / [+目+補] a person captive 人をとりこにする / He was *taken* prisoner. 彼は捕虜になった. **b** 〈とりで・都市などを〉占領する, 奪取する: ~ a fort とりでを奪取する.

❸ **a** 〈賞などを〉獲得する, 手に入れる, 取得する, 稼ぐ: ~ a degree 学位を取得する / ~ a bribe 収賄(ミミ)する / Her team *took* (the) first prize in the contest. 彼女のチームが競技で1等賞を取った / He *took* 600 dollars last week. 彼は先週600ドルを稼いだ. **b** [~ it] (口) 受け入れる, 受諾する (⇒ TAKE it or leave it [成句]). ★ 用法 a, b とも通例進行形・受身不可.

❹ **a** 〈ものを〉買う: I'll ~ this hat. この帽子をください. **b** 〈新聞などを〉予約して取る; 〈切符・座席などを〉予約する; 〈家などを〉《契約して》借りる: What paper do you ~? 何新聞を取っていますか / We have *taken* a cottage by the sea for the vacation. 休暇用に海岸の小別荘を借りている.

❺ **a** 〈薬・飲食物などを〉〈体内に〉取り入れる, 食べる, 飲む《用法 薬は錠剤・内服液いずれも take を用いるが, 飲食物は口語では have または eat, drink のほうが一般的》: ~ a meal 食事をとる / ~ medicine 薬を飲む / Not to be *taken* internally. 内服しないこと《★ 薬の服用の注意》/ I don't ~ coffee. コーヒーは飲みません. **b** 〈ミルク・砂糖などを〉〈…に〉入れる: ~ sugar *in* one's coffee コーヒーに砂糖を入れる. **c** 〈空気を〉吸い込む: ~ a deep breath 深呼吸をする.

❻ **a** 〈人を〉採用する; 〈弟子を〉取る; 〈下宿人を〉置く; 〈妻をめとる《★ 通例進行形なし》: ~ pupils 弟子を取る / ~ lodgers 下宿人を置く / ~ a wife 妻を迎える. **b** 〈人を〉〈…に〉入れる, 入会させる 〔*to, into*〕: We *took* him *into* the group. 彼をそのグループに加えた.

❼ **a** 手段などを講じる: ~ measures [steps] 方策を講じる. **b** 〈機会などを〉利用する, 利用する: *T*~ (advantage of) every opportunity. あらゆる機会を利用しなさい. **c** 〈…を〉〈例に〉あげる《★ 通例命令文で》: Many wives earn a lot. *T*~ Susan (, for example). 多くの主婦がたくさん稼いでいる. たとえばスーザンだ.

❽ **a** 〈…を〉〈選んで〉用いる, 採用する: I ~ size nine shoes. 私は9号の靴をはきます. **b** 〈機械などが〉〈…を〉使用する: This vending machine ~s any coin. この販売機はどんな硬貨も使える.

❾ **a** 〈科目・コースなどを〉取る; 〈授業を〉受ける: ~ dancing lessons ダンスを習う / ~ biology 生物学を取る. **b** 〈助言・忠告などを〉受ける, 受け入れる, 〈…に〉従う: *T*~ my advice. 私の忠告を聞きなさい / ~ medical [legal] advice 医師の診察を受ける[弁護士の意見を聞く].

❿ **a** 〈…を〉〈…から〉得る, 取り出す: This medicine ~s its name *from* its creator. この薬は発明者の名を取っている. **b** 〈…から〉引用する, 借用する: This line is *taken from* Shakespeare. この行はシェイクスピアから引用している.

⓫ 〈人を〉《急に》襲う《★ しばしば受身》: [+目+補] She *was taken* sick [ill]. 彼女は病気になった / ~ a person *by* surprise 人の不意を打つ, 人を奇襲する / ~ a person at a disadvantage 人に不意打ちを食わせる.

⓬ 〈人が〉〈病気・発作などに〉襲われる, かかる: ~ (a) cold かぜを引く[比較 catch を使うほうが一般的].

⓭ 〈人目・関心を〉引く; 〈人の〉心を引きつける, 〈人を〉うっとりさせる《★ しばしば受身》: ~ a person's eye 人の目を引く / The song *took* my fancy. その歌が気に入った / I *was* much *taken with* [*by*] her beauty. 彼女の美しさにすっかり見とれた.

⓮ **a** 〈火が〉つく: ~ fire 火がつく. **b** 〈染料・香りなどを〉吸収する: The milk has *taken* the smell of fish. 《冷蔵庫で》ミルクに魚のにおいが移った. **c** 磨きなどがきく: Marble ~s a high polish. 大理石はよく磨ける.

⓯ 〈魚が〉〈えさに〉食いつく.
⓰ 〈男が〉〈女と〉性交する.
⓱ 《俗》 〈人を〉だます.
⓲ [文法] 〈…を〉語尾にとる: Ordinary nouns ~ -s in the plural. 普通の名詞は複数で語尾に -s がつく.
⓳ [野] 〈投球を〉見送る.

— **B** ❶ **a** 《副詞(句)を伴って》〈ある場所から他へ〉持って, 連れていく; 〈乗り物・道が〉〈人を〉運んでいく: I *took* some sweets *home* to the children. 私はお菓子を子供たちに持って帰った / Please ~ these dishes *away* and wash them. この皿を持っていって洗ってください / My father often ~s me to the zoo. 父はよく私を動物園へ連れていってくれる / Will this road ~ me to the station? この道を行けば駅に出ますか / He *took* me *over* to the museum in his car. 彼は私を車に乗せて博物館まで連れていってくれた / The bus *took* us *home* again. バスで家に帰ってきた / [+目+*doing*] I *took* him swim*ming*. 私は彼を泳ぎに連れていった / *T*~ your umbrella *with* you. 傘を持っていきなさい / 〈*with* … *with* yourself とは言わない〉 / Most people ~ guides *with* them. たいていの人たちは案内者を同伴する[案内書を持っていく] / [+目+目 / +目+*to*+(名)] Bring me a cup of tea and ~ the driver a cup, too. = Bring a cup of tea to me and ~ a cup *to* the driver, too. 私にお茶を1杯持ってきて, それから運転手にも1杯持っていってください. **b** 〈努力・仕事などが〉〈人を〉〈…へ〉行かせる, 到達させる: Business *took* her *to* New York. 仕事で彼女はニューヨークに出かけた / Hard work *took* him *to* the top of the class. 勤勉によって彼はクラスのトップになった.

❷ **a** 〈ものを〉《間違って, または勝手に》持っていく: Someone has *taken* my umbrella. だれかが私の傘を持っていった. **b** 〈…を〉〈…から〉取り除く; 《引き算で》〈…から〉引く (subtract) 《★ 進行形なし》: He *was taken from* school and taught at home. 彼は学校をやめて家で勉強させられた / If you ~ 3 (*away*) *from* 8, you have [it leaves] 5. 8から3を引けば5が残る. **c** 〈…を〉〈…から〉はずす, 離す; 〈人を〉〈…から〉取り去る, 救い出す: *T*~ your hand *off* the handle. 取っ手から手を離しなさい / He never *took* his eyes *from* his book. 彼はいつまでも本から目を離さなかった / The survivors *were taken off* the wrecked ship. 生存者は難破船から救い出された. **d** 〈値段などを〉〈…から〉差し引く: ~ ten percent *off* the price 定価から10パーセント引く. **e** 《婉曲》

take 1836

〈人の命を奪う〉《★通例受身》: He *was taken* very young. 彼は若くして死んだ.

❸ **a** 〈時間・労力・金などを〉要する,かかる《★受身不可》: 〔+目+目〕The work *took* him a week. その仕事に(彼は)1週間かかった / The book *took* me two years to write. その著作に2年かかった / All it ~s is a phone call. 電話するだけでよい / She *took* a long time to prepare breakfast. 朝食の用意をするのに彼女はずいぶん時間がかかった. **b** [it を主語として] 〈…が〉〈…するのに〉〈…〉かかる《用法 It is to do の形式主語とも取れなくはないが, 非人称的と考えられている》: 〔+目+*for*+(代)+*to do*〕/〔+目+目+*to do*〕It ~s ten minutes *for* me *to* walk there.＝It ~s me ten minutes *to* walk there. そこへ(私が)歩いていくのに10分かかる /〔It ~s 目 *to do*〕It ~s two to make a quarrel. ⇒ quarrel 1 / How long will ~ this letter *to* reach London? この手紙がロンドンに着くのにどのくらいかかるでしょうか. **c** [some, much, a lot of などを伴って] 〈もの・事などが〉〈人にとって〉〈…するのが〉(かなり)骨が折れる《★受身不可》: 〔+*doing*〕That ~s *some believing*. それは信じがたい / He *took* a lot of convincing. 彼を納得させるのにとても苦労した / That would ~ *a lot of doing*. それはなかなか骨が折れるだろう. ★《用法》文の主語が *doing* の意味上の目的語になっている.

❹ 〈障害物などを〉乗り越える,跳び越す: ~ a hedge 垣根を跳び越す.

── C ❶ **a** 〈…を〉〈…だと〉思う,みなす《★通例進行形不可》: To hear him speak English, one would ~ him *for* an Englishman. だれでも彼が英語を話すのを聞けば彼をイギリス人だと思うだろう / What do you ~ me *for*? 私を何だと思っているのか / We *took* it *for* granted that we would be welcomed. 私たちは当然自分たちが歓迎されるだろうと思っていた /〔+目+*to be* 補〕I *took* her *to be* intelligent [his wife]. 彼女を聡明[彼の奥さん]だと思った /〔+目+*as*補〕He *took* my remark *as* an insult. 彼は私の言葉を侮辱と受け取った / She *took* the matter *as* settled. 彼女はその件は解決済みとみなした / Let us ~ it *as* read. (前回の議事録などで)それを読んだ[聞いた]ものとみなすことにしよう. **b**〔~ it (from…) that で〕〈…から〉〈…〉と(一応)解釈する《用法 take の後に直接 that 節をつながない形式目的語の it を置く; 通例進行形不可》: I ~ it (*that*) he has not been invited. 彼は招かれていないということですね[と解釈してもいいのですね] / I *took* it *from* her silence *that* she was guilty. 黙っているところを見ると彼女は罪の自覚があると私は思った.

❷ **a** [しばしば well, ill, seriously などの副詞を伴って]〈言葉・行動などを〉〈…と〉解する; 理解する: He didn't ~ the hint (that I wanted him to leave). (出ていってもらいたいと)それとなく示したのに彼には通じなかった / You must not ~ it ill. そのことを悪意に取ってはいけない / Don't ~ it seriously. まじめに取らないでください. **b**〈…を〉〈…のままで〉受け入れる:〔+目+*as*〕T~ things *as* they are. 物事はありのままに受け入れなさい / You had better ~ the world *as* it is [*as* you find it]. 世間はこんなものだと思ってかかったほうがよい《期待しすぎてはいけない》. **c** [easy などの副詞を伴って]〈…に〉〈…の〉態度をとる《★目的語に it [things] をとる》: ~ *it* [*things*] easy のん気にかまえる,無理をしない / ~ *it* [*things*] calmly 物事に動じない,落ち着いて[平気で]いる. ★《用法》a-c すべて通例進行形なし.

❸ **a**〔~ it from me (that) で〕〈…だと〉信じる《用法 話し手の確信を示す成句的表現で「確かに」「大丈夫」にもなる》: Just ~ *it from me that* it is important. 私が言うくらいだから大事なことだと思いなさい / He doesn't tell lies; ~ *it from* me. 彼はうそをつかない男だ,私が保証するよ. **b**〔~ my word for it で〕〈…だと〉信じる《用法 3 a と同じ》: T~ *my word for it*, I have nothing to do with the affair. 本当だよ,その事件には私は関係がないんだ.

❹〈非難・侮辱などを〉甘受する,耐え忍ぶ《★通例進行形なし》: I will ~ no nonsense. ばかげたことは言ってもらいたくない / I'm not going to ~ any more of your insults [any more insults *from* you]. もうこれ以上君から侮辱されるのはごめんだ / ~ hard punishment 厳罰を受ける; 《口》〈機械などの〉酷使に耐え,とても丈夫である / I'm not going to ~ any more of this behavior from you. もうお前のこの態度にはがまんができない. **b**〔~ it で; 通例 can, cannot と共に〕〈試練・侮辱・批判・酷使などに〉耐える,がまんする,やり抜く: I just *can't* ~ *it* any more. もうがまんできない.

── D ❶ する,行なう《用法 have と同義で通例成句的に用いられる》: **a** [動作名詞を目的語として]〈ある行動をする〉: ~ aim at…にねらいを定める / ~ counsel 相談する / ~ one's departure 出発する / ~ a drive ドライブする / ~ an excursion 遠足に行く / ~ exercise 運動をする / ~ one's exit 出ていく,退場する / ~ a glance at…をちらっと見る / ~ a guess 推測する / ~ a journey 旅行をする / ~ one's leave 別れる,立ち去る / ~ a look at…を見る / ~ objection to…に反対する / ~ a peep at…をちらっと見る / ~ refuge 避難する / ~ one's revenge 復讐する / ~ a ride (乗り物などに)乗る / ~ shelter 避難する / ~ a step 一歩踏み出す; 処置をとる / ~ a survey of…をさっと見渡す / ~ a tour 旅行する / ~ a voyage 航海をする / ~ a walk 散歩する. **b**〈休息・休暇を〉とる,楽しむ: ~ a holiday [vacation] 休暇をとる / ~ a rest 休息する / ~ one's ease 休む,くつろぐ / ~ a break ひと休みする / ~ a nap ちょっと寝る / ~ five [ten]《米口》5分[10分]休憩する. **c** 〈ふろに〉入る; 〈外気・日光に〉浴する: ~ a bath 入浴する / ~ a shower シャワーを浴びる / I was *taking* the sun on the lawn. 私は芝生の上で日光浴をしていた. **d**〈注意・決心・見方・姿勢などを〉する: ~ no notice [note] of…を心に留めない,顧みない / ~ care 注意する / ~ care of…を世話する / ~ a different [gloomy] view of…に対して違った[悲観的な]見方をする. **e** 〈感情などを〉感じる,経験する: ~ courage [heart] 勇を鼓する,元気を出す / ~ delight [pleasure] in…に喜びを感じる / ~ a fancy to…が気に入る / ~ an interest in…に興味を持つ / ~ pride in…を誇りに思う / ~ pity on…を哀れむ,…に同情する. **f** 〈誓いを〉立てる: ~ a vow 誓いを立てる,誓う / ~ (an) oath 誓う.

❷ **a** 〈乗り物に〉乗る: ~ a taxi [bus] to the station 駅までタクシー[バス]に乗っていく / ~ a train to York ヨークまで列車に乗る / ~ a plane to Paris パリまで飛行機で行く. **b** 〈道・進路などを〉たどる: We *took* the shortest way to school. いちばん近道を通って登校した / You can only let the matter ~ its own course. 事態は成り行きに任せるより仕方がない.

❸ **a** 〈席・位置などを〉占める,取る: ~ a seat 席につく / ~ a chair いすに腰かける / Is this seat *taken*? この席はどなたかおありですか(空いていますか) / ~ the place of a person=~ a person's place 人に取って代わる,人の跡をつぐ. **b** 〈官職・地位に〉つく: ~ the throne [crown] 王位につく.

❹〈容器・乗り物などが〉〈…を〉収容する(ことができる); 〈重さなどを〉支える《★進行形なし》: The car ~s five people. その車は5人乗りだ / This cask ~s three liters. このたるは3リットル入る.

❺ **a** 〈仕事・責任などを〉引き受ける; 〈クラス・科目などを〉担当する,受け持つ: ~ a job 仕事につく / ~ charge of…を担当する,預る / Which of the teachers has *taken* your class (for English)? どの先生が君のクラスの(英語の)担任になったのか. **b** 〈役目・職務などを〉務める,行なう: The Rev. Thomas Smith will ~ the morning service. トマス スミス師が朝の礼拝を執り行なう.

❻〈形・性質などを〉とる: Water ~s the shape of the vessel that contains it. 水は方円の器にしたがう.

❼ **a** 〈写真を〉撮る: Please ~ a snapshot of me. 私のスナップ写真を撮りなさい / I had my picture *taken*. 写真を撮ってもらった. **b** 〈…を〉書き取る: ~ a copy コピーを取る / ~ notes ノートを取る / The police *took* a statement from the witness. 警察は目撃者から供述書を取った / I *took* his broadcast *down* in shorthand. 彼の放送を速記した.

❽ **a** 〈手を取るなどして〉〈…を〉調べる,計る,確かめる: The

nurse *took* the patient's temperature. 看護婦は患者の体温を計った / He went to the tailor's to have his measurements *taken*. 彼は(服の)寸法をとってもらうために仕立屋へ行った. **b** 〈調査を〉行なう: ~ a census 人口[国勢]調査をする / ~ a poll 世論調査をする.

— 自 ❶ 〈火などが〉つく: The fire is beginning to ~. 火がつき始めている. ❷ […に]人気を博する: The play *took* from its first performance. その劇は初演からヒットした. ❸ [well などの様態の副詞を伴って] 〈…に〉写る, 写真うつりが…である. ❹ 根づく. ❺ **a** 〈薬剤・忠告などが〉効き目がある: The drug hasn't *taken* yet. その薬はまだ効き目は現われていない. **b** 〈染料が〉染まる. ❻ 〔+補〕〈病気に〉なる: 〔+補〕~ ill [sick] 病気になる. ❼ 〈効果・価値を〉減じる, 〈名声などを〉損ねる: These errors do ~ *from* the overall value of the book. これらの誤りは確かにその本の全般的価値を損なう.

be tàken abáck ⇒ aback 成句.

be tàken úp with…に夢中になっている, 熱中する; 専心する: He *is* too much *taken up with* all these crazy projects. 彼はこれらの狂気じみた計画に夢中になりすぎる.

nòt táking àny =not having ANY 代 成句.

táke áfter…〈…〉に似る (★ 目的語は主語より年上の直系親族); …をまねる: Bob ~s *after* his father. ボブは父親に似ている. (2) …を追いかける.

táke agáinst…〈英〉に反感を持つ (→ take to).

tàke apárt (⊕+副) [~+目+apart] (1) 〈小さな機械などを〉分解する, ばらばらにする (dismantle): ~ a watch *apart* 時計を分解する. (2) 《口》〈人の作品などを〉さんざんやっつける; 酷評する.

táke a person asíde ⇒ aside 副 成句.

táke awáy (⊕+副) (1) 〈…を〉持っていく, 連れていく (⇔ ⊕ B 1a), (2) 〈…から〉取り除く 〔*from*〕 (⇔ ⊕ B 2 b). (3) 〈英〉〈店で〉〈飲食物を〉買って持って帰る (《米》 take out). —— 自+副 (4) 〈…の〉効果[価値]を減じる 〔*from*〕 (detract).

táke báck (⊕+副) (1) 〈…を〉(使う前に)取り戻す, 返す; 〈品物などを〉引き取る: ~ *back* one's money 金を取り戻す. (2) 〈前言などを〉撤回する: I('ll) ~ *back* everything I said about her personality. 彼女の性格について言ったことは全部取り消そう. (3) [~+目+back] 〈…を〉過去の時間へ連れ戻す: This picture ~ *back* to my childhood. この写真を見ると子供のころが思い出される.

táke dówn (⊕+副) (1) 〈…を〉書き取る (write down) (⇒ D 7b), (2) 〈ものを高い所から〉降ろす: ~ *down* a box *from* a shelf 棚から箱を降ろす / ~ *down* a crane 起重機を降ろす. (3) 〈建物などを〉取り壊す; 〈銃などを〉分解する (↔ put up); ~ *down* a wall 塀を取り壊す. (4) [~+目+down] 〈人に〉恥をかかせる, 〈人の〉鼻をあかす: ~ a person *down* a peg (or two) 人をやり込める.

tàke ín (⊕+副) (1) 〈ものを〉(中に)取り入れる: ~ the washing *in* 洗濯物を取り込む; 〈人を〉泊める; 〈下宿人を〉置く: Can you ~ me *in* for a few days? 2, 3 日泊めてくれますか / ~ *in* lodgers 下宿人を置く. [~+目+副] 〈縫い物などを〉自宅で引き受ける: ~ *in* sewing 縫い物を引き受ける. (4) 〈英〉〈新聞などを〉取る. (5) [~+in+副] 《米》〈名所・映画・集会などを〉訪れる, 見物する, 見に行く: ~ *in* the World's Fair [the sights] 世界博覧会[名所]を見物する / What do you say to *taking in* a movie? 映画を見に行かないか. (6) 〈…を〉理解する, 会得する: ~ *in* a lecture 講演の内容をのみこむ / 〔+*wh.*〕 I'm beginning to ~ *in* how difficult this is. これがいかに難しいかわかり始めている. (7) 〈…を〉食い入るように見る; じっと見入る. (8) 〈…を〉ひと目で見る, 〈…に〉気づく: I *took in* the situation at a glance. ひと目でその事態を見て取った. (9) 〈衣服などを〉詰める (↔ let out): I must ~ *in* this dress at the waist. この服はウエストを詰めなければならない. (10) 〈…を〉含む: This tour ~s *in* the places where these poets lived. この旅行ではこれらの詩人たちが住んでいた所に立ち寄ります. (11) 〈人を〉欺く, だます (★ しばしば受身) (deceive): She told the lie so well that I *was* easily *taken in*. 彼女にうまくうそをつかれて私はまんまとだまされた. (12) 〈虚報などを〉真に受ける.

táke it (1) 思う (⇒ C 1b). (2) 試練・侮辱などに耐える (⇒ ⊕ C 4b). (3) 〈(…の)態度をとる (⇒ ⊕ C 2c).

táke it from mé ⇒ ⊕ C 3a.

táke it on one [onesèlf] to dó…することを引き受ける, 責任をもって…する; 思い切って…する.

táke it or léave it (1) 《口》《例命令法または you can の後に用いて》(提示された値段などに)そのまま無条件に受け取る[買う]かやめるかを決める. (2) 《通例 I can の後に用いて》(提示されたものの)どちらでもよい[けっこう]です.

táke it [a lót] óut of a person 〈人を〉へとへとに疲れさせる: Traveling two hours to work really ~s *it out of* me. 通勤に 2 時間かかるので実に疲れる. (2) 〈人に〉仕返しをする.

táke it óut on…に当たり散らす.

táke my wórd for it ⇒ ⊕ C 3b.

táke óff (⊕+副) (1) 〈服・帽子・靴などを〉脱ぐ; 〈眼鏡・指輪などを〉はずす (↔ put on): ~ *off* one's clothes 服を脱ぐ. (2) 〈ふたなどを〉取りはずす, 取り除く. (3) 〈値段を〉割り引く, まける. (4) 〈手・足などを〉切断する. (5) 〈人を〉連れ去る (abduct): The girl was *taken off* by kidnappers. 少女は誘拐犯に連れ去られた. (6) 〈時間を〉さく, 休みとして都合する: ~ an hour *off* (from work) (仕事から)1 時間休む / ~ the whole week *off* 一週間全部休みをとる. (7) 〈列車・バスなどの〉運行をやめる: Two express trains will be *taken off* next month. 2 本の急行が来月から廃止となる. (8) 〈人の〉癖などを〉まねる: Bill is very good at *taking off* the Prime Minister. ビルは首相のまねをするのがとても上手だ. (9) 〈体重を〉減らす. (10) [~ oneself *off*] 《口》去る. —— (⊕+副) (11) 〈飛行機・宇宙船が〉離陸する (↔ land); 〈急いで〉出発する: The plane *took off* on time. 飛行機は定刻に離陸した / We *took off* at eight o'clock for Paris. 我々は 8 時にパリに向かって出発した. (12) 《口》〈…に〉向けて立ち去る, 行ってしまう 〔*for*〕. (13) 〈事がうまくいく〉; 景気がよくなる. (14) 〔…に〕熱中する, 興奮する 〔*on*〕.

táke ón (⊕+副) (1) 〈仕事・責任などを〉引き受ける: ~ *on* extra work [heavy responsibilities] 超過勤務[重責]を引き受ける. (2) 〈人を〉雇う: We're going to ~ *on* more workers. もっと多くの労働者を雇うつもりだ. (3) 〈争い・競技などで〉〈人と〉相手する: I'll ~ you *on* at tennis. テニスで君とひと勝負しよう. (4) [~+on+目] 〈性質・外観・意味などを〉持つようになる, 帯びる; 〈形勢を〉呈する (assume): He *took on* an Irish accent. 彼はアイルランドなまりになった / The clouds are *taking on* the red glow of the evening sun. 雲が赤々とした夕映の色に染まってきた. (5) 〈乗り物が〉〈人を〉乗せる: The bus *took on* some tourists at the next stop. バスは次の停留所で数人の観光客を乗せた. (6) 〈…が〉人気を得る, はやりだす: His theory has *taken on* among younger scholars. 彼の学説は若手の学者の間ではやりだした. (7) 《口》興奮する, 騒ぎ立てる: Don't ~ *on* so! そう興奮するな.

táke óut (⊕+副) (1) 〈…を〉取り出す, 持ち出す: I had a bad tooth *taken out*. 悪い歯を抜いてもらった. (2) [~+目+out] 〈人を〉〈散歩・食事などに〉連れ出す: He *took* me *out* to dinner [*for* a walk]. 彼は私を夕食[散歩]に連れ出した. (3) 《米》〈店で〉〈飲食物を〉買って持って帰る (《英》 take away): I want a hamburger to ~ *out*. 持ち帰りでハンバーガーを一つください. (4) 〈…から〉〈…を〉取り除く: She *took out* the ink stains *from* her blouse. 彼女はブラウスからインクのしみを取った. (5) 〈免許などを〉取る: ~ *out* a patent on an invention 発明品の特許を取る. (6) 《俗》〈…を〉破壊する, やっつける; 〈人を〉殺す. (7) 〈感情などを〉〈…〉にぶちまける, 発散する: He *took out* his anger *on* his wife. 彼は女房に八つ当たりして怒りをぶちまけた.

táke a person óut of himsèlf 〈もの・事が〉人の気を紛れさせる.

táke óver (⊕+副) (1) 〈職務・事業などを〉引き継ぐ: The new minister *took over* the job on Monday. 新大臣は月曜日に職務の引き継ぎをした. (2) 〈…を〉接収する:

The building was *taken over* by the army. その建物は軍隊に接収された. (3) 〈…を〉持って[連れて]いく (→ ⊕ B 1 a). — ⊛(自)(動) (4)〈…から〉引き継ぐ《*from*》.

Táke thát! これでもくらえ!, これでもか!《父親の発言》.

táke to... (1)〈習慣・道楽などに〉熱中する; (習慣的に)…をし始める: ~ *to* drink [drink*ing*] 飲酒の癖がつく《★ drink は名詞》/ He literature 文学に凝りだす / He *took to* writ*ing* after he resigned from the college. 大学を辞職後彼は著述を始めた. (2)〈人・場所・考えなどが〉好きになる, なつく (↔ take against); ~ kindly to...になつく / The children *took to* each other immediately. 子供たちはたちまち互いに気が合った / I didn't ~ *to* baseball. 私はついぞ野球が好きになれなかった. (3)〈隠れ場・避難所を求めて〉…へ行く: The cat *took to* the bushes. 猫は茂みへ逃げ込んだ / The passengers *took to* the lifeboat. 船客たちは救難船に乗り移った. (4)〈…に頼る〉: ~ *to* violence 暴力を用いるようになる.

táke úp (⊛+⊕) (1)〈…を〉取り上げる, 手に取る: He *took up* the receiver and dialed the number. 彼は受話器を手に取ってダイヤルを回した / ~ *up* arms 武器をとって戦う. (2)〈…を〉上方に連れて[持って]いく: This elevator will ~ you *up* to the ninth floor. このエレベーターで9階まで行ける. (3)〈人を〉〈乗り物に〉乗せる: The train stopped to ~ *up* a number of passengers. 列車は止まって数人の客が乗り込んだ. (4)〈水などを〉吸収する: A sponge ~s *up* water. スポンジは水を吸う. (5)〈固体を〉溶解する: Water ~s *up* salt. 水は塩を溶解する. (6)〈時間・場所などを〉取る, ふさぐ: You're *taking up* too much room. 君は場所を取りすぎだ / Most of his time is *taken up* with his job. 彼の時間の大半は仕事でふさがっている. (7)〈問題などが〉〈労力などを〉要する, 奪う. (8)〈仕事・趣味などを〉始める, 〈…に〉従事する: ~ *up* photography [French] 写真[フランス語]を始める / ~ *up* residence (in...) (…で)暮らし始める. (9) [~+up+名] 〈態度・口調などを〉とる: ~ *up* a hostile attitude 敵意のある態度をとる. (10)〈問題を〉取り上げる. (11)〈きれた話を〉再開する, 〈話の穂を〉つぐ. (12)〈借金を〉皆済する, 完済する; 〈抵当を〉受け戻す. (13) [~+目+up]〈人の〉〈申し出・約束などに〉応じる《*on*》. (14)〈ズボン等の〉丈をつめる (↔ let down).

táke úp with...と仲よくなる.

— 名 (⊛ [通例単数形で] a 捕獲高, 猟, 漁: a good ~ *of* fish 大漁. ❷ (米) 売上高 [通例単数形で] (収益などからの)分け前《*of*》. ❸〈映・テレビ〉1 回分の撮影(場面), テイク; 1 回分の録音, テイク. ❹ (口) 意見, 見方: his ~ *on* the issue その問題に対する彼の意見. **on the táke** (米俗) (1) 収賄(ワロ)を受けて[求めて]. (2) (他人を犠牲にして)個人のもうけをねらって.

〖ON *taka*〗

【類義語】(1) **take** ものを取る最も一般的な語. **seize** いきなり力ずくでつかむ. **grasp** しっかりと握る. (2) ⇒ **bring**.

táke·awày 名 =takeout《(米) carryout》.

táke·dòwn 形〈銃などが〉分解式の. — 名 〔レス〕テークダウン《立った相手にひざや尻をつかせること》.

táke-hòme pày 名 ⓤ 手取り(給料).

táke-in 名 (口) いんちき, 詐欺.

*‡**tak·en** /téɪk(ə)n/ 動 take の過去分詞.

*‡**táke·òff** 名 ⓒⓤ ❶ 離陸 (↔ landing; cf. touchdown 1). **b** ⓒ ジャンプ. ❷ (口) 物まね, 戯画化《*on*, *of*》.

táke·óut (米) 名 ❶ 持ち帰り用の食物[飲み物]. ❷ 持ち帰り料理店. — 形 ❶〈食物が〉持ち帰り用の.

*‡**take·o·ver** /téɪkòʊvə | -və/ 名 ⓒⓤ ❶ (管理・支配・所有などの)乗っ取り, 《株式取得または交換による》企業取得; (力による政治的)支配. ❷ 引き継ぎ, 引き取り.

tákeover bìd 名《株式の》公開買い付け《会社の支配権取得の目的で不特定多数の株主から株を買い取ること; 略 TOB》.

*†**ták·er** 名 ❶ 取る人, 受取人. ❷ 捕獲者. ❸ 購読者. ❹ 申し出などを受ける人. ❺ 賭(ネ)けに応じる人.

tak·ing /téɪkɪŋ/ 名 動 ❶ 魅力のある: a ~ smile ほれぼれするような笑顔 / a ~ girl 魅力的な娘. ❷《英口》伝染性の. — 名 ❶ ⓤ 獲得. **b** ⓒ 捕[漁]獲高. ❷ [複数形で] 所得, 収益, 売上高. **for the táking** 取りさえすれば(取った人のもの).

ta·la /táːlə/ 名〔楽〕ターラ《インドの音楽理論で, 打楽器による強烈なリズム型》.

tal·a·poin /tǽləpɔɪn/ 名 ❶《ミャンマー・タイなどの》仏教修行僧の尊称. ❷ 〔動〕タラポアン《最小種のオナガザル; 西アフリカ産》.

ta·lar·i·a /təlé(ə)riə/ 名 復〔ギ神・ロ神〕《特に Hermes [Mercury]のはく》翼のあるサンダル.

talc /tǽlk/ 名 ❶ ⓤ〔鉱〕滑石, タルク《talcum powder を作る原料》. ❷ =talcum powder.

talc·ose /tǽlkoʊs, —-/ 形 滑石 (talc) の[を含む].

tál·cum pòwder /tǽlkəm-/ 名 ⓤ タルカムパウダー《滑石粉に硼酸(ﾎｳｻﾝ)末・香料などを加えたもの; 汗止め, ひげそりあとなどに用いる》.

*‡**tale** /téɪl/ 名 ❶《事実・伝説・架空の》話, 物語: a fairy ~ おとぎ話 / ~s of adventure 冒険物語 / one's ~ of misery [woe] かわいそうな身の上話 / tell one's ~ 身の上話をする / a ~ told by an idiot《痴人が語るような》たわいのない話[事柄]《★ Shakespeare「マクベス」から》/ a ~ of a tub たわいもない話《★ Swift の小説から》/ His ~ is [has been] told. 彼はもうだめだ(運が尽きた) / That tells a ~. それには事情[いわく]がある / Thereby hangs a ~. それには少しいわくがある《★ Shakespeare「お気に召すまま」から》/ live [survive] to tell the ~ 生きのびて命拾いした話ができる. **b**《たわいもない》むだ話; 作り話: a ~ of mostly untrue 事柄 / ⇒ old wives' tale. **b** [しばしば複数形で]《人の秘密などの》うわさ話; 中傷: tell [carry] ~s 告げ口する; 人のうわさを広める; 秘密をもらす / If ~s be true, ..., 人のうわさが本当なら..., 本当かどうか知らないが.《★ うわさ話を始める時の文句》/ Dead men tell no ~s.《諺》死人に口なし. 【類義語】⇒ **story**[1].

tále·bèarer 名 人の悪いうわさを言いふらす人, 告げ口屋.

*‡**tal·ent** /tǽlənt/ 名 ❶ ⓒⓤ《特殊の》才能, 手腕: a person of [many ~s] 才人[多才な人] / He early showed a (real) ~ *for* music. 彼は早くから音楽に対する(本当の)才能を表わした / I have no [not much] ~ *for* foreign languages. 外国語の才は全然[あまり]ない / She has a ~ *for* making people relax. 彼女には人をくつろがせる才がある. ❷ **a** ⓒ 才能のある人, タレント: a Hollywood ~ ハリウッドのタレント / He's a minor ~ in contemporary writing. 彼は今日の文壇で二流作家だ. **b** ⓤ [集合的に; 単数または複数扱い] 才能のある人々, タレント, タレント(抜照「テレビタレント」は和製英語; 英語では a TV personality [star] などと言う》: discover new ~ 新人タレントを見つける. **c** ⓤ [集合的に]《英俗》性的に魅力のある女性(たち)《用法 2 b と同じ》. ❸《古代ギリシア・ローマなどの》タラント《衡量および貨幣の単位; 時・所によって異なる》.【L〈Gk=タラント;「才能」の意は聖書「マタイ伝」25 章 14-30 にある「才能に応じてタラントを分けた」たとえ話から】【類義語】⇒ **ability**.

*†**tal·ent·ed** /tǽləntɪd/ 形 才能のある, 有能な.

tal·ent·less 形 才能のない, 無能な.

tálent scòut[**spótter**] 名 人材を発掘する人, タレントスカウト (scout).

tálent shòw 名 しろうと演芸(大)会.

ta·les /téɪliːz/ 名 補欠陪審員招集令状.

tales·man /téɪlzmən, téɪlɪz-/ 名《復 -men》〔法〕補欠[補充]陪審員.

tále-tèller 名 ❶ 物語をする人. ❷ 告げ口屋.

tali /téɪlaɪ/ 名 talus[1] の複数形.

tal·i·pes /tǽləpìːz/ 名 湾(曲)足.

tal·i·pot /tǽləpɒt | -pɔt/ 名〔植〕コウリバヤシ, タリポットヤシ《セイロン原産》.

tal·is·man /tǽlɪsmən, -lɪz-/ 名《復 ~s》❶ 護符, お守り. ❷ 不思議な力のあるもの.

*‡**talk** /tɔːk/ 動 ❶ 話す: a しゃべる, 口をきく;〈オウムな

どか）人語を話す，口まねしたものを言う: Our child is learning to ~. うちの子はこのごろものを言い始めた / Some birds can ~. 口をきく鳥もいる / They're always ~ing. 彼らはいつもおしゃべりをしている / They are still not ~ing. 彼らは今に互いに口もきかない / She often ~s in her sleep. 彼女はよく寝言を言う． **b** 〔人と〕話をする，話し〔語り〕合う: She was ~ing to [with] a neighbor. 彼女は近所の人と話をしていた〔(用法) to が一般的; to は(受身可)〕．**c** 〔…のことを〕話す，しゃべる〔about, of, on〕〔(用法) about のほうが一般的; on は「…について」の意に用いる; 働 の連結は受身可〕: What are you ~ing about? 何の話をしているのか / We ~ed of one thing and another. いろいろ雑談した / These events were ~ed about for years afterwards. これらの事件はその後何年間も話題になった． **d** 相談する: Let me ~ with you about a problem I have. ぼくがかかえている問題で君と相談したいことがある / Have you ~ed together yet? もう相談をしましたか． **❷** 〔…について〕うわさ話をする (gossip): People will ~. 世間は口がうるさい，「人の口に戸は立てられぬ」/ He never ~s about others behind their backs. 彼は他人の陰口をきくような人ではない / You'll be ~ed about if you go there too often. そこへあまりたびたび行くと人にうわさされますよ / T~ of the Devil (, and he is sure to appear). (諺)「うわさをすれば影がさす」〔(用法) about のほうが一般的; ~ about [of] は受身可〕．

❸ 〔強迫されたりして〕自白する，口を割る: How did the police make him ~? 警察はどのようにして彼に自白させたのか． **❹** 〔合図などで〕話す，知らせる; 〔無線で〕通信する: ~ in sign language [by gestures, with one's hands] 手振り[身ぶり, 手まね]で話をする．

── 働 ❶ 〈…のことを〉語る（★受身まれ）: We ~ed politics for a long time. 我々は長時間政治を論じ合った． ❷ **a** 〈外国語などを〉話す〔(用法) speak のほうが一般的〕: He ~s French like a Frenchman. 彼はフランス語を本国人同様に話す． **b** 〈…を〉言って表わす，言う: ~ sense もののわかった話をする / ~ nonsense 〈くだらないことを話す / Don't ~ rubbish! 馬鹿なことを言うなよ． ❸ **a** 〈人に〉話して…させる［…するのをやめさせる〕: He ~ed his father into buying a new car. 彼は父をくどいて新車を買わせた / They ~ed me out of going. 彼らはいろいろ言って私が行くのを思いとどまらせた． **b** 〔~ oneself で〕話をして〈…の状態に〉なる〔+目+補〕I ~ed myself hoarse. 私は声がかれるまで話した．

I'm tálking to yóu! (相手の態度に怒って) いいか, よく聞け．

knów what one is tálking abóut (ある事について) よく心得ている, ちゃんと分かっている: You don't *know what you're talking about.* あんた何も分かっちゃいないんだ．

Lóok who's tálking. (口) 君だってひどいよ〔大きいことは言えないよ〕, 言えた義理か．

Nów you're tálking. (口) あなたの言うとおりです, そうこなくっちゃ．

Tálk abóut...! (口) (1) …の話なら〔…に及ぶものはない〕: *T~ about* wit! 天下一品の機知だ(った) / *T~ about* snow! すごい雪だこと． (2) 〔反語的に誇張して〕〕「…どころ(とんでもない): *T~ about* honesty! 正直だなんて！ とんでもない).

tálk awáy ((⾃+副)) (1) しゃべって〈時間を〉過ごす． ── ((⾃+副)) しゃべりまくる．

tálk báck ((⾃+副)) 〔…に〕口答えする (answer back): Don't ~ *back* to your teacher. 先生に口答えするな．

tálk bíg (口) 自慢する: He's always ~ing *big* about all his powerful connections. 彼はいつも自分の強力なコネを自慢している．

tálk dírty 卑猥なことを言う．

tálk dówn ((他+副)) [~+目+down] (1) 〈相手を〉しゃべり負かして, 〈言い分の〉値引きさせる． (2) 〈空〉〈飛行機パイロットを〉無線誘導する． (3) 〈人を〉説得して落ち着かせる． (4) 〈…を〉けなす (↔ talk up).

tálk dówn to a pérson 〈人を一段高い所から見おろすような態度で話す; 〈人に〉合うように調子を下げて話す（★受身可）: Don't ~ *down to* your audience. 聴衆に合わせる程度に下げて話すようなことはするな．

tálk ín ((他+副)) 〈飛行機・パイロットを〉無線誘導する．

tálking of... …と言えば (speaking of...): *Talking of* weather, how is it in England this time of year? 天気と言えば, この頃のイングランド（の気候）はどうですか．

tálk ninetéen to the dózen ⇒ dozen (成句).

Tálk of...! =TALK ABOUT...!

tálk óut ((他+副)) (1) 〈問題を〉徹底的に論じる． (2) 〈…を〉討論〔話し合い〕で解決する． (3) 〈英〉閉会時間まで討議を引き延ばして議案を廃棄する．

tálk óver ((他+副)) [~+目+over] (1) 〈…を〉〈人と〉相談する, 論議する: There is something important I must ~ *over* with you. 君に相談しなければならない重要なことがある． (2) 〈人を〉説得する．

tálk óver a pérson's héad 人に理解しにくい言葉で話す．

tálk róund ((他+副)) [~+目+round] (1) 〈人を〉説き伏せる． ── ((⾃+副)) (2) …のことを遠回しに言う．

tálk shóp ⇒ shop (名) 4. **tálk táll** ⇒ tall (副).

tálk thróugh ((他+副)) [~+目+through] 〈…を〉論じ尽くす．

tálk through one's hát ⇒ hat (成句).

tálk to a pérson like a Dútch úncle ⇒ Dutch uncle.

tálk to onesélf ひとり言を言う．

tálk tóugh (相手に要求を)強い調子で言う．

talk trash (米口) こきおろす, けなす, ボロクソに言う, ののしり合う．

tálk túrkey ⇒ turkey (成句).

tálk úp ((⾃+副)) (1) 大声で話す; もっとはっきり言う． ((他+副)) [~+目+up] 〈…を〉興味を引くように話す, ほめる (↔ talk down).

Yóu cannót [can] táḱ! =**Yóu're a fíne one to táḱ!** =**Look who's TALKING!** (成句).

── 名 ❶ **a** C 話, 談話, 会話: I want to have a long ~ with you. あなたとじっくりお話ししたい / pretty talk, small talk, table talk / What kind of ~ is that?[!] (相手の言葉に対して) そんなこと言うものじゃない． **b** C 〔しばしば複数形で〕話し合い, 会談, 協議: summit ~ s 首脳会談 / peace ~ s 和平会談． **c** U 〔実行の伴わない〕無益な議論, 空論: There's too much ~ and not enough action. 議論だけが多く行動が十分に伴わない / He's all ~. 彼は口先だけのことだ． / That's just ~. あれはただ口先だけのことだ． ❷ C (形式ばらない)講演, 講話: give a ~ 話をして聞かせる, 講演をする． ❸ U **a** うわさ: There's ~ of his going abroad. 彼が外国に行くという話[うわさ]がある． **b** [the ~] (町中[世間]の)うわさの種: He's *the* ~ *of* the town. 彼は町中のうわさの種だ． ❹ U 話しぶり, 口調: baby ~ 赤ん坊の(ような)話し方． ❺ U 人間の言葉のような音〔鳴き声〕．

【類義語】 (1) ⇒ speak. (2) ⇒ speech.

talk·a·thon /tɔ́ːkəθɑ̀n | -θɔ̀n/ 名 《米》 トーカソン《テレビなどの長時間にわたる討論会》． 〘TALK+(MAR)ATHON〙

talk·a·tive /tɔ́ːkətɪv/ 形 話し好きな, おしゃべりな．
~·ly 副 ~·ness 名

tálk-báck 名 ❶ (テレビ・ラジオ) 視聴者が電話で参加する番組． ❷ トークバック (指令室とスタジオ内のカメラマン・ディレクターなどとの指令・応答の通話システム)．

tálk·er 名 ❶ 〔通例修飾語を伴って〕話の(…な)人: a good ~ 話のうまい人 / a poor ~ 話し下手な人． ❷ 話し手．

tálk·fèst 名 《口》 (形式ばらない) 懇談会, 討論会; (市民一般の関心を呼ぶ問題についての)長時間[期間]にわたる討論[討議]．

talk·ie /tɔ́ːki/ 名 《米古》 トーキー, 発声映画 (talking picture).

tálk·ing 形 ❶ 話す, ものが言える: a ~ doll 話す人形 / a ~ parrot おしゃべりオウム． ❷ 表情のある: ~ eyes ものを言う目． ── 名 U 話すこと, 談話．

tálking bóok 名 話す本 (盲人用に朗読を録音したテープやCD).

tálking fílm 名 =talking picture.

tálking héad 名 《英》(テレビ・映画の)画面に登場する話

し手《ニュースキャスターなど》.
tálking pícture 图《米古》発声映画, トーキー.
tálking póint 图 論点, 論題.
tálk(ing) shòp 图《英軽蔑》(くだらない)おしゃべりの場《議会など》.
tálking-tò 图(優 ~s)《口》小言, お目玉: give a person a good ~ 人をうんとしかる.
tálk rádio 图 Ⓤ《米》トークラジオ《司会者のゲストへのインタビューにリスナーが参加するラジオ番組》.
†**tálk shòw** 图 (テレビ・ラジオ番組で)トークショー (chat show)《有名人のインタビューなどによる番組》.
tálk tìme 图 (携帯電話の)通話(可能)時間 (cf. standby time).
talk・y /tɔ́:ki/ 图 (**talk・i・er**, **-i・est**)《米》❶ おしゃべりな. ❷《劇・小説など》会話[語り]が多すぎる.
‡**tall** /tɔ́:l/ 厖 (**~・er**, **~・est**) ❶ a〈人の〉身長の高い, 背の高い (↔ short): a ~ man 背の高い男. b〈木・建物など〉(細長く)高い: a ~ tree [building] 高い木[建物]. ❷ (基数詞に伴って)高さ[背]が...の (★《口》ではしばしば tall が省略される): He's six feet ~ [six inches ~er than me]. 彼は身長が6フィートだ[私より6インチ高い]. ❸ (比較なし)《口》a 大げさな: ~ talk 大ぼらき, ほら / tell a ~ story [《米》tale] ほらを吹く. b (数量の)法外な, 大変な. ― 副 (**~・er**, **~・est**)《口》大げさに, 意気揚々と: talk ~ 大ぼらを広げる / walk ~ 胸を張って歩く.〖ME; もとは「速い」の意; 「高い」の意は 16 世紀から〗
tal・lage /tǽlɪdʒ/ 图 Ⓤ 《英》特別賦課税, タリッジ《中世の王が臣下に恣意的に課した税》.
Tal・la・has・see /tæ̀ləhǽsi/ 图 タラハシー《Florida 州の州都》.
táll・bòy 图《英》= highboy.
táll drínk 图 Ⓤ,Ⓒ トールドリンク《背の高いグラスに入れて出す飲み物[カクテル]》.
táll hát 图 シルクハット.
Tal・linn /tǽlən, tɑ́:-/ 图 タリン《エストニアの首都・港町》.
tall・ish /tɔ́:lɪʃ/ 厖 背が高めの, やや高い.
tal・lith /tɑ́:ləs, tǽl-, -ləθ, -lət/ 图 タリス, タリート《ユダヤ教徒の男子が朝の礼拝のとき頭[肩]に掛ける毛織りの[絹織りの]肩衣(益)》.
táll・ness 图 Ⓤ 高いこと, 高さ.
táll órder 图 できない[法外な]要求: That's rather a ~ (to fill). それはなかなかできないことだ.
tal・low /tǽlou/ 图 Ⓤ 獣脂《ろうそくを作る》: a ~ candle 獣脂ろうそく / ⇨ vegetable tallow.
tállow trèe 图 ナンキンハゼ《種子は蝋の原料》.
tal・low・y /tǽloui/ 厖 ❶ 獣脂(状)の; あぶらぎった. ❷ 青白い.
táll shíp 图 大型帆船, (特に)横帆艤装船.
†**tal・ly** /tǽli/ 图 ❶ a 勘定, 計算, (出費などの)記録《解説》日本で数を数える時に「正」の字を書くが, 英語では ⅢⅡ と書き, これを tally という): a record of how much you spend どれだけ使うかの記録する. b (競技の)得点: make [earn] a ~ in a game 競技で得点する. ❷ 勘定[計算]を記録したもの, 勘定書, 計算書《貸し手と借り手の両方が持つように特に正副の2通を作った場合にいう》. ❸ 割り符, 合い札《解説》昔, 貸借関係者が棒切れに刻み目をつけて負債・支払いの金額を表わし, それを縦に二つに割ってそれぞれが所有し, 後日の証拠とした). ❹ a 符合する, 対の一方《of》. b 符合, 一致. ❺ (木・金属・紙の)付け札, 荷札: the ~ on a box 箱につく荷札. ❻ (物品受け渡し計算の)単位数《1ダース・ひと束など》: buy goods by the ~ 品物を1ダース[ひと束]いくらで買う. ❼ (計数単位の)ちょうど《20を単位として2個ずつ数える場合 ...16, 18, tally と言えば tally は 20 のこと》. ― 動 自 ❶ 計算[合算]する 《up》. b〈点を得点する〉: Our team tallied three runs in that inning. わがチームはその回で 3 点得点した. ❷ 〈...を〉符合させる. ❸ 一致する, 合致する (correspond): The two accounts tallied. 両方の話[勘定]が一致した / His story doesn't ~ with yours. 彼の話は君の話と一致しない. ❷ 得点する.〖L talea 棒〗
tal・ly・ho /tæ̀lihóu/ 間 ほーほー!《キツネ狩りで猟師が獲物を認めて犬にかける掛け声》. ― 图 (優 **~s**) ほーほー(という掛け声). ― 動 自 ほーほーと掛け声をかける.
tálly・man /-mən/ 图 (優 **-men** /-mən/) ❶《英》分割払い訪問販売人. ❷ 数取り人.
tálly・shèet 图 計算[点数]記録用紙.
tálly sỳstem 图《英》分割払い販売法.
Tal・mud /tɑ́:lmud, tǽl-/ 图 [the ~] タルムード《ユダヤの律法とその解説》. **Tal・mud・ic** /tælmúdɪk, tɑːl-/ 厖
tal・on /tǽlən/ 图 (特に猛禽類の)つめ (⇨ nail 関連).
ta・lus¹ /téɪləs/ 图〈動〉距骨 (‐li /-laɪ/)〈解〉距骨, くるぶし.
ta・lus² /téɪləs/ 图 ❶ Ⓒ (優 **~・es**) (城壁などの)斜面. ❷ Ⓤ〈地〉崖錐(ホェエ), テラス《崖下にくずれた岩屑の堆積》.
tam /tǽm/ 图 = tam-o'-shanter.
TAM图《略》television audience measurement テレビ視聴者数(測定).
tam・a・ble /téɪməbl/ 厖 ならすことのできる.
ta・ma・le /təmɑ́:li/ 图 タマ(ー)レス《トウモロコシ粉・ひき肉・トウガラシなどをトウモロコシの皮に包んで蒸したメキシコ料理》.
ta・man・du・a /təmǽnduə, təmændúə/ 图〈動〉コアリクイ《樹上性; 熱帯アメリカ産》.
tam・a・rack /tǽm(ə)ræ̀k/ 图〈植〉アメリカカラマツ.
ta・ma・ri /təmɑ́:ri/ 图 (また **tamári sàuce**) Ⓤ たまり(醬油).
ta・ma・ril・lo /tæ̀mərílou, -ríːjou/ 图 (優 **~s**)〈植〉コダチトマト《南米原産のナス科の低木; 実はスモモに似ていて食用となる》.
tam・a・rin /tǽmərɪn, -ræ̀n/ 图〈動〉タマリン, シシザル《南米の森林にすむキヌザル科のサル》.
tam・a・rind /tǽmərɪnd/ 图 Ⓒ〈植〉タマリンド《熱帯産マメ科の常緑高木, その豆果》; Ⓤ タマリンドの果肉《清涼飲料・薬用・調味用》.
tam・a・risk /tǽmərɪ̀sk/ 图〈植〉ギョリュウ.
tam・bour /tǽmbʊə | -bʊə/ 图 ❶ (低音の)太鼓. ❷ (円形の)刺繡(しゅう)枠, 刺繡品. ❸ (家具・机などの)じゃばら扉.
tam・bou・ra /tæmbúː(ə)rə/ 图〈楽〉タンブーラ《インドのリュート属の楽器》.
tam・bou・rin /tǽmbərən/ 图 タンブラン《南フランスの細長い太鼓》; タンブラン踊り[舞曲].
tam・bou・rine /tæ̀mbəríːn/ 图〈楽〉タンバリン.
tam・bu・ra /tæmbúː(ə)rə/ 图 = tamboura.
tam・bu・rit・za /tæmbərítsə/ 图〈楽〉タンブリッツァ《バルカン地方のギター形の弦楽器; 音色はマンドリンに近い》.
Tam・bur・laine /tǽmbəlèɪn | -bə-/ 图 = Tamerlane.
†**tame** /téɪm/ 厖 (**tam・er, -est**) ❶〈動物が〉飼いならされた, なれた (↔ wild): a ~ animal 飼いならされた動物. ❷〈人・性格が〉おとなしい, 柔順な, すなおな: Now that he's married, he's much tamer. 彼は結婚したので今はずっと落ち着いている. ❸ a〈人の〉無気力な, 意気地のない. ❹ 精彩を欠く, 力の乏しい, 単調な: a ~ story つまらない物語. ❹《米》a〈植物が〉栽培された. b〈土地など〉耕された. ― 動 他 ❶〈動物を〉飼いならす: ~ a lion ライオンをならす. ❷ a〈人を〉服従させる. b〈勇気・熱情などを〉抑える, くじく. ❸〈自然・資源などを〉利用できるようにする. **~・ly**副 **~・ness**图〈類義語〉tame 野生の荒々しい動物を訓練して人間と一緒に住むことができるようにする. **domesticate**動物を飼いならして, 人間と一緒に住む人間の役に立つようにする.
tame・a・ble /téɪməbl/ 厖 = tamable.
tám・er 图 [しばしば複合語で] (野獣などの)ならし手, ...使い: a lion-tamer ライオン使い.
Tam・er・lane /tǽməlèɪn | -mə-/ 图 タメルラン (1336-1405;「跛者チムール」の意; Samarkand を首都として北インドから西アジアを征服したモンゴル族の支配者で, チムール朝の祖; Timur (Lenk) ともいう》.
Tam・il /tǽmɪl/ 图 (優 ~, ~**s**) ❶ a [the ~(s)] タミル族《南インド・スリランカのドラビダ族》. b Ⓒ タミル族の人.

❷ Ⓤタミル語. ── 形 タミル人[語]の.

Támil Ná·du /-ná:du:/ 名 タミルナードゥ《インド南東部の州; 州都 Madras (Chennai)》.

Tam·ma·ny /tæməni/ 名 [the ~] タマニー派 (New York 市のタマニー協会のタマニー会館 (Tammany Hall) を本拠とする民主党の団体; しばしば市政の腐敗とボス政治の比喩に使われる》.

Tam·muz /táːmuz | tǽmuːz, -uz-/ 名 ❶《ユダヤ暦》タンムズ《政暦の第 10 月, 教暦の第 4 月; 現行太陽暦で 6-7 月》. ❷《バビロニア神話》タンムズ《春と植物の神》.

tam·my /tǽmi/ 名 =tam-o'-shanter.

tam-o'-shan·ter /tǽməʃæntə/ 名 タマシャンター(帽)《スコットランド農民がかぶるふさのついたベレー帽; 《R. Burns 作の詩の主人公の名; その常用の帽子と》.

ta·mox·i·fen /tæmάksɪfèn | -mɔ́k-/ 名 Ⓤ《薬》タモキシフェン《癌細胞のエストロゲンレセプターをふさぐ抗腫瘍薬; 閉経後の女性の乳癌治療に使用される》.

tamp /tǽmp/ 動 ❶《土・たばこなどを》突き[詰め]固める《down》. ❷《火薬を詰めた後》発破孔に》粘土などを》詰める《with》.

Tam·pa /tǽmpə/ 名 タンパ《米国 Florida 州中西部のタンパ湾に臨む市・港町》.

Tam·pax /tǽmpæks/ 名 (欄 ~)《商標》タンパックス《生理用タンポン》.

tam·per[1] /tǽmpə | -pə/ 動 ⓐ ❶《ものを》勝手にいじりまわす; 勝手に開封する (★ ~ with は受身可): The lock has been ~ed with. その錠はいじくられた跡がある / Someone is ~ing with my mail. だれかが私の郵便物を勝手に開封している. ❷《原文などを》許可なく, 勝手に》変更する, 改竄(竄)する (★ ~ with は受身可): ~ with a document 文書を勝手に変更する. ── -er 名《TEMPER の変形》

támp·er[2] 名《道床などを》突き固める人; 込め棒, 突き棒; 《コンクリートなどの》締め固め機, 突き固め機, タンパー.

támper-pròof, támper-èvident 形《容器など》勝手に[こっそり]いじることができない; 開封するとすぐわかる.

tam·pi·on /tǽmpiən/ 名《銃や・砲口などの》木栓(さん)《使用しない時に詰めておく》.

†**tam·pon** /tǽmpɑn | -pɔn/ 名 タンポン, 止血栓《特に生理用タンポン》. 《F》

tam·pon·ade /tæmpənéɪd/ 名 ❶ Ⓤ《外科》タンポン挿入(法). ❷《医》心臓タンポン挿入様急性圧迫, 心タンポナーデ.

tam-tam /tǽmtæm/ 名 どら.

*****tan** /tǽn/ 動 (tanned; tan·ning) ⓖ ❶《獣皮を》なめす. ❷ **a** 《皮膚などを日に焼けさせる (★ しばしば受身形で, 前置詞は by, with): He's deeply tanned. 彼はひどく日焼けしている. **b** [~ oneself で] 肌を焼く. ❸《俗》《人を》ひっぱたく《a person's hide という》人を厳しくたたく. ── ⓘ 日に焼ける: She ~s easily. 彼女はすぐに日に焼ける. ── 名 ❶ Ⓒ 日焼け(の色) (suntan): get a ~ 日焼けする. ❷ Ⓤ 黄褐色. ❸ 黄褐色の, 渋色の. 《L く Gaul=オーク, オークの樹皮が皮をなめすのに用いられたこと》

tan, tan. (略)《数》tangent.

tan·a·ger /tǽnɪdʒə | -dʒə/ 名《鳥》フウキンチョウ《中米・南米産の羽毛の美しい小鳴鳥》.

Tá·nai·ste /tάːnɪʃtə/ 名《アイルランド共和国の》副首相 (cf. Taoiseach).

tán·bàrk 名 Ⓤ タン皮《皮なめし用のタンニンのある樹皮; オーク・ツガなど》.

†**tan·dem** /tǽndəm/ 名 ❶《二人(以上)が縦に乗る》タンデム型自転車《三輪車》. ❷ 縦につないだ 2 頭の馬; その馬車. **in tándem** (1) 二人(以上)縦に並んで. (2)《...と》協力して《with》. ── 副 縦に並んで: drive ~ 2 頭の馬を縦につないで駆る / ride ~《自転車に》二人(以上)前後に乗る, タンデム式に走る. ── 形 ❶ 縦に並んだ: a ~ bicycle タンデム式自転車. ❷ 二人以上の人が協働している. 《L=縦に長く》

tan·door /tɑːndúə | -dúə/ 名 タンドゥール《インドで用いる炭火を底に置く円筒型の土製のかまど》.

tan·doo·ri /tɑːndú(ə)ri/ 形 タンドゥールで調理した. ── 名 Ⓤ タンドゥールで焼いた料理《タンドリーチキンなど》.

Ta·ney /tɔ́ːni/, **Roger B**(**rooke**) 名 トーニー (1777-1864; 米国の判事; 合衆国最高裁判所首席裁判官 (1836-64)》.

tang[1] /tǽŋ/ 名 [単数形で] ❶ ぴりっとする味, 強いにおい. ❷ 気味, 趣 《of》.

tang[2] /tǽŋ/ 動 ⓘ ガーン[ビーン]と鳴る.

Tang /tǽŋ/ 名 唐, 唐朝 (618-907).

tan·ga /tǽŋɡə/ 名 タンガ《両脇がひも状のビキニ型ショーツ》.

Tan·gan·yi·ka /tæŋɡənjíːkə-/ 名 ❶ タンガニーカ《アフリカ中東部にあった国; 1964 年 Zanzibar と合併して Tanzania となる》. ❷ [Lake ~] タンガニーカ湖《タンザニア西部国境上の世界最長の淡水湖》.

tan·ge·lo /tǽndʒəlòʊ/ 名 (優 ~s)《植》タンジェロ(の木)《tangerine と grapefruit との雑種》.

tan·gen·cy /tǽndʒənsi/ 名 Ⓤ 接触.

tan·gent /tǽndʒənt/ 形 接する, 接線の: a straight line ~ to a curve 曲線に接する直線. ── 名《数》❶ 接線, 接面. ❷ タンジェント, 正接 (略 tan). **fly** [**gó**] **off on** [**at**] **a tángent** 《口》急にわき道へそれる; 脱線する. 《L=触れる》

tan·gen·tial /tændʒénʃəl/ 形 ❶ わずかに触れる程度の; それる, 脱線する 《to》. ❷ 接線の, 正接の 《to》. ── -**ly** /-ʃəli/ 副

tan·ge·rine /tǽndʒəriːn, ᴗᴗ˗/ 名 ❶ Ⓒ タンジェリン (mandarin orange の一種で, 日本の温州ミカンに似る》. ❷ Ⓤ 濃い橙色, 赤橙色. 《Tangier /tǽndʒíə | -díə/ モロッコの港湾都市; この果物が 1840 年代タンジールから英国に輸出されたことから》

tan·gi·bil·i·ty /tændʒəbíləti/ 名 Ⓤ ❶ 触れて感知できること. ❷ 明白, 確実.

†**tan·gi·ble** /tǽndʒəbl/ 形 ❶ 触れて感知できる; 実体のある, 有形の: ~ **assets**《会計》有形資産. ❷ 明白な; 確実な. (↔ intangible) **tán·gi·bly** /-dʒəbli/ 副. ~**ness** 名 《L<tangere 触れる; ⇒ -ible》

Tan·gier /tændʒíə | -díə/ 名 タンジール《モロッコ北部の Gibraltar 海峡に臨む市・港町》.

†**tan·gle**[1] /tǽŋɡl/ 名 ❶《髪などの》もつれ: a ~ of wool もつれ合った羊毛. ❷ ごたごた, 紛糾: in a ~ 紛糾して, 混乱して. ❸《口》けんか, 口論. ── 動 [通例受身で] ❶《...をもつれさせる: His foot got ~d in the rope. 彼の片足がロープにからまった / The hedges are ~d with wild roses. 垣根には野ばらがからみついている. ❷《事を》紛糾[混乱]させる, 複雑にする. ❸《人を》論争・混乱などに》巻き込ませる: He got ~d (up) in the affair. 彼はその事件に巻き込まれた. ── ⓘ ❶ もつれる. ❷ 紛糾する, 混乱する. ❸《口》《...と》けんかする, 口論する 《with》.

tan·gle[2] /tǽŋɡl/ 名 大型の海藻《特にコンブ》.

tán·gled 形 もつれた, からまった, こんがらかった, 混乱した; 錯綜した, きわめて複雑な, 非常に入り組んだ.

tan·gly /tǽŋɡli/ 形 (**tan·gli·er**; **-gli·est**) ❶ もつれた. ❷ 混乱した.

†**tan·go** /tǽŋɡoʊ/ 名 (優 ~s) ❶ Ⓒ タンゴ《南米の踊り》. ❷ Ⓤ タンゴの曲. ── 動 ⓘ タンゴを踊る. **it takes twó to tángo**《口》タンゴは一人じゃ踊れない, 片方だけのせいじゃない, 双方に責任がある. 《Am-Sp=ダンス》

tan·gram /tǽŋɡrəm, -ɡræm/ 名 Ⓒ 知恵の板, 七巧板, タングラム《正方形を 7 片の三[四]角形に切り, そのさまざまな組合わせを楽しむ中国のパズル》.

†**tang·y** /tǽŋi/ 形 (**tang·i·er**, **-i·est**)《味がぴりっとする, 強いにおいのある. 《TANG[1]+-y[3]》

tanh /θǽn, tǽnʃ/ (略)《数》hyperbolic tangent 双曲(線)正接.

tan·ist /tǽnɪst, θǽ:nɪst/ 名《史》(tanistry に基づいて選ばれた)族長《後継者》.

tán·ist·ry /-ri/ 名 Ⓤ《史》《ケルト人の》族長後継者選定制《族長在世中に親族の中から最適任者を選挙で後継者と決めた》.

tank

*****tank** /tǽŋk/ 名 ❶ (水・油・ガスなどの)タンク: a fish ~ 魚を飼う水槽 / a gas [《英》petrol] ~ (自動車の)ガソリンタンク. ❷ 『軍』戦車, タンク 《★ 英軍が製造中に機密保持のため水槽と偽称したことから》. ❸ 《米》(刑務所の)雑居監房. ❹ =tank top. **in the tánk** 《米》酔っぱらって; 《米口》だめになって, 無能[おしまい]で. ── 動 他 ❶ 《…をタンクに入れる《*up*》. ❷ 《口》《通例受身で》酔っぱらう: get ~*ed up* 酔っぱらう. ── 自 《口》酒を痛飲する《*up*》.

tan·ka[1] /táːŋkə/ 名 タンカ《チベットを中心とするラマ教文化圏で使われる画布·宗教絵巻》.

tan·ka[2] /táːŋkə/ 名 (日本の)短歌; (5·7·5·7·7 音節からなる)短歌形式の詩.

tank·age /tǽŋkɪdʒ/ 名 ⓤ ❶ タンク使用料; タンク貯蔵(量). ❷ タンクかす《くず肉·内臓などの脂肪から採る肥料·飼料》.

tan·kard /tǽŋkəd/ -kəd/ 名 ❶ タンカード《取っ手とふたのついた金属·陶器製の大コップ》. ❷ タンカード 1 杯の量.

tánk càr 名 タンク車《液体·気体輸送貨車》.

tánk èngine 名 『鉄道』タンク機関車《炭水自載》.

***tank·er** /tǽŋkə/ -kə/ 名 タンカー, 油送船; 給油(飛行)機; タンクローリー.

tankard 1

tánk fàrm 名 石油貯蔵地区.

tánk fàrming 名 水耕栽培.

tánk·fùl 名 ⓤ タンク一杯の量.

tan·ki·ni /tæŋkíːni/ 名 《服》タンキニ《タンクトップとビキニのボトムの組み合わせ》.

tánk tòp 名 《服》タンクトップ《袖なしの T シャツ》.

tánk tòwn 名 《英》小さなつまらない町.

tánk tràiler 名 タンクトレーラー《石油·ガス運搬用》.

tánk trùck 名 《米》タンクローリー.

tan·nate /tǽneɪt/ 名 ⓤ 『化』タンニン酸塩[エステル].

tanned /tǽnd/ 形 日に焼けた, 小麦色の.

tan·ner[1] 名 革なめし業者.

tan·ner[2] /tǽnə/ -nə/ 名 《英古》6 ペンス(貨).

tan·ner·y /tǽnəri/ 名 革なめし工場.

tan·nic /tǽnɪk/ 形 『化』タンニン性の; タンニンから得た: ~ acid タンニン酸.

tan·nin /tǽnɪn/ 名 ⓤ 『化』タンニン(酸).

tan·ning /tǽnɪŋ/ 名 ❶ ⓤ 製革法, 革なめし法. ❷ ⓤ 日焼け. ❸ ⓒ 《俗》むち打ち: give [get] a ~ むち打つ[打たれる].

tánning bèd 名 日焼け用ベッド《上下に太陽灯のついたプラスチック製ベッド》.

tán·nish 形 黄褐色がかった.

Tan·noy /tǽnɔɪ/ 名 《英商標》タンノイ《スピーカーシステム》.

tan·sy /tǽnzi/ 名 ⓒ 『植』エゾヨモギギク, エゾヨモギギクの葉《薬用·調理用》.

tan·tal·ic /tæntǽlɪk/ 形 『化』(5 価の)タンタルの[を含む], タンタル (V) の.

tan·ta·lite /tǽntəlàɪt/ 名 ⓤ タンタライト《タンタルの原料鉱物》.

+**tan·ta·lize** /tǽntəlàɪz/ 動 他 (見せびらかして)(人·動物を)じらす, じらして苦しめる. **tan·ta·li·za·tion** /tæntəlɪzéɪʃən/ -laɪz-/ 名 《TANTALUS から》

tán·ta·lìz·ing 形 じれったい, じれったがらせる: a ~ smell of roast beef たまらなく食欲をそそるローストビーフのにおい. **~·ly** 副

tan·ta·lum /tǽntələm/ 名 ⓤ 『化』タンタル《希有金属元素; 白金代用品; 記号 Ta》.

Tan·ta·lus /tǽntələs/ 名 ❶ 『ギ神』タンタロス (Zeus の息子; 神々の秘密を漏らしたため, 地獄の水にあごまでつかり, のどが渇いて飲もうとすると水は退き, 頭上に垂れている果物に手を伸ばすとそれが退いて苦しんだという). ❷ [t~] ⓒ 《英》タンタロススタンド《例三つ組の酒瓶をのせるスタンド; かぎがないと瓶が取れない仕掛けのもの》.

+**tan·ta·mount** /tǽntəmàʊnt/ 形 [(…に)同等で: The excuse was ~ *to* a refusal. その弁解は拒絶に等しかった.

tan·tra /tǽntrə, táːn-/ 名 タントラ《ヒンドゥー教·仏教における秘儀的傾向をもつ経典》; ⓤ タントラ教 (Tantrism). **tán·tric** 形

Tan·trism /tǽntrɪzm, táːn-, tǽn-/ 名 ⓤ タントラ教《タントラに従って宗教的実践をするインドの秘儀的宗教》. -trist

tan·trum /tǽntrəm/ 名 かんしゃく: have [throw] a ~ かんしゃくを起こす / He's in one of his ~s. 彼はまた腹を立てて[ぷりぷりして]いる.

Tan·za·ni·a /tænzəníːə/ 名 タンザニア《アフリカ中東部にある英連邦内の共和国; 首都 Dodoma》.

Tao /dáʊ, táʊ | táʊ/ 名 (道教の)道.

Tao Chi /táʊtʃí:/ 名 道済 (1642?-?1707; 清代初期の画家石濤の法名).

Taoi·seach /tí:ʃəx/ 名 (アイルランドの)首相.

Tao·ism /táʊɪzm/ 名 ⓤ 道教《中国の民族宗教》; 老荘思想. 《Chin =道 +-ISM》

Táo·ist /-ɪst/ 名 ⓒ 道教信者, 道士. ── 形 道教の.

*****tap**[1] /tǽp/ 動 **(tapped; tap·ping)** 他 ❶ a 《…を》軽くたたく (⇒ pat 類義》: He *tapped* his foot to the piano. 彼はピアノに合わせて足を踏み鳴らした / She *tapped* me *on* the shoulder. 彼女は私の肩を軽くたたいた. b コッコッたたく: The gentleman *tapped* his stick *on* the pavement.=The gentleman *tapped* the pavement *with* his stick. その紳士はステッキで舗道をコツコツたたいた. ❷ 《音を》コツコツと立てる; コツコツたたいて(信号を)送る: ~ (*out*) a rhythm [the beat] トントンとリズム[拍子]をとる. ❸ 《パイプの》灰をたたいて落とす《*out*》: He *tapped* the cigarette ash into an ashtray. 彼はたばこの灰を灰皿にぽんとたたいて入れた. ❹ 《人を》メンバーとして選出する. ── 自 ❶ 《…を》軽く打つ[たたく], コツコツたたく: I heard someone ~ *at* [*on*] the door. だれかがドアをトントンとたたく音がした. ❷ =tap-dance. **táp ín** (他+副)(情報を)入力する: ~ *in* one's password パスワードを入力する. ── 名 ❶ ⓒ トントン打つこと, コツコツたたく音《*at*, *on*》. ❷ =tap dance. ❸ [複数形で; 通例単数扱い]《米軍》消灯合図.

tap[2] /tǽp/ 名 ❶ a (水道·パイプなどの)コック, 蛇口《《米》faucet》: turn on [off] a ~ 蛇口をひねって水(など)を出す[止める]. b (たるなどの)栓. c 《英》=taproom. ❷ 傍受, 盗聴: put a ~ on a telephone 電話に盗聴装置をしかける. ❸ 《米》(電流を分けて取るための)中間口出し, タップ. **on táp** (1) (ビールなどのたるが)飲み口がついて. (2) 《口》準備されて, いつでも使える, 手元にあって. ── 動 他 **(tapped; tap·ping)** ❶ 《土地·資源などを》開発する; 利用する. ❷ a 《電線などに》タップにつなぐ. b 《通信などを》盗み聞く, 盗聴する《(米)wiretap》. ❸ 《人に》(ものを)請う, せびる: He tried to ~ me *for* a tip. 彼は私にチップをせびろうとした. ❹ 《たるに》飲み口をつける; 《たるの·びんの…の》飲み口から酒を採る: ~ a cask of wine ワインのたるの口をきる. ❺ 《幹に傷をつけて》《…の》樹液を採る: ~ rubber trees ゴムの木から樹液を採る. **táp into** ...の…をうまく利用する.

ta·pa /táːpə, tǽpə/ 名 タパ《カジノキの樹皮》; 《また **tápa clòth**》タパ布《ポリネシアの, タパから製した紙に似た布; 通例 幾何学的文様を染める》.

ta·pas /táːpəs/ 名 [複数形で] タパス《スペインのバーなどで, 酒と共に供される各種のつまみ》.

táp dànce 名 タップダンス.

táp-dànce 動 タップダンスを踊る.

táp dàncer 名 タップダンサー.

*****tape** /téɪp/ 名 ❶ ⓤ ⓒ **a** (録音·録画用)磁気テープ (magnetic tape): put [record] radio music *on* ~ ラジオの音楽をテープに録音する / have...on ~ (テープに)…を録音[録画]してある. **b** カセットテープ, ビデオテープ; 録音

[録画]したテープ: a blank ~ 未使用のテープ / play a ~ of the concert コンサートのテープをかける. **c** 〖電算〗(データなどの読込み用)紙テープ, 穿孔テープ; (情報記憶用の)磁気テープ. ❷ **a** =adhesive tape. **b** (絶縁用)テープ (friction tape). ❸ 平打ちひも, さなだひも, テープ. ❹ ⓒ〖競技〗テープ: breast the ~ テープを切る, 1 着になる. ❺ = tape measure. ── 動 ⓐ ❶ 〈…を〉テープに録音[録画]する (tape-record). ❷ **a** 〈…を〉テープ[平ひも]でくくる 《*up*》. **b** 《米》〈…に〉ばんそうこうをはる 《*up*》《英》strap). **hàve [gèt]…táped**《英口》〈人・問題などを〉見抜く, 十分理解する: You reckon you *have* the whole problem ~*d*, don't you? あなたはその問題全体を十分理解していると思っているのでしょう.

tápe dèck 名 テープデッキ.

tápe drìve 〖電算〗テープ装置[ドライブ]《磁気テープを処理する》.

tápe lìne 名 =tape measure.

tápe mèasure 名 (布または金属製の)巻き尺, メジャー.

ta·pe·nade /tàːpənáːd/ 名 Ⓤ タペナード《黒オリーブ・ケーパー・アンチョビーなどを材料にしたペースト》.

†**ta·per** /téɪpɚ | -pə/ 名 ❶ 小ろうそく, 細ろうそく. ❷ (点火用の)ろう引きずし. ❸ 次第に先が細くなること, 先細り. ── 動 ⓐ 先細になる; 次第に少なくなる: The pole ~*ed off* to a point. そのさおは次第に先が細くなって先がとがっていた. ── 他 〈…を〉先細にする 《*off*》.《L=パピルス; これを灯心に用いたことから》

tápe-recòrd 他 テープにとる (tape).

†**tápe recòrder** 名 テープレコーダー.

tápe recòrding 名 ⓒⓊ テープ録音: make a ~ of… をテープに録音する.

tápered, tá·per·ing /-pərɪŋ/ 形 先細の.

tápe strèamer 名 〖電算〗テープストリーマー《大容量ハードディスクを磁気テープに高速に保存する装置》.

táp·es·tried 形 ❶ タペストリーをかけた[で飾った]. ❷ タペストリーに描かれた[織られた].

tap·es·try /tǽpɪstri/ 名 ⓒⓊ つづれ織り, タペストリー《壁掛け, 家具カバー, クッションカバーなどに用いる》. ❷ [a ~] 複雑に織りなしたもの 《*of*》.

ta·pe·tum /təpíːtəm/ 名 (複 **-ta** /-tə/) 〖解・動〗(脈絡膜・網膜などの)皮膜, 膜層.

tápe·wòrm 名 〖動〗条虫, (俗に)サナダムシ.

ta·phon·o·my /təfɑ́nəmi, tæ-| -fɔ́n-/ 名 Ⓤ化石生成(論). **ta·phón·o·mist** 名 **taph·o·nom·ic** /tæ̀fənɑ́mɪk | -nɔ́m-✓/ 形

tap·i·o·ca /tæ̀pióʊkə/ 名 Ⓤ タピオカ《キャッサバ (cassava) から製した主に食用のでんぷん》.

ta·pir /téɪpɚ | -pə/ 名 〖動〗バク.

ta·pis /tǽpiː/ 名 ★ 次の成句で. **on the tápis** 考慮中で[の].

ta·pote·ment /təpóʊtmənt/ 名 Ⓤ 《マッサージの》たたき法, タポートメント法.

táp pànts 名 タップパンツ《昔のタップダンス用のズボンに似た女性のゆったりした下着》.

tápped óut 形 一文なしに[からっけつ]の, 使い果たした.

táp·per /tǽpɚ/ 名 たたく[tap¹ する]人.

tap·pet /tǽpɪt/ 名 ⓒ〖機〗タペット, 凸子(とっし).

táp·pìng 名 Ⓤ 盗聴, 傍受.

táp·ròom 名 《英》(ホテル・宿屋などの)バー, 酒場.

táp·ròot 名 〖植〗直根, 主根.

táp·ster /tǽpstɚ | -tə/ 名 ⓒ (酒場の)バーテン.

táp-tàp 名 トントン《ドアなどをたたく音》.

táp·wàter 名 Ⓤ 水道水 (cf. rainwater).

ta·que·ri·a /tɑ̀ːkəríːə, tæ̀kəríːə/ 名 (主に米》タコスの店.

†**tar¹** /tɑ́ɚ | tɑ́ː/ 名 Ⓤ ❶ タール《石炭・木材を乾留して得る黒色の油状物質》. ❷ (たばこの)タール, やに. ── 動 ⓐ (tarred; tar·ring) 〈…に〉タールを塗る. **be tárred with the sáme brúsh** 他の人と同様の欠点がある. **tár and féather**〈人の体一面にタールを塗り鳥の毛をべったりつけてかっさ刑 (一種).《OE; 原義は「木からとれるもの」; TREE と同語源》(形 **tarry¹**)

tar² /tɑ́ɚ | tɑ́ː/ 名 ⓒ《口》船乗り, 水夫.

ta·ra /tɑːrɑ́ː/ 間 =ta-ta.

Tarkington

tar·a·did·dle /tǽrədɪ̀dl, ˌ-ˌ-ˌ-/ 名 《口》ⓒⓊ たわいないうそ; もったいぶったでたらめ.

ta·ra·ma·sa·la·ta /tɑ̀ː.rəməsəláːtə/ 名 Ⓤ タラモサラダ《タラのペーストをマッシュポテトまたはパンとあえて, オリーブ油・レモン汁で味付けしたギリシャ風オードブルまたはそのペースト》.

tar·an·tass /tɑ̀ːrəntɑ́ːs, -tǽs/ 名 タランタッス《背の低いロシアの大型四輪馬車》.

tar·an·tel·la /tæ̀rəntélə/ , **-telle** /-tél/ 名 ❶ タランテラ《ナポリ起源の踊り》. ❷ タランテラの曲.

tar·an·tism /tǽrəntɪ̀z(ə)m/ 名 Ⓤ 〖医〗舞踏病 (15-17 世紀 Taranto で流行; tarantula にかまれて起こるといわれ).

ta·ran·tu·la /tərǽntʃələ/ 名 (複 ~**s, -lae** /-lìː/) 〖動〗❶ タランチュラコモリグモ《南ヨーロッパ産の毒グモの一種; 昔, 刺されると死ぬとされたが, ほとんど無害》. ❷ トリクイグモ《熱帯・亜熱帯アメリカ産の毛の密生した大型のクモ》.

Ta·ra·wa /tərɑ́ːwə, tæ̀rəwɑ́ː/ 名 タラワ《太平洋中西部の環礁; キリバスの首都 Bairiki の所在地》.

tár bàby 名 抜き差しならぬもの, 脱け出すのが厄介な事柄, (はまり込んだ)泥沼.

tar·boosh /tɑːrbúːʃ | tɑː-/ 名 ターブーシュ《イスラム教徒男子の縁なしふさ付き赤いフェルト製の帽子》.《Arab》

tár·brùsh 名 タールばけ.

Tar·de·noi·sian /tɑ̀ːrd(ə)nɔ́ɪzən | tɑ̀ːd(ə)nɔ́ɪziən✓/ 形 [the ~] 〖考古〗タルドノワ文化(期)の《幾何学形の細石器を特徴とするヨーロッパの中石器文化》.

tar·di·grade /tɑ́ːrdəgreɪd | tɑ́ː-/ 名 緩歩類の節足動物.

tár·dive dyskinésia /tɑ́ːrdɪv- | tɑ́ː-/ 名 Ⓤ〖医〗遅発性ジスキネジア《顔・ほお・首などの筋肉組織が不随意に動きを繰り返す》.

tar·dy /tɑ́ːrdi | tɑ́ː-/ 形 (**tar·di·er**; -**di·est**) ❶ (動きの)のろい, 遅い; 遅れた / a ~ reader (普通より)字の読めなるのが遅い子 / He was ~ *in* his response [*in paying* the money]. 彼は返答をしぶった[なかなかその金を払わなかった]. ❷ 遅刻した 《*for, at, to*》: a ~ student 遅刻生徒 / He was ~ *to* school [*for* supper]. 彼は学校に[夕食に]遅れた. ── 名 《米》学校などでの遅刻. **tár·di·ly** /-dəli/ 副 **-di·ness** 名 《F<L=遅い》

tare¹ /téɚ | téə/ 名 ❶ ⓒ 〖植〗オオカラスノエンドウ; スズメノエンドウ. ❷ [複数形で] **a** 〖聖〗毒麦, (やっかいな)雑草. **b** 好ましくないもの.

tare² /téɚ | téə/ 名 [単数形で] ❶ **a** 風袋(ふうたい). **b** (積み荷・乗客などを除いた)車体重量. ❷ 〖化〗(目方を量る時の)容器の重量.

tar·get /tɑ́ːrgɪt | tɑ́ː-/ 名 ❶ (射撃などの)的(まと), 標的. ❷ [批評などの]的, (もの笑いの)種: a ~ *for* [*of*] criticism 批判の的. ❸ (募金・生産などの)目標(額): meet one's sales ~s 販売目標を達成する. **on tárget** 正確な, 的確な; 目標に向かっている. ── 動 ⓐ ❶ 〈…を〉目標に定める, 標的にする. ❷ 〈ミサイルなどを〉 〈…に〉向ける.《F》

tár·get·a·ble 形 目標を定めることができる.

tárget dàte 名 (計画遂行などの)目標期日: set a ~ for …の目標期日を決める.

tárget lánguage 名 目標言語: **a** 学習の対象となる外国語. **b** (原文に対して)翻訳の訳文の言語.

tárget màn 名 〖サッカー〗ターゲットマン《味方がセンタリングなどを向ける攻撃の中心になる選手, 特に長身のフォワード》.

Tar·gum /tɑ́ːrgəm, -guːm | tɑ́ː-/ 名 タルグム《旧約聖書(の一部)のアラム語訳》.

Tar·heel /tɑ́ːrhiːl | tɑ́ːhiːl/ 名 (また **Tár Hèel**) タールヒール《North Carolina 州民の俗称》.

Tárheel [**Tár Hèel**] **Stàte** 名 [the ~] タールヒール州《米国 North Carolina 州の俗称》.

*****tar·iff** /tǽrɪf/ 名 ❶ **a** 関税表, 税率表; 関税率. ❷《英》(鉄道・電信などの)運賃[料金]表; (ホテル・レストランなどの)料金表.《It<Arab=通知》

Tar·king·ton /tɑ́ːrkɪŋtən | tɑ́ː-/, **Booth** 名 ターキント

ン《1869–1946; 米国の小説家・劇作家》.

tar·la·tan /tɑ́ːlət(ə)n | tɑ́ː-/ [名] [U] ターラタン《薄地モスリン; 舞台・舞踏服用》.

+**tar·mac** /tɑ́ːmæk | tɑ́ː-/ [名] ❶ [U] 〚英商標〛[T~] タールマック (asphalt; 《米》 black top)《砕石とタールを混ぜた舗装道路材》. ❷ [the ~] タールマック舗装エプロン[滑走路]. ── [形] タールマックの. ── [動] [他] 〈…に〉タールマック舗装をする (《米》 black top). 〚TARMAC(ADAM)〛

tar·mac·ad·am /tɑ̀ːməkǽdəm | tɑ̀ː-⌐/ [名] =tarmac.

tarn /tɑ́ːn | tɑ́ːn/ [名] [しばしば T~; 地名の一部に用いて] (山中の)小湖.

+**tar·nish** /tɑ́ːnɪʃ | tɑ́ː-/ [動] [他] ❶ 〈金属などを〉曇らせる, さびさせる, 変色させる: Salt *~es* silver. 塩で銀は変色する. ❷ 〈名誉などを〉汚す, そこなう (blemish): His reputation has been *~ed* by these rumors. 彼の名声もこれらのうわさでそこなわれた. ── [自] 〈金属などが〉曇る, よごれる: This metal *~es* easily. この金属は変色しやすい. ── [名] [U] [また a ~] ❶ 曇り, よごれ, 変色. ❷ 汚点, きず. 〚F〛

ta·ro /tɑ́ːroʊ/ [名] (複 **~s**) [C,U] 〚植〛 タロイモ, (特に南洋産の)サトイモ.

+**tar·ot** /tǽroʊ/ [名] (複 **~s** /~(z)/) タロット(カード)《22 枚ひと組の絵入りのカードの 1 枚; 占いに用いる》. 〚F < It < Arab=投げる〛

tarp /tɑ́ːp | tɑ́ːp/ [名] 《米口》 =tarpaulin.

tar·pan /tɑːpǽn | tɑː-/ [名] 〚動〛 ターパン《中央アジア草原地帯の, 足の速い小型の野生馬; 19 世紀に絶滅》.

tár pàper [名] [U] タール紙《屋根の下張り用》.

tar·pau·lin /tɑːpɔ́ːlɪn | tɑː-/ [名] [C,U] 防水シート《本来はタール塗りのキャンバス地》.

tár pìt [名] タール坑《天然アスファルトが集まっている穴; 動物がはまりやすい》.

tar·pon /tɑ́ːp(ə)n | tɑ́ː-/ [名] (複 **~s, ~**) ターポン《熱帯海域産のニシンに似た姿の大型魚で, 釣りの対象魚》.

tar·ra·did·dle /tǽrədìdl, ⌐-⌐-/ [名] =taradiddle.

tar·ra·gon /tǽrəg(ə)n/ [名] [U] ❶ 〚植〛 タラゴン, エストラゴン《シベリア原産のヨモギの一種》. ❷ [集合的に] タラゴンの葉《香味料に用いる》.

Tar·ra·go·na /tæ̀rəgóʊnə/ [名] [U] (また **Tarragóna wìne**) タラゴナ《スペイン北東部 Tarragona 地方で産する甘口の赤または白の酒精強化ワイン》.

tar·ry[1] /tɑ́ːri/ [形] (**tar·ri·er; -ri·est**) ❶ タールの, タール質の. ❷ タールを塗った[でよごれた].

tar·ry[2] /tǽri/ [動] [自] 《文》 ❶ 遅れる, 手間取る. ❷ 〔…に〕滞在する, とどまる 〔*at, in*〕. 【類義語】⇨ stay[1].

tar·sal /tɑ́ːsl | tɑ́ː-/ 〚解〛[形] 足根骨 (tarsus) の. ── [名] 足根骨.

tár sànd [名] 〚地〛 タールサンド《粘度の高い石油を天然に含む砂[砂岩]》.

tar·si·er /tɑ́ːsiə | tɑ́ːsiə/ [名] 〚動〛 メガネザル《東南アジア産》.

tar·sus /tɑ́ːsəs | tɑ́ː-/ [名] (複 **tar·si** /-saɪ/) 〚解・動〛 足根(骨).

Tar·sus /tɑ́ːsəs | tɑ́ː-/ [名] タルスス, タルソス《トルコ南東部の市; 古代キリキア (Cilicia) の首都》.

tart[1] /tɑ́ːt | tɑ́ːt/ [形] ❶ 〈食物など〉酸っぱい. ❷ 〈言葉・態度など〉しんらつな, 鋭い. **~·ly** [副] **~·ness** [名] 【類義語】⇨ sour.

+**tart**[2] /tɑ́ːt | tɑ́ːt/ [名] [C,U] タルト, トルテ《《米》では果物などをのせた小型のパイ; 《英》では中に包んだものをいう》: an apple ~ リンゴタルト. 〚F < L=ねじれた(パン)〛

tart[3] /tɑ́ːt | tɑ́ːt/ 《英口》[名] 〚軽蔑〛 売春婦; 不身持ちな女. ── [動] [他] ❶ 〈人・ものを〉安っぽく飾り立てる 〈*up*〉. ❷ [~ one*self* で] 安っぽく着飾る 〈*up*〉.

+**tar·tan**[1] /tɑ́ːtn | tɑ́ː-/ [名] [U] タータン《スコットランド起源の格子(こうし)じまの毛織物》; [U,C] 格子じま, タータンチェック(の衣服)《[比較] タータンチェックは和製英語; 英語では単に tartan と言う》. ── [形] [A] タータン(チェック)の: a ~ scarf タータンのスカーフ.

tar·tan[2] /tɑ́ːtn | tɑ́ː-/ [名] 〚史〛 タータン《地中海で用いられた一本マスト三角帆船》.

tar·tar /tɑ́ːṭə | tɑ́ːtə/ [名] [U] ❶ 歯石. ❷ 酒石《ワイン醸造だるの底に沈殿する物質; 酒石酸の原料》: cream of ~ 酒石英. 〚F < L < ? Arab=かす, おり〛

Tar·tar /tɑ́ːṭə | tɑ́ːtə/ [名] ❶ **a** [the ~s] タタール族《もとアジア北東部に遊牧したツングース族》. **b** [C] タタール族の人, 韃靼(だったん)人. ❷ [U] タタール語 (Tatar). ❸ [t~] [C] 手に負えない[執念深い]人: a young *t*~ 手に負えない子供.

tar·tare /tɑ́ːṭə | tɑ́ːtə/ [形] [名詞の後に置いて] 〚料理〛 生で食べる: ⇨ steak tartare.

Tar·tar·e·an /tɑːté(ə)riən | tɑː-/ [形] Tartarus の(ような); 地獄の.

tártar emétic [名] [U] 吐酒(しゅ)石《風化性の有毒無臭白色の結晶; 染色用の媒染剤, また医療用として去痰剤・催吐剤・発汗剤などに用いる》.

tartare sauce [名] ⇨ tartar sauce.

Tar·tar·i·an /tɑːté(ə)riən | tɑː-/ [形] タタール人の.

tar·tar·ic /tɑːtǽrɪk | tɑː-/ [形] 〚化〛 酒石 (tartar) の: ~ acid 酒石酸.

tártar sàuce [名] [U] タルタルソース《マヨネーズにピクルス・タマネギ・パセリなどを刻み入れたソース》.

Tar·ta·rus /tɑ́ːṭərəs | tɑ́ː-/ [名] ❶ 〚ギ神〛 タルタロス《地獄の下の底なしふち》. ❷ [C] (地獄の)懲罰所.

tárt·let [名] 小さな tart[2].

tar·trate /tɑ́ːtreɪt | tɑ́ː-/ [名] 〚化〛 酒石酸塩[エステル].

tar·tra·zine /tɑ́ːtrəzìːn | tɑ́ː-/ [名] [U] 〚化〛 タートラジン《橙黄色の粉末; 羊毛・絹の染色や食品着色用》.

tárt·y [形] 《口》 売春婦の(ような), けばけばしい, はでな, どぎつい. **tárt·i·ness** [名]

Tar·zan /tɑ́ːzn, -zæn | tɑ́ː-/ [名] ❶ ターザン《米国の E. R. Burroughs /bə́ːroʊz | bʌ́r-/ 作の一連の物語の主人公; 白人の少年がアフリカの野獣の間で成長活躍する》. ❷ [C] たくましく敏捷な(だけの)男.

Ta·ser /téɪzə | -zə/ [名] 〚商標〛 テーザー《長い電線の先に付けた矢を発射する武器; 矢があたると電気ショックにより一時的に動けなくなる》. 〚*T*ele-*A*ctive *S*hock *E*lectronic *R*epulsion〛

tash /tǽʃ/ [名] 《英口》 =mustache.

Tá·shi Láma /tɑ́ːʃi-/ [名] =Panchen Lama.

Tash·kent /tæʃként/ [名] タシケント《ウズベキスタン (Uzbekistan) の首都》.

‡**task** /tǽsk | tɑ́ːsk/ [名] (つらくて骨の折れる)仕事; (課された)務め: at one's ~ 仕事をして(いる) / set a person a ~ [to a ~] 人に仕事を課する[課して働かせる] / take a ~ upon oneself 仕事を引き受ける / He performed the tedious ~ of collating texts. 彼は原文校合(きょうごう)という煩わしい仕事をした. **táke a person to tásk** 〔…のことで〕〈人を〉しかる, 非難する 〔*for, about*〕 (rebuke): He *took* me *to* ~ *for* being late. 彼は遅れたことで私を責めた. ── [動] [他] ❶ 〈人に〉〔仕事を〕課する, 割り当てる《★ 通例受身》: be *~ed with* do*ing* …することを仕事[任務]として課される, …することを任務とする. ❷ 〈…を〉酷使する, 苦しめる: ~ a person's brain 人の頭を悩ます / The effort severely *~ed* me [my energies]. その取り組みは私にはとても重荷であった. 〚OE=税 < F < L *taxa*; ⇨ tay〛

【類義語】**task** 人から与えられたまたは要求された仕事; しばしば困難で骨の折れるものをいう. **assignment** 権力者, 目上の人から割りあてられた課題.

***tásk fòrce** [名] [集合的; 単数または複数扱い] ❶ 〚軍〛 (特殊任務をもつ)機動部隊. ❷ 特別委員会, 専門調査団.

tásk·màster [名] ❶ 仕事を割り当てる人, 工事監督, 親方. ❷ 厳しい主人[教師]: a hard ~ 厳しい教師.

tásk·mìstress [名] taskmaster の女性形.

Tas·ma·ni·a /tæzméɪniə/ [名] タスマニア《オーストラリア南東の島; 同国最小の州; 州都 Hobart; 略 Tas.》.

Tas·ma·ni·an /tæzméɪniən/ [形] タスマニアの. ── [名] タスマニア人.

Tasmánian dévil [名] 〚動〛 タスマニアデビル, フクロアナグマ《タスマニア産の死肉を好む有袋類》.

Tasmánian wólf [名] 〚動〛 フクロオオカミ, タスマニアオオカミ《タスマニア産の有袋類; 絶滅したとされる》.

Tass /tǽs, tɑ́ːs/ [名] タス通信社《旧ソ連の国営通信社;

tas·sel¹ /tǽsəl/ 名 ① 飾り房. 《F》
tas·sel² /tǽsəl/ 名 【建】梁(_はり)受け.
tás·seled, 《英》 **tás·selled** 形 房のついた, 房をつけた.

‡**taste** /téɪst/ 名 ❶ [the ~] 味覚, 味感: It's bitter [sweet, sour] to the ~. 味が苦い[甘い, 酸っぱい]. ❷ [U] [また a ~] 味, 風味: There was a ~ of almond in the cake. そのケーキには幾分アーモンドの味がした / This food has very little [has an unpleasant] ~. この食物は味がほとんどない[いやな味がする]. ❸ [a ~] ❶ [試食される食物などの]ひと口: I'll have just a (small) ~ of cheese. チーズをほんのひと口だけいただこう. ❻ 気味 (of). ❻ あじ, 経験: He gave me a ~ of real life. 彼に人生というものを教えてもらった. ❹ C|U (個人的な)好み, 趣味, 趣味 [for, in] (liking): a matter of ~ 趣味の問題, 人の好き好き / ~ acquired taste / This book is not to my ~. この本は私の趣味に合わない / Add milk and sugar to ~. お好みによりミルクと砂糖を入れて下さい / He has a ~ for the theater. 彼は演劇に趣味がある[が好きだ] / Tastes differ.=There's no accounting for ~s. (諺)「蓼(_{たで})食う虫も好き好き」, 「十人十色」. ❺ [U] (装飾・服装などの)趣, 品(_{ひん}): in good [bad, poor] ~ 上品[下品]で. ❻ [U] (文芸・美術などの)審美眼, 鑑識力, 風流心: a person of ~ 趣味の人 / He has good ~ in music. 彼にはすぐれた音楽センスがある. **léave a bád [násty] táste in the [a person's] móuth** あと味[口]が悪い; 悪い印象を残す.

── 動 ❶ 〈味が〉(…の)味がする (★ 進行形なし) [用法]補語には形容詞または名詞の場合は of [like]…): [+補] This cake ~s nice. この菓子はおいしい / Coffee ~s better without sugar. コーヒーは砂糖を入れないほうが味がよい / This dish ~s strongly of onion. この料理はタマネギの味が強い / This ~s like caviar. これはキャビアのような味がする / What does it ~ like? それはどんな味ですか / How does it ~? どんな味がしますか; どうだ, うまいか. ❷ [..を]経験する: You will ~ of my sword. (文) あなたは私の剣の(切れ)味を知ることになろう. ❸ 味がわかる (★ 進行形なし).

── 動 ❶ (ひと口)食べる, 飲む, 試食[試飲]する, 毒味する (sample): Mother ~d the lamb stew and made a face. 母はラムのシチューをひと口食べて顔をしかめた. ❷ 〈...の)味がする: I ~d garlic in the meat dish. その肉料理にニンニクの味がしたのに気づいた. ❸ 〈飲食物を〉食べる, 飲む, 口にする, 味わう (★ 進行形なし): I've never ~d brandy. ブランデーは飲んだことがない. ❹ 味わう, 経験する: ~ the joys of freedom [the bitterness of defeat] 自由の喜び[敗北の苦しみ]を味わう / You will ~ adventures you have never before known. かつて経験したことのない冒険を味わうことになるだろう.

《OF=触れる, 味わう〈L taxare; ⇒ tax》 (形 tasty; 関形 gustatory).
【類義語】⇒ flavor.

táste bùd 名 [解] 味蕾(_{みらい}) (舌の上皮にある味覚受容器).

†**táste·ful** /téɪstf(ə)l/ 形 趣味のよい, 趣のある (↔ tasteless). ~·**ly** /-fəli/ 副 ~·**ness** 名

†**táste·less** 形 ❶ 味のない (flavorless). ❷ 趣味のよくない, 風流でない (vulgar; ↔ tasteful); 無味乾燥な. ~·**ly** 副 ~·**ness** 名

táste·màker 名 人気[流行]を作る人[もの].

†**tást·er** 名 ❶ a 味きき人, 味きき(役): ⇒ winetaster. b (昔の)毒味役. ❷ 検味器; 味ききに使う少量の飲食物. ❸ 少量のサンプル, 見本.

tast·ing /téɪstɪŋ/ 名 (ワインなどの)試飲会, 試食会.

†**tast·y** /téɪsti/ 形 (**tast·i·er**; **-i·est**) (口) ❶ おいしい, 風味のよい: a ~ beef stew おいしいビーフシチュー. ❷ <ニュースなど>おもしろい. ❸ (英)<女性が>魅力的な. **tást·i·ly** /-təli/ 副 **-i·ness** 名 (名 taste).

tat¹ /tǽt/ 動 (**tat·ted; tat·ting**) 他 〈...に〉糸をかがって作る. ── 自 動 糸細工 (tatting) をする.

tat² /tǽt/ 名 軽打. **tit for tát** ⇒ tit². 成句.

tat³ /tǽt/ 名 ❶ [U] (英口) 薄汚い服; くだらぬもの. ❷ [C] みすぼらしい人.

1845

ta-ta /tætɑ́/ 間 (英口) バイバイ (★ 子供が使いたり, 子供に向かって用いる).

ta·ta·mi /tɑːtɑ́ːmi/ 名 C|U (畳) ~(-s) (また **tatámi màt**) (日本の)畳.

Ta·tar /tɑ́ːtə | -tə/ 名 ❶ C タタール人 (ロシアのトルコ系住民). ❷ [U] タタール語. ── 形 タタール人[語]の.

Táte Gállery /téɪt-/ 名 [the ~] (London の)テート美術館 (正式名 the National Gallery of British Art; 1897年開設; 現代美術のみを展示した分館 Tate Modern が2000年に開設された).

ta·ter /téɪtə | -tə/ 名 (俗・方)=potato.

Ta·ter Tots /téɪtətɑ̀ts | -tɑtɔts/ 名 複 [商標] テイタートッツ (冷凍フライドポテト).

Tá·tra Móuntains /tɑ́ːtrə-/ 名 複 [the ~] タトラ[タトリ]山地 (ポーランドとスロバキアの国境にまたがる山地で, カルパチア山脈中部の最高部).

tat·ter·de·ma·lion /tæ̀tədɪméɪljən, -méɪl- | -tə-/ 名 ぼろを着た人. ── 形 ぼろぼろの; こわれた, おんぼろの; 貧弱らしい, みすぼらしい.

†**tat·tered** /tǽtəd | -təd/ 形 ❶ **a** 〈衣服など〉ぼろぼろの. **b** 〈人が〉ぼろを着た. ❷ こわれた, めちゃめちゃになった.

tat·ters /tǽtəz | -təz/ 名 複 (布・紙などの)裂けたもの, ぼろ(きれ), ぼろ服: tear ... to ~ ...をずたずたに裂く. **in táttters** (1) ぼろぼろになって; ぼろを着て (in rags). (2) 〈計画・自信など〉打ち砕かれて, めちゃめちゃになって.

tat·ter·sall /tǽtəsɔ̀ːl, -s(ə)l | -tə-/ 名 (また **táttersall chèck**) タッターソール (2-3色の格子縞模様の毛織物).

tat·ting /tǽtɪŋ/ 名 [U] ❶ タッチング (レース風の編み糸細工). ❷ タッチングで作ったレース.

tat·tle /tǽtl/ 動 自 ❶ 〈人の〉告げ口をする, 秘密をもらす (on) (tell on). ❷ ...について[の]おしゃべりをする 〈on〉〈about, over〉. ── 名 [U] むだ口, おしゃべり, 雑談.

tát·tler 名 ❶ 告げ口屋, おしゃべり(人). ❷ [鳥] キアシシギ.

táttle·tàle 名 (米) (子供の)告げ口屋 ((英) telltale).

tat·too¹ /tætúː/ 名 ❶ (英) 軍楽行進 (通例夜間の分列行進に合わせて行なう). ❷ トントン[コツコツ]たたき続ける音: ⇒ devil's tattoo / He beat a ~ with his fingers on the table. 彼は指先でテーブルをコツコツたたいた (★ 興奮・焦燥などのしぐさ). ❸ [軍] (夜の)帰営らっぱ[太鼓]. ── 動 自 コツコツ[トントン]たたく. 《Du; 酒場閉店の合図から》

†**tat·too**² /tætúː/ 名 (複 ~s) 入れ墨, 彫り物: a ~ artist 入れ墨師. ── 動 他 ❶ 〈...に〉入れ墨をする: ~ a person's arm 人の腕に入れ墨をする. ❷ 〈...に×...の〉入れ墨をする: The man had a naked lady ~ed on his back. その男は背中に裸の女の入れ墨をしていた. 《Tahitian》

tat·tóo·er, tat·tóo·ist 名 入れ墨師.

tattoo pàrlor 名 タトゥーショップ.

tat·ty /tǽti/ 形 (**tat·ti·er, -ti·est**) (主に英口) 使い古した, いたんだ; 手入れの行き届いていない; 質の悪い.

tau /tɔ́ː, táʊ/ 名 [C|U] ❶ タウ (ギリシャ語アルファベットの第19字 T, τ; 英字の T, t に当たる; ⇒ Greek alphabet 表). ❷ T字形, T印.

táu cròss 名 T字十字.

‡**taught** /tɔ́ːt/ 動 **teach** の過去形・過去分詞.

†**taunt** /tɔ́ːnt, tɑ́ːnt | tɔ́ːnt/ 動 他 〈人を×...だといって〉あざける, 罵倒する; なじる: ~ a person about ...のことで人を冷やかす[からかう, ばかにする] / Don't ~ me with cowardice [with being a coward]. 私を卑怯(_{ひきょう})だといってあざけるな. ── 名 [しばしば複数形で] あざけり, 痛烈な皮肉. ~·**ing·ly** /-tɪŋ-/ 副 あざけって.

táu pàrticle 名 [理] タウ粒子 (軽粒子の一つ; 電子の3500倍の質量をもつ).

taupe /tóʊp/ 名 [U] 茶色がかった灰色(の), もぐら色(の).

Tau·re·an /tɔ́ːriən/ 形 名 おうし座 (Taurus) 生まれの(人).

tau·rine¹ /tɔ́ːriːn/ 名 [U] [生化] タウリン (動物の胆汁, タコ・イカ・貝などの中に含まれている中性のアミノ酸物質).

tau·rine² /tɔ́ːraɪn, -rən/ 形 雄牛[闘牛]の(ような).

táu·ro·cho·lic ácid /tɔ́ːrəkòʊlɪk-/ 名 U《化》タウロコール酸.

tau·rom·a·chy /tɔːrɑ́məki | -rɔ́m-/ 名 C,U《文》闘牛(術). **tau·ro·ma·chi·an** /tɔ̀ːrəméɪkiən/ 形.

†**Tau·rus** /tɔ́ːrəs/ 名 ❶《天》牡牛(ᡄᡉᡃ)座 (the Bull). ❷《占星》a おうし座, 金牛宮 (cf. the signs of the ZODIAC 成句). b C おうし座生まれの人.《L<Gk=牡牛》

Táurus Móuntains 名 複 [the ~] タウルス[トロス]山脈《トルコ南部の地中海沿岸を東西に走る山脈》.

†**taut** /tɔːt/ 形 (~·er; ~·est) ❶〈綱・帆などが〉ぴんと張られた: a rope ぴんと張ったロープ / pull a rope ~ ロープをぴんと張る. ❷ a〈筋肉など〉緊張した. b〈精神など〉《不安・心配などで》張りつめた. ❸〈人・からだつきが〉〈細身で〉引き締まった. ❹〈話などが〉むだのない, 締まりのある. ❺〈船などが〉よく整備された, きちんとした. **~·ly** 副 **~·ness** 名

tau·to- /tɔ́ːtoʊ, -tə/ [連結形]「同じ」「等しい」.

táut·en 動 他 自〈索・帆などを〉ピンと張る; taut にする[なる].

tau·to·log·i·cal /tɔ̀ːtəlɑ́dʒɪk(ə)l | -lɔ́dʒ-/ 形 同語[類語]反復の, 冗言の. **~·ly** /-kəli/ 副

tau·tol·o·gist /tɔːtɑ́lədʒɪst | -tɔ́l-/ 名 同語[類語]反復(使用)する人.

tau·tol·o·gize /tɔːtɑ́lədʒàɪz | -tɔ́l-/ 動 自 同語[類語]を繰り返す, 重複して述べる.

tau·tol·o·gous /tɔːtɑ́ləɡəs | -tɔ́l-/ 形 =tautological.

tau·tol·o·gy /tɔːtɑ́lədʒi | -tɔ́l-/ 名 U,C《修辞》類義語の無用な反復, 同語[類語]反復, 重複 (たとえば the *modern* college life *of today* における *modern* と *of today* など).《L<Gk to auto 同じ(もの)+-LOGY》

tau·to·mer /tɔ́ːtəmər | -mə/ 名《化》互変異性体. **tau·to·mer·ic** /-mér-/ 形 互変異性体の. **tau·tom·er·ism** /tɔːtɑ́mərɪzm/ 名 互変異性.

†**tav·ern** /tǽvən | -vən/ 名 ❶《米》居酒屋, バー (《英》pub, public house). ❷《文》宿屋, はたご屋.《F<L *taberna* 小屋, 居酒屋, 宿屋》

ta·ver·na /tɑːvɛ́ːrnɑ, -véə- | -vέː-, -véə-/ 名 タベルナ《ギリシアの居酒屋・料理屋》.

taw¹ /tɔː/ 名 ❶ C 大きなビー玉[おはじき]. ❷ U ビー玉遊び, おはじき.

taw² /tɔː/ 動 他〈生皮を〉みょうばんと塩の溶液でなめす. **~·er** 名

taw·dry /tɔ́ːdri/ 形 (**taw·dri·er**, **-dri·est**) ❶ けばけばしい, あくどい; 安ぴかの: ~ jewelry [garments] けばけばしい宝石[衣裳]. ❷ 下品な, 卑俗な. — 名 U けばけばしい装飾. **táw·dri·ly** /-drəli/ 副 **-dri·ness** 名

taw·ny /tɔ́ːni/ 形 (**taw·ni·er**, **-ni·est**) 黄褐色の.

táwny ówl 名《鳥》モリフクロウ《ヨーロッパ産》.

‡**tax** /tæks/ 名 ❶ C,U 税, 税金: ⇒ income tax, value-added tax / direct [indirect] ~es 直接[間接]税 / free of ~ 無税で / (a) land ~ 地租 / local ~es 地方税 / impose [levy] a ~ *on*...に課税する. ❷ [a ~] 無理な仕事, 重い負担, 酷な要求: Running puts *a* heavy ~ *on* the heart. 走ることは心臓にかなり負担をかける. — 動 他 ❶〈人・収入・財産・物品などに〉税をかける, 課税する: ~ a person's property 人の財産に課税する / It's unfair to ~ rich and poor equally. 金持ちも貧乏人も同様に課税するのは不公平だ. ❷〈...に〉重い負担をかける, 重荷を負わせる: Reading for many hours will ~ your eyes. 長時間にわたって本を読むと目を悪くする. ❸〈...を〉[...のかどで]非難する, 責める: He ~ed me *with* laziness [*with having* wasted my life]. 彼は私の怠慢[私が人生を無為に過ごしたこと]をなじった.《F<L *taxare* 評価する《*tangere*, *tact*- 触れる (cf. contact, tact; task, taste; tangible)》(名 taxation)

taxa 名 taxon の複数形.

†**tax·a·ble** /tǽksəbl/ 形 課税できる, 課税対象の: ~ articles 課税品.

tax·a·tion /tækséɪʃən/ 名 U ❶ 課税, 徴税: ~ at (the) source 源泉課税 / progressive ~ 累進課税 / a ~ bureau [office] 主税局[税務署] / be subject to ~ 課税される / impose high ~ 重税を課する / reduce ~ 減税する. ❷ 租税額; 租税収入, 税収.(動 tax)

tax avóidance 名 U 税金逃れ, 節税.

táx bràcket 名 税率区分.

†**táx brèak** 名 減税[(税制)優遇]措置.

táx colléctor 名 収税吏.

táx cùt 名 減税.

táx-dedúctible 形 (所得税計算過程で)控除対象となる.

táx-defèrred /-dɪfə́ːd | -fə́ːd⁼/ 形 課税猶予の《積立金など》.

táx dìsc 名《英》(自動車税の)納税済証票《フロントガラスに貼る》.

táx dòdge 名 節税[脱税](法), 税金逃れ[対策]. **táx dòdger** 名

taxes 名 tax または taxis の複数形.

†**táx evásion** 名 U 脱税.

táx-exémpt 形 ❶ 免税の, 非課税の. ❷〈配当金など〉税引きの.

táx èxile 名 税金逃れの国外脱出者.

táx-frée 形 副 免税で[の], 非課税の[で].

táx hàven 名 タックスヘイブン, 税金[租税]回避地《税金が安いか無税で外国の投資家が集まる所》.

tax·i /tǽksi/ 名 (複 ~s, ~·es) タクシー (cab, taxicab): take a ~ タクシーに乗る / go by ~ タクシーで行く (★ 無冠詞). — 動 (**tax·ied**; **tax·i·ing**, **tax·y·ing**) 自 ❶ タクシーで行く (《比較》タクシーは take a ~ または go by ~ のほうが一般的). ❷〈飛行機が地上[水上]を自力で移動する, タキシングする. — 他 ❶〈...をタクシーで運ぶ[送る]. ❷〈飛行機を〉タキシングさせる.《TAXI(CAB)》

táxi càb 名 =taxi.

táxi dàncer 名 職業ダンサー《ダンスホールなどで客に金をもらってダンスの相手をする人》.

tax·i·der·mist /tǽksɪdəːmɪst | -də-/ 名 剥製(はくせい)師.

tax·i·der·my /tǽksɪdə̀ːmi | -də̀ː-/ 名 U 剥製(はくせい)術. **tax·i·der·mic** /tǽksɪdə̀ːmɪk | -də̀ː-/ 形

táxi mèter 名 (タクシーの)自動料金表示器, 料金計, メーター.

táx·ing 形 骨の折れる, やっかいな (demanding). **~·ly** 副

táx inspèctor 名 課税査定官.

táxi rànk 名《英》=taxi stand.

tax·is /tǽksɪs/ 名 (複 **tax·es** /-siːz/) ❶ U《外科》(ヘルニアなどの)整復法[術]. ❷ U《生》走性. ❸ U《文法》配置, 順序.

-tax·is /tǽksɪs/ [名詞連結形]「配列」「順序」: hypotaxis, parataxis.

táxi squàd 名《フット》タクシースクウォッド《プロのフットボールプレーヤーとの練習はするが公式試合の参加資格がないプレーヤーの集団》.

táxi stànd 名《米》タクシーの客待ち駐車場《《英》taxi rank》.

táxi·wày 名 (飛行場の)誘導(滑走)路.

táx·màn 名 (複 **-men**) 税吏, 収税吏, 国税官; [the ~]《英》国税当局,「税務署」.

Tax·ol /tǽksɔː(ː) | -sɔl/ 名 U《商標》タクソール《イチイの樹皮から得られる抗癌(がん)薬パクリタクセル製剤》.

tax·on /tǽksɑn | -sɔn/ 名 (複 **tax·a** /tǽksə/, ~s)《生》分類群, タクソン《属・科・目・綱・門など》; 類名.

tax·o·nom·ic /tæ̀ksənɑ́mɪk | -nɔ́m-/ 形 分類学[法](の); 分類(上)の. **tàx·o·nóm·i·cal·ly** /-kəli/ 副

tax·ón·o·mist /-mɪst/ 名 分類学者.

tax·on·o·my /tæksɑ́nəmi | -sɔ́n-/ 名 U 分類学 (⇒ classification 1 b).《F<Gk *taxis* 配列; ⇒ -nomy》

‡**táx·pay·er** /tǽkspèɪə | -pèɪə/ 名 納税者.

táx pòint 名《英》《税》(付加価値税の)課税時期《課税が始まる時引日》.

†**táx relíef** 名 U (所得の一部について認められる)税の支払い免除.

táx retúrn 名 (納税のための)所得申告.

táx shélter 名 税金逃れの手段, タックスシェルター《非課税の投資や特別所得控除など》. **táx-shèltered** 形

táx stàmp 名 納税印紙.

táx yèar 名 課税年度, 税制年度《米国では1月1日から, 英国では4月6日から1年間》.

Tay /téɪ/ 名 [the ~] テイ川《スコットランド中東部を東流し, テイ湖 (Loch Tay) を通ってテイ湾 (the Firth of Tay) に注ぐ; スコットランド最長の川》.

táy·bèrry 名 テイベリー《1977年スコットランドで作出されたblackberryとraspberryの交配新種》.

Tay·lor /téɪlɚ | -lə/, **Zachary** 名 テーラー (1784–1850; 米国の軍人・政治家; 第12代大統領 (1849–50)).

Táy-Sáchs disèase /téɪsǽks-/ 名 Ü テイ-サックス病《東欧のユダヤ人の家系に多い遺伝性の脂質代謝疾患で, 脳内に脂質が蓄積し, 幼児期の早期に死亡する》. 【W. Tay 英国の眼科医, B. Sachs 米国の神経科学者】

taz·za /tάːtsə, tæts-/ 名 台座の付いた大皿.

Tb (記号) 【化】 terbium. **Tb, TB** (略) 【電算】 terabyte(s). **TB** /tíːbíː/ (略) tuberculosis; [アメフト] tailback. **t.b.a.** (略) to be announced 《詳細》未定 (につき追って発表).

T-ball 名 Ü (商標) T ボール《ゴルフのティー (tee) を大きくしたような棒の上に載せたボールを打って飛ばし, 野球のように遊ぶ子供のゲーム》.

T-bàr 名 ❶ (スキーリフト用の) T 字形の腕木; ティーバー (リフト)《T 字形の腕木を用いて1本につき2人ずつ運ぶスキーリフト》. ❷ T 形鋼.

Tbi·li·si /təbɪ́lɪəsi/ 名 トビリシ《グルジアの首都》.

T-bìll 名 (米口) =treasury bill.

T-bòne stéak 名 CU T 字形の骨付きステーキ《牛の腰部をフィレ肉の一部をつけて切り取ったもの》.

tbs., tbsp. (略) tablespoon(ful). **Tc** (記号) 【化】 technetium. **TC** (略) 【米】 teachers college.

T cèll 名 【医】 T 細胞《胸線依存性のリンパ球; 免疫グロブリンの合成に関与する》.

Tchai·kov·sky /tʃaɪkɔ́ːfski | -kɔ́f-/, **Peter Il·ich** /íːlɪtʃ/ 名 チャイコフスキー (1840–93; ロシアの作曲家).

tchotch·ke /tʃάtʃkə | tʃɔ́tʃ-/ (米口) 名 ❶ ちゃちな飾り物, 装飾小物, おもちゃ, がらくた. ❷ かわいこちゃん《子供・女》.

TCP /tíːsìːpíː/ 名 Ü (商標) TCP《傷口の洗浄やうがいに用いられる消毒液》. 【trichlorophenylmethyliodisalicyl】

TCP/IP /tíːsìːpíːάːɪpíː/ 名 Ü (電算) TCP/IP 《データ転送を低レベルでパケットにより処理するインターネットプロトコル》. 【Transmission Control Protocol / Internet Protocol】

TD (略) touchdown. **TDD** (略) telecommunications device for the deaf 聴覚障害者用通信機器《メールのように文字情報が送れる電話(付属装置)》.

t distribùtion 名 【統】 t 分布《正規母集団の標準偏差が未知の場合, 平均値についての仮説の検定に用いられる分布; student's t distribution ともいう》.

te /tíː/ 名 〔音階の〕シ (《米》 ti).

Te (記号) 【化】 tellurium. **TE** (略) tight end.

‡**tea** /tíː/ 名 ❶ a Ü (飲料の)茶, お茶 [解説] 単に tea といえば black tea というのは (まれ); 特に, 英国人の好む飲み物で, たいてい milk や sugar を入れる》: ~ with milk ミルクティー / a cup of ~ お茶 1 杯 / a pot of ~ ポット 1 杯の紅茶 / make ~ 茶をいれる(C). / She gave [served] her guests some ~. 彼女は客にお茶を出した. b C (通例複数形で) 1 杯のお茶: Two ~s, please. 紅茶 2 つお願いします. ❷ Ü a (植) チャ. b 茶の葉, 茶 (tea leaves): black [green] ~ 紅[緑]茶 / coarse ~ 番茶 / a pound of ~ 茶 1 ポンド. ❸ (英) a UC ティー, お茶, 軽食《午後遅くクッキーやサンドイッチなどを含む軽食で, afternoon tea または five o'clock tea ともいう, 通例飲み物には紅茶を用いる; お茶の会: ask a person to ~ 人をティーに招く. b Ü 夕方早くとる食事: ~ high tea. ❹ Ü (通例修飾語を伴って) (茶に似た)せんじ汁: ⇒ beef tea. ❺ Ü (俗) マリファナ, 麻薬. **one's cùp of téa** ⇒ cup 成句. **nót for àll the téa in Chína** どんなことがあっても...しない. **téa and sýmpathy** (口) お茶と同情《困っている人への好意的行動》. 【? Du ⇐ ? Malay ⟨ Chin=茶〕

téa bàg 名 ティーバッグ.

---

téa bàll 名 (米) ティーボール《小さい穴のある金属球の茶こし器》.

téa brèad 名 Ü ティーブレッド《お茶の時に出す甘いパン》.

téa brèak 名 (英) 茶の休憩時間《(米) coffee break》《午前と午後の仕事の合間に手を休めてお茶を飲む時間》.

téa càddy 名 茶筒, 茶缶 (caddy).

téa càke 名 ❶ (英) ティーケーキ《ティーの時焼いてバターをつけて食べる平たい小さな菓子》. ❷ (米) クッキー, 小さなケーキ.

téa càrt 名 (米) =tea wagon.

téa cèremony 名 (日本の)茶の湯.

‡**teach** /tíːtʃ/ 動 (**taught** /tɔ́ːt/) ❶ 教える, 教授する: **a** 〈学科などを〉**教える**; 〈人・クラスなどに〉教える: ~ English 英語を教える / Russian is not taught at that school. あの学校ではロシア語は教えていない / She ~es five classes daily. 彼女は毎日 5 時間教えている / Who is ~ing you? だれがあなたを教えているのですか / ~ oneself 独学する / [+目+目] She taught me mathematics. = She taught mathematics to me. 彼女が私に数学を教えてくれた / We will be taught English. 我々はみんな英語を習うことになっている. **b** 〈人に〉...するように[するしかたを]教える: [+目+to do] She has taught her dog to sit up and beg. 彼女は自分の犬にちんちんを教えた / He taught me not to say that. 彼は私にそれを言ってはいけないと教えた / [+目+wh.] She taught Tom how to keep accounts. 彼女はトムに帳簿のつけ方を教えた / I taught him how to get to the bookstore. 私は彼にその本屋への行き方を教えた. **c** 〈人に〉...だと教える: [(+目)+that] He taught (us) that love is important. 彼は(我々に)愛は大切なものであると教えた.

❷ 〈事実・経験などが〉人に〈...を〉教える, 悟らせる: [+目+目] Experience will ~ you common sense. 経験を積めば君にも常識が養われるだろう / [+目+to do] The accident has taught him to be careful. その事故で彼は注意が必要だということがわかった / [(+目)+that] The accident has taught (me) that driving at eighty miles an hour is stupid. その事故で時速 80 マイルで車を飛ばすのは愚かなことだということがわかった / [+目+wh.] The accident has taught me how dangerous fast driving is. その事故で車を飛ばすことがいかに危険かということがわかった.

❸ (口) 〈人に〉...させないようにする, 〈人が〉...すると承知しないぞ: [+目+to do] I'll ~ you to meddle in my affairs. いらぬおせっかいをすると承知しないぞ / That'll ~ you to lie. うそをつくとどうなるかお前にもわかるだろう.

— 動 ❶ 教師をする: I ~ for a living. 教師をしている. ❷ (...で)教える: He ~es at a high school. 彼は高校で教えている.

téach a person a lésson ⇒ lesson 2.

téach schóol (米) 学校の先生をする.

Thát'll tèach you! それ見たことか, それでわかっただろう.

【OE; 原義は「示す」】

【類義語】 **teach** 知識や技術を「教える」意味の最も一般的な語. **educate** 学校のような正式の教育機関で教える; 特にその人の持つ潜在的な能力を伸ばすことを暗示する. **instruct** ある特殊な分野についてきちんとした方法で系統立てて教える.

Teach /tíːtʃ/, **Edward** 名 ティーチ (?-1718; 英国の海賊; 通称「黒ひげ」).

teach·a·bil·i·ty /tìːtʃəbɪ́lətI/ 名 Ü ❶ 学習能力[適性]. ❷ 教えやすさ.

teach·a·ble /tíːtʃəbl/ 形 ❶ 〈人が〉教えられて学ぶことができる, よく覚える. ❷ 〈学科・芸などが〉教えられる, 教授可能な. ~**·ness** 名

‡**teach·er** /tíːtʃɚ | -tʃə/ 名 教師, 先生 (用法)「スミス先生」という場合, Teacher Smith とはいわず Mr. [Miss, Mrs.] Smith という): a ~ of English 英語の先生 / an English ~ 英語の先生; 英国人の先生《※ 前者は ＼＿, 後者は ＿＼) / T~ said so. 先生はそう言いました (用法) 担任教師などは無冠詞で固有名詞的に用いることがある).

teach・er・ly 形 教師[先生]らしい[にふさわしい].

teachers còllege 名 U.C (米) (通例 4 年制の)教員養成大学, 総合大学の中の教員養成学部 (略 TC).

teacher's pét 名 先生のお気に入り(生徒).

téa chèst 名 茶箱.

téach-ìn 名 (口) ティーチイン (大学の学生や教職員による政治問題などの討論集会).

***teach・ing** /tíːʃɪŋ/ 名 ❶ U 教えること, 教授, 授業: ~ practice (英) 教育実習 (米) student teaching). ❷ C (しばしば複数形で) 教え, 教訓; 学説: the ~s of Christ キリストの教え. (関連) didactic, pedagogic)

téaching assistant 名 ❶ 補助教員. ❷ (米) = teaching fellow (略 TA).

téaching fèllow 教育助手 ((米) teaching assistant) (学部生の授業や教官の補助を行なう大学院生).

téaching hòspital 名 (英) (医学実習生のための)教育研究病院, 医大付属病院.

téaching machìne 名 自動学習装置, ティーチングマシン.

téa clòth 名 = tea towel.

téa còzy [(英) còsy] 名 ティーポットカバー(茶がさめないようにティーポットにかぶせるカバー; cf. cozy 形).

téa・cùp 名 ❶ 湯飲み[紅茶]茶わん, ティーカップ. ❷ = teacupful.

tea・cup・ful /tíːkʌpfùl/ 名 茶わん 1 杯(の量) [of].

téa dànce 名 (午後の)ティーの時間に催すダンスパーティー.

téa gàrden 名 ❶ 茶畑, 茶園. ❷ 茶店のある庭園.

téa-hòuse 名 (日本・中国の)茶店; 茶屋.

†**teak** /tíːk/ 名 ❶ C (植) チーク(インド・東南アジア産の高木). ❷ U チーク材.

téa・kèttle 名 湯沸かし, やかん, 茶がま.

teal /tíːl/ 名 (複 ~, ~s) ❶ C (鳥) コガモ. ❷ U 緑色がかった青.

téa làdy 名 (英) (会社などで)お茶汲みの女性.

téal blúe 名 U 暗い灰色[緑色]がかった青.

téa lèaf 名 ❶ 茶の葉. ❷ [複数形で] (湯を注いだ後の)茶の葉, 茶がら. ❸ (韻律) ぬすっと (thief).

‡**team** /tíːm/ 名 [集合的: 単数または複数扱い] ❶ (競技・仕事などの)チーム, 組: He was on [(英) in] the baseball ~. 彼は野球のチームに入っていた / make the ~ チーム(の一員)に抜擢される. ❷ (車・すきなどを引く 2 頭以上の)一連の馬[牛]. ── 動 自 (…と)組んでする 《up》 《with》. 〖OE〗

***team・mate** /tíːmmèɪt/ 名 チーム仲間, チームメート.

téam mìnistry (英国教) 司牧団 (主任司祭の下でいくつかの教区に合同で司牧する役付きの聖職者グループ).

téam pláyer 名 チームプレーに徹する選手[人], 協調性のある人.

téam spírit 名 U チーム精神 (個人の利益よりもチームの利益を優先させる団体精神).

team・ster /tíːmstə|-stə/ 名 ❶ (米) トラックの運転者; [the Teamsters] 全米トラック運転手組合. ❷ 一連の馬[牛]の御者.

téam tèaching 名 U チームティーチング(数名の教師がチームを組んで行なう授業[教育]).

téam・wòrk 名 U チームワーク, 共同作業.

téa pàrty 名 (午後の)お茶の会, 茶話会.

†**téa・pòt** 名 茶瓶, きゅうす, ティーポット.

tea・poy /tíːpɔɪ/ 名 (通例 3 脚で茶箱などをのせる)喫茶用小テーブル[台].

***tear**¹ /tíə|tíə/ 名 ❶ [通例複数形で] 涙: with ~s in one's eyes [voice] 涙を浮かべて[にむせんで], 涙声で] / bring ~s to one's eyes 目に涙を催させる / burst into ~s わっと泣き出す / draw ~s (from a person) (人の涙)を誘う / shed (bitter) ~s (血の)涙を流す / be close to [on the verge of] ~s 今にも泣き出しそうだ / fight back ~s 涙をこらえる / reduce a person to ~s 泣かせる / end in ~s 悲しい結果に終わる / Her eyes were wet with ~s. 彼女の目は涙でいっぱいだった / A ~ trickled down her cheek. 涙が(1 滴)彼女のほおを伝わり落ちた. ❷ しず

く, 露滴. **in téars** 涙を浮かべて, 泣きぬれて: I found her in ~s. 見ると彼女は泣いていた. **without téars** 容易に学習[作業]できるように工夫した. 〖OE〗 形 teary; 関形 lachrymal)

‡**tear**² /téə|téə/ 動 (**tore** /tɔ́ə|tɔ́ː/; **torn** /tɔ́ːn|tɔ́ːn/) 他 ❶ a 《布・紙・着物などを》(ずたずたに)引き裂く, 破る (比喩 rip は特に乱暴に無理やり引き裂くこと, split はもともとのひきれと側面に沿って裂くこと): I've *torn* his letter. 彼の手紙を(誤って)破ってしまった / ~ *up* a letter 手紙を(わざと)引き裂く / I *tore* the letter *to* pieces. 私はその手紙をずたずたに引き裂いた / She *tore* the handkerchief *in* two. 彼女はハンカチを二つに引き裂いた / [~+目+補] He *tore* the envelope open.＝He *tore* open the envelope. 彼はその封筒を破って開けた. **b** 〈靭帯などの筋肉を〉断裂する. ❷ **a** 引き裂いて〈…に〉傷をつける: A piece of broken glass *tore* her skin. ガラスの破片で彼女は皮膚を傷つけた / I *tore* my knee on a nail. 私はくぎで膝を引き裂いた. **b** 引っかけて〈…に〉(裂け目)を作る, 裂けて〈穴を〉あける: She [The nail] *tore* a hole *in* her dress. 彼女は[くぎが]ドレスにかぎ裂きを作った. ❸ [副詞(句)を伴って] **a** 〈…を〉無理に引き離す, 引きちぎる, もぎ[はぎ]取る: She *tore off* his clothes and jumped into the river to save the boy. 彼女はその子を助けようと急いできるように服を脱ぐと, 川へ飛び込んだ / They *tore down* the enemy's flag. 彼らは敵の旗を力まかせに引きおろした / She *tore* the plant *out of* the ground. 彼女はその植物を地面からぐいと引き抜いた. **b** [~ oneself で] 無理に[いやいや]離れる: I couldn't ~ *myself away from* the television set. 私はテレビから離れられなかった. ❹ a 〈国などを〉分裂させる (★ 通例受身): The country had *been torn apart* by civil war. その国は内戦で分裂していた. **b** 〈人・人の心を〉悩ます, かき乱す (★ 通例受身): Her heart [She] *was torn* (*apart*) *by* grief [*with* conflicting emotions]. 彼女の(心)は悲しみでかき乱されていた[胸は千々に乱れていた] / I *was torn* between the two alternatives. その二つの方法のどちらを選ぼうかと思い悩んだ.

── 自 ❶ 裂ける, 破れる: Lace ~s easily. レースは簡単に裂けてしまう / The sheet *tore* as she pulled it out of the typewriter. 彼女がタイプライターから引き抜いた時用紙が破れてしまった. ❷ 〈…をかきむしる: He *tore at* the wrappings of the package. 彼は小包の包み紙を引きむしった. ❸ [副詞(句)を伴って] 暴れる, 突進する, 疾走する: The brothers were ~*ing about* in the house. 兄弟は家の中で暴れていた / A car came ~*ing along*. 自動車が疾走してきた. ❹ 〈…を〉激しく攻撃する; 非難する, 酷評する 《*into*》 (★ into は受身可).

téar apárt (他+副) (1) 〈国などを〉分裂させる (⇒ 他 4). (2) (口) 〈…を〉酷評する. (3) 〈口〉〈人を〉しかる.

téar dówn (他+副) 〈建物などを〉取り壊す, 破壊する (demolish).

téar one's háir (òut) ⇒ hair 成句.

téar it (俗) 好機をつぶしてしまう (cf. That's torn it! (TEAR² 成句)).

téar lóose to loose 形 成句.

téar óff (他+副) (1) 〈…を〉もぎ取る (⇒ 他 3 a). (2) 〈仕事などを〉さっと片づける[やってのける].

téar to bíts ⇒ bit¹ 成句.

téar to shréds (1) 〈…を〉ずたずたに引き裂く. (2) (口) 〈…を〉酷評する.

téar úp (他+副) 〈条約などを〉破棄する.

Thát's tórn it! (英口) (計画などが)もうだめだ; 万事休すだ.

── 名 ❶ U 引き裂き. ❷ C 裂け目, 破れ目, ほころび.

wéar and téar ⇒ wear¹ 成句. 〖OE〗

téar・awày /téərə-|téə-/ 名 (英) 向こう見ずの若者, 暴走族, 不良. ── 形 (軽く)引っぱって[開けられる]: a ~ seal 簡単にはがれるシール. ❷ (英) 乱暴な.

téar・dròp /tíə-|tíə-/ 名 涙, 涙のしずく.

téar dùct /tíə-|tíə-/ 名 (解) 涙管, 涙道.

†**téar・ful** /tíəf(ə)l|tíə-/ 形 ❶ 泣いている, 涙ぐんだ: in a ~ voice 涙声で. ❷ 悲しい. **-ful・ly** /-fəli/ 副 涙ながらに, 泣きながら.

téar gàs /tíə-│tíə-/ 名 Ü 催涙ガス.

téar-gàs /tíə-│tíə-/ 動 他 ...に催涙ガスを用いる[浴びせる].

tear·ing /té(ə)rɪŋ/ 形 ❶ (引き)裂く, かきむしる. ❷ (口) 荒れ狂う, 猛烈な: He's in a ~ hurry. 彼はすごく急いでいる.

téar-jèrker /tíə-│tíə-/ 名 (口) 泣かせる映画[劇, 番組 (など)], お涙頂戴もの.

téar·less /tíə-│tíə-/ 形 涙の流さない; 涙の出ない. ~·ly 副

téa·ròom 名 喫茶店[室] (tea shop).

téa ròse 名 [植] ティーローズ《コウシンバラに近い一系統の各種のバラ; 矮性で四季咲き性》.

téar shèet /téə-│tíə-/ 名 (新聞・雑誌などの)はぎ取りページ.

téar strìp /téə-│tíə-/ 名 開封帯《缶や包装紙などにつけて開きやすくしてあるもの》.

tear·y /tí(ə)ri/ 形 ❶ 涙(のような). ❷ 涙をたたえた[ぬれた]. ❸ 涙を誘う, 悲しい: a ~ letter 悲しい手紙. 〈名 tear¹〉

*__tease__ /tí:z/ 動 他 ❶ 〈人・動物を〉(…のことで)いじめる, からかう, 悩ます: Stop *teasing* the dog. 犬をいじめるのはやめなさい / They ~d John *about* his baldness. 彼らはジョンがはげていることを冷やかした. ❷ (米) 〈人に〉執拗にせがって...(さ)せる: She ~d him *into* getting a haircut. 彼女は彼にくどくど言って散髪させた. ❸ a 〈羊毛・麻などを〉すく, b 〈ラシャなどを〉けばだてる. ❹ (米) 〈髪に〉逆毛(ᵗᵃᵏᵉ)をたてる((英) backcomb). ❺ (そのつもりもないのに)性的にじらす. ── 自 ❶ いじめる, からかう. ❷ a 羊毛・麻などをすく, b ラシャなどをけばだてる. **tèase óut** (他+副) 〈髪のほつれを〉すく. **tèase...òut of a person** 人から〈情報などを〉ひき出す. ── 名 ❶ いじめる[いじめられる]こと. ❷ (口) いじめる人, (性的に)じらす人. 〈OE=引き離す〉

tea·sel /tí:zl/ 名 [植] ラシャカキグサ, オニナベナ (teazle)《マツムシソウ科ナベナ属; 乾燥果で毛織物のけばをたてる》.

téas·er /tí:zə-/ 名 ❶ (口) 難問. ❷ いじめる人, 悩ます人; 男をじらす女. ❸ (米) ティーザー《商品を隠したり小出しにしたりして興味をあおる広告など》.

téa sèrvice 名 =tea set.

téa sèt 名 茶器(一式), ティーセット.

téa shòp 名 ❶ (英) =tearoom. ❷ 茶を売る店.

téas·ing·ly 副 からかうように; うるさく.

*__tea·spoon__ /tí:spù:n/ 名 ❶ 茶さじ, ティースプーン (cf. tablespoon 1). ❷ =teaspoonful.

tea·spoon·ful /tí:spu:nfùl/ 名 (複 ~**s**, **tea·spoons·ful**) 茶さじ 1 杯(の量)《食卓さじの約 ¹/₃》(*of*) (略 tsp.).

téa strài·ner 名 茶こし.

teat /tít, tí:t/ 名 ❶ (動物の)乳首《比 人間のものは nipple》. ❷ (英) 哺乳(ᵝᵘᵈᵘᵘ)瓶の乳首((米) nipple).

téa tàble 名 ティーテーブル, 茶卓.

téa tìme 名 Ü お茶の時間, ティータイム: at ~ お茶の時間に.

téa tòwel 名 (英) (洗った皿をふく)ふきん((米) dish towel).

téa trày 名 茶盆.

téa trèe 名 [植] (豪) ネズモドキ属の低木.

téa tròlley 名 (英) =tea wagon.

téa wàgon 名 (脚輪付き)茶道具運搬台.

tea·zel, tea·zle /tí:zl/ 名 =teasel.

Te·bet /tervét, -vèθ/ 名 [ユダヤ暦] テベテ《政暦の第 4 月, 教暦の第 10 月; 現行 太陽暦で 12-1 月》.

tec¹ /ték/ 名 (英口) 刑事, デカ. 〈detective〉

tec² /ték/ 名 (英) 専門技術学校 (tech).

*__tech__ /ték/ 名 ❶ Ⓒ (英口) =technical college. ❷ Ⓒ (口) 技術者. ❸ Ü (口) 科学技術. ── 形 (科学)技術の.

tech. (略) technical(ly); technology.

tech·ie /téki/ 名 (口) 専門技術者, 技術屋, エレクトロニクス[コンピュータ]の専門家. 〈技術好き, 熱烈な愛好家〉

tech·ne·ti·um /tekní:ʃiəm/ 名 Ü [化] テクネチウム《金属元素; 記号 Tc》.

tech·nic /téknɪk/ 名 ❶ =technique. ❷ [~**s** で単数

1849　**technostress**

または複数扱い] 工芸(学), 科学技術; 技術的詳細[規則, 方法]; 技術用語, 術語. ── 形 =technical.

*__tech·ni·cal__ /téknɪk(ə)l/ 形 (**more** ~; **most** ~) ❶ (比較なし) 工業の, 工芸の. ❷ 専門の[的な]; a ~ term 術語, 専門用語 / a ~ book 専門書. ❸ 技術(上)の: a ~ adviser 技術顧問 / ~ skill(s) 技巧. ❹ (比較なし) 法律[規則]上成立する; 厳密な法解釈による. ~·**ness** 名 〖TECHNIQUE+-AL〗

téchnical còllege 名 Ⓤ,Ⓒ (英) テクニカルカレッジ《(英口) tech》《義務教育終了後 2 年間工業技術・芸術・農業などを教える》.

téchnical fóul 名 [バスケなど] テクニカルファウル《相手プレーヤーとの身体的接触によらないファウル》.

téchnical hítch 名 (機械の)一時的な故障.

*__tech·ni·cal·i·ty__ /tèknəkǽləṭi/ 名 ❶ [複数形で]専門的事柄[方法, 手続き]; 専門用語. ❷ Ⓒ 法律[規則]上の問題: on a ~ 厳密な法解釈によって. ❸ Ü 専門的であること, 専門性.

téchnical knóckout 名 [ボク] テクニカルノックアウト《略 TKO》.

*__tech·ni·cal·ly__ /-kəli/ 副 ❶ **a** 工業的に; 技術的に. **b** 専門的に. ❷ [文修飾] 法律[規則]的に.

téchnical schóol 名 (英) テクニカルスクール, 実業中等学校《普通教育と技術科目に重点を置いた教育を行なう公立中学校》.

téchnical sérgeant 名 (米空軍) 二等軍曹.

téchnical suppórt 名 Ü 技術[テクニカル]サポート《製造者や販売者が製品の購入者に提供する, 製品にかかわる技術的問題の解決に関する援助・相談》; 技術サポート担当部門, 顧客相談室[窓口].

*__tech·ni·cian__ /teknɪ́ʃən/ 名 ❶ (技術的な)専門家, 技術家. ❷ (絵画・音楽などの)技巧家, テクニシャン.

tech·ni·cist /téknəsɪst/ 名 =technician.

Tech·ni·col·or /téknɪkʌ̀lə/ 名 ❶ -lə/ 名 Ⓤ [商標] テクニカラー《色彩映画(法)の一つ》. ❷ [t~] 鮮明な色彩.

*__tech·nique__ /tekní:k/ 名 ❶ Ü (専門)技術; 技巧, テクニック. ❷ Ⓒ (芸術・スポーツなどの)手法, 技法; 方法, やり方, 技術. 〖F<L<Gk *technē*; ⇒ techno-〗

tech·no /téknoʊ/ 名 Ü 形 テクノ音楽(の)《シンセサイザーなどの電子楽器を用いたポップ音楽など》.

tech·no- /téknoʊ/ [連結形] 「(科学)技術」《Gk *technē* 技術, 技巧》

téchno·bàbble 名 Ü テクノバブル《しろうとが聞いてもわけがわからないテクノロジー関係の専門用語・業界用語》.

tech·noc·ra·cy /teknɑ́krəsi│-nɔ́k-/ 名 ❶ Ü,Ⓒ 技術家政治, テクノクラシー《技術家に一国の産業的支配・統制をさせようとする思想》. ❷ Ⓒ 技術主義国家.

*__tech·no·crat__ /téknəkræ̀t/ 名 専門技術者, テクノクラート.

tech·no·crat·ic /tèknəkrǽṭɪk⁻/ 形 technocracy の(ような); technocrat の(ような). -**crát·i·cal·ly** 副

*__tech·no·log·i·cal__ /tèknəlɑ́dʒɪk(ə)l│-lɔ́dʒ-⁻/ 形 ❶ 科学技術の: ~ development 科学技術の進歩 / a ~ revolution 技術革命 / a ~ society 技術社会. ❷ 科学技術の(進歩)による: ~ unemployment 科学技術の進歩によって生じる失業. ~·**ly** /-kəli/ 副 〖TECHNOLOGY の形容詞形〗

*__tech·nol·o·gist__ /-dʒɪst/ 名 科学技術者.

*__tech·nol·o·gy__ /teknɑ́lədʒi│-nɔ́l-/ 名 ❶ Ü,Ⓒ 科学技術, テクノロジー: industrial ~ 産業[工業]技術, 生産技術. ❷ Ü 応用科学: an institute of ~ (米) (理)工科大学, 工業大学. 〖Gk=系統的取り扱い; ⇒ techno-, -logy〗

technólogy trànsfer 名 Ü 技術移転《特に 先進国からの最新技術の移動》.

téchno·phìle 名 テクノロジーに強い関心をもつ人, ハイテクマニア《愛好家》.

tèchno·phóbia 名 Ü 科学技術恐怖症. **tèchno·phòbe** 名 **tèchno·phóbic** 形

téchno·strèss 名 Ü テクノストレス《コンピューターや科学

tech support 技術の環境の下で働くことから生じる精神的ストレス).
téch suppórt 名《口》=technical support.
tech・y /téfi/ 形 (**tech・i・er; -i・est**) =tetchy.
tec・ton・ic /tektánık | -tɔ́n-/ 形 ❶《地》構造上の, 構造の変化の. ❷ 建築の, 築造の; 建築学上の. **-i・cal・ly** 副
tec・ton・ics /tektánɪks | -tɔ́n-/ 名 U ❶《地学》構造地質学, テクトニクス. ❷《建築》構造学.
tec・to・ri・al /tektɔ́:riəl/ 形 ふた[おおい]をなす.
tec・trix /téktrɪks/ 名 (履 **-tri・ces** /-trəsì:z, tektráɪsi:z/)《鳥》雨覆(*).
Te・cum・seh /təkʌ́msə, -sɪ/ 名 テカムセ (1768–1813; 北米先住民 Shawnee 族の族長; 白人に抵抗するため西部諸部族の団結を訴えた; 米英戦争で英国側について戦死).
Ted /téd/ 名 ❶ テッド《男性名; Theodore, Edward の愛称》. ❷ [しばしば t~]《英口》=teddy boy.
ted /téd/ 動 (**ted・ded; ted・ding**)〈草〉を広げて干す.
téd・der 名 草を干す人; 草干し機, 乾草機, テッダー.
Ted・dy /tédi/ 名 ❶ テディー《男性名; Theodore, Edward の愛称》. ❷ [t~] =teddy bear.
†**téddy bèar** 名 テディーベア《(英) teddy》《ぬいぐるみのクマ; 狩猟好きの米国の Theodore Roosevelt 大統領が子グマを見逃してやるときを描いた漫画が報道され, それがヒントとなって作られた》.
téddy bòy 名《英口》テディーボーイ《《口》ted》《Edward 7世時代風の服装をした 1950 年代の不良少年》.
Te Dé・um /téɪdéɪəm, tí:dí:əm/ 名 ❶《キ教》テデウム, 賛美の歌《神への感謝の賛歌》. ❷ テデウムの曲. ❸ テデウムを歌う儀式. 〖L=Thee, God, (we praise)〗
†**te・di・ous** /tí:diəs/ 形 (**more ~; most ~**) 長ったらしくて退屈な, あきあきする, つまらない (boring): a ~ lecture 退屈な講義 / ~ work あきあきする仕事. **~・ly** 副 **~・ness** 名
te・di・um /tí:diəm/ 名 U (時間が長くてあきあきすること, 退屈 (boredom).
tee¹ /tí:/ 名 ❶ T[t]の字. ❷ T字形(のもの); (特に) T 字管. ❸ =T-shirt. **to a tée** 正確に, ぴったりと.
†**tee²** /tí:/ 名《ゴルフ》❶ ティー(グラウンド)《各ホールの第 1 打を打つ場所》. ❷ ティー, 球架《ボールを載せるペグ》. ━ 動 他 (**teed; tee・ing**)《ゴルフ》〈ボール〉をティーの上に載せる. **tée óff** (1)《ゴルフ》ティーからボールを打ち出す. (2) 始める, 開始する. (3)《米俗》〈人〉を怒らせる《★通例過去分詞で形容詞的に用いる》. **tée úp** (1)《ゴルフ》ボールをティーの上に載せる. ━ 他 《ゴルフ》〈人〉を準備する. 〖文字 T との形状の連想〗
tée-bàll 名 =T-ball.
tee-hee /tí:hí:/ 間 ひっひ!(という声). ━ 動 自 ひっひと笑う.
†**teem**¹ /tí:m/ 動 自 満ちる, 富む (swarm): The streams used to ~ *with* fish.=Fish used to ~ *in* the streams. 小川には魚がたくさんいたものだ. 〖OE=子を産む〗
teem² /tí:m/ 動 [しばしば it を主語にして, 通例進行形で] 〈雨が〉激しく降る 〈*down*〉: *It's* ~*ing* (*down*) (with rain).=The rain *is* ~*ing down*. どしゃ降りだ.
téem・ing 形 豊富な, うようよするほどの: a ~ station ごったがえす駅 / a river ~ *with* fish 魚がうようよする川. **~・ly** 副
teen /tí:n/ 名 Ａ 10 代の (teenage). ━ 名 C ティーンエイジャー (teenager).
*****teen・age(d)** /tí:nèɪdʒ(d)/ 形 Ａ 10 代の《★通例 13–19 歳のきをいう》.
*****teen・ag・er** /tí:nèɪdʒə | -dʒə/ 名 ティーンエイジャー《用法》-teen のつく通例 13–19 歳の少年・少女にいう》.
teen・er /tí:nə | -nə/ 名《米》=teenager.
*****teens** /tí:nz/ 名 履 ❶ [one's ~] 10(歳)代《★通例 13–19 歳にいう》: in [out of] one's ~ 10 代で[を過ぎて] / in one's early ~ 10 代前期で[の], ローティーンの / in one's late ~ 10 代後期で[の], ハイティーンの. ❷ 10 代の少年少女.
teen・sy /tí:nsi | -zi/ 形《口》=teeny.

téensy-wéen・sy /-wí:nsi | -zi^ー/ 形 =teeny-weeny.
tee・ny /tí:ni/ 形 (**tee・ni・er; -ni・est**)《口》ちっちゃな: a ~ bit ちょっぴり.
téeny・bòp 形 (流行[おしゃれ]に敏感な)ティーンエイジャーの少女.
teen・y・bop・per /tí:nibàpə | -bɔ̀pə/ 名《口》ティーニーボッパー《しきりに流行を追いロックに凝るローティーンの女の子》.
tée-ny-wée-ny /-wí:ni^ー/ 形《口》ちっちゃい.
tée shìrt =T-shirt.
†**tee・ter** /tí:tə/ 動 自 ❶ よろめき進む. ❷ **a** 動揺する, ぐらつく. **b** 〔…に〕ためらう 〔*between, on*〕: ~ *between* two choices どちらを採るか迷う. ❸《米》シーソーに乗る.
téeter on the brink [édge] […の]危機に瀕している 〔*of*〕.
━ 名 =teeter-totter.
tee・ter-tot・ter /tí:tətàtə | -tətɔ̀tə/ 名 シーソー (seesaw).
/teeth /tí:θ/ 名 tooth の複数形.
teethe /tí:ð/ 動 自 〈赤ん坊の〉歯が生える.
téeth・ing /-ðɪŋ/ 名 U 乳歯が生えること, 生歯(*).
téething pàins [pròblems] 名 履 =teething troubles.
téething rìng 名 (輪形の)歯がため《歯の生えかけた赤ん坊にかませる》.
téething tròubles 名 履 ❶ 当初の困難[苦労]. ❷ 生歯困難《乳歯が生える時の不快感など》.
tee・to・tal /tì:tóʊtl^ー/ 形 ❶ 絶対禁酒(主義)の: a ~ pledge 絶対禁酒誓約 / a ~ society 禁酒会. ❷《米口》まったくの. ━ 名 絶対禁酒. 〖TOTAL (abstinence) から; 強調のため語頭の t を重ねた〗
tèe・tó・tal・ism /-təlìzm/ 名 U 絶対禁酒主義.
tèe・tó・tal・(l)er /-tələ | -tələ/ 名 U 絶対禁酒者.
tee・to・tum /tì:tóʊtəm/ 名 指で回すこま: like a ~ くるくる回って.
teff /téf/ 名 U《植》テフ《北アフリカのイネ科の穀草》.
te・fil・lin /tɪfílən/ 名《ユダヤ教》聖句箱.
TEFL /téfl/ 《略》teaching (of) English as a foreign language 外国語としての英語教授(法).
Tef・lon /téflɑn | -lɔn/ 名 U《商標》テフロン《耐熱性のすぐれたフッ素樹脂》. ━ 形 Ａ ❶ テフロンの. ❷〈政治家など〉非難・批判にあっても傷つかない.
teg /tég/ 名 ❷ 二年子の羊.
teg・men・tum /tegméntəm/ 名 (履 **-ta** /-tə/) 《解》蓋, 《中脳の》被蓋. **teg・men・tal** /tegméntl/ 形
Te・gu・ci・gal・pa /təgù:səgǽlpə/ 名 テグシガルパ《ホンジュラスの首都・商業都市》.
teg・u・ment /tégjumənt/ 名《動植物の》おおい, 外被.
teg・u・men・ta・ry /tègjuméntəri/ 形 外被の, 被包の; 被包からなる; 被包の用をする.
te-hee /tí:hí:/ 間 名 動 自 =tee-hee.
Teh・ran, Te・he・ran /tèɪəráen | teərá:n/ 名 テヘラン《イランの首都》.
Te・ja・no /teɪháː:noʊ, tə-/ 名 (履 ~**s**)《米南西部》❶ C メキシコ系テキサス州人, テハーノ. ❷ U テハーノ, テックスメックス《アコーディオン中心のメキシコ(系テキサス)民謡から発展したポップ音楽》.
tek・tite /téktaɪt/ 名《鉱》テクタイト《巨大隕石の衝突によって生じたとされる黒曜石に似たガラス状物質》.
tel. 《略》telegram; telegraph. **tel., Tel.** telephone (number).
tel- /tel/ [連結形] (母音の前にくる時の) tele- の異形.
tel・a・mon /téləmàn, -mən/ 名 (履 **-mo・nes** /tèləmóʊni:z/)《建》男像柱.
tel・an・gi・ec・ta・si・a /təlændʒ(i)ektéɪzi(i)ə, -ziə/, **-ec・ta・sis** /-ektéɪsɪs/ 名 U《医》毛細管拡張症. **-ec・tat・ic** /-ektǽtɪk^ー/ 形
Tel A・viv /tèləví:v/ 名 テルアビブ《地中海に臨むイスラエルの都市》.
tel・e- /télə/ [連結形] ❶ 「遠い」: *tele*phone. ❷ 「テレビの[による]」: *tele*camera. 〖Gk *tēle* (はるか)遠くに)〗
téle・bànking 名 U テレバンキング《プッシュホンなどの回

線を介して銀行との取引を可能にする金融サービス》.
téle·càmera [名] テレビカメラ.
tel·e·cast /télɪkæ̀st | -kɑ̀:st/ [名] テレビ放送. ── [動] [他] (~, ~·ed) テレビ放送する.
tel·e·cin·e /téləsìni/ [名] [U] テレビ映画.
tel·e·com /télәkàm | -kɔ̀m/ [名] [しばしば複数形で] =telecommunication(s).
*__tel·e·com·mu·ni·ca·tion__ /tèləkəmjù:nəkéɪʃən/ [名] [U] [また ~s で単数扱い] **遠距離通信(術)** (telecoms). ── [形] [A] 遠距離通信の: a ~(s) satellite 通信衛星.
téle·commùte [動] [自] 情報通信機器を用いて在宅勤務する.
téle·commùter [名] テレコミューター (teleworker).
téle·com·mùt·ing /-ṭɪŋ/ [名] テレコミューティング (teleworking) 《コンピューター・ファクシミリなど情報通信機器を用いた在宅勤務》.
téle·compùter [名] 〘電算〙 テレコンピューター 《telecomputing に用いるコンピューター》.
téle·compùting [名] [U] 〘電算〙 テレコンピューティング 《データ回線を通じた計算機の利用》.
téle·cònference [名] [動] [自] (情報通信機器を用いた)遠隔[テレビ]会議(をする).
téle·còttage [名] テレコテージ 《農村部などにおいて, 最新の電算・通信技術を利用することができる施設》.
téle·còurse [名] 《米》 テレビ課程 《大学などのテレビによる講義課程》.
tèle·facsímile [名] [C,U] ファックス.
téle·fàx [名] =telefacsimile.
téle·fìlm [名] テレビ映画.
tel·e·gen·ic /tèləʤénɪk⁻/ [形] テレビ放送に適した, テレビ映りのよい.
⁺**tel·e·gram** /téləgræ̀m/ [名] **電報**: by ~ 電報で 《★ 無冠詞》 / send a ~ 電報を打つ. 〖TELE-+-GRAM〗 【類義語】 ⇨ telegraph.
⁺**tel·e·graph** /téləgræ̀f | -grɑ̀:f/ [名] ❶ a [U] 電信, 電報: by ~ 電信[電報]で. b [C] 電信機. ❷ =telegraph board. ❸ [T~; 新聞名に用いて] ...通信: the *Daily T~* デイリーテレグラフ 《London の新聞名》. ── [動] [他] ❶ 〈ニュースなどを〉電報で知らせる; 〈人に〉電報を打つ: ~ one's arrival time 到着時刻を電報で知らせる / Have you *~ed* your father? おとうさんに電報を打ちましたか / 〔+目+目〕 Please ~ me the result.=Please ~ the result ***to*** me. 結果は電報でお知らせください. ❷ 電報で〈...を〉送る: She *~ed* thirty dollars. 彼女は電報為替で 30 ドル送った. ❸ 〈意図などを〉〔顔つき・身ぶりなどで〕それとなく感づかせる: He *~ed* his distress (***with*** a frown). 彼は(しかめ面で)苦悩を伝えた. ── [自] 〔...に〕電報を打つ: I *~ed* ***to*** my father. 父に電報を打った. 〖TELE-+-GRAPH〗 【類義語】 **telegraph** 電報という通信手段[設備, 制度]. **telegram** 電報で送られる通信文[内容].
télegraph bòard [名] (競馬場などの)速報掲示板.
te·leg·ra·pher /təlégrəfə | -fə/ [名] 電信技手.
tel·e·gra·phese /tèləgræfí:z/ [名] [U] 《口・戯言》 電文体; 極端に簡潔な文体[話しぶり]. 〖TELEGRAPH+-ESE〗
tel·e·graph·ic /tèləgræ̀fɪk⁻/ [形] ❶ 電信 (telegraph) の, 電報の; 電送の: a ~ address (電報の)あて名略号, 電略 / a ~ code 電信符号 / ~ instructions 訓電 / a ~ message 電報, 電文 / a ~ picture 電送写真 / a ~ transfer 《英》 電信為替. ❷ 電文体の, 簡潔な. **tèl·e·gráph·i·cal·ly** /-kəli/ [副]
te·leg·ra·phist /təlégrəfɪst/ [名] =telegrapher.
télegraph kèy [名] 電鍵.
télegraph plànt [名] 〘植〙 マイハギ 《側小葉が鉄道の腕木信号機のように上下に動く; 熱帯アジア原産》.
télegraph pòle [pòst] [名] 《英》 電信柱, 電柱 (《米》 telephone pole).
te·leg·ra·phy /təlégrəfi/ [名] [U] 電信(術).
tel·e·ki·ne·sis /tèləkɪní:sɪs, -kaɪ-/ [名] [U] 〘心霊〙 念動 《心霊作用によって物体を動かすこと》.
Te·le·mann /téɪləmɑ̀:n | -mæ̀n/, **Georg Philipp** [名] テレマン 《1681-1767; ドイツの作曲家》.
tel·e·mark /téləmɑ̀ək | -mɑ̀:k/ [名] [U] 〘スキー〙 テレマーク 《回転法・停止法・着地法》.
tel·e·mar·ket·ing /tèləmɑ́əkɪṭɪŋ | -mɑ́:-/ [名] [U] テレマーケティング (telesales) 《電話による商品販売法》.
tèle·mechánics [名] [U] (機械の)遠隔[無線]操縦法.
téle·mèdicine [名] [U] 遠隔医療 《遠隔測定機器・電話・テレビなどによって行なう医療》.
téle·mèssage [名] テレメッセージ 《英国の郵便局で扱っている電報; 全国どこへでも電話・テレックスで送信し, スピーディーに配達する; 1981 年より telegram に代わる公式名》.
tel·e·me·ter /téləmì:ṭə | təlémətə/ [名] 遠隔測定器, テレメーター 《測定データを遠距離の所に電送する仕掛け》.
te·lem·e·try /təlémətri/ [名] [U] 遠隔測定法.
tèl·encéphalon [名] 〘解・動〙 終脳, 端脳.
tel·e·o·log·i·cal /tèliəlɑ́ʤɪk(ə)l | -lɔ́ʤ-⁻/ [形] 目的論(的)の. **~·ly** /-kəli/ [副]
tèl·e·ól·o·gist /-ʤɪst/ [名] 目的論者.
tel·e·ol·o·gy /tèliɑ́ləʤi | -ɔ́l-/ [名] [U] 〘哲〙 目的論 《合目的性で現象・存在を説明しようとする説》.
tel·e·path /téləpæ̀θ/ [名] テレパシー能力者.
tel·e·path·ic /tèləpǽθɪk⁻/ [形] ❶ テレパシーの, 精神感応的な: have ~ powers テレパシー(能力)がある. ❷ 精神感応力[テレパシー]のある. **-i·cal·ly** /-kəli/ [副]
te·lep·a·thist /təlépəθɪst/ [名] テレパシー能力者.
te·lep·a·thize /təlépəθàɪz/ [動] [他] テレパシーで伝える. ── [自] 精神感応術を行なう.
te·lep·a·thy /təlépəθi/ [名] [U] 〘心霊〙 テレパシー, 精神感応. 〖TELE-+-PATHY〗
‡**tel·e·phone** /téləfòʊn/ [名] ❶ [U] [しばしば the ~] **電話** 《[解説] ダイヤル式電話のダイヤルは 1 から 9 の数字以外にアルファベットがついている; 0 には operator (交換手)とある; [関連] 《口》 では phone, 略は tel.; 内線は extension (略 ext.)》: speak to a person over [on] *the* ~ 電話で人と話す / contact a person by ~ 電話で人と連絡をとる 《★ by ~ は無冠詞》 / call a person on *the* ~ 人に電話する / call a person to *the* ~ 人を電話口に呼び出す / You're wanted on *the* ~. お電話です 《★ 《口》 では *T~* for you. も用いられる》 / We're not on *the* ~. 《英》 うちには電話を引いていません 《電話がありません》 / She is on the ~. 彼女は電話中です. ❷ [C] **電話機**: a public ~ 公衆電話 / a push-button ~ プッシュホン / have a ~ installed 電話を引く / May I use your ~? 電話をお貸しくださいませんか.
── [形] [A] 電話の[に関する]: a ~ girl [man] 《英》 (電話)交換嬢[手] / a ~ operator 電話交換手 / a ~ message 通話 / a ~ set 電話機 / a ~ subscriber 電話加入者.
── [動] [他] ❶ a 〈人・場所・電話番号などに〉**電話をかける**: ~ a person [London] 人[ロンドン]に電話をかける / I *~d* my teacher *for* advice. 助言を求めて先生に電話した / 〔+目+***to*** do〕 He *~d* the police *to* come at once. 彼はすぐ来てくれるように警察へ電話した / 〔+目+***that***〕 I *~d* him *that* I would visit him this evening. 彼に今夜行くと電話をかけた. b (人に)〈ニュースなどを〉電話で伝える: 〔+目+目〕 I *~d* him congratulations.=I *~d* congratulations ***to*** him. 彼に電話をかけておめでとうを言った. ❷ 電話で頼んで(人に)〈祝電などを〉送ってもらう: 〔+目+目〕 ~ a person a congratulatory telegram=~ a congratulatory telegram ***to*** a person 電話局に頼んで人に祝電を打ってもらう. ── [自] ❶ 電話をかける: ~ ***to*** a person 人に電話をかける. / 〔+***to*** do〕 He *~d to* say that he wanted to see me. 彼は電話で私に会いたいと言ってきた. ❷ 〔...を〕電話で呼ぶ[求める]: ~ ***for*** a taxi [a doctor] 電話でタクシー[医者]を呼ぶ. **télephone ín** 《[自]+[副]》 (1) 電話をいれる[かける]: Viewers ~ *in* to give their opinions on the program. 視聴者たちが番組に関する意見を電話で寄せる. ── 《[他]+[副]》 (2) 〈ニュースなどを〉電話で送る.
tél·e·phòn·er [名] 〖TELE-+-PHONE〗
télephone bànking [名] =telebanking.
télephone bòok [名] ❶ 電話帳 (phone book). ❷ (個人の)電話番号簿.

télephone bòoth [《英》**bòx**] 名 公衆電話ボックス (phone booth [《英》box]).

télephone diréctory =telephone book 1.

télephone exchànge 名 電話交換局[台] (exchange).

télephone kìosk 名 《英》=telephone booth.

†**télephone nùmber** 名 ❶ 電話番号. ❷ 〖複数形で〗《口》多額の金, 大金.

télephone pòle 名 《米》(電話線用の)電柱 (《英》telegraph poll).

télephone tàg 名 U 電話で連絡をとろうとしてもめぐり合わせが悪くなかなか相手がつかまらないこと, '電話鬼ごっこ'.

télephone tàpping 名 電話盗聴.

tel·e·phon·ic /tèləfɑ́nɪk | -fɔ́n-⁻/ 形 電話(機)の, 電話による.

tel·e·phon·ist /təléfənɪst/ 名 《英》電話交換手 (operator).

te·leph·o·ny /təléfəni/ 名 U 電話法[術]: wireless ～ 無線電話.

tel·e·pho·to /tèləfóʊṭoʊ⁻/ 形 望遠(写真)の: a ～ lens 望遠レンズ. —— 名 =telephotograph.

tèle·phótograph 名 ❶ 望遠写真. ❷ 望遠写真. —— 動 ❶ 望遠レンズで撮影する. ❷ 〈写真を〉電送する.

tèle·photógraphy 名 U ❶ 望遠写真術. ❷ 写真電送術. **tèle·photográphic** 形

téle·play 名 テレビドラマ.

tel·e·port[1] /téləpɔ̀ət | -pɔ̀ːt/ 他 《SF など》(超常的な力で)瞬時に遠隔移動する, 念力で動かす[移動する], テレポートする. **tel·e·por·ta·tion** /tèləpɔəteɪʃən | -pɔː-/ 名

tel·e·port[2] /téləpɔ̀ət | -pɔ̀ːt/ 名 テレポート (通信衛星を使って送信受信したりする地上通信センター).

téle·prèsence 名 U テレプレゼンス (遠隔制御装置のオペレーターの得る臨場感).

téle·prìnter 名 =teletypewriter.

Tel·e·PromptTer /téləprɑ̀m(p)tə | -prɔ̀m(p)tə/ 名 《商標》テレプロンプター (Autocue) (台本を1行ずつ流して出演者に教えるテレビ用プロンプター装置).

tel·e·ran /téləræ̀n/ 名 U 《航空》テレラン (空港周辺で地上レーダーによりパイロットが近くのすべての航空機の位置を知ることができるようにしたシステム). 〖*Tele*vision *R*adar *N*avigation〗

téle·recòrd 動 《テレビ》録画する.

téle·recòrding 名 《テレビ》録画(番組).

téle·sàles 名 U 《英》=telemarketing.

*__**tel·e·scope**__ /téləskòʊp/ 名 望遠鏡: a binocular ～ 双眼鏡 / look at stars through [with] a ～ 望遠鏡で星を見る. —— 動 他 ❶ 〈…を〉(望遠鏡の筒のように)はまり込ませる, 入れ子式にはめ込む; (衝突などで)〈…を〉互いにめり込ませる: The two coaches were ～d by the collision. その衝突で2両の客車が互いにめり込んだ. ❷ 〈…を〉短くする, 圧縮する. —— 自 ❶ はまり込む, 自在に伸縮する; (衝突などで)互いにめり込む. ❷ 短くなる, 短縮する. 〖It; tele-, -scope; 「遠くが見える」の意のギリシャ語にもとづく Galileo の造語〗

tel·e·scop·ic /tèləskɑ́pɪk | -skɔ́p-⁻/ 形 ❶ 望遠鏡の; 〈景色など〉望遠鏡で見た; (遠くで)肉眼では見えない: a ～ object 望遠鏡観測物体. ❷ 入れ子式の, 伸縮自在の: a ～ tube 入れ子管. **-i·cal·ly** /-kəli/ 副 〖↑+-IC〗

tel·e·sell·ing /téləsèlɪŋ/ 名 =telemarketing.

tel·e·shop·ping /téləʃɑ̀pɪŋ | -ʃɔ̀p-/ 名 U 《米》(電話・ファックスなどによる)通信販売, テレフォンショッピング.

tèle·sóftware 名 U テレソフトウェア (電話回線などを通じて配布されるソフトウェア).

Téle·tèx /-tèks/ 名 U 《英商標》テレテックス (端末間のデータ送受信システムの一つ; 文書編集機能を有する高速のテレックス様装置を公共電話回線網で結ぶもの).

tel·e·text /téləteksət/ 名 U テレテキスト, 文字多重放送.

tel·e·thon /téləθɑ̀n | -θɔ̀n/ 名 《米》テレソン (基金募集のためなどの長時間テレビ番組). 〖TELE(VISION)+(MARA)THON〗

Tel·e·type /téləṭàɪp/ 名 ❶ 《商標》テレタイプ (teletypewriter の商標名). ❷ [t～] テレタイプ通信(文). —— 動 〖時に t～〗 自 他 テレタイプで送る.

tèle·typewriter 名 テレタイプライター (タイプされた文字が信号となって送られ, それを受信・印字する装置).

tel·e·van·ge·list /tèləvǽndʒəlɪst/ 名 テレビ宣教師[伝道師]. **-lism** 〖*tele*vision *evangelist*〗

*__**tel·e·view·er**__ 名 テレビ視聴者.

*__**tel·e·vise**__ /téləvàɪz/ 動 他 〈…を〉テレビで放送[放映]する (★通例受身). —— 自 テレビ放送をする. 〖↓ からの逆成〗

*__**tel·e·vi·sion**__ /téləvìʒən/ 名 ❶ C テレビ(受像機) (television set): turn [switch] on [off] the ～ テレビのスイッチを入れる[切る]. ❷ U テレビジョン, テレビ 《略 TV; cf. telly 1》: watch ～ テレビを見る / see…on (the) ～ …をテレビで見る / She often appears on (the) ～. 彼女はよくテレビに出る 《用法》 テレビには無冠詞が一般的). ❸ U テレビ(放送)業界; テレビ関係(の仕事): He is in ～. 彼はテレビ関係の仕事をしている. —— 形 A テレビ(ジョン)の[に関する]: a ～ camera テレビカメラ / ～ commercials テレビコマーシャル / a ～ station テレビ放送局. **te·le·vi·sion·al** /tèləvíʒ(ə)nəl⁻/, **tè·le·ví·sion·àr·y** /-vɪ́ʒənèri | -ʒ(ə)nəri/ 形 〖F; ⇒ tele-, vision〗

télevision sèt 名 =television 1.

télevision tùbe 名 =picture tube.

tel·e·vi·sor /téləvàɪzə | -zə/ 名 ❶ テレビ送信[受信]装置. ❷ テレビ放送者.

tèle·vísual 形 テレビ(放送)の; テレビ向きの.

téle·wòrk 名 =telecommute.

téle·wòrker 名 =telecommuter.

téle·wòrking 名 =telecommuting.

†**tel·ex** /téleks/ 名 ❶ U テレックス (加入電信・電話で相手を呼び出し, テレタイプを使って直接交信する加入者)電信): by ～ テレックスで[によって]. ❷ C テレックス(による)通信文. = teletypewriter. —— 動 他 〈人に〉(通信を)テレックスで送る〖to〗. —— 自 テレックスを送る. 〖tele(typewriter)+ex(change)〗

te·lic /télɪk, tíːl-/ 形 目的にかなう; 《文法》〈節・句が〉目的を示す.

*__**tell**__[1] /tél/ 動 (told /tóʊld/) 他 ❶ (人に)〈…を〉話す, 告げる, 言う, 述べる: ～ the truth ありのままを言う / ～ a lie [joke] うそ[冗談]を言う / I will ～ you. 委細お話しましょう [まあお聞きください] / 〔+目+目〕He *told* us his adventures.=He *told* his adventures *to* us. 彼は私たちに冒険談をしてくれた / ～ oneself… 自分に…を言い聞かせる / He *told* me *about* his name. 彼は私に自分の名前のことについて話してくれた 〖比較〗 He *told* me his name. は「名前を告げた」ことだが, about his name は「名前の由来などについて告げる」こと / I *told* him *of* her death. 私は彼に彼女が亡くなったことを伝えた /〔+目(+*that*)〕He *told* me *that* he liked baseball. / 彼は野球が好きだと私に言った 〖変換〗 He said to me, "I like baseball." と書き換え可能)/ So she *told* me. そう彼女は私に言った 〖用法〗 ⇒ so[1] 4) / I *told* you so!=Didn't I ～ you? 言わないことじゃない, いつらごらん / 〔+目+*wh*.〕T～ me *when* you will leave London. いつロンドンを出発するのか教えてください / She will ～ you *what* to do. どうしたらよいかは彼女が教えてくれますよ.

❷ (人に〈…するように〉言う, 命じる, 注意[警告]する〖用法〗命令を表わす間接話法の表現として用いる): 〔+目+*to do*〕He *told* me not to drive too fast. 彼は私にあまり車のスピードを出すなと言った〖変換〗 He said to me, "Don't drive too fast." と書き換え可能)/ I was *told* to wear a suit. スーツを着るように言われた / Do as you are *told*. 言われたとおりにやりなさい (★ 後に to が省略されている)/〔+目+*wh*.〕Don't ～ me *how* to live my life 人生をどう生きるべきかなんて命令しないでくれ.

❸ 〖can, could などを伴って〗〈…を〉知る, わかる: He cannot ～ (the) ～ (the) right time. 彼ほまだ時計(の見方)がわからない 〖用法〗《英》 では通例 the は略さない)/ You can ～ the time from the position of the sun. 太陽の位置から時

間がわかります / You can ~ him by his voice. 彼だということは声でわかる / 〔+(that)〕One can ~ (that) she's intelligent. 彼女が聡明(%)であるということはだれが見てもわかる / 〔+wh.〕He couldn't ~ what to do. 彼にはどうしたらよいのかわからなかった.

❹ [can, could を伴って] 〈…を〉見分ける, 識別する: You'll not be able to ~ the difference *between* them. 両者の区別は君には(いつまでたっても)わかるまい / I can't ~ one twin *from* the other. そのふたごは見分けられない / ~ the twins *apart* ふたごを見分ける / 〔+wh.〕~ who is who 誰が誰かを見分ける.

❺〈ものが〉…を表わす, 示す: Her face *told* her grief. 彼女の顔は悲しみを表わしていた / 〔+目+that〕A line of pink on the eastern horizon *told* me *that* daybreak was near. 東の地平線上に一筋の薄赤色が出て夜明けが近いことがわかった.

❻《古》〈…〉を数える.

── 圓 ❶ [can, could などを伴って] わかる, 見分ける: Nobody *can* ~.=Who *can* ~? だれにもわからない / You *can't* always ~ from appearances. 見かけだけからではわからないもんだ. ❷ 効き目がある, こたえる, 影響する: His experience will ~ in the end. いつかは彼の経験が生きてくるだろう / Money is bound to ~. 金の効き目は必ず現われる / ~ TELL on a person 成句. ❸ 秘密〈など〉を漏らす, 口外する; 告げ口する(⇒ TELL on a person 成句).

A líttle bírd tóld me. ⇒ bird 成句.

áll tóld 全部で, 総計で (altogether; cf. 圓 ❻): There were fifty of them, *all told*. 彼らは全部で 50 人いた.

as fár as óne can téll 知る[判断できる]限りでは.

Dòn't téll me! まさか! (不信・驚きを表わす).

Dò téll. [興味のなさを表わして] へえ, そうかい, まさか.

(I) (can) téll you 確かに, ほんとに, まったく (I'm telling you.): The movie is worth seeing, *I can ~ you* that. あの映画は確かに見る価値がある.

(I'll) téll you whát. ⇒ what 代 成句.

I'm nòt télling! 答えたくないね.

I'm télling you. [前文を強めて] ほんとうなんだよ[から] (I tell you, I can tell you).

téll agàinst …に不利に働く[作用する]: Everything *told against* him. すべてが彼にとって不利だった.

téll one's béads ⇒ bead 成句

téll it lìke it ís ありのままを言う, 正直に言う.

Téll me abòut it.《口》(ほんとに)知っているよ, 先刻承知, ごもっとも.

Téll me anóther.《口》信じられないね, それは冗談でしょ.

téll of…《文》〈…のこと〉を話す, 語る;〈ものが〉〈…〉を示す, 知らせる: People of old *told of* such things. 昔の人はそのようなことを話した / His hands ~ *of* heavy labor. 彼の手を見ると重労働をしたことがわかる.

téll óff (俺+圓) (1)《口》〈…に〉小言を言う,〈…〉をしっかりしかる (scold): Betty was *told off* for being late. ベティーは遅刻のことでしかられた. (2)《軍》〈人など〉を数え分けて割り当てる: Some of the soldiers were *told off for* guard duty [*to* guard the entrance]. 兵士のうちの数名が警備任務に[入り口の警備に]割りふられた.

téll on a person (1)〈人のこと〉を告げ口する: Helen *told on* her sister Mary. ヘレンは妹のメアリーのことを言いつけた. (2)〈人〉にこたえる[影響がある]: My age is beginning to ~ *on* me. 私も寄る年波には勝てなくなってきた.

Thát would be télling. それは言えないよ (言いつけることになるから).

there is nó télling 〈…か〉はわからない: 〔+wh.〕There is no ~*ing what* will happen. 何が起こるかはわからない.

You càn't téll him ánything. (1) 彼には何も話せないよ (すぐ人にしゃべってしまうから). (2) 彼は何でも知ってる.

You néver can [can néver] téll. わからんもんですよ (外見・予想は当てにならない).

You're télling mé!《口》(言わなくても)百も承知だ.

You téll me. 私はわかりません.

【OE】

【類義語】**tell** 知らせるの意の最も一般的な語. **inform** tell より改まった語. **relate** 自分が見たり経験したことを順

1853　　　　　　　temper

序よく話す. **report** 自分が調べたことを他人に知らせる.

tell² /tél/ 圕《考古》テル《中東で古代都市遺跡の重なりからなる丘状遺跡》.

tell·a·ble /téləbl/ 圏 ❶ 話すことのできる, 話せる. ❷ 話すに適した, 話しがいのある.

⁺**téll·er** 圕 ❶ 話し手. ❷ **a**《銀行の》金銭出納係, 窓口(係);= a deposit / a paying [receiving] ~ 支出(収納)係. **b** 投票計算係.

Tel·ler /télɚ | -lə/, **Edward** 圕 テラー (1908- ; ハンガリー生まれの米国の核物理学者;'水爆の父'といわれる).

téll·ing 圏 ❶ 手ごたえのある, 有効な: a ~ speech [argument] 手ごたえのある[効果的な]演説[議論] / a ~ blow (効いた)手ごたえのある一撃 / with ~ effect (反応からみて)効果十分に. ❷ (知らず知らず)感情[内情]を外に表わす: Her eyes are very ~. 彼女の目は実によく物を言う. **-ly** 圖

télling-òff 圕《口》小言, 叱責.

téll·tàle 圏 Ⓐ 秘密[内情(など)]を暴露する, 隠そうとしても自然とあらわれる: a ~ blush 心の中を思わず赤らめた顔で赤面. ── 圕 ❶ 他人の私事をしゃべりあげる人; 告げ口屋, 密告者 (《米》tattletale). ❷ 秘密[内情(など)]を暴露するもの, 証拠. ❸ 自動表示器; タイムレコーダー.

tel·lu·rate /téljərèɪt/ 圕《化》テルル酸塩[エステル].

tel·lu·ri·an /telʊ́(ə)riən/ 圏 圕 地球[地上]の(住民).

tel·lu·ric /telʊ́(ə)rɪk/ 圏 地球の; 土地から生ずる.

tellúric ácid《化》テルル酸《オルトテルル酸またはアロテルル酸》.

tel·lu·ride /téljəràɪd/ 圕《化》テルル化物.

tel·lu·rite /téljərɪt/ 圕《化》亜テルル酸塩.

tel·lu·ri·um /telʊ́(ə)riəm/ 圕 Ⓤ《化》テルル《非金属元素; 記号 Te》.

⁺**tel·ly** /téli/ 圕《英口》 ❶ Ⓤ [しばしば the ~] テレビ: I saw it on *the* ~. それはテレビで見た. ❷ Ⓒ テレビ受像機.【TELEVISION から】

tel·net /télnet/ 《電算》 圕 Ⓤ,Ⓒ テルネット《遠方のコンピューターにログインし, プログラムの実行なども含めて手元にある感覚で利用できるようにするプロトコル; また これを実現するシステム》. ── 動 圓 (**tel·net·ted; -net·ting**) テルネットで接続する {*to*}.

tel·o·mere /téləmìə | -mìə/ 圕《生》(染色体の腕の末端にある)末端小粒, テロメア.

tel·o·phase /téləfèɪz/ 圕《生》(有糸分裂の)終期 (⇒ prophase).

te·los /télɑs | -lɒs/ 圕 (⑱ **-loi** /-lɔɪ/) 究極の目的.

tel·pher /télfɚ | -fə/ 圕 テルハ《貨物などを運搬するための空中ケーブル車》.

tel·son /téls(ə)n/ 圕《動》(柄眼(⑼)甲殻類・サソリ・昆虫の)尾節.

Tel·star /télstɑ̀ː | -stɑ̀ː/ 圕《商標》テルスター《米国の通信衛星》.

te·maz·e·pam /təmǽzəpæ̀m/ 圕《薬》テマゼパム《ベンゾジアゼピン系鎮静催眠薬》.

tem·blor /témblə | -blə/ 圕《米》地震. 【Sp】

tem·e·nos /témənəs | -nɒs/ 圕 (⑱ **-ne** /-niː/)《古代》(神殿の)聖域, 神域.

tem·er·ar·i·ous /tèməré(ə)riəs⁺/ 圏 向こうみずの, 無鉄砲な.

te·mer·i·ty /təmérəṭi/ 圕 Ⓤ 向こう見ず, 無鉄砲; あつかましさ (presumption): He had the ~ to suggest I (should) resign. 彼は無謀にも[あつかましくも]私に辞退してはと言った.

temp /témp/《口》臨時雇い《派遣社員など》. ── 動 圓 臨時雇い[派遣社員]として働く. 【TEMP(ORARY)】

temp.《略》temperature; temporal; temporary.

tem·peh /témpeɪ/ 圕 Ⓤ テンペ《ダイズを煮て蒸して密(ぴ)に入れ, 菌を発酵させてから揚げて食べる. インドネシアの食物》.

⁺**tem·per** /témpə | -pə/ 圕 Ⓒ,Ⓤ [通例単数形で] 短気, かんしゃく; 怒り, 立腹; いらだち: in a fit of ~ 腹立ちまぎれに / have a ~《口》短気である / get [fly] into a ~ 怒りだす, かんしゃくを起こす / show (signs of) ～ 怒りの色を見せる, いらだつ. ❷ [C] **a** **気質, 気性**; 気分, 機嫌: an even [equal] ～ (気分にむらのない)穏やかな気性 / a hot [quick, short] ～ 短気, かんしゃく / in a bad [good] ～ 不[上]機嫌で. **b** [単数形で](時代などの)趨勢(すうせい), 傾向. ❸ [U] (鋼鉄などの)鍛え; 硬度, 弾性. **contról [kéep] one's témper** 怒りを抑える, (じっと)我慢する. **lóse one's témper** かんしゃくを起こす, 腹を立てる. **òut of témper** 怒って, 腹を立てて. **recóver one's témper** 平静を取り戻す. **Témper, témper!** そんなに怒らないで!, 落ち着いて落ち着いて! ── [動] [他] ❶ 〈…を〉〔…で〕調節する, 加減する, やわらげる: ～ one's grief 悲しみを静める / ～ criticism ***with*** reason 理性で批評をやわらげる / ～ strong drink *with* water 強い酒を水で割る. ❷ 〈鋼鉄などを〉鍛える; 〈粘土などを〉練る, こねる. ❸ 〔楽〕〈楽器を〉調律する. 〘L *temperare* (適度に)混ぜ合わせる, 調節[制御]する; cf. temperate, temperature〙 【類義語】⇨ mood¹.

tem·per·a /témpərə/ [名] [U] 〔画〕 ❶ テンペラ絵の具. ❷ テンペラ画法《卵・にかわで溶いて描く》.

tem·per·a·ment /témp(ə)rəmənt/ [名] ❶ [C,U] **a** 気質, 気性: He's of (a) nervous ～. 彼は神経質だ / She's excitable by ～. =She has an excitable ～. 彼女は興奮しやすいたちだ. **b** 体質. ❷ [U] 激しい気性, 興奮しやすい気質. ❸ [U] 〔楽〕 調律. 〘L=混ぜ合わせること; ⇨ temper〙 【類義語】⇨ character.

tem·per·a·men·tal /tèmp(ə)rəméntl/ [形] ❶ 神経質な; 気まぐれな, 怒りっぽい: a ～ person お天気屋. ❷ 気質上の, 性分による.

tèm·per·a·mén·tal·ly /-təli/ [副] 気質的に, 性分で: He's ～ unsuited to this work. 彼は気質的にこの仕事には向いていない.

tem·per·ance /témp(ə)rəns/ [名] [U] ❶ 節酒, 禁酒(主義). ❷ 節制 (moderation), 自制: ～ ***in*** speech and conduct 言行の節制.

⁺**tem·per·ate** /témp(ə)rət/ [形] (**more** ～; **most** ～) ❶ 〈気候が〉温和な, 温暖な; 〈地域が〉温暖な気候の: a ～ region [climate] 温暖な地域[気候]. ❷ **a** 〈人・行動など〉節度のある, 度を越さない, 控えめな (moderate; ↔ intemperate): a person of ～ habits 節制家 / a ～ speaker 平静に語る人 / Be ～ ***in*** eat*ing* and drink*ing*. 飲食は控えめに. **b** 節酒の, 禁酒の. **～·ly** [副] **～·ness** [名] 〘L *temperare*; ⇨ temper〙

Témperate Zòne [名] [the ～] 温帯 (cf. Frigid Zone, Torrid Zone): *the* North [South] ～ 北[南]温帯.

⁑**tem·per·a·ture** /témp(ə)rətʃùə, -tʃə | -tʃə/ [名] [C,U] ❶ **温度, 気温**: atmospheric ～ 気温 / a change of [in] ～ 気温の変化 / The ～ went up [climbed up] to 30°. 気温が 30 度に上昇した / What's the ～? 今何度ですか. ❷ **a** **体温**: Now I will take your ～(*s*). さあ あなた(がた)の体温を測りましょう. **b** 《口》 高熱, 発熱状態: I have [I'm running] a ～. 私は熱がある[出てきた]. **c** (心情の)強さ, 熱度. 〘L=混ぜること, 混ぜたもの＜*temperare*; ⇨ temper〙

témperature-humídity ìndex [名] [通例 the ～] 温湿指数《[解説] もと discomfort index (不快指数)と呼んだ; 略 THI》.

tém·pered [形] ❶ [通例複合語で] (…の)気質の: hot-[short-]*tempered* 短気な / good-*tempered* 気立てのやさしい. ❷ 〈鋼鉄が〉鍛えた.

témper tàntrum [名] =tantrum.

tem·pest /témpəst/ [名] ❶ 大あらし, 暴風雨[雪]. ❷ 大騒ぎ, 騒動: a ～ ***of*** *weeping* 泣きわめき. **a tèmpest in a téapot** 《米》 ささいなことでの大騒ぎ, 無駄な騒ぎ.

tem·pes·tu·ous /tempéstʃuəs/ [形] ❶ 激しい, 狂暴な, 動乱の: ～ rage 激しい怒り / the most ～ periods in history 史上最大の激動期. ❷ 大あらしの, 大荒れの (stormy): a ～ sea 大荒れの海. **～·ly** [副] **～·ness** [名]

tem·pi [名] tempo の複数形.

Tem·plar /témplə | -plə/ [名] [時に t～] テンプル法曹《London の法学院 the Inner Temple, the Middle Temple に事務所をもつ弁護士, 法学生; cf. the Inns of Court [成句]》.

tem·plate /témplət/ [名] ❶ (金属・石・木などを切る時などに用いる)型板, 指形(さしがた). ❷ 〔電算〕 テンプレート《ワープロや表計算ソフトで, 書式などの枠組みだけでデータの入っていないファイル》. ❸ 〔生化〕 (核酸の)鋳型.

***tem·ple¹** /témpl/ [名] ❶ (キリスト教以外の仏教・ヒンズドゥー教・ユダヤ教などの)**神殿, 寺院**. ❷ (モルモン教の)教会堂. ❸ 殿堂(と目される場所): a ～ of [to] art [music] 美術[音楽]の殿堂. 〘L〙

***tem·ple²** /témpl/ [名] [通例複数形で] ❶ **こめかみ**. ❷ 《米》 眼鏡のつる. 〘L＜*tempus, tempor-* こめかみ〙 ([形] temporal²)

temple³ /témpl/ [名] (織布を張るための織機の)伸子(しんし), テンプル.

témple blòck [名] 木魚, テンプルブロック.

tem·plet /témplət/ [名] =template.

⁺**tem·po** /témpou/ [名] ([複] **～s, -pi** /-piː/) ❶ 〔楽〕 テンポ, 速度. ❷ (活動・運動などの)速さ, テンポ (pace): the fast ～ of modern life 現代生活の急速なテンポ. 〘It=時＜L *tempus*; ⇨ temporary〙

tem·po·ral¹ /témp(ə)rəl/ [形] ❶ 現世の, 世俗の (worldly; ↔ spiritual): merely ～ events 単なる世俗的な事件. ❷ **a** (空間に対して)時間的な: a ～ restriction 時間的な制約. **b** 一時の. **c** 〔文法〕 時を表わす; 時制の: a ～ clause [conjunction] 時を示す(副詞)節[接続詞]. **～·ly** [副] 〘L=時の＜*tempus, tempor-* 時+-AL; cf. temporary〙

tem·po·ral² /témp(ə)rəl/ [形] 〔解〕 こめかみの, 側頭の: the ～ bone 側頭骨. ([名] temple²)

tem·po·ral·i·ty /tèmpərǽləti/ [名] ❶ [U] (永遠に対して)一時的なこと, はかなさ. ❷ [C] [通例複数形で] 世俗的所有物《特に教会・聖職者の収入・財産》.

témporal lóbe [名] 〔解〕 側頭葉.

***tem·po·rar·i·ly** /tèmpərérəli | témp(ə)rərəli/ [副] **仮に, 一時(的に)**, 間に合わせに.

***tem·po·rar·y** /témpərèri | -p(ə)rəri/ [形] (比較なし) **一時の, はかない; 仮の, 間に合わせの** (↔ permanent): a ～ file 〔電算〕 一時ファイル / ～ lights (道路工事などの)臨時信号灯 / the ～ headquarters 仮の本部. ── [名] 臨時雇いの人. **tém·po·ràr·i·ness** [名] 〘L＜*tempus, tempor-* 時; cf. contemporary, tempo, temporal〙 【類義語】⇨ momentary.

témporary hárdness [名] [U] 〔化〕 一時硬度《煮沸すればなくなる水の硬度; cf. permanent hardness》.

tem·po·rize /témpəràɪz/ [動] [自] ❶ (即決をしないで)ぐずぐずする, 時間をかせぐ. ❷ 一時しのぎの処置をする, その場を繕う. ❸ 世論に迎合する, 妥協する: a *temporizing* politician 迎合的政治家. **tem·po·ri·za·tion** /tèmpərɪzéɪʃən | -raɪz-/ [名]

tém·po·ro·man·díb·u·lar jóint /témpəroumændíbjulə- | -lə-/ [名] 〔医〕 顎関節《略 TMJ》.

tempt** /tém(p)t/ [動] [他] ❶ 〈人を〉(よくないことなどに)**誘う, 誘惑する, そそのかす**: The serpent ～*ed* Eve. 蛇はイブを誘惑した / His friends ～*ed* him ***into gambling. 友人たちにそそのかされて彼はギャンブルに走った / 〔+目+*to* do〕 The sight ～*ed* him *to* steal. それを見て彼はふと魔がさして盗む気になった. ❷ 〈人に〉(…)**する気にさせる**: The stand outside displayed various articles to ～ people ***into*** buy*ing*. 外の露店にはいろいろな品が並べられていて人々の購買心をそそった / The fine weather ～*ed* me out. いい天気に誘われて私は外に出た / 〔+目+*to* do〕 The fine weather ～*ed* me *to* go out for a walk. よい陽気に誘われて私は散歩に出かけた / I *am* [feel] ～*ed to* try it again. もう一度それをやってみたいような気持ちがする《★〔+*to* do〕の時はしばしば受身》. ❸ 〈…の〉心をそそる; 〈食欲などを〉そそる: This dish ～*s* me. この料理はうまそうだ / She was strongly ～*ed* by his offer. 彼女は彼の申し出に強く心をそそられた. **témpt fáte [próvidence]** 神をためす, 神を無視(して冒険)する, 危険を冒す. 〘F＜L *temptare* 試す (cf. attempt; tentative)〙 ([名] temptation) 【類義語】⇨ lure¹.

tempt·a·ble /témp(t)əbl/ 形 誘惑できる[されやすい].

***temp·ta·tion** /tem(p)téɪʃən/ 名 ❶ CU 誘惑: yield [give in, succumb] to ~ 誘惑に負ける / put [throw] ~ in the way of a person 人を誘惑しようとたくらむ / [+to do] He could not resist the ~ to steal. 彼は盗みたい誘惑に抗することができなかった. ❷ C 誘惑物, 誘惑するもの, 心を引きつけるもの: That candy is a ~. あのお菓子はうまそうだ. (動 tempt)

témpt·er 名 ❶ C 誘惑者[物]. ❷ [the T-] 悪魔.

†**témpt·ing** 形 うっとりさせる, 魅惑的な; 心[味覚]をそそる: a ~ offer 飛びつきたいような申し出. ~·ly 副

tempt·ress /témptrəs/ 名 誘惑する女, 妖婦.

tem·pu·ra /témpərə, tempó(ə)rə/ 名 C てんぷら.

tem·pus fu·git /témpəsfjú:dʒət, témpʊsfú:gɪt/ 時は逃げ去る, 光陰矢のごとし. 〖L〗

‡**ten** /tén/ (基数の 10; 序数は tenth; 用法は ⇨ five) 形 ❶ A 10 の, 10 個の, 10 人の: ~ times as big as...の 10 倍も大きい. ❷ [名詞の後に置いて] (一連のものの中の) 10 番目の: Lesson T~ (=The Tenth Lesson) 第 10 課. ❸ P 10 歳で. ❹ (漠然と)たくさんの: I'd ~ times rather do...するほうがずっとましだ. ── 代 [複数扱い] 10 個[人]. ── 名 ❶ a U [時に C; 通例無冠詞] 10. b C 10 の記号[数字] (10, x, X). ❷ a C 10 時; 10 歳; 10 ドル[ポンド, セント, ペンス](など). b C 10 ドル[ポンド]紙幣. ❸ C 10 個[人]からなる一組. ❹ [複数形で] 何十(倍)もの: ~s of thousands of people 何万もの人. ❺ [a ~] 10 点満点; (上出来だという)称賛: get a ~ for one's honesty 正直だとほめられる. ❻ C (衣服などの) 10 号サイズ(のもの). ❼ C (トランプなどの) 10. **tén a pénny** ⇨ penny 成句. **tén òut of tén** (英) 10 点満点; (上出来だとの)称賛; **ten to óne** 十中八九まで, 九分九厘までは: It's ~ to one (that) he will forget about it. 彼はそれを忘れるに決まっている / T- to one you will be chosen. 君が選ばれることはまず間違いない.

ten·a·ble /ténəbl/ 形 ❶ 〈議論など〉主張できる, 弁護できる, 筋道の立った (↔ untenable). ❷ 〈地位・官職など〉...の間維持できて, 継続して: a scholarship ~ for three years 3 年間受けられる奨学金. ❸ 〈要塞(ようさい)など〉攻撃に耐えられる. **ten·a·bil·i·ty** /tènəbíləti/ 名 ~·ness 名 **tén·a·bly** 副

ten·ace /téneɪs, ─ ´─, ténəs/ 名 《トランプ》テナス (whist, bridge で, たとえば K と J など高位の札 2 枚があって中間の Q が相手の手にある場合).

†**te·na·cious** /tənéɪʃəs/ 形 ❶ しっかり握って離さない; 粘り強い, 断固[決然]とした, 堅固な, 固持する: a ~ grip 固い握り / He's ~ of his opinions. 彼は自説を曲げない. ❷ 〈思想など〉固持されてきた, 深く根づいた, 確立された, 動かしがたい. ❸ 〈記憶力が〉強い: have a ~ memory 記憶力が非常に強い. ~·ly 粘り強く, 頑強に. ~·ness 名 〖L=しっかり保持している, つかまえている *tenere* 持つ, つかむ; cf. contain〗 (名 tenacity)

te·nac·i·ty /tənǽsəti/ 名 U ❶ 粘り強さ; 断固, 不屈. ❷ (記憶力の)強さ. (形 tenacious)

te·nac·u·lum /tənǽkjələm/ 名 C (-la /-lə/, ~s) 〖外科〗支持鉤(こう).

†**ten·an·cy** /ténənsi/ 名 ❶ U 借用. ❷ C 借用期間, 小作年期. 〖↓〗

‡**ten·ant** /ténənt/ 名 C (土地・家屋などの)借用者, テナント, 借家人, 借地人. ── 動 〈土地・家屋〉を借用する, (借用して)居住する 〖通例受身: *Is* the house ~*ed*? その家にはだれか住んでいますか〗. 〖F=保有する(人) <tenir 保つ, 持つ <L tenere; ⇨ contain〗

ténant fàrmer 名 C 小作農(民).

ténant fàrming 名 U 小作農.

ténant rìght 名 (英) 借地権, 小作権.

ten·ant·ry /ténəntri/ 名 ❶ C 借地人[小作人, 借家人]の地位[身分]. ❷ [the ~; 集合的; 単数または複数扱い] 全借地人, 小作人, 店子連.

tén-bàgger /-bǽgɚ | -gə/ 名 C 〖口〗株価が購入時の 10 倍に上がった株.

tén-cént stòre 名 (米) 10 セント均一店.

tench /téntʃ/ 名 C (複 ~·es, ~) 【魚】テンチ (ヨーロッパ産のコイの一種).

Tén Commándments 名 複 [the ~] 〖聖〗 十戒 ((解説) 聖書「出エジプト記」でモーセ (Moses) が Sinai 山頂で神から授かった 10 か条の戒めをいう; キリスト教・ユダヤ教社会の根本的な戒めとなっており, 要約すると次の 10 か条: (1) エホバ以外を神とするな; (2) 偶像を作るな; (3) 神の名をみだりに唱えるな; (4) 安息日を守れ; (5) 父と母を敬え; (6) 殺すな; (7) 姦淫(かんいん)するな; (8) 盗むな; (9) 隣人について偽証するな; (10) 隣人のものをむさぼるな).

‡**tend**[1] /ténd/ 動 ⓘ ❶ 〈物・人が〉...する〉傾向がある, ...しがちである; 〈人が〉...の性向[特徴, 性質]がある ((★進行形なし)): [+to do] Woolens ~ to shrink. 毛織物は縮みやすい / We ~ to use more and more electric appliances in the home. 家庭でますます多くの電気器具類を使う傾向がある / He ~s to [toward] selfishness. 彼はとかく利己的になりがちだ. ❷ (人・物(事)が伴って) 〈道などが〉 (...に)向かう, 向かっていく ((★進行形なし)): This road ~s south [to the south, toward the coast] here. この道はここで南へ[南の方へ, 海岸の方へ]向かっている / Prices were ~ing downward [upward]. 物価は下落[上昇]の傾向をみせていた. 〖F<L *tendere*, *tens*-, *tent*- 伸びる, 向かう; cf. attend, contend, extend, pretend; extension, intense, tense[1], tension; attention, contention, detention〗 (名 tendency)

tend[2] /ténd/ 動 ⓗ ❶ a 〈病人・子供などを〉世話する, 看護する (look after): We ~*ed* the sick and wounded. 私たちは傷病者の看護をした. b 〈機械・植物などを〉手入れする: ~ the crops 作物の世話をする. ❷ a 〈客などの〉番をする. b 〈店・バーなどの〉客にサービスをする. ── ⓘ ❶ a [...に]気を配る, 注意する; [...の]世話をする, 面倒を見る (attend): T- to your own affairs, please. お節介はやめてもらいたい. b (米) 〈客〉などに応対する: I must ~ to the customers now. これからお客の応対をしなければならない. ❷ (古) (人に)かしずく, 給仕する. **ténd bár** ⇨ bar[1] 名 5 a. 〖(AT)TEND〗

ténd·ance /téndəns/ 名 U ❶ 世話, 介抱. ❷ (古) 従者, 召使(全体).

‡**ten·den·cy** /téndənsi/ 名 C ❶ 傾向: [+to do] Juvenile crimes are showing a ~ to increase. 少年犯罪は増加の傾向を示している / [+for+代名+to do] There's a ~ for unstressed vowels to disappear. 弱母音は消失する傾向がある / The ~ is toward higher prices. 物価は上がる趨勢(すうせい)にある. ❷ 性向, 性癖: [+to do] Some people claim that compared with men, women have a greater ~ to gossip. 男性と比較して, 女性のほうが人のうわさ話をする傾向が強いと言う人もいる / Human beings have a ~ toward violence. 人間には暴力に訴える性質がある. ❸ [集合的; 単数または複数扱い] (英) (政党・運動内の)一集団, 派閥, 派閥, 一派. (形 tend[1])
【類義語】 **tendency** ある方向に向かう, またはある行動をとろうとする傾向. **trend** ある分野における全体的な動向・趨勢. **current** ある時点, ある場所における考え方などのはっきりした方向.

ten·den·tious /tendénʃəs/ 形 〈文書・発言など〉傾向的な, 偏向した, 議論をかもす (controversial).

‡**ten·der**[1] /téndɚ | -də/ (~·er; ~·est) 形 ❶ (他人に対して)思いやりがあって優しい; あわれみ深い, 愛する: a ~ heart 優しい心 / the ~ emotions 愛情, あわれみの心 / the ~ passion(s) [sentiment(s)] 愛情; 恋愛. ❷ A 若い, 未熟な: a child of ~ years = a child at a ~ age [of ~ age] 幼い[世慣れない]子. ❸ a 〈肉など〉柔らかい (↔ tough): a ~ steak 柔らかいステーキ / ⇨ tenderloin. b 〈色・光・音色など〉柔らかな, 弱い: the ~ green of new leaves 若葉のほのかな緑. ❹ 触ると痛い, 感じやすい, 敏感な (sore): ~ skin 敏感な肌 / a ~ spot 痛い所; 急所, 弱点 / He has a ~ conscience. 彼は(自分のしたことに)心を痛めている. ❺ a 弱々しい, かよわい, きゃしゃな (delicate): a ~ constitution 虚弱な体質. b (寒暑に)傷みやすい: ~ saplings 傷みやすい苗木. ❻ 〈問題など〉微妙な, 扱いにくい, 難しい: a ~ subject 微妙な問題 / a

～ question 難しい質問. ❼《古》[P]〔…を〕心配して,〔…に〕心づかって;〔…しはしないかと〕気づかって, 恐れて〔*of*〕.
～·ly [副] ❶ 優しく, 親切に. ❷ 柔らかく, そっと. ～·ness [名] [U] ❶ 優しさ, 親切さ. ❷ 柔らかさ. ❸ (痛みなどの)感じやすさ, 敏感さ; かよわさ. 〖F＜L〗

*__ten·der__[2] /téndə | -də/ [動] [他] ❶ 差し出す, 提出する: ～ one's thanks [apologies] お礼[おわび]の言葉を述べる / I ～*ed* my resignation *to* my boss. 私は上司に辞表を出した. ❷〈金・金額を〉支払う, 代償として渡す. — [自]〔請負などの〕入札をする: ～ *for* the construction of a new bridge 新しい橋の建設に入札する. — [名] ❶ a 提出, 申し出〔*of*〕. b 提供物. ❷ 請負見積書, 入札〔*for*〕(bid). ❸〘法〙法貨. **pút…óut to ténder**〈…を〉入札に付す,〈…の〉入札を募る. 〖F＜L *tendere* 伸ばす; ⇨ tend[1]〗

ténd·er[3] [名] ❶ a (親船の)はしけ, 補給船. b (機関車の)給水車, 給炭車. ❷ 看護人, 番人, 監督: ⇨ bartender. 〖TEND[2]+-ER[1]〗

ténder-éyed [形] ❶ 優しい目をした. ❷ 目の弱い.

ténder·fòot [名] (複 ～s, -feet) ❶ 初心者, 新米. ❷《米》(開拓地などの)新参者.

ténder·héarted [形] 心の優しい, 同情心のある; 情にもろい. ～·ly [副] ～·ness [名]

ten·der·ize /téndəràɪz/ [動] [他]〈肉などを〉(たたいたりして)柔らかくする.

tén·der·ìz·er [名] ❶ [C,U] 食肉軟化剤《食肉中の堅い繊維などを分解して柔らかくするもの; パパイン (papain) など》. ❷ [C] 肉たたき《肉をたたいて柔らかくするための, 打面がギザギザした小ハンマー》.

ténder·lòin [名] [U,C] ❶ テンダーロイン《英国では豚の腰肉の真ん中あたり, 米国では牛・豚のサーロインの柔らかい部分》. ❷ [T~]《米俗》悪徳歓楽街.

ténder-mínd·ed [形] 考え[精神]がやわな, 理想主義的な, (特に)現実を直視できない.

ténder òffer [名]《米》〘証券〙株式公開買付け.

ten·di·ni·tis /tèndənáɪṭəs/ [名] [U]〘医〙腱炎.

ten·di·nous /téndənəs/ [形] 腱の(ような); 腱からなる.

+**ten·don** /téndən/ [名]〘解〙腱(けん): ⇨ Achilles' tendon. 〖L＜Gk〗

ten·don·i·tis /tèndənáɪṭəs/ [名] ＝tendinitis.

ten·dresse /tɑːndrés/ [名] [単数形で] 優しさ, 慈愛, 情愛, 愛好.

ten·dril /téndrəl/ [名] ❶〘植〙巻きひげ, つる. ❷ 巻きひげ[つる]状のもの.

ten·du /tɑːndúː/ [形]〘バレエ〙伸ばした動きの.

Ten·e·brae /ténəbrèɪ, -bràɪ, -brìː/ [名] [複数形で]〘カト〙テネブレ《復活祭前週の最後の 3 日間に行なうキリスト受難記念の朝課および賛歌》.

ten·e·brous /ténəbrəs/ [形]《文》暗い, 陰気な.

ten·e·ment /ténəmənt/ [名] ❶ a ＝tenement house. b アパートの一戸分. ❷ (借用者 (tenant) の保有する)借地, 借家.

ténement hòuse [名] (スラム街などの)安アパート.

te·nes·mus /tənézməs/ [名] [U]〘医〙裏急後重(りきゅうこうじゅう), しぶり, テネスムス《排泄後に残る不快な疼痛》.

+**ten·et** /ténɪt/ [名] 主義, 教義, 信条.

tén·fòld [形] ❶ 10 倍[重]の. ❷ 10 部分[要素]のある. — [副] 10 倍[重]に.

tén-gàllon hát [名]《米》テンガロンハット《カウボーイがかぶるつば広の大きな帽子》.

tenia, tenioid ⇨ taenia, taenioid.

Tenn. (略) Tennessee.

ten·ner /ténə | -nə/ [名]《口》❶《米》10 ドル紙幣. ❷《英》10 ポンド紙幣 (cf. fiver 2).

Ten·nes·see /tènəsíː←/ [名] ❶ テネシー州《米国南東部の州; 州都 Nashville; 略 Tenn.,〘郵〙TN; 俗称 the Volunteer State》. ❷ [the ～] テネシー川《Tennessee 州北東部に発し, Ohio 川に注ぐ》. 〖北米先住民の村名から〗

Ténnessee Válley Authòrity [名] [the ～] テネシー川流域開発公社《米国テネシー川にダムを建設し発電・治水・用水などを営む; 略 TVA》.

ten·nies /téniz/ [名] 複《米口》テニスシューズ, スニーカー.

*__ten·nis__ /ténɪs/ [名] [U] **テニス, 庭球** (cf. lawn tennis): play ～ テニスをする. 〖F *tenez* 取れ; こう言ってサーブをしたことから〗

ténnis bàll [名] テニスボール.

ténnis bràcelet [名] テニスブレスレット《ダイヤモンドなどの貴石を並べたブレスレット》.

ténnis còurt [名] テニスコート.

ténnis èlbow [名] [U]〘医〙テニス肘(ひじ)《テニスが原因の肘関節炎》.

ténnis ràcket [名] テニスラケット.

ténnis shòe [名] [通例複数形で] テニスシューズ; スニーカー (《米》athletic shoe).

Ten·ny·son /ténəsn | -ni-/, **Alfred** [名] テニソン《1809-92; 英国の桂冠(けいかん)詩人》.

ten·on /ténən/ [名]〘木工〙ほぞ. — [動] [他]〈…に〉ほぞを作る; (ほぞによって)しっかりと継ぐ.

ténon sàw [名]〘木工〙ほぞびきのこ.

ten·or[1] /ténə | -nə/ [名] [the ～] ❶〔人生の〕方針, 進路, 行路: *the* even ～ *of* (one's) life 単調な日々の生活. ❷ 趣意, 主旨, 大意: *the* ～ *of* this story この物語の主旨. 〖F＝保たれるもの, 進路＜*tenere* (↓)〗

+**ten·or**[2] /ténə | -nə/ [名]〘楽〙❶ a [U] テノール, テナー《男声高音(域); ⇨ bass[1] [関連]》. b [C] テノールの声. ❷ [C] テノール歌手; テノール楽器《テナーサックスなど》. — [形] テノールの: a ～ voice テノールの声. 〖F＜L＝保つ人, 受け持つ人＜*tenere* 持つ, 保つ (cf. contain); 定旋律を受け持つことから〗

ténor cléf [名]〘楽〙テノール記号.

tèn·o·synovítis /tènoʊ-/ [名]〘医〙腱滑膜炎.

te·not·o·my /tənáṭəmi | -nɔ́t-/ [名] [U]〘医〙腱切り[切除](術).

ten·pen·ny /ténp(ə)ni, -péni/ [形]《英》10 ペンスの.

tén·pìn [名] ❶ [～s で; 単数扱い]《米》テンピンズ, 十柱戯 (tenpin bowling)《10 本のピンを倒すボウリングに似たゲーム》. ❷ [C] テンピンズ[十柱戯用]のピン.

ténpin bówling [名] [U] ＝tenpin 1.

ten·rec /ténrek/ [名]〘動〙テンレック《ハリネズミに似た Madagascar 島産の食虫哺乳動物》.

*__tense__[1] /téns/ [形] (**tens·er; tens·est**) ❶ a〈綱など〉ぴんと張った. b〈神経・感情など〉張りつめた;〈人が〉緊張した. ❷ (緊張しすぎて)不自然な, 堅苦しい. ❸〘音声〙緊張した, 筋肉の張った (cf. lax 5): a ～ vowel 緊張母音 (/iː/ /uː/ など). — [動] [他]〈人・筋肉・神経などを〉ぴんと張る, 緊張させる〈*up*〉(cf. tensed): I ～*d* my body for the shock. わたしはその衝撃に備えて体を緊張させた. — [自] ぴんと張られる; 緊張する〈*up*〉. ～·ly [副] 緊張して. ～·ness [名] 〖L＝引き伸ばされた＜*tendere, tens-* 伸ばす; cf. tend[1]〗 ([名] tension)

tense[2] /téns/ [名] [U,C]〘文法〙時制: the present [past] ～ 現在[過去]時制 / the perfect ～ 完了時制 / the imperfect ～ 未完了時制. 〖F＜L *tempus* 時〗

tensed [形] [P] [通例 ～ up で] (精神的に)緊張して, (神経的に)ぴりぴりして[不安になって] (cf. tense[1] [他]).

ten·sile /ténsl | -saɪl/ [形] ❶ 引き伸ばすことのできる. ❷ [A] 張力の: ～ strength〘理〙張力, 抗張力.

ten·sil·i·ty /tensíləṭi/ [名] [U] 張力, 伸張性.

*__ten·sion__ /ténʃən/ [名] ❶ a [U] (精神的な)**緊張, テンション**: under extreme ～ 極度に緊張して. b [U,C] (情勢などの)緊張(状態): the ～*s* between labor and management 労使間の緊張. ❷ [U] 緊張, 伸張: ～ of the muscles 筋肉の緊張. ❸ [U]〘理〙張力: surface ～ 表面張力. ❹ [U]〘理〙電圧: ⇨ high-tension. ～·less [形] 〖F＜L＜*tendere, tens-* 伸ばす; cf. tend[1]〗 ([形] tense[1])

ten·sion·al /ténʃ(ə)nəl/ [形] 緊張の; 張力の. ～·ly [副]

ten·si·ty /ténsəṭi/ [名] [U] 緊張(状態).

ten·sive /ténsɪv/ [形] 緊張の, 緊張を生じさせる.

ten·son /téns(ə)n/ [名] 論争詩, 競詩《二人の troubadours が同一形式で交互に歌い合って争った詩》.

ten·sor /ténsə | -sə/ [名] ❶〘解〙張筋. ❷〘数〙テンソル.

ten·so·ri·al /tensɔ́ːriəl/ 形
ten-speed 名 10段変速の自転車.
tén-spòt 名 ❶ (トランプの)10の札. ❷《米俗》10ドル紙幣.

*****tent**[1] /tént/ 名 ❶ テント, 天幕: pitch [strike] a ~ テントを張る[たたむ]. ❷ テント状のもの: an oxygen ~ 〖医〗酸素テント. ── 動《...を》テントでおおう; テントのような形にする. ── 自 テントに泊まる, 露営する. 〖F<L=張られたもの<*tendere* 伸ばす; ⇨ tend[1]〗

tent[2] /tént/ 名〖外科〗(開口部を開けておく[拡げる]ために挿入する, 圧搾海綿·脱脂綿などの)栓塞杆(%&).

tent[3] /tént/ 名 ⓤ テント(ワイン)《聖餐用, 主にスペイン産》.

†**tén·ta·cle** /téntəkl/ 名 ❶〖動〗触手, 触腕. ❷〖植〗触糸, 触毛. ❸ 《...から及ぼす影響力[拘束力]》, 触手. **tentac·u·lar** /tentǽkjulɚ | -lə/ 形〖L<*tentare* 触れる; ⇨ tentative〗

tén·ta·cled 形 触手[触毛]のある.

tent·age /téntɪdʒ/ 名 ⓤ テント《全体》; テント設備.

*****ten·ta·tive** /téntətɪv/ 形 ❶ 仮の, 暫定的な; 試験的な: a ~ agreement 暫定的合意 / a ~ plan 試案 / a ~ schedule 仮の予定. ❷ ためらいがちな; あやふやな(↔ confident): a ~ smile ためらうような微笑. **~·ly** 副 **~·ness** 名 〖L<*tenare* 試みる, 触れる (cf. tentacle)<*temptare* 試みる; cf. tempt〗

tént càterpillar 名〖昆〗テンマクケムシ《アメリカ産》.

tént drèss 名 テントドレス《肩から裾にかけて三角形に広がったドレス》.

tént·ed 形 テントを張った[でおおわれた].

ten·ter[1] /téntə | -tə/ 名〖紡〗張り枠, 幅出し機, テンター.

tent·er[2] /téntə | -tə/ 名《英》番人,《特に工場の》機械係.

ténter-hòok 名《織物の》張り枠のくぎ. **be on ténterhooks** 気をもんで[やきもきして]いる(《米》be on pins and needles).

＊**tenth** /ténθ/ 名《序数の第 10 番; ★ しばしば 10thと略記; 基数はten; 用法は ⇨ fifth》形 ❶ 〖通例 the ~〗第 10 (番目)の. ❷ 10 分の 1 の. ── 代〖通例 the ~〗第 10 番目の人[もの]. ── 副 第 10 (番目)に. ── 名 ❶ ⓤ《通例 the ~》a 第 10 (番目). b《月の》第 10 日. ❷ ⓒ 10分の 1. ❸〖楽〗10 度《音程》. **~·ly** 副 〖TEN+-TH[1]〗

ténth-ràte 形 最低の(質)の.

tént pèg 名 テントのくい[ペグ] (peg).

tént stìtch 名 ⓤ 〖服〗テントステッチ《短く斜めに, 平行に刺していくステッチ》.

te·nu·i·ty /tenjúːəti | -njúː-/ 名 ⓤ ❶ 貧弱, 薄弱. ❷ 薄い[細い]こと; 希薄.

ten·u·ous /ténjuəs/ 形 ❶ 薄弱な, 弱々しい. ❷ a 薄い, 細い. b 《空気など》希薄な. **~·ly** 副 **~·ness** 名

†**ten·ure** /ténjə | -njə/ 名 ❶ a 《不動産の》保有(権): ~ for life 終身土地保有権. b 保有期間; 保有条件: during one's ~ of office 在職期間中 / one's ~ of life 寿命. ❷《米》《大学教授などの》定年までの身分保障, 終身在職権. ── 動 他《人に》終身在職権を与える.〖F=保持く*tenir* 保つ, 持つ<L *tenere*; cf. contain〗

tén·ured 形 身分保障のある, 終身在職権のある.

ténure-tràck 形 いずれ終身の地位が認められる教職身分の, 終身の身分につながるコースにある.

ten·u·ri·al /tenjúːriəl/ 形 tenure の. **~·ly** 副

te·nu·to /tənúːtou/ 《楽》形 持続した (略 ten.). ── 副 テヌートで, 持続して, 持続音(符)で. ── 名《複 ~s》持続音.〖It〗

Ten·zing Nor·gay /ténzɪŋnɔ́ɚgeɪ | -nɔ́ː-/ 名 テンジンノルゲイ《1914-86; ネパールの登山家; Sherpa 族の人; Sir Edmund Hillary と共に Everest に初登頂 (1953)》.

ten·zon /ténzɔ(ə)n/ 名 =tenson.

te·o·cal·li /tìːəkǽli/ 名《古代メキシコ·中央アメリカで Aztec 人が築いた》丘上祭壇の丘.

te·o·sin·te /tìːəsínti/ 名 ⓤ 〖植〗ブタモロコシ《トウモロコシに似た雑草·飼料; メキシコ·中央アメリカ産》.

te·pal /tíːp(ə)l, tép-/ 名〖植〗花被片.

té·pa·ry bèan /tépəri-/ 名〖植〗テパリービーン《米国南西部·中米産インゲン属のつる植物; 豆は食用》.

te·pee /tíːpiː/ 名《北米先住民の円錐(ホミ)形の》テント小屋 (cf. wigwam).

teph·ra /téfrə/ 名 ⓤ テフラ《噴火によって放出され, 空中で飛んで堆積した火山砕屑(%)物, 特に火山灰》.

tèph·ro·chronólogy /tèfrou-/ 名 ⓤ テフラ年代学, テフロクロノロジー《tephra による編年》.

†**tep·id** /tépɪd/ 形 ❶《なま》ぬるい (lukewarm; ★ ⇨ hot 解説): ~ water ぬるま湯 / a ~ bath ぬるいふろ. ❷《待遇などに》熱意のない; 《関係などが》さめた. **~·ly** 副 **~·ness** 名 **te·pid·i·ty** /tepídəti/ 名 ⓤ ❶ なまぬるいこと. ❷ 熱意のないこと. 〖L〗

tep·i·dar·i·um /tèpədéə(ə)riəm/ 名《複 **-i·a** /-iə/》《古代ローマの浴場の》微温浴室.

te·qui·la /təkíːlə/ 名 ⓤ テキーラ《テキラリュウゼツランの茎の汁を発酵·蒸留して造るメキシコの酒》.

tequíla súnrise 名 テキーラサンライズ《テキーラ·オレンジ果汁·グレナディンのカクテル》.

ter.《略》terrace; territory.

ter- /tɚ; | tə/〖連結形〗「3」「3倍」「3回」: *ter*diurnal 一日 3 回の.

ter·a- /térə/〖連結形〗「1 兆 (=10¹²)」;〖電算〗テラ(=2⁴⁰, 約 1 兆).

téra·bỳte 名〖電算〗テラバイト《2⁴⁰ バイト, 約 1 兆バイト; 略 Tb, TB》.

téra·flòps 名〖電算〗テラフロップス.

te·rai /təráɪ/ 名《また **teraí hàt**》タライ帽《亜熱帯地方で用いられるつば広のフェルト帽》.

ter·a·phim /térəfim/ 名《また **ter·aph** /térəf/》《しばしば単数扱い》《古代ヘブライ人の》家神像, テラフィム.

ter·a·to- /térətou, -tə/〖連結形〗「奇形」「怪物」.

te·rat·o·gen /tərǽtədʒən/ 名〖生·医〗催奇(形)物質[因子], テラトゲン.

tèrato·génesis 名 ⓤ〖生·医〗奇形発生[生成].

tèrato·génic 形 奇形を生じさせる, 催奇形の. **-ge·níc·i·ty** /-dʒənísəti/ 名 催奇(形)性.

ter·a·tol·o·gy /tèrətáləʤi | -tɔ́l-/ 名 ❶ 奇形学. ❷ 怪物にまつわる神話. **ter·a·to·log·i·cal** /tèrətəlɑ́dʒɪk(ə)l/ 形

ter·a·to·ma /tèrətóumə/ 名《複 ~s, -ma·ta /-tə/》〖医〗奇形腫, テラトーマ.

téra·wàtt 名〖電·理〗テラワット (=10¹² watts).

ter·bi·um /tɚ́ːbiəm | tɚ́ː-/ 名 ⓤ〖化〗テルビウム《希土類元素; 記号 Tb》.

terce /tɚ́ːs | tɚ́ːs/ 名 ⓤ《しばしば T-》〖教〗三時課《canonical hours の一つ; 午前 9 時の祈り》.

ter·cel /tɚ́ːs(ə)l/ 名 雄のハヤブサ.

ter·cen·te·nar·y /tɚ̀ːsenténəri | tɚ̀ːsəntíːnəri-/ 名 ❶ 300 年祭 (cf. centenary). ❷ 300 年. ── 形 300 年の. 〖L *ter* 3 倍に+centenary〗

ter·cen·ten·ni·al /tɚ̀ːsenténiəl | tɚ̀ː-/ 名 形 =tercentenary.

ter·cet /tɚ́ːsɪt | tɚ́ː-/ 名〖詩学〗3 行押韻連句.

ter·e·binth /térəbìnθ/ 名〖植〗トクノウコウ, テレビンノキ《地中海地方産のウルシ科の木》.

te·re·do /tərídou, -réɪ-/ 名《複 ~s, **te·red·i·nes** /-réd(ə)nìːz/》〖動〗フナクイムシ (shipworm).

Ter·ence /térəns/ 名 テレンス《男性名; 愛称 Terry》.

Te·re·sa /tərí:sə | -zə/ 名 ❶ /-zə/ テレサ《女性名; 愛称 Terry》. ❷ [St. ~ of Ávila]《聖》テレサ《1515-82; スペインのカルメル会の修道女·著述家》. ❸ /tərézə, -ríːsə -ríːzə, -réɪ-/ [Mother ~] 《マザー·テレサ《1910-97; インドの Calcutta で貧困者·病者の救済に尽力した修道女; 生まれは Skopje (現マケドニアの首都), 両親はアルバニア人; Nobel 平和賞 (1979)》.

Te·resh·ko·va /tèrəʃkɔ́ːvə, -kóu-/, **Valentina (Vladimirovna)** 名 テレシコワ《1937- ; ソ連の宇宙飛行士; 1963 年 女性として世界最初に宇宙を飛行》.

te·rete /tərít | te-/ 形〖植〗円柱形の, 両端が先細りになった円柱形の.

ter·gal /tɚ́ːɡ(ə)l | tɚ́ː-/ 形 tergum の.

ter·gi·ver·sate /tɚ́ːdʒɪvɚ̀seɪt | tɚ́ːdʒɪvɚ̀ː-/ 動 自 ❶

tergum 変節[転向]する. ❷ 言い抜ける, ごまかす. **ter·gi·ver·sa·tion** /tə̀ːdʒɪvərséɪʃən | tə̀ː-/ 名

ter·gum /tə́ːgəm | tə́ː-/ 名 (複 **ter·ga** /-gə/) 【昆虫その他の節足動物の背部の】背板.

*__term__ /tə́ːm | tə́ːm/ 名 **A** ❶ [複数形で] 言い方, 表現: in plain ～s 平易な言葉で / speak in high ～s of...をほめちぎる. ❷ ⓒ **a** (専門分野での)術語, 用語, 専門語: a technical ～ 専門語 / a business ～ 商業用語. **b** 【論】名辞(めいじ)(⇔ 絶対名辞 / a general ～ 全称[一般]名辞 / the major [minor] ～ 大[小]名辞.

— **B** ⓒ ❶ (3 学期制度の)1 **学期** (《米》 trimester) 《用法》 in, during, of の後では無冠詞のこともある; 《解説》 term 制をしく学校は英国に多い; 一般に 10 月からクリスマスまでを秋学期 (Michaelmas term), それ以後復活祭までを春学期 (Lent [Hilary] term), 4 月中ごろから 6 月末までを夏学期 (Easter [Trinity] term) とよぶ; cf. semester 《解説》: the spring [fall, autumn] ～ 《春[秋]の》学期 / during (the) ～ 学期中に / at the end of (the) ～ 学期末に. ❷ **a** (一定の)**期間**, 期限; 任期: a president's ～ of office 大統領の就任期間 / win a second ～ of office 2 期目を当選する / The ～ of the loan is five years. ローンの期間は 5 年である. **b** (家賃・賃金などの支払いの)期日, 勘定日: the ～ of a contract 契約の期日 (cf. C 1). **c** 妊娠期間: She's near (her) ～. 彼女は出産が近い (★ 時に無冠詞). ❸ (裁判所・議会などの)開催期間.

— **C** ⓒ ❶ [複数形で] (支払いなどの)**条件**; 要求額, 値段, 料金, 賃金: on deferred [easy] ～s 賦払いで, 月賦で / on even ～s (with...) (...と)五分五分で, 対等で / set ～s on the terms of a contract 契約の条件をつける[定める] / the ～s of a contract 契約の条件 (cf. B 2 b) / Terms cash. 【商】現金払い / Terms, two pounds a week. 料金 1 週 2 ポンド. ❷ [複数形で] 〖人の〗交際関係; 間柄: on bad [equal, good, nodding speaking, visiting] ～s (with...) (...と)仲の悪い[対等の, 仲のよい, 会釈する程度の, 言葉を交わす程度の, 行き来する]間柄で. ❸ [複数形で] 協約, 同意, 折り合い: bring a person to ～s 人を同意させる / come to [make] ～s (with...) (...と)折り合う, 相談がまとまる. ❹ ⓒ 〖数〗項, 〖機〗項目[線, 面].

còme to térms (1) 〔...と〕折り合う 〖*with*〗 (⇒ C 3). (2) 〘困難などに〙屈服する, 甘受する 〖*with*〗.

in nó uncértain térms ⇒ uncertain 成句.

in térms 明確に, はっきりと.

in tèrms of... (1) ...の言葉で (cf. A 1). (2) ...に関して, ...の点から, ...の見地から: see life in ～s of money 人生を金銭の面から[金銭として]見る / You should think *in ～s of* the future. 先行きのことを考えて行動するべきだ.

in the lóng [shórt] tèrm 長[短]期的には: *In the long [short]* ～ it won't make much difference who is appointed. 長[短]期的にはだれが任命されようとたいした問題ではない.

térms of réference 《英》委託事項.

térms of tráde [the ～] 《英》〖経〗交易条件《輸出物価指数と輸入物価指数の比》.

— 形 Ⓐ ❶ 学期末の: ～ examinations 《米》 学期末試験 / a ～ paper 《米》 学期末論文[レポート]. ❷ 期間の, 定期の: a ～ insurance 定期保険.

— 動 (他 〈...を×...と〉名づける, 呼ぶ: 〔+目+補〕 He ～ed the gas argon. 彼はその気体をアルゴンと命名した. **be térmed òut of óffice** 《米》〖政治家などが〗任期満了で職を去る.

〚F < L *terminus* 限界, 期限; 用語 (cf. terminate, terminology)〛 (形 terminal)

ter·ma·gant /tə́ːməgənt | tə́ː-/ 名 〖文〗口やかましい女.

térm dày 名 支払期日, 満期日, 勘定日.

ter·mi·na·ble /tə́ːm(ə)nəbl | tə́ː-/ 形 ❶ 終わらせることのできる. ❷ 〘契約など〙期限のある, 有限の: a ～ annuity 有限年金.

*__ter·mi·nal__ /tə́ːmən(ə)l | tə́ː-/ 形 (比較なし) ❶ **a** 〈病

気・患者が〉**末期の**: ～ cancer 末期癌 / ～ care ターミナルケア, 終末期医療. **b** 〈状態が〉終局まで悪化する一方の, 手の打ちようがない. **c** 〖戯〗ひどい, 極めつけの. ❷ **a** 終わりの, 末端[終末]の: a [the] ～ stage 末期 / a ～ syllable 末尾音節. **b** 終点の, 終着駅の: a ～ station 終着駅 / a ～ building 空港ビル. ❸ 一定期間(中)の, (毎)学期の. — 名 ❶ **a** (鉄道・飛行機・バスなどの)終点, 起点, 終着駅, 始発駅. **b** (空港の)ターミナル: ⇒ air terminal. ❷ 末端, 終端; 語尾(の音節・文字). ❸ 【電】電極, 端子. ❹ 【電算】端末(装置), ターミナル.

~·ly /-nəli/ 副 ❶ 一定期間に, 各学期に. ❷ 〖病気が〗末期的に: a ～*ly* ill patient 病気が末期的な患者.

〚L < *terminus* 限界, 期限〛 (名 term)

términal adápter 名 〖電算〗ターミナルアダプター《データ端末と電話からの入力を ISDN 回線に接続する装置》.

términal fígure 名 〖建〗境界柱.

términal velócity 名 Ⓤ.Ⓒ 〖理〗終端速度.

*__ter·mi·nate__ /tə́ːmənèɪt | tə́ː-/ 動 ⓐ ❶ 〈行動・状態などを〉**終える**, 終結する: ～ diplomatic relations 外交関係を断つ / ～ a pregnancy 人工妊娠中絶する, 人工流産[早産]を行なう. ❷ 《米》解雇する. ❸ 《米》殺す, 暗殺する. ❹ **a** 〈...の終わりをなす, 〘スピーチなど〙を締めくくる: The poem ～*d* his speech. その詩で彼の演説が終わった. **b** 〘眺望など〙を限る; 〈...の〉境をなす: The mountain ～*s* the view. その山が視界をさえぎっている. — ⓑ ❶ 〈行動・状態などが〉...で**終わる** 〖*at*, *in*, *with*〗: The contract ～s *in* April. その契約は 4 月に終わる[満了する]. ❷ **a** 〈バス・列車が〉...で終点となる 〖*at*〗. **b** 〘語尾が〙...で終わる 〖*in*〗. 〚L < *terminus* 限界, 期限 (cf. term)〛 (名 termination) 〚類義語〛⇒ finish.

ter·mi·na·tion /tə̀ːmənéɪʃən | tə̀ː-/ 名 ❶ Ⓤ.Ⓒ 終了, 終結, (契約などの)満期: bring...to ～ = put a ～ to... ...を終結させる. ❷ 【医】妊娠中絶. ❸ ⓒ 《米》解雇. ❹ ⓒ 〖文法〗語尾; 接尾辞. (動 terminate)

ter·mi·na·tive /tə́ːmənèɪtɪv, -nə- | tə́ː-/ 形 終止させる, 決定的な.

tér·mi·nà·tor /-tə̀ː | -tə/ 名 ❶ 終わらせるもの[人]. ❷ 〖天〗(月・惑星の)明暗境界線. ❸ 〖遺〗(DNA 上の)終了暗号.

ter·mi·ni 名 terminus の複数形.

ter·mi·no·log·i·cal /tə̀ːmənəlɑ́dʒɪk(ə)l | tə̀ːmənəlɔ́dʒ-/ 形 術語の, 用語上の. ~·ly /-kəli/ 副

†**ter·mi·nol·o·gy** /tə̀ːmənɑ́lədʒi | tə̀ːmənɔ́l-/ 名 ❶ Ⓤ.Ⓒ (特殊な)用語法. **b** Ⓤ 術語, (専門)用語: technical ～ 専門用語 / chemical ～ 化学用語. ❷ Ⓤ 術語学. 〚G < L *terminus* 用語; 限界 (cf. term)+-LOGY〛

ter·mi·nus /tə́ːmənəs | tə́ː-/ 名 (複 -ni /-nàɪ/, ～·es) ❶ **a** (鉄道・バスなどの)終点. **b** 終着駅, ターミナル. ❷ 終端, 末端. 〚⇒ term〛

términus àd quém /-à:dkwém/ 名 (議論・政策などの)到達点, 目標; 最終期間.

términus àn·te quém /-à:nte-quém/ 名 終了時, 期限.

términus à quó /-à:kwóʊ/ 名 (議論・政策などの)出発点; 第一期点.

términus pòst quém /-pòːst-/ 名 開始時.

ter·mi·tar·i·um /tə̀ːmətéə(r)iəm | tə̀ː-/ 名 (複 -i·a /-iə/) シロアリの巣.

ter·mi·tar·y /tə́ːmətèri | tə́ːmət(ə)ri/ 名 =termitarium.

ter·mite /tə́ːmaɪt | tə́ː-/ 名 〖昆〗シロアリ.

térm·less 形 ❶ 期限のない. ❷ 無条件の.

térm límit [limitátion] 名 任期制限《公職に選任された者の任期に設けられている制限》.

térm·ly 形 副 《英》学期ごとの[に].

tern /tə́ːn | tə́ːn/ 名 〖鳥〗アジサシ《カモメの類》.

ter·na·ry /tə́ːnəri | tə́ːnəri/ 形 ❶ 三つから成る, 三つ組みの. ❷ 第 3 位の. ❸ 〖数〗3 進の, 3 元の.

térnary fórm 名 Ⓤ 〖楽〗三部形式.

ter·nate /tə́ːneɪt, -nət | tə́ː-/ 形 三つから成る; 三つぞろいの; 〖植〗三出状の, 三葉の. ~·ly 副

terne /tə́ːn | tə́ːn/ 名 Ⓤ ❶ (また **térne mètal**) ターンメタル《スズ 1 鉛 4 の割合の合金》. ❷ =terneplate.

térne·pláte 名 U ターンプレート《ターンメタルをかぶせた軟鋼板》.

tèr·o·technólogy /tèrou-/ 名 U 〖工〗テロテクノロジー《機械・プラント・装置など設備一般の運転・維持を研究する工学の一分野》.

ter·pene /tə́ːpiːn | tə́ː-/ 名 C,U 〖化〗テルペン《植物精油中に含まれる芳香のある液体》.

ter·pe·noid /tə́ːpənɔ̀id | tə́ː-/ 形 〖化〗テルペン状の.
—— 名 テルペノイド《テルペン炭化水素などイソプレノイド構造をもつ化合物の総称》.

Terp·sich·o·re /tə:psíkəri:, -ri | tə:psík(ə)ri/ 名 〖ギ神〗テルプシコレ《歌舞の女神; the Muses の一人》.

Terp·si·cho·re·an /tə̀:psɪkərí:ən | tə̀:p-/ 形 ❶ Terpsichore の: the ～ art 舞踏. ❷ [t～] 舞踏の.
—— 名 [t～] 踊り子, ダンサー.

terr. 《略》terrace; territory.

ter·ra /térə/ 名 ❶ 土地; 大地. ❷ [T～] 〖ロ神〗テラ《大地の女神; ギリシア神話の Gaea に当たる》. 〖L 土〗

__ter·race__ /térəs/ 名 ❶ **a** テラス《★ 石やれんがなどを敷きつめて造った平らな床面で, 天気のよい時はそこへいすなどを持ち出す》. **b** =veranda(h). ❷ 《英》テラスハウス, 連続住宅《★ しばしば T～ で地名の一部に用いる》; テラスハウスの一戸 (terraced house). ❸ **a** 台地, 階段状耕作地, 段々畑. **b** 〖地〗段丘《階段状の地形》. ❹ 《英》《サッカー場の》階段状の立見席. —— 動 《土地などをひな段式に整備する: ⇒ terraced. 〖F=盛り上がった土 <L terra 土, 土地, 大地》

__tér·raced__ 形 ❶ 〈家が〉連続住宅式の. ❷ 〈土地など〉広い段々になった: a ～ garden ひな段式庭園 / ～ fields 段々畑.

térraced hóuse 名 《英》テラスハウス[連続住宅]の一戸《《米》row house, townhouse》 (cf. semidetached).

térraced róof 名 平屋根, 陸屋根(cf.

térrace hóuse 名 =terraced house.

ter·rac·ing /térəsɪŋ/ 名 U ❶ 段丘形成. ❷ 《傾斜地の》段々, 段々畑, 棚田. ❸ 段になった座席, 階段床.

__ter·ra-cot·ta__ /tèrəkátə | -kɔ́tə/ 名 U ❶ テラコッタ《赤土の素焼き》. ❷ テラコッタ色, 赤褐色. 〖It<terra 土 <L; ⇒ terrace)+cotta 焼いた《L coquere, coct-; ⇒ cook》〗

térra fír·ma /-fə́ː(r)mə | -fə́ː-/ 名 U《水・空中に対し, 安全な》大地, 陸地. 〖L; ⇒ terrace, firm〗

térra·fòrm 動 (SF で)〈惑星を〉地球に似せて変える, 地球化する. ～·er 名

__ter·rain__ /təréin | te-/ 名 C,U 《自然的特徴からみた》地域; 地勢, 地形. 〖F<L<terra; ⇒ terrace〗

térra in·còg·ní·ta /-ìnkagní:tə | -ìnkɔ́gnətə/ 名 U 未知の土地, 未開拓の分野[領域].

ter·ra·ma·re /tèrəmá:ri/ 名 U 《イタリア北部 Po 川流域にみられる》アンモニア性沈積土《肥料用》.

Ter·ra·my·cin /tèrəmáisɪn | -sɪn/ 名 U 〖薬〗〖商標〗テラマイシン《抗生物質 oxytetracycline の商品名》.

ter·rane /təréin/ 名 〖地〗テレーン《周囲と異なる岩層などの地質体》.

ter·ra·pin /térəpɪn/ 名 (複 ～, ～s) 〖動〗テラピン《北米産食用カメ》; (特に)ダイヤモンドテラピン.

ter·ra·que·ous /teréikwiəs, -ræk-/ 形 水陸からなる, 水陸の.

ter·rar·i·um /teré(ə)riəm/ 名 (複 -rar·i·a /-iə/, ～s) ❶ 《陸生の小動物を飼育するための》小動物飼育器[槽, 場]. ❷ 屋内栽培用ガラス容器, テラリウム.

térra sig·il·lá·ta /-sìgəlá:tə, -sìdʒəléitə/ 名 U ❶ テラシギラタ《エーゲ海の Lemnos 島で産する茶褐色の粘土; もと収斂剤として用いた》. ❷ =Samian ware.

ter·raz·zo /tərǽzou, -rá:tsou/ 名 U テラゾ《大理石などの砕石をちりばめたとき出しコンクリート》.

ter·rene /terí:n | térín/ 形 現世の, 地上の; 《古》地球の, 土の, 陸(上)の.

ter·re-plein /térɪplɪn | tèəplɛ̀in/ 名 〖城〗塁道《塁上の大砲を置く平地》.

__ter·res·tri·al__ /təréstriəl/ 形 ❶ **a** 《空気・水に対して》陸(上)の, 陸から成る. **b** 〖生〗地上性の, 陸生の: a ～ animal 陸生動物. ❷ 地球(上)の (cf. celestial): ～ heat 地熱 / ～ magnetism 地磁気 / this [the] ～ globe [ball, sphere] 地球 / a ～ globe 地球儀. ❸ 〖通信〗地上の. ❹ 現世の, この世の. ❺ 〖陸〗地上の生物. ～·ly /-əli/ 副 〖L=地球の <terra; ⇒ terrace〗

terréstrial télescope 名 地上望遠鏡.

ter·ret /térət/ 名 《鞍の》手綱通し輪, 《犬の首輪などの》鎖《革ひも》をつなぐ環.

terre verte /téərvèət | tèərvèə:t/ 名 U 《顔料として用いる》緑土《水彩・テンペラ画に多用する》.

__ter·ri·ble__ /térəbl/ 形 (more ～; most ～) ❶ 恐ろしい, 怖い, ものすごい (dreadful): a ～ crash of thunder 恐ろしい雷鳴. ❷ ひどい, つらい, 厳しい: ～ sufferings ひどい苦痛 / ～ cold 厳寒 / in a ～ hurry 恐ろしく急いで. ❸ 体調が悪い, 気分がすぐれない; 憂鬱(ゆううつ)の, 沈んだ; やましい: feel ～ 気分が悪い, 憂鬱である / look ～ 体調が悪そうに[気持ちが沈んでいるように]見える. ❹ 《口》非常に悪い[よくない]; とてもひどい; 実にいやな[まずい], ぞっとするような: ～ coffee ひどくまずいコーヒー / She has ～ manners. 彼女は実に不作法だ. ❺ 〖P〗(口)《...にすごく下手で》: He's ～ at golf. 彼はゴルフがとても下手だ. 〖F<L〗 (名 terror)

__ter·ri·bly__ /térəbli/ 副 (more ～; most ～) ❶ 恐ろしく, ものすごく: They were ～ shocked. 彼らは恐ろしい衝撃を受けた. ❷ 《比較なし》《口》ひどく, 非常に: He's ～ tired. 彼はひどく疲れている.

ter·ric·o·lous /terikələs/ 形 =terrestrial 1 b.

ter·ri·er¹ /téria | -riə/ 名 テリア《犬》《元来はキツネなどを巣穴から追い出すのに使われた猟犬》. 〖F=土の[土を掘る]《犬》<L<terra; ⇒ terrace〗

ter·ri·er² /téria | -riə/ 名 〖法〗土地台帳; 土地[家屋]貸付帳; 《英史》知行値借地登記簿.

__ter·rif·ic__ /tərifik/ 形 (more ～; most ～) ❶ 《口》**a** すばらしい, すてきな: a ～ party すばらしいパーティー. **b** 《量・程度など》ものすごい, 大変な: at (a) ～ speed 猛烈なスピードで. ❷ 恐ろしい, ものすごい. -i·cal·ly /-kəli/ 副 《口》ものすごく, たいへん, ひどく. 〖L=恐ろしい; ⇒ terror, -fic〗

__ter·ri·fied__ 形 恐れた, 怖がった, おびえた 《at, by, of》: give a ～ cry おびえた叫び声をあげる. / She was ～ by what happened. 彼女はその出来事におびえていた / He was ～ of being scolded about it. 彼はそのことでしかられはしないかとひどく恐れていた / I was ～ that they would attack us again. 彼らがまた襲ってくるかと怖かった.

__ter·ri·fy__ /térəfàɪ/ 動 《人を》恐れさせる, 怖がらせる (cf. terrified): The possibility of nuclear war terrifies everyone. 核戦争の可能性にはだれしもおびえている. (名 terror) 〖類義語〗⇒ frighten.

tér·ri·fy·ing 形 恐るべき, ぞっとするような: a ～ earthquake ものすごい地震. ～·ly 副

ter·rig·e·nous /terídʒənəs/ 形 〖地〗《海底の堆積物が》陸成の.

ter·rine /terí:n/ 名 ❶ U,C テリーヌ《テリーヌ容器で作るパテ料理》. ❷ C テリーヌ容器.

__ter·ri·to·ri·al__ /tèrətɔ́:riəl/ 形 ❶ 領土[領海, 領空]の; 土地の: ～ disputes 領土紛争 / ～ air [airspace] 領空 / ～ waters [seas] 領海 / a ～ possession 領土. ❷ 《特に動物が》なわばり意識の強い《を守ろうとする》; 〖動〗なわばりに《向う》. ❸ 〖しばしば T～〗《米・カナダ・豪》準州の.
—— 名 [T～] 《英》国防義勇兵《Territorial Army の隊員》. ～·ly /-riəli/ 副 (名 territory)

Territórial Ármy 名 [the ～] 《英》国防義勇軍《略 TA》.

ter·ri·to·ri·al·i·ty /tèrətə:riǽləti/ 名 U ❶ 領土権; 領土であること; 領土の地位. ❷ なわばり意識;〖動〗なわばり性.

__ter·ri·to·ry__ /térətɔ̀:ri | -təri, -tri/ 名 ❶ C,U **a** 領土, 領地, 版図. **b** 地方, 地域. ❷ U 《学問・活動などの》領域, 分野: the ～ of social history 社会史の領域. ❸ C,U **a** 《外交員などの》販売[受け持ち]区域; 地盤. **b** 《警察などの》管轄区域. **c** 《動物などの》なわばり, テリト

リー. ❹ [T~] C 《米・カナダ・豪》準州. **cóme [gó] with the térritory** 〈…からの仕事[職業, 地位など]には〉つきものである. 〖L<*terra* 土地 (⇒ terrace)〗 ~**ial** /-ə́l/ 形 territorial〗

*ter·ror /térər/ -rə/ 名 ❶ a U (非常な)恐怖: in ~ 怖くなって, 恐ろしくなって / strike ~ into a person's heart 人を恐怖に陥れる / I was overcome with ~. 私は恐怖におのいた. b C 恐怖の種[的], 恐ろしい人[もの]: He's a ~ to his students. 彼は学生を(恐ろしさで)縮みあがらせる. ❷ C 《口》《主なやっかい者, うるさい者》 (horror): a little ~ 手に負えない子供 / a holy ~ 手に負えぬ者, やっかい者. ❸ U テロ, テロ計画 (terrorism). ❹ [the T~] 《フランス史上》恐怖時代 (the Reign of Terror): *the* Red *T*~ (フランス革命後の革命派の)赤色テロ, 恐怖政治 / *the* White *T*~ (革命派に対する反革命派の)白色テロ. **hóld nò térrors for** a person 〈…が〉人にとって恐ろしくない[心配でない], 人を恐れさせない[不安にしない]. 〖F<L<*terre* 怖がらせる; 原義は「恐怖で震えさせる」〗【類義語】⇒ fear. 〖~ terrible, 動 terrify, terrorize〗

*ter·ror·ism /térərɪzm/ 名 U テロ行為, テロリズム.

*ter·ror·ist /térərɪst/ 名 テロリスト (★特に形容詞的に): a ~ group テロリスト集団 / ~ activity テロ活動.

ter·ror·is·tic /tèrərístɪk/ 形 テロ(リスト)的な.

ter·ror·i·za·tion /tèrərɪzéɪʃən / -raɪz-/ 名 U (恐怖手段による)脅迫, 暴圧.

†ter·ror·ize /térəràɪz/ 動 他 (脅迫や暴力を用いて)〈人に〉恐怖を起こさせる, 威嚇する; 威嚇によって〈…させる〉 (*into*). 〖名 terror〗

térror-strìcken, térror-strùck 形 恐怖におびえた, びくびくした.

ter·ry /téri/ 名 U テリー織 (けばのループのある厚手の木綿布; タオル・マットなどに用いる).

Ter·ry /téri/ 名 テリー: ❶ 男性名 (Terence の愛称). ❷ 女性名 (Teresa, Theresa の愛称).

térry clòth 名 U テリー織の布 (タオル布).

†terse /tə́ːs | tə́ːs/ 形 〈表現・話し手が〉言葉数の少ない, そっけない, ぶっきらぼうな; 簡潔な, 要点のみの. ~·ly 副 ~·ness 名 〖F<L<*tergere, ters*- みがく; cf. detergent〗

ter·tian /tə́ːʃən | tə́ː-/ 形 《医》〈マラリアなどの熱病が〉3日目ごと[隔日]に起こる. ―― 名 三日熱. 〖L〗

ter·ti·ar·y /tə́ːʃièri | tə́ːʃəri/ 形 ❶ 第3の. ❷ 《医》 a 〈やけどが〉3度の, ひどい. b 〈梅毒が〉第3期の. ❸ [T~] 《地》 第三紀[系]の: the *T*~ period 第三紀. ―― 名 [the T~] 《地》 第三紀; 第三紀層, 第三系. 〖L<*tertius* third〗

tértiary índustry 名 U 第三次産業 (サービス産業).

ter·ti·um quid /tə́ːʃiəm kwíd | tə́ː-/ 名 《既知の二者以外の》第三の何か[何者か], (二者の)中間物.

ter·va·lent /tə̀ːvéɪlənt | tə̀ː-/ 形 《化》 3価の (trivalent).

Ter·y·lene /térəlìːn/ 名 U 《英商標》 テリレン (ポリエステル繊維; 米国名 Dacron に同じ).

ter·za ri·ma /tèətsəríːmɑ | -zə-/ 名 《韻》 三韻句法 (ダンテの「神曲」に用いた詩形). 〖It〗

ter·zet·to /teətsétoʊ | tə-/ 名 (~**s, -ti** /-tiː/) 《楽》 三重唱[奏](曲), (trio). 〖It〗

TESL /tésl/ 《略》 teaching English as a second language 第二言語としての英語教授(法).

tes·la /téslə/ 名 《理》 テスラ 《磁束密度の mks 系単位: = 1 Wb/m², 略 T》.

Tes·la /téslə/, Ni·ko·la /níːkoʊlə/ 名 テスラ (1856-1943; クロアチア生まれの米国の電気技術者・発明家).

Tésla coìl 名 《電》 テスラコイル (高周波交流を生ずる誘導コイルの一種).

TESOL /tíːsɔːl | -sɔl/ 《略》 teaching (of) English to speakers of other languages 他言語話者に対する英語教授(法); 《米》 Teachers of English to Speakers of Other Languages 他言語話者に英語を教える教師の会.

Tess /tés/ 名 テス (女性名; Theresa の愛称).

Tes·sa, TESSA /tésə/ 《略》 《英》 Tax-Exempt Special Savings Account 免税特別貯蓄口座, テッサ 《日本のマル優に相当する少額貯蓄非課税制度; 1991 年に導入》.

tes·sel·late /tésələɪt/ 動 他 〈床・舗道などを〉切りはめ細工にする, モザイク式にする.

tes·sel·lat·ed /-tɪd/ 形 モザイク式の: a ~ floor モザイク模様の床.

tes·sel·la·tion /tèsəléɪʃən/ 名 U モザイク細工.

tes·se·ra /tésərə/ 名 (復 -se·rae /-riː/) ❶ テッセラ (モザイク用の, 大理石・ガラス・タイルなどの通例 方形[角形]の小片). ❷ 《古ロ》 (切符・札・さいころなどに用いた)骨[象牙, 木など]の小角片. 〖L<Gk<*tessares* four〗

tés·ser·al /tésərəl/ 形 モザイクの(ような).

tes·si·tu·ra /tèsɪtúərə/ 名 (復 ~**s, -tu-re** /-tú(ə)rɪ/) 《楽》 テッシトゥーラ (メロディー[声部]の, 特に高い音や低い音を除いた大部分のメロディーが入る音域[声域]). 〖It<L; TEXTURE と同語源〗

‡test¹ /tést/ 名 ❶ a (能力などをためす)試験, 検査: a written ~ 筆記試験, ペーパーテスト (【比較】 ペーパーテスト」は和製英語) / give [take] a ~ in English 英語のテストをする[受ける] (【用法】 この場合 a ~ of English とは言わない) / put…to the ~ …を試験[吟味]する / stand [bear] the ~ 試練に耐える; 検査[テスト]に合格する / stand [withstand] the ~ of time 時の試練に耐える, 長く記憶に留まる. b (ものの)検査, 実験: a blood ~ 血液検査 / a nuclear ~ 核実験. ❷ ためすもの, 試金石, 試練; 試験の基準: Wealth, no less than merit, is a ~ of character. 富は貧困に劣らず人格の試金石となる. ❸ 《化》 試験, 分析, 鑑識. ❹ 《英口》 = test match. ―― 動 他 ❶ 〈…を〉試験する; 検査する; 〈…を〉ためす; 実験する: I got my eyes ~ed. 視力検査をしてもらった / The teacher ~ed us in English. 先生は英語のテストを行なった / ~ nuclear weapons 核兵器を実験する / He ~ed the product *for* defects. 彼はその製品に欠陥がないかどうかを調べた / She ~ed the metal *for* radioactivity. 彼女は放射能の有無をためすためその金属を検査した. ❷ 《化》 〈…を〉分析する, 鑑識する. ❸ 〈人・ものに〉大きな負担となる: Her constant rudeness ~s my patience. 彼女にしょっちゅう不作法なことをされて[言われて]我慢しきれなくなっている. ―― 自 検査をする, テストをする, 調査をする: [+補] ~ positive [negative] *for* TB 結核の検査で陽性[陰性]となる. **tést óut** 《他》 《理論などを》実際にためしてみる. 〖F<L=土製のもの; 金属を溶かして成分を調べるのに用いたことから〗 【類義語】(1) ⇒ examination. (2) ⇒ experiment.

test² /tést/ 名 《動》 殻, 被甲.

Test. 《略》 Testament(ary).

tes·ta /téstə/ 名 (復 **-tae** /-tiː, -taɪ/) 《植》 種皮.

tes·ta·ble /téstəbl/ 形 試験[検査, 分析]できる. **test·a·bil·i·ty** /tèstəbíləti/ 名

tes·ta·ceous /testéɪʃəs/ 形 《動・植》 赤煉瓦色の.

Tést Àct [the ~] 《英》 審査法 (すべての文官・武官に対して官吏就任の際に国王に対する忠順と国教信奉の宣誓をさせた条令 (1673-1828)).

†tes·ta·ment /téstəmənt/ 名 ❶ C.U. a 証左, あかし (testimony). b C 信条, 告白. ❷ C 遺言, 遺書 (★通例 one's last will and ~ という): make one's ~ 遺言書を作る. ❸ [the T~] 《聖書》 the Old [New] *T*~ 旧約[新約]聖書. 〖L=聖書; 遺言<*testis* 証人; cf. testicle, testify, testimony〗

tes·ta·men·ta·ry /tèstəméntəri, -tri/ 形 遺言の, 遺言(書)による[で指定した].

tes·tate /tésteɪt/ 形 名 遺言して死んだ(人) (cf. intestate); 自 ~ die ~ 遺言をして死ぬ.

tes·ta·tion /testéɪʃ(ə)n/ 名 U 遺言による財産処分, 遺贈.

tes·ta·tor /tésteɪtə/ 名 遺言者.

tes·ta·trix /testéɪtrɪks/ 名 (復 **-tri·ces** /-tértrəsìːz, tèstətráɪsìːz/) 女性の遺言者.

tést bàn (特に大気圏での)核実験禁止協定.

tést bèd (特に 航空機エンジンの)試験台[設備], テストベッド.

tést càrd 名 《英》 = test pattern.

+**tést càse** [名] ❶ 初めての試みとなるもの, テストケース. ❷ 〘法〙試訴《その決定が他の類似事件にも影響を与える》.
tést drìve [名] (車の)試運転, テストドライブ.
tést-drìve [動] [他] 〈車を〉試運転する, 試乗する.
test·ee /testíː/ [名] 受験者.
+**tést·er**[1] [名] ❶ 試験者, 吟味者, 分析者. ❷ 試験器[装置], テスター. ❸ (香水などの)サンプル.
tes·ter[2] /téstə | -tə/ [名] (ベッドの上をおおう)天蓋(てんがい).
tes·tes [名] testis の複数形.
tést flìght [名] 試験飛行.
tést-flỳ [動] [他] 〈飛行機を〉飛行テストする.
+**tes·ti·cle** /téstɪkl/ [名] 睾丸(こうがん) (testis). 〖L＜*testis*, 睾丸; (男らしさの)証人; cf. testament〗
tes·tic·u·late /testíkjələt/ [形] 〘植〙睾丸状の(塊茎をもつ).
tés·ti·fì·er [名] 立証[証明]者; 証言者, 証人.
*__tes·ti·fy__ /téstəfàɪ/ [動] [自] ❶ 〈人が〉**証言する**, 〔…の〕証人となる: I can ～ *to* the marvelous effect of this medicine. この薬のすばらしい効能を証言できます《★ ～ to は受身可》/ ～ *for* [*against*] …に対して有利[不利]な証言をする. ❷ 〈言動・事実などが〉〔…の〕証拠となる: His brilliant work *testifies to* his ability. 彼のりっぱな仕事ぶりは彼が有能なことを証明している《★ ～ to は受身可》. ❸ 〈信徒が〉自分の信仰体験を証言する, あかしする ── [他] 〈…だと〉証明する; 証言する: 〔+*that*〕 The young man *testified that* he had not seen her there. 青年は彼女をその場で見なかったと証言した. 〖L＝証言する＜*testis* 証人 (cf. testament)+-FY〗
tes·ti·ly·ing /téstəlàɪɪŋ/ [名] [U] (法廷での)虚偽の宣誓証言《特に警察官が, 証拠不十分だが犯人にちがいないと思う者を有罪にするために行なう偽証》. 〖*testify*+*lying*〗
+**tes·ti·mo·ni·al** /tèstəmóuniəl←/ [名] ❶ (人物・資格などの)証明書; 推薦状 (reference). ❷ 感謝状, 表彰状, 賞状; 功労表彰の贈り物. ❸ [しばしば形容詞的に] 表彰試合《引退前の選手などを表彰し, 収益の一部を寄贈する試合》. ([名] testimony)
*__tes·ti·mo·ny__ /téstəmòuni | -məni/ [名] ❶ [C,U] (法廷で行なう)**証言**, **口供書**: give ～ in court 法廷で証言する / bear ～ (*to*…) (…を)証言する, 立証する / produce ～ *of* [*to*]…の証拠を提出する / call a person in ～ 人を証人に立たせる. ❷ [U] [また a ～] 証明, 言明 (testament): be ～ *to* a person's character 人の人物の証明となる / His hearty laughter is ～ *of* his happiness. 彼の大笑いは幸福である証拠だ. 〖L＜*testis* 証人; cf. testament〗
【類義語】⇨ proof.
*__test·ing__ /téstɪŋ/ [名] [U] **テスト**(すること), **試験**, **実験**. ── [形] 〈状況・問題など〉**最大限の努力[能力]の要求される**, きわめて困難な.
tésting gròund [名] (製品・アイディアなど, 特に兵器の)試験場, 実験場.
tes·tis /téstɪs/ [名] (複 -tes /-tiːz/)＝testicle.
tést màrket [名] テストマーケット《商品の受け止められ方を見るために新製品などを販売する特定の地域》.
tést-màrket [動] [他] 〈新製品などを〉試験的に市場導入する.
+**tést màtch** [名] (クリケットなどの)国際戦 (test).
+**tes·tos·te·rone** /testástəròun | -tɔ́s-/ [名] [U] テストステロン《男性ホルモンの一種》.
tést pàper [名] ❶ [C] 試験問題用紙; 試験答案. ❷ [U] 〘化〙(リトマス試験紙などの)試験紙.
tést pàttern [名] 《米》〘テレビ〙テストパターン《受像調整用に流す静止画像》.
+**tést pìlot** [名] 試験操縦士, テストパイロット.
tést rùn [名] 試運転; 試行 (trial run).
+**tést tùbe** [名] 試験管.
tést-tùbe [形] 試験管で作り出した; 体外人工授精の: a ～ baby 体外人工授精児, 試験管ベビー.
tes·tu·do /test(j)úːdou/ [名] (複 ～s, -di·nes /-d(ə)nìːz/) 〘古ロ〙亀甲状掩蓋(えんがい)《特に 攻城の際に兵士たちの頭上を守ったもの; また, 各兵士の盾を連ねてこれを模したもの》.
tes·ty /tésti/ [形] (tes·ti·er; -ti·est) ❶ 〈人が〉短気な, 怒りっぽい (crotchety, irritable). ❷ 〈言動が〉つっけんどんな. **tés·ti·ly** /-təli/ [副] **-ti·ness** [名]
te·tan·ic /tetǽnɪk/ [形] 〘医〙破傷風(性[様])の; 強直[テタニー]の[を起こす]. **-i·cal·ly** [副]
tet·a·nize /tét(ə)nàɪz/ [動] [他] 〘生理〙〈筋肉に〉強直けいれんを起こさせる.
tet·a·nus /tétənəs, tétnəs/ [名] [U] 〘医〙破傷風. 〖L＜Gk＝けいれん; 症状から〗
tet·a·ny /tétni/ [名] [U] 〘医〙テタニー《強直性けいれん症》.
tetch·y /tétʃi/ [形] (tetch·i·er; -i·est) 怒りっぽい, いらいらした. **tétch·i·ly** /-tʃɪli/ [副] **-i·ness** [名]
tête-à-tête /tèɪtətéɪt, tèɪtətéɪt←/ [形] [副] 二人だけの[で], 差し向かいの[で], 内密の[に]. ── [名] ❶ 対談, ないしょ話, 打ち解け話: have a ～ (with a person) (人と)差し向かいで話す. ❷ S 字形二人いす. 〖F＝head to head〗
tête-bêche /tetbéʃ, teɪtbéɪʃ/ [形] 〘郵〙〈2 枚続きの切手が〉上下[左右]逆向きに印刷されている, テートベーシュの.
+**teth·er** /téðə | -ðə/ [名] ❶ (牛・馬などをつなぐ)つなぎなわ[鎖]. ❷ (能力・財力・忍耐などの)限界, 範囲. **at the énd of one's téther** 万策尽きて, 行き詰まって. ── [動] [他] 〈牛・馬を〉〔…に〕つなぎなわ[鎖]でつなぐ: He ～*ed* his horse *to* a tree. 彼は馬を木につないだ. 〖ON〗
Té·ton Ránge /tíːtɑn-, -tn- | -tn-, -tɔn-/ [名] [the ～] ティートン山脈《Wyoming 州北西部の山脈; the Tetons ともいう》.
tet·ra /tétrə/ [名] 〘魚〙テトラ《南米淡水原産の小型で明るく輝くカラシン科の多種の熱帯魚》.
tet·ra- /tétrə/ [連結形] 「4」《★ 母音の前では tetr-》.
tet·ra·chord /tétrəkɔ̀əd | -kɔ̀ːd/ [名] ❶ 〘楽〙四音音階. ❷ テトラコード《古代の四弦琴の一種》.
tètra·cý·cline /-sáɪkliːn, -klaɪn, -klən/ [名] [U,C] 〘薬〙テトラサイクリン《抗生物質の一種》.
tet·rad /tétræd/ [名] 4 個からなる一組, 四つ組: **a** 〘化〙4 価の元素[基]. **b** 〘生〙(減数分裂により生じる)四分子; 四分染色体.
tètra·dác·tyl /-dǽktɪl/ [形] 〘動〙四指をもった.
tétra·èthyl léad /-léd/ [名] [U] 〘化〙四エチル鉛, テトラエチル鉛《燃料のアンチノック剤》.
tet·ra·gon /tétrəgɑ̀n | -gən/ [名] 〘幾〙四角形, 四辺形: a regular ～ 正四角形, 正方形.
te·trag·o·nal /tetrǽgən(ə)l/ [形] 〘幾〙四角[四辺]形の; 〘晶〙正方晶系の. **～·ly** [副]
tétra·gràm [名] 四字語.
tet·ra·gram·ma·ton /tètrəgrǽmətɑ̀n | -tən/ [名] (複 -ma·ta /-tə/) [しばしば T~] ヤハウェの四子音文字《ヘブライ語で「神」を示す 4 字; YHWH, JHVH などと翻字される》.
tètra·hédral [形] 四面体の; 四つの面をもつ.
tètra·hé·drite /-híːdraɪt | -hédraɪt/ [名] [U] 〘鉱〙四面銅鉱.
tètra·hédron [名] (複 ～s, -dra) 〘幾〙四面体.
tètra·hỳdro·can·náb·i·nol /-kənǽbənɔ̀(ː)l | -nɔ̀l/ [名] [U] 〘化〙テトラヒドロカンナビノール《インド大麻に含まれるマリファナの主成分; 略 THC》.
te·tral·o·gy /tetrǽlədʒi, -trɑ́ː-/ [名] ❶ 〘古ギ〙四部劇《3 悲劇と 1 風刺劇からなる》. ❷ (劇・小説などの)四部作. ❸ 〘医〙四徴候《ある病気を特徴づける 4 つの要素》.
tet·ra·mer /tétrəmə | -mə/ [名] 〘化〙四量体. **tèt·ra·méric** /-mér-←/ [形]
te·tram·er·ous /tetrǽmərəs/ [形] 4 部分からなる[に分かれた]; 〘植〙〈花が〉四分裂の, 四片の.
te·tram·e·ter /tetrǽmətə | -tə/ 〘詩学〙[名] 4 歩格(の詩行). ── [形] 4 歩格の.
tètra·plé·gi·a /-plíːdʒ(i)ə/ [名] [U] 〘医〙四肢麻痺 (quadriplegia). **-plé·gic** /-plíːdʒɪk←/ [形] [名]
tétra·plòid 〘生〙[形] 四倍(ばい)性の, 四倍体の. ── [名] 四倍体. **tétra·plòidy** [名] [U] 〘生〙四倍性.
tet·ra·pod /tétrəpɑ̀d | -pɔ̀d/ [名] ❶ 〘動〙四足獣[動物]. ❷ **a** 4 脚の構造物. **b** (4 脚の)消波ブロック《★ 日本語の「テトラポッド」は商標名》.
te·trap·ter·ous /tetrǽptərəs/ [形] 〘昆〙四翅(し)の.

te·trarch /tétrɑːk, tíː-|-trɑːk/ 名 ❶ 《古代ローマの》四分領太守. ❷ 四頭政治の統治者の一人. ❸ 《属領の》小王, 小君主.

te·trarch·y /tétrɑːki, tíː-|-trɑːk-/ 名 U.C 四頭政治.

tet·ra·stich /tétrəstɪk/ 名 《詩学》四行詩, 四行ši.

tet·ra·style /tétrəstàɪl/ 形 《建》 四柱式の〈建物〉.

tètra·sýllable 名 4 音節の語[詩行]. **-syllábic** 形

tet·rath·lon /tetræθlən|-lɒn/ 名 四種競技《特に馬術・射撃・水泳・競走》.

tet·ra·tom·ic /tètrətámɪk|-tɔ́m-/ 形 《化》 4 原子の〈からなる〉.

tètra·válent 形 《化》四価の.

tet·rode /tétroud/ 名 《電》 四極〈真空〉管.

tet·ro·do·toxin /tetroʊdə-/ 名 U 《生化》テトロドトキシン 《フグ毒の成分》.

tet·ter /tétə|-tə/ 名 皮疹 《白癬・湿疹・疱疹などの俗称》, 水ぶくれ, にきび.

Teut. (略) Teuton(ic).

Teu·ton /t(j)úːtn|tjúː-/ 名 ❶ a [the ~s] チュートン族《ゲルマン民族の一派; 今はドイツ・オランダ・スカンジナビアなど北欧民族》. b C チュートン人. c [しばしば軽蔑] ドイツ人.

Teu·ton·ic /t(j)uːtánɪk|tjuːtɔ́n-/ 形 ❶ チュートン人[民族]の; 《古》ゲルマン語の. ❷ 〔しばしば軽蔑〕ドイツ(民族)の. ── 名 U 《古》 チュートン語, ゲルマン語.

Te·vet /tervét, -véɪ, téɪvɪs/ 名 《ユダヤ暦》=Tebet.

Tex. (略) Texan; Texas.

Tex·an /téksn/ 形 テキサス州(人)の. ── 名 テキサス州の人.

Tex·as /téksəs/ 名 テキサス州《米国南西部の州; 州都 Austin; 略 Tex., 〈郵〉 TX; 俗称 the Lone Star State). 〔Sp < N-Am-Ind=友人, 仲間〕

Téxas léaguer 《野》 テキサスリーガー《内野手と外野手の間に落ちるぽてんヒット》.

Téxas tòast 名 U テキサストースト《大きくて厚いトースト》.

Tex-Mex /téksméks/ 《米》〈文化・料理など〉テキサス州とメキシコとの国境付近の, テキサス風メキシコの. ── 名 U ❶ テキサス風メキシコ料理. ❷ テキサスで話されるメキシコのスペイン語.

‡**text** /tékst/ 名 ❶ a U (注釈・さし絵などに対して)本文, 《電算》テキスト(データ). b C.U (演説・論文・劇などの)文, テキスト, 文章, 文言, 文字にしたもの. ❷ C 原文: the original ～ 原文, 原典. ❸ C (試験の)問題文; (討論のために読む)文章の一節 (passage). ❹ C 原本《of》. ❺ C (説教の題目などに引用する)聖書の原句, 聖句: a golden ～ (日曜学校の)訓話用聖句. ❻ U=textbook. ── 動 他 《携帯電話で》〈人に〉メールを送る; 〈メッセージを〉送る. 〔F < L = 織られたもの < texere, text-織る; cf. context, pretext〕 (形 textual)

*textbook** /tékstbùk/ 名 ❶ 教科書, 教本 《米》 text): an English ～ 英語の教科書. ── 形 A 教科書の. ❷ 《教科書的に》 模範的な, 典型的なもの.

téxt èditor 名 《電算》 文書編集プログラム, テキストエディター.

téxt hànd 名 U テキスト体《肉太の古体文字》.

*textile** /tékstaɪl/ 名 ❶ 織物, 編物, 布地, テキスタイル《フェルトやレースも含む》. ❷ 織物の原料. ❸ [複数形で] 織物産業. ── 形 A 織物の, テキスタイルの: the ～ industry 織物工業. ❷ 織られた; 織ることのできる: A carpet is a ～ fabric. じゅうたんは織物である. 〔L=織られた〈もの〉; ⇒ text, -ile〕

téxt mèssage 《携帯電話で送受信する》文字通信の内容, 携帯メール. **téxt mèssaging** 名 U 文字通信.

téxt pròcessing 名 《電算》 テキスト処理.

tex·tu·al /tékstʃuəl/ 形 ❶ 本文の, 原文(上)の, テキストの; 聖書原典の: ～ criticism 本文批評 / ～ errors 原文の誤り. ❷ 原文どおりの, 原文からの: a ～ quotation 原文そのままの引用文. **~·ly** /-tʃuəli/ 副 (名 text)

tex·tu·al·ism /-lɪzm/ 名 U 《特に聖書の》原文固執[拘泥]; 原文〈原典〉研究[批評].

tex·tu·al·ist /-ɪst/ 名 《特に聖書の》原文固執主義者.

*texture** /tékstʃə|-tʃə/ 名 C.U ❶ 織り方, 織地, 生地. ❷ a 《皮膚・木材・岩石などの》地, 手ざわり. b 肌合い, 性格. c 《食べ物の》かみ具合, 歯ごたえ: I don't like the ～ of octopus. タコの歯ごたえが好きでない. ❸ 《美術・音楽・文学作品などの》感じ, 質感, 風合い. 〔L=織物; ⇒ text, -ure〕

†**tex·tured** 形 [通例複合語で] (…の)手ざわりの, (…の)織りの: rough-[soft-]textured 手ざわりの荒い[柔らかい].

téxtured végetable prótein 名 U 植物性たんぱく質《大豆から作る肉の代用品; 略 TVP》.

téxture màpping 名 U 《電算》 テクスチャーマッピング 《CG で, 平面上に構成した紋様を立体表面へ写像することによる質感表現技術》.

tex·tur·ize /tékstʃəràɪz/ 動 他 〈木材・岩などに〉特定のきめを出す, テクスチャライズする.

TGIF 《略》 Thank God it's Friday ありがたい, 金曜日だ 《★ 1 週間の仕事が終わって週末を迎えるうれしさを表わす》.

T-gròup 名 《心》 訓練グループ, T グループ《トレーナーの下で自己表現を行なうことによって疎外感を克服し, 人間関係を円滑にしようとする, 心理学的訓練グループ》. 〔(Sensitivity) T(raining) group〕

TGV /tíːdʒíːvíː/ 《略》 train à grande vitesse 《フランス国鉄の》超高速列車, フランス新幹線. **Th** (記号) 《化》 thorium. **Th.** (略) Thomas; Thursday.

-th[1] 接尾 1, 2, 3 以外の数で終わる基数に対する序数を造る《★ ただし -ty で終わる数詞につく場合は (-ty を -ti- にして)-eth》: the fifth 第 5(の) / three-fifths 5 分の 3 / the thirtieth 第 30(の).

-th[2] /θ/ 接尾 形容詞・動詞から抽象名詞を造る語尾: truth, growth.

-th[3] /θ/ 接尾 《古》動詞の 3 人称・単数・直説法現在形を造る (=-s, -es): doth (=does), hath (=has), hopeth (=hopes).

Thack·er·ay /θǽk(ə)ri, William Make·peace /méɪkpíːs/ 名 サッカレー(1811–63; 英国の小説家).

Tha·de·us /θǽdiəs/, **Saint** 〔聖〕 《聖》タダイ《キリスト十二使徒の一人》.

Thai /táɪ/ 名 (複 ~, ~s) ❶ a [the ~(s)] タイ国民. b C タイ人. ❷ U タイ語, シャム語. ── 形 タイ国[人]の.

Thai·land /táɪlænd, -lənd/ 名 タイ《東南アジアの王国; 旧称 Siam; 首都 Bangkok》.

Thái stick タイスティック《アジア産の強いマリファナを巻きつけた細い棒》.

tha·lam·ic /θəlémɪk/ 形 《解》視床の.

thal·a·mus /θǽləməs/ 名 (複 -mi /-màɪ, -miː/) 《解》 視床.

thal·as·se·mi·a 《英》 -sae- /θæləsíːmiə/ 名 U 《医》 地中海貧血(症), サラセミア《地中海沿岸地方や東南アジアに多くみられる先天性の溶血性貧血》.

tha·las·sic /θəlǽsɪk/ 形 海の, 海洋の.

tha·las·so·therapy /θəlǽsoʊ-/ 名 U 《医》 海治療法, 海洋療法, タラソテラピー 《海岸での生活・海水浴・航海によって病気を治療しようとするもの》.

thale-cress /θéɪlkrès/ 名 《植》 シロイヌナズナ.

Tha·les /θéɪliːz/ 名 タレス(640?–?546 B.C.; ギリシアの哲学者; 七賢人の一人).

Tha·li·a /θəláɪə/ 名 《ギ神》 タレイア《牧歌・喜劇の女神; the Muses の一人》.

tha·lid·o·mide /θəlídəmàɪd/ 名 U 《化》 サリドマイド《催眠薬》.

thalídomide bàby [chíld] 名 サリドマイド児《サリドマイドの服用の影響で奇形[あざらし状の手]になって生まれてきた子》.

thal·li /θǽlaɪ/ thallus の複数形.

thal·li·um /θǽliəm/ 名 U 《化》 タリウム 《希金属元素; 記号 Tl》.

thal·loid /θǽlɔɪd/ 形 《植》 葉状体 (thallus) の, 葉状体のような[からなる].

thal·lo·phyte /θǽləfàɪt/ 名 《植》 葉状植物.

thal·lus /θǽləs/ 图 (腰 ~·es, -li /-laɪ, -liː/) 〖植〗葉状体.

thal·weg /tάːlveɡ/ 图 〖地理〗凹線(おうせん), 谷線, 谷みち.

Thames /témz/ 图 [the ~] テムズ川 (London を貫流して北海に注ぐ). **sèt the Thámes on fíre** ⇨ fire 图 成句.

Thámes Embánkment 图 [the ~] テムズ川北岸通り (遊歩道).

Tham·muz /tάːmuz | tǽmuːz, -uz/ 图 =Tammuz.

＊than /(弱形) ðən; (強形) ðǽn/ 腰 ❶ [形容詞・副詞の比較級を伴って] a [比較の対象となる副詞節を導いて] …よりも (用法) than に続く節では主節と共通する部分が略されることが多い: He's taller ~ I (am). 彼は私よりも背が高い (用法) He's taller ~ me. とするが, 他に対する than は前置詞 (⇨ 前 1)); Í like you better ~ hé (does). ぼくのほうが彼よりももっと君が好きだ (用法) does は代動詞で likes you の意) / I like yóu better ~ hím. ぼくは君より彼のほうが好きだ (用法) ~ him = ~ I like him の I like が略された形; 前 1 とは違う) / She's no happier ~ (she was) before. 彼女は以前と同様もっとも幸福でない / Nothing would please me more ~ that my son should pass the entrance examination. 私にとって息子が入学試験に受かってくれることほどうれしいことはありません / She works better alone ~ when she is with her sister. 彼女は姉と一緒にいる時よりも一人でいるほうがよく働く / I'm wiser ~ to believe that. それを信じるようなばかではない / Easier said ~ done. ⇨ easy 副 1. b [関係代名詞的に用いて] …よりも ((用法) 目的語・主語・補語の役を兼ねもつ用法): He offered more ~ could be expected. 彼は思いがけないほど多くの物を差し出した / Her services are more valuable ~ was supposed. 彼女の尽力は想像していたより貴重なものである. ❷ [rather, sooner などを伴って] するより (むしろ), するくらいなら (いっそ): I would *rather [sooner]* die ~ disgrace myself. 恥をかくくらいなら死ぬほうがましだ / I prefer to be called a fool *rather* ~ (to) fight. 戦うよりばかと言われるほうがよい. ❸ a [other, otherwise, else などを伴って; しばしば否定語で] …とは (違って[で]): I have *no other* friends ~ you. 友人は君以外にない / It was *no [none] other* ~ the king. だれあろうそれは王自身であった / I could *not do otherwise* ~ run away. 逃げ出すほかなかった. b [different, differently を伴って] (米口) …とは (違って[で]): He took a *different* approach to it ~ I did. 彼は私とは違ったやり方でそれに取りかかった / He solved the problem *differently* ~ I did. 彼は私と違った形でその問題を解いた. ❹ [Scarcely [Hardly, Barely]+had+主語 ~ の形で用いて] (口) =when (★ no sooner…than の混同による誤用から): *Scarcely* had I left ~ it began to rain. 出かけたとたんに雨が降りだした.

nò sòoner…than ⇨ soon 成句.

— 前 ❶ (口) …よりも (⇨ 腰 1 a (用法)): He's taller ~ me. 彼は私よりも背が高い / She's more beautiful ~ any of us. 彼女は私たちの誰よりも美しい / He came earlier ~ usual. 彼はいつもより早く来た / The park has become cleaner ~ before. その公園は以前よりもきれいになった. ❷ [different, differently の後に用いて] (米口) …とは (違って[で]): His way of living is *different* ~ ours. 彼の生き方は我々のものとは違っている.
《OE; THEN と同語源》

than·age /θéɪnɪdʒ/ 图 U 〖英史〗thane の身分[領地, 支配権].

than·a·tol·o·gist /θænətάlədʒɪst | -tɔ́l-/ 图 死亡[死生]学研究家.

than·a·tol·o·gy /θænətάlədʒi | -tɔ́l-/ 图 U 死亡学, 死生学, タナトロジー. **than·a·to·lóg·i·cal** /θænətəlάdʒɪk(ə)l | -lɔ́dʒ-/ 形 〖↓→ -LOGY〗

Than·a·tos /θǽnətɑs | -tɒs/ 图 ❶ 〖ギ神〗タナトス (死の神). ❷ 〖精神分析〗死の本能 (cf. Eros). 〖Gk→死〗

thane /θeɪn/ 图 ❶ (英国アングロサクソン時代の, 王に仕える)土地保有自由民. ❷ (昔のスコットランドの)豪族, 族長.

thang /θæŋ/ 图 U (米・非標準) =thing.

＊thank /θæŋk/ 動 他 ❶ 〈人に〉感謝する, 謝意を表する: She ~ed me heartily. 彼女は心から私に礼を言った / T~

1863　　　　　　　　　　　　　　　　　　　　that

you. ありがとう (★ 特に形式ばった場合のほかは主語の I を省くのが普通) / T~ you very much. どうもありがとうございました / No, ~ you. ありがとう, でもけっこうです; いいえ, よろしゅうございます ((用法) 謝絶の場合には必ず文頭に No を添える) / I ~ed him *for* his help. 彼に助けてもらったお礼を言った / T~ you *for* hav*ing* me [us]. どうもごちそうさまでした (パーティーなどで別れの言葉). ❷ (通例 I will, I'll で用いて強い要望・皮肉などを表わして) a 〈人に~…を〉要求する: *I'll* ~ you *for* the return of my money. そろそろ私のお金を返してもらうかね. b 〈人に〉…して) もらいたい, (ください): [+目+to do] *I will* ~ you *to* leave me alone for a moment. ちょっとの間ひとりにしておいてください / *I'll* ~ you *to* mind your own business. 余計なお世話はまっぴらだ. ❸ a [~ oneself で] […に) 自分の責任である, 自業自得である: You may ~ *yourself for* that. =You have (only) *yourself to* ~ *for* that. そいつは君の自業自得だ. b [have a person *to* ~ で] […に〉人のおかげである: I have him *to* ~ *for* the flu. インフルエンザにかかったのは彼のせいだ.

Thánks [Thánk you] for nóthing. 大きにお世話さま ((そのくらいなら)頼まなかったとしよう).

— 图 [複数形で] ❶ 感謝, 謝辞 [*for*] (gratitude): express [extend] one's ~s 礼を述べる / give [return] ~s *to*…に礼を述べる; 〈乾杯〉に対し答辞を述べる; (食前・食後に)神に感謝をささげる / I owe you ~s. お礼を言わねばならない / He smiled his ~s. 彼は笑顔で謝意を表わした. ❷ [間投詞的に] (口) どうもありがとう: *Thanks very much [a lot].* =Many [A thousand] ~s. どうもありがとう / Many ~s for your advice. ご忠告本当にありがとうございました / No, ~s. いえ, けっこうです.

smàll [nó] thànks to…[前置詞的に] …のおかげじゃないが: We pulled through somehow, (but) *small* ~s *to* you. 何とか切り抜けたが君のおかげではない.

Thánks, but nó thánks! ありがた迷惑だよ.

thànks to… [前置詞的に] …のおかげで, …のせいで, のため (owing to): *Thanks to* your quick reaction, things have come out right. あなたのすばやい反応のおかげで事態が好転しました / *Thanks to* the bad weather, we had to put off the trip. 天気が悪かったせいで旅行を延ばさなければならなかった.
《OE; 原義は「考える」で「よいことを考える」を経て「感謝する」となった》

＊thank·ful /θǽŋkf(ə)l/ 形 (more ~; most ~) ❶ P 〈人が〉感謝して, ありがたく思って; 非常にうれしく: I'm ~ *to* you *for* your present. 贈り物をいただき感謝いたしております / I'm ~ *to* have missed the party. あのパーティーに出席しなくてよかった / I'm ~ *that* I didn't miss the train. 列車に乗り遅れなくてよかった. ❷ 心・言動が感謝に満ちた, 感謝の気持を表わす: with a ~ heart 感謝の心で. ~·**ness** 图 〖類義語〗 grateful.

thank·ful·ly /-fəli/ 副 ❶ 感謝して, 喜んで. ❷ [文修飾] ありがたいことに(は).

thank·less 形 ❶ 〈仕事が〉感謝されない, 報いられない: a ~ task [job] 割の悪い仕事, 縁の下の力持ち. ❷ 恩知らずの, 忘恩的な: a ~ guy 恩知らずなやつ. **~·ly** 副 **~·ness** 图

thánk òffering 图 (神への)感謝のささげ物.

＊thanks·giv·ing /θæŋksɡívɪŋ⎯/ 图 ❶ [T~] = Thanksgiving Day. ❷ a U (特に)神への感謝. b C 感謝の祈り.

＊Thanksgíving Dày 图 感謝祭 (解説) 米国の祝日で法定休日; 11月の第4木曜日; 英国から1620年 Mayflower 号でやってきた初期の移住者が最初の収穫を神に感謝したことから始まったとされる; 七面鳥の料理やカボチャのパイを食べる.

thánk-yòu 形 A 感謝の: a ~ letter お礼の手紙.
— 图 「ありがとう」の言葉, 感謝の言葉: say one's ~s ありがとうを言う.

thar /tάː | tάː/ 图 =tahr.

＊that /ðǽt/ A (↔ this) — 形 《指示形容詞》(腰 those)

that

❶ **a** [離れているもの・人をさして] その, あの: You see ~ tree. [指さしながら] あの木が見えるでしょう / ~ man over there 向こうのあの人 / What is ~ noise? あの物音は何ですか. **b** [遠方の時・所をさして] あの, あちらの, その: ~ at time その時 / in ~ country あの国では / ~ day [night, morning] その日[夜, 朝]《用法》しばしば副詞的にも用いる). **c** [this と相関的に用いて] あの: He went to this doctor and ~. 彼ははちらの医者にかかった / This camera is better than ~ one. こちらのカメラのほうがあちらのよりもよい. ❷ **a** [対話者同士がすでに知っているもの・人・量をさして] あの: ~ horse of yours 君のあの馬 《通例 owo your that horse または that your horse とはいわない; cf. mine¹ 2) / When are you going to pay me back ~ twenty pounds (you owe me)? あの 20 ポンドいつ返してくれるのですか《用法》those twenty pounds も正しいが, that twenty pounds のほうが twenty pounds をひとまとめに考えたため). **b** [軽蔑などの感情をこめて用いて] 例の, あの: Here comes ~ silly laugh of his! 例のあのばかげた笑いが来るぞ / T-~ monster! あの極悪非道なやつめ! ❸ [関係詞節による限定をあらかじめ指示して] あの《比較 日本語では訳さないほうがよい》: Have you read ~ book (that) I lent you last month? 先月お貸しした本はお読みになりましたか.

—— 代 [指示代名詞]《複 those》❶ **a** [this に対して離れた方向こちらあるものをさして] それ, あれ《this と違って that は通例指して人に用いない; cf. that man》: Can you see ~? あれが見えますか / That's my overcoat; this is yours. それは私のオーバーです, こちらがあなたのです / "Is ~ Mary?" "Yes, speaking." 《英》[電話で]「メアリーですか」「はいそうです」(cf. this 代 1 a). **b** [前に言及しているか, 場面上了解されている物事をさして] そのこと: That's all nonsense. そんなことは皆ばかげたことだ / After ~, things changed. その後事情が変わった / T- will do. それで間に合う[よろしい] ; もうやめなさい, いいかげんにしなさい / (Is) ~ so? そうですか / That's all. それで全部だ ; それだけのこと / That's it. (ああ)それだ, そのとおり, そこだ ; それで全部です ; それでおしまい / That's life. それが人生だ / That's about it. まあそんなところだ / That's right [so]. はいそうです, そのとおり. 私の言いたいのはそういうことだ / That's what I want to say. / That's how it is. それが事実だ / That's why. それが理由だ / That'll be [T- comes to] ten dollars. 10 ドルいただきます《★商人が代金を請求する時などの言葉》. **c** [向こうにいる, または話題にしている人をさして] あの人, その人; そこにいる人: That's Nancy. あれはナンシーだ / Who's ~? そこにいるのはだれだ / That's a good boy. [言うことを聞いた子供に向かって] いい子だ. ❷ **a** [反復代名詞として] (...の)それ《用法 one と違って the+名詞(複数形は those)の代用で(次の用例では that =the climate) 通例 of... などの前置詞句が伴う): The climate is like ~ of southern France. 気候は南フランス(のそれ)に似ている. **b** [先行する陳述(の一部)を強調的に繰り返して] (まさに)そのとおり: "Is John capable?" "He's ~ alright!" 「ジョンは有能ですか」「そうだとも」《比較 Yes, he is. よりも強調的). ❸ [関係代名詞 which の先行詞に用いて]《文語》(...するところの)もの, こと《変換 that which は what に変換可能 ; ただし, there is 構文では that と which が離れることがある》: I did ~ which I ought not to have done. すべきではなかったことをした / There was ~ in her bearing which suggested the ancients. 彼女の態度には古代人を思わせるものがあった. ❹ [this と相関的に用いて] 前者: Of the two methods, this seems to be better than ~. 二つの方法のうちでこちらのほうがちらかよさそうだ.

and áll thàt ⇒ all 形 成句.

and thát (1) [前文の語を受けて] しかも: He makes mistakes, and ~ very often. 彼は間違をする, しかもたびたびやる. (2)《英俗》=and all that (⇒ all 形 成句).

at thát (1) そのままで, そのへんで ⇒ LEAVE¹ it at that 成句. (2)《米口》(その点についても)いろいろ考え合わせると: You may be right, at ~. 考えてみると, 君の言うとおりかも. (3) おまけに, そのうえ, それも: He bought a car, and a Cadillac at ~. 彼は車を買った, それもキャデラックだ. (4) =with THAT 成句.

bé that as it máy ⇒ may 成句.

for áll thát ⇒ FOR all... 成句 (3).

like thát このように, あんな具合に[ふうに]: Do you always study like ~? いつもあんな具合に勉強しているのか.

Táke that! ⇒ take 成句.

Thát dóes it! (1) これでおしまい ; これでき上がり. (2) もう十分[けっこう]です, もうがまんができない, もうたくさんだ.

thàt is (to sày) すなわち.

Thát's dóne it! ⇒ do¹ 動 成句.

Thát's móre líke it ⇒ like¹ 成句.

thát's thát 《口》それでおしまいだ[決まった]: I won't go and that's ~. 行かないといったら行かないんだ / He said we couldn't do it, so that's ~. 彼がだめだと言ったからそれでおしまいだ.

with thát そう言って ; そこで, それから: "I will never see you again," he said, and with ~ he left. 彼は「また会うことはないでしょう」と言って, それから立ち去った.

—— 副 [指示副詞] ❶ 《口》[数量・程度を示す語を限定して] それほど, そんなに (so): She won't go ~ far. 彼女はそんなに遠くまでは行け[そこまではしてくれません] / He only knows ~ much. 彼はそれだけしか知っていない / It's not really quite ~ interesting. それほどおもしろいってもんじゃない. ❷ [しばしば all that で; 通例否定文で]《口》(それほど...でない), そうひどく(...でない): The film wasn't all ~ good. その映画はそうすばらしいものではなかった.

—— B [ðət] 接 ❶ [名詞節を導いて] (...ということ ; (...)とは: **a** [主部節を導いて] It is ~ he's alive is certain. 彼が生きていることは確かだ / Is it true ~ he has returned home? 彼が帰国したのは本当ですか《用法 しばしば that 節は先行の it で代表される ; その場合 that が省略されることがある ; 疑問文では Is it...that? の形のみ可》 / It's certain (~) she's a widow. 彼女が未亡人であることは確かだ. [補語節を導いて] The trouble is ~ my father is ill in bed. 困ったことに父が病気で寝ているのです / The fact is ~ he's quite unaware of it. 実際のところ彼は全然それに気がついていない. **c** [目的語節を導いて]《用法 比較的平易な短い文では that が略される》: I knew (~) he was alive. 彼が生きていることは知っていた / You will soon realize ~ London is a very old place. ロンドンが非常に古い場所であることがじきにわかるだろう. **d** [同格節を導いて]《用法 that を略すことはない》: You must be aware of the fact ~ he's destitute. 彼がとても貧乏していることは知っているはずだ / There's no proof ~ he stole it. 彼がそれを盗んだという証拠はない. **e** [形容詞・自動詞などに続く節を導いて]《用法 文法的には副詞節とも考えられるが, 意味上他動詞相当句と考えて名詞節に入れる》: I'm afraid (~) he will not come. 彼は来ないだろうと思う / He was convinced ~ his father was innocent. 彼は父が潔白であると信じ込んでいた. ❷ [副詞節を導いて] **a** [so [such]...that の形で程度・結果を表わして] (非常に)...なので, ...(する)ほど《用法 that を略す》: I'm so tired (~) I cannot go on. ひどく疲れたのでもうこれ以上は進めない / There was such a great storm ~ all the ships were wrecked. 大変な暴風雨が起こって船は全部難破した(船は全部難破してしまうほどの大暴風雨が起こった) / I'm not so poor ~ I cannot lend you a few dollars. 2 ドルか 3 ドルあなたに貸せないほど私は貧しくはない. **b** [(so) that, in order that の形で目的を表わして] ...するように, ...せんがために《用法 that 節の中で may [might] を用いるのは形式ばった表現で, can, will [could, would] が用いられる ; 《口》では that がしばしば略される》: Turn it so ~ I can see it. 私に見えるように回してください / I tried to walk quietly, so ~ they would not hear me. 彼らに感づかれないように静かに歩こうとした / We work (so) in [in order ~] we may eat. 我々は食べるために働く《★ that...may は古風な表現). **c** [原因・理由を表わして] ...だから, ...という理由で: I'm glad (~) you've completed the work. 君が仕事を終ってよかった / The reason I find fault is ~ I want to make you better. 小言を言うのは君をよくしたいからだ / Not ~ I object. といって私に異議があるというわけではない. **d** [判断の標準を表わして]《…である, …する》とは: Are you mad ~ you *should* do such a thing? そんなことをすると は君は気でも狂ったのか / Who is he, ~ I *should* criticize my books? 私の著書を批判するとは彼はいったい何者だ《生意気だ》. **e** [通例否定語の後で制限の節を導いて]〈…する〉限りでは, 〈…する〉ところでは《用法 この用法の that はそれ自体は関係代名詞なので, 後の他動詞や前置詞の目的語に当たる》: He *never* read it, ~ I saw. 私の見たところでは彼は一度もそれを読んだことがなかった / No one knows, ~ I know of. 私の知る限りではそれを知らない / Not ~ I know (of). 私の知る限りではそうではない. ❸ [It is [was]…that…の形で副詞(語句)を強調して]…のは (cf. B 3): *It was* on Monday ~ I bought the book. 私がその本を買ったのは月曜日でした / *It was* not until she arrived there ~ she learned what had happened. 彼女はそこへ到着して初めてその事件を知った. ❹ [感嘆文をなして] **a** [*that* 節中で should を用い, 驚き・憤りを表わして] …するとは!: T- he *should* behave like this! 彼がこんなふるまいをするとは! **b** [*that* 節中で仮定法過去形を用い願望を表わして]《文》…すればよいのだが: Oh, ~ I *were* in England now. ああ今ごろイングランドにいたらなあ / Would (~) it *were* possible! それができればよいのだが.

bùt thát… ⇒ but 接 B 2 b, 3; 前 2. **in thát…** ⇒ in 前 成句. **nów that…** ⇒ now 接.

— C (弱形) ðət/ 代 (関係代名詞) ❶ [人・ものを表わす先行詞を受けて通例制限用法で]《…する[である]ところの》《用法 先行詞がもの・人を表わす場合で, 最上級の形容詞句, all, the, the only, the same, the very などの制限の語句を含む時, および, 先行詞が疑問代名詞や all, much, little, everything, nothing などの時に多く用いられる傾向があるが, 絶対的なものではない; 人の場合には who, ものの場合には which も用いる》: **a** [主語として]: He's the great*est* actor ~ has ever lived. 彼は今までになかったような名優だ / This is *the only* paper ~ contains the news. これがそのニュースをのせている唯一の新聞だ / This is *all* ~ matters. 関係のあるのは[重大なのは]これだけだ / *Much* ~ had been said about her proved true. 彼女についてのうわさのほとんどが事実であることがわかった / The men and equipment ~ had been loaded on the truck were driven to the construction site. トラックに積み込まれた人間と機材は建築現場へ運ばれていった《用法 先行詞が人とものの両者を表わす場合には that を用いる》. **b** [補語として]: Like the artist ~ he is, he does everything neatly. さすがに彼は芸術家だけあって何でも手ぎわよくする / Fool ~ I *was*! 自分は何てばかなのだろう. **c** [他動詞・前置詞の目的語として]《用法 この that はよく略される; 前置詞は関係代名詞節内の動詞の後に置かれる》: This is the book (~) I bought yesterday. これが私が昨日買った本です / Is this the house (~) they live in? これが彼らの住んでいる家ですか. ❷ [時・方法・理由などを表わす名詞を先行詞として関係副詞的に用いて]《…する, …である》とところの《用法 しばしば that は略される》: You were in a hurry the last time (~) I met you. この前会った時君は急いでいたね / It was raining (on) the day (~) she left. 彼女が発った日は雨が降っていた / Do you know the way (~) he cooks it? それをどう料理するか知っていますか《用法 この way には通例 in は用いない》. ❸ [It is [was]…that…の形で名詞(相当語句)を強調して]…のは (cf. B 3),《口》では that はしばしば略される》: *It was* a book ~ I bought yesterday. 私が昨日買ったのは本でした / *It's* you ~ are to blame. 悪いのは君たちのほうだ / *It's* you (~) I rely upon. 私が頼りにしているのはあなただ / Who *was* it ~ called just now? 今訪ねてきたのはだれですか.

that is [that wás, that is to bé] 《英》現在の[もとの, 将来の]…: Mrs. Harrison, Miss Smith ~ *was* かつてのスミス嬢であったハリスン夫人 / Miss Smith, Mrs. Harrison ~ *is to be* 将来のハリスン夫人となるべきスミス嬢.

〖OE; THE と同語源〗

that·a·way /ðǽtəwèɪ/ 副《口》その方向へ; そういう具合に.

thatch /θǽtʃ/ 名 ❶ **a** U (屋根の)ふきわら, 屋根ふき材料. **b** C 草[かや, わら]ふき屋根. — 動 他〈屋根を〉草でふく, 〈家の屋根を草でふく: a ~*ed* roof [cottage] わら(ぶき)屋根[いなか家].

Thatch·er /θǽtʃər/ -/, Margaret 名 サッチャー (1925-): 英国の政治家; 首相 (1979-90); the Iron Lady (鉄の女)とよばれた).

Thatch·er·ism /θǽtʃərìzm/ 名 U サッチャーリズム《英国首相 Margaret Thatcher がとった政策; 私企業重視がその中心で, 公共支出の抑制, 国営企業の民営化, 労組の弱体化, マネタリスト政策などを特色とする》.

‡**that's** /ðǽts/ that is の短縮形.

thau·ma·tin /θɔ́ːmətən/ 名 U 〖生化〗タウマチン《熱帯アフリカ産の植物の一種の果実から採れるたんぱく質; 蔗糖の 3000 倍甘い》.

thau·ma·trope /θɔ́ːmətròʊp/ 名 C 驚き盤《たとえば円盤の片面に鳥かごを, 他面に小鳥を描き, 直径を軸として回転させ小鳥がかごの中にいるように見せる》.

thau·ma·tur·gist /θɔ́ːmətə̀ːrdʒɪst/ | -tə̀ː-/, **-turge** /-tə̀ːrdʒ/ 名 C (まじないによって)奇跡を行なう人, (特に)魔術師.

thau·ma·tur·gy /θɔ́ːmətə̀ːrdʒi/ -tə̀ː-/ 名 U (まじないによって)奇跡[不思議]を行なうこと, (特に)魔法. **thàu·ma·túr·gic, -gi·cal** 形

⁺**thaw** /θɔ́ː/ 動 ⓐ ❶ [it を主語として] 雪[氷(など)]が解ける, 雪解けの陽気になる: If the sun stays out, it will probably ~ today. もしずっと日が出ていれば, きょうあたり雪が解けそうだろう / *It* ~*s* in March here. 当地では 3 月が雪解けの季節です. ❷ **a** 〈凍結したものなどが〉解ける: Let this frozen food ~ before you cook it. この冷凍食品は解凍してから加熱調理してください / The water pipe has ~*ed out*. 凍りついた水道管がとけた. **b** 〈冷えた体・手足などが〉温まる: Come up to the fire, and you will ~ *out*. 火のそばへ寄りなさい, 温まりますよ. ❸〈人・態度・感情などが〉打ち解ける: She began to ~ as we talked. 話をしていくうちに彼女も打ち解けてきた. — ⓗ ❶ **a**〈雪・氷・凍結したものなどを〉解かす: ~ *out* the radiator つまったラジエーターをとかす. **b**〈冷えた体などを〉温める: The warmth of the room gradually ~*ed out* my fingers. 部屋の暖かさが私のこごえた指を徐々にほぐしてくれた. ❷〈態度・感情などを〉打ち解けさせる: Similar tastes soon ~*ed* them (*out*). 彼らは同じ趣味を持っているのですぐ心が打ち解けた. — 名 ❶ 雪解け; 解氷, 霜解け: This year the ~ will set in early. 今年は雪解けが早く来るだろう. ❷ 打ち解けること,「雪解け」: a diplomatic ~ 外交上の緊張緩和. 【類義語】⇒ melt.

THC 略 tetrahydrocannabinol.

‡**the** /(弱形) ðə/《子音の前》, ðɪ /(母音の前》, (強形) ðíː/《発音 The United States のように /juː/ の前では /ðɪ/ と発音されることもある》 冠 《定冠詞》 (cf. a³, an) **A** [限定用法として] その, 例の, 問題の《用法 強いて訳さでもよい場合が多い》: ❶ **a** [前述の名詞, または文脈上・状況的にさすものが定まっている C の名詞につけて]: He keeps a dog and a cat. *The* cat is bigger than *the* dog. 彼は犬と猫を飼っている. その猫はその犬より大きい / I'm going to *the* post office. 郵便局へ行くところです. **b** [前述の名詞, または文脈上・状況的にさすものが定まっている U の名詞につけて]: Turn *the* light off, please. 明かりを消してください / She's talking on *the* phone. 彼女は電話に出ているところです. **c** [限定語句を伴う名詞につけて]: *the* water in the pond その池の水 / *the* book (which) you lost 君がなくした本. **b** [形容詞の最上級または序数などの修飾された名詞につけて]: *the* greatest possible victory 空前の大勝利 / *the* tenth chapter of the book その本の第 10 章 / Which way is *the* shortest? どの道がいちばん近道ですか《用法 名詞が省略されているとわかる叙述用法の形容詞の最上級にも the をつける》. **e** [of によって最上級の意味が明確に限定されている副詞の最上級にもしばしばつけ

the 1866

て]: She works (*the*) hard*est of* the sisters. その姉妹のなかで彼女がいちばん勉強家だ. **f** [空・海・風・天候などの意味の名詞が主語として形容詞なしで用いられて]: *The* wind was cold. 風は冷たかった(比較 A cold wind was blowing.) / *The* sky was cloudless. 空には雲一つなかった(比較 It was a cloudless sky.). **g** [特に否定・疑問文で,通例限定句を伴う ~ の名詞について]: I haven't got *the* time to answer these letters. 今これらの手紙に返事を書く暇がない / We didn't have *the* money for a house. 家を買えるだけのお金はなかった. **h** [人の体・衣服の一部分をさして]: I took him by *the* sleeve. 彼のそでを取った / The dog bit him on *the* leg. 犬は彼の脚をかんだ. **i** [時期を表わす名詞について]: newspapers of *the* time 当時の新聞 / about this time of *the* year 毎年今ごろ. **j** [1日の時間区分を表わす名詞について]: in *the* morning 朝[午前]に. **k** [-ties で終わる複数形の名詞について]: in *the* seventies 70年代に / Your grade was in *the* nineties. 君の点数は90点台だ.

❷ [名ざしだけで相手にそれとわかる名詞について] **a** [唯一無二の名詞について] 大文字で始まる天体の古典語名には the をつけない; 例: Mars, Venus]: *the* Almighty 全能の神 / *the* sun 太陽 / *the* moon 月 ((cf. a new moon 新月(の月): 月の一様態を言う場合は不定冠詞がつく)) / *the* earth 地球 (比較 惑星の名としては Earth) / *the* world 世界. **b** [特定の人・土地・時期などを表わす名詞について]: *the* East 東洋 / (米) 東部地方 / *the* West 西洋 / (米) 西部地方 / *the* River Thames (英) テムズ川 / *the* Channel イギリス海峡 / *the* Middle Ages 中世. **c** [特定の個人の家族の一員を表わす語について] (用法) 家族の一員を表わす語がその家族間で用いられたりする場合には, 固有名詞扱いで無冠詞; 例: Come here, father おとうさん, ここへ来てください]: *The* wife is not well today. (口) 家内はきょう具合がよくない / *The* children have gone to play with their friends. 子供たちは友だちと遊びに出かけた. **d** [季節・方位などを表わす名詞について] (用法) 春・夏・秋・冬には無冠詞が多いが, the をつけることがある; 例: Spring has come. 春がやってきた / in (*the*) spring 春[に]): *The* sun rises in *the* east. 太陽は東から昇る / *The* rainy season has set in. 雨季が始まった.

❸ [特定の複合名詞について] **a** [特に複数形の山・島・国などの名について]: *the* Alps アルプス山脈 / *the* Philippines フィリピン(諸島) / *the* Netherlands オランダ / *the* United States (of America) (アメリカ)合衆国 (用法 略語にも the を用いる; 例: *the* U.S.). **b** [特に, 記述的とも感じられる単数形の都市・山などの名について]: *The* Hague ハーグ (★ オランダ語 'the garden' の意から) / *the* Sudan スーダン (★ アラビア語「黒い(人の国)」の意から) / *the* Jungfrau ユングフラウ山 (★ ドイツ語「処女」の意から). **c** [河川・海峡・運河・砂漠などの名について]: *the* Mediterranean (Sea) 地中海 / *the* Sahara サハラ砂漠 / *the* Suez Canal スエズ運河 / *the* Atlantic (Ocean) 大西洋 / *the* Hudson ハドソン川. **d** [特定の街路・橋の名について] (★ 一般には無冠詞): *the* Oxford Road (London から Oxford へ通じる)オックスフォード街道 (比較 ロンドン市内の Oxford Street は しばしば略称) : S.S. *Queen Mary* 汽船クイーンメリー号): *the Queen Mary* クイーンメリー号. **f** [官公庁・公共施設・建造物の名について] (用法 例外も多いので注意; 例: Buckingham Palace, Harvard University; 駅・空港・港の名には無冠詞; 例: Heathrow Airport, Waterloo Station]: *the* White House (米国の)ホワイトハウス / *the* Alhambra アルハンブラ宮殿 / *the* British Museum 大英博物館 / *the* University of London ロンドン大学. **g** [書物・新聞・雑誌の名称について] (1) 書物などの表題は通例イタリック体で書く; (2) 人名を書名とするものは無冠詞; 例: *Hamlet*): *The Times* タイムズ紙 / *The Oxford English Dictionary* オックスフォード英語辞典 (略 the OED) / *The Economist* エコノミスト誌. **h** [...language の形で国語名につけて]: *the* English *language* (用法 普通は単に U で English を用いる). **i** [称号・爵位などの前につけて] (用法 ただしその直後に姓や名がくる時には無冠詞) 現在の..., 当時の...: *the* King 王 (★ King Edward エドワード王) / *the* Queen 女王 (★ Queen Elizabeth エリザベス女王) / *the* President 大統領 (★ President Roosevelt ローズベルト大統領). **j** [スコットランド・アイルランドなどで一族の族長の姓の前につけて]: *the* Mackintosh マッキントッシュ家. **k** [同格名詞または形容詞+人名の前, または人名に伴う同格名詞または形容詞の前につけて] (用法) 人名に先立ってそれを修飾する語が good, great, old, young, poor などのような感情的な語の場合は無冠詞; 例: Little Emily, Old Jolyon): *the* poet Byron 詩人バイロン / *the* ambitious Napoleon 野心を抱くナポレオン / William *the* Conqueror 征服王ウィリアム / Alfred *the* Great アルフレッド大王.

❹ /ðíː/ [強調的に用いて] 抜群の, 無類の, 最高の, 超一流の (用法 印刷では通例イタリック体): That's *the* hotel in Tokyo. そのホテルは東京随一のホテルだ / The physicist was named Einstein, but he wasn't *the* Einstein. その物理学者はアインシュタインといったが, かの有名なアインシュタインではなかった.

── B [総称用法として] ❶ **a** [単数形の C の名詞につき, その種類に属するもの全体をさして]...なるもの, ...というもの: *The* gramophone was invented by Thomas Edison. 蓄音機はトマス エジソンによって発明された / *The* dog is a faithful animal. 犬は忠実な動物である / *The* dog (1) 同じ意味で A dog is a faithful animal., Dogs are faithful animals. と表現されるが, 最後の表現が最も口語的で; (2) 目的語の場合は通例複数形: I like dogs. 犬が好きだ; (3) man と woman は child, boy, girl などと対照的に用いられる場合のほかは代表単数で the を用いない; 例: *Man* is mortal. 人間には寿命がある). **b** [単数形の C の名詞の前につけて, そのものに象徴される特色・性質・職業・能力・行]: *the* bottle 酒; 飲酒 / *the* brute in man 人間の獣性 / *the* poet in him 彼の詩心 / *the* stage「舞台」, 演劇(界) / *the* pulpit 宗教界 / *The* pen is mightier than *the* sword. (諺) ⇒ pen¹ 2. **c** [国民・階級・姓などを表わす複数名詞または集合名詞につけて]: *the* Liberals = the Liberal Party 自由党 / *the* Morgans モーガン家(の人々) / *the* aristocracy 貴族(階級).

❷ [形容詞・分詞の前につけて] **a** [抽象名詞の代用として; 単数扱い]: *the* sublime 崇高 / *the* beautiful 美. **b** [普通名詞の代用として; 通例複数扱い]: *the* poor 貧しい人々, 貧民 / *the* deceased 故人 / *the* dead and wounded 死傷者.

❸ [演奏・趣味などの対象としての楽器名につけて] (用法) 通例 play, like の目的語に用いる; スポーツ時は無冠詞): play *the* piano ピアノをひく / I like *the* guitar better than *the* violin. バイオリンよりギターが好きです.

❹ **a** [軽い病気の名につけて]: She's got (*the*) mumps [measles, flu]. 彼女はおたふくかぜ[はしか, インフルエンザ]にかかった. **b** [神経異常などを表わす複数名詞につけて] (口): He's got *the* creeps [fidgets, jitters, blues]. 彼はぞっとして[せかせかして, ぴくぴくして, ふさぎこんで]いる.

❺ [割合を表わす計量単位名につけて; 通例 by *the*, to *the* の形で; cf. a³ 5]: by *the* dozen [hundred, thousand, *etc*.] 数十[百, 千(など)]をもって数えるほど, 多数に / a dollar by *the* day 1日につき1ドル (比較 a dollar a [per] day のほうが一般的だ) / 17 oz. *to the* dollar 1ドルにつき17オンス / This car does 30 miles *to the* gallon. この車は1ガロン(のガソリン)で30マイル走る / ⇒ *to the* HOUR 成句.

── (弱形) ðə (子音の前), ði (母音の前) 副 ❶ [形容詞・副詞の比較級の前につけて] それだけ, かえってます[ます]: I like him all *the better* for his faults. あの人に欠点があるからよけいって好きです / The dark made the house look all *the* eerier. 暗やみがその家をいっそう不気味に見せた / She looks (somewhat) *the worse for* her dieting. 彼女はダイエットをしてかえって顔色が(いくぶん)さえなくなった.

❷ [相関的に形容詞・副詞の比較級の前につけて比例的関係を示して] …すればそれだけ, …であればますます《用法 前の the は関係副詞, あとの the は指示副詞》: *The more, the* merrier. 多ければますます愉快 / *The sooner, the* better. 早ければ早いほどよい / *The more* we know about life, *the better* we can understand the books we read. 人生を知れば知るほど我々は読む本をよく理解することができる.
〖OE *se*; この中性形が; THAY〗

the・an・throp・ic /θìːænθrάpɪk | -θrɔ́p-/ 形 神人両性具有の.

the・ar・chy /θíːɑːki | -aːki/ 名 神の統治, 神政.

the・a・ter, **the・a・tre** /θíːətə | θíːətə, θiétə/ 名 ❶ ⓒ 劇場, 《米》映画館 (cinema) 《比較》演劇・映画をやる所は theater だが, オペラの劇場は opera house という; 《英》《(英)》では theatre とつづる. 《米》では theater が多いが, 劇場名としてはしばしば theatre を用いる): a movie ~ 映画館 / go to the ~ 芝居(見物)に行く, 観劇に行く. ❷ ⓤ 〔通例 the ~〕劇, 演劇; 演劇界; 劇作業: *the* modern ~ 現代演劇 / *the* ~ of the absurd 不条理劇 / Goethe's ~ ゲーテの戯曲; ~ の上演; 上演効果: It was wonderful ~. その劇はすばらしいできばえだった. ❹ ⓒ **a** 階段講堂 [教室]. **b** 《英》 (病院の)手術室 (operating theater, 《米》operating room): in ~ 手術室で 《★ 無冠詞》. ❺ ⓒ 戦域 (戦闘が行なわれている地域): the Pacific [European] ~ *of* World War II 第二次大戦の太平洋[ヨーロッパ]戦域. —— 形 戦域の: ~ nuclear weapons 戦域核兵器. 〖F＜L＜Gk＝見る場所＜*theasthai* 見る (cf. *theory*)〗 (形 theatrical)

théater-gòer 名 芝居の常連, 芝居通, 演劇好きの人.

théater-gòing 名 ⓤ 芝居見物, 観劇.

théater-in-the-róund 名 円形劇場.

*‡**the・a・tre** /θíːətə | θíːətə, θiétə/ 名 《英》=theater.

the・at・ric /θiǽtrɪk/ 形 =theatrical.

*‡**the・at・ri・cal** /θiǽtrɪk(ə)l/ 形 ❶ 劇場の. ❷ 劇の, 演劇的な: a ~ company 劇団 / ~ effects 劇の効果. ❸ 〈言行が〉芝居じみた, 大仰な, わざとらしい. —— 名 ❶ 〔複数形で〕**a** (特にしろうとの)芝居, 演劇 (amateur) dramatics): private [amateur] ~s しろうと芝居. **b** 芝居じみた言動. ❷ 舞台俳優. **~·ly** /-kəli/ 副 (名 theater)

the・at・ri・cal・ize /θiǽtrɪkəlàɪz/ 動 他 ❶ 大げさ[派手]にする. ❷ 劇化する 《比較》dramatize のほうが一般的).

the・at・rics /θiǽtrɪks/ 名 ❶ ⓤ 芝居じみた[大げさな]言動, 演技. ❷ 〔~〕しろうと演劇.

The・ban /θíːb(ə)n/ 名 テーベの(人).

Thebes /θíːbz/ 名 テーベ: **a** 古代エジプトの都市. **b** 古代ギリシャの都市国家.

the・ca /θíːkə/ 名 (pl. -cae /-siː/, -ki/) 〔植〕 (コケ植物の)胞子嚢, (蘚類の)蒴(さく); 〔植〕 (被子植物の)花粉嚢, 半葯(はんやく); 〔動・解〕 包膜; (卵巣の)莢膜(きょうまく); 〔動〕 (ウミユリの)萼, 包.
thé・cal /θíːkəl/ 形 (名 theca)

the・co・dont /θíːkədὰnt | -dɔ̀nt/ 名 〔古生〕 槽生歯(そうせいし)動物 (三畳紀にいた化石爬虫類).

thé dan・sant /téɪdɑːnsάː | théɪ dɑn·sάːnts /~/ = tea dance.

thee /(弱形)ðə, (強形)ðíː/ 代 [thou¹ の目的格] 《古・詩》なんじを 《★Quaker 教徒は Thee has (=You have) ... のように主語に用いる).

theft /θéft/ 名 ⓤⓒ 盗み, 窃盗.

thegn /θéɪn/ 名 =thane.

the・ine /θíːiːn, θíːən/ 名 ⓤ 〔化〕 テイン (caffeine).

*‡**their** /(弱形)ðə, (強形)ðéə; ðéər/ 代 [they の所有格] 彼ら[彼女ら]の. ❷ [不定の単数(代)名詞を受けて] 《口》 =his, her: *No one in* ~ *right senses would do it.* 正気でそれをやる人はいないだろう. 〖ON〗

*‡**theirs** /ðéəz | ðéəz/ 代 〔they に対応する所有代名詞〕 ❶ **a** 彼ら[彼女ら]のもの 《用法 内容によって単数または複数取り扱い; cf. *mine*¹): *T*~ *is* [*are*] good. 彼らのは良い. **b** 〔不定の単数(代)名詞を受けて〕 《口》 =his, hers: *Everyone thinks* ~ *is the best.* 皆自分のものが一番よいと思っている. ❷ [of ~ で] 彼ら[彼女ら]の 《★

1867 **then**

their は a, an, this, that, no などと並べて名詞の前に置けないから their を of theirs として名詞の後に置く): *this plan of* ~ 彼らのこの計画.

the・ism /θíːɪzm/ 名 ⓤ 有神論 (↔ atheism).

thé・ist /-ɪst/ 名 有神論者.

the・is・tic /θìːístɪk/ 形 有神論(者)の. **-ti・cal・ly** /-kəli/ 副

*‡**them** /(弱形)ðəm; (強形)ðém/ 代 ❶ [they の目的格]: **a** [直接目的語] 彼ら[彼女ら]を, それらを: I teach ~. 私は彼らを教える. **b** [間接目的語] 彼ら[彼女ら]に: He gave ~ some books. 彼は彼らに本を数冊与えた. **c** [前置詞の目的語]: He gave some books *to* ~. 彼は本を数冊彼らに与えた. ❷ [不定の単数(代)名詞を受けて] 《口》 =him, her: *Nobody has so much to worry ~ as she has*. 彼女ほど苦労の多い者はない. ❸ 《口》 =they: **a** [be の後で]: *It's* ~. それは彼らです. **b** [as, than の後で]: He's taller *than* ~. 彼は彼らより背が高い. ❹ [動名詞の意味上の主語として] =their: I don't like ~ *going* out at night. 私は彼らが夜に出かけるのを好みません. —— 形 《俗・方》 =those: ~ (there) potatoes そこにあるジャガイモ. 〖ON〗

the・mat・ic /θɪmǽtɪk/ 形 ❶ 主題の, 論題の. ❷ 〔楽〕主題の. **the・mát・i・cal・ly** /-tɪkəli/ 副 (名 theme)

themátic appercéption tèst 名 〔心〕 課題統覚検査.

the・ma・ti・za・tion /θìːmətəzéɪʃ(ə)n | -taɪ-/ 名 〔言〕 主題化 (談話 (discourse) の中で特定の話題 (topic) を, または文の中で特定の単語を主題として選ぶ心理的行動・プロセス).

*‡**theme** /θíːm/ 名 ❶ 主題, 題目, テーマ. ❷ 《米》 (課題の)作文. ❸ 〔楽〕 主題, 主旋律. ❹ テーマ曲: a ~ song. 〖F＜L＜Gk *thema*, *themat-* 置かれたもの＜*tithenai* 置く; cf. *thesis*〗 (形 thematic) 【類語群】⇒ subject.

themed /θíːmd/ 形 〔しばしば複合語で〕 (…の)雰囲気[テーマ]を持った.

théme mùsic 名 =theme song.

+**théme pàrk** 名 テーマパーク (Disneyland のように特定のテーマで造られた遊園地).

théme pàrty 名 特定のテーマに沿った(仮装)パーティー.

théme sòng [tùne] 名 (映画・テレビ[ラジオ]番組などの)主題歌[曲], テーマソング; テーマ音楽.

The・mis /θíːmɪs, θémɪs/ 名 〔ギ神〕 テミス (法律・秩序・正義の女神).

them・self /(ð)əmsélf, ðem-/ 代 《口》 =themselves 2

*‡**them・selves** /ðəmsélvz, ðem-/ 代 《★ they の複合人称代名詞; ⇒ oneself》 ❶ [強調に用いて] 彼ら[彼女ら]自身: **a** [3人称複数の(代)名詞とともに用いて同格的に]: They ~ did it. =They did it ~. 彼らは自分たちでそれをした 《比較》前者のほうがより強調的). **b** [they, them の代わりに用いて; as, like, than の後で]: We can do it better *than* ~. 我々は彼ら(自身)よりうまくできる. **c** [独立構文の主語関係を特に示すために用いて]: *T*~ *happy*, they made their friends happy, too. 彼らは幸せだったので友人たちをも幸福にした. ❷ 〔-/-〕 [再帰的に用いて] 彼ら[彼女ら], それら[自身を[に]: **a** [再帰動詞の目的語に用いて] (⇒ myself 2 **a** ★): They presented ~ before the king. 彼らは王の前に現われた. **b** [一般動詞の目的語に用いて]: They made ~ a new club. 彼らは自分たちのために新しいクラブをつくった. **c** [前置詞の目的語に用いて] 《★ 他に oneself 成句を参照》: They must take care *of* ~. (他人の世話にならず)彼らは自分で自分の世話をしなければならない[気をつけなければならない]. **d** 〔不定の単数(代)名詞を受けて〕 《口》 =himself, herself: Everyone enjoyed ~. 皆楽しんだ. ❸ いつもの彼ら[彼女ら, それら], 正常な彼ら[彼女ら, それら] 《用法 通例 be の補語に用いる): They are not ~ today. きょうはどうかしている. ★ 成句は oneself を参照.

*‡**then** /ðén, ðén/ 副 (比較なし) ❶ **a** (過去または未来の)そ

thence

の時に, あの時に(は): I was living in the West End ~. 当時(ロンドン)のウェストエンドに住んでいた / Things will be different ~. そのころは事情も変わっているだろう. **b** [when に導かれる時の副詞節を受けて] その時には: When they were in desperate need, ~ he went to their aid. 彼らが絶望的な困窮状態に陥ると, その時に彼は助けに行った. **c** [前置詞の目的語に用いて; 名詞的に] その時に: He'll be back by [before] ~. 彼はその時までには[それ以前に]戻っているでしょう / till [until] ~ その時まで / since ~ の時以来 / from ~ onward それ以来そこから. ❷ **a** [しばしば and を伴って, 前に続くことを示して] それから, その後で: First came Tom, (and) ~ Jim. まずトムが来て次にジムが来た / They had a week in Rome and ~ went to Naples. 彼らはローマで1週間を過ごしそれからナポリへ行った. **b** [now, sometimes などと相関的に用いて] また今度は, 次には: Sometimes it's warm, ~ it's suddenly freezing. 時々暖かになるかと思えば, 今度は突然凍えるように寒くなる. ❸ [しばしば and を伴って] そのうえ, さらにまた: I haven't the time, and ~ it isn't my business. 私には時間がない, しかもそれは私のすることではない. ❹ **a** [通例文頭または文尾に用いて] それなら, (それ)では: "It isn't on the desk." "T~ it must be in one of the drawers." 「机の上にはありませんよ」「だったらきっと引き出しのどれかに入っていますよ」 / So you're not going to the doctor. What are you going to do, ~? 医者に行かないというのかね. じゃ, どうしようというのか / If you don't feel well now, ~ you must tell me so. 今気分が悪いのなら, 私にそう言わなければなりません. **b** [間投詞的に] それで, それなら; それにしても: Well, ~, what do you think of that? ところで, あなたはそれをどう思いますか / That was a bit of a shock, ~, wasn't it? それにしてもあれはちょっと驚いたね. **but thén (agáin)** しかしまた一方では, そうは言っても(また): I failed, but ~ I never expected to succeed. 失敗したが大体成功するなどとは思っていなかった. **(évery) nów and thén** ⇒ now 副 成句. **thén and thére=thére and thén**《口》その場で, 直ちに: She answered the letter ~ and there. 彼女はその場で手紙の返事を出した / He made up his mind there and ~. 彼は即座に決心した. — 形 A (比較なし)[the ~] その時の, 当時の《用法》この用法を好まない人もいる》: the ~ King, George VI 当時の国王ジョージ6世.
《OE; THAN と同語源》

thence /ðéns/ 副《文》 ❶ **a** そこから. **b** その時以来. ❷ それゆえ. **from thénce**《文》そこから.

thence·forth /-́-́ | -́-́/ 副《文》その時以来. **from thenceforth**《文》その時以来.

thènce·fórward 副《文》=thenceforth.

the·o- /θí:ə/ [連結形]「神」: theology. 《Gk theos 神》

the·o·bro·mine /θì:əbróumi:n, -mən/ 名 テオブロミン《ココアの種子から採る結晶粉末; 神経興奮剤・利尿剤・動脈拡張剤に用いる》.

thèo·céntric 形 神を好[関心]の中心とする, 神中心の: ~ theology 神中心的神学.

the·oc·ra·cy /θiάkrəsi | θiɔ́k-/ 名 ❶ Ⓤ 神権政治. ❷ Ⓒ 神権政体, 神政国家.

the·o·crat /θí:əkræt/ 名 神権政体の統治者; 神政主義者.

the·o·crat·ic /θì:əkrǽtɪk/, **-i·cal** /-tɪk(ə)l/ 形 神政(主義)の. **-i·cal·ly** /-kəli/ 副

the·od·i·cy /θiádəsi | -ɔ́d-/ 名 Ⓤ,Ⓒ《神学・哲》神義論《神の義(ξ)しさを, 悪の存在にかんがみて弁証する》.

the·od·i·ce·an /θiàdəsí:ən | -ɔ̀d-/ 形

the·od·o·lite /θiάdəlàɪt | -ɔ́d-/ 名《天・測量》経緯儀 (cf. transit 3).

The·o·do·ra /θì:ədɔ́:rə/ 名 シオドーラ《女性名; 愛称 Dora》.

The·o·dore /θí:ədɔ̀: | -dɔ̀:/ 名 シオドア《男性名; 愛称 Tad, Ted, Teddy》.

the·og·o·ny /θiάgəni | -ɔ́g-/ 名 Ⓒ 神々の起源; 神々の系譜; Ⓤ 神統学, 神統記.

1868

theol.《略》theologian; theological; theology.

†**the·o·lo·gian** /θì:əlóudʒən, -dʒɪən/ 名 神学者.

the·o·log·i·cal /θì:əlάdʒɪk(ə)l | -lɔ́dʒ-́/ 形 ❶ 神学(上)の, 神学的の. ❷ 神学を学ぶ, 聖職に備える: a ~ student 神学生. **~·ly** /-kəli/ 副

theológical séminary《米》神学校.

theológical vírtues 名《[the ~]》神学的徳, 対神徳《faith, hope, charity の三元徳; ⇒ the seven cardinal VIRTUES》.

the·ól·o·gist /-dʒɪst/ 名 神学者.

the·ol·o·gize /θiάlədʒàɪz | -ɔ́l-/ 他 神学的に取り扱う, 神学上の問題とする. — 自 神学的に論究する, 神学的に論ずる.

†**the·ol·o·gy** /θiάlədʒi | -ɔ́l-/ 名 ❶ Ⓤ 神学《神の本質と属性, 神と人間と世界との関係を研究する学問》. ❷ Ⓤ,Ⓒ (特定の)神学体系[理論]. 《THEO-+-LOGY》

the·om·a·chy /θiάməki | -ɔ́m-/ 名 神々の戦い[抗争];《古》神[神々]への反逆[己神にに].

the·oph·a·ny /θiάfəni | -ɔ́f-/ 名《神学》神の顕現.

the·o·phor·ic /θì:əfɔ́rɪk | -fɔ́r-́/ 形 神の名を戴いた.

the·o·phyl·line /θì:əfíli:n, -lən | θɔfíli:n/ 名 Ⓤ テオフィリン《茶の葉から抽出されるアルカロイド; 筋弛緩薬・血管拡張薬用》.

the·or·bo /θiɔ́:bou | -ɔ́:-/ 名 (~s)《楽》テオルボ《archlute のうち低音弦の短いもの》.

the·o·rem /θí:ərəm | θíə-/ 名 ❶《数・論》定理 (cf. axiom 1). ❷ (一般)原理, 原則. **the·o·re·mat·ic** /θì:-ərəmǽtɪk | θì:ə-́/, **-i·cal** /-tɪk(ə)l/ 形

*‡**the·o·ret·i·cal** /θì:ərétɪk(ə)l | θì:ə-́/, **-ret·ic** /-rétɪk/ 形 ❶ 理論(上)の, 学理的の, 純理的な: ~ physics 理論物理学. **b** 理論上にのみ存在する, 仮定上の. ❷《人が》思索的な, 空論的な, 理論好きな. 《名 theory》

†**the·o·ret·i·cal·ly** /θì:ərétɪkəli | θì:ə-́/ 副 理論的に(は), 理論上(は)《★ 時に文修飾》.

the·o·re·ti·cian /θì:ərətíʃən | θì:ə-/ 名 =theorist.

the·o·ret·ics /θì:ərétɪks | θì:ə-/ 名 Ⓤ (ある特定の学問)理論.

†**the·o·rist** /θí:ərɪst | θíə-/ 名 理論家.

†**the·o·rize** /θí:əràɪz | θíə-/ 自 ❶ 理論[学説]を立てる〖about, on〗《★ ~ about [on] は受身可》. ❷ 空論にふける. — 他 〈...を〉理論化[化]する.《名 theory》

‡**the·o·ry** /θí:əri | θí(ə)ri | θíəri/ 名 ❶ **a** Ⓤ 理論, 学理 (↔ practice): ~ and practice 理論と実際 / economic ~ 経済理論 / the ~ of physical education (実技に対し)体育理論. **b** Ⓤ [また a ~] 理屈, 空論; 仮説: It's (a) mere ~. それはほんの空論にすぎない. ❷ Ⓒ 学説, 説, 論: the atomic ~ 原子論 / Einstein's ~ of relativity アインシュタインの相対性理論 /〖+that〗 Columbus helped to explode the ~ that the earth was flat. コロンブスは地球は平らであるという説を打破するのに貢献した. ❸ Ⓤ 意見, 持論, 私見《of, about》: my ~ of life 私の人生観 /〖+that〗 Most people accept the ~ that smoking is a cause of cancer. 喫煙がガンの一因であるという考えはたいていの人が認めている. ❹ Ⓤ《数》...論: the ~ of probability 確率論. **in théory** 理論的には (theoretically); 理屈としては.《L くGk the ōria 見ること, 観察 く theasthai 見る, 考える; cf. theater》《形 theoretical, 動 theorize》

the·os·o·pher /θiάsəfə | -ɔ́sə-/ 名 =theosophist.

the·os·o·phist /-fɪst/ 名 神知学者, 接神論者.

the·os·o·phy /θiάsəfi | -ɔ́s-/ 名 Ⓤ 神知学, 接神論.

the·o·soph·i·cal /θì:əsάfɪk(ə)l | -sɔ́f-́/ 形

The·ra /θí:rə/ 名 テラ, ティーラ《エーゲ海の Cyclades 諸島最南端の火山島; 中期ミノス期の町が発掘されている; 別称 Santorini》.

†**ther·a·peu·tic** /θèrəpjú:tɪk-́, -ti·cal /-tɪk(ə)l-́/ 形 ❶ 治療上[法, 学]の. ❷ 健康維持に役立つ. **-ti·cal·ly** /-kəli/ 副 《L くGk; ⇒ therapy》

ther·a·peu·tics /θèrəpjú:tɪks/ 名 Ⓤ 治療学[術], 療法論.

ther·a·peu·tist /θèrəpjú:tɪst/ 名《古》=therapist.

†**ther·a·pist** /θérəpɪst/ 名 ❶ 療法士, セラピスト. ❷ 心

ther·a·py /θérəpi/ 名 ❶ ⓤⓒ 療法: occupational ~ 作業療法. / ⇨ chemotherapy. ❷ ⓤ =psychotherapy. 【Gk<*therapeuein* 治療する】

Ther·a·va·da /θèrəvάː dɑː/ 名《仏教》=Hinayana.

*__there__ /ðéə | ðéə/ 副 (比較なし) **A** ❶ (↔here) **a** [場所・方向を表わして] そこに[で, へ], あそこに[で, へ]: I saw nobody ~. そこにはだれも見えなかった / She lived ~ all her life. 彼女はそこに一生住んでいた / I'll be ~ in a minute. すぐそちらへ行きます. **b** [方向の副詞を伴って] あちらに, そこに: Go and stand over ~, please. 向こうへ行って立ってください / It looks cold out ~. 外は寒そうだ. **c** [前置詞・他動詞の目的語として; 名詞的に] そこ, あそこ: He's waiting not far from ~. 彼はそこからあまり遠くない所で待っている / She left ~ a week ago. 彼女は1週間前にそこをたった. **d** [名詞・代名詞の後に置いて] しばしば強調的に]《口》そこの: Stop! You ~! おいそこの! 止まれ! / That man ~ is my brother. あそこにいるのは私の兄[弟]です《用法》that ~ man とするのは《方》). ❷ [There+動詞+主語(名詞)(語句)で] There+主語(人称代名詞)+動詞の形で; 目前の事物を強調的に表わして] そらあそこに, ほら, あそこに: T~ goes the bus! そらあそこにバスが行く! / T~ it goes! そら行くよ / T~ goes Mary now! そらあそこにメアリーが行くよ / T~ goes the bell!=*There*'s the bell ringing! あれ鐘が鳴る / *There*'s a fine example for you! どうよい例だろう! / T~ you go, saying such things again. ほらまたあんたきたらそんなこと言う / T~ it is! これだ, あった / *There*'s a (good) boy [girl]!=*There*'s a dear! 《口》 おお感心, よい子だ[よくしてくれた], 良い子だから (してくれ). ❸ [談話・事件・動作などの意の点で] そこで: You've done enough, you can stop ~. もう十分にやったからそこでやめてもよい / T~ you are mistaken. その点で君は思い違いをしている / You have [You've got] me ~! これは参った!

── **B** (弱形) ðə; ðɚ; (強形) ðéə, ðéɚ/ 《用法》there は形式上主語のように扱われるが, 動詞の後に通例不特定のものや人を表わす主語が続く;「そこに」の意味はなく, 日本語では there is [are] で「…がある」の意になる. ❶ [be を述語動詞として]: *There*'s a book on the table. テーブルの上に本がある(比較 The book is on the table. 本はテーブルの上にある) / How many people are ~ in the room? 部屋に何人いますか / T~ was nothing wrong, was ~? 何も変わったことはなかったんだろうね / T~ is no room for you in the taxi. タクシーには君が乗れる余裕はない / God said, Let ~ be light: and ~ was light. 神は「光あれ」と言われた, すると光があった (★聖書『創世記』から) / We don't want ~ to be another war. また戦争があることを望まない / T~ is a page missing. 1 ページ足りない / What is ~ to say? 何か言うことがあるのか / *There*'s the [that] party. あのパーティーのことがある(《用法》時に特定のものや人をさす名詞語句が続くが, 新たに話題として言い出すような場合に用いられる) / *There*'s a bed, a table, and two chairs in this room. この部屋にベッドとテーブルといすが2 つある(《用法》文法上 there+be を後の語句に数の一致するが,《口》では there is が固定した形式とみなされて用いられることも多い) / *There*'s no one here cares about it. そのことを気にする人はここにいない(《用法》しばしば関係代名詞が省略されるが口語的).

❷ [述語動詞に seem (to be), appear (to be), come, live などを用いて]: *There seems* [*appears*] *to be* no need to worry about that. そのことについては何の心配の必要もないようだ / T~ *remains* only for me to apologize. あとは私がおわびするだけだ / T~ *came* into the room a beautiful lady. 美しい女性が部屋に入ってきた(比較 A beautiful lady came into the room. に比べ, 特に主語に相手の注意を引く表現法) / T~ *once lived* a very rich king in this country. 昔この国に非常に金持ちの王様が住んでいた.

❸ [there is no+*do*ing で] …することはとてもできない: T~ *is no accounting* for tastes. 趣味を説明することはできない,「蓼(*tade*)食う虫も好き好き」(《変換》It's impossible to account for tastes. と書き換え可能) / T~ *is no going* back. もう後戻りはできない.

áll thére [通例否定・疑問文で]《口》(精神・判断力が)しっかりして, 健全で: I don't think he's *all* ~. 彼はどうも頭がおかしいようだ.

Are you thére? [電話で中断したり, 相手が聞こえているかを確かめる時に] もしもし(聞こえていますか).

be thére 目的を達している, 成功している: We *are* already ~. 我々はすでに目的に達している.

be thére (**for...**) (人のために)(支え・助けとなる存在として) ちゃんといる, いつでも助けとなる用意がある: She has always *been* ~ for me. 彼女は常に私の助けになってきてくれた.

have been thére befóre《俗》そのことはよく知っている.

thére and báck 往復で: It took us three days to get ~ *and back*. そこへの往復に3日かかった.

thére and thén ⇒ then 副 成句.

Thère it ís. (1) これだ, あった (⇨ **A** 2). (2)《口》(残念ながら)そんな次第だ.

Thére we áre. 《口》=THERE you are. 成句.

Thére you áre.=Thére you gó. (1) さあどうぞ(お取りください)[召しあがれ]. (2) ほら そらそうとおり[私の言うとおり]だろう. (3) 《口》(真相は)そんな具合さ[しかたがない].

úp thére ⇒ up 副 2.

── 間 ❶ [勝利・満足・反抗などを表わして] そら!, それ!, それ見ろ!, そうら!;《口》: T~! It's just as I told you. ほらそうら言ったとおりじゃないか / T~, it's done! やれやれ, これで済んだ. ❷ [慰め・激励・同情・あきらめなどを表わして] まあまあ!, よしよし!: T~! ~! Don't worry! よしよし, くよくよするな / T~ now, have your dinner. さあ, さあ, ごはんでも召しあがったら. ❸ [困惑・悲痛を表わして] そら!, ああ!: T~! You've woken the baby! そら!, 赤ん坊を起こしちゃったじゃないか.

Sò thére! そうらみろ!, さあどうだ!

thère agáin [さらに説明を付加して] それからまた.

thère·abóuts /-əbáuts/**, thère·abóut** 副 ❶ その辺[近所]に: He comes from Ohio or ~. 彼はオハイオ州かどこかその辺の出身だ. ❷ その頃, そこら; およそ, そこら: $10 [5 o'clock] or ~ 10 ドル[5時]かそこら.

*__there·af·ter__ /ðèəǽftə | ðèə(r)ɑː ftə/ 副 その後は, それ以来 (subsequently).

thère·át 副《文》そこで[に]; その時; その(理由)のために.

*__there·by__ /ðéəbái, ⌃–⌃ | ðéə-, ⌃–⌃/ 副 それによって; それに関して; T~ hangs a tale. それには少しわけがある.

thère·fór《古》その[この]ために.

*__there·fore__ /ðéəfɔə | ðéəfɔː/ 副 (比較なし) それゆえに, 従って, それに[れば]と (consequently); また形式ばった語; 強調にも用いる]: I think, ~ I am. われ思う, ゆえにわれあり (★ Descartes の言葉).

thère·fróm 副《文》そこから, それ[これ]から.

*__there·in__ /ðèəín | ðèə(r)-/ 副《文》その中に, そこに; その点で[に]: T~ lies our problem. そこに我々の問題がある.

thèrein·áfter 副 (公式書類などで)後文に, 以下に.

thèrein·befóre 副 (公式書類などで)前文に, 以上に.

*__there'll__ /ðéəl | ðéəl/ there will の短縮形.

ther·e·min /θérəmən/ 名 テルミン《一種の電子楽器》.

thère·óf 副《文》❶ それの. ❷ そこ[それ]から.

thère·ón 副《文》❶ そのうえに. ❷ そこで直ちに.

there're /ðéərə, ðérə/ there are の短縮形.

*__there's__ /ðəz, ðéəz | ðəz, ðéəz/ there is [has] の短縮形.

The·re·sa /təríːsə | -zə/ 名 テレサ《女性名; 愛称 Terry, Tess》. [Mother ~] ⇨ Mother TERESA.

thère·tó 副《文》❶ それに, それへ, そこへ(の). ❷ なおそのうえに.

thère·to·fóre 副《文》それ以前は, その時まで.

thère·únder 副《文》❶ その(権威・項目の)下に. ❷ (年齢・数など)それ未満で.

thère·upón 副 ❶ そこで直ちに. ❷ そのうえに.

thère·with 副 ❶《文》それとともに. ❷《古》そこで; そこで直ちに.

there·withal 副 《古》それとともに; そのうえ.
the·ri·an·throp·ic /θì(ə)riænθrɑ́pɪk | -θrɔ́p-/ 形 半人半獣の姿の; 半人半獣神(崇拝)の.
the·ri·o·mor·phic /θì(ə)riəmɔ́rfɪk | -mɔ́ː-/ 形 〈神が〉獣の姿をした.
therm /θɚːm | θɚːm/ 名 【理】サーム《熱量単位; 特にガスの使用量の単位として用いられる》.
therm- /θɚːm | θɚːm/ (母音の前にくる時の) thermo- の異形.
ther·mae /θɚːmiː | -/ 名 覆 《古代ギリシア・ローマの》公衆浴場, テルマエ.
+**ther·mal** /θɚːm(ə)l | θɚː-/ 形 ❶ 熱の, 温度の: a ~ unit 熱(量)単位 / a ~ power station 火力発電所. ❷ 温泉の: a ~ region 温泉地帯. ❸ 〈下着など〉保温のよい, 織りの厚い. ─ 名 ❶ [複数形で] 防寒用下着. ❷ 《空》上昇温暖気流. ~·ly /-məli/ 副 〖F＜Gk *thermē* 熱い＜*thermos* 熱い〗
thérmal bárrier 名 《空》熱障壁《大気との摩擦によって生じる高熱のために航空機・ロケットなどの速度が制限されること》.
thérmal capácity 名 U 熱容量.
thérmal efficiency 名 〖熱力学〗熱効率.
thérmal ímaging 名 U 熱画像法《物体の発する熱を利用してその形状を画像化したり位置を特定したりする方法》.
ther·mal·ize /θɚːməlaɪz | θɚː-/ 動 他 【理】〈中性子を〉(減速させて)熱中性子化させる. **ther·mal·i·za·tion** /θɚːməlɪzéɪʃən | θɚːməlaɪz-/ 名
thérmal néutron 名 熱中性子.
thérmal pollútion 名 U 熱汚染.
thérmal prínter 名 感熱式プリンター.
thérmal reáctor 名 熱(中性子)増殖炉.
thérmal spring 名 温泉.
thérmal únit 名 熱(量)単位.
ther·mic /θɚːmɪk | θɚː-/ 形 熱の; 熱による.
ther·mi·on /θɚːmiən | θɚː-/ 名 【理】熱イオン.
ther·mi·on·ic /θɚːmiɑ́nɪk | θɚːmiɔ́n-/ 形 熱イオンの: a ~ valve [tube] 熱イオン管.
ther·mi·on·ics /θɚːmiɑ́nɪks | θɚːmiɔ́n-/ 名 U 熱イオン学.
ther·mis·tor /θɚːmɪ́stə | θɚːmɪ́stə/ 名 【電】サーミスター《電気抵抗の温度係数が大きい半導体を使った温度に敏感な抵抗体》.
Ther·mit /θɚːmət | θɚː-/ 名 U 〖商標〗テルミット (thermite の商品名).
ther·mite /θɚːmaɪt | θɚː-/ 名 U 【化】テルミット《アルミニウム粉と酸化鉄との等量混合物; これを燃やすと約3000℃の高温を出す; 溶接用・焼夷弾用》.
ther·mo- /θɚːmoʊ- | θɚː-/ [連結形] 「熱」〖Gk *thermos* 熱い〗
thèr·mo·bár·ic /-bǽrɪk-/ 形 熱圧の, 高温と高圧衝撃波で殺傷する, サーモバリックの《爆弾・兵器》《特に対地下施設爆弾についていう》.
thèrmo-chémistry 名 U 熱化学.
thèrmo·cline 名 変温層, (水温)躍層《海水・湖水での層を境に上層と下層の水温が大きく異なる層》.
thérmo·couple 名 【理】熱電対(対).
thèrmo·dynámic 形 熱力学の; 熱量を動力に利用する.
thèrmo·dynámics 名 U 熱力学.
thèrmo·eléctric, -trical 形 【理】熱電気の.
thèrmo·electrícity 名 U 熱電気.
thèrmo·génesis 名 U (動物体における)熱発生, 産熱.
thèrmo·génic 形 熱発生の; 熱を発する, (特に)産熱性の.
thérmo·gràm 名 (自記温度計による)温度自記記録, 自記温度記録図; 【医】熱像.
thérmo·gràph 名 自記温度計; 【医】温度記録計, サーモグラフ. **thèrmo·gráph·ic** 形
ther·mog·ra·phy /θɚːmɑ́grəfi | θɚːmɔ́g-/ 名 U ❶ 【医】温度記録(法), 熱像法, サーモグラフィー《温度記録図の作成法》. ❷ 〖印〗盛上げ印刷.
thèrmo·há·line /-héɪlaɪn, -hǽl-/ 形 【海洋】熱塩の《温度と塩分による作用に関していう》.
thèrmo·lábile 形 【生化】熱不安定(性)の, 易熱(性)の.
thèrmo·luminéscence 名 U 【理】熱ルミネセンス, 熱発光. **-cent** 形
ther·mol·y·sis /θɚːmɑ́ləsəs | θɚːmɔ́l-/ 名 U 【化】熱分解. **ther·mo·lyt·ic** /θɚːmoʊlɪ́tɪk | θɚː-/ 形
+**ther·mom·e·ter** /θɚːmɑ́mətə | θɚːmɔ́mətə/ 名 温度計 (⇒ **Fahrenheit** [解説]): a clinical ~ 検温器, 体温計 / a maximum [minimum] ~ 最高[最低]温度計.
ther·mo·met·ric /θɚː-/ 形 温度測定(上)の, 温度計(上)の.
ther·mom·e·try /θɚːmɑ́mətri | θɚːmɔ́m-/ 名 U 温度測定.
+**thèrmo·núclear** 形 【理】(高温による)原子核融合反応の: a ~ bomb 水素爆弾 / a ~ explosion (水素爆弾などの)熱(原子)核爆発 / a ~ warhead 熱核弾頭.
thèrmo·phíle 名 高温菌, 好熱生物性《細菌》. **thèrmo·phíle** 形
thérmo·pìle 名 【理】熱電対列, 熱電堆, サーモパイル.
thèrmo·plástic 形 熱可塑性の. ─ 名 [また複数形で]熱可塑性物質《ポリエチレンなど》.
Ther·mop·y·lae /θɚːmɑ́pəliː | θɚːmɔ́pəli/ 名 テルモピュライ《ギリシアの Athens の北西方, 山と海にはさまれた隘路(ぎゃ)で古戦場; 前480年, 進撃してくるペルシア軍に対しスパルタ軍が防戦に立ち, 死闘の末敗れた》.
thèrmo·régulate 動 体温を調節する.
thèrmo·regulátion 名 U 体温調節.
thèrmo·régulatory 形 体温調節(性)の.
Ther·mos /θɚːməs | θɚː-/ 名 〖商標〗サーモス《魔法瓶などの商品名》.
thérmos bòttle [flàsk] 名 魔法瓶.
thèrmo·sét 形 熱硬化性の. ─ 名 熱硬化性樹脂[プラスチック].
thèrmo·sétting 形 〈樹脂などが〉熱硬化性の.
ther·mo·sphere /θɚːməsfɪə | θɚːməsfɪə/ 名 [the ~] 熱圏《大気の中間層 (mesosphere) の上の層》.
thèrmo·stáble 形 【生化】耐熱(性)の, 熱安定の.
ther·mo·stat /θɚːməstæt | θɚː-/ 名 サーモスタット《自動的に所要の温度に調節する装置》.
ther·mo·stat·ic /θɚːməstǽtɪk | θɚː-/ 形 温度自動調節の: ~ control 自動調温制御. **-i·cal·ly /-kəli/** 副
ther·mot·ro·pism /θɚːmɑ́trəpɪ̀z(ə)m | θɚːmɔ́tr-/ 名 U 【生】温度屈性, 屈熱性. **thèrmo·trópic** 形
the·ro·pod /θí(ə)rəpɑ̀d | -pɔ̀d/ 名 【古生】獣脚竜《肉食性で後肢歩行》.
the·sau·rus /θɪsɔ́ːrəs/ 名 (覆 ~·es, -ri /-raɪ/) シソーラス《意味概念を手がかりに語を検索できるようにした類義語・反意語・関連語辞典》. 〖L＜Gk＝宝庫〗
＊**these** /ðíːz/ (this の複数形; 指示代名詞; ↔ those) 形 これらの: T~ books are all mine. この本はみんな私のです / T~ new shoes of mine quite fit well. 私のこの新しい靴は足にぴったり合う / She's very fond of ~ flowers. 彼女は(この種の)花がたいへんお好きです / He has been studying archeology ~ thirty years. 彼はこの30年間ずっと考古学を研究してきている〖比較 *these thirty years* はやや古風で, *for the last* [*past*] *thirty years* のほうが一般的》. ─ 代 [指示代名詞; ↔ those] これら(のもの, 人): T~ are the wrong size. [靴・ズボンなどについて] これはサイズが違う. 〖OE; ⇒ **this**〗
the·ses thesis の複数形.
The·seus /θíːsuːs, -siːəs | -s(j)uːs, -siːəs/ 名 〖ギ神〗テセウス《怪物 Minotaur を退治した英雄で, アテナイの王》.
＊**the·sis** /θíːsɪs/ 名 (覆 **the·ses** /-siːz/) ❶ 学位論文, 卒業論文: a doctoral ~ 博士論文. ❷ 主張, 論旨, 論点, 理論. ❸ 〖論·哲〗(論証さるべき)命題, 定立, テーゼ (cf. antithesis 3). ❹ 〖韻〗(詩脚の)弱音部[節], (古典詩の)長音部[節] 《元来はギリシア古典詩の強音節を指した》. 〖L＜Gk＝置くこと＜*tithenai* 置く; cf. **hypothesis**, **synthesis**; **anathema**, **theme**〗
thesp /θésp/ 名 《口》役者 (thespian).
thes·pi·an /θéspiən/ 名 俳優, 役者. ─ 形 [しばしば

T~] 演劇の, 戯曲の: the ~ art《文》戯曲.《Thespis /θéspɪs/》古代ギリシアで初めて悲劇を上演したと伝えられる人物》

Thess.《略》《聖》Thessalonians.

Thes·sa·lo·ni·ans /θèsəlóʊnjənz/ 名 複《単数扱い》《聖》テサロニケ人《への手紙《新約聖書中の一書; 第一の手紙または第二の手紙; 略 Thess.》.

Thes·sa·lo·ni·ki /θèsəlɑːníːki/ 名 テッサロニキ, テッサロニカ《ギリシア北部 Macedonia 地方の市・港町; 別称 Salonika》.

Thes·sa·ly /θésəli/ 名 テッサリア《ギリシア中東部のエーゲ海に臨む地方》.

the·ta /θéɪtə | θíː-/ 名 ⓊⒸ シータ《ギリシア語アルファベットの第8字 Θ, θ; 英字の th に当たる; ⇒ Greek alphabet 表》.

théta rhỳthm 名 =theta wave.

théta wàve 名《生理》シータ波《4-7 Hz の脳波》.

the·ur·gy /θíːɚdʒi | θíːə-/ 名 ❶ 神や超自然力を請じて事をなさしめる術, 降霊, 魔術, (特に新プラトン学派の)神的秘術. ❷ 奇跡《魔法》を行なう人. **-gist** /θíːədʒɪst | -ə́ːdʒ-/, **-gi·cal** /θíːəɚdʒɪkl/ 奇跡《魔法》の.

thew /θ(j)úː | θjúː/ 名《文》❶ 筋力, 力. ❷ 《複数形で》筋肉.

thewed /θjúːd/ 形 (…の)筋肉をもつ.

thew·y /θjúːi/ 形 筋力のすぐれた.

‡**they** /ðeɪ, ðéɪ/《代》代主《語形》**their**, 目的格 **them**, 所有代名詞 **theirs**, 複合人称代名詞 **themselves**; ⇒he¹, she, it¹》 ❶ [3人称複数主格] 彼ら[彼女ら]は[が], あれら[が], それら[が]. ❷ [総称的に一般の人をさして] 一般の人々, 世人《用法》日本語に訳さないほうがよい場合が多い; cf. you 3, we 4, one¹ 4 a]: T~ say that Mr. Smith has taken a doctorate. スミスさんは博士号を取ったそうだ《用法》この文の受身は It is said that…》. ❸ [不定の単数(代)名詞をうけて]《口》=he, she: Nobody ever admits that ~ are in the wrong. だれも自分が悪いという人はいない. ❹ 当局者; (軍・民間の)権力者: T~ have raised (the) taxes again.《政府が》また税金を上げた. ❺ [関係詞の先行詞として]《古》…する人々は《比較 従来は They who… の代わりを Those who… を用いるほうが一般的だ》: ~ who [that] …する人々 / T~ do least who talk most. 多弁家は実行少なし. 〖ON〗

‡**they'd** /ðeɪd/ they had [would] の短縮形.

‡**they'll** /ðeɪl/ they will [shall] の短縮形.

‡**they're** /ðeə, ðéə, ðeɪə/ they are の短縮形.

‡**they've** /ðeɪv/ they have の短縮形.

THI《略》temperature-humidity index.

thi- /θáɪ/《連結形》(母音の前にくる時)thio- の異形.

thi·a·ben·da·zole /θàɪəbéndəzòʊl/ 名 Ⓤ《薬》チアベンダゾール《駆虫薬》.

thi·a·mine /θáɪəmìːn, -mən/, **-min** /-mən/ 名 Ⓤ《生化》チアミン《ビタミン B₁ に同じ》.

thi·a·zide /θáɪəzàɪd, -zəd/ 名《薬》サイアザイド《特に高血圧患者用の利尿剤》.

thi·a·zole /θáɪəzòʊl/ 名《化》チアゾール《ピリジン臭のある無色の揮発性液体》.

‡**thick** /θík/ 形 (~·er; ~·est) ❶ a 厚みのある, 厚手の, 分厚い《↔ thin): a ~ book 分厚い本 / a ~ coat of paint 厚く塗ったペンキ. b [数量を表わす名詞の後に用いて] 厚さ…の: a wall two inches ~ 厚さ2インチの壁 / The board is one inch ~. 板は厚さ1インチである. c 太い; 《書体・活字など》肉太の: a ~ neck 太い首 / (a) ~ type 肉太の活字. ❷ 密集した: a ~《髪など》濃い《木など》茂った: ~ hair [eyebrows] 濃い髪の毛[まゆ毛] / a ~ forest 茂った森 / The trees have grown ~. 木が繁茂している. b 《群衆など》込み合った, いっぱいの; ひっきりなしの: The garden is ~ with weeds. 庭には雑草がはびこっている / The desk was ~ with dust. 机はほこりだらけだった. ❸ a 《液体など》濃厚な, どろどろした《↔ thin); 《川など》濁った: ~ soup 具がたくさん入った[とろみのある]スープ《用法》コーヒーなどが濃いという意味の時には strong を用いる》/ Blood is ~er than water.《諺》血は水より濃い. b 《霧・煙など》深い; 《雨・雪など》激しく降る: a ~ fog 濃霧 / ~ darkness 深い

1871   **thief**

やみ. c 《天候が》曇った, 霧深い: ~ weather どんよりとした[霧が立ちこめた] 天気. ❹ a 《声が》不明瞭な, だみ声の, かすれた: His voice was ~ with fear [suppressed anger]. 彼の声は恐怖[押し殺した怒り]でかすれていた. b 《なまり・方言が》目立つ, ひどい: She had a ~ foreign accent. 彼女にはひどい外国なまりがあった. ❺《口》《人が》頭の悪い, 鈍臭い (stupid): He's ~. =He has a ~ skull. あいつは頭が悪い / ⇒ thickhead, thick-headed. ❻《口》親密な, 仲のよい: (as) ~ as thieves とても親密で / They're very ~ of late. 最近彼らはとても仲がいい / I've been ~ with his family for years. 彼の家族とは長年親しくしている.

a bít thíck《英口》不公平な, 不合理な, ひどい, あんまりな.

(as) thíck as twó (shórt) plánks《俗》とても愚鈍な.

gèt a thíck éar《英口》(殴られて)耳[横つら]がはれる.

gíve a person a thíck éar《英口》(がはれあがるほど)人を殴る.

hàve a thíck skín ⇒ skin 名 成句.

thíck on the gróund《英口》たくさんで.

—— 副 (~·er; ~·est) ❶ 厚く, 濃く: Slice the ham ~er. ハムをもっと厚く切りなさい / Don't spread the butter too ~. バターをあまり厚く塗ってはいけません. ❷ 深く, しきりに: Doubts came ~ upon him. 彼の心には疑惑が次々とわいてきた / The snow was falling ~ and fast. 雪がしきりに降っていた / Misfortunes came ~ and fast. 災難が一度にごっそり襲ってきた. **láy it ón (thíck)** ⇒ lay¹ 動 成句.

—— 名 ❶ [単数形で; 通例 the ~] 〔前腕・ふくらはぎ・バットなどの〕いちばん太い[厚い]部分: the ~ of the thigh ももいちばん太い部分. ❷ 最も密集した部分; 人の最も集まる所;《戦いなどの》真っ最中: He was in the ~ of the argument. 彼は議論の真っ最中だった.

through thíck and thín よい時も悪い時も, どんなことがあっても: He stuck with her through ~ and thin. 彼はどんなことがあっても彼女を見捨てなかった.

~·ly 副.〖OE〗《同 thicken》《類義語》dense.

‡**thick·en** /θík(ə)n/ 動 ❶ 厚く[太く, 濃く]する, 濁らせる: You can ~ the soup with flour. 小麦粉でスープにとろみがつけられる. ❷ 不明瞭にする; 複雑にする. —— 自 ❶ 厚く[太く, 濃く]なる, 濁る, 濃くなる: The clouds are ~ing. 雲が厚くなってきている. ❷ 複雑になる, たけなわになる: The plot ~s. 話[事件]がいよいよ込み入ってくる, 話が佳境に入る《同 thick》

thick·en·er 名 ⓊⒸ 濃くするもの, (スープなどに)とろみをつけるもの.

thick·en·ing 名 ❶ Ⓤ 厚く[太く]する[なる]こと; 厚く[太く]なった部分. ❷ ⓊⒸ 濃化剤.

‡**thick·et** /θíkɪt/ 名 ❶ やぶ, 茂み, 雑木林. ❷ 複雑に入り組んだもの.《THICK+-ET》

thíck·hèad 名 頭の鈍い人, 鈍物.

thíck-héaded 形 頭の鈍い.

thick·ish /-kɪʃ/ 形 やや厚い[太い, 濃い].

thíck-knèe 名《鳥》イシチドリ.

thíck-nécked 形 首の太い.

thick·ness /θíknəs/ 名 ❶ a ⓊⒸ 厚さ; 太さ: a ~ of five inches 5インチの厚さ / It's five inches in ~. 厚さが5インチある. b [the ~] 厚い部分. ❷ Ⓒ (一定の厚さのものの) 1枚, 層. ❸ Ⓤ a 濃厚; 濃度. b 緻密(ち); 密集, 繁茂. ❹ Ⓤ 愚鈍.

thick·o /θíkoʊ/ 名 (複 ~s)《英口》ばか, うすのろ.

thíck·sét 形 ❶《人の体格が》がっしりした. ❷ 濃密な, 繁茂した.

thíck-skínned 形 ❶ (非難・侮辱などに対して)鈍感な, 無関心な, 厚顔な. ❷ 皮[膚]の厚い《↔ thin-skinned》.

thíck-skúlled 形 頭の悪い.

thíck-wítted 形 頭の鈍い.

‡**thief** /θíːf/ 名 (複 **thieves** /θíːvz/) 泥棒《人》: Set a ~ to catch a ~. ⇒ set B 2 a. **Stóp, thíef!** 泥棒だ!《★ 追跡者の叫び声》.〖OE〗《形 thievish》《類義語》thief 通例暴力によらないでこっそり物を盗む泥棒. robber

人の所有物を目の前で奪う強盗, しばしば暴力や脅しを使う. **burglar, housebreaker** 不法に他人の建物に侵入して物を奪う強盗; burglar は特に夜間に侵入する強盗をさすことがある.

thieve /θiːv/ 動 泥棒をする. — 他〈ものを〉盗む.

thiev・er・y /θíːvəri/ 名 U 盗み.

***thieves** /θiːvz/ 名 **thief** の複数形.

thiev・ing 名 U 盗み, 泥棒. — 形 泥棒の.

thiev・ish /-vɪʃ/ 形 ❶ 盗癖のある, 泥棒の ような, こそこそする. ❷ 泥棒の (= **thief**).

***thigh** /θaɪ/ 名 ❶ もも, 大腿(だい). ❷ 〈動物の後脚の〉もも, 〈鳥の〉もも.《OE; 原義は「(脚の)ふくれた部分」》

thigh・bone 名 大腿骨(だいたいこつ) (femur).

thigh-slàpper 名《口》すごくおもしろい話〔ジョーク, できごと〕. **thigh-slàpping** 形

thig・mot・ro・pism /θɪɡmɑ́trəpɪzm | -mɔ́trə-/ 名 U《生》接触屈性, 屈触性. **thig・mo・tropic** /θɪɡmətrɑ́pɪk | -trɔ́p-/ 形 接触屈性の.

thill /θɪl/ 名 (荷馬車の)ながえ, かじ棒.

thill・er 名 ながえの馬.

thim・ble /θɪ́mbl/ 名 (裁縫用の)指ぬき, シンブル《指の先にキャップ状にはめる》.

thímble-bèrry 名《植》クロミキイチゴ《アメリカ原産; 実はシンブル状》.

thim・ble・ful /θɪ́mblfʊ̀l/ 名《口》〈酒などの〉ごく少量, ちょっぴり (of).

thímble-rìg 名 U シンブル手品, 「おわんと玉」《3つのシンブル状の杯を伏せ, 豆[小球]を移動させて観客にその所在をあてさせる奇術》. **thímble-rìgger** 名

Thim・phu /θɪ́mpuː/, **Thim・bu** /θɪ́mbuː/ 名 ティンプー《ブータン (Bhutan) の首都》.

thin /θɪn/ 形 (**thin・ner; thin・nest**) ❶ **a** 薄い, 厚みのない (↔ thick): a ~ book 薄っぺらな本 / a ~ dress 薄手のドレス / I want some *thinner* paper. もっと薄い紙が欲しい. **b** 細い, 細長い: a ~ wire 細い針金 / ~ white hands ほっそりした白い手. ❷ 〈人が〉やせた, ほっそりした (↔ fat): a ~ person やせた人 / His face looks ~. 彼の顔はやせて見える. ❸ **a** 〈液体・気体など〉希薄な, 薄い (↔ thick): a ~ mist 薄い霧 / ~ milk [soup] 薄い牛乳[スープ] / The air is ~ at this high altitude. この標高では空気が希薄である. **b** 〈酒など〉こくのない: ~ wine こくのないワイン. ❹ **a** 〈髪が〉薄い; 〈人など〉まばらの: ~ hair 薄い髪の毛 / ~ on top 頭が薄い / a ~ forest 木のまばらな森林 / a ~ crowd まばらな群衆. **b** 〈雨・雪など〉パラパラ降る: a ~ rain 小ぬか雨. ❺ **a** 〈色彩など〉淡い; 〈光線など〉弱い; 〈音声など〉かぼそい: ~ winter sunshine 弱い冬の日光 / a ~ smile 薄笑い. **b** 〈供給など〉少ない, わずかな: a ~ supply わずかな供給 / a ~ diet 乏しい食物. ❻ 内容のない, 実のない, 浅薄な, 貧弱な, 見え透いた (weak): a ~ joke 間の抜けたジョーク / a ~ argument (説得力に乏しい)浅薄な議論 / a ~ excuse 見え透いた言い訳.

hàve a thín tíme (of it)《口》不愉快[いやな目に会う[思いをする]. **thín on the gróund**《英口》数が少ない, まばらな. **wéar thín** ⇒ **wear**[1] 動 成句

— 副 (**thin・ner; thin・nest**) 薄く: cut bread ~ パンを薄く切る.

— 動 (**thinned; thin・ning**) 他 ❶ **a** 〈...を〉薄く[細く]する; 薄く[希薄に]する: ~ *down* sauce [paint] ソース[ペンキ]を薄くする. **b** 〈...を...で〉薄くする, 希薄にする: This wine has been *thinned with* water. このぶどう酒は水で薄めてある. ❷ 〈...を〉まばらにする, 減らす: ~ *out* seedlings 苗木を間引く. — 自 薄く[細く]なる, まばら[希薄]になる; やせる 〈*down, out*〉: His hair is *thinning*. 彼の髪の毛は薄くなってきた / The fog is beginning to ~. 霧が晴れてきた / The crowd gradually *thinned out*. 群衆は次第にまばらになった.

~・ly 副, **~・ness** 名.《OE; 原義は「のばして薄くなった」》【類語】**thin** やせたの意の最も一般的な語だが, 不健康にやせたことを表わす場合もある. **slim, slender** よい意味でやせていることを表わす. **lean** 脂肪がついていなく引き締まった. **slight** やせて弱々しい.

thine /ðaɪn, ðáɪn/ 代《古・詩》❶ [thy の独立形; cf. thou[1]] なんじのもの. ❷ [母音または h 音で始まる名詞の前で] =**thy**.

***thing** /θɪ́ŋ/ 名 ❶ **C a**《有形の》物, 事物: a ~ of the past 過去のこと, 時代遅れのもの / all ~s ~ of beauty / the ~ in itself もの自体 / A ~ of beauty is a joy for ever. 美しいものは永遠に喜びである《★ Keats の詩から》. **b**《生き物に対して》無生物, 物体. **c**《通例複数形で》もの, 《特に飲食物》: eat some hot ~s 何か温かいものを食べる. **d**《芸術》作品: a little ~ of mine 拙作.

❷ **C a**《通例修飾語を伴って》生き物, 動物: a living ~ 生物 / dumb ~s 物の言えない動物, 畜生. **b** 《軽蔑・非難・愛憐・称賛などの意をこめて》《口》人《主に女性・子供》: a pretty little ~ かわいらしい子[娘] / a young ~ 子供; 若い女 / The poor little ~ [Oh, poor ~]! まあかわいそうにあの子は / (my dear) old ~《相手の年齢などに親しみの呼び掛けで》《英口》ねえ君[お前, あなた] / He's a funny old ~. 彼はおかしなやつだ.

❸ [複数形で] **a**《one's ~s》所持品, 携帯品: Pack your ~s and go! 荷物をまとめて出て行け! **b** 衣類, 衣服《特にコートなど》: one's swimming [bathing] ~s 水着類 / Do take off your coat and ~s. どうぞコートなどをお脱ぎください. **c** 家財, 道具, 器具: tea ~s 茶道具 / wash [英] wash up] the breakfast ~s 朝食の皿洗いをする. **d**《法》財産, 有体物: ~s personal [real] 動[不動]産 / ~s mortgaged 抵当物.

❹ **C a**《無形の》こと, 事(柄), 事件; 仕事, 行為: in the nature of ~s 事の本質上, 本来, もともと / A strange ~ happened (to me). (私の身に)不思議な事件が起こった / That's a fine [nice] ~ to say! いいことを言いますね; [反語]とんでもないことを言うものだ / I have another ~ to say to you. もう一つ君に言いたいことがある. **b** 考え, 意見, 観念: say the right ~ 適切なことを言う / What put such strange ~s into your head? どうしてそんな奇妙なことを考えるのか. **c**《名詞の後に用いて》《口》問題, 話題: the politics ~ 政治の問題. **d**《口》いちばん好きなこと, いちばん得意なこと: Baseball is not my ~. 野球は好きではない[苦手だ].

❺《複数形で》**a** 物事, 事物: the good ~s in life この世の良い物, 人生に幸福をもたらすもの / take ~s easy [as they are] 物事を楽観視する[あるがままに受け入れる]. **b** 事態, 成り行き: as ~s are [stand] 現状では, 今のところ(では) / as ~s go 今の状態では, 世の常として / How are ~s going (with you)? (ごきげん)いかがですか; (景気)はどうですか / *Things* have changed greatly. 事情[形勢]がずいぶん変わってきた / *Things* will come out right. 情勢は好転するだろう / the shape of ~s to come 今後のありさま. **c**《形容詞を後に従えて》風物, 文物: ~s Japanese [foreign] 日本[外国]の風物.

❻ [the ~] **a** [be の補語として] 正しい[当を得ている]こと, おあつらえ向きのもの; 容認されること: the done ~《口》作法にかなったやり方 / That's *the* (very) ~. おあつらえ向きだ / It's not at all *the* ~ to wear a dinner jacket on the beach. 浜辺で夜会服を着ているような場ちがいだ. **b** [通例 the thing is(,) で用いて] 重要[大切]なこと, 必要なこと; その理由: *The* ~ is to wait patiently. 我慢強く待つことが大切だ / We cannot join the party. *The* ~ is we must finish the work. パーティーに参加できない. それというのもその仕事を終えなければならないからだ《用法》ではしばしば the thing is が遊離して副詞的に用いられる). **d**《英》健康な状態.

àll thíngs consídered ⇒ **consider** 成句

∴ànd thíngs 《口》…など: I held on to ropes *and* ~s and went down to the saloon. 綱やなんかにつかまして(船の)食堂へ降りていった.

a thíng or twó 多少の物事《用法》「多くのこと」を自慢しながら控えめにいう時に用いる》: know [be up to] *a* ~ *or two*《口》抜けがない, 事に慣れている / learn *a* ~ *or two* 多少ものを知る[学ぶ] / show [tell] a person *a* ~ *or two* 人に多少物事を教えてやる.

be áll thíngs to áll mén みんなに好かれるようにする.
be héaring thìngs ありもしない音[声]を聞いている, 幻聴を起こしている.
be ónto a góod thíng ⇒ good thing.
be séeing thìngs 幻を見ている, 幻覚を起こしている.
dó one's ówn thíng (口) 自分の好きなことをする.
dó things to... (口) ...に大いに影響を与える.
for óne thìng ひとつには; 第一には: *For one ~ he drinks.* ひとつには彼は酒を飲む.
háve a thíng abòut... (口) ...に特別な感情をもっている, ...が大嫌い[大好き]である: *She has a ~ about snakes* [*hygiene*]. 彼女はヘビが大嫌いだ[衛生にこだわっている].
in áll thíngs どんなときでも.
It's a góod thíng (that...) ⇒ good thing.
(just) óne of thòse thíngs よくあることで避けがたいこと (★通例不快なことに言う).
màke a (bíg) thíng of... (1) ...を大いに問題にする. (2) ...に騒ぎ立てる.
màke a góod thíng (òut) of... (米口) ...でもうける, 利益を得る.
of áll thíngs ⇒ of [成句].
óther thìngs bèing équal ⇒ equal 形 [成句].
tàking óne thìng with anóther (英) あれこれ考えてみて.
(the) fírst thìng [副詞的に] (口) まず第一に, の初めに: I'll do it *(the) first ~* in the morning. 朝いちばんでそれをしよう.
(the) lást thìng [副詞的に] (口) (就寝前の)最後に: I check the doors *last ~* at night. 私は寝がけに戸締りを調べる.
what with óne thìng and anóther あれやこれや(の理由)で.

thing・a・ma・bob, -u・ma- /θíŋəmbàb│-bɔ̀b/ 名 = thingamajig.

thing・am・a・jig, -um- /θíŋəmədʒìg/ 名 (口) 何とかいうもの[人]: Mr. *T-* 何とかさん (用法) what's his name, what's it (⇒ what [成句]) などと同様に用いる).

thing・um・my /θíŋəmi/, **thing・y** /θíŋi/ 名 = thingamajig.

★think /θíŋk/ 動 (thought /θɔ́ːt/) ❶ a (...と)思う, 考える (★進行形なし): [+(*that*)] *Do you ~ (that)* she'll come? 彼女が来ると思いますか / *I don't ~ (that)* it will rain. 雨降らないだろうと思う《比較 I *~ (that)* it will not rain. よりも一般的》/ *I should* [*would*] *have thought* he was much younger. (英) 彼はまだずっと若いと思っていたのに / "Is that true?" "I *~* so." 「それは本当ですか」「そうだ[そう思う]」(用法 この *so* は前文の内容を受けたもので that 節の代用) / I don't *~* so.=I *~* not. そうないと思う (用法 この *not* は前文の内容を受けたもので that 節の代用, ただし I don't *~* so. のほうが一般的) / It's going to be a fine day, I *~*. よい天気になりそうですね / It would be better, *don't you ~*, to come back again tomorrow. どうでしょう, 明日出直したほうがよくはないですか / "Who do you *~* is going with us?" "Mary is, I *~*."「だれが我々と一緒に行くと思いますか」「メアリーが行くと思います」《比較 "Do you *know* who is going with us?" "No, I don't."「だれが我々と一緒に行くかご存じですか」「いいえ, 知りません」》/ [+挿同] I *thought*, "Is he dead?" と思った (変換 I *wondered* if he was dead. と書き換え可能) / What did you *~ of* his speech? 彼の話をどう思いましたか / I wonder what they will *~ about* this proposal. 彼らはこの提案をどう思うかな / What do you *~ about* a trip to Hawaii [*about going* fishing]? ハワイ旅行は[釣りに行くのは]どうですか. b (文) ...を...を...だと思う, みなす: [+目+(*to be*) 補] I *~* him (*to be*) a charming person. 彼を気持ちのいい人だと思っている《用法 能動態では *to be* は省略されることが多い I *~* (that) he's a charming person. のほうが一般的》/ They *~* themselves great heroes. 彼らは自分たちを偉大な英雄だと思っている / I *~* it better not to try. やってみないほうがよいと思う《★ *it* は *to* 以下を受ける形式目的語》/ They were *thought to be* dead. 彼らは死んだものと思われていた / [+目+*to do*] The snake is *thought to* be a new species. そのヘビは

新種と考えられている / They were *thought to* have died. 彼らは死んだものと思われていた《用法 受身で用い, *to do* には状態を表わす動詞か動詞の進行形もしくは完了形がくる》.

❷ a [通例 I ~ を文頭に用いて] 〈...しよう〉と思う, 〈...する〉つもりである; 〈...しよう〉かな: [+(*that*)] I *~* I'll go to bed early tonight. 今夜は早く寝ようかな (★発話時の話者の意向を表わす) / "You'll go skiing tomorrow, will you?" "Yes, *I thought I might*."「あすスキーに行くのでしょう?」「ええ, そうしようと思っていました」/ I *[thought]* that we'd go fishing tomorrow. 明日, つりに行きませんか (丁寧表現; *thought* のほうがより丁寧) / [+*to do*] What time do you *~ to* come back? 何時に帰ろうてすか (★やや硬い表現; 比較 What time do you *~* you'll come back? のほうが一般的). b [丁寧な依頼表現で] 〈...〉してください; Do you *~* that you could help me water the lawn? 芝生に水をまくのを手伝って下さいませんか.

❸ [しばしば進行形で] 〈どうしようかな〉とよく考える, 思いめぐらす (★受身不可): [+*wh.* / +*wh.*+*to do*] I'm *~ing what to* do next. 次に何をしようかと考えているのだ / *T- how* nice it would be to have your own car. 自分の車を持ったらどうすてきか考えてもみなさい.

❹ [通例 cannot, could not を伴って] 〈...かを〉考えつく, 想像する, 思い出す, 〈...がわかる〉 (★ 進行形・受身不可): [+*wh.* / +*wh.*+*to do*] I can't *~ what* he might say. 彼がどう言うか私にはわからない / I can't *~ what* her name is. 彼女の名前がわったかも思い出せない / He could not *~ how to* do it. 彼はそれをどうしていいのか考えつかなかった / I'm trying to *~ what to* call it. それを何と呼ぶかを考えている.

❺ [通例否定・疑問文で] (口)〈...することを〉思いつく, 気づく (★進行形なし): [+*to do*] I didn't *~ to* consult the timetable. 時刻表を調べてみることは考えませんでした.

❻ [通例否定・疑問文で] 〈...を〉予期する, 予想する (★進行形なし): [+*that*] *Little did she ~* [*She little thought*] *that* she would become the Princess of Wales. 彼女は自分が(英国の)皇太子妃になるなどとは夢にも思っていなかった / [+*to do*] Who would have *thought to* find you here! 君がここにいようとはだれも予想しなかっただろう.

❼ a (口) もっぱら〈...のことを考える〉: He *~s* nothing but business. 彼は仕事のことしか考えない. b [目的語に形容詞を伴った thought (同族目的語)を用いて] 〈...の〉考えを心に抱く: *~ dark thoughts* 邪心を抱く / They waited, *~ing* the *same thought(s)*. 彼らはお互いに同じ考えを持ちながら待っていた.

❽ 考えて〈...を〉去らせる: You can't *~ away* your troubles. 別の事を考えて心配事を忘れようとしてもだめだ.

― 動 ❶ 考える: *~ hard* [*deeply*] 一心に[深く]考える / *~ and ~* とくと考える, 考え抜く / He always *~s* big. (口) 彼はいつも大きなことを考える / I *~*, therefore I am. ⇒ therefore / Let me *~* a minute. ちょっと考えさせてください / Just [Only] *~*! まあ考えてもごらん / We are *~ing of* [*about*] going to Hawaii during the summer vacation. 夏休み中にハワイへ行こうと考えている.

❷ 予期する, 予想する: when I least *~* 思ってもいない時に.

Ányone would thínk (that)... [驚き・否認を表わして] 誰だって...と思います.

Cóme to thínk of it ⇒ come [成句].

I dòn't thínk. 《英口》 [いやみなどを言った後に] いやはやまったく《実はその逆だ》: You're a kind man, *I don't ~*. 君は本当に親切な人だよ, いやはやまったく.

I should thínk. [前言を強く支持して] もちろんです.

I thóught as múch. 私の思ったとおりだ.

I wàsn't thínking / I dídn't thínk. [相手に謝罪しながら] うかつでした.

Thát's what yóu thínk! それは君の考えだ(私とは違う).

thìnk agáin (自)+副 考え直す, 再考する (reconsider).

thinkable

thínk ahéad (自+副) 〔将来のことを〕見越して考える〔to〕.
thínk (áll) the léss of... …を(さらに)低く評価する, 見くびる.
thínk (áll) the móre of... …を(さらに)高く評価する, 重んじる.
thínk alóud (自+副) 考え事を口に出して言う; ひとり言を言う.
thínk báck (自+副) 〔過去を〕振り返ってみる, 回想する〔to〕(look back).
thínk bádly of... =THINK ill of... 成句.
thínk bétter of... (1)〈人〉を見直す, …をもっとりっぱな[分別のある]人と考える: Now I ～ *better* of you. 君を見直したよ / She had *thought better of* her husband than to suppose that he could be so cruel. 彼女は夫をそんな冷酷なことのできる男だなどとはついぞ考えてもみなかった. (2) 考え直して…を取りやめる (★受身可): She considered divorcing her husband, but *thought better of* it. 彼女は夫と離婚しようと考えたが, また考え直した.
thínk fít to dó... …するのが適当[よい]と思う 《用法 fit の前に形式上の目的語の it を通例用いない》: I didn't ～ *fit* to do what he suggested. 彼の提案にしたことをしないほうがいいと思った.
thínk for onesélf 自分で考える, 独立心がある.
thínk híghly of... …を尊重する, 高く評価する.
thínk íll of... …を悪く思う.
thínk líttle of... …を軽視する.
thínk múch of... …を尊重する, 高く評価する.
thínk nó énd of... =THINK the world of... 成句.
thínk nóthing of... …を何とも思わない, …しても平気でいる: She seems to ～ *nothing of* lying. 彼女はうそをつくのを何とも思っていないらしい.
Thínk nóthing óf it. [礼やおわびを言われた時の返事に] どういたしまして, おかまいなく 《比較 Don't mention it. よりも形式ばった表現》.
thínk of... (1) …のことを考える (⇒ 自 1). (2) …のことを想像する: Just ～ *of* the fun! ちょっとそのおもしろさを想像してごらんなさい / To ～ *of* her becoming a lawyer. 彼女が弁護士になるなんて(考えられません). (3) [通例否定文で] …のことを考えてみる, 夢想する (★受身可): She could *never* ～ *of* that. 彼女にはそういうことは想像もできないことだ / I wouldn't ～ *of* forging the boss's signature. 上司の署名を偽造するなど思いもしない (とんでもない) / His guilt is *not* to be *thought of*. 彼が有罪だなんて考えるべきではない. (4) [通例 cannot [could not] ～ を伴って] …を思い出す: I couldn't ～ *of* her name. 彼女の名前が思い出せなかった. (5) 〈案などを〉思いつく; …を言い出す: Can you ～ *of* any good hotel in New York? ニューヨークのよいホテルをどこか思いつきませんか / He was the first to ～ *of* doing it. それをすると最初に言い出したのは彼だった. [~ *as*補] I ～ *of* him *as* a friend (rather than a teacher). 私は彼のことを(先生というより)友だちと思っている / It was hard to ～ *of* her *as* only twenty. 彼女がたった 20 歳だとは考えにくかった.
thínk on one's féet すばやく考える; 即座に決断する.
thínk óut (他+副)〈…を〉考え出す, 案出する; 〈問題などを〉よく考えて解答する: *T- things out* before acting. じっくり考え抜いてから行動に移りなさい.
thínk óver (他+副)〈…を〉熟考する: I must ～ the matter *over* before giving an answer. 回答をする前に私はその問題をよく考えてみなければならない.
thínk póorly of... …をよく思わない, …に感心しない.
thínk the wórld of... …をひどく尊敬する, 大いに高く買う, すばらしいと思う.
thínk thróugh (他+副)〈…を〉とくと考える, 考え抜く.
thínk twíce (自+副) [...について]よく考えてみる, 考え直す: I would ～ *twice* before accepting his offer. 私なら彼の申し出を受け入れる前によく考えてみるだろう / He *thought twice about* changing his job. 彼は転職について考え直した.
thínk úp (他+副)〈新案・口実などを〉考え出す, 思いつく (devise, invent).
thínk wéll of... …をよく思う.
To thínk that...! …とはねえ(驚いた, 悲しい, 情けない).
What do you thínk? どう思う《驚くべきことを述べる時に用いる》.
When you thínk abòut it 考えてみれば, そういえば: *When you ～ about it*, he may be wrong. そういえば, 彼は間違っているかもしれない.

—— 名 [単数形で] 〖口〗 考えること, 考え, 一考: Have a ～ about it. ひとつ考えてみてください / If you think I'm going to help you again, you've got another ～ coming. また助けてもらえるものと思ったらそれこそ考え違いというものだ (★ 相手の申し出を強く拒絶する時などの言葉).
〖ME 〖OE *thyncan* to seem+*thencan* to think; 語形は前者, 意味は後者から〗 (名 thought)

think・a・ble /θíŋkəbl/ 形 考えられる, 想像がつく; 信じられる (↔ unthinkable).

*‍**think・er** /θíŋkə | -kə/ 名 考える人; 思想家, 思索家: a great [superficial] ～ 偉大[皮相的]な思想家.

*‍**think・ing** /θíŋkiŋ/ 形 Ⓐ (比較なし) 考える, 思考力のある; 思慮のある: a ～ reed 考える葦[((★ Pascal の言葉)] / Man is a ～ animal. 人間は考える動物である / All ～ people will protest against it. 心ある人はみなそれに抗議するだろう. **pùt one's thínking càp òn** =**pùt ón one's thínking càp** 〖口〗 とっくり考える, 熟考する.
—— 名 Ⓤ ❶ 考えること, 思案, 思考: philosophical ～ 哲学的思考 / You had better do a little hard ～. もう少しよくお考えになったほうがよいですよ. ❷ 考え, 意見, 判断: Good ～! 名案だ / It is, to my ～, the most important part of the problem. そこが私の考えではその問題の最も重要な点なのです. **to mý wày of thínking** ⇒ way¹ 成句.

thínk pìece 名 〖米〗 (新聞などの)解説記事.

⁺**thínk tànk** 名 [単数または複数扱い] 頭脳集団, シンクタンク.

thin・ner 名 Ⓤ.Ⓒ (ペンキなどの)溶剤, うすめ液, シンナー. 〖THIN+-ER¹〗

thin・nish /-niʃ/ 形 やや薄い[細い], ややまばらな, やや弱い, やせぎみの.

thín-skínned 形 ❶ 感じやすい, 神経過敏な; 怒りっぽい. ❷ 皮の薄い (↔ thick-skinned).

thi・o- /θáiou, θáiə/ [連結形] 〖化〗硫黄の.

thio・cy・a・nate /θàiousáiənèit, -nət/ 名 〖化〗チオシアン酸塩[エステル].

thi・ol /θáiɔ(:)l | -ɔl/ 名 〖化〗チオール (アルコールの酸素原子を硫黄原子で置換した化合物, 一般式 RSH をもつ; 多くは強い臭気を有する); チオール基 (-SH). **thi・ol・ic** /θaiálik | -ɔ́l-/ 形.

thi・o・nyl /θáiənil/ 名 〖化〗チオニル (SO で表わされる 2 価の基).

thi・o・pen・tal /θàiəpéntæl, -tɔ́:l/ 名 Ⓤ 〖薬〗 チオペンタール 《バルビツール酸塩; ナトリウム誘導体を静脈から注入する麻酔薬として, また精神疾患の治療薬として用いる》.

thi・o・pen・tone /θàiəpéntoun/ 名 〖薬〗〖英〗 =thiopental.

thìo・súlfate 名 Ⓤ.Ⓒ 〖化〗チオ硫酸塩[エステル].

⁑third /θə́:d | θə́:d/ 形 ❶ (通例 the ~ 第3番目)の: ⇒ third base / Let's try one time more. *T*- time lucky! [〖米〗*T*- time's the charm.] もう一度ためしてみよう. 3 度目の正直だ / *in the* ～ *place* 第 3 には. ❷ (順位・重要度などが) 3 等の: win (the) ～ prize 3 等賞を取る. ❸ 3 分の 1 の. —— 代 [通例 the ～] 第 3 番目の人[もの].
—— 副 ❶ 第 3 に: finish ～ 3 着になる. ❷ 等で: travel ～ 三等で旅行する. ❸ [論点などを列挙する時に用いて] 第三に, 三つ目に (thirdly). —— 名 ❶ Ⓤ [通例 the ~] **a** [通例 the ~] 第 3 (番目); 第 3 等, 3 等, 3 着; 第 3 号. **b** (月の) 3 日. ❷ **a** Ⓒ 3 分の 1: One [A] ～ *of* the senators are elected every two years. 上院議員の 3 分の 1 は 2 年ごとに改選される. **b** [複数形で] (法) (遺産から与えられるべき)夫の動産の 3 分の 1. ❸ Ⓒ 〖楽〗第 3 度, 3 度音程. ❹ Ⓤ〖車〗第 3 速, サード(ギヤ): in ～ サードで. ❺ Ⓤ [無冠詞で]〖野〗三塁. ❻ [the ～]〖野〗第 3 回. ❼ Ⓒ

(英)(大学の単位試験の)第3級: get a ～ 3級[可]を取る. ❽ [the ～] 第3学年. ❾ [複数形で] 〖商〗3等品. 《OE; three の r と母音の位置が転換したもの》

thírd áge 图 [the ～] 熟年期, 老年期. **thírd áger** 图

thírd báse 图 [U] [無冠詞で] 〖野〗三塁; 三塁の位置《守備》.

thírd báseman 图 〖野〗三塁手.

thírd cláss 图 [U] ❶ (乗り物の)三等. ❷ 〖米・カナダ〗(郵便の)第3種《定期刊行物と印刷物など》. ❸ 〖英大学〗(試験の)第3級. ❹ 3級. ❺ 三流.

thírd-cláss 形 ❶ 三等の, 3級の; 三流の, 低級な. ❷ 《米》第3種の: ～ matter 第3種郵便物. ── 副 三等で: travel ～ 三等で旅行する.

thírd degrée [the ～] 《口》(警察などの)拷問.

thírd-degrée 形 ❶《やけどが》第3度の, 最も重症の. ❷ 〈犯罪の〉第3級の.

thírd-degrèe búrn 图 〖医〗第3度熱傷《壊死(ネ)性火傷で最も重症》.

thírd estáte [the ～, しばしば the T- E-] 第三身分《中世ヨーロッパの三身分 (Three Estates) のうち聖職者・貴族を除く平民; フランス革命前の中産階級》.

thírd éye ❶ 〖動〗=pineal eye. ❷ 直観, 直覚 (intuition).

thírd éyelid 图 〖動〗第三眼瞼(ガン) (nictitating membrane).

thírd fínger 图 薬指.

thírd fórce 图 [the ～] 第三勢力《対立する政治勢力の中間にある勢力; 対立する両陣営間の調停に乗り出す中立国(ブロック)など》.

Thírd Internátional 图 [the ～] 第3インターナショナル(⇒ international 图 2).

⁺**thírd∙ly** 副 第3に, 3番目に (third; ⇒ first 副 4).

thírd mán [the ～] 〖クリケット〗第三手《三柱門より斜め後方に立つ野手の守備位置》.

thírd márket 图 [U] 《米》第三市場《上場株の店頭取引》.

⁺**thírd párty** 图 ❶ [C] 〖法〗(当事者以外の)第三者. ❷ [the ～] 〖政〗第三党; 少数党. ── 形 A (また **thírd-párty**) ❶ 第三者の; 第三政党の. ❷ 〖保〗《英》対第三者賠償の.

thírd pérson [the ～] 〖文法〗3 人称 (he, she, it, they で表わされる; cf. first person 1, second person).

thírd posítion [the ～] 〖バレエ〗第三ポジション《両つまさきを外側に向け, 前の足のかかとが後ろの足の土踏まずに合わさるよう前後に位置する》.

thírd ráil 图 〖鉄道〗第3軌条《送電用》.

thírd-ráte 形 3等の; 三流の; 劣等な.

thírd-ráter 图 三流の人, くだらない人.

thírd réading 图 〖議会〗第三読会(ネン)《英国では, 報告審議 (report stage) を経た議案を採否に付す前に討議する; 米国では, 第二読会 (second reading) を経て浄書した議案を採否に付す前に名称だけ読み上げる》.

Thírd Reich 图 [the ～] 第三帝国《1933-45 年のナチス政権下のドイツ》.

*__**Thírd Wórld**__ 图 [the ～] 第三世界《アジア・アフリカ・ラテンアメリカなどの発展途上諸国》.

⁺**thirst** /θə́ːst/ 图 ❶ [U] [また a ～] のどの渇き, 渇(ヵ): quench [relieve, satisfy] one's ～ 渇きをいやす / have a ～ 《口》一杯飲みたい. ❷ [単数形で] 《…への》渇望, 熱望 《for, after》 (hunger): a ～ for pleasure [knowledge] 快楽[知識]欲. ── 圓 《…を》渇望する 《for, after》 (hunger): ～ for revenge 復讐を渇望する. 《OE》

⁺**thirst∙y** /θə́ːsti | θə́ːs-/ 形 (**thirst∙i∙er**; **-i∙est**) ❶ のどが渇いた: I am [feel] ～. のどが渇いた 《用法 My throat is ～. とは言わない》. ❷ a 《仕事・食物などのため》のどの渇く: Weeding the garden is a ～ job. 庭の草取りはのどの渇く仕事だ. b 《土地など》乾いた, 乾燥した. ❸ P [...を] 熱望して, 熱望して 《for, after》 (hungry): He was ～ for news. 彼はニュースを待ちわびていた. **thírst∙i∙ly** /-təli/ 副 **-i∙ness** 图 《↑+-y³》

⁕**thir∙teen** /θə̀ːtíːn | θə̀ː-/ 《基数の 13; 序数は thir-teenth; 用法は ⇒ five》 形 ❶ A 13 の, 13 個の, 13 人の. ❷ [名詞の後に置いて] 13 番目の. ❸ P 13 歳で. ── 代 [複数扱い] 13 個[人]. ── 图 ❶ a [U.C] [通例無冠詞] 13《解説 最も縁起の悪い数とされる; キリストの最後の晩餐は 13 人であったので, 13 人で会食するとその中のだれかが死ぬという迷信が生まれた; ホテルには 13 号室や 13 階もない; また 13 階は 14 階となるがこの 14 も 13 の連想から嫌われる》. b [C] 13 の数字[記号] (13, xiii, XIII). ❷ [U] 13 歳; 13 ドル[ポンド, セント, ペンスなど]. ❸ [C] 13 個[人]からなるひと組. ❹ [C] 《衣服などが》13 号のもの. 《OE〈THREE+-teen ten three の r と母音が転換した》

⁕**thir∙teenth** /θə̀ːtíːnθ | θə̀ː-/ 《序数の第 13 番; ★ 13th と略記; 用法は ⇒ fifth》 形 ❶ [通例 the ～] 第 13(番目)の. ❷ 13 分の 1 の. ── 代 第 13 番目の人[もの]. ── 图 ❶ [U] [通例 the ～] a 第 13 日. b (月の) 13 日. ❷ [C] 13 分の 1.

⁕**thir∙ti∙eth** /θə́ːtiəθ | θə́ː-/ 《序数の第 30 番; ★ 30th と略記; 用法は ⇒ fifth》 形 ❶ [通例 the ～] 第 30(番目)の. ❷ 30 分の 1 の. ── 代 [通例 the ～] 第 30 番目の人[もの]. ── 图 ❶ [U] [通例 the ～] a 第 30. b (月の)30 日. ❷ [C] 30 分の 1.

⁕**thir∙ty** /θə́ːti | θə́ː-/ 《基数の 30; 用法は ⇒ five》 形 ❶ A 30 の, 30 個の, 30 人の. ❷ [名詞の後に置いて] 30 番目の. ❸ P 30 歳で. ── 代 [複数扱い] 30 個[人]. ── 图 ❶ a [U.C] [通例無冠詞] 30. b [C] 30 の数字[記号] (30, xxx, XXX). ❷ a [U] 30 歳; 30 ドル[ポンド, セント, ペンスなど]; 時速 30 マイル. b [the thirties] (世紀の)30 年代; (温度などの)30 度台. c [one's thirties] (年齢の)30 代: in one's (early [late]) thirties 30 代(前半[後半])で. d (温度の)30 度台: in the high [low] thirties 30 度台後半[前半]. ❸ [U] 〖テニス〗サーティー《2 点目の得点》. ❹ [C] 《衣服などの》30 号サイズ(のもの). 《OE〈THREE+-TY¹; cf. thirteen》

thírty-éight 图 38 口径ピストル《通例 .38 と書く》.

thírty-fòld 形 副 30 の部分[面]をもった, 30 倍の[に].

Thírty-nìne Árticles 图 [the ～] 〖英国教〗39 信仰個条《聖職につくときに同意する》.

thírty-sécond nòte 图 《米》〖楽〗32 分音符《《英》demisemiquaver》.

thírty-sòmething 图 《高学歴・高収入の》30 代の人.

thírty-twó∙mo /-mòu/ 图 《⊛ ～s》 U.C 三十二折判(の本)[紙, ページ]《全紙の 1/32 の大きさ, 32 mo, 32° とも書く》.

Thírty Yéars' [Yéars] Wár 图 [the ～] 三十年戦争 (1618-48) 《ヨーロッパで行なわれた宗教戦争》.

⁕**this** /ðís/ 形 《指示形容詞》(⊛ **these** /ðíːz/) (↔ that) ❶ ❶ **この**: a 《身近なもの・人をさして》: ～ table このテーブル / ～ boy here ここにいる少年. b 《近くの時・所をさして》: ～ life この世, 現世 / by ～ time この時までには; 今ごろはもう. c [that と相関的に用いて]: He went to ～ doctor and that. 彼はあちこちの医者にかかった.

❷ ❷ **この**: a 《対話者同士がすでに知っているものをさして》: ～ large country of ours この広いわが国 《用法 通例 our this large country または this our large country とはいわない; cf. mine¹ 代 2》 / Who's ～ Mrs. Green you've been talking about? さっきから話していらっしゃるこのグリーン夫人とはだれですか. b [これから述べたり提示しようとする物事をさして]: Have you heard ～ story? (これから話そうとする)この話はお聞きになりましたか.

❸ /ðís/ (たった)今の, 現在の, 今…, 当…《用法 しばしば時を示す名詞を伴って名詞的をなす》: ～ morning [afternoon, evening] けさ[きょうの午後, きょうの夕方] / ～ week [month, year] 今週[月, 年] / ～ day week 《英》来週[先週]のきょう (cf. week 1 《用法》) / ～ time tomorrow [yesterday] あす[きのう]の今ごろ.

❹ /ðís/ 〖物ほ体などに用いて〗《口》ある(一人[一つ])の: There's a ～ boy I ride home with on the bus every day, and…毎日帰りのバスで一緒になるある少年がいて….

── 代《指示代名詞》(⊛ **these**) ❶ これ, このもの[人]: a [身近なもの・人をさして; しばしば人を紹介する時に用いて]:

Thisbe 1876

for all ~ これにもかかわらず / T~ is my wife. これは家内です / Hello! T~ is John Smith speaking. [電話で]もしもし, こちらはジョンスミスです / "Is ~ Mary [John]?" "Yes, ~ is she [he]." [電話口で]「メアリー[ジョン]ですか」「はいそうです」(cf. that A 代 1 a) / Take ~ with you. これを持っていきなさい. **b** [that と相関的に用いて]こちらのほう, 後者: Of the two methods, ~ seems to be better than *that*. 二つの方法のうちでこちらのほうがあちらよりもよさそうだ.

❷ **a** [時をさして] 今, ただ今, この時[日], 今日: before ~ 今までに, 以前に / long before ~ これよりずっと前に / after ~ 今後(は) / T~ is an era of mass communication. 現代はマスコミの時代だ. **b** [場所をさして] ここ, この場所: Get out of ~. この件から手を引け / T~ is a place where we used to play as children. この場所は我々が子供のころよく遊んだ所だ.

❸ **a** [すぐ前に言われたことをさして] こう, こういう, このこと: Who told you ~? だれがこのことを君に言いましたか / At ~ the man turned pale and looked away. これを見ると[聞くと]その男はまっさおになって目をそむけた / With ~ she took up her sewing again. こう言いながら彼女はまた縫い物を手に取った. **b** [これから述べたり提示したりする物事をさして] こういうこと, 次のこと; こんな具合に: Do it like ~. こういうふうにやりなさい / T~ is what you get for lying. うそをつくとこれだ《★ うそをついた子供などをたたこうと手を振りながら言う》.

this and thát あれこれ, 何やかや: put ~ *and that* together あれこれ総合して考える /"What have you been doing since I last saw you?" "Oh, ~ *and that*." 「この前お会いした時以来何をしてましたか」「いや何やかやですよ」.

This is hòw it ís. 実はこうなんです《★ 説明する前に言う表現》.

This is ít. (1) そこが大事なところです; そこなんです. (2) お待ちどうさま, いよいよです.

this mínute [sécond] すぐに.

this, thát, and the óther [口] あれやこれや, 種々さまざまなこと[話題]: We spent about an hour talking about ~, *that*, *and the other*. 私たちはあれやこれやのことを話し合って 1 時間ほどを費やした.

Whát's (àll) thís? 一体どうしたのだ, この騒ぎは何だ.

—— /ðìs/ **副** これほど, こんなに (cf. that **副** 1): It was about ~ deep. それはこのくらいの深さでした / Now that we have read ~ far, let's have tea. ここまで読んだのだからお茶にしましょうよ / I didn't think it would be ~ hard. こんなに難しいことだとは思いもしなかった / T~ much is certain. これだけは確かです 〖用法〗 this much で代名詞的に主語として用いられている.

〖OE; 複数形に *thǣs* と *thǎs* があったが, 前者が these, 後者が those となった〗

This·be /θízbi/ **名** 〖ギ神〗ティスベ《Pyramus と相愛の女; Thisbe がライオンに食われたと誤信して自殺した Pyramus のあとを追った》.

this·tle /θísl/ **名** 〖植〗アザミ 〖解説〗スコットランドの象徴で国花》.

thístle·dòwn **名** ⓤ アザミの冠毛.

this·tly /θísli/ **形** ❶ アザミの生い茂った. ❷ アザミのような, とげのある.

thith·er /θíðə | ðíðə/ **副** [古] あちらへ, そちらへ.

thix·ot·ro·py /θiksátrəpi | -sɔ́tr-/ **名** 〖化〗(ゲルの)揺変(性), チキソトロピー. **thix·o·trop·ic** /θìksətrɔ́pɪk | -trɔ́p-/ **形**

tho, tho' /ðoʊ, ðóʊ/ **接** **副** = though.

thole /θóʊl/ **名** (船のかいの)へそ, かい受け軸.

tho·lei·ite /θóʊliàɪt, tóʊ-/ **名** ⓤ 〖岩石〗ソレアイト《アルカリに乏しい玄武岩》. **thò·lei·ít·ic** /-ít-/ **形**

thóle·pìn **名** =thole.

tho·los /θóʊlɑs | -lɔs/ **名** (複 -loi /-lɔɪ/) 〖建〗トロス《古代

ギリシア・ローマの円形建造物; 特にミュケナイ (Mycenae) 時代の円墓墓, 地下穹窿墓(きゅうりゅうぼ)》.

Thom·as /tɑ́məs | tɔ́m-/ **名** ❶ トマス《男性名; 愛称 Tom, Tommy》. ❷ [St. ~] 〖聖〗(聖)トマス《キリスト十二使徒の一人》: ⇒ doubting Thomas.

Thomas, Dyl·an /dílən/ **名** トマス (1914-53; ウェールズの詩人).

Thomas à Kem·pis /-ə kémpɪs, -ɑː-/ **名** トマス アケンピス (1379/80-1471; ドイツ生まれの宗教思想家・修道士).

Tho·mism /tóʊmɪzm/ **名** ⓤ トミズム, トマス説《Thomas Aquinas の神学説》. **Tho·mist** /-mɪst/ **名** **形**

Thóm·son's gazélle /tɑ́msənz- | tɔ́m-/ **名** 〖動〗トムソンガゼル《東アフリカ産のガゼル属の小型のレイヨウ》. 〖Joseph *Thomson* (1858-95) スコットランドの地質学者・探検家》

thong /θɔ́ːŋ | θɔ́ŋ/ **名** ❶ (ものを縛ったりむちにしたりする)革ひも, ひも. ❷ ひも状のパンティー, T バック. ❸ 〖米〗ゴムぞうり, ビーチサンダル《英》flip-flops》.

Thor /θɔ́ə | θɔ́ː/ **名** 〖北欧神話〗トール, 雷神《雷・戦争・農業をつかさどる》. 〖ON=雷〗

tho·rac·ic /θəræsɪk/ **形** 胸部の, 胸の.

tho·rax /θɔ́ːræks/ **名** (複 ~·es, -ra·ces /-rəsìːz/) ❶ 〖解・動〗胸部, 胸郭. ❷ 〖古代ギリシア〗の胸甲, 胸当て. 〖L<Gk〗

Tho·ra·zine /θɔ́ːrəzìːn/ **名** 〖商標〗ソラジン《クロルプロマジン (chlorpromazine) 製剤》.

Tho·reau /θɔ́ːroʊ/, **Henry David** **名** ソーロー (1817-62; 米国の思想家・随筆家; *Walden* (1854)).

tho·ri·a /θɔ́ːriə/ **名** ⓤ 〖化〗トリア, 酸化トリウム.

tho·ri·um /θɔ́ːriəm/ **名** ⓤ 〖化〗トリウム《放射性金属元素; 記号 Th》.

thorn /θɔ́ən | θɔ́ːn/ **名** ❶ ⓒ (草木の)とげ, 針 (prickle): Roses have ~s. = No rose without a ~. 〖諺〗とげのないバラはない, バラにとげあり, 「楽あれば苦あり」. ❷ ⓒⓤ [通例総称的に用いて] イバラ《とげのある植物; すなわちサンザシ (hawthorn) など》. ❸ [複数形で] 苦痛[悩み]の種: [sit, stand, walk] on [upon] ~s 絶えず不安におののく. ❹ ⓒ ソーン《古(期)英語の þ 字; 現代の th に当たる》. **a thórn in a person's síde [flésh]** 心配のもと; 苦労の種. 〖OE〗 (**形** thorny)

thórn àpple **名** ❶ サンザシの実. ❷ 〖植〗シロバナヨウシュチョウセンアサガオ《ナス科の有毒植物》.

†thorn·y /θɔ́əni | θɔ́ː-/ **形** (**thorn·i·er**; **-i·est**) ❶ とげの多い, とげのような. ❷ 厄介な, 苦しい: a ~ question [subject] 難しい問題 / tread a ~ path いばらの道をたどる. **thórn·i·ly** **副** **-i·ness** **名** (**名** thorn)

tho·ro /θɔ́ːroʊ, -rə | θɔ́rə/ **形** [米] =thorough.

tho·ron /θɔ́ːrɑn | -rɔn/ **名** ⓤ 〖化〗トロン (radon の放射性同位元素; 記号 Tn》.

†thor·ough /θɔ́ːroʊ, -rə | θʌ́rə/ **形** (**more ~**; **most ~**) ❶ 完全な, 徹底的な (exhaustive): a ~ investigation [reform] 徹底的な調査[改革]. ❷ 〈人が抜かりない, 綿密な: The chemist was ~ in his analysis of the substance. 化学者はその物質を徹底的に分析した. ❸ Ⓐ (比較なし)まったくの: a ~ idiot まったくのばか. **~·ness** **名** 〖OE=通り抜けて <*thurh*; ⇒ through〗

thórough·bàss /-bèrs/ **名** 〖楽〗=continuo.

†thórough·brèd /θɔ́ː·rə- | θʌ́rə-/ **形** ❶ 〈動物, 特に馬が〉純血種の. ❷ 〈人が育ち[毛並み]のよい, 教養[しつけ]のある. ❸ 優秀な, 一流の. —— **名** ❶ **a** 純血種の馬[犬]. **b** [T~] サラブレッド《英国原産の競走馬》. ❷ 育ち[毛並み]のよい人, 教養ある人.

thor·ough·fare /θɔ́ːrəfèə | θʌ́rəfèə/ **名** (通り抜けられる)道路, 往来, 通り; (特に)大通り, 主要道路, 本道. **Nó thóroughfare.** 〖掲示〗通行禁止.

thórough·góing /-góʊ- | θʌ́rə-/ **形** ❶ 入念な, 綿密な. ❷ 徹底的な (thorough); まったくの: ~ cooperation 完全な協力 / a ~ fool まったくのばか.

†thor·ough·ly /θɔ́ːrəli, -rə- | θʌ́rə-/ **副** (**more ~**; **most ~**) ❶ すっかり, 徹底的に, まったく. ❷ 入念に, 綿密に.

thórough-páced 形 ❶ 《馬が》すべての歩調に訓練された. ❷ A 徹底的な, まったくの.

THORP /θɔːp/ 名《略》《英》thermal oxide reprocessing plant 熱中性子炉酸化物燃料再処理施設.

Thorpe /θɔːp/｜θɔːp/, **Jim** [**James Francis**] 名 ソープ (1883-1953; 米国のスポーツ選手; オリンピック, プロ野球, プロフットボールで活躍).

Thos. 《略》Thomas.

*__those__ /ðouz/ 形 (that の複数形; 指示形容詞; ↔ these)
❶ それらの: in ~ days あのころは / Who are ~ people? あの人たちはだれですか / I don't like ~ crude jokes of his. 彼のああいう悪いジョークは嫌いだ (cf. that A 形 2 a).
❷ [関係詞節による限定をあらかじめ指示して] あの《匹敵日本語では訳さないほうがよい》: T~ books (that) you lent me were very useful. 君が貸してくれた本は実に有益だった. ── 代 (指示代名詞; ↔ these) ❶ それら(のもの[人々]), あれら(のもの[人々]): T~ are my shoes. それらが私の靴です. ❷ [前に述べた複数名詞の反復を避けるために用いて] それら (cf. that A 代 2 a): The oranges in the box are better than ~ on the shelf. 箱の中にあるオレンジは棚の上のオレンジよりもよい. ❸ a [修飾語句を伴って] (…の)もの, 人々: I put aside all ~ too worn to be of use. 使い古されて役に立たないのは全部別にしておいた / T~ present [standing] were all men. 出席者と[立っている]のはみな男だった (★ those の次に who were が略されている; cf. 3b). b [who などの関係代名詞を伴って] (…な)人々: There're ~ who think that the time has come. 時が到来したと考えている人々がいる. 《OE; ⇒ this》

thou[1] /ðau, ðáu/ 代 [2 人称単数主格] (所有格 **thy**, 目的格 **thee**, 《独立形》**thine**; 複 **ye**, 目的格 **you**) なんじは, そなたは (《用法》今は神に祈る時, Quaker 教徒間, 方言および古雅な文・詩などのほかはすべて you を用いる; これに伴う動詞は are か art, have か hast となるほかは -st, -est の語尾をつける).

thou[2] /ðau/ 名 (複 ~, ~s) 《俗》千ドル[ポンド, 円(など)]. 《THOU(SAND)》

*__though__ /ðou, ðóu/ 接 ❶ a [しばしば even ~ で] …だけれども, …にもかかわらず (≒ although 《語法》: T~ it was very cold, he went out without an overcoat. とても寒かったけれども彼はオーバーなしで外出した / She had to take care of her younger brothers, even ~ she was only ten. 彼女はまだ 10 歳だったけれども弟たちの面倒をみてやらなければならなかった / He answered firmly ≒ pleasantly. 彼は愛想はよいが有無を言わせぬ口調で答えた / Young ~ he was, he understood what this meant. 彼は若かったが, これが何を意味するかわかった. b [追加的に従節を導いて] もっとも…であるが: He will recover, ~ not as quickly as we might hope. 彼はよくなるだろう, もっとも皆が考えているほどすぐではないが. ❷ [しばしば even ~ で]《まれ》たとえ…でも, よし…にせよ: It's worth attempting even ~ we may fail. たとえ失敗してもやってみる価値はある. **as thóugh** ⇒ as 接 成句. **thòugh I sáy it [so] mysélf** 《米》[謙遜して] 自分で言うのも何ですが. **Whát thòugh…?** ⇒ what 代 成句. ── 副 (比較なし) [文尾・文中に置いて] 《口》でも, もっとも, やっぱり: The work was hard. I enjoyed it, ~. 仕事はきつかったが, ~. とも楽しかったが. 《OE; 語形は ON の影響》

*__thought__[1] /θɔːt/ 動 think の過去形・過去分詞.

*__thought__[2] /θɔːt/ 名 ❶ U a 考えること, 思考, 思索; 熟考: after much [serious] ~ じっくりとよく考えたうえで / be lost [absorbed, buried] in ~ 思案にくれている; もの思いにふけっている / give a matter some [considerable] ~ =give some [considerable] ~ to a matter 問題をちょっと[じっくり]考えてみる / take ~ (of…) (…を)熟考する (cf. 4) / act without ~ 考えなしに行動する / T~ should precede action. 行動する前に考えるべきだ / She felt uneasy at the ~ of having to go without her husband. 夫を連れないで行かなければならないことを思うと彼女は不安であった / The ~ that she might not come annoyed him. 彼女が来ないかもしれないと考えて彼は困惑した. b 思考力; 推理力; 想像力: Apply some ~

to the problem. いくらかその問題を考えてみなさい. c [a ~] 一考: give a ~ to…を考慮に入れる / I hardly gave the matter a ~. ほとんどその事は考えもしなかった.
❷ a U.C (理性に訴えて心に浮かんだ)考え, 思いつき: a happy ~ うまい趣向, 妙案 / an essay full of original ~(s) 独創的な考えに満ちた論文 / I just had a ~. 今思いついた / The ~ (has) occurred to me that we should ask the section chief for advice. 課長に助言を求めるべきだという考えが浮かんだ / That's a ~. 《口》それはいい考えだ / It's just a ~. 《口》単なる思いつきです. b [通例複数形で] 意見, 見解: What are your ~s on the subject? その問題についてどういうご意見ですか / She always keeps her ~s to herself. 彼女はいつも自分の考えを人に話さない / You're always in my ~s. あなたのことは片時も忘れません.
❸ U …することの)意向, 考え (of, on, about): He had no ~ of offending you. 彼には君を怒らせるつもりは毛頭なかった.
❹ U.C 思いやり, 心配, 配慮: take ~ for…を心配する, 気にかける (cf. 1 a) / Show more ~ for others. 他人の事をもっと思いやりなさい / Spare a little ~ for me. もう少し私のことを考えてください / It's the ~ that counts. 《口》大切なのは思いやりです.
❺ U [通例修飾語を伴って] (時代・民族などの)思想, 思潮: modern [Western, Greek] ~ 近代[西洋, ギリシア]思潮.
❻ [a ~; 副詞的に] 少し, こころもち: It's a ~ too long. それはほんの少し長すぎる / Be a ~ more polite. もう少し礼儀正しくしなさい.
Dón't give it another thóught. 《口》《わびる相手に》お気になさらないで.
Pérish the thóught! ⇒ perish 成句.
spáre a thóught for… を覚えている, 思い出す; …を気にかける, 思いやる, …に同情する.
a person's thóughts túrn to… …の思いが…に向かう, 思いが…について考え始める.
《OE; 動 think, 形 thoughtful》【類義語】⇒ idea.

thóught expériment 名《理》思考実験《ある仮説を調べるために行なう仮想的な実験》.

*__thought·ful__ /θɔːtf(ə)l/ 形 (**more ~**; **most ~**) ❶ a 考え込んだ, 思いにふけった: a ~ look [face] もの思いに沈んだ表情[顔] / He remained ~ for a while. 彼はしばらく考え込んでいた. b 思慮に富んだ; 思想の豊かな: a ~ mind 思慮に富んだ心. ❷ 思いやりのある, 親切な (of, about)(↔ thoughtless): a ~ person 思いやりのある人 / a ~ gift 心のこもった贈り物 [+of+代名(+to do) / +to do] It was ~ of you to invite me to the party. =You were ~ to invite me to the party. パーティーへお招きくださりお心づかいのほどうれしく存じます / She's ~ about other people's feelings. 彼女は他人の気持ちを思いやる. ❸ P (人・行動が)…に注意して, 用心して: He's very ~ of safety. 彼は安全に非常に心がける. **~·ness** 名 (名 thought) 【類義語】**thoughtful** 他人の望むことを推測して行動できる. **considerate** 他人の立場に同情をよせて行動できる.

+**thought·ful·ly** /θɔːtfəli/ 副 ❶ 考え込んで, 思いにふけって. ❷ 思慮深く. ❸ 思いやり深く, 親切に.

thóught·less 形 ❶ 思慮のない, 軽率な, 不注意な (of, for): ~ behavior 軽率な行ない / be ~ of one's own safety 自分自身の安全のことを考えていない. ❷ 思いやりのない, 不親切な (of, about) (↔ thoughtful): ~ words 思いやりのない言葉 [+of+代名 (+to do) / +to do] It's ~ of him to say such things. =He's ~ to say such things. そんなことを言うとはあの人も思いやりのない人だ / Don't be so ~ about other people's feelings. 他人の気持ちに対してそんなにむちゃくちゃであってはいけない. **~·ly** 副 **~·ness** 名

thóught-óut 形 考え抜いたうえの, 周到な: a well ~ scheme よくよく考え抜いた計画.

thóught police 名 [複数扱い] 思想警察.

thought-provoking 形 考えさせる, 示唆に富む.
thóught rèader 名 他人の心を読み取る人.
thóught rèading 名 Ⓤ 読心術.
thóught tránsference 名 Ⓤ 思考伝達, テレパシー.

thou·sand /θáuznd/ 形 ❶ [数詞または数を示す形容詞を伴う時の複数形は ~] (基数の)1000, 千; 1000ドル[ポンドなど] 《略 K》: a [(強)] ~ (1)千 / three ~3000 / one in a ~ 千に一つ, 千人に一人《特に優秀なまたは珍しいものについての誇張的表現》. b 千の記号(1000, M). ❷ [複数形で] 多数, 無数, 何千, 数千: (many) ~s of people 何千もの人々 / tens of ~s (of...) 何万(もの...) / ~s and ~s (of...) 無数(の...) / Thousands upon ~s of soldiers were being sent to the front. 何千という兵が続々と前線へ送られていた. **a thóusand to óne** まず間違いのない, きっと 《cf. TEN to one 感叹》. **by the thóusand(s)** 千単位で; 幾千となく, 無数に. ―― 代 [複数扱い] 1000 個, 1000 人: There're a [one] ~. 1000 個[人]ある[いる]. ―― 形 Ⓐ ❶ 1000 の, 1000 個の, 1000 人の. ❷ [通例 a ~] 何千もの; 多数[無数]の: a ~ times easier 千倍も[比較にならぬほど]たやすい / A ~ thanks [pardons, apologies]. 本当にありがとう[どうもすみません]. 《OE; 原義は great hundred》

thóusand-fòld 形 副 千倍の[に].
Thóusand Ísland dréssing 名 Ⓤ サウザンドアイランドドレッシング《マヨネーズにチリソース・刻んだピクルス・香料などを加えたサラダ用ソース》.

thou·sandth /θáuzn(t)θ/ 形 ❶ [通例 the ~] 第 1000(番目)の. ❷ 1000 分の 1 の. ―― 名 ❶ [通例 the ~] 1000 番目(の序数)の第 1000《略 1000th》. ❷ Ⓒ 1000 分の 1. ―― 代 第 1000 番目の人[もの].

Thrace /θréɪs/ 名 トラキア《Balkan 半島東部のエーゲ海の北にあたる地方; 現在はギリシア・トルコ・ブルガリアの3国に分かれている》.

Thra·cian /θréɪʃən/ 形 トラキア(人[語])の. ―― 名 Ⓒ トラキア人; Ⓤ トラキア語《印欧語に属する古代語》.

thrall /θrɔ́ːl/ 名 《文》❶ Ⓒ a 奴隷. b 《悪徳・悪習などの》とりこ (of, to). ❷ Ⓤ 奴隷の状態: in ~ to... ...にとらわれて.

thráll·dom, thrál·dom /-dəm/ 名 Ⓤ 奴隷の身分, 束縛.

†**thrash** /θræʃ/ 動 他 ❶ (罰として)...を《棒・むちなどで》打ちのめす: ~ a person soundly 人をしたたか打つ / She ~ed the children *with* a cane. 彼女は子供たちをむちで打ちすえた. ❷ 《口》(競技で)《相手》を打ち負かす (hammer): The home team ~ed the visiting team. 地元チームは来訪チームを打ち負かした. ❸ 《体の一部など》を激しく《上下に, ぐちゃぐちゃと》動かす. ―― 自 ❶ ころげ回る, のたうち回る 《about, around》: He ~ed *about* in bed with a high fever. 彼は高熱で寝床の中をのたうった. ❷ 《船が》波[風]にあおられて進む. **thrásh óut** (他+副) (1) 徹底的に議論[検討]して《合意などに》達する,《計画・案などを》練り上げる (hammer out). (2) 《問題などを》議論の末解決する (resolve). ―― 名 ❶ [a ~] 激しく打つこと. ❷ 《罰として》(コントロール・バックストロークの)足のけり, 壮足. ❸ 《英口》(特に, ぜいたくな)パーティー. ❹ Ⓤ 《楽》=thrash metal. 《THRESH の変形》

thrásh·er[1] ❶ thrash する人[もの]. ❷ 《古》=thresher 1.
thrásh·er[2] /θréʃə | θráʃə/ 名 〘鳥〙マネシツグミ, (特に)(チャイロ)ツグミモドキ《南北アメリカ産》.

†**thrásh·ing** 名 ❶ (競技などでの)大勝, 圧勝, 楽勝: give ...a ~ ...に大勝[圧勝]する. ❷ (罰として)何度も打つ[たたく, 殴る]こと.

thrásh métal 名 〘楽〙スラッシュメタル《heavy metal にパンクのスピードの暴力的かつ過激なスタイル・姿勢を取り入れたもの; speed metal ともいう》.

*__thread__ /θréd/ 名 ❶ Ⓤ.Ⓒ 糸; 縫い糸; 織り糸 (⇒ rope 関連語): black ~ 黒糸 / a needle and ~ 糸を通した針《単数扱い》/ sew with ~ 糸で縫う. ❷ Ⓒ 糸のように細いもの《毛・クモの糸・細流など》: a ~ of light 一条の光.

❸ Ⓒ a 《話・議論の》筋道, 脈絡: resume [take up] the ~ of the story 話の穂を継ぐ / He lost the ~ of the argument. 彼は議論の脈絡を失ってしまった. b 〘電算〙スレッド《電子掲示板などで, あるメッセージとそれに関するコメントなどを順次つらねたもの》. ❹ [the ~, one's ~] 生命の糸; 寿命: the ~ of life 玉の緒. ❺ Ⓒ ねじ山. ❻ [複数形で] 《米俗》服. **háng by a thréad** 風前のともしびである, 危機一髪である. **pìck úp the thréads** (of...)(中断のあとで)...のよりを戻す; (...の)ようすを聞き, 立て直す. ―― 動 他 ❶ a 《針に》糸を通す. b 《ビーズなどを》糸に通してつなぐ. ❷ 《フィルム・テープなどを》《映写機などに》入れる, 通す, 装着する. ❸ (入り組んだ街路・人込みなどを)縫うように通り抜ける: ~ a maze 迷路を縫うようにして通っていく / I ~ed my way *through* the crowd to the exit. 私は人込みの中を縫うようにして出口へ向かった. ❹ a 《...に》...を織り交ぜる: a tapestry ~ed *with* gold 金糸を織り交ぜたタペストリー. b 《頭髪に》《白髪で》しまをつける: His black hair was ~ed *with* silver. 彼の黒髪にはいくすじかの銀髪が交じっていた. 《OE =ねじれたもの》

thréad·bàre 形 ❶ 《布・衣類が》すれて糸の見える, すり切れた (worn): a ~ overcoat すり切れたコート. ❷ 《人がぼろを着た, みすぼらしい. ❸ 《議論・冗談など》古くさい, 陳腐な: a ~ argument 陳腐な議論.

thréad·ed /-dɪd/ 形 糸を通した, 糸模様で飾った; ねじ(やま)を切った: ~ beads.
thréad·er /-də/ 名 Ⓒ 糸通し器.
thréad·fìn 名 〘魚〙ツバメコノシロ.
thréad·lìke 形 糸のような; 細長い.
thréad màrk 名 (紙幣などの)糸のすき入れ《偽造防止に紙にすきこまれた繊維》.
thréad·wòrm 名 〘動〙ギョウチュウ《寄生虫》.
thréad·y /θrédi/ 形 (**thread·i·er**; **-i·est**) ❶ 糸のような, 細い. **b** 糸の, 繊維質の. ❷ 《液体など》粘る, 糸を引く. ❸ 《脈拍・声など》弱い, 弱々しい.

*__threat__ /θrét/ 名 ❶ Ⓤ.Ⓒ 脅し, 脅迫; make ~s against a person 人を脅す / give in to ~s 脅しに屈する / carry out a ~ 脅しを実行する / an empty ~ 口先だけの脅し / a death [bomb] ~ 殺害[爆弾]の脅迫 / utter ~s of violence 暴力に訴えるぞと脅す / under ~ of punishment 罰せるぞと脅されて《★ under ~ は無冠詞》[+*to do*] her ~ to tell his wife 奥さんにばらすわよという彼女の脅し. ❷ [通例単数形で] 《...に対する》脅威; 脅威となるもの[の人]: Wildlife is under ~ everywhere. 野生生物は至る所で脅威にさらされている / a serious ~ *to* peace [freedom of speech] 平和[言論の自由]に対する重大な脅威 / pose a ~ 脅威をもたらす. ❸ [通例単数形で] 兆し, 恐れ: the ~ *of* war 戦争の恐れ / There was a ~ of snow. 雪になる恐れがあった. 《OE = 圧迫》(動 **threaten**)

*__threat·en__ /θrétn/ 動 他 ❶ a ...を脅す, 脅迫する: The mugger ~ed me, so I gave him my money. 追いはぎに脅されたので金を渡した / They ~ed us *with* harsh punishments if we did not obey. 彼らは従わなければ厳罰に処すといって私たちを脅かした. b 《処罰・仕返しなどをするぞと脅す: ~ punishment 処罰するぞといって脅す / [+*to do*] They ~ed *to* kill him. 彼らは彼を殺すぞと脅迫した [+*that*] He's always ~*ing that* he'll go back to his mother country. 彼はいつも母国へ帰ってしまうぞと脅している. ❷ 《...の》恐れがある, 《...し》そうである: Those clouds ~ rain [thunder, a storm]. あの雲ゆきでは雨[雷, あらし]になりそうだ / [+*to do*] It ~s *to* rain [snow]. 雨[雪]になりそうだ. ❸ 《危険・災いなど》《...に》迫っている, 脅威を与える《★ しばしば受身で用い, 前置詞は *with*》: A flood ~ed the city. 洪水が町を脅かしていた / a tribe ~ed *with* extinction 絶滅にひんしている部族.

―― 自 ❶ 脅す, 脅迫する: I don't mean to ~. 私は脅迫する気はない. ❷ 《危険など》迫っている, 起きそうである: A storm ~s. あらしが迫っている. (名 **threat**) 【類義語】**threaten** 「脅す」意味の最も広い語. **menace** 脅かす人・物の敵意, 恐怖を強調. **intimidate** 脅しつけて行動を束縛する.

thréatened spécies 名 (複 ~) 絶滅の恐れのある種(い).

絶滅危惧種 (endangered species).
thréat·en·er 图 脅す人[もの], 脅迫者.
*threat·en·ing /θrétnɪŋ/ 形 ❶ 脅す, 脅迫する: a ~ letter 脅すような手紙; 脅迫状. ❷〈空模様など〉険悪な, 荒れ模様の. ~**ly** 副 ❶ 脅迫的に, 脅して. ❷ 荒れ模様で, 険悪に.
*three /θríː/ (基数の 3; 序数は third; 用法は ⇒ five) 形 ❶ A 3 の, 3 個の, 3 人の: ~ parts (=three-quarters) 4 分の 3 (⇒ part A 3) / the T~ Wise Men《聖》東方の三博士(⇒ Magi). ❷ [名詞の後に置いて] (一連のものの中の) 3 番目の: Lesson T~ (=The Third Lesson) 第 3 課. ❸ P 3 歳で. ―代 [複数扱い] 3 個[人].
―名 ❶ U.C [通例無冠詞] 3: T~ times [by] ~ makes nine. 3 に 3 をかけると 9 になる. b C 3 の数字[記号] (3, iii, III). ❷ U 3 時, 3 歳; ❸ 3 ドル[ポンド, セント(など)]: ~ ten《英口》3 ポンド 10 ペンス (£3 10p). ❸ C 3 個[人] からなるひと組. ❹ C 《衣服などの》3 号サイズ(のもの). ❺ C《トランプ・さいころなどの》3. the **rúle of thrée** ⇒ rule 名 成句. the **Thrée in Óne**《キ教》三位一体.《OE; ラテン語・ギリシア語系の TRI- と同語源》
thrée-bágger 名《野》三塁打.
thrée-báse hít 名《野》三塁打.
thrée-cárd tríck 名 U スリーカードトリック《3 枚のカードを伏せ, クイーンをあてさせる賭け》.
thrée chéers 名 複 万歳三唱 (Hip, hip, hurray! を 3 回繰り返す).
thrée-cólor 形 3 色の; 3 色刷りの.
thrée-color photógraphy [prócess] 名 3 色[天然色]写真法.
thrée-córnered 形 ❶ 三角の: a ~ hat 三角帽子. ❷〈競技など〉3 人の選手から成る; 三つどもえの; 三角関係の: a ~ fight 三つどもえの戦い[競争, 論戦] / a ~ relationship 三角関係.
three-D, 3-D /θríːdíː⁻/ 形 立体. ―形〈写真・映画など〉立体の: *3-D* movies [television] 立体映画[テレビ].《THREE-D(IMENSIONAL)》
thrée-dày evénting 名 =eventing.
thrée-décker 名 ❶ a 3 部作(の小説). b 3 枚重ねのサンドイッチ. ❷《昔の》3 層甲板艦《各甲板に備砲した》.
⁺**thrée-diménsional** 形 ❶ 3 次元の: ~ space 3 次元. ❷ =three-D.
thrée-fóld 形 ❶ 3 倍[重]の. ❷ 3 部分[要素]のある. ―副 3 倍[重]に.
thrée-hálf·pence 名 U 1 ペンス半.
thrée-hánded 形 ❶ 3 手の. ❷〈ゲームなど〉3 人でする.
thrée-há'pence /-héɪp(ə)ns/ 名 =three-halfpence.
thrée-légged 形 3 脚の: a ~ race 2 人 3 脚(競走).
thrée-líne whíp《英》登院厳重命令(書)《緊急の意を示す下線を引いたことから; cf. whip 名 2 b》.
thrée-míle límit 名 [the ~]《国際法》海岸から海へ 3 マイルの限界《しばしば領海の限界とされる》.
thrée-párt 形 3 部の, 3 人用の.
three·peat /θríːpíːt/《米》名《スポーツの》3 連勝, 3 連覇: pull off a ~ 3 連覇を成し遂げる. ―動 自 他 (...) に 3 連勝する.
thrée·pence /θrép(ə)ns, θríːpéns/ 名《英》❶ U 3 ペンス(の金額)(の 1½ ペンス). ❷ C 3 ペンス硬貨《もと英国の 12 角形の硬貨》.
three·pen·ny /θrépəni, θríːpéni⁻/ 形《英》3 ペンスの: a ~ stamp 3 ペンスの切手. ❷ つまらない, 安っぽい.
thréepenny bít [píece]《英》(旧) 3 ペニー硬貨《1971 年まで使用》.
thrée-pháse 形《電》3 相の.
thrée-píece 形〈衣服など〉三つぞろいの, スリーピースの;〈家具など〉3 点セットの: a ~ suit スリーピース / a ~ set of furniture 3 点セットの家具.
thrée-plý 形 ❶〈糸・なわなど〉3 本よりの. ❷ 三重の, 3 枚合わせの.
thrée-póinter 名《バスケ》スリーポイントシュート.
thrée-póint lánding 名《空》三点着陸《2 個の主車輪と前車輪[尾そり]とが同時に接地する着陸法》.
thrée-póint túrn 名《自動車の》3 点方向転換《狭い場

1879　　thrill

所での前進・後退・前進のターン》.
⁺**thrée-quárter** 形 A a 4 分の 3 の. b〈服など〉(通常の) 4 分の 3 の長さの, 七分(½)の: a ~ sleeve 七分袖(½). ❷〈写真など〉7 分身の; 顔の 4 分の 3 を示す. ―名 ❶《写真など》7 分身の(肖像), 4 分の 3 の横向きの顔. ❷《ラグビー》スリークォーター (halfback と fullback の間に位置する競技者).
*thrée-quárters 名 副〔...の〕4 分の 3(の量)〔*of*〕(cf. quarter 名 A 1).
thrée-ríng círcus 名《米》❶ 3 つのリングで行なうサーカス. ❷ けんらん豪華なもの, 目を見張るもの.
thrée R's /-áɚz | -áːz/ 名 複 [the ~]《子供の基礎学科として》読み・書き・算術.《無学だったロンドン市長 Sir William Curtis が宴席で "I will give you the three R's—writing, reading, and arithmetic." と言ったことから》
thrée·score 名 U 60(の), 60 歳(の): ~ and ten 70 (歳)(の).
three·some /θríːsəm/ 名 ❶ 3 人組. ❷《ゴルフ》a スリーサム (1 人対 2 人で行なう; cf. single 7, foursome 2). b スリーサムの競技者たち. ―形 3 人組の, 3 人で行なう.
thrée-stár 形〈ホテル・レストランなど〉三つ星の, 高級な.
thrée-stríkes láw 名《米》「三振アウト」法《重罪を 3 度犯すと自動的に終身刑とする, 一部の州の法律》.
thrée-whéeler 名 三輪車, オート三輪.
thren·o·dy /θrénədi/ 名 悲歌; 哀歌.
thre·o·nine /θríːəniːn, -nən/ 名 U《生化》トレオニン《必須アミノ酸の一つ》.
thresh /θréʃ, θráʃ | θréʃ/ 動 ❶〈穀物を〉からざおで打つ, 脱穀する. ❷〈体の一部などを〉激しく[めちゃくちゃに] 動かす (thrash). **thrésh óver**《他+副》〈問題などを〉分析 [検討]する. ❷ からざおで打つ, 脱穀する. ❷ ころげ回る, のたうち回る (thrash).《OE; 原義は「踏む」》
thresh·er 名 ❶ a 脱穀機. b 脱穀者. ❷《魚》オナガザメ.
thrésh·ing machìne 名 脱穀機.
*thresh·old /θréʃ(h)ǒʊld/ 名 ❶ 敷居, 入り口の一戸口 / cross the ~ 敷居をまたぐ, 家に入る. ❷ [通例単数形で]〈物事の〉初め, 発端: He's on the ~ of adulthood. 彼は大人になりかけているところだ. ❸ a《心》閾(╱): the ~ of consciousness 意識《作用の生起と消失の境》. b《忍耐などの》限度, 許容範囲: have a high [low] pain ~ 痛みを感じにくい[やすい].《OE; 原義は「踏むもの」; cf. thresh》(形 liminal)
***threw** /θrúː/ 動 throw の過去形.
thrice /θráɪs/ 副《文》❶ 3 たび, 3 倍で《★ three times のほうが一般的》. ❷《通例複合語で》幾度も; 大いに: *thrice*-blessed=*thrice*-favored 非常に恵まれた, 果報な.
*thrift /θríft/ 名 ❶ U 倹約, 節約. ❷ U《植》ハマカンザシ, アルメリア. ❸ C =thrift institution.《ON; 繁栄〈*thrívask*; ⇒ thrive〉》(形 thrifty)
thrift institútion 名 貯蓄機関.
thríft·less /-ləs/ 形 金づかいの荒い, 浪費する. ~**·ly** 副 ~**·ness** 名
thríft shóp 名 中古品特価販売店《家庭で不用になった衣類・家具などの寄付を受け, 補修・加工のうえ格安で販売し, 収益は福祉事業にあてる》.
thrift·y /θrífti/ 形 (**thrift·i·er**; **-i·est**) ❶ 倹約な, 倹しい: a ~ wife 倹約な女房 / be ~ *with* one's money お金を節約する. ❷ 繁盛する. ❸《米》元気に育つ, 繁茂した. **thrift·i·ly** /-təli/ 副 **-i·ness** 名 (thrift) (類義語) ⇒ economical.
*thrill /θríl/ 名 ❶《快感・恐怖などで》ぞくぞく[わくわく]する感じ, スリル: a ~ of joy [terror] わくわくするような喜び [ぞっとするような恐怖] / a story full of ~s スリルに満ちた物語 / the ~ of speed スピードの快感[スリル] / A ~ went through her. 彼女は体中にスリルが走った / get a ~ out of *do*ing ...するとドキドキする / do... for the ~ of it スリルを求めて...を行う. ❷ 震動(音); 動悸(½),

thriller 脈拍. ― 動 他 〈人をぞくぞくさせる, わくわくさせる, 感動させる《★しばしば受身で用い, 前置詞は with, by》: The sight ~ed the onlookers. その光景は見物人をぞくぞくさせた / It ~ed me to see her win the race. 彼女が競走に勝つのを見て感動した / The audience was [were] ~ed with his performance. 聴衆は彼の演奏に沸いた.
― 自 ① a 〈人が〉…にぞくぞくする, ぞくぞくする, 感動する, 感激する 〈at, to〉: Everybody ~s to the sound of a trumpet. だれもがみなトランペットの音にぞくぞくする / [+to do] I ~ed to see him win (the) first prize. 彼が1等賞をもらうところを見て感激した. b 〈強い感情が〉〈身に〉走る, 〈身に〉しみ渡る, 〔…が〕震える: Fear ~ed through my veins. ぞっとするような恐ろしさが体中にしみ渡った. ② 〔…で〕震える: Her voice ~ed with terror [joy]. 彼女の声は恐怖[喜び]で震えた. **be thrilled to bits** ⇒ bit¹ 〔成句〕 **Big thrill!** それは大感激ですね《★実はどう反対の場合に言う》. **thrills and spills** (成功するか失敗するかの)興奮とスリル. 〖OE=穴をあける〈thurh; ⇒ through〉〗

*****thrill･er** /θrílər/ -|ə/ 名 ① スリラー小説[劇, 映画]《特に犯罪・スパイ物》. ② スリルを与える人[もの].

†**thrill･ing** わくわくさせる, スリル満点の. **~ ly** 副

thrips /θríps/ 名 (複 ~) 〖昆〗 アザミウマ《植物の害虫》.

*****thrive** /θráɪv/ 動 自 (thrived, throve /θróuv/; thrived, thriv･en /θrív(ə)n/) ① 栄える, 繁栄する, 盛んになる; 成功する: Education ~s there. そこは教育が盛んだ / Industry rarely ~s under government control. 産業が政府の統制の下で発展することはめったにない. ② 〈人・動植物が〉丈夫に育つ, 成長する; 生い茂る, 生長する: This species of wheat does not ~ in Japan. この種の小麦は日本ではよく育たない. **thrive on** (1) 〔…で〕栄える. (2) 〈悪条件で〉生きがいとする: ~ on pressure プレッシャーをばねにする. 〖ON=自分でつかむ, 栄える〗

*****thriv･en** /θrív(ə)n/ 動 thrive の過去分詞.

thriv･ing /θráɪvɪŋ/ 形 繁盛[繁栄]する, 繁華な; 繁茂する: a ~ business 繁盛する商売 / a ~ town 繁華な町. **~ ly** 副

thro, thro' /θruː, θrú:/ 前 自 (古) =through.

*****throat** /θróʊt/ 名 ① のど, 咽喉(いんこう): have a sore ~ (かぜなどで)のどが痛い / clear one's ~ せき払いをする / clutch one's ~ のどを押さえる《呼吸困難・ショックなどを表わすしぐさ》/ pour [send]…down one's ~ …を飲み下す / spring at a person's ~ …おどりかかって人ののどを絞めようとする / take [seize] a person by the ~ 人ののどを絞める. ② (器物などの)首; 〔植〕狭い通路. ③ 声, (特に)鳴鳥の鳴き声. **be at èach óther's thróats** (互いに)激しく争って[けんかして, 議論して]いる. **cút one's (ówn) throat** (1) のどを切る; 自殺する. (2) 自滅を招く. **júmp dòwn a person's thróat** 人に対していきなり怒りだす; 人をこっぴどくしかる. **stick in one's thróat** (1) 〈骨などが〉のどにひっかかる. (2) 〈言葉などが〉なかなか出ない. (3) 〈提案などが〉受け入れられない; 気に入らない. **thrúst [fórce, rám]…dòwn a person's thróat** 〈意見など〉を人に押しつける. 〖OE; 原義は「ふくらむ場所」〗 関形 gular)

throat･ed /-tɪd/ 形 〔複合語で〕 (…の)のどをした: a white-*throated* bird のどの白い鳥.

thróat･làtch, thróat･làsh (馬の)のど革; (馬の首の)のど革をあてた部分.

thróat mìcrophone 名 のど当てマイクロホン《のどから直接反音する》.

throat･y /θróʊti/ 形 (throat･i･er; -i･est) ① しわがれ声の (hoarse). ② 喉音(こうおん)の. ③ 〈鳥などの〉太い.

thróat･i･ly 副 **-i･ness** 名

†**throb** /θráb | θrɔ́b/ 動 自 (throbbed; throb･bing) ① a 〈心臓が〉鼓動する, どきどきする; 脈打つ; 〈機械などが〉規則正しく鼓動する: My heart *throbbed* heavily. 私の心臓は激しく動悸を打った / The engine *throbbed* at idle. エンジンは鼓動して空転した. b 〔…で〕ずきんずきんする: My finger was *throbbing* with pain. 指が痛くてずきずきしていた / That sound made my head ~. その音を聞くと頭ががんがんした. ② 〔…に〕震える; 感動する: He was *throbbing with* expectation. 彼は期待でどきどきしていた. ③ 〔文〕〈場所が〉活動で躍動する, 満ちている: The city is *throbbing with* activity. その市は活気に満ちている. ― 名 ① (また **thrób･bing**) 動悸, 鼓動: A ~ of pain ran through my back. 痛みが背すじを走った. ② 〔機械などの〕振動: the ~ of an engine エンジンの振動. **thrób･bing･ly** 副 ずきずきして, どきどきして.

†**throes** /θróʊz/ 名 複 ① 激痛, ひどい苦しみ, 苦悶: one's [the] death ~ 死の苦しみ, 断末魔. ② 陣痛. ③ 苦闘, 激しい努力: They were in the ~ of revolution [of electing a chairperson]. 彼らは革命の[議長を選んでいる]真っ最中だった.

throm･bin /θrámbən | θróm-/ 名 U 〖生化〗 トロンビン《血液凝固にかかわるプロテアーゼの一つ》.

throm･bo- /θrámbə | θrɔ́m-/ 〔連結形〕 「血栓」「血栓症」. 〖Gk *thrombos* 塊り〗

thróm･bo･cỳte 名 〖解〗 血小板, 栓球. **thròm･bo･cýt･ic** /-sít-/ 形

throm･bo･cy･to･pe･ni･a /θràmbəsàɪţəpí:niə | θróm-/ 名 U 〖医〗 血小板減少(症). **-pé･nic** 形

thròmbo･émbolism 名 〖医〗 血栓塞栓(さくせん)症. **-embólic** 形

throm･bose /θrámboʊz | θrɔm-/ 動 自 他 〖医〗 血栓症に罹患[生ぜしむ].

throm･bo･sis /θrambóʊsɪs | θrɔm-/ 名 (複 -ses /-siːz/) C|U 〖医〗 血栓症: cerebral ~ 脳血栓症.

throm･box･ane /θrambɔ́kseɪm | θrɔmbɔ́k-/ 名 U 〖生化〗 トロンボキサン《アラキドン酸などから, 血小板で多く産生される一群の細胞機能調節物質の総称; 血小板凝集作用・血管収縮作用を有する》.

throm･bus /θrámbəs | θrɔ́m-/ 名 (複 -bi /-baɪ/) 〖医〗 血栓 (cf. embolus).

*****throne** /θróʊn/ 名 ① C 王座, 玉座: the speech from the ~ (英国の)議会開院式の勅語. ② [the ~] 王位, 帝権: ascend [come, come to, take] *the* ~ 即位する / be on the ~ 王位についている / be next in line to the ~ 次期王位継承者である. ③ (俗)便座; 便所. ④ 〔複数形で〕〖神学〗座天使《天使の9階級中第3階級の天使; cf. hierarchy 4》. ― 動 他 〈人〉を王座[王位]につける《通例受身》. 〖F<L<Gk=座〗

*****throng** /θrɔ́:ŋ | θrɔ́ŋ/ 名 群衆; 人だかり: a ~ of people [seagulls] 人[カモメ]の群れ. ― 動 自 集まる, 殺到する (crowd, flock): They ~ed around him. 彼らは彼の周りに群がった / Crowds of people ~ed to see the game. その試合を見ようとして人々が殺到した. ― 他 〈…に〉群がる; 押しかける, 殺到する (crowd): People ~ed the church to hear the sermon. その説教を聞こうと人々が教会に詰めかけた / The streets *were* ~*ed with* shoppers. 町は買い物客でごった返していた. 〖OE; 原義は「押し合うこと」〗 〖類義語〗 ⇒ mob.

thros･tle /θrɔ́sl | θrɔ́sl/ 名 〔英〕〖鳥〗 ウタツグミ.

†**throt･tle** /θrátl | θrɔ́tl/ 名 〖機〗 ① 絞り弁, スロットルバルブ. ② =throttle lever. **at fúll thróttle** 全(速)力で. ― 動 他 ① 〈人などの〉のどを絞める, 〈人などを〉窒息させる (strangle). ② 〈…を〉抑える; 抑圧する: They tried to ~ the freedom of the press in the country. 彼らは国の報道の自由を抑圧しようとした. ③ 〖機〗〈機関などを〉減速する 〈down, back〉. ― 自 (エンジンの)速度を落とす 〈down, back〉.

thróttle lèver 名 〖機〗 節気柄, スロットルレバー.

*****through** /θruː, θrú:/ 前 〔貫通・通過を表わして〕 a …を貫いて: fly ~ the air 空中を飛んでいく / see ~ glass ガラスを見通す / pass a comb [one's fingers] ~ one's hair 髪にくし[指]を通す / drive a nail ~ a board 板にくぎを打ち込む / walk right ~ the village 止まらずにその村を通り抜ける / He pushed his way ~ the crowd. 彼は群衆の中をかき分けて行った. b 〈戸口・経路などを〉通り過ぎて, …から: go ~ a door ドアから出る / He came in ~ the window. 彼は窓から入り込んだ. c …を突き破って: The car drove ~ a red light. その車は赤信号を無視して走っていった / *T*~ the clatter of dishes I heard an angry shout. 皿がガチャガチャと音をたてる中

でも怒声の叫びが聞こえた. **d** 〈心などを貫いて; 〈偽りなどを〉見抜いて〉: An idea flashed ~ his mind. ある考えがさっと彼の頭にひらめいた / He saw ~ the trick. 彼はそのたくらみを見抜いた. **e** 〈議会などを通過して; 〈人の管理などを離れて〉: They got the bill ~ Parliament. 彼らはその法案を議会を通過させた.
❷ [あちこち至る所を表わして] …じゅうを[に], …の間を(あちこち): The news spread ~ the whole country. そのニュースは国じゅうに広がった / The monkeys swung from branch to branch ~ the trees. サルが枝から枝へぶらさがって木々の間を渡っていった / He searched ~ his papers. 彼は書類をひっかき回して(求めるものを)捜した.
❸ [始めから終わりまでを表わして] **a** 〈時間・期間〉じゅう: We stayed awake ~ the night. 私たちは徹夜をした / He lived in the house all ~ his life. 彼は一生ずっとその家で暮らした / I had a hard time sitting ~ the concert. コンサートを終わりまで聞いていてつらい思いをした / half-way [all the way] ~ the concert コンサートの途中で[の間ずっと]. **b** 〖米〗(…から)…まで(含めて) (thru): (from) Tuesday ~ Saturday 火曜日から土曜日まで(『用法』from Tuesday to [till] Saturday では Saturday が入るかはっきりしないので上記の表現を用いる; 〖英〗 では (from) Tuesday to Saturday inclusive などを用いる).
❹ [経験などの完了を表わして] …を経て, …を終えて, …を使い果たして: go ~ an experience [operation] 経験する[手術を受ける] / I got ~ the examination. 私は試験に合格した / He went ~ a fortune in a year. 彼は1年で大金を使い尽くした / I'm half ~ the poem. 私はその詩を半分読み[書き]終えた / Did he get ~ his exam? 彼は試験にパスしたか.
❺ [手段・媒体を表わして] …によって, …を通して: He got the job ~ my help. それは私のつてでその職についた / John and George are related ~ their grandmother. ジョンとジョージは彼らのおばあさんを通して親戚関係になっている.
❻ [原因を表わして] …によって, …のために: He got ~ injured ~ his own carelessness. 彼は自分の不注意でけがをした.

── /θrú:/ (比較なし) (『用法』be 動詞と結合した場合は 形 とも考えられる) ❶ 通して, 貫いて; 突き破って: The bullet hit the wall and went ~. 弾丸は壁に当たって貫通していた.
❷ 初めから終わりまで: read a book ~ 本を通読する.
❸ 〖場所まで〗ずっと; 通じて: This train goes ~ to Berlin. この列車はベルリンまで(乗り換えなしに)行く / Please get tickets ~ to Boston. ボストンまでの通し切符を買ってください.
❹ [(ある時間)じゅう, ぶっ通して: We drank the whole night ~. 一晩中飲み明かした (愛え) We drank all through the night. と書き換え可能).
❺ [wet, soaked などで] まったく, 徹底的に: I was wet ~. びしょぬれになった / He was soaked ~. 彼はずぶぬれだった.
❻ **a** (首尾よく)終わって, 済んで: This year he'll probably get ~. 彼は今年はたぶん(試験に)受かるだろう / I'll be ~ in a few minutes. もう少しで終わります / They finally got [made it] ~ (to their destination). 彼らはついに(目的地に)たどり着いた. **b** 〖…が〗終わって, 〖…との〗関係が切れて, 〖…を〗やめて: When will you be ~ with your work? 仕事はいつ終わりますか / I'm ~ with Jane. ジェーンとの関係は切れた / He's ~ with alcohol. 彼はアルコールをやめた / [+doing] I'm nearly ~ talking to Mr. Smith. スミスさんとの話はほとんど済みました / As a boxer he's ~. ボクサーとしては彼は終わりだ. **c** (通話を)終わって (cf. 7): Are you ~? [交換手が] 通話は終わりましたか.
❼ つながって: Are you ~? 〖英〗電話がつながりましたか (〖比較〗この表現は〖米〗では 6c の意に解釈される) / You're ~. (先方が)お出になりました / I will put you ~ (to Mr. Green). (グリーンさんに)おつなぎします / I managed to get ~ to her. やっと彼女に電話がつながった.

thróugh and thróugh まったく, 徹頭徹尾: I was wet ~

and ~. 全身びしょぬれだった / He's honest ~ and ~. 彼はまったく正直だ.

── /θrú:/ 形 A (比較なし) ❶ **a** 通しの, 直通の: a passenger 通し旅客 / a fare [ticket] 通し運賃[切符] / a train 直通[直行]列車. **b** 〈道路が通り抜ける〉, 通しの: a ~ road 通しの道路 / No ~ road. [掲示] 通り抜けできません. ❷ 端から端まで貫いた, 通しの: a ~ beam 通しの梁(はり).
〖OE thurh; cf. thorough, thrill〗

thróugh-compósed 形 〖楽〗〈歌曲の通作の〈詩の各節に異なった旋律を付けた; cf. strophic〉.

*thróugh·óut /θru:áut/ 前 (比較なし) [通例文尾に用いて] ❶ 〖場所を表わして〗至る所, すっかり, すみからすみまで: The building is well built ~. その建物はすみずみまでしっかりした造りになっている. ❷ 〖時間を表わして〗その間ずっと, 終始: He remained loyal ~. 彼は終始忠誠を通した. ── 副 ❶ 〖場所を表わして〗…のすみからすみまで, …の至る所に: Her name is famous ~ the world. 彼女の名は世界中に知れ渡っている. ❷ 〖時間を表わして〗…じゅう, …間ずっと: ~ one's life 一生を通じて.

thróugh·pùt 名 U.C (一定期間内に処理される)原料の量, 情報量.

thróugh strèet 名 直進優先道路.

thróugh·wày 名 〖米〗高速道路.

throve 動 thrive の過去形.

*throw /θróu/ 動 (threw /θrú:/; thrown /θróun/) 他 ❶ 〈ものを〉投げる, ほうる: ~ a dart 投げ矢を投げる / He threw the ball (up). 彼はボールを(上に)投げた / He threw down his magazine. 彼は雑誌をほうりすてた / The boat was thrown up onto the rocks. ボートは岩の上に打ち上げられた / The demonstrators threw stones at the police. デモ隊は警官隊に向かって石を投げつけた / [+目+目] He threw me the parcel. = He threw the parcel to me. 彼はその包みを私へほうってよこした.
❷ **a** 〈光・視線・ことば・疑いなどを〉投げかける (cast): The trees threw long shadows in the moonlight. 木々は月光を受けて長い影を落としていた / Stop ~ing insults at them. 彼らに侮蔑的な言葉を浴びせるのはやめなさい / She threw a seductive look at him. = [+目+目] She threw him a seductive look. 彼女は彼に誘惑的なまなざしを投げかけた / Many people threw doubt on the value of his invention. 彼の発明の真価に疑いさしはさむ者が多かった. **b** 〖…に〗〈打撃を〉加える: He threw a punch at me. 彼は私にパンチを見舞った. **c** ~ oneself で〖敵などを〗攻撃する; 〖食物に〗飛びつく 〖on〗.
❸ 〈弾丸などを〉発射する; 〖水・スプレーなどを〈…に〉噴出させる: ~ a shell 砲弾を発射する / The pump trucks were ~ing water on the fire. ポンプ車は火事場に向かって水を注ぎかけていた.
❹ [副詞(句)を伴って] **a** 〈身体の一部を〉(激しく)動かす (fling): ~ up one's hands ⇒ hand 成句 / ~ one's head back 頭をのけぞらせる / He threw his arms around his mother's neck. 彼は母の首に抱きついた. **b** [~ oneself で] 〖…に〗身を投げかける: He threw himself onto the sofa. 彼はソファーにどっと身を投げだした / She threw herself into my arms. 彼女は私の腕に身を投げかけた.
❺ **a** 〈衣服を〉急いで着る[脱ぐ]: He threw on [off] his bathrobe. 彼は急いでバスローブを身にまとった[脱ぎすてた] / She threw a shawl over her shoulders. 彼女は急いで[むぞうさに]ショールを肩にかけた. **b** 〈ヘビが〉〈皮を〉脱皮する.
❻ 〈…を〉〈ある位置・状態などに〉投じる, 陥らせる: ~ a person into prison 人を投獄する / The meeting was thrown into confusion. 会は混乱に陥った / The recession threw many people out of work. 不況で多くの人が失業していた / [+目+補] He threw open the door. = He threw the door open. 彼はドアをさっと開けた.
❼ 〈口〉〈人を〉当惑[混乱]させる, まごつかせる, 取り乱させる:

Don't let her (wild talk) ～ you. 彼女(の途方もない話)に惑わされるな.
❽《口》〈パーティーなどを〉催す 《★この意味では have, hold, give が一般的》: ～ a dance ダンスパーティーを催す / ～ a dinner 晩餐(ばんさん)会を開く.
❾ **a** 〈馬が〉〈乗り手を〉振り落とす. **b** 〘レス・柔道〙〈相手を〉投げ倒す.
❿〈家畜が〉〈子を〉産む.
⓫ **a** 〈陶器を〉ろくろにかけて形作る. **b** 〈生糸などに〉よりをかける.
⓬〈スイッチ(などのてこ)を〉動かす, 入れる, 切る.
⓭《口》〈競技・競走などに〉わざと[八百長で]負ける.
⓮〈声を〉(腹話術で)実際と違った所から発しているように出す, 腹話術でしゃべる.
⓯ **a** 〈さいころを〉振る. **b** さいころを振って〈…を〉出す: ～ a six さいころを振って 6 を出す.
── [自] ❶ 投げる, 投球する: How well can you ～? どれほどうまく投げられるか. ❷〈家畜が〉子を産む.
thrów aróund [abóut] 《[他]+[副]》(1)〈ものを〉投げ散らかす. (2)〈金を〉浪費する.
thrów awáy 《[他]+[副]》(1)〈ものを〉捨てる, 廃棄する (throw out): It's no good; ～ it *away*. それはだめだ, 捨ててしまいなさい. (2)〈機会などを〉(うっかりして)とり逃がす, 棒に振る, 失う: ～ *away* a good opportunity よい機会を棒に振る. (3)〈俳優・アナウンサーなどが〉わざとさりげなく言う. (4) [通例受身で]〔…に〕むだに費やす: The advice *was thrown away on* him. 彼への助言はむだになった.
thrów báck 《[他]+[副]》(1)〈…を〉のけぞらせる (⇨ [他] 4 a). (2) (ほかが失敗して)〔元の手段などに〕〈…を〉立ち戻らせる《★通例受身》: In the end I *was thrown back on* my own resources. 結局また自分の力を頼りに出直すことになった.
thrów one's cáp [bónnet] òver the wíndmill ⇨ windmill [成句].
thrów cáution to the wínd(s) ⇨ caution [名] [成句].
thrów cóld wáter on [òver]… ⇨ water [名] [成句].
thrów dówn 《[他]+[副]》〈ものを〉投げ落とす.
thrów ín 《[他]+[副]》(1)〈ものを〉投げ入れる. (2)〈ものを〉おまけとして添える (include): The room is £25 a night, with meals *thrown in*. 部屋代は食事付きで 1 泊 25 ポンドです. (3)〈言葉を〉さしはさむ: The speaker *threw in* a few jokes to reduce the tension. 講演者は緊張をやわらげるために 2, 3 のジョークをさしはさんだ.
thrów óff 《[他]+[副]》(1)〈衣服などを〉急いで脱ぐ (⇨ [他] 5 a). (2)〈…を〉まき散らす, 放つ, 発散させる (give off). (3)〈やっかいなものを〉振り捨てる;〈…との〉関係を断つ;〈追っ手を〉まく (cast off): ～ *off* one's pursuers 追跡者をまく. (4)〈かぜ・癖などを〉治[直]す: ～ *off* a bad habit 悪い癖を直す. (5)《口》〈詩などを〉即座に書く[言う].
thrów ópen (1)〈ドア・窓などを〉さっと開ける (⇨ [他] 6). (2)〈庭園などを〉〔一般大衆に〕公開[開放]する〔*to*〕.
thrów óut 《[他]+[副]》(1)〈ものを〉捨てる, 廃棄する (throw away). (2)〈人を〉追い出す, 追放する, 放り出す: They were *thrown out of* the hall. 彼らはホールから追い出された. (3)〈議案・提案を〉否決する;〈訴訟を〉棄却[却下]する. (4)〈熱・光などを〉出す, 放出する. (5)〈…を〉それとなく口にする, ほのめかす. (6)〈計算などを〉間違わせる, 狂わせる. (7)〈芽などを〉出す, 伸ばす. (8)〘クリケ〙〈打者を〉アウトにする;〘野〙送球して〈走者を〉アウトにする.
thrów óver 《[他]+[副]》[～+目+over]《古》〈友人・恋人などを〉見捨てる.
thrów onesèlf at… ❶ …に激しく突進する. ❷《口》やたらに[あからさまに]〈人〉の気を引こうとする.
thrów onesèlf into… ❶ …に身を投げ出す (⇨ [他] 4 b). ❷〈仕事など〉に打ち込む; 懸命にとりかかる: He *threw himself* wholeheartedly *into* his work. 彼は誠意をもってその仕事に打ち込んだ.
thrów onesèlf on… にすがる, 頼る: She *threw herself on* the judge's mercy. 彼女は裁判官の慈悲にすがった.
thrów togéther 《[他]+[副]》(1)〈ものを〉寄せ集めてでっちあげる;〈食事などを〉急いで用意する. (2)〈人々を〉偶然会わせる: Fate *threw* them *together* again. 運命のめぐり合わせで彼らは再び会った.
thrów úp 《[他]+[副]》(1)〈ものを〉ほうる (⇨ [他] 1). (2)〈国などが〉〈知名人を〉世に送る, 輩出する. (3)〈…を〉放棄する, やめる: ～ *up* one's job 辞職する. (4)〈…を〉急いで建てる, 急造する. (5)〈食べたものを〉吐く. ──《[自]+[副]》(6) 吐く (vomit).
── [名] ❶ **a** 投げること; 投球. **b** 〘レス・柔道〙投げわざ. ❷ ひと投げの距離: a ～ *of* 100 meters 100 メーターの投擲(とうてき)(距離) / a record ～ with the hammer 記録的なハンマー投げ(の距離). ❸ 振り出したさいの目. ❹ [a ～]《口》1 つ, 1 個, 1 回: They cost $2 a ～. それらは 1 つ 2 ドルする. ❺ ＝throw rug.
withìn a stóne's thrów (of…) ⇨ stone's throw.
〘OE＝ねじる, 回す;「投げる」の意は体をひねることからか〙
【類義語】**throw** (手と腕を使って)投げるの最も一般的な語. **fling** 回す手首をさっと動かして投げる. **toss** 上方に向けて軽く投げる. **hurl** 力を入れて投げる. **pitch** ある目標に向かって投げる. **cast** 軽いものを投げる意のやや形式ばった語.

thrów·awày [形] [A] ❶〈せりふなど〉さりげなく言われた, ぞんざいな. ❷ 使い捨ての: a ～ paper plate 使い捨ての紙皿. ── [名] ❶ 使い[読み]捨てのもの. ❷ (学校・家・社会から)追い出された人.
thrów·bàck [名] ❶ 先祖返り(したもの)〔*to*〕. ❷ あと戻り, 逆転. ❸ 投げ返し.
thrów·dòwn [名]《俗》(ダンス)パーティー.
thrów·er [名] 投げる人[もの].
thrów-ìn [名]〘スポ〙スローイン《ボールをフィールドに投げ入れること》.
‡**thrown** /θróʊn/ [動] throw の過去分詞.
thrów-òff [名] [U]《英》(狩猟・レースなどの)開始.
thrów rùg [名]《米》小型の敷物[じゅうたん].
throw·ster /θróʊstə | -stə/ [名] (生糸の)撚(よ)り糸工.
thrów wèight [名] [U] (弾道ミサイルの)投射重量《核弾頭の破壊力を表わす》.
thru /θruː, θrúː/ [前] [副] [形]《米》＝through.
thrum¹ /θrʌ́m/ [動] (**thrummed; thrum·ming**) [他] ❶〈弦楽器を〉つまびく, かき鳴らす: ～ a guitar ギターをつまびく. ❷〈テーブルなどを〉(指で)こつこつたたく. ── [自] ❶〔弦楽器を〕つまびく, かき鳴らす: ～ *on* a harp ハープをつまびく. ❷〔…を〕(指で)こつこつたたく: Stop *thrumming on* your desk. 机をこつこつたたくのはよしなさい. ❸〈大きな機械が〉ごとごと音をたて続ける. ── [名] つまびく[たたく]こと[音].
thrum² /θrʌ́m/ [名] (織物の)耳, 織り端の糸; 糸くず.
thrum·my /θrʌ́mi/ [形] (**thrum·mi·er; -i·est**) ほぐれ糸で作った; ふさのついた; けばだった.
⁺**thrush**¹ /θrʌ́ʃ/ [名]〘鳥〙ツグミ《ツグミ亜科の鳥の総称; 鳴鳥として知られる》.
thrush² /θrʌ́ʃ/ [名] [U]〘医〙❶ 鵞口瘡(がこうそう). ❷《口》膣(ちつ)カンジダ症 (《米》yeast infection).
thrust** /θrʌ́st/ [動] (**thrust**) [他] ❶ **a** [副詞(句)を伴って]ぐいと押す, 突っ込む: ～ a person *aside* 人を押しのける / ～ *out* one's tongue 舌を突き出す / ～ a chair *forward* いすを前に押し出す / ～ a plate *away* 皿を押しやる / His idea was ～ *aside*. 彼の考えは相手にされなかった / He ～ his hands *into* his pockets. 彼は手をポケットに突っ込んだ. **b** [～ one*self* で]押し進んで出る: I had to ～ *myself into* the bus. 人を押し分けてバスへ乗らなければならなかった / We ～ *ourselves forward*. 我々は押し進んでいった (cf. [成句]). **c** [～ one's way で] 押し分けて進む: They ～ their way *through* the crowd. 彼らは人込みの中を押し分けて進んでいった. ❷ [副詞(句)を伴って]〈…を〉〔…に〕突き刺す, 刺し通す, 刺す: He ～ a dagger *into* her back. 彼は彼女の背中に短刀を突き刺した / The sword ～ him *through*. 刀が彼の体を貫いた. ❸〈…を〉〔…に〕無理に押しつける: He ～ a ten-dollar bill ***into the waitress's hand. 彼はそのウェートレスの手に 10 ドル札を 1 枚握らせた / He ～ all the responsibility ***onto*** her. 彼は彼女に全責任を押しつけた / She had all the responsibility ～ ***upon*** her. 彼女は全責任を押しつけられた. ── [自] ❶

[...を]押す; 突く, 突きかかる: He ~ at me with a knife. 彼はナイフで私を突こうとした. ❷ 〖副詞(句)を伴って〗突進する, 押し分けて進む: ~ through a crowd 人込みを押し分けて進む / He roughly ~ past me. 彼は私を乱暴に押しのけて通っていった. thrúst onesèlf forward でしゃばる (cf. ⓦ 1 b). thrúst onesèlf [one's nóse] in...に干渉する. thrúst onesèlf into...に無理に割り込む: How did he manage to ~ himself into that position? 彼はどのようにしてうまくその地位についたのか. ── 名 ❶ Ⓒ (急な)押し; 突き: a ~ with the elbow [a sword] [ひじ[刀]]で突くこと. ❷ Ⓒ a 敵陣突破, 攻撃. b 言葉の攻撃, 厳しい批判. ❸ Ⓤ 前進; 推進; 迫力, 押し. ❹ [the ~] 〖言葉・発言などの〗主意, 要旨, 主目的 ⟨of⟩. ❺ Ⓤ 〖機〗推力. 〖ON〗〖類義語〗⇨ push.

thrúst·er 名 ❶ 押す[突く, 刺す]人[もの]. ❷ 押しの強い人. ❸ 〖軌道修正用の〗小型ロケットエンジン; スラスター〖船の補助推進装置[スクリュー]〗.

thrúst·ing 形 ❶〈人が〉押しが強い. ❷ 突き出た.

thrúst stàge 名 張り出しステージ〖舞台〗.

thrú·wày 名 〖米〗高速道路.

Thu. 〖略〗Thursday.

Thu·cyd·i·des /θ(j)uːsídədìːz, θjuː-/ トゥキュディデス (460?–?400 B.C.) 〖ギリシアの歴史家; ペロポネソス戦争をつづった『戦史』がある〗.

†**thud** /θʌd/ 名 ドシン, ドタン, バタン〖重い衝撃音〗: the ~ of an explosion ドスンという爆発音 / with a ~ ドサッと. ── 動 (thud·ded; thud·ding) ⓘ ドサッと落ちる, ドシンと鳴る[当たる]. ❷〈心臓が〉どきどきする(pound).

thúd·ding·ly 副

thug /θʌg/ 名 凶漢, 暴漢, ちんぴら.〖Hindi〗

thug·ger·y /θʌg(ə)ri/ 名 Ⓤ 暴力, 暴行.

Thu·le /θ(j)úːli, θ(j)úːli/ 名 トゥーレ, 極北の地〖古代のギリシア人・ローマ人が世界の極北にあると信じた地域〗; ⇨ ultima Thule.〖L ← Gk〗

thu·li·um /θ(j)úːliəm/ 名 Ⓤ〖化〗ツリウム〖希土類元素; 記号 Tm〗.

*thumb /θʌm/ 名 ❶ 〖手の〗親指〖★ 通例 fingers〖指〗に入れない; 足の親指は big toe という〗: raise one's ~ を立てる〖勝利・成功を表わす〗. ❷〖手袋などの〗親指. (a) rúle of thúmb ⇨ rule 成句. be áll (fíngers and) thúmbs まったく不器用である〖直来 親指は動きが鈍いことから〗. He's áll ~s. 彼はひどく不器用だ. give... [the] thúmbs úp [dówn] (1)...を認める[認めない], 承認[却下, 拒否]する. (2)〈人に〉親指を立てる[下に向ける]しぐさをする〖親指を上向きに合図して, OK の意, 下に向けるのは不承認などの意〗. Thúmbs dówn! だめだ!, 反対だ!, がっかりだ. Thúmbs úp! 承知した!, いいぞ!, うまいぞ! twíddle one's thúmbs (1)〖両手の指を4本ずつ組んで〗親指をくるくる回す〖退屈しているしぐさ〗. (2)〖口〗なにもせずにいる, ぶらぶら時を過ごす. ùnder a person's thúmb = ùnder the thúmb of a person 人にあごで使われて. ── 動 ⓣ ❶〖ページを親指で〖手早く〗めくる; ⇨ well-thumbed / He ~ed through the book. 彼はその本に急いで目を通した. ❷ 親指の合図で〖通りすがりの自動車に〗乗せてもらう; ヒッチハイクで〖便乗を〉求める (hitch): ~ a ride [〖英〗lift] 合図して車に乗せてもらう. ── ⓘ 親指で合図して自動車に乗せてもらう, ヒッチハイクする. 〖OE; 原義は「ふくれたもの[指]」〗

thúmb ìndex 名 つめかけ〖辞書などのページの端の半月形の切り込み〗.

thúmb·nàil 名 ❶ 親指のつめ. ❷ 非常に小さいもの. ❸〖電算〗サムネール〖縮小表示したページの画像〗. ── 形 Ⓐ 簡潔な.

thúmb nùt 名〖機〗つまみナット.

thúmb piàno 名〖楽〗〖親〗指ピアノ〖〖親〗指でかき鳴らすアフリカ起源の小型楽器〗.

thúmb·prìnt 名 親指の指紋, 拇(ʙ)印.

thúmb·scrèw 名 ❶ 親指締め〖ねじで親指を締めつける昔の拷問道具〗. ❷〖機〗つまみねじ.

thúmbs-dówn 名 [the ~] 拒絶, 反対, 不賛成 (↔ thumbs-up).

thúmbs-úp 名 [the ~] 賛成, 承認 (↔ thumbs-down).

thúmb·tàck 名〖米〗画びょう, 製図ピン (〖英〗drawing pin).

thúmb·tùrn 名 サムターン〖ドアノブの内側にある施錠・解錠用のつまみ〗.

thúmb·whèel 名 指回し式円形板〖装置の穴から一部が出ている円形板・ダイヤルで, 指で回して調節[操作]するようになっているもの〗.

†**thump** /θʌmp/ 動 ⓣ ❶〖げんこつ・棒などで〉...をゴツン [ボカリ, ドン] と打つ; ...を殴る, たたく: He ~ed the lectern as he spoke. 彼は聖書台をドンドンたたきながら説教した / He spoke angrily, ~ing the table with his fist. 彼は怒ってこぶしでテーブルをたたきながら話をした. (+目+補) She ~ed the pillow flat. 彼女はまくらをたたいて平らにした. ❷〈ものが〉...にゴツン [ドシン, ドン] とぶつかる: The branches ~ed the shutters in the wind. 木の枝が風でよろい戸に当たりガタガタ音を立てた. ❸〖副詞(句)を伴って〗〈...を〉〈...に〉〖音を立てて〗ぶつける, 叩きつける (bang). ❹ a〖楽器を〉ガタガタ[ボンボン]鳴らす: ~ a drum 太鼓をドンドン打つ. b〖楽器で〉曲をボンボンひく: ~ out a tune on the piano ピアノで曲をボンボンとやかましくひく. ── ⓘ ❶〖副詞(句)を伴って〉ゴツン [ドシン, ドン] と突き当たる[ぶつかる]; ひっぱたく: He ~ed on the table. 彼はドンドンテーブルをたたいた / The boat ~ed against the wharf. ボートは埠頭(ム゙)にゴツンゴツンとぶつかった. ❷〈心臓・脈拍が〉ドキドキン[ドキンドキン]と打つ (pound). ❸ ドシンドシン〈音を立てて〉歩く. ── 名 ゴツン〖と打つこと〗: with a ~ ゴツンと. ── 副 ゴツンと, ドシン. ~·er 名 〖擬音語〗

†**thúmp·ing** 形 Ⓐ ❶ ドシンと打つ. ❷〖口〗巨大な, 途方もない, すごい (whopping): a ~ lie 大うそ. ~·ly 副

†**thun·der** /θʌ́ndə|-də/ 名 ❶ Ⓤ〖ゴロゴロ鳴る〗雷, 雷鳴: a crash [peal] of ~ 雷鳴 / We have had a lot of ~ this summer. この夏は雷が多かった. ❷ Ⓤ,Ⓒ 雷のような音[声], とどろき: the ~ of a cataract 大きな滝のとどろき / [a] ~ of applause 万雷の拍手かっさい. ❸ Ⓤ,Ⓒ 威嚇, 非難, 怒号. (as) bláck as thúnder〖顔色など〉ひどく怒って. (by) thúnder!〖驚き・満足を表わす〗〖口〗まあ!, 本当に!, まったく! in thúnder〖疑問文を強調して〗〖口〗一体(全体): What in ~ is that? 一体あれは何だ. líke thúnder〖顔つきなど〉ひどく怒って. stéal a person's thúnder〖人の考え[方法]を横取りする, 人のお株を奪う, 人を出し抜く. thúnder and líghtning (1) 雷鳴と稲妻, 雷電. (2) 激しい威嚇[非難], ひどい悪口.

── 動 ⓘ ❶〖it を主語として〗雷が鳴る: It was raining and ~ing. 雨が降り雷鳴がとどろいていた. ❷ a 大きな音を立てる, とどろく; 〖副詞(句)を伴って〗大きな音を立てて動く: The children were ~ing up the stairs. 子供達がドカドカと階段をのぼっていった. b〖...を〉ドンドンたたく; 攻撃する: He ~ed on [at] the door with his fists. 彼は握りこぶしでドアを割れるほどたたいた. ❸ 〖文〗a 〈...を〉どなる: He ~ed at his servant. 彼は召し使いをどなりつけた. b〖...を〉激しく非難する: The church ~ed against birth control. 教会当局は産児制限を激しく非難した. ── ⓣ どなって言う, 大声で言う: ~ out a reply 大声で返事をする / ~ out threats 大声で脅しの文句を言う / 〖+引用〗"Get out," he ~ed. 「出て行け」と彼は大声で言った / 〖+that〗Newspaper editorials ~ed that the country must fight. 新聞の社説はその国は戦うべしと荒々しく論じた.

thún·der·er /-dərə, -drə|-dərə, -drə/ 名 〖OE thunor; d の挿入は 13 世紀〗 (形 thunderous, thundery) 〖類義語〗thunder 雷鳴. lightning 稲妻. thunderbolt 雷と稲妻を伴う雷.

thún·der·bìrd 名〖伝説〗サンダーバード〖北米先住民の間で雷雨をもたらすと信じられた巨鳥〗.

thún·der·bòlt 名 ❶ 雷電, 落雷. ❷〖まったく〉思いがけない[衝撃的な]事柄: The news hit me like a ~.=The news was a regular ~ to me. その知らせは私には青天の霹靂(ː)〖寝耳に水〗であった. 〖類義語〗⇨ thunder.

thún·der·bòx 名〖英□〗携帯[簡易]便所.

thún·der·cláp ❶ 雷鳴のひと鳴り. ❷ 雷鳴のようなもの.

thún·der·cloud 图 ❶ 雷雲. ❷ 雷雲を思わせるもの, 不穏な様相, 暗雲.

thúnder·héad 图《米》入道雲, 積乱雲.

thún·der·ing /-dərɪŋ, -drɪŋ/ 形 Ⓐ ❶ 雷のようにとどろく. ❷《口》大変な, とてつもない: a ~ fool [mistake] 大変なばか[間違い]. — 图 thunder·風刺漫画家).

⁺**thun·der·ous** /θʌ́ndərəs, -drəs/ 形 ❶ 雷のような, とどろき渡る: ~ applause 万雷の[雷のような]拍手. ❷《表情・態度など》威嚇的な, 怒った(ような). ❸ **a**〈雲など〉雷を起こす. **b**〈天候など〉雷を起こす. **b**〈天候など〉雷のそうな. ~·ly 副 (图 thunder)

thún·der·shòwer 图 雷雨.

⁺**thún·der·stòrm** 图 雷を伴ったあらし.

⁺**thún·der·strùck** 形 びっくり仰天した.

thun·der·y /θʌ́ndəri, -dri/ 形〈天候など〉雷の起こりそうな, 雷鳴のする: ~ rain [showers] 雷雨. (图 thunder)

thunk /θʌŋk/《米》图 ずしん, ぶすっ《急な鈍い音》: with a ~ ずしんと音を出して. — 動 圓 ずしんと音を出す.

Thur.《略》Thursday.

Thur·ber /θɜ́ːbə | θɜ́ːbə/, **James** (**Grover**) 图 サーバー (1894-1961; 米国の作家・風刺漫画家).

thu·ri·ble /θjú(ə)rəbl/ 图 つり香炉.

thu·ri·fer /θ(j)ú(ə)rəfə, θɜ́ː-| θjúərəfə/ 图 《宗教儀式の際の》香炉持ち.

Thurs.《略》Thursday.

*‡**Thurs·day** /θɜ́ːzder, -di | θɜ́ːz-/ 图 Ⓤ,Ⓒ 木曜日《略 Th., Thur(s).》 ★用法・用例については ⇒ Sunday. — 形 Ⓐ 木曜日の. — 副《米》木曜日に (⇒ Thursdays).《OE=THOR's day; L *dies jovis* Jupiter's day の翻訳》

Thurs·days /θɜ́ːzdèɪz, -diz | θɜ́ːz-/ 副《口》木曜日(ごと)に.〔↑ +-s³〕

‡**thus** /ðʌs/ 副《文》❶ このように, かように: ~ and so《米》そういうふうに / ~ and ~ かようかように / *T-* it was (=It was ~) that ...このようにして...ということになった. ❷ だから, それで (hence, therefore): *T-* they judged that he was guilty. そういうわけで彼らは彼が有罪だと判断した. ❸〔形容詞・副詞を修飾して〕この程度まで: ~ far ここ[今]までは /*T-* much is certain. これだけは確かだ / Why ~ sad? なぜこうも悲しいのか. ❹ 例えば, として.

thús·ly 副《口》=thus.

thwack /θwæk/ 動 圓 ぴしゃりと打つこと[音]. — 動 他 〈...〉をぴしゃりと打つ.《擬音語》

⁺**thwart** /θwɔ́ːt | θwɔ́ːt/ 動 他〈人・計画・目的など〉を妨害する, じゃまをする,〈...〉に反対する: ~ a person's plans 人の計画を妨害する / They were ~*ed in* their ambitions. 彼らはその野望をはばまれた. — 图《海》(ボートの)腰掛け梁(ばり), スワルト.【ON=横切って】

THX《略》thanks《電子メールなどで》.

⁺**thy** /ðaɪ, ðaɪ/ 形《古・詩》〔thou の所有格《母音の前では thine /ðaɪn, ðaɪn/》〕なんじの, そなたの.

thy·la·cine /θáɪləsàɪn/ 图 動 =Tasmanian wolf.

⁺**thyme** /táɪm/ 图 Ⓤ《植》タイム, タチジャコウソウ《葉は香味料》.【F<L<Gk】

thymi 图 thymus の複数形.

thy·mic /θáɪmɪk/ 形《解》胸腺 (thymus) の.

thy·mi·dine /θáɪmɪdìːn/ 图 Ⓤ《生化》チミジン (DNA の成分として含まれる, ピリミジンヌクレオシドの一つ).

thy·mine /θáɪmiːn, -mən/ 图 Ⓤ《生化》チミン (DNA を構成するピリミジン塩基の一つ; 記号 T).

thy·mol /θáɪmoʊl | -mɒl/ 图 Ⓤ《化》チモール《抗菌剤・防腐剤として用いる》.

thy·mus /θáɪməs/ 图 (圈 ~·es, -mi /-maɪ/)《解》(=**thýmus glànd**)《解・動》胸腺 (cf. sweetbread).【Gk】

thym·y /táɪmi/ 形 (**thym·i·er**; **-i·est**) thyme のような[の茂った, の香気の芳しい].

thy·ris·tor /θaɪ(ə)rístə | -tə/ 图《電子工》サイリスタ《電力用スイッチング素子》.

⁺**thy·roid** /θáɪrɔɪd/ 形《解》甲状腺の. — 图 =thyroid gland.

thýroid glànd 图《解》甲状腺.

thýroid-stímulating hòrmone 图 Ⓤ《生化》甲状腺刺激ホルモン (thyrotropin)《略 TSH》.

thy·ro·tox·i·co·sis /θàɪroʊtàksɪkóʊsɪs | -tɔ̀k-/ 图 Ⓤ《医》甲状腺中毒(症), 甲状腺(機能)亢進(症) (hyperthyroidism).

thy·ro·tro·pin /θáɪ(ə)rətroʊpən/, **-phin** /-fən/ 图 Ⓤ《生化》甲状腺刺激ホルモン.

thy·rox·ine /θaɪrɑ́ksiːn | -rɔ́k-/, **thy·rox·in** /-sɪn/ 图 Ⓤ《生化》チロキシン《甲状腺から分泌されるホルモン》.

thyr·sus /θɜ́ːsəs | θɜ́ː-/ 图 (圈 **-si** /-saɪ, -siː/)《ギ神》バッコス酒神の杖.

thy·self /ðaɪsélf/ 代《古・詩》〔thou の再帰形〕なんじ自身, なんじ自身をも[に].

ti /tíː/ 图 (圈 ~s)《楽》《米》(ドレミファ唱法の)「シ」《《英》 te》(全音階的長音階の第7音; si ともいう; cf. sol-fa).

Ti《略》titanium.

Ti·a Ma·ri·a /tíːə·məríːə/ 图 Ⓤ《商標》ティアマリア《コーヒーリキュール》.

Tián·an·men Squáre /tjáːnɑːnmèn-/ 图 [the ~]《中国の北京にある》天安門広場.

Tian·jin /tjàːndʒín | tjèn-/ 图 天津(てんじん)《中国河北省の市》.

Ti·an Shan /tjàːnʃáːn/ 图 [the ~] 天山(てんざん)(てんしゃん)山脈《中国西部新疆ウイグル自治区から Pamirs 高原にかけてほぼ東西に走る山脈》.

ti·a·ra /tiérə, -e(ə)rə | -áːrə/ 图 ❶ ティアラ《女性の宝石付きの頭飾り[小冠]》. ❷ (ローマ教皇の)三重冠. ❸ (古代ペルシア人, 特に王の)頭飾り, ターバン.

Ti·ber /táɪbə | -bə/ 图 [the ~] テベレ川《ローマ市を流れる川》.

Ti·ber·i·us /taɪbíəriəs | -bíər-/ 图 ティベリウス (42 B.C.-A.D. 37; 第2代ローマ皇帝 (A.D. 14-37)).

Ti·bet /tɪbét/ 图 チベット(西蔵)《中国南西部の山岳地域の自治区; 中心都市 Lhasa》.

Ti·bet·an /tɪbétn/ 形 チベット(人, 語)の. — 图 ❶ Ⓒ チベット人. ❷ Ⓤ チベット語.

tib·i·a /tíbiə/ 图 (圈 -ae /-biː/, ~s)《解》脛骨(けいこつ) (shinbone).

ti·b·io·tarsus /tíbioʊ-/ 图 動 (鳥の)脛骨.

tic /tík/ 图《医》チック, 顔面けいれん.

tic dou·lou·reux /tíkdùːlərúː | -duːlərǿː/ 图《医》三叉神経痛性チック, 疼痛(性)チック.

*‡**tick**¹ /tík/ 图 ❶《英》照合のしるし, チェック (√)《《米》check (mark)》. ❷ Ⓒ,Ⓤ (時計などの)カチカチ(という音). ❸ Ⓒ《英口》瞬間 (sec): I'm coming in a ~ [two ~s]. すぐ行きます / Half a ~! ちょっと待って. ❹ Ⓒ《証券》小幅な値動き(の最小単位). **Júst a tíck!** ⇒ just 副 成句. — 動 圓 ❶ **a**〈時計などが〉カチカチいう;〈メーターなどが〉カチャッと音を立てる. **b**〈時が〉刻々と過ぎていく〈*away, by, past*〉. ❷ (時計仕掛けのように)作動する, 行動する: What makes him ~? 彼はどういう動機からあのようなことを言う[する]のだろうか. — 動 他 ❶《英》〈...〉に照合のしるしをつける,〈...〉をチェックする, 調べる《《米》check》: She ~*ed off* the items one by one. 彼女は品目をひとつずつ照合した. ❷〈時計が〉カチカチ〈時〉を刻む: The clock was ~*ing away* the seconds. 時計はカチカチと秒を刻んでいた. **tíck óff**《他+副》(1)〈...〉に照合のしるしをつける (⇒ 他❶). (2)《英口》〈人〉をたしなめる (tell off): get ~*ed off* しかられる. (3)《米》〈人〉を怒らせる, 憤らせる. **tíck óver**《自+副》(1)〈エンジンが〉〈ギヤを抜いた状態で〉ゆっくり回る[動く] (idle). (2)《英》〈仕事・営業など〉が不振の状態で持続する, だらだら続く. **tíck úp**《他+副》《証券》〈小幅で〉値上がりする. **whàt màkes a pérson tíck**《口》人の動機 (cf. 自 ❷).《擬音語》

tick² /tík/ 图 ❶ 動 ダニ: a dog ~ 犬ダニ. ❷《英口》いやなやつ, うるさいやつ.

tick³ /tík/ 图 (ふとん・まくらの)カバー.

tick⁴ /tík/ 名 ⓤ《英口》掛け, つけ (credit): on ~ 掛けで, 信用で / buy [get]...on ~ 〈...を〉掛けで買う / give a person ~ 人に掛けで売る.《TICK(ET)》

tick⁵ /tík/ 名 ⓤ 鬼ごっこ.

tick·er 名 ❶《俗》心臓. ❷ a《口》懐中時計. b チッカー《株式相場・ニュースなどを, 紙テープに自動的に印字する電信受信機》. ❸ カチカチいうもの.

tícker tàpe 名 ⓤ ❶ チッカーテープ《刻々の通信・相場などが印字され, 色紙片. ❷ (歓迎のためにビルの窓などから投げる)紙テープ, 色紙片.

tícker-tape paràde 名 テープ[紙吹雪]の舞うパレード.

‡**tick·et** /tíkɪt/ 名 ❶ⓒ a 切符, 入場券, 乗車券《飛行機の搭乗券は boarding card [pass]》: a theater ~ 芝居の切符 / ⇒ season ticket / a one way ~ =《英》a single ~ 片道切符 / a round-trip ~ =《英》a return ~ 往復切符 / Admission ~ by only. 切符所持者に限り入場許可《★ by ~ は無冠詞》. b (比喩的に)〈...への〉切符, 近道: a ~ to happiness 幸福[安楽な生活]への切符. ❷ⓒ a (商品につけた)タグ, 値札. b くじ札: a winning ~ 当たりくじ. c《俗》質札. ❸ⓒ ❶《米》(特に交通違反者に対する)呼び出し状, 違反切符: a parking ~ 駐車違反のチケット / The policeman gave me a ~ for speeding. 警官にスピード違反のチケットを渡された. ❹ⓒ《米》(政党の)公認候補者(名簿): a straight [scratch, split] ~ 全部の[一部削除した, 非公認のも加えた]公認候補者(名簿) / on the Democratic ~ 民主党公認候補として. ❺ [the ~]《口》正当[当然]な事, 本物, おあつらえ向きの事: That's (just) the ~. それはちょうどおあつらえ向きだ, そのとおりだ / Hot coffee would be just the ~ for me. 熱いコーヒーは私にはちょうどおあつらえ向きだ. ❻ⓒ《英》除隊証明書. b (船長・水先案内人などの)資格証明書, 免状.
— 動 ⓣ ❶〈...に〉札をつける,〈商品に〉値札をつける. ❷〈...を×...に〉あてる; 指名する: These articles are ~ed for export. この商品は輸出にあてられる. ❸〈交通違反(者)などに〉呼び出し状を渡す, 違反切符を切る.
《F《廃》étiquet; 原義ははりつけられたもの; cf. etiquette》

tícket àgency 名 チケット(取次)販売所《日本の旅行代理店・プレイガイドに当たる》.

tícket àgent 名 チケット取次業者.

tícket booth 名 (映画・コンサートなどの)チケット[入場券]売場.

tíck·et·ed /-ɪɪd/ 形 Ⓐ 乗客がチケット発行[購入]済みの; (商品の)タグに記載された.

tícket·ing /-tɪŋ/ 名 ⓤ チケットの発行[販売], 発券.

tícket òffice 名 チケット売り場[発売所].

tícket tòut 名《英》ダフ屋《《米》scalper》.

tícket wíndow 名 チケット(販売)窓口.

tick·e·ty-boo /tíkətɪbúː/ 形《口》順調な, 快調な.

tíck fèver 名《獣医》(牛の)ダニ熱.

tíck·ing /-tɪŋ/ 名 ⓤ《マットレス・枕などのカバーに用いる》丈夫な亜麻布[木綿地].

tícking óff 名 [通例単数形で]《英口》小言, 叱責 (telling-off).

†**tick·le** /tíkl/ 動 ⓣ ❶ a 〈人・体の一部を〉くすぐる: ~ a person's ribs == ~ a person *in* the ribs 人のわき腹をくすぐる / ~ a person *under* the arm(s) 人のわきの下をくすぐる. b 〈人を〉ちくちく[むずむず]させる: This underwear ~s me. この下着はちくちくする. ❷〈人の虚栄心などを〉くすぐる, 満足させる. b〈人・人の感覚などを〉喜ばせる, 楽しませる, 笑わせる (cf. tickled): The story of my misadventures ~d them a good deal. 私の不運な出来事についての話は彼らはとてもおもしろがった. ❸〈マスなどを〉手づかみにする, 手どりにする. — ⓘ ❶ くすぐったい, むずむずする: My throat ~s. のどがむずむずする. ❷ くすぐる.
tickle the ívories ⇒ ivory 2 a. — 名 ⓒⓤ くすぐり; むずむずする, くすぐったい感じ.

tíck·led 形 喜ぶ, 楽しむ; おもしろがる, 笑う: She *was* ~ with this suggestion. 彼女にこの提案に大喜びした. **be tíckled pínk [to déath]**《口》〈人〉が非常に喜ぶ[楽しむ]: I *was* ~ *to death* at the news. 知らせを聞いておかしくてたまらなかった.

---

tíck·ler 名 ❶ くすぐるもの[人]. ❷《米》備忘録, 覚え書帳, メモファイル. ❸《英口》難問; 厄介な問題[事態].

tíckler file 名 = tickler 2.

tick·lish /tíklɪʃ/ 形 ❶〈人・体の一部が〉くすぐったがる, くすぐったい. ❷〈問題・事態などが〉扱いにくい, 厄介な (delicate): a ~ question [situation] 慎重を要する問題[情勢]. ❸〈船がすぐひっくり返る. ❹〈人が〉気難しい, 怒りっぽい. **~·ly** 副 **~·ness** 名

tick·ly 形 (**tick·li·er; -li·est**) =ticklish.

tick·tack /tíktæk/ 名 ❶《米》(時計などの)カチカチ(いう音), (靴音などの)コツコツ(という音). ❷《米》チクタク《窓などをコツコツとたたく子供のいたずら用仕掛け》. ❸ 心臓の鼓動, 動悸(どう); ❹《英》私設馬券業者が交わす合図[手信号]. — 動 ⓘ チクタクと音を立てる.《TICK¹ から》

tick·tack·toe /tíktæktóʊ/ 名 ⓤ《米》三目並べ《《英》noughts and crosses》《○×を五目並べのように三つつづくように並べ合うゲーム》.

tick·tock /tíktɑk | -tɔk/ 名《特に, 大きな時計の》カチカチ(いう音).《TICK¹ から》

tick·y-tack·y /tíkitæki⁻/ 名 形《口》安手の材料で作られた(建物).

tic-tac-toe /tíktæktóʊ/ 名 ⓤ =ticktacktoe.

tic-toc /tíktɑk | -tɔk/ 名 =ticktock.

†**tid·al** /táɪdl/ 形 ❶ 潮の, 干満のある: a ~ current 潮流 / a ~ harbor 高潮港 / a ~ river (河口から潮が上げてくる)感潮河川 / ~ flats 干潟(ひがた). ❷ 満潮時に出帆する: a ~ ferry 満潮時の出[入]船. **~·ly** /-dəli/ 副 名 (tide)

tídal básin 名 (高潮時だけ船が出入りできる)潮ドック.

tídal flów 名 (人・車の)時間によって変わる流れ.

†**tídal wàve** 名 ❶ 地震などによる大津波, 高波. ❷《世論・市民感情などの》圧倒的な高まり[広がり]: a ~ of change [information] 押し寄せる変化[情報](の波), 高まる変化[情報]圧倒されるほど膨大な量の情報].

tid·bit /tídbɪt/ 名《米》❶ (うまい物などの)ひと口, 一片 (*of*)《英》titbit》. ❷ おもしろいニュースの一片, 豆記事.

tid·dle·dy·winks /tídldɪwɪŋks/ 名 = tiddlywinks.

tid·dler /tídlə/ -lə/ 名《口》❶ 小魚. ❷ ちびっ子.

tid·dly·winks,《英》**tid·dly·winks** /tídlɪwɪŋks/ 名 ⓤ 小さな円盤を飛び上がらせてカップに入れる遊び.

tid·dly, tid·dley /tídli/ 形《英口》❶ ほろ酔いの (tipsy). ❷ 小さい.

†**tide** /táɪd/ 名 ❶ⓒ 潮, 潮の干満; 潮流: ⇒ ebb tide 1, flood tide 1 / a [the] spring [neap] ~ 大[小]潮 / The ~ is in [out, down]. 今満潮[干潮]だ / The ~ is making (ebbing). =The ~ is on the flow [on the ebb]. 潮がさして[引いて]いる. ❷ⓒ (世論などの)風潮, 傾向, 形勢: go [swim] with [against] the ~ 時勢に従う[逆らう] / turn the ~ 形勢を一変させる / The ~ turns. 形勢が一変する / The ~ turned against him [in his favor]. 形勢が彼に不利[有利]になった / stem the ~ of ...の風潮をおさえる. ❸ⓒ 盛衰, 栄枯, 絶頂期, 最感期: the full ~ of pleasure 歓楽の絶頂. ❹ⓤ [複合語・諺以外は《古》] 時, 節, 季節; (特に宗教上の)時, 祭; ⇒ Christmastide / Time and ~ wait for no man. ⇒ time A 1. ❺ [単数形で] (押し寄せる人や物の)群れ: the ~ of refugees 難民の群れ. **wórk dóuble tídes** 昼夜兼行で働く. — 動 ⓣ 潮のように流れる.〈人に〉切り抜けさせる: The food is enough to ~ us *over* till spring. 食物は春まで乗り切るのに十分である / These supplies will be enough to ~ us *over* the winter. これだけの食糧があれば冬を乗り切るのに十分であろう.《OE=時》

tíde·lànd 名 ⓤ《米》干潟.

tíde·less 形 潮の干満のない.

tíde·màrk 名 ❶ 潮(水)標. ❷《英》a (浴槽の)水位の跡. b (体に残った)洗い残しよごれの線.

tíde pòol 名《米》潮だまり, 潮汐地.

tíde rìp 名 潮衝《潮流が衝突して生ずる荒波》.

tíde·wàter 名 ⓤ ❶ a (上げ潮で低地にさしてくる)潮水.

tideway

b (河口などで)潮汐(ちょうせき)の影響を受ける水[水面]. **c** (潮の影響を受ける)低い海岸地帯. ── 形 A 低い海岸地帯の.

tide・wày 名 ⓐ 潮路. ② 潮流.

ti・dings /táidɪŋz/ 名 複 [時に単数扱い] 《文》便り, 通知, 音信, 消息: glad [sad] ～ 吉[悲]報 / good [evil] ～ よい[悪い]便り / The ～ were received with shouts of joy. その報道は歓声で迎えられた. 【ON=出来事】

*__ti・dy__ /táidi/ 形 (ti・di・er; -di・est) ❶ a 〈部屋など〉きちんとした, こぎれいな (↔untidy). **b** 〈人が〉きれい好きな. **c** 〈考えなどが〉整然とした. ❷ (比較なし)《口》かなりの; なかなかよい: a ～ sum of money かなりの金額. ── 名 ❶《米》いすの背[ひじ]カバー. ❷ 小物入れ. ❸ (台所の流しの)ごみ入れ. ── 動 他 (...を)きちんとする, 片づける, 整頓(せいとん)する: Have you tidied up your room? 部屋を片づけましたか / Let's ～ the toys away. 《英》おもちゃを片づけよう. ❷ [～oneself で] 身なりをきちんとする. ── 自 きれいにする: She tidied up after the kids. 彼女は子供たちの後片づけをした. **tí・di・ly** /-dəli/ 副 **-di・ness** 名. 【ME=時を得た】

*__tie__ /táɪ/ 動 (tied; ty・ing) 他 ❶ 〈ひも・ロープなどで〉...を結び[縛り, くくり]つける, 縛る, くくる: ～ up a package ひも包を縛る / ～ a person's hands [feet] (together) 人の両手[両足]を縛り合わせる / ～ a person up 人を縛りあげる / ～ one's hair back 髪をうしろにむすぶ / ～ the sticks in bundles 木を束ねる / Shall I ～ all these things together with string? ここにあるものを全部ひもでしばっておきましょうか / T～ the horse to a tree. 馬を木につないでおきなさい. ❷ **a** 〈ひも・リボンなどを〉結ぶ;〈靴などの〉ひもを結ぶ: ～ one's necktie ネクタイを結ぶ. **b** [...に]結び目を作る: She ～d a knot in her handkerchief to remind herself of the appointment. 彼女はその約束を思い出すようにハンカチに結び目を作った. ❸ 〈...を〉〈...と〉結びつける, 関連[関連]づける (★通例受身). be closely ～d to ...と密接に結びついている. ❹ 〈人を〉束縛する, 拘束する: My duties ～ me down all day. 私はいつも終日仕事に縛られている / My hands are ～d. 自分の好きに行動できない / My work keeps me ～d to the desk. 私は仕事で机から離れられない. ❺ 〈得点を同点にする[追いつく],〈試合を引き分ける〉;〈票数などを同数にする〉;〈相手と同点になる, ...とタイになる (★しばしば受身): ～ the score at 5-5 5対5 の同点にする / Oxford ～d Cambridge at football [in the match]. フットボール[その試合]でオックスフォードはケンブリッジとタイになった. ❻《楽》〈音符を〉(タイで)連結する.

── 自 ❶ 結べる, 縛れる: This ribbon doesn't ～ well. このリボンはうまく結べない. ❷ (競技などで)同点[タイ]になる, 同じ順位になる: We ～d with Harvard. ハーバードと同点になった / The two teams ～d for first place in the league. リーグ戦で両チームとも首位になった.

fit to be tied ⇒ fit[1] 成句.

tíe dówn ((他＋副)) (1) 〈人などを〉束縛する (⇒他4). (2) 〈...を〉縛りつける.

tíe ín ((他＋副)) (1) 〈...に〉...と〉結びつける, 調和させる (with, to). ── ((自＋副)) (2) (...と〉結びつく, 調和する (with, to).

tíe òne ón 《米俗》酔っぱらう.

tíe togéther ((他＋副)) (1) 〈...を〉結びつける (⇒他1). (2) 〈話などの〉つじつまを合わせる. ── ((自＋副)) (3) 〈話などが〉つじつまが合う, 内容が一致する.

tíe úp ((他＋副)) (1) 〈...を〉結びつける (⇒他1). (2) 〈傷・傷の部分を〉包帯する. (3) 〈...を〉〈...と〉連合させる, 提携させる, タイアップさせる; 結びつける (with). (4) 〈...を〉妨げる, 動けなくする; 〈営業を〉停止させる; 〈交通などを〉不通にする (★しばしば受身). (5) 〈人を〉忙しくさせる (★通例受身で用い, 〈人が忙しい, の意になる〉): She was ～d up in a conference and unable to meet me. 彼女は会議で忙しくて私に会えなかった. (6) (売買などできないように)〈財産の〉遺贈に条件をつける;〈資本の〉流用を拘束する. (7) 《契約などで》細部の取り決めを完了させる. ── ((自＋副)) (2) 連合[提携]する, タイアップする.

── 名 ❶ **a** ネクタイ: ⇒necktie. **b** 結び方. ❷ **a** (結ぶためのひも, なわ, 靴)ひも. **b** [通例複数形で]《米》ひもつきの浅い靴. ❸ **a** [通例複数形で] 縁, つながり, 義理: business ～s 商売上のつながり / family ～s 家族の絆 / ～s of blood 血のつながり. **b** [しばしば複数形で] (道義的・道徳的に)束縛するもの: moral ～s on abortion 妊娠中絶に対する道義的束縛. **c** [通例単数形で]《英》自由を束縛するもの, やっかいもの, 足手まとい. ❹ **a** (競技などの)同点, タイ; 引き分け: The football game ended in a ～. そのフットボールの試合は引き分けに終わった. **b** (引き分け後の)再試合: We played off the ～. 決勝試合をした. **c**《英》(トーナメントの)一戦: the winners of the fourth round ～ 4回戦の勝者. ❺《建》つなぎ材. ❻《米》枕木, 枕木 (sleeper). ❼《楽》タイ(同じ高さの音をつなぐ弧線; ⌢, ⌣).
【OE=ひっぱる】【類義語】⇒fasten.

tíe-báck 名 (カーテンを片側に寄せて止める)留め飾り.

tíe bèam 名《建》つなぎ梁(はり).

tíe brèak 名 =tiebreaker.

tíe brèaker 名 (テニスなどの)同点決勝ゲーム.

tíe clàsp [clìp] 名 =tiepin.

tied /táɪd/ 形 ❶ (ひもなどで)結ばれた, くくられた.《楽》(音符が)タイで結ばれた. ❷ (競技などで)同点の, 互角の, タイの. ❸《英》〈店が〉特定商社の商品だけを売る, 特約の (cf. tied house);〈国家間の〉融資のついた.

tíed cóttage 名《英》(農場主が雇い人に賃貸する)雇い人用貸家.

tíed hóuse 名《英》特約居酒屋[パブ]《特定銘柄のビールだけを販売する; cf. free house》.

tíe-dýe 動 他 〈...を〉絞り染めにする. ── 名 U 形 絞り染め.

tíe-dýed 形 絞り染めで模様を染め出した.

tíe-dýeing 名 U 絞り染め.

tíe-ín 名《米》抱き合わせ販売の: a ～ sale 抱き合わせ販売. ── 名 抱き合わせ販売(の商品); (映画・書籍・音楽などの)タイアップ.

tíe lìne 名《電話》(構内交換機 (PBX) 方式で内線間の)連絡線,《電》連結[接続]線,《交通》連絡[接続]線.

Tién・an・mèn Squàre /tjéna:nmèn-/ 名 =Tiananmen Square.

Ti・en Shan /tiènʃá:n/ 名 =Tian Shan.

Ti・en・tsin /tièntsín | tjèn-/ 名 =Tianjin.

tíe-òn 形 A 〈札・ラベルなど〉紐でつける.

tíe-pìn 名 ネクタイピン《米》stickpin, tie tack》《比較 「ネクタイピン」は和製英語》.

†**tier**[1] /tíə | tɪə/ 名 ❶ (上下に並んだ)段; (ひな段式座席などの)段, 層, 列: a cake with five ～s 5段[層]のケーキ / in ～s 段々になって. ❷ 階層, 段階. ── 動 〈...を〉段々に積む, 重ねる 《up》.【F】

ti・er[2] /táɪə | táɪə/ 名 結びつける人[もの].【TIE+-ER[2]】

tierce /tíəs | tíəs/ 名 ❶ [しばしば T～]《教》=terce. ❷《楽》第3音. ❸《英》=tá:s/ {トランプ}(同じ組の) 3枚続き.

tier・cel /tíəs(ə)l | tíə-/ 名 =tercel.

tiered /tíəd | tíəd/ 形 段[層]になった: a ～ skirt 段をつけた(ギャザー)スカート, ティアードスカート.

Ti・er・ra del Fu・e・go /tiérədèlf(j)uérgou/ 名 ティエラデルフエゴ(南米南端の諸島, またはその主島; 諸島・主島ともにチリ領とアルゼンチン領とに分かれる).

tíe tàck 名 タイタック《ネクタイとシャツを突き通して留める装飾付きのピン.

tíe-úp 名 ❶ タイアップ, 協力, 提携: a technical ～ 技術提携. ❷ 結びつき, 関係 (between, with). ❸《米》事故・ストなどによる交通・仕事などの)不通, 休業, 停止.

tiff /tíf/ 名 ❶ (恋人・友人間などの)つまらないけんか, いさかい: have a ～ with ...といさかいをする. ❷ 不機嫌, むかっ腹: be in a ～ むかっ腹を立てている. ── 動 自 ちょっと言い争う.

TIFF《略》《電算》tagged image file format《ビットマップによる画像データ形式》.

tif・fa・ny /tífəni/ 名 U ティファニー織り《紗(しゃ)の一種》.

Tif・fa・ny, **Charles Lewis** 名 ティファニー (1812-1902;米国の宝石商).

Tiffany, **Louis Comfort** 名 ティファニー (1848-1933; 米

国の画家・ガラス工芸[装飾]家; Charles L. Tiffany の息子).

tif·fin /tífən/ 图《英・インド》軽食, 昼食.

tig /tíg/ 图 ⓤ《英》(子供の)鬼ごっこ (tag).

⁺ti·ger /táɪgə | -gə/ 图 ❶ 【動】トラ: ⇨ paper tiger. ❷ 残忍な男, 暴れ者, 狂暴な人.《F<L<Gk<Pers=とがった》

Tíger Bàlm 图 ⓤ《商標》タイガーバーム, 虎標萬金油《シンガポールの, メントールを含んだ万能軟膏》.

tíger bèetle 图 【昆】ハンミョウ.

tíger càt ❶ 【動】オオヤマネコ《中・南米産のヤマネコの一種》. ❷ とら猫.

tíger-èye 图 ⓤⓒ【鉱】虎眼石 (こがんせき)《黄褐色; 飾り石に用いる》.

ti·ger·ish /-g(ə)rɪʃ/ 图 トラのような; 獰猛 (どうもう) な, 残忍な.

tíger lìly 图【植】オニユリ.

tíger mòth 图【昆】ヒトリガ.

tíger's-èye 图 =tigereye.

tíger shàrk 图【魚】イタチザメ《大型の人食いザメ》.

tíger shrìmp 图【動】ブラックタイガー《日本のクルマエビの近縁種; 太平洋・インド洋産, 養殖が盛んに行われている》.

tíger snàke 图【動】タイガースネーク《オーストラリア・タスマニア産のコブラ科の猛毒のヘビ》.

⁺tight /táɪt/ 图 (~·er; ~·est) ❶ 堅く結んだ, 堅い, きつい: a ~ knot きつい結び目 / a ~ squeeze 堅い握手, 強い抱擁; ぎゅう詰め / The cork is ~ in the bottle. コルクが瓶にきつく入っている / a ~ drawer きつい引き出し. ❷ a 空気[水(など)の漏らぬ. b [通例複合語で] (...の)通らない, 防..., 耐...: ⇨ airtight, watertight. ❸ a 〈ロープなどが〉ぴんと張った (taut; ↔ slack, loose): ⇨ tightrope. b 〈微笑など〉引きつった, こわばった, 〈声などを〉締めつけるような, 絞り出すような: a ~ smile 引きつった笑み. ❹ a 〈衣服など〉ぴったりした, (特に)きつい, 窮屈な (↔ easy, loose): a ~ skirt タイトスカート / ~ shoes [jeans] ぴったりした[きつい]靴[ジーンズ] / It's a ~ fit. これは窮屈だ / This coat is ~ under the arms. この上着は両腕の下のところがきつい. b 〈胸の感じ〉などが締めつけられるような: a ~ feeling 胸を締めつけられるような気持ち. c 〈カーブなど〉急な, きつい. ❺ 〈集団など〉関係の緊密な, しっかりと結びついた, 絆の固い. ❻ a 〈布地など〉詰まった, 目のつんだ. 〈袋など〉いっぱいになった, ぎっしりつまった: a ~ bale ぎっしりつまった俵. ❼〈予定などが〉いっぱいつまった, きつい[の]: a ~ schedule ぎっしりつまったスケジュール《匪國「ハードスケジュール」は和製英語》. ❼ a 金ぐりの, 〈金融が〉逼迫 (ひっぱく) した: a ~ budget 緊縮予算 / a ~ income 乏しい収入 / ~ money 金融引き締め / Things are ~ at the moment. 今は金ぐりまだ. b 〈取引が〉少ない; 〈商売があまりもうからない, きつい. ❽《口》〈立場などがん〉きつい, 困難な; 苦境にある: He's in a ~ corner now. 彼は今進退きわまっている. ❾〈管理・取り締まりなど〉厳しい, 厳格な: ~ control 厳重な取り締まり / keep a ~ rein on a person 人を厳しく監督する; 人に厳しくする. ❿《口》しまり屋の, けちな (tight-fisted). ⓫《口》ほとんど互角の (close): a ~ race 接戦. ⓬《口》酔った: get ~ 酔う; 酔わせる. **in a tíght spòt** ⇨ spot |威語. —— 副 (~·er; ~·est) ❶ 堅く, しっかりと, きつく《用法》過去分詞の前では tightly を用いる》: close one's eyes ~ 目をかたく閉じる / hold a rope ~ ロープをぴんと張って持つ. ❷ 十分に, ぐっすりと: Sleep ~. ぐっすり眠りなさい. **sít tíght** (1) しっかり腰をすえる, じっとしている. (2) 主張を曲げない. ~ **s** [複数形で] ⇨ tights. ~·**ness** 图 【ON】 動 tighten〉

tíght-áss 图《米俗》緊張した[コチコチの]人, 堅物.
~**ed** 图

⁺tight·en /táɪtn/ 動 ❶〈...〉をしっかり締める, 固くする; ぴんと張る (↔ loosen): ~ (up) a bolt ボルトを固く締める / ~ (up) a rope ロープをぴんと張る / ~ one's grip [hold] on... を...しっかりにぎる. ❷ 〈統制・政策など〉を厳しくする, 強化する 〈up〉 (↔ relax). —— ⓥ ❶ しっかりと締まる, 固くなる, ぴんと張る 〈up〉 ❷ 〈統制・政策などが〉...に〉厳しくなる, 強化される 〈up〉〈on〉. ❸ 〈のどなどが〉締めつけられる, こわばる. (图 tight)

tíght énd 图《アメフト》タイトエンド《タックルから2ヤード以内の攻撃エンド; cf. split end》.

tíght-fisted 图《口》けちな, しまり屋の.

tíght-fitting 图 〈衣服が〉体にぴったりした.

tíght héad 图 《ラグビー》タイトヘッド《スクラム最前列のフッカーの右側にいるプロップ》.

tight·ie whit·ies /taɪt(h)wáɪṭɪz/ 图 働《俗》(あか抜けしない)白のブリーフパンツ.

tíght-knít 图 〈組織など〉しっかり組み立てられた, 緊密な: a ~ group of researchers 緊密な研究者集団.

tíght-lípped 图 ❶ 無口の, 口を閉ざした 〈about, on〉. ❷ 口を固く結んだ.

tíght·ly /táɪtli/ 副 ❶ 堅く; しっかりと. ❷ ぴんと張って, きちんと詰まって.

tíghtly-knít 图 =tight-knit.

⁺tíght·ròpe 图 ❶ 張り綱: perform on the ~〈軽業師が〉綱渡りをやる. ❷ 危険な立場[情況].

tíghtrope wálker 图 綱渡り芸人.

⁺tights /táɪts/ 图 働 ❶《英》パンティーストッキング (《米》panty hose). ❷ タイツ, レオタード.

tíght-wàd /-wàd | -wɔ̀d/ 图《米》けちん坊.

ti·glon /táɪglən/ 图 =tigon. 《tig(er)+l(i)on》

ti·gon /táɪgən/ 图 タイゴン《トラの雄とライオンの雌の子; cf. liger). 《tig(er)+(li)on》

ti·gress /táɪgrɪs/ 图 ❶ 雌のトラ (cf. tiger 1). ❷ 残忍な女, おけいちゃん女.

Ti·gris /táɪgrɪs/ 图 [the ~] チグリス川《トルコとイラクの間を流れ Euphrates 川と合しペルシア湾に注ぐ; この流域は古代バビロニア文化の栄えた所》.

TIH (略) Their Imperial Highnesses.

tike /táɪk/ 图 =tyke.

ti·ki /tí:ki/ 图 [T~]《ポリネシア神話》ティキ《人類を創造した神》; ティキ像《お守りとして身に着ける木・石の小像》.

tik·ka /tíkə/ 图 ⓤ ティッカ《小さく切った肉や野菜を香辛料に漬けてから串で焼く, インド・パキスタンの料理》.

til, 'til /tíl, tl/ 前 =until.

ti·la·pi·a /təlíːpɪə, -lá-, -láep-/ 图【魚】テラピア《カワスズメ科テラピア属の各種熱帯魚》.

til·bur·y /tílberi | -b(ə)ri/ 图 (無蓋の)軽二輪馬車《19世紀初めに流行》.

til·de /tíldə/ 图 ❶ ティルデ (~): a スペイン語で n の上につける記号; ñ = /nj/: señor. b ポルトガル語で母音の上につける鼻母音化記号: pão (パン). ❷ (省略を表わす)波ダッシュ. ❸【数・論】否定を示す波型記号 (~).

⁺tile /táɪl/ 图 ⓒⓤ ❶ かわら, タイル, 化粧れんが: a plain ~ 平がわら / a roofing ~ 屋根がわら. ❷ 土管, 下水管. ❸ 《マージャンの》牌. **be (óut) on the tíles**《英口》夜遊びしている, 放蕩 (ほうとう) している. —— 動 ❶ 〈...〉をかわらでふく; 〈...に〉タイルを張る. ❷ 《電算》〈複数のウインドウ〉を重なり合わないように配列する.《OE<L tegula おおい<tegere おおう; cf. protect》

tíl·er 图 かわら製造人; かわら[タイル]職人.

tíl·ing 图 ⓤ ❶ かわら屋根, タイル面. ❷ タイルをふくこと, タイル張り(仕事). ❸ かわら類, タイル.

⁺till¹ /(弱形) t(ə)l; (強形) tíl/《用法》until と交換して用いられるので, 用法・用例は until を参照》前 ❶ a 【動作・状態の継続の期限を表わして】 (cf. from 2) ...まで, ...になるまで, ...に至るまで(ずっと). b [否定語の後に用いて] ...までは(...しない), ...になって初めて(...する). ❷《米口》〈...分〉前に: It's ten (minutes) ~ five. 5時10分前だ. —— 接 ❶ a [動作・状態の継続の期限を表わして] ...まで(ずっと). b [否定語の後に用いて] ...するまでは(...しない), ...して初めて(...する). ❷ [結果・程度を表わして] (...して)ついに, (...する)ほどに《用法》しばしば till の後に at last, finally などが入ることがある》. 《ON=to》

till² /tíl/ 動 〈土地〉を耕す, 耕作する.《OE=得ようとする》

till³ /tíl/ 图 ❶〈スーパーなどの〉レジ. ❷《銀行・商店などの》現金入れ[レジ]の引き出し (cash register). **háve one's fíngers in the tíll** ⇨ finger 威語.

till·a·ble /tíləbl/ 图 耕すことのできる, 耕作に適する.

tillage 1888

till·age /tílidʒ/ 名 ❶ 耕作. ❷ 耕地.

till·er¹ 名 ❶ 耕作者, 農夫. ❷ 耕墾用具, 耕耘(ぅん)機. 〖TILL²+-ER²〗

til·ler² /tílə/ 名 [-s] 名 《海》舵柄.

tíl·ley làmp /tíli-/ 名 《商標》テリーランプ《建築現場や船上用の携帯用灯油ランプ》.

till·ite /tílaɪt/ 名 漂礫岩(ʊょぅれきがん).

***tilt** /tílt/ 動 他 ❶ [通例副詞(句)を伴って]〈ものを〉傾ける, かしぐ: ~ a chair [table] いす[テーブル]を傾ける / ~ a barrel *over* on its side たるを倒す / He has a habit of ~*ing* his head *to* one side. 彼は頭を一方へ傾ける癖がある. ❷ [...のほうに]〈人の意見などを〉傾かせる;〈均衡を〉傾ける (*toward, in favor of*). — 自 ❶ [通例副詞(句)を伴って]傾く, かしぐ: The deck ~*ed* suddenly. デッキが突然傾いた / This table is apt to ~ *over*. このテーブルは倒れやすい. ❷ 〈意見などに〉傾く, 気持ちが向く (*toward*). ❸ [...を](やりで)突く, 突撃する (*at*). ❹ a (演説・文章などで)[...を]攻撃する, 抗議する, 風刺する (*at*). b [人と競う; 論争する (*with*). **tilt at wíndmills** ⇒ windmill 成句. — 名 ❶ 傾き, 傾斜: Give it a ~. それを傾けろ / have a ~ to the left [east] 左[東]へ傾いている / on the ~ 傾いて. ❷ 偏向 (*towards*). ❸ a (やりの)突き (*at*). b (中世騎士の)馬上やり試合. ❸ 攻撃; 論争: have a ~ at a person (議論・風刺などで)人を攻撃する. (at) **fúll tílt** 全速力で;[力いっぱいに]: come [run] *full* ~ against... 全速力で[力いっぱい]ぶつかる / run *full* ~ *into* [*at*]...にまっしぐらにぶつかる[飛びかかる]. 〖OE=不安定な〗

tilth /tílθ/ 名 ① 耕作; (土地の)耕作状態; (土壌・作土の)耕作適性 《団粒構造の状態など》.

tílt hàmmer 名 《動力で動かす》チルトハンマー.

tílt·yàrd 名 (中世の)馬上やり試合場.

Tim /tím/ 名 ティム (男性名; Timothy の愛称).

TIM 《略》Their Imperial Majesties.

Tim. 《略》Timothy.

tim·bale /tímb(ə)l, tæmbɑːl/ 名 ❶ 《料理》タンバル: a 鶏肉[魚肉]や野菜をドラム形の型に入れて焼いたもの; その型. b タンバル型に入れて揚げた練り粉の皮. ❷ [複数形で] 《楽》ティンバレス 《大小 2 個 1 組で演奏する, 短い円筒状の打楽器; ラテン音楽でよく使われる》.

***tim·ber** /tímbə/ 名 [-bə] 名 ❶ ⓤ (製材した)材木, 角材, 板材 (★米・カナダでは lumber のほうが一般的). ❷ ⓤ (材木用)樹木, 立ち木. ❸ a ⓒ 梁(はり). b [複数形で] 《海》船材, 肋材(ろく). ❹ ⓤ 人物, 人柄, 素質. — 間 〔伐木の際に警告の叫び声として〕木が倒れるぞ. 〖OE=建物〗

【類義語】 **timber** 角材・板材などに加工した材木. **wood** 切り出した木の樹皮をむいて建築その他の用途に整えた材木.

tim·bered 形 ❶ 木(枠)で造った; 造りが(...)材の: ⇒ half-timbered. ❷ 羽目板でおおわれた. ❸ 立ち木の.

tímber-fràme 形 《建》木骨造の.

tímber-fràming 名 ⓤ 木骨造.

tímber hìtch 名 《海》ねじり結び《円材へのなわの結び方》.

tím·ber·ing /-b(ə)rɪŋ/ 名 ⓤ ❶ 建築用材, 木材. ❷ 木組み.

tímber·lànd 名 ⓤ 《米》(林業用の)森林地.

tímber·lìne 名 [the ~] (高山・極地の)高木[樹木]限界.

tímber·man /-mən/ 名 ❶ =lumberman. ❷ (また **tímberman bèetle**) [昆] カミキリムシ 《幼虫は樹幹を食害する》.

tímber ràttlesnake 名 《動》ヨコシマガラガラヘビ.

tímber wòlf 名 《動》シンリンオオカミ 《北米産のまだら色の大型のオオカミ》.

tímber·wòrk 名 ⓤ 木組み.

tim·bre /tæmbə, tím-| -bə/ 名 ⓤⓒ 《楽》音色, 音質. 〖F〗

Tim·buk·tu, Tim·buc·too /tìmbʌktúː/ 名 ❶ ティンブクトゥ 《アフリカ北西部マリ中部の町》. ❷ 遠く離れた所, 遠隔地.

***time** /táɪm/ 名 A ❶ ⓤ [無冠詞で]時, 時間; 時の経過, 歳月: ~ and space 時間と空間 / T~ heals most troubles. 時がたてばたいていの悩みは治る / T~ will tell. 時がたてばわかる / T~ is money.《諺》時は金なり / T~ flies.《諺》光陰矢の如し / T~ and tide wait for no man.《諺》歳月人を待たず / T~ is on your side. 時は君の味方だ《時間は十分ある》.

❷ a ⓤ [しばしば the ~] 時刻, (...)時: What ~ is it? =What is the ~? =《米》What do you have? =《米》Do you have the ~? =Have you got *the* ~? 今何時ですか / learn to tell (*the*) ~ 時計を見て時刻を言えるようになる / 〖通例《英》では通例 the は略さない〗 / Look at the ~!《口》もうこんな時間だ / What [At what] ~ do you get up? 何時に起きますか. b ⓤ [通例修飾語を伴って] 標準時, タイム: ⇒ Greenwich (Mean) Time, summer time.

❸ ⓤ [また a ~] (ある一定の長さの)期間, 間: for *a* ~ しばらく, 当分(は) / after *a* ~ しばらくして / in *a* short ~ まもなく / It's *a* long ~ since I met you last. お久しぶりです / He has lived there (for) *a* long ~. 彼は長い間そこに住んでいる / She takes ~ to speak. 彼女はものをいうのに時間がかかる[手間取る] / It was no ~ before he was back.(行ったと思ったら)彼はすぐ戻ってきた / What *a* ~ you have been! ずいぶん手間取ったのね.

❹ a ⓤⓒ (特定の)時, 時期: at any ~ いつでも / at no ~ かつて...ない, 決して...ない, まだ一度も...ない / at some ~ いつか / by this ~ この時までに(は), もうこの時には; じき今時分は, もうまもなく / at a convenient ~ of day 都合のよい時に / at this ~ of day (1 日のうちの)この時刻になって; 今ごろになって / this ~ tomorrow 明日の今頃 / at this ~ of night 夜分こんな(遅い)時間に / this ~ tomorrow 明日の今頃. b ⓤ 時期, 季節: at Christmas ~ クリスマスのころに / at this ~ of year この季節に.

❺ ⓤ a (あらかじめ決まった)期日, 定刻: arrive ahead of ~ 定刻[予定]より早く着く / behind ~ 定刻に遅れて, 遅刻して / This is my first ~ here. 当地は初めてです (that) I've been here. 当地は初めてです 〖用法〗 単純現在完了形を伴う; This is the first ~ (that) I'm here. は不可; また This is the first ~ for me to be here. は不可 / The ~ will come when... 将来...する時が来るだろう 《★ when... は time にかかる関係副詞節》. b (...する)時, 時間, 時期: It's ~ *for* tea. お茶の時間です / It's (high) ~ *for* lunch. もう(とうに)昼食をとる時間だ / 〖+*for*+代名+*to do*〗 It is ~ *for* us to reconsider the policy. =〖+*that*〗 It's (high) ~ (*that*) we reconsidered our policy. 政策は(今や)再考する時期だ 〖用法〗 *that* 節の that がしばしば略される; 節内には通例仮定法過去の動詞を用いるが, be ではしばしば was も用いられる / ⇒ bedtime, lunchtime, teatime.

❻ ⓤ (必要な)時間; 暇, 余暇: give a person ~ 人に猶予を与える / be pressed for ~ 時間に追われている, 時間が足りない / *Time*'s up. 時間切れ / find [make] ~ *for*... のための時間を見つける[作る] / I have no ~ *for* reading. =〖+*to do*〗 I have no ~ *to* read. 本を読む時間[暇]がない / have no ~ *to* spare さくだけの時間がない, 多忙である / There's [I have] no ~ *to* lose. (一刻も)ぐずずしてはいられない / There isn't any (more) ~. (もう)時間がない.

❼ [any, each, every, next などの修飾語を伴って接続詞的に] (...する)時: She smiles *every* ~ she sees me. 彼女は私の顔を見るといつもにっこり笑う / I'll bring you my book *next* ~ I come. 今度くる時あなたに私の本をもってきましょう.

❽ a ⓒ [通例複数形で] (歴史上の)時代, 年代, (...)代: in our ~(*s*) 現代に / in ancient [modern] ~*s* 古代[現代]に / in the ~(*s*) of the Stuarts in Stuart ~*s* スチュアート王朝時代に / He's the greatest writer of all ~(*s*). 彼は古今を通じて最も偉大な作家である. b [the ~; しばしば複数形で] 当時; 現代: the scientists of *the* ~ [*those* ~*s*] 当時の科学者たち.

❾ a ⓒ [しばしば複数形で] 時勢, 景気: behind [ahead of] the ~*s* 時勢に遅れて[より進んで] / good ~*s* 好景気 /

hard ~s 不景気 / move [march, change] with the ~s 時代とともに進む, 時勢に遅れないようにする / *Times* have changed. 時代は変わった. **b** [have a ~で] 経験(経験する)時間《用法》しばしば無意味の of it を伴う》: have a good [fine] ~ (of it) 愉快に過ごす / have a hard ~ (of it) ひどい目にあう.
❿ [one's ~] (人の)一生; (人の関係していた)時期, ころ: It happened before my ~. それは私がまだ生まれていない時に起こった / He was no longer teaching there in my ~. 私の(いた)ころには彼はもうそこでは教えていなかった.
⓫ **a** [one's ~] (奉公の)年季; (兵役の)期間: serve [serve out] one's ~ 年季を勤める[勤めあげる]. **b** [U] 《口》刑期: do [serve] ~ 刑を勤める, 服役する.
⓬ [U] **a** [修飾語を伴って] 勤務[就業]時間: full ‒ (労働・勤務などの)全時間 / ⇒ part time. **b** 時間給: pay double ‒ for overtime work 超過勤務に2倍の賃金を支払う.
⓭ [one's ~] **a** 死期, 臨終: He died before his ~. 彼は早死にした / Your ~ has come. いよいよあなたの最期がきた. **b** 懐妊期; 分娩期.
⓮ [U] 《英》(パブ・バーなどの)閉店時間: *T~*, gentlemen, please! お客さん閉店です.
⓯ [U] 《競技》**a** 所要時間, タイム. **b** タイム《ゲームの一時中断》; やめ: call ~ 《審判のタイムを宣告する.
⓰ [U] **a** 《楽》拍子; 速度: in slow [true] ~ ゆるやかな[正しい]調子で / in ‒ to the music その曲の(速度・リズム)に合わせて / beat ~ 拍子をとる / keep ~ 拍子を取る, テンポを合わせる. **b** 《軍》行軍歩度, 歩調: double [quick, slow] ~ 駆け足[早, 並み]足.
⓱ [the *~Times*; 新聞名に用いて] …タイムズ: *the New York Times* ニューヨークタイムズ.

— **B** /tàɪm/ ❶ [頻度を表わし, 通例副詞句をなして] 回, 度: this ~ 今度 / next ~ 次回 / three ~s a day 日に3回 / many [a lot of] ~s = 《文》 many a ~ 何度も, たびたび / ~s out of number 幾度となく.

❷ [複数形で] **a** 倍: ten ~s as large as…の10倍も大きい. **b** [前置詞的に] …かける《比較》数式 4×2=8 は, 英語では 2 の 4 倍は 8 と解する》: Four ~s two is [are] eight. 4×2=8 / One ~s one is one. 1 かける 1 は 1 (1×1=1).

agàinst tíme 時間と競争で, 時計とにらめっこで.
ahéad of tíme 定刻前に; 前もって (in advance).
ahéad of one's tíme (人の生きた)時代に先んじた考えをもって, 進歩的で.
(áll) in góod tíme 時が来れば, やがては, いずれそのうちに《★相手にがまんするように求める時などに用いる》.
áll the tíme (1) その間中ずっと (the whole time). (2) いつも, 常に.
(and) abòut tíme, tóo =(and) nót befòre tíme 遅れているが)もうそろそろだ.
at áll tìmes 常に, どんな時にも.
at ány tìme いつでも, いつ何時 (at any moment)
at a tíme 一度に: go up the steps two *at a* ~ 階段を一度に2段ずつ上がる.
at óne tìme かつて, ひところは, 昔(は).
at óther tìmes (1) ほかの時は, 平生は, ふだん. (2) またある時には: She is sometimes helpful and *at other* ~*s* not. 彼女は時には助けになりまたある時は助けにならない.
at the sáme tìme (1) 同時に: Can you watch television and do your homework *at the same* ~? 君はテレビを見ながら宿題をやることができますか / *At the same* ~ *that* she was preparing her lessons, she had to look after the store. 彼女は勉強をしながら店の番もしなければならなかった. (2) [接続詞的に] 同時に, そうではあるが: She didn't wish to spend any more money. *At the same* ~, she wanted to go on the trip. 彼女はそれ以上お金を使いたくなかったが, やはり旅行には行きたかった.
at tímes 時々, たまに.
befòre one's tíme (人の)時代が来ないうちに, 時代を先んじて.
bíde one's tíme ⇒ bide 成句.
búy tíme (1) 時間をかせぐ. (2) 『ラジオ・テレビ』(料金を払って)広告の時間を取る[求める].
cáll tíme 《英》 [(…に)終えることを告げる[決める] [*on*].
fáll on hárd tìmes ⇒ fall A 10 c.
for a tíme ちょっとの間, 一時.
for óld tímes' sàke =for óld tímes 昔(なじみ)のよしみで[に].
for sóme tìme しばらくの間, かなり長い間.
for the fírst tìme 初めて: He disobeyed his parents *for the first* ~ in his life. 彼は生まれて初めて両親にそむいた.
for the lást tìme 最後に(それを終わりとして): I saw her then *for the last* ~. 彼女とはそれが最後であと会うことがなかった.
for the tíme béing 当分の間, さしあたり.
(from) tíme òut of mínd 太古(から), いつの世からとなく.
from tíme to tíme 時々 (now and again).
gáin tíme (1) (事を引き延ばしたり口実を設けたりして)時をかせぐ. (2) 《時計が》進む.
gíven tíme =in TIME (1).
hálf the tíme ⇒ half 副 成句.
hàve a dévil of a tíme ⇒ a DEVIL of a… 成句.
hàve a lót of tìme for… (1) …の時間が十分ある. (2) …が大好きである; …を重視する.
hàve an éasy tíme (of it) 《口》苦労しない; 金・職業などを苦労せずに手に入れる: Young people *have an easy* ~ (*of it*) at college now. 今の若者は大学で苦労しない.
hàve nó tìme for… (1) …の時間[暇]がない (⇒ A 6). (2) 《口》 〈人・ものに〉ただただ時間がない, 構ってゃれない; …を嫌う: I *have no* ~ *for* dogs. 犬なんかに構ってはいられない.
hàve the tíme of one's lífe 《口》(今までにないほど)楽しい時を[面白く]すごす.
hàve tíme on one's hánds =hàve tíme to kíll 時間をもて余している.
in góod tìme (1) ちょうどよい時に, 時間どおりに. (2) 十分余裕をもって, 早目に.
in nó tìme (at áll) =in léss than [in néxt to] nó tìme 直ちに, すぐさま, たちまち.
in one's ówn góod tìme 用意ができた時に; 都合のよい時に.
in one's ówn tìme 暇な時に, 自由時間に.
in tíme (1) 早晩, やがて(は): That child will learn that *in* ~. あの子も今にそれがわかるだろう. (2) [(…に)ちょうどよい時に, 間に合って [*for*]: I got home just in ~ *for* dinner. 夕食にちょうど間に合う時間に家に着いた. (3) [(…と)調子が合って[を合わせて] [*with*].
in…tíme …後に: *in* a week's ~ 1週間後に / *in* a couple of hours' ~ 2, 3時間後に.
in tíme(s) to cóme 将来に[は].
It's abòut tíme that…[to dò…]. そろそろ…する[すべき時[時刻, 時期]だ.
It's hígh tíme that…[to dò…]. まさに[とうに]…する[すべき]時[時刻, 時期]だ (⇒ 図 5).
kèep góod [bád] tíme 《時計が》正確に時を刻む[刻まない].
kèep tíme (1) 時間を記録する. (2) 〈時計が〉時を刻む. (3) [(…と)拍手[調子]を合わせる [*with*].
kíll tíme ⇒ kill 他 3.
knòw the tíme of dáy よく知っている, 万事心得ている.
lóse tìme (in) dóing 早速…する.
lóse tíme (1) 時間を損する[むだにする]. (2) 〈時計が〉遅れる.
màke tíme (1) 時間をさく, もうける: Can you *make* ~ to interview her? 彼女と面接する時間がさけますか. (2) 進む; 急ぐ: We *made* (good) ~ between Chicago and here. シカゴからここまでは道がはかどった[スピードが出た]. (3) 《米俗》 《異性と親しくなる, 〈異性を〉追いかける [*with*].
márk tíme (1) 《軍》足踏みする. (2) 《好機が到来するまで》待機している; 《物事が進行しない, 足踏みする, 停滞する.
mòst of the tíme たいてい, ほとんどいつも.
nót befòre tíme ⇒ (and) not before TIME 成句.
nót hàve mùch tíme fòr… =have no TIME for… 成句.

nó tíme 《口》ごく短期間(に): It was no ~ before she went back. すぐに彼女は帰った.

of áll tíme いまだかつて例のない, 古今未曾有(ぞう)の, 空前の.

on one's ówn tíme 勤務時間外に.

on tíme (1) 時間どおりに, 定刻に: arrive on ~ 定刻に着く. (2) 《米》後払いで, 分割払いで: buy a piano on ~ ピアノを月賦で買う.

óut of tíme (1) 遅れて. (2) 時候はずれで. (3) 拍子はずれに. (4) 《放送》時間的売切.

óver tíme 長い間にわたって, 次第に.

páss the tíme of dáy 《口》〈人と〉あいさつを交わす《with》.

pláy for tíme 時をかせぎ, 慎重に構える.

sóme tíme (or óther) いずれそのうち, いつか.

táke a person áll his tíme 《口》〈人に〉ずいぶん骨を折らせる: This work has taken me all my ~. この仕事ではずいぶん骨が折れた.

táke one's tíme ゆっくり[急がずに, 悠長に]やる.

táke time by the fórelock ⇨ forelock 成句.

táke tíme óff [óut] (to dó [for]…) (…する[の]ために)暇を作る, 時間をさいて[都合して](…)する.

(the) fírst tíme 《接続詞的に》最初に…した時は《慣用》後に that を用いることがある》: The first ~ I met him, he was a young man about your age. 最初に彼に会った時は彼は君くらいの年の青年だった.

(the) tíme of dáy (1) 時刻, 時間: What ~ of day was it when he came? 彼が来たのは何時ごろでしたか. (2) [not give a person the ~ of day で] 《口》最小の注意: She wouldn't give me the ~ of day. 彼女は私のことなど見向きもしなかった[してくれないだろう]. (3) ⇨ pass the TIME of day 成句.

the tíme of one's life 《口》またとないような楽しいひと時[経験]: have the ~ of one's life この上もなく楽しい経験をする / They gave me the ~ of my life. 彼らは私にまたとない愉快な思いをさせてくれた.

the whóle tíme ずっと, 継続して.

tíme áfter tíme =**tíme and (tìme) agáin** 再三再四.

Tíme was when… 以前は…ということがあった.

to tíme 《英》〈時刻表の〉時間どおりに, 定刻に: The buses run to ~. そのバスは時間が正確だ.

—— 形 Ⓐ ❶ **a** 時の, 時間の: ⇨ time lag. **b** 時間[時刻]を記録する: a ~ register 時間記録器.
❷ 時限装置(つき)の: a ~ time bomb.

—— 動 Ⓐ ❶〈行動・事件を〉よい時機に合わせる, ころあいを見計らって行なう;〈…の〉時間を定める《★ しばしば受身》: ⇨ ill-timed, well-timed / ~ one's arrival opportunely ちょうどよい時刻に到着するようにする /〔+目+to do〕I will ~ my visit to suit your convenience. あなたの都合のよい時間を見計らって訪問します / The trains are ~d to leave at 5 minute intervals. 列車は5分間隔で発車することになっている. ❷〈競走・選手などの〉時間を計る: ~ a race [runner] レース[ランナー]のタイムを計る. ❸〈…の〉拍子[調子]に合わせる: ~ the revolution of a disc to 33 1/3 per minute レコードの回転を1分間 33 1/3 に調節する / They ~d their steps to the music. 彼らは音楽にステップを合わせた. ❹〈ボールなどを〉よいタイミングで打つ.

tíme óut 《他+副》《電算》〈プログラムなどが〉×処理などを一定時間入力などがない時に自動的に打ち切る, タイムアウトする.

【OE; 原義は「区切られたもの, 期間」】〖関形〗chronological, temporal〗

tíme and a hálf 名 Ⓤ (時間外労働に対する)5割増しの賃金支給.

tíme and mótion stùdy 名 時間動作研究《作業効率増進などを目的として, 特定作業の遂行に要する動作と時間とを組織的に調査・分析すること》.

tíme bòmb 名 ❶ 時限爆弾. ❷ (後日の)危機をはらむ情勢.

tíme càpsule 名 タイムカプセル《その時代を代表する文書・物品を入れ地中などに埋める容器》.

tíme càrd 名 タイムカード, 勤務[就業]時間記録票.

tíme clòck 名 タイムレコーダー, 時間記録時計.

tíme còde 名 タイムコード《編集の際に便利なようにデジタル方式で時間を記録しておくビデオ[オーディオ]テープ上のトラック》.

tíme cònstant 名 《電子工》時定数.

tíme-consúming 形 時間のかかる, 手間取る.

tíme depòsit 名 《商》定期預金.

tíme dràft 名 《商》一覧後定期払い手形.

tíme expòsure 名 ❶ Ⓤ.Ⓒ《写》《瞬間露出に対して》タイム露出《通例 1/2 秒より長い》. ❷ Ⓒ タイム露出の写真.

tíme fàctor 名 時間的要素.

tíme fràme 名 《米》(あることが行なわれる)時間枠, 概算時間.

tíme fùse 名 時限信管.

tíme-hònored 形 昔ながらの, 由緒(ゆいしょ)ある.

tíme immemórial 名 Ⓤ 太古の昔: from ~ 太古の昔から. ❷ 太古の昔から.

tíme-kèeper 名 ❶ **a** 作業時間係. **b** (競技などの)時間記録係, 計時係, タイムキーパー. ❷ 時計: a good [bad] ~ 正確な[不正確な]時計. **tíme-kèeping** 名

tíme kìller 名 ❶ 娯楽. ❷ 暇つぶしをする人.

tíme làg 名 時間のずれ, 遅れ (lag).

tíme-làpse 形 低速度撮影の, こま抜きの.

tíme-less 形 ❶ 時に影響されない, 不変の. ❷ 永遠の, 果てしない. ~·ly 副 ~·ness 名

tíme lìmit 名 時限, 日限, タイムリミット.

tíme-lìne 名 ❶ 歴史年表, (経過を示す)図表. ❷ 予定表, スケジュール表.

tíme lòck 名 時限錠《時間がくるまで開かない》.

†**time·ly** /táimli/ 形 時を得た, 折よい, ちょうど間に合った (↔untimely): (a) ~ help 時宜を得た援助 / a ~ hit 《野》タイムリーヒット, 適時安打. —— 副 折よく. **tíme·li·ness** 名

tíme machìne 名 《SFの》タイムマシーン《過去または未来に行ける》.

tíme nòte 名 約束手形.

†**tíme-óut** 名 ❶ 《米》《競技》タイムアウト《協議などのための短い競技中断時間》. ❷ (活動の)小休止, 中断. ❸ 《電算》時間切れ, タイムアウト《プログラムが一定時間内に入力がないと待機を打ち切ること, またその信号》.

tíme·piece 名 計時器, (特に)時計.

tíme-pòor 形 《英》多忙で自分の時間のない, 時間貧乏な.

†**tím·er** 名 ❶ タイムスイッチ, タイマー. ❷ (内燃機関の)点火時期調節装置. ❸ 時計記録係. ❹ ストップウォッチ. ❺ 時間決め労働者: ⇨ part-timer.

tíme recòrder 名 タイムレコーダー.

tíme-sàver 名 時間の節約になるもの.

tíme-sàving 形 時間節約の.

tíme scàle 名 時間の尺度; (完成に要する)時間, 期間.

tíme-sèrver 名 ❶ (職務に励まずに)ただ働く年限を消化しているだけの者. ❷ 時勢に迎合する人, ひより見主義者.

tíme-sèrving 形 ❶ ただ職務年限を消化するだけの. ❷ 時勢に迎合する, ひより見的な, 無節操な: ~ politicians ご都合主義の政治家. —— 名 Ⓤ ❶ (単なる)職務年限の消化. ❷ ひより見, 無節操, ご都合主義.

tíme-shàre 名 ❶ Ⓤ 休暇施設の共同所有[賃借](権). ❷ Ⓒ 共同所有の別荘(など).

tíme-shàring 名 Ⓤ ❶ 《電算》タイムシェアリング, 時分割(じぶんかつ)《一定の時間内に相互に関連のない複数の使用者が計算機を共同使用して処理する方式》. ❷ 休暇施設の共同所有 (timeshare).

tíme shèet 名 タイムカード.

tíme sìgnal 名 (ラジオなどの)時報 (the pips).

tíme sìgnature 名 《楽》拍子記号.

tímes sìgn 名 掛け算の記号《×》.

Tímes Squáre 名 タイムズスクエア《New York 市の中央部の広場; 付近には劇場・娯楽場が多い》.

tímes tàble 名 《口》九九表 (multiplication table).

tíme swìtch 名 タイムスイッチ《定時に自動的に働く》.

time・ta・ble /táɪmtèɪbl/ 名 ❶ 計画(案), 予定(表) (schedule): set (up) a ~ 予定[計画]を定める. ❷《主に英》(乗り物の)時刻表, (授業の)時間割り(《米》schedule). —— 動 他 予定[計画]を立てる (★ 通例受身).

time trável 名 U (SF の)時間旅行, タイムトラベル.

time tríal 名 タイムトライアル《自転車競技などで距離[コース]を定めて競技者の所要タイムを個別に測定すること[レース]》.

time wárp 名【理】時間のゆがみ《時間の変則的な流れ・停止》.

time・work 名 U 時間払いの仕事 (cf. piecework).

time-wórn 形 ❶ 古ぼけた, 傷んだ. ❷ 陳腐な.

+time zóne 名 時間帯《同じ標準時を用いる地帯; ほぼ経線に沿い 15°ずつ 24 の時間帯に分けてある》.

+tim・id /tímɪd/ 形 (~・er; ~・est) 臆病な, 小心な; おずおずした, 内気な《of, about, in; with》: He's very ~ with girls. 彼は女の子に対してとても内気だ. (as) tímid as a rábbit 非常に臆病な. ~・ly 副 ~・ness 名《L》(名 timidity)《類義語》⇒ shy¹.

ti・mid・i・ty /təmídəti/ 名 U 臆病, 小心. (形 timid)

*tim・ing /táɪmɪŋ/ 名 U タイミング, 間合い; タイミング[間合い]の取り方, 時機を選ぶこと.

ti・moc・ra・cy /taɪmákrəsi | -mɔ́k-/ 名 U ❶ 金権政治. ❷ 名誉至上政治.

Ti・mor /tí:mɔə | -mɔː-/ 名 ティモール(島)《インドネシア東部小スンダ列島の島; cf. East Timor》. **Ti・mo・rese** /tì:məríːz/ 名 形

tim・o・rous /tím(ə)rəs/ 形《人》が臆病な, 気の弱い. ~・ly 副 ~・ness 名

Tímor Séa 名 [the ~] ティモール海《Timor 島とオーストラリアの間の海》.

tim・o・thy /tíməθi/ 名 U【植】オオアワガエリ, チモシー《牧草》.

Tim・o・thy /tíməθi/ 名 ❶ テモシー《男性名; 愛称 Tim》. ❷【聖】a [St. ~] テモテ《聖パウロの弟子》. b テモテへの手紙《新約聖書中の書; テモテへの第一[第二]の手紙; 略 Tim.》.

tímothy gráss 名 =timothy.

tim・pa・ni /tímpəni/ 名 複《音》ティンパニ (kettledrums) 《管弦楽で用いられる 2 個以上の太鼓のセットになったもの》. 《It<L<Gk=太鼓》

tím・pa・nist /-nɪst/ 名 ティンパニ演奏者.

Ti・mur /tɪmúə/ -múə/ 名 チムール (⇒ Tamerlane).

*tin /tín/ 名 ❶ U【化】スズ《記号 Sn》. ❷ a U ブリキ. b C ブリキの容器; 《英》(ブリキ)缶, (缶詰の)缶 (can); 《英》(オーブン用)パン, (ケーキなどの)焼き型《米》pan). ❸ U《英俗》金銭. —— 形 A スズ[ブリキ]製の. —— 動 他 (tinned; tin・ning) ❶ 〈...〉にスズめっきをする, スズをきせる. ❷《英》〈食品〉を缶詰にする 《米》can).

tín cán 名《英》(缶詰の)缶 (can); (特に)空き缶.

tinc・to・ri・al /tɪŋktɔ́:riəl/ 形 色(合い)の; 着色[染色]の.

tinc・ture /tíŋ(k)tʃə | -tʃə/ 名 ❶ C|U《薬》チンキ: ~ of iodine ヨードチンキ. ❷《英》飲み物, アルコール. ❸ [a ~] a 色合い, (色の)気味: a ~ of blue 青み. b 〔...の〕気味, 気味, 少々〔of〕. ❹〔...の〕ところ: have a ~ of learning 学問を少しかじっている. —— 動 ❶〈...〉を染める. ❷〈...〉に〔...の〕気味[臭味]を帯びさせる: views ~d with prejudice 偏見を帯びた見解. 《L tingere, tinct- 染める; ⇒ tint》

tin・der /tíndə/ 名 U 燃えやすいもの; 火口(ほく): burn like ~ 猛烈に燃える.

tínder・bòx 名 ❶ (昔用いた)火口(ほぐち)箱. ❷ (一触即発の)危険な場所[状況, 人].

tínder-drý 形 森林などが乾燥して燃えやすい.

tin・der・y /tíndəri/ 形 火口のような; 燃えやすい, 激しやすい.

tine /táɪn/ 名 (フォーク・くしなどの)歯; (鹿の角の)枝.

tin・e・a /tíniə/ 名【医・獣医】輪癬(りんせん), タムシ.

tín éar 名 [a ~]《米》音痴: have a ~ 音痴である.

tín・fòil 名 U スズ(はく)箔(はく); 銀紙.

+ting /tíŋ/ 名 [a ~] チリンチリン. —— 動 自 〈鈴などが〉チリンチリンと鳴る. —— 他 〈鈴などを〉チリンチリンと鳴らす.

ting-a-ling /tíŋəlìŋ/ 名 鈴の音, チリンチリン.《擬音語》

tinge /tíndʒ/ 名 [a ~] ❶ 色合い: a ~ of red 赤のほんのりとした色合い. ❷〔...の〕じみたところ, 気味: a ~ of irony 皮肉めいたところ.《L tingere 染める; ⇒ tint》

tinged 形 ❶ かすかに[ほのかに, 薄く]色づけられた[色づいた]; かすかに味[においのある]《with》. ❷〈感情などの〉かすかに感じられる[入り混ざった], わずかに垣間〔...が〕見られる[気味がある]: respect ~ with irritation いらだちの気持ちのまじった敬意.

tin gláze 名 錫釉《しゃくゆう》《酸化スズを加えたうわぐすり》.

+tin・gle /tíŋgl/ 動 自 ❶〈体などが〕〔...で〕ひりひり[きりきり, ちくちく]する[痛む]; うずく: fingers tingling with cold 寒さでじんじんする指 / My nerves began to ~. 神経がうずきだした. ❷ 〔興奮などで〕ぞくぞくする, うずうずする: The music made my blood ~. その音楽は私の血を沸かせた / My mother was tingling with anticipation. 母は心配でじっとしていられなかった. —— 名 [a ~] ひりひり, ぴりぴり; うずき.《TINKLE の変形》

tin・gly /tíŋgli/ 形 ひりひり[ちくちく, じんじん]する; ぞくぞくする.

tín gód 名《口》偉そうにふるまうが実はつまらない人; 見かけ倒しの人, 食わせもの.

tín hát 名《口》(兵士の)鉄かぶと, ヘルメット.

tín hòrn 名《米俗》形 はったりの, つまらない. —— 名 はったりの賭博(とばく)師.

+tin・ker /tíŋkə | -kə/ 名 動 ❶〔...を〕(修繕のつもりで)いじくり回す: He likes to ~ (around) with broken gadgets. 彼は壊れたしかけをいじくり回すことが好きだ / Don't ~ with my camera. ぼくのカメラを下手にいじくり回さないでくれ. ❷ 鋳掛け屋をする. —— 名 ❶ (昔の, 旅して回る)鋳掛け屋; 《英軽蔑》物を転々とする人, 漂泊民《ジプシーなど》. ❷《英口》いたずらな子, 困った子. ❸ いじくり回すこと. nót give a tínker's cúrse [cúss, dámn]《口》知ったこっちゃない, どうでしい.《ME=チンチンリン; 鋳掛け屋がなべなどをたたいてふれ回ったことから》

tin・kle /tíŋkl/ 名 ❶ [通例単数形で] チリンチリン (tinkling). ❷《英口》電話(をかけること); 電話をかけること: give a person a ~ 人に電話をかける. ❸《英口》おしっこ: go for a ~ おしっこに行く. —— 動 自 ❶〈鈴などが〉チリンチリンと鳴る[鳴り響く]. ❷《英口》おしっこする. —— 他 ❶〈鈴などを〉チリンチリンと鳴らす: ~ a bell 鈴をチリンチリンと鳴らす.《擬音語》

tín・kling 名 [通例単数形で] チンチン, リンリン, チリンチリン. —— 形 チンチン[リンリン, チリンチリン]と鳴る.

Tín Lízzie 名《米口》車, (特に) T 型フォード.

+tinned /tínd/ 形《英》缶詰にした (canned): ~ fruit [sardines] 缶詰の果物[イワシ]. ❷ スズ[ブリキ]をきせた, スズめっきした.

tín・ner 名 ❶ スズ鉱夫. ❷ =tinsmith.

tín・ning 名 U スズ被(ひ)せ, スズめっき; 缶詰製造.

tin・ni・tus /tənáɪtəs, tíni-/ 名【医】耳鳴り.

tin・ny /tíni/ 形 (tin・ni・er; -ni・est) ❶ ブリキのような音のする, (音・声などが)薄っぺらで かん高い. ❷《金属製品が》安っぽい, 粗悪な. ❸ スズの(ような); スズを含む[の多い]. 《TIN+-Y³》

tín-òpener 名《英》缶切り《《米》can opener》.

Tín Pàn Àlley 名 U ポピュラー音楽関係者たち. 《New York でポピュラー音楽の作曲家・出版社の集まる地域》

tin-pláte 名 U ブリキ.

tin-pláte 動 他 〈鉄板などに〉スズめっきをする.

tín-pót 形《英》安っぽい, 劣った, 無価値な.

tin・sel /tínsl/ 名 ❶ ぴかぴか光る金属片[糸]《クリスマスの装飾用など》. ❷ a 安びかもの. b うわべのきらびやかさ, 虚飾. —— 形 A 金びかの. —— 動 他〈...〉を金びかもので飾る.

tín・seled 形《米俗》偽造[変造]した, にせの《小切手など》.

tin・sel・ly /tínsəli/ 形 金びかの.

Tínsel・tòwn 名 金ピカの町《Hollywood の俗称》.

tín shèars 名 (板金用)ブリキ[金切り]ばさみ.

tín・smìth 名 ブリキ職人, スズ細工師.

tin sóldier 名 (おもちゃの)鉛の兵隊.
tín·stòne 名 〔鉱〕スズ石.
⁺tint /tínt/ 名 ❶ 色合い; ほのかな色, (赤み・青みなどの)…み: autumnal ~s 秋色 / (a) green of [with] a blue ~ 青みがかった緑. ❷ a 毛髪用染料. b 〔通例単数形で〕毛染め(すること). ❸ 色彩の配合, うつり, 濃淡: in all ~s of red 濃淡さまざまな赤色で. ── 動 ⓣ ❶ 〈…に〉(薄く)色をつける: The sunset ~ed the hills. 入り日が山々を染めた. ❷ 〈髪を〉染める. ~·er /-tər/ -ta/ 名【L < *tingere*, *tinct*- 染める; cf. tincture, tinge】【類義語】⇒ color.
tín·tàck 名〔英〕スズめっきのびょう.
T-intersèction /tí:-/ 名 (道路の) T 型交差, T 字型三叉路.
tin·tin·nab·u·la·tion /tìntənæbjulei∫ən/ 名 C,U (鈴の)チリンチリン(と鳴る音).
tín·tỳpe 名 =ferrotype.
tín·wàre 名 U ブリキ[スズ]製品(類).
tín whìstle 名 =penny whistle.
tín·wòrk 名 U ブリキ[スズ]製品.
*⁺**ti·ny** /táini/ 形 (**ti·ni·er**; **-ni·est**) ちっぽけな, ちっちゃな, とても小さい: a ~ little [little ~] boy とってもちっちゃな坊や. **ti·ni·ly** 副 **-i·ness** 名【類義語】⇒ small.
-tion /-∫ən; /s/ の後では -t∫ən/ 接尾 [状態・動作・動作の結果を表わす名詞語尾]: condi*tion*, tempta*tion*; sug*gestion*.
-tious /-∫əs/ 接尾 [-tion の名詞に対応する形容詞語尾] …な, …のある: ambi*tious*.
⁺**tip**¹ /típ/ 名 C ❶ a (とがった)先, 先端: the ~ of one's nose 鼻の先 / the ~ of the tongue 舌先 / walk on the ~s of one's toes つま先で歩く. b 頂点, 頂上. ❷ 先端につける[かぶせる]もの[金具]: a (傘・つえなどの)石突き. b 釣りざおの先細部. (たばこの)フィルター, 吸い口: a cigarette with a (filter) ~ フィルター付きたばこ. ❹ (茶の)葉芽. **on the tip of one's tóngue** (1) 〈危うく〉口から出かかって. (2) (のどまで出かかっているのに)思い出せなくて. **the típ of the íceberg** 〔口〕氷山の一角〈大きな問題・事態などの全体のごくわずかな部分〉. ── 動 (**tipped; tip·ping**) ⓣ 〈…に〉先端をつける: filter-*tipped* cigarettes フィルター付きの巻きたばこ / They *tipped* their arrows **with** flint. 矢の先端に燧石(ﾋｳﾁｲｼ)をつけた. 【ON】
⁺**tip**² /típ/ 名 チップ, 心付け, 祝儀: I gave her a five-dollar ~. 彼女に 5 ドルのチップをやった. ── 動 (**tipped; tip·ping**) ⓣ 〈人に〉チップをやる: ~ a waiter ウェーターにチップを出す / 〔+目+目〕He *tipped* the waitress a dollar. 彼はそのウェートレスに 1 ドルのチップを与えた. ── ⓘ チップをやる.
tip³ /típ/ 名 ❶ (ためになる)助言; 秘訣(ﾋｹﾂ), こつ (hint), 〈特に賭(ヵ)け・投機などの〉内報, 情報: ~*s for* online shopping オンラインショッピングのこつ[に役立つ情報] / a straight ~ *on* the race 競馬に関する信頼できる助言[内報] / Take a ~ *from* me. 私の言うようにしたほうが身のためですよ. ── 動 (**tipped; tip·ping**) ⓣ 〔英〕〈…を〉(…と)予想する (★通例受身): She has been *tipped for* the Supreme Court. 彼女は最高裁判所の裁判官に任命されると予想されている / He *tipped* the horse to win the race. 彼はその馬が競馬に勝つと予想した. **tip óff** (ⓣ+副) (1) 〈警察などに〉密告する. (2) 〈…について〉〈人に〉こっそり教える〔*about*〕. **tip a person the wínk** 〈人に〉そっと教える.
tip⁴ /típ/ 名 ❶ 軽打. ❷〔野・クリケ〕チップ. ── 動 (**tipped; tip·ping**) ⓣ ❶ 軽く打つ. ❷ 〈ボールを〉チップする.
tip⁵ /típ/ 動 (**tipped; tip·ping**) ⓣ a 〈ものを〉傾ける: ~ (*up*) a barrel [desk] たる[机]をかしげる. b 〈ものを〉ひっくり返す: ~ *over* a vase 花瓶をひっくり返す. ❷ 〔副詞(句)を伴って〕傾けて〈中身を〉あける, 捨てる; 〈人・ものを〉放り出す: ~ rubbish *out* (*of* a bucket) (バケツの)ごみを捨てる / He was *tipped out of* the car *into* the pond. 車が倒れて彼は池の中へほうり出された. ❸ あいさつのために〈帽子を〉ちょっと傾ける. ── ⓘ ❶ 傾く (*up*). ❷ 転覆する, ひっくり返る: The boat *tipped over*. ボートが転覆した. ❸ [it tips down で] 〔英〕雨が激しく降る. **típ the bálance** ⇒ balance 成句. **tip the scále(s)** ⇒ scale² 成句. ── 名 ❶ 傾ける[傾く]こと; 傾斜. ❷〔英〕ごみ捨て場. ❸〔英口〕きたない場所, 散らかった部屋.
típ·càrt 名 ダンプカー.
típ·càt 名 ❶ C 棒打ち〈両端がとがった木片を棒で打ち上げて, 下に落ちてくるところをまたその棒で遠くへ飛ばす子供の遊び〉. ❷ C 棒打ちの木片.
ti·pi /tí:pi/ 名 =tepee.
típ-ìn 名 〔バスケ〕ティップイン〈リバウンドのボールを指先で触れて入れるゴール〉.
*⁺**tip-òff**¹ /típò:f/ 名 〔口〕内報, 情報; 助言.
tip-òff² /típò:f/ 名 〔バスケ〕ティップオフ〈ジャンプボールでプレーを開始すること〉.
típ·pee trádìng /típì:-/ 名 〔証券〕(内部情報を受けた社外株主などによる)インサイダー取引〈不正行為〉.
típ·pet /típit/ 名 ティペット: a (裁判官・聖職者の)肩掛け. b 女性用の肩またはそこから両端を前に下げるケープ.
típ·pex /típeks/ 動 ⓣ 〔英〕修正液で消す (*out*).
Tipp-Ex /típeks/ 名 U 〔英商標〕ティペックス《ドイツ製の修正液》.
tip·ple¹ /típl/ 〔口〕名 〔通例単数形で〕アルコール飲料; 強い酒: have a ~ 1 杯飲む. ── 動 酒を常習的に飲む. ── ⓘ 〈酒を〉常習的に飲む.
tip·ple² /típl/ 名 〔車を傾けて積荷を降ろす〕放下装置; 積荷を放下する場所, 〔特に〕石炭選別場.
típ·pler 名 大酒飲み, 酒豪.
tip·py /típi/ 形 (**tip·pi·er; -pi·est**)〔口〕ひっくり返りやすい, 傾きやすい, 不安定な. **tip·pi·ness** 名
típ·py-tòe 名〔口〕=tiptoe.
típ shèet 名 (証券関係などの)業界[情報]紙.
tip·stàff /típstæf/ 名 (~**s, tip·staves** /-stævz, -stèvz/ | -stèvz/) ❶ (昔執達吏・巡査などが用いた先端に金具付きの)職務づえ. ❷ 廷吏, 執達吏, 巡査.
típ·stèr /típstər/ 名 〔口〕(競馬・相場などの)予想屋.
tip·sy /típsi/ 形 (**tip·si·er, -si·est**) ほろ酔いの, 千鳥足の (tiddly): walk with ~ steps 千鳥足で歩く / get ~ 酔っぱらう. **típ·si·ly** /-səli/ 副 **-si·ness** 名
típsy càke 名 ティプシーケーキ〈アーモンドや砂糖漬けの果物で飾ってワインかブランデーに浸したスポンジケーキ〉.
⁺**tip·toe** /típtòu/ 名 つま先; つま先で; そっと: stand *on* ~ つま先で立つ / walk *on* ~ 抜き足差し足で歩く. **on típtoe** (1) つま先で. (2) 期待して, わくわくして: She was *on* ~ with expectation. 彼女は期待に胸をわくわくさせて待った. ── 動 つま先で. ── 〔通例副詞(句)を伴って〕つま先で歩く.
tip·tóp 名 [the ~] 頂上. ❷〔口〕絶頂, 最高. ── 形 〔口〕極上の, 飛び切り上等の: a ~ yacht 最高級のヨット / be in ~ shape [condition] 〈ボート・人の健康状態〉などが最高である. ── 副 申し分なく, 最高に: We're getting along ~. 〈仕事は〉実にうまくいってる.
típ-ùp 形 〔劇場のいすなどが〕上げ起こし式の.
ti·rade /táireid/ 名 長広舌; 長い攻撃[弾劾]演説.
ti·ra·mi·su /tìrəmí:su: | -mísù:/ 名 ティラミス〈コーヒーやブランデーに浸したスポンジケーキと, チョコレート入りマスカルポーネチーズとを重ねたイタリア起源のデザート〉. 《It *tira mi sù* pick me up》
Ti·ra·nё, -na /tirá:nə/ 名 ティラネ, ティラナ〈アルバニアの首都〉.
*⁺**tire**¹ /táiər | táiə/ 動 ⓣ ❶ 〈人を〉疲れさせる, くたびれさせる (⇒ tired 1; 〔比較〕make…tired のほうが一般的): Walking soon ~*s* me. 私は歩くとすぐに疲れる / I walked so fast that I ~*d* him *out*. 私があんまり早足で歩いたので彼をすっかり疲れさせた. ❷ 〈人を〉〈…に〉あきあきさせる, うんざりさせる (⇒ tired 2): The subject ~*s* me. その話にはもうあきあきだ / He ~*s* us *with* his talk of money. 彼は金の話をして我々をうんざりさせた. ── ⓘ ❶ 疲れる, くたびれる (〔比較〕この意味では get [be] tired を用いるほうが一般的): ~ ~ easily. 私はすぐ疲れてしまう. ❷ 〈…に〉あきる (weary): The children soon ~*d of* playing. 子どもたちはすぐに遊ぶのにあきた.

***tire**² /táɪɚ | táɪə/ 名《米》タイヤ (《英》tyre): snow ～s スノータイヤ / ⇨ RADIAL tire.

*‡**tired** /táɪɚd | táɪəd/ 形 (**more** ～, **most** ～; ～**·er**, ～**est**) ❶ 疲れた: a ～ child [voice] 疲れた子供[声] / The long drive made us all ～. 長いドライブで皆疲れてしまった / get [look, feel] ～ 疲れる[見える, 思われる] / I'm ～ *from* too much work. 私は仕事が多すぎて疲れている. ❷ ⓟ 飽きて, いやになって (sick): You make me ～! 君には愛想がつきたよ / get [be] ～ *of* life 世の中がいやになる[なっている] / People will soon get ～ *of* you if you behave in that way. そんなふるまいをしていると今に皆に愛想をつかされてしまう / I'm ～ *of waiting*. 私はもう待ちくたびれた. ❸ a 〈しゃれなど〉陳腐な, 古くさい. b 〈ものがくたびれた, 古ぼけた. **tired óut**=**tired to déath** へとへとに疲れて: You look ～ *out*. 君はひどく疲れているようだ. ～·**ly** 副 ～·**ness** 名 《TIRE¹ から》【類義語】**tired** 最も一般的な語で, 疲れの程度の大小にかかわらず用いられる. **fatigued** 過労による精神的な疲れを強調し, 休息が必要なことを暗示する. **exhausted** それ以上何もできないほどに疲れ果てた. **weary** うんざりしてそれ以上続ける気力がないほど疲れた.

tíre gàge 名 タイヤゲージ(空気圧を測る).

†**tíre·less** 形 ❶ 〈人や仕事〉を知らない, 精力的な, 勤勉な: a ～ worker 精力的に働く人. ❷ 〈行動などが疲れを見せない, 不断の: ～ energy [zeal] 倦(ぁ)むことのない精力[熱意]. ～·**ly** 副 ～·**ness** 名

*†**tíre·some** /táɪɚsəm | táɪə-/ 形 (**more** ～; **most** ～) ❶ (口) やっかいな, めんどうな, いやな, うるさい: a ～ boy うるさい少年 / ～ work やっかいな仕事. ❷ あきあきする, うんざりする: a ～ speech 長ったらしい演説. ～·**ly** 副 ～·**ness** 名 《TIRE¹+-SOME》

†**tír·ing** 形 疲れさせる, 骨の折れる.

ti·ro /táɪ(ə)roʊ/ 名 (詩·古) it is の短縮形.

Tir·ol /tɪróʊl, táɪ(ə)roʊl | tɪ-/ 名 [the ～] チロル《オーストリア西部のアルプス山脈地方; 一部はイタリア領》.

Ti·ro·le·an /tɪróʊliən | tɪrəlíːən/ 形, 名 =Tirolese.

Tir·o·lese /tɪrəlíːz | -líːs/ 形 チロル(人)の. — 名 (複 ～) チロル人. 《TIROL+-ESE》

'tis /tɪz/ 《詩·古》 it is の短縮形.

Tish·ri /tɪʃriː/ 名 〔ユダヤ暦〕ティシュリ《政暦の第 1 月, 教暦の第 7 月; 現行太陽暦の 9–10 月》.

*‡**tis·sue** /tɪʃuː/ 名 ❶ Ⓤ [また複数形で] 〔生〕組織: nervous [muscular] ～ 神経[筋肉]組織. ❷ a Ⓒ ティッシュペーパー, ちり紙 《ちり紙の意の「ティッシュペーパー」は和製英語; cf. tissue paper》. b Ⓤ 薄葉紙 (tissue paper). ❸ Ⓤ (薄い)織物, (特に)薄絹. **a tissue of lies** うそだらけの話, うそのかたまり. 《F=織られたもの<L *texere* 織る; cf. text》

tíssue cùlture 名 Ⓤ 組織培養(法); Ⓒ 培養した組織.

tíssue pàper 名 Ⓤ 薄葉(ᶦ)紙 《包装·トレーシングなどに用いる; 匿称「ちり紙」の意では用いない》.

tíssue typing 名 Ⓤ 〔医〕(臓器移植の前の)組織適合試験, 組織型合わせ.

tit¹ /tɪt/ 名 〔鳥〕シジュウカラ科の小鳥.

tit² /tɪt/ 名 ★ 次の成句で. **tít for tát** (1) しっぺい返し: give [pay] ～ *for tat* しっぺい返しをする, 売り言葉に買い言葉を言う. (2) 議論.

tit³ /tɪt/ 名 ❶ a 乳首 (teat, titty). b [通例複数形で] (俗) おっぱい. ❷ (英俗) ばか, うすのろ. **gét on a pérson's títs** 人をいらいらさせる.

Tit. (略) 〔聖〕Titus.

Ti·tan /táɪtn/ 名 ❶ 〔ギ神〕a [the ～s] ティタン[タイタン]族 《Uranus「天」と Gaea「地」との子供の巨人族》. b Ⓒ ティタン[タイタン]族の一人: the weary ～ 疲れたティタン[タイタン]《天を双肩に支える Atlas》. ❷ [通例 t～] 巨大な人, 力大無双の人; 巨匠, 大文豪. ❸ タイタン《土星 (Saturn) の第 6 衛星》. — 形 =Titanic.

ti·ta·nate /táɪt(ə)nèɪt/ 名 〔化〕チタン酸塩[エステル].

ti·tan·ic /taɪtænɪk/ 形 〔化〕(特に) 4 価のチタンの[を含む].

Ti·tan·ic /taɪtænɪk/ 形 ❶ ティタン[タイタン]神の(ような). ❷ [通例 t～] 巨大な, 大力の. — 名 [the ～] タイタ

ニック号《1912 年処女航海の途上 Newfoundland の南方で氷山と衝突し, 沈没して 1500 人余りの犠牲者を出した英国の豪華客船》.

*†**ti·ta·ni·um** /taɪtéɪniəm/ 名 Ⓤ 〔化〕チタン, チタニウム《金属元素; 記号 Ti》.

titánium dióxide 名 Ⓤ 〔化〕二酸化チタン.

ti·tan·ous /táɪtænəs/ 形 〔化〕チタンの, (特に) 3 価のチタンの[を含む].

tit·bit /tɪ́tbɪt/ 名 《英》=tidbit.

titch /tɪtʃ/ 名 《英口》 小さい人.

titch·y /tɪ́tʃi/ 形 (英口) (**titch·i·er**, **-i·est**) とても小さい, ちっぽけな.

ti·ter /táɪtɚ | -tə/ 名 〔化〕滴定濃度; 滴定量, 力価.

tit·fer /tɪ́tfɚ | -fə/ 名 (英俗) 帽子.

tith·a·ble /táɪðəbl/ 形 tithe を納めるべき〈土地〉.

tithe /táɪð/ 名 ❶ 《英》 十分の一税《教会維持のため教区民が毎年主に農作物の 10 分の 1 を納めた; 今は廃止》. ❷ 10 分の 1; 小部分, わずか 《*of*》. 《OE=10 分の 1》

títhe bàrn 名 十分の一税の穀物を貯蔵するための納屋.

tith·ing /táɪðɪŋ/ 名 Ⓤ 十分の一税(徴収[納入]).

Ti·tho·nus /tɪθóʊnəs/ 名 〔ギ神〕ティトノス《暁の女神 Eos の愛人; 晩年老衰してセミにされた》.

ti·ti /títiː/ 名 〔動〕ティーティーザル《南米産》.

Ti·tian /tɪ́ʃən/ 名 ❶ ティツィアーノ (1477?–1576; ベネチアの画家》. ❷ [t～] Ⓤ 赤褐色, 金茶色.

Ti·ti·ca·ca /tɪtɪkɑ́ːkɑː/ 名 [Lake ～] チチカカ湖 《Andes 山脈中のペルーとボリビアの国境にまたがる南米最大の湖》.

*†**tit·il·late** /tɪ́təlèɪt/ 動 ❶ 〈人を快く[性的に]刺激する. ❷ 〈...をくすぐる. **tit·il·la·tion** /tɪ̀təléɪʃən/ 名 Ⓤ ❶ 快い刺激, 感興. ❷ くすぐり; くすぐったさ.

tit·il·lát·ing /tɪ́təlèɪtɪŋ/ 形 快く[性的に]刺激する. ～·**ly** 副

tit·i·vate /tɪ́təvèɪt/ 動 (口) 自 [～ *oneself* で] めかす, めかしこむ, 着飾る. — 他 めかす, めかしこむ, 着飾る. **tit·i·va·tion** /tɪ̀təvéɪʃən/ 名

tít·lark /tɪ́tlɑ̀ːk/ 名 〔鳥〕セキレイ, (特に)タヒバリ.

*‡**ti·tle** /táɪtl/ 名 ❶ Ⓒ a (本·映画·絵などの)表題, 題名. b 本, 雑誌: new ～s in 2005 2005 年の新刊. ❷ Ⓒ 称号, 肩書き, 敬称, 爵位: a man of ～ 肩書きのある人, 貴族 《★ 無冠詞》. ❸ Ⓒ 〔競技〕選手権, タイトル: win a tennis ～ テニスの選手権をとる / defend [lose] one's ～ 選手権を保持する[失う]. ❹ Ⓤ Ⓒ 〔法〕所有権, 権利, (特に)不動産所有権, 権原: He has no ～ *to* the estate. 彼にはその土地の所有権がない / one's ～ *to* a house 家の所有権. — 動 〈...に×...と〉表題をつける. 《F<L *titulus*》

解説 書名などを引用する時の正式な書き方:
(1) 単行本·新聞雑誌の名称, 戯曲·映画などの題名は下線を施し(印刷すれば斜体字とする), 最初と最後の語, 名詞·代名詞·動詞·形容詞·副詞および 4 字以上の前置詞を大文字とする: *Paradise Lost* / *Of Mice and Men* / *You Can't Take It With You*.
(2) 単行本中の章節, 短編·短詩類, 新聞雑誌の記事などの表題は通例 " " で囲む: a passage from "The Raven" of E. A. Poe.
(3) 新聞雑誌に冠する the は通例普通の字体とする: the *Daily Mail* / the *New York Times* / the *Milwaukee Sun*.

---

*†**ti·tled** /táɪtld/ 形 肩書きのある, 位階を有する: ～ members 有爵議員.

títle dèed 名 (特に不動産の)権利証書.

títle-hòlder 名 ❶ 選手権保持者. ❷ (特に不動産の)所有権者.

títle mùsic 名 Ⓤ タイトルミュージック, テーマ音楽《テレビ番組や映画のオープニング, エンディングなどでタイトルが出たときに流される音楽》.

títle pàge 名 (書物の)表題紙, 題扉.

títle pàrt [ròle] 名 (題名人物を演じる)主(題)役: *Hamlet*, Laurence Olivier in the ～ ローレンスオリビエ

title track

主演の「ハムレット」.

†title tràck 图《アルバムの》タイトル曲.

tit·ling¹ /títlɪŋ/ 图 (鳥) 《英方言》(マキバタヒバリ).

ti·ling² /táɪtlɪŋ/ 图 《書物の背の》箔押し; 背文字.

ti·tlist /táɪtlɪst/ 图 選手権保持者 (titleholder).

tit·mouse /títmàʊs/ 图 (徵 -mice /-màɪs/) 《鳥》シジュウカラ科の小鳥.

ti·trate /táɪtreɪt/ 動 他 (化) 滴定する. **tí·trat·a·ble** /-təbl/ 形

ti·tra·tion /taɪtréɪ(ə)n/ 图 U 《化》滴定.

ti·tre /táɪtə | -tə/ 图 《英》= titer.

tit·ter /títə | -tə/ 動 自 《神経質そうに》くすくす笑う (giggle). ~ 图 くすくす笑い. **~·ing·ly** 副 くすくす笑いながら. 【類義語】⇒ laugh.

tit·tle /títl/ 图 ❶ C (字の上の)小点, 点画 (i の ˙, é á の ´ など). ❷ [a ~, one ~; 否定文で] 少し(…ない), 小じんに(…ない): There's *not a* ~ of doubt. 疑いはみじんもない. **to a títtle** きちんと (cf. to a T¹ 成句).

tit·tle-tat·tle /títltæ̀tl/ 图 U 動 自 くだらないおしゃべり, 雑談, うわさ話 (gossip). ~ 動 自 雑談[うわさ話]をする.

tit·tup /títəp/ 動 自 (**tit·tuped, -tupped; tut·tup·ing, -tup·ping**) 《兎などが》はねる, 踊り歩く.

tit·ty /títi/ 图 (英俗) 乳首 (tit); [複数形で] おっぱい.

tit·u·ba·tion /tìtʃəbéɪ(ə)n/ 图 U 《医》よろめき《小脳障害による歩行の乱調》.

tit·u·lar /títʃʊlə | -lə/ 形 ❶ 名だけの, 名義上の, 有名無実の (nominal): the ~ head of a company 肩書きだけの会社の社長. ❷ 正当な権利のもたれている[による]: ~ possessions 有権所有物. ❸ 肩書き[称号, 尊称]の: a distinction 肩書きに伴う栄誉. ❹ 表題の, 題名の: a ~ character 題名の人物 《*Hamlet* 劇の *Hamlet*》; a ~ saint 教会の守護聖人 (St. Paul's Cathedral の St. Paul). **~·ly** 副 〖L; ⇒ title, -ar〗

Ti·tus /táɪtəs/ ❶ ティトゥス (40?-81; ローマ皇帝; 在位 79-81). ❷ 〖聖〗テトスへの手紙, テトス書 《新約聖書中の一書; 略 Tit.》.

Ti·wa /tíːwə/ 图 (徵 ~, ~s) ティワ族 《New Mexico 州に住むプエブロインディアン》; U ティワ語.

tizz /tíz/ 图 《俗》= tizzy.

tiz·zy /tízi/ 图 [通例単数形で] 〖口〗興奮した混乱状態, 取り乱した状態 (tizz): in a ~ ろうばいして.

T-jùnction 图 ❶ T字路. ❷ 《パイプなどの》T字形接合部.

TKO /tíːkèɪóʊ/ 《略》technical knockout.

Tl 《記号》〖化〗thallium.

TLA /tíːèléɪ/ 图 〖コ〗(電子メールなどで使われるもの; btw など) 〖*three-letter acronym*〗

TLC /tíːèlsíː/ 《略》tender loving care やさしい愛情 (をこめた世話).

Tlin·git /tlíŋɡət, -kɪt/ 图 (徵 ~, ~s) トリンギット族 《Alaska 州南部の島々, 海岸地方に居住するアメリカインディアン》; U トリンギット語(群).

T lỳmphocyte 图 = T cell.

Tm 《記号》〖化〗thulium. **TM** 《略》Their Majesties; trademark; transcendental meditation.

T-màn /tíː-/ 图 (徵 -men) 《米》(財務省の)特別税務調査官. 〖*Treasury man*〗

tme·sis /(tə)míːsɪs; tméɪ- | tmíː-/ 图 (徵 -ses /-siːz/) 《文法》分語法 《複合語や句の間に他語をはさむこと》: *to us ward*=toward us; *what book soever*=whatsoever book; *a great man and good*=a great and good man).

Tn 《記号》〖化〗thoron. **TN** 《略》《米郵》Tennessee.

tn. 《略》ton; train. **TNC** 《略》The Nature Conservancy. **TNT** /tíːèntíː/ 《略》trinitrotoluene.

＊to /(弱形) (子音の前) tʊ, tə, (母音の前) tu, (文または節の終わり) tuː; (強形) túː/ 前 **A ❶** [方向を表わして; cf. from 2] **a** [到達の意を含めずに空間や変化の(…のほう)へ]: turn *to* the right 右へ曲がる / point *to* the tower 塔を指さす / with one's back *to* the fire 背を火のほうに向けて. **b** [到達の意を含めて; cf. from 1] …まで, …へ, …に: go *to* the office オフィスに出勤する / I have often been *to* India. インドへはたびたび行ったことがある / Something dropped *to* the floor. 何かが床に落ちた / rise *to* wealth 金持ちになる / grow *to* manhood 長じて大人になる / The light has changed *to* red. 信号が赤に変わった. **c** [方角を表わして] …のほうに: Their house is *to* the north of the park. 彼らの家は公園の北のほうにある (比較 The pond is *in* the north of the park. その池は公園(内)の北部にある).

❷ a [到達点を表わして] …まで, …に至るまで: from beginning *to* end 初めから終わりまで / count from one *to* thirty 1 から 30 まで数える / be wet *to* the skin ずぶぬれになっている. **b** [限度・程度・結果などを表わして] …に至るまで, …するほどに: tear a letter *to* pieces 手紙をずたずたに引き裂く / *to* the best of my belief [knowledge] 私の信ずる[知っている]限りでは / *to* that [this] extent その[この]程度まで / We will fight *to* the last man. 我々は最後の一人になるまで戦う.

❸ [結果・効果を表わして] **a** [通例 to a person's に感情を表わす名詞を伴って] …したことには, …にも: *to* my surprise [joy, disappointment, sorrow] 驚いたことに, うれしいことに, 失望した, 悲しいことに. **b** [結果・効果を表わす句を導いて]: *to* one's cost 結局損をして / *to* no purpose むなしく / *to* the point [purpose] 適切で.

❹ [時間を表わして] **a** [時間・期限の終わりを表わして; cf. from 2] …まで: stay *to* the end of June 6 月末までとどまる / put the meeting off *to* next Saturday 会合を次の土曜日まで延期する / from one *to* four o'clock 1 時から 4 時まで (用法 この例では通例 four o'clock まで含まれる; より明示的にするには, …*to* four o'clock inclusive [《米》through four o'clock] と言う) / There's still about an hour *to* supper. 夕食まではまだ 1 時間近くある. **b** [時刻が)…の(何分)前 《《米》before》: at (a) quarter *to* eight 8 時 15 分前に / It's ten (minutes) *to* four. 今 4 時 10 分前です.

❺ [目的を表わして] …のために, …に: He came *to* my rescue. 彼は私を救いに来た / We sat down *to* dinner. 我々は晩餐(ばん)のため着席した.

❻ [対向を表わして] …に向かい合って, …に相対して: sit face to face [back *to* back] 面と向かい合って[背中合わせに]座る / fight hand *to* hand 白兵戦を演ずる.

❼ [行為・作用の対象を表わして] **a** …に対して, …に: Listen *to* me. 私の言うことを聞いてください / I'd like to talk *to* you. あなたとお話をしたいのですが / There can be no answer *to* this problem. この問題に対してどうしても答え[打つ手]がない / a danger *to* a person's health 人の健康に害を及ぼす恐れのあるもの. **b** …のために: drink *to* (the health of) Mr. Johnson ジョンソン氏のために乾杯する / Here's *to* you. [乾杯の時に] 君の健康を祝う / create a monument *to* (the memory of) a national hero 国民的英雄をしのんで記念碑を建てる. **c** [間接目的語に相当する句を導いて] …に: I gave all of them *to* him. 私はそれらすべてを彼にあげた (変換 I gave him all of them. と書き換え可能). **d** …にとっては, …には: That's very important *to* me. それは私には非常に大切なことです / *To* her it looked like a rabbit. 彼女にはそれはウサギのように見えた.

❽ [接触・結合・付着・付加を表わして] …に, …へ, …の上に, …に加えて: apply soap *to* a cloth 布にせっけんをつける / She fastened a shelf *to* the wall. 彼女は棚を壁に取りつけた / They live next door *to* us. 彼らは私たちの隣に住んでいる / Add 25 *to* 36. 36 に 25 を加えなさい.

❾ a [適合・一致を表わして] …に合わせて, …どおりに[の]: correspond *to* …に一致する, 符合する / ⇒ ACCORDING *to* …成句 / made *to* order あつらえて[注文して]作った / *to* one's taste 自分の趣味に合った / work *to* a plan 計画[図面]どおりに仕事をする. **b** [呼応を表わして] …に答えて, …に応じて: ⇒ rise to the OCCASION 成句 / The dog came *to* my whistle. 口笛を吹くと犬はやってきた. **c** [随伴を表わして] …に合わせて, …につれて: dance *to* the music その音楽に合わせて踊る.

❿ a [比較を表わして] …に比べて, …より: Compared *to*

his brother, he isn't particularly brilliant. 兄[弟]に比べると彼は格別に頭がよくはない / Her car is superior [inferior] to yours. 彼女の車は君のによりもすぐれて[劣って]いる / I prefer walking to driving. 運転するよりも歩くほうが好きだ / My work is nothing to what you've done. 私のしたことなどあなたのしたことに比べるにはしない. [対比を表わして] …に対して, …対, …につき: one penny to the pound 1 ポンドにつき 1 ペニーの割合(で払うなど) / ⇨ TEN to one (成句); Reading is to the mind what food is to the body. 読書の精神に対する関係は食物の体に対する関係に等しい.

❶ [付属・関連・関係を表わして] …の, …に(とっての): a key to the door ドアのかぎ / brother to the King 王の弟 / They have no right to the use of the land. 彼らにはその土地を使用できる権利がない.

── **B** [動詞の原形の前につけて不定詞を導いて]

[用法] (1) この用法の to はもともと前置詞だが, 現在では不定詞を表わすものとして, 前置詞とは感じられない.
(2) この不定詞は前後の関係で明らかな時には略され to だけが残ってその代用をする: "Would you like to be an astronaut?" "Yes, I'd like to (=to be)." / "Do you want to go with me?" "Yes, I would like to (=to go)." cf. The job was easier than (I had) expected it to be. その仕事は思ったよりやさしかった.
(3) 否定形は to の直前に否定語 (not, never, etc.)を置き, don't to do とはいわない: I'll ask him not [never] to say that again. 彼にそのことを二度と言わないように頼もう.
(4) 通例 to と原形動詞は直結するが, 時には意味の関係を明確に表わすために副詞が to と原形動詞の中間に置かれることがある (cf. split infinitive): My job is to quickly retrieve tennis balls that are out of play. 私の務めはライン外に出たテニスボールをすばやく取ってくることです.

❶ [名詞用法] …すること: **a** [主語として]: To err is human, to forgive divine. 過つは人の常, 許すは神の性 (★ Pope の句) / It's stupid to read books like that. そんな本を読むのはばかげている. **b** [目的語として]: I began to think so. 私はそう考え始めた. **c** [補語として]: The best way is to visit the country. いちばんよい方法はその国を訪れてみることだ / All you have to do is (to) watch him. 君は彼を見張っていればよい [用法] 口語では補語になる to を略すことがある.

❷ [形容詞用法] **a** …するための, …する: He was the first to come and the last to leave. 彼は最初に来て最後に帰った人だ / I have [There's] nothing to do. 何もすることがない / water to drink 飲み水 / a house [room] to let 貸家[間]. **b** …する価値のある: There's nothing to see in this gallery. この美術館にはほど価値のあるものは何もない / What To See. (広告で)見もの.

❸ [副詞用法] **a** [目的を表わして] …するために, …するように [用法] 目的を表わす否定には in order not to do または so as not to do を用いる: We eat to live. 我々は生きるために食べる. **b** [程度の基準を表わして]: She's wise enough to know that. 彼女は賢いからそれは知っている / The stone was too heavy for me to lift. その石は重すぎて私には持ち上げられなかった 《変換 The stone was so heavy that I could not lift it. と書き換え可能). **c** [原因・理由を表わして]: I'm sorry to hear that. そう聞いて悲しい, それはいけませんね / He must be mad to say such things. そんなことを言うとは彼は気が狂ったに違いない. **d** [適応範囲を限定して] …するのに: Freshly caught fish are the best to eat. 捕りたての魚は食べていちばんうまい / I'm ready to help them. 早速彼らを助けてやろうと思う. **e** [結果を表わして] …するようになるまで, …してみると: She lived to be ninety. 彼女は 90 歳まで生きた / He awoke to find himself in a strange room. 目を覚ましてみると彼は見知らぬ部屋の中にいた. **f** [文全体にかかる句をなして] …すれば, …するとて: To tell the truth, I don't like it. 本当を言えば私は気にくわない.

❹ [その他の用法で] **a** [be+to do]⇨ BE 用 動 3): They are to deliver the books tomorrow. 本はあす配達することになっている. **b** [連結動詞として]: He seems to be [have been] innocent. 彼は潔白なだったようだ. **c** [+目+to do で]: I'll ask him to come. 彼に来てくれるように頼もう [用法] 感覚動詞 (see, hear, feel, etc.), 使役動詞 (let, make, bid, have) およびしばしば help, know, find の後には to のない不定詞を用いる; ただし受動態の後には to を用いる: I saw him run. → He was seen to run.]. **d** [疑問詞+to do で]: I don't know how to do it. どのようにそれをしていいのかわからない.

── /túː/ 副 (比較なし)〔用法〕be 動詞と結合した場合は 形 とも解される) ❶ (ドアなどが)閉まって: He pushed [pulled] the door to. 彼はドアを押して[引いて]閉めた (★閉まる状態に向かっていることを表わす; [用法] door にかかる補語であるため「動詞+副詞」の句動詞と異なり, to を目的語の名詞の前に置くことはできない; 従って He pushed [pulled] to the door. は不可).
❷ 正気に(立ち戻って): He didn't come to for some time. 彼はしばらくの間意識が戻らなかった / She brought me to with smelling salts. 彼女は私に気つけ薬をかがせて正気にさせた.
❸ 正常な[本来の]位置に(向けて): He wore his baseball cap wrong end to. 彼は野球帽を後ろ前にかぶっていた.
❹ 身近に: I saw him close to. すぐ目の前で彼を見た.
❺ [特定の動詞と結合して成句をなして] (…に)取りかかって. **tó and fró** あち(ら)こち(ら)へ. ⇨ FALL to (成句), SET to (成句) (3), TURN to (成句).
〖OE〗

†**toad** /tóud/ 名 ❶ 〔動〕ヒキガエル, ガマ 《皮膚はいぼいぼで後ろ足の力は frog ほど強くなく, 主に陸にすむ》. ❷ いやなやつ[もの].

tóad-flàx 名 〔植〕ウンラン属の各種植物, (特に)ホソバウンラン.

tóad-in-the-hóle 名 C,U 《英》トードインザホール《衣つきのソーセージをオーブンで焼いた料理》.

tóad-stòne 名 墓石(？)《ヒキガエルの体中に生ずると信じられた石で, 最も珍重されたのは頭中にできたもの; 昔は宝石・魔除け・解毒剤などとして用いられた》.

tóad-stòol 名 (傘状の)キノコ; (特に)毒キノコ.

tóad-y /tóudi/ 名 ごますり(人). ── 動 ⓘ (…に)ごますりをする: ~ to the boss 上役にごまをする.

tóad-y-ish 形 追従的な, 卑屈な, 事大主義者的な.

tóad-y-ism 名 U おべっか.

tó-and-fró 形 あちこちに動く[行く], 行き交う. ── 名 U [the ~] あちこちに動くこと, 動揺.

*toast¹ /tóust/ 名 U トースト(焼きパン): a slice of buttered [dry] ~ バターを塗った[塗らない]トースト 1 枚. (as) wárm as tóast 《古風》(人・部屋などが)心地よく暖かい. ── 動 ⓣ ❶ (パン・チーズなどを)きつね色に[こんがりと]焼く; あぶる. ❷ **a** (…を)火に当てる, 火で温める: ~ one's toes つま先をあぶる. **b** [~ oneself で] 火に当たる. ── ⓘ ❶ こんがりと焼ける: This bread ~s well. このパンはこんがりとよく焼ける. ❷ 火に当たる. 〖F<L torrere, tost-焼く, このろ; cf. torrent〗

toast² /tóust/ 名 ❶ 乾杯, 祝杯, 乾杯のあいさつ: drink a ~ 乾杯する / drink [propose] a ~ to a person 人のために乾杯する[乾杯を提案する] / respond to a ~ 乾杯に対して謝辞を述べる. ❷ [the ~] 乾杯を受ける人; 人気者, 花形: You're the ~ of the whole town. あなたは町の誉れです. **hàve a person on tóast** 《口》人を意のままに扱う. ── 動 ⓣ (…のために)祝杯をあげる, (…に)乾杯する: We ~ed the newly married couple. 私たちは新婚夫婦に乾杯した. ── ⓘ (…に)乾杯する {to}. 〖↑; 飲み物にクルトン(こがしたパンのかけら)を入れたことから〗

tóast-ed /-tɪd/ 形 (パンなどを)トーストにした, こんがり焼いた.

tóast-er 名 トースター, パン焼き器.

tóaster òven 名 オーブントースター.

tóast-ie 名 《英口》トーストしたサンドイッチ.

tóasting fòrk 图 《火にあぶってパンをトーストするための》長柄のフォーク.

tóast·màster 图 《宴席で》乾杯の音頭をとる人; 司会者.

tóast·mìstress 图 toastmaster の女性形.

tóast ràck 图 トースト立て 《卓上用小形の台; 英国の朝食の時に出される》.

toast·y /tóusti/ 形 ❶ トーストのような. ❷ 暖かく快適な.

TOB 《略》 takeover bid.

*__to·bac·co__ /təbǽkou/ 图 《複 ~s, ~es》 ❶ ⓊⒸ 《紙巻きたばこ (cigarette)・葉巻き (cigar) と区別して》たばこ: pipe ~ 《パイプ用》刻みたばこ / a mild ~ 軽いたばこ. ❷ Ⓤ 喫煙: give up ~ 喫煙をやめる. ❸ Ⓤ 《植》タバコ. 《Sp & Port < Carib 《たばこの葉を巻いたもの, パイプ》》

tobácco mosàic vírus 图 《菌》タバコモザイク病ウイルス.

to·bac·co·nist /təbǽkənɪst/ 图 たばこ屋 《人・店》.

tobácco plànt 图 《植》タバコ.

To·ba·go /təbéɪɡoʊ/ 图 トバゴ 《西インド諸島南東部の島; Trinidad and Tobago の一部》.

to-bé 形 《通例複合語で; 名詞の後に置いて》将来の, ...となる人: a bride-*to-be* 《まもなく》花嫁となる人 / a mother-*to-be* 妊婦.

To·bit /tóubət/ 图 《聖》トビト書 《旧約聖書外典の一書》; トビト《その主人公》.

to·bog·gan /təbɑ́ɡ(ə)n | -bɔ́ɡ-/ 图 トボガンそり: on a ~ トボガンに乗って. — 動 ⾃ ❶ トボガンで坂を滑り降りる. ❷ 《物価・運動などが》急落［急降］する.

to·bóg·gan·ing Ⓤ《スポ》トボガン競技.

to·by /tóubi/ 图 = toby jug.

tóby jùg 图 トビー型ビールジョッキ 《太った老人の形のジョッキ; そのかぶった三角帽の隅からビールを飲む》.

TOC /tí:òusí:/ 《略》《英》 train operating company 鉄道会社.

toc·ca·ta /təkɑ́:tə/ 图 《楽》トッカータ 《ピアノ・オルガン用の華麗で急速な前奏曲, また幻想曲・即興曲風の楽曲》. 《It》

to·coph·er·ol /toukɑ́fərɔːl | -kɔ́fərɔl/ 图 《生化》トコフェロール 《ビタミン E の本体》.

Tocque·ville /tóukvɪl | tɔ́k-/, **A·lex·is(-Charles-Hen·ri-Mau·rice Clé·rel)** de /ə'lɛksɪs: ʃɑ́ːlə:ɑ̃:rí mɔːríːs klerel | -ʃɑ́:l-/ 图 トックビル 《1805-59; フランスの政治家・歴史家・著述家・旅行家》.

toc·sin /tɑ́ksɪn | tɔ́k-/ 图 警鐘, 警報.

tod /tɑ́d | tɔ́d/ 图 《次の成句で. **on one's tód** 《英俗》一人で.

*__to·day__ /tudéɪ/ 副 《比較なし》 ❶ きょう(は), 本日(中に): *T*~ I'm very busy. きょうは私はとても忙しい / I must do it ~. きょうしなくてはならない / a ~ week ⇒ week 1. ❷ 現今(では), 今日(は), このごろは (nowadays): People ~ think differently. 現代の人は違った考え方をする. — 图 Ⓤ 《無冠詞で》❶ きょう: *T*~ is Saturday 《my birthday》. きょうは土曜日 《私の誕生日》です / I saw it in ~'s newspaper. それをきょうの新聞で見た. ❷ 現代, 現在; the world of ~ 現代の世界.

tod·dle /tɑ́dl | tɔ́dl/ 動 ⾃ ❶ 《幼児・老人などが》よちよち歩く. ❷ 《副詞(句)を伴って》《口》歩く: I must be *toddling* now. もうぼつぼつ出かけなくてはならない / I ~*d* round to my friend's house. 散歩がてら友だちの家へ遊びにいった. — 图 ❶ よちよち歩き. ❷ 《口》ぶらぶら歩き, 散歩.

†**tod·dler** 图 よちよち歩く人; 《特に》歩き始めの子供.

tod·dy /tɑ́di | tɔ́di/ 图 ⓒⓊ ❶ トディー 《ウイスキーなどの強い酒に湯・砂糖(・香料)を加えた飲み物》. ❷ ヤシの樹液, ヤシ酒.

to-die-for 形 《口》《死ぬほど》すばらしい, もう言うことなしの, 極楽みたいな.

†**to-dó** 图 《通例単数形で》《口》大騒ぎ, 混乱 (fuss): What a ~! 何という騒ぎだろう!

to-dó lìst 图 やるべきこと［仕事］のリスト.

to·dy /tóudi/ 图 《鳥》コビトドリ 《西インド諸島産》.

*__toe__ /tóu/ 图 ❶ 足指 《★ 足の指は全部 toe とよぶ; cf. finger 【解説】: **a big** [**great**] ~ 《足の》親指 / **a little** ~ 《足の》小指. ❷ 《靴・靴下などの》つま先(部分): the ~ of Italy イタリア半島のつま先の部分. ❸ **a** 《道具の》先端. **b** 《ゴルフクラブの》先端, トー. **díp one's tóe in ...** 《口》〖成句〗... をちょっとやってみる. **from tóp to tóe** ⇒ top¹ 图 〖成句〗. **máke a person's tóes cúrl** 人を不愉快にさせる［当惑させる］. **on one's tóes** (1) 準備ができて, 待ち構えて. (2) 気を張りつめて: **keep a person *on his* ~s** にいつも注意を怠らないようにする. **tréad** [**stép**] **on a person's tóes** (1) 人のつま先を踏みつける. (2) 人の感情を害する. **túrn úp one's tóes** 《口》死ぬ. — 動 ⾃ ❶ 《...を》足指で触れる; つま先でける. ❷ 《靴・靴下などに》新しいつま先をつける. ❸ 《ゴルフ》《ボールをクラブの先端［トー］で打つ. — ⾃ 足指を《...に》向ける: ~ **in** [**out**] 内股［外股］に歩く［立つ］, つま先を内側［外側］にして立つ. 《OE; 原義は「指し示すもの」》

tóe·càp 图 《靴の》先革(さきがわ), 先飾り革 《vamp より先の部分》.

tóe clìp 图 《自転車の》トウクリップ 《ペダル上に足を固定する金具》.

toed /tóud/ 形 足指のある; 《複合語で》...な足指［つま先］を有する.

tóe dànce 图 《バレエなどで》つま先で踊る》トーダンス.

TOEFL /tóufl/ 图 《略》 Test of English as a Foreign Language 外国語としての英語能力検定試験.

tóe·hòld 图 ❶ **a** 《登山》トーホールド, 足指がかり. **b** 足がかり, 支え. ❷ 《レス》トーホールド 《相手の足先を押さえる技》.

TOEIC /tóuɪk/ 图 《商標》トーイック 《英語によるコミュニケーション能力のテスト; Test of English for International Communication の略》.

tóe lòop 图 《スケート》トウループ 《一方のスケート靴の後方外側のエッジから氷面を離し, 空中で完全に一回転したあと, 同じスケート靴の後方外側のエッジから着地するジャンプ》.

tóe·nàil 图 足指のつめ (⇒ nail 【関連】).

tóe-ràg 图 《英俗・豪俗》ぞっとしないやつ, いやなやつ, くず野郎.

tóe-to-tóe 形 副 なぐり合って, 接近戦の［で］, 直接対決した［して］.

toff /tɑ́f | tɔ́f/ 图 《英俗》紳士, 上流階級の人; しゃれもの.

tof·fee /tɔ́:fi | tɔ́fi/ Ⓤ C 《英》タフィー (《米》 taffy). **cánnot dó for tóffee** 《英》まったく... できない.

tóffee àpple 图 タフィーアップル 《《米》 candy apple》 《棒にさしてタフィー風のシロップをかけたリンゴ》.

tóffee-nòse 图 《英俗》高慢ちきなやつ, うぬぼれ屋.

tóffee-nósed 形 《英俗》気取った, スノッブの (snobbish).

Tof·fler /tɑ́flə | tɔ́flə/, **Al·vin** /ǽlvɪn/ 图 トフラー 《1928- ; 米国の文明批評家》.

tof·fy /tɔ́:fi | tɔ́fi/ 图 = toffee.

toft /tɑ́(:)ft | tɔ́ft/ 图 《英法》家屋敷, 宅地.

to·fu /tóufu: | -fu/ 图 Ⓤ 豆腐 (bean curd). 《Jpn》

tog¹ /tɑ́ɡ | tɔ́ɡ/ 图 ❶ 《複数形で》《ある目的のため《特にスポーツ用》の》衣服, 服装: running ~*s* ランニング着. ❷ ⓒ 上着. — 動 ⾃ ★ 次の句で. **be tógged úp** [**òut**] (**in**...) 《英》《...で》盛装している, めかしている.

tog² /tɑ́ɡ | tɔ́ɡ/ 图 《英》トグ 《毛布・キルトなどの暖度を示す単位》.

to·ga /tóuɡə/ 图 ❶ トーガ 《古代のローマ市民が着たゆるやかな外衣; 男子は 15 歳になると成年のしるしに着用した》. ❷ 《裁判官・教授などの》職服. 《L=おおいく *tegere* おおう; cf. protect》

tó·gaed, **tó·ga'd** トーガをまとった.

*__to·geth·er__ /tuɡéðə | -ðə/ 副 《比較なし》 ❶ **a** 共に, 一緒に, 連れ立って: go about ~ 一緒に出かける / We were at school ~. 我々は学校は同期だった. **b** 共同で, 連携して, 連帯で: Faculty and students ~ opposed the reforms. 教職員と学生は連帯でその改革に反対した. **c** 《男性が》共に暮らして, 同棲して; 結婚して: be ~ 一緒している / get back ~ よりを戻す. ❷ **a** 合わせて, 結合して: sew pieces of cloth ~ 布を縫い合わせる / get ~ 集まる / mix the ingredients ~ 成分を混ぜ合わせる. **b** [しばしば合同・結合の意の動詞に伴って強意的に]: join ~ 結合する / Add these figures ~. これらの数字を合計しなさい. **c** 合体させて, 全体として: He did more than all the rest of us (put) ~. 彼は我々残り全部を合わせた者がしたよりも多くのことをした. **d** 協力して, 協調して, 調和して: These colors go well ~. これらの色はよく調和する. **e** 接触し合って, 突き当たって: She banged the glasses ~. 彼女はコップをぶつけてしまった. **f** 互いに: Your feet are too close ~. 両足がくっつきすぎている《もう少し両足の間をあけなさい》. ❸ **a** 同時に, 一斉に (→ separately): Don't speak all ~. 皆いっせいにしゃべってはいけない《★ まま戯言的に, 教室などで質問してもだれ一人答えない時にも用いる》. **b** [for(…) hours [days, weeks, months] ~ で] 中断せずに, 続けざまに: study *for hours* ~ 何時間も続けて勉強する. togéther with…と共に; …ならびに, …が加わって (along with); …を含めて (including): The professor, ~ *with* her students, is dining here tonight. 教授は学生たちと一緒に今晩ここで食事することになっている / Your determination, ~ *with* his charm, should be very effective. あなたの決意は彼の魅力が加わってうまくいかないはずがない. ― 形 (more ~; most ~) ❶ 《米口》(精神的・情緒的に)落ち着いた; (人柄が)よくできている, 円満な: She's a ~ person. 彼女はよくできた人だ. ❷ よく整った, まとまった (united). 〔OE〕

to·géth·er·ness 名 Ⓤ ❶ 一体感, 連帯感; 親交. ❷ 共同, 協力, 協調.

tog·ger·y /tág(ə)ri | tɔ́g-/ 名 Ⓤ 《口》衣類.

tog·gle /tágl | tɔ́gl/ 名 ❶ トグル《衣服の合わせ目を留める棒状の木製などのボタン; 時計鎖の一端についている留め棒など》. ❷ Ⓒ 【電・電算】 =toggle switch. ― 動 ❶ **a** 〈…に〉トグルをつける. **b** 〈…を〉トグルで留める. ❷ トグルで切り換える. ― 自 〔二つの状態を〕トグルで切り換える 〔between〕.

tóggle bòlt 名 【機・建】トグルボルト《スプリングによって開く脚をもつボルト; 脚を閉じたまま穴を通すと, 通過した後に脚が開いて抜けなくなる》.

tóggle swìtch 名 【電・電算】 トグル(スイッチ)《同一の操作で二つの状態を交互に切り換えるスイッチ[キー]》.

To·go /tóugou/ 名 トーゴ《アフリカ中西部の共和国; 1960年独立; 首都 Lomé》.

To·go·lese /tòugoulí:z⁻/ 形 トーゴ(人)の. ― 名 (複 ~) トーゴ人.

*†**toil** /tɔ́il/ 動 自 [通例副詞(句)を伴って]《文》❶ 骨折る, 骨折って働く: He ~*ed on* till he was past eighty. 彼は80の坂を越えるまで働き続けた / We have to ~ *away* for most of our lives. 私たちはほとんど一生働き続けなければならない. ❷ [副詞(句)を伴って] 骨折って進む, 難渋しながら歩く: ~ *up* a steep slope 険しい坂を苦労して登る / I ~*ed through* the mud. 私は苦労しながら泥の中を進んだ. **tóil and móil** あくせく働く. ― 名 Ⓤ (長く続く)骨折り(仕事), 労苦, 労役. 〔F<L=かき回す〕【類義語】 ⇒work.

toile /twɑ́:l/ 名 トワール: **a** Ⓤ 斜紋織りの織物, 特にリンネル. **b** Ⓒ 表地の裁断前にモスリンで作る仮縫品.

toile de Jouy /twɑ́:ldəʒwíː/ 名 Ⓤ クレトン《フランス》サラサ, トワール・ド・ジュイ《特殊なプリントのサラサ》.

tóil·er 名 骨折る人; 労働者.

*†**toi·let** /tɔ́ilət/ 名 ❶ Ⓒ 便所, トイレ(ット) 《《米》bathroom》; 便器. ❷ Ⓤ 化粧, 身じまい: make [do] one's ~ 化粧する, 身じまいをする. ❸ 《手術・出産後の》体の洗浄. ― 形 Ⓐ 化粧の; トイレット用の: ~ articles 化粧品 / ~ roll (ひと巻きの)トイレットペーパー. ― 動 他 〈…に〉用便を足させる. 〔F=《原義》化粧台の上に敷く》布 *< toile* 布(地) < L *tela* 網〕

tóilet bàg 名 〘携帯用〙化粧品入れ (sponge bag).

tóilet pàper 名 Ⓤ トイレットペーパー (toilet tissue).

tóilet pòwder 名 Ⓤ 《入浴後に用いる》化粧用パウダー.

toi·let·ry /tɔ́ilətri/ 名 〘複数形で〙洗面品(類)《せっけん・歯磨きなど》.

tóilet sèt 名 身じまい用具《くし・ブラシなど》.

tóilet sòap 名 Ⓤ 化粧せっけん.

tóilet tàble 名 《鏡付きの》化粧台.

toi·lette /tɔilét, twɑː-/ 名 〘単数形で〙《女性の》化粧, 身じまい.

tóilet tìssue 名 =toilet paper.

tóilet tràin 動 《幼児に》用便のしつけをする.

tóilet-tràined 形 《幼児が》用便ができた.

tóilet tràining 名 Ⓤ 《幼児への》用便のしつけ.

tóilet wàter 名 Ⓤ 化粧水, オードトワレ.

tóil·ful /tɔ́ilf(ə)l/ 形 骨の折れる, つらい.

toils /tɔ́ilz/ 名 《縛られたい困難な[不快な]状況, わな, がんじがらめ: be caught [enmeshed] in the ~ of the law 法の網にかかって動きがとれない, 法の網から抜け出せない.

toil·some /tɔ́ilsəm/ 形 骨の折れる, つらい. **~·ly** 副 **~·ness** 名

tóil·wòrn 形 労苦にやつれた, 疲れきった.

to·ing and fro·ing /túːiŋənfróuiŋ/ 名 Ⓤ ❶ 行ったり来たりすること (cf. TO and fro 副 成句). ❷ 《同じ行動・議論などが》繰り返し, どうどうめぐり.

to·ka·mak /tóukəmæk/ 名 【理】 トカマク《トーラス形の高温プラズマ発生装置》.

to·kay /toukéi/ 名 【動】 オオイエヤモリ, トッケー.

To·kay /toukéi/ 名 Ⓤ Ⓒ トカイ(ワイン)《黄金色の良質のワイン. 《産地のハンガリー北部の町の名から》

toke[1] /tóuk/ 名 《米口》《カジノでギャンブラーがディーラーに与える》チップ, 心付け.

toke[2] /tóuk/ 名 動 《俗》マリファナたばこ(の一服)(を吸う).

*†**to·ken** /tóukən/ 名 ❶ Ⓒ 《格》《人が(集団など)に》区別がないことを示すため(だけ)に加えられた, 飾りの: a ~ protest 申し訳程度の抗議. ❷ しるしとなる: ⇒ token payment. ❸ Ⓒ ❶ 《地下鉄・バス料金などに用いられる》代用貨幣, トークン. ❷ 《通例修飾語を伴って》《英》《商品との》引換券《《英》coupon》: a book ~ 図書券 / a gift ~ ギフト券. ❸ しるし, 象徴; 証拠: Black is a ~ of mourning. 黒は喪のしるしである. ❹ 記念品, 形見; 証拠品. **as a tóken of**…のしるし[証拠]に; …の記念に: *as a* ~ *of* one's gratitude 感謝のしるしに / Please accept this *as a* ~ *of* my esteem. 私の敬意のしるしとしてこれを受け取ってください. **by the sáme tóken=by thís [thát] tóken** (1) その証拠には, そのうえ, さらに. (2) 同様な理由で, 同様に. **in tóken of…** =as a TOKEN of…《成句》. 〔OE=示すもの〕

tó·ken·ìsm /-nìzm/ 名 Ⓤ 申し訳程度の努力をすること《★《米》では特に名ばかりの人種差別撤廃にいう》.

tóken mòney 名 Ⓤ 名目貨幣; 代用貨幣.

tóken páyment 名 《負債の残額支払いを保証する》内払い, 内金, 手付金.

tóken rìng 名 【電算】トークンリングネットワーク《リングネットワークで, データの送信の制御にトークンを使用するもの; 装置はネットワークを巡回しているトークンを捕えて送信データの先頭に付加してデータを送信する》.

To·kyo·ite /tóukiouait/ 名 東京の住民, 東京都民. ⇒ -ite

tol·booth /tóulbùːθ/ 名 =tollbooth.

*†**told** /tóuld/ 動 tell[1] の過去形・過去分詞.

tole /tóul/ 名 Ⓤ トール《缶・箱などを作るのに用いる色彩豊かなエナメル(うるし)塗りの板金《ブリキ》.

To·le·do /təlíːdou | tɔléi-/ 名 Ⓒ トレド《スペイン中部の都市》. ❷ Ⓒ トレド剣《トレド産の名剣》.

tol·er·a·ble /tálərəbl | tɔ́l-/ 形 ❶ 我慢のできる (↔ intolerable). ❷ まあまあの, 悪くない, そこそこの (reasonable): a ~ income まあまあの収入 / be in ~ health そこそこ健康である.

tol·er·a·bly /-rəbli/ 副 ❶ 我慢できるほどに. ❷ まあまあに, そこそこ: I'm ~ well. そこそこ元気です.

*†**tol·er·ance** /tálərəns | tɔ́l-/ 名 ❶ Ⓤ 寛容, 寛大; 雅量, 包容力 《*for, of*, 人に》 ~ 寛容 [寛大] さを示す. ❷ Ⓤ Ⓒ 我慢, 耐久力 《*of, to*》. ❸ 【医】耐性 《*of, to*》: I have low alcohol ~. 私はアルコールの耐性が低い. **b** 【機】 公差, 許容誤差. (動 tolerate, 形 tolerant)

tolerant

tol·er·ant /tálərənt | tɔ́l-/ 形 ❶ 寛容な, 雅量のある《of, toward, about》: a ~ teacher 寛容な教師 / He's ~ of small errors. 彼は小さな誤りには寛容です. ❷【医】耐性のある. ~·ly 副【F<L ↓】(動 tolerate, 名 tolerance)

tol·er·ate /tálərèɪt | tɔ́l-/ 他 ❶ 《…を》大目に見る, 黙って許す, 寛大に取り扱う: We have to ~ disagreement in a democracy. 民主主義国では意見の相違を許容しなければならない /〔+目[所有]+doing〕: I will not ~ you [your] bullying your younger brother. お前が弟をいじめるのを黙って許すわけにはいかない《用法 目的格を用いるほうが口語的》. ❷《…を》我慢する; 我慢して同意[交際]する《put up with》;《苦痛などに》耐える: The people were unable to ~ the military regime any longer. 国民はもはやその軍事政権に我慢できなかった / each other 互いに我慢していき合う. ❸【医】《薬などに》耐性がある, かぶれない;《植物などの》環境に)耐えられる, 生育[生息]できる.【L=耐える】(形 tolerant, 名 toleration, tolerance)【類義語】⇒ endure.

tol·er·a·tion /tàləréɪʃən | tɔ̀l-/ 名 U ❶ 寛容, 黙許, 堪忍. ❷《国家が許す》信教の自由: the Act of T~《英国の》信教自由令《1689年》.(動 tolerate)

Tol·kien /tóːlkiːn | -/, **J(ohn) R(onald) R(eu·el)** /rúːəl/ 名 トールキン《1892-1973; 英国の小説家・文献学者; *The Lord of the Rings『指輪物語』(1945-55)*》.

toll¹ /tóʊl/ 動 ❶《晩鐘・弔いの鐘などを》ゆるやかにつく, 鳴らす: ~ a bell at a person's death 人の死を弔って鐘を鳴らす. ❷ **a**《鐘・時計が》《時を》打つ;《人の死を弔って》鐘を鳴らして報ずる. **b**《人を》鐘を鳴らして呼ぶ《in》;《人を》鐘を鳴らして送る《out》. ── 自《鐘がゆるやかに一定の調子で》鳴る. ── 名〔単数形で〕《ゆるやかに一定の間を置いて鳴る》鐘の音.

toll² /tóʊl/ 名 ❶ 使用料[税], 料金《通行税・橋銭・渡船賃; 高速道路通行料; 市街地の地代・場代; 港湾の荷揚[荷揚]料; 鉄道[運河]運賃など》. ❷〔通例単数形で〕死傷者数, 犠牲者数; 犠牲, 損害: The ~ of dead and missing was very high. 死者と行方不明者の数は多数に上った. ❸《米》長距離電話料.

tàke a héavy tóll [its tóll]《物事が》《人命などを》失わせる,〔…に〕損失をもたらす《on, of》: take a heavy ~ of lives《事故などが》多数の死者を出す.【L<Gk<telos 税金】

tóll·bòoth 名《高速道路などの》料金(徴収)所.

tóll brìdge 名 橋銭をとる橋, 有料橋.

tóll càll 名《米》市外通話, 長距離通話《《英》trunk call》.

tóll-frée 形 無料の[で], フリーダイヤルの[で].

tóll·gàte 名 通行税[料金]徴収所[ゲート];《高速道路の》料金所.

tóll·hòuse 名 通行税[料金]徴収(事務)所.

tóll·kèeper 名 通行税[料金]徴収人.

tóll plàza 名《高速道路の》料金所.

tóll ròad 名 有料道路.

tóll·wày 名《米》有料道路.

Tol·stoi, Tol·stoy /tɑːlstɔ́ɪ | tɔ́lstɔɪ/, **Count Le·o** /líːoʊ/ 名 トルストイ《1828-1910; ロシアの文豪》.

Tol·tec /tóʊltek | tɔ́l-/ 名《複 ~, ~s》❶〔the ~(s)〕トルテック族《アステック族以前のメキシコ高原地帯を10-12世紀に支配した》. ❷ C トルテック族の人. ── 形 トルテック族[文化]の. **Tol·tec·an** /toʊltékən | tɔl-/ 形

to·lu /toʊlúː/ 名《また **tólu bálsam**》U トルー(バルサム)《熱帯産のマメ科の木の一種トルーバルサムノキから採る芳香性バルサム; 香水・医薬品》.《Santiago de *Tolu*; Colombiaの輸出地》

tol·u·ene /táljuːiːn | tɔ́l-/ 名 U【化】トルエン.

Tom /tɑ́m/ 名 トム《男性名; Thomasの愛称》 ⇒ Peeping Tom. ❷ [t~] C 雄,《特に》雄猫《tomcat》. èvery Tóm, Díck, and Hárry《口》だれでも彼でも, 猫もしゃくしも.

tom·a·hawk /tɑ́məhɔ̀ːk | tɔ́m-/ 名《アメリカインディアンの》いくさの斧, まさかり. búry the tómahawk =bury the HATCHET 成句. ── 動 他 まさかりで切る[打つ].《N-Am-Ind=切る道具》

tom·al·ley /tɑ́ːmæli | tɔ́m-/ 名【料理】ロブスターの肝臓《煮ると緑色になる; 珍味》.

to·ma·til·lo /tòʊmətíː(l)joʊ/ 名【植】オオブドウホオズキ《メキシコ・米国南部原産のホオズキ; 紫色の実は食用》.

to·ma·to /təméɪtoʊ | -máː-/ 名《複 ~**es**》 ❶ C U【植】トマト: ~ juice トマトジュース. ❷ U トマト色, 赤色.《Sp<N-Am-Ind》

tomb /túːm/ 名 ❶ C《墓石のある》墓. ❷ U〔the ~〕死.【F<L<Gk 墓(の盛り土)】(関形 sepulchral)【類義語】⇒ grave¹.

tom·bo·la /tɑ́mboʊlə | tɔm-/ 名《英》富くじの一種.

tom·bo·lo /tɑ́mbəloʊ | tɔ́m-/ 名《複 ~s》トンボロ《島と他の陸地をつなぐ砂洲》.

tom·boy /tɑ́mbɔɪ | tɔ́m-/ 名 おてんば娘.

tóm·bòy·ish /-bɔ̀ɪɪʃ/ 形 おてんばな.

tómb·stòne 名 ❶ 墓石, 墓碑. ❷ 墓石広告《法的要求や慣行に従って情報だけを単調に伝える単開広告; 特に債券発行の際の発行者・発行条件・引受銀行名を発表する広告》.

tóm·càt 名 雄猫 (⇒ cat 関連).

tóm·còd 名《複 ~, ~s》【魚】小型のタラ.

Tóm Cóllins 名 トム・コリンズ《ジンをベースにしたカクテル》.

tome /tóʊm/ 名《大きな》本, 学術書.

-tome /tòʊm/ [名詞連結形]「切片」「切開刀[器具]」「切除器」.

to·men·tose /toʊméntoʊs/, **-tous** /toʊméntəs/ 形【植】ビロード毛でおおわれた.

to·men·tum /toʊméntəm/ 名《複 **-ta** /-tə/》【植】ビロード毛.

tóm·fóol 名 ばか者, まぬけ. ── 形 A ばかな, ばかげた.

tòm·fóolery 名 ❶ U ばかなまね, 道化. ❷ C〔通例複数形で〕くだらない冗談; つまらないもの.

Tom·my /tɑ́mi | tɔ́mi/ 名 ❶ トミー《男性名; Thomasの愛称》. ❷〔時に t~〕C《英口》陸軍兵士.

Tómmy gùn 名 小型軽機関銃.

tómmy·ròt 名 U《口》たわごと.

to·mo·gram /tóʊməgræm/ 名【医】(レントゲン)断層写真.

to·mo·graph /tóʊməgræf | -gràːf/ 名 断層写真撮影装置.

to·mog·ra·phy /toʊmɑ́grəfi | -mɔ́g-/ 名 U【医】断層写真術.

to·mor·row /təmɔ́roʊ, -mɔ́ːr- | -mɔ́r-/ 副 ❶ あす, 明日に: I'll be free ~. あすは暇でしょう / I'm starting ~. あす出発の予定です / a week ~《主に英》来週の明日. ❷《近い》将来には: People ~ will think differently. 将来の人々は違った考え方をするだろう. ── 名 ❶ U〔無冠詞で〕あす, 明日: the day after ~ 明後日《★ 副詞的にも用いる; 副詞的に用いる略式的表現では the を省略することがある》/ T~ is [will be] Sunday. あすは日曜日です / Don't put it off till ~. あすまで延ばすな / T~ never comes.(諺)あすは決してこない《きょうすべきことをせよ》/ You will read about it in ~'s newspaper. そのことはあすの新聞に出るだろう. ❷ U〔また a ~〕《近い》将来: Japan's ~ は 日本の将来 / a bright ~ 明るい未来. ── 形 ❷ あすの, 明日の: ~ morning [afternoon, night] あすの朝[午後, 夜]《★ 副詞的にも用いる》.【OE<to (=on)+MORROW】

tom·pi·on /tɑ́mpiən | tɔ́m-/ 名 =tampion.

Tóm Thúmb 名 ❶《童話の》親指トム, 一寸法師. ❷ C《小さな人(動物, 植物)》.

tom·tit /tɑ́mtɪt | tɔ́m-/ 名《英口》小鳥,《特に》アオガラ《blue tit》.

tom-tom /tɑ́mtɑm | tɔ́mtɔm/ 名 ❶ トムトム《手で叩く胴の長い太鼓》. ❷ トントン《トムトムなどの音》, 単調なリズム.《Hindi》

-t·o·my /-təmi/ [名詞連結形]「分断」;【外科】「切除」「切開(術)」.

ton¹ /tʌ́n/ 名 ❶ C トン《重量の単位; =20 hundredweight): **a** 英トン, 大トン (long ton) (=2240 pounds, 1016.1 kg; 主に英国で用いる). **b** 米トン, 小トン (short ton) (=2000 pounds, 907.2 kg; 主に米国・カナダ・南アフリカで用いる). **c** 仏[キログラム]トン, メートルトン (tonne) (=2204.6 pounds, 1000 kg). ❷ ⓒ [容積単位として] 容積トン (=40 立方フィート). ❸ [積みの大きさ・積載能力の単位として] トン: **a** 総トン (100 立方フィート). **b** 純トン (総トンから貨物・旅客の積載に利用できない部分の容積を除く). **c** 仏トン (=2.5: 純トン算出用). **d** 重量トン (=2240 ポンド; 貨物船用). **e** 排水トン (=2240 ポンド; 軍艦用). **f** 登録トン (=100 立方フィート). ❹ ⓒ [通例複数形で] (口) 多量, 多数: ~s *of* money [wedding presents] 大金[たくさんの結婚の贈り物]. ❺ [a ~] (口) かなりの重量: This box weighs (half) a ~. この箱はずいぶん重い. ❻ **a** [単数形で] (英俗) 時速 100 マイル: do a ~ 時速 100 マイルで走る. **b** [複数形で; 副詞的に] (英口) はるかに: That's ~*s better.* そのほうがはるかによい. **like a ton of bricks** ⇒ **brick** 名 成句. 〖F<L〗

ton[2] /tɔːn/ 名 ⓤ 流行, はやり, 流行型[様式]; [the ~; 複数扱い] 上流社会; あかぬけていること, スマートなこと.

ton・al /tóʊnəl/ 形 ❶ 【楽】調子の, 音色の. ❷ 【画】色調の, 色合いの. ❸ 【楽】調性を有する, 調的な. (名 tone)

to・nal・ite /toʊnəláɪt/ 名 ⓤ 石英閃緑岩.

to・nal・i・ty /toʊnǽləti/ 名 ❶ ⓤⓒ 【楽】調性. **b** 【画】色調. 色合い.

ton・do /tándoʊ | tɔ́n-/ 名 (働 -di /-diː/) (米) 円形の絵画, 彫りのあるメダイヨン.

*****tone** /toʊn/ 名 ❶ ⓒ (音の)調子, 音色: a high [low] ~ 高い[低い]調子. **a.** [単数形で] 口調, 語調, 語気, 調: speak in a sad ~ 悲しい調子で話す / in a frightened ~ おびえた語調で / take a high ~ 横柄な口のききかたをする / be positive in ~ 前向きな口調である. ❷ ⓒ [単数形で] 思想・感情などの傾向, 風潮, 気風; [場所・集団などの]雰囲気, 全体的な性格; 〔演説などの〕格調; 市況: the ~ *of* the school [army] 校風[軍紀] / the ~ *of* the market 市況 / set the ~ 基調を定める, 雰囲気を作る. ❸ ⓒ 色合い, 濃淡, 明暗. **b.** 〔写〕〔陽画の〕色調. ❺ ⓤ 〔身体・器官の〕活動できる状態, 常態, 強健: lose muscle ~ 筋肉の緊張をなくす / 筋力が張りなくなる / recover mental ~ 精神の調子を取り戻す. ❻ 〔音声〕音の高低; 抑揚: the four ~s 〔中国語の〕四声 / the upper [lower, even] ~ 上[下, 平]声. ❼ 〔楽〕 **a.** 楽音. **b.** 全音(程) (米) whole step). ❽ ⓒ 電話の電子音: the engaged ~ (英) 話し中の音. —— 動 ❶ ❶ <筋を>強くする, 鍛える, <肌などを>健康にする, 手入れする: This exercise ~s *up* the abdominal muscles. この運動は腹筋を強くする. ❷ <...に>ある調子[色調]を与える. ❸ 〔写〕〔薬品〕で<...と>調色する. —— ❶ <色彩が>...と>調和する: This carpet ~s (*in*) well with the furniture. このじゅうたんは家具の(色)とよく調和している. **tóne dówn** 〖働+副〗 (1) <色彩・語気などの>調子を下げる; <感情などを>やわらげる: ~ *down* one's anger 怒りをやわらげる / ~ *down* one's criticism 批判の手をゆるめる. —— 〖自+副〗 (2) <調子が>下がる, やわらぐ, 静まる: T~ *down*. (口) もう少し声を落とせ; 落ち着け / His anger has ~d *down.* 彼の怒りはやわらいだ. **tóne ín with**... ⇒ 自. **tóne úp** 〖働 +副〗 (1) ⇒ ❶. —— 〖自〗<...が>上がる, 強くなる. 〖F<L<Gk=張ること, 緊張, 調音〗 (形 tonal)

【類義語】⇒ sound[1].

tóne àrm 名 (レコードプレーヤーの)トーンアーム.

tóne・bùrst 名 トーンバースト《音響機器の過渡特性の測定などに用いられる音響信号》.

tóne còlor 名 【楽】音色.

toned 形 [通例複合語で] (...の)調子の: shrill-toned かん高い調子の.

tóne・deàf 形 音痴の. **~・ness** 名

tóne làngueage 名 〔言〕音調声調〕言語《音調の変化によって語の意味を区別する言語; 中国語など》.

tóne・less 形 〔音調抑揚〕のない; 色調のない; 表情のない, 単調な. **~・ly** 副 **~・ness** 名

to・neme /tóʊniːm/ 名 〔音声〕音調素, トニーム《通例同一の音調に扱われる一団の類似の音調》. **to・né・mic** 形

1899 tongue twister

tóne・pàd 名 〔電算〕トーンパッド《ダイヤル式電話でプッシュホンのトーンを送るための装置》.

tóne pòem 名 【楽】音詩《詩的テーマを表現しようとする管弦楽曲》.

+**ton・er** /tóʊnɚ | -nə/ 名 ⓤⓒ ❶ (肌を引き締める)化粧水, スキンローション. ❷ (複写機の)トナー《熱転写により紙に字や像を再現するための粉》. ❸ 〔写〕調色液. ❹ トナー《有機顔料で他の顔料の色合わせの調色用》.

tóne ròw 名 【楽】(十二音音楽の)音列.

tong[1] /táŋ | tɔ́ŋ/ 名 ❶ (中国の)党, 協会, 結社, 組合. ❷ (米) (中国人の)秘密結社. 〖Chin=堂〗

tong[2] /táŋ, tɔːŋ | tɔ́ŋ/ 名 [複数形で] ⇒ **tongs**. —— 動 他 tongs で<...を>つかむ[集める, 支える]. —— 自 tongs を使う.

ton・ga /táŋɡə | tɔ́ŋ-/ 名 タンガ《インドの 2 人[4 人]乗り一頭立ての小型二輪馬車》.

Ton・ga /táŋ(ɡ)ə | tɔ́ŋ-/ 名 トンガ《南太平洋, Fiji の東の島群から成る王国; 首都 Nuku'alofa》.

Ton・gan /táŋ(ɡ)ən | tɔ́ŋ-/ 名 ⓒ ⓤ トンガの人; ⓤ トンガ語. —— 形 トンガの(人・語)の.

Ton・ga・ri・ro /tɔ̀ŋ(ɡ)ərí(ə)roʊ | tɔ̀ŋɡ-/ 《ニュージーランド北島中部の火山 (1986 m); マオリ人にとって聖なる山》.

tongs /táŋz, tɔːŋz | tɔ́ŋz/ 名 [また a pair of ~] ものをつまむ道具; トング, 火ばし, ...はさみ; 〔頭髪の〕カール用焼きごて: coal [ice, sugar] ~ 石炭[氷, 角砂糖]ばさみ.

*****tongue** /táŋ/ 名 ❶ ⓒ 舌: put [stick] out one's ~ (軽蔑して, または診察の時)舌を出す / stick [put] one's ~ *in* one's *cheek* 舌先ではほをふくらませる《皮肉・軽蔑などの表情》. ❷ ⓤⓒ (牛・羊などの)タン, 舌, (料理の) タンシチュー. ❸ ⓒ **a** 言語能力; 言葉; 発言: a slip of the ~ 言いそこない, 失言 / His ~ failed him. 彼はものが言えなかった. **b** 弁舌; 言葉づかい: have a ready [fluent] ~ 雄弁である / have a spiteful [bitter] ~ 口が悪い / Watch your ~. 言葉づかいに気をつけろ, 口を慎め. **c** 言語, 国語 (language); 外国語: mother tongue / ancient ~s 古典語 / the Chinese ~ 中国語. ❹ ⓒ 舌状のもの: **a** 細長い岬; 狭い入り江, 瀬戸. **b** (靴の)舌革, ベろ. **c** (鐘・鈴の)舌. **d** (火炎の)舌. **e** 〔楽〕管楽器の舌. **bíte one's tóngue** 言いたいことを我慢する. **fínd one's tóngue** (びっくりした後などで)やっとものが言えるようになる. **gét one's tóngue aróund [róund]**... (口) 発音しにくい言葉[名前など]を正しく発音する. **gíve a person the róugh édge of one's tóngue** ⇒ **edge** 名 成句. **gíve tóngue** (1) <猟犬などが>ほえる. (2) <人が><...を>口に出す [*to*]. **hóld one's tóngue** 黙っている: *Hold* your ~! 黙りなさい! **kéep a cívil tóngue** (**in** one's **héad**) 言葉づかいを慎む. **lóse one's tóngue** (びっくりした後などで)ものが言えなくなる. **óil one's tóngue** お世辞[おべっか]を言う. **on the típ of one's tóngue** ⇒ **tip**[1] 成句. **róll [slíp, tríp] óff the tóngue** <名前など>言いやすい, 発音しやすい. **sét tóngues wággìng** うわさをかきたてる, うわさする種になる. **with one's tóngue hànging óut** 渇望して, 期待して. **(with one's) tóngue in** (one's) **chéek** (口) 冗談に; 皮肉に. —— 動 他 (tongu・ing) <音符を>タンギングを使って吹奏する[舌で区切って奏する]. —— 自 《フルートなどを吹く》タンギングの技法を使う. 〖OE〗 (関形 glossal, lingual)

tóngue and gróove (jòint) 名 ⓤ 【木工】さねはぎ(目違い)つぎ.

tongued 形 [複合語で] ❶ (...の)舌のある; ...舌の: double-*tongued* 二枚舌の. ❷ 言葉づかいが...の: foul-*tongued* 口汚い.

tóngue depréssor 名 (米) 【医】舌押し器.

tóngue-in-chéek 形 皮肉な[に]; 冗談の[に].

tóngue-làsh 動 (口) <人を>厳しくしかる.

tóngue-làshing 名 ⓤ 厳しい叱責.

tóngue-tìe 動 【医】舌小帯短縮術.

tóngue-tìed 形 ❶ 驚き・当惑などでうまく口がきけない; 口ごもった. ❷ 【医】舌小帯短縮(症)の.

tóngue twìster 名 舌もつれして発音しにくい言葉, 早口

言葉.

†**ton·ic** /tánɪk | tɔ́n-/ 名 ❶ Ⓤ トニックウォーター (tonic water). ❷ Ⓒ **a** 強壮剤 (pick-me-up); 養毛剤, ヘアトニック. ❷ (精神的に) 元気づける力 (boost): Your presence was a real ~ *for* our team. あなたがくれたことがわがチームを本当に元気づけてくれた. ❸ Ⓒ 〖楽〗 主音.
── 形 ❶ **a** 〈医薬などが〉強壮にする: a ~ medicine 強壮剤. **b** 〈空気などが〉さわやかな, 元気づける. ❷ 〖楽〗 主音の: the ~ sol-fa 文字記譜法. ❸ 〖言〗 声調のある《中国語のように音の高低で語を区別することにいう》. ❹ 〖医〗 緊張性の: ~ spasm 緊張性けいれん. 〖F<L<Gk; ⇒ tone, -ic〗

to·nic·i·ty /toʊnísəti/ 名 Ⓤ ❶ (心身の) 強壮, 強健. ❷ 〖生理〗 (筋肉組織の) 緊張力, 弾力性; 〖生〗 張性《細胞などを溶液に浸した時の浸透圧》.

tónic wàter 名 Ⓤ トニックウォーター《キニーネ入りのソーダ水》.

‡**to·night** /tʊnáɪt/ 副 今夜(は): I shall be free ~. 私は今夜は暇です. ── 名 Ⓤ 〖無冠詞で〗 今夜, 今晩: This must be done before ~. これは夜にならないうちにしなければならない / ~'s television programs 今夜のテレビ番組.

tóning tàbles 名 トーニングテーブル《その人の寝た人の手足を上げ下げするように動かすしくみをもった台; 受動的エクササイズ器具となる装置で, 筋肉の tone を向上させ整体効果があるといわれる》.

tón·ka bèan /tɑ́ŋkə- | tɔ́ŋ-/ 名 〖植〗 トンカ豆《香料の原料, バニラの代用》.

tón-míle /- / 名 トンマイル《トン数とマイル数の積; 鉄道・航空機などの一定期間中の輸送量を示す統計上の単位》.

ton·nage /tʌ́nɪdʒ/ 名 ❶ **a** (船舶の) 容積トン数 (1 トンを 100 立方フィートとして計算する): gross ~ 総トン数 / displacement ~ 排水トン数《排水する水の重量; 海水 35 立方フィートを 1 トンとする》. **b** (船の積み荷)トン数. ❷ (一国商船の) 総トン数. ❸ (船舶・積み荷の) トン税. 〖TON¹+-AGE〗

*****tonne** /tʌ́n/ 名 (メートル)トン (metric ton) (略).

ton·neau /tɑnóʊ, tɑ́noʊ | tɔ́noʊ/ 名 ❶ (自動車の) 後部座席部, ト(ン)ノー. ❷ (また **tonnéau còver**) (オープンカー・ボートの) 幌屋根.

to·nom·e·ter /toʊnɑ́mətər | -nɔ́mətə/ 名 ❶ トノメーター, 音振動測定器. ❷ 〖医〗 眼圧計; 血圧計.

ton·sil /tɑ́nsl | tɔ́n-/ 名 〖解〗 扁桃(腺). **ton·sil·(l)ar** /tɑ́nslər | tɔ́n-/ 形.

ton·sil·lec·to·my /tɑ̀nsəléktəmi | tɔ̀n-/ 名 〖医〗 扁桃摘出(術).

ton·sil·li·tis /tɑ̀nsəláɪtɪs | tɔ̀n-/ 名 Ⓤ 〖医〗 扁桃炎.

ton·so·ri·al /tɑnsɔ́ːriəl | tɔn-/ 形 理髪師の, 理髪(術)の 《★通例戯言的》.

ton·sure /tɑ́nʃər | tɔ́nʃə/ 名 ❶ Ⓤ **a** 剃髪(禮). **b** 〖キ教〗剃髪式. ❷ Ⓒ (剃髪式で) 頭髪を剃った部分. ── 動 他 (剃髪式で)人を剃髪する.

ton·tine /tɑ́ntiːn | tɔntáɪn/ 名 トンチン年金法《共同出資者が死亡すると生存者に分配して長生者配当が多くなる》.

tón-ùp (英俗) 名 時速 100 マイル. ── 形 〈オートバイの運転者が〉時速 100 マイルで飛ばすのが好きな, スピード狂の.

ton·y /tóʊni/ 形 《米口》 ハイカラな, しゃれた.

To·ny /tóʊni/ 名 トニー《男性名; Anthony, Antony の愛称》.

‡**too** /túː/ 副 (比較なし) ❶ 〖通例文尾または文中に用いて〗 **a** (…も)また, そのうえ: She's beautiful, and good ~. 彼女は美しいうえに善良だ / I can play the piano(,) ~. = I, ~, can play the piano. [I に強勢を置いた場合] 私も(また)ピアノをひけます; [piano に強勢を置いた場合] 私はピアノも(また)ひけます.

[語法] (1) also は客観的な事実を述べるのに適するのに対して, too はより口語的で感情の色彩を帯び, いっそう強意的である.
(2) too は肯定文に用いる; 否定文には either を用いる (例: I cannot play the piano, *either*. 私もピアノをひけない); 私はピアノもひけない). ただし, 肯定の意味を含む否定疑問文で, too が否定語の前にあり, その否定語の影響外に置かれている時には too が用いられる (例: Won't you come with me, ~? 君も一緒に行きませんか / I, ~, have never been there yet. 私もまだそこへ行ったことがない).

b そのうえ, しかも: It snowed last night, and in April ~! 昨夜雪が降った, それも 4 月だというのに. **c** 《口》〖相手の否定の言葉を反駁(ばく)して〗 ところが, 本当は: "I don't go there often." "You do ~." 「私はそこへあまり行かないよ」「(とんでもない) 行っているくせに」.

❷ 〖形容詞・副詞の前に置いて〗 **a** …すぎる; 〖…には〗 あまりに…すぎる: The tea is ~ hot. そのお茶は(ちょっと)熱すぎる / He arrives late ~ often. 彼は遅れるのが多すぎる / I don't think you should be ~ (much) bothered by his criticism. 彼の批評をあまり気にしないほうがよいと思う《用法 動詞的意味をもつ分詞の前では too の後に much を添えるのがより形式ばった表現》/ ~ beautiful *for* words 形容できないほど美しい / He's ~ young *for* the task. 彼は若すぎてその仕事は無理だ / This is ~ large a room *for* us. これは我々には大きすぎる部屋だ《用法 a ~ large room ということもある》. **b** 〖…には〗 …すぎる, 非常に…で〖…することができない〗《*for*》〖*to do*〗《用法 only too…to, too apt [likely, ready] to… などは肯定の意; ⇒ only TOO 成句 (2)》: The thing is ~ good *to* be true. そのことはあまり話がうますぎて本当には思えない / This problem is ~ difficult *for* you *to* solve. この問題は難しくて君には解答できない《変換 This problem is so difficult that you cannot solve it. と書き換え可能》.

❸ 〖形容詞・副詞の前に置いて〗《口》 非常に: That's ~ bad. ほんとうにお気の毒です, それはいけませんね / I'm not feeling ~ well today. きょうはあまり気分がすぐれない.

áll tòo… 残念なほど…すぎる: It ended *all* ~ soon. あっけなく終わった.

but tóo = only too 成句 (1).

cánnot…tòo… いくら…しても…しすぎることはない: You *cannot* be ~ diligent [*cannot* work ~ hard]. 勉強はいくらしてもしすぎるということはない / It's very dangerous here. You *can't* be ~ careful. ここはとても危険だ. よほど注意しないとね.

nóne tòo ⇒ none¹ 副 2.

ònly tóo (1) 遺憾ながら: It's *only* ~ true. それは残念ながら本当だ. (2) この上なく: I shall be *only* ~ pleased to come. 大喜びで参上します.

tòo múch (for a person) (人には)手に負えないもの, とてもかなわないもの: The book is ~ *much* (*for* me). その本は(私には)手に負えない.

tòo múch of a góod thíng 《口》 よくても度が過ぎてうんざりするもの, ありがた迷惑(なもの): One [You] can have ~ *much of a good thing*. どんなに良いものでもありすぎると食傷することがある.

〖OE; TO の強調形から〗

too·dle-oo /tùːdlúː/ 間 《口》 じゃーね, さいなら.

‡**took** /tʊ́k/ 動 take の過去形.

*****tool** /túːl/ 名 ❶ **a** 道具, 工具; 工作機械: an edged ~ 刃物 / the ~s of one's trade 商売道具. **b** 〖電算〗 ツール. ❷ 手段: Words are the most important ~s of a politician. 言葉は政治家の最も重要な手段である. ❸ 手先, お先棒: He is a mere ~ *of* the labor union. 彼は労働組合の手先にすぎない. ❹ 〖車〗 男根, ペニス. ❺ (本の表紙の)型押工, 型押しした模様. **dówn tóols** ⇒ down¹ 動 成句. ── 他 ❶ 〈革などを〉道具で細工する. ❷ 〈…に〉〈新しい〉機械を設備する: ~ *up* a factory 工場に機械を設備する. ── 自 ❶ 道具で細工する. ❷ 工場に機械を設備する 《*up*》. ❸ 〖副詞(句)を伴って〗 《口》 (馬車・車で)行く, ドライブする. ❹ 《英俗》 銃で身を固める, 武装する. 〖OE; 原義は「作るもの」〗〖類義語〗 ⇒ instrument.

tóol bàr 名 〖電算〗 ツールバー《アプリケーションウインドー上部に表示される, よく使う機能をボタンアイコンにして並べた部分》.

tóol·bòx 图 道具箱.
tóol·hòuse 图 道具小屋.
tóol·ing 图 Ⅱ ❶ 道具細工. ❷ (工場の)工作機械器具設備.
tóol kìt 图 工具一式.
tóol·màker 图 道具を作る人; 工具[工作機械]の製作・修理・調整を専門とする機械技師. **tóol·màking** 图
tóol pùsher 图《俗》(油井の)掘削作業監督.
tóol·shèd 图 =toolhouse.
toon /tú:n/ 图 (テレビアニメ) (cartoon).
too·nie /tú:ni/ 图 (カナダロ) 2ドルコイン.
†**toot** /tú:t/ 動 ❶ 〈人がらっぱ[笛など]をビューと吹く, 〈らっぱ・笛などがビューと鳴る. ❷ 《口》 おならをする. ❸ 《米口》 コカインを吸飲する. ── 他 ❶ 〈らっぱ・笛・警笛などを吹く, 鳴らす. ❷ 《米口》〈コカインを〉吸飲する. ── 图 ❶ Ⓒ 口笛[らっぱなど]を吹くこと[の音]. ❷ 《米口》 a Ⓒ コカインの吸飲. b Ⓤ コカイン. ❸ 《米口》Ⓒ 酒盛り, 浮かれ騒ぎ.《擬音語》
*****tooth** /tú:θ/ 图 (圈 teeth /tí:θ/) ❶ 歯: a canine ~ 犬歯 / a milk ~ 乳歯 / a molar ~ 臼歯 / an incisor ~ 門歯 / a wisdom ~ 親知らず / a false [an artificial] ~ 入れ歯 / have a ~ pulled (out) 歯を抜いてもらう / cut a ~ 歯が生える. ❷ 歯状のもの: a (歯車・くし・くまでなどの)歯, b (のこぎり・やすりなどの)目. ❸ 《通例 teeth で》(法の)効力, 実効(性), 権力, 権限: These regulations have no *teeth*. これらの規則は効力がない. ❹ (食物の)趣味, 好み[*for*]: have a sweet [dainty] ~ 甘い物が好きだ[口が肥えている].
by the skín of one's téeth ⇒ skin 图 成句.
cást...in a person's téeth 〈過失などについて〉人を面責する, 責める.
cút one's téeth on [in]...で経験を積む, ...から初めて学ぶ《因果》歯が生えかけた幼児のことから.
gét one's téeth ìnto...〈仕事などに真剣に取り組む[本腰を入れる].
in the téeth [a person's téeth] 面と向かって, おおっぴらに, 公然と.
in the téeth of...にもかかわらず, ...に逆らって (despite of); ...の面前で: They carried on their business *in the teeth of* these terrible dangers. 彼らはこれらの恐ろしい危険があるにもかかわらず仕事を続行した.
kíck a pérson in the téeth 〈人にひどい仕打ちをする.
líe through one's téeth ⇒ lie² 動 成句.
lóng in the tóoth 《口》年老いて《因果》馬が年をとると歯茎が縮んで歯が長くなるように見えることから.
pùt téeth in [ìnto]...〈法律・組織に威力[権威]を与える, ...を強化する.
sét one's téeth 〈困難・不愉快な事などに対して〉歯を食いしばる 〔*against*〕.
sét a person's téeth on édge 人に〈歯が浮くような〉不愉快な感じを与える, 人をいらいらさせる《★ 聖書「エレミヤ書」から》.
shów one's téeth 歯をむき出す; 威嚇する.
sínk one's téeth ìnto...(1) ...にがぶりとかみつく, ...にかぶりつく. (2) ...に積極的に[深く]関わる, ...にのめり込む[取り組む].
thrów ...in a person's téeth =cást...in a person's teeth (⇒ TOOTH 成句).
tóoth and náil [副詞的に] 手段を尽くして, 極力, 必死に: They fought ~ *and nail*. 彼らは死力を尽くして戦った.
to the téeth 寸分のすきもなく, 完全に: be armed *to the teeth* 完全武装している.
── 動 ❶ 〈...に〉歯を立てる; 〈のこぎりなどに〉目を立てる.
❷ 〈歯車がかみ合う.
【OE】（関形 dental）
tooth·ache 图 Ⅱ [《米》a ~] 歯痛: have (a) ~ 歯が痛む.
†**tooth·brush** /tú:θbrʌʃ/ 图 歯ブラシ.
tooth·còmb 图 =fine-toothed comb.
toothed /tú:θt, tú:ðd/ 厖 ❶ 歯のある, のこぎり歯状の.
❷ [複合語で] 歯が....
tóothed whále 图 〖動〗ハクジラ(歯鯨) 《円錐状の歯をもつマッコウクジラ・イルカなど》.

1901　**top**

tóoth fàiry 图 [the ~] 歯の妖精 《抜けた乳歯を枕の下に入れておくとお金に換えてくれるという》.
tóoth·ing 图 Ⅱ ❶ 歯《をつけること》, 目立て;〖建〗待歯(*ほぞ*)〈増築用の突出部・継手〉.
tóoth·less 厖 歯のない; 威力[効力]のない.
†**tóoth·pàste** 图 練り歯磨き.
tóoth·pìck 图 つまようじ 《★ 人前で toothpick を使うのは, たとえ片手で口をおおっても失礼とされる》.
tóoth pòwder 图 Ⅱ 歯磨き粉.
tóoth shèll 图 〖動〗掘足(*くっそく*)類の軟体動物, (特に)ツノガイ.
tóoth·some /tú:θsəm/ 厖 ❶ 〈食物が〉おいしい; おいしそうな. ❷ 《口》魅力的な. **~·ly** 副 **~·ness** 图
tóoth·wòrt 图 〖植〗欧州産のヤマツツボの一種 《寄生植物》.
tooth·y /tú:θi/ 厖 歯を見せる: a ~ smile 歯を見せる笑い.
toot·in' /tú:tɪn/ 厖副 《米俗》正しい, 全く(の), どう見ても.
toot·le /tú:tl/ 動 ❶ [副詞(句)を伴って] 《英口》 ゆっくり行く〈ドライブする〉: I must ~ *off*. そろそろ失礼しなければ. ❷ 〈笛などを〉ゆるやかに吹く, ピュービュー吹き続ける. ── 〈笛などを〉ビュービュー吹く. ── 图 笛などを吹く音.
too-too /tú:tú:/ 《口》厖副 いきすぎた[て], 極端な[に].
toots /tú:ts/ 图 =tootsy.
toot·sie /tú:tsi/ 图 《米俗》 ❶ ねえちゃん, 娘さん. ❷ 売春婦. ❸ =tootsy.
toot·sy /tú:tsi/ 图 《俗》 (子供・女の)足.
*****top¹** /tɑp | tɔp/ 图 ❶ Ⓒ a [通例 the ~] (ものの)頂上, てっぺん: the ~ of a mountain 山頂 / the ~ of a tree こずえ / at the ~ of a staircase 階段の上で. b 頭. ❷ Ⓒ [通例 the ~] a (ページ・地図などの)上, 上部, 上段, 上欄 (↔ bottom): at the ~ of a page ページの上のほうに / the third line from the ~ 上から3行目. b 《英》(食卓・部屋などの)上席, 上座 (head): sit at the ~ of the table テーブルの上席につく. c 《英》〈通りなどの〉向こう側[端] [*of*]. ❸ Ⓒ a [通例 the ~] (ものの)上面, 表面: the ~ of a table テーブルの表面. b (馬車・自動車などの)屋根, 幌. c (ものの)ふた, 栓, キャップ. ❹ Ⓒ (服の)上半身の部分, トップ. b [複数形で] (パジャマの)上着 (cf. bottom 4, trousers). ❺ Ⓒ [通例 the ~] 首位, 首席, 最上位, トップ (↔ bottom): come out [get to] the ~ of the class 席次がクラスで1番になる. ❻ a [the ~] 絶頂, 極点, 極度: at the ~ of one's voice [lungs] 声を限りに. b 《英》[車] 最高速ギヤ, トップ(ギヤ): in ~ トップで, 全速力で. ❼ [複数形で; 通例副詞的に] 《英口》(金額・量など)最高[最大, 最多, 最長](で). ❽ a [the ~] 最良[最高]の部分[地位], 精華, 精髄. b [複数形で; しばしば ~s; 形容詞的に補語に用いて] 《古風》最高, 最上: He's (*the*) ~s in this field. 彼はこの分野では最高だ. ❾ Ⓒ a (靴の)腰皮〈つま皮 (vamp) より上の部分〉. b (乗馬靴などの)最上部. ❿ Ⓒ [通例複数形で] (植物の)地上の部分, 若芽. ⓫ Ⓒ (ボートのこぎ手の)トップ. ⓬ Ⓒ 〖野〗(イニングの)上部(*じょうぶ*) (↔ bottom). ⓭ 《英》(牛乳上部の)クリーム層.
at the tóp of the lìst 最優先で; 最重要で.
blów one's tóp 《口》〈こらえ切れず〉怒りを爆発させる.
còme óut tóps [on tóp] (競り)勝つ, 一位[首位]になる.
cóme to the tóp 他にぬきんでる; 名声を博す.
from the tóp 《口》(映画の演技などで)最初(のところ)から.
from tòp to bóttom 上から下まで; すっかり.
from tóp to tóe (人が)頭のてっぺんから足のつま先まで; すっかり.
gét on tóp of...(1) ...を征服する. (2) ...の手に負えなくなる.
gét to [réach] the tóp 他にぬきんでる, 有名になる.
òff the tóp of one's héad 《口》よく考えないで, 即座に.
on tóp (1) 上に. (2) 頭のてっぺんに: He's bald *on* ~. 彼は頭のてっぺんがはげている. (3) 優位[優勢]で, リードして.
on tóp of...(1) ...の上部に, ...の上に. (2) ...に近づいて,

迫って. (3) …に加えて, …の上に. (4) …を(完全に)掌握[制御, コントロール]して.

on tóp of thát なおそのうえに.

on tóp of the wórld 《口》有頂天になって, 意気揚々として: He felt *on* ~ *of the world.* 彼は天にも昇る心地だった.

òver the tóp (1) 思い切って; 限界を超えて《略 OTT》. (2) 《米》目標を超えて. (3) 塹壕を出て(攻撃へ).

the tóp of the ládder [**trée**] 最上の地位: be at [reach, rise to] *the* ~ *of the ladder* [*tree*] 最上の地位を占める[につく],「階段を上りつめる」.

— [形] ❶ [A] いちばんの上の: the ~ floor 最上階 / the ~ rung はしごの最上段; 成功の絶頂; 最も重要な地位, 首位 / ~ officials 高官. ❷ [A] **最高の**; 最も重要な: ~ price(s) 最高値段, 高値 / at ~ speed 全速力で / the ~ news トップニュース. ❸ 首席で: I came (out) ~ in the test. テストで首席になった.

— [動] (**topped; top·ping**) [他] ❶ **頂点[先頭]にある[なる]**, トップを占める: The book ~*s* the best-seller list. その本はベストセラー表のトップを占めている. ❷ **a** (高さ・重さなどで)〈…を〉**上回る**: The fish *topped* 80 pounds. その魚は重さが 80 ポンドを上回った / She ~*s* her mother by a head. 彼女は母親よりも頭一つだけ背が高い. **b** (質・技量などで)〈…より〉すぐれる,〈…に〉まさる: John ~*s* them all at baseball. 野球ではジョンが彼らすべてにまさっている. ❸ 〈…に〉頂をつける,〈…の〉頂をおおう《★ しばしば受身》: snow-*topped* mountains 雪をいただいた山々 / The church is *topped by* [*with*] a steeple. 教会の屋根の上は尖塔(せんとう)になっている / The ice cream was *topped with* chocolate. アイスクリームの上にチョコレートがかかっていた. ❹ 《文》〈…の〉頂に登る[達する];〈…の〉上に昇る: We *topped* the hill at noon. 正午に丘の頂上に達した. ❺ 〈植物の〉葉の部分を切り取る: ~ beets 砂糖大根の葉を切り落とす. ❻ 《英口》[~ one*self* で]自殺する. ❼ 〘ゴルフ〙〈ボールの〉上半を打つ.

tóp and táil 《英》(1) 〈野菜などの〉先と端を切る. (2) 〈赤ん坊などの〉顔とお尻を洗う.

tóp óff 《[他]+[副]》(1) 〈…の〉仕上げをする, 終える: ~ *off* one's dinner with coffee コーヒーを飲んで食事を終わる. (2) 《米》〈ガソリンタンクなどを〉いっぱいにする. (3) 《米》〈建物の〉(最上部の)骨組みを完成する, 完成を祝う (《英》 top out).

tóp óut 《[自]+[副]》 (1) 〈数量などが〉最高値[額]に達する. **—** 《[他]+[副]》(2) 《英》〈建物の〉骨組みを完成する; 完成を祝う (《米》 top off).

tóp the bíll ⇨ bill[1] [成句].

tóp úp 《[他]+[副]》《主に英》(1) 〈…を〉(上まで)いっぱいに満たす: *T*~ her *up*! (車を)満タンにしてくれ! (2) 〈人の〉コップをいっぱいに満たす;〈コップを〉いっぱいにする.

to tóp it áll なおそのうえに, あげくの果てに.

〘OE〙 【類義語】**top** ものの最高の点または部分の意で, 最も一般的な語. **peak** 山脈または連続した数値やグラフの最高点[値]. **summit** 山の頂上またはそれに類するもので, 到達するのに努力を要するもの.

top[2] /tάp | tɔ́p/ [名] こま: spin a ~ こまを回す / whip a ~ こまを棒の端につけたひもで打って回す. **sléep lìke a tóp** 熟睡する.

to·paz /tóupæz/ [名] ❶ [C,U] 〘鉱〙黄玉(おうぎょく), トパーズ (⇨ birthstone). ❷ [U] 黄玉色. 〘F＜L＜Gk〙

tóp banána [名] 《俗》 ❶ (ミュージカルの)主役コメディアン. ❷ 重要人物. 〘3 人で演ずる笑劇でうまい警句を言った役者にバナナが与えられる慣習から〙

tóp bòot [名] [通例複数形で] トップブーツ, 猟騎用長靴《乗馬靴の一種; 上部に明るい色の革が用いてある》.

tóp bràss [名] [U] [しばしば the ~; 集合的; 単数または複数扱い] 《口》高級将校[幹部]たち (brass).

+**tóp-cláss** [形] トップクラスの, 一流の.

tóp·còat [名] ❶ [C] 厚いコート, オーバー. ❷ [U,C] ペンキの上塗り.

tóp còpy [名] (カーボンコピーに対して)正本, 原本.

tóp dóg [名] 《俗》勝者; 支配者, 重要人物.

tóp dóllar [名] [U] 《米口》(支払われる)最高額.

tóp-dówn [形] ❶ 上意下達式の. ❷ 全体から細部にいたる, すべてをカバーする.

tóp dráwer [名] [the ~] ❶ 《口》トップクラス, 最上層. ❷ (たんすの)最上段の引き出し.

tóp-dráwer [形] [A] 《口》〈重要さ・特権など〉最上層の.

tóp-drèss [動] [他] (土に)(…を)敷き肥する〔*with*〕〔*on*〕.

tóp-drèssing [名] [U] [また a ~] ❶ 敷き肥(を施すこと). ❷ うわべ, 見せかけ.

tope[1] /tóup/ [名] 〘魚〙ニシエイラクブカ《ヨーロッパ産のメジロザメ科のサメ》.

tope[2] /tóup/ [動] [自] 《古・詩》大酒を飲む, のんだくれる, 酒浸りになる.

tope[3] /tóup/ [名] (ドーム形の)仏舎利塔, トゥーパ (偸波, 塔婆).

to·pee /toupí: | ⏤́⏤/ [名] (インドの)トーピー帽《クサネムの髄で作るヘルメット型の軽い日よけ帽》.

To·pe·ka /təpí:kə/ [名] トピーカ《Kansas 州の州都》.

top·er /tóupə | -pə/ [名] 大酒飲み, のんだくれ.

tóp·flíght [形] 《口》一流の, 最高の: a ~ pianist 一流のピアニスト.

tóp flíght [名] [the ~] 最高位, 最高水準, トップクラス.

Tóp 40 /-fɔ́əṭi | -fɔ́:-/ [名] [形] [(the) ~] トップ フォーティ(の)《一定期間中の好売上げポップスレコード上位 40 曲》.

tóp frùit [名] [U] 《英》〘園〙(リンゴ・モモ・サクランボなど)高木に実る果実.

top·gal·lant /tɑpgǽlənt | tɔp-; 〘海〙 təgǽlənt/ [名] 〘海〙 ❶ トゲルンマスト《下から 3 番目のマスト》. ❷ トゲルンスル《トゲルンマストにかかる帆》. **—** [形] トゲルンマストの.

tóp géar [名] [U] 《英》〘車〙トップギヤ (《米》 high gear).

tóp-gròssing [形] (ある期間の)興行収入一位の〈映画〉.

tóp-hàmper [名] [U] 〘海〙トップハンパー《船の上部[甲板より上]の帆・索具など(の重量)》.

tóp hàt [名] シルクハット (topper).

tóp-héavy [形] ❶ 頭でっかちの; 不安定な. ❷ 〈組織など〉上層部に人が多すぎる.

To·phet(h) /tóufɪt/ [名] ❶ 〘聖〙トペテ《Jerusalem 近くの, 昔ユダヤ人が偶像 Moloch に子供をいけにえとして焼いた地; 後にごみ焼却地となりその火は常に絶えなかったという》. ❷ [しばしば t~] [U] (焦熱)地獄.

tóp-hóle [形] 《英口》飛び切り上等の, 一流の.

to·phus /tóufəs/ [名] (複 **-phi** /-faɪ/) 〘医〙痛風結節.

to·pi[1] /toupí: | ⏤́⏤/ [名] ＝topee.

to·pi[2] /tóupi/ [名] (複 ~, ~s) 〘動〙トピ《アフリカ東部産のダマリスク属のレイヨウ》.

to·pi·ar·y /tóupièri | -piəri/ [形] 〈まがき・庭木など〉装飾的に刈り込んだ. **—** [名] [U,C] 装飾的刈り込み(法), トピアリー.

***top·ic** /tάpɪk | tɔ́p-/ [名] **話題, 話の種**, テーマ, トピック: current ~*s* 今日の話題 / discuss the ~*s* of the day 時事問題を話し合う. 〘(もと「常套的論題」の意) L＜Gk *topika* 普通の, どこにでもある＜*topos* 場所; Aristotle の著書 *Tà topiká* から〙 ([形] topical) 【類義語】⇨ subject.

***top·i·cal** /tάpɪk(ə)l | tɔ́p-/ [形] ❶ **話題の[となる]**; 時事問題の: a ~ allusion 時事問題への言及 / a ~ news film 時事ニュース映画. ❷ 〘医〙 局所的な, 局所の. **~·ly** /-kəli/ [副] ([名] topic)

top·i·cal·i·ty /tὰpɪkǽləṭi | tɔ̀p-/ [名] ❶ [U] 話題性; 時事性. ❷ [C] [通例複数形で] 時事的話題(にすぎないもの).

top·i·cal·ize /tάpɪkəlàɪz | tɔ́p-/ [動] [他] 〘言〙話題化する. **top·i·cal·iz·a·tion** /tὰpɪkəlɪzéɪʃən | tɔ̀pɪkəlaɪz-/ [名]

tópic séntence [名] 主題文, トピックセンテンス《段落などの談話単位中の中心となる(考えを表わす)文; しばしば第一文》.

tóp·knòt [名] ❶ **a** (頭頂の)毛の房. **b** (人の)頭頂のまげ. ❷ (婦人の頭につける)髪飾り. ❸ (鳥の)冠毛.

+**tóp·less** [形] ❶ **a** 〈女性が〉胸を露出した, トップレスの. **b** トップレスの女性のいる: a ~ bar トップレスバー. ❷ 〈衣服が〉トップレスの. ❸ 〈山など〉非常に高い.

+**tóp-lével** [形] 首脳の; 最高級の: a ~ conference 首脳会談.

tóp-lèvel domáin 名〖電算〗トップ(レベル)ドメイン(名)《インターネットアドレスのうち, 末尾の種別と国別を表わす部分で国際的に仕様が規定されている; kenkyusha.co.jp であれば jp; ⇒ domain name》.

tóp-líne 形 もっとも重要な, トップレベルの.

tóp-lófty 形《米口》〈態度など〉高慢な, もったいぶった, 尊大な.

tóp-man /-mən/ 名 (複 -men) ❶〖海〗檣楼(しょうろう)員. ❷ =top sawyer.

tóp-màst 名〖海〗トップマスト《下檣(じょう)の上に継ぎ足した帆柱》.

tóp-mòst 形 いちばん上の; 最上の, 最高級の.

tóp-nótch 形《口》一流の, 最高の, 最優秀の.

tóp-nótch·er 名《口》一流[最高]の人[もの].

tóp nòte 名 ❶ トップノート《楽曲または声域の(最)高音部》. ❷ トップノート, うわだち《香水の最初ににおう香り》.

top·o- /tɑ́pə | tɔ́pə/ [連結形]「場所」《★母音の前では top-》.〖Gk *topos* 場所〗

tóp-of-the-líne 形 最高級[トップクラス]の.

topog. (略) topographical; topography.

to·pog·ra·pher /təpɑ́grəfə | -pɔ́grəfə/ 名 地形学者, 地誌学者.

top·o·graph·i·cal /tɑ̀pəgrǽfɪk(ə)l | tɔ̀p-/, **-ic** /-fɪk/ 形 ❶ 地形学の. ❷ 地上の. **-i·cal·ly** /-kəli/ 副

to·pog·ra·phy /təpɑ́grəfi | -pɔ́g-/ 名 Ⓤ ❶ 地勢, 地形. ❷ 地形学.

topoi *topos* の複数形.

top·o·log·i·cal /tɑ̀pəlɑ́dʒɪk(ə)l | tɔ̀pəlɔ́dʒ-/ 形 topology の;〖数〗位相的な. **-i·cal·ly** 副

to·pol·o·gy /təpɑ́lədʒi | -pɔ́l-/ 名 Ⓤ ❶〖数〗位相幾何学, トポロジー. ❷ 地誌研究. ❸〖電算〗トポロジー《ネットワークを構成する装置の幾何学的な接続の形態》. **to·pól·o·gist** /-dʒɪst/ 名

top·o·nym /tɑ́pənɪm | tɔ́p-/ 名 地名《特に地形などに由来する》.

tòp·o·ným·ic *toponymy* の.

to·pon·y·my /təpɑ́nəmi | -pɔ́n-/ 名 Ⓤ 地名研究.

to·pos /tóυpɑs | 複 **-poi** /-pɔɪ/) 修 トポス《常用される主題・概念・表現》.

topped /tɑ́pt/ 形 [通例複合語で] 頂上[上部]が…な,〈…〉をのせた[かぶせた].

top·per /tɑ́pə | tɔ́pə/ 名《口》❶ シルクハット (top hat). ❷《女性用の》短いオーバー, トッパー. ❸《ジョークなどの》傑作. ❹《英》すごいやつ.

⁺tóp·ping 名 Ⓒ,Ⓤ《ケーキなどの》上飾り, トッピング.
—— 形《英口》最高級の; すてきな.

top·ple /tɑ́pl | tɔ́pl/ 動 ❶ ぐらつく, 倒れる〈*over, down*〉: The whole stack of goods ~*d over*. 積み重ねた商品が全部ひっくり返った. —— 他〈…〉をぐらつかせる, 倒す;〈政府など〉を打倒[転覆]する: He ~*d* his opponent. 彼は相手を投げ倒した.

tóp-ránked, -ránking, -ráted 形 トップクラス[ランク, レベル]の, 上位[一流, No.1]の.

tóp róund 名《牛の》もも肉の内側の部分.

tops /tɑ́ps | tɔ́ps/ ⇒ top¹ 7, 8 b.

top·sail /tɑ́psèɪl | tɔ́p-; 〖海〗 -sl/ 名〖海〗中檣(ちゅうしょう)帆, トップスル.

tóp sáwyer 名《木挽き穴の上挽き人; 口》上に立つ人, 上役, 上司, 重要人物.

tóp-sécret, tóp sécret 形 極秘の, 最高機密の: a ~ document 極秘書類.

tóp sérgeant 名《米口》古参軍曹; 特務曹長.

tóp·sìde 名 ❶ Ⓤ《英》トップサイド《腰部の上等の(牛)肉》. ❷ Ⓒ [通例複数形で]〖海〗乾舷(かんげん)《喫水線以上の船側》;《軍艦の》上甲板. —— 副 乾舷[上甲板]の; トップクラスの, 首脳部の. —— 形 乾舷[上甲板]に[で].

Top-Si·der /tɑ́psàɪdə | tɔ́psàɪdə/ 名〖商標〗トップサイダー《柔らかい革またはズック製の靴; かかとが低く, 柔らかいゴム底になっている》.

tóp·sìdes 副 =topside.

tóp·sòil 名 Ⓤ 表土《土壌の表面または上部》.

1903　**tornado**

tóp·spìn 名 Ⓤ トップスピン《テニスのストロークで, ボールに回転を与えるためにボールを斜め上にこすり上げてかけるスピン》.

tóp·stìtch 動 縫い目に沿ってステッチを入れる.

top·sy-tur·vy /tɑ́psitə́ːvi | tɔ́psitə́ːviː/ 副 逆さまに, めちゃくちゃに: fall ~ 頭から落ちる / Everything has turned ~. 万事が混乱している. —— 形 逆さまの, めちゃくちゃの. —— 名 Ⓤ 転倒; めちゃくちゃ, 混乱状態.
top·sy-túr·vi·ly 副 **-vi·ness** 名

tóp táble 名 =head table.

tóp tén 名 [the ~]《レコードなどの》トップテン, ベストテン, 上位十者.

⁺tóp-úp 名《英》❶ お代わり, もう一杯. ❷ 追加, 補充.

toque /tóυk/ 名 ❶ トーク《つばなしの小型の婦人帽》. ❷《高くて白い》コック帽.

tor /tɔ́ə | tɔ́ː/ 名《英》《頂上のとがった》岩山.

-tor /tə | tə/ 接尾 [名詞語尾]「…する人[もの]」《⇒ -or¹》.

To·ra, To·rah /tɔ́ːrə/ 名 [the ~] ❶《ユダヤ教の》律法, トーラー. ❷ モーセ五書.〖Heb=法〗

torc /tɔ́ːk | tɔ́ːk/ 名 =torque.

⁎torch /tɔ́ːtʃ | tɔ́ːtʃ/ 名 ❶《英》懐中電灯《米》flashlight). ❷ **a** たいまつ. **b**《知識・文化の》光: the ~ of learning 学問の光 / hand on the ~ 伝統[文化, 知識]の灯(ひ)を後世に伝える. ❸《米》《溶接などに用いる》発炎灯, トーチランプ《英》blowlamp). **cárry a [the] tórch** (1)〈人〉に愛の灯を燃やす, 《特に》〈人〉に片思いをする〈*for*〉. (2)〈思想・運動など〉を続ける, 支える, 伝える, 引き継ぐ, 《…の》灯火(ともしび)を絶やさず掲げる. **pút…to the tórch**〈…〉を燃やす. —— 動〈…〉に火をつける.〖F=ねじられたもの <L *torquere* ねじる; わらなどをねじり合わせて作ったことから; cf. torture〗

tórch·bèarer 名 ❶ たいまつ持ち. ❷ 新知識(など)をもたらす人, 文明の先駆者, 啓蒙家.

tor·chère /tɔːtʃéə | tɔːʃéə/ 名 丈の高い燭台; 《電光を反射器で上に向ける》間接照明用フロアランプ.

tórch·lìght 名 Ⓤ たいまつの明かり. —— 形 たいまつの[を持った]: a ~ procession たいまつ行列.

tór·chon (láce) /tɔ́ːʃɑn(-); -tʃ-; tɔ́ːʃɔn(-)/ 名 Ⓤ トーションレース《扇形模様のある目の粗い手編み[機械編み]レース》.

tórch ràce 名《古代》たいまつリレー.

tórch sìnger 名《米》torch song の《女流》歌手.

tórch sòng 名 トーチソング《センチメンタルな片思い・失恋の歌》.〖*carry a* TORCH《成句》(1) から〗

⁎tore¹ /tɔ́ə | tɔ́ː/ 動 tear² の過去形.

tore² /tɔ́ə | tɔ́ː/ 名〖建・数〗=torus.

tor·e·a·dor /tɔ́ːriədɔ̀ə | tɔ̀ːriədɔ́ː/ 名 トレアドール, 騎馬闘牛士 (cf. matador).

tóreador pànts 名 トレアドルパンツ《ふくらはぎの上くらいまでの体にぴったりした女性用スラックス》.

to·re·ro /təréɪroυ | 複 ~s/ 名〖闘牛〗闘牛士, トレーロ《特に matador または彼を助ける助手団の一員》.

to·reu·tic /tərúːtɪk | -ʹ/ 形 金属細工の, 彫金の.

to·reu·tics /tərúːtɪks/ 名 Ⓤ 金属細工(術), 彫金(術).

tor·goch /tɔ́ːgouk | tɔ́ːgɔk/ 名〖魚〗アルプスイワナ.

tori *torus* の複数形.

to·ric /tɔ́ːrɪk | tɔ́r-/ 形 torus (のような).

⁺tor·ment /tɔ́ːment | tɔ́ː-/ 名 ❶ Ⓤ [また複数形で] 苦痛, 激痛, 苦悩 (anguish): be in ~ 苦悩する / suffer ~(s) 悩む. ❷ Ⓒ やっかいもの, 苦の種: He's a real ~ to me. 彼は私の悩みの種だ. —— /tɔːmént | tɔː-/ 動 他〈人〉を〈肉体的・精神的に〉苦しめる, 悩ます; いじめる: He was ~*ed by* [*with*] remorse. 彼は良心の呵責でひどく苦しんだ.〖F <L =ねじることL *torquere* ねじる; cf. torture〗

tor·mént·ing·ly /-ɪŋ-/ 副 苦しくほどに, 悩殺せんばかりに.

tor·mén·tor /-tə | -tə/ 名 ❶ 苦しめる人, 悩ますもの. ❷〖映〗《撮影する際の反響防止スクリーン》. ❸〖演劇〗舞台の両側に突き出ているそで[幕].

⁎torn /tɔ́ən | tɔ́ːn/ 動 tear² の過去分詞.

⁺tor·na·do /tɔːnéɪdoυ | tɔː-/ 名 (複 ~**es**, ~**s**) ❶ ト

toroid 1904

ネード, 大竜巻《特に米国の Mississippi 川流域地方に多い》. ❷ (強烈な)暴風, 旋風. 《Sp＜ tornar 雷が鳴る＜L tornare》

to·roid /tɔ́:rɔid/ 图《数》円錐曲線回転面[体], トロイド.
to·roi·dal /tɔ:rɔ́idl/ 形 toroid (torus) (のような); ドーナツ形をした. ~·ly 副

To·ron·to /tərántou | -rɔ́n-/ 图 トロント《Ontario 湖に臨む Ontario 州の州都》.

†**tor·pe·do** /tɔ:pí:dou | tɔ:-/ 图 (獲 ~es) ❶ 魚雷, 水雷. ❷ a 《鉄道》信号雷管《線路の上に置き, 車輪が乗ると音を発して列車に, 先に危険があることなどを知らせる》. b かんしゃく玉. ❸《魚》シビレエイ. ── 動 他 ❶ 《艦船を魚雷[水雷]で破壊[攻撃]する. ❷《政策・制度などを》粉砕する, だいなしにする (wreck): Their ridiculous demands ~ed the negotiations. 彼らのばかげた要求で交渉はぶち壊しになった. 《L＝麻痺し, シビレエイ＜ torpere 麻痺させる》

torpédo bòat 图 水雷艇, 魚雷艇.
torpédo nèt 图 魚雷防禦網.
torpédo tùbe 图 魚雷発射管.

tor·pe·fy /tɔ́:pəfài | tɔ́:-/ 動 他 麻痺させる, 不活発[無感覚]にする.

tor·pid /tɔ́:pid | tɔ́:-/ 形 (~·er; ~·est) ❶ a 不活発な, 無気力な (lethargic). b 鈍い, 無神経な, 無感覚の. ❷ 冬眠中の動物的動かない, 昏睡状態の. ~·ly 副 ~·ness 图 《L＝麻痺した; ⇒ torpedo》

tor·pid·i·ty /tɔ:pídəti | tɔ:-/ 图 ＝torpor.
tor·por /tɔ́:pɔ | tɔ́:pɔ/ 图 U (また a ~) 無気力; 無感覚, 麻痺状態.

torque /tɔ:k | tɔ́:k/ 图 ❶ C トルク《古代ガリア人・ブリトン人などが貴金属の針金をねじって作った首飾り・首輪・腕輪など》. ❷ U《機》トルク, ねじりモーメント.

tórque convèrter 图《機》トルクコンバーター《回転力変換装置, 特に流体変速機》.

Tor·que·ma·da /tɔ̀:kəmáːdə | tɔ̀:-/, Tomás de 图 トルケマダ (1420-98; スペインの初代異端審問所長; 苛酷な異端審問を実施した).

tórque wrènch 图《機》トルクレンチ.

torr /tɔə | tɔ́:/ 图 (獲 ~)《理》トル《低圧気体の圧力単位: ＝1 水銀柱ミリメートル, 1/760 気圧》.

†**tor·rent** /tɔ́:rənt | tɔ́r-/ 图 ❶ C 急流, 激流, 奔流. [複数形で] どしゃ降り: ~s of lava どっと流れ出した溶岩 / The rain is falling in ~s. 雨が滝のように降っている. ❷ C [言葉などの]連発; [感情などのほとばしり]: a ~ of abuse [eloquence] 口をついて出る悪口[立て板に水のような弁舌]. 《F＜L＝水がわきかえっている＜ torrere こがす; cf. toast¹》

tor·ren·tial /tɔ:rénʃəl | tər-/ 形 ❶ a 急流の(ような): ~ rain 豪雨. b 急流の作用で生じた: ~ gravel 急流でできた砂利. ❷〈感情・弁舌など〉猛烈な, 激しい: ~ anger 激しい怒り / a ~ flow of words ほとばしり出る言葉. ~·ly /-ʃəli/ 副

Tór·res Stráit /tɔ́:raz- | tɔ́rɪs-/ 图 [the ~] トレス海峡《オーストラリア最北端と New Guinea の間》.

Tor·ri·cel·li /tɔ̀:rətʃéli | tɔ̀rɪ-/, **E·van·ge·lis·ta** /evændʒəlístə/ 图 トリチェリ (1608-47; イタリアの物理学者・数学者).

Tó·r·ri·cel·li·an vácuum /tɔ́:rətʃèliən- | tɔ́rɪ-/ 图《理》トリチェリの真空.

tor·rid /tɔ́:rid | tɔ́r-/ 形 (~·er; ~·est) ❶〈土地・場所など〉(太陽の熱で)焼け焦げた, 炎熱にさらされた, 乾ききった: a ~ desert 焼けつくような砂漠. ❷〈気候など〉焼けるように暑い, 炎熱の: It was a ~ summer day. ある炎熱の夏の日のことだった. ❸ 熱烈な (passionate): a ~ love letter 熱烈なラブレター. ❹《英》多難な, 苦しい. ~·ly 副 《L 乾いた, こげた; ⇒ torrent》

tor·rid·i·ty /tɔ:rídəti | tɔr-/ 图 U 炎熱.
Tórrid Zòne 图 [the ~] 熱帯 (cf. Temperate Zone, Frigid Zone).

tor·sion /tɔ́:ʃən | tɔ́:-/ 图 U ❶ ねじり, ねじれ. ❷《機》

トーション, ねじり力. **tór·sion·al** /-ʃ(ə)nəl/ 形 《F＜L torquere ねじる; cf. torture》

tórsion bàlance 图 ねじりばかり.
tórsion bàr 图 ねじり棒, トーションバー《ねじりに対して復原力をもつ, ばね様の棒》.
tórsion pèndulum 图《機》ねじり振子.
torsk /tɔ́:sk | tɔ́:sk/ 图《魚》タラの一種《食用》.

†**tor·so** /tɔ́:sou | tɔ́:-/ 图 (獲 ~s, -si /-si:/) ❶ (人体の)胴 (trunk). ❷ トルソー《頭および手足のない人物の彫像》. ❸ 未完成の[不完全な]作品. 《It＜L＜Gk＝茎, つえ》

tort /tɔ:t | tɔ́:t/ 图《法》私犯, 不法行為.
torte /tɔ:t | tɔ́:t/ 图 U|C トルテ《小麦粉・卵・クルミなどを入れた甘いケーキ》. 《G》

tor·tel·li·ni /tɔ̀:t(ə)lí:ni | tɔ̀:-/ 图 U [単数または複数扱い] トルテッリーニ《詰めものをした三日月形の生地をねじって両端を合わせリング形にしたパスタ》.

tort·fea·sor /tɔ́:tfí:zə | tɔ́:tfí:zə/ 图《法》不法行為者.
tor·ti·col·lis /tɔ̀:tɪkɔ́lɪs | tɔ̀:-/ 图 U《医》斜頚.
tor·til·la /tɔ:tí:(j)ə | tɔ:-/ 图 U|C トルティーヤ: a メキシコのトウモロコシ粉 (cornmeal) で作った丸い薄焼きパンの一種. b ジャガイモなどを入れたスペイン料理のオムレツ. 《Am-Sp》

tor·tious /tɔ́:ʃəs | tɔ́:-/ 形《法》私犯 (tort) の, 不法行為の.

†**tor·toise** /tɔ́:təs | tɔ́:-/ 图《動》カメ《主に陸ガメをいう; cf. turtle》.

tór·toise·shèll /-t(ə)ʃèl/ 图 ❶ U カメの甲, べっ甲《材質》. ❷ C 三毛猫. ❸ C《昆》ヒオドシチョウ. ── 形 ❶ べっ甲(製)の. ❷ べっ甲色[模様]の: a ~ cat 三毛猫.

tor·to·ni /tɔ:tóuni | tɔ:-/ 图 U|C トルトーニ《アーモンド・サクランボ入りのアイスクリーム》. 《It》

tor·trix /tɔ́:tɹɪks | tɔ́:-/ 图 (獲 **tor·tri·ces** /-trəsì:z/) 《昆》ハマキガ.

tor·tu·os·i·ty /tɔ̀:tʃuásəti | tɔ̀:tʃuɔ́s-/ 图 U|C 曲がり, ねじれ; 不正.

†**tor·tu·ous** /tɔ́:tʃuəs | tɔ́:-/ 形 ❶〈道・流れなど〉曲がりくねった, ねじれた. ❷ まわりくどい. ❸〈心・方法など〉率直でない; 不正な. ~·ly 副 ~·ness 图 （图 torture）

*†**tor·ture** /tɔ́:tʃə | tɔ́:tʃə/ 图 ❶ U|C 拷問 (こうもん), 責め苦: use ~ on a person 人を拷問にかける / an instrument of ~ (拷問に用いる)責め具. ❷ 激しい苦痛, 苦悩: be in ~ 苦悶(もん)している / suffer ~(s) from a violent stomachache 激しい腹痛でひどく苦しむ. ── 動 [しばしば受身で] ❶〈人を〉拷問にかける, 拷問する. ❷ (肉体的・精神的に)〈人に〉非常な苦痛を与える, 悩ます (torment): He was ~d with anxiety [by his tight boots]. 彼は不安[きつい靴]に悩まされた. 《F＜L＝ねじることく torquere, tort- ねじる; cf. distort, torch, torment, torsion》

tor·tured 形 ❶ 苦痛[苦悩]に満ちた. ❷ こじつけた, ねじまげた, 回りくどい, わかりにくい.

tór·tur·er /-tʃərə | -rə/ 图 ❶ 拷問 (ごう) にかける人. ❷ 苦しめる人[もの].

tor·tur·ous /tɔ́:tʃ(ə)rəs | tɔ́:-/ 形 拷問のような, ひどく苦しい[苦痛の]; 苦難に満ちた《道の》. ~·ly 副

tor·u·la /tɔ́:(ə)rjulə | tɔ́rju-/ 图 (獲 **-lae** /-liː-, -làɪ/) (また **tórula yèast**) トルラ《細胞内に胞子を生産せずアルコール発酵をしない酵母菌》.

to·rus /tɔ́:ras/ 图 (獲 **-ri** /-raɪ/) ❶《建》大圆縁 (ぶちきわ). ❷《解》(筋などの)隆起. ❸《植》花床. ❹《数・理》円環面[体], トーラス (状の実験施設).

*†**To·ry** /tɔ́:ri/ 图 ❶ C 保守党議員[員, 支持者], 保守主義者. ❷《英史》a [the Tories] トーリー党《1679 年王権支持派として組織され, 国教擁護と非国教徒排斥を唱えて Whig 党と対立した; 19 世紀に今の Conservative Party (保守党) となり, cf. Whig 1). b (獲) トーリー党員. ❸ C《米史》(独立戦争時の)英国[英党]派の人. ── 形 ❶ 保守党の, 保守党議員[員, 支持者]の, 保守主義(者)の. ❷ トーリー党(員)の; 王党(員)の. 《Ir＝追いはぎ, 無法者, 追われる者》

Tó·ry·ism /-riìzm/ 图 U 保守[トーリー]主義.

Tos·ca·ni·ni /tàskəní:ni | tɔ̀s-/, **Ar·tu·ro** /ɑɑtú(ə)-

rou | a:tú:ə-/ 图 トスカニーニ《1867-1957; イタリアの指揮者》.

tosh¹ /táʃ | tóʃ/ 图 ⓤ《英口》たわ言.
tosh² /táʃ | tóʃ/ 图《名前を知らぬ人, 特に 男への呼びかけ》.

*‡**toss** /tɔ́:s | tɔ́s/ (~ed, (詩) tost /tɔ́:st | tɔ́st/) ❶ [副詞(句)を伴って]〈ものを〉ぽいと投げる, ほうる;《ボールを》(下から)軽く投げる, トスする: ~ a ball ボールをトスする / ... *aside* [*away*] ...をぱいとわきに置く[投げ捨てる] / ~ ...*into* a wastebasket ...を紙くずかごの中に捨てる / The catcher ~ed the ball *back to* the pitcher. 捕手が投手にボールを投げ返した / She ~ed a bone *to* the dog. 彼女は犬に骨を投げてやった. = She ~ed the dog a bone. ❷〈頭髪を〉ぐいと上げる: ~ one's head (*back*) 頭をつんとそらす《★ 無関心・軽蔑・抗議などする身ぶり》. ❸ a 〈波・風などが〉〈ものを〉激しく動揺させる;〈人心を〉混乱させる: Our small boat *was* ~*ed* by the waves. 私たちの小舟は波に木の葉のようにもてあそばれた. b 〈サラダなどを〉軽くかき混ぜる: ~ a salad (ボールの中でドレッシングと混ざるように)サラダを軽く混ぜる. ❹《順番・勝負などを決めるために》〈硬貨を〉投げ上げる;《...に対して》《硬貨を投げて》と決着をつける《★ 日本のじゃんけんに当たる; cf. Heads or tails ⇒ 成句》: ~ (*up*) a coin (表 (heads) か 裏 (tails) を見るために)硬貨をほうり上げる / I will ~ you *for* the passenger seat. 君と硬貨投げしてどちらが助手席に座るか決めよう.
――動 ❶ 硬貨投げをする, 硬貨投げで決める: "Who's to try first?" "Let's ~ (*up*)." 「だれがはじめにやってみる?」「トスで決めようじゃないか」/ ~ (*up*) *for* the seat to 座に座るため硬貨投げで決める /《~ *to*+*do*》 ~ (*up*) *to decide* who goes first だれが最初に行くか硬貨投げで決める. ❷(上下に)揺れる, 動揺する.

toss óff《他+副》(1)〈仕事などを〉手軽にやってのける[まとめる], 仕上げる, 書き上げる: ~ *off* a task 仕事を手早く片づける. (2)〈人を〉追い出す[払う], 放り出す. (3)〈酒などを〉ひと息に飲み干す: He ~ed *off* his whiskey. 彼はウイスキーを一気に飲んだ. (4) [~+oneself+off](英・卑)自慰行為をする. **toss óut**《他+副》(1)〈ものを〉捨てる;〈人を〉追い出す[払う], 放り出す. (2)〈案・計画などを〉(軽く)口にする, 示唆する; 提案する.

――图 ❶ Ⓒ a 投げ上げ, ほうり上げ; (頭の)振り上げ: with a disdainful ~ of one's head 人をばかにしたように頭をつんとそらして. b (英) 落馬: take a ~ 落馬する. ❷ [単数形で; しばしば the ~] (波などの上下の)動揺. [the ~] (順番などを決めるための)硬貨投げ, トス: win [lose] *the* ~ トスで勝つ[負ける]. ❸ [a ~; 否定文で] (英口) 少しも(気にかけない): I *don't* give a ~ whether you like it. あなたがなんて少しもかまわない.

árgue the tóss《口》決まってしまったことに反論する[難癖をつける].

《類義語》 ⇒ throw.

tóssed sálad 图 C,U トスサラダ《青野菜にトマト・タマネギの薄切りを添えてドレッシングをかけて混ぜ合わせたサラダ》.

tóss·er /tɔ́:sə | tɔ́sə/ 图 (複 ~s) toss する人.❷《英卑》なまけ者, ろくでなし, まぬけ, ばかたれ《TOSS off (4) するやつの意》.

tóss·pòt 图 大酒飲み, のんだくれ.

tóss-úp 图 ❶ C [通例単数形で](勝負などを決めるための)硬貨投げ. ❷ [a ~]《口》五分五分の見込み: It's quite a ~ whether he'll come or not. 彼が来るか来ないかはまったくどちらとも言えない.

tost 動(詩) toss の過去形・過去分詞.

tos·ta·da /tousta:də/, **-do** /-dou/ 图 (複 ~s)《料理》トスターダ《パリパリに揚げた tortilla》.

tot¹ /tɔ́t | tɔ́t/ 图 ❶ 小児: a tiny ~ ちび助. ❷《口》(強い酒の)1 杯, ひと口, 少量: a ~ of whiskey ウイスキー 1 杯.

tot² /tɔ́t | tɔ́t/ 動 (tot·ted; tot·ting) (...を)加える, 合計する (add): The waiter *totted up* the bill. 給仕は勘定をした. ――〈数・合計が〉(...に)達する: The account *totted up to* an enormous amount. 勘定書きは全部で莫大な額に達した. ―― 图 足し算(の数).
《TOT(AL)》

tot³ /tɔ́t | tɔ́t/ 動 (tot·ted; tot·ting)《英俗》くずをあさる, くずの中から掘出し物を集める.

tot. (略) total.

*‡**to·tal** /tóʊtl/ 形(比較なし) ❶ 全体の, 総計の, 総... (↔ partial): the ~ cost その費用の全額 / the ~ output 総生産高 / the sum ~ 総額. ❷ 完全な, 絶対的な (complete): ~ abstinence 絶対禁酒 / a ~ abstainer 絶対禁酒家 / ~ darkness まったくの暗がり / I'm in ~ ignorance of the affair. その事件については私は何も知らない / The project was a ~ failure. 計画はまったく失敗だった / ⇒ total eclipse. ❸ 国家全体の力を出しての, 総力的な: ~ war [warfare] 総力戦. ―― 图 総計, 合計, 総額: a ~ of $10,000 総額 1 万ドル / The ~ of our pre-tax profits amounts to three million dollars. 税込み利益の総額は 300 万ドルに達する. **in tótal** 全体で, 総計. ―― 動 ❶《米》-taled, -tal·ing;《英》-talled, -tal·ling) ❶ 総計で〈...〉となる: The casualties ~ed 150. 死傷者は合計 150 人であった. ❷〈...を〉総計する, 合計する, 寄せ集める: He ~ed (*up*) that column of figures. 彼はその欄の数字を合計した. ❸《米口》〈車を〉めちゃくちゃに壊す, 大破する. ――〈数・合計が〉〈...に〉なる: The figures ~ *up to* 388. その数字の合計は 388 になる. 《F<L<*totus* 全体》图 totality《類義語》(1) ⇒ whole. (2) ⇒ full¹. (3) ⇒ sum.

tótal eclípse 图《天》皆既食.

tótal héat 图 ⓤ《熱力学》総熱量.

tótal intérnal refléction 图《光》全反射.

*‡**to·tal·i·tar·i·an** /toutǽlətɛ́(ə)riən/ 形 全体主義の, 一国一党主義の: a ~ state 全体主義国家. ――图 全体主義者.

to·tal·i·tár·i·an·ism /-nìzm/ 图 ⓤ 全体主義, 国家統制主義.

to·tal·i·ty /toutǽləti/ 图 ❶ ⓤ 全体性, 完全(性). ❷ Ⓒ 全体, 全額, 総計 《*of*》. ❸ Ⓒ《天》皆既食(の時間). 〔形 total〕

to·tal·i·za·tor /tóutəlaɪzèɪtə | -lʌɪzèɪtə/ 图《競馬などの》賭が率表示機. 《賭け金全体から経費・税などを引いた残りを賭け高に応じて分配する方式》.

to·tal·ize /tóutəlaɪz/ 動〈...を〉合計する.

tó·tal·iz·er 图 =totalizator.

*‡**to·tal·ly** /tóutəli/ 副 まったく, すっかり (completely).

tótal quálity mànagement 图 ⓤ 総合的品質管理(略 TQM).

*‡**tote**¹ /tóʊt/ 動《口》〈...を〉(持ち)運ぶ, 背負う. ――图 =tote bag.

tote² /tóʊt/ 图 =totalizator 2.

tote³ /tóʊt/ 動《口》〈...を〉合計する 《*up*》.

tóte bàg 图《米》トートバッグ《大きな手さげ袋》.

tóte bòard 图 賭が率表示板.

to·tem /tóʊtəm/ 图 ❶ トーテム《未開社会, 特に北米先住民の間で世襲的に礼拝しかっ記章にする自然物, 特に動物》. ❷ トーテム像. 【N-Am-Ind】

to·tem·ic /toutémɪk/ 形 トーテム(信仰)の.

tó·tem·ism /-mìzm/ 图 ⓤ トーテム崇拝[信仰]; トーテム制度[組織].

tótem pòle 图 ❶ トーテムポール《トーテムの像を描きまたは彫って北米先住民などが家の前などに立てる柱》. ❷ 階級組織[制度].

to·ti·po·tent /toutípətənt/ 形《生》全能性を有する, 分化全能の.

*‡**tot·ter** /tɔ́tə | tɔ́tə/ 動 ❶ [副詞(句)を伴って]よろめく, よちよち歩く: ~ *to* one's feet よろよろと立ち上がる / He ~ed *out of* the room. 彼は部屋からよろめきながら出ていった. ❷ a〈建物などが〉ぐらつく. b〈国家などが〉倒れ[くずれ]そうになる. ―― **ing·ly** /-təriŋli, -trɪŋ-/ 副 よろよろと; 倒れそうになって.

tot·ter·y /tɔ́təri | tɔ́t-/ 形 よろよろの; ぐらぐらする; 不安定な.

tot·tie /tɔ́ti | tɔ́ti/ 图 =totty.

tot·ting-up /tɔ́tɪŋʌ́p | tɔ́t-/ 图 ⓤ ❶ 合計. ❷《英口》

交通違反点数の累計.

tot・ty /tɑ́ti | tɔ́ti/ 图 U.C 《英俗》女(の子)(たち), いい[かわいい, セクシーな]女.

tou・can /túːkæn/ 图〖鳥〗オオハシ《熱帯南米産; 大きなくちばしを持つ羽の美しい鳥》.

＊**touch** /tʌ́tʃ/ 他 ❶ a 〈…に〉触れる, さわってみる: Don't ~ the exhibits. 陳列品には手を触れないでください / He ~ed it *with* his umbrella. 彼は傘でそれにさわってみた / She ~ed him *on* the arm [shoulder]. 彼女は彼の腕[肩]に手を触れた《注意を引くためなど》. **b** 〈…を×…に〉あてる: He ~ed his hand *to* his forehead. 彼は額に手をあてた. **c** 〈(性的に)相手の体に〉さわる, タッチする.
❷ **a** 〈ものが〉〈ものと〉接触する[している], 〈…と〉境を接する, 〈…に〉隣接する: Your skirt is ~*ing* the wet paint. あなたのスカートが塗りたてのペンキに触れている / The line ~*es* the circle. その線はその円に接して[接続をなして]いる. **b** 〈人が〉〈…を〉触れ合わせる: They ~ed their glasses *together*. 彼らはグラスを触れ合わせた.
❸ 〈ベル・ピアノのキーなどを〉軽く押す[打つ]: ~ a bell ベルを押し鳴らす / ~ the keys of a piano ピアノのキーを軽くたたく / She ~ed the strings of the harp. 彼女は軽くハープの弦に触れた(で鳴らした).
❹ **a** 〈…に〉達する, 届く: He can almost ~ the ceiling. 彼はもう少しで天井に届く / The speedometer needle ~ed 100 (miles per hour). 速度計の針は時速 100 マイルにも達した. **b** [通例否定文で]〈能力などが〉〈他に〉匹敵する, 比べ物になる: *No* one can ~ him in comedy [as a comedian]. 喜劇の分野では[喜劇俳優としては]彼に及ぶものはない / *Nothing* can ~ this cloth for durability. 耐久性という点ではこの生地にかなうものはない.
❺ [通例否定文で] **a** 〈飲食物などに〉手をつける, 食べる, 飲む: He *never* ~es alcoholic drinks. 彼はアルコール類は一滴も口にしない / She *hardly* ~ed her dinner. 彼女は夕食にはほとんど手をつけなかった. **b** 〈事業・女性などに〉手を出す, 関係する: It's none of my business; I *won't* ~ it. それは私の知ったことではない, 手を出しません. **c** 〈人に〉乱暴する: I *never* ~ed my younger brothers. 弟たちに乱暴を働いたことはなかった. **d** 〈試験問題などに〉手をつける: I *didn't* ~ the history paper. 歴史の問題には手が出なかった.
❻ **a** 〈人・人の心を〉感動させる (move) (cf. **touched**): The scene ~ed his (heart). その光景を見て彼は感動した / It ~ed me to the quick. それは私を深く感動させた / The story ~ed him deeply. その話に彼は深く感動した. **b** 〈人の感情などを〉害する: His abuse does not ~ me. 彼の悪口は私には痛くもかゆくもない.
❼ **a** 〈…を〉害する, 痛める《★ しばしば受身》: All the fruit *was* ~ed by frost. 霜で果物は全部傷んだ / Fortunately, the exhibits *were not* ~ed by the fire. 幸いにも展示品はその火災にやられなかった. **b** [通例否定文で]〈…に〉〈物質的に〉作用する, 〈…を〉変化させる: *Nothing* can ~ this stain. このしみは何を使っても落ちない / The experience *doesn't* seem to have ~ed him. その経験も彼には影響を与えなかったようだ.
❽ **a** 〈話・本・講義などの〉〈主題などを〉軽く扱う, 論じる, 〈…に〉関係する, 言及する: The pamphlet doesn't even ~ that issue. そのパンフレットはその問題に言及さえしていない. **b** 〈利害などに〉〈…に〉とって重大である: It's a matter which ~es me closely. それは私に密接に関係する事柄だ.
❾〈表情が〉〈顔に〉浮かぶ: A sad smile ~ed her lips. 悲しげな微笑が彼女の口元に浮かんだ.
❿《口》〈人から〉〈金を〉借りる, 〈人に〉〈金を〉無心する: My nephew ~ed me *for* ten dollars. おいは私に 10 ドル無心した.
⓫〈船が〉〈…に〉寄港する, 立ち寄る: ~ land (船が)寄港する.

―― 自 ❶ **a** 触れる, さわる; 接触する: Don't ~. 手を触れるな / Their hands ~ed. 彼らの手が触れた / The two ships ~ed. 2 隻の船が接触した. **b** 境を接する: The two countries ~. 両国は境を接している.
❷ [問題を]簡単に取り扱う, [...に]触れる《★ ~ on は受身可》: He just ~ed *on* that question. 彼はその問題にちょっと触れただけった.
❸〈…に〉寄港する: Cargo boats do not ~ *at* this port. 貨物船はこの港には立ち寄らない.

nòt tóuch...with a tén-foot póle 《米》…との関わりを避ける, …なんかまっぴらごめんだ (cf. *barge* pole).

tóuch dówn (自＋副) (1)〈飛行機・宇宙船が〉着陸[地]する (land). (2)〖アメフト・ラグビー〗タッチダウンする.

tóuch ín (他＋副)〈絵の細部に〉加筆する.

tóuch óff (他＋副) (1)〈銃砲・爆薬などを〉発射[爆発, 引火]させる. (2)〈暴動などを〉誘発[触発]する, 引き起こす.

tóuch úp (他＋副) (1)〈絵・作品などを〉少し変える, 〈…に〉仕上げをする, 〈写真などを〉修正する. (2)《英俗》〈女の〉体にさわる; 〈異性を〉愛撫する.

―― 图 ❶ Ⓤ 手[肌]ざわり, 感触: the sense of ~ 触覚 / be soft [smooth] to the ~ 手ざわりが柔らかいなめらかだ] / be hard [rough] to the ~ 手ざわりが硬い[ざらざらする]. ❷ **a** Ⓒ 触れること, さわること, 接触: feel a ~ on one's shoulder 何かが肩に触れるのを感じる / give a person a ~ 人にさわる / A bubble bursts at a ~. 泡は触れるとこわれる. **b** Ⓤ (精神的な)接触, 連絡. ❸ **a** Ⓒ 〈絵の〉加筆, 一筆, Ⓤ [また a ~] 〈楽器などの〉弾奏ぶり, (キー・弦の)タッチ. **c** Ⓒ 筆致, 運筆, 手ぎわ; 芸術的技法, やり口, …流: a happy ~ 巧みな筆致[表現] / the ~ of a master 名人芸 / The sculpture showed a bold ~. その彫刻には大胆な技法が見られた. ❹ [a ~] **a** 気味, ちょっぴり; a ~ *of* irony [bitterness] 皮肉[しんらつ]の気味 / It wants a ~ *of* salt [sugar]. 塩気[甘み]がちょっぴり足りない / He has a ~ *of* fever. 彼は少し熱がある. **b**〈病気の〉軽い発病: I had a ~ *of* flu. 軽いインフルエンザにかかった. **c** [副詞的に] 少し (bit): He's a ~ more sensible than he was. 彼は少し値がわかるようになった. ❺《俗》**a** 金の無心. **b** 金の無心をされる人: ⇒ **soft** [**easy**] **touch**. ❼ Ⓤ 〖ラグビー〗タッチ《タッチライン上とその外側の部分》. **b** 〖サッカー〗タッチ《タッチラインの外側の部分》.

in tóuch (with...) 〈…に〉接触して; 〈…と〉連絡が取れて; 〈(...の)事情[情報]に〉通じて: be [get, keep] in ~ with... 〈...と〉連絡を取っている[取り続ける] / Can you put me *in* ~ *with* him? 彼と話ができるように取り計らってくれませんか / We have kept *in* constant ~ for ten years. 我々は 10 年間絶えず連絡を取り合っている.

lóse one's tóuch 上手でなくなる, 腕が落ちる.

lóse tóuch (with...) 〈…との〉接触[連絡]を失う; 〈時勢などに〉遅れる, 〈…に〉うとくなる: Academics often *lose* ~ *with* reality. 大学人は現実にうとくなることがある.

òut of tóuch (with...) 〈…に〉接触しないで; 〈…と〉連絡が取れないで, 〈(...の)事情[情報]にうとくなって: For a long time I was *out of* ~ *with* her. 長い間彼女とは音信不通だった / He's *out of* ~. 彼は世間に遅れている / You're very *out of* ~ *with* what is happening in Europe. あなたはヨーロッパで起こっていることを知らなすぎる.

tóuch and gó [a ~] 不安定な立場[状勢].
《F＜L＝軽く〉たたく〉》 (関連 **tactile**).

touch・a・ble /tʌ́tʃəbl/ 形 ❶ 触れることのできる, 触知できる. ❷ 感動させることができる.

touch-and-gó 形 きわどい, 危うい, 不確かな: a ~ business あぶない仕事 / It was ~ whether we would [should] catch the train. 列車に間に合うかどうかきわどいところだった.

tóuch・báck 图 〖アメフト〗タッチバック《自陣エンドゾーンでボールをダウンすること》.

tóuch・dówn 图 ❶ Ⓒ.Ⓤ 〖空〗着陸, 着地 (landing; cf. **takeoff** 1a). ❷ **a** 〖アメフト〗タッチダウン (6 点; 略 TD). **b** 〖ラグビー〗(得点または防御のため)インゴールでボールを押さえること (略 TD).

tou・ché /tuːʃéi | ―́―/ 間 ❶《討論などで》参った!, うまい! ❷ 〖フェン〗(一本)参った! 《F＝**touched**(過去分詞)》

touched /tʌ́tʃt/ 形 ❶ 感動して: I was ~ *by* their

friendship. 彼らの友情に心打たれた / I was (very) ~ *that* she did that for me. 彼女がそれをしてくれたことに(たいへん)心を動かされた. ❷《古風》少し気がふれて.

tóuch·er [名] 触れる人[もの];〖ローンボウリング〗タッチャー《静止する前に的球に触れる木球》.

tóuch fóotball [名][U] タッチフットボール《タックルの代わりにタッチするアメリカンフットボールの変種》.

tóuch·hòle [名] 火口(ひぐち)《旧式銃砲の点火孔》.

⁺**tóuch·ing** [形] 人を感動させる, 感動的な, いじらしい: a ~ scene 感動的なシーン. ── [前]《文》…に関して. ~·ly [副]【類義語】⇨ moving.

tóuch-in-góal [名]〖ラグビー〗タッチインゴール《競技場の四隅のゴールラインの後ろでタッチインゴールラインの外側》.

tóuch jùdge [名]〖ラグビー〗線審.

⁺**tóuch·lìne** [名]〖サッカー・ラグビー〗タッチライン, 側線.

tóuch·màrk [名] (白目(しろめ)製品の)製作者を示す刻印.

tóuch-me-nòt [名] ([複] ~s)〖植〗ツリフネソウ属の植物; (特に) キツリフネ. 〖触れるとさやがはじけて種子がこぼれることから〗

tóuch nèedles [名][複] 試金針《金[銀]合金の針; 試金石にかける合金の標準として用いる》.

tóuch pàper [名][U] (花火の)導火紙.

tóuch scrèen [名] タッチスクリーン《直接画面に触れて位置を指定することのできる入力機能を備えたディスプレー用スクリーン》.

tóuch·stòne [名] (真価などを試す)基準, 試金石. 〖黒色の緻密(ちみつ)な石英で, この岩石に条痕をつけて金・銀の純度を試したことから〗

tóuch-tòne, tóuch·tòne [名]《米》プッシュホン電話.

tóuch-tỳpe [動][自] キーを見ずにタイプライターを打つ.

tóuch-ùp [名] 小さな変更[修正, 付加](による処理[仕上げ]), タッチアップ.

tóuch·wòod [名][U] 腐木, 朽ち木《火口(ほくち)(tinder) として用いる》.

touch·y /tʌ́tʃi/ [形] (touch·i·er; -i·est) ❶ 怒りっぽい, 短気な; 神経過敏な (sensitive). ❷ 〈問題・仕事など〉扱いにくい, やっかいな (delicate, sensitive). **tóuch·i·ly** /-tʃɪli/ [副] **-i·ness** [名]

touch·y-feel·y /tʌ́tʃifíːli⁻/ [形]《口》スキンシップ(式)の, 触れ合って感じ合う, (やたらと)べたべたした, 感傷的な, 甘ったるい.

⁑**tough** /tʌ́f/ [形] (~·er; ~·est) ❶ 〈人・動物など〉**頑丈[頑強, 屈強]な, タフな, 屈しない, (精神的・肉体的に)強い**: a ~ worker タフな労働者 / a ~ constitution 頑丈な体格 / a ~ cookie [nut] 手ごわい奴 / mentally ~ 精神的に強い. ❷ **骨の折れる, 困難な** (hard): a ~ job [problem] 困難な仕事[問題] / a ~ call むずかしい決断 / It is ~ to solve this problem (=This problem is ~ to solve) この問題を解くのはむずかしい. ❸《口》**不愉快な, つらい**, あいにくの: Things are ~ (all over). (どこへ行っても)世間はせちがらい / have a ~ time (of it) ひどい目にあう / That's ~. (同情して)それはつらい, それはたいへんだ / *T*~ luck [《卑》shit]. (冷淡に)それは残念だ, そりゃお気の毒. ❹ 〈場所が〉**犯罪や暴力の多い**, 危険な, 無法な; 〈人が〉**乱暴[粗暴]な, 暴力的な** (rough): a ~ neighborhood 無法者の多い界隈(かいわい). ❺ **厳しい, 厳格な**: ~ measures 厳しい措置 / be ~ with…に厳しい / get ~ on [with]…に厳しく当たる / ⇨ tough love. ❻ 〈肉・木・鉄鋼など〉(切りにくい, またはかみ切れなくて)かたい, こわい (↔ tender, soft): ~ meat かたい肉. ❼ 〈粘土など〉粘りのある: ~ clay 粘りのある粘土. ❽〔ある人にとって〕不幸な, 不運な〔*on*〕. ❾《米俗》すばらしい, 見事な《称賛の言葉》. **(as) tóugh as náils** ⇨ nail [名][成句]. **(as) tóugh as óld bóots** 〈肉などが〉とてもかたい, かみ切れない. ── [名] よた者, ごろつき, やくざ者. ── [動][他] ★ 次の成句で. **tóugh it (óut)**《口》苦境に耐える. ── [副]《口》あらっぽく, タフに, たくましく, 強気で. **talk tough** ⇨ talk [動][成句]. **~·ly** [副] **~·ness** [名]〖OE; 原義は「しっかり噛んでいる」〗([動] toughen)【類義語】⇨ strong.

tóugh cústomer [名]《口》手に負えない人.

⁺**tough·en** /tʌ́f(ə)n/ [動][他] ❶ 〈…を〉強くする, 堅くする. ❷ 〈規則などを〉厳しくする. ❸ 〈…を〉頑健[頑強]にする. ── [自] ❶ 強くなる, 堅くなる. ❷ 頑健[頑強]になる. ([形] tough)

tóugh gúy [名] ❶ 屈強な男. ❷ よた男, 無頼漢.

tough·ie /tʌ́fi/ [名]《口》=tough.

tóugh·ish [形] やや tough な.

tóugh lóve [名] (自助努力・更生を促す)愛のむち, 厳しく優しい愛.

tóugh-mínded [形] ❶ 現実的な; 感傷的にならない. ❷ 意志の強い. **~·ness** [名]

Tou·louse /tuːlúːz/ [名] トゥールーズ《フランス南西部の Garonne 川に臨む市》.

Tou·louse-Lau·trec /tuːlúːzloʊtrék/, **Henri de** [名] トゥルーズ-ロートレック《1864–1901; フランスの画家・版画家》.

tou·pee /tuːpéɪ/ [名] (特に男性用の小さな)かつら.

⁑**tour** /tʊ́ə | tʊ́ə/ [名] ❶ (視察・巡遊などの)(小)**旅行, 周遊, 観光旅行, ツアー**: a foreign ~ 外国旅行 / a walking [motoring] ~ 徒歩[自動車]旅行 / a guided ~ ガイド付きのツアー / a ~ of inspection 視察旅行; 見学 / go on a ~ 周遊旅行に出かける / make a ~ of the world [the whole country] 世界[全国]を漫遊する. ❷ (劇団の)巡業; (スポーツチームの)遠征(旅行): a ~ of the country=a provincial ~ 地方巡業. ❸〔海外などでの〕勤務期間〔*in*〕. ❹ **a** (交替制の仕事の)当番; 勤務交替. **b**〖主に軍〗(外国などでの)勤務期間《tour of duty ともいう》. **on tóur** 周遊中で[の]; 巡業[遠征]中で[の]: go *on* ~ 巡業する / actors *on* ~ 巡業中の役者連 / take a company *on* ~ 一座を率いて巡業に出る. ── [動][他] ❶ 〈…を〉周遊する; 旅行する: ~ Europe ヨーロッパを周遊する. ❷ 〈美術館などを〉見て回る, 見学[見物]する: They ~*ed* the museum. その博物館を見学した. ❸ 〈劇団・芝居が〉〈…を〉巡業する: The play is ~*ing* the provinces. その芝居は地方を巡業中である. ── [自] ❶ **a** 漫遊する, 周遊する 〈*round, around*〉. **b** 旅行する 〈*through*〉. ❷ 地方を巡業する. 〖F < L *tornare* 回る < *tornus* 旋盤, 回るもの; ⇨ turn〗【類義語】⇨ travel.

tou·ra·co /tʊ́(ə)rəkòʊ/ [名] ([複] ~s)〖鳥〗エボシドリ《アフリカ産; えぼし羽冠が美しい》.

tour de force /tʊ́ədəfɔ́əs | tʊ́ədəfɔ́ːs/ [名] ([複] **tours de force** /~/) ❶ [単数形で] 力わざ, 離れわざ, 大手腕. ❷ 力作. 〖F〗

Tóur de Fránce /-fræ̃ns | -frɑ́ːns/ [名] ツールドフランス《フランス・ベルギー・イタリア・ドイツ・スペイン・スイスを通って 4000 km 走る 21 日間にわたる自転車のロードレース》.

tóur d'ho·ri·zón /-dɔːrizɔ́ːŋ/ [名] 全体的な検討, 概観.

tour en l'áir /tʊ́(ə)ɑːnléə | -léə/ [名] ([複] **tours en l'air** /tʊ́əzɑːn- | tʊ́ə-/)〖バレエ〗トゥールアンレール《まっすぐ上に跳んで空中で一回転する》.

tour·er /tʊ́(ə)rə | tʊ́ərə/ [名] tour する人[もの]; =touring car.

Tou·rétte's sỳndrome [disèase] /tʊ(ə)réts-/ [名][U]〖医〗トゥーレット症候群, トゥーレット病《チックの一種で, 特に声帯のチックとわいせつな言葉や悪態を発することを特徴とする》. 〖G. G. de la Tourette フランスの医師〗

tóuring càr [名] ツーリングカー《多くの人員・荷物を収容できる長距離ドライブに適した自動車》.

***tour·ism** /tʊ́(ə)rɪzm/ [名][U] ❶ **観光事業**. ❷ 観光旅行.

***tour·ist** /tʊ́(ə)rɪst/ [名] ❶ **観光(旅行)者, 観光客**, 旅行家. ❷ 遠征中のスポーツ選手. ── [形] [A] ❶ 観光客の[のための, に適した]: a ~ party 観光旅行団. ❷ ツーリストクラスの. ── [副] ツーリストクラスで: travel ~ ツーリストクラスで旅行する. 〖TOUR+-IST〗

tóurist àgency [名] (観光)旅行案内社, 観光協会.

tóurist attràction [名] 観光名物[名所].

tóurist clàss [名][U] (客船・旅客機などの)ツーリストクラス《いちばん安い》.

tour·is·tic /tʊ(ə)rístɪk/ [形] (観光)旅行の; 旅行客の.

tóurist (informátion) òffice [名] 観光案内所.

tóurist tòwn [名] 観光客に人気のある町, 観光地.

T

tóurist tràp 名《口》観光客を食い物にする所[店など].

tour・ist・y /tú(ə)rɪsti/ 形 《通例軽蔑的に》❶ 観光客の[らしい]. ❷ 観光客向きの, 観光客に人気のある[よく行く].

tour・ma・line /túərməlɪn, túə-/ 名 [U.C] 《鉱》電気石, トルマリン (⇒ birthstone).

*__tour・na・ment__ /túərnəmənt, tɔ́ːr- | túə-, tɔ́ː-/ 名 ❶ トーナメント, 勝ち抜き試合, 選手権争奪戦 (《米》 tourney). ❷ 《中世の騎士の》馬上試合(大会). 《F=馬上試合 < L tornare 回る; ⇒ turn》

tour・ne・dos /túərnədòʊ | túə-/ 名 (徴 ~) トゥルヌードー 《牛のヒレ肉のまん中の部分をつかったステーキ》.

tour・ney /túərni | túə-/ 名 =tournament. —— 動 《中世の騎士の》馬上試合を行なう.

tour・ni・quet /túərnɪkət, tɔ́ːrnɪkèɪ/ 名 《外科》止血帯, 絞圧器.

tóur òperator 名 《パッケージツアーを提供する》旅行業者.

tour・ti・ère /tùərtjéər | tùətiéə/ 名 トゥルティエール 《カナダのミートパイ》.

tou・sle /táʊzl/ 動 ❶ 《髪を》乱す, くしゃくしゃにする 《★通例受身》. ❷ 〈ものを〉手荒に扱う. —— 名 [単数形で] 乱れた髪.

tóu・sled 形 《髪が》乱れた, くしゃくしゃになった.

*__tout__ /táʊt/ 動 自 ❶ 《...を》押し売りする, うるさく勧誘する, 客引きする: ~ for custom うるさく注文を求める. ❷ 《競馬の》予想屋をやる. ❸ 《英》切符をプレミア付きで売る, ダフ屋をやる. —— 他 ❶ 《...を》うるさく勧める. ❷ 《...を》ほめちぎる. ❸ 《英》〈馬の情報を〉売る, 〈馬の〉予想をする. ❹ 《米》〈切符を〉プレミア付きで売る (《米》 scalp). —— 名 ❶ 《英》ダフ屋 (ticket tout) (《米》 scalper). ❷ 《競馬の》予想屋.

tout court /tú:kúər | -kúə/ 副 簡単に, そっけなく.

tout de suite /tùːtdəswíːt/ 副 すぐに, 直ちに.

tout en・sem・ble /tùːtɑːnsɑ́ːmbl/ 名 [通例単数形で] ❶ 総体, 全体, 全部. ❷ 全体的効果. 《F=all together》

to・va・rich, -rish /təvɑ́ːrɪʃ, -rɪʃ/ 名 《旧ソ連で》同志, タワリシチ 《呼び掛けにも用いる》.

*__tow__[1] /tóʊ/ 動 他 《〈船・自動車を〉(ロープ・鎖で)引く, 引っぱる, 牽引(ˈːɴ)する: ~ a ship into port 港へ船を引いていく / Illegally parked cars will be ~ed away. 違法駐車の車は牽引して撤去される. 《子供・犬などを》引っぱっていく. —— 名 綱で引くこと, 牽引; 引かれて[ついて]いくこと. **in [on] tów** (1) 〈車両を〉牽引されて: take a vehicle in ~ 乗り物を(ロープでつないで)牽引する / The ship came into port in ~ of a tug. その船は引き船に引かれて入港した. (2) 後ろに従えて: have a number of admirers in ~ 大勢の取り巻きを従えている. (3) 世話して, 保護して: She was taken in ~ by his aunt. 彼女はおばに引き取られた.

tow[2] /tóʊ/ 名 [U] 《ロープなどを作る》麻くず, 粗麻.

tow・age /tóʊɪdʒ/ 名 [U] ❶ 引き船する[される]こと. ❷ 引き船料, 引き賃.

*__to・ward__ /t(w)ɔ́əd, tuwɔ́əd | tuwɔ́ːd, tɔ́ːdz/ 前 ❶ 《運動の方向を表わして》...のほうへ, ...をさして 《匹敵 to と異なり目的地への到着の意味を含まない》: row ~ (the) shore 岸に向かってこぐ / 《位置の方向を表わして》...のほうに向いて(いる): She sat with her back ~ me. 彼女は私のほうに背を向けて座った. ❸ 〈傾向・進歩の目標を表わして〉...のほうへ(の), ...に向かって: progress ~ peace 平和に向かって前進する. ❹ 〈感情・態度の対象を表わして〉...に対して(の), ...について(の): cruelty ~ animals 動物虐待 / What are your feelings ~ her? 彼女に対して抱いている感情はどんなものですか. ❺ 〈時の接近を表わして〉...近く, ...ころに: ~ noon 正午近く / ~ the end of the afternoon 午後も半ばすぎようとするころに. ❻ 〈貯金・献金の目的を表わして〉...の助けとなるように: This money will go ~ the children's education. このお金は子供の教育費にもなります. 《OE; 原義は「...のほうへ回転する」》

*__to・wards__ /t(w)ɔ́ədz, tuwɔ́ədz | tuwɔ́ːdz, tɔ́ːdz/ 前 = toward.

tów・away 名 《米》❶ [U.C] 違法駐車の牽引(ˈːɴ)撤去.

❷ [C] 違法駐車で牽引撤去される車.

tówaway zòne 名 《米》駐車禁止区域 《違反車はレッカー車などで撤去される》.

tów・bàr 名 《トレーラー・キャンプカーなどの》牽引(ˈːɴ)棒.

tów・bòat 名 引き船.

tów-còlored 形 《髪の》亜麻色[黄色がかった褐色]の.

*__tow・el__ /táʊ(ə)l/ 名 タオル 《匹敵 けばが輪になったタオル地のものは terry towel ともいう》: a bath ~ バスタオル / ⇒ roller towel. **thrów [tóss, chúck] ín the tówel** 《ボクシングで敗北を認めるしるしに》タオルを投げ入れる; 《口》敗北を認める, 降参する. **...を タオルでふく**: ~ oneself **dówn** 体をタオルでふく. ❷ 夕 オルでふく 《off》. 《F》

tówel bàr 名 =towel rack.

tów・el・ette /tàʊəlét/ 名 タオレット, ぬれナプキン 《小型のぬれペーパータオル》.

tówel hòrse 名 =towel rack.

tow・el・ing, tow・el・ling /táʊ(ə)lɪŋ/ 名 [U] タオル地.

tówel ràck 《英》**ràil**) 名 タオル掛け.

*__tow・er__ /táʊər | táʊə/ 名 ❶ 塔, タワー 《匹敵 steeple は尖塔》: a bell ~ 鐘楼 / a clock ~ 時計台 / an observation ~ 展望台 / ⇒ ivory tower, watchtower. ❷ 塔状の建造物: a TV ~ テレビ塔 / a cooling ~ 冷却塔 / ⇒ control tower. ❸ 《電算》タワー 《床に縦置きする筐体(ｷｮｳﾀｲ)をもつコンピュータ》. **the Tówer of Lóndon**= 《英》**the Tówer** ロンドン塔 (London の Thames 川北岸の史跡; もと城塞・王宮・国事犯監獄). **tówer of stréngth**(困った時に)頼れる人, 強くて信頼できる人. —— 動 自 高くそびえる; 〈才能などが〉他をぬく, 引き離す: The castle ~s over the city. 城は町の上にそびえ立っている / He ~s above his contemporaries as an economist. 彼は経済学者として同時代の人よりはるかに抜きん出ている. 《L くGk》

*__tówer blòck__ 名 《英》高層建築.

Tówer Brídge 名 [通例 the ~] タワーブリッジ (London の Thames 川で 2 つの塔の間にかかっている開閉橋; London 塔に接する).

tow・er・ing /táʊ(ə)rɪŋ/ 形 [A] ❶ 高くそびえる: a ~ mountain 高くそびえる山. ❷ **a** 違大な, 高遠な: ~ ambition 際限のない野心. **b** 激しい: in a ~ passion [rage] 激怒して. **c** 抜きんでた, 傑出した.

tow・er・y /táʊ(ə)ri/ 形 塔のある. ❷ 高くそびえる.

tów-hèad 名 《米》亜麻色[淡黄色]の髪(の人). **-ed** 形

tow・hee /táʊhiː, tóʊ-/ 名 《鳥》トウヒチョウ, (特に)ワキアカトウヒチョウ 《ホオジロ科; 北米産》.

tów・lìne 名 《船・自動車などを引く》引き綱; 《引き船の》曳航(ｴｲｺｳ)索.

*__town__ /táʊn/ 名 ❶ [C] 町, 都会 《解説 village より大きく, city より小さい; 英国では city の資格があっても town という》: a small ~ 小さな町 / all over the ~ 町中で. ❷ **a** [U] 自分の住む[働く, 話題にしている]町: be in [out of] ~ 町にいる[町から出ている] / on the edge of ~ 町はずれに / I'm from out of ~. 私はこの町の者ではない / He is new in ~. 彼はこの町に来た[暮らしはじめた]ばかりだ. **b** [U] 《郊外に対して》都心[商業]地区: My husband has gone to [into] ~ to do some shopping. 夫は買い物をするため町へ行っています / He has an office in ~. 彼は町に事務所がある. **c** [U] 《また a ~》都会での生活. **d** [U] 《英古風》《地域の》主要な町. ❸ [the ~] 町民, 市民: the talk of the ~ 町中のうわさ. ❹ 《英》[the ~] (いなかに対して) 都会. **gò to tówn** (1) 町へ行く. (2) 《口》浮かれ騒ぐ; 《...に》大金を費やす 《on》. (3) 《口》〈...に〉熱心に取り掛かる, 盛んにやる. **(óut) on the tówn** 《口》(特に夜に)浮かれ楽しんで, 歓楽にふけって. **páint the tówn (réd)** 《口》飲んだり大騒ぎをする, 盛り場をはしごする[飲み歩く]. —— 形 [A] 町の, 都会の: ~ life 都会生活. 《OE; 原義は「囲まれた場所」》 (関形 municipal, urban)

tówn càr 名 タウンカー 《ガラス戸で前後の席が仕切られた 4 ドアの自動車》.

tówn céntre 名 《英》街の中心, 中心街 (《米》 downtown).

tówn clérk 名《米》町役場書記.
tówn cóuncil 名《英》町[市]議会, 町会.
tówn cóuncil(l)or 名《英》町[市]議(会)会議員.
tówn crìer 名 (昔の町の触れ役 (crier)) 《もと新規則・布告などを触れ回った役人》.
town·ee /táuníː/ 名《軽蔑》❶ 都会の人. ❷ (学生・大学関係者と区別して) 大学町の住民.
tów·nèt 名 引き網.
tówn gàs 名《英》都市ガス.
+**tówn háll** 名 市庁(舎), 市役所; 公会堂.
tówn hòuse 名 ❶ (いなかに本邸のある人の) 町の別邸. ❷ タウンハウス 《隣家と共通壁でつながった2階または3階建ての一家族用の家屋》. ❸ 都市団地の家. ❹《英》= town hall.
town·ie /táuni/ 名 =townee.
tówn·ish /-nɪʃ/ 形 都会めいた, 都会風の.
tówn·let /-lət/ 名 小さな町.
tówn májor 名《史》(英軍駐屯都市などの)主務士官, 衛戍(えいじゅ)少佐, 内衛兵司令.
tówn máyor 名《英》町議会議長, 町長.
tówn mèeting 名 ❶《米》町民大会. ❷ (ニューイングランドでの)町役員会.
tówn plánner 名 都市計画者, タウンプランナー.
tówn plánning 名 ⓊⓁ 都市計画.
tówn·scàpe /-skèɪp/ 名 都会風景(画).
tówns·fòlk 名 [複数扱い] 都会人; (特定の町の)町民, 市民 (townspeople).
+**tówn·shíp** 名 ❶《英》(昔の)町区, 字《大きな parish の小区分》. ❷《米・カナダ》(county 内の)郡区. ❸《南ア》(かつての, 都市の)非白人居住地域.
tówn·sìte 名 町建設用地.
towns·man /táunzmən/ 名 (複 -men /-mən/) ❶ 都会人. ❷ (同じ町の)町民, 市民.
tówns·pèople 名 [複数扱い] 都会人; (特定の町の)町民, 市民 (townsfolk).
tówns·wòman 名 (複 -women) ❶ 都会の女性. ❷ 同じ町の女.
tów·pàth 名 (川・運河沿いの)引き船道.
tów·ròpe 名 (船・自動車・スキーヤーなどを引いていく)引き網, 引き船用ロープ.
tów trùck 名《米》レッカー車 (《英》breakdown truck).
tow·y /tóʊi/ 形 tow² のような; 《髪》の亜麻色の.
tox·a·phene /táksəfiːn | tók-/ 名 Ⓤ 《薬》トキサフェン 《有機塩素系の殺虫薬; 動物実験で発癌性のあることが報告された》.
tox·e·mi·a, 《英》**tox·ae·mi·a** /taksíːmiə | tɔk-/ 名 Ⓤ《医》❶ 毒(素)血症. ❷ 妊娠中毒症.
+**tox·ic** /táksɪk | tók-/ 形 ❶ 有毒な (poisonous): a highly ~ substance 猛毒物質. ❷ 中毒(性)の: ~ side-effects 中毒性副作用. **tóx·i·cal·ly** /-kəli/ 副《F<L<Gk<toxon 弓; 原義は「毒矢」》 Ⓤ (toxicity)
tox·i·cant /táksɪkənt | tók-/ 名 毒物, (特に)殺虫剤.
tox·ic·i·ty /taksísəti | tɔk-/ 名 ⓊⒸ (有)毒性.
tox·i·co- /táksɪkoʊ, -kə-/ [連結形]「毒」.
tox·i·col·o·gy /tàksəkáləʤi | tɔ̀ksɪkól-/ 名 Ⓤ 毒物学. **-o·gist** /-ʤɪst/ 名 毒物学者.

tóxic shóck sỳndrome 名《医》(中)毒性ショック症候群《特に黄色ブドウ球菌が関与して起こる急性疾患で, 高熱・下痢・嘔吐・皮膚紅斑・ショックを特徴とする; タンポンを用いる女性に多く発症するが, 略 TSS》.
tóxic wáste 名 ⓊⒸ 有害廃棄物.
tox·i·gen·ic /tàksɪʤénɪk | tɔ̀k-⁻/ 形 毒素を生ずる, 毒素産生の. **tòx·i·ge·níc·i·ty** /-ʤənísəti/ 名 Ⓤ 毒素産生能.
+**tox·in** /táksɪn | tók-/ 名 毒素, トキシン.
tox·o·ca·ri·a·sis /tàksəkəráɪəsɪs | tɔ̀k-/ 名《医》トキソカラ症 《イヌなどの腸に寄生するトキソカラ属の回虫による感染症》.
tox·oid /táksɔɪd | tók-/ 名 《免疫》類毒素, 変性毒素, トキソイド.
tox·oph·i·lite /taksáfəlàɪt | tɔksɔ́f-/ 名 弓術愛好家, 弓術の名手. — 形 弓術(家)の. **tox·óph·i·ly** 名 Ⓤ 弓

術の研究[練習, 愛好, 技量].

tox·o·plas·mo·sis /tàksoʊplæzmóʊsɪs | tɔ̀k-/ 名 Ⓤ 《獣医・医》トキソプラズマ症《流産・流産・奇形・視力障害などを起こす》.

*__toy__ /tɔɪ/ 名 ❶ おもちゃ: play with a ~ おもちゃで遊ぶ. ❷ くだらないもの; 安っぽいもの. **màke a tóy of**… をもてあそぶ, …をばかにする. — 形 Ⓐ おもちゃの, 模型の: a ~ car おもちゃの自動車 / a ~ poodle 愛玩(がん)用プードル. — 動 ⓘ ★次の句で. **tóy with**… (1) …を《何気なく》もてあそぶ, 戯れる《★受身可》: Don't ~ with her feelings! 彼女の感情をもてあそんではいけない. (2) …をいいかげんに扱う, 本気で考えない《★受身可》: I'm ~ing with the idea of buying a car. 自動車を買おうかなと何となく考えている. 《ME=戯れ》

tóy bòy 名《口》(年長の女性の)若い恋人, 若いつばめ.
tóy màker 名 おもちゃを作る人, 玩具製造業者, おもちゃメーカー.
tóy shòp 名 おもちゃ屋.
tóy sóldier 名 ❶ おもちゃの兵隊. ❷《俗》(平和時の)戦闘しない兵隊.
tóy-tòwn 形 Ⓐ《英》おもちゃの町のような, 小さな; たいしたことない, ささいな; 役に立たない.

tp. (略) township; troop. **TQM** (略) total quality management. **tr.** (略) train; transitive; translate(d); translator; transport(ation); transpose; treasurer; trustee. **Tr.** (略) Treasurer; Trust; Trustee.

tra·be·at·ed /tréɪbièɪtəd/ 形《建》まぐさ (lintel) 式構造の. **tra·be·a·tion** /trèɪbiéɪʃən/ 名 ⓊⒸ まぐさ式構造.

tra·bec·u·la /trəbékjʊlə/ 名 (複 -lae /-liː/, -làɪ/, ~s) ❶《解·動》柱, 小柱, 梁《脾臓の脾柱, 心臓の肉柱など》. ❷《植》棒状[板状]組織. **tra·béc·u·lar** /-lə/, **-béc·u·late** /-lət, -lèɪt/ 形

tra·cas·se·rie /trəkǽsəri/ 名 (複 ~s /-/) [通例複数形で] 騒ぎたてること, いざこざ.

*__trace¹__ /tréɪs/ 名 ❶ ⒸⓊ [通例複数形で] **a**(動物・人などの通った)跡, 足跡, わだち: lose all ~ of…の行方がまったくわからなくなる / The animals leave ~s in the mud which are subsequently fossilized. 動物がぬかるみに足跡を残しこれが後に化石になる. **b**(事件などの)跡, 形跡; (経験・境遇などの)影響, 結果: ~s of an old civilization 古い文明の遺跡 / disappear without (a) ~ 跡形もなく消える / The war has left its ~(s). 戦争はそのつめ跡を残している / The bed bore no ~s of having been slept in. そのベッドには人の寝ていた形跡がなかった. **c**(電話の)逆探知. ❷ Ⓒ [通例単数形で] ほんのわずか, 気味: There was a ~ of resentment in his voice. 彼の声には憤りが少し感じられた / He showed not a ~ of fear. 彼は恐怖の色を少しも見せなかった. ❸ Ⓒ 線, 図形, 見取り図. ❹ Ⓒ (自動記録器の)記録, トレース.
— 動 ⓣ ❶〈由来・原因・出所を〉…にさかのぼる, 調べ出す, 突きとめる: ~ the etymology of a word [the history of a nation] ある語の語源[民族の歴史]を明らかにする / The accident can be ~d (**back**) **to** various causes. その事故は調べればいろいろな原因に突き当たる / He ~s his family **back** to about the fifteenth century. 彼は自分の一門が15世紀ごろから続いていると言っている. ❷ **a**〈証拠などを〉たどって〉…を捜し出す, 発見する; 〈…の〉足どりを追う: ~ the ownership of a gun by the serial number 製造番号をたどって銃の所有者を突きとめる / …a person **to**…〈人を〉捜して〉…に居ることが分かる[…にたどり着く]. **b**〈電話〉の逆探知をする. ❸ **a**〈…(の跡)を〉…にまでたどる, 追跡する: ~ a person by his footprints 人の足跡を追跡する / The dog ~d the fox **to** its den. 犬はそのキツネを巣まで追跡した. **b**〈川・道などを〉…にまでたどる: ~ a river **to** its source 川を水源までたどる. ❹〈線・輪郭・見取り図などを〉引く, 描く; 〈…の〉(見取り)図を描く: He ~d (*out*) a copy from the original. 彼は原図から写しを(すっかり)書き取った. ❺ **a**〈模様などを〉なぞる; 〈…を〉(上からなぞって)写す, 敷き写し

trace

る, 透写する: ~ the signature of a person 人の署名を上からなぞって写す. **b** 《文句を》ていねいに[丹念に]書く.
〖F<L trahere, tract- 引く; cf. tract¹〗
〖類義語〗trace 何かが通った跡や何かに起こった[あった]ことを示すもの. track 何かが通った後に残った連続した跡. vestige 過去にあったが現在は存在していないものの跡.

trace² /tréɪs/ 图 《馬具の》引き革[綱]: in the ~s 引き革にして. **kíck òver the tráces** 《人が言う事をきかなくなる, 反抗しだす 《由来》馬が引き革をけりのけることから》.
〖F ↑〗

trace·a·ble /tréɪsəbl/ 形 跡をたどることのできる, 突きとめられる; 𝑷 《…にさかのぼって, 起因して 《to》. **trace·a·bil·i·ty** /trèɪsəbíləṭi/ 图.

tráce èlement 图 《生》微量元素, 痕跡元素 《動植物に不可欠とされる元素で, 銅, コバルト, マグネシウムなど》.

tráce fòssil 图 痕跡化石, 生痕化石 《動物の存在や行動を示す足跡・這い跡・巣穴などの化石》.

tráce·less 形 痕跡のない, 跡を残さない.

trác·er 图 ❶ 《軍》曳光弾(ﾃﾞﾝ). ❷ 《理·医》追跡子, トレーサー. ❸ 追跡者. ❹ a 書き手, 模写者. b 鉄筆, 透写筆. ❺ 《米》a 紛失物捜索係. b 紛失郵送物[貨物]捜索照会状.

trac·er·y /tréɪs(ə)ri/ 图 U,C ❶ 《建》はざま飾り, トレーサリー 《ゴシック式窓上方の装飾的骨組み》. ❷ a 《はざま飾りに似た》装飾模様. b 美しい模様のある自然物.

tra·che·a /tréɪkiə | trəkí:ə/ 图 《覆 ~s, tra·che·ae /tréɪkii:, -kiàɪ | trəkí:i:/) 《解》気管 (windpipe). **trá·che·al**, -~l/ 形.

tra·che·ate /tréɪkièɪt, -ət | trəkí:ət/ 形 〖L<Gk=《原義》粗い管 < trachus; ⇒ trachoma〗

tra·che·i·tis /trèɪkiáɪṭɪs/ 图 U 《医》気管炎.

tra·che·os·to·my /trèɪkiɑ́stəmi | trækiɔ́s-/ 图 《医》気管開口術.

tra·che·ot·o·my /trèɪkiɑ́təmi | trækiɔ́t-/ 图 《医》気管切開(術).

tracheótomy tùbe 图 《医》気管切開開管.

tra·cho·ma /trəkóʊmə/ 图 U《医》トラコーマ, トラホーム 《眼病の一つ》. 〖L<Gk=目が荒れていること<trachus 粗い〗

trach·yte /trǽkaɪt | trǽk-/ 图 U 《岩石》粗面岩.

tra·chyt·ic /trəkíṭɪk/ 形 粗面岩状の.

trác·ing 图 ❶ a U トレーシング, 透写, 複写. b C 透写物. ❷ U 跡を追い[尋ねる]こと; さかのぼること, 詮索.

trácing pàper 图 U 透写紙, トレーシングペーパー.

★track¹ /trǽk/ 图 ❶ C《足跡でできた》小道, 踏みならした道: A ~ has been beaten across the field to his house. 野原を横切って彼の家まで1本の小道が踏み固められた / ⇒ beaten track. ❷ a C 競走路, 走路, トラック (cf. field 3 a); 《競馬の》競走路, 競馬場: a cycling ~ 自転車競走路. b U 《米》トラック競技; 陸上競技: track meet / go out for ~ 陸上競技に出る. ❸ C a 鉄道線路, 軌道 《用法》駅の「3番線」は Track 3 という》: a single [double] ~ 単[複]線 / The train left the ~(s). 列車が脱線した. b 通り道, 通路, 進路, 航路: the ~ of a ship 航路 / the ~ of a typhoon 台風の進路. c 《人生の》行路, 《世の中の》常道, 常軌: go on in the same ~ year after year 年々歳々同じ行路をたどる 《思考·推理などの》, 経過. ❹ C 《通例複数形で》《車·船などの》通った跡; わだち, 航跡: I saw car ~s in the sand. 砂地に車が通った跡を見た. b 《人·動物の》足跡: We saw wolf ~s near our camp. 我々のキャンプの近くにオオカミの足跡があった. ❺ C 《自転車の》両輪の間隔, 輪距. ❻ C a 《磁気テープの》音帯, トラック; テープで録音した曲. b 《映画のフィルムの端の》録音帯, サウンドトラック.

c 《電算》《ディスクの》トラック. ❼ C,U 《カーテン・照明などをはめ込む》溝, レール. ❽ C 《戦車·トラクターの》無限軌道, キャタピラー. ❾ 《複数形で》《俗》麻薬注射跡. ❿ 《教育》《能力·適性による》特別編成クラス.

cóver (úp) one's trácks (1) 跡[行方]をくらます. (2) 意図[計画など]を秘密にする.

hàve [be on] the ínside tráck ⇒ inside track 《成句》.

in one's trácks 《口》その場で; 直ちに, 突然: He suddenly stopped in his ~ s. 彼は突然その場に足を止めた.

kèep tráck of...の跡をたどる, …を見失わないようにする; …に絶えず注意している (↔ lose track of): You must *keep* ~ of where you put things. ものの置き場所に絶えず注意していなければいけない.

lóse tráck of...の跡を見失う; …を忘れる; …と交渉をもたなくなる (↔ keep track of): He *lost* ~ of time. 彼はどれくらい時間がたったかわからなくなった / After a year or two we *lost* ~ of each other. 1, 2年して私たちはお互いに消息を断った.

màke trácks 《口》《…に向かって》急いで行く: It's time I was *making* ~ s (*for* home). そろそろ(家へ)帰る時間だ.

òff the béaten tráck (1) 《場所などに》知られていない, 人気(ｹﾞ)の少ない. (2) 常道をはずれて, 不慣れで; 風変わりな.

òff (the) tráck (1) 《猟犬の》臭跡を失って. (2) 問題をはずれて, 本筋を離れて, 誤って: go *off* ~ 悪い方へ向かう / get *off* ~ 本題からそれる.

on the ríght [wróng] tráck 正しい[間違った]考え方[やり方]で.

on (the) tráck 本題から離れずに, 正しく: get...*on* ~ …を順調に進める / be *on* ~ うまく運んでいる / keep [stay] *on* ~ 本題からはずれないでいる.

on the tráck of...を追跡して; …の手がかりを得て(いる); 正しい: The dogs are *on the* ~ *of* a fox. 犬はキツネを追っている.

on the wróng sìde of the trácks ⇒ side《成句》.

— 動 ⊕ ❶ a 《人·動物を》(…まで)追跡する; 追跡して捕らえる: The hunter ~*ed* the lion *to* its lair. 狩猟家はライオンを穴まで追跡した. b 《…を》《痕跡(ｾﾞｷ)·証拠などをたどって》突きとめる; 探知する: The police ~*ed down* the criminal. 警察は犯人を追い詰めて逮捕した. ❷ C a 《泥靴などで》《…に》足跡をつける: Don't ~ the floor! 床に泥の足跡をつけないでください. b 《雪·泥などを》足につけて(…に)持ち込む: He ~*ed* dirt *into* [*through*] the house. 彼は靴に泥をつけたまま家に入ってきた. ❸ 《レーダーなどの計器で》《宇宙船·ミサイルなどの》進路[軌道]を観察[記録]する. ❹ 《学生を》特別編成クラスに割りあてる. — 不 ❶ 《トレーラーなどが》後輪が前輪と一線になって走る. ❷ 《レコードプレーヤーの針が》レコードの溝をなぞる. ❸ 《副詞(句)を伴って》『映·テレビ』《カメラ·カメラマンが》移動しながら撮影する.

〖F〗 【類義語】⇒ trace¹.

track² /trǽk/ 動 ⊕ 《土手などから》《船を》綱で引く.
— 不 《副詞(句)を伴って》《船が引き綱で引かれて進む.

track·age /trǽkɪdʒ/ 图 U 《米》鉄道線路《全軌道》.

tráck and fíeld 图 U 陸上競技 (《英》athletics).

tráck·ball 图 《電算》トラックボール 《ボールを指で回転させて CRT 画面上のカーソルを移動させる位置指示装置》.

tráck·er 图 追跡する人[動物].

trácker fùnd 图 《英》= index fund.

tráck èvents 图 ⊕ トラック種目 (cf. field event).

tráck·ing 图 ❶ 追跡. ❷ 能力別学級編成. ❸ 《電子工》トラッキング《プレーヤーやビデオのヘッドがディスク·テープのトラックを正しくたどること》.

trácking stàtion 图 《宇宙船などの》追跡基地[ステーション].

tráck·làyer 图 ❶ 《米》線路工夫 (《英》platelayer). ❷ 無限軌道車.

track·le·ment /trǽk(ə)lmənt/ 图 《英》《肉に添える》ゼリー.

tráck·less 形 ❶ 足跡のない, 道のない; 人跡未踏の. ❷ 《電車など》無軌道の: a ~ trolley 《米》トロリーバス.

tráck líghting 图 U トラックライティング, 移動照明《電気を通したレール状のライティングダクト (track) に沿って電

tráck·man 名 (複 -men) 《鉄》 線路工夫 ((英)) plate-layer).

tráck mèet 名 《米》 陸上競技会.

†**tráck rècord** 名 ❶ (過去の)実績, 業績. ❷ 陸上競技の成績[記録].

tráck ròd 名 《自動車》 前輪連結棒.

tráck shòe 名 〔通例複数形で〕 競走用スパイクシューズ.

tráck·sùit 名 《英》 トレーニングウェア, スウェットスーツ 《《米》 sweat suit).

tráck sỳstem 名 《米》 能力別学級編成方式.

tráck·wày 名 踏み固められてできた道.

†**tract**¹ /trækt/ 名 ❶ 〔土地·空·海などの〕 広がり; 広い面積, 地域, 区域: a wooded ～ 森林地帯 / a vast ～ of ocean [land] 広大な大洋[土地]. ❷ 〖解〗 **a** 系, ...系, 道: the digestive ～ 消化管. **b** (神経の)束, 索. 〖L=引っぱること, 広がり *trahere, tract-* 引く: cf. abstract, attract, contract, extract, subtract; portray, trace¹, trail, train, trait, treat〗

tract² /trækt/ 名 (特に宗教上·政治上の)小冊子, パンフレット.

tract³ /trækt/ 名 〔しばしば T～〕 〖カト〗 詠唱(ぇぃしょぅ).

trac·ta·bil·i·ty /træktəbíləṭi/ 名 U すなおさ, 従順; 取り扱いやすさ.

trac·ta·ble /træktəbl/ 形 〈人が〉すなおな, 従順な; 〈問題など〉扱いやすい (↔ intractable). **trác·ta·bly** /-bli/ 副 — **ness** 名

Trac·tar·i·an /træktéə(r)iən/ 形 オックスフォード運動の. — 名 オックスフォード運動の論客[支持者].

Trac·tar·i·an·ism /-nìzm/ 名 U =Oxford movement.

trac·tate /trækteɪt/ 名 論文.

tráct hòuse [hòme] 名 トラクトハウス (ひとまとまりの区画に建っている規格化された造りの住宅).

trac·tile /træktl | -taɪl/ 形 引き伸ばすことができる.

trac·til·i·ty /træktíləṭi/ 名 U 延性, 伸展性.

†**trac·tion** /trækʃən/ 名 U ❶ 引くこと, 牽引(ヵんぃん); 牽引力: electric [steam] ～ 電気[蒸気]牽引(力). ❷ (道路に対するタイヤ·滑車に対するロープなどの)静止摩擦. ❸ 《米》 交通輸送. ❹ 〖生理〗 収縮. ❺ 〖医〗 (骨折治療などの)牽引. 〖L=引くこと; ⇒ tract¹〗

tráction èngine 名 牽引(式)機関車.

trac·tive /træktɪv/ 形 牽引(ヵんぃん)する; 牽引用の.

†**trac·tor** /træktəɹ | -tə/ 名 ❶ 〖農耕用〗トラクター; 牽引(ヵんぃん)(自動)車. ❷ (運転台だけのトレーラー牽引用トラック. 〖L=引っぱるもの; ⇒ tract¹〗

tráctor-tráiler 名 《米》トレーラートラック.

trad /træd/ 《英》 形 名 トラッドなジャズ (1920 年頃に New Orleans で演奏され 50 年代に英国でリバイバルしたジャズ). — 形 ❶ 〈ジャズが〉トラッドな. ❷ 伝統的な. 〖TRAD(ITIONAL)〗

trad·a·ble /tréɪdəbl/ 形 売り物になる, 売買できる (marketable).

‡**trade** /tréɪd/ 名 ❶ U 商業, 商い, 貿易, 通商: domestic [foreign] ～ 国内[外国]貿易 / fair ～ 公正取引; 互恵貿易 / free ～ 自由貿易. ❷ C 職業, 商売: follow a ～ 職業に従事する / He's a butcher by ～. 彼の商売は肉屋です 〔★ by ～ は無冠詞〕 / a jack of all ～s よろず屋, なんでも屋 / Everyone to his ～.=Every man to his own ～. 〔諺〕「もちはもち屋」/ Two of a ～ never agree. 〔諺〕 商売がたきは気の合わぬもの. ❸ 〔the ～; 通例修飾語を伴って〕...業, ...業界: the tourist ～ 観光業. ❹ 〔a ～; 通例修飾語を伴って〕 売上高: do [make] a roaring ～ 商売が繁盛する. ❺ U 〔集合的に〕 単数または複数扱い; 通例 the ～〕**a** 同業者[仲間]; 小売商人連: discount to the ～ 同業者割引 / The automobile ～ will welcome the measure. 自動車業者はこの措置を歓迎するだろう. **b** 《英》 酒類販売業者. ❻ U 《米》 顧客, 得意先 (用法 5 a と同じで): That salesman is popular with the ～. あのセールスマンは(得意)客に評判がいい. ❼ 〔the ～s〕 貿易風. ❽ C 《米》 **a** 交換. **b** 〖野〗 トレード. **be in tráde** 商売をしている; 店を経営している.

— 形 A ❶ 商業の, 貿易の: a ～ secret 営業[企業]秘密. ❷ 同業者の: a ～ magazine 業界誌 / ⇒ trade discount, trade union.

— 動 ⓐ ❶ **a** 商う, 売買する; 取引する, 貿易する: He ～s in cotton. 彼は綿織物を商っている / Our company ～s with China. わが社は中国と貿易をしている. **b** 〖商〗 〈株〉が株式取引所で売買される. ❷ 《米》 〔人と〕交換する: If she doesn't like her room, I'll ～ with her. 彼女が自分の部屋が気にいらないのなら私のと交換しましょう. ❸ 《米》 〔店で〕買い物をする (*at, with*): I usually ～ at our local stores. 私は通例地元の店で買い物をすることにしている. ❹ 〔...を〕(悪く)利用する, 〔...に〕つけこむ: It's not good to ～ *on* [*upon*] other people's ignorance. 他人の無知につけこむのはよくないことだ. — ⓑ 〈ものなどを〉交換する (exchange): ～ seats [gifts] 席[贈り物]を交換する / ～ seats *with* a person 人と席を交換する / The Cheyenne warriors ～d their captive *for* two rifles. シャイアン族の戦士は捕虜と交換に 2 丁のライフル銃を手に入れた / ～ insults [blows] *with*...と...侮辱しあう[なぐりあう] / I'll ～ you (A *for* B) 〔口〕 (A を B と)交換しよう. **tráde dówn** (ⓐ ⓑ+副) (...を)売ってより安い物を買う. **tráde ín** (ⓑ ⓑ+副) 《英》〈中古車など〉を新車など下取りして下取りしてもらう: He ～*d in* his car *for* a new one. 彼は車を下取りに出して新車を買った. **tráde óff** (ⓑ+副) (1) (契約として)〈...〉を交換する. — (ⓑ+副) (2) (順番に)交替する. **tráde úp** (ⓐ ⓑ+副) (...を)売ってより高価な物を買う 〔*for, to*〕.

〖ME=道〗 〖関形 mercantile〗

tráde·a·ble /tréɪdəbl/ 形 =tradable.

tráde bàlance 名 U 貿易収支 (balance of trade).

Tráde Bòard 〔英〕 賃金局 (かつての労使および公益の代表 3 者からなる労働委員会; 1909 年設立).

tráde bòok 名 大衆本, 一般書.

tráde cỳcle 名 《英》 景気循環 (《米》 business cycle).

tráde déficit 名 貿易赤字 (trade gap).

tráde díscount 名 U 業者割引.

tráded óption 名 〖証券〗 流通オプション, 上場オプション (取引所で常時売買できるオプション).

tráde edítion 名 (本の)市販版, 普及版 (cf. library edition 1).

tráde fàir 名 産業見本市 (trade show).

tráde fríction 名 U 貿易摩擦.

tráde gàp 名 =trade deficit.

tráde imbálance 名 U,C 貿易不均衡.

***tráde-in** /tréɪdìn/ 名 下取り品; 下取り. — 形 A 下取りの: ～ price [value] 下取り価格.

tráde jòurnal 名 業界誌.

tráde-làst 名 《米》 (特に自分をほめてくれるお返しに相手に聞かせる)おせじ, 人の評判, 賛辞.

†**tráde·màrk** 名 ❶ (登録)商標, トレードマーク (略 TM). ❷ (人·活動などの特徴を示す)トレードマーク: Clint Eastwood's ～ is his squint. クリントイーストウッドのトレードマークはまぶしそうに細めた目だ. — 動 〔通例受身で〕 ❶ 〈...に〉に商標をつける. ❷ 〈...の〉商標を登録する. ❸ 〈...を〉人のトレードマーク[特徴]にする.

tráde nàme 名 ❶ 商品名; 商標名 (brand name). ❷ 商号, 屋号.

†**tráde-óff** 名 ❶ トレードオフ 〔*between*〕 (二つの相反するものの中で, 一方を取ればもう一方を犠牲にしなければならない状態). ❷ (交換)取引.

tráde pàper 名 =trade journal.

tráde plàte 名 《英》 (ディーラーが使う)未登録車用ナンバープレート.

tráde príce 名 仲間値段, 卸値.

***trád·er** /tréɪdəɹ | -də/ 名 ❶ 商業を営む人, 商人, 貿易業者. ❷ 貿易船, 商船.

tráde ròute 名 通商路 (大洋上の)商船用常用航路.

tráde schòol 名 職業学校.

tráde sécret 名 企業秘密.

tráde shòw 名 =trade fair.

trades·man /tréɪdzmən/ 名 (複 **-men** /-mən/) ❶《英》商人; (特に)小売商人. ❷《米》職人, 熟練工.
trádes·pèople 名 [複数扱い] 商人; (特に)小売商人.
trádes únion 名 =trade union.
Trádes Ùnion Cóngress 名 [the ~]《英》労働組合会議《略 TUC》.
tráde(s) únionìsm 名 ⓤ 労働組合主義[理論].
⁺**tráde(s) únionist** 名 労働組合主義者; 労働組合員 (unionist).
tráde sùrplus 名 貿易黒字.
⁺**tráde únion** 名《英》労働組合 (《米》labor union).
tráde wìnd 名 貿易風.
trad·ing /tréɪdɪŋ/ 名 ⓤ 商業, 貿易.
tráding estàte 名《英》=industrial park.
tráding pàrtner 名 取り引き先, 貿易相手国.
tráding pòst 名 (未開地原住民との)交易所.
tráding stàmp 名 交換スタンプ, 景品券《何枚か集めて景品と引き換えられる》.
⁂**tra·di·tion** /trədíʃən/ 名 Ⓒⓤ ❶ 伝統, 慣例;(芸術上の、古来の)流儀, 型: according to local ~ 土地の慣例では / by ~ 伝統[慣例]的に / the ~s of painting 絵画の伝統[しきたり] / be in the ~ of... の伝統を受け継ぐ / break with ~ 伝統を破る. ❷ 伝説, 言い伝え, 口碑: T- says [has it, runs] that...と言い伝えられている.《F<L traditio(n-) 手渡しすること (cf. treason)<tradere, tradit- 手渡す (cf. betray, traitor)<tra-=TRANS-+dare 与える (cf. date)》 (形 traditional)
⁂**tra·di·tion·al** /trədíʃənl/ 形 (**more ~; most ~**) ❶ 伝統的, 因襲的な, 古風な, 伝来の. ❷ 伝説の. ❸《ジャズが》トラディショナルの《1920年ごろ New Orleans で演奏された様式について》. (名 tradition)
tra·di·tion·al·ism /-nəlìzəm/ 名 ⓤ 伝統[旧習]墨守; 伝統主義 (↔ progressivism).
⁺**tra·di·tion·al·ist** /-nəlɪst/ 名 伝統主義者 (↔ progressive).
tra·di·tion·al·ly /-ʃ(ə)nəli/ 副 ❶ 伝統的に; 伝統に従って. ❷ 伝説では, 慣例上.
tra·di·tion·ar·y /-ʃənèri | -ʃ(ə)nəri/ 形 =traditional.
trád jàzz 名 =trad.
tra·duce /trəd(j)úːs | -djúː-/ 動《人の》悪口を言う,《人を》そしる, 中傷する. **tra·dú·cer** 名 中傷者.
Tra·fal·gar /trəfǽlgə | -gə/ 名 トラファルガル《スペイン南西の岬; その沖合いで1805年10月21日英国の Nelson がスペイン・フランス連合艦隊を破った; 正式名 Cape Trafalgar》.
Trafálgar Squáre 名 (London の) トラファルガー広場《中央に Nelson 像をいただく記念柱がある》.
⁂**traf·fic** /trǽfɪk/ 名 ❶ a 交通, 往来, 通行: control [regulate] ~ 交通を整理する / There's little [heavy] ~ on this road. この道路は交通があまりない[激しい]. b (人の)交通量, 通行量. c (鉄道・船舶・航空機などによる)交通運輸業; 運輸: air ~ between Tokyo and Beijing 東京—北京間の航空輸送. ❷ a 貿易, 売買, 商業: human ~ 人身売買 / ~ in pearls 真珠の売買[商売]. b 不正取引: drug ~ 麻薬の取引 / ~ in votes 投票の不正取引. c [...との]交渉, 関係: have no ~ with a person 人と行き来がない. d (情報などの)交換: Free ~ in ideas is essential in a democracy. 民主主義国では自由な意見交換が不可欠だ. ── 形 限定の: a ~ accident 交通事故 / ~ congestion [a ~ jam] 交通渋滞 / ~ control 交通整理 / a ~ network 交通網 / ~ regulations 交通規則 / a ~ sign 交通標識 / a ~ ticket 《米》(交通違反者が受ける)違反カード. ── 動 自 (**traf·ficked** /-fɪkt/; **traf·fick·ing**) [...を](特に不正に)売買[取引]する;[人と売買[取引, 貿易]する: ~ in jewelry [in one's charms] 宝石類を商う[愛敬(ｵｿ)]を売り物にする] / ~ in drugs 麻薬を密売する / He trafficked with the natives. 彼は現地人と取引をした.《F<It<trafficare 交易する》

traf·fi·ca·tor /trǽfəkèɪtə | -tə/ 名《英》(自動車の)方向指示器.
tráffic càlming 名 ⓤ (学校の近くや住宅街で)道路を車がスピードを出せない構造にすること.
tráffic cìrcle 名《米》ロータリー ((《英》roundabout).
tráffic còne 名 セーフティコーン《道路工事区間などに置く円錐型の標識》.
tráffic còp 名《米口》交通巡査.
tráffic còurt 名 交通裁判所.
tráffic ìsland 名 (街路上の)交通島《道路中央の横断歩行者用安全地帯》; 中央分離帯.
⁺**tráffic jàm** 名 交通渋滞.
⁺**tráf·fick·er** /-kə | -kə/ 名 (悪徳)商人: a drug ~ 麻薬売人 / a ~ in slaves 奴隷商人.
tráf·fick·ing /-kɪŋ/ 名 ⓤ 不正売買[取引].
⁺**tráffic lìght** 名 交通信号(灯): The ~ turned [went] green. 信号が青になった / Turn right at the ~. 信号のところで右に曲がってください.
tráffic pàttern 名《空》場周経路《離着陸直前の経路》.
tráffic schòol 名 交通違反者講習.
⁺**tráffic sìgnal** 名 =traffic light.
tráffic wàrden 名《英》交通監視員《交通整理・駐車違反の取り締まりなどをする》.
trag·a·canth /trǽgəkænθ, trǽdʒə-/ 名 ⓤ トラガカントゴム《トラガカントゴムノキから出るゴム質》.
tra·ge·di·an /trədʒíːdiən/ 名 悲劇役者; 悲劇作家.
tra·ge·di·enne /trədʒìːdién/ 名 悲劇女優.
⁺**trag·e·dy** /trǽdʒɪdi/ 名 Ⓒⓤ ❶ 悲劇的場面[事件], 惨事, 惨劇; 不運(なこと). ❷ 悲劇: Macbeth is a famous ~ by Shakespeare. 「マクベス」はシェイクスピア作の有名な悲劇である.《F<L<Gk=goat-song ギリシア悲劇でサチュロス (satyr) に扮するのにヤギの皮を着たことから》 (形 tragic)
⁺**trag·ic** /trǽdʒɪk/ 形 (**more ~; most ~**) ❶ a Ⓐ (比較なし)悲劇の, 悲劇的な: a ~ actor [poet] 悲劇俳優[詩人]. b [the ~, 名詞的に; 単数扱い] 悲劇的要素. ❷ 悲壮な; 悲惨な, 痛ましい: a ~ death 悲惨な死.《L<Gk; ↑》
trag·i·cal /-dʒɪk(ə)l/ 形 =tragic. **~·ly** /-kəli/ 副
trágic fláw 名《文芸》悲劇的弱点《悲劇の主人公の破滅のもとになる性格的欠陥; Othello のしっと心など》.
trágic írony 名 =dramatic irony.
trag·i·com·e·dy /trædʒɪkámədi | -kóm-/ 名 Ⓒⓤ ❶ 悲喜劇. ❷ 悲喜こもごも(の事件).《F<It<L; ⇒ tragedy, comedy》
trag·i·com·ic /trædʒɪkámɪk | -kóm-ˊ/, **-i·cal** /-mɪk(ə)lˊ/ 形 ❶ Ⓐ 悲喜劇の. ❷ 悲喜劇的な. **-i·cal·ly** /-kəli/ 副
tra·gus /tréɪgəs/ 名 (複 **-gi** /-dʒaɪ | -gaɪ/) 【解】耳珠(ｼﾞｭ)《外耳道口前方にある軟骨の舌状突起》.
tra·hi·son des clercs /trɑːìːzɔ́ːndeɪkleə | -kleə/ 知識人の背信, 知的裏切り.

⁂**trail** /tréɪl/ 名 ❶ (荒野などの踏みならされてできた)道, (山中などの)小道, (散策・ハイキング用などの)歩道, 登山道, トレール: Oregon Trail. ❷ a 引きずった跡, 通った跡, 痕跡(ｺﾝ); 船跡, 航跡: leave a [follow the] ~ 痕跡を残す[追う]. b (捜索などの)手がかり; (獣の)泉跡: be on [off] the ~ 手がかりがついて[なくなって]; 臭跡を得て[失って] / (hot [hard]) on the ~ (of...) (...を追いつめるほどに)近跡して / while the ~ is still warm (人が)去ったあとすぐに. ❸ a [失恋・不幸などの]一連の余波, 尾《of》. b [事件などの]連続, 一連の《of》. ❹ (目的を達するための)道筋; (目的に向けての)一連の活動: be on the campaign ~ 遊説[選挙]運動中である / hit the comeback ~ 復帰に向けて歩み始める. ❺ a 《彗星(ｽｲ)·流星の》尾. b 《雲·煙などの》たなびき《of》. c 長すそ, もすそ. d たれ下がった房·髪(など). e 《人·車などの》列, 流れ《of》. f 引き網. **at the tráil**《軍》下げ銃の姿勢で. **bláze a tráil** ⇒ blaze³ 動. **Tráil of Téars** /-tíəz | -tíəz/《米史》涙の旅路《1838-39年冬, Cherokee 族が政府の移動命令により Georgia の故郷から Oklahoma に移動した苦難に満ちた旅; 途中約4分の1が命を落とした》.

——動 他 ❶ a 〈...を〉引きずる, 引きずっていく: She ~ed her dress through the mud. 彼女は泥の中をドレスのすそを引きずっていた. b [~ oneself で] 足を引きずって歩く. ❷ 〈犯人などを〉(ひそかに)追跡する, 〈...のあとをつける; 〈獣などの〉跡を追う: We ~ed the terrorists to their hideout. 私たちはそのテロリストたちを彼らの隠れ家に追跡した. ❸ 〈...に〉負けている, 後れをとる. ❹ 予告編で〈映画・テレビ番組などを〉宣伝する.

——自 ❶ [副詞(句)を伴って] 〈くすなどが〉引きずる; 〈雲・煙などが〉たなびく: Her dress ~ed along. 彼女のドレスは引きずられていた. ❷ [副詞(句)を伴って] (疲れて)足を引きずって歩く; だらだらと歩く: The tired soldiers ~ed along behind their platoon leader. 疲れきった兵士たちは足を引きずるようにして小隊長のあとについていった. ❸ (試合で) 負けている: ~ by two points 二点差で負けている. ❹ 〈つるが〉...をはう: Ivy ~s over the house. その家にはツタがはっている. ❺ 〈音などが〉次第に薄れて(...に)なる: His voice ~ed off [away] into silence. 彼の声は次第に小さくなってついに消えてしまった.
〖F＜L trahere 引く; cf. tract¹〗

tráil bìke 名 (悪路に強い小型バイク).
tráil blàzer 名 ❶ 先駆者, 草分け (in). ❷ (未開地などで道しるべとなるように)通った道に目印をつける人.
tráil blàzing 形 先駆的な, 草分けの.
*****trail·er** /tréɪlə | -lə/ 名 ❶ a (自動車に牽引される)トレーラー. b (米)(自動車で引く)移動住宅, トレーラーハウス ((英) caravan). ❷ (映画などの) 引きずる人[もの], あとについていく人[もの]; 追跡者. ❹ つる草.
tráiler pàrk [càmp, còurt] 名 (米)トレーラーハウス用キャンプ場, 移動住宅用駐車用地 ((英) caravan park) (電気・水道の設備がある).
tráiler tràsh 名 U (米軽蔑) trailer park に住む貧しい人々.
tráiler trùck 名 (米) トレーラートラック.
tráil hèad 名 トレール[踏み跡, 歩道]の起点, 登山口.
tráiling èdge 名 ❶ 空 (翼・プロペラの)後縁. ❷ 電 立ち上がり縁 (パルスの後ろの).
tráiling whèel 名 (機関車などの)従輪 (直接に駆動されない車輪; cf. driving wheel).
tráil mìx 名 (米) =gorp.
*****train** /tréɪn/ 名 ❶ 列車 (比較 一台一台の車両は (米) car, (英) carriage): a passenger [goods, freight] ~ 旅客[貨物]列車 / an express [a local] ~ 急行[普通]列車 / a down [an up] ~ 下り[上り]列車 / a through ~ 直通[直行]列車 / a night ~ 夜行列車 / miss [catch] one's [the] ~ 列車に乗り遅れる[間に合う] / go [come] by ~ 列車で行く[来る] (★ 無冠詞) / drive a ~ 列車を運転する / get on [onto, in, into] a ~ 列車に乗る / get off [down from] a ~ 列車から降りる / take the 5:15 (p.m.) ~ to Chicago (午後)5時15分の列車でシカゴへ行く / I met him on [in] the ~. 列車の中で彼に会った ((米)には通例 on). ❷ [通例単数形で] a 〈人・車などの〉長い列, 行列, 連続: a long ~ of camels [sightseers] ラクダ[観光客]の長い列 / ⇨ wagon train. b 〈観念などの〉連続, つながり: a ~ of thought 一連の考え / An unlucky ~ of events prevented this. 不幸な出来事の連続でこれは実現しなかった. c (事件などの)結果, 続き, あと: in the ~ of the accident その事件に続いて. ❸ a (長く後ろに引いた衣服の)(も)すそ: a wedding dress with a long ~ 長いすそのウェディングドレス. b (彗星(製)などの)尾. c (クジャクなどの)たれ尾. ❹ 導火線, 口火. ❺ 供回り, 従者, 随行員; (崇拝者などの)群れ. **in tráin** 〔主に英〕準備が整って; 〈事が〉進んで: be in ~ 準備が整っている; 進展中である / set...in ~ ...を始める, 進める. **in a person's tráin** 人のあとに続いて.

——動 他 ❶ 〈人・動物を〉訓練する, 養成する, 仕込む, トレーニングする; 〈技術・才能などを〉磨く, 向上させる: The sergeant ~ed the recruits. 軍曹は新兵を訓練した / chimpanzees ~ed for a show ショーに出せるようにされたチンパンジー / He was ~ed for the army. 彼は軍人になる教育を受けた / The dog was ~ed to the hunt. その犬は狩猟に慣らされた / 「~ +目 +to do〕~ children to obey よく言うことを聞くように子供たちを教育する. ❷ 〈銃砲・カメラなどを〉〈...に〉向ける, 照準する: ~ a camera on a model カメラをモデルに向ける. ❸ 〈枝などを〉〈...に〉好みの形に仕立てる (around, over, against): ~ vines over a wall [around a post] ブドウ(の木)を塀にはわせる[柱に巻きつける]. ——自 ❶ 訓練を受ける; トレーニングする: They are ~ing for the marathon. 彼らはマラソンのトレーニングをやっている / 〔+ to do〕~ to be a doctor 医者になるように教育される / She is ~ing as a nurse. 彼女は看護婦として教育を受けている. ❷ 列車で行く. **tráin dówn** (自 + 副) (トレーニングなどで)減量する. **tráin onesélf** 訓練[練習, トレーニング, 修練]する.
〖F＝引かれるもの＜L trahere 引く; cf. tract¹〗

tráin·a·ble /tréɪnəbl/ 形 訓練のできる, 仕込むことのできる, 鍛えられる.
tráin bànd 名 (16-18世紀英米の)民兵団.
tráin bèarer 名 (花嫁や儀式の時の)すそ持ち.
***train·ee** /treɪníː/ 名 ❶ 訓練を受ける人[動物]. ❷ 軍事[職業]訓練を受ける人.
***tráin·er** 名 ❶ [通例複数形で] (英) 運動靴; スニーカー (training shoe; (米) sneaker). ❷ 訓練者, 仕込み手, 調教師, 調馬師, トレーナー (比較) 衣服の「òut of tráining [...のトレーニングを受けてやめて] [for]; コンディションがよくて[悪くて]. 【類義語】⇨ education.
***tráining càmp** 名 (兵士・スポーツ選手などの)強化合宿.
tráining còllege 名 U,C (英) (昔の)教員養成学校 (戦後 college of EDUCATION に改称された).
tráining pànts 名 (おしめが取れはじめの幼児がトイレ便しつけ用のパンツ (比較) 運動着の意の「トレーニングパンツ」は和製英語で, 英語では sweatpants という).
tráining schòol 名 U,C (各種技術)養成所.
tráining shìp 名 練習船[艦].
tráining shòe 名 =trainer 1.
tráining whèels 名 (自転車の)補助輪.
tráin lòad 名 一列車分の貨物[旅客]; 一列車の貨物[旅客]積載能力, 列車荷重.
tráin·man /-mən/ 名 (複 -men /-mən/) 列車乗務員.
tráin òil 名 U 鯨油; 海獣[魚類など]から採った油.
tráin sèt 名 (おもちゃの)列車セット.
tráin-sìck 形 列車に酔った.
tráin-spòtter 名 ❶ (列車の型やナンバーを覚えて見分ける)列車マニア. ❷ おたく, マニアックなやつ.
tráin stàtion 名 鉄道の駅.
traipse /tréɪps/ 動 自 [副詞(句)を伴って] 〔口〕だらだら歩く. ——名 ❶ だらだら歩くこと. ❷ だらしない女.
***trait** /tréɪt | tréɪt, tréɪt/ 名 (人・ものの)特性, 特色, 特徴: English ~s イングランドの国民性 / culture ~s (社) 文化特性.
***trai·tor** /tréɪtə | -tə/ 名 反逆者, 裏切り者; 売国奴: He turned ~ to the cause [to his country]. 彼はその主義[祖国]に対し反逆者となった (★ turn ~ は無冠詞). 〖F＜L＝売り渡す者＜tradere 手渡す (⇨ tradition)〗 (形 traitorous)
trai·tor·ous /tréɪtərəs, -trəs/ 形 反逆(罪)の, 裏切る, 不忠な. **-ly** 副 〖TRAITOR+-OUS〗
Tra·jan /tréɪdʒən/ 名 トラヤヌス (53-117; ローマ皇帝 (98-117)).
***tra·jec·to·ry** /trədʒéktəri, -tri/ 名 ❶ (弾丸・ロケットなどの)弾道, 曲線. ❷ 天 (彗星(製)・惑星の)軌道. ❸ (一般に)通った道筋, 軌跡.
tra-la /trɑːláː/, **tra-la-la** /trɑːləláː/ 間 トラララ《歓

喜・陽気を表わす発声, 特に 歌声).
†tram /trǽm/ 名 ❶ 《英》 市街[路面]電車 (《米》 streetcar). ❷ (石炭などを運ぶ)トロッコ.
trám·càr 名 《英》 =tram 1.
trám·lìnes 名 《英》 ❶ 電車線路[路線]. ❷ (口)(テニスコートの)側線《左右2本のサイドラインで内側の線はシングルス, 外側の線はダブルス用》; その間の区域 (《米》 alley).
tram·mel /trǽm(ə)l/ 動 他 (**tram·meled, -melled; tram·mel·ing, -mel·ling**) 〈…の〉自由を妨げる, 拘束する. ─ 名 ❶ **a** (馬にアンブル (amble) を調練する時に用いる) 馬枷(かせ). **b** [通例複数形で] 拘束物, 束縛, 障害: the ~s of superstition 迷信という束縛. ❷ (魚・鳥を捕える) 網; =trammel net.
trámmel nèt 名 三重刺網《3枚の網のうち, 中央の網は目が細かくなっている》.
tra·mon·ta·na /trɑ̀:mɑntɑ́:nɑ | træmɔn-/ 名 《アドリア海を吹きさすぶ》アルプスおろしの北風.
tra·mon·tane /trəmɔ́ntein | -mɔ́n-/ 形 山向こうの, 山向こうから来る; 外国の, 野蛮な. ─ 名 ❶ 山向こうの人, 他国人. ❷ =tramontana.
†tramp /trǽmp/ 名 ❶ C **a** 浮浪者, 放浪者 (hobo). **b** 《米軽蔑》 浮気女; 売春婦. ❷ [単数形で; 通例 the ~] どしんどしんと歩く音: *the heavy ~ of* the night watchman 夜警の重い足音. ❸ C (長い)徒歩旅行: go for a ~ *through* the country いなかの徒歩旅行に出かける. ❹ =tramp steamer. **on** (**the**) **trámp** 放浪して; 渡り歩いて. ─ 動 自 [副詞(句)を伴って] ❶ どしんどしんと歩く, 重い足どりで歩く; どしんどしんと踏みつける: He ~*ed up and down* the street waiting for his friend to come. 彼は友人が来るのを待ちながら通りを行ったり来たりした. ❷ てくてく歩く, 徒歩旅行する: We ~*ed through* the Lake District. 湖水地方を徒歩旅行した. ─ 他 ❶ **a** 〈…を〉(どしんどしんと)歩く; 徒歩旅行する: We ~*ed* the hills. 山の中をあちこち歩き回った. **b** [~ it で] (口) 徒歩で行く. ❷ 〈…を〉踏みつける. ~·**er** 名 【TRAMP+-LE】
†tram·ple /trǽmpl/ 動 他 〈…を〉踏みつける, 踏みつぶす: Heavy animals of some kind had ~*d* (*down*) the saplings. 何か重量のある動物が苗木を踏みつぶしてしまっていた / He ~*d* the earthworm [the papers into the ground]. 彼はミミズを踏み殺した[書類を踏みにじった]. ─ 自 ❶ 〈…を〉踏みつける (*on, over*)《★との連結は受身可》: They ~*d on* my cabbages. 彼らは私のキャベツを踏みつけた. ❷ 〈人の〉感情などを踏みつけにする (*on, over*)《★前との連結は受身可》: ~ *on* a person's feelings 人の感情を踏みつけにする. **trámple óut** (他+副) 〈火などを〉踏んで消す. **trámple…únder fóot** (1) 〈…を〉踏みつける: ~ an insect *under foot* 昆虫を踏みつける. (2) 〈…を〉踏みにじる: ~ the law *under foot* 法を踏みにじる. ─ 名 (文) 踏みつけること; 踏みつぶす音. 【TRAMP+-LE】
tram·po·line /trǽmpəli:n, ⸺⸺/ 名 トランポリン《ズックの網の弾性を利用して飛びはねる運動具》.
tram·po·lin·ing 名 U トランポリン《トランポリンを用いる跳躍回転技》.
trámp stèamer 名 不定期貨物船.
trám·ròad 名 (石炭・鉱石運搬用トロッコの)軌道.
trám·wày 名 ❶ 《英》 市街[路面]電車(軌道). ❷ =tramroad.
tran- /træn/ 接頭 (s で始まる語のまえにくる時の) trans- の異形.
†trance /trǽns | trɑ́:ns/ 名 ❶ C [通例単数形で] **a** 恍惚(こうこつ)状態; 夢中, 有頂天: in a ~ うっとりと我を忘れて. **b** 失神, 昏睡状態: fall into [come out of] a ~ 昏睡状態に陥る[から覚める]. ❷ U 《楽》 トランス《速いビートとシンセサイザーのコンビネーションを特徴とするダンスミュージック》. 【F=(生から死への)移行 L *transire* 通過する; ⇒ transit】
tranche /trɑ́:nʃ/ 名 薄片, 一部分; 《金融》 トランシュ《分割発行[実行]される証券[融資など]の一回分》, 一口分.
trank /trǽŋk/ 名 《米口》 トランキライザー (tranquilizer).
tran·ny /trǽni/ 名 (口) ❶ 《英》 トランジスターラジオ. ❷ 透明ポジ, スライド (transparency). ❸ 《米》 (自動車の)

変速機 (transmission). ❹ 異性服装倒錯者 (transvestite).
†tran·quil /trǽŋkwəl/ 形 (~·(l)er; ~·(l)est) 〈海・風景など〉静かな, 穏やかな, 平穏な; 〈心など〉平静な, 落ち着いた: the ~ waters of a pond 池の穏やかな水面 / a ~ life [mind] 平穏な生活[心]. ~·**ly** /-i/ 副 【L＜TRANS-+*quies* QUIET】【類語】⇒ calm.
tran·quil·i·ty, 《英》 **tran·quil·li·ty** /trænkwíləṭi/ 名 U 静穏. ❷ 落ち着き, 平静.
tran·quil·ize, 《英》 **tran·quil·lize** /trǽŋkwəlàiz/ 動 他 静かにする, 静める;〈心を〉落ち着かせる; (特に薬によって)落ち着かせる (sedate). 【TRANQUIL+-IZE】
trán·quil·ìz·er, 《英》 **trán·quil·lìz·er** 名 《薬》 精神安定剤, トランキライザー.
trans. (略) transaction(s); transitive; translated; translation; transport(ation).
trans- /træns, trænz/ 接頭 ❶ 「越えて」「横切って」: *trans*mit. ❷ 「貫いて」「通して」「完全に」: *trans*fix. ❸ 「他の側へ」「別の状態[所]へ」: *trans*late. ❹ 超越して」: *trans*cend. ❺ 「…の向こう側の」: *trans*-Caucasian コーカサスの向こうの. 【L *trans* across, beyond】
trans·act /trænsǽkt, -zǽkt/ 動 他 実行する, 処理する; 〈取引などを〉行なう: He ~s business *with* a large number of stores. 彼は多くの店と取引をしている. 【L＜TRANS-+*agere*, *act*- 行なう, 実行する (cf. act)】
***trans·ac·tion** /trænsǽkʃən, -zǽk-/ 名 ❶ U 《格式》 業務の処理, 取り扱い, 処置: the ~ *of* business 事務処理. ❷ C [しばしば複数形で] 業務, 取引, 売買: commercial ~*s* 商取引 / ~*s in* real estate 不動産の売買. ❸ [複数形で] 会報, 紀要; 議事録: Philosophical *Transactions* 英国学士院 (The Royal Society) の会報. ❹ C 《電算》 トランザクション《オンラインシステムにおいて, 端末からの要求に応じてホストコンピューターの実行する処理; その要求またはやり取り》. **trans·ác·tion·al** /-ʃ(ə)nəl/ 形 (動 transact)
transáctional análysis 名 U 《心》 交流分析《米国の精神科医 Eric Berne が始めた心理療法; 略 TA》.
trans·al·pine /trænsǽlpam, trænz-/ 形 《イタリア側から見て》アルプスの向こうの (⇔ cisalpine).
†trans·at·lan·tic /trǽnsətlǽnṭik, trænz-⸺/ 形 ❶ **a** 大西洋の向こう岸の;（アメリカから見て）ヨーロッパの, (ヨーロッパから見て)アメリカの. **b** 大西洋両岸の国々の. ❷ 大西洋横断の: a ~ liner 大西洋航路定期船 / a ~ cable 大西洋横断ケーブル.
trans·áxle 名 《機・車》 トランスアクスル《前置機関・前輪駆動車などに用いられる動力伝達装置で, 変速装置と駆動軸が一体になったもの》.
Trans·cau·ca·sia 名 ザカフカス (Caucasus 山脈南方の Caucasia). **Trans·cau·cá·sian** 形
trans·ceiv·er /trænsí:və | -və/ 名 トランシーバー, 無線電話機.
†tran·scend /trænsénd/ 動 他 ❶ 〈…の〉限界[範囲, 境界]を越える, 超越する: The grandeur of the Grand Canyon ~*s* description. グランドキャニオンの雄大さは筆舌に尽くしがたい. ❷ 〈…を〉しのぐ, …よりまさる. 【L＝乗り越える＜TRANS-+*scandere* 登る (cf. scan)】
tran·scen·dence /trænséndəns/, **-den·cy** /-dənsi/ 名 U ❶ 超越, 卓越, 優越. ❷ 《神》 の超絶性. (形 transcendent)
†tran·scen·dent /trænséndənt/ 形 ❶ 超越した, 超越的な;《哲》 超越的な;《神学》 超越的な《宇宙や人間の存在を超えた》. ❷ 卓絶した, 抜群の; 並みはずれた: an author of ~ genius 卓絶した才能を持つ作家. (動 transcend)
tran·scen·den·tal /trænsəndénṭl⸺/ 形 ❶ 《哲》 (人間の知識・経験・理性などを)超越した, 超越的な; 超自然的な, 神秘的な;《哲》 (カント哲学で)先験的な, 超越的な. ❷ 《数》 超越数[関数]の. ~·**ly** /-ṭəli/ 副
tràn·scen·dén·tal·ism /-ṭəlìzm/ 名 U 《哲》 **a** (カント哲学の)先験哲学. **b** (エマソンの)超絶論[主義]. ❷ 不可解; 高遠な思想.
tràn·scen·dén·tal·ist /-ṭəlɪst/ 名 《哲》 先験論者; 超絶[絶超]主義者.

tràn·scen·dén·tal·ìze /-ṭəlàɪz/ 動 他 超越させる; 理想化する, 理想主義的に処理[表現]する.

transcendéntal meditátion 名 U 超越瞑(めい)想法《口をつぐんでマントラ (mantra) を唱えることにより心身の平静化・清浄化を求める; 略 TM》.

trans·con·ti·nen·tal /trænskɑ̀nṭənéntl | trænz-kɔ̀n-ˊ/ 形 大陸横断の: a ～ road race 大陸横断ロードレース.

⁺**tran·scribe** /trænskráɪb/ 動 他 ❶ **a** 〈…を〉書き写す, 複写[謄写]する; 〈演説などを〉筆記する: The minutes of their meeting were fully ～*d* in the bulletin. 彼らの会の議事録はそっくり会報に掲載された. **b** 〈…を〉〔速記・録音などから〕(普通の文字に直して)転写する, 起こす: His farewell speech was ～*d* ***from*** shorthand notes. 彼の別れの演説は速記から普通の文章に書き直された. ❷ 〈発音を〉発音記号で書く, 表記する. ❸ 〈…を〉〔他の言語・文字に〕書き直す, 翻訳する: ～ a book ***into*** Braille 本を点字に翻訳する. ❹ 〘楽〙〔他の楽器のために〕〈曲を〉改曲[編曲]する 〔*for*〕. ❺ 〘ラジオ・テレビ〙〈…を〉録音[録画]する; 〈録音・録画を〉再生する, 録音放送する. ❻ 〘生化〙〈遺伝情報を〉転写する. 〘L < TRANS-+*scribe, script-* 書く (cf. script)〙

tran·scríb·er 名 ❶ 写字生, 謄写者. ❷ 転写機.

***tran·script** /trǽnskrɪpt/ 名 ❶ **a** (速記・録音などから)書き起こしたもの. **b** 写し, 写本, 謄本; 複写, 転写 〔*of*〕. ❷ 《主に米》(学校の)成績証明書. ❸ 〘生化〙転写産物《DNA から mRNA に転写された遺伝情報》.

tran·scrip·tase /trænskrípteɪs | -teɪz/ 名 U 〘生化〙転写酵素.

tran·scrip·tion /trænskrípʃən/ 名 ❶ **a** U 筆写; 書き起こし[換え, 写し], 転写. **b** C 書き起こした[換えた, 写された]もの; 写本: a phonetic ～ 発音表記《発音記号に書き直したもの》. ❷ U,C 〘楽〙編曲, 改曲. ❸ U 〘生化〙(遺伝情報の)転写. (動 transcribe)

tran·scríp·tion·ist /-nɪst/ 名 (口述などを)普通の文字に直す人.

tran·scrip·tive /trænskríptɪv/ 形 書き写し[模写]的な, 模倣的な.

tràns·cutáneous 形 〘医〙皮膚を通しての, 経皮的な.

tràns·dérmal 形 〘医〙経皮的な《皮膚に貼って[塗って]血流に浸透させる薬の投与についていう》.

trans·duce /trænsd(j)ú:s | trænzdjú:s/ 動 他 〘理〙〈エネルギーなどを〉変換する.

trans·dúc·er 名 〘理・機〙変換器, トランスデューサー.

trans·duc·tion /trænsdʌ́kʃ(ə)n | trænz-/ 名 U ❶ 〘理〙(エネルギーなどの)変換. ❷ 〘生〙(形質)導入《バクテリオファージなどの仲介で, 遺伝的形質がある細菌から他の細菌へ移行すること》.

tran·sect /trænsékt/ 動 他 横に切開する; 横断する. ― /ˊ-ˋ/ 名 〘生態〙トランセクト《植生を横切して作った帯状標本地》.

tran·sec·tion /trænsékʃ(ə)n/ 名 横断面.

tran·sept /trǽnsept/ 名 (十字形教会堂の)翼廊《外陣(げじん) (nave) に対し直角をなす左右の翼部》.

tran·séxual /træn-/ 名 形 ＝transsexual.

trans·fec·tion /trænsfékʃ(ə)n/ 名 〘生化〙 U,C トランスフェクション, 移入《分離した核酸の細胞への感染; 完全なウイルスが複製される》. **trans·féct** 動 他

****trans·fer** /trænsfə́: | -fə́:/ 動 (**trans·ferred; -fer·ring**) 他 ❶ **a** 〈…を〉〔…から〕〔…へ〕**移す**, 動かす, 運ぶ, 渡す; 転任させる, 転校させる: The control of the new business was *transferred* ***from*** the head office ***to*** a branch. 新事業の監督権は本社から支社へ移された / He has been *transferred* ***to*** another branch in Boston. 彼はボストンの別の支店へ転任を命ぜられた. **b** 〈愛情などを〉〔他に〕移す; 〈責任などを〉〔…に〕転嫁する: She has *transferred* her affections ***to*** some other man. 彼女はだれか他の男性に心が移った. ❷ 〈財産などを〉〔人に〕**譲渡する**; 預け代える: ～ a piece of land ***to*** a person 人に土地を譲り渡す. ❸ 〈模様などを〉写す, 転写する; 〈壁画などを〉模写する. ❹ 〈電話を〉転送する: I'll ～ your call. 電話をおまわしします. ― 自 〔…から〕〔…に〕**乗り換える**; **移る**, 転校する, 転任する: I *transferred* ***from*** one bus ***to*** another. 私はバスから別のバスへ乗り換えた / He has *transferred* ***to*** Harvard. 彼はハーバード大学へ転校した. ― /ˊ-ˋ/ 名 ❶ U,C **a** 移転, 移動, 転任: the ～ of power 政権交代. **b** (権利などの)移転; (株券などの)書き換え; 譲渡. ❷ C 転写画; 移し絵(など) (decal). ❸ C **a** 乗り換え点. **b** 乗り換え切符. ❹ C 転任者, 転勤者; 転校生; 移籍選手. ❺ C 為替(かわせ), 振替: a postal ～ account 振替貯金口座 / ⇨ cable transfer. 〘L＝向こうへ運ぶ < TRANS-+*ferre* 運ぶ (cf. confer, different, fertile, offer, prefer, refer, suffer; translate)〙 (名 transference) 【類義語】⇨ move.

trans·fer·a·bil·i·ty /trænsfə̀:rəbíləṭi | -fə̀:r-/ 名 U ❶ 移しうること. ❷ 転写しうること. ❸ 譲渡しうること.

trans·fer·a·ble /trænsfə́:rəbl | -fə́:r-/ 形 ❶ 移すことのできる. ❷ 転写できる. ❸ 譲ることのできる.

trans·fer·ee /trӕnsfə:rí:/ 名 ❶ 〘法〙譲受人. ❷ 転任[転勤]する人.

trans·fer·ence /trænsfə́:rəns | trǽnsf(ə)r-/ 名 U ❶ **a** 移る[移す]こと; 移転, 移動. **b** 転任, 転勤. ❷ 譲渡, 売り渡し. ❸ 〘精神分析〙転移. (動 transfer)

tránsfer fèe 名 《英》(プロサッカー選手などの)移籍料.

tránsfer lìst 名 《英》(プロサッカー選手などの)移籍可能選手の名簿.

trans·fer·or /trӕnsfə:rɔ́ə | trænsfə́:rə/ 名 〘法〙譲渡人.

tránsfer pàyment 名 [通例複数形で] 移転支出《社会保障給付など物品・サービスなどの見返りとしてでなく, 政府が一方的に給付する支出》.

trans·fer·rer /trænsfə́:rə | -fə́:rə/ 名 ＝transferor.

trans·fer·rin /trænsférən/ 名 U 〘生化〙トランスフェリン《生体内で鉄の伝達にかかわる血漿中のグロブリンの一種》.

tránsfer ŔŃÁ /-ɑ́əènéɪ | -ɑ́:(r)-/ 名 U 〘生化〙転移 RNA《アミノ酸をたんぱく合成の場へ運ぶリボ核酸》.

trans·fig·u·ra·tion /trænsfɪgjʊréɪʃən | trӕns-fɪgər-/ 名 ❶ U,C 変形, 変身, 変貌(へんぼう). ❷ [the T~] 〘聖〙(山上におけるキリストの)変容; 〘キ教〙変容の祝日 (8月6日). 〘TRANSFIGURE+-ATION〙

trans·fig·ure /trænsfígjə | -gə/ 動 他 ❶ 〈…の〉形[姿]を変える, 変形する, 変貌させる. ❷ 美化[理想化]する, 神々しくする. 〘L; ⇨ trans-, figure〙 【類義語】⇨ transform.

trans·fínite 形 有限を超えた; 〘数〙超限の.

trans·fix /trænsfíks/ 動 他 ❶ 〈恐怖などが〉〈人を〉その場にくぎ付けにする, 動けなくする, 立ちすくませる; 〈…が〉〈人の〉注意[心]を奪う[とらえる], 興味を引きつける《★ 通例受身》: She stood ～*ed* ***by*** [***with***] fear [wonder]. 彼女は恐ろしくて[驚いて]その場に立ちすくんだ. ❷ 〈…を〉〔やりなどで〕突き刺す, 刺し貫く 〔*by, with*〕. **trans·fix·ion** /trænsfíkʃən/ 名

trans·form** /trænsfɔ́əm | -fɔ́:m/ 動 他 ❶ 《(…の)外見・性質などを》〔…に〕**一変させる**, 変形[変容, 変態]させる: Joy ～*ed* her face. 喜びのために彼女の顔は一変した / The area has been ～*ed* ***into an elegant residential suburb. その地域はすてきな郊外住宅地区に一変した / His years in Africa ～*ed* the young man's character. アフリカで過ごした数年間がその青年の性格を一変させた / Technology has ～*ed* our way of life. 科学技術は我々の生活様式を一変させた. ❷ **a** 〘理・化〙〈エネルギーを〉〔別のエネルギーに〕変換する: ～ heat ***into*** power 熱を動力に変える. **b** 〘電〙〈電圧を〉変圧する. ❸ 〘数・論・言〙〈…を〉変換する, 変形する. 〘L; ⇨ trans-, form〙 【類義語】(1) **transform** ある物や人の外見・形または性質を根本的に変える. **transmute** 人や物の根本的な性質・形をすっかり変えてすばらしいものにする. **convert** ある状態から別の状態へ, 特に新しい使用目的にかなうように変える. **transfigure** 外観を著しくまたはすばらしく変形させる. (2) ⇨ change.

trans·form·a·ble /trænsfɔ́əməbl | -fɔ́:-/ 形 変形[変換]できる.

trans·for·ma·tion /trӕnsfəméɪʃən | -fə-/ 名 C,U

T

transformational grammar

❶ 変形, 変容, 変質: Soon public opinion underwent a complete ~. まもなく世論が一変した. ❷【動】変態; 【生】形質転換. ❸【数・論・言】変換, 変形. ❹ a【理・化】変換. b【電】変圧, 変流. ~·al /-ʃ(ə)nəl/ 形 (動 transform)

tránsformátional grámmar 名 Ⓤ【言】変形文法.

trans·fórm·a·tive /trænsfɔ́ɚmətɪv, -fɔ́ː-/ 形 変化させる, 変形力のある.

trans·fórm·er ❶【電】変圧器, トランス. ❷ 変化させる人[もの].

tránsform fàult 名【地】トランスフォーム断層.

trans·fuse /trænsfjúːz/ 動 ⓣ ❶ a〈血液を×他人に〉注入する, 輸血する《into》. b〈液体を×他の容器に〉移しかえる《into, to》. ❷〈気分などを×人に〉吹き込む《into》. ❸〈...に〉〈...を〉しみ込ませる《with》. 【L; ⇨ trans-, fuse²】

trans·fu·sion /trænsfjúːʒən/ 名 ⒸⓊ 注入; 輸血: (a) blood ~ 輸血. (動 transfuse)

trans·gen·der /trænsdʒéndɚ, trænz- | -də/, **-gen·dered** /-dɚd | -dəd/ 形 性差を越えようとする, トランスジェンダーの (transsexual, transvestite などに関していう). 名 異性装の人, 性転換(願望)者. **trans·gén·der·ìsm** /-dərìzm/ 名

trans·gen·ic /trænsdʒénɪk, trænz-/ 形【遺】〈動植物が〉遺伝形質を転換した, 遺伝子を導入した.

trans·glob·al 形〈遠征・事業・ネットワークなどが〉世界にまたがる, 全世界的な.

trans·gress /trænsgrés, trænz-/ 動 ⓣ〈制限・範囲〉を超える, 逸脱する: Her behavior ~ed the bounds of good taste. 彼女のふるまいは上品さの限界をはずれていた. ❷〈法律・規則〉を破る, 犯す, 違反する, そむく. ⓘ 法律を犯す, 規則違反をする; 〈宗教・道徳的に〉罪を犯す. 【L=踏み越える < TRANS-+gradi, gress- 歩く (cf. progress)】

trans·gres·sion /trænsgréʃən, trænz-/ 名 ⒸⓊ 違法, 犯罪; 〈宗教・道徳上の〉罪.

trans·gres·sive /trænsgrésɪv, trænz-/ 形 制限[範囲]を超えた; 〈小説・映画など〉社会的な規範[慣習]にそむく行為が描かれる.

trans·gres·sor /-sɚ | -sə/ 名 違反者; 〈宗教・道徳上の〉罪人.

tran·ship /trænʃíp/ 動 (-shipped; -ship·ping) = transship.

trans·hu·mance /træns(h)júːməns, trænz- | trænshjúː-/ 名 Ⓤ 移動放牧, 移牧《季節ごとに高地と低地とを往来する(人間ぐるみの)群れの移動》.

trans·hú·mant /-mənt/ 形 移牧の.

tran·sience /trǽnʃəns, -zɪəns/ 名 Ⓤ 一時的であること, はかなさ, 無常: the ~ of human life 人生のはかなさ.

tran·sien·cy /-ʃənsi, -zɪənsi/ 名 = transience.

†**tran·sient** /trǽnʃənt | -zɪənt/ 形 ❶ a 一時の, 瞬間的な, つかの間の: a ~ smile ちらっとした微笑 / a ~ emotion 一時的な感情. b はかない, 無常の: ~ love かりそめの恋. ❷〈旅行者など〉滞在の短い: a ~ guest at a hotel ホテルの短期滞在客. 名 短期滞在者, 通過滞在者[労働者, 旅行者]. ~·ly 副 【L transire 通ぎ去る; ⇨ transit】【類義語】 ⇨ momentary.

tràns·il·lú·mi·nate /-/ 動〈体の一部に〉強い光線を通す, 徹照する. **-il·lu·miná·tion** 名 Ⓤ 徹照(法), 透視(法).

trans·i·re /trænsáɪəri/ 名【英】沿岸運送免状.

†**tran·sis·tor** /trænzístɚ, -sís- | -tə/ 名 ❶【電子工】トランジスター. ❷ = transistor radio. 【TRANS(FER) + (RES)ISTOR】

tran·sis·tor·ized /trænzístəràɪzd/ 形 トランジスターを使用した.

transístor rádio 名 トランジスターラジオ.

*__tran·sit__ /trǽnsɪt/ 名 ❶ Ⓤ【米】輸送, 運搬; 輸送機関, 交通機関 (transportation): ~ by rapid transit / in ~ 輸送中に. ❷ Ⓒ a 通過, 通行. b 〈空港などの〉乗り継ぎ, トランシット. c 移り変わり, 変遷, 変化; 死去. ❸ ⒸⓊ 【天】 a〈天体の〉子午線通過; 〈小天体の〉他の天体面通過. b〈天体の〉望遠鏡視野通過. ── 形 Ⓐ ❶ 通過[通行]の: (a) ~ duty (貨物などの)通過税. ❷〈空港などの〉乗り継ぎ(用)の: a ~ lounge 空港の乗り継ぎ用待合室. ── 動 ⓣ〈...を〉横切って通る. ── ⓘ 通過する. 【L=過ぎ去る < TRANS-+ire, it- 行く (cf. exit)】

tránsit càmp 名 (難民・兵士などの)一時収容所.

tránsit círcle 名 = meridian circle.

tránsit ìnstrument 名【天】〈天体観測用〉子午儀.

*__tran·si·tion__ /trænzíʃən, -síʃən/ 名 ⒸⓊ ❶ 移り変わり, 移行, 変遷, 変化: a period of ~ = a ~ period 過渡期 / a sudden ~ from autocracy to democracy 独裁制から民主制への急激な移行. ❷ 過渡期, 変遷期, 変わり目: in ~ 過渡期にある. ❸〈話題を変える時の〉前後を接続させる語[句, 文]. 【F < L; ⇨ transit, -ion】(形 transitional)

†**tran·si·tion·al** /-ʃ(ə)nəl/ 形 移り変わる; 過渡的な; 過渡期の. ~·ly /-nəli/ 副 (名 transition)

transítion èlement [mètal] 名【化】遷移元素, 遷移金属.

tran·si·tive /trǽnsətɪv, -zə-/ 形【文法】他動(詞)の (↔ intransitive): a ~ verb 他動詞《略 vt., v.t.; ★この辞書では ⓣ の記号を用いている》. ── 名 他動詞. ~·ly 副 ~·ness 名

tran·si·to·ry /trǽnsətɔ̀ːri | -təri, -tri/ 形 一時的な, つかの間の; 無常な, はかない. **tran·si·to·ri·ly** /trænsətɔ́ːrəli | trænsətərəli, -trə-/ 副 **-ri·ness** 名 【類義語】 ⇨ momentary.

tránsit vìsa 名 (国の)通過査証.

*__trans·lat·a·ble__ /trænsléɪtəbl, trænz-/ 形 翻訳しうる.

*__trans·late__ /trænsléɪt, trænz-/ 動 ⓣ ❶〈文・言語を〉〈...から〉〈...へ〉訳す, 翻訳する: ~ an English sentence into Japanese 英文を日本語に翻訳する / ~ Homer from Greek ホメロスをギリシア語から訳す. ❷〈言動などを×...と〉解釈する, 説明する: 〔+目(+as補)〕I ~d his silence as a refusal. 彼の沈黙を拒絶と解釈した. ❸〈...を〉〈別の形に〉移す, 直す: ~ a poem into prose 詩を散文に変える / I could hardly ~ my thoughts into words. なかなか自分の考えを言葉に表すことができなかった. ❹ a〈...を〉〈他の場所に〉移す《to》. b【キ教】〈主教[司教]〉に転任させる《to》. ── ⓘ ❶ 翻訳する. ❷ a〈...と〉訳せる, 翻訳される《as》. b〈別の状況に〉利用[転用]される《to》. ❸〈ある結果に〉至る, つながる《into》. 【L=向こうへ運ぶく TRANS-+ferre, lat- 運ぶ (cf. collate, relate, superlative); L lat- は ferre (cf. transfer) の異語源の過去分詞語幹】(名 translation)

*__trans·la·tion__ /trænsléɪʃən, trænz-/ 名 ⒸⓊ ❶ 翻訳《行為・訳されたもの》: free [literal] ~ 自由[逐語]訳, 意[直]訳 / a mistake in ~ 誤訳 / read a novel in ~ 小説を翻訳で読む / do [make] a ~ into Japanese 和訳をする / be lost in ~ 翻訳では理解されない / Chapman's ~ of Homer チャップマン訳ホメロス. ❷ a 解釈. b 言い換え, 置き換え. (動 translate)

*__trans·la·tor__ /-tɚ | -tə/ 名 訳者, 翻訳家.

trans·lit·er·ate /trænslítərèɪt, trænz-/ 動 ⓣ〈...を〉〈他国語の文字などに〉字訳する, 書き直す; 音訳する《「上海」を Shanghai と書くなど》: ~ a Hebrew word into English letters ヘブライ語の単語を英語のアルファベットに字訳する / ~ the Greek χ as ch ギリシア語の χ を ch と書き直す.

trans·lit·er·a·tion /trænslìtəréɪʃən, trænz-/ 名 ⒸⓊ 字訳, 書き直し; 音訳.

trans·lo·cate /trænsloʊkéɪt, trænz-/ 動 ⓣ〈...の〉場所[位置]を換える, 転位させる; 〈植物がでんぷん・たんぱく質などを〉転流させる.

tràns·lo·cá·tion 名 ⒸⓊ 移動, 転置; 【植】転流; 【遺】〈染色体の〉転座, 転移.

trans·lu·cence /trænslúːsns, trænz-/, **-lú·cen·cy** /-snsi/ 名 半透明.

†**trans·lu·cent** /trænslúːsnt, trænz-/ 形 半透明の. ~·ly 副 【L=光を通す < TRANS-+lucere 輝く+-ENT】

trans·lu·nar /trænslúːnɚ, trænz-|-nə-/ 形 =translunary.

trans·lu·nar·y /trǽnsluːnèri, trænz-|trænslúːnəri, trænz-/ 形 ❶ 月の向こう[上]側の. ❷《文》天上の; 空想的な, 幻想的な.

trans·ma·rine /trænsməríːn, trænz-ˊ-/ 形 ❶ 海外の[からの]. ❷ 海を横断する.

trans·mi·grant /trænsmáɪgrənt, trænz-/ 名 移住する人[もの], (特に)移住の途次にある国[土地]を通過中の人.

trans·mi·grate /trænsmáɪgreɪt, trænzmaɪgréɪt/ 動 ⓐ ❶《霊魂が(肉体の死後他に)生まれ変わる, 転生する. ❷ 移転する, 移る; 移住する.

trans·mi·gra·tion /trænsmaɪgréɪʃən, trænz-/ 名 ⓤ ❶ (仏教などよる)転生, 輪廻(りんね): the ～ of souls 輪廻. ❷ 移住, 移動.

trans·mis·si·ble /trænsmísəbl, trænz-/ 形 送る[伝えることのできる]; 伝染する.

* **trans·mis·sion** /trænsmíʃən, trænz-/ 名 ❶ **a** ⓒⓤ 伝達(すること, されること), 伝送; 伝染: the ～ of electricity [disease] 送電[病気の伝染]. **b** ⓒ 伝えられるもの, メッセージ. ❷ ⓤ《理》(熱・光などの)伝導. ❸ ⓒ《車》変速機, 伝動装置: an automatic [a manual] ～ 自動[手動]変速装置. ❹ ⓒ《通信》送波, 送信, 発信. **trans·mis·sive** /trænsmísɪv, trænz-/ 形 伝える(のに役立つ); 伝えることのできる. (動 transmit)

transmíssion lìne 名《電》伝送線路(電力輸送のための送電線; 通信用の伝送線).

trans·mis·siv·i·ty /trænsmɪsívəti, trænz-/ 名《理》透過率.

* **trans·mit** /trænsmít, trænz-/ 動 (**trans·mit·ted; -mit·ting**) ⓗ ❶《品物などを》送る, 渡す, 送り届ける: ～ a letter by hand [a parcel by rail, a message by radio] 手紙を手渡す[小包を鉄道で送る, 通信を無電で送る]. ❷ **a**《知識・報道などを…に》伝える, 告げる: ～ a tradition to posterity 伝統を後世に伝える. **b**《性質などを》子孫に伝える, 遺伝させる(to). **c**《病気などを》人に伝染させる(to): sexually transmitted diseases 性行為伝染の病気. ❸ **a**《熱・電気・光などを》伝導する: Copper ～s electricity. 銅は電気を伝える. **b**《力・運動などを》伝動する. **c**《電波を》送る; (電波で)信号を送る; 〈…を〉放送する. ━ⓐ 送信する, 放送する. 〖L=向こうへ送る TRANS-+mittere, miss- 送る (cf. mission)〗 (名 transmission)

trans·mit·tance /trænsmítəns, trænz-/ 名《理》透過率[度].

†**trans·mít·ter** /-tɚ|-tə/ 名 ❶《電》送信器, 発信機[装置]. ❷ 送達者, 伝達者.

trans·mog·ri·fy /trænsmágrəfaɪ, trænz-|-móg-/ 動 ⓗ《戯言》《魔法のように》人・ものの》姿[性格]を一変させる.

trans·mog·ri·fi·ca·tion /trænsmɑ̀grəfɪkéɪʃən, -mɔ̀g-/ 名

trans·mon·tane /trænsmántèɪn, trænz-|-món-/ 形 =tramontane.

trans·mut·a·ble /trænsmjúːtəbl, trænz-/ 形 変化[変質, 変形]できる. **-bly** /-bli/ 副

trans·mu·ta·tion /trænsmjuːtéɪʃən, trænz-/ 名 ⓒⓤ ❶ 変化, 変形, 変質, 変性; 盛んの…s of fortune 栄枯盛衰. ❷《錬金術の》変成(卑金属が貴金属に変わること).

trans·mu·ta·tive /trænsmjúːtətɪv, trænz-/ 形 変化[変形, 変質, 変性]の[を含む, させる].

trans·mute /trænsmjúːt, trænz-/ 動 ⓗ《性質・外観などを…に》変化する(into). 〖類義語〗⇒ transform.

tràns·nátional 形 ❶ 国家[民族]を越えた. ❷ 多国籍の. ━名 多国籍企業[組織].

trans·o·ce·an·ic /trænsòʊʃiǽnɪk, trænz-/ 形 ❶ 大洋のかなたの, 海外の. ❷ 大洋横断の, 渡洋の.

tran·som /trænsəm/ 名 ❶《建》 **a** 無目(むめ)《ドアと上の明かり取り窓などを仕切る横木》. **b** 窓の横仕切り. ❷《米》 =transom window. ❸《造船》船尾架(りょう), 船尾肋板. **óver the tránsom** 前もっての合意[取り決め]なしに, 向こうから勝手に.

tránsom wìndow 名《建》《ドアの上にあってちょうつがいで開閉できる》明かり取り窓, 欄間(らんま)窓(fanlight).

tran·son·ic /trænsánɪk|-sɔ́n-/ 形《空》音速に近い(時速 970–1450 km くらいの速さ). 〖TRANS-+SONIC〗

trans·pa·cif·ic /trænspəsífɪk/ 形 ❶ 太平洋の向こうの. ❷ 太平洋横断の.

trans·pár·ence /-rəns/ 名 =transparency 1.

†**trans·pár·en·cy** /trænspǽrənsi, -pé(ə)r-/ 名 ❶ ⓤ 透明, 透明性[度]. ❷ ⓒ (紙などの)透かし; 透かし絵(模様), 透明陽画, スライド (slide). (形 transparent)

†**trans·par·ent** /trænspǽrənt, -pé(ə)r-/ 形 (**more ～; most ～**) ❶ 透明な, 透き通る(↔ opaque): ～ windowpanes 透明な窓ガラス / ～ colors《画》透明絵の具. ❷《文体など》平明な, わかりやすい. **b**《意図など》明白な. **c**《言い訳など》見え透いた (obvious): a ～ lie 見え透いたうそ. ❸《人》率直な, 気取らない. ❹《織物など》見え透いた, 薄い. ❺《電算》《ネットワークやソフトウェアの存在・作用が》透明な《利用者にその介在が意識されない》. **～·ly** 副 〖L=通して見える < TRANS-+parere 見える (cf. appear)〗 〖類義語〗 transparent 反対側のものがはっきり見えるほど透き通っている. translucent 光は通すが反対側のものが見えるほど透明ではない.

trans·pérsonal 形 個人的なことを越えた, 超個人的な.

tran·spi·ra·tion /trænspəréɪʃən/ 名 ⓤ 蒸発, 発散(作用).

tran·spire /trænspáɪɚ|-spáɪə/ 動 ⓐ ❶《文》[it ～s that… の形で]《秘密》知れる, わかる: It ～d that the King was dead. 王の死が知れ渡った. ❷《口》《事件など》起こる: I gave an honest account of what ～d. 起こったことについて正直に説明した. ❸《文》《皮・肌・植物など》水分《におい》など》を発散する, 蒸散を行なう. 〖F < L < TRANS- spirare 息をする (cf. spirit)〗

* **trans·plant** /trænsplænt|-plɑ̀ːnt/ 名 ❶《外科》移植(手術): a heart ～ 心臓移植 / an organ ～ 臓器移植. ❷ 移植した物[器官, 組織]; 移住者. ━ /-ˊ-/ 動 ⓗ ❶《外科》《器官・組織など》を移植する; 《植物》を移植する: ～ a liver (from a donor to a recipient)《提供者から受容者へと》移植する / I ～ed the saplings into the garden. 苗木を庭に植え替えた. ❷《制度など》《…から…へ》移植する. ❸《人》《…へ》移住させる: ～ one's family to America 家族をアメリカへ移住させる / Many institutions were ～ed from Europe. 多くの制度がヨーロッパから移植された. ━名 移植に耐える[ができる]. **～·er** /-tɚ|-tə/ 名 〖L; ⇒ trans-, plant〗

trans·plan·ta·tion /trænsplæntéɪʃən, -plɑ̀ːnt-/ 名 ⓤ ❶《外科》移植(法): living donor liver ～ 生体肝移植. ❷ 移住, 移民 (⇒ transplant).

tràns·pólar 形 北[南]極を越える, 極地横断の.

tran·spon·der /trænspándɚ|-spɔ́ndə/ 名 ⓒ 応答機[器], トランスポンダー《外部からの信号に自動的に信号を送り返すラジオ, レーダー, または送受信機》. 〖TRANS(MIT-TER)+(RES)PONDER〗

trans·pon·tine /trænspántaɪn|-pɔ́n-/ 形 橋の向こう側の.

* **trans·port** /trænspɔ́ɚt|-pɔ́ːt/ 動 ⓗ ❶《…から…へ》輸送する, 運送する, 運ぶ: ～ goods by truck [《英》lorry] トラックで荷物を運ぶ / The products were ～ed from the factory to the station. 製品は工場から駅へ運ばれた: I felt ～ed to a different age. 私は別の時代に連れて行かれたように感じた. ❷《人を…で》夢中にする(★ 通例受身): He was ～ed with joy [grief] to hear those words. その言葉を聞き彼はうれしさで天にも上る気持ちになった[悲しみのあまり茫然(ぼうぜん)自失した]. ❸《昔》罪人を《…へ》流刑にする, 追放する. ━ /ˊ-/ 名 ❶ ⓤ《英》輸送, 運送; 輸送機関《《米》transportation》: the ～ of mail by air 郵便物の航空輸送 / We were deprived of any (means of) ～ during the storm. あらしの間我々には足[輸送機関]がなかった. **b**《口》乗り物の便. ❷ ⓒ 運送船, (軍用)輸送船; 輸送(飛行)機. ❸ [a ～; また複数形で] 恍惚(こうこつ), 我を忘れること: He was in a

～ [in ～*s*] *of* joy. 彼はうれしくて有頂天になっていた. 〘L ‹ TRANS-+*portare*, *port-* 運ぶ (cf. portable)〙 ([名] transportation) 【類義語】 ⇨ carry.

trans·port·a·ble /trænspɔ́ɚṭəbl | -pɔ́:t-/ [形] ❶ 輸送[運送]できる. ❷ 〔電算〕 ‹パソコンが›移動可能な《携帯には重いが, 一体型で持ち運び可能な》. **trans·pòrt·a·bíl·i·ty** /trænspɔ̀ɚṭəbíləṭi | -pɔ̀:t-/ [名]

***trans·por·ta·tion** /trӕnspəṭéɪʃən | -pɔ:-/ [名] ❶ [U] 《米》輸送, 運送; 輸送機関 (《英》 transport): *T*～ will be supplied by the company. 車は会社が用意することになっています. ❷ [U] 《米》輸送料, 運賃. ❸ [U] 《古》(罪人の)追放, 流刑: ～ for life 終身流刑. ([動] transport)

tránsport café /-kæfèɪ | -kæ̀feɪ/ [名] 《英》(特に長距離トラック運転手用)ドライブイン (《米》 truck stop).

trans·pórt·er /-ṭɚ | -tə/ [名] ❶ **a** 運搬装置. **b** 大型トラック; 車両輸送車. ❷ 輸送[運送]者.

transpórter brìdge [名] 運搬橋《吊(つ)り下げた電車に似た装置で人やものを運搬する橋》.

trans·pos·al /trænspóʊzəl/ [名] =transposition.

trans·pose /trænspóʊz/ [動] [他] ❶ ‹位置・順序などを›置き換える, 入れ替える; ‹文字・語句を›転置する (reverse); 言い直す: He ～*d* the numbers and mistakenly wrote 19 for 91. 彼は数字を取り違えて 91 を 19 と書いてしまった. ❷ ‹…を›〔…から〕〔異なる場所・状況などに〕置き換える, 移す (transfer); 翻案する 〔*from*〕 〔*to*〕. ❸ 〔楽〕‹楽曲を›移調[転調]する. ❹ 〔数〕‹数などを›移項する, 変換する. 〘F ‹ L＝移す ‹ TRANS-+*ponere*, *pasit-* 置く (cf. position)〙

trans·pós·ing ìnstrument [名] 〔楽〕移調楽器《原譜を移調して奏する楽器; 移調装置のある楽器》.

trans·po·si·tion /trӕnspəzíʃən/ [名] [C,U] ❶ 置き換え, 転位; 移動; 翻案. ❷ 〔楽〕移調. ❸ 〔数〕移項.

trans·po·son /trænspóʊzɑn/ [名] 〔生化〕トランスポゾン《一つの replicon から他の replicon へ移ることができる遺伝子群》.

trans·put·er /trænspjú:ṭɚ | -tə/ [名] 〔電算〕トランスピューター《高性能のマイクロプロセッサー》.

trans·sex·u·al /trænsékʃuəl, -ʃəl/ [名] 性転換願望者, 性同一性障害者; 性転換者. ── [形] 性転換(願望)(者)の. **trans·séx·ual·ìsm** /-lìzm/, **trans·sex·u·al·ity** /trænsèkʃuǽləṭi/ [名] [U] 性同一性障害.

trans·ship /træn(s)ʃíp/ [動] [他] (**-shipped**; **-ship·ping**) ‹乗客・貨物を›別の船[列車(など)]に移す, 積み替える. **～·ment** [名]

tràns-sónic [形] =transonic.

tran·sub·stan·ti·ate /trӕnsəbstǽnʃièɪt/ [動] [他] ‹…の›実質[実体]を変化させる, 変質させる; 〔神学〕‹聖餐のパンとぶどう酒に›実体変化を起こさせる.

tran·sub·stan·ti·a·tion /trӕnsəbstӕnʃiéɪʃən/ [名] [U] 〔神学〕実体変化《聖餐(せいさん)のパンとぶどう酒とをキリストの肉と血とに変化させること》.

tran·su·date /trǽnsu:dèɪt | -sjʊ-/ [名] 浸出物, 濾出物[液].

tran·su·da·tion /trӕnsu:déɪʃən | -sjʊ-/ [名] [U,C] 浸出, 濾出; 浸出[濾出]物.

tran·sude /trænsú:d | -sjú:d/ [動] [自] [他] 浸出[濾出]する[させる].

trans·u·ra·nic /trӕnsjʊrǽnɪk, trӕnz-←/ [形] 〔化〕超ウランの《原子番号が 93 以上の放射性元素にいう》.

Trans·vaal /trӕnsvɑ́:l, trӕnz-← | ⸗⸗/ [名] [the ～] トランスバール《南アフリカ共和国の州; 世界一の金産地》.

Tránsvaal dáisy [名] 〔植〕オオセンボンヤリ《Transvaal 原産のガーベラの一種》.

tràns·valuátion [名] [U,C] 評価換え, 再評価.

tràns·válue [動] [他] (特に 定説とは別の価値基準で)‹…の›評価を変える, 再評価する.

trans·ver·sal /trænsvɚ́:sl, trænz- | trænzvə́:-/ [形] 横断する; 横断線の. ── [名] 〔数〕横断線.

trans·verse /trænsvɚ́:s, trænz- | -və́:s/ [形] 横の, 横断する: a ～ artery 〔解〕横動脈 / a ～ section 横断面. **～·ly** [副]

tránsverse flúte [名] 〔楽〕横笛, フラウト・トラヴェルソ.

tránsverse mágnet [名] 〔理〕磁極が(長手方向の端でなく)側辺にある磁石.

tránsverse wáve [名] 〔理〕横波.

trans·vest·ism /trænsvéstɪzm, trænz-/ [名] [U] 異性服装倒錯 (cross-dressing)《異性の服装をすることで性的満足を得ること》.

+trans·ves·tite /trænsvéstaɪt, trænz-/ [名] 異性服装倒錯者. ── [形] 異性服装倒錯(者)の.

Tran·syl·va·ni·a /trӕnsəlvéɪniə/ [名] トランシルバニア《ルーマニア西部の地域; かつてはハンガリー領; Dracula 伯爵の故郷とされている》. **-ni·an** /-niən/ [形] [名]

trap**[1] /trǽp/ [名] ❶ (鳥獣などを捕らえる)わな, 落とし: ⇨ mousetrap / catch an animal in a ～ わなで動物を捕らえる. ❷ (人を陥れる)計略, 策略, わな: fall [walk] into a ～ わなにはまる, 術中に陥る / fall into the ～ of do*ing*… わなにはまって…する / be caught in a ～ わなにかか(ってい)る / lay [set] a ～ for…にわなを仕掛ける; …を陥れようとたくらむ. ❸ [通例単数形で] (ぬけ出せない)困難[不快]な状況[状態]: be caught in a debt ～ 負債に陥って抜け出せずにいる. ❹ (射撃のための)放鳥器, 標的飛ばし《標的のクレー (clay pigeon) などを空中に飛ばす装置; cf. trapshooting》. ❺ 防臭弁, トラップ(装置)《排水管などの U 字型の部分》. ❻ (屋根・天井・床・舞台などの)はねぶた, 揚げぶた. ❼ トラップ馬車《二輪の軽装馬車》. ❽ (グレーハウンド競走で)スタート前に犬を入れておく囲い. ❾ 《俗》口: Shut your ～! 黙れ! / keep one's ～ shut 秘密をもらさない. ❿ [通例複数形で] 《口》〘ジャズ〙打楽器類. ⓫ ＝sand trap. ⓬ ＝speed trap. ── [動] (**trapped**; **trap·ping**) [他] ❶ **a** ‹鳥獣を›わなで捕らえる: ～ a fox キツネをわなで捕らえる. **b** ‹森などに›わなを仕掛ける: ～ a wood 森にあちこちわなを仕掛ける. **c** [通例受身で] ‹…を›閉じ込める, 逃げられない[動けない]ようにする; ‹人を›〔困難な立場に〕追い込む, 束縛する (cf. trapped): He was *trapped* ***in a burning house. 燃えさかる家に閉じ込められた. **d** ‹犯罪者などを›捕える, とらえる. ❷ ‹人を›計略にかける, だます; ‹人を›だまして〔…〕させる: She *trapped* him ***into*** marriage by pretending she was pregnant. 彼女は妊娠したとだまして彼と結婚した. ❸ ‹気体・エネルギーなどを›のがさないようにする, 封じ込める. ❹ 〘サッカー〙‹ボールを›トラッピング[トラップ]する. 【類義語】 ⇨ catch.

trap[2] /trǽp/ [名] [複数形で] 《口》手回り品, 携帯品, 手荷物: pack up one's ～*s* 手回り品をまとめる. ── [動] [他] (**trapped**; **trap·ping**) ‹…に›飾りをつける ‹*out*›.

trap[3] /trǽp/ [名] [U] 〔地〕トラップ《暗色の火成岩; 道路工事用》.

tráp·bàll [名] [U] トラップボール《trap で放り上げたボールをバットで飛ばすかつての球技の一種》.

tráp·dóor [名] ❶ (屋根・天井・床・舞台などの)はねぶた, 揚げぶた, 落とし戸. ❷ 〔電算〕(暗号やユーザー管理システムなどの)抜け穴《不備によるものも意図的につくられたものも指す》.

tráp-dòor spíder [名] 〔動〕トタテグモ《地中に竪穴を掘って筒状の巣を作り片開きの戸をつける》.

trapes /tréɪps/ [動] [名] 《古》＝traipse.

tra·peze /træpí:z | trəp-/ [名] 空中ぶらんこ.

tra·pe·zi·um /trəpí:ziəm/ [名] ([複] **-zi·a** /-ziə/, ～s) ❶ 《米》不等辺四辺形 (《英》 trapezoid). ❷ 《英》台形 (《米》 trapezoid).

tra·pe·zi·us /trəpí:ziəs/ [名] 〔解〕僧帽筋.

trap·e·zoid /trǽpəzɔ̀ɪd/ [名] ❶ 《米》台形 (《英》 trapezium). ❷ 《英》不等辺四辺形 (《米》 trapezium).

***trapped** /trǽpt/ [形] 不快な状況に陥った, 束縛された, がんじがらめになった, はまった: feel ～ (強い)束縛感をもつ, しばられていると感じる.

tráp·per [名] (特に毛皮を取るために)わなで猟をする猟師.

+trap·pings /trǽpɪŋz/ [名] [複] ❶ **a** 装飾, アクセサリー. **b** (官位などを示す)装い, 付属物: the ～ of success 成功[出世]に伴う虚飾. ❷ (装飾的な)馬具, 馬飾り.

Trap·pist /trǽpɪst/ [名] 〔カト〕❶ [the ～s] トラピスト修道会《フランス Normandy の La Trappe に 1664 年創

立; 沈黙を守ることで知られている). ❷ ⓒ トラピスト会. ━━ 形 トラピスト修道会の.
tráp·ròck 名 =trap¹.
tráp·shòoter 名 トラップ射撃の射手.
tráp·shòoting 名 ⓤ トラップ射撃《クレー射撃の一つ》.

***trash** /trǽʃ/ 名 ⓤ ❶ *くず*, がらくた: on the ～ heap 《誰にも相手にされず》ごみために / One man's ～ is another man's treasure. がらくたもその人には宝《人それぞれ物の見方が異なるということ》; 十人十色}. ❷ 《文学・芸術上の》駄作, ばか話 (nonsense). ❸ 《集合的にも用いて; 単数または複数扱い》《米》くだらない人間, 能なし. ━━ 動 他 ❶ 破壊する (wreck). ❷ 酷評する, けなす (rubbish). ❸ 《米》処分する, 捨てる.

trásh bàg 名《米》ごみ袋.
trásh càn [bìn] 名《米》（屋外用）ごみ入れ[捨て]《英 dustbin》.
trásh compàctor 名 ごみ圧縮器.
trashed /trǽʃt/ 形《米俗》❶ 《酒・麻薬に》酔っぱらった, ぐでんぐでんの. ❷ ぶっこわれた, ぼろぼろ[めちゃめちゃ]の.
trásh tàlk [tàlking] 名 ⓤ 《特にスポーツで, 相手をおじけつかせるための》嘲弄のことば, 挑発的な侮辱, やじ, 悪口, 毒舌, こきおろし. **trásh-tàlk** 動 **trásh tàlker** 名
trash·y /trǽʃi/ 形 (trash·i·er, -i·est) くずの, つまらない (rubbishy): a ～ novel くだらない小説, 三文小説.
trass /trǽs/ 名 ⓤ 火山土, トラッス《火山灰のくず; 水硬セメントの材料》.
trat·to·ri·a /trɑ̀ːtəríːə/ 名 (複 ～s, -rie /-ríːi/) 料理店,《特に》イタリアの大衆レストラン, トラットリーア.
***trau·ma** /tráumə, trɔ́ː-/ 名 (複 ～s, -ta /-tə/) ⓤⓒ ❶ 《精神医》精神的外傷. ❷ 《医》外傷.《L<Gk=傷》 (形) traumatic.
†**trau·mat·ic** /trɔ:mǽtɪk, trɑu-│trɔ:-, trɑu-/ 形 《精神医(性)の》精神的外傷を与える: a ～ experience 《精神的に》衝撃的な経験 / (a) ～ neurosis 外傷性神経症. **trau·mát·i·cal·ly** /-kəli/ 副 (名) **trauma**.
trau·ma·tism /trɔ́ːmətìz(ə)m, tráu-/ 名 ⓤ《医·精神医》外傷性全身障害; 外傷.
†**trau·ma·tize** /trɔ́ːmətàɪz, tráu-/ 動 他 ❶ 《精神医》《人に》精神的外傷を与える. ❷ 《医》《...に》外傷を与える, 《...を》傷つける.
tra·vail /trəvéɪl│trǽveɪl/ 名 ⓤ ❶ 骨折り, 労苦. ❷《文》陣痛: in ～ 産気づいて. ━━ 動 苦労する.《F; TRAVEL と二重語》

***trav·el** /trǽv(ə)l/ 動 (trav·eled,《英》-elled; trav·el·ing,《英》-el·ling) 自 ❶ 《副詞(句)を伴って》《遠方または外国へ》**旅行する**《乗り物で行く》: ～ first-class 一等で旅行する / ～ abroad [to a foreign country] 海外旅行をする《外国へ旅行する》/ ～ light 軽装で旅行する / He's ～ing in Africa. 彼はアフリカを旅行している / She has ～ed all over Europe. 彼女はヨーロッパ中を旅行して回った. ❷ 《副詞(句)を伴って》**a** 動いていく, 進む: We ～ed many miles on foot. 我々は何マイルも歩いた / Trains ～ along rails. 列車はレールを走る / The earth ～s round the sun. 地球は太陽の周りを回る / We ～ed from one place to another at regular intervals. 私たちは一定の間隔である位置から他の位置へ移動した. **b** 《光·音などが》伝わる, 進む: Light ～s much faster than sound. 光は音よりはるかに速く伝わる / Television waves ～ only in straight lines. テレビの電波はまっすぐにしか進まない / Bad news ～s fast [quickly]. 《諺》悪いうわさはすぐ伝わる,「悪事千里を走る」. ❸ 外交をして回る, セールスに出る《★進行形なし》: He ～s for a publishing firm. 彼はある出版社の外交員をしている / She ～s in toiletries. 彼女は化粧品のセールスをしている. ❹ 《副詞(句)を伴って》《目が次々へと移る; 心が次々と思い起こす》: His eyes ～ed over the plain [from face to face]. 彼の目は平原をずうっと見渡した[人々の顔を次々と見ていった]. ❺ 《口》速く動く; 《車が高速で走る》: The ball really ～s when he throws it. 彼が投げる球は実に速い. ❻ 《well, badly などを伴って》長旅[長距離の輸送]に耐える. ❼ 《バスケ》トラベリングをする《反則》. ━━ 他 《...を》旅行する, 旅行して通る: My father ～ed the whole world. 私の父は世界中

を旅行した.
━━ 名 ❶ **a** ⓤ 旅行(すること): I like ～. 私は旅行が好きです / ～ broadens the mind. 旅行は見聞を広める. **b** ⓒ 《通例複数形で》遠方への旅行, 外国旅行, 漫遊: Did you enjoy your ～s in Europe? ヨーロッパ旅行は楽しかったですか / be off on one's ～s 休暇をとって旅行に出かけている. ❷ 《複数形で》旅行記[談], 紀行(文).
━━ 形 Ⓐ 旅行(用)の: ～ expenses 旅費.
《F travailler 働く, 努力する<L=苦しめる, 拷問する trepalium (三本柱の)拷問道具《tres three+palium 杭; 原義は「苦しんで旅する」》
【類義語】**travel** 旅行の意のいちばん広い語で, 特に遠い国または長期間にわたる旅行. **trip** 通例用事や遊びで出かけ, また帰ってくる旅行; 厳密には短期間のものを指すが, しばしば journey と同じ意味で使われる. **journey** 格式のことばで, 通例かなり長い, 陸路の, 時として骨の折れる旅で, 必ずしも帰ってくるとは意味しない. **voyage** 海上の比較的長い旅行. **tour** 観光・視察などのための計画に基づいて各地を訪れる周遊旅行. **excursion** レクリエーションなどのために多くの人が一緒に行なう短い旅行.

trável àgency 名 旅行案内社[所], 旅行代理店.
***trável àgent** 名 旅行案内業者.
trav·e·la·tor /trǽvəlèɪtə│-tə/ 名 =travolator.
trável bùreau 名 =travel agency.
tráv·eled,《英》**tráv·elled** /trǽv(ə)ld/ 形 ❶ 《人が》広く旅をした; 《旅行して》見聞の広い: a widely ～ person 旅慣れた人; 見聞の広い人. ❷ 道路など旅人の多い: a heavily ～ road 多くの旅行者が通る道.
***trav·el·er**,《英》**trav·el·ler** /trǽv(ə)lə│-lə/ 名 ❶ **旅行者**, 旅人; 旅行家. ❷《英》放浪者, ジプシー. ❸ 《地方販売》外交員, セールスマン.
tráveler's chèck 名 旅行者用小切手, トラベラーズチェック《解説》旅行者で購入したらあらかじめサインをしておき, 使用する際は相手の見ている前で副署名欄にサインをする (countersign).
tráveler's tàle 名 信じられない話, ほら話.
tráv·el·ing,《英》**trav·el·ling** /-v(ə)lɪŋ/ 形 ❶ 巡業する, 旅...; 移動して回る (itinerant): a ～ entertainer 旅芸人. ❷ 旅行の; 旅(行)者の: a ～ bag 旅行かばん. ❸ ⓤ 旅行(すること); 巡業, 旅行(者)中の.
tráveling compánion 名 旅の連れ.
tráveling cràne 名 走行クレーン[起重機].
tráveling públic 名 [the ～] ❶ 種々の交通手段で移動する人々. ❷ 漂泊民族.
tráveling sálesman 名 販売外交員 (sales representative).
tráveling wáve 名《理》進行波.
travelled, traveller, travelling ⇒ **traveled, traveler, traveling**.
trav·e·log(ue) /trǽvəlɔ̀ːg│-lɔ̀g/ 名 ❶ (スライド・映画を用いてする)旅行談. ❷ 紀行映画.《TRAVEL+-LOGUE》
trável·sìck 形 乗り物に酔った: get [feel] ～ (乗り物に)酔う. **trável sìckness** 名 ⓤ 乗り物酔い.
trav·ers·a·ble /trǽvə·səbl│-vá-s-/ 形 横切る[越える]ことのできる.
tra·ver·sal /trəvə́:s(ə)l│-və́:-/ 名 横切ること, 横断.
†**tra·verse** /trəvə́ːs│-və́ːs/ 動 ❶ **a** 横切る; 横断する (cross): The railroad ～s the Continent from East to West. その鉄道は北米大陸を東部から西部へと横断している / He ～d Africa alone. 彼は単身でアフリカ旅行をした. **b** 《光線などが》...を横切る: The searchlight beams ～d the sky. そのサーチライトの光線が大空を交差した. ❷ 《問題などを》詳しく考察する, 詳説[詳論]する. ❸ 《意見·政策に》反対する, 反駁する, 妨害する. ━━ 自 ❶ ジグザグに登る. ❷ 《登山》トラバースする. ━━ 名 /trǽvə(ː)s│-və(ː)s/ ❶ **a** 横断, 横切ること. **b** 《登山》トラバース《急斜面·岩壁を横に[斜めに]移動すること》; その急斜面·岩壁·ルート}. ❷ **a** 横木, 横げた. **b** 横断線.
tra·vérs·er 名 《F<L<TRANS-+vertere, vers- 回転する (cf. **verse**)》

tra·ver·tine /trǽvətìːn | -vətìn/ 名 U 石灰華《温泉などの石灰質沈殿物》.

trav·es·ty /trǽvəsti/ 動 こっけい化する, 戯画化する.
— 名 こっけい化, 戯画化; 拙劣な模倣, こじつけ 《of》.

tra·vois /trəvɔ́ɪ, trǽvɔɪ/ 名 (⓿ -/-z/, -es /-z/) 《北米平原地方の先住民の》2本の棒を枠で結び合わせ犬や馬に引かせる運搬用具.

trav·o·la·tor /trǽvəlèɪtə | -tə/ 名 《英》動く歩道.

†**trawl** /trɔ́ːl/ 動 ❶ くまなく探すこと. ❷ トロール網, 底引き網《円錐形の大きな袋網》. ❸ 《米》はえなわ《釣り針のついた多数の釣り糸を配した長いなわ》.
— 動 ⓐ ❶ […を求めて]…をくまなく探す〔for〕〔through〕. ❷ トロール網で引く, トロール漁業をする. ⓑ ❶ …を求めて…をくまなく探す〔for〕. ❷ 〈魚を〉トロール網で捕る.

†**trawl·er** 名 ❶ トロール船. ❷ トロール漁業者.

trawl line 名 = trawl 3.

trawl·net 名 = trawl 2.

*****tray** /tréɪ/ 名 ❶ **a** 盆, トレー; 盛り皿: a pen — ペン皿 / a tea — 茶盆 / ⇒ ashtray. **b** 盆1杯の（量）: a ~ of food 盆にひと盛りの食物. ❷ 《机上書類入れ用, 博物標本用などの》浅い整理箱, みだれ箱. **in [out] tray**《書類が未[既]決の…》. 〖OE; 原義は木製の器; TREE と同語源〗

tray·ful /tréɪfùl/ 名 盆1杯の（量）《of》.

†**treach·er·ous** /trétʃ(ə)rəs/ 形 ❶ 裏切る, そむく, 不忠な, 不実な: ~ behavior 裏切り行為 / He was ~ to his friends. 彼は友人に不実な男だった; 彼は友人を裏切った. ❷ あてにならない, 油断できない, 〈安全である〉危険な: a ~ branch 丈夫そうに見えて折れやすい枝 / ~ weather あてにならない天気 / a ~ memory おぼつかない記憶力.
~·ly 副 ~·ness 名 《= treachery》

†**treach·er·y** /trétʃ(ə)ri/ 名 U,C 裏切り, 背信行為, 不忠. 〖F〗 形 treacherous

trea·cle /tríːkl/ 名 U 《英》❶ 糖蜜(うみ) 《米》molasses). ❷ 精製糖蜜 (golden syrup).

trea·cly /tríːkli/ 形 (**trea·cli·er; -cli·est**) ❶ 糖蜜(うみ)の（ような）. ❷ 〈言葉・笑いなど〉甘ったるい, 取り入るような; 〈歌など〉感傷的な. 〖TREACLE+-Y³〗

*****tread** /tréd/ 動 (**trod** /trɑ́d | trɔ́d/; **trod·den** /trɑ́dn, trɔ́dn/, **trod**) ⓐ ❶ **a** 〈…を〉踏みつける[つぶす]: ~ on a person's foot 人の足を（誤って）踏みつける. **b** …を強く踏む: ~ on the accelerator アクセルを踏む. **c** 《文》歩く, 行く《既 walk のほうが一般的》: T~ lightly, or you will wake the baby. そっと歩いて, でないと赤ん坊が目を覚まします. ❷ 行動する, ふるまう, 進む: ~ carefully 慎重に行動する. — ⓑ ❶ 〈…を〉踏みつける, 踏みつぶす: ~ grapes 《ブドウ汁を搾るために》ブドウを踏む / He trod out his cigarette. 彼はたばこの火を踏み消した / He trod (down) the earth round the roots of the seedling. 彼は苗木の根の周りの土を踏み固めた. ❷ 《文》…を歩く, 行く, 通る: He trod the room from end to end. 彼はその部屋を端から端まで歩いていった. ❸ 〈敵などを〉征服する 〈down〉《★ 通例受身》. **tread a path** 《★ 比喩的》〔…な〕行動をとる, 〔…の〕経過[道]をたどる: ~ a different path from …. …とは異なる行動をとる[違う道をたどる] / a careful path 慎重な行動をとる, 慎重に進む. **tread the boards** （役者として）舞台に立つ. **tread water** (1) 立ち泳ぎする《★ この場合過去形・過去分詞は通例treaded を用いる》. (2) 現状を維持する, 進展がない. — 名 ❶ [単数形で; 通例修飾語句を伴って] 踏む[歩く]こと, 歩きぶり; 足音: walk with a heavy [cautious] ~ 重い[用心深い]足どりで歩く. **b** （はしごの）段. **c** （ミシン・自転車などの）ペダル. ❷ C,U **a** （タイヤ・車輪などの）トレッド, 踏面 (ಬ); 《車輪・タイヤの地面・レールに触れる部分》. **b** トレッドパターン《タイヤのトレッドに刻まれた模様》. **c** 《靴の底》, 靴底の模様. ❸ 《車》輪距, トレッド《左右両輪間の長さ》. 〖OE=歩く, 踏む〗

trea·dle /trédl/ 名 （旋盤・ミシンなどの）ペダル, 踏み子.
— 動 ⓐ ペダル[踏み子]を踏む.

†**tread·mill** 名 ❶ [the ~] 単調な仕事: get off the ~ 単調な仕事をやめる. ❷ C 《運動・体力測定用の》無端ベルト装置, トレドミル. ❸ C 踏み車《平らに置いた円盤の周囲を人や牛馬に踏ませ, これを回転させその動力をいろいろな機械に応用した装置; 昔は獄舎内で懲罰として用いた》.

tréadmill tèst 名 トレッドミルテスト《トレッドミルの上を歩きながら心電図を測定する検査》.

tread·whèel 名 《水を汲み上げたりする》踏み車, 踏み輪.

treas. （略）treasurer; treasury.

†**trea·son** /tríːzn/ 名 C,U 《君主・国家に対する》反逆（罪）: high ~ 大逆罪. 〖F<L traditio(n-) 引き渡すこと; ⇒ tradition〗

trea·son·a·ble /tríːz(ə)nəbl/ 形 反逆の, 大逆の, 国事犯の. **trea·son·a·bly** /-nəbli/ 副

trea·son·ous /tríːz(ə)nəs/ 形 = treasonable.

*****trea·sure** /tréʒə | -ʒə/ 名 ❶ U 宝物, 財宝《特に蓄えられた古銭・金銀・宝石類》; 秘蔵物, 秘宝: in search [quest] of ~ 宝探しに[の] / amass ~ 財宝を蓄える. ❷ C 《通例複数形で》貴重品, 重要品: art ~s 重要美術品. ❸ 《口》**a** C 重宝者, またない人 (gem). **b** C 《通例単数形で》最愛の人《子供・若い女性に対する呼び掛けに用いる》. — 動 ⓑ ❶ 〈…を〉大事[大切]にする; 秘蔵する; 《将来のために》取っておく, 蓄える: She ~s everything her mother has given her. 彼女は母からもらったものは何でも大切にしている. ❷ 〈友情・思い出などを〉心に銘記する (cherish). 〖F trésor<L thesaurus; ⇒ thesaurus〗

treasure chèst 名 宝箱.

trea·sured 形 大事にした[している], 秘蔵の: one's ~ books 秘蔵書.

treasure house 名 ❶ 宝庫, 宝物庫. ❷ 〔知識などの〕宝庫 《of》.

treasure hunt 名 ❶ C 宝探し. ❷ U 宝探し遊び.

†**trea·sur·er** /-ʒ(ə)rə | -rə/ 名 会計係, 出納官, 収入役: the T~ of the Household 《英》王室会計局長官 / the T~ of the United States 《米》財務省出納局長.

Tréasure Stàte 名 [the ~] 宝州《米国 Montana 州の俗称》.

treasure trove /-tròʊv/ 名 (⓿ ~s) ❶ U 埋蔵物《所有者不明の発掘物》. ❷ C 貴重な発見（物）.

*****trea·sur·y** /tréʒ(ə)ri/ 名 ❶ [the T~] 《米》財務省《正式には the Department of the Treasury》. ❷ 《英》大蔵省. ❷ C **a** （団体の）財産, 資産, 資金; 財宝: The ~ of the baseball club is as empty as ever. 野球チームの資金は相変わらず底をついている. **b** 《昔, 政府の金が保管・運営された》国庫. ❸ C **a** 宝庫, 財宝置き場. **b** 〔知識などの〕宝庫; 名詞[文]集: a ~ of information 情報の宝庫 / The Golden T~ of Songs and Lyrics「英国叙情詩選」《英国の F. T. Palgrave /pǽlgreɪv/ が編集した詩選集》.

Treasury bench 名 [the ~] 《英国下院の》国務大臣席《総理大臣・大蔵大臣が座る議長右側の第一列》.

tréasury bìll 名 [しばしば T~] 《米》財務省短期証券; 《英》大蔵省短期証券.

Tréasury Bòard 名 [the ~] 《英》国家財政委員会.

tréasury bònd 名 《米》財務省長期証券.

treasury nòte 名 ❶ 《米》財務省中期証券《期間1-10年》. ❷ 法定紙幣: **a** 英国で 1914-28年に発行された 1 ポンドまたは 10 シリング紙幣. **b** 米国で 1890年のシャーマン銀貨法 (Sherman Silver Purchase Act) に基づいて地金買入代金を支払うために財務省が発行した紙幣.

*****treat** /tríːt/ 動 ⓐ ❶ 〈様態の副詞（句・節）を伴って〉〈人・動物などを〉…に待遇する, 取り扱う: He was well [badly] ~ed by his uncle. 彼はおじに優しくされた[虐待された] / Is that how you ~ me? それが君の私に対する扱い方か / They are adults and should be ~ed as such. 彼らは大人なのだからそのように[大人として]扱われるべきだ / Don't ~ me as [like] a stranger [as if I were a stranger]. 私を他人扱いにしてくれ. ❷ [通例様態の副詞（句・節）を伴って] **a** 〈…を〉(…と)みなす, （考えのうえで）扱う: T~ the matter with caution. その問題は慎重に扱いなさい / [+as+補] ~ed his words as a warning. 彼の言葉を警告と受け取った《★ 補語には名詞・形容詞が来る》. **b** 〈問題などを〉(…に)論じる, 扱う, 述べる: At the symposium the problem was ~ed in detail by numerous speakers. 討論会ではその問題はたくさんの発言者によって詳細に論じられた. ❸ **a** 〈人・傷病を〉治療する, 手当てする: She is being ~*ed for* pneumonia. 彼女は肺炎の治療を受けている / The disease can be ~*ed with* antibiotics. その病気は抗生物質で治療できる. **b** 〈…を〉〈化学薬品などで〉処理する: In engraving, a metal plate is ~*ed with* acid. 銅版術では金属板を酸で処理する. ❹ **a** 〈人に〉〈…を〉おごる, ごちそうする: He ~*ed* me *to* lunch [a movie]. 彼は私に昼食[映画]をおごってくれた. **b** [~ oneself で] 奮発して〈…を〉買う[食べる]: I'll ~ *myself to* a large steak this evening. 今夜は奮発して大きなステーキを食べよう.

── 〈…と〉交渉する, 取引する: They decided not to ~ *for* peace *with* the enemy. 敵と和議の交渉をしないことに決めた.

── 图 ❶ C (めったにない)楽しみ, (思わぬ)喜び(事); とてもいいもの: It was a great ~ for my sister to go to the theater. 芝居は小さい妹にとって大変な楽しみだった / I've got a ~ for you after supper. 夕飯が終わったらとてもいいものをあげよう. ❷ [one's ~] おごること; おごる番: This is my ~. これはぼくのおごりだ / *Whose* ~ is it today? きょうはだれがおごる番かね. ❸ [a ~; 副詞的に] すばらしく, 申し分なく: work a ~ うまくいく / look a ~ 《外見がすばらしく見える. **gó dówn a tréat** (with…) 《英口》〈物が〉〈…に〉気に入られる. **stánd tréat** 《米口》おごる. ~·a·ble /-təbl/ 形 | ~·er /-tə/ 图
〚F < L *tractare* 引いて回る, 取り扱う〈 *trahere* 引く; cf. tract¹〛(图 treatment)

trea·tise /tríːtɪs, -tɪz/ 图 (学術)論文 [*on*].

‡**treat·ment** /tríːtmənt/ 图 ❶ U **a** 〈人などに対する〉待遇, 扱い; receive cruel [kind] ~ 手荒[親切]な扱いを受ける. **b** 〈物の〉処理(法); 〈問題の〉論じ方, 扱い方. **c** [the (full) ~] いつもの扱い方; 十分な扱い: get the full ~ いつもの待遇を受ける / give a person the full ~ 人を念入りに処遇する. ❷ U,C (医師の)治療(法), 手当て: medical ~ 医療 / They developed a new ~ for polio. 彼らは小児まひの新しい治療法を開発した / She's under medical ~ in 《米》 the hospital. 彼女はいま入院して治療を受けている / respond well to ~ 治療を受けて回復する.

‡**trea·ty** /tríːti/ 图 ❶ C **a** (国家間の正式な)条約 (cf. convention A 3)): a peace [friendship] ~ 平和[友好]条約 / enter into a ~ (with…) 〈…と〉条約を結ぶ. **b** 条約文. ❷ U (個人間の)約束, 約定. 〚F < L *tractare* 取り扱う; cf. treat 〛

tréaty pòrt 图《史》(日本や中国などの)条約港, 条約による開港場.

⁺**tre·ble** /trébl/ 形 ❶ **a** [~ the (one's)…などの形で] …の3倍の (triple) (用法) もと名詞で後に of が略された用法に由来する): He earns ~ what I do. 彼は私の収入の3倍も稼ぐ. **b** 3倍の, 三重の, 三様の: a ~ meaning 3通りの意味 / There was a ~ knock at the door. ドアに3回ノックがあった. ❷ 〔楽〕最高音部[声部]の: ⇒ treble clef. ❸〔楽〕 **a** トレブル, 最高音部[声部]で (bass¹ 関連). **b** [c] 最高音部[ソプラノ]の声; 子供(特に男子)の高音. ❷ [c] 最高音部の歌手; 子供のソプラノ, (特に)ボーイソプラノ; 最高音部の楽器. ❸ [c] 3連勝.
── 图 3倍なる[する] (triple). **tré·bly** /-li/ 副 〚F < L *triplus* TRIPLE〛

tréble chánce 图 U 《英》トレブルチャンス(football pools の一種; ホームグラウンドと遠征グラウンドでの勝敗予想と引分け予想で点数が異なる).

tréble cléf 图〔楽〕高音部記号, ト音記号.

Tre·blin·ka /trəblíŋkə/ 图 トレブリンカ(Warsaw 近くにあった, ナチスの強制収容所).

treb·u·chet /trébjʊʃèt/ 图 (中世の城門破壊用)投石機.

tre·cen·to /treɪtʃéntoʊ/ 图 [the ~] 十四世紀; 十四世紀美術[文学](特にイタリア芸術についていう).

‡**tree** /tríː/ 图 ❶ a 樹木, (立ち)木, 高木: an apple ~ リンゴの木 / cut down a ~ 木を切り倒す / plant a ~ 木を植える. **b** (低木や草木でも)高木のように育つ[仕立てた]もの: a rose ~ (立ち木性の)バラの木 / a banana ~ バナナの木. ❷ [通例複合語で] 木製のもの, 木具: an axle ~ 心棒 / a boot ~ 靴型. ❸ 樹形図: ⇒ family tree. **be óut of one's trée** 正気でない. **grów on trées** [通例否定文で] 簡単に手に入れる: Money doesn't *grow on* ~s. 金のなる木はない. **the tóp of the trée** ⇒ top¹ 图 成句.
the trée of knówledge (of good and évil) 知恵の木(エデンの園にあって, その実を Adam と Eve が食べたために楽園を追われた; cf. Eden 解説). **trée of héaven** 〔植〕神樹(じゅ)(*ailanthus* の別称). **trée of life** (1) [the ~] 生命の木(エデンの園の中央にあってその実は限りなき生命を与える; ★ 聖書「創世記」から). (2) 〔植〕 クロベ属・アスナロ属の木. **úp a trée** 《米》追い詰められて, 途方に暮れて. ── 動 他 ❶ 〈獣を〉木に追い上げる. ❷ 《米》〈人を〉追い詰める, 窮地に陥れる. 〚OE〛 (関連 arboreal, dendroid)
【類義語】 tree 通例 10 フィート以上の高さの木. shrub, bush 低木. wood 木材.

trée cálf 图 (製本) 木目カーフ(木目模様に染めた上等の製本用子牛革).

trée crèeper 图〔鳥〕❶ キバシリ. ❷ キノボリ.

trée dìagram 图 樹形図, 枝分かれ図.

trée fèrn 图〔植〕 木生シダ(ヘゴ科の各種のシダ).

trée fròg 图〔動〕(樹上性の)アマガエル.

trée héath 图〔植〕エイジュ(ツツジ科エリカ属の低木; 地中海沿岸・カフカス原産).

trée·hòpper 图〔昆〕 ツノゼミ(同科のセミの総称).

trée hòuse 图 (子供が遊ぶ)樹上の家.

trée-hùgger 图《口・軽蔑》環境保護運動家.

trée-hùgging 形《口・軽蔑》環境保護の.

trée·less 形 樹木のない.

trée lìne 图 (高山・極地の)高木[樹木]限界.

trée-lìned 形 〈道など〉一列に木が植わっている, 並木の: a ~ road 並木道.

trée màllow 图〔植〕モクアオイ.

tre·en /tríːən/ 图 (徳 ~) (古い)木製家庭用品(特に骨董品としての鉢・皿など).

trée·nail /tríːnèɪl, trénl/ 图 木くぎ.

trée pìe 图〔鳥〕 ❶ ラケットオナガ(東南アジア産). ❷ タイワンオナガ(インド・東南アジア産). ❸ キリオオナガ(東南アジア産).

trée rìng 图〔植〕 年輪.

trée shrèw 图〔動〕 ツパイ(霊長類と食虫類の中間の獣; 東南アジア産).

trée sùrgeon 图 樹木外科術専門家.

trée sùrgery 图 U 樹木外科術(樹木を刈り込んだり, 枯れ木対策をしたりする).

trée tòad 图 = tree frog.

trée tomàto 图 = tamarillo.

trée·tòp 图 こずえ.

trée trùnk 图 木の幹.

tref /tréɪf/, **tre·fa** /tréɪfə/ 形 (ユダヤ教のおきてに照らして食べるに適しない, 不浄な (↔ kosher).

tre·foil /tríːfɔɪl/ 图 ❶〔植〕 シロツメクサ, シャジクソウ. ❷〔建〕 トレフォイル, 三つ葉模様.

tre·ha·lose /trɪhəːloʊs/ 图 U〔生化〕 トレハロース(酵母・菌類中に存する二糖の一種).

‡**trek** /trék/ 图 (長い骨の折れる)旅, 移住. ── 動 自 (trekked; trek·king) [副詞(句)を伴って] (徒歩での)のろのろ[骨の折れる]旅をする; 山歩きをする.

Trek·kie /tréki/ 图 《米》トレッキー(SF テレビシリーズ番組 'Star Trek' ファン).

trel·lis /trélɪs/ 图 ❶ (つる植物をはわせるための)格子(ご)垣[棚]. ❷ 格子垣のアーチ(あずまや). ── 動 他 〈つる植物に〉格子垣をつける, 〈つる植物を〉格子垣にからませる.

tréllis·wòrk 图 U 格子細工, 格子組.

trem·a·tode /trémətòʊd/ 图〔動〕 吸虫(扁形動物門吸虫綱の動物); 寄生虫).

‡**trem·ble** /trémbl/ 動 自 ❶ **a** 〈人・手足などが〉(恐怖・怒り・寒さ・病気などで)震える, 身震いする: His hands ~ *from* drinking too much. 彼は酒の飲みすぎで手が震える

trembler 1922

/ She ~d with fear [at the sight]. 彼女は恐怖で[その光景を見て]ぶるぶる震えた. **b** 〈地面・木の葉・声などが〉揺れる, そよぐ, 震える: The leaves are *trembling* in the breeze. 木の葉が風にそよいでいる / His voice was *trembling*. 彼の声は震えていた. ❷ 〔…に〕ひどく心配する, 気をもむ: She ~d *for* the safety of her children. 彼女は子供たちの安否を非常に気づかった / 〔+*to do*〕I ~ *to* think… と考えると心配でならない / 〔+图〕 [a ~] 身震い, おののき (trembling): She is all of [in] a ~. 《口》彼女は〔すっかり〕ぶるぶる震えている / There was a ~ in her voice. 彼女の声は震えていた. 〖F<L *tremere* 震える; cf. terror〗【類義語】⇒ shake.

trém·bler 图 ❶ 震える人[もの]. ❷〔鳥〕西インド諸島産のハシナガツグミモドキまたはハナジロツグミモドキ《体を震わせて鳴く》. ❸ 〔電〕(ベルなどの)震動板. ❹《米》= temblor.

trém·bling 图 ⓤ 震えること, おののき: in fear and ~ 恐れおののいて. ── 图 震えている, おののいている: in a ~ voice 声を震わせて. **~·ly** 副

trémbling póplar 图〔植〕ヤマナラシ, ポプラ (aspen).

trem·bly /trémbli/ 图《口》震えている; おののいている.

***tre·men·dous** /trəméndəs/ 图 (*more* ~; *most* ~) ❶ 《大きさ・量・程度など》ものすごい, 巨大な, とても大変な; 途方もない, とてつもない: a ~ success 大成功 / at a ~ speed ものすごいスピードで / He's a ~ eater. 彼はものすごい大食漢だ. ❷《口》すてきな, すばらしい: We had a ~ time yesterday. きのうは実に愉快だった. ❸ 恐ろしい, すさまじい: a ~ truth 恐るべき事実 / a ~ explosion すさまじい爆発. **~·ly** 副 ❶ 猛烈に, 途方もなく, すごく, とても. ❷ 恐ろしく, すさまじく. **-·ness** 图〖L=恐ろしい<*tremere*;⇒ tremble〗【類義語】⇒ shake.

trem·o·lan·do /trèməlá:ndou | -lǽn-/ 副 图〔楽〕顫音(*せん*)[トレモロ]で[による].

trem·o·lite /tréməlàit/ 图 ⓤ 〔鉱〕透角閃(*とうかくせん*)石.

trem·o·lo /trémələu/ 图 (㉿ ~s) 〔楽〕トレモロ, 顫音(*せん*). 〖It; ⇒ tremble〗

trémolo àrm 图 トレモロアーム《エレキギターのブリッジに付けた, 音程を変化させるための金属製レバー》.

⁺**trem·or** /trémə | -mə/ 图 ❶ 震え, 身震い, 声の震え: There was a ~ in his voice. 彼の声は震えていた. **b**《興奮による》ぞくぞくする思い: a ~ of delight 歓喜の震え. **c** おじけ, おくれ: face death without a ~ 死に直面してひくともしない. ❷ 微動, 震動: ⇒ earth tremor. ── 〔自〕 震える. 〖F<L *tremere*; ⇒ tremble〗【形】 tremulous）

trem·u·lous /trémjuləs/ 图 ❶ 震える, おののく: in a ~ voice 震え声で. **b** 〈筆跡など〉震えた: ~ handwriting 震えた筆跡. ❷ 臆病な, 気の弱い; びくびくした. **·ly** 副. **·ness** 图 〖L↑〗

tre·nail /trí:nèil, trénl/ = treenail.

⁺**trench** /trén(t)ʃ/ 图 ❶《深い》溝(*み*), 壕(*う*), 堀, 掘り割り: dig ~es for drainage 排水用の溝を掘る. ❷《軍隊の》塹壕(*ざんごう*): dig a ~ 塹壕を掘る / He fought in the ~es. 彼は塹壕の中で戦った. ── ⟨他⟩ ⟨…に⟩溝[堀, 壕]を掘る. ── ⟨自⟩ ❶ 溝[塹壕]を掘る. ❷〔古〕〔…に〕接近する, 近い 〔*on*, *upon*〕. 〖F<L=切り取られた(もの)<*truncare* 切り取る<*truncus* 幹; cf. trunk〗

tren·chan·cy /trén(t)ʃənsi/ 图 ⓤ 痛烈, しんらつさ.

tren·chant /trén(t)ʃənt/ 图 ❶ 〈言葉など〉鋭い, 痛烈な, しんらつな: a ~ wit [style] しんらつな機知[文体]. ❷ 〈政策など〉厳しい, 激しい. ❸ 〈輪郭など〉はっきりした, 明確な. **~·ly** 副

trénch còat 图 トレンチコート《ベルト付きレインコート》.

tren·cher¹ /-tʃə| -tʃə/ 图 〔古〕《方形[円形]の》大きな木皿.

trénch·er² 图 ❶ 壕[溝]を掘る人[機械]. ❷ 塹壕兵.

trénch·er·man /-mən/ 图 (㉿ -**men** /-mən/) 食べる人; (特に)大食家: a good ~ 大食家.

trénch fèver 图 ⓤ 〔医〕塹壕熱《リケッチアによる五日熱》.

trénch fòot 图 ⓤ 〔医〕塹壕足《凍傷に似た足部疾患》.

trénch mòrtar 图 迫撃砲.

trénch mòuth 图 ⓤ〔医〕塹壕熱口内炎.

trénch wàrfare 图 ⓤ 塹壕戦.

⁺**trend** /trénd/ 图 ❶ 傾向, 動向, 趨勢(*すう*): a global economic ~ 世界的にみた経済動向 / Prices are on the upward [downward] ~. 物価は上昇[下降]の傾向である / The event changed [reversed] the ~ of public opinion. その出来事が世論の趨勢を変えた[一変させた]. ❷ 方向, 傾き, 向き. ❸ 流行(のスタイル): a new ~ in women's hairdos 女性の髪型の新しい流行スタイル / set [follow] a [the] ~ 流行を作り出す[追う]. ── ⟨自⟩〔副詞(句)を伴って〕❶〔…に〕傾く, 向く: Interest rates are ~*ing upward* [*downward, lower*]. 利率は上がり[下降り]ぎみだ. ❷ 〈事態などが〉〔…に〕傾く, 〔…の〕傾向を取る, 傾向がある: Which way are things ~*ing*? 情勢はどちらに傾いているか. 〖OE=回転する, 向く〗 【形】 trendy)【類義語】⇒ tendency.

trénd-chàsing 图 ⓤ 流行の追っかけ; はやりの投資動向を見習うこと. **trend-chàser** 图

trend·i·fy /tréndifài/ 〔他〕《通例軽蔑的に》時代の風潮[流行]に合わせる.

trénd-sètter 图 新しい流行を作る人.

trénd-sètting 图 新しい流行を作る.

trénd-spòtter 图 流行[新動向]に目ざとい人.

⁺**trend·y** /tréndi/ 图 (**trend·i·er**; **-i·est**) 流行の先端をゆく, 流行の; 流行がおれの; 現代風の, トレンディな: a ~ boutique トレンディなブティック. ── 图《英口》流行を追う人, トレンディな人. **trénd·i·ly** 副. **-i·ness** 图 (trend)

Trent /trént/ 图 [the ~] トレント川《イングランド中部を北東に流れ, Ouse 川と合流して Humber 川になる》.

trente-(et-)qua·rante /trá:nt(ei)kərá:nt/ 图 = rouge et noir.

Tren·ton /tréntn/ 图 トレントン《New Jersey 州の Delaware 川に臨む同州の州都》.

tre·pan /tripǽn/ 〔外科〕 图 《昔, 頭蓋(*がい*)に丸い穴をあけた》穿頭(*せんとう*)器, 円鋸 (cf. trephine). ── 〔他〕 (**trepanned; tre·pan·ning**)〈頭蓋に〉トレパンで穴をあける.

trep·a·na·tion /trèpənéiʃən/ 图 ⓤ〔外科〕穿孔(術); 頭蓋穿孔(術), 開頭した穴.

tre·pang /tripǽŋ, trí:pæŋ/ 图〔動〕ナマコ《西南太平洋の熱帯海域産の大きな各種のナマコ; 煮て干したものは主に中国料理のスープなどに用い, いりこ・ほしこという》.

treph·i·na·tion /trèfənéiʃən/ 图 ⓤⓒ〔外科〕穿孔[頭蓋開口](術).

tre·phine /trí:fain | trɪfí:n/ 图〔外科〕冠状のこぎり (trepan を改良したもの). ── 〔他〕 冠状のこぎりで手術する.

trep·i·da·tion /trèpədéiʃən/ 图 ⓤ ❶ おののき, 恐怖; 不安, 心配 (anxiety); 動揺: be in ~ 恐怖におののいて (いる). ❷〔古〕(麻痺による)手足の震え.

trep·o·ne·ma /trèpəní:mə/ 图 (㉿ **-ma·ta** /-tə/, ~s) 〔菌〕(トレポネーマ)〔マ〕(トレポネーマ属のスピロヘータ). **trep·o·ne·mal** /trèpəní:m(ə)l/ 图 トレポネーマが病原体の; トレポネーマに作用する.

trep·o·neme /trèpəní:m/ 图 = treponema.

⁺**tres·pass** /tréspəs/ 〔自〕 ❶ 〔他人の土地・家宅に〕侵入する; 〔他人の権利を〕侵害する 《★ ~ on は受身可》: No Trespassing.〔掲示〕立ち入り禁止 / ~ on a person's privacy [property] 人のプライバシーを侵害する[私有地に侵入する]. ❷ 〔人の好意などに〕つけ込む, 迷惑をかける: I shall ~ *on* your hospitality, then. ではご好意に甘えさせていただきます《★ 接待を受ける時などの堅苦しい表現》. ❸〔文〕〈神・掟などに対して〉違反する, 罪を犯す 〔*against*〕. ── 图 ❶ ⓤⓒ〔他人の土地への〕不法侵入; 〔他人の権利に対する〕侵害 〔*on*, *upon*〕. ❷ ⓤⓒ〔他人の時間・好意・忍耐などへの〕迷惑, じゃま: I must make one more ~ *on* your patience. もうちょっとだけご辛抱を願わねばならない事があるのです. ❸〔古〕《宗教・道徳上の》罪 (sin): Forgive us our ~es.〔聖〕われらの罪を許したまえ《主の祈りの中の言葉》. 〖F=越える<*tres-* TRANS- + *passer* 通る (⇒ pass¹)〗

trés·pass·er 图 侵入者, 侵害者.

tress /trés/ 图 ❶ ⓒ(女性の)髪のひと房, 巻き毛, 編んだ

髪. ❷ [複数形で] (女性の)ふさふさした髪: her golden ~es 彼女のふさふさした金髪.

tressed /trést/ 形 髪になら編んだ; [複合語で] …の髪の.

tres·tle /trésl/ 名 ❶ a (二つ並べて板を載せテーブルなどにする)架台, うま. b (橋·足場などの台となる)構脚, トレスル. ❷ =trestle bridge.

tréstle brìdge 名 構脚橋.

tréstle tàble 名 架台式テーブル.

tréstle trèe 名 [海] 構頭(だき)縦材.

tréstle·wòrk 名 Ⓤ [土木] トレスル, 構脚構造 (橋などの足組み).

Tre·vel·yan /trɪvéljən/, **George Macaulay** 名 トレベリアン (1876-1962; 英国の歴史家).

Tre·vi·no /trəvíːnou/, **Lee** 名 トレビノ (1939- ; 米国のプロゴルファー).

trews /trúːz/ 名 複 トゥルーズ 《タータン地の細いズボン; スコットランド連隊の兵士が着用する》.

trey /tréɪ/ 名 ❶ (トランプの) 3 の札; (さいころの) 3 の目. ❷ [バスケ] 3 点ショット.

TRH 《略》Their Royal Highnesses.

tri- /traɪ/ 《連結形》「3…」「3 倍の」「3 重…」.

tri·a·ble /tráɪəbl/ 形 [法] 公判に付すことができる.

tri·ac /tráɪæk/ 名 [電子工] トライアック 《交流電力用ゲート制御式半導体スイッチ》.

tri·ácetate 名 Ⓤ ❶ [化] 三酢酸塩[エステル]. ❷ 三酢酸繊維素繊維, トリアセテート.

†**tri·ad** /tráɪæd/ 名 ❶ 三つ組, 三人組. ❷ [楽] 3 和音. ❸ 《ウェールズ·アイルランドの中世文学の》三題歌. ❹ [また T~] (中国の)秘密犯罪組織. **tri·ad·ic** /traɪædɪk/ 形

tri·age /tríːɑːʒ/ 名 ❶ (医療処置の緊急性に基づく)傷病者の優先順位づけ, トリアージュ. ❷ (英) (商品の)選別格付け. ── 動 《傷病者に優先順位をつける.

‡**tri·al** /tráɪəl/ 名 ❶ Ⓒ Ⓤ 裁判, 公判, 審理: a criminal ~ 刑事裁判 / a preliminary ~ 予審 / a public ~ 公判 / ~ by jury 陪審裁判 / stand ~ for [on a charge of] murder 殺人のかどで裁判を受ける / bring a person to ~ =bring a person up for ~ 人を公判に付す / go [come] to ~ 裁判になる. ❷ Ⓒ Ⓤ (良否·性能などの)試み, 試験, ためし; by way of ~ ためしに, 試みに / give a person [thing] a ~ 人[もの]をためしに使ってみる / put ~ to a ~ …をためして[試験して]みる / run a ~ 試験を行なう. ❸ 試練, 災難, 苦労: Life is full of troubles and ~s. 人生は苦労と試練に満ちている. b うるさい人[もの], やっかいもの[者]: That child was a ~ to his parents. あの子は両親のやっかい者だった. ❹ Ⓒ [複数形で] 代表選手選考会. **on tríal** (1) 審理中で, 裁判にかけられて: put a person *on* ~ 人を公判に付する / She was *on* ~ for theft. 彼女は窃盗罪で公判中だった. (2) ためしに: He was found *on* ~ to be unqualified. 彼は勤めさせてみた結果不適任と判定された. (3) ためしに: I took it *on* ~ before buying it. 買う前にためしてためしてみた. **trial and érror** Ⓤ 試行錯誤: learn by ~ *and error* 試行錯誤で学ぶ. ── 形 Ⓐ ❶ 試みの, 試験的な; 予選の: a ~ flight 試験飛行 / a ~ match 《クリケット·フットボールなどの》予選試合. ❷ 公判の, 予審の: a ~ judge (米) 予審判事 / a ~ lawyer (米) 《事務弁護士に対し法廷弁護士》. (動 try) 《類義語》⇨ experiment.

trial bálance 名 [簿] 試算表.

trial ballóon 名 ❶ 探測気球. ❷ (世論の反応を見るための)試論, 探り気球 ~ 探りを入れる.

tríal còurt 名 [法] 予審法廷.

trial márriage 名 Ⓤ Ⓒ 試験的結婚(期間).

tri·a·logue /tráɪəlɔːg, -làg | -lɔ̀g/ 名 三者の対談[会談], 鼎談(ていだん).

trial rún 名 試運転, 試乗; 試験 (test run).

trial separátion 名 《離婚するかしないかを決めるため期限を定めて行なう》試験的別居.

†**tri·an·gle** /tráɪæŋgl/ 名 ❶ 三角形: a right-[an acute-, an obtuse-]angled ~ 直[鋭, 鈍]角三角形 / a plane [spherical] ~ 平面[球面]三角形. ❷ a 三角形のもの: a ~ of land 三角形の土地 / the red ~ 赤色三角形 (YMCA の標章). b (米) 三角定規 ((英) set-

square). **c** [楽] トライアングル (打楽器). ❸ 3 人組; 三角関係の男女: the (eternal) ~ 男女の三角関係. 《F <L, ⇨ tri-, angle》 (形 triangular, 動 triangulate)

†**tri·an·gu·lar** /traɪæŋgjʊlɚ | -lə/ 形 ❶ 三角(形)の: ~ compasses 三脚規 / a ~ bandage 三角巾(きん)(包帯). ❷ 三者(間)の: a ~ relationship 三角関係 / a ~ contest 三者間の競争. (名 triangle)

triángular númber 名 [数] 三角数 《正三角形に並べられる数; 自然数を項とする数列の第 n 項までの和, 1, 3, 6, 10, 15, …》.

triángular tráde 名 Ⓤ [商] 三角貿易 《3 国間で貿易収支の均衡をとる》.

tri·an·gu·late /traɪæŋgjʊlèɪt/ 動 ❶ 三角形にする; 三角形に分ける. ❷ 《土地の》三角測量をする; 《土地を》三角法で測定する. ── /-lət/ 形 ❶ 三角(形)の. ❷ 三角模様のある; 三角形から成る. **tri·an·gu·la·tion** /traɪæŋgjʊléɪʃən/ 名 (名 triangle)

tri·ar·chy /tráɪɑɚki | -ɑː-/ 名 ❶ Ⓤ 三頭政治 (cf. triumvirate). ❷ Ⓒ 三頭政治国. 《TRI-+-ARCHY》

Tri·as·sic /traɪæsɪk/ [地] 三畳紀の. ── 名 [the ~] 三畳紀[系] 《中生代 (Mesozoic era) の三つの時代区分の最古のもの》.

tri·ath·lete /traɪǽθliːt/ 名 三種競技選手, トライアスロン競技者, トライアスリート.

tri·ath·lon /traɪǽθlɒn/ 名 Ⓤ トライアスロン 《通例遠泳·自転車·マラソンの 3 種目を連続して行なう競技》. 《TRI-+Gk *athlon* 競技》

tri·a·tom·ic /traɪətámɪk | -tɔ́m-/ 形 [化] 1 分子中に 3 原子を有する, 3 価の.

tri·ax·i·al /traɪǽksiəl/ 形 3 軸の.

tri·a·zine /tráɪəziːn, -zɪn/ 名 [化] トリアジン 《窒素原子 3 個と炭素原子 3 個からなる複素 6 員環》.

trib. 《略》tributary.

trib·ade /tríbæd/ 名 (特に 男役の)女性同性愛者.

trib·a·dism /tríbədɪzm/ 名 Ⓤ 女性同性愛; 相擦技, トリバディズム 《女性同性愛の技巧の一つで, 二人が重なって男女の性交の動きを擬して陰部をこすり合わせるもの》.

*‡**trib·al** /tráɪb(ə)l/ 形 種族の, 部族の. **~·ly** /-bəli/ 副 (名 tribe)

trib·al·ism /-bəlɪzm/ 名 Ⓤ 種族組織[生活, 根性], 種族の特徴.

tri-band /tráɪbænd/ 形 《携帯電話が》 3 つの周波数帯に対応した, 英·米·カナダ 3 地域で使える.

tri·ba·sic /traɪbéɪsɪk/ 形 [化] 《酸が》 3 塩基の.

*‡**tribe** /tráɪb/ 名 [集合的; 単数または複数扱い] ❶ **a** 種族, 部族, …族: the hill ~s of Bangladesh バングラデシュの高地部族. **b** 《古代イスラエル人の》支族: the ~s of Israel イスラエルの 12 支族 《ヤコブの 12 人の子の子孫》. **c** (口·戯言) 家族, 一家. ❷ [動·生] 族, 類. ❸ 《軽蔑》連中, 仲間: the scribbling ~ 文士連 / the ~ *of* artists 芸術家連中. 《F<L *tribus* (ローマの) 3 部族》 (形 tribal)

tríbes·man /-mən/ 名 (複 -men /-mən/) (男性の)種族の一員, 部族民.

tríbes·peo·ple 名 複 種族民, 部族民.

tríbes·wòman 名 (複 -women) (女性の)種族の一員, 部族民.

trib·let /tríblət/ 名 [機] (環·管·ナットを作る)心軸, 心棒.

tri·bo- /tráɪboʊ, tríboʊ/ [連結形] 「摩擦」.

tribo·electrícity 名 [理] 摩擦電気.

tri·bol·o·gy /traɪbálədʒi, trɪ- | -bɔ́l-/ 名 Ⓤ 摩擦学. **-gist** 名 **tri·bo·log·i·cal** /tráɪbəlɑ́dʒɪk(ə)l, trɪ̀b- | -lɔ́dʒ-/ 形

tribo·lumine·scence 名 Ⓤ [理] 摩擦ルミネッセンス, トリボルミネッセンス. **-luminéscent** 形

tri·bom·e·ter /traɪbámətɚ | -bɔ̀mətə/ 名 摩擦計.

tri·brach /tráɪbræk, tríb-/ 名 [詩学] 三短格, 短短短格 (∪∪∪).

trib·ách·ic 形

trib·u·la·tion /trìbjʊléɪʃən/ 名 Ⓒ Ⓤ 艱難(なん), 苦難, 試練(の原因): in great ~ ひどく苦しんで / Life is full of ~s. 人生は試練に満ちている.

tri·bu·nal /traɪbjúːn(ə)l/ 名 ❶ [集合的; 単数または複数扱い] 裁判所, 法廷 《解説》 正規の司法体系下で, 司法的機能を行使する機関に用いられることが多い): the Hague T~, ハーグ国際司法裁判所. ❷ 判事席, 法廷. ❸ (世間などの)裁き, 批判: before the ~ of public opinion 世論の批判を受けて. 〖F<L; ⇒ tribune¹, -al〗

trib·u·nate /tríbjunèɪt, -nət/ 名 護民官 (tribune) の職[任期].

trib·une¹ /tríbjuːn/ 名 ❶ 〖古ロ〗護民官《平民の権利を保護するために平民によって選挙された10人の役人》. ❷ 人民の保護者[指導者]. ❸ [T~; 新聞名に用いて] ... トリビューン. 〖L=護民官, 族長<tribus; ⇒ tribe〗

trib·une² /tríbjuːn/ 名 ❶ (basilica 式教会の)司教座; 後陣. ❷ 演壇.

trib·u·tar·y /tríbjutèri | -təri, -tri/ 名 ❶ (川の)支流. ❷ 進貢者[国], 属国 (to). — 形 ❶ 支流をなす: a ~ river 支流 / a stream ~ to the Ohio オハイオ川の支流. ❷ 貢(みつぎ)物を納める, 属国の; 貢献する: a ~ king 属国の王.

***trib·ute** /tríbjuːt/ 名 ❶ U,C 貢ぎ(物); 年貢: pay [offer up] ~ to a ruler 支配者に貢ぎ物をする / lay a country under ~ 国に貢ぎ物を納めさせる. ❷ a (称賛・尊敬のしるしとしての)賛辞; ささげ物, 贈り物: floral ~ s (女優などへの)花の贈り物; (葬式の)供花 / a ~ of admiration [praise] 賛辞 / a ~ to the memory of the late Mr. A 故 A 氏へのたむけ[弔詞] / pay [a] ~ to... に賛辞を呈する, ...に敬意を表する. b [a ~] 〔価値・長所などを示す〕すばらしいもの[証拠]: His Nobel Prize is a ~ to the originality of his research. 彼のノーベル賞は彼の研究の独創性を示す証拠である. 〖F<L=課されたもの<tribuere, tribut- 支払う, 与える, 分配する<tribus (⇒ tribe); cf. attribute, contribute, distribute〗

tri·cam·er·al /traɪkǽm(ə)rəl/ 形 三院制の《南アフリカ共和国の旧議会など》.

tri·car /tráɪkɑ̀ː | -kɑ̀ː/ 名 《米》三輪自動車, オート三輪.

trice /tráɪs/ 名 ★ 次の成句で. **in a trice** またたく間に, たちまち.

tri·cen·ten·a·ry /traɪsénṭənèri, tràɪsentíːnəri/, **tri·cen·ten·ni·al** /tràɪsenténiəl ̄/ 形 名 =tercentenary.

tri·ceps /tráɪseps/ 名 (趣 ~, ~·es) 〖解〗三頭筋.

tri·cer·a·tops /traɪsérətɑ̀ps | -tɔ̀ps/ 名 (趣 ~, ~·es) 〖古生〗トリケラトプス《3個の角をもった草食性四脚歩行の恐竜; 白亜紀の北米産》.

tri·chi·a·sis /trɪkáɪəsɪs/ 名 U 〖医〗睫毛(しょうもう)乱生(症), さかまつげ.

tri·chi·na /trɪkáɪnə/ 名 (趣 -nae /-niː/, ~s) 〖動〗旋毛虫《豚・ヒト・ネズミなどに寄生》.

trich·i·no·sis /trɪkənóʊsɪs/ 名 U 〖医〗旋毛虫病.

tri·chlo·ro·eth·ane /traɪklɔ́ːrouéθeɪn/ 名 U 〖化〗トリクロロエタン《無色の不燃性の液体; 金属の脱脂洗浄剤など溶剤として用いる》.

tricho- /tríkou, traɪ-/ 〔連結形〕「毛髪」「頭鑚」の意.

tri·chol·o·gy /trɪkάlədʒi | -kɔ́l-/ 名 U 毛髪学.

trich·ome /tríkoum, tráɪk-/ 名 〖植〗(高等植物の)突起様構造《特に藍藻類の糸状体, 細胞子》, トリコーム.

trich·o·mon·ad /trìkəmάnæd | -mɔ́n-/ 名 〖動〗トリコモナス《鞭毛(べんもう)虫類トリコモナス属の原虫》. **-mo·nal** /-móun(ə)l ̄/ 形

trich·o·mo·ni·a·sis /trìkəməníəsɪs/ 名 U 〖医〗トリコモナス症.

tri·chot·o·mous /traɪkάṭəməs | -kɔ́t-/ 形 3つに分けた, 三又(また)の.

tri·chot·o·my /traɪkάṭəmi | -kɔ́t-/ 名 三分(法).

tri·chro·ic /traɪkróʊɪk/ 形 〖晶〗三色性の.

tri·chro·ism /tráɪkroʊìzm/ 名 〖晶〗三色性《異なる3方向よりみると3種の異なる色を示す性質》.

tri·chro·mat·ic /tràɪkroʊmǽṭɪk | -krə- ̄/ 形 ❶ 三色(使用)の: ~ photography 三色写真(術). ❷ 三色型色覚の.

tri·chro·ma·tism /traɪkróʊmətìzm/ 名 U ❶ 三色であること; 三色使用. ❷ 〖眼〗三色型色覚《3原色 (赤・緑・青) が弁別できる》.

***trick** /trík/ 名 ❶ たくらみ, 策略, ごまかし, ぺてん: obtain money from a person by a ~ 人をだまして金を得る / I suspect some ~. どうもだまされているような気がする (C+to do) She used it as a ~ to avoid paying. 彼はこれを支払いを避けるための策略として用いた. ❷ a (悪意のない) いたずら, わるさ, 冗談: a ~ of fortune 運命のいたずら / play a person a ~ =play a ~ on a person 人にいたずらをする; 人をごまかす / He's at [up to] his ~s again. 彼はまたふざけて[いたずらをして]いる. b 卑劣なやり方: a dirty [mean, shabby, dog's] ~ 卑劣な手段, 汚い手 / None of your (cheap) ~s! 小細工はやめろ. ❸ うまいやり方, こつ, 呼吸; 要領, 秘訣(けつ): the ~ of making pies パイを作ること / get [learn] the ~ of it こつを覚える / learn [teach] the ~s of the trade 商売上のこつ[かけひき]を覚える[教える]. ❹ a 手品, 奇術: a conjuring [magic] ~ 手品. b (犬・馬などが覚える) 芸当: I have taught my dog a new ~. うちの犬に新しい芸当をひとつしこんだ / An old dog will learn no (new) ~s.=You cannot teach an old dog new ~s. 〖諺〗老犬は(新しい)芸を覚えない, 「老い木は曲がらぬ」. c 〖映〗トリック. ❺ 迷い, 幻覚, 錯覚: a ~ of the senses [imagination] 気の迷い / a ~ of the eye 目の錯覚, うそ見え, うそ覚え, 覚え違い. ❻ (態度・言葉などの変わった)癖, 特徴: He has a ~ of repeating himself. 彼は同じことを繰り返して言う癖がある. ❼ 〖トランプ〗(ブリッジなどの) 1 回し, 1 巡; 一手: take [win] a ~ その回に勝つ / lose a ~ その回に負ける. b (ひと回りの勝負で)場に出される札《通例 4 枚》: take up the ~ (その回に勝った)場に出した札を全部取る. ❽ 〖海〗舵手(だしゅ)の一交替服務時間《普通 2 時間》: take [do] one's ~ at the wheel 舵輪当直をする. ❾ 《俗》売春の客.

do the trick 《口》うまくいく; 〈薬などが〉効く.

How's tricks? 《口》ご機嫌いかが, 元気でやってるかい.

not [never] miss a trick 《口》どんな時でも好機を逃さない, 抜けがない.

on to a person's tricks 人がいたずらをしようとしているのに気づいて.

teach a person a trick or two 《口》自分より物知りだ, 経験豊かだ.

the (whole) bag of tricks ⇒ bag 成句.

trick or treat 《米》お菓子をくれないといたずらするぞ《Halloween に子供たちが近所の家の玄関先でお菓子をねだる時に言う言葉; ⇒ Halloween 解説》.

turn the trick 《米》=do the TRICK 成句.

up to one's (old) tricks 《口》いつものいたずら[不正]をしようとして, 悪い癖が出て (cf. 2 a).

use every trick in the book あらゆる策を講じる.

— 形 ❶ 芸当(用)の, 曲芸(用)の; (映画などの)トリックの: ~ cycling 自転車の曲乗り / ⇒ trick cyclist / ~ cards 合用トランプ札 / a ~ shot トリック撮影. ❷ 《問題など》意外に難しい, 迷わせる: a ~ question 落とし穴のある問題. ❸ 〈関節などが〉よく動かない, 急にがくっとなる.

— 動 ❶ (計略で)人をだます, かつぐ: I've been ~ed. いっぱい食わされた / I was ~ed into signing. ぺてんにかかって署名させられた / The boy was ~ed out of all his money. その少年はあり金を全部だまし取られた. ❷ 〈人・ものを〉〈...で〉飾りたてる: The girl was ~ed out [up] in jewels. 少女は宝石で飾りたてられていた.

〖F=あざむく〗(形 tricky)〖類義語〗⇒ cheat.

trick cyclist 名 ❶ 自転車の曲乗り師. ❷ 《俗》精神科医.

trick·er·y /tríkəri/ 名 U ぺてん, 詐欺; 策略.

trick·i·ly /-kɪli/ 副 ごまかして, 狡猾(こうかつ)に.

trick·ish /tríkɪʃ/ 形 (やや)狡猾な, ずるい, 油断できない.

⁺trick·le /tríkl/ 動 (自)[副詞(句)](...を)〈液体などが〉たらたら流れる, ぽたぽた落ちる; ちょろちょろ流れる: Tears ~d down her cheeks. 涙がぼろぼろ彼女のほおを流れ落ちた / A stream ~d among the rocks. 小川が岩間をちょろちょろ流れていった. ❷ ぽつぽつ(少しずつ)来る[行く, 移動する]: They ~d into [out of] the classroom. 彼らは三々五々教室へ入って[教室から出て]きた. — 他 〈...を〉したらす,

たらして入れる: He ~*d* a few drops of oil *into* the mayonnaise. 彼はマヨネーズに油を数滴たらした. **tríckle dówn** (自＋圖)〈最上層[最富裕層]に投入された富が次第に最下層に〉及ぶ. **tríckle úp** (自＋圖)〈金が(階層の下から上へ)徐々に上がって[吸い上げられて]いく. — 名 [a ~] ❶ したたり, しずく; 細流: A ~ *of* blood ran down his neck. 彼の首筋を血がすーっと伝った. ❷ 少数[少量]のもの 〔*of*〕.

tríckle chàrger 名 細流充電器.

tríckle-dòwn 形〖経〗トリクルダウン理論の[による]《政府資金を大企業に流入させるとそれが中小企業と消費者に及び景気を刺激するという理論についての》.

trick·ster /tríkstə | -stə/ 名 ❶ 詐欺師, ペてん師. ❷ トリックスター《原始民族の神話などに登場する, 詐欺やいたずらで秩序を乱す神話的形象》.

trick·sy /tríksi/ 形 (**trick·si·er; -si·est**) いたずら好きな. **tríck·si·ly** 副 **-si·ness** 名

*__trick·y__ /tríki/ 形 (**trick·i·er, -i·est**) ❶〈仕事・立場などが〉手ぎわを要する, 扱いにくい, きわどい: a ~ job 手ぎわを要する仕事 / a ~ lock こつのいる錠前 / a ~ problem [situation] 微妙な問題[立場]. ❷〈人・行動など〉狡猾(ﾞ)な, 油断のならない: a ~ politician 狡猾な政治家. ❸ 巧妙な: ~ gadgets 気のきいた小道具. **tríck·i·ness** 名〔類義語〕⇒ sly.

tri·clin·ic /traiklínik/ 形〖晶〗三斜の, 三斜晶系の.

tri·clin·i·um /traiklíniəm/ 名 (圈 **-i·a** /-niə/)〖古ロ〗トリクリニウム《三方を囲んで寝椅子を設けた食卓; またそのような食卓のある食堂》.

tri·col·or, (英) **tri·col·our** /tráikʌlə | tríkələ/ 名 三色旗; [the T~] フランス国旗, トリコロール. — 形 三色の. 〖F<L; ⇒ tri-, color〗

trí·còlored 形 =tricolor.

tri·corn(e) /tráikɔːn | -kɔːn/ 形〈帽子が〉右・左・後ろの3か所でつばを上方に折り曲げた. — 名 三角帽子.

tri·cot /tríːkou | tríːk-/ 名 ❶ トリコット, トリコ《毛糸・絹・レーヨンなどの手編み物; それを模した織物》. 〖F〗

tric·trac /tríktræk/ 名 Ｕ トリックトラック《古い backgammon の一種》.

tri·cus·pid /traikʌ́spid/ 形 ❶〈歯が〉三つの尖端のある. ❷〖解〗三尖弁(ﾄﾞ)の: the ~ valve (心臓の)三尖弁. — 名 三つの尖頭のある歯.

tri·cy·cle /tráisikl/ 名 ❶ 三輪(自転)車; オート三輪 (trike): ride (on) a ~ 三輪車に乗る.〖F; ⇒ tri-, cycle〗

tri·cy·clic 形〖化〗三環の. — 名 [通例複数形で] 三環系抗鬱(ﾂ)薬.

tri·cy·clist /tráisiklist/ 名 三輪車に乗る人.

tri·dac·tyl /traidǽktl/, **-da·cty·lous** /-dǽktələs/ 形〖動〗三指[三趾]の.

tri·dent /tráidnt/ 名 ❶《魚を突くための》三つ又(ﾏﾀ)のやす. ❷ [T~ の]三つ又の(ﾎ)《海神 Poseidon, Neptune の標章; しばしば制海権の象徴の意》. — 形 三つ又の.

Tri·den·tine /traidéntain, -tiːn/ 形 トリエント宗教会議 (Council of Trent, 1545-63) の[による].

Tridéntine máss 名〖カト〗トレント式ミサ《1570-1964 年に使われたラテン式典礼の単形本祭儀》.

trid·u·um /tríduəm | trídju-/ 名 [単数形で]〖カト〗(聖人の祝日の前などの)三日黙禱[黙想].

trid·y·mite /trídimait/ 名 鱗珪石, 鱗石英.

*__tried__ /tráid/ 動 try の過去形・過去分詞. — 形 (比較なし) ❶ 試験済みの: ~ and true 有効性[信頼性(など)]を確認[証明]済みの, 実績のある. ❷〈友などに〉あてになる, 信頼できる: old and ~ すっかり信用できる.

tri·ene /tráiːn/ 名〖化〗トリエン《二重結合を3個もつ炭化水素》.

tri·en·ni·al /traiéniəl/ 形 ❶ 3 年ごとの. ❷ 3 年続く. — 名 3 年ごとの祝祭[行事], 3 年祭. **~·ly** 副

tri·en·ni·um /traiéniəm/ 名 (圈 ~**s**, **-ni·a** /-niə/) 3 年間.

tri·er /tráiə | tráiə/ 名 ❶ 努力家. ❷ **a** 試験者[官], 実験者. **b** 試験装置.

1925　　　　　　　　　　　　　　　　　trigon

Tri·este /triést/ 名 トリエステ《イタリア北東部, アドリア海に臨む港湾都市》.

tri·fec·ta /traifékta, ーーー/ 名〖競馬〗三連勝単式(のレース).

tri·fid /tráifid, -fəd/ 形〈葉・スプーンなど〉三裂の, 三叉の.

*__tri·fle__ /tráifl/ 名 ❶ **a** Ｃ 少量, わずかの金額 (little): It cost a ~ 少しだけ費用がかかった. **b** [a ~, 副詞的に] 少し: a ~ too long 少し長すぎる / I was a ~ vexed. ちょっと腹が立った. ❷ Ｃ つまらないもの, ささいな事: stick at ~*s* つまらない事に拘泥(ﾆ)する / I sent a few ~*s* for your birthday. お誕生日のお祝いに粗品を 2, 3 お送りしました. ❸ Ｃ,Ｕ《英》トライフル《ジャムを塗ったスポンジケーキをカスタードソースと生クリームでおおった冷たいデザート》: make a ~ トライフルを作る. — 動 ⓘ ❶〔…を〕いいかげんに扱う, 翻弄(ﾎﾝ)する《★ ~ with は受身可》: Plutonium should not be ~*d with*. プルトニウムは慎重に扱わなければならない. ❷〔…を〕もてあそぶ, いじくる: ~ *with* a person's affections 人の愛情をもてあそぶ. — 動 ⓣ《時間・精力・金などを》浪費する: I have ~*d away* the best part of my life. 人生の最良の時期を空費してしまった.

trí·fler 軽薄な人; ふざける人.

tri·fling 形 ❶ くだらない, 取るに足らない; わずかな (trivial): a ~ error [matter] ささいな誤り[事柄] / of ~ value わずかな価値しかない. ❷ ふまじめな, ふざけた: ~ talk 冗談. **~·ly** 副

tri·fo·cal /tráifóukl/ 形〈眼鏡・レンズが〉三[三重]焦点の. — 名 [複数形で] 三焦点眼鏡《近・中・遠距離が見える》.

tri·fo·li·ate /tráifóuliət/ 形 三つ葉の.

tri·fo·ri·um /traifɔ́ːriəm/ 名 (圈 **-ri·a** /-riə/)〖建〗トリフォリウム《教会外陣の側廊上部のアーチと高窓の中間の部分》.

tri·fórm(ed) 形 三体[三形]ある; 3 つの性質を有する; 3 部からなる.

tri·fur·cate /tráifəːkət | tráifəː(ː)kət/ 形 三叉[三枝]の. — /-tráifəː(ː)kèit | -fəː(ː)/ 動 三叉になる. **tri·fur·ca·tion** /traifəː(ː)kéiʃən | -fəː(ː)-/ 名

trig /tríg/ 名 Ｕ (口) =trigonometry.

trig. (略) trigonometric; trigonometry.

trig·a·mist /trígəmist/ 名 3 人の妻[夫]のある人, 三重婚者.

trig·a·mous /trígəməs/ 形 三重婚(者)の.

trig·a·my /trígəmi/ 名 Ｕ 一夫三妻, 一妻三夫, 三重婚.

trí·gem·i·nal nérve /tráidʒèmən(ə)l-/ 名〖解〗三叉神経.

trigéminal neurálgia 名 Ｕ〖医〗三叉神経痛.

tri·gem·i·nus /traidʒémənəs/ 名 (圈 **-ni** /-nài/) = trigeminal nerve.

*__trig·ger__ /trígə | -gə/ 名 ❶ 《銃の》引き金; 起爆装置: pull [squeeze] the ~ 引き金を引く. ❷《紛争などの》きっかけ, はずみ, 誘因. **quick on the trigger**《口》(1) 射撃が早い. (2) 敏捷(ﾟ)な; 抜けめのない. — 動 ⓣ ❶ **a**〈銃の〉引き金を引く; 〈爆弾を〉爆発させる〈*off*〉. **b**〈機器などを〉作動させる. ❷〈事件などの〉きっかけとなる, 〈事を〉起こす; 〈反応などを〉誘発する; 〈感情などを〉呼び起こす: That ~*ed off* a revolution. それがきっかけとなり革命が起こった / The song ~*ed off* a chain of painful memories. その歌を聞いて一連の辛い思い出がよみ返った. 〖Du=引くもの〗

trígger fìnger 名《銃の引き金を引く》人さし指.

trígger-hàppy 形 ❶ (やたらに)銃[ピストル]を撃ちたがる. ❷ 好戦的な, 攻撃的な.

trígger·màn /-mən, -mæ̀n/ 名 (口) 殺し屋, ギャングの用心棒.

tri·glyc·er·ide /traiglísəraid/ 名〖生化〗トリグリセリド《グリセリンの 3 個の水酸基すべてに酸基が結合してエステルになったもの》.

tri·glyph /tráiglif/ 名〖建〗トリグリフ《ドリス式オーダーの縦溝の部分》.

tri·gon /tráigən | -gən/ 名 ❶ 三角琴, サンブカ《東洋起源の 4 弦の古代の楽器》. ❷〖歯〗上顎大臼歯歯冠の食物

をかみ切る部分. ❸ 〖古〗三角形.

trig·o·nal /trígən(ə)l/ 形 三角形の; 〖晶〗三方晶系の. ~·ly 副

trig·o·no·met·ric /trìgənəmétrɪk⁻/, **-ri·cal** /-trɪk(ə)l⁻/ 形 三角法の[による]. **-ri·cal·ly** /-kəli/ 副

trig·o·nom·e·try /trìgənάmətri | -nɔ́m-/ 名 U 〖数〗三角法.

tri·gram /tráɪgræm/ 名 ❶ =trigraph. ❷ 〖日本·中国〗(陽爻(こう)と陰爻とを組み合わせる)八組の卦(け)の一つ.

tri·graph /tráɪgræf | -grɑːf/ 名 〖音声〗三字一音, 三重音字《たとえば schism /sízm/ における sch; cf. digraph》.

tri·he·dron /traɪhíːdrən | -hédrən/ 名 (複 ~s, -dra /-drə/) 〖幾〗三面体. **tri·he·dral** /traɪhíːdrəl | -hédrəl/ 形

trike /traɪk/ 名 《英口》三輪車 (tricycle).

tri·lat·er·al /traɪlǽtərəl, -trəl⁻/ 形 ❶ 三辺の[ある]. ❷ 三者から成る. ━ 名 三辺形.

tril·by /trílbi/ 名 (また **trílby hàt**) 《英》ソフト帽, 中折れ帽子.

tri·lin·e·ar 形 3つの線の; 3つの線に囲まれた.

tri·lin·gual /traɪlíŋgwəl⁻/ 形 3か国語の[を話す].

tri·lith·on /traɪlíθɔn | -θən/ 名 〖考古〗トリリトン, 三石塔《直立する二つの石の上に一石を載せたもの》.

trill /tríl/ 動 ❶ 震え声[トリル]で歌う[奏する]. ❷ 〖音声〗 ⟨r を顫動(せん)音で発音する. ━ 〖音〗 トリルで言う[歌う, 奏する]. ❸ ⟨小鳥などが⟩(鳴き声を震わせて)さえずる. ━ 名 ❶ a 震え声. b 〖楽〗顫音, トリル. ❷ ⟨鳴き声を震わせた鳥の声. ❸ 〖音声〗顫動音 (巻き舌で, またはフランス語のように懸壅垂(けんようすい)を震わせて発音する子音; 記号 /R/). 〖It; 擬音語〗

trill·er /trílər/ 名 ❶ トリルを奏する[歌う]人. ❷ 〖鳥〗ネズミサンショウクイ《オーストラリア·南太平洋産》.

*__tril·lion__ /tríljən/ 名 ❶ 一兆《百万の2乗, 10^{12}》. ❷ 莫大な《途方もない》数. ❸ 《英古風》百万垓, 百京《百万の3乗, 10^{18}》. ━ 形 ❶ 一兆の; 《英古風》百万垓の. 《F ⟨ TRI-+(MI)LLION 》

tri·lo·bate /traɪlóʊbət/ 形 〖植〗三裂の.

tri·lo·bite /tráɪləbaɪt/ 名 〖古生〗三葉虫.

*__tril·o·gy__ /tríləʤi/ 名 (劇·小説·オペラなどの)三部作. 〖Gk; ⟨ tri-, -logy〗

*__trim__ /trím/ 動 (**trimmed; trim·ming**) ⟦他⟧ ❶ a ⟨芝·生け垣などを⟩刈り込んで整える, 手入れする: ~ a nail つめを切る / ~ (the wick of) a lamp ランプの芯を切る / I had my hair *trimmed*. 整髪してもらった. b ⟨...を⟩刈り[切り]取る, つみ取る; ⟨写真を⟩トリムする: ~ *away* the edges of a picture 写真の縁をトリムする / ~ *off* fat (from bacon) (ベーコンから)あぶら身を切り取る / ~ *dead* branches *off* a tree 木から枯れ枝を切り落とす. ❷ a ⟨費用·人数などを⟩削減する ⟨*down*⟩: ~ the budget 予算を削減する. b ⟨ウエストなどを⟩引き締める, しぼる, 贅肉(など)を落とす. ❸ ⟨リボンなどで⟩⟨帽子·ドレスなどに⟩飾り[ふち飾り]をつける; 飾る: She *trimmed* her coat *with* fur. 彼女はコートに毛皮の飾りをつけた. ❹ a 〖海·空〗(積み荷·乗客などの配置によって)⟨船·飛行機のバランスを⟩とる. b 〖海〗⟨帆·帆げたを⟩風受けのいいように調節する. c ⟨意見などを⟩都合のいいように変える. ❺ 《口》 a ⟨人を⟩殴る, しかりつける. b ⟨スポーツ·競技で⟩⟨相手をひどく負かす. ━ ⟦自⟧ ❶ 体重を減らす, 減量する ⟨*down*⟩. ❷ ⟨政治家などが⟩中道[中立]政策を取る. ⟨都合のいいように⟩意見[方針]を変える. ━ 形 (**trim·mer; trim·mest**) ❶ 〈服装·格好などをきちんと整えた, 手入れのよい; 整備された: a ~ m(o)ustache 手入れのよい口ひげ. ❷ すらっとした, ほっそりした: She cuts a ~ figure. 彼女はすらっとして見える. ❸ ⟨人が⟩体調のいい, 身軽な. ━ 名 ❶ [a ~] 刈り込み, 手入れ; 調髪: get *a* ~ 髪を切る. ❷ U ❶ 整っていること [状態]; 準備状態; (健康などの)状態: in (good, proper) ~ 整って; (口)の調子がよくて / in fighting ~ 戦闘準備が整って / put...into (good) ~ ⟨人などを⟩適当なコンディションに調整する / get into (good) ~ 体調を整える / out of ~ 不整備で; 調子が悪く. ❸ 〖空〗平衡状態, トリム.

~·ly 副 ~·ness 名 〖OE=整える〗

tri·ma·ran /tráɪmərӕn/ 名 トライマラン《三つの舟体(hull)をつないだボート》.

tri·mer /tráɪmə | -mə/ 名 〖化〗三量体. **tri·mer·ic** /traɪmérɪk/ 形

tri·mer·ous /trímərəs/ 形 3部分からなる[に分かれた]. 〖植〗⟨花⟩の各輪生体に3花をもつ (3-merous とも書く).

tri·mes·ter /traɪméstə | -tə/ 名 ❶ (主に妊娠期間の)3か月間. ❷ 《米》(3学期制の)1学期間 (term).

tri·mes·tral /traɪméstrəl/, **-tri·al** /-triəl/ 形 3か月間の; 3か月ごとの.

trim·e·ter /trímətə | -tə/ 名 〖詩学〗三歩格の(詩行). ━ 形 3歩格の.

tri·met·ric /traɪmétrɪk/, **-mét·ri·cal** /-k(ə)l/ 形 〖詩学〗三歩格の.

trím·mer 名 ❶ a 整頓(せいとん)[手入れ, 装飾(など)]する人. b 刈り込み用道具(なた·はさみ·包丁·小刀·カッターやランプの芯切り(具)など). ❷ (政治的に)ひよりみ主義者.

+__trím·ming__ 名 ❶ a 飾り, 装飾. b [複数形で] 《口》(料理の)つま, 付け合わせ 《米 fixings》. ❷ [複数形で] 刈り込んだもの; 裁ち[切り]くず. ❸ U a 整頓(せいとん), 整理, こぎれいにすること. b 《写》トリミング.

tri·month·ly /traɪmʌ́nθli/ 形 3月ごとの.

trím tàb 名 〖空〗 昇降舵·方向舵·補助翼の後縁に付けたトリム修正のための小翼片.

tri·nal /tráɪn(ə)l/ 形 3(部)から成る; 3重[倍]の.

tri·na·ry /tráɪnəri/ 形 =trinal.

trine /tráɪn/ 形 3倍の, 3重の.

Trín·i·dad and To·bá·go /trínədæd-/ 名 トリニダードトバゴ《西インド諸島にある英連邦内の独立国; 首都 Port of Spain》. **Trin·i·dad·i·an** /trìnədǽdiən⁻/ 形

Trin·i·tár·i·an /trìnətéə(ə)riən⁻/ 〖キ教〗 形 三位一体(説)の[を信じる]. ━ 名 三位一体説信奉者.

Trin·i·tár·i·an·ism /-nìzm/ 名 U 三位一体論.

tri·ni·tro·tol·u·ene /traɪnàɪtroʊtάljuiːn | -tɔ́l-/ 名 〖化〗強力爆薬; 略 TNT.

+__Trin·i·ty__ /trínəti/ 名 ❶ [the ~] 〖キ教〗三位一体《神·キリスト·聖霊を一体と見る; cf. person 4》; 三位一体の神; 三位一体性. ❷ =Trinity Sunday. ❸ [t~] C 《文》三組, 三つ揃い. 〖F ⟨ L ⟨ *tres* three〗

Trínity Bréthren 名 覆 《英》水先案内協会員.

Trínity Hóuse 名 《英》水先案内協会《灯台·航空標識などの建設維持や水先案内の試験などを管理する》.

Trínity Súnday 名 U 三位一体の祝日 《Whitsunday の次の日曜日》.

Trínity tèrm 名 U [通例 the ~] 《英》 夏学期《4月中ごろから6月末まで; ⇒ term A 解説》.

trin·ket /tríŋkɪt/ 名 ❶ 小さな[ちゃちな]装身具. ❷ つまらないもの.

tri·no·mi·al /traɪnóumiəl/ 形 ❶ 〖数〗三項(式)の. ❷ 〖動·植〗三(命)名法の. ━ 名 ❶ 〖数〗三項式. ❷ 〖動·植〗三(命)名法による学名(亜種の名).

*__tri·o__ /tríːoʊ/ 名 (複 ~s /-z/) ❶ [集合的; 単数または複数扱い] 3人組, トリオ, 3重奏団; 三つ組, 三つ揃い. ❷ 〖楽〗 トリオ《3重唱[奏]または3重奏[奏]曲; ⇒ solo 関連》. 〖F ⟨ It ⟨ L *tres* three〗

tri·ode /tráɪoʊd/ 名 〖電子工〗三極真空管.

tri·o·let /tríːələt/ 名 〖韻〗2様押韻の8行詩 (a b a a a b a b と押韻し, 第1行を第4行と第7行に, 第2行は第8行に繰り返す).

tri·ose /tráɪoʊs, -oʊz/ 名 U.C 〖化〗三炭糖, トリオース.

tri·ox·ide /traɪάksaɪd | -ɔ́k-/ 名 〖化〗三酸化物.

*__trip__ /tríp/ 名 ❶ 旅行, 旅 a bus 旅行 / a abroad 海外旅行 / a ~ (a)round the world 世界一周旅行 / a four-day three-night ~ 3泊4日の旅行 / go on [take] a sightseeing ~ to...〈観光旅行に行く (用法は古い) / make a business ~ *to* London ロンドンへ出張する 《用法 make a ~ は業務のための旅行, take a ~ は観光旅行に用いることが多い》 ❷ round trip. ❷ (用向きの)外出, ひと走り; 通勤, 往復: make a ~ *to* the park 公園までちょっと行ってくる / It's a short ~ *to* my office. 会社はすぐ近くです. ❸ a 踏みはずし, つまずき; つま

ずかせること: make a ~ つまずく. **b** 過失; 言いそこない: make a ~ 間違いをする. ❹《口》**a**《主に LSD による》幻覚体験のトリップ. **b** 刺激的経験. ❺《機》始動装置, 掛けはずし子(`); スイッチ. **You're a trip.**《俗》かっこいい, すごい; おかしなやつだ.
── 動 (tripped; trip·ping) ❶〔…につまずく, つまずいて倒れる; よろける: Be careful not to ~. つまずかないように気をつけなさい / He *tripped on* a stone. 彼は石につまずいた. ❷《隠喩的に》He *tripped up on* the essay part of the exam. 彼はテストのエッセーの個所でしくじった. ❸〔副詞(句)を伴って〕軽快な足どりで歩く〔走る, 踊る〕: The children came *tripping down* the street. 子供たちが通りを軽快な足どりでやってきた. ❹《俗》**a**《主に LSD による》幻覚体験をする, トリップする〈*out*〉: He is *tripping*. 彼は《ドラッグで》幻覚症状を起こしている. **b**《隠喩的に》*out*〉. **c**〔しばしば進行形で〕《米》いかれている, ばかげたふるまいをする. ── 他 ❶〔人〕をつまずかせる, ころばせる〔レスリングなどで〕〔人〕の足をすくって倒す: The root *tripped* him. 彼はその木の根でつまずいた / He *tripped* me *up*. 彼に足をすくわれてひっくり返った. **b**〔人〕を失敗させる: I was *tripped* (*up*) by these rapid questions. 私ははやつぎばやに質問されて間違えてしまった / She tried to ~ *up* the witness with this innocent-sounding question. 彼女はその無実らしいような質問でうまく誘導して証人につじつまの合わないことを言わせようとした. ❷〈機械・装置〉を始動させる. ❸《俗》〈人〉を大いに楽しませる〈*out*〉.
trip off the tóngue ⇒ tongue 成句.
〔F<Du=踏む〕〔類義語〕 ⇒ travel.
tri·par·tite /tràɪrpáːtaɪt/, -páː-/ 形 ❶ **a** 三つ〔3 部〕に分かれた. **b** 同文 3 通の. ❷ 三者間の: a ~ treaty 三か国条約. **b**〔植〕〈葉が〉三深裂の.
trì·partítion 名 U.C 三分(すること), 三分割.
tripe /tráɪp/ 名 ❶ 牛の胃《臓物料理用に用いる第一・第二胃》. ❷《口》くだらないもの〔考え〕, たわごと (rubbish).
tríp-hàmmer 名〔機〕はねハンマー.
triph·thong /trífθɔŋ/, -θɒŋ/ 名〔音声〕三重母音 (fire /aɪə/ aɪə/ などの単音節的発音; cf. monophthong, diphthong 1).
Tri·pi·ta·ka /trɪpətáːkə/ 名〔the ~〕三蔵《経蔵・律蔵・論蔵に分類される仏教聖典》.
tri·pláne 名〔空〕三葉機 (cf. monoplane).
*tri·ple /trípl/ 形 三重の, 3 部分から成る; 3 倍の: a ~ mirror 三面鏡. ❶ 3 倍の数〔量〕. ❷ 3 部分から成るもの. ❸〔野〕三塁打. ── 動 他 ❶〈…〉を 3 重〔3 倍〕にする (treble): We must ~ our efforts. 3 倍の努力をしなければならない. ❷〔野〕三塁打で走者を生還させる. ── 自 ❶ 3 倍になる. ❷〔野〕三塁打を放つ.〔F<L *triplus* ⇒ tri-, -ple〕
tríple Á /-éɪ/ 名《口》アメリカ自動車協会 (cf. AAA).
tríple bónd 名〔化〕三重結合.
tríple crówn 名〔the T- C~〕三冠《競馬・ラグビーなど》; ❷《ローマ教皇の》教皇冠, 三重宝冠.
tríple-décker 名《米》3 枚重ねサンドイッチ, クラブサンドイッチ.
tríple júmp 名〔the ~〕〔陸上〕三段跳び.
tríple pláy 名〔野〕三重殺, トリプルプレー.
tríple póint 名 三重点.
tríple rhýme 名〔韻〕三重押韻 (rosily, cozily のように末尾の 3 音節が押韻するもの).
trip·let /tríplət/ 名 ❶ **a** 三つ子の一人 (⇒ twin 関連). **b**〔複数形で〕三つ子. ❷ 三人組, 三人揃い. ❸〔韻〕3 行連句. ❹《楽》3 連音符.
tríple tíme 名 U《楽》3 拍子.
trip·lex /trípleks/ 形 三重〔3 倍, 三様〕の: ~ glass 三重ガラス. ❷ 三様の効果を生じる. ── 名 ❶ C 三つ組. ❷ C《米》3 階建アパート. ❸〔T~〕U《英》《商標》トリプレックス《非破裂性の強化ガラス》.
trip·li·cate /tríplɪkèɪt/ 動 他 ❶ 3 倍にする. ❷〈書類〉を 3 通作成する. ── /-lɪkət/ 形 ❶ 3 重の. ❷〈同じ文書が〉3 通から成る. ── 名 三通組〔3 通書類〕の一つ. **in tríplicate** (1) 3 度. (2) 3 通に(作成してある). **trip·li·ca·tion** /tríplekéɪʃən/ 名.

1927　　　　　　　　　　　　　　　　　　　Triton

tri·plic·i·ty /trɪplísəti/ 名 ❶ C 三幅対, 三つ組. ❷ U 3 倍〔3 部構成〕であること, 三倍〔重〕性.
trip·loid /tríplɔɪd/〔生〕形 三倍性の, 三倍体の. ── 名 三倍体. **trip·loi·dy** /-di/ 名 U 三倍性.
tri·ply /trípli/ 副 3 重〔3 倍〕に.
tríp·mèter 名〔車〕トリップメーター《簡単に目盛りをゼロに戻すことのできる走行距離計》.
+**tri·pod** /tráɪpɒd/, -pɒd/ 名 ❶ 三脚台, かなえ, 床几(⌄⌃)(など). ❷《カメラなどの》三脚.〔L<Gk < TRI-+ *pous, pod-* 足〕
tri·po·dal /trípədl/ 形 三脚の(形をした), 三脚のある.
tri·o·li /trípəli/ 名 =rottenstone.
Trip·o·li /trípəli/ 名 トリポリ: ❶ リビアの首都. ❷ レバノン北西部の港湾都市.
tri·pos /tráɪpɒs/, -pɒs/ 名《英》(Cambridge 大学で学位 BA の)優等試験.
tríp·per 名 ❶《英》(日帰り)観光旅行者: a day-*tripper* 日帰りの行楽客. ❷ 軽快に歩く〔踊る〕人. ❸ つまずく者; つまずかせる〔人〕もの. ❹《口》幻覚剤使用者.
tríp·ping 形 足どりの軽い; 軽快な. **~·ly** 副.
trip·py /trípi/ 形《口》〈薬物による〉幻覚体験の〔を思わせる〕, トリッピーな.
trip·tych /tríptɪk/ 名〔三面鏡のようにちょうつがいでつないだ〕3 枚続きの絵画《通例宗教画》.
tríp·tyque /trɪptíːk/ 名《やや古》《税関の発行する》自動車入国許可証.〔F〕
tríp·wìre 名〔わな・地雷などの〕仕掛け線.
tri·que·tra /traɪkwíːtrə, -kwétrə/ 名《複 -trae /-triː/, ~s》3 つの尖頭〔鋭角〕を有する図形〔装飾〕,《特に》3 つの交差する弧〔ループ〕でつくられた飾り〔図形〕.
tri·reme /tráɪriːm/ 名〔古ギロ〕3 段オールのガレー船, 三段櫂(ʔ)船.
trì·sáccharide 名〔化〕三糖類.
Tris·ag·i·on /trɪsǽɡiən/, -ɒn/ 名〔東方正教会〕トリサギオン, 聖三祝文, 三聖誦《3 種の呼びかけで聖なる神を賛美するギリシア語聖歌》.
tri·sect /tráɪsekt/, -⌣-⌣/ 動 他〈…〉を 3 (等)分する.
tri·sec·tion /tráɪsekʃən/, -⌣-⌣/ 名 U 3 (等)分.
tri·shaw /tráɪʃɔː/ 名《極東諸国の》三輪自転車, 輪タク.
tris·kai·dek·a·phó·bia /trɪskaɪdekə-/ 名 U 十三恐怖症.
tri·skel·i·on /trɪskéliən, traɪ-/ 名 股でつながる三脚の図, 三脚ともえ紋.
tris·mus /trízməs/ 名 U〔医〕開口障害, 牙関緊急.
tri·so·my /tráɪsoumi/ 名 U.C〔生〕三染色体性, トリソミー.
Tris·tan /trístən/, **Tris·tram** /trístrəm/ 名 トリスタン《アーサー王円卓騎士の一人; Iseult /ɪsúːlt/ との悲恋で有名》.
trí·state 形《隣接する》3 州の[からなる, にまたがる].
tris·tesse /trːstés/ 名 U 悲しみ, 悲哀.
tri·syl·la·ble /tráɪsɪləbl, ⌣-⌣-⌣/ 名 3 音節語. **tri·syl·lab·ic** /tràɪsɪlǽbɪk/ 形.
tri·tag·o·nist /traɪtǽɡənɪst/ 名《古ギ劇》(主人公・副主人公に次ぐ)第三役.
trit·an·ope /trítənòup, trít-/ 名 第三色盲の人.
trit·an·o·pi·a /tràɪtənóupiə, trit-/ 名 U〔医〕第三色盲, 青黄色盲.
trite /tráɪt/ 形〈言葉・考えなどが〉ありふれた, 使い古された, 陳腐な (clichéd). **~·ly** 副. **~·ness** 名.
tri·the·ism /tráɪθiːɪzm/ 名 U〔神学〕三神論, 三位異体論《父と子と聖霊はそれぞれ別の神であるとする》. **-ist** 名.
trit·i·at·ed /trítiətəd, trít-/ 形〔化〕トリチウム化《三重水素化》した《化合物中の軽水素の一部をトリチウムで置換した》. **trit·i·a·tion** /trìtiéɪʃən, trit-/ 名.
trit·i·ca·le /trìtəkérli, -káː-/ 名〔植〕ライコムギ《小麦とライ麦の複二倍体》.
trit·i·um /trítiəm, trít-/ 名 U〔化〕トリチウム, 三重水素《水素の放射性同位体; 記号 T》.
Tri·ton /tráɪtn/ 名《ギ神》トリトン《Poseidon の子で, ほら

tritone

貝を吹いて波を静めたり波を立てたりする半人半魚の海神.
Tríton amòng the mínnows 鶏群の一鶴《凡人たちの中にあってひときわ優れた人》.

tri·tone /tráɪtòʊn/ 名《楽》三全音《増4度》.

trit·u·rate /trítʃərèɪt/ 動 他 すって［ついて］粉末にする，粉砕［摩砕］する；すりつぶす，つき砕く；咀嚼(そしゃく)する.

trìt·u·rá·tion 名 U 粉砕，摩砕；咀嚼.

trít·u·rà·tor /-tə-|-tə-/ 名 すり手，粉ひき人；乳鉢，摩砕［粉砕］器.

*__tri·umph__ /tráɪəmf/ 名 ❶ C a 勝利，征服: the ~ of right *over* might 力に対する正義の勝利. b 大成功，大手柄，大業績；極致: the ~s of modern science 現代科学のめざましい業績 / achieve a ~ 大成功を収める. ❷ U 勝利感，成功の喜び，得意の色: in ~ 勝ち誇って，意気揚々として / There was ~ in his eye [on his face]. 彼の目[顔]には勝ち誇った色が見えた. ━ 名［古］凱旋(がいせん)式. ━ 動 自 ❶ ［...に］勝利を得る，成功する；［...を］打ち負かす: Our team ~ed *over* the visiting team. わがチームは遠征チームを打ち負かした / He ~ed *over* the difficulty. 彼はその困難に打ち勝った. ❷ 勝ち誇る，凱歌を奏する，喜び勇む. 〖F←L〗〖類義語〗⇨ victory.

tri·um·phal /traɪʌmf(ə)l/ 形 ❶ 勝利の. ❷ 凱旋(がいせん)の: a ~ arch [entry] 凱旋門[入城式] / a ~ return 凱旋. (名 triumph)

tri·úm·phal·ism /-lìzm/ 名 U 勝利主義《特定宗教の教義が他のいずれのものにもまさるとする》. **-ist** 名 形

†__tri·um·phant__ /traɪʌmf(ə)nt/ 形 ❶ 勝利を得た；成功した. ❷ 勝ち誇った，得意の，意気揚々とした (exultant): a ~ smile 得意満面の微笑. **~·ly** 副 (動 triumph)

tri·um·vir /traɪʌmvɚ|-vəɪ, ~s/［古］三頭官の一人. **tri·um·vir·al** /traɪʌmvərəl/ 形 三頭官[三頭政治]の.

tri·um·vi·rate /traɪʌmvərət/ 名 ❶ [集合的; 単数または複数扱い] 支配的地位にある3人組；三頭官，3人組. ❷ ［古］三頭官の職［任期］；三頭政治: the first ~ (紀元前60年, Pompey, Caesar, Crassus /krǽsəs/の) 第1回三頭政治 / the second ~ (紀元前43年, Antony, Octavian, Lepidus /lépədəs/の) 第2回三頭政治. ❸ 3人の連合政治.

tri·une /tráɪjuːn/ 形 三位一体の. ━ 名 [the T-] 三位一体 (Trinity).

tri·un·i·ty /traɪjúːnəti/ 名 三つ組，三人組，三面性，三重性.

tri·va·lent /tràɪvéɪlənt/ 形《化・遺》3価の.

triv·et /trívɪt/ 名 ❶《食卓で熱いなべなどを載せる》三脚台《金属または陶製の皿》. ❷《なべなどを火にかける》五徳《三脚》. (as) ríght as a trívet とても元気で，まったく好調子で.

triv·i·a /tríviə/ 名 U 《また複数扱い》ささいな［つまらない］こと，重要ではないが面白いこと《詳細》.

†__triv·i·al__ /tríviəl/ 形 (**more** ~; **most** ~) ささいな，つまらない (trifling): ~ matters [mistakes] ささいな事柄［誤り］ / a ~ problem 取るに足らない問題 / a ~ man くだらない男. ━ ly 副. 〖L=普通の,ありふれた<*trivium* 交差路,人の集まるところ TRI-+*via* 道〗(名 triviality, 動 trivialize)

triv·i·al·i·ty /trìviǽləti/ 名 ❶ U ささいなこと，瑣末(さまつ)，ささい. ❷ C 瑣末な事柄，枝葉末節な，些事(さじ).

triv·i·al·ize /tríviəlàɪz/ 動 矮小(わいしょう)化する，軽視する. **triv·i·al·i·za·tion** /trìviəlɪzéɪʃən/ 名 U 矮小化，軽視.

trívial náme 名 ❶《生》種小名. ❷ (生物・化学物質の) 俗称，通称，慣用名.

triv·i·um /tríviəm/ 名《教育史》三学，三科《中世の大学の文法・修辞・論理》.

tri·week·ly /tràɪwíːkli/ 形 ❶ 1週3回(の). ❷ 3週間ごとに[の]. ━ 名 1週3回[3週間ごと]の刊行物.

tro·car /tróʊkɑɚ| -kɑː/ 名《医》套(とう)管針，トロカール《排液用》.

tro·cha·ic /troʊkéɪɪk/ 《詩学》形《英詩の》強弱格の; (古典詩の)長短格の. ━ 名 [通例複数形で] 強弱格[長短格]の詩[詩行].

tró·chal dísk /tróʊk(ə)l-/ 名《輪虫類の》輪盤.

tro·chan·ter /troʊkǽntɚ|-tə/ 名《解・動》転子《大腿骨上部の突起》;《昆》転節《脚の第2関節》.

tro·che /tróʊki|tróʊʃ/ 名《薬》トローチ《のどの痛みをなめてやわらげる錠剤》.

tro·chee /tróʊkiː/《詩学》❶《英詩の》強弱格 (─́ ˘)，例: Lífe is | bút an | émpty | dréam. (Longfellow); cf. foot 名 5). ❷ (古典詩の)長短格 (─ ˘).

troch·le·a /trɑ́kliə|trɔ́k-/ 名 (**-le·ae** /-liìː/)《解・動》滑車.

troch·le·ar /trɑ́kliɚ|trɔ́kliə/ 形《解・動》滑車(状)の.

tróchlear nèrve 名《解・動》滑車神経.

tro·choid /tróʊkɔɪd/ 名 ❶《数》余擺(よはい)線, トロコイド. ❷《解》車軸関節. ━ 形 ❶ 西洋ごま[巻貝]形の. ❷ 軸回転する, 輪のように動く, 車軸状の関節の. ❸《曲線がトロコイドの. **tro·choi·dal** /troʊkɔ́ɪdl/ 形

trod /trɑ́d|trɔ́d/ tread の過去形・過去分詞.

trod·den /trɑ́dn|trɔ́dn/ tread の過去分詞.

trog¹ /trɑ́g|trɔ́g/ 動 自 (**trogged; trog·ging**)《英口》とぼとぼ[ふらふら]歩く, ぶらつく. 《? *trudge*+*slog*》

trog² /trɑ́g|trɔ́g/ 名《英俗》頭が古い人, 遅れている[ダサい]やつ. 《*troglodyte*》

trog·lo·dyte /trɑ́glədàɪt|trɔ́g-/ 名 ❶ (主に有史前の) 穴居人. ❷ 隠者；世捨て人.

troi·ka /trɔ́ɪkə/ 名 ❶ 三頭制; (特に支配的地位にある) 3人組. ❷ トロイカ《ロシアの3頭立ての馬車・馬ぞり》.《Russ》

troil·ism /trɔ́ɪlɪzm/ 名 U 3人でするセックス, トリプルセックス, 3P.

Troi·lus /trɔ́ɪləs/ 名《ギ伝説》トロイロス《Troy の王プリアモスの王子; Cressida の恋人》.

Tro·jan /tróʊdʒən/ 形 トロイア[トロイ]の. ━ 名 ❶ トロイア人. ❷ 勇士, 奮闘家. **wórk like a Trójan** 勇ましく[せっせと]働く. (Troy)

Trójan hórse 名 ❶ [the ~] トロイアの木馬《トロイア戦争でギリシア軍が敵をあざむくために用いられた》. ❷ (敵国に潜入する) 破壊工作(団, 団員). ❸ C《電算》トロイの木馬《システムに不正に侵入するプログラム; 決められた時間に起動してシステムを破壊したり, 秘密情報を外部に送信したりする》.

Trójan Wár 名 [the ~]《ギ神話》トロイア戦争《トロイアの王プリアモスの子 Paris がギリシア王 Menelaus の妻 Helen を誘拐したために起こった10年にわたる大戦争》.

troll¹ /tróʊl|tról, tróʊl/ 動 他 ❶《歌を》輪唱する: ~ a tune [an air] 歌を輪唱する. ❷《魚・水面を》流し釣りする. ❸《ボール・さいころなどを》ころがす. ━ 自 ❶ 輪唱する. ❷《魚を》流し釣りする《*for*》. ❸《英》歩く, ぶらつく. ━ 名 ❶ 輪唱歌. ❷ 流し釣り; トローリング. **~·er** 名

troll² /tróʊl|tról, tróʊl/ 名《北欧伝説》トロール《地下や洞穴に住む超自然的怪物で, 巨人または小人に描かれる》.

trol·ley /trɑ́li|trɔ́li/ 名 ❶《英》手押し車《米 cart》: a shopping ~ 買い物用手押し車;《スーパーの》ショッピングカート. b トロッコ《米 handcar》. c《料理などを運ぶ》ワゴン《米 wagon》. ❷《米》市街電車;《英》tram. ❸ 触輪, トロリー《電車などの架空線に接する集電装置》. **be óff one's trólley**《俗》頭が混乱している, 気が狂っている.

trólley·bùs 名 トロリーバス, 無軌道電車.

trólley càr 名 =trolley 2.

tról·leyed 形《英俗》(酒・麻薬に)酔っぱらって, ラリって.

trólley whèel 名 =trolley 3.

trol·lop /trɑ́ləp|trɔ́l-/ 名 ❶ だらしなくうすぎたない女; 自堕落な女; 売春婦.

Trol·lope /trάləp | trɔ́l-/, **Anthony** 图 トロロプ (1815-82; 英国の小説家).

trom·bone /trɑmbóun | trɔm-/ 图《楽》トロンボーン《金管楽器》. 〖It <*tromba* トランペット〗

trom·bón·ist /-nɪst/ 图 トロンボーン吹奏者.

trom·mel /trάm(ə)l | trɔ́m-/ 图 トロンメル《回転式》鉱石ふるい》.

tromp /trάmp | trɔ́mp/ 動《米口》= tramp.

trompe l'oeil /trɔ́ːmplɔ́ɪ; -pləi/ 名 U.C《美》トロンプルイユ《実物と見まちがうほど精細に描写するだまし絵的絵画・装飾(技法)》.

tro·na /tróunə/ 图 U《鉱》トロナ《重要な天然ソーダの一種; セスキ炭酸ナトリウム》.〖Swed〗

tronc /trάŋk | trɔ́ŋk/ 图《ホテルやレストランで従業員に分配するためのチップ・サービス料のプール、共同資金.

‡**troop** /trúːp/ 图 ❶ **a** 《通例複数形で》軍隊、軍勢、部隊《用法》単数形でも複数扱いとなることがある》: regular ~s 常備軍. **b**《軍》騎兵中隊; 騎兵中隊の指揮権. ❷《ボーイスカウトの》分隊《約 32 名、最少 5 名以上》. ❸《特に》移動中の人・鳥獣の群れ, 隊, 組, 団: a ~ of demonstrators デモ隊の一群 / a ~ of deer シカの一群. —— 自 ❶《副詞(句)を伴って》隊を組んで歩く; ぞろぞろ来る[行く]: We all ~ed into the room. 我々はみんなでぞろぞろと部屋に入っていった / The audience began to ~ *away* [*off*]. 聴衆はぞろぞろと立ち去り始めた. ❷《ひとりの人が》ゆっくりと[一定の歩調で]歩く. **trooping the colours**《英》《衛兵交替勢時などに行なわれる》軍旗敬礼分列式《★現在主に国王[女王]の誕生日に London の近衛騎兵練兵場で行なう華やかな行事》. 〖F =群〗《類義語》⇒ **company**.

tróop càrrier 图 軍隊輸送機[船].

‡**tróop·er** 图 ❶ 騎兵. ❷《米》州警察官. ❸《米・豪》騎馬巡査. **swéar like a tróoper** ひどく汚い言葉を使う, 罵倒(の)する.

tróop·shìp 图 軍隊輸送船.

trope /tróup/ 图《修》言葉の比喩的用法; 言葉のあや.

troph·ic /trάfɪk | trɔ́f-/ 形 ❶ 栄養(作用)に関する. ❷ = tropic[2].

-trophic /トロフィク/ /—— | trάfɪk, tróuf- | trɔ́f-, tróuf-—/ 〖形容詞連結形〗❶「…に栄養に関する[を特徴とする]」「…の栄養を必要とする[活用する]」. ❷ =-tropic[1].

tro·phied 形 戦利品[記念品]で飾った: ~ walls 記念品で飾った壁.

troph·o·blast /trάfəblӕst | trɔ́f-/ 图《発生》栄養膜, 栄養芽層, 栄養芽細胞, トロホブラスト. **troph·o·blas·tic** /trάfəblӕstɪk | trɔ́f-—/ 形.

*‎**tro·phy** /tróufi/ 图 ❶ 戦利品; 戦勝[成功]記念物《敵の連隊旗, 武具, 獣の頭など》. ❷《競技の》賞品, トロフィー. ❸《古・稀》戦勝記念碑. ―― 形 ステータスを表わす, 《所有している》箔(はく)がつく: a ~ wife《時に軽蔑》《夫が自分の社会的地位を上げるためにむかえた》若くて美しい(飾り物のような)妻. 〖F < L < Gk《原義》敵の敗北を記念するもの〗

-tro·phy /トロフィ/ 〖名詞連結形〗「栄養」「発育」.

‡**trop·ic**[1] /trάpɪk | trɔ́p-/ 图 ❶ C《天・地理》回帰線. **[the ~s]** 熱帯地方. **the tropic of Cáncer** 北回帰線, 夏至線《北緯 23° 27′》. **the tropic of Cápricorn** 南回帰線, 冬至線《南緯 23° 27′》. ―― 形 熱帯(地方)の. 〖F < L < Gk *tropē*[1] 回転〗

trop·ic[2] /trάpɪk | trɔ́p-/ 形《生》屈性 (tropism) の; 《ホルモンが》特定の腺の活動に影響を与える.

-trop·ic /トロピク/ /trάpɪk, tróu- | trɔ́p-/ 〖形容詞連結形〗❶「…の刺激に応じて転回する」「向…性の」. ❷ =-trophic[1].

*‎**trop·i·cal**[1] /trάpɪk(ə)l | trɔ́p-/ 形《比較なし》熱帯(地方)の: a ~ climate 熱帯性気候 / ~ fruit 熱帯の果物 / a ~ fish [plant] 熱帯魚[植物] / ~ medicine 熱帯医学. ❷ 酷暑の. -**ly** /-kəli/ 副. ⇒ tropic.

trop·i·cal[2] /trάpɪk(ə)l | trɔ́p-/ 形 比喩的な.

trópical cýclone 图《気》熱帯低気圧[暴風雨].

trópical ráin fòrest 图 = rain forest.

trópical stórm 图《気》熱帯暴風雨, トロピカルストーム《風力 8-11 の台風》.

trópical yéar 图《天》回帰年, 太陽年.

trópic·bird 图《鳥》ネッタイチョウ《熱帯鳥》《アジサシに似た海鳥》.

tro·pism /tróupɪzm | trɔ́p-/ 图 U《生》向性, 屈動性《刺激の方向に曲がる性質》. **tro·pis·tic** /troupístɪk/ 形.

tro·po·log·i·cal /tròupəlάdʒɪk(ə)l | trɔ̀pəlɔ́dʒ-—/ 形 比喩の; 聖書の比喩的(道徳的)解釈の; 教訓的な.

tro·pol·o·gy /troupάlədʒi | trɔpɔ́l-/ 图 U 比喩使用, 比喩的語法, 比喩; 聖書の比喩的(特に 道徳的)解釈.

tro·po·pause /tróupəpɔ̀ːz | trɔ́p-/ 图《気》圏界面《対流圏と成層圏の境界》.

tro·po·sphere /tróupəsfɪə | trɔ́pəsfɪə/ 图 **[the ~]**《気》対流圏《地表から約 10–20 km の間》.

trop·po /trάpou | trɔ́p-/ 副《楽》あまりに, 非常に: allegro ma non /mɑ:nὰn | -nɔ̀n/ —急速にしかしあまり激しくなく. 〖It〗

‡**trot** /trάt | trɔ́t/ 動 (**trot·ted**; **trot·ting**) ❶〈馬などが〉速歩(はや)で駆ける. ❷《副詞(句)を伴って》〈人が小走りで歩く[行く]》. ❸《口》〈歩いて〉行く: The boy *trotted* along after his mother. 少年は小走りで母親の後をついていった. ―― 他 ❶〈馬を〉速歩で駆けさせる. ❷《ある距離を》速足で行く. **trót óut**《他》《口》(1)〈馬を〉自慢げに歩かせて見せる. (2)《口》〈品物などを〉出して見せる, 披露(ひろう)する. (3)《口》《すでによく知っていることなどを》持ち出す: 〈古くさいしゃれなどを〉口にする: ~ *out* a song 歌をひとつ歌ってみせる / ~ *out* one's parlor trick 例《おはこ》のお座敷芸を見せる. ―― 图 ❶ **[a ~] a**《馬》馬の速歩, だく足 (cf. gait[2]). **b**《人の》速足: at a ~ 早足で. ❷ **[a ~]** 急ぎ足の散歩: go for a short ~ ちょっと散歩に行く. ❸ **[the ~s]**《俗》下痢: have **the ~s** お腹をこわして[下痢して]いる. ❹《米俗》《学生のとらの巻, 翻訳本. **on the ~**《口》(1) 絶えずひっきりずりなく: I was on the ~ from morning to night. 朝から晩まで忙しく追いまくられ通しだった. (2) ぶっ続けに (in a row): It rained for two weeks on the ~. 2 週間ぶっ続けに雨が降った. 〖F〗

Trot /trάt | trɔ́t/ 图《口・軽蔑》= Trotskyite.

troth /trάθ, trɔ́ːθ | tróu-/ 图《古》❶ 真実, 誠実: in ~ 本当に. ❷ 忠実, 忠誠: by [upon] my ~ 誓って. ❸ 約束; 婚約: pledge [plight] one's ~ 誓約する; 夫婦約束をする.

Trot·sky /trάtski | trɔ́ts-/, **Le·on** /líːən | líːɔn/ 图 トロツキー (1879–1940; ロシアの革命家・著述家).

Trót·sky·ism /-kɪìzm/ 图 U トロツキズム《Trotsky が唱えるプロレタリアによる永久[世界]革命論; 極左主義》.

Trót·sky·ist /-kɪɪst/ 图 = Trotskyite.

Trót·sky·ite /trάtskìaɪt | trɔ́ts-/ 图 形 トロツキー派の (人), トロツキスト[左翼過激派](の).

trót·ter /-tə | -tə/ 图 ❶ 速歩(はや)で駆ける馬; (特に)繋駕(けいが)競馬用に調教された馬. ❷ 小走りする人. ❸《通例複数形で》**a**《羊・豚などの食用の》足. **b**《戯言》人間の足.

trót·ting /-tɪŋ/ 图 U《繋駕(けいが)》速歩競馬.

trou·ba·dour /trúːbədɔ̀ə | -dɔ̀ː/ 图 トルバドゥール《11–13 世紀ごろ主にフランス南部で活躍した叙情詩人》. 〖F < Prov〗

‡**trou·ble** /trάbl/ 图 ❶ U.C 心配(事), 悩み; 苦しみ, 不幸: family [domestic] ~(s) 家庭の心配事 / a heart filled with ~ 苦悩に満ちた心 / You must not make any more ~ for your teacher. これ以上先生にやっかいをかけてはいけない / My mother has been through a lot of ~(s). 母は今までにいろいろな苦労を味わってきた / His ~s are over. 彼の悩みも終わった 《しばしば死んだ人に言う》/ I'm having ~ *with* my teeth. 歯が痛くて[悪くて]困っています / *Troubles* never come singly.《諺》不幸は重なるものだ.

❷ C《通例単数形で》**a** 苦労(の種), やっかい者; めんどうな事: He's a (great) ~ to his parents. 彼は両親にとって頭痛の種です / I found it a great ~ to cook for myself. 自分のために料理するのがとてもめんどうだった / It will be no ~ to persuade him. 彼を説得するのは別にめ

んどうなことではない. **b** 困った点[こと], 具合の悪い点, 問題点, 欠点: The ~ is (that) the boy isn't well. 困ったことにはあの子は病身なのです《[用法]《口》では that を略し, コンマを用いたり Trouble is とすることもある》/ What is the ~ *with* you? どうしたのだ; どこが悪いのか / That's your ~. そのことが君の困った点[だめなところ]だ.

❸ **a** [U,C] [通例修飾語を伴って] **病気,** 患い, (…)病: liver [mental] ~ 肝臓[精神]病 / respiratory ~ 呼吸器病 / children's ~*s* 小児病 / suffer from heart ~ 心臓を病む. **b** [U] (機械などの)故障, トラブル: have engine ~ エンジンの故障を起こす.

❹ [U] **手数, 迷惑,** やっかい (bother): I'm sorry I have caused you so much ~. 大変ご迷惑をおかけして申し訳ありません《[用法] 実際に何か実害を与えた時に用い, 単なる儀礼的な謝罪には用いない》/ This will save me some ~. これでいくらか手数が省けるだろう / It will be no ~ (at all). お安いご用です / No ~ (at all). どういたしまして / He went to a lot of ~ to help me. 彼は私を援助するため大いにめんどうをみてくれた.

❺ [U] **骨折り, 苦心, 困難:** take ~ 骨を折る, 骨を惜しまない / without any ~ 楽々と, 難なく / The job gave him a great deal of ~. その仕事にはかなり骨を折った / I've taken a lot of ~ *with* [*over*] this book. この本のためにずいぶん苦労した /〔+*to* do〕He took the ~ *to* show me the way to the station. 彼はわざわざ駅へ行く道を案内してくれた /〔(+*in*)+do*ing*〕She had no ~ (in) select*ing* her career. 彼女は将来の進路を選ぶのに全然苦労しなかった《[用法]《口》ではしばしば前置詞 *in* が省かれ, do*ing* が現在分詞と見られる》.

❻ [U,C] **紛争, 争い,** もめごと, ごたごた: labor ~(*s*) 労働争議 / political ~(*s*) 政治的な紛争 / make ~ 騒ぎを起こす / have ~ with one's employer 使用者[会社]ともめる / He is having girl ~ [money ~*s*]. 彼は女性問題[金銭上のもめごと]を起こしている.

ásk for tróuble《口》災難を招くようなことをする, 軽率なことをする: It is *asking for* ~ to interfere in another country's domestic affairs. 他国の内政問題に干渉することはみずから災難を招くようなものだ.

be in tróuble (1)〔…のことで〕困っている, 苦難に陥っている: He *was in* ~ *over* money. 彼は金の問題で困っていた. (2)〔…と〕紛争[問題]を起こしている: She *was in* ~ *with* the unions. 彼女は労働組合とごたごたを起こしていた. (3)〔…に〕しかられる[罰せられる]立場にある: He *was in* ~ *with* the police for bribery. 彼は賄賂(わいろ)罪のかどで警察に調べられていた. (4)〈未婚女性が〉妊娠している.

be mòre tróuble than it is wórth かえってめんどう[骨折り損]だ.

gét…ìnto tróuble (1)〈人に〉迷惑をかける. (2)《口》〈未婚女性を〉妊娠させる.

gèt [rùn] ìnto tróuble (1) (…と)問題[トラブル]を起こす; もめごとに巻き込まれる〔*with*〕. (2) しかられる[処罰される]立場にある, 警察に呼ばれる, 処罰される〔*for*〕.

gó to the tróuble of dóing わざわざ…する.

lóok for tróuble =ask for TROUBLE [成句].

méet tróuble halfwáy ⇨ halfway [成句].

pút a person **to tróuble**〈人に〉骨を折らせる,〈人に〉迷惑をかける: I don't want to *put* you *to* any ~. あなたに迷惑をかけたくない.

tróuble and strífe《英俗》女房, 山の神 (cf. rhyming slang).

— [動] [他] ❶ **a**〈人(の心)を〉**悩ませる, 心配させる** (cf. *troubled 1*): What is *troubling* you? 君は何で悩んでいるのだ / What ~*s* me is that she is a little delicate. 私が心配なのは彼女が少々体が弱いことだ. **b** [~ *oneself* で]〔…のことで〕**悩む, 心配する**〔*about, over*〕: She has stopped *troubling herself over* her daughter's marriage. 彼女はもう娘の結婚のことで悩まなくなった. **c**〈病気などが〉〈人を〉苦しめる (cf. troubled 3): His eyes ~*d* him. 彼は目(の具合)が悪かった. ❷ **a**〈人を〉**煩わせる,**〈人に〉**手数[迷惑, やっかい(など)]をかける** (bother): I'm sorry to ~ you, but…. お手数をかけてすみませんが… / "I'll put the kettle on." "Oh, don't ~ yourself (on my account)."「今やかんをかけますからね」「いや, (私のためなら)どうぞお構いなく」/ He's always *troubling* me ***about*** minor matters. 彼はいつもくだらない問題で私にやっかいをかけている / May I ~ you ***with*** one more question? もう一つ質問してもよろしいでしょうか. **b**〈人を〉煩わせて〔…を〕貸して[手渡して]もらう: May [Can, Could] I ~ you ***for*** a glass of water? 水を1杯いただけませんか. **c** 骨折って〈…〉する, わざわざ〈…〉する:〔+目+*to* do〕Don't ~ yourself *to* make coffee just for me. 私だけのためにわざわざコーヒーをお入れになるなんてなさらないでください / May [Can] *I* ~ you *to* pass the salt? すみませんが塩を取ってくださいませんか《★ ていねいな依頼》/ Might *I* ~ you *to* mind your own business? 人の事に干渉しないでもらえるかね《★ 乱暴で時に皮肉をこめた表現》.

— [自] [特に否定・疑問文で] ❶〔…のことで〕心配する: Do*n't* ~ ***about*** that. そのことならどうかご心配なく. ❷ 骨を折る, わざわざ〈…〉する: Do*n't* ~, thank you. どうぞお構いなく /〔+*to* do〕Do*n't* ~ *to* come and meet me at the airport. わざわざ空港までお出迎えいただかなくてもけっこうです / Why should I ~ *to* apologize? どうして私がわざわざ謝る必要があるんだ.

〘F＜L=かき回す, 濁らせる＜*turba* 騒動, 混乱; cf. disturb, turbulent〙

trou·bled** /trʌ́bld/ [形] ❶〈顔つきなど〉困った(ような);〔…のことで〕悩んで, 苦しんで, 心配して: a ~ look 不安[心配]そうな顔つき / You look ~. 何か心配そうですね / He was ~ ***about his son. 彼は息子のことで悩んでいた. ❷ 問題[困難, いさかい(など)]の多い, 荒れた, 騒然とした: a ~ life 困難の多い人生[生活] / a ~ region 紛争の多い地域 / ~ times 物騒な時代. ❸ [P]〈人が〉〔病気で〕悩んで: I'm ~ ***with*** headaches. 私は頭痛に悩んでいる. **fish in tróubled wáters** ⇨ fish [動] [成句].

tróuble-frée [形] 面倒のない, 手間いらずの, 楽な.

tróuble·màker [名] もんちゃく[騒ぎ]を起こす人.

tróuble·shòot [動] (-shooted, -shot) [他] ❶〈紛争を〉調停する. ❷〈機械を〉修理する. — [自] ❶ 紛争調停者を務める. ❷ 修理係をやる. **tróuble·shòoting** [名]

tróuble·shòoter [名] ❶ 紛争調停者. ❷ (機械の故障を発見して修理する)修理係.

+trou·ble·some /trʌ́blsəm/ [形] (more ~; most ~) ❶ やっかいな, めんどうな. ❷ わずらわしい, うるさい; 手に負えない. **~·ly** [副] **~·ness** [名]

tróuble spòt [名] ❶ 紛争地域. ❷ 問題[故障]のよく起こる場所.

trou·blous /trʌ́bləs/ [形]《古・文》荒れた, 乱れた, 騒然とした.

+trough /trɔ́:f | trɔ́f/ [名] ❶ **a** (細長い)かいばおけ, 槽(そう). **b** (パン屋の)こね鉢(ばち)《★ パン屋はしばしば /tróu | tráu/ と発音することがある》. **c** (屋根の)雨どい. ❷ (波と波の間の)くぼみ, 谷: the ~ of a wave 波くぼ. ❸〘気〙(気圧の)谷. ❹ 景気の谷. 〘OE〙

trounce /tráuns/ [動] [他] ❶ (試合などで)〈相手を〉負かす (thrash). ❷〈人を〉うんと殴る, こらしめる.

+troupe /trú:p/ [名] (俳優などの)一座, 一団.

tróup·er [名] 一座の一員, 座員.

trou·ser /tráuzə | -zə/ [形] [A] ズボン(用)の: ~ pockets ズボンのポケット / a ~ leg ズボンの脚の部分. — [動] [他]《英口》〈金を〉猫ばばする, 使い込む.

tróu·sered [形] ズボンをはいた.

***trou·sers** /tráuzəz | -zəz/ [名] [複] **ズボン**: a pair of ~ ズボン1本. **wéar the tróusers**《口》〈女が〉亭主を尻に敷く《[比較]《米》では wear the pants のほうが一般的》. 〘Ir〙

【類義語】**trousers** 男物についていう. **pants**《米》で trousers の意に用いられる. **slacks** 上着と対になっていないもので, 男物・女物の別なく用いられる.

tróuser sùit [名]《英》(婦人用)パンツスーツ (《米》pantsuit).

trous·seau /trú:sou/ [名] ([複] **~s, ~x** /~z/) 嫁入り道具 [衣装, じたく].

+trout /tráut/ [名] ([複] **~, ~s**) ❶ [C]〘魚〙マス《サケ科ニジマ

ス属の河川にすむ魚の総称): You must lose a fly to catch a ~. 《諺》小を捨てて大につけ. ❷ ⓤ マスの身. ❸ ⓒ [old ～ で]《英俗・軽蔑》愚かな醜い[不機嫌な]老女. 《L<Gk》

trou·vaille /truːváɪ/ 图 掘出し物, 思いがけない珍品[収穫], もうけ[ひろい]もの.

trou·vère /truːvéə | -véə/ 图 トルヴェール (11–14世紀ごろフランス北部で宮廷的主題を歌った吟遊詩人).

trove /tróʊv/ 图 =treasure trove.

tro·ver /tróʊvə | -və/ 图《法》横領物回復訴訟, 横領訴訟.

trow·el /tráʊ(ə)l/ 图 ❶ (園芸用の)移植ごて. ❷ (左官の使う)こて. **láy it ón with a trówel** むやみにお世辞を言う (★ Shakespeare「お気に召すまま」から).

troy /trɔɪ/ 图《金衡度の後に置いて》金衡の[による]《略 t.》: One pound ~ weighs 12 oz. 金衡1ポンドは12オンスである.

Troy /trɔɪ/ 图 トロイア, トロイ (小アジア北西部の古都).

tróy óunce 图 金衡オンス (⇒ ounce).

tróy wèight 图 ⓤ トロイ衡, 金衡 (金銀・宝石などに用いる衡量; cf. avoirdupois weight).

tru·an·cy /trúːənsi/ 图 ⓤⓒ 無断欠席, ずる休み.

tru·ant /trúːənt/ 图 ❶ (学校の)無断欠席者, サボリ学生[生徒]. ❷ 怠け者. **pláy trúant**《英》学校をずる休みする, サボる.《米口》play hooky. ─ 形 ずるける, 怠惰な. 《F=放浪者》─ 自 怠けて休みする.

trúant ófficer 图《米》無断欠席生徒補導員.

*__truce__ /truːs/ 图 ⓤⓒ ❶ 休戦(協定): call a ~ 休戦する / a flag of ~ 休戦の白旗. ❷ (困難・苦痛などの)休止, 中断. 《ME<OE=忠実》

*__truck__¹ /trʌk/ 图 ❶《米》トラック, 貨物自動車 (《英》lorry): by ~ トラックで (★ 無冠詞). ❷《英》(鉄道の)無蓋(む)貨車 (《米》car). ❸ 車 (荷物)運搬車, 手押し車, トロッコ. **fáll óff the báck of a trúck** 《米俗》⇒ fall. ─ 動 ❶ 形 A トラック(用)の: a ~ driver トラック運転手. ─ 動《古》《ものを》トラックに積む[で運ぶ]. ─ 動 ❶ トラックを運転する. ❷《米口》ぶらぶら歩く.《L<Gk=車輪》

truck² /trʌk/ 图 ⓤ ❶ (物々交換の)交易品. ❷ (賃金の)現物支払い. ❸《米》市場向け野菜. ❹《口》がらくた. **have nò trúck with a person** 《...と》何の交渉[関係]もない. ─ 動《古》《...と》交換[交易]する 《for》. ─ 動《人とものを》取引する 《with》《for》.《F》

truck·age /trʌ́kɪdʒ/ 图 ⓤ トラック運送(料).

†**trúck·er**¹ /trʌ́kə/ 图《米》トラックの運転手; トラック運送業者.

trúck·er² 图《米》=truck farmer.

trúck fàrm 图《米》市場向け野菜園 (《英》market garden).

trúck fàrmer 图《米》市場向け野菜栽培者.

trúck fàrming 图 ⓤ《米》市場向け野菜栽培(業).

trúck·ing¹ /trʌ́kɪŋ/ 图 ⓤ トラック輸送(業).

trúck·ing² 图 ⓤ《米》市場向けの野菜栽培.

truck·le /trʌ́kl/ 图 キャスター付きベッド (昼間は他のベッドの下に押し入れておく). ─ 動 《...に》屈従する, へつらう, ぺこぺこする 《to》.

trúckle bèd 图 =truckle.

trúck·lòad 图《米》トラック1台分の積み荷 《of》.

trúck·man /-mən/ 图 (圏 -men /-mən/)《米》トラック運転手; トラック運送業者.

trúck stòp 图《米法·英史》(特に長距離トラック運手用の)ドライブイン (《英》transport café).

trúck sỳstem 图 [the ～] (賃金の)現物支給制.

truc·u·lence /trʌ́kjʊləns/, **-len·cy** /-lənsi/ 图 ⓤ 攻撃性; けんか腰.

truc·u·lent /trʌ́kjʊlənt/ 形 ❶ 攻撃的な, 好戦的な; けんか腰の. ❷ 獰猛(どうもう)な, 残忍な. ❸《語気·論評など》痛烈な, しんらつな. ~·**ly** 副

†**trudge** /trʌdʒ/ 動 圓 [副詞(句)を伴って] てくてく[とぼとぼ]歩く: He ~d 20 miles *through* deep snow. 彼は深い雪の中を20マイルもとぼとぼと歩いていった. ─ 图 てくてく[とぼとぼ]歩き, 長くて苦しい歩み.

trud·gen /trʌ́dʒən/ 图 =trudgen stroke.

trúdgen stròke 图 ⓤ [通例 the ～]《泳》トラジェンストローク (クロールの手の動きとあおり足を組み合わせた泳法).

*__true__ /truː/ 形 (tru·er, -est) ❶ **a** 真実の, 本当の (↔ false, untrue): a ~ story 実話 / Is the news [rumor] ~? その知らせ[うわさ]は本当ですか / His words ring ~. 彼の言葉は本当らしく聞こえる / The report proved ~. その報告は事実と判明した / Is it ~ that your wife is in ((米) the) hospital? 奥さんが入院中とは本当ですか. **b** 本来の, 適正な; 厳密な: in the *truest* sense of the word その語の最も適正な意味で. ❷ 本物の, 正真正銘の; 純粋の, 純粋な: ~ gold 純金 / ~ friendship 真の友情 / the ~ heir 正統の後継ぎ. ❸ 忠実な, 誠実な: a ~ friend 誠実な友人 / be ~ *to* one's friends [principles] 友人[主義]に忠実である / She was ~ *to* her word. 彼女は約束を守った. ❹ **a** 正確な, 間違いのない, 寸分たがわぬ: a ~ copy [balance] 正確な写し[はかり] / a ~ judgment 正しい判断 / ~ *to* life [nature] 実物どおり[真に迫って] / ~ *to* one's name その名にそむかない / The translation is ~ *to* the original. その訳は原文に忠実である. **b** ⓅⓒⒸ《...》に当てはまる: The same is ~ *of* everybody else. 同じことはほかのだれにでも当てはまる. ❺ **a**《声など》調子の正しい, 本調子·車輪など》狂っていない, 正しい位置にある. ❻ **a**《磁極ではなく》地軸に従って定めた: ⇒ true north. **b**《方向·力など》誤差を補正した, 真の.

còme trúe《希望など》実現する;《夢が》本当に起こる;《予言が》適中する: Your dream is *coming* ~. あなたの夢は実現しつつある (★ 通例 becoming ~ は不可).

hòld trúe 規則·言葉などが当てはまる, 有効である.

It is trúe [Trúe]..., but... (1) [反対意見を述べようとする前の譲歩的表現形式に用いる] なるほど...だが しかし...: *It is* ~ *that* [T~] he did his best, *but* he was careless. いかにも彼は全力を尽くしたが, 不注意だった 《用法 that を省略することもある》. (2) [True [That's true], but...で前言を受けて] たしかに, しかし...: "That would be very dangerous." "T~ [That's ~], *but* we will have to risk it." 「そんなことをしたら危険だろう」「たしかに, だが我々は危険を承知でそれをしなければならないだろう」.

Tóo trúe!《口》[強い同意を示して] いかにも[まったく]そのとおり 《用法 通例遺憾な事態に用いる》.

trúe to týpe 典型的な;《動·植物など》純種の.

─ 副 (tru·er, -est) ❶ 真実に; 正しく, 正確に: speak ~ 本当のことを言う / aim ~ ねらいを誤まらない / Tell me ~. 正直に言ってごらん. ❷《生》純粋に: breed ~ 純種を産む.

─ 图 [the ~] 真実であること, 真理. **òut of (the) trúe** 《位置·調子が》ねじれて.

─ 動 ⒽⓉ《道具·車輪などを》正しく合わせる 《up》.

~·**ness** 图《OE=忠実な; 原義は「木のようにしっかりした」》 (图 truth) [類義語] (1) ⇒ real¹. (2) ⇒ faithful.

trúe bíll 图《米法·英史》正式起訴状 《大陪審が起訴状案を適正と認めたもの》.

trúe blúe 图 ❶ 志操堅固な人, 忠実な人. ❷《英》忠実な保守党員.

trúe-blúe 形 ❶ 非常に忠実な. ❷《英》忠実な保守党支持の.

trúe-bórn 形 生まれの正しい, 生粋の.

trúe-bréd 形 ❶《動物が》純種の. ❷《人の育ち[しつけ]》よい.

trúe-fálse tèst 图 正誤テスト (○×式の客観テスト).

trúe-héarted 形 誠実な, 忠実な.

trúe-lífe 形 Ⓐ 事実に基づく, 実話の: a ~ story 実話.

trúe·lòve 图 ❶ 恋人. ❷ 【植】ツクバネソウ.

trúelove knòt 图 恋結び 《変わらぬ愛情の象徴にする堅いちょう結び》.

trúe lóver's knòt 图 =truelove knot.

trúe nórth 图 真北 《一地点からの地軸の北極の方向》.

trúe ríb 图 【解】 《胸骨に連結している》真肋.

†**truf·fle** /trʌ́fl/ 图 ❶ 【植】トリュフ, セイヨウショウロ (地下

truffled

に生じる風味のよいキノコで、豚や犬に探させる;フランス料理で珍味として賞味される). ❷ トリュッフル, トリュフ《ココアをまぶしたボール状のチョコレート菓子》. 《F》

trúf·fled 形 トリュフ入りの; トリュフで味をつけた.

trug /trʌ́g/ 名《英》《園芸用の》浅い楕円形のかご《花・道具などを入れる》.

tru·ism /trúːɪzm/ 名 自明の理, 公理; わかり切ったこと.

Trúk Íslands /trʌ́k-, trúːk-/ 名 國《the ~》トラック諸島《太平洋西部 Caroline 諸島中の最大の島群》.

trull /trʌ́l/ 名 売春婦.

__tru·ly__ /trúːli/ 副 (more ~; most ~) ❶ 真実に, 偽りなく, 事実のとおりに; 正しく, 正当に: report ~ 真実を報道する / It is ~ said that.... と言われるのもっともである. ❷ [特に形容詞を修飾して強意的に] 本当に, 実に, まったく: a ~ noble knight 本当に高貴な騎士 / I feel ~ grateful [sorry]. 心から感謝しています[ご同情いたします]. ❸ [通例挿入的に] 実を言えば, 正直なところ; 本当に, まったく: No, ~, I don't know. いや本当に知りません / T~, I was astonished. 実際私は驚いた. ❹ 正確に, 精密に, 寸分たがわず: be ~ depicted 正確[忠実]に描いてある. ❺ 忠実に, 誠実に: serve one's master ~ 主人に忠実に仕える. **wéll and trúly** ⇨ well¹ [副] 成句. **yóurs trúly** ⇨ yours.

Tru·man /trúːmən/, **Harry S.** 名 トルーマン (1884-1972; 米国第 33 代の大統領 (1945-53)).

Trum·bull /trʌ́mb(ə)l/, **John** トランブル (1756-1843; 米国の画家).

tru·meau /truːmóʊ/ 名 (複 -meaux /-móʊz/) 【建】《ゴシック教会堂入口中央の》《入口》中柱; トリュモー《2 つの窓・ドアなどの間の壁》.

__trump¹__ /trʌ́mp/ 名 ❶ a 《トランプの》切り札 《比較 「トランプ」は cards》. b [複数形で] 切り札の組: lead ~s 最初に切り札を出す, 切り札で始める / a call for ~s 相手に切り札を出せとの合図 / *Trumps* are spades. 切り札はスペードです. ❷ 奥の手, 最後の手段. ❸ 《口》すばらしい[頼もしい]人, 好漢. **còme úp [túrn úp] trúmps** 《英》予想以上にうまくいく[ついている]; 大いに頼りになる 《由来 トランプ遊びから》. **nó trúmp** 切り札なしの勝負. — 動 他 ❶ 《札を》切り札で切る[取る]. ❷ 《人を》負かす, 《...に》勝つ. **trúmp úp**《他+副》《話・口実などを》でっちあげる, ねつ造する (⇨ trumped-up). 《TRIUMPH の変形》

trump² /trʌ́mp/ 名 《古・詩》らっぱ (の(ような)音).

trúmp càrd 名 ❶ 切り札. ❷ 最後の手, 奥の手.

trúmped-úp 形 でっち上げた, ねつ造した: a ~ *up* story でっちあげの記事.

trump·er·y /trʌ́mp(ə)ri/ 名 U ❶ 見かけ倒しのもの, 安びかもの, つまらないもの. ❷ たわごと. — 形 ❶ 装飾品など安びかの. ❷ 《意見などが》くだらない.

__trum·pet__ /trʌ́mpɪt/ 名 ❶ 【楽】トランペット. ❷ トランペット奏者. ❸ らっぱ形のもの: a 《ラッパズイセンの》らっぱ状副冠. b らっぱ形拡声器[伝声器, 補聴器]. ❹ a らっぱの(ような)音. b 象などの》らっぱのような鳴き声. **blów one's ówn trúmpet** 〖主に英〗自慢する, 自画自賛する ((米) blow [toot] one's own horn). — 動 ❶ らっぱを吹く. ❷《象などが》らっぱのような声を出す. — 他 ❶ 《...を》らっぱで知らせる[布告する]. ❷ 《...を》大声で知らせる, 吹聴(すいちょう)する: Their claims have been ~ed in [by] the media. 彼らの諸要求は報道機関を通じて広く知らされた.

trúmpet crèeper 名 〖植〗アメリカノウゼンカズラ.

__trúm·pet·er__ /-tə | -tə/ 名 ❶ トランペット奏者; らっぱ手. ❷ 吹聴者, ちょうちん持ち.

trumpéter swàn 名 〖鳥〗ナキハクチョウ《鳴き声のよく響く野生の白鳥; 北米産》.

trúmpet májor 名《騎兵連隊の》らっぱ長; 《楽団の》主席トランペット奏者.

trúmpet vìne 名 =trumpet creeper.

trun·cal /trʌ́ŋk(ə)l/ 形 〖解〗(trunk) の.

trun·cate /trʌ́ŋkeɪt/ 動 他 ❶ 樹木・円錐(えん)などの頭[端]を切る. ❷ 《長い引用句などを》切り縮める. — 形 = truncated. 《L=(幹から)切り取る 〈*truncus* 幹》

trún·cat·ed /-tɪd/ 形 ❶ 《先を》断ち切った; 先端を切ったような形の. ❷ 《文章などが》ひどく省略された, 不完全な. ❸ 〖数〗 《幾何図形が》切頭の.

trun·ca·tion /trʌŋkéɪʃən/ 名 U,C 先[端]を切ること, 切頭, 截断.

trun·cheon /trʌ́nʃən/ 名 《英》(巡査などの)警棒 (《米》nightstick).

trun·dle /trʌ́ndl/ 動 [副詞(句)を伴って] ❶ 《重いものなどを》ころがして[ごろごろ押して]いく: The porter ~d their luggage *over* to the car. 赤帽が彼らの荷物を[手押し車で]車まで運んだ. — 自 ❶ 《輪・重いものなどが》ころがる. ❷ 《人などが》《重たそうに》歩く. — 名《寝台・ピアノなどの》脚輪.

trúndle bèd 名 脚輪付きの低いベッド《昼間は他のベッドの下に押し込れておく》.

__trunk__ /trʌ́ŋk/ 名 ❶ 《木の》幹, 樹幹. ❷ 大型旅行用かばん, トランク. ❸ 《米》《自動車の》トランク, 荷物入れ (《英》boot). ❹ 《象の》鼻《木の幹に似ているから; ⇨ nose 関連》. ❺ a 《体の》胴, 胴体, 躯幹(くかん). b 《ものの》本体, 主要部. ❻ [複数形で] 《ボクシング用などの》男子用の短いパンツ, トランクス. ❼ 〖建〗柱身, 柱幹. 《F<L *truncus* 幹; cf. trench》 【類義語】⇨ bag.

trúnk càll 名《英》長距離通話 (long-distance call).

trúnk·fish 名 〖魚〗ハコフグ.

trúnk·ful /trʌ́ŋkfʊl/ 名 トランク一杯(分).

trúnk hòse 名 [複数扱い]《16-17 世紀に流行した腿(もも)までの長さで, 詰め物をしてふくらませた男子用》半ズボン.

trúnk·ing 名 U ❶ 回線[配線, 配管](網). ❷ 《幹線を用いた》長距離輸送(道).

trúnk lìne 名《交通・通信の》幹線, 本線.

trúnk ròad 名《英》幹線道路.

trun·nel /trʌ́nl/ 名 木釘.

trun·nion /trʌ́njən/ 名《砲架に砲身を支える》砲耳(ほうじ).

truss /trʌ́s/ 名 ❶ 〖建〗《屋根・橋などの》トラス, けた構え; 軒持送り. ❷ 〖医〗ヘルニア[脱腸]帯. ❸《英》《干し草・わらなどの》束. — 動 他 ❶《ものを》縛る, くくる 《*up*》. ❷《料理の前に》《鳥の翼[足]を胴体にくくりつける: ~ (*up*) a chicken チキンの翼を胴体にくくりつける. c《人の両腕をわき腹に縛りつける 《*up*》. ❸ 〖建〗《屋根・橋などを》けた構えで支える.

trúss brìdge 名 〖土木〗トラス橋, 構橋.

__trust__ /trʌ́st/ 名 ❶ a U 信頼, 信任, 信用: have [put, place, repose] ~ *in* a person 人を信用[信任]している[する] / She showed herself worthy of my ~. 彼女は私たちの信頼を裏切らなかった. b C 信用できるもの[人]. ❷ a U 委託(されること); 保管, 保護: leave a thing in ~ with a person ものを人に預ける / have [hold] a thing in ~ for a person 人のものを預かって[保管して, 委託されている. b C 委託物[品], 預りもの. ❸ U《信頼・委託に対する》責任; 義務: hold a position of ~ 責任のある地位にある. ❹ U 期待, 確信 (*in*): Our ~ is that the Prime Minister will accept the recommendations. 首相が当の推薦を受け入れると確信している. ❺ 〖法〗 a C 信託: a breach of ~ 信託違反, 背任 / They set up a ~ to run the NGO after their death. 彼らは死亡後にその非政府組織を運営するための信託を設定した. b U 信託財産. c C 受託者[団体]. ❻ U 〖商〗信用貸し, 掛け売り, クレジット: buy things on ~ クレジットでものを買う. ❼ C 〖経〗トラスト, 企業合同 (cf. cartel 1). **táke...on trúst** 《証拠もなしで》《ものを》そのまま信用する.

— 動 他 ❶《人・物事を》信用する, 信頼する, 信任する, 《...に》信を置く: I cannot ~ what he says. 彼の言うことは信用できない / He's not a man to be ~*ed*. 彼は信頼できるような男ではない. ❷ a《大事な物事を》(人)に委託する, 預ける, 任せる 《比較 この意味では entrust のほうが一般的》: I'll ~ the details *to* the branch manager.=I'll ~ the branch manager *with* the details. 細かい事は支店長に任せるつもりだ. b《秘密などを》(人)に打ち明ける: He cannot be ~*ed* with a secret. 彼には秘密を打ち明けられない. ❸ a《人に》安心して(...)させられる[行かせる]: [~+目+*to* do] We cannot ~ her *to* go out alone at night. 彼女を夜ひとりで外出させることはできない / John may be

~ed to undertake the task. ジョンにはその仕事を安心して任せられる / Can you ~ your small children *out of* doors [your sight]? 小さい子供さんたちを外へ出して[目を離して]おいて大丈夫ですか. **b** [Trust a person+*to do* で] [皮肉に] 〈人が〉…するのは…らしい: *T*~ you to forget to turn the toaster off. トースター(のスイッチ)を切り忘れるのはいかにも君らしい. ❹ 《米》〈人に〉…を信用貸しする, クレジットで売る, 掛け売りする: The neighborhood store will ~ us *for* groceries until payday. 近所のあの店では食料雑貨品を給料日までつけて売ってくれるだろう. ❺ 〈…ということを〉(確信して)**期待する**, 〈…と〉確信する: [+ (*that*)] I ~ (*that*) he will succeed. 彼は成功すると思う / He will have arrived safely, I ~. 彼は無事到着しただろうと思う.
— 📖 ❶ 〈…を〉**信用する**; 信頼する (★ ~ in は受身可): *T*~ *in* God. 神を信じなさい. ❷ 〈…を〉当てにする, 〈…に〉頼る: *T*~ *to* chance. 運を天に任せよ / You shouldn't ~ *to* your experience so much. そんなに経験に頼りすぎてはいけない.
~·er 📖 [ON=援助, 信頼, 堅固] (関形 fiduciary)
[類義語] (1) ⇒ belief. (2) ⇒ depend.

trust·a·fa·ri·an /trˌʌstəfé(ə)riən/ 📖 《英口》トラスタファリアン《金持ちの生まれだが社会的下層民のような暮らし[身なり, ふるまい]をする若者》.

trúst-bùster 📖 《米》トラスト解消をはかる人; (米国連邦政府の)反トラスト法違反取締官.

trúst còmpany 📖 信託会社[銀行].

trúst dèed 📖 担保信託証書.

trust·ee /trʌstíː/ 📖 ❶ 被信託人, 受託者, 保管人, 管財委員, 管財人: the Public *T*~《英》公認受託者 / I am one of the ~s for her estate. 私は彼女の財産の保管人の一人である. ❷ (大学などの)評議員, 理事. **trustee in bánkruptcy** 📖 [法] 裁判所の指定による)破産管財人.

trustée·shìp 📖 ❶ U.C 受託人[管財人, 理事]の職[地位, 任期]. **b** ❷ 信託統治領[地域].

trust·ful /trʌ́stf(ə)l/ 📖 信頼の念に満ちた, 信用[信頼]する. ~·ly /-fəli/ 副 ~·ness 📖

trúst fùnd 📖 信託資金.

trúst·ing 📖 信じている, (信じて)人を疑わない: You're too ~. 君は人がよすぎる. ~·ly 副 ~·ness 📖

trúst·less 📖 ❶ 信用できない, あてにならない. ❷ 信用しない, 疑い深い. ~·ly 副 ~·ness 📖

trúst tèrritory 📖 信託統治領[地域].

†**trúst·wor·thy** /trʌ́stwəːði | -wə̀ː-/ 📖 (-thi·er; -thi·est) 信頼[信用]できる, 当てになる (reliable).
-wòr·thi·ly /-ðili/ 副 -thi·ness 📖

trust·y /trʌ́sti/ 📖 (trust·i·er; -i·est) 《英古》信頼できる, 当てになる. ❷ 模範的な. **trúst·i·ly** /-təli/ 副 -i·ness 📖

‡**truth** /trúːθ/ 📖 (複 ~s /trúːðz, -θs/) ❶ U.C **真実, 真相**, 事実 (↔ lie, falsehood) (⇒ fact [比較]): tell [speak] the ~ 本当のことを言う / find out the ~ 真相を探り出す / What is the ~ about the matter? その事の真相はどうなのか / The ~ is (that) he was not fit for the job. 実を言うと彼はその仕事には向かなかったわけだ / *T*~ [The] ~ will out. 〔諺〕真実はいつか現われる. **hóme truth**. **b** U **真理, 真**: God's ~ 絶対的真理; 誓って言う, 本当だ. ❷ U **真実であること, 真実性**, (事の)真偽 (↔ falsity) / There seemed to be some ~ in what he said. 彼の言ったことの中には多少本当のこともあるようだった. **in trúth** 本当に, 実際; 実は. *Nóthing could be fúrther from the trúth*. まったくちがう. 大うそだ. **téll the trúth and sháme the dévil** 《口》思い切って真実を言う. **the móment of trúth** ⇒ moment 〔成句〕 **to téll the trúth=trúth to téll** 実は, 実を言うと: *To tell the* ~, I don't know much about it. 実を言うと私はそれはあまりよく知らないのだ. [OE=誠実; 古用 true, -th?]

Truth /trúːθ/, **So·journ·er** /sóʊdʒɚːnə | sóʊdʒəːnə/ 📖 トルース (1797?–1883; 米国の福音伝道者・社会運動家; 奴隷として生まれ, 解放されたのち奴隷制廃止や婦人参政権を

説いて回った).

trúth drùg 📖 U.C 《口》自白薬.

truth·ful /trúːθf(ə)l/ 📖 ❶ 〈人が〉うそを言わない, 誠実な, 正直な (↔ untruthful). ❷ 〈話などが〉真実の, 本当の. ~·ly /-fəli/ 副 ~·ness 📖

trúth-fùnction 📖 [論] 真理関数.

trúth sèrum 📖 =truth drug.

trúth tàble 📖 [論] 真理(値)表.

trúth-vàlue 📖 [論] 真理値.

‡**try** /trái/ 📖 ❶ 〈…を〉**努力する, やってみる**, 〈…しようと〉する: ~ one's best [hardest] 全力を尽くす, 精いっぱいやってみる / *T*~ it again. もう一度やってごらん / [+*to do*] I'll ~ hard *to* get it finished tonight. それを今夜中に仕上げるように一所懸命やります / She *tried* not *to* think about it. 彼女はそのことを考えないようにした. ★[用法] try *to do* は「…しようとする, 試みる」の意; try *doing* は「(結果を知るために)ためしにやってみる」の意: I *tried to* install the program but failed. そのプログラムをインストールしようとしたが失敗した / I *tried* installing the program but it didn't help. そのプログラムを(実際に)インストールしてみたが, 役に立たなかった.
❷ a 〈…を〉**努力する, ためしにやってみる**: ~ one's skill [strength] 自分の腕[力]をためす / ~ one's luck 運だめしにやってみる / When no one replied to my knock I *tried* the knob. 私のノックに返事がなかったので取っ手を回してみた / [+*wh*.] *T*~ *whether* you can learn all these words by heart. この単語を全部暗記できるかどうかためしにやってみなさい / [+*doing*] I *tried* climbing the mountain and found it harder than I had expected. 例の山にためしに登ってみたが思ったよりもきつかった (⇒ 1[用法]). **b** 〈…に〉当たってみる: *T*~ your aunt. She might lend you the money. おばさんに当たってみなさい. 彼女ならその金を貸してくれるかもしれません.
❸ 〈飲食物を〉(ためしに)**食べて[飲んで]みる, 試食する**; 〈ものを〉ためしに使ってみる, 試用[試乗]する: *T*~ some more. [食べ物などを勧めて] さあもっとおあがり[おあがり]ください / *T*~ this pudding and tell me what you think (of it). このプディングを食べてみて感想を聞かせてください / May I ~ the equipment before signing the contract? 契約書に署名する前に備品をためしてみてよいですか.
❹ 〈人の神経・忍耐力などを〉**悩ます**; 〈人を苦しめる〉, 〈…を〉酷使する, 〈…に〉無理をさせる: That boy *tries* my patience. あの子は実にしゃくにさわる / They were greatly *tried* by life as refugees. 難民生活で大きな試練にあった / Don't ~ your eyes with that small print. そんな小さな活字を見て目を酷使しないようにしなさい.
❺ 〈人・事件を〉**審問[審理]する**, 裁判する: ~ a case 事件を審理する / He was *tried* (*for* murder) and found not guilty. 彼は(殺人罪で)裁判にかけられたが無罪となった.

— 📖 ❶ **やってみる, 努力する**: Well, I'll ~ again. それでは, もう一度やってみよう / He *tried* hard but failed. 彼は一生懸命に努力したが失敗した / ~ *for* a scholarship 奨学金をもらおうと努力する.
❷ [~ and+[原形] で] 《口》〈…しようと〉する[努める]: *T*~ *and* be punctual. 時間を守るよう努めなさい / Let's ~ *and* get permission for a bazaar. バザーを開く許可をもらうようにしましょう / I'll ~ *and* get it done tonight. それを今晩終わらせるよう努力します. ★[用法] try and [原形] は 📖 1 の try *to do* と同じ意味になるが, より口語的; この try は命令・未来形・不定詞などと常に原形で用い, 過去形・進行形には用いない.

trý it ón 《口》(1) (それがどの程度許されるかみるために)大胆にふるまってみる. (2) 〈人を〉だまそうとする, 出し抜こうとする (*with*).

trý ón 《他+副》〈…を〉ためしに着て[はいて, かぶって]みる: ~ a new hat on 〈人に〉新しい帽子をかぶってみる.

trý…(ón [óut]) for síze (うまく合うか)ためしに使ってみる.

trý óut 《他+副》(1) 〈人・ものを〉十分にためしてみる: You cannot tell what it's like until you ~ it *out* your-

trying

self. 自分で使ってみないうちはどんなものか何とも言えない / They *tried* him *out* for a part in the movie. 彼らはその映画のある役にためしに使ってみた。 ― (自＋副) (2) (米)(チーム選抜などに)出てみる: He *tried out for* the swimming team. 彼は水泳チームの選抜に出場した。
― 图 ❶ ためし, 試み, 努力: It's worth a ~. (結果はわからないが)やってみるだけの価値はある / Let me have another ~ (at the exam). (試験を)もう一度やらせてみてください. ❷【ラグビー】トライ: score a ~ 1回のトライで5点獲得する.
〖F=ふるいにかける〗 (名) trial 【類義語】 try 試みるの意の最も一般的な語で, 成功をめざしていろいろやってみる. attempt try とほぼ同様だが, try より形式ばった語で, 努力より着手したことに重点が置かれ, その結果の成否は意味の中に含まれないで, しばしば失敗の方を暗示する.

+**trý·ing** 形 ひどく骨の折れる, 苦しい, つらい; 腹立たしい, しゃくにさわる: a hot, ~ day 暑くてつらい日 / a ~ experience 苦しい経験. **~·ly** 副

trýing pláne 图【木工】仕上げかんな, 長かんな.

trý-òn 图 (英) ❶ (衣服の)試着. ❷ だまそうとする試み.

trý-òut 图 (口) ❶ 適性検査. ❷ 選手選考試合, 予選(会) (trial). ❸ 試験興行.

trýp·an blúe /trípən-, -pæn-/ 图 ⓊⒸ トリパンブルー (細胞の生体染色に使われる青色の色素).

try·pa·no·so·mi·a·sis /trɪpæɪnəsóumáɪəsɪs | trɪpənə-/ 图 Ⓤ【医】トリパノソーマ症(睡眠病など).

tryp·sin /trípsɪn/ 图 Ⓤ【生化】トリプシン(膵(ボ))臓液中のたんぱく質分解酵素).

tryp·sin·o·gen /trɪpsínədʒən, -dʒèn/ 图 Ⓤ【生化】トリプシノゲン(トリプシンの酵素前駆体).

tryp·tic /tríptɪk/ 形 トリプシン(の作用)の; トリプシンによって生じた.

tryp·to·phan /tríptəfæn/ 图 Ⓤ【生化】トリプトファン (芳香族アルファアミノ酸の一種).

try·sail /tráɪsèɪl, -sl/ 图【海】トライスル(横帆船のマストの後ろ側の小縦帆; 荒天用).

trý squáre 图 (大工用の)直角定規.

tryst /tríst/ 图 (古) ❶ (特に恋人同士の)会合の約束; あいびき(assignation); keep [break] a ~ (with...) (...との)会合の約束を守る[破る] / make a ~ 会合の約束をする. ❷ 会合(あいびき)の場所[時間].

tsar /zár/ 图 (1917 年までの)ロシア皇帝, ツァー(リ).

tsa·ri·na /za:rí:nə/ 图 ❶ ロシア皇后. ❷ ロシア女帝.

tsar·ism /zá:rɪzm, tsá:-/ 图 Ⓤ (旧ロシアの)帝政. **tsar·ist** 图 形

tsats·ke /tʃátskə | tʃóts-/ 图 (米俗) ❶ (安物の)飾り, おもちゃ, がらくた. ❷ かわいこちゃん, いい女.

Tschai·kov·sky /tʃaɪkó:fski | -kóf-/ 图 =Tchaikovsky.

tset·se /tsétsi, tétsi/ 图 (また **tsétse flý**)【昆】ツェツェバエ (アフリカ産のイエバエの一種; 眠り病, (家畜の)ナガナ病の媒体).

TSgt (略)〖米空軍〗 Technical Sergeant.

TSH (略) thyroid-stimulating hormone.

T-shàped 形 T 字形の.

*****T-shirt** /tí:ʃə:t | -ʃə:t/ 图 Tシャツ.

tsim·mes /tsíməs/ 图 =tzimmes.

Tsim·shi·an /tsímʃiən, tʃím-/ 图 (趣 ~) **a** [the ~] ツィムシアン族《カナダ British Columbia 州の海岸地域に住む先住民》. **b** Ⓒ ツィムシアン族の人. ❷ Ⓤ ツィムシアン語.

Tsing·tao /dʒìŋtáu, tsìŋ-/ 图 =Qingdao.

tsk tsk ★発音については ⇒ tut. 闇 ち(ぇ)っ, おやおや (いらだち・不賛成などを示す).

tsp. (略) teaspoon(ful).

T́ squáre 图 T 定規.

TSS (略) toxic shock syndrome.

tsu·na·mi /tsʊnáːmi/ 图 (趣 ~s, ~) 津波 (tidal wave). **tsu·na·mic** /tsʊnáːmɪk/ 形 〖Jpn〗

tsu·tsu·ga·mú·shi disèase /tsù:tsʊɡəmú:ʃi-, sù:-/ 图 Ⓤ【医】ツツガムシ(恙虫)病.

TT (略) teetotal; teetotaller; tuberculin-tested.

Tu. (略) Tuesday.

Tu·a·mó·tu Archipélago /tù:əmóutu:-/ 图 [the ~] ツアモツ諸島 (南太平洋のフランス領ポリネシア (French Polynesia) に属する島群).

tu·a·ta·ra /tù:ətá:rə/ 图【動】ムカシトカゲ (ニュージーランド産; 中生代のトカゲの生きた化石).

+**tub** /tʌ́b/ 图 ❶ おけ, たらい, (バター・アイスクリームなどを入れる)鉢: a wash ~ 洗濯たらい[おけ]. **b** おけ[たらい]1杯: a ~ *of* water おけ[たらい]1杯の水. ❷ (米) **a** ふろおけ, 浴槽 (bath, bathtub): run a ~ 浴槽に湯を入れる. **b** (口) 入浴. ❸ (口) のろっこうな船. ❹ (米口) 太った人, でぶ. 〖Du〗

tu·ba /t(j)úːbə | tjúː-/ 图【楽】チューバ (低音の金管楽器). 〖F＜L=戦争らっぱ〗

tub·al /t(j)úːb(ə)l | tjúː-/ 形 管の; 卵管の.

tub·by /tʌ́bi/ 形 (**tub·bi·er; -bi·est**) (人が)ずんぐりした. **túb·bi·ness** 图

*****tube** /t(j)úːb | tjúːb/ 图 ❶ Ⓒ (金属・ガラス・ゴムなどの)管, 筒 ❷ Ⓒ (絵の具・練り歯磨きなどの)チューブ: a ~ of toothpaste チューブ入りの練り歯磨き. ❸ **a** Ⓒ (管状の)トンネル. **b** [the T-] (英口) 地下鉄; 地下鉄で (★ 無冠詞). **c** [the T-] (英口) ロンドンの地下鉄. ❹ Ⓒ (米) 真空管 ((英) valve); 電子管. **b** Ⓒ (テレビの)ブラウン管. **c** [the ~] (米口) テレビ(セット). ❺ Ⓒ (タイヤの)チューブ. ❻ Ⓒ【解・植】管, 筒状部, 管状器官: the bronchial ~s 気管支. **gò dówn the túbe(s)** (米口) 廃物になる, 捨てられる. 〖F＜L *tubus* 管〗

tubed /t(j)úːbd | tjúːbd/ 形 チューブ[管]のある[ついた].

túbe fóot 图 (ウニ・ヒトデなど棘皮動物の)管足.

túbe·less 形 〘タイヤがチューブのない, チューブレス.

+**tu·ber** /t(j)úːbə | tjúːbə/ 图 ❶【植】塊茎 (ジャガイモなど). ❷【病理】結節, 病的隆起. 〖L=かたまり〗

tu·ber·cle /t(j)úːbəkl | tjúːbəːkl/ 图 ❶【解】小結節, 円形小突起. ❷【病理】結節, 結核(結節). ❸【植】小塊茎, 塊根. 〖L ↑; ⇒ -cle〗

túbercle bacíllus 图 結核菌.

tu·ber·cu·lar /t(j)ʊbə́ːkjʊləː | tjʊbə́ːkjʊlə/ 形 ❶ 結節(状)の, 結節のある. ❷ 結核(性)の, 結核にかかっている. ― 图 結核患者. (名 tubercle)

tu·ber·cu·late /t(j)ʊbə́ːkjʊlət, -lèɪt | tjʊbə́ː-/ 形 結節[塊茎]のある. **tu·bèr·cu·lá·tion** /-léɪʃən/ 图 Ⓤ 結節[結核]形成.

tu·ber·cu·lin /t(j)ʊbə́ːkjʊlɪn | tjʊbə́ː-/ 图 Ⓤ ツベルクリン注射液.

tubérculin reàction 图 ツベルクリン反応.

tubérculin tèst 图 ツベルクリン検査.

tubérculin-tèsted 形 〘牛乳が〙ツベルクリン反応陰性の牛から採った(略 TT).

tu·ber·cu·loid /t(j)ʊbə́ːkjʊlɔɪd | tjʊbə́ː-/ 形 tubercle のような; (結節がある点で)結核に類似の, 類結核の.

+**tu·ber·cu·lo·sis** /t(j)ʊbə̀ːkjʊlóʊsɪs | tjʊbə̀ːkjʊ-/ 图 Ⓤ【病理】結核; 肺結核 (略 TB).

tu·ber·cu·lous /t(j)ʊbə́ːkjʊləs | tjʊbə́ː-/ 形 結核性の, 結核にかかった, 結核菌による.

tube·rose[1] /t(j)úːbròʊz | tjúːbə-/ 图【植】ゲッカコウ(月下香), チュベローズ.

tu·ber·ose[2] /t(j)úːbəròʊs | tjúːbə-/ 形 =tuberous.

tu·ber·os·i·ty /t(j)ùːbərásəti | tjùːbərɔ́s-/ 图 ⓊⒸ ❶ 結節(形成)性. ❷ 結節(状), 塊茎状態. ❸【解】(特に骨の)(円形の)隆起, 粗面.

tu·ber·ous /t(j)úːb(ə)rəs | tjúː-/ 形 ❶ 結節 (tuber) のある, 結節状の. ❷【植】塊茎状の.

túbe sóck 图 チューブソックス 〘かかとのない伸縮性に富むソックス〙.

túbe tóp 图 (米) チューブトップ (筒状で肩を露出し, 体にぴったりした女性用の上着).

túbe wòrm 图【動】棲管虫 (ゴカイなど環形動物などチューブワームなど有鬚(ホミ)動物にみられる).

tub·ful /tʌ́bfʊl/ 图 ひとおけ分, おけ1杯 *of*.

tu·bic·o·lous /t(j)uːbíkələs | tjuː-/ 形 〈昆虫・クモなどが〉管生の.

†**túb·ing** 名 ① ① 管材料; 配管(組織). ② 管類. ③ タイヤのチューブに乗って川を下る[雪面をすべり降りる]遊び.

Tub·man /tábmən/, **Harriet** 名 タブマン (1820?–1913; 米国の奴隷解放活動家, もと奴隷).

túb-thùmp·er /-θʌmpə | -pə/ 名 《口》熱弁を振るう人 [弁士].

túb-thùmp·ing 《口》名 ① 熱弁, 大演説. ── 形 熱弁の, 大演説調の.

†**tu·bu·lar** /t(j)úːbjulə | tjúː-bjulə/ 形 管の; 管状の; 管系組織の; 管式の. (名 tube)

túbular bélls 名 《楽》チューブベル, チューブラーベルズ, 'チャイム'《長さの異なる調律した金属管(通例18本または22本)を枠に吊り下げて打つ打奏楽器; 管の上端をハンマーで打つ》.

tu·bu·late /t(j)úːbjulət | tjúː-/ 形 =tubular.

tu·bule /t(j)úːbjuːl | tjúː-/ 名 細管, 小管; 《解》細管.

tu·bu·lin /t(j)úːbjulən | tjúː-/ 名 《生化》チュービュリン《細胞内の微小管の構成たんぱく質》.

TUC /tíː.juː.síː/ 《略》《英》Trades Union Congress.

*****tuck** /tʌk/ 動 ① 〔副詞(句)を伴って〕 **a** 〈衣服・シーツなどの端を(…に)押し込む, はさみ込む: ~ one's blouse *in* a blouse of をブラウスのすそを(スカートの中などへ)押し込む / with a napkin ~*ed under* one's chin ナプキンをあごの下にはさみ込んで. **b** 〈…を〉《狭い場所などに》押し込む, 詰め込む: She ~*ed* her money *into* her wallet. 彼女は金を財布の中へ押し込んだ / He crouched, ~*ing* his knees *under* his chin. 彼は両ひざをあごの下にくっつけてうずくまった. ② 〈衣服に〉縫い上げをする, 縫いひだをつける, ひだを取る. ③ 〈体の一部に〉しわ取り(たるみ取り, 脂肪除去(など))の美容整形(術)を行なう.

túck awáy (他+副) (1) 〈ものを〉(安全な場所などに)しまい込む, 隠す (stash away). (2) 《口》〈食物をたくさん食べる. (3) 〈家などを〉人目につかない所に建てる: His house was ~*ed away* deep in the woods. 彼の家は森深くに建てられていた.

túck ín (他+副) (1) 〈子供などを〉〈寝具などに〉心地よくくるむ, くるみ込む: ~ a baby *in* 赤ん坊を寝具にくるむ. (2) 〈…を〉押し込む (⇒ 1a). ── (自+副) (3) 《英口》腹いっぱい食べ(始め)る[飲む, 飲み始める].

túck(…)ínto [**ín**] … 〈子供などを〉〈寝具などに〉心地よくくるむ: She ~*ed* the children *into* bed. 彼女は子供たちを寝具にくるんで寝かせた. ── (自+副) (2) 《英口》〈食物を〉腹いっぱい詰め込む.

túck úp (他+副) (1) 〈すそ・そでなどを〉まくり[たくし]上げる: ~ *up* one's sleeves [trousers, skirt] そで[ズボン, スカート]をまくり上げる. (2) 〈体の一部を〉折り曲げる《受身》: She sat with her legs ~*ed up*. 彼女は脚を折り曲げて座った〈横ずわりした〉. (3) 〈子供などを〉〈ベッド・夜具に〉寝心地よくくるむ: ~ a child *up in* bed 子供をベッドにぴったりくるみ込んでやる. (4) [~ oneself] 〈…に〉くるまる: ~ *oneself up in* bed 夜具にくるまる.

── 名 ① © 縫いひだ, (縫い)ひだ, タック: make a ~ in the sleeves そでに上げをする / put in [take out] a ~ 上げをする[おろす]. ② ⓊⒺ《英》食べ物, (特に子供が喜ぶ)菓子類, おやつ. ③ © タックル《余分な脂肪や皮膚のたるみを除く美容整形手術》.

〔Du〕

túck·er¹ 名 ① © 食べ物. ② © **a** 縫い上げをする人. **b** ミシンのひだ取り器. ③ (17–18世紀の女性の)襟布.

tuck·er² /tʌ́kə | -kə/ 動 《米口》疲れさせる〔★ 受身で用いる〕: be (all) ~*ed out* 疲れ果てる.

túck-ìn 名 〔通例単数形で〕《英口》ごちそう.

túck·ing 名 Ⓤ (衣服の)タックをしたところ; 一連のタック.

túck-pòint 動 〈石積みのしっくい部を〉山形目地で仕上げる.

túck-shòp 名 《英》(校内または学校近くの)菓子店, 売店.

tu·co-tu·co /túːkoutúːkou/ 名 (他 ~s) 動 ツコツコ《アナナホリネズミ科; 南米産》.

Tuc·son /túːsɑn, -ㅡㅡ | túːsɔn, -ㅡㅡ/ 名 トゥーソン《Arizona 州南東部の市; 保養地》.

tude /t(j)uːd | tjuːd/ 名 《俗》 =attitude《特に, 突っ張った[対決的な]態度[雰囲気], 自己主張》.

-tude /-ㅡ(t)juːd | -tjuːd/ 腰尾 ラテン系の形容詞につけて性質・状態の抽象名詞を造る: aptitude, solitude. 〔L *-tudo, -tudin-*〕

Tu·dor /t(j)úːdə | tjúːdə/ 名 ① (英国の)チューダー王家[王朝] の (1485–1603). ② 《建》チューダー様式の: ~ architecture チューダー朝建築様式《英国ゴシック式最盛期の建築様式で, 特に垂直様式の最大期》. ── 形 ① a チューダー王家の名: the House of ~ チューダー王家 (Henry 7世からElizabeth 1世までのイングランドの王朝 (1485–1603)). **b** [the ~s] チューダー王家. ② © チューダー王家の人《特に君主》; チューダー朝の人《政治家・文人など》. ③ 〈Owen〉Tudor; Henry 5世の死後その妃と結婚したウェールズの騎士》.

Túdor róse 名 チューダーローズ《五弁の赤バラと白バラの組合わせ模様》.

Tues. 《略》Tuesday.

*****Tues·day** /t(j)úːzdeɪ, -di | tjúːz-/ 名 Ⓤ© 火曜日《略 Tu., Tues.; ＊用法・用例については ⇒ Sunday》. ── 形 Ⓐ 火曜日の. ── 副《米》火曜日に (⇒ Tuesdays). 《OE=*Tiw*《ゲルマン神話の軍神》の日 L *Martis dies*「*Mars* の日」の翻訳》

Tues·days /t(j)úːzdeɪz, -diz | tjúːz-/ 副 《口》火曜日(ごとに). 〖↑+s⁸〗

tu·fa /t(j)úːfə | tjúː-/ 名 Ⓤ 《地》石灰華《多孔質炭酸石灰の沈殿物》.

tuff /tʌf/ 名 Ⓤ 《地》凝灰岩. **tuff·a·ceous** /tʌféɪʃəs/ 形

tuf·fet /tʌ́fət/ 名 ① (毛髪・羽毛・縋じ糸などの)房, (生育中の草・花・葉などの)ひとかたまり. ② 低い腰掛け[座席].

tuft /tʌft/ 名 ① 〔毛髪・糸・羽毛などの〕房(ᵴ̣): a ~ *of* feathers ふさふさした羽の束. ② (草・花などの)ひとかたまり; やぶ, 木立, 茂み (clump). ③ 《解》ふさ状分岐. ── 動 他 〈…に〉房をつける, 〈…を〉房で飾る.

túft·ed 形 ① 房(ᵴ̣)をつけた[で飾った]. ② 房状をなしており; 群れ生えている.

túfted dúck 名 《鳥》キンクロハジロ《欧州・アジア産》.

tuft·y /tʌ́fti/ 形 (**tuft·i·er; -i·est**) ① 房(ᵴ̣)(のような); 房の多い; 房で飾られた. ② 房をなす, 群生する.

*****tug** /tʌɡ/ 動 (**tugged; tug·ging**) 他 ① **a** 〈…を〉(力をこめて急に)引く, ぐいと引く: ~ a rope ロープをぐいと引く / She *tugged* my ear. 彼女は私の耳を引っぱった. **b** 〔副詞(句)を伴って〕〈…を〉(…へ)引っぱっていく: I managed to ~ my dog home. 私は犬を家まで引っぱって帰った / She *tugged* her husband *away from* the bar. 彼女は夫をその酒場からぐいぐい引っぱっていった. ② 〈船を〉引き船で引く. ── 自 ① 〈…を〉ぐいと引く: ~ *at* a rope ロープをぐいと引く. ── 名 ① **a** 力いっぱい引くこと; give a person's hair [arm] a ~ 人の髪の毛[腕]をぐいと引っぱる / She felt a ~ *at* her sleeve. 彼女はそでをぐいと引かれるのを感じた. **b** 急な激しい感情: I felt a ~ *at* parting. 別れの時ぐっときた. ② 奮闘, 努力. ③ =tugboat. ④ (馬の)引き革(の一つ). (**a**) **túg of wár** (1) 綱引き. (2) 主導権争い. **túg of lóve** 《英口》(離婚した親の子供に対する)親権者争い. 〖ME〗〖類義語〗⇒ pull.

túg·bòat 名 引き船, タグボート (⇒ boat 〖関連〗).

tu·i /túːiː/ 名 《鳥》エリマキミツスイ《ニュージーランド産》.

Tu·i·nal /t(j)úːɪnɔːl | tjúːɪn(ə)l/ 名 Ⓤ 《商標》ツイナール《バルビツール薬; 鎮痛・用剤, 催眠薬》.

†**tu·i·tion** /t(j)uíʃən | tjuː-/ 名 ① 教授, 授業: have private ~ in French フランス語の個人教授を受ける. ② 授業料, 月謝 (tuition fees): Her father cannot afford her ~. 彼女の父親は彼女の月謝が払えない. 〖F<L=世話, 保護<*tueri, tuit-* 守る; 目を向ける; cf. intuition, tutor〗 (形 tuitional)

tu·i·tion·al /-ʃ(ə)nəl/ 形 教授上の.

tuítion fèes 名 《英》 =tuition 2.

tu·la·re·mi·a, -rae- /t(j)ùːləríːmiə | tjùː-/ 名 Ⓤ 《獣

医］野兎(?)病, ツラレミア《人にも感染する》. **tù·la·ré·mic** /-mɪkˊ-/ 形

†**tu·lip** /t(j)úːlɪp | tjúː-/ 名《植》チューリップ. 《Du<F<Turk=ターバン; 形と色の類似から》

túlip trèe 名《植》ユリノキ《モクレン科の高木; 北米原産; cf. whitewood 1》.

túlip wòod 名 U ユリノキ材.

tulle /túːl | tjúːl/ 名 U チュール《ベールなどに用いる網状の薄絹》.

tum /tám/ 名《英口》おなか, ぽんぽん (tummy).

*__tum·ble__ /támbl/ 動 自 ❶ 〈副詞(句)を伴って〉倒れる, ころぶ; 崩れる: He ~d off a horse [bicycle]. 彼は馬［自転車］から落ちた / He ~d down the stairs. 彼は階段から転がり落ちた / The old building seemed about to ~ down. その古い建物は倒れそうだった. ❷ 〈価格などが〉急に下落する: Stock prices [The market] ~d. 株価［市場］が急落した. ❸ 〈副詞(句)を伴って〉 a 〈水などが〉うねる, 激しい勢いで流れる. b あわてふためいて来る［行く］; ころがり込む［出る］; (ある状態に)転落する, なすすべもなく陥る: A crowd of excited students ~d into [out of] the room. 興奮した多くの学生たちが部屋にころがり込んで［からころがり出て］きた. c 〈髪にの〉肩・背などに〉かかる. ❹ 宙返り［とんぼ返り］をする. ❺《口》…にはっと気がつく: He finally ~d to what she was doing. 彼はやっと彼女が何をしてたくらんでいるのか気がついた. — 他 ❶ 〈副詞(句)を伴って〉…を倒す, ころがす, ひっくり返す; 投げる, 投げ飛ばす. ❷ …を乱雑に投げ散らかす, ごちゃごちゃにする. ❸ =tumble-dry. — 名 ❶ C a 墜落, 転倒: have [take] a ~ ころぶ. b とんぼ返り, 宙返り(などの曲芸). ❷ [a ~] 混乱: be all in a ~ 混乱している. ❸ give a túmble《米口》好意［関心］を示される. **gíve a pérson a túmble**《米口》人に好意［関心］を示す.

túmble-dòwn 形〈建物など〉荒れ果てた.

túmble-drìer 名 回転式乾燥機.

túmble-drý 動 他 回転式乾燥機で乾燥する.

túmble-drỳer 名 =tumble drier.

túmble hòme 名 U《造船》タンブルホーム《舷側上部が内側に湾曲していること》.

tum·bler /támblɚ | -blə/ 名 ❶ a 〈取っ手や足のない普通の〉大コップ, タンブラー《★もと底が丸いかとがっていたので, 立てると倒れたことから; 匣裡 足のついているものは goblet》. b タンブラー1杯 (of) (tumblerful). ❷ a ころぶ人. b 宙返りする人, 《特にとんぼ返りする》曲芸師. ❸ 《錠の》タンブラー, 槓桿(錠の中の回転する金具).

túm·bler·ful /támbləfùl | -blə-/ 名 大コップ1杯(の量) (of).

túmble·wèed 名 U《植》回転草《秋に根元から折れて球状になり風で野原をころがる北米産のヒユやオカヒジキ属の一種などの植物》.

túm·bling 名 U タンブリング《マットや地上での回転運動》.

túmbling bàrrel 名《研磨用ミルや自動研磨機などの》回転ドラム, タンブラー.

tum·brel, tum·bril /támbrəl/ 名 ❶ 肥料運搬車. ❷《フランス革命時代の》死刑囚護送車.

tu·me·fac·tion /t(j)ùːməfǽkʃən | tjùː-/ 名 ❶ 腫(は)れること, 腫れあがり. ❷ C 腫れもの.

tu·me·fy /t(j)úːməfàɪ | tjúː-/ 動 他 腫れあがる.

tu·mes·cence /t(j)uːmésns | tjuː-/ 名 U 腫れ, 腫脹; 勃起.

tu·mes·cent /t(j)uːmésnt | tjuː-/ 形 ❶ 腫脹(シヨ゙)性の, 腫(は)れ(あが)る (swollen). ❷〈性器が〉勃起した.

tu·mid /t(j)úːmɪd | tjúː-/ 形 ❶〈体の一部が〉腫(は)れあがった. ❷〈文体など〉誇張した. **tu·míd·i·ty** /t(j)uːmídəṱi | tjuː-/ 名

†**tum·my** /támi/ 名《口・小児》ぽんぽん, おなか: My ~ hurts. おなかが痛いよ. 《STOMACH のなまり》

túmmy bùtton 名《口》おへそ (navel).

†**tu·mor** /t(j)úːmɚ | tjúːmə/ 名《医》腫瘍(ﾖﾋﾞ): a benign [malignant] ~ 良性［悪性]腫瘍 / a brain ~ 脳腫瘍. 《L<*tumere* 腫(は)れる, ふくらむ》 (形 tumorous)

tu·mor·i·gen·e·sis /t(j)ùːmərə- | tjùː-/ 名 U《医》腫瘍形成, 腫瘍化.

tu·mor·i·gen·ic /t(j)ùːmərədʒénɪk | tjùː-/ 形《医》腫瘍形成性の, 《特に》発癌性の. **-ge·nic·i·ty** /-dʒənísəṱi/ 名 U 腫瘍形成性.

tu·mor·ous /t(j)úːm(ə)rəs | tjúː-/ 形 腫瘍(ﾖﾋﾞ)の(ような).

tu·mour /t(j)úːmɚ | tjúːmə/ 名《英》=tumor.

tump·line /támplàɪn/ 名《米》《荷物を背負うときなどの》前額［胸］に当てる負い革.

tumuli 名 tumulus の複数形.

tu·mult /t(j)úːmʌlt | tjúː-/ 名 U.C ❶ 騒ぎ, がやがや; 騒動, 暴動. ❷ 《心の》激動, 激情, 心の乱れ: in (a) ~ 激動して, 混乱して. 《F<L=ふくれあがったもの<*tumere* ふくれる》 (形 tumultuous)

*__tu·mul·tu·ous__ /t(j)uːmʌltʃu(ə)s | tjuː-/ 形 ❶ 騒がしい, 騒々しい: a ~ meeting 混乱した集会. ❷ 動揺した, 心の乱れた, 激昂(ﾞﾔ)した: ~ passions あらしのような激情. **~·ly** 副 **~·ness** 名 tumult)

tu·mu·lus /t(j)úːmjuləs | tjúː-/ 名 (楚 **-li** /-làɪ/, **~·es**) 塚(?), 土まんじゅう; 古墳. 《L; ⇒ tumulus》

tun /tán/ 名 ❶《ワインなどを入れる》大酒だる; 醸造おけ. ❷ タン《酒などの容量単位; =252 gallons》. — 動《古》〈ワインを大酒だるに入れる》〈貯蔵する〉.

†**tu·na** /t(j)úːnə | tjúː-/ 名 (~, ~s) ❶ C《魚》マグロ. ❷ U マグロの身［缶詰］. 《Am-Sp<Sp<Arab<L》

tun·a·ble /t(j)úːnəbl | tjúː-/ 形 整調［整律］できる. **tún·a·bly** /-bli/ 副 **~·ness** 名

túna fish 名 =tuna 2.

tun·dish /tándɪʃ/ 名《冶》《鋳型上部の》湯だまり, 堰鉢(ﾞｷﾞ), 溜堰(ﾙﾐ゙).

tun·dra /tándrə/ 名 U ツンドラ, 凍原, 凍土帯. 《Russ》

túndra swàn 名《鳥》コハクチョウ《新旧両世界のツンドラ地帯で巣作りをする白鳥》.

*__tune__ /t(j)úːn | tjúːn/ 名 ❶ C a 曲, 歌曲, 旋律: sing a popular ~ 流行歌を歌う / play a ~ on the piano ピアノで1曲弾く / dance to a ~ 曲に合わせて踊る. b U はっきりした節回し, メロディー (melody). ❷ U a《歌・音律の正しい》調子; 〈他楽器との〉調和. b 協調, 調和 (with). **cáll the túne** 自分の思うとおりの指図をする. **chánge one's túne** 《傲慢(??)から謙遜(???)へなど》論調, 態度ががらっと変える. **in túne** (1) […に〉合って, 合致して; 賛成［共感］して, 意見があって; 協調［調和］して: *in* ~ *with* the times 時勢に合って / She's in ~ *with* her colleagues. 彼女は同僚たちとうまくいっている. (2) 正しい音程［旋律］で, […に〉調子を合わせて (with). **òut of túne** (1) […に〉合わないで, 合わず, 反対して, 意見が合わなくて; 不調和で: *out of* ~ *with* reality 現実に合わなくて［ずれて］ / *out of* ~ *with* a person 人と合わなくて［うまくいかなくて］. (2) 調子［音程］などが〉はずれて. **síng a dífferent túne** =change one's TUNE 成句. **to the túne of...** 大枚…も: We had to pay back taxes *to the* ~ *of* $20,000. 我々は税金の未納分を大枚2万円も払わなければならなかった. **whístle a dífferent túne** =change one's TUNE 成句. — 動 他 ❶ 〈楽器の〉調子を合わせる, 調律する 〈*up*〉. ❷ 〈エンジンなどの〉高性能を引き出せるように〉調整する 〈*up*〉. ❸ 〈受信機を〉〈…に〉同調させる: He ~d his radio *to* the police frequency. 彼は無線機を警察の周波数に合わせた. ❹ a 〈…を〉〈…に〉一致［協調, 調和〕させる: ~ one's views *to* those of one's colleagues 同僚たちの意見に自分の意見を合わせる. b [~ oneself で] 周囲の環境などに合わせる. ❺ 楽器の音を合わせる［調子を合わせる］〈*up*〉. **túne in** (他+副) (1) 〈受信機の波長を〉〈…に〉合わせる 〈*to*〉. — (自+副) (2) 〈…に〉波長を合わせる, 同調する. *tune in to* a TV show [radio station] あるテレビ番組［放送局］を見る［聞く］. **túne óut** (他+副) (1) 〈雑音などを〉〈ダイヤルを調整して〉聞こえなくする. 《…を》無視する. — (自+副) (3) 《米俗》無関心になる, そっぽを向く. 《TONE の変形》

tune·a·ble /t(j)úːnəbl | tjúː-/ 形 =tunable.

túne·ful /t(j)ú:nf(ə)l | tjú:n-/ 形 ❶ 調子のよい, 音楽的な (melodious). ❷ 音楽的な音を出す. ~·ly /-fəli/ 副 ~·ness 名

túne·less 形 ❶ 調子はずれの; 音楽的でない. ❷ 無音の, 音の出ない. ~·ly 副 ~·ness 名

tún·er 名 ❶ [修飾語を伴って] (…の)調律師: a piano ~ ピアノ調律師. ❷ 〖無線〗波長整調器, チューナー.

túne·smith 名《米口》(ポピュラー音楽の)作曲家.

túne-ùp 名 (エンジンの)調整.

túng òil /tʌ́ŋ-/ 名 桐油(とぅゅ)(《ペンキ·印刷インキ原料》).

tung-state /tʌ́ŋsteɪt/ 名 〖化〗タングステン酸塩 [エステル].

tung·sten /tʌ́ŋstən/ 名 U 〖化〗タングステン《金属元素; 記号 W》.〖Swed = 重い石 < tung 重い + sten 石〗

túngsten cárbide 名 U タングステンカーバイド《タングステンと炭素の超硬合金》.

tung·stite /tʌ́ŋstaɪt/ 名 U 〖鉱〗酸化タングステン鉱.

***tu·nic** /t(j)ú:nɪk | tjú:-/ 名 ❶ チュニック: **a** 古代ギリシア·ローマの, ひざのあたりまである外衣. **b**《英》警官·軍人などの制服の短い上着. **c** 腰で締めて着る女性用の短い上着. ❷ 〖解·動〗被膜. 〖L < Arab < Heb〗

tu·ni·ca /t(j)ú:nɪkə | tjú:-/ 名《複 **-cae** /-kì:, -kàɪ, -sì:/》 〖解·動〗層, 外膜, 被膜; 〖植〗外皮.

tu·ni·cate /t(j)ú:nɪkət, -nəkèɪt | tjú:-/ 形 〖植〗外衣のある, (タマネギのように)鱗茎におおわれた. ── 名 被嚢類の動物(ホヤなど).

tu·ni·cle /t(j)ú:nɪk(ə)l | tjú:-/ 名〖カト〗トゥニチェラ《司教がダルマティカの下に着る[副助祭がアルバの上に着る]儀式用法衣》.

tún·ing 名 U ❶ 調律, チューニング. ❷ (無電機の)波長調整, 同調.

túning fòrk 名〖楽〗音叉(おんさ).

túning pèg 名 (弦楽器の)糸巻き.

Tu·ni·sia /t(j)u:ní:ʒ(ɪ)ə | tju:nízɪə/ 名 チュニジア《北アフリカの共和国; 首都 Tunis /t(j)ú:nɪs | tjú:-/》.

Tu·ni·sian /t(j)u:ní:ʒɪən | tju:nízɪən/ 形 チュニジア(人)の. ── 名 チュニジア人.

***tun·nel** /tʌ́n(ə)l/ 名 ❶ **a** トンネル, 地下道. **b** 〖鉱〗坑道. ❷ (動物のすむ)穴. ── 動 (**tun·neled**, 《英》**-nelled**; **tun·nel·ing**, 《英》**-nel·ling**) ❶ 〈…に〉トンネルを掘る: ~ a hill 山にトンネルを掘る. ❷ [~ one's way] 坑道[トンネル]を掘って進む: He ~*ed his way* under the wall. 彼は壁の下にトンネルを掘って進んだ. ── 自 (…に)トンネルを掘る: ~ *through* [*into*] a hill 山を貫いて[の中へ]トンネルを掘る. 〖F < L〗

túnnel dìode 名 〖電子工〗トンネルダイオード, エサキダイオード.

túnnel vìsion 名 U ❶ 〖医〗棒視, トンネル視《視野狭窄の一種》. ❷ 視野の狭さ, 狭量; ひとつ事柄にひたすら集中すること.

Tun·ney /tʌ́ni/, **Gene** 名 タニー《1897-1978; 米国のボクサー》.

tun·ny /tʌ́ni/ 名《複 ~, **tun·nies**》《英》= tuna.

tup /tʌ́p/ 名《英》雄羊.

tup·pence /tʌ́p(ə)ns/ 名《英口》= twopence.

tup·pen·ny /tʌ́p(ə)ni/ 形《英口》= twopenny. **nót gìve** [**cáre**] **a túppeny dámn** 少しも[全然]構わない[気にしない].

Tup·per·ware /tʌ́pəwèə | tʌ́pəwèə/ 名 U《商標》タッパーウェア《米国のポリエチレン製食品密封容器》.

Túpperware pàrty 名 タッパーウェア販促ホームパーティー《委託販売員が主婦を集めて行なう》.

tuque /t(j)ú:k | tjú:k/ 名《カナダ》チューク《毛編みの冬帽》.

tu·ra·co /t(j)úərəkòu/ 名 = touraco.

tur·ban /tə́:b(ə)n | tə́:-/ 名 ❶ ターバン《イスラム教徒などが頭に巻く》. ❷ 女性用のターバン風の帽子. 〖F < It < Turk < Pers; TULIP と同語源〗

túr·baned 形 ターバンを巻いた.

tur·ba·ry /tə́:bəri | tə́:-/ 名 ❶ 泥炭採掘場, 泥炭田. ❷ 〖英法〗(公有地·他人の所有地の)泥炭採掘権.

tur·bid /tə́:bɪd | tə́:-/ 形 ❶ **a** 〈液体が〉濁った, 濃密な. **b** 〈煙·雲などが〉もうもうとした, 濃密な. ❷〈考え·文体などが〉

1937 **turf accountant**

混乱した. ~·ly 副 ~·ness 名 〖L; TROUBLE と同語源〗

tur·bi·dim·e·ter /tə̀:bədímətə | tə̀:bədímətə/ 名 濁度(だくど)計. **-dím·e·try** /-dímətri/ 名 U 濁度測定, 比濁分析, 比濁法, タービジメトリー. **tur·bi·di·met·ric** /tə̀:-bədəmétrɪk | tə̀:-/ 形

tur·bi·dite /tə́:bədàɪt | tə́:-/ 名 〖地〗タービダイト《混濁流によって運ばれた深海の陸源堆積物で形成された岩石》.

tur·bid·i·ty /tə:bídəti | tə:-/ 名 U ❶ 濁り. ❷ 混乱(状態).

turbídity cùrrent 名 〖地〗(海水の)混濁流, 乱泥流.

tur·bi·nal /tə́:bən(ə)l | tə́:-/ 名 〖解〗鼻甲介.

tur·bi·nate /tə́:bənət, -nert | tə́:-/ 形 ❶ こま状の. ❷〈貝が〉渦巻き形の.

***tur·bine** /tə́:bɪn, -baɪn | tə́:-/ 名 〖機〗タービン《流水·蒸気·ガスの力で回転する原動機》: an air [a gas] ~ 空気[ガス]タービン / a steam [water] ~ 蒸気[水力]タービン. 〖F L = 回るもの < *turo, turbin-* 回転, 旋回〗

***tur·bo** /tə́:bou | tə́:-/ 名 ❶ ターボ (turbocharger). ❷ ターボチャージャーエンジン搭載車. ❸ = turbine.

tur·bo- 〖連結形〗「ターボの」: *turbo*jet.

túrbo·chàrge 動 他〈エンジンを〉ターボチャージャーで過給する.

túrbo·chàrged 形 ターボチャージャー付きの: a ~ engine ターボチャージャー付きエンジン.

túrbo·chàrger 名 〖機〗ターボチャージャー (turbo) 《内燃機関の排気で駆動されるタービンによって回転する過給装置》.

túrbo·fàn 名 〖空〗ターボファンエンジン《ターボジェットの圧縮機の前方にファンを付けたジェットエンジン》; ターボファン機.

túrbo·jèt 名 ❶ = turbojet engine. ❷ ターボジェット(航空)機.

túrbojet èngine 名 タービン式噴射推進機, ターボジェットエンジン.

túrbo·pròp /-pràp | -prɔ̀p/ 名 ❶ = turboprop engine. ❷ ターボプロップ(航空)機.

túrboprop èngine 名 ターボプロペラエンジン《ガスタービンの一種; エンジンの出力を軸の回転の形で取り出し, これによってプロペラを駆動するようにしたもの》.

túrbo·shàft 名 〖機〗ターボシャフト《伝導装置の付いたガスタービンエンジン》.

tur·bot /tə́:bət | tə́:-/ 名 《複 ~, ~s》 CU 〖魚〗ターボット《ヨーロッパ産のカレイの一種》.

***tur·bu·lence** /tə́:bjuləns | tə́:-/ 名 ❶ **a** 大荒れ. **b** (社会的)不穏, 動乱. ❷〖気〗(大気の乱れ, 乱気流. 形 turbulent)

***tur·bu·lent** /tə́:bjulənt | tə́:-/ 形 ❶ **a**〈風·波など〉荒れ狂う. **b** 騒然とした, 不穏な, 激動の. ❷〈暴徒など〉粗暴な, 乱暴な. ~·ly 副 〖F < L < *turba* 混乱; cf. trouble〗

Tur·co /tə́:kou | tə́:-/ 名 《複 ~s》(旧フランス陸軍の)アルジェリア人軽歩兵.

turd /tə́:d | tə́:d/ 名 《俗·卑》❶ 糞(ふん)(の塊). ❷ くそ野郎.

tu·reen /tərí:n, tju-/ 名 (スープなどを入れる)ふた付きの深皿.

***turf** /tə́:f | tə́:f/ 名 《複 ~s, **turves** /tə́:vz | tə́:vz/》❶ **a** U 芝地《比較 turf は芝と根の張った土の表層で, lawn は手入れされた芝生をいう》: artificial ~ 人工芝. **b** C (移植するために四角に切り取った)芝. ❷ C 《競馬などで》**a** [**the** ~] 競馬場. **b** 競馬: He ruined himself on *the* ~. 彼は競馬で身をもちくずした. ❸ U《米口》**a** 縄張り, 地盤. **b** (やくざの)お好み. ❹ U《米口》芝生でおおう. **túrf óff** [**óut of**] … 《英口》〈人を〉…から追い払う. **túrf óut** 《他+副》《英口》〈人を〉追い払う.

túrf accòuntant 名《英》馬券営業者 (bookmaker).

tureen

túrf·man /-mən/ 名 (複 -men) 競馬通[狂], (特に)競走馬の馬主[調教師など].

túrf wàr 名《口》なわ張り争い.

turf·y /tə́:fi | tə́:-/ 形 (**turf·i·er, -i·est**) ❶ 芝でおおわれた, 芝の多い; 芝生状の. ❷ 泥炭に富む; 泥炭質の. ❸ 競馬(場)の.

Tur·ge·nev /tuərgéinjəf | tə:géiniev/, **Ivan Ser·gey·e·vich** /ivá:n seəgéinivitʃ | -seə-/ ツルゲーネフ (1818-83; ロシアの小説家).

tur·ges·cence /tə:dʒés(ə)ns | tə:-/ 名 U はれ;〖医〗膨満(状態).

tur·ges·cent /tə:dʒés(ə)nt | tə:-/ 形 ふくれあがる, はれあがる, 膨張ぎみの; 〖医〗膨満しつつある.

tur·gid /tə́:dʒid | tə́:-/ 形 ❶ 〈言語・文体など〉大げさな, 仰々しい. ❷ 腫(は)れあがった. **~·ly** 副

tur·gid·i·ty /tə:dʒídəti | tə:-/ 名 U ❶ 大げさ, 仰々しさ. ❷ 腫(は)れ, ふくれ, 膨張.

tur·gor /tə́:gə | tə́:gə/ 名 U 〖植〗膨圧, 膨張.

Tu·rin /t(j)ú(ə)rən | tjuərín/ 名 トリノ《イタリア北西部 Po 川に臨む市; イタリア統一後イタリア王国の首都 (1861-65)》.

Túring machìne /t(j)ú(ə)rɪŋ- | tjú-/ 名 チューリング機械《無限大の情報貯蔵量を有し絶対に故障や狂いを生じない仮想上の計算機》.《A. M. Turing 英国の数学者》.

Túring tèst 名〖電算〗チューリングテスト《計算機の知能評価テスト; 人間からチの機械の応答が人間のものと区別できないほど評価が高い》.

tu·ri·on /t(j)ú(ə)riən | tjú-/ 名〖植〗(水生植物の)殖芽.

Turk /tə:k | tə́:k/ 名 トルコ人;(特にオスマン帝国の)トルコ人: the Grand [Great] ~ トルコ皇帝.

Tur·ke·stan /tə̀:kəstǽn, -stá:n | tə̀:-/ 名 トルキスタン《アジア中央部の広大な地方》.

⁺**tur·key** /tə́:ki | tə́:-/ 名 ❶ a 〖鳥〗シチメンチョウ(七面鳥). b 〖U〗 七面鳥の肉. ❷《米口》(劇などの)失敗作. ❸ のろま, どじな人. **cóld túrkey** ⇒ cold turkey. **tálk túrkey**《米口》(商談などで)率直[単刀直入]に話す; まじめに話す.《Turkey(cock); トルコを経由してヨーロッパに輸入されたことから》

⁺**Tur·key** /tə́:ki | tə́:-/ 名 トルコ《ヨーロッパ南東部, 黒海と地中海に臨む共和国; 首都 Ankara》.

túrkey bàster 名(七面鳥を焼きながらたれをかける)スポイト式器具.

túrkey bùzzard 名〖鳥〗ヒメコンドル《南米・中米産》.

túrkey còck 名 ❶ 七面鳥の雄. ❷ 気取り屋.

túrkey òak 名〖植〗トルコガシ《バルカン半島原産》.

Túrkey réd 名 トルコ赤《アリザリンで木綿地に染め出す赤色(染料)》; トルコ赤で染めた赤い木綿地.

túrkey shòot 名《米俗》わけないこと, 楽勝の戦闘.

túrkey tròt 名 ターキートロット(2人ずつ組み輪になって踊るダンス).

túrkey vùlture 名 = turkey buzzard.

Tur·kic /tə́:kɪk | tə́:-/ 形 名 U トルコ系諸言語(の), チュルク諸語(の).

⁺**Turk·ish** /tə́:kɪʃ | tə́:-/ 形 ❶ トルコ(風)の; トルコ人の. ❷ トルコ語の. ── 名 U トルコ語.

Túrkish báth 名 トルコぶろ(蒸しぶろ).

Túrkish cóffee 名 U トルコーヒー《微粉状にひいた豆を長時間煮出した濃いコーヒーに甘味を加えたもの》.

Túrkish delíght 名 U.C (角形 (cube) に切って粉砂糖をまぶした)ゼリーあめ.

Túrkish tówel 名 トルコタオル《けばが輪 (terry) になっているタオル》.

Tur·ki·stan /tə̀:kɪstǽn, -stá:n | tə̀:-/ 名 = Turkestan.

Turk·men /tə́:kmən, -men | tə́:k-/ 名 (複 ~(s)) 〖C〗 トルクメン人《トルクメニスタンを中心に住む民族》; U トルクメン語《トルクメニスタンの公用語》. ── 形 トルクメン人[語]の, トルクメンの.

Turk·men·i·stan /tə:kmènəstǽn, -stá:n | tə:kmə́nɪstà:n, -stǽn/ 名 トルクメニスタン《中央アジア西南部, カスピ海の東に位置する国; もとソ連邦構成共和国》.

Túrks and Cái·cos Íslands /tə̀:ksən(d)kéɪkəs- | tə́:ksən(d)kéɪkəs-/ 名 [the ~] タークスアンドカイコス諸島《西インド諸島の Bahama 諸島南東部の諸島で, 英国の属領》.

Túrk's-càp lìly, Túrk's càp 名〖植〗マルタゴンリリー《欧州・アジア原産》.

Túrk's hèad 名〖海〗ターバン状の飾り結び.

tur·mer·ic /tə́:mərɪk | tə́:-/ 名 U ❶ 〖植〗ウコン. ❷ ウコン根(の粉末)《染料・健胃剤・カレー粉に用いる》.

⁺**tur·moil** /tə́:mɔɪl | tə́:-/ 名 U [また a ~] 騒ぎ, 騒動, 混乱: mental ~ 精神的動揺 / The town was in (a) ~ during the election. 町は選挙の間上を下への大騒ぎした.

‡**turn** /tə́:n | tə́:n/ 動 ⓐ A ❶ a [通例副詞(句)を伴って] 〈視線・顔・背などを〉(…のほうへ)向ける: Please ~ your eyes *this way*. どうかこちらを向いてください / She ~ed her head but saw nobody. 彼女は振り向いて見たがだれも見えなかった / She ~ed her back *to* me. 彼女は私に背を向けた. b [副詞(句)を伴って] (回転させて)〈…の〉方向[位置]を変える: He ~ed his chair *around* [*toward* me]. 彼はいすの向きをぐるりと変えた[私のほうに向けた]. c 〈武器・敵意などを〉〈…に対して〉向ける: He ~ed his gun *on* me. 彼は銃を私に向けた. d 〈注意・考えなどを〉〈…に〉向ける: Please ~ your attention *to* what I'm saying. 私の話に注意を向けてください. e 〈…を〉〈目的・用途に〉当てる, 向ける: He ~ed the room *to* a great many uses. 彼はその部屋をいろいろと利用した.

❷ a 〈…を〉ひっくり返す, 逆さにする, 裏返しする, あべこべにする: ~ a cassette tape (*over*) カセットテープを裏返しにする / A great wave ~ed the boat *upside down*. そのボートは大波を受けて転覆した. b 〈ページを〉めくる, 繰(く)る: ~ (*over*) the pages ページをめくる. c 〈衣服を〉裏返す. d 〈土を〉すき返す〈*over*〉.

❸ a 〈角(ど)を〉曲がる: ~ a corner 角を曲がる. b 〈敵の側面を〉迂回(うかい)する; 〈人の〉裏をかく.

❹ 〈ある年齢・時・額を〉超す (★ 通例進行形なし): She has ~ed forty. 彼女は 40 を超えている[になった] / It has just ~ed five. ちょうど 5 時を回った[過ぎた]ところです.

❺ 〈試合などの〉流れ[展開, 形勢]を変える: He [His goal] ~ed the game *around*. 彼[彼のゴール]がその試合の流れを変えた.

❻ 〈企業などが〉〈利益を〉上げる, 出す, 〈商売などが〉〈利益に〉なる, 〈利益を〉産む (★ 受身不可): ~ a huge profit 莫大な利益を上げる.

❼ a 〈気持ち・頭を〉転倒させる, 乱す: Success has ~ed his head. 彼は成功に酔っている[慢心している] / Overwork has ~ed his brain. 彼は過労で頭が変になった. b 〈胃を〉むかつかせる: The sight ~ed his stomach. それを見ると彼は胸が悪くなった.

── B ❶ 〈…を〉回転[回]させる; 〈かぎ・ねじなどを〉回す: ~ the car's steering wheel 車のハンドルをぐるぐる回す / *T*~ the key in the lock. かぎを錠に差し込んで回しなさい / ~ the door knob ドアの取っ手を回す / *T*~ the steering wheel *to* the right. ハンドルを右に切りなさい.

❷ 〈側転・とんぼ返りなどを〉行なう: ~ a somersault とんぼ返りをする.

❸ a 〈ものをろくろ[旋盤]にかけて作る. b 〈表現などをうまく言う[表現する]: He ~s a pretty compliment. 彼はお世辞がとても上手だ.

── C ❶ 〈…の〉質・形状などを〉〈…に〉変える: ~ love *to* hate 愛を憎しみに変える / Japanese yen *into* American dollars 日本円を米ドルに変える / Heat ~s water *into* vapor. 熱は水を水蒸気にする.

❷ 〈…を〉〈…に〉翻訳する; 〈…を〉別の表現に変える: *T*~ this sentence *into* English. 次の文を英語に訳せ.

❸ 〈…を〉〈…に〉〜する: [+目+補] The very thought of it ~s me pale. それを思っただけでもぞっとする / Bacteria ~ milk sour. バクテリアで牛乳は酸敗する.

❹ 〈食物などを〉変質させる, 酸敗させる.

── ⓑ A ❶ a [通例副詞(句)を伴って] (…の方に)向く, 振り向く, 振り返る; 目[顔]を向ける[そむける]: She ~ed when I called her. 私が呼ぶと彼女は振り向いた / He ~ed *to* [*toward*] the door. 彼はドアのほうを見やった / She ~ed *from* him. 彼は彼女からぷいと顔をそらしてしまった. **b** [~ *inside out* で]〈ものが〉逆さになる, 裏返しになる: His umbrella was ~ed *inside out*. 彼の傘がおちょこになった. **c**〈ページなどを〉めくれる;〈本を〉めくる[開く]: Please ~ *to* page 30. 本の30ページを開けてください. ❷ [通例副詞(句)を伴って] **a**〈…に〉向き[方向]を変える, 曲がる; 向かう: ~ (*to* the) right [*left*] 右[左]に曲がる / The road ~s (*to* the) south here. 道はここから南のほうへ向いている / Things are ~*ing for* the worse [*better*]. 事態は悪化[好転]しつつある. **b**〈風・潮・形勢などが〉方向を変える: The tide ~ed. 潮の向き[形勢]が一変した.

❸〈考え・注意などが〉〈…に〉向かう;〈人の考え[注意](など)を〉〈…に〉向ける: My thoughts often ~ *to* you. ぼくはよく君のことを思う / My hopes ~ed *to* my son. 私の希望は息子に向けられた / He ~ed *to* politics. 彼は政治に転向した.

❹〈試合などが流れ[展開], 形勢〉が変わる: The game ~ed *around* in the second half. 試合は後半になって流れが変わった.

❺ 引き返す, きびすを返す.

── B ❶ 回る, 回転する: This tap will not ~. この栓はどうしても回らない / The Ferris wheel is ~*ing* slowly. 観覧車がゆっくりと回っている / The earth ~s *around* its axis. 地球は地軸を中心に回転する. **b** ころがる, 寝返りを打つ: He often ~s (*over*) in bed [*his sleep*]. 彼はしばしば寝返りを打つ.

❷ **a** めまいがする: The sight of blood makes my head ~. 私は血を見るとめまいがする. **b**〈胃が〉むかつく: His stomach ~ed at the thought of eating octopus. 彼はタコを食べることを思うと胃がむかついた.

❸ **a** ろくろ[旋盤]を回す. **b**〈金属・木など〉ろくろ[旋盤]にかかる.

── C ❶〈…に〉変じる, 転化する: Tadpoles ~ *into* frogs. おたまじゃくしはカエルに変わる / The rain soon ~ed *to* sleet. 雨はまもなくみぞれに変わった / Love can ~ *to* hate. 愛は憎しみに変わることがある / Afternoon ~ed *into* evening. 午後が過ぎ夕方になった.

❷〈…に〉なる (become):〔+補〕~ *professional* [*pro*] プロになる / She ~ed *pale*. 彼女の顔が青くなった / The weather has ~ed *fine*. 天気が良くなった / He has ~ed *Communist*. 彼は共産主義者になった《用法》turn の補語となる名詞は無冠詞 / The milk has ~ed *sour*. 牛乳が酸っぱくなった / The maple leaves have ~ed *red*. カエデの葉が紅葉した.

❸ 味だが〉変わる;〈牛乳が〉酸敗する: The milk has ~ed. 牛乳が酸っぱくなった / The poplars began to ~. ポプラの葉が色づき始めた.

nòt knów which wáy [*whére*] **to túrn** どうしていいかわからない.

túrn abóut(⾃+副) (1) 振り向く; ぐるりと回る[回す]. (2)〖軍〗回れ右をする(★号令は About turn!).

túrn agáinst(⾃+前) (1)〈人を〉…にそむかせる. ── (⾃+前) (2)〈…〉にそむく, 反抗[敵対]する: He ~ed *against* his friend. 彼は友にそむいた.

túrn aróund(⾃+副) (1) 振り向く: She ~ed *around* and began to cry. 彼女はくるっと向きを変えて泣き始めた. (2)〈経済などが〉好転する,〈企業などが〉業績がよい方向に転換する. (3) 意見[態度]を一変する; 変節する: He ~ed *around* and voted for the Democrats. 彼は思い直して民主党に投票した. (4) 回転する. ──(⾃+副) (5)〈…〉の方向[位置]を変える(⇒ ❶ A 1 b). (6)〈経済などを〉好転させる,〈企業などの〉(落ちていた)業績を上向かせる. (7)〈意見・態度など〉を変える.

túrn asíde(⾃+副) (1)〈…〉をわきへよける. (2)〈質問・攻撃など〉をそらす. ──(⾃+副) (3) 顔をそむける, わきを向く, わきへよける.

túrn awáy(⾃+副) (1)〈人〉を追い払う,〈人の〉入って来るのを拒む: ~ *away* refugees 難民の受け入れを拒否する. (2)〈人〉を支持[援助]しない, 同情しない. (3)〈人〉を〈…〉から離れさせる,〈人に〉〈…〉を受け入れなくさせる〔*from*〕. (4)〈話題・注意などを〉〈…〉から引き離す, そらす〔*from*〕. ──(⾃+副) (5)〈もの・人・方法などから〉離れる,〈…〉を受け入れなくなる, 支持[利用]しなくなる〔*from*〕. (6)〈…〉から顔をそむける: She ~ed *away from* him in embarrassment. 彼女は困惑して彼から顔をそむけた.

túrn báck(⾃+副) (1)〈…〉を引き返させる;〈時計を遅らせる〉: You can't ~ (the hands of) the clock *back*. 時計の針[過ぎた時間]を元に戻すことはできない. (2) ＝ TURN down ❹(3). ──(⾃+副) (3)〈…から…へ〉引き返す; もとに戻る, さかのぼる〔*from*〕〔*to*〕.

túrn one's báck on ⇒ back ［名］ 成句.

túrn dówn(⾃+副) (1)〈提案・候補者・申込者などを〉拒絶する, 却下する (refuse): She ~ed *down* every suitor. 彼女は求婚者をすべて退けた / He got ~ed *down* for the job. 彼は求職の申し込みを断られた. (2)〈ガス・ランプなどの火を〉細く[小さく]する;〈ラジオなどの音を小さく[低く]する (↔ turn up): T~ *down* the radio. ラジオの音を小さくしなさい. (3)〈…〉を(下に)向ける, 折り畳む: ~ *down* a collar 襟を折り返す / ~ *down* the corner of the page のページの隅を折る.

túrn a person's héad ⇒ head ［名］ 成句.

túrn ín(⾃+副) (1)〈…を〉返す〔*to*〕(return): You must ~ *in* your badge when you leave the police force. 警察をやめる時にはバッジを返さなければならない. (2)〈書類・辞表などを〉提出する, 渡す;〈違法なものなどを〉引き渡す〔*to*〕 (hand in): ~ *in* one's resignation 辞表を提出する. (3)〈人を〉〈警察に〉連れて行く, 突き出す, 通報する; [~ one*self* で] (警察に〉自首する〔*to*〕. (4)〈…〉を〉内側に曲げる[折る], 内側へたたみ込む. (5)〈…〉を中に入れる; 追い込む. (6)〈…を〉下取りに出す: ~ *in* an old car 古い車を下取りに出す. (7)《口》〈計画などを〉やめる, あきらめる. (8)《口》 床に入る: I ~ed *in* at 12 last night. 昨夜は12時に寝た. (9) (大通りから) 中に入ってくる: The car ~ed *in* at the gas station. その車は大通りからガソリンスタンドの中に入ってきた. (10)〈足指などが〉内側に曲がる. ──(⾃+副) (11)〈よい結果を〉出す;〈利益を〉上げる;〈すぐれた演技を〉演じる, を見せる.

túrn óff(⾃+副) (1)〈…〉のスイッチを切る,〈明かり・テレビなどを〉消す (switch off);〈栓をひねって〉水・ガスなどを止める (↔ turn on): T~ *off* the TV, would you? テレビを消してください / T~ *off* the water. 水を止めてくれ. (2)《米》〈使用人を〉解雇する. (3) [~ + 目 + off],〈人から〉興味を失わせる,〈人をしらけさせる〉: Jazz [He] ~s me *off*. ジャズ[彼]が嫌いだ. (4)〈道から〉それる. ──(⾃+副) (5)〈機械などが〉スイッチが切れる, 停止する.〈明かり・テレビなどが〉消える,〈水・ガスなどが〉止まる. (6)〈人がわき道へ入る;〈道〉が分かれる: T~ *off* at 15th Street. 15番通りで横道に入りなさい. (7) 興味がなくなる, うんざりする.

túrn ón(⾃+副) (1)〈…〉のスイッチを入れる,〈明かり・テレビなどを〉つける (switch on);〈栓をひねって〉水・ガスなどを出す (↔ turn off): T~ *on* the PC, please. パソコンのスイッチを入れてください / T~ *on* the gas. ガスをつけてください. (2)《口》〈人を〉性的に刺激する; 興奮させる;〈人に〉興味を起こさせる: She [Baseball] ~s me *on*. 彼女[野球]にはしびれるよ. (3)《俗》麻薬で〈人に〉快感を起こさせる. ──(⾃+副) (4)〈機械など〉スイッチが入る, 作動する,〈明かり・テレビなどが〉つく;〈水・ガスなどが〉出る. (5)《俗》麻薬をやる[やって快感を覚える].

túrn on [*upòn*]… (1) …に突然襲いかかる: The dog ~ed *on* its owner. その犬は突然飼い主に襲いかかった. (2) …にかかる, よる (rest on): Everything ~s *on* her answer. 万事は彼女の返答次第だ / The future of our nation ~s *upon* this treaty. わが国の将来はこの条約にかかっている. (3) …を主題とする.

túrn on one's héel ⇒ heel¹ 成句.

túrn óut(⾃+副)[副詞を伴って]〈事態が〉〈…に〉進展する, 終わる: We shall see how things ~ *out*. 事態がどのような結果になるか今にわかるだろう / The negotiations will ~ *out* satisfactorily. 交渉は満足のいくかたち

turn

で終わるだろう. (2) 結局〈…であることがわかる, (結果)〈…となる; 〈子供が〉〈ある状態に〉成長する, 成長して〈…に〉なる: [+(to be)補] The night ~ed out stormy. その夜はあらしだった[となった] / He ~ed out (to be) a fraud. 彼はやっぱりぺてん師だった / [+to do] The plan ~ed out to have no effect. 計画は結局何の効果ももたらさなかった. (3) [It ~s out that....で] 〈…ということがわかる; 〈…ということになる: It ~ed out that she had never gone there. 結局彼女はそこへ行っていなかったということがわかった / As it ~ed out, 結局のところ〈…であった). (4) 《口》外へ出る, 出かける; 集まってくる; 繰り出す, 出動する: The whole village ~ed out to welcome us. 村中の人が皆我々を歓迎しようと繰り出してきた / Many of the locals ~ed out for the match. 多くの地元の人がその試合を見に出かけた. (5) 外へ向く[曲がる]. 《口》(寝床から)起き上がる.
— (他+副) (7) 〈明かり・ガスなどを〉消す (put out): T- out the lights before you go to bed. 寝る前に電灯を消しなさい. (8) 〈…を〉作り出す, **生産する**, 製造する: The factory ~s out thirty thousand cars every year. その工場は毎年 3 万台の車を生産している / This college ~s out hundreds of highly qualified engineers. その大学は大勢の優れた技師を輩出している. (9) 〈…を〉〈外へ〉追い出す[払う], 解雇する; 〈家畜を外に出す: If you don't pay your rent, you'll be ~ed out into the street. 家賃を払わないと外へ放り出されます. (10) 〈足指などを〉外へ向ける. (11) 《英》〈…の中身をあける, 出す, ひっくり返す: I ~ed out all my pockets but found no money. ポケットをみなひっくり返してみたが一銭もなかった. (12) 〈部屋・容器などを〉(からにして)掃除する. (13) [(be)…turned out で] (通例人)服装をして(いる): The young man was nicely ~ed out. その青年はきりっぱなしだった.

túrn a person óut of… 〈人を〉…から追い出す, 追い払う.
túrn óver (他+副) (1) 〈…を〉ひっくり返す (⇒ 他 A 2 a). (2) 〈ページを〉めくる (⇒ 他 A 2 b). (3) 〈物事を〉あれこれと考える, 熟考する: I have ~ed the matter over in my mind and made a decision. その問題を心の中でじっくり考えて決断をした. (4) 〈仕事・責任などを〉〈…に〉引き継ぐ, 移す, 譲る; 〈人・ものを〉警察に引き渡す, 届ける (hand over): He ~ed over his firm to his nephew. 彼は自分の会社をおいに譲った. (5) 〈エンジンを〉かける, 始動する. (6) 〈商品を取り扱う〉; 〈資金を運転する〉; 〈…の額の商売をする: He ~s over $5,000 a month. 彼は月に 5 千ドルの商売をする. (7) 《英》〈テレビのチャンネルをかえる. — (自+副) (8) ころがる, 寝返りを打つ (roll over) (⇒ 自 B 1 b). (9) ひっくり返る, 転覆する: The boat ~ed over. ボートは転覆した. (10) 〈エンジン〉が始動する, かかる; 低回転で回る. (11) 《英》テレビのチャンネルをかえる.

túrn róund =TURN around 成句.
túrn tó… 仕事を始める: We must ~ to immediately. ただちに仕事に取りかからなければならない.
túrn to… [助力などを求めて]…に頼っていく (★ 受身可): I have no one but you to ~. 頼りとするのは君ばかりだ / He ~ed to me for help [advice]. 彼は私に助力[忠告]を求めた.
túrn úp (自+副) (1) 現われる, ひょっこりやってくる (show up): He ~ed up an hour later. 彼は 1 時間後に姿を現わした. (2) 〈出来事などが〉(不意に)生じる, 起こる: Never mind; something will ~ up. 心配するな, なんとかなるさ. (3) 〈ものが〉偶然現われる[見つかる]: The ring I lost ~ed up in one of my gloves. なくした指輪が手袋の一つの中から出てきた. — (他+副) (4) 〈ランプ・ガスなどを〉明るく[強く]する; 〈ラジオなどの〉音を大きくする (↔ turn down): Don't ~ up the radio. ラジオの音を大きくしないで. (5) 〈…を〉発見する, 掘り当てる; 〈…を〉掘り起こす, 発掘する: The remains of an ancient building were ~ed up nearby. 古代建築の遺物がその付近で発掘された. (6) 〈…を〉〈上へ〉折り返す; 〈…の〉裾(芚)を上げる: ~ up one's shirt sleeves シャツのそでをまくる, どしどし仕事に取りかかる. (7) 〈…を〉上に向ける; あおむけにする.
Whatéver túrns you ón! 《俗》全然おもしろくないね.

— 名 A ❶ C a (方向)転換, 転回; 折り返し, ターン: ⇒ U-turn / No Right [Left] T~. [掲示] 右[左]折禁止 / The car made a right ~. その車は右折した. b (曲がり目[角] (turning): a ~ in the river [street] その川[通り]の曲がり角. c 《軍》(教練で)迂回, 方向転換: About ~! [号令] 回れ右! / Right [Left] ~! [号令] 右[左]向け右[左]!

❷ a [a ~] (情勢の)変化, 成り行き: an odd [unexpected] ~ of events 奇妙な事の成り行き[予期せぬ事の展開] / The patient's condition has taken a ~ for the better [worse]. 患者は快方に向かっている[病状が悪化した]. b [the ~] 変わり目, 転機: the ~ of the 14 年等期 / at the ~ of the century 世紀の変わり目に (⇒ turn-of-the-century).

❸ 《口》 a [a ~] ぎょっとする[させる]こと, はっとすること, 驚き: The sight gave me quite a ~. それを見て私はまったくぎょっとした. b C (病気などの)発作.

— B ❶ C a 順番, 番: wait one's ~ 順番(が来る)まで待つ / My ~ has come. 私の番になった / [+to do] It's your ~ to row. 今度は君がこぐ番だ.

❷ C (1 回の)回る[回し]こと, 回転, ひねり: give the dial a ~ ダイヤルを(1 回)回す / a ~ of the dice さいころのころがり(方) / at the ~ of a switch スイッチをひねると(すぐに).

❸ a [a ~] 《古風》ひと巡り, (軽い)散歩, ドライブ: take a ~ in [around] the garden 庭を散歩する. b [a ~] ひとしきりの活動, ひと仕事: a ~ of work ひと仕事. c C (演芸の)ひとつの一番, 一席: a vaudeville ~ ボードビルの出し物.

❹ [good, bad などの修飾語を伴って] [よい[悪い]] 行ない[行為]: do a person a good [bad] ~ 人に親切なことをしてやる[ひどい仕打ちをする] / A [One] good ~ deserves another. 《諺》 親切を施せば親切を返してもらう資格ができる, 情けは人のためならず, 「陰徳あれば陽報あり」.

at évery túrn 曲がり目ごとに, 至る所で[に]; 事あるごとに, 絶えず, いつも: We were welcomed at every ~. 私たちは至る所で歓迎された.

by túrns 順繰りに, かわるがわる, 次々に: We rowed by ~s. 交替でボートをこいだ / It rained and blew by ~s. 雨と風が相次いで襲ってきた.

in túrn (1) 次々に, 順番に: The baby and I caught the flu in ~. 赤ん坊と私はかわるがわる流感にかかった / The doctor saw them all in ~. 医者は皆を順に診察した. (2) 今度は〈…が〉, 同様に: People who were maltreated as children often maltreat their own children in ~. 子供の時に虐待された人は今度はしばしば自分自身の子供たちを虐待する.

in one's túrn (1) 自分の番になって: Each of us, in our ~, has to go through this suffering. 私たちは, 一人一人が順番に, この苦しみを受けなければならない. (2) 今度は自分は: He was scolded in his ~. 今度は彼がしかられた.

on the túrn (1) 変わり目に(なって); 変わりかけて: The tide is on the ~. 潮が変わりかけている / Public opinion is on the ~. 世論が変化しかけている. (2) 《口》牛乳が腐りかけて.

òut of túrn (1) 順番なしに, 順番を狂わせて: Don't get on the swing out of ~. 自分の順番でないのにぶらんこに乗ってはいけません. (2) 不適当な時に, 時[場所]をわきまえず〈…を〉; 軽率な口をきく: speak out of ~ 軽率な口をきく.

sérve a person's túrn 人の役に立つ, 間に合う: It's not very good but it will serve my ~. それはあまりよくないけど何とか役に立つでしょう.

tàke it in túrns 〈…するのを〉交替する 〈to do〉.

tàke one's túrn 順番にやる: We all took our ~ washing dishes. みな皿洗いを交替でやった.

tàke túrns (1) 〈…を〉交替でやる 〈at, in〉: Let's take ~s (at) cooking [at the wheel]. 料理[運転]はかわりばんこにしましょう. (2) 〈…を〉交替でする: [+to do] We take ~s to do night duty. 私たちは交替で夜勤をする [変換 We take it in ~(s) to do night duty. と書き換え可能].

to a túrn 〈食べ物がちょうどよい程度に, 申し分なく: The roast was done to a ~. 焼き肉はちょうどよい具合に焼けていた.

túrn (and túrn) abóut 順繰りに, かわるがわる: Mother

and I do the dishes ~ *and* ~ *about*. 皿洗いは母と二人で交替でやります / *T- (and ~) about* is fair play. 《諺》かわりばんこが公平だ.

túrn of mínd 考え方; 性質.

turn of phráse 表現, 言い回し; 自己表現.

《L *tornare* 回る＜*tornus* 回転＜Gk=旋盤; cf. attorney, contour, detour, return, tour》

【類義語】**turn** 軸または中心の周りを1回・半回・数回ぐるりと回す. **rotate** 特にそのもの自体の軸を中心としてぐるぐる回転させる. **revolve** rotate とほぼ同義だが, 特に中心点の周りの軌道を回る. **spin** 軸を中心に速いスピードで回転させる.

túrn·abóut 名 ❶ 方向転換, 旋回. ❷ (思想・政策などの)転向, 変節 (turnaround). ❸ 回れ右, 回転木馬.

túrn·aróund 名 ❶ a 方向転換. b (思想・意見・政策などの)転向, 変節. ❷ (販売などの)好転, 回復. ❸ a (船・飛行機などが)次の航行に準備の(所要時間). b (処理のための)所要時間. ❹ (道路上の)車回しの場所.

túrn·búckle 名 引き締めねじ, 締め金具.

túrn·còat 名 変節者, 裏切り者.

túrn·còck 名 《英》水道給水栓.

túrn·dòwn 形 A ❶ 折り下げた, 折り襟の (↔ stand-up): a ~ collar 折り襟. ❷ 折りたたみ式の: a ~ bed 折りたたみ式ベッド. ❷ ❶ 拒絶, 排斥; 却下. ❷ 下降, 下落.

turned 形 ❶ 回した. ❷ 逆さまの: a ~ comma 《印》逆コンマ (`) / a ~ letter (活字の)逆(ぞ)字 / a ~ period 《印》逆ピリオド (˙). ❸ [複合語で] 言いまわし[格好]が…の: well-turned / an exquisitely-*turned* wrist 格好のいい手首.

túrn·er 名 ❶ とんぼ返りをする人. ❷ (料理用の)返しべら. ❸ ろくろ師, 旋盤工.

Tur·ner /tə́ː| tə́ːnə/, **Joseph Mal·lord William** /mǽləd-|-ləd-/ ターナー (1775-1851; 英国の風景画家).

Túrner's sỳndrome 名 U 《医》ターナー症候群, (女子)性腺発育障害症候群. 《H. H. Turner 米国の医師》

turn·er·y /tə́ːnəri | tə́ː-/ 名 U ❶ 旋盤[ろくろ]細工(法). ❷ 旋盤工場.

†**turn·ing** /tə́ːnɪŋ | tə́ː-/ 名 ❶ C 曲がりくねり; 曲がり角[目] (turn): a sharp ~ in [of] the road 道路の急な曲がり角 / Take the second ~ to [on] the left. 2番目の角を左に曲がりなさい / It's a long lane that has no ~. ⇨ lane 1. ❷ U 旋回, 回転; 変転; 方向転換. ❸ U 旋盤[ろくろ]細工.

túrning cìrcle 名 車の最小回転半径の描く円.

†**túrning pòint** 名 ❶ 方向転換の地点. ❷ 転換期, 転機, 変わり目; 病・病気などの)とうげ, 危機: This is a ~ in history. 今が歴史の転換期だ / This may be the ~ in the fortunes of the company. 今が社運の転機[岐路]かもしれない.

túrning ràdius 名 《車》《米》(最小)回転反径.

†**tur·nip** /tə́ːnɪp | tə́ː-/ 名 C,U 《植》カブ; 《スコ》スウェーデンカブ, ルタバガ (rutabaga).

tur·nip·y /tə́ːnɪpi | tə́ː-/ 形 カブのような風味[形]の.

túrn·kèy 形 A すぐに使える[住める]状態で[に作られた], 完成引き渡しの: a ~ apartment 即入居可能なアパート. —— 名 《古》牢番, 看守.

túrn·òff 名 ❶ a 《米》(大きな道路の)わき道. b (高速道路への出入りの)斜道, ランプ; 分岐点. ❷ 《口》興味をなくすもの, いやなもの.

turn-of-the-céntury 形 世紀の変わり目の《特に20世紀初頭》.

túrn·òn 名 ❶ 《口》興味をかきたてる刺激的な[な]人[もの]. ❷ スイッチを入れること.

†**túrn·òut** 名 ❶ [通例単数形で]（集会などの)出席者(数): an 83 percent ~ of voters 83 パーセントの投票者 / There was quite a good [poor] ~ at the polls. 選挙人の出足はよかった[よくなかった]. ❷ [単数形で; 通例修飾語を伴って] 産額, 生産高: a large ~ 大量の産出高. ❸ 身なし, 着こなし; 装備: a smart ~ スマートな身づくろい. ❹ 《米》a (鉄道線の)待避線 / (道路上の)車の退避

所. b (鉄道・道路などの)分岐点. ❺ (引き出しなどの)中身を外に出すこと; give one's drawers a good ~ 引き出しの中をすっかりあける.

*†**turn·ov·er** /tə́ːnòʊvə | tə́ːnòʊvə/ 名 ❶ C,U (一定期間の)取引高, 総売上高: make a profit of ＄350 on a ~ *of* ＄7000 総取引高7千ドルに対して350ドルの利益をあげる. ❷ C,U 転職率: reduce the labor ~ 労働者の転職率を下げる. ❸ C,U (資金などの)回転率: reduce prices to make a quick ~ 資金[商品]の回転率を早めるために値下げする. ❹ C ターンオーバー《果物やジャムなどを四角か円形の生地の中にはさみ, 半分に折り返したパイ》: an apple ~ アップルターンオーバー. ❺ C 《球技》(エラー・反則などによる)ボールの保持権の移動. ❻ C (本などの)裏返し, 転倒. —— 形 折り返しの: a ~ collar 折り返し襟[カラー].

†**túrn·pìke** 名 《米》有料(高速)道路, ターンパイク (pike)《★料金所のある6-8車線の有料高速道路》.《植民地時代の米国で道路所有者が pike (遮断棒)で道をふさぎ, 料金を払った人にそれを turn させて通したことから》

túrn·róund 名 《英》= turnaround.

túrn sìgnal 名 《米》(車の)方向指示灯 (《英》indicator).

túrn·spìt 名 焼きぐしを回す人[回転器].

túrn·stìle 名 回転式改札口《劇場や駅の入り口に一人ずつ人を通すために設ける; 回り木戸《人だけ通って牛馬を通れないようにする》.

túrn·stòne 名 《鳥》キョウジョシギ.

túrn·tà·ble 名 ❶ a 回転台. b 《鉄道》転車台. ❷ (レコードプレーヤーの)回転盤, ターンテーブル.

túrn·tà·blist /-tə̀ːblɪst/ 名 ターンテーブリスト, クラブ DJ《クラブなどで, ターンテーブルを楽器として用い, 複数のレコードの一部を抽出して編集し新しい楽曲を生み出す人》.

túrn·úp 名 ❶ 《英》(ズボンのすその)折り返し (《米》cuff). ❷ 《口》思いがけないできごと. **Thát's a túrnup** (for the book). 《口》それは思いがけないことだ. —— 形 /⸺⸺/ ❶ 〈鼻など〉上を向いた. ❷ 折り返しの.

tur·pen·tine /tə́ːp(ə)ntàɪn | tə́ː-/ 名 U ❶ テレピン油《マツ科植物の含油樹脂》: oil of ~ = spirit of ~ テレピン油. ❷ テレピン油. 《＜L》

tur·pi·tude /tə́ːpət(j)ùːd | tə́ːpɪtjùːd/ 名 U 卑劣, 堕落.

turps /tə́ːps | tə́ːps/ 名 U 《口》テレピン油.

†**tur·quoise** /tə́ːk(w)ɔɪz | tə́ːkwɔɪz/ 名 ❶ C 《鉱》トルコ石 (birthstone). ❷ = turquoise blue. —— 形 空色の, 青緑色の. 《F = トルコの(石)》

túrquoise blúe U 空色, 青緑色.

†**tur·ret** /tə́ːrɪt | tár-/ 名 ❶ (建物・城などの角から張り出した)小塔. ❷ 《軍》a (軍艦・戦車などの)旋回砲塔. b (戦闘機の)銃座. ❸ (旋盤の)タレット (旋回刃物台). 《F ＜ *tour* 塔 + -ET》

túr·ret·ed /-tɪd/ 形 ❶ 小塔[やぐら]のある. ❷ 砲塔を備えた.

túrret làthe 名 《機》タレット旋盤.

†**tur·tle** /tə́ːtl | tə́ː-/ 名 ❶ C,U 《動》カメ, (特に)ウミガメ (《米》sea turtle (cf. tortoise); カメの肉. ❷ タートル (LOGO 言語のグラフィックスで, 画面上を動いて図形を描くカーソル). **túrn túrtle** 〈ボートなどが〉転覆する (capsize). 《F *tortue* カメ; ↓ の影響による変形》

túrtle·dòve 名 《鳥》コキジバト《雌雄互いにむつまじいことで知られている》.

túrtle·nèck 名 ❶ 《米》とっくり襟, タートルネック (《英》polo neck). ❷ (また **túrtleneck swéater**) タートルネックのセーター.

turves 名 turf の複数形.

Tus·can /tʌ́sk(ə)n/ 形 トスカナ(人, 語)の: the ~ order 《建》トスカナ様式. —— 名 ❶ C トスカナ人. ❷ U トスカナ語 (標準イタリア語).

Tus·ca·ny /tʌ́skəni/ 名 トスカナ《イタリア中部の地方》.

Tus·ca·ro·ra /tʌ̀skəróːrə/ 名 (働 ~, ~s) ❶ a [the ~(s)] タスカローラ族《現在の North Carolina 州などに居

住していた先住民). **b** C タスカローラ族の人. ❷ U タスカローラ語.

tush¹ /tʌʃ/ 間《主に米口》尻, けつ.

tush² /tʌʃ/ 間〔じれったさ・軽蔑などを表わして〕《古》ちぇっ!.

tush³ /tʌʃ/ 图長くとがった歯, 牙 (tusk)《馬の犬歯, インド象の牙》.

tush·y /túʃi/ 图 =tush¹.

tusk /tʌsk/ 图 (ゾウなどの)きば (⇨ fang 比較; cf. ivory 1). **tusked** 形 きばのある.

tusk·er /tʌskə | -kə/ 图 大きいきばの生えた動物《ゾウ・イノシシなど》.

túsk shèll 图 =tooth shell.

tus·sah /tʌsə/ 图 (また **tússah sílk**) U《紡》柞蚕(ᨬ)糸.

Tus·saud's /təsóuz | -só:dz/ 图 ⇨ Madame Tussaud's.

tus·sive /tʌsɪv/ 形《医》咳(の)ような); 咳による, 咳性の.

✝**tus·sle** /tʌsl/ 图 組み打ち, 乱闘《for, over, with》: have a ~ with a person [job] 人と取っ組み合う[仕事と苦闘する]. ── 圁 圓 取っ組み合う, 格闘する《for, over, with》: ~ with a person 人と争う[組み打ちをする].

tus·sock /tʌsək/ 图 草むら, 茂み.

tússock gràss 图 叢生草本, (特に)タソックグラス《南米産イネ科の牧草》.

tússock mòth 图《昆》ドクガ《ドクガ科の蛾の総称》.

tus·sore /tʌsə | -sɔ/ 图 =tussah.

tut /ʌ/ 間 ちぇっ!《あせり・軽蔑・非難・困惑などの舌打ち》. 〖発音〗/ʌ/は舌先を歯茎につけて吸うようにして出す舌打ちの音; 通例 tut, tut! と二つ重ねる》. ── /tʌt/ 圁 圓 (**tut·ted; tut·ting**) 舌打ちする.

Tut·ankh·a·men /tù:tæŋkɑ́:mən | -tənkɑ́:men/ 图 ツタンカーメン《紀元前 14 世紀後半のエジプト王; その墓が 1922 年に発掘された》.

tu·tee /t(j)u:tí:/ 图 tutor の指導を受けている人, 生徒.

tu·te·lage /t(j)ú:təlɪdʒ | tjú:-/ 图 U《文》後見, 保護; 監督; 指導, 教授: under the ~ of...の後見[指導]により[よる].

tu·te·lar /t(j)ú:tələ | tjú:tələ/ 形 =tutelary.

tu·te·lar·y /t(j)ú:təlèri | tjú:tələri/ 形 A ❶ 守護の: a ~ deity [god] 氏神 / a ~ saint [angel] 守護聖人[天使]. ❷ 後見上の, 後見人の.

*__tu·tor__ /t(j)ú:tə | tjú:tə/ 图 ❶ 家庭教師. ❷《英》《大学で一定数の学生の学習などを個別的に世話する》指導教員. ❸《米》《大学の助手 (instructor の下位). ❹ 教本. ❺《法》《未成年者などの》後見人. ── 圁 〈人に〉(tutor として)…を教える[指導する] (tutelage). ❷ 圁 ❶ tutor としての仕事をする. ❷《米》家庭教師につく. 〖F < L < *tueri, tu(i)t-* 守る; 目を向ける cf. intuition, tuition〗 形 **tutorial**)

tu·tor·age /t(j)ú:tərɪdʒ | tjú:-/ 图 U.C tutor の職[地位, 指導]; 個人教授料.

✝**tu·to·ri·al** /t(j)u:tó:riəl | tju:-/ 图 ❶ (英国の大学の)指導教員の)指導時間. ❷ (実用的な情報を与える)説明のための小冊子[コンピュータープログラム]チュートリアル. ── 形 tutor の: a ~ class 個別指導クラス / the ~ system 指導教員制. **-ly** 副 (tutor)

tútor·shìp 图 U.C tutor の地位[職務, 指導]; (特に個人的な)指導(の影響) (tutelage).

tut·ti /tú:ti, tú:ti | tú:ti/《楽》形 副 全楽員の[で], トゥッティの[で]. ── 图 トゥッティ(総奏(楽句)).

tut·ti-frut·ti /tù:tifrú:ti/ 图 トゥッティフルッティ《刻んだ砂糖漬け果物入りアイスクリーム》. 〖It = all fruits〗

tut-tut /間 11, 图 tʌ́ttʌ́t/ 間 圁 =tut.

tu·tu¹ /tú:tu:/ 图《バレエ》チュチュ《短いバレエ用スカート》.

tu·tu² /tú:tu:/ 图《植》トゥトゥ《ニュージーランドのドクウツギ; 果実には猛毒が含まれる》.

Tu·tu /tú:tu:/, **Desmond** 图 ツツ《1931- ; 南アフリカの聖職者; 反アパルトヘイト運動の指導者; Nobel 平和賞 (1984)》.

Tu·va·lu /tu:vá:lu:/ 图 ツバル《太平洋中南部の島国; 首都 Funafuti; 旧称 Ellice Islands》. **Tu·va·lu·an** /tù:vəlu:ən←, tu:vá:luən/ 形图.

tu-whit tu-whoo /tə(h)wítə(h)wú: | təwíttəwú:/ 图《フクロウの)ホーホー(という鳴き声》.

tux /tʌks/ 图 ❷《米口》タキシード. 《TUX(EDO)》

tux·e·do /tʌksí:dou/ 图 (圈 ~s, ~es)《米》タキシード 《《英》dinner suit》《男子略式夜会服》.

tu·yere /twi:jéə | twi:eə/ 图 羽口(ぅ)《溶鉱炉などの送風口》.

*__TV__ /tí:ví:←/ 图 (圈 ~s, ~'s) ❶ U テレビ(放送): watch *TV* テレビをみる / We watched a football game *on TV*. テレビでフットボールの試合を見た. ❷ C テレビ受像機. ── 形 A テレビの: a *TV* program テレビ番組. 〖用法〗 T.V. という表記は現在では用いない.

TVA《略》Tennessee Valley Authority.

TV dínner 图 テレビ食《加熱しただけで食べられる冷凍食品の詰め合わせパック》《テレビを見ながら用意できることから》.

TV-14 /-fɔ́ətì:n | -fɔ̀:-/《略》(テレビ番組表で) 14 歳未満には不適. **TV-G** /tí:vì:dʒí: /《略》(テレビ番組表で)一般 (general) 向け. **TV-M** /-ém/《略》(テレビ番組表で) 17 歳未満には不適当, 成人 (mature audiences) 向け. **TVP** 《略》textured vegetable protein. **TV-PG** /tí:vì:pì:dʒí:/《略》(テレビ番組表で) 親の指導 (parental guide) が望ましい. **TV-Y** /tí:vì:wáɪ/《略》(テレビ番組表で)子供-幼児 (young) 向け. **TV-Y7** /tí:vì:wàɪsévən/《略》(テレビ番組表で) 7 歳以上向け.

twad·dle /twɑ́dl | twɔ́dl/ 图 U《英口》むだ口, 駄文 (nonsense). ── 圁 圓 ばかぬことを言う[書く].

twain /twéɪn/《古》图 形 =two.

Twain /twéɪn/ 图 ⇨ Mark Twain.

twang /twǽŋ/ 图 ❶ (弦楽器・弓弦などをはじく時の)ポロン[ブーン, ピュン]と鳴る音. ❷ 鼻声, 鼻にかかる音: speak with a ~ 鼻声でしゃべる. ── 圁 〈弦楽器を〉ポロンと鳴らす; 〈矢を〉ピュンと放つ: ~ a guitar ギターをかき鳴らす. ── 圁 ❶ 〈弦楽器・弓弦などが〉ポロン[ブーン, ピュン]と鳴る. ❷ 鼻声で言う.

twang·y /twǽŋi/ 形 (**twang·i·er; -i·est**) ❶ 〈弦が〉ビュンと鳴る. ❷ 〈声・人が〉鼻にかかる, 鼻声の.

'twas /(弱形) twəz; (強形) twɑ́z, twʌ́z | twɔ́z/《詩・古・方》 it was の短縮形.

twat /twɑ́t | twɔ́t/ 图 ❶《英俗》いやな[ばかな]やつ. ❷《俗・卑》女性陰部, 女陰.

tweak /twí:k/ 圁 ❶ 〈人の耳・鼻などを〉ひねる, つねる, ぐいと引く: ~ a person's cheek 人のほおをつねる / ~ a girl's hair 女の子の髪をぎゅっと引っぱる. ❷ ちょっと調節する. ❸ ❶ ひねり, つねり, 引っぱり. ❷ 微調整.

twee /twí:/ 形《英口》いやにきれいな[しゃれた].

✝**tweed** /twí:d/ 图 ❶ U ツイード《スコットランド産の毛織物》. ❷ [複数形で] ツイード地の服: a ~ skirt ツイードのスカート. 〖TWILL ((スコ)*tweel*) の誤読で, 産地を流れる Tweed 河との連想も加わった〗

tweed·y /twí:di/ 形 (**tweed·i·er; -i·est**) ❶ ツイード (風)の. ❷ よくツイードの服を着る. ❸《英口》(ツイードを好んで着る)田舎の上流階級風の; (狩猟などの)野外活動を好む, 田舎風で元気な.

tween /twí:n/ 图 10 歳前後の子供.

'tween /twí:n/ 前《古》=between.

tween·ag·er /twí:nèɪdʒə | -dʒə/ 图 =tween.

'tween dècks 图 《圈》《海》甲板間の場所《特に下甲板間》.

tweet /twí:t/ 图 さえずり(声). ── 圁 〈小鳥が〉チッチッと鳴く.

tweet·er /-tə | -tə/ 图 ツイーター《高音専用スピーカー; cf. woofer》.

tweeze /twí:z/ 圁 毛抜き[ピンセット] (tweezers) で抜く[取り出す] (*out*).

tweez·ers /twí:zəz | -zəz/ 图 《圈》ピンセット: a pair of ~ ピンセット 1 本.

*__twelfth__ /twélfθ/ 形《序数の第 12 番; ★ 12th と略記; 基数

は twelve; 用法は ⇨ fifth》形 ❶ [通例 the ~] 第12(番目)の. ❷ 12分の1の. ─ 代 [通例 the ~] 第12番目の人[もの]. ─ 名 Ⓤ [通例 the ~] a 第12. b (月の)12日. ❷ Ⓒ 12分の1. ❸ Ⓒ 《楽》12度, 12度音程. ❹ [the T~] 《英》8月12日《ライチョウの狩猟解禁日》. 《TWELVE+-TH¹》

Twélfth Dày 名 Ⓤ 12日節 (Epiphany) 《クリスマスから12日目の1月6日》.

Twélfth Nìght 名 Ⓤ 12日節 (Twelfth Day) の前夜祭 (1月5日).

*twelve /twélv/ 《基数の12; 序数は twelfth; 用法は ⇨ five》 形 ❶ Ⓐ 12の, 12個の, 12人の. ❷ [名詞の後に置いて] 12番目の. ❸ Ⓟ 12歳で. ─ 代 [複数扱い] 12個[人]. ─ 名 ❶ a Ⓤ [通例無冠詞] 12. b Ⓒ 12の数字[記号] (12, xii, XII). ❷ Ⓤ 12時, 12歳; 12ドル[ポンド, セント, ペンスなど]. ❸ Ⓒ 12個[人]からなるひと組. ❹ [the T~] キリストの十二使徒. ❺ (衣服などの)12号サイズ(のもの). 《OE; 原義は「10数えて余り2」》【関形】duodecimal.

12《記号》《英》《映》12歳未満お断わりの準一般向映画 (⇨ movie【解説】.

twélve-fòld 形 副 12の部分[面]を有する; 12倍の[に].

twélve-mò, 12mò /-mòu/ 名 (複 ~s) 十二折(判) (duodecimo).

twélve-mònth 名 1年.

twélve-nóte 形 =twelve-tone.

Twélve Stèp, 12-stèp 形 12段階から成る《薬物[アルコール]中毒更生治療プログラム》.

twélve-tóne 形 《楽》12音の, 12音組織の: the ~ system 12音組織, 無調主義 / ~ music 12音音楽.

*twen·ti·eth /twéntiəθ/ 形 《序数の第20番; ★ 20th と略記》《通例 the ~; 用法は ⇨ fifth》形 ❶ [通例 the ~] 第20(番目)の. ❷ 20分の1の. ─ 代 [the ~] 第20番目の人[もの]. ─ 名 ❶ Ⓤ [通例 the ~] a 第20. b (月の)20日(はつ). ❷ Ⓒ 20分の1. 《TWENTY+-TH¹》

*twen·ty /twénti/ 《基数の20; 用法は ⇨ five》 形 ❶ Ⓐ 20の, 20個の, 20人の. ❷ [名詞の後に置いて] 20番目の. ❸ Ⓟ 20歳で. ❹ 《口》多数の: I have told you ~ times. 君には何度も話したはずだ. ─ 代 [複数扱い] 20個[人]. ─ 名 ❶ a Ⓤ [通例無冠詞] 20. b Ⓒ 20の数字[記号] (20, xx, XX). ❷ a Ⓤ (24時間制で)20時; 20歳. b Ⓒ 20ドル[ポンド, セント, ペンスなど]. c [the twenties] (世紀の)20年代; (温度などの)20度台. d [one's twenties] (年齢の)20代: She's in her early [mid, late] twenties. 20代初め[半ば, 後半]だ. ❸ Ⓒ (衣服などの)20号サイズ(のもの). 《OE<twen- 2+-TY》

twénty-fòld 形 ❶ 20倍[重]の. ❷ 20部分[要素]ある. ─ 副 20倍[重]に.

24 hóur clòck /twéntifɔ́ə-/ -fɔ́ː-/ 名 24時間時計[時刻表示](鉄道の時刻表示など).

twénty-fóur-séven, 24/7 副 《米俗》1日24時間週7日の割で, いつも, 始終.

twénty-óne 名 Ⓤ 《米》《トランプ》21《英》pontoon》(21点まで「親」以上の点数を取ることを目標にするゲーム).

twénty-sòmething 名 20代の(若者).

twenty-thrée skiddóo 間 《米俗》行ってしまえ, うせろ.

twénty-twénty 形 視力が正常の《1/3インチの大きさの字を20フィートの距離から読める視力にいう; ²⁰/₂₀ とも書く》: have ~ vision 正常視力を持つ.

twénty-twó 名 22口径ライフル[ピストル]《口径0.22インチ; 通例.22と書く》.

'twere /twəː/ twə/; (強形) twáː/ 《古·詩》it were (=it would be) の短縮形.

twerp /twə́ːp/ twə́ːp/ 名 《俗》くだらない男, ばか者; 不愉快なやつ (twit).

twi- /twai/ 【接頭】「2...」「2倍の」「2重...」. 《OE=2》

twi·bil(l) /twáibil/ 名 両頭戦斧(せんぷ)[まさかり].

*twice /twáis/ 副 (比較なし) ❶ 2度, 2回 (【用法】他の回数と対比して使われる時は two times と言うこともある): once or ~ 1, 2度 / ~ or thrice《文》2, 3回. ❷ 2倍に, 倍倍に: ~ as good as...の倍もよい / ~ as many 2

---

twiner

倍(の数) / ~ as much 2倍(の量) / T~ three is six. 3かける2は6 / I'm ~ your age.=I'm ~ as old as you are. 私は君の倍も年をとっている. **twice óver** 二度も. 《ME<twie (< OE twiga twice)+-s³》

twice-tóld 形 Ⓐ 2度[幾度も]話された; 古くさい: a ~ tale 言い古された話.

twid·dle /twídl/ 動 他 ❶ 指でひねる; ⟨...の⟩スイッチをひねる[入れる]. ❷ ⟨ものを⟩(手で)いじる: ~ one's pencil (手持ちぶさたで)鉛筆をいじくる. ─ 自 ⟨...を⟩いじくり回す, もてあそぶ: ~ with one's watch chain 腕時計の鎖をいじくり回す. **twiddle one's thúmbs** ⇨ thumb 【成句】. ─ 名 [a ~] ひねり(回し); (特に, 両手の指を4本ずつ組んで)親指をぐるぐる回すこと (退屈のしぐさ).

twid·dly /twídli/ 形 くるくる巻いた; ⟨口⟩入り組んだ, 扱いにくい (演奏などの)厄介な.

*twig¹ /twíg/ 名 小枝, 細枝《通例葉のついていないもの). **twig·gy** /twígi/ 形 (**twig·gi·er**; **-gi·est**) ❶ 小枝の多い[ついた]. ❷ 小枝のような; ほっそりした. 【類義語】 ⇨ branch.

twig² /twíg/ 動 (**twigged; twig·ging**) 《英口》気づく, わかる: I soon twigged why she hadn't come. なぜ彼女が来なかったのかすぐにわかった. ─ 自 わかる.

twi·light /twáilàit/ 名 Ⓤ ❶ (日没後の, 時に日の出前の)薄明, たそがれ(時): in the ~ たそがれ(時)に. ❷ 《文》衰退期, (盛りを過ぎた)たそがれ(の状態). ─ 形 Ⓐ ❶ たそがれの, 薄明の: the ~ hour たそがれ時. ❷ ぼんやりした, 不分明な. 《TWI-+LIGHT; 原義は 'light between day and night' か》【関形】crepuscular.

twílight slèep 名 Ⓤ 《医》半麻酔(状態)《モルヒネ・スコポラミンの注射によるもの; 無痛分娩の際に行なわれた》.

twílight zòne 名 ❶ (都市の)老朽地区, たそがれ地区. ❷ いずれともつかない領域, 中間帯; 境界不分明な領域. ❸ (不気味な)幻想と非現実の世界, 夢うつつ, トワイライトゾーン. ❹ (深海の)弱光[薄明]層.

twi·lit /twáilit/ 形 薄明かりの, ほうっと照らされた.

twill /twíl/ 名 Ⓤ あや織り(模様). ─ 他 あやに織る: a ~ed fabric [weave] あや織物.

'twill (弱形) twəl; (強形) twíl/ 《古·詩》it will の短縮形.

*twin /twín/ 名 Ⓒ ふたごの一人; [複数形で] 双生児, ふたご《関連》三つ子は triplet, 四つ子は quadruplet, 五つ子は quintuplet, 六つ子は sextuplet): one of ~s ふたごの一人 / ⇨ **fraternal twin**, **IDENTICAL twins**, **Siamese twins**. ❷ 似た人[もの]; 対の一方; [複数形で] 対. ❸ [the Twins; 単数扱い] 《天》ふたご座 (Gemini). ─ 形 Ⓐ ❶ ふたごの: ~ children ふたごの子供 / ~ brothers [sisters] ふたごの兄弟[姉妹]. ❷ 対をなす, 対の(一方の); よく似た, うり二つの: a ~ bed ツインベッド《対になった同じ型のシングルベッドの片方) / a ~ room ツインベッドのある部屋. ─ 動 (**twinned; twin·ning**) 他 ❶ 《英》⟨...⟩姉妹関係にする《★通例受身》: Kobe in Japan is twinned with Seattle in the US. 日本の神戸は米国のシアトルと姉妹都市である. ❷ ⟨...を⟩⟨...と⟩対にする〔with〕. 《OE=double》

Twín Cíties 名 複 [the ~] ふたご都市《Minnesota州の Minneapolis と St. Paul など; Mississippi 川の両岸に相対して位置する).

twine /twáin/ 名 Ⓤ ❶ より糸, (特に包装用・網製造用などの)麻糸, 麻ひも. ❷ より合わせ, 織り込み, 編み合わせ. ─ 動 他 ❶ ⟨糸をよる, より合わせる; ⟨織物・花輪などを⟩織る, 編む: She ~d the flowers into a wreath. 彼女は花を編んで花輪を作った. ❷ ⟨...を⟩からませる, 巻きつける: ~ strands together to make a rope 子なわをより合わせてロープを作る / She ~d her arms around me. 彼女は私の体にからませた / He ~d his fingers in my hair. 彼は私の髪に指をからめた. ─ 自 [副詞(句)を伴って] ⟨植物などが⟩巻きつく, からまる: The ivy ~d around the oak tree. ツタはナラの木に巻きついた.

twín-éngine(d) 形 《航空機》の双発の.

twin·er /twáinə/ -nə/ 名 ⟨糸をよる人[もの, 機械]; 巻きつくもの, ⟨植物の⟩つる; 巻きついては登る植物《朝顔など).

twin・flower 名《植》リンネソウ.

twinge /twíndʒ/ 名 ❶ 刺すような急激な痛み, うずき: a ~ of rheumatism ずきずき痛むリューマチ. ❷〔心の〕苦痛, 痛み (pang): a ~ of conscience 良心の呵責(か).

twin・kie /twíŋki/ 名《米俗》なよなよした男, ホモ, おかま.

†**twin・kle** /twíŋkl/ 動 自 ❶〈星・遠方の灯火などが〉ぴかぴか[きらきら]光る: The stars are *twinkling* in the sky. 星が空にまたたいている. ❷〈目が〉〔…で〕輝く, きらきら光る: Her eyes ~*d with* amusement [mischief] as she said so. 彼女がそう言った時, おもしろそうに[いたずらっぽく]目を輝かせた. ❸ **a**〈踊る人の足などが〉軽やかに動く. **b**〈まぶたが〉ぱちぱち動く. —— 名〔単数形で〕❶〔通例 the ~〕〈星などの〉ぴかぴかの光ること, きらめき: *the* ~ *of the stars* 星のまたたき. ❷〈目の生き生きした〉輝き, きらめき: There was a mischievous ~ in her eyes. 彼女の目にはいたずらっぽい輝きがあった. ❸〈踊る人の足などの〉軽快な動き. **in a twinkle** あっという間に. **when you were jùst a twínkle in your fáther's éye**《戯言》お前が生まれる前に. 〔類義語〕⇒ shine.

twinkle-toed 形《口》足取りの軽い, 足の速い, 俊足の.

twínkle・tòes 名《口》twinkle-toed の人.

twin・kling 形 ❶ ぴかぴかする, きらきら光る. ❷〈足どりなど〉軽やかな. —— 名 ❶ 次の成句で. **in a twinkling** = **in the twinkling of an éye** またたく間に, あっという間に.

twin-lèns 形〖写〗二眼の.

twinned /twínd/ 形〖晶〗双晶の.

twin・ning 名 Ⓤ ❶ ふたごを生む[はらむ]こと. ❷〖晶〗双晶化.

twin-scréw 形《海》〈船が〉双軸車の, ツインスクリューの.

twin sèt 名《英》ツインセット《女性用のプルオーバーセーターとカーディガンのアンサンブル》.

twin-síze 形《米》〈ベッドが〉ツインサイズの《39×75 インチ (約 1×1.9 m); 1 人用》.

twin-túb 名 二槽式の(洗濯機)《洗濯用と脱水用の2つのドラムがある》.

†**twirl** /twə́:l | twə́:l/ 動 他 ❶〈…を〉くるくる回す, 振り回す (around): ~ one's thumbs 両手の親指をくるくる回す《退屈な時の身ぶり》/ The drum majorette ~*ed* her baton. バトンガールはバトンをくるくる回した. ❷〈ひげ・髪などを〉ひねる[いじる]回す: ~ one's moustache ひげをひねりあげる. ❸〖野〗〈ボールを〉投げる. —— 自 ❶ くるくる回る: He made the ice ~ in his glass. 彼はグラスの中の氷をくるくる揺すって回した. ❷〈ねる, くねる〈ねる〉. ❸〖野〗投球する. —— 名 ❶ くるくる回る[回す]こと, ひねり回し, 回転: give a ~ くるくる回す. ❷ **a** らせん形のもの. **b**《文字の》渦巻形のもの.

twírl・er 名 ❶ ぐるぐる回す[回る]人[もの]. ❷ バトンガール[トワーラー]. ⇒ baton twirler. ❸〖野〗投手.

twirp /twə́:p | twə́:p/ 名 = twerp.

*****twist** /twíst/ 動 他 ❶ **a**〈…を〉ねじる, 曲げる: ~ a wire 針金をねじ曲げる. **b**〈…を〉〔…から〕ねじり取る, もぎ取る *(off, out of)*: He ~*ed* the gun *out of* my hand. 彼は銃を私の手からもぎ取った. ❷〈糸などを〉よる, 合わせる, 編む: ~ a strip of paper 紙切れをよる / ~ threads *together* to make (a) string 糸をより合わせてひもを作る / She ~*ed* the flowers *into* a garland. 彼女はその花を編んで花輪を作った. **b** よって〔編んで〕〈…を〉作る: ~ a rope なわをよる. ❸〈…を〉〔…に〕巻きつける, からませる: He ~*ed* the cloth *(a)round* his arm. 彼はその布を腕に巻きつけた. ❹ 回転させる, 回す: ~ *off* a jar cap 瓶のキャップを回してはずす《cf. twisted 1 b》. ❺〈顔を〉ゆがめる: He ~*ed* his face *into* a grin. 彼は歯をむきだしてにやりと笑った. ❻ **a**〈手首などを〉ねんざする: I ~*ed* my ankle. 私は足首をくじいた. **b**〈体の一部を〉ねじる: He ~*ed* his body *(a)round* to look over his shoulder. 彼は体をねじるようにして肩越しに後ろを見た. ❼〈言葉の(意味)を〉こじつける, 曲解する (distort): ~ a person's words [intentions] 人の言葉[意図]を曲解する / He tried to ~ my words *into* an admission of error. 彼は私の言葉をこじつけて誤りを認めさせようとした. ❽ 〔副詞(句)を伴って〕[~ one's way de]〈…を〉縫うようにして通る. —— 自 ❶ **a** よじれる, ねじれる, ゆがむ: His face ~*ed* in pain. 痛みで彼の顔はゆがんだ. **b** 身をよじる[ねじる]; もがく, のたうつ: She ~*ed* (*around*) to see the procession. 彼女は行進を見ようとして体をよじ(って振り向い)た. ❷ 〔…の〕周りにからみつく, 巻きつく *(around)*. ❸ 〔副詞(句)を伴って〕 **a**〈道路・川などが〉曲がりくねる; 縫って進む: The path ~*s in and out* among the rocks. 道は曲がりくねって岩山の中を出たり入ったりしている / The car ~*ed through* back streets. 車は裏通りを縫うようにして走っていった. **b** らせん状になる: The smoke from his pipe ~*ed upward*. 彼のパイプの煙がらせん状になって上っていった. ❹《ダンス》ツイストを踊る. —— 名 ❶ Ⓒ **a** ねじる, ひねり; もつれ: give a ~ to a rope ロープをねじる. **b**〈顔の〉引きつり, ゆがみ. ❷ Ⓒ 曲ること, 回転;〈道路などの〉曲がり, 湾曲: a ~ in a road 道路の曲がり / The road makes a sharp ~ to the left. 道路は急角度で左に折れている. ❸ Ⓒ **a** より糸, 索. **b** ねじリパン. **c** ひねりたばこ. ❹ Ⓒ **a**〈事態などの〉意外な進展: by an odd ~ of fate 運命の奇妙なめぐり合わせで. **b**〈物語などの〉ひねり. **c** 新案, 新方式: give something a new ~ あることに新しい方法を試みる. ❺ Ⓒ〈意味の〉こじつけ, 曲解. ❻ Ⓤ 癖, 奇癖: a ~ in one's nature 奇癖, ひねくれた性質. ❼ Ⓒ《野球・テニスなどの》カーブ, ひねり. ❽ [the ~]《ダンス》ツイスト: dance [do] *the* ~ ツイストを踊る. ❾ Ⓒ《英口》詐欺. ❿ Ⓤ《英》混合酒. **rǒund the twist**《英俗》気が狂って. **twists and túrns** (1) 曲がりくねり. (2) 曲折, いきさつ. 〔OE〕(形 twisty)

twist・ed 形 ❶ **a** ねじれた, よじれた: Your belt is ~ at the back. (ズボンの)ベルトが後ろでよじれているよ. **b**〈表情などが〉ゆがんだ *(with, by)*《cf. twisted 5》: His face was ~ *with* pain. 彼の顔は苦痛でゆがんでいた. ❷〈人の(性格)が〉ゆがんだ, 狂った.

twist・er 名 ❶《米口》旋風, つむじ風. ❷ より手, 綯(な)い手. **b** より糸機, ねじる人. ❸《口》**a**〈心の〉曲がった人, (ずるく)ごまかす人, 不正直者. **b**《英》詐欺師. ❹《野球・テニスなどの》変化球, ひねり球. ❺ 難事, 難問: ⇒ tongue twister. ❻ ツイストを踊る人.

twíst tíe 名《袋などの口をひねって止める》ビニタイ《針金にビニールなどをかぶせたもの》.

twist・y /twísti/ 形 *(twist・i・er; -i・est)* 曲がりくねった: a ~ mountain road くねくねした山岳路. (名 twist)

twit[1] /twít/ 動 他 *(twit・ted; twit・ting)*〈人の〉〔…について〕なじる, やじる: They *twitted* him *with* being late *[about [on]* his girlfriend]. 彼らは彼の遅刻をなじった[彼のガールフレンドのことをからかった]. —— 名 なじる[しかる]こと, やじ.

twit[2] /twít/ 名《口》ばか, まぬけ; くだらないやつ (twerp).

†**twitch** /twítʃ/ 動 他 ❶〈体の一部を〉ぴくぴく動かす, ひきつらせる: Cows ~ their tails to drive off flies. 牛はハエを追い払おうとして尾をぴくぴく動かす. ❷〈…を〉ぐいと引く: ~ a curtain aside カーテンをさっとわきへ引く / ~ a person *by* the sleeve 人のそでを引っぱる. **b**〈…から〉〈…を〉ひったくる *(out of, from, off)*: She ~*ed* the letter *out of* my hand. 彼女はその手紙を私の手からさっとひったくった. —— 自 ❶ ぴくぴくする, ひきつる: The smell made my dog's nose ~. そのにおいで私の犬の鼻がぴくっと動いた / Her lips ~*ed* in exasperation. 激しい怒りで彼女の唇がぴくぴくと痙攣した. ❷〈…を〉ぐいと引っぱる: She ~*ed at* my sleeve. 彼女は私のそでを引っぱった. —— 名 ❶ **a**《筋肉などの》ひきつり, けいれん. **b**《心身の》軽い痛み, うずき. ❷ ぐいと引くこと: She felt a ~ at her sleeve. 彼女はそでをぐいと引かれるのを感じた. ❸《口》いらいら.

twítch・er 名 ❶ twitch するもの[人]. ❷《英口》(珍鳥を捜しに出掛ける)バードウォッチャー.

twitch gràss /twítʃ/ 名 Ⓤ《植》シバムギ・カモジグサに類する雑草の一種.

twitch・y /twítʃi/ 形《口》❶ 神経質な, 落ち着かない (jittery, jumpy). ❷ ぴくぴく動く.

twite /twáɪt/ 名《鳥》キバシヒワ《北欧および英国産》.

twit・ter /twítə | -tə/ 動 自 ❶〈小鳥が〉さえずる. ❷〈人

が,〔…について〕ぺちゃくちゃ[きゃっきゃっと, ぺらぺら]しゃべる: ~ on about trifles ささいなことをぺらぺらしゃべる. ❸ そわそわする; ぞくぞくする. ── 名 ❶ （また twit・ter・ing）通例 the ~](小鳥の)さえずり: the ~ of sparrows スズメのさえずり. ❷ [a ~]《口》興奮, 身震い: all of a ~ =《英》in a ~ 《まったく》そわそわ[ぞくぞく]して.《擬音語》

'twixt /twíkst/ 前 《古・詩》 = betwixt.

twiz・zle /twíz(ə)l/ 動 twirl.

※two /túː/ 形《基数の 2; ★ 序数を second; 用法を ⇒ five》 ❶ 2 の, 2 個の, 二人の: ⇒ of two MINDS 成句 / in one or ~ days 一日か二日で / T~ heads are better than one.《諺》「三人寄れば文殊の知恵」. ❷ [名詞の後に置いて](一連のものの中の)2 番目の: Lesson T~ (=The Second Lesson)第 2 課. ❸ [P] 2 歳で.
For twó cénts(,) I'd…《米口》(怒って)どうあっても…したい: For ~ cents I'd hit him. やつをぶん殴ってやりたいね.
── 代 [複数扱い] 二つ, 2 個[人].
── 名 ❶ a [C] [時に C; 通例無冠詞] 2: in ~ 真っ二つに / T~ and ~ make four. 2 足す 2 は 4; 自明の理 / T~ can play at that (game).《それなら》こっちにも覚悟がある, その返報は必ずする《仕返しの文句》/ It takes ~ to make a quarrel. ⇒ quarrel 名 1 / Two's company, (but) three's none [a crowd].《諺》二人でいるから仲間, 三人では仲間割れ. b [C] 2 の数字[記号] (2, ii, II). ❷ [U] 2 時; 2 歳; 2 ドル[ポンド, セント, ペンス(など)]. ❸ [C] 2 個[人]からなるひと組, 対: by [in] ~s and threes 三々五々, ちらほら. ❹ [C] (衣服などの) 2 号サイズ(のもの). ❺ [C] (トランプ・さいころなどの) 2.
in twó ticks [shákes] 《英口》すぐ(さま), たちまち.
pùt twó and twó togéther 見聞きしたことを[思い当たるふしを]考え合わせて推理する, (明白な)結論を引き出す.
pùt twó and twó togéther and gèt [màke] five (もっともらしい)誤った推測をする.
Thát màkes twó of us. 私の場合も同じです, 私もそう思います: "I don't like him." "That makes ~ of us." 「ぼくは彼が嫌いだ」「ぼくもそうさ」.
twó and [by] twó 二人ずつ, 二つずつ.
twó a pénny ⇒ penny 成句.
《OE twá; 綴りの w は昔の発音の名残り; ラテン語, ギリシャ語の duo も同語源》《関形 binary, double, dual》

twó-bágger 名《米口》 = two-base hit.

twó-báse hít 名《野》二塁打.

twó-bít 形 [A]《米》 ❶《口》25 セントの. ❷《俗》安っぽい, くだらない.

twó-by-fóur 形 ❶〈板など〉ツーバイフォーの(厚さ 2 インチ幅 4 インチの木材で米国・カナダ木造建築の規格材). ❷《米口》小さな, 狭い; 取るに足らない, つまらない. ── 名 ツーバイフォー材.

twoc /twák|twɔ́k/ 動 他 (twocced; twoc・cing) 《英口》〈車を〉盗む, 乗り逃げする. twóc・cer 名 〘taking without owner's consent〙

twó cénts 名 [U] 《米口》つまらないもの: feel like ~ 恥ずかしい思いをする.

twó cénts wòrth 名 [U] [通例 one's ~] (自分の)意見: put in one's ~ 自分の意見を言う.

twó-cýcle 形《機》内燃機関の 2 サイクルの.

twó-diménsional 形 ❶ 2 次元の. ❷〈作品など〉深みのない.

twó-édged 形 ❶〈剣かみそり, 両刃の. ❷ 両義の, 両方の意味にとれる.

twó-fáced 形 ❶ 二面のある, 両面の. ❷ 二心[表裏]のある, 偽善の.

two-fer /túː・fə|-fə/ 名《米俗》 ❶ (1 枚で 2 人分の切符が買える)優待券. ❷ 1 個分の値段で 2 個買えるもの[切符]. 《two for (the price of one) から》

twó-fisted 形 ❶ 両こぶしが使える. ❷《米口》強い, 精力的な.

twó-fóld 形 ❶ 2 倍の. ❷ 2 部分[要素]のある. ── 副 2 倍に[重]に.

twó-fóur 形《楽》 4 分の 2 拍子の.

twó-hánded 形 ❶ 両手のある. ❷ a〈刀など〉両手で扱う. b〈のこぎりなど〉二人用の. c〈ゲームなど〉二人でする. ❸ 両手きその, 両手使いの.

twó-hánd・er 名 二人芝居《二人の役者で演じる劇》.

twó-hórse 形《競技(会)など》二者のみが勝ちそうな[有力な], ほぼ一騎打ち[一対一]の.

twó-ness 名 [U] 2 であること; 二重性.

twoo・nie /túː・ni/ 名 = toonie.

two-pence /tápəns, túː・péns/ 名《英》 ❶ [U] 2 ペンス. ❷ [C] (通貨十進制以前の) 2 ペンス青銅貨. nót cáre twópence 少しも構わない, 平気だ.

twó-pén・ny /tápəni, túː・péniː/ 形 [A] ❶ 旧 2 ペンスの. ❷ 安っぽい, つまらない. ❸〈くぎが〉 1 インチの長さの.

twópenny-hálfpenny 形《英》 ❶ 旧 2 ペンス半の. ❷ 取るに足らない, つまらない.

twó-percènt mílk 名 [U] 《米》乳脂肪分 2% の牛乳.

twó-pháse 形《電》二相の.

twó-píece 形 [A] 〈服など〉ツーピースの: a ~ suit ツーピースのスーツ. ── 名 ツーピースの服.

twó-plý 形 ❶〈糸など〉 2 本よりの, ふたこの. ❷ 二重(織)の, 2 枚重ねの.

twó-séater 名 ❶ 二人乗りの自動車[飛行機]. ❷ 二人用のソファー.

twó-shót 名《米俗》《放送》俳優が 2 人の場面, ツーショット.

twó-síded 形 ❶ 2 辺[面]の; 両面を有する. ❷ 二心[表裏]のある.

twó-some /-səm/ 名 [通例単数形で] ❶ 二人組, ペア, カップル (pair). ❷《ゴルフ》二人試合.

twó-stèp[1] 形 二段階の, ツーステップの.

twó-stèp[2] 名 ❶ ツーステップ《社交ダンスの一種》. ❷ ツーステップのダンス曲.

twó-stóry[-stóried] 形 2 階建ての.

twó-stróke 形 2 行程サイクル(エンジン)の. ── 名 2 行程サイクルエンジンを備えた乗物.

†twó thírds, two-thirds 名 単《…の》3 分 2 (の量)《of》.

Twó Thóusand Guíneas 名 単 [the ~; 単数扱い] 二千ギニー競馬《英国五大競馬の一つ; cf. classic races》.

twó-tìme 動 他《口》 ❶〈恋人・夫・妻を〉裏切って[だまして]裏で浮気する[二股をかける]. ❷〈人を〉だます.

twó-tìmer 名《口》浮気者, 裏切り者.

twó-tòed slóth 名《動》フタユビナマケモノ《中南米産》.

twó-tòne 形《米》 2 色を組み合わせた, ツートンカラーの: ~ shoes ツートンカラーの靴.

'twould /（強形）twúd;（弱形）twəd/《詩・方》 it would の短縮形.

twó-úp 名《米・豪》 2 枚の硬貨をほうり上げて両方とも表か両方とも裏かに賭けるゲーム.

twó-ùp twò-dówn 名《英口》ツーアップ ツーダウン《2 階に寝室が 2 室, 1 階に客間兼居間が 2 室ある 2 階建ての家》.

†twó-wáy 形 ❶ 2 路 [双路]の: a ~ switch 2 路スイッチ. ❷ 送受信可能の: a ~ radio 送受信兼用の無線機. ❸ 両面[対面]交通の (cf. one-way 1): a ~ road 両面交通道路. ❹〈協力など〉相互の.

twó-wày mírror 名 ツーウェイミラー, マジックミラー《表から見ると鏡であるが, 裏側からは素通しで見えるガラス》.

twó-wày strèet 名 双務[互恵]的な状況[関係], 両方向にはたらく[双方向の]もの.

twó-whèel・er 名 バイク; 自転車.

TX 略《米郵》Texas.

-ty[1] /ti/ 接尾 10 の倍数の数詞を造る: twenty. 〘OE -tig 10〙

-ty[2] /ti/ 接尾 性質・状態・程度などを表わす名詞語尾: beauty, safety. 〘F < L -tas〙

ty・chism /táɪkɪzm/ 名 [U]《哲》偶然主義《宇宙の進化において偶然性は減じてもあくまでも残るとする》.

ty・coon /taɪkúːn/ 名 ❶ (実業界の)巨頭, 大立者 (magnate): an oil ~ 石油王. ❷ 大君《徳川将軍に対する外国人の呼称》. 〘Jpn〙

ty·ing /táɪɪŋ/ 動 tie の現在分詞. ── 名 Ü 縛る[結ぶ]こと. ── 形 結ぶ; 拘束的な.

tyke /táɪk/ 名 ❶ (口) ちびっこ, ガキ. ❷ (英口) [また Yorkshire ～] ヨークシャーのやつ[人]. ❸ 雑犬, のら犬. ❹ (英) 下劣なやつ.

Ty·le·nol /táɪlənɔ(ː)l | -nɔ̀l/ 名 C,U (商標) タイレノール (アセトアミノフェン製剤; 非ピリン系鎮痛解熱薬).

Ty·ler /táɪlə | -lə/, **Wat** /wát | wɔ́t/ 名 タイラー 《?-1381; イングランドの農民一揆 (1381) の指導者》.

tym·pan /tímpən/ 名 ❶ (印) チンパン 《圧盤と印刷紙の間に入れる紙[布]》. ❷ (建) ティンパヌム: **a** ペディメントなどの装飾三角面. **b** ドアの上の桁(けた)とアーチ間のスペース.

tympana 名 tympanum の複数形.

tym·pa·ni /tímpəni/ 名 =timpani.

tym·pan·ic /tɪmpǽnɪk/ 形 鼓膜の: the ～ membrane 鼓膜. (名) tympany.

tym·pa·ni·tes /tìmpənáɪtiːz/ 名 U (医) 鼓脹. **tym·pa·nit·ic** /tìmpənítɪk˙/ 形

tym·pa·ni·tis /tìmpənáɪtɪs/ 名 U (医) 中耳炎.

tym·pa·num /tímpənəm/ 名 (複 ～s, **-na** /-nə/) ❶ (解) **a** 鼓膜. **b** 中耳. ❷ (電話機の) 振動板. 《L<Gk =太鼓<*typtein* 打つ (cf. type)》 (形 tympanic)

tym·pa·ny /tímpəni/ 名 (獣医) =tympanites.

Tyn·dale /tíndl/, **William** 名 ティンダル 《1492?-1536; 英国の宗教改革者・聖書翻訳者》.

Tyne /táɪn/ 名 [the ～] タイン川 《イングランド北東部から北海へ注ぐ川》.

Tyne and Wear /-wíə | -wíə/ 名 タインアンドウィア州 《イングランド北東部の州; 州都 Newcastle upon Tyne》.

Tyne·side /táɪnsàɪd/ 名 タインサイド 《イングランド北部 Tyne 川下流の Newcastle から河口に至る都市域》.

Tyn·wald /tínwəld/ 名 マン島議会 (Isle of Man の立法府).

typ·al /táɪpəl/ 形 type の; 類型としての, 典型的な.

*‡**type** /táɪp/ 名 ❶ C **a** 型, 型式, タイプ, 様式, 類型; 種類 (kind, sort): a new ～ *of* car=a car of a new ～ 新しいタイプの車 《用法～ of の次にくる名詞の不定冠詞は通例省く; (口) ではしばしば～の次の of が省略される》/ whisky of the Scotch ～=Scotch ～ whisky スコッチ風のウイスキー / people of that ～ その種[タイプ]の人々 / This ～ *of* book is popular. 今はこういう種類の本が受ける. **b** (口) …のタイプの人: You're not the banker [playgirl] ～. 君は銀行家[プレイガール]タイプの人ではない / She's not my ～. 彼女は私のタイプではない[私の好み]には合わない. **c** (生) 型, 類型, 模式: variant ～*s* of pigeon ハトの変種. **d** (医) 病型, 病型, 血液型. ❷ C **a** 典型, 模範, 手本, 好例; 典型的人物: a perfect ～ of the American businessman 正にアメリカ実業家の典型 / He's the very ～ *of* the sportsman. 彼はスポーツマンの好例だ. **b** しるし, 象徴 (*of*). ❸ C,U (印) 活字, 活版, 字体: a piece of ～ 活字 1個 / in ～ 活字に組まれて / set ～ 活字を組む / wooden ～(*s*) 木版. **revért to týpe** 元の状態[型]に戻る: Garden plants sometimes *revert to* ～. 園芸植物は元の野生種に戻ることがある. **true to type** ⇒ true 形 成句.

── 動 他 ❶ 〈手紙などを〉タイプする, タイプライターで打つ, ワープロ(など)で書く. ❷ **a** 〈…を〉分類する. **b** (医) 〈血液などの〉型を検出する. ── 自 タイプライターで打つ. **type ín** (他+副) 〈…を〉キーボードで打ち込む, 入力する. **type into** (他+前) 〈…を〉コンピューターなどにキーボードで打ち込む, 入力する. **type óut** (他+副) 〈…を〉ワープロ(などで)書く, タイプで打つ. **type úp** (他+副) 〈手書き原稿などを〉ワープロ[タイプ(など)]で仕上げる.

《F<L<Gk *typos* 打つこと, しるし<*tuptein* 打つ; cf. tympanum》 (形 typical, 動 typify) 【類義語】 ⇒ kind¹.

-type /táɪp/ (連結形) 「…タイプ, …型, …式, …版」.

Type A /-éɪ/ 名 A 型行動様式の(人) 《緊張し性急で競争的なことを特徴とし, 冠状動脈系の心臓病を起こしやすいとされる》.

type appróval 名 U 型式承認[証明], 型式検定合格 《製品が規定の仕様どおりであることの公式の承認》.

Type B /-bíː/ 名 B 型行動様式の(人) 《A 型の反対で, のんびりゆったりしている》.

týpe·càst 動 他 (**type-cast**) 〈俳優に〉同じ型の役ばかりを割り当てる 《★ 通例受身》.

týpe·fàce 名 (印) ❶ 活字面. ❷ (活字) 書体.

týpe·fòunder 名 活字鋳造業者.

týpe·fòundry 名 活字鋳造所.

týpe mètal 名 U 活字合金 《鉛・アンチモン・スズの合金》.

týpe·scrìpt 名 C,U タイプで打った原稿[文書].

týpe·sèt 動 他 (原稿を) 活字に組む. **týpe·sètting** 名

týpe·sètter 名 ❶ 植字工. ❷ 植字機.

týpe sìte 名 (考古) 標準[標式]遺跡, タイプサイト 《型式・様式・年代などの標準となる》.

týpe spècimen 名 (生) (種の) 基準[模式]標本.

týpe·wrìte 動 他 (**-wrote**; **-written**) タイプライターで打つ. ── 自 タイプする.

*+**týpe·wrìt·er** /táɪpràɪtə | -tə/ 名 タイプライター.

týpe·wrìt·ing 名 =typing.

týpe·wrìt·ten 形 タイプライターで打った: a ～ letter タイプライターで打った手紙.

typh·li·tis /tɪfláɪtɪs/ 名 U (医) 盲腸炎. **-lit·ic** /-lítɪk/ 形

ty·phoid /táɪfɔɪd/ (医) 形 腸チフス(様)の: the ～ bacillus チフス菌. ── 名 =typhoid fever.

týphoid féver 名 U 腸チフス.

Týphoid Máry 名 (米) チフスのメリー 《悪疫・悪霊などをまきちらす者》. 《Mary Mallon アイルランド生まれの米国の調理人; 保菌者であったためチフスを広めてしまった》

ty·phon·ic /taɪfɑ́nɪk | -fɔ́n-/ 形 台風の(ような).

*+**ty·phoon** /taɪfúːn/ 名 台風 《太平洋西部に発生する; ⇒ storm 関連》. 《Chin》

ty·phous /táɪfəs/ 形 チフス(性)の.

ty·phus /táɪfəs/ 名 U (医) 発疹チフス. 《L<Gk =熱》

*‡**typ·i·cal** /típɪk(ə)l/ 形 (**more** ～; **most** ～) ❶ 典型的な, 代表的な; 象徴する (↔ atypical): He's ～ *of* that university. 彼はその大学からみかけるタイプ(の学生)だ. ❷ 特有[独特]な (characteristic): his ～ way of speaking 彼特有の話し方 / It's ～ *of* him to forget to bring a present. プレゼントを持ってくるのを忘れるとはいかにも彼らしい. (名 type) 【類義語】 ⇒ normal.

*‡**typ·i·cal·ly** /típɪkəli/ 副 ❶ 一般的に, 概して, 通例 《★ 文修飾可》. ❷ 典型的に. ❸ 例によって, 決まって 《★ 文修飾可》.

typ·i·fi·ca·tion /tìpɪfɪkéɪʃən/ 名 U,C 典型(となること); 象徴.

*+**typ·i·fy** /típ(ə)fàɪ/ 動 他 ❶ 〈…の〉標本[典型]となる; 代表する (epitomize): John F. Kennedy *typified* the new frontier spirit. ジョン F. ケネディーは新しい開拓者精神の典型的人物であった. ❷ 象徴する: The dove *typifies* peace. ハトは平和を象徴する. (名 type)

*+**typ·ing** /táɪpɪŋ/ 名 U ❶ タイプライターを打つこと[技術]. ❷ タイプライター印刷物.

týping pòol 名 (会社の) タイピストたち.

typ·ist /táɪpɪst/ 名 タイピスト: I'm a very fast ～. 私はタイプを打つのがとても速いです.

ty·po /táɪpoʊ/ 名 (複 ～s) (口) 誤植. 《*typo*graphical error》

ty·pog·ra·pher /taɪpɑ́grəfə | -pɔ́grəfə/ 名 印刷[植字]工, 活版[印刷]技術者.

ty·po·graph·ic /tàɪpəgrǽfɪk˙/, **-graph·i·cal** /-fɪk(ə)l˙/ 形 印刷上の: a ～ error 誤植. **-i·cal·ly** /-kəli/ 副

ty·pog·ra·phy /taɪpɑ́grəfi | -pɔ́g-/ 名 U ❶ 活版印刷術. ❷ 印刷の体裁, 刷り方.

ty·po·log·i·cal /tàɪpəlɑ́dʒɪk(ə)l | -lɔ́dʒ-/ 形 類型論[学]的な.

ty·pol·o·gy /taɪpɑ́lədʒi | -pɔ́l-/ 名 U,C 類型論[学].

ty·ra·mine /táɪ(ə)rəmìːn/ 名 U (生化) チラミン 《アドレナリンに似て交感神経興奮作用がある》.

ty·ran·ni·cal /tɪrǽnɪk(ə)l/ 形 専制君主的な; 圧制的な, 暴虐な (tyrannous). ~·ly /-kəli/ 副 (名 tyrant, tyranny)

ty·ran·ni·cide /tɪrǽnəsàɪd/ 名 ❶ Ⓤ 暴君殺害. ❷ Ⓒ 暴君殺害者.

tyr·an·nize /tírənàɪz/ 動 圓 〔人・国民などを〕圧制する, しいたげる〔over〕. ── 他 〈...に対して〉暴威をふるう, 圧制する.

ty·ran·no·saur /tɪrǽnəsɔ̀ə | -sɔ̀ː/ 名 《古生》ティラノサウルス (最大の肉食恐竜).

tyr·an·nous /tírənəs/ 形 =tyrannical. ~·ly 副

⁺**tyr·an·ny** /tírəni/ 名 ❶ Ⓤ 専制政治, 暴政. ❷ a Ⓤ 暴虐, 圧制. b Ⓒ 〔しばしば複数形で〕暴君[非道]な行為. ❸ a Ⓤ (古代ギリシアの)僭主(慫竁)政治. b Ⓒ (古代ギリシアの)僭主国家. 《F＜L＜Gk ↓》

⁺**ty·rant** /táɪ(ə)rənt/ 名 ❶ a 暴君, 圧制者, 専制君主. b 暴君のような人: a domestic ~ 家庭の暴君. ❷ (古代ギリシアの)僭主(慫竁): the Thirty *Tyrants* 30 僭主 (405 B.C. に Athens を支配した執政官). 《F＜L＜Gk *tyrannos*》

týrant flýcatcher 名 《鳥》タイランチョウ (南北アメリカ産; 旧世界のヒタキの類に相当する).

*****tyre** /táɪə | táɪə/ 名 《英》=tire².

Tyre /táɪə | táɪə/ 名 スール, ティール, テュロス, 《聖》ツロ (レバノン南部の地中海岸の町; 古代フェニキアの海港都市).

Týr·i·an púrple [dýe] /tírian-/ 名 Ⓤ ティルス紫[染料] 《古代ギリシア・ローマ時代に貝殻から採った紫色または深紅色の高貴な染料》.

ty·ro /táɪ(ə)roʊ/ 名 (徽 ~s /~z/) 初心者, 初学者.

Tyr·ol /tɪróʊl, táɪ(ə)roʊl | tɪróʊl/ 名 =Tirol.

Ty·rol·e·an /təróʊliən | tìrəlíːən⁺/ 名 形 =Tirolean.

Tyr·o·lese /tìrəlíːz⁺/ 名 形 =Tirolese.

ty·ro·sine /táɪ(ə)rəsìːn/ 名 Ⓤ 《生化》チロシン《代謝に重要なフェノール性 α-アミノ酸》.

Tyr·rhé·ni·an Séa /tɪríːniən-/ 名 [the ~] ティレニア海 《イタリア半島, Corsica 島, Sardinia 島, Sicily 島に囲まれた海域》.

Ty·son /táɪs(ə)n/, **Mike** 名 タイソン (1966- ; 米国のボクサー).

tzar /záɚ | záː/ 名 =tsar.

tza·ri·na /zɑːríːnə, tsɑː-/ 名 =tsarina.

tzar·is·m /záːrɪzm, tsáː-/ 名 Ⓤ (旧ロシアの)帝政. **tzarist** 形

tza·tzi·ki /tætsíːki/ 名 Ⓤ ザジキ《ヨーグルト・キュウリのみじん切り・ニンニク・オリーブ油・酢・ハッカなどで作るギリシア料理》.

tzét·ze flỳ /tsétsi-, tétsi-/ 名 《昆》ツェツェバエ.

tzi·gane /tsɪgáːn/ 名 (ハンガリー系)ジプシー.

tzim·mes /tsímǝs/ 名 ❶ チメス (ニンジン・ジャガイモ・干しスモモ・ヌードルなどを取り合わせ, 甘味をつけて煮込んだシチュー). ❷ 《米俗》騒動, 大騒ぎ, ごたごた.

U u

u, U¹ /júː/ 名 (複 us, u's, Us, U's /-z/) ❶ Ⓤ,Ⓒ ユー《英語アルファベットの第 21 字》. ❷ Ⓤ （連続したものの）第 21 番目(のもの).

U² /júː/ 名 (複 U's, Us /-z/) U 字形(のもの): a *U* bolt U (字型)ボルト / a *U* tube U 字管 / ⇨ U-turn.

U³ /júː/ 形 《英》 《古》〈言葉づかいなど〉上流階級の (cf. non-U).

U (略) 《英》 《映》 universal 一般向映画 (⇨ movie 解説) /《記号》 Ⓤ uranium. **U.** (略) Union(ist); University. **UAE** /júːèí/ (略) United Arab Emirates.

UAW (略) United Automobile Workers 全米自動車労働組合.

⁺u·biq·ui·tous /juːbíkwətəs/ 形 ❶ （同時に）至る所にある，遍在する. ❷ 〈人が〉至る所に姿を現わす. **～·ly** 副 **～·ness** 名 《F＜L》

u·biq·ui·ty /juːbíkwəti/ 名 Ⓤ （同時に）至る所にあること，遍在. 《F＜L *ubique* everywhere+-TY》

Ú-bòat 名 U ボート《第一次・第二次大戦中のドイツの潜水艦》. 《G *U-boot*＜*Unterseeboot* 潜水艦》

uc (略) 《印》 uppercase. **UCAS** /júːkæs/ (略) 《英》 Universities and Colleges Admissions Service 《大学入学志願を受け付ける中央機関》. **UCCA** /júːsìː-éɪ, ʌ́kə/ (略) 《英》 Universities Central Council on Admissions 入学に関する大学中央評議会 (UCAS に統合された). **UCLA** /júːsìːèléɪ/ (略) University of California at Los Angeles 《米国の》カリフォルニア大学ロサンゼルス校. **UD** (略) universal design.

ud·der /ʌ́də | ʌ́də/ 名 （ウシ・ヤギなどの袋状に垂れた）乳房.

UFO /júːèfóu, júːfou/ 名 (複 ～s, ～'s) ユーフォー，未確認飛行物体; （特に）空飛ぶ円盤. 《*u*nidentified *f*lying *o*bject》

u·fól·o·gist /-dʒɪst/ 名 ユーフォー研究家.

u·fól·o·gy /juːfálədʒi | -fɔ́l-/ 名 Ⓤ ユーフォー学，未確認飛行物体研究.

U·gan·da /juːɡǽndə/ 名 ウガンダ 《アフリカ東部にある英連邦内の共和国; 首都 Kampala》. **U·gán·dan** /-dən/ 名 形

⁺ugh /úːh, óːh/ 間 《発音》 単語としては /ʌ́ɡ/ 《嫌悪(ぉ)・軽蔑などを表わして》うっ! うっ，うえっ!

ug·li /ʌ́ɡli/ 名 Ⓒ,Ⓤ (複 ～s, ～es) アグリ 《グレープフルーツとタンジェリンの交配種》. 《UGLY の別形; その皮が斑点やでこぼこがあって見た目が悪いことから》

úgli frùit 名 ＝ugli.

⁎ug·ly /ʌ́ɡli/ 形 (**ug·li·er; -li·est**) ❶ 醜い，見苦しい，醜悪な (unattractive; ↔ beautiful) 《女性に対しては通例用いない; homely や plain を代用する》: have an ～ scar on one's face 顔面に醜い傷跡がある / (as) ～ as sin とても醜くて. ❷ 不快な，嫌な: ～ rumors 忌まわしい風評 / an ～ sound 耳障りな音 / an ～ tongue 毒舌. ❸ 〈天候など〉荒れ模様の，険悪な: ～ weather 悪天候 / an ～ sea 時化(ﾋ)た海. ❹ 物騒な，危険な，たちの悪い，やっかいな: an ～ wound 重傷 / The dog turned ～. 犬は気が荒くなった. ❺ （道徳的に）卑劣な: ～ vices 悪徳. ❻ 《口》 気難しい，意地の悪い，不機嫌な: in an ～ mood 不機嫌で / He has an ～ temper. 彼は怒りっぽい気性だ 《特に寝起きが悪い》. **úg·li·ly** /-ləli/ 副 **-li·ness** 名 《ON＝恐ろしい＜*uggr* 恐怖》

úgly cústomer 名 《口》 始末に負えない人，やっかいな人.

úgly dúckling 名 醜いアヒルの子 《家の者から醜い[ばか]だとされていたのに後に美しく[偉く]なる子供》.

⁎uh /ʌ́ː/ 間 あー，えー 《次の語が出るまでのつなぎや考えをまとめている時に発する声》.

UHF, uhf /júːèɪtʃéf/ (略) 《通信》 ultrahigh frequency.

uh-huh ❶ /mhm, əhʌ́/ 《鼻にかけて発音し，前が低く後が高い》[同意・満足などを表わして] うん. ❷ /ʌ́hʌ̀/ 《鼻にかけて発音する》 ＝uh-huh.

UHT (略) ultra heat treated 《ミルクなど》超高温処理した 《長期保存が可能》.

uh-uh /ʌ́ʌ̀/ 《鼻にかけて発音し前が高く後が低い》 間 [不平・不同意を表わして] うううん.

U-ie /júːiː/ 名 《口》 U ターン. **púll a Ú-ie** U ターンする.

UK /júːkéɪ/ (略) United Kingdom.

U·kraine /juːkréɪn/ 名 [the ～] ウクライナ 《ヨーロッパ東部，黒海の北岸に面する国; 首都 Kiev》.

U·krain·i·an /juːkréɪniən/ 形 ウクライナ(人，語)の. ― 名 ❶ Ⓒ ウクライナ人. ❷ Ⓤ ウクライナ語.

u·ku·le·le /jùːkəléɪli/ 名 ウクレレ 《ギターに似た小型の 4 弦楽器》. 《Hawaiian＝跳ねまわるノミ; この楽器を有名にした演奏家のあだ名から》

U·laan·baa·tar, U·lan Bator /úːlɑːnbɑ́ːtəə | -təː/ 名 ウランバートル 《モンゴルの首都》.

-u·lar /jʊlə | -lə/ 接尾 「…の（ような）」「…に似た」の意の形容詞語尾: glob*ular*, tub*ular*.

ULCC (略) ultra-large crude carrier 超大型油送船.

⁺ul·cer /ʌ́lsə | -sə/ 名 ❶ 潰瘍(ょう): a gastric [stomach] ～ 胃潰瘍 / a mouth ～ 口内炎. ❷ 病弊, 弊害. 《L *ulcus*, ulcer-傷, 潰瘍》

ul·cer·ate /ʌ́lsərèɪt/ 動 潰瘍(ょう)を生じる，潰瘍化する. ― 他 〈…に〉潰瘍を生じさせる. 《L *ulcerare*, *ulcerat-* 傷を負わせる（↑）》

ul·cer·a·tion /ʌ̀lsəréɪʃən/ 名 Ⓤ,Ⓒ 潰瘍(ょう)形成.

ul·cer·ous /ʌ́ls(ə)rəs/ 形 潰瘍(ょう)性[状]の.

-ule /juːl/ 接尾 [名詞語尾] 「小さいもの」: caps*ule*, glob*ule*, gran*ule*.

ul·lage /ʌ́lɪdʒ/ 名 Ⓤ 《商》 （特に，ワインの容器内から中身が漏れたり蒸発したりして生じる）目減り.

ul·na /ʌ́lnə/ 名 (複 -nae /-niː/, ～s) 《解》 尺骨(楕骨(ぁ)) (radius) とともに前腕 (forearm) を成す. **ul·nar** /ʌ́lnə | -nə/ 《L＝ひじ, 腕》

-u·lous /jʊləs/ 接尾 [形容詞語尾] 「…の傾向のある」: garr*ulous*, fab*ulous*, metic*ulous*.

Ul·ster /ʌ́lstə | -stə/ 名 ❶ アルスター: **a** 北アイルランド (Northern Ireland) とアイルランド共和国北部からなる地方. **b** 北アイルランド. ❷ [u～] Ⓒ アルスター(コート) 《厚手のゆるやかなコート》.

ult. (略) ultimate(ly); ultimo.

ul·te·ri·or /ʌltí(ə)riə | -riə/ 形 ❶ 〈目的・意向など〉（意図的に）隠された，秘めた，裏面の: an ～ motive 隠された動機. 下心 / for the sake of ～ ends 思わくがあって / He has an ～ object in view. 彼は腹に一物(ﾁ)ある. ❷ 向こうの，かなたの. ❸ 後の，先々の，将来の. 《L》

ul·ti·ma /ʌ́ltəmə/ 名 《音声・詩学》 最後の音節, 尾音節 (cf. penult, antepenult). 《L; ⇨ ultimate》

ul·ti·ma·ta /ʌ́ltəmətə/ ultimatum の複数形.

⁎ul·ti·mate /ʌ́ltəmət/ 形 （比較なし） ❶ 最後の，最終の，終局の，究極の: the ～ decision 最終決定 / one's ～ destination 最終目的地. ❷ 根本的な，本源的な (fundamental): ～ principles ～ の基本原則 / the ～ cause 第一原因. ❸ 最高の, 最大の: the ～ luxury この上ないぜいたく / Stealing a car and then driving it drunk was the ～ idiocy. 車を盗んでその車で飲酒運転をするなんて愚の骨頂だった. ― 名 [the ～] 究極のもの，最終段階［結果，目的］: the ～ *in* fashion 流行の極まり / Such behavior is the ～ *in* rudeness. そのような行為は無礼の極みだ. **～·ness** 名 《L＝終わりになる＜*ultimus* 最も遠い，最後の》 《類義語》 ⇨ last¹.

últimate constítuent 名 《言》 終極構成要素 《たとえば He is going to get some toys. を分析するとき，それ以上細分できない構成要素 He, is, go, -ing, to, get, some,

toy, -s; cf. immediate constituent)).
última·te fighting 名 Ü 究極の格闘技, アルティメット (extreme fighting).
última·te frísbee 名 Ü アルティメット, フリスビーフットボール (フリスビーをボール代わりに使い1チーム7人で対戦するフットボールに似たスポーツ).
*__ul·ti·mate·ly__ /ʌ́ltəmətli/ 副 ❶ **最終的に**, ついに, 結局: They ~ decided not to go. 彼らは結局行かないことにした. ❷ [文修飾] 究極的には: U~, there's not much difference between those two words. 結局のところこの2つの単語の間には大した違いはない.
última Thúle /-θjúːli/ 名 ❶ 世界の果て. ❷ 最北端. ❸ a 極限, 極点. b はるかなる目標 [理想]. 《L=さいはての島テューレ》
ul·ti·ma·tum /ʌ̀ltəméɪtəm/ 名 (複 ~s, -ta /-tə/) 最後の言葉 [申し出, 条件]; (特に) 最後通牒 [通告]: issue [deliver] an ~ 最後通牒を発する [送付する]. 《L=最後のもの; ⇒ ultimate》
ul·ti·mo /ʌ́ltəmoʊ/ 形 《古風》《商》[日付の後に用いて] 先月の《略 ult.; cf. proximo, instant 形 4》: on the 10th ult. 先月10日に.
ul·tra /ʌ́ltrə/ 形 《主義・思想など》極端な, 過激な, 過度の.
— 名 過激論者. 《↓》
ul·tra- /ʌ́ltrə/ 連結 ❶ 「超…」「限外…」「過…」と: ultraviolet, ultramicroscope. ❷ 「極端に」「極度に」と: ultra-ambitious 野心満々の / ultra-cautious 極度に用心深い. 《L=beyond》
ùltra·céntrifuge 名 《理》超遠心 (分離) 機.
ùltra·consérvative 形 超保守的な (人).
ùltra·hígh frequency 名 Ü 《通信》極超短波 (300-3000メガヘルツ); 略 UHF, uhf].
ul·tra·ism /ʌ́ltrəɪzm/ 名 Ü 極端論, 過激論.
úl·tra·ist /-trəɪst/ 名 過激論者 (★ ultra のほうが一般的). — 形 過激論 (者) の.
ùltra·líght 形 超軽量の. — /-́-̀-/ 名 超軽量飛行機.
ul·tra·ma·rine /ʌ̀ltrəməríːn/ 名 Ü ウルトラマリン, 群青 (ぐんじょう) (青色の顔料). — 形 ❶ 群青色の. ❷ 海を隔てた [越えた], 海外の.
ùltra·microscòpe 形 限外顕微鏡.
ùltra·microscópic 形 超顕微鏡的な; 極微の.
ùltra·módern 形 超現代的な: ~ equipment 超現代的な設備.
ul·tra·mon·tane /ʌ̀ltrəmɑ́nteɪn | -mɔ́n-/ 形 ❶ 山の向こうの; アルプス南方の, イタリアの. ❷ 教皇至上権論の. — 名 ❶ アルプス南方の人. ❷ 教皇至上権論者.
ùltra·nátionalism 名 Ü 超国家主義.
ùltra·nátionalist 名 Ü 超国家主義者.
ùltra·shórt 形 ❶ 非常に短い. ❷ 超短波の: an ~ wave 《無線》(波長10メートル未満の)超短波.
ùltra·sónic 形 《理》超音波の: ~ waves 超音波 / vibrations 超音波振動.
ùltra·sónics 名 Ü 超音波学.
ùltra·sóund 名 Ü 《理》超音波 (診察に用いる).
†**ul·tra·vi·o·let** /ʌ̀ltrəváɪələt/ 形 ❶ 《理》紫外 (線) の. ❷ 🅐 紫外線を用いた: an ~ lamp 紫外線灯.
ùltraviolet ráys 名 (複) 《理》紫外線 (cf. infrared rays).
ul·u·late /júːljʊleɪt/ 動 ❶ 〈犬・オオカミなどが〉ほえる; 〈フクロウが〉ホーホー鳴く. ❷ 悲しげに泣く. **ul·u·la·tion** /jùːljʊléɪʃən/ 名.
U·lu·ru /ùːlɑrúː/ ウルル (Ayers Rock に対するオーストラリア先住民の呼び名).
U·lys·ses /juːlísiːz/ 《ギ神話》ユリシーズ (Odysseus のラテン語名).
†**um** /əm, m:/ 間 《発音 単語としては /ʌ́m/》 [ためらい・疑いを表わして] ウーン, いやー.
um·bel /ʌ́mbl/ 名 《植》散形花序.
um·ber /ʌ́mbə | -bə/ 名 Ü ❶ アンバー (種々の酸化鉄から成る褐色の土類). ❷ 暗褐色, 赤褐色: raw ~ 生 (*) アンバー; 暗褐色 / burnt ~ 焼きアンバー; 赤褐色.
— 形 アンバー色の, 暗褐色の, 赤褐色の. 《F<It (terra d') ombra 陰影を出す上より umbra 陰; ⇒ umbrella》
um·bil·i·cal /ʌmbílɪk(ə)l/ 形 ❶ へその, へそ状の. ❷ へその近くの. ❸ (へその緒でつながれたように) 密接な関係の (ある). — 名 ❶ =umbilical cord 2. ❷ (名 umbilicus).
umbílical córd 名 ❶ 《解》へその緒, 臍帯 (さいたい). ❷ 《宇宙》 a へその緒 (発射前のロケットへ整備塔から燃料などを供給するケーブル). b 命綱, 命綱 (宇宙船外で作業する宇宙飛行士を宇宙船とつなぐ空気補給や通信用のケーブル). ❸ (潜水夫の) 命綱.
um·bi·li·cus /ʌmbílɪkəs/ 名 (複 ~·es, -li·ci /-lɪkaɪ | -saɪ/) 《解》へそ. 《L》
um·bra /ʌ́mbrə/ 名 (複 um·brae /-briː/) ❶ 陰. ❷ 《天》アンブラ, 暗影部 (太陽黒点の中央暗黒部). b 本影 (月食の時に太陽の光がまったく当たらない地球・月の影の部分). 《L=陰》
um·brage /ʌ́mbrɪdʒ/ 名 Ü 不快, 立腹 (★ 通例次の句で): take ~ (at...) (…に) 立腹する, (…を) 不快に思う. 《F<L< umbra ↑+-AGE》
*__um·brel·la__ /ʌmbrélə/ 名 ❶ 傘, こうもり傘, 雨傘 《用法 「日傘」の意にも用いる; cf. parasol, sunshade》: a beach ~ ビーチパラソル / put up an ~ 傘をさす [open [unfurl] an ~ 傘を広げる / close [furl] an ~ 傘をたたむ. ❷ (クラゲの) 傘. ❸ a 保護するもの, 庇護 (ひご), 《傘》: a nuclear ~ 核の傘 / under the ~ of the United Nations 国連の保護 [管轄] のもとに. b 包括的組織 [団体]: bring several companies under one ~ いくつかの会社をひとつの系列会社にする. — 形 ❶ 傘状の. ❷ 包括的な: an ~ organization 包括的な組織 / an ~ clause (不特定の場合に適用される) 包括的条項 / ~ coverage 《保険》包括的塡補 (てんぽ). 《It<L=小さな陰, 日よけ< umbra 陰 +-ella (指小辞)》
umbrélla stànd 名 傘立て.
Um·bri·a /ʌ́mbriə/ ウンブリア (イタリア中部の内陸州).
u·mi·ak, u·mi·ack /úːmiæk/ 名 ウミアク (エスキモーが用いる獣皮を張った木造の小船). 《Inuit》
um·laut /ʊ́mlaʊt/ 名 ❶ 《言》ウムラウト, 母音変異 (後続音節の主に i または u の影響により, a, o, u をそれぞれ ä (=ae), ö (=oe), ü (=ue) に変じる母音変化; 例: man, men; cf. ablaut). ❷ Ć ウムラウト記号 (¨). 《G< um about+Laut sound》
ump /ʌ́mp/ 名 《口》=umpire.
*__um·pire__ /ʌ́mpaɪə | -paɪə/ 名 アンパイア, 審判員 《用法 主に badminton, baseball, cricket, table tennis, tennis などに用いる; cf. referee 1》: be (an) ~ at a cricket match クリケットの試合の審判をやる / act as ~ 審判を務める (★ 通例無冠詞; cf. act 自 1 d). — 動 他 《競技・論争などの》審判をする: ~ a baseball game 野球の審判をする. — 自 アンパイア [審判員] を務める. 《OF nomper 第三者; a numpire が an umpire と誤解されたもの》
ump·teen /ʌ̀m(p)tíːn/ 《口》 形 🅐 多くの, 多数の (countless): I have ~ things to do today. きょうはやらなければならないことがいっぱいある. — 名 たくさん, 多数. 《ump 不特定の数を表わす音+teen ten》
ump·teenth /ʌ̀m(p)tíːnθ/ 形 🅐 《口》何度目の: I'm telling you this for the ~ time. 何度言ったらわかるの / For the ~ time, close the door quietly. 何度言ったらドアを静かに閉められるのかね.
ump·ty /ʌ́m(p)ti/ 形 《口》=umpteen.
‡**UN** /júːén/ 名 [the ~] 国連. 《United Nations》
'un, un /ən/ 《口》代 ❶ [~ (★ 非標準的用法)] a little [young] 'un 小さい者, 子供 / He's a tough 'un. あれは手ごわいやつだ / That's a good 'un. それがよい; (しゃれ・うそなどが)うまいぞ. 《ONE の方言 [古風] 形》
un-[1] /ʌn/ 連結 ❶ [形容詞・副詞につけて 「不…」の意を表わす: happy 幸福な → unhappy 不幸な / happily 幸いにも → unhappily 不幸にも. ❷ [名詞につけて 「…の欠如, …の逆」の意を表わす: rest 安息 → unrest 不安 / kindness 親切 → unkindness 不親切. ★ 否定的または反対の

意味の un- の語を肯定的な意味の語と対照させて用いるときには un- のほうを強く発音するのが普通: both **háppy** and **ún**happy people / **lóad** and **únload**. 〖OE; 語源的には, ギリシア語の a(n)-, ラテン語の in- に対応〗

un-² /ʌn/ 接頭 ❶ 動詞につけてその「逆」の動作を表わす: cover ふたをする → *uncover* ふたを取る / tie 結ぶ → *untie* ほどく. ❷ 名詞につけて名詞の表わす性質・状態を「取り去る」の意を表わす動詞を造る: *unman* 男らしさを失わせる. ⇨ un-¹ ★ 〖OE=back〗

un·a·bashed /ʌ̀nəbǽʃt⁻/ 形 恥じない; 赤面もしない; 臆することのない, 平気な. **ùn·a·básh·ed·ly** /-ʃɪdli/ 副

un·a·bat·ed /ʌ̀nəbéɪtɪd⁻/ 形〈風・体力など〉衰えない, 弱らない. **~·ly** 副 衰えないで, 弱まらずに.

*****un·a·ble** /ʌnéɪbl⁻/ 形 (比較なし) ❶ [(…することが)できないで (関連 名詞形は inability, 動詞形は disable): [+*to do*] I was ~ *to* attend the meeting. その会に出席できなかった / He tried to explain but seemed ~ (*to*). 説明しようとしたが(説明)できないようだった. 〖UN-¹+ABLE〗

un·a·bridged /ʌ̀nəbrídʒd⁻/ 形 省略[縮約]されていない, 無削除の: an ~ version 非省略版.

un·ac·cent·ed /ʌ̀nǽksentɪd | -ˈ-ˈ-ˈ-ˈ/ 形 アクセント[強勢]のない.

*****un·ac·cept·a·ble** /ʌ̀nəkséptəbl, -æk-⁻/ 形 受け入れられない, 容認できない; 気に入らない: That pronunciation is ~ in the south of Britain. その発音は英国南部では通用しない.

un·ac·com·pa·nied /ʌ̀nəkʌ́mp(ə)nid⁻/ 形 ❶ 連れのない, 同伴者のない: ~ luggage [baggage] 別送手荷物 / an ~ child 付き添いのいない子供 / He traveled ~ by his parents. 彼は両親の付き添いなしで旅行した. ❷ 〖楽〗無伴奏の: Bach's ~ cello suites バッハの無伴奏チェロ組曲 / sing ~ 無伴奏で歌う.

un·ac·com·plished /ʌ̀nəkʌ́mplɪʃt, -əkám-|-əkʌ́m-, -əkóm-⁻/ 形 ❶ 未完成の, 成就しない: The task remained ~. その仕事は依然として未完成のままだった. ❷ 無芸の, 無能の.

un·ac·count·a·ble /ʌ̀nəkáʊntəbl⁻/ 形 ❶ 説明できない; わけのわからない, 奇妙な, 不可解な (inexplicable): for some ~ reason 何かわけのわからぬ理由で. ❷ 責任のない, 責めを負わない (★ 通例批判的に用いる).

ùn·ac·cóunt·a·bly /-təbli/ 副 ❶ 説明できないほど; 奇妙に: She was ~ irritated. 彼女はなぜか妙にいらいらしていた. ❷ [文修飾] 不可解なことに, どういうわけか: *U~*, he kept silent. 彼はずっと黙ったままだった.

ùn·ac·cóunt·ed-fòr /-tɪd-ˈ-/ 形〈使途・原因など〉不明の, 説明されていない.

un·ac·cus·tomed /ʌ̀nəkʌ́stəmd⁻/ 形 ❶ 不慣れな (unused): *U~* as I am *to* public speaking, ... 人前で話すことには慣れていませんが... / I'm ~ *to* cooking for myself. 自炊は不慣れだ. ❷ A 普通[尋常]でない, 異常な: his ~ silence 彼のいつにない沈黙.

un·ac·knowl·edged /ʌ̀nəknɑ́lɪdʒd | -nɔ́l-⁻/ 形 一般に[正式に]認められていない, 無視されている.

un·ac·quaint·ed /ʌ̀nəkwéɪntɪd⁻/ 形 精通していない, 見知らぬ; 〔...に〕不案内で (*with*).

un·a·dopt·ed /ʌ̀nədɑ́ptɪd | -dɔ́p-⁻/ 形 ❶ 採用されない; 養子にされていない. ❷ 〔英〕〈道路が〉地方当局に管理されていない, 私道の (補修などは地区住民が負担する).

un·a·dorned /ʌ̀nədɔ́ənd | -dɔ́:nd⁻/ 形 飾りのない, ありのままの, 簡素な.

un·a·dul·ter·at·ed /ʌ̀nədʌ́ltərèɪtɪd⁻/ 形 ❶ (特に) 〈飲食物など〉混ぜものの, 生(*) の. ❷ 完全な, まったくの: Our life was ~ bliss. 生活は幸福そのものだった. **ùn·ad·vís·ed·ly** /-zɪdli/ 副

⁺un·af·fect·ed¹ /ʌ̀nəféktɪd⁻/ 形〈人・感情など〉動かされないで, 影響されないで: He seemed ~ *by* his wife's death. 彼は妻の死にも動揺するところがないようだった. **~·ly** 副

⁺un·af·fect·ed² /ʌ̀nəféktɪd⁻/ 形 ❶ わざとらしさがない, 気取らない, ありのままの, 素朴な: an ~ attitude 素直な態度. ❷〈感情など〉心からの, 真実の: ~ joy [sorrow] 心からの喜び[悲しみ]. **~·ly** 副 〖類義語〗⇨ sincere.

un·a·fraid /ʌ̀nəfréɪd⁻/ 形 P 〔...を〕恐れないで, 〔...に〕平然として (*of*).

un·aid·ed /ʌ̀nérdɪd⁻/ 形 助け[援助, 助力]のない: with the ~ eye 肉眼で / I did it ~. それを独力でやった.

un·a·lien·a·ble /ʌ̀néɪliənəbl, -ljə-⁻/ 形 =inalienable.

un·al·loyed /ʌ̀nəlɔ́ɪd⁻/ 形 ❶ 〈金属など〉合金でない, 純粋な (pure). ❷ 〈感情など〉本当の, 真実の: ~ happiness 真の幸福.

un·al·ter·a·ble /ʌ̀nɔ́:ltərəbl, -trə-⁻/ 形 変更できない.

un·al·tered /ʌ̀nɔ́:ltəd | -təd⁻/ 形 変更のない, もとのままの.

un-A·mer·i·can /ʌ̀nəmérɪkən⁻/ 形 〈風俗・習慣・主義など〉米国風でない, 非アメリカ的な: ~ activities 非米活動.

⁺u·na·nim·i·ty /jù:nənímətɪ/ 名 U 全員異議のないこと, (満場)一致, (全員の)合意: with ~ 満場一致で, 異議なく. (形 unanimous)

⁺u·nan·i·mous /ju:nǽnəməs/ 形 (比較なし) ❶ P 〔...に〕合意して, 同意見で 〔*in, for, about*〕: They're ~ *for* reform. 彼らは改革に対して同意見である[みな賛成だ] / The meeting was ~ *in* protesting against the policy. 会は全員の政策に抗議することに同意した / [+*that*] They were ~ *that* the report should be approved. 彼らは全会一致でその報告が承認されるべきだということに合意した. ❷〈投票・同意など〉満場[全員]一致の, 異口同音の: with ~ applause 満場の拍手喝采(*)をもって / We're in ~ agreement. 我々は全員意見が一致している / He was elected chairman by a ~ vote. 彼は満票で議長に選ばれた. 〖L=ひとつの心の 〈*unus* one+*animus* 心+-ous; cf. animal〗 (名 unanimity)

u·nán·i·mous·ly 副 満場[全会, 全員]一致で.

⁺un·an·nounced /ʌ̀nənáʊnst⁻/ 形 ❶ 予告なしの, 取り次ぎなしの, 不意の: He entered (the room) ~. 彼は抜け目に(部屋に)入った. ❷ 公言[公表, 発表]されていない.

un·an·swer·a·ble /ʌ̀nǽns(ə)rəbl | -á:n-⁻/ 形 ❶ 答えられない, 答弁のできない: a totally ~ question とうてい答えられない質問. ❷ 反駁(*) できない, 一言もない: ~ logic 反論できない論法.

⁺un·an·swered /ʌ̀nǽnsəd | -á:nsəd⁻/ 形 ❶ 答えのない, 返事のない: My letter remains ~. 私の手紙にはまだ返事がない. ❷ 反駁(*) され(てい)ない.

un·a·pol·o·get·ic /ʌ̀nəpɑ̀ləʤétɪk | -əpɔ̀l-⁻/ 形 弁解をしない, 弁解することのない; おずおずしない.

un·ap·peal·ing /ʌ̀nəpí:lɪŋ⁻/ 形 人の胸に訴えない, 魅力のない.

un·ap·peas·a·ble /ʌ̀nəpí:zəbl⁻/ 形 ❶ 鎮め[やわらげ]られない, なだめられない. ❷ 満足されない, 満たされない.

un·ap·pe·tiz·ing /ʌ̀nǽpətàɪzɪŋ⁻/ 形 食欲をそそらない, まずそうな.

un·ap·proach·a·ble /ʌ̀nəpróʊʧəbl⁻/ 形 ❶ **a** 〈人〉が近づきがたい. **b** 〈態度など〉冷ややかな, よそよそしい. ❷ 無比の, 無敵の.

un·apt /ʌ̀nǽpt⁻/ 形 ❶ 不適当な, ふさわしくない: an ~ quotation 不適切な引用 / The place is ~ *for* study. その場所は勉強には向きない. ❷ へたな, 不器用な (比較 inapt のほうが一般的). ❸ P 〔...する〕傾向がなくて, 〔...し〕そうもなくて: I'm a soldier and ~ *to* weep. 私は軍人として泣いたりはしない (★ Shakespeare「ヘンリー 6世」から). **~·ly** 副

un·ar·gu·a·ble /ʌ̀nɑ́ə:gjuəbl, -á:-⁻/ 形 議論の余地のない, 明白な. **ùn·ár·gu·a·bly** /-əbli/ 副

un·arm /ʌ̀nɑ́əm | -á:m⁻/ 動〈...を〉武装解除する.

⁺un·armed /ʌ̀nɑ́əmd | -á:md⁻/ 形 ❶ 武器を帯びない, 武装しない; 非武装の: an ~ policeman 丸腰の警察官 / ~ neutrality 非武装中立. ❷ 武器を用いない, 素手の.

un·a·shamed /ʌ̀nəʃéɪmd⁻/ 形 恥じない, 恥を知らない; 恥ずかしがらない, 外聞をはばからない: an ~ expression of deeply-felt emotion 深い感動の率直な表現.

un·a·shamed·ly /ˌʌnəʃéɪmɪdli/ 副 恥ずかしがらずに, 恥も外聞もなく; 恥ずかしげもなく.

un·asked /ʌnǽskt⁻/ -ɑ́ːskt⁻/ 形 ❶ 頼まれないで; 〈来客など〉招待されないで: She came ~. 彼女は招かれないのに来た. ❷ [しばしば ~ for で] 求められていない, 要求されていない: His advice was ~ for. 彼の忠告は求めもしないものだった / ⇒ unasked-for.

un·asked-for /ʌnǽsktfɔ̀ər/ -ɑ́ːsktfɔ̀ː⁻/ 形 A 〈口〉〈忠告など求められ〉もしない: too much ~ advice 多すぎる要らざる忠告.

un·as·sail·a·ble /ˌʌnəséɪləbl⁻/ 形 ❶ 攻めることのできない, 難攻不落の. ❷ 〈議論や論争の余地のない; 疑う余地のない, 確固たる: ~ evidence 動かぬ証拠. **ùn·as·sáil·a·bly** /-ləbli/ 副

un·as·sum·ing /ˌʌnəsúːmɪŋ/ -əsjúːm-⁻/ 形 〈人・態度など〉しゃばらない, 気取らない, 謙虚な. ~·ly 副

un·at·tached /ˌʌnətǽtʃt⁻/ 形 ❶ a 結合（していない）, くっついていない. b 付属しない, 無所属の. ❷ 婚約[結婚] していない.

un·at·tend·ed /ˌʌnəténdɪd⁻/ 形 ❶ 供を連れない, 付き添いのない. ❷ 注意[世話]をされていない, ほったらかしで; 〈傷など〉手当てをしないで: leave one's child [baggage] ~ 自分の子供[手荷物]をうっちゃらかしにする. ❸ 〈集会など出席者の少ない[ないで].

†**un·at·trac·tive** /ˌʌnətrǽktɪv⁻/ 形 ❶ 魅力のない, 美しくない: an ~ shopwindow display あまりぱっとしないショーウインドーの陳列. ❷ 興味を引かない, つまらない. ~·ly 副 ~·ness 名

†**un·au·tho·rized** /ʌnɔ́ːθəràɪzd⁻/ 形 権限のない, 認定[承認]されていない, 無認可の, 非公認の (unofficial).

†**un·a·vail·a·ble** /ˌʌnəvéɪləbl⁻/ 形 ❶ 利用できない. ❷ a 入手できない, 得られない. b 〈人の〉手があいていない, 面会できない. ~·ness 名

un·a·vail·ing /ˌʌnəvéɪlɪŋ⁻/ 形 〈努力など〉効果のない, 役に立たない, むだな (unsuccessful). ~·ly 副

†**un·a·void·a·ble** /ˌʌnəvɔ́ɪdəbl⁻/ 形 避け[免れ]がたい, のっぴきならない: an ~ delay やむをえない遅れ. **ùn·a·vóid·a·bly** /-dəbli/ 副 不可避的に, やむをえず.

***un·a·ware** /ˌʌnəwéər/ -əwéə⁻/ 形 知らないで, 気づかないで: He was ~ of her presence. 彼は彼女がいることに気づかなかった / [+*that*] She was ~ *that* he was such a good pianist. 彼女は彼がそんなにピアノが上手だとは知らなかった. ━ 副 =unawares. ~·ness 名

un·a·wares /ˌʌnəwéərz/ -əwéəz/ 副 ❶ 思いがけなく, だしぬけに: be taken [caught] ~ 不意打ちを食う. ❷ 知らずに, うっかり.

un·backed /ʌnbǽkt⁻/ 形 ❶ 支持[後援]者のない. ❷ 〈馬が〉乗りならされていない, 人を乗せたことのない. ❸ 〈馬に〉賭(か)け手のない. ❹ 〈いすなど〉背のない.

un·bal·ance /ʌnbǽləns/ 動 他 ❶ 〈心の〉平衡を破る, 〈人などを〉錯乱させる. ❷ 〈...を〉不均衡[不釣り合い]にする (比較 put...out of balance のほうが一般的). ━ 名 U 不均衡, アンバランス (⇒ imbalance 比較).

†**un·bal·anced** /ʌnbǽlənst⁻/ 形 ❶ 平衡を失った (biased). ❷ 精神[情緒]不安定に陥った, 気が動転している (disturbed). ❸ 〖商〗未決算[未清算]の: ~ accounts 未決算勘定.

un·ban /ʌnbǽn⁻/ 動 他 〈...の〉禁止をはずす, 〈...を〉合法化する.

un·bar /ʌnbɑ́ər/ -bɑ́ː⁻/ 動 他 (**un·barred; un·bar·ring**) ❶ 〈門・ドアの〉かんぬき[掛け金をはずす. ❷ 〈...の〉掛け金をはずす. ❸ 〈門戸・道などを〉開く: ~ the way to free trade 自由貿易の道を開く.

†**un·bear·a·ble** /ʌnbé(ə)rəbl⁻/ 形 耐えられない, 我慢できない (intolerable): ~ sorrow 耐えがたい悲しみ / This heat is quite ~ *for* me. この暑さにはとても耐えられない.

ùn·béar·a·bly /-bli/ 副 我慢できないほど: He's ~ impudent. 彼は腹にすえかねるくらい厚顔だ.

†**un·beat·a·ble** /ʌnbíːtəbl⁻/ 形 ❶ 打ち負かすことのできない, 負けない. ❷ すばらしい, とびきりの.

***un·beat·en** /ʌnbíːtn⁻/ 形 ❶ （競技などに）負けたことのない, 無敗の; 〈記録が〉破られたことがない. ❷ 征服されたこ

1951　**unbridled**

とのない. ❸ 〈道が〉踏みならされ（てい）ない. ❹ むち打たれ（てい）ない.

un·be·com·ing /ˌʌnbɪkʌ́mɪŋ⁻/ 形 ❶ 〈行為・言葉など〉不穏当な, 見苦しい, 不体裁な, 不作法な; ふさわしくない, 不相応な [to, for]: ~ language 下品な言葉 / Although not illegal, his conduct was ~ *for* a lawyer. 彼の行為は違法ではないが弁護士に似つかわしくなかった. ❷ 〈衣服・色など〉〈着る人に〉似合わない, うつらない: She had on an ~ hat. 彼女はにあわない帽子をかぶっていた. ~·ly 副

un·be·known /ˌʌnbɪnóun⁻/ 形 P 知られないで: He did it ~ *to* us. 彼は我々の知らない間にそれをした.

un·be·knownst /ˌʌnbɪnóunst⁻/ 形 =unbeknown.

un·be·lief /ˌʌnbəlíːf, -bɪ-/ 名 U （特に宗教上の）懐疑, 不信仰, 不信心 （比較 disbelief は偽りであるとして積極的に信じることを拒否すること）.

***un·be·liev·a·ble** /ˌʌnbəlíːvəbl, -bɪ-⁻/ 形 信じられない, 信じがたい (incredible): her ~ beauty 彼女の信じられないような美しさ / It is ~ that he did it for himself. 彼がそれを独力でやってのけたとは信じられない.

ùn·be·líev·a·bly /-bli/ 副 信じられないほど（に）: They're ~ ignorant. 彼らは信じられないほど無知だ.

un·be·liev·er /ˌʌnbəlíːvər, -bɪ-/ -və/ 名 （特に宗教上の）不信心者.

un·be·liev·ing /ˌʌnbəlíːvɪŋ, -bɪ-⁻/ 形 信じない, 不信心な. ~·ly 副

un·bend /ʌnbénd/ 動 (**un·bent** /-bént/, ~·**ed**) 他 ❶ 〈曲がったものを〉まっすぐにする, 伸ばす. ❷ 〈心・体を〉くつろがせる, 休める. ━ 自 ❶ まっすぐになる, （延びて）平らになる. ❷ くつろぐ, 打ち解ける, リラックスする.

un·bend·ing /ʌnbéndɪŋ⁻/ 形 〈性格・態度・決意など〉不動の, 屈しない, 強固な: He took an ~ attitude. 彼は確固とした態度をとった. ~·ly 副

un·bi·ased, un·bi·assed /ʌnbáɪəst⁻/ 形 先入観のない, 偏見のない, 公平[公正]な (impartial). 【類義語】⇒ fair¹.

un·bid·den /ʌnbídn⁻/ 形 ❶ 命じられ（ていない, 求められ（てい）ない, 自発的な. ❷ 招かれてない: an ~ guest 招かれざる客.

un·bind /ʌnbáɪnd/ 動 他 (**un·bound** /-báund/) ❶ 〈...の〉縄[包帯]を解く, 〈...を〉ほどく: ~ a wound 傷の包帯をほどく. ❷ 〈人を〉釈放する: ~ a prisoner 囚人を釈放する.

un·blem·ished /ʌnblémɪʃt⁻/ 形 ❶ きず（など）のない. ❷ 汚れのない, 潔白な: He has an ~ employment record. 彼の職歴には汚点がない.

un·bless·ed, un·blest /ʌnblést⁻/ 形 祝福されていない, 恵まれていない; 呪われた.

un·blink·ing /ʌnblíŋkɪŋ⁻/ 形 まばたきしない; 動じない. ~·ly 副

un·blush·ing /ʌnblʌ́ʃɪŋ⁻/ 形 恥知らずの, 厚かましい. ~·ly 副

un·bolt /ʌnbóult/ 動 他 〈...の〉かんぬきをはずす[はずして開ける].

un·bolt·ed¹ /ʌnbóultɪd⁻/ 形 かんぬきをはずした.

un·bolt·ed² /ʌnbóultɪd⁻/ 形 〈小麦粉など〉ふるいにかけてない.

†**un·born** /ʌnbɔ́ərn/ -bɔ́ːn⁻/ 形 ❶ まだ生まれない; 胎内の: an ~ child [baby] やがて生まれてくる子供[赤ちゃん]. ❷ 将来の, 後世の: ~ generations 未来の世代.

un·bos·om /ʌnbúzəm, -búːz-/ -búz-/ 動 他 ❶ 〈心中・秘密などを〉〈人に〉打ち明ける, 明かす, 告白する [to]. ❷ [~ oneself で] 〈人に〉意中を明かす, 告白する [to].

un·bound /ʌnbáund/ 動 unbind の過去形・過去分詞. ━ 形 ❶ 足かせをはずされた, 縄目を解かれた. ❷ 〈本・紙などが〉とじてない, 未製本の.

un·bound·ed /ʌnbáundɪd⁻/ 形 ❶ 際限のない, 無限の (boundless). ❷ 〈喜びなど〉抑え切れない.

un·bowed /ʌnbáud⁻/ 形 ❶ 〈ひざ・腰など〉曲がっていない. ❷ 屈服[しない]の, 不屈の.

un·bri·dled /ʌnbráɪdld⁻/ 形 ❶ 抑えのきかない, 抑制のない; 放逸な, 乱暴な. ❷ 〈馬が〉馬勒(ばろく)をつけていない, 馬

unbroken

勒をはずした.

†**un·bro·ken** /ʌ̀nbróukən⁻/ 形 ❶ 壊れていない, そっくりそろった, 完全な. ❷ 途切れない, 打ち続く, 引き続く: ~ fine weather 連日の好天. ❸ 〈馬など〉乗りならされていない. ❹ 〈土地など〉すきを入れてない, 未開墾の. ❺ 〈記録など〉破られ(てい)ない, 更新され(てい)ない. **~·ly** 副

un·buck·le /ʌ̀nbʌ́kl⁻/ 他 〈…の〉留め金[バックル]をはずす: ~ a belt ベルトのバックルをはずす.

un·bur·den /ʌ̀nbə́ːdn | -báː-/ 動 他 ❶ a (打ちあけて)〈心の〉重荷をおろす, 〈心を〉軽くする: ~ one's heart [mind] 心の重荷をおろす. b [~ oneself] 打ち明けてほっとする: He ~ed himself of his secret. 彼は秘密を打ち明けてほっとした. ❷ a 〈悩み・秘密を〉打ち明ける: ~ one's troubles 悩み事を打ち明ける / He ~ed his troubles to me. 彼は私に悩みを打ち明けた. b [~ oneself] 心の内を打ち明ける: He ~ed himself to me. 彼は私に胸の内を打ち明けた.

un·but·ton /ʌ̀nbʌ́tn⁻/ 動 他 〈…の〉ボタンをはずす.

un·but·toned /ʌ̀nbʌ́tnd⁻/ 形 ❶ ボタンをはずした[て]. ❷《口》打ち解けた, くつろいだ.

un·called-for /ʌ̀nkɔ́ːldfɚ | -fɔ́ː-⁻/ 形 ❶ いわれ[理由]のない: an ~ insult いわれのない侮辱. ❷ 不必要な, 無用の, 余計な; 差し出がましい.

†**un·can·ny** /ʌ̀nkǽni/ 形 (un·can·ni·er; -ni·est) ❶ 薄気味悪い, 奇怪な, 神秘的な: an ~ noise 不気味な物音. ❷ 不自然なほどの, 異常な, 超人的な: She has an ~ sensitivity to others' feelings. 彼女には人の気持ちを察する異常なほどの鋭い感覚がある. **un·cán·ni·ly** /-nəli/ 副

un·cap /ʌ̀nkǽp⁻/ 動 他 ❶ 〈…の〉ふた[キャップ]をはずす. ❷ 〈人の〉帽子をとる. ― 自 脱帽する.

un·cared-for /ʌ̀nkéədfɚ | -kéədfɔː⁻/ 形 面倒を見てもらえない, 放任[放置]された: an ~ garden 手入れのしてない庭 / That child looks completely ~. その子はまるっきりほったらかしにされているようだ.

un·ceas·ing /ʌ̀nsíːsɪŋ⁻/ 形 絶えない, 絶え間のない, 打ち続く (incessant). **~·ly** 副

un·cen·sored /ʌ̀nsénsəd | -səd⁻/ 形 無検閲の, (検閲で)削除[修正]されていない.

un·cer·e·mo·ni·ous /ʌ̀nserəmóuniəs⁻/ 形 ❶ 儀式[形式]ばらない, 四角ばらない, 打ち解けた, くだけた. ❷ 不作法な, ぶっきらぼうな. **~·ly** 副

*†**un·cer·tain** /ʌ̀nsə́ːtn | -sə́ː-⁻/ 形 (more ~; most ~) ❶ (比較なし) [P] 〈人が〉…について確信が持てなくて, はっきり知らず[わからず]ないで (unsure): He was ~ of her present address. 彼は彼女の現住所がよくわからなかった / I'm ~ as to my future movements. 私は自分の今後の行動については何とも言えない / [+wh.] He was ~ where she lived. 彼は彼女がどこに住んでいるのかよくわからなかった / I was [felt] ~ (about) how to act. 私はどう行動してよいのかわからなかった[自信がなかった]. ❷ a 〈行動·目的などが〉不安定な, しっかりしない (hesitant): with ~ steps 心もとない足どりで. b 〈天候·気質·性格などが〉変わりやすい, 気まぐれな, 当てにならない: ~ weather 変わりやすい天気 / a girl with an ~ temper 移り気な[気短な]少女. ❸ (比較なし)〈時間·数量などが〉不確かな, 未定の; あやふやな: The date of his arrival is ~. 彼の到着の日取りは未定である. **in nó úncertain térms** 単刀直入に, ずけずけと. **~·ness** 名

un·cér·tain·ly 副 ❶ 不確実に, 確信なく. ❷ 自信がなく; あやふやで. ❸ 変わりやすく, 当にならず.

*†**un·cer·tain·ty** /ʌ̀nsə́ːtnti | -sə́ː-/ 名 ❶ [U] 不確実, 確信のなさ, 半信半疑. ❷ a [U] 不安定; 不確定; 不安, 頼りなさ, 変わりやすいこと: the ~ of life 人生の無常 / ~ of temper 気まぐれ; 短気. b [C] [しばしば複数形で] 不確実なこと[もの], 当てにならないこと[もの]: Life is full of *uncertainties*. 人生は予測のつかない事だらけだ, 一寸先は闇だ.

uncértainty prìnciple 名 [通例 the ~]〖理〗不確定性原理.

un·chain /ʌ̀ntʃéɪn⁻/ 動 他 〈…の〉鎖を解く; 解放する.

un·chal·lenge·a·ble /ʌ̀ntʃǽlɪndʒəbl⁻/ 形 議論[反論]の余地がない, 動かしがたい, 揺るぎない.

†**un·chal·lenged** /ʌ̀ntʃǽlɪndʒd⁻/ 形 ❶ 挑戦され(てい)ない, ゆるぎない, 確固たる. ❷ 問題にされ(てい)ない, 論議[疑問視]され(てい)ない: an ~ assumption 疑われていない仮定.

un·chal·leng·ing /ʌ̀ntʃǽlɪndʒɪŋ⁻/ 形 やりがいのない, 容易すぎてつまらない.

un·change·a·ble /ʌ̀ntʃéɪndʒəbl⁻/ 形 変わる[変える(でき)]ない, 不変の: ~ facts 不変の事実.

*†**un·changed** /ʌ̀ntʃéɪndʒd⁻/ 形 変わっていない, 変化していない, 不変の.

†**un·char·ac·ter·is·tic** /ʌ̀nkærəktərístɪk, -rɪk-⁻/ 形 特徴的でない,〈…の〉特徴を示していない, 珍しく; 似つかわしくない (↔ typical). **-ti·cal·ly** /-kəli/ 副 特徴的でなく, 珍しく; 似つかわしくなく.

un·char·i·ta·ble /ʌ̀ntʃǽrətəbl⁻/ 形 無慈悲な, (情け)容赦のない; 厳しい. **ùn·chár·i·ta·bly** /-təbli/ 副

un·chart·ed /ʌ̀ntʃɑ́ːtɪd | -tʃɑ́ːt-⁻/ 形 海図[地図]に(載っ)ていない, 未踏の, 未知の: ~ waters 海図にない水域.

un·chaste /ʌ̀ntʃéɪst⁻/ 形 不貞な; みだらな. **~·ly** 副

†**un·checked** /ʌ̀ntʃékt⁻/ 形 ❶ 抑えられ(てい)ない, 抑制され(てい)ない, 止まらない. ❷ 検査[照合]をし(てい)ない, 無検査の[で].

un·chris·tian /ʌ̀nkrístʃən⁻/ 形 ❶ キリスト教(徒)的でない; キリスト教精神に反する; 寛大でない, 思いやりのない, 不親切な; 不道徳な. ❷《口》途方もない, むちゃな: an ~ price べらぼうな値段.

un·ci·al /ʌ́nʃəl, -siəl/ 名 アンシアル字体[文字]《4-8 世紀に手写本に用いられた太くて丸味のある大文字体》. ― 形 アンシアル字体の.

un·cir·cum·cised /ʌ̀nsə́ːkəmsaɪzd | -sə́ː-⁻/ 形 ❶ a 割礼を受けていない. b ユダヤ人でない. ❷ 異教(徒)の; 罪深い.

un·civ·il /ʌ̀nsívəl⁻/ 形 ❶〈行為など〉無礼な, 不作法な: He's ~ to his colleagues. 彼は同僚に対して無礼なことをする[言う]. ❷ 未開の, 野蛮な. **~·ly** 副 **~·ness** 名 〖類義語〗rude.

un·civ·i·lized /ʌ̀nsívəlaɪzd⁻/ 形 ❶ a 未開の: ~ tribes 未開部族. b 野蛮な. ❷ 文明から離れた, 荒涼とした.

un·clad /ʌ̀nklǽd⁻/ 形 衣服を着ていない, 裸の.

un·claimed /ʌ̀nkléɪmd⁻/ 形 要求[請求]され(てい)ない, 請求者のいない; 所有者不明の.

un·clasp /ʌ̀nklǽsp | -klɑ́ːsp/ 動 他 ❶〈…の〉留め金をはずす. ❷〈握り合わせた両手などを〉開く.

un·clas·si·fied /ʌ̀nklǽsəfaɪd⁻/ 形 ❶〈文書など〉機密扱いでない, 秘密でない. ❷ 分類[区分]してない.

‡**un·cle** /ʌ́ŋkl/ 名 ❶ a [C] おじ (↔ aunt). b [U~] おじさん 〖用法〗身内では無冠詞で固有名詞的に用いる: U~ (John) is out.(ジョン)おじさんは留守です. ❷ a [U~]《口》おじさん《年長の男性に対して用いる親しみを込めた呼びかけ》: U~ Jim ジムおじさん / ⇒ Uncle Sam, Uncle Tom. b 支援者, 助言者. c《俗》質屋 (pawnbroker). **sày [crý] úncle**《米口》参ったと言う. **tálk to a person like a Dútch úncle** ⇒ Dutch uncle. 〖F < L *avunculus* 母方のおじ〗 (⇒ avuncular)

un·clean /ʌ̀nklíːn⁻/ 形 ❶ よごれた, 不潔な. ❷ (道徳的に)不浄の, 汚れた: an [the] ~ spirit (特に, 人の心に宿る)悪魔, 悪霊. ❸〈豚肉など〉(宗教的儀式上食べることを禁じられた), 不浄の, けがれた: ~ meat (ユダヤ人などで食べるのを禁じられた)不浄の肉. **~·ness** 名

*†**un·clear** /ʌ̀nklíɚ | -klíə⁻/ 形 ❶ はっきりしない, 不明瞭な; 不確かな.

un·clench /ʌ̀nkléntʃ⁻/ 動 他〈こぶし·くいしばった歯などを〉解く, ゆるめる. ― 自〈こぶしなどが〉ゆるむ, 開く.

Úncle Sám 名《口》❶ [C] アンクルサム, (典型的な)米国人〖解説〗政治漫画などでは星を並べた模様のシルクハットをかぶり, 赤と白の縞ズボンをはいたあごひげのある長身の男の姿で表わされる; また, 典型的な英国[イングランド]人のあだ名は John Bull, スコットランド人は Sandy, アイルランド人は

Paddy, ウェールズ人は Taffy という). ❷ 米国政府. 《U(nited) S(tates) を人になぞらえたもの》

Úncle Tóm 名 《軽蔑》 白人に対して屈従的な黒人. 《Harriet Beecher Stowe の小説 *Uncle Tom's Cabin* に出てくる黒人奴隷の名から》

un·cloak /ʌnklóuk⁻/ 動 他 ❶ 〈…に〉マント[外套(がいとう)]を脱がせる. ❷ **a** 〈…の〉仮面をはぐ, 暴露する. **b** 〈計画などを〉明らかにする, 公表する. ── 自 外套を脱ぐ.

un·close /ʌnklóuz⁻/ 動 他 〈…を〉あける. ── 自 開く.

un·closed /ʌnklóuzd⁻/ 形 ❶ 閉ざされ(てい)ない, 開いたままの. ❷ 完結し(てい)ない: The case remains ~. その件はまだ片がついていない.

un·clothe /ʌnklóuð/ 動 他 〈人に〉衣類を脱がせる, 〈人の〉衣服を奪う[はぐ], 〈人を〉裸にする.

un·clothed /ʌnklóuðd⁻/ 形 衣類を脱いだ[着ていない], 裸の (naked).

un·cloud·ed /ʌnkláudɪd⁻/ 形 ❶ 雲のない, 晴れた; 澄んだ: an ~ blue sky 雲ひとつない青空. ❷ 明るい, 晴れやかな: ~ happiness かげりのない幸せ.

un·clut·tered /ʌnklʌ́təd⁻/ -təd⁻/ 形 〈場所など〉散らかっていない (tidy).

un·coil /ʌnkɔ́ɪl⁻/ 動 他 〈巻いたものを〉ほどく, 解く, 伸ばす. ── 自 ❶ 〈巻いたものが〉解ける. ❷ 〈ヘビとぐろを解く.

un·col·ored /ʌnkʌ́ləd⁻/ -ləd⁻/ 形 ❶ 色をつけてない, 地色のままの. ❷ 〈話などがありのままの, 飾らない: an ~ account [description] ありのままの説明[記述].

un·combed /ʌnkóumd⁻/ 形 〈髪の〉とかしてない, もつれた, ぼさぼさの.

*****un·com·fort·a·ble** /ʌnkʌ́mfətəbl | -fət-⁻/ 形 (more ~; most ~) ❶ 心地よくない, 気持ちの悪い, 住み[居, 乗り, 着, はき]心地の悪い (awkward): an ~ wooden chair 座り心地の悪い木のいす / I'm [I feel] ~, nurse. [ベッドの患者が] 看護婦さん, 寝心地がよくないんですが. ❷ 〈事態など〉困った, 気詰まりな, やっかいな: an ~ silence 気詰まりな沈黙 / be in an ~ position 苦しい立場にある. **~·ness** 名

ùn·cóm·fort·a·bly /-təbli/ 副 ❶ 心地悪く; 不快に. ❷ 気詰まりで.

un·com·mer·cial /ʌnkəmə́ːʃəl | -mə́ː-⁻/ 形 ❶ 非商業的な, 営利目的でない. ❷ 商売にならない, 利益の上がらない. ❸ 商業道徳に反する.

un·com·mit·ted /ʌnkəmítɪd⁻/ 形 ❶ 〈犯罪など〉犯していない. ❷ 中立的な, どっちつかずの: remain ~ 中立的な立場を維持する. ❸ 拘束されていない, 約束[予定]がない; 〈…を〉約束していない: I'm ~ tonight. Shall we go for a drink? 今夜は空いているから一杯飲みに行こうか / I'm still ~ *to* undertaking the work. 私はその仕事を引き受けるとはまだ約束していない.

⁺**un·com·mon** /ʌnkʌ́mən | -kɔ́m-⁻/ 形 (more ~; most ~) ❶ 珍しい, まれな (rare, unusual): an ~ case まれな場合 / It's not ~ to see snakes here. この地でヘビを見るのは珍しいことではない / a surliness ~ *to* [*among*] the good-natured villagers 気のいい村人たちの(間)にはめったに見られない無愛想(無愛想)な態度). ❷ 異常な, 非凡な: an ~ act 異常な行為.

ùn·cóm·mon·ly 副 ❶ まれに; 珍しく, 特別に: not ~ しばしば. ❷ 異常(なほど)に, とても: ~ generous とても気前がいい.

un·com·mu·ni·ca·tive /ʌnkəmjúːnəkèɪtɪv, -kət-, -nɪkət-⁻/ 形 打ち解けない, 遠慮がちな.

un·com·pet·i·tive /ʌnkəmpétətɪv⁻/ 形 ❶ 競争力のない, 競争できない[にならない]. ❷ 公平[自由]な競争を避けようとする, 不公正な, なれあいの.

un·com·plain·ing /ʌnkəmpléɪnɪŋ⁻/ 形 ❶ 不平を言わない, 我慢強い. ❷ あきらめている.

⁺**un·com·pli·cat·ed** /ʌnkʌ́mpləkèɪtɪd | -kɔ́m-⁻/ 形 複雑でない, 単純な, 素直な.

un·com·pli·men·ta·ry /ʌnkʌ̀mpləméntəri, -tri | -kɔ̀m-⁻/ 形 ほめない, 失礼な, 無礼な.

un·com·pre·hend·ing /ʌnkʌ̀mprəhéndɪŋ | -kɔ̀m-⁻/ 形 理解できない, わかっていない. **~·ly** 副

un·com·pro·mis·ing /ʌnkʌ́mprəmàɪzɪŋ | -kɔ́m-⁻/

1953　　**uncontrollable**

形 ❶ 妥協しない, 譲歩しない (unyielding): an ~ attitude 非妥協的な態度. ❷ 断固とした, 強硬な. **~·ly** 副

un·con·cealed /ʌ̀nkənsíːld⁻/ 形 〈感情など〉包み隠さない, あけはつげの; 明らかな.

un·con·cern /ʌ̀nkənsə́ːn | -sə́ː.n⁻/ 名 ⓤ 無関心, むとんちゃく, 平気, 平然(としていること): with apparent ~ いかにもとんちゃくそうに.

un·con·cerned /ʌ̀nkənsə́ːnd | -sə́ːnd⁻/ 形 ❶ 心配しない, 平気な, のんきな: in an ~ manner 平気で / He's ~ *about* the future. 彼は先のことは気にしない. ❷ 興味がなくて, 無関心で: He seems ~ *with* politics. 彼は政治に無関心のようだ. 【類義語】⇨ indifferent.

ùn·con·cérn·ed·ly /-nɪdli/ 副 ❶ 平気で. ❷ 無関心で.

*****un·con·di·tion·al** /ʌ̀nkəndíʃ(ə)nəl⁻/ 形 **無条件の**, 無制限の, 絶対的な: ~ surrender 無条件降伏. **~·ly** 副

un·con·di·tioned /ʌ̀nkəndíʃənd⁻/ 形 無条件の, 絶対的な: an ~ reflex 〖生理〗〘心〙無条件反射.

⁺**un·con·firmed** /ʌ̀nkənfə́ːmd | -fə́ː.md⁻/ 形 〈うわさ・報道など〉未確認の: an ~ report 未確認報道.

un·con·form·a·ble /ʌ̀nkənfɔ́ːməbl | -fɔ́ː.m-⁻/ 形 〘地〙不整合の〈層〙. **ùn·con·fór·ma·bly** /-məbli/ 副

un·con·for·mi·ty /ʌ̀nkənfɔ́ːməti | -fɔ́ː-/ 名 C,U 〘地〙(地層の)不整合(面).

un·con·ge·ni·al /ʌ̀nkəndʒíːniəl⁻/ 形 気[気性]が合わない; 好みに合わない, 受け入れない.

un·con·nect·ed /ʌ̀nkənéktɪd⁻/ 形 つながっていない, 関係[関連]のない; 接続していない; 縁故のない.

un·con·quer·a·ble /ʌ̀nkɔ́ŋkərəbl | -kɔ́ŋ-⁻/ 形 征服できない, 克服できない.

un·con·scio·na·ble /ʌ̀nkɔ́nʃ(ə)nəbl | -kɔ́n-⁻/ 形 非良心的な; 不当な: an ~ bargain 不当取引. ❷ 法外な, 途方もない (excessive): an ~ error 途方もない間違い / He takes an ~ time eating. 彼は食事の時間がばかに長い. **ùn·cón·scio·na·bly** /-nəbli/ 副 **~·ness** 名

*****un·con·scious** /ʌ̀nkɔ́nʃəs | -kɔ́n-⁻/ 形 (比較なし) ❶ 意識を失った, 意識不明の, 気絶した: fall [become] ~ 意識を失う / He knocked the man ~ with one blow of his fist. 彼はその男をげんこつの一撃で気絶させた. ❷ P 知らないで, 気づかないで (oblivious): He was ~ *of* his mistake. 彼は自分の誤りに気づいていなかった / He's ~ *of* having made a serious error. 彼は大変な過ちをしたことに気づいていない. ❸ 知らず知らずの, 何げなく(口に)した, 自覚しない; うっかり出た: ~ wit 自分では気づかない[無意識の]機知. ❹ 〘心〙無意識の. ── 名 [the ~] 〘心〙無意識.

*****un·con·scious·ly** /ʌ̀nkɔ́nʃəsli | -kɔ́n-⁻/ 副 無意識に, 知らず知らずに.

ùn·cón·scious·ness /ʌ̀nkɔ́nʃəsnəs⁻/ 名 ⓤ 無意識(状態); 人事不省.

un·con·se·crat·ed /ʌ̀nkɔ́nsɪkrèɪtɪd | -kɔ́n-⁻/ 形 聖別されていない, 神にささげられていない.

un·con·sid·ered /ʌ̀nkənsídəd | -dəd⁻/ 形 ❶ 考慮されて(い)ない, 無視された. ❷ 〈言動など〉不用意な, 思慮の足りない.

⁺**un·con·sti·tu·tion·al** /ʌ̀nkɔ̀nstət(j)úːʃ(ə)nəl | -kɔ̀n·stɪtjúː-⁻/ 形 憲法違反の, 違憲の. **~·ly** /-nəli/ 副

un·con·strained /ʌ̀nkənstréɪnd⁻/ 形 拘束をうけていない; 強制によらない, 自発的な; 窮屈さのない, のびのびした. **ùn·con·stráin·ed·ly** /-nɪdli/ 副

un·con·struct·ed /ʌ̀nkənstrʌ́ktɪd⁻/ 形 〈服の芯やパッドを入れて形をつくったのでない〈体によくなじむ〉.

un·con·sum·mat·ed /ʌ̀nkɔ́nsəmèɪtɪd | -kɔ́n-⁻/ 形 床入りの, 〈男女の〉契りを結んでいない.

un·con·tam·i·nat·ed /ʌ̀nkəntǽmənèɪtɪd⁻/ 形 汚点のない, 汚されていない, 清浄な.

un·con·test·ed /ʌ̀nkəntéstɪd⁻/ 形 争う者のない, 無競争の; 議論の余地のない, どこからも文句の出ない, すんなり通る. **~·ly** 副

⁺**un·con·trol·la·ble** /ʌ̀nkəntróuləbl⁻/ 形 制御できな

un·con·trol·la·bly /-ləbli/ 副 抑え切れずに: She burst into tears. 彼女は抑え切れずにわっと泣き出した.

⁺**un·con·trolled** /ʌ̀nkəntróuld⁻/ 形 制御[抑制]されていない, 自由な (unchecked).

un·con·tro·ver·sial /ʌ̀nkɑ̀ntrəvə́ːʃəl | -kɔ̀ntrəvə́ː-⁻/ 形 議論[論争]にならない. 〜**·ly** 副

un·con·tro·vert·ed /ʌ̀nkɑ̀ntrəvə́ːtɪd | -kɔ̀ntrəvə́ːt-⁻/ 形 反駁[反対]されていない; 議論の余地のない.

⁺**un·con·ven·tion·al** /ʌ̀nkənvénʃ(ə)nəl⁻/ 形 ❶ 慣例に従わない, 因襲にとらわれない: an 〜 approach to a problem 問題への型破りな取り組み方. ❷〈態度・服装など〉型にはまらない, 略式の, 自由な. 〜**·ly** /-nəli/ 副

un·con·ven·tion·al·i·ty /ʌ̀nkənvènʃənǽləti/ 名 ❶ ⓤ 非因襲的なこと; 自由さ. ❷ ⓒ 因襲にとらわれない言行.

⁺**un·con·vinced** /ʌ̀nkənvínst⁻/ 形 納得していない, 確信を持つにいたらない, 半信半疑の.

⁺**un·con·vinc·ing** /ʌ̀nkənvínsɪŋ⁻/ 形 説得力のない, 本当うは思えない, 疑問のある. 〜**·ly** 副

un·cooked /ʌ̀nkúkt⁻/ 形 料理して(い)ない, 焼[煮]ない(で), 生(ﾅﾏ)の[で] (raw): eat vegetables 〜 野菜を生で食べる.

un·cool /ʌ̀nkúːl⁻/ 形《口》かっこ悪い, いけてない, さえない, やぼったい, ダサい, 遅れてる.

un·co·op·er·a·tive /ʌ̀nkouɑ́p(ə)rətɪv | -ɔ́p-⁻/ 形 非協力的な.

un·co·or·di·nat·ed /ʌ̀nkouɔ́ːdənèrtrd | -ɔ́ː-⁻/ 形 ❶〈動きなどが〉ぎくしゃくした, ぎこちない, 不器用な, ぶざまな. ❷ 組織立っていない, 調整のついていない, 連絡の悪い.

un·cork /ʌ̀nkɔ́ːk | -kɔ́ːk⁻/ 動 他〈瓶などの〉コルクを抜く.

un·cor·rob·o·rat·ed /ʌ̀nkərɑ́bərèrtrd | -rɔ́b-⁻/ 形 確証されていない, 支持する証拠がない, 不確かな.

un·count·a·ble /ʌ̀nkáuntəbl⁻/ 形 ❶ 数えきれない, 無数の: 〜 difficulties 無数の難題. ❷《文法》〈名詞が〉数えられない, 不可算の: an 〜 noun 不可算名詞. ── 名《文法》数えられない名詞, 不可算名詞 (↔ countable) (★この辞書では ⓤ の記号を用いている).

un·count·ed /ʌ̀nkáuntrd⁻/ 形 ❶ 数えられて(い)ない ❷ 無数の: 〜 millions (of people) 無慮幾百万(の人々).

ún·count nóun 名 =uncountable.

un·cou·ple /ʌ̀nkʌ́pl⁻/ 動 他 ❶〈…を〉〈…から〉切り離す, 分ける;〈列車の〉連結を解く;〈列車から〉貨車などを切り離す〔from〕. ❷〈犬を〉(2頭の犬をつないだ)革ひもからはずす. ── 自 ❶〈…から〉分かれる, 離れる〔from〕;〈夫婦などが〉分かれる,〈関係などが〉破綻する.

un·couth /ʌ̀nkúːθ/ 形〈人・態度・言葉など〉無骨な, やぼな, 不作法な, 気のきかない (coarse): an 〜 person 無作法者 / He behaves in a most 〜 way. 彼のふるまいは実にぶざまだ. 〜**·ly** 副 〜**·ness** 名《OE=知られていない, なじみのない》.

un·cov·e·nant·ed /ʌ̀nkʌ́v(ə)nəntrd⁻/ 形 契約[誓約, 神約]によらない, 契約に束縛されていない.

*****un·cov·er** /ʌ̀nkʌ́və | -və⁻/ 動 他 ❶〈…の〉ふた[おおい]を取る. ❷(敬意を表わして)〈頭から〉帽子を脱ぐ: 〜 one's head 帽子を脱ぐ / 〜 oneself 脱帽する. ❸〈陰謀・秘密などを〉暴露する, 摘発する: 〜 an international conspiracy 国際的陰謀をあばく.

un·cov·ered /ʌ̀nkʌ́vəd | -vəd⁻/ 形 ❶ ふた[おおい]のない, むきだしの. ❷ 帽子のない: stand 〜 帽子をかぶらないで(立って)いる. ❸ 保険をかけて(い)ない.

un·cred·it·ed /ʌ̀nkrédrtrd⁻/ 形〈作者・協力者などとして〉の名があがらない[あがっていない], クレジットのない.

un·crit·i·cal /ʌ̀nkrítrk(ə)l⁻/ 形 批判[批評]的でない; 無批判の: an 〜 audience 批判力のない聴衆 / He was 〜 of his son's conduct. 彼は息子の行為には無批判であっ

た. 〜**·ly** /-kəli/ 副

un·cross /ʌ̀nkrɔ́ːs | -krɔ́s/ 動 他〈組んだ脚などを〉もとに戻す, ほどく.

un·crossed /ʌ̀nkrɔ́ːst | -krɔ́st⁻/ 形 ❶《英》〈小切手が〉線引きでない: an 〜 cheque 普通小切手. ❷ 十字架などつけていない. ❸ 妨げられていない.

un·crowd·ed /ʌ̀nkráudɪd⁻/ 形 混雑していない, すいた, 人の少ない[まばらな].

un·crowned /ʌ̀nkráund⁻/ 形 ❶ まだ王冠をいただかない. ❷ [the 〜 king [queen]で](公認されていないが)第一人者とされている人: the 〜 king of jazz ジャズ界の無冠の帝王.

un·crush·a·ble /ʌ̀nkrʌ́ʃəbl⁻/ 形 ❶〈布など〉形の崩れない, しわにならない. ❷〈人・意志など〉不屈な, 強固な.

UNCTAD /ʌ́ŋktæd/ 略 United Nations Conference on Trade and Development 国連貿易開発会議.

unc·tion /ʌ́ŋ(k)ʃən/ 名 ⓤ ❶(カトリック教会で聖別のしるしとしての)注油, 塗油: ⇒ extreme unction. ❷ 人を感動[感激]させる語調[態度](など); (特に)宗教的熱情. **b** うわべばかりの熱情, 偽りの感動感激, 同情, いんぎんさ(など). 《L <unguere, unct- 塗油を塗る》

unc·tu·ous /ʌ́ŋ(k)tʃuəs/ 形 ❶**a** 油のような, 油質の. **b** なめらかな, すべすべした. ❷ いかにも感動したような, お世辞たらたらの: an 〜 manner いやに調子のいい物腰 / in an 〜 voice 猫なで声で. 〜**·ly** 副 〜**·ness** 名

un·cul·ti·vat·ed /ʌ̀nkʌ́ltəvèrtrd⁻/ 形 ❶ 未耕作の, 未墾の. ❷ 教養のない, 粗野な.

un·cul·tured /ʌ̀nkʌ́ltʃəd | -tʃəd⁻/ 形 教養のない, (舌・目の)肥えていない, 不調法[無骨]な.

un·cured /ʌ̀nkjúəd | -kjúəd⁻/ 形 ❶ 治療されていない, 直っていない. ❷〈肉など〉保存処理されていない.

un·curl /ʌ̀nkə́ːl | -kə́ːl⁻/ 動 他〈巻き毛・巻いたものなどを〉まっすぐにする. ── 自〈巻きあがったものが〉解ける, まっすぐになる.

un·cut /ʌ̀nkʌ́t⁻/ 形 ❶ 切られて(い)ない, まだ切ってない. ❷《映画・物語など》削除[カット]してない, 完全版の: an 〜 text 無削除版 / Did you see it in the 〜 version? (その映画は)ノーカット版で見たのですか. ❸〈宝石など〉カットして(い)ない, 磨か(れて)いない. ❹《製本》へりを断ちそろえてない, アンカット.

un·dam·aged /ʌ̀ndǽmɪdʒd⁻/ 形 被害を受けてない, 破損していない.

un·dat·ed /ʌ̀ndéɪtrd⁻/ 形 日付の(ついて)ない.

un·daunt·ed /ʌ̀ndɔ́ːntrd⁻/ 形 恐れない, 臆することのない, 剛胆な, 不屈な. 〜**·ly** 副

un·dead /ʌ̀ndéd⁻/ 形 死にきっていない, 成仏できないゾンビ・吸血鬼など.

un·dec·a·gon /ʌ̀ndékəgɑ̀n | -gɔ̀n/ 名 十一角形.

un·de·ceive /ʌ̀ndɪsíːv/ 動 他〈人の迷夢をさまさせる,〈人に〉真実を悟らせる.

un·de·cid·a·ble /ʌ̀ndɪsáɪdəbl⁻/ 形 決定されない, 解決できない, 白黒つかない;《数・論》決定不可能な, 論証不能の(ある体系の公理からの論理的推論によっては文または命題が証明も反証もできない). **un·de·cid·a·bil·i·ty** /ʌ̀ndɪsàɪdəbíləti/

⁺**un·de·cid·ed** /ʌ̀ndɪsáɪdɪd⁻/ 形 ❶〈人が〉決心がついていなくて, 迷って: She was 〜 (about) when she would go there. 彼女はいつそこへ行くか決めかねていた (【用法】しばしば前置詞を省略する) / I'm 〜 whether to believe him or not. 彼を信じていもかどうか迷っている. ❷ **a**〈事柄などが〉まだ決まらない, 未決定の. **b**〈勝負など〉未決着の. 〜**·ly** 副 〜**·ness** 名

un·de·ci·pher·a·ble /ʌ̀ndɪsáɪf(ə)rəbl⁻/ 形 判読[解読]できない.

un·de·clared /ʌ̀ndɪkléəd | -kléəd⁻/ 形 ❶〈関税課税品が〉申告して(い)ない. ❷〈戦争が〉宣戦布告のない.

un·de·feat·ed /ʌ̀ndɪfíːtrd⁻/ 形 負けたことのない, 不敗の.

un·de·fend·ed /ʌ̀ndɪfěndɪd⁻/ 形 ❶ 無防備の. ❷ 弁護されて(い)ない, 弁護人のない.

un·de·fin·a·ble /ʌ̀ndɪfáɪnəbl⁻/ 形 はっきりしない, 特定できない, 漠然とした. -**a·bly** /-nəbli/ 副

un・de・fined /ʌ̀ndɪfáɪnd/ 形 ❶ 未定義の, はっきり定まっていない, あいまいな. ❷ 形状[輪郭]がはっきりしない, 漠然とした.

un・de・liv・ered /ʌ̀ndɪlívəd | -vəd/ 形 ❶ 配達されていない, 未配達の. ❷ 〈囚人など〉釈放されていない. ❸ 赤ん坊がまだ生まれていない.

un・de・mand・ing /ʌ̀ndɪmǽndɪŋ | -máːnd-/ 形 〈仕事・人が〉多くを要求しない, きつくない.

†**un・dem・o・crat・ic** /ʌ̀ndèməkrǽtɪk/ 形 非民主(主義)的な. **ùn・dèm・o・crát・i・cal・ly** /-kəli/ 副

un・de・mon・stra・tive /ʌ̀ndɪmɑ́nstrətɪv | -mɔ́n-/ 形 感情を表に出さない, 内気な: a man of ~ nature 控えめな性質の男. **~・ly** 副 **~・ness** 名

†**un・de・ni・a・ble** /ʌ̀ndɪnáɪəbl/ 形 ❶ 否定[否認]しがたい, 疑いもない (indisputable): an ~ fact 明白な事実. ❷ 申し分のない, 非の打ちどころのない, すばらしい: an ~ masterpiece 正真正銘の傑作.

ùn・de・ní・a・bly /-náɪəbli/ 副 否定できないほど, 紛れもなく, 明白に.

un・de・pend・a・ble /ʌ̀ndɪpéndəbl/ 形 頼りにならない, 信頼できない.

＊**un・der** /ʌ́ndə | -də/ 前 /ʌ—/ ❶ [位置を表わして] **a** ...の下に, ...の真下に (★ over の反対語で, 「...の真下に」の意): the bridge 橋の下に（[匠] below the bridge は通例「橋の下流に」の意）/ ~ a tree 木の下に, 木陰に / from ~ the table テーブルの下から. **b** ...のふもとに: a village nestling ~ a hill 山のふもとに寄り添っている村. **c** ...の内側[内部]に; ...の中に没して(いる), ...におおわれて: ~ the ground 地下に[で] / ~ the skin 皮下に / a field ~ water 冠水した畑[耕地] / He was wearing a vest ~ his coat. 上着の下にチョッキを着ていた / He hid (himself) ~ the bedclothes. 彼は寝具にもぐり込んだ. ❷ [状態を表わして] **a** 〈作業・考慮・注目などを受けて, ...中(%)で[の]: ~ consideration [discussion, investigation] 考慮[論議, 調査]中で[の] / The road is ~ repair [construction]. 道路は修理[工事]中だ / land ~ the plow =land ~ cultivation [tillage] 耕地. **b** 〈...の支配・監督・影響などのもとに, 〈指導・規制などを受けて: ~ the control of the army 軍の支配下にあって / England ~ (the rule of) Cromwell クロムウェル支配(下)のイングランド / ~ Article 43 第 43 条によって / ~ the influence of wine 酒の勢いで / study ~ Dr. Freeman フリーマン博士に師事する. **c** 〈署名・捺印(%)などの保証のもとに: ~ one's signature 署名のもとに. **d** 〈治療・攻撃・試練・刑罰などを受けて: ~ (medical) treatment for a stomach ulcer 胃潰瘍(%)の治療を受けて / ~ fire 砲火を浴びて. **e** 〈違反すれば〉刑罰などを受けることとして: ⇒ under PAIN の成句. **f** 〈...の条件・事情のもとに: ~ such conditions このような条件のもとに / ~ a delusion [misapprehension, mistaken impression] 思い違いをして[誤解して, 間違った印象を抱いて]. ❸ **a** 〈種類・分類に属して, ...の項目下で: treat a question ~ several heads 問題をいくつかの項目に分けて扱う. **b** 〈...の名目などのもとに, ...に隠れて: ~ a false name 偽名を使って / ~ (the) cover of night 夜にまぎれて. ❹ **a** 〈数量・時間・年齢などが〉...未満で[の]: He was a man a little ~ forty. 彼は 40 ちょっと手前の男だった / I've been here just ~ a week. 我々はここへ来てもうちょっとで 1 週間たちます. **b** 〈地位が〉...に劣る, ...より下級に: officers ~ the rank of major 少佐より下の将校. **c** 〈年齢に達しない: ~ age 未成年で. ❺ 〈重荷を負って, ...の(重圧の)もとで: The cart will collapse ~ all that weight [those things]. 荷車はその重量[そんな物]を全部積んだら壊れてしまうだろう / He sank ~ the burden of his misery [~ the emotional strain]. 彼は苦悩の重圧[緊張]で参ってしまった. ❻ 〈土地・現状×作物〉を植えて: a field ~ grass [wheat] 牧草[小麦]を植えてある畑.

—— 副 (比較なし) ❶ 下に[へ]; 水中に (★ しばしば動詞とともに成句に用いる): He stayed ~ for two minutes. 彼は 2 分間水に潜っていた. ❷ 未満で: Children of five or ~ were admitted free. 5 歳以下の子供は入場無料だった. ❸ **a** 抑圧されて, 支配されて: bring [get] the fire ~

1955　**undercut**

火事を消す. **b** 意識を失って.

—— 形 (比較なし) [A] 下の, 下部の; 従属の, 次位の: the ~ jaw 下あご / ~ layers 下層 / an ~ servant 下働き.
《OE; 元来は比較級の原義は「...より下の」》
《類義語》⇒ below.

un・der- /ʌ̀ndə, ʌ́n- | -də/ 接頭 ❶ **a** [名詞について名詞を作って] 下の, 下方の: *under*clothes. **b** [名詞について動詞を作って] 下に, 下方に, 下から: *under*line. ❷ **a** [動詞について動詞を作って] 不十分に: *under*state. **b** [「名詞+*ed*」の形の形容詞などに用いて形容詞を作って] 少なすぎる: *under*sized. ❸ [名詞について名詞を作って] 劣っている, 次位の, 従属の: *under*secretary. ❹ 年齢が...未満の人: *under*fives 5 歳未満の幼児.

ùnder・achíeve 動 〈生徒が〉予想[能力]以下の成績をおさめる. **~・ment** 名 **ùnder・achíever** 名

ùnder・áct 動 〈役割を〉控えめに演じる. —— 自 控えめな演技をする.

ùnder・áge 形 未成年の.

únder・árm 名 ❶ **a** 〈縫い目など〉脇(%)の下の; 〈かばんなど〉脇の下用の: an ~ deodorant わきが止め(防臭剤). ❷ 下手(%)投げの. —— /ʌ—/ 副 下手(投げ)で: Throw it ~. 下手投げで投げなさい. —— 名 脇の下.

únder・bèlly 名 ❶ (動物の)下腹部《体の最も柔らかい部分》. ❷ (場所・計画などの)弱点, もろい所, 危険な部分: the soft ~ *of* the US economy アメリカ経済の一番の弱点[急所].

ùnder・bíd 動 (-bid; -bid・den, -bid) ❶ 〈...より〉安く値をつける[入札する] (cf. overbid). ❷ 《トランプ》(ブリッジで)〈手札の実力より〉控えめな賭(%)けをする.

únder・bòdy 名 ❶ (動物の)背腹の下の腹部の部分; (船体の)水線下の部分; (車両の)下部, 底部.

únder・brèd 形 ❶ 育ちの悪い, しつけの悪い, 下品な. ❷ 〈馬〉純粋でない.

únder・brùsh 名 ［U］ 《米》下生え, やぶ.

ùnder・cápitalize 動 他〈企業に〉十分な資本を供給しない[拒む], 資本不足にする. **ùnder・capitalizátion** 名

ùnder・cápitalized 形 資本不足の.

únder・càrriage 名 ❶ (自動車・トレーラーなどの)下部構造, 車台. ❷ (飛行機の)機体支持部, 着陸装置.

únder・cárt 名 《英口》=undercarriage 1.

ùnder・cást 動 《劇》〈芝居・映画などに〉二流[小物]の役を配する.

ùnder・chárge 動 ❶ 〈人に〉代価より少なく請求する; 〈人に〉〈...の金額を〉代価より少なく請求する; 〈人に〉〈...だけ〉少なく代価を請求する (⇔ overcharge): He was ~d (by) 10 pence. 彼は 10 ペンス少ない料金を請求された. ❷ 〈銃砲に〉不十分に装薬する. ❸ 〈...に〉十分充電しない. —— /ʌ—/ 名 (代価)より少ない請求.

†**únder・clàss** 名 [the ~(es); 集合的; 単数または複数扱い] 下層階級.

ùnder・clássman /-mən/ 名 (⑱ -men /-mən/) 《米》(大学・高校の)下級生《1 年生 (freshman)または 2 年生 (sophomore); cf. upperclassman》.

únder・clìff 名 副崖(%) 《アンダークリフ《落石・地すべりなどで海岸部にできた二次的な崖》.

únder・clòthes 名 下着, 肌着 (underwear).

únder・clòthing 名 ［U］ 下着, 肌着 (underwear).

únder・còat 名 ❶ (鳥獣の)下毛. ❷ ［U,C］ 下塗り.

ùnder・cóok 動 他 十分に加熱調理しない, 生煮え[生焼け]にする.

†**ùnder・cóver** 形 秘密に行なう, 秘密の; (特に)諜報活動[秘密調査]に従事する: an ~ agent 秘密捜査員 / the US ~ agencies 米国のスパイ機関 (CIA, FBI など).

únder・cróft 名 (教会などの, 丸天井造りの)地下室.

†**únder・cùrrent** 名 ❶ 底流, 下層流. ❷ (表面には現われない)暗流 (undertow): There was an ~ *of* antipathy between them. 彼らの間には漠然とした反感が流れていた.

†**ùnder・cút** 動 (-cut; -cut・ting) ❶ **a** 〈相手より〉商品

の価格を下げる, 〈相手の価格より〉下げる. **b** 〈相手より〉低賃金で働く. ❷〈人・試みなどの〉力[効果]を弱める (undermine). ❸〈…の〉下を切り取る[切り落とす]. ❹ **a**〘ゴルフ〙(逆回転を与えて)〈ボールを〉上向きに打ち上げる. **b**〘テニス〙(逆回転を与えて)〈ボールを〉打つ. — /╴╴╴╴/ 图 ❶ 下を切り取る[くり抜く]こと; 下から切り取った[くり抜いた]部分. ❷〈牛の〉テンダーロイン. ❸〘ゴルフ・テニス〙(アンダー)カット, スライス.

⁺ùn·der·devéloped 形 ❶ 発達不十分の, 発育不全の: an ~ child 発育不全の子供. ❷〈国・地域など〉低開発の, 十分開発されていない (★この意味では developing を用いるのが一般的).

⁺ùn·der·dóg 图 ❶ (競争・戦いなどで)勝ち目のない者[側]: He always roots for the ~. 彼はいつも勝ち目のないほうを応援する. ❷ (社会の)弱者, 弱い立場の者: help the ~s in society 世の中の弱者を助ける.

ùn·der·dóne 形〈肉など〉生焼けの, 生煮えの, 調理が不十分な (↔ overdone): Some people like beef ~. 生焼けの牛肉を好む人もある.

ùn·der·dréss 圓 軽装[粗末]すぎる服装をする.

ùn·der·émphasis 图 不十分な強調, 強調不足, 軽視, 軽い扱い.

ùn·der·emplóyed 形 ❶〈人が〉パートタイムの; 不完全雇用[就業]の. ❷ 能力以下の仕事に従事している. ❸〈機械・設備など〉十分活用されていない. ❹ 仕事がつまっていない: Now (that) I have finished that work, I feel ~. その仕事が終わったので手持ちぶさただ.

ùn·der·emplóyment 图 Ⓤ ❶ 不完全雇用[就業]. ❷ 能力以下の仕事に従事[雇用]すること.

***un·der·es·ti·mate** /ˌʌndəréstəmèɪt/ 動 他 ❶〈経費・時間を〉少なく見積もる (↔ overestimate). ❷〈…を〉軽く見る, 過小評価する: ~ a problem [the enemy's strength] 問題[敵の力]を軽く見る. — 圓 少なく[安く]見積もる. — /-/mət/ 图 ❶ 少なすぎる[安すぎる]見積もり. ❷ 過小評価; 軽視.

ùn·der·expóse 動 他〈フィルムなどを〉露光[露出]不足にする (↔ overexpose) (★しばしば受身).

ùn·der·expósure 图 ⓊⒸ〘写〙露光不足 (↔ overexposure).

ùn·der·féd 形 栄養不良の.

ùn·der·féed 動 ❶〈…に〉十分な食料を与えない. ❷〈…に〉下から燃料を供給する.

únder·fèlt 图 Ⓤ 下敷きフェルト (床とじゅうたんの間に敷く).

ùn·der·fínanced 形 財源[資金]不足の.

ùn·der·flóor 形 A 暖房が床下からくる: ~ heating 床下暖房.

ùn·der·flòw 图 ❶ =undercurrent. ❷ Ⓤ〘電算〙下位桁あふれ, アンダーフロー (算術演算の結果の絶対値が表現可能な最小値より小さくなること).

ùn·der·fóot 副 ❶ 足の下に[は]; 地面に[で]: It's damp ~. 下で[地面]はじめじめしている. ❷ じゃまになって: Her three children are always getting ~. 3人の子供がついもまつわりついてじゃまをする. **trámple...underfóot** (1) …を踏みつける[つぶす]. (2) …を踏みにじる, 無視する, ないがしろにする.

ùn·der·fúnd 動 他〈…に〉十分資金を与えない[投入しない]. **ùn·der·fúnd·ed** 形 財源[資金]不足の. **ùn·der·fúnd·ing** 图 Ⓤ 財源[資金]不足.

únder·fùr 图 Ⓤ (アザラシ・ビーバーなどの毛皮獣の長粗毛の下にある柔らかな)下毛.

únder·gàrment 图 下着, 肌着.

ùn·der·gírd 動 他 ❶〈古〉〈…の〉下を固く縛る, 〈…の〉下部を安定させる. ❷〈…の〉強い支えとなる[基盤[根本]にある], 補強する.

ùn·der·glàze 形 施釉(せゆう)の前に施す[適する], 下絵の. 下にぬりすぎた, 下絵.

***un·der·go** /ˌʌndəɡóʊ | -də-/ 動 他 (-**went** /-wént/, -**gone** /-ɡɔ́ːn | -ɡɔ́n/) (★受身なし) ❶ **a**〈検査・手術などを〉受ける: ~ an operation [a medical examination] 手術[診察]を受ける. **b**〈変化などを〉経験する; 受ける, こうむる: ~ changes いろいろな変化[変遷]をする / ~ a strange experience 妙な経験をする. ❷〈苦難などに〉耐える, 〈…を〉忍ぶ (go through): ~ many hardships 多くの辛苦をなめる.

***un·der·gone** /ˌʌndəɡɔ́ːn | -dəɡɔ́n/ 動 undergo の過去分詞.

únder·gràd 图 (口) =undergraduate.

***ùn·der·grád·u·ate** /ˌʌndəɡrǽdʒuət | -də-/ 图 (大学の卒業生・大学院生・研究員と区別して)学部学生, 大学生 (cf. postgraduate). — 形 A 学部(学生)の, 大学生時代の: an ~ student 学部学生, 大学生 / in my ~ days 大学時代に.

***un·der·ground** /ˌʌndəɡráʊnd | -də-/ 形 A (比較なし) ❶ 地下の: an ~ parking lot 地下駐車場 / an ~ nuclear test 地下核実験. ❷〈政治組織[活動]など〉潜行的な, 秘密の, 地下…: an ~ government 地下政府 / an ~ movement 地下[潜行]運動. ❸ 前衛的の, 「アングラ」(的)の: the ~ cinema [theater] アングラ映画[劇場]. — 图 ❶ Ⓒ **a** (英)地下鉄 (《米》subway) 《解説》ロンドンの地下鉄は Underground と大文字で書き, 1863年に世界最初に建設されたもの; かまぼこ形をしたトンネルの中を走るので tube ともよばれる): by ~ 地下鉄で. **b** (米)地下道 (《英》subway). ❷ [the ~; 集合的; 単数または複数扱い] **a** 地下組織, 地下運動団体. **b**「アングラ」(団体・運動). — /╴╴╴╴/ 副 (比較なし) ❶ 地下に[で]. ❷ 地下にもぐって, 秘密に, 潜行して, 隠れて: go ~ 地下にもぐる.

únderground ecónomy 图 Ⓤ (米)地下経済(活動) (納税申告漏れなどのために公式の統計に現われない経済活動).

únder·gròwth 图 Ⓤ 下生え, やぶ: push one's way through the ~ やぶの中を進む.

un·der·hand /ˌʌndəhǽnd, ╴╴╴╴ | ˌʌndəhǽnd⁺/ 形 ❶〘球技〙下手(したて)投げの, アンダーハンドの (↔ overhand): an ~ throw 下手投げ. ❷ 秘密の, こそこそした. — /╴╴╴╴/ 副 ❶ 下手投げで (↔ overhand). ❷ 内密に, こそこそと, 陰険に.

un·der·hand·ed /ˌʌndəhǽndɪd | -də-⁺/ 形 ❶ 秘密裏に不法な, こそこそした. ❷ 人手不足の. **~·ly** 副 **~·ness** 图.

ùn·der·húng 形〈下あごか〉上あごより突き出た, 下あごの突き出た.

únder·insùrance 图 Ⓤ 一部保険, 付保(額)過少.

ùnder·insúred 形 一部保険の(保険金額が低過ぎる).

un·der·lay /ˌʌndəléɪ | -də-/ 動 他 (-**laid**) 〈…の〉下に敷く. — /╴╴╴╴/ 图 (じゅうたん・マットレスなどの)下敷き (耐水紙・布).

únder·lèase 图 =sublease. — /╴╴╴╴/ 動 ⓘ =sublease.

únder·lét 動 他 また貸しする.

***ùn·der·líe** 動 他 (-**lay**; -**lain**; -**lying**) ❶〈…の〉基礎となる, 根底にある; 〈…の〉底に潜む: the political ideas *underlying* a revolution 革命の基礎となっている政治思想. ❷〈…の〉下に在る[横たわる]: Shale ~s coal. 頁岩(けつがん)は石炭の下にある.

***un·der·line** /ˌʌndəláɪn, ╴╴╴╴ | ˌʌndəláɪn/ 動 他 ❶〈語などの〉下に線を引く, 〈…に〉下線[アンダーライン]を施す[引く] (《米》underscore): an ~d part [section] 下線を施した部分, 下線の個所. ❷〈…を〉強調する, 〈…を〉はっきり示す: These facts ~ the importance of welfare. これらの事実が福祉の重要性をはっきりと示している / Her behavior ~d her contempt for him. 彼女の態度は彼への軽蔑をありありと表わしていた. — /╴╴╴╴/ 图 アンダーライン, 下線.

únder·lìnen 图 Ⓤ リンネルなどの下着.

un·der·ling /ˈʌndəlɪŋ | -də-/ 图 下役, 手下 (minion).

únder·lìp 图 下唇.

***ùnder·lýing** 動 underlie の現在分詞. — 形 ❶ 裏に潜んだ, 潜在的な; 根本的な, 根元的な (root); 基礎[基調]をなす: an ~ motive 潜在的な動機 / an ~ principle 根本原則. ❷ 下にある, 横たわる.

ùnder·mánned 形 (understaffed; ↔ overmanned) ❶ 〈船など〉人員[乗組員]不足の[で]. ❷ 〈工場など〉人員[人手]不足の[で].

ùnder·méntioned 形 《英》❶ Ⓐ 下記の. ❷ [the ~; 名詞的に; 単数または複数扱い] 下記のもの[人].

***un·der·mine** /ʌ̀ndərmáin | -də-/ 動 ⦿ ❶ **a** 〈健康など〉徐々に弱める[害する], むしばむ: My father's health was ~d by drink. 父の健康は酒のために次第にそこなわれた. **b** 〈名声などを〉ひそかに[陰険な手段で]傷つける: They will do anything to ~ their adversary's reputation. 彼らは相手の評判を傷つけるためには何でもやってのけるだろう. ❷ 〈建物の下で〉〈…〉の土台を掘り去る, 下部を浸食する. ❸ 〈…の下を〉掘る, 下に坑道を掘る.

ùn·der·mín·er 名 undermine する人, 秘密の[暗躍する]襲撃者; 《英》工兵隊員.

únder·mòst 形 副 最下(級)の[に], 最低の[に].

***un·der·neath** /ʌ̀ndərníːθ | -də-/ 前 …の下に[を, で]: ~ the table テーブルの下で / She had nothing on ~ her sweater. 彼女はセーターの下に何も着ていなかった / He's a good man ~ his pompous appearance. 彼はうわべは尊大だが根にはいい男だ. ─── 副 (比較なし) ❶ 下部に: wear a warm shirt ~ 下に暖かいシャツを着る. ❷ 下面に, 底面に: He appears pompous but he's a good man ~. 彼は尊大に見えるが根はいい男だ. ─── 名 [the ~] 下部, 低面, 底: the ~ of a cup 茶わんの底. 【類義語】⇒ below.

ùnder·nóurished 形 栄養不良の (malnourished).

ùnder·nóurishment 名 Ⓤ 栄養不良.

***un·der·pants** /ʌ́ndərpæ̀nts | -də-/ 名 ⦿ パンツ, (男性用の)ズボン下.

únder·pàrt 名 下部; 〈鳥獣の〉腹部; 〈航空機の〉胴体下部.

únder·pàss 名 地下道, ガード下 (↔ overpass) 《交差する道路や鉄道の下を掘り抜いたもの》.

ùnder·páy 動 ⦿ (-paid) 〈人に〉給料を十分に払わない, 十分な賃金を与えない (↔ overpay): Those workers are underpaid. あの労働者たちは十分な賃金をもらっていない.

ùnder·perfórm 動 ⦿ できりに(…に)及ばない[(…を)下回る], 平均[期待]以下で行なう.

ùnder·pín 動 ⦿ (-pinned; -pin·ning) ❶ 〈壁などの〉下につっかいをする, 土台を補強する. ❷ 〈主張などを〉支える; 〈事実を〉確認する, 実証する.

únder·pìnning 名 Ⓤ.Ⓒ ❶ 〈壁などの〉支柱, 支え, 土台. ❷ 支持, 応援.

ùnder·plánt 動 ⦿ 〈既存の樹木の〉下[間]に植える[まく].

ùnder·pláy 動 (↔ overplay) ❶ 〈役などを〉控えめに演じる, 抑制して演奏する. ❷ 〈…を〉あまり重要でないかのように扱う (play down). ─── 動 控えめに演じる.

únder·plòt 名 〈小説・劇などの〉わき筋.

ùnder·pópulated 形 人口不足[希薄]の, 過疎の.

ùnder·populátion 名 Ⓤ 人口不足, 過疎.

ùnder·pówered 形 動力[パワー]不足の.

ùnder·príce 動 ⦿ 〈…に〉標準[実際の価値]以下の値をつける, 値段を安く売る.

ùnder·prívileged 形 ❶ 〈人が〉(社会的・経済的に)恵まれない (disadvantaged): ~ children 恵まれない子供たち. ❷ [the ~; 名詞的に; 複数扱い] (社会的・経済的に)恵まれない人たち.

ùnder·prodúce 動 ⦿ 〈…の〉十分な生産をしない, 〈…を〉生産不足[品薄]にする.

ùnder·prodúction 名 Ⓤ 生産不足.

ùnder·próof 形 〈酒類が〉標準強度よりアルコール分の少ない (↔ overproof; cf. proof spirit).

ùnder·próp 動 ⦿ 〈…に〉支柱をかう, 下から支える.

ùnder·quóte 動 =underbid.

⁺ùnder·ráte 動 ⦿ 〈人・能力などを〉低く見積もる, 過小評価する; 見くびる (↔ overrate): I ~d the difficulty of the task. 仕事の困難さを甘く見ていた / I ~d you! お見それいたしました.

ùnder·representátion 名 Ⓤ (ある分野・地位における, 特定の性・民族などの)代表不足[過少状態], 不当な締め出し], (差別的)軽視, (社会的)進出の遅れ[不十分等].

ùnder·sáturated 形 不飽和の.

⁺únder·score /ʌ́ndərskɔ̀ːr, ʌ̀ndərskɔ́ːr | ʌ̀ndəskɔ́ː-/ 動 ⦿ ❶ 〈強調のために〉〈…〉に下線を引く (underline). ❷ 〈…を〉強調する, 力説する. ❸ 〈映画の〉背景音楽を与える. ─── /ʌ́ndərskɔ̀ːr/ 名 ❶ Ⓒ 下線. ❷ Ⓤ 〈映画の〉背景音楽.

ùnder·séa 形 海中の, 海底の: an ~ cable [tunnel] 海底ケーブル[トンネル]. ─── 副 海中に, 海底に.

únder·sèal 《英》名 Ⓤ アンダーコーティング《車体底面に塗るさび止め》. ─── 動 〈車に〉アンダーコーティングを施す.

ùnder·séas 副 =undersea.

⁺únder·sècretary 名 [しばしば U-] 次官: a parliamentary [permanent] ~ 政務[事務]次官.

ùnder·séll 動 ⦿ (-sold) ❶ 〈相手より〉安値で売る. ❷ 〈実際の値より〉〈ものを〉安く売る.

ùnder·séxed 形 性的欲求[関心]の低い.

únder·shèriff 《米》郡保安官代理.

únder·shìrt 名 《米》(特に, 男性用の)アンダーシャツ, 肌着 (《英》vest).

ùnder·shóot 動 ⦿ (-shot) ❶ 〈的に〉届かない. ❷ 〈飛行機が〉滑走路の手前で着陸する.

únder·shòrts 名 《米》男性用下着パンツ (下着).

únder·shòt 形 ❶ 〈犬など〉下あごが上あごより突き出た; 〈下あごが〉上あごより突き出た. ❷ 〈水車が〉下射式の (↔ overshot).

⁺únder·sìde 名 [the ~] 下側, 底面; 裏面, 内面 (bottom).

ùnder·sígn 動 ⦿ 〈手紙・書類などの〉下に署名する.

ùnder·sígned 形 ❶ Ⓐ 下名の, 下記の. ❷ [the ~; 名詞的に; 単数または複数扱い] 署名者, 下名の者: I, the ~ 私儀, 署名者(は) / The ~ are the petitioners. 下名の者が陳情者である.

ùnder·síze 形 =undersized.

ùnder·sízed 形 普通より小さい, 小型の.

únder·skìrt 名 (スカートまたはドレスの下に着る)アンダースカート.

ùnder·slúng 形 ❶ 〈自動車の車台など〉車軸の下に取り付けられた, 吊り下げ式の. ❷ 〈あごが〉下に突き出た.

únder·sòil 名 Ⓤ 下層土, 心土(しんど), 底土.

ùnder·sów 動 ⦿ 〈前作物をまいてある畑に〉〈後作物を〉重ねてまく, 追いまきする.

únder·spìn 名 Ⓤ 〈ゴルフなどの球の〉逆回転.

ùnder·stáffed 形 人員不足の (undermanned; ↔ overstaffed).

***un·der·stand** /ʌ̀ndərstǽnd | -də-/ 動 (-stood /-stúd/) 《★進行形なし》❶ 〈ことがら・ものの〉意味をわかる, 〈人の〉言うことを理解する: I do not ~ the question [poem]. その質問[詩](の意味)がわかりません / Do you ~ me [what I'm saying]? 私の言うことがわかりますか / I'm beginning to ~ what he means. 彼の意図が少しずつわかってきた《用法 understand の進行形の代わりに be beginning [coming, getting] to ~ が用いられる》(Now,) ~! (さあ,)よく聞きなさい; 誤解しないでほしい / Now ~! You won't get a second chance. わかったか. チャンスは二度と回ってこないぞ《用法 しばしば警告を言い表わす》. **b** 〈学問・技術などに〉通じている, 明るい: ~ English [finance] 英語[財政学]がわかる / ~ machinery 機械に通じている / 〔+wh.〕You ~ best how to repair the machine. その機械の修理法はあなたがいちばんよくわかっている. **c** 〈人・行為などの〉気持ち[本意]がわかる: I don't [can't] ~ him [his behavior]. 彼が[彼がそんなふるまいをするのか]わからない. **d** 〈…がわかる, 〈人がどのように感じているか〉わかる: 〔+wh.〕I ~ how you feel. あなたのお気持ちがわかります / You don't ~ what a painful situation he's in. 彼には彼がどんなに苦しい立場にいるかがわからないのだ / 〔+目[所有格]+doing〕I cannot ~ him [his] deserting his wife. 彼が妻を捨てたのかわからない《用法 目的格を用いるほうが口語的; 【変換】I cannot ~ why he deserted his wife. と書き換え可能》.

❷ 〔…から〕〈…であると〉聞いて知っている, 聞き及ぶ《★形式

ばった表現): [+*that*] I ~ *that* he's now in the US. 彼は今アメリカにいると聞いて[承知して]います / We ~ *from* an authoritative source *that* the Cabinet will resign. ある確実な筋からの報道によると内閣は辞職するとのことです / The situation is better, so I ~. 局面は好転したそう聞いている《★ この so は前文を受けたもので, *that* 節の代用) / [I ~ で主な文に並列的または挿入的に用いて] His wife, I ~, is going abroad next month. 彼の奥さんは来月外国に出かけると聞いています.

❸ **a** (...を X...の)意だと解する: What do you ~ *by* these words of his? 彼のこれらの言葉をどう解釈しますか. **b** (...と)解釈する, 判断する: [+*that*] Are we to ~ *that* you will not cooperate? 我々はあなたが協力してくれないものと考えてよろしいのですか《あなたは協力しないとおっしゃるのですか) / [+目+*to be* 補] I understood him *to be* satisfied. 私は彼が満足していると思った / [+目+*to do*] His silence *was understood to* mean that he was opposed to the policy. 彼の沈黙はその政策に反対していることを意味すると解された / [+目+*as* 補] They *understood* his words *as* a threat. 彼らは彼の言葉を脅迫だと解した.

❹ (語句などを)(心の中で)補って解釈する; (語を)省略する《★ しばしば受身で): In the sentence 'She's younger than Tom', the verb 'is' is to *be understood* after 'Tom'. 'She's younger than Tom' という文では 'Tom' の後に動詞の is を補って解すべきだ.

—— 圓 わかる, 理解する: You don't ~. 君は(事情が)わかっていないんだ / ~ about the situation などの形が誤用に由来するもの) / Do you ~? わかりましたか / Now I ~! やっとわかった.

gíve [léad] a person to understánd (that...) 〈人に〉(...であると)知らせる, 思わせる, 信じさせる《★ しばしば受身; [用法] しばしば人が言ったことや人に知られていたことと実際が異なる場合に「...と言って[聞いて]いたのに(一体どうなっているのだろう)」というような意味合いで用いられる): I *was given to* ~ *that* the wedding would be a private affair. 結婚式は内輪にて行なわれると聞いていたのに.

màke onesélf understóod 自分の言葉[考え]を人にわからせる: I failed to *make myself understood*. 私は自分の言わんとしていることを伝えられなかった.

understánd one anóther [éach óther] 了解[理解]し合う, 意思が疎通する.

〖OE〈 UNDER+STAND; 〈下に立つ〉間近にいる〉よくわかる」という意味変化か〗

【類義語】 **understand** 理解した結果の知識を強調する. **comprehend** その理解にいたるまでの心的過程を強調する. **appreciate** あるものの真の価値を正しく理解・評価する.

*un·der·stand·a·ble /ʌ̀ndəsténdəbl | -də-́/ 形 理解できる, わかる (comprehensible): It's ~ that he is angry. 彼が怒るのももっともだ.

ùn·der·stánd·a·bly /-dəbli/ 副 ❶ 理解できるように. ❷ [文修飾] 理解できることだから, 当然のことながら: He was ~ angry. 彼が腹を立てたのも当然だ(った).

*un·der·stand·ing /ʌ̀ndəsténdɪŋ | -də-/ 名 ❶ **a** U [また an ~] 理解, 会得: He doesn't seem to have much ~ *of* the issue. 彼はその問題についてあまり理解がないようだ / He has *a* good [deep] ~ *of* foreign affairs. 彼は外国事情をよく理解する / gain a better ~ *of*... をよりよく理解する. **b** U.C (個人的)解釈, 判断 (interpretation): It is my ~ *that*... 私は...と了解している. **c** U 理解力, 知力: beyond human ~ 人知の及ばない / *a person of* (*without*) ~ 物のわかった人[わからぬ人]. ❷ C [通例単数形で](非形式的な)合意, 了解, 申し合わせ: a tacit ~ 暗黙の了解 / on this ~ これを承知のうえで, この条件で / We came to [We reached] an ~ *with* them *about* the matter. その件について彼らと了解が成り立った / [+*that*] We have an ~ *that* the matter will be kept in the strictest confidence. 我々の間にはその件を絶対に口外しないという了解がついている / They were allowed to plow up the footpaths on the ~ *that* they restored [would restore] them afterwards. 彼らは後で元どおりにするという条件でその歩道を掘り返すことを許された《★(英)では would restore のほうを多く用いる). ❸ U [また an ~] (他人に対する)わかりやすさ, 同情心, 共感: There was (*a*) deep ~ between us. 我々は深く心を通じ合っていた.

—— 形 物わかりのよい; 思いやりのある (sympathetic): an ~ father 物わかりのよい父親 / with an ~ smile 理解のある微笑を浮かべて / Fortunately she was very ~ about the affair. 幸いにも彼女はそのことにとても理解があった.

~·ly 副

†**ùn·der·státe** 動 ⓣ (...を)控えめに言う; (実際の数量より)少なく言う (↔ overstate): ~ one's losses 損害を控えめに述べる / ~ the number of deaths 死者の数を実際より少なく言う.

†**ùn·der·státed** 形 (表現・色彩などが)抑制された, 控えめな, さりげない. **~·ly** 副

‡**ùn·der·státement** 名 U 控えめに言うこと; C 控えめな言葉[表現] (解説) 誇張表現の反対で, 控えめに表現してかえって強い印象を与えるもので, 特に英国人が好むとされている; たとえば good というのを be not bad と言ったり, very thoughtful を not unthoughtful と言うなど; ↔ overstatement). **the understátement of the yéar** 実に控えめな言い方 (cf. of the YEAR 成句 (2)): To say that the food situation is unsatisfactory is *the* ~ *of the year*; millions of people are dying of hunger. 食料事情は満足いくものではないと言うのはなまぬるい表現だ, 何百万という人が餓死しているのだから.

un·der·steer /-́ ー ー/ 名 U アンダーステア(の傾向) (カーブを曲がると運転者が意図する角度より外側に直進しようとする自動車の性質; cf. oversteer). —— /-́ ー ー/́ 動 (車が)アンダーステアする.

‡**un·der·stood** /ʌ̀ndəstʊ́d | -də-/ 動 understand の過去形・過去分詞.

únder·stòrey 名 [生態] (植物群落の)下層.

únder·stràpper 名 (口) 下っぱ (underling), 小役人.

únder·stùdy 名 (俳優の)代役. —— 動 ⓣ ❶ (役の)代役のためにけいこする; ~ (the role of) Hamlet ハムレットの代役のけいこをする. ❷ (俳優の)代役をする: ~ the leading actress in a movie 映画で主演女優の代役をする. —— 圓 代役をする[務める].

ùn·der·subscríbed 形 応募[申し込み, 購読]者が少ない; 【証券】応募総額の目標を下回った.

*un·der·take /ʌ̀ndətéɪk | -də-/ 動 (-took /-tʊ́k/; -tak·en /-téɪk(ə)n/) ❶ 〈仕事・義務・責任などを〉引き受ける, 請け負う: ~ a task [responsibility for...] 仕事[...の責任]を引き受ける / The lawyer *undertook* the case without a fee. 弁護士はその事件を無報酬で引き受けた. ❷ 〈仕事・実験などに〉着手する, 取りかかる; 企てる: ~ an experiment 実験に取りかかる / ~ an enterprise 事業を始める. ❸ **a** (...すると)請け合う, 約束する: [+*to do*] He *undertook to* do it by Monday. 彼は月曜日までにそれをすると約束した. **b** (...と)保証する, 断言する: [+*that*] I can't ~ *that* you will succeed. 君が成功するとは保証できない.

*un·der·tak·en /ʌ̀ndətéɪkən | -də-/ 動 undertake の過去分詞.

un·der·tak·er /ʌ́ndətèɪkə | -dətèɪkə/ 名 ❶ 葬儀屋(人). ❷ /-́ ー ー -́/ 引受人, 請負人; 企業家.

*un·der·tak·ing /ʌ̀ndətéɪkɪŋ | -də-/ 名 ❶ C [通例単数形で] (引き受けた)仕事; 企業, 事業: a serious ~ 重大な仕事. ❷ C 約束, 保証: He gave her an ~ *to* pay the money back within a year. = He gave her an ~ *that* he would pay the money back within a year. 彼は彼女に1年以内にその金を返すと約束した. ❸ /-́ ー ー -́/ U 葬祭業.

únder·tènant 名 また借り人, 転借人. **únder·tènancy** 名 U.C また借り, 転借.

ùnder-the-cóunter 形 Ⓐ ❶ ないしょで不法に売買される; やみ取引の (cf. over-the-counter). ❷ 不法の, 違法の.

ùnder-the-táble [形] [A] 不法の, 違法取引の.
únder·thìngs [名] [複] 下着[肌着](類) (underclothes).
ùnder·thrúst 〚地〛 [動] [他] 〈断層の下盤を〉上盤の下に移動させる. ── /⏤⏤⏤/ [名] 逆押しかぶせ断層.
únder·tìnt [名] 和らげられた色合い, 淡い色.
únder·tòne [名] ❶ 低音, 小声: talk in an ~ [in ~*s*] 小声で話す. ❷ 潜在的な性質[要素], 底流: There was an ~ *of* bitterness in his words. 彼の言葉にはしんらつさが潜んでいた. ❸ (他の色の)下に透けて見える色.
*__un·der·took__ /ʌ̀ndətúk | -də-/ [動] **undertake** の過去形.
únder·tòw [名] [単数形で] (水面下の)逆流; (岸から返す)引き波; (感情などの)底流 (undercurrent).
ùnder·úsed [形] 十分に用いられていない, 利用不足の.
ùnder·útilize [動] [他] 十分に利用[活用]しない. **ùnder·utilizátion** [名]
ùnder·valuátion [名] [U] ❶ 安い値踏み. ❷ 過小評価.
+**ùnder·válue** [動] [他] ❶ 〈…を〉安く値を踏む. ❷ 〈人・行為を〉過小評価する; 軽視する (↔ overvalue).
únder·vèst [名] 《英》 =vest 2.
+**ùnder·wáter** [形] ❶ 水面下の, 水中(用)の: an ~ gun [camera] 水中銃[カメラ]. ❷ (船の)喫水線下の. ── [副] 水面下に, 水中で[に]. ── [名] [the ~] ❶ 水中. ❷ [複数形で] 海[湖]の深い所.
ùnder·wáy [形] =under WAY[1] [成句].
+**únder·wèar** [名] [U] 肌着, 下着 (underclothes).
ùnder·wéight [形] 重量不足の[で], 標準重量未満の[で] (↔ overweight): He is two pounds ~. 彼は標準体重より2ポンド少ない. ── [名] [U] 重量不足.
*__un·der·went__ /ʌ̀ndəwént | -də-/ [動] **undergo** の過去形.
ùnder·whélm [動] [他] 《戯言》〈…に〉興味を持たせない,〈…を〉しらけさせる.
únder·wìng [名] ❶ (昆虫の)後翅(こうし). ❷ (また **únderwing mòth**) 〚昆〛 シタバガ《後翅があざやかなヤガ》. ❸ (鳥の)翼の下面.
únder·wìre [名] アンダーワイヤー《バストの形を保持するためにブラジャーのカップの下側に縫い込まれたワイヤー》.
únderwire brá [名] ワイヤー入りブラジャー, ワイヤーブラ.
únder·wòod [名] [U] 下生え, 下木 (undergrowth, underbrush).
ùnder·wórk [動] [他] 〈…を〉十分に働かせない[使わない], 楽な仕事をさせる.
+**únder·wòrld** [名] ❶ 犯罪社会, 暗黒街. ❷ [通例 the U~] 〚ギ神〛 よみの国.
*__un·der·write__ /ʌ̀ndəráɪt | -də-/ [動] [他] (**-wrote** /-róʊt/; **-writ·ten** /-rítn/) ❶ 〈…の〉**費用の負担[支払い]を引き受ける[保証する]**. ❷ 〈…の〉(損害)保険を(署名して)引き受ける; 〈損害などに〉保険責務を負う. ❸ 〚商〛 〈会社の発行株式・社債などを〉(一括して)引き受ける. ❹ 《古》〈…を〉下[末尾]に書く.
+**únder·wrìter** [名] ❶ 保険業者; (特に)損害保険業者. ❷ (株式・公債などの)引受人.
*__un·der·writ·ten__ /ʌ̀ndərítn | -də-⁻/ [動] **underwrite** の過去分詞. ── [形] 下に書いた[署名した].
*__un·der·wrote__ /ʌ̀ndəróʊt | -də-/ [動] **underwrite** の過去形.
un·de·scend·ed /ʌ̀ndɪséndɪd⁻/ [形] 〚医〛 〈睾丸が〉停留している.
un·de·served /ʌ̀ndɪzə́ːvd | -zə́ːvd⁻/ [形] 受けるに値しない, 不相応な: ~ criticism 不当な非難.
ùn·de·sérv·ed·ly /-vɪdli/ [副] 不相応に, 不当に(も): He was ~ blamed for the accident. 彼は不当にもその事故の責任を負わされた.
un·de·serv·ing /ʌ̀ndɪzə́ːvɪŋ | -zə́ːv-⁻/ [形] 〔…に〕値しない〔*of*〕. **~·ly** [副]
un·de·signed /ʌ̀ndɪzáɪnd⁻/ [形] 故意でない, たまたま[偶然]の, 予想外の. **ùn·de·sígn·ed·ly** /-nɪdli/ [副] 心にもなく, 何気なく, たくまずして.
un·de·sir·a·bil·i·ty /ʌ̀ndɪzàɪ(ə)rəbíləṭi/ [名] [U] 望ましくないこと, 不快.
+**un·de·sir·a·ble** /ʌ̀ndɪzáɪ(ə)rəbl⁻/ [形] 望ましくない, 不快な: an ~ person [book] 好ましくない人物[本]. ── [名] (社会的に)好ましくない人物.

un·de·sir·ous /ʌ̀ndɪzáɪ(ə)rəs⁻/ [形] 〔…を〕望まない, 好まない, 願わない〔*of*〕.
un·de·tect·a·ble /ʌ̀ndɪtéktəbl⁻/ [形] 気づかれない, 検知不可能な. **-ably** /-təbli/ [副] **un·de·tect·a·bil·i·ty** /ʌ̀ndɪtèktəbíləṭi/ [名]
un·de·tect·ed /ʌ̀ndɪtéktɪd⁻/ [形] 気づかれていない, 看破されていない.
un·de·ter·mined /ʌ̀ndɪtə́ːmɪnd | -tə́-⁻/ [形] 未(決)定の; 未確認[不明]の.
un·de·terred /ʌ̀ndɪtə́ːd | -tə́ːd⁻/ [形] 引き止められていない, 阻止されていない, くじけない.
un·de·vel·oped /ʌ̀ndɪvéləpt⁻/ [形] 未発達の; 未開発の: ~ land 未開発の土地.
un·de·vi·at·ing /ʌ̀ndíːvièɪṭɪŋ⁻/ [形] 本道をはずれない, 逸脱しない, 一貫した. **~·ly** [副]
un·di·ag·nosed /ʌ̀ndàɪəgnóʊst, -nóʊzd⁻/ [形] 〚医〛 診断未確定の.
+**un·did** /ʌndíd/ [動] **undo** の過去形.
un·dies /ʌ́ndiz/ [名] [複] 《口》 (特に, 女性用の)下着類. 〚UNDERCLOTHES, UNDERWEAR の婉曲的な短縮形〛
un·dif·fer·en·ti·at·ed /ʌ̀ndɪfərénʃièɪṭɪd⁻/ [形] 区別[分化]の生じてない, 未分化の, 画一的な.
un·dig·ni·fied /ʌ̀ndígnəfàɪd⁻/ [形] 威厳のない, みっともない.
un·di·lut·ed /ʌ̀ndaɪlúːṭɪd⁻/ [形] 薄めてない; 〈感情など〉純粋な.
un·di·min·ished /ʌ̀ndɪmínɪʃt⁻/ [形] 〈力・質など〉衰えない, 低下しない.
un·dine /ʌndíːn, ⏤⏤/ [名] ウンディーネ《女の姿をした水の精; 人間と結婚して子を産めば魂を得るという》.
un·dip·lo·mat·ic /ʌ̀ndìpləmǽṭɪk⁻/ [形] 外交的手腕のない, 芸のない, 気のきかない, 野暮な. **-mát·i·cal·ly** /-kəli/ [副]
un·di·rect·ed /ʌ̀ndəréktɪd, -daɪ-⁻/ [形] 指図のない, 指導者のない, 目標の不明な, 計画性のない.
un·dis·cern·ing /ʌ̀ndɪsə́ːnɪŋ, -zə́ːn- | -sə́ːn-, -zə́ːn-⁻/ [形] 見分けのつかない, わきまえ[見る目]のない, 分別のない; わかり[悟り]の悪い, 感じの鈍い. **~·ly** [副]
un·dis·charged /ʌ̀ndɪsʧáəʤd | -ʧáːʤd⁻/ [形] ❶ **a** 〈勘定・負債が〉弁済され(てい)ない. **b** 〈債務者が〉(法的に)免責され(てい)ない: an ~ bankrupt 免責未決済破産者. ❷ 〈銃砲が〉発射され(てい)ない. ❸ 〈船荷が〉荷おろしされ(てい)ない.
un·dis·ci·plined /ʌ̀ndísəplɪnd⁻/ [形] 規律のない, しつけの悪い[できていない].
+**un·dis·closed** /ʌ̀ndɪsklóʊzd⁻/ [形] 明らかにされていない, 未公表の.
un·dis·cov·ered /ʌ̀ndɪskʌ́vəd | -vəd⁻/ [形] 発見されていない; 未知の.
un·dis·crim·i·nat·ing /ʌ̀ndɪskrímənèɪṭɪŋ⁻/ [形] 識別[鑑賞]力のない, 見る目[分別]のない, やみくもな, 敏感でない.
un·dis·cussed /ʌ̀ndɪskʌ́st⁻/ [形] 論じられていない, 討議されていない.
un·dis·guised /ʌ̀ndɪsgáɪzd⁻/ [形] 変装していない; あからさまな.
un·dis·mayed /ʌ̀ndɪsméɪd, -dɪz-⁻/ [形] うろたえていない, 臆さない (undaunted).
un·dis·posed /ʌ̀ndɪspóʊzd⁻/ [形] ❶ 処理されていない, 未処置の. ❷ 気が向かない, 好まない.
+**un·dis·put·ed** /ʌ̀ndɪspjúːṭɪd⁻/ [形] 異議のない, 明白な (irrefutable).
un·dis·tin·guish·a·ble /ʌ̀ndɪstíŋ(g)wɪʃəbl⁻/ [形] 区別[見分け]がつかない.
un·dis·tin·guished /ʌ̀ndɪstíŋ(g)wɪʃt⁻/ [形] 傑出したところのない, 平凡な.
un·dis·tort·ed /ʌ̀ndɪstɔ́əṭɪd | -tɔ́ːt-⁻/ [形] ひずみのない, 忠実な〈像〉; ゆがめられていない, 正常な.
un·dis·trib·ut·ed /ʌ̀ndɪstríbjuṭɪd | -bjuːt-⁻/ [形] 分配[配布]されていない.

un·dis·turbed /ˌʌndɪstɚːbd | -tɚːbd/ 形 乱されない, 悩まされ(てい)ない; じゃまの入らない; 平静な: sleep ~ (じゃまされず)静かに眠る. **ùn·dis·túrb·ed·ly** /-bɪdli/ 副

un·di·vid·ed /ˌʌndɪváɪdɪd/ 形 ❶ 分かたれ(てい)ない, 分割されない; 完全な. ❷ 専心の, わき目もふらない: ~ attention 専念.

un·do /ʌndúː/ 動 他 (**un·did** /-díd/; **un·done** /-dʌ́n/) ❶ a 〈一度したことを〉元どおりにする, 元に戻す; 〈努力などの〉結果を台なしにする: What's done cannot be *undone*. 〔電算〕〈前の編集作業・変更を〉取り消す, 元に戻す, アンドゥする. ❷ 〈結び目・包みなどを〉ほどく; 〈ボタンなどを〉はずす (↔ do up): ~ a package 包みをほどく / ~ a button [a zipper] ボタン[ファスナー]をはずす.

un·dock /ʌndɑ́k | -dɔ́k/ 動 他 ❶ 〈船を〉ドックから出す. ❷ 〈宇宙船を〉〈宇宙〉で切り離す. ── 自 ❶ 〈船が〉ドックから出る. ❷ 〈宇宙船が〉切り離される.

un·doc·u·ment·ed /ʌndɑ́kjʊmèntɪd | -dɔ́k-⁻/ 形 ❶ 文書で証明されていない, 証拠資料[典拠]のない. ❷ 〈米〉正式書類による, 認可を受けていない; 〈米〉査証を持たない.

ùn·dóing 名 ❶ Ⓤ 堕落, 零落, 破滅. ❷ [one's ~] 破滅[零落]の元[原因] (downfall): Women were his ~. 女がもとで彼は身をもちくずした. ❸ Ⓤ ほどく[はずす]こと: The ~ of the parcel took some time. 小包をほどくのに少し手間どった.

un·do·mes·ti·cat·ed /ˌʌndəméstɪkèɪtɪd⁻/ 形 〈動物が〉飼いならされていない.

un·done¹ /ʌndʌ́n⁻/ 動 undo の過去分詞. ── 形 (比較なし) ❶ Ⓟ 解けた, ほどけた: Your fly is ~. ズボンの前があいてますよ / Your shoelace has come ~. 靴ひもがほどけましたよ. ❷ 〈人が〉おしまいで, だめで, 破滅して.

un·done² /ʌndʌ́n⁻/ 形 〔Ⓟ〕 なされ(てい)ない; できあがらない, 未完成の: leave one's work ~ 仕事を~しない[仕上げない]でおく.

un·doubt·a·ble /ʌndáʊtəbl⁻/ 形 疑う余地のない.

*un·doubt·ed /ʌndáʊtɪd⁻/ 形 疑う余地のない; 本物の, 確実な: an ~ fact 紛れもない事実.

*un·doubt·ed·ly /ʌndáʊtɪdli/ 副 ❶ 疑う余地のないほど; 確かに: That's ~ wrong. それは確かに間違っている. ❷ [文修飾] 間違いなく: *U*~ he did it. 間違いなく彼がやったのです.

un·drained /ʌndréɪnd⁻/ 形 排水されていない.

un·dra·mat·ic /ʌndrəmǽtɪk⁻/ 形 劇的でない, めざましくない, 印象的でない; つまらない, さえない.

un·draped /ʌndréɪpt⁻/ 形 裸の, ヌードの.

un·draw /ʌndrɔ́ː/ 動 他 (**un·drew** /-drúː/; **un·drawn** /-drɔ́ːn/) 〈カーテンなどを〉引きあける.

un·dreamed-of /ʌndríːmdʌ̀v, -drémt- | -ə̀v⁻/, **un·dreamt-of** /-drémt-⁻/ 形 夢にも思わない, (まったく)意外な: ~ happiness [wealth] 夢にも思わない幸福[富].

un·dress¹ /ʌndrés/ 動 ❶ 〈人の〉衣類をとる[脱がせる]: ~ a baby 赤ちゃんの服を脱がせてやる / ~ oneself 衣類を脱ぐ. ❷ 〈傷の〉包帯をとる. ── 自 衣類を脱ぐ.

un·dress² /ʌndrés/ 名 Ⓤ a 平服, 略装, ふだん着. ❷ 通常軍装. ❸ 衣類を着ていない状態, 裸の状態: in a state of ~ 裸(同然の身なり)で.

un·dressed /ʌndrést⁻/ 形 ❶ 衣類を脱いだ, 裸の; 寝巻き姿の: get ~ 服を脱ぐ. ❷ 〈傷に〉包帯をしない. ❸ 〈皮などめしていない. ❹ a 〈鳥肉など〉調理してない. b 〈サラダなど〉ドレッシングをかけてない.

un·drink·a·ble /ʌndríŋkəbl⁻/ 形 飲めない, 飲用に適さない; (飲むには)まずい.

+**un·due** /ʌnd(j)úː | -djúː⁻/ 形 Ⓐ ❶ a 過度の, はなはだしい (excessive): with ~ haste ひどく[むやみに]急いで. b 不当な, 不適当な: have an ~ influence on... に不当な影響を与える. ❷ 〈負債など〉(支払い)期限に達していない[達しない].

un·du·lant /ʌ́nd(j)ʊlənt | -djʊ-/ 形 波打つ, 波状の: ~ fever 〔医〕波状熱.

+**un·du·late** /ʌ́nd(j)ʊlèɪt | -djʊ-/ 動 自 ❶ 〈水面・麦畑などが〉ゆるやかに波立つ, 波打つ. ❷ 〈地表などが〉ゆるやかに起伏する, うねる: *undulating* land 起伏している土地. ── 他 ❶ 〈…を〉波立たせる, 震動させる. ❷ 〈…を〉うねらせる. 〔L く *unda* 波; cf. abound, inundate〕

un·du·la·tion /ʌ̀nd(j)ʊléɪʃən | -djʊ-/ 名 ❶ a Ⓤ 波動, うねり. b Ⓒ 波動[起伏]するもの: walk over the ~s of the downs なだらかに起伏する丘陵を歩く. ❷ Ⓤ,Ⓒ 〔理〕波動, 振動; 音波; 光波.

un·du·la·to·ry /ʌ́nd(j)ʊlətɔ̀ːri | -djʊlətəri, -tri/ 形 波動(うねり, 起伏)の: the ~ theory (of light) (光の)波動説.

+**un·du·ly** /ʌnd(j)úːli | -djúː-/ 副 ❶ 過度に, はなはだしく (excessively): Don't be ~ worried about the exam. 試験のことをあまり心配しすぎるな. ❷ 不当に, 法外に.

un·du·ti·ful /ʌnd(j)úːtɪf(ə)l | -djúː-⁻/ 形 義務を尽くさない, 不忠実[不従順, 不孝]な. **-ly** /-fəli/ 副. **~·ness** 名

un·dyed /ʌndáɪd⁻/ 形 染めてない, 染色してない.

un·dy·ing /ʌndáɪɪŋ⁻/ 形 〈名声など〉不死の, 不滅の, 不朽の, 永遠の: ~ fame 不朽の名声 / ~ love 永遠の愛.

un·earned /ʌnɚːnd | -ɚːnd⁻/ 形 〈所得など〉労せずして得た: ~ income 不労所得 / ⇒ unearned INCREMENT. ❷ 〈賞配など〉受けるに値しない, 不当な: ~ praise 過分な称賛.

un·earth /ʌnɚːθ | -ɚːθ/ 動 他 ❶ 〈…を〉発掘する, 掘り出す (dig up): ~ buried treasure 埋蔵されていた宝物を掘り出す. ❷ 〈新事実などを〉発見する, 明るみに出す: The lawyer ~ed some new evidence concerning the case. 弁護士は事件について新しい証拠を発見した. ❸ 〈キツネを〉穴から狩り出す.

un·earth·ly /ʌnɚːθli | -ɚːθ-⁻/ 形 ❶ この世のものとも思われない, 超自然的な; 気味悪い, ものすごい; 恐ろしい, ぞっとするような: an ~ silence 不気味な静けさ / an ~ shriek of terror ぞっとするような恐怖の悲鳴. ❷ Ⓐ (口) 時間など〉途方もない(く早い), とんでもない: Who is calling me at this ~ hour? こんな常識はずれの時間にだれが電話をかけてきたのだろう.

un·ease /ʌníːz/ 名 Ⓤ 不安, 心配 (anxiety).

un·eas·i·ly /ʌníːz(ə)li/ 副 ❶ 不安のうちに, 心配して. ❷ 不快そうに, 窮屈そうに.

ùn·éas·i·ness /ʌníːzinəs/ 名 Ⓤ ❶ 不安, 心配: cause [give] a person ~ 人を不安にする, 人に心配させる / be under some ~ at... に少し不安[不快]を感じている. ❷ 窮屈; 落ち着かないこと.

*un·eas·y /ʌníːzi⁻/ 形 (**un·eas·i·er**; **-i·est**) ❶ 不安な, 心配な, 気にかかる: have an ~ feeling 不安感 / have an ~ conscience やましさを感じる / pass an ~ night 不安な[寝苦しい]一夜を過ごす / He felt ~ *about* the future [weather]. 彼は未来に不安を感じた[天気が気にかかった] / I felt ~ *at* my wife's absence. 妻がいないのが気にかかった. ❷ 窮屈な; 落ち着かない; 堅苦しい (uncomfortable): feel ~ in tight clothes きつい服を着て窮屈に感じる / She gave an ~ laugh. 彼女はぎこちない笑い方をした / *U*~ lies the head that wears a crown. 王者に安眠なし (★ Shakespeare「ヘンリー 4 世」から).

un·eat·a·ble /ʌníːtəbl⁻/ 形 食べられない.

un·ec·o·nom·ic /ʌ̀nèkənɑ́mɪk, -ìːk- | -nɔ́m-⁻/ 形 ❶ 経済的でない; 利益のあがらない, もうからない (unprofitable). ❷ 不経済な, むだの多い.

ùn·èc·o·nóm·i·cal /-mɪk(ə)l⁻/ 形 =uneconomic. **~·ly** /-kəli/ 副

un·ed·i·fy·ing /ʌnédəfàɪɪŋ⁻/ 形 非啓発的な, ためにならない, くだらない, みっともない, ぶざまな. **~·ly** 副

un·ed·it·ed /ʌnédɪtɪd⁻/ 形 編集されていない.

un·ed·u·ca·ble /ʌnédjʊkəbl | -édʒʊ-, -édjuː-⁻/ 形 教育しえない, 教化不可能な.

un·ed·u·cat·ed /ʌnédjʊkèɪtɪd | -édʒʊ-, -édjuː-⁻/ 形 教育のない, 無学な. 〔類義語〕 ⇒ ignorant.

un·e·lect·a·ble /ʌ̀nɪléktəbl, -əl-⁻/ 形 選ばれない, (特に)選挙で勝てそうもない, 不人気な.

un·em·bar·rassed /ˌʌnɪmbǽrəst, -em-‐/ 形 きまりわるがらない、臆さない; 自然な、ゆったりとした.

un·em·bel·lished /ˌʌnɪmbélɪʃt, -em-‐/ 形 飾られていない、地味な、あっさりした、ありのままの.

un·e·mo·tion·al /ˌʌnɪmóʊʃ(ə)nəl‐/ 形 感情的でない; 冷淡な; 無情な. ~·ly 副

un·em·phat·ic /ˌʌnɪmfǽtɪk, -em-‐/ 形 語勢の強くない、強く訴えない; はっきりしない、目立たない. **ùn·em·phát·i·cal·ly** /-kəli/ 副

un·em·ploy·a·ble /ˌʌnɪmplɔ́ɪəbl, -em-‐/ 形 (年齢・障害などで)雇えない、雇用できない.

__un·em·ployed__ /ˌʌnɪmplɔ́ɪd, -em-‐/ 形 ❶ **a** 失業した、失職した. **b** [the ~; 名詞的に; 複数扱い] 失業者. ❷ 利用[活用]され(てい)ない、寝かして[遊ばせて]ある: ~ capital 遊休資本.

__un·em·ploy·ment__ /ˌʌnɪmplɔ́ɪmənt, -em-/ 名 Ⓤ 失業; 失業率, 失業者数; 《口》失業手当 (unemployment benefit): high [low] ~ 高[低]失業率 / push ~ down 失業率を引き下げる / be on ~ 失業手当をうけている / Three thousand men face ~ if the factory closes (down). その工場が閉鎖されれば3千人が失業する.

unemplóyment bènefit 名 Ⓤ[また複数形で]失業給付[手当].

unemplóyment compensàtion 名 Ⓤ 《米》失業(補償)手当 (unemployment benefit).

unemplóyment insùrance 名 Ⓤ 失業保険.

unemplóyment lìne 名 《米》失業手当を受ける人が並ぶ列; 失業者(全体)《英》dole queue》: join the ~ 失業する.

un·en·cum·bered /ˌʌnɪnkʌ́mbəd, -en-ǀ-bəd‐/ 形 ❶ 妨げのない、じゃま[係累]のない. ❷ 〈不動産が抵当など〉に入っていない.

un·end·ing /ˌʌnéndɪŋ‐/ 形 ❶ 終わりのない、果てしのない、永遠の: an ~ stretch of cliffs どこまでも果てしなく続く絶壁. ❷ 《口》絶え間のない、しょっちゅうの: I'm sick of your ~ complaints. おまえの毎度毎度のぐちにはうんざりだ. ~·ly 副

un·en·dur·a·ble /ˌʌnɪnd(j)ʊ́(ə)rəbl, -en-ǀ-djʊ́ər-‐/ 形 耐えられない、我慢できない: an ~ insult 耐えがたい侮辱. **ùn·en·dúr·a·bly** /-rəbli/ 副

un·en·force·a·ble /ˌʌnɪnfɔ́ːsəbl, -en-ǀ-fɔ́ːs-‐/ 形 施行できない、強制しえない.

ùn·Énglish 形 ❶ 英国人らしくない、英国風でない. ❷ 英語でない.

un·en·light·ened /ˌʌnɪnláɪtnd, -en-‐/ 形 ❶ 真相を知らない. ❷ 啓蒙されてい)ない、無知な. ❸ 頑迷な、偏見に満ちた.

un·en·ter·pris·ing /ˌʌnéntəpràɪzɪŋ ǀ -tə-‐/ 形 企業心に乏しい、進取的でない.

un·en·thu·si·as·tic /ˌʌnɪnθ(j)ùːziǽstɪk, -en-‐/ 形 熱心でない、熱のはいっていない; ひややかな、おざなりの. **-as·ti·cal·ly** /-kəli/ 副

un·en·vi·a·ble /ˌʌnénviəbl‐/ 形 うらやむに足りない、困った; やっかいな: an ~ reputation ありがたくない評判 / ~ work やっかいな仕事.

un·en·vied /ˌʌnénvid‐/ 形 人にねたまれることのない.

UNEP /júːnep/ (略) United Nations Environment Program 国連環境計画.

+**un·e·qual** /ˌʌníːkwəl‐/ 形 ❶ 等しくない、同等[平等]でない (unfair). ❷ 〈作品など〉(全体を通して)均質でない、一様でない、むらのある. ❸ Ⓟ 耐えられないで、力不足で: She felt ~ *to* the task. 彼女はその任に耐えられそうもないと感じた / He's ~ *to* dealing with the problem. 彼にはその問題を処理する力がない. ~·ly 副 ~·ness 名

ùn·é·qualed, 《英》**ùn·é·qualled** 形 匹敵するもののない、無類の、無比の (unparalleled): ~ courage 無類の勇気 / He's ~ as a jazz pianist. ジャズピアニストとして彼は無比の存在だ.

un·e·quipped /ˌʌnɪkwɪ́pt‐/ 形 用意[訓練]ができていない、(必要な)装備のない、無防備な.

+**un·e·quiv·o·cal** /ˌʌnɪkwɪ́vək(ə)l‐/ 形 あいまいでない、紛らわしくない; 明白な、率直な: an ~ answer 明快な答え / an ~ refusal きっぱりとした拒絶. ~·ly /-kəli/ 副

un·err·ing /ˌʌnéː(ə)rɪŋ, -ə́ːr- ǀ -ə́ːr-‐/ 形 誤らない 〈判断など〉的確な: an ~ memory 確実な記憶力 / ~ judgment 的確な判断. ~·ly 副

un·es·cap·a·ble /ˌʌnɪskéɪpəbl, -es-‐/ 形 避けられない、論理的に必然の.

UNESCO, U·nes·co /juː(ː)néskoʊ/ 名 国連教育科学文化機関, ユネスコ. 〘*U*nited *N*ations *E*ducational, *S*cientific, and *C*ultural *O*rganization〙

un·es·cort·ed /ˌʌnɪskɔ́ːtɪd, -es- ǀ -kɔ́ːt-‐/ 形 護衛されてない、同伴者のいない.

un·es·sen·tial /ˌʌnɪsénʃəl, -es-‐/ 形 本質的でない、重要でない、なくてもよい. ━ 名 本質的でないもの、重要でないもの.

un·eth·i·cal /ˌʌnéθɪk(ə)l‐/ 形 ❶ 非倫理的な. ❷ (特定の職業などの)道義[ルール]に反する、「きたない」.

+**un·e·ven** /ˌʌníːvən‐/ 形 ❶ 平らでない, でこぼこした (irregular): an ~ dirt road でこぼこの未舗装路. ❷ **a** 一様でない、不規則な、不ぞろいな、むらのある (patchy): ~ breathing 不規則な呼吸 / of ~ temper むら気の; 怒りっぽい. **b** 〈作品など〉均質でない. **c** 〈試合など〉一方的な、互角でない (unequal). ❸ 奇数の: ~ numbers 奇数. ~·ly 副 ~·ness 名

úneven (párallel) bárs 名 ❶ [the ~; 単数扱い] 段違い平行棒《体操競技種目》. ❷ 段違い平行棒《用具》.

un·e·vent·ful /ˌʌnɪvéntf(ə)l‐/ 形 事件のない、波乱のない、平穏無事な、平凡な. ~·ly /-fəli/ 副 ~·ness 名

un·ex·am·ined /ˌʌnɪgzǽmɪnd, -eg-‐/ 形 検査(吟味、分析、校合)されていない.

un·ex·am·pled /ˌʌnɪgzǽmpld, -eg- ǀ -záːm-‐/ 形 前例[類例]のない、無比の: prosperity ~ in history 史上空前の繁栄.

un·ex·cep·tion·a·ble /ˌʌnɪkséptʃ(ə)nəbl, -ek-‐/ 形 ❶ 異を唱える[非難する]にあたらない. ❷ 《口》珍しくもない、それほどのこともない. **-a·bly** /-nəbli/ 副

un·ex·cep·tion·al /ˌʌnɪkséptʃ(ə)nəl, -ek-‐/ 形 ❶ 異例[特別]でない、普通の、平凡な、どうということもない (unremarkable). ❷ 例外を認めない. ~·ly 副

un·ex·cit·a·ble /ˌʌnɪksáɪtəbl, -ek-‐/ 形 興奮しない、冷静な. **un·ex·cit·a·bil·i·ty** /ˌʌnɪksàɪtəbɪ́ləti, -ek-/ 名

un·ex·cit·ing /ˌʌnɪksáɪtɪŋ, -ek-‐/ 形 興奮させない、ありきたりの、つまらない.

un·ex·er·cised /ˌʌnéksəsàɪzd ǀ -sə-‐/ 形 ❶ 使用[運用、履行]されていない. ❷ (激しい)運動に慣れていない、運動[トレーニング]不足の.

__un·ex·pect·ed__ /ˌʌnɪkspéktɪd, -eks-‐/ 形 (**more** ~; **most** ~) 予期しない、意外な、突然の: an ~ visitor 不意の来客 / an ~ piece of luck [turn of events] 思いもよらぬ幸運[事の展開]. ❷ [the ~; 名詞的に; 単数扱い] 予期せぬ出来事. ~·ness 名

un·ex·pect·ed·ly /ˌʌnɪkspéktɪdli/ 副 (**more** ~; **most** ~) 思いがけなく、不意に、突然に; [文修飾] 意外なことに(は): U~ (enough), he was very handsome. 意外なことには彼は実にハンサムだった.

un·ex·pired /ˌʌnɪkspáɪəd, -eks- ǀ -páɪəd‐/ 形 期限切れになっていない、まだ有効な.

un·ex·plain·a·ble /ˌʌnɪkspléɪnəbl, -eks-‐/ 形 説明できない、妙な. **ùn·expláin·a·bly** /-nəbli/ 副

+**un·ex·plained** /ˌʌnɪkspléɪnd, -eks-‐/ 形 説明[解明]されていない、原因不明の.

un·ex·plod·ed /ˌʌnɪksploʊ́dɪd, -eks-‐/ 形 爆発させられていない、爆弾が入ったままの、不発の.

un·ex·ploit·ed /ˌʌnɪksplɔ́ɪtɪd, -eks-‐/ 形 利用されていない、開発されないままの.

un·ex·plored /ˌʌnɪksplɔ́ːd, -eks- ǀ -plɔ́ːd‐/ 形 探検[探究, 踏査, 調査]されていない, 未踏の.

un·ex·posed /ˌʌnɪkspoʊ́zd, -eks-‐/ 形 ❶ 明るみに出されていない、暴露されていない、隠(さ)れた. ❷ さらされていな

un·ex·pressed /ˌʌnɪksprést, -eks-‾/ 形 表現されていない, 言葉にされていない, 暗黙の.

un·ex·pur·gat·ed /ˌʌnékspəgèɪtɪd | -pə-‾/ 形 《書物など》(いかがわしいところを)削除されてい(ない): an ~ edition 無削除版.

un·fad·ing /ʌnféɪdɪŋ‾/ 形 色のさめない, 色あせない, 新鮮さを失わない; 衰えない, 不滅の. **~·ly** 副

un·fail·ing /ʌnféɪlɪŋ‾/ 形 尽きない, 絶えない: a novel of ~ interest 興味の尽きない小説. ❷ 確実な; 信頼できる, 忠実な: ~ kindness [support] いつも変わらぬ親切心[支持]. **~·ly** 副

***un·fair** /ʌnféə | -féə‾/ 形 (-fair·er, -fair·est; more ~, most ~) 不公平な, 不当な; 不正な, 公明正大でない, ずるい (unjust): ~ punishment [treatment] 不公平な処罰[扱い] / ~ competition 不公正な競争 / ~ labor practices 不当労働行為 [＋*of*＋(代)名 (＋*to do*) / ＋*to do*] It was ~ of her *to* praise only one of the children. ＝She was ~ *to* praise only one of the children. その子供たちのうちの一人だけをほめるとは彼女は不公平だった. **~·ly** 副

⁺**un·faith·ful** /ʌnféɪθf(ə)l‾/ 形 《夫・妻》に不実な, 不貞な, 浮気をする: He has never been ~ *to* his wife. 彼は妻を裏切るようなことは一度もしたことがない. ❷ 忠実でない, 誠実でない: an ~ umployee 忠実でない従業員 / be ~ *to* one's word 約束を守らない. **~·ly** /-fəli/ 副 **~·ness** 名

un·fal·ter·ing /ʌnfɔ́ːltərɪŋ, -trɪŋ‾/ 形 〈足どりなど〉よろよろしない, しっかりした; ぐらつかない: with ~ steps しっかりした足どりで. ❷ ちゅうちょしない, 断固とした: ~ courage ゆるがぬ勇気. **~·ly** 副

⁺**un·fa·mil·iar** /ˌʌnfəmíljə | -liə‾/ 形 ❶ よく知らない, 見慣れない, 珍しい: ~ faces 見慣れぬ顔. ❷ [Ｐ] a 〈ものごとが〉よく知られていなくて, 未知で: The subject is ~ to me. その問題は私にはよくわからない. b 〈人が〉通じていなくて, 不慣れで, 親しんでいなくて: I'm ~ *with* the subject. その問題には通じていない. **ùn·fa·mìl·i·ár·i·ty** /ʌnfəmìliǽrəti/ 名

⁺**un·fash·ion·a·ble** /ʌnfǽʃ(ə)nəbl‾/ 形 流行でない, 時代遅れの.

un·fast·en /ʌnfǽs(ə)n | -fáːs(ə)n/ 動 他 〈…を〉解く, はずす: ~ one's belt ベルトをはずす.

un·fath·om·a·ble /ʌnfǽðəməbl‾/ 形 ❶ 測りがたい, 底の知れない: ~ darkness 底知れぬ暗やみ. ❷ 不可解な, 深遠な: an ~ mystery 不可思議な神秘. **-a·bly** /-məbli/ 副 **~·ness** 名

un·fath·omed /ʌnfǽðəmd‾/ 形 ❶ (深さの)測り知られていない, 底なしの: the ~ depths of the sea 測り知れない海の深み. ❷ 十分に探究されていない.

⁺**un·fa·vor·a·ble,** 《英》**-vour-** /ʌnféɪv(ə)rəbl‾/ 形 ❶ 都合の悪い, 不利な, 不都合な: an ~ balance of trade 輸入超過 / an ~ wind 逆風 / ~ weather *for* a trip 旅行には向かない天候 / The conditions were ~ *to* our plan. 状況は我々の計画に不利であった. ❷ 〈報告・批判など〉好意的でない, 批判的な: hold an ~ opinion of ...について批判的な意見を持つ. **un·fá·vor·a·bly** /-rəbli/ 副 **~·ness** 名

un·fazed /ʌnféɪzd‾/ 形 《英口》動じない, 平然とした.

un·fea·si·ble /ˌʌnfíːzəbl‾/ 形 実行できない, 困難[無理]な. **-bly** /-zəbli/ 副 **~·ness** 名

un·feel·ing /ʌnfíːlɪŋ‾/ 形 ❶ 無感覚な. ❷ 無情[冷酷, 残忍]な. **~·ly** 副 **~·ness** 名

un·feigned /ʌnféɪnd‾/ 形 偽らない, 真実の, 誠実な: ~ praise 心からの称賛. **ùn·féign·ed·ly** /-nɪdli/ 副 《類義語》⇒ sincere.

un·fem·i·nine /ʌnfémənɪn‾/ 形 女性に似つかわしくない, 女らしくない. **ùn·fèm·i·nín·i·ty** 名

un·fenced /ʌnfénst‾/ 形 垣[柵, 塀]のない, 囲いのない.

un·fer·ment·ed /ʌnfə(ː)méntɪd | -fə(ː)-‾/ 形 発酵してない.

un·fer·ti·lized /ʌnfáːtəlàɪzd | -fáː-‾/ 形 ❶ 受精していない, 不受精[無精]の. ❷ 〈土地が〉施肥されていない.

un·fet·ter /ʌnfétə | -tə/ 動 他 〈…の〉足かせをはずす. ❷ 〈…を〉自由にする, 釈放[放免]する.

ùn·fét·tered 形 ❶ 足かせをはずされた. ❷ 〈思想・行動が〉拘束を受けていない, 自由な.

un·filled /ʌnfíld‾/ 形 満たされていない, 空(ౢ)の; 詰め物をしてない.

un·fil·tered /ʌnfíltəd | -təd‾/ 形 ❶ 濾過されていない. ❷ 〈タバコが〉フィルターのない.

⁺**un·fin·ished** /ʌnfíniʃt‾/ 形 ❶ 終わっていない, 仕上がっていない, 未完成の: an ~ letter 書きかけの手紙 / He left the picture ~. 彼は絵を描きかけのままにした / the *U*~ Symphony 未完成交響曲(Schubert の交響曲第 7 [8] 番ロ短調の通称). ❷ 〈織物など〉仕上げをしてない. ❸ 〈ペンキなど〉仕上げをしてない.

⁺**un·fit** /ʌnfít‾/ 形 (more ~, most ~; -fit·ter, -fit·test) [Ｐ] ❶ 〈人が〉健康でない, 不調で (out of shape): I'm ~ *for* mountain climbing. 私は体調が悪いので山登りはできません. ❷ 不適当で, 不適任で, 不向きで: You're ~ *for* business. 君は実業には向かない / This land is ~ *for* farming. この土地は農業には適さない / He's ~ *to* be a teacher. 彼は教師には向かない. —— 動 他 (**un-fit·ted;** -fit·ting) 《古》〈人を〉不適当にする, 不向きにする, 不適格にする (⇒ unfitted).

un·fit·ted /ʌnfítɪd‾/ 形 ❶ 〈人が〉不適当な, 不向きな, 不適格な: He's *unfitted for* (an) academic life. 彼は学究生活には向かない. ❷ 〈家具などはめ込み式[作り付け]でない; 〈台所が〉システムキッチンでない, 収納具などが備え付けでない.

un·fit·ting /ʌnfítɪŋ‾/ 形 不適当な, 不似合いな. **~·ly** 副

un·fixed /ʌnfíkst‾/ 形 ❶ 固定されていない, (取り)はずされた, ゆるんだ, ぐらぐらする. ❷ 不確かな, はっきりしない, 定まらない. ❸ 〔電算〕〈バグが〉修正されていない.

un·flag·ging /ʌnflǽgɪŋ‾/ 形 衰えない, 疲れない, たゆまない: ~ enthusiasm たゆまぬ熱意. **~·ly** 副

un·flap·pa·ble /ʌnflǽpəbl‾/ 形 《口》(危機に臨んでも)動じない, 冷静な, 泰然とした. **ùn·fláp·pa·bly** /-pəbli/ 副

un·flat·ter·ing /ʌnflǽtərɪŋ, -trɪŋ‾/ 形 うれしがらせを言わない, ありのままを示す, あからさまな[に言う], 好意的でない, ほかない. **~·ly** 副

un·fledged /ʌnflédʒd‾/ 形 ❶ 〈鳥がまだ羽毛がはえそろわない. ❷ 〈人が〉若い, 未熟な, 乳臭い (cf. full-fledged 1).

un·fleshed /ʌnfléʃt‾/ 形 《詩·文》肉の取り除かれた.

un·flinch·ing /ʌnflíntʃɪŋ‾/ 形 ひるまない, 屈しない; 断固たる: ~ courage 剛毅(ᵍ̂). **~·ly** 副

un·fo·cused, un·fo·cussed /ʌnfóʊkəst‾/ 形 ❶ 焦点の合っていない. ❷ 〈目標など〉定まっていない.

***un·fold** /ʌnfóʊld‾/ 動 他 ❶ 〈折りたたんだものなどを〉開く, 広げる: ~ a map [fan] 地図[扇]を広げる. ❷ 〈考え・意図などを〉明らかにする, 述べる: ~ one's ideas 考えを表明する / The story gradually ~ed itself. 物語は徐々に展開していった / He ~ed his plans *to* her. 彼は計画を彼女に打ち明けた. —— 自 ❶ 〈つぼみなどが〉開く. ❷ 〈風景・物語・事態などが〉展開する: Soon the landscape ~ed before them. まもなく広々とした光景が彼らの眼前に開けていた / The plot of the novel ~s in a very natural way. その小説の筋はきわめて自然に展開する.

un·forced /ʌnfɔ́ːst | -fɔ́ːst‾/ 形 強制的でない; 無理のない, 不自然でない.

un·fore·see·a·ble /ʌnfɔːsíːəbl | -fɔː-‾/ 形 予見[予知]できない.

⁺**un·fore·seen** /ʌnfɔːsíːn | -fɔː-‾/ 形 予期しない, 不測の, 思いがけない, 意外な (unexpected): ~ problems [snags] 予期せぬ問題[障害].

⁺**un·for·get·ta·ble** /ʌnfəgétəbl | -fə-‾/ 形 忘れられない, いつまでも記憶に残る (memorable). **ùn·for·gét·ta·bly** /-təbli/ 副

un·for·giv·a·ble /ʌnfəgívəbl | -fə-‾/ 形 許せない,

容赦できない (inexcusable): an ~ error 許されない誤り. **ùn·for·gív·a·bly** /-vəbli/ 副

un·for·giv·ing /ʌ̀nfərgívɪŋ/ -fə-‒/ 形 許さない, 勘弁しない, 容赦のない, 執念深い, 厳しい, 過酷な. ~·**ly** 副 ~·**ness** 名

un·formed /ʌ̀nfɔ́ːrmd/ -fɔ́ːmd‒/ 形 ❶ まだ形を成さない, 未定形の. ❷ 十分に発達していない, 未熟の.

un·forth·com·ing /ʌ̀nfɔ́ːrθəkʌ́mɪŋ/ -fɔ́ːθ-‒/ 形 ❶ 口の堅い[重い], 押し黙った, 無愛想な. ❷ 必要なものがなかなか得られない, 滞った.

***un·for·tu·nate** /ʌ̀nfɔ́ːrtʃ(ʊ)nət/ -fɔ́ː-‒/ 形 (**more ~**; **most ~**) ❶ 不運な, 不幸な (unlucky): an ~ accident 不運な事故 / an ~ orphan 不幸な孤児 / It was ~ that such an accident should occur. そのような事故が起こったのは不幸なことだった / He was *in* losing [*to* lose] his property. 彼は不運にも財産を失った. ❷ 不適当な, 適切でない: He made an ~ remark at the interview. その面接で彼は不適切な言葉を吐いた[失言をした]. ❸ 不幸な結果をもたらす, 不成功の: an ~ business venture 不首尾に終わった投機的企業. ❹ 遺憾な, 残念な (regrettable): his ~ lack of good manners 彼の残念な不作法さ / It was (most) ~ that he should have come when I was away. 私がいない時に彼が来たのは(大変)残念だった. ── 名 不運な人, 不幸な人, 薄命な人.

***un·for·tu·nate·ly** /ʌ̀nfɔ́ːrtʃ(ʊ)nətli/ -fɔ́ː-‒/ 副 (**more ~**; **most ~**) ❶ (比較な) [文修飾] 不幸にも, 不運にも, あいにく, 遺憾ながら (regrettably): *U~*, I haven't (got) enough time to read your book. あいにく私にはあなたの本を読む時間がありません. ❷ 運悪く: He was ~ caught in a shower. 彼は運悪くにわか雨にあった.

⁺**un·found·ed** /ʌ̀nfáʊndɪd‒/ 形 根拠のない, (事実)無根の, 理由のない (groundless): an ~ inference 根拠のない推測 / My fears proved ~. 私の心配は結局根拠のないものだとわかった.

un·free /ʌ̀nfríː‒/ 形 自由のない, 束縛された.

un·freeze /ʌ̀nfríːz‒/ 動 ❶ <...を>解凍する. ❷ <資金の>凍結を解除する. ── 自 溶ける, 解凍する.

un·fre·quent·ed /ʌ̀nfrɪkwéntɪd‒/ 形 <場所など>(めったに)人の通わない[通らない], 人通りの少ない.

un·friend·ed /ʌ̀nfréndɪd‒/ 形 友のない, よるべのない.

⁺**un·friend·ly** /ʌ̀nfréndli‒/ 形 好意的でない, 不親切な, よそよそしい; 愛想の悪い, 薄情な; 敵意のある: an ~ waitress 不親切なウェートレス / ~ children 不愛想な子供たち / Don't be so ~. そんなにつれないことは言わないで[しないで]くれ.

un·frock /ʌ̀nfrɑ́k/ -frɔ́k/ 動 <司祭から>聖職を剥奪(¹⁵̣ゔっ)する.

un·fro·zen /ʌ̀nfróʊz(ə)n‒/ 形 ❶ 凍っていない, 解凍された. ❷ [経] 凍結されていない, 凍結を解除された (⇒ unfreeze).

un·fruit·ful /ʌ̀nfrúːtf(ə)l‒/ 形 ❶ むだな, 効果のない, 報いられない. ❷ 実を結ばない, 実らない; 子を産まない, 生産力のない. ~·**ly** /-fəli/ 副

⁺**un·ful·filled** /ʌ̀nfʊlfíld‒/ 形 果たされて(い)ない; 実現されて(い)ない: an ~ dream 果たせぬ夢.

un·fund·ed /ʌ̀nfʌ́ndɪd‒/ 形 ❶ [商] 一時借入れの, <公債が>短期の. ❷ 資金[財源, 公的援助]のない.

un·fun·ny /ʌ̀nfʌ́ni‒/ 形 おもしろくない, おかしくもない.

⁺**un·furl** /ʌ̀nfə́ːrl/ -fə́ːl‒/ 動 他 <傘・帆・旗などを>広げる, 張る, 揚げる, 翻(ˡ̣ʋ゙がえ)す. ── 自 広がる, 揚がる, 翻る.

un·fur·nished /ʌ̀nfə́ːrnɪʃt/ -fə́ːn-‒/ 形 <部屋など>家具を備えない, 備品のない: rooms to let ~ 備品なしの貸間.

UNGA /júː ènʤiː éɪ/ (略) United Nations General Assembly.

un·gain·ly /ʌ̀ngéɪnli‒/ 形 ぶかっこうな, 見苦しい, ぶざまな (awkward): the ~ walk of a goose [gorilla] ガチョウ[ゴリラ]のぶざまな歩き方 / in an ~ way [fashion] ぶかっこうに. **ùn·gáin·li·ness** 名

un·gen·er·ous /ʌ̀nʤén(ə)rəs‒/ 形 度量の狭い, 狭量な; 金離れのよくない, けちな. ~·**ly** 副

un·gen·tle /ʌ̀nʤéntl‒/ 形 無作法な, 粗野な; 高貴に生まれでない; 優しくない. **ùn·gént·ly** /-li/ 副 ~·**ness** 名

1963

unhappy

un·get·at·a·ble /ʌ̀ngetətəbl‒/ 形 容易に達しない, 近寄りがたい.

un·gird /ʌ̀ngə́ːrd/ -gə́ːd/ 動 (~**·ed**, **un·girt** /-gə́ːrt/ -gə́ːt/) <...の>帯を解く; 帯を解いて<...を>ゆるめる.

un·glazed /ʌ̀nglézd‒/ 形 うわぐすりのかけてない, 無釉の, 素焼の.

un·glued /ʌ̀nglúːd‒/ 形 (引き)はがされた. **còme un·glúed** (1) [米口] 冷静さを失う, 気が動転する. (2) ばらばらになる, 分解する.

un·god·ly /ʌ̀ngɑ́dli/ -gɔ́d-‒/ 形 (**un·god·li·er**; **-li·est**) ❶ **a** 不信心な, 神をおそれない[敬わない]. **b** 罪深い. ❷ [口] 激しい, ひどい; ~ noise ひどい音. **b** [時蕔がとんでもない]: He called on me at an ~ hour. 彼は非常識な時刻に私を訪ねてきた. **ùn·gód·li·ness** 名

un·gov·ern·a·ble /ʌ̀ngʌ́vənəbl/ -vən-‒/ 形 抑制できない, 始末に負えない; 激しい: an ~ rage 抑えられないほどの怒り, 激怒. **-a·bly** /-nəbli/ 副

un·grace·ful /ʌ̀ngréɪsf(ə)l‒/ 形 優美でない; ぶこつな, ぶざまな. ~·**ly** /-fəli/ 副 ~·**ness** 名

un·gra·cious /ʌ̀ngréɪʃəs‒/ 形 ていねいでない, 無愛想な, ぶしつけな, 無礼な: an ~ remark ぶしつけな発言. ~·**ly** 副

un·gram·mat·i·cal /ʌ̀ngrəmǽtɪk(ə)l‒/ 形 文法に合わない, 非文法的な. ~·**ly** /-kəli/ 副

un·grate·ful /ʌ̀ngréɪtf(ə)l‒/ 形 ❶ 恩知らずな, 忘恩の: an ~ person 恩知らずな人 / It's ~ *of* you *to* say that about him. 彼のことをそのように言うのは君も恩知らずだ. ❷ 仕事などが不快な, いやな. ~·**ly** /-fəli/ 副 ~·**ness** 名

un·green /ʌ̀ngríːn‒/ 形 環境に対する十分な意識[配慮]のない, 環境に有害な.

un·ground·ed /ʌ̀ngráʊndɪd‒/ 形 根拠のない, 理由のない, 事実無根の: an ~ charge いわれのない非難.

un·group /ʌ̀ngrúːp/ 動 [電算] <オブジェクトの>グループ(化)を解除する.

un·grudg·ing /ʌ̀ngrʌ́ʤɪŋ‒/ 形 惜しまない, 気前のよい; 心からの. ~·**ly** 副

un·gual /ʌ́ŋgwəl/ 形 爪[かぎつめ, ひづめ](のような).

un·guard /ʌ̀ngɑ́ːrd/ -gɑ́ːd‒/ 動 [トランプ] 守りにある低位の札を出して<高位の札を>失う危険にさらす.

un·guard·ed /ʌ̀ngɑ́ːrdɪd/ -gɑ́ː-‒/ 形 ❶ 不注意な, 軽率な; 油断している; うっかりした: in an ~ moment うっかりしている瞬間に. ❷ 防御されていない, 無防備の: leave a bag ~ かばんを放置しておく. ❸ あけっぴろげな, たくらみのない: an ~ manner あけっぴろげな態度. ~·**ly** 副 ~·**ness** 名

un·guent /ʌ́ŋgwənt/ 名 U.C. 軟膏(ᵏʌこう).

un·guic·u·late /ʌ̀ŋgwíkjʊlət, -lèɪt/ 形 ❶ 爪[かぎつめ]のある; [動] 有爪(ᵘᵘᵒ)(性)の. ❷ [植] <花弁が>つめを有する.

un·gu·late /ʌ́ŋgjʊlət, -lèɪt/ [動] 形 ひづめのある, 有蹄(ᵘᵘ)の; 有蹄類の. ── 名 有蹄動物. [L < *ungula* 小さなつめ < *unguis* つめ]

un·hal·lowed /ʌ̀nhǽloʊd‒/ 形 ❶ 清められていない, 神聖でない. ❷ 神聖でない; 罪深い, 邪悪な.

un·hand /ʌ̀nhǽnd/ 動 [通例命令法で] [戯言] <...から>手を離す, <...を>手放す.

un·han·dy /ʌ̀nhǽndi‒/ 形 手ごろでない, 扱いにくい, 不便な; 不器用な, へたな. **ùn·hánd·i·ly** /-dəli/ 副 **ùn·hánd·i·ness** 名

ùn·háp·pi·ly /-pɪli/ 副 ❶ 不幸に, みじめに: They lived ~ together. 彼らはみじめな思いで一緒に暮らしていた. ❷ [文修飾] 不幸にも, あいにく, 折しく (unfortunately): *U~*, he was out. あいにく彼は不在だった.

ùn·háp·pi·ness 名 U 不幸, 不運, みじめさ, 悲哀.

***un·hap·py** /ʌ̀nhǽpi‒/ 形 (**un·hap·pi·er**; **-pi·est**) ❶ **a** 不幸な, 不運な, 悲惨な, みじめな (miserable): He had an ~ childhood. 彼は不幸な少年時代を過ごした. **b** P 悲しく[不満に]思って: I'm ~ *about* letting her go alone. 彼女をひとりで行かせるのは心配です / [+*to do*] I'm

~ *to hear that you can't attend.* あなたが出席できないと聞いて残念に思います / [+*that*] The boss is very ~ *that you were late.* 君が遅刻したことに上司はひどく怒っている. ❷ 折が悪い, あいにくの: an ~ meeting 折の悪い出会い. ❸ 〈言葉づかいなど〉適切でない, まずい: an ~ remark 不適切な評言.

†un・harmed /ʌ̀nhάːmd | -hάːmd/ 形 そこなわれない, 傷を受けない, 無事な (unscathed).

un・har・ness /ʌnhάːnəs | -hάː-/ 動 他 ❶ 〈馬などの〉引き具を取りはずす, 馬具を解く. ❷ 〈…の〉よろいを脱がせる.

un・hasp /ʌ̀nhǽsp | -hάːsp/ 動 他 〈…の〉掛け金をはずす, 開ける.

un・hatched /ʌ̀nhǽʧt/ 形 〈鳥・卵が〉かえっていない.

UNHCR /júːènértìsìːɑ́ː | -άː/ 名 国連難民高等弁務官. 《*United Nations High Commission for Refugees*》

un・health・ful /ʌ̀nhélf(ə)l/ 形 健康によくない[悪い].

†un・health・y /ʌ̀nhélθi-/ un・health・i・er, -i・est 形 ❶ a 不健康な, 病弱な. b 不健康そうな: an ~ paleness 不健康な青白さ. c (道徳的に)不健全な. ❷ a 〈場所・気候などが〉健康に害のある, 不健全な: an ~ environment 不健全な環境. b 不自然な, 病的な: an ~ interest in death 死に対する病的な興味. ❸ (経済状況などが)健全でない, 弱体の (weak). ❹ 《俗》〈事態など〉命にかかわる, 危険な. **ùn・héalth・i・ly** /-θɪli/ 副 **-i・ness** 名

un・heard /ʌ̀nhɚ́ːd | -hɚ́ːd-/ 形 ❶ a 〈叫び声など〉聞こえない. b 〈頼みなど〉聞いてもらえない: go ~ 無視される. ❷ (特に法廷で)弁明を許されない(で).

†un・heard-of /ʌ̀nhɚ́ːdάv | -hɚ́ːdɔ̀v-/ 形 ❶ 前例のない, 前代未聞の, 未曽有の: The incidence of crime has reached ~ levels. 犯罪の発生率はかつてない(高)水準に達している. ❷ 聞いたこともないほどの, とんでもない, ひどい: ~ behavior とんでもないふるまい. ❸ 以前にも知られていない.

un・heed・ed /ʌ̀nhíːdɪd-/ 形 留意されない, 無視された: My advice went ~. 私の忠告は無視された.

un・heed・ing /ʌ̀nhíːdɪŋ-/ 形 注意を払わない, 不注意な. **~・ly** 副

†un・help・ful /ʌ̀nhélpf(ə)l-/ 形 助けにならない, 役に立たない, 用をなさない. **~・ly** /-fəli/ 副

un・her・ald・ed /ʌ̀nhérəldɪd-/ 形 広く知られていない, 無名の; 予期されていない, 思いがけない.

un・hes・i・tat・ing /ʌ̀nhézətèɪṭɪŋ-/ 形 ぐずぐず[ちゅうちょ]しない; 敏活な; てきぱきした. **~・ly** 副

un・hinge /ʌ̀nhínʤ/ 動 他 ❶ 〈ドアなどの〉ちょうつがいをはずす; 引き離す. ❷ (精神を)乱す, 錯乱させる, 狂わせる 《★通例受身》.

un・hip /ʌ̀nhíp/ 形 最新の流行[時代]に遅れている.

un・his・tor・i・cal /ʌ̀nhɪstɔ́ːrɪk(ə)l | -tɔ́r-/, **un・his・tor・ic** /ʌ̀nhɪstɔ́ːrɪk | -tɔ́r-/ 形 歴史的でない, 史実に反する.

un・hitch /ʌ̀nhíʧ/ 動 他 〈つないである馬などを〉解き放す.

un・ho・ly /ʌ̀nhóʊli/ 形 (un・ho・li・er; -li・est) ❶ 神聖でない, 不浄な; 邪悪な, 罪深い: an ~ alliance いかがわしい結び付き, 「非神聖同盟」. ❷ Ⓐ (口) 恐ろしい, ひどい: make an ~ noise ものすごい音を立てる / at an ~ hour とんでもない時間に. **ùn・hó・li・ness** 名

un・hook /ʌ̀nhʊ́k-/ 動 他 ❶ 〈人・服などの〉ホックをはずす: U- me, would you? ホックをはずしてくださいませんか. ❷ 〈…の〉鉤(か)からはずす.

un・hoped-for /ʌ̀nhóʊptfɔ̀ə | -fɔ̀ː-/ 形 望外の, 予期しない: an ~ piece of good fortune 望外の幸運.

un・horse /ʌ̀nhɔ́əs | -hɔ́ːs-/ 動 他 馬から振り落とす.

ùn・housed /ʌ̀nháʊzd-/ 形 家を奪われた, 宿無しの.

un・hung /ʌ̀nhʌ́ŋ-/ 形 つるされていない (絵画が展示されたことの).

un・hur・ried /ʌ̀nhɚ́ːrid | -hʌ́rid-/ 形 急がない, ゆっくりした.

un・hurt /ʌ̀nhɚ́ːt | -hɚ́ːt-/ 形 そこなわれない(で), 害を受けない(で), けがのない, 無傷の, 無事の (unharmed): escape ~ 無傷で逃げる.

un・hy・gien・ic /ʌ̀nhaɪʤíːnɪk-/ 形 非衛生的な.

un・hy・phen・at・ed /ʌ̀nháɪfənèɪṭɪd-/ 形 ハイフンの付いていない〈語句〉.

un・i- /júːni, -ni/ 〔連結形〕「単一」. 《L *unus* one》

U・ni・ate, -at /júːniət/ 名 合同教会の信徒《東方教会の典礼・慣習を守るが教皇首位権を認める》. ── 形 合同教会の.

u・ni・ax・i・al /jùːnǽksiəl-/ 形 一軸の. **~・ly** /-ʃəli/ 副

u・ni・cam・er・al /jùːnəkǽm(ə)rəl-/ 形 〈議会が〉一院(制)の (cf. bicameral).

UNICEF /júːnɪsèf/ 名 国連児童基金, ユニセフ《1953年 United Nations Children's Fund と改称されたが略称は同じ》. 《*United Nations International Children's Emergency Fund*》

u・ni・cel・lu・lar /jùːnəséljʊlə | -lə-/ 形 《生》単細胞の: a ~ animal 単細胞動物, 原生動物.

u・nic・i・ty /juːnɪ́səṭi/ 名 Ⓤ 単性; 独自性, 特異性.

U・ni・code /júːnɪkòʊd/ 名 《電算》ユニコード《16 ビットで表わす文字コード体系》.

u・ni・col・or(ed) /jùːnəkʌ́lə(d) | -lə(d)-/ 形 一色の, 単色の.

u・ni・corn /júːnɪkɔ̀ən | -kɔ̀ːn/ 名 ❶ 一角獣 《解説 額に一本のねじれた角(こ)と雄鹿の足とライオンの尾を持つ, 馬に似た伝説上の動物; 処女でないとこれを捕えることができないとされた; ライオンと相対して英国王室の紋章を支える》. ❷ 《動》イッカク, 【F<L<*cornu* 角; ⇒ horn】

únicorn fìsh 名《魚》頭頂部が突き出した魚の総称《テングハギ属, アカナマダ科の一種など》.

u・ni・cus・pid /jùːnəkʌ́spɪd-/ 形 《解》一尖(頭)(歯)の, 単頭の.

u・ni・cy・cle /júːnəsàɪkl/ 名 一輪車.

un・i・de・a'd /ʌ̀naɪdíːəd | -díəd-/ 形 独創性[想像力, アイディア]のない, 愚鈍な.

un・i・den・ti・fi・a・ble /ʌ̀naɪdéntəfàɪəbl-/ 形 確認できない, 正体不明の.

***un・i・den・ti・fied** /ʌ̀naɪdéntəfàɪd-/ 形 身元[国籍]不明の, 正体不明の (unknown); 未確認の: an ~ flying object 未確認飛行物体, ユーフォー《略 UFO》.

u・ni・di・men・sion・al /jùːnədɪménʃ(ə)nəl-/ 形 一次元の.

un・id・i・o・mat・ic /ʌ̀nìdiəmǽṭɪk-/ 形 〈語法が〉慣用的でない.

u・ni・di・rec・tion・al /jùːnədɪrékʃənəl, -daɪ--/ 形 方向を変えない, 一方向(性)の; 《電》単向性の. **~・ly** /-ʃ(ə)nəli/ 副

UNIDO /júːnədòʊ/ 《略》United Nations Industrial Development Organization 国連工業開発機関.

u・ni・face /júːnəfèɪs/ 形 片面に模様のない《硬貨[メダル]》.

***u・ni・fi・ca・tion** /jùːnəfɪkéɪʃən/ 名 Ⓤ 統一, 単一化: the ~ of the Arab nations アラブ諸国の統一.

Unification Church [the ~] 統一教会, 世界基督教統一神霊協会《1954 年に韓国人 文鮮明が始めたキリスト教系の宗教団体; その活動は原理運動ともいう》.

ú・ni・fied field thèory /júːnəfàɪd-/ 名《理》統一場理論.

u・ni・fi・er /júːnəfàɪə | -fàɪə-/ 名 統一する人[もの].

***u・ni・form** /júːnəfɔ̀əm | -fɔ̀ːm-/ 形 (比較なし) ❶ 同形の, 同型の, そろいの; 一様な, 均一の (identical): vases of ~ size and shape 同一の大きさと形の花瓶 / ~ in size and color 大きさと色が均一な[で] / ~ motion 《理》等速運動 / Your stationery must be ~ *with* this. あなたの便箋はこれと同型でなければいけません. ❷ 一定(不変)の: at a ~ temperature [speed] 一定の温度[speed]で. ── 名 ⓊⒸ 制服, ユニフォーム: the khaki ~(s) of the army カーキ色の軍服 / in school ~ 学校の制服を着て / in ~ 制服姿で; 軍に所属して / out of ~ 平服で / At our school we have to wear ~s [wear a ~]. 私たちの学校では制服を着なければならない. 【F<L; ⇒ uni-, form】
【類義語】⇒ steady.

ú·ni·fòrmed 形 制服[軍服]を着た: a ~ policeman [waiter] 制服を着た警官[給仕].

u·ni·form·i·tar·i·an /jùːnəfɔ̀ːməti(ə)riən/ 形 [地] 斉一観の. ── 名 [地] 斉一観論者.

ù·ni·fòr·mi·tár·i·an·ìsm /-nìzm/ 名 Ⓤ [地] 斉一観[説]《過去の地質現象は現在と同じ作用で行なわれたとする考え》.

u·ni·form·i·ty /jùːnəfɔ́ːməṭi/, -fɔ́ːm-/ 名 Ⓤ 一様, 同一, 画一, 一律: ~ of size and color 大きさと色が均一なこと / lack ~ 統一性がない.

ú·ni·fòrm·ly 副 一様に, 均等に, 一律に: The buildings were ~ ugly. 建物は一様に醜悪だった.

*__ **u·ni·fy** /júːnəfàɪ/ 動 ⦀ ❶ 〈...を〉統一する, 統合する (unite): ~ the opposition 野党を統合する. ❷ 〈...を〉一様にする. 〖L=1にする; ⇒ uni-, -fy〗

†**u·ni·lat·er·al** /jùːnəlǽtərəl, -lǽtrəl/ 形 ❶ 一方の, 片側のみの; 一方的な: ~ disarmament 一方的武装解除 / a ~ declaration of independence 一方的独立宣言. ❷ 〖法〗 片務的な (cf. bilateral 2): a ~ contract 片務契約. **-ly** /-rəli/ 副

u·ni·lat·er·al·ism /jùːnəlǽtərəlìzm, -lǽtrəl-/ 名 Ⓤ 一方的に行動[決定]するやり方, 単独行動主義; 一方的軍備撤廃[軍縮]論. **-ist** 名

u·ni·lin·gual /jùːnəlíŋɡwəl/ 形 一言語使用の.

u·ni·loc·u·lar /jùːnəlɑ́kjʊlə | -lə/ 形 〖植・動〗 一室[単室, 単房]からなる.

un·i·mag·in·a·ble /ʌ̀nɪmǽdʒ(ə)nəbl/ 形 想像できない, 考えられない, 思いもよらない (unbelievable).

un·i·mag·i·na·tive /ʌ̀nɪmǽdʒ(ə)nəṭɪv/ 形 想像力に欠ける, おもしろくない.

u·ni·mod·al /jùːnəmóʊdl/ 形 〖統〗 〈頻度〉曲線の〉単峰形の.

u·ni·mo·lec·u·lar /jùːnəməlékjʊlə | -lə/ 形 〖化〗 単分子の.

un·im·paired /ʌ̀nɪmpéəd | -péəd/ 形 そこなわれていない.

un·im·peach·a·ble /ʌ̀nɪmpíːtʃəbl/ 形 非難できない, 非の打ちどころのない, 申し分のない: ~ evidence 歴然たる証拠 / I have it on ~ authority. それは絶対確実な筋によるものだ. **ùn·im·péach·a·bly** /-tʃəbli/ 副

un·im·ped·ed /ʌ̀nɪmpíːdɪd/ 形 妨げられ(てい)ない, スムーズな.

†**un·im·por·tant** /ʌ̀nɪmpɔ́ətənt, -tnt | -pɔ́ː-/ 形 (more ~; most ~) 重要でない, 取るに足らない (insignificant).

un·im·pressed /ʌ̀nɪmprést/ 形 Ⓟ 感動していない, 感銘を受け(てい)ない.

un·im·pres·sive /ʌ̀nɪmprésɪv/ 形 印象的でない.

un·im·proved /ʌ̀nɪmprúːvd/ 形 ❶ 改良[改善]され(ていない). ❷ 〈土地が〉耕作されていない, 利用され(てい)ない, 荒れたまま. ❸ 〈健康など〉良くなっていない.

un·in·cor·po·rat·ed /ʌ̀nɪnkɔ́əpəreɪṭɪd | -kɔ́ː-/ 形 ❶ 法人化されていない. ❷ 合体[合併]されていない; 自治体として認可されていない.

un·in·flect·ed /ʌ̀nɪnfléktɪd/ 形 ❶ 抑揚のない. ❷ 〖言〗 語尾変化のない, 無屈折の.

un·in·flu·enced /ʌ̀nínfluːənst | -fluː-/ 形 影響をうけていない, 感化されていない; 偏見のない, 公平な.

un·in·for·ma·tive /ʌ̀nɪnfɔ́əməṭɪv | -fɔ́ː-/ 形 情報価値のない.

un·in·formed /ʌ̀nɪnfɔ́əmd | -fɔ́ːmd/ 形 ❶ 十分な知識[情報]をもたない(でする): ~ criticism 十分な知識でないままされする批評. ❷ 〈人が〉知らされていない, 知らない.

un·in·hab·it·a·ble /ʌ̀nɪnhǽbɪṭəbl/ 形 〈場所など〉居住に不適当な, 住めない (↔ habitable).

un·in·hab·it·ed /ʌ̀nɪnhǽbɪṭɪd/ 形 〈島など〉人の住まない, 無人の: an ~ island 無人島.

un·in·hib·it·ed /ʌ̀nɪnhíbɪṭɪd/ 形 抑制[制約]されて(い)ない; 遠慮のない, したいほうだいの.
~**·ly** 副 ~**·ness** 名

un·i·ni·ti·at·ed /ʌ̀nɪníʃièɪṭɪd/ 形 ❶ 手ほどきを受けていない, 未経験の, 初心の. ❷ [the ~; 名詞的に; 複数扱

---

unionism

い] 未経験者, 初心者.

un·in·jured /ʌ̀níndʒəd | -dʒəd/ 形 そこなわれていない, 傷[害]を受けない.

un·in·spired /ʌ̀nɪnspáɪəd | -spáɪəd/ 形 霊感を受け(ていない), 独創性に欠けた.

un·in·spir·ing /ʌ̀nɪnspáɪ(ə)rɪŋ/ 形 霊感[ひらめき]を与えない, つまらない.

un·in·sur·a·ble /ʌ̀nɪnʃʊ́(ə)rəbl | -ʃʊ́ə-, -ʃɔ́ːr-/ 形 〈危険が多くて〉保険の付けられない.

un·in·sured /ʌ̀nɪnʃʊ́əd | -ʃʊ́əd, -ʃɔ́ːd/ 形 保険を付けていない, 無保険の.

un·in·tel·li·gence /ʌ̀nɪntéləʤəns/ 名 Ⓤ 知性の欠如, 無知(なこと).

un·in·tel·li·gent /ʌ̀nɪntéləʤənt/ 形 理解力のない, 聡明(そうめい)でない, 知性のない.

†**un·in·tel·li·gi·ble** /ʌ̀nɪntéləʤəbl/ 形 理解できない, わかりにくい, 難解な (incomprehensible). **-bly** /-ʤəbli/ 副

un·in·tend·ed /ʌ̀nɪnténdɪd/ 形 意図的でない, 偶然の.

†**un·in·ten·tion·al** /ʌ̀nɪnténʃ(ə)nəl/ 形 故意でない, 何気なくやった (inadvertent). ~**·ly** /-nəli/ 副

un·in·ter·est·ed /ʌ̀nɪntərəstɪd, -tərèst-, -trɪst-/ 形 興味を持たない, 無関心な: an ~ attitude 無関心な態度 / She's ~ in marriage. 彼女は結婚に興味がない. ~**·ly** 副

un·in·ter·est·ing /ʌ̀nɪntərəstɪŋ, -tərèst-, -trɪst-/ 形 興味のない, おもしろくない, つまらない, 退屈な. ~**·ly** 副

†**un·in·ter·rupt·ed** /ʌ̀nɪntəráptɪd/ 形 ❶ 途切れない, 連続した, 不断の: a TV movie ~ by commercials コマーシャルに中断されないテレビ映画. ❷ 〈景色など〉さえぎるものがない, どこまでも続く. ~**·ly** 副 ~**·ness** 名

un·in·ter·rupt·i·ble /ʌ̀nɪntəráptɪbl/ 形 中断されない, 不断の, 〈電源など〉非停(供給)用の.

un·in·ven·tive /ʌ̀nɪnvéntɪv/ 形 創意のない, 発明の才のない.

un·in·vit·ed /ʌ̀nɪnváɪṭɪd/ 形 Ⓐ ❶ 〈客など〉招かれ(ていない), 押しかけの. ❷ 差し出がましい, 余計な.

un·in·vit·ing /ʌ̀nɪnváɪṭɪŋ/ 形 心をひきつけない, 気をそらない, (恐ろしげで)入りたくない, 行く気になれない〈場所〉; 気が進まない, いやな. ~**·ly** 副

un·in·volved /ʌ̀nɪnvɑ́lvd | -vɔ́lvd/ 形 つながり[関係]のない, 無関心な.

*__ **u·nion** /júːnjən/ 名 ❶ Ⓤ a 〈二つ以上のものを一つに〉結合(すること), 合体; 団結: U~ is strength. ＝In ~ there is strength. 《諺》団結は力なり. b (特に, 国と国との政治的な)連合, 合併 (coalition): the ~ of two states 二国の合併 / the ~ between the two countries その二国間の連合 / the ~ of Scotland with [and] England スコットランドとイングランドの連合 (1707 年). ❷ a Ⓤ 融和, 和合: live in perfect ~ 完全に融和して暮らす. b Ⓤ|Ⓒ 結婚: a happy ~ 幸福な結婚 / a fruitful ~ 子宝に恵まれた結婚. c Ⓤ|Ⓒ 性交. ❸ a [しばしば U~] 連合国家, 連邦: the U~ of Soviet Socialist Republics ソビエト社会主義共和国連邦 (旧 Soviet Union の公式名; 略 USSR). b [the U~] アメリカ合衆国. c [the U~] 南北戦争当時の連邦政府を支持した)北部諸州. d [the U~] イギリス連邦, 連合王国. ❹ Ⓒ a (共同目的で結合した)同盟, 連合: the Universal Postal Union. b 組合; 労働組合: ⇒ craft union, labor union, trade union. c [通例 Student U~ で] (大学の)学生会館, 学生クラブ. ❺ Ⓒ 〖機〗 接合管. 〖F＜L＝ひとつにすること＜*unus* one; ⇒ unite〗【類義語】**union** 共通の目的のためにひとつの組織に結合されて, 調和や協調が保たれていること. **unity** さまざまな要素や個々には独立したものから成っていても, 基本的な利害や目的などが一致して統一がとれていること. **solidarity** あるグループや組織の union がいっそう強く, 団結が固くて一致した行動がとれること.

únion càtalog 名 (複数の図書館の)総合目録.

Únion flàg [Flàg] 名 [the ~] ＝Union Jack.

†**ú·nion·ìsm** /-nìzm/ 名 Ⓤ ❶ 労働組合主義. ❷ [U~]

〔英〕連合[統一]主義《19 世紀末, 英本国とアイルランドとの統合を支持した政治運動; アイルランド独立後は, 北アイルランドの英国との連合を支持》. ❸ [U~]〔米史〕(南北戦争当時の)連邦主義.

ú·nion·ist /-nɪst/ [名] ❶ 労働組合主義者; 労働組合員. ❷ [U~]〔英〕連合[統一]論者 (cf. unionism 2). ❸ [U~]〔米史〕(南北戦争当時の)連邦主義者.

u·nion·i·za·tion /jùːnjənɪzéɪʃən | -naɪz-/ [名] [U] 労働組合化; 労働組合形成; 労組加入.

u·nion·ize /júːnjənàɪz/ [動] [他] ❶ 〈…を〉労働組合化する; 〈…に〉労働組合を組織する: ~ a factory 工場に組合を結成する. ❷ 〈人を〉労働組合に加入させる. ── [自] 労働組合に加入する.

+**Únion Jáck** [名] [the ~] ユニオンジャック《英国国旗; [解説] 船につけた小さな国旗 (jack) を組み合わせて作った旗という意味で, 1801 年にイングランドの St. George's cross, スコットランドの St. Andrew's cross, アイルランドの St. Patrick's cross の 3 つの十字を合わせてできた》.

St. George's cross

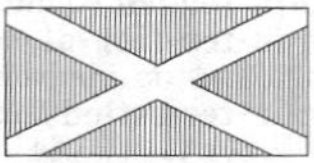
St. Andrew's cross

St. Patrick's corss

Union Jack

únion làbel [名] (労組員が製作した品を示す)組合の証標, 組合ラベル.

únion shòp [名] ユニオンショップ《従業員は採用後一定期間内に労働組合に加入しなければならない企業体; cf. closed shop, open shop, nonunion shop》.

únion stèward [名] (労働争議などの)職場代表[委員].

únion sùit [名]《米》コンビネーション《シャツとズボン下とがひとつになっている男子用下着; cf. combination 4》.

u·nip·a·rous /juːnípərəs/ [形]〔動〕一度に 1 子[1 卵]だけ産む, 1 子[1 卵]しか産んで[はらんで]いない, 一子出産性の.

u·ni·pla·nar /jùːnəpléɪnə | -nə⁻/ [形] 一平面上の[にある].

u·ni·pod /júːnəpɑ̀d | -pɔ́d/ [名] (カメラなどの)一脚式支持台, 一脚.

u·ni·po·lar /jùːnəpóʊlə | -lə⁻/ [形] ❶〔生〕単極(性)の〈神経節細胞〉. ❷〔電〕単極(性)の. **u·ni·po·lar·i·ty** /jùːnəpoʊlǽrəṭi/ [名]

***u·nique** /juːníːk/ [形] (**more ~; most ~**) ❶ (比較なし) **a** 唯一の: This is a ~ stamp. この切手は一枚しかない. **b** 他に類を見ない, 比類のない, 独特な, ユニークな: His cello technique is ~. 彼のチェロの(演奏)技巧は天下一品だ / Every individual is ~. 人はひとりひとり異なる / a ~ study of Elizabethan literature エリザベス朝文学のユニークな論文. **c** [P] 特有で: These features are by no means ~ *to* Japan. こういう特徴は決して日本だけのものではない. ❷《口》珍しい, 異常な, 目立つ《[用法] この意味で比較・最上級が用いられることもあるが, 誤用とみなす人もいる》: His style of singing is rather ~. 彼の歌い方はちょっと変わっている.
〘F < L *unicus* single < *unus* one〙

u·níque·ly [副] 独自に; 比類なく: She's ~ fitted for the job. 彼女ほどその仕事に向いてる人はいない.

u·níque·ness [名] [U] ❶ 唯一, 無比. ❷ 風変わり, 異常.

u·ni·se·ri·al /jùːnəsí(ə)riəl⁻/ [形]〔植・動〕一列[単列]の.

uni·sex /júːnəsèks/ [形] ❶ 〈衣服など〉男女別のない, 男女両用の, ユニセックスの. ❷ 〈施設など〉男女両用の: a ~ beauty parlor 男女両用の美容院 / a ~ toilet 男女兼用のトイレ. ── [名] [U] ❶ 男女の無差別. ❷ 男女共有のスタイル[ファッション].

u·ni·sex·u·al /jùːnəsékʃuəl, -ʃəl⁻/ [形] ❶〔生〕単性の (cf. bisexual 2). ❷ =unisex. **~·ly** /-əli/ [副]

u·ni·son /júːnəsən, -zən/ [名] [U] ❶ 調和, 和合, 一致. ❷〔楽〕斉唱, 斉奏; 同音, ユニゾン. **in únison** (1) 同音で, 斉唱で. (2) 一致して, 調和して (in concert): Are we all *in* ~ on this point? この点に関しては皆さん同意見でしょうか / "Yes, ma'am," the children replied *in* ~. 「はい, 先生」と子供たちは異口同音[一斉]に答えた / The meeting ended *in* (complete) ~ between all the parties. その会合は全会一致に終わった. 〘F < L < UNI-+ *sonus* 音〙

u·nis·o·nous /juːnísənəs/ [形] ユニゾンの, 同音の, 同度の; 一致[和合]する.

únison stríng [名]〔楽〕(ピアノなどの)同音弦.

***u·nit** /júːnɪt/ [名] ❶ (それ自身で完全な)**単一体**, 一個, 一人; 一団. ❷ [集合的; 単数または複数扱い] **a** 編制[構成]単位, ユニット: The family is the basic ~ of society. 家族は社会の基本単位である. **b**〔軍〕部隊: a mechanized ~ 機械化部隊 / a tactical ~ 戦術単位. ❸ (度量衡・通貨などの)単位: The foot is a ~ of length. フィートは長さの単位である / The dollar is the standard ~ of currency in the United States. ドルはアメリカ合衆国の通貨の基準単位である / ⇨ SI unit. ❹〔数〕(数の基本単位としての) 1; 1 位の数《1 から 9 までのいずれか》. ❺ (特定の機能を果たす, しばしば機械の構成単位としての)装置: an input [output] ~ (電算機などの)入力[出力]装置. ❻《米》〔教育〕(学科目の)単位; 単元《学習の課程または学習内容の一区画》. ❼《英》ユニット型投資信託の最少単位持ち分. ❽ (集合住宅の)一戸. ── [形] [A] ❶ 単位の, 単位を構成する: a ~ price 単価 / a ~ cost of 27 cents 27 セントの単位原価. ❷ ユニット式の: ~ furniture ユニット式家具《材料・意匠などが同一でセットになっている》. 〘UN(ITY)+(DIG)IT〙

UNITAR /juːníːtɑə | -tɑː/《略》United Nations Institute for Training and Research 国連訓練調査研修所.

u·ni·tard /júːnətɑ̀əd | -tɑ̀ːd/ [名] ユニタード《胴体と膝までは爪先までの脚をおおうレオタード》.

U·ni·tar·i·an /jùːnəté(ə)riən⁻/ [名] ❶ **a** [the ~s] ユニテリアン派《プロテスタントの一派; 三位一体説を排して唯一の神格を主張し, キリストを神としない》. **b** [C] ユニテリアン派の人. ❷ [u~] [C] 単一政府主義者. ── [形] ユニテリアン派の.

Ù·ni·tár·i·an·ìsm /-nìzm/ [名] [U] ユニテリアン派の教義.

u·ni·tar·i·ty /jùːnətǽrəṭi/ [名] [U]〔数〕ユニタリ性.

+**u·ni·tar·y** /júːnətèri | -təri, -tri/ [形] ❶ 単位の, 一元の. ❷ 単位として用いる. ❸ 単一政府制の. ❹〔数〕(行列・ベクトル・空間・一次変換などが)ユニタリの. 〘UNIT, UNITY+-ARY〙

únitary authórity [名] (また **únitary cóuncil**)〔英〕独立自治体, ユニタリーオーソリティー《州議会と地区役所が 2 段階で行なっていた行政に代わって, 一本化した行政が行なわれる地区・自治体》.

únit cèll [名]〔晶〕単位格子(こうし), 単位胞.

‡**u·nite** /juːnáɪt/ [動] [他] ❶ **a** 〈…を〉(結合して)**一体にする, 合体させる**《[比較] join together より形式ばった語》: ~ two countries 二国を併合させる / ~ one country *to* another 一国を他国と合併させる. **b** 〈国・組織などを〉団結させる, 結束させる: The tragedy ~*d* the family. その悲劇が一家を団結させた. ❷ 〈いくつかの性質・才能などを〉合わせもつ[示す], 兼ね備える: He ~*s* the best qualities of the professional and the amateur. 彼はプロとアマチュアの最もすぐれた特質を兼ね備えている. ❸ 〈男女を〉結婚させる; 〈人を〉〈人と〉結婚させる〔*to*〕. ── [自] ❶ **一体になる**, 合併[合体]する: The countries of the EU are gradually *uniting*. EU加盟国は徐々に一体化している. ❷ 団結する, 結束する: ~ ***against*** [***behind, for***]…に反対して[を支持して]団結する / It's time for us to ~ ***in*** fight*ing* these abuses. 今や我々は力を合わせてこれらの悪弊と戦うべき時である / 〔+***to*** **do**〕We ~*d* ***to*** oppose his motion. 我々は結束して彼の動議に反対した. 〘L

unire, unit- ひとつにする《*unus* one》【類義語】 **unite** しっかり結合して1つのものを作る; 統一された結果を強調する. **join** 2つ以上のものを直接接触させて結合・連結する; 最も普通の語. **connect** 互いの独自性を保ったまま, 何らかの手段・道具により外面的に結びつける; 分離я容易であることを暗示する. **link** 独立性をそこなうことなく, より強く connect する. **combine** うまく組み合わせて渾然(こんぜん)一体とする.

*u·nit·ed /juːnáɪtɪd/ 形 (more ~; most ~) ❶ A (比較し)〈国など〉合併した, 連合した; ⇒ United Nations, United States. ❷ (同じ目的で)力を合わせた, 協力した, 団結した: with a ~ effort みんなで力を合わせて / in one ~ body 一体となって / We must try to present a more ~ front. 我々はこれ以上の共同戦線を張るよう努めねばならない. ❸ 一致した, 和合した: a ~ family 和気あいあいの家族. ~·ly 副

United Árab Émirates 名 [the ~; 単数または複数扱い] アラブ首長国連邦《アラビア半島東部の七首長国から成る連邦国家; 首都 Abu Dhabi; 略 UAE》.

United Fárm Wórkers 名 米国農場労働者組合.

***United Kíngdom** 名 [the ~] 連合王国, 英国《大ブリテン島のイングランド・ウェールズ・スコットランドおよびアイルランド島の北アイルランドから成り, 英連邦の中核; 略 UK; 首都 London; ★ 正式名は the United Kingdom of Great Britain and Northern Ireland グレートブリテンおよび北アイルランド連合王国》.

‡**United Nátions** 名 [the ~; 単数扱い] 国際連合, 国連《1945年組織; 本部は米国 New York 市; 略 UN; cf. the LEAGUE of Nations 成句》.

United Nátions Géneral Assémbly 名 [the ~] 国連総会《略 UNGA》.

United Nátions Secúrity Cóuncil 名 [the ~] 国連安全保障理事会《略 UNSC》.

United Préss Internátional 名 [the ~] 《米国の》 UPI 通信社《略 UPI; cf. Associated Press》.

United Refórmed Chúrch 名 [the ~] 合同改革教会《1972年に長老派教会と会衆派教会の合同でできた英国のプロテスタント教団》.

‡**United Státes (of América)** 名 [the ~; 単数扱い]《アメリカ》合衆国, 米国《首都 Washington, D.C.; 略 USA, U.S.A.; US, U.S.》.

United Wáy 名 [the ~] ユナイテッドウェイ《米国の慈善募金団体》.

únit·hòlder 名 ユニット型投資信託の投資者.

u·ni·tive /júːnətɪv/ 形 結合力のある; 結合的な.

u·ni·tize /júːnətaɪz/ 動 ❶ 一体化する, まとめる. ❷ ユニットに分ける. ❸《英》《金融》ユニットトラスト化する《インベストメントトラスト(会社型のクローズドエンド型投資信託)をユニットトラスト(契約型のオープンエンド型投資信託)に転換する》.

únit prícing 名 U 単位価格表示; 単位原価に基づく価格設定.

únit trúst 名 《英》ユニット型投資信託(会社).

***u·ni·ty** /júːnəti/ 名 ❶ U 単一(であること), 統一: racial ~ 民族的統一. ❷ U 一致(団結), 協同, 結束《~ is unity》: family ~ 一家和合 / national ~ 挙国一致. ❸ U《数》(数量の単位としての) 1. ❹ [the (three) unities で] 《演劇》三統一, 三一致《Aristotle に基づく, 特にフランス古典派戯曲において守られた戯曲構成上の法則; 一日以内・一つの場所・一つの物語を条件とする》.【F<L *unitas*<*unus* one》【類義語】⇒ union.

univ. 《略》 universal; university.

Univ. 《略》 University.

u·ni·va·lent /jùːnəvéɪlənt⁺/ 形《化・遺》1価の.

u·ni·valve /júːnəvælv/ 形 単弁の, 単殻の. — 名 単殻軟体動物.

***u·ni·ver·sal** /jùːnəvə́ːsl | -və́ː-⁺/ 形 (more ~; most ~) ❶ 一般的な, 普遍的な, 例外なく当てはまる; 広く行われている: a ~ rule 一般法則 / a ~ truth 普遍的真理. ❷ 万人(共通)の; 全員の, 世間一般の: a ~ human weakness 人間にもある弱点 / ~ agreement 全員一致[同意] / achieve ~ popularity 世間一般の人気を博する. ❸ 万国の, 全世界の: ~ brotherhood 四海同胞 / ⇒ Universal Postal Union. ❹《人が》万能の, 博識の: a ~ genius 万能の天才. ❺ 宇宙の, 万物の; 万有の: the ~ cause 宇宙原因, 造物主 / ~ gravitation 万有引力. ❻《機》自在の: a ~ compass 自在コンパス / ⇒ universal joint. ❼《論》全称的な (↔ particular): a ~ proposition 全称命題.【F<L *universe*》

univérsal desígn 名 U《時に U- D-》ユニバーサルデザイン《特別に改造したり特化された設計をすることなく, 誰でも公平かつ安全に利用できるような設計》.

univérsal dónor 名《医》(血液型が O 型の)万能給血者.

u·ni·ver·sal·ism /jùːnəvə́ːsəlɪzm | -vəː-/ 名 U ❶ 《神学》普遍救済説《人類は結局全部救われるとする説》. ❷ 普遍的なもの, 普遍性 (universality).

ù·ni·vér·sal·ist /-lɪst/ 名 普遍救済論者.

u·ni·ver·sal·is·tic /jùːnəvə̀ːsəlístɪk | -və̀ː-⁻/ 形 全体[全般]の; 普遍的な; universalism の, 普遍救済説信者の(信念[行為])の.

u·ni·ver·sal·i·ty /jùːnəvəːsǽləti | -vəː-/ 名 U ❶ 一般性, 普遍性. ❷ 多方面なこと.《形 universal》

u·ni·ver·sal·ize /jùːnəvə́ːsəlaɪz | -vəː-/ 動 ❶ 一般化する, 普遍化する, 普及させる, ひろめる. **u·ni·ver·sal·i·za·tion** /jùːnəvə̀ːsəlɪzéɪʃən | -vəːsəlaɪz-/ 名

univérsal jóint 名《機》自在継ぎ手.

univérsal lánguage 名 世界共通語, 世界語.

***ù·ni·vér·sal·ly** /-səli/ 副 一般に, 例外なく, あまねく, 普遍的に.

Univérsal Póstal Ùnion 名 [the ~] 万国郵便連合《1874 年結成; 現在は国連の専門機関》略 UPU》.

Univérsal Próduct Còde 名《米》統一商品コード《商品(の包装)に印刷された電子的に読み取る黒白の縦線による商品コード; 略 UPC; cf. bar code》.

univérsal recípient 名《医》(血液型が AB 型の)万能受血者.

úniversal súffrage 名 U (全成人男女の)普通選挙権.

univérsal tíme 名 U 万国標準時《グリニッジ標準時のこと》.

***u·ni·verse** /júːnəvəːs | -vəːs/ 名 ❶ [the ~] 宇宙; 天地万有, 万物. ❷ [the ~] 全人類; (人間の活動の場としての)世界 (world): be the center of a person's ~ 人にとって最も大切な人[物]である. ❸ C 領域, 分野.《L= 回転してひとつになったもの <UNI-+*vertere*, *vers*- 回転する》《形 universal; 関連 cosmic》

‡**u·ni·ver·si·ty** /jùːnəvə́ːsəti | -vəː-/ 名 ❶ C [学問の場ではしばしば the ~] 大学《(解説)一般に university は総合大学, college は単科大学とされているが, アメリカの場合両者の区別は必ずしも明らかではない; ただ university には大学院 (graduate school) のある場合が多い》: at Cambridge *U*- ケンブリッジ大学で / Did you go to *the* ~ yesterday? きのうの(は)大学へ行きましたか / My son is at [a [*the*]] ~. 息子は大学に行っている / When did you leave (*the*) ~? いつ大学を出ましたか《卒業・退学・帰宅のためなど》/ Where do you go to ~? = Which ~ do you go to? どちらの大学へ行っていますか / Did you go to a state ~ or a private college?《米》あなたは州立大学へ行ったのですかそれとも私立大学へ行ったのですか《用語 go to ~ は主に《英》, go to the ~ は主に《米》, なお《米》では go to college を用いる傾向が強い》. ❷ U [the ~; 集合的; 単数または複数扱い] 大学《教職員・学生》; 大学当局: *The* ~ has [have] appointed a new professor of physics. 大学は新しい物理の教授を任命した. ❸ C 大学チーム. — A 大学の[に関係した]: a ~ woman [man] 大学生; 大学出身者 / a ~ scholarship 大学の奨学金 / a ~ student [professor] 大学生[教授].《F<L=ひとつになったもの; 全体, (教師・学生の)共同体 *universe*+-ITY》

u·niv·o·cal /juːnívək(ə)l, jùːnəvóʊ-⁻/ 形 一つの意味しかもたない, 単一義の; 一義的な, 意味の明瞭な. ~·ly /-kəli/ **u·ni·vo·cal·i·ty** /jùːnəvoukǽləti/ 名

UNIX /júːnɪks/ 名 ① 〘商標〙UNIX, ユニックス《米国製の時分割処理システム用オペレーティングシステム》.

un·joined /ʌ̀ndʒɔ́ɪnd/ 形 結合[合併, 加入]していない.

un·joint·ed /ʌ̀ndʒɔ́ɪntɪd/ 形 結合していない, 継ぎ目のない, なめらかな.

***un·just** /ʌ̀ndʒʌ́st/ 形 (more ~; most ~) 不公平な, 不当な; 不正な, 不誠実な (unfair)《関連 対応する名詞形は injustice》: an ~ society 不条理な社会 / an ~ trial 不公平な裁判 / It was ~ of them [They were ~] not to hear my side of the story. 私の言い分を聞かないのは彼らの片手落ちだった. ~·ly 副 ~·ness 名

un·jus·ti·fi·a·ble /ʌ̀ndʒʌ́stəfàɪəbl/ 形 正当と認められない, 弁解のできない. **ùn·jús·ti·fi·a·bly** /-bli/ 副

un·jus·ti·fied /ʌ̀ndʒʌ́stəfàɪd/ 形 不当な, 根拠のない.

un·kempt /ʌ̀nkém(p)t/ 形 ❶ 〈髪や〈しを入れてない, もじゃもじゃの〉~ hair 乱れ髪. ❷ 〈服装・外見などが〉だらしのない, 乱れた: one's ~ appearance だらしのない風采(ふうさい). ~·ness 名

un·kept /ʌ̀nképt/ 形 なおざりにされた, ほったらかしの; 守られていない; 無視された.

***un·kind** /ʌ̀nkáɪnd/ 形 (more ~; most ~) ❶ 不親切な, 薄情な, 冷酷な (hurtful): an ~ remark 冷たい言葉 / an ~ person 不親切な人 / She was very ~ to him. 彼女は彼に対して実にひどかった / [+of+(代)名(+to do)] It's very ~ of you to say that.＝You're very ~ to say that. そんなことを言うとは君もあんまりだ. ❷ 〈天気・気候が〉ひどい, 悪い: The weather was ~. 天気が悪かった. ~·ness 名

un·kind·ly /ʌ̀nkáɪndli/ 副 不親切に, 不人情に: Don't take it ~ of I support the other team. たとえ私が相手チームを応援しても悪くとらないでください.

un·king /ʌ̀nkíŋ/ 動 他 〈人から〉王位を剝奪する.

un·kink /ʌ̀nkíŋk/ 動 他 〈...のよじれ[キンク]を戻す, まっすぐにする. ― 自 よじれがなくなる, まっすぐになる, ゆるむ, 楽になる.

un·know·a·ble /ʌ̀nnóʊəbl/ 形 ❶ 知ることのできない. ❷ 〘哲〙不可知の. ― 名 ❶ ⓒ 不可知なもの. ❷ [U~] 〘哲〙絶対, 第一原因.

un·know·ing /ʌ̀nnóʊɪŋ/ 形 知らない, 気づかない.

ùn·knów·ing·ly 副 知らないで.

***un·known** /ʌ̀nnóʊn/ 形 (比較なし) ❶ 未知の, 不明の, 未詳の: an ~ place 未知の場所 / for some ~ reason はっきりしないある[何かの]理由で / His purpose was ~ to us. 彼の目的は我々にはわからなかった / I did it ~ to him. 彼に隠れてそれをした. ❷ 名の知られ(てい)ない, 無名の: an ~ actor 無名の俳優. ― 名 ❶ ⓒ 未知[無名の]人[もの]. ❷ [the ~] 未知の世界: venture into the ~ 未知の世界に踏み込む. ❸ ⓒ 〘数〙未知数.

únknown quántity 名 ❶ ⓒ 〘数〙未知数[量] (cf. known QUANTITY). ❷ 《口》未知数の人[もの].

Únknown Sóldier [《英》**Wárrior**] 名 [the ~] 無名戦士《演駅 大戦で戦死した無名戦士の記念碑は, 英国では Westminster Abbey に, 米国では Arlington の国立共同墓地にある》.

un·la·beled /ʌ̀nléɪb(ə)ld/ 形 ラベルの付いてない; 分類されていない.

un·lace /ʌ̀nléɪs/ 動 他 〈靴などの〉ひもを解く[ゆるめる].

un·lade /ʌ̀nléɪd/ 動 ＝unload.

un·lad·en /ʌ̀nléɪdn/ 形 積荷のない(状態の), 空荷の.

un·la·dy·like /ʌ̀nléɪdilàɪk/ 形 淑女[貴婦人]らしからざる, 下品な.

un·laid /ʌ̀nléɪd/ 形 ❶ 置かれ[据え]てない, 敷設してない; 食事の用意ができていない〈テーブル〉. ❷ より合わせてない〈なわ〉 (＝unlay).

un·la·ment·ed /ʌ̀nləméntɪd/ 形 悲しまれていない, 悲しんでくれる者のない.

un·lash /ʌ̀nlǽʃ/ 動 他 〈...を縛った縄を解く[ゆるめる].

un·latch /ʌ̀nlǽtʃ/ 動 他 〈ドアなどの〉掛け金をはずす; 〈靴・かばんなどの〉締め金をはずす.

⁺**un·law·ful** /ʌ̀nlɔ́ːf(ə)l/ 形 ❶ 不法の, 非合法的な (illegal): ~ entry 不法侵入. ❷ 不義の, 背徳の. ~·ly /-fəli/ 副 ~·ness 名

un·lay /ʌ̀nléɪ/ 動 他 〈よりを〉解く; 〈綱などの〉よりをもどす[解く].

⁺**un·lead·ed** /ʌ̀nlédɪd/ 形 〈ガソリンなど〉無鉛の (↔leaded): ~ gasoline 無鉛ガソリン.

un·learn /ʌ̀nlə́ːn/ 動 他 (~ed /-d, -t/, un·learnt /-t/) ❶ 〈学んだことを意識的に忘れる. ❷ 〈誤・謬などを〉捨て去る.

un·learn·ed¹ /ʌ̀nlə́ːnɪd | -ˈlə́ː-/ 形 ❶ a 無学な, 無教育な. b [the ~; 名詞的に; 複数扱い] 無学な人々. ❷ 〘P〙精通していないで: He's ~ in politics. 彼は政治に通じていない.

un·learned² /ʌ̀nlə́ːnd, -ˈlə́ːnt | -ˈlə́ːnd, -ˈlə́ːnt/, **un·learnt** /ʌ̀nlə́ːnt | -ˈlə́ːnt/ 形 ❶ 学ばないで知っている, 習わないで得た. ❷ 学習して(い)ない: This lesson is still ~. この課はまだ習っていない.

⁺**un·leash** /ʌ̀nlíːʃ/ 動 他 ❶ 〈感情・攻撃などを〉解き放つ: ~ one's anger [resentment] on a person 人に怒りを爆発させる. ❷ 〈犬の〉革ひもをはずす[解く]; 〈...の〉束縛を解く, 〈...を〉解放する, 自由にする.

un·leav·ened /ʌ̀nlév(ə)nd/ 形 ❶ 〈パンが〉パン種を入れ(てい)ない. ❷ 〘P〙影響を受けないで, 変化していない〈by〉: a monotonous life ~ by any sort of amusement 娯楽などの全然ない単調な生活.

⁺**un·less** /ənlés, ʌn-/ 接 [否定の条件を表わして] ...でない限り, もし...でなければ; ...なら話は別だが 〘用法〙通常 if...not と言い換えられるが, 現実とかけ離れた仮想の出来事・状態とともに用いることはまれ; たとえば If he had not studied harder, he would have failed his exams. の仮定法の文では, 実際は Because he studied harder, he did not fail his exams. ということであるから, Unless he had studied harder. とは言わない. また I'll be disappointed if he doesn't come. においても, if 節は仮定の状況なので unless he comes とは言えない: You'll miss the bus ~ you walk faster [＝if you do not walk faster]. もっと早く歩かなければバスに乗り遅れるよ / "Will the recession end soon?" "Not ~ the Government does something."「不景気はまもなく終わるだろうか」「政府が何かしない限りはだめだろう」/ Call me at 3:00, ~ you're busy. 3時に電話して. 忙しくなければ 〘用法〙思いついたことをあとに付け足す場合, if...not は用いない.

unléss and untíl ＝until 題 1 (★ 'unless and' は冗語).
― 前 ...をほかには: Nothing, ~ a miracle, could save him. 奇跡でもない限り彼は助からない. 《F à moins que ...でなければ を on less (that) と訳し, on が is- になったもの》

un·let·tered /ʌ̀nlétəd | -təd/ 形 ❶ 無学な. ❷ 読み書きのできない.

un·li·censed /ʌ̀nláɪs(ə)nst/ 形 ❶ 無免許の; 酒類販売免許のない. ❷ 抑制[慎み]のない, 放逸な: ~ lust 抑えきれない欲望.

⁺**un·like** /ʌ̀nláɪk/ 前 /-ˈ-/ ❶ ...と似(てい)ないで, ...と違って: Her voice was quite ~ her usual one. 彼女の声はいつもとまったく違っていた / U~ the other problems, this one is too difficult for me to solve. 他の問題とちがって, これは難しくてできない. ❷ ...らしくなく: It's ~ you to get angry. 腹を立てるなんて君らしくない. ― 形 (more ~; most ~) 《文》〈量・大きさなど〉同じでない, 違った, 似ていない: The two sisters are ~ in disposition. 二人の姉妹は気質が似ていない. ~·ness 名

ùn·líke·li·hòod, ùn·líke·li·ness 名 Ⓤ ありそうもないこと.

***un·like·ly** /ʌ̀nláɪkli/ 形 (more ~, most ~; un·like·li·er, un·like·li·est) ❶ ありそうもない, 本当らしくない: an ~ story ありそうもない話 / in the ~ event of [that] ... 万一...の場合には / [+to do] He was ~ to win the race. ＝It was ~ that he would win the race. 彼がレースに勝つ見込みはまずなかった. ❷ Ⓐ 思いもかけない, 意外な; 信じがたい.

un·lim·ber /ʌ̀nlímbə | -bə/ 動 他 〈砲の〉前車を取りはずす; 〈...の〉(作動)準備を整える. ― 自 発砲準備をする;

活動の準備を整える.

un·lim·it·ed /ʌnlímɪtɪd⁻/ 形 ❶ 際限のない, 限りない, 無限の; 広々とした (limitless): an ~ expanse of sky 広大無辺の空. ❷ 制限のない, 無制限の: ~ liability [商] 無限責任. ❸ 絶大な, 過度の, 非常な. ~·ness 名

ùn·lím·it·ed·ly /-li/ 副 無(制)限に; 非常に.

un·lined¹ /ʌnláɪnd⁻/ 形 線[罫(ﾂ)]のついていない; 〈顔など〉しわのない.

un·lined² /ʌnláɪnd⁻/ 形 裏地のない.

un·link /ʌnlíŋk⁻/ 動 他〈鎖などの環をはずす; 解く, 離す.
— 自 解ける, 離れる.

un·linked /ʌnlíŋkt⁻/ 形 つながっていない, 結びつけられていない, 関連づけられていない.

un·list·ed /ʌnlístɪd⁻/ 形 ❶ 表に載っていない; 《米》〈電話番号が〉電話帳に載っていない (《英》 ex-directory). ❷ 〈株が〉上場されていない.

un·lit /ʌnlít⁻/ 形 点火していない; 明かりがついていない: ~ hotel windows 明かりのついていないホテルの窓.

un·liv·a·ble /ʌnlívəbl⁻/ 形 〈人の〉住めない.

⁺un·load /ʌnlóʊd⁻/ 動 他 ❶ 〈車・船などの〉荷をおろす, 〈...から〉積み荷を揚げる [〈積み荷を〉おろす]: ~ a ship [truck] 船の積み荷を揚げる [トラックの荷をおろす] / cargo *from* a ship 船から荷を揚げる. ❷ 〈...を〉〈人に〉押しつける; 〈悩み・情報などを〉〈人に〉打ち明ける [on, onto]. ❸ 〈銃から〉弾丸を抜き取る; 〈カメラからフィルムを取り出す: ~ a gun 鉄砲の弾丸を抜く. — 自 ❶〈船の〉荷おろし[荷揚げ]をする; 弾丸[フィルム]を抜き取る.

⁺un·lock /ʌnlάk | -lɔ́k/ 動 他 ❶ 〈ドア・箱などの〉錠[鍵]をあける. ❷ 〈秘密を打ち明ける, 漏らす.

un·looked-for /ʌnlʊ́ktfɔɚ | -fɔ́ː⁻/ 形 予期しない, 思いがけない, 意外な〖用法〗通例歓迎されないものごとについて用いる〗: an ~ guest 思いがけないお客 / Such cruel treatment was ~. そのようなむごい仕打ち(を受けると)は意外だった.

un·loose /ʌnlúːs/ 動 =unloosen.

un·loos·en /ʌnlúːs(ə)n/ 動 他 ❶ 〈...を〉解く, ゆるめる. ❷ 〈...を〉解放する.

un·lov·a·ble /ʌnlʌ́vəbl⁻/ 形 愛されそうにない, かわいらしくない.

un·loved /ʌnlʌ́vd⁻/ 形 愛されていない.

un·love·ly /ʌnlʌ́vli⁻/ 形 ❶ 愛らしくない, 器量の悪い, 醜い. ❷ いやな, 不快な.

un·lov·ing /ʌnlʌ́vɪŋ⁻/ 形 愛情がない, 愛情を表わさない.

un·luck·i·ly /ʌnlʌ́kɪli/ 副 ❶ 不運に: He was ~ beaten. 彼は不運にも負けた. ❷ [文修飾] 不運にも, 折あしく, あいにく: *U~*, it rained, so the match was cancelled. あいにく雨が降ったので試合は中止になった.

⁺un·luck·y /ʌnlʌ́ki⁻/ 形 (**un·luck·i·er**; **-i·est**) ❶ 運の悪い, 不幸せな, ついてない: This has been an ~ year for us. 今年は我々には運の悪い年だった / I'm ~ *at* cards. トランプに運がない[よく負ける] / She was ~ in love. 彼女は失恋した. ❷ 不吉な, 縁起の悪い: Friday the thirteenth is believed to be an ~ day. 13 日の金曜日は縁起の悪い日だと信じられている / It's ~ to break a mirror. 鏡を割るのは不吉(なこと)だ. ❸ あいにくの, 折の悪い: in an ~ hour 折あしく, あいにく. **ùn·lúck·i·ness** 名

un·made /ʌnméɪd⁻/ 動 unmake の過去形・過去分詞.
— 形 ❶ 造られていない. ❷〈ベッドが〉整えられていない. ❸ 破壊された.

un·make /ʌnméɪk⁻/ 動 (**-made** /-méɪd/) ❶ 〈...を〉壊す, 破壊する. ❷ 〈...を〉変形させる, 変質させる. ❸ 〈人から〉地位を奪う.

un·man /ʌnmǽn⁻/ 動 (**un·manned**; **un·man·ning**) ❶ 〈人の〉男らしさを失わせる; 〈人をひどく気落ちさせる, 取り乱させる 〖★しばしば受身〗: I *was unmanned by* the death of my father. 私は父の死でがっくりしてしまった. ❷ 〈...を〉去勢する.

un·man·age·a·ble /ʌnmǽnɪʤəbl⁻/ 形 ❶ 取り扱いにくい, 扱いにくい: an ~ quantity of goods 始末に負えぬほどの(多)量の品物. ❷ 御しがたい, 手に余る: an ~ horse 暴れ馬.

un·man·ly /ʌnmǽnli⁻/ 形 (**un·man·li·er**; **-li·est**) 男らしくない; 臆病な, 柔弱な; めめしい.

un·manned /ʌnmǽnd⁻/ 形 乗組員のいない, 無人の: an ~ space probe 無人の宇宙探測機.

un·man·ner·ly /ʌnmǽnəli | -nə-⁻/ 形 不作法な, 粗野な.

⁺un·marked /ʌnmάɚkt | -mάːkt⁻/ 形 ❶ しるし[よごれ]のついていない: an ~ police car 覆面パトカー. ❷ 気づかれていない, 人目につかない. ❸〖言〗無標の (↔ marked).

⁺un·mar·ried /ʌnmǽrid⁻/ 形 結婚していない, 未婚の, 独身の (single): an ~ mother 未婚の母.

un·mask /ʌnmǽsk | -mάːsk/ 動 他 ❶ 〈...の〉仮面をはずさせる: ~ a masquerader 仮面舞踏者の仮面を脱がせる. ❷ 〈...の〉正体を暴露する, 「仮面をはぐ」 (expose): ~ a spy スパイの正体を暴露する. — 自 仮面を取る.

un·matched /ʌnmǽʧt⁻/ 形 無比の, 並びない; 無類の[並びない]技で. ❷ そろいでない.

un·mean·ing /ʌnmíːnɪŋ⁻/ 形 ❶ 無意味な, 無意義の. ❷ 表情の無い, 無表情な; 知的でない.

un·mea·sur·a·ble /ʌnméʒ(ə)rəbl, -méɪʒ- | -méʒ-⁻/ 形 測定できない; 測り知れない; 過度の, 際限のない, 野放図な. **un·méa·sur·a·bly** /-rəbli/ 副

un·mea·sured /ʌnméʒəd, -méɪ- | -méʒəd-⁻/ 形 ❶ 測られた[測定され](てい)ない. ❷ 限りのない; 無限の.

un·me·lo·di·ous /ʌnməlóʊdiəs⁻/ 形 非旋律的な, 非音楽的な, 耳ざわりな. **-ly** 副 **~·ness** 名

un·men·tion·a·ble /ʌnménʃ(ə)nəbl⁻/ 形 (ひどすぎたり下品すぎたりで)口にするのをはばかられる, 口に出せない: an ~ word 口にできない単語. — 名 ❶ 言うをはばかる物事[人]. ❷ [複数形で]〖戯言〗肌着, 下着.

un·mer·ci·ful /ʌnmɚ́ːsɪf(ə)l | -mɚ́ː-⁻/ 形 ❶ 無慈悲な, 無情な, 残酷な. ❷ はなはだしい, 途方もない: make ~ demands on a person's time [money] やたらと時間[お金]がかかる. **-ly** /-fəli/ 副 **~·ness** 名

un·mer·it·ed /ʌnmérɪtɪd⁻/ 形 功なくして得た, 分に過ぎた, 不相応の.

un·met·alled /ʌnmétld⁻/ 形 《英》〈道が〉 (割り石 (road metal) などで)舗装されていない.

un·me·thod·i·cal /ʌnməθάdɪk(ə)l | -θɔ́d-⁻/ 形 秩序立っていない, 乱脈な, 散漫な.

un·met·ri·cal /ʌnmétrɪk(ə)l⁻/ 形〖韻〗韻律の整わない.

un·mind·ful /ʌnmáɪn(d)f(ə)l⁻/ 形 ⓟ ❶ 〈...を〉心に留めないで, 忘れやすくて: He read on, ~ *of* the time. 彼は時間を忘れて読み続けた. ❷ 〈...に〉不注意で, むとんちゃくで, かまわなくて: He's ~ *of* his clothes. 彼は自分の着るものにはむとんちゃくだ. **-ly** /-fəli/ 副

un·miss·a·ble /ʌnmísəbl⁻/ 形〈的などが〉はずしようがない; 〈映画・テレビ番組など〉見のがせない, 必見の.

⁺un·mis·tak·a·ble /ʌnmɪstéɪkəbl⁻/ 形 間違えようのない, 紛れのない, 明白な.

ùn·mis·ták·a·bly /-kəbli/ 副 間違いなく, 明白に.

un·mit·i·gat·ed /ʌnmítəgèɪtɪd⁻/ 形 Ⓐ ❶ やわらげられない, 軽減されない: ~ harshness 容赦のない冷酷さ. ❷ 純然たる, 真の, まったくの: an ~ villain 紛れもない悪党.

un·mixed /ʌnmíkst⁻/ 形 混ざり物のない, 純粋の.

un·mod·u·lat·ed /ʌnmάʤʊlèɪtɪd | -mɔ́dju-⁻/ 形〈音・声など〉調節されていない.

un·mo·lest·ed /ʌnməléstɪd⁻/ 形 じゃまされ(てい)ない, 悩まされ(てい)ない.

un·moor /ʌnmʊ́ɚ | -mʊ́ə, -mɔ́ː/ 動 他 ❶ 〈船の〉とも綱を解く. ❷ 〈船を〉単錨(ʻ)泊にする.

un·mor·al /ʌnmɔ́ːrəl | -mɔ́r-⁻/ 形 道徳に関係のない; 超道徳的な.

un·mo·ti·vat·ed /ʌnmóʊɾəvèɪtɪd⁻/ 形 これといった動機のない; 〈仕事などに〉モチベーションがない.

un·mov·a·ble /ʌnmúːvəbl⁻/ 形 =immovable.

un·moved /ʌnmúːvd⁻/ 形 ❶ 〈位置・決心が〉不動の, 断固とした. ❷〈心を動かされないで, 冷静で, 平気で: He remained ~ even when she began to cry. 彼女が泣きはじめた時でさえ彼は平気な顔をしていた.

un·mov·ing /ʌnmúːvɪŋ⁻/ 形 運動停止の (motion-

un·muf·fle /ʌnmʌ́fl/ 動 他 (…から)おおい[消音器, スカーフ]をとる.

un·mur·mur·ing /ʌnmə́ːmərɪŋ│-mə́ː-/ 形 不平[苦情]を言わない, ブツブツ言わない, 進んでする. **~·ly** 副

un·mu·si·cal /ʌnmjúːzɪk(ə)l/ 形 ❶ 音楽の才がない, 音楽を解しない. ❷ 〈音の〉非音楽的な, 耳障りな. /-kəli/ 副 **~·ness** 名

un·muz·zle /ʌnmʌ́zl/ 動 他 ❶ 〈犬などの〉口輪をはずす. ❷ 〈…に〉言論の自由を与える, 〈…の〉緘口令(かんこうれい)を解く: ~ the press 新聞に報道の自由を与える.

un·name·a·ble /ʌnnéɪməbl/ 形 名づけられない, 名状しがたい.

†**un·named** /ʌnnéɪmd/ 形 ❶ 名前のない, 無名の. ❷ 名前の公表されていない, 名を隠した.

†**un·nat·u·ral** /ʌnnǽtʃ(ʊ)rəl/ 形 (more ~; most ~) ❶ **a** 不自然な; 異常な: die an ~ death 横死[変死]を遂げる. **b** 変態的な. ❷ 人情に反する, 人道にもとる; 残忍な: an ~ crime 極悪非道な犯罪. ❸ わざとらしい, 気取った (strained): an ~ smile 作り笑い. **~·ness** 名

ùn·nát·u·ral·ly /-rəli/ 副 ❶ 不自然に; 異常に. ❷ 人情にそむいて. **nót unnáturally** 無理もないことで: He expected, *not* ~, that I would return the money. 当然のことながら彼は私がその金を返すものと思った.

un·nav·i·ga·ble /ʌnnǽvɪgəbl/ 形 〈川など〉航行できない, 船の通えない.

un·nec·es·sar·i·ly /ʌnnèsəsérəli, ‒‒‒‒‒‒ │ ʌnnèsəsérəli, -nésəs(ə)rəli/ 副 不必要に, むだに.

*†**un·nec·es·sar·y** /ʌnnésəsèri │ -sèri, -s(ə)ri/ 形 (比較なし) **不必要な**, 無用の, よけいな (needless): ~ delays 無用な遅れ / cause ~ trouble 無用な迷惑をかける / an ~ remark よけいな一言.

†**un·nerve** /ʌnnə́ːv │ -nə́ːv/ 動 他 ❶ 〈人の〉気力を奪う. ❷ 〈人を〉おじけづかせる, 落胆(らくたん)させる.

un·no·tice·a·ble /ʌnnóʊtɪsəbl/ 形 人目をひかない; 重要でない.

†**un·no·ticed** /ʌnnóʊtɪst/ 形 気づかれて(い)ない, 注意されない; 顧みられない: The incident passed [went] ~. その事件は気づかれないままだった.

un·num·bered /ʌnnʌ́mbəd │ -bəd/ 形 ❶ 数え切れない, 無数の. ❷ 番号[ナンバー]のついてない.

un·o·blig·ing /ʌnəbláɪdʒɪŋ/ 形 非協力的な, 不親切な, 無愛想な.

un·ob·served /ʌnəbzə́ːvd │ -zə́ːvd/ 形 ❶ 守られて(い)ない: a largely ~ traffic law 大方守られていない道路交通法. ❷ 気づかれて(い)ない, 注意されて(い)ない.

un·ob·struct·ed /ʌnəbstrʌ́ktɪd/ 形 妨げられていない, さえぎるもののない.

un·ob·tain·a·ble /ʌnəbtéɪnəbl/ 形 得がたい, 入手しにくい.

†**un·ob·tru·sive** /ʌnəbtrúːsɪv/ 形 ❶ でしゃばらない, 目立たない: his ~ presence 彼の目立たない存在. ❷ 控えめな, 慎み深い, 遠慮がちな, 地味な. **~·ly** 副 **~·ness** 名

un·oc·cu·pied /ʌnɑ́kjʊpàɪd │ -ɔ́k-/ 形 ❶ 〈家・座席など〉占有されて(い)ない, 人の住んでいない: an ~ seat [house] 空席[空き家] / This table is ~. このテーブルは空いている. ❷ 〈人・時間〉何事もしていない, 暇な, ぶらぶらしている: in my ~ hours =when I am ~ 暇なときに. ❸ 占拠[占領]されていない.

***un·of·fi·cial** /ʌnəfíʃ(ə)l/ 形 [通例 A] 非公式な, 私的な; 〈報道が〉公報でない: an ~ meeting 非公式の会合 / an ~ strike 非公認スト, 山猫スト / an ~ report 未確認の報道. **~·ly, -ʃəli/** 副

un·o·pened /ʌnóʊp(ə)nd/ 形 開かれない, (まだ)閉じたまの, 開封されて(い)ない: an ~ letter 封を切ってない手紙.

un·op·posed /ʌnəpóʊzd/ 形 反対のない, 反対[抵抗, 敵対, 競争]する者のない.

un·or·gan·ized /ʌnɔ́ːgənàɪzd │ -ɔ́ː-/ 形 ❶ 組織されていない, 未組織の, 未編成の. ❷ 系統化されていない, 組織立って[まとまって]いない. ❸ 労働組合に加入していない.

un·o·rig·i·nal /ʌnərídʒ(ə)n(ə)l/ 形 独創的でない; 本来のものでない. **-·ly /-nəli/** 副 **un·o·rig·i·nal·i·ty** /ʌnərìdʒənǽləti/ 名

un·or·tho·dox /ʌnɔ́ːθədɑ̀ks │ -ɔ́ːθədɔ̀ks/ 形 正統でない, 非合法な; 異端の, 異色の, 風変わりな (unusual).

un·or·tho·dox·y /ʌnɔ́ːθədɑ̀ksi │ -ɔ́ːθədɔ̀k-/ 名 非正統(派), 異端.

un·os·ten·ta·tious /ʌnɑ̀stəntéɪʃəs │ -ɔ̀sten-/ 形 てらわない, 気取らない, たかぶらない; 質素な, 地味な. **~·ly** 副 **~·ness** 名

unp. 《略》unpaged ページ番号を付けていない, ノンブルされない.

†**un·pack** /ʌnpǽk/ 動 他 ❶ 〈包み・荷を〉解く, 包装を解いて〈中身を〉出す: ~ a suitcase スーツケースを開けて中身を取り出す / She ~ed the wedding presents. 彼女は結婚の贈り物を包みから取り出した. ❷ 〈問題などを〉明確にする, 説明[整理]する (analyze). ── 自 包み[荷]を解く.

†**un·paid** /ʌnpéɪd/ 形 ❶ 未払いの, 未納の (outstanding): ~ debts 未払いの借金. ❷ 〈人・職など〉給与を受けない, 無給の: ~ leave 無給の休暇.

un·paired /ʌnpéəd │ -péəd/ 形 対(つい)になっていない, 相手のついていない; 対のない.

un·pal·at·a·ble /ʌnpǽlətəbl/ 形 ❶ 〈食物など〉口にあわない, まずい. ❷ 〈考えなど〉受け入れ難い, いやな.

†**un·par·al·leled** /ʌnpǽrəlèld/ 形 並ぶものがない, 無比の, 未曽有(みぞう)の: an ~ achievement 空前の偉業.

un·par·don·a·ble /ʌnpɑ́ːdnəbl │ -pɑ́ː-/ 形 許せない, 勘弁[容赦]できない (unforgivable): an ~ insult 許しがたい侮辱. **ùn·pár·don·a·bly /-nəbli/** 副

un·par·lia·men·ta·ry /ʌnpɑ̀ːləméntəri, -ljə-, -tri │ -pɑ̀ː-/ 形 ❶ 議会の慣例に反する. ❷ 〈言葉が〉議院内では許されない: ~ language 悪口(あっこう)のしのり.

un·pas·teur·ized /ʌnpǽstʃəràɪzd, -stə-/ 形 低温殺菌していない.

un·pa·tri·ot·ic /ʌnpèɪtriǽtɪk │ -pætriɔ́t-, -pèɪtri-/ 形 愛国心のない. **ùn·pà·tri·ót·i·cal·ly /-kəli/** 副

un·paved /ʌnpéɪvd/ 形 敷石の敷いてない, 舗装してない.

un·peeled /ʌnpíːld/ 形 皮をむいていない, 皮付きの.

un·peg /ʌnpég/ 動 他 ❶ 〈…から〉釘[杭, 栓]を抜く, 釘を抜いてある; 〈株価・通貨や賃金・物価などの〉釘付けをやめる.

un·peo·ple /ʌnpíːpl/ 動 他 〈…から〉住民をなくす[除く, 絶やす].

un·peo·pled /ʌnpíːpld/ 形 人の住んでいない, 無人の.

un·per·son /ʌnpə́ːs(ə)n │ -pə́ː-/ 名 (政治的・思想的に)完全に存在を無視される人, 失脚した人[政治家].

un·per·turbed /ʌnpətə́ːbd │ -pə(ː)tə́ːbd/ 形 かき乱されない, うろたえない, 平静な, 落ち着いた.

un·pick /ʌnpík/ 動 他 〈衣服の〉縫い目をほどく.

un·pin /ʌnpín/ 動 他 (**un-pinned**; **un-pin·ning**) ❶ 〈…の〉ピンを抜く; 留めくぎを取る: She *unpinned* her hair before going to bed. 彼女は床につく前に髪のピンをはずした. ❷ ピンを解く〈…をゆるめる[ほどく]〉.

un·pit·y·ing /ʌnpítɪɪŋ/ 形 無慈悲な, 無情な. **~·ly** 副

un·place·a·ble /ʌnpléɪsəbl/ 形 定位置のない, 分類[同定]できない, 正体不明の.

un·placed /ʌnpléɪst/ 形 (競馬・競技で)等外の.

un·planned /ʌnplǽnd/ 形 計画していない, 予定外の.

un·play·a·ble /ʌnpléɪəbl/ 形 ❶ 〈球技〉〈ボールが〉打てない, 打ち返せない. ❷ 〈音楽など〉(難しすぎて)演奏不能な. ❸ 〈レコードが〉(きず・音質不良などで)かけるに適さない. ❹ 〈グラウンドが〉遊ぶのに[競技に]適さない.

***un·pleas·ant** /ʌnpléz(ə)nt/ 形 (more ~; most ~) ❶ 〈不愉快な, いやな; an ~ smell [surprise] 不快なにおい[驚き]. ❷ 意地が悪い, 不親切な (to, with) (disagreeable): He's very ~ *to* his employees. 彼は雇い人に対してひどく意地悪だ. **~·ly** 副

ùn·pléas·ant·ness 名 ❶ Ⓤ 不愉快, 不快さ; 気まずさ. ❷ Ⓒ 不愉快な事柄; 不和, けんか, 議論, 口論, いさかい: I had a slight ~ with the manager. 支配人との間

un·plowed /ʌnpláud⁻/ 形 すきで耕していない, 開墾していない.《米》〈道〉が雪かきされていない.

un·plug /ʌnplʌ́g/ 動 (**un·plugged**; **un·plug·ging**) 他 ❶〈電気器具〉のプラグを抜く; プラグを抜いて〈電気器具〉の電気を切る. ❷〈…の〉栓を抜く.

un·plugged /ʌnplʌ́gd⁻/ 形 副《楽》(特にロックが)アコースティック楽器で演奏した[して], アンプラグドの[で].

un·plumbed /ʌnplʌ́md⁻/ 形 ❶ 測鉛で測られていない. ❷ 底の知れない: ~ depth 底知れぬ深み.

un·point·ed /ʌnpɔ́ɪntɪd⁻/ 形 とがっていない; 点のついていない〈ヘブライ語などの母音点[母音符]など〉;〈れんが積みなど〉目地にしっくい[セメントなど]を塗っていない.

un·pol·ished /ʌnpɑ́lɪʃt⁻ | -pɔ́l-⁻/ 形 よく磨かれていない; つや出しの塗ってない; 念入りに仕上げられていない; 洗練されない, あかぬけしない.

un·po·lit·i·cal /ʌnpəlíṭɪk(ə)l⁻/ 形 政治に関心がない[関係しない], ノンポリの.

un·polled /ʌnpóʊld⁻/ 形 選挙人として登録されていない; 投票していない, 投票されていない; 世論調査対象者のうちに含まれていない.

un·pol·lut·ed /ʌnpəlúːṭɪd⁻/ 形 汚染され(てい)ない, 清浄.

＊**un·pop·u·lar** /ʌnpɑ́pjʊlə | -pɔ́pjʊlə⁻/ 形 人気のない, 不評判の, 流行しない 〈with, among〉: He's (highly) ~ *with* his fellow workers. 彼は仕事仲間に(ひどく)評判が悪い. **~·ly** 副

un·pop·u·lar·i·ty /ʌnpɑ̀pjʊlǽrəṭi | -pɔ̀p-⁻/ 名 Ū 人気[人望]のないこと, 不評判, 不人気.

un·pop·u·lat·ed /ʌnpɑ́pjʊlèɪṭɪd⁻ | -pɔ́p-⁻/ 形 人の住んでいない, 無人の.

un·prac·ti·cal /ʌnprǽktɪk(ə)l⁻/ 形 ❶ 非実用的の. ❷〈人が〉実際的な技術のない, 非実務的な.

un·prac·ticed,《英》**un·prac·tised** /ʌnprǽktɪst⁻/ 形 ❶ 未熟な, 下手な, 不器用な: with an ~ hand 不器用な[慣れない]手つきで. ❷ 実行されていない.

＊**un·prec·e·dent·ed** /ʌnprésədèntɪd, -dənt-⁻/ 形 先例[前例]のない, 空前の, 前代未聞の: an ~ achievement かつてない偉業. **~·ness** 名

ùn·préc·e·dent·ed·ly 副 先例なく, 前代未聞に: an ~ long period いままでにない長時間.

＊**un·pre·dict·a·ble** /ʌnprɪdíktəbl⁻/ 形 ❶ 予報[予想, 予知]できない: totally ~ weather まったく予想できない[変わりやすい]天気. ❷〈人が〉何をしでかすか予測できない, 気まぐれな. **ùn·pre·dìct·a·bly** /-təbli/ 副

un·prej·u·diced /ʌnpréʤʊdɪst⁻/ 形 偏見[先入観]のない; 公平な.

un·pre·med·i·tat·ed /ʌnprìːméḍəṭèrṭɪd⁻/ 形 あらかじめ計画されたものでない; 故意でない.

＊**un·pre·pared** /ʌnprɪpéəd | -péəd⁻/ 形 ❶ 準備のない: an ~ lecture 即席の講演. ❷ 準備[覚悟]のない: You've caught me ~. 君に不意を打たれた / I was ~ *for* his answer. 彼の返事に不意を打たれた / I was ~ *to* answer. 答える用意ができていなかった.

un·pre·pos·sess·ing /ʌnprìːpəzésɪŋ⁻/ 形 人好きのしない, 魅力のない.

un·pre·tend·ing /ʌnprɪténdɪŋ⁻/ 形 見えを張らない, もったいない, 慎み深い, 控えめな, 謙遜な. **~·ly** 副 **~·ness** 名

＊**un·pre·ten·tious** /ʌnprɪténʃəs⁻/ 形 見えを張らない, 控えめな, 謙遜な (unassuming): a small, ~ house 小さくつつましやかな家. **~·ly** 副 **~·ness** 名

un·prin·ci·pled /ʌnprínsəpld⁻/ 形 節操のない, 道義心のない (dishonest).

un·print·a·ble /ʌnpríntəbl⁻/ 形 (わいせつなどのため)印刷するに適しない, 印刷できない.

un·prob·lem·at·ic /ʌnprɑ̀bləmǽṭɪk | -prɔ̀b-⁻/ 形 問題のない. **-i·cal·ly** /-kəli/ 副

un·pro·cessed /ʌnprásest, -próʊ- | -próʊ-, -prɔ́-⁻/ 形 処理[加工]されていない.

＊**un·pro·duc·tive** /ʌnprədʌ́ktɪv⁻/ 形 収穫のない; 非生産的の, 収益[効果]のない. **~·ly** 副 **~·ness** 名

un·pro·fes·sion·al /ʌnprəféʃ(ə)nəl⁻/ 形 ❶〈行為など〉職業上の規則[習慣, 道義]に反した. ❷ 本職でない, しろうとの. **~·ly** /-nəli/ 副

＊**un·prof·it·a·ble** /ʌnprɑ́fɪṭəbl | -prɔ́f-⁻/ 形 ❶ 利益のない, もうからない. ❷ 無益な, むだな (fruitless).

un·prom·is·ing /ʌnprɑ́mɪsɪŋ | -prɔ́m-⁻/ 形〈天候・状況など〉(よくなる)見込みがない, 〈前途〉有望でない.

un·prompt·ed /ʌnprɑ́m(p)tɪd | -prɔ́m(p)t-⁻/ 形〈行動・返答など〉人に促されたものでない; 自発的な.

un·pro·nounce·a·ble /ʌnprənáʊnsəbl⁻/ 形〈単語・音など〉(難しくて)発音できない.

＊**un·pro·tect·ed** /ʌnprətéktɪd⁻/ 形 ❶ 保護(者)のない. ❷ 無防備の, 無装甲の (defenseless). ❸〈産業など〉(関税などの)保護を受けて(い)ない. ❹〈性行為が〉コンドームを使用しない.

un·proved /ʌnprúːvd⁻/, **un·prov·en** /ʌnprúː·vən⁻/ 形 証明[立証]されていない.

un·pro·vid·ed /ʌnprəváɪdɪd⁻/ 形 支給[供給, 装備]されていない 〈with〉; 生計の資が与えられていない 〈for〉; 予期しない, 不意の; 心構え[用意]のできていない.

un·pro·voked /ʌnprəvóʊkt⁻/ 形〈犯罪など〉挑発されない(で行なった), 正当な理由[動機, 誘因]のない: an ~ attack いわれのない攻撃.

un·pub·lish·a·ble /ʌnpʌ́blɪʃəbl⁻/ 形 公にできない, 公表をはばかる.

＊**un·pub·lished** /ʌnpʌ́blɪʃt⁻/ 形 ❶ 公にされ(てい)ない. ❷ 未出版の, 未刊行の.

un·punc·tu·al /ʌnpʌ́ŋ(k)tʃʊəl⁻/ 形 時間[約束, 期日]を守らない.

un·punc·tu·al·i·ty /ʌnpʌ̀ŋ(k)tʃʊǽləṭi/ 名 Ū 時間を守らないこと.

un·pun·ished /ʌnpʌ́nɪʃt⁻/ 形 処罰を受けない, 罰せられない(で), 刑罰を免れた[て]: Such crimes should not go ~. このような犯罪は罰しないでおくべきではない.

un·put·down·a·ble /ʌnpʊ̀tdáʊnəbl⁻/ 形《口》〈本が〉おもしろくてやめられない.

＊**un·qual·i·fied** /ʌnkwɑ́ləfàɪd | -kwɔ́l-⁻/ 形 ❶ 資格のない, 無資格の, 不適任な, 不適当な: an ~ nurse 無資格の看護師 / He's ~ *for* the position. 彼はその地位に適さない人だ / He's ~ *to* teach English. 彼は英語を教えるには不適任だ; 彼に英語を教える資格はない. ❷ 制限されない, 無条件の; まったくの (unconditional): ~ praise 無条件の称賛.

un·quan·ti·fi·a·ble /ʌnkwɑ́nṭəfàɪəbl | -kwɔ́n-⁻/ 形 数量化できない, 計量しがたい.

un·quench·a·ble /ʌnkwéntʃəbl⁻/ 形 消すことのできない, 抑えられない: an ~ thirst for knowledge 満たされない知識欲.

＊**un·ques·tion·a·ble** /ʌnkwéstʃənəbl⁻/ 形 ❶ 疑いのない, 議論の余地のない, 確かな. ❷ 非の打ちどころのない, 申し分のない.

ùn·qués·tion·a·bly /-nəbli/ 副 [文修飾] 疑いなく, 確かに: *U*~, she deserves the prize. 彼女が受賞に値するということは疑いの余地がない.

un·ques·tioned /ʌnkwéstʃənd⁻/ 形 ❶ **a** 問題[疑問]にされ(てい)ない, 疑われ(てい)ない. **b** 疑う余地のない, 紛れもない (unequivocal): an ~ masterpiece 紛れもない傑作 / Your honesty is ~. 君の正直なことはだれもが認めるところだ. ❷ 調べられ(てい)ない, 審問されて(い)ない.

un·ques·tion·ing /ʌnkwéstʃənɪŋ⁻/ 形 ❶ 質問をしない. ❷〈信頼など〉絶対的な: ~ obedience 絶対的服従.

un·qui·et /ʌnkwáɪət⁻/ 形 落ち着きのない, そわそわした, 不安な; 不穏な: an ~ mind 落ち着かない心 / ~ times 動乱の時代.

un·quote /ʌnkwóʊt/ 動 自 [命令法で] 引用(文)を終えよ, 引用終わり (《用法》書き取り・電文などで引用を終える時に使う; ⇒ quote ②).

un·rat·ed /ʌnréɪṭɪd⁻/ 形 ❶ 評価[評点, 等級]の定められていない. ❷ (高く)評価されていない. ❸〈映画が〉(年齢制限などを設けた)レーティングを受けて[の対象になって]いな

un·rav·el /ʌnrǽv(ə)l/ 動 (**un-rav-eled**, 《英》 **-elled**; **un-rav-el-ing**, 《英》 **-el·ling**) 他 ❶ 〈もつれた糸・編み物などを〉解く, ほぐす: ~ a tangled thread もつれた糸をほぐす. ❷ 〈疑問などを〉解明する, 解く: ~ a mystery 神秘を解明する. — 自 編み物などがほどける, ほぐれる.

un·reach·a·ble /ʌnríːtʃəbl⁺⁻/ 形 到達しない, 手の届かない. **ùn·reach·a·bly** /-tʃəbli/ 副 ~·**ness** 名

un·read /ʌnréd/ 形 ❶ 〈書物など〉読まれ(てい)ない. ❷ 《古》〈人や書物を(多く)読んでいない; 学問のない.

un·read·a·ble /ʌnríːdəbl⁺⁻/ 形 ❶ 読んでおもしろくない, 退屈な; 読む価値のない, 読むに適しない. ❷ 〈原稿など〉読みにくい, 読めない, 判読しにくい (illegible). ❸ 〈表情など〉考え[感情]が読み取れない.

un·read·y /ʌnrédi/ 形 ❶ [P [...の]準備がなくて, 用意ができていなくて [to do] (⇔ ready) not ready [for ...]: This machine is still — **for** use. この機械はまだ使う準備ができていない. ❷ 敏捷(びんしょう)でない, のろい.

⁺**un·re·al** /ʌnríː(ə)l, -ríəl/ 形 ❶ 想像上の, 架空の; 現実とは思えない(ような), 幻想的な. ❷ 非現実的な (unrealistic). ❸ 《米口》信じられない, 驚くべき. ❹ いつわりの, わざとらしい (phony).

⁺**un·re·al·is·tic** /ʌnriːəlístɪk, -riə-, -ríː·ə-/ 形 非現実的な, 現実離れした; 非現実主義の. **-ti·cal·ly** /-kəli/ 副

un·re·al·i·ty /ʌnriːǽləti/ 名 ❶ U 非現実(性). ❷ C 実在しないもの.

un·re·al·ized /ʌnríːəlaɪzd, -ríːəlaɪzd, -ríː·əlaɪzd⁺⁻/ 形 ❶ まだ実現されていない. ❷ まだ知られていない, 理解されていない.

un·rea·son /ʌnríːz(ə)n/ 名 U 不合理; 狂気.

⁺**un·rea·son·a·ble** /ʌnríːz(ə)nəbl⁺⁻/ 形 ❶ 〈人・行動など〉理性的でない, 道理をわきまえない, 分別のない, 不合理な: an ~ attitude 聞き分けのない態度. ❷ 〈値段・要求など〉不当な, 途方もない: ~ demands 無理な要求. ~·**ness** 名 【類義語】⇒ illogical.

ùn·réa·son·a·bly /-nəbli/ 副 ❶ 無分別に, 不合理に. ❷ 不当に, 法外に, 途方もなく.

un·rea·soned /ʌnríːz(ə)nd⁺⁻/ 形 理にかなわない, 不合理な.

ùn·réa·son·ing /-z(ə)nɪŋ/ 形 理性的でない, 思慮のない; 不合理な, 理性に基づかない. ~·**ly** 副

un·re·cep·tive /ʌnrɪséptɪv⁺⁻/ 形 受容できない, 受け入れられない; 感受性[感応性]の強くない.

un·re·cip·ro·cat·ed /ʌnrɪsíprəkeɪtɪd⁺⁻/ 形 相互的でない, 一方的な; 報いられていない.

un·re·claimed /ʌnrɪkléɪmd⁺⁻/ 形 矯正されていない; 未開懇[開拓]の.

un·rec·og·niz·a·ble /ʌnrékəɡnàɪzəbl, -kɪɡ- | -kəɡ-⁺⁻/ 形 認識[承認]できない, 見分けのつかない.

un·rec·og·nized /ʌnrékəɡnàɪzd, -kɪɡ- | -kəɡ-⁺⁻/ ❶ (十分に)認識[評価]され(てい)ない. ❷ (だれだと)見分けられ(てい)ない.

un·rec·on·ciled /ʌnrékənsàɪld⁺⁻/ 形 和解[調和, 一致]させられていない.

un·re·con·struct·ed /ʌnriːkənstrʌ́ktɪd⁺⁻/ 形 再興[改造, 改築]されていない, (特に)時代に適応していない, 時代錯誤の態度[見解, 価値観]を墨守している.

un·re·cord·ed /ʌnrɪkɔ́ːdɪd | -kɔ́ːd-⁺⁻/ 形 記録[登録]されていない.

un·re·cov·er·a·ble /ʌnrɪkʌ́v(ə)rəbl⁺⁻/ 形 〈負債など〉回収不能の.

un·re·deemed /ʌnrɪdíːmd⁺⁻/ 形 救われていない, 和らげられていない, 緩和されていない; 受け戻していない, 質受けしていない.

un·reel /ʌnríːl/ 動 他 〈糸などを〉糸枠から巻き戻す. — 自 糸枠から巻き戻る.

un·re·fined /ʌnrɪfáɪnd⁺⁻/ 形 ❶ 精製されていない. ❷ 洗練されていない, 上品でない.

un·re·gard·ed /ʌnrɪɡáːdɪd | -ɡáː·d-⁺⁻/ 形 注意されない, 顧みられない, 無視された.

un·re·gen·er·a·cy /ʌnrɪdʒénərəsi, -rɪ-/ 名 生まれ変わっていないこと, 改心[更生]しないこと, 罪深さ.

un·re·gen·er·ate /ʌnrɪdʒénərət⁺⁻/ 形 (精神的・宗教的に)生まれ変わらない, 罪深い, 邪悪な: an ~ sinner 度しがたい罪人.

un·reg·is·tered /ʌnrédʒɪstəd | -təd⁺⁻/ 形 登録[登記]されていない; 書留にされてない; 〈家畜など〉血統証明のついていない.

un·reg·u·lat·ed /ʌnréɡjʊleɪtɪd⁺⁻/ 形 無秩序な; 野放図な, 統制[規制]されていない.

un·re·hearsed /ʌnrɪhə́ːst | -há·st⁺⁻/ 形 語られていない (untold); 下稽古をしない, 準備[計画]されたのでない, 自然発生的な.

⁺**un·re·lat·ed** /ʌnrɪléɪtɪd⁺⁻/ 形 関連のない; [...の]親類でない [to].

⁺**un·re·lent·ing** /ʌnrɪléntɪŋ⁺⁻/ 形 ❶ 仮借[容赦]しない, 厳しい; 断固とした (relentless). ❷ 〈速度・努力など〉弱まることのない, たゆみない, 絶え間ない (ceaseless): ~ efforts 不屈の努力. ~·**ly** 副

⁺**un·re·li·a·ble** /ʌnrɪláɪəbl⁺⁻/ 形 当てにならない, 信頼できない: an ~ source of information 信頼できない情報源. **-a·bly** /-əbli/

un·re·lieved /ʌnrɪlíːvd⁺⁻/ 形 ❶ 救済[軽減]されていない. ❷ 変化のない, 単調な: a broad plain ~ **by** the smallest hill 小さい丘ひとつない茫漠たる平原. ~·**ly** /-vɪd-/

un·re·li·gious /ʌnrɪlídʒəs⁺⁻/ 形 ❶ 宗教と関係のない, 非宗教的な. ❷ 不信心な (cf. irreligious).

un·re·mark·a·ble /ʌnrɪmáːkəbl | -máː·k-⁺⁻/ 形 注意を引かない, 目立たない, 気づかれない.

un·re·marked /ʌnrɪmáːkt | -máː·kt⁺⁻/ 形 気づかれない(で).

un·re·mit·ting /ʌnrɪmítɪŋ⁺⁻/ 形 間断のない, 絶え間のない, 不断の, 努めてやまない. ~·**ly** 副

un·re·mu·ner·a·tive /ʌnrɪmjúːn(ə)rətɪv⁺⁻, -nərə·rɪtɪv/ 形 報酬[利益, 報い]のない[少ない]. ~·**ly** 副

un·re·peat·a·ble /ʌnrɪpíːtəbl⁺⁻/ 形 繰り返すのがはばかられる, とても下品な, みだらな; 二度[二つ]とない. **un·re·peat·a·bil·i·ty** /ʌnrɪpìːtəbíləti/ 名

un·re·pen·tant /ʌnrɪpéntənt⁺⁻/ 形 後悔することのない; がんこな.

un·re·port·ed /ʌnrɪpɔ́ətɪd | -pɔ́ːt-⁺⁻/ 形 報告されていない.

un·rep·re·sent·a·tive /ʌnrèprɪzéntətɪv⁺⁻/ 形 代表していない; 典型的でない.

un·re·quit·ed /ʌnrɪkwáɪtɪd⁺⁻/ 形 ❶ 〈愛が〉報いられない: ~ love 片思い. ❷ 報復されていない.

un·re·served /ʌnrɪzə́ːvd | -zə́ːvd⁺⁻/ 形 ❶ 〈人・態度など〉遠慮のない, 率直な. ❷ 無条件の, 十分な, まったくの: ~ praise べたほめ. ❸ 予約してない: ~ seats 非予約席; 自由席. **un·re·sérv·ed·ly** /-vɪdli/ 副 ❶ 遠慮なく, 率直に. ❷ 制限なく, 無条件で.

un·re·solved /ʌnrɪzʌ́lvd | -zʌ́lvd⁺⁻/ 形 未解決の.

un·re·spon·sive /ʌnrɪspánsɪv | -spɔ́n-⁺⁻/ 形 (すぐに)反応しない; [...に]鈍感で [to].

*⁺**un·rest** /ʌnrést/ 名 U (特に, 社会的な)不安, 不穏(な状態) (★ 新聞用語): social [political] ~ 社会[政情]不安.

un·re·strained /ʌnrɪstréɪnd⁺⁻/ 形 抑制され(てい)ない, 制御され(てい)ない: He set to work with ~ zest. 彼はがむしゃらに仕事を始めた. **ùn·re·stráin·ed·ly** /-nɪdli/ 副 抑制されないで, 自由に. ~·**ness** /-n(ɪ)d-/ 名

⁺**un·re·strict·ed** /ʌnrɪstríktɪd⁺⁻/ 形 制限されていない, 無制限の (unlimited).

un·re·ward·ed /ʌnrɪwɔ́ədɪd | -wɔ́ːd-⁺⁻/ 形 報いられない, 無報酬の, 無償の.

un·re·ward·ing /ʌnrɪwɔ́ədɪŋ | -wɔ́ːd-⁺⁻/ 形 やりがいのない.

un·right·eous /ʌnráɪtʃəs⁺⁻/ 形 ❶ 公正でない. ❷ よこしまな, 罪深い. ~·**ly** 副 ~·**ness** 名

un·rip /ʌnríp/ 動 他 (**un-ripped**; **un-rip·ping**) ❶ 〈...を〉切り開く[離す]. ❷ 〈縫い目を〉引き[切り]裂く.

un·ripe /ʌnráɪp/ 形 未熟な, 生の.

un·ri·valed, (英) **un·ri·valled** /ʌnráɪv(ə)ld/ 形 競争相手のない, 無敵の (unsurpassed).

un·roll /ʌnróʊl/ 動 他 ❶ 〈巻いた物を〉解く, 開く, 広げる: ~ a map (巻いた)地図を広げる. ❷ 〈…を〉(巻き物を広げるように)展開する, 繰り広げる. ── 自 ❶ 巻き物が解ける, 開く. ❷ 〈視野・景色などが〉広がる, 一面に見えてくる; 思い出などが次々と浮かび出る: The landscape ~ed under the speeding plane. 景色が飛んでゆく飛行機の下に開けてきた.

un·ro·man·tic /ʌnroʊmǽntɪk, -rə-/ 形 空想的でない, 実際[現実]的な, ありきたりの; 無粋な. **-ti·cal·ly** /-kəli/ 副

un·rope /ʌnróʊp/ 動 他 ❷ 〈…を〉(つないでいる)綱を解く[ほどく].

un·round·ed /ʌnráʊndɪd/ 形 《音声》〈音が〉唇を横に開いて発音された; 非円唇の.

un·ruf·fled /ʌnrʌ́fld/ 形 ❶ 騒ぎ立てない; 平穏な, 冷静な (unperturbed): ~ waters 静かな海 / remain ~ あわてない, 落ち着いている. ❷ しわのない.

⁺**un·ru·ly** /ʌnrúːli/ 形 (**un·rul·i·er**; **-i·est**) ❶ 御しにくい, 言うことをきかない, 気ままな, 手に負えない (uncontrollable): an ~ boy 腕白坊主. ❷ 〈髪の毛など〉乱れがちな. **ùn·rúl·i·ness** 名

UNRWA /ʌ́nrə, -rɑː/ (略) United Nations Relief and Works Agency 国連難民救済機関.

un·sad·dle /ʌnsǽdl/ 動 他 ❶ 〈馬などの〉くらをはずす. ❷ 〈人を〉落馬させる (unseat). ── 自 馬のくらをはずす.

⁺**un·safe** /ʌnséɪf/ 形 安全でない, 危険な (dangerous): ~ sex (コンドームなどを使用しない)安全でないセックス.

un·said /ʌnséd/ 動 unsayの過去形・過去分詞. ── 形 ⓟ (思って)口に出さない: Better leave it ~. それは言わずにおくほうがいい, 言わぬが花.

un·sal·a·bil·i·ty, -sale·a·bil·i·ty /ʌnsèɪləbíləti/ 名 市場性の低さ[欠如].

un·sal·a·ble /ʌnséɪləbl/ 形 売れない, 売り物にならない.

un·sale·a·ble /ʌnséɪləbl/ 形 =unsalable.

un·salt·ed /ʌnsɔ́ːltɪd/ 形 塩(水)に漬けない; 塩気のない; 淡水の.

un·san·i·tar·y /ʌnsǽnətèri | -təri, -tri/ 形 非衛生的な, 不潔な.

⁺**un·sat·is·fac·to·ry** /ʌnsæ̀tɪsfǽktəri, -tri/ 形 (**more ~; most ~**) 不満足な; 不十分な (unacceptable). **ùn·sàt·is·fác·to·ri·ly** /-təɾəli, -trə-/ 副

un·sat·is·fied /ʌnsǽtɪsfàɪd/ 形 満足させられない, 不満足な.

un·sat·is·fy·ing /ʌnsǽtɪsfàɪɪŋ/ 形 満足させない, 満足感を与えない, 不満の残る.

un·sat·u·rat·ed /ʌnsǽtʃərèɪtɪd/ 形 飽和していない; 《化》 不飽和の.

un·saved /ʌnséɪvd/ 形 救われていない, (特に 宗教的に)救済[済度]されていない.

un·sa·vor·y, (英) **un·sa·vour·y** /ʌnséɪv(ə)ri/ 形 ❶ 〈道徳的に〉かんばしくない: an ~ reputation かんばしくない評判. ❷ いやな味[におい]がする, うまくない; 不快な, いやな.

un·say /ʌnséɪ/ 動 他 (**-said** /-séd/) 〈前言などを〉取り消す, 撤回する.

un·say·a·ble /ʌnséɪəbl/ 形 口にしがたい; 言葉[口]では言い尽くせない.

UNSC (略) United Nations Security Council.

un·scarred /ʌnskɑ́ɚd | -skɑ́ːd/ 形 傷[刻み]のつけられていない, 無傷の.

⁺**un·scathed** /ʌnskéɪðd/ 形 (肉体的・道徳的に)無傷の (unharmed): He came through ~. 彼は無事に切り抜けた.

un·scent·ed /ʌnséntɪd/ 形 香りを奪われた; 香りのない, 無香性の.

un·sched·uled /ʌnskédʒuːld, -dʒʊld | -fédjuːld, -skédjuːld/ 形 予定外の, 臨時の.

un·schooled /ʌnskúːld/ 形 学校教育を受け(てい)ない, 無教育の; 〈…の〉教育を受けていなくて, 経験がなくて: She's ~ in the way of the world. 彼女は世間の習わしを知らない / He's completely ~ in politics. 彼は政治にはまったくのしろうとだ.

un·sci·en·tif·ic /ʌnsàɪəntífɪk/ 形 非科学的な: an ~ method 非科学的な方法. **ùn·sci·en·tíf·i·cal·ly** /-kəli/ 副

un·scram·ble /ʌnskrǽmbl/ 動 他 ❶ 〈暗号電報文などを〉普通の文にする, 解読する. ❷ 〈混乱などを〉元に戻す.

un·screened /ʌnskríːnd/ 形 ❶ 仕切りの遮蔽[遮断]されていない. ❷ ふるいにかけてない; 選別していない; 保安検査をうけていない. ❸ 〈映画・テレビ番組が〉未公開の.

un·screw /ʌnskrúː/ 動 他 ❶ 〈…の〉ねじを抜く, ねじをゆるめて〈…を〉はずす: ~ a lid ふたをねじってはずす. ❷ 〈瓶などを〉(ねじのように)回して抜く[はずす]: ~ a light bulb 電球を回してはずす.

un·script·ed /ʌnskríptɪd/ 形 〈放送・演説など〉台本[草稿]なしの.

⁺**un·scru·pu·lous** /ʌnskrúːpjʊləs/ 形 良心的でない, 不徳な, 無節操な: an ~ quest for profit あくどい利潤追求 / He's ~ in his exploitation of people. 彼は破廉恥にも人を食いものにする. **~·ly** 副 **~·ness** 名

un·seal /ʌnsíːl/ 動 他 ❶ 〈…の〉封を切る, (封印された)のを開く, 開封する; 〈閉じたものを〉開ける. ❷ 〈固い口などを〉開かせる: ~ one's lips 口を割る, 秘密をもらす.

un·sealed /ʌnsíːld/ 形 開封されていない, 封をされていない; 封を解かれた; 押印されていない, 封印のない.

un·sea·son·a·ble /ʌnsíːz(ə)nəbl/ 形 ❶ 時候[季節]はずれの, 不順な: ~ weather 不順な天候. ❷ 時を得ない, 折の悪い: ~ advice 時宜を得ない助言. **-a·bly** /-nəbli/ 副 **~·ness** 名

un·sea·son·al /ʌnsíːz(ə)nəl/ 形 季節[時候]に合わない, 季節はずれの (unseasonable).

un·sea·soned /ʌnsíːz(ə)nd/ 形 ❶ 〈食物など〉調味してない, 薬味を入れない. ❷ 〈木材など〉乾燥してない: ~ wood 生木. ❸ 〈人が〉経験不足の[で].

⁺**un·seat** /ʌnsíːt/ 動 他 ❶ 〈(選挙などで)人の〉地位を奪う: He was ~ed at the general election. 彼は総選挙で落選した. ❷ 〈馬や人を〉落馬させる.

un·se·cured /ʌnsɪkjʊ́əd, -kjɔ́ːd | -kjʊ́əd/ 形 安全にされていない, 保護されていない, 保証のない, 無担保の; 〈ドアなど〉しっかり締められていない[留められていない].

⁺**un·seed·ed** /ʌnsíːdɪd/ 形 〈選手がシードされていない, シードなし.

un·see·ing /ʌnsíːɪŋ/ 形 ❶ よく[気をつけて]見ない: She stared at me with ~ eyes. 彼女はうつろな目で私をじっと見つめた. ❷ 目の見えない, 盲目の. **~·ly** 副

un·seem·ly /ʌnsíːmli/ 形 ❶ 見苦しい, 不穏当な, みっともない: ~ behavior 見苦しいふるまい. ❷ ふさわしくない: behave in a most ~ way 少しも場所柄をわきまえずにふるまう. ── 副 見苦しく, 不体裁に; 不適当に. **ùn·séem·li·ness** 名 〖類義語〗 ⇨ improper.

⁺**un·seen** /ʌnsíːn/ 形 ❶ (目に)見えない: the ~ hand of God 神の見えざる手. ❷ 〈翻訳・楽譜など〉前もって目を通していない, 初見の: an ~ translation その場での翻訳. ── 名 ❶ [the ~] 見えないもの; 霊界. ❷ ⓒ (英) 即席翻訳(問題).

un·self·con·scious /ʌnsèlfkɑ́nʃəs, -kɔ́n-/ 形 自己を意識しない; 気取らない. **~·ly** 副 **~·ness** 名

un·self·ish /ʌnsélfɪʃ/ 形 利己的でない, 没我的な, 利他的な (selfless). **~·ly** 副 **~·ness** 名

un·sen·ti·men·tal /ʌnsèntəméntl/ 形 感傷的でない, 感情に動かされない.

un·served /ʌnsə́ːvd | -sə́ːvd/ 形 ❶ 応対[対応]されていない, 顧みられていない. ❷ 〈令状などが〉送達されていない. ❸ 〈雌の動物が〉つがわされていない, つがいのない.

un·ser·vice·a·ble /ʌnsə́ːvɪsəbl | -sə́ː-/ 形 役に立たない, 実用的でない, 無用の.

⁺**un·set·tle** /ʌnsétl/ 動 他 ❶ 〈…を〉乱す (disturb): This strike may ~ the economy. このストライキで経済

が乱れるかもしれない。**b** 〈…の〉心を乱す，落ち着きを失わせる，〈…を〉不安にする: The cold war ~d people's minds. 冷戦は人々の心を不安にした。❷ 〈胃の〉具合を狂わせる: The heavy food ~d his stomach. しつこい食物で彼の胃の調子が狂った。── (自) 不安定になる; 落ち着きを失う.

†**un·set·tled** /ʌnsétld˧/ 形 ❶〈天候など〉定まらない, 変わりやすい (unstable): ~ weather 不順な天候。❷〈状態など〉不安定な, 動乱の: an ~ state of mind 不安定な〔ぐらついた〕心の状態。❸ 決定しない (unresolved): The problem was still ~. その問題はまだ未解決だった。❹ 未決済の: ~ debts 未決済の負債。

†**un·set·tling** /ʌnsétlɪŋ˧/ 形〈人心などを〉(かき)乱す;〈落ち着き・平衡を〉失わせる: The news was very ~. そのニュースは非常に人心を動揺させた。

un·sex /ʌnséks/ 動 他 ❶〈男女の〉性の特徴をなくする。❷〈…の〉生殖能力を奪う.

un·sexed /ʌnsékst˧/ 形〈ひなが雌雄の選別がされ(てい)ない。

un·shack·le /ʌnʃǽkl/ 動 他 ❶〈…の〉かせ[束縛]をはずす。❷〈…を〉自由の身にする.

un·shad·ed /ʌnʃéɪdɪd˧/ 形〈ランプなど〉かさのない; 日陰になっていない.

un·shak·a·ble /ʌnʃéɪkəbl˧/ 形〈信念など〉揺るぎのない, 堅い, 確立した. **-a·bly** /-kəbli/ 副

un·shak·en /ʌnʃéɪkən˧/ 形〈決心など〉揺るがない, 不動の; 確固とした.

un·shav·en /ʌnʃéɪvən˧/ 形 ひげをそって(い)ない.

un·sheathe /ʌnʃíːð/ 動 他〈剣などを〉さやから抜く.

un·shed /ʌnʃéd/ 形 流されていない, 落とされていない: ~ tears 目に溜(た)まった涙.

un·shelled /ʌnʃéld/ 形 殻[さや]をむいていない.

un·ship /ʌnʃíp/ 動 他 (**un-shipped**; **un·ship·ping**) ❶〈船荷などを〉おろす, 陸揚げする;〈船客を〉下船させる。❷〖海〗〈帆・かいなどを〉取りはずす.

un·shock·a·ble /ʌnʃɑ́kəbl | -ʃɔ́k-˧/ 形 衝撃を受けない, ものに動じない.

un·shod /ʌnʃɑ́d | -ʃɔ́d˧/ 形 靴をはいていない, はだしの.

un·sight·ed /ʌnsáɪtɪd˧/ 形 見えていない;〈銃の〉照尺の付いていない; 照準を合わせずに発射した;〈人の〉視界をさえぎられている.

†**un·sight·ly** /ʌnsáɪtli˧/ 形 (**un·sight·li·er**; **-li·est**) 見苦しい, 不体裁な, 醜い, 目障りな (ugly): ~ advertisements 目障りな広告 / an ~ scar 醜い傷跡. **ùn·síght·li·ness** 名

un·signed /ʌnsáɪnd˧/ 形 署名されていない, 無署名の.

un·sink·a·ble /ʌnsíŋkəbl˧/ 形〈船など〉沈めることのできない, 不沈の. **un·sink·a·bil·i·ty** /ʌnsɪŋkəbɪ́ləti/ 名

un·sized /ʌnsáɪzd˧/ 形 サイズの整っていない, サイズによって分類されていない.

un·skil·ful /ʌnskílf(ə)l˧/ 形 《英》 =unskillful.

†**un·skilled** /ʌnskíld˧/ 形 ❶ 熟達しない, 未熟な: an ~ laborer 未熟な労働者。❷〈仕事が〉(専門的)熟練を要しない: ~ work 不熟練労働.

un·skill·ful /ʌnskílf(ə)l˧/ 形 《米》下手な, 拙劣な; 不器用な, 不細工な. **~·ly** /-fəli/ 副 **~·ness** 名

un·sling /ʌnslíŋ˧/ 動 他〈吊り下げられたものを〉はずす.

un·smil·ing·ly /ʌnsmáɪlɪŋli/ 副 にこりともせずに.

un·smoked /ʌnsmóʊkt˧/ 形 燻製でない, いぶされていない;〈タバコなど〉(まだ)すわれていない, 煙にされていない.

un·snap /ʌnsnǽp˧/ 動 他〈…の〉スナップをはずして脱ぐ, 開く.

un·so·cia·bil·i·ty /ʌnsòʊʃəbíləti/ 名 Ｕ 交際嫌い[下手], 無愛想.

un·so·cia·ble /ʌnsóʊʃəbl˧/ 形 交際嫌いの, 非社交的な; 無愛想な. **-cia·bly** /-ʃəbli/ 副

un·so·cial /ʌnsóʊʃəl˧/ 形 ❶ 非社交的な。❷ 反社会的な。❸〈時間が〉社交[家庭]生活に食い込む: ~ work hours 勤務時間外に仕事をする.

†**un·sold** /ʌnsóʊld˧/ 形 売れていない, 売れ残りの.

un·so·lic·it·ed /ʌnsəlísɪtɪd˧/ 形 嘆願[懇願]され(てい)ない, 求められない: ~ advice 頼まれもせずにする助言.

†**un·solved** /ʌnsɑ́lvd, -sɔ́ːlvd | -sɔ́lvd˧/ 形 解決されていない, 未解決の.

un·so·phis·ti·cat·ed /ʌnsəfístəkèɪtɪd˧/ 形 ❶ 世慣れていない, うぶな; 単純な, 素朴な (crude);（社交的に）洗練され(ていない, 品のない。❷ 混ぜ物のない, 純粋な, 本物の. [類義語] ⇒ naïve.

un·so·phis·ti·ca·tion /ʌnsəfístəkéɪʃən/ 名 Ｕ 素朴, 世間知らず.

un·sort·ed /ʌnsɔ́ətɪd | -sɔ́ːt-˧/ 形 選別[分類]されていない.

un·sought /ʌnsɔ́ːt˧/ 形 （捜し）求められ(てい)ない; 求めて得たのではない: receive ~ praise 思わぬ称賛を受ける.

un·sound /ʌnsáʊnd˧/ 形 ❶ 心身が健全でない, 不健康な: of ~ mind 〖法〗 精神が異常の。❷〈建物などしっかり造られていない, ぐらぐらした。❸〈学説など〉根拠の薄弱な, 不合理な, ごまかしの: ~ arguments 理にかなわない議論。❹〈会社・計画など〉(経済的に)不安定な; 信用できない: an ~ business scheme しっかりしていない事業計画. **~·ly** 副 **~·ness** 名

un·spar·ing /ʌnspé(ə)rɪŋ˧/ 形 ❶ けちけちしない, 惜しまない, 気前のよい: with an ~ hand 惜しげもなく, 気前よく / He was ~ of praise [in his offers of help]. 彼は惜し気もなく称賛した[援助を申し出た]。❷ 容赦しない, 厳しい: an ~ critic 容赦のない批評家。❸〈話など〉包み隠しのない, 赤裸々の. **~·ly** 副

†**un·speak·a·ble** /ʌnspíːkəbl˧/ 形 ❶ 言い表せない, 言語に絶する: ~ joy 言いようのない喜び。❷ 口にするのもいやな(恐ろしい), ひどく悪い (terrible): ~ misery 言語に絶した不幸 / an ~ rascal 極悪人.

ùn·spéak·a·bly /-bli/ 副 言いようのないほど, 極度に: He was ~ rude. 彼は言葉では言えないほどに無礼だった.

un·spe·cial·ized /ʌnspéʃəlaɪzd˧/ 形 ❶ 専門化していない。❷ 〖生〗 器官が分化していない.

†**un·spec·i·fied** /ʌnspésəfàɪd˧/ 形 特に指示してない, 明示していない, 不特定の.

un·spec·tac·u·lar /ʌnspektǽkjələ | -lə˧/ 形 めざましくない, はえない, パッとしない, さえない. **~·ly** 副

un·spoiled /ʌnspɔ́ɪld, -spɔ́ɪlt˧/ 形 そこなわれて[害されて]いない;〈町・景色など〉昔のままの;〈子供の〉甘やかされていない.

un·spoilt /ʌnspɔ́ɪlt˧/ 形 =unspoiled.

†**un·spo·ken** /ʌnspóʊkən˧/ 形 口に出さない, 無言の, 暗黙の (unstated): ~ rules 暗黙のきまり.

un·sport·ing /ʌnspɔ́ətɪŋ | -spɔ́ːt-˧/ 形 《英》 =unsportsmanlike.

un·sports·man·like /ʌnspɔ́ətsmənlàɪk | -spɔ́ːts-˧/ 形 スポーツマンらしくない, スポーツ精神に反する.

un·spot·ted /ʌnspɑ́tɪd | -spɔ́t-˧/ 形 ❶ 斑点がない。❷（道徳的に）汚れていない, 潔白な。❸ 気づかれていない.

un·sprung /ʌnsprʌ́ŋ˧/ 形 ばね (spring) の付いていない.

†**un·sta·ble** /ʌnstéɪbl˧/ 形 ❶ **a** 不安定な, 今にも崩れそうな (volatile). **b** 変わりやすい。❷ 落ち着きのない, 情緒不安定な. **ùn·stá·bly** /-bli/ 副 **~·ness** 名

un·stained /ʌnstéɪnd˧/ 形 よごれていない, きれいな;（道徳的に）汚れのない, 汚点のない.

un·stat·ed /ʌnstéɪtɪd˧/ 形 述べられていない, 公表されていない (unspoken).

ùn·stéad·i·ly /-dəli/ 副 不安定に, ふらふらする足どりで: He walked ~ towards me. 彼はふらふらする足どりで私の方へ歩いてきた.

un·stead·y /ʌnstédi˧/ 形 (**un·stead·i·er**; **-i·est**) ❶ 不安定な, ふらふら[ぐらぐら]する: an ~ table すわりの悪いテーブル / He was ~ on his feet. 彼は足(もと)がふらふらしていた。❷ 変わりやすい, 定まらない, 動揺する。❸ 一様でない, 不規則な. **-i·ness** 名

un·step /ʌnstép˧/ 動 他 〖海〗〈マストを〉檣座 (step) からはずす.

un·stick /ʌnstík˧/ 動 他 (**-stuck** /-stʌ́k/) くっついているのを引き離す, はがす.

un·stint·ed /ʌnstíntɪd˧/ 形 制限のない; 惜しみない.

un·stint·ing /ʌnstíntɪŋ←/ [形] 物惜しみをしない: He gave me ~ help. 彼は私に惜しみない援助をしてくれた / He's ~ ***in*** his encouragement. 彼は激励の言葉を惜しまない.

un·stop /ʌnstáp | -stɔ́p←/ [動] [他] (**un·stopped; un·stop·ping**) ❶ 〈...の〉栓を抜く, 口をあける. ❷ 〈...から〉じゃま物[障害]を除く: ~ a drain 下水に詰まっているものを除く.

+**un·stop·pa·ble** /ʌnstápəbl | -stɔ́p-←/ [形] 止められない, 防止できない: ~ price increases 手のつけられない物価の上昇.

un·stop·per /ʌnstápə | -stɔ́pə/ [動] [他] 〈...の〉栓を抜く (unstop).

un·strap /ʌnstrǽp/ [動] [他] (**un·strapped; un·strap·ping**) 〈...の〉革ひもを取りはずす[解く]: ~ one's briefcase 書類かばんの革ひもを解く.

un·stressed /ʌnstrést←/ [形] 〘音声〙 強勢のない.

un·string /ʌnstríŋ←/ [動] [他] (**un·strung** /-strʌ́ŋ/) ❶ 〈弦楽器・弓などの〉弦をはずす[ゆるめる]. ❷ 〈神経を〉弱める; 〈人の〉自制を失わせる, 〈人を〉混乱させる (⇨ unstrung 2).

un·struc·tured /ʌnstrʌ́ktʃəd | -tʃəd←/ [形] ❶ 組織立っていない. ❷ 正式でない.

un·strung /ʌnstrʌ́ŋ←/ [動] unstring の過去形・過去分詞. — [形] ❶ 〈弓・弦楽器など〉弦[つる]のゆるんだ[はずれた]. ❷ [P] 〈神経が〉〔...に〕弱って; 〈人が〉〔...に〕落ち着きを失って, 取り乱して: He was [His nerves were] ~ ***by*** the news. 彼はその知らせに取り乱し(てい)た.

un·stuck /ʌnstʌ́k←/ [動] unstick の過去形・過去分詞. — [形] [P] ほどけて, 離れて. **còme unstúck** 《口》 (1) 〈くっついているものが〉とれる, はがれる: The photo *came* ~ and fell to the floor. 写真がはがれて床に落ちた. (2) 〈計画などが〉くずれる, だめになる. (3) 〈人が〉失敗する, しくじる.

un·stud·ied /ʌnstʌ́did←/ [形] わざとらしくない, 巧まない, 自然な, 無理のない: She has an ~ charm. 彼女には巧まない魅力がある.

un·stuff·y /ʌnstʌ́fi←/ [形] 〈部屋など〉風通しが悪くない, 〈天候など〉うっとうしくない; 堅苦しくない, くつろいだ.

un·sub·stan·tial /ʌnsəbstǽnʃəl←/ [形] ❶ 実体[実質]のない; 〈食物など〉見かけばかりの, 腹の足しにならない. ❷ 非現実的な, 空想的な, 夢のような. **~·ly** /-ʃəli/ [副]

un·sub·stan·ti·at·ed /ʌnsəbstǽnʃièɪṭɪd←/ [形] 実証されていない, 根拠のない (unsupported).

***un·suc·cess·ful** /ʌnsəksésf(ə)l←/ [形] 不成功に終わった; 失敗した; 不出来な: an ~ writer 売れない作家 / The attack was ~. 攻撃は失敗に終わった / He was ~ in the exam. 彼は試験で不合格だった.

ùn·suc·céss·ful·ly /-fəli/ [副] 失敗して, うまく行かなくて: I tried ~ to persuade them to come. 私は彼らを来るように説得しようとしたがだめだった.

+**un·suit·a·ble** /ʌnsúːṭəbl | -s(j)úːt-←/ [形] 不適当な, 不適切な, 不似合いな: an ~ job 不向きな仕事 / The actress was ~ ***for*** the role. 女優はその役には不向きだった. **ùn·súit·a·bly** /-ṭəbli/ [副]

un·suit·ed /ʌnsúːṭɪd | -s(j)úːt-←/ [形] ❶ [P] 〔...に〕適さないで, 不適当で 〔*for, to*〕: This house is ~ ***for*** a family with a lot of children. この家は子供の多い家族には向かない. ❷ 釣り合わない, 相いれない.

un·sul·lied /ʌnsʌ́lid←/ [形] 汚(けが)れていない; 純潔な.

un·sung /ʌnsʌ́ŋ←/ [形] 詩歌にうたわれ(てい)ない; 〈人・業績など〉詩歌によってほめたたえられない: The hero died ~. その英雄は人に称賛されることもなく世を去った.

un·su·per·vised /ʌnsúːpəvàɪzd | -s(j)úːpə-←/ [形] 監督されていない.

un·sup·port·a·ble /ʌnsəpɔ́əṭəbl | -pɔ́ːt-←/ [形] 支えられない; 耐えられない, 我慢できない; 支持[擁護]できない; 《古》腹立たしい. **-a·bly** /-ṭəbli/ [副]

un·sup·port·ed /ʌnsəpɔ́əṭɪd | -pɔ́ːt-←/ [形] ❶ 支えられていない; 支持[実証]されていない (unsubstantiated). ❷ 扶養してくれる人がいない.

+**un·sure** /ʌnʃúə, -ʃə́ː | -ʃɔ́ː, -ʃúə←/ [形] ❶ [P] 自信がなくて, 確信がなくて: I'm afraid I'm ~ ***of*** [***about***] the facts of the case. 残念だがその件の事実については確信がない / He was ~ (***as to***) *whether* the story was true. 彼はその話が本当かどうか確信がなかった. ❷ 〈事実など〉不確定な, はっきりしていない; 当てにならない, 信頼できない.

un·sur·pass·a·ble /ʌnsəpǽsəbl | -səpɑ́ːs-←/ [形] 超えられない, この上ない, 最高[最大]の. **-a·bly** /-səbli/ [副]

un·sur·passed /ʌnsəpǽst | -səpɑ́ːst←/ [形] 打ち勝つ者がない, 上に出る者がない; 卓絶した, 無比の (unrivaled).

+**un·sur·pris·ing** /ʌnsəpráɪzɪŋ | -sə-←/ [形] 驚くほどではない, 予想できる. **~·ly** [副]

un·sus·pect·ed /ʌnsəspéktɪd←/ [形] ❶ 疑われ(てい)ない, 怪しまれ(てい)ない. ❷ 思いも寄らない, 気のつかない. **~·ly** [副]

+**un·sus·pect·ing** /ʌnsəspéktɪŋ←/ [形] 疑わない, 怪しまない (unwary).

un·sus·tain·a·ble /ʌnsəstéɪnəbl←/ [形] 支えられない, 支持[擁護]できない, 維持[持続]できない, 立証できない.

un·swayed /ʌnswéɪd←/ [形] 動かされていない; 左右[支配]されていない, 影響されていない; 偏らない, 偏見のない.

un·sweet·ened /ʌnswíːtnd←/ [形] 甘くしていない, 甘味料を含まない.

un·swerv·ing /ʌnswə́ːvɪŋ | -swə́ːv-←/ [形] ❶ それない, はずれない, 踏み迷わない. ❷ 確固たる, 変わらない, 不動の: ~ loyalty 揺るぎない忠誠心. **~·ly** [副]

un·sworn /ʌnswɔ́ən | -swɔ́ːn←/ [形] 宣誓させられていない, 宣誓に縛られていない; 宣誓陳述[証言]でない.

un·sym·met·ri·cal /ʌnsɪmétrɪk(ə)l←/ [形] 非相称的な, 非対称的な. **~·ly** /-kəli/ [副]

un·sym·pa·thet·ic /ʌnsìmpəθéṭɪk←/ [形] ❶ 同情のない, 冷淡な. ❷ [P] 〔意見・提案などに〕共感[共鳴]しないで 〔*to*〕. **ùn·sỳm·pa·thét·i·cal·ly** /-kəli/ [副]

un·sys·tem·at·ic /ʌnsìstəmǽṭɪk←/ [形] 非体系的な, 非組織的な, 非系統的な. **-i·cal·ly** /-kəli/ [副]

un·tack /ʌntǽk←/ [動] [他] 〈...の〉 tack をはずす.

un·taint·ed /ʌntéɪnṭɪd←/ [形] 汚されていない, 汚点のない. **~·ly** [副]

un·tam·a·ble, un·tame·a·ble /ʌntéɪməbl←/ [形] 飼いならせない, 御しえない.

un·tamed /ʌntéɪmd←/ [形] ❶ 〈動物が〉飼いならされていない. ❷ 〈人が〉抑制されていない, 自由な. ❸ 〈土地が〉自然のままの, 荒れている.

un·tan·gle /ʌntǽŋgl←/ [動] [他] ❶ 〈もつれたものを〉解く, ほどく. ❷ 〈紛糾などを〉解決する.

un·tanned /ʌntǽnd←/ [形] 〈獣皮が〉なめしていない; 日に焼けていない.

un·tapped /ʌntǽpt←/ [形] 〈資源など〉利用され(てい)ない, 未開発の: ~ ability 生かされてない能力.

un·tar·nished /ʌntɑ́ənɪʃt | -tɑ́ː-←/ [形] 曇りのない; 汚れのない.

un·tast·ed /ʌntéɪstɪd←/ [形] 口のつけられていない; 味見のされていない.

un·taught /ʌntɔ́ːt←/ [形] ❶ 教えられ(てい)ない, 無教育な, 無学な, 無知な. ❷ 教わらないで(自然に)会得した, 自然な.

un·teach·a·ble /ʌntíːtʃəbl←/ [形] 〈人が〉教導できない, 言うことを聞かない; 〈技術など〉教えることのできない.

un·tem·pered /ʌntémpəd | -pəd←/ [形] (適当な堅さに)鍛えて[練って]ない; 手加減してない, 和らげられていない.

+**un·ten·a·ble** /ʌnténəbl←/ [形] 〈陣地など〉守れない, 支えられない; 〈理論・立場など〉支持[主張]できない, 筋道の立たない, 薄弱な (indefensible).

un·ten·ant·ed /ʌnténənṭɪd←/ [形] 〈土地・家屋が〉賃貸されてない, 人の住んでない, 空いている.

un·tend·ed /ʌnténdɪd←/ [形] 世話[看護]されていない, 世話をする者のない, ほったらかしの (neglected).

un·ten·ured /ʌnténjəd | -njəd←/ [形] 〈大学教官が〉終身在職権のない, 〈大学教官職が〉終身的地位でない.

Un·ter·mensch /ʊ́ntəmenʃ | -tə-/ [名] ([複] **-men·schen** /-ʃən/) (特にナチドイツで)下等人種.

un·test·ed /ʌntéstɪd←/ [形] 試され(てい)ない, 試験され(てい)ない: an ~ theory 実地に試されていない理論.

un·thank·ful /ʌnθǽŋkf(ə)l←/ [形] ❶ 感謝しない, ありが

unthinkable 1976

たがらない. ❷ ありがたがられない, ありがたくない, 感謝されない: an ～ task 縁の下の力持ち. **～・ly** /-fəli/ 副 **～・ness** 名

†**un・think・a・ble** /ʌnθíŋkəbl⊢/ 形 ❶ とても考えられない, 想像もできない (inconceivable): an ～ coincidence 考えられない偶然の一致. ❷《口》思いもよらない, とんでもない: For some people borrowing money is ～. 一部の人にとっては金を借りるなんてとんでもないことだ. **ùn・thínk・a・bly** /-kəbli/ 副

un・think・ing /ʌnθíŋkɪŋ⊢/ 形 ❶ 考えない; 軽率な; 何も考えていないような, ぼかんとした: in an ～ moment ついうっかりして(いるときに). ❷ 思考力のない, 頭を働かせない. **～・ly** 副

un・thought /ʌnθɔ́ːt⊢/ 考えたことがない, 思い浮かべたことがない; [しばしば unthought-of で] 思いがけない: an *unthought-of* happiness 予期せぬ幸福.

un・thread /ʌnθréd/ 動 ❶〈…の〉糸を取る[抜く]: ～ a needle 針の糸を抜く. ❷〈もつれなどを〉解く, 解きほぐす. ❸〈迷路などから〉抜け出す, 脱する.

†**un・ti・dy** /ʌntáɪdi⊢/ 形 (**un・ti・di・er; -di・est**) ❶ 取り散らした, 乱雑な: an ～ kitchen 乱雑な台所. ❷ だらしない, 不精な: a long ～ beard 長く伸びた不精ひげ. ❸〈計画などが〉まとまりのない, 杜撰(ずさん)の. **ùn・tí・di・ly** /-dəli/ 副 **-di・ness** 名

†**un・tie** /ʌntáɪ/ 動 他 (**～d; un・ty・ing**) ❶〈結び目・包みなどを〉ほどく (undo): ～ a knot [package] 結び目[包み]をほどく / ～ one's apron [sneakers] エプロン[スニーカー]のひもをほどく. ❷〈…から〉解放する, 自由にする: ～ a horse *from* a tree 馬を(手綱でつないである)木から解き放す. ❸〈困難などを〉解決する.

un・tied /ʌntáɪd⊢/ 形 結ばれていない, 縛られていない; 制限されていない; 〈国際援助などが〉ひも付きでない.

*‡**un・til** /(強形) əntíl, ʌn-; (弱形) əntl/ 前 ❶ [動作・状態の継続の期限を表わして; cf. from 2] …(になる)まで(ずっと): Wait ～ two o'clock. 2 時まで待て / *U*～ when are you staying? いつまでご滞在ですか / He had a shutout ～ the ninth inning. 彼は 9 回になるまで 0 点に抑えた (匹敵日本語で正確に言えば「8 回が終わるまで」) / *U*～ then I had known nothing about it. そのときまでそのことについて何も知らなかった.

用法	(1) till と交換して用いられるが, till より形式張った感じの語で, 主にかたい句や節が文頭に置かれる場合に用いられる. 《米》では until の方が好まれる傾向がある.

(2) We stayed from Wednesday ～ [*till*] Saturday. という場合, Saturday の一泊が含まれるかどうかはっきりしない場合がある. はっきり含めることを表現するには from Wednesday through Saturday または from Wednesday ～ Saturday inclusive とするか, 「…まで」はその時点で継続してきたことが停止することから, 正確には含まないことに取られることが多い. たとえば休みを取る時に I'll be off ～ Monday. と言えば, 月曜に仕事に戻ることになる.

❷ [否定語の後に用いて] …までは(…しない), …になって初めて(…する): He didn't come home ～ eleven o'clock. 彼は 11 時になるまで家に帰ってこなかった (11 時になってやっと帰宅した) / It was not ～ quite recently that I noticed it. ごく最近になって初めてそれに気がついた.

── 接 ❶ [動作・状態の継続の期限を表わして] …まで(ずっと)《用法前 1 と同じ》: We must wait ～ he comes. 彼が来るまで待たなければならない《用法節の中では未来形は用いない》/ *U*～ you told me, I had never thought of it. あなたに言われるまで思いもしなかった. ❷ [否定語の後に用いて] …するまでは(…しない), …して初めて(…する): Don't come in ～ I tell you to. 私がいいと言うまで入らないで / *U*～ the accident he *didn't* pay any attention to my warnings. その事故にあうまで彼は全然私の注意に耳を貸さなかった / It was *not* ～ he was thirty that he

started to paint. 彼は 30 歳になって初めて絵をかきだした. 【ME〈*un-* up to+TILL¹〉】

un・time・ly /ʌntáɪmli⊢/ 形 ❶ 時が早い, 早すぎた (premature): die an ～ death 若死にする. ❷ 折の悪い, 時宜(ぎ)を得ない, 時機を失した (ill-timed): an ～ remark 時を得ない言葉. ❸ 時ならぬ, 時候はずれの, 不時の: an ～ snowfall in May 時候はずれの 5 月の降雪. **ùn・tíme・li・ness** 名

un・tinged /ʌntíndʒd⊢/ 形 ❶ 色をつけられていない. ❷ ⓟ […に]染まっていないで, [… の]影響を受けて(い)ないで: The story is ～ *with* [*by*] sentimentality. その話は感傷に染まってはいない / His glance was not ～ *with* compassion. 彼のまなざしには多少あわれみがこもっていた.

un・tir・ing /ʌntáɪ(ə)rɪŋ⊢/ 形 疲れない, 飽くことのない, たゆまない, 不屈の (tireless): ～ efforts たゆまぬ努力. **～・ly** 副

un・ti・tled /ʌntáɪtld⊢/ 形 称号(爵位, 肩書)のない; 表題のない, 無題の.

†**un・to** /(子音の前) ʌ́ntu, -tə, (母音の前) ʌ́ntʊ, (文尾) ʌ́ntuː/ 前《古・詩》…に, …のほうへ, …まで: Come ～ me, all ye that labour. すべて労する者われに来れ《★聖書「マタイ伝」から》.

†**un・told** /ʌntóʊld⊢/ 形 ❶ 話されて(い)ない, 語られて(い)ない: The secret remains ～. その秘密は語られ[明かされ]ないままにしている. ❷ 数えられない, 莫大な (countless): an ～ number of people 無数の人々. ❸ 計り知れない, はなはだしい: ～ despair 底知れぬ絶望.

†**un・touch・a・ble** /ʌntʌ́tʃəbl⊢/ 形 ❶(権力などがあるために)罰する[制御する, 手をつける]ことができない. ❷ 手を触れてはならない; 禁制の. ❸ 手の届かない; 無敵の, 無比の. ❹ 汚らわしい; 不可触賤民(ぱん)の. ── 名 ❶ (もとインド最下層の)不可触賤民. ❷ 社会ののけ者. ❸ 非難の余地のない人.

†**un・touched** /ʌntʌ́tʃt⊢/ 形 ❶ 触れられ(てい)ない, 手をつけてない; まだ着手されない: He left the meal ～. 彼は食事に手をつけないままにしていた. ❷〈建物など〉被害を受けていない, 無傷の. ❸ 論及[言及]されて(い)ない. ❹ 感動しない, 心を動かされない.

un・to・ward /ʌntóʊəd, -tuwɔ́əd | -tuwɔ́ːd, -tóʊəd⊢/ 形 ❶ 都合の悪い, 不都合な; 困った, やっかいな: ～ circumstances 逆境 / an ～ incident 困った出来事. ❷ 扱いにくい, 強情な. ❸ 見苦しい, ぶざまな. **～・ly** 副 **～・ness** 名

un・trace・a・ble /ʌntréɪsəbl⊢/ 形 追跡できない, 尋ね出せない; 透写[トレース]できない. **-a・bly** /-səbli/ 副

un・tracked /ʌntrǽkt⊢/ 形 足跡[人跡]のない, 人跡未踏の; 追跡[探知]されていない: the ～ wastes of Antarctica 南極大陸の知られざるごみ. **gét untrácked**《米》調子が出る.

un・trained /ʌntréɪnd⊢/ 形 訓練されて(い)ない.

un・tram・meled,《英》**-melled** /ʌntrǽm(ə)ld⊢/ 形《文》拘束されて(い)ない, 自由な.

un・trans・fer・a・ble /ʌntrænsfə́ːrəbl | -fə́ːr-⊢/ 形 移動させられない.

un・trans・lat・a・ble /ʌntrænsléɪtəbl, -trænz-⊢/ 形 翻訳できない, 言い換えられない. **ùn・trans・lat・a・bíl・i・ty** /-təbíləti/ 名

un・trav・eled,《英》**-elled** /ʌntrǽv(ə)ld⊢/ 形 ❶〈人が〉(外国)旅行の経験がない, 旅慣れない. ❷〈道路・場所など〉旅行者があまり訪れない.

un・treat・a・ble /ʌntríːtəbl⊢/ 形 扱えない, 対処できない; 処置[治療, 加療]不能の.

un・treat・ed /ʌntríːtɪd⊢/ 形 ❶〈人・傷など〉手当てをして(い)ない, 治療していない. ❷〈廃液・有毒物など〉処理されて(い)ない, 未処理の: ～ sewage 生汚水.

un・tried /ʌntráɪd⊢/ 形 ❶ 試みられ[試され](てい)ない; 経験されたことのない (untested): I left nothing ～. ありとあらゆることをやってみた. ❷《法》未審判の, 公判に付せない.

un・trod・den /ʌntrɑ́dn | -trɔ́dn⊢/ 形 踏まれて(い)ない; 人が足を踏み入れたことのない, 人跡未踏の.

un・trou・bled /ʌntrʌ́bld⊢/ 形 困惑して(い)ない, 安らかな: a deep, ～ sleep 深い安らかな眠り.

+**un·true** /ʌntrúː←/ [形] ❶ 真実でない, 虚偽の: an ～ statement 虚偽の陳述[言明]. ❷ 忠実[誠実]でない; 不実な, 不貞な; 〔…に〕忠実でなくて; 不実で (unfaithful): be ～ *to* one's principles 主義に忠実でない / He's ～ *to* his wife. 彼は浮気をしている. ❸ 標準[型, 寸法]に合わない: ～ doors and windows 寸法の合わないドアや窓 / He was ～ *to* type when he said that. そういうことを言うのは[口にするのは]彼らしくなかった.

un·trust·wor·thy /ʌntrʌ́stwɚ̀ːði | -wəːði←/ [形] 当てにならない, 信頼できない.

un·truth /ʌntrúːθ/ [名] ([複] ～s /-ðz, -θs/) ❶ [U] 虚偽, 不真実. ❷ [C] 偽り, うそ.

un·truth·ful /ʌntrúːθf(ə)l←/ [形] ❶ 偽りを言う. ❷ 本当でない, うその. **～·ly** /-fəli/ [副] **～·ness** [名]

un·tuck /ʌntʌ́k←/ [動] [他] 〈…の〉ひだ[あご]をとる[おろす]; 〈たくし込んだもの・折った足を〉伸ばす, 〈シャツの〉すそなどを出す. ── [自] 〈たくし込んだものが〉伸びる.

un·tuned /ʌnt(j)úːnd | -tjúːnd←/ [形] 調律されていない, 調子の合っていない, 非同調の, チューニングできていない.

un·turned /ʌntɚ́ːnd | -tə́ːnd←/ [形] 回されない; ひっくり返されない. **léave nó stóne untúrned** ⇨ leave[1] [成句].

un·tu·tored /ʌnt(j)úːṭɚd | -tjúːtəd←/ [形] ❶ 教育を受けていない, 無知な. ❷ 純朴な, 素朴な.

un·twine /ʌntwáɪn←/ [動] ＝untwist.

un·twist /ʌntwíst←/ [動] [他] 〈糸の〉よりを戻す. ── [自] よりが戻る, ほどける.

un·typ·i·cal /ʌntípɪk(ə)l←/ [形] 代表的[典型的]でない. **～·ly** /-kəli/ [副]

un·us·a·ble /ʌnjúːzəbl←/ [形] 使用できない; 使用に適さない.

+**un·used**[1] /ʌnjúːzd←/ [形] 使用され(てい)ない; 用いられたことのない; (使い)残された: What are you going to do with the ～ money? 残ったお金はどうするつもりですか.

un·used[2] /ʌnjúːs(t)/ [形] [P] 〔…に〕慣れていないで, 〔…〕しつけないで (unaccustomed): be ～ *to* manual labor [foreign travel] 肉体労働[外国旅行]に慣れていない.

*__un·u·su·al__ /ʌnjúːʒuəl, -ʒəl←/ [形] (**more ～; most ～**) ❶ (比較なし) 普通でない, 異常な, まれな; 珍しい (strange): an ～ occurrence [name] 珍しい出来事[名前] / 〔+*for*+[代名]+*to* do〕 It's ～ *for* him *to* come punctually. 彼が時間どおりに来るのは珍しい. ❷ 並はずれた, 変わった, (風変わりで)面白い: a scholar of ～ ability 並はずれた才能をもった学者.

*__un·u·su·al·ly__ /ʌnjúːʒuəli, -ʒəli/ [副] (**more ～; most ～**) 異常に, めったにないほど; いつもと違って: *U*～ for him, he wore jeans. 普段と違い[珍しく]彼はジーンズをはいていた.

un·ut·ter·a·ble /ʌnʌ́ṭərəbl, -trə-←/ [形] [A] ❶ 言いようのない, 言語に絶した: ～ torment 言語に絶した苦悩 / to my ～ astonishment 口もきけないほど驚いたことには. ❷ まったくの, 徹底的な. **-a·bly** /-rəbli/ [副]

un·ut·tered /ʌnʌ́ṭɚd | -təd←/ [形] 言葉で表明されていない; 無言の, 暗黙の.

un·val·ued /ʌnvǽljuːd←/ [形] 重んじられていない, 軽視された; 未評価[未鑑定]の.

un·var·ied /ʌnvé(ə)rid←/ [形] 変化のない[少ない], 単調な.

un·var·nished /ʌnvɑ́ɚnɪʃt | -vɑ́ː-←/ [形] ❶ ワニスを塗ってない. ❷ 飾りのない, ありのままの.

un·var·y·ing /ʌnvé(ə)riɪŋ←/ [形] 変わらない, (一定)不変の.

*__un·veil__ /ʌnvéɪl←/ [動] [他] ❶ 〈…の〉ベールを取る, おおいを除く; 〈…の〉除幕式を行なう. ❷ 〈秘密などを〉明かす (reveal); 〈新製品などを〉初公開する.

un·ven·ti·lat·ed /ʌnvénṭəlèɪṭɪd←/ [形] 換気されていない; 風通しが悪い (★ 比喩的にも用いる).

un·ver·i·fi·a·ble /ʌnvérəfàɪəbl←/ [形] 立証[裏付け]できない.

un·ver·i·fied /ʌnvérəfàɪd←/ [形] 立証されていない, 裏付けのない.

un·versed /ʌnvɚ́ːst | -vɜ́ːst←/ [形] 熟達[通暁]していない 〔*in*〕.

un·vi·a·ble /ʌnváɪəbl←/ [形] 成長できない, 発展できない.

un·vis·it·ed /ʌnvízɪṭɪd←/ [形] 訪れる人のない; 見舞われない 〔*by*〕.

un·voiced /ʌnvɔ́ɪst←/ [形] ❶ 声[口]に出さない, 言わない. ❷ 〘音声〙 無声の (voiceless).

un·waged /ʌnwéɪʤd←/ [形] 給与所得のない; 失業中の.

un·walled /ʌnwɔ́ːld←/ [形] 壁[城壁, 塀]に囲まれていない.

*__un·want·ed__ /ʌnwɑ́nṭɪd, -wɔ́ːnṭ- | -wɔ́nt-←/ [形] 求められ(てい)ない, 望まれない.

un·war·i·ly /ʌnwé(ə)rəli/ [副] 油断して: He walked ～ into the trap. 彼はうかつにもわなにかかってしまった.

un·warned /ʌnwɔ́ɚnd | -wɔ́ːnd←/ [形] 警告されていない, 予告なしの.

un·war·rant·a·ble /ʌnwɔ́ːrənṭəbl | -wɔ́r-←/ [形] 正当と認めがたい, 弁護できない; 不当な.

+**un·war·rant·ed** /ʌnwɔ́ːrənṭɪd | -wɔ́r-←/ [形] 正しいと認められない, 是認されない, 不当な (unjustified): an ～ attack 不当な攻撃.

un·war·y /ʌnwé(ə)ri←/ [形] 油断のある, 不用心な.

un·washed /ʌnwɑ́ʃt, -wɔ́ːʃt | -wɔ́ʃt←/ [形] 洗ってない; 不潔な, 汚い. **the (gréat) unwáshed** 《軽蔑》 下層民たち.

un·watch·a·ble /ʌnwɑ́ʧəbl, -wɔ́ːʧ- | -wɔ́ʧ-←/ [形] 注視できない, 〈テレビなど〉見るに耐えない.

un·watched /ʌnwɑ́ʧt, -wɔ́ːʧt | -wɔ́ʧt←/ [形] 注目されていない, 無視された; 〘海〙 〈灯台など〉番人のいない, 無看守の, 無人の.

un·wa·ver·ing /ʌnwéɪv(ə)rɪŋ←/ [形] 動揺しない, 確固とした: ～ confidence 揺るぎない自信. **～·ly** [副]

un·weaned /ʌnwíːnd←/ [形] 離乳していない.

un·wear·a·ble /ʌnwé(ə)rəbl←/ [形] 着られない, 身に着けられない, 似合わない, ぼろぼろの.

un·wea·ried /ʌnwí(ə)rid←/ [形] 疲労しない; 飽きない, 根気のある, 不屈の.

un·wea·ry·ing /ʌnwí(ə)riɪŋ←/ [形] 疲れない; 飽きない, 根気のよい; 疲れさせない, 飽きさせない. **～·ly** [副]

un·wed /ʌnwéd←/ [形] 結婚していない, 未婚の: an ～ mother 未婚の母 (★ unmarried のほうが一般的).

un·weight /ʌnwéɪt←/ [動] [他] [自] (…から)重量を除く[減らす], 重心を移して(スキーなどに)かかっている力を抜く.

un·weight·ed /ʌnwéɪṭɪd←/ [形] 負担がかかっていない; 重視されない.

+**un·wel·come** /ʌnwélkəm←/ [形] うれしくない, ありがたくない: an ～ guest ありがたくない客 / Since my presence seems ～ *to* you, I shall leave! 私がいてはおじゃまみたいだから帰らせてもらいます.

un·wel·com·ing /ʌnwélkʌmɪŋ←/ [形] 非友好的な, 冷たい, 無愛想な; 〈場所が〉居心地の悪そうな.

+**un·well** /ʌnwél←/ [形] [P] かげんが悪くて, 気分がすぐれなくて: I'm ～. 気分がすぐれません.

un·wept /ʌnwépt←/ [形] ❶ 〈死者など〉嘆く者もない: die ～ 悲しんでくれる人もなく(寂しく)死んでいく. ❷ 〈涙が〉流され(てい)ない.

un·whipped /ʌn(h)wípt←/ [形] むち打たれていない, 罰せられていない; ホイップされていない; 〘英議会〙 党[院内幹事]の承認[意向]を受けていない.

un·whole·some /ʌnhóʊlsəm←/ [形] ❶ 体[健康]に悪い. ❷ (精神的に)不健全な, 有害な: ～ thoughts 不健全な考え. **～·ly** [副]

+**un·wield·y** /ʌnwíːldi←/ [形] (**un·wield·i·er; -i·est**) 扱いにくい, かさばった; 重すぎる, 荷やっかいな (cumbersome). **ùn·wíeld·i·ness** [名]

*__un·will·ing__ /ʌnwílɪŋ←/ [形] (**more ～; most ～**) ❶ [P] 〈…するのを〉好まなくて, 〈…し〉たがらなくて: 〔+*to* do〕 He seemed ～ *to* answer. 彼は答えたくないようだった. ❷ [A] 不本意の, いやいやながらの: ～ participants 気の進まない[不本意な]参加者たち. **～·ness** [名]

ùn·wíll·ing·ly [副] 不本意に, いやいやながら, しぶしぶ (reluctantly): He ～ agreed to help. 彼は援助することをしぶしぶ承知した.

+**un·wind** /ʌnwáɪnd/ [動] (**un·wound** /-wáʊnd/) [他] ❶ 〈巻いたものを〉解く, 巻き戻す: ～ a bandage (固く巻かれた)

U

un·wink·ing /ʌnwíŋkɪŋ⁻/ 形 またたかない, まばたきひとつしない, 警戒を怠らない. **~·ly** 副

un·win·na·ble /ʌnwínəbl⁻/ 形 勝てない, 勝ち取れない, 〈城など難攻不落の.

un·wis·dom /ʌnwízdəm/ 名 Ⓤ 知恵のなさ, 愚かさ, 軽率; 愚行.

⁺**un·wise** /ʌnwáɪz⁻/ 形 知恵[分別]のない, 賢くない, あさはかな (foolish; ↔ sensible): ~ conduct ばかげた行為 / an ~ decision 愚かな決定 / It was ~ of you [You were ~] to accept his offer. 彼の申し出を受けるとはあさはかなまねをしたものだ.

ùn·wíse·ly 副 無分別[あさはか]に(も).

un·wished /ʌnwíʃt⁻/ 形 望まれない, ありがたくない, 要らない.

⁺**un·wit·ting** /ʌnwítɪŋ⁻/ 形 Ⓐ 知らずに[うっかりして]した, 無意識の: an ~ mistake うっかりしてかした誤り.

ùn·wít·ting·ly 副 知らずに, 知らず知らず, 無意識に: He ~ entered the ladies' room. 彼はそれと知らずに婦人用トイレに入ってしまった.

un·wom·an·ly /ʌnwúmənli⁻/ 形 女らしくない. **-li·ness** 名

un·wont·ed /ʌnwɔ́ːntɪd, -wóʊnt-│-wóʊnt-⁻/ 形 Ⓐ 普通でない, めったにない, まれな. **~·ly** 副

un·wood·ed /ʌnwúdɪd⁻/ 形 樹木でおおわれていない, 立木のない; 〈ワインが樽(たる)で貯蔵していない, アンウッドの.

⁺**un·work·a·ble** /ʌnwɔ́ːkəbl│-wɔ́ːk-⁻/ 形 〈計画など〉実行不可能な.

un·worked /ʌnwɔ́ːkt│-wɔ́ːkt⁻/ 形 手が入っていない, 未加工の.

un·work·man·like /ʌnwɔ́ːkmənlàɪk│-wɔ́ːk-⁻/ 形 職人らしくない, 不手際な, 不細工な.

un·world·ly /ʌnwɔ́ːldli│-wɔ́ːld-⁻/ 形 ❶ この世のものでない, 精神界の; 天上の. ❷ a 世俗的でない, 俗気のない. b 純真な, 純朴な; 世慣れない (naive). **-li·ness** 名

un·worn /ʌnwɔ́ːn│-wɔ́ːn⁻/ 形 すりへっていない; 〈精神・感覚など〉清新な; 〈衣服がまだ袖を通したことのない, 新しい.

un·wor·thi·ly /ʌnwɔ́ːðɪli│-wɔ́ː-/ 副 価値[値打ち]がなく, 不相応に.

⁺**un·wor·thy** /ʌnwɔ́ːði│-wɔ́ː-⁻/ 形 (**un·wor·thi·er**; **-thi·est**) ❶ Ⓐ 価値のない, 尊敬に値しない; 卑しむべき, 下劣な: an ~ motive 卑劣な動機. ❷ Ⓟ 〈地位・称賛などに〉値しなくて, ふさわしくなくて: Such conduct is ~ of praise. そのような行ないは称賛に値しない / Such behavior is ~ of you. そのようなふるまいは(いつもの)あなたにふさわしくない / I feel ~ of receiving the prize. 私はその賞を受けるに値しないと思います / a man ~ to be called an artist 芸術家とよばれるに値しない人. **ùn·wór·thi·ness** 名

un·wound /ʌnwáʊnd⁻/ 動 〈時計が(ねじを)巻いてない.

un·wound·ed /ʌnwúːndɪd⁻/ 形 無傷の, 完全な.

⁺**un·wrap** /ʌnrǽp⁻/ 動 他 (**un·wrapped**; **un·wrap·ping**) 〈包んだものを〉あける, 〈小包などの〉包装を解く: ~ a cigar [Christmas present] 葉巻き[クリスマスプレゼント]の包み紙を開く.

un·wrin·kled /ʌnríŋkld⁻/ 形 しわになっていない, なめらかな.

un·writ·a·ble /ʌnráɪtəbl⁻/ 形 書き表わすことのできない.

⁺**un·writ·ten** /ʌnrítn⁻/ 形 ❶ 書かれ(てい)ない, 記録でない; 口碑の, 口伝の: The book is still ~. その本はまだ書かれていない. ❷ 〈法律・規則など〉成文にしてない, 不文律の: ⇒ unwritten law. ❸ 〈ページなど字が書いてない, 白紙のままの.

únwritten láw 名 『法』不文律, 慣習法.

un·yield·ing /ʌnjíːldɪŋ⁻/ 形 ❶ 〈物など弾力に欠けた, 硬い. ❷ がんこな, 断固とした. **~·ly** 副 **~·ness** 名

un·yoke /ʌnjóʊk⁻/ 動 他 ❶ 〈牛などの〉くびきを取る[はずす]. ❷ 〈...を〉分離させる; 解放する.

un·zip /ʌnzíp⁻/ 動 他 (**un·zipped**; **un·zip·ping**) ❶ 〈...の〉チャック[ジッパー]をはずす: ~ a suitcase [one's skirt] スーツケース[スカート]のチャックをはずす. ❷ 『電算』〈zipで圧縮したファイルを〉解凍する.

⁑**up** /ʌ́p/ 副 (比較なし) (用法 be 動詞と結合した場合は 形 とも考えられる; ↔ down) ❶ (低い位置から上のほうへ, 上へ[に]; (食べたものを)戻して: look up at the sky 空を見上げる / pull up one's socks 靴下を引き上げる / lift one's head up 頭をもたげる / come up to the surface (of the water) 水面に浮かび上がる / Hands up! 手をあげろ; 挙手してください / climb up to the top of the hill 丘の頂上まで登る / Is the elevator going up? このエレベーターは上へ行きますか / The blinds are all up. ブラインドは全部上げられて[開かれて]いる.

❷ より高い所に[で], 上方に[で]; 上向きに; 〈天体が〉空に昇って: place the cards face up on the table テーブルの上にカードの表を上にして置く / The office is up on the top floor. 事務所は最上階にある / What's happened up there? 上で何が起こったのだろう / The sun is up. 日が出ている.

❸ a 体を起こして; (寝床から)起きて: stand up 立ち上がる, 起立する / get up 立ち上がる; 起床する / sit up in bed ベッドで体を起こす / Kate, are you up? ケイト, 起きてますか. b [動詞を省略して命令文で] 起きろ!, 立て! (★ Get [Stand] up! の略): Up with you, you lazy boy! 立て, この怠け者! / Up (with) the workers! 労働者よ立て[がんばれ].

❹ (南から)北へ[に], 北のほうへ[に]; (川の)上流へ: as far up as Alaska 北はアラスカまで / live up in Alaska (北の)アラスカに住んでいる.

❺ (特定の場所・話者のいる)ほうへ, 近づいて; 《英》(首都・オックスフォード・ケンブリッジ大学などに)向かって: go up to the table テーブルのところへやってくる / A stranger came up to me. 見知らぬ人が私のところへやってきた / go up to London on business 用事があってロンドンへ行く / Is he up in town now? 彼はいま町に行って[来て]いるのですか.

❻ (地位・成績・程度・年齢など)上のほうへ, 上がって: come up in the world 出世する / up at the head of the class クラスの首席である / Prices are up (over last year). 物価が(昨年より)高くなっている / The fare has gone up (by) 10%. 運賃が10% 上がった / The temperature is up 3 degrees today. きょうは温度が3度高い.

❼ まったく, すっかり; ...し尽くす; (口) 終わって (over); で; しっかりと, きっしりと; 細かく, 切れ切れに, 全部, 一緒に: eat up all the cakes お菓子を(全部)食べる / burn up the rubbish ごみを焼却する / The paper is all used up. 紙は全部使い切った / Drink up! ぐっと飲み干しなさい / Time's up. 時間が切れた / pack up one's things 荷造りをする / Tie it up. しっかりと結びなさい / add up the figures その数を合計する / gather up fallen apples 落ちたリンゴを寄せ集める / tear up a letter 手紙を細かく引き裂く.

❽ (議論・話題などに)あがって; 判事[法廷]の前に; (口) 〈事が〉持ちあがって, 起こって: bring up the problem その問題を取りあげる / be up before the court (被告人が)出廷する / Is anything up? 何か起こったのかい.

❾ 《英》〈道路が〉工事中で.

❿ 〔競技〕(対戦相手より)〈...点〉勝って, リードして; 《米》(得点が双方)それぞれ; 〔野〕打つ番で, 打席について.

⓫ (口) (雰囲気が)楽しい.

⓬ 『電算』コンピューターが稼動して (↔ down).

⓭ (レストランで)料理[飲物]の準備ができて.

áll úp ⇒ all 副 成句.

be (rìght) úp (thère) with ... (...と)同じくらいにすぐれている, (...に)匹敵する.

be úp and cóming 〈人が〉積極的である.

be úp to the [one's] néck ⇒ neck 成句.

be (wéll) úp on ... (口) ...に精通している: My brother is (well) up on English literature. 兄[弟]は英文学に通じている.

úp agàinst... (1) 《口》〈困難・障害など〉にぶつかって, 直面して: I'm [I've come] *up against* a problem. 難問に突き当たっている. (2) …に接近して; …に接触して.

úp agàinst a wáll ⇨ wall 名 成句.

úp agàinst it 《口》ひどく困って, 八方ふさがりになって.

úp and abóut [*dóing*] 〈病人が〉床を離れて, (元気になって)歩き回って.

úp and dówn (1) 上下に. (2) 行ったり来たり. (3) 《口》〈健康状態など〉はかばかしくて; 浮き沈みして.

úp and rúnning 〈コンピューターなどが〉稼動して (⇨ 12).

ùp clóse 《口》すぐ近くで, 接近して.

úp for... (1) 〈売り・競売などに〉出されて: The house was *up for* sale [auction]. その家は売りに[競売に]出されていた. (2) 〈選挙に〉立候補して. (3) 〈競技などに〉参加したくて, 興味があって. (4) 〈議論・話題などに〉あがって; 判事[法廷]の前に (⇨ 8). (5) [be *up for*...] …に賛成で, 乗り気で, やる気まんまんで.

úp for gráb ⇨ grab 名 成句. **úp frónt** = up FRONT 名 成句. **ùp in árms** ⇨ arm² 名 成句.

ùp hére (with...) (…に)怒って.

úp to... (1) …まで(に), …に至るまで; …に及んで: *up to* now [this time] 今までのところ, この時までに / count from one *up to* thirty 1 から 30 まで数える / I was *up to* my knees in water. ひざまで水につかっていた / *Up to* four passengers may ride in the taxi. そのタクシーには 4 人まで乗れます. (2) [通例否定・疑問文で] 〈仕事などに〉耐えて, …ができて[するほどすぐれて]: You're *not up to* the work. 君はその仕事に耐えられ[をやれ]そうもない / This novel isn't *up to* his usual standard. この小説は彼の平均には及ばない / Do you feel *up to* joining the party? パーティーに参加できそうな(気分)ですか / His work isn't *up to* much. 《口》彼の仕事ぶりはあまり感心できない (⇨ much 形 成句). (3) 《口》〈よくないこと〉に取りかかって, やっていて; …をたくらんで: be *up to* something [no good]. 何かよからぬ事をたくらんでいる / What are you *up to*? 何をやっているんだい. (4) 《口》〈人がやるべき事〉次第で, …の義務で: It's *up to* you to decide. 決めるのは君だ / I'll leave it *up to* you. それは君に任せよう / It's *up to* you whether to go or not. 行く行かないは君次第だ / The final choice is *up to* you. 最後の選択は君の一存にかかっている.

úp to dáte ⇨ date¹ 名 成句. **úp to míschief** ⇨ mischief 1. **ùp to the [one's] éars** ⇨ ear¹ 成句. **úp to one's [the] éyes** ⇨ eye 成句. **úp to the mínute** ⇨ minute¹ 名 成句.

ùp untíl [tíll]... 《口》…(に至る)までは (用法 特に, その時点までの動作・状態の継続を強調するために用いる): She was here *up until* [*till*] yesterday. 彼女はきのうまでずっとここにいました.

Whát have you been úp to (látely)? このところどうしていましたか.

Whát's úp? ⇨ what 代 成句.

—— /ʌp/ 前 ❶ (低い位置・地点から)…の上へ[に], の高いほうへ[に], …を上って[上った所に]: climb *up* a hill [a ladder] 丘[はしご]を登る / My room is *up* these stairs. 私の部屋はこの階段の上にある. ❷〈川の〉上流へ[に], 〈流れ〉をさかのぼって: go *up* a river 川を遡行(きう)する. ❸ …に沿って, …伝いに: walk *up* the road 道を歩いて行く.

úp and dówn... をあちこちと, 行き戻りっして: walk *up and down* the street 通りを行ったり来たりする. **úp híll and dówn dále** ⇨ hill 成句. **úp the póle** ⇨ pole¹ 成句. **ùp the spóut** ⇨ spout 名 成句. **ùp the wáll** ⇨ wall 名 成句. **Úp yóurs!** [間投詞的に; 嫌悪・軽蔑などを表わして] 《口》ちくしょう!, ばかったれ!, くそくらえ! [★ 下品な表現; up your ass [arse] から].

—— 形 A (比較なし)上りの, 上へ向かう; 〈列車など〉上りの: the *up* escalator 上りのエスカレーター.

—— 名 ❶ 上昇, 向上. ❷ [the ~] 《球技》(打球がバウンドして)はね上がっている状態. **on the úp** 《英口》〈物事が〉好調で, 上向きで. **on the ùp and úp** (1) 《英》= on the UP 成句. (2) 《米》正直な, 信頼できる. **úps and dówns** (1) (道などの)上り下り, 起伏: the *ups and downs* in the road 道の数か所の起伏. (2) 浮き沈み, (栄枯)盛衰 (highs and lows): I've had my *ups and downs* of life. 人生にはいい時も悪い時もあった.

—— 動 (upped /ʌpt/; up·ping) ⓘ [通例 up and do で] 突然[いきなり]…する, …の意表をついて…する: He *upped* and left. あいつは急に行っちまいやがった.

—— 動 ⓣ 〈値段など〉を上げる; 〈生産など〉を増す (increase). [OE]

up- /ʌp, ʌp/ 接頭 ❶ a 動詞(特に過去分詞)または動名詞につけて動詞・名詞・形容詞を造る: uphold, upbringing. b 動詞・名詞につけて「(上方に)抜く, くつがえす」の意の動詞・形容詞を造る: uproot, upturned. ❷ 副詞・形容詞・名詞を造る: uphill, upward, upland, uptown.

úp-ánchor 動 《海》いかりを揚げる[抜く], 抜錨する; 《俗》立ち去る.

†**úp-and-cóming** 形 A 〈人が〉積極的な, 精力的な, やり手の; 将来成功しそうな, 有望な: an ~ young businessman ばりばりの青年実業家.

úp-and-dówn 形 A a 上下する. b 高低のある, 起伏のある. c 変動する, 浮き沈みのある; 気まぐれな. ❷ 《米》〈がけなど〉垂直の, 切り立った.

úp-and-óver 形 〈ガレージの扉などが〉持ち上げてから水平方向に押し込んで開く.

úp-and-únder 名 《ラグビー》ボールを高くけり上げてその落下地点へ密集するプレー.

úp-and-úp 名 ★ 次の成句で. **on the úp-and-úp** 《口》正直で[に], 誠実で[に], 信用できて; 《口》良くなっている, うまくいって, 成功して, 栄えて.

Upa·ni·shad, -sad /uːpánɪʃɑːd | uːpánɪʃəd/ 名 〈ヒンドゥー教〉ウパニシャッド, 奥義書《古代インドの哲学書》.

Upa·ni·shád·ic, -sád- /-ɪk, -sá·, -ʃéd-´/ 形.

u·pas /júːpəs/ 名 ❶ (*úpas trèe*) 《植》ウパス, ウパスノキ《熱帯アジア低地産のクワ科の高木; かつてはその近くの生物を死滅させると信じられた》. ❷ ウパス毒 (ウパスの樹液から採る毒液; 毒矢に塗る); (一般に) 毒, 害毒, 悪影響.

†**úp·bèat** [the ~] 《楽》❶ 上拍, 弱拍. ❷ (指揮者が上拍を指示する)指揮棒の上向きの一振り. —— 形 《口》楽天的な, 陽気な (positive; ↔ downbeat).

up·bráid /ʌpbréɪd/ 動 ⓣ […のことで〈人〉をとがめる, しかる: ~ a person *for* [*with*] parsimony けちだと人を責める / My wife ~*ed* me *for* not earning more money. 妻は稼ぎが少ないと言って私を責めた. [類義語] ⇨ scold.

†**úp·brìnging** 名 U [また an ~] 養育, 育て方, しつけ: a strict ~ 厳しいしつけ / One's ~ largely determines one's success in life. (人の)しつけによって出世するかどうかが大体決まる.

UPC (略) Universal Product Code.

úp·càst 名 投げ上げたもの; 《鉱》排気(立)坑. —— 動 ⓣ 投げ上げる.

úp·chùck 動 ⓘ 《米口》(ものを)吐く, もどす.

†**úp·còming** 形 《米》やがてやってくる, 近づく, 今度の: the ~ election 来たるべき[今度の]選挙.

úp·cóuntry, úp·còuntry 形 ❶ 海岸から遠い, 内陸の, 奥地の: へんぴな, ひなびた. —— 副 内陸(のほう)へ, 奥地に: travel ~ 奥地へ旅行する. —— 名 [(the) ~] 内陸, 奥地.

*__**up·date** /ápdéɪt/ 動 ⓣ 〈…を〉最新のものにする, 最新式[版]にする, 更新する: The catalogue is ~*d* every year. カタログは毎年更新される. ❷〈人に〉…の最新情報を与える[伝える] [*on*]. —/⌒‿/ 名 最新情報 [*on*].

Up·dike /ʌpdaɪk/, **John** (Hoyer) 名 アップダイク (1932-) 《米国の小説家》.

úp·dràft 名 ❶ 気流の上昇; 上昇気流. ❷ (株価・景気の)上昇, 上向き(傾向).

ùp·énd 動 ⓣ ❶ 〈たるなどを〉逆さに立てる. ❷ …をひっくり返す, 倒す.

ùp·field 副 形 《スポ》(フィールドで)攻撃チームの向かっているほうへ[の, で], 攻撃陣内へ[の, で].

ùp frónt 副 ⇨ up FRONT 名 成句.

ùp-frónt 形 ❶ ［Ｐ］［…に］正直で; ［…について］率直で (honest, frank): He's ～ *with* me [*about*] politics. 彼は私に[政治に関して]は腹蔵なくしゃべる. ❷ 前もっての, 前払いの: ～ cash 前金自体.

***up-grade** /ʌ́pgréɪd/ 動 他 ［通例受身で］ ❶ 〈…の〉品質〈など〉をよくする, 〈…を〉アップグレード[バージョンアップ]する (improve). ❷ 〈職員などを〉格上げする, 昇格させる［*to*］(promote; ↔ downgrade). ❸〈人に〉上級のものを提供する［*to*］〈飛行機の座席・ホテルの部屋など〉. ❹ 改善する〈機能を〉向上させる. ❺ 最新バージョンに更新[アップグレード]する, バージョンアップする.〈飛行機・ホテルなどで〉上級の席[部屋]を提供する. —／́ ́/ 名 ❶ 向上(させること). ❷ アップグレード(すること). ❸〈コンピューター〈ソフト〉・機器などの〉最新版[バージョン]. **on the upgrade** (1) 向上して. (2) 〈健康などが〉改善して.
up·grad·a·ble /ʌ́pgréɪdəbl/ 形

úp·grówth 名 ❶ Ⓤ 成長, 発育, 発達. ❷ Ⓒ 成長したもの, 成長物.

†**up·heav·al** /ʌphíːv(ə)l/ 名 ❶ ⒸⓊ ａ 押し上げ, 持ち上がり. ｂ［地］(地殻の)隆起. ❷ (社会などの)大変動, 激変, 動乱; 大騒ぎ.
ùp·héave 動 他〈…を〉持ち上げる, 押し上げる, 隆起させる. —⾃ 隆起する.

***up·held** /ʌphéld/ 動 uphold の過去形・過去分詞.

†**ùp·híll** 形 ❶ 上る, 上りの, 上り坂の (↔ downhill): an ～ road 上り坂の道 / The road is ～ all the way. その道はずっと上り坂だ. ❷ 骨の折れる, 困難な: an ～ task 骨の折れる仕事. —副 坂の上へ, 坂を登って: walk ～ 上り道を登っていく. —／́ ́/ 名 上り坂.

***up·hold** /ʌphóʊld/ 動 他 (**up·held** /-héld/) ❶〈法・原則などを〉支持する, 支持する. ❷〈判決などを〉確認する, 支持する: The higher court *upheld* the lower court's decision. 上級裁判所は下級裁判所の判決を支持した. 【類義語】⇒ support.
up·hóld·er 名 支持者, 擁護者, 後援者.

up·hol·ster /ʌphóʊlstɚ | -tə/ 動 他 ❶ ａ〈家・部屋などに〉家具を取り付ける. ｂ〈家・部屋などを〉じゅうたん・カーテン・家具類で装飾する: ～ a room *with* curtains 部屋にカーテンを取り付ける. ❷ ａ〈いすなどに〉布［革］張りをする. ｂ〈いすなどに〉詰め物・スプリング・被覆物などを取り付ける: ～ a chair *in* [*with*] leather いすに革を張る.

†**up·hól·stered** 形〈いすなど〉布[革]張りをした: an ～ chair [sofa] 布[革]張りのいす[ソファー].
up·hól·ster·er 名 家具商, 家具職人.

†**up·hol·ster·y** /ʌphóʊlstəri, -stri/ 名 ❶ Ⓤ 家具製造販売業. ❷ Ⓤ 室内装飾材料(詰め物・スプリング・被覆物など, 特に布張り, カバー).

UPI /júːpìːáɪ/ 《略》United Press International.

†**úp·kèep** 名 Ⓤ ❶ 維持, 保持［*of*］(maintenance). ❷ (土地・家屋・自動車などの)維持費［*of*］.

†**up·land** /ʌ́plənd/ 名［しばしば複数形で］高地, 高台. —形 Ⓐ 高地の, 高台の.

úpland cótton 名 Ⓤ［植］リクチメン(陸地綿)《アメリカ原産の短繊維ワタ》.

úpland sándpiper 名［鳥］マキバシギ《北米東部産》.

up·lift /ʌplíft/ 動 他 ❶〈…を〉揚げる, 持ち上げる. ❷〈…の〉精神を高揚する, 意気を高める. ❸〈…を〉(社会的・道徳的に)向上させる. ❹ (数量・価値などの)上昇, (知的・社会的・道徳的)向上, 精神の高揚, 感情の高潮.

†**up·lift·ing** /ʌplíftɪŋ/ 形 (精神的に)高揚させる, (社会的・道徳的な)向上心をそそる.

up·light·er /ʌ́plàɪtə | -tə/ 名 (また **ùp·líght**) アッパーライト(上方に光を放つ照明).

úp·lìnk 名 アップリンク《地上から宇宙船[衛星]へのデータ[信号]送信》.

úp·lòad［電算］動〈プログラム・データなどを〉アップロードする《ネットワークのホストコンピューターなどに転送する》. —⾃ アップロードする[される]. —名 アップロード.

úp·man·shìp 名 = one-upmanship.

†**úp·màrket** 〈商品・サービスが〉高級市場向けの (↔ down-market). —副 上級市場へ[に向けて].

***úp·mòst** 形 副 = uppermost.

‡**up·on** /əpán, əpɔ́ːn | əpɔ́n/ 前 = on.

[語法] (1) 一般に on と語義ほぼ対等であるが, on よりも重々しい文語調の語; 慣用句や文語体で強調を帯びる句にくる時などに好まれる.
(2) 特に口語調で軽い時・手段・状態・従事などを表わすような場合には on に代わって upon が用いられることはない.

***up·per** /ʌ́pɚ | ʌ́pə/ 形 Ⓐ (比較なし) (↔ lower) ❶ (場所・位置が)上のほうの, 高いほうの, 上部の: the ～ arm 上腕《ぢ゙ん》, 二の腕《肩からひじまで; cf. forearm¹》/ the ～ lip 上唇. ❷ (等級など)上位の, 上級の, 高等の: the ～ grades [(英)years] in school 学校の上級[高]学年. ❸ 上流の, 奥地の, 内地の; 北部の: the ～ reaches of the Thames テムズ川の上流一帯 / ～ Manhattan 北部マンハッタン. ❹ [U-]《地》後期の (↔ Lower): the *U-* Cambrian 後期カンブリア紀. —名［通例複数形で］❶ (靴の)甲皮《こ̄う》《底皮から上の部分全体》. ❷ 《俗》興奮剤 (cf. downer 1). **on one's úppers**《英口》ひどく貧乏して《画来「靴の底すら擦り減らして」の意から》. 《UP の比較級》

úpper cáse 名［通例 the ～］［印］アッパーケース《大文字・小型かしら文字 (small capitals)・記号などを入れる上段の活字ケース; cf. lower case》.

úpper-càse 《印》名 Ⓤ 大文字(略 uc, u.c.; cf. lowercase). —形 大文字の; 大文字で書かれた[印刷された].

Úpper Chámber 名 = Upper House.

úpper círcle 名《劇》3 階の桟敷 (dress circle と gallery の間で料金の安い席).

***úpper cláss** 名［the ～(es); 集合的; 単数または複数扱い] 上流階級(の人々) (↔ lower class).

úpper-cláss 形 Ⓐ ❶ 上流階級の, 上流階級独特の: an ～ neighborhood 上流階級の人々の住む地域 / an ～ accent 上流階級独特の話し方. ❷ 《米》(高校・大学の)上級の, 3 [4]年生の.

úpper·clássman /-mən/ 名 (複 **-men** /-mən/)《米》(大学・高校の)上級生(3 年生 (junior)または 4 年 (senior); cf. underclassman).

úpper crúst 名［the ～; 集合的; 単数または複数扱い]《口》上流社会, 貴族階級.

úpper·cùt 名《ボク》アッパーカット《突き上げて相手のあごに加える打撃》: I caught him with an ～. 彼にアッパーカットを一発くらわせた. —動 他〈相手に〉アッパーカットをくらわせる.

úpper hánd 名［the ～］優越, 優位, 支配（★主に次の成句で）. **gét** [**gáin, wín**] **the úpper hánd**《…より》優勢になる,〈…に〉勝つ［*of, over*］.

†**Úpper Hóuse** 名［the ～］上院 (cf. Lower House).

†**úpper líp** 名 うわくちびる, 上唇; 口の上《鼻と上唇の間》.

†**úpper·mòst** 形 ❶ 最上の, 最高の. ❷〈考えがいちばん大切な〉: He says whatever is ～ in his mind. 彼は何でもいちばん関心のあることをしゃべる. —副 ❶ いちばん上に[高く]. ❷ 真っ先に(頭に浮かんで).

úpper régions 名［the ～］空; 天国.

úpper schóol 名 (中等学校の)上級学年;《英》上級中等学校《およそ 14 歳以上の生徒が行く》.

úpper stóry 名 ❶ Ⓒ 上階. ❷ 《口・戯言》頭: He's a bit weak in *the* ～. やつはちょっぴり頭が足りない.

Úpper Vólta /-váltə | -vɔ́l-/ 名 オートボルタ (Burkina Faso の旧称).

úpper wòrks 名《海》乾舷(《かんげん》《船が貨物を乗せたあと水面上に出る部分》.

up·pish /ʌ́pɪʃ/ 形《口》思い上がった, 高慢な: Don't be too ～ about it! そのことであまりしゃべるな. ～**·ly** 副 ～**·ness** 名 《UP + -ISH》

up·pi·ty /ʌ́pəti/ 形《口》= uppish.

ùp·ráise 動 他〈…を〉持ち上げる.

ùp·ráte 動 他〈…の〉等級[格]《など》を上げる, 性能を高める.

ùp·réar 動 ❶ 〈...を〉持ち上げる. ❷〈建物を〉建てる,〈ものを〉起こす, 立てる. ❸〈...を〉高揚する. ❹〈...を〉育てる. ― 自 上がる.

***up·right** /ʌ́pràɪt, ━━/ 形 (比較なし) ❶ まっすぐ立った, 直立した; 姿勢のよい: an ～ post [tree] まっすぐな柱[木] / an ～ freezer 縦型冷蔵庫 / an ～ posture まっすぐな姿勢. ❷ (通例 Ⓐ) 正しい, 正直な, 高潔な: an ～ man [judge] 正しい人[裁判官]. ― 副 (比較なし) まっすぐ立って, 直立して; 姿勢よく: sit ～ in one's chair 背中をぴんと伸ばしていすにかける. **bólt úpright** ⇒ bolt¹ 成句. ― 名 ❶ 直立のもの, (建築物の)直立材. ❷ =upright piano. ～**·ly** 副 ～**·ness** 名 [類義語] ⇒ honest.

úpright piáno 名 堅(た)型ピアノ, アップライトピアノ.

ùp·ríse 自 (-rose; -ris·en) ❶ 立ち上がる; 起きる. ❷〈太陽が〉昇る. ❸〈音の〉大きくなる. ― /━━/ 名 ❶ 日の出. ❷ 起床; 起立.

***up·ris·ing** /ʌ́pràɪzɪŋ, ━━/ 名 [通例単数形で] 反乱, 暴動 (against). ❷〈米〉起床.

úp·river 形 川上[上流の]. ― 副 川上[上流]に.

⁺**up·roar** /ʌ́prɔ̀ːr | -rɔ̀ː/ 名 Ⓤ [また an ～] 騒ぎ, 騒動; 騒音: in (an) ～ 大騒ぎして[の状態で].

up·roar·i·ous /ʌprɔ́ːriəs/ 形 ❶ 騒々しい, やかましい: ～ laughter 大笑い, 哄笑. ❷ とてもおもしろい. ～**·ness** 名

up·róar·i·ous·ly 副 騒々しく: laugh ～ 大笑いする.

⁺**up·root** /ʌprúːt/ 動 他 **a**〈...を〉根こそぎにする: ～ a tree 木を根こそぎにする. **b**〈...を〉根絶やする, 絶滅する. ❷〈人を〉(住み慣れた土地・環境などから)追い立てる, 引き離す: Millions of people were ～ed by the war. 何百万という人々が戦争によって家や土地を失った.

up·rose /ʌpróuz/ 動 uprise の過去形.

up·rush 名 (ガス・液体などの)急激な上昇, 吹出し; (感情の)высう, 噴出.

ups·a·dai·sy /ʌ́psədèɪzi/ 間 =upsy-daisy.

úp·scale 〈米〉形 上流の, 金持の, 高級品市場向けの; 高級な. ― 動 高級品品市場向にする.

⁺**up·set** /ʌpsét/ 動 (**up·set**; **up·set·ting**) 他 ❶〈人を〉狼狽(ろうばい)[動転]させる;〈人を〉心配させる, 悩ませる, 怒らせる (★ しばしば過去分詞で形容詞的に用いる: ⇒ 形 1); [～ oneself] 〈...のことを〉心配する: The fire quite ～ her. その火事で彼女はすっかり動転した / Don't ～ yourself about it. そのことを気にするな. ❷〈計画である〉をくつがえす, だめにする (disrupt);〈競技などで〉番狂わせで破る;〈...を〉ひっくり返す; ひっくり返って〈中身を〉こぼす[散乱させる]: a cup of tea お茶の入った茶わんをひっくり返す / The storm ～ their plans for a hike. あらしのために彼らのハイキングの計画がだめになった. ❸〈人の体[腹]をこわす: The fish last night ～ my stomach. 昨夜の魚で腹をこわした. **upset the [a person's] ápplecart** ⇒ applecart 成句. ― 形 /━━/ ❶ Ⓟ [...で]気が動転して, 狼狽して, 怒って, 悩んで (about, by, over): He was terribly ～ about something. 彼は何かにひどくくちょうさして[取り乱して]いた / [+that] She was ～ that her husband had not come home. 彼女は夫が帰宅していなかったことを気に病んだ. ❷ Ⓐ〈胃など〉調子が狂った: have an ～ stomach 胃の調子が悪い. ― /━━, ━━/ 名 ❶ ⓊⒸ 混乱(状態) (disruption); ろうばい: the recent ～s of the Japanese economy 最近の日本経済の混乱. ❷ Ⓒ (競技などで)番狂わせ; 逆転. ❸ Ⓒ (胃などの)不調: He has a stomach ～. 彼は胃が悪い.

úpset príce 名 競売開始値段.

up·sét·ting /-tɪŋ/ 形 気を転倒させる(ような), 不安な.

úp·shift 動 自他〈米〉高速ギアに変える(こと), シフトアップ(する).

úp·shot 名 [the ～] 結果, 結末, 結論: in the ～ ついに, とどのつまり, 結局 / What was the ～ of it all? 結局最後はどうなりましたか. 【アーチェリーで「最後の一矢」の意から】

⁺**up·side** /ʌ́psàɪd/ 名 [単数形で] 上側, 上方, 上部 (↔ downside); (まだ)ましな[いい]点, (不幸中の)幸い. **úp·side dówn** (1) 逆さまに, 転倒して, ひっくり返って: turn the tablecloth ～ down テーブルクロスを裏返す. (2) 混乱して, 乱雑に: We found the room turned ～ down after the burglary. 見ると室内は強盗にめちゃめちゃにひっかきまわされていた.

úpside-dówn 形 Ⓐ ❶ 逆さまの, 転倒した. ❷ 混乱した, めちゃくちゃの.

úpside-dówn cáke 名 アップサイドダウンケーキ《細く切った果物の上にケーキ種を流し, 供する時には逆にするケーキ》.

ùp·sídes 副〈英口〉(仕返し・報復で)〈人と〉互角で, 五分五分で (with).

up·si·lon /júːpsɪlɑ̀n | juːpsáɪlən/ 名 ユプシロン《ギリシア語アルファベットの第 20 字, υ; 英字の Y, y に当たる; ⇒ Greek alphabet 表》.

ùp·síze 動 他〈米〉拡大する.

úp·skill 動 自 (訓練して)(人の)仕事の技能を向上させる. ―**·ing** 名 Ⓤ (労働者の)技能向上訓練.

úp·slope 名 上り坂[勾配] (uphill). ― /━━/ 副 坂の上の方で[の] (uphill).

ùp·spring 自 (-sprang, -sprung) ❶〈植物が〉生じる, 生える. ❷ 現われる, 発生する.

⁺**úp·stage** 副 舞台後方へ[で] (↔ downstage). ― 形 Ⓐ 舞台後方の (↔ downstage). ❷ お高くとまった, 高慢な. ― /━━/ 名 Ⓤ 舞台後方 (↔ downstage). ― 動 他 ❶〈俳優が舞台後方へ進み他の俳優に〉観客に背を向けて語りかけさせる. ❷〈...から〉人の注目[関心]をそらす自分に向けさせる.

úp·stáir 形 =upstairs.

***up·stairs** /ʌ́pstéəz, -stéəz⌐/ (↔ downstairs) 副 (比較なし) ❶ 二階へ[に], 階上へ[に]: go ～ 二階[上の階]へ行く (★ go to ～ は間違い) / live ～ 二階[階上]に住む (★ live in ～ は間違い) / He was ～ in bed. 彼は二階に寝ていた. ❷ より高い地位へ[に]. **kíck a pérson upstairs** ⇒ kick¹ 成句 成句. **nót have múch upstairs** 〈口〉おつむが足りない, 頭が弱い. **the mán upstáirs** (戯言) 神様. ― 形 Ⓐ (比較なし) 二階の, 階上の: an ～ room 二階[階上]の部屋. ― 名 [the ～] 二階, 上の階.

ùp·stánding 形 ❶〈姿勢が直立した, まっすぐな, すらりとした (upright). ❷ しゃんとした, 壮健な. ❸〈人物が〉正直な, りっぱな.

⁺**úp·stárt** 名 成り上がり者. ― /━━/ 形 Ⓐ 成り上がりの.

úp·state (↔ downstate)〈米〉名 Ⓤ 主要都市から北に[遠く]離れた地方, 州の北部, (特に)ニューヨーク州の北部. ― /━━/ 形 Ⓐ 州の北部の; 主要都市から離れた: from ～ New York ニューヨーク州の北部から. ― 副 州の北部に[で]; 州の北部に[へ].

⁺**úp·stréam** 副 上流に[へ], 流れをさかのぼって (↔ downstream). ― 形 上流の, 流れのさかのぼる.

úp·stróke 名 上へ向かう筆づかい; (ピストンなどの)下から上への動き (↔ downstroke).

⁺**úp·sùrge** 名 ❶ 急増, 殺到 (in). ❷ (感情などの)(波のような)盛り上がり, (急激な)高まり: an ～ of nationalism 急激な国家主義の高揚.

ùp·sweep 動 他 (-swept)〈...を〉なで[掃き]上げる.

úp·swèep 名 なで[掃き]上げ; (髪型の)アップ: in an ～ 髪がアップで.

úp·swèpt 動 upsweep の過去形・過去分詞. ― 形 なで[掃き]上げた; (髪の)アップの.

úp·swing 名 上昇, 上向き, 著しい増大 (upturn; ↔ downswing): an ～ in votes 投票数の著しい増加 / be on the ～ 上昇[向上]している.

up·sy-dai·sy /ʌ́psɪdéɪzi/ 間 よいしょ, ほおれ《(ころんだ子供を助け起こしたり子供を抱え上げたりするときの掛け声)》.

úp·tàke 名 ❶ (口) [the ～] 理解(力); (★ 通例次の句で): quick [slow] on the ～ 理解の早い[遅い], ものわかりのよい[悪い]. ❷ Ⓤ 取り込み, 摂取 (of).

úp-tèmpo 形 速いテンポ(の), アップテンポ(の).

úp·thròw 名 (地) (地層などのずり上がり, (地殻の)隆起; [地] (断層の)上がり落差, アップスロー; ほうり[突き]上げること. ― /━━/ 動 他 ほうり上げる, 突き上げる.

úp·thrùst 图 押し[突き]上げ;《地》隆起. ― /－́－́/ 動 他 自 隆起させる, 隆起する.

úp·tick 图《米》(小幅の)増加, 上昇.

ùp·tíght 形《口》❶ (抑圧のため)…のことでひどく緊張して; いらいらして; 心配して: be ～ *about* sex セックスのことになると緊張して何も言えない / She was ～ *about* the interview. その会見のことで彼女は神経をぴりぴりさせていた. ❷《米》ひどく保守的な.

úp·time 图 ⓤ (装置の)使用可能時間.

*__úp-to-dáte__ 形 (Áptədéɪt-/) 形 A (比較なし) (more ～; most ～) 最新(式)の, 現代的な, 最先端を行く (↔ out-of-date) (cf. up to DATE¹ 成句(2)): an ～ dictionary 最新の(知識を盛った)辞書. ～**ness** 图

úp-to-the-mínute 形 ❶ 最新の, 最新式の. ❷ 最新情報を取り入れた.

†**úp·tówn** (↔ downtown)《米》副 住宅地区に[で] (《用途商業地区の downtown と対比した語で, 主として都心部から離れた所をいう》): go [live] ～ 住宅地区に行く[住む]. ― 形 A 住宅地区の: New York ニューヨークの住宅地区. ― /－́－́/ 图 住宅地区.

úp·trènd 图 (景気の)上昇傾向.

ùp·túrn 動 他 〈…を〉引き起こす; ひっくり返す; 掘り返す. ― /－́－́/ 图 〈景気・物価などの〉上昇, 好転, 上向き (*in*) (upswing; ↔ downturn).

ùp·túrned 形 ❶ 〈目を〉上に向けた; 〈鼻など〉先が上を向いた. ❷ A ひっくり返った, 転覆した.

UPU《略》Universal Postal Union.

uPVC《略》unplasticized polyvinyl chloride 非可塑化ポリ塩化ビニル, 無可塑塩化.

*__úp·ward__ /Ápwəd | -wəd/ 形 A (比較なし) 上へ向かう, 上向きの, 上位[上方]への, 上向の (↔ downward): an ～ trend in prices 物価の上昇傾向 / an ～ current 上昇気流 / take an ～ glance at the helicopter 上目使いにちらっとヘリコプターを見る. ― 副 (比較なし) ❶ 上へ, 上方へ, 上向きに: look ～ 上のほうを見る / Sales are moving ～. 売上げは上向きだ. ❷ […and ～で] …以上; boys of ten years *and* ～ 10 歳以上の男の子. **úpward of**…を超える (over): ～ *of* a million unemployed 百万人を超す失業者 / He lived to be ～ *of* ninety. 彼は 90 過ぎまで長生きした.

*__úp·wards__ /ʌ́pwədz | -wədz/ 副《英》=upward.

úp·wàrp 图《地》曲降(地殻の上方へのゆるやかな曲がり). ― /－́－́/ 動 他 自 曲隆させる[する].

ùp·wéll·ing /-wélɪŋ/ 图 わき上がること;《生態》湧昇(ゆうしょう) (《栄養塩に富む深海水などの》).

úp·wínd /-wínd/ 副 風上の[に, へ] (↔ downwind).

Ur /úə | ɔ́ː/ 图 ウル (Euphrates 川下流にあった古代シュメールの都市).

Ur- /úə- | ʊ́ə-/ 連頭 「原初の, 原形の」: the *Ur*-form 原形.《G》

u·ra·cil /jú(ə)rəsìl/ 图 ⓤ《生化》ウラシル (RNA を構成するピリミジン塩基; 記号 U).

u·rae·mi·a /jʊ(ə)ríːmiə/ 图 =uremia.

u·rae·us /jʊríːəs/ 图 (複 **u·rae·i** /jʊríːaɪ/, ～·es) 蛇形章 (古代エジプト王の王冠に付けた, エジプトコブラをかたどった王の表象).

U·ral /jʊ́(ə)rəl/ 形 ウラル山脈[川]の: the ～ Mountains ウラル山脈 / the ～ River ウラル川. 图 ❶ [the ～] ウラル川 (ウラル山脈南部に発しカスピ海に注ぐ). ❷ [the ～s] ウラル山脈 (ヨーロッパとアジアの境をなす).

Úral-Altáic /-ældénk-/ 形 ウラルアルタイ地方(住民)の; ウラルアルタイ語族の. ― 图 ⓤ ウラルアルタイ語族 (フィン語・トルコ語・モンゴル語などを含み東部ヨーロッパおよび中央アジアに及ぶ).

U·ra·ni·a /jʊ(ə)réɪniə/ 图《ギ神》ウラニア: **a** 天文の女神 (the Muses の一人). **b** Aphrodite (=Venus) の俗称. 《⇒ Uranus》

u·ran·ic /jʊ(ə)rǽnɪk/ 形 ウランの[を含む].

u·ran·i·nite /jʊ(ə)réɪnənàɪt/ 图 ⓤ《鉱》閃(せん)ウラン鉱.

*__u·ra·ni·um__ /jʊ(ə)réɪniəm/ 图 ⓤ《化》ウラン, ウラニウム

《放射性金属元素; 記号 U》: enriched [natural] ～ 濃縮[天然]ウラン.《URAN(US)+-IUM》

u·ra·no-¹ /jʊ́(ə)rənoʊ/ 連頭 「天」「口蓋」

u·ra·no-² /jʊ́(ə)rənoʊ/ 連頭 「ウラン, ウラニウム (uranium)」

u·ra·nog·ra·phy /jʊ̀(ə)rənɑ́grəfi | -nɔ́g-/ 图 ⓤ 天体学, 恒星図表学; 天体誌. -**pher** 图 **u·ra·no·graph·ic** /jʊ̀(ə)rənəgrǽfɪk/, -**graph·i·cal** /-k(ə)l/ 形

U·ra·nus /jʊ́(ə)rənəs, jʊréɪ- | jʊə́r-, jɔ́ːr-/ 图 ❶《ギ神》ウラノス 《天の人格化で世界を支配する神, Gaea の息子で夫; cf. Hyperion》. ❷《天》天王星. 《L<Gk=天, 空》

*__ur·ban__ /ə́ːb(ə)n | ə́ː-/ 形 A (比較なし) 都市の, 都会の, 都市特有の (↔ rural): ～ problems 都市問題 / ～ blight 都市の荒廃 / ～ renewal 都市再開発 / ～ sprawl 都市スプロール現象 (都市が郊外へ無秩序に拡大すること).《L *urbanus* < *urbs, urb-* city》

úrban dístrict《英》都市部 (以前の county 内の行政区で, 特に複数の人口稠密地域からなり, 市部会が住宅・衛生などの問題を管理した).

ur·bane /əːbéɪn | əː-/ 形 〈人・言動など〉上品な, 洗練された, あか抜けした: an ～ manner 洗練された物腰. ～**·ly** 副 ～**·ness** 图《L; ⇒ urban》

úr·ban·ism /-bənɪ̀zm/ 图 都市生活(学), 都市性, アーバニズム; 都市計画; =urbanization.

úr·ban·ist /-bənɪst/ 图 都市計画専門家. ― 形 都市計画専門家(の). **ur·ban·is·tic** /ə̀ːbənístɪk | ə̀ː-́-/ 形 **-ti·cal·ly** /-kəli/ 副

úr·ban·ite /-bənàɪt/ 图 都市生活者, 都会人.

ur·ban·i·ty /əːbǽnəti | əː-́-/ 图 ❶ ⓤ 上品さ, みやびやかさ: behave with great ～ とても上品にふるまう. ❷ ⓒ [通例複数形で] 上品な態度[ふるまい], 洗練された言動.

*__ur·ban·i·za·tion__ /ə̀ːbənɪzéɪʃən | ə̀ːbənaɪz-/ 图 ⓤ 都会化, 都市化.

úr·ban·ize /-bənàɪz/ 動 他 〈…を〉都会[都市]化する.

úrban légend [mýth] 图 都市伝説, 都会の神話 (根拠はないが広く流布した, 都会生活に関わるうわさ).

ur·ban·ol·o·gy /ə̀ːbənɑ́ləʤi | ə̀ːbənɔ́l-/ 图 ⓤ 都市学, 都市問題研究.

ur·chin /ə́ːʧɪn | ə́ː-/ 图 ❶ ⓒ わんぱく小僧, いたずらっ子; 浮浪児. ❷ =sea urchin.《F<L=ハリネズミ》

Ur·du /ʊ́ədu | ʊ́ə-/ 图 ⓤ ウルドゥー語 (Hindustani 語の一つ; 主にインド・パキスタンのイスラム教徒間に用いられ, ペルシア語・アラビア語などに要素を含む; パキスタンの公用語).

-ure /jə, jʊə | jə, jʊə/ 接尾 ❶ 動作・過程・存在の意の名詞を造る: censure, culture. ❷ 動作の結果の意の名詞を造る: picture, creature. ❸ 官庁関係者の集合体の意の名詞を造る: legislature, judicature.

u·re·a /jʊ(ə)ríːə/ 图 ⓤ《化》尿素.

u·re·mi·a /jʊ(ə)ríːmiə | jʊə-, jɔːr-/ 图 ⓤ《医》尿毒症.

u·re·ter /jʊ(ə)ríːtə | -tə/ 图《解》(輸)尿管.

u·re·thane /jʊ́(ə)rəθèɪn/ 图 ⓤ《化》ウレタン.

u·re·thra /jʊ(ə)ríːθrə/ 图 (複 -**thrae** /-θriː/, ～**s**)《解》尿道.

u·re·thri·tis /jʊ̀(ə)rəθráɪtɪs/ 图《医》尿道炎.

*__urge__ /ə́ːʤ | ə́ːʤ/ 動 他 ❶ 〈人に×…するように〉しきりに促す[勧める]: [+目+*to do*] We ～d them to stay overnight. 彼らに 1 泊するようにしきりに勧めた / I was ～d to sign the contract. 契約書に署名するのを迫られた. ❷ 〈…を〉主張する, 力説する, 強調する: ～ caution 警戒を促す / ～ self-restraint 自制を強く要求する / The teacher ～d on [*upon*] us the necessity of practice. 先生は我々に練習の必要を力説した / [+*that*] It was ～d *that* slavery (should) be abolished. 奴隷制度の廃止が強く唱えられた / [+引用] "Do it at once," she ～d. 「すぐしなさい」と彼女はせきたてるように言った. ❸ [副詞句を伴って] 〈…を(ある方向に)〉駆り立てる, 追い立てる, 急がせる: The hunter ～d his horse *on* [*into*] a canter. ハンターは馬を駆り立て(せきたてて)小走りで走らせた / The fans ～d the players *on*. ファンが選手を後押しした. ― 图 ⓒ 駆り立てる力, (強い)衝動: sexual ～s 性的衝動 / [+*to*

do] I had [felt] an ~ to visit Europe. ヨーロッパ旅行への衝動にかられた.
《L *urgere* 押す》《類義語》**urge** 熱心に頼んだり説得したりして人にあることをさせる. **press** 強引[無理]に, または長い間続けて urge する. **exhort** 然るべき[正しい]行為をとるように強く urge する.

ur·gen·cy /ə́ːrdʒənsi | ə́ː-/ 图 ⓊⒸ ❶ 切迫(した様子), 急迫; 緊急(性), 火急: a problem of great ~ 非常に緊急な問題. ❷ しきりとする催促, 熱心な主張, 強要, 力説. (形 urgent)

*****ur·gent** /ə́ːrdʒənt | ə́ː-/ 圈 (**more** ~; **most** ~) ❶ 切迫した, 火急を要する, 急を要する (pressing): ~ necessity さし迫った必要 / an ~ message 緊急な用事 / on ~ business 急用で / I'm in ~ need of money. 私は至急に金が入り用だ. ❷ 〈声などうるさくせがむような〉: in an ~ voice せがむような声で. 《L; ⇒urge, -ent》(úr·gency)

úr·gent·ly 副 緊急に, 至急: Nurses are ~ needed. 看護婦が至急必要である.

urg·er /ə́ːrdʒər | ə́ː-/ 图 駆りたてるもの[人]; 《豪俗》(競馬の)予想屋; 《豪俗》詐欺師, 人の弱味につけこむ者.

-u·ri·a /júəriə | júər-, jóːr-/ 《名詞連結形》「尿に…な状態」「尿に…の混在する状態[症状]」: polyuria, pyuria.

u·ric /júərɪk | júər-, jóːr-/ 圈 尿の, 尿から得た.

úric ácid 图 尿酸.

u·ri·dine /júərədìːn | júər-/ 图 Ⓤ 《生化》 ウリジン (RNA の成分).

U·ri·el /júəriəl | júər-/ 图 《聖》 ウリエル 《七大天使の一人》.

u·ri·nal /júərən(ə)l | juəráɪ-/ 图 ❶ 《男子用》 小便器, 小便所. ❷ (病室用の)しびん.

u·ri·nal·y·sis /jùərənǽləsɪs/ 图 (⓹ **-y·ses** /-sìːz/) ⓊⒸ 《医》 尿分析, 検尿.

⁺**u·ri·nar·y** /júər(ə)nèri | júərənəri, jóːr-/ 圈 尿の, 泌尿(ひにょう)(器)の: the ~ bladder 《解》 膀胱(ぼうこう) / a calculus 尿石 / ~ organs 泌尿器. (图 urine)

⁺**u·ri·nate** /júər(ə)nèɪt | júər-/ 動 圓 排尿する, 小便をする. (图 urine, urination)

u·ri·na·tion /jùər(ə)néɪʃən/ 图 Ⓤ 排尿(作用).

⁺**u·rine** /júərɪn | júər-, jóːr-/ 图 尿, 小便: pass [discharge] (one's) ~ 小便をする, 小便をする. 《F<L *urina*》 (形 urinary; 動 urinate)

URL /júːɑːrél | -àː(r)-/ 图 《電算》URL 《インターネット上に存在する情報を参照するための手順・場所などを記述する形式; 例: http://www.kenkyusha.co.jp/online-dic/on-dic1.html》. 《uniform *r*esource *l*ocator》

⁺**urn** /ə́ːrn | ə́ː/ 图 つぼ, かめ, 骨つぼ, 《蛇口付きの》コーヒー沸かし, 紅茶沸かし. 《L<*urna* 水差し》

u·ro-¹ /júər(ə)rou | júər-, jóːr-/ 《連結形》 「尿」「尿道」 「排尿」「尿素」.

u·ro-² /júər(ə)rou | júər-, jóːr-/ 《連結形》 「尾」「尾部」.

u·ro·dele /júərədìːl/ 動 有尾目の両生類 (イモリなど). — 圈 有尾目の.

u·ro·gen·i·tal /jùər(ə)roudʒénətl-́/ 圈 泌尿生殖器の.

u·rol·o·gy /juəráləʤi | -rɔ́l-/ 图 Ⓤ 泌尿器学, 泌尿器科. 《URO-¹+-LOGY》

u·ro·pyg·i·um /jùər(ə)rəpíʤiəm/ 图 (⓹ -**ia** /-ia/, ~**s**) 《鳥》尾隆起. **u·ro·pyg·i·al** /jùər(ə)rəpíʤiəl-́/ 圈

u·ros·co·py /juəráskəpi | -rɔ́s-/ 图 Ⓤ 《医》 尿検査.

Úr·sa Májor /ə́ːrsə | ə́ː-/ 图 《天》 大ぐま座. 《L *ursa* (*ursus* 熊の女性形)》

Úrsa Mínor 图 《天》 小ぐま座. 《L ↑》

ur·sine /ə́ːrsaɪn | ə́ː-/ 圈 ❶ クマの (⇒**bear²** 関連). ❷ クマのような. 《L<*ursus* 熊》

Ur·su·la /ə́ːrsələ | ə́ːsjuː-/ 图 ❶ アースラ 《女性名》. ❷ [St. ~] 聖ウルスラ 《英国の伝説的殉教者》.

Ur·su·line /ə́ːrsələn | ə́ːsjuːlàɪn/ 图 《カト》 ウルスラ会の(修道女) 《ウルスラ会は 1535 年イタリアで創設された修道女会で, 女子教育に専念した》.

Ur·text /júərtèkst | úər-/ 图 [しばしば u~] 《諸異文[異本]の校合により再構された》原文, 原本, 原典, 《楽譜の》原典本.

ur·ti·car·i·a /ə̀ːrtəkéəriə | ə̀ː-/ 图 Ⓤ 《医》 じんましん

1983 **use**

《L=イラクサ》

ur·ti·cate /ə́ːrtəkèɪt | ə́ː-/ 動 圓 イラクサのように刺す; じんましんが出る. — 他 〈…に〉じんましん[かゆみ]を起こさせる.

ur·ti·ca·tion /ə̀ːrtəkéɪʃən | ə̀ː-/ 图 チクチクとかゆい感じ; じんましん発生.

U·ru·guay /júər(ə)rəgwàɪ | jùər-, jóːr-/ 图 ウルグアイ 《南米南東部の共和国; 首都 Montevideo; 略 Uru.》.

U·ru·guay·an /júər(ə)rəgwàɪən | jùər-, jóːr-⁻/ 圈 ウルグアイの(人).

Úruguay Róund 图 [the ~] ウルグアイラウンド 《1986 年ウルグアイで始まり 1993 年末まで続いたガット (GATT) に基づく世界貿易に関する多国間交渉》.

Urum·chi, Urum·qi /úrúmʧi/ 图 ウルムチ 《中国新疆ウイグル自治区の首都》.

*****us** /(弱形) əs; (強形) ʌ́s/ 代 ❶ [**we** の目的格] **a** [直接目的語] 我々を: She showed *us* into the room. 彼女は我々を部屋に通した. **b** [間接目的語] 我々に: They gave *us* presents. 彼らは我々に贈り物をくれた. **c** [前置詞の目的語]: He spoke to *us*. 彼は我々に話しかけた. ❷ **a** [国王の公式用語として用いて; cf. we 2a] 朕(ちん)に. **b** [新聞の社説・雑誌の論説などの筆者が用いて; cf. we 2b] 我々に[を]. ❸ 《英口》 [通例命令文に用いて] 私に[を] (★ 非標準用法): Give *us* a kiss. キスしてちょうだい.

US, U.S. /júːés-́/ 《略》 United States; unserviceable; useless.

USA, U.S.A. /júːèsèɪ/ 《略》 United States of America; United States Army 米国陸軍.

us·a·bil·i·ty /jùːzəbíləti/ 图 Ⓤ 有用性, 便利(なこと).

⁺**us·a·ble** /júːzəbl/ 圈 用いることができる, 使用に適した, 《使うのに》便利な (↔unusable).

USAF /júːèsèɪéf/ 《略》 United States Air Force 米国空軍 (cf. RAF).

⁺**us·age** /júːsɪʤ, -zɪʤ/ 图 ❶ Ⓤ 使うこと, 使用; 利用; 使用法, 用い方, 取り扱い(方): This instrument will not stand rough ~. この器具は荒っぽい使い方に耐えられそうもない. ❷ ⓊⒸ 《言語の》慣用法, 語法: modern English ~ 現代英語の用法 / We need to know both grammar and ~ to write good English. よい英語を書くには文法と慣用法の両方を知る必要がある / That is a rare ~ of this word. この単語のそういう用い方はふくまれる. ❸ ⓊⒸ 慣習, 慣行, 慣例: social ~(s) 社会的慣習 / come into [go out of] ~ 慣例となる[でなくなる]. 《F<L of *use*²; -age》(⇒ custom. 《類義語》⇒ custom.

us·ance /júːz(ə)ns/ 图 《商》手形〈慣習〉期間 《為替(かわせ)手形の満期日までの期間》.

USB /júːèsbíː/ 图 《電算》 USB 《周辺機器をコンピュータとつなぐ規格の一つ》. 《*u*niversal *s*erial *b*us》

USCG 《略》 United States Coast Guard 米国沿岸警備. **USD** 《略》 United States dollar(s) 米国ドル.

USDA /júːèsdíːéɪ/ 《略》 United States Department of Agriculture 米国農務省.

*****use¹** /júːz/ 動 他 ❶ 〈ものを〉用いる, 使う; 〈表現・偽名などを〉使用する; 利用する: ~ a cellphone 携帯電話を使う / ~ a train 列車を利用する / I never ~ such language. そんな言葉は絶対に使わない / Credit cards are often ~*d* for shopping. クレジットカードはよく買物に用いられる. ❷ 〈才能・暴力などを〉行使する, 働かす: ~ force 暴力に訴える, 腕力を用いる / ~ care 注意する / *U*~ your head [your common sense]. 《口》 頭[常識]を働かせなさい. ❸ 〈ものを〉消費する: ~ 100 liters of gasoline in a month 1 か月に 100 リットルのガソリンを消費する. ❹ 《軽蔑》〈人を〉自分の都合のよいように使う, 〈機会を〉うまく利用する (exploit): I was merely being ~*d for* his own ends. 私は彼の目的のためにだけ私を利用されていたに過ぎなかったのだ / They ~*d* my absence *as* an excuse. 彼らは私の不在を言い訳とした. ❺ [could ~ で]《口》〈…が〉得られたらありがたい[よい]: I *could* ~ a drink. 一杯やりたい気分だ / Your suit *could* ~ a pressing. 君のスーツはプレスしたほうがいいね. ❻ 《麻薬などを〉常用する. — 圓 麻薬を吸う; ⇒ used². **úse úp** 《他+副》 (1) 《…を》使い切る, 使い果た

す: ~ **up** all one's energy 精力を使い果たす / ~ **up** all the money 金を使い切る. (2) 《口》〈人を疲れ果てさせる: He was pretty well ~*d up* after the long walk. 彼は長いこと歩いた後のでへとへとに疲れていた. 《F くL *uti, us-*; cf. abuse, usual, utilize》

‡**use²** /júːs/ 名 ❶ ① 《また a ~》使用(すること), 利用(法); (暴力などの)行使: maps for ~ in schools 学校用掛け地図 / buy a thing for one's personal ~ 個人的に使うために物を買う / an eatery for the ~ *of* students 学生用[向き]の食堂 / This sofa has got worn with ~. このソファーは使っているうちにすり切れてしまった. ❷ **a** ⓒ 使用目的, 用途: This machine has a variety of ~s. この機械はいろいろな用途がある / Can you find a ~ *for* this box? この箱の使い道はありますか. **b** ① 《...の》使用の必要[機会]: We have no further ~ *for* the house. もうその家は必要がない. ❸ ① 使用の許可[自由], 使用権; 使用する(能)力: He has lost the ~ *of* his right hand. 彼は右手がきかなくなった / He gave me the ~ *of* his car. 彼は私に車を自由に使わせてくれた. ❹ ① ~ 役に立つこと, 効用, 益: What's the ~ *of* talking? 話したって何になるんだ. **b** 《形容詞的に; (of) で》《有·無》益で《用法 any, no などの中の慣用的にしばしば省略される》: be of (great) ~ (大いに)役に立つ, (はなはだ)有益である / A phone is *of* no [little] ~ in my job. 私の仕事には電話は全く[あまり]役に立たない / Advice is *no* ~ to him. 忠告しても彼には何にもならない / It's *no* ~ talking [to talk]. =It's *of no* ~ to talk. 話しても何にもならない 《★ It's of no ~. ...は堅苦しい言い方》 / There's no ~ (*in*) talking. 話してもどうにもならない《用法 in は通例略される》. ❺ ⓒ (語の)用法. **còme** [be **bróught**] **ínto úse** 用いられるようになる. **hàve nó úse for** ... (1) ...の必要[機会]はない 《⇨ 2 b》. **hàve no** ~ ...をひどく嫌う, ...に我慢がならない: have no ~ *for* gambling [such people] ギャンブル[あんな連中]は大嫌いだ. **hàve one's úses** 《口》《しばしば戯言》それなりに取りえがある[役に立つ], 捨てたもんじゃない. **in úse** 用いられて, 行なわれて: be *in* general ~ 一般に用いられている / This word is not *in* common ~. この言葉はあまり使われない. **It's nó úse.** だめだこりゃ, とても無理だ. **màke úse of** ...を使用[利用]する: *make* ~ *of* a computer コンピューターを使用する / You must *make* good [the best] ~ *of* your time. 時間を上手に[最大限に]利用しなければならない. **òut of úse** 用いられなくなって, すたれて: The custom is now [has gone] *out of* ~. その慣習はもうすたれてしまった[しまった]. **pút...to úse** 〈...を〉用いる, 利用する: *Put* your knowledge *to* good ~. 知識を十二分に利用しなさい.

use·a·ble /júːzəbl/ 形 =usable.

úse-by dàte 名 (包装食品などの)消費期限の日付《具体的な date の年月日が表示; cf. best-before date》.

‡**used¹** /júːs(t)/ 形 ℗ (more ~; most ~) 〈...に〉慣れて: get [become] ~ *to* ...に慣れて(く)る / After a while my eyes got ~ *to* the dark. しばらくすると目が暗やみに慣れてきた / I'm not [I haven't got] ~ *to* driving on the left. 左側運転にはまだ慣れていない.

‡**used²** /júːs(t)/ 助動 《常に *to* を伴って》❶ 《過去の習慣的行動を表わして》...するのが常であった, ...する習わしだった: We ~ *to* play in this playground every day. 我々は毎日ここの運動場で遊んだものだ / I ~ *to* think I'd like to be a singer. 昔歌手になりたいと思っていた. ❷ 《現在と対照的に過去の事実·状態を表わして》以前は...で[が]あった: There ~ *to be* a storehouse here. もとはここに倉庫があった《今はなくなっている》 / I don't go there as often as I ~ *to*. 前ほど頻繁にはそこに行かない.

【語法】(1) used to の否定形は《米》《英》ともに didn't use(d) to で, 《英古風》では縮約形の usedn't [usen't] to も用いられる: He *didn't used* [*usen't*] *to* play golf, did he? 彼は以前はゴルフをやらなかったよね.

(2) used to の疑問形は《米》では Did you use(d) to ...? または Didn't you use(d) to ...? が用いられ, 《英古風》では Used you to ...? または Use(d)n't you to ...? も用いられる. 《英古》では Did he *use(d)* [*Used he*] to be so forgetful? 彼は昔からこんなに忘れっぽかったんですか.

(3) used to は現在と対照的に過去の動作や状態を述べる時に用いるのに対して, would は特定の人の特性の現われとして過去の習慣があった反復的な行為を述べる時に用い, used to のように客観的な過去の事実や状態を表わすことがない.

⁺**used³** /júːzd/ 形 ④ (more ~; most ~) ❶ 使った, 使い古した, 中古の (secondhand): buy a ~ car 中古車を買う / ~ tickets 使用済みの切符. ❷ (人を使ったので)汚い, よごれた (↔ clean): a ~ towel よごれたタオル.

used·n't /júːs(ə)n(t)/ used² not の短縮形.

‡**use·ful** /júːsf(ə)l/ 形 (more ~; most ~) ❶ 役に立つ, 有益な, 有用な (↔ useless): ~ information 有益な情報 / a dictionary *for* students 学生に有益な辞書 / I tried to make myself ~. 私は手助けになるように努めた / The advice proved very ~ *to* me. その助言は私に大変役に立った / Computers are ~ *for* [*in*] processing data. コンピューターはデータ処理に役立つ. ❷ 《英口》有能な, 申し分のない: a ~ member of the firm 会社の有能な社員. **còme ín úseful** ⇨ COME IN 成句 (6). ~·**ness** 名 《USE²+-FUL¹》

úseful lóad 名 ⓒ (航空機の)積載量.

úse·ful·ly /-fəli/ 副 役に立つように, 有効に.

⁺**use·less** /júːsləs/ 形 (more ~; most ~) ❶ (比較なし)役に立たない, 無用[無駄]な (↔ useful; pointless): avoid further ~ bloodshed これ以上の無用な流血を避ける / It's completely ~ to ask [asking] him. 彼に頼んでも聞いても全くむだだ. ❷ 《口》〈人が〉かまぼかりでしかなく, 役に立たない; 下手な (hopeless): He's ~ *at* golf [skiing]. 彼はゴルフ[スキー]が下手だ. ~·**ly** 副 ~·**ness** 名 《USE²+-LESS》

Use·net, USENET /júːznèt/ 名 ユーズネット《電子掲示板を利用した世界的なニュースグループ》.

usen't /júːs(ə)n(t)/ =usedn't.

⁺**us·er** /júːzə/ 名 ❶ 使用者, 利用者, ユーザー; 《...を》使用[する]する[機械]. ❷ 《俗》麻薬常用[中毒]者. ❸ 《法》(権利の)使用, 権利行使; 使用権 (right of user).

úser fèe 名 利用者使用料, ユーザー料金;《公共サービスなどの》利用税, 受益者負担金.

⁺**úser-fríendly** 形 〈コンピューターなど〉使いやすい, 取り扱いが簡単な.

úser gròup 名 ユーザーグループ《特定機種のコンピューターあるいは同一プログラムを使用している人たちの集まり》.

úser gùide 名 使用[操作]説明(書), ユーザーガイド.

úser ID 名《電算》=username.

úser ínterface 名《電算》ユーザーインターフェース《操作画面など, ハードウェア・ソフトウェアの構成において利用者が接する部分》.

úser·nàme 名《電算》ユーザー名《利用者の識別用の名前・記号など》.

úser's fèe 名 =user fee.

ÚS gállon 名 ⓤ 米ガロン《約 3.7853 リットル; cf. gallon a》.

Ú-shàped /júː-/ 形 U 字型の.

ush·er /ʌ́ʃə | ʌ́ʃə/ 名 ❶ **a** (劇場・教会などの)案内係. **b**《米》(結婚式での)案内役《花婿・花嫁の男友だち》. **c**《英》(高位の人の先に立って歩く)先導役. ❷ **a** (法廷などの)守衛, 受付. **b** 式部官. ── 動 《副詞句を伴って》〈人を〉(...へ)先導する, 案内する: The butler ~ed the visitor *into* the drawing room. 執事は客を応接室へ案内した / I ~ed him *out* [*forth*]. 彼を送り出した. **úsher ín**《他+副》(1) 〈人を〉案内して通す: ~ *in* a guest 客を招じ入れる. (2)《天候が》〈季節の〉先触れをする; 〈事件・時代が〉〈...の〉到来を告げる (herald): The warm sunshine ~ed in the spring. 暖かい陽光とともに春がやってきた / The seventies ~ed in women's liberation. 1970 年代にウーマンリブが始まった. 《F くL=door-keeper》

ush·er·ette /ʌ̀ʃərét/ 名 ⓒ (劇場などの)案内嬢.

USIA《略》United States Information Agency 米国

海外情報局. **USIS** /júːèsàɪés/ 《略》 United States Information Service 米国広報文化局. **USM** 《略》 United States Mail [Mint] 米国郵便[造幣局]. **USMC** 《略》 United States Marine Corps 米国海兵隊. **USN** /júːèsén/ 《略》 United States Navy 米国海軍. **USNA** 《略》 United States Naval Academy 米国海軍兵学校. **USO** /júːèsóʊ/ 《略》 〖米〗 United Service Organizations 米軍慰問協会《軍隊慰問活動を行なう民間の非営利組織》.

ÚS Ópen [名] [the ～] 〖ゴルフ〗 全米オープン《世界4大トーナメントの一つ; 毎年米国で6月に行なわれる》.

USP /júːèspíː/ [名] セールスポイント, 売りもの. 〖*u*nique *s*elling *p*roposition の略〗

USP 《略》 United States Pharmacopoeia 米国薬局方.

US PGA /júːèspíːdʒìːéɪ/ [名] [the ～] 〖ゴルフ〗 全米プロ《世界4大トーナメントの一つ》. 〖PGA は *P*rofessional *G*olfers' *A*ssociation の頭字語〗

USPS 《略》 United States Postal Service 米国郵便庁. **USS** 《略》 United States Senate 米国上院; United States Ship [Steamer, Steamship] 米国船[汽船]. **USSR** /júːèsèsáɚ | -áː/ 《略》 Union of Soviet Socialist Republics.

us·que·baugh /ʌ́skwɪbɔ̀ː/ [名] [U] 《スコ・アイル》 ウイスキー.

usu. 《略》 usual; usually.

‡**u·su·al** /júːʒuəl, -ʒəl/ [形] (more ～; most ～) いつもの, 平素の, ふだんの; 通常の: the ～ people there 常連たち / I went to bed at my ～ time. いつもの時間に寝た / I left home earlier than ～. いつもより早く家を出た / He ate less than ～ at dinner that night. その晩の夕食で彼はふだんより食べる量が少なかった / Is it ～ *for* him *to* sit up so late at night? 彼が夜遅くまで起きているのは普通ですか. **as is úsual with**…にはよくあることだが, …には普通のことだが. **as úsual** いつものとおりに, 例のとおり, 相変わらず: behave *as* ～ いつものようにふるまう / She was late, *as* ～. 例のとおり彼女は遅れた. ── [名] 《口》 [the [one's] ～] 例のもの, いつもの飲み物[料理]: *The* ～, please. いつものをください. 〖F＜L＝いつも使っている＜*usus* use[1]〗

【類義語】 (1) **usual** 過去の経験から普通と考えられる. **habitual** 個人の習慣の結果として固定した. **customary** 個人の習慣または社会の慣習に一致する. (2) ⇨ normal.

‡**u·su·al·ly** /júːʒuəli, -ʒəli/ [副] (more ～; most ～) 通例, 通常, 普通に[は], 一般に (generally): I ～ go to work by car. 私はたいてい仕事場へは車で行きます / She's not ～ so reserved. 彼女はいつもはこれほど遠慮深くはない / "Is it hot in September?" "(No,) not ～." 「9月は暑いのですか」「(いいえ,)普通は違います」.

u·su·fruct /júːzəfrʌ̀kt | -sjʊ-/ [名] [U] 〖法〗 用益権, 使用権. 〖L＝使う楽しみ＜*usus* use＋*fructus* 楽しみ, 果実〗

u·su·rer /júːʒ(ə)rɚ | -rə/ [名] 高利貸し.

u·su·ri·ous /juːʒʊ́(ə)riəs | -zjʊ́ər-, -zjɔ́ːr-/ [形] 高利(貸し)の; 高利を取る[むさぼる]. **～·ly** [副] **～·ness** [名] ([名] usury)

⁺**u·surp** /juːsə́ːp | -zə́ːp/ [動] [他] 〈王座・権力などを〉奪う, 横領[強奪]する: The king's bastard plotted to ～ the throne. 王の庶子が王座を奪おうとたくらんだ. **～·er** [名] 〖F＜L＝自分が使うために取る＜*usus* use＋*rapere* 取る〗

u·sur·pa·tion /jùːsəpéɪʃən | -zəː-/ [名] [U,C] 権利侵害, 横領.

u·su·ry /júːʒ(ə)ri/ [名] [U] ❶ 高利で金を貸すこと, 高利貸し. ❷ 法外な高利, 暴利. 〖F＜L＝貸した金の使用; ⇨ use[1]〗

UT 《略》 〖米郵〗 Utah. **Ut.** 《略》 Utah.

U·tah /júːtɔː, -tɑː/ [名] ユタ州《米国西部の州; 州都 Salt Lake City; 略 Ut. 〖郵〗 UT; 俗称 the Beehive State》. 〖N-Am-Ind＝山の民〗

U·tah·an /júːtɔːən, -tɑːən/ [形] [名] ユタ州の(人).

Utd 《略》 United.

Ute /júːt/ [名] (複 ～, ～s) ❶ [C] ユート族《Utah, Colorado, Arizona, New Mexico 地方の遊牧先住民》. ❷ [U] ユート語.

⁺**u·ten·sil** /juːténs(ə)l/ [名] 用具; (特に)家庭用品: household [kitchen] ～*s* 家庭[台所]道具. 〖F＜L＝使うのに適したもの＜*uti* to use〗

u·ter·ine /júːtərὰɪn, -rὰɪn | -rὰɪn/ [形] ❶ 〖解〗 子宮の: ～ cancer 子宮がん. ❷ 同母異父の: ～ sisters 同母異父[たね違い]の姉妹. 〖UTER(US)＋-INE〗

⁺**u·te·rus** /júːtərəs, -trəs/ [名] (複 **-ri** /-tərὰɪ/, ～·**es**) 〖解〗 子宮 (womb). 〖L〗

u·ti·le /júːtl | -tὰɪl/ [形] ＝useful.

⁺**u·til·i·tar·i·an** /juːtìlətéː(ə)riən⁻/ [形] ❶ **a** 効用を目的とする, 功利的な. **b** 実利の, 実用(本位)の (functional). ❷ 功利主義(者)の, 功利説の. ── [名] 功利論[主義]者.

u·tìl·i·tár·i·an·ìsm /-nìzm/ [名] [U] ❶ 〖哲〗 功利説[主義]《[解説] いわゆる「最大多数の最大幸福」を人間行為の規範とする J. Bentham および J. S. Mill の倫理学説》. ❷ 功利性, 実用尊重精神.

***u·til·i·ty** /juːtíləti/ [名] ❶ [C] [通例複数形で] **公益事業[企業](体)**《鉄道・バス・ガス・電気・水道事業など》: ⇨ public utility. ❷ [U] 効用, 有用, 有益, 実利, 功利(性): marginal ～ 〖経〗 限界効用 / of no ～ 役に立たない, 無益な. ❸ [C] 〖電算〗 ＝utility program. ── [形] [A] 種々の用途をもつ, いろいろに使える; 〈商品が〉実用的な, 実用本位の; 〖野〗 いろいろなポジションをこなせる: ～ clothes [furniture] 実用本位の衣類[家具] / ⇨ utility vehicle. 〖F＜L; ⇨ use[1]〗

utílity pòle [名] 《米》 電柱.

utílity prògram [名] 〖電算〗 ユーティリティープログラム《ファイル複写・ディスク管理など一般に使用頻度の高い作業を行なうため, 機能を特化した小規模なプログラム》.

utílity ròom [名] ユーティリティールーム《[解説] 主婦が洗濯やアイロンかけなどの家事に使う小部屋; 洗濯機・乾燥器・掃除用具・ミシンなどが置いてある》.

utílity vèhicle [trùck] [名] 多用途車, 小型トラック.

u·ti·liz·a·ble /júːtəlὰɪzəbl/ [形] 利用可能な.

u·ti·li·za·tion /jùːtəlɪzéɪʃən | -laɪz-/ [名] [U] 利用.

***u·ti·lize** /júːtəlὰɪz/ [動] [他] 〈…を〉〔…に〕**利用する, 役立てる** (use) 《★ 実用的にまたは利益目的で使用することを示す》: The old castle is ～*d as* a hotel. その古城はホテルとして利用されている. **ú·ti·lìz·er** [名] 〖F＜It＜L; ⇨ use[1]〗

⁺**ut·most** /ʌ́tmòʊst/ [形] [A] (比較なし) ❶ 最大(限)の, 最高(度)の, 極度の: with the ～ care and attention 細心の注意を払って / a matter of the ～ importance 最重要の事柄. ❷ 最も遠い, いちばん端の: to the ～ ends of the earth 地の果てまで. ── [名] [the [one's] ～] (能力・力・努力などの)最大限度, 最高度, 極限, 極度: do [try] one's ～ 最大の努力をする, 全力を尽くす / to *the* ～ of one's powers 力の及ぶかぎり / enjoy the moment to *the* ～ その時々を最大限に楽しむ / That was *the* ～ he could do. それが彼にできる精いっぱいのところだった. 〖OE＝最も外に＜*ut* out＋MOST〗

⁺**U·to·pi·a** /juːtóʊpiə/ [名] ❶ ユートピア《[解説] Sir Thomas More 作 *Utopia* (1516) 中に描かれた理想郷》. ❷ [しばしば u～] [C] 空想的な[実現不可能な]理想社会; ユートピア物語 (↔ dystopia). 〖Gk＝no-place＜*ou* not＋*topos* place; T. More の造語〗

⁺**U·to·pi·an** /juːtóʊpiən/ [形] ❶ ユートピアの, 理想郷の. ❷ [しばしば u～] ユートピア的な; 空想[夢想]的な; 実現不可能な: ～ socialism 空想的社会主義 / Don't be so ～. そんなに夢ばかり追うな. ── [名] ❶ ユートピアの住民. ❷ [しばしば u～] 空想的理想主義者; 空想的な社会改良家 (idealist).

u·tó·pi·an·ìsm /-nìzm/ [名] [しばしば U～] [U] ❶ 空想的理想主義. ❷ ユートピア的理念, 空想的(社会)改良策.

U·trecht /júːtrekt/ [名] ユトレヒト《オランダ中部の都市》.

u·tri·cle /júːtrɪkl/ [名] 〖植〗 胞果《閉果の一種; アカザの実など》; 〖植〗 (海藻の)胞嚢, 小嚢; 〖生理〗 小嚢, 小胞; 〖解〗 (特に内耳の)卵形嚢.

u·tric·u·lar /juːtríkjʊlɚ | -lə/ [形] 小嚢(状)の, 小嚢のある.

u·tric·u·lus /juːtríkjʊləs/ [名] 〖解・生理〗 ＝utricle.

U·tril·lo /juːtríloʊ/, **Maurice** 图 ユトリロ (1883–1955; フランスの画家).

Ut·tar Pra·desh /ʊ́təprədéʃ | ʊ́tə-/ 图 ウッタルプラデシュ《インド北部のネパールおよび中国に接する州》.

*__ut·ter__[1] /ʌ́tə | ʌ́tə/ 形 Ⓐ (比較なし) まったくの, 完全な, 徹底的な (totally): ~ nonsense 全くのナンセンス / an ~ fool どうしようもない大馬鹿. 〖OE=outer (比較級)〈ut out〗

*__ut·ter__[2] /ʌ́tə | ʌ́tə/ 動 他 ❶ 〈声·言葉〉うなり声·ため息などを〉口から出す, 発する; 〈考え·気持ちなどを述べる, 言い表わす, 打ち明ける: ~ a groan [a cry of pain] うめき声[苦痛の叫び]を発する / a deep sigh of relief ほっとして深いため息をもらす / He didn't ~ a sound. 彼は声ひとつ立てなかった. ❷ 【法】〈偽造紙幣などを〉行使する, 流通させる. 〖ME=言葉を外に出す; ↑〗 (图 utterance)

†**ut·ter·ance** /ʌ́tərəns, -trəns | ʌ́tərəns, -trəns/ 图 ❶ Ⓤ 口から出すこと, 発言, 発声, 発話: He gave ~ to his rage. 彼は怒りをぶちまけた. ❷ Ⓤ 話しぶり: Clear ~ is important. はっきりと話すことが大事です. ❸ Ⓒ a (話された, または書かれた)言葉, 言辞: He was perplexed at her mysterious ~s. 彼は彼女のなぞめいた言葉に当惑した. b 【言】発話《一定のまとまりを持った音声連続体》. (動 utter[2])

ut·ter·er /ʌ́tərə | -rə/ 图 発言[発音]する人; (貨幣の)偽造行使者.

*__ut·ter·ly__ /ʌ́təli | ʌ́tə-/ 副 (比較なし) まったく, 全然, すっかり (totally): ~ different [ridiculous] 全く違う[ばかばかしい] / I failed ~. 完全に失敗した.

út·ter·mòst 形 图 =utmost.

†**Ú·tùrn** /júː-/ 图 ❶ (自動車などの)Uターン: make [do] a ~ Uターンをする / No ~(s)《掲示》Uターン禁止. ❷ (政策などの)逆転, 180 度の転換.

U2 /júːtúː/ 图 U2《米軍の偵察機》.

UV /júːvíː/《略》ultraviolet. **UV-A, UVA**《略》ultraviolet-A 長波長紫外線 (波長 320–400 nm).

UV-B, UVB《略》ultraviolet-B 中波長紫外線《波長 290–320 nm; 俗に日焼け光線と言われ, 皮膚紅斑生成の主因》.

u·ve·a /júːviə/ 图【解】ブドウ膜: **a** 虹彩·毛様体·脈絡膜の総称. **b** 目の虹彩の奥の色彩層. **u·ve·al** /júːviəl/ 形

ÚV índex 图 Ⓤ,Ⓒ 紫外線指数, UV 指数《日焼け予防のための》.

u·vu·la /júːvjʊlə/ 图 (徴 **-lae** /-liː/, **~s**)【解】口蓋(がい)垂, (俗に)のどびこ, のどちんこ. 〖L=小さなブドウ《*uva* ブドウ》〗

u·vu·lar /júːvjʊlə | -lə/ 形 ❶ 口蓋(がい)垂の. ❷ 【音声】口蓋垂音の. —— 图【音声】口蓋垂音. (图 uvula)

ux·o·ri·al /ʌksɔ́ːriəl/ 形 妻の, 妻らしい. **ux·o·ri·al·ly** /-riəli/ 副

ux·or·i·cide /ʌksɔ́ːrəsàɪd/ 图 Ⓤ (夫による)妻殺し; Ⓒ 妻殺し犯. **ux·or·i·cid·al** /ʌksɔ̀ːrəsáɪdl⁻/ 形

ux·o·ri·lo·cal /ʌksɔ̀ːrəlóʊk(ə)l⁻/ 形【人】=matrilocal.

ux·o·ri·ous /ʌksɔ́ːriəs/ 形 女房孝行の, ひどく妻に甘い. **~·ly** 副 **~·ness** 图 〖L<*uxor* 妻〗

Uz·beg /ʊzbég/ 图 =Uzbek.

Uz·bek /ʊzbék/ 图 (徴 **~**, **~s**) ❶ **a** [the ~(s)] ウズベク族《中央アジアのトルコ種族》. **b** Ⓒ ウズベク族の人. ❷ Ⓤ ウズベク語.

Uz·bek·i·stan /ʊzbékɪstæn | ʊzbèkɪstáːn/ 图 [the ~] ウズベキスタン共和国《中央アジアにある共和国; 首都 Tashkent》.

U·zi /úːzi/ 图 ウージー軽機関銃《イスラエル製》.

V v

v, V¹ /víː/ 名 (複 **vs, v's, Vs, V's** /-z/) ❶ C,U ヴィー《英語アルファベットの第22字; ★もと U と同じだった; cf. W¹》. ❷ U (連続したものの)第22番目(のもの). ❸ U (ローマ数字の)5 (★ X (=ten) の上半分から): IV [iv] =4 / VI [vi] =6 / XV [xv] =15.

V² /víː/ 名 (複 **V's, Vs** /-z/) V 字形(のもの): ⇨ V sign.

V 《略》Victory;《記号》《電》volt¹;《記号》《化》vanadium.

v. 《略》velocity; verb; verse; version; versus (ラテン語 = against); very; vicar; vice³; vice-; *vide* (ラテン語 = see); village; voice; volt(age); volume.

V. 《略》Venerable; Vicar; Victoria; Viscount; Volunteer.

VA /víːéɪ/ 《略》《米》Veterans Administration; Vice-Admiral; Order of Victoria & Albert《英》ビクトリアアルバート勲章;《米郵便》Virginia. **Va.** 《略》Virginia.

vac¹ /væk/ 名《英口》(大学の)休暇: in [during] the ~ 休暇中[に].《*vacation* の短縮形》

vac² /væk/ 名《英口》掃除機 (vacuum cleaner).

***va·can·cy** /véɪkənsi/ 名 ❶ C **a** (ホテルなどの)空き部屋, 空室: No ~ [《米》*vacancies*] 空室なし, 満室. **b** (建築できる)空き地. ❷ C (地位・役職などの)空席, 欠員 [*for*]: a ~ on the staff スタッフの欠員 / a ~ in the Cabinet 閣僚の空席. ❸ U うわのそら, 放心(状態); an expression of ~ ぼんやりした表情. ❹ U 空(?)(の状態), 空っぽ, 空(?); 虚空; 空間. (形 vacant)

†va·cant /véɪkənt/ 形 (more ~; most ~) ❶ (比較なし)〈家・部屋・席など〉使用されていない, 空いている: a ~ seat 空席 / a ~ house 空き家 / Are there any ~ rooms [rooms ~] in this hotel? このホテルに空室がありますか. **b** 〈土地など〉空いている: a ~ lot 空き地. ❷ (比較なし)〈地位・役職など〉空席の, 空位の, 欠員の: fall 〈地位が〉空く / the situations ~ columns (新聞の)求人広告欄(比較《米》では普通 help wanted columns). ❸ (比較なし)〈時間など〉あいている, 仕事をしていない, 暇な: ~ time 暇な時間. ❹ 〈心・頭の〉空虚な, 空っぽな: a ~ mind ほうっとした心. **b** 〈表情など〉ぼんやりした, ぼかんとした, うつろな: a ~ look [gaze] ぼんやりした顔つき[凝視]. 間の抜けた, ばかな: give a ~ laugh 間の抜けた笑い方をする. ❺ 空(?)の, 空虚な, 空っぽの. ~**·ly** 副 ぼんやり[ぼかん]と(して), うわの空で.《F<L=空(?)の 〈 *vacare* to be empty+-ANT; cf. vacate, vacation》(名 **vacancy**) 【類義語】 empty.

vácant posséssion 名 U《英》[不動産広告文で] 即時入居可 (《米》immediate occupancy).

†va·cate /véɪkeɪt, ｜ -- ｜ vəkéɪt/ 動 他 〈席・家などを〉空ける, 引き払う, 立ち退く;〈職・位などを〉退く, 辞する, 空位[空席]にする (leave): ~ a house 家を立ち退く / ~ a (rented) room 貸室を空ける / the Diet seat ~*d* by his death 彼の死によってできた国会の空席.《L *vacare, vacat-* to be empty; cf. vacant》(名 vacation)

***va·ca·tion** /veɪkéɪʃən, və- ｜ və-, veɪ-/ 名 ❶ C 休暇, 休み《★《米》では日数に関係なく仕事・勉強からの休みをさすが,《英》では大学・裁判所の休みにのみ用い, 他は holiday(s) を用いる》: the summer [Christmas] ~ 夏季[クリスマス]休暇 / take a [go on] ~ 休暇を取る / on ~ 休暇で, 休暇を取って [《英》無冠詞] / during ~ 休暇中 [《L=go with me》]. ❷ U C《文》明け渡し, 立ち退き, 引き払い. **b** 辞職, 辞任, 退官. ── 動 自《米》休暇を取る (《英》 holiday): ~ *in* Florida [*at* a ski resort] フロリダ[スキー場]で休暇を過ごす.《F<L ↑》

†va·ca·tion·er /-ʃ(ə)nɚ ｜ -nə/ 名《米》(休暇の)行楽客 (《英》holidaymaker).

va·ca·tion·ist /-ʃ(ə)nɪst/ 名 =vacationer.

vacátion·lànd 名《米》行楽地.

vac·ci·nal /væks(ə)nəl/ 形 ワクチン[痘苗]の[による].

†vac·ci·nate /væksənèɪt/ 動 他 **a** 〈人・動物に〉ワクチン[予防]接種をする (inoculate): ~ a person *against* typhus 人にチフスの予防接種をする. **b** 〈人に〉種痘をする.《↓ からの逆成》

vac·ci·na·tion /væksənéɪʃən/ 名 U,C ワクチン接種 (*against*); 種痘.《VACCINE+-ATION》

vác·ci·nà·tor /-tɚ ｜ -tə/ 名 種痘医; 接種刀[針].

***vac·cine** /væksíːn, -- ｜ -- ｜ --/ 名 U,C ワクチン (cf. serum), 痘苗(??): (a) combined [polio] ~ 混合[ポリオ]ワクチン. ── 形 A ワクチンの; 牛痘の: ~ therapy ワクチン療法 / a ~ farm 痘苗製造所.《L=from cows 〈 *vacca* cow; もと牛痘のウイルスをワクチンに用いたことから》

vac·cin·i·a /væksíniə/ 名 U《医》(種)痘疹, 牛痘, ワクシニア (cowpox); ワクシニアウイルス. **vac·cín·i·al** 形

vac·il·late /væsəlèɪt/ 動 自 ❶〈ものが〉(安定を欠いて)揺れる, ゆらぐ; よろめく. ❷〈人・心などが〉ぐらつく, 迷う, ためらう, 二の足を踏む (waver): He ~*d between* refusal and consent [going out and staying at home]. 彼は諾否を決めかねた[出かけようか家にいようかと迷った].

vác·il·là·tor /-tɚ ｜ -tə/ 名

vac·il·la·tion /væsəléɪʃən/ 名 U,C ❶ 動揺, ゆらぎ, よろめき. ❷ 気迷い, 不決断, 優柔不断.

vac·u·a /vækjuə/ 名 vacuum の複数形.

va·cu·i·ty /vækjúːəti/ 名 ❶ U 空虚, 真空. ❷ **a** U 心の空虚, ぼんやり, 放心; 愚鈍, まぬけ. **b** C [通例複数形で] まぬけな言葉[行為]. (形 vacuous)

vac·u·o·la·tion /vækjuəléɪʃən/ 名 U,C《生》空胞[液胞]形成, 空胞[液胞]化.

vac·u·ole /vækjuòʊl/ 名《生》空胞, 液胞; 小腔.

vac·u·o·lar /vækjuòʊlɚ ｜ -lə/ 形

vac·u·ous /vækjuəs/ 形 ❶ 空(?)の, 空虚な. ❷ 心のうつろな, 頭が空っぽな, まぬけな: a ~ expression うつろな表情. ❸〈生活など〉何もしない, 無意味な, 目的のない: a ~ life 空虚な生活. ~**·ly** 副 ~**·ness** 名《L *vacuus* empty》

***vac·u·um** /vækjuːm, -kjuəm/ 名 (複 ~**s, vac·u·a** /-kjuə/) ❶ 真空: Nature abhors a ~.《諺》自然は真空を嫌う. ❷ [a ~] 空白; 空虚感: His death created *a* political ~. 彼の死にによって政治的な空白が生じた. ❸ 《口》=vacuum cleaner. ❹ [通例単数形で] クリーナーをかけること. **in a ~** 孤立して, 他と切り離して. ── 動《口》〈…を〉掃除機で掃除する: ~ **a room** (*out*) 部屋をクリーナーで(十分に)掃除する. ── 名 クリーナーをかける.《L *vacuus* empty の中性形》

vácuum bòttle 名《米》魔法瓶.

vácuum bràke 名 真空ブレーキ.

†vácuum clèaner 名 電気[真空]掃除機.

vácuum flàsk 名《英》=vacuum bottle.

vácuum gàuge 名 真空計.

vácuum pàck 名 真空パック[包装].

vácuum-pácked 形〈食品が〉真空包装の[した], 真空パックの.

vácuum pùmp 名 真空[排気]ポンプ.

vácuum tùbe 名 真空管.

va·de me·cum /véɪdiːmíːkəm, váːdiːméɪ-/ 名 (複 ~**s**) 携帯参考書, 必携, 便覧.《L=go with me》

va·dose /véɪdoʊs/ 形《地》地下水面より上の, 通気帯の.

Va·duz /vɑːdúːts/ 名 ファドゥーツ《リヒテンシュタインの首都》.

vag·a·bond /vǽgəbɑ̀nd ｜ -bɔ̀nd/ 名 ❶ (特に, 無為徒食の)放浪者, 無宿人. ❷《口》やくざ者, ごろつき. ── 形 A 放浪する, 放浪の, さすらいの: lead a ~ life 放浪生活を送る. ❷ 無頼の, やくざな; 取るに足らない.《F<L=さまよう者〈 *vagari* さまよう; ⇨ vague》

vag·a·bond·age /vǽgəbɑ̀ndɪdʒ ｜ -bɔ̀nd-/ 名 U ❶

vagal

放浪[浮浪]生活, 放浪性[癖]. ❷ 放浪者たち.
va・gal /véɪg(ə)l/ 形 [解] 迷走神経の[による]. ~・ly 副
va・gar・i・ous /veɪgé(ə)riəs, və-/ 形 ❶ とっぴな, 気まぐれな. ❷ 放浪する, 遍歴する.
⁺**va・ga・ry** /véɪgəri, vəgé(ə)ri/ 名 [通例複数形で] とっぴな行ない[考え], 酔狂, 気まぐれ: the *vagaries* of fashion 流行の気まぐれ. 《最初は動詞として用いられた》
va・gi 名 vagus の複数形.
⁺**va・gi・na** /vədʒáɪnə/ 名 (圈 -nae /-niː/, ~s) [解] 膣(ちつ). 《L=sheath さや》
⁺**vag・i・nal** /vædʒ(ə)n(ə)l/ 形 膣の: ~ bleeding 膣からの出血.
vag・i・nis・mus /vædʒənízməs/ 名 [U] [医] 膣痙(けい), 膣痙攣.
vag・i・ni・tis /vædʒənáɪtɪs/ 名 [U] [医] 膣炎. 《VAGINA+-ITIS》
va・got・o・my /veɪgátəmi, -gɔ́t-/ 名 [U] [医] 迷走神経切断(術). **va・gót・o・mìzed** /-màrzd/ 形
va・gran・cy /véɪgrənsi/ 名 [U] 放浪, 浮浪; 放浪生活; 浮浪罪.
va・grant /véɪgrənt/ 形 Ⓐ ❶ 放浪する, さまよう, 流浪の, さすらいの: a ~ life 放浪生活. ❷ 変わりやすい, とりとめのない, 気まぐれな: ~ thoughts [fancies] とりとめのない考え[空想]. ── 名 ❶ 放浪者. ❷ 浮浪者; 浮浪罪に問われる人. ~・ly 副
*****vague** /véɪg/ 形 (**va・guer**; **va・guest**) ❶ a ⟨言葉・観念・感情など⟩漠然とした, あいまいな, はっきりしない (↔ distinct): make a ~ answer 煮えきらない返事をする / a ~ sense of terror 漠然とした恐怖感. **b** ⟨態度・行動など⟩紛らわしい, どうともとれる: a ~ gesture of irritation いらだたしげな身ぶり. **c** ⟨形・色など⟩はっきりしない: the ~ outline of the church at dusk 夕暮れ時の教会のぼんやりした輪郭. ❷ Ⓐ かすかな, わずかな (faint): I have only ~ memories of my mother. 母のことはかすかに記憶しかない / I haven't the *vaguest* idea what to do [who she is]. 一体どうしたらよいのか[彼女が何者なのか]私にはちっともわからない. ❸ 卫 ⟨人がはっきり言わないで, 明言しないで, はっきりした考えがなくて⟩ ⟨*about, as to, on*⟩: He was ~ *about* many of the details. 彼は細かな点で多く言葉を濁した. ~・ness 名 【F<L *vagus* さまよえる, (考えなどが)定まらない】【類義語】 ➪ obscure.
*****vague・ly** /véɪgli/ 副 漠然と, あいまいに; かすかに: I ~ remember dreaming about.... のことを夢に見たかとぼんやりと覚えている / ~ familiar 何となく見覚え[聞き覚え]がある.
va・gus /véɪgəs/ 名 (圈 **va・gi** /véɪdʒaɪ/) [解] 迷走神経.
vágus nérve 名 =vagus.
vail /véɪl/ 動 (古・詩) 他 ⟨敬意・服従を示して⟩⟨帽子などを⟩脱ぐ, 取る, 下げる. ── 自 帽子などを脱ぐ, 頭を下げる.
*****vain** /véɪn/ 形 (~・**er**; ~・**est**) ❶ 無益な, むだな, 無効な, 骨折り損の: ~ efforts むだ骨折り, 徒労 / We have made several ~ attempts to reach the summit of the mountain. 我々は何度かその山頂を極めようとしたが果たせなかった. ❷ うぬぼれの強い, 虚栄心の強い (conceited): a very ~ person うぬぼれの強い人 / She was ~ *about* [*of*] her beauty. 彼女は自分の美貌(びぼう)を鼻にかけていた [+*of*+代名(+*to do*)] It's ~ *of* you *to* say so. そんなことを言うなんて君もうぬぼれている. ❸ 空虚な, 内容のない, つまらない: ~ promises [threats] 空約束[こけおどし]. **in váin** (1) いたずらに, むだに, 効果なく: All our efforts were in ~. 我々の努力は水泡に帰した / He did it, but in ~. それをやったがだめだった / He tried in ~ to solve the problem. 彼はその問題を解こうとしたがだめだった. (2) 軽々しく, みだりに: take the name of God in ~ みだりに神の名を唱える; 神の名をけがしてののしる (★ 聖書「出エジプト記」などから) / take a person's name in ~ (そこにいない)人の名[意見, 信条など]を軽々しく口にする. ~・ness 名 【F<L *vanus* empty》 ⟨of⟩ vanity》【類義語】 **vain** 努力・行動などが所期の結果をもたらさず無益の. **futile** 目的が達せられず努力が無益となるような. **fruitless** 長期間にわたる努力が無益に終わった.
vain・glo・ri・ous /vèɪnglɔ́ːriəs⁻/ 形 《文》 うぬぼれの強い, 虚栄心の強い: a ~ display of erudition 学識のひけらかし. ~・ly 副
vain・glo・ry /véɪnglɔ̀ːri, ━━━━/ 名 [U] 《文》 慢心, うぬぼれ, 虚栄心.
vain・ly /véɪnli/ 副 (more ~; most ~) ❶ むだに, むなしく: I hoped ~ for a suggestion from him. 彼の提案を期待したがむだだった / V~ did I ask for sympathy. =I asked ~ for sympathy. 同情を求めたがだめだった. ❷ うぬぼれて, 自慢して, 得々と.
vair /véə/ 名 [U] ❶ ヴェール (灰色・白まだらのリスの毛皮; 中世王侯貴族の長外套の裏や縁飾りに用いた). ❷ [紋] ヴェール (毛皮模様の一種).
Vais・ya /váɪʃjə, -sjə/ 名 バイシャ, 吠舎(べいしゃ) 《インド四姓の第 3 階級; 農商などの平民; ⇒ caste》.
va・lance /vǽləns/ 名 ❶ (棚・寝台の周囲などの短い)垂れ布. ❷ 《米》 (カーテンの上部を隠す窓の上部の)飾り布, 飾り板 《英》 pelmet. 〔? *Valence* フランス南東部の織物産地〕
vale¹ /véɪl/ 名 谷, 谷間 (★ 地名に用いる以外は《詩》): this ~ of tears 《文》 この涙の谷間, 悲しいことの多い人生 [浮き世]. 【F<L *vallis*; cf. valley】
va・le² /véɪli, vɑ́ːleɪ/ 間 さらば, さようなら! ── 名 別れ, 別れの挨拶.
val・e・dic・tion /vælədíkʃən/ 名 [U] 告別, 別れ. ❷ ⓒ 告別の辞[演説]. 別れの言葉. 【L=さようならと言うごとく *vale* farewell+*dicere, dict-* to say (cf. dictate)】
val・e・dic・to・ri・an /vælədɪktɔ́ːriən/ 名 《米》 (卒業式で別れの言葉を述べる)卒業生総代 (通例首席の人; cf. salutatorian).
val・e・dic・to・ry /vælədíktəri, -tri⁻/ 形 告別の, 別れの: a ~ speech 別れの演説[スピーチ] / a ~ poem 告別の詩. ── 名 ❶ 《米》 (卒業生総代が述べる)別れの言葉 (cf. salutatory). ❷ 告別演説.
va・lence /véɪləns/ 名 ❶ [化] 原子価. ❷ 〔遺〕 (染色体などの結合する)結合価, 数価. 【L=力<*valere* to be strong+-ENCE】
Va・len・ci・a /vəlénʃiə, -ʃə/ 名 バレンシア 《スペイン東部の地中海に面した自治州, その中心部市》.
Va・len・ci・ennes /vælənsiénz | vəlènsiènz/ 名 [U] バランシエンヌレース 《フランスまたはベルギー産の高級レース》. 〔*Valenciennes* フランス北部の市〕
va・len・cy /véɪlənsi/ 名 =valence.
-va・lent /véɪlənt/ [形容詞連結形] [化] 「...(の原子)価の」 【L=...の力をもつ; ⟹ valence】
val・en・tine /vǽləntàɪn/ 名 ❶ バレンタインカード (valentine card), バレンタインの贈り物 《2 月 14 日の St. Valentine's Day にしばしば匿名で恋人に贈る》. ❷ [しばしば V~] 聖バレンタインの祝日に贈り物をする相手[恋人].
Val・en・tine /vǽləntàɪn/ 名 St. バレンタイン 《3 世紀ごろのキリスト教殉教者; 祝日 2 月 14 日; cf. St. Valentine's Day》.
val・er・ate /vǽlərèɪt/ 名 [化] 吉草酸塩[エステル].
va・le・ri・an /vəlí(ə)riən/ 名 ❶ ⓒ 〔植〕 カノコソウ, セイヨウカノコソウ 《オミナエシ科の多年草》. ❷ [U] [薬] ワレリアナ根, 吉草根(きっそうこん) 《カノコソウの乾燥根; 精神安定剤》.
Va・le・ri・an /vəlí(ə)riən/ 名 ウァレリアヌス 《?-260; ローマ皇帝 (253-260)》.
va・le・ric ácid /vəlí(ə)rɪk-, -lér-/ 名 [U] [化] 吉草酸(きっそうさん).
Va・le・ry /vǽləri | vǽləəri/, (Am・broise-)Paul(-Tous-saint-Jules) /ɑ̀ːmbrwɑːzpɔ́ːltuːsǽndʒúːl/ 名 バレリー 《1871-1945; フランスの詩人・哲学者》.
val・et /vǽlət, -leɪ/ 名 ❶ (主人の身の回りの世話をする) 男の召使; 従者: No man is a hero to his ~. (諺) 英雄も(朝夕見慣れた)召し使いにはただの人. ❷ (ホテルなどで主に客の衣服の世話をする)ボーイ. ── 動 他 ❶ 近侍として, 人に仕える. ❷ ⟨人の衣服の世話をする⟩ 《ブラシ掛け・洗濯・修理などをする》. ❸ ⟨車⟩を洗車する. ── 自 人の衣服の世話をする. 〔F=young man〕
va・le・ta /vəlíːtə/ 名 =veleta.

válet pàrking 名 U (レストランなどで)客の車を預かり帰りに返すサービス. **valét-pàrk** 動 他

val·e·tu·di·nar·i·an /vælətjùːdənéəriən | -tjùː-ːˉ/ 形 ❶ 病身の, 病弱の. ❷ 病を気に病む, 健康を気にする. — 名 ❶ 病弱者. ❷ 健康を気にしすぎる人.

val·e·tu·di·nar·y /vælət(j)úːdənèri | -tjúːdənəri/ 形 名 =valetudinarian.

val·gus /vælgəs/ 名 U 【医】(下肢の)外反 (↔ varus). — 形 〈下肢の〉外反した.

Val·hal·la /vælhǽlə/ 名 【北欧神話】バルハラ, ワルハラ (Odin の殿堂; 戦死した英雄を祭る記念堂). 《ON = hall of the slain〈valr the slain + höll hall〉》

val·iance /vǽljəns/ 名 U 勇敢, 剛勇, 勇気.

val·iancy /vǽljənsi/ 名 = valiance.

*__val·iant__ /vǽljənt/ 形 ❶ 雄々しい, 勇壮な, 剛勇の, 勇敢な (brave). ❷ りっぱな, すぐれた, 価値のある: It was a ~ attempt. (うまくいかなかったが)やりがいのある試みだった. ~·ly 副 《F < L valere 強い, 力がある + -ANT; cf. value》

*__val·id__ /vǽlɪd/ 形 (more ~, most ~; -·er, -·est) ❶ 有効な, 効力のある, 効果的な (↔ invalid): a ticket ~ for two days 2 日間有効の切符 / This license is no longer ~. この免許証はもう無効です. ❷〈議論・理由など〉根拠の確実な, 妥当な: Oversleeping is not a ~ excuse for being late for school. 寝ぼうは学校に遅刻する正当な理由にはならない. ❸【法】法的に有効な, 正当な手続きを踏んだ (↔ invalid): a ~ contract 合法的な契約 / a ~ marriage 法的に正しい[正規の]婚姻. ~·ly 副 ~·ness 名 《F < L validus 強力な, 効力のある < valere 強い, 力のある; cf. value》(動 validate, 名 validity)

+**val·i·date** /vǽlədèɪt/ 動 他 ❶〈...を〉(法律的に)有効にする, 批准する (↔ invalidate). ❷〈...を〉確証する, 立証する (substantiate): ~ a theory 理論を確認する. 〖L↑〗(形 valid)

vál·i·dat·ed pàrk·ing /-tɪd-/ 名 U 承認駐車 (商店などが利用客に無料駐車券を渡すなどして駐車料金を負担する駐車方式).

val·i·da·tion /vælədéɪʃən/ 名 U ❶ 批准. ❷ 確認.

*__va·lid·i·ty__ /vəlídəti/ 名 U ❶ 正当性, 妥当性: confirm the ~ of...の正当性[妥当性]を確認する. ❷ 効力, 有効性: the term of ~ 有効期間. ❸ 合法性. (形 valid)

val·ine /vǽliːn, véɪ-/ 名【生化】バリン《たんぱく質の分解で生ずるアミノ酸》.

va·lise /vəliːs/ 名 ❶(米)旅行用手さげかばん, スーツケース. ❷ 背嚢(のう). 〖F < L〗

+**Val·i·um** /vǽliəm/ 名【商標】バリウム《精神安定剤》.

Val·ky·rie /vælkí(ə)ri/ 名【北欧神話】ワルキューレ(Odin の侍女である武装した乙女たちの一人; 空中に馬を走らせ, 戦死した英雄たちの霊を Valhalla に招いたという).

val·lec·u·la /vəlékjʊlə/ 名 (複 -lae /-liː; -làɪ/)【解·植】谷, みぞ, 窩(か). **val·léc·u·lar** /-lə | -lə/ 形

Val·let·ta /vəlétə/ 名 バレッタ《マルタの首都·港町》.

*__val·ley__ /vǽli/ 名 ❶ (山にはさまれた広い)谷, 谷間. ❷ [通例単数形で; しばしば修飾語を伴って] (川の)流域, (流域の)盆地: a river ~ 川の流域 / the Mississippi V- ~ ミシシッピ川流域. ❸ (屋根の)谷. 〖F < L vallis; cf. vale〗【類義語】valley 両側を山に囲まれた平地で, しばしばその中を川が流れている. gorge, ravine valley より深くて狭く両側が絶壁になっている. canyon valley より大きいもの.

Válley Fórge /-fɔ́əʤ | fɔ́ːʤ/ 名 バリーフォージ(Pennsylvania 州南東部のスクールキル (Schuylkill) 川西岸の地; 独立戦争中の冬 (1777-78), George Washington の率いる大陸軍が越冬した野営地で, 寒さと食糧不足から約 2500 人が死亡した).

Va·lois /vǽlwɑː/ 名 バロア(朝)(1328-1589 年間のフランス王家の名).

va·lo·ni·a /vəlóʊniə/ 名 U バロニアのどんぐりの乾燥した殻斗(かと)《タンニンを含み, 皮なめし·染色·インク用》.

---

val·or /vǽlə | -lə/ 名 U (特に戦場などにおける)勇気, 勇武, 剛勇 (gallantry): Discretion is the better part of ~. ⇒ discretion 1. 〖L = 力く valere 強い, 力のある〗

val·o·ri·za·tion /væləɪzéɪʃən | -raɪz-/ 名 U 【経】(通例, 政府の)物価安定政策.

val·o·rize /vǽlərɑ̀ɪz/ 動 他【経】〈特に政府が〉〈...の〉価格を指定する[つり上げる, 安定させる], 価格安定策を講じる.

val·or·ous /vǽlərəs/ 形 勇ましい, 勇敢な. ~·ly 副 ~·ness 名 〖VALOR + -OUS〗

va·lour /vǽlə | -lə/ 名 U (英) = valor.

val·pró·ic ácid /vælpróʊɪk-/ 名 U【化】バルプロ酸(吉草酸 (valeric acid) の誘導体; 抗癲癇薬に用いられる).

Val·sál·va (manéuver) /vælsǽlvə/-/ 名 U バルサルバ法(口と鼻を閉じて呼気を送り出すようにする耳管通気法; 欧氏管の開放の有無の検査, また飛行機内などで中耳内の圧力の調整に適用される). 〖A. M. Valsalva イタリアの解剖学者〗

valse /vɑ́ːls/ 名 U = waltz.

*__val·u·a·ble__ /vǽljuəbl, -ljubl/ 形 (more ~; most ~) ❶ 高価な, 貴重な, 大切な (↔ valueless); 役立って (↔ worthless): ~ jewelry 高価な宝石類 / ~ pictures 高価な絵画 / ~ information 貴重な情報 / This book will be very ~ to you [for studying English]. この本は君にとって[英語の勉強に]たいへん役立つでしょう. ❷ 金銭的価値のある, 換金できる: ~ stock certificates 有価証券. — 名 [通例複数形で] 貴重品 (特に宝石·貴金属類): All ~s should be kept in the safe. 貴重品はホテルにおあずけください《ホテルなどの注意書き》.

vál·u·a·bly /-ljuəbli/ 副 (value)

【類義語】valuable 品物について用いた場合は通常「金銭的価値が高い」の意で, 品物以外については「有用性が高い」の意. precious「金銭では計れないほど貴重な」の意.

val·u·ate /vǽljuèɪt/ 動 他 (米) 評価する, 見積もる.

val·u·a·tion /væljuéɪʃən/ 名 U ❶ a U 評価, 値踏み. b C 見積もり[査定]価格. ❷ U C (人物·才能などの)評価, 品定め, 判断: accept [take] a person at his own ~ 人の値打ちを本人の言うままに受け取る. 〖F; ⇒ value, -ation〗

*__val·ue__ /vǽljuː/ 名 ❶ a U C (交換·購買·貨幣的な)価値, 価格, 代価: (an) exchange(able) ~ 交換価値 / increase (go up, rise) in ~ 価値が上がる / decrease [drop, go down, fall] in ~ 価値が下がる / Stamps can be redeemed at face ~. 印紙は額面価格で買い換えられる / This picture has no market ~. この絵は市場価値がない. b U (ものの本質的または相対的な)価値, 値打ち, 真価; 有用性: the ~ of good education よい教育の価値 / news [propaganda] ~ ニュース[宣伝]価値 / novelty ~ 目新しさ. ❷ U [通例 good [poor] ~ (for money) で] (金を払っただけの)...の)値打ちの物[買い物], 値段相当の物: This coat was good [poor] ~ (for the price). このコートは(値段の割に)得な[損な]買い物だった. ❸ C [数] 数値. ❹ C 【楽】時価(音符·休符の表わす長さ). ❺ C 文中の語句の真意, 意義 (of). ❼ C [通例複数形で]【画】バリュー, 明度. ❽ U [または a ~] 評価: set [place, put] much [a high] ~ on [upon]...を高く買う, 重んじる. **of válue** 価値のある, 貴重な; 高価な: articles of ~ 貴重品 / These old coins are of no ~. これらの古貨幣は何の価値もない / This book will be of great [little] ~ (to you) for [in] your studies. この本は君の研究にとって大きな価値があるだろう[ほとんど価値はないだろう]. **válue for móney** 金額に見合う価値(のある物), 値段相応の物. (⇒ 2): Our store gives ~ for money. 当店は価格にうそはつかせません.

— 動 他 ❶〈...を〉(金銭的に)評価する, 〈...に〉値をつける: ~ old books for an auction 競売のために古書に値をつける / The house and land was ~d at ＄2,000,000. 家屋敷は 200 万ドルと評価された. ❷ [進行形なし]〈...を〉高く評価する, 尊重する, 貴ぶ: ~ her as a colleague 彼女を

value added 1990

同僚として高く評価される / He ~s your friendship (highly). 彼は君の友情を(とても)大切にしている. 〖F=to be strong, be worth＜L *valere* to be strong; cf. equivalent, prevail, valiant, valid〗【類義語】(1) ⇒ worth. (2) ⇒ appreciate.

válue ádded 图 ⓤ 〖経〗付加価値.

válue-àdd·ed /-ˈæd/ 形 〈商品が〉付加価値をつけた;〈会社が〉専門的[拡張的]サービスを提供する.

válue-ádded résell·er 图 付加価値再販業者(コンピューター業界などで, ベースの製品に付加価値をつけて再販する業者;略 VAR).

válue-ádded tàx 图 ⓤ 付加価値税〈商品の生産・流通の各段階で徴収される一種の間接税の売り上げ税; 略 VAT〉.

vál·ued 形 ❶ 尊重されている, 貴重な, 大切な: a ~ friend 大事な友人. ❷ [通例複合語で] (…の)値[価値]をもつ: many-valued 多元的価値の.

válue jùdgment 图 ⓤⓒ (しばしば主観的で事実に基づかない)価値判断《of》.

válue·less 形 無価値な, 価値[値打ち]のない, つまらない (worthless; ↔ valuable). ~·ness 图

vál·u·er /-ljuə | -ljuə/ 图 ❶ 評価する人. ❷ 〖英〗価格査定官.

va·lu·ta /vəˈluːtə | -tə/ 图 ⓤ 貨幣交換価値; 外貨 (foreign currency).

val·vate /ˈvælveɪt/ 形 弁のある, 弁で開く; 弁に似た, 弁の役をする; 〖植〗向き合わせの, 弁状の.

*valve /vælv/ 图 ❶ (装置の)バルブ, 弁: ⇒ safety valve. ❷ 〖楽〗(金管楽器の)バルブ装置, 弁. ❸ 〖英〗真空管. ❹ 〖解・動〗弁, 弁膜; (二枚貝の)殻 (cf. bivalve). ❺ 〖植〗(さやなどの)弁. 〖F＜Gmc〈折り戸のドア〉〗

valved 形 バルブ[弁]の付いた.

válve gèar 图 〖機〗(往復機関の)弁装置.

val·vu·lar /ˈvælvjʊlə | -lə/ 形 ❶ 弁 (valve) の, 弁状の; 弁で開く. ❷ 心臓弁膜の: ~ disease 心臓弁膜症.

val·vu·li·tis /ˌvælvjʊˈlaɪtɪs/ 图 ⓤ 〖医〗(心臓)弁膜炎.

vam·brace /ˈvæmbreɪs/ 图 〖史〗(ひじから手首までを保護する)腕よろい, 腕甲.

va·moose /vəˈmuːs, væ-/ 動 ⓘ [しばしば命令法で]《米俗》逃げる, 高飛びする.

vamp¹ /væmp/ 图 ❶ **a** (靴の)つま革. **b** (靴のつま革用)の革. ❷ 〖楽〗(ジャズの単純な)即興的伴奏(曲). ── 他 **a** 〈靴に〉(新しい)つま革をつける. **b** 〈…を〉つくろう;〈…の〉見場をよくする 《up》. ❷ 〖楽〗〈伴奏曲を〉即興的に伴奏する 《out, up》. ── ⓘ 〖楽〗即興的に伴奏する. **vámp úp** (他)(+副)(1) 〈焼き直しなどを〉…を〈作り変える〉: ~ up an old comedy 古い喜劇を焼き直しする. (2) 〈…を〉つくろう (⇒ 他 1b). (3) 〈伴奏曲を〉即興的に奏する (⇒ ⓘ 2).

vamp² /væmp/ 《口》 图 ⓒ 妖婦, 魔性の女, バンプ; 妖婦役 (★ 特に 1920-30 年代に流行した言葉). ── 動 〈男を〉誘惑する. ── ⓘ バンプ役を演じる. **vámp·ish** /-pɪʃ/ 形 〖VAMP(IRE)〗

⁺**vam·pire** /ˈvæmpaɪə | -paɪə/ 图 ❶ 吸血鬼〈夜間死体からよみがえって墓を出たり, 眠っている人の生き血を吸う〉. ❷ (鬼のような)搾取者, 他人を食いものにする人; 妖婦. ❸ ＝ vampire bat. 〖F＜Gmc＜Slav〗

vámpire bàt 图 〖動〗チスイコウモリ, 吸血コウモリ〈中南米に分布し, 家畜・鳥の血をなめる〉.

vam·pir·ic /væmˈpɪrɪk/ 形 吸血鬼の(ような).

vám·pir·ìsm /-paɪrɪzm/ 图 ❶ 吸血鬼信仰. ❷ 吸血鬼のしわざ.

vam·plate /ˈvæmpleɪt/ 图 円鍔(えんつば); 槍に付ける手を保護するための金属板).

***van¹** /væn/ 图 ❶ バン, 有蓋(ゆうがい)トラック〈荷物・動物などの運搬用〉: by ~ バンで (★ 無冠詞) / a baker's ~ パン屋の配達車 / a police [military] ~ 警察車 [護送用]. ❷ 〖英〗(鉄道の)手荷物車; 有蓋貨車 (cf. wagon 2). ❸ 〖英〗ジプシーのほろ馬車. 〖(CARA)VAN〗

van² /væn/ 图 [the ~] ❶ (軍隊・艦隊の)前衛, 先頭, 先陣 (↔ rear). ❷ (社会・政治運動などの)先導[指導]者, 先達, 前衛. **in the ván** (…の)先頭に立って, (…の)先駆として 《of》. 〖VAN(GUARD)〗

van³ /væn/ 《英》〖テニス〗＝advantage 3.

van⁴ /væn/ 图 ❶ 《古・詩》(鳥の)翼 (wing). ❷ 《古》(穀物を吹き分ける)唐箕(とうみ).

van·a·date /ˈvænədeɪt/ 图 〖化〗バナジウム酸塩[エステル].

va·na·di·um /vəˈneɪdiəm/ 图 ⓤ 〖化〗バナジウム, バナジン〈希金属元素; 記号 V〉: ~ steel バナジウム鋼.

Van Al·len (radiátion) bèlts /ˈvænælən-/ 图 [the ~] 〖地球物理〗バンアレン帯, 放射能帯〈地球磁場に捕捉された高エネルギー粒子の存在する 2 重のドーナツ状の領域〉.

Van Bu·ren /vænˈbjʊ(ə)rən/, **Martin** 图 バンビューレン (1782-1862; 米国第 8 代大統領 (1837-41); 民主党).

van·co·mýcin /ˌvæŋkə-/ 图 ⓤ 〖薬〗バンコマイシン〈抗生物質; 他の抗生物質に耐性のあるブドウ球菌に有効〉.

Van·cou·ver /vænˈkuːvə | -və/ 图 ❶ バンクーバー〈カナダ南西部, British Columbia 州の港・都市〉. ❷ バンクーバー島〈バンクーバーの西の British Columbia 州の島〉.

⁺**Van·dal** /ˈvændl/ 图 ❶ **a** [the ~s] 〖歴〗5世紀に西ヨーロッパに侵入, ローマを略奪したゲルマンの一部族; ローマ文化の破壊者; cf. Goth 1 a〉. **b** ⓒ バンダル族の人, バンダル人. ❷ [v~] ⓒ (芸術品・自然美などの)心ない破壊者, 野蛮人. ── 形 ❶ バンダル族[人]の. ❷ [v~] 〖芸術・文化などの〗無法な破壊者の, 野蛮人の. 〖L＜Gmc〗

⁺**ván·dal·ìsm** /-dəlɪzm/ 图 ⓤ 芸術[文化, 建物, 公共物などの]故意の破壊(行為); 暴力行為: acts of ~ 野蛮行為, 蛮行. 〖↑ +-ISM〗

van·dal·ís·tic /ˌvændəˈlɪstɪk-/ 形 公共物[文化, 建物など]破壊の, バンダル的行為の.

van·dal·ize /ˈvændəlaɪz/ 動 〈芸術・文化・公共物・建物などを〉故意に破壊する (★ しばしば受身).

Ván de Gráaff génerator /ˈvændəˌɡræf- | -ˌɡrɑːf-/ 图 〖理〗バンデグラーフ起電機〈高電圧静電発電機〉. 〖R. J. Van de Graaff 米国の物理学者でその考案者〗

Van·der·bilt /ˈvændəbɪlt | -də-/ 图 バンダービルト〈海運・鉄道王 Cornelius Vanderbilt (1794-1877) を祖とし, その長男 William Henry によって継承された米国の財閥の家系〉.

ván der Wàals fórces /ˌvændəˈwɑːlz- | -də-/ 图 〖理〗ファンデルワールス力〈分子[中性原子]間にはたらく引力〉. 〖J. van der Waals オランダの物理学者〗

Van Dyck /vænˈdaɪk/, **Sir Anthony** 图 バンダイク (1599-1641; フランドルの画家; イングランド王 Charles 1 世の宮廷画家).

Van·dyke /vænˈdaɪk/ 图 ❶ ＝Van Dyck. ❷ 〖服〗バンダイクカラー〈深いぎざぎざの縁飾りのついたレースなどの大きな襟〉. ❸ ＝Vandyke beard.

Ván·dyke béard /vænˈdaɪk-/ 图〈先を細くとがらせた〉山羊ひげ. 〖Van Dyck の作品によく描かれていて〗

Vándyke brówn 图 ⓤ 焦げ茶 (Van Dyck が好んだ).

vane /veɪn/ 图 ❶ 風見, 風信器, 風力計: ⇒ weather vane. ❷ (風車・推進器・タービンなどの)翼, 羽根. ❸ 〖鳥〗羽板(うばん); 〖羽〗 (feather) の羽軸の両側にある平たい部分; vexillum ともいう.

van Gogh /vænˈɡɒx, -ˈɡɒf/, **Vincent** 图 バンゴッホ (1853-90; オランダの画家).

⁺**van·guard** /ˈvænɡɑːd | -ɡɑːd/ 图 ❶ ⓒ [集合的; 単数または複数扱い] 〖軍〗前衛, 先陣 (↔ rear guard). ❷ [the ~] (社会・政治運動などの)先駆[指導]者たち, 前衛; 指導的地位: in *the* ~ *of*… の陣頭[先頭] に立って, …の先駆者となって. 〖F＝前の守り《avant 前で[に]+garde 見張る (cf. guard)》〗

⁺**va·nil·la** /vəˈnɪlə/ 图 ❶ ⓒ **a** 〖植〗バニラ〈熱帯アメリカ産ラン科のつる性植物; その実から香料のバニラを採る〉. **b** ＝vanilla bean. ❷ ⓤ バニラエッセンス〈バニラの実から採った香味料〉. ── 形 ❶ バニラで味付けした: two ~ ice creams バニラ (のアイス(クリーム) 2 個. ❷ [また plain ~] (ごく)普通の, 基本的な, 何の特色もない. 〖Sp＝小さな豆さやく L *vagina* さや; cf. vagina〗

vanílla bèan 图 バニラ豆〈豆さやのような実〉.

*van·ish /vǽnɪʃ/ 動 ❶ 〈目に見えていたものが〉(突然)消える, 見えなくなる: ~ in the crowd 人込みに消える / ~ without a trace 跡形もなく消える. ❷ 〈今まで存在していたものが〉なくなる, 消滅する: Our last hope has ~ed. 我々の最後の望みも今や消えうせた. ❸ 〖数〗零になる. **dò a vánishing àct** 《口》(肝心な時に)姿をくらます. 〖F ‹ L =空になる〗〖類義語〗vanish 突然, 完全に, 時として原因不明のまま消えてなくなる. disappear vanish よりも意味が広く, 突然または次第に見えなくなる. fade 鮮明さが徐々に失われて見えなくなる.

vánish·ing crèam 名 U バニシングクリーム《油のあとを残さずに気孔に吸いこまれる無油性のクリーム化粧品》.

vánishing pòint 名 〖単数形で〗❶ 〖透視画法の〗消尽点, 消点. ❷ ものの尽きる最後の一点, 限界点: Funds are approaching 《米》 the ~. 財源が底をついてきた.

van·i·tas /vǽnɪtɑːs/ 名 《美》ヴァニタス《死や無常を思い起こさせる象徴(頭蓋骨や砂時計など)を含んだ 17 世紀の 絵画の静物画》.〖L=vanity〗

Van·i·to·ry /vǽnətɔ̀ːri | -tɔri, -tri/ 名 〖商標〗バニトリー《洗面ユニット (vanity unit) の商品名》.

*van·i·ty /vǽnəti/ 名 (-ties) ❶ a U うぬぼれ, 虚栄心: out of ~ 虚栄心から, 見えで / tickle a person's ~ 人の虚栄心をくすぐる. b C 自慢の種, うぬぼれているもの. ❷ a U 空虚, むなしさ, はかなさ, つまらなさ: the ~ of human wishes 人間の望みのむなしさ. b C むなしい物事, はかない行為: V~ of vanities; all is ~. 空(くう)の空, いっさいは空である《★聖書「伝道の書」から; 最初と最後の vanity の語義は 2 a》. ❸ 《米》=vanity case. ❹ C 《米》化粧テーブル. 〖F ‹ L〗 (形 vain)〖類義語〗⇒ pride.

vánity càse [bàg] 名 《米》(女性用の)携帯用化粧道具入れ.

Vánity Fáir 名 ❶ 虚栄の市《Bunyan の *Pilgrim's Progress* 中の市場の名》. ❷ 〖しばしば v- f-〗〖単数形で〗虚栄と軽薄の世界《大都会・上流社会など》.

vánity mìrror 名 バニティミラー《自動車の中に取り付けられているような小型化粧鏡》.

vánity plàte 名 《米》(自動車などの)飾りナンバープレート《車の持ち主が選んだ文字や数字の組み合わせからなる》.

vánity prèss [pùblisher] 名 自費出版専門の出版社.

vánity tàble 名 化粧テーブル (dressing table).

vánity ùnit 名 《英》下部に戸棚を備えた洗面台, 洗面ユニット.

van·quish /vǽnkwɪʃ/ 動 《文》〈敵などを〉(完全に)征服する, 破る, 負かす: ~ the enemy 敵を破る. ❷ 〈感情などを〉克服する.〖F ‹ L *vincere* to conquer〗〖類義語〗⇒ defeat.

van·tage /vǽntɪdʒ | vɑ́ːn-/ 名 ❶ U 有利な立場, 優位《★しばしば vantage point, または次の句で用いる》: a point of ~ =vantage point 1. ❷ 《英》=advantage 3.〖F *avantage* advantage〗

*vántage pòint 名 ❶ 有利な地点, 地の利; 見晴らしのきく地点. ❷ 観点 (viewpoint): from your ~ あなたの目から見れば.

Va·nu·a·tu /vǽnuáːtuː/ 名 バヌアツ《太平洋南西部の共和国; 首都 Vila》.

vap·id /vǽpɪd/ 形 (~·er; ~·est) ❶ 〈飲料など〉風味のない, 気の抜けた: ~ beer 気の抜けたビール. ❷ 〈人・話など〉生気を失った, 活気のない, おもしろくない, 退屈な: ~ talk つまらない話. **~·ly** 副 **~·ness** 名 〖L=気が抜けた〗

va·pid·i·ty /vəpídəti/ 名 ❶ U 風味のないこと. ❷ a U 活気[おもしろみ]のないこと, 退屈. b C 〖通例複数形で〗退屈な[おもしろくない]言葉[考えなど].

†va·por /véɪpə | -pə/ 名 ❶ UC 蒸気《大気中の水蒸気・湯気・靄など》; 煙霧: escape in ~ 蒸発する. ❷ U 〖通例修飾語を伴って〗〖理〗蒸気: water ~ 水蒸気 / alcohol ~ アルコールの蒸気.〖F ‹ L; cf. evaporate〗(形 vaporous, 動 vaporize)

vápor bàth 名 蒸しぶろ; 蒸気浴.

vápor dènsity 名 CU 〖理〗蒸気密度《水素などに対する相対値として表される》; 水蒸気密度.

---

va·po·ret·to /vɑ̀ːpərétou/ 名 (働 -ti /-ti/, ~s) (Venice の運河で用いられる)乗合いモーターボート.

vá·por·ish /-pərɪʃ/ 形 蒸気のような, 蒸気の多い.

va·por·i·za·tion /vèɪpərɪzéɪʃən | -raɪz-/ 名 U 蒸発(作用), 気化.

va·por·ize /véɪpəràɪz/ 動 働 〈…を〉蒸発[気化]させる. ── 働 蒸発[気化]する.

vá·por·iz·er 名 ❶ 蒸発器. ❷ 気化器; 霧吹き(器).

va·por·ous /véɪpərəs/ 形 ❶ a 蒸気を出す. b 蒸気が充満した; 霧[靄]のかかった. c 蒸気の, 蒸気質の. ❷ 〈物事・考えが〉はかない, 実質のない, 空想的な. **~·ness** 名 (名 vapor)

vápor prèssure 名 蒸気圧.

vápor tràil 名 飛行機雲.

vápor·wàre 名 U ペーパーウェア《新製品として発表されているのに実際には発売されていないコンピューター関連商品》.

vá·por·y /-pəri/ 形 =vaporous.

*va·pour /véɪpə | -pə/ 名 《英》=vapor.

va·que·ro /vɑːkéɪ(ə)rou/ 名 (~s) (中米・メキシコなどの)家畜商人; 牧者, 牛飼い, 牧童, カウボーイ.

VAR /víːèɪɑ́ː | -áː/ 名 =value-added reseller.

var. 《略》variant; variation; variety; various.

va·rac·tor /vərǽktə | -tə/ 名 〖電子工〗可変容量ダイオード, バラクター.《*varying reactor*》

Va·ra·na·si /vərɑ́ːnəsi/ 名 バーラーナシー《インド北部 Uttar Pradesh 南東部の Ganges 河岸にある都市; ヒンドゥー教の聖地》.

Va·ran·gi·an /vərǽndʒiən/ 形 バリャーギ人(の) 《9世紀にバルト海沿岸より侵入し, ロシアに王朝を建てたノルマン人》.

var·i·a·bil·i·ty /vè(ə)riəbíləti/ 名 ❶ U 変わりやすいこと, 変化性. ❷ 〖生〗変異性.

*var·i·a·ble /vé(ə)riəbl/ 形 (more ~; most ~) ❶ a 変わりやすい, 変化しやすい: ~ weather 変わりやすい天候. b 移り気な: His moods are ~. 彼は気分屋だ. ❷ 変えられる, 変動できる, 可変的な: Prices are ~. 物価は変動する. ❸ 〖数〗変数の, 不定の (↔ constant). ❹ 〖生〗変異する: a ~ species 変異種. ── 名 ❶ 変化する[変わりやすい]もの. ❷ 〖数〗変数 (↔ constant).

vár·i·a·bly /-bli/ 副 (動 vary)

váriable cóst 名 変動費.

váriable geómetry 名 U 〖空〗(翼の)可変後退角(設計).

váriable stár 名 〖天〗変光星《光度が時間によって変わる恒星》.

var·i·ance /vé(ə)riəns/ 名 U ❶ (意見・考えなどの)相違, 不一致, 食い違い; 不和, 敵対. ❷ 〖統〗分散, 平方偏差. **at váriance** (1) 〈意見・言行など〉一致しない, 矛盾して, 異なって (at odds): My ideas are at ~ with his. 私の考えは彼の考えと違っている. (2) 不和で, 敵対して 《with》: The brothers have been at ~ for many years. その兄弟は長年にわたって不和である.(形 variant)

*var·i·ant /vé(ə)riənt/ 形 A 異なる, 相違した: "Moustache" is a ~ spelling of "mustache." moustache は mustache の異つづりである. ── 名 異形, 変形, 別形: a (つづり・発音の)異形. b (原典の)異文, 異本. 〖F ‹ L *variare* 変える, 変わる〗(動 vary, 名 variance)

var·i·ate /vé(ə)riət, -rièɪt/ 名 〖統〗変量.

*var·i·a·tion /vè(ə)riéɪʃən/ 名 ❶ UC 変動, 変化: considerable ~(s) in temperature 気温のかなりな変動. ❷ C 変化量, 変化の度合い. ❸ 〖楽〗変奏曲: ~s on a theme by Haydn ハイドンの主題による変奏曲. ❹ 〖生〗a C 変異. b C 変種. 〖F〗(動 vary)

var·i·cel·la /vèrəsélə/ 名 U 〖医〗水痘 (chicken pox).

varicella zós·ter vìrus /-zástə- | -zɔ́stə-/ 名 〖菌〗水痘帯状疱疹ウイルス《疱疹ウイルス (herpesvirus) の一種で, 水痘や帯状疱疹をひき起こす》.

var·i·ces 名 varix の複数形.

var·i·co·cele /vǽrəkousì:l/ 图 [医] 精索静脈瘤, 静脈節瘤.

vár·i·còlored /vé(ə)rɪ-/ 形 雑色の, 色とりどりの.

var·i·cose /vǽrəkòus/ 形 (特に脚部の)静脈瘤(の); ～ veins 拡張蛇行静脈 [静脈瘤]. 《L＜VARIX》

vár·i·còsed 形 異常に拡張した.

var·i·cos·i·ty /væ̀rəkɑ́səti | -kɔ́s-/ 图 U.C 異常な拡張, [医] 静脈瘤(様腫脹).

***var·ied** /vé(ə)rid/ 形 (**more ～; most ～**) ❶ さまざまな, いろいろな (diverse): The book contains quite ～ recipes. その本には実にさまざまな調理法が載っている. ❷ 変化のある[に富んだ], 多彩な: ～ scenes 変化に富んだ風景 / live a ～ life 多彩な生活を送る. ～**·ly** 副 ～·**ness** 图

+var·i·e·gat·ed /vé(ə)riəgèɪtɪd, vérɪg-/ 形 ❶ (花・葉など)斑の, まだらの, 染め分けの: a ～ tulip 斑(ﾌ)入りチューリップ. ❷ さまざまな種類からなる, 多様な (varied).

var·i·e·ga·tion /vè(ə)riəgéɪʃən, vèrɪg-/ 图 (花・葉などの)雑色, まだら, 斑(ﾌ)入り.

va·ri·e·tal /vəráɪətl/ 形 ❶ [生] 変種の. ❷ 《ワインが》特定のブドウ品種から作られた, 《ブドウが》特定品種の. — 图 (ラベルにブドウ品種を表示した)品種ものワイン, バラエタルワイン. ～**·ly** 副

***va·ri·e·ty** /vəráɪəti/ 图 ❶ U 変化(に富むこと), 多様(性) (diversity): a life full of ～ 変化に富んだ人生 / for ～'s sake ＝for the sake of ～ 変化を与えるために, 気を変えるために / add ～ to one's work 仕事に変化をつける / V～ is the spice of life. 《諺》いろいろあってこそ人生はおもしろい. ❷ [a ～ of…で] いろいろな(〖用法〗of の次の名詞に複数形または集合名詞がくる): a wide ～ of opinions 種々さまざまな意見 / for a ～ of reasons いろいろの理由で. ❸ [a ～ of…または variety で…の](同種の中の)種類 (kind): a ～ of cat 猫の一種. b (動植物分類上の)変種 (cf. classification 1b) 〖用法〗of の次の名詞は通例単数形で無冠詞): an early flowering ～ of tulip チューリップの早咲き種 / a new ～ of rose バラの新種. ❹ ＝variety show. of the∴**variety** 〖しばしば戯言〗(人・物の)…タイプの, …型の: a (テレビ・ナイトクラブなどの)バラエティーの, 寄席演芸の: a ～ artist バラエティー芸人, 寄席芸人 / a ～ theater [[英]] theatre] 演芸館. 《F＜L＜vary》图 various).

variety mèat 图 U.C 《米》くず肉, 臓物.

variety shòw 图 U.C バラエティーショー 《米》vaudeville》《歌・踊り・劇などいろいろな演芸を見せるショー》.

variety store 图 U 《米》小間物店, 雑貨店.

vàr·i·fócal /vè(ə)rɪ-/ 形 《レンズが》可変焦点の. — 图 [複数形で] 遠近両用眼鏡, 可変焦点眼鏡.

var·i·form /vé(ə)rəfɔ̀əm | -fɔ̀:m/ 形 種々の形の[をした].

va·ri·o·la /vəráɪələ/ 图 痘瘡(ﾄ), 天然痘. **va·ri·o·lous** /vəráɪələs/ 形 《F＜L》

va·ri·o·loid /vé(ə)riəlɔ̀ɪd/ 图 形 [医] 仮痘(の).

var·i·om·e·ter /vè(ə)riɑ́mətə | -ɔ́mətə/ 图 ❶ [電] バリオメーター 《可変結合器の 2 組のコイルを直列に接続したもの》. ❷ [地] 偏角計. ❸ [空] 昇降計 《昇降速度を示す》.

var·i·o·rum /vè(ə)riɔ́:rəm/ 图 (諸家の注を集めた)集注版[本]. — 形 A 諸家の注を集めた; 原典の異本を収めた: a ～ Shakespeare シェイクスピア集注版[本]. 《L＝異なった(編者)の; ⇒ vary》

***var·i·ous** /vé(ə)riəs/ 形 (**more ～; most ～**) ❶ [複数名詞を伴って] さまざまな, いろいろな, 個々別々の (varied): ～ colors さまざまな色 / ～ opinions いろいろな意見 / The methods are many and ～. 方法はいろいろたくさんある. ❷ A (比較なし) いくつかの, 種々さまざまの; 多数の: for ～ reasons 種々の理由で / known under ～ names たくさんの名前[偽名]で知られた. ❸ [単数名詞を伴って] 多方面の, 多面的な, 多才な: a man of ～ talent 多才な人. 《L varius; ⇒ vary》 图 variety)

vár·i·ous·ly /vé(ə)riəsli/ 副 いろいろ, さまざまに: He worked ～ as a handyman, carpenter, and waiter. 彼は雑役夫, 大工, 給仕とさまざまな職についた.

va·ris·tor /væ̀rístə | -tə/ 图 [電] バリスター 《印加電圧によって抵抗値の変わる回路素子》. 《vari-＋resistor》

var·ix /vé(ə)rɪks/ 图 (働 **var·i·ces** /vé(ə)rəsì:z/) [医] 静脈瘤(ﾘｭｳ). 《L》

var·let /vɑ́ələt | vɑ́:-/ 图 《古・戯言》❶ 悪党, ならず者. ❷ 従者, 召し使い; 小姓.

var·mint, var·ment /vɑ́əmɪnt | vɑ́:-/ 图 ❶ 《米》害を及ぼす野獣; 害鳥. ❷ 《俗・方言》いたずら小僧, わんぱく者, こいつ: You little ～! このいたずら小僧め. 《VERMIN の変形》

var·na /vɑ́ənə | vɑ́:-/ 图 バルナ 《インド社会の伝統的な 4 つの階級 (caste) の一つ》.

***var·nish** /vɑ́ənɪʃ | vɑ́:-/ 图 ❶ U.C ニス, ワニス; ⇒ nail varnish. ❷ [単数形で] ニスの光沢面. ❸ U [また a ～] うわべの飾り, ごまかし: a ～ of refinement うわべだけの教養. — 動 ❶ a 〈…に〉ニスを塗る. b 〈…に〉マニキュアを塗る, 〈…に〉ペディキュアをする. ❷ 〈不快なことの〉うわべを飾る, 〈…を〉取り繕う《over》. 《F＜L＜Gk *Berenīkē* (リビアの古都); ここで最初にニスが使われたという》

var·ro·a /vərɔ́uə/ 图 [動] ミツバチヘギイタダニ 《ミツバチの外部寄生虫である》.

var·si·ty /vɑ́əsəti, -sti | vɑ́:sə-/ 图 ❶ C 《米》(大学などの)代表チーム. ❷ [the ～] 《英口》大学 〖用法〗特に Oxford または Cambridge 大学をさす; 気取った表現): He's at *the* ～. 彼は大学に在学中だ. — 形 ❶ 《米》大学(など)の代表チームの: a ～ player 代表チームの選手. ❷ 《英口》大学の: a ～ team ～ 大学チーム / the ～ boat race 大学ボートレース. 〖UNIVERSITY の短縮形〗

var·us /vé(ə)rəs/ 图 U [医] (人間の下肢の)内反 (↔ valgus). — 形 〈下肢が〉内反した.

varve /vɑ́əv | vɑ́:v/ 图 [地] 年層, バーブ 《氷食湖の湖底堆積物などにみられる粗密の 2 層からなる縞; 1 つの縞が 1 年を示す》. ～**d** 形

***var·y** /vé(ə)ri/ 動 ❶ (同じ種類のものの間で)異なる, 相違する, 一様でない (differ): Opinions ～ about this. これについては意見がいろいろに分かれている / The students ～ *in* age *from* 10 *to* 15. 生徒たちの年齢は 10 歳から 15 歳までさまざまである. ❷ (状況で)いろいろに変わる, 変化する, 変動する: The weather *varies* (greatly) *from* day *to* day [*with* the seasons]. 天候は日々[季節によって](大きく)変わる / Her habits have not *varied* at all for the last ten years. 彼女の習慣はここ 10 年間まったく変わっていない / "How many hours do you watch TV?" "Well, it *varies*." 「テレビを何時間見ますか」「そうですね, 特に一定していません」. ❸ 〈…を〉(いろいろに)変える, 〈…に〉変化をつける, 〈…を〉多様化する: ～ one's meals 食事に変化を与える / He *varies* his style of writing according to the audience. 彼は読者(層)に応じて文章のスタイルを変える. ❹ [楽] 〈主題などを〉変奏する. 《F＜L *variare* 変える, 変わる ⟨*varus* 変わった⟩》图 variation, 形 variable, various) 〖類義語〗 ⇒ change.

vár·y·ing /vé(ə)riɪŋ/ 形 A さまざまな, (連続的に)変わる, 変化する: The experiments had ～ degrees of success. 実験の成功の度合はさまざまだった.

vas /væ̀s/ 图 **va·sa** /véɪzə, -sə/) [解・生] 管, 脈管, 導管. **va·sal** /véɪs(ə)l, -z(ə)l/ 形 〖L＝容器〗

Vas·co da Ga·ma /væ̀skoudəgɑ́əmə | -gɑ́:-/ 图 ⇒ Gama.

vas·cu·lar /væ̀skjulə | -lə/ 形 [解・生] 導管[脈管, 血管]の: the ～ system 脈管系, 血管系, リンパ管系.

váscular búndle 图 [植] 維管束.

vas·cu·lar·i·ty /væ̀skjulǽrəti/ 图 脈管[血管]質; 血気.

vas·cu·lar·i·za·tion /væ̀skjulərɪzéɪʃən, -laɪz-/ 图 U 脈管化, 血管化; [医] 血管新生 《特に角膜内の》. **vás·cu·lar·ìze** /-làraɪz/ 動

váscular plánt 图 [植] 維管束植物.

vas·cu·la·ture /væ̀skjəlɑ́tʃə | -tʃə/ 图 [解] 脈管構造.

vas·cu·li·tis /væ̀skjulàɪtɪs/ 图 U.C (働 **-lit·i·des** /-lítədìːz/) [医] 脈管炎, 血管炎. **vas·cu·lit·ic** /væ̀skjulítɪk/ 形

vas·cu·lum /væ̀skjuləm/ 图 (働 **-cu·la** /-lə/, ～**s**) 胴乱

vás déf·er·ens /-défərènz/ 名 (複 **vása def·er·én·tia** /-dèfərénʃ(i)ə/) 【解】精管.

vase /véis, véiz | vɑ́ːz/ 名 花瓶, (装飾用の)つぼ. 《F<L VAS》

va·séc·to·my /vəséktəmi/ 名 [U|C] 精管切除. 《<VAS+-ECTOMY》

Vas·e·line /vǽsəlìːn/ 名 [U] 【商標】ワセリン.

va·so- /véɪzoʊ, -zə/ 【連結形】【医】「脈管」

vàso·áctive 形【医】血管の(収縮[拡張])に作用する.

vàso·constríction 名 [U] 【医】血管収縮.

vàso·constríctive 形 血管を収縮させる.

vàso·constríctor 名【医】血管収縮神経[薬].

vàso·dilatátion, -dilátion 名【医】血管拡張.

vàso·dilátor 名【医】血管拡張神経[薬].

vàso·mótor 形【生理】❶ 血管の大きさを調節する. ❷ 血管運動神経[中枢]の.

vàso·prés·sin /-présɪn/ 名 [U]【生化】バソプレシン《神経性脳下垂体後葉の一種で血圧上昇・抗利尿作用がある》.

vàso·préssor 名【薬】昇圧剤. ── 形 (血管収縮で)血圧を上昇させる.

vas·sal /vǽs(ə)l/ 名 ❶ (ヨーロッパの封建時代の)家臣. ❷ 従属者, 部下; 召し使い. ── 形 [A] 家臣の(ような): ~ homage [fealty] 臣下の礼, 忠勤の誓い. ❷ 隷属の; 奴隷的な: a ~ state 属国. 《F<L=召し使い》

vas·sal·age /vǽsəlɪdʒ/ 名 [U] ❶ (ヨーロッパの封建時代の)臣下[家来]であること, 家臣の身分; 忠勤(の誓い). ❷ 隷属(の地位). 《↑+-AGE》

*****vast** /vǽst /vɑ́ːst/ (**~·er**; **~·est**) ❶ 広大な, 広漠たる: a ~ expanse of desert [ocean] 広大な砂漠[大海原]. ❷ (数量・程度など)非常に大きな, 莫大な, 多大の; 非常な: spend a ~ sum of money 巨額の金を使う / The ~ majority of students are Japanese. 大多数の学生は日本人である / a matter of ~ importance 非常に重大な事柄 / He has a ~ appetite. 彼は食欲旺盛だ. 《L *vastus* 何もない, 人の住んでいない; cf. waste》【類義語】⇒ **huge**.

⁺vást·ly 副 ❶ 非常に, 大いに: ~ more important はるかに重要な. ❷ 広大に, 広々と. ❸ 膨大に.

vást·ness 名 ❶ [U] 広大(さ). ❷ [複数形で] 広大な広がり: the *~es* of space 果てしない大空間[大宇宙].

vat /vǽt/ 名 (醸造・染色用などの)大おけ. ── 他 (…を)大おけに入れる.

⁺VAT /víːèɪtíː, vǽt/ (略) value-added tax.

vát dỳe 建染(ﾀﾞﾃ)染料《アルカリ還元液で水溶性にして繊維に吸着させた後, 酸化させ不溶性染料に戻して染める》.

vát-dỳed 形 建染染料で染めた.

vat·ic /vǽtɪk/ 形 預言者の, 予言(者)的な.

*****Vat·i·can** /vǽtɪkən/ 名 [the ~] ❶ バチカン宮殿. ❷ ローマ教皇庁.

Vátican Cíty 名 [the ~] バチカン市国《教皇の支配下にあるローマ市内の世界最小の独立国家; 1929年設立, Vatican 宮殿, St. Peter's 大聖堂などを含む》.

va·tic·i·nal /vətísən(ə)l/ 形 予言の, 予言的な.

va·tic·i·nate /vətísənèɪt/ 動 他 予言する. **-na·tor** /-tə-/ -tə/ 名 **va·tic·i·na·tion** /vətìsənéɪʃən/ 名

VAT·man /vǽtmæn/ 名 (複 -men) 《英口》(間接税務局の) VAT (付加価値税) 担当職員.

⁺vau·de·ville /vɔ́ːdvɪl, -də-/ 名 [U] 《米》ボードビル, 寄席演芸 (variety show)《歌・踊り・曲芸・寸劇など》. 《F》

váudeville thèater 名 《米》ボードビル劇場[寄席]《《英》music hall》.

vau·de·vil·lian /vɔːdvíljən, vɔ̀ːdə-ˈ-/ 名 ボードビリアン, 寄席芸人.

Vaughan /vɔ́ːn/, **Sarah (Lois)** 名 ボーン (1924-90; 米国のジャズシンガー・ピアニスト).

Vaughan Williams, Ralph 名 ボーンウィリアムズ (1872-1958; 英国の作曲家).

⁺vault¹ /vɔ́ːlt/ 名 ❶ **a** [C] 【建】アーチ形天井. **b** [the ~] アーチ形天井のようなおおい: *the ~ of* heaven 青天井, 青

1993 veena

空, 大空. ❷ [C] **a** (食料品・酒類などの)地下貯蔵室: a wine ~ (地下の)ぶどう酒貯蔵室. **b** (地下)金庫室; (銀行などの)貴重品保管室. **c** (教会・墓所の)地下納骨所: a family ~ 一家の地下納骨所. 《F<L=曲がった(屋根)<*volvere, volut-* to turn; cf. volume》

vault² /vɔ́ːlt/ 動 自 (手や棒を支えにして)跳ぶ, 跳躍する: ~ *into* the saddle くらに跳び乗る / ~ *over* a ditch 溝を跳び越す / ~ *onto* the back of a horse 馬の背に跳び乗る. ── 他 (…を)(手や棒を支えにして)跳び越す: ~ the horse (体操用の)跳馬を跳ぶ. ── 名 跳躍; 跳馬: pole vault. 《F<It L=(馬を)曲がらせる(↑)》

váult·ed 形 アーチ形天井の(ある): a ~ roof 丸屋根 / a ~ chamber 丸天井のある部屋.

váult·er 名 飛び越える人, 跳躍者; =pole-vaulter.

váult·ing¹ 名 [U] 【建】 ❶ アーチ形天井建築; アーチ形天井造り[工事]. ❷ アーチ形天井.

váult·ing² 形 ひと跳びに跳ぶ; 思いあがった, 誇大な: ~ ambition はやり立つ野心 (★ Shakespeare「マクベス」から).

váulting hòrse (体操用の)跳馬.

vaunt /vɔ́ːnt/《文》動 他 (…を)自慢する, 誇る: ~ one's skill 自分の腕前を自慢する. ── 自 (…を)自慢する, 吹聴する《*of, over, about*》. ── 名 自慢, ほら, 広言: make a ~ of 《まれ》…を自慢する. 《F<L *vanus* empty; cf. vain》【類義語】⇒ **boast¹**.

váunt·ed /-tɪd/ 形 誇示されている, 自慢の: one's ~ skill at golf ゴルフの自慢の腕前.

váunt·ing·ly /-tɪŋ-/ 副 誇らしげに, 自慢して.

v. aux. (略) auxiliary verb.

vav·a·sor, -sour /vǽvəsɔ̀ə | -sɔ̀ː/ 名 (封建制の)陪臣《王の直臣 (baron) に次ぐ領主》.

vb. (略) verb(al). **VC** /víːsíː/ (略) Veterinary Corps 獣医団; Vice-Chairman; Vice-Chancellor; Vice-Consul; Victoria Cross; Vietcong.

V-chìp /víː-/ 名 V チップ《テレビ受像機に取り付けて, 暴力・セックスなど子供に見せたくない番組の受信を自動的に妨げるようにする素子》. 《V<*V*iolence》

vCJD /víːsìːdʒèɪdíː/ 名 =new variant CJD.

VCR /víːsìːɑ́ə | -áː/ (略) videocassette recorder.

VD /víːdíː/ (略) venereal disease. **VDT** (略) video display terminal. **VDU** /víːdìːjúː/ (略) visual display unit.

²⁺'ve /v/ 動 have の略 (★ I, we, you, they, might, could, should などの後にくる): I've=I have / you've=you have / You should've=You should have.

⁺veal /víːl/ 名 [U] 子牛肉 (⇒ cow¹ 関連). 《F<L》

Veb·len /véblən/, **Thor·stein (Bunde)** /θɔ́əstaɪn (bʌ́nd)/ 名 ベブレン (1857-1929; 米国の経済学者).

vec·tor /véktə | -tə/ 名 ❶【数】ベクトル, 方向量; 径路: ~ analysis ベクトル解析. ❷【空】方向, 進路(方位). ❸【生】媒介動物, 保菌生物《病原体を運ぶハエ・カなど; 主に昆虫》. ── 他【飛行機・ミサイルなどを】電波により誘導する. 《L=運ぶもの<*vehere, vect-* 運ぶ; cf. vehicle》

véctor pròduct 名【数】ベクトル積.

VED (略) vehicle excise duty 《英》車両税.

Ve·da /véɪdə, víː-/ 名 [しばしば the ~s] ベーダ《4部から成るヒンズー教の聖典》. 《Skt=(sacred) knowledge》

Ve·dan·ta /vədɑ́ːntə, -dǽn-/ 名 (インドの)ベーダンタ哲学《ウパニシャッド (Upanishads) に基づく汎神論的観念論的一元論》. **Ve·dán·tic** /-tɪk/ 形 **-tist** /-tɪst/ 名

V-E day /víːíː-/ 名 (第2次大戦の)ヨーロッパ戦勝記念日 (1945年5月8日). 《*V*ictory in *E*urope》

ve·dette /vɪdét/ 名 ❶【軍】(かつての)騎馬哨兵, 騎哨. ❷ (芸能界の)有名人, スター.

Ve·dic /véɪdɪk, víː-/ 形 ベーダ (Veda) の; ベーダ語の. ── 名 ベーダ語 (Vedas に用いられた言語の総称).

vee /víː/ 名 (アルファベットの) V [v]; V 字形(のもの).

vee·jay /víːdʒèɪ/ 名 《口》 =video jockey.

vee·na /víːnə/ 名 =vina.

veep /víːp/ 名《米口》=vice-president.《vice-president から》

†**veer** /víə | víə/ 自《副詞(句)を伴って》❶〈人・車・道路などが〉方向を変える、(急に)曲がって進む: The car ~ed to the left [toward ours]. 車は左にそれた[我々の車に接近してきた]. ❷〈意見・話などが〉変わる;〈人が〉急に気持ち[計画]を変える: The topic ~ed around to the world situation. 話題は一転して世界情勢のことになった. ❸〈風が〉(北・東・南・西の順に)向きを変える: The wind [vane] has ~ed (around) to the east. 風が東に変わった[風見が東を向いた]. ❹《海》〈船が〉針路を転じる, (特に)下手回しになる: The ship ~ed off [from its] course. 船が針路を変える. ❺《海》〈船の〉針路を変える;〈船を〉下手回しにする.《類義語》⇒ deviate.

vee·ry /víəri/ 名《鳥》ビリーチャ(イロ)ツグミ《米国東部産》.

†**veg** /védʒ/ 名(覆 ~) U.C.《通例複数形で》《英口》《通例調理した》野菜;野菜料理: meat and two ~ 肉と2種類の野菜料理. ―動《口》何もしないでリラックスする, (ぼうっと)無為に時を過ごす《out》.《VEG(ETABLE)》

ve·ga /véɪɡə/ 名 平地(plain), (特に)湿平原.

Ve·ga /víːɡə/ 名《天》ベガ, 織女《琴座(Lyra)のα星》.《L<Arab=降下する(ハゲワシ)》

Ve·ga /véɪɡə/, **Lo·pe de** /lóʊpeɪdə/ ベガ(1562-1635; スペインの劇作家・詩人)》.

†**veg·an** /víːɡən, védʒən | víːɡən/ 名《動物質食品を食べない》菜食主義者. ―形 A ❶ 菜食(主義)の. ❷ 動物質食品を使わない[が入っていない].《VEG(ETARI)AN》

Veg·e·bur·ger /védʒəbɜ̀ːɡə | -bə̀ːɡə/ 名《商標》U.C. ベジバーガー《野菜と植物性たんぱく質で作られるハンバーガー》.《VEGE(TABLE)+(HAM)BURGER》

Veg·e·mite /védʒəmàɪt/ 名《豪商標》ベジマイト《野菜エキスで作ったペースト》.

*‡**veg·e·ta·ble** /védʒtəbl, védʒətə-/ 名 ❶ C 野菜, 青物: (fresh) green ~s《新鮮な》緑色野菜《キャベツ・レタス・ホウレンソウなど》/ ⇒ root vegetable / eat more raw ~s もっと生で野菜を食べよ. ❷ U 植物: animal, ~, and mineral 動物, 植物および鉱物. ❸ C a《差別》(意識・思考力を失った)植物人間《英口》cabbage). b 無気力な人. ―形 A ❶ 野菜の: a ~ diet 菜食 / ~ soup 野菜スープ. ❷ 植物の; 植物性の: ~ food(s) 植物性食物 / ~ oil 植物(性)油 / ~ life 植物(全体) / the ~ kingdom 植物界.《L=元気になる, 成長できる<vegetus 元気な》

végetable gàrden 名 菜園.

végetable ívory 名 U 植物象牙《ゾウゲヤシの実(ivory nut)の胚乳; 象牙代用品としてボタンなどを作る》.

végetable márrow 名 長円形の大きなペポカボチャ《縞(しま)の入った品種のカボチャ》.

végetable òil 名 U 植物油.

végetable òyster 名 U バラモンジン(の根)(salsify)《カキのような味がするといわれる》.

végetable spaghétti 名 U《英》《野菜》ソウメンカボチャ, キンシウリ《金糸瓜》.

végetable spónge 名 ヘチマ(loofah).

végetable tállow 名 U 植物脂《せっけん・ろうそくの原料》.

veg·e·tal /védʒətl/ 形 ❶ 植物の, 植物性の. ❷《生》(卵細胞の)植物極の.

*‡**veg·e·tar·i·an** /vèdʒəté(ə)riən←/ 名 菜食主義者, ベジタリアン《a strict ~ 厳格な菜食主義者《肉・魚を食べないだけでなく卵・牛乳・バターも用いない; cf. ⇒ vegan》. ―形 ❶ 菜食(主義)の: a ~ restaurant ベジタリアン用レストラン. ❷ 野菜ばかりの, 菜食の《普通は鶏卵・牛乳・バターなども用いる》: a ~ diet 菜食《精進》料理.《VEGET(ABLE)+-ARIAN》

vèg·e·tár·i·an·ìsm /-nìzm/ 名 U 菜食主義.

veg·e·tate /védʒətèɪt/ 自 ❶ 植物のように生長する. ❷ 草木に等しい(単調な)生活を送る, 無為に[ぼんやり]暮らす.《名 vegetation, 形 vegetative》

†**veg·e·ta·tion** /vèdʒətéɪʃən/ 名 U ❶ 草木, 植物;(ある地域の)植生: tropical ~ 熱帯の植生 / The mountaintop was bare of any ~. 山頂には一木一草の影も見当たらなかった. ❷ 無為の生活.《動 vegetate》

veg·e·ta·tive /védʒətèɪtɪv | -tə-/ 形 ❶ a《植物のような》生える. b《植物の》発育[生長, 成長]に関する. ❷《生殖が》無性の. ❸《沃》(土など)植物を生長させる力のある. ❹ 植物(界)の: the ~ world 植物界. ❺《医》植物人間の, 植物性の状態に: be in a ~ state 植物状態にある. **~·ly** 副 **~·ness** 名《動 vegetate》

végetative céll 名(菌類・細菌などの)栄養細胞.

veg·gie /védʒi/ 名 ❶《口》菜食(主義)者(vegetarian). ❷《米口》野菜(vegetable).

véggie bùrger 名(野菜と大豆で作った)野菜ハンバーグ(cf. Vegeburger).

veg·ie /védʒi/ 名 =veggie.

ve·he·mence /víː(h)əməns/ 名 U 激烈さ, 猛烈さ, 熱烈: with ~ 激しく, 熱烈に.

†**ve·he·ment** /víː(h)əmənt/ 形(more ~; most ~)❶ 熱烈な, 熱情的な: a ~ speech 熱っぽい演説 / a man of ~ character 熱情的な人 / have a ~ hatred of ... をひどく毛嫌いする. ❷ 激烈な, 猛烈な. **~·ly** 副 ❶ 熱烈に, 熱情的に. ❷ 猛烈に, 激しく.《F<L=心を運び去られた<vehere》

*‡**ve·hi·cle** /víːəkl, víː(h)ɪkl | víːəkl/ 名 ❶《特に陸上の》乗り物, 輸送機関, 車両《自動車・バス・トラック・自転車など》: a space ~ 宇宙船. ❷ (...の)表現[伝達, 発揮]手段, 媒介物, 媒体《for, of》(medium): Language is a ~ for communicating thought. 言語は思想の伝達の一手段である / Poetry was a ~ for her genius. 詩作が彼女の天分発揮の手段だった.《F<L=運ぶもの<vehere to carry》

ve·hic·u·lar /viːhíkjʊlə | -lə/ 形 乗り物の[に関する, による]: closed to ~ traffic 車両通行止め.

V-eight, V-8 /víːéɪt/ 名 V型8気筒エンジン.

†**veil** /véɪl/ 名 C ❶《装飾・宗教用の婦人のかぶり物》: drop [raise] one's ~ ベールを下げる[上げる]. ❷ [単数形で] **a** おおって見えなくするもの: A ~ of mist obscured the view. 霧のとばりで景色がぼんやりしていた. **b** 見せかけ, 口実, 仮面: under the ~ of patriotism 愛国心にかこつけて / be hidden behind a ~ of mystery などのベールに包まれている. **beyònd the véil** あの世で[に]. **dráw a véil òver ...** (1) ...にベールをかける. (2) 〈不快なことなど〉をおおい隠す, ...の言及を避ける, ...を不問に付す: It is time that we drew a ~ over these sordid events. これらの不愉快な事件についての話はもうやめるべき時期だ. **táke the véil**《女子が修道院に入る, 尼になる》. ―動 他 ❶〈...に〉ベールをかける, 〈...を〉ベールでおおう. ❷〈感情など〉をおおう, 隠す.《F<L velum 帆, カーテン》

†**veiled** 形 ❶ ベールをかけた[でおおった]: a ~ nun ベールをつけた修道女. ❷ 隠された, 包み隠した, 仮面をかぶった; 明瞭でない (↔ naked): make ~ threats それとなく脅す.

véil·ing 名 U ❶ ベールでおおうこと; 包み隠すこと. ❷ ベール用布[生地].

*‡**vein** /véɪn/ 名 ❶ C **a**《解》静脈 (↔ artery): the main ~ 大静脈. **b** 血管. ❷ C **a**《昆虫の》翅(はね)脈. **b**《葉の》葉脈. **c**《木材・大理石などの木目・石目(いしめ)やチーズに見られる》不規則な筋, 縞(しま). **d** 岩脈, 鉱脈(seam): a (rich) ~ of gold《豊かな金脈》. ❸ [in a+ 形 ~ または in (the) ~ で](一時的な)気分; 調子, 態度: in a serious ~ まじめに / in a lighthearted ~ まじめに[軽い]気分で / in the same ~ [in a similar] ~ 同じ調子で / say something in a humorous ~ 何かおもしろ半分に言う / I'm not in the (right) ~ for work [for studying]. 仕事[勉強]をするような気分じゃない. ❹ [単数形で; 特に a ~ of ...で](...の)程度の量, (...の)気味, 傾向, 性質: There's a ~ of humor in his nature. 彼の性質にはユーモア味がある / There's a ~ of cruelty in him. 彼にはどこか冷酷な所がある.《F<L vena 血管》

veined 形 翅(はね)脈[葉脈, 鉱脈]のある; (木目・石目(いしめ)に)縞(しま)のある(cf. vein 2 c): ~ marble 縞大理石.

véin·ing 名 U《翅(はね)脈・葉脈などの》筋模様; 縞(しま)模様.

véin·let /-lət/ 图 小脈;〖植〗(葉の)細脈.
vein·ous /véɪnəs/ 形 静脈の目立つ[浮き出た], 静脈の多い[手など].
véin·stòne 图〖鉱〗脈石 (gangue).
véin·y /véɪni/ 形 静脈[葉脈, 脈, すじ]の(多い[目立つ]).
ve·la 图 velum の複数形.
ve·la·men /vəléɪmən/ 图 (複 -lam·i·na /-læmɪnə/) 根被膜(気根をおおうコルク質の表皮).
ve·lar /víːlə/ -lə/ 形 ❶〖解〗膜の, 軟口蓋(ﾅﾝｺｳｶﾞｲ)の. ❷〖音声〗軟口蓋(音)の: ~ consonants 軟口蓋子音 (/k, g, ŋ, x/ など). —图〖音声〗軟口蓋子音. (⇒ velum)
ve·lar·i·um /vɪléəriəm/ 图 (複 -ia /-iə/) ❶ (古代ローマで劇場の座席の上に張った)日よけ, 天幕. ❷ (劇場の音響を向上させるための)内天井.
ve·lar·ize /víːləraɪz/ 動 他〖音声〗〈音を〉軟口蓋(音)化する. **ve·lar·i·za·tion** /vìːlərɪzéɪʃən/ -raɪz-/ 图.
Ve·láz·quez /vəláːskes, -læs- -læsk(w)ɪz/, **Diego** ベラスケス《1599-1660; スペインの画家; Philip 4 世 (1605-65) の宮廷で多くの肖像画を描いた》.
Vel·cro /vélkrou/ 图〖商標〗ベルクロ《ナイロン製付着テープ, マジックテープ》.
veld, veldt /vélt/ 图 [通例 the ~] (南アフリカの)草原(地帯). 〖Afrik < Du = field〗
veld·skoen /féltskùːn/ 图〖南ア〗(スエード・なめし革などの)丈夫なブーツ.
ve·le·ta /vəlíːtə/ 图 ベレタ《ワルツに似た英国起源の社交的円舞》.
vel·le·i·ty /vəlíːəti/ 图 かすかな意欲; (行動に現われない)単なる願望.
vel·lum /véləm/ 图 Ⓤ ❶ 上質皮紙, ベラム《子羊・子やぎ・子牛の革で作り, 本の表紙などに用いる; 昔は書き物に用いた; cf. parchment》: a book bound in ~ ベラム装丁の本. ❷ 模造皮紙. 〖子牛; ⇒ veal〗
ve·lo·cim·e·ter /vèləsímətə -tə/ 图 速度計.
ve·loc·i·pede /vəlásəpìːd -lɔ́s-/ 图 ❶ 速歩機《足で直接に地面を蹴って進む二輪車; 自転車の前身》. ❷ (子供の)三輪車. **ve·loc·i·pèd·ist** /-dɪst/ 图.
ve·loc·i·rap·tor /vəlásərǽptə -lɔ́sɪrǽptə/ 图〖古生〗ベロキラプトル《白亜紀後期の小型の二足歩行肉食恐竜》.
⁺**ve·loc·i·ty** /vəlásəti -lɔ́s-/ 图 Ⓤ [また a ~] 速さ, 速力《比較 speed よりも形式ばった語》: at (a) tremendous ~ ものすごい速さで. ❷〖理〗速度: initial ~ 初速度 ⇒ muzzle velocity / at the ~ of sound 音の速度で, 音速で. 〖F < L < velox, veloc- 速い〗
ve·lo·drome /véləɾdroùm/ 图 自転車競走場.
ve·lour(s) /vəlúə -lúə/ 图 Ⓤ ベロア《フラシ天 (plush) の一種》.
ve·lou·té (sàuce) /vəluːtéɪ -ㅡㅡ-/ 图 Ⓤ ヴルーテ(ソース)《鶏肉または子牛肉の煮出し汁で作ったなめらかなホワイトソース》. 〖F = velvety〗
ve·lum /víːləm/ 图 [通例 the ~] (複 **ve·la** /-lə/)〖解〗軟口蓋(ﾅﾝｺｳｶﾞｲ). 〖L; ⇒ veil〗
*⁺**vel·vet** /vélvɪt/ 图 ❶ ビロード, ベルベット: cotton ~ 綿ビロード, ベッチン / silk ~ 絹天. ❷ ビロードに似たもの《モモの皮, うぶ毛のはえたほおなど》. **(as) sóft [smóoth] as vélvet** とてもすべすべした. **be on vélvet** 《古風》裕福である; (賭博などで)有利な立場にある. —图 A ❶ ビロード(製)の: a ~ jacket ビロードの上着. ❷ もの静かな; 柔らかな: with a ~ tread 足音を立てずに / ~ hands すべすべした手. 〖F < L < villus hair, fleece〗
vélvet ànt 图〖昆〗アリバチ《アリバチ科のハチの総称》.
vel·vet·een /vèlvətíːn/ 图 Ⓤ ❶ 綿ビロード, ベッチン. ❷ [複数形で] ベッチン製の衣料品, (特に)ベッチンのズボン.
vel·vet·y /vélvəti/ 形 ❶ ビロードのような, 手触りのなめらかな[柔軟な]: a ~ surface ビロードのようになめらかな表面. ❷〈ワインなど〉舌触り[口当たり]のよい. ❸〈音声・色など〉柔らかみのある: a ~ voice 柔らかな声.
Ven. (略) Venerable; Venice.
ve·na ca·va /víːnəkéɪvə/ 图 (複 **ve·nae ca·vae** /víːniːkéɪviː/)〖解〗大静脈. **véna cával** /-vəl/ 形.
ve·nal /víːn(ə)l/ 形 ❶〈人が金で動かされる, 買収できる,

1995 venereology

腐敗した: a ~ politician 金で動く政治家. ❷〈行為など〉金銭ずくの, 打算的な;〈地位などが〉買収による: a ~ motive 金銭的な動機 / ~ behavior 打算的なふるまい. ~·ly /-nəli/ 副. 〖L〗
ve·nal·i·ty /vɪnǽləti/ 图 Ⓤ ❶ 金銭ずくで動くこと, 買収されること. ❷ (金銭上の)無節操.
ve·na·tion /viːnéɪʃən -nǽ-/ 图 ❶ 静脈《全体》. ❷ 葉脈《全体》. ~·al /-ʃ(ə)nəl/ 形.
vend /vénd/ 動 他 ❶〈小さな商品を〉売る, 販売する. ❷〖法〗〈土地・家屋などを〉売却する, 売り払う. 〖It < L vendere 売る〗
ven·dace /véndəs, -deɪs/ 图 (複 ~, ~s)〖魚〗シロマス《イングランド・スコットランド湖水盆のコクチマスの一種》.
vend·ee /vendíː/ 图〖法〗買い手, 買い主, 買い受け人 (↔ vendor).
vénd·er 图 = vendor.
⁺**ven·det·ta** /vendétə/ 图 ❶ (昔コルシカ島やイタリア諸地方で行なわれた, 幾代にもわたる家同士の)血の復讐(ﾌｸｼｭｳ), 報復. ❷ 長期にわたる不和, 抗争. 〖It < L vindicta 復讐; ⇒ vengeance〗
ven·deuse /vɑːndɜːz/ 图 (洋装店の)女店員.
vend·i·ble /véndəbl/ 形 売ることのできる, 捌(ｻﾊﾞ)ける. —图 [通例複数形で] 売ることのできる品物. **vend·i·bil·i·ty** /vèndəbíləti/ 图.
vénd·ing machìne 图 自動販売機.
⁺**ven·dor** /véndə -də/ 图 ❶ [通例修飾語を伴って] 売り歩く人; 行商人: a flower [an ice-cream] ~ 花[アイスクリーム]売り. ❷〖法〗売り主 (↔ vendee). ❸ = vending machine. 〖F; ⇒ vend, -or〗
ven·due /vénd(j)uː -djuː/ 图《米》公売, 競売.
⁺**ve·neer** /vənɪə -nɪə/ 图 Ⓤ 張り板, 化粧張り《合板(日本語でいうベニヤ板)の上に張った上質の薄板; 比較 日本語の「ベニヤ板」は plywood》: The furniture is made of plywood covered in teak ~. その家具はチーク材の化粧張りの合板でできている. ❷ Ⓒ [通例単数形で] 虚飾, 見せかけ (facade): a thin ~ of education [respectability] うわべだけの教育[体面] / Beneath the polished ~, he's a country bumpkin. 見かけはいかにも上品そうだが彼はいなか者だ. —動 他 ❶〈...に化粧板を張る, 化粧張りをする: a wooden table *with* mahogany 木材のテーブルにマホガニーの化粧張りをする. ❷〈...のうわべを飾る,〈欠点などを〉隠す: a crude notion ~ed *with* facile logic 安易な理屈で飾られた粗雑な考え. 〖G < F = furnish〗
veneer·ing /-nɪ(ə)rɪŋ/ 图 Ⓤ ❶ 化粧張り(材); 化粧張り面. ❷ 見せかけ, うわべ.
ve·ne·punc·ture /víːnəpʌ̀ŋ(k)tʃə -tʃə/ 图 = venipuncture.
ven·er·a·bil·i·ty /vèn(ə)rəbíləti/ 图 Ⓤ (人格高潔・高位・高齢の)尊敬すべきこと; 神々しさ; 高齢.
⁺**ven·er·a·ble** /vén(ə)rəbl/ 形 (more ~; most ~) ❶ **a** 〈人が〉人格高潔・高位・高齢などにより尊敬に足る, 尊ぶべき, 敬うべき: a ~ scholar [priest] 立派な学者[高徳の聖職者]. **b** 〈土地・建物など〉神さびた, 古びて神々しい; 尊い, あるいは ~ the ruins of a temple 寺院の古色蒼然(ｿｳｿﾞﾝ)とした遺跡. ❷ A (比較なし) [the V~] **a** 〖英国教〗...師《大執事 (archdeacon) の尊称; 略 Ven.》. **b**〖カト〗尊者の...《(死後彼が列福されない人に対する尊称)》. **ven·er·a·bly** /-rəbli/ 副. ~·ness 图. 〖F < L ↓〗
⁺**ven·er·ate** /vénərèɪt/ 動 他〈...を〉大いに尊ぶ, 崇拝する, 敬慕する (revere). 〖L *venerare, venerat-* 崇拝する《*venus* 愛, 魅力》〗
ven·e·ra·tion /vènəréɪʃən/ 图 Ⓤ 尊敬, 崇拝: hold a person in (great) ~ 〈人を〉(大いに)尊敬[崇拝]する.
ve·ne·re·al /vənɪ́(ə)rɪəl/ 形〖医〗性交によって伝わる; 性病の[にかかった]. 〖L = 性愛の 《*venus, vener-* 愛; cf. Venus》〗
venéreal disèase 图 Ⓤ.Ⓒ. 性病 《略 VD》.
ve·ne·re·ol·o·gy /vənɪ(ə)riːálədʒi -ɔ́l-/ 图 Ⓤ 性病学. **-gist** /-dʒɪst/ 图 性病科医. **ve·ne·re·o·log·i·cal**

vèn·e·séction /vènə-/ 图【医】❶ 静脈切開. ❷ 放血, 瀉血(よゆ).

Ve·ne·tian /vəníːʃən/ 形 ベニス (Venice) の, ベネチアの; ベニス[ベネチア]風[式]の. ── 图 ベニス[ベネチア]人.

Venétian blínd 图 ベネチアンブラインド《ひもで小札(ぎね) を開閉・上下するブラインド》: pull up [let down] a ~ 板すだれを上げる[下げる].

Venétian gláss 图 Ü ベネチアガラス《高級品のガラス器》.

Venétian réd 图 Ü ベネチア赤: **a** ベンガラの一種; 顔料. **b** 黒みがかった赤褐色[赤橙色].

Venétian wíndow 图《側窓の 2 つあるベニス式窓.

Ven·e·zue·la /vènəzwéɪlə/ 图 ベネズエラ《南米北部の共和国; 首都 Caracas; 略 Venez.》.

Ven·e·zue·lan /vènəzwéɪlən⁻/ 形 ベネズエラ(人, 文化)の. ── 图 ベネズエラ人.

⁺**ven·geance** /véndʒəns/ 图 ❶ Ü 復讐(ふくしゅう)《[比較] revenge よりも文語的》: take ~ on [upon] a person [for ...] 《ある事のために》人に復讐する / swear ~ against... ...に対して復讐を誓う / Heaven's ~ is slow but sure. 《諺》天罰は遅いが必ずくる. 『天網恢々(かいかい)疎にして漏らさず』. ❷ [a ~] 復讐の行為, あだ討ち, 報復. **with a véngeance** 激しく, ひどく; 極端に, 徹底的に: The wind was blowing *with a* ~. 風が猛烈に吹いていた / We beat their team *with a* ~. 向こうのチームをさんざんに負かした. 『F < L *vindicare* 復讐する; ⇒ vindicate』

venge·ful /véndʒfəl/ 形《行為・感情などが》復讐心のある[に燃えた]; 執念深い. ~·ly /-fəli/ 副. ~·ness 图.

ve·ni·al /víːniəl/ 形《過失など》許される, 許すべき, 軽微な, ささいな (↔ mortal): a ~ sin 《カト》微罪. ~·ly /-əli/ 副. 『F < L *venia* 寛容, 恩恵』

Ven·ice /vénɪs/ 图 ベニス, ベネチア《イタリア北東部の港市》.

ve·ni·punc·ture /víːnəpʌŋ(k)tʃə/ | -tʃə/ 图【医】《特に皮下針による》静脈穿刺(せんし).

⁺**ven·i·son** /vénəs(ə)n/ 图 Ü 鹿肉. 『F = 狩りの獲物 < L *venari* 狩りをする』

Ve·ni·te /vənáɪti/ | -níːteɪ/ 图 ウェニテ《詩篇第 95 篇; 特に朝の行《matins》の頌歌として用いられる》.

ve·ni, vi·di, vi·ci /véɪniː, víːdiː, víːkiː, wéɪniː, wíːdiː, wíːkiː/ 我来たれり, 見たり, 勝てり《★ Julius Caesar が紀元前 47 年の戦勝を友人に報告した言葉》. 『L = I came, I saw, I conquered』

Vénn dìagram /vén-/ 图【数・論】ベン図《式》《円・長方形を用いて集合の相互関係を見やすく示した図》. 『J. Venn 英国の論理学者』

ve·nog·ra·phy /viːnɑ́grəfi/ | -nɔ́g-/ 图 Ü 静脈造影[撮影]《法》.

⁺**ven·om** /vénəm/ 图 Ü ❶《毒ヘビ・サソリ・ハチなどが分泌する》毒液 (poison): snake ~ ヘビの毒. ❷ 悪意, 恨み, 激しい憎しみ (malice): She spoke with great ~. 彼女はさも憎らしげに語った. 『F < L』

ven·om·ous /vénəməs/ 形 ❶ 毒液を分泌する; 有毒な: a ~ snake 毒ヘビ. ❷ 悪意に満ちた, 恨みを抱いた: ~ criticism 悪意に満ちた批評 / with ~ eyes 悪意に満ちた目つきで / He has a ~ tongue. 彼は毒舌家である. ❸ いやな, 不快な, まずい, 鼻持ちならぬ: a ~ red 毒々しい赤. ~·ly 副. ~·ness 图.

ve·nos·i·ty /viːnɑ́səti, | -nɔ́s-/ 图 Ü ❶ 静脈[脈]血の多いこと. ❷【生理】静脈性充血.

ve·nous /víːnəs/ 形【解】静脈 (vein) の, 静脈中の (↔ arterial): ~ blood 静脈血. ❷【植】葉脈の多い.

⁺**vent**¹ /vént/ 图 ❶《空気・液体などを抜いたり入れたりする》穴, 抜け口, 口; 通気[通風]孔 (duct): The steam found a ~ through a crack in the pipe. 蒸気が管の割れ目から漏れてきた / There's an air ~ in the wall. 壁に通気孔がある. ❷《鳥類・爬虫類・魚類などの》肛門 (こうもん). **gìve vént to...**《感情・欲求などの》はけ口を見出す, ...をさらけ出す, ぶちまける (let out): He *gave* ~ to his anger in a poem [by beating his wife]. 彼は怒りを詩に歌いこんだ[妻を殴って怒りを表わした]. ── 動 ⊕ ❶《...に》出口を与える; 《...に》穴をあける. ❷《感情などに》はけ口を与える; 《感情などを》発散する: ~ one's anger 怒りをぶちまける / He ~*ed* his spleen *on* me. ⇒ spleen 2. 『F < L *ventus* 風; cf. ventilate』

vent² /vént/ 图 ベンツ, スリット《上衣の背または両わき, スカートの裾(すそ)などに入れる切り込み》. 『F < L = 裂け目』

ven·ti·fact /véntəfækt/ 图【地】風食礫(れき).

⁺**ven·ti·late** /véntəleɪt/ 動 ⊕ ❶《部屋・建物・坑内などに》空気[風]を通す, 《部屋などの》通風をよくする, 《部屋などを》換気する: a room by opening the windows 窓をあけて部屋の換気をする. ❷ **a**《問題などを》公然と議論にのせる, 世評に問う, 公表する (air): Criticism of the leaders is seldom ~*d* in the press. 指導者たちへの批判が新聞・雑誌で表明されることはめったにない. **b**《意見を》述べる; 《感情などを》表わす: ~ grievances 苦情を言う. 『L < *ventus* 風; cf. vent』 **ventilation**

ven·ti·la·tion /vèntəléɪʃən/ 图 Ü ❶ **a** 換気, 風通し, 通風: a room with good [poor] ~ 換気のよい[悪い]部屋. **b** 換気法, 換気装置. ❷ 自由討議, 世論に問うこと. **b**《意見・感情などの》発露, 表出. (動 ventilate)

ven·ti·la·tor /-tə˞/ | -tə/ 图 ❶ 通風[換気]装置; 通風孔[管]; 換気扇. ❷【医】人工呼吸器.

ven·ti·la·to·ry /véntələtɔ̀ːri | -lèɪtəri, -tri/ 形 通気[換気]性の; 換気装置のある.

Ven·to·lin /véntəlɪn/ 图【商標】ベントリン《気管支拡張薬 salbutamol 製剤の商品名》.

ven·touse /véntuːs/ 图【医】《分娩時に赤ん坊の頭に当てて分娩をたすけるカップ形の》吸器, 吸角.

ven·tral /véntrəl/ 形 腹の, 腹部の, 腹面の: a ~ fin 腹びれ. 『F < L *venter*, *ventr-* 腹』

ven·tre à terre /vɑ́ːntr(ə)ɑːtéə | -téə/ 副 腹を地面につけて; 《馬が》全速力で.

ven·tri·cle /véntrɪkl/ 图【解】❶《心臓の》心室: the left [right] ~ 左[右]心室. ❷《脳髄・喉頭(こうとう)などの》空洞, 室. **ven·tric·u·lar** /ventríkjələ | -lə/ 形. 『L』

ven·tri·lo·qui·al /vèntrəlóʊkwiəl | -lóʊ-/ 形 腹話術の.

ven·tril·o·quism /ventrílǝkwɪzm/ 图 Ü 腹話術. 『L < *venter* 腹 + *loqui* 話す + -ism』

ven·tríl·o·quist /-kwɪst/ 图 Ü 腹話術師.

ven·tríl·o·quize /ventríləkwàɪz/ 動 ⊕ 腹話術で話す.

ven·tríl·o·quy /ventríləkwi/ 图 = ventriloquism.

⁺**ven·ture** /véntʃə˞/ | -tʃə/ 图 ❶ 冒険的事業, 投機的企業, ベンチャー《★ 特に事業で金銭上の危険をかけた行為をいう》: a joint ~ 合弁企業 / a business ~ 投機的事業. ❷ 投機, 思わく, やま; やま, 大やま. ❸《危険を伴う》冒険《★ adventure のほうが一般的》.

at a vénture《古》運任せに, でたらめに.

── 動 ⊜ [副詞(句)を伴って] ❶ 危険を冒して[思い切って]行く: ~ *into* a cave 思い切って洞穴の中に入って行く / They ~*d out on* the stormy sea to rescue us. 彼らは我々を救助するために勇気を奮ってあらしの海に乗り出した. ❷ 危険を冒して[...に]乗り出す, 思い切って[...を]試みる: ~ *into* business 思いきって事業に手を出す / ~ *on* a risky undertaking 危険な企てにあえて乗り出す.

── ⊕ ❶ **a**《...を》思い切って言う[する]: I would rather not ~ an opinion [a guess]. 意見[推測]は差し控えたい / We ~ *d* a protest. あえて抗議をした《 +*that*》 / ~ *d that* Bill could be wrong. 彼女は, もしかしてビルが間違っているのではと思い切って言った / "So you're his son?" I ~ *d*. 「じゃあなたは彼の息子さんなの?」と思い切って尋ねた. **b** 思い切って《...する》: (+*to do*) No one ~ *d* to object to the plan. あえてその案に反対した者はなかった / I ~ *to* differ from [with] you. 失礼ながらあなたとは意見が違います. ❷《...に》危険を冒してやる, 敢行する: ~ a flight in a storm あらしをついて飛行を敢行する. ❸《生命・財産などを》危険にさらす, 《...に》賭ける: They ~ *d* their lives for the sake of the nation. 彼らは国の大義のために身命を賭(と)した / He ~ *d* all his wealth *on* the enterprise. 彼はその事業に全財産を賭けた / Nothing

~d, nothing gained. 《諺》危険を冒さなければ何も得られない,「虎穴(ﾂ)に入らずんば虎子(ｼ)を得ず」. 〖F aventure adventure〗

vénture càpital 名 ① 危険負担資本, 冒険資本.

vénture càpitalist 名 投資資本家, 投資家.

ven·tur·er /-tʃ(ə)rə/, -tʃə-/ 名 (昔の投機的な)貿易商人.

Vénture Scòut /-/《英》ベンチャースカウト(ボーイスカウト団の年長団員; 16–20歳).

ven·ture·some /véntʃəsəm/, -tʃə-/ 形 ① 〈人が〉冒険好きな, 大胆な, 向こう見ずな (daring): a ~ nature 冒険好き(な性質). ② 〈行為・ふるまいが〉冒険的な, 危険な. ~·**ness** 名

ven·tú·ri (tùbe) /vent(j)ú(ə)ri-, -tjʊər-/ 名〖時に V-〗《理》ベンチュリ管(径が急激に縮小し, その後ゆるやかに拡大する管で, 圧力差を利用して流速計・気化器などに用いる). 〖G. B. **Venturi** イタリアの物理学者〗

ven·tur·ous /véntʃ(ə)rəs/ 形 =venturesome.

***ven·ue** /vénjuː/ 名 ① 開催(予定)地, 会場; 会合場所: the ~ **for** the disarmament conference 軍縮会議の開催地. ② 《法》(陪審員の)裁判地: change the ~ 裁判地を変更する《公平などを期すため》. **a chánge of vénue** 開催地の変更;《法》裁判地の変更. 〖F<来る場所<L *venire, vent-* 来る; cf. avenue, revenue; convene, convenient, intervene, souvenir; advent, adventure, convention, event, invent, prevent〗

ve·nule /viːnjuː/ 名《解》小静脈, 細静脈.

Ve·nus /víːnəs/ 名 ① 《ローマ神話》ビーナス, ウェヌス《美と愛の女神; ギリシャ神話の Aphrodite に当たる》: the ~ **of** **Milo** /máɪloʊ, miː-/ -lɔʊ/ ミロのビーナス《ギリシャのメロス (Melos) 島で発見されたビーナス像》. **b** [a ~] (詩・文) 美女. ② 《天》金星, 太白星 (**Hesperus**「宵の明星」および **Lucifer**「明けの明星」として現われる). 〖L=性愛〗

Vénus' flýtrap /-/ 名《植》ハエジゴク.

Ve·nu·sian /vɪn(j)úːʃən, -nju:siən/ 形 金星の.

Vé·nus's lòoking-glàss /víːnəs(ɪz)-/ 名《植》オオミゾカクシ《キキョウ科》; 花は白か青》.

ve·ra·cious /vəréɪʃəs/ 形 (文) ① 〈人が〉真実を語る, 正直な. ② 〈陳述・報告など〉本当の; 正確な. ~·**ly** 副 〖L<*verus* true〗

ve·rac·i·ty /vəræsəti/ 名 U ① 真実を語ること, 誠実; 正直さ. ② 正確さ, 正確度; 真実(性): the ~ **of a statement** 陳述の真実性.

ve·ran·da(h) /vərǽndə/ 名 ベランダ《通例家の側面につけられた屋根付きの広縁》. 〖Hindi<Port<L〗

ve·ra·trine /vérətriːn/ 名 U《化》ベラトリン (sabadilla の種子などから採る有毒アルカロイド).

***verb** /vəːb/ | váːb/ 名《文法》動詞 (★この辞書では動 の記号を用いている): an auxiliary ~, finite verb / an intransitive [an intransitive] ~ 自[他]動詞 / a regular [an irregular] ~ 規則[不規則]動詞 / a reflexive ~ 再帰動詞 / a strong ~ 強変化動詞 (⇒ strong 12) / a weak ~ 弱変化動詞 (⇒ weak 7) / a causative ~ 使役動詞 (⇒ causative 2) / a factitive ~ 作為動詞 (⇒ factitive). 〖F<L *verbum* word〗

***ver·bal** /vəːb(ə)l/ | váːb-/ 形 (比較なし) ① 話し言葉で表わした, 口頭の (cf. written 1): ~ evidence 証言 / a promise [pledge] 口約束 / a ~ report 口頭報告 / ~ abuse 罵言 / a ~ dispute 口論 / A ~ message will suffice. 伝言で十分だろう / have (a case of) ~ diarrhea 《戯言》〈人が〉しゃべりすぎる. ② 言葉の[に関する], 言葉から成る: a ~ error 言葉のうえの誤り / ~ skills 言葉を使う能力 / ~ communication 言葉による意志伝達 (cf. nonverbal). The difference is ~ rather than substantial. その相違は実質的なものでなく言葉のうえだけのものだ. ③《文法》動詞の, 動詞から出た, 動詞的な: a ~ noun 動詞状名詞 / a ~ phrase 動詞句. ──名 ① 《文法》準動詞(形)(動名詞 (gerund), 不定詞 (infinitive), 分詞 (participle) の総称). ② [複数形で] (口) 暴言; (映画のせりふ ③ [通例複数形で] (英口) 自供, 自白. ③ (英俗)悪態, 罵声. 〖F<L; ⇒ verb, -al〗

ver·bal·ise /vəːbəlaɪz/ | váːb-/《英》=verbalize.

ver·bal·ism /-bəlɪzm/ 名 ① a C 言語的表現, 語句. b U 語句の使用[選択]. ② C 字句拘泥(ﾂｲ), 語句せんさく; 言語偏重. ③ U 言葉の冗長. ④ C 空疎な[形式的]語句.

ver·bal·ist /-lɪst/ 名 ① 言葉づかいの達人. ② 字句拘泥(ﾂｲ)家, 字句せんさく家.

ver·bal·ize /vəːbəlaɪz/ | váːb-/ 動 他 ① 〈思考・感情など〉言語に表わす, 言語化する: ~ one's feelings 気持ちを言葉で表わす. ② 《文法》〈...を〉動詞的に用いる, 動詞化する. ── 自 ① 言葉で表わす. ② 言葉数が多すぎる, 冗漫に流れる. **ver·bal·i·za·tion** /vəːbəlɪzéɪʃən | vəːbəlaɪz-/ 名 (形 verbal).

ver·bal·ly /-bəli/ 副 ① 言葉で, 口頭で: Please reply either ~ or in writing. 口頭または文書で返事ください. ② 逐語的に. ③《文法》動詞として, 動詞的に.

ver·ba·tim /vəːbéɪtɪm/ | vəː-/ 副 逐語的に, 言葉どおりに: report a speech ~ 演説を一言一句そのままに報道する. ── 形 逐語的な, 言葉どおりの: a ~ translation 逐語訳. 〖L<*verbum*, to verb〗

ver·be·na /vəː(ː)bíːnə | vəː(ː)-/ 名《植》バーベナ, ビジョザクラ《クマツヅラ属の植物》.

ver·bi·age /vəːbiɪdʒ | váː-/ 名 U (文章・言葉に)無用の語の多いこと, 多言, 冗長: lose oneself in ~ 夢中になってべらべらとしゃべりまくる.

ver·bose /vəːbóʊs | vəː-/ 形 言葉数の多い, 多弁の, くどい; 冗長な: a ~ description 冗長な記述[描写]. ~·**ly** 副 ~·**ness** 名 〖L; ⇒ verb, -ose〗

ver·bos·i·ty /vəːbάsəti | -bɔ́s-/ 名 U 多弁, 冗舌; 冗漫, 冗長.

ver·bot·en /vəbóʊtn/ | vəː-/ 形 (法律・当局により)禁止された (forbidden).

ver·dan·cy /vəːdnsi | váː-/ 名 U ① 青々としていること, 新緑であること. ② 未熟さ, 若さ.

ver·dant /vəːdənt, -dnt | váː-/ 形 ① 〈土地が〉新緑の, 緑におおわれた: ~ hills 緑したたる山々. ② 〈草・葉・色など〉青々した, 緑色の. ③ 〈人が〉若い, うぶな, 不慣れな, 未熟な. 〖VERD(URE)+-ANT〗

vérd(e) antíque /vəːd- | váːd-/ 名 ① 《鉱》角礫(ｶｸﾚｷ)蛇紋石《古代ローマ人が装飾用に使った》. ② 長石結晶を含んだ安山岩岩. ③ 緑青(ﾛｸｼｮｳ), 青さび. 〖F=antique green〗

ver·der·er /vəːdərə | váːdərə/ 名《英法史》御料林管理官.

Ver·di /véədi | véə-/, **Giu·sep·pe** /dʒuːsépi/ 名 ベルディ (1813–1901); イタリアのオペラ作曲家》.

***ver·dict** /vəːdɪkt | váːd-/ 名 ①《法》(陪審員が裁判長に提出する)評決, 答申: The jury has [have] reached [returned, delivered, rendered] a ~ of guilty [not guilty]. 陪審員は有罪[無罪]の評決に達した[を下した]. ② 裁断, 判断; 意見: the ~ **of the people on the plutocracy** 金権政治に対する国民の審判 / pass a ~ **upon...** に裁断を下す / The doctor's ~ was that the patient would not live until spring. 医師の見解では患者は春まではもつまいということだった. 〖F<L=真実を言うこと<*verum* 真実+*dicere, dict-* 言う; cf. verify, dictation〗

ver·di·gris /vəːdəgriːs, -grɪs | váː-/ 名 U 緑青(ﾛｸｼｮｳ) (銅のさび). 〖F=green of Greece (↓)〗

ver·dure /vəːdʒə | váːdʒə/ 名 ① (草木の)緑, 新緑, 深緑. ② 緑の草木, 新緑の若葉; 緑草, 青草. ③ (詩) 新鮮さ, 生気, 活力. 〖F<*vert* green〗

ver·dur·ous /vəːdʒərəs | váː-/ 形 ① 緑の草木でおおわれた. ② 新緑の, 青々とした, 緑したたる.

***verge** /vəːdʒ | váːdʒ/ 名 ① (英) (草・芝生などの生えた)道の端, 軟路肩 ((米) soft shoulder); 花壇の縁: a grass ~ 草縁(ｿﾞｳ). **b** 縁, 端, へり. ② [the ~] (...の)間際: He was driven **to** the ~ **of** despair. 絶望の瀬戸際まで追い込まれた. ③ 口 権標《行列などの際に高位聖職者の前に捧持してその職権を表象する》. **on the vérge of...** ...の間際に(あって), 今にも...するばかりになって: The company is *on the* ~ *of* bankruptcy. その会社は倒産に瀕(ﾋﾝ)している / She was *on the* ~ *of* tears [*crying*]. 今にも泣き出しそうだった. —— 動 ⓐ ❶ 《…の状態に近づく, 今にも[…]になろうとする (border): He's *verging on* ruin [a breakdown]. 彼は破滅に瀕している[神経衰弱ぎみである] / Her opinions often ~ *on* the impossible [ridiculous]. 彼女の意見はしばしば不可能[ばかげたもの]に近い. ❷ 《…に接する: The path ~*s on* the edge of a precipice. その小道は断崖の縁に接している. 《L<=棒, 権標; 権標に象徴される権力による境界線の設定から》

ver·gence /və́ːʤəns | vəː-/ 名 Ⓤ 〖医〗両眼転導, 離散運動《両眼球の非共同性運動》.

verg·er /və́ːʤə | vəː-ʤə/ 名 ❶ 聖堂番《教会堂の掃除をしたり礼拝者を座席に案内する》. ❷ 《英》《大聖堂・大学などで主教・副総長などを先導する》権標捧持者.

Ver·gil /və́ːʤəl | vəː-/ 名 =Virgil.

Ver·gil·i·an /vəʤíliən | vəː-/ 形 =Virgilian.

ver·glas /veəglɑ́ː | veə-/ 名 Ⓤ 《登山》ベルグラ《岩面に薄く張りついた氷》.

ve·rid·i·cal /vərídɪk(ə)l/ 形 真実を告げる; 真実の; 《幻覚などが》事実と符合する, 《夢が》正夢の. **-i·cal·ly** 副 **ve·rid·i·cál·i·ty** /-kél-/ 名 Ⓤ 真実性, 真実.

ver·i·est /vériɪst/ 形 Ⓐ 《古》まったくの: the ~ nonsense まったく無意味なこと / the ~ child ほんの[まったくの]子供.

ver·i·fi·a·ble /vérəfàɪəbl/ 形 証明できる; 立証[検証]できる: ~ evidence (その真実性を)立証できる証拠.

ver·i·fi·ca·tion /vèrəfɪkéɪʃən | -fɪ́-/ 名 ❶ 《正しいということの》確認; 立証, 検証, 証明. ❷ 《軍縮協定などの》相互検証. 《動 verify》

⁺ver·i·fy /vérəfàɪ/ 動 ⓣ ❶ 《事実・陳述などの》正しい[正確]さを確かめる: Have you *verified* these facts? あなたはこれらの事実を確かめましたか / We have *verified* that he's entitled to the estate. 彼がその遺産[地所]を受け継ぐ権利があることを確かめた / You must ~ *whether* he's competent for the work. 彼がその仕事の能力があるかどうか確かめなければならない. ❷ 《事実・出来事などの》《予言・約束などを》実証する《★ しばしば受身》: My fears [suspicions] *were verified* by subsequent events. 私の危惧[疑念]はその後の出来事で間違っていなことがわかった. ❸ 〖法〗《法廷に提出された物件・証言などを》《証拠・宣誓書などによって》立証する (confirm): The allegations of the plaintiff *were verified* by the testimony of the witnesses. 原告の主張は証人の証言によって立証された. **vér·i·fi·er** 証明者, 検証者. 《F<L<*verus* true+-IFY》

ver·i·ly /vérəli/ 副 《古》誠に, 確かに.

ver·i·sim·i·lar /vèrəsím(ə)lə | -lə-/ 形 本当らしい, ありそうな, 真実らしい.

ver·i·si·mil·i·tude /vèrəsɪmílət(j)ùːd | -tjùːd/ 名 ❶ Ⓤ ありそうなこと, 真実[本当]らしさ, 迫真性. ❷ Ⓒ 本当らしく見える話[もの].

ve·rism /ví(ə)rɪzm, vé(ə)r-/ 名 Ⓤ ベリズモ《伝説・英雄物語などよりも日常生活に題材を求めべしとする芸術上, 特にオペラ制作上の考え方》. **vér·ist** /-rɪst/ 形 名 **ve·ris·tic** /vɪ(ə)rístɪk, ve(ə)r-/ 形

ve·ris·mo /veɪríːzmoʊ, veríːz-/ 名 =verism.

⁺ver·i·ta·ble /vérətəbl/ 形 ❶ 正真の, 真実の, 紛れもない; まったくの, 本当の (positive): a ~ mountain of garbage まったく山のような[おびただしい](台所の)ごみ. **-ta·bly** /-təbli/ 副 **~·ness** 名

vé·ri·té /vèrətéɪ/ 名 =cinéma vérité.

ver·i·ty /vérəti/ 名 ❶ Ⓒ 《通例複数形で》真実の陳述; 事実, 真理: the eternal verities 永遠の真理. ❷ Ⓤ 真実性, 真実. 《F<L=truth<*verus* true》

ver·juice /və́ːʤùːs | vəː-/ 名 Ⓤ ❶ 《未熟なブドウ・野生リンゴなどからとった》酸っぱい果汁. ❷ 気難しさ. 《F<*vert* green+JUICE》

ver·kramp·te /feəkrɑ́ːmptə | feəkrǽm-/ 名 形 《南ア》国民党右派(の人)《対黒人政策で反動的とされる》; 超保

守主義の(人).

Ver·laine /vəléɪn, veə- | və-, veə-/, **Paul** 名 ベルレーヌ《1844–96; フランスの詩人》.

ver·lig·te /feəlíxtə, -líx- | feə-/ 名 形 《南ア》国民党左派(の人)《対黒人政策で改革を支持した》; 改革派(の人), 進歩派(の人).

Ver·meer /vəmíə, -méə | vəmíə, -méə/, **Jan** /jáːn/ 名 フェルメール《1632–75; オランダの画家; 別名 Jan van der Meer van Delft》.

ver·meil /vəːməl, -meɪl | vəː-mɪl, -meɪl/ 名 Ⓤ ❶ 金めっきした銀[青銅]. ❷ 《詩》=vermilion.

vermi- /vəːmɪ | vəː-/ 《連結形》「虫 (worm)」. 《L *vermis* worm》

ver·mi·an /vəːmiən | vəː-/ 形 虫 (worm) の(ような).

ver·mi·cel·li /vəːməʧéli, -séli | vəː-/ 名 Ⓤ バーミチェリ, バーミセリ (spaghetti より細いパスタ). 《It=細長い虫<*vermis* worm》

ver·mi·cide /vəːməsàɪd | vəː-/ 名 Ⓤ Ⓒ 殺虫剤; 《特に》虫下し, 駆虫剤. 《VERMI-+-CIDE》

ver·mic·u·lar /və(ː)míkjulə | vəːmíkjulə/ 形 ❶ 蠕(ぜん)動する; 虫のはったような, うねうねした. 《L<*vermis* worm》

ver·mic·u·late /və(ː)míkjuleɪt, -lèɪt | vəː-/, **-lat·ed** /-leɪtɪd/ 形 ❶ 虫のような形の; 虫がはいまわったような模様の. ❷ 《考えなど》まわりくどい, 複雑に入り組んだ. ❸ 虫の群らがった, 虫に食われた.

ver·mic·u·lite /və(ː)míkjulàɪt | vəː-/ 名 Ⓤ 〖鉱〗バーミキュライト, 蛭石(ﾋﾙｲｼ)《加熱するとヒルのように伸びる; 断熱材などに用いる》.

ver·mi·form /vəːməfɔːm | vəː-məfɔːm/ 形 蠕虫(ぜんちゅう)状の: the ~ appendix 〖解〗虫垂.

ver·mi·fuge /vəːmɪfjùːʤ | vəː-/ 名 Ⓤ Ⓒ 虫下し, 駆虫薬. 《VERMI-+-FUGE》

ver·mil·ion /vəmíljən | və(ː)-/ 名 Ⓤ ❶ 朱色. ❷ 朱, 辰砂(ﾚﾝｼﾔ). —— 形 朱(色)の, 朱染め[塗り]の. 《F=小さな虫, エンジ虫; 朱色の染料に用いられたことから》

ver·min /vəːmɪn | vəː-/ 名 Ⓤ 《複数扱い》❶ **a** 害虫《特に家・衣類などの害虫やノミ・ナンキンムシ・シラミなど》. **b** 害獣, 害鳥《ネズミ・モグラなど》. ❷ 社会の害虫, 人間のくず, やくざ. 《F<*vermis* worm》

ver·mi·nate /vəːmənèɪt | vəː-/ 動 ⓐ 《古》害虫[ノミ, シラミ, ナンキンシ]にたかられる; 害虫を生ずる.

ver·min·ous /vəːmənəs | vəː-/ 形 ❶ 虫[ノミ, ナンキンムシ, シラミ(など)]のたかった[わいた]. ❷ 《病気が》害虫によって生じた, 寄生虫による. ❸ 《人が》卑劣な, いやな. **~·ly** 副 名 vermin)

Ver·mont /və(ː)mɑ́nt | və(ː)mɔ́nt/ 名 バーモント州《米国北東部の州; New England にある; 州都 Montpelier; 略 Vt., 〖郵便〗 VT; 俗称 the Green Mountain State》. 《F *Verd Mont* green mountain》

ver·mouth /vəmúːθ | vəːməθ/ 名 Ⓤ Ⓒ ベルモット《白ワインにニガヨモギ (wormwood) などで風味をつけたもの; 食前・カクテル用; cf. martini》. 《G》

ver·nac·u·lar /vənǽkjulə | vənǽkjulə/ 形 ❶ **a** 《言葉などがその国の》《地方, 土地の》; 話し言葉の, 日常口語の: a ~ language 自国語; 土語 / ~ speech 日常語. **b** 自国語[お国言葉]の, 土地言葉で書かれた[使われる]: a ~ paper 自国語[現地語]新聞 / a ~ poem 土地言葉の詩 / a ~ poet 土地言葉で書く詩人. ❷ 《建築・工芸などその土地特有の, 民芸風の. —— 名 ❶ Ⓤ 《しばしば the ~》自国語; 現地語, 土地言葉; 日常語: in *the* ~ 土地言葉で, 方言で / He speaks an incomprehensible ~. 彼はよくわからない《一定の階級・集団の》通俗, 仲間言葉を話す. ❸ 土地独特の建築様式. 《L<*verna* 主人の家で生まれた奴隷》

ver·nac·u·lar·ism /-lərìzm/ 名 土地言葉(での表現).

ver·nac·u·lar·ize /-ləràɪz/ 動 土地言葉に化する[で表現する].

ver·nal /vəːn(ə)l | vəː-/ 形 ❶ 春(のような); 春に起こる, 春咲きの: ~ flowers [breezes] 春の花[そよかぜ] / the ~ equinox 〖天〗春分(点) (cf. the AUTUMNAL equinox). ❷ 若々しい, 青春の: the ~ freshness of a young girl 若

vérnal gráss 图U〖植〗ハルガヤ (sweet vernal grass).

ver·nal·ize /vɚ́ːnəlàɪz | vɚ́ː-/ 動 〖植物の〗開花結実を促進する, 春化処理する. **ver·nal·i·za·tion** /vɚ̀ːnəlɪzéɪʃən | vɚ̀ː-/ 图 春化処理(法).

ver·na·tion /vɚːnéɪʃən | vɚ-/ 图 〖植〗芽内(がない)形態, 幼葉(ようよう)態 〖芽の中の幼葉の配置〗.

Verne /vɚ́ːn, véɚn | vɚ́ːn/, **Jules** /ʒúːl/ ベルヌ (1828–1905; フランスの科学冒険小説家).

ver·ni·cle /vɚ́ːnɪkl | vɚ́ː-/ 图 ベロニカの聖帛(せいはく), キリストの顔を描いた布 (veronica).

ver·ni·er /vɚ́ːniə | vɚ́ːniə/ 图 バーニャ, 副尺. 〖P. Vernier 発明者のフランス人数学者〗.

vérnier éngine 图 小型補助エンジン《ロケット・ミサイルの速度・進路制御用のもの》.

ver·nis·sage /vɚ̀ːnɪsɑ́ːʒ | vèɚ-/ 图 《美術展の》一般公開に先立つ私的公開《招待》.

ver·nix /vɚ́ːnɪks | vɚ́ː-/ 图U〖医〗胎脂《胎児の体表のチーズ様沈着物; 角質層・脂性分泌物・胎児表皮の残渣などからなる》.

Ver·o·nal /vérən(ə)l/ 图U〖薬〗〖商標〗ベロナール《催眠・鎮静剤バルビタール (barbital) の商品名》.

ve·ron·i·ca /vərɑ́nɪkə | -rɔ́n-/ 图 ❶ U,C 〖植〗ベロニカ, クワガタソウ. ❷ [時に V~] **a** [the ~] ベロニカ, 聖顔(巾)〖解説〗イエスが十字架を負って処刑の地 Calvary へ行く途中, 後に St. Veronica (聖ベロニカ) となった女性がイエスの顔の血と汗をぬぐったという布; その布にイエスの顔が印されたと伝えられる〗. **b** C 聖顔布 〖キリストの顔を描いた布〗.

ve·ro·nique /vèɚəníːk/ 形 〖名詞の後に置いて〗〖料理〗種なし白ブドウを添えた, ベロニカ風の.

ver·ru·ca /vərúːkə/ 图 (~s; -ru·cae /-kiː, -kaɪ/) 〖医〗(通例足の裏にできる)いぼ, ほくろ.

ver·ru·cose /vərúːkoʊs, -cous/ -kəs/ 形 〖生・医〗いぼ〖疣贅〗状の, いぼの多い, いぼ状突起でおおわれた.

Ver·sailles /veəsáɪ, vɚ-| vɛə-/ 图 ベルサイユ 《フランスのパリの南西にある市; ルイ14世の建設した宮殿の所在地; 1919年第一次大戦後の講和条約が締結された地》.

vers·al /vɚ́ːs(ə)l | vɚ́ː-/ 图 〖詩・節・章などの冒頭の〗凝った装飾大文字.

ver·sant /vɚ́ːs(ə)nt | vɚ́ː-/ 图 山〖山脈〗の一方の斜面; 〔一地方全体の〕傾斜面.

***ver·sa·tile** /vɚ́ːsətl | vɚ́ːsətàɪl/ 形 ❶ 多才な, 多芸な, 何をやらせてもうまい: a ~ genius 万能の天才 / a ~ writer 多才な作家. ❷ 《道具・建物・材料などが》多目的に使用できる, 何にでも利用できる: a ~ tool いろいろな使える道具. **~·ly** /-t‌l‌ɪi | -tàɪlli/ 副 〖F<L=いろいろな方向に向くく vertere, vers- to turn; cf. verse〗.

ver·sa·til·i·ty /vɚ̀ːsətɪ́ləti | vɚ̀ː-/ 图 多才, 多芸, 多能.

***verse** /vɚ́ːs | vɚ́ːs/ 图 ❶ **a** U (文学形式としての)韻文 (poetry; ↔ prose): write in ~ 韻文で書く / He's good at ~. 彼は詩才がある. **b** U 《ある作家・時代・国などの》詩歌; 〖集合的〗《風》詩歌 (poetry): modern American ~ 現代アメリカ詩 / Elizabethan ~ エリザベス朝時代の詩. ❷ C **a** 詩節, 連: a poem of five ~s 5連の詩. **b** 《歌の》節, 歌詞: the first ~ of 'God Save the Queen' 英国国歌の最初の1節. **c** 《1編の詩, 詩編: an elegiac ~ 哀歌. **d** 〖古〗(特定の格調をもった)詩の1行, 詩句: a stanza of four ~s 4行からなる1連〖スタンザ〗. ❸ C 《聖書・祈祷(きとう)書》の節 (略 v.). ❹ U 詩形, 詩格: iambic [trochaic] ~ 弱強〖強弱〗格の詩 / ⇨ blank verse, free verse. 〖F<L=方向を変えながら耕された筋, 溝→詩行〈vertere, vers- to turn; cf. adverse, anniversary, controversy, conversation, diverse, reverse, universe, versatile, version〗.

versed /vɚ́ːst | vɚ́ːst/ 形P 〖通例 well ~ で〗熟達して, 精通して, 通じて: He's *well ~ in* English literature. 彼は英文学に詳しい.

vérsed síne 图 〖数〗正矢(しょうし) 《1から角の余弦を引いたもの》.

vérse·let /-lət/ 图 小詩, 短詩.

vers·et /vɚ́ːsɪt | vɚ́ːs-/ 图 〖聖典などからの〗短詩, 短節.

ver·si·cle /vɚ́ːsɪkl | vɚ́ː-/ 图 ❶ 短詩, 小詩. ❷〖キ教〗《礼拝式で司祭が唱える》小詩句, 短句 《しばしば詩編の引用; cf. response 3》.

ver·si·col·or(ed) /vɚ́ːsɪkʌ̀lə(d) | vɚ́ːsɪkʌ̀lə(d)/ 形〖古〗❶ 《光線によって》色が変わる, 玉虫色の, 虹色の. ❷ 多色の, 多彩な.

ver·si·fi·ca·tion /vɚ̀ːsəfɪkéɪʃən | vɚ̀ː-/ 图U 作詩, 詩作; 韻文化; 作詩法.

ver·si·fi·er /vɚ́ːsəfàɪɚ | vɚ́ː-/ 图 ❶ 詩作家, 詩人; 散文を韻文に直す人. ❷ へぼ詩人.

ver·si·fy /vɚ́ːsəfàɪ | vɚ́ː-/ 動 《散文を韻文に直す; …を詩に作る, 詩で語る. ─ 自 詩を作る.

ver·sine, ver·sin /vɚ́ːsaɪn | vɚ́ː-/ 图 =versed sine.

***ver·sion** /vɚ́ːʒən, -ʃən | vɚ́ːʃən, -ʒən/ 图 ❶ **a** 《原型・原物に対するり異形, 変形; 改造型; 《ソフトウェア・車などの》バージョン, 版: different ~s of a legend ある伝説のさまざまな形 / the latest ~ of Microsoft Word マイクロソフトワードの最新バージョン. **b** 《文芸作品などの》改作, 脚色, 翻案, …版: the film ~ of Star Trek 「スタートレック」の映画版 / a simplified ~ of Shakespeare シェイクスピアの簡略版 / read Hamlet in the original ~ 「ハムレット」を原語〖原作〗で読む. ❷ **a** 《個人的なまたは特定の立場からの》説明, 見解, 異説: The driver's ~ of the accident was different from mine. 事故についての運転手の説明は私のと違っていた / Please give me your ~ of what happened. 起きたことについての君からみた説明を聞かせてください. **b** 《楽曲・役に対する》《演奏者・俳優などの独自の》解釈, 演奏, 演出: Olivier's ~ of Hamlet オリビエ流のハムレット. ❸ **a** 翻訳, 訳文, 訳書: an English ~ of *Don Quixote*「ドンキホーテ」の英訳. **b** [通例 V~] 《聖書の》訳: the English V~ of the Bible 英訳聖書 / ⇨ Authorized Version, Revised Version. 〖F<L=転換く vertere, vers-; cf. verse〗.

vers li·bre /véɚlɪ́ːbr(ə) | vèə-/ 图 U 自由詩. 〖F=free verse; ⇨ verse〗.

ver·so /vɚ́ːsoʊ | vɚ́ː-/ 图 (働 ~s) ❶ (本の)左ページ, 偶数ページ, 裏ページ, (紙の)裏面 (↔ recto). ❷ 《貨幣・メダルなどの》裏, 裏面. ─ 图A 左〖裏〗ページの: the ~ side (本の)左側(のページ). 〖L verso (folio) on the turned (leaf); ⇨ verse〗.

verst /vɚ́ːst | vɚ́ːst/ 图 ベルスタ, 露里 《ロシアの昔の距離の単位; 約 1067 m》.

***ver·sus** /vɚ́ːsəs, -zəs | vɚ́ː-/ 前 ❶ 《訴訟・競技などで》…対, …に対する (against) 《略 v., vs.; cf. Regina 2 用法》: Smith *v*. Jones 《原告》スミス対《被告》ジョーンズ事件 / Today's televised baseball game is Detroit ~ Cleveland. きょうのテレビの野球放送はデトロイト対クリーブランド戦です. ❷ …と対比して, 比較して (as opposed to): form ~ function 形態から機能を, 機能と対比した形態. 〖L=向きを変えた; ⇨ verse〗.

ver·te·bra /vɚ́ːtəbrə | vɚ́ː-/ 图 (~s, -brae /-brèɪ, brìː/) 〖解剖〗❶ C 脊椎(せきつい)骨, 椎骨. ❷ [the vertebrae] 脊椎, 脊柱, 背骨. 〖L=回転の軸; ⇨ verse〗.

ver·te·bral /vɚ́ːtəbrəl | vɚ́ː-/ 形〖解剖〗脊椎(せきつい)骨(にに関する; 脊椎骨から成る〖を有する〗: the ~ column 脊椎, 脊柱.

ver·te·brate /vɚ́ːtəbrət, -brèɪt | vɚ́ː-/ 形 脊椎(せきつい)骨のある (↔ invertebrate): a ~ animal 脊椎動物. ─ 图 脊椎動物.

ver·tex /vɚ́ːteks | vɚ́ː-/ 图 (働 ~·es, **ver·ti·ces** /-ṭəsìːz/) ❶ 最高点, 頂上, 山頂. ❷〖解〗頭頂. ❸〖幾〗頂点, 角頂. ❹〖天〗天頂. 〖L=つむじ/体の最も高い所 < vertere to turn》.

***ver·ti·cal** /vɚ́ːt‌ɪk(ə)l | vɚ́ː-/ 形 《比較なし》 ❶ 垂直の, 鉛直の; 直立した, 縦の (perpendicular; cf. horizontal): takeoff 垂直離陸 / ~ fins 縦ひれ《背びれ・尻びれ・尾びれの総称》/ a ~ line 垂《直》線, 鉛直線 / (a) ~ motion 上下《運動》 / a ~ plane 垂直面 / a ~ section 縦断面 / a ~ cliff 切り立ったがけ. ❷ **a** 《組織・社会機構など》各

段階を縦に連ねる,縦断的な;縦関係をなす: a ~ combination [trust] 縦断的連合[トラスト] / a ~ union 産業別労働組合. b 〖経〗垂直的な《生産・流通・販売の全段階を含む》: ~ integration 垂直的統合. 〖解〗頭頂の. ❹ 〖機〗頂点の. ── 图 ❶ 〖通例 the ~〗垂直線;垂直面;垂直位: out of the ~ 垂直でない. ❷ 垂直構造体,縦材. 〖VERT(EX)+-ICAL〗頂点にまっすぐ向かうことから〗

vértical ángle 图 〖通例複数形で〗〖数〗頂角, 対頂角.

vértical expánsion 图 〖経〗垂直的拡張《商品・サービスの供給会社が顧客会社によってなされていた業務を自社で行なうようにすること》.

vér·ti·cal·ly /-kəli/ 副 垂直に, 鉛直に, 直立して.

vértical stábilizer 图 〖米〗〖空〗垂直安定板 (fin).

vértical thínking 图 垂直思考《問題に対して一定のアプローチをとり,そこで生ずる障害を克服して解決をはかろうとする思考法》.

ver·ti·ces 图 vertex の複数形.

ver·ti·cil·li·um /ˌvɚːtəˈsɪliəm | ˌvɜː-/ 图 〖菌〗バーティシリウム《バーティシリウム属の不完全菌類の総称》.

ver·tig·i·nous /vɚˈtɪdʒənəs | vɜː-/ 形 ❶ めまいがする, 目が回る;目が回るような: a ~ height [speed] 目が回るような高所[スピード]. ❷ 旋回する,ぐるぐる回る. ❸ 目まぐるしい,変わりやすい,不安定な. ~·ly 副. 图 vertigo.

ver·ti·go /ˈvɚːtɪɡoʊ | ˈvɜːtɪ-/ 图 Ⓤ 《通例高所から下を見た時の》めまい;空間識失調. 〖L *vertere* to turn〗

ver·ti·sol /ˈvɚːtɪsɑːl | ˈvɜːtɪsɒl/ 图 〖土壌〗バーティゾル《湿潤気候と乾燥気候が交互に現われる地域における粘土質の土壌》.

ver·tu /vɚˈtuː | vɜː-/ 图 =virtu.

ver·vain /ˈvɚːveɪn | ˈvɜː-/ 图 〖植〗クマツヅラ.

verve /vɚːv | vɜːv/ 图 《芸術作品や行動に現われた》気迫,熱情,活気: with great ~ 非常な気迫[熱情]をこめて. 〖F=言葉による表現力 < L *verbum* word〗

ver·vet /ˈvɚːvɪt | ˈvɜː-/ 图 〖動〗サバンナザル, サバンナモンキー《アフリカ南部および東部産のオナガザル;顔と手足が黒い》.

※ver·y /ˈvéri/ 副 [比較なし] ❶ a [原級の形容詞・副詞の程度を強めて] 非常に, 大いに, 大変, とても : a ~ little (time [sugar]) ごくわずかの(時間[砂糖]) / He walked ~ carefully. 彼はとても注意して歩いた / That's a ~ easy matter for me. そんなことは私には朝飯前の仕事だ.

┌─── 語法 ───
│(1) 比較級の形容詞・副詞は much または far で修飾する;最上級の場合は ⇒ 3: He walked *much* [*far*] more carefully. 彼は前よりもずっと気をつけて歩いた.
│(2) 動詞は (very) much で修飾する《★ very だけは間違い》: Thank you ~ *much*. どうもありがとう.
│(3) 現在分詞形の形容詞の場合は very を用いる: a ~ dazzling light ひどくまばゆい光.
│(4) 過去分詞形の形容詞が Ⓐ に用いられた場合, 特に名詞との意味上の関係が間接的な場合には very を用いる: a ~ valued friend とても大事な友だち / He wore a ~ worried look. 彼はたいへん当惑した顔をしていた.
│(5) 過去分詞が明確な受身に用いられた場合は (very) much を用いる;しかし, 特に感情や心的状態を表わす過去分詞は形容詞並みに扱われ, very が用いられる: This picture has been (very) *much* admired [criticized, discussed]. この絵はたいへん称賛[批判, 論議]の的となっている / I was ~ pleased [tired, surprised, amused, excited, puzzled, interested]. 私はとてもうれしかった[くたびれた, びっくりした, 楽しかった, 興奮した, 当惑した, おもしろかった].
└──────────

b [通例程度を示さない形容詞を強めて] まさに, まさしく: That's ~ true. それはまさに当たっている / That was a ~ wrong [Japanese] thing to say. その発言はまさしく見当違い[日本的]であった, それは全く間違った[いかにも日本人的な]言いぐさだった.

❷ [否定文で] **a** あまり[そんなに](…ではない): *not of* ~ much use たいして役に立たない / This is *not* a ~ good piece of work. これはあまりよい作品ではない / "Are you busy?" "No, *not* ~." 「お忙しいですか」「いや, 別に」/ This isn't [is *nót*] ~ góod. これはあまりよくない《★ good に第一強勢が置かれる点に注意;This isn't véry gòod. のように very に第一強勢のある文は This is véry góod. の否定文で「これは非常によいというわけではない」という意味になり, …but it's quite good [better than last time] 「…だがかなり[この前よりは]よい」というような文とで用いられる. **b** [正反対の意味を婉曲に表わして] 全然(ちっとも)(…でない): I'm *not* feeling ~ well. 全然気分がすぐれない.

❸ [形容詞の最上級, same, last, opposite または own の前に添えて強意的に用いて] まったく, まさに: Do your ~ best. 《な的最善を尽くせ / It's the ~ *last* thing I expected. それは私にはまったく思いもよらない事だ / They used the ~ *same* words as I did. 彼らは私とまったく同じ語を用いた / You can keep this book for your ~ *own*. この本は君自身のものとしてとっておいてよい 〖用法〗 one's ~ own は多くの場合子供に対して言うか, または子供が言う時に用いる.

áll véry wéll [fíne] 《口》 [通例 but…を従えて] まことにけっこうなこと(だが), (…するのはかまわないが): "I'll buy her a pearl necklace!" "That's *all* ~ *well* [It's *all* ~ *well* to say that], *but* where will you get the money?" 「彼女に真珠のネックレスを買ってやるつもりだ」「たいへんけっこうだ[そう言うのはけっこうだが], お金はどこで手に入れるのかね」

Véry fíne! (1) すてきだ, けっこうだ. (2) [しばしば反語的に] お見事なこと!

Véry góod. [命令・指示に対して] わかりました, 承知しました: V- good, sir [ma'am]. だんなさま[奥さま], かしこまりました.

Véry múch sò. [相手の言うことを強く肯定して] 《口》 (はい), 全くその通りです.

Véry wéll. いいよ, けっこうだ, 承知した《★しばしばしぶしぶながらの承諾の意を表わす時に用いる》: Oh, ~ *well*! If that's the way you want it. 君がそうするほうがいいというのならいいさ《仕方がない》.

── 形 Ⓐ (ver·i·er; ver·i·est) 〖用法〗 比較変化は現代英語ではほとんど用いられない;cf. 2) ❶ [比較なし] [the, this, that または所有格人称代名詞に伴って強意を表わして] **a** まさしくその, ちょうどその, …にほかならない: That's *the* ~ thing I was looking for. それはまさしく私の探していたものだ / You must do it *this* ~ day [minute]. きょう[今] すぐしなければならない / This happened under her ~ eyes. このことは彼女のすぐ目の前で起こった / He was caught in *the* ~ act. 彼はまさに現行中を[現場で]捕らえられた. **b** [the ~ で] 全くの, ぎりぎりの《★ top, bottom, beginning, end, heart などの「端」や「中心」などを示す名詞と共に用いる》: at *the* ~ beginning of the party パーティーが始まった途端に / I saw the bird at *the* ~ top of the tree. 木のてっぺんにその鳥を見た. **c** [the ~ で] …でさえも: *The* ~ thought of it is disgusting. それを思うだけでも気持ちが悪い / *The* ~ stones cry out. 石でさえ叫ぶ, 「鬼神も泣く」. ❷ 《古》真の, まさしく…といわれるに足る (⇒ veriest): a ~ knave まさに悪党. 〖F < L *verus* true〗

véry hìgh fréquency 图 Ⓤ 〖通信〗超短波《30–300メガヘルツ;⇒ VHF》.

Vér·y lìght /ˈvɪ(ə)ri-, ˈvéri-/ ベリー式信号《夜間飛行機着陸の合図・救難信号などに用いる色彩閃光》.

véry lòw fréquency 图 Ⓤ 〖通信〗超長波《3–30キロヘルツ;略 VLF》.

ves·i·cal /ˈvésɪk(ə)l/ 形 〖解〗嚢(のう)の, (特に)膀胱(ぼうこう)の.

ves·i·cant /ˈvésəkənt/ 形 〖医〗水疱を生ずる;発疱させる. ── 图 〖医〗発疱薬;〖軍〗糜爛(びらん)性毒ガス.

ves·i·cate /ˈvésəkeɪt/ 動 〖医〗発疱させる[する].

ves·i·ca·tion /ˌvèsəˈkeɪʃən/ 图 〖医〗発疱;発疱疹.

ves·i·ca·to·ry /ˈvésɪkətɔːri | -kèɪtəri/ 形 图 =vesicant.

ves·i·cle /ˈvésɪkl/ 图 ❶ 〖解·動〗小嚢(のう), 小胞. ❷ 〖医〗

ve·sic·u·lar /vəsíkjulə/ |-lə/ 形 医 小胞(性)の, 小水疱(性)の.

ve·sic·u·late /vəsíkjuleɪt, -lɪt/ 形 小囊のある[でおおわれた]; 小囊[小胞]性の. ── 動 /-lèɪt/ 自 小囊[小胞]を生ずる. ── 他 …に小囊[小胞]を生じさせる. **ve·sìc·u·lá·tion** 名

ves·per /véspə | -pə/ 名 ❶ [V~] (詩) 宵の明星 (cf. Phosphor). ❷ [複数形で; 単数または複数扱い] **a** (カト) 晩課(の時刻) (**聖務日課**(定時) (canonical hours))の一つ; 日没前後). **b** (英国教) 晩禱. ── A 晩課[晩禱]の. 〖L=evening〗

ves·per·tine /véspəṭɪn, -taɪn | -pətàɪn/ 形 ❶ 晩の, 夕べの, 夕方に現われる. ❷ 動 夕方に現われる[飛ぶ], 薄暮(活動)性の (crepuscular). ❸ 植 夕方に咲く.

Ves·puc·ci /vespúːtʃi/, **A·me·ri·go** /ɑ̀ːmərígoʊ/ 名 ベスプッチ (1454?-1512; イタリアの航海者・探検家; ★地名の America は彼のラテン名 *Americus Vespucius* から由来する).

*__ves·sel__ /vés(ə)l/ 名 ❶ (通例ボートより大型の) 船: a merchant ~ 商船 / a sailing ~ 帆船. ❷ (古風) 容器, 器 (つぼ・コップ・瓶・なべ・バケツなど液体を入れる通例丸形の容器をいう). ❸ 解・動 導管, 脈管, 管: a blood ~ 血管. 〖F<L=小さな器<VAS〗 類義語 ⇨ ship.

*__vest__ /vést/ 名 ❶ **a** (米) ベスト, チョッキ ((英) waist-coat). **b** (英) 市販用器. ❷ (身を守るために) 上半身につける衣服: a bullet proof ~ 防弾チョッキ. ❸ (英) 肌着, シャツ ((米) undershirt). ❹ (婦人服の胸の) V字型前飾り. *close to the vést* (米) 慎重に[し], 用心深く[い]. ── 動 他 ❶ (権利・財産などを)(人に)与える, 付与する (通例受身): In Japan authority *is* ~*ed in* the people. 日本では主権は国民にある / The President *is* ~*ed with* plenary powers. 大統領は全権を与えられている. ❷ (古) 〈人に〉衣服を着せる; (特に)〈司祭に〉〖祭服〗をつけさせる (*with*). ── 自 ❶ (権利・財産などが)(人に)帰属する (*in*). ❷ (古) 祭服を着る. 〖F<It<L=衣服〗

Ves·ta /véstə/ 名 ロ神 ウェスタ 《火と炉の女神; ギリシア神話の Hestia に当たる》.

ves·tal /vést(ə)l/ 形 ❶ ウェスタの[に仕える]: ⇨ vestal virgin. ❷ 処女の, 純潔な. ── = vestal virgin.

véstal vírgin 名 ウェスタに仕えた処女, 神女 《女神の祭壇に燃える不断の聖火を守った6人の処女の一人》.

vést·ed /véstɪd/ 形 ❶ 法 〈権利など〉所有の確定した, 既定の, 既得の. ❷ 祭服を着けた; 〈スーツが〉ベスト付きの.

†**vést·ed ínterest** 名 ❶ C **a** 法 既得権, 確定的権利. **b** 利害関係, 利権: He has a ~ *in* the outcome of the vote. 彼は投票の結果に利害関係がある. ❷ [複数形で] (営利事業・現存体制などからの)受益団体[階層].

vésted ríght 名 法 既得権.

vest·ee /vestíː/ 名 ベスティー (婦人服の前飾りの一種).

ves·ti·ar·y /véstièri | -tiəri/ 名 衣服の, 法衣の, 祭服の. ── 名 衣類保管室[箱]; 衣服, (特に)法衣[祭服]一式.

ves·tib·u·lar /vestíbjulə | -lə/ 形 ❶ 玄関の, 入り口の間の. ❷ 解 前庭[前房, 前室]の.

ves·ti·bule /véstəbjùːl/ 名 ❶ 玄関, 玄関ホール, ロビー. ❷ (米) 連廊, デッキ (客車の前後にある出入り用の小室で連絡通路となる; cf. vestibule train). ❸ 解 前庭, (特に) (内耳の)迷路前庭. 〖F<L〗

véstibule tràin 名 (米) 連廊列車 《各車両が通り抜けられる列車; 日本の列車はこの型式のもの; cf. compartment 2, corridor train》.

ves·tib·u·lo·cóch·le·ar nérve /vestìbjuloukɑ́klɪə-| -liə-/ 名 医 前庭蝸牛神経, 聴神経 (auditory nerve).

†**ves·tige** /véstɪdʒ/ 名 ❶ 痕跡(形), 跡, 面影, 名残, 形跡: These fragments of the wall of London are ~*s of* the Roman occupation. これらロンドンの城壁の断片はローマによる占領の名残である. ❷ [通例否定語に伴って] ほんの少し(も…ない): There's *not* a ~ *of* truth in what he says. 彼の言うことには一かけらの真実もない. ❸ 生 痕跡(器官), 退化器官. 〖F<L=足跡〗 類義語 ⇨ trace¹.

ves·tig·i·al /vestídʒiəl/ 形 ❶ 痕跡の, 名残の. ❷ 生 退化した: a ~ organ 痕跡器官. ~**·ly** 副

ves·ti·ture /véstɪtʃə/ 名 ❶ (古) 衣服, 衣装.

vest·ment /vés(t)mənt/ 名 [しばしば複数形で] 衣服, 衣装; (特に)法衣, 祭服 《一般に聖職者・聖歌隊員などが礼拝の際に着る cassock, stole, surplice など》. 〖VEST+-MENT〗

vést-pócket 形 (米) ❶ 懐中用の, ごく小型の: a ~ camera ポケット型[小型]カメラ / a ~ edition (書物の)ポケット版. ❷ ごく小規模の: a ~ park 小公園.

ves·try /véstri/ 名 ❶ (教会の)祭服室, 聖具室 (sacristy) 《祭服・聖具具・聖文書などを保管し, また祭服着替え室用になる》. ❷ 教会付属室 《事務室・祈禱(ξ) 会室・日曜学校教室用》. ❸ [集合的; 単数または複数扱い] (米国聖公会・英国国教会の)教区委員(会). 〖VEST+-RY〗

vés·try·man /-mən/ 名 (-men /-mən/) 教区委員.

ves·ture /véstʃə | -tʃə/ 名 U (詩・文) 衣服, 衣類; おおい.

Ve·su·vi·an /vəsúːviən/ 形 ❶ ベスビオ山(のような). ❷ 火山(性)の.

Ve·su·vi·us /vəsúːviəs/, **Mount** 名 ベスビオ山 《イタリア南部ナポリ湾頭の活火山》.

*__vet¹__ /vét/ 名 (口) 獣医; [vet's として] 家畜病院, 動物病院. ── 動 他 (**vet·ted**; **vet·ting**) ❶ 〈人・ものを〉綿密に調べる, 点検する (screen): He was thoroughly vetted. 彼の身元調査が徹底的に行なわれた. ❷ 〈動物を〉診療する. 〖VET(ERINARIAN)〗

vet² /vét/ 名 形 (米口) =veteran.

vetch /vétʃ/ 名 U 植 ベッチ (オオカラスノエンドウなど飼料・緑肥として利用するソラマメ属の植物).

vetch·ling /vétʃlɪŋ/ 名 植 レンリソウ属の各種の草本[草花].

*__vet·er·an__ /vétərən, -trən/ 名 ❶ 老練家, ベテラン; 長老 (比較 日本語の「ベテラン」はむしろ expert に当たる; ↔ novice). ❷ (米) 復員軍人, 退役軍人, 在郷軍人 ((英) ex-serviceman, ex-servicewoman). ── 形 A ❶ 老練な, 老巧な: ~ troops 歴戦の精鋭部隊 / a ~ golfer [lawyer] 老練なゴルファー[弁護士]. ❷ (米) 退役(軍人)の. 〖L<*vetus*, *veter*-old〗

véteran càr 名 (英) クラシックカー (1905年または1916年以前に製造されたものをいう; cf. vintage car).

Véterans Administràtion 名 [the ~] (米) 復員軍人援護局 《現在は Department of Veterans Affairs に引きつがれている》.

Véterans [Véterans'] Dày 名 (米・カナダ) 復員軍人の日, 終戦記念日 《ほとんどの州で11月11日; cf. Armistice Day, Remembrance Sunday》.

*__vet·er·i·nar·i·an__ /vètərənéə)riən, -trə-/ 名 (米) 獣医 ((英) veterinary surgeon).

vet·er·i·nar·y /vétərənèri, -trə- | -n(ə)ri/ 形 A 獣医(学)の: a ~ hospital 家畜[動物]病院 / ~ medicine 獣医学. ── 名 (米) 家畜の.

véterinary súrgeon 名 (英) 獣医 ((米) veterinarian) (略 VS).

vet·i·ver /vétəvə | -və/ 名 植 ベチベルソウ (熱帯インド産のイネ科の草本); ベチベルソウの根 《香油を採り, また扇・敷物・すだれなどを作る》.

*__ve·to__ /víːtoʊ/ 名 (徴 ~**es**) ❶ **a** U,C (他の機関による法案・決議などに対する)拒否権; 拒否権の行使[発動]: use [exercise] the power [right] of ~ *over*…に拒否権を行使する / *Congress overrode the President's* ~ *of* the bill. (米) 議会は大統領の法案に対する拒否権の行使をくつがえした 《両院でそれぞれ出席議員の3分の2以上の多数で再決議されれば可能》. **b** C (米) (大統領の)拒否教書 [通告書] (= message): The president delivered his ~ to Congress. 大統領は拒否通告書を議会に提出した. ❷ C 断固とした拒否, 厳禁: put a ~ on…を拒否する, 厳禁する. ── 動 他 (**ve·toed**; **ve·to·ing**) ❶ 〈提案・議案などを〉拒否する: ~ a bill 法案を拒否する. ❷ 〈行為などを〉差し止める, 厳禁する. ~**·er** 名 〖L=私は

vex /véks/ 動 他 ❶ 〈人を〉いらだたせる, じらす, うるさがらせる (annoy) (cf. vexed 2): His conduct ～ed his mother. 彼の行状に母親は心を痛めた. 〈人を〉悩ます, 当惑させる: There was another grave problem to ～ him. 彼を困らせるもう一つの深刻な問題があった. 〖F＜L *vexare* to shake, trouble〗 名 vexation) 〖類義語〗⇒ bother.

vex·a·tion /veksérʃən/ 名 ❶ Ⓤ いらだたしさ, いまいましさ, 無念, 心痛, 不快: to a person's ～ いまいましいことには / in ～ of spirit [mind] 心悩んで, 心痛して. ❷ Ⓒ 〖しばしば複数形で〗苦しみ[悩み]の種, 困ったこと, ままならぬこと: the little ～s of life 人生のままならぬ些事(じ). 動 vex)

vex·a·tious /veksérʃəs/ 形 煩わしい, じれったい, 腹立たしい, いまいましい. ～·ly 副

vexed /vékst/ 形 Ⓐ〈問題が〉頭を悩ます; 盛んに論じられる (thorny): It's a ～ problem. それは〈なかなか結論の出ない〉やっかいな問題だ. ❷ Ⓟ〖古風〗いらいらして, 困って (cf. vex ❶ 1): I'm ～ with him. 彼に腹を立てている. **véx·ed·ly** /-sɪdli/ 副 怒って, 腹を立てて.

vex·il·lol·o·gy /vèksəláladʒi |-lól-/ 名 Ⓤ 旗学(旗のデザイン・歴史などの研究). **-gist** 名 **vex·il·lo·log·i·cal** /vèksɪláládʒɪk(ə)l |-lɔ́l-/ 形

vex·il·lum /veksíləm/ 名 〖複 **-la** /-lə/〗❶〈古代ローマの〉軍旗; 軍旗を戴く部隊. ❷〖鳥〗羽枝(ふん) (vane). ❸ 〖植〗マメ科植物の旗弁(ん).

YF〖略〗video frequency.

V-formàtion /víː-/ 名 〈飛ぶ鳥の群れ, 飛行機などの〉V字編隊.

VFW〖略〗〖米〗Veterans of Foreign Wars 海外戦争復員兵協会. **VG**〖略〗very good.

VGA /víːdʒíːéɪ/ 名 〖単数形で〗VGA (パソコンの画面解像度規格の一つ. 《*video graphics array*》

vgc〖略〗very good condition (広告で用いる).

VHF /víːèɪtʃéf/ 名 Ⓤ 〖通信〗超短波 (cf. UHF): broadcast on ～ 超短波放送をする / a ～ radio 超短波ラジオ. 《*very high frequency*》

VHS /víːèɪtʃés/ 〖略〗〖商標〗video home system《日本ビクターの開発によるビデオ方式; cf. Betamax》.

vi., v.i.〖略〗verb intransitive (cf. vt., v.t.).

vide infra.

***vi·a** /váɪə, víːə/ 前 ❶ ⋯経由で, ⋯を経て (by way of): He flew to New York ～ Chicago. 彼はシカゴ経由の(飛行機で)ニューヨークへ行った. ❷ 〈手段・交通など〉手段・媒体を表わして〗⋯によって: ～ air mail 航空便により / The Olympics were telecast live ～ satellite. オリンピックは衛星中継で生放送された. 〖L ＜ *via* way; cf. deviate, trivial; obvious, previous; convey, convoy, envoy〗

vi·a·bil·i·ty /vàɪəbíləti/ 名 Ⓤ ❶ 〈計画などの〉実行可能性. ❷ 生存能力, 生活力, (特に胎児・新生児の)生存力.

vi·a·ble /váɪəbl/ 形 ❶ 〈計画など〉**実行[実現]可能な**, 成功が見込める: a ～ alternative 実行可能な代案 / economically [politically] ～ 経済的[政治的]にうまくいく. ❷〈胎児・新生児など〉体外で[生育]できる. **vi·a·bly** /-bli/ 副 〖F＜*vie* life (＜L *vita* life)+-ABLE〗

vi·a·duct /váɪədʌ̀kt/ 名 陸橋, 高架橋[道路]. 〖L *via* way+(AQUE)DUCT 水路〗

Vi·ag·ra /vaɪǽgrə/ 名 〖商標〗バイアグラ (男性の性的不能治療薬).

vi·al /váɪəl/ 名 ガラス瓶; 水薬瓶 (比較》《英》では phial のほうが一般的).

vi·a me·di·a /váɪəmíːdiə, víːəméɪ-/ 名 中道 (特にカトリックとプロテスタントの中間の英国教会の立場).

vi·and /váɪənd/ 名 〖複数形で〗〖文〗(特に高級な, または珍味の)食物, 食料. 〖F＜L＝生きるためのもの＜*vivere* to live〗

vi·át·i·cal séttlement /vaɪǽɾɪk(ə)l-/ 名 〖保〗生前譲渡, 末期換金 (末期患者の生命保険証券を慈善機関などの第三者に割引で売却して代金を患者の医療費などに使うこと; cf. death futures).

vi·at·i·cum /vaɪǽɾɪkəm/ 名 〖複 **-ca** /-kə/, ～**s**〗 ❶ 〖キ教〗臨終の聖体拝領. ❷ 〖古〗旅行[出張]手当, はなむけ, 餞別.

⁺**vibes** /váɪbz/ 名 ❶ 〖口〗〖通例単数扱い〗＝ vibraphone. ❷ 〖複数扱い〗＝vibration 2.

vi·bran·cy /váɪbrənsi/ 名 Ⓤ 〖また a ～〗活気(にあふれていること); 〈音・声の〉反響; 〈色・光の〉鮮やかさ.

⁺**vi·brant** /váɪbrənt/ 形 ❶ **a** 震える, 震動する. **b** 〈音・声が〉響き渡る. **c** 〈色・光が〉鮮やかな, きらめく (brilliant). ❷ **a** 活気に満ちた (exciting). **b** すぐに反応する, 敏感な. **c** ぞくぞく〔する〕〈ような〉, スリリングな. **d** Ⓟ 〈生気などで〉鼓動して, 脈打って: a city ～ *with* life 活気のみなぎる都会.

vi·bra·phone /váɪbrəfòʊn/ 名 ビブラホン (marimba に似た楽器).

⁺**vi·brate** /váɪbreɪt | ‐‐́/ 動 自 ❶ 揺れる, 振動する: Strings ～ when plucked. 弦は弾くと振動する / Their house ～d whenever a heavy vehicle passed outside. 彼らの家は重い車が外を通るたびに振動した. ❷ 〈声が〉震える; 〈音響が〉震わせる: Her voice ～d with enthusiasm. 彼女の声は熱意を帯びて震えた / Her shriek still ～s in my ears. 彼女の悲鳴がまだ耳の中で響いている. ❸ 〖口〗〈人・心が〉ぞくぞくする, おののく: My heart ～d *to* the rousing music. 私の心はその感動的な音楽に揺さぶられた.
— ❶ 〈⋯を〉振動させる; 揺り動かす. ❷ 〈声などを〉震わす. 〖L〗 名 vibration)

vi·bra·tile /váɪbrətl, ‐tàɪl | ‐tàɪl/ 形 振動する, 振動性の.

vi·bra·tion /vaɪbréɪʃən/ 名 ❶ ⓊⒸ 振動(する[させる]こと), 震え, 震動. ❷ Ⓒ 〖通例複数形で〗〖口〗(人・場所などから感じられる)精神的電波, 感覚的反応, 感触: The town gave me bad ～s. その町の感じはよくなかった / I got good ～s from him. 彼には好感をもった (★ 〖口〗では good [bad] vibes がよく用いられる). ❸ ⓊⒸ 〖理〗(振り子の)振動; amplitude of ～ 振幅. 動 vibrate)

vi·bra·to /vɪbrɑ́ːtoʊ, vaɪ‐/ 名 Ⓤ〖複 ～s〗〖楽〗ビブラート, 震動(音). 〖It; ⇒ vibrate〗

ví·bra·tor /váɪbreɪtər | ‐tə‐/ 名 振動する[させる]もの; 電気マッサージ器, バイブレーター(性具).

vi·bra·to·ry /váɪbrətɔ̀ːri | vaɪbréɪtəri, ‐tri/ 形 振動させる; 振動する; 振動(性)の.

vib·ri·o /víbrìoʊ/ 名 〖複 ～s〗〖菌〗ビブリオ属の各種細菌 (コレラ菌を含む).

vi·bris·sa /vaɪbrísə/ 名 〖複 **-sae** /‐brísiː/〗〖解・動〗震毛: **a** 鼻孔近くの剛毛 (感覚毛). **b** 食虫性の鳥のくちばしの近くにある剛毛.

vi·bur·num /vaɪbə́ːnəm | ‐váː‐/ 名 〖植〗ガマズミ属の各種の木 (その乾燥した樹皮は薬用).

Vic /vík/ 名 ビック(男性名; Victor の愛称).

vic.〖略〗vicinity. **Vic.**〖略〗Victoria.

***vic·ar** /víkə | ‐kə/ 名 ❶ **a** 〖英国教〗教区(代理)牧師, 副牧師 (rector の代理で教区の司祭を務める; rector と違って, もと十分の一税 (tithe) ではなく俸給 (stipend) を受けていた; cf. vicarage 2). **b** 〖米国国教会〗会堂牧師 (chapel の責任者). ❷ 〖カト〗教皇[司教]代理.
the Vícar of Chríst 〖カト〗キリストの代理者 (ローマ教皇). 〖F＜L＜ *vicis*〗

⁺**vic·ar·age** /vík(ə)rɪdʒ/ 名 ❶ 牧師館 (cf. rectory 1). ❷ vicar の聖職禄. 〖↑+-AGE〗

vícar apostólic 名 〖複 **vícars apostólic**〗〖カト〗代牧 (司教のいない教区やまだ司教区にならない教区で, 司教の代理をつとめる聖職者; 略 VA); 〖史〗教皇代理司祭.

vícar-général 名 〖複 **vícars-géneral**〗〖カト〗総代理 (カトリック・英国教会などで, bishop または修道会長の教会運営上の代理).

vi·car·i·al /vaɪkéə(ə)riəl, vɪ‐/ 形 vicar の; 代理の (delegated).

vi·car·i·ate /vaɪkéə(ə)riət, vɪ‐, ‐èɪt/ 名 vicar の職[権限], 代牧職[区].

vi·car·i·ous /vaɪké(ə)riəs, vɪ-/ [形] ❶ (他人の経験を)想像して感じる, 他人の身[気持ち]になって経験する: His success gave her ~ pleasure. 彼の成功に彼女はわがことのように喜びを感じた. ❷ 代理職の, 代理をする, 名代の: ~ authority [power] 代理職権[権能]. ❸ 身代わりの: ~ punishment 身代わり刑罰 / the ~ sufferings [sacrifice] of Christ キリストが罪人の身代わりとなった受難[犠牲]. **~·ly** [副] **~·ness** [名] 〘L; ⇨ vicar〙

*__vice__[1] /váɪs/ [名] ❶ 悪習, 悪癖, 堕落行為; (性格上の)欠陥, 弱点: Smoking is his only ~. 喫煙が彼の唯一の悪習だ. ❷ [U] 不道徳行為, 風俗犯罪, 非行 《売春・麻薬使用・ギャンブルなど》: ⇨ vice squad. ❸ [U,C] 悪, 悪徳 (↔ virtue): virtue and ~ 美徳と悪徳. ❹ [C] (馬・犬などの)悪い癖. 〘F‹L *vitium*〙 ([形] vicious) 【類義語】⇨ crime.

vice[2] /váɪs/ [名][動] 《英》 =vise.

vi·ce[3] /váɪsi/ [前] …の代わりに, …の代理として, …の後を継いで 《略 v.》. 〘L *vice* 代理で‹*vicis* 代理〙

vice- /váɪs/ [接頭] [官職・官等を示す名詞につけて] 副…, 代理…, 次…: ⇨ vice-president, *etc.* 〘↑〙

více ádmiral [名] 〔海軍〕 中将.

více-cháirman [名] ([複] -men) 副議長, 副会長, 副委員長.

více-chámberlain [名] 〔英〕 副侍従, 内大臣.

+__více-cháncellor__ [名] (主に英国の)大学副総長 《事実上の総長; cf. chancellor 5 b》.

více-cónsul [名] 副領事.

vice·ge·ren·cy /vàɪsʤí(ə)rənsi | -ʤér-, -ʤíər-/ [名] vicegerent の職[権限, 管区], 代理[代行]職.

vice·ge·rent /vàɪsʤí(ə)rənt | -ʤér-, -ʤíər-/ [名] 代理人, 代行, 代官.

více·lìke [形] 《英》 =viselike.

vi·cen·ni·al /vaɪséniəl/ [形] 20 年ごとの[続く].

více-présidency [名] vice-president の職[地位, 任期].

*__vice-president__ /váɪsprézədənt, -dnt/ [名] ❶ 《米》 副大統領. ❷ 副総裁; 副会長; 副総長; 副頭取. **více-presidéntial** [形]

vìce·régal [形] 副王, 総督の, 太守の.

vice·reine /váɪsrèɪn/ [名] ❶ 副王 (viceroy) の夫人. ❷ 女性の副王, 副女王.

vice·roy /váɪsrɔɪ/ [名] (王の代理で植民地などを統治する)副王, 総督, 太守.

více·róyalty [名] 副王の位[職, 権力, 任期, 統治領].

víceroy·shìp [名] =viceroyalty.

více squàd [名][C] [集合的; 単数または複数扱い] (売春・麻薬などを取り締まる警察の)風俗取締班.

+__vi·ce ver·sa__ /váɪs(i)vɚ́ːsə | -vɚ́ːsə/ [副] [通例 and ~ で省略文として] 逆に, 反対に, 逆もまた同様 《略 v.v.》: Cats dislike dogs, *and* ~. 猫は犬を嫌い, 犬は猫を嫌う 《★ ~ は dogs dislike cats の意》. 〘L=the position being reversed〙

Vi·chy /víʃi | víː-/ [名] ビシー 《フランス中部の町; 第 2 次大戦中ナチスの傀儡(かいらい)政府の臨時首都 (1940–44)》.

vi·chys·soise /vìʃiːswáːz/ [名][U] ビシソワーズ 《リーキ・ジャガイモ・生クリームなどで作る冷たいスープ》.

vic·i·nage /vís(ə)nɪʤ/ [名] =vicinity.

vic·i·nal /vísən(ə)l/ [形] 近所の, 近隣の.

+__vi·cin·i·ty__ /vəsínəṭi/ [名] ❶ [C] **a** 近所, 付近 《[比較] neighborhood よりも形式ばった語》: There is no hospital in the ~ (of the factory). (工場の)近所には病院はない / Is there any library in this ~? この付近に図書館がありますか. **b** [しばしば複数形で] 近隣地, 周辺: the western *vicinities* of the city 市の西の近隣地区. ❷ [U] 近くにある[いる]こと, 近接: No one was aware of his ~ ***to*** her. だれも彼が彼女の近くにいることに気づかなかった. **in the vicínity of**… (1) …の近くに (⇨ 1 a). (2) 約…, …前後で[の]: The population of this city is *in the ~ of* 200,000. この市の人口は約 20 万だ. 〘F‹L〙

*__vi·cious__ /víʃəs/ [形] (**more** ~; **most** ~) ❶ **a** 残忍な, 暴力的な (brutal): a ~ killer [murder] 残酷な殺人者[殺人]. **b** 〈動物が〉獰猛(どうもう)な, 狂暴な: a ~ dog かみつく癖のある犬. ❷ 悪意のある, 意地の悪い: a ~ attack [rumor] 悪意のある攻撃[うわさ] / a ~ look 憎々しげな目つき / a ~ temperament 意地悪な性質. ❸ 危険な, 危なっかしい, 物騒な: a *vicious*-looking sword 見るからに物騒な刀. ❹ 《口》 ひどい; 悪性の: a ~ headache 頭が割れるような頭痛 / a ~ wage-price spiral 賃上げと物価高のいたちごっこ (cf. vicious spiral). **~·ly** [副] **~·ness** [名] ([名] vice)

+__vícious círcle__ [名] ❶ (一連の事態の)悪循環. ❷ 〔論〕 循環論法.

vícious spíral [名] らせん状悪循環 《賃金上昇と物価上昇との関係などにいう》.

vi·cis·si·tude /vɪsísəṭ(j)ùːd, vaɪ- | vaɪsísətjùːd, vɪ-/ [名] ❶ [C] (物事などの)変化, 変遷(へんせん). ❷ [複数形で] (人生・運命などの)移り変わり; 栄枯盛衰, 浮沈: Life is full of ~*s*. 人生は波瀾(はらん)万丈だ. 〘F‹L〙

vi·cis·si·tu·di·nous /vɪsìsəṭ(j)úːḍənəs, vaɪ-, -dn- | vaɪsìsətjúːdɪ-ˉ/ [形] 有為(うい)転変の.

Vicks·burg /víksbəːg | -bəːg/ [名] ビクスバーグ 《Mississippi 州西部の市; 南北戦争で北軍総司令官 Grant が包囲戦を行なった激戦地 (1863)》.

vi·comte /viːkɔ́ːnt/ [名] 子爵 《英国の viscount に相当》.

vi·com·tesse /vìːkɔːntés/ [名] 子爵夫人; 女子爵.

Vict. 《略》 Victoria; Victorian.

‡__vic·tim__ /víktɪm/ [名] ❶ **a** 〔犯罪・病気・事故などの〕犠牲(者), 被害者: a rape [murder] ~ 強姦[殺人]の被害者 / an AIDS ~ エイズ患者 / a famine [flood] ~ 飢饉[洪水]の被害者 / a ~ ***of*** oppression 迫害の犠牲者 / *~s of* war 戦争の犠牲者 / a ~ ***of*** CIRCUMSTANCE 1. **b** 〔詐欺(師)などの〕かも, えじき: a ~ ***of*** a hoax 悪ふざけのかも / a fashion ~ 《英》 (似合わない服を着ているなどして)流行に振り回される人. ❷ (宗教的儀式における)いけにえ, 人身御供(ひとみごくう). **be a víctim of its ówn success** 〈物事が〉成功しすぎてかえって困った事態に陥っている. **fáll víctim to**… の犠牲になる: He *fell ~ to* his own greed. 彼は自らの貪欲の犠牲になった. 〘L〙

vic·ti·mi·za·tion /vìktɪmɪzéɪʃən | -maɪz-/ [名][U] 虐待, 迫害; 犠牲者にすること.

*__vic·tim·ize__ /víktɪmàɪz/ [動] [他] [しばしば受身で] 〈人を〉(不当に)苦しめる, 虐待する. ([名] victim, victimization)

vic·tim·ol·o·gy /vìktɪmáləʤi | -mɔ́l-/ [名][U] ❶ 被害者学 《犯罪における被害者の役割の研究》. ❷ ある個人[集団]の問題を彼[彼ら]が被害者であるからと理由づけすること.

*__vic·tor__ /víktɚ | -tə/ [名] 《文》 (戦争・競争・競技などの)勝者, 勝利者, 優勝者: To the ~ go [belong] the spoils. 《諺》 戦利品は勝者のもの 《競争・戦争などに勝った者が財や権力を得る》. 〘L‹*vincere, vict-* 征服する; cf. convince, invincible〙

Vic·tor /víktɚ | -tə/ [名] ビクター 《男性名; 愛称 Vic; cf. Victoria 1》.

vic·to·ri·a /vɪktɔ́ːriə/ [名] ❶ ビクトリア(馬)車 《一頭または二頭立て二人乗りの四輪ほろ馬車》. ❷ 〔植〕 オオオニバス 《南米産の巨大なスイレン》.

Vic·to·ri·a /vɪktɔ́ːriə/ [名] ❶ ビクトリア 《女性名》. ❷ Queen ~ ビクトリア女王 《1819–1901; 英国の女王 (1837–1901)》. ❸ 〔ロ神〕 ビクトリア 《勝利の女神》. ❹ ビクトリア州 《オーストラリア南東部の州; 州都 Melbourne》. ❺ ビクトリア 《カナダ British Columbia 州の州都》. ❻ ビクトリア 《セーシェル (Seychelles) の首都》. ❼ ビクトリア 《香港島北部の金融・行政地区》. ❽ [Lake ~] ビクトリア湖 《アフリカ最大の湖; タンザニア・ケニア・ウガンダにまたがる》.

Victória Cróss [名] [the ~] 《英》 ビクトリア十字勲章 《1856 年 Victoria 女王が制定, 殊勲のあった軍人に授けられる; 略 VC》.

Victória Dày [名] ビクトリアデー 《カナダの法定休日; 5 月 25 日の直前の月曜日で, Victoria 女王の誕生日(実際は 5 月 24 日)を記念する祝日》.

Victória Fálls [名][複] [the ~] ビクトリア滝 《ザンビア・ジンバブウェ国境の Zambezi 川にかかる幅 1700 m の大滝》.

+__Vic·to·ri·an__ /vɪktɔ́ːriən/ [形] ❶ ビクトリア女王(時代)の, ビクトリア朝(風)の: the ~ Age ビクトリア朝 (1837–

V

1901) / ~ writers ビクトリア朝作家. ❷《道義観などビクトリア朝風の》《厳格, お上品ぶり, 因襲性などを特徴とする》: a strict ~ upbringing 厳格なビクトリア朝風のしつけ. ── 图 ビクトリア女王時代の人; ビクトリア朝文学者.

Vic·to·ri·an·a /vìktɔːriǽnə, -áːnə | -áːnə/ 图 ビクトリア朝の物品[装飾品, 骨董品].

Vic·to·ri·an·ism /-nìzm/ 图 Ⓤ ビクトリア朝風[主義] (cf. Victorian 形 2).

Victória sándwich [spónge] 图《英》ビクトリアサンドイッチ[スポンジ]《ジャムなどをはさんだ2層重ねのスポンジケーキ》.

⁺**vic·to·ri·ous** /vɪktɔ́ːriəs/ 形 (more ~; most ~) ❶ 《比較なし》勝利を得た, 戦勝者たる, 勝ち誇る (triumphant): a ~ army 征服軍 / the ~ team 優勝チーム / Our troops were ~ *over* the enemy [*in* the battle]. わが軍は敵に[戦闘に]勝った. ❷ 《限定》勝利の[を示す]: a ~ cheer 勝利のかっさい / a ~ smile 勝利の笑顔. ~·**ly** 副 ~·**ness** 图 《图 victory)

víctor lu·dór·um /-ludɔ́ːrəm/ 图 《競技会の》最高殊勲選手. 〔L=victor in games〕

⁕**vic·to·ry** /víktəri, -tri/ 图 C,U 勝利, 戦勝《略 V》(↔ defeat): a ~ *in* sports 競技での勝利 / lead the ~ team to ~ 軍を勝利に導く / gain [win] a ~ *over* [*against* ...] (...に対し)勝利を得る / a resounding [narrow] ~ 圧勝[辛勝] / scamper [romp, sweep] to ~ 楽々と勝利を収める / V~ was ours. 勝利はわが方にあった / a ~ for common sense 良識の勝利《道理にかなった[公正な]解決策・判断など》. 〔F<L *victoria*, *vic* > victor〕 (形 victorious) 【類義語】**victory** 戦争・スポーツその他の広い意味での戦いにおける「勝利」を意味する最も一般的な語. **triumph** 完全な勝利・成功で, その喜びの感じを表わすことが多い. **conquest** 抵抗した相手を屈服させて支配した勝利.

víctory róll 图 《飛行任務が成功したことの合図としての》回転飛行.

vict·ual /víṭl/ 图 《複数形で》食物, 食料. ── 動 (**vict·ualed**, 《英》-**ualled**; **vict·ual·ing**, 《英》-**ual·ling**) 他《軍隊などに》食料を供給する; 《船に》食料を積み込む. ── 圇 食物を仕込む, 食料を積み込む.

víct·ual·(l)er /-ṭələ | -lə/ 图 ❶ 《船舶・軍隊への》食料品供給者. ❷ 《英》=licensed victualler.

vi·cu·ña, vi·cu·na /vaɪk(j)úːn(j)ə, vɪ-/ 图 ❶ Ⓒ 《動》ビクーニャ《南米産ラクダ科のラマ (llama) に似た野生動物》. ❷ Ⓤ ビクーニャの毛または類似の毛で織ったラシャ.

vid. 《略》vide.

vi·de /váɪdiː, víːdeɪ/ 動 《命令法で》《...を》見よ, ...参照《略 v., vid.》: ~ [v.] p. 30 [Webster] 30 ページ[ウェブスター]参照 / ~ infra 下, 下記参照《略 v.i.》 / ~ supra 上を見よ, 上記参照《略 v.s.》. 〔L=見よ<*videre* 見る〕

vi·de·li·cet /vɪdéləsèt, vaɪ-/ 副 すなわち, 換言すれば《略 viz.; cf. i.e.》. 〔L=it is permitted to see〕

⁕**vid·e·o** /vídioʊ/ 图 (働 ~**s**) C,U ビデオテープ (videotape); ビデオカセット, ビデオソフト: a blank ~ 空ビデオテープ / "The Matrix" is available on ~ and DVD 「マトリックス」はビデオと DVD で出ている / watch a ~ of "War and Peace" 「戦争と平和」のビデオ(テープ)録画を見る. ❷ C ビデオ(テープ)録画; ミュージックビデオ. ❸ C 《英》ビデオレコーダー. ❹ Ⓤ ビデオ機器を使って録画・再生すること. ❺ Ⓤ 《テレビ》(audio に対して)映像(部分), ビデオ. ❻ Ⓤ 《米》テレビ. ── 形 《比較なし》A ❶ テレビの[で行なう]: ~ videoconference. ❷ 《テレビ》映像(部分)[ビデオ]の, 録画の. ── 動 《英口》《番組などを》ビデオテープにとる, 録画する. 〔L=I see <*videre* 見る〕

vídeo arcàde 图 ゲームセンター.

vídeo càmera 图 ビデオカメラ.

vídeo·càrd 图 《電算》ビデオカード (video controller).

vídeo·cassétte 图 ビデオカセット: a ~ recorder ビデオカセット用レコーダー《略 VCR》.

vídeo·cònference 图 《テレビ回線を用いて遠隔地を結ぶ》テレビ会議.

vídeo contròller 图 《電算》ビデオコントローラー《コンピューターの映像処理回路; またそれを搭載した拡張カード》.

vídeo·dìsc 图 ビデオディスク.

vídeo displáy tèrminal 图 《電算》ビデオディスプレー端末, 端末表示装置《略 VDT》.

vídeo frèquency 图 《テレビ》映像周波数《略 VF》.

vídeo gàme 图 テレビ[ビデオ]ゲーム.

vídeo·gráphics 图 《単数または複数扱い》《電算》ビデオグラフィックス《動画の生成・表示法; またその映像》.

vid·e·óg·ra·phy /vìdiágrəfi | -díəg-/ 图 Ⓤ ビデオカメラ撮影(術). **vid·e·óg·ra·pher** /-fə | -fə/ 图

vídeo jòckey 图 ビデオジョッキー, VJ《音楽ビデオ番組やディスコで, ビデオを流しながらおしゃべりをする人》.

vídeo násty 图 《口》暴力的な[猥褻(ﾜｲｾﾂ)な]ビデオ.

vídeo on demánd 图 Ⓤ ビデオ・オン・デマンド《サーバーに蓄えておいた番組から, 利用者からの要求に応じてネットワークを通じて配信するテレビ形態; 略 VOD》.

vídeo·phìle 图 ビデオ愛好者, ビデオマニア.

vídeo·phòne 图 テレビ電話.

⁺**vídeo plàyer** 图 ビデオ再生装置.

Vídeo Plús 图 《商標》ビデオプラス《ビデオで番組の録画予約を行なうための数字による予約システム; G コードの一種》.

vídeo recòrder 图 ビデオレコーダー.

vídeo strèaming 图 《電算》動画ストリーミング (⇒ streaming).

⁺**vid·e·o·tape** /vídioʊtèɪp/ 图 U,C ビデオテープ《磁気録画[録音用テープ]》, ビデオカセット. ── 動 《番組などを》ビデオテープにとる, 録画する.

vídeotape recòrder 图 =video recorder 《略 VTR》.

vídeotape recòrding 图 U,C ビデオテープ録画[録音], ビデオ撮り《略 VTR》.

vid·e·o·tex /vídioʊtèks/ 图 Ⓤ ビデオテックス《電話回線またはテレビ回線を用いて大型コンピューターの情報をブラウン管に映し出すシステム》.

⁺**vie** /váɪ/ 動 《~**d**; **vy·ing**》 ❶ 《人と》優劣を争う, 競う, 競争する, 張り合う (compete): They ~*d with* each other *for* the prize. 彼らは互いにその賞を得ようと競い合った / They all ~*d in* trying to win her favor. 皆は彼女の歓心を得ようと張り合った. ❷ 《...の点で》優劣なし: They ~*d in* wit. 彼らは機知で(は)伯仲していた. **ví·er** 图 〔F<L=誘う〕

vi·elle /viél/ 图 《楽》ビエール《12-13 世紀の五弦琴; のちに hurdy-gurdy》.

Vi·en·na /viénə/ 图 ウィーン《オーストリアの首都》.

Viénna sáusage 图 C,U ウィンナソーセージ.

Vi·en·nese /vìəníːz⁻/ 形 ウィーンの; ウィーン風の. ── 图 《働 ~》ウィーン人.

Viennése wáltz 图 ウィンナワルツ《Vienna で始まったテンポの速い円舞曲》.

Vien·tiane /vjèntjáːn/ 图 ビエンチアン《ラオスの首都》.

Vi·et·cong, Vi·et Cóng /vìːetkɑ́ŋ, vièt- | -kɔ́ŋ⁻/ 图 《働 ~》ベトコン《ベトナム戦争中の》ベトコン《南ベトナム解放民族戦線の兵士の俗称》.

Vi·et·nam /vìːetnáːm, vièt-, -nǽm⁻/ 图 ベトナム《インドシナ東部の共和国; 首都 Hanoi》.

Vi·et·nam·ese /vìètnəmíːz, vjèt- | vìet-⁻/ 形 ❶ ベトナムの. ❷ ベトナム人[語]の. ── 图 《働 ~》 ❶ C ベトナム人. ❷ Ⓤ ベトナム語.

Viétnam Wár 图 《the ~》ベトナム戦争 (1954-75).

vieux jeu /vjúː ʒúː, -ʒə́⁻/ 形 图 時代遅れの[旧式の, 古臭い](もの). 〔F=old game〕

⁕**view** /vjúː/ 图 ❶ C 《しばしば複数形で》《...についての》《個人的な》意見, 見解, 考え: They have different ~s. 意見が違っている / My father had strong ~s *about* lying. 父はうそをつくことについては厳しい考え方をしていた / What are your ~s *on* his proposal? 彼の提案についてどうお考えですか / In my ~, she was imprudent. 私の考えでは彼女は軽率だったと思う / [+*that*] People used to hold the ~ *that* the earth was flat. 人々は地球が平らであるという考えをもっていた. ❷ C [通例単数形で; 修飾

語を伴って)(特定な)見方, 考え方: an inside [insider's] ～ 内情を知っている者の見方 / take a general ～ of... を概観する / take the long ～ of... (を目先にとらわれないで)長い目で見る / take a dark [favorable] ～ of... を悲観的[好意的]に見る / He presented quite a new ～ of the affair. 彼はその事件についてまったく新しい見方を示した. ❸ Ⓤ 見える状態[範囲], 視界, 視野: one's field of ～ 視野 / be in (plain) ～ くものが見えている, 丸見えである / We turned a corner and came in ～ of the house [and the house came into ～]. 角を曲がるとその家が見えてきた / Soon the plane disappeared from ～ [passed out of ～ / was lost to (our) ～]. まもなく飛行機は視界から消えた / Try to keep that car in ～. あの車を見失わないようにしろ / He did it in full ～ of the children. 彼は子供たちから丸見えの所でそれをした / There were no trees anywhere within ～. 見渡したところどこにも木はなかった. ❹ Ⓒ a 光景, 景色, 眺め, 眺望, 見晴らし: a distant ～ 遠景 / quiet rural ～ 静かな田園風景 / a room with a sea ～ 海の見える部屋 / The place has a fine ～ of the lake. その場所からその湖のすばらしい光景が眺められる / From the road there was no ～ of the beach. その道路から浜辺は見えなかった. b 風景画[写真]; 展望図: a postcard with a ～ of the town 町の風景の絵葉書 / the back [front] ～ 背[正]面図 / a perspective ～ 透視図. ❺ [単数形で] 見る[眺める]こと, 観覧, 見学; 観察 ～ 内覧: It was our first ～ of the ocean. その時我々は初めて大洋を見た / If you go up there, you can get a better ～ of the parade. あそこに上がればパレードがよく見えますよ. ❻ Ⓤ.Ⓒ 目的, 計画; 期待, 見込み; 考慮: a project in ～ 考慮中の計画 / with this [that] ～ この[その]目的で, この[その]ために / leave...out of ～ ...を問題外とする, ...を考えに入れない / I have nothing in ～ for tomorrow. あすの予定は何もない / He has only money in ～. 彼はただお金が目当てだ / I will meet [fall in with] your ～s on this matter. 《文》この件ではあなたのご期待に添えるでしょう. in view of 《文》(1) ...の見える所に (⇨ 3). (2) ...を考慮して, ...の点から見て; ...のゆえに (considering): In ～ of the board's disapproval we have dropped the plan. 役員会で賛成されなかったのでその計画をとりやめにした. on view 展示して, 展覧中で (on show): The latest models are now on ～. 最新型が今展示されています. point of view ⇨ POINT 名[成句]. take a dim view (of...) ⇨ dim 形[成句]. with a view to... [しばしば動名詞を伴って] ...するために, ...することを目ざして (★ to do を用いるのは《俗》; 形式ばった表現で, (in order) to do または with the intention of doing のほうが一般的的): We have established the institute with a ～ to diffusing scientific knowledge. 科学知識の普及を目ざしてこの協会を設立した.
―― 動 他 ❶ a [視点や様態などの副詞(句)を伴って] <...を>...の目で見る, 考える: He doesn't ～ this matter in the same light. 彼はこの事に対しては同じ見方をしていない / We ～ the policy with skepticism. 我々はその政策を懐疑的に見ている / The problem must also be ～ed from the employers' angle. その問題はまた雇用者の観点からも眺めなければならない / The project was ～ed favorably by the committee. その案は委員会は好感を示した. b <...を×...と>みなす (regard): [＋目＋as 補] These cases are being ～ed as models. これらの例は模範的なものとされている. ❷ <...を×...を>見る, 眺める (watch): ～ a play [garden] 観劇する[庭園を観賞する]. b <家・アパートなどを>調べる, 検分する; <死体などを>検分する: ～ a house (買おうかどうか家を検分する). c <テレビ番組・映画・ビデオなどを>見る. ―― 自 テレビなどを見る; 眺める: a ～ing audience 視聴者 / a ～ing platform 展望台.
《F<L vidēre 見る; cf. vision》
【類義語】(1) ⇨ opinion. (2) view 一定の場所で目に入る眺め, 特に絵画的な眺め. sight 目に映るものとしての光景. scene 特定の場所から見る眺めで, 特に美しい眺めに用いることが多い. (3) ⇨ look.

víew·dàta 名 =videotex.

*view·er /vjúːɚ | vjúːə/ 名 ❶ テレビ視聴者, 観察者, 見物人: ～ response (テレビ)視聴者の反応. ❷ (スライドなどの)ビューアー 《画面を拡大するのぞきめがね式の機器》.

víew·er·shìp 名 [単数または複数扱い] (テレビ番組の)視聴者(数[層]), 視聴率.

+**víew·fìnder** 名[写](カメラの)ファインダー 《被写体の位置を見る》.

víew·gràph 名 (オーバーヘッドプロジェクターやテレビ会議で使うデータを図などの)スライド.

víew hallóo 名《英》《狩》出たぞー 《キツネが飛び出した時にハンターの発する声》.

víew·ing 名 Ⓤ ❶ 見ること, 検分; テレビを見ること. ❷ 《米》(故人との)最後の対面.

víew·less 形 ❶ 見晴らしのきかない. ❷ 意見のない, 無定見の. ～·**ly** 副

*view·point /vjúːpɔ̀ɪnt/ 名 ❶ 観点, 見地 (vantage point cf. POINT of view [成句]): a disinterested ～ 利害関係のない立場 / I look at this problem from a different ～. 私はこの問題を違った観点から眺める. ❷ (物を見る位置[方向]: a good ～ 物がよく見える場所.

víew·pòrt 名 ❶ 《電算》(画面の)ウィンドー. ❷ 《通信》ビューポート《通信衛星使用の指定時間枠》.

VIFF, viff /víf/ 《英空軍符》名 垂直離着陸機がジェットエンジンの推力の方向を変えて飛行方向を変える技術.
―― 自 《垂直離着陸機が》急に方向を変える. 《*vectoring in forward flight*》

vig /víɡ/ 名 《米口》=vigorish.

vi·ges·i·mal /vɑɪdʒésəm(ə)l/ 形 第20の, 20番目の; 1/20 の; 《数》20 からなる, 二十進法の. ～·**ly** 副

+**vig·il** /vídʒəl/ 名 Ⓒ.Ⓤ ❶ 寝ずの番, 徹夜, 夜通しの看病(祈願)の通夜(つや); 警戒, 見張り: keep (a) ～ [an all-night ～] (一晩中)寝ずの番をする / keep ～ over [beside] a sick child 徹夜で病児の看病をする / She was tired out by these long ～s. このところ何日も寝ずの番をしたので彼女はすっかり疲労してしまった / The detectives resumed their ～ at the house. 刑事たちはその家の張り込みを再開した. 《F<L=(寝ずに)起きている》

vig·i·lance /vídʒələns/ 名 Ⓤ 警戒, 用心, 不寝番.

vigilance commìttee 名 [集合的; 単数または複数扱い]《米》自警団.

+**vig·i·lant** /vídʒələnt/ 形 油断なく番をする[警備する]; 油断のない, 用心深い (watchful): One must be ～ all the time. 決して注意を怠ってはいけない. ～·**ly** 副 《F<L *vigilāre* to watch; ⇨ vigil》

+**vig·i·lan·te** /vìdʒəlǽnti/ 名 自警団員. 《Sp=vigilant》

vìg·i·lán·tism /-tɪzm/ 名 Ⓤ 自警行為[主義].

vi·gne·ron /vìːnjərɔ́ːn/ 《フ》名 ブドウ栽培者.

vi·gnette /vɪnjét/ 名 ❶ (書物の扉, 章頭・章尾などの)小さな飾り模様, 唐草模様. ❷ a ビネット《背景をぼかした半身の写真・画像》. b 小さなかわいらしい(人物)写真. ❸ a (文学的な味のある)小品, スケッチ. b (劇や映画中の)挿話, 短い場面. 《F = 小さなツタ < *vigne* vine + -ETTE》

vi·gnét·tist /-tɪst/ 名 ビネット写真製作者[画家]; 小品文作者.

+**vig·or** /vígɚ | -ɡə/ 名 Ⓤ ❶ 精力, 活力, 力; 精神力, 気力, 活気, 元気: with ～ 勢いよく, 元気よく. ❷ (運動などに表われた)勢い, 活発さ; (文体・性格などの)力強さ, 迫力. ❸ (植物などの)生長力. 《F<L *vigēre* to be strong》 (形) vigorous.

vig·o·rish /víɡərɪʃ/ 名 《米口》Ⓤ ❶ (馬券屋, 胴元などに支払う)手数料, 手数料の料率. ❷ [単数形で] (高利貸しに払う)利息, 高利.

*vig·or·ous /víɡ(ə)rəs/ 形 (more ～; most ～) ❶ a 〈動作・言葉などが〉活発な, 力強い (dynamic): a ～ attack 猛攻 / ～ exercise 激しい運動 / have a ～ argument 激しくやり合う. b 〈政治運動などの(従事者)が〉精力的な, 活動的な: a ～ campaign against war 精力的な反戦運

動. ❷ 強健な, 強壮な (hearty): ~ in body and in mind 心身ともに壮健な / He's a ~ 70. 彼は70歳にして(ますます)元気旺盛だ. ❸《植物が》すくすく伸びる, 育ちのよい. ~·ly 副 精力的に; 元気よく, 力強く. ~·ness 名 (名 vigor).【類義語】⇒ active.

+**vig·our** /vígɚ | -gə/ 名《英》=vigor.

vi·hue·la /vɪwéɪlə/ 名《楽》ビウエラ《ギターに似た6弦のスペインの古楽器》.

+**Vi·king** /váɪkɪŋ/ 名 バイキング《8-10世紀にヨーロッパ北部および西部の沿岸をおそった北欧人; 匯殴 好みの料理を自由に取る日本の「バイキング」式食事は, 英語では buffet または smorgasbord という》.《ON víkingr 入り江に住む者《vík 入り江+-ingr...に属するもの》》

Vi·la /víːlə/ 名 ビラ《バヌアツ (Vanuatu) の首都·港町; Port-Vila ともいう》.

vi·la·yet /vìːlɑ́ːjet/ 名 (トルコの)県, (オスマン帝国の)州《略 vila.》.

+**vile** /váɪl/ 形 (**víl·er; víl·est**) ❶ **a** 下劣な, 不道徳な, 恥ずべき, 卑劣な (foul): the *vilest* evil この上ない悪. **b**《言葉など》汚い, 下品な: use ~ language 下品な言葉をつかう. ❷《口》ひどい, いやな, 不愉快な: ~ weather いやな天気. ~·ly 副. ~·ness 名《F<L *vilis* 安い》

vil·i·fi·ca·tion /vìləfɪkéɪʃən/ 名 U.C 悪口, 中傷.

vil·i·fy /víləfàɪ/ 動〈人をけなす, 中傷する (malign).

***vil·la** /vílə/ 名 **a** 《いなかの》**大邸宅**, 《避暑地や海辺の》貸し別荘: a ~ on the Riviera リビエラ海岸の別荘. ❷《英》**a** (一戸建てまたは二軒続きで庭付きの)郊外住宅《★しばしば不動産業者などが宣伝文句に使用》. **b** [しばしば Villas; 住宅の一部として] 住宅: Kensington *Villas* ケンジントン住宅. ❸《古代ローマの》荘園.《F<L=いなか家》

***vil·lage** /vílɪdʒ/ 名 ❶ 村, **村落**《匯殴 hamlet よりも大きく town よりも小さい; 英国では通例教区教会·学校などがある; 米国では一般に他の国の村よりも大きく; 評議員と議長からなる地方自治体をさすこともある》: a seaside [mountain] ~ 海辺の村[山村]. ❷ [集合的; 単数または複数扱い] 村民: All the ~ was [were] there. 村の住民が全員そこにいた. ❸《ある特徴をもった比較的独立した地区としての》...村: an Olympic *V*- オリンピック村. ── 形 [限定] 村(にある)の; ~ a school 村の学校.《F<L=いなか家の(集まり); ⇒ ↑, -age》

víllage ídiot 《村中に知られた》村の白痴, 大ばか.

***vil·lag·er** /vílɪdʒɚ/ 名 村人.

+**vil·lain** /vílən/ 名 ❶ ⓒ **悪党**, **悪者**. **b** [the ~] (劇·小説の主人公 (hero) に対して)**悪役**, 敵(ⁿ)役: play the ~ 悪役[敵役]を務める; 悪事を働く. **c** ⓒ《口》犯人, 犯罪者. ❷ ⓒ《口》《子供やペットをしかりつけて》こいつ, 小僧 (cf. rascal): You little ~! こら坊主!, このいたずらめ! the *villain* of the piece《戯言》《問題などを起こした》張本人, 元凶《画殴『劇の悪役』の意から; ⇒ 1 b》.《F<L=農奴<VILLA》

vil·lain·ous /vílənəs/ 形 ❶ **悪党[悪人]らしい**《のような》. ❷《口》ひどく悪い, ひどい, いやな: What ~ weather! 何とひどい天気だろ. ~·ly 副

vil·lain·y /víləni/ 名 ❶ U 極悪. ❷ ⓒ [通例複数形で] 悪事, 悪行.

Vil·la-Lo·bos /vìːləlóubəs, -bəs | -bɒs/, **Hei·tor** /eɪtɔr | -tɔː/ 名 ビラ ロボス《1887-1959; ブラジルの作曲家》.

vil·la·nel·la /vìlənélə/ 名 (**(题) -nel·le** /-néli/, ~s) ビラネラ《16世紀イタリアにはやった活発なリズムの合唱曲; 「田舎歌」の意》.

vil·la·nelle /vìlənél/ 名《詩学》ビラネル《田園詩十九行二韻体詩》.

-ville /vɪl/ 接尾 ❶ [地名の一部として]: Nash*ville*. ❷《口》「...の場所[もの], ...という性質[もの]」の意の名詞には形容詞を造る《用图 通例 -sville の形をとり, 軽蔑的な意味をもつ》: dulls*ville* 退屈な[場所[もの]] / hicks*ville* いなか臭い(場所).

vil·lein /vílən, -leɪn/ 名《封建時代の英国の》農奴《領主のために労働することを条件として土地の使用を許された》.

vil·lein·age /víləneɪdʒ/ 名 U《封建時代の英国の》農奴の身分[地位]; 農奴による土地保有(条件).

villi 名 villus の複数形.

vil·lous /víləs/ 形 絨毛 (villus) 様の; 絨毛を有する; 長軟毛におおわれた. ~·ly 副

vil·lus /víləs/ 名 (題 **vil·li** /-laɪ, -liː/) ❶《解》絨毛(⁶᷾᷾⁶). ❷《植》長軟毛.

Vil·ni·us /vílniəs/ 名 ビリニュス《リトアニアの首都》.

vim /vím/ 名 U《口》精力, 力, 気力, 活気《★しばしば and vigor で用いる》: full of ~ *and* vigor 元気あふれて.《L *vis* 力の対格》

vi·na /víːnə/ 名《楽》ビーナ《インドの撥弦楽器》.

vi·na·ceous /vaɪnéɪʃəs, vɪ-/ 形 赤ワイン色の.

vin·ai·grette /vìnɪgrét/ 名 ❶ [また **vinaigrétte dréssing** 《sáuce》] U ビネグレットソース《酢·油·コショウ·香料などで調味したサラダ用のソース》. ❷ ⓒ 気つけ薬入れ, かぎ瓶.

Vin·cent /vínsənt/ 名 ビンセント《男性名》.

Vin·cent de Paul /vínsəntdəpɔ́ːl/ 名 [Saint ~] 聖バンサン·ド·ポール《1581-1600; フランスのカトリック司祭; ビンセンシオの宣教会 (Vincentians, 別名ラザリスト会 (Lazarists)) を創立した (1625); 祝日9月27日《もと7月19日》.

Vinci 名 ⇒ Leonardo da Vinci.

vin·ci·ble /vínsəbl/ 形〈敵·困難などが〉征服できる, 克服できる.

vin·cu·lum /víŋkjʊləm/ 名 (**(题) -la** /-lə/, ~s) ❶ つなぎ, きずな; 《解》紐(ᶴ). ❷ 《数》括線《数式などでかっこと同じ役割をする線》.

vin·da·loo /vìndəlúː/ 名 U ビンダルー《ニンニクとワインまたは酢で調味した肉·魚·エビのカレー料理》.

vin·di·ca·ble /víndəkəbl/ 形 弁護[擁護]できる; 正当化しうる.

+**vin·di·cate** /víndəkèɪt/ 動 ❶ **a**《...に対する》非難《疑い》が不当であることを証明する, 《...の》嫌疑を晴らす (justify): Later events completely ~*d* him. その後の成り行きで彼に対する嫌疑は完全に晴れた. **b** [~ one*self* で] 自分の正当[潔白]なことを立証する. **c**《不確実だったことなどの》真実[正当]性を立証する. ❷《権利·主義などを》弁明[擁護]する: ~ one's claim [right] to...に対する自分の権利を弁明する. **vin·di·cà·tor** /-tɚ | -tə/ 名.《L *vindicare, vindica-* 主張する, 解放する, 復讐する; 《原義》力を示す<*vis* 力+*dicere* 言う; cf. avenge, revenge, vengeance》

vin·di·ca·tion /vìndəkéɪʃən/ 名 ❶ U 擁護, 弁明; 立証, 証明: in ~ *of*...を擁護[弁護]して. ❷ [a ~] 擁護[立証]の事実.

vin·di·ca·tive /vɪndíkətɪv, víndəkèɪ-/ 形 擁護する; 弁明[弁護]的な. ~·ly 副

vin·di·ca·to·ry /víndəkətɔ̀ːri | -təri, -tri/ 形 擁護する; 弁護[弁明]する; 立証する.

+**vin·dic·tive** /vɪndíktɪv/ 形 ❶ 復讐(ᶴᶴ)心の強い, 執念深い: in a ~ mood 復讐心に燃えて. ❷ 悪意からの, 報復的な (spiteful). ~·ly 副. ~·ness 名《L *vindex* 復讐者; ⇒ vindicate》

***vine** /váɪn/ 名 ❶《植》**ブドウ** (grapevine)《果実は grape》. ❷ **a** つる植物《ツタ (ivy), キュウリ (cucumber), メロン (melon) など》. **b** [しばしば複合語で] つる; (つる植物の)茎; つる《ホップのつる. **vin·y** /váɪni/ 形.《F<L *vine*<*vinum* WINE》

vine·dresser 名 ブドウ園の園丁.

***vin·e·gar** /vínɪgɚ | -gə/ 名 ❶ U **酢**, 食用酢. ❷ (表情·態度などの)気難しさ, 不機嫌. ❸《米》活力, 精力: He's got a lot of ~. 彼は元気いっぱいだ.《F=酸っぱいワイン<*vin* wine+*aigre* sour》《形 vinegary; 関形 acetic》

vin·e·gar·ish /vínɪg(ə)rɪʃ/ 形 ❶ 酢のような. ❷ 気難しい, 不機嫌な; 皮肉な, 辛辣な.

vin·e·gar·y /vínɪg(ə)ri/ 形 ❶ 酢の多い; 酢のような, 酸っぱい (sour). ❷ 気難しい, 不機嫌な, 意地の悪い: a ~ face 難しい顔 / ~ criticism 意地の悪い批評.

vin・er・y /váɪnəri/ 图 ブドウの温室; ブドウ園.

***vine・yard** /vínjəd | -jəd/ 图 (ワイン用の)ブドウ園[畑]. 《VINE+YARD》

vingt-et-un /væntɛɪ́əːn, -ʌ́n/ 图 〖トランプ〗= twenty-one. 〖F〗

ví・nho vér・de /víːnouvɛ́ːdi | -vɛ́ː-/ 图 ヴィーニョ・ヴェルデ《ポルトガル産のさわやかな味の若飲み用ワイン; 赤・白・ロゼがある》.

vin・i・cul・ture /vínəkʌ̀ltʃə | -tʃə/ 图 Ⓤ (ワイン用)ブドウ栽培.

vin・i・fi・ca・tion /vìnəfɪkéɪʃ(ə)n/ 图 ワイン醸造.

vin・i・fy /vínɪfaɪ/ 動 〈特定種のブドウからワインを造る; 〈ワイン〉醸造する.

vin・ing /váɪnɪŋ/ 图 Ⓤ 収穫した豆からつるやさやを取り除くこと. — 形 〈植物が〉(ブドウの木のような)巻きついてのぼる茎をもった.

vi・no /víːnou/ 图 (徴 〜es) Ⓤ.Ⓒ 〖口〗ワイン, (特に)安ワイン. 〖Sp & It < L *vinum* WINE〗

vin or・di・naire /vǽŋɔ̀ːdənéə | -ɔ̀ːdɪnéə/ 图 Ⓤ ヴァン・オルディネール《並みのテーブルワイン; 通例 赤ワイン》.

vi・nos・i・ty /vaɪnɑ́səti, -nɔ́s-/ 图 Ⓤ ワインとしての特質[色, 味, 香り], ワインの性格.

vi・nous /váɪnəs/ 形 ❶ **a** ワインの; ワインのような. **b** 赤ワイン色の. ❷ **a** ワインに酔った, 一杯機嫌の. **b** ワインばかり飲んでいる. 〖L; ⇒ vine, -ous〗

Vín・son Máss・if /vínsən-/ 图 ビンソン山, ビンソンマシフ《南極大陸の最高峰 (5140 m)》.

***vin・tage** /víntɪdʒ/ 图 ❶ Ⓒ **a** 〈優良〉ワインの作られた年[場所]: This wine is of the 1950 ~ [the ~ of 1950]. このワインは 1950 年産のブドウで造ったものである. **b** 〈特定の年のワイン〉, (豊作の年に醸造した)優良ワイン〈★ 特に, その銘柄・年号を記して売る〉: a rare old ~ めったにない(年代物の)ビンテージワイン. ❷ Ⓒ 〖通例単数形で〗**a** ブドウの収穫(期). **b** (1期の)ブドウの収穫量, ワイン生産高: a poor [a good] ~ ブドウの不作[豊作]. ❸ Ⓤ.Ⓒ 時期, 人・物の出現の)時期: of recent ~ 最近の / My car is of 1990s ~. 私の車は 1990 年代のものです. — 形 Ⓐ 〈ワインが〉優良な, 上等の, 銘柄の; 特定の年の: ~ wines 優良ワイン, ビンテージワイン. ❷ **a** 〈車・飛行機が〉製造年代が古い(が賞賛されている), クラシックな: ⇒ vintage car. **b** 〈製作物・文芸作品が〉最盛期の, 優良な; 時代もの(classic): a ~ silent film 無声映画の古典的傑作 / *"The Seven Samurai"* is ~ Kurosawa.「七人の侍」は黒澤の代表作品だ. 〖F < L = *fruit of the vine* < *vinum* WINE〗

víntage càr 图 〖英〗ビンテージカー《特に 1917 年から 1930 年間に製造されたものにいう; cf. veteran car》.

vín・tag・er /-dʒə/ 图 (ワイン用の)ブドウ収穫者.

víntage year 图 ❶ 優良ワインのとれた年, ワインの当たり年. ❷ (あることにとって)実り多き年, 当たり年〈*for*〉.

vint・ner /víntnə | -nə/ 图 ワイン商人.

***vi・nyl** /váɪn(ə)l/ 图 ❶ 〖化〗ビニール(樹脂製プラスチック). ❷ Ⓤ (CD に対し)レコード: on ~ レコードで[になって]. — 形 Ⓐ ビニール製の.

vi・ol /váɪ(ə)l/ 图 ビオル《主に 17–18 世紀に使われた通例 6 弦の弦楽器》. 〖F〗

†**vi・o・la**¹ /vióulə/ 图 ビオラ《violin よりやや大きい楽器》. 〖It < L〗

vi・o・la² /vaɪóulə, vióu- | váɪə-, víːə-/ 图 〖植〗スミレ属の植物; (特に)ビオラ. 〖L〗

Vi・o・la /vaɪóulə, vióu- | váɪə-, víːə-/ 图 バイオラ, ビオラ《女性名》.

vi・o・la・ble /váɪələbl/ 形 犯すことができる, 破りうる, 汚しうる(↔ inviolable).

vióla da brác・cio /-dəbrɑ́ːtʃou | -brǽtʃiòu/ 图 〖楽〗ビオラダブラッチョ《腕で支えて演奏するビオル; 現代のビオラに相当》.

vióla da gám・ba /-gɑ́ːmbə | -gǽm-/ 图 (徴 *vi・o・le* /-leɪ/ *da gamba*, ~s) ビオラダガンバ《16–18 世紀に用いられた足で支えて演奏する低音ビオル(viol); cello に相当; 今日も演奏される》. 〖It = *viol for the leg*〗

vióla d'a・mó・re /-dəmɔ́ːri, -reɪ/ 图 (徴 *víólas d'amore, víóle d'amóre*) 〖楽〗ビオラダモーレ《6–7 本の弦のほかに, 指板の下に同数以上の金属の共鳴弦が張られた古楽器》.

***vi・o・late** /váɪəlèɪt/ 動 (他) ❶ 〈約束・条約・法律などを〉犯す, 破る; 〈良心などを〉そむく, 違背[違反]する(break): ~ the law 法律を犯す, 法にそむく / ~ a code of conduct 行動規範を破る. ❷ 〈権利・プライバシーなどを〉侵害する, 〈静寂・睡眠などを〉乱す, 妨害する: ~ human rights 人権を侵す / Our privacy should not be ~*d*. 我々のプライバシーは侵害されてはならない. ❸ 〈...の神聖を汚す, 〈...に〉不敬を働く, 〈...を〉冒瀆(ぼうとく)する(desecrate): ~ a shrine 聖堂の神聖を汚す. ❹ 〖文〗〈女性に〉暴行を加える, 〈...を〉強姦(ごうかん)する(rape). 〖L = *力で扱う* < *vis, vi-* 力〗 (图 violation, 形 violent)

†**vi・o・la・tion** /vàɪəléɪʃən/ 图 Ⓤ.Ⓒ ❶ (法律・約束などの)違反, 違背: in ~ *of* the law 法律に違反して / (a) ~ *of* human rights 人権侵害 / commit a traffic ~ 交通違反を犯す. ❷ 妨害, 侵害, 侵入: a ~ *of* Japan's airspace 日本領空の侵犯. ❸ 神聖を汚すこと, 冒瀆〈*of*〉. ❹ 暴行, 強姦(ごうかん). (働 violate)

ví・o・là・tor /-tə | -tə/ 图 ❶ 違反者. ❷ 侵入者, 妨害者. ❸ 冒瀆者, 強姦(ごうかん)者.

***vi・o・lence** /váɪələns/ 图 Ⓤ ❶ 暴力, 乱暴〈*against*〉: acts [crimes] of ~ 暴力行為[暴力罪] / use [resort to] ~ 暴力を用いるに訴える] / ⇒ domestic violence. ❷ (言動・感情などの)激しさ, 猛烈, すさまじさ; (あらしなどの)猛威; 猛烈さ: with ~ 猛烈に, 激しく. **dò violence to ...** (1) ...に暴行を加える; 激しく扱う. (2) ...の主義などを犯す, ...に違反する. (3) 〈意味・事実などを〉曲げる, 曲解する: The scenario *did* ~ *to* the intentions of the novel. シナリオは小説の趣旨を歪曲して[勝手に変えて]いた. (形 violent)

***vi・o・lent** /váɪələnt/ 形 (more ~; most ~) ❶ 乱暴な, 暴力的な, 暴力による; 〈人が〉乱暴をする, 狂暴な: ~ deeds 暴行 / lay ~ hands on a person 人に暴行を加える, 人を手にかける / resort to ~ means 暴力[腕力]に訴える / die [meet with] a ~ death (災害などにより)非業の死を遂げる, 横死[変死]する. ❷ 〈言動・感情などが〉激した, 憤激した: a ~ quarrel 激論 / ~ passion 激情 / in a ~ temper 激怒して / get [turn] ~ 急に乱暴になる, 暴力的になる. ❸ 〈自然現象・攻撃・変化などが〉激しい, 猛烈な, 激烈な(intense): a ~ earthquake [storm] 激しい地震[あらし] / a ~ blow [attack] 猛打[攻] / make a ~ effort 着実の努力をする. ❹ 極端な, 極端に; 〈色などが〉どぎつい: ~ heat 猛暑 / (a) ~ pain 激痛 / a ~ stomachache 激しい胃痛[腹痛] / a ~ color contrast はなはだしい[どぎつい]色彩の対照. ~・ly 副 激しく, 猛烈に, 手荒に, ひどく. 〖L < L *vis* 力〗 (働 violate, 图 violence)

***vi・o・let** /váɪələt/ 图 ❶ Ⓒ 〖植〗スミレ; スミレの花: the English [sweet] ~ ニオイスミレ. ❷ Ⓤ すみれ色(青みがかった紫色; cf. purple 1). — 形 すみれ色の, 青みがかった紫色の. 〖F < VIOLA²+-ET〗

Vi・o・let /váɪələt/ 图 バイオレット《女性名》.

†**vi・o・lin** /vàɪəlín/ 图 バイオリン(cf. fiddle 1): the first [second] ~(s) (オーケストラの)第1[第2]バイオリン(奏者) / play (a piece on) the ~ バイオリン(で曲)を弾く. 〖It = *小さな* VIOLA¹〗

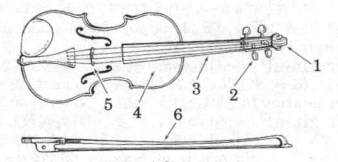

violin
1 scroll; 2 peg; 3 fingerboard; 4 sounding board; 5 bridge; 6 bow

†**vi・o・lin・ist** /vàɪəlínɪst/ 图 バイオリン奏者, バイオリニスト.

vi・o・list /vióulɪst/ 图 ビオラ(viola)奏者.

vi·o·lon·cél·list /-lɪst/ 名 チェロ奏者, チェリスト (★ cellist のほうが一般的).

vi·o·lon·cél·lo /ˌvìːələnˈtʃélou, vàɪə-/ | vàɪə-/ 名 (~s) チェロ (★ cello のほうが一般的). 〖It〗

vi·o·lo·ne /vìːəlóuneɪ/ | váɪəlòun-/ 名〖楽〗ビオローネ, コントラバス (バイオリン属楽器中最大のもの).

⁺VIP /víːaɪpíː/ 名 (~s) 〖口〗偉い人, 要人. 〖*very important person*〗

VIP 〖略〗〖生化〗vasoactive intestinal polypeptide [peptide] 血管活性腸管ポリペプチド.

vi·per /váɪpɚ/ |-pə/ 名 ❶ a 〖動〗クサリヘビ(毒蛇). b 毒ヘビ《ハブ・マムシ・ガラガラヘビなど》. ❷ 意地の悪い[腹黒い]人. **a víper in a person's bósom** 恩をあだで返す人, 忘恩の徒. 〖F<L=子を産むもの; viper は卵を産まず, 胎児であると信じられていたことからく *vivus* 生きている+*parere* 産む〗

vi·per·ine /váɪpəràɪn/ 形 viper (のような).

ví·per·ish /-p(ə)rɪʃ/ 形 =viperous.

vi·per·ous /váɪp(ə)rəs/ 形 ❶ クサリヘビの(ような). ❷ 意地の悪い. **~·ly** 副

víper's bú·gloss /-bjúːglɑs/ |-glɔs/ 名〖植〗シベナガムラサキ.

vi·rae·mi·a /vàɪríːmiə/ 名 =viremia.

vi·ra·go /vərɑ́ːgou, -réɪ-/ 名 (~**es, ~s**) 口やかましい女, がみがみ女. 〖L=男っぽい女く *vir* 男〗

⁺vi·ral /váɪ(ə)rəl/ 形 ウイルスの; ウイルス性の: a ~ infection ウイルス感染. 〖名 virus〗

víral márketing 名〖電算・商〗バイラルマーケティング《消費者どうしの間で商品・サービスに関する情報が伝わる仕組みをつくることによる営業活動》.

vire·ment /váɪəmənt/ | vàɪə-/ 名 ⓤ 〖英〗〖財政〗(資金の)流用, 費目変更.

vi·re·mi·a /vàɪríːmiə/ 名 ⓤ 〖医〗ウイルス血症. **vi·ré·mic** /-mɪk/ 形

vi·res·cence /vərés(ə)ns, vaɪr-/ 名 ⓤ 〖植〗緑色変化《葉緑体の発達によって花弁などが緑色になること》.

vi·rés·cent /-s(ə)nt/ 形 緑変した; 緑色がかった (greenish).

vir·ga /vɚ́ːgə/ | vɚ́ː-/ 名〖気〗尾流雲(ブリウウン).

vir·gate /vɚ́ːgeɪt, -gət/ | vɚ́ː-/ 名 ヴァーゲート《中世イングランドの地積の単位: =¼ hide, 30 acres》.

Vir·gil /vɚ́ːdʒəl/ | vɚ́ː-/ 名 ウェルギリウス《70-19 B.C.; ローマの詩人; *Aeneid* の作者》.

Vir·gil·i·an /vɚ(ː)dʒíliən/ | və(ː)-/ 形 ウェルギリウス風の.

***vir·gin** /vɚ́ːdʒɪn/ | vɚ́ː-/ 名 ❶ 処女, 童貞の男性. ❷ **a** [the (Blessed) V-]処女マリア. **b** [しばしば V-] Ⓒ 聖母マリアの絵[像]. ❸ [the V~]〖天〗乙女座. ❹ Ⓒ 《口・戯言》未経験の人, 初心者: an Internet ~ インターネット未経験者. ── 形 (比較なし) ❶ 〖通例 Ⓐ〗 a 触れられた[踏まれた]ことのない; 汚れのない, 未使用な, 未開墾な (untouched): a ~ blade 血を知らぬ刀 / a ~ forest 処女林, 原始林 / a ~ peak 処女峰 / ~ soil 処女地, 未開地. **b** 未経験の, 初めての: the first performance of a ~ play 新作の芝居の初演. ❷ Ⓐ a 処女の, 童貞の. **b** 処女らしい, 処女らしい, 純潔な, つつましい: ~ blushes [modesty] 処女らしいはにかみ[慎み]. ❸ Ⓐ a 《カクテルなど》アルコールを加えずに作った. **b** 〈オリーブ油〉最初の圧搾で得た. 〖F<L *virgo, virgin-* maiden〗 (名 virginity)

vir·gin·al¹ /vɚ́ːdʒɪnl/ | vɚ́ː-/ 形 処女の, 処女にふさわしい. 処女らしい; 純潔な, 無垢(ぐ)の: in ~ bloom 娘盛り / ~ generation 〖生〗単性[処女]生殖. 〖VIRGIN+-AL〗

vir·gin·al² /vɚ́ːdʒɪnl/ | vɚ́ː-/ 名 [しばしば複数形で]バージナル《16, 17 世紀ごろ主に英国で用いられた方形で足のないハープシコード》: a pair of ~*s*=a ~ 1 台のバージナル / play the ~*s* バージナルを弾く. 〖↑; 主に少女が弾いたことから〗

vírgin bírth 名 [the ~; しばしば V- B-]《聖母マリアによる》キリストの処女懐胎説 (cf. Immaculate Conception).

Vir·gin·ia /vədʒínjə/ | və-/ 名 ❶ バージニア州《米国東部の州; 州都 Richmond; 略 Va; 〖郵〗VA; 俗称 the Old Dominion》. ❷ ⓤ バージニアたばこ. 〖Virgin Queen (エリザベス1世)に因む〗

Virgínia créeper 名〖植〗アメリカヅタ《装飾用として壁などにはわせ, 秋に美しく紅葉する》.

Vir·gin·ian /vədʒínjən/ | və-/ 形 バージニア州(産)の. ── 名 バージニア州の人.

Virgínia réel 名 ❶ バージニアリール《米国のフォークダンスの一種; 二人ずつ向かい合って 2 列に並んで踊る》. ❷ バージニアリールの音楽.

Vírgin Íslands 名 [the ~]バージン諸島《西インド諸島中, Puerto Rico の東方に連なる小群島; 米領と英領に分かれる》.

vir·gin·i·ty /və(ː)dʒínəti/ | və(ː)-/ 名 ⓤ ❶ 処女であること, 処女性; 童貞: lose one's ~ 処女[童貞]を失う. ❷ 純潔; 新鮮. (形 virgin)

Vírgin Máry 名 [the ~]聖母マリア (the Blessed Virgin Mary (略 BVM) ともいう).

Vírgin Quéen 名 [the ~]処女王《英国の Elizabeth 1 世》.

⁺Vir·go /vɚ́ːgou/ | vɚ́ː-/ 名 ❶ 〖天〗乙女座. ❷ 〖占星〗おとめ座, 処女宮 (cf. the signs of the ZODIAC 成句). **b** Ⓒ おとめ座生まれの人. 〖L〗

vírgo in·tác·ta /-ɪntǽktə/ 名〖法〗触れられざる処女《性交経験のない[処女膜の破られていない]女性》.

vir·gule /vɚ́ːgjuːl/ | vɚ́ː-/ 名〖語〗(語と語の間に用いる)斜線《たとえば and/or の /》. 〖F<L=小さな棒<*virga* 棒〗

vir·i·des·cent /vìrədés(ə)nt/ 形 淡緑色の, 緑がかった; 緑変する, 青ばむ.

vi·rid·i·an /vəríːdiən/ 名 ビリジアン《青緑色顔料; その色》.

⁺vir·ile /vírəl/ |-raɪl/ 形 ❶ 成年男子の, 男盛りの. ❷ 男性的な, 男らしい (red-blooded). ❸ 力強い, 剛健な. ❹ 《男としての》生殖力のある. 〖L<*vir* 男+-ILE〗

vír·il·ism /vírəlìzm/ 名 ⓤ 〖医〗男性化(症): a 女子の男性化; ひげや低音の声など男性の二次性徴が現われる. **b** 雄[男性]における二次性徴の早熟の発達.

vi·ril·i·ty /vəríləti/ | və-/ 名 ⓤ ❶ (成年)男子であること, 成年. ❷ 男らしさ, 男盛り. ❸ 活気, 力強さ. ❹ (男性の)性的能力.

vir·il·i·za·tion /vìrəlɪzéɪʃən/ |-laɪz-/ 名 ⓤ 〖医〗男性化(virilism を生じる[生じさせる]こと).

viri·lócal /vírə-/ 形〖人〗夫方居住の (patrilocal).

vi·roid /váɪ(ə)rɔɪd/ 名〖生〗ウイロイド《小分子量の一本鎖 RNA からなる植物病原体》.

vi·rol·o·gist /-dʒɪst/ 名 ウイルス学者.

vi·rol·o·gy /vaɪróːlədʒi, -ról-/ 名 ⓤ ウイルス学. **vi·ro·log·i·cal** /vàɪ(ə)rəládʒɪkəl/ | -lɔ́dʒ-⁻/ 形 **-i·cal·ly** /-kəli/ 副

vir·tu /vəːtúː/ | vɚ́ː-/ 名 ⓤ ❶ 美術品愛好, 骨董(ど)趣味, 骨董趣味. ❷ 美術[骨董]品《全体》: articles [objects] of ~ 骨董品, 美術品. 〖It<L *virtus* strength, ability; ⇒ virtue〗

***vir·tu·al** /vɚ́ːtʃuəl, -tʃəl/ | vɚ́ː-/ 形 Ⓐ (比較なし) ❶ 《表面または名目上はそうでないが》事実上の, 実質上の, 実際(上)の: It was a ~ promise. 《約束ではないが》約束も同然だった / He was the ~ leader of the movement. 彼はその運動の事実上の指導者だった. ❷ 〖電算〗バーチャルな, 仮想の 《コンピューターによってあたかも存在するように見せられた》: ~ space 仮想空間 / ~ virtual reality. ❸ 〖光〗虚像の (↔ real): a ~ image 虚像. 〖L; ⇒ virtue, -al〗

vírtual ádvertising 名〖テレビ〗バーチャル広告《スポーツ中継で, 合成技術により映像に重ね合わせて表示される広告》.

vírtual cásh 名 バーチャルキャッシュ, 仮想現金 (electronic cash).

vírtual commúnity 名〖通信〗バーチャルコミュニティー《パソコン通信などのネットワークで形成される電子的な交流の場》.

vir·tu·al·i·ty /vɚ̀ːtʃuǽləti/ | vɚ̀ː-/ 名 (名目上ではそうではないが)事実上[実質上]そうであること, 実質, 実際; 本質.

***vir·tu·al·ly** /vɚ́ːtʃuəli, -tʃəli/ | vɚ́ː-/ 副 (比較なし) ❶

事実上, 実質的には, ほとんど (almost): The work is ~ finished. 仕事は終わったも同様だ / It's ~ impossible for an adult to learn to speak a foreign language perfectly. 大人が外国語を完璧に話すようになるのはまず不可能だ. ❷ 〖電算〗バーチャルに, 仮想的に.

vírtual mémory 图〖電算〗仮想記憶 (virtual storage に用いられる外部記憶).

vírtual óffice 图 バーチャルオフィス《ネットワーク上の仕事空間》.

†**vírtual reálity** 图Ⓤ 仮想[人工]現実(感)《コンピューターが作った仮想[人工]空間に入って, あたかも現実のように体験する技術[システム]; 略 VR》.

vírtual stórage 图〖電算〗仮想記憶装置《外部記憶を内部記憶であるかのように用いる方式》.

*****vir·tue** /vɚ́ːtʃuː | vɚ́ː-/ 图 ❶ a Ⓤ **善**, 美徳, 徳行, 善行 (goodness; ↔ vice): ~ and vice 美徳と悪徳 / a paragon of ~ 有徳のかがみ / V~ is its own reward. 〖諺〗徳はそれ自体が報いである. b Ⓒ 道徳的美点, 徳目: Courage is a ~. 勇気は徳目の一つである / One of his ~ s is faithfulness. 彼の長所の一つは忠実なことだ. c Ⓤ〖古風〗(主に女性の)貞操: a woman of easy ~ 浮気女. Ⓤ Ⓒ (ものの)美点, 長所 (advantage): extol the ~s of computers コンピューターの長所を賞揚する / Nylons have the ~ of durability [of being durable]. ナイロンの靴下には長もちするという長所がある. ❸ Ⓤ Ⓒ〖古風〗(薬などの)力, 効力, 効能. ❹〔複数形で〕力天使《九天使中の第 5 位; cf. hierarchy 4》. **by [in] vírtue of**...の力で, ...のせいで, ...のおかげで. **make a vírtue (òut) of necéssity** (1) やむをえずやったことを自発的にやったような振りをする, 当然やるべきことをさもりっぱに手柄[自慢]顔をする. (2) やむをえないことを潔く行なう; 避けがたい事態を有効に活用する.

the séven cárdinal [príncipal] vírtues 七元徳, 七主徳《古代哲学の首徳 (cardinal virtues) にキリスト教の神学徳 (theological virtue) を加えたもので, justice, prudence, temperance, fortitude, faith, hope, charity の七徳》. 〖F<L *virtus* 男らしさ, 力, 能力, 勇気〈*vir* 男〉〗 **vírtuous**.

vir·tu·os·i·ty /vɚ̀ːtʃuːɑ́səti | vɚ̀ːtʃuːɔ́s-/ 图 Ⓤ (演奏などの)妙技, 名人芸.

†**vir·tu·o·so** /vɚ̀ːtʃuːóʊsoʊ | vɚ̀ː-ː/ 图(徳 **~s, -si** /-siː/)《芸術の》名人, 大家, 巨匠, 《特に音楽の技巧上の》名手. ── 服 名人《芸》の, 巨匠[風]の. **vir·tu·os·ic** /vɚ̀ːtʃuːɑ́sɪk | -ɔ́s-/ 服〖It ↓〗

†**vir·tu·ous** /vɚ́ːtʃuəs | vɚ́ː-/ 服 (**more ~; most ~**) ❶ 有徳の, 徳の高い, 高潔な; 貞淑な: a ~ gentleman [knight] 高徳の紳士[騎士]. ❷ 高潔[聖人]ぶった, 気取った, 独善的な (self-righteous). **~·ly** 副 **~·ness** 图 (virtue) 〖類義語〗 moral.

vírtuous círcle 图 善循環《良い効果が繰り返されていくこと; vicious circle をふまえた造語》.

vir·u·lence /vír(j)ʊləns/ 图 Ⓤ ❶ 毒性, 病毒性. ❷ 毒々しさ, ひどい悪意, 憎悪; しんらつさ.

vír·u·len·cy /-lənsi/ 图 =virulence.

†**vir·u·lent** /vír(j)ʊlənt/ 服 ❶ 猛毒性の, 劇毒性の: a ~ poison 猛毒. ❷ 毒気を含んだ, 敵意に満ちた, 悪意のある (vicious): (a) ~ hostility 激しい敵意. ❸ 〈病気が〉悪性の. **~·ly** 副 〖L=毒の(↓)〗

*****vi·rus** /váɪ(ə)rəs/ 图 ❶ ウイルス: a flu ~ インフルエンザウイルス / a ~ disease ウイルス(性)疾患. ❷ 〖口〗ウイルス性の病気; かぜ: She can't come tonight; she has got [caught] some kind of ~. 彼女は今夜来られません, からなにかぜをひいたらしい. ❸〖電算〗《コンピューター》ウイルス《コンピューターに侵入してデータを破壊したりするプログラム》: a ~ check ウイルス検査 / remove a ~ ウイルスを駆除する. ❹ (道徳・精神上の)害毒: the ~ of capitalism 資本主義の害悪. 〖L=毒〗 服 viral)

Vis. (略) Viscount(ess).

*****vi·sa** /víːzə/ 图 ビザ, 査証 〖解説〗受け入れ国が申請に応じて発行する入国許可証明; 普通はパスポートに押してもらう; アメリカ合衆国の一時滞在ビザの種類には A(外交・公用), B-1 (短期商用), B-2 (観光), C (通過), D (乗務員), E-1 (貿易), E-2 (投資), F (一般学生), G (国際機構関係), H (一時就労者), I (ジャーナリスト), J (交流訪問者), K (婚約者), L (海外転勤者), M (専門学校生), O (特別技能者), P (芸人), Q (国際文化交流訪問者), R (宗教活動者)がある》: an entry [exit] ~ 入国[出国]ビザ[査証] / a transit ~ 通過ビザ[査証] / apply for a ~ for the United States 合衆国へのビザを申請する / enter the country on a tourist ~ 観光ビザで入国する. 〖F<L=見られるもの〈*videre, vis-* 見る; cf. vision〗

vis·age /vízɪdʒ/ 图〖文〗顔, 顔だち, 容貌(おお). 〖F<*vis* 顔〈L ↑+-AGE〗 ⇒ face.

vís·aged 服 〔複合語をなして〕〖文〗...顔の: gloomy-*visaged* 憂鬱(ず)な顔の.

vis-à-vis /viːzəvíː/ 副 ❶ 差し向かいに, 相対して: sit ~ at a dinner party 晩餐(ばん)会で向かい合わせに座る. ── 前 ❶ ...と向かい合って, ...と相対して; ...と比較して: discuss the economic problems of Japan ~ America 日米間の経済問題を討議する. ── 图 (傻 ~(z)/) ❶ 向かい合っている人[もの]; (ダンスなどの)相手. ❷ (他の職場・組織などで)対等の地位にいる人: She's my ~ in the Bank of England. 彼女はイングランド銀行で私と同じ地位にいる人だ. 〖F=face to face; ⇒ visage〗

Visc. (略) Viscount(ess).

vis·cer·a /vísərə/ 图〔徳 **vis·cus** /vískəs/〕[(the) ~] ❶〖解〗内臓. ❷ 〖口〗腸, はらわた. 〖L〗

vis·cer·al /vísərəl/ 服 ❶ a 内臓の. b 〈病気が〉内臓を冒す. ❷ a 内臓[腹]で感じる(ような): a ~ sensation 腹の底で感じるような感覚. b 直感的な, 理屈抜きの, 本能的な: ~ hatred 生理的嫌悪感.

vis·cid /vísɪd/ 服 ねばねばする, 粘着性の. **~·ly** 副 〖<*viscum* 鳥もち〗

vis·cid·i·ty /vɪsídəti/ 图 Ⓤ ねばねばすること, 粘着(性).

vis·co·elás·tic /vískoʊ-/ 服〖理〗粘性と弾性を合わせもつ. **vìs·co·elastícity** 图 Ⓤ 粘弾性.

vis·com·e·ter /vɪskɑ́mətɚ | -kɔ́mətə/ 图 粘度計.

vis·cóm·e·try 图 **vis·co·met·ric** /vìskəmétrɪk͡ -/ 服 **-ri·cal·ly** 副

vis·cose /vískoʊs/ 图 Ⓤ 〖化〗ビスコース《人絹・スフなどの原料セルローズ》.

vis·cos·i·ty /vɪskɑ́səti | -kɔ́s-/ 图 Ⓤ ❶ 粘度. ❷ 粘(着)性. 服 viscous.

†**vis·count** /váɪkaʊnt/ 图〔しばしば V~〕子爵《★ 伯爵 (earl) の長子に対する敬称としても用いる; 略 V., Vis(c).; ⇒ nobility〗. 〖F<L<VICE-+COUNT²〗

vís·count·cy /-kàʊntsi/ 图 Ⓤ 子爵の位[身分].

vis·count·ess /váɪkàʊntəs | váɪkaʊntés/ 图 ❶ 子爵夫人[未亡人]《★ 伯爵 (earl) 嗣子の夫人の尊称としても用いる; 略 Vis(c).; ⇒ nobility〗. ❷ 女子爵.

vís·count·ship 图 =viscountcy.

vís·count·y /váɪkàʊnti/ 图 =viscountcy.

vis·cous /vískəs/ 服 ❶ 粘る, 粘り気のある; 粘着性の. ❷〖理〗粘性の. **~·ly** 副 **~·ness** 图 〖F<L<*viscum* 鳥もち〗

vis·cus 图 viscera の単数形.

vise /váɪs/ 图《米》万力(まんりき) 《《英》 vice): grip a piece of wood in a ~ 木片を万力で締める. ── 動 〈...を〉万力で[のように]つかむ[締める] 《《英》 vice). 〖F<L=回すもの〈*vitis* ツタ〗

víse·lìke 服 万力のような(働きをする): a ~ grip しっかりつかむこと.

Vish·nu /víʃnuː/ 图〖ヒンズー教〗ビシュヌ《三大神格の一つで保存をつかさどる; cf. Brahma, Siva》.

†**vis·i·bil·i·ty** /vìzəbíləti/ 图 ❶ Ⓤ 目に見えること. ❷ Ⓤ Ⓒ 視界, 視程: high [low, poor] ~ 高[低]視程 / V~ is good [bad, zero, one kilometer]. 視界は良好[不良, ゼロ, 1 キロ]だ / a ~ of one kilometer 1 キロの視界. ❸ Ⓤ 注目されること[程度]. 服 visible.

*****vis·i·ble** /vízəbl/ 服 (**more ~; most ~**) ❶ (目に)見える: ~ and invisible stars 見える星と見えない星 / the ~ horizon 〖天〗視地平線 / ~ rays〖理〗可視線 / The lake was clearly ~ *from* the hotel. 湖はホテルからははっきりと

visibly

見えた / Those stars are hardly ~ **to** the naked eye. それらの星はほとんど肉眼では見えない. ❷ 見てわかる, 明らかな: with ~ impatience ありありといらだちの色を浮かべて. ❸ 〈人が〉(テレビ・新聞などに)よく現われる: a highly ~ politician マスコミによく登場する[顔の売れた]政治家. 〖F<L; ⇒vision〗

vis·i·bly 副 目に見えて, 目に見えるほど, ありありと: be ~ angry はたから見てもわかるほどに怒っている.

Vis·i·goth /vízəɡɑ̀θ|-ɡɔ̀θ/ 名 ❶ [the ~s] 西ゴート族 《Pyrenees 山脈の南北にわたって王国 (418?-711) を建てた》. ❷ Ⓒ 西ゴート族の人.

*vi·sion /víʒən/ 名 ❶ Ⓤ 視力, 視覚 (sight); 視界: a [one's] field of ~ 視界, 視野 / beyond one's ~ 人の目に見えない / A mist blurred my ~. もやで視界がかすんだ / I have poor [normal, twenty-twenty] ~. 私の視力は弱い[正常]です. ❷ a Ⓒ (政治家などの)未来像, ビジョン: He had a ~ of what a school should be. 彼は学校のあるべき姿のビジョンを抱いていた. b Ⓤ (学者・思想家などの)洞察力, 先見の明: a leader of [with] ~ 洞察力のあるリーダー / lack ~ 洞察力に欠ける. ❸ Ⓒ a (頭に描く)イメージ, 心像, 姿 (image); 幻想, 夢 (hallucination): see [have] a ~ イメージを描く / I had ~s of winning first prize in the contest. そのコンテストで1等賞をとるところを想像した / I had ~s of her walking in a snowstorm. 彼女が吹雪の中を歩いている姿を頭に描いた. b (宗教的な)幻影. ❹ Ⓒ [通例単数形で] この世のものとも思えない(美しい[異様な, 珍しい]) もの(美景・美人など): a ~ of beauty 夢かと思うほどの美人. ❺ Ⓤ (テレビの)画像, 映像. 〖F<L<videre, vis- 見る; cf. advise, improvise, revise, supervise; visa, visit, evident, provide; interview, review, view; envy, survey〗

vísion·al /-ʒ(ə)nəl/ 形 幻影的(のような), 架空の.　~**·ly** 副

*vi·sion·ar·y /víʒənèri|-ʒ(ə)nəri/ 形 ❶ 幻の, 幻影の(ような), 幻想の. ❷ a 〈計画などが〉夢のような, 実現不可能な. b 想像力[ビジョン]がある;　将来を見通した: a ~ thinker 洞察力のある思想家. ❸ 空想的な; 幻を追う, 妄想的な. ―名 ❶ 空想家, 夢見る人. ❷ 幻視家, 妄想家, 幻影家.

ví·sion·less 形 ❶ 視力のない. ❷ 洞察力[想像力]のない, 構想[抱負]のない.

vísion-mixer 名 《テレビ》画像ミキサー.

*vis·it /vízɪt/ 動 ❶ a 〈人を〉訪問する, 訪れる; 〈病人を〉見舞う: ~ a new neighbor 近所へ越してきた人をあいさつに訪ねる / ~ a person in (the) hospital 人を病院に見舞う. b 〈人の〉客として滞在する, 〈…の〉所へ泊まりがけで(遊びに)行く: John is ~*ing* his aunt for a few days. ジョンはおばの所へ2, 3日泊まりに行っている. ❷ a 〈場所を〉訪れる, 参観[参詣] する, 見物に行く; しばしば訪れる, 〈…に〉通う: ~ a library [museum] 図書館[博物館]に行く / ~ a shrine 神社に参詣する. b 〈ホームページ・サイトを〉訪れる. ❸ a (仕事で〈…を〉)見に行く[来る], 視察[巡視]する; 〈医者が〉患者を往診する. b 〈患者・依頼人が〉〈医者・弁護士などに〉受診[相談]に行く[来る], かかる. ❹ 《文》 [受身] 〈…に〉〈苦痛・罰などを〉加える; 〈災害などが〉〈…を〉襲う (★通例受身): The sins of the fathers *are* ~*ed upon* the children. 親の罪は子に報いる 《*Prayer Book* 中の文句から》. ―自 ❶ 訪問する, 《米》(…に)滞在する: I'm just [only] ~*ing*. (ここの住人ではなく)一時訪れているだけです / ~ *at* one's friend's [*with* one's friend] 友人の家に泊まる / be ~*ing in* New York ニューヨークに見物に来ている. ❷ 《米》〈人と〉おしゃべりをする, 雑談する: ~ *with* a friend over the phone 友人と電話で話をする. ―名 ❶ a 訪問; 訪れること, 〈客としての〉滞在: go on a ~ *to* a friend 友人の訪問をする / have [receive] a ~ *from* a person 人の訪問を受ける / pay a brief ~ to ... =pay...a brief ~ 〈人・場所に〉ちょっと訪問する / It was my first ~ *to* the United States. アメリカに行くのはそれが初めてだった. b 参観, 見学, 観光(旅行), 参拝: a ~ *to* London [the Eiffel Tower] ロンドン[エッフェル塔]見物. ❷ a 視察, 巡視; 出張(旅行); 往診: a ~ *to* one's patients 患者の往診 / ⇒ home visit. b (医者・弁護士などに)受診[相談]に行くこと. ❸ 《米口》 おしゃべり, 雑談; 〈要人などと〈くだけた〉〉会談: a ~ *with* a friend 友人とのよもやま話 / I had a nice ~ *with* him. 彼と楽しく語り合った. 〖F<L *visitare, visitat-* 見に行く<*videre, vis-* 見る; cf. vision〗 (名 visitation)

vísit·a·ble /-təbl/ 形 訪問できる; 訪問に値する; 視察をうけるべき.

vis·it·ant /vízɪtənt, -tnt/ 名 ❶ (特に霊界からの)訪問[来訪]客. ❷ 〈鳥〉渡り鳥.

vis·i·ta·tion /vìzətéɪʃən/ 名 ❶ Ⓒ a (監督官の)公式訪問, 視察; 巡察; 巡回; 臨検 《医家》 visit より形式ばった語》. b (聖職者の)病人[悩める者]への見舞い 《*by*: the ~ *of* the sick 病気の教区民に対する牧師の見舞い. ❷ Ⓤ 《米法》 訪問権 《離婚して別居した両親の一方が, 他方の親の監督下にある自分の子供に会う権利》. b Ⓒ 訪問権による訪問. ❸ Ⓒ 《口》しりの長い訪問, 長居. ❹ Ⓒ 天罰, 災い: Plagues were formerly regarded as a ~ *of* God. 疫病は昔は神の怒りだと考えられていた. (動 visit)

vís·it·ing /-tɪŋ/ 名 Ⓤ ❶ [しばしば複合語で] 訪問, 見舞い, 視察: do prison ~ 囚人への慰問訪問をする. ❷ [形容詞的に] a 訪問の: ~ hours (入院患者などへの)面会時間. b 訪問し合うほどの: on ~ terms with ... ⇒ term Ⓒ 2.

vísiting càrd 名 《英》名刺.

vísiting fíreman 名 《米口》 ❶ (十分もてなさなければならない)大切な客[来訪者, 視察団員] 《画廊 自分の家が火事になった時にわが家同然に真剣に消火にあたってもらえるように消防士を大切な客としてもてなしたことから》. ❷ 惜しげなく金をばらまく旅行者, 「おのぼりさん」.

vísiting núrse 名 《米》〈巡回〉看護婦.

vísiting proféssor 名 (一定期間だけ講義をする他大学からの)客員教授.

*vis·i·tor /vízɪtɚ|-tə/ 名 ❶ a 訪問者, 来客; 見舞い客 《*from, to*》. b 滞在客, 泊まり客: We have ~s (staying). 家にはお客が泊まっています. ❷ 来遊者, 観光客, 参観人, 参拝人. d (ウェブサイトの)訪問者 《複数形で》 《スポ》 遠征軍, ビジタ―チーム. ❸ 〈鳥〉渡り鳥. 【類義語】 **visitor** 社交・商用・観光などあらゆる目的で人・場所を訪れる人. **guest** 招かれてもてなしを受ける客, またホテルの宿泊人. **caller** 短期間の訪問人.

vis·i·to·ri·al /vìzətɔ́ːriəl/ 形 公式訪問(者)の, 視察(員)の.

vísitors' bòok 名 ❶ (ホテルなどの)宿泊者名簿, 宿帳; 《教会などの》来訪者名簿 ❷ (個人の家の)来客帳 《来客に後日の思い出に一筆したためてもらう》.

vis me·di·ca·trix na·tu·rae /vísmèdɪkéɪtrɪksnət(j)úːriː|-tjʊər-/ 名 Ⓤ [通例 the ~] 自然の治癒力. 〖L=the healing power of nature〗

vi·sor /váɪzɚ|-zə/ 名 ❶ (中世のかぶとの)面頬(めんぼお); 覆面. ❷ (帽子の)まびさし. ❸ (自動車の)サンバイザー; ⇒ sun visor. 〖F<*vis* 顔; ⇒ visage〗

*vis·ta /vístə/ 名 ❶ (特に, 両側に並木・山などのある細長い)通景; 見通し: a tree-lined ~ 見通しのきく並木道. ❷ (過去への)追憶; (未来への)予想, 展望 (vision): search the dim ~s of one's childhood 子供時代のおぼろげな追憶をたどる / The book will give readers new ~s on the future. 本書は読者に未来への新しい展望を与えるでしょう. 〖It=sight<L *videre* 見る; cf. vision〗

Vis·tu·la /vístʃʊlə|-tjʊ-/ 名 [the ~] ビスワ[ビスツラ]川 《ポーランドを流れる川; カルパティア山脈に発し, 北流してバルト海に注ぐ》.

*vis·u·al /víʒuəl, -ʒʊl/ 形 (比較なし) ❶ a 視覚の[による], 視覚に訴える: a ~ angle 視角 / a ~ image 視覚心像 / ~ instruction [education] (visual aids を使用する)視覚教育 / the ~ arts 視覚芸術. b Ⓐ《解》視覚[視力]に関する. ❷ 《空海》(レーダー・計器によらない)有視界の: ~ flight 有視界飛行(法) / (a) ~ landing 有視界着地 (cf. instrument landing). ―名 [通例複数形で] 映像(音声に対して写真・画面など). **vis·u·al·i·ty** /vìʒuǽləṭi/ 名 〖L<*visus* sight<*videre* 見る; cf. vision〗 (動 visualize)

vísual áids 名 《教育》視覚教具《映画・スライド・掛け図など》.

visual display ùnit 名 《電算》(CRT を用いた)表示装置.

vis·u·al·i·za·tion /vìʒuəlɪzéɪʃən | -laɪz-/ 名 U.C 心に思い描くこと[描いたもの]; 目に見えるようにすること, 視覚化(されたもの).

*vis·u·al·ize /víʒuəlàɪz/ 動 他 ❶ 〈…を〉心に思い描く, 想像する, 思い浮かべる (imagine): He tried to ~ a world without trees. 彼は樹木のない世界を思い浮かべようとした / [+doing] She couldn't ~ flying through space. 彼女は空を飛行する姿を想像できなかった / [+目+as補] I had ~d scientists as bearded old men. 私は科学者とはひげを生やした老人のことだと思っていた / [+doing] She ~d an angel coming down from heaven. 彼女は天使が天から降りてくる姿を想像した / [+目+wh.] Can you ~ what it will be like to live in the 22nd century? 22世紀の生活がどんなものになるか思い浮かべることができますか. ❷ 〈…を〉視覚化する. (形 visual)

vís·u·al·ly /-ʒuəli, -ʒuli/ 副 ❶ 視覚に関して, 視覚上; 視覚的に, 目に見える形で; 見た目に, 外観上: ~ impaired 視覚に障害のある / check ~ …を目で見て確認する, 視認する / ~ confusing 見た目に混乱させる[ごちゃごちゃしている], 繁雑な.

vis·uo·spa·tial /vìʒuouspéɪʃəl⁻/ 形 《心》空間視覚に関する.

*vi·tal /váɪtl/ 形 (more ~; most ~) ❶ 〈…に〉きわめて重要な[で], 必要不可欠な (crucial): a ~ question 死活問題 / a matter of ~ importance きわめて重要[重大]な事柄 / It's absolutely ~ that food supplies should be maintained. 食料の補給が維持されることが肝要である / Perseverance is ~ to success. 忍耐なければ成功なし / His support is ~ for [to] our project. 我々の計画には彼の支援が不可欠だ. ❷ 〈人・物事が〉活力に満ちた, 活気のある, 力強い (lively): a ~ writing style 生き生きとした文体. ❸ (比較なし) a 生命の, 生命の維持に必要な: ~ organs 生命をつかさどる器官 (cf. ❷) ~ energies [power] 生活力, 活力 / a ~ force [principle] (物理・化学力と無関係の)生命力, 活力, 生命の根源 / 《医》生命[生存]徴候(脈拍・呼吸・体温など). b 《古風》命にかかわる, 致命的な: a ~ wound 致命傷. ── 名 《複数形で》《古》生命の維持に絶対必要な器官《心臓・肺・腸・脳など》. 〖F<L=命の〈vita 命〗 (名 vitality)

vítal capácity 名 U 肺活量.

vi·tal·ism /váɪtəlìzm/ 名 U ❶ 《生》生気論《生命現象は物質の機能以上の生命力 (vital force) によるという説). ❷ 《哲》生気論《有機体には無機的物質の機械的結合以上の生命原理があるとする説》.

*vi·tal·i·ty /vaɪtǽləṭi, -lət̬i/ 名 U ❶ 活気, 生気, 元気 (vigor): the ~ of big cities 大都市の活気 / a girl full of ~ 生気にあふれた少女. ❷ 生命力, 活力; 生活力. ❸ 持続力, 存続力. (形 vital)

vi·tal·ize /váɪtlàɪz/ 動 他 ❶ 〈…に〉生命を与える, 活力をつける. ❷ 〈…に〉生気を吹き込む, 〈…を〉活気づける, 活性化する. **vi·tal·i·za·tion** /vàɪtəlɪzéɪʃən | -laɪz-/ 名 U.

ví·tal·ly /-ṭəli/ 副 ❶ 生命にかかわるほどに, 致命的に. ❷ きわめて: ~ important きわめて重要な.

vítal statístics 名 複 ❶ 《時に単数扱い》 ❶ 人口(動態)統計《生死・婚姻などの統計》. ❷ 《口》《女性の》バスト・ウエスト・ヒップのサイズ, スリーサイズ.

*vi·ta·min /váɪtəmɪn | vít-, váɪt-/ 名 ビタミン 《用法》[V~] A (ビタミン A)のように A, B, C, D, E, G, H, K, L, M, P, PP を後ろに伸ばして用いる》: This diet is full of ~s. この規定食にはビタミンがいっぱい入っている. 〖L vita 命+amine アミン; 最初アミノ酸が成分と思われたことから〗

vi·ta·min·ize /váɪtəmɪnàɪz | vít-, váɪt-/ 動 他 〈…に〉ビタミンを加える.

vi·tel·lin /vətélɪn/ 名 U 《生化》ビテリン《卵黄の燐蛋白質の主成分》.

vi·tel·line /vaɪtélɪn | vɪtéláɪn/ 形 卵黄の.

vitélline mémbrane 名 《生》卵細胞膜, 卵黄膜.

vi·tel·lus /vətéləs/ 名 (複 ~·es, -li /-laɪ/) 《生》卵黄 (yolk).

vi·ti·ate /víʃièɪt/ 動 他 ❶ 〈…の〉価値を低下させる, 〈…を〉損じる, そこなう. ❷ 〈空気・血液などを〉不純にする, よごす, 腐敗させる. ❸ 〈…を〉無効にする.

vi·ti·a·tion /vìʃiéɪʃən/ 名 U ❶ 損じる[よごす, 腐敗させる]こと. ❷ 無効にすること.

vit·i·cul·ture /víṭəkʌ̀ltʃə, váɪ- | -tʃə/ 名 U ブドウ栽培(法). **vit·i·cul·tur·al** /vìṭəkʌ́ltʃ(ə)rəl, vàɪ-⁻/ 形 **vit·i·cul·tur·ist** /-tʃərɪst/ 名.

vit·i·li·go /vìṭəláɪgou, -lí:-/ 名 U (複 ~s) 《医》白斑.

vit·re·ous /vítriəs/ 形 ❶ ガラスの(ような), ガラス質[状]の; 透明な: the ~ humor 《解》(眼球の)硝子(し̣ょ̣)体液. ❷ ガラスでできた, ガラス製の. 〖L vitrum ガラス; このラテン語はポルトガル語を通して日本語に「ビードロ」として入った〗

vit·ri·fac·tion /vìtrəfǽkʃən/ 名 =vitrification.

vit·ri·fi·ca·tion /vìtrəfɪkéɪʃən/ 名 ❶ U 《化》ガラス(状)化. ❷ C ガラス化されたもの.

vit·ri·form /vítrəfɔ̀əm | -fɔ̀:m/ 形 ガラス状の.

vit·ri·fy /vítrəfàɪ/ 動 他 〈…を〉ガラスに変える, ガラス(状)化する. ── 自 ガラス(状)になる.

vi·trine /vətrí:n/ 名 ガラスの展示ケース[キャビネット].

vit·ri·ol /vítriəl/ 名 U ❶ 《化》a 硫酸塩, 礬(ば́ん)類: blue ~ 硫酸銅. b 硫酸. ❷ しんらつな言葉[批評], こきおろし, 痛烈な皮肉. **oil of vítriol** 《化》硫酸 (cf. 1 b). 〖F<L=ガラス状のもの; 硫酸の外観から〗

vit·ri·ol·ic /vìtriálɪk, -rióu-⁻/ 形 ❶ 硫酸(塩)の, 硫酸(塩)に似た[から成る]. ❷ しんらつな, 痛烈な: ~ criticism 痛烈な批評.

vit·ta /víṭə/ 名 (複 -tae /-ti:, -taɪ/, ~s) 《植》(セリ科植物の中果皮の)油管. ── 動 《色のついた》帯, 縞.

vit·tle /víṭl/ 名 《古》=victual.

vi·tu·per·ate /vaɪt(j)ú:pərèɪt | -tjú:-/ 動 他 しかり[どなり]つける, のしる, 〈…の〉悪口を言う. ── 自 〈…を〉しかりつける, のしる 〔against〕; 〈…の〉悪口を言う 〔about〕.

vi·tu·per·a·tion /vaɪt(j)ù:pəréɪʃən | -tjù:-/ 名 ❶ U 悪罵(ば́く), 毒舌, 叱責(し̣せ̣き̣). ❷ U ののしり[罵倒]の言葉.

vi·tu·per·a·tive /vaɪt(j)ú:p(ə)rəṭɪv, -pərèɪt- | -tjú:-/ 形 〈ことばが〉ののしりの, 痛烈な: a ~ speech 痛烈な(攻撃の)演説. ❷ 悪口を言う; 毒舌を振るう 〔about〕.

Vi·tus /váɪṭəs/ 名 [St. ~] 聖ウィトス《4世紀初頭のキリスト教の少年殉教者; てんかんまたは舞踏病の患者の守護聖人; ⇒ St. Vitus's dance》.

+vi·va¹ /ví:və/ 間 …万歳! (Long live…!). ── 名 ❶ C 万歳の声. ❷ 《複数形で》歓声. 〖It<L vivere to live〗

vi·va² /váɪvə/ 名 《英口》=viva voce.

vi·va·ce /ví:vɑ́:tʃeɪ, -tʃi/ 形 副 《楽》元気な[に], 活発な[に]. 〖It=vivacious〗

vi·va·cious /vɪvéɪʃəs, vaɪ-/ 形 《特に女性・子供が》活気[元気]のある, 快活な: a ~ girl 快活な女の子. ~·**ly** 副 ~·**ness** 名 〖L vivax, vivac-<vivere to live〗

vi·vac·i·ty /vɪvǽsəṭi, vaɪ-/ 名 U 元気, 活発, 快活, 陽気さ.

Vi·val·di /vɪvɑ́:ldi | -vǽl-/, **Antonio** 名 ビバルディ《1675?-1741; イタリアのバイオリン奏者・作曲家》.

vi·var·i·um /vaɪvé(ə)riəm, vɪ-/ 名 (複 ~s, -var·i·a /-riə/) 《自然の生息状態をまねて作った》動植物飼養場, 動物施設, 小動物保存施設.

vi·va vo·ce /váɪvəvóusi, -vóutʃi/ 副 口頭で. ── 形 A 口頭の, 口述の: a ~ examination 口頭[口述]試験. ── 名 口頭[口述]試験. 〖L=with living voice〗

Viv·i·an /vívɪən/ 名 ビビアン《男性名または女性名》.

*viv·id /vívɪd/ 形 (more ~; most ~) ❶ a 〈描写・印象・記憶など〉鮮やかな, 目に見えるような, 真に迫った: a ~ description 迫真の描写 / The scene is still ~ in my memory. その情景は今なお記憶になまなましい. b 〈想像力が〉活発な, たくましい. ❷ 〈色・映像など〉明るい, 鮮明な, 強烈な, 目の覚めるような (↔ dull): the ~ green of spring

foliage 春の木の葉の目の覚めるような緑. ❸ 《古風》はつらつとした, 躍動的な, きびきびした: a ~ personality はつらつとした人柄 / a ~ performance 生き生きとした演技.
~·ness 图 〖L《*vivere* to live; cf. revive, survive〗

vív·id·ly 副 生き生きと, きびきびと; 鮮やかに, ありありと.

Viv·i·en /víviən/ 图 ビビアン《女性名》.

viv·i·fi·ca·tion /vìvəfɪkéɪʃən/ 图 Ⓤ 生命[生気]を与えること; 蘇生; 復活.

viv·i·fy /vívəfàɪ/ 動 他《…に》生命[生気]を与える;《…を》生き生きさせる.

vi·vip·a·ri·ty /vìvəpǽrəti/ 图 〖動·植〗胎生.

vi·vip·a·rous /vaɪvíp(ə)rəs/ 形 ❶ 〖動〗胎生の (cf. oviparous). ❷ 〖植〗《種子·植物》母胎生の《結実後, 種子が枝についたままで発芽するマングローブの類についていう》.

viv·i·sect /vívəsèkt, ー–´/ 動 他《動物を》生体解剖する.

viv·i·sec·tion /vìvəsékʃən/ 图 Ⓤ.Ⓒ 生体解剖. ~·al /-ʃ(ə)nəl/ 形 〖L *vivus* living+SECTION〗

viv·i·sec·tion·ist /-ʃ(ə)nɪst/ 图 生体解剖者[論者].
— 形 生体解剖の.

vix·en /víks(ə)n/ 图 ❶ 雌ギツネ (⇔ fox 解説). ❷ 口やかましい女, 意地悪女. 〖OE; 元来は FOX の女性形〗

vix·en·ish /víksənɪʃ/ 形《女が》口やかましい, がみがみ言う, 意地の悪い.

Vi·yel·la /vaɪélə/ 图《商標》ビエラ《ウールと綿の混紡糸を用いた柔らかくて軽いフランネル》.

viz. /víz/ 副 すなわち (★通例 namely と読む). 〖L VIDELICET の短縮形; -z は L -et を表わした〗

viz·ard /vízəd | -zəd/ 图 《古》仮面, 覆面; 見せかけ.

vi·zier /vɪzíə | -zíə´/ 图 ヴィジール《イスラム教国, 特に旧トルコ帝国の高官, 大臣, 宰相. **vi·zier·i·al** /vɪzí(ə)riəl/ 形 **vi·zier·ate** /-zí(ə)rət, -reɪt/, **~·ship** 图 vizier の職[権能, 地位, 在任期間].

vi·zor /váɪzə | -zə/ 图 =visor.

vizs·la /ví:zlə/ 图 ビズラ《ハンガリー原産のポインター; 被毛は黄褐色で大きな垂れ耳をもつ》.

V-J day /ví:dʒeɪ ー´/ 图《第2次大戦の》対日戦勝記念日《9月2日 (日本側の降服文書調印の日), または8月15日; cf. V-E day》.

VL 《略》Vulgar Latin.

Vlad·i·vos·tok /vlæ̀dɪvɑ́stɑk | -vɔ́stɔk/ 图 ウラジオストック《ロシアのアジア南東部の海港》.

VLF /ví:èléf/ 《通信》very low frequency.

VLSI 《略》very large scale integration 超大型集積回路.

V-nèck (シャツ·セーターなどの) Vネック.

V-nècked 形 《シャツ·セーターなど》Vネックの: a ~ sweater Vネックのセーター.

vo·ca·ble /vóukəbl/ 图 ❶ (意味に関係なく音の構成として表わした)語, 単語. ❷ 母音. 〖F《L *vocabulum* name, word《*vocare* to call; cf. vocation〗

+**vo·cab·u·lar·y** /voukǽbjʊlèri, və- | -ləri/ 图 ❶ Ⓒ.Ⓤ a (一個人·一分野などの)語彙(ぃ), 用語数, 用語範囲: the ever-increasing scientific ~ 絶え間なく増大する学術用語 / one's active ~ 表現語彙(話したり書いたりするのに使える語彙) / one's passive ~ 理解語彙(聞いたり読んだりして理解できる語彙) / expand one's ~ 語彙を増やす / He has a large [wide] ~ in English [of technical terms]. 彼は英語[専門語]の語彙が豊富である《用法》「彼は語彙が豊富だ」という意味で "He has many *vocabularies*." と言うのは間違い》/ His French and English *vocabularies* are not as large as his German. 彼のフランス語と英語の語彙(数)はドイツ語ほど多くはない / My English ~ is limited. 私は英語の語彙があまり知らない. **b** (一言語の)総語彙 (lexicon): the (total) ~ of French フランス語の総語彙. ❷ Ⓒ (単)語表[集], 用語表, 辞書. 〖L=list of words; ⇒ vocable, -ary〗 (関形 lexical).

*__vo·cal__ /vóʊk(ə)l | vǻʊ-/ 形 (more ~; most ~) ❶ (口)(意見·批判などを)はっきりと口にする, 遠慮なく言う, 能弁な

(in, about): a ~ minority 積極的に意見を言う少数派 / He was extremely ~ *in* his criticism. 彼はきわめてずけずけと批判した. ❷ 限 (比較なし) **a** 声の, 音声の[に関する]: the ~ organs 発音器官. **b** 〖楽〗声楽の (⇔ instrumental): ~ music 声楽 / a ~ score (オペラなどの)声楽用総譜. ❸ 限 (比較なし) **a** 口頭の: (a) ~ communication 口頭伝達. **b** 声を発する: a ~ being 声を発する生き物. ❹ (比較なし)〖音声〗有声音の; 母音(性)の. — 图 〖しばしば複数形〗(特にポピュラー音楽の)ボーカル, 歌唱(の担当), 歌の部分: a song with Paul McCartney on ~s ポールマッカートニーがボーカルの歌. 〖L《*vox, voc-* 声; ⇒ voice〗 (動 vocalize)

vócal còrds 图《the ~》〖解〗声帯.

vo·ca·lese /vòukəlí:z/ 图 Ⓤ《ジャズ》ボーカリーズ《ボーカルを楽器に見立てて, 楽器のパートをなぞって歌う歌唱スタイル》.

vócal fòlds 图 複《解》(真)声帯《咽頭内に左右一対ある粘膜のひだ; 振動して声を出す》.

vo·cal·ic /voʊkǽlɪk, və-/ 形 ❶ 母音(性)の. ❷ 母音に富む.

vo·cal·ise /vóʊkəlì:z/ 图《楽》ボカリーズ《歌詞や階名でなく母音を用いる発音練習; その曲》.

+**vó·cal·ist** /-lɪst/ 图 (バンドなどの)歌手, ボーカリスト (singer).

vo·cal·i·ty /voʊkǽləti/ 图 Ⓤ ❶ 発音能力があること, 発声. ❷《音声》母音性.

vo·cal·ize /vóʊkəlàɪz/ 動 他 ❶《語·音などを》声に出す, 発声する; 言う, 歌う. ❷《音声》《無声音を》有声音にする, 有声音化する; 《子音を》母音化する. — 自 ❶ 発声する. ❷ 歌う. (形 vocal)

vó·cal·ly /-kəli/ 副 はっきりと口にして; 声で; 口頭で, 声に出して; ボーカルに関して.

+**vo·ca·tion** /vouké́ɪʃən/ 图 ❶ Ⓒ.Ⓤ (特定の職業や生き方に対する)適性意識, 天職であると思うこと; (特定の職業に神から召されたとする)使命(感): She has a ~ *for* medicine. 彼女には医学を天職とする気持ちがある / He lacks any sense of ~. 彼には使命感がない / a ~ *to* serve society 社会に役立とうとする使命感. ❷ Ⓒ **a**《通例単数形》天職, 天職としての仕事; 神のお召し (calling): He found his ~ in ornithology. 彼は鳥類学に自分の天職を見いだした / You will not make a good teacher, unless you feel teaching is your ~. 教えることが自分の天職だと思うのでなければよい教師にはなれないだろう. **b** (一定の)職業, 生業, 仕事: choose [change] a ~ 職業を選ぶ[変える]. 〖L=calling《*vocare, vocat-* to call; cf. advocate, evoke, invoke, provoke〗 (形 vocational)

+**vo·ca·tion·al** /voʊkéɪʃ(ə)nəl/ 形 ❶ 職業(上)の: ~ education 職業教育 / a ~ disease 職業病. ❷ 職業指導[訓練]の: ~ guidance 職業指導 / a ~ school 職業(訓練)学校. ~·ly 副 (图 vocation)

vo·cá·tion·al·ism /-ɪzm/ 图 Ⓤ 職業教育重視主義.

voc·a·tive /vάkətɪv | vɔ́k-/ 形《文法》呼びかけの, 呼格の: the ~ case 呼格 (★英語では *Boys*, be ambitious! の *boys* のような主格の呼格とされる). — 图 呼格.

vo·ces /vox/ の複数形.

vo·cif·er·ant /voʊsífərənt/ 形 大声の, やかましい.

vo·cif·er·ate /voʊsífərèɪt/ 動《…と》大声で叫ぶ, どなる. ❶ わめく, 怒号する. **-a·tion** /voʊsìfəréɪʃən, voʊ-/ 图 Ⓤ.Ⓒ わめくこと, 怒号. 〖L=声を運ぶこと《*vox, voc-* 声+*ferre* to bring〗

+**vo·cif·er·ous** /voʊsíf(ə)rəs/ 形 ❶《人·言葉が》大声で叫ぶ, どなる, 大声の, やかましい (strident). ❷《抗議など》(大声で)しつこい: ~ demands [requests] やかましい要求. ~·ly 副 〖L↑; ⇒ -ous〗

vo·cod·er /voʊkóʊdə | -də/ 图 ボコーダー《電気的音声分析合成装置》.

VOD /ví:òʊdí:/ 《略》video on demand.

+**vod·ka** /vάdkə | vɔ́d-/ 图 Ⓤ.Ⓒ ウオツカ《ライ麦·小麦から作るロシア産の無色無臭の蒸留酒》. 〖Russ《*voda* water+*-ka* (指小辞)〗

vo·dun /voʊdú:n/ 图 =voodoo.

*__vogue__ /vóʊg/ 图 Ⓒ.Ⓤ (一時的な)流行, はやり (trend):

There is a ~ *for* Japanese food in London. ロンドンでは日本食がはやっている / Long hair is (all) *the* ~ *among* students. 長髪が学生間で(大)流行である.
còme into vógue 流行し始める, はやりだす. **In vógue** 流行して, はやって (in fashion): Miniskirts are again very much *in* ~. ミニスカートが再び大流行している. **òut of vógue** 流行しないで, すたれて: go *out of* ~ すたれる.
― 形 A (一時的に)流行の: ~ words 流行語, はやり言葉. 〖F=船をこぐこと, 揺れること, 流れること〗【類義語】⇒ fashion.

‡**voice** /vɔ́ɪs/ ❶ **a** C|U (特に人間の)声, 音声: in a deep [low, loud, soft, shrill, thick] ~ 太くて低い[低い, 大きな, 柔らかい, かん高い, しわがれた]声で / The change of ~ (思春期の少年の)声変わり / He has a good ~. 彼は声がいい / I heard the children's ~ at the back of the house. 家の裏手から子供たちの声が聞こえた / lower [drop] one's ~ 声を低くする / Keep your ~ down! 大声を出さないで. **b** C (人間のにたとえた自然物の)声, 音(ξ), 音(ʰ): the ~ *of* a cricket コオロギの声 / the ~ *of* the wind 風の音.
❷ U [また one's ~] 声を出す力, 物を言いたい欲望, 物を言う力: shout at the top of one's ~ 声を限りに叫ぶ / lose one's ~ (かぜなどで)声が出なくなる / I have no ~ this morning. 今朝は声が出ない.
❸ U [また a ~] 発言(権), 投票権; 決定[選択]権; 意見 (say): He has *a* [no] ~ *in* the matter. その事の(決定)について, 彼には発言権がある[ない]. ❹ C **a** (表明された)意見, 意思, 願望; 表現スタイル: dissenting ~s 異議を唱える人々の声 / listen to the ~ *of* the people 国民の声に耳を傾ける / The ~ *of* the people are the ~ *of* the gods. 〖諺〗民の声は神の声 (★ vox populi vox Dei の英訳). **b** (人間の言葉にたとえた理性などの)声(の持ち主), 見解, 知らせ: an inner ~ 心の内なる声 / the ~ *of* reason 理性的な意見(の持ち主) / the ~ *of* experience 経験をもとにした見解. **c** (主義などの)表明者, 代弁者: He's the leading ~ *of* his party. 彼は党の主な代弁者だ. ❺ C 〖楽〗(歌を歌う)声; (合唱部の)歌手; 声部: a male [female] ~ 男[女]声 / a piece for a chorus of mixed ~s 混成合唱曲. ❻ C 〖通例単数形で〗〖文法〗態: the active ~ 能動態 / the passive ~ 受動態, 受身 / change the ~ 態を変える. ❼ C 〖音声〗有声音, 声 (母音, /b, g, z, m/など; cf. breath 5).

find one's **vóice** (1) (恐怖・驚きなどの後で)口がきけるようになる, やっとしゃべりだす. (2)〈作家が〉独自のスタイルを確立する.

gìve vóice to… 〈感情・意向などを〉口に出す, 漏らす, 表明する (express): She finally *gave* ~ *to* her discontent. 彼女はついに不満を口にした.

in (**góod**) **vóice** (話したり歌ったりするのに)声がよく出て, 声の調子が上々で.

lift úp one's vóice 声を張りあげる.

máke one's vóice hèard 意見を表明して相手に聞いてもらう.

ráise one's **vóice** (1) もっと大きい声で言う. (2)〔人に〕荒々しい口調で言う, どなる: Don't *raise your* ~ *to* [*at*] me. 私にどならないでくれ. (3)〔…に〕不平を言う, 異を唱える: At last ~s are being *raised against* this destruction of the environment. ついにこの環境破壊に反対の声があがってきている.

the Vóice of América アメリカの声, VOA《米国政府の海外向け放送》.

with óne vóice 異口同音に, 満場一致で.
― 動 他 ❶〈感情・意見などを〉(力強く)言い表わす, 表明する (express): ~ one's opinions 意見を述べる / ~ one's discontent 不平を口に出す. ❷〖音声〗〈子音を〉有声音で発音する, 有声化する (cf. voiced 2).
〖F<L *vox, voc-* 声〗

vóice bòx 名 喉頭 (larynx).

voiced 形 ❶〖複合語で〗声が…の, (…の)声をした: rough-*voiced* 荒々しい声の. ❷〖音声〗有声(音)の, 声化の (↔ voiceless 3): ~ sounds [consonants] 有声音[子音].

voice·ful /vɔ́ɪsf(ə)l/ 形〖詩・文〗声をもつ, たくさんの[騒がしい]声をもつ, 声に満ちた.

vóice jàil 名〖戯言〗ボイスジェール《コンピューターによる使いにくい電話応対システム; voice mail をもじったもの》.

vóice·less 形 ❶ 声のない; 無言の, 口のきけない. ❷ 発言力[発言権]のない, もの言わぬ. ❸〖音声〗無声(音)の, いきの (unvoiced; ↔ voiced 2): ~ sounds [consonants] 無声音[子音]. **~·ly** 副. **~·ness** 名.〖類義語〗⇒ dumb.

vóice màil 名 U ボイスメール《音声のデジタル録音・再生による電子メールシステム》.

vóice-òver 名〖テレビ・映〗(画面に映らない)ナレーターの声, (説明の)語り.

vóice·prìnt 名 声紋.

voic·er /vɔ́ɪsɚ | -sə/ 名〖楽〗(特にパイプオルガンの)調律師.

vóice vòte 名《米》発声投票.

†**void** /vɔ́ɪd/ 名 ❶ [a ~] 空虚感, 心の穴: His wife's death left *a* painful ~ in his life. 妻が死んで彼の生活に悲痛な空虚感が残った. ❷ [a ~] 空所, あき, すき間(ミ), (ぽっかりあいた)穴, 深淵. ❸ [the ~] (宇宙の)空間, 虚空, 無限. ❹〖トランプ〗ボイド《配られた札の中に, ある組の札が全然ないこと》(in clubs クラブが(最初から)1枚もない. ― 形 (~·**er**; ~·**est**) ❶ [P (*of* …)〕〔…が〕まったくなくて, 欠けて (devoid): a landscape ~ *of* all beauty 美しさの全然ない風景 / His face was ~ *of* expression. 彼の顔は無表情だった. ❷ (比較なし) 空(ξ)の, 空(ξ)の, 空虚な. ❸ (比較なし)〈家・地などあいた; 欠員の(〖匹敵〗vacant のほうが一般的). ❹ (比較なし)〖法〗法的効力のない, 無効の (invalid): null and ~ 無効の. ― 動 ❶〖法〗〈契約などを〉無効にする (nullify). ❷〖文〗〈…を〉空にする; 排泄(ξɔ)する.〖F<L=空(ξ)の〗

void·a·ble /vɔ́ɪdəbl/ 形 ❶〖法〗無効にできる. ❷ 排出[排泄]できる.

void·ance /vɔ́ɪdəns, -dns/ 名 ❶ U 空(ξ)にすること; 放出, 排泄. ❷〖法〗取消し, 無効にすること. ❸〖キ教〗(聖職の)空位.

vóid·ed /-dɪd/ 形 うを[穴]のある; 〖紋〗輪郭だけ残して中を切り抜いた.

voi·là /vwɑːláː/ 間 ほら, 見て(ごらん), どうです!《成功・満足を表わす》.

voile /vɔ́ɪl/ 名 U ボイル《木綿・羊毛・絹製の半透明の薄織物》.

vol. (略) volcano; volume; volunteer.

vo·lant /vóʊlənt/ 形 ❶【動】飛ぶことができる. ❷〖紋〗飛ぶ姿をした. ❸〖文〗すばやい, 敏速な.

Vo·la·pük /vóʊləpùk/ 名 C ボラピューク《1879 年ごろドイツのカトリック司祭 J. M. Schleyer (1831–1912) が考案した人工言語》.

vo·lar /vóʊlə | -lə/ 形〖解〗てのひらの(側)の, 足の裏の.

***vol·a·tile** /válətl̩ | vɔ́lətàɪl/ 形 ❶〈状況などが〉変わりやすい, 不安定な (unstable): a highly ~ situation きわめて不安定な状況. ❷〖しばしば軽蔑〗〈人・性格が〉移り気な, 気まぐれな: a ~ temper かんしゃく. ❸〖化〗揮発する, 揮発性の (↔ fixed): a ~ substance 揮発物 / ~ oil 揮発性油; 精油.〖F<L<*volare, volat-* to fly+ -ILE〗

vol·a·til·i·ty /vàlətíləṭi | vɔ̀l-/ 名 U ❶〖化〗揮発性. ❷ 落ち着きのない[うわついた]性質, 移り気 (instability).

vol·a·til·ize /válətl̩àɪz | vɔ́lət-/ 動 他〖化〗揮発させる[する]. **vól·a·til·iz·a·ble** /-zəbl/ 形 **vol·a·til·i·za·tion** /vàlətl̩ɪzéɪʃən | vɔ̀lætəlaɪz-/ 名 揮発.

vol-au-vent /vɔ́ʊloʊvɑ̀̃ː, -vɑ́̃ːn/ 名 C ボローバン《軽いパイのケースに肉や魚の煮込みを入れた料理》.〖F=flight in the wind〗

+**vol·can·ic** /vɑlkǽnɪk | vɔl-/ 形 ❶ **a** 火山の, 火山性の, 火山作用による, 火成の: ~ activity 火山活動 / ash(es) [rock] 火山灰[岩] / a ~ eruption 噴火. **b** 火山のある[多い]. ❷〈感情の, 激しい: a ~ temper 火のように激しい気質. -**i·cal·ly** /-kəli/ 副 (*volcano*).

volcánic gláss 名 U〖鉱〗黒曜石.

vol·can·ic·i·ty /vὰlkənísəṭi | vɔ̀l-/ 名 =volcanism.
vol·can·ism /vάlkənìzm | vɔ́l-/ 名 火山現象, 火山活動.
*__vol·ca·no__ /vɑlkéɪnoʊ | vɔl-/ 名 (複 ~es, ~s) ❶ 火山: an active [a dormant, an extinct] ~ 活[休, 死]火山 / a submarine ~ 海底火山 / The ~ erupted last year. その火山は昨年噴火した. ❷ 一触即発(の状態); (爆発寸前の)激情, 憤激. 《It＜L *Volcanus* ローマ神話の火の神》 (形 volcanic)
vol·ca·nól·o·gist /-ʤɪst/ 名 火山学者.
vol·ca·nol·o·gy /vὰlkənάləʤi | vɔ̀lkənɔ́l-/ 名 Ⓤ 火山学.
vole /vóʊl/ 名 [しばしば複合語で] 〖動〗ハタネズミ;⇨ water vole.
Vol·ga /vάlgə | vɔ́l-/ 名 [the ~] ボルガ川《ロシア連邦西部に発し, 南東に流れカスピ海に注ぐ; ヨーロッパ最長の川》.
vo·li·tion /voʊlíʃən, və-/ 名 ❶ 意志作用, 意志. ❷ 意志(の力), 決意, 決断力: of one's own ~ 本人の自由意志で, 自分から進んで. 《F＜L＜*velle, vol-* to wish; cf. voluntary》
vo·li·tion·al /voʊlíʃ(ə)nəl, və-/ 形 意志の[に関する], 意志による, 意志的な: ~ power 意志力. ~·ly /-nəli/ 副
vol·i·tive /vάlətɪv | vɔ́l-/ 形 ❶ 意志の, 意志による, 意志力のある. ❷ 〖文法〗願望[許可]を表わす.
völ·ker·wan·der·ung /fǽlkərwὰndərʊŋ | -kə-/ 名 (複 ~, -en /-ən/) 〖史〗(ゲルマン)民族大移動.
Volks·wa·gen /vάʊlks:gə(ə)n | vɔ́lks-/ 名 Ⓒ (複 ~, ~s) 〖商標〗フォルクスワーゲン《ドイツ製の小型大衆車》. 《G=folk's wagon》
*__vol·ley__ /vάli | vɔ́li/ 名 ❶ 〖テニス・サッカー〗ボレー《ボールが地についないうちに打ち返すまたはけること》; ボレーの一斉射撃, 斉射 (salvo): a ~ *of* small arms fire 小銃の一斉射撃. b (悪口・質問などの)連発: a ~ *of* questions やつぎばやの質問. **on the vólley** 〖球技〗《ボールがまだ地につかないうちに》, ボレーで[の]: hit [kick] a ball *on the* ~ ボールをボレーで打つ[ける]. ── 動 他 ❶ 〖球技〗《ボールを》ボレーで打ち返す[ける]; ボレーで得点を決める. ❷ 《弾丸・質問などを》一斉に浴びせる, 次々と発する. 《F＜L=飛ぶことく*L volare* to fly》
*__vol·ley·ball__ /vάlibɔ̀:l | vɔ́l-/ 名 ❶ Ⓤ バレーボール《競技》. ❷ Ⓒ バレーボール用のボール.
vol·plane /vάlplèɪn | vɔ́l-/ 〖空〗 自 (エンジンを止めて地上へと)空中滑走する. ── 名 滑空.
vols. (略) volumes.
*__volt__[1] /vóʊlt | vóʊlt, vɔ́lt/ 名 〖電〗ボルト《電圧・電位差のSI 電力単位; 記号 V》. 《A. Volta イタリアの物理学者で, ボルタ電池の発明者》
volt[2] /vóʊlt/ 名 ❶ 〖フェン〗ボルト《突きを避けるためのすばしこい足の動作》. ❷ 〖馬〗巻き乗り《馬に円を描いて歩かせる馬場運動》. 《F＜It=回転＜L *volvere, volut-* 回す》
Vol·ta /vάltə | vɔ́l-/ 名 [the ~] ボルタ川《ガーナを流れる川; ボルタ湖 (Lake Volta) から流れ出て Guinea 湾へ注ぐ》.
*__volt·age__ /vóʊltɪʤ | vóʊl-, vɔ́l-/ 名 Ⓤ.Ⓒ 電圧, 電圧量, 起電力数 (略 v.): (a) high ~ 高圧. 《VOLT[1]+-AGE》
vol·ta·ic /vɑltéɪɪk | vɔl-/ 形 〖電〗流電気の: a ~ battery ボルタ電池.
Vol·taire /voʊltéər | vɔltéə/ 名 ボルテール《1694-1778; フランスの啓蒙思想家; 本名 François-Marie Arouet /frɑ̀:nswά: mərí: à:ruéɪ/》.
vol·tam·e·ter /vɑltǽmətər | vɔltǽmətə, -tɪ-/ 名 〖電〗ボルト計, 電解電量計.
vólt-ámpere 名 〖電〗ボルトアンペア, 皮相電力 (volt[1] と ampere の積).
volte /vóʊlt/ 名 =volt[2].
volte-face /vɔ́:ltfɑ̀:s | vɔ́lt-/ 名 [通例単数形で](意見・態度・政策などの)大転換, 豹変 (about-face). 《F＜It=turn face》
vólt·mèter 名 〖電〗電圧計.

vol·u·bil·i·ty /vὰljʊbíləṭi | vɔ̀l-/ 名 Ⓤ 能弁, 多弁. おしゃべり: with ~ 滔々(とうとう)と, ぺらぺらと.
vol·u·ble /vάljʊbl | vɔ́l-/ 形 能弁な, 口達者な, おしゃべりな; 流暢(りゅうちょう)な. **vól·u·bly** /-bli/ 副 《F＜L=舌がよく回る＜*volvere* 回す; ↓》
*__vol·ume__ /vάlju:m, -ljʊm | vɔ́l-/ 名 ❶ Ⓤ.Ⓒ 体積, かさ, 容積, 容量: What is the ~ of this bottle? この瓶の容積はいくらか. ❷ a Ⓒ.Ⓤ (産業・貿易などの)量, 額; (世論の賛否などの)多さ, 高(たか): sales ~ (s) 販売量 / *an increasing* ~ *of* trade 増加する貿易額 / *the sheer* ~ *of* traffic 交通量の多さ / Business ~ continues to grow. 取引額が増大している / gauge the ~ *of* support for a bill 法案への支持率を測る. b Ⓒ [しばしば複数形で] 大量, たくさん; 大きなかたまり: ~s *of* smoke もうもうとした煙. ❸ Ⓤ (人・テレビ・ラジオの)音量: Her voice doesn't have ~. 彼女はあまり声が大きくない / turn up [down] the ~ on the TV テレビの音量を大きく[小さく]する / drive with the radio (on) at full ~ カーラジオのボリュームをいっぱいにして運転する. ❹ Ⓒ 本 (全集・セットの書物の)巻: an encyclopedia of 30 ~s [*vols.*] 30巻からなる百科事典 / The novel was published in two ~s. その小説は2巻(本)で出版された. b (雑誌・機関誌・月報などを1年分まとめた)号: the 2004 ~ of *English Studies*「英語研究」の 2004年号. ❺ Ⓒ (特に, 分厚い)本: a library of many thousand ~s 数千冊の蔵書. **spéak vólumes (for...)** (行動・態度などが)(...を)雄弁に物語る, 明白に示す: His consent to your proposal *speaks* ~s *for* his good will. 彼があなたの申し出を受け入れてくれたので彼の善意がよくわかる. 《F＜L *volumen, volumin-* 巻物＜*volvere* 巻く, 回す; cf. evolution, involve, revolt, revolve》 (形 voluminous)
vol·u·met·ric /vὰljʊmétrɪk | vɔ̀l-/ 形 容積[体積]測定の: ~ analysis 〖化〗容量分析.
vol·u·mét·ri·cal /-trɪk(ə)l/ 形 =volumetric.
vo·lu·mi·nous /vəlú:mənəs/ 形 ❶ a (分量が)おびただしい, 豊富な. b 《容器などが容積の大きい. c 音[声]量の豊かな. ❷ (衣服などが)大きめの, ゆったりした. ❸ (作家などが)多作の. b 冊数[巻数]の多い, 大部の. ~·ly 副 ~·ness 名 (volume)
vol·u·miz·er /vάljʊmὰɪzə | -zə-/ 名 髪の毛に張りをもたせ量を多く見せるヘアケア剤, ボリューム仕上剤.
vol·un·tar·i·ly /vὰləntérəli | vɔ́ləntərəli, -trə-/ 副 自由意志で, 自発的に; 任意に.
vol·un·ta·rism /vάləntərìzm | vɔ́l-/ 名 Ⓤ ❶ a 任意制, ボランタリズム《強制的な手段に頼らず, 自由意志に任せる主義》. b 任意主義《教会や学校は国に依存せず民間の寄付により維持されるべきとする原則》. ❷ 〖哲〗主意主義. **-rist** /-rɪst/ 名
*__vol·un·tar·y__ /vάləntèri | vɔ́ləntəri, -tri/ 形 (比較なし) ❶ a 〈人・行動など〉自由意志から出た, 自発的な, 任意の, 志願の (↔ compulsory, obligatory): Attendance is ~. 出席は自由[任意]です / a ~ army 義勇軍 / a ~ service 志願兵役 / a ~ statement [confession] 任意供述[告白], 自供. b 自由意志をもった[によって行動する]: Man is a ~ agent. 人間は自由意志で行動する. c 故意の, 有意の: ~ manslaughter 〖米法〗故殺. ❷ [通例 Ⓐ] ボランティアの, 無償の, 篤志の: a ~ worker ボランティア / a ~ helper 自発的な援助者, 篤志家 / do ~ work at a local hospital 地元の病院でボランティア活動をする / work on a ~ basis ボランティアとして働く. ❸ Ⓐ〈学校・教会・病院など〉任意寄付制の: a ~ organization 篤志家の手によって運営される団体. ❹ 〖解〗随意の (↔ involuntary): ~ muscles 随意筋. ── 名 ❶ オルガン独奏 (特に教会での礼拝の前後に演奏する). ❷ (競技での)自由演技 (↔ compulsory). 《L=自分の意志の＜*vellere, vol-* to wish; volunteer と同語源》
vóluntary-áided 形 〖英〗〈voluntary school が〉主に地方自治体からの資金で運営される.
vóluntary-contrólled 形 〖英〗〈voluntary school が〉100 パーセント地方自治体からの資金で運営される.
vol·un·tar·y·ism /vάləntəriìzm | vɔ́ləntəri-, -tri-/ 名 =voluntarism. **-ist** /-rɪɪst/ 名

vóluntary schóol 图 ＵＣ《英》有志立学校《宗教団体などの有志団体により設立し, 経済的維持は地方教育局による学校》.

vóluntary simplícity 图 自発的な質素《最小限の消費と環境に対する責任とを特徴とする, 物質主義拒否の哲学[生き方]》.

*__vol・un・teer__ /vɑ̀ləntíɚ | vɔ̀ləntíɚ‐/ 图 ❶ ボランティア, 篤志奉仕家; 志願者, 有志: Are there any ~s *for* this work? この仕事を進んでやる人はいませんか. ❷ 志願兵, 義勇兵. ─ 形 Ａ 有志の, 志願(兵)の: ~ work 有志の仕事, ボランティア活動 / a ~ nurse 篤志看護婦. ❷ 義勇(軍)の: a ~ corps 義勇軍. ❸《植物が》自生の. ─ 動 ❶ ❶ 進んで(…しようと)申し出る, 自発的に(…)することを引き受ける: [+*to do*] He ~ed *to* do the job. 彼は自分でその仕事をしようと申し出た. b 自発的な情報などを自発的に申し出る[提供する, 買って出る]: ~ one's services 奉仕を買って出る / ~ a subscription 寄付を申し出る. ❷《意見・情報などを自発的に進んで〉述べる, (...と)進んで言う: ~ an opinion 自発的に意見を述べる / ~ information 進んで情報を提供する / [+引用] "Let me carry your bag," he ~ed. 「かばんをお持ちしましょう」と彼は自分から進んで言った. ❸ [時に受身で](反語)(人を)[仕事・活動に]勝手に推薦する, 志願者にまつり上げる: I ~ed Doug for the job. (本人の承諾を得ず)ダグが仕事をするよと言ってやった [+*to do*] I *was* ~ed *to* empty the trash. 勝手にゴミ箱を空にする係に指名されてしまった. ─ 图 ❶ 進んで事に当たる, ボランティアとして[従事する]. ❷ [...に]志願する[*for*]: She ~ed *for* the job. 彼女は進んでその仕事を志願した. ❸ [...の]徴兵に応募する: ~ *for* military service 兵役を志願する. 〖F＜L＝自分の意志の; ⇒ voluntary, -eer〗

vol・un・teer・ism /vɑ̀ləntí(ə)rɪzm | vɔ̀l‐/ 图 Ｕ ボランティア活動.

Voluntéer Státe 图 [the ~] 義勇軍州《Tennessee 州の俗称》.

vo・lup・tu・ar・y /vəlʌ́ptʃuèri | ‑tʃuəri/ 形 にふける.
─ 图 酒色にふける人.

+**vo・lup・tu・ous** /vəlʌ́ptʃuəs/ 形 ❶ 肉感的な, 色っぽい, あだっぽい, セクシーな: a ~ woman (グラマーで)セクシーな[肉感的な]女性. ❷《におい・味など感覚を喜ばせるに訴える》, 心地よい. ❸ 肉欲にふける, 酒色におぼれる, 官能的な: a ~ life 官能的な生活. ~・**ly** 副 ~・**ness** 图 〖F＜L *voluptas* 快楽 ＜*vellere*, *vol-* to wish; cf. voluntary〗

vo・lute /vəlúːt/ 图 ❶ [建] 渦巻き(形)《イオニア・コリント式柱頭装飾など》. ❷ [貝] ガクフボラ科の巻き貝. 〖L=巻いたもの; ⇒ volume〗

vo・lút・ed /‑tɪd/ 形 ❶ 渦巻き形の. ❷ [建] 渦形装飾の(ある).

vo・lu・tion /vəlúːʃən/ 图 ❶ 旋回[回転]運動. ❷ 渦巻[らせん]のひと巻き.

vol・vox /vɑ́lvɑks | vɔ́lvɔks/ 图 [生] オオヒゲマワリ, ボルボックス《緑藻類; 原生動物鞭毛虫として動物扱いもされる》.

vol・vu・lus /vɑ́lvjʊləs | vɔ́l‐/ 图 (複 **-vu・li** /‑lai, ‑li/, **~・es**) [医] 腸(軸)捻転, 軸捻.

vo・mer /vóumɚ | ‑mə/ 图 [解] (鼻の)鋤骨《どう》.

+**vom・it** /vɑ́mɪt/ ─ 動 ❶《食べたもの・血を》吐く, もどす (cf. retch): ~ blood 吐血する / ~ *up* what one has eaten 食べたものを吐く《比較的《口》では throw up のほうが一般的》. ❷《煙・罵り言葉などを》(とめどなく)吐き出す: The factory chimneys ~ed (*out*) smoke (all day). 工場の煙突は(一日中)もくもくと煙を吐いていた. ─ 图 ❶ ヘどを吐く, もどす: Too much beer makes me ~. 私はビールを飲み過ぎるともどしてしまう. ❷《口》胸がむかむかする, 吐きそうな気分になる: You make me want to ~. 君の(態度)を見ると胸くそが悪くなる. ─ 图 ❶ Ｕ 嘔吐物, へど (puke のほうが一般的). ❷ Ｃ《古》嘔吐剤. 〖L〗

vom・i・to・ri・um /vɑ̀mətɔ́ːriəm | vɔ̀m‐/ 图 (複 **-ria** /‑riə/) ❶ (古代の)円形演技場出入口. ❷ 嘔吐場《古代ローマ人が宴席で食べ続けるために食べた物を吐き出したと, 俗説で想定されていた場所》.

vom・i・to・ry /vɑ́mətɔ̀ːri | vɔ́mətəri, ‑tri/ 嘔吐の[を催させる]. ─ 图 (劇場・円形演技場・球場などの観客席への)出入口.

vom・i・tous /vɑ́mətəs | vɔ́m‐/ 形 吐き気を催させる.

vom・i・tus /vɑ́mətəs | vɔ́m‐/ 图 Ｕ 吐物.

V-one, V-1 /víːwʌ́n/ 图 V-1 号《ドイツが第 2 次大戦で用いたパルスジェット推進の飛行模型ロケット爆弾[有翼ミサイル]》.

voo・doo /vúːduː/ 图 (複 **~s**) ❶ [しばしば V~] Ｕ ブードゥー教《西インド諸島などの黒人間に行なわれるアフリカ起源の一種の魔教》; (ブードゥー教の)まじない, 魔法. ❷ Ｃ ブードゥー教のまじない師. 〖Creole F＜W-Afr 呪物, 悪鬼〗

vóodoo dóll 图 ブードゥードール《呪いをかけたい人に似せて作られた人形; これに針を刺したりして呪う》.

vóo・doo・ism /‑ɪzm/ 图 Ｕ ブードゥー教(の魔法). **-ist** /‑ɪst/ 图 Ｃ ブードゥー教のまじない師.

vo・ra・cious /vɔːréɪʃəs | və‑/ 形 ❶ むさぼり[がつがつ]食う, がつがつしている. ❷ あくことを知らない, 食欲な: a ~ reader 熱心な読書家. ~・**ly** 副 がつがつと; 食欲に. ~・**ness** 图 〖L＜*vorare* がつがつ食べる〗

vo・rac・i・ty /vɔːrǽsəṭi | və‑/ 图 Ｕ 暴食, 大食; 強欲, 食欲《さ》, 執心.

-vore /‑ˌvɔɚ | ‑vɔː/ [名詞連結形]「…食動物」: *carni*vore, *herbi*vore.

-vor・ous /‑v(ə)rəs/ [形容詞連結形]「…を食とする」: *carni*vorous, *herbi*vorous. 〖L; ⇒ voracious〗

+**vor・tex** /vɔ́ɚteks | vɔ́ː‐/ 图 (複 **~・es, -ti・ces** /‑təsìːz/) ❶ Ｃ a 渦, 渦巻. b 旋風. ❷ [the ~] (社会運動などの)渦巻き: He was drawn into *the* ~ of politics [revolution, war]. 彼は政争[革命, 戦乱]の渦中に巻き込まれた. 〖L *vorte*, *vortic*, vertex; vertex の別形〗

vor・ti・cal /vɔ́ɚṭɪk(ə)l | vɔ́ː‐/ 形 渦巻き状の, 渦巻く, 旋回する. ~・**ly** /‑kəli/ 副

vor・ti・cel・la /vɔ̀ɚṭəsélə | vɔ̀ːtɪ‐/ 图 (複 **-lae** /‑liː/, **~s**) [動] ツリガネムシ《ツリガネムシ属のベル形の単細胞繊毛動物の総称》.

vor・ti・ces /vɔ́ɚṭəsìːz | vɔ́ːtɪ‐/ vortex の複数形.

vor・ti・cism /vɔ́ɚṭəsìzm | vɔ́ːtɪ‐/ 图 Ｕ 《英》渦巻派《cubism (立体派)と futurism (未来派)の影響をうけた 1914–15 年の英国の芸術運動》. **-cist** 图

Vosges /vóuʒ/ 图 [the ~] ボージュ山地《フランス北東部 Rhine 川の西側にある山地》.

vot・a・ble /vóuṭəbl/ 形 ❶ 票決できる. ❷ 投票権のある.

vo・ta・ress /vóuṭərəs/ 图 女性の信者[信奉者].

vo・ta・rist /vóuṭərɪst/ 图 =votary.

vo・ta・ry /vóuṭəri/ 图 ❶ 信者, 信心家《*of*》. ❷《理想主義・運動などの》信奉者, 支持者, 心酔者《*of*》. 〖L=誓うまく *votum* 誓い〗

*__vote__ /vóut/ ─ 图 ❶ Ｃ (個々の)票; 投票(用)紙: a spoiled ~ 無効投票 / ⇒ casting vote / one person one ~ 一人一票(制) / canvass for ~s 票集め運動をする / count the ~s 票数を数える / cast a ~ (*for* [*against*]...) (…に賛成[反対]の)票を投じる / give one's ~ to a candidate ある候補に投票する / A majority of the ~s were in favor. 過半数が賛成票だった / They fell six ~s short of the two-thirds necessary to reverse the veto. 彼らは拒否権をくつがえすのに必要な 3 分の 2 の得票に 6 票足らなかった. ❷ **a** Ｃ 投票; 投票結果: an open ~ 記名投票 / a secret ~ 無記名投票 / a ~ of confidence [no confidence, censure] 信任[不信任, 譴責]投票 / propose a ~ of thanks 感謝決議を提議する / a very close ~ きわどい投票結果 / Parliament ratified the agreement by a ~ of 70 to 43, with seven abstentions. 議会はその協定を賛成 70, 反対 43, 棄権 7 の投票で批准した. **b** Ｃ [しばしば the ~] 票決: take [have] a ~ *on* the issue 問題について投票で採決する / come [go, proceed] to *the* [a] ~ 票決に付せられる / put a question [bill] to *the* [a] ~ 問題[議案]を票決に付する / *The* ~ went against the Government. 票決で政府案は否決された. **c** Ｕ

票(権行使): Let's decide the matter by ~. その件は投票で決めよう. ❸ [the ~] **a** 投票総数, 得票数: *the* floating ~ 浮動票 / *The* Labour ~ increased at the election. 選挙で労働党の票数が増えた. **b** (特定集団の)票: win *the* African-American [Jewish, farm] ~ (米国で)黒人[ユダヤ人, 農民]票を獲得する. ❹ [the [a] ~] 投票権, 選挙権; 議決権: get the [a] ~ at 20 20歳で選挙権を手にする / Women now have *the* ~ in most countries. 今やたいていの国で女性にも選挙権がある. **gét a person's vóte** 《口》人の支持を得る: "Harry Potter and the Sorcerer's Stone" *gets my* ~ *for* best movie of the year. 「ハリーポッターと賢者の石」は今年の最優秀映画だと私は思う.

— [動][自] ❶ **投票をする**: the right to ~ 投票[選挙]権: ~ *on* an issue ある問題について投票する / He ~*d* ***against*** [***for***, ***in favor of***] the measure. 彼はその議案に反対[賛成]の投票をした. ❷ 〈…党に〉投票する《[用法] 政党名を示す形容詞を補語にする; 他動詞とする人もいる; cf. [他] 2》: 〔+補〕 *V*~ Democratic [Labour]. 民主党[労働党]に投票せよ.

— [他] ❶ **a** 〈…を〉**投票して可決する**, 〈…することを〉**票決する**: ~ yes or no 賛否いずれか票決する / Congress ~*d* more money for education. 議会はもっと多額の金を教育費に当てることを議決した / 〔+*to* do〕 Some counties have ~*d to* withhold payments to their states. 一部の郡は州への上納金の差し止めを議決した / 〔+*that*〕 They ~*d that* publication of the journal (should) be continued. 彼らは機関誌の発行を継続することを票決した. **b** (人に)〈…を〉票決によって与える: 〔+目+目〕 Congress ~*d* the President emergency powers.=Congress ~*d* emergency powers ***to*** the President. 議会は大統領に非常権限を与えることを可決した. ❷ **a** 〈…を〉投票によって支持する: ~ the Republican ticket すべての選挙戦で共和党の候補者に投票する, 共和党に投票する (cf. [自] 2). **b** 〈特定の候補者に〉投票する (cf. [自] 2): *V*~ Doyle. ドイルに投票しよう. **c** 投票によって〈人・案などを〉…にする[議決[選出]する]: She was ~*d* ***into*** Congress [***onto*** the board of directors]. 彼女は選出されて議員[理事, 役員]になった. ❸ 〈…を〉〈…と〉認める, みなす, 称する《★ しばしば受身》: 〔+目+補〕 The new play has *been* ~*d* a success. 今度の劇は成功だという評判だ. ❹ [通例 I を主語として] 《口》〈…しようと〉提案[提議]する (suggest): 〔+*that*〕 I ~ (*that*) we (should) do the city by sightseeing bus. 市内見物は観光バスでしようじゃないか.

vóte dówn 《[他]+[副]》〈提議などを〉投票して否決する.

vóte for… 《口》…がいいと思う, …に賛成する: I ~ ***for*** Chinese. 僕は中華料理がいいな.

vóte ín 《[他]+[副]》〈人を〉〔…として〕選出する〔*as*〕 (elect).

vóte óff(…) 《[他]+[副] [前]》〈人を〉投票でやめさせる: ~ a person ***off*** (the board) 人を投票で委員会から外す (cf. [他] 2c).

vóte óut 《[他]+[副]》〈人を〉投票で(現職から)追放する: She was ~*d out of* office. 彼女は投票によって公職から追放された.

vóte one's **pócketbook** =VOTE with one's pocketbook [成句] (2).

vóte thróugh 《[他]+[副]》〈議案などを〉投票で通過させる[議決する].

vóte with one's **féet** 《口》出席[退場]することによって意思表示を行なう, (特に)退席して反対の意思を表わす.

vóte with one's **dóllars** =VOTE with one's pocketbook [成句] (2).

vóte with one's **pócketbook** 《米》 (1) 自分の金銭的損得を考えて投票する. (2) 出費を考えて決める.

〖L *votum* 誓い < *vovere, vot-* 誓う; 「誓う > 祈る > 望む」と言う意味変化があり, 現在の意味は投票によって望みを表わすことから; cf. vow〗

vóte gètter [名] 《口》票集めに成功した人, 人気候補者.

vóte·less [形] ❶ 投票のない. ❷ 投票権のない.

***vot·er** /vóuṭɚ/ [名] **投票者** (cf. nonvoter); **有権者**, 選挙人: a casting ~ 決定投票者《議長など》.

vót·ing bòoth /-ṭɪŋ-/ [名] 《米》投票用紙記入所.

vóting màchine [名] (自動式)投票計算機.

vo·tive /vóuṭɪv/ [形] [A] 誓い[感謝]をこめて奉納[奉献]した, 願掛けの: a ~ offering 奉納物 / a ~ tablet 奉納額. 〖L; ⇨ vote〗

vótive càndle [名] ❶ (崇敬や感謝の意を込めて灯す)篤志ろうそく, 奉納ろうそく《キリストを崇敬してその像の前に灯すろうそくなど》. ❷ 小さい寸詰まりのろうそく.

vótive máss [名] [しばしば v~ M~] 〘カト〙 随意ミサ.

vouch /váutʃ/ [動] [自] ★ 次の句で. **vóuch for…** (1) 〈人が〉〈人物・性格など〉を保証する, 請け合う《★ 受身可》: I will ~ *for* him [his honesty]. 彼の人物[彼が正直であること]は私が保証します / I can't ~ *for* the accuracy of my memory. 正確に記憶しているかどうかは請け合いかねます. (2) 〈ものが〉…の保証になる, 証明になる《★ 受身可》: This document ~*es for* the accuracy of the evidence. この書類はその証拠の正確さを証明している. (3) 〈人の将来〉の責任をもつ, 〈人〉の保証人となる. 〖F=証人として呼ぶ < L < *vocare* to call〗

***vouch·er** /váutʃɚ | -tʃə/ [名] ❶ **クーポン券**; (商品)引換券 〔*for*〕; (商品)割引券: a travel ~ 旅行用クーポン券 / a hotel ~ ホテル宿泊券 / a luncheon ~ 昼食券 / a gift ~ ギフト券. ❷ 〘法〙 証拠書類[物件], (特に金銭の)領収証, 受取.

vouch·safe /vautʃséɪf, ←ー/ [動] [他] ❶ (…に)〈…を〉(特別に)与える, 賜わる; 認める, 許す〔*to*〕; 〈…して〉くださる 〈*to* do〉. ❷ 〈人に〉〈…を〉打ち明ける, 明かす.

vous·soir /vu:swáɚ | -swáə/ [名] 〘建〙 (アーチの)迫石(せりいし).

Vou·vray /vu:vréɪ | ←ー/ [名] [U] ヴヴレー《フランスの Loire 地方に産する白ワイン》.

vow** /váu/ [名] ❶ **誓い**, **誓約** (oath): a devout ~ 心をこめた誓い / lovers' ~*s* 恋人同士の誓い / break [keep] a ~ of secrecy [silence] 秘密[沈黙]を守るという誓いを破る[守る] / 〔+*to* do〕 take [make] a ~ *to* do… しようと誓いを立てる[願をかける] / 〔+*to* do〕 I am under a ~ *to* drink no alcohol. 禁酒の誓いを立てている. ❷ [通例複数形で] **a** 結婚の誓い: exchange (marriage) ~*s* (結婚式で)結婚の誓いを交わす. **b** 〘キ教〙 誓願: baptismal ~*s* 洗礼の時の誓約 / monastic ~*s* 修道誓願《清貧・童貞・服従の誓い》. **tàke vóws** 修道会[院]に入る. — [動] [他] ❶ **誓って**〈…する〉**と言う**: 〔+*to* do〕 He ~*ed to* work harder in the future. 将来は必ずもっとしっかり働くと言った / 〔+*that*〕 She ~*ed that* she would not do it again. 二度とそんなことをしないと誓った. ❷ 〔神・人などに〕〈…を〉**誓って約束する**, **誓う** (⇨ swear [比較]): He ~*ed* obedience. 彼は服従を誓った / They ~*ed* a temple ***to Apollo. 彼らはアポロに神殿を献納することを誓った. 〖F < L=誓い < *vovere, vot-* 誓う; cf. vote〗

^+^**vow·el** /váuəl/ [名] 〘音声〙 母音 (cf. consonant); 母音字《a, e, i, o, u など》. 〖F < L *vocalis* < *vox, voc-* voice; vocal と二重語〗

vówel gradàtion [名] [U] 〘言〙 母音交替 (ablaut).

vow·el·ize /váuəlàɪz/ [動] [他] 〘言〙 〈ヘブライ語・アラビア語などのテキスト〉に母音符号 (vowel points) を付ける. **vow·el·i·za·tion** /vàuəlɪzéɪʃən | -laɪz-/ [名]

vówel·lìke [形] 母音に類似した, 母音類似音の《例: bottle /báṭl | bɔ́tl/ における /l/ など》.

vówel pòint [名] (ヘブライ語などの母音を示す)母音符号.

vówel shìft [名] 〘言〙 母音推移.

vox /váks | vɔ́ks/ [名] (複 **vo·ces** /vóusi:z | váu-/) 声, 音声. 〖L〗

vóx an·gé·li·ca /-ændʒélɪkə/ [名] 〘楽〙 ボックスアンゲリカ《微妙な音を出すオルガンストップ》.

vóx hu·má·na /-hjumá:nə/ [名] 〘楽〙 ボックスフマナ《人の声に似た音を出すオルガンストップ》.

vóx póp /-páp | -pɔ́p/ [名] 《英口》 〘テレビ・ラジオ〙 街頭インタビュー. 〖VOX POP(ULI)〗

vóx pó·pu·li /-pápjulàɪ | -pɔ́p-/ [名] [U] [しばしば the ~] 人民の声, 世論. 〖L=people's voices〗

vóx pópuli vóx Dé·i /-dí:aɪ/ 民の声は神の声《★「民衆の声は抗し難いもの」の意; cf. voice 4 a》. 〖L=peo-

voy·age /vɔ́ɪdʒ/ 名 ❶ C (船·飛行機·宇宙船による)旅, 船旅, 航海, 船旅, 飛行: a ~ (a)round the world 世界一周の旅 / on the ~ out [home] 往航[帰航]の途中で / make [go on] a ~ 航海する, 旅に出る. ❷ C (比喩的...の) ~ of (self-)discovery (自己)発見の旅. ❸ [the ~s] (長期にわたって遠い国々をめぐった)旅行記, 旅行談 (of). ── 動 ⾃ (船·飛行機·宇宙船で)旅をする, 航海する. 《F<L *viaticum* 旅の費用·糧食<*via* 道》【類義語】⇒ travel.

vóy·ag·er 名 ❶ C 航海者, (特に昔の)冒険的航海者. ❷ [V~] ボイジャー《米国の無人惑星探査機》.

voy·a·geur /vɔ̀ɪəʒə́ːr, vwɑ̀ː-/; vwɑ̀ːjàːʒə́ːr/ 名 (昔カナダで毛皮会社に雇われて物資·人員を徒歩またはカヌーで運搬した)運び屋.

voy·eur /vwɑːjə́ːr | -jə́ː/ 名 (人の裸体や性行為をのぞいて楽しむ)のぞき魔, 窃視者. 《F=見る者》

voy·eur·ism /vwɑːjə́ːrɪzm | -jə́ː-/ 名 C 窃視(症); のぞき見[行為].

voy·eur·is·tic /vwɑ̀ːjəríːstɪk | -jə-ː-/ 形 のぞき見的な, 窃視症の. **-ti·cal·ly** /-tɪkəli/ 副

voyéur TV 名 (テレビ)(一般人の私生活を記録して見せる)私生活のぞき番組.

VP /víːpíː/ (略) Vice-President. **VR** (略) virtual reality.

vroom /vrúːm/ 名 ブルーン, ブロロロ...《レーシングカー·オートバイなどのエンジン音》. ── 動 ⾃ ブルーン[ブロロロ...]と音をたてて走る[加速する].

VS (略) veterinary surgeon. **vs.** (略) versus. **v.s.** (略) vide supra.

V sìgn V サイン: **a** 勝利サイン《★ 腕を前方に伸ばし手のひらを外に向けて中指と人さし指で V の字をかたどり勝利や賛意を示す》. **b** (英)ファックサイン《★ 手の甲を外に向け中指と人さし指で V の字をかたどり, 強い軽蔑·嫌悪·怒りを示す》.

VT (略) (米郵) Vermont. **vt., v.t.** (略) transitive verb (cf. vi., v.i.). **Vt.** (略) Vermont.

VTOL /víːtɔːl | -tɔl/ 名 ❶ U (空) 垂直離着陸(方式), ブイトール. ❷ C ブイトール機. ── 形 ブイトール(方式)の: a ~ aircraft ブイトール機. 《*v*ertical *t*ake-*o*ff *a*nd *l*anding の頭字語》

VTR /víːtíːɑ́ːr | -áː-/ (略) videotape recorder [recording].

V-two, V-2 /víːtúː/ 名 V-2 号《ドイツが第 2 次大戦で用いた長距離ミサイル》. 《G *Vergeltungswaffe 2*; ⇒ V-ONE》

vug /vʌ́g/ 名 (鉱) がま《岩石や鉱脈中の小空洞》. **vúg·gy** 形

Vul·can /vʌ́lkən/ 名 (ロ神) ウルカヌス, バルカン《火と鍛冶の神》.

Vul·ca·ni·an /vʌ̀lkéɪniən/ 形 ❶ **a** Vulcan の. **b** [v~] 鍛冶仕事の, 鉄工の. ❷ [v~] (地) ブルカノ式噴火の《火山灰や粘性の高い溶岩を含む噴煙を多量に放出する爆発的な噴火》.

vul·can·ism /vʌ́lkənɪzm/ 名 =volcanism.

vul·can·ite /vʌ́lkənàɪt/ 名 U 硬質ゴム, エボナイト.

vul·can·ize /vʌ́lkənàɪz/ 動 ⟨ゴムを⟩加硫する.

vul·ca·ni·za·tion /vʌ̀lkənɪzéɪʃən | -naɪz-/ 名 U (ゴムの)加硫《生ゴムに硫黄(いおう)などを化合させて行なう硬化処理》.

vul·can·ol·o·gy /vʌ̀lkənɑ́lədʒi | -nɔ́l-/ 名 =volcanology.

vulg. (略) vulgar(ly). **Vulg.** (略) Vulgate.

†**vul·gar** /vʌ́lgər/ 形 (~·er; ~·est; more ~; most ~) ❶ **a** 〈人·態度·言葉など〉俗悪な, 野卑な, 低級な; 下品な, 卑猥(ひわい)な, みだらな (crude; ↔ polite): a ~ fellow 柄の悪い男 / a ~ language 下品な言葉 / ~ manners 不作法 / a ~ notion 低級な考え. **b** 洗練されていない, 趣味の悪い; 野暮な, あかぬけない. ❷ A (比較なし) **a** 〈古風〉一般大衆の, 庶民の: the ~ herd [crowd] (軽蔑) 一般民衆, 庶民. **b** 一般に信じられて[行なわれて]いる, 俗間の《★ popular のほうが一般的》: a ~ misconception 一般に誤り伝えられている事柄. **c** 〈言語於·事柄一般が使用する: the ~ tongue [language] 自国語, 国語《★ 以前は特にラテン語に対していった》/ ⇒ Vulgar Latin. 《L=大衆の<*vulgus* 大衆》

vúlgar fráction 名 =common fraction.

vul·gar·i·an /vʌ̀lgéəriən/ 名 無教養な人, 俗物; (特に)低俗な成り金.

vúl·gar·ism /-rìzm/ 名 ❶ U 俗悪(性). ❷ C 卑俗な語(句), 卑語; 語法の誤り.

vul·gar·i·ty /vʌ̀lgǽrəti/ 名 ❶ U 俗悪, 野卑, 下品, 卑俗(性). ❷ C [しばしば複数形で] 不作法な言動.

vul·gar·i·za·tion /vʌ̀lgərɪzéɪʃən | -raɪz-/ 名 U ❶ 卑俗化, 俗悪化. ❷ 通俗化.

vul·gar·ize /vʌ́lgəràɪz/ 動 ❶ ⟨…を⟩卑俗化する, 俗悪[下品]にする. ❷ ⟨原作などを⟩通俗化する.

Vúlgar Látin 名 U 俗ラテン語, 口語ラテン語《文語としての古典ラテン語に対する; ロマンス諸語の源; 略 VL》.

vúl·gar·ly 副 ❶ 俗に, 下品に. ❷ 世間で, 俗間に.

Vul·gate /vʌ́lgeɪt, -gət/ 名 ❶ [the ~] ウルガタ聖書《405 年に完訳したラテン語訳聖書でカトリック教会の公認聖書となっている》. ❷ [v~] C 一般に通用しているテキスト, 流布本. ── 形 ❶ ウルガタ聖書の. ❷ 通俗な, 一般的な: a ~ text 一般的なテキスト. 《L=popular (edition); ⇒ vulgar》

vul·ner·a·bil·i·ty /vʌ̀ln(ə)rəbíləti/ 名 U 傷つきやすいこと, 弱さ, もろさ, 脆(もろ)弱性. 《↓+-ity》

*vul·ner·a·ble** /vʌ́ln(ə)rəbl/ 形 ❶ (身体的·精神的に)傷つきやすい; 弱い, 無防備な; 感じやすい, 気にしやすい: a ~ young person 傷つきやすい[無防備な]若者. ❷ (通例 P) 〈病気などに〉かかりやすい: Obesity makes a person more ~ *to* heart disease. 肥満だとより心臓病にかかりやすくなる. ❸ 攻撃を受けやすい; 非難にさらされやすい; 影響(など)を受けやすい; 〈...に対して〉もろい, 脆弱(ぜいじゃく)な, 弱点のある: a ~ point 攻撃されやすい地点; 非難されやすい点, 弱点 / The computer system is ~ *to* outside attacks. そのコンピューターシステムは外部からの攻撃に弱い. **vúl·ner·a·bly** /-bli/ 副 《L=傷つきやすい<*vulnerare* 傷つける<*vulnus* 傷》

vul·ner·ar·y /vʌ́lnərèri | -rəri/ 形 傷に効く. ── 名 傷薬, 傷の治療法.

vul·pine /vʌ́lpaɪn/ 形 ❶ キツネ(のような). ❷ こうかつな, ずるい. 《L<*vulpes* キツネ》

vul·ture /vʌ́ltʃər | -tʃə/ 名 ❶ (鳥) **a** ハゲワシ《ヨーロッパ·アジア·アフリカ産》. **b** コンドル《南米産》. ❷ (弱者を食い物にする)強欲な人間. 《F<L》

vúlture càpitalist 名 (新事業に投資し, しばしば不正なやり方でその事業を乗っとる)ハゲタカ資本家.

vúlture fùnd 名 ハゲタカファンド《苦境にある会社の不良債権を格安で買い集め, 思いきった再建策などにより資産価値を上げたのちに高値で転売してもうけることを目的とした投資ファンド》.

vulture 1 a

vul·tur·ine /vʌ́ltʃəràɪn/ 形 ❶ ハゲワシ[コンドル](のような). ❷ 強欲冷酷な.

vul·va /vʌ́lvə/ 名 (複 **-vae** /-viː/, ~**s**) (解) 陰門, 外陰. 《L=覆(おお)い, 子宮》

vul·vi·tis /vʌ̀lváɪtɪs/ 名 (医) (女性の)外陰炎.

v.v. (略) vice versa.

†**vy·ing** /váɪɪŋ/ 動 vie の現在分詞. ── 形 競争する, 競い合う.

W w

w, W[1] /dábljuː/ 图 (徼 ws, w's, Ws, W's /-z/) ❶ C∪ ダブリュー《英語アルファベットの第23字》. ❷ ∪《連続したものの》第23番目(のもの). 《double 'u' から; もとu と v は1つの文字》

W[2] /dábljuː/ 图 (徼 W's, Ws /-z/) W字形(のもの).

W《記号》《化》tungsten 〔G *Wolfram*〕; watt(s); won.

w.《略》week(s); wide; width; wife; with. **w., W, W.**《略》western. **W.**《略》Wales; Washington《州名》; Wednesday; Welsh. **WA**《略》《米郵》Washington; Western Australia.

Waaf /wǽf/ 图《英》空軍婦人補助部隊員. 〖*Women's Auxiliary Air Force* (1939–48)〗

wab·ble /wɑ́bl | wɔ́bl/ 動 图 =wobble.

Wac /wǽk/ 图 陸軍婦人部隊員. 〖*Women's Army Corps*〗

wack /wǽk/ 图《米俗》変人, 奇人. ― 形 すごく悪い, 有害な. 〖WACKY からの逆成〗

wack·e /wǽkə/ 图 ∪《岩石》ワッケ《粘土基質砂岩》.

wack·o /wǽkou/ 图《米俗》图 形 狂った(人), いかれた(やつ).

⁺**wack·y** /wǽki/ 形 (**wack·i·er; -i·est**)《俗》《人・考え・行動など》風変わりな, とっぴな, 狂気じみた.

⁺**wad** /wɑ́d | wɔ́d/ 图 ❶《綿・毛などで柔らかいものを丸めた》小さなかたまり: a ~ *of* cotton 綿の小さなかたまり / spit out a ~ *of* chewing gum ガムのかたまりをペッと吐く. ❷《柔らかいものを丸めた》詰め物, 当て物, パッキング《荷造り・穴ふさぎなどに用いる》. ❸《紙幣・書類などの束: a ~ *of* bills [banknotes] 札束. ❹〔しばしば複数形で〕《米口》たくさん, 多量: He has ~s of money. 彼にはうなるほど金がある. ❺《英俗》丸いパン; サンドイッチ. ― 動 (**wad·ded; wad·ding**)⦅綿・紙などの柔らかいものを小さく丸める: He *wadded up* the letter and tossed it in the wastebasket. 彼は手紙を丸めてずかごの中に放り込んだ. ❷〈穴などを〉詰め物などでふさぐ: ~ one's ears *with* cotton 耳に綿を詰める.

wad·a·ble /wéidəbl/ 形 歩いて渡ることができる.

wád·ding /-dɪŋ/ 图 ∪ 詰め物; 詰め綿.

wad·dle /wɑ́dl | wɔ́dl/ 動 圄 ⦅アヒルなどが⦆よちよち歩く. ― 图 〔a ~〕よちよち歩き: walk *with* a ~ よちよち歩く. 〖WADE+-LE〗

wad·dy /wɑ́di | wɔ́di/ 图 (オーストラリア先住民の)戦闘用棍棒; 木の棒, 杖, 木釘, 杭.

⁺**wade** /wéid/ 動 ❶〔副詞句を伴って〕(川・ぬかるみ・雪の中などを)歩いて渡る; 歩いて進む: ~ *across* a stream 川を歩いて渡る / We ~d *into* the middle of the stream. 我々は川の真ん中まで歩いて行った. ❷《口》⦅...を⦆努力して進む, やっと切り抜ける〔読み通す〕: ~ *through* a lot of work たくさんの仕事をなんとかやり遂げる / ~ *through* a dull book おもしろくない本をやっと我慢して読み通す. ― 圄 〈川などを〉歩いて渡る: ~ a brook 小川を歩いて渡る.

wáde ín《圄+副》(1) 浅い水中に入る. (2) 《口》けんか[議論]に加わる. (3) 《口》《難しい仕事などに》決然と取りかかる: He rolled up his sleeves and ~d *in*. 彼はシャツの袖をまくりあげて(仕事に)猛然と取りかかった. **wáde ínto**... (1) 〈浅い水の中〉へ歩いて行く (⇒ 圄 1). (2) 《口》〈人〉を激しく攻撃する. (3) 《口》〈仕事などに〉決然と取りかかる. ― 图 〔a ~〕(水・ぬかるみなどを)歩くこと.

wad·a·ble /wéidəbl/ 形 =wadable.

Wade-Giles /wéidʒáɪlz/ 形 ウェード式《中国語のローマ字表記法の一つ》. 〖Sir T. F. *Wade* 英国の外交官・中国語学者, 考案者; H. A. *Giles* 英国の東洋学者, この方式をそのまま中英辞典 (2nd ed., 1912) に用いた〗

wád·er /-də | -də/ 图 ❶ (川・ぬかるみなどを)歩いて渡る人. ❷ =wading bird. ❸〔通例複数形で〕(釣り人が川の中を歩く時の靴とつながった)防水ズボン.

wa·di /wɑ́ːdi | wɔ́di/ 图 ワジ, かれ谷《アラビア・北アフリカ地方の, 雨期以外は水がない谷川》. 〖Arab〗

wád·ing bìrd /-dɪŋ-/ 图 渉禽(ｼｮｳｷﾝ)類の鳥《サギ・コウノトリなど》.

wáding pòol 图《米》(子供用の)浅い水遊びプール (《英》paddling pool)《固定したものや移動可能のものがある》.

wa·dy /wɑ́ːdi | wɔ́di/ 图 =wadi.

Waf /wǽf/ 图《米》空軍婦人部隊(員). 〖*Women in the Air Force*〗

⁺**wa·fer** /wéɪfə | -fə/ 图 ❶ ウエハース《薄い軽焼き菓子》. ❷《カト》聖餅(ｾｲﾍｲ)《聖体拝領用にパン種を入れずに焼いた丸く小さい薄焼きパン》. ❸ 封緘(ﾌｳｶﾝ)紙. ❹《電》ウェーハー《集積回路の基板となる薄い半導体板》. ― 動 〈...を〉封緘紙で封をする. 〖F=蜂の巣の形をしたもの<G=蜂の巣〗

wáfer-thín 形 非常に薄い, 僅少な.

⁺**wáf·fle**[1] /wɑ́fl | wɔ́fl/ 图 ワッフル《[離製] 小麦粉・牛乳・鶏卵などを混ぜ合わせてかりっと焼いた網目模様のあるケーキ; バターを塗り, しばしばシロップをかける; 米国ではよく朝食用にする》. (形 ⇒ wafer)

waf·fle[2] /wɑ́fl/ 图《英口》∪ むだ口. ― 動 圄 むだ口をたたく, くだらないことをしゃべる[書く]〈on〉. 〖擬音語〗

waf·fle[3] /wɑ́fl/ 图《米》∪ あいまいな言葉, あやふやな表現. ― 動 圄《政治家などが》⦅...について⦆あいまいな言葉を使う〔態度をとる〕⦅about, on⦆(waver): He ~d on the issue. 彼はその問題について言葉を濁した.

wáffle ìron 图 ワッフル焼き型.

⁺**waft** /wǽft; wɑ́ːft | wɑ́ːft, wɔ́ft/ 動 ⦅ものの音・においなどを⦆《風・波などが》漂わせる, ふわりと運ぶ: The breeze ~ed the sound of music *to* us. そよ風に乗って音楽が我々の所に流れてきた. ― 圄《風・波などが》漂う, 浮遊する. ― 图 ❶ 漂う香り〈of〉. ❷ ひと吹きの風; 〔煙・湯気などの〕ひと吹き〈of〉. ❸〔喜びなどの〕一瞬の感じ〈of〉. ❹ ゆっくりとした動き.

⁺**wag**[1] /wǽg/ 動 (**wagged; wag·ging**) 他〈体の部分などを〉(上下・前後・左右に)振る, 振り動かす (waggle): The dog is *wagging* its tail. 犬が尾を振っている / She *wagged* her finger at me angrily. 彼女は怒って私の鼻先で(人さし)指を振った (★注意: 非難などの動作). ― 圄 ❶〈体の部分などが〉振られる, 揺れ動く: The dog's tail *wagged*. 犬の尾が揺れ動いた. ❷〈舌がぺらぺら動き続ける: The scandal set tongues *wagging*. その醜聞で人々の口がうるさくなった. **a cáse of the táil wágging the dóg** 下位の者が采配(ｻｲﾊｲ)を振るう場合, 下剋上(ｹﾞｺｸｼﾞｮｳ); 《本末転倒《由来》「尾が犬を振る」の意から》. ― 图〔通例単数形で〕〈体の部分を〉振ること, ひと振り: with a ~ of the tail 尾をひと振って. 〖ON *vaga*〗

wag[2] /wǽg/ 图 ❶ ひょうきん者, おどけ者. ❷《英俗》怠け者: play the ~ ずる休みをする, サボる. 〔↑〕

⁺**wage** /wéɪdʒ/ 图 ❶〔しばしば複数形で〕(肉体労働による時間・日・週決めの)**賃金**, 労賃: ⇒ living wage, minimum wage / real [nominal] ~s 実質[名目]賃金 / at ~s [a ~] of $70 a week=at a weekly ~ of $70 週 70ドルの賃金で / get [earn] good ~s よい賃金をとる / His ~s were $400 a week. 彼の給料は週 400 ドルだった. ❷〔通例複数形で; 《古》では単数扱い〕(罪の)報い, 応報: The ~s of sin is death. 罪の報いは死なり(★聖書「ローマ人への手紙」より). ❸ ❹ 賃金の: a ~ level 賃金水準 / a ~ raise [hike, 《英》rise] 賃上げ. ― 動《戦争・闘争などを》遂行する, 維持する, 行なう: ~ a campaign キャンペーンを行なう / 《war against [on] cancer がん撲滅に取り組む. 〖F=賭け, 誓い〗【類義語】⇒ pay[1].

wáge clàim 图 賃上げ要求.

wáge èarner 图 賃金労働者, 給料生活者.

wáge frèeze 名 賃金凍結.
wáge-pàcket 名 《英》給料, 賃金; 給料袋.

wa・ger /wéɪdʒɚ/ 名 ❶ 賭(か)け(事) (一般的): lay [make] a ~ 賭けをする / take up a ~ 賭けに応じる / I made a ~ that our team would win. 我々のチームが勝つほうつほうに賭けた. ❷ 賭けたもの[金]: double one's ~ 賭け金を倍にする. ── 動 他 ❶ (…に×金などを)賭ける (bet, gamble): I ~ ten dollars on it. それに 10 ドル賭ける. ❷ (…であると×人に×金などを)賭けて請け合う (用法 二つの目的語の一方または両方を略すことができる): I'm ready to ~ (you) (a pound) that our team will win the game. (1 ポンド)賭けてもよいが我々のチームがきっと勝つ. ── 自 賭ける.
〖F; ⇒ wage〗

wáge scàle 名 《経》賃金表[体系].
wáge slàve 名 賃金奴隷, 賃金生活者.
wáge・wòrker 名 《米》=wage earner.
wag・ger・y /wǽgəri/ 名 ❶ Ⓤ こっけい, おどけ: a bit of ~ ちょっとしたおどけ. ❷ Ⓒ 冗談, 悪ふざけ.
wag・gish /-gɪʃ/ 形 こっけいな, ひょうきんな; おどけた, 道化た. **~・ly** 副 **~・ness** 名
wag・gle /wǽgl/ 動 他 振る, 揺する (比較 wag より速くて小刻みな動きを表わす): ~ one's head 首を振る. ── 自 振れる. 〖WAG¹+-LE 3〗
wag・gler /wǽglɚ | -lə/ 名 〔釣〕 ワグラー (餌の動きに敏感なうき).

wag・gon /wǽgən/ 名 《英》=wagon.
wag・gon・er /wǽgənɚ | -nə/ 名 《英》=wagoner.
wag・gon・ette /wæ̀gənét/ 名 《英》=wagonette.
Wag・ner /vá:nɚ | -nə/, **Ri・chard** /ríkɑɚt | -ka:t/ 名 ワーグナー (1813–83; ドイツの作曲家).
Wag・ne・ri・an /vɑ:gní(ə)riən/ 形 ワーグナー作[風]の. ── 名 ワーグナー崇拝者; ワーグナー風の作曲家.
Wágner tùba 名 《楽》ワーグナーチューバ (Wagner が考案した, ホルンの音質を拡大するためのテノールチューバ・バスチューバ・コントラバスチューバ).

wag・on /wǽgən/ 名 ❶ (四輪で通例二頭以上の馬または牛が引く)荷馬車 (cf. cart 1): carry goods by ~ 荷馬車で物を運ぶ (★ by ~ は無冠詞). ❷ (米)《鉄道》貨車, (特に)無蓋貨車 《米》 freight car (cf. van¹ 2). ❸ (食堂などで用いる脚輪付きの)ワゴン (《英》 trolley). ❹ 《米》 (街路上の)物売り車: a hotdog ~ ホットドッグ販売車. ❺ 《米》 **a** 犯人護送車. **b** = station wagon. **fix a person's wágon** 《米口》人に仕返しをする. **òff the (wáter) wágon** 《口》 (禁酒していた人がまた飲み始めて (比較 water を略すほうが一般的). **on the (wáter) wágon** 《口》 (人が)(一時)酒をやめて, 禁酒して (比較 water を略すほうが一般的); 由来 on the ~ で「給水車に乗って」の意で「酒を飲まず水を飲んで」の意から). 〖Du〗
wag・on・er /wǽgənɚ | -nə/ 名 ❶ (荷馬車の)御者. ❷ [the W~] 〔天〕 御者座.
wag・on・ette /wæ̀gənét/ 名 ワゴネット (昔の普通 6–8 人乗りの一種の遊覧馬車).
wa・gon-lit /và:gɔːnlíː/ 名 (複 **wa・gon(s)-lits** /~(z)/) (ヨーロッパ大陸の列車の)寝台車. 〖F〗
wágon・lòad 荷馬車 1 台分の荷: a ~ of hay 荷馬車 1 台分の干し草.
wágon ròof 〔建〕 =barrel vault.
wágon tràin 名 《米》 (西部開拓時代などの)ほろ馬車隊.
wágon vàult 〔建〕 =barrel vault.
wág・tàil 名 〔鳥〕 セキレイ. 〖歩く時に尾を振ることから〗
Wa・ha・bi, Wah・ha・bi /wəhá:bi/ 名 ワッハーブ派の信徒 (コーランの教義を厳守するイスラム教徒). 〖Arab〗
Wah・ha・bism /wəhá:bɪzm/ 名 Ⓤ 《イスラム》 ワッハーブ主義 (コーランの教義厳守主義).
wa・hi・ne /wa:hí:ni/ 名 (ニュージーランドの)マオリ人の女性[妻].
wa・hoo /wa:hú:/ 名 (複 ~s) 〔魚〕 カマスサワラ (サバ科).
wah-wah /wá:wà:/ 名 =wa-wa.
wai・a・ta /wáɪətə/ 名 マオリの歌.
waif /wéɪf/ 名 ❶ 浮浪児, 宿なし子. ❷ 宿なしの動物, のら犬[猫]. **wáifs and stráys** (1) 浮浪児たち. (2) がらくたもの, はんぱもの. 〖F<ON veif フラフラ動くもの veifa to wave〗

Wai・ki・ki /wàɪkikí:/ ワイキキ (《米国 Hawaii 州 Oahu 島 Honolulu 湾の海水浴場).

wail /wéɪl/ 動 自 ❶ (痛み・苦しみなどで)泣き叫ぶ, 声をあげて泣く: ~ *with* pain [sorrow] 痛くて[悲しくて]わんわん泣く / ~ *over* one's misfortunes おのれの不運を嘆き悲しむ / The poor woman ~*ed for* her lost child. 哀れにもその女は死んだ子を思っておいおいと泣いた. ❷ (風が)むせぶ; (サイレンなどが)悲しい音を出す. ❸ (…のことで)不平をこぼす, こぼす (*about*, *over*). ── 他 (…を)嘆く, 嘆き悲しむ (*out*) (比較 自 のほうが一般的); (詩) ~ a person's death [one's fate] 人の死[身の不運]を嘆く (★ 文語体では bewail が一般的) / She ~*ed that* she was lonely. 彼女は孤独だと泣いて訴えた / "She's dead," he ~*ed*. 「彼女が死んだ」と彼は泣きながら言った. ── 名 ❶ Ⓒ 泣き叫ぶ声: the ~*s* of a baby 赤ん坊の泣き叫ぶ声. ❷ [単数形で] (風などの)もの悲しい音, むせぶ音. **~・er** 名 〖ON *væla*〗 〖類義語〗 ⇒ **cry**.
wail・ful /wéɪlf(ə)l/ 形 嘆き悲しむ; 悲しげな, むせぶような, 哀調の.
wáil・ing・ly 副 泣き叫んで, 嘆き悲しんで.
Wáiling Wáll 名 [the ~] 嘆きの壁 (エルサレムの古代神殿跡に残る西side壁の一部; ユダヤ人がローマ軍の大虐殺と神殿破壊を嘆きその回復の祈る).

wain /wéɪn/ 名 ❶ 《古・詩》=wagon. ❷ [the W~] 〔天〕 北斗七星.
Wain /wéɪn/, **John** ウェイン (1925–94; 英国の小説家・詩人).
wain・scot /wéɪnskət/ 名 〔建〕 ❶ 羽目板, 腰板, 腰羽目 (skirting board).
wáin・scot・ed, wáin・scot・ted /-tɪd/ 形 羽目板の張られた, 腰板のついた.
wáin・scot・ing, wáin・scot・ting /-tɪŋ/ 名 Ⓤ 〔建〕 ❶ 羽目板[腰板]材. ❷ 羽目板, 腰板 (cf. wainscot).
wain・wright /wéɪnràɪt/ 名 荷車製造人.

waist /wéɪst/ 名 ❶ (人体の)ウエスト (肋骨 (ribs) とヒップ (hips) の間の胴のくびれた部分; 比較 日本語の「腰」にあたる語は loins が近い): I measure 30 inches around the ~. ウエストが 30 インチある / stripped to the ~ 上半身裸で / paralyzed below the ~ 下半身がまひして. **b** ウエストの寸法. **c** (衣服の)ウエスト: take in [let out] the ~ of a dress ドレスのウエストを詰める[出す]. ❷ (バイオリン・ギターなどの)中央部のくびれ. ❸ 〔海〕中部甲板.
wáist・bànd 名 (スカート・ズボンなどの上部に縫い付けた)ウエストバンド.
wáist・clòth 名 =loincloth.
waist・coat /wéskət, wéɪs(t)kòʊt | wéɪs(t)kòʊt/ 名 《英》 チョッキ, ベスト (《米》 vest).
wáist-déep 形 副 =waist-high.
waist・ed /wéɪstɪd/ 形 ❶ (衣服が)ウエストのくびれた. ❷ [複合語をなして] (衣服の)ウエストが…の: slim-*waisted* ウエストが細い.
wáist-hígh 形 副 腰までの高さの[に].
wáist・lìne 名 ❶ ウエストのくびれ, ウエスト寸法. ❷ 〔服〕 (衣服の)ウエストライン.

wait /wéɪt/ 動 自 ❶ 待つ: W~ a moment [minute, second]. ちょっと待って (長くは待たせません; ひとこと言ってください; 驚くなあ) / I'm sorry to have kept you ~*ing* so long. 長くお待たせしてすみませんでした / I cannot ~. 待ちきれない, じれったい / I can hardly ~. 待ち遠しくてしかたがない / I'll ~ till he comes. 彼が来るまで待とう / I ~*ed* (*for*) an hour. 私は 1 時間待った (用法 時間の for は略すことが多い) / Everything comes to those who ~. (諺) 「待てば甘露[海路]のひよりあり」 / Are you ~*ing for* anybody? だれかを待っているのですか (★ ~ for は受身可; cf. (用法). What are you ~*ing for*? 何を待っているのですか, (口) 何をぐずぐずしているの / [~+*for*+代名+*to do*] He was ~*ing for* the bus *to* come. 彼はバスが来るのを待っていた / ~ *for* an opportunity *to* arrive 機会の到

来を待つ / 〔+*to* do〕 I just can't ～ *to* see him. 私は彼に会うのが待ち遠しい. ❷ [通例進行形で] 〈食事などが〉〈人のために〉用意されている: Lunch *is* ～*ing* (*for* you). (あなたの)昼食の用意ができていますよ. ❸ [しばしば can [cannot] ～ で] 〈事態・仕事などが〉ほうっておける, 急を要さない, 延ばせる: Dinner *can* ～. 夕食は後でよい / That matter *can* ～ until tomorrow. その問題は明日まで延期できます.
── [他] ❶ 〈機会・順番・都合などを〉待つ, 待ち受ける《[用法] 人や具体的なものを待つ場合には wait for (⇨ [自] 1)を用いる; 従って I wait him. は間違い》: ～ one's turn 自分の順番を待つ. ❷ 《口》〈食事などを〉〔人のために〕遅らせる: Please don't ～ dinner *for us*. 私たちのために食事を遅らせないでください.
(Júst) you wáit 今に見てろ.
wáit and sée 成り行きを見守る, (事態を)静観する: Let's ～ *and see* what happens. 何が起こるか待ってみよう.
wáit aróund [《英》 **abóut**] 《[自]+[副]》 ぶらぶらして待つ (hang around): I can't ～ *around* here any longer. もうこれ以上この辺でぶらぶら待ってはいられない.
wáit at táble(s) 《英》 ＝WAIT (on) table(s) [成句].
wáit for it [通例命令法で] (1) 《英》 時機が来るまで動くな[しゃべるな, 撃つな]. (2) 《主に英口》 いいかい, 何だと思う《おもしろい[驚くべき]ことを言おうとするとき用いる》.
Wáit for me! そんなに早く行くなよ!
wáit in the wíngs ⇨ wing [成句].
wáit ón 《[自]+[副]》 《主に米口》 (人などを)待ち続ける.
wáit (on) táble(s) 《米》 (職業としてレストランで)給仕をする.
wáit on [upòn]… 《★ 受身可》 (1) …に仕える; (特に)…の食事の給仕をする; 〈店員が〉〈客〉の用を伺う: ～ *on* a person hand and foot 人の身の回りの世話をする / Are you (*being*) ～*ed upon*? だれかご用を伺っておりましょうか《店員の言葉》. (2) 《文》 〈目上の人〉を(表敬)訪問する, …にご機嫌伺いをする: We will ～ *upon* you at your office tomorrow. 明日事務所に伺います. (3) 《文》 …に(結果として)伴う: Success ～*s on* effort. 努力には成功が伴う.
wáit óut 《[他]+[副]》 〈…が〉好転する[やむ]まで待つ, 〈…を〉じっとしのぎ通す: Let's ～ *out* the storm here. ここであらしのやむまで待つとしよう.
wáit úp 《[自]+[副]》 (1) 寝ないで〔人を〕待つ: I'll be late tonight. Don't ～ *up for* me. 今夜は遅くなるから起きて待っていないでください. (2) 《米口》 (追いつけるように)待つ.
── [名] ❶ [C] [通例単数形で] 待つこと; 待つ時間: I had a long ～ *for* the train. 私は列車を長いこと待った. ❷ [複数形で] 《英古》 クリスマスの夜に家々を歌い歩く唱歌隊.
líe in wáit for…を待ち伏せする.
〘F＜Gmc 見張る; cf. wake, watch〙
【類義語】 ⇨ stay[1].

wáit-a-bìt [名] とげが衣服にひっかかって通行を妨げる植物.

Waite /wéɪt/**, Mor·ri·son** /mɔ́ːrəs(ə)n | mɔ́r-/ [名] ウェイト 《1816–88; 米国の法律家; 合衆国最高裁判所首席裁判官 (1874–88)》.

*__wait·er__ /wéɪṭɚ | -tə/ [名] (ホテル・レストランの)**ウエーター**, ボーイ, (男の)給仕人 (cf. waitress).

wáit·ing /-tɪŋ/ [名] [U] ❶ **a** 待つこと: *W*～ is hell. 待つ身はつらい. **b** 待ち時間. ❷ 給仕; かしずき. **in wáiting** 侍して, 仕えて(いる): ⇨ lady-in-waiting.
── [形] [A] ❶ 待っている. ❷ 仕える: a ～ maid 侍女, 腰元 / a ～ man 下男, 従者.

wáiting gàme [名] 待機戦術《よりよい機会をねらって待つやり方》: play a [the] ～ 待機戦術にでる, 洞(ほら)が峠を決め込む; (結婚・プロポーズに関して)〈女性が〉男性の出方を待ち構える.

+**wáiting lìst** [名] 補欠人名簿; キャンセル待ちの名簿: be on the ～ 番のくるのを待っている; キャンセル待ちである.

+**wáiting ròom** [名] (駅・病院などの)待合室.

wáit·lìst [動] [他] 〈人を〉キャンセル待ち[補欠人]名簿に載せる.

wáit·pèrson [名] (ホテル・レストランの)ウエーター, ウエートレス.

*__wait·ress__ /wéɪtrəs/ [名] (ホテル・レストランの)**ウエートレス**, (女の)給仕人 (cf. waiter).

wai·tron /wéɪtrən/ [名] 《米》 (ホテル・レストランなどの男または女の)給仕 《waiter, waitress に代わる語》. 〘WAIT(ER), WAIT(RESS)+(PAT)RON〙

wáit·stàff [名] [集合的; 単数または複数扱い] 《米》 給仕人たち, 給仕スタッフ, ウエーター[ウエートレス]たち.

+**waive** /wéɪv/ [動] [他] ❶ 〈権利・要求などを〉放棄[撤回]する. ❷ 〈主張・行動などを〉差し控える. ❸ 〈問題などを〉延ばす, 先延ばしする. 〘F＜ON＝to wave, fluctuate〙

+**waiv·er** /wéɪvɚ | -və/ [名] 〔法〕 ❶ [U] (権利・主張などの)棄権, 放棄. ❷ [C] 棄権証書.

*__wake__[1] /wéɪk/ [動] (**woke** /wóʊk/, **～d**; **wo·ken** /wóʊkən/, **～d**, 《米》 **woke**) 《[語形] wake, woke, woken が最も一般的》 [自] ❶ **a** 目覚める, 起きる 《[比較] wake は眠りから覚める, get up はベッドから起き上がる》: I was the first to ～ (*up*). 私がいちばん早く目を覚ました 《★ wake up のほうが一般的》 / I *woke* (*up*) to find myself in (《米》 the) hospital. 目が覚めたら病院にいた. **b** 〔眠りから〕目覚める 〔*from, out of*〕: (suddenly) ～ ***out of*** a deep sleep (急に)深い眠りから覚める. **c** 〔…で〕目覚める; 目を覚まして〔…を〕耳に[目に]する: ～ (***up***) ***at*** the sound of the alarm clock 目覚まし時計の音で目を覚ます / ～ ***up to*** the sound of an argument 口論の音を聞いて目覚める. ❷ (精神的に)目覚める, 覚醒(かくせい)する; 〔…に〕気づく; 〔…を〕悟る 〔*to*〕 《[比較] この意味では awake のほうが一般的》: It's time for you to ～ ***up*** and attend to your business. さあぼやぼやしないで仕事にかかる時間だよ / *W*～ *up*! 《口》 気をつけろ, よく聞きなさい / At last they have *woken **up to*** the gravity of the situation. やっと彼らは事態の重大性に気がついた. ❸ [通例 waking で] 目覚めている, 起きている, 寝ずにいる (cf. waking): *waking* or sleeping 寝ても覚めても. ❹ 〈自然のものが〉活気づく, 生き返る: The flowers ～ in spring. 花は春になるとよみがえる / The wind *woke* toward evening. 夕方近くになって風が吹き出した. ❺ 《アイル・北英》 通夜をする. ── [他] ❶ 〈人を〉〔眠りなどから〕**目覚めさせる**, 起こす 〔*from, out of*〕: Please ～ me (*up*) at six. 6時に起こしてください / The noise *woke* him (*up*). その物音で彼は目を覚ました / The cry *woke* me (*up*) ***from*** my sleep. その叫び声で眠りから目を覚ました. ❷ 〈人を〉(精神的に)目覚めさせる, 自覚[覚醒]させる; 〔…に〕気づかせる: He needs something to ～ him ***up*** (to reality). 彼を奮起させるには何かが必要だ / We must ～ people (***up***) ***to*** these dangers. 我々はこれらの危険を人々に気づかせねばならない. ❸ 〈記憶を〉呼び起こさせる; 〈同情・怒りなどを〉起こさせる: The sight *woke* pity in my breast. その光景を見て哀れに思った. ❹ 〈波・こだまなどを〉起こす, 動かす; 〈…の〉静けさを破る: A shot *woke* the wood. 一発の銃声が森の静けさを破った. ❺ 《アイル・北英》 〈死者の〉通夜をする. **wáke úp and sméll the cóffee** 《口》 現実を直視する, 目を覚ます.
── [名] 通夜 《[解説] 主にアイルランド・イングランド北部の習慣》: hold a ～ 通夜をする.
〘OE; 原義は「眠らないでいる, 見張る」; cf. wait, watch〙

wake[2] /wéɪk/ [名] ❶ 船の通った跡, 航跡. ❷ (ものの)通った跡, 跡. ❸ (飛行機の通った後の)乱気流. **in the wáke of**…の跡を追って; …にならって; …に引き続いて: follow *in the* ～ *of*…の轍(てつ)を踏む, …の先例にならう / Hardship follows *in the* ～ *of* war. 戦争の後には苦難が続く. 〘ON *vǫk* (船がつくる)氷にあいた穴〙

Wáke Átoll [名] ＝Wake Island.

wáke·bòard·ing [名] [U] ウェイクボード《スノーボード状の板に乗ってモーターボートに引っぱってもらい ジャンプなどをする水上スポーツ》. **wáke·bòard** [名] ウェイクボード用の板.

wake·ful /wéɪkf(ə)l/ [形] ❶ 目覚めている, 起きている; 眠れない: a ～ child なかなか寝ない子 / pass a ～ night 眠られぬ一夜を過ごす. ❷ 不寝番の; 用心深い, 油断のない. **～·ly** /-fəli/ [副] **～·ness** [名]

Wáke Ísland /wéɪk-/ [名] ウェーク島 《太平洋にある米領の環礁》.

wak·en /wéɪkən/ [動] [自] ❶ 目を覚ます, 起きる (wake) 〈*up*〉. ❷ 覚醒(かくせい)する, 自覚する. ── [他] ❶ 〈人の〉目を

覚まさせる，〈人を〉起こす《*up*》. ❷ 覚醒させる, 鼓舞する《比較》この意味では wake up のほうが一般的). 〖WAKE¹+-EN³〗

wáke-úp 名 ❶ 目覚めさせること, 起こすこと. ❷ 起床. ── 形 ④ 目覚めさせる(ための): a ~ call (ホテルの)モーニングコール《★「モーニングコール」は和製英語》《比喩》(改善を促す)警告, 警鐘(となるきっかけ).

wak·ey wak·ey /wéikiwéiki/ 間 《英口》起きろ!

wák·ing 形 ④ 目覚めている時の: in one's ~ hours 目が覚めている間 / a ~ dream 白昼夢, 夢想.

Wal·den·ses /wɔːldénsiːz/ 名 [the ~] ワルド派《12世紀に南フランスで始まったキリスト教の一派; 異端として長らく迫害された》. **Wal·dén·si·an** /-siən/ 形 ワルド派の; ワルド派の信徒.

Wal·do /wɔːldou/ 名 ウォールドー《男性名》.

Wál·dorf sálad /wɔːldɔːrf-/ -dɔːf-/ 名 C|U ウォールドーフサラダ《刻んだリンゴ・クルミ・セロリをマヨネーズであえたサラダ》.〖New York の *Waldorf-Astoria* Hotel から〗

wale /wéil/ 名 ❶ むちあと(のみみず)ばれ). ❷ (コールテンなどの織物面の)うね. ── 動 他 ❶ ⟨...に⟩むちあとをつける, みみずばれにする. ❷ ⟨...に⟩うねをつけて織る.

wále knòt 名 うね結び (wall knot).

⁺**Wales** /wéilz/ 名 ウェールズ《Great Britain 島南西部の地方; 首都 Cardiff; ウェールズ語名 Cymru). **the Prince of Wáles** プリンスオブウェールズ《英国皇太子の称号; cf. crown prince). **the Princess of Wáles** プリンセスオブウェールズ《英国皇太子妃の称号》.〖OE=(アングロサクソン人から見て)外国人〗 (形 Welsh).

Wa·łe·sa /wa:lénsə | va:-, wa-/, **Lech** /lék/ 名 ワレサ(1943-)《ポーランドの政治家; 大統領(1990-95); Nobel 平和賞 (1983)》.

＊**walk** /wɔ́ːk/ 動 自 ❶ 《通例副詞(句)を伴って》歩く; 歩いていく; 散歩する; 《英口》ウォーキング〔徒歩旅行〕をする: ~ on crutches 松葉づえをついて歩く / ~ barefoot(ed) はだしで歩く / He ~ed (for) two miles. 彼は2マイル歩いた / Are you going to ~ or ride? 歩いていきますか, それとも車でいきますか / I'm just ~ing around [about]. ただこの辺を歩き回っているだけです 〖用法〗警官に「何をしているのか」と質問された時などの答え) / Don't knock, just ~ in. ノック無用, お入りください / ~ *into* [*out of*] a room 部屋へ入る[から出る] / ~ *away* [*off*] 歩き去る, 行ってしまう / ~ *up* 階上へ歩いて上がる; 坂[山]に歩いて登る / He was ~*ing up* and *down* the room. 彼は部屋の中を行ったり来たりしていた / I generally ~ *to* school. 学校へはたいてい歩いていく / A tourist ~*ed up to* me to ask the way. 一人の観光客が私のところへ歩み寄ってきて道を尋ねた / go ~*ing* in the mountains 山岳地帯をウォーキングする, 山歩きに出かける (⇒ *walking*). ❷ 《口》⟨所持品が⟩なくなる, 盗まれる. ❸ 《文》幽霊が出る: People say that ghosts ~ here. ここは幽霊が出るということだ. ❹ [副詞(句)を伴って] 《古》ふるまう, 身を処する, 世を渡る: ~ *in peace* 平和に暮らす / ~ *with* God 正しい生活を送る. ❺ 《野》歩く 《フォアボールで一塁に進む; ⇒ 名 ❽); 《バスケ》トラベリングをする《ドリブルもパスもせずボールを持って3歩以上歩く反則). ❻ 《米口》ストライキに突入する; 《米俗》嫌疑が晴れる.
── 他 ❶ 〈道などを〉歩いていく, 歩き回る; ⟨場所を歩いて⟩見回る 《通例副詞 〔副+(代)名〕の形で表わされるが, 他 の時には「歩いていく」「歩き回る」の意になる》: ~ the country for miles その地方を何マイルも歩き回る / The captain ~*ed* the deck. 船長は甲板を歩いて見回った. ❷ a ⟨馬などを⟩歩かせる; ⟨犬などを⟩散歩させる, 散歩に連れていく: ~ one's dog 犬を散歩に連れていく / ~ one's horse *down to* the stream 乗ったまま馬を小川まで下って行かせる. b ⟨人を⟩(一緒に歩いて)送る, 案内する; 引っぱっていく (escort): She ~*ed* me *out*. 《米》彼女は私を外まで送ってくれた〔引きずりだした〕 / I'll ~ you *home* [*to* the gate]. 家まで[門のところまで]お送りしましょう. ❸ 《冷蔵庫など重いのを》歩かせるようにして運ぶ; 〈自転車などを〉押して〔引っぱって〕歩く: ~ the new refrigerator into position 新しい冷蔵庫を決めた位置に左右交互に押して運ぶ / ~ one's bicycle *up* the hill 自転車を押して坂を登る. ❹ 歩いて〈酔い・体重などを〉なくす〔減らす〕: ~ *off* (the effects of) too many drinks 飲みすぎので歩いて酔いをさます. ❺ 《英口》〈試験などに〉簡単に合格する, 楽勝する. ❻ 《野》〈打者を〉歩かせる.

wálk áll óver... = WALK over... 成句.

wálk awáy fróm... (1) ...から歩み去る[逃げ出す]. (2) 〈責任・困難などから〉逃れる. (2) 《米口》〈競技などで〉...に楽勝する (cf. walkaway). (3) 《米俗》〈事故などから〉(ほとんど)無傷で助かる.

wálk awáy with... (1) ...と一緒に歩いて去る. (2) ...をうっかり持っていく; ...を持ち逃げする. ~ を盗む: She ~*ed away with* my glass. 彼女は誤って私のグラスを持っていった. (3) 《口》〈賞(品)〉をさらう, 〈競技に〉楽勝する: He ~*ed away with* first prize. 彼は一等賞をさらった.

wálk ínto... (1) ...へ歩いて入る (⇒ 自 ❶). (2) 歩いて...とぶつかる. (3) 《口》楽々と〈職〉にありつく. (4) 《口》〈落とし穴など〉にうっかりはまる[入り込む]. (4) 《口》...を勇敢に攻撃する. (5) 《口》〈人を大声でしかる〔のしる〕.

walk it (1) 歩く, 歩いていく: No thanks, I'll ~ *it*. いやけっこうです, 歩いていきますから. (2) 《英口》楽勝する.

wálk a person òff his féet [*légs*] 〈人を〉歩いて疲れさせる; ⟨人より⟩健脚である.

wálk óff with... = WALK away with... 成句.

walk on áir ⇒ air 成句.

wálk óut (自＋副) (1) 突然立ち去る[退席する] 《★ 不満を示すために》. (2) ストライキをする (go on strike).

wálk óut of... (1) ...から歩いて出る (⇒ 自 ❶). (2) ...から突然立ち去る〔退席する〕: He ~*ed out of* the committee meeting without a word. 彼は委員会から突然無言で退席した.

wálk óut on... 《★ 受身可》 《口》 (1) 〈人を〉見捨てる: He ~*ed out on* his wife. 彼は妻を見捨てた. (2) 〈計画など〉を放棄する: ~ *out on* a contract 契約を一方的に破棄する.

wálk óver... [しばしば walk all over... で] 《口》 (1) 〈競技者が〉〈相手を〉一蹴(いっしゅう)する, ...に楽勝する (cf. walkover 1). (2) 〈人に〉ひどい扱いをする, 〈人をいいようにあしら〉う: She ~*s all over* her husband. 彼女は亭主を尻に敷いている.

wálk táll ⇒ tall 副. **wálk the flóor** ⇒ floor 成句.
wálk the plánk ⇒ plank 名 成句.
wálk the stréets ⇒ street 成句.
wálk thróugh... (演劇などで)〈場面を〉練習する.
wálk a person thróugh... 〈人に〉...の手ほどきをする.
wálk úp (自＋副) (1) 歩いて上がる〔登る〕 (⇒ 自 ❶). (2) [通例命令法で] いらっしゃい! (3) ⟨...に⟩近寄る (*to*).

── 名 ❶ C 散歩: go for a ~ 散歩に行く / take [have] a ~ 散歩をする / take a person for a ~ 人を散歩に連れ出す. ❷ a C 散歩道, 遊歩道. b C 小道; (通りから玄関までの)道, 歩道. c [W~; 地名に用いて] ...通り, ...街: Lavender W~ ラベンダー通り. ❸ [単数形で] 歩きぶり, 歩き方; 歩調; (馬の常歩(なみあし)) ゆっくりした歩調; cf. gait ❷: I can usually recognize him by his ~. 私はたいてい歩き方で彼だとわかる / go at a ~ 〈馬が〉常歩で進む / slow (down) to a ~ 〈人・馬が〉常歩に落とす. ❹ [単数形で] 歩行距離, 道のり: a five-minute ~ 歩いて5分の距離 / It's a long ~ to the station. 駅まで歩いて長くかかる / My house is ten minutes' ~ from here. 私のうちはここから歩いて10分です. ❺ 《米》歩道 (sidewalk). ❻ C 《英》 (呼び売り商人などの)商売区域, 得意区域. ❼ C ⟨家畜・家禽などの⟩飼育場, 囲い: a poultry ~ 養鶏場. ❽ C 《野》フォアボール[四球]による出塁 (《口》フォアボール」は和製英語): an intentional ~ 敬遠の四球.
in a wálk 楽々と, 容易に. **(the) cóck of the wálk** ⇒ cock¹ 名 成句. **tàke a wálk** (1) 散歩する (⇒ 名 ❶). (2) [命令文で] 《主に米口》立ち去る; くだらないことを言うのをやめる. **wálk of lífe** (社会的・経済的)地位; 職業 (background): persons from every ~ [all ~*s*] *of life* あらゆる職業[地位, 階層]の人々.

〖OE=転がる〗【類義語】walk「歩く」意味の一般的な語. **stride** 急いで[いばって]歩く, または元気に大またで歩く.

walkable

plod ゆっくり重い足どりで歩く.

wálk·a·ble /-kəbl/ 形 歩きやすい, 歩行に適した; 歩いて行ける.

wálk·abòut 名 ❶《豪》**a** ⓤ (先住民が一時的に仕事を離れて行なう伝統的)放浪生活: go ~〈先住民が〉放浪生活に出る. **b** ⓒ 徒歩旅行. ❷《英》(地位の高い人が人込みの中に入って行なう)民間視察.

walk-a-thon /wɔ́ːkəθɑ̀n | -θɔ̀n/ 名 ❶ 長距離競歩. ❷ ウォーカソン《慈善の寄金集めなどの目的の長距離行進》. 〖WALK+-ATHON〗

wálk·awày 名《米口》(競技などの)楽勝.

+wálk·er 名 ❶ 歩く人, 歩行者; 散歩する人: a good [poor] ~ 足の達者な[弱い]人 / a fast ~ 足の速い人 / floorwalker. ❷ **a** (病人・身障者の)歩行器《英》zimmer frame). **b** (幼児の)歩行器 (《英》baby walker).

walk·ies /wɔ́ːkiz/ 名 覆《英口》散歩 (walk) (に行くぞ!)《犬に対して用いる》.

wálk·ie-tálk·ie /wɔ́ːkitɔ́ːki/ 名 トランシーバー, 携帯用無線電話機.

wálk·ìn 形 Ⓐ《米口》❶ 立って入れるくらいの大きさの: a ~ closet ウォークインクローゼット《人が入れるくらいの大きさの収納室》. ❷《人・店などが許可不要で》すぐ[なしに入ってくる[入れる], いつでも立ち寄れる;〈客が〉立ち寄りの. ── 名 ❶ 立って入れるくらいの大きさの収納室[冷蔵庫]. ❷ 予約なしの客, ふりの客. ❸ 楽勝.

+wálk·ing 名 ⓤ ❶ **a** 歩くこと, 歩行; ハイキング, 遠足, 山歩き (hiking); 歩き方. **b**《スポ》競歩. ❷ 歩く道の状態. ── 形 ❶ 歩く, 移動する, 歩行なされる: a ~ tour 徒歩旅行. ❷ 歩行用の: ~ clothes (婦人の)外出着, 散歩服 / ~ shoes [boots] (長時間の歩行に適した)ウォーキングシューズ[ブーツ].

wálking báss /-béɪs/ 名《楽》ウォーキングベース《ピアノによるブルースのベースリズム》.

wálking bùs《英》集団登下校の(一団).

wálking díctionary [encyclopédia] 名《口》生き字引き, もの知り.

wálking géntleman 名《英》(せりふのない)端役《男性》.

wálking làdy 名《英》(せりふのない)端役《女性》.

wálking-ón pàrt 名《英》(せりふのない)通行人の役, 端役.

wálking pàpers 名 圏《口》解雇通知: give a person his [her] ~ 人を解雇する.

wálking stìck 名 ❶ ステッキ. ❷《米》昆 ナナフシ.

wálking wóunded 形 [通例 the ~; 名詞的に; 複数扱い] ❶ 歩行可能な負傷者たち. ❷《口》精神的に問題を持った人たち.

+Walk·man /wɔ́ːkmən/ 名 (覆 ~s)《商標》ウォークマン (personal stereo)《ヘッドホンで歩きながら聴ける小型ステレオカセットプレーヤー》《日本の Sony 社の商品名》

+wálk·òn 名 (舞台をちょっと歩くだけでせりふのない)端役人, 通行人役; 端役者. ── 形 Ⓐ 端役の: a ~ part 端役.

+wálk·òut 名 ❶ (労働者の)ストライキ. ❷ (不満の表示としての)突然の退出, 退場.

wálk·òver 名 ❶《口》楽勝: The game was a ~. その試合は楽勝だった. ❷ 不戦勝.

wálk-thròugh 名 ❶ 《劇》立ちげいこ. ❷ (カメラなしの)けいこ, リハーサル. ❸ (ゲームなどの)攻略案内[ヒント]; 〖電算〗ウォークスルー《ゲームソフトなどで, ユーザーが現場を歩いているような感覚でユーザーの視点によって 3D 画像を動かすこと》.

+wálk-úp《米》名 エレベーターのないアパート[建物, オフィス](の一室). ── 形 エレベーターのない: a ~ apartment (house) エレベーターのないアパート.

+wálk·wày 名 (公園・街路などの)歩道, (工場・列車内などの)通路: a moving ~ 動く通路[歩道].

walk·y-talk·y /wɔ́ːkitɔ́ːki/ 名 =walkie-talkie.

＊wall /wɔ́ːl/ 名 ❶ (室内の壁, 塀): (絵を壁にかける / *Walls* have ears. (諺)壁に耳あり. ❷ (石・れんがの)塀, 外壁; [通例複数形で] 防壁, 城壁: a brick ~ れんがの塀 / a stone ~ 石垣 / an old castle with ~s around it 周囲に城壁をめぐらした古城 / the Great W~ (of China) 万里の長城. ❸ 壁のようにそびえる[さえぎる]もの, (知的・社会的な)隔て, 壁, 障壁: a cliff ~ 行く手をはばむ険しい断崖《ﾀﾞﾝｶﾞｲ》 / a ~ of bayonets [water] 銃剣の壁[大波, 鉄砲水] / break down ~s of prejudice [tradition] 偏見[伝統]の壁を壊す. ❹ (容器・臓器などの)内側, 内壁: the ~s of a boiler ボイラーの内側 / the ~ of a blood vessel 血管の内壁 / the stomach ~ 胃壁. **báng [béat, knóck, rún] one's héad against a (bríck) wáll**《口》不可能なことをしようとしてむだ骨を折る[傷つく]《由来「れんがの塀に頭をぶつける」の意から》. **clímb the wálls**《米口》気が狂いそうになる: Her children have her *climbing the ~s.* 子供の面倒で気が狂いそうになっている. **dríve [púsh, thrúst] a person to the wáll**《口》〈人を〉窮地に陥れる;〈人を〉やっつける. **gó to the wáll**《口》(1) 負ける: The weakest *go(es) to the ~.* (諺)弱者は負ける, 優勝劣敗, 弱肉強食. (2) 事業(など)に失敗する. (3) わきに押しやられる, 無用視される. (4) 〔人のために〕どんなことでもする〔*for*〕. **háve one's báck to the wáll** ⇒ back 名 成句. **óff the wáll**《口》とっぴな, 風変わりでおもしろい. **the Wáll of Déath** 死の壁《直立した円筒の内側の壁をオートバイで乗り回す見世物》. **úp against a (brick) wáll** 窮地に陥って, 壁に突き当たって: They've got me *up against a ~.* 私はもう逃げられない. **úp the wáll**《米口》気が狂いそうになって, 途方に暮れて, かっとなって: drive [send] a person *up the ~* 人を気が狂ったようにいらだたせる. **with one's báck to the wáll** ⇒ back 名 成句.

── 名 ❶ **a** 壁の, 塀の. **b** 壁かけの: a ~ clock 壁かけ時計. ❷〈植物が〉塀[石垣]に生える; 外壁をはう: a ~ plant 外壁をはう植物.

── 動 他 ❶ 〔通例受身形で〕〈…を〉塀[壁]で囲う: ~ (*in*) a garden 庭を塀で囲む. ❷ **a**〈入り口・窓などを壁(など)で〉ふさぐ; ふさぐ: The window had been ~*ed up*. 窓は(つまり)壁になっていた. **b** 塀・壁などで仕切る: ~ *off* part of the living room for a study 居間の一部を仕切って書斎にする. ❸〈人を〉〈…に〉閉じ込める: ~ a person (*up*) *in* the cellar 壁を作って人を地下室に閉じ込める. 〖L *vallum* 防御さく *vallus* くい〗 関形 mural, parietal) 〖類義語〗fence.

wal·la·by /wɑ́ləbi | wɔ́l-/ 名 (覆 -bies, ~) 動 ワラビー《小型のカンガルー》. 〖Austral〗

Wal·lace /wɑ́ləs | wɔ́l-/ 名 ウォレス《男性名》.

Wállace's líne /wɑ́ləsɪz- | wɔ́l-/ 名 〖生物地理〗ウォレス線《東洋亜区とオーストラリア亜区を分ける境界線》.

wal·lah /wɑ́lə | wɔ́l-/ 名《英俗》〔複合語で〕…(従事)者, …係, …関係の人[やつ], ….

wal·la·roo /wɑ̀ləruː | wɔ̀l-/ 名 (覆 ~s) 動 ケナガワラルー《赤灰色の大型のカンガルー》; アカワラルー, クロワラルー.

wáll bàr 名 (壁に取り付けた体操用の)肋木《ろくぼく》.

wáll·bòard 名 ⓤ 壁材; 人造壁板.

wáll·chàrt 名 壁かけ式の〔壁にはる〕図表[掲示].

wáll còvering 名 壁紙, (紙・布などの)内装材.

wáll crèeper 名 鳥 カベバシリ《キバシリ科》.

wáll crèss 名 植 ニワハタザオ《アブラナ科》.

+wálled 形 ❶ 塀で囲まれた, 塀[壁]のある: a ~ garden 塀で囲まれた庭. ❷ 城壁をめぐらした: a ~ town 城壁をめぐらした町.

＊wal·let /wɑ́lɪt | wɔ́l-/ 名 (通例折りたたみ式の革製の)札(ﾌﾀ)入れ, 紙入れ (《米》billfold). 〖ME; 原義は「巻かれたもの」〗

wáll·èye 名 ❶ 外斜視. ❷ (外斜視による)白目《角膜が大きくなる》.

wáll·èyed 形 ❶ 外斜視の. ❷ 角膜が白く濁った目の; 白目がちの.

wáll·flòwer 名 ❶ 植 ニオイアラセイトウ. ❷《口》「壁の花」《ダンスパーティーなどで社交的に相手にされない人; 主に若い女性》.

wáll·ing 名 ⓤ 壁作り; 壁, 塀.

wáll knòt 名 うね結び.

wáll nèwspaper 名 壁新聞.
Wal·loon /wɑlúːn | wɔ-/ 名 ❶ ⓒ《ベルギー南東部に住む》ワロン人. ❷ Ⓤ ワロン語《ベルギーなまりのフランス語》. ── 形 ワロン人[語]の.
wal·lop /wɑ́ləp | wɔ́l-/ 動 《口》 ❶ ひどく打つ[殴る]. ❷《試合などで×相手をこてんこてんにやっつける, さんざんに打ち負かす: I ─ *ed* him *at* tennis. テニスの試合で彼をこんてんにやっつけた. ── 名 ❶ ⓒ《口》強打, 痛打: give a person a ─ 人を強打する. ❷ Ⓤ《英俗》ビール; 酒. 《NF; GALLOP と二重語》
wál·lop·er 名《口》❶ wallop する人[もの]. ❷《方》ばかでかいもの. ❸《豪俗》警官.
wál·lop·ing《口》形 ❶ でっかい; 途方もない: a ─ lie 大うそ, まっかなうそ. ── 副 ひどく, 極端に. ── 名 ❶ 強くぶつこと, 強打: give a person a ─ 人をぶん殴る. ❷ 完敗: get [take] a ─ 完敗する.
⁺**wal·low** /wɑ́lou | wɔ́l-/ 動 自 ❶《動物·子供などが》〈泥·水の中などで〉ころげ回る, のたうち回る: A wild boar has been ─*ing in* the mud here. イノシシがこの泥んこの中をころげ回っていた. ❷《船が揺れながら進む》: The boat ─*ed* helplessly *in* the troughs of the waves. その船は波間で木の葉のように揺れた. ❸ a 〈人が〉ぜいたく·酒色などにふける, おぼれる: ─ *in* luxury ぜいたくにふける. b 《金·富などに》埋まるほどである: He's ─*ing in* money [it]. 彼には金がうなるほどある. ── 名 ❶ [a ─] ころげ回ること〔*in*〕. ❷ ⓒ《動物などの》ころげ回る池[くぼみ].
wáll páinting 名 ❶ Ⓤ 壁画, フレスコ. ❷ ⓒ 壁画法.
*__wáll·pa·per__ /wɔ́ːlpèɪpə | -pə/ 名 ❶ Ⓤ 壁紙;《電算》壁紙《デスクトップ画面の背景にする画像》. ── 動 他《...に》壁紙をはる (paper). ── 自 壁紙をはる.
wáll páss 名《サッカー》壁パス, ワンツー(パス).
wáll pèpper 名《植》ヨーロッパマンネングサ.
wáll plàte 名《建》壁板.
wáll róck 名《鉱》壁岩, 母岩.
wáll rúe 名《植》イチョウシダ.
*__Wáll Strèet__ 名 ❶ ウォール街《米国 New York 市 Manhattan 地区の街路; ニューヨーク証券取引所があり, 金融機関や商社が集中している》. ❷ Ⓤ 米国金融界[市場].
wáll tènt 名 ⓒ《四方に垂直な壁面のある》家形テント.
wáll-to-wáll 形 ❶ 《じゅうたんが》《壁から壁まで》床一面の. ❷《口》場所[時間]いっぱいの, びっしりの. ❸《口》どこにでもある.
wal·ly /wɑ́li | wɔ́li/ 名《英俗》ばかな男, 役立たず.
Wal-Mart /wɔ́ːlmɑ̀ːt | -mɑ̀ːt/ 名 ウォルマート《米国のディスカウントストアチェーン》.
⁺**wal·nut** /wɔ́ːlnʌ̀t/ 名 ❶ ⓒ 《また **wálnut trèe**》ⓒ《植》クルミ(の木). ❷ ⓒ クルミ(の実). ❸ Ⓤ クルミ材. ❹ Ⓤ くるみ色, 茶色.《OE=Celtic (=foreign) nut》
Wal·pole /wɔ́ːlpoul/, **Sir Robert** 名 ウォルポール (1676-1745; 英国の政治家; 初代首相 (1721-42)).
Wal·púr·gis Níght /vɑːlpúəgɪs- | vælpúə-/ 名 ワルプルギスの夜祭《5月1日の前夜; ドイツではこの夜魔女が山上で魔王と酒宴を張るという》.
wal·rus /wɔ́ːlrəs/ 名《複 ~·es, ~》動 セイウチ.《Du 〈Dan 〈ON *hrosshvalr* (文字どおりには) horse-whale》
wálrus mústache 名 せいうちひげ《両端がだらっと下がったひげ》.
Walt /wɔːlt/ 名 ウォルト《男性名; Walter の愛称》.
Wal·ter /wɔ́ːltə | -tə/ 名 ウォルター《男性名; 愛称 Walt》.
Wal·ton /wɔ́ːlt(ə)n/, **Izaak** 名 ウォルトン (1593-1683; 英国の随筆家; *The Compleat Angler*).
⁺**waltz** /wɔ́ːlts | wɔ́ːls, wɔ́ːlts/ 名 ❶《時に the ~》ワルツ《二人で踊る3拍子の優雅な円舞》: dance a ─ ワルツを踊る. ❷ ワルツ曲, 円舞曲. ── 動 自 ❶ ワルツを踊る; 踊るような足どりで歩く: ─ *in* 踊るように入ってくる[いく] / ─ *out of* the room 踊るような足どりで部屋から出ていく. ❸ 〈口〉楽に[首尾よく]進行する: ─ *through* an exam 試験を楽々通る. ── 他 ワルツでパートナーをリードする; 〈人とワルツを踊る〉: He ─*ed me around* (the hall) again. 彼は再び私をリードしながら(ホールで)くるくるとワルツを踊った. **wáltz óff with...**《口》〈賞·奨学金などを〉楽々と

取る[得る]. 《G; 原義は「回る」》
Wam·pa·no·ag /wɑ̀mpənóuæg | wɔ̀m-/ 名《複 ~, ~s》 [the ~s] ワンパノアグ族《米国 Massachusetts 州南西部に住んでいた先住民》; ⓒ ワンパノアグ族の人.
wam·pum /wɑ́mpəm | wɔ́m-/ 名 Ⓤ 貝殼玉《昔, 北米先住民が貨幣または装飾に用いた数珠》. 《N-Am-Ind=white string》
⁺**wan** /wɑ́n | wɔ́n/ 形 (**wan·ner; wan·nest**) ❶《病気·悩みなどで》血の気のない, 青ざめた: a ─ face 青白い顔. ❷ 病弱な, 弱々しい, 力のない: a ─ smile 弱々しい微笑.
~·ly 副 **~·ness** 名 《OE=薄暗い》【類義語】⇒ pale¹.
WAN /wǽn/ 《略》《電算》wide area network.
⁺**wand** /wɑ́nd | wɔ́nd/ 名 ❶ a 《魔法使い·手品師·妖精などが使う》細くてしなやかな)棒, つえ; 魔法のつえ: a magic ─ 魔法のつえ. b 指揮棒. ❷ (官職を示す)職杖(ぢょう), 官杖. ❸ 《柳などの》しなやかな枝: a peeled willow ─ 皮をはいだ柳の小枝. 《ON *vóndr*; 原義は「曲げられるもの」; cf. wind²》【類義語】⇒ pale¹.
⁺**wan·der** /wɑ́ndə | wɔ́ndə/ 動 自 ❶ [副詞(句)を伴って] (あてもなく) 歩き回る, さまよう; 放浪[流浪]する, ぶらつく: ~ *about* ほっつき歩く / She ─*ed in* to see me. 彼女は私に会いにぶらりとやって来た / I ─ *around* the room 部屋をあちこち回っていく. ❷ a [通例 副詞(句)を伴って] 迷う, 迷い込む, 《本道からそれる》, 横道にそれる, 邪道に踏み迷う: The child ─*ed off* and got lost. その子は迷子になってしまった / He often ~*s from* the path of virtue. 彼はしばしば人の道を踏みはずす. b《話などが》《本題などから》横道へそれる〔*from, off*〕: You're ~*ing from* the subject [point]. 君は本題から横道へそれている. ❸ a《考え·注意力などが》集中できなくなる, とりとめがなくなる; 散漫になる. b 〈人が〉〈考えなどに〉とりとめがない: The old man began to ~. 老人はとりとめのないことを話し始めた. ❹ [通例 副詞(句)を伴って]〈目·視線が〉きょろきょろ見回す: His eyes ~*ed over* the landscape. 彼の目はあたりの景色をずっと見回した / His glance ~*ed from* me *to* her. 彼の視線は私から彼女へと移っていった. ❺ [通例 副詞(句)を伴って]〈川·道が〉うねうねと続く[流れる]: The river ~*s over* a plain. その川は平野をうねりながら流れている.
── 他 《...を》歩き回る, さまよう; 放浪する: ~ the streets of New York ニューヨークの街路をさまよう. ── 名 さまよい歩くこと, 散歩. 《OE; 原義は「(正しい道から)曲がる, それる」, ⇒ wind²》【類義語】 **wander** 特に目的·道順なしにゆっくりと歩きまわる. **ramble** 特に田舎をぶらぶら歩く. **roam, rove** 広い地域を気ままに歩きまわる. 目的はないことが多い.
wán·der·er /-drə, -drə | -dərə, -drə/ 名 歩き回る人, さまよう人; 放浪者.
wán·der·ing /-dərɪŋ, -drɪŋ/ 形 名 ❶ (あてもなく)歩き回る, 放浪する, さまよう: a ~ nature 放浪癖. ❷〈川·道などが〉うねりながら流れる. ── 名 [複数形で] 散歩, 放浪, 遍歴, 漫遊. **-ly** 副
Wándering Jéw [the ~] さまよえるユダヤ人《刑場に引かれるキリストを侮辱した罪で, 最後の審判の日まで世界を流浪する運命を与えられたという中世伝説上の人物》.
wan·der·lust /wɑ́ndəlʌ̀st | wɔ́ndə-/ 名《また a ~》放浪癖, 旅行熱, 旅心: have ~ 放浪癖がある. 《G=desire to wander》
⁺**wane** /wéɪn/ 動 自 ❶〈月が〉欠ける(↔ wax). ❷〈光·力などが〉弱くなる, 衰える (fade),《権力·勢力·財力などが》なくなる: The country ~*d in* influence. その国は勢力が衰えた. **wáx and wáne** ⇒ wax² 成句. ── 名 ❶ 《月の》欠け; 減退, 衰微. **on the wáne** (1) 《月が》欠け始めて. (2)〈光·勢力など〉衰えかけて, 落ち目になって. 《OE=減少する》
wan·gle /wǽŋgl/ 《口》動 他 ❶ a (策略を用いたり, 巧みに説得したりして) 手に入れる, うまくせしめる: ~ an invitation 招待状をせしめる / ~ an extra week off a person a job 何とか人に職を見つけてやる / ~ ten pounds *out of* a

person 人から10ポンド巻き上げる. **b** 〈人を〉巧みに説得させる: I got ~*d into* going with them. 私はうまいことを言われて一緒に行かされた. ❷ [~ oneself または one's way で] 〔困難などから〕うまく切り抜ける: He ~*d himself* [his way] *out of* the difficulty. 彼はなんとか困難を切り抜けた. ❸ 〔困難などをぬけ出す 《*out of*》.
—名 うまく手に入れること; うまい〔まずい〕策略.

wank /wǽŋk/《英卑》動 自慰行為をする. —名 [a ~] 自慰行為.

Wán・kel éngine /wǽŋk(ə)l(-)│ wǽŋ-/ 名《機》ワンケルエンジン《ピストンの形が三角形に近く, 往復運動をする部分のない, 従来のエンジンより軽量のロータリーエンジン》.

wánk・er 名《英卑》❶ 自慰行為をする人. ❷ ろくでなし, ばか.

wan・na /wɑ̀nə, wɔ́ːnə│wɔ̀nə/《米口》 =WANT to (do)《用法》3 人称単数形は主語になることがない; 書き言葉としては非標準的》❶ I ~ go. 行きたい. ❷ =want a 《用法 1 と同じ》: W~ coffee? コーヒーいるかい.

wan・na・be /wɑ́nəbi, wɔ́ː-│wɔ́n-/ 名《米口》《服装・容貌などまでまねる》熱烈なファン. 【want to be; ↑】

＊**want** /wɑ́nt, wɔ́ːnt│wɔ́nt/ 動 **A ❶** 欲する: **a** 〈人が〉...が欲しい, ...を望む: I badly ~ a vacation [new car]. ひどく休み[新車]が欲しい《用法》want を強調する時に badly がよく用いられる》/ She ~s everything she sees. 彼女は見るものは何でも欲しがる / You're always ~*ing* money. お前はお金をせがんでばかりいる《用法》通例 want は進行形にはしないが, 反復の副詞を加える場合や What are you ~*ing*? のように表現をやわらげる時には用いる》. **b** 〈人が×人に〉用事がある; 〈人を〉用事で捜している: Tell my secretary I ~ her. 秘書に私は用があると言ってください / You're ~*ed* on the phone. 君に電話だよ / The man *was* ~*ed* by the police *for* murder. その男は殺人罪で警察のお尋ね者だった ★ この意味では通例受身に用いる; cf. wanted 2》. **c** 〈人が〉...することを欲する, ...したい《と思う》: [+*to do*] I ~ to go to France. 私はフランスへ行きたい / He was asked to go, but he didn't ~ *to*. 彼は行くように頼まれたが行きたくなかった《用法》行くの繰り返しを避けるために to のみになったもの》. **d** 〈人が×人に〉...することを望む, 〈人に×...〉してほしいと思う: [+目+*to do*] She ~*s* me *to* go with her. 彼女は私に一緒に行ってもらいたがっている / What do you ~ me *to* do? 私に何をしろというのですか / I can stay here, if you ~ (me to). なんなら私がここに残ってもよい《用法》繰り返しを避けるために to だけ残して以下を略す; さらに《口》では want のあとが略される》/ I ~ you (*to* get) out of here. 君にここを出ていってもらいたい《用法》《口》では *to* get は省略されることがある》/ I don't ~ you *to* go; in fact, I insist you *don't* (go). 君に行ってもらいたくない, いや実際, ぜひとも行かないでくれ. **e** [否定文で]〈人が×人に〉...してもらいたくない《(なく) い》: [+目+*doing*] I don't ~ *others interfering*. 他人に干渉されたくない《この doing は現在分詞》. **f** 〈人が×...がされることを望む: [+目+過分] I ~ *that job done* at once. その仕事を直ちに片づけてもらいたい. **g** 〈人が×...が×...であることを望む: [+目+(*to be*)補] I ~ my coffee very hot, please. 私のコーヒーはうんと熱くしてください / I ~ everything (*to be*) ready by five o'clock. 5 時までには万事用意ができていてほしい. ❷ **a**《口》〈人・ものが×...が必要である, いる: Children ~ plenty of sleep. 子供には十分な睡眠が必要である / That work ~s patience. その仕事には忍耐がいる. **b**《主に英口》〈人・ものが×...することを〉必要とする: [+*doing*] My shoes ~ mend*ing*. 私の靴は修繕しなければならない《用法》この doing は動名詞で受身的な意味をもつ; 圧《米》では need を用いるほうが一般的》/ These clothes ~ wash*ing*. この服は洗わなければだめだ. ❸《口》...すべきである, 〈...したほうがいい (ought, should): [+*to do*] You ~ *to* see a doctor at once. すぐ医者に見てもらうべきだ[見てもらったほうがいい] / You don't ~ *to* be rude. 失礼にならないように[するな].

—**B ❶ a**〈...が〉欠けている, 足りない (cf. wanting 1 a): His manners ~ polish. 彼の態度は洗練されていない.

b [it を主語にして]〔時間が〕〈...まで〉まだ〈...〉ある《*to, of, till, until*》; 〈長さが〉〈...に×...〉足りない《*of*》: It still ~*s* five minutes *to* ten o'clock. まだ 10 時 5 分前だ / It still ~*s* an hour *until* [*till*] lunch. 昼食までまだ 1 時間ある. ❷ 〈...か〉欠乏して苦しむ: These people ~ food and shelter. これらの人たちは食べるものも住む所もなくて苦しんでいる.

—自 **A ❶**《口》望む, 欲する (cf. 他 A 1 c, 1 d 用法》: Stay if you ~. お望みなら残りなさい. ❷ [副詞句を伴って]《主に米口》入り[出]たがる[出]たがる[加わり[抜け]たがる: The dog ~*s in* [*out*]. その犬は中へ入り[外へ出]たがっている《用法》この構文は The dog ~*s to* come in [go out]. の短縮した形から》.

—**B** ❶ [通例否定・疑問文で]〈衣・食・住に〉事欠く, 困窮する: We must not let those people ~. あの人たちに不自由な思いをさせておくことはできない. ❷ 〈...に〉欠乏, 不足する《*for, in*》: You shall ~ *for* nothing. ご不自由はかけません.

wànt nóthing to dó with...と関わりたがらない, ...《なんか》に用はない.

—名 **A ❶** ⓒ 必要, 入用《用法》通例 *in* ~ *of*...《「...が必要[入用]で」の意》の形で用いる》: I'm *in* ~ *of* money. 私は金が要る / The house was *in* ~ *of* repair. その家は修理を必要としていた. ❷ [通例複数形で] 必要とされる[ほしい]もの, 入用品, 必要物: a man of few ~ 欲の少ない人 / supply [satisfy] a person's ~*s* 人の要求を満たす.
—**B ❶** Ⓤ [また a ~] 欠乏, 不足, 払底: The tree is dying from ~ *of* water. 木は水不足で枯れかけている / This behavior shows a complete ~ *of* delicacy. この行為には思いやりが全然見られない. ❷ Ⓤ 困窮, 貧乏: live in ~ 貧乏に暮らして[食うに困って]いる / be reduced to ~ 貧乏に陥る. **for** (**the**) **wánt of**...の不足のため: *for* ~ *of* a better explanation ほかにいい説明がないので / We lost the car race *for* ~ *of* a spare part. そのカーレースでは予備の部品がなくて負けた.

〖動〗ON *vanta* 〈欠ける〉; ないと欲しくなること; 名: ON *vant* 〈*vanr* 欠乏, 不足〉〗

【類義語】(1) **want**「欲する」, 「望む」という意味の語の中では, 最も一般的で口語的で, ぶっきら棒な感じの語が多い. **desire** want とほぼ同じ意味; 熱意と達成するための努力を暗示することがある. **wish** 願望を持っていることを意味し, 未来についてはそれがかなえられるか否かは問題にしない, また現在または過去については, 願いがかなえられなかった残念さを表わす. (2) ⇒lack.

wánt àd 名《米》《新聞などの》3 行広告, 求人[求職, 捜し物]広告.

wánt・ed /-ṭɪd/ 形 ❶ 《広告で》〈...を〉求む, 雇い入れたし: Cook ~. コックを求む. ❷ 《警察の》お尋ね《者》の (cf. 他 A 1 b): a ~ person お尋ね者, 手配中の犯人 / ~ posters 指名手配のポスター.

＊**want・ing** /wɑ́ntɪŋ, wɔ́ːnt-│wɔ́nt-/ 形 Ⓟ 《比較なし》❶ **a** 欠乏していて, 足りなくて: Two pages are [There're two pages] ~. 2 ページ落丁している. **b** 〔目標・標準・必要などに〕達しなくて《用法》通例 be found (to be) wanting の形で用いられる》: The applicant was interviewed and *found* (*to be*) ~. その志願者は面接のうえ不適格と判定された. ❷ 〔...が〕なくて (deficient, lacking): He's ~ *in* courage [courtesy]. 彼は勇気[礼儀]に欠けている.
—前 ❶ ...のない; ...がなくては, ...を欠けては: a box ~ a lid ふたのない箱 / W~ interest, all work becomes tedious. 興味がないとどんな仕事も退屈になる. ❷ ...だけ不足して: a month ~ three days ひと月に 3 日不足.

†**wan・ton** /wɑ́ntən, wɔ́ːn-, -tən│wɔ́ntən/ 形 ❶ 理由のない, むちゃくちゃな: ~ cruelty 無慈悲な残虐性. ❷ 〈人・考えなど〉浮気な, 多情な, 不貞な《★人の場合は特に女性にいう》: a ~ woman 浮気な女 / a ~ imagination みだらな想像. ❸〈植物などが〉伸びほうだいに伸びた雑草. —名《文》浮気者; 《特に》浮気な女. ~**・ly** 副 ~**・ness** 名.

WAP /wǽp/ 名 Ⓤ《通信》WAP《携帯電話からインターネットを利用するための規格》. 《*w*ireless *a*pplication *protocol*》

WÁP-enàbled 形 〈携帯端末がインターネットに接続できる, WAP 接続できる.

wap·en·take /wɔ́:pəntèɪk | wɔ́p-/ 名《英史》郡(イングランド北部および東部の諸州の構成単位).

wap·i·ti /wɑ́pəṭi /wɑ́pǝti/ 名《複 ～s, ～》動 ワピチ《(米) elk》《北米産の大シカ》.〖N-Am-Ind=white deer〗

*****war** /wɔ́ə | wɔ́:/ 名 ❶ Ｕ Ｃ 戦争〔between, against, with〕: ～ and peace 戦争と平和 / make [wage] ～ on …に戦争をしかける, …を攻撃する / a ～ of aggression 侵略戦争 / a defensive ～ 防衛戦争 / the Second World W-≒W-II 第二次世界大戦《用法》後者の表現では冠詞は用いない;《読み方》II is two と発音する》/ ⇨ civil war, cold war, Great War / W- is cruel. 戦争は2度の世界大戦に従軍した / A ～ broke out between the two nations. その２国間で戦争が起こった. ❷ Ｃ Ｕ 〔対立する力の〕戦い, 争い, 闘争: a ～ of nerves 神経戦 / the ～ between science and religion 科学と宗教の争い / a ～ of words 舌戦, 論争 / a gasoline price ～ ガソリンの値下げ競争. ❸ Ｕ 軍事: the art of ～ 戦術, 兵法. **b**〔通例 W-〕(政府の一部門としての)陸軍: the *W* ~ *Office* (英国の以前の)陸軍省《★現在は the Ministry of Defence (国防省)に改編》/ the *W* ~ *Department* = the *Department of W-* (米国の以前の)陸軍省 (1789–1947)《★現在は the Department of Defense (国防総省)に改編》.

at wár (1) 〔…と〕交戦中で〔*against, with*〕.(2) 〔…と〕不和で〔*with*〕. **cárry the wár ìnto the énemy's cámp** 〔*territory*〕攻勢に転じる; 逆襲する, 逆手に出る. **declàre wár on** 〔*upòn, agàinst*〕… (1) 〔相手国に対し宣戦を布告する. (2)〔害悪などの〕撲滅を宣言する: *declare* ～ *on* 〔*against*〕 *poverty* 貧困の絶滅を宣言する. **gò to wár** (1) 〔…と〕戦争状態に入る, 戦争を始める〔*against, with*〕. (2) 戦争にいく, 出征する. **have bèen in the wárs** 〔口〕〈子供などが〉(けんかや事故のために)負傷している, 傷だらけである. **the Wár betwèen the Státes** (米国の)南北戦争 (1861–65)《★特に南部諸州で用いられた呼称; cf. Civil War》. **the Wár in the Pacífic** 太平洋戦争 (the Pacific War)(1941–45)《太平洋を中心とした日本と米・英などの連合国との戦争; 第二次大戦の一部》. **the Wár of (Américan) Indepéndence**《英》(米国の)独立戦争 (the Revolutionary War). **the Wár of Secéssion** (米国の)南北戦争 (1861–65)(the Civil War)《南部 11 州の分離から起こった》. **the Wárs of the Róses**《英国の》バラ戦争 (1455–85)《赤バラを記章とする Lancaster 家と白バラを記章とする York 家との王位争い》. **Thís mèans wár!**〔口・戯〕「そうはさせぬこともう戦布告か(何とか, 全面戦争か」.
━ 形 Ａ 戦争の[に関する]: ～ expenditure 軍事費 / ⇨ war damage / a ～ orphan 戦争孤児 / a ～ novel 戦争小説 / a ～ widow 戦争未亡人 / a ～ zone 交戦地帯.
━ 動 (warred; war·ring) ❶ 〔…と〕戦う, 争う〔*against, with*〕. ❷ 〔…を求めて〕戦う, 争う〔*for*〕.〖F<Gmc〗《類語 martial》類語 *war* 国家間の大規模な戦争. **battle** 特定地域における組織的, 長期的な戦闘.

War. 《略》Warwickshire.

war·a·tah /wɑ́rətà: | wɔ́r-/ 名《植》ワラタ《真紅の花をつける豪州産ヤマモガシ科テロペア属の低木; New South Wales 州の州花》.

wár bàby 名 戦時中または戦争直後に生まれた子; (特に)戦時の私生子.

war·ble /wɔ́ə bl | wɔ́:-/ 動 ⓐ ❶〈鳥が〉さえずる: The canary ~*d* all day long. カナリアは一日中鳴いていた. ❷〈女性が〉(声をふるわせて)歌う. ❸《米》ヨーデルで歌う.
━ ⓗ ❶〈鳥が〉さえずる〈*out*〉. ❷〈女性が〉声をふるわせて歌う〈*out*〉. ━ 名 [a ～] さえずり; 声をふるわせて歌う歌. 〖F<Gmc〗

wárble flỳ 名《昆》ウシバエ.

wár·bler /wɔ́ə blə | wɔ́:blə/ 名 ❶ さえずる鳥, 鳴鳥《特にウグイス科の小鳥》. ❷ さえずるように(声をふるわせて)歌う人; 歌手.

wár·bonnet 名 (はち巻きと後部をワシの羽で飾った北米先住民の)出陣用帽子.

wár bride 名 戦争花嫁.

wár càbinet 名 戦時(挙国)内閣.

wár chèst 名《米》 ❶ 運動資金. ❷ 軍資金.

wár clòud 名〔通例複数形で〕戦雲, 戦争になりそうな状態[けはい]: *War clouds* are gathering in the Middle East. 中東に戦雲がたちこめかけている.

wár correspòndent 名 従軍記者.

wár crìme 名 戦争犯罪.

wár crìminal 名 戦争犯罪人, 戦犯.

wár crỳ 名 ❶ ときの声. ❷ (政党などの)標語, スローガン.

*****ward** /wɔ́əd | wɔ́:d/ 名 ❶ **a** 病棟, 共同病室: a children's ～ 小児病棟 / a maternity ～ 産科病棟 / an isolation ～ 隔離室[病棟]. **b**《刑務所の》監房: a condemned ～ 死刑囚監房. ❷ **a**《米》(都市の行政区画としての)区. **b**《英》選挙区. ❸《法》後見を受けている未成年者, 被後見人: a ～ *of the court* 被後見人. ━ 動 ⓗ〈危険・打撃などから〉…を防ぐ, 避ける: try to ～ *off* the inevitable 避けられない物事を避けようとする / ～ *off* a blow 打撃をかわす. 〖OE=防御する; guard と二重語〗

-ward /wəd | wəd/ 接尾 方向を表わす形容詞・副詞を造る 《用法》 形容詞の場合は《米》《英》ともに -ward を用いるが, 副詞の場合は -ward を用い,《英》では -wards を用いる》: the home*ward* journey ふるさとへの旅, (往復の)帰りの旅 / a home*ward*-bound ship 本国向け[帰航中]の船 / walk back*ward* 後ろ向きに歩く / earth*ward* 地球に向かって. 〖OE; 原義は「…の方へ転ずる」〗

Ward /wɔ́əd | wɔ́:d/, Montgomery 名 ウォード (1843–1913; 米国の実業家; 通信販売会社を設立した).

wár dàmage 名 Ｕ 戦禍, 戦災.

wár dànce 名 (米先住民などの)出陣の踊り; 戦勝の踊り.

war·den /wɔ́ədn | wɔ́:-/ 名 ❶ (学生寮・老人ホームなどの)管理人: the ～ *of* a youth hostel ユースホステルの管理人. ❷ [通例複合語をなして] 監視員, 監督官: ⇨ churchwarden, traffic warden, fire warden. ❸ **a**《米》刑務所長 (《英》governor); (主に英)(刑務所の)看守 (warder). **b**(病院・各種官公署の)長, 長官. ❹《英》(古い学校・学寮などの)学長, 校長, 学部長.

wárd·er /-də | -də/ 名 ❶ 番人, 見張り人, 門番, 守衛. ❷《英》(刑務所の)看守 (《米》 guard).

wárd hèel·er /-hì:lə | -lə/ 名《米口》 地区政界実力者の運動員, 地区政界ボスの子分.

ward·ress /wɔ́ədrəs | wɔ́:-/ 名《英》(刑務所の)女性看守.

*****ward·robe** /wɔ́ədròʊb | wɔ́:d-/ 名 ❶ Ｃ **a** 洋服だんす, 衣装だんす: a built-in ～ 作りつけの洋服だんす. **b** 衣装部屋, 衣装室. **❷**《一人・one's ～》(個人または劇団の)持ち衣装《全体》: have a large [small] ～ 衣装持ちだ[あまり服を持っていない] / renew one's ～ 衣装を買い直す. ❸ 《劇団》衣装部[屋].

wárdrobe màster 名 (劇団・映画などの)衣装係(男).

wárdrobe mistress 名 (劇団・映画などの)衣装係(女).

wárdrobe trùnk 名 衣装トランク.

wárd·ròom 名 (軍艦内の艦長以外の)上級士官室《特に食堂》.

-wards /wədz | wədz/ 接尾《英》= -ward.

wárd·shìp 名 Ｕ 後見(人であること): be under the ～ *of*…に後見されている / have the ～ *of*…の後見人をしている.

*****ware** /wéə | wéə/ 名 ❶ **a**〔材料を表わす名詞につけて〕 製品, 器物, 品物: ⇨ earthenware, ironware. **b**〔場所を表わす名詞につけて〕…用品: ⇨ kitchenware, tableware. **c**〔産地名をつけて〕瀬戸物, 陶器: ⇨ delftware. ❷ 〔one's ～s で〕〔通例店に置かれる〕商品, 売品: sell [cry] one's ～*s* 商品を売る〔呼び売りする〕.

*****ware·house** /wéəhàʊs | wéə-/ 名 ❶ (商品を収納するための)倉庫, 貯蔵所. ❷《英》卸売り店, 問屋.

/-hàuz, -hàus/ 動 他 ❶ 〈商品を〉倉庫に入れる. ❷ 《米口》〈囚人・精神病者などを〉大型収容施設に収容する.

wárehouse·man /-mən/ 名 (複 -men /-mən/) ❶ 倉庫係; 倉庫業者. ❷ 《英》卸売り店員, 問屋《人》.

wárehouse pàrty 名 ウェアハウスパーティー《大きな倉庫などで行なわれる大規模なディスコパーティー》.

wárehouse stòre [clùb] 名 大型量販安売店, ディスカウントショップ.

wáre·hòus·ing /-zɪŋ, -sɪŋ/ 名 Ⓤ ❶ 大量仕入れ(品の倉庫保管). ❷ 〈囚人・精神病者などの〉大型施設への収容.

*__wár·fare__ /wɔ́ərfèə | wɔ́ː fèə/ 名 Ⓤ ❶ 戦争, 交戦状態; 戦闘(行為): nuclear ~ 核戦争 / guerrilla [modern] ~ ゲリラ[近代]戦. ❷ 闘争, 争い: class ~ 階級闘争 / economic ~ 経済戦争.《ME=軍隊の遠征＜WAR＋FARE》

wár·fa·rin /wɔ́ərfərɪn | wɔ́ː-/ 名 Ⓤ 〔化〕ワルファリン《血液凝固阻止剤; 殺鼠剤用・医薬用》.《**W**isconsin **A**lumni **R**esearch **F**oundation ワルファリンの特許所有者＋coum**arin**》

wár gàme 名 ❶ (地図の上で行なう)机上作戦[演習]. ❷ 〔しばしば複数形で〕(実際の)機動演習.

wár-gàme 動 他 war game さながらに計画する[行なう].
wár-gàm·er 名 戦没者の墓.

wár gràve 名 戦没者の墓.

+**wár·hèad** 名 (魚雷・ミサイルなどの)弾頭: a nuclear ~ 核弾頭.

War·hol /wɔ́ːrhɔːl | wɔ́ːhoʊl/, **Andy** 名 ウォーホル(1927?-87; 米国のポップアートの代表者).

wár·hòrse 名 ❶ 《口》老兵; (政界などの)古老. ❷ 《口》(度重なって)飽きられた作品《曲や劇》. ❸ 《古・文》軍馬.

war·i·ly /wé(ə)rəli/ 副 用心して, 油断なく.

wár·i·ness 名 Ⓤ 用心, 慎重(さ); 警戒心.

wár·less 形 戦争のない.

wár·like /wɔ́ərlàɪk | wɔ́ː-/ 形 ❶ 好戦的な, 勇武の, 挑戦的な (↔ peaceful): a ~ tribe 好戦的な部族. ❷ 戦争の, 戦争の: ~ actions 軍事行動 / ~ preparations 戦争の準備, 軍備.

wár lòan 名 Ⓤ 戦時公債.

wár·lock /wɔ́ərlɑk | wɔ́ː lɔk/ 名 (物語などに出てくる男性の)魔法使い, 魔術師.《OE=裏切り者, うそつき》

+**wár·lòrd** 名 《軽蔑》(特に群雄割拠の国の)将軍, 軍閥.

‡**warm** /wɔ́ərm | wɔ́ːm/ 形 (~·er; ~·est) ❶ 《天候・風などが》暖かい, 温暖な《比較》 warm は日本語の「暑い」に当たる場合がある; ⇒ hot〔解説〕): a ~ climate [country] 温暖な気候[国] /《英》「暖かい冬」の表現には通例 a mild winter を用いる) / It's [The weather is] ~. 暖かい / It's getting ~er day by day. 日増しに暖かくなっている. **b** 〈ふろ・スープなど(人為的に)熱して〉温かい: My soup is not ~. 私のスープは温かくない[生ぬるい] / Get ~ by the fire. 暖炉のそばで温まりなさい. **c** 〈衣類など〉暖かい, 保温のいい: ~ clothes 暖かい衣類 / a ~ sweater 暖かいセーター. ❷ 〈体がほてる, 熱くなる; 〈運動など〉体をほかほかさせる, 軽く汗をかかせる: ~ with wine ワインで体がほてっている / I'm ~ from running. 走ったので体がほかほかする. ❸ **a** 熱心な, 熱烈な, 活発な; 〈議論〉激論 / a ~ supporter 熱狂的な支持者 / grow ~ over a debate 議論して興奮する. **b** 《米》熱狂的な, 激しい; 怒りっぽい, 短気な: a ~ temper 短気, 怒りっぽい. ❹ 温情のある, 思いやりのある, 心からの: a ~ friend 親友 / have a ~ heart 思いやりがある / ~ feelings 優しい気持ち / ~ thanks 心からの感謝 / We offer you a ~ welcome. 心から歓迎申し上げます. ❺ 〔通例 Ⓐ〕〈色が暖かい感じの〉《特に赤や黄の勝った色にいう》: ~ colors 暖色《赤・黄・オレンジなど》. ❻ Ⓟ 〔隠れんぼ・クイズなどで〕見つけ[当たり]そうで, 大分近づいて《cf. cold 5 b, hot 11, burn¹ 自 5): You're getting ~er. 《鬼や正解などに》近いぞ, …至近づいたぞ. ❼ 《狩》〈遺臭が〉新しい《cf. cool 5 a, hot 12》: a ~ trail まだ新しい足跡 / a ~ scent 生々しい遺臭. ❽ 〈仕事など〉骨の折れる, つらい; 〈地位・状態など〉いづらい, 不愉快な: a ~

work 骨の折れる仕事; 苦戦, 激闘 / make it [things] ~ for a person 人をいたたまれなくさせる / The place became too ~ for him. 彼はそこにいづらくなった. (as)

wárm as tóast ⇨ toast〔成句〕

— 動 他 ❶ 〈…を〉温める, 温かくする; [~ oneself で] 体を温める: ~ one's bed with an electric blanket 電気毛布でベッドを温める / ~ oneself at the fire [in the sun] 火に[日に]あたって体を温める. ❷ 〈人・心を〉興奮させる, 元気づける: drink wine to ~ the spirits ワインを飲んで元気をつける. ❸ 〈人・心を〉温かい[優しい]気持ちにする: It ~s my heart to hear her story. 彼女の話を聞くとほのぼのとした温かい気持ちになる. — 自 ❶ 温まる, 温かくなる: The milk is ~ing on the stove. レンジにかけたミルクは温まってきた; ミルクはレンジで温めています. ❷ 熱心になる, 熱中する; 興奮する. ❸ **a** 〈人〉〈好意[同情]を抱くようになる, 好きになる 〔to, toward〕: I didn't ~ to the new boss. 私は新任の上司が好きになれなかった. **b** 〔仕事・研究などに〉興味をもつようになる 〔to, toward〕: They're beginning to ~ to their studies. 彼らは勉強に興味が乗り始めている.

wárm óver 動 他 《米》(1) 〈冷めた料理などを〉温め直す. (2) 《軽蔑》〈同じ議論を〉蒸し返す; 〈作品などを〉焼き直す: This is just his last book ~ed over. これは彼の前作の焼き直しにすぎない.

wárm úp 《他＋副》(1) 〈…を〉温める; 〈冷めた料理などを〉温め直す: Will you ~ up this milk? このミルクを温めてくれませんか / I'll ~ up the bed for you. (夫婦の間で)先に寝て〔床の中で〕ベッドを温めてあげる. 《婉曲》先に寝るよ. (2) 〈エンジン・車などを〉暖機(運転)する, ウォームアップする. (3) 〈パーティーなどを〉盛り上げ〔(開演の初めに〉観客などのムード作りをする. (4) 〈人を〉〈…に〉熱中させる, 興奮させる 〔to, toward〕: I was able to ~ him up to the idea. 私は彼をそのまま夢中にさせることができた. (5) 〔競技〕〈人に〉準備運動をさせる, ウォームアップさせる. — 《自＋副》(6) 〈ものが〉温まる, 温かくなる; 温め直す. (7) 〔競技〕(軽く)準備運動をする, ウォームアップする (limber up). (8) 〈エンジンなどが〉十分暖まる. (9) 〈パーティーなどが〉盛り上がる. (10) 熱中してくる; 同情的になる: She spoke well, once she ~ed up. 彼女はいったん熱中してくるとよくしゃべった.

— 名 ❶ [主に英〕[the ~] 暖かい所《室内など》: Come into the ~. 暖かい所にお入りください. ❷ [a ~] 温める[温まる]こと: Come and have *a* good ~ by the fire. さあ来て火によくあたりなさい.

~·ness 名 《OE; 原義は「熱い」》（名 warmth)

wár máchine 名 ❶ 〔単数形で〕(一国の)(全)戦力. ❷ 武器, 兵器.

wárm-blóoded 形 ❶ 〈動物が〉温血の (↔ cold-blooded). ❷ 熱血の, 激しやすい, 熱烈な. ~·ly 副 ~·ness 名

wármed-óver 形 《米》❶ 〈冷めた料理など〉温め直した. ❷ 〈作品など〉焼き直しの.

wármed-úp 形 《英》＝warmed-over.

wár memòrial 名 戦没者記念碑.

wárm·er 名 〔通例 複合語で〕温める人[もの]; 暖房器具: a foot ~ 足温器.

wárm frónt 名 〔気〕温暖前線 (↔ cold front).

wárm fúzzy 名 《米口》ほめ言葉, お世辞.

wárm-héarted 形 思いやりのある, 親切な.
~·ly 副 ~·ness 名

wárm·ing pàn 名 〔昔の〕床(だ)暖め器《ふた付きで長柄の十能に似た容器; ベッドを温めるために用いた》.

wárming trènd 名 〈気候の〉温暖化(傾向).

wárm·ish /-mɪʃ/ 形 やや温かい.

wárm·ly /wɔ́ərmli | wɔ́ːm-/ 副 (more ~; most ~) ❶ 温かく: ~ clothed 温かい服を着て. ❷ 熱心に, 熱烈に; 心から, 暖かく; 激して, 興奮して: thank a person ~ 人に厚くお礼を言う / receive a person ~ 人を温かく迎える.

wár·mònger 名 戦争挑発者, 戦争屋.

wár·mòn·ger·ing /-màŋɡ(ə)rɪŋ/ 名 Ⓤ 戦争挑発.

*__warmth__ /wɔ́ərmθ | wɔ́ːmθ/ 名 Ⓤ ❶ 暖かさ, 暖気: vital ~ 体温. ❷ 熱心, 熱烈. ❸ 激しさ; 興奮: with ~ 興奮

して; 熱っぽく. ❹ 温情, 思いやり: with ~ 思いやりをもって. ❺ 〘画〙(色の)暖かい感じ. (形 warm)

†**wárm-ùp, wárm·ùp** 图 ❶ 〘競技〙準備運動, ウォーミングアップ (cf. WARM up 成句(7)): do one's ~s before the race レース前にウォーミングアップをする. ❷ 物事の初め, 序の口, 小手調べ: This is just a ~. これはほんの小手調べだ. ❸ 〘通例複数形で〙スウェットスーツ《スウェットシャツとスウェットパンツから成る運動着》.

****warn** /wɔ́ɚn | wɔ́ːn/ 動 他 ❶ 〈人に〉(…を)警告する, 注意を与える; 〘競技〙〈人に〉(…で)警告を与える: ~ a reckless driver 無謀なドライバーに注意を与える / I won't ~ you again! 二度と注意してやらないから / ~ a player for dangerous play 危険なプレーで選手に警告を与える / He ~ed me of their plot against me. 彼は私に対する彼らの悪だくみを知らせてくれた / The policeman ~ed him against speeding. 警官は彼にスピード違反を戒めた / I was ~ed against going there. そこへ行くなと警告された / [(+目+to do) His teacher ~ed Tom to be more punctual [not to cheat]. 先生はトムにもっと時間を守るように[カンニングをしないように]と注意した / [(+目)+that] I ~ you (that) it's dangerous. (君に)警告するがそれは危険だ. ❷ 〈…に〉届け出る, 通告する: You have to ~ the police before you hold a fireworks display. 花火大会をやる前に警察に届け出なさい. ── 自 (…を)警告する, 警戒する (of).

wárn awáy 〔⊕+副〕=WARN off 成句(1). **warn off** [⊕+副)-óff] (1) 〈人を〉近づくなと警告する: I waved my arms to ~ them off. 私は手を振って危ないから近づくなと彼らに知らせた. ── [⊕+副)~...òff...] (2) 〈人に〉…に近づくな[離れろ]と警告する: He ~ed us off the gate. 彼は我々に門に近づくな[門から離れろ]と警告した. (3) 〈人に〉…しないよう〉警告[注意]する: He ~ed his son off going into the water. 彼は息子に海に入らないよう警告した. 〖OE 用心する〗

wár nèurosis 图 (戦時の兵の)戦争神経症.

***warn·ing** /wɔ́ɚniŋ | wɔ́ːn-/ 图 ❶ ⓒⓊ 警告, 注意; 訓戒 (of, against): a word of ~ 戒めの言葉 / take the ~ 警告に従う / take ~ by [from] …を戒めとする / without ~ = without giving a ~ 警告なしに / give a person ~ of the danger 人に危険の警告をする / [+to do] I gave him a ~ not to go there. 彼にそこへ行くなと警告した. ❷ ⓒ a 警報; 訓戒となるもの[人]: issue a heavy snow [a gale] ~ 豪雪[強風]警報を発令する / sound a flood ~ 洪水警報を鳴らす / I hope this will be a ~ to you. これが君(たち)の戒めとなってほしい. b 兆候, 前兆: without ~ 前ぶれなしに, いきなり / Palpitation is a ~ of heart trouble. 動悸は心臓病の前兆だ. ❸ Ⓤ 〘英〙 通告, 予告: Give me some ~ before you come and visit us. 訪ねていらっしゃる前にあらかじめ連絡してください / [+that] I had no ~ that you were coming. あなたがおいでになるという知らせは何も受けませんでした. ── 形 ❶ 警戒の, 警告の: a ~ bell 警鐘; 予鈴.

wárning colorátion 图 Ⓤ 警戒色.

wárn·ing·ly 副 警告[警戒]して, 警告的に.

wárning tràck 图 〘野〙 [the ~] 警告帯《外野手にフェンスに気づかせるためにフェンス沿いに設けられた土の部分》.

†**warp** /wɔ́ɚp | wɔ́ːp/ 動 他 ❶ 〈まっすぐ[平ら]なものを〉そらせる, ねじる, ゆがめる: The heat has ~ed the boards. 熱で板がそった. ❷ 〈心・判断などを〉ゆがめる, ひがませる: His judgment was ~ed by prejudice. 彼の判断は偏見によってゆがめられていた / Hardship has ~ed your character. 苦労をした彼はひねくれた性質が偏屈になった. b 〈記事・報道などを〉ゆがめる, 歪曲(かいきょく)する: a ~ed account 歪曲された記事. ── 自 ❶ そる, ゆがむ. ❷ 〈心などが〉ひがむ, すねる. ── 图 ❶ [a ~] (板などの)そり, ゆがみ, ひずみ, ねじれ, 曲がり. ❷ [a ~] (心の)ひがみ, ゆがみ, 偏屈. ❸ [the ~] 〘織〙たて糸 (↔ woof, weft). 〖OE; 原義は「回す, 曲げる」〗

wár pàint 图 Ⓤ ❶ (北米先住民が出陣前に顔と体に塗る)出陣化粧. ❷ 〘口〙 正装; 〘厚〙化粧; 化粧品.

wár·path 图 (北米先住民の)出陣の道(筋). **be [gò] on the wárpath** (1) (不正などと)戦っている[戦いを始める]. (2) 怒っている, けんか腰である[になる], むきになっている[むきになる].

wár pènsion 图 戦傷病者[戦没者遺族]年金.

wárp·er 图 たて糸巻き機械, 整経機; たて糸仕掛け人.

†**wár·plàne** 图 軍用(飛行)機.

wár pòet 图 戦争詩人.

wárp spèed 图 Ⓤ ものすごい速さ, あっという間.

***war·rant** /wɔ́ːrənt | wɔ́r-/ 图 ❶ ⓒ a (行為・権利などを保証する)証明書; 許可書. b 〘法〙(逮捕・拘引などの)令状; (民事の)召喚状: a search ~ 家宅捜索令状 / a ~ of arrest 逮捕状 / a ~ of attachment 差し押さえ令状. ❷ Ⓤ 正当な理由, 根拠: without ~ 正当な理由なしに, いわれなく / with the ~ of a good conscience 良心に恥じるところなく / You have no ~ for doing that. = [+to do] You have no ~ to do that. 君にはそんなことをする権利がない. b ⓒ 保証となるもの[人]: I will be your ~. 私が君の保証人に立とう. ── 動 他 ❶ 〈…を〉正当とする, 是認する: The circumstances do not ~ such behavior. 事情がどうあれそんな行為は許されない / If the situation ~s it, phone me at any time. 状況によってはいつでも電話してください. ❷ a 〈…を〉保証する, 請け合う: I ~ the genuineness of the article. = [(+目)+(that)] I ~ (that) the article is genuine. その品物が本物であることを保証する / I'll ~ (you) that the work shall be finished before the end of this month. 月末までに仕事を終えることを請け合います / [+doing] The facts ~ my believing him. その事実は私が彼を信じることが正しいことを証明している / Oversleeping doesn't ~ your being late. 寝ぼうは遅刻の言い訳にはならない. b 〘古風〙[I('ll) ~] で主節に重力的または挿入の仕方で] 確かに: It's all true, I ~. 絶対にそれは本当だ. 〖F Gmc=守る〗

war·rant·a·ble /wɔ́ːrəntəbl | wɔ́r-/ 形 正当な; 保証される, 請け合える. **-a·bly** /-əbli/ 副

wárrant càrd 图 (警察官などの)身分証明書, 身分証.

war·ran·tee /wɔ̀ːrəntíː | wɔ̀r-/ 图 被保証人.

wár·rant·er /-tə | -tə/ 图 =warrantor.

wárrant òfficer ❶ 〘米陸軍〙准尉. ❷ 〘米海軍〙兵曹(〈ちょう〉)長.

war·ran·tor /wɔ́ːrəntɚ, ˌ-ˌˈ-ˌˈ | wɔ́rəntɔ̀ː, ˌ-ˌˈ-ˌˈ/ 图 〘法〙 保証人, 担保者.

†**war·ran·ty** /wɔ́ːrənti | wɔ́r-/ 图 ❶ 根拠, 正当な理由 (for). ❷ (商品の品質などの)保証(書) (guarantee). **ùnder wárranty** 保証期間中で: This TV set is still under ~. このテレビはまだ保証期間中である.

war·ren /wɔ́ːrən | wɔ́r-/ 图 ❶ ウサギの群生地[飼育場] (rabbit warren). ❷ ごみごみした場所[地域]《人の多く住んでいる所や迷路のような所》.

War·ren /wɔ́ːrən | wɔ́r-/ 图 ウォーレン《男性名》.

War·ren /wɔ́ːrən | wɔ́r-/, **Earl** 图 ウォレン《1891-1974; 米国の法律家・政治家; 合衆国最高裁判所首席裁判官 (1953-69)》.

Warren, Robert Penn 图 ウォレン《1905-89; 米国の作家・詩人・批評家》.

***war·ring** /wɔ́ːriŋ/ 形 ❶ (互いに)戦争している, 闘争中の: ~ nations 交戦国. ❷ 敵対する, 対立する, 相争う: ~ factions 反目し合う派閥 / ~ ideologies 対立するイデオロギー.

***war·ri·or** /wɔ́ːriə | wɔ́riə/ 图 戦士, 武人, 武士, 古くもの, 勇士. 〖F ⇒ war, -or〗

War·saw /wɔ́ːsɔː | wɔ́ːs-/ 图 ワルシャワ《ポーランドの首都》.

Wársaw Páct 图 [the ~] ワルシャワ条約《1955 年Warsaw で調印された東欧 8 か国友好協力相互援助条約; 91 年解体》.

†**wár·shìp** 图 軍艦.

†**wart** /wɔ́ɚt | wɔ́ːt/ 图 ❶ いぼ. ❷ (木の)こぶ. **wárts and áll** [副詞的に] 欠点も隠さないで, 何もかも: paint a person ~s and all 人をありのままに描く.

wárt disèase 名 U 〖植〗ジャガイモ癌腫(ぱ)病《塊茎にいぼ状の突起が生じ, 病状が進むとこぶ状になる》.

wárt hòg 名〖動〗イボイノシシ.

*__wár・time__ /wɔ́ːtàɪm | wɔ́ː-/ 名 U 戦時, 戦争時代: in ~ 戦時(中)に (↔ peacetime). ― 形 A 戦時の: ~ regulations 戦時統制.

wár-tòrn 形 戦争で荒廃[疲弊]した.

wart・y /wɔ́ːti | wɔ́ː-/ 形 (**wárt・i・er; -i・est**) いぼ状の; いぼだらけの; いぼのある. 名 wart)

wár-wèary 形 戦争に疲れた.

wár whòop 名 (北米先住民の)ときの声.

War・wick・shire /wɔ́ːrɪkʃə | wɔ́rɪkʃə/ 名 ウォリックシャー州《イングランド中南部の州; 州都 Warwick /wɔ́ːrɪk | wɔ́r-/》.

wár-wòrn 形 = war-weary.

*__wár・y__ /wé(ə)ri/ 形 (**wár・i・er; -i・est**) ❶ 〈人が〉用心深い, 慎重な, 油断のない (cautious): a ~ statesman 慎重な政治家 / I'm ~ *of* trusting such people. 私はこのような人々を信じるのには慎重を期している. ❷ 〈行為・観察など〉慎重な, 油断のない: keep a ~ eye on a person 人を油断なく見守る.

‡__was__ /(弱形) wəz; (強形) wάz, wάz | wɔ́z/ 動 **be** の 1 人称および 3 人称単数過去形.

Wá・satch Ránge /wɔ́ːsætʃ-/ [the ~] ウォサッチ山脈《米国 Utah 州北部と Idaho 州南東部にまたがる》.

‡__wash__ /wάʃ, wɔ́ːʃ | wɔ́ʃ/ 動 他 ❶ a 〈体の一部〉を洗う; 〈ものを〉洗濯する: ~ one's face and hands 顔と手を洗う / She ~ed the clothes. 彼女は衣類を洗濯した / ~ one's hands *with* soap せっけんで手を洗う. b (主に英) [~ oneself で] 体(の一部)を洗う (比較) 他 1 a のほうが一般的): ~ oneself ~ するで). ― [+目+補] Please ~ these clothes clean. この服をきれいに洗濯してください. 〈…を〉洗い落とす[取る] *away, out, off*): I can't ~ this stain *out*. このしみはいくら洗っても取れない / He ~ed the mud *from* his car. 彼は車の泥を洗い落とした / *W*~ the dirt *off* your face. 顔の泥を洗い落としなさい. ❷ a 〈波・川の水などが〉〈…に〉打ち寄せる, 〈…を〉洗う, 洗い流す, ぬらす (★ しばしば受身で用い, 前置詞は by, with): The waves ~ the foot of the cliffs. 断崖(紫)のすそを波が洗っている / The cliff *is* ~ed *by* the sea. その断崖は海に洗われている. b 〈流水・波などが〉〈…を〉えぐり取る, (えぐって)作る, 浸食する *away, off*): The sea had ~ed a channel through the narrow part of the island. 海水で島のくびれた部分に水路ができていた. c 〈副詞(句)を伴って〉〈…を〉流す, 運ぶ, さらっていく (★ しばしば受身): The flood ~ed the bridge *away*. 洪水で橋が流された / Our house *was* ~ed *away* in the flood. 我々の家は洪水で流された / A huge wave ~ed him *overboard*. 大波が彼を甲板からさらっていった / An empty boat *was* ~ed *up* [*ashore, onto* the shore] by the tide. 潮流に乗って一隻のからのボートが海岸へ流れついた. ❸ 《宗教的・道徳な意味で》人の罪などを, 洗い清める, 消し(ぬぐ)い去る: ~ *away* a person's sin(s) 人の罪を洗い清める. ❹ 〈洗剤などが〉〈…に〉合う, 〈…を〉洗える: This soap powder won't ~ wool. この洗剤では毛糸は洗えない. ❺ a 〈金属など〉にめっきをする. b 〈…〉に色を薄く塗る. ❻ 〖鉱〗〈鉱石を〉水洗選鉱する.

― 自 (主に英) 体(の一部)を洗う: ~ *in* [*with*] cold water 冷たい水で顔(など)を洗う / You must ~ before meals. 食事の前には必ず手を洗いなさい / [+補] He ~es clean before meals. 彼は食事の前に手をきれいに洗う. ❷ a 洗濯をする: ~ twice a week 週に2回洗濯する. b [well などの様態の副詞を伴って] 〈生地・染色などが〉縮まず[色落ちせずに]洗える, 洗濯がきく: This soap ~es well. このせっけんはよごれがよく落とす. c 〈よごれ・色などが〉洗って落ちる *out, off*): This stain won't ~ *out*. このしみは洗っても落ちない. ❸ [否定文で] 《口》〈話などが〉〈人に〉信じられる, 当てにならない: His alibi won't ~. 彼のアリバイはだれも信じないだろう. ❹ [通例副詞(句)を伴って] 〈波が〉洗う, ざぶざぶ打ち寄せる: Great waves ~ed over (the deck) [*against* the cliff]. 大波が(甲板)の上に[断崖に]打ち寄せた. ❺ 〈雨・流水などで〉押し流される, えぐられる: Part of the hillside has ~ed *away*. 山腹は雨で流されてしまった.

wásh one's dírty línen in públic ⇒ linen 成句.

wásh dówn 他 + 副) (1) 〈物に, 勢いのよい流水で〉〈…を〉洗い流す[落とす]: ~ *down* a car (ホースの水で)車を十分に洗う. (2) 〈食物を〉〈水などで〉(のどに)流し込む: He bolted a hot dog and ~ed *it down with* Coke. 彼はホットドッグを飲み込むとコカコーラで流し込んだ.

wásh one's hánds ⇒ hand 名 成句.

wásh óut 他 + 副) (1) 〈…を〉洗い落とす, 〈びんなどの〉中を洗う (⇒ 他 1 d). (2) 〈…を〉えぐり取る, (えぐって)作る. (3) 〈…を〉洗って色をはげさせる. (4) 〈…を〉押し流す: The heavy rain ~ed *out* the bridge. 豪雨で橋が流された. (5) (口) 〈望みなどを〉捨てる, 〈計画などを〉断念する. (6) 〈雨が〉〈競技を〉お流れにする ((英) rain off, (米) rain out) (★ 通例受身で): The game *was* ~ed *out*. 試合は雨で流れた. ― 自 + 副) (7) 〈よごれ・色などが〉洗って落ちる (⇒ 自 2 c). (8) 《米》洗い流される: The bridge ~ed *out* during the storm. あらしの際に橋は流された.

wásh úp 他 + 副) (1) 《米》顔や手を洗う. (2) 《英》〈食後の〉皿[食器]洗いをする; 洗って片づける: My father is ~*ing up*. 父が食後の皿洗いをしている. ― 自 + 副) (3) (英) 〈食器類を〉洗う; 洗って片づける: You ~ *up* the dishes and I'll dry up. 私がふくから君は皿を洗ってくれ. (4) 〈波などが〉〈…を〉浜に打ち上げる: His body *was* ~ed *up* two days later. 彼の遺体は2日後に浜に打ち上げられた.

― 名 ❶ [a ~] 洗うこと, 洗浄: have [get] *a* ~ 洗う / give the car *a* good ~ 十分に洗車する. ❷ a [the ~] 洗濯: at the ~ 〈衣類など〉洗濯に出して / in the ~ 洗濯中で[に] / ~ send clothes to the ~ 衣類を洗濯に出す. b 《米》〖単数形で〗洗濯物(全体) (《英》washing): I've got a large [heavy] ~ this morning. けさは洗濯物がどっさりある. ❸ U [また単数形で] a 〈水・波の〉打ち寄せ, (水・波の)打ち寄せる音. b 急な感情[表情]. ❹ U [また単数形で; しばしば the ~] a 〈船の通るとき生じる〉波のうねり: Our boat rocked in *the* big ship's ~. 我々のボートは大きな船の余波を受けて揺れた. b (飛行機の生じる)気流. ❺ [a ~] 〈液体〉塗料(の一塗り); 〈光・色などの〉薄い層. ❻ CU [しばしば複合語で] 洗浄剤, 化粧水: ~ eye-wash, mouthwash. ❼ (米口) 損にも得にもならない[プラスマイナスゼロの]話[行為]. ❽ (口) 《口》くだらない話[行為]. ❾ a U [しばしば複合語で] 〈台所の洗い流しの〉残飯(豚などの飼料): ⇒ hogwash. b [また単数形で] 〈水っぽい飲み物: This tea is (a) mere ~. この紅茶はまるで水みたいだ. **còme óut in the wásh** (口) (1) 〈恥ずべきことなどが〉知れ渡る, ばれる. (2) 最後によくなる, よい結果になる 《由来 洗濯でよごれが落ちることから》.

― 形 (米口) 洗濯のきく, 洗っても縮まない: a ~ dress 洗濯のきくドレス.

〖OE; 原義は「水で洗う」で, water と同語源〗

Wash. 略 Washington 《州名》.

wash・a・ble /wάʃəbl, wɔ́ːʃ- | wɔ́ʃ-/ 形 〈布・服など〉洗濯のきく. **wash・a・bíl・i・ty** /wὰʃəbíləṭi, wɔ̀ːʃ- | wɔ̀ʃ-/ 名

wásh-and-wéar 形 〈アイロンがけ不要で〉洗っただけで着られる. 「ノーアイロン」.

wásh・bàsin 名 《英》洗面器; (特に, 固定した)洗面台 (sink, (米) basin, (米) washbowl).

wásh・bòard 名 ❶ 洗濯板. ❷ 《案》ウォッシュボード《金属の洗濯板をつめではじく楽器》. ― 動 他 〈道などを〉〈洗濯板のように〉でこぼこにする (★ 通例受身).

wásh・bòwl 名 《米》洗面器 (《英》washbasin).

wásh・clòth 名 《米》洗面用タオル ((英) facecloth).

wásh・dày 名 CU 《家庭などの》洗濯日 《解説 英米では毎週決まった日に洗濯する習慣があり, 月曜日としている家が多い》: on ~ 洗濯日に.

wásh dràwing 名 ❶ U 一色塗りの水彩画法. ❷ C 一色塗りの水彩画, 墨絵.

wáshed-óut 形 ❶ 洗いざらしの, 色のさめた. ❷ (口) 元気のない, 疲れきった: look [feel] (all) ~ (すっかり)疲れきっ

wáshed-úp 形 ❶ きれいに洗った. ❷《米口》〈人か〉しくじった, だめになった, 完全に失敗した.

†**wásh・er** 名 ❶ 洗う人; 洗濯する人. ❷ 洗濯機 (washing machine); 洗鉱機. ❸《機》(ボルトの)座金(ざがね), ワッシャー.

wásher-drýer 名 洗濯乾燥機.

wásher-úp 名《英》(複 washers-up) 食器洗い係, 皿洗い(人).

wásher・wòman 名 (複 -women) 洗濯女.

wash・e・te・ri・a /wàʃətí(ə)riə | -ʃə-/ 名《英》コインランドリー.

wásh-hànd stànd 名 =washstand.

wásh・hòuse 名 洗濯場; 洗濯屋.

†**wash・ing** /wáʃɪŋ, wɔ́ːʃ- | wɔ́ʃ-/ 名 U ❶ 洗うこと, 洗濯, 洗浄.《解説》英米では洗濯物を家の中の人目につく所には干さない; 裏庭 (backyard) やふろ場に干したり乾燥機などを用いたり, 近くのコインランドリー (coin-op) を利用したりする). ❷《英》洗濯物《全体》(laundry): do the ~ 洗濯物を洗う, 洗濯をする / Go and hang out the ~ to dry. 洗濯物を(かけて)干しておいで.

wáshing dày 名 =washday (★ 主に《英》).

†**wáshing machìne** 名 洗濯機.

wáshing pòwder 名 U《英》粉せっけん.

wáshing sòda 名 U 洗濯ソーダ (sodium carbonate).

*__Wash・ing・ton__ /wáʃɪŋtən, wɔ́ːʃ- | wɔ́ʃ-/ 名 ❶ ワシントン: **a** 米国の首都(★ 州と区別するためしばしば Washington, D.C. という; ⇒ District of Columbia). **b** 米国政府. ❷ ワシントン州 (米国北西端の州; 州都 Olympia; 略 Wash., 《郵》WA; 俗称 the Evergreen State). ❸ [Mount ~] ワシントン山 (New Hampshire 州にある山). 〖G. Washington〗

Wash・ing・ton /wáʃɪŋtən, wɔ́ːʃ- | wɔ́ʃ-/, **Book・er T**(**al・ia・ferro**) /búkə tάləvə | -kə tɔ́ləvə/ 名 ワシントン (1856–1915; 奴隷から身を起こした米国の黒人職業教育の先駆者).

Washington, George 名 ワシントン (1732–99; 米国の初代大統領 (1789–97); the Father of his Country (建国の父)と呼ばれる).

Wash・ing・to・ni・an /wàʃɪŋtóʊniən, wɔ̀ː ʃ- | wɔ̀ʃ-/ 形 名 ❶ ジョージ ワシントンの. ❷ 名 ワシントン州[市]民. 〖WASHINGTON+-IAN〗

Wáshington's Bírthday 名《米》ワシントン誕生日 (元来 2 月 22 日; 今は 2 月の第 3 月曜日で法定休日).

†**wáshing-úp** 名《英》(食後の)食器洗い; よごれた食器類.

wásh・lànd 名 U 時期によって定期的に冠水する土地.

wásh・lèather 名 U (セーム革のような)柔皮(の模造品).

wásh-óut 名 ❶ (道路・橋梁(きょうりょう)などの)流失, 崩壊; 崩壊[浸食]個所. ❷ **a** 大失敗; 失望 (disaster). **b** 失敗者, 落伍者, 落第生.

wásh・ràg 名 =washcloth.

wásh・ròom 名《米》洗面所; 手洗所, 便所.

wásh・stànd 名 ❶ (水道設備のない寝室などで, 水差し・洗面器などを置く旧式の)洗面台. ❷ (水道設備のある)洗面台.

wásh・tùb 名 洗濯だらい.

wásh-úp, wásh・úp 名 ❶ U 洗うこと, 洗浄. ❷ 洗い場.

wásh・wòman 名 (複 -women) =washerwoman.

wash・y /wáʃi, wɔ́ːʃi | wɔ́ʃi/ 形 (**wash・i・er**; **-i・est**) ❶ 水っぽい, 薄い: ~ soup 水っぽいスープ. ❷ (色が)薄い, 淡い. ❸《文体・性格・思想・人間など》弱々しい, 力のない.

*__was・n't__ /wáznt, wάznt | wɔ́znt/ **was not** の短縮形.

†**wasp** /wάsp | wɔ́sp/ 名 ❶《昆》スズメバチ; ジガバチ《体が細く腰がくびれて, 翅(はね)が発達している》: **a waist like a ~'s** 細くくびれたウエスト. ❷ 怒りっぽい人, 気難し屋. 〖OE; 原義は「織る者」; 巣の作り方の連想から〗

WASP, Wasp /wάsp | wɔ́sp/ 名 ワスプ (アングロサクソン系の白人新教徒; 米国社会で主流を占める彼らを批判的に呼ぶ時に用いられることが多い). 〖*W*hite *A*nglo-*S*axon *P*rotestant〗

wásp・ish /-pɪʃ/ 形 ❶ スズメバチのような. ❷ 怒りっぽい, 意地の悪い; 気難しい. ❸ =wasp-waisted. ~**・ly** 副 ~**・ness** 名

wásp wàist 名 (女性の)細くくびれたウエスト.

wásp-wàisted 形《女性が》(ヒップが大きく)ウエストがくびれた.

wasp・y /wάspi | wɔ́spi/ 形 (**wasp・i・er**; **-i・est**) = waspish. **wásp・i・ly** 副 **-i・ness** 名 〖WASP+-Y³〗

was・sail /wάs(ə)l, wǽs-| wɔ́seɪl, -səl/ 名 ❶《古》《古くは クリスマスイブなどに行なわれた》酒宴, 飲み騒ぎ. ❷ C 「乾杯」のあいさつ. —— 動 自 酒宴に列する; 酒盛りをする.《ON *ves heill* be hale (=healthy); 乾杯のかけ声から》

wássail bòwl [**cùp**] 名 wassail の大杯[酒].

wás・sail・er 名 飲み騒ぐ人;《古》(クリスマスの季節に)キャロルを歌って家々を回る人.

Wás・ser・mann tèst /wάsəmən- | wǽsə-/ 名 ワッセルマン反応検査 (梅毒の血清診断法).

was・sup /wəsάp | wɔs-/ 間《俗》何ごとだ, どうした; やあ, よう, 元気?(What's up?).

wast /(弱形) wəst; (強形) wάst | wɔ́st/ 動《古・詩》be の 2 人称単数 art² の過去形 (cf. wert).

wast・age /wéɪstɪdʒ/ 名 ❶ U [また a ~] 消耗, 損耗, (やせ)衰え; 浪費; 損耗額[高]. ❷ U 廃棄物.〖WASTE+-AGE〗

*__waste__ /wéɪst/ 動 他 ❶ 〖…に〗《金・時間などを》浪費する, むだにする; 《好機》を逸する: ~ money [time] 金[時間]を浪費する / an opportunity 好機を逸する / ~ money *on* gambling 賭博(とばく)に金を浪費する / Advice is ~*d on* him (=is lost on him). 彼には忠告してもむだだ / Don't ~ time *on* [*over*] trifles.〈くだらない事に時間を浪費するな / He always ~*s* his time (*in* [*on*]) do*ing* nothing. 彼はいつも何もしないで時間をむだにしている / ~*d* my time (*by*) *going* to such a boring movie. あんな退屈な映画を見に行って時間をむだにした.《用法》 do*ing* の前の in, on, by などは略すことが多い》. ❷〈土地などを〉荒らさせる (⇒ 通例受身): The land *was* ~*d* by war. その土地は戦争で荒廃した. ❸〈病気・高齢などが〉〈人・体力を〉消耗させる, すり切れさせる; (やせ)衰えさせる (★ 通例受身): He had *been* ~*d* by his long illness. 彼は長わずらいでやせ衰えていた. ❹《主に米口》〈人〉を殺す. ❺《米口》〈人をこてんぱんにやっつける. —— 自 ❶ 浪費する: W~ not, want not.《諺》むだがなければ不足もない. ❷〈人・体力が〉衰弱する, (やせ)衰える: She's *wasting away*. 彼女は衰弱しつつある / He has cancer and has ~*d away* to a mere forty kilograms. 彼はがんでやせてわずか 40 キロになった. ❸ 〈ものが〉浪費される, むだになる. **wáste** (one's) **bréath** ⇒ breath 名 成句. **wáste wórds** ⇒ word 成句.

—— 名 ❶ U [また a ~] 浪費, 空費, むだ使い: avoid ~ むだを控える / It's *a* ~ *of* time. それは時間の浪費だ / What *a* ~! 何という浪費だろう; もったいない. ❷ U [また複数形で] 廃物, 廃棄物 — matter — 医療廃棄物: radioactive [nuclear] ~(*s*) 放射性[核]廃棄物 / find uses for industrial ~(*s*) 産業廃棄物の使いみちを見つける. **b** U 老廃物. **c** [複数形で] 排泄物. ❸ U 《主に文》[通例複数形で] 荒地, 不毛の荒野: the ~*s* of the Sahara サハラの大砂漠 / The city was a ~ of tumbled walls. その都市は倒壊した城壁の荒野と化していた.

a wáste of spáce《口》役立たず, ごくつぶし. **rún** [**gó**] **to wáste** 廃物になる, むだになる.

—— 形 《通例 A》 (比較なし) ❶〈土地が〉荒れ果てた, 荒廃した; 不毛の: ~ **land** 荒れ地 ⇒ wasteland / **lie** ~〈土地が〉荒れている, 未開墾である / **lay** ~〈土地・国を〉荒らす, 荒廃させる. ❷ 不用の; 余り物の; 廃物の: ~ **matter** (動物の)老廃物 / ⇒ waste product, wastewater. A 廃物を入れる[運ぶ]: a ~ **bin** ごみ[くず]入れ. 〖F く L *vastare* 荒れさせる く *vastus* 空(むな)の, 荒れた〗

wáste-bàsket 名《米》(紙)くずかご (《英》wastepaper basket).

wást・ed 形 ❶ むだな, 無益な: ~ efforts 徒労. ❷ 衰

wáste dispòsal (ùnit) 图《英》生ごみ処理機.

waste・ful /wéɪstfəl/ 形 (**more ~; most ~**) ❶ 浪費的な; 不経済な, むだな: **~ methods** 不経済な方法. ❷ 回《...を》浪費して, むだにして (*of, with*): He's **~** *with* his money. 彼は金を浪費する. **~・ly** /-fəli/ 副 **~・ness** 图

wáste・lànd 图 ❶ UC 荒れ地; 不毛の地. ❷ C《通例 a ~》(知的・精神的に) 不毛の[荒廃した] 生活[時代など], 「荒れ地」(desert).

wáste・pàper 图 U ほご, 紙くず.

wástepaper bàsket 图《英》(紙) くずかご(《米》wastebasket; wpb图).

wáste pìpe 图 排水管.

wáste pròduct 图《通例複数形で》❶ 産業廃棄物. ❷ (体の) 老廃物.

wást・er 图 ❶ (金・時間などを) むだに使う人[もの]: a **~ of time** = a time **~** 時間を浪費するもの[人]. ❷ 浪費家. ❸ (製造物の) できそこない, 失敗作. ❹ 破壊者, 破壊するもの《*of*》. ❺《口》やくざ, ろくでなし.

wáste・wàter 图 U (工場) 廃水, 下水; 汚水.

wást・ing 图 ❶《戦争など》荒廃させる, 破壊的な. ❷ 《病気の》消耗性の: a **~ disease** 消耗性疾患 (結核など).

wast・rel /wéɪstrəl/ 图 ❶ 浪費家, 乱費家. ❷ やくざ, ろくでなし. [WASTE+-REL]

‡watch /wátʃ, wɔ́ːtʃ | wɔ́tʃ/ 動 ❶《...を》じっと見る, 注意して見守る: **~** television [TV] テレビを見る / **~** baseball on TV テレビで野球をする / [+*wh*.] *W-* *what* *to* *do*. 何をすればよいか見ていなさい / *W- how to* *do this.* どうやってこれをするのかよく見ていなさい / [+目+*ing*] I sat there, **~**ing the sun come up. 私はそこに座って太陽が昇るのを見ていた《用法 see と違ってこの文型の受身はない》/ I learned by **~**ing someone do it. 人がそれをするのを見て覚えた, 私はそれを見まうまねで覚えた / [+目+*ing*] She stood **~**ing the people passing by. 彼女は人々が通り過ぎていくのを立って見つめていた 《用法 この文型では受身なし》. ❷ **a**《...を》監視する, 見張る: I think I'm being **~**ed. 私はどうも監視されているようだ. **b**《人を》看護する, 世話する: **~** a patient carefully 患者を手厚く看病する / I'll **~** the baby. 私が赤ん坊の世話をします. **c**《家畜群などの》番をする. ❸《機会などを》待つ, うかがう: **~** one's chance 好機を待つ. ❹《...を》注意する,《...に》用心する気をつける《《英》mind》: **~** the time (遅れないように) 時間に気をつける / If you don't **~** it, ... 注意[用心]しないと... 《⇒ WATCH it! 成句》/ *W-* your drinking. 酒は注意して飲みなさい. **b**《**~** one*self* で》(身を) 落とさないように, また病気にならないように) 自重[用心] する.

—— 動 ❶ じっと見る, 注視する: He remained silent during the operation and merely **~**ed. 彼は手術の間じっと黙ったまま見ているだけであった. ❷ 注意して待つ, 待ち構える: **~** *for* a good chance 好機を待つ / She was **~**ing *for* the mailman. 彼女は郵便配達が来るのを待ち構えていた / [+*for*+代名+*to* *do*] She stood **~**ing *for* the signal *to* change to green. そこに立って信号が青に変わるのを待ち構えていた / [+*to* *do*] She **~**ed to see who would come out of the house. 彼女はだれがその家から出てくるか見てやろうと待ち構えた. ❸《...を》見張る, 監視する: There was a policeman **~**ing outside the house. 家の外には警官が一人見張っていた / Please **~** *over* my suitcase while I go to get my ticket. 切符を買ってくる間私のスーツケースを見ていてください《《匹敬》Please **~** my suitcase...よりも形式ばった表現》. ❹《...するように》注意する 《《英》mind》: [+*that*] *W- (that)* you don't slip. すべらないように注意しなさい. ❺《...で》寝ずに, 寝ずに看護する《*at, by, beside*》: She **~**ed *beside* the sickbed. 彼女は病床のかたわらで寝ずの看護をした.

Watch it!《口》注意しなさい!, 気をつけろ!, 危ない! 《用法 しばしば If you don't **~** *it*, I'll kill you.《気をつけないと殺すぞ》のように脅しの文句としても用いる》. **Watch óut!**《口》注意しろ!, 気をつけろ!, 危ない!《look out》. **wátch óut for** ...を見張る, 警戒する《look out for》: **~** *out* *for* speeding cars スピードを出しすぎている車に気をつける / *W- out for* a cheap Picasso. 安いピカソ《の絵》があったら見逃さないようにしてくれ《買いたいから》. **wátch one's stép** ⇒ **step** 图 成句. **wátch the clóck** ⇒ **clock¹** 图 成句. **Wátch this spáce.** ⇒ **space** 图 成句.

—— 图 ❶ C《しばしば複合語で》(携帯用の小さな) 時計: ⇒ wristwatch / What time is it by your **~**? あなたの時計では今何時ですか / a **~** and chain 鎖つきの時計. ❷ U《また a ~》見張り, 監視, 警衛: keep **~** *over* [*on*] ...を見張る, 警戒する / keep (a) close [careful] **~** *on* ...を厳しく[十分に]監視する;《病人などから》目を離さないように十分気をつける. ❸ **a** C《集合的に; 単数または複数扱い; しばしば the ~》警備隊, 番人, 監視人: ⇒ night watch 2. **b** C《昔の》警衛の担当時間: ⇒ night watch 3. ❹《海》CU 《4時間交替の》当直 (時間): on **~** 当直で / keep **~** 当直をする. **kèep wátch for** ...を待ち構える, 注意して待つ. **on the wátch (for** ...) 《...を》油断なく警戒して (on the lookout),《望んでいることを》待ち構えて: be *on the ~ for* a good chance 好機を待ち構える / Be *on the ~ for* cars when you cross the street. 通りを渡る時には自動車に注意しなさい.

《OE; 原義は「目を覚ましている, 監視する」; ⇒ wait, wake》類義語 ⇒ look. (2) ⇒ clock.

watch・a・ble /-əbl/ 形 見る価値の, 見て (まあまあ) おもしろい.

wátch・bànd 图 腕時計のバンド《《英》watch-strap》.

wátch・càp 图 (水兵などの) ぴったりした毛編みの防寒帽.

wátch・càse 图 腕時計[懐中時計] のケース.

wátch chàin 图 懐中時計の鎖.

Wátch Commìttee 图《英》(昔の市会の) 警防委員会 《警察業務や灯火見回りなどをした》.

wátch crýstal 图 = watch glass 1.

wátch・dòg 图 ❶ 番犬 (guard dog). ❷ 厳格な番人, 監視人: act as a **~** *over* ...の監視役を務める.

wátch・er 图 ❶ 番人, 見張り人. ❷《米》(選挙投票所の) 立会人. ❸ 寝ずに付き添う人; 看病人; 通夜(?)をする人. ❸《しばしば複合語で》**a** 観察家: a sky **~** 天体観測家 / ⇒ bird-watcher. **b** (政治状勢などの) ...情勢観測家, ...問題研究家: a China **~** 中国情勢観測家[専門家] / a fashion **~** 流行の観察者.

wátch fìre 图 (夜警・信号用の) かがり火, たき火.

watch・ful /wátʃfəl, wɔ́ːtʃ- | wɔ́tʃ-/ 形 (**more ~; most ~**)《常に注意・警戒を怠らず》用心深い, 警戒する: **~** eyes 用心深い目 / Be **~** *for* pickpockets. すりに用心しろ. **~・ly** /-fəli/ 副 **~・ness** 图

wátch glàss 图 ❶ 腕時計[懐中時計] のガラス (のふた). ❷《化》時計皿.

wátch・ing brìef 图《法》訴訟警戒依頼(書)《訴訟当事者でない第三者が, その訴訟について行なう用心のための弁護士への依頼》.

wátch・màker 图 時計屋《製造・修理人》.

wátch・màking 图 U 時計製造[修理].

watch・man /-mən/ 图 (-men /-mən/)《建物などの》夜警; 見張り人, 警備員: ⇒ night watchman.

wátch mèeting 图 除夜の礼拝式[集会].

wátch nìght 图 除夜, 大みそかの夜; 除夜の礼拝式.

wátch pòcket 图《ベスト・ズボンなどの》時計入れ小ポケット.

wátch sprìng 图 腕時計[懐中時計] 用(主)ぜんまい.

wátch・stràp 图 = watchband.

wátch・tòwer 图 見張り塔, 望楼.

wátch・wòrd 图 ❶ 合い言葉.《党派・チームなどの》標語, モットー. ❸《古》(軍隊などの) ときの声, 掛け声.

‡wa・ter /wɔ́ːtɚ, wátɚ | wɔ́ːtə/ 图 ❶ U 水; 飲料水《解説 英語の water は「湯」も含み, 日本語の「水」と違い「冷たい (cold)」とは限らない》: cold **~** 冷水 / cool **~**《ひどよく》冷たい水 / hot **~** 湯 / boiling (hot) **~** 熱湯 / warm **~** 温水 / a glass [bottle] of **~** コップ1杯[ひと瓶]の水 / fresh [fresh] **~** 淡水, 清水 / **~** of crystallization 結晶水 / *W-* is turned into steam by heat. 水は熱で蒸気に変わる.

❷ **a** U (水道などの) 水, 用水: tap **~** 水道水 / turn on

[off] the ～ (コックをひねって)水を出す[止める]. **b** [複数形で](天然の)鉱泉(水): drink [take] the ～s (湯治客が)鉱泉水を飲む. **c** [U.C] (鉱物質を含む)飲料水; 炭酸水: ⇒ mineral water.
❸ [U] [しばしば the ～] (空中・陸地に対する場所としての)水中: Fish live in ～. 魚は水中にすむ / jump into *the* ～ 水中に飛び込む.
❹ **a** [U] [しばしば ～s; 通例修飾語を伴って] (海・川・滝・湖・池などの)流水; 海水, 河水: blue ～ 海 / open 島[岩礁, 氷結(など)]のない海 / the ～s of the Nile ナイル川の水 / Still ～s run deep. ⇒ 成句[1] 1 b. **b** [複数形で; 通例修飾語を伴って] 領海, 海域, 近海: in ～s under the direct control of …の専管水域で / in British ～s 英国水域[領海]で. **c** [複数形で]《文・詩》海: cross the ～s 海を越える.
❺ [U] 水面, 水位; 潮位: above [below] (the) ～ 水面上[下]で / on (the) ～ 水上[水面]に / ⇒ high water 1, low water 1.
❻ [U.C] 溶液; …水, 化粧水: soda ～ ソーダ[炭酸]水 / rose ～ バラ香水 / an expensive toilet ～ 高価な化粧水.
❼ [複数形で] (困難な)情況, 波乱: deep [murky, unknown] ～s 先行きのわからない情況.
❽ [U] **a** 分泌液; 涙, 汗, 尿, つばき(など): ⇒ WATER on the brain [knee] 成句 / make [pass] ～ 小便する. **b** [《英》では複数形で] 羊水, 羊膜: one's ～s break = one's ～ breaks 破水する.
❾ [U]《古風》(宝石, 特にダイヤモンドの)純度, 品質; [優秀などの]程度: a diamond of the first ～ 最高級のダイヤ / a scientist of the first ～ 一流の科学者 / a fraud of the first ～ とびきりの詐欺(_)師.
❿ [C] (織物・金属などの)縞紋, 波形.
⓫ **a** [C] 水彩画. **b** [U] 水彩絵の具.

A lót of wáter has flówed ùnder the brídge (since thén). ⇒ bridge 成句. **báck wáter** ⇒ backwater 成句.
be in [gèt ínto] déep wáter(s) [口] 非常な困難に陥っている[陥る] (★ 聖書「詩編」から).
be in [gèt ínto] hót wáter ⇒ hot water 2.
by wáter 水路[海路]で.
cást one's bréad upòn the wáters ⇒ bread 成句.
gó through fíre and wáter ⇒ fire 成句.
hóld wáter (1) 〈容器などが〉水を漏らさない. (2) [口] [通例否定文で] 〈理論などが〉筋道が立つ, 完璧(_)である: That alibi *won't hold* ～. そのアリバイは怪しいだろう.
in smóoth wáter(s)《主に英俗》平穏に[で]; 順調に[で], 円滑に[で].
kèep one's héad abòve wáter ⇒ head 成句.
like wáter [口] 惜し気なく: spend money *like* ～ 金を湯水のように使う.
líke wáter òff a dúck's báck ⇒ duck[1] 成句.
màke wáter (1) 小便する (⇒ 图 8). (2) 〈船が〉漏水する.
on the wáter (1) 水上[海上]で(の): (a) life *on the* ～ 水上生活. (2) 船に乗って[積まれて].
tést the wáter 探りを入れる, 様子[反応]を見る.
the wáter of life (不滅の生命を与える)生命の水 (★ 聖書「ヨハネの黙示録」から).
thrów [póur] cóld wáter on [òver] …〈計画など〉に水を差す, けちをつける.
tréad wáter ⇒ tread 成句.
ùnder (the) wáter 水中に; 浸水して: houses *under* ～ 浸水家屋.
wáter on the bráin [医] 水頭(症).
wáter on the knée [医] ひざにたまった水, 膝関節水腫.
wáter ùnder the brídge [口] 過ぎてしまったこと; あれこれ悔やんでも仕方のない過去.
wrìt [wrítten] in wáter 〈名声が〉はかなく消える; 〈業績が〉すぐ忘れられてしまう (★ Shakespeare「ヘンリー8世」から).

— [形] [A] ❶ 水の[に関する, を入れる]: a ～ bucket 水を入れるバケツ. ❷ 水力の[による]: a ～ turbine 水力タービン. ❸ 水中[水上]で行なわれる: ～ sports 水上スポーツ / ～ transportation [transport] 水上輸送. ❹ 水中[水上, 水際]での: ～ plants 水生植物 / ～ bugs《米口》水生昆虫《特に, マツモムシ, ミズレノ》.

— [動]《他 + 圓》❶ 〈水を〉かける[まく, 入れる]: ～ a lawn [the streets] 芝生[街路]に水をまく / Please ～ the plants. 草木に水をやりなさい. ❷ 〈馬などに〉水を飲ませる: ～ the cattle at a stream 小川で牛に水を飲ませる. ❸ 〈川などが〉〈作物・畑などに〉灌漑(_)する; 給水する (★ 通例受身): This area *is* well ～*ed* by rivers and brooks. この地域はたくさんの川や小川があり豊富である. ❹ 〈…に〉水を割る, 水で薄める: This milk [wine] seems to have been ～*ed* (*down*). この牛乳[ワイン]は水で薄めてあるようだ. ❺ 〈資産を伴わない株式などを発行して〉〈資本・負債を〉水増しする. — 圓 ❶ 〈動物が〉水を飲む. ❷ 〈船・機関が〉給水される. ❸ 分泌液が出る; 〈目が〉涙が出す, 〈口が〉よだれが出る(= salivate): Smoke makes one's eyes ～. 煙が目にしみると涙が出る / His mouth ～*ed* at the sight of the food. 彼はその食べ物を見てよだれを流した. **wáter dówn**《他 + 圓》(1) 〈…に〉水を割る, 水で薄める (dilute; ⇒ 圓 4). (2) 〈…を〉手かげんして述べる; 〈…の〉効果を弱める (tone down) (★ 通例受身; *cf*. watereddown): ～ *down* one's language 言葉をやわらげる / The report has *been* ～*ed down*. その報告(書)は手かげんされている.

〔OE; 原義は「湿った; 水」; *cf*. wash, wet, winter〕([形] watery; [関形] aquatic, aqueous)

wáter bàg [名] 水入れ袋.
wáter bàiliff [名] ❶《英》(密漁などの)水上[河川]取締まり官. ❷ [史] (英国税関の)船舶検査官.
wáter ballet [名] 水中バレー, シンクロナイズドスイミング.
wáter-bàsed [形] ❶〈塗料など〉溶剤に水を用いる, 水性の. ❷〈スポーツが〉水上の.
wáter bèar [名][動] 緩歩類, クマムシ《微小な水棲動物の一種》.
Wáter Bèarer [名] [the ～][天] みずがめ座 (Aquarius).
wáter bèd [名] ウォーターベッド《水をつめたマットレスを使用》.
wáter bèetle [名][昆] 水中にすむ甲虫《ゲンゴロウなど》.
wáter bìrd [名] 水鳥.
wáter bìrth [名] 水中分娩, 水中出産《分娩の後半に母体を温水に浸す分娩法; 娩出を水中で行なうとはかぎらない》.
wáter bìscuit [名] ウォータービスケット《小麦粉に水を加えて作った無糖のクラッカー》.
wáter·blìnks [名] [通例 単数扱い][植] ヌマハコベ.
wáter blìster [名] 水ぶくれ, 水疱(_).
wáter blòom [名] 水面(近く)に繁茂した藻類, あおこ(青粉), 水の華(_).
wáter-bòrne [形] ❶ 水上輸送の. ❷〈伝染病が〉飲料水媒介の.
wáter bòttle [名] ❶ 水瓶, 水差し. ❷ 水筒.
wáter bòy [名]《運動選手などへの》飲み水供給係(の少年).
wáter bràsh [名][医] 胸やけ.
wáter·bùck [名][動] ウォーターバック《南アフリカ中部の湿地帯にすむ大型のレイヨウ》.
wáter bùffalo [名][動] スイギュウ(水牛).
wáter-bùs [名] (川などの)水上バス.
wáter bùtt [名] (雨水をためる)天水桶(_).
wáter cáltrop [名] = water chestnut.
wáter cànnon [名] 高圧放水砲《デモ隊の鎮圧用または消防艇用など》.
wáter chèstnut [名] ❶ [植] ヒシ属の植物《特にオニビシ》. ❷ ヒシの実《食用》.
wáter chùte [名] ウォーターシュート《船を高所からすべらせ水上に急進させる傾斜路, またその遊び》.
wáter clòset [名] ❶ (公衆・共同用の)水洗便所《★ 通例略して WC という; *cf*. earth closet》. ❷ 水洗便器.
+**wáter·color, 《英》wáter·còlour** [名] ❶ [U] [また複数形で] 水彩絵の具: paint in ～*s* 水彩で描く, 水彩画を描く. ❷ [C] 水彩画: paint a ～ 水彩画を描く. ❸ [U] 水彩画法. — [形] [A] 水彩絵の具で描いた, 水彩の.

wáter·còlorist, 《英》wáter·còlourist 名 水彩画家.

water-cóol 動 他 《エンジンなどを》水で冷やす.

wáter-còoled 形 水冷式の.

wáter còoler 名《飲用水を冷やす》冷水器, ウォータークーラー. **wáter-còoler** 名《米口》冷水器の置いてある共有空間でするような《うわさ話》; 職場で話題になる.

wáter·còurse 名 ❶ 水流. ❷ 水路, 運河.

†**wáter·crèss** 名《植》オランダガラシ, ミズガラシ, クレソン《葉をサラダやスープにする》.

wáter cùre 名 水治療法 (hydropathy, hydrotherapy).

wáter cỳcle 名 [the ~] 水の循環《海から水蒸気になって陸に運ばれ, また海に戻る一連の過程》.

wáter divíner 名 占い杖で《地下》の水脈を探る人.

wáter drúm 名《楽》ウォータードラム: **a** 手桶の水に逆さに浮かべたひょうたんなどのボウルを打って鳴らす西アフリカの楽器. **b** ピッチや音色を調節するため半分水を入れたアメリカ先住民のドラム.

wá·tered 形 ❶ 灌漑 (なが) された. ❷ **a**《絹・金属板など》波紋のある: ~ silk 波紋のある絹布. **b**《刀の刃にえのある. ❸ 水で薄めた, 水を割った.

watered-dówn 形 ❶ 水で薄めた, 水を割った. ❷ 手かげんした; おもしろ味の薄れた: a ~ version of Shakespeare《改作などによって》気の抜けたシェイクスピアの作品》.

wá·ter·er /-tərər | -rə/ 名 散水する人[機械]; 飲料水補給係; 《家畜などへの》給水器.

wáter·fàll 名 滝, 瀑布; 落水.

wáter flèa 名《動》ミジンコ.

Wa·ter·ford /wɔ́ːtəfəd, wɑ́ː- | wɔ́ːtəfəd/ 名 ウォーターフォード《アイルランド南東部の県; 県都 Waterford; クリスタル製品で有名》.

wáter fóuntain 名 《米》《噴水式》の水飲み器[口, 場]《《英》drinking fountain》.

wáter·fówl 名 《動 ~s, ~》[通例複数形で] 水鳥《ガン・カモ類の鳥》: shoot ~ 水鳥の猟をする.

wáter·frònt 名 [通例単数形で] 水辺地帯, 湖岸[海岸]通り, ウォーターフロント, 河岸 (亡). ──形 《米》水辺地帯[海岸通り]の[に関する]: a ~ bar 波止場にある飲み屋 / paint ~ scenes 水辺の風景を描く.

wáter gàs 名 《化》水性ガス.

wáter gàte 名 水門; 《建物の》水際への出口.

Wa·ter·gate /wɔ́ːtəgèɪt, wɑ́ːtə- | wɔ́ːtə-/ 名 ❶ Ｕ ウォーターゲート《事件》(1972年 米国共和党員数名が民主党本部のある Washington, D.C. の Watergate ビルに侵入して行なったスパイ活動; そのために Nixon 大統領が辞任に追い込まれた政治的スキャンダル》. ❷ [また w~] Ｃ 《ウォーターゲートのような》政治的謀略[スキャンダル].

wáter gàuge 名 水位計; 水面計.

wáter glàss 名 ❶ Ｃ《水中を見る》箱めがね. ❷ Ｃ《水飲み用の》コップ, タンブラー. ❸ Ｕ 水ガラス《ケイ酸ソーダの水溶液; 接合剤・塗料・媒染剤用》.

wáter gùn 名 《米》水鉄砲 (squirt gun).

wáter hámmer 名 Ｕ 水撃《作用》, 《ウォーター》ハンマー《管内を通る水の流れを急に止めた時の水の衝撃音》.

wáter héater 名 温水器, 給湯装置.

wáter hémlock 名《植》ドクゼリ.

wáter hèn 名《鳥》クイナ科の水鳥《バンなど》.

wáter hòle 名 ❶ 《水のかれた河床などの》水たまり, 小池, 水場《野生動物などが水を飲みにやってくる》.

wáter hýacinth 名 Ｕ《植》ホテイアオイ, ホテイソウ.

wáter ìce 名 U.C. 《水に砂糖と果汁・着色剤などを加えて作る》氷菓 (cf. sherbet 2).

wá·ter·ing càn /-tərɪŋ-, -trɪŋ-/ 名 じょうろ, じょろ.

wátering càrt 名 撒水車.

wátering gùn 名 =water gun.

wátering hòle 名 ❶ =water hole. ❷ =watering place 3.

wátering plàce 名 ❶ 《英》温泉場, 湯治場 (spa); 海水浴場. ❷ 《人・動物の》水飲み場. ❸ 酒が飲める場所.

wátering pòt 名 =watering can.

wáter jácket 名《機》水ジャケット《機械・エンジンなどの過熱冷却用装置》.

wáter jùmp 名 《障害物競馬[競走]の》水濠 (ごう).

wáter·lèss 形 ❶ 水のない, 水分のない. ❷《料理など》水を必要としない. **~·ly** 副 **~·ness** 名.

wáter lèvel 名 ❶ 水位. ❷ =waterline 1. ❸ 水平[水準]器.

wáter lìly 名《植》スイレン.

wáter·lìne 名 ❶ 《海》《喫》水線《船側と水面とが相接する線》. ❷ =watermark 1.

wáter-lòcked 形 周囲を水[海]に囲まれた.

wáter·lògged 形 ❶ 《土地が》水びたしの. ❷ 《船が》浸水した.

Wa·ter·loo /wɔ̀ːtəlúː, ─ ─ ─ | wɔ̀ːtəlúː-/ 名 ❶ ワーテルロー《ベルギー中部の村落; 1815年 Napoleon が Wellington 指揮下の英・プロイセン連合軍に大敗を喫した》. ❷ [また w~] Ｃ [通例単数形で] 大敗, 惨敗: meet one's ~ [w~] 大敗を喫する, 一敗地にまみれる.

wáter máin 名 給水[水道]本管.

wáter·man /-mən/ 名 《複 -men /-mən/》❶ 船頭, 渡し守. ❷ こぎ手.

wáter·màrk 名 ❶ Ｃ 量水標: the high [low] ~ 《満[干]潮時の》最高[最低]水位標. ❷ Ｃ 《紙のすかし《模様》; CＵ《電算》デジタル「電子]透かし《電子文書などの著作権保護などに用いる; digital [electronic] watermark ともいう》. ──動 他 《...》にすかしを入れる.

wáter méadow 名 冠水牧草地《定期的に河川の水をせき止めて冠水させ肥沃にする牧草地》.

wáter méasurer 名《昆》イトアメンボ.

wáter mélon 名 U.C.《植》スイカ. ❷ Ｃ.U.《スイカの果肉》: a slice of ~ スイカひと切れ / have some ~ スイカを《少し》食べる.

wáter mèter 名 水量計, 水道メーター.

wáter mìll 名 水車場[小屋], 《水車による》製粉場.

wáter móccasin 名 ❶ ヌママムシ《米国南部の沼などにすむ猛毒の大ヘビ; 口の内側が白い》. ❷ ミグワヘビ《無毒の水ヘビ》.

wáter nýmph 名《ギ・ロ神》水の精.

wáter opóssum 名《動》ミズオポッサム.

wáter óuzel 名《鳥》カワガラス《欧州産》.

wáter pìpe 名 ❶ 送水管. ❷ 水ぎせる《たばこや大麻の煙を水にくぐらせて吸う》.

wáter pístol 名 水鉄砲 (squirt gun).

wáter pláne 名《造船》水線面.

wáter pollútion 名 Ｕ 水質汚染[汚濁].

wáter pólo 名 U.C. 水球, ウォーターポロ.

wáter pòwer 名 Ｕ ❶ 水力. ❷ 《水力用の》落水.

*****wa·ter·proof** /wɔ́ːtəprùːf, wɑ́ːtə- | wɔ́ːtə-/ 形 《比較なし》防水の, 水を通さない: a ~ coat 防水コート. ──名 《~s》 ❶ Ｃ [通例複数形で]《主に英》レインコート; 防水服. ❷ Ｕ 防水材料, 防水布. ──動 他 《...》を防水する.

wáter·pròof·ing 名 Ｕ ❶ 防水加工[処理]. ❷ 防水材料.

wáter púrslane 名《植》ミソハギ科の水生植物.

wáter ràil 名《鳥》クイナ.

wáter ràt 名 ❶《動》水生ネズミ《マスクラットなど》. ❷《英》=water vole.

wáter ràte 名 《英》水道料金.

wáter-repéllent 形 《布地など》《完全防水ではないが》水をはじく《ように仕上げた》, 撥水《の》加工した.

wáter-resístant 形 =water-repellent.

wáter ríght 名 [しばしば複数形で] 水利権, 用水権.

wáter scàpe 名 水辺風景画[写真].

wáter scórpion 名《昆》タイコウチ《水生昆虫》.

wáter·shèd 名 ❶ 分水嶺 (₂), 分水界. ❷《米》《川の》流域. ❸ 分岐点, 転機 (turning point).

wáter·shòot 名《植》徒長枝 (ちょう).

wáter·sìde 名 [the ~]《川・海・湖の》水辺 (waterfront). ──形 Ａ 水辺の[に関する, にある].

wáter skì [名] [通例複数形で] 水上スキー《板》.
wáter-skì [動] [自] 水上スキーをする: go *~ing* 水上スキーに行く.
wáter-skìer [名] 水上スキーをする人.
wáter·skìing [名] [U] 水上スキー《水上スキーをはき快速艇 (speedboat) に引かせて水上を走るスポーツ》.
wáter slìde [名] ウォータースライド《プールにすべり降りるすべり台; 流水があり, 曲がりくねっているものが多い》.
wáter snàke [名] 〘動〙ミギワヘビ《北米産の水中または水辺にすむ無毒のヘビ》; 水ヘビ.
wáter-sòak [動] [他] 水につける, 浸す, 水浸しにする.
wáter sòftener [名] 硬水軟化装置[剤].
wáter-sòluble [形] 水に溶ける, 水溶性の.
wáter spàniel [名] ウォータースパニエル《縮れ毛の大型スパニエル; カモ猟などに使う》.
wáter-splàsh [名] 水に没した道路の部分.
wáter·spòrt [名] 水上[水中]スポーツ.
wáter·spòut [名] ❶ (縦の)雨どい; 樋口(ひぐち). ❷ 〘気〙水上竜巻, ウォータースパウト.
wáter sprìte [名] 水の精.
wáter·stòne [名] 水砥石(といし)《油砥石に対し, 水を使う普通の砥石をさす》.
wáter strìder [名] 〘昆〙アメンボ.
wáter supplỳ [名] [通例単数形で] 給水(システム), 上水道.
wáter tàble [名] 地下水面《地下の帯水層の表面》.
wáter tànk [名] 水タンク, 水槽(すいそう).
wáter thrùsh [名] 〘鳥〙 ❶ キタミズツグミ, ミナミミズツグミ《アメリカムシクイ科; 北米産》. ❷ カワガラス.
wáter·tìght [形] ❶ 防水の, 耐水の: a ~ compartment (船の)防水区画[室]. ❷ 〈議論など〉乗じるすきのない, 水も漏らさぬ, 完璧(かんぺき)な.
wáter tòrture [名] [U] ポタポタと落ちる水音を聞かせたり顔に水をしたたらせたりする拷問, 水責め.
wáter tòwer [名] ❶ 給水塔. ❷ 《米》(高層建築の消防用)放水やぐら.
wáter vàpor [名] [U] 水蒸気.
wáter vòle [名] 〘動〙ミズハタネズミ《ユーラシア産》.
wáter wàgon [名] 《米》(行軍中の軍隊などに同行する)給水車; 撒水車. **òff [on] the wáter wágon** ⇒ wagon [成句].
⁺**wáter·wày** [名] (船の通る川の一部の)水路; 運河.
wáter·wèed [名] [U] 水草.
wáter·whèel [名] 水車; 水揚げ車.
wáter wìngs [名] [複] (水泳練習用の)両わき浮き袋.
wáter wìtch [名] (また **wáter wìtch·er** /-wìtʃə | -tʃə/) 占い杖で地下水脈を探る人. **wáter wìtch·ing** [名]
wáter·wòrks [名] ([複] ~) ❶ **a** 水道設備, 上水道. **b** 給水場, 浄水場. **c** 《英》(役所の)水道課[係]: a bill from the ~ (水道料金の)請求書. ❷ 《英口》(体の)泌尿器系統. ❸ 《口》涙(を流すこと): turn on [off] the ~ 涙を流す[抑える], 泣く[泣きやむ].
wáter·wòrn [形] 〈岩など〉水の作用で摩滅した.
⁺**wa·ter·y** /wɔ́ːṭəri, wɑ́ːṭ- | wɔ́ː-/ [形] (**wa·ter·i·er; -i·est**) ❶ 〈液体など〉水の; 水のような: a ~ fluid 水状液 / a ~ discharge 水のような分泌物. ❷ **a** 〈地面など〉湿った, じめじめした: ~ ground 湿った地面. **b** 〈雲・空など〉雨を含んだ, 雨模様の: a ~ moon (薄くかすんだ)雨模様の月. ❸ **a** 〈スープ・ワインなど〉水っぽい, 薄い: ~ coffee [soup] 薄いコーヒー[スープ]. **b** 〈野菜・煮物など〉水気の多い: ~ potatoes 水っぽいジャガイモ / ~ scrambled eggs (十分に火を通してない)水っぽいいり卵. ❹ 〈文章・思想など〉弱い, 力のない, 無味の, 気の抜けた. ❺ 〈目が〉潤(うる)んだ, 涙ぐんだ: ~ eyes 潤んだ目. ❻ 〈色など〉薄い: a ~ blue 淡い青. ❼ (比較なし) [A] 水中の《★ 通例次の句で》: go to a ~ grave 水死する. 〘WATER+-Y^3〙
WATS /wɑ́ts | wɔ́ts/ [名] [U] 《米》長距離電話サービス《月一定の料金で何回でも長距離電話がかけられる》. 〘*W*ide-*A*rea *T*elecommunications *S*ervice〙
Wat·son /wɑ́ts(ə)n | wɔ́ts-/, **James Dewey** [名] ワトソン《1928– ; 米国の生物学者; DNA の構造を研究; Nobel 生理学医学賞 (1962)》.

⁺**watt** /wɑ́t | wɔ́t/ [名] 〘電〙ワット《電力・仕事率の単位; 記号 W》: a 60-*watt* light bulb 60 ワットの電球. 〘↓〙
Watt /wɑ́t | wɔ́t/, **James** [名] ワット《1736–1819; 蒸気機関を改良したスコットランド人の技術者》.
watt·age /wɑ́ṭɪdʒ | wɔ́t-/ [名] [U] [また a ~] 〘電〙ワット数: a bulb of low ~ ワット数の低い電球.
wátt-hóur [名] 〘電〙ワット時《1 時間 1 ワットの電力》.
wat·tle /wɑ́tl | wɔ́tl/ [名] ❶ [U] **a** 編み枝細工《棒と(小)枝で作り, 垣根・壁などに用いる》. **b** 木舞(こまい). ❷ [C] (鶏・七面鳥の)肉垂(にくすい). ❸ [U] 〘植〙アカシア属の木《オーストラリア産》. **wáttle and dáub** [U] 荒打ちしっくい《編み枝細工に粘土か泥を塗ったもの; 壁や塀に用いる》. ── [動] [他] ❶ 〈垣・壁などを〉編み枝で作る. ❷ 〈小枝などを〉編み合わせる.
wáttle·bìrd [名] 〘鳥〙 ❶ ミミダレミツスイ《耳辺に肉垂があるミツスイ科の鳥; オーストラリア産》. ❷ ホオダレムクドリ科の鳥《ニュージーランド産》.
wát·tled [形] ❶ 編み枝で作った. ❷ 〈鳥など〉肉垂のある.
wátt·mèter [名] 〘電〙電力計.
Waugh /wɔ́ː/, **Eve·lyn** /íːvlɪn/ [名] ウォー《1903–66; 英国の小説家》.
WAV /dʌ́bljuːèɪvíː/ [名] [U] 〘電算〙ウェーブファイル《サウンドファイルの形式の一つ》.
‡**wave** /wéɪv/ [名] ❶ [C] 波, 波浪: a mountainous ~ 山のような大波 / surging ~*s* うねり寄せる波 / The ~*s* broke against the rocks. 波は岩にぶつかって砕けた. ❷ [C] **a** 波動, 起伏, うねり: golden ~*s* of grain 穀物の黄金の波 / attack the enemy in ~*s* 敵に波状攻撃をかける. **b** 移動する人[動物]の群れ: a new ~ ***of*** immigrants 新たな移民の波. **c** [the ~] 《米》(《英》Mexican wave) ウェーブ《競技会の観客などが順次一斉に立ったり座ったりして波のような視覚的効果を出すこと》. ❸ [C] **a** 〔感情などの〕波, 高まり (surge): a ~ ***of*** depression 押し寄せる憂愁 / a ~ ***of*** indignation [enthusiasm] 高まる憤激[熱情] / ~*s* ***of*** laughter 笑いの波. **b** 〔犯罪・行動などの〕急増〔*of*〕: a crime ~ 一時的な犯罪の増加. ❹ [C] 〔手・旗などの〕振り動かし, 揺れ動き, 振る合図: with a ~ ***of*** one's hand 手を振って / a ~ ***of*** dismissal 手を一振りする「下がれ」のしぐさ. ❺ [C] 〘理〙波; 波動: a sound ~ 音波 / ⇒ long wave, medium wave, shortwave. ❻ [C] 〘気〙(気圧などの)波, 変動: a cold [heat] ~ 寒[熱]波. ❼ [C] (頭髪などの)ウェーブ, ちぢれ: ⇒ permanent wave. ❽ [the ~s] 《文》海. **màke wáves** 《口》波乱を起こす, 波風を立てる, 事を荒だてる. **wáve of the fúture** (すばらしい)進歩(の波), 最先端(のもの), 次世代を担うもの.
── [動] [自] ❶ (波のように)揺れる (sway); 波立つ, 波動する: The branches ~*d* in the breeze. 枝がそよ風に揺れた. ❷ 〈髪・土地などが〉波打っている; ウェーブしている: Her hair ~*s*. 彼女の髪はウェーブしている. ❸ **a** 〔…に〕手[旗(など)]を振って合図する: ~ ***to*** a person in farewell さよならと人に手を振る / They ~*d* ***at*** the parade. 彼らはパレードに手を振った. **b** 〔人に〕〔…するように〕手を振る, 手を振って合図する: 〔+[前]+[代名]+*to* do〕 He ~*d* ***to*** me *to* do it. 彼は私に手を振ってそれをしろと合図した / He ~*d* ***at*** the driver *to* stop. 彼は手を振って運転手に止まれと合図した. ── [他] ❶ **a** 〈手・ハンカチなどを〉振る, 揺り動かす 〈*about, around*〉: ~ one's hand 手を振る《★ 拒絶・別れなどのしぐさ》/ ~ a flag 旗を左右に振る. **b** 〈手・ハンカチなどを〉〔…に向かって〕振る, 振り回す: He ~*d* a pistol menacingly ***at*** us. 彼は威嚇するように我々に向けてピストルを振り回した / They ~*d* hats and handkerchiefs in welcome ***to*** the returning hero. 彼らは帽子やハンカチを振って凱旋(がいせん)してきた英雄を歓迎した. ❷ 〈人に〉手[旗(など)]を振って(…の)合図をする; 手[ハンカチ(など)]を振って(人に)〈別れなどを〉告げる: I ~*d* him ***to*** a chair. 私は手を振って彼にいすを勧めた / The policeman looked at my driver's license and then ~*d* me ***on***. 警官は私の運転免許証を見ると手を振って先へ進んでもよいと合図した / The policeman ~*d* the people ***away***. 警官は手を振って人々に立ち去るように合図した / 〔+目+目〕 I ~*d* him a

W

wave band

greeting [farewell]. 手を振って彼にあいさつをした[別れを告げた] / He ~d good-bye (*to*) his friends. 彼は手[ハンカチ]を振って(友人たちに)別れを告げた / [+目+*to* do] I ~d my dog into the water. 手を振って犬に水中に飛び込めと合図した. ❸ 〈線などを〉ウェーブさせる, うねらせる, 波打たせる; 〈髪に〉ウェーブ[パーマ]をかける: have one's hair ~d 髪にパーマをかけてもらう.

wáve asíde (他+副) (1) 〈人に〉手を振ってわきにどかせる, 〈物を〉払いのける. (2) 〈提案・反対などを〉しりぞける (brush aside, dismiss): ~ *aside* an objection 反対をしりぞける / ~ a suggestion *aside* 提案をしりぞける. **wáve awáy** (他+副) (1) 〈人に〉立ち去るように合図する (⇨ ❷). (2) 〈提案・反対などを〉拒む, はねつける. **wáve dówn** (他+副) 〈車・運転手を〉手を振って止める (flag down): He ~d her *down*. 彼は手を振って彼女の車を止めた / I ~d down a taxi. 彼は手を振ってタクシーを止めた. **wáve óff** (他+副) (1) 〈人に〉立ち去るように合図する. (2) 〈人を〉手を振って送り出す. (3) 〈提案などを〉はねつける. **wáve good-býe to**...=**wáve**...**good-býe** (1) ...に手を振って別れを告げる (⇨ ❷). (2) 《口》...をあきらめる.

〖OE; 原義は「あちこちに動く」; weave とも関連のある語〗

【類義語】**wave** 波の意の最も一般的な語. **billow** やや詩的な表現で, 大海でうねる大きな波. **ripple** さざなみ. **swell** うねる波. **breaker** 海岸・暗礁などに砕ける波. **surf** 岸に寄せる波. **roller** 暴風で押し寄せる波.

wáve bànd 名《通信》(テレビ・ラジオなどの)周波帯 (band).

wáve equàtion 名《数・理》波動方程式.
wáve·fòrm 名《理》波形.
wáve·frònt 名《理》波面; 《理》波頭; 波先.
wáve fùnction 名《理》波動関数.
wáve·gùide 名《通信》導波管.

⁺**wáve·lèngth** 名 ❶《理》波長. ❷ 個人の物の考え方, 「波長」: We're not on the same ~. 我々は(どうも)波長が合わない.

wáve·less 形 波[波動]のない, 静かな.
wáve·let /wéɪvlət/ 名 小波, さざなみ.
wáve·like 形 波のような, 波状の.
wáve mechànics 名 U《理》波動力学.
wáve nùmber 名《理》波数(の逆数).

⁺**wa·ver** /wéɪvɚ|-və/ 動 自 ❶ a 〈炎・影などが〉揺れる, ゆらめく: The flame ~ed and then died. 炎がちらちらしてそれから消えた. b 〈声が〉震える. ❷ 〈信念などが〉揺らぐ, 迷う; 〈決心・判断などに〉迷う, ためらう: He ~ed *in* his judgment. 彼は判断に迷った / I ~ed *between* fountain pen *and* ballpoint. 万年筆にしようかボールペンにしようか迷った. ❸《軍隊・戦線などが〉たじろぐ, 浮き足だつ. ~·**er** /-v(ə)rɚ|-rə/ 名【類義語】⇨ hesitate.

wá·ver·ing /-v(ə)rɪŋ/ 形 揺れる, ゆらめく; 震える; ためらう, 気迷う, あやふやな.
wá·ver·ing·ly 副 揺れ[震え]ながら; ためらって.
wá·ver·y 形 揺れ動く; かすれた.

WAVES, Waves /wéɪvz/ 名《米》海軍婦人予備部隊.〖*W*omen *A*ccepted for *V*olunteer *E*mergency *S*ervice〗

wáve·table 名《電算》ウェーブ テーブル (実際の楽器音などを録音し, デジタル化したデータをまとめたファイル・ROM など).
wáve thèory 名《理》(光の)波動説.
wáve tràin 名《理》波列.

wav·y /wéɪvi/ 形 (**wav·i·er**; **-i·est**) ❶ 波のように揺れる, 揺れ動く, 波動的な. ❷ 波打っている, うねっている, 起伏する, 波状の: a ~ line 波線 (〰〰). b 〈髪など〉ウェーブのある, ウェーブしている. ❸ 波の多い, 波立つ.《WAVE+-Y³》

wa-wa /wɑːwɑː/ 名 ❶ U ワウワウ (トランペットの朝顔を弱音器で開いたり閉じたりして出す波状音; またワウワウ装置を利用したエレキギターの波状音). ❷ C ワウワウ装置, ワウワウペダル (エレキギターなどにつないで波状音効果を出すためにペダルで操作する装置).

***wax¹** /wǽks/ 名 ❶ U,C 蝋; 蜜蝋(ろう) 《ミツバチの巣その他動植物から精製する; ろうそく・模型・つや出しなどに用い; 軟らかさ, 扱いやすいもののイメージがある》: mold a person ~ 人を思いどおりに仕込む, 人を思うままにする / He was like ~ in their hands. 彼は彼らの手にかかって蝋のようだった(思うがままに扱われた). ❷ U a (靴屋が糸につける)蝋. b 封蝋. c (床などの)磨き剤, ワックス. d 耳あか: ⇨ earwax. ── 形 A 蝋製の: a ~ candle ろうそく / a ~ doll 蝋人形. ── 他 ❶ 〈...に〉蝋を塗る[引く]; 〈...を〉ワックスで磨く; 〈足などを〉ワックスで固めてむだ毛を抜く (★ しばしば受身): ~ furniture 家具をワックスで磨く / ~ one's moustache ひげを蝋で固める. ❷ 〈...を〉蝋引きにする (with wax).

〖OE; 原義は「蜜蝋 (beeswax)」; weave とも関連する語; ミツバチが蝋で巣を織って作るという考えから〗 形 **waxen**

wax² /wǽks/ 動 自 ❶〈月が〉満ちる (↔ wane). ❷〈...か次第に...になる: The party ~ed merry. 一座は陽気になった. **wáx and wáne** (1)〈月が〉満ちたり欠けたりする. (2) 盛衰[増減]する.〖OE=成長する, 大きくなる〗

wax³ /wǽks/ 名 [a ~]《英俗》怒り, かんしゃく: get into *a* ~ かっとなる / put a person in *a* ~ 人をかっとさせる.〖wax² から〗

wáx bèan 名《米》〖植〗食べごろにさやが黄色になるインゲンマメ.

wax·ber·ry /wǽksbèri|-b(ə)ri/ 名〖植〗シロヤマモモ (wax myrtle) (のような実に光沢のある低木).

wáx·bìll 名〖鳥〗カエデチョウ《アフリカまたは南洋産》の文鳥.

wáx clòth 名 U 蝋(パラフィン)引き防水布; オイルクロス; 油布.

wáxed jácket 名 ワックスジャケット (ワックス加工をした防水コットンを素材としたパーカなどのアウトドアジャケット).

wáxed páper 名 =wax paper.

wax·en /wǽks(ə)n/ 形 ❶ 蝋製の. ❷ a 蝋のような, なめらかな. b 〈顔など〉青白い: a ~ complexion 青白い顔色.(名 wax)

wáx·ing /wǽksɪŋ/ 名 ❶ 蝋(ろ)を塗ること; 蝋[ワックス]で磨くこと. ❷ U (ワックスを用いてする)除毛, 脱毛. ❸ U,C《口》レコード(吹込み)[製作].

wáx mòth 名〖昆〗ハチミツガ.

wáx musèum 名《米》蝋人形陳列館.

wáx myrtle 名〖植〗ヤマモモ, (特に)シロヤマモモ.

wáx páper 名 U 蝋紙, パラフィン紙 (greaseproof paper, waxed paper).

wáx·wìng 名〖鳥〗レンジャク.

wáx·wòrk 名 ❶ 蝋細工; (特に)蝋人形. ❷〖複〗~s〗蝋人形の陳列; 蝋人形陳列室[館] (《米》wax museum; cf. Madame Tussaud's).

wax·y¹ /wǽksi/ 形 (**wax·i·er**; **-i·est**)=waxen. **wáx·i·ness** 名

wax·y² /wǽksi/ 形 (**wax·i·er**; **-i·est**)《英俗》かっとなった, 怒った.(名 wax³)

***way¹** /wéɪ/ 名 A ❶ 道路: a C [通例 複合語で] 道路〖囲〗この意味では単独には road, street, path, lane などを用い, 一般的は(まれ)の: bikeway, expressway, highway, motorway, railway. b [W~] 固有名詞に伴って (古代ローマ人が造った)街道: 《英》(町の)通り: the Appian /ǽpiən/ W~ アッピア街道 / He lives in Abbot's /ǽbəts/ W~. 彼はアボッツ通りに住んでいる. c C [しばしば the ~] 道筋, 道〖用法〗必ずしも道路でなくてもよい): the shortest ~ from there *to* Haneda そこから羽田までの最短路 / ask the ~ *to* the station 駅への道筋を尋ねる / show a person the ~ 人に道を教える / The longest ~ round is the nearest ~ home.〖諺〗急がば回れ.

❷ 道: a C [通例 単数形で] [the ~, one's ~] 行く道: lose *the* [one's] ~ 道に迷う / take [go] *the* wrong ~ 道を間違える / proceed on one's ~ 道を進む / on *the* [one's] ~ home 帰り道に / on *the* ~ out (of the house) (家から)出かける途中に / He saw the accident on his ~ to school. 彼は登校する途中で事故を見た. b C [通例単数形で] [the ~, one's [a person's] ~] 通り道, 行く手: in *the* ~ (*of*...) (...の)じゃま[障害になって] / clear *the* ~ for an ambulance 救急車に道をあける /

out of the [a person's] ～ じゃまにならない所に / get a person [a thing] out of the [one's] ～ 人[もの]を(じゃまにならない所に)どかす / Tell him not to stand in the [my] ～. 通り道に立つなと彼に言いなさい. **c** ⓤ [one's ～; 動詞に伴って] 進む, 行く (《用法》しばしば自動詞も用いられ, その動詞の意味を含めて「進む」の意になる; 各動詞の項参照): make one's ～ 進む, 行く / feel one's ～ down a dark hallway 暗い廊下を手探りで進む / push one's ～ to the front of a crowd 押しのけて群衆の前へ出る.

❸ **a** [単数形で] 道のり, 距離 (《用法》しばしば副詞的にも用いる; 《米口》では ways も用いる): It's a long ～ from here. ここから遠い / He's still a long ～ from passing his exam. 彼は試験に合格するにはまだほど遠い / I'll go a little ～ with you. 少し[途中まで]一緒しましょう / It's only a little ～ to the church. 教会まではわずかな道のりです / The station is a long ～ off [away]. 駅はずっと遠い (⇒far 圃 1 b). **b** [a ～ s で; 副詞的に] 《米口》遠くに: quite a ～ s かなり遠く(に) / run a long ～ 長く走る.

❹ **a** [単数形で] 方向, 方面 (《用法》通例前置詞なしで副詞句になる): go this [that, the other] ～ こちら[あちら, 反対の方向]へ行く / Step this ～. こちらの方に来てください, 私のあとについてきてください / He took his ～ to the north [toward the light]. 彼は北のほうへ[光に向かって]進んだ / We wandered this ～ and that. あちこち[うろうろと]さまよった / Which ～ is the wind blowing? 風向きはどちらですか; 形勢はどうなっているか / He looked her ～. 彼は彼女の方に目を向けた. **b** ⓤ [通例 one's ～ または地名に伴って] 《口》近所: Drop in if you come my ～. こちらの方[近所]へおいでの節はお立ち寄りください / He lives somewhere Highgate ～. 彼はどこかハイゲートのあたりに住んでいる. **c** ⓒ 分割された部分: Split it three ～s. それを3等分しろ.

❺ ⓤ 《海》(船の)行きあし, 航進力 《船が水上を進むこと; cf. under **way**¹ 成句 (2)》: gather ～ 行きあしがつく, 速力を増す / lose ～ 行きあしを失う, 失速する.

── B ❶ 方法: **a** ⓒ やり方, 手段: the middle ～ 中道, 中庸 / in a different ～ 違った方法で / in a polite ～ ていねいに / in this ～ このように[して] / a ～ around a difficult problem 難問をかわす方法 / find a ～ out of a difficulty 困難から抜け出す方法[道]を見つける / There're three ～s of dealing with the situation. その事態に対処する方法が3つある / I don't like the ～ she speaks. 彼女の話し方が嫌いだ 《用法》the way のあとに関係詞 that または in which が省略されている; how は用いられない》/ [＋to do] This is the best ～ to solve the problem. これがその問題を解決する最善の方法である / This is not the right ～ to do it. これは(それをする)正しいやり方ではない / [＋for＋(代名)＋to do] What's the best ～ for me to learn Russian quickly? ロシア語を速く学ぶにはどうしたらいちばんよいでしょうか. **b** [前置詞 in を略して副詞的に用いて] (…の)やり方で, (…)ふうに: Do it your own ～. 君自身のやり方でしなさい / Do it this ～. こんなふうにやりなさい / He has [wants to do] everything his own ～. 彼は何でも自分の思うとおりにする[したがる] / He earned that money the hard ～. 彼は苦労してその金を稼いだ. **c** [the ～; 接続詞的に] 《口》 …の(…)ぶりから見れば: Do it the ～ I told you (to). 私の言ったようにしなさい / The ～ this man paints, it will take him several months to finish the picture. この男の描き方からすると, その絵を完成するのに数か月はかかるだろう / The ～ I see it, the situation is serious. 私の見るところでは事態は重大だ. **d** [the ～; 感嘆文に転用して] 《口》まあなんと, いかに: The ～ he shouted! 彼のどなることといったら.

❷ **a** ⓒ 《個人的な》やり方, 流儀, 癖: She has a ～ of exaggerating things. 彼女にはものを誇張して言う癖がある / It's (only) his ～. それは彼の癖にすぎない / It's always that ～ with him. 彼が彼のいつもの流儀である / She has an attractive ～ about her. 彼女には魅力がある. **b** ⓒ [しばしば複数形で] (世間の)習わし, 慣行, しきたり: the American ～ of living アメリカ流の生活 / the ～

2035　　way

of the world 世の習わし / the good old ～s なつかしい昔の習わし. **c** [複数形で] 行状, 行ない, ふるまい: mend [change] one's ～s 行ないを改める / fall into evil ～s 《文語》悪の道にはまり込む, 堕落する.

❸ ⓒ [in…～で] (…の)点, 面 (respect): in some ～s いくつかの点で / in every ～ あらゆる点で / He's willing to help you in any ～. 彼は何なりとあなたのお手伝いをしようと思っている.

❹ [a ～] 《口》(健康などの)状態 [★通例次のような句で]: He's in a bad ～. 彼は体の具合が悪い / The company finances are in a bad ～. 会社の財政状態は良くない.

áll the wáy (1) 途中ずっと: I slept all the ～ back. 帰り道ずっと眠っていた. (2) はるばる, わざわざ: He went all the ～ to Egypt. 彼ははるばるエジプトまで出かけた. (3) 幅広く[に]: Prices go [are] all the ～ from $100 to $1000. 値段は 100 ドルから 1000 ドルまでさまざまである. (4) 全面的に, とことん: I'm with you all the ～. まったく賛成です. (5) ⇒ go all the **way**¹ 成句.

ány wáy =anyway.

be in a fáir wáy to dó… ⇒ **fair**¹ 厖 成句. **bét bóth wáys** ⇒ **bet** 動 成句. **bét éach wáy** ⇒ **bet** 動 成句.

bóth wáys (1) 往復とも: I was on the same train with him both ～s. 往復とも彼と一緒の列車だった. (2) 両方に: cut both ～s 両刃の剣である / You can't have it both ～s. 両天秤(びん)をかけることはできない (《用法》通例否定文で用いる).

by a lóng wáy [通例否定文で] はるかに…(でない): I'm not convinced by a long ～. 私が納得もしなんてとんでもない / That is by a long ～ the silliest story I have ever heard. それは今までに聞いたうちでだんトツにばかげた話だ.

by the wáy (1) [話の途中で関連した(しばしば重要な)話題に移る時に用いて] ついでながら, ところで: By the ～, have you read this book? ところでこの本をお読みになりましたか. (2) (本題ではなく)ついでの話で: But this is by the ～. しかしこれはついでの話です. (3) 道端で. (4) (旅行などの)途中で: I met him by the ～. 途中で彼に会った.

by wáy of… (1) …を通って, …経由で (via): go to Paris by ～ of London ロンドン経由でパリへ行く. (2) …として, …のつもりで: by ～ of introduction [warning] 前置き[警告]として / by ～ of a joke ジョークのつもりで. (3) …のために: We should do a survey by ～ of discovering how much demand there is. どれぐらいの需要があるかを知るために調査をすべきだ. (4) [doing, または being を伴って] …として知られて, …ということで: She's by ～ of being a singer. 彼女は歌手だ(ということになっている).

cléar the wáy ⇒ **clear** 成句.

cóme a lóng wáy [通例完了形で] ずっと進歩[出世]する, はるかによくなる.

cóme [fáll] a person's wáy (1) 〈事が〉人に起こる: If any interesting work comes your ～, let me know. 何かおもしろい仕事があったら知らせてくれ. (2) 《口》〈事が〉(人にとって)うまくいく[運ぶ].

éither wáy ⇒ **either** 成句.

évery whích wáy ⇒ **every** 成句.

gét ìnto [òut of] the wáy of dóing …する癖がつく[が直る].

gét…òut of the wáy 〈めんどうなことを〉処理する, 片づける.

gét ùnder wáy 始まる, 開始する: The conference got under ～ yesterday. 会議は昨日始まった.

give wáy (1) 崩れる, 折れる, 壊れる, 落ちる: The bridge gave ～. 橋が崩れ落ちた / His conviction gave ～. 彼の確信は崩れ去った. (2) 〔要求などに〕屈する; 〔人に〕譲歩する; 〔悲しみなどに〕身をゆだねる: give ～ to tears [anger] 悲嘆に暮れる[怒りに身をゆだねる]. (3) 〔人に〕道を譲る 〔to〕. (4) 〔…に〕取って代わられる: Typewriters gave ～ to word processors. タイプライターがワープロに取って代わられた.

gó áll the wáy (1) …までずっと行く[達している] 〔to〕. (2) 《口》〈人の言葉などに〉完全に同意する 〔with〕. (3) 〔婉曲〕〔…と〕深い関係になる, 行くところまで行く 〔with〕.

W

gó a lóng wáy ⇨ go 動 成句.

gó a lóng wáy towàrd(s) [to]... ⇨ go 動 成句.

gó óut of the [one's] **wáy to dó** わざわざ[故意に]…する: He *went out of his ~ to* insult me. 彼はわざと私を侮辱した.

gó one's ówn wáy《口》自分の思いどおりに[好きなように]する,「わが道を行く」.

gó sóme wáy towàrd dóing…するのに役立つ.

gó the wáy of…〈人・物事が〉…と同じ道をたどる, …のように滅びる: The nation *went the ~ of* the Roman Empire. その国はローマ帝国と同じ道をたどった.

gó the wáy of áll flésh [áll the éarth, áll líving thíngs]《婉曲》死ぬ《★ 聖書「ヨシュア記」などから》.

háppen a person's **wáy** =come [fall] a person's WAY¹ 成句.

hàve a lóng wáy to gó 進むべき道のりが長い, まだ先が長い.

hàve a wáy of dóing とかく…するようになっている, …しがちである (⇨ B 2 a).

hàve a wáy with…に気に入られるこつを心得ている, …の扱い方を心得る: He *has a ~ with* children. 彼は子供を扱うこつを心得ている.

hàve one's ówn wáy =go one's own WAY¹ 成句.

hàve one's wáy with a person《古風・戯言》〈人を〉くどく, 〈…に〉求愛する. (2) 敵をわけなく負かす.

in a bíg wáy 大規模に, 派手に: He likes to do things *in a big ~*. 彼は物事を派手にするのが好きだ.

in a smáll wáy 小規模に, つつましく.

in a wáy (1) ある意味では, ある点では: His accusation is justified *in a ~*. ある意味で彼の非難は正しい. (2) ある程度, 多少.

in móre wáys than óne いろいろな意味で.

in nó wáy決して[少しも]…ない: I'm *in no ~ to* blame. 私は少しも悪くはない.

in óne wáy =in a WAY¹ 成句.

in one's [its] (ówn) **wáy** それ相応に, それなりに: The picture is good *in its ~*. その絵はそれなりによくできている.

(in) sóme wày (or òther) 何とかして, 何らかの方法で: *In some ~ or other* she contrived to wean him away from her friend. 何とかして彼女は自分の友人から彼を引き離すことができた.

in the fámily wày ⇨ family 形 成句.

in the sáme wáy 同じように, 同様に (likewise).

in the wáy of…(1) …のしゃれになって (形) …の点で, …としては: I met him *in the ~ of* business. 商売で彼に会った / There's nothing special *in the ~ of* scholarship in the paper (but it reads well). 論文には学識の点では特別のことはない(がおもしろくは読める).

(in) the wórst wáy《米口》とても, 非常に: The boy wanted a camera *in the worst ~*. その子はカメラがほしくてたまらなかった.

Ìt's álways the wáy! =That's always the WAY¹ 成句.

kèep óut of a person's **wáy** 人を避ける, 人に関わらないようにする.

knów one's wáy aróund [《英》róund]《口》(ある場所の)地理に明るい; (…の)事情に通じている: He *knows his ~ around* (Washington). 彼は(ワシントンの)地理に明るい; 彼は(米国の政治の)事情に通じている.

léad the wáy (1) 先頭に立って行く; 道案内する: He *led the ~* and I walked slowly behind him. 彼が先に立って行き私はゆっくりと続いた. (2) 率先する, 手本を示す, 先鞭(せんべん)をつける.

lòok the óther wáy (1) (人の視線を避けて)顔をそむける. (2) 見て見ぬ[そしらぬ]ふりをする.

màke wáy (1) 道をあける: *make ~ for* a fire engine 消防車に道をあける. (2) 進む, 進歩する, はかどる: *make* little *~* はかどらない.

màke one's [its] **wáy** (1) 進む, 行く (⇨ A 2 c). (2) 繁盛する, 栄える: The miniskirt rapidly *made its ~ into* universal favor. ミニスカートはたちまち世間の人気をさらった. (3) (努力によって)出世する, 成功する: He has *made* his (own) *~ in* life [the world]. 彼は自力で出世した.

nó wáy《口》(1) 決して…でない: This is *no ~* inferior to that. これは決してそれに劣らない / There's *no ~* I can change my belief. 私は信念を変えることはとうていできません. (2) 絶対だめだ, とんでもない, いやだ: "Will you lend me money?" "*No ~*." 「お金を貸してくれますか」「だめだ」.

óne wày and anóther あれやこれやで, あれこれ考え合わせて.

óne wày or anóther (1) あれこれやで: *One ~ or another* everything turned out badly that day. あれやこれやでその日は万事がまずくなった. (2) 何とかして: We must finish the work by tomorrow *one ~ or another*. 何とかして仕事を明日までに終わらせねばならない.

óne wày or the óther (1) どっちかに, いずれかに: make up one's mind *one ~ or the other* どっちかに決断する. (2) どっちみち, どのみち: He will accept it, *one ~ or the other*. どのみち彼は引き受けるだろう.

on the [one's] **wáy** (1) (…の)途中で; (…へ)行く道で (⇨ A 2 a). (2) (…への)軌道にのって [*to, toward*]: He's already well *on the ~ to* recovery. 彼はもうだいぶ快方に向かっている / The country is *on the ~ to* industrialization. その国は工業化に向かって進んでいる. (3) 進行中で, 近づいて: New Year's Day is *on the ~*. お正月が近づいている. (4) (近々)子供が生まれようとして: I have two children, and one *on the ~*. 子供は二人いるが, もう一人生まれようとしている. (5) [on one's ~ で] 行って, 帰って: Be *on your ~* or you'll miss the train. 出かけないと, さもないと列車に乗り遅れますよ / I must be *on my ~* now. もういとまなければなりません.

on the [one's] **wáy óut**《口》(1) なくなりかけて, すたれかけて. (2) 去りかけて, 退職しようとして.

òut of the wáy (1) じゃまにならない所に, あけて, どけて (⇨ A 2 b). (2) 道を離れて, 人里離れたところに: His house is rather *out of the ~*. 彼の家はちょっとへんぴな所にある. (3) 常軌を逸した, 異常な: That's a little *out of the ~*. それは少しおかしい. (4) 処理されて.

páve the [one's] **wáy for** [to]…への道を開く, …の準備となる; …を容易にする: The function of the UN is to *pave the ~ for* world peace. 国連の任務は世界平和への道を開くことだ.

pút a person **in the wáy of**…〈人に〉…を得る[…することのできる]機会を与える: That [He] *put* me *in the ~ of* a good bargain [*of getting* a good post]. そのことで[彼のおかげで]私はよい取引の機会ができた[よい職につけるようになった].

pút a person **òut of the wáy**〈じゃま者を〉こっそり片づける《暗殺または監禁する》.

right of wáy ⇨ right of way.

sée one's **wáy (cléar) to dóing [to dó]**〈…する〉ことができるように思う; 〈…を〉やれると思う, やる気になる: He didn't *see his ~ to* apologiz*ing* to her. 彼はどうしても彼女に謝る気にもなれなかった.

sét in one's **wáys**〈老人など〉自分の流儀にこり固まって: He seems very *set in* his *~s*. 彼はとても頑固一徹の人のようだ.

shów the wáy (1) 〈人に〉道を教える (⇨ A 1 c). (2) (将来のために)手本を示す.

stáy óut of a person's **wáy** =keep out of a person's WAY¹ 成句.

tàke one's ówn wáy =go one's own WAY¹ 成句.

(Thàt's) álways the wáy! いつもこうなるんだから, きまってこうだ.

Thát's the wáy!《口》その調子!

Thát's the wày a thing ís [góes].《口》そういうふうになっているものだ.

(Thàt's the) wày to gó! その調子!, やれやれ!《応援の掛け声》; やってるか!, やってくれたな!

the hárd wáy ⇨ hard 形 成句.

the óther wày abóut [(a)róund] あべこべに[で].

the párting of the wáys ⇨ parting 成句.

the wáy thíngs áre 現状では.
There's móre than óne wáy to skín a cát. 《口》やりようはいろいろある.
(There's [There're]) nò twó wáys abóut it [that]. ほかの考えはない, 全くそのとおりだ.
to mý way of thínking ほくの考えでは.
ùnder wáy (1) 進行中で (underway): The project is not yet under ～. その計画はまだ進行していない. (2)《海》〈船が〉行きあしがついて, 進み始めて (cf. A 5).
wày of life 生活様式, 暮らし(方); 日常茶飯事, 生活の一部, (欠かせない)習慣.
Wáy of the Cróss [the ～]《教会》十字架の道(行き)(ゴルゴタの丘に至るキリストの道程(を表した芸術作品)).
wáys and méans (1) 手段, 方法: It's difficult, but there are ～s and means of getting money. 困難だが金を得る手だてはいろいろある. (2) [しばしば Ways and Means] 財源: the Committee on Ways and Means《米》＝《英》the Committee of Ways and Means 歳入委員会 (《解説》米議会では下院の 38 名, 英議会では下院の全員; 米英とも通例 the Ways and Means Committee と略す). 《OE》《類義語》➡ method.

*wa̍y² /wéɪ/ 副 [副詞・前置詞を強めて]《口》はるかに, ずっと: ～ abóve ずっと上に / ～ ahéad ずっと先に / ～ dówn Sóuth ずっと南部へ / The water was ～ over my head. 水面は頭のはるか上にあった, とても深かった. fròm wáy báck (1) 遠いいなかから(の). (2) はるか[遠い]昔から(の).
《(A)WAY》

wáy・bìll 图 乗客名簿; 貨物運送状 (略 WB).
wáy・fàr・er /wéɪf(ə)rə | -rə/ 图 (特に徒歩の)旅行者.
wáy・fàr・ing 图 (徒歩)旅行(中)の: a ～ man 旅人. —— U (徒歩)旅行.
wáyfaring trèe 图《植》ランタナガマズミ《スイカズラ科ガマズミ属の低木; ユーラシア産と新大陸産の 2 種ある》.
wáy ín《英》地下鉄・劇場などの入り口.
wáy・lay /wéɪléɪ, ⌣⌣ | ⌣⌣ | ⌣⌣/ 動 (-laid /wéɪlèɪd, ⌣⌣ | ⌣⌣ | ⌣⌣/) ❶ 〈人・車などを待ち伏せ(攻撃)する〉: He was waylaid by a band of guerrillas. 彼はゲリラの一隊に要撃された. ❷ 〈人を〉待ち構えて呼び止める.
wáy・lèave 图 《法》(他人の所有地を通って貨物などを輸送する)通行権.
wáy・màrk 图 (また wáy・màrk・er) 道しるべ, 道標.
Wayne /wéɪn/, John 图 ウェイン (1907-79; 米国の映画俳優; 西部劇のスター).
wáy óut ❶ (苦境などからの)脱出法[路], 解決の手段, 打開策. ❷《英》(地下鉄・劇場などの)出口.
wáy-óut 形《口》❶ 非常によい, すぐれた, 抜群の. ❷ 前衛的な, 奇抜な, 風変わりな.
wáy pòint 图 途中通過目標地点.
-ways /wèɪz/ 接尾 位置・様態または方向を示す副詞をつくる: sideways.
wáy・sìde [the ～] 路傍. fàll by the wáyside 途中で落伍[脱落]する (★聖書「ルカ伝」から). —— 形 A 路傍の: a ～ inn 路傍の宿屋.
wáyside púlpit 图 教会などの外にある聖書の抜粋や格言を記した掲示板, '路傍の説教壇'.
wáy stàtion 图《米》(主要駅間の)中間駅;(急行などの)通過駅.
⁺wáy・ward /wéɪwəd | -wəd/ 形 〈人・性質・態度など〉言うことをきかない; 強情な; わがままな: a ～ child わがままな子供. ❷ 気まぐれな, 移り気な. -ly 副 ～・ness 图 《ME＝道からそれた＜AWAY+-WARD》
wáy・wórn 形 旅に疲れた.
wáyz-góose 图 《英史》(夏に行なう)印刷工場の年一回の慰安会[慰安旅行].
wa・zír /wəzíə/ 图 | -zíə/ 图 ＝vizier.
wa・zóo /wɑːzúː, wə-/ 图 ❶ 次の成句で. up [out] the wazóo《米》大量に, たっぷり, ものすごく, いやというほど.
wáz・zock /wǽzək/ 图 《俗》へまなやつ, ばか, まぬけ.
WB (略) waybill.
WbN, W.bN. (略) west by north.
W bòson 图 《理》W ボソン (W particle).
WbS, W.bS. (略) west by south. WC, wc /dábljuːsíː/ (略) water closet. WCC 《略》World Council of Churches 世界教会協議会.

*we /(弱形) wi; (強形) wíː/ 代 《語形》所有格 our, 目的格 us, 所有代名詞 ours, 複合人称代名詞 ourselves;⇒ I³ ❶ [1 人称複数主格] 我々は[が], 私たちは[が] 《用法》(1) 聞き手を含む場合と含まない場合がある; (2) 人称の異なる複数形の人称代名詞, または名詞と並列するときは, 1 人称, 2 人称, 3 人称の順が慣例; cf. I³《語法》(1)). ❷ a [国王の公式の自称として用いて; cf. ourself] 朕(ちん) 《用法》the royal "we" (君主の ～ とよぶ). b [しばしば新聞社説の用語法として用いて; cf. our 2 a, ourself] 我々 《用法》the editorial "we" (主筆の we) とよぶ; 社説などの筆者が I の代わりに用いて自分(だけ)を表面に出すことを避けようとするため編集者全体を漠然として言ったりする用法; 論文などで著者が読者を含める意味で用いることもある; 強いて訳出しなくてもよい). ❸ a [相手に同情の気持ちを示して you の代わりに用いて] = you: How are we this morning, young man? けさは気分はどう?《用法》医者や看護婦が患者にまたは親が子供に対して用いることが多い; この用法の we を the paternal "we" (親身の we) とよぶ; 年上の人に対しては上位者ぶった態度と解釈されることがある). b [乗務員などが乗客に対して用いて] 我々の列車(飛行機, 船):We will make a brief stop at Nagoya. 名古屋駅で少し停車いたします. ❹ [総称的に一般の人をさして] 我々(人間)《用法》漠然とした人々の意を示す主語で, 日本語に訳さないほうが自然な場合が多い; cf. you 3, they 2, one《用法》6 a]: We are not naturally bad. 人は天性悪人ではない / We had much rain last year. 去年は雨が多かった.
WEA /dábljuːíːéɪ/ (略)《英》Workers' Educational Association 労働者教育協会.

*weak /wíːk/ 形 (～・er, ～・est) ❶ 弱い (↔ strong): a 〈人・体・器官など〉弱々しい, 虚弱な; 力のない: a ～ constitution 虚弱な体質 / ～ sight [hearing] 弱い視力[聴力] / a ～ voice 力のない声 / The ～est do(es) to the wall. ⇒ go to the WALL 《成句》/ He's ～ in the legs. 彼は足が弱い. b 〈ものが〉弱い, もろい: a ～ wall もろい塀 / a ～ chair 壊れやすいいす. c 〈人・性格など〉弱い, 劣った; 意志薄弱な: a person's [one's] ～ points 人の[自分の]弱点 / a man of ～ character 弱い性格の人 / in a ～ moment 気弱なときにに[して]. d 〈国・政府・法律など〉力のない, 権威のない (powerless): a ～ government [team] 弱体な政府[チーム] / a ～ law 無力な法律 / ～er nations 弱小国.
❷ a 〈知力・能力など〉劣っている, (頭の)弱い: a ～ brain [head] 低能 / be ～ in the head 頭が弱い. b 〈想像力など〉ない (比較 poor がふつう); 貧しい: a ～ imagination 乏しい想像力. c 〈行動・抵抗などの〉力の弱い, 気力の乏しい: a ～ surrender 意気地のない降服.
❸ 〈議論・証拠・文体など〉不十分な, 説得力のない; 迫力のない: ～ evidence 薄弱な証拠 / a ～ argument 説得力に乏しい議論 / That's a ～ excuse. それは言い訳としては弱い.
❹ 〈学科など〉得意でない, 苦手な: Math(s) is my ～est subject. 数学はいちばん苦手な科目だ / He's ～ in [at] English. 彼は英語が弱い[苦手だ].
❺ 〈飲物の〉薄い, 水っぽい: ～ soup 薄いスープ / ～ beer 弱いビール.
❻ 图 〈市況など〉弱気の, 下向きの.
❼ (比較なし)《文法》弱変化の, 規則変化の (cf. strong 12); ⇒ (a) weak CONJUGATION / a ～ verb 弱変化動詞 (現代英語の規則動詞のほか, burn, lean, send など語幹母音の変化しない動詞も含む).
❽ (比較なし)《音声》〈音節・母音など〉弱い, 強勢のない (cf. strong 13): ～ vowels 弱母音 (butter /bʌ́tə | -tə/ の /ə/ など) / ～ forms 弱形 (and の /ən/ など).
wéak in [at] the knées (驚いたり胸がいっぱいになるなしで)力が抜けたように弱くなって, 腰くだけ[腰が抜けそう]になって, メロメロ[ふらふら]で.
《ON veikr; 原義は「曲げ得る」》 動 weaken
《類義語》weak「弱い」の意の最も一般的な語. feeble 老

齢または病気のために気の毒なくらい弱々しくなった. frail 特に老人など. 体じたいきゃしゃで弱い.

*__weak·en__ /wíːkən/ 動 他 ❶ 〈…を〉弱くする, 弱める (↔ strengthen); もろくする. 弱みにする: The illness has considerably ~ed him. その病気で彼はかなり弱った / The earthquake ~ed the foundations. 地震で土台が弱くなった. ── 自 ❶ 弱る, 弱まる. ❷ 優柔不断になる, 弱気になる; 屈服する. (形 weak)

__wéak énding__ 名 《韻》 弱行末.

__wéaker séx__ 名 [the ~; 単数または複数扱い] 《古風·軽蔑》 (か弱き) 女性.

__wéak·fìsh__ 名 (~ [複], ~·es) 《米》 《魚》 (米国大西洋岸産の) ニベ科ナガニベ属の食用魚.

__wéak fórce__ 名 [the ~] 《理》 弱い力 (weak interaction).

__wéak·héarted__ 形 気の弱い, 勇気のない.

__wéak interáction__ 名 《理》 (素粒子間にはたらく) 弱い相互作用.

__wéak·ish__ /-kɪʃ/ 形 ❶ やや弱い, 弱いところのある. ❷ 《商》 弱含みの. ❸ 〈茶などが〉やや薄い.

__wéak-knéed__ 形 ❶ ひざの弱い. ❷ 《口》 弱腰の, 優柔不断の.

__wéak·ling__ /wíːklɪŋ/ 名 ❶ 虚弱者. ❷ 柔弱者, 弱虫.

__wéak·ly__ /wíːkli/ (weak·li·er; -li·est) 形 弱い, 病弱な: a ~ child 虚弱児. ── 副 弱々しく. ❷ 優柔不断に, いくじなく.

__wéak-mínded__ 形 ❶ 意志の弱い, 意志薄弱な. ❷ 頭の悪い. ❸ 精神薄弱の. ~·ness 名

*__weak·ness__ /wíːknəs/ 名 ❶ Ⓤ a 弱いこと, 弱さ; 虚弱, 薄弱. b 優柔不断, 軟弱, 気の弱さ (の証拠)そうな, 根拠薄弱. ❷ Ⓒ 欠点, 弱点: We all have our own little ~es. 我々にはだれにでもちょっとした欠点があるものだ / It's a ~ of the system. それは制度の弱点だ. ❸ Ⓒ a 大好きなこと: She has a ~ for sweets. 彼女は甘いものには目がない. b 大好きなもの: Detective stories are a ~ of mine. 私は推理小説が大好きだ. ❹ Ⓤ (通貨の) 価値の低下, 弱い ~ of the yen against the dollar ドルに対する円安. 《類義語》 ⇨ fault.

__wéak síster__ 名 《米口》 (グループ中の) たよりにならない者, 臆病者, 弱虫, ほかに比べて弱い [無力な] もの.

__wéak-wílled__ 形 意志 [気] の弱い, いくじない [優柔不断] の.

__weal__[1] /wíːl/ 名 Ⓤ 《文》 福利, 幸福: for the general [public] ~ 一般 [公共] の福利のため / in ~ and [or] woe 幸いにも災いにも. 《類義語》 ⇨ wealth.

__weal__[2] /wíːl/ 名 むちずれ, (のみみずばれ) (welt). 《wale の別形》

__Weald__ /wíːld/ 名 [the ~] 《英》 ウィールド地方 (Kent, Surrey, East Sussex, Hampshire の諸州を含むイングランド南東部; もと森林地帯).

__Wéald clày__ 名 [the ~] 《地》 ウィールド粘土 (ウィールド階 (⇨ Wealden) の上位の粘土·砂岩·石灰岩および鉄鉱などからなる粘土質; 多くの化石層を含む).

__Weald·en__ /wíːldən/ 形 《地》 ウィールド階の (地質に似た), 《地》 ウィールド階の (《ウィールド地方に典型的な下部白亜系の陸成層).

*__wealth__ /wélθ/ 名 ❶ Ⓤ 富, 財産; 富裕: a man of great ~ 財産家 / The W~ of Nations 「諸国民の富」 《Adam Smith の著作の名》 / accumulate ~ 富を積む. ❷ [a ~ of; ~] 豊富 《(abundance): a person with a ~ of experience 経験の豊かな人. 《WEAL[1]+-TH[2]》 (形 wealthy)

__wéalth tàx__ 名 Ⓤ 富裕税.

*__wealth·y__ /wélθi/ 形 (wealth·i·er; -i·est) ❶ a 裕福な, 富裕な: He comes from a ~ family. 彼は裕福な家柄の出だ. b [the ~; 名詞的に; 複数扱い] 裕福な人たち, 金持ち. ❷ 豊富な, たくさんの: a ~ supply of food 豊富な食糧 / a country ~ in natural resources 天然資源に富んだ国. __wéalth·i·ly__ /-θɪli/ 副 __wéalth·i·ness__ 名

wealth). 《類義語》 ⇨ rich.

*__wean__ /wíːn/ 動 他 ❶ 〈赤ん坊を〉離乳させる. b 〈赤ん坊を〉 (母親·乳房から) 引き離す, 離乳させる: ~ a baby *from* the breast 赤ん坊を母親から離乳させる. ❷ 〈人を引き離す; 〈人に〉 捨てさせる: ~ a person *(away) from* a bad habit [*from* bad companions] 人に悪習を捨てさせる [を悪友から引き離す]. 《OE; 原義は「(普通の食べものに) 慣れさせる」; cf. wont》

__wean·er__ 名 離乳したばかりの動物の子.

__wean·ling__ /wíːnlɪŋ/ 名 乳離れしたばかりの幼児 [動物の子].

*__weap·on__ /wépən/ 名 武器, 兵器, 凶器: nuclear ~s 核兵器 / Are tears a woman's ~? 涙は女の武器であろうか. 《OE》 《類義語》 weapon 攻撃や防御のために用いられる武器. arms 戦争用の武器.

__weap·oned__ /wépənd/ 形 武器を持った, 武装した.

__weap·on·ize__ /wépənàɪz/ 動 他 〈…に〉武器を供給 [展開] する; 〈爆薬などを〉発射装置 [ミサイルなど] に搭載する; 〈ミサイルなどに〉爆薬などを搭載する; 〈物を〉武器化する.

__wéapon·less__ 形 武器のない [を持たない].

*__weap·on·ry__ /wépənri/ 名 Ⓤ 兵器類: nuclear ~ 核兵器. 《WEAPON+-RY》

*__wear__[1] /wéə | wéə/ 動 (__wore__ /wɔ́ə | wɔ́ː/; __worn__ /wɔ́ən | wɔ́ːn/) 他 A ❶ 〈衣類などを〉身につけている, 着用している.

[用法] ❶ 英語では「着用している」の意で wear を用いるが, 日本語ではその目的語によって動詞の表現が違ってくるので注意; 〈服を〉 着ている, 〈靴を〉 はいている, 〈帽子を〉 かぶっている, 〈指輪·手袋を〉 はめている, 〈眼鏡を〉 かけている, 〈化粧を〉 している.
(2) 「身につける」「着る」「はく」「かぶる」などの動作には put on を用いる. ただし状態を表わす時には be wearing を用いることが多い.

~ black [red] 黒い [赤い] 服を着る / Jeans are being much *worn* at present. いまジーンズがはやっている / The lady *wore* a diamond ring on her finger. その婦人は指にダイヤの指輪をはめていた / She *wore* no make-up. 彼女は全然化粧をしていなかった / He was ~*ing* a gun. 彼は銃を携帯していた / He *wore* a red carnation in his buttonhole. 彼はボタン穴に赤いカーネーションを (一輪) さしていた.

❷ a 〈ひげなどを〉生やしている: ~ a moustache 口ひげを生やしている. b [+目+補] 〈髪などを〉 〈…の状態に〉 しておく: She *wore* her hair up [down]. 彼女は髪をアップにしていた [垂らしていた] / He *wore* his hair long [short]. 彼は髪を長く [短く] していた / She ~s her hair in braids. 彼女は髪を編んでいる.

❸ 〈表情·態度などを〉している: Her face *wore* a smile [frown]. 彼女は微笑を浮かべていた [しかめつらをしていた] / He *wore* a troubled expression on his face. 彼は心配そうな顔をしていた / The house ~s an air of sadness. その家は陰気そうに見える.

── B ❶ a ~をすり減らす, 摩損する, 使い古す 《*away, off, out, down*》 《★ しばしば受身》: The paint on the walls *is* badly *worn*. 壁のペンキはひどくはげている / Constant dripping ~s *away* stone. 《諺》 雨だれ石をうがつ / [+目+補] ~ the steps smooth 階段をすり減らしてすべすべにする / ⇨ WEAR[1] thin 成句. b [副詞 (句) を伴って] (すり減らして) 〈穴·溝などを〉あける, 掘る: ~ holes *in* one's socks 靴下をはきすぎて穴だらけにする / There were deep ruts *worn in* the road. 道路には深いわだちがついていた / A track was gradually *worn across* the moor. (人が通るので) 荒野を横切る道が次第にできた.

❷ 〈仕事などが〉 〈人を〉 疲れさせる, 弱らせる 《*out, down*》 (tire, out; exhaust) 《★ しばしば受身》: Baby-sitting *wore* me out. ベビーシッターをやってすっかりくたびれてしまった / I really feel *worn out*. 本当に疲れ果てた気がする / He *was worn* with care and anxiety [*from* overwork]. 彼は苦労と心配で [働きすぎて] やせ衰えていた.

❸ [~ it で; 通例否定文で] 《口》 〈…を〉受け入れる, 認める, 同意する: Suggest the plan to him; I doubt if he'll ~

it, though. 彼にその計画を言ってみなさい, 承知してくれはしないと思うがね.
— 圁 ❶ **a** すり切れる, 摩滅する; 次第になくなる: The inscription had *worn away*. 碑文は摩滅していた / His heels always ~ *down* on the outside(s) first. 彼の靴のかかとはいつもまず外側部分から減る / Cheap shoes ~ *out* quickly. 安物の靴はすぐすり減ってしまう / A tattoo will never ~ *off*. 入れ墨は決して消えない. **b**（徐々にすり減って）(…)になる: ⇨ WEAR¹ thin 成句 (1) / My jacket has *worn to* shreds. 私の上衣は着古してぼろぼろになってしまった.

❷ [時間・様態の副詞(句)を伴って] **a** 使用に耐える, 使える, もつ: Leather ~s well. 革はよくもつ / This cloth has *worn* badly. この生地はもちが悪かった / Which of these theories will ~ best? これらの理論のうちどれがいちばん長もちするだろうか. **b**（口）〈人が〉いつまでも若々しい: Among my old friends he has *worn* [is ~*ing*] best. 私の旧友の中で彼がいちばん若々しい.

❸〈時などが〉(次第に)たつ, 移る, 経過する〈*on, away, through*〉: It grew warmer as the day *wore on*. 日が進むにつれだんだん暖かくなった.

wéar dówn（他＋副）(1)〈…〉をすり減らす, 摩損する, 使い古す（⇨ 他 B 1 a）. (2)〈仕事などが〉〈人を〉疲れさせる, 弱らせる（⇨ 他 B 2）. (3)〈…の力〉を弱める, …に打ち勝つ: ~ *down* the enemy's resistance 敵の抵抗をくじく. — （自＋副）(4) すり切れる, 摩滅する; 次第になくなる（⇨ 自 1 a）.

wéar one's **héart on** [**upòn**] one's **sléeve** ⇨ heart 成句

wéar óff（他＋副）(1)〈…〉をすり減らす, 摩損する, 使い古す（⇨ 他 B 1 a）. — （自＋副）(2) すり減る, 次第になくなる（⇨ 自 1 a）. (3)〈薬の効力〉〈苦痛・印象などが〉弱まる, おさまる, 次第に消え去る: The effect of the drug is ~*ing off*. 薬の効き目がなくなってきた.

wear on [(自＋副) ~ ón]〈時などが〉(次第に)たつ, うつる, 経過する（⇨ 自 3）. — [(他＋副) ~ on…]〈人〉をいらだたせる: His jokes have begun to ~ *on* me [my nerves]. 彼の冗談が私をいらいらさせ[神経にさわり]始めた.

wéar the tróusers [**pánts**] ⇨ trousers, pants 成句

wéar thín (1) すり減って[使い古して]薄くなる: The soles of my shoes have *worn thin*. 私の靴の底はすり減って薄くなった. (2)〈我慢などが〉ぎりぎりのところになる: My patience with John is ~*ing thin*. 私はジョンに対し堪忍袋の緒が切れかけている. (3)〈話などが〉(繰り返されて)新味を失う, 飽きられる;〈感興などが〉次第に薄れる: My adolescent interest in sports has *worn thin*. 青春のころの私のスポーツへの興味は薄らいでしまった. — （他）(4)〈ものを〉使ってすり減らす（★ しばしば受身〉: My gloves are *worn thin* at the fingertips. 私の手袋は指先が(すり減って)薄くなっている.

— 圂 U A ❶ **a**〈衣類の〉着用, 使用: a suit for everyday ~ ふだん着 / clothing for spring [winter] ~ 春[冬]着. **b**（着用の）流行: in ~〈服など〉流行して / Miniskirts have come back into ~. ミニスカートがまた流行しだした.

❷ [通例修飾語を伴って, または複合語で] 衣類; 着用物: casual ~ ふだん着 / working ~ 仕事着 / men's [ladies', children's] ~ 紳士[婦人, 子供]服 / footwear, sportswear, underwear.

— B ❶ すり切れ, 摩滅, 着古し: The coat showed signs of ~. そのコートには着古した跡があった / Synthetic fibers resist ~. 合成繊維はなかなか切れない / This stuff will stand hard ~. この材料は酷使に耐えるだろう. ❷ 使用に耐えること, もち: There's still some ~ left in these boots. このブーツはまだ少しもつ.

be the wórse for wéar (1)〈衣類が〉ひどく着古されている, くたびれている. (2)〈人が〉(仕事などの後で)疲れている, 消耗している. (3)（事故などのために）傷を受けて, 傷んでいる: Other than a few scratches I was *none the worse for* ~. 少しかすり傷を負った以外は大丈夫だった.

wéar and téar /-téɚ | -téə/ すり切れ, 摩滅; 消耗: take a lot of ~ *and tear* 〈ものが〉かなりの傷みがある, かなり耐久性がある, 丈夫[頑丈]である.
《OB》

wear² /wéɚ | wéə/ 動 (*wore* /wɔ́ɚ | wɔ́:/; *worn* /wɔ́ɚn | wɔ́:n/) — （他）〈船を〉下手回しにする (↔ tack). — （自）〈船が〉下手回しになる. 《VEER の変形》

wear·a·ble /wé(ə)rəbl/ 形 着用できる[に適する], 身につけられる. — 名 [通例複数形で] 衣服.

†**wear·er** /wé(ə)rɚ | -rə/ 名 ❶ 着用者, 携帯者. ❷ 消耗させるもの.

wea·ried /wí(ə)rid/ 形 疲れた; うんざりした: a ~ brain 疲れた頭 / She gave me a ~ look. 彼女はうんざりした目つきで私を見た / He became ~ *with* his job. 彼は仕事にうんざりしてきた.

wéa·ri·less 形 飽きない; 疲れない.

wéa·ri·ly /wí(ə)rəli/ 副 ❶ 疲れて, だるそうに. ❷ あきあきして.

wéa·ri·ness 名 Ⓤ ❶ 疲労. ❷ 退屈.

wear·ing /wé(ə)rɪŋ/ 形 疲れさせる (exhausting); うんざりさせる (tiring): a ~ occupation 疲れる仕事 / a ~ companion うんざりする連れ.

wea·ri·some /wí(ə)risəm/ 形 ❶ 疲れさせる: a ~ task 肩の凝る仕事. ❷ 退屈な, 退屈な (tiresome): a ~ book [lecture] 退屈な本[講義]. ~·**ly** 副. 《WEARY+-SOME》

***wea·ry** /wí(ə)ri/ 形 (**wea·ri·er, -ri·est**) ❶ 疲れた, 疲労した (★ *tired* よりも改まった語): a ~ brain 疲れた頭 / a ~ sigh 疲れ果てたため息 / I feel ~ in body and mind. 私は心身ともに疲れ果てている / He was ~ *from* [*after, with*] his long hours of work. 彼は長い時間仕事に従事して疲れ果てていた. ❷ 退屈な, あきさせる, うんざりする: a journey 退屈な疲れる旅 / walk five ~ miles ほとほと5マイルも歩く / I had a ~ wait. 待っていてうんざりした / He was growing ~ *of* watching TV. 彼はテレビにあきてきていた. — 動 (他) ❶〈人を〉疲れさせる (wearied): The long walk *wearied* us very much. 長時間歩いたので我々はすっかり疲れてしまった. ❷〈人を〉退屈させる, あきさせる, うんざりさせる: He *wearied* me *with* his requests [idle talk]. うるさく頼まれて[くだらない話で]彼にはうんざりした. — (自) ❶ (…に) 退屈する, あきる: She seems to have *wearied of* my company. 彼女は私と一緒にいて退屈したようだ. ❷ 疲れる. 《類義語》⇨ tired.

†**wea·sel** /wí:z(ə)l/ 名 ❶ [動] イタチ. ❷（口）こそこそした男, ずるい人. ━━ 名（米口）言葉を濁す (cf. weasel word). ❷ 〈義務などを〉回避する: He tried to ~ *out of* his responsibilities [promise]. 彼は責任を逃れよう[約束をほごにしよう]とした.

wéasel-fáced 形（イタチのように）細長くとがった顔をした.

wea·sel·ly /wí:z(ə)li/ 形 イタチのような, こそこそした.

wéasel wòrd 名 [通例複数形で] わざとあいまいにした言葉. 《イタチが卵の中身を吸った後, 卵を何事もなかったように見せかけるといわれることから》

*****weath·er** /wéðɚ | -ðə/ 名 ❶ Ⓤ **a** 天気, 天候, 気象 《解説》―一地方の一時的な気象状態から; 英国では雨が降ったり曇りがちの日が多いので, 英国人が出会えばまず天気の話をするといわれるが, 米国人はあまり話題にしない): in fine [wet] ~ 晴天 [雨天] には / dirty [rough] ~ 荒れた天候 / favorable ~ 都合のよい天候 / settled ~ 安定した天気 / lovely ~ for ducks《戯言》雨天 / It's fine today. きょうは晴天です / What is the ~ like?=How is the ~? どんな天気ですか / The ~ is fine here. ここは晴天です / What sort of ~ did you have during your journey? ご旅行中天気はどうでしたか / "Will you go?" "It depends on the ~." 「君は行きますか」「お天気次第です」**b**（the ~）《米口》（テレビ・ラジオなどの）天気予報. ❷ Ⓤ [しばしば the ~] 荒れ模様, 荒天: be exposed *to the* ~ 風雨にさらされる. ❸ [複数形で]（人生の）移り変わり, 栄枯盛衰.

in áll wéathers どんな天気でも 《用法》（米）では *in all weather* という; また *in all kinds of weather* は《米》《英》に共通).

màke héavy wéather of… 《口》…の困難さを誇張する.
ùnder the wéather 《口》(1) 体の具合が悪くて; 気分が悪くて. (2) 酔っぱらって.
wéather permítting [独立句; 文尾に置いて] 天気[天候]がよければ 《[用法] しばしば告知文に用いられる; if the weather permits とも言う; 《略》 wp, w.p.》.
── [形] [A] 〘海〙 風上の (↔ lee).
── [動] [他] ❶ 〈…を〉風雨にあてる, 外気にさらす; 干す: ～ wood 木材を外気にあてて干す. ❷ 〈あらし・困難などを〉切り抜ける, しのぐ: ～ a storm 暴風雨を乗り切る; 難局を切り抜ける / ～ a financial crisis 資金繰りの危機を切り抜ける. ❸ 〘地〙 〈岩石などを〉風化させる 《★ 通例受身》: The rocks have *been ～ed* by wind and water. その岩は風や水で風化している. ❹ 〘海〙 〈船が〉〈…の〉風上を通る. ── [自] ❶ 外気で変化[変色]する, 風化する. ❷ 〈木材が〉外気にさらされて乾く.
wéather thróugh 《[自]+[副]》 あらし[難局(など)]を乗り切る.
〖OE; 原義は「吹くこと」; ⇨ wind[1]〗
【類義語】 ⇨ climate.

wéather ballòon [名] 気象観測気球.
wéather-bèaten [形] ❶ 風雨にさらされた[にさらされて傷んだ] (weathered): a ～ hut 風雨にさらされて傷んだ小屋. ❷ 〈人・顔など〉風雨に鍛えられ(てき)た: a ～ face (しわが多く)赤銅色に日焼けした顔.
wéather·bòard [名] ❶ **a** [U] 下見(したみ)張り, 羽目板《家の外部の壁をおおう横板張りのこと》(《米》 clapboard). **b** [C] 雨押さえ板, 水切り板. ❷ [C] 〘海〙 **a** 風上舷. **b** (ボートの)波よけ(板). ── [動] [他] 〈…に〉下見張りをつける.
wéather·bòarding [名] [U] ❶ 下見(したみ)張り. ❷ 下見板《全体》.
wéather-bòund [形] ❶ 〈船・飛行機が〉悪天候のために出発できない. ❷ 悪天候で遅れた.
wéather bùreau [名] 気象局, 気象情報を扱う官庁[部局].
wéather chàrt [名] ＝weather map.
wéather·còck [名] ❶ 風見鶏(かざみどり), (鶏の形をした)風見. ❷ 心の変わりやすい人, 移り気の人; ひより見主義者.
wéath·ered [形] 風雨にさらされた, (日に)焼けた; 風化した.
wéather èye [名] [a ～, one's ～] 天候の変化の兆候を見抜く勘; 天候観測眼. **kéep a [one's] wéather èye ópen** 《口》(予期される危険などに対して)絶えず気を配っている, 警戒を怠らない.
wéather fòrecast [名] 天気予報 (forecast): The ～ said (it would be) fair in the morning and cloudy later on. 天気予報では朝のうち晴れ, のち曇りだった.
wéather fòrecaster [名] 天気予報係.
wéather·glàss [名] 晴雨計.
wéather hèlm [名] [U] 〘海〙 帆船の風上に回頭しようとする傾向.
wéather hòuse [名] (おもちゃの)晴雨表示箱《湿度の変化に応じて人形が出没する仕掛け》.
wéath·er·ing /-ðərɪŋ/ [名] [U] 〘地質〙 風化(作用).
wéath·er·ize /wéðəràɪz/ [動] [他] 〈家などを〉(断熱材使用などにより)耐気候構造にする, 〈…に〉耐候性をもたせる. **weath·er·i·za·tion** /wèðərɪzéɪʃən | -raɪz-/ [名]
wéath·er·ly [形] 〘海〙 〈船が〉風上に詰めて走ることができる.
wéather·màn /-mæ̀n/ [名] ([複] **-men** /-mèn/) 《口》 ❶ 天気予報係[官]: The ～ reports (that) it'll be sunny tomorrow. 天気予報によると明日は晴れだろう. ❷ 気象台員.
wéather màp [名] 天気[気象]図.
wéather *pàttern* [名] (通常の)気象(変化)[気圧配置]の型.
wéather·pròof [形] 〈衣服など〉風雨に耐える. ── [動] [他] 風雨に耐えるようにする.
wéather ràdar [名] 気象レーダー.
wéather repòrt [名] 天気予報, 気象通報.
wéather sàtellite [名] 気象(観測人工)衛星.
wéather shìp [名] 気象観測船.
wéather stàtion [名] 測候所.
wéather strìp [名] 目詰め, ウェザーストリップ《風雨の侵入を防ぐためのプラスチック, ゴムの細長い材料》.
wéather strìpping [名] ❶ ＝weather strip. ❷ [U] 目詰め材.
wéather tìle [名] 〘建〙 下見張りのタイル壁.
wéather vàne [名] (鶏の形をしていない)風見(かざみ), 風向計.
wéather-wìse [形] ❶ 天気をよく当てる. ❷ 世論などの変化に敏感な.
wéather-wòrn [形] 風雨で傷んだ.
*__weave__[1] /wíːv/ [動] (**wove** /wóʊv/; **wo·ven** /wóʊvən/) 《[語形] [他] 4 と [自] 2 は主に weaved が用いられる》 [他] ❶ 〈…を〉織る, 編む; 〈クモが〉〈巣を〉張る: ～ a rug じゅうたんを織る / ～ a garland 花輪を編む / A spider ～*s* a web to catch prey. クモは獲物を捕らえるために巣を張る / ～ threads *together* 糸を織り合わせる / ～ thread ***into*** cloth 糸を織って布地を作る / ～ a basket ***out of*** osiers 柳の枝でかごを編む / The fabric is *woven **from*** cotton. その布は綿糸で織られている. ❷ 〈物語などを〉組み立てる, 作り上げる; 〈陰謀を〉たくらむ: ～ a plot (小説・劇などの)筋を組み立てる; 陰謀をたくらむ / Legends have been *woven* around these events. これらの出来事を中心にして伝説が作られた / He *wove* three plots (***together***) ***into*** one novel. 彼は 3 つの筋を織り交ぜて一編の小説を作った. ❸ 〈考えなどを〉織り込む, 導入する: ～ one's own ideas ***into*** a report 報告書に自分自身の考えを織り込む. ❹ [副詞(句)を伴って] [～ one's way で] 縫うように進む: I was drunkenly *weaving* my way *home* [*through* the crowd]. 酔っぱらって私はふらふらと家に向かって[人込みの中を縫うように]歩いていた. ── [自] ❶ 織物を織る, 機(はた)を織る. ❷ [副詞(句)を伴って] **a** 〈道が〉縫うように続く: A path ～*s through* the forest. 一本の小道が森を縫うように通っている. **b** 〈人が〉縫うようにして進む: He ～*d in* and *out through* the traffic. 彼は車の往来する中を縫うようにして進んだ. **gèt wéaving** 《英口》 仕事に取りかかる; 急ぐ. **wéave one's mágic [a spéll] òver** a person 人を魅了する, 魔法をかけたかのように人の反応を引き出す. ── [名] [U] [また a ～] 織り(方), 編み(方): *a* close [loose] ～ 目の詰んだ[粗い]織り[編み]方 / *a* herringbone ～ ヘリンボン織り. 〖OE＝織る; ⇨ wasp, web〗
weave[2] /wíːv/ [動] [自] よろめく, 左右に揺れる.
wéav·er [名] ❶ 織り手, 織工; (竹かごなどを)編む人. ❷ ＝weaverbird.
wéaver·bìrd [名] 〘鳥〙 ハタオリドリ《アジア・アフリカ産; 草木で精巧な巣を作る》.
wéaver's knòt [名] 〘海〙 (2 本のロープを結ぶ)はた結び, シートベンド.
+**web** /wéb/ [名] ❶ クモの巣: ⇨ cobweb. ❷ **a** クモの巣状のもの: a ～ ***of*** railroads 鉄道網. **b** 仕組んだ[たくらんだ]もの, わな: a ～ ***of*** intrigue 陰謀の網 / get caught in a ～ *of* lies うそのわなにひっかかる. ❸ 織物; (ひと機(はた)分の)織布. ❹ ひと巻きの印刷用紙. ❺ 〘鳥〙 **a** (水鳥の)水かき. **b** (コウモリなどの羽の)膜(まく). ❻ [the ～] ウェブ (World Wide Web) 《実際にはインターネットと同義で用いることが多い》. 〖OE＝織られたもの; cf. weave[1]〗
webbed [形] ❶ 水かきのある: a duck's ～ feet アヒルの水かきのある足. ❷ クモの巣の張った.
web·bing /wébɪŋ/ [名] [U] (馬の腹帯・吊り革・ベルト用などの)帯ひも.
wéb bròwser [名] (インターネットの)閲覧ソフト, ブラウザー.
web·cam /wébkæ̀m/ [名] 〘電算〙 ウェブカメラ《ウェブ上で風景などのリアルタイムの映像を流すカメラ; jamcam もその一種》.
wéb·càst [名] [動] (テレビなどの内容を)インターネット上で流す(こと), (インターネット上での)放送[中継](をする). **～·ing** [名]
wéb desìgner [名] ウェブ[ホームページ]デザイナー.
web·er /wébə, véɪbə | -bə/ [名] 〘電〙 ウェーバー《磁束の SI 単位》.
We·ber[1] /véɪbə|-bə/, **Carl Ma·ri·a von** /-mərí:ə fɑn|-fɔn/ [名] ウェーバー《1786–1826; ドイツの作曲家》.
Weber[2], **Max** [名] ウェーバー《1864–1920; ドイツの社会学者・経済学者》.

wéb·fòot 名(⊛ -feet) ❶ 水かき足. ❷ 水かき足のある鳥[獣].
web-fòoted 形《動物か》水かき足の(ある).
Wébfoot Stàte 名[the ~] 水かき足州《米国 Oregon 州の俗称》.
wéb·hèad 名《口》インターネット狂, ネットおたく.
web·log /wéblɔ̀:g | -lɔ̀g/ 名〖電算〗ウェブログ《個人やグループが随時書き込むもページ; 内容は個人的な雑文から情報交換, リンク集, サイト紹介などさまざま》.
wéb·màster 名〖電算〗ウェブマスター《ホームページを作成・管理する人》.
wéb óffset 名 U〖印〗巻き取り紙印刷機によるオフセット印刷.
wéb pàge 名〖電算〗ウェブページ《World Wide Web 上のハイパーテキストファイル(の画面表示)》.
wéb rìng 名〖電算〗ウェブリング《内容的に関連するサイトの制作者が互いのサイトをリンクでつないでつくる「輪」》.
wéb·sìte 名〖電算〗WWW サイト, (ウェブ)サイト《World Wide Web サービスを行なうプログラムのあるコンピューター(に置かれたホームページ)》.
Web·ster /wébstɚ | -stə/, **Daniel** 名 ウェブスター《1782–1852; 米国の政治家・雄弁家》.
Webster, Noah ウェブスター《1758–1843; 米国の辞書編纂家; 米国ではこの名をつけた辞書が多く出ている》.
wéb-tòed 形 =web-footed.
wéb whèel 名 ❶〖機〗板状車輪: **a** 輻(ᵒ)の部分が平板の車輪. **b** スポークとリムと中心部が一体になった車輪.
wéb·wòrk 名 網状組織[構造], 網.
web·zine /wébzi:n/ 名《インターネット上の》ウェブ[メール]マガジン, 電子雑誌.

wed /wéd/ 動 (**wed·ded**; **wed·ding**) 他 ❶《文》 **a**《…と》結婚する, めとる, …に嫁ぐ《to》《現在では新聞用語以外では marry のほうが一般的》: ~ a French girl フランス娘と結婚する / They were wedded in the fall. 彼らは秋に結婚した. **b**《⋯の娘》を嫁がせる: ~ one's daughter to a fine young man 娘を立派な青年のところに嫁がせる. ❷ 結合させる, 結びつける《★ しばしば受身; ⇒ wedded 2》: In poetry matter and manner must **be** properly wed*ded*. 詩においては内容と様式が適切に結合していなければならない / A businessman must ~ efficiency *to* thrift. 実業家は能率を節約に結びつけなければならない. ── 自《文》結婚する.《OE;原義は「誓う」》
Wed.《略》Wednesday.
we'd /wí:d/《縮》**we had** / **we would**, **should**》の短縮形.
wed·ded /wédɪd/ 形 ❶ 結婚した; 結婚の: **a** ~ pair 夫婦 / ~ life 結婚生活. ❷ ᴾ ぴったり結びついて, 結合して (cf. wed 他 2): style ~ *to* content 内容にぴったり合った文体. ❸ ᴾ 執着して, 傾倒して, 没頭して《committed》: He's ~ *to* his work [these strange beliefs]. 彼は仕事に没頭している[これらの奇妙な信念に固執している].
***wed·ding** /wédɪŋ/ 名 ❶ 結婚式, 婚礼: at a ~《ceremony》結婚式で.

[解説] (1) 教会での結婚式には花嫁《bride》には bridesmaids が, そして花婿《bridegroom》には best man が付き添い牧師が立ち会う; お祝いには現金ではなく家庭用品などが主であり, あらかじめ花嫁への贈呈パーティー《bridal shower》を開くこともある. (2) 結婚式で花嫁は something old(古い物), something new(新しい物), something borrowed(借りた物), and something blue(そして青い色の物)の母や祖母のアクセサリーを身につけると幸福になれるという言い伝えがある.

❷ 結婚記念式, …婚式: ⇒ silver wedding, golden wedding, diamond wedding. **héar wédding bèlls** 人の結婚話はもうすぐだと思う.《類義語》⇒ marriage.
wédding bànd 名 =wedding ring.
wédding brèakfast 名《英》結婚披露《宴》《解説》式後の簡単な会食; 現在は dinner も行なわれている》.
wédding càke 名 ウェディングケーキ.
wédding càrd 名 結婚披露案内状.
wédding chàpel 名《結婚式用の》チャペル, 小教会.

wédding dày 名 ❶ 結婚式日, 婚礼の日. ❷ 結婚記念日.
wédding drèss [gòwn] 名《花嫁の》婚礼衣装, ウェディングドレス.
wédding invitàtion 名 =wedding card.
wédding màrch 名 結婚行進曲.
wédding nìght 名 結婚初夜.
wédding pàrty 名 [the ~] 結婚式参列者一同.
wédding rìng 名 結婚指輪.
wédding tàckle 名《英卑》《男の》あれ, 一物《penis》.
wédding vòws 名⊛《新郎新婦の交わす》結婚の誓い.
we·deln /véɪd(ə)ln/ 名 U〖スキー〗ウェーデルン《スロープをすばやく連続して回転滑降する》.《G=ぁぉぐ, 振る》
***wedge** /wédʒ/ 名 ❶ くさび《cf. simple machine》: drive a ~ into a log 丸太にくさびを打ち込む. ❷ **a** くさび[V 字]形(のもの): **a** ~ of cake [cheese] くさび形に切ったケーキ[チーズ]. **b** =wedge heel. **c**《ゴルフ》ウェッジ《頭部がくさび形のクラブ》. ❸ 分裂の原因, 「くさび」: This disagreement drove a ~ between John and his sisters. この意見の相違がジョンと姉妹たちの仲を裂く原因となった.《**drive ín [gèt ín, insèrt**》**the thín énd of the wédge** 一見何でもないが将来重大な結果になる事柄《をやり始める》. ── 動 他 ❶《ドアなどを》くさびで留める: [+目+補] He ~d the door open. 彼はドアをくさびで留めておいた. ❷《副詞(句)を伴って》《…に》無理に割り入れる[押し込む]: W~ packing *into* this crack. この割れ目に詰め物を押し込みなさい / He ~d himself *in* [*into*] the queue. 彼は列の中に無理に割り込んだ. ── 自《通例副詞(句)を伴って》割り込む, 割って進む.《関⇒》cuneate.
wedged 形 ❶ くさび形の. ❷《狭いところにはまり込んだ》: He was ~ into a small chair. 彼は小さないすにはまって動けなかった.
wédge hèel 名《靴のくさび形のヒール, ウェッジヒール《かかとの部分が高く, つま先に向かって低くなっていく靴底》.
wédge-shàped 形 くさび形[状]の, V 字形の.
wedg·ie /wédʒi/ 名 ❶《通例複数形で》《口》ウェッジー《ズ》《wedge heel の婦人靴》. ❷《米口》尻の割れ目にパンツが食い込むこと; いたずらとしてパンツ[ズボン]を後ろから引っぱり上げて食い込ませること.
Wedg·wood /wédʒwʊd/ 名 U《商標》ウェッジウッド《英国 Wedgwood plc. 製の陶磁器・陶製アクセサリーなどのブランド; 特に白の軟磁器をカメオにした薄青の地の炻器(せっき)で知られる》.
wed·lock /wédlɑk | -lɔk/ 名 U《古風》結婚生活, 婚姻. **bórn in láwful wédlock** 嫡出の. **bórn òut of wédlock**《庶出》の.
***Wednes·day** /wénzdeɪ, -di/ 名 U,C 水曜日《略 W., Wed.; ★ 用法・用例については ⇒ Sunday》. ── 形 ᴬ 水曜日の. ── 副《口》水曜日に《=Wednesdays》.《OE=Woden's day; ラテン語の *dies Mercurii* Mercury's day の訳》
Wednes·days /wénzdeɪz, -diz/ 副《口》水曜日に, 水曜日ごとに: The club meets ~. そのクラブは水曜日ごとに会合がある.《WEDNESDAY+-s³》
Weds.《略》Wednesday.
***wee¹** /wí:/ 形 ᴬ《we·er; we·est》❶《スコ・口》ちっちゃい. ❷《米・スコ》《時刻の》非常に早い: in the ~《small》hours 真夜中《に》《午前 1 時から 3 時ごろまで; cf. small hours》. **a wée bìt**《口》ほんの少し: It's a ~ *bit* tedious. ちょっぴり退屈だ.
wee² /wí:/ 名 動 =wee-wee.
***weed** /wí:d/ 名 ❶ 雑草: The garden is covered with ~s. 庭は草ぼうぼうだ / Ill ~s grow apace.《諺》雑草はすぐ伸びる, 「憎まれっ子世にはばかる」. ❷ [the] **a**《口》紙巻きたばこ; 刻みたばこ. **b**《俗》マリファナ《を入れた紙巻き》. ❸ C ひょろ長い人, やせた弱々しい人[馬]. ── 動 他 ❶ **a**《⋯の》雑草を除く: We must ~ the garden. 庭の草を取らなければならない. **b**《雑草》を取り除く: ~ the nettles *from* [*out of*] the garden 庭からイラクサを取り除く. ❷《無用なもの・有害物などを》除く: ~ *out* useless

books *from* one's library 無用な本を蔵書から取り除く / ~ *out* the herd (下等なものを除いて)動物の群れを精選する. —— 圄 雑草を除く, 草取りをする.

wéed・er /-də‐/ |-də-/ 图 ❶ 草取り人. ❷ 除草機.
wéed-grówn 形 草ぼうぼうの.
wéed kìller 图 除草剤.
wéed・less 形 雑草の生えていない[生えないようにした].
weeds /wíːdz/ 图 徿 《古》(特に, 未亡人が着る)喪服: widow's ~ 未亡人の喪服.
wéed whácker 图 (特に Strimmer 型の)草刈り機.
weed・y /wíːdi/ 形 (weed・i・er; -i・est) ❶ 雑草の多い: a ~ garden 雑草の生い茂った庭. ❷《草花が》雑草のようにどんどん育つ. ❸《人・動物が》ひょろひょろした, ひ弱そうな.
Wee Frees /wíːfríːz/ 图 徿 [the ~] 少数自由教会派《1900 年の合同長老教会との連合に反対して旧名のままでとどまったスコットランド自由教会の少数派に対するあだ名》.
Wee・juns' /wíːdʒənz/ 图 徿《商標》ウィージャンズ《米国製のローファー》.

‡**week** /wíːk/ 图 ❶ C 週《日曜日から土曜日まで; ★しばしば前置詞を伴わず this, last, next, every などとともに副詞的に用いる》; 1 週間, 7 日間: by the ~ 週決めで / this ~ 今週 / last ~ 先週 / next ~ 来週 / the ~ before last 先々週 / the ~ after next 再来週 / every other ~ 隔週に / in the course of this ~=during this ~ 今週中に / (on) Friday (of) this ~ 今週の金曜日に / today [this day] ~《英》来週[先週]のきょう《用法》「来週」「先週」は文脈による;《米》では「来週」の a は一般的, 「先週」のきょうは a《米》では this day ~ が一般的》/ a ~ from today で,《英》this a ~ today が一般的, 《米》では this a ~ ago today で,《英》では this day ~ が一般的》/ a ~ on Friday=on Friday ~《英》来週[先週]の金曜日で / a ~ ago Friday=(on) Friday last ~《英》先週の金曜日で / a ~ from Friday《米》次の次の金曜日 / a ~ last Monday《英》先々週の月曜日 / a ~ next Monday《英》来々週の月曜日 / a ~s ago 今週何週間も前に / for ~s 何週間も / every day of the ~ 毎日(欠かさず) / We will leave in the first ~ of April. 彼は 4 月の第 1 週に出発するだろう《用法》「…週に」の場合には前置詞は in を用いる》/ He earns 500 dollars a ~. 彼は週に 500 ドル稼ぐ / What day of the ~ is it (today)?=What is the day of the ~? きょうは何曜日ですか. ❷ C a 《土曜日・日曜日を除いた》週, 普通の日, 平日: I have no time to spare during the ~. 週日は全然暇がない. b 1 週間における労働時間, 週 = 時間制: They work a 40-hour ~. 彼らは週 40 時間制で働いている. ❸ [W~] U (特別の催しのある)週間: Bird W~ 愛鳥週間 / Fire Prevention W~ 火災予防週間.

ány dày of the wèek ⇒ day 成句.
a wéek of Súndays 7 週間; 長い間 (cf. in [for] a MONTH of Sundays 成句).
knóck a person ìnto the míddle of néxt wéek《口》《人を打ち[たたき]のめす.
wéek àfter wéek 毎週(毎週); 1 週また 1 週と.
wéek by wéek 毎週; 週ごとに.
wèek ín(,) wèek óut 毎週毎週.
《OE; 原義は「時間の変化」で, さらに「曲げる, 変化させる」にさかのぼることができる; ⇒weak》 形 **weekly**; 関形 hebdomadal.

‡**week・day** /wíːkdèɪ/ 图 週日, 平日, ウィークデー《土曜, 日曜以外の日》: We go to school on ~s. 平日には学校へ行く (cf. weekdays). —— 形 A 週日の, 平日の: a ~ service 平日礼拝式《列車などの》.
wéek・days /wíːkdèɪz/ 副 週日[平日]に[は]: work ~ 平日に働く. 《WEEKDAY+-s³》

‡**week・end** /wíːkènd/ 图 週末, ウィークエンド《土曜日から日曜日で, ときに金曜日の夜から月曜日の朝まで》; 週末休み, 週末パーティー: on [《英》at] the ~ 週末に / over the ~ 週末を通じて / He works on [[《英》at] ~s 週末に働く / a three [four]-day ~ (土, 日を含む)三[四]連休. —— 形 A 週末の: a ~ trip 週末旅行. —— 圄 [通例副詞(句)を伴って] 週末旅行をする, 週末を過ごす: My father is ~ing at Hakone. 父は箱根で週末を過ごしている.
wéek・ènd・er 图 週末旅行者.
week・ends /wíːkèndz/ 副《米》週末は(いつも): W~, I usually stay at home. 週末はだいたい家にいます. 《WEEKEND+-s³》

wéekend wàrrior《口》週末戦士: a 予備役兵, 州兵. b 週末だけ[時おり]ハイキング・キャンプなどの体を動かす活動に参加する人.
wéek・lòng 形 A 一週間にわたる.

‡**wéek・ly** /wíːkli/ 形 (比較なし) ❶《給料など》毎週の, 週ごとの, 1 週 1 回の, 週刊の, 1 週の: a ~ wage 週給. ❷ 《仕事など》1 週間にする[した]. —— 副 毎週, 1 週 1 回. —— 图 週刊誌[紙], 週報. 《名 week》
wéek・nìght 图 平日の夜.
week・nights /wíːknàɪts/ 副《米》平日の夜に. 《WEEKNIGHT+-s³》

ween /wíːn/ 動 徿《古・詩》《…と》思う (think), 信じる.
wee・nie /wíːni/ 图《口》❶ ウィンナ (frankfurter, wienie). ❷ 弱虫《卑》肉棒 (penis).
ween・sy /wíːnzi/ 形《口》ちっちゃな, ちっぽけな.
wee・ny /wíːni/ 形 (wee・ni・er; -ni・est)《口》ちっぽけな.

*__weep__ /wíːp/ 動 (wept /wépt/) 圄 ❶ (涙を流して)泣く ~ silently 声を立てずに泣く / ~ *for* joy うれし泣きに泣く / ~ *with* anger 腹立たしさに泣く / I could have *wept*! もう泣きたい気持ちだった / ~ *about* [*over*] a loss 失われたもの[(愛する)人の死]を嘆き悲しむ / ~ *at* the pitiful sight 哀れな光景を見て泣く / ~ *for* a person 人に同情して泣く / [~*to* do] We *wept* to hear the sad tale. 我々はその悲しい話を聞いて泣いた. ❷ a《文・詩》《木・岩などがしずく[水滴]を垂らす;《空》の雨を降らす. b《傷口》血を垂らす, じくじくする. —— 徿 ❶《涙》を流す: ~ bitter tears せつない涙を流す. ❷《まれ》《…に》涙を流す, 《…》を嘆き悲しむ: ~ one's sad fate 自分の悲しい運命を嘆く. ❸ [~ *one-self* で] 泣いて…の状態になる: The boy *wept himself to* sleep. 少年は泣きながら寝てしまった. **wéep** one's **héart** [**éyes**] **òut** (悲しくて)目を泣きはらす, 胸も張り裂けるばかりに泣く. —— 图 [a ~] 泣くこと; ひと泣き. 《OE》形 **weepy**) 【類義語】⇒ cry.

wéep・er 图 ❶ a 泣く人, 悲しむ人. b (昔, 葬儀に雇われた)泣き男[女]. ❷ [複数形で] a (昔, 男子の帽子につけた)喪章. b (寡婦のかぶる)黒布のベール.
weep・ie /wíːpi/ 图《英口》(物語・映画などの)お涙ちょうだいもの.
weep・ing 形 A ❶ 涙を流す, 泣く. ❷ しみ出る; したたり落ちる. ❸ しだれる: ⇒ weeping willow.
wéeping chérry 图《植》シダレザクラ.
wéeping wíllow 图《植》シダレヤナギ.
weep・y /wíːpi/ 形 (weep・i・er; -i・est)《口》❶ 涙もろい, 涙ぐんだ; 泣き出したい, 涙が出そうな: her ~ eyes 彼女の涙ぐんだ目. ❷《物語・映画など》お涙ちょうだい(もの)の. —— 图 =weepie. 《動 weep》

wee・ver /wíːvə‐/ -və-/ 图《魚》ハチビシマ《食用海産魚》.
wee・vil /wíːv(ə)l/ 图《昆》ゾウムシ《コクゾウムシなど》.
wee-wee /wíːwìː/ 图 徿《口・小児》おしっこ(する).
w.e.f.《略》with effect from (…)以降有効.
weft¹ /wéft/ 图 [the ~]《織》横糸, ぬき (woof; ↔ warp). 《OE; ⇒ weave¹》
weft² /wéft/ 图《海》信号旗《による合図》.
We・ge・ner /véɪɡənə‐/ -nə-/, **Alfred Lothar** 图 ウェゲナー《1880-1930; ドイツの地球物理学者・気象学者; 大陸移動説を発表》.
Wehr・macht /véəmàːkt/ véə-/ 图 国防軍《第 2 次大戦時のドイツ軍》.

*__weigh¹__ /wéɪ/ 動 徿 ❶《…の》重さを量る, 《…》をはかりにかける: ~ a package 小包の重さを量る / ~ something in one's hand 手で物の重さをみる / ~ *oneself* on the scale(s) はかりで体重を量る. ❷《…》を《比較》熟考[考察]する: W~ your words carefully. よく考えてものを言いなさい / I ~*ed* the claims of the rival candidates. 対立候補たちの主張を比較考量した / They ~*ed* one plan *against* the other. 彼らはその二つの案を比較検討した.

❸ a 《...を》《重みで》圧する, 押し下げる《★しばしば受身》: The fruit was so thick that it ~ed down the branches. 果実が枝もたわわになっていた / He was ~ed down with [by] a pile of parcels. 彼は山のような包みを重そうに持っていた. b 《責任・心配などが》《人を》圧迫する, 参らせる (burden)《★しばしば受身》: All these troubles ~ed him down. これらの心配で彼は参っていた / She was ~ed down with grief. 彼女は悲しみに打ちひしがれた. ❹ 《海》〈いかりを〉揚げる, 抜く.

── ⓐ ❶ 目方が...だけある [かかる]; 重さが...である: How much do you ~? 体重はどのくらいありますか / I ~ 100 pounds. 私は体重が 100 ポンドある / She ~s more than I do. 彼女は私より重い / This parcel ~s a lot [doesn't ~ much]. この小包は重い [あまり重くない]. ❷ 重きをなす, 重要視される: His experience ~ed heavily in my decision to hire him. 彼を雇うことに決める際に彼の経験がものをいった / The evidence ~ed considerably with the jury. その証拠が陪審をかなり左右した. ❸ 重荷となってかかる, 圧迫する《用法「重く」の意の修飾語としてheavily または heavy を用いる》: The debt ~s heavy [heavily] on [upon] his conscience. その負債が彼の良心の重荷となっている.

wéigh agàinst …に不利にはたらく: The burden of evidence ~ed against him. 証拠の比重[重要さ]が彼にとって不利であった.

wéigh ánchor ⇨ anchor 成句.

wéigh in 《ⓐ+副》(1) 〈レスラー・ボクサーなどが〉試合の前に〔何キロ・何ポンドだと〕体重検査を受ける〔at〕. (2) 〈騎手が〉レース後に体重検査を受ける. (3) 〔意見・議論などを持ち出して〕加勢する, 議論〔けんか(など)〕に加わる〔with〕.

wéigh ìnto a pérson 《英口》〈人を〉攻撃する.

wéigh óut 《ⓐ+副》(はかりで)〈一定量を〉量り分ける: ~ out the required amount of sugar 必要量の砂糖を量り分ける.

wéigh úp 《ⓐ+副》(1) 〈...を〉比較考量する, 検討する. (2) 《口》〈人・ものを〉評価する, 品定めする; 理解する.

〖OE=運ぶ〗 (名 weight)

weigh² /wéi/ 图《海》★次の成句で. ùnder wéigh = under way¹ 成句 (2).

wéigh・brìdge 图 (車両・家畜などの重量を量る, 地面と同じ高さの)計量台.

wéigh-ìn 图 (ボクサーなどの)試合前の体重検査.

wéigh・ing machìne 图 計量機, 台ばかり.

‡**weight** /wéit/ 图 ❶ ⓤ a 重さ, 重量; 体重: sell by ~ 目方で売る / gain [put on] ~ 体重が増える / lose ~ 体重を減らす / What is your ~? 体重はどれくらいですか. b 《理》重力. ❷ ⓒ a 重いもの: lift heavy ~s 重いものを持ち上げる / The bag was such a ~. そのかばんは実に重かった. b (はかりの)分銅(ᵩ᛭ɴ). c おもし, 文鎮, 紙押さえ: paperweight. d (陸上競技用の)砲丸, 円盤, ハンマー; (重量挙げの)バーベル: He lifts ~s. 彼は重量挙げをする (cf. weight lifter). e 《スポ》(ボクシング・レスリングなどの選手の)体重による階級, ウェート, 級. ❸ a ⓤ 衡量体系, 衡法. b ⓒ 衡量[重量]単位: ~s and measures 度量衡. ❹ ⓤ (...の)目方に相当する量: one ounce ~ of gold dust 砂金 1 オンス分. ❺ ⓒ 〔通例単数形で〕(心の)重荷, 重圧, 圧迫; 他人の~の...の重圧を受けて / carry a ~ of care [responsibilities] 心配[責任]の重圧に耐える / That's a great ~ off my mind. それで私も大きな肩の荷が下りた. ❻ ⓤ 重要性, 重み; 勢力, 有力: a man of ~ 有力者 / an argument of no ~ 取るに足らない議論 / These points have great [no] ~ with him. これらの点は彼にとって重大だ[何でもない] / win through sheer ~ of numbers 数の力だけで勝つ / add ~ to... 〈主張など〉に重みを加える, ...をより重要なものにする / attach ~ to... ...を重要視する.

cárry wéight 〈意見などが〉影響力がある, 重きをなす: His opinion carries great [no] ~ with us. 彼の意見は我々には非常に重要である[まったく重きをなさない].

púll one's (ówn) wéight 《口》自分の力相応の仕事をする; 精いっぱい協力する (由来 ボートレースでこぎ手が自分の体重をかけてこぐことから).

táke the wéight òff one's féet 《口》すわる, 足を休める.

thrów one's wéight abòut [aròund] 《口》いばりちらす; 幅[にらみ]をきかす.

thrów [pút] one's wéight behìnd... 《口》 すべての影響力を行使して...を支援する.

wórth one's [its] wéight in góld ⇨ gold 成句.

── ⓤ ❶ 〈...に〉重みをかける / ~ the head of a golf club with lead ゴルフクラブの先に鉛を仕込んで重くする. ❷ 〈...に〉《重荷を》負わせる; おもしをのせる《★しばしば受身》: The corners of the tent were ~ed down. テントの端はおもしをのせてあった / I was ~ed down with a heavy rucksack. 私は重いリュックサックを負わされていた. ❸ 《心配・苦労が》〈人を〉悩ませる, 苦しめる 《down》《★通例受身》. ❹ 〈...を〉偏らせる (⇨ weighted 2).
(ⓐ weigh) 【類義語】⇨ importance.

wéight・ed /-tɪd/ 形 ❶ 重くした; 加重した; 荷を積んだ. ❷ 𝒫 〔...に〕偏って〔toward, in favor of, against〕 (biased): The political system is ~ in favor of the ruling class. その政治体制は支配階級に有利になっている.

wéight・ing /-tɪŋ/ 图 〔また a ~〕《英》 地域手当 (生活費が高い地域に住む人のための手当).

wéight・less 形 重量の(ほとんど)ない; 重力のない: Man is ~ in space. 宇宙では人間は無重力になる. ~・ly 副

wéight・less・ness 图 ⓤ 無重量; 無重力(状態).

wéight lìfter 图 重量挙げ選手.

wéight lìfting 图 ⓤ ❶ 重量挙げ, ウェートリフティング. ❷ =weight training.

wéight tràining 图 ⓤ (バーベルなどを用いた)ウェートトレーニング.

wéight wàtcher 图 体重を絶えず気にしている人.

⁺**weight・y** /wéiti/ 形 (weight・i・er, -i・est) ❶ 重い, 重量のある. ❷ 〈人など〉有力な, 勢力のある. ❸ 〈問題など〉重要な, 重大な. ❹ 〈責任など〉重い. wéight・i・ly /-təli/ 副 wéight・i・ness 图 〖WEIGHT+-y³〗【類義語】⇨ heavy.

Wéil's disèase /váɪlz-, wáɪlz-/ 图 ⓤ 《医》ワイル病 (黄疸出血性レプトスピラ症). 〖Adolf Weil ドイツの医師〗

Wei・ma・ran・er /váɪmərɑ̀ːnɚ, wáɪ- | -nə/ 图 ワイマラナー(犬) 《ドイツ原産のポインター犬》.

Wéi・mar Repúblic /váɪmɑːr- | -mɑː-/ 图 〔the ~〕ワイマール共和国 《ドイツの都市ワイマールで制定された憲法によって成立したドイツ共和国 (1919–33); ⇨ Third Reich》.

⁺**weir** /wíɚ | wíə/ 图 ❶ (水車・灌漑(ᵃᴺ)用)川をせき止めて作ったせき, ダム. ❷ (魚を取るための)やな.

*weird /wíɚd | wíəd/ 形 ❶ (幽霊など超自然的なものを思わせて)異様な, 気味の悪い, この世のものでない 《比較》 eerie は不吉で恐くし, 不安になるような不気味さ. uncanny は体の知れない薄気味悪さ》: a ~ shriek 怪しい呼び声. ❷ 《口》変な, 奇妙な: a ~ dress [idea] 風変わりなドレス[考え] / ~ and wonderful 奇抜な. ~・ly 副 ~・ness 图 〖OE=運命; 中英語で「運命を変えるような」の意になった〗

wéird・ie /wíɚdi | wíədi/ 图 《口》変人, 奇人.

wéird・o /wíɚdou / wíəd-/ 图 (ⓟ ~s) =weirdie.

wéird sìsters 图 ⓟ 〔the ~〕 ❶ 運命の三女神. ❷ 魔女たち.

weiss・wurst /wáɪswɚːst | -wəːst/ 图 《時に W-》 白ソーセージ 《発色剤を使わず香辛料を入れた豚・子牛肉の白っぽいソーセージ》.

we・ka /wéɪkə/ 图 《鳥》 コバネクイナ 《翼の退化したクイナの一種; ニュージーランド産》.

welch /wéltʃ/ 图 =welsh.

⁺**wel・come** /wélkəm/ 間 〔しばしば副詞または to を伴って〕ようこそ!, いらっしゃい!: W~ home [back]! お帰りなさい! / W~ aboard! ご乗車, ご搭乗, ご乗船ありがとうございます / W~ to Tokyo! ようこそ東京へ! Welcome to the club! 私も同じめにあっています[思いをさせられています].

── 图 歓迎, 歓待; 歓迎のあいさつ: to a hero's 英雄として歓迎すること / give a person a warm [hearty] ~ 人を心から歓迎する / receive a cold ~ 冷ややかに迎えられる / extend a warm ~ to a person 人を歓迎する / bid a person ~ 人に歓迎の意を示す. **in wélcome** 歓迎(の意を表)して. **outstáy [overstáy] one's wélcome** ⇨ outstay, overstay 成句. **wéar óut one's wélcome** たびたび訪問して[あまり長居して]いやがられる.

── 形 ❶ 〈客など〉歓迎される: a ~ guest [visitor] 喜んで迎えられる客[訪問者] / I didn't feel ~. (訪問先で)私は歓迎されているとは思わなかった / You're always ~ at [to] my house. わが家ではいつでも君を歓迎します. ❷ P 自由に…してよくて; 自由に使ってよくて: [+to do] You're ~ to try. ご自由にお試しください / She's ~ to the use of my house. 彼女は自由に私の家を使ってよいことになっている. ❸ うれしい, ありがたい: ~ news 吉報 / a ~ letter うれしい手紙 / ~ advice ありがたい助言. **máke a person wélcome** 〈人を〉歓迎する. **(You're) wélcome.** [Thank you などに答えて] 《主に米》どうういたしまして [比較] Don't mention it. ≠ Not at all. より口語的).

── 動 (~d) ❶ 〈人を〉歓迎する, 出迎える, 〈人に〉歓迎の言葉を述べる: She ~d me *with* open arms. 彼女は大変喜んで私を歓迎した / They ~d him *home [back]*. 彼らは彼の帰りを喜んで迎えた / I will ~ you *to* my house. ぜひわが家へお出かけください. ❷ 〈主張・考えなど〉を喜んで受け入れる: ~ new ideas 新しい思想を歓迎する.

~・ly 副 〖OE=喜んで(⇨ will²) 来てくれる人; 中英語では will が well と混同されたもの〗

wélcome màt 名 《米》 (welcome の文字の入った)ドアマット. **pùt [róll] óut the wélcome màt** 温かく歓迎する.

wélcome wàgon 名 (新しく来た人への)歓迎会[行事](を行う人).

wél・com・ing 形 歓迎する, 友好的な; 〈場所が〉居心地のよさそうな (↔ unwelcoming): Everybody was very ~. 皆とても友好的だった.

⁺**weld**¹ /wéld/ 動 ❶ 溶接する: ~ two metal plates *together* 2枚の金属板を溶接する / a piece of metal *to* a pipe 金属片をパイプに溶接する. ❷ 結合させる, 密着させる: They were ~ed *together* in friendship. 彼らは友情によって固く結ばれた / Several incidents have been ~ed *into* a single narrative. いくつかの出来事が一つの物語に統合されている. ── 自 溶接される: These alloys ~ at different heats. これらの合金はそれぞれ異なった熱度で溶接される. ── 名 ❶ 溶接点, 接合部. ❷ 溶接(作業).

weld² /wéld/ 名 [C]〖植〗キバナ[ホザキ]モクセイソウ; [U] キバナモクセイソウから採った黄色染料.

wéld・er 名 ❶ 溶接工, 溶接作業員. ❷ 溶接機.

wéld・ing 名 [U] 溶接(法).

⁺**wel・fare** /wélfèǝr | -fèǝ/ 名 [U] ❶ 福祉, 福利; 幸福, 繁栄 (well-being): social ~ 社会福祉 / for the public ~ = for the ~ of the public 公共福祉のために / It's for your own ~ that I tell you this. あなた自身のためにこれだけは言っておきます. ❷ 福祉事業. ❸ 《米》 生活保護 (《英》social security). **on wélfare** 《米》 生活保護を受けて. **wélfare to wórk** 《英》 福祉から労働へ〈政策〉〈失業者など労働可能でありながら生活給付を受けている人が仕事を得られるよう推進する政策; 職業訓練や雇用者への援助などを行なう〉. 〖ME=うまくやっていく＜ WELL¹+FARE 〗

⁺**wélfare stàte** 名 福祉国家 (特に生活保護など各種社会保障制度の整った国).

wélfare wòrk 名 [U] 福祉事業.

wélfare wòrker 名 ❶ (社会)福祉司. ❷ 福祉事業家.

wel・far・ism /wélfǝ(ǝ)rìzm/ 名 [U] 福祉国家の理念[原則, 政策], 福祉国家主義. **-ist** /-rɪst/ 名形

wel・kin /wélkɪn/ 名 [the ~] (詩) 大空, 空, 天. **máke the wélkin ríng** (大声などで)空まで響かせる, 天地をとどろかす.

⁎**well**¹ /wél/ 副 (bet・ter /bétǝr|/ | -tǝ/; best /bést/ ; better, best の項参照) ❶ 満足に, よく, 申し分なく (↔ ill, badly): sleep [work] ~ よく寝る[働く] / He dresses ~. 彼は着こなしがよい / She carries herself ~. 彼女は

身のこなしが見事だ / Things are going ~. 事態はうまくいっている.
❷ 上手に, うまく: speak French ~ フランス語を上手に話す / W~ done! うまいぞ!, でかした! / W~ played! うまいプレーだ.
❸ (比較なし) a 十分に, よく (thoroughly): Shake ~ before using. 使う前によく振ってください. b 親しく, 親密に: I don't know her very ~. 私は彼女をあまりよく知りません.
❹ a (比較なし) [副詞(句)の前に置いて] かなり, よほど, ずいぶん: He was ~ *over* fifty [~ *into* his fifties, ~ *on* in his fifties]. 彼は50歳をかなり超えていた / His assets amounted to ~ *over* ＄1 billion. 彼の財産は優に10億ドル以上あった / ⇨ be well UP on... 成句. b [able, aware, worth などの叙述形容詞の前に置いて] 十分に (cf. better¹ 形 2b): We're ~ *able* to control inflation. 我々はインフレをおさえることが十分できる / I was ~ *aware* of the danger. 私はその危険を十分承知していた / This car is ~ *worth* the price. この車は値段だけの価値は十分にある / The project is now ~ *advanced*. その計画はたいそうかなり進んでいる.
❺ 適切に, ふさわしく; 都合よく: That's ~ said. まさにそのとおり, それは言えている / W~ met! 《文》いい所で会った!
❻ 豊富に, 安楽に: live ~ 裕福に暮らす / He's doing rather ~ for himself. 彼はけっこう裕福に生活している.
❼ a 好意をもって, 親切に; 善意で, 手厚く: Everyone *speaks [thinks]* ~ of her. だれもが彼女のことを悪く言う[思う]人はいない / They all treated me ~. 彼らはみんな私をよく扱ってくれた. b 快く, 上機嫌で; 落ち着いて: He took the news ~. 彼はそのニュースを平静で受け取った.

as wéll (1) なお, そのうえ, おまけに: He speaks Russian *as* ~. 彼はロシア語も話す. (2) 同様にうまく[上手に]: He can speak Russian *as* ~. 彼はロシア語がは(...と)同様にうまく話せる(用法 as well as... の後の as 以下が省略された形); (1) の意味で「彼はロシア語も話せる」の意味になることもある).

as wéll as... (1) …と同じようにうまく. (2) …はもちろん, …も…も: He has experience *as* ~ *as* knowledge. 彼は知識ばかりでなく経験もある.

⟨語法⟩ (1) A as well as B では A のほうに意味上の重点が置かれ, それを主語とする述語動詞の数は A と一致する: John, *as* ~ *as* his friends, *was* injured in the accident. ジョンもその友だちと同様その事故でけがをした (cf. NOT only...but (also)... 成句).
(2) 時には A と B が意味上対等な重みで並置されることがある: In theory *as* ~ *as* in practice, the idea was unsound. 理論的にも実際面でもその考えはしっかりしたものではなかった.
(3) as well as の後に動詞が来る時は -ing 形になるのが普通: Smoking is bad for your health, *as* ~ *as* mak*ing* you smell bad. 喫煙は体は臭くなるだけでなく健康によくない.
(4) 次を比較: She sings *as well as* plays the piano. 彼女はピアノを弾くだけでなく歌も歌う / She sings *as* ~ *as* she plays the piano. 彼女はピアノの演奏と同じぐらい歌も上手だ.

as wéll one míght 無理ないが, もっともなことで.
cannót [could nót] wèll dó... (当然のこととして)とてもできない 用法 ここの could not は仮定法過去形で cannot よりも婉曲な表現であるが, また普通の過去形としても使うことができる: I *can't* very ~ refuse you, can I? = I *couldn't* very ~ refuse you, could I? 断わるわけにいかないでしょう / I *couldn't* very ~ refuse, so I went with her. とても断わり切れなかったので, 彼女と一緒に行きました.
còme óff wéll いい結果になる, うまくいく.
could jùst as wèll dó... したほうがよい: You *could just as* ~ have apologized then and there. 君はその場で謝罪したほうがよかった.
dò wéll (1) うまくいく, 成功する. (2) [進行形で] 健康が

回復する, だんだんよくなる. (3) 〔人に〕親切にする〔by〕: He's always *done* ~ *by* me. 彼にはいつも私によくしてくれた.
dó wéll for oneself 裕福に暮らす, りっぱにやっていく.
dò wéll òut of...〘口〙…から利益をあげる: He *did* ~ *out of* the transaction. 彼はその取引でけっこうもうけた.
dò wéll to dó... するのがよい: You would *do* ~ to say nothing about it. そのことについては黙っていたほうがよい〘類義〙You would *say* anything about it. の口語的) / You would *do* ~ to continue your education. 君は学校を続けるほうが得だろう.
jùst as wéll 〔返答に用いて〕さしつかえない, それもけっこう: "I'm sorry, I don't have a pen." "A pencil will do *just as* ~." 「すみませんが私はペンを持ち合わせていません」「鉛筆でもかまいませんから」.
**máy [míght] (jùst) as wèll dó (as...) (...するなら)...しても同じだ, (...するくらいなら)...したほうがよい [ましだ].

|用法| (1) もとの構文は 2 番目の as の後に not があり,「ないより...するのがよいであろう」の意から; had better より意味が弱く婉曲的.
(2) 陳述内容の不可能性を強めたり, 陳述に婉曲な調子を加える時には助動詞の may の代わりに might を用いる.

You may as ~ go at once. さっそく行ったほうがよかろう / You *may* just *as* ~ confess. (証拠は動かせぬのだから)白状したほうがよかろう / One *may as* ~ be hanged for a sheep *as* a lamb. ⇒ sheep 1 / You *might as* ~ throw your money away *as* spend it in gambling. ばくちなんかに金を使うなら捨てたほうがましだ / We *might just as* ~ have stayed at home. (いっそのこと)初めから家にいたほうがよかった〘用法〙「出かけていたってあんな目にあうくらいなら」の意が含まれる) / We *might just as* ~ be prisoners. (このような状況では)我々は囚人も同然だ / You *might just as* ~ have hit him in the face. (彼に対する君の無礼は)彼の顔を殴りつけたも同然だ.
mày wéll dó (1) ...するのももっとも [当然] だ: He *may* ~ think so. 彼がそう思うのももっともだ / You *may* ~ wonder! 君がおかしいと思うのも無理はない (だれだっておかしいと思うよ). (2) 多分...だろう, (十分)...しそうだ(★ may より強い可能性を表わす): It *may* ~ be true. それは多分に本当だろう / "Do you think he'll win?" "He *may* ~." 「彼は勝つと思うかね」「おそらくね」(★ 最後に win が省略されている).
prètty wéll 〘口〙(1) ほとんど: The work is *pretty* ~ finished. その仕事はほぼ終わっている. (2) 〈病人などが〉かなりよく [元気に]; (仕事などで) かなりうまく [上手に]: "How's she doing?" "Oh, (she's doing) *pretty* ~." 「彼女はいかがですか」「ああ, かなり順調 [好調] です」.
wéll and trúly 完全に, まったく: I was ~ *and truly* exhausted. へとへとに疲れ切った.
wéll awáy 〘英〙(1) 進行して, はかどって: We're ~ *away*. うまくいっている. (2) 〘口〙酔い始めて, ご機嫌になりかかって.
wéll óff ⇒ well-off.
wéll òut of... (1) 〈...から〉十分に離れて: Stand ~ *out of the way*. (じゃまにならないよう)十分に離れていなさい. (2) 〘口〙不幸・事件などからうまく免れて: It was a nasty situation, but you're ~ *out of* it now. やっかいな立場でしたがもうすっかり抜け出せましたね / I wish I was ~ *out of* this job. こんな仕事から逃げ出せたらなあ.
—形 (bet·ter; best) ❶ |P| 健康で, 丈夫で (↔ ill)〘用法〙この意味で最上級を用いることはまれ): feel [look] ~ 気分がよい [元気な顔をしている] / Are you ~? お元気ですか / "How are you?" "Very ~, thank you." 「お元気ですか」「ありがとう, とても元気です」. b |A| (比較なし)〘米〙He's not a ~ man. 彼は丈夫な人ではない.
❷ |P| (比較なし) 申し分なくて, けっこうで: Things are ~ enough. 情勢はまずまずのところだ / All's ~ (that ends ~). (終わりがよければ万事よし). ⇒ end.
❸ |P| (比較なし) a 適当で, 当を得て〘比較〙この意味では well よりも best のほうが一般的だ): It would be ~ to start at once. すぐ出かけたほうがよいでしょう. b 〘まれ〙都

2045　**well-balanced**

合がよくて, 幸いで〘比較〙この意味では well よりも good のほうが一般的だ): It was ~ that you met him there. そこで彼に会えてよかったですね.
áll vèry wéll ⇒ very 副 〘成句〙.
(àll) wéll and góod 〘口〙けっこうだ; しかたがない: That's *all* ~ *and good*, but I don't have the money. それもけっこうだが私にはその金がない.
jùst as wéll (1) まったく運のよい, ちょうどよい. (2) かえってよい: It was *just as* ~ you didn't marry her. 君は彼女と結婚しなくてかえってよかった / "I didn't see that TV program." "*Just as* ~; it wasn't very good." 「そのテレビ番組は見なかった」「かえってよかったよ――あまり良くなかったから」.
(jùst) as wéll...したほうがよい: It would [might] be *as* ~ to explain. 説明するほうが(何か)よいようだ / It would be *just as* ~ for you to write [if you wrote] to him. 君が彼に手紙を出すにしたことはないでしょう.
Vèry wéll. ⇒ very 副 〘成句〙.
—名 |U| よいこと〔状態〕; 幸福: wish ~ to a person 人の幸福を祈る. **lèt [lèave] wéll (enòugh) alóne** ⇒ alone 形 〘成句〙.
—間 〔強形〕wél; (弱形)wəl/ ❶ a〔驚き・疑いなどを表わして〕まあ, おや, おやっ!, えっ!, さて: W~, I never!=W~, to be sure!=W~ now! まあ, (これは)驚いた!, まさか! / W~!これはこれは! / W~, I'm not sure. さてどうだろう. b〔安心・あきらめ・譲歩などを表わして〕やれやれ, まあいいや; なるほど: W~, here we are at last. やれやれ, やっと着いて [よかった] / W~, you can't help it. まあしかたがないさ / W~, but what about the money? なるほど, でも金のほうは? c〔滞る返事を促して〕どうして, それで: W~, why didn't you come? ...W~? どうして来てくれなかった...ねっ, どうして?
❷〔話をまた続けたり, 用件を切り出す時に用いて〕さて, ところで; あのう, ちょっと: W~, as I was saying.... さて, さっき言ったとおり.
Óh wéll まあいいや, しかたがない〔よくないことをあきらめて受け入れる時に用いる〕: *Oh* ~, I can't complain! まあいいや, 文句も言えないさ.
Wéll thèn ⇒ then 副 4 b.
〘OE=原義は「望みどおりに, 意のままに」; will² と同語源〙
〘類義語〙be healthy.

*well² /wél/ 名 ❶ 井戸; (油井などの)井: ⇒ oil well / sink [bore] a ~ 井戸を掘る. ❷ 〔感情・知識などの〕源, 源泉: a ~ of information 知識の泉. ❸ 井戸のような穴: a (階段の)吹き抜け: ⇒ stairwell. b (エレベーターの)縦穴. ❹ 〘英〙(法廷の)弁護士席.
—自❶ a 〈液体が〉...からわき出る, 噴出する〔*from*, *out of*〕: Tears ~*ed up* in her eyes. 彼女の目に涙がこみ上げてきた / Blood was *welling* (*out*) *from* the cut. 傷口から血かわき出ていた. b〈液体が〉あふれる〔*over*〕. ❷ 〈感情が〉こみ上げてくる〔*up*〕.
〘OE: 原義は「(水が)湧き上がってくるところ」〙

*we'll /wíːl/ 〘口〙we will [shall] の短縮形〘用法〙we shall の短縮形として用いるのは主に〘英〙).

well- /wél/「よく, 十分に」の意の連結形〘用法〙過去分詞と結合して複合形容詞を造る; 比較は better-, best- となる; 綴り 限定的に用いる時は必ずハイフンを用いるが, 叙述的に用いる時は通例ハイフンを用いず 2 語に書かれる).

wéll-acquáinted 形 |P|〈...をよく知っていて〔*with*〕.
wéll-adjústed 形〈人が〉環境にうまく適応した (↔ maladjusted).
wéll-advísed 形 分別のある, 賢明な (↔ ill-advised): You'd be ~ *to* keep out of the quarrel. そのけんかには遠ざかっているのが賢明だろう.
wéll-affécted 形 |P|〘文〙〈...に〉好感を持っていて〔*to*, *toward*〕.
wéll-appóinted 形 十分に設備の整った, 内装・家具が上等な: a ~ apartment 設備 [内装] のよいアパート.
wèll-báby 形 幼児健診〔育児支援〕(のための).
⁺**wéll-bálanced** 形 ❶ 釣り合いのよい, バランスのとれた: a ~ diet バランスのとれた食事. ❷〈人・性格が〉精神的に

安定した, 分別のある, 常識のある.
wéll-beháved 形 行儀[しつけ]よい.
*__wéll-bé·ing__ /wélbíːɪŋ/ 名 Ⓤ 幸福(な状態), 健康(な状態).
wéll-be·lóv·ed /-bɪlávɪd, -lávd⁻/ 形 最愛の. ── 名 (働 ~) 最愛の人.
wéll-bórn 形 生まれのよい, 名門の出の: ~ girls 良家の子女.
wéll-bréd 形 ❶ 育ち[しつけ]のよい; 行儀のよい, 上品な (well-mannered; ↔ ill-bred). ❷ 〈犬・馬など〉良種の, 血統のよい.
wéll-bròught-úp 形 〈子供が〉育ちのよい, しつけのよい.
wéll-búilt 形 ❶ 〈建物が〉しっかりした造りの. ❷ 〈人が〉体格のよい.
wéll-chósen 形 〈言葉など〉精選された, 適切な: in ~ words 適切な言葉で.
wéll-condítioned 形 健康な, 好調な.
wéll-condúcted 形 〈会などが〉きちんと運営された.
wéll-connécted 形 よい親戚のある;〈知人・親戚などの中に〉よい縁故のある.
wéll-cóvered 形 《口》〈人が〉太った, 肉づきのいい.
wéll déck 名 《海》凹甲板 《船首楼と船尾楼の間の甲板》.
†**wéll-defíned** 形 ❶ はっきり定義された. ❷ 明確な, 輪郭のはっきりした (↔ ill-defined): ~ features はっきりした[彫りの深い]顔だち.
wéll-desérved 形 〈賞罰など〉受けるに値する, 当然の.
wéll-dispósed 形 ❶ 気だてのよい, 親切な. ❷ Ⓟ〈...に〉好意を寄せた, 好意的で〔to, toward〕 (↔ ill-disposed).
wéll-dócumented /-mèntɪd/ 形 文書[文献]で裏付けられた, 十分実証ずみの.
wéll-dóne 形 ❶ 〈ステーキが〉よく焼けた. ❷ 〈工事が〉見事になされた, 出来のよい.
†**wéll-dréssed** 形 身なりのよい, 洗練された服装の.
wéll-dréssing 名 Ⓤ 井戸祭り《イングランドの田園地方で Whitsuntide に井戸を花で飾る伝統儀式; 清水が豊富に出ることへの感謝を表わす》.
wéll-éarned 形 自分の力[働き]でかち得た, 受けるに値する (well-deserved): a ~ punishment 自業自得.
wéll-éducated 形 十分な教育を受けた, 高学歴の.
wéll-endówed 形 ❶ 才能[財産, 資源(など)]に恵まれた. ❷ 《口》〈男性が〉持物がりっぱな,〈女性が〉胸の豊満な.
Welles /wélz/, **(George) Or·son** /ɔ́ː(r)s(ə)n/ ┃ 5:-/ 名 ウェルズ (1915-85; 米国の映画俳優・監督・プロデューサー).
†**wéll-estáblished** 形 ❶〈慣習など〉確立した, 定着した;〈名声など〉ゆるぎない. ❷〈会社など〉定評のある, 老舗の.
wéll-fávored, 《英》**-fávoured** 形 美貌(ぼう)の, 器量のよい.
wéll-féd 形 栄養十分な; 太った.
wéll-fíxed 形 《米口》裕福な, 金持ちの.
wéll-fóund 形 = well-appointed.
wéll-fóunded 形 〈疑惑など〉根拠十分な (well-grounded; ↔ ill-founded).
wéll-gróomed 形 ❶ 〈馬・庭など〉手入れが行き届いている. ❷ 〈人が〉身なりのきちんとした.
wéll-gróunded 形 ❶ Ⓟ 基本教育[訓練]を受けて: He's ~ in English. 彼は英語の基礎知識を十分もっている. ❷ 〈疑いなど〉根拠のある (well-founded).
wéll·héad 名 ❶ 水源. ❷ 源泉 〔of〕.
wéllhead price 名 [the ~] (石油・天然ガスの)井戸元(もと)価格 《油井またはガス井での, 輸送費や貯蔵費を含まない価格》.
wéll-héeled 形 《口》金持ちの.
wéll-húng 形 《卑》〈男が〉持ち物がりっぱな, 巨根の.
wel·lie /wéli/ 名 = wellington.
†**wéll-infórmed** 形 博識の, 見聞の広い; 熟知している, 精通している 〔about, in, on〕 (↔ ill-informed): ~ quarters [sources] その筋, 消息筋 / He's ~ about the topics of the day. 彼は時事問題に精通している.
wel·ling·ton /wélɪŋtən/ 名 [通例複数形で]《英》ウェリントンブーツ (《米》 rubber boot) 《ひざまである長靴; ⇨ boot¹【比較】. 》【WELLINGTON 公がはいたことから】
Wel·ling·ton /wélɪŋtən/ 名 ウェリントン《New Zealand の首都》.
Wel·ling·ton /wélɪŋtən/, **1st Duke of** 名 ウェリントン公(爵) (1769-1852; Waterloo で Napoleon 1 世を破った英国の将軍・政治家; 本名 Arthur Wellesley /wélzli/).
wellington bóot 名 = wellington.
wel·ling·to·ni·a /wèlɪŋtóʊniə/ 名 《植》セコイア(メスギ).
wéll-inténtioned 形 〈人・行為など〉(しばしば不首尾に終わるが)善意の, 善意ででた (well-meaning): a ~ lie 善意から出たうそ.
wéll-júdged 形 判断の適切な, 時宜を得た.
wéll-képt 形 手入れの行き届いた.
wéll-knít 形 ❶ 〈人・体格など〉がっしりした, 体の引き締まった. ❷ 〈議論などが〉よく整った, むだのない.
*__wéll-knówn__ /wélnóʊn⁻/ 形 (better-known; best-known) 有名な, よく知られた, 周知の: a ~ fact 周知の事実 / He is ~ for his acts of charity. 慈善活動によってよく知られている.【類義語】⇨ famous.
wéll-líned 形 ❶ 〈財布など〉金のいっぱい入った. ❷ 〈胃が〉満腹の.
wéll-máde 形 ❶ 出来のよい, 構成のしっかりした. ❷ 〈体が〉がっしりした.
wéll-mánnered 形 行儀のよい, ていねいな, 上品な (polite; ↔ ill-mannered).
wéll-márked 形 はっきりと識別できる[見分けられる], はっきりした; 明確な.
wéll-mátched 形 調和した, 似合いの; 好取組の.
†**wéll-méaning** 形 〈人・行為など〉善意の, (結果はともかく)善意から出た (well-intentioned).
wéll-méant 形 〈行為など〉(結果はともかく)善意から出た (well-intentioned).
wéll·ness 名 Ⓤ 健康(であること).
well-nigh /wélnáɪ⁻/ 副 ほとんど (almost).
†**wéll-óff, wéll óff** 形 (better-off, better off; best-off, best off) ❶ 裕福な (well-to-do) 《★ rich よりも改まった語》: a ~ widow 金持ちの未亡人. ❷ Ⓟ うまくいっていて, 順境にあって: You don't know when you're *well off*. 人はうまくいっている時は気づかないものだ; 君は幸運であるのを知らない人だ. ❸ Ⓟ 豊富で: He's *well-off for* money. 彼は金に不自由していない.
wéll-óiled 形 ❶ お世辞たっぷりの: have a ~ tongue 口[お世辞]がうまい. ❷ [しばしば well oiled] 《口》 酔っぱらった.
wéll-órdered 形 秩序だった.
†**wéll-páid** 形 ❶ 〈仕事が〉給料のいい. ❷ 〈人が〉よい給料をとっている.
wéll-presérved 形 ❶ 保存[手入れ]のよい. ❷ 〈年配者が〉(年の割に)若く見える.
wéll-propórtioned 形 よく釣り合い[均衡]のとれた.
wéll-réad /-réd⁻/ 形 多読の; 博識の: He's ~ *in* history. 彼は歴史に精通している.
wéll-recéived 形 歓迎された.
wéll-róunded 形 ❶ 〈女性が〉豊満な. ❷ a 〈文体・構想など〉均整[釣り合い]のとれた. b 〈知識・経験・番組など〉多方面にわたる, 幅の広い: a ~ education 幅の広い教育. ❸ 〈人格などが〉円満な.
Wells /wélz/, **H(erbert) G(eorge)** 名 ウェルズ (1866-1946; 英国の小説家).
wéll-sét 形 ❶ 正しく[巧みに]据え付けた; しっかりした, 丈夫な. ❷ 〈骨格などが〉がっしりした, たくましい.
wéll-sèt-úp 形 〈体が〉がっしりした, 均斉のとれた.
wéll-spént 形 〈金・時間など〉有効に使われた.
wéll-spóken 形 ❶ 言葉づかいが上品な[洗練された]. ❷ 〈表現が〉適切な, そつのない.
wéll·spring 名 ❶ 水源. ❷ (尽きぬ)源泉 〔of〕.
wéll-stócked 形 中身[在庫]の豊富な, たっぷり入った.
wéll-thóught-òf 形 〈人の〉評判のよい.
wéll-thóught-óut 形 丹念に考案された.

wéll-thúmbed 形 《本など》手あかのついた.
wéll-tímed 形 時宜を得た (timely; ↔ ill-timed).
+**wéll-to-dó** 形 裕福な (well-off).
wéll-tráveled 形 ❶ 旅行経験の豊かな, 旅慣れた. ❷ 交通量の多い.
wéll-tríed 形 多くの試練に耐えた; 十分にテストされた.
wéll-tródden 形 《道など人がよく通る, よく踏まれた.
wéll-túrned 形 ❶ 《脚など》均整のとれた, かっこうのよい: ~ legs かっこうのよい脚. ❷ うまく表現された: a ~ phrase 巧みな語句.
wéll-túrned-óut 形 身なりのいい, おしゃれな, かっこいい.
wéll-uphólstered 形 ❶ 《椅子・ソファーなどの》クッション材がたっぷり入った. ❷ 《戯》《人が》太った.
wéll-vérsed 形 P に...に精通した (in).
wéll-wìsher 名 《人事》の幸いを祈る人, 好意を寄せる人, 有志.
wéll-wòman 形 (徼 -women) 《英》婦人科診断テストで健康とされた女性.
wéll-wòman clínic 名 《英》婦人科診断テストを行なうクリニック.
wéll-wórn 形 ❶ 使い古した. ❷ 《言句など》陳腐な, 月並みの (hackeyed).
wel·ly /wéli/ 名 《英口》=wellington.
wels /vélz/ 名 《魚》ダニューブ[ヨーロッパ]ナマズ.
welsh /wélʃ/ 動 ⓘ 《用法》ウェールズ人 (Welsh) はこの語を軽蔑的な語と感じる》 ❶ 《競馬》賭(ヵ)け金を払わずに持ち逃げする (on). ❷ 《俗》《人への》借金を踏み倒す; 《人に》違約する (on).
+**Welsh** /wélʃ/ 形 ウェールズの. ❷ ウェールズ人[語]の.
    ― 名 ❶ (the ~; 複数扱い) ウェールズ人. ❷ Ⓤ ウェールズ語. (名 Wales)
Wélsh córgi /kɔ́ːrgi/ 名 《ウェルシュ》コーギー(犬) 《ウェールズ原産の脚の短い犬; ペンブロークとカーディガンの 2 つの犬種がある》.
Wélsh drésser 名 ウェルシュドレッサー《上部が戸のない浅い棚になった食器戸棚》.
Wélsh hárp 名 ウェルシュハープ《3 列の弦を有する》.
+**Wélsh·man** /-mən/ 名 (徼 -men /-mən/) ウェールズ人 《の男性》.
Wélsh ónion 名 《植》ネギ.
Wélsh rábbit [**rárebit**] 名 ⒸⓊ チーズトースト (rarebit)《チーズをあぶるか溶かして薬味などを加えトーストにかけたもの; 熱いうちに食べる》.
Wélsh térrier 名 ウェルシュテリア《ウェールズ産のキツネ・アナグマなどの猟犬・愛玩犬》.
Wélsh·wòman 名 (徼 -women) ウェールズ人の女性.
welt /wélt/ 名 ❶ 《靴の底と甲との》継ぎ目革. ❷ 縁かがり, 縁取り. ❸ むち跡, みみずばれ (weal): A bright red ~ rose on his arm. 彼の腕には赤くみみずばれができた. ❹ 強打. ― 動 ⓗ ❶ 《...に》継ぎ目革をつける. ❷ 《...に》縁飾りをつける. ❸ 《...に》みみずばれを作る. ❹ さんざんに殴る.
Welt·an·schau·ung /véltɑ̀ːnʃáuʊŋ | -æ̀n-/ 名 (徼 ~·en /-ən/) 世界観, 人生観, 社会観.
wel·ter¹ /wéltə | -tə/ 動 ⓘ ❶ a 《...の中を》ころがる, ころがり回る (in). b 《快楽などに》浸(ひた)る, ふける (in). ❷ 《波などが》うねる, 逆巻く. ― 名 [単数形で] ❶ ころがり回ること. ❷ 《波などの》うねり, 逆巻き. ❸ ごちゃまぜ, 寄せ集め: a ~ of useless data 無価値なデータの寄せ集め. 〖ME; cf. walk〗
wel·ter² /wéltə | -tə/ 名 ❶ ウェルター級のボクサー; 平均体重以上の騎手. ❷ 《口》強打. ❸ 《口》大きい人[もの]. 〖WELT+-ER¹〗
wélter-wèight 名 《ボク・レス》ウェルター級の選手.
Welt·schmerz /véltʃmèəts | -ʃmèəts/ 名 Ⓤ 世界苦, 悲観的世界観, 厭世的悲観論.
Wel·ty /wélti/, **Eu·do·ra** /juːdɔ́ːrə/ 名 ウェルティ (1909–2001; 米国の小説家).
wen¹ /wén/ 名 《頭・首などの》はれもの, こぶ. **the gréat wén** ロンドンのかつての俗称.
wen² /wén/ 名 ウェン《古英語で用いられたルーン字 p の字母名; 近代英語の w に相当》.

2047 westerly

wench /wéntʃ/ 《古風》名 《特に, 若い》女の子, 娘っ子.
― 動 ⓘ 《男かいかがわしい女とつきあう, 売春婦と遊ぶ.
wend /wénd/ 動 (**wend·ed**, 《古》**went** /wént/) [~ one's way で] 《文》行く, たどる. 〖OE=まわる; go の過去形はこの古い過去形 went から〗
wen·di·go /wéndɪgòʊ/ 名 =windigo.
Wén·dy hòuse /wéndi-/ 名 《英》=playhouse 2.
Wens·ley·dale /wénzlidèɪl/ 名 ウェンズレーデール: a Ⓤ 熟成前の白チーズまたは熟成した青みをおびた軟質チーズの一種. b ⒸⓊ 毛の長い角なし羊.
※**went** /wént/ 動 go の過去形.
wen·tle·trap /wéntltræ̀p/ 名 《貝》イトカケガイ.
※**wept** /wépt/ 動 weep の過去形・過去分詞.
※**were** /(弱形) wɚ | (強形) wə́ː | wə́ː/ 動 ⓘ be の直説法 2 人称単数過去形, 複数過去形, または仮定法単数および複数の過去形 (⇒ be). **wére it nót for...** もし...がなければ. **wére to dó** ⇒ be 動 ❹.
※**we're** /wɪə | wɪə/ **we are** の短縮形.
※**weren't** /wɚːnt | wə́ːnt/ **were not** の短縮形.
wer(e)·wolf /wéəwʊ̀lf | wéə-/ 名 (徼 -**wolves** /-wʊ̀lvz/) (伝説上の)おおかみ人間. 〖OE=wer 人+WOLF〗
wert /(弱形) wət | wət; (強形) wə́ːt | wə́ːt/ 動 ⓘ 《古》be の 2 人称単数現在の直説法および仮定法過去形 (⇒ be).
We·sak /vésæk/ 名 ウェーサク[ベーサカ]祭《ブッダの生誕・悟り・入滅を祝う南方仏教の祭典》.
Wes·ley /wésli, wéz-/, **John** 名 ウェスリー (1703–91; 英国のメソジスト派 (Methodism) の創始者).
Wes·ley·an /wéslɪən, wéz-/ 形 ウェスリー派の, メソジスト派の. ― 名 ウェスリー派の人, メソジスト派信者. 〖WESLEY+-AN〗
Wés·ley·an·ism /-nɪzm/ 名 Ⓤ ウェスリー主義, メソジスト主義.
Wes·sex /wésɪks/ 名 ウェセックス: a イングランド南西部にあった Anglo-Saxon 王国. b Thomas Hardy がその小説の背景として設定した今の Dorset 州を中心とする地方.
※**west** /wést/ 名 ❶ [the ~] 西, 西方; 西部《略 w., W, W.; ↔ east; ⇒ north 用法》: in *the* ~ of ...の西部に | on *the* ~ of ...の西側に《西に接して》| to *the* ~ of ...の西方に《当たって》. ❷ a [the ~] 西部地方. b [the W~] 《米》西部《諸州》《Mississippi 川から太平洋岸までの諸州》. c [the W~] 西洋, 西欧; 欧米. d [the W~] 西欧諸国, 自由諸国, 西側. e [the W~] 《昔の》西ローマ帝国. **òut Wést** 《特に合衆国の》西部で[に]. **wést by nórth** 西微西 《略 WbN, W.bN.)》. **wést by sóuth** 西微南 《略 WbS, W.bS.)》. ― 形 A ❶ 西の[にある]; 西向きの: a ~ window 西窓. ❷ 《教会》》祭壇の反対側の. ❸ 《西の、西側の; 西部の西側の. ❹ 《風が》西から[吹く]: a ~ wind 西風 《★ 英国では春をもたらす暖かい風》. ― 副 西に[へ], 西方に[へ], 西部に[へ]: due ~ 真西に / The village is [lies] 15 miles ~ of town. その村は町の西方 15 マイルにある. **gò wést** (1) 西に行く. (2) 《古》おだぶつになる, 死ぬ; 破滅する. **wést by nórth [sóuth]** 西微北[南]へ. 〖OE; 原義は日が沈む所〗 (関形(詩)) occidental.
Wést Bánk [the ~] 《ヨルダン川》西岸地区《1967 年の六日戦争でイスラエルが占領した旧ヨルダン領; 住民のほとんどはパレスチナアラブ人》.
wést·bòund 形 西行きの[向き, 回り]の: a ~ train 西行きの列車.
Wést Cóast 名 [the ~] 《米国の》西海岸.
Wést Cóuntry 名 [the ~] 《英》《イングランドの》西部地方《南西部の諸州》.
Wést Énd 名 [the ~] ウェストエンド《London 中央部の主要な劇場・商店街のある繁華な地区; cf. East End》.
west·er /wéstə | -tə/ 名 《海》西風.
west·er·ing /wéstərɪŋ, wéstrɪŋ/ 形 《太陽が西に傾いている.
+**west·er·ly** /wéstəli | -tə-/ 形 ❶ 西寄りの. ❷ 《風が》

西からの[吹く]. ── 副 ❶ 西の方へ. ❷ 〈風が〉西から. ── 名 西風.

＊west·ern /wéstən | -tən/ 形 (比較なし; cf. westernmost) ❶ 西の[にある]; 西向きの: the ~ front (第一次大戦で)西部戦線. ❷ [しばしば W~] 西部地方に住む, 西部出の, 西部独特の. ❸ 〈W~〉[W~ a] (米) 西部(諸州)の. b 西洋の, 西欧の, 欧米の: W~ civilization 西洋文明. c (旧共産圏に対し)西欧(側)の, 西側の. ❹ [しばしば W~] 西部劇, ウェスタン, 西部劇の (*小説も含む). 〚WEST+-ERN〛

Wéstern Austrália 名 ウェスタンオーストラリア州《オーストラリア西部の州; 州都 Perth; 略 WA》.

Wéstern blót 名 〚生化〛ウェスタンブロット《たんぱく質を固定したニトロセルロースシート; 抗体の検出に用いる》.

Wéstern Chúrch 名 [the ~] (東方教会に対して)西方教会, カトリック教会.

＋West·ern·er /wéstənɚ | -tənə/ 名 西部(諸州)の人.

Wéstern Éurope 名 西ヨーロッパ《特に旧西側陣営諸国》.

Wéstern Gháts 名 徻 [the ~] 西ガーツ山脈《インドの Deccan 高原西縁を走る山脈; cf. Eastern Ghats》.

Wéstern Hémisphere 名 [the ~] 西半球《南北アメリカ大陸がある》.

Wéstern Ísles 名 [the ~] ウェスタンアイルズ: a Hebrides 諸島の別称. b Outer Hebrides 諸島からなるスコットランドの行政区.

west·ern·i·za·tion /wèstənɪzéɪʃən | -tənaɪz-/ 名 Ⓤ (考え方・生活様式などの)西洋化, 欧化.

west·ern·ize /wéstənàɪz | -tə-/ 動 徻 《...を》西洋風にする, 欧化させる.

wéstern médicine 名 Ⓤ 西洋医学.

wéstern·mòst 形 最西(端)の.

Wéstern Róman Émpire 名 [the ~] 西ローマ帝国《395-476 年》.

Wéstern sáddle 名 ウェスタンサドル《前橋が高く垂れが広い深い鞍》.

Wéstern Sahára 名 西サハラ《アフリカ北西部, モロッコの南にある地域で同国からの独立紛争地; 旧スペイン領サハラ (Spanish Sahara)》.

Wéstern Samóa 名 西サモア《サモア独立国 (the Independent State of Samoa) の旧称; ⇒ Samoa》.

wéstern swíng 名 Ⓤ 〚楽〛ウェスタンスウィング《ギター・フィドル・スチールギターなどカントリーミュージックの楽器で演奏されるスウィング》.

Wést Gérmany 名 西ドイツ《⇒ Germany》.

Wést Híghland térrier 名 ウェストハイランドホワイトテリア《スコットランド原産の白色で毛の長い小型犬》.

＋Wést Índian 形 西インド諸島の. ── 名 西インド諸島人.

Wést Índies 名 徻 [the ~] 西インド諸島《中米の諸島》.

west·ing 名 Ⓤ 〚海〛偏西[西行]航程; 西行, 西進.

Wes·ting·house /wéstɪŋhàʊs/, **George** ウェスティングハウス《1846-1914; 米国の工業技術者・発明家; 電力輸送における交流方式導入に貢献》.

Wést Mídlands 名 ウェストミッドランズ州《イングランド中部の州; 州都 Birmingham》.

West·min·ster /wés(t)mìnstə | -stə/ 名 ウェストミンスター《London 市中央の一区; 国会議事堂, Buckingham Palace, Westminster Abbey, 諸官庁などがある》.

Wéstminster Ábbey 名 ウェストミンスター寺院《〚解題〛ロンドンにある英国ゴシック建築の代表的建築; 国王の戴冠式はここで行なわれ, 国王・著名人の墓があり, 特に南袖廊(なんしゅうろう)には Poets' Corner として有名な文学者の墓があり; the Abbey ともいう》.

West·mor·land /wés(t)mɔːlənd | -mə-/ 名 ウェストモーランド州《イングランド北部の旧州; 1974 年 Cumbria 州の一部となる》.

Wést Níle féver 名 西ナイル熱《西ナイルウイルス (West Nile virus) がひきおこす病気; 主に力の媒介によってヒトにも感染し, 発熱・頭痛・筋肉痛・発疹を起こし, 時には脳炎・髄膜炎に至る》.

Wést Níle vírus 名 西ナイルウイルス《西ナイル熱 (West Nile fever) の病原体; 日本脳炎ウイルスに近いウイルスの一種》.

wést-nòrth-wést 名 [the ~] 西北西《略 WNW》.── 形 副 西北西の[に].

Wes·ton /wéstən/, **Edward** ウェストン《1886-1958; 米国の写真家》.

West·pha·li·a /wes(t)féɪliə/ 名 ウェストファーレン《ドイツ西部の Rhine 川の東側の地方》. **Tréaty of Westphália** ウェストファリア条約《三十年戦争終結の和平条約 (1648)》. **West·pha·li·an** /wes(t)féɪliən/ 形.

Wést Póint 名 ウェストポイント《米国 New York 州南東部にある軍用地; 陸軍士官学校があるのでその代名詞にもなっている; cf. Annapolis 2》.

wést-sòuth-wést 名 [the ~] 西南西《略 WSW》.── 形 副 西南西の[に].

Wést Sússex 名 ウェストサセックス州《イングランド南東部の州 (⇒ Sussex); 州都 Chichester》.

Wést Virgínia 名 ウェストバージニア州《米国東中部の州; 州都 Charleston; 略 W.Va., 〚郵〛 WV; 俗称 the Mountain State》. 〚⇒ VIRGINIA〛

＊west·ward /wés(t)wəd | -wəd/ 副 (比較なし) 西に向かって, 西方に[へ]. ── 形 (比較なし) 西方に向いた, 西方への. ── 名 [the ~] 西方: to [from] the ~ 西方へ[から].

west·ward·ly /wés(t)wədli/ 形 ❶ 西向きの. ❷ 〈風が〉西からの[吹く]. ── 副 =westward.

＋west·wards /wés(t)wədz | -wədz/ 副 =westward.

Wést Yórkshire 名 ウェストヨークシャー州《イングランド北部の州 (⇒ Yorkshire); 州都 Wakefield /wéɪkfiːld/》.

＊wet /wét/ 形 (**wet·ter**; **wet·test**) ❶ a ぬれた, 湿った, 湿気のある (↔ dry): ~ eyes 涙にぬれた目 / get ~ ぬれる / I got my shoes ~. くつをぬらしてしまった / ~ through = ~ to the skin=dripping [soaking, sopping] ~ びしょぬれになって / cheeks ~ *with* tears 涙にぬれたほお / The ground was still ~ *from* the recent rain. 地面は最近降った雨でまだぬれていた. b ペンキ・インクなど塗り[書き]たての, まだ乾いていない: ~ paint 塗りたてのペンキ (cf. paint 名 1). c 〈子供・おしめなど〉おねしょをした, おしっこでぬれている. d (英) 〈魚など〉生の, 冷凍[干物]でない. ❷ 雨(降り)の, 雨模様の; 雨模様の (↔ dry): ~ days [weather] 雨の日 [雨天] / Slippery when ~. 雨天時にはよくすべる(から注意)《道路掲示》. ❸ (米口) 飲酒を禁止しない, 酒類の販売を認めている: a ~ town 非禁酒町. ❹ 《英口》〈人が〉気が弱い, 意気地のない (比較 日本語の「ウェット(情にもろい)」の語義はない): Don't be so ~! そんな意気地のないことで言うな.

áll wét (米口) すっかり間違った, まったく見当違いで.

(still) wét behìnd the éars ⇒ ear¹ 成句.

── 名 ❶ [a] 雨降り, 雨天; 雨 (rain): walk in *the* ~ 雨の中を歩く. b (雨などで)ぬれた地面. ❷ Ⓤ 湿気, 水分, しめり; 水. ❸ [Ⓒ] (米口) 禁酒反対者 (↔ dry). ❹ [a ~] (英口) 1 杯の酒, 飲酒 《★英国次の句で》: have a ~ 一杯やる[ひっかける]. ❺ [Ⓒ] (英口) 弱気な人; ハト派の政治家: Don't be such a ~. そう弱音をはくな.

── 動 (**wet·ted**, **wet·ting**) ❶ 徻 ...をぬらす, 湿す: ~ one's lips 唇をぬらす. ❷ a [~ *one**self* で] おねしょをする. b 〈着衣などを〉(おしっこで)ぬらす.

wét the báby's héad (英口) 誕生を祝盃をあげて祝う.

wét the [one's] béd ⇒ bed 成句.

wét one's whístle ⇒ whistle 名 成句.

-·ly ── **-·ness** 名 〚OE; cf. water, winter〛【類義語】(1) 形 wet 水その他の液体でぬれている. **humid** 空気が不快なほど湿気をおびている. **damp** humid ほどではないが, じめじめして不快感を伴う. **moist** 湿りぐあいが damp と同程度であるが, 適度で望ましい状態を示す. (2) **wet** 水や液体を含ませる, ぬらす; 最も普通の語. **soak** 液体につけてっぷり水分を吸収させ, ふやけさす. **drench** 水をかけてずぶぬれにする. **saturate** 液体を飽和点まで吸収させる.

wét·bàck 名 (米口・軽蔑) 米国に不法入国するメキシコ人.

wét bàr 名《家庭などにある》水道設備のあるバー, ホームバー.

wét blánket 名《人の楽しみに》けちをつける人; 座をしらけさせる人 (spoilsport).

wét búlb 名《温度計の》湿球, 湿球温度計.

wét dóck 名《係船ドック《潮の干満にかかわらず船の高さを一定に保って荷物の積み降ろしを便利にするため水門を閉じるドック; cf. dry dock》.

wét dréam 名 夢精.

wét físh 名 [U] 鮮魚.

wét flý 名《釣》ウェットフライ《水中に沈めて釣って使う毛針》.

weth・er /wéðɚ/ 名 -[ð]- 去勢した羊.

+wet・land /wétlænd/ 名 [しばしば複数形で] 湿地, 湿原.

wét léase 名 乗務員・機関士その他の完備した航空機の賃貸. **wet-léase** 動

wét lóok 名 [U]《布地などの》光沢《仕上げ》.

wét-lòok 形 光沢仕上げの.

wét móp 名 水でぬらして使うモップ.

wét nùrse 名 乳児に乳を与える乳母 (cf. dry nurse).

wét-nùrse 動 他《...の》乳母になる, 乳母になって《乳児に》乳をやる.

wét páck 名《医》湿電法(鍅), 湿布《繃法(絹)法》.

wét pláte 名《写》湿板(絵).

wét rót 名 湿腐, 湿蝕, ぬれ腐れ, 湿朽《水分を含んだ木材の菌類による腐朽》.

wét sáles 名《レストランやバーの》酒類売上げ.

wét súit 名 ウェットスーツ《潜水用のゴム服》.

wét willie 名《人の耳に濡れた指を突っこむいたずら.

wét・ta・ble /wétəbl/ 形 ぬらすことができる.

wét・ting /-tɪŋ/ 名 ぬれること, ずぶぬれ: get a ~《雨などで》ぬれる.

wétting àgent 名 湿潤剤《布・革などの表面を浸潤させるのに用いる》.

wétting solùtion 名 [C,U]《コンタクトレンズの》保存液.

wét・tish /-tɪʃ/ 形 少し湿った, 湿っぽい.

wét・ware 名 [U]《電算》《俗》《人間の》脳, 脳みそ.

we've /wi:v/ 名《口》**we have** の短縮形.

wey /wéɪ/ 名 ウェイ《昔 英国で用いた, チーズ・羊毛・羊などの重さの単位; 一定しないが羊毛では 182 ポンド》.

WFTU /dʌ́bljuːɛ̀ftiːjúː/ 略 World Federation of Trade Unions 世界労働組合連盟.

+whack /(h)wǽk/ 動 他 ❶ ⟨...を⟩《棒などで》強く打つ, ぴしゃりと打つ. ❷《米俗》殺す, バラす. **whack óff**《他+副》⟨...を⟩切り落とす. ── 自《+副》《米俗》自慰行為をする. ── 名 ❶ 殴打, 強打; ぴしゃり. ❷ [a ~] 《口》: have [take] a ~ at ...を試みる, やってみる. ❸ [通例単数形で; また one's ~ で]《口》分配, 分け前 (share). ❹ 《米俗》殺し, 殺人. ❺ [out of ~]《米俗》調子が狂っていて, 具合が悪くて. ～・**er** 名《擬音語》

whacked 形 [P]《英口》疲れ切って (whacked-out): I'm completely ～. すっかり疲れ果てた.

whácked-òut 形《米俗》❶ 疲れ切った. ❷ 風変わりな. ❸ 《麻薬・酒などで》ぐったりした, 酔いつぶれた.

whack・ing /(h)wǽkɪŋ/ 名《英》殴りつけ〈こと〉: give a person a ～. 人を殴りつける. ── 形 とても大きな, でっかい (whopping): a ～ lie 途方もないうそ. ── 副 とても, 非常に: a ～ great fellow えらく巨大なやつ; とてつもない大男.

whack・o /(h)wǽkou/ 間《俗》すごい!

whack・y /(h)wǽki/ 形 (whack・i・er, -i・est) =**wacky**.

***whale**¹ /(h)wéɪl/ 名 (~s, ~)《★ 英米では食用としない》: a bull [cow] ～ 雄[雌]クジラ / a gray ～ コククジラ / ⇒ humpback whale, killer whale, right whale, sperm whale. **a whále of a [an]** ...《口》すばらしい..., 大変な...: a ～ of a time すばらしく愉快な一時 / a ～ of a difference たいした相違. ── 動 自 捕鯨に従事する. 〚OE〛

whale² /(h)wéɪl/ 動 他《米口》⟨...を⟩殴りつける. 〚WALE の変形〛

whále・bàck 名《クジラの背のような「丸く盛り上がった]もの《円い丘・波など》.

whále・bòat 名《海》両端のとがったボート《昔は捕鯨用; 今は救命艇》.

whále・bòne 名 [U] 鯨のひげ, ひげ板《プランクトンを濾過する器官, かつてはコルセットなどに利用された》.

whálebone whàle 名 [C] 動 ヒゲクジラ.

whále òil 名 [U] 鯨油.

whál・er /-lɚ/ ー[lə]ー 名 ❶ 捕鯨船員. ❷ 捕鯨船.

whále shárk 名《魚》ジンベエザメ.

+whál・ing /(h)wéɪlɪŋ/ 名 [U] 捕鯨《業》.

whál・ing màster 名 捕鯨船長.

wham /(h)wǽm/《口》名 ドシン[ドカン]《という音》, 強い衝撃. ── 動 自 ドシン[ドカン]とぶつかる. ── 他 ⟨...に⟩ドシン[ドカン]とぶつける. 〚擬音語〛

wham・my /(h)wǽmi/ 名《俗》❶ **a** 悪運をもたらす超自然力; 凶眼, 邪視. **b** 魔力, 魔法: put the ～ on a person 人に魔法をかける. ❷ 強力な攻撃; 致命的な一撃. 〚WHAM+-Y²〛

whang /(h)wǽŋ/《口》名 ガーン《という音》, 強打. ── 動 他 ガーンと打つ, 強く打つ. ── 自 ⟨ドラムがドーンと鳴る⟩. 〚擬音語〛

whap /(h)wǽp | (h)wɔ́p/ 動 名 =**whop**.

***wharf** /(h)wɔ́ɚf | (h)wɔ́ːf/ 名 (地 **wharves** /(h)wɔ́ɚvz | (h)wɔ́ːvz/, ~s) 波止場, 岸壁, 埠頭《(木ぞ)ろしの時に船が横づけになる石や木でできた構造物》. ── 他 ❶ ⟨船を⟩波止場につなぐ. ❷ ⟨船荷を⟩波止場に陸揚げ「保管する」. 〚類義語〛 **wharf** 波止場, 船着き場の意の最も一般的な語. **pier** 桟橋で, 船の乗り降りや遊歩場にもなる. **quay** 石または コンクリート造りの波止場.

wharf・age /(h)wɔ́ɚfɪdʒ | (h)wɔ́ːf-/ 名 [U] 波止場使用〈料〉. 〚WHARF+-AGE〛

wharf・in・ger /(h)wɔ́ɚfɪndʒɚ | (h)wɔ́ːfɪndʒə/ 名 波止場主〈管理人〉. 〚*wharfager* (< WHARFAGE+-ER¹) の変形〛

Whar・ton /(h)wɔ́ɚtn | (h)wɔ́ː-/, **Edith** (New・bold /n(j)uː'boʊld | njúː-/) ウォートン《1862-1937; 米国の小説家》.

wharves 名 **wharf** の複数形.

whas・sup /(h)wəsʌ́p, (h)wʌs-| (h)wɔs-/ 間 =**wassup**.

***what** /(h)wʌt, (h)wʌ́t | (h)wɔ́t/ 代 **A** 《疑問代名詞》❶ [不定数量の選択に関して用いて] 何, どんな[こと], 何ものの, 何事 (cf. which A): **a** [主語の場合]: *W*~ is on the table? そのテーブルの上に何がありますか《★ 通例単数扱い》 / *W*~ has become of him? 彼はどうなりましたか / *W*~ is the matter with you? どうしましたか《比較》《米口》では the matter を省いて What's with you? ともいう》 / *W*~ made you think (that) he was honest? どうして彼が正直だと思ったのですか / *W*~ on earth [in the world, (口) in] hell, the devil] has happened (to her)? 一体《彼女に》何が起こったのだろう. **b** [補語の場合]: *W*~ is this? これは何ですか / *W*~'s your name [address, phone number]? 名前[住所, 電話番号]は?《★ May I have [ask] your...? のほうがていねい》 / *W*~'s the time? 今何時ですか / *W*~ do you suppose this is? これは何だと思いますか. **c** [目的語の場合]: *W*~ do you mean (by that)? 《それは》どういう意味ですか / *W*~ are you talking about? 何の話ですか / *W*~ the hell [devil, deuce, heck, blazes] do you want?《口》一体全体何が欲しいと言うのか / *W*~ do you think of this poem? この詩をどう思いますか《用法》この場合 How...? ではない》 / *W*~ do you say to go*ing* for a walk?《口》散歩するのはどうですか《★《口》*W*~ do you say we go for a walk? ともいう》《用法》話し相手の意向を問う時の表現》. **d** [間接疑問の節や +*to do* の形で]: Do you know ～ this is? これが何か知っていますか《★ Do you know what is this? とはならない》 / Tell me ～ (has) happened. 何があったか話してください / I don't know ～ *to* do. 何をしてよいかわからない. **e** [前に言われたことに対してまた反復を求めて; 時に怒りを表わして]《口》《発音 上昇調で発音する》: *W*~ (did you say)? =*What's that?* え, 何ですって?《★《口》*Pardon?, Excuse me?* などを用いる》 / You told him ～? 彼に何と言ったって?《用法》通例「あなたはとんでもないことを言ってしまった」の意》.

❷ **a** どれほど, いくら, いかほど: *W*~ is the price of this

what

bag? このバッグはいくらですか 《変換》 How much is this bag?, How much does this bag cost? などと書き換え可能) / W~ is the population of Edinburgh? エジンバラの人口はどれほどですか. **b** [人の職業などを尋ねて] 何者, どんな人: W~ do you do (for a living)? お仕事は何ですか 《比較》 いきなり聞かれてどぎまぎする人もいるので, 表現を幾分 かくだいて, W~ is your occupation? / W~ kind of work do you do? などを用いる). **c** どれほどの価値[意味] をもつので ⇒WHAT's it to you? 成句.
❸ [感嘆文に用いて] 何と多量[多額], どれほど: W~ it must cost! 何とお金のかかることだろう / W~ wouldn't I give to be free! 自由になるためならどんな犠牲を払ってもよい.

── **B** /(h)wɑt, (h)wʌt | (h)wɔt/ (関係代名詞) ❶ **a** (…する)もの[こと] 《用法》 which, who, that などと異なり, 意味上先行詞を含む関係代名詞で名詞節を導く): W~ I say is true. 私の言うことは本当です / W~'s done is done. 済んだことは済んだこと / She pointed to ~ looked like a bird. 彼女は鳥のように見えるものを指さした / He always does ~ he believes is right. 彼はいつも正しいと信じにとをする 《用法》 what is の主語で he believes は挿入的に読む). **b** [関係詞節中を補語に用いて] (…のような)その人[もの]: He's not ~ he was. 今の彼は昔の彼ではない 《用法》 昔と比べて現在は「堕落した」「衰えた」など通例悪い意味に用いる) / You have made me ~ I am today. 私の今日あるのはあなたのおかげです. **c** 〈…する)なんでも (whatever): You may do ~ you like. したいことはなんでもしてよい. **d** [A is to B what C is to D の形で] A の B に対する関係は C の D に対する関係と同じである: Air is to us ~ water is to fish. 空気と我々との関係は水と魚の関係に等しい / W~ lungs are to the human, leaves are to the plant. 葉の植物における肺の人間における関係である.

❷ [独立的または挿入的な副詞節を導いて] (さらに)…なことには: W~ is more, he was awarded the grand prix. そのうえ[おまけに]彼は大賞までもらった / He said he would do it and, ~ is more surprising, he did do it. 彼はそうすると言い, さらに驚いたことにはそれを実行した.

and what nòt=and whàt hàve you 《列挙した後に置いて》 その他(同種の)いろいろ, …など (cf. whatnot 1): He bought books, magazines, and ~ not. 彼は本や雑誌, その他いろいろ買った.

cóme what máy [will] ⇒ come 成句.

Í knòw whát. うん, いい考えがある 《用法》 提案などをしようとする時の表現).

(I'll) téll you whát. あのね(いい話がある).

nót but what… ⇒ but 接 成句.

or whát [疑問の文尾につけて] それともほかに何か; そうでないと言うのか: Is she angry, or ~? 彼女は腹を立てているのかそれともそうでないのか.

or whàt have you 《口》 =and WHAT not 成句.

Sò whát? 《口》 それがどうしたというのか, そんなことはかまわないではないか: "You failed the test." "So ~?"「君は試験に落ちたね」「だからどうだっていうんだ」.

thát's whàt it ís 《口》 [前の陳述を強調するのに用いて] まさにそのとおり.

(Wéll) whàt do you knów (abòut thát)! ⇒ know 動 成句.

Whát abòut…? (1) [相手に勧誘して] (…しては)どうかね (how about): W~ about a drink? 一杯どうだね / W~ about coming with us? 一緒に来たらどうですか. (2) …はどうなるのか; …はどうしているか; …がどうしたというのか: W~ about me? 私(の場合)はどうなるのか / W~ about the missing letter? なくなった手紙のことはどうなったのか.

whát abòut thát! 〔驚き・称賛を表わして〕 それはすごい!, へえ!

whát d'you càll it 《口》 =WHAT's it 成句.

whàt fòr 《口》 (1) 何のために, なぜ (cf. WHAT…for 成句): "I save bottle caps." "W~ for?"「ビンの栓を集めている」「なぜ」. (2) 〔通例 give a person what for で〕 ぶん殴ること; 大目玉: If you don't shut up, I'll give you ~ for! 黙らないとひどい目にあわせるぞ.

whát…fòr 《口》 (1) 何のために, なぜ: W~ did you go there for? なんでそこへ行ったのですか. (2) 〈ものが〉何の目的のもの で, 何の用に立って: W~'s this gadget for? この器具は何に使うものですか.

Whàt gíves? ⇒ give 成句. **whát hó!** ⇒ ho 成句.

Whát if…? (1) 〈通例よくない事が〉…したらどうなるだろう 《用法》 What will [would] happen if…? の略; 現在では if 節には直説法を用いるほうが一般的だ): W~ if he comes back now? 今彼が戻ってきたらどうなるだろう / W~ if you fail(ed)! 君が失敗したらどうなるだろう (大変だ!). (2) …したらどうですか: W~ if you take a taxi? タクシーを使ってはどうですか. (3) …したってかまうものか 《用法》 What does it matter if…? の略): W~ if I fail! 失敗が何だ, 失敗はどんなものでか, 何でもない.

whàt is cálled=whàt we [you, they] càll いわゆる: This ~ is called [~ you call] a 'present' in some countries and 'bribe' in others. これは国によっていわゆる「贈り物」で他の国では「贈賄(ぞうわい)」だ.

what is it? 何の用だい, 何だい.

whàt it tákes 《口》 ある目的達成のために必要なもの 《才能・財産・美貌など》: He's really got ~ it takes to become a star. 彼にはスターになるための素質が本当にある.

Whát…líke? どのような人[もの, こと]で, どんな具合で: W~'s the new mayor like? 新しい市長はどんな人ですか / W~'s it like living there? そこでの生活はどんなものですか.

Whát néxt? 《口》 驚いた!, あきれた! 《由来》 「次にこれ以上にひどいことが起こりうるだろうか」の意から).

Whàt óf it? 《口》 =So WHAT? 成句.

what's his [her, their] nàme 《口》 何とかさん, 例のあの男[女, 人たち] (★ 名前を忘れたり, 言いたくない人をさす): Mary's gone out with ~'s his name. メアリーはあの何とかいう男と一緒に出ていった / She's gone to visit the ~'s their names. 彼女はあの何とかいう夫妻を訪問しにいった 《用法》 their names は夫婦または家族の姓のこと; Mr. and Mrs. Brown が the Browns となる場合と同様).

what's it=what's its nàme 《口》 何とかいうもの, 例のあれ (★ 名前を忘れたり, 言いたくない物をさす): I don't know how to operate the ~'s it. この何とかいうものの扱い方がわからない.

What's it to yóu? それがあんたに何だ[どうだ]っていうんだ, 君には関係ないだろ.

What's néw? 《口》 (1) [あいさつにも用いて] 何か変わったことでもあるかい; (やあ)どうですか.

What's the (bíg) idéa? ⇒ idea 名 成句.

What's úp? 《口》 (1) [あいさつ代わりに] どうしてる. (2) 何が起こっているのか (with).

Whàt's úp with thát? 《米口》 どうなってるんだ?

whàt's whát 《口》 重要[有益]なこと; 事の真相: know ~'s ~ 常識がある, 実情を知っている.

Whát though…? 《文》 …したとしてもかまうものか.

whát you may càll it =WHAT's it 成句.

Yòu whát? 《口》 (1) 何と言いましたか (もう一度繰り返してください). (2) 何だって 《驚き・当惑を表わす》.

── 形 A (比較なし) **A** (疑問形容詞) ❶ **a** 何の, 何という, どんな, いかほどの: W~ time is it? 何時ですか / W~ (kind of) flower is that? あれは何という(種類の)花ですか / W~ books did you read during the vacation? 休暇中にどんな本を読みましたか / W~ day of the week is it today? きょうは何曜日ですか. **b** [間接疑問の節を導いて] 何の, どんな; いかほどの: I don't know ~ plans he has. 彼がどんな予定を知らない / I don't know ~ clothes I should wear [~ clothes to wear]. どういう服を着てよいのかわからなかった.

❷ [感嘆文に用いて] 何という 《用法》 この構文ではしばしば主語と述語動詞を省略する; cf. how¹ A 6 a): W~ a beautiful view this is! なんと美しい眺めだろう 《変換》 How beautiful this view is! と書き換え可能) / W~ impudence! 厚かましいにもほどがある / W~ a pity (it is)! 何と残念なことか / W~ a genius he is! 彼は何という天才だろう!

── **B** /(h)wɑt, (h)wʌt | (h)wɔt/ (関係形容詞) (…する)と

んん…も,(…する)だけの (whatever)《用法》この用法では「わずかながらもすべて」の意が含まれているので,具体的に what little [few]...で用いられることもある》: Lend me ～ books you can. 都合できるだけの本を貸してください / Bring ～ friends you like. 友だちを何人でも連れてきなさい / I gave her ～ *little* money I had. 持っていたわずかな金を全部彼女に与えた.

—— 副 (比較なし) ❶ どの程度, どのくらい《用法》疑問文では反語的な言い方となる》: W～ does it matter? どうってことがあるもんか / W～ does it profit him? どれほどそれが彼の得になるのか / W～ do you care? (そんなこと)君のかまう[知った]ことではない, 大きなお世話だ. ❷ [数量の前に挿入的に] まあ, あの.

whát with...and (what with)... 《通例よくないことの理由を列挙する形で》…やら…やらで: W～ *with* drink and (～ *with*) fright, he did not know what was happening. 酔っておびえていたので彼は何が起こっているのかわからなかった.

—— 間 ❶ [通例疑問文を伴って驚き・怒りを表わして] 何だって, ええ, まさか: W～, *no* breakfast? ええっ, 朝食抜きだって. ❷ [文尾に添えて相手の同意を促して] 《英古風》ね え: Unusual, ～? 珍しいことだ, ねえ.

whát・cha・ma・càll・it /-tʃəmə-/ 名 =WHAT'S it 成句. 《*what you may call it*》

whát-d'you-càll-him[-her, -them] 名 =WHAT'S his [her, their] name 成句.

whát-d'you-càll-it 名 =WHAT'S it 成句.

what・e'er /(h)waṭéə, (h)wʌt- | (h)wɔtéə/ 代 形《詩》=whatever.

*what・ev・er /(h)waṭévə, (h)wʌt- | (h)wɔtévə/ 代 A ❶ [先行詞を含む不定関係代名詞として] (…する)もの[こと]は何でも, (…する)もの[こと]は皆: You may do ～ you like. 何でも好きなことをしてよい. ❷ [譲歩節を導いて] どんなこと[もの]が…でも, いかに…でも (no matter what): W～ happens, I will do it. 何事が起こっても私はそれをするのだ / W～ his problem may be, he has no right to behave like that. 彼の問題がどのようなものであれ, そのような態度をとる権利はない《★ whatever が be 動詞の補語の場合 may be は省略可》. whatéver you dò [否定命令文と用いて] 絶対に, どんなことがあっても. whatéver you sáy [thínk, wánt] (不本意ながら)おっしゃるようにしましょう.

—— B [疑問代名詞 what の強調形として] 驚き・困惑などを示して》《古風》一体何が, 全体何が (圖特に《英》では what ever と2語に書くのが正式とされるが, 最近では区別がなくなっている): W～ are you going to say? 一体全体何を言おうとしているのですか. (or) whatever 《口》(1)[列挙した後に置いて] その他何でも, …とか何とか: Every weekend they go to the movies, or a restaurant, or ～. 週末ごとに彼らは映画とかレストランとか何とかに出かける. (2)《米》[一語で用いて] なんなりと, 何とでも: "Why don't you come with me?" "I would if I could." "W～." 「一緒に来ないか」「行けたらね」「まあ, 好きなように」. (3) [独立して用い, 反語的で] どうでもいい, 関心ないね. Whatéver néxt? 次は何が起きることやら[出てくるやら]《驚きを表わす》.

—— 形 A (比較なし) ❶ [関係詞 what の強調形として] どんな…でも: You can have ～ magazine you like. どんな雑誌でも君にあげよう. ❷ [譲歩節を導いて] どんな… (no matter what): W～ nonsense he talks, I have to look happy. 彼がどんなばかばかしい事を言おうとも私は満足顔をしていなければならない. ❸ [否定・疑問文で名詞・代名詞の後に用いて] 少しの…, 何らの… (whatsoever): There's *no* doubt ～. 何の疑いもない. ❹ [文尾で]《口》何があろうと.

whát-fór =WHAT for 成句 (2).

whát-if 名 仮説の場合, 仮定.

*what'll /(h)wáṭl, (h)wátl | (h)wɔ́tl/《口》what will の短縮形: W～ you have? (飲み物など)何にしますか.

whát-nòt 名 ❶ 《口》何やかや, いろいろなもの [連中] (whatever): books, magazines, and ～ 本や雑誌や何やかや. ❷ [C] (骨董(5)品・書物などを載せる)飾り棚.

*what're /(h)wáṭə, (h)wátə | (h)wɔ́tə/《口》what are の

短縮形.

*what's /(h)wáts, (h)wáts | (h)wɔ́ts/《口》what does [has, is] の短縮形.

whát's-her-fàce, wháts・her・fàce =WHAT's her name 成句

whát's-his-fàce, wháts・his・fàce =WHAT's his name 成句

whát's-his [her, their, its]-nàme ⇨ WHAT's his [her, their, its] name 成句

wháts・it =WHAT's it 成句.

what・so・e'er /(h)wàtsouéə, (h)wʌt- | (h)wɔtsouéə/ 代 形《詩》=whatsoever.

*what・so・ev・er /(h)wàtsouévə, (h)wʌt- | (h)wɔtsouévə/ 代 形 whatever の強調形《★ 否定的な文脈で用いられる》.

wheal /(h)wí:l/ 名 =weal².

*wheat /(h)wí:t/ 名 [U] ❶ 《植》コムギ. ❷ 小麦 (wheat から小麦粉 (flour) が作られパンの原料になる; 比較 barley は大麦で, 食用にされビール・ウイスキーの原料; oats はオート麦 (燕麦), でオートミールに使われたり牛馬の飼料; rye はライ麦で, パンやウイスキーの原料や家畜の飼料用). **séparate** [**sórt**(**óut**)] **the wheat from (the) chaff** (もみ殻から小麦を取り去るように) 良いものと悪いものを[有能な人と無能な人を]分ける. 《OE; 原義は「白い粉」white と同語源》

whéat bèlt 名 小麦地帯.

whéat・èar 名 《鳥》サバクヒタキ《ツグミ族》.

wheat・en /(h)wí:tn/ 形 小麦の; 小麦(粉)製の. 《WHEAT+-EN²》

wheáten térrier 名 ウィートンテリア《淡黄褐色の毛の豊かなテリア犬》.

whéat gèrm 名 小麦胚芽 (ビタミンに富む).

whéat gràss 名《植》=couch grass.

whéat・mèal 名 [U]《英》(ふすま・胚芽を少し取り除いた)小麦粉.

Whéat・stone('s) brìdge /(h)wí:tstoun(z)-|-stən(z)-/ 名《電》ホイートストンブリッジ《抵抗測定器》.

whee /(h)wí:/ 間 わーい, ひゃっほー!《歓喜・興奮の叫び声》.

whee・dle /(h)wí:dl/ 動 (人を)うまい言葉[お世辞など]で誘う; (人を)甘言でだまして〔…させる〕(*into*); (人から)(ものを)言葉たくみに巻き上げる (*out of*). **whée・dler** /-dlə | -dlə/ 名 **whée・dling・ly** /-dlɪŋ-/ 副 甘言で, うまいことを言って, 機嫌をとるように. 《G=しっぽを振る, へつらう》

*wheel /(h)wí:l/ 名 ❶ [C] (車の)車輪, ホイール (cf. simple machine): the front [rear] ～s 前[後]輪 / four-*wheel* [front-*wheel*] drive 四輪[前輪]駆動. the ～; (車の)ハンドル; (船の)舵輪 (た̀ん); ⇨ steering wheel / sit behind [at] the ～ ハンドルの前に[運転席に]座る / take the ～ ハンドルを握る, 運転する. ❷ [C] **a** *wheel* の: spinning *wheel*. **b** 製陶ろくろ(台). **c** (ルーレットの)回転円板. **d** 輪転花火. ❹ [C] [複数形で]《口》自動車; 自転車: Have you got ～s today? きょうは車に乗っていますか. ❺ [C] 車転, 回転, 旋転; (曲芸師の)横とんぼ返り. ❻ [C] [通例複数形で] 機構, 原動力: the ～s *of* government 政治機構. ❼ [C] [しばしば big ～ で]《米口》大物, 大立物, 有力者: He's a *big* ～ in the company. 彼は会社の重鎮だ. **at the whéel** (1) ハンドルを握って, 運転して; 舵輪を取って (cf. 2): Who's at the ～? だれが運転しているのか. (2) 支配権を握って. **Fórtune's whéel=the whéel of Fórtune** 運命の神の車輪; 運命, 栄枯盛衰. **óil the whéels** 事を円滑に運ばせる《原義「車輪や歯車に油をさす」の意から). **on óiled whéels** 順調に, すらすらと. **on whéels** (脚に)車輪が[キャスター]のついた. **sét [pút] (the) whéels in mótion** 事を円滑に運ばせる, 計画[手続き]を軌道にのせる. **whéels within whéels** 複雑な動機[事情]《★ 聖書「エゼキエル書」から》.

—— 動 ❶ [副詞(句)を伴って] 《車輪のついたものを〉動かす, 押し[引き]動かす: ～ a bicycle *up* (a hill) 自転車を (坂の上に)押して上がる. ❷ 〈…を車で運ぶ: The rubbish was ～ed *out to* the roadside. そのがらくたは道端へ荷車

wheel-back

で運び出された. ❸ …の向きを変える. ── 自《副詞(句)を伴って》❶ (突然)くるりと向きを変える《around, round, about》. ❷《文》〈鳥・飛行機などが〉旋回する;〈天体が〉回る: The gulls are ~*ing around over the sea.* カモメが海の上をくるくる旋回している. **whéel and déal**〔通例進行形で〕《口》(商売や政治などで)敏腕[辣腕(らつわん)]をふるう, 策を弄(ろう)する. **whéel óut**《他+副》《口》〈前と同じ〉議論を〉持ち出す, むしかえす.
《OE; 原義は「回るもの」》

whéel-báck 形〈いすが〉ホイールバックの《輪形の背のあるものにいう》.

whéel·bàrrow 名 手押し一輪車, ねこ車 (barrow).

whéel·bàse 名《車》軸距, ホイールベース《前後の車軸間の距離》.

***wheel·chair** /(h)wíːltʃèɚ | -tʃèə/ 名 (けが人・病人用の)車いす: an electric [a power] ~ 電動車いす.

whéel clàmp 名《英》違法駐車の車につけて動けなくする車輪の締め金, 車輪クランプ (clamp).

whéel-clàmp 動《車に》車輪クランプをはめる.

wheeled 形 ❶ 車輪のある: a ~ vehicle 車輪のある乗り物. ❷〔通例複合語で〕(…の)車のついた: a three-*wheeled* car 三輪車.

wheel·er /-lɚ | -lə/ 名 ❶〔複合語で〕(…の)車輪のあるの: a four-*wheeler* 四輪馬車. ❷ 車大工. ❸ =wheel horse 1.

whéeler and déaler 名 (@ wheelers and dealers) = wheeler-dealer.

wheeler-déaler 名《口》敏腕家, 辣腕(らつわん)家, やり手, 策士.

whéel hòrse 名 ❶ (四頭立て馬車の)後馬(うしろうま) (↔ leader). ❷《米》(政党・企業などで)忠勤を励む人.

whéel·hòuse 名《海》(小型で旧式の船の)操舵室.

wheel·ie /(h)wíːli/ 名《口》後輪走行, ウィリー(走行)《オートバイなどで前輪を浮かせて後輪だけで走る曲乗り》.

whéelie bìn 名《英》車輪付き大型ごみ箱.

whéeling and déaling 名 U 目的のためには手段を選ばないこと, 敏腕[辣腕]をふるうこと.

whéel·less 形 車輪のない.

whéel lòck 名 (昔の)歯輪式撃発装置, 輪燧(りんすい)発機.

wheel·man /-mən/ 名 (@ -men /-mən/) ❶ 舵手(だしゅ). ❷ 自転車[オートバイ]乗り(人); 自動車の運転手.

wheels·man /-mən/ 名 (@ -men /-mən/) 《米》 = wheelman 1.

whéel·spìn 名 U《車》車輪の空転, ホイールスピン.

whéel·wright 名 車大工.

⁺**wheeze** /(h)wíːz/ 動 自〈人が〉(ぜんそくなどで)ゼーゼー息を切らす; [副詞(句)を伴って]ゼーゼーいいながら動く[進む], ゼーゼーいう音を出す. ── 他 ゼーゼーいいながら(…を)言う: He ~*d out* a curse. 彼はゼーゼーいいながら悪づいた / "Pass me the medicine," he ~*d* (*out*).「薬を取ってくれ」と彼はゼーゼー息をしながら言った. ── 名 ❶ ゼーゼーいう音. ❷《英》 a 名案. b (役者の決まったしゃれ.

wheez·y /(h)wíːzi/ 形 (**wheez·i·er**; **-i·est**) ゼーゼーいう(音を出す). **whéez·i·ly** /-zəli/ 副 **-i·ness** 名

whelk[1] /(h)wélk | wélk/ 名《貝》ヨーロッパバイ《エゾバイ科の海産食用貝》.

whelk[2] /(h)wélk/ 名 吹き出物, にきび.

whelm /(h)wélm/ 動《詩》❶ 圧倒する, 押しつぶす. ❷ 水に沈める.

whelp /(h)wélp/ 名 ❶ a 犬の子, 犬ころ. b (ライオン・トラ・クマ・オオカミなどの)子. ❷ (行儀の悪い)子供, がき, 小僧. ── 動 ❶ 他〈犬が〉子を産む.

※**when** /(h)wén/ 副 (比較なし) A (疑問副詞) いつ: *W*~ did she get married? 彼女はいつ結婚しましたか《この場合 when を現在完了形とともに用いて *When* has she got married? とするのは間違い》/ Ask her ~ she will come [be] back. 彼女にいつ帰るかを聞いてごらん《語法 Ask her ~ she comes [is] back. とは言わない; cf. 腰 1 a) / I don't know ~ to go. いつ行くべきかわからない / *W*~ do you use the plural form? 複数形を用いるのは

どういう場合ですか / Tell me ~ I should stop pouring. どこで(酒を)注ぐのをやめてよいか言ってください.

── B /(h)wen/ (関係副詞) a [制限的用法で] …する[した](時)《語法 通例「時」, 時には「場合」を表わす名詞を先行詞とする形容詞節をつくる》: It was New Year's Eve ~ he arrived home. 彼が家に着いたのは大みそかだった《語法 when が省かれることがある; cf. that C 2》/ There're times ~ we all get discouraged. だれでもがっかりする時もある. b [非制限的用法で; 通例前にコンマが置かれる] (…すると)その時《語法 書き言葉で多く用いられる》: Wait till eight, ~ he will be back. 8 時までお待ちなさい, その時分には彼は帰ってきます. c [先行詞を含む関係副詞用法で] …する時: Monday is ~ I'm busiest. 月曜日は私がいちばん忙しい時です.

── /(h)wen/ 接 ❶ a …する時, …時《語法 時を表わす副詞節をつくる; when は特定の時を表わし, while は期間を表わすのが通例だが, 時に when 節中に進行形も用いられる》: *W*~ it rains, he stays at home. 雨が降ると彼はうちにいる / The incident occurred ~ I was off on a trip. その事件は私が旅行で不在の時に起こった / I'll tell him ~ he comes home. 彼が帰ってきたら言おう《語法 接続詞の導く副詞節中では未来形は用いられず, 現在形または現在完了形で表わされる; cf. I'll ask him ~ he *will* come home. いつ帰るか尋ねようか《用法 A)》/ *W*~ he (was) a boy, he was very naughty. 少年の頃の彼はとてもいたずらっ子だった《語法《文語》では when の導く従属節と主節の主語が同じ時, 従属節の主語と be 動詞が省略されることがある》/ The kitchen is a mess ~ she bakes cakes. 彼女がケーキを焼くといつも台所はひどく散らかる / Stop writing ~ the bell rings. ベルが鳴ったらペンを持つのをやめなさい. b [主節の後に when の導く従属節がくる時文脈上で] (…すると)その時《語法 主節が進行形または過去完了形で表わされる場合が多い》: I *was* stand*ing* there lost in thought ~ a voice called me from behind. 考え込んでそこに立っていたら後ろから声をかけられた / I *had* just fall*en* asleep ~ someone knocked at the door. 眠ったと思ったとたんにだれかがドアをノックした.

❷ a …ならば, …とすると: I'll give it to you ~ you say 'please.' 「お願い」て~と言ったらあげよう. b …であることを考える[思う]と: How can you convince him ~ he will not listen? 耳を傾けようともしないのにどうして彼を説得できようか.

❸ …なのに, …とはいえ: He works ~ he might rest. 彼は休んでもよい時に働く.

hárdly...when ⇨ hardly 副 成句. **Sày whén.** ⇨ say 動 成句. **scárcely...when** ⇨ scarcely 副 成句.

── /(h)wén/ 代 [the ~] 時, 時期: *the* ~ and the where of his arrest 彼の逮捕の時間と場所.

── /(h)wén/ 代 ❶ [前置詞の後ろに置いて疑問代名詞として] いつ: Since ~…? いつから / Until ~ are you going to stay here? いつまで当地にご滞在ですか. ❷ [前置詞の後ろに置いて関係代名詞として] 《文》その時: He came on Monday, since ~ things have been better. 彼は月曜日に来たが, その時以来事情は好転した.
〖OE〗

⁺**whence** /(h)wéns/ 副《文》❶ (疑問副詞) どこから: No one knew ~ he had come. 彼がどこからやってきたのかだれも知らなかった. ❷ /(h)wens/ (関係副詞) a [制限的用法で] …出てきた(場所): He returned to the place ~ he had come. 彼は出てきた場所に戻った. b [非制限的用法で; 通例前にコンマが置かれる] (そして)そこから, その点から: There was once a castle of the Roman army here, ~ (came) the name of Lancaster. かつてここにローマ軍の城があったが, そこからランカスターという名が生じた《語法 しばしば動詞 come が省略される》. c [先行詞を含む関係副詞用法で] (…出てきた)所へ: They returned ~ they had come. 彼らは出てきた所へ帰っていった.

whènce·so·éver 副《文》whence の強調形.

when·e'er /(h)wènéɚ | -éə/ 接《詩》=whenever.

* **when·ev·er** /(h)wènévɚ | -və/ 接 腰 ❶ …する時にはいつでも, …する時に必ず; …するたびに: I'll see him ~ he wants [would like] to come. いつでも彼が来たい時に会

いましょう / W~ possible, he takes his dog with him. 彼はできる時はいつも犬を連れていく. ❷ [譲歩節を導いて] いつ…しようとも: W~ you (may) call on him, you will find him reading. いつ彼を尋ねても彼は読書していますよ.
── 副 (比較なし) [疑問副詞 when の強調形として; 驚きを示して] [《口》《綴》特に《英》では when ever と2語に書くのが正式とされるが, 最近では区別がなくなっている]: W~ did I say so? 一体いつ私がそう言ったのか. (or) whenéver (1) [時を表す副詞(句)に続いて] [《口》…かいつか: today, tomorrow, or ~ 今日か明日かいつか. (2) [独立で用いて] いつでも.

when·so·ev·er /(h)wènsouévə | -və/《腰》副《文》whenever の強調形.

where 副 (比較なし) **A** /(h)wéə | (h)wéə/ (疑問副詞) どこに[へ, を, で], どういう立場[事態]で[に]: W~ do you live? どちらにお住まいですか / W~ are you going? どちらへお出かけですか (★こういう問いは親しい間柄の人以外にすると失礼になることがある) / He wondered ~ he was. 彼は自分が今どこにいるのかしらと思った / I don't know ~ she got the information. 彼女がどこからその情報を手に入れたのかわからない / He asked ~ there was [he could find] a good hotel. 彼はどこへ行ったらいいホテルがあるか[見つかる]かと尋ねた / He asked me ~ to go. 彼は私にどこへ行ったらいいのかと尋ねた / W~ now? 今度はどこ(に, へ)? / W~ is he to blame? どんな点で彼は非難されるべきですか / I wonder ~ this trouble will lead. この先この問題がどういう事態に進展するのだろうか.
── **B** /(h)weə | (h)weə/ (関係副詞) ❶ [制限的用法で] …する, (場所, 場合など); [《用法》「場所」「場合」を表わす名詞を先行詞とする形容詞節をつくる]: This is the house ~ I was born. ここが私の生まれた家です / This is a case [an instance] ~ practice makes perfect. これこそ習うより慣れよということの実例だ. ❷ [非制限的用法で; 通例前にコンマが置かれる] そしてそこに[で]: A little after one o'clock I got to the town, ~ I had lunch. 1時少し過ぎにその町に着いて, そこで昼食をとった. ❸ [先行詞を含む関係副詞用法で] …する所: This is ~ we used to play. ここが私たちがいつも遊んだ所です / That's ~ you're mistaken. そこが君の間違えているところだ / He works three miles from ~ he lives. 彼は住んでいる所から3マイル離れた所で働いている.

Where awáy?《海》(船上で見張りの者が陸地などを見つけたという報告に対して) どっちの方向だ.

whère it's át《俗》(1) 最もおもしろい[重要な, 流行の] 場所: That club's ~ it's at, man. おい, あのクラブは最高だぜ. (2)《米》すばらしい, すてきな: Baseball's ~ it's at. スポーツに通じている人には野球がいちばんだ, 野球しかない.

Whère wére we [wás I]? どこまで話してたんだっけ (話が中途で切れて戻す時の言葉).

── /(h)weə | (h)weə/《腰》❶ **a** …する[した]所に[へ, を]: Show us ~ we can get a drink of water. 水の飲める所へ案内してください / W~ there's a will, there's a way. ⇒will² 图 2. **b** …する所はどこに[へ]でも: Go ~ you like. どこにでも行きたい所へ行きなさい / ~ …する場合に: She was outstanding ~ endurance was called for. 彼女は忍耐力が要求される所で傑出していた. ❸ …するのに, …というのに (whereas): Jewish people don't eat pork, ~ Christians relish it. キリスト教徒は豚肉を好物としているのにユダヤ人はそれを食べない.
── 名 [the ~] 場所: the ~ and the why of it その場所と理由.

── /(h)wéə | (h)wéə/代 ❶ [前置詞を伴って疑問代名詞として] どこ: W~ do you come from? どちらのご出身ですか / "I'm going now." "W~ to?" 「さあ出かけよう」「どこへ」. ❷ [前置詞を伴って関係代名詞として] (…する[した])ところの (場所) (★非標準的用法): That's the place ~ he comes from. あそこが彼の郷里です.
〔OE〕

+**where·a·bouts** /(h)wé(ə)rəbàuts | ~──/ 副 (疑問副詞) どの辺に, どのあたりに: W~ did you leave it? それをどのあたりに置いたのですか. ── /~──/ 名 U [通例修飾語を伴って; 単数または複数扱い] 所在, ゆくえ, ありか: His ~

is [are] unknown. 彼の居所は不明だ《用法》単数扱いが一般的になりつつある).

where·áfter 副《文》その後, それ以来.

*where·ás /(h)wè(ə)rǽz/《腰》❶ [主節と対照・反対の節を導いて] …であるのに, ところが(事実は), …に反して (while): Some people like coffee, ~ others prefer tea. コーヒーの好きな人もいるが紅茶の好きな人もいる. ❷ [文頭に置いて]《法》…とみると, であるがゆえに.

where·át《古》副 (関係副詞) (そこで)…する(場所): I know the things ~ you're displeased. 彼が気に入らない物事を知っている. ──《腰》そこで, すると(すぐ).

*where·bý /(h)wèəbái | (h)wèə-/ 副 (関係副詞)《文》(それによって, それに従って)…する(手段など): the law ~ all schoolchildren are given textbooks free 全学童が教科書を無料でもらえる法律.

wher·e'ér /(h)wè(ə)réə | -éə/《腰》副《詩》=wherever.

where·fóre《古》(疑問副詞) どんな理由で, なぜ. ──《腰》その理由で, それゆえ: He was angry, ~ I left him alone. 彼は怒っていた, それだから私は彼をひとりにしておいた. ── 名 [the ~; 複数形で] 理由《用法》通例 the whys and (the) ~s の形で用いる).

where·fróm 副《文》(疑問副詞) どこから. ❷ (関係副詞) そこから…する, そこから.

+**where·ín**《文》❶ (疑問副詞) どの点で[に]; どのように: He asked ~ he was mistaken. 彼はどの点で間違っているのかと尋ねた. ❷ (関係副詞) (そこで, その点で)…する(所): the room ~ he sat 彼が座っていた部屋.

where·óf 副《文》❶ (疑問副詞) 何の, 何について. ❷ (関係副詞) それの, それについて, そのうちの.

where·ón 副《古》(関係副詞) (そのうえ, それに)…する(もの): the basis ~ the theory rests その説が基づいている根拠. ──《腰》=whereupon.

where's /(h)wéəz | (h)wéəz/《口》where is [has] の短縮形.

where·so·év·er《文》副《腰》wherever の強調形.

where·tó 副《文》❶ (疑問副詞) **a** 何へ, どの方向へ, どこへ. **b** 何のために. ❷ (関係副詞) (向かって)…する(場所).

+**where·up·on** /(h)wè(ə)rəpán, -pɔ́:n | -pɔ́n/《腰》そうすると, すると(すぐ): I related the anecdote, ~ he laughed heartily. 私の逸話を話すと彼は(やに)わに大笑いをした.

*wher·ev·er /(h)we(ə)révə | -və/《腰》❶ …する所はどこでも[どこにでも] (everywhere); …する場合には いつでも: I will follow you ~ you go. あなたの行く所ならどこへでもついていきます / You may sit ~ you like. どこでも好きな所に座ってよい / W~ (it's) possible, he tries to help. 可能な場合は彼はいつでも力を貸そうとする. ❷ [譲歩節を導いて] どこに[へ]…しようとも (no matter where): W~ I am, I think of you. 私はどこにいてもあなたのことを思っている. **wherèver thát is [máy bè]** それがどこかはよく知らないが.
── 副 (比較なし) [疑問詞 where の強調形として] [《口》一体どこに[へ, で] [《綴》特に《英》では where ever と2語に書くのが正式とされるが, 最近では区別がなくなっている]: W~ did you find it? 一体どこでそれを見つけたのか. **or wherèver** [場所を表わす副詞(句)に続いて]《口》それとどこ(へ)でも: He may have gone to Japan, to China, or ~. 彼は日本か中国かそれともどこかへ行ってしまったのかもしれない.

where·withál 名 [the ~ to do] (…する)(必要な)手段; (特に) 金: He didn't have the ~ to repay the loan. 彼にはローンの返済金がなかった.

wher·ry /(h)wéri/ 名 ❶ 渡船, はしけ (cf. ferry 1). ❷ (競漕(きょうそう)用) 1人乗りスカル.

wherry·man /-mən/ 名 (榎 -men /-mən/)《英》平底荷舟の船頭[水夫].

whet /(h)wét/ 動 (**whet·ted; whet·ting**) ❶〈刃物〉を〈砥石(といし)で〉(砥ぐ (cf. whetstone): ~ a knife ナイフをとぐ. ❷〈食欲・好奇心〉を刺激する, 強める: ~ a person's appetite 人の食欲をそそる; ますます人の欲望をかきたてる.
── 名 ❶ とぐこと, 研磨. ❷ 刺激するもの.

whether

《OE; 原義は「鋭くする」》

wheth・er /(h)wéðɚ | -ðə/ 接 ❶ [間接疑問の名詞節を導いて] …かどうか, …か(または…か) 《用法》通例 ~ …or… と相関的に用いるが, or not は省略されることがある; 《比較》if に書き換えられない場合を除き if のほうが一般的): He asked ~ he could help. 彼は手伝いましょうかと尋ねた 《変換》He said [asked], "Can I help?" と書き換え可能) / I don't know ~ he's at home or (~ he's) at the office. 彼が自宅にいるのか事務所にいるのか知らない / Tell me ~ he's at home (or not). 彼が在宅かどうか教えてください / I'm doubtful (as to) ~ it's true. 本当かどうか(について)疑っている 《用法》前置詞に続く whether は if に書き換え不可) / The question ~ it's possible is interesting. それが可能かどうかは興味ある問題である 《用法》名詞の後の whether は if に書き換え不可) / W~ it's a good plan or not doesn't matter. それがよい計画かどうかは問題じゃない / It's doubtful ~ he will recover. 彼が回復するかどうか疑わしい 《用法》it は whether 節を導く形式主語) / W~ through love or duty I don't know, but he has served us well. 愛情からか義務からかわからないがともかく彼は我々によく尽くしてくれた 《用法》前置詞句の前の whether は if に書き換え不可) / I wondered ~ to go or to stay. 行ってよいのかそれともとどまるべきなのかと考えた 《用法》不定詞句の前の whether は if に書き換え不可) / I wonder ~ he will go himself or ~ he will send his son. 彼は自分で行くのか, それとも息子をやるのか 《用法》名詞節が省略されない形で並列する時は or ~ が続く).

❷ [or… と相関的に譲歩の副詞節を導いて] …であろうとなかろうと(いずれにせよ): ~ for good or for evil よかれあしかれ / ~ you like it or not 好むと好まざるとにかかわらず / We should not support war, ~ just or unjust. 正当なものであれ不当なものであれ戦争は支持すべきでない / W~ he comes or not, the result will be the same. 彼が来ようが来まいが結果は同じだろう / W~ [No matter ~] by accident or design, we met there again. 偶然にか意図的にか我々はそこでまた出会った / W~ I walk or ~ I drive, I'll be there in time. 歩いて行くにせよ車で行くにせよ間に合うようにそこへ行きます.

whèther or nó (1) いずれにせよ, ともかく. (2) 《文》= WHETHER or not 《成句》.

whèther or nót [特に長い節を導いて] …かどうか 《用法》この構文で whether を if に書き換えは不可): Tell me ~ or not it would be wise to do that. それをするのが賢明かどうか教えてください 《比較》Tell me ~ it would be wise to do that or not. の語順のほうが普通》.

《OE》

whét・stòne 名 砥石(といし).

whét・ter /-tɚ | -tə/ 名 whet する人[もの].

whew /fjuː, hjuː/ 間 驚き・ろうばい・失望・不快・疲労感・安堵(ど)・喜びなどを表わして] ひゃー!, へえー!, ちぇっ!, やれやれ! (cf. phew) 《発音》実際の会話では口笛に似た音を出す). 《擬音語》

whey /(h)wéɪ/ 名 ⓤ 乳清, ホエー(チーズを造る時に凝乳と分離した液; cf. curd 1).

whéy-fàced 形 恐怖で青ざめた, 顔面蒼白の.

which 代 A /(h)wɪtʃ/ (疑問代名詞) [一定数のもの・人の中からの選択に関して用いて] どちら, どれ, どの人 (cf. what A 1): **a** [主語の場合] 《用法》この場合, 疑問文であっても主語と動詞の語順は平叙文と同じ): W~ of the two is the younger? その 2 人のどちらのほうが年下ですか / W~ of the two cars goes faster? その 2 台の車はどちらが速く走りますか / W~ is taller, that man or his brother? その男と兄[弟]とどちらが背が高いですか. **b** [補語の場合]: W~ is your father in this photo? この写真で君のお父さんは[どれ]ですか. **c** [目的語の場合]: W~ (of the flowers) do you like best? (その花のうちで)どれがいちばん好きですか / W~ of the boys were you talking to? その少年と話していたのですか. **d** [間接疑問の節や +to do の形で]: Say ~ you would most like to have. どれがいちばんほしいか言ってごらん / Tell me ~ to do. どちらをすべきか言ってください.

— **B** /(h)wɪtʃ/ (関係代名詞) ❶ [制限的用法で] …する[した](もの, 事) 《用法》(1) 通例「もの」を表わす名詞を先行詞とする形容詞節をつくる; (2) 《米》では制限的用法で主格・目的格の場合 which を避けて that を用いるのが一般的): **a** [主格の場合]: The river ~ flows through London is called the Thames. ロンドンを流れるその川はテムズ川という. **b** [所有格の場合; of which の形で]: We found the car of ~ the suspect is the owner.＝We found the car the owner of ~ is the suspect. 我々はその所有者が容疑者である車を見つけた 《用法》of which は whose で代用することもある; cf. whose B 2 《用法》of which もぎこちない言い方なので避ける傾向がある: We found the car whose owner is the suspect. → We found the car ~ the suspect owns.). **c** [目的格の場合]: This is the book (~) I have chosen. これが私の選んだ本です 《用法》目的格の関係代名詞はよく省略される) / The picture for ~ you are looking is in this drawer. 君の捜している写真はこの引き出しの中にある 《用法》前置詞 which から遊離して後置される場合は which は省略可能: The picture (~) you're looking for is in this drawer.). **d** [+to do の形で] …すべき(もの): He has no regular income upon ~ to depend. 彼には頼りにできる定収入がない 《比較》He has no regular income to depend upon. のほうが一般的). **e** [It is… which の強調構文で] …するのは 《比較》It is…that… のほうが一般的; cf. it² 7): It is the regulations ~ have to be modified. 修正されなければならないのは規則のほうだ.

❷ [非制限的用法で; 通例前にコンマが置かれる]: **a** [主格・目的格の場合] そしてそれは[を]; しかしそれは[を] (★ 形式ばった用法): I began to read the book, ~ was very difficult for me. 私はその本を読み始めたが, 私にはとても難しかった 《用法》制限用法の which は that に書き換え可能だが, 非制限用法の which は書き換え不可で省略も不可) / This dictionary, ~ I bought three months ago, is very useful. この辞書は 3 か月前に買ったものだが, 非常に役に立っている 《用法》挿入的に用いられる関係代名詞は「そしてそれは[を]」の意ではなく文脈によって「(それは)…だが」の意になる) / The new contract, about ~ you may have read in the papers, is very favorable to us. 新契約は, (それについては)もう新聞でお読みかもしれないでしょうが, 我々には大いに有利なものです. **b** [先行する句・節・文またはその内容を受けて] 《用法》形式ばった用法; 時に独立して Which … と書かれることもある): He said he saw me there, ~ was a lie. 彼はそこで私を見たと言ったが, それはうそだった / He looked like a soldier, ~ indeed he was. 彼は軍人のように見えたが, 事実そのとおりだった. **c** [関係詞節を主節に先立って] 《文》 …であるが: Moreover, ~ the poor man never suspected, they had decided in advance to dismiss him. そのうえ, 気の毒にもその人は夢にも思わなかったことだが, 彼らは前もって彼を解雇することに決めていた.

❸ [名詞節を導いて] (…するのは)どちらでも (whichever): You may take ~ (of the books) you like. どちらでも好きなほう(の本)を取ってよい.

| 語 法 | (1) 《文》では通例先行詞と指示形容詞[代名詞] that が伴っている場合, 関係代名詞は that を用いず which を用いて that…which の形とする: *that* part of the country ~ was struck by the violent storm その国の激しい暴風雨に襲われた地帯 (★ which の先行詞は that part) / There was *that* about the case ~ makes one suspicious. その事件にはどうも怪しいと(人に)思わせるものがあった (★ which の先行詞は that).

(2) 先行詞が人々の集団を表わす名詞の場合, 集合体として考えた時には関係代名詞は which (または that) で単数扱いとし, 構成要素を考える時には通例 who (whom) を用い複数扱いとする: a family ~ *has* lived here for many years 長年当地に住んでいる家族 / a family *who are* always quarrelling among themselves いつも身内同士のいざこざの絶えない家族. |

thát whích ...のところのもの: "Which book do you mean?" "*That* ~ I spoke to you about on the phone." 「君の本のことですか」「君に電話で話してたです」(囲)The one... のほうが一般的)/"What are you talking about?" "*That* ~ I told you about yesterday." 「何についての話しなのですか」「きのう君に話したことです」(囲)What I... のほうが一般的).

whích is whích どちらがどちらか: The two sisters are so much alike that you cannot tell ~ *is* ~. 二人の姉妹はよく似ているので, どちらがどちらかわからないほどだ / "Their names are Tom and Dick." "*W~ is* ~?" 「彼らの名前はトムとディックです」「どちらがトムでどちらがディックなのですか」.

── /(h)wítʃ/ [A] (比較なし) **A** (疑問形容詞) **❶** どちらの, どの, いずれの: *W~* girl is older? どちらの女の子のほうが年上ですか / *W~* book do you like better, *Robinson Crusoe* or *Gulliver's Travels*? 「ロビンソンクルーソー」と「ガリバー旅行記」のどちらの本が好きですか. **❷** [間接疑問の節や +*to do* の形で]: Say ~ book you prefer. どちらの本がいいか言いなさい / I could not decide ~ way *to* go. どちらの道を通ってよいのか決めかねた.

── **B** (関係形容詞) **❶** [文] そして[だが]その (発音 この which は次にくる名詞よりも強く発音される): I said nothing, ~ fact made him angry. 私は黙っていたが, そのことが彼を怒らせた. **❷** (...するのは)どちらの...でも: Take ~ books you want from the bookshelves. 本棚からどれでも欲しいと思う本をお取りなさい.
[OE]

⁺whích·ev·er /(h)wɪtʃévə | -və/ [代] **A** (関係代名詞) **❶** [先行詞を含む不定関係代名詞として] (...する)どちらでも, どれでも (whatever) (用法 名詞節をつくる): Take ~ you like best. どちら[どれ]でもいちばん好きなのをお取りなさい. **❷** [譲歩節を導いて] どちらが[を]...しようとも (用法 副詞節をつくる): *W~* you (may) choose, you won't be satisfied. どちらを選んでも君は満足しまい. ── **B** [疑問代名詞 which の強調形として] (口) 一体どちらが[を] (用法 しばしば「いらだち」の気持ちを表わす; 綴り 特に (英) は which ever と2語に書くのが正式とされるが, 最近では区別がなくなっている): *W~* do you prefer? 一体どちらがお好きですか / *W~* John do you mean? 一体どちらのジョンのことですか.
── [形] [A] (比較なし) **A** (疑問形容詞) **❶** どちらの...でも: I'll take ~ pictures you don't want. どちらの絵でもあなたがいらないと思うほうをお取りなさい. **❷** [譲歩節を導いて] どちらの...が[を]...しようとも: *W~* side won, I was equally pleased. どちら側が勝とうと私は同じくらいに喜んだ. ── **B** [疑問形容詞 which の強調形として] (口) 一体どちらの...が[を] (⇨ B 綴り): *W~* John do you mean? 一体どちらのジョンのことですか.

which·so·ev·er /(h)wɪtʃsouévə | -və/ [代] [形] (文) whichever の強調形.

whíck·er /(h)wíkə | -kə/ [動] (馬がいななく. ── [名] いななき.

whíd·ah /(h)wídə/ [名] [鳥] テンニンチョウの仲間 (アフリカ産).

⁺whíff /(h)wíf/ [名] **❶** [a ~] **a** ぷんとくる香り: *a* ~ *of* curry カレーのぷんとにおってくる香り. **b** (風・煙などの)ひと吹き (*of*). **❷** [a ~] 気配, 兆候: I detected *a* ~ *of* resentment in her letter. 彼女の手紙に怒りの気配を感じた. **❸** [C] (米口) (ゴルフ・野球の)空振り, 見そこない.
── [動] (...のにおいを(一瞬・かすかに)かぐ[感じる].
── [自] (米口) (ゴルフ・野球で)空振りする. (擬音語)

whíf·fet /(h)wífɪt/ [名] (米) 取るに足らない人, つまらない人.

whíf·fle /(h)wífl/ [動] [自] **❶** (風がそよぐ, 〈葉・炎が〉揺れる. **❷** 〈考えなどが〉定まらない, あれこれ変わる. ── [他] 〈風が吹いて〉吹き散らす, 吹き払う, あちこちに向ける. (WHIFF+-LE)

whíffle báll [名] =Wiffle ball.

whíf·fler [名] 無定見な人, 移り気の人.

whíffle·trèe [名] 馬具の引革を結びつける横木.

whíf·fy /(h)wífi/ [形] (whíf·fi·er; -fi·est) (英口) いやなにおいがする. (WHIFF+-Y³)

⁺Whíg /(h)wíg/ [名] **❶** [C] (英史) ホイッグ党員; [the ~s] ホイッグ党 (17-18世紀に Tory 党と対立して民衆の権利と議会の優越を主張し, 非国教徒をかばった; 19世紀に今の Liberal Party (自由党)となった; cf. Tory 2 a]. **❷** ((米史)) ホイッグ党員: **a** 独立革命当時の独立派. **b** 1834年ごろに成立した民主党と対立する政党の党員. ── [形] ホイッグ党(員)の; ホイッグ党的な; 歴史は進歩か反動に常に勝利するという史観の. [Sc=馬を駆る者; 1648年のスコットランドの反乱が「馬を駆る者の反乱」と呼ばれたことから]

Whíg·ger·y /(h)wígəri/ [名] =Whiggism.

Whíg·gish /-gɪʃ/ [形] =Whig.

Whíg·gism /-gɪzm/ [名] [U] ホイッグ主義.

⁎while /(h)wáɪl/ [接] **❶ a** ...する間, ...するうち, ...と同時に ((英)) whilst) (用法 「動作や状態の継続している期間[期間]」を表わす副詞節をつくる; while の節中に進行形が多く用いられる; cf. when [接] 1 a 用法): We kept watch ~ they slept. 彼らが眠っている間私たちは見張りをした / Don't phone me ~ I'm at the office. 事務所にいる間は電話をかけてよこさないでください / *W~* (he was) fighting in Germany, he was taken prisoner. 彼はドイツで交戦中捕虜となった (用法 while の導く従属節と主節の主語が同じ時, 従属節の主語と be 動詞が省略されることがある). **b** ─方; *W~* there's life, there's hope. ⇨ life 4. **❷ a** [主節の後方に置き, 対照を表わして] ところが一方, しかるに; 同時に (whereas): He is good at sports, ~ I am hopeless. 彼はスポーツが上手だが, 私はぜんぜんだめだ / The book pleased the critics ~ it entertained the public. その本は批評家を喜ばせ(一方では)大衆を楽しませた. **b** [文頭に置いて, 譲歩の従属節を導いて] ...とは言え, ...としても: *W~* I admit that the task is difficult, I don't think that it's impossible. その仕事の困難なのは認めるがそれは不可能だとは思わない.

── /(h)wáɪl/ [名] [a ~] (短い)間, 暫時(ざんじ): (for) *a* (short) ~ しばらく[ちょっと]の間 (★ for はしばしば略される) / for *a* long ~ 長い間 / in *a* (little) ~ まもなく / once in *a* ~ 時々, 時たま / after *a* ~ しばらくして / quite *a* ~ かなり長い間 / *a* good [great] ~ かなり長い間 / *a* ~ ago 少し前に. **áll the whíle** (1) その間じゅう, ずっと. (2) [接続詞的に] ...している間じゅう: The students chattered *all the* ~ I was lecturing. 学生たちは私の講義の間じゅう私語を続けた. **áll this whíle** この長い間ずっと. **between whíles** (古) 合間に, 時折り. **the whíle** [副詞句として] その間; 同時に. **while a person be át it** その時に: *W~ we are at it*, let's paint the kitchen. その(ついでに台所にペンキを塗ろうじゃないか. **wórth** (one's [a person's]) **while** ⇨ worth [形] 成句.

── /(h)wáɪl/ [動] (他 (時をぶらぶら過ごす): I ~d *away* most of my vacation on the beach. 私は休暇の大部分をのんびりと海岸で過ごした.
[OE=時; 原義は「休息」; 接続詞的な用法は12世紀から]

whi·lom /(h)wáɪləm/ [形] (古) 以前の, 昔(から)[かつて]の.
── [副] かつて, 以前に, 往時.

⁺whilst /(h)wáɪlst/ [接] ((英)) =while.

⁺whim /(h)wím/ [名] [C|U] 気まぐれな考え, むら気, でき心: full of ~s (and fancies) 気まぐれな, 酔狂な / on *a* ~ 気まぐれに, でき心で.

whím·brel /(h)wímbrəl/ [名] [鳥] チュウシャクシギ.

⁺whím·per /(h)wímpə | -pə/ [動] [自] **❶** (犬などが)クンクン鳴く, (子供が)すすり泣く, しくしく泣く; (人が)鼻声になる; ぶつぶつ不平を言う. ── [他] (...を)泣き声で言う: "Don't hit me," she ~*ed*. 「ぶたないで」と彼女は泣き声で言った. ── [名] (犬などの)クンクン鳴く音; すすり泣き; 鼻を鳴らす音. (擬音語) (類義語) ⇨ cry.

whím·sey /(h)wímzi/ [名] =whimsy.

⁺whim·si·cal /(h)wímzɪk(ə)l/ [形] **❶** 気まぐれな, むら気な. **❷** 変な, 妙な, こっけいな. **-cal·i·ty** /(h)wìmzəkǽlətɪ | -zɪ-/ [名] **~·ly** /-kəli/ [副] (WHIMSY+-ICAL)

whim·sy /(h)wímzi/ [名] **❶** [U] 気まぐれ, もの好き. **❷** [C] 奇抜な言葉[行動, 考え]. (WHIM+-sy (cf. -y²))

whim-wham /(h)wímwæm/ [名] 奇妙[風変わり]なもの (飾り・服など); 気まぐれ.

whin[1] /(h)wín/ 名 [U] 《英》《植》ハリエニシダ.
whin[2] /(h)wín/ 名 =whinstone.
whín・chàt 名 《鳥》マミジロノビタキ《欧州産》.
†**whine** /(h)wáɪn/ 動 圓 ❶ 哀れっぽく泣く, すすり泣く; 〈犬がクンクン鳴く (⇒ **bark**[1]《比較》): The dog was *whining* to be taken out for a walk. その犬は散歩に連れ出してもらいたがって鼻を鳴らしていた. **b** ヒューという音を立てる. ❷ 〈…のことで泣き言[ぐち]を言う (moan): They are always *whining about* trifles. 彼らはつまらないことでしょっちゅうぶつくさ言っている. —— 他 ❶ 〈不平などを哀れな声で[鼻を鳴らして]言う 〈*out*〉. ❷ 〈…と〉哀れな声で言う 〈*out*〉. —— 名 ❶ **a** 〈犬などの〉鼻を鳴らす声; すすり泣きの声. **b** ヒューという音: the ~ of a vacuum cleaner 電気掃除機のヒューという音. ❷ 泣き言, ぐち. **whín・er** 名 〈めそめそと〉不平を鳴らす人, 泣き言を言う人. 《擬音語》《類義語》⇒ cry.
whinge /(h)wíndʒ/ 《英口》動 圓 泣き言を言う (whine). —— 名 泣き言, 不平.
whin・ny /(h)wíni/ 動 圓 〈馬が静かに[うれしげに]〉いななく, ヒンヒンいう (⇒ **horse** 関連). —— 名 馬の低いいななき. 《擬音語》
whín・stòne 名 《U》玄武岩, 角岩.
whin・y /(h)wáɪni/ 形 めそめそした[泣く], 泣きごとを言う.
*****whip** /(h)wíp/ 動 (whipped; whip・ping) 他 ❶ 〈…を〉むち打つ; 〈子供などを〉折檻(ﾀん)する: ~ a horse 馬にむちを当てる. ❷ 《副詞(句)を伴って》《口》〈車などを〉疾走させる, とばす; 〈…を〉急に動かす, ひったくる: He *whipped off* his jacket [*out a gun*]. 彼は以ざと上着を脱いだ[さっと拳銃を取り出した] / The man *whipped* the pearls *off* the counter. その男はカウンターからすばやく真珠をつかみ取った. ❸ 〈卵・クリームなどを〉強くかき回して泡立てる: ~ egg whites (*up*) 卵の白身をホイップして泡立てる. ❹《口》《競技などで》〈相手などに〉勝つ, 〈相手を〉打ち負かす: He *whipped* me completely at tennis. 彼はテニスで私に完勝した. ❺《文》〈雨・あられなどが〉…にむちなどで打つ[打つ]: The rain *whipped* the windows. 雨は激しく窓を打った. ❻ 〈ロープ・釣りざおなどの先端をほつれないように〉糸[ひも]でぐるぐる巻く; 〈…に〉糸[ひも]を巻きつける. ❼ 〈縫い目・へりを〉くける, かがる. ❽《英口》〈…を〉盗む. —— 圓 ❶ 《副詞(句)を伴って》急に動く, 突進する, ぱっと入る[出る]. ❷ 〈雨・あられなどが〉…を激しくたたく 〈*against*〉. **whip…into shápe**《口》〈ある目的のために〉〈もの・人を〉〈無理にまとめ上げる, ものにする. **whip óff** (他+副) (1) 〈…〉をさっと取る (⇒ 他 2). (2) さっと書く. —— (自+副) (3) 急いで去る. **whip thróugh…**《口》〈仕事などを〉さっさと片づける. **whip úp** (他+副) (1) 泡立てる (⇒ 他 3). (2)《口》〈料理などを〉手早く作る. (3) 〈風などが〉〈ほこりなどを〉立てる. (4) 刺激する;〈群衆などを〉興奮させる (rouse, stir up).
—— 名 ❶ **a** むち. **b** 《比喩》人に苦痛を与える[人をむりやり駆り立てる]もの, 「むち」. **b** むち状の[むちに似た]もの. ❷ **a** 《議院の》院内幹事長, 《下院の》登院命令(書); [the ~] 《英》議院資格. ❸ [C][U] **a** ホイップ〈卵白・クリームなどを泡立てて作ったデザート用の菓子〉. **b** [C] 泡立て器. **a fáir cráck of the whíp** ⇒ **crack** 名 成句. **hàve** [**hóld**] **a whíp òver…**…を支配する.
《OE=急に動く》
whíp・bìrd 名 《鳥》 ❶ =coachwhip bird. ❷ 《アカ》ズヒタキ《オーストラリア産》.
whíp・còrd 名 [U] ❶ むちなわ. ❷ あや織物の一種.
whíp・gràft 名 舌接ぎ《接ぎ穂と台木の接合面が舌で食い込み合うように接ぐ》.
whíp hànd 名 ❶ [the ~] 支配; 優位: **get** [**have**] the ~ **over** [**of**]…を支配する. ❷ [C] むちを握る手.
whíp・làsh 名 ❶ むちの先のひも; むち打ち. ❸ =whiplash injury.
whíplash ínjury 名 むち打ち症 (whiplash).
whíp・less 形 《英》〈国会議員が〉正式に離党した, 党員身分を剥奪された.
whipped /(h)wípt/ 形 ❶ [A] むち打たれた. ❷ 〈クリームなど〉泡立てた, ホイップした. ❸ [P] 疲れきった, へとへとの.
whípped créam 名 [U] 泡立てクリーム.
whíp・per 名 むち打つ人[もの].
whípper-ín 名 (廏 whippers-in) 《猟》猟犬指揮係.
whípper・snàpper 名 《古風》 ❶ こしゃくな[思い上がった]若造, 生意気な小僧. ❷ 子供, 若者.
whíp・pet /(h)wípɪt/ 名 ホイッペット《犬》《グレーハウンド犬に似た英国産の競走犬》.
whíp・ping 名 [C][U] ❶ むち打ち(の刑罰). ❷ 《口》敗退.
whípping bòy 名 ❶ 身代わり (scapegoat). ❷ 《昔, 王子の学友で》身代わりにむち打たれる少年.
whípping créam 名 [U] ホイップクリーム《乳脂肪含有量の多い泡立て用の生クリーム》.
whípping pòst 名 《史》むち打ち刑の罪人を縛りつけた柱.
whípping tòp 名 《むちでたたいて回すこま》.
whíp・ple・tree /(h)wípltri:/ 名 =whiffletree.
whíp・poor・will /(h)wípəwìl/ | -pə-/ 名 《鳥》ホイップアーウィルヨタカ《北米産のヨタカの一種》.
whíp・py /(h)wípi/ 形 (whíp・pi・er, -pi・est) 〈むちのように〉しなやかな, よくしなる.
whíp・róund 名 《通例単数形で》《英口》《仲間の不幸や祝い事に対して行なう》寄付集め, 募金.
whíp・sàw 名 細身の長のこぎり, ホイップソー《枠で弓弦のように張った, のこぎり二人でひく》. —— 動 他 ❶ ホイップソーでひく. ❷ 《口》同時に二つの相反する困難な目に遭わせる;《株》《口》〈…に〉二重の損をさせる〈高値で買って安値で売る時など〉. ❸《口》〈人に〉むりやりやらせる, 強制する. ❹《米》二重にだます.
whíp scòrpion 名 《動》サソリモドキ, ムチサソリ.
whíp snàke 名 《動》尾がむちのように細いヘビ《ムチヘビ, coachwhip snake など》.
whíp・stìtch 名 かがり縫い, ホイップステッチ. —— 動 他 かがる.
whíp・wòrm 名 鞭虫(ﾍんちゅう)《ヒトなどの腸の寄生虫》.
whir /(h)wə́:r/ /(h)wə́:/ 動 圓 (whirred; whir・ring) ヒューと飛ぶ;《モーターなどが》ブンブン回る: A pigeon *whirred* past. ハトがヒューと飛んでいった. —— 名 《通例単数形で》《鳥・飛行機などの》ヒューという音; ブンブン回る音. 《擬音語》
†**whirl** /(h)wə́:rl/ /(h)wə́:l/ 動 圓 ❶ 《通例副詞(句)を伴って》 **a** ぐるぐる[くるくる]回る; 渦巻く; くるりと向きを変える: Leaves came ~*ing down* from the trees. 木の葉がくるくると舞い落ちてきた / They ~*ed around* the ballroom. 彼らは舞踏室をぐるぐる踊り回った. **b** 〈車・飛行機などに乗って〉急行する;〈車などが〉疾走する: ~ *past* あっという間に〈勢いよく〉通り過ぎる. ❷ **a** 〈頭がくらくらする, めまいがする: My head ~s. 私は頭がくらくらする. **b** 〈考え・感情などが〉次々と続くパーティー. —— 他 《通例副詞(句)を伴って》 ❶ 〈…をぐるぐる[くるくる]回す;〈…を〉渦を巻かせる; くるりと向きを変えさせる: ~ a stick [baton] ステッキ[バトン]をぐるぐる振り回す. ❷ 〈人などを〉すばやく運ぶ;〈風などが〉…を渦を巻かせて運んでいく: A car ~*ed us off* to the hotel. 車が我々をさっとホテルまで運んでくれた. —— 名 ❶ 回転, 旋回; 渦を巻いてぐるぐる回るもの, 渦巻き, 旋回: a ~ of dust ほこり[砂ぼこり]の渦巻き. ❷ [a ~] 《精神の》混乱, 乱れ: My thoughts are in *a* ~. 私の考えは混乱している. ❸ [C] 《通例単数形で》 **a** めまぐるしさ: the ~ of modern life 現代生活のめまぐるしさ. **b** 《出来事・会合などの》めまぐるしい連続: a ~ *of* parties 次から次へと続くパーティー. ❹ [通例 **give a whirl** で]《口》試み: Let's *give* it *a* ~. ひとつそれを試してみよう. ~・**er** 名 《ON=回る》
whirl・i・gig /(h)wə́:rlɪgìg/ /(h)wə́:-/ 名 ❶ **a** 回転するおもちゃ《こま・かざ車など》. **b** 回転木馬. ❷ 回転運動; 変転: the ~ of time 時運[運命]の変転《★ Shakespeare「十二夜」から》. ❸ =whirligig beetle.
whírligig bèetle 名 《昆》ミズスマシ.
whírling dérvish 名 =dervish.
†**whírl・pool** 名 渦巻き, 渦.
whírlpool báth 名 渦巻きぶろ, 渦流浴.
†**whírl・wind** /-wind/ 名 ❶ 旋風, つむじ風. ❷ あわただしい行動, 忙殺, 目まぐるしさ 〈*of*〉. **réap the whírlwind**

悪い[愚かな]事をして幾層倍もひどい罰を受ける《★聖書「ホセア書」から》. ― 形 A 急激な, 性急な: a ~ visit [tour] あわただしい訪問[旅行].

whírl·y·bìrd /(h)wə́:li-|(h)wə́:-/ 名《口》ヘリコプター.
whirr /(h)wə́:|(h)wə́:/ 名 =whir.
whish /(h)wíʃ/ 名 シュー[ビュー]と鳴る[動く]. ― 名 シュー[ビュー]という音. 【擬音語】

*****whisk** /(h)wísk/ 名 ❶ (鶏卵·クリームなどの)泡立て器: an egg ~ 卵泡立て器. ❷ 〔通例単数形で〕(手·尾などの)ひと払い《of》. ❸ (毛·わら·小枝などで作った)小ぼうき;(特に)洋服ブラシ. ― 動 他 ❶ 〈卵·クリームなどを〉かき回す. ❷ [副詞句を伴って] 〈…を〉急に持ち[連れ]去る, 軽々と運び去る: The waiter ~ed my plate away. ウェーターは私の皿をさっと持っていった / We were ~ed off to the hospital by ambulance. 救急車で病院まで急送された. ❸ 〈…を〉すばやく振る, 軽々と振り回す. ❹ 〈ちり·ハエなどを〉払う, 払いのける, はたく. ― 自 急に去る, 急に見えなくなる. 【ON=小さな束】

whísk bròom 名 =whisk 名 3.
⁺whis·ker /(h)wískə|-kə/ 名 ❶ 〔通例複数形で〕(猫·ネズミなどの)ひげ;(人の)ほおひげ《cf. beard 比較》: wear ~s ほおひげを生やしている. ❷ [a ~]《口》ごくわずか, ほんの少し: by a ~ ほんのわずかで, 間一髪の差で. **have [have grown] whiskers** 《英口》〈話などが〉とても古い. **within a whisker of…** にあとわずかのところで, すれすれで. [WHISK+-ER¹]

whís·kered 形 ほおひげの生えた (whiskery).
whís·ker·y /(h)wískəri/ 形 ほおひげの(ような); ほおひげのある.

*****whis·key**, 《英》**whis·ky** /(h)wíski/ 名 U C ウイスキー《圖》《米·アイル》では whiskey, 《英》 では whisky とつづる; また 《米》 では国産品に whiskey, 輸入品に whisky とすることもある》: ~ and water 水割りウイスキー / a glass of ~ ウイスキー1杯 / Two ~s, please. ウイスキーを2杯下さい. 【Ir=(命の)水; L *aqua vitae* water of life の訳】

whískey sóur 名 ウイスキーサワー《ウイスキーに砂糖·ビターズ·レモン汁を加えたカクテル》.
whísky mác /-mǽk/ 名 《英》 ウイスキーマック《ウイスキーとジンジャーワインを混ぜた飲み物》.

*****whis·per** /(h)wíspə|-pə/ 動 自 ❶ ささやく, ひそひそ話をする: We ~ed to each other. 我々はささやき合った / in a person's ear 人に耳打ちする / Stop ~ing! ひそひそ話はやめなさい. ❷ 〔…について〕うわさする: I heard people ~ing about her. 世間の人が彼女のことをうわさしているのを聞いた. ❸ 《文》 〈葉·風·流れなどが〉さらさら鳴る. ― 他 ❶ 〈人に〉ささやく, 小声で言う: ~ a word or two to a person 人に二言三言ささやく / (+to+(代)名)+that] 5he ~ed to me that he would meet her later. 彼女は(私に)後で彼女に会うとささやいた / [+引用] "Tell nobody," he ~ed. 「だれにも言うなよ」と彼は小声で言った. ❷ [通例 ~ed that…で] 〈人々が〉…ということをうわさする, こっそり言いふらす: It's ~ed that he has cancer. 彼はがんだといううわさである. ― 名 ❶ ささやき, 小声: answer in a ~ 小声で答える / talk in a ~ [~s] ひそひそ話をする. ❷ うわさ, 風説 (rumor): There's a ~ about bankruptcy. 倒産のうわさがある / [+*that*] There're ~s going around that he's going to resign. 彼が近く辞職するといううわさが流れている. ❸ 〔通例 the ~〕(風などの)さらさら[さわさわ]いう音 (of). ❹ [a ~] 《文》微量 (of). 【擬音語】

whís·per·er /-prə|-rə/ 名 ささやく人; 告げ口する人.
whís·per·ing /-p(ə)rɪŋ/ 名 U ささやき, ひそひそ話; さらさらという音. ― 形 ささやくような音をたてる; ささやくような. うわさ好きの; うわさ好きの.

whispering campàign 名 (選挙運動などで)口コミで中傷的なうわさを流すこと, デマ運動.
whispering gàllery 名 ささやきでも反響して遠くまで聞こえるように造られた) ささやきの回廊.

whis·per·y /(h)wísp(ə)ri/ 形 ささやきのような, かすかな; サラサラ[サワサワ, ザワザワ]という音でいっぱいの.
whist /(h)wíst/ 名 U 〔トランプ〕ホイスト《通例4人で行なう》.

2057 **white**

whíst drìve 名 ホイスト大会.
*****whis·tle** /(h)wísl/ 動 自 ❶ 口笛を吹く; ピーピー鳴る; 〈鳥が〉さえずる: This kettle ~s when it boils. このなべは沸くとピューヒューと鳴る. ❷ 口笛[笛]で呼ぶ〔合図をする〕; 〈選手に〉反則の〔笛[ホイッスル]を吹く 〔*for*〕; 〔…に向かって〕〔合図に〕口笛を吹く 〔*at, to*〕. ❸ 〔副詞(句)を伴って〕〈風が〉ピューと鳴る; 〈弾丸などが〉ピューと(うなって)飛ぶ: The wind ~d around (the house). 風が(家の)周りでヒューヒューうなっていた / A shell ~d in and exploded some distance away. 砲弾がヒューッと落下して少し離れた所で爆発した. ― 他 〈曲などを〉口笛で吹く: ~ a tune 口笛で曲を吹く.

One can [will hàve to] whìstle for… 《口》 …を求めても[望んでも]得られない; …なしですます: You *can* ~ *for* your money; I'm broke. 金を(返して)もらおうと思ったってだめだ, 私は文無しだから.

whìstle a dífferent túne ⇒ tune 名 成句.
whìstle dòwn the wind (1) 《古》 〈タカを〉手放す. (2) 〈…を〉捨てる, 放棄する.
whìstle in the dárk 《口》 強がって見せる, 空威張りする〔(由来) 暗がりで口笛を吹いて恐怖心を紛らすことから〕.
whìstle in the wind 無駄なことをする.
whìstle úp 《他+副》(1) 〈犬などを〉口笛で呼ぶ. (2) 〈乏しい材料から〉〈…を〉作る: He ~*d up* a meal *from* leftovers. 彼は残り物で食事を作った.

― 名 ❶ ホイッスル, 笛; 気笛; 警笛; 呼び子;〔楽〕ホイッスル; (始業·終業の)合図: blow a ~ ホイッスルを鳴らす / When the ~ blows, run! 笛が鳴ったら走りなさい. ❷ 口笛. ❸ ピューピューいう音; (鳥などの)鋭い鳴き声.

(as) cléan as a whístle とても清潔で[きれいで]; 清廉潔白で. **blów the whístle on…** 《口》 (1) 〈…に対する〉支持をやめる; …を不法だという. (2) 〔スポ〕〈審判が〉〈選手に対して〉(罰則適用の)ホイッスルを吹く. (3) 〈仲間などを〉密告する (inform on). **wèt one's whístle** 《古風》 《人が渇いている時に》酒を一杯やる 〔由来 whistle は「のど」「口」の意から〕. 【擬音語】

whistle-blòwer 名 不正を告発する人, (内部)告発者.
whistle-blòwing 名 形
whis·tler /(h)wíslə|-la/ 名 **a** 口笛を吹く人. **b** ピューと鳴るもの [音]. ❷ 動 シラガマーモット《北米産のマーモット》.
Whis·tler /(h)wíslə|-la/, **James (Ab·bott) Mc·Neill** /(ǽbət) məknf:l/ 名 ホイッスラー《1834-1903; 米国の画家·銅版画家》.

whístle-stòp 《米》 形 A 短時間であちこちに立ち寄る, 急ぎの. ― 名 ❶ 列車の停車しない駅《信号から信号があると汽笛を鳴らして停車する》. ❷ (選挙候補者の)小さい町での短い演説《以前は移動中に駅のホームで行なわれた》.
whís·tling kèttle 名 湯沸かし付きケトル.
whístling swán 名 〔鳥〕コハクチョウ《北米北部産》.
whit /(h)wít/ 名 少量, わずか. **èvery whít** ことごとく, すっかり. **nòt a [òne] whít** 《強い否定》 少しも[これっぽち](…)ない.
Whit /(h)wít/ 形 =Whitsun.

*****white** /(h)wáɪt/ 形 (whit·er; whit·est) ❶ 白い; 〈髪·人かしらが〉の, 白髪の: **a** ~ horse 白馬 / a ~ dress 純白のドレス / paint a wall ~ 壁を白く塗る / ~ hair 白髪 / His hair has turned ~. 彼の髪は白くなった. **b** (何も書いてなくて) 白い: ~ paper 白紙. **c** (比較なし) 白衣の; 白衣を着た. **d** 雪の降る, 雪の積もった: a ~ Christmas ⇒ Christmas. ❷ [しばしば W~] (比較なし) 白色人種の, (黒人に対して)白人支配[専用]の: a ~ club 白人専用クラブ / a ~ white man. ❸ (恐怖·病気などで気がせいて)青白い, 青ざめた, 蒼白の (pale): ~ lips 青白い唇 / She turned ~. 彼女は蒼白になった / [Her face] went ~ *with* fear. 彼女[彼女の顔]は恐怖で青くなった. ❹ (比較なし) **a** 〈ワインが〉白の (cf. red 1 d, rosé): ⇒ white wine. **b** 〈光·ガラス·水など〉透明な, 無色の. **c** 〈パンが〉白パンの. **d** 《英》 〈コーヒーが〉ミルク[クリーム] を入れた (↔ black). ❺ A (比較なし)〈うそ·魔術など〉悪意の, 無害な: ⇒ white magic. ❻ 純粋な, 汚れない, 無垢

White 2058

(~ly) **adv.** (as) white as a shéet ⇒ sheet¹ 名 成句. (as) white as snów ⇒ snow 名 成句. bléed…whíte 〈人・国などから〉財産などを搾り取る.
— 名 ❶ U 白, 白色; 白絵の具; 白色染料[顔料]. ❷ C [しばしば W~; 通例複数形で] 白人 (cf. white man): a club for ～s only 白人専用のクラブ. ❸ U,C (ワインの)白. ❹ U (卵の)白身, (目の)白目 [of]. ❺ C [通例複数形で] (目の)白目 [of]. ❻ U 白布, 白い服(地), 白衣; [複数形で] 白い運動着: a lady in ～ 白衣の婦人.
~·ness 名 〖OE; cf. wheat, Whitsunday〗

White /(h)wáɪt/, Edward ホワイト (1845-1921); 米国の法律家; 合衆国最高裁判所首席裁判官 (1910-21).

White, E(lwyn) B(rooks) ホワイト (1899-1985); 米国のエッセイスト・童話作家; 児童書の古典 *Charlotte's Web* (1952) の作者.

white ánt 名 〖昆〗シロアリ (termite).
white ársenic 名 U 〖化〗白砒(ひ).
white·báit 名 U シラス《イワシ・ニシンなどの稚魚》.
white béan 名 白インゲン(豆).
white béar 名 〖動〗シロクマ, ホッキョクグマ.
white bélt 名 〖柔道〗白帯(の人).
white bírch 名 〖植〗シラカンバの類数種の総称《ヨーロッパシラカンバ (=シダレカンバ), アメリカシラカンバなど》.
white blóod cèll 名 白血球 (leukocyte).
white·bòard 名 ❶ 白板, ホワイトボード. ❷ 〖電子工〗ホワイトボード《上に書かれたもののコピーをとり, それを電話回線で伝送し端末のテレビに表示させることもできるようになっている電子ボード》.
white bóok 名 白書《国内事情に関する政府発行の報告書; cf. white paper, blue book 1》.
white bréad 名 U 白パン《精製した小麦粉で作る》.
white-bréad 形 《米口》中流白人 [WASP] 的な, 中流白人好みの; あたりさわりのない, 毒にも薬にもならない, つまらない, ありきたりの.
white·càps 名 徴 《米》(白く砕ける)波頭, 白波 (《英》white horses).
white cédar 名 ❶ C 〖植〗ヌマヒノキ. ❷ U ヌマヒノキ材.
white céll 名 =white blood cell.
white cóal 名 U (エネルギー源としての)水, 水力.
⁺**white-cóllar** 形 A (現場労働者に対し)事務(系)労働者の, ホワイトカラーの (cf. blue-collar).
white-còllar críme 名 ホワイトカラーの犯罪《横領・背任・贈収賄・脱税などホワイトカラーが職業上犯す犯罪》.
white-còllar wórker 名 俸給生活者, サラリーマン (cf. blue-collar worker).
white córpuscle 名 =white blood cell.
white cúrrant 名 〖植〗実が白色のスグリ, 白スグリ.
whít·ed sépulcher /-ţɪd-/ 名 白く塗った墓, 偽善者《★聖書「マタイ伝」より》.
white dwárf 名 〖天〗白色矮星(ゎぃせぃ)《非常に高密度で白色の光を放つ恒星; cf. red giant》.
white élephant 名 やっかいもの, 持て余しもの; 用済みのもの: a ～ sale 不用品持ち寄りセール. 《白象はタイでは神聖視され, 飼うのに費用がかかったため, 王が失脚させたいと思う臣下にわざと白象を贈ったことから》
white énsign 名 [the ～] 英国軍艦旗.
white·fàce 名 ❶ C (道化役などの)顔を白く塗るメーキャップ. ❷ C ヘレフォード (Hereford) 種の牛.
white féather 名 [the ～] 臆病の証拠. 《雄鶏(ぉんどり)の尾羽に白い羽があると闘鶏に弱いという言い伝えから》
white-fìsh 名 (徴 ～, ～·es) 白身の魚 《タラ・カレイなど》.
white flág 名 白旗《降服・休戦のしるし》: hang out [show] the ～ 白旗を掲げる; 降伏する.
white flíght 名 U 《米》中産階級の都心から郊外への脱出《他の人種との混住などを避けるため》.
white flóur 名 U 白色粉《胚芽とふすまを除いた小麦粉》.
white·flỳ 名 〖昆〗コナジラミ.
white-fóoted móuse 名 〖動〗シロアシネズミ, シロアシマウス (⇒ deer mouse).

White Fríar 名 カルメル会修道士《白衣を用いる》.
white fróst 名 U 白霜 (cf. black frost).
white góld 名 U 〖化〗ホワイトゴールド《金とニッケルに時に亜鉛, すずまたは銅などを混合したプラチナ代用の合金》.
white góods 名 徴 ❶ 家庭用白色綿布《シーツ・テーブル掛け・タオルなど》. ❷ 大型家庭電気器具《しばしば白く塗られていることから》.
white-háired 形 白髪の.
⁺**White Hòuse** /(h)wáɪtθs:/ 名 ❶ ホワイトホール (London 中央部にある官庁街). ❷ U [集合的; 単数または複数扱い] 英国政府.
white hát hácker 名 〖電算〗善玉ハッカー, 正義のハッカー (ethical hacker). **white hàt hácking** 名
white·héad 名 ❶ 〖鳥〗シロモフアムシクイ《ニュージーランド産》. ❷ 〖医〗稗粒(ひりゅう)腫.
white héat 名 ❶ U 白熱. ❷ 激怒, 熱情.
white hóle 名 〖天〗ホワイトホール《black hole に落ち込んだ物質が放出される「口」とされる仮説的な場所》.
white hópe 名 [通例単数形で] (特定の分野で)大いに期待される人, ホープ.
white hórses 名 徴 《英》(白く砕ける)波頭, 白波 (《米》whitecaps).
white-hót 形 ❶ 白熱の. ❷ 熱烈な, 興奮した.
⁺**White Hóuse** 名 [the ～] ❶ 〖解説〗米国大統領官邸; 1800年に完成したが1814年英国軍に焼かれ, 修復の際黒くなった外壁を白く塗ったのでこの名がつき1902年正式名称となった. ❷ 米国大統領の職[権威, 意見(など)]; 米国政府 (cf. Kremlin, Downing Street).
white informátion 名 U (銀行などが, 信用評価がプラスの個人について保有する)白の信用情報, 良質顧客情報.
white kníght 名 ❶ 救済者. ❷ 救済会社.
white-knúckle, -knúckled 形 《口》ひどく緊張させる, はらはらさせる, 息詰まる(ような), 手に汗にぎる, 恐怖の, スリル満点の《絶叫マシンなど》; 不安[緊張, 恐怖]にかられた. 《緊張や恐怖で握りしめた手の関節部が白っぽくなることから》
white lábel 名 ホワイトレーベル《宣伝用などで, 発売前のレコードに付けた無標のレーベル(をつけたリリース前のレコード)》. **white-lábel** 形
white léad /-léd/ 名 U 〖化〗白鉛, 炭酸水酸化鉛.
white líght 名 U 白色光.
white líe 名 罪のないうそ.
white líghtning 名 U 《米俗》密造酒, 自家製(コーン)ウイスキー.
white líme 名 U 水をまぜた石灰, しっくい.
white líst 名 《口》好ましいもののリスト, ホワイトリスト (cf. blacklist).
white-lívered 形 ❶ 臆病な. ❷ 血色の悪い, 不健康な. 《昔, 肝臓は勇気の源と信じられ, 胆汁の分泌の悪い時その色が白くなると考えられたことから》
white·ly adv. 白く見えるように; 白く, 白色に.
white mágic 名 U 白魔術《天使などの助けを借りて善事を行なったり, 治療・救済などに用いられる魔術》.
white mán 名 白人; [the ～] 白色人種.
white màtter 名 U 〖解〗(脳・脊髄の)白質, 髄質 (cf. gray matter 1).
white méat 名 U 白肉《鶏の胸肉, 子牛・豚などの肉; cf. red meat》.
white métal 名 U ホワイトメタル《白色合金の総称》.
White Móuntains 名 [the ～] ホワイト山脈《米国 New Hampshire 州北部の山脈; アパラチア山脈の一部》.
white móuse 名 〖動〗白マウス《実験・愛玩用》.
white múlberry 名 〖植〗トウグワ, マグワ, 白桑.
whit·en /(h)wáɪtn/ 動 U 白くする[塗る, 磨く]. — 自 白くなる. 形 white)
whit·en·er /(h)wáɪtnɚ | -nə/ 名 U,C 白くする人[もの]; 漂白剤; 漂白工.
white níght 名 ❶ 眠られない夜. ❷ (高緯度地方の夏の)白夜.
White Níle 名 [the ～] 白ナイル (⇒ Nile).
white nóise 名 U 白色雑音, ホワイトノイズ《あらゆる周波数をもつ同じ強さのノイズ》.

white óak 名〘植〙ホワイトオーク《北米東部産》.

white-óut 名 ❶ [U.C] 〘気〙ホワイトアウト《極地等で雪の乱反射と全天の雲によって距離・方向が不明になる現象》. ❷ [C] 《視界がなくなるほどの》猛吹雪, ブリザード.

white pàges 名 [the 〜, 通例 W〜P〜]《電話帳の》個人名の部, 個人別電話帳 (cf. Yellow Pages).

+**white pàper** 名 [しばしば W〜P〜] 白書《特に英国政府の報告書; blue book より簡単なもの; cf. white book, yellow book》.

white pépper 名 [U] 白コショウ《完熟したコショウの実の殻を除いて粉末にしたもの; cf. black pepper》.

white póplar 名〘植〙ウラジロハコヤナギ, ハクヨウ《欧州・アジア原産のポプラ》.

white potàto 名 ジャガイモ.

white púdding 名 [U] ホワイトプディング《豚血を加えずに作る淡い色のソーセージ》.

white ráce 名 [the 〜] 白色人種.

white róse 名《英史》白バラ《York 家の紋章; cf. red rose, WARS of the Roses 威句》.

White Rússian 名 ❶ 白ロシア人 (Belorussian). ❷ 〘史〙《ロシア内戦の際の》反ボルシェビキロシア人, 白系ロシア人.

white sàle 名 ホワイトセール《シーツなど白布製品の売り出し; cf. white goods》.

white sàuce 名 [U] ホワイトソース《バター・小麦粉・牛乳で作るソース》.

white shárk 名 = great white shark.

white sláve 名《特に外国で》強制的に[だまされて]売春させられる女性.

white sláver 名 white slave の売買[斡旋]業者.

white slávery 名 [U] 強制売春(業).

white-smìth 名 ブリキ職人, 銀めっき職人 (cf. blacksmith 1).

white spírit 名 [U]《英》揮発油.

white súgar 名 [U] 白砂糖, 精製糖.

white suprémacist 名 白人優越論者.

white suprémacy 名 [U] 白人優越主義.

white-táiled déer 名〘動〙オジロジカ《北米産》.

white-thórn 名 = hawthorn.

white-thróat 名 〘鳥〙 ❶ ノドジロムシクイ《旧世界産》. ❷ ノドジロヒタキ《北米産ホオジロ科ののどに白い斑紋のある小鳥》.

white tíe 名 ❶ [C] 白のちょうネクタイ. ❷ [U]《男性の》夜会用礼装《燕尾服腹に白のちょうネクタイ; cf. black tie 2》.

white-tíe 形 [A] 正装を必要とする.

white trásh 名《軽蔑》《米国南部の》貧乏白人.

white ván màn 名《英口》《荒っぽい運転をする》運送業者の白バン車の運ちゃん.

white vítriol 名 [U] 〘化〙硫酸亜鉛, 皓礬(こうばん).

white-wàll (tìre) 名 ホワイトウォール(タイヤ)《わきに白い帯状の線の入ったタイヤ》.

+**white-wàsh** 名 ❶ [U] しっくい, のろ《壁・天井などの上塗り用》. ❷ [U] 《また a 〜》《体裁のいい》ごまかし, 取りつくろい. ❸ [C] 《通例単数形で》《米口》《競技で相手に一点も与えない》完勝, 完封. ── 動 ⑱ ❶ 〈…〉にのろを塗る: 〜 a wall 壁にのろを塗る. ❷ 〈人・事実など〉の〈過失・欠点など〉を隠して体裁をつくろう (cover up). ❸ 《米口》〈…〉を零封させる, 完封[完勝]する.

white wáter 名《急流などの》白く泡立った水.

white-wàter ráfting 名 [U] 急流いかだ下り.

white wáy 名 繁華街, 盛り場.

white wédding 名 純白のドレスでの結婚式《白いウェディングドレスでの結婚式》.

white whále 名〘動〙シロイルカ, ベルーガ.

white wíne 名 白ワイン, 白ブドウ酒《薄色のブドウを用い, 皮・種を除いて造る; cf. red wine, rosé》.

white wítch 名 (white magic を使う)善魔女.

white-wòod 名 ❶ 〘植〙 白色木材となる樹木 (linden, tulip tree など). ❷ [U] 白色木材, ホワイトウッド《家具・内装用》.

white wórk 名 [U] 《リンネルなどの》白布に白色で施した刺繍

2059

(しゅう).

whit·ey /(h)wáɪti/ 名 [時に W〜] (覆 〜s)《俗・軽蔑》❶ [C] 白人, 白んぼ. ❷ [U] 《単数形で》[the 〜] 白人(全体).

whith·er /(h)wíðɚ|-ðə/ 副《古》 A ❶ [疑問副詞] どこへ, どちらへ 《匿蔵》日常文では where を用いる》: W〜 are they drifting? 彼らはどこへ漂い行くのか. ❷ [新聞文体・政治スローガンなどで動詞を省略して] …はどこへ(行くのか, …はどうなるのか, …の行く末は: W〜 our democracy? 我々の民主主義はどうなるのか. ── B 副 /〜ー/ [関係副詞] **a** [制限的用法で] …する(所): the port 〜 they sailed 彼らがめざして出帆した港. **b** [非制限的用法; 通例前にコンマを置いて] そしてそこへ: He was in heaven, 〜 she hoped to follow. 彼は天国にいて, そこへ彼女もあとを追って行きたいと願った. **c** [先行詞を含む関係副詞用法で] どこへでも…する所へ: Go 〜 you please. どこへでも好きな所へ行け.

whìther·so·éver 副《古・詩》(…するところは)どこへでも[どこにも]; どこへ…しようとも.

whit·ing[1] /(h)wáɪtɪŋ/ 名 (覆 〜, 〜s)〘魚〙 ❶ ホワイティング《ヨーロッパ産の小型のタラ》. ❷ 《北米産の》ニベ; メルルーサ. 〖Du〗

whit·ing[2] /(h)wáɪtɪŋ/ 名 [U] 胡粉(ごふん), 白亜《顔料・水しっくい・パテなどに用いる》.

whit·ish /-tɪʃ/ 形 やや白い, 白っぽい.

whit·léather /(h)wít-/ 名 [U] みょうばんなめし革.

whit·low /(h)wítloʊ/ 名〘医〙(指先の)瘭疽(ひょうそ)《化膿性炎症》.

Whit·man /(h)wítmən/, **Walt** 名 ホイットマン (1819-92; 米国の詩人).

Whit Mónday /(h)wítmÀndeɪ, -di/ 名 Whitsunday の翌日.

Whit·ney /(h)wítni/, **Mount** 名 ホイットニー山《米国 California 州にある, Sierra Nevada の最高峰 (4418 m)》.

Whit·ney /(h)wítni/, **E·li** /iːlaɪ/ 名 ホイットニー (1765-1825; 米国の発明家; 綿繰り機 (cotton gin) の発明).

Whit·sun /(h)wíts(ə)n/ 名 = Whitsuntide. ── 形 Whitsuntide [Whitsunday] の.

Whit·sun·day /(h)wítsÀndeɪ, -di/ 名 聖霊降臨祭 (Pentecost) 《解説 キリストの復活後 50 日目に聖霊が使徒の上に降臨したのを記念する日; 復活祭 (Easter) 後の第 7 の日曜日; スコットランドの quarter day としては 5 月 28 日 (1991 年より). 〖OE=white Sunday 白衣の日曜日; 洗礼が多く行なわれ, 受洗者が白衣を着用したことから〗

Whit·sun·tide /(h)wíts(ə)ntàɪd/ 名 聖霊降臨節《Whitsunday から 1 週間, 特に最初の 3 日間》.

Whit·ti·er /(h)wítiɚ/ -tiə/, **John Green·leaf** /ɡríːnliːf/ 名 ホイッティアー (1807-92; 米国の詩人; 奴隷制廃止論者).

+**whit·tle** /(h)wítl/ 動 ⑱ ❶ 〈…〉を〈木を〉削って作る 《from》; 〈木など〉を少しずつ削って 《…〉を〈…〉に作る 《into》 (carve): He 〜d the wood *into* a spear. 彼は木材を削ってやりを作った. ❷ 《費用など》を減らす, 削減する 《away, down》.

Whit·worth /(h)wítwə(ː)θ| -wə(ː)θ/ 形 ウィットねじの《ねじ山の角度が55°》. 〖Sir Joseph Whitworth 英国の技術者で提唱者〗

+**whiz** /(h)wíz/ 名 ❶ [C] 《口》〈…の〉名人, エキスパート: He's a 〜 *at* tennis. 彼はテニスの名人だ. ❷ [U] ヒュー, ビュー 《矢・弾丸などが切る音》. ── 動 ⓘ (whizzed; **whiz·zing**) ❶ [副詞(句)を伴って]《口》風を切って飛ぶ[走る]: Cars *whizzed* past (him). 車が(彼のそばを)びゅんびゅん通り過ぎていった. ❷ ビューと鳴る, ブーンという.《擬音語》

whiz-bàng 名 ❶ 〘軍俗〙ヒューズドン《特に第一次大戦時代の榴弾》. ❷ 《米口》やり手, すばらしいもの[こと], 大成功, えらい人, 一流の, すばらしい.

whíz kìd 名《口》《実業界ですいすいと成功していく》若手の大物, 青年実業家.

+**whizz** /(h)wíz/ 名 = whiz.

whizz-bang

whízz-bàng 名形 =whiz-bang.
whiz·zy /(h)wízi/ 形 《口》最新(式)の.

who 代 (疑問代名詞) 目的格 whom, A では 《口》 who; 所有格 whose) A /hú:/ 《疑問代名詞》 ❶ (通例姓名・身元・身分などを尋ねて) だれか[で], どの人, どんな人 《用法》 主語に用いた場合は疑問文であっても主語と動詞の語順は平叙文と同じ: W~ is he? 彼はだれだ / W~ is it? どなたですか 《ドアのノックに対して尋ねる言葉; Who are you? とは言わない》 / Nobody knew ~ he was. だれも彼がだれなのか知らなかった / "When will the war end?" "W~ knows." 「戦争はいつ終わるだろうか」「だれにもわかりはしない」/ W~ are you to tell me to do that? 一体何の権利があって私にそうしなさいと言うのですか. ❷ 《whom の代用として》 《口》 だれに[に]: W~ do you mean? だれのことですか / W~ is the letter from? 手紙はだれから来たのですか / I told him ~ to look for. 私はだれを捜すべきかを彼に告げた / "I'm going out with Anne." "(You're) going out with ~?" 「アンと出かけるんだ」「だれと出かけるって」《★問い直し疑問文》.

── B /hu:/ (関係代名詞) ❶ [制限的用法で] …する[した](人) 《用法》 通例「人」を表わす名詞を先行詞とする形容詞節を作る: **a** [主格の場合]: He's the boy ~ broke the window. 彼が窓ガラスを割った少年です / We need a person ~ speaks English. 我々は英語を話す人を必要としている / There's a Mr. Green (~) wants to see you. グリーンさんという方があなたにお会いしたいと言っています 《用法》 主格の関係代名詞は省略をしないのが原則だが, There is... などの後は省略されることがある》. **b** [目的格の場合] 《用法》 《口》 では時に whom の代用として用いられることがあるが, 通例省略される》: The woman (~) you were talking about is my aunt. あなたがうわさしていた女の人は私のおばです. **c** [It is...who の強調構文で] …するのは (cf. it 代 7): *It was* he ~ broke the windowpane. 窓ガラスを割ったのは彼だった. ❷ [非制限的用法で, 例前にコンマが置かれる] そしてその人は; しかしその人は 《用法》 形式ばった用法; who の省略は不可》: I sent it to Jones, ~ passed it on to Smith. 私がそれをジョーンズに送り, ジョーンズはまたスミスに回した / Her husband, ~ is living in London, often writes to her. 彼女の夫はロンドンに住んでいるが, 彼女にたびたび手紙を寄こす 《用法》 形式ばった用法; 挿入的に用いられる関係代名詞は「そしてその人は」の意ではなく文脈によって「(その人は)…だが」の意になる》. ❸ [先行詞を含む関係代名詞的用法で] 《古》 (…する)その人, (…する)人はだれでも: W~ is not for us is against us. 我々に賛成しない人は我々に逆らう人だ.

and I dòn't knòw whó (= else) know 成句.
knòw whó's [whó is] whó (1) だれがだれ[どんな人]であるかを知っている. (2) (ある場所で)だれが有力者であるのかを知っている (cf. who's who 1): *know* ~'s ~ *in the village* その村でだれが有力者かわかっている.
Whò góes thère? だれだ 《歩哨(ほしょう)の誰何(すいか)の言葉》. 《OE》

WHO /dáblju:èɪtʃóu/ 《略》World Health Organization (国連)世界保健機関.
whoa /(h)wóu, hóu/ 間 どーどー 《馬などを止める時のかけ声》.
who'd /疑問代名詞》 hú:d; (関係代名詞) hu:d/ who would [had] の短縮形.
who·dun·it, 《英》-dun·nit /hù:dʌ́nɪt/ 名 《口》推理小説[映画, 劇], ミステリー. 《Who done it? (=Who did it?) から》
who·e·er /hù:éə/ -éə/ 代 《詩》=whoever.
who·ev·er /hù:évə/ -və/ 代 (語形 目的格 whomever; 所有格 whosever) A 《関係代名詞》❶ [先行詞を含む不定関係代名詞として] (…する)だれでも, どんな人でも 《用法 名詞節をつくる》: W~ comes is welcome. だれでも来る人は歓迎する. ❷ [譲歩の副詞節を導いて] だれでも…とも 《口》では whomever の代用を導いて)》: W~ calls on me, tell him [her, them] I'm out. だれが訪ねてきても私はいないと言いなさい / W~ I quote, you retain your opinion. どんな人の言葉を私が引いてきても君は自説を変えない. ── B [疑問代名詞 who の強調形として; 驚き・怒りを示して] 《口》 一体だれが: W~ said so? 一体だれがそう言ったのか.

whoéver he [she] may be だれだか知らないが.
or whoéver [列挙のあとで] 《口》…だれかほか.

whole /hóul/ 形 (比較なし) ❶ 〘a [the ~, one's ~] 全体の, すべての, 全…(entire) 《複数名詞・地名を表わす固有名詞にはつかない; その時には all を用いる》: *the ~ bunch* [*lot*] 何もかも / *the ~ time* さっと / *the ~ world* 全世界 《変換 *all the world* と書き換え可能》/ *the ~ sum* ⇒ sum 名 1 a / *with one's ~ heart* 心を込めて, 一意専心 / *the ~ truth* 真相をすっかり話す / *The ~ town knows it.* 町中の人が知っている. **b** 完全の, 無傷の, そっくりそのままの. ❷ A 〘時間・距離などを表わす…; ちょうど…の《用法》 単数形普通名詞には a をつける》: *a ~ year [day]* まる 1 年[1 日] / *It rained (for) three ~ days.* まる 3 日間雨が降った / *We walked (for) the ~ five miles.* まる 5 マイル全部を歩き通した 《用法》 the がつくと whole の位置はその直後にくる》. ❸ (部分に)分けない, まるのままの[で], まること(の): *He drank almost a ~ bottle of whiskey.* 彼はウイスキーの瓶をほとんど 1 本空けてしまった. ❹ [~ range [series] (of...) などの連結で] 実に広範な[多様な], ありとあらゆる 《★後続の名詞を強調》: *a ~ variety of T-shirts* ありとあらゆる種類のTシャツ. **a whóle lót** [副詞的に] 《口》大いに: *I feel a ~ lot better now.* もうずいぶん気分がよくなった. **a whóle lót** [hóst] **of...** たくさんの…: *He talks a ~ lot of nonsense.* 彼はくだらぬことばかり言う. **in the whóle (wíde) wórld** [最上級を強めて] 《口》 (広い)世界中で一番…. **òut of (the) whóle clóth** 《米》 まったくでたらめの, うそっぱちの (cf. whole cloth). **with a whóle skín** ⇒ skin 名 成句. **the whóle níne yárds** [列挙のあとで] 《口》 何もかも. **the whóle póint (of...)** (…の)最も重要な点, 一番のポイント.

── 副 ❶ 一つまるごと; 一つのものとして. ❷ まったく, 完全に (totally): *a ~ different kind of...* まったく異なった種類の….

── 名 ❶ [the ~] 全部, 全体 (cf. part 名 A 1): *the ~ of Japan* 日本全土. ❷ 〘通例単数形で] 完全な物; 統一体: *The various parts blend into a harmonious ~.* さまざまな部分が混じり合って調和のとれた統一体を作っている. **as a whóle** 総括して, 全体として (in general): *The team as a ~ did well.* そのチームは全体としてはよくやった. **on the whóle** 概して: *On the ~ I think you did a good job.* 概して君はよくやったと思う.

~·ness 名 《OE; 原義は「無傷の」; cf. hail, heal, health》【類義語】**whole** 欠けたところのない全体を表わす. **total** 個々の総合衣を表わす. **all** 用法は違うが, 意味では whole, total と同じ. **gross** 控除する前の総体を表わす.

whóle clóth 名 ⓊⒸ 〘織〙原反《製造したままの裁ってない生地》. **òut of (the) whóle clóth** ⇒ whole 形 成句.
whóle-fóod 名 ⓊⒸ 自然食品.
whóle gàle 名 〘気〙全強風 (⇒ wind scale 表).
whóle·gràin 形 《穀物か無精白の, 全粒の.
whóle·héarted 形 一意専心の, 誠意のある: *give one's ~ support* 心から支持する. **~·ly** 副 心を込めて, 心から, 誠心誠意. **~·ness** 名
whóle hóg 名 [the ~] 全部. **gò (the) whóle hóg** 《俗》 とことん[あくまで]やる. ── 副 完全に, 徹底的に.
whóle-hóg 形 Ⓐ 《俗》 完全な, 徹底的な.
whóle hóliday 名 《英》全休日 (cf. half-holiday).
whóle lífe insúrance 名 Ⓤ 〘保〙終身保険.
whóle·mèal 形 《英》 =whole wheat.
whóle mílk 名 Ⓤ 全乳 (⇒ milk 形).
whóle nòte 名 《米》全音符 《英》semibreve).
whóle númber 名 〘数〙整数 (integer).
whóle rèst 名 〘楽〙全休符.
whole·sale /hóulsèɪl/ 名 Ⓤ 卸 (おろし), 卸売り (↔ retail): *at* [《英》*by*] ~ 卸売りで. ── 形 ❶ 卸(し)の: *a merchant [dealer]* 卸商人, 卸商 / *buy [sell] at ~ prices* 卸値で買う[売る] / *Their business is ~ only.* その店は卸専門だ 《小売りはしない》. ❷ Ⓐ 《通例悪いこと》大規模の, 大量の: (a) ~ *slaughter* 大量殺戮 (さつりく). **b**

十把ひとからげの: ~ criticism 十把ひとからげの批評. ── 副 ❶ 卸売りで: sell goods ~ 品物を卸売する. **a** 大量に, 大規模に. **b** 十把ひとからげに, 無差別に. ── 他 <品物を>卸売りする.

⁺whóle·sàl·er 名 卸(ﾛﾅ)売り業者.
whóle·scále 形 大仕掛けな, 大規模な, 広範な (wholesale).
whóle schméar [**schméer, shméar, shmér**] 名 [the ~] 《米俗》全部, なにもかも, ありったけ.
⁺whóle·some /hóulsəm/ 形 (**more** ~; **most** ~) ❶ 健康によい (healthy; ↔ unwholesome): ~ exercise [food] 体によい運動[食物] / a ~ environment 健康的[健全]な環境. **b** 健康そうな: a ~ face 見るからに健康な顔. ❷ (道徳的に)健全な, ためになる: ~ advice ためになる忠告 / ~ books 健全な書物. **~·ly** 副 **~·ness** 名 【WHOLE＋-SOME】
whóle stèp [tòne] 名 《楽》全音程 (octave の 1/6; 例: D—E, F—G).
whóle-tòne scále 名 《楽》全音音階.
⁺whóle whéat 形 A (ふすまを取り除かないでいた)全粒の: ~ flour [bread] 小麦の全粒粉[全粒粉パン].
⁺who'll /húːl, huːl/ who will [shall] の短縮形.
⁺whol·ly /hóu(l)li/ 副 (比較なし) ❶ まったく, 完全に: a ~ bad example まったくよくない例. ❷ [否定語句を伴い, 部分否定] 全部が...(でない): She was *not* ~ satisfied. 彼女は満足していなかった《不満もあった》.

⁑whom 代 A /húːm/ (疑問代名詞 who の目的格)だれを[に] 《用法》(口)では whom の代わりに who を用いる; 前置詞の後では whom を用いるが, 文語的で, (口)では前置詞を後ろに置き who を用いる: *W*~ did you meet yesterday? きのうだれに会ったのですか 《比較》(口)では Who did you meet yesterday?) / *W*~ are you talking about? だれのことを話しているのですか 《比較》(口)では Who...を用いる; cf. who A 2) / From ~ is the letter? だれからの手紙ですか 《比較》(口)では Who is the letter from?).
── B /huːm/ (関係代名詞 who の目的格) ❶ [制限的用法で]...する(ところの)人 《用法》「人」を表わす先行詞とする形容詞節をつくる; (口)では時に who を用いるが, 通例 whom を省略する》: The man (~) I met yesterday is a teacher. きのう会った人は先生です / The woman with ~ I went is my aunt. 私と同行した女性は私のおばです 《用法》前置詞に続く whom は省略されず, The woman I went with is my aunt. とすれば省略可》. ❷ [非制限的用法で; 通例前にコンマが置かれる] そしてその人(たち)を[に] 《用法》 whom の省略は不可》: I met Mr. Smith, with ~ I dined at a restaurant. スミスさんと会って一緒にレストランで食事をした. ❸ [先行詞を含む関係代名詞的用法で] (古) ...する(ところの)人: *W*~ the gods love die young.《諺》神々が愛する人たちは若死にする, 「佳人薄命」.
To whom it may concérn. ⇨ concern 動 成句.
whom·ev·er /hùːmévə | -və/ 代 (関係代名詞 whoever の目的格) ❶ [先行詞を含む不定関係代名詞として] (...する)だれにでも 《用法》名詞節としても: (口)では whoever を代用することが多い): You can invite ~ you like. だれでも好きな人を招いてよい. ❷ [譲歩の副詞節を導いて]だれを[に]...しょうとも.

whomp /(h)wámp | (h)wómp/ 《米口》名 ドシン, ドスン, ドカン, ピシャッ, ガチャン, バリン, バ(ー)ン, ズドン《激しい打撃・衝撃音》. ── 他 [ガチャンと]と当てる; (こてんぱんに)たたきのめす[やっつける], 打ち負かす. **whómp úp** 急いで用意する[まとめる], でっちあげる, (ありあわせで)こしらえる.
whòm·soéver 代 (古) whosoever の目的格.
whoomp /(h)wúːmp/, **whoomph** /(h)wúːmf/ 名 = whomp.
⁺whoop /(h)wúːp, húːp/ 名 動 ❶ 大声をあげる: ~ with joy 喜んで大声をあげる. ❷ <フクロウなどが>ホーホーと鳴く. ❸ ゼーゼーいう. **whóop it [thìngs] úp** (口) (1) 大声をあげて騒ぎたてる[はしゃぐ. (2) 〈...への〉熱意を盛り上げる; <...を〉盛んに支持[応援]する 《*for*》. ── 名 ❶ (喜びなどの)おー[うわっ](という叫び声). ❷ (フクロウなどの)ホーホーと鳴く声. ❸ (百日ぜきなどの)ゼーゼーいう音. ❹

[**not a** ~ で] (古風) まったく [少しも] (...)ない. ── 間 おー い!, うわっ!, あらら! 《擬音語》
whóop-de-dó /-didúː/ 《米口》名 お祭り騒ぎ, どんちゃん騒ぎ, 大騒ぎ. ── 間 やったね, ばんざい, いいぞ!
whóop·ee /(h)wúːpi:, (h)wúː- | (h)wupíː/ 間 わあーい! 《歓声》── 名 U (口) ばか騒ぎ, 底抜け騒ぎ: make ~ (飲めや歌えの)どんちゃん騒ぎをする, 浮かれ騒ぐ.
whóopee cùshion 名 《米口》 プープークッション《押すと放屁に似た音を出すゴム製の袋; クッションの下に置いて人にいたずらする》.
whóop·er 名 《鳥》オオハクチョウ.
whóop·ing còugh 名 U 《医》百日ぜき (pertussis).
whóoping cráne 名 《鳥》アメリカシロヅル.
whóoping swán 名 《鳥》オオハクチョウ.
whoops /(h)wúps, (h)wúːps/ 間 = oops.
whoosh /(h)wúːʃ, (h)wúːʃ/ 名 (空気・水などの)ヒュー [シュー]という音. 《擬音語》.
whop /(h)wáp | (h)wóp/ (口) 動 他 (**whopped; whop·ping**) ぶったたく. ❷ さんざんに打ち負かす. ── 名 ぶん殴り, どしん(という衝突, 墜落). 《擬音語》.
whóp·per 名 (口) ❶ 途方もないもの; でっかいもの. ❷ 大うそ: tell a ~ 大うそをつく.
whop·ping /(h)wápiŋ | (h)wóp-/ (口) 形 非常に大きな: a ~ lie 大うそ / a ~ loss 大損害. ── 副 とても, ばかに: a ~ big mushroom ばかでかいキノコ.
⁺whore /hɔə | hɔː/ 名 ❶ 売春婦 (prostitute). ❷ 尻軽女. 【OE; 原義は「欲求する者」】
⁑who're /(疑問代名詞) húːə | húːə; (関係代名詞) huːə | huːə/ who are の短縮形.
whóre·dom /-dəm/ 名 U 売春, 醜業; 買春; 私通, 密通, 乱交.
whóre·house 名 (古風) 売春宿 (brothel).
whóre·màster 名 (古) = whoremonger.
whóre·mònger 名 買春する男.
whor·ing /hɔːriŋ/ 名 U (古風) 買春.
whor·ish /hɔːrɪʃ/ 形 売春婦の(ような). **~·ly** 副 **~·ness** 名
whorl /(h)wɚːl, (h)wɔːl | (h)wɔːl/ 名 ❶ **a** らせん (spiral) のひと巻き: ~s *of* smoke 煙の渦. **b** (指紋の)渦巻: the ~s *of* a fingerprint 指紋の渦巻き. ❷ [巻き貝の] 渦巻き (ひと巻き). ❸ 《植》輪生体 《茎の節に葉が輪状についていること》.
whorled 形 ❶ 渦巻きの. ❷ 《植》輪生の.
whor·tle·ber·ry /(h)wɚːtlberi | (h)wɔː-/ 名 ❶ 《植》ハイデルベリー, セイヨウヒメスノキ, ビルベリー《ヨーロッパ・アジア産のスノキ属の落葉低木》. ❷ その黒紫色の実 (bilberry).
⁑who's /(疑問代名詞) húːz; (関係代名詞) huːz/ who is [has, does] の短縮形.
⁑whose 代 A /húːz/ (疑問代名詞 who の所有格) ❶ [形容詞的に]だれの: *W*~ umbrella is this? これはだれの傘ですか / I wonder ~ turn it is to wash the dishes. 皿洗いはだれの番だろう. ❷ [独立的に] だれのもの: Tell me ~ to use. だれのを使ったらよいか言ってください.
── B /huːz/ (関係代名詞) ❶ [who の所有格] **a** [制限的用法で] (その...の)...する(ところの)人 《用法》「人」を表わす名詞を先行詞とする形容詞節をつくる》: I know a girl ~ mother is a pianist. 母親がピアニストをしている女の子を知っている / The lady about ~ age you asked me is well over forty. あなたが年齢をお尋ねになったその婦人は40歳をかなり超えています. **b** [非制限的用法で; 通例前にコンマが置かれる] そしてその人(たち)の: Mrs. Brown, ~ house we have rented for our vacation, is a rich widow. ブラウン夫人は我々が休暇中借りた家の持ち主ですが, 金持ちの未亡人です. ❷ [which の所有格] **a** [制限的用法で] (その...の, に)...する(ところの)(もの) 《用法》 人間以外のものを表わす名詞を先行詞とする形容詞節をつくる: 用いるのを好ましくないとする人もいる; cf. which B 1 b》: A book ~ pages are torn is worthless. ページがちぎれている本は価値がない. **b** [非制限的用法で; 通例前にコンマが置かれる] そしてそのものの:

This microcircuit, ~ parts are too small to see, was made in Japan. この超小型回路はその部品が小さくて見えないほどだが、日本製です. 《OE》

whòse·soév·er 代 whosoever の所有格.

whos·ev·er /huːzévə | -və/ 代 **A** [関係代名詞 whoever の所有格] ❶ [先行詞を含む不定関係代名詞として] (...する)だれのでも《用法》名詞節をつくる): You may vote for ~ side you like. あなたの好きなどちら側の人に投票してもよい. ❷ [譲歩の副詞節を導いて] だれのものにせよ、だれの...でも: W~ she may be, her parents must be worried sick. この子はだれの子にせよ、親は気が狂いそうなほど心配しているでしょう. ― **B** [疑問代名詞 whose の強調形として] (口)一体だれの(もの): W~ is this car? この車は一体だれのだい.

who·so·ev·er /huːsoʊévə | -və/ 代《誤形》目的格 whomsoever; 所有格 whosoever) (古) whoever の強調形.

whó's whó 名 ❶ Ⓤ 有力者たち (cf. know WHO's who 成句 (2)). ❷ **a** Ⓒ [通例単数形で] 名士[紳士]録《of》. **b** [Who's Who] Ⓤ [書名として] ...紳士録: Who's Who in the United States 現代米国名士録.

***who've** /(疑問代名詞) húːv; (関係代名詞) huːv/ who have の短縮形.

whump /(h)wʌmp/ (口) 動 ドスン[ドシン, ズシン]とぶつかる. ― 名 バーン、ドスン、ドシン、ズシン(ぶつかる音).

whup /(h)wʌp/ 動 他 (whupped; whup·ping) 《方·口》たたき打つ、ぶちのめす; たたきのめす; 負かす.

***why** 副 (比較なし) **A** /(h)wáɪ/ (疑問副詞) なぜ、どうしてどういう理由で、なんのために: W~ does paper burn? どうして紙は燃えるのか / I don't see ~ this plan isn't working. この計画がどうしてうまくいかないのかわからない / "I'd like you to explain ~ it's so." "W~ me?"「なぜそうなのか説明してください」「なぜ私なのですか」/ Tell me ~ ... なぜか理由を言ってください (用法 Tell me ~ you did it [~ it's so]. などの略) / W~ he divorced her doesn't matter. 彼がなぜ彼女と離婚したかということは問題ではない / "W~ did you come?" "Because I wanted to see you."「どうして来たの」「あなたに会いたかったから」/《用法》"To see you."の返事も可能) / W~ in [the] hell did you turn down the proposal? (口) 一体なぜその提案を断わったんだ / W~ on earth did you quit your job? 一体なぜ仕事をやめたの / W~ wait? She won't come. どうして待つの(待つことはないのに). 彼女は来ないんだから.

― **B** /(h)waɪ/ (関係副詞) ❶ [制限的用法で] ...との(理由) (用法 reason(s) のような先行詞とした形容詞節をつくる; 非制限用法は なく、そのためには for which reason のような形を用いる): The reason ~ he did it is unknown. 彼がそれをした理由は不明だ / There's no reason (~) I should believe it. 私がそれを信じる理由は何もない (用法 why も省略可能). ❷ [先行詞なしに名詞節を導いて] ...する理由 (用法 This [That] is... の構文に多く用いられる): This is ~ I came. こういうわけで私は来ました.

Whỳ dòn't you (...)? (口) [提案·勧誘などに用いて] ...してはどうですか、...しませんか (用法 親しい間柄で用い、目上の人には用いない; 省略形は WHY not? 成句 (2)): W~ don't you [W~ not] come and see me next Sunday? 今度の日曜日にうちに遊びに来ませんか / W~ don't you sit down? 座りなさいよ.

Whỳ nót (...)? (1) [相手の否定の言葉に反論して] なぜいけない[しない]のか、いいではないか: "I haven't finished it yet." "W~ not?" 「まだ終わっていません」「どうして(もうできていいはずだが)」. (2) [ある事を提案して; 動詞の原形を伴って] (用法 W~ not try (it) again? (それを)もう一度やってみてはどうかね. (3) [相手の提案に同意して] よかろう、そうしよう: "Let's go swimming." "W~ not?" 「泳ぎに行かないかね」「いや行こう」.

Whý, òh whý ...? [後悔を示して] どうして (...してしまったのだろうか).

― /(h)wáɪ/ 名 [複数形で] 理由、わけ、原因 (用法 通例 the ~s and (the) wherefores として用いる): I explained to them the ~s and wherefores **of** my decision. 彼らに私が決めた理由を説明してやった.

― /wáɪ/ 間 ❶ [意外なことの発見·承認などの際の発声として] あら!、おや!、まあ!、もちろんさ!、そりゃ!: W~, I'll be damned. これは驚きだ (用法 意外な人物に出くわした時に用いる表現; damned を略すのは 《米》; cf. I'll be damned if (⇒ damn 動 成句)). ❷ [反論·抗議を表わして] なんだって!、なに!: W~, what's the harm? なに、それでどこが悪い. ❸ [ちゅうちょを表わし、また言葉のつなぎとして] ええと、さあ: W~, it's you! まあ、あなたなの / W~, yes, I hope so. ええっと、そう、そうだといいが.

《OE》

why'd /(h)wáɪd/ why did の短縮形.

WI (略) West Indies; 《米略》Wisconsin.

Wic·ca /wíkə/ 名 Ⓤ 魔術[妖術]崇拝. **Wíc·can** /-kən/ 形

wick /wík/ 名 ❶ ろうそく[ランプ]の芯(ん). ❷ [医] 傷口に埋め込む排膿用ガーゼ. **díp one's wíck** (卑) 〈男が性交する. **gèt on a person's wíck** (英口) 人を悩ませる、人をいらいらさせる. ― 動 他〈繊維などが〉〈液体を〉吸収する、吸い上げる、吸う.

***wick·ed** /wíkɪd/ 形 (~·er; ~·est; more ~; most ~) ❶ 〈人·言行などが〉(道徳的に)邪悪な、不道徳な、不正な; 悪意のある、意地悪な: a ~ person [deed] 悪人[悪事]. ❷ (口) いたずらな、ちゃめな (mischievous): a ~ look [smile] いたずらっぽい目つき[微笑]. ❸ 危険な、害を及ぼす: a wicked-looking knife 危なそうなナイフ. ❹ (俗) 優れた、上手な; すばらしい、最高な: a ~ tennis player テニスがすごくうまい人. ❺ (口) 不快な、ひどい: ~ weather いやな天気 / a ~ storm 激しいあらし. **(There's) nó péace [rést] for the wícked**(.) (この例戯言) 悪人に平安[休息]なし. ― **·ly** 副 ― **·ness** 名 《ME; WITCH と同語源》《類義語》⇒ bad.

wíck·ed·ness 名 Ⓤ 邪悪さ、不正; 悪意、意地悪.

+**wick·er** /wíkə | -kə/ 名 ❶ Ⓒ U (柳細工などの) 小枝、柳の枝. ❷ Ⓤ **a** 編んだ小枝. **b** 小枝[柳、枝編み]細工 (wickerwork) (製品). ― 形 柳製の、柳[柳編み]の(細工): a ~ basket [chair] 柳編みのかご[いす]. 《Scand; cf. weak》

wick·er·wòrk 名 =wicker 2 b.

+**wick·et** /wíkɪt/ 名 ❶ (大きな門の中または かたわらに設けた) 小門、くぐり(門). ❷ **a** (切符売り場などの)窓口. **b** (銀行などの)格子窓、窓口. ❸ [クリケ] **a** 三柱門、ウィケット (約70センチの三柱門の上に約11センチの bail) を 2本のせる; ⇒ cricket): keep ~ 三柱門の後ろで守備する (★ 無冠詞). **b** 投球場 (pitch) (の状態): a sticky ~ (足もとがぬかるんでいる)投球場の悪コンディション. **c** イニング、打数番、...回: take three ~s〈投手 (bowler) が〉3 人の打者 (batter) をアウトにする / lose a ~ 〈打者がアウトになる. **on a góod** [**stícky**] **wícket** (英口) 有利[不利]な立場で. 《F》

wícket gàte 名 =wicket 1.

wícket·kèep(er) 名 [クリケ] ウィケットキーパー、三柱門守備者、捕手.

wick·i·up, wick·y·up /wíkiʌp/ 名 (北米先住民の枝編みの円錐形の小屋). 《N-Am-Ind=wigwam》

***wide** /wáɪd/ 形 (wíd·er; wíd·est) ❶ **a** 幅の広い、幅広の (↔ narrow): a ~ river [street] 広い川[通り]. **b** [数量を示す語句を伴って] 幅が...の (cf. long[1] 1 d): a road twenty meters ~ 幅20メートルの道路 / "How is that space?" "Twenty inches (~)."「その幅はどれくらいありますか」「幅は...の20インチです」《用法》広大な、(物理的に) 広範囲にわたる《比較 部屋などが「広い」という時は large や big を用いる): the ~ ocean 広大な大洋 / this (big) ~ world この(広い)世の中 / This species has a ~ distribution. この種(ঔ)は広く分布している. ❸ [通例 Ⓐ] (範囲の)広い、広範な (↔ narrow): ~ experience 豊富な経験 / have a ~ knowledge of...について広い知識を持っている / a ~ variety [range] of hotels 多様な種類のホテル / win ~ support 広範な支持を得る / gain ~ notice 幅広く知れわたる. ❹ **a** かけ離れた; 見当

違いで: a ~ difference of opinion 意見の大きな相違 / His remark is ~ of the truth. 彼の言葉は真実に遠い. **b**《クリケ》遠くはずれた: a ~ ball (投手の暴投で打者の1点になる). ❺《文》《目・窓など》大きく開いた［広げた］: stare with ~ eyes 目を丸くして見る. ❻《通例比較・最上級で》一般的な, 細部にこだわらない, 大まかな, 偏見のない: *wider* issues より一般的な問題 / in the *widest* sense 最も広い意味で(の) / take a *wider* view より幅広い見方をする. **wide of the márk** ⇒ mark¹ 名《成句》.

―― 副 (wid・er; 最上級なし) ❶ 大きく開いて, 十分にあけて: ~ awake すっかり目が覚めていて / with eyes ~ open 目を大きく開いて / The shark's jaws opened ~. サメの口がぱっくりと開いた. ❷ 的をそれて, 見当違いで. ❸ 広く, 広範囲に: travel far and ~ 至るところを[あまねく]旅行する. **wide of...** 見当違いで, 見当違いで: speak ~ of the mark 見当はずれの話をする / The arrow fell ~ of the target. 矢は的をはずれて落ちた.

―― 名《クリケ》(投手の)暴投(打者の1点になる): bowl a ~ 暴投する.

〖OE〗 widen, width〗

【類義語】 **wide** と **broad** は同じ意味に用いられることもあるが, **wide** は端から端までの距離に意味の重点が置かれる. **broad** は広々とした広がりを強調するため, また, しばしば体の部位の大きさを言うときに使われる.

-wide /wàɪd/《連結形》「…全体にわたる[わたって]」の意の形容詞・副詞を造る: nation*wide*, world*wide*.

wide-ángle 形《カメラのレンズが》広角の; 《カメラ・写真など》広角レンズを用いる: a ~ lens 広角レンズ.

wíde área nétwork 名《電算》広域ネットワーク(通信網)(略 WAN).

wíde-awáke 形 ❶ すっかり目覚めた. ❷《口》油断のない, 抜け目のない. ―― 名 広縁のフェルトの中折帽.

wíde-awáke hát 名 = wide-awake.

wíde-bòdy 名 胴体の幅が広い(旅客機の)広胴型の.

wíde bòy 名《英俗》よた者, 不良, こそ泥, チンピラ.

⁺**wíde-éyed** /wáɪdáɪd/ 形 ❶ **a**《驚き・恐怖などで》目を大きく見開いた. **b**《眠れないで》目を覚ましている. ❷ びっくり仰天した. ❸ 純真な, 素朴な (naive).

＊**wide・ly** /wáɪdli/ 副 (**more ~**; **most ~**) ❶ 広く, 広範囲に: ~ read 広く読まれている; (人が)多読している / It's ~ believed that he took bribes. 彼はわいろをもらったと広く信じられている / This idea is ~ applicable. この考えは広く応用がきく. ❷ 大きく, はなはだしく: be ~ different [differ ~] from... と大きく異なっている.

＊**wid・en** /wáɪdn/ 動《幅・程度・範囲などを》広くする, 広げる. ❶ 広くなる, 広がる; 《目が(驚きなどで)》大きく見開かれる. **wíd・en・er** 名 (形 wide)

wíde-ópen 形 ❶ 広く開いた: the ~ spaces of the American West 米国西部の広く開かれた土地. ❷《米》取り締まり[規制]のゆるい: a ~ town 法の取り締まりのゆるい町.

wíde-óut 名 = wide receiver.

⁺**wíde-ránging** 形 広範囲にわたる: a ~ discussion 広範囲にわたる議論.

wíde recéiver 名《アメフト》ワイドレシーバー(攻撃ラインの数ヤード外側に並ぶレシーバー).

wíde-scále 形 大規模な, 広範囲な.

wíde-scréen 形《映》画面の広い, ワイドスクリーンの.

＊**wide・spread** /wáɪdspréd˧/ 形 広範囲にわたる; 一般に普及した, 広がった: ~ floods [thunderstorms] 広範囲にわたる洪水[雷雨] / ~ support 広い支援 / The disease is ~ everywhere in the world. その病気は広く世界中に見られる[見られた].

wid・geon /wíʤən/ 名 = wigeon.

wid・ger /wíʤɚ | -ʤə/ 名《園》苗木移植用ヘら.

wid・get /wíʤɪt/ 名 ❶《名称のわからない[思い出せない]》何とか部品, (ちょっとした)機械装置. ❷ (会社の)製品の代表製品. 〖GADGET の変形〗

wid・ish /wáɪdɪʃ/ 形 やや広い, 広めの.

⁺**wid・ow** /wídoʊ/ 名 ❶ 未亡人, 寡婦(*ゞ*)〖此《「男やもめ」は widower》: the ~'s mite ⇒ mite² 2 / ⇒ grass widow, widow's weeds. ❷《通例複合語で》《戯言》

…やもめ: a fishing [golf] ~ 釣り[ゴルフ]やもめ《夫がゴルフ[ゴルフ]に熱中しているために構ってもらえない妻). ―― 動《他》《人を》未亡人にする; 男やもめにする (★ 通例受身).〖OE; 原義は「別れた女」; cf. widower〗

⁺**wíd・owed** 形 未亡人になった; 男やもめになった: a ~ man [woman] 妻をなくした男[夫をなくした女] / She [He] is ~. 彼女[彼]は夫[妻]をなくしている.

wid・ow・er /wídoʊɚ | -doʊə/ 名 男やもめ (↔ widow).〖ME < WIDOW + -ER¹; 女性形から男性形が作られた数少ない例のひとつ〗

wídow・hòod 名 ❶ やもめ暮らし.

wídow's crúse 名《単数形で》《聖》寡婦の壺《乏しく見えて実は無尽蔵なもの》.

wídow's péak 名 女の額の V 字形の生え際《これがあると早く夫に死別するという迷信があった》.

wídow's wálk 名《米》屋根上の露台《初期の New England 沿岸で船を見るために付けた》.

⁺**width** /wídθ, wítθ/ 名 (~**s**) ❶ C,U **a** 広さ, 幅 (breadth): a ~ of 4 feet 4 フィートの幅 / 4 feet in ~ 幅が 4 フィート. **b** (心・見解などの)広いこと, 寛大さ《比較 breadth のほうが一般的》: ~ *of* mind [view] 心[見解]の広さ. ❷ ⓒ 一定の幅をもつた(織物). 〖WIDE + -TH²〗 (形 wide)

wídth・wàys 副 = widthwise.

wídth・wìse 副 横に, 横の方向に (↔ lengthwise).

⁺**wield** /wíːld/ 動 ❶ **a**《剣などをふるう, 振り回す (brandish). **b**《道具を用いる, 使う;《健筆をふるう》: ~ the pen 書く, 著作する. ❷《権力・武力などをふるう, 掌握する: ~ power 力[権力]をふるう[行使する], 力を握っている, 勢力をもつ. **~・er** 名〖OE = 支配する〗

wield・y /wíːldi/ 形 (**wield・i・er, -i・est**) 使いやすい, 取り扱いやすい, 手ごろな.

wie・ner /wíːnɚ | -nə/ 名《米》ウィンナーソーセージ (frankfurter).

wíener dòg 名《口》ダックスフンド.

Wíener schnítzel 名 U ウィンナーシュニッツェル《子牛肉の薄切りカツレツ》.

wie・nie /wíːni/ 名《米口》= wiener.

＊**wife** /wáɪf/ 名 (複 **wives** /wáɪvz/) ❶ 妻, 女房, 細君; 主婦, 人妻 (cf. husband): his second ~ 彼の二人目の奥さん / have a ~ 妻をもっている / take...for a ~《ある女を》妻に迎える, 〈…〉をめとる / She will make him a good ~. 彼女は彼にとっていい妻になるだろう. ❷ **a** ★ 次の句以外は (古)》: ⇒ old wives' tale. **b**《複合語で》女: ⇒ housewife, midwife. 〖OE = 女; cf. woman〗 (形 wifely; 副 uxorial)

wife・hòod 名 U 妻であること, 妻の身分.

wife・less 形 妻のない, 独身の.

wife・like 形 = wifely.

wife・ly 形 (**wife・li・er, -li・est**) 妻らしい, 妻にふさわしい.

wífe swápping 名 U《口》夫婦交換, スワッピング.

Wíf・fle bàll /wífl-/ 名 ⓒ《商標》ウィッフルボール(穴のあいたプラスチック製のボール); U ウィッフルボールを使った野球ごっこ.

wif・ie /wáɪfi/ 名《スコ》女.

⁺**wig** /wíɡ/ 名 かつら, ウィッグ. **flíp one's wíg**《米俗》すごく怒る[腹を立てる]. ―― 動 (**wigged; wíg・ging**)《他》《英古風》《人を》厳しく叱責(*ミョ*)する. **wíg óut**《自, 他》《俗》興奮する[させる], 熱狂する[させる]. 〖(PERI)WIG〗

wig・eon /wíʤən/ 名《鳥》アメリカヒドリ, ヒドリガモ.〖F < L; 擬音語; 綴りは pigeon にならった〗

wigged /wíɡd/ 形 かつらをした.

wig・ger /wíɡɚ | -ɡə/ 名《俗》黒人(のスタイル)をまねる白人, 黒人気取り.

wig・ging /wíɡɪŋ/ 名《通例単数形で》《英古風》厳しくしかること, 叱責(*ミョ*).

⁺**wig・gle** /wíɡl/ 動《口》《他》《体(の一部)などを》ぴくぴく[くねくね]動かす, (小刻みに)揺する: ~ one's hips ヒップを揺り動かす / The rabbit ~*d* its nose. ウサギは鼻をぴくぴく動かした. ―― 《自》ぴくぴく[くねくね]動く. ―― 名 くねくねす

る[させる]こと; くねくねさせる身動き: She gave a sexy ~. 彼女は色っぽく体をくねらせた. 【Du&G】

wíg·gler /wígi/ 名 ❶ 揺り動かす人[もの]. ❷ 【昆】ボウフラ.

wig·gly /wígli/ 形 (**wig·gli·er, -gli·est**) 《口》❶ 揺れ動く. ❷ 波動する, 波状の (wavy).

wig·gy /wígi/ 形 (**wig·gi·er, -gi·est**) 《米俗》酔った; 《米俗》狂った, いかれた, 妙[変]な.

wight /wáit/ 名 《古》人, 人間.

Wight /wáit/, **the Isle of** 名 ワイト島《イギリス海峡の島; 1974 年州となる; 州都 Newport /n(j)ú:pɔːrt | njúːpɔːt/; 略 IOW》.

wig·let /wíglət/ 名 小型のヘアピース[かつら].

wig·wag /wígwæg/ 動 (**wig·wagged; wig·wag·ging**) 《口》❶ 〈手旗を〉振り動かす, 振る. ❷ 手旗などで〈信号を〉送る. —— 自 ❶ あちこちに動く[揺れる]. ❷ 手旗などで信号する. —— 名 ❶ (手旗・灯火の)信号法. ❷ ⓒ 手旗[灯火]信号. 《wig (廃) to move+WAG¹》

wig·wam /wígwɑm | -wæm/ 名 北米先住民の小屋《通例獣皮・むしろ・木皮などを張った円形の小屋; cf. tepee》. 《N-Am-Ind=彼らの住居》

wik·i·up /wíkiʌp/ 名 =wickiup.

wil·co /wílkou/ 間 了解《無線通信で受信したメッセージの応諾を示す言葉》. 《will comply》

＊wild /wáild/ 形 (**~·er; ~·est**) ❶ (比較なし) 《通例 Ⓐ》〈鳥類・草木など〉野生の, 野育ちの《⇔ domestic, tame, cultivated》: ~ beasts 野獣《⇨ wild boar, wild duck, wild flower / a ~ vine 野ブドウ / grow ~ 野生に生える, 野生である. ❷ 《通例 Ⓐ》〈土地など〉荒れ果てた; 自然のままの; 人の住まない: a ~ landscape 荒涼とした景色 / a ~ mountainous region 人の住まない山岳地方. ❸ 〈人・行為など〉乱暴な, 無法な, 手に負えない, 放縦(ﾎﾞｳ)な: ~ boys 乱暴な男の子たち / ~ work 無法[狂暴]な仕事(ふ) / settle down after a ~ youth 放蕩な青春時代を過ごしてから落ち着く. ❹ 逆上した, 狂気の, 狂気じみた, 興奮した, 怒った: go into a ~ rage 激昂する / She gave me a ~ look. 彼女は怒って私をにらんだ / It made me ~ to listen to such nonsense. そんなばかげた事を聞いてすごく腹が立った / His eyes were **with** excitement. 彼の目は興奮して血走った. ❺ 〖Ｐ〗〈...に〉熱中して, 夢中になって: He's ~ **about** fishing [Joanna]. 彼は魚釣り[ジョアナ]に夢中だ. ❻ Ⓐ 〈計画・行動など〉無謀な; 〈推量など〉でたらめな, 見当違いの; 〈投球など〉的それの: a ~ plan とっぴな計画 / ~ fancies とりとめもない空想 / make a ~ guess 当て推量をする / ~ accusations 見当違いの非難. ❼ 《口》楽しい, 愉快な, すてきな: We had a ~ time. すごく楽しかった, 底抜けに騒いだ. ❽ a 〈天候・海など〉荒れた, 激しい (stormy): a ~ sea 荒海 / a ~ night あらしの一夜. b 〈時代など〉騒乱の, 騒々しい: The town ~ times 乱世. b 〈人・部族など〉未開の, 野蛮な: a ~ man 蛮人 / ~ tribes 蛮族. b 〈獣・鳥など〉人慣れしない, 暴れる. ❿ だらしない, 乱れた: ~ hair 乱れ髪 / in ~ confusion 大混乱で. ⓫〈色・模様など〉目立つ, はでな. ⓬ 〖トランプ〗札がの万能な, ワイルドカードの.

beyònd a person's wíldest dréams 人の予想しないほどよく[に]. **dó what one's wíldest thíng** 《口》 セックスする. **gét [hàve] a wíld hàir (ùp one's áss)** 《単》〈人が〉急にとっぴな[変な]ことをしたくなる. **gò wíld** (1) 〔...で〕狂乱する; 〔...〕 に夢中になる; 〈株価の値動きが〉乱高下する: The town went ~ **with** joy [**over** the news]. 町中は喜び[そのニュース]で沸きたった. (2) 〈飼い慣らされた動物などが〉野生化する. **in a person's wíldest dréams** 《通例否定文で》決して, まさか, ちっとも. **rùn wíld** (1) 〈人の〉野放しになっている; 〈植物などが〉のびほうだいになる. (2) 〈子供が〉したいほうだいにすること[させる], 暴れ回る. (3) 〈想像力が〉自由に働く, かけめぐる. **wíld and wóolly** 粗野な, 粗暴な; 波乱に富む. **wíld mán of the wóods** 《口》オランウータン.

—— 名 ❶ [the ~; しばしば複数形で] 〈ある地方の〉荒野, 荒れ地: the ~s of Africa アフリカの未開地. ❷ [the ~] 野生(の状態): animals in the ~ 野生の動物 / the call of the ~ ⇨ call 8 a. **(óut) in the wílds** 《戯言》人の住む所から遠く離れて, 未開地で. **~·ness** 名 《OE》

wild bóar 名 Ⓒ 【動】イノシシ (boar). ❷ Ⓤ イノシシの肉.

wild cárd 名 ❶ 《電算》ワイルドカード《検索において任意の文字列に相当する文字; たとえば *》. ❷ 《トランプ》鬼札, 化(ばけ)札, 万能札《ジョーカー (joker) など》. ❸ 《スポ》ワイルドカード: **a** 予戦不参加や資格不足などにもかかわらず与えられた, 大会などへの出場権. **b** それを得た選手・チーム. ❹ 〈その行動・影響などが〉予測不可能な人[もの].

wild·cat 名 ❶ Ⓒ 【動】ヤマネコ. 〖匚〗《のら猫》は wild cat とつづる》. ❷ 短気な人, 乱暴者, 無法者. —— 形 《米》無謀な, 向こう見ずな: ~ schemes 《特に財政上・商業上の》無謀な計画 / a ~ company 放漫経営の会社. —— 動 =wildcatter かめちこちで試掘して回る.

wildcat strìke 名 山猫スト《組合の一部が本部の承認を受けずに行なうストライキ》.

wild·cat·ter /-tə˞ | -tə/ 名 ❶ 《米》《石油などを求めて》やたらに試掘する山師.

wild chérry 名 【植】セイヨウミザクラ《野生種》.

wild chìld 名 乱暴な[手に負えない]子[若者], 派手に遊んでる子; 野生児.

wild·craft /wáildkræft | -krɑ:ft/ 動 《薬草・キノコなどを》野生から採集する. —— 名 Ⓤ 野生の薬草[キノコなど]の採集.

wild dóg 名 野生の犬 (dingo, dhole など).

wild dúck 名 【鳥】カモ《特に》マガモ (mallard) 《⇨ duck¹ 関連》.

Wilde /wáild/, **Oscar** 名 ワイルド (1854-1900; アイルランド生まれの英国の劇作家・小説家).

wil·de·beest /wíldəbi:st/ 名 《 ~s, ~》=gnu.

Wil·der /wáildə˞ | -də/, **Billy** 名 ワイルダー (1906-2002; オーストリア生まれの米国の映画監督・制作者).

Wilder, Thorn·ton /θɔ́rntn | θɔ́ːntən/ 名 ワイルダー (1897-1975; 米国の劇作家・小説家).

＊wil·der·ness /wíldənəs | -də-/ 名 ❶ [the ~] (自然のままの) 荒れ地, 荒れ野; 原野, 原生自然. ❷ Ⓒ 《通例単数形で》無秩序な[荒れ果てた, 荒れるがままの] もの《状態・場所など》: 〈庭園内などが〉 手を加えすぎた部分. ❸ 不遇な時期[地位]; 下野している時期. **a vóice (crýing) in the wílderness** 荒れ野で呼ばわる者の声; 世にいれられない改革者の声《★ 聖書「マタイ伝」から》. **in the wílderness** 〈英〉政党が政権を離れて, 野(ﾅ)にあって《★ 聖書「民数記」から》. 《OE=野生動物の状態》

wílderness àrea 名 《米》原生自然環境保全地域.

Wilderness Róad 名 [the ~] ウィルダネスロード《米国の Virginia 州から Kentucky 州へ至る西部開拓期のルートの一つ》.

Wilderness Society 名 [the ~] (米国などの) 自然保護協会.

wild-èyed 形 ❶ 狂おしい[怒った]目つきの. ❷ 〈考えなど〉夢想的な, 極端な, 過激な.

wild·fire 名 Ⓤ ❶ 《昔, 戦争などに使用した》強力な燃焼物. ❷ 野火; 鬼火. **spréad like wíldfire** 〈うわさなどが〉野火(燎原(りょうげん))の火のように広がる.

+wild flówer, wild·flòwer 名 野生の花; 野草.

wild·fòwl 名 《 ~s, ~》 猟鳥《特にカモ・ガンなどの水鳥》.

wild gínger 名 Ⓤ 【植】カナダサイシン《フタバアオイ属; 北米原産》.

wild góose 名 《 wild geese》 野生のガン: **a** 《米》カナダガン. **b** 《英》ハイイロガン.

wild-góose chàse 名 あてのない追求, むだな探索: go [lead a person] on a ~ むだな追求[努力]をする[人にさせる]. 《ガンを捕まえることが難しいことから》

wild hórse 名 ❶ 野生の馬, 荒馬. ❷ [複数形で] 強力な力: Wild horses couldn't drag the secret out of me. どんなことがあってもその秘密はしゃべらない.

wild·ing /wáildiŋ/ 名 ❶ **a** 野生植物 [特にリンゴ《木・実》]. ❷ 野生動物. ❸ 《米俗》 (若者の)犯罪的なばか騒ぎ. —— 形 Ⓐ 野生の.

wild·ish /-diʃ/ 形 やや乱暴な, 気違いじみた.

wíld・lànd 图 荒地, 荒蕪(ぶ)地.

†**wíld・lìfe** 图 ⓤ 野生生物totality(特に動物をいう).

*__wíld・ly__ /wáɪldli/ 副 ❶ 乱暴に, 荒々しく, 激しく: cry 〜 狂乱して叫ぶ. ❷ でたらめに: guess 〜 あてずっぽうを言う. ❸ とても, 非常に.

wíld óat 图 [通例複数形で] 〖植〗 カラスムギ(雑草). sów one's (wíld) óats ⇨ oats 成句.

wíld ríce 图 ⓤ 〖植〗 (北米産の)マコモ(の実), ワイルドライス.

wíld róse 图 〖植〗 野生バラ.

wíld sílk 图 ⓤ 天蚕(さん)糸(ヤママユからとった絹糸).

wíld týpe 图 〖生〗 野生型(のいき).

Wíld Wést 图 [the 〜] (米国開拓時代の)西部地方.

wíld・wòod 图 自然林, 原生林.

wile /wáɪl/ 图 [複数形で] たくらみ, 策略, (手練)手管: penetrate a person's 〜s 人のたくらみを見抜く. ━ 動 他 ❶ (時間を)ぶらぶら過ごす: 〜 *away* the time のんびり時間を過ごす. ❷ (古) 誘惑する, 誘う. 《?ON》

Wil・fred /wílfrɪd/ 图 ウィルフレッド(男性名; 愛称 Fred).

†**wil・ful** /wílf(ə)l/ 形 (英) =willful. 〜・**ly** /-fəli/ 副 〜・**ness** 图

Wil・helm I /vílhɛlm-/ 图 ウィルヘルム1世(1797–1888; プロイセン王(1861–88), ドイツ皇帝(1871–88)).

Wilhelm II 图 ウィルヘルム2世(1859–1941; ドイツ皇帝(1888–1941); しばしば Kaiser Wilhelm と呼ばれる).

wil・i・ly /wáɪləli/ 副 ずるく, 悪賢く.

wil・i・ness /wáɪlinəs/ 图 ⓤ ずるさ, 狡猾(こうかつ)さ.

※**will¹** /(弱)wəl, l; (強)wíl/ 助動 [過去形 would] [単純未来を表して] …だろう, …でしょう 〖語法〗 通例2人称, 3人称の未来に用いる; 1人称の場合(米) では 'll を用い, (英) では shall を用いるが, (英) でも (口) では will, 'll を用いる傾向が強くなっている]: I hope (that) the weather 〜 be fine and that you 〜 have a good time. いい天気で楽しく過ごされますように / It 〜 [It'll] be fine tomorrow. あすは晴れるだろう / I 〜 [I'll] be seventeen on my next birthday. 今度の誕生日で17歳になります / The party 〜 be postponed if it rains tomorrow. あす雨ならパーティーは延期されるだろう 〖語法〗 副詞節中未来形は用いられない; cf. 2 c) / I'll have finished this work by five o'clock. 5時までにはこの仕事を終えているでしょう (★ 未来完了形) / W〜 he be able to hear us at such a distance? こんなに離れていて彼は聞こえるでしょうか

❷ [意志未来を表して] **a** [1人称の主語に伴い, 発話時の話者の意志を表わし, 約束・諾否・主張・選択などを示して] …するつもりである, …しようと思う 〖比較〗 あらかじめ心に決めてある事柄については be going to を用いるほうが一般的): All right, I 〜 do that. よろしい, それをやりましょう / I *won't* go to a place like that again. 二度とそんな場所へは行きません / No, I 〜 *not*. いや, いやです 〖発音〗 〜 not は強調を置いて ⏜ または ⏜ と発音する). **b** [2人称を主語とする疑問文に用い, 相手の意志を尋ね, または依頼・勧誘を表わして] …するつもりですか; …してくれませんか; …しなさい [2人称を主語として命令を表わして] …しなさい 〖用法〗 命令文の後には …will you? は上昇調に発音すれば柔らかい依頼や勧誘を表わし下降調に発音すれば命令口調になる): W〜 *you* go there tomorrow? あすそこへ行ってくれないか / W〜 *you* pass me the sugar?=Pass me the sugar, 〜 *you*? [食卓で] 砂糖をこちらへ回してくださいませんか / W〜 [*Won't*] *you* have some tea?=Have some tea, *won't you*? お茶を召し上がれ / *You won't* talk about that, 〜 *you*? それについては言わないでしょうね / *You'll* try it, *won't you*? やってみないかい 〖勧誘〗 やってくれるだろうね 〖依頼〗 / Come and sit here, 〜 *you*? ここへ来て座りなさい / W〜 *you* be quiet? 静かにしてくれ. **c** [条件文の *if*-clause 中で主語(相手)の好意を期待して] …してくださる 〖比較〗 単純未来の副詞節は混同しないように; cf. **if** A 1 a 〖語法〗: I shall be glad [pleased] to go, if you 〜 accompany me. 同行してくださるなら喜んで行きましょう.

❸ /wíl/ [主語の意志を表わして] **a** [願望・主張; 固執・拒絶などを示して] (…しようと)欲する, (あくまでも)…しようとする: Let him do what he 〜. 彼のしたいということをさせなさい (★ 〜 *do* の略) / Come whenever you 〜. 来たい時はいつでも来なさい (★ 〜 *come* の略) / You 〜 have your own way. 君は我を張ってきかない / He *won't* consent. 彼はどうしてもうんと言わない / This door *won't* open. このドアはなかなか[どうしても]あかない. **b** [不可避・必然的な事態を表わして] …するものだ: Boys 〜 be boys. ⇨ **boy** 1 **a** / Accidents 〜 happen. ⇨ **accident** 1 / Errors 〜 slip in. 誤りは紛れ込むもの.

❹ [話し手の推量を表わして] …だろう (cf. **would** A 4): That 〜 be George at the door. ドアのところに(やって)いるのはジョージだろう / I'm sure she'*ll* have finished by now. 今ごろは彼女も終わっているに違いない.

❺ /wíl/ **a** [人の反復行為・習慣を表わして; cf. **would** A 3] よく…する 〖用法〗 will を強く発音すると, 反復される行為に対するいら立ちを表わす): He 〜 often sit up all night. 彼は徹夜することがよくある. **b** [ものの習性を表わして] (特徴として)…する: Oil 〜 float on water. 油は水に浮く.

❻ /wíl/ …の能力がある, …することができる (cf. **would** A 5): The back seat of this car 〜 hold three people. この車の後部には3人座れる.

〖用法〗 (1) 間接話法の場合原則として直接話法の will をそのまま引き継ぐ (cf. **shall** 〖用法〗, **would** A 1 〖用法〗): She always says (that) she 〜 do her best. 彼女はいつも[口ぐせに]全力を尽くすと言っている 〖変換〗 She always says, "I 〜 do my best." と書き換え可能).

(2) 直接話法の文の引用節における will は, 対応する間接話法の従属節中で主語が一人称である時には, (英) では shall [should] となることがある: He said, "You *will* get better soon." 彼は「君はすぐよくなるよ」と言った ⇨ He said that I should get better soon. 彼は私がすぐによくなると言った.

(3) 直接話法における単純未来の I [we] shall が間接話法の文の従属節で2・3人称を主語として表わされるようになる場合, しばしば you [he, she, they] *will* となる (⇨ **shall** 〖用法〗 (1)).

will dó 役に立つ, 間に合う (⇨ **do¹** 自 A 3). 〖OE; 原義は「望む, 欲する」〗

※**will²** /wíl/ 图 ❶ ⓤ [しばしば the 〜] 意志; 決意, 決心; 意欲: free 〜 自由意志 / want of 〜 意志薄弱 / a clash of 〜s 意志の衝突 / the freedom of *the* 〜 意志の自由 / *the* 〜 *to* power 権力への意志 (★ ニーチェの著書の題名から) / [+*to do*] *the* 〜 *to* win 勝とうとする決意 / *the* 〜 *to* succeed 成功欲. ❷ ⓤⓒ 意志の力, 自制心: have a strong [weak] 〜 意志が強い[弱い] / have an iron 〜=have a 〜 of iron 鉄のように堅い意志をもっている / Where there's a 〜, there's a way. 〖諺〗 やる気があれば方法は見つかるもの, 意志ある所に道あり. ❸ ⓤ [God's 〜で] 神意; ⓒ [通例 one's 〜] (人の)望み, 願い: *God's* 〜 be done. 神の御旨(みむね)が行なわれますように / impose one's 〜 on … (…に)(自分の)意志を押しつける. ❹ ⓒ 〖法〗 遺言; 遺言書 〖用法〗 しばしば last will and testament という): make [write, draw up] a [one's] 〜 遺言書を作成する ⇨ **living will**. ❺ ⓤ (他人に対して持つ)好意・悪意の気持ち; 意向.

agáinst one's wíll 心ならずも, 不本意ながら. **at wíll** 意のままに, 自分の思うままに, 随意に. **of one's ówn frée will** 自由意志で. **with a wíll** 身を入れて, 本気になって. **with the bést will in the wórld** 心がけはどんなによくても, いくらその気でも.

━ 動 (〜ed) 他 ❶ **a** (人に)意志の力で[強く思うことで](…)させ(ようとす)る: [+目+*to do*] He 〜*ed* her *to* turn and look at me. 私は念力で彼女に振り向いて私を見させ(ようと)した. **b** [〜 *oneself* で] 意志の力で(…)する: [+目+*to do*] He 〜*ed himself to* fall asleep. 彼は意志の力で眠ることができた. ❷ (…を)(人に)遺贈する: 〜 one's money *to*

a hospital 病院へ金を遺贈する /［＋目＋目］She ~ed me this diamond. 彼女は遺言でこのダイヤを私に残してくれた. ❸《古》〈…を〉意図する, 決意する;〈…と（いうことを）〉望む, 欲する. ── ⓐ《古》望む, 欲する: whether you ~ or not [no] 望もうと望むまいと. dó what a person will 人の望むことをする. Gód willing 幸いにもそうなることなら; God ~ing, we'll be there tomorrow. うまくいけばあすはあすには着くでしょう. if you will (1)（…と言うほうが）お気に召すならば.（2）［命令文で］どうか（…してください）［…と考えてみてください］: Imagine, if you ~, shopping in a wheelchair. 車椅子で買物をすることを考えてみてください.
《↑》（関形 voluntary, testamentary）

Will /wɪl/ 图 ウィル《男性名; William の愛称》.

Wil·lard /wɪləd/ -ləd/, **Emma** 图 ウィラード（1787-1870; 米国の教育家; 女性の高等教育を提唱).

wíll càll 图 Ⓤ《劇場の》予約チケット受渡し所.

willed /wɪld/ 厖［通例複合語をなして］〈…の〉意志のある: strong-[weak-]*willed* 強い意志をもった［意志の弱い］.

wil·let /wɪlət/ 图 (~s) 〔鳥〕ハジロオオシギ《北米産》.

+**will·ful** /wɪlf(ə)l/ 厖 (more ~; most ~) ❶ 故意の, 意図的な (deliberate): ~ murder 故殺, 謀殺. ❷ わがままな, 強情な, 片意地な: a ~ child わがままな子供/ ~ waste 勝手気ままな浪費. ~·ly /-foli/ 副. ~·ness 图.

Wil·liam /wɪljəm/ 图 ウィリアム《男性名; 愛称 Bill, Will, Willie》.

William I 图 ウィリアム 1 世 (1027?-87; Hastings でイングランド軍を破り (1066), イングランド国王となった (1066-87); 通称 William the Conqueror《ウィリアム征服王》).

William II 图 ウィリアム 2 世 (1056?-1100; イングランド王 (1087-1100)).

William III 图 ウィリアム 3 世 (1650-1702; 英国王 (1689-1702); 女王 Mary と共同統治; 通称 William of Orange《オレンジ公ウィリアム》).

William IV 图 ウィリアム 4 世 (1765-1837; 英国王 (1830-37)).

Wil·liams /wɪljəmz/, **Ted** 图 ウィリアムズ (1918-2002; 米国プロ野球の強打者).

Williams, Tennessee 图 ウィリアムズ (1911-83; 米国の劇作家).

Wil·liams·burg /wɪljəmzbɚːɡ/ |-bɜːɡ/ 图 ウィリアムズバーグ《米国 Virginia 州南東部の都市; 植民地時代の建物などが多く復元保存されている》.

William Téll /-tél/ 图 ウィリアムテル《14 世紀ごろにいたというスイスの伝説的勇士; 自分の子供の頭の上にのせたリンゴを射落とした話が有名》.

wil·lie /wɪli/ 图《英口》=willy.

Wil·lie /wɪli/ 图 ウィリー《男性または女性名》.

wil·lies /wɪliz/ 图 圈［the ~］《口》おじけ《★例文次の句で》: get the ~ (at...)（…に）ぞっとする / It gave me the ~. それは私をぞっと［どきどき］させた.

wíl·lie wágtail /wɪli-/ 图〔鳥〕ヨコフリオオギヒタキ《オーストラリア・ニューギニア諸島産》.

*&**will·ing** /wɪlɪŋ/ 厖 (more ~; most ~) ❶ Ⓟ〈…するのを〉いとわないで,〈…する〉意思がある,〈…する〉用意のある (prepared); (↔unwilling):［＋*to do*］How much are you ~ *to* pay for it? それを手に入れるのにいくら金を出す用意がありますか / He was ~ *to* comply with my proposal. 彼はとにかく私の提案に応じてくれた. ❷ Ⓐ（求められると）進んでする, 自発的な (↔reluctant): a ~ helper 進んで手を貸す人 / hands 進んで助力する人々 / ~ aid 進んでなされた援助. willing or nót 好もうと好まいと, いやでも応でも.

+**will·ing·ly** /wɪlɪŋli/ 副 (more ~; most ~) いとわず, 進んで, 喜んで, 快く (readily): "Can you help me?" "W~." 「手伝っていただけませんか」「喜んで」

will·ing·ness /wɪlɪŋnəs/ 图 Ⓤ やる気, 進んですること［気持ち］ (readiness): with ~ 進んで, 喜んで / I expressed my ~ *to* support the cause. 私はその運動を進んで支持したいという意向を表明した.

wil·li·waw /wɪliwɔː/ 图〔気〕ウィリウォー《山の多い海岸地帯から吹く冷たい突風》.

will-o'-the-wisp /wɪləðəwɪsp/ 图 ❶ きつね火, 鬼火. ❷ 人を惑わせるもの; つかまえられない人; 到達できない目標.

+**wil·low** /wɪloʊ/ 图 ❶ Ⓐ〔植〕ヤナギ: ⇒ weeping willow. b Ⓤ ヤナギ材. ❷ Ⓒ《クリケットの》バット.
《OE; 原義は「曲がるもの」》

willow hèrb 图〔植〕❶ アカバナ属の各種の多年草,（特に）ヤナギラン. ❷ エゾミソハギ (loosestrife).

willow pàttern 图 Ⓤ やなぎ模様《中国陶器に見るような白地にあい色の模様》.

willow ptármigan [gròuse] 图〔鳥〕カラフトライチョウ《北極圏産》.

willow trèe 图 =willow 1 a.

wíllow wárbler [wrèn] 图〔鳥〕ムシクイ《ヒタキ科の小鳴鳥》; キタヤナギムシクイ《欧州産》.

willow-ware 图 Ⓤ willow pattern の陶磁器.

wil·low·y /wɪloʊi/ 厖 ❶〈人が〉きゃしゃな, すらっとした (slender). ❷ しなやかな, 柔軟な. ❸ ヤナギ (willow) の茂った［でおおわれた］.

+**will·power** 图 Ⓤ 意志の力, 自制心: a woman of great ~ 非常に意志の強い女性.

Wills /wɪlz/, **Helen** 图 ウィルズ (1905-98; 米国のテニス選手; 結婚後の姓はムーディ Moody /mú:di/).

wil·ly /wɪli/ 图《英俗》ペニス, 男根.

Wil·ly /wɪli/ 图 =Willie.

wil·ly-nil·ly /wɪlinɪli/ 副 いやでも応でも, いや応なしに: I had to do it, ~. いやでも応でもそれをしなければならなかった.

wíl·ly-wágtail /wɪli-/ 图 =willie wagtail.

Wilms' túmor /wɪlmz(-)-/ 图〔医〕ウィルムス腫（瘍）, 胎生性腎混合腫瘍.《Max Wilms ドイツの外科医》.

Wil·son /wɪls(ə)n/, **August** 图 ウィルソン (1945- ; 米国の劇作家).

Wilson, Edmund 图 ウィルソン (1895-1972; 米国の作家・批評家).

Wilson, (Thomas) Woodrow 图 ウィルソン (1856-1924; 米国の政治家; 第 28 代大統領 (1913-21); 国際連盟創設を主導; Nobel 平和賞 (1919)).

Wíl·son's disèase /wɪls(ə)nz-/ 图 Ⓤ ウィルソン病《脳, 肝臓などに銅が異常に蓄積することにより腎障害と精神障害を起こす常染色体性劣性遺伝病》.

+**wilt**[1] /wɪlt/ 動 ❶〈草花などが〉しぼむ, しおれる. ❷〈人の〉元気がなくなる. ── 他〈草花などを〉しおれさせる;〈野菜を〉弱くする. ── 图 Ⓤ〔植〕立ち枯れ病.

wilt[2] /(弱形) wlt, (ə)lt, (強形) wɪlt/ 助《古》will の 2 人称単数現在形.

wilt disèase 图 =wilt[1].

Wil·ton /wɪlt(ə)n/ 图 ウィルトンカーペット.《イングランド南部 Wiltshire 州の原産地名から》

Wilts. /wɪlts/ 略 Wiltshire.

Wilt·shire /wɪltʃɚ|-ʃə/ 图 ウィルトシャー州《イングランド南部の州; 州都 Trowbridge /tróʊbrɪdʒ/; 略 Wilts.》.

+**wil·y** /wáɪli/ 厖 (**wi·li·er; wi·li·est**) こうかつな, 陰険な, ずるい (cunning). (图 wile)

wim·ble /wɪmbl/ 图 きり《穴をあける道具》.《F＜Du》

Wim·ble·don /wɪmbldən/ 图 ウィンブルドン《London 郊外の都市; 全英テニス選手権の開催地》.

wim·min /wɪmɪn/ 图 復 女 (women)《women や female を差別的とするためにフェミニストが好むつづり》.

+**wimp** /wɪmp/ 图《口》意気地なし, 弱虫. ── 動 ⓐ 弱虫である; おじける, しりごみする 《*out*》.

WIMP[1] /wɪmp/ 图〔電算〕ウインプ《マックなどの使用環境を表わす言葉》.《*w*indows, *i*cons, *m*ice, *p*ull-down *m*enus》

WIMP[2] /wɪmp/ 图〔理〕WIMP, 弱（相互）作用重粒子《通常の物質と弱い相互作用で反応し質量比が比較的大きいとされる仮説上の粒子; 暗黒物質 (dark matter) の一構成要素と考えられている》.《*w*eakly *i*nteracting *m*assive *p*article》

wimp·ish /wɪmpɪʃ/ 厖《口》意気地のない, 弱虫な, 臆病な (wimpy). ~·ly 副

wim·ple /wímpl/ 名 〔中世に女性が用いたが, 現在では修道女が用いる〕ベール.

wimp·y /wímpi/ 形 =wimpish.

Wíms·hurst machìne /wímzhə:st- | -hə:st/ 名 〖理〗ウィムズハースト誘導起電機 (2枚の相対したガラス円板を互いに逆方向に回転させる). 〖James Wimshurst 英国の工学者〗

*‡**win** /wín/ 動 (**won** /wʌ́n/; **win·ning**) 他 ❶ 〈試合・戦いなどに〉勝つ (↔ lose) 〔比較〕beat, defeat は相手を〈打ち負かす〉: ~ a battle [war, race, game] 戦闘[戦争, 競走, 競技]に勝つ / ~ a beauty contest 美人コンテストで優勝する / ~ an election 選挙に勝つ / ~ at bat 打(%)けに勝つ / ~ the toss コイン投げで勝つ. ❷ 〈勝利・賞品・1位などを〉勝ち取る, 獲得する: ~ first place [prize] 1位[1等賞]を獲得する / ~ a fortress 要塞(窒)を攻略する / ~ a scholarship 奨学金を勝ち取る / ~ an Oscar (映画の)アカデミー賞を取る / ~ a prize *in* a contest 競争に勝って賞品を取る / He *won* money *on* the horse race. 彼は競馬でお金を稼いだ / Bob *won* £5 *from* [*off*] his opponent at cards. ボブはトランプで相手から5ポンドせしめた. ❸ a 〈名声・称賛・信頼などを〉得る, 博する; 〈努力して〉勝ち取る, かち得る; 〈生計・パンなどを〉得る, 稼ぐ (gain): ~ fame and fortune [a person's confidence] 富と名声[人の信頼]を得る / ~ a person's heart 人の愛情を得る / ~ a contract 契約を取る / ~ support 支持を勝ち取る / ~ one's daily bread 日々の糧(%)を稼ぐ / ~ laurels ⇒ laurel 2. b 〈人に〉〈名声・信頼などを〉得させる. 〔+目+目〕Her skill *won* the company a good reputation.=Her skill *won* a good reputation for the company. 彼女の手腕のおかげで会社は名声をかち得た. By his discovery he *won* himself honors.=By his discovery he *won* honors for himself. 彼は発見により名誉を得た. c 〈女性を〉(結婚してくれるように)口説き落とす, 勝ち取る. ❹ 〈古〉(困難を排して)〈…に〉達する, たどり着く: ~ the summit [shore] やっと山頂[海岸]に達する.
━ 自 勝つ, 勝利を得る(賭け・議論などで): He's sure to ~. 彼はきっと勝つ / Canada *won* in the final match. 最終戦はカナダが制した / ~ in court 裁判で勝つ.

wín aróund =WIN over 成句 (1).

wín báck (他+副) 〈…を〉取り戻す.

wín hánds dówn ⇒ hand 名 成句.

win or lóse 勝っても負けても.

wín óut (自+副) (努力の末に)勝ち抜く, 成功する, やり遂げる.

win over [(他+副) ~ óver] (1) 〈人を〉説得して[…に]引き入れる, 〔…に〕賛成させる, 〔…への〕支持を取りつける: He *won* his brother *over to* his side. 彼は兄[弟]を説得して味方にした. ━ [(自+副) ~ òver…] 〈人と争って〉勝つ.

wín róund =WIN over 成句 (1).

wín the dáy 勝利を得る.

wín thróugh =WIN out 成句.

wín thróugh to…(努力して)…までこぎつける, …まで勝ち抜く.

wín one's wáy 障害を排して進む; 努力して成功する.

You cán't wín (them áll). 〖口〗(何でも)うまくいくとは限らないよ(用法 失敗した人などに言う言葉).
━ 名 勝利, 勝ち (victory): a big ~ 大勝, 大きな勝利 / a convincing ~ 完勝 / a narrow ~ 辛勝.
〖OE; 原義は「望む, 得ようとする」; ⇒ wish〗

+**wince**¹ /wíns/ 動 自 (嫌悪・苦痛などに)顔をしかめる[ゆがめる]; 〔怖さに〕ひるむ, 縮み上がる〔*at*〕. ━ 名 [a ~] (苦痛などによる)顔のゆがみ; しかめっつら; たじろぎ, ひるみ. **wínc·er** 名 〖F〗

wince² /wíns/ 名 ウインス《染色槽間で布を移動させるローラー》.

win·cey /wínsi/ 名 U.C ウィンシー織《綿毛交織物の一種; スカートなどに用いる》.

win·cey·ette /wìnsiét/ 名 U ウィンシエット《両面にけばのある綿ネル; 下着・パジャマなどに用いる》. 〖WINCEY+-ETTE〗

+**winch** /wíntʃ/ 名 ❶ ウィンチ, 巻き上げ機 (cf. hoist 1 a).

❷ 曲がり柄, クランク. ❸ =wince². ━ 動 他 〔副詞(句)を伴って〕〈ものを〉ウィンチで動かす: ~ *up* a car 車をウィンチで引き上げる.

Win·ches·ter /wíntʃestə | -tʃistə/ 名 ❶ ウィンチェスター《イングランド南部, Hampshire の州都; 大聖堂とパブリックスクール Winchester College がある》. ❷ =Winchester disk. ❸ =Winchester rifle.

Wínchester dísk [**drìve**] 名 〖電算〗ウィンチェスターディスク(装置)《ヘッドとディスクを密封して記録密度・容量を大きくした固定磁気ディスク装置; hard disk [drive] と同義に用いられることが多い》.

Wínchester rífle 名 ウィンチェスター式[後装式]連発銃. 〖O. F. Winchester 19世紀の米国の銃器製造業者〗

*‡**wind**¹ /wínd/ 名 ❶ C.U 〔また the ~〕(強い)風〖関連クーラーの風や扇風機などの風は air; ⇒ wind scale〗: a cold ~ 冷たい風 / a north ~ 北風 / a blast of ~ 一陣の風 / a seasonal ~ 季節風 / a fair [contrary] ~ 順[逆]風 / constant ~s 恒風 / a ~ of change 変化の動き[風]を感じる. ❸ U〈英〉(胃・腸内の)ガス 〈米〉gas): The baby is troubled with ~. 赤ん坊はガスで苦しんでいる. ❹ U 〔通例 one's [a, the] ~〕気息, 呼吸: ⇒ second wind / get [recover] one's ~ 息をつく / lose one's ~ 息を切らす / Running took all the ~ out of me. 走ったのですっかり息が切れた. ❺ U 無意味な話[言葉]: His promises are mere ~. 彼の約束はから約束だ. ❻ C 〔通例 the ~; 集合的; 単数または複数扱い〕管楽器; (楽団の)管楽セクション: The ~s were playing too loud. (オーケストラの演奏で)管楽器の音が大きすぎた.

befòre the wínd (1) 〖海〗風下に, 順風を受けて: run [sail] *before the* ~ 〈船が〉順風を受けて走る. (2) 順調に.

betwèen wínd and wáter (1) 〖海〗(船の)喫水線部に《★ここに弾丸が当たれば致命的》. (2) 急所に.

bréak wínd 〖婉曲〗放屁(%)する, おならをする.

clóse to the wínd 〖海〗=sail close to the WIND¹ 成句.

dówn (the wínd) 風下に (↔ up the wind).

find óut hów [whích wày] the wínd blóws [líes] =see how [which way] the WIND¹ blows [lies] 成句.

flíng…to the wínds (1) 〈…を〉風に吹き飛ばす. (2) 〈慎み・不安などを〉さらりと捨ててしまう: *fling* caution *to the* ~s 慎重さを捨てる.

gét the wínd úp 〈英口〉どきっとする, おびえる.

gèt wínd of…(のうわさ)をかぎつける, …のうわさを聞き込む: *get* ~ *of* a plot 陰謀をかぎつける.

háng in the wínd (1) いずれとも決まらない. (2) 〈生死・結果などが〉はっきりしない, 不明な.

hàve…in the wínd (1) 〈獲物を〉かぎつける. (2) 〈…の〉うわさをかぎつける.

hàve the wínd úp =get the WIND¹ up 成句. **in the éye of the wínd** =in the wind's éye =in the WIND¹ 成句.

in the téeth of the wínd 風をまともに受けて.

in the wínd (1) 〖海〗風上に. (2) 起ころうとして; (ひそかに)行われて: There's something *in the* ~. 何かが起ころうとしている[ひそかに行なわれている].

like the wínd (風のように)速く: run *like the* ~ 疾走する.

néar the wínd ⇒ sail near the WIND¹ 成句.

òff the wínd 〖海〗順風で.

on the wínd (1) 〈音・においが〉風に運ばれて. (2) 〖海〗詰め開きで.

pùt the wínd úp a person 〈英口〉〈人〉をぎょっとさせる, おびえさせる.

ráise the wínd 〈英口〉金を工面する.

sáil néar [clóse to] the wínd (1) 〈船が〉風上へ間切る. (2) 《口》(法律・道徳上の)きわどい行為をする.
sée hów [whích wày] the wínd blòws [lìes] (1) 風向きを知る. (2) 世論の向かう所を知る.
sóund in wínd and límb まったく健康で《[由来] 馬の健康状態から》.
tàke the wínd òut of a person's sáils [the sáils of a person] (議論などで)先手を打って人を逆にやっつける, 相手の鼻をあかす《[由来]「他の帆船の風上に出て風を奪う」の意から》.
tàke wínd うわさされる, 世間に知られる.
thrów...to the wínds ＝fling...to the winds (WIND[1] [成句]). **to the fóur wínds** ⇨ four [形] [成句].
ùnder the wínd 〘海〙(1) 風下に. (2) 風陰に.
ùp the wínd 風に逆らって (↔ down the wind).
whístle dòwn the wínd ⇨ whistle [動] [成句].
with the wínd (1) 風とともに, 風のまにまに: gone *with the* ～ 風とともに散って, 跡形もなく消え去って. (2) ＝before the WIND[1] [成句].
── [動] [他] ❶ 〈人を〉殴って息をできなくする; 〈人の〉息を切らす: I *was* totally ～*ed* from running all the way home. 家までずっと走り通したのですっかり息が切れてしまった. ❷ (背中をかるくたたいて)〈赤ちゃんに〉げっぷをさせる (burp). ❸ 〈馬に〉息をつがせる. ❹ 〈...の〉存在をかぎつける. ❺ 〈...を〉風に当てる, 〈...に〉風を通す.
〘OE; 原義は「吹くもの」; cf. weather〙
【類義語】**wind**「風」を表わす最も一般的な語. **breeze** 弱いさわやかなそよ風. **gale** 強い激しい風. **gust** 突然の強い風. **blast** gust より激しい突風.

wind[2] /wáɪnd/ [動] (**wound** /wáʊnd/) [自] ❶ [副詞(句)を伴って] うねる, 屈曲する: A path *wound up* [*down*] the valley. 一本の小道がうねうねと谷間を上って[下って]いた / The steamer ～*s in* and *out among* the islands. 船は島々の間を見え隠れしながら縫うように進んでいく. ❷ 〔...に〕巻きつく, からみつく: Some climbing plant has *wound* ***(a)round*** the pole. 何かつる植物がその柱にからみついている.
── [他] ❶ 〈糸などを〉巻く, 巻きつける (coil): ～ yarn 毛糸を巻く / Wool is *wound* ***(up) into*** a ball. 毛糸は巻いて玉にする. ❷ **a** 〈...を〉〔体などに〕包むように巻く[巻きつける]; 〈体などを〉〔...で〕しっかり包む, ぐるぐる巻く: He *wound* his arm ***around*** her waist. 彼は片腕を彼女の腰に回した / She *wound* her shawl *(a)round* her baby.＝She *wound* her baby ***in*** her shawl. 彼女は赤ん坊をショールにくるんだ / She *wound* his ankle ***with*** a bandage. 彼女は彼の足首に包帯を巻いた. **b** 〔赤ん坊・体などに〕〈...を〉しっかり包む, ぐるぐる巻きにする. ❸ 〈ビデオテープなどを〉巻く; 巻き戻す 〈*back*〉; 送る 〈*forward*〉. ❹ **a** 〈ねじ・時計などを〉巻く: ～ ***(up)*** a watch 腕時計のねじを巻く. **b** [副詞(句)を伴って] (取っ手などを回して)〈...を〉動かす: ～ *down* [*up*] a window (取っ手を回して車の)窓を開ける[閉める]. ❺ [副詞(句)を伴って] [～ one's way で] うねるように進む[流れる, 続く]: They *wound their way through* the narrow valley. 彼らは狭い渓谷を縫うように進んでいった. ❻ [～ one*self* または ～ one's way で] 〔...に〕うまく取り入る〔*into*〕.
wínd a person (a)ròund one's líttle fínger ⇨ finger [成句].
wínd dówn 《[他]+[副]》(1) (取っ手などを回して)〈車の窓などを〉下げる (roll down; ↔ wind up; ⇨ [他] 4 b). (2) 〈事業・活動などを〉徐々に終わる[らせる]: The company is ～*ing down* operations in Japan. その会社は日本での営業を徐々に縮小している. ──《[自]+[副]》(3) 〈時計など(のぜんまい)が〉ゆるむ: My watch has *wound down*. 私の腕時計は(ぜんまいがゆるんで)止まっている. (4) 〈人が〉(活動の後, 落ち着くまで)休息する, くつろぐ (unwind).
wínd óff 《[他]+[副]》〈巻いたものを〉巻き戻す, ほどく.
wínd úp 《[他]+[副]》(1) 〈...を〉終える, 終わりにする; 〈話・会などを〉〔...で〕結ぶ〔*by, with*〕. (2) 〈店・会社などを〉たたむ, 解散[清算]する: ～ *up* one's affairs (事業などをやめる前に)事務の整理をする. (3) 〈ねじ・時計などを〉巻く; (取っ手などを回して)〈車の窓などを〉上げる; (巻き上げ機などを回して)〈...を〉引き上げる (roll up; ↔ wind down; ⇨ [他] 4). (4) 〈人を〉(故意に)怒らせる, いらだたせる; 緊張させる; 《英》〈人を〉からかう, だます. ──《[自]+[副]》(5) 結局(...に)終わる, (...に)行き着く (end up, finish up): ～ *up* broke 無一文になる / He *wound up* in jail. 彼は結局刑務所入りとなった. (6) 〈話・会などが〉〔...で〕終わる, 終了する〔*with*〕. (7) 〈会社などが〉解散する. (8) 〘野〙〈投手が〉投球前に腕を回す, ワインドアップする.
── [名] ❶ 曲がり, うねり, 曲折. ❷ (時計・糸などの)ひと巻き, ひと回り.
〘OE; 原義は「曲がる」; cf. wander, wend〙

wind[3] /wáɪnd, wínd | wáɪnd/ [動] [他] (～·**ed, wound** /wáʊnd/) 《詩》〈角笛(つのぶえ)・らっぱなどを〉吹き鳴らす; 〈合図などを〉(吹き)鳴らして知らせる; 〈音を〉(吹き)鳴らして出す. 〘WIND[1] から; 発音は WIND[2] の影響〙

wind·age /wíndɪdʒ/ [名] [U] ❶ 〘機〙風損. ❷ (風による弾丸の)偏流, (風)偏差; (偏差に対する)修正量, 照準調整. 〘WIND[1]+-AGE〙

wínd·bàg /wínd-/ [名] 《口》たわいのない事をしゃべりまくる人, おしゃべり: an old ～ おしゃべりな老人.

wínd·blòwn [形] ❶ 風に吹かれた; 吹きさらしの. ❷ 〈木が〉風に吹かれて曲がった; 吹き倒された. ❸ 〈女性の髪型が〉ウィンドブロウンの《風に吹かれたように一方へなでつけた髪型》.

wínd-bòrne [形] 〈種子・花粉など〉風で運ばれる.

wínd·brèak [名] 防風林; 防風設備[塀], 風よけ.

Wínd·brèaker [名] 《米》〘商標〙ウインドブレーカー《手首と腰にゴムバンドがある風よけ用のスポーツジャケット》.

wínd·bùrn [名] [U] 風やけ《強風にさらされて皮膚がただれること》. ～**ed,** ～**t** [形]

wínd·chèater [名] 《英》＝Windbreaker.

wínd·chìll [名] [U] 風冷え, 風速冷却《風の複合効果による体の冷却》.

wínd chill fáctor [名] 風速冷却指数《風がある時の体感気温を示す値》.

wínd chìmes [名] [複] ウインドベル《数本のガラス[金属]片をひもでつるし風に鳴るようにした仕掛け》.

wínd còne [名] ＝wind sock.

wind·ed /wíndɪd/ [形] ❶ 息切れのした. ❷ [複合語で] (...の)呼吸[息]をした: short-*winded* すぐ息切れのする.

wind·er /wáɪndɚ | -də/ [名] ❶ 巻く人. ❷ 巻くもの: **a** 巻き付け器, 糸巻き. **b** (時計を巻く)かぎ; 竜頭(りゅうず). ❸ らせん階段の段.

Win·der·mere /wíndəmɪə | -dəmɪə/, **Lake** [名] ウィンダミア湖《イングランド北西部の Lake District にあるイングランド最大の湖水》.

wínd·fàll [名] ❶ 風で落ちた果物. ❷ 意外な授かり物《遺産など》,「たなぼた」.

windfall (pròfits) tàx [名] たなぼた利益税《企業などの利潤が正常利潤を上回る場合にしばしば課される特殊な税》.

wínd fàrm [名] 風力発電地帯[地域], ウインドファーム.

wínd·flòwer [名] 〘植〙アネモネ.

wínd fòrce [名] [U] 風力.

wínd gàp [名] 〘地理〙(山稜頂部の, V 字形の)風隙(ふうげき), ウインドギャップ.

wínd·gàuge [名] 風力[速]計.

Wind·hoek /vínthʊk/ [名] ウィントフーク《ナミビアの首都》.

wínd·hòver [名] ＝kestrel.

win·di·go /wíndɪgòʊ/ [名] ([複] ～(e)s) ウィンディゴ《北米先住民の神話に出る森をさまよう人食い鬼; 道に迷い飢えにかられて人肉を食った狩人の変じたものという》.

wind·ing /wáɪndɪŋ/ [形] ❶ 〈流れ・道など〉曲がりくねる: a ～ path 曲がりくねった小道. ❷ 〈階段が〉らせん状の: a ～ staircase らせん階段. ── [名] ❶ **a** [U,C] 曲がる[曲がりくねる]こと. **b** [C] 屈曲, 曲がり. ❷ **a** [U,C] 巻くこと; 巻き上げ, 巻き取り. **b** [C] 巻いたもの, 巻き取ったもの. ❸ [複数形で] 巻きつく[巻きついた]もの; 曲がった[不正な]方法[行動].

wínding dówn 名 [単数形で] (作業などの)終了(間近), まとめ, 追いこみ, 大詰め.

wínding shèet 名 (死体を包む)きょうかたびら.

wínding úp 名 [単数形で] 終わらせること, 終結; 清算; (事業・会社などの)閉鎖, 整理解散.

wínd ìnstrument /wínd-/ 名 管楽器, 吹奏楽器;《口》木管[リード]楽器.

wind·jam·mer /wín(d)dʒæmɚ│-mə/ 名 (大型の)帆船.

wind·lass /wíndləs/ 名 ❶ 巻き上げ機. ❷《海》ウインドラス, いかり巻き機 (cf. winch 1).

wínd·less 形 風のない, なぎの (↔ windy).

wind lòad 名《建・土木》風荷重.

wínd machìne 名《劇》風(のうなる音)を出す装置.

wind·mill /wín(d)mìl/ 名 ❶ a 風車小屋[装置]. b 風車. ❷《英》風車(ぎっ);《米》pinwheel). **fight [tilt at] windmills** 架空の敵と戦う;むだ[ばか]な努力をする, ひとりずもうをとる (画床) ドンキホーテ (Don Quixote)が武者修業の途中, (風車を巨人に見)立てこんで[と戦ったという話から). **thrów one's cáp [bónnet] òver the wíndmill** 無鉄砲[型破り]な行動をする.

*‡**win·dow** /wíndou/ 名 ❶ a 窓: an arched ～ 弓形窓 / a blank [blind, false] ～ めくら窓 / open a ～ 窓を開ける / shut [close] a ～ 窓を閉める / let down a ～ (上げ下げ)窓を閉める / look out of [through] the ～ 窓から外をのぞく / I saw a light in the ～. (外から)窓に明かりが見えた. **b** 窓際, 窓のところ: sit by [at] a ～ 窓際に座る / sit in a ～ (出窓などの)窓のところに座る. ❷《電算》(画面の)ウインドー: close [open, maximize, minimize] a ～ ウインドーを閉じる[開く, 最大化する, 最小化]する. ❸ **a** (商店の)飾り窓, 陳列窓, ショーウインドー: display goods in the ～ 商品をショーウインドーに飾る. **b** (銀行・切符売り場などの)窓口: a cashier's ～ 出納窓口 / a ticket ～ 出札口. ❹ a 窓枠. **b** 窓ガラス: Who broke the ～? だれが窓ガラスを割ったのか. ❺ 外に開くもの, 「窓」: A foreign language is a ～ on the world. 外国語は世の中に向かって開く窓である / The eyes are the ～s of the soul. 《諺》目は心の窓. ❻ (窓付き封筒の)窓 (cf. window envelope). **óut of the wíndow**《口》考慮に入れられないで: go out of the ～ 消えうせる. 《ON=wind eye; 昔, 北欧では明かり取りや換気などのために壁に「風の目」すなわち「風穴」を作ったことから》

wíndow bòx 名 (窓の下わくに置く)植木箱.

wíndow clèaner 名 窓ふき(人).

wíndow drèsser 名 ショーウインドーの飾り付けをする人.

wíndow drèssing 名 Ⓤ ❶ ショーウインドーの飾り付け. ❷ 粉飾;見せかけ.

win·dowed 形 [しばしば複合語で] (…の)窓[ウインドー]のある.

wíndow envelope 名 窓付き封筒(セロファンなどをはった窓からあて名が見える).

wíndow fràme 名 窓枠.

win·dow·ing Ⓤ《電算》ウインドーイング (2つ以上の異なったデータをウインドーを用いて同時に画面表示すること).

wíndow·lèdge 名 =windowsill.

wíndow·less 形 窓のない.

wíndow·pàne 名 窓ガラス.

Win·dows /wíndouz/ 名《商標》ウインドウズ(マイクロソフト社のパソコン用オペレーティングシステム).

wíndow sèat 名 ❶ (乗り物の)窓側の席 (cf. aisle seat). ❷ 窓際掛け(室内の窓の下に作りつけにした横に長い腰掛け).

wíndow shàde 名《米》窓の日よけ, ブラインド (blind).

wíndow-shòp 動 (-shopped; -shop·ping) (買わずに)ショーウインドーをのぞいて歩く: go window-shopping ウインドーショッピングに行く.

wíndow-shòpper 名 ショーウインドーをのぞいて歩く人, ウインドーショッピングをする人.

wíndow-shòpping 名 Ⓤ ショーウインドーをのぞいて歩くこと, ウインドーショッピング.

+**wíndow·sìll** 名 窓敷居, 窓台(窓の下の外側または内側にある横木で, よく植木鉢などが置かれる; cf. doorsill).

wíndow-tàx 名《英史》窓税 (窓・明かり採りの数が7つ以上の家屋に課せられた累進税)).

wíndow wàsher 名 窓ふき屋, 窓の清掃業者.

wínd·pìpe 名 気管, のど笛 (trachea).

wínd pòwer generàtor 名 風力発電機.

wínd·pròof 形《コートなど》風を通さない, 風防の.

wínd ròse 名《気》風配図 (ある観測地点における方位別の風向出現の頻度と風力を放射状のグラフに示したもの).

wínd·ròw 名 ❶ (干すためにかき集めた)干し草[穀束]の列. ❷ (風に吹き寄せられた)落ち葉やごみなどの列.

wínd·sàil 名《海》ウインドスル (船内へ外気を導く帆布製の通風筒).

wínd scàle 名《気》風力階級 《解説》今日最も普通に用いられているビューフォート風力階級 (Beaufort scale)は次表のとおり.

風力	名称	相当風速 (m/sec)
0	calm (平穏)	0.0–0.2 (煙突の煙がまっすぐ)
1	light air (至軽風)	0.3–1.5 (煙が曲がる;風見は静止)
2	light breeze (軽風)	1.6–3.3 (木の葉が揺れる)
3	gentle breeze (軟風)	3.4–5.4 (小枝が絶えず揺れる)
4	moderate breeze (和風)	5.5–7.9 (砂ぼこりが舞い上がる)
5	fresh breeze (疾風)	8.0–10.7 (葉の繁った小枝が揺れる)
6	strong breeze (雄風)	10.8–13.8 (大枝が揺れ, 電線が鳴る)
7	moderate gale (強風)	13.9–17.1 (風に向かっては歩行困難)
8	fresh gale (疾強風)	17.2–20.7 (小枝が折れる)
9	strong gale (大強風)	20.8–24.4 (屋根瓦などが動く)
10	whole gale (全強風)	24.5–28.4 (樹木・家屋が倒れる)
11	storm (暴風)	28.5–32.6 (被害広範囲に及ぶ)
12	hurricane (台風)	32.7 以上 (被害猛烈をきわめる)

wínd·scrèen 名《英》=windshield.

wíndscreen wìper 名《英》=windshield wiper.

wínd shèar 名 Ⓤ《空》風のシア(風の進行方向に対して垂直または水平方向の風速の変化(率);晴天乱流・低層乱流の原因となり航空機の離着陸に影響する).

wínd·shìeld 名《米》(自動車の)フロント[風防]ガラス (《英》windscreen) 〖注意〗「フロントガラス」は和製英語.

wíndshield wìper 名《米》(自動車などの)ワイパー (《英》windscreen wiper).

wínd sòck [slèeve] 名《気》吹き流し(風見用の布製の円錐($_{ti}$)筒).

Wind·sor /wínzɚ│-zə/ 名 ウィンザー (イングランド Berkshire の町; Thames 川の上流沿いで London の西方;宮殿 Windsor Castle の所在地). **the Hóuse of Wíndsor** ウィンザー王家 (現在の英国の王家).

Wíndsor cháir 名 ウィンザーチェア (背の高い木製いす).

Wíndsor knót 名 ウィンザーノット (結び目が幅広できちんとした三角形になるネクタイの結び方).

Wíndsor tíe 名 ウィンザータイ (絹製の幅広のネクタイで蝶(`ちょう`)結びにする).

wínd sprìnt 名 スパート時の呼吸能力を高めるための短距離スピードトレーニング.

wínd·stòrm 名 暴風 (雨を全然またはほとんど伴わない).

wínd·sùrf 動 ⓘ ウインドサーフィンをする.

wínd·sùrfer 名 ❶ ウインドサーフィン用のボード. ❷ ウインドサーフィンをする人.

wind·surfing

wind·surfing 名 ⓤ ウィンドサーフィン《波乗り板にマストと帆をつけて行なう波乗り》.
wind·swept 形 ❶ 風にさらされた, 吹きさらしの. ❷〈人・髪の毛など〉風に吹かれて乱れた.
wínd tùnnel 名《空》風洞(ホラ).
wínd túrbine 名《風力で作動する》風力タービン.
⁺wind·ùp /wáind-/ 名 ❶ 結末, おさまり. ❷ **a** 仕上げ. **b**《野》ワインドアップ.
wind·ward /wíndwəd | -wəd/ 名 ⓤ 風上 (⇔ lee, leeward). **gèt to wíndward of** ... (1) 《臭気などを避けるため》...の風上に回る. (2) ...を出し抜く, ...より優勢である. —— 形 風上の, 風上にさらされた (⇔ lee): on the ~ side of ... の風上の側に. —— 副 風上へ.
Wínd·ward Íslands /wíndwəd- | -wəd-/ 名 徑 [the ~] ウィンドワード諸島《西インド諸島 Lesser Antilles 南部の諸島; Martinique, St. Lucia, St. Vincent, Grenada などを含む》.
wind·whipped 形 強風の吹きつける[にあおられた].
⁺wind·y¹ /wíndi/ 形 (**wind·i·er; -i·est**) ❶ 風の吹く, 風の強い (⇔ windless): on a ~ day [afternoon] 風のある日[午後]に / in ~ weather 風の強い天気の時に / It's ~ today. 風が強い. ❷ 風の当たる, 風を受ける, 吹きさらしの: a ~ hilltop 風の吹きさらす山頂 / the W- City 風の町《米国 Chicago の別名》. ❸《口》口先ばかりの, おしゃべりな; 空虚な, 実のない: a ~ speaker 駄弁(タン)家 / ~ eloquence 大言壮語. ❹《英口》びくびくした, 怖がる: feel ~ おじけづく, ひどく怖がる. **wind·i·ly** /-dəli/ 副 **wind·i·ness** 名 (⇒ **wind¹**)
wind·y² /wáindi/ 形《道路・川などが》曲がりくねった, 蛇行した.

⁺wine /wáin/ 名 ❶ ⓒⓤ **a** ワイン, ぶどう酒: French ~s フランスワイン(各種) / a barrel [bottle, glass] of ~ ワインひとたる[ひと瓶, 1 杯]. **b** 果実酒: apple [currant, palm] ~ りんご[すぐり, やし]酒 / rice ~ 日本酒《[比較]sake のほうが一般的》. ❷ = **wine red**. **pùt néw wíne in óld bóttles** 古い皮袋に新酒を入れる《旧来の形式に新しい考えを盛る; ★聖書「マタイ伝」から》. **wíne, wómen, and sóng** 酒と女と歌《に囲まれた歓楽》. —— 動 ❶〈人〉をワインでもてなす《★通例次の句で》: ~ and dine a person《レストランなどで》人に酒食のもてなしをする. ❷ ワインを飲む《★通例次の句で》: ~ and dine with a person《レストランなどで》人と酒を飲みながら食事をする. 〖OE< L vīnum; ⇒ vine〗(形 vinous)
⁺wíne bàr 名《英》ワインバー《軽食も出す》.
wine·ber·ry /-bèri | -b(ə)ri/ 名《植》 ❶ エビガライチゴ《キイチゴ属; 日本・中国産》. ❷ アリスタエリア属常緑樹《ニュージーランド産》.
wine·bib·ber 名 大酒飲み《人》.
wine·bib·bing 形 大酒飲みの. —— 名 ⓤ 大酒(飲み).
wine·bottle 名 ぶどう酒瓶, ワインボトル.
wíne bòx 名 ワインボックス《パック入りワイン》.
wine cellar 名 《地下の》ワイン貯蔵室, ワインセラー (cellar).
wíne cólor 名 ⓤ 赤ぶどう酒色, ワインカラー, 暗赤色.
wine-colored 形 ワインカラーの, 暗赤色の.
wíne còoler 名 ワインクーラー: **a**《白ワインの瓶を入れて冷やす氷の入った容器》. **b** ワインをベースに果汁・炭酸水などを加えたカクテル.
wine·glàss 名 ワイングラス.
wine·gròwer 名 ブドウ栽培兼ぶどう酒醸造業者.
wine growing 名 ⓤ ブドウ栽培兼ぶどう酒醸造業.
wíne gùm 名 一口ゼリー, グミ《着色し果物の味のするやわらかなゼラチン菓子》.
wíne lìst 名《レストランなどの》ワイン一覧表, ワインリスト.
wine·màker 名 ワイン醸造家.
wine·màking 名 ⓤ ワイン醸造, ワイン造り.
wine-prèss 名 ブドウ搾りの桶(オケ).
wíne réd 名 ⓤ 暗紅色, ワインレッド.
win·er·y /wáinəri/ 名《米》ワイン醸造所(《英》vineyard).

wine·skìn 名 ワインを入れる皮袋.
wíne·tàster 名 ❶ ワインの品質を検査する人, 利き酒人. ❷ 《ワインの品質検査用の》銀の小鉢.
wíne tàsting 名 ⓤ ワインの試飲, 利き酒; ⓒ ワインの試飲会.
wíne vínegar 名 ⓤ ワインビネガー.
win·ey /wáini/ 形 = **winy**.

⁺wing /wíŋ/ 名 ❶ **a**《鳥の》翼. **b**《昆虫の》翅(ハネ). ❷ **a**《飛行機の》翼. **b**《風車などの》羽根. **c**《英》《自動車などの》フェンダー (《米》fender). ❸ **a**《建物の主要部分の側面に伸びた》そで, 翼. **b**《通例複数形で》《劇場》舞台脇, そで. ❹ **a** 下部[関係]組織[機関] (arm, section). **b**《政党などの右派・左派の》派, ...翼: the right [left] ~ 右[左]派 / the Democrats' liberal ~ 民主党のリベラル派. ❺《サッカー・ホッケー》《選手の》ウィング: the right [left] ~ ライト[レフト]ウイング. ❻《空軍》 **a** 飛行団, 航空団. **b** [複数形で] 空軍記章.
clíp a pérson's wíngs 人の行動[影響]力を抑える, 野望を阻止する《由来》鳥の羽を切って飛べなくすることから》.
lénd [gíve]...wíngs〈人に〉足を速めさせる;〈活動などを〉促進させる: Fear lent me ~s. = Fear lent ~s to me. 私は恐ろしさのあまり走りだした.
on a wíng and a práyer わずかな可能性にかけて, 一縷(ッチル)の望みをかけて.
on the wíng (1) 《鳥が》飛んで(いる), 飛行中で. (2) 飛び回って, 活動して; 旅をして.
síng óne's wíng ⇒ **singe** 成句.
spréad [strétch, trý] óne's wíngs 能力を十分に伸ばす; 活動を広げる.
táke...ùnder óne's wíng〈人〉をかばう, 保護する.
táke wíng (1) 飛び立つ[去る]. (2)《時・金などが》《飛ぶように》過ぎ去る, なくなる.
ùnder the wíng of... ...の監督下[指揮, 管理, 保護]下で.
wáit in the wíngs《口》《すぐ事に当たれるように》待ち構える, 待機する《由来》俳優が舞台のそでで出番を待つことから》: be kept waiting in the ~s 腕が鳴るのを抑えられている, 出番が来るのを待たされている.
—— 動 [副詞(句)を伴って] 飛んでいく; 飛ぶように進む《》: Our plane ~ed over the Rockies. 我々の飛行機はロッキー山脈の上を飛んでいった. ❷〈...を〉進ませる, 駆り立てる; 迅速に進ませる: Fear ~ed my steps. 私は恐ろしい思いから足を速めた. ❷〈...を〉すばやく送る[運ぶ]. ❸ **a**《通例飛び道具で》〈鳥の〉翼を傷つける. **b**〈人の〉腕[肩]を傷つける. **wíng one's wáy** 飛ぶように進む[動く, 行く]. **wíng it**《米口》即興でやる[しゃべる] (cf. improvise). 〖ON〗(関形 alar)
wíng·bàck 名 ウイングバック: **a**《アメフト》ウイングを形成する後衛の選手[ポジション]. **b**《サッカー》サイドに位置し, 攻撃に参加する中衛[後衛]の選手[ポジション].
wíng·bèat 名 《1 回の》はばたき.
wíng càse [còver] 名《昆》翅鞘, さやばね (elytron).
wíng chàir 名 ウイングチェア, そでい《高い背もたれの両側にそでのついた安楽いす》.
wíng cóllar 名 ウイングカラー《スタンドカラーの前端が下に折れ曲がったカラーで紳士の正装用》.
wíng commánder 名《英空軍》中佐.
wing-ding /wíŋdiŋ/ 名《米口》ばか[お祭り]騒ぎ(のパーティー).
⁺winged /wíŋd/ 形 ❶ 翼のある; 翼を使う, 飛べる (⇔ wingless): ~ insects 飛べる昆虫 / the ~ god 翼ある神 (Mercury のこと) / the ~ horse 翼ある馬 (Pegasus のこと). ❷ 迅速な;〈うわさなど〉たちまち広まる. ❸〈思想など〉高遠な.
wing·er /wíŋə | -ŋə/ 名《サッカー・ホッケー》ウイングの選手.
wíng fórward 名《サッカー・ラグビー》ウイングフォワード.
wíng hàlf 名《サッカーなど》ウイングハーフ《右または左のハーフバック》.
wing·less 形 翼のない; 飛べない (⇔ winged).
wing·let /wíŋlit/ 名 《鳥》小翼;《空》翼端小翼, ウイングレット《主翼の翼端にできる渦をおさえて翼の抗力を減ずるため翼端に取り付けたほぼ垂直な小翼》.
wíng·màn /-mən/ 名 (優 -men /-mən/)《編隊飛行で》

イングの位置を飛ぶ操縦士[飛行機], 編隊僚機(操縦士); 《スポ》ウイングの選手.

wíng mírror 名 《英》《車》フェンダーミラー, サイドミラー.
wíng nùt 名 蝶ナット(2つの耳のついたナット).
wíng・òver 名 《空》急上昇反転飛行.
wíng・spàn 名 ❶ =wingspread. ❷ =wingspread 1.
wíng・sprèad 名 ❶ 翼幅(鳥や昆虫の翼端から翼端までの長さ). ❷ =wingspan 1.
wíng・stròke 名 =wingbeat.
wíng・tip 名 (また **wing tip**) ❶ ウイングチップ(つま先の飾り革が翼の形をした, 短靴の飾り). ❷ 《鳥》翼端, 翼先(翼をたたんだ時, 初列風切が次列風切よりも長くとび出している部分); (飛行機の)翼端.
wíng wàlking 名 ⓤ ウイングウォーキング(飛んでいる航空機の翼上での曲芸). **wíng wàlker** 名
Wín・i・fred /wínəfrɪd/ 名 ウィニフレッド《女性名; 愛称 Winnie》.
†**wink** /wíŋk/ 動 ⓘ ❶ 目くばせ[ウインク]する: The girl ~ed (at him). その少女は(彼に)目くばせ[ウインク]をした. ❷ 〈星・光などが〉きらめく<明かりが>点滅[明滅]する(twinkle). ━ ⓣ ❶ 〈目を〉まばたきする. ❷ (英)〈明かりを〉点滅させる[で合図する]((米)blink). **wínk at**... (1) ...にウインクする. (2) ...を見て見ぬ振りをする. ━ 名 目くばせ, ウインク, 目くばせ; まばたき: He gave me a knowing ~. 彼は私に向かって心得顔に目くばせした / A nod is as good as a ~. ⇨ nod 名 1 / ~ forty winks. ❷ (光・星などの)きらめき. **nót sleep a wínk** =**nót gèt a wínk of sléep** 一睡もしない. **quíck as a wínk** =**in the wínk of an éye** =**in a wínk** またたく間に, 一瞬のうちに. 《類義語》 blink.
wínk・er 名 ❶ まばたき[目くばせ]する人[もの]. ❷ (通例複数形で) 《口》まつ毛, 目. ❸ (通例複数形で) (馬の)目隠し. ❹ (通例複数形で) 《英》(自動車の)点滅式方向指示灯, ウィンカー((米) blinkers).
wínk・ing 名 ⓤ まばたき(すること). **as éasy as wínking** 《口》とても楽々と, やすやすと.
win・kle /wíŋkl/ 《英》名 《貝》ヨーロッパタマキビガイ(periwinkle)《小型の巻き貝; 食用》. ━ 動 次の成句で. **wínkle óut** (他+副) 《英口》 ❶ 〈情報などを〉(やっと)引き出す: I managed to ~ the news *out*. なんとかしてそのニュースを聞き出した. (2) 〈人などを〉〈...から〉引っぱり出す 《*of*》.
wínkle-pìcker 名 (通例複数形で) 《英口》 先の長くがった靴.
wín・less 形 勝ちのない, 1 勝もできない, 無勝の.
win・na・ble /wínəbl/ 形 勝てる, 勝ち取ることのできる.
Win・ne・ba・go /wìnəbéɪgou/ 名 ❶ (圏 ~, ~s, ~es) a [the ~ (複数扱い)] ウィネベーゴ族(米国 Wisconsin 州北部に住む先住民; Sioux 族の一種族). b ⓒ ウィネベーゴ族の人. ⓤ ウィネベーゴ語. ❷ ⓒ (商標) ウィネベーゴ(米国製のキャンピングカーなど).
*****win・ner** /wínɚ | -nə/ 名 ❶ a 勝利者, 優勝者; (競馬の)勝ち馬(↔ loser). b 優勝[受賞]の見込みのある人[もの]; 勝ちそうな人. c 《口》成功しそうな人[もの]: My new secretary's a ~. 今度きた私の秘書はよさそう[ものになりそう]だ. ❷ 受賞者[作品], 入賞[入選]者: a Pulitzer Prize ~ ピューリツァー賞受賞者[作品]. **píck a wínner** (1) 勝ち馬を当てる. (2) (口) 《時に反語的に》正しい[賢い]選択[決断]をする.
wínner's cìrcle 名 [the ~] (競馬) 勝ち馬表彰式場(優勝馬とその騎手で写真を撮られたり賞を与えられたりする囲い).
Win・nie /wíni/ 名 ウィニー (Winifred および Winston の愛称).
Win・nie-the-Pooh /wínɪðəpúː/ くまのプーさん《A. A. Milne の童話に登場するおなじみの熊》.
*****win・ning** /wíniŋ/ 形 ❶ 勝者である, 勝利を得た(↔ losing): the ~ horse 勝ち馬. ❷ 人を引きつける, 愛嬌(あいきょう)のある(engaging): a ~ smile 魅力的なほほえみ. ━ 名 ❶ (複数形で) (賭(か)けの)賞金, もうけ. ❷ a ⓤ 獲得, 占領. b ⓒ 獲得物. ❸ a ⓤ 勝利, 成功. b [形容詞的に] 勝利を得させる, 決勝の: a ~ run 決勝の1点.

win・ning・est /wínɪŋɪst/ 形 《米口》最も多くの勝利を収めた[ている], 最多勝の: the ~ pitcher [team] 最多勝投手[チーム].
wín・ning・ly 副 愛嬌(あいきょう)よく.
wínning pòst 名 (競馬場の)決勝点(の標柱).
wínning strèak 名 連勝(街道).
Win・ni・peg /wínɪpeg/ 名 ❶ ウィニペグ(カナダ Manitoba 州の州都). ❷ [Lake ~] ウィニペグ湖(Manitoba 州中南部の湖).
win・now /wínou/ 動 ⓣ ❶ 〈穀物・もみ殻などを〉あおぐ[吹き]分ける, 簸(ひ)る. ❷ 〈よいものが残るように〉〈...の数を〉(徐々に)減らす, ふるいにかける: 100 applicants have been ~ed (*down*) to 25. 100 人の志願者を 25 人にまで絞り込む. **winnow out** (他+副) 〈...を〉選び出す, 選別する; 〈真偽・善悪を〉識別する: ~ *out* the true *from* the false 真偽を識別する. 《OE; WIND¹ と同源語で, 原義は「吹き分ける」》
wín・now・er 名 (穀物などを)より分ける人[機械], 唐箕(とうみ).
wi・no /wáɪnou/ 名 (徳 ~s) (俗・軽蔑) (慢性の)アルコール中毒者. 《WINE+-o (俗語・口語の名詞語尾)》
win・some /wínsəm/ 形 (**win・som・er**; **win・som・est**) 〈人・性質・態度などが〉(おとなびた)魅力のある, 愛嬌ある: a ~ smile [lass] 愛嬌たっぷりの笑い[小娘]. ~**・ly** 副 ~**・ness** 名
Win・ston /wínst(ə)n/ 名 ウィンストン《男性名; 愛称 Winnie》.
*****win・ter** /wíntɚ | -tə/ 名 ❶ ⓤⓒ 冬, 冬季(通俗には北半球では 12, 1, 2 月, 南半球では 6, 7, 8 月): a hard [mild] ~ 厳[暖]冬 / in (the) ~ 冬(には) / in *the* ~ of 1930 1930 年の冬に / They got married last ~. 二人は昨年冬に結婚した(用法 前置詞を伴わずに副詞的に用いられる). ❷ (複数形で; 数詞を伴って) (詩) ...年, ...歳: many ~s ago 何年も前に / a man of seventy ~s 70 歳の男. ❸ (...の季)の: ~ clothing 冬着 / a ~ resort (スキー場などの)冬季行楽地[施設] / ~ vegetables 冬野菜 ⇨ winter sports. ━ ⓘ (特に鳥が)〈...で〉冬を過ごす, 越冬する, 避寒する (*at, in*) (overwinter). ━ ⓣ 〈家畜を〉冬季飼育する; 〈植物を〉冬季保護する. 《OE; 原義は「湿の(季節)」; ⇨ water, wet; また「白い(=雪の多い)季節」からという説もある》 形 wintry; 関形 hibernal.
wínter áconite 名 《植》キバナセツブンソウ(早春に黄色の花を開くキンポウゲ科の草本).
wínter crèss 名 《植》フユガラシ(アブラナ科).
wín・ter・er /-tərɚ | -rə/ 名 冬期居住者, 避寒客, 冬場の客.
wínter gàrden 名 冬園(冬でも植物が育成されている屋外のあるいは温室中の庭).
wínter・grèen 名 ❶ ⓒ 《植》ツツジ科シラタマノキ属の各種の常緑低木, (特に)ヒメコウジ(北米東部原産; 赤い実をつける). b ⓤ (ヒメコウジから採る)冬緑油, サリチル酸メチル油 (oil of wintergreen ともいう); 冬緑油の香味. ❷ ⓒ 《植》常緑のイチヤクソウ.
wínter héliotrope 名 《植》ニオイカントウ(キク科フキ属).
wínter hóme 名 《避寒地》の別荘.
win・ter・ize /wíntəràɪz/ 動 ⓣ 〈自動車・家などに〉防寒設備をする, 防寒装備をする.
wínter・kìll 動 (米) 〈植物などを〉寒さで枯死させる.
wín・ter・ly 形 冬の; 冬らしい; 冬のような, 寒々とした.
wínter mélon 名 冬メロン《メロンの変種; 貯蔵がきく》.
wínter slèep 名 ⓤ 冬眠.
wínter sólstice 名 [the ~] 冬至(12 月 21 日または 22 日; ↔ summer solstice; cf. equinox).
wínter spórts 名 ウィンタースポーツ, 冬季スポーツ.
wínter squàsh 名 《植》ウインタースクォッシュ(セイヨウカボチャ・ニホンカボチャなどの貯蔵可能なカボチャの総称).
wínter swèet 名 《植》ロウバイ(蝋梅).
wínter・tide 名 (詩) =wintertime.
wínter・tìme 名 ⓤ [しばしば the ~] 冬, 冬季.
win・ter・y /wíntəri, -tri/ 形 =wintry.

win-try /wíntri/ 形 (**win-tri-er**; **win-tri-est**) ❶ a 冬らしい, 冬のような: a ~ sky 冬空. b 荒涼とした, わびしい: a ~ scene 寒々とした光景. ❷ 冷ややかな, 冷淡な: a ~ smile [manner] 冷淡な微笑[態度]. 《winter》

wín-wín 形《米口》(交渉などで)どちらにとっても有利な, 双方[三方]うまくおさまる(状況).

win-y /wáini/ 形 (**win-i-er**; **win-i-est**) ワインのような(風味のある).

WIP /dʌ́blju:àipí:/ 名 進行中の作業[作品]; 〖会計〗仕掛(しかかり)品(勘定)《製造工程・遂行過程の途中にあり, なお作業の継続が必要な中間生産物もしくは契約》《*work in progress* [*process*]》

*****wipe** /wáip/ 動 他 ❶ a 〈…(の表面)を〉ふく, ふいて〈…〉する: ~ the dishes [one's face, one's eyes] 皿[顔, 目の涙]をふく / ~ *off* the table 《米》テーブルをふく / He ~d his face *on* [*with*] the towel. 彼はタオルで顔をふいた / Please ~ your shoes *on* the mat. [掲示] マットで靴をぬぐってください / 〔+目+補〕 ~ the glasses dry グラスをふいて水気をとる / W~ the floor clean. 床をきれいにふきなさい. b〈布などで〉〈…を〉ふく, ぬぐう: He ~d the towel *over* his face. 彼はタオルで顔をふいた / He ~d his hand *across* his forehead. 彼は手で額をぬぐった. ❷〈…から〉〈…をふき取る, ぬぐう, ぬぐい落とす〈*off*, *away*, *up*, *out*〉〈*from*, *off*〉: ~ one's tears *away* 涙をぬぐう / the dust *off* a shelf 棚からほこりをふき取る / ~ *up* milk *from* the floor 床からミルクをふき取る / He ~d the sweat *from* his forehead. 彼は額から汗をぬぐった / W~ *off* these scribbles *from* the blackboard. =W~ these scribbles *off* the blackboard. この黒板の落書きを消しなさい. ❸〈心などから〉〈記憶・思いなどを〉ぬぐい去る, 消し去る: a memory *from* one's mind 心の中から記憶をぬぐい去る. ❹〈録音・録画されたテープを〉消す, 消してしまう. ❺ 〈ハードディスクなど(の情報)を〉完全に消去する: 〔ディスクから〕情報・データを完全に消す〈*from*〉.

wipe awáy 《他+副》〈…を〉ふき取る, ぬぐい落とす (⇒ 他 2).

wipe dówn 《他+副》〈…を〉(湿った布などで上下に)ふいてきれいにする: ~ *down* a horse =~ a horse *down* 馬をきれいにふく.

wipe óff 《他+副》(1)〈…を〉ふく; ふき取る (⇒ 1 a, 2). (2)〈負債などを〉消却する.

wipe óut 《他+副》(1)〈…の中を〉ふく[掃除する]: ~ *out* a bottle 瓶の中をふく / ~ *out* the bath [bathtub] 浴槽(よくそう)の中を掃除する. (2)〈…を〉(記憶などから)消す; 〈負債などを〉消却する; 〈恥を〉そそぐ: ~ *out* a disgrace [an insult] 不名誉を払い去る[侮辱を水に流す] / It's difficult to ~ *out* the memory of a former lover. 昔の恋人の思い出を忘れることは難しい. (3)〈敵などを〉一掃する, 全滅させる; 《俗》殺す: The war ~d *out* the entire population. 戦争で全住民が死滅した. (4)《口》〈人を〉一文なしにする: The collapse of the stock market ~d him *out*. 株式相場の暴落で彼はすっからかんになった. (5)《俗》〈人をひどく疲れさせる; 〈人をひどく〉麻薬に酔わせる. —— 《自+副》(6) (サーフィンで)波にひっくり返される, 転倒する.

wipe the flóor with… ⇒ floor 成句.

wipe the sláte cléan ⇒ slate 成句.

wipe úp 《他+副》(1)〈…を〉ふく; 〔…から〕ふき取る (⇒ 他 2). (2)《英》〈洗った皿などを〉ふきとる, きれいにする. —— 《自+副》(3)《英》(食事の後の)皿ふきをする. (4) ぬれた[よごれた]物を(ふいて)きれいにする.

—— 名 ふくこと, ぬぐい取ること: Would you mind giving this table a ~? このテーブルをちょっとふいてくださいませんか.

〖OE〗

wipe-óut 名 C·U 《口》❶ 一掃, 全廃; 全滅, 壊滅; 殺害. ❷ (スノーボード・サーフボードから)落ちること, 転倒.

wíp-er 名 ❶ [通例複数形で] (自動車の)ワイパー (windshield wiper). ❷《電》ワイパー(加減抵抗器などの端子と接続しての移動接触子). ❸ ぬぐう物; ぬぐうもの; ふきん, 手ぬぐい, タオル, スポンジ.

*****wire** /wáiə | wáiə/ 名 ❶ U·C a 針金: a length of ~ 針金1本 / a piece of ~ 針金1本; 針金の破片 / copper ~ 銅線/ barbed wire. 電線, ケーブル (cable): telephone ~(s) 電話線 / ⇒ live wire. ❷ C 盗聴器. ❸《口》C·U 電信, 電報 (telegram): send (a person) a ~ =send a ~ (to a person)〈人に〉電報を打つ / send money by wire (transfer) 金を電信で送る. ❹ a U 針金細工, 金網. b C (金網製の)わな. ❺ C (楽器の)弦.

dówn to the wíre 《米》最後の一瞬まで. **gèt (in) únder the wíre** 《米》かろうじて時間に間に合う. **gèt one's wíres cróssed** 混乱して誤解する. **púll (the) wíres** (黒幕となって)陰で操る, 糸を引く. —— 動 他 ❶ a《…に》電線を引く, 〈…の〉配線をする〈*up*〉: ~ a house (for electricity) 家に電線を架設する. b〈電気器具などに〉配線する; 〈…を〉〈機器に〉接続する, つなぐ〈*to*〉. ❷〈…を〉〈針金で留める[結びつける]. ❸《米口》〈人に〉電報を打つ, 〈…を〉電報で知らせる: 〔+目+目〕 He ~d me the result. = He ~d the result *to* me. その結果を電報で知らせた. ❹ 〈人に〉〈金を〉電信で送る「振り込む」: 〔+目+目〕 ~ a person a thousand dollars =~ a thousand dollars *to* a person 人に 1000ドル振り込む. ❺ 《場所に》盗聴器を仕掛ける, 〈場所を〉盗聴する (bug). **wir-er** /wáiərə | -rə/

wire àgency 名《米》通信社.

wire brúsh 名 (さび落としなどに用いる)ワイヤーブラシ.

wire cùtters 名 針金切り(具)(ペンチの一種).

wired 形 ❶ 継続された, 配線された, 有線の; (インターネットに)つながっている; 〈建物など〉盗難警報機[盗聴器]がついている. ❷ 針金で補強した. ❸《米俗》a 興奮した. b (麻薬に)酔った.

wire·dràw 動 他 (**-drew**; **-drawn**) ❶〈金属を〉引き延ばして針金にする. ❷ 引き延ばす. ❸《古》〈議論などを〉あまりにも微細に論じる.

wire·dràw·er /-drɔ̀ːə | -drɔ̀ːə/ 名 針金を作る人.

wire fràud 名 U《米》(ITなどを駆使した)電子詐欺.

wire gàuge 名 (針金の太さなどを測る)針金測り, ワイヤーゲージ.

wire gáuze 名 U (細線の)金網.

wire gráss 名〖植〗針金状の硬い茎[葉]を有する草本 (特にコイチゴツナギ, オヒシバ, ギョウギシバ).

wire-háired 形〈犬など〉硬い毛の.

⁺**wire·less** /wáiəlas | wáiə-/ 形 ❶ 無線の; 無線電信の: a ~ network 無線[ワイヤレス]ネットワーク / a ~ operator 無線電信通信手. ❷《英》ラジオの. —— 名《英古風》❶ U 無線電信[電話, 電報]. ❷ a U [the ~] ラジオ. b ~ =wireless set.

wireless communicátions 名 (特に携帯電話・無線ネットワークなどによる)無線通信.

wireless sèt 名 無線電信[電話]機; ラジオ受信機 (比較 現在では radio (set) のほうが一般的).

wire·man /-mən/ 名 (**-men** /-mən/) ❶ 電気配線工[技師]. ❷ 通信社の記者.

wire nétting 名 U 金網.

Wire·phòto 名《商標》ワイヤフォト《有線電送写真》.

wire·púller 名《米》❶ 操り人形の針金を引く人, 操り人形師. ❷ 黒幕《人》.

wire·púlling 名 U《米》裏面策動.

wire-rímmed 形 (また **wire-rim**) 〈眼鏡が〉ワイヤーリムの (レンズの枠の部分が細いメタルのフレーム).

wire rópe 名 ワイヤーロープ, 鋼索.

wire sèrvice 名 =wire agency.

wire·tàp 動 (**-tapped**; **-tap·ping**) 他 〈電信・電話を〉盗聴する; 〈人・家などの〉電話を盗聴する (bug). —— 名 電信[電話]盗聴器. **wire·tàpper** 名.

wire·tàpping 名 電信[電話]の盗聴.

wire trànsfer 名 電子振込.

wire wàlker 名 綱渡り芸人.

wire whèel 名 鋼線車輪(スポーツカーなどに用いられるスポーク付きの車輪).

wire wóol 名 U《英》(なべ・かまなどをこする)金属たわし (cf. steel wool).

wire·wòrm 名〖昆〗ハリガネムシ《コメツキムシ科の昆虫の幼虫》.

+wir・ing /wáɪ(ə)rɪŋ/ 名 [U] 架線[配線] (工事).
wir・y /wáɪ(ə)ri/ 形 (**wir・i・er**; **-i・est**) ❶ **a** 針金の. **b** 針金状の; 〈毛など〉硬い. ❷〈音・声などが金属性の, 細い. ❸〈人・体など〉張った, 屈強な, 筋金入りの: a ~ build 筋張った体格. **wír・i・ness** 名

Wis., Wisc. 《略》 Wisconsin.

Wis・con・sin /wɪskánsɪn | -kɔ́n-/ 名 ウィスコンシン州《米国北中部の州; 州都 Madison; 略 Wis., Wisc.,《郵》WI; 俗称 the Badger State》.《F<N-Am-Ind; 川の名から》

***wis・dom** /wízdəm/ 名 [U] ❶ 賢いこと, 賢明, 知恵; 分別: a man of ~ 賢い人 / I doubt the ~ of his conduct. 彼の行為が賢明か疑問である / conventional [received, traditional] ~ 一般に正しい[真実だ]と信じられていること. ❷ 学問, 知識, 博識. **in one's (infinite) wísdom** 《戯言・皮肉》人の(はかり知れない)知恵で, (まったく)賢明に(も).《WISE¹+-DOM》

Wísdom of Sólomon 名 [the ~] 《聖》ソロモンの知恵《旧約聖書外典の一書》; カトリックでは正典》.

wísdom tòoth 名 知恵歯, 親知らず. **cút one's wísdom tèeth** (1) 知恵歯が生える. (2) 分別がつく年ごろになる.

***wise¹** /wáɪz/ 形 (**wis・er**; **wis・est**) ❶〈人・行動など〉賢い, 賢明な, 思慮深い, 分別のある (↔foolish): a ~ judge [leader] 賢い裁判官[指導者] / a ~ act [plan] 思慮のある行動[策] / ~ advice 分別のある忠告 (It is easy to be) ~ after the fact. 《諺》事後に事を悟るのは容易だ, 「愚者のあと知恵」/ [+(*of*+代名)+*to do* | +*to do*] It would be ~ (*of you*) *to refuse* his offer. =You would be ~ *to refuse* his offer. 彼の申し出は断わったほうがいいですよ / It was ~ *of her to choose* it. 彼女がそれを選んだのは賢明だった. ❷ 賢そうな, 知者らしい: with a ~ nod of one's head もの知り顔にうなずきながら / look ~ (偉そうに)すましている. ❸ [P] [通例比較級を用いて] (今までわからなかったことが)わかって, 気づいて; 得るところがって: We were none the *wiser* for his explanation. 彼の説明を聞いてもさっぱりわからなかった / If you hold your tongue, no one will be any the *wiser*. 君が黙っていればだれも知れはしない. **wíse in ...**に通じて, 詳しくて: He's ~ *in* the ways of the world. 彼は世故にたけている. **wíse to ...**《口》〈内情〉を知って, わかって, 〈...〉に気づいて: get [be] ~ *to*...に気づくようになる[知っている], ...に気づく[気づいている] / put a person ~ *to*...に人に...を知らせる / We tried to keep it secret, but they were [got] ~ *to* it. 我々は秘密にしていたが, 彼らはそれを知っていた[それに気づいた].
— 名 [the ~; 複数扱い] 賢者(たち)《★ 主に次の句で》: A word to the ~. ➪ word 2 a.
— 動 《口》 ★次の成句で. **wíse úp**《自+副》〈...〉を知る, 〈...〉に気づく《*to, about, on*》: (You'd) better ~ *up*. (君は)反省したほうがいいね. — 《他》〈人〉に〈...〉を知らせる, 教える 《*to, about, on*》: I'll ~ him *up* (*to* that). (そのことを)彼に教えてあげよう.
《OE; 原義は「見る, 知る」》《名 wisdom》

wise² /wáɪz/ 名 [単数形で] 《古》方法 (cf. -wise 2 a): in no ~ 決して...ない / in any ~ どのようにも(して) / in this ~ このようにして, かくて.

-wise /wàɪz/ 接尾 名詞・副詞につけて次の意の副詞を造る: ❶ [関連を表わして]: tax*wise* 税金に関して(は). ❷ [方法を表わして]: any*wise*, like*wise*. **b** [類似・様式を表わして]: crab*wise*. **c** [方向を表わして]: clock*wise*, length*wise*. 《WISE² から》

wise・a・cre /wáɪzèɪkə- | -kə/ 名 知者[賢人]ぶる人.

wíse・cràck《口》名 しんらつな[気のきいた]言葉[答え]; 軽口, 冗談 (quip). — 動《自》しんらつな[気のきいた]ことを言う; 軽口をたたく.

wíse gùy 名《口》知ったかぶりをする人 (smart aleck).

***wise・ly** /wáɪzli/ 副 (**more ~; most ~**) ❶ 賢明に, 抜けめなく. ❷ [文修飾] 賢明にも: W~ (enough), he did not go there. 賢明にも彼はそこへ行かなかった.

wíse mán 名 ❶ 賢人: the Three *Wise Men* ➪ three 形 1. ❷ 魔法使い.

2073 **wish**

wi・sent /víːzent/ 名 《動》 ヨーロッパバイソン. 《G》
wíse sáw 名 金言, 名言.
wíse・wòman 名 《薬草・まじないなどに詳しい》物知り女.

***wish** /wíʃ/ 動 《他》 ❶ **a** [現在の実現不可能なことの願望を表わして] 〈...であればよいのに〉と思う: [+(*that*)] I ~ I *were* [《口》*was*] a bird! 鳥だったらよいのになあ《用法 *that* が省略されるのが普通で, 節内には(仮定法)過去形が用いられる》/ I ~ spring *were* [*was*] here. 早く春になればいいのになあ / He ~ed he *might* live to see it. 彼は生きているうちにそれが見たいものだった のに / How I ~ ...! ⇨ how A 6 a. **b** [過去に関する実現不可能なことの願望を表わして] 〈...であったらよかったのに〉と思う: [+(*that*)] I ~ I *had bought* it. 買っておけばよかったのになあ《用法 *that* が省略されるのが普通で, 節内には(仮定法)過去完了形が用いられる》/ I ~ you *had seen* it. 君がそれを見ていてくれたらなあ / I ~ you *hadn't said* [*done*] that. 君はそんなことを言わなければ[しなければ]よかったのになあ. **c** [未来のことに関する願望を表わして] 〈...ということであってほしい〉と思う: [+(*that*)] I ~ it *would* rain. 雨が降ってほしい(水不足のため, など)《用法 *that* が省略されるのが通例で, 節内には主に *would* が用いられる》.

❷ **a**〈人が...を〉望む《比較 want の上品な表現だが, wish for を用いるほうが一般的; cf. 《自》 1》: What do you ~? 何をお望みですか. **b** 〈...〉したい(と思う)《★ 形式ばった用法; 比較 want, would like のほうが一般的》: [+*to do*] I ~ *to see* you. お目にかかりたい. **c**〈人に...して〉ほしい《比較 want, would like のほうが一般的》: [+目+*to do*] What do you ~ *me to do*? 私にどうしてもらいたいのか. 〈人が...が...であればよいと〉望む, 思う: [+目+(*to be*) 補] We all ~ him (*to be*) happy. みな彼が幸福であってほしいと望んでいる《変換 We all wish him happiness. と書き換え可能; cf. 3 a》. **e**〈...が...されることを〉望む: [+目+(*to be*) 過分] He ~ed his safety (to be) guarante*ed*. 彼は身の安全を保証してもらいたいと望んだ.

❸ **a**〈人のために〉〈...を〉祈る: [+目+目] I ~ you a pleasant voyage. 空路[海上]ご無事を祈ります / I ~ you a happy New Year. 新年おめでとう / We ~ed him good luck. 彼の幸運を祈った. **b**〈人に〉あいさつなどを〉言う, 告げる: [+目+目] I ~ed him good-bye [good morning]. 彼に別れを告げた[おはようと言った]. **c** [well [ill] を伴って]〈人に〉(よかれ[あしかれ])と祈る: We all ~ you *well*. 皆あなたのことをよかれと思っている / Nobody ~es you *ill*. だれも君にあしかれなどと思う人はいない.

❹《口》〈自分がいやな物・人〉を〈人に〉押しつける: They ~ed a hard job *on* him. 彼らはつらい仕事を彼に押しつけた / I wouldn't ~ her *on* anyone [my worst enemy]. たとえ人どんなに憎らしい敵でも彼女を押しつける気にはなれない(ほどいやな女だ).

— 《自》❶ [容易に得られ(そうに)ないものを]望む, 願う, 欲する《★ ~ *for* は受身可》: We all ~ *for* peace [happiness]. みな平和[幸福]を願う / The weather is all [everything] one could ~ *for*. 天気はまったく申し分ない / I have nothing left to ~ *for*. ほかにほしいものはもう何もない.

❷ 願望を抱く; 〈...〉に願う, 頼む: She ~ed *upon* the full moon [a star]. 彼女は満月[星]に願をかけた.

❸ [省略的構文で] (そう)望む, 願う (cf. 《他》 2 a): You may go if you ~. お望みなら行かれてもいいでしょう.

— 名 ❶ 願い, 願望, 希望, 要請: carry out [attend to] a person's ~es 人の希望に添う / I hope you will grant my ~. 私の希望をかなえてほしい / He disobeyed his mother's ~es. 彼は母親に逆らった / If ~es were horses, beggars would ride. 《諺》願っただけで望みがかなうなら貧乏人も金持ちになれよう / The ~ is father to the thought. 《諺》そうありたいと思う心はやすくそうなると信じるようになる / It is his ~ [not his ~] to go. 彼は行きたがっている[行きたがっていない] / It is his earnest ~ that he might go abroad. 彼は外国へ行きたいという切なる願いを持っている.

❷ **a** 願い事: make a ~ (特に頭の中で)願い事をする, お

wishbone 2074

祈りをする / His ～ came true. 彼の願いがかなった. **b** 望みのもの, 希望する事柄: get one's ～ 望みがかなう. ❸ [通例複数形で] (他人の幸福・安泰などを)願う言葉, 祈り: Please send her my best [kindest] ～es. 彼女によろしくお伝えください / with best ～es=with every good ～ ご多幸を祈って《用法》手紙の結びや贈り物に添え書きする言葉. 〖OE; 原義は「望む, 得ようとする」; cf. win〗 〖類義語〗⇒ want.

wísh·bòne 图 (鳥の胸の)叉骨(ミホ) 《解説》食事の際, 皿に残ったこの骨を二人で引き合って長いほうを取ると願い事がかなうという》.

wísh·er 图 祈る人, 願う人: ⇒ well-wisher.

wish·ful /wíʃf(ə)l/ 图 ❶ 現実よりも願望に基づいた, 希望的な: ⇒ wishful thinking. ❷ 〈目つきなど〉もの欲しそうな: with a ～ look もの欲しそうな目つきで. ❸ 〖[...を]望んで [for]; 〈...することを〉望んで〈to do〉. ~·ly /-fəli/ 副 ~·ness 图

wish fulfillment 图 〖精神分析〗願望実現[充足].

⁺**wishful thinking** 图 ⓤ 希望的観測; 願望的思考.

wishing wèll 图 願い井戸《コインを投げこむと願い事がかなうといわれる》.

wish lìst 图 欲しい[おねだりしたい]もののリスト.

wish-wàsh 图 ⓤ ❶ 味のない[薄い]飲み物. ❷ 気の抜けた[くだらない]話[文章].

wish·y-wash·y /wíʃiwàʃi, -wɔ̀-ʃi | -wɔ̀ʃi/ 图 〔口〕❶ 〈スープ・茶など〉薄い, 水っぽい. ❷ 〈話・考えなど〉気の抜けた, くだらない, 中身のからっぽな. ❸ 〈人・態度など〉煮え切らない, 決断力のない. **wish·y-wash·i·ly** /-ʃɪli/ 副 **-i·ness** 图

⁺**wisp** /wísp/ 图 ❶ **a** (わら・干し草などの)小さい束〈of〉. **b** (毛髪などの)房〈of〉. ❷ (煙の)ひとすじ: a ～ of smoke [cloud] ひとすじの煙[ひと切れの雲]. ❸ (考え・感情などの)かすかなもの: a ～ of thought かすかに浮かんだこと, わずかな考え. ❹ 小さくほっそりした人. ❺ (シギの)群れ.

wisp·y /wíspi/ 图 (**wisp·i·er**; **-i·est**) ❶ 小さく束ねた, ひと握りの; 房の少しの; 〈髪が〉薄い, ほつれた. ❷ かすかな, わずかな.

wist 動 〖古〗wit² の過去形・過去分詞

wis·tar·i·a /wɪstéəriə/ 图 =wisteria.

wis·te·ri·a /wɪstíəriə/ 图 ⓤⓒ 〖植〗フジ. 〖C. Wister 米国の解剖学者〗

⁺**wist·ful** /wístf(ə)l/ 图 ❶ (手の届かないものなどに)哀しく思いをはせて, せつない, なつかしく思って: ～ eyes (哀しく)残念そうな目. ❷ 思いに沈む. ~·ly /-fəli/ 副 ~·ness 图

__wit__¹ /wít/ 图 ❶ ⓤ 機知, ウィット, 頓知(ミ), 気転: His speech sparkled with ～. 彼の話は機知にあふれていた. ❷ ⓒ 機知の利く人, 才人, 才子. ❸ ⓤ 〖また複数形で〗 理知, 知力; 判断力, 理解力: the ～(s) of man 人知 / use one's ～s 知力を振るう / have quick [slow] ～s 頭の回転が速い[遅い], 気転がきく[きかない] / set one's ～s to work 知恵を働かせる / [+to do] He hasn't [doesn't have] the ～ to come in out of the rain. 彼には雨宿りするほどの知恵[分別]がない. ❹ [複数形で] (健全な)精神, 正気: in one's (right) ～s 正気で / out of one's ～s 正気を失って; ひどく取り乱して / The accident scared me out of my ～s. その事故で私は気が動転した. **at one's wit's [wits'] ènd** 当惑して: I'm at my ～s' end for money [an idea]. 金策のめどが立たなくて[よい考えが浮かばなくて]困り果てている. **háve [kéep] one's wíts abòut one** (どんな危機にも状況に合わせて行動できるように) 冷静を失わない, 冷静に行動する. **líve by [on] one's wíts** (働くよりむしろ)小才をきかせて世渡りをする. 〖OE=心, 知力 (↓); 〖類義語〗⇒ humor. 〗

wit² /wít/ 動 他 (**wist** /wíst/; **wit·ting**) 〖語形 現在形 I [he] **wot** /wát | wɔ́t/, thou **wot**(t)**est** /-tɪst/) 〖古〗知る, 知っている. **to wít** かなわち (namely). 〖OE=知る; WISE¹ と同語源〗

wit·an /wítn/ 图 =witenagemot.

*__witch__ /wítʃ/ 图 ❶ 魔女, 女魔法使い 《比較》男の魔法使いは wizard》. ❷ 醜い老女, 鬼ばば. ❸ 〖古〗すごく魅力的な女. —動 他 ❶ 〈魔女が〉〈...に〉呪い[魔法]をかける. ❷ 〈女性を〉〈人を〉魅了する. 〖OE=wizard, witch〗

⁺**witch·cràft** 图 ⓤ ❶ 魔法, 魔術 (sorcery). ❷ 魔力.

witch dòctor 图 《特にアフリカの》魔法使い, 妖術師.

witch èlm 图 =wych elm.

witch·er·y /wítʃəri/ 图 =witchcraft.

witch·es'-bròom, -bèsom /wítʃɪz-/ 图 〖植〗叢生, 天狗巣《*》《菌類・ウイルスなどにより植物に異常に多くの小枝が直立・密生してほうき状をなしたもの): ～ disease 天狗巣病.

witches' Sábbath 图 悪魔の宴《年1回深夜に悪魔が開くとされている酒宴》.

witch·et·ty (grùb) /wítʃəti(-)/ 图 〖昆〗オオボクトウの幼虫《オーストラリア先住民が好んで食べる》.

wítch hàzel 图 ⓒ 〖植〗アメリカマンサク 《北米産; 秋咲き; その樹皮と葉は薬用》; ⓤ アメリカマンサクのエキス 《薬用》.

witch-hùnt 图 魔女狩り 《特に, 異なる思想・価値観の持ち主を独善的に糾弾し, 迫害・中傷すること; cf. McCarthyism》.

witch·ing /wítʃɪŋ/ 图 Ⓐ 魔力のある; 魅惑的な. **the witching hòur** =**the witching time of night** 魔女の横行する夜半, 丑(?)三つ時《★ Shakespeare 「ハムレット」から》.

witch·y /wítʃi/ 图 (**witch·i·er**; **-i·est**) 魔女の(ような), 魔女的な; 魔法[呪術]による.

wi·te·na·ge·mot(e) /wítənəgəmòut/ 图 〖英史〗(アングロサクソン時代の)賢人会議《行政や立法に関して国王に助言した》.

Wite-Out /wáɪtàʊt/ 图 ⓤ 〖商標〗ワイトアウト《文字修正液》.

*__with__ /(弱形) wɪð, wɪθ; (強形) wíð, wíθ/ 前 **A** ❶ **a** [同伴・同行を表わして] ...とともに; ...を連れて: He's living [staying] ～ his aunt. 彼はおばと一緒に暮らしている[おばの家に同居している] / She's going to the park ～ her two children. 彼女は二人の子供を連れて公園へ行こうとしているところだ / Will you come ～ us, too? あなたも私たちと一緒においでになりますか. **b** [提携・勤務を表わして] ...の一員として, ...に勤務して: She's a flight attendant ～ JAL. 彼女は日本航空の客室乗務員をしている / He has been ～ the company (for) ten years. 彼はその会社に10か月間勤務している / He used to play baseball ～ the Giants. 彼は昔ジャイアンツの野球選手だった. **c** [包含を表わして] ...をあわせて, ...を含んで: W～ me, the family numbers eight. お手伝いを含めて家族は8人から成る.

❷ **a** [接触・交際・結合などを表わして] ...と: discuss a problem ～ a person 人と問題を話し合う / join one end ～ the other 一方の端を他の端に接合する / We're acquainted [friendly] ～ him. 我々は彼をよく知っている[と親交がある] / We're always in touch ～ them. 我々は彼らと常に連絡をとっている. **b** [混合・混同を表わして] ...と: mix whiskey ～ water ウイスキーを水で割る.

❸ **a** [一致・調和を表わして] ...と: I agree ～ you there. その点では私は君と同意見だ / They sympathized ～ the old man. 彼らはその老人に同情した / That accords ～ what I saw. それは私が見たことと一致する. **b** [同調・賛成を表わして] ...に賛成して, ...に: He voted ～ the Government. 彼は与党に投票した / Are you ～ us or against us? 君は我々に賛成なのか反対なのか. **c** [be の補語となる句を導き, 通例否定・疑問文で] 〈相手の〉話[議論]について, ...の話を理解できて: Are you ～ me so far? ここのところ私の話がわかりますか.

❹ [比較・同等の対象を導いて] ...と: compare him ～ his brother 彼を彼の兄[弟]と比較する / The sidewalk is not level ～ the street. その歩道は通りと水平になっていない / He can swim ～ the best of them. 彼は(彼らの)だれにも劣らずうまく泳げる.

❺ [同時・同程度・同方向などを表わして] ...とともに, ...と同時に, ...につれて: W～ the development of science, warfare became more complex. 科学の発達とともに戦争はより複雑になった / Wisdom comes ～ age. 年をとる

につれて人は賢くなる / Her grief lessened ~ time. 時(の経過)とともに彼女の悲しみもやわらいでいった / The boat drifted ~ the current. その小船は潮流のままにただよった.

—— B ❶ **a** [感情・態度の対象を導いて] …に対して, …に: be angry [frank, gentle, patient] ~ a person 人に腹を立てる[率直にする, 優しくする, 我慢する]/ Be careful ~ the glass. ガラス[コップ]に気をつけなさい / What do you want ~ me? 私に何の用ですか / They're in love ~ each other. 彼らは恋仲だ / We're at peace [war] ~ them. 我々は彼らと講和状態に[交戦中で]ある. **b** [処置・関係の対象を導いて] …に対して, …について, …にとっては: I can do nothing ~ this boy. 私はこの子に対して何の力もない《手に負えない》/ I've nothing to do ~ that. それには私は何の関係もない / I've done [finished] ~ this tool. この道具の用は済んだ / How are you getting along ~ your work? お仕事のほうはいかがですか. **c** [方向の副詞に伴い, 動詞なしで目的語とともに命令文的に用いて] …を[は]: *Away* ~ him! 彼を追っ払え! / *Down* ~ the aristocracy! 貴族を打倒せよ! / *Off* ~ you! 行ってしまえ! / *Up* ~ it! それを持ち上げろ! / To hell ~…! ⇨ hell 3 b.

❷ [関係・立場を表わして] …について[の]; …にとっては, …の場合は: the Italian frontier ~ Switzerland イタリアのスイスとの国境 / The trouble ~ her is that she so easily gets excited. 彼女の困る点はすぐ興奮することだ / What's the matter ~ you? 君どうかしたのですか (cf. what [代] A 1 a) / It's usual [the same] ~ him. 彼にはそれが普通だ[彼もそれは同じだ] / Such is the case ~ me. 私のほうはそういう事情です / Your decision is all right ~ him. 君の(下した)決定には彼も異存はない(ようだ) / *W*~ many people, love comes first. 多くの人々は愛情を第一に考える.

❸ [敵対を表わして] …を相手に, …と (cf. against 1): fight ~ an enemy 敵と戦う / argue [compete, disagree, quarrel] ~ a friend 友人と議論[競争, 仲たがい, 口げんか]する / I had a race ~ him. 私は彼とかけっこ[レース]をした.

❹ [分離を表わして] …と(離れて), …から (cf. from 6): be loath to part ~ money 金をしぶしぶ手離す / break ~ the party 党を離脱する.

—— C ❶ [道具・手段を表わして] …を用いて, …で: write ~ a pencil 鉛筆で書く / eat ~ a fork フォークで食べる / I'll have to see it ~ my own eyes. 自分の目で確かめなければならない.

❷ [材料・中身を表わして] …で: fill a glass ~ water コップに水を満たす / load a cart ~ timber 荷車に材木を積む / The road was blocked ~ snow. 道は雪で閉ざされていた / The books were covered ~ dust. 本はほこりにおおわれていた / He's overwhelmed ~ work. 彼は仕事に忙殺されている.

❸ [原因を表わして] …のせいで, …のゆえに, …のために: shiver ~ fear 怖くて震える / His eyes glistened ~ excitement. 彼の目は興奮のためにきらめいた / I was silent ~ shame. 恥ずかしくて言葉もでなかった / She's in bed ~ a cold. 彼女はかぜをひいて寝込んでいる / *W*~ (all) this noise, we cannot sleep well. この騒音ではとても安眠できない.

❹ **a** [所持・所有を表わして] …を持って[た], …のある; …を受けている: a vase ~ ears 取っ手のついた花瓶 / a book ~ a red cover 赤い表紙の本 / a woman ~ long hair 長い髪の女 / ⇨ with CHILD, with YOUNG [成句]. **b** [付帯を表わして] 〈人〉の身につけて, …の手元にあって (cf. about [前] 3, on [前] 2): He had no money ~ him. 彼には金の持ち合わせがなかった.

❺ [様態の副詞句を導いて] …を示して, …して《[変換] -ly の形に書き換え可能のものがある》: ~ care 注意して《[変換] carefully と書き換え可能》/ ~ ease やすやすと, 楽々と / ~ courage 勇気を奮って / ~ (great) difficulty (非常に)苦労して, やっと / He played ~ great skill. 彼はすばらしい演技をした / She greeted me ~ a smile. 彼女はほほえみながら私にあいさつした.

❻ **a** [委託を表わして] 〈人〉の手にゆだねられて, …に; 〈もの〉を(ゆだねて): Leave your dog ~ us. お宅の犬は私どもにお預けください / He trusted me ~ the secret. 彼は私にその秘密を打ち明けた. **b** [選択を表わして] 〈人〉にかかって: The choice is [rests] ~ you. 選択は君次第だ.

❼ [付帯状況を表わす句を導いて] …して, …したまま, …しながら《[用法] [代名] の後に前置詞付きの句・副詞・形容詞・分詞などの補足的要素を従える》: He stood ~ his back against the wall. 彼は壁にもたれて立っていた / What a lonely world it would be ~ you away! あなたがいなくなってしまったらどんなに寂しい世の中になるでしょう / Don't speak ~ your mouth full. 口にいっぱい食べ物を入れたまま話をするものではない / He came out in swimming trunks, ~ a towel slung around his neck. 彼は首にタオルを引っかけて水泳パンツ姿で出てきた / *W*~ night coming on, we started for home. 夜になってきたので帰途についた / She sat there, ~ her eyes closed. 彼女は目を閉じてそこに座っていた《[用法] with her eyes… の with が省かれると独立分詞構文になる》.

❽ **a** [しばしば ~ all で; 譲歩を表わして] …がありながら, …にもかかわらず: *W*~ *all* her merits, she was not proud. あれほど美点がありながら彼女は誇らなかった / *W*~ the best of intentions, he made a mess of the job. 誠心誠意やったのに彼はその仕事をしくじった. **b** [除外を表わして] …の点を除けば: These are very similar, ~ one important difference. これらは一つの重要な相違点を除けば実によく似通っている.

whát with…and (whát with)… ⇨ what [副] [成句].

wíth it 《口》 (1) (服装・思想・行動など)時代[流行]の最先端をいって, 最新式で (trendy): He's always trying to be ~ *it*. 彼はいつも時代に遅れまいとしている. (2) (人の話・問題などを)理解していて, わかっていて.

with thát そうして, そこで, そう言って: *W*~ *that*, he went away. そう言って[それと同時に]彼は立ち去った.

〘OE=against〙

with- /wɪð, wɪθ/ [複合語で] 「後方へ」「離れて」「反対に」: *with*draw, *with*hold, *with*stand. 〘↑〙

with·al /wɪðɔ́:l/ 《古》 [副] そのうえ, 同時に. **——** [前] [常に文尾に置いて] =with.

‡**with·draw** /wɪðdrɔ́:, wɪθ-/ [動] (**with·drew** /-drúː/; **with·drawn** /-drɔ́:n/) [他] ❶ 〈…を〉引っこめる; 〈カーテンなどを〉引く; 〈視線を〉そらす: I quickly *withdrew* my hand ***from*** the stove. ストーブからすばやく手を引っ込めた / She *withdrew* her eyes *from* mine. 彼女は私の目から視線をそらした. ❷ 〔…から〕〈人を〉退(ᵒ)かせる; 〈軍隊を〉撤退させる (pull out): ~ one's child *from* (the) school 子供を(その)学校から退かせる / ~ troops *from* an exposed position 軍隊を危険な地点から引き上げる. ❸ **a** 〔場所から〕〈ものを〉引き出す, 取り出す: ~ a document ***from*** one's attaché case アタッシェケースから書類を取り出す. **b** 〔銀行から〕〈金を〉引き出す, 下ろす: ~ one's savings (***from*** the bank) (銀行から)預金を下ろす. ❹ **a** 〈…を〉(与える[提供する]のを)やめる, 〈…を〉取り上げる; 〈…を〉取り戻す; 〈資金などを〉引き上げる; 〈…を〉回収する: ~ (one's) support 支持[支援]を打ち切る / ~ a product ***from*** the market 製品を市場から回収する. **b** 〈申し出・言明・約束などを〉撤回する (retract): ~ a charge 告発を取り消す. **c** 〈訴訟を〉取り下げる. **——** [自] ❶ **a** 〔…から〕〔…へ〕引き下がる, 引っ込む, 退出する: ~ ***from*** a person's presence 人の前から引き下がる / He *withdrew from* public office. 彼は公職から退いた / We *withdrew **to*** the inner room. 我々は奥の部屋へ引き下がった. **b** 〔…から〕撤退する, 撤兵する: ~ ***from*** a fight 戦闘から撤退する. **c** 〔会などから〕脱退する, 退く〔*from*〕. ❷ 〔…に〕引きこもる, 閉じこもる〔*into*〕. ([名] withdrawal) 【類義語】⇨ go.

***with·draw·al** /wɪðdrɔ́:(ə)l, wɪθ-/ [名] [U,C] ❶ やめること; 手[身]を引くこと; 引っ込める[引っ込む]こと. ❷ (預金・出資金などの)払い戻し, 取り戻し, 回収: deposits and ~*s* 預金と払い戻し. ❸ 撤回, 取り消し (retraction). ❹ 撤退, 撤兵. ❺ 退学, 退会. ❻ 引きこもること. ([動]

W

withdráwal sỳmptom 名 〖通例複数形で〗(麻薬の)禁断症状.

‡**with·drawn** /wɪðdrɔ́ːn, wɪθ-/ 動 withdraw の過去分詞. ── 形 内気な, 引っ込みがちな (introverted).

‡**with·drew** /wɪðdrúː, wɪθ-/ 動 withdraw の過去形.

withe /wíθ, wáɪð/ 名 (**-s** /-θs, -ðz/) (まきなどを束ねたり, かごを編んだりする)ヤナギの小枝.

+**with·er** /wíðə | -ðə/ 動 ⓐ ❶〈植物が〉しぼむ, しおれる, 枯れる, しなびる〈*up*〉. ❷〈愛情・希望などが〉弱まる, 衰える〈*away*〉. ── ⓑ ❶ a〈植物を〉しぼませる, しおれさせる; 枯らす〈*up*〉(⇒ withered). b〈…を〉(次第に)衰えさせる, 弱らせる〈*away*〉: Age cannot ~ her. 歳月も彼女の容色を衰えさせることはできない〖★ Shakespeare『アントニーとクレオパトラ』から〗. c〈…を〉傷つける, 〈…に〉害を与える.〈人を〉萎縮(いしゅく)させる, ひるませる;〈人に〉屈辱を感じさせる,〈人を〉はずかしめる.〖ME; WEATHER の変形で, 原義は「天候にさらす」〗

with·ered 形 ❶ しおれた, しぼんだ. ❷〈人・体の一部が〉しわだらけの, ひからびた, しなびた. ❸〈手・足の〉弱った, 萎(いじ)えた.

with·er·ing /-ð(ə)rɪŋ/ 形 ❶ 萎縮(いしゅく)させる, ひるませる: a ~ glance ひるませるような一瞥(べつ). ❷ しぼませる, しおれさせる: a ~ drought 草木を枯らす日照り.

with·ers /wíðəz | -ðəz/ 名 複 鬐甲(きっこう)〖馬などの肩甲骨間の隆起〗.

*with·hold** /wɪθhóʊld, wɪð-/ 動 (**with·held** /-héld/) ❶〈承諾・支払い・権利などを〉与えないでおく, 保留する, 差し控える: ~ consent [payment] 承諾[支払い]を差し控える / They *withheld* the facts *from* the police. 彼らは警察に真相を知らせないでいた / I have nothing to ~ *from* you. 私はあなたに隠さなければならないことは何もありません. ❷ a〈…を〉抑える, 引き止める: ~ one's laughter 笑いをこらえる. b〖~ *oneself*で〗自制する. c〈人などに〉〈…を〉させない〈*from*〉. ❸〈税金などを〉賃金から天引きする〖控除する〗.〖類義語〗⇒ keep.

withhólding tàx 名〖米〗源泉課税.

‡**with·in** /wɪðín/ 前 ❶ 〖時間・距離・範囲など〗…以内で[の], …を越えずに, …の範囲内で (↔ out of); …の内で, 中で, 内部で (↔ outside): ~ a week 1週間以内に / ~ the week この1週間以内に / ~ city limits 市内に[の] / a task well ~ his power(s) 彼の力[力量]で十分できる仕事 / a few minutes [an easy walk] of the office 仕事場から数分の[歩いてすぐ行ける]所に / ~ calling distance 呼べば聞こえる所に / ~ hearing [earshot] of …から聞こえる所に / ~ reach of …から達しうる[手の届くほど近い]所に / ~ sight of …の見える所に / ~ keep limits 制限を守る. ❷ …の内に, …の中に (〖比較〗現在では inside の…が一般的; cf. without 3): ~ and without the castle walls 城壁の内外に / *within* one*self* 心の中で[に]; 自分の中で[に]: find the strength ~ *oneself* to carry on 続けていく勇気を自分の中に見いだす. ── 副 (比較なし) ❶ 内で[に], 中に[で], 内部に[で]: ~ and without 内外に[から], 内にも外にも. ❷ 家の内に, 屋内に: go ~ 内に入る. ❸ 心中に[は]: be pure ~ 心が清らかである. ── 名 Ⓤ〖通例 from ~で〗内, 内部: Seen *from* ~, the cave looked larger. 内部から見ると洞穴はもっと大きく見えた / Her strength comes [is] *from* ~. 彼女の力は内側から来る.

with-it 形〈衣服が〉最新式の, 流行の;〈人が〉しゃれた.

‡**with·out** /wɪðáʊt/ 前 ❶ …なしに, …のない (with: a rose ~ thorns とげのないバラ; 苦しみを伴わない歓楽 / ~ (a) reason 理由[わけ]もなく / He did it ~ difficulty. 彼は難なくそれをやってのけた. b …がなければ: It's impossible to live ~ food. 食物がなければ生きられない〖変換〗…if there is no food と書き換え可能〗 / *W-* my advice, he wouldn't have got the job. 私の忠告がなかったら, 彼はその仕事を得られなかっただろう〖変換〗If it had not been for [But for] my advice, … と書き換え可能〗. ❷〖主に動名詞を伴って〗…せずに;…することなく:

He went away ~ *say*ing goodbye. 彼はあいさつもせずに立ち去った / I passed by ~ his *see*ing me. 私はそばを通ったが彼に見られずにすんだ / They never meet ~ quarrel*ing*. 彼らは会えば必ず口論する / Not a week passed ~ her writ*ing* to us. 1週間をおくことなしに彼女は必ず私たちに便りをくれた (1週間も便りをくれないことは決してなかった) / They sat for a few minutes, ~ a single word being spoken. ひと言ものを言わずに数分間座っていた. ❸ …の外に[で] (cf. within 2)〖比較〗現在では outside が一般的). ── / -′ / 副 (比較なし) ❶〖文脈上明白な場合に〗〖口〗なしに〖用法〗前置詞の目的語が省略された形〗: If there's no sugar, we'll have to do ~. 砂糖がないのなら, なしで済ませなければなるまい. ❷〖文・古〗外は[に]. ── / -′ / 名 Ⓤ〖通例 from ~で〗〖文〗外, 外部: as seen *from* ~ 外から見れば / help *from* ~ 外部からの援助. ── 接〖米方〗…でなければ.

with-prófits 形〖英〗〖保険の〗利益配当付きの.

+**with·stand** /wɪθstǽnd, wɪð-/ 動 他 (**with·stood** /-stúd/) ❶〈人・力・困難などに〉抵抗する, 逆らう (stand up to);〈…に〉我慢する: ~ temptation [hardships] 誘惑[苦難]に負けない / ~ an attack 攻撃に抵抗する. ❷〈ものが〉摩擦・酷使などに耐える: This material ~*s* hard wear. この生地は酷使に耐える. ── ⓐ 抵抗する, 反抗する.〖類義語〗⇒ oppose.

with·y /wíði/ 名〖英〗=withe.

wit·less 形 ❶ 知恵[思慮]のない, 無分別な, 愚かな (mindless). ❷ 気の狂った. ──**·ly** 副 ──**·ness** 名

wit·loof /wítlouf, -luːf/ 名 Ⓤ〖植〗ウィットルーフ〖軟白栽培をしたチコリー (chicory)(の葉); サラダ用〗.

*wit·ness** /wítnɪs/ 名 ❶ 目撃者: ⇒ eyewitness / He's the only ~ *of* [*to*] the accident. 彼はその事故の唯一の目撃者だ. ❷ Ⓒ Ⓤ (法廷に立つ)証人, 参考人: a ~ *against* [*for*] a person 人に不利[有利]な証人. ❸ Ⓒ 文書・契約・結婚などの連署人, 立会人: a ~ *to* a will 遺言書の連署人. ❹ Ⓤ Ⓒ 証拠, 証言; 証明, 立証: give ~ *on* behalf *of* … …のために証言する / The empty cupboards stand ~ *to* his poverty. 食器棚がからっぽなことで彼が貧しいことがわかる / He's a living ~ *to* my innocence. 彼は私が潔白であることの生き証人だ / bear ~ *to* [*of*] …の証言をする; …の証拠[証明]となる (testify): I can bear ~ *to* having seen it. 私はそれを見たことを証言できる / His fingerprints bore ~ *to* his guilt. 彼の指紋が有罪の証拠となった. cáll …to wítness …に証言してもらう, …を証人とする.

── 動 他 ❶〈…を〉目撃する, 見る: Many people ~*ed* the accident. その事故を目撃した者が多かった. ❷ 証人として〈…に〉署名する: Two servants ~*ed* Mr. Clark's will. 二人の召し使いがクラーク氏の遺言書に証人として署名した. ❸〈事が…〉を示す, 〈…の〉証拠となる. ❹〈時代・場所などが〉物事を経験する (see). ── ⓐ ❶ a〈人が〉(証拠をあげて)〈…に〉有利[不利]に証言する: ~ *against* [*for*] an accused person 被告に不利[有利]な証言をする. b〈人が〉〈…の〉証言をする: ~ *to* a person's good conduct 人の善行の証言をする / He ~*ed to* having seen the accident. 彼はその事故を見たと証言した. ❷〈事が〉…を証明する;〈…の〉証拠となる: These acts ~ *to* his essential goodness. これらの行為は彼が本質的に善良であることを物語っている.〖OE=知っていること; WIT²+-NESS〗

witness bòx 名〖英〗=witness stand.

wítness stànd 名〖米〗(法廷の)証人席〖英〗witness box).

wit·ted /wítɪd/ 形〖通例複合語をなして〗(…の)知恵[才]のある: slow-*witted* 鈍才の / quick-*witted* 頭の鋭い.

wit·ter /wítə | -tə/ 動 ⓐ〖英口〗くだらないことを長々と話す〈*on*〉(prattle).

Witt·gen·stein /vítgənʃtàɪn, -stàɪn/, **Lud·wig** (**Jo·sef Jo·hann**) /lúːdvɪk (jóʊzəf jouhán)/ 名 ウィトゲンシュタイン (1889–1951; オーストリア生まれの英国の哲学者).

wit·ti·cism /wítəsɪzm/ 名 名言, 当意即妙の言 (quip).

wit·ting /wítɪŋ/ 形 知っていながらの, 意識しての; 故意の (↔ unwitting).

wít·ting·ly 副 [通例否定文に用いて] 知っていながら, 故意に, わざと (↔ unwittingly).

***wit·ty** /wíti/ 形 (**wit·ti·er**; **wit·ti·est**) ❶ 機知に富んだ. ❷ 気のきいた, しゃれのうまい. **wít·ti·ly** /-ṭəli/ 副 **-ti·ness** 名 (名 wit¹)【類義語】⇨ humorous.

Wit·wa·ters·rand /wítwɔː|tərzrænd | wítwɔː|taz-/ 名 ウィトウォーターズラント《南アフリカ共和国東北部の Johannesburg を中心とする高地; 世界最大の産金地帯; the Rand とも呼ばれる》.

wi·vern /wáɪvə(ː)n | -və(ː)n/ 名 =wyvern.

‡wives /wáɪvz/ 名 wife の複数形.

wiz /wíz/ 名 =wizard 2.

†wiz·ard /wízəd | -zəd/ 名 ❶ (男の)魔法使い (既較 女の魔法使いは witch). ❷ 〔口〕名人, 天才: a ~ **at** chess チェスの名人. — 形 ❶ 魔法の. ❷ 〔英⟩すばらしい, すごい. 《ME=wise man 〈WISE¹+-ARD〉》

wiz·ard·ly /wízədli | -zəd-/ 形 魔法使いの(ような), 不思議な; すばらしい.

wiz·ard·ry /wízədri | -zə-/ 名 ⓤ ❶ 魔法, 魔術. ❷ すばらしい能力, 妙技.

wiz·en /wízn/ 形 =wizened.

wiz·ened /wízn(ə)d/ 形 ❶〈果物など〉しなびた: a ~ apple しなびたリンゴ. ❷〈人・顔など〉しわだらけの.

wk. (略) week. **wkly** (略) weekly. **wks.** (略) weeks. **WL** (略) wavelength. **WLTM** (略) would like to meet お知り合いになりたい, ...募集《交際相手募集広告の用語》. **Wm.** (略) William.

WMO /dábljuːèmóʊ/ (略) World Meteorological Organization (国連)世界気象機関.

WNW (略) west-northwest.

wo /wóʊ/ 間 =whoa.

WO (略) War Office; Warrant Officer.

w/o (略) without.

woad /wóʊd/ 名 ⓤ 〔植〕ホソバタイセイ, マタイセイ《ヨーロッパ・南西アジア産; この葉から採る青色染料を昔入れ墨に用いた》.

†wob·ble /wɑ́bl | wɔ́bl/ 動 ❶ **a** 〈いす・テーブルなどが〉ぐらぐらする: This chair ~s. このいすはぐらつく. **b** [副詞(句)を伴って] よろよろ歩く[進む]. ❷〈人〉政策・気持ちなどが動揺する. **b**〈人が〉政策・気持ちなどでぐらぐら, 動揺する: I ~d **in** my opinions. どちらとも意見を決めかねた. ❸〈声・音が〉震える. — 〔…をぐらぐらさせる, 揺らす. ❷ [通例単数形で] よろめき, ぐらつき, 揺れ. ❷ (政策・気持ちなどの)動揺. 《G》

wób·bler 名 ❶ よろよろする[人]. ❷ (考え・主義の)動揺する[ぐらつく]人. ❸〔英口〕かんしゃく.

wób·bling 形 ぐらつく; ぐらぐらさせる.

wob·bly /wɑ́bli | wɔ́b-/ 形 (**wob·bli·er**, **wob·bli·est**) ❶ ぐらぐらする; ふらふら, ふらふらする: a ~ chair ぐらぐらするいす / I feel a bit ~ on my legs. ちょっと足もとがふらふらする. ❷〈人・行動・状態など〉不安定な, 不安な, 危なっかしい (shaky): My finances are rather ~. 私は懐具合がちょっと不安だ. ❸ 声の調子がはずれの. ❹ 〔線か波状の, うねっている. ❺〈人〉の成句で. **thrów a wóbbly** 〔英口〕急に怒り出す, かんしゃくを起こす; 混乱する, 狼狽(③)動転する. **wób·bli·ness** 名 〔動 wobble〕

Wob·bly /wɑ́bli | wɔ́b-/ 名 〔口〕世界産業労働者組合 (IWW) (1905-20) の組合員.

Wo·den /wóʊdn/ 名 ウォーダン《ゲルマン神話の主神; 北欧神話の Odin に当たる; ★ Wednesday はこの神の名から》.

wodge /wɑ́dʒ | wɔ́dʒ/ 名 〔英口〕大きな塊《of.》《WEDGE の変形》

†woe /wóʊ/ 名〔文〕❶ ⓤ 悲哀, 悲痛, 悩み, 苦悩: a tale of ~ 悲しい身の上話, 泣き言 / ⇨ in WEAL¹ and [or] woe. ❷ ⓒ [通例複数形で] 災難, 災い, 悲痛な事柄: She told him all her ~s. 彼女は彼の身の不幸を一部始終語った. **Wóe betíde**...! 〔…に災いあれ! **Wóe is mé!** ああ悲しいかな 〈用法〉現在では通例〔戯言〕

woe·be·gone /wóʊbɪɡɔ̀ːn | -ɡɔ̀n/ 形 悲しみに沈んだ, 憂いに満ちた.

†woe·ful /wóʊf(ə)l/ 形 ❶ 悲惨な, いたましい; 悲しい. ❷

---

woman

〈無知など〉嘆かわしい, ひどい (deplorable).

wóe·ful·ly /-fəli/ 副 嘆かわしいほどに, ひどく: He's ~ inadequate for the job. 彼はその仕事にはまるっきり不向きである.

wog /wɑ́ɡ | wɔ́ɡ/ 名《英俗・軽蔑》色の浅黒い外国人, アラブ人.

wog·gle /wɑ́ɡl | wɔ́ɡl/ 名 ウォグル《ボーイスカウトで使う, ネッカチーフ留めの環》.

wok /wɑ́k | wɔ́k/ 名 中華なべ. 《Chin》

***woke** /wóʊk/ 動 wake¹ の過去形・過去分詞.

***wo·ken** /wóʊkən/ 動 wake¹ の過去分詞.

wold /wóʊld/ 名 ❶ ⓒ (不毛な)山地, 高原. ❷ [Wolds, 通例イングランドの地名に用いて] 高原地方: ⇨ Cotswolds.

†wolf /wʊ́lf/ 名 (@ **wolves** /wʊ́lvz/) ❶〔動〕オオカミ: ⇨ lone wolf. ❷〔オオカミのように〕強欲〔食欲〕な人. ❸〔口〕女を誘惑する男, 女たらし, 色魔, 「おおかみ」. ❹〔楽〕弦楽器の耳ざわりな音. **a wólf in shéep's clóthing** 偽善者《温順を装った危険人物; ★聖書「マタイ伝」から》. **crý wólf** 人騒がせをうそでつく, 虚報を伝える《西暦》イソップ (Aesop) 物語にある「オオカミが来た」と叫んで人をだました少年の話から》: cry ~ once too often (人騒がせなうそばかりついていたので) 本当のことを言っても信じられなくなる. **háve [hóld] a wólf by the éars** 危なっかしい立場に立つ, 難局に直面する. **kéep the wólf from the dóor** 飢えをしのぐ, やっと食べていく, 一家を飢餓から守る. **thrów a pérson to the wólves**〈人を見殺しにする. — 動 他 がつがつ食べる (gobble); ~ (*down*) one's food 食物をがつがつ食う. 《OE》形 wolfish; 関形 lupine²)

wólf cùb 名 ❶ オオカミの子. ❷〔英〕(Boy Scouts の)幼年部員 (8-11 歳; Cub Scout の旧称).

Wolfe /wʊ́lf/, **Thomas** ウルフ (1900-38; 米国の小説家).

wólf·fish 名〔魚〕オオカミウオ.

wólf·hound 名 ウルフハウンド《昔オオカミ狩りに用いられた猟犬; borzoi など》.

wólf·ish /-fɪʃ/ 形 オオカミのような; 貪欲(3)な; 残忍な: a ~ snarl オオカミのようなうなる声 / ~ cruelty 凶暴な残忍性. **~·ly** 副 (名 wolf)

wol·fram /wʊ́lfrəm/ 名 ⓤ 〔化〕ウォルフラム 《tungsten の別称; 記号 W》.

wol·fram·ite /wʊ́lfrəmàɪt/ 名 ⓤ 〔鉱〕鉄マンガン重石《タングステン原鉱》.

wolfs·bane /wʊ́lfsbèɪn/ 名 ⓒ 〔植〕トリカブト, レイジンソウ《有毒》.

wólf·skin 名 ⓤ オオカミの毛皮.

wólf spìder 名〔動〕コモリグモ《巣を張らず地上をはう》.

wólf whìstle 名 《魅力的な女性を見た時に男性が吹く》高音から下降音に吹く口笛. **wólf-whìstle** 動.

wol·las·ton·ite /wʊ́ləstənàɪt/ 名 ⓤ 〔鉱〕珪灰石.

Woll·stone·craft /wʊ́lstənkræft | -krɑːft/, **Mary** 名 ウルストンクラフト (1759-97; 英国の著述家; フェミニズムの先駆者とされる).

wol·ver·ine /wʊ́lvəriːn/ 名 ❶ ⓒ 〔動〕クズリ《北米・ユーラシアの周極地方にすむイタチ科の動物》. ❷ ⓤ クズリの毛皮. 《WOLF+-INE; その獰猛(③)な性質から》

Wólverine Stàte 名 [the ~] クズリ州《米国 Michigan 州の俗称》.

***wolves** /wʊ́lvz/ 名 wolf の複数形.

†wom·an /wʊ́mən/ 名 (@ **wom·en** /wímɪn/) ❶ ⓒ (成人した)女性, 女, 婦人 (↔ man): a young [fine] ~ 若い[立派な]女性 / a single [married, middle-aged] ~ 独身[既婚, 中年]女性 / our publicity ~ わが社の広報担当の女性 / She's an outdoors ~. アウトドア派の女性だ / a ~ of great beauty たいへんな美人 / a ~ of the world 世慣れした女性 / Who is the ~ in the black hat? 黒い帽子をかぶった女性は誰ですか / That ~ is the (very) person for the job. 実の女性はまさに)その仕事の適任者だ / Women and children first! 女性と子供が先だ《火事や船の沈没などの際に発する指示; ★ children and

women の順にはしない) / a *women's* magazine 女性誌 / ⇒ woman's rights. ❷ [無冠詞; 総称的に] 女性, 女(というもの): Is ~ more intuitive than man? (=Are *women* more intuitive than *men*?) 女は男より直感的か(★ この用法は文語的で, 一般には women や a woman または womankind などを用いる). ❸ ⓒ [または無冠詞] 女らしい女性; [the ~] 女らしさ, 女の感情: She's a real ~! 女の中の女だ / The kitten brought out the ~ in me. 子猫に私は女性の感情を呼び覚まされた. ❹ a ⓒ (時に軽蔑) 妻; 愛人, ガールフレンド: the little ~ 女房(★ 自分は妻よりも偉いという気持ちがある) / Every time I see him, he has a new ~. 会う度に新しい女を連れている. b [怒った時など妻なども呼びかけに用いて] (古) Come here, ~、おい, こっちへ来い. ❺ ⓒ お手伝いさん, 家政婦. **be one's ówn wóman** ⇒ own 形 成句. **bórn of wóman** 女から生まれた, 人間として生まれた(★ 聖書(ヨブ記)から). **màke an hónest wóman of ...** ⇒ honest 成句. **wóman of the bédchamber** (英) 女王[王女]付き女官(lady of the bedchamber の下位).
── 形 女の, 女性の(用法) (1) 本来同格的複合語をなす名詞であるため, 複数の場合 women を用いる; (2) この用法では lady より女性的, 特に性を明記する必要がない場合は使わない方がよい): a ~ doctor [複 *women* doctors] 女医 / a ~ driver [複 *women* drivers] 女性運転手[者] / a ~ student [複 *women* students] 女子学生. 〖OE *wifmann, wimman* wife-man (=female-person); cf. wife〗 [形 womanly; 関形 female, feminine] 〖類義語〗⇒ lady.

-wom·an /wùmən/ (履 **-wom·en** /wìmɪn/ [名詞連形] ❶「...国女性」「...に住む女性」: English*woman*. ❷「職業・身分」... を示す(cf. -man): police*woman*.

wóman·hòod 名 ⓤ ❶ 女であること; 女かたぎ; 女らしさ: May has grown to [has reached] ~. メイも一人前の女になった. ❷ 女性 (全体).

wóm·an·ish /-nɪʃ/ 形 ❶ 女らしい. ❷ (軽蔑) (男が)女のような, めめしい, 柔弱の (↔ mannish). 〖類義語〗 female.

wóm·an·ism /-nìzm/ 名 ウーマニズム (feminism の言い換え; 従来の feminism が白人女性中心の偏狭なものであったという考えに基づく用語). **wóm·an·ist** /-nɪst/ 名

wom·an·ize /wúmənàɪz/ 動 女遊びをする, 女たらしである. **wóm·an·iz·ing** 名 ⓤ

wóm·an·iz·er 名 女たらし.

wóman·kìnd 名 ⓤ 女性 (全体) (↔ mankind).

wóman·lìke 形 女らしい, 女性的な.

wóm·an·ly 形 (wóm·an·li·er; -li·est) (いかにも)女らしい; 女性にふさわしい: ~ modesty 女らしいつつしみ. **wóm·an·li·ness** 名 〖名〗 woman 〖類義語〗⇒ female.

wóman's ríghts 名 履 女性の権利, 女権.

wóman súffrage 名 ⓤ 女性参政権.

wóman-to-wóman 形 女同士の本音の[で].

⁺**womb** /wúːm/ 名 ❶ 解 子宮 (uterus). ❷ ものの発生[成長]する所: in the ~ of time 未来に[将来](現れる, 起こるべき) (★ Shakespeare「オセロ」から). 〖OE; 原義は「腹」〗

wom·bat /wámbæt | wóm-/ 名 動 ウォンバット(オーストラリア産のアナグマに似た有袋類の動物). 〖Austral.〗

‡**wom·en** /wímɪn/ 名 **woman** の複数形.

wómen·fòlk 名 [複数扱い] (用法) womenfolks の形もある; cf. menfolk) ❶ ⓤ 女の人たち, 婦人. ❷ (家族・団体中の)女の連中: the [one's] ~ 一家の女たち, うちの女たち.

wómen·kìnd 名 =womankind.

⁺**wómen's gròup** 名 女性団体.

Wómen's Ínstitute 名 (英) (地方都市などの)婦人会.

wómen's líb 名 ⓤ 女性解放運動, 「ウーマンリブ」. 〖WOMEN'S LIB(ERATION)〗

wómen's líbber 名 =women's liberationist.

⁺**wómen's liberátion** 名 ⓤ 女性解放運動.

wómen's liberátionist 名 ウーマンリブの活動家.

⁺**wómen's mòvement** 名 [the ~] 女性解放運動.

wómen's ríghts 名 履 =woman's rights.

⁺**wómen's róom** 名 女性用[女子]トイレ (★ WOMEN と掲示してあることが多い).

wómen's shélter 名 女性の保護組織 (特に男の暴力からの保護を目的とする).

wómen's stúdies 名 履 女性研究, 女性学.

wom·yn /wímɪn/ 名 =women (★ women のつづりの性差別を避けるため).

‡**won**¹ /wán/ 動 **win** の過去形・過去分詞.

won² /wán | wón/ 名 ウォン (韓国および北朝鮮の通貨単位; 記号 W).

‡**won·der** /wándə | -də/ 名 ❶ ⓤ 驚異, 驚嘆, 驚き (awe): be filled with ~ 驚異の念でいっぱいである, 非常に驚く / in ~ 驚いて, 驚嘆して / look at him in silent [open-mouthed] ~. 驚きのあまりものも言えず[あいた口がふさがらず]に彼を見た. ❷ a ⓒ 驚嘆すべき[不思議な]もの[出来事] (自然界などの)奇観; 奇跡: the Seven *Wonders* of the World 世界の七不思議 (この wonder は「驚異的建造物」の意; ⇒ seven 成句) / a one-day ~ 一日だけ注目を引くだけで翌日には忘れられたもの[こと] / do [work] ~s 奇跡を行なう; 驚くべき成功をする (薬などが)驚くほどよく効く / the ~s of modern science 近代科学の驚異 / The ~ is that he could swim at the age of 90. 驚いたことに彼は 90 歳で泳ぐことができた / *Wonders will never cease.* (口・戯言) 世に驚きの種は尽きないものだ (★ 思っていたことと違う事が起こった時にいう言葉) / A ~ lasts but nine days. (諺) 不思議なことも 9 日しか続かない, 「人のうわさも 75 日」. b [a ~] 驚くべきこと: What a ~! 何たる不思議 / It's a ~ (that) he declined this offer. この申し出を彼が断わったのは不思議だ(用法) この構文ではしばしば that は略される). ❸ ⓒ [単数形で] (口) 何かで秀でている人, 驚嘆すべき人: The child is a ~. あの子は神童だ.

and nó [little, smáll] wónder それもそのはず(不思議でない): You were late, and ~, after last night. 君は遅刻でした, 昨夜の後のことだから無理はない. **a níne dáys' wónder** (世間の注目を集めても)すぐに忘れられてしまう物事[人] (由来) 2 a の末尾にあることわざから). **for a wónder** (まれ) 不思議にも: He came on time *for a* ~. 不思議なことがあるにも, 彼が定刻に来た. **It is nó [Nó] wónder (that)...** は少しも不思議ではない(用法) この構文ではしばしば that は略される): *No* ~ he didn't come. 彼が来なかったのは無理もない. **It is smáll [little] wónder (that)...** はさほど不思議でない(用法) この構文ではしばしば that は省略される; It is を略して Small [Little] wonder... とも言う). **Nó wónder!** なるほど, 道理で.

── 形 A (比較なし) ❶ 驚くべき, 驚異的な; すばらしい: a ~ boy [child] 神童 / a ~ drug 特効薬. ❷ 魔法の, 魔力のある.

── 動 ❶ (...を)不思議に思う, いぶかる; 驚く (★ 受身可): That set me ~*ing*. それで私は不思議の念にかられた / I ~ *at* you [your impudence]. 君[君の厚かましさ]にはあきれるよ / Can you ~ *at* it? =It's not to be ~*ed at*. それは不思議でも何でもない / I don't ~ *at* his jump*ing* at the offer. 彼がその申し出にとびついたのも不思議ではない. ❷ a (...を)怪しむ, 疑わしいと思う, いぶかる: That remark made me ~ *about* his innocence. 彼のその言葉を聞いて彼が潔白かどうか疑問をもった. b [通例進行形で用いて] (...について)思案する; 知りたいと思う: I'm ~*ing about* going to a movie. 映画に行こうかどうしようかと思案しているところだ (比較「映画を見に行こうかなと思っている」は I'm thinking about going to a movie.) / "Has he passed the exam?" "I was just ~*ing* (*about* that)." 「彼は試験に通ったかな」「私もちょうど(それを)知りたいと思っていたところだ」

── 動 ❶ a ...かしら[かな](と思う, と好奇心をもつ, と知りたがる): (+*wh*.) I ~ *what* happened. 何が起こったのかな / I ~ *why* he refused. どうして彼は断わったのかな / I ~ *whether* [*if*] I might ask you a question. 質問してもよろしいでしょうか (★ ていねいな依頼) / "Someone left this message for you." "I ~ *who* (it was)."「だれかがあなた

に言づけを置いていきましたよ」「(それは)だれだろう」/ He ~ed how to get there. そこへはどうしたら行けるものかと彼は考えた / I'm just ~ing where to spend the weekend. どこで週末を過ごそうかと考えているところだ. **b** 〈…かと〉疑問に思う: [+嗣] "Who is he?" she ~ed.「彼は一体だれかしら」と彼女は思った[いぶかった]. **c** [I ~ で独立した疑問文の後に追加的に添えて]〔…かしら[かな]〕: How can that be, I ~? 一体どうしてそんなことがありうるのだろうか. ❷ 〈…に〉驚く: [+(*that*)] I ~ (*that*) he didn't get killed. (あんな危険なことをして)よくもまあ彼は死ななかったものだ [用法] (1) この構文では that は普通省略される; (2) that 節を原因・理由の副詞節とみて, で解する人もある; (3) It is ~ed that... の受身の形は用いられない) / I ~ (*that*) you were not hurt more seriously. よくそれだけのけがですんだものですね.
I shòuldn't wónder if... でも驚きはしない: *I shouldn't* ~ *if* he won (the) first prize. 彼が1等賞を取ったとしても不思議ではない [当然だ].
〖OE〗(形 wonderful, wondrous)

‡**won·der·ful** /wʌ́ndəf(ə)l | -də-/ 形 (**more** ~; **most** ~) ❶ すばらしい, すてきな: have a ~ time すばらしい時を過ごす / a ~ person すばらしい人 / How ~! なんとすばらしい. ❷ 不思議な, 驚くべき, 驚嘆すべき: a ~ experience [story] 不思議な経験[物語] / He has a quite ~ memory. 彼の記憶力はまったく大したものだ. (名 wonder)

wón·der·ful·ly /-fəli/ 副 ❶ すてきに, すばらしく. ❷ 不思議に(も), 驚くほど.

wón·der·ing /-dəriŋ, -driŋ/ 形 A 不思議に思う; 不思議そうな: a ~ look 不思議そうな顔つき. (名 wonder)

+**wón·der·lànd** 名 ❶ Ⓤ 不思議の国, おとぎの国: *Alice's Adventures in W-*「不思議の国のアリス」(L. Carroll の童話). ❷ Ⓒ [通例単数形で] (景色などのよい)すばらしい所.

wón·der·ment /-mənt/ 名 ❶ Ⓤ 驚嘆, 驚き, 驚愕(の念): in ~ 驚いて. ❷ Ⓒ 驚くべきもの[事件]. 〖WONDER＋-MENT〗

wónder-strùck, wónder-strìcken 形 驚き[驚異]の念に打たれた, あっけに取られた.

wónder-wòrker 名 奇跡を行なう人.

+**won·drous** /wʌ́ndrəs/ (詩・文) 形 すばらしい. ── 副 [形容詞を修飾して] 驚くほど, 不思議なほど; [比較] 形容詞の場合よりもさらに文語的に): She was ~ beautiful. 彼女は世にもまれな美人だった. (名 wonder)

won·ga /wʌ́ŋɡə/ 名 Ⓤ 《英俗》金, ぜに.

wonk /wáŋk | wɔ́ŋk/ 名 《米俗》ガリ勉(の学生); 仕事人間, 専門ばか, オタク; 政策の些末な点に異常な関心をもつ人.

won·ky /wáŋki | wɔ́ŋk-/ 形 (**won·ki·er; -ki·est**) 《英口》 ❶ 曲がっている, ゆがんだ. ❷ 不安定な, ぐらぐらする, よろよろする: a ~ table ぐらぐらするテーブル. ❸ 信頼できない, あてにならない.

wont /wɔ́ːnt, wánt | wóunt/ 《文》 形 Ⓟ 〈…し〉慣れた, 〈くするを〉常として: as he was ~ *to* say 彼がよく言っていたように. ── 名 [通例単数形で] 習慣: He went to bed early, as was *his* ~. 習慣どおり彼は早く寝た.

‡**won't** /wóun(t)/ will¹ not の短縮形.

wont·ed /wɔ́ːntɪd, wánt- | wóunt-/ 形 慣れた, 例の, いつもの: with his ~ courtesy いつものようにていねいに.

won·ton /wántàn | wɔ̀ntɔ́n/ 名 Ⓤ ワンタン(入りスープ). 〖Chin〗

*****woo** /wúː/ 動 他 ❶ 〈人に〉…をもって〈支持などを〉訴える, 懇願する, せがむ: ~ voters *with* promises of tax reform 税制改革の公約によって有権者に支持を懇願する. ❷ 《古風》〈男が女に〉言い寄る, 求婚する (court). ── **-er** 名

‡**wood** /wúd/ 名 ❶ Ⓤ.Ⓒ 材木, 木材, 木質: a house made of ~ 木造の家 / saw ~ 木をこぎりでひく / Pine is a soft ~. 松は軟材である. ❷ Ⓤ まき: chop [collect] ~ まきを割る [集める]. ❸ Ⓒ [しばしば複数形で] 森(★ 《米》では複数形が一般的; 《英》forest より大きく forest より小さいをいう): The pond is in (the middle of) a ~. その池は森の(真ん)中にある / We went for a walk in the ~(s). 森へ散歩に出かけた / There're few ~s in

that area. その地域に森はほとんどない. ❹ **a** [the ~] (道具などの)木の部分, 木製部. **b** Ⓒ 《ゴルフ》ウッド (頭が木製のクラブ; cf. iron 2 b); ウッドのショット. **c** Ⓒ 《テニス》(ラケットの木製の)フレーム. 〖解説〗自慢などのあとで, たたりを恐れて手近にある木製品に触れたり, たたいたりすること; 動作を伴わないでこの言葉を発するだけの場合も多い).　**nót sèe the wóod for the trées** 木を見て森を見ない, 小事にとらわれて大局を失う.　**òut of the wóods** [《英》wóod] 困難[危機]を乗り越えて: Don't halloo till you are *out of* the ~(*s*). ⇒ halloo 名.　**táke to the wóods** 《口》森に逃げ込む; 姿をくらます.　**tóuch wóod** 《英》=knock on WOOD 成句. ── 形 A 木製の: a ~ floor 板張りの床. 〖OE=木〗(形 wooden, woody; 関シ ligneous) [類義語] (1) ⇒ timber. (2) ⇒ tree.

Wood /wúd/, **Grant** 名 ウッド (1892-1942; 米国の画家; 中西部の農村の風景を描いた).

wóod álcohol 名 Ⓤ メチルアルコール, 木精.

wóod anèmone 名 《植》ヤブイチゲ.

wood·bine /wúdbaɪn/ 名 Ⓤ 《植》 ❶ スイカズラ; (特に)ニオイニンドウ. ❷ 《米》アメリカヅタ.

wóod-blòck 名 ❶ (床材などにする)木れんが. ❷ =woodcut.

wóod·bòrer 名 ❶ 木材穴あけ機. ❷ 木に穴を作る動物[昆虫].

wóod·càrver 名 木彫師.

wóod·càrving 名 ❶ Ⓤ 木彫り, 木彫. ❷ Ⓒ 木彫物.

wóod·chàt 名 (また **wóodchat shrìke**) 《鳥》ズアカモズ (欧州産).

wood·chuck /wúdtʃʌ̀k/ 名《動》ウッドチャック (groundhog) (リス科の半地下性の動物; 北米産).

wóod·còck 名 ❶ Ⓒ (~, ~s, 《鳥》ヤマシギ (山林の湿地にすむ猟鳥). ❷ Ⓤ ヤマシギの肉.

wóod·cràft 名 Ⓤ 《米》森林[山]の知識, 山林技術 (山林での狩猟・野営・通過・生活法など). ❷ 木彫, 木彫り術.

wóod·cùt 名 ❶ 木版画. ❷ 版木, 木版.

wóod·cùtter 名 ❶ きこり. ❷ 版画家.

wóod·cùtting 名 Ⓤ ❶ 木材伐採. ❷ 木版術.

wóod dùck 名《鳥》アメリカオシ(ドリ).

+**wóod·ed** /-dɪd/ 形 木の多い, 森のある: a ~ hill 森のある丘, 木の茂った丘.

*****wood·en** /wúdn/ 形 (**more** ~; **most** ~) ❶ (比較なし) [通例 A] 木製の, 木の: a ~ house 木造の家. ❷ **a** 〈顔・目つきなど〉活気のない, 無表情な: a ~ face [stare] 無表情な顔[きょとんとした目つき]. **b** 〈人・態度・文体など〉ぎこちない, ごつごつした.

wóod engràver 名 木版師, 木彫師.

wóod engràving 名 ❶ Ⓤ 木彫, 木版術[彫刻]. ❷ Ⓒ 版木. ❸ 木版画.

wóoden·hèad 名 《口》のろま, まぬけ.

wóoden·hèaded 形 《口》愚鈍な; のろまな.　~·**ness** 名

wóoden hórse 名 =Trojan horse 1.

wóod·en·ly 副 ❶ ぎこちなく. ❷ 活気なく, 無表情で.

wóoden spóon 名 ❶ 木のスプーン. ❷ 《英口》最下位賞. 〖2: Cambridge 大学の数学優等試験で末席の人に与えられる木製のスプーンから〗

wóoden·tòp 名 《英俗》 ❶ 制服の警官, おまわりさん. ❷ 近衛師団兵.

wóoden·wàre 名 Ⓤ (台所や食卓の)木製用具.

wóod fìber 名 Ⓤ 木部繊維 (製紙材料).

wóod gràin 名 Ⓤ 木目調の家具.

*****wood·land** /wúdlənd, -lænd/ 名 Ⓤ [また複数形で] 林地, 森林地帯. ── 形 A 林地の, 森の: ~ scenery 森の風景.

woodchuck

wóod·land·er 名 森の住民.
wóod lárk 名〘鳥〙モリヒバリ《欧州・アメリカ産》.
wóod·less 形 樹木[立ち木, 材木]のない.
wóod·lòt 名《米》植林地.
wóod·lòuse 名 (靤 -lice)〘動〙ワラジムシ.
wóod·man /-mən/ 名 (靤 -men /-mən/) ❶ 森の住人. ❷ きこり.
wóod mòuse 名〘動〙モリ(アカ)ネズミ《欧州・アジア産》.
wóod·nòte 名 森の調べ《鳥のさえずりや獣の鳴き声など》.
wóod nýmph 名 森の精.
wóod·pècker 名〘鳥〙キツツキ.
wóod pìgeon 名〘鳥〙モリバト《ユーラシア産》.
wóod·pìle 名 材木[たきぎ]の山.
 a nígger in the wóodpile ⇨ nigger 成句
wóod pùlp 名 Ⓤ 木材パルプ《製紙原料》.
wóod ràt 名 モリネズミ, ウドラット《北米・中米産》.
wóod·ruff /wúdrʌf/ 名〘植〙クルマバソウ.
wóod scrèw 名 木(き)ねじ.
wóod·shèd 名 まき小屋.
wóods·man /wúdzmən/ 名 (靤 -men /-mən/) ❶ 森の住人; 《山林・狩猟など》山のことに明るい人. ❷ きこり.
wóod sòrrel 名〘植〙カタバミ.
wóod spírit 名 =wood alcohol.
Wóod·stock /wúdstɑ̀k | -stɔ̀k/ 名 ウッドストック《1969年8月 New York 州南東部の村 Woodstock の近くで開かれたロック音楽祭; 60年代ロックシーンの頂点となるイベント》.
woods·y /wúdzi/ 形 (woods·i·er, -i·est)《米》森林の(ような), 森林を思わせる. 〖WOOD+-SY (-Y³ の変形)〗
wóod tár 名 Ⓤ 木(き)タール《木材の防腐剤》.
wóod thrùsh 名〘鳥〙モリツグミ《北米東部産》.
wóod·tùrning 名 Ⓤ 木工旋盤加工, ろくろ加工. **wóod·tùrner** 名
wóod wárbler 名 ❶〘鳥〙モリムシクイ《欧州産》. ❷ アメリカムシクイ《アメリカ産》.
wóod wásp 名〘昆〙キバチ.
wóod·wind /-wìnd/ 名 Ⓤ ⓒ [通例 the ~; 集合的; 単数または複数扱い] 木管楽器; 《楽団の》木管楽器セクション.
wóod·wòol 名 Ⓤ 木毛(もう)《詰め物用など》.
wóod·wòrk 名 Ⓤ ❶《家などの》木造部分. ❷ a 木工(業). b 木製品. **cóme óut of the wóodwork** 《口》どこからともなく出てくる: When he died a number of distant relatives *came out of the* ~ hoping for a share of the estate. 彼が死ぬと, 遺産の分け前を当てこんで大勢の遠縁の者がどこからともなく現われた.
wóod·wòrker 名 木工細工人, 大工; 木工機械.
wóod·wòrking 名 Ⓤ 木工(業), 大工(仕事).
wóod·wòrm 名 ❶ ⓒ シバンムシの幼虫《建材などを穿孔加害する》. ❷ Ⓤ シバンムシの害.
wood·y /wúdi/ 形 (wood·i·er, -i·est) ❶ 樹木の多い, 森林の多い: a ~ park 樹木の茂った公園. ❷ 木質の: ~ fiber 木質繊維. **wóod·i·ness** 名 《名 wood》
wóod·yàrd 名 木材置き場; 木材工場.
wóody níghtshade 名〘植〙=bittersweet 2 a.
woo·er /wúːə/ 名 求婚者, 求愛者 (suitor).
woof¹ /wúf, wúːf | wúːf/ 名 [the ~]〘織〙横糸 (weft; ↔ warp).
woof² /wúf/ 名 (靤 ~s) 犬の低いウーというなり声. ━━ 間 ウー《犬のうなり声》. 〖擬音語〗
woof·er /wúfə | -fə/ 名 ウーファー《低音専用スピーカー; cf. tweeter》.
woof·ter /wúftə | -tə/, **-tah** /-tɑ́ː/ 名《英俗・軽蔑》ホモ, おかま野郎.
***wool** /wúl/ 名 Ⓤ ❶ 羊毛《用法 ヤギ・ラマ・アルパカなどの毛にもいう》. ❷ 毛糸. ❸ 毛織物, ウール, ラシャ; 毛織りの服: wear ~ 毛織物を着る. ❹ a [複合語で] 羊毛状のの: ~ cotton wool, mineral wool, steel wool. b《毛皮獣の》むく毛. c《植物・毛虫などの》綿毛. **púll the wóol òver** a person's **éyes** 人の目をくらます, 人をだます: You can't *pull the* ~ *over* my *eyes*. 私をだまそうたって

だめだ. ━━ 形 毛織り(物)の, ウールの: a ~ suit 毛織り服. 〖OE〗《形 woolen, woolly》
+wool·en /wúlən/ 形《比較なし》❶ 羊毛の; 羊毛製の, 毛織りの: ~ cloth ラシャ / ~ socks ウールの靴下. ❷ 毛織物を扱う, 毛織物の: ~ merchants 毛織物商人. ━━ 名 [複数形で] ❶ 毛織りの衣類. ❷ 毛織物 (生地). 《名 wool》
Woolf /wúlf/, **Virginia** 名 ウルフ《1882-1941; 英国の小説家》.
wóol fàt 名 Ⓤ 羊毛脂.
wóol·gàther 動 圓 とりとめのない空想[もの思い]にふける
wóol·gàther·ing 名 Ⓤ 放心; とりとめのない空想.
wóol gròwer 名 牧羊業者.
+wool·len /wúlən/ 形 名《英》=woolen.
+wool·ly /wúli/ 形 (wool·li·er; wool·li·est) ❶ 羊毛の, 羊毛質の; 羊毛のような (woolen); 毛をかぶっている, 毛の多い: ~ hair もじゃもじゃの頭髪 / ~ pants ウールのズボン. ❷《議論・説明・思考などが》わけのわからない, ぼんやりした, はっきりしない, 不鮮明な. ━━ 名 [複数形で] 毛織りの衣類; 毛編みの下着. **wóol·li·ness** 名 《名 wool》
wóolly béar 名《大型の》毛がもさもさした虫《ヒトリガの幼虫など》.
wóolly-héaded 形 ❶ もじゃもじゃ頭の. ❷ 頭が混乱している, 考え方がはっきりしない.
wóolly-mínded 形 =woolly-headed 2.
wool·man /wúlmən/ 名 (靤 -men /-mən/) 羊毛業者[商人].
wóol·pàck 名 ❶ 羊毛の1俵 (240 ポンド). ❷ 入道雲.
wóol·sàck 名 ❶ ⓒ 羊毛袋. ❷《英》a ⓒ 羊毛を詰めた座席 《上院議長の席》. b [the ~] 上院議長の職: reach the ~ 上院議長になる.
wóol·shèd 名 羊毛刈り取り・梱包作業場.
wóol sòrter's diséase 名〘医〙肺脾脱疽(だっそ).
wóol stàpler 名 羊毛商人, 羊毛仲買人《原毛を買い選別のうえ加工業者に売る》.
wóol wòrk 名 Ⓤ 毛糸細工[刺繡].
Wool·worth /wúlwə(ː)θ | -wə(ː)θ/ 名 ウルワース《カナダ・英国などにある雑貨店チェーン; F.W. Woolworth (1852-1919) が設立した》.
+wool·y /wúli/ 形 名 =woolly.
woosh /wúːʃ, wúʃ/ 名 =whoosh.
wooz·y /wúːzi/ 形 (wooz·i·er; -i·est)《口》❶《酒などのために》頭のぼんやりした, ふらふらする; 酔っぱらった. ❷《米》《乗り物などに酔って》気分の悪い.
wop /wɑ́p | wɔ́p/ 名《俗・軽蔑》ラテン系の人; (特に)イタリア人. 〖It = 大胆な, 派手な〗
Worces·ter /wústə | -tə/ 名 ウスター《イングランド西部の都市; Worcestershire の行政の中心》.
Wórcester sàuce 名 =Worcestershire sauce.
Worces·ter·shire /wústəʃə | -tə ʃə/ 名 ウスターシャー州《イングランド南西部の州; 旧 Hereford and Worcester 州の一部》.
Wórcestershire sàuce 名 Ⓤ ウスターソース《最初 Worcester でつくられた》.
***word** /wə́ːd | wə́ːd/ 名 ❶ ⓒ 語, 単語: an English ~ 英単語 / an archaic [obsolete] ~ 古[廃]語 / a loan ~ 借用語 / a short [long] ~ 短い[長い]単語 / I don't believe a ~ of it. その話はひと言も信じない. ❷ a [しばしば複数形で] 《口で言う》**言葉**; 話, 談話: a man of few [many] ~s 言葉数の少ない[多い]男, 無口[おしゃべり]な男 / big ~s ほら, 大言壮語 / bitter ~s 激しい言葉, 恨みつらみ / burning ~s 烈烈な言葉 / without a ~ ひと言も言わないで / put...into ~s ...を言葉で言い表わす / give ~s to... を表現する / give a person a ~ of advice 人にひと言忠告を与える / have no ~s for ...を表現する適切な言葉がない / put in a ~ for ... / Let me have a ~ with you. ちょっと(ひと言)お話したいことがあるのですが / Mr. Brown will now say a few ~s. ブラウンさんがひと言ごあいさつ(申し上げ)ます / I won't waste any more ~s on him [it]. 彼[それ]をこれ以上論じるつもりはない / A ~ (is enough) to the wise.《諺》賢者はひと言にして足る, (その)後言うな, 「言わぬが花」 / *Words* without *actions* are

of little use. 実行の伴わない言葉は役に立たない / *Words failed me.* 私は(あきれて[ショックや怒りで])言葉が出なかった. **b** [C] [しばしば複数形で] 《...*to do*》 have a ~ *to say* ひとこと言いたいことがある / *I haven't ~s enough to thank you (with).* 何ともお礼の申し上げようもありません. **c** [複数形で] 話, 談話: [~ *to*] have ~ **s** with a person 人と口論する. ❸ [U] [通例無冠詞で]知らせ, 便り, 消息; 伝言: bring ~ 消息を伝える / send ~ 伝言する / *Please send me ~ of your new life in Brazil.* ブラジルでの新生活のお便りをください / 〔+*that*〕*W~ came that the party had got to their destination.* 一行が目的地に到着したという知らせが来た. ❹ **a** [one's ~] 約束, 誓言, 言質(ポ): give [pledge] one's ~ 約束する / keep [break] one's ~ 約束を守る[破る] / one's ~ of honor 名誉にかけた約束[言明] / a man [woman] of his [her] ~ 約束を守る人 / *I give you my ~ for it.* それは私が保証します / 〔+*that*〕*He gave me his ~ that he would never do it again.* 彼は二度とそれをしないという約束を私にした. **b** [the ~] 合言葉; 標語, モットー. [C] [通例単数形で; one's ~, the ~] 指図, 命令; 言葉による合図: His ~ was law. 彼の命令はすべて法律であった(彼の命令は絶対的だった) / *Run when I give (you) the ~.* 私が命令[合図]したら走れ / 〔+*to do*〕*He gave the ~ to fire.* 彼は発砲の命令を下した. ❺ **a** (曲に対して)歌詞 (lyrics): music and ~s by John Lennon 作詞作曲ジョン・レノン. **b** (芝居の)せりふ, 台詞. ❼ [the W~] 神の言葉; 聖書, 福音; キリスト: the W~ of God =God's W~ みことば, 福音; キリスト / preach the W~ 福音を伝える.

a pláy on [upòn] wórds ⇒ play 图 A 2.
at a [óne] wórd (依頼すると)言下に, すぐに.
be as góod as [bétter than] one's wórd 約束を果たす, 言行が一致する.
be nòt the wórd for it 当を得た言葉ではない: *Hot isn't the ~ for it. It's scorching.* 暑いどころじゃない, 焼けつきそうだ.
by wórd of móuth (文書でなく)口頭で, 口伝えで, 口コミで.
éat one's wórds (やむをえず)前言を取り消す《 比較「食言する」ではない》.
exchánge (ángry) wórds 言い争いをする, 口げんかする《*with*》.
from the wórd gó ⇒ go 图 成句.
háng on a person's wórds =háng on the wórds of a person 人の話に熱心に聞き入る.
hàve a wórd in a person's éar (英) 人に耳打ちする, こっそり話す: (*Could I have*) *a ~ in your ear?* そっとお耳に入れたいのですが.
in a [óne] wórd ひと言で言えば, 要するに (in short).
in óther wòrds 言い換えれば, 換言すれば.
in pláin wòrds 率直に言えば.
in sò mány wòrds [しばしば否定文で] そのとおりの言葉で, はっきりと, 露骨に: *She didn't say it in so many ~s.* 彼女ははっきりそうは言わなかった(が).
in wórd and déed 言行ともに.
in wórds of óne sýllable むずかしい言葉を使わずに[わかりやすく]言う.
Múm's the wórd! ⇒ mum[1] 图 成句.
My wórd! 《古風》これは驚いた! これはあきれた!《驚き・いらだちを表わす》.
nót gèt a wórd ín édgewise ⇒ edgewise 成句.
nót hàve a góod wórd to sày for... 《口》…を決してほめない[けなしてばかりだ].
nót mínce one's wórds ⇒ mince 成句.
pùt in a góod wórd for a person 人のために口添えをする; 人を弁護する: *Put in a good ~ for me with the boss, will you?* (私のために)ボスに口添えをしてくれないか.
pùt wórds ínto a person's móuth (1) 人が言いもしないことを言ったとし, 人の言葉を曲解する. (2) (自分の言葉でしゃべらせず)人にせりふを押しつける[吹き込む], (口を出して)人の話を誘導する[勝手に代弁する].
sáy a góod wórd for a person =put in a good WORD for a person 成句.
sáy the wórd [通例命令法で] (1) (そうしろと)命令する: *If there's anything I can do to help, just say the ~.* 私にできるお手伝いがあったら, どうか言いつけてください. (2) そうだと言う: *If you're tired, say the ~.* もし疲れたらそう言いなさい.
Shárp's the wórd! ⇒ sharp 形 成句.
tàke a person at his wórd 〈人の〉言うとおりを信じる, 言葉どおりに取る.
tàke the wórds òut of a person's móuth 人の言おうとしていることを先に言う, 人の話を横取りする.
tàke a person's wórd for it 人の言葉を信用する.
tóo...for wórds あまり…すぎて言葉で言い尽くせない: *The lake is too beautiful for ~s.* その湖はあまり美しくて言葉で言い表わせない.
Upòn my wórd! =My WORD! 成句.
wáste wórds むだに言葉を費やす[話す].
Wórd! 《俗》(相手に理解・同意を示して)そうだ, うん, まったくだ, 言えてる.
wórd by wórd 一語一語, 逐語的に.
wórd for wórd (1) 一語一語, 逐語的に: *translate ~ for ~* 逐語訳をする. (2) 言ったとおりに, 同じ言葉で (verbatim).

—— 動 他 [通例副詞を伴って]《...を》言葉で(...に)言い表わす: ~ a document carefully 文書の言葉づかいを慎重にする / a well-*worded* letter 言い回しのうまい手紙.
《OE; 原義は「しゃべられたこと」》(形 wordy; 関련 verbal, lexical)

wórd·age /wə́ːdɪdʒ | wəːd-/ 图 [U] ❶ 言葉. ❷ 語数. ❸ 冗長. ❹ 語の選択, 語法.
wórd associàtion 图 [U] 〖心〗語連想《語を刺激とする連想[連合]》.
wórd blìndness 图 失語症.
wórd·bòok 图 単語集; 辞書.
wórd·brèak 图 〖印〗(行末における)単語の分割[分綴]点, 分節箇所.
wórd clàss 〖文法〗語類, 品詞 (part of speech).
wórd déafness 图 [U] 〖医〗言語聾(ウ)《皮質性感覚失語症》.
wórd divísion 图 =wordbreak.
wórd-formàtion 图 [U] 〖文法〗語形成; 造語(法).
wórd-for-wórd 形 〈訳の〉逐語的な.
+**wórd·ing** /wə́ːdɪŋ | wə́ːd-/ 图 [単数形で] 言葉づかい; 言い回し, 表現: *Be careful with the ~ of the contract.* 契約書の表現は慎重に.
wórd·less 形 ❶ 無言の, 黙っている (silent). ❷ [A] 言葉にならない, 表現されない: ~ *shame* 口では言えない恥辱. **~·ly** 副 **~·ness** 图
wórd-of-móuth 形 [A] 口頭の, 口伝えの, 口コミの.
wórd órder 图 [U] 〖文法〗語順, 配語法.
wórd pàinting 图 [U] 生き生きした(言葉での)描写.
wórd-pérfect 形 《英》〈俳優・講演者などが〉せりふ[文章]を完全に暗記している(《米》letter-perfect).
wórd pìcture 图 生き生きした描写の文章.
wórd·plày 图 [U] ❶ 言葉の軽妙なやりとり: engage in ~ しゃれの応酬[やりとり]をする. ❷ しゃれ, 地口 (pun).
+**wórd pròcessing** 图 [U] ワードプロセシング《ワープロを使って各種の文書を作成編集すること; 略 WP》.
wórd pròcessor 图 ワードプロセッサー, ワープロ《文書作成用のソフトウェア, またはその専用機; 略 WP》.
wórd sálad 图 [U] 言葉のサラダ《分裂症患者などにみられる極端に一貫性を欠く言葉》.
wórd·smìth 图 言葉のプロ, 文章家.
wórd squáre 图 (横に読んでも縦に読んでも同じになる)正方形の語の配列, 語遊べ.
Wórds·worth /wə́ːdzwə(ː)θ | wə́ːdzwə(ː)θ/, **William** 图 ワーズワース (1770-1850; 英国の自然派詩人; 桂冠(ホッ)詩人).
wórd wràp 图 [U] (ワープロの)ワードラップ(機能)《単語が2行にまたがるときは, その先頭から次行に送る機能》.

word·y /wə́ːdi | wə́ː-/ 形 (**word·i·er**; **-i·est**) ❶ 言葉数[口数]の多い,冗漫な: a ~ style 冗漫な文体. ❷ 言葉(で)の,言論の. **wórd·i·ly** /-dəli/ 副 **-i·ness** 名 (▶ word)

‡**wore** /wɔ́ːr | wɔ́ː/ 動 ❶ wear¹ の過去形. ❷ wear² の過去形・過去分詞.

‡**work** /wə́ːrk | wə́ːk/ 名 A U ❶ (ある目的をもって努力して行なう)**仕事**,労働,作業,任務;努力,勉強,研究 (↔ play): easy [hard] ~ 楽な[つらい]仕事 / time-consuming ~ 時間[手間]のかかる仕事 / the ~ of compiling a telephone directory 電話帳を編集する仕事 / never do a stroke of ~ 仕事のしの字もしない / do good ~ 働きぶり[内容]がよい / a man of all ~ 何でも屋 / All ~ and no play (makes Jack a dull boy). 《諺》勉強ばかりして遊ばないと子供はばかになる《仕事ばかりしている人間はおもしろみのない人になる》 / The trouble with my job is that it's all ~ and no play. 私の職業で困ったことは仕事一本で全然遊ぶ暇がないことだ / It will take a lot of ~ to finish the job. その仕事を終えるにはかなりの努力が必要だろう / Everybody's ~ is nobody's ~. 《諺》みんなの仕事はやり手がない(だれも責任をとらない) / I have a lot of ~ to do this evening. 今晩はやらなければならない仕事がたくさんある.

❷ 〘通例無冠詞で〙 **a** 仕事の口,職,職業 (employment); 商売, 専門: look for ~ 働き口を探す / He wants ~. 彼は仕事を探している / He isn't in regular ~.=He doesn't have regular ~. 彼は定職についていない[定職がない] (前者は「普通とは違った仕事をしている」の意にもなる) / His ~ is car sales. 彼の商売は車の販売だ / I'm looking for ~ in teaching [as a teacher]. 私は教師の職を探しています. **b** 職場, 勤め先, 会社: We can't leave ~ till five. 5 時までは退社できません.

❸ **a** (やっている)**仕事** 《特に針仕事・刺繍(しゅう)など》: Are you through with your ~? 仕事は終わりになった？/ ~ の道具[材料]: Bring your ~ downstairs. (縫い物など)仕事は下へ持ってきなさい.

❹ **a** 細工, 製作: This table is my own ~. このテーブルは私の手作りです. **b** (細工品・工芸品・彫刻などの)製作品〘用法〙個々に数える場合には a piece of ~ を用いる; cf. B 1〙: the ~ of a famous sculptor 有名な彫刻家の作品 / What a fine piece of ~! なんと見事な作品だろう / ⇒ handwork, needlework, stonework.

❺ 〘形容詞に修飾されて〙 (...な)やり方, 行為, 手並み: bloody ~ 殺伐な行為 / sharp ~ 抜けめのないやり方.

❻ 作用, 働き; 仕業: the ~ of a poison 毒の作用 / The brandy has begun to do its ~. ブランデーがきき始めた.

❼ 〘理〙仕事; 仕事量 (cf. erg).

── B ❶ C (芸術などの)**作品**; 著作, 著述 〘用法〙特定の個々の作品をいう場合には a play by Shakespeare, a picture by Picasso のように言うことが多い; cf. A 4 b〙: a literary ~ 文学作品 / a ~ of art (特に, すぐれた)美術品 / a new ~ on modern American literature 現代アメリカ文学に関する新しい著書 / the (complete) ~s of Shakespeare シェイクスピア全集. ❷ 〘複数形で〙(時計などの)**仕掛け, 機械** (mechanism): the ~s of a watch [piano] 時計[ピアノ]の仕掛け / There's something the matter with the ~s. 機械のどこかが故障している. ❸ 〘複数形で〙 **a** 土木工事: road ~s 道路工事 / ⇒ public works. **b** (土木工事による)建造物《橋・堤防・ドック・ダムなど》. **c** 防衛工事, 堡塁(ほうるい). **d** ⇒ works. ❹ 〘複数形で〙〘神学〙よい行ない,善行: mighty ~s of power / ~s of mercy=good ~s 慈善行為 / the ~s of God=God's ~s 自然 / faith and ~s 信と行《宗教における精神面と実行面》. ❺ ~s (the (whole) ~s] (口) 一切 (the lot): I ordered a pizza with the ~s. あらゆるトッピングののったピザを注文した.

àll in a [the] dáy's wórk まったく日常の[普通の,当たり前の,珍しくもない]ことで《★「多少面倒[厄介]だからもう慣れっこだ」の意を含む》.

at wórk (1) 仕事をして, 執務中で; 現役で: He's hard at ~. 彼は精出して働いている / She's at ~ on a new book. 彼女は新しい本を書いている / At seventy she's still at ~. 彼女は 70 歳でもまだ現役で働いている. (2) 仕事に出て; 職場で: My mother is at ~ now. 母は仕事[会社]に行っています. (3) (機械が動いて, 運転中で. (4) 〈影響が〉働いて, 作用して.

gèt dówn to wórk =get to work 〘成句〙 (1).

gét to wórk (1) […の]仕事に取りかかる: Get to ~ on the cooking. 料理を始めなさい. (2) 仕事場[会社]に着く[行く].

gíve a person the wórks (1) 《口》〈人を〉ひどい目にあわす. (2) 〈人に〉全部しゃべる. (3) 《俗》〈人を〉殺す. (4) 〈口〉〈人に〉全部あげる.

gó to wórk (1) 仕事[働き]に行く; 出勤する, 会社に行く. (2) =get to work 〘成句〙 (1).

góod wórk 〘口〙でかした,よくやった.

hàve one's wórk cùt óut (for one) 〘口〙〈人が〉難しい仕事をあてがわれている[かかえている]: We'll have our ~ cut out for us to get this job finished by the weekend. 週末までにこの仕事を終えなければならないとすると大変な仕事をしょい込むことになる.

in the wórks 《米口》計画中で; 準備中で.

in wórk 〘英〙職がある.

màke hárd wórk of...に苦労する.

màke líght wórk of...を楽にやってのける.

màke shórt [quíck] wórk of...を手早く片づける[処分する].

màke wórk for... (1) 〈人に〉仕事を与える. (2) 〈人に〉迷惑をかける.

níce wórk =good work 〘成句〙.

òut of wórk 失業して, 失職して.

pút...to wórk =set...to work 〘成句〙.

sét to wórk 仕事に着手する; 仕事[作業]を始める: set to ~ to build a house 家を建てる仕事に取りかかる / set to ~ on...に着手する, 取りかかる, ...を(やり)始める.

sét...to wórk 〈...に〉仕事を始めさせる: set a person to ~ at something 人に何か仕事をやらせる / They were set to ~ making roads. 彼らは道を造る仕事をさせられた.

the wórk of a móment [sécond] 〘文〙すぐ出来ること.

── 形 A 仕事の(ための): ~ clothes 仕事着, 作業着.

── 動 (~ed, **wrought** /rɔ́ːt/) 〘語形〙 wrought は以下に特記した場合以外は (古) C ❶ **a 働く, 仕事をする; 勉強する, 研究する, 取り組む**: ~ 43 hours a week 週に 43 時間働く / ~ very hard 一生懸命に仕事[勉強]をする / ~ on [away] till late at night 夜遅くまでせっせと働き続ける / She ~s as a nurse. 彼女は看護婦として働いている / He never had to ~ for a living. 彼は食うために働く必要は一度もなかった / She's ~ing on her thesis. 彼女は論文に取り組んでいる / He's ~ing at social reform. 彼は社会改革に携わっている / He's ~ing on a new play. 彼は新しい劇に取り組んでいる / The problem has been ~ed on for three years. その問題に取り組んで 3 年になる / I hate to ~ under her. 彼女の下で働くなんてまっぴらだ. **b** 〘...に〙勤めている, 勤めについている: He ~s at [in] a bank. 彼は銀行に勤めている / She used to ~ for an oil company. 彼女は以前石油会社に勤めていた. **c** […を]めざして努力する: They're ~ing toward settling the dispute. 彼らは紛争解決に向かって努力している / [+to do] We are ~ing to get the journalist freed. 私達はそのジャーナリストが解放されるよう努力している.

❷ 〘しばしば well などの様態の副詞(句)を伴って〙〈器官・機械などが〉動く, 運転する; 〈車輪などが〉[...を軸に回転する〘on〙: My watch doesn't ~. 時計が動かない[故障している] / The copy machine is not ~ing. コピー機は故障している / The hinges will ~ better with a little oil. そのちょうつがいは油少しを差すともっと動くようになるだろう / My brain isn't ~ing well today. きょうはどうも頭がよく働いていない / This machine ~s by compressed air. この機械は圧縮空気で運転する.

❸ 〘しばしば well などの様態の副詞(句)を伴って〙〈計画などが〉**具合よくいく**; 〈薬などが〉(...にききめがある): The plan did not ~ well in practice. その計画は実際にやってみる

とうまくいかなかった / Will your idea ~? 君の考えはうまくいくかな / It ~s. (現に)うまくいっている / It ~s for me. 私はそれでいい / The drug ~s like magic. その薬は不思議なくらいによくきく / This medicine doesn't ~ on me. この薬は私にはきかない.

❹ 〈…を〉材料に細工する; (画家等が)〈…を〉材料に作品を作る [in, with]: ~ in silver 銀で細工をする, 銀細工をする.

❺ a 〈人・感情などに〉働きかける, 影響を与える, 〈…するように〉〈人に〉働きかける (《形》形式ばった表現では worked を wrought とすることがある): Poetry ~s on the mind of the reader. 詩は読者の心に働きかける / The appeal wrought powerfully on him. その懇請は彼の心を大きく動かした / [+on+(代名)+to do] They ~ed on me to vote for him. 彼らは彼に投票するように私に働きかけてきた. b 〈…に〉有利[不利]に働く: This fact may ~ in her favor. このことは彼女に有利に働くかもしれない / The scandal will ~ against him. そのスキャンダルは彼に不利に働くだろう.

❻ a (副詞(句)を伴って)徐々に[努力して]進む, 次第に出る[抜ける]: The roots ~ed down between the stones. 根が次第に石の間に張っていった / The wind soon ~ed (a)round to the north. 風はまもなくだんだんと北に変わってきた[いった] / We ~ed slowly along the shelf of rock. 岩棚を一歩一歩進んだ / My elbow has ~ed through the sleeve. 服のひじが抜けてきた / The ship is ~ing eastward. 船は東へ向かって航行している. b 徐々に[いつのまにか]〈…になる〉: [+補] The window catch has ~ed loose [off]. 窓の留め金がゆるんで[取れて]きた.

❼ 〈顔などが〉激しく[ぴくぴく]動く, ひきつる: Her face ~ with emotion. 彼女の顔はひきつった.

── ⑪ A ❶ a [(very) hard または時間を表わす副詞(句)を伴って]〈人を〉働かせる; 〈人・牛馬などを〉使う: He ~s his men long hours. 彼は使用人を長時間働かせる / Don't ~ your employees too hard. 従業員を酷使しすぎてはいけない. b 〈人・牛馬などを〉働かせて〈…の状態〉にする: [+目+補] He ~ed himself ill. 彼は働きすぎて病気になった / He ~ed himself to death. 彼は働きすぎて死んだ[死ぬほど働いた].

❷ (電力などで)〈機械・装置・体の一部などを〉動かす; 運転する, 操縦する (operate): ~ one's jaws あごを動かす / Do you know how to ~ this machine? この機械の動かし方を知っていますか / This pump is ~ed by hand [electricity]. このポンプは手動[電動]式です.

❸ a 〈農場・事業などを〉経営する: He's ~ing his farm with fair success. 彼は農場の経営にかなり成功している. b 〈セールスマンなどが〉〈一定の区域を〉担当する: This salesman ~s the western states. このセールスマンは西部の諸州を担当している. c 〈土地を〉耕す, 〈鉱山を〉採掘する: ~ the soil 土地を耕す / That coal mine is no longer being ~ed. その炭坑はもう採掘されていない.

❹ a 〈計画などを〉立てる, 考え出す, めぐらす: ~ out a method [way] of driving a tunnel under the sea 海底にトンネルを掘る方法を考え出す. b 〈計算を〉懸命にする, 算出する (calculate); 〈問題・暗号などを〉解く: (out) difficult calculations in one's head 暗算で難しい計算をする ([用法] out を略すのは (米)) / She ~ed out all the problems in algebra. 彼女は代数の問題を全部解いた.

❺ a [通例 ~ oneself または ~ one's way で; 副詞(句)を伴って]進む, 努力して[働いて]進む[得る]: ~ one's way up 次第に上る[出世する] / He ~ed his way through the crowd [through college]. 彼は人込みの中を押し分けていった[苦学して大学を出た] / She ~ed herself into a position of leadership. 彼女は努力して人を指導する地位に上った. b 〈…を〉次第に〈…に〉〈…の状態〉にさせる: [+目+補] ~ a screw loose ねじをゆるめる / He ~ed his hands free from the ropes. 彼は(縛られた)両手を次第にロープから抜き出した / The nail ~ed itself loose. くぎが自然にぬけた.

── B (《形》)過去形・過去分詞に worked のほかにしばしば wrought も用いる) ❶ (《形》過去形・過去分詞は通例 wrought》) a 〈労力を用い〉〈…で〉〈…を〉造る, 細工する; 加工する: ~ a vase (in silver) (銀で)花瓶を作る / ornaments wrought in pure gold 金無垢(むく)の装飾品. b 〈材料を〉〈手を加え〉〈…に〉加工する: ~ iron into a horseshoe 鉄を馬蹄(ひ)に作る. ❷ a 〈粉・粘土などを〉練る, こねる: ~ dough こね粉を練る. b 〈粉・粘土などを〉練って〈…に〉作る: ~ clay into a shape 粘土をこねてある形にする. ❸ a 〈…を〉編んで〈…に〉する: ~ a shawl ショールを編む. b 〈模様などを〉〈…に〉縫いつける, 刺繍(ししゅう)する [on]; 〈…に〉〈模様などを〉縫いつける [with]: She had her initials ~ed on her handkerchief. 彼女はハンカチに自分の頭文字を刺繍した[してもらった]. ❹ (《形》過去形・過去分詞は通例 wrought》) 〈変化・効果・影響などを〉生じさせる, もたらす, 引き起こす: the destruction wrought by the earthquake 地震で引き起こされた破壊 / ~ miracles [harm, mischief] 奇跡[害悪, 災害]をもたらす / ~ wonders ⇒ wonder 图 2 a / Time has wrought a lot of changes in our city. 時は我々の市に多くの変化をもたらした. ❺ a 〈人を〉次第に〈…に〉動かす; 興奮させる 〈up〉: ~ men to one's will 人々を思うとおりに動かす / The speaker ~ed his audience into a frenzy. 弁士は聴衆を次第に熱狂させた. b [~ oneself で]次第に〈…になる〉; 興奮する (into, to) (⇒ worked up): He ~ed himself (up) into a rage. 彼は次第に怒りをつのらせた / He ~ed [wrought] himself into a fever. 彼は興奮しすぎて熱狂した.

wórk aróund =WORK round [成句].

wórk one's áss [bútt, táil] òff (俗) =WORK one's head off [成句].

wórk awáy (自+副) せっせと働く, 仕事を続ける.

wórk one's fíngers to the bóne ⇨ finger [成句].

wórk one's héad óff (口) ものすごく働く [勉強much].

work in [(自+前) ~ in...] (1) 〈…を〉材料に細工をする (⇨ 自 4). ── [(自+副) ~ ín] (2) 入ってくる, 紛れ込む: The dust had ~ed in everywhere. ほこりはどこにも入ってきていた. [(他+副) ~ in] (3) 〈話題などを〉挿入する, 入れる: ~ in some topical jokes 時事問題のジョークを少し入れる. (4) 〈ある物質を〉別のものに加えて混ぜる.

wórk...into... (1) [通例 ~ oneself [one's way] into で]努力して[徐々に]〈…の中に〉入ってゆく (⇨ 自 A 5 a). (2) 〈材料を〉〈手を加え〉〈…に〉加工する (⇨ 他 B 1 b). (3) 〈粉・粘土などを〉練って〈…に〉作る (⇨ 他 B 2 b). (4) 〈人を〉次第に〈…にさせる (⇨ 他 B 5). (5) 〈…に〉(苦しくして)入れる: ~ one's foot into the boot どうにかブーツに足を入れる / ~ new courses into the curriculum カリキュラムに新しい課程を加える.

wórk it (口) うまくやる, 望みどおりの結果を出す: She ~ed it so that she could take both tests on the same day. 彼女は両方のテストを同じ日に受けられるようにした. (2) (俗) [命令文で] 激しく踊れ[動け].

wórk like a chárm ⇨ like a CHARM [成句].

wórk óff (自+副) (1) 徐々に取れる[離れる] (⇨ 自 6 b). ── (他+副) (2) 努力して[徐々に]〈…を〉除く: A little exercise will help you to ~ off the stiffness in your shoulders. 少し運動をすれば肩のこりが取れるでしょう. (3) 〈残された仕事などを〉片づける, 済ませる: I began to ~ off my arrears of correspondence. たまっていた手紙を少しずつ片づけ始めた. (4) 〈借金などを〉返す, 埋め合わせる: ~ off a debt 働いて借金を返す. (5) 〈…に〉〈うっぷんなどを〉晴らす: He ~ed off his bad temper on his dog. 彼は犬に当たり散らして自分の不愉快を晴らした.

wórk ón (自+副) =WORK away [成句].

wórk on it (口) 努力する.

wórk óut (自+副) (1) 〈ボクシングの選手が〉訓練する, 練習する; 運動をする (exercise): ~ out daily with sparring partners スパーリングの相手と連日トレーニングする. (2) (通例様態の副詞(句)を伴って)〈事柄などが〉うまくいく; 結局〈…となる〉: The plan will ~ out satisfactorily. その計画はうまくいくだろう / It didn't ~ out very well. それはあまりうまくいかなかった. (3) 〈問題が〉解ける; 〈合計が〉出

る: The sum won't ~ out. 合計がなかなか出ない. (4) 〈金額などが〉〈…に〉算定される: The cost ~ed out at £7 [$20]. 費用は7ポンド[20 ドル]と算定された. ── (他+副) (5) 〈計画などを〉作り出す;〈問題などを〉〈計算を懸命にする (⇨ 他 A 4): I'm still trying to ~ out how I'll pay for a new computer. 新しいコンピューターを買う金をどう工面したらいいか,まだ考えていると ころだ /〈…を〉努力して理解する: ~ out the meaning of a poem 詩の意味を努力して理解する / Why did he do that? I can't ~ it out. 彼はなぜあんなことをしたのだろうか. 理解に苦しむ. (7) 〈文〉〈…を〉苦心して成就する. (8) 〈英口〉〈人の正体[本当の姿]〉がわかる: I can't ~ Smith out. どうもミスをする人間がわからない. (9) 〔通例受身で〕〈鉱山を〉掘り尽くす.

wórk óver 《他+副》(1) 〈計算などを〉やり直す;〈話・報告書などを〉書き直す. (2) 〈…を〉徹底的に調べる[研究する]. (3) [〜+目+over] 〈口〉〈人を〉激しく攻撃する, ひどい目にあわせる.

wórk róund 《自+副》(1) 〈風が〉向きを変える. (2) 〈人が〉会話を〈特定の話題に〉徐々にもっていく [to].

wórk things = WORK it 成句 (1).

wórk through 《他+副》〈…を〉見事に処理する[完成させる].

wórk to rúle 〈英〉 順法闘争を行なう.

wórk úp (1) 〈事業などを〉〈努力して徐々に〉作り上げる, 拡張する: ~ up a small business into a giant company 小さな事業を大会社にまで発展させる. (2) 〔通例 ~ oneself [one's way] up で〕 〈…にまで〉徐々に登る[出世する] (⇨ 他 A 5). (3) 〈人を〉次第に〈…に〉動かす, 興奮させる [to, into] (⇨ 他 B 5). (4) 〈勇気・興味・熱意などを〉扇動する; 〈summon up〉する: She's ~ing up a lot of anger about it. 彼女はそれに怒りをつのらせている / ~ up an appetite (運動などをして)食欲を増進させる / I couldn't ~ up enough courage to do it. 私はそれをするに足るだけの勇気を奮い起こすことができなかった. (5) 〈材料・主題を〉〈…に〉集成する, まとめ上げる: ~ up a series of lectures 連続講演をまとめ上げる / ~ up a sketch into a picture スケッチをまとめて絵に仕上げる. (6) 〈学科などを〉詳しく研究する[調べる]; マスターする: I must ~ up my science for the test tomorrow. あすのテストのために理科を十分勉強して(おか)なければならない. (7) 〈…を〉混ぜる; こねる. ── 《自+副》(8) 〈…にまで〉徐々に登る[進む]: ~ (one's way) up to the position of president 社長の地位にまで進む / The story ~ed up to a thrilling climax. その物語ははらはらさせる最高潮に達した. (9) 〈何か困難な事が〉出来るように準備する; 訓練する: ~ up to running one mile a day 一日一マイル走れるまで訓練する.
〔OE〕

【類義語】**work** 努力して行なう肉体的・精神的な仕事の一般的な労働. **labor** 骨の折れる, つらい, 肉体的あるいは知的労働. **toil** 長い間続く, または非常に疲れる仕事.

work・a・ble /wɔ́ːkəbl | wáːk-/ 形 ❶ a 働かせ[動かし]うる. b 〈機械など〉運転できる. ❷ 〈計画など〉実行できる, ものになる (practicable, practical; ↔ unworkable). ❸ 〈材料など〉加工[細工]できる. ❹ a 〈土地が〉耕される. b 〈鉱山など〉採掘できる. ~·ness 名

work・a・day /wɔ́ːkədèɪ | wɔ́ːk-/ 形 名 ❶ 仕事日の, 平常の日の: ~ clothes ふだん着. ❷ 日常の, 無味乾燥な (everyday): in this ~ world この無味乾燥な世の中で.

⁺**work・a・hol・ic** /wɔ̀ːkəhɔ́ːlɪk | wɔ̀ːkəhɔ́l-/ 名 仕事中毒の人. 〚WORK+-AHOLIC〛

work・a・hol・ism /wɔ́ːkəhɔ̀ːlɪzm | wɔ́ːkəhɔ̀l-/ 名 仕事中毒.

wórk・aróund 名 〔電算〕(プログラム[システム]の問題の)回避法.

wórk・bàg 名 仕事袋; 裁縫道具入れ.

wórk・bàsket 名 仕事用具を入れるかご; かご製の裁縫箱.

wórk・bènch 名 (大工・機械工などの)仕事台, 作業台, 工作台 (bench).

wórk・bòok 名 ❶ a 学習帳, 練習帳, ワークブック(《米》 exercise book). b 学習記録簿. ❷ 施工指定[規準]書.

wórk・bòx 名 道具箱; 裁縫箱, 針箱.

wórk càmp 名 ❶ 戸外労働囚人収容所. ❷ 奉仕活動キャンプ.

wórk・dày 名 〈主に米〉 ❶ (1日の)就業[勤務, 労働]時間. ❷ 仕事日, 就業日, 平日. ── 形 =workaday.

wórked úp 形 〔P〕 〈人が〉興奮して, 気が高ぶって 《纏り worked-up とも書く; cf. wrought-up〕: get [be] ~ 興奮する[している].

[＊]**wórk・er** /wɔ́ːkɚ | wɔ́ːkə/ 名 ❶ 働く人, 勉強をする人; 研究家など: a good ~ よく働く人 / a hard ~ 勤勉家, 勉強家. ❷ a 労働者, 職工: a construction [factory] ~ 建設[工場]労働者. b 職人, 細工師. ❸ 〔昆〕 a 働きバチ. b 働きアリ.

wórker-príest (カトリックや英国教会の)労働司祭 《世俗的労働もする》.

wórkers' [wórkmen's] compensátion 名 Ⓤ 労働者災害補償(金)[制度].

wórk éthic 名 〔単数形で〕 労働倫理 《特に労働は価値あるもので, 働けば働くほどよいとする考え》.

wórk expérience 名 Ⓤ ❶ 職務[実務]経験, 職歴. ❷ 〈英〉 若者向け実地研修 (internship).

wórk・fàre 名 Ⓤ 勤労福祉制度 《社会保障の見返りとして社会奉仕または職業訓練を要求する制度》. 〚WORK+(WEL)FARE〛

wórk・flòw 名 Ⓤ 仕事[作業]の流れ.

[＊]**wórk・fòrce** /wɔ́ːkfɔ̀ɚs | wɔ́ːkfɔ̀ːs/ 名 ❶ 〔集合的; 単数または複数扱い〕 全従業員 (staff): The whole ~ is on strike. 全従業員がスト中である. ❷ (総)労働力; 労働(力)人口.

wórk hàrden 動 〔冶〕 加工硬化する. **wórk hàrdening** 名

wórk・hòrse 名 ❶ 〈労役に使う〉使役馬; 馬車馬. ❷ 馬車馬のように働く人: a willing ~ 仕事の鬼. ❸ 役に立つ機械[車](など).

wórk・hòuse 名 ❶ 〈英〉 教護院 《軽犯罪者の労役所》. ❷ 〈米〉 (昔の)救貧院 (poorhouse).

[＊]**wórk・ing** /wɔ́ːkɪŋ | wɔ́ːk-/ 形 〔比較なし〕 ❶ 働く, 労働に従事する; 現役の: a ~ mother 仕事を持った母親 / the ~ population 労働人口. ❷ 実際に仕事をする, 業務の: a ~ partner (合資会社の)労務出資社員. ❸ 実際の(仕事)に役立つ: a ~ drawing (機械の)工作図; (工事の)施工図. ❹ 〈議案の通過などに〉十分な過半数. ❺ 〈議論などの〉たたき台となる, 暫定的な: a ~ definition 暫定的な定義. ── 名 ❶ a Ⓤ 仕事, 労働, 作業. b 〔形容詞的に〕 作業[仕事]用の; 就業の; 仕事をしなどの: ~ clothes 作業着[服] / ~ conditions 労働条件 / ~ hours 就業時間 / a ~ breakfast [lunch, dinner] ビジネスミーティングを兼ねた朝[昼, 夕]食. ❷ Ⓒ 〔通例複数形で〕 働き, 作用: the ~s of nature 自然の営み / the ~s of the brain 頭脳の働き. ❸ Ⓒ 〔通例複数形で〕 (鉱山・トンネルなどの)採掘所, 作業場, 現場.

[＊]**wórking cápital** 名 ❶ 運転[営業]資本. ❷ 〔経〕 流動資本.

[＊]**wórking cláss** 名 〔集合的; 単数または複数扱い; 通例 the ~; 〈英〉 では通例 the ~es〕 労働者階級(の人々): Life is getting better for the ~. 労働者階級の生活はよくなっている.

[＊]**wórking-cláss** 形 Ⓐ 労働者階級の: a ~ district 労働者階級の住む地域.

wórking dáy 名 〔主に英〕 =workday.

wórking gírl 名 ❶ 働く女性. ❷ 〈俗〉 売春婦.

⁺**wórking gròup** 名 〈英〉 =working party 1.

wórking hòurs 名 ❷ 就業時間.

wórking hypóthesis 名 (研究・実験のための)作業仮説.

wórking knówledge 名 [a ~] 〈…をするための〉実際上の知識 〔of〕.

wórking lífe 名 職業人生 《人生の中で職業に従事している期間》.

wórking・màn 图(働 -men) 労働者, 職人, 職工.
wórking órder 图 ① 正常に運転[作業]できる状態. **in (full) wórking órder** (1) 正常に運転[作業]できる状態. (2) 〈事が〉順調に運んで: Is everything *in* ~? 万事うまくいっていますか.
wórking-óut 图⓾ ❶ 計算, 算出. ❷ (計画の)細部を練ること; 立案: the ~ *of details* 細部の仕上げ.
wórking pàpers 图(働) (未成年者・外国人の就職に必要な)就業者類, 研究[調査]報告書.
⁺**wórking pàrty** 图 ❶ (英)(政府などが任命する)特別調査[諮問]委員会 (working group). ❷ (軍)作業班.
wórking póor 图(the ~; 複数扱い)(働いても働いても楽にならない)貧困労働者.
wórking stiff 图(俗)一般労働者, 勤め人.
wórking wèek 图(英)=workweek.
wórking wòman 图(働 -women) 女性労働者.
wórk・less 形 仕事のない, 失業した. **~ness** 图
⁺**wórk・lòad** 图(人・機械などが一定時間内に行なう)仕事量, 作業量.
⁺**work・man** /wə́ːkmən | wə́ːk-/ 图(働 -men /-mən/)
❶ (主に肉体労働の)労働者; 作業員, 職人. ❷ (修飾語を伴って)仕事ぶりが(…の)人: a good [skilled] ~ 良い[腕ききの]職人 / A bad ~ quarrels with his tools. ⇒ quarrel② 2.
wórkman・lìke 形 ❶ 職人らしい. ❷ 腕ききの, 手ぎわのよい: do a ~ job 手ぎわのよい仕事をする.
wórkman・shìp 图⓾ ❶ a (職人などの)技量 (craftsmanship). b 手ぎわ, できばえ: masterly ~ 見事なできばえ. ❷ 細工品, 製(作)品: a nice piece of ~ 見事な製品.
wórk・màte 图(口)仕事仲間, 同僚 (colleague).
wórkmen's compensátion insúrance 图⓾(保) 労働者災害補償保険.
⁺**wórk・òut** 图 ❶ (ボクシングなどの)練習, トレーニング. ❷ 運動, 体操.
wórk・pèople 图(複数扱い)(特に工場で働く)工員たち, 労働者.
wórk permìt 图 労働許可証.
wórk・pìece 图(機械・道具で)加工中の製品.
⁺**wórk・plàce** /wə́ːkplèɪs | wə́ːk-/ 图 仕事[作業]場.
wórk reléase 图⓾ 労働釈放(受刑者を毎日フルタイムの労働に出勤させる更生制度).
wórk・ròom 图 仕事部屋, 作業室.
works /wə́ːks | wə́ːks/ 图(働 ~)[しばしば複合語で] 工場, 製作所: ⇒ ironworks, steelworks / a cement ~ セメント工場. 〖類義語〗⇒ factory.
wórks cóuncil 图(英)工場協議会.
wórk shèet 图 ❶ 練習問題用紙. ❷ 作業計画[予定記録]書.
⁺**work・shop** /wə́ːkʃɒp | wə́ːkʃɔp/ 图 ❶ (製作・修理などをする)仕事場, 作業場. ❷ 《米》研究集会, ワークショップ(参加者に自主的に活動させる方式の講習会).
wórk・shỳ 形 仕事嫌いの (lazy).
wórk・sìte 图 仕事の現場, 作業場.
wórk sòng 图(米)作業歌.
wórk・spàce 图 ❶⓾(仕事に必要な)作業空間. ❷⓾ 商業用スペース. ❸⓾(電算)作業領域(作業用に割り当てたメモリー上のスペース).
⁺**wórk・stàtion** 图 ❶ ワークステーション: a 情報処理システムに連結された端末で, それ自体で情報処理も行なえるもの. b パソコンよりも高性能の個人用汎用コンピューター. ❷ (仕事に必要な設備の整えられた個人用の)仕事場, ワークステーション.
wórk stùdy 图⓾(能率・生産をあげるための)作業研究.
wórk súrface 图(英)=worktop.
wórk・tàble 图 仕事台; (引き出し付きテーブル型の)裁縫台.
wórk・tòp 图(英)(カウンター式キッチンの)カウンター, 配膳台, 調理台(《米》counter, 《英》work surface).
wórk-to-rúle 图⓾(英)順法闘争 (cf. work to rule 動 成句).
wórk・úp 图(医)精密検査.
wórk wèek 图《米》1週の労働時間 (working week):

2085　**world**

a 40-hour ~ 週 40 時間労働 / a 5-day ~ 週 5 日制.
wórk・wòman 图(働 -women) 女子労働者; 女子工員.
⁺**world** /wə́ːld | wə́ːld/ 图 ❶ a [the ~] 世界, 地球: to *the* ~'s end 世界の果てまで / make a journey round *the* ~ 世界一周旅行をする. b [しばしば the W~] (地球上にある)地域, …世界: the Western [Arab] ~ 西側[アラブ]世界 / the English-speaking ~ 英語を母語とする地域 / ⇒ New World, Old World, Third World.
❷ [the ~] 天地, 宇宙, 万物: the creation of *the* ~ 天地の創造.
❸ [the ~; 単数扱い] 世界の人, 全人類: *The* whole ~ wants peace. 全世界の人々が平和を望んでいる.
❹ [the ~] (渡る)世間, 世の中; 世間の人々: a man [woman] of *the* ~ 世慣れた人, 世故にたけた人 / know *the* ~ 世情に通じている / as *the* ~ goes 世間並みに言えば / We should take *the* ~ as we find it. 時勢に順応すべきである / All *the* ~ knows it. それは世間周知のことだ / How's *the* ~ treating you? 景気はどうですか, 暮らしはいかがですか.
❺ ⓒ (個人の見たり活動したりする場としての)世界, 世間: My ~ has changed. 私の(目に映る)世界は変わった / His ~ is very narrow. 彼の世界は非常に狭い.
❻ a ⓒ [通例単数形で; 通例修飾語を伴って] 人の世, この[あの]世: the [this] ~ この世, 現世 / another ~ = the other [next] ~ = the ~ to come あの世, 来世 / He's not long for this ~. ⇒ long¹ 形 2 b. b [the ~] 現世, 浮き世: forsake *the* ~ 浮き世を捨てる.
❼ a ⓒ [通例単数形で; the ~; 修飾語を伴って](特定の集団・職業・趣味などの)…界, …世界, …社会: *the* literary ~ = *the* ~ *of letters* 文学界, 文壇 / *the* ~ *of sports* スポーツ界 / *the* fashionable ~ = ファッション界; 社交界 / *the* scientific [industrial] ~ 科学[産業]界. b [the ~; 修飾語を伴って](自然界の区分としての)界: *the* animal [mineral, vegetable] ~ 動[鉱, 植]物界.
❽ ⓒ (地球に似た)天体, 惑星: I believe in life on other ~s. 他の天体にも生物がいると信じている.
❾ a [a [the] world of または worlds of で] 非常にたくさんの, 無数の: a ~ of troubles いろいろな困難 / The change of air did him a ~ of good. 転地のおかげで彼は大変よくなった / There's a ~ of difference between them. 彼ら[それら]の間には天地の相違がある. b [複数形で副詞的に] ずいぶん, とても: ⇒ worlds APART 形 成句.

áll òver the wórld 世界中で.
àll the wórld and his wìfe (英戯言) (1) だれもかれも, 猫もしゃくしも. (2) 多くの人々.
àll the wórld óver =all over the WORLD 成句.
be àll the wórld to ... …にとって何にも換えられない, 何よりも大切である: His wife *was* all the ~ *to* him. 彼にとって細君はすべてだった.
bríng ... ìnto the wórld〈人〉を産む;〈人〉が産まれるのを助ける.
cárry the wórld befòre one ⇒ carry 成句.
còme into the [this] wórld〈子供が〉生まれる.
déad to the wórld ⇒ dead 成句.
depàrt this wórld《文》死ぬ.
for (áll) the wórld [否定文で] 断じて(…しない, でない), 決して(…しない, でない) (★「全世界[宇宙]に換えても」の意なり): I wouldn't do that *for the* ~. どんなことがあってもそんなことはしたくない.
for àll the wórld like [as if, as thóugh] …(文) まるで…のようで[…のように]: You look *for all the* ~ *like* my cousin [*as if* you were a girl]. 君はどう見ても僕のいとこにそっくりだ[女の子みたいだ].
gíve the wórld …を発明する, 作り出す.
gíve the wórld (for [to dó]) …(のためなら[するためには])どんな犠牲もいとわない (for anything): I'd *give the* ~ *for* a chance to meet her. 彼女に会える機会を得たならどんなことでもする / I would *give the* ~ *to* know it.

それを知るためならなんでもする; どんなことをしてもそれが知りたい.

háve [gét] the bést of bóth [áll póssible] wórlds (いくつかのものの)長所を兼ね備える, いいとこ取りをする.

have the world at one's feet 立身出世している.

in a wórld of one's ówn = **in one's líttle wórld** 《口》(周りのことに目を向けず)自分だけの世界にとじこもって.

in the wórld (1) [最上級を強めて] 世界中で: He's the greatest man *in the* ~. 彼は世界でいちばん偉大な人だ. (2) [疑問詞を強めて] 一体全体 (on earth): *What in the* ~ does he mean? 一体彼は何を言いたいのか. (3) [否定を強めて] 全然, ちっとも: *Never in the* ~! 決してない, とんでもない / *Nothing in the* ~ would please him more. 実際それ以上に彼を喜ばせるものはないだろう.

It's a smáll wórld! 世間は狭いですね《思いがけない所で知人に会った時などに言う》.

léave this wórld = depart this WORLD 成句.

máke one's wáy in the wórld (努力して)出世する, 成功する.

méan áll the wórld to... = be all the WORLD to... 成句.

on tóp of the wórld ⇒ top¹ 名 成句.

óut of this wórld 《口》すばらしい: Her cooking was *out of this* ~. 彼女の料理は天下一品だった.

sée the wórld (1) 世界を広く旅行する. (2) 世間[世の中]を知る.

sét the wórld on fíre ⇒ fire 名 成句.

the...of this world 《口》...の特別なタイプの人.

the Wórld Federátion of Tráde Únions 世界労働組合連盟《略 WFTU》.

the wórld óver = all over the WORLD 成句.

thínk the wórld of... ⇒ think 成句.

(thínk) the wórld ówes one a líving ⇒ owe 成句.

Whát is the wórld cóming to? (人々の行動や態度が変わったことへの不平, 不満, ショックを表して)いったいぜんたいこの世はどうなっているんだろう.

wórlds apárt ⇒ apart 形 成句.

wórld withóut énd 永久に, とわに.

── 形 A ❶ (全)世界の, 世界的な: a ~ championship 世界選手権 / a ~ record 世界記録 / ~ peace 世界平和. ❷ 〈人が〉世界的に有名な: a ~ artist 世界に著名な芸術家.

[OE *weorold* the age of man 〈*wer-* man + *-old* age; cf. werewolf] (形 worldly; 関名 mundane)

【類義語】⇒ earth.

Wórld Bánk 名 [the ~] 世界銀行《1945 年設立の国際金融機関 the International Bank for Reconstruction and Development (国際復興開発銀行) の通称》.

wórld bèat 名 = world music.

wórld-bèater 名 《その道の》第一人者.

⁺wórld-cláss 形 世界的に名の通った, 世界で第一の.

Wórld Cóurt 名 [the ~] 常設国際司法裁判所《オランダの The Hague にある the Permanent Court of International Justice の通称》.

Wórld Cúp 名 [the ~] ❶ ワールドカップ《サッカーなどの世界選手権試合》. ❷ ワールドカップのトロフィー.

wórld fàir 名 = world's fair.

⁺wórld-fámous 形 世界[天下]に名高い.

Wórld Héritage Sìte 名 世界遺産登録地.

wórld lánguage 名 世界語, 国際語《英語のような世界共通語, または Esperanto のような人工語》.

wórld líne 名 【理】 世界線《四次元の時空世界で世界点がつくる曲線》.

wórld·ling /wə́ːldlɪŋ | wɔ́ːld-/ 名 俗人, 俗物.

⁺wórld·ly /wə́ːldli | wɔ́ːld-/ 形 (**wórld·li·er, -li·est; more ~, most ~**) ❶ A (比較なし)この世の, 世間の, 世の中の (↔ unworldly): ~ affairs 俗事 / ~ goods 財貨, 財産 / ~ pleasures 浮き世の楽しみ. ❷ 世渡り[世智]にたけた, 世慣れた, 世俗の欲にふける; 俗物の: ~ wisdom (利己的な)世才, 処世. **wórld·li·ness** 名 (名 world) 【類義語】⇒ earthly.

wórldly-mínded 形 俗な, 名利を追う.

wórldly-wíse 形 世才のある, 世故にたけた.

wórld músic 名 Ⓤ ワールドミュージック《世界各地, 特に第三世界の民族音楽を採り入れたポピュラー音楽》.

wórld pówer 名 世界の強国, 大国.

Wórld Séries 名 [時に w- s-; the ~] ワールドシリーズ《毎年秋の全米プロ野球選手権試合》.

wórld's fáir 名 世界博覧会.

wórld-shàking 形 世界を震撼させる, きわめて重大な: a ~ invention 世界を震撼させるほどの大発明.

⁺wórld·víew 名 世界観.

⁺wórld wàr 名 世界大戦.

Wórld Wàr I /-wán/ 名 [無冠詞で] 第一次世界大戦 (the First World War (1914–18)).

Wórld Wàr II /-túː/ 名 [無冠詞で] 第二次世界大戦 (the Second World War (1939–45)).

wórld-wéary 形 世の中がいやになった, 厭世(えんせい)的な.

wórld-wéariness 名.

⁺wórld·wíde /wə́ːldwáɪd | wɔ́ːld-´/ 形 (比較なし) 世界中に広がった, 世界的な: ~ inflation 世界的なインフレ.
── 副 世界中に.

Wórld Wìde Wéb 名 [the ~] 【電算】 ワールドワイドウェブ《インターネットの情報検索システム; the Web ともいう; 略 WWW》.

⁺worm /wə́ːm | wə́ːm/ 名 ❶ **a** 〈細長く足のない〉虫《ミミズ・サナダムシ・ヒル・ウジなど; ⇒ insect 比較》: Even a ~ will turn. 《諺》弱虫でも怒れば怖い, 一寸の虫にも五分の魂 / glowworm, hookworm, silkworm. **b** 【動】 蠕虫(ぜんちゅう)類; [複数形で] (体内の)寄生虫. ❷ 虫けら同様の人間,「うじ虫」(cf. insect 2). ❸ 【機】 ウォーム: ⇒ worm gear, worm wheel. ❹ 【電算】 ワーム《コンピューターウイルスの一種で, 他のプログラムには感染せず単独で破壊活動を行ない, 自己増殖機能をもつ》.

── 動 ⓘ [副詞句を伴って] [~ oneself または ~ one's way で] 徐々に[体をくねらせて]進む[入りこむ]: They ~ed their way through the bushes. 彼らははうようにしてやぶの中を通り抜けた / I ~ed my way into [out of] the crowded train. 身をくねらせて満員電車に乗り込んだ [から降りた] / She ~ed herself into his confidence. 彼女は巧妙に取り入って彼の信頼を得た. ❷ 〈秘密などを人から〉巧みに引き出す: I ~ed the secret out (of him). (彼から)うまく秘密を聞き出した. ❸ 《犬・猫などから》寄生虫を除く; 〈花壇などから〉虫を駆除する. ── ⓙ [副詞句を伴って] はうように進む.

[OE 〈へび, 竜; 原義は「(体を)ねじるもの」; cf. wrist, wrong] (形 wormy; 関名 vermicular, vermiform).

WORM /wə́ːm | wə́ːm/ 名 追記型《光ディスク》, ワーム《書き込みが一度だけできる光ディスク; CD-R など》.

〘write once, read many〙

wórm càst 名 (地面に排泄(はいせつ)された)ミミズのふん.

wórm-èaten 形 ❶ 虫の食った, むしばまれた. ❷ 古くさい, 時代遅れの.

wórm·er·y /wə́ːməri | wə́ː-/ 名 虫飼育場.

wórm fìshing 名 Ⓤ ミミズ(を餌に使う)釣り.

wórm gèar 名 【機】 ウォーム歯車《ウォームとかみ合う装置》.

wórm·hòle 名《樹木・果実・地面などの》虫穴.

wórm lízard 名 【動】ミミズトカゲ《外観がミミズに似る》.

wórm's-èye víew 名 下からの眺め[観察], 下の立場からの見方.

wórm whèel 名 【機】 = worm gear.

wórm·wòod 名 Ⓤ ❶ 【植】ヨモギ属の植物; (特に)ニガヨモギ. ❷ 苦悩, 屈辱.

worm·y /wə́ːmi | wə́ːmi/ 形 (**worm·i·er, -i·est**) ❶ 虫(のような), 虫のついた; 虫の食った. ❸ 虫けら同然の, 卑しむべき. (名 worm)

⁕worn¹ /wə́ːn | wə́ːn/ wear¹ の過去分詞.
── 形 ❶ 使い古した, すり切れた. ❷ 疲れ果てた, やつれた.

worn² 動 wear² の過去分詞.

⁺wórn-óut 形 ❶ A 〈物が〉使い古した, すり切れた: ~

shoes すり切れた靴. **b** 疲れ果てた; やせ衰えた: a ~, old man よぼよぼの老人. **c** 〈言葉など〉使い古した; 古くさい. ❷ [通例 wórn óut で] [P] 疲れ果てて, 精も根も尽きて (exhausted; cf. wear¹ [他] B 2): He looks ~ from the long trip. 彼は長旅で疲れ切っている様子だ.

*__wor·ried__ /wə́ːrid | wʌ́rid/ [形] **心配(そう)な** (cf. worry [他] 1 b; ⇒ anxious 1 b [比較]); 当惑した, 迷惑そうな: a ~ look 心配そうな顔[目]つき / look ~ 心配そうに見える[そうな顔をする] / be ~ to death ＝be ~ sick 死ぬほど[すごく]心配している / I'm ~ ***about*** his health. 彼の健康が心配だ / He's ~ ***over*** the future. 彼は将来のことを心配している / 〔+***that***〕 I'm ~ *that* he has not recovered yet. 彼がまだ回復していないのが心配だ. **You hád me wórried.** 《口》 (やれやれ)心配するじゃないか, 一瞬どきっとしたよ, おどかさないでよ《気をもませるような事を言われた[された]が実は何でもなかった時に言う》.

wór·ried·ly [副] 心配そうに, 当惑して.

wór·ri·er [名] ❶ 悩ます人, 苦しめる人. ❷ 取り越し苦労をする人, 苦労性[心配性]の人.

wór·ri·ment /-mənt/ [名] 《米》 ❶ [U] 心配, (気)苦労. ❷ [C] 心配[苦労]の種. 〖WORRY＋-MENT〗

wor·ri·some /wə́ːrisəm | wʌ́ri-/ [形] ❶ 気にかかる, やっかいな (worrying). ❷ 苦労性の, くよくよする. 〖WORRY＋-SOME〗

‡**wor·ry** /wə́ːri | wʌ́ri/ [動] [他] ❶ **a** 〈人を〉**心配させる**, くよくよさせる, 〈人の〉気をもませる: What's ~*ing* him? 彼は何をくよくよしているのか / My bad tooth is ~*ing* me. 虫歯で苦しんでいます / I'm *worried* by her lateness. 彼女が遅いので気がもめる. **b** [~ one*self* で; 通例否定文で] 〔…のことで〕心配する, 気をもむ (⇒ worried): Don't ~ *yourself* ***about*** that. そんなこと気にするな. ❷ 《古風》〈人を〉〔…で〕苦しめる, 悩ます: He often *worries* me ***with*** [***by*** ask*ing*] difficult questions. 彼は難しい質問をしてよく私を悩ます. ❸ **a** 〈犬が〉〈羊・ウサギ・ネズミなどを〉しつこく攻撃する[いじめる]. **b** 〈犬などが〉〈ものを〉くわえて振り回す, かみ散らす: The dog is ~*ing* a shoe. 犬が靴をかんだり引っぱったりしている. ── [自] ❶ **心配する, くよくよする** 〔*about*, *over*〕: What's the good of ~*ing*? くよくよして何になる / Don't ~! くよくよ[心配]するな / Mother will ~ if we're late. 遅くなると母が心配するだろう / *Worrying* will get you nowhere. 心配したところでどうなるわけでもない / Don't ~ ***about*** it. それは心配するな / You needn't ~ (*about*) try*ing* to find me a job. 心配して仕事を探してくれようとなさらなくてもけっこうです《[用法] do*ing* の前の前置詞はしばしば略される》/ 〔+***wh.***〕 Don't ~ *how* expensive it is. それがどれだけ高価でもかまわないよ / 〔+***that***〕 I was ~*ing that* you might be late. 君が遅れるのではないかと気をもんでいた《★ 他動詞とも考えられるが, 本来原因・理由を表わす *that* 節についた自動詞である》. ❷ 〔問題などを〕解こうと苦心する: ~ ***at*** a problem 問題を解こうと苦心する. ❸ 〈犬などが〉〔…を〕くわえて振り回す 〔*at*〕. **I should wórry!** 《米口》 (1) まったくあきれたものだ. (2) [反語的に] ちっともかまわない, (そんな事は)私の知ったことではない. **nót to wórry** 《口》 心配なく, 心配ご無用. **wórry alóng** 《[自]＋[副]》 苦労しながら切り抜けていく. **wórry óut** 《[他]＋[副]》 〈問題などを〉考え抜く, 苦心して〈問題の〉解答を出す. **wórry thróugh** 《[自]＋[副]》 ＝WORRY along [成句].

── [名] ❶ [U] 心配; (気)苦労, 取り越し苦労: without ~ 心配なく / a life without ~ 気苦労のない生活 / *W*~ kept me awake. 心配で眠れなかった. ❷ [C] 心配事, 苦労の種 〔*about*, *over*〕 〔*to*, *for*〕: financial *worries* 金銭[財政]上の問題[悩み] / This world is full of *worries*. この世には苦労が多い / He's a constant ~ ***to*** his parents. 彼は両親にとっていつも悩みの種だ.

〖OE＝絞め殺す〗 ([名] worriment, [形] worrisome)

【類義語】 ⇒ care.

wórry bèads [名] [複] 気を静めるためにまさぐる数珠.

wórry·gùts [名] ＝worrywart.

wór·ry·ing [形] やっかいな, うるさい; 気がもめる, 心配な (worrisome). ~**·ly** [副]

wórry·wàrt [名] 《口》 心配性の人.

‡**worse** /wə́ːs | wə́ːs/ [形] (↔ better) ❶ [bad の比較級で] (…より)いっそう悪い, なお悪い: The food is bad, and the service is ~. 食べ物は悪いし, それにサービスはもっと悪い / The weather is getting ~ and ~. 天気はますます悪くなっている / Nothing could be ~ than this. これ以上悪いことはないだろう / Things [It] could be ~. まあまあというところだ《How are you? の答えに用いる》/ It could have been ~. あれ以上ひどいことにならなくてよかった, (この程度ですんで)不幸中の幸いだった / No catastrophe can be ~ than war. 戦争より悲惨な災害はありえない / The book is ~ than useless. その本は害があっても益はない. ❷ [P] [ill の比較級で] 〈病人など〉(容態・気分など)(…より)よくなくて, 悪化して: He's somewhat ~ this morning. けさの彼の容態はいくらか悪化している / Recently she has got ~. このところ彼女の容態がいっそう悪化した / I hope you aren't feeling any ~. 気分は前より悪くはないのでしょうね.

(and) whàt is wórse ＝**to màke màtters wórse** さらに悪いことには. **be (the) wórse for drínk** ⇒ drink [名] 3 b. **be the wórse for wéar** ⇒ wear¹ [名] [成句]. **còme óff wórse** (試合や競争に)負ける. **nòne the wórse for**…しても[にもかかわらず]平気で[同じ状態で]: I'm *none the* ~ *for* a single failure. 一度ぐらいの失敗ではへこたれない. **wórse lúck** ⇒ luck [成句].

── [副] [badly, ill の比較級で] ❶ (…より)**もっと悪く, いっそう悪く**: He's behaving ~ than ever. 彼のふるまいはますます悪くなっている / I did ~ on yesterday's test. きのうの試験のほうが(もっと)ひどかった. ❷ (…より)**いっそうひどく**: It was thundering ~ than ever. 雷がますます激しく鳴ってきていた / I want it ~ than ever. 前よりいっそうそれがほしい. ❸ [しばしば yet, still, even などを伴って; 独立的に用いて] さらに悪いことには: *W*~, I caught a cold. さらに悪いことにはかぜを引いてしまった.

be wórse óff (1) いっそう暮らし向きが悪い[苦しい]. (2) 前よりも不利な状況である. **can [could] dò wórse than** …するのも悪くない《[用法] 控えめな表現》: One *could do* ~ *than* go into business as a career. 企業に入る[を起こす]のも職業としては悪くない. **nòne the wórse** (…にもかかわらず)やはり, 相変わらず: I like him *none the* ~ for his faults. 欠点があるがやはり彼が好きだ.

── [名] [U] **いっそう悪いこと[状態, 人]**: But there was ~ to come. しかしそれ以上に悪いことが続いて起こった / I have ~ to tell. (それだけでなく)もっと悪い話があるのです. **for bétter (or) for wórse** ⇒ better¹ [名] [成句]. **for the wórse** 悪いほうへ, いっそう悪く: There has been a change *for the* ~. 事態[(病人の)容態]が悪化している. **gó from bád to wórse** ⇒ bad [名] [成句]. ([動] worsen)

*__wors·en__ /wə́ːs(ə)n | wə́ː-/ [動] [他] 〈…を〉さらに悪くする, 悪化させる (↔ improve). ── [自] さらに悪くなる, 悪化する. ([形] worse)

*__wor·ship__ /wə́ːʃɪp | wə́ː-/ [名] [U] ❶ 崇拝, 尊敬: hero ~ 英雄崇拝 / the ~ of wealth 富の崇拝. ❷ **a** 礼拝, 参拝: a house [place] of ~ 礼拝所, 教会. **b** 礼拝式: public ~ 教会礼拝式 / attend ~ 礼拝に出席する. **your [his, her] Wórship** [敬称として] 《英》 閣下: Yes, *your W*~. はい, 閣下《[用法] 市長・高官に呼び掛ける時の敬称》/ *his* [*her*] *W*~ the Mayor of London ロンドン市長閣下《[用法] 言及する時の敬称》. ── [動] [他] (**wor·shiped, -shipped; wor·ship·ing, -ship·ping**) ❶ 〈神などを〉礼拝する, 参拝する, 拝む: ~ God 神を礼拝する. ❷ 〈…を〉崇拝する, 熱愛する: He ~*ed* his wife. 彼は世のだれよりも妻を崇拝した. ── [自] (教会などで)礼拝[参拝]する: Where does he ~? 彼はどこの教会へ礼拝に通っているのですか. **wórship the gróund a person wálks òn** 人を盲目的に崇拝する, あがめたてまつる. ([関形] devotional) 【類義語】 **worship** 神に対するように, 無条件に強い尊敬または敬愛の念をいだく. **revere** 深い敬愛. または畏敬の念をいだく. **adore** 心からの敬意と熱烈な愛情を寄せる.

wor·ship·ful /wə́ːʃɪpf(ə)l | wə́ː-/ [形] [A] ❶ 信心深い, 敬虔(けいけん)な. ❷ [W~; 敬称として] 《英》 名誉ある, 尊敬すべき, 高名の: the Most [Right] *W*~…閣下.

wor·ship·(p)er /wə́ːʃɪpə | wə́ːʃɪpə/ [名] ❶ 崇拝者. ❷ 礼拝者, 参拝者.

‡**worst** /wə́ːst | wə́ːst/ [形] ❶ [bad の最上級で] **最も悪い**, いちばんひどい《[用法] [A] に用いる時には通例 the ~ になるが, [P] の時には the を省くことが多い》: *the* ~ slum I've ever seen 今まで見たうちで最悪のスラム / Of all of them, he was *the* ~. 全員の中で彼が最もできが悪かった / The place is ~ in winter. その場所は(いつもひどいが)冬は最低だ / She was *the* ~ singer of the three. 3 人のうちで彼女が最も歌が下手だった. ❷ [P] [ill の最上級で] 〈病人など〉(容態・気分など)**最も悪くて**, 最悪で: Yesterday he was the ~ he's been till now. 彼はきのうが今まででいちばん容態が悪かった. ❸ [the ~] いちばんひどい, 最も激しい: It was *the* ~ typhoon for [《米》 in] seven years. それは 7 年ぶりのひどい台風だった / This is *the* ~ fever I've ever had. こんなひどい熱は出したことがない. **be one's ówn wórst énemy** 自分で自分をだめにしている, 自分で自分の首をしめる. **(in) the wórst wáy** ⇨ way[1] [成句].

—[副] [badly, ill の最上級] 最も悪く[ひどく, 下手に]《[用法] [副] の場合には通例 the を伴わない》: I look ~ in the morning. 朝がいちばんひどい顔をしている. **wórst of áll** [文修飾] 何よりも悪いことには, いちばん困るのは.

—[名] [the ~] 最も悪いこと[もの, 人], 最悪: You must be prepared for *the* ~. 万一の覚悟をしないといけない / *The* ~ of it is that.... いちばん悪い[困った]ことは… / *The* ~ has happened. 最悪の事態が生じた / *The* ~ of summer [the storm] will soon be past. まもなく夏の盛り[あらし]もとうげを越すだろう.

at (the) wórst (1) 最悪の場合でも, いくら悪くても: *At* ~ he'll average .300. どんなに悪くても彼の打率は 3 割を下らないだろう. (2) ＝at one's WORST [成句]. **at one's wórst** 最悪の状態で: Johnny is always *at* his ~ when we have guests. お客を呼ぶとジョニーはいつもひどく行儀が悪い. **dó one's wórst** 最も悪い[ひどい]ことをする: *Do* your ~. どんな事でもやるならやってみろ, どうでも勝手にしろ / Let him *do* his ~. どんな事でもやるならやらせておけ, どうでも勝手にさせておけ. **gét [háve] the wórst of it** 負ける. **if (the) wórst cómes to (the) wórst** 最悪の場合には《[用法] the を省くのは主に《米》》. **make the wórst of...** (1) …を悲観する[最悪に考える]. (2) 〈困難など〉に対処できない (↔ make the best of): He usually *makes the* ~ *of* a situation. 彼はたいてい状況に即応できない. **spéak the wórst of...** をこきおろす.

—[動] [他] [通例受身で] 〈…を〉負かす, やっつける, しのぐ, 〈…に〉勝つ.

〖WORSE+-EST〗

wórst-càse [形] [A] 最悪の場合の.

wor·sted /wʊ́stɪd/ [名] [U] ❶ 梳毛糸(そもうし)《長い羊毛を原料としたもの》. ❷ 毛織物, ウーステッド. —[形] [A] 毛糸(製)の, ウーステッドの: ~ socks 毛糸の靴下. 〖Worstead (イングランド東部 Norfolk 州の原産地)〗

wort[1] /wə́ːt | wə́ːt/ [名] [U] 麦汁(ばくじゅう)《発酵前の麦芽浸出液; ビールの原料》.

wort[2] /wə́ːt | wə́ːt/ [名] 草本, 草《現在は複合語としてだけ用いられる》: cole*wort*, liver*wort*.

‡**worth** /wə́ːθ | wə́ːθ/ [形] [P]《[用法] 目的語をとるため, 前置詞と考える人もいる》 ❶ [金銭を表わす名詞・代名詞を伴って] (金銭的に)…**の価値があって**: be ~ little [much] ほとんど価値がない[たいした値打ちがある] / It's not ~ a penny. それは一文の価値もない / This used car is ~ *$2000*. この中古車は 2000 ドルの値打ちがある / How much is it ~? それはどれくらいの値打ちがありますか / This picture isn't ~ much, but I treasure it. この絵は(特に)高価ではないが大切にしている.

❷ **a** [動名詞を伴って] 〈…するに〉値して, 〈…するだけの〉価値があって: Rome is a city ~ visit*ing*. ローマは訪れる価値のある町だ《[用法] visiting の意味上の目的語は a city》/ This book is ~ read*ing*. この本は読むだけの価値がある / Whatever is ~ do*ing* at all is ~ do*ing* well. ＝If it [a thing] is ~ do*ing*, it is ~ do*ing* well. 《諺》 いやしくもなすに足る事ならりっぱにやるだけの価値がある / This car isn't ~ repair*ing*. この車は修理する価値がない. **b** …に値して: What he says is hardly ~ notice. 彼の言うことはほとんど注目に値しない / Is it ~ all the trouble? それはそんなに骨折ってするほどのことか.

❸ 財産が…の, …だけの財産を持って: What's she ~? 彼女はどのくらいの財産を持ってますか / He's ~ a million. 彼は百万長者だ / She died ~ millions. 彼女は何百万もの財産を残して死んだ.

as múch as...is wórth …の価値に匹敵するほど: It's *as much as* my post *is* ~ to do it. そんなことをすると私の地位が危ない[首になる].

for áll one is wórth (1) 全力を尽くして, 懸命に: I ran *for all* I *was* ~. 一生懸命に走った. (2) 最大限に.

for whàt it is wórth (真偽はわからないが)それだけのこととして: I pass the news on to you, *for what it is* ~. そのニュースの真偽はわからないが一応お伝えする.

gét one's móney's wòrth ⇨ money [成句].

wórth it (1)《口》＝worthwhile. (2) [it が前文の内容を受けて]: "The admission fee was $20." "Was it ~ *it*?" 「入場料は 20 ドルでした」「それだけの値打ちがありましたか」.

wórth one's [its] wéight in góld ⇨ gold [名] [成句].

wórth (one's [a person's]) whíle (…する)価値がある, やりがいがある (cf. worthwhile): He will make it ~ your *while*. 彼は君にむだな骨折りはさせないだろう《それ相当のお礼をするだろう》.

—[名] ❶ [U] **価値, 真価**: of (great) ~ (大いに)価値がある / of little [no] ~ 価値の少ない[ない].

❷ [U] 〔価格のいくら〕だけの分量, 〔…に〕相当するだけ: ten dollars' ~ *of* this tea このお茶 10 ドル分 / three weeks ~ *of* work 三週間分の仕事.

〖OE〗 ([形] worthy)

【類義語】 **worth** も **value** も「金額に直した価値」という意味ではほとんど同じに用いられる. しかし, *worth* はより文語的でしばしば知的・精神的・道徳的価値を意味するのに対し, *value* はその物もしくは人の実際的な有用性・重要性から見た価値をいうことが多い.

wór·thi·ly /-ðɪli/ [副] りっぱに; ふさわしく.

†**worth·less** /wə́ːθləs | wə́ːθ-/ [形] (**more ~; most ~**) ❶ (比較なし) **価値のない**, 役に立たない, 無益な (↔ valuable): ~ knowledge 役に立たない知識. ❷ 〈人が〉見さげ果てた. **~·ly** [副] **~·ness** [名]

***worth·while** /wə́ːθ(h)wáɪl | wə́ːθ-´/ [形] **時間と労力をかけるだけの値打ちのある**, やりがいのある: a ~ job やりがいのある仕事 / it is ~ *to* do...することは時間と労力をかける価値がある. **~·ness** [名] 〖worth the while 「時間を費やす価値がある」から〗

***wor·thy** /wə́ːði | wə́ː-/ [形] (**wor·thi·er; wor·thi·est**) ❶ [P] (…に)値して, ふさわしくて (↔ unworthy): a poet ~ *of* the name 詩人というに足る詩人 / in words ~ *of* the occasion その場にふさわしい言葉で / It's ~ *of* note that ...ということは注目に値する / The event is ~ *of* be*ing* recorded in print. その事件は活字として記録するに値する / 〔+*to* do〕 Is he really ~ *to* do a job like that? 彼はそのような仕事をするのに本当に値するのか. ❷ **a** [A] 価値のある: a ~ accomplishment 価値のある業績. **b** 尊敬すべき, りっぱな: a ~ rival 相手にとって不足のないライバル / a ~ gentleman りっぱな紳士; 《皮肉》 おえら方. **I'm [We're] nót wórthy.** 《戯言》 お目にかかれて[ご一緒できて]光栄です. —[名] 名士, りっぱな人物: an Elizabethan ~ エリザベス朝時代の名士 / local *worthies* 地元の名士たち. **wór·thi·ness** [名] ([名] worth)

-wor·thy /wə̀ːði | wə̀ː-/ [形容詞連結形] ❶「…するに値する」: trust*worthy*. ❷「…に耐える」: sea*worthy*.

wot [動] 《古》 wit[2] の 1 人称および 3 人称単数直説法現在形.

Wo·tan /vóutaːn | wóutæn/ [名] 〖ゲルマン神話〗 ウォータン《ゲルマン神話の主神; 北欧神話の Odin に相当》.

wotch·a[1] /wɑ́tʃə | wɔ́tʃə/ [間] ＝wotcher.

wotch·a[2] /wɑ́tʃə | wɔ́tʃə/ 《非標準》 ❶ ＝what are you. ❷ ＝what have you. ❸ ＝what do you.

wotch·er /wʌ́tʃər | wɔ́tʃə/ 間 《英俗》やあ. 《what CHEER から》

would /(弱形) (w)əd, d; (強形) wúd/ 助動 《語形》短縮形 **'d**; 否定形 **would not**; 否定短縮形 **wouldn't**) A (will¹ の直説法[叙実法]過去形) ❶ [時制の一致により従属節内でまた間接話法で用いて] **a** [単純未来を表わして] …だろう: She believed that her husband ~ soon get well. 彼女は夫の病気がすぐ治るだろうと信じた / I asked if he'd come and see me immediately. 私はすぐ会いにきてくれるかと尋ねた 《変換》 直接話法では "Will you come and see me immediately?" I asked) / She said she ~ be very pleased. 本当にうれしく思うでしょうと彼女は言った 《用法》直接話法における単純未来の I [we] shall が間接話法で2・3人称を主語として表わされる場合, しばしば should に代わって would が用いられる; cf. She said, "I shall be very pleased.") / I thought you ~ have finished it by now. 今ごろはもう終えてしまったものと思った 《用法》「would have+過分」は過去の時点まで完了しそうに思われた動作や出来事を表わす. **b** [意志未来を表わして] …しよう: I decided I ~ do it again. もう一度それをやろうと心に決めた / I said I ~ do it. やりますよと私は言った 《変換》直接話法では I said, "I will do it."). ❷ /wúd/ **a** [過去の意志・主張・拒絶を表わして] (どうしても)…しようとした: I asked her several questions, but she ~ not answer any of them. 私は彼女にいくつか質問をしたが, 彼女はどれ一つとして答えようとしなかった / The door ~ not open. ドアはどうしてもあかなかった. **b** [話し手のいらだちを表わして] 〔人が常習的に〕…する; 〈あいにくの事態などが〉いつも…する 《用法》しばしば過去の時とは関係なく用いる): He ~ be absent when we're most busy! みんなが最も忙しい時に限って彼は欠勤する.

❸ [過去の習慣・動作などの反復についての回想を表わして] …したものだった, よく…した (cf. will¹ 5, used²; ⇒ will¹ 《語法》(3)): He ~ sit for hours doing nothing. 彼は何時間も何もしないで座っていたものだ.

❹ [話し手の過去についての推測を表わして] …だったろう (cf. will¹ 4): I suppose he ~ have been about fifty when he lost his job. 彼がリストラされたのは50歳ぐらいの時だろう / I *wouldn't* have thought he'd do a thing like that. 彼がまさかそんなことをする[しよう]とは思ってもみなかった.

❺ 〈ものが〉…する能力があった, …することができた (cf. will¹ 6): He bought a car that ~ easily hold five people. 彼は5人の人が楽に乗れる車を買った.

── B (仮定法 [叙実法] で用いて) **a** [現在または未来の事柄について帰結節で無意志の仮定を表わして] …(する)だろう: If a car hit us, the occupants ~ be killed on the spot. 車がわれわれに衝突したら車の中の人たちは即死するだろう / Shakespeare ~ be no less a poet if he were alive today. シェイクスピアが今日生きていたとしてもやはり大詩人と考えられるだろう. **b** [現在または未来の事柄について帰結節で意志の仮定を表わして] …するつもりなのだが: If I were rich enough, I ~ buy it. お金が十分あればそれを買うのだが / If I were you, I ~ quit smoking. 私(が君)だったらたばこはやめるだろう 《用法》禁煙を相手に勧める表現). **c** [~ have+過分] で; 過去の事柄について帰結節で無意志の仮定を表わして] …しただろう: The vase ~ *have broken* if you hadn't caught it. (あの時)あなたがその花瓶を受けとめていなかったら壊れていたでしょう. **d** [~ have+過分] で; 過去の事柄について帰結節で意志の仮定を表わして] …するつもりだったのだが: If I had heard the news, I ~ *have told* you. そのニュースを聞いていたら君に知らせたのだが. **e** [主節の意志を言外に含め陳述を婉曲(きょく)にして] …であろう, …でしょう: It ~ be a shame to stay indoors on such a lovely day. こんなによい天気の日に家に閉じこもっているなんてあんまりでしょう 《用法》to stay 以下に条件節の意味が含まれている) / Anyone ~ have thought that. だれでもみなそう思ったでしょう 《用法》主語の anyone に条件節の意味が含まれている) / How much ~ you take for this? これはどのくらいでしょうか 《用法》if I bought it from you が省略されている). **b** [1人称の主語に伴い, 話し手の意見・感情を婉曲に表現して] …したいと思う, …させてもらいたい: I'd prefer to go there at once. 今すぐそこへ行きたいのですが / I'd like to add a word of gratitude to Mr. Smith. スミスさんに対してひと言感謝の言葉を付け加えさせていただきます (cf. I SHOULD like to … 《成句》. **c** [Would you…? で丁寧な依頼や勧誘を表わして] …してくださいませんか, …しませんか: W~ you please help me carry this baggage? この荷物を運ぶのを手伝ってくださいませんか / W~ you mind showing me the way? 道を教えてくださいませんか / W~ you like (to have) a glass of beer? ビールを1杯いかがですか. **d** [強い願望・選択を表わして] 《文語》…したいと思う: The membership is composed of people who ~ prevent unfair elections. 会員は不正選挙を防止したいと願っている人たちから成り立っている.

── 副 ~ (that) …] 《文》…であればよいのに 《用法》通例主語を略し仮定法過去形を含む that 節を従える): W~ that I were young again! もう一度若くなれるといいなあ / "Please help us!" "W~ that I *could*!" 「私たちを助けてください」「そうしてあげたいのはやまやまですが」/ W~ it *were* so [true]. そう[本当]だといいんだがなあ 《用法》that が省略されている.

〖OE; *willan* to wish の過去形; ⇒ will¹〗

wóuld-bè 形 Ⓐ [しばしば軽蔑的に] …志望の; 自称の, …のつもりの: a ~ author 作家志望者 / a self-styled writer / (a) ~ kindness 親切のつもりの行為, ひとりよがりの親切.

── 名 〈あこがれの人物などを〉気取る人, にせ者.

would-n't /wúdnt/ *would not* の短縮形.

wouldst /(弱形) wədst; (強形) wúdst/ 助動 《古》will¹ の2人称単数 wilt² の過去形.

would've /wúdəv/ *would have* の短縮形.

Wóulfe('s) bòttle /wúlf(s)-/ 名 《化》ウルフ瓶 《2-3口のガラス瓶で, 気体の洗浄・溶解に用いる》.
〖Peter Woulfe 英国の化学者〗

wound¹ /wúːnd/ 名 ❶ 〔刃物・銃砲などによる深い〕傷, 負傷, けが (⇒ injury 《比較》: a mortal [fatal] ~ 致命傷 / He has a bullet ~ in the left arm. 彼は左腕に銃創がある. ❷ 〔名誉・感情などへの〕痛手, 損害, 苦痛; 感情を害すること, 侮辱 (scar): a ~ *to* one's dignity [pride, vanity] 品位 [自尊心, 虚栄心] を傷つけるもの.
líck one's **wóunds** (1) 傷の手当てをする 《由来》動物が傷口をなめて傷をいやすことから). (2) 傷心をいやす; 敗北 [失敗(など)] から立ち直ろうとする. **ópen óld wóunds** 昔の心の痛手を思い出させる, 古傷に触れる.

── 動 他 ❶ 〈…を〉負傷させる, 傷つける, 〈…に〉けがをさせる (★ しばしば受身): Five soldiers were killed and twenty ~. 5人の兵が死に20人の兵が負傷した / He was ~*ed on* [*in*] *the* head [arm]. 彼は頭に[腕に]傷を負った 《比較》in を用いる方が傷口が深いという意味になる). ❷ 〈人の感情 [名誉(など)]を〉傷つける (hurt): Bitter words from you will only ~ her. 君が恨み言を言えば彼女の感情を害するだけだろう / His self-respect was ~*ed*. 彼の自尊心は傷つけられた.
〖OE〗 《類義語》 ⇒ injure.

wound² /wáund/ 動 wind²,³ の過去形・過去分詞.

wound·ed /wúːndɪd/ 形 ❶ 負傷した, 傷ついた: a ~ soldier 負傷兵. ❷ 〈感情・名誉など〉傷ついた: She had a ~ look on her face. 彼女は感情を害したような顔をしていた.

Wóund·ed Knée /wúːndɪd-/ 名 ウーンディッドニー 《米国 South Dakota 州南西部の村; 1890年, 白人によって先住民の大量虐殺が行われた》.

wove /wóʊv/ 動 weave¹ の過去形.

wo·ven /wóʊvən/ 動 weave¹ の過去分詞.

wóve pàper [名] [U] 網目, 漉(す)き紙.

+**wow**[1] /wáu/ [間] (また **wow·ee** /waʊ́i:/) [驚嘆・喜び・苦痛などを表わして] うわー!, やー!, ああ! — [名] [単数形で] 大成功; (劇などの)大当たり, 大ヒット. — [動] [他] 《口》 〈観客などを〉やんやと[わーわー]言わせる. 〘擬音語〙

wow[2] /wáu/ [名] [U] 〔電〕 ワウ 《レコードプレーヤーなどの再生音のむら; flutter より低周波数》. 〘擬音語〙

wp, w.p. 《略》 weather permitting. **WP** /dʌ́blju:-pí:/ 《略》 word processing ; word processor.

W pàrticle [名] 〔理〕 W 粒子 《弱い相互作用を伝える荷電粒子; cf. Z particle》.

wpb 《略》 wastepaper basket. **WPC** /dʌ́blju:pì:-sí:/ 《略》 〔英〕 woman police constable. **wpm** 《略》 words per minute 毎分語数 《タイピング・速記の技能などを表わす実用単位》. **WRAC** /rǽk/ 《略》 〔英〕 Women's Royal Army Corps 陸軍婦人部隊.

wrack[1] /rǽk/ [名] ❶ [U] 波に打ち上げられた海藻. ❷ [C] 難破船, 漂着物. 〘Du〙

wrack[2] /rǽk/ [名] =rack[2].

wrack[3] /rǽk/ [名] (中世の)拷問台. — [動] [他] 拷問にかける, ひどく苦しめる; ひどく悩ます.

wrack[4] /rǽk/ [名] =rack[3].

WRAF /rǽf/ 《略》 〔英〕 Women's Royal Air Force 空軍婦人部隊.

wraith /réɪθ/ [名] ❶ **a** (人の死の直前[前後]に現われるという) 生霊(いきりょう), 死霊. **b** 亡霊, 幽霊. ❷ やせ細った人.

+**wran·gle** /rǽŋgl/ [動] [自] 〔人と〕〔…について〕口論する, 論争する, けんかする: ~ ***with*** a person ***over*** [***about***] a matter ある事で人と口論する. — [他] 《米》 〈家畜の〉世話をする. — [名] 口論, 言い合い[争い].

wrán·gler [名] ❶ 口論者, 論争者. ❷ 《英》 (Cambridge 大学で)数学の学位試験の一級合格者. ❸ 《米》 (牧場で)乗用馬の世話係; カウボーイ.

*__wrap__ /rǽp/ [動] (**wrapped, wrapt** /rǽpt/; **wrap·ping**) [他] ❶ **a** 〈人・ものを〉〔…に〕包む, くるむ: She *wrapped* her baby ***in*** her shawl. 彼女は赤ん坊をショールにくるんだ / *W*~ it ***up in*** paper [tinfoil]. それを紙[アルミ箔]に包みなさい / He *wrapped* himself (*up*) ***in*** his cloak. 彼はマントに身をくるんだ / The top of the mountain was *wrapped in* clouds. 山頂は雲に包まれていた. **b** 〈事件・真意などを〉〔…に〕おおい包む, おおい隠す: ~ one's meaning ***in*** obscure language 自分の意図をあいまいな言葉でぼかす / That event is still *wrapped in* (a veil of) mystery. その事件は今なおなぞに包まれている. ❷ 〈ものを〉〔…(の回り)に〕まとう, かける, 巻く: She *wrapped* her shawl closer ***around*** her. 彼女はショールをいっそうしっかりと肩に巻いた. ❸ 〈人を〉〔…に〕夢中にさせる 《★ 通例受身》: He's *wrapped* ***up in*** his work. 彼は仕事に没頭している. ❹ **a** 〈仕事・会などを〉終える; 〈宿題・レポートなどを〉書き上げる: ~ ***up*** a meeting 会を終える / ~ *up* an assignment 宿題を書き上げる. **b** 〈ニュースなどを〉要約する 〈*up*〉. ❺ 〈単語などを〉ワードラップする. — [自] ❶ (身を)包む, くるまる: Please ~ ***up*** well. よく着込んでください. ❷ 〈単語などが〉ワードラップされる. ❸ 撮影[録音(など)]を終える. **wráp it úp** =wrap [自] 2.

— [名] ❶ [U] (薄い)包み, おおい, 包装, ラップ: ⇨ plastic ~. ❷ [C] 肩掛け; 襟巻き; ひざ掛け; 外套(がいとう)(など). ❸ [複数形で] 秘密, 未公開: take the ~*s* off 秘密をあばく. ❹ [C] ラップ(サンド) 《肉や野菜などを薄いパンやトルティーヤでくるんだサンドイッチ》. ❺ [単数形で] (映画撮影などの)終了, おしまい: It's a ~. (さあ)終わりだ. **táke** [**púll**] **the wráps òff**…《口》 隠していた[秘密にしていた]ことを明かす. **ùnder** [**in**] **wráps** 《口》 秘密に, 未公開に: keep the project *under* ~*s* その計画を秘密にしておく / The plan is still *under* ~*s*. その計画はまだ公表されていない.

— [形] [A] =wraparound 1.

wráp·aròund [形] ❶ 〈衣服など〉体[腰]に巻きつける, 腰巻き式の: a ~ skirt 巻きスカート. ❷ 取り囲む形の: ~ sunglasses =wraparound [名] 3 / a ~ windshield (自動車の)広角型のフロントガラス. — [名] ❶ [C] 体[腰]に巻くように着用する衣服[スカート(など)]. ❷ [U] 〘電算〙 (自動)ワードラップ(機能) 《ワープロなどで, 行末単語を入力すると行の指定文字数を超えてしまう時, その単語をまるごと次の行に送る機能》. ❸ [複数形で] ラップアラウンド(型)サングラス 《フレーム部分が湾曲して顔に密着するタイプのサングラス》.

wráp·per [名] ❶ 包む人. ❷ 包むもの: **a** 包み紙. **b** (雑誌・新聞の)帯封; 帯紙. **c** 《英》 書物のカバー. ❸ (女性の)部屋着, 化粧着.

+**wráp·ping** [名] [U] [また複数形で] 包装材料; 包み, 包装紙[布].

wrápping pàper [名] [U] 包み紙, 包装紙.

wrapt[1] [動] wrap の過去形・過去分詞.

wrapt[2] /rǽpt/ [形] =rapt.

+**wráp-ùp** [名] ❶ (ニュースなどの)要約. ❷ 結論; 結果.

wrasse /rǽs/ [名] 〔魚〕 ベラ 《ベラ科の海産魚の総称》.

+**wrath** /rǽθ | rɔ́θ/ [名] [U] 《文》 激怒, 憤り. ([形] wroth) 【類義語】 ⇨ anger.

wrath·ful /rǽθf(ə)l | rɔ́θ-/ [形] 《文》 激怒した, 怒気を含んだ. ~**·ly** /-fəli/ [副]

wrath·y /rǽθi | rɔ́θi/ [形] (**wrath·i·er; -i·est**) 《米》 = wrathful.

+**wreak** /rí:k/ [動] [他] ❶ 〈破壊・混乱・損害などを〉もたらす, 引き起こす: Floods ~*ed* havoc in Europe. 洪水がヨーロッパで大きな被害を出した. ❷ 〈遺恨を〉〔人に〕晴らす: ~ vengeance ***on***…に復讐(ふくしゅう)する, 恨みを晴らす.

+**wreath** /rí:θ/ [名] ([複] ~s /rí:ðz, ~s/) ❶ **a** (花・葉・小枝などで輪状に作る)輪, 花輪: a Christmas ~ クリスマスの花輪 《クリスマスの季節にドアなどに飾る》 / a funeral ~ 葬儀の花輪. **b** 花冠: a laurel ~ 月桂冠. ❷ 〔煙・雲などの〕輪, 渦巻き: a ~ ***of*** smoke [fog] 渦巻く煙[濃霧]. 〘OE=ねじれたもの〙 ([動] wreathe)

wreathe /rí:ð/ [動] [他] ❶ 包む, (取り)巻く (shroud) 《★ しばしば受身》: The mountain *was* ~*d* ***in*** mist. その山は霧に包まれていた. ❷ 〈…を〉〔花の輪[花冠]で〕飾る: ~ a poet's brow ***with*** laurel 詩人の額を月桂冠で飾る. ❸ 〈葉・花・小枝などを〉(輪に)作る, 花輪にする 〔*into*〕; 〈花輪を〉作る. — [自] 〈煙などが〉輪になる, 渦巻いてのぼる. ([名] wreath)

*__wreck__ /rék/ [動] [他] ❶ **a** 〈…を〉めちゃめちゃに破壊する: The car *was* ~*ed* by the mob. 車は暴徒によってめちゃめちゃに壊された. **b** 〈人生などを〉台なしにする: ~ one's [a person's] life 自分の[人の]一生を台なしにする / The scandal ~*ed* his reputation. そのスキャンダルで彼の名声はすっかり失われた. **c** 〈計画などを〉台なしにする, めちゃくちゃにする: The accident ~*ed* our plans. その事故で我々の計画はめちゃめちゃになった. **d** 〈体を〉こわす; 〈人の〉健康を損う: Overwork ~*ed* his health. 過労で彼は体をこわした. ❷ **a** 〈船を〉難破させる 《★ 通例受身》. **b** 〈人を〉海難にあわせる, 遭難させる 《★ 通例受身》. — [自] ❶ [通例動名詞で] 壊れた建物[自動車(など)]を解体する 《使える部品などを得るため》. ❷ **a** (略奪目的で)船を壊す[襲う]. **b** 《古》 難船する. — [名] ❶ [U,C] **a 難破, 難船, 海難**; 《米》 (列車・自動車などの)**衝突, 破壊** (《英》 crash): save a ship from ~ 船の遭難を救う / The storm caused many ~*s*. そのあらしで海難事故が多く出た / His car was in a ~. 《米》 彼の車は衝突事故にあった. **b** 破滅, 挫折(ざせつ). ❷ [C] 難破船, 破船; (漂着した)難破船の残骸(ざんがい). ❸ [C] **a** (破壊された建物・飛行機・列車・車などの)残骸; 老朽化した自動車, 「ぽんこつ」: My car was a total ~. 私の車は無残な姿になっていた. **b** [通例単数形で] (心配で)神経質になっている人, (病気で)やせ衰えた人, 疲労困憊(こんぱい)している人: He's a complete ~ from overwork. 彼は過労ですっかり体をこわしている. 〘F＜ON〙 【類義語】 ⇨ destroy.

+**wreck·age** /rékɪʤ/ [名] [U] ❶ 残骸, 破片; 難破貨物, 漂着物. ❷ (関係・希望などを)台なしにする[めちゃくちゃにする, 損なう]こと. 〘WRECK+-AGE〙

wrecked /rékt/ [形] ❶ 難破した; 破局を迎えた. ❷ 《口》 疲れ果てた, 疲労困憊した. ❸ 《米俗》 ひどく酔った, 麻薬でもうろうとした.

wréck·er [名] ❶ **a** 破壊者. **b** (昔の)難船略奪者 《略奪の目的で船を難破させた人》. ❷ 《米》 (建物の)解体業者

(《英》 housebreaker). ❸《米》(事故車・違反駐車車を移動するための)レッカー車.

wréck·fìsh [名]〔魚〕ニシオオスズキ《2 m にも達する》.

wréck·ing bàll [名]〔建〕建物解体用の鉄球.

wrécking crèw [名] [集合的; 単数または複数扱い] (建物などの)解体作業員.

wrécking yàrd [名] (建物などの解体後の)廃材[スクラップ]置き場.

⁺wren /rén/ [名]〔鳥〕ミソサザイ《細長いくちばしをした小型の鳴鳥》.

wren

Wren /rén/ [名]〔英〕海軍婦人部隊員 (cf. WRNS).

Wren /rén/, **Sir Christopher** [名] レン《1632–1723; 英国の建築家; ロンドンの St. Paul's 大聖堂などを残した》.

⁺wrench /réntʃ/ [動] [他] ❶ **a** 〈ものを〉ぎゅっとねじる, ひねる, ねじって回す: ～ one's head ***around*** [***round***] (振り向くために)首をぐいと回す / ～ the steering wheel ***to*** the right ハンドルをぐいと右に切る /〔+目+補〕He *～ed* the window open. =He *～ed* open the window. 彼は窓をこじ開けた. **b** 〈ものを〉ねじ取る 〈*off, away, out*〉,〔…から〕もぎ取る〔*from, out of, off*〕: ～ ***off*** the lock 錠前をねじ切る / ～ a button *off* a shirt シャツからボタンをひとつもぎ取る. **c** [～ one*self* で]〔…から〕身をよじってのがれる〔*from*〕. ❷ 〈足首などを〉ねんざする, くじく: ～ one's ankle 足首をねんざする. ❸《古》〈事実を〉曲げる; 〈意味を〉こじつける. ── [自]〔…を〕ぐいとねじる[ひねる];《比喩》〔…を〕痛める, 苦しめる〔*at*〕. ── [名] ❶ ねじり, よじること, ひねり. ❷ ねんざ, 筋違い: He gave his right ankle a ～. 彼は右の足首をくじいた. ❸ [単数形で]《英》(別離の)悲痛, 苦痛. ❹ **a**《米》レンチ, スパナ (《英》 spanner). **b**《英》自在スパナ. **thrów a (mónkey) wrénch in** [**ìnto**]… ⇨ monkey wrench [成句].

wrén-tìt [名]〔鳥〕ミソサザイモドキ《北米・中米産》.

⁺wrest /rést/ [動] [他] ❶ **a** 〈権力を〉〔…から〕奪い取る (seize); 〈同意・生計などを〉骨折って得る〔*from, out of*〕: They plotted to ～ power ***from*** the king. 王から権力を強奪しようと謀った. **b** 〈ものを〉〔…から〕(無理に)ねじ取る, もぎ取る〔*from, out of*〕(seize). ❷《古》〈法・事実などを〉〔真意などから〕曲げる, 〈意味を〉歪曲(わいきょく)する〔*from, out of*〕. 〘WRIST と同語源〙

wrést blòck [名] =wrest plank.

⁺wres·tle /résl/ [動] [自] ❶ とっ組み合う; レスリングをする: He began to ～ ***with*** his opponent. 彼は相手ととっ組み合いを始めた. ❷ **a**〔問題などに〕(全力を尽くして)取り組む: We have *～d* ***with*** the problem [difficulty] for some time. その問題[難局]としばらく取り組んできた. **b**〔誘惑などと〕戦う, 苦闘する: ～ ***with*** temptation. 誘惑と戦う. ── [他] 〈人と〉とっ組み合う; 〈人と〉レスリングをする: ～ a person down [to the ground] 人と組み合って倒す[地面にねじふせる]. ── [名] ❶ 組み打ち; レスリングの 1 試合. ❷ 奮闘, 苦闘. 〘WREST+-LE〙

⁺wrés·tler [名] ❶ 組み打ちする人. ❷ レスリング選手, レスラー.

⁺wres·tling /réslɪŋ/ [名] [U] レスリング; 格闘.

wrést pìn [名]〔楽〕(ピアノ・ハープなどの)弦頭.

wrést plànk [名]〔楽〕(ピアノの)ピン板《調律ピンの保持板》.

wretch /rétʃ/ [名] ❶ 哀れな人, みじめな人: a poor ～ かわいそうな人. ❷《口》恥知らず, 嫌われ者: You ～! こいつめ!, この人でなし! 〘OE; 原義は「追われた者」〙

⁺wretch·ed /rétʃɪd/ [形] (～·er; ～·est) ❶ **a** 〈生活など〉悲惨な, みじめな, 哀れな, かわいそうな, 不幸な (pitiable); 〈人が〉(精神的に)つらい, 悲しい, ひどくみじめな (miserable): lead a ～ existence 悲惨な生活を送る / feel ～ つらい[みじめな]気持ちである. **b** ひどくみすぼらしい[汚らしい]. ❷ [A] (比較なし) **a** あさましい, 見下げ果てた, 卑劣な: a ～ traitor 憎むべき裏切り者. **b** 実に不快な, まったくいやな, 実にひどい[下手な] (awful): What ～ weather! なんてひどい天気だ / This coffee is ～ stuff. このコーヒーはひどいしろものだ《まずくて飲めない》. **c** [話者のみじめな気持ち・腹立たしさを表わす強意語として]: I can't find that ～ umbrella! ちくしょう, あの傘はどこへいったんだ. **féel wrétched** (1) ひどく気分が悪い. (2) きまり悪い思いをする, 当惑する. **～·ly** [副] **～·ness** [名]

⁺wrig·gle /rígl/ [動] [自] ❶ 体をくねらせる, 身をよじる; 〈ミミズなどが〉のたくる, のたうつ: ～ with boredom 退屈してもじもじする. ❷ [副詞(句)を伴って] 体をくねらせて進む[出る], のたうち進む: He *～d* ***through*** the narrow opening. 彼は体をくねらせて狭いすき間を通り抜けた. ── [他] 〈体(の一部)を〉うごめかす, よじらす: ～ one's body 体をうごめかす / ～ one's hips 腰をくねらせる. **wríggle óut of** (**dóing**)… 何とかうまく〈困難・責任など〉から逃れる, 〈…〉することから逃れる: He can ～ *out of* any difficulty. 彼はどんな困難に出くわしても何とか切り抜けられる. ── [名] [通例単数形で] あがき, のたうち, のたくり. 〘G〙

wríg·gler [名] ❶ のたくり回るもの[人]. ❷〔昆〕ボウフラ.

wrig·gly /rígli/ [形] (**wrig·gli·er**; **-gli·est**) のたくり回る; もじもじする; のらりくらりとした.

wright /ráɪt/ [名] [通例複合語で] ❶ (大工などの)職人; (船・車などの)製造人, …大工: a ship*wright* 船大工 / a wheel*wright* 車大工. ❷ 作者: a play*wright* 劇作家.

Wright /ráɪt/, **Frank Lloyd** [名] ライト《1869–1959; 米国の建築家》.

Wright, Or·ville /ɔ́əvɪl | ɔ́ː-/ [名] ライト《1871–1948; Wilbur の弟; 1903 年飛行機を発明した米人兄弟の弟》.

Wright, Richard [名] ライト《1908–60; 米国の黒人作家》.

Wright, Wil·bur /wílbɚ | -bə/ [名] ライト《1867–1912; Orville の兄; 1903 年飛行機を発明した米人兄弟の兄》.

Wrig·ley /rígli/, **William, Jr** [名] リグリー《米国の実業家; チューインガムの製造で有名》.

⁺wring /ríŋ/ [動] [他] (**wrung** /rʌ́ŋ/) ❶ 〈ぬれたものを〉絞る, 絞り機にかける; 〈水などを〉絞り出す: I *wrung* (*out*) my wet clothes. 私はぬれた衣類を絞った. ❷ 〈ものを〉(力まかせに)ねじる; (…から)〔…を〕ねじり取る: ～ a person's neck 人の首をねじって息の根を止める《[由来] ひな鳥を「絞める」ことから》/ I'll ～ his neck. やつの息の根を止めてやるぞ. ❸ 〈手を〉固く握る: I *wrung* my old friend's hand. (親愛の情を込めて)旧友の手を固く握りしめた. ❹ 〈金銭などを〉〔…から〕しぼり取る; 〈承諾などを〉無理やりに得る (squeeze): He couldn't ～ any more money ***out of*** her. 彼は彼女からそれ以上の金をしぼり取ることはできなかった / If I can ～ ***out*** my wife's consent, I'll come with you. 妻の同意を得られればご一緒します. ❺ 〈心などを〉苦しめる, 悩ます: It *wrung* my heart to see how thin she had become. 彼女がどんなにやせてしまったかを目の当たりにして私の心は痛んだ. **wríng** one's **hánds** (悲痛・絶望などのしぐさとして自分の)手をもむ, 絞るようにする. ── [名] 絞ること, もみ絞り; ひねること, ひねり. 〘WRONG と同語源〙

wríng·er [名] ❶ 絞り手. ❷ (洗濯物の)絞り機.

wríng·ing [形] 絞れるほどぬれた. **wrínging wét** 絞れるほどぬれて, ずぶぬれで《★ wringing は副詞的用法》.

⁺wrin·kle /ríŋkl/ [名] ❶ [通例複数形で] しわ, 小じわ: You've got *～s* round your eyes. あなたは目の周りに小じわができてきた / He ironed out the *～s* in his trousers. 彼はズボンのしわをアイロンで伸ばした. ❷《口》新趣向, 新機軸, よい考え, 妙案: the newest ～ in running shoes ランニングシューズの最新流行型. ❸《口》ちょっとした困難[障害], 小さな問題. ── [動] [他] 〈…に〉しわを寄せる, しわをつくる; 〈…を〉しわにする (cf. wrinkled): He *～d* (*up*) his forehead. 彼は(当惑して, 考えこんで)額にしわを寄せた / She *～d* her nose. 彼女は(臭くて)鼻にしわを寄せた / His face *was ～d* with age. 彼の顔には年のためにしわが寄っていた. ── [自] しわが寄る, しわができる, しわになる 〈*up*〉: This cloth *～s*. この生地はしわになる.

wrín·kled [形] しわが寄った, しわのできた, しわになった.

wrin·kly /ríŋkli/ [形] (**wrin·kli·er**; **-kli·est**) (小さな)しわの寄った; しわの多い. ([名] wrinkle)

***wrist** /ríst/ [名] ❶ 手首: take a person by the ～ 人の手首を捕まえる. ❷ (衣服・手袋などの)手首の部分. **it's**

wristband

áll in the wríst 《戯言》秘訣(ひけつ)は手首にあるのさ《★ 手で器用なことをしてほめられた時などに用いる》. 〚OE: 原義は「ねじれるもの」; cf. wreath, wring, wrong〛 (関記 carpal)

wrist·bànd 名 リストバンド; (シャツなどの)そで口.

wríst·dròp 名 Ｕ《医》(下)垂手《前腕伸長筋麻痺による》.

wrist·let /rístlət/ 名 腕輪.

wríst·wàtch 名 腕時計.

wrist·y /rísti/ 形 (wrist·i·er; -i·est) (テニスなどで)手首[リスト]を使った[きかせた].

⁺writ¹ /rít/ 名《法》令状: a ~ of summons 召喚状 / a ~ of habeas corpus 人身保護令状 / a ~ of execution 判決執行令状 / serve a ~ on... に令状を送達する. 〚OE=書かれたもの; cf. write〛

writ² 動《古》write の過去形・過去分詞.

⁎write /rάɪt/ 動 (wrote /róʊt/,《古》writ /rít/; writ·ten /rítn/,《古》writ /rít/) 他 ❶《文字・文章・論文・本などを》書く;《曲を》作る, 書く;《絵などに》字を書く;《ある筆跡で》字を書く: ~ a check [《英》cheque] / 小切手を書く(⇒ WRITE out (成句)(2)) / ~ a book on American history アメリカ史の本を書く / an opera [a symphony] オペラ[交響曲]を作曲する / He ~s English better than he speaks it. 彼は英語を話すより書くほうが上手だ / ~ one's name and address in a book 本に住所氏名を書く / an e-mail 電子メールを書く / He wrote a wonderful melody for the song. 彼はその歌にすばらしい曲をつけた / [+回用] He wrote "Many Happy Returns" on his birthday card to her. 彼は彼女あてのバースデーカードに「御長寿を祈ります」と書いた / ~ him a check (for the sum [$40]) 彼に(その金額[40 ドル]の)小切手を書いてやった / ~ five pages 5ページ書く / ~ shorthand 速記で書く / ~ a good [bad] hand 字がうまい[下手だ].

❷《人に》《手紙・葉書などを》書く;〈...ということを〉手紙で知らせる: ~ a letter from Paris パリから手紙を書く / a letter home 家に手紙を書く / Our son ~s us every week. 息子は私たちに毎週手紙をくれる《用法》「人」だけを目的語とするのは主に《米口》/ [+目+目] He wrote me an account of his journey. 彼は私に旅の模様を書いてよこした / I wrote a long letter to my parents. 私は両親に長い手紙を書いた / [+that] He ~s that he's getting better. 彼はだんだん快方に向かっていると手紙で書いてきている / I wrote (to) them that I was leaving for London. 私は彼らにロンドンへたつところだと手紙で書いてやった《用法》to を省略[+目+目]は主に《米》. ❸《本などの中で》《...と》書いて[言って]いる: [+that] The poet ~s that life is but an empty dream. その詩人は人生はむなしい夢にすぎないと書いている / It is written in the Bible that... と聖書に書いてある.

❹《感情・性質などを》〈顔・心などに〉(書いたようにはっきり)示す, 表わす, 書き込む [on, in, all over]《★ 通例受身形》: Honesty is written on [all over] his face. 正直さが彼の顔[顔中]に出ている.

❺《電算》《記憶装置に》《情報を》書き込む [to, onto]: ~ data onto a CD CDにデータを書き込む.

── 自 ❶《字を》書く: He cannot read or ~. 彼は読み書きができない / She ~s well [clearly, legibly]. 彼女は字を上手に[はっきりと, 読みやすく]書く / ~ with one's left hand 左手で書く / ~ on both sides 両面に書く / ~ with a pen ペンで書く / You may ~ either in ink or in pencil. インクで書いても鉛筆で書いてもどちらでもよい《用法》in を用いる時には pencil, pen も無冠詞》/ Don't ~ on the walls. 壁に落書きしないで.

❷ 著述する, 著作する; 原稿[文章]を書く: Her ambition was to ~. 彼女の望みは作家になることだった / He made a living by writing. 彼は文筆で暮らしを立てた / This author ~s well. この作者は文がうまい / ~ for a newspaper [magazine] 新聞[雑誌]に原稿を書く[寄稿する] / ~ for a living 文筆を業とする, 生活のために筆を執る / ~ to a newspaper 新聞に投書する / I want to ~ about it [on the subject]. 私はそのことについて[その問題について]書きたい / He wrote of his experiences in Asia. 彼はアジアでの自分の経験について書いた.

❸ 手紙を書く, 便りをする: She ~s home once a week. 彼女は週に1度は故郷へ手紙を書く / ~ to one's mother 母のもとに手紙を書く / I wrote to him about the matter. その件について彼に手紙を書いた / [+doing] He wrote asking me to meet him at the airport. 彼は私に空港に出迎えるようにと手紙をよこした.

❹ [通例 well などの様態の副詞(句)を伴って]《ペンなどが》〈...に〉書ける: This pen ~s well. このペンはよく書ける.

nóthing to wríte hóme abòut ⇒ home 副 (成句).

write awáy = WRITE off (成句)(2).

write báck ...に返事を書く [to].

write dówn (他+副) (1)《...を》書き留める, 記録する (note down): Some students ~ down every word the professors say. 教授の言う一字一句を全部ノートする学生がいる. (2)《資産などの》帳簿価格を切り下げる.

write for... (1) ...を手紙で注文する: ~ for a fresh supply 補給請求[発注]の手紙を書く / ~ home for money 金を送ってくれと家に手紙を出す. (2) ...のために文書を書く(⇒ 自 2).

write in (他+副) (1)《...を》書き込む, 書き入れる. (2)《米》《選挙で》《人の名を名簿に》書き込む[加える]. ── (自+副) (3)《会社・官庁などへ》《要望・注文などを》手紙で送る, 投書する[to].

write...into... (1)《規則や条件などを》《契約書などに》書き加える. (2)《登場人物を》《連続ドラマなどに》加える.

write óff (他+副) (1) すぐに[気軽に]書く. (2) [...を]手紙で注文する: He wrote off for a dozen bottles of wine. 彼はワインを1ダース送ってほしいという手紙を書き送った. (3)《...を》一気に書き上げる: ~ off a poem in ten minutes 10分間で詩を書き上げる. (4)《負債などを》《...として》帳消しにする, その破算にする: ~ off a debt (as irrecoverable) 負債を(回収不能として)帳消しにする. (5)《...と》みなす, 決めつける: ~ off a person as a fool 人をばかだとみなす. (6)《...を》だめとみなす, 見限る. (7)《英》《車などを》《修理不能などで》めちゃめちゃに壊す.

write óut (他+副) (1)《...を》すっかり[略さずに]書く: ~ out a report 報告を書き上げる / Written out, 4.5 million is 4,500,000. 略さないで書き出すと 450万は 4,500,000 である. (2) 小切手などを書く. (3) [~ oneself out で]《作家が》(書きすぎて)書くことがなくなる, 種切れになる. (4)《連続ドラマなどから》《登場人物を》除く [of].

write úp (他+副) (1)《...を》高い所に書く, 掲示する: Please ~ up the details on the blackboard. どうか黒板に詳細を書いて[掲示して]ください. (2)《日記・出来事などを》詳しく書く; 書き上げる; 《草案などを》まとめる: He wrote up his diary every evening. 彼は毎晩きちんとその日その日の日記をつけた / The reporter wrote up the event for her paper. その記者は自分の新聞のために事件を詳しく報道した. (3)《新聞・芝居・製品などの》評を新聞・雑誌などに書く. (4)《人について》《失態などに関して》正式な報告書を書く: He was written up for being late to work. 彼は仕事に遅れたことを記録に残された. ── (自+副) (5) = WRITE in (成句)(3).

writ [wrítten] in wáter ⇒ water 名 (成句).

writ [wrítten] lárge (1)(特筆)大書されて; はっきり示されて《★ Milton の詩から》. (2) 大規模で, 大々的で. (3) 弊害などいっそう激しくなって, 輪をかけて. 〚OE; 原義は「ひっかく, 刻む」; 昔, 石や木をひっかいたり, 刻んだりしてしるしをつけたことから〛

write-dówn 名 評価切下げ, 償却《資産などの帳簿価格切下げ》.

write-ín 名《米》書き込み投票.

⁺write-óff 名 ❶《負債などの》取り消し, 帳消し. ❷《口》**a** 大破したもの《自動車・飛行機など》. **b** 絶望視された人.

write-protéct 《電算》 他 《ディスク・ファイルなどの》書き込みできなくする, 書き込み禁止にする. ── 形 書き込み防止[禁止]用の. **-protéction** 名 Ｕ.Ｃ《電算》書き込み防止[禁止].

write-pròtect táb 名〖電算〗(フロッピーディスクの)書き込み防止[禁止]用タブ.

‡**writ·er** /ráɪṭɚ | -tə/ 名 ❶ 作家, 著述家; 記者〔*on, of*〕. ❷ 著者, 作者: the present ~ この文の著[筆]者. ❸ [修飾語を伴って]書く のが…な人.

wríter's blóck 名〈作家などの〉「創作の壁」〈執筆できなくなるスランプ状態〉.

wríter's crámp 名 U〖医〗書痙(ｹｲ), 指のけいれん: get ~ 書痙になる.

write-úp 名〘口〙 ❶〈新聞・雑誌などの〉記事, 論評(review); 書評; 評価. ❷ ほめたてた[好意的な]記事. ❸〈資産の〉評価増し.

⁺**writhe** /ráɪð/ 動 圓〈人が〉〈苦痛などで〉もがく, のたうち回る; もだえ苦しむ: The wounded soldier ~ *d in* agony. 負傷兵は苦痛のあまりのたうち回った / He ~ *d under* the insults [*with* shame]. 彼はその侮辱を受けて[恥辱にも]もだえた. 〖OE=ねじ曲げる; cf. wrong〗

writh·en /ríðən/ 形〘詩〙からみ合った; 輪になった; 曲がりくねった.

*‡**writ·ing** /ráɪṭɪŋ/ 名 U ❶ **a** 書くこと, 執筆; 文筆(業), 著述業: at this [the present] ~ これを書いている今(では), 現在(では) / He's busy with his ~. 彼は書き物に忙しい. **b** [形容詞的に]書くための, 書写用の: a ~ book 習字帳 / a ~ case 筆入れ, 文房具箱 / a ~ pad (はぎ取り式の)書簡紙, 便箋. ❷ **a** U 書かれたもの; 著作: a piece of ~ 作品. **b** [複数形で] 著作, 作品: the ~*s* of Milton ミルトン全集. ❸ 書体, 筆跡 (handwriting). ❹ U 書面, 文書: in ~ 書いて, 書面で / put [give] an agreement in ~ 取り決めを書面にする / get…in ~ …を文書[書面]にしてもらう. **the wríting is on the wáll**〘口〙不吉な兆候が見られる.

wríting dèsk 名〈引き出し付き〉書き物机; 写字台.

wríting matèrials 名 複 文房具.

wríting pàper 名 U 便箋(ｾﾝ).

‡**writ·ten** /rítn/ *write* の過去分詞. ── 形 (比較なし) ❶ 書いた, 書面にした (cf. oral 1, verbal 1): a ~ application 申込書, 願書, 依頼状 / a ~ examination 筆記試験. ❷ 書き物に用いられる, 文語の (↔ spoken): the ~ word 書き言葉 / ~ language ⇒ language 1. ❸ 成文の (↔ unwritten): a ~ constitution 成文憲法.

WRNS /rénz/ (略)〘英〙Women's Royal Naval Service 海軍婦人部隊 (cf. Wren).

‡**wrong** /rɔ́ːŋ | rɔ́ŋ/ 形 (more ~, most ~; ~·er /rɔ́ːŋɡɚ | rɔ́ŋɡə/, ~·est /rɔ́ːŋɡɪst | rɔ́ŋɡ-/) (↔ right) ❶ 正しくない, 誤った, 間違った (↔ answer [decision] 間違った答え[決定] / a ~ move 誤った(チェスの)こまの動かし方; 妥当でないやり方 / take the ~ bus 間違ったバスに乗る / Correct me if I'm ~, but…間違っているかも知れないが…/自分は正しいと思うが, はっきりそう言うのがためらわれる時使う) / You have (got) the ~ number. [電話で] 番号が違います / I was ~ *about* John. ジョンについては私の考えが間違っていた / He was ~ *in* his conjecture. 彼の推測は間違っていた / You're ~ *in* thinking that I did it. 私がそれをしたと考えるのは間違っている. ❷ 不適当な, 不適切な, ふさわしくない, 思わしくない, まずい: You have come at the ~ time. どうもまずい時に来ましたね / the ~ clothes *for* the occasion その場所にふさわしくない服装. ❸ 逆の, あべこべの; 裏の: the ~ side of a fabric 織物の裏側 / wear a sweater ~ side out セーターを裏返しに着る. ❹ P 具合が悪くて, 故障で, 調子が狂って: My watch is ~. 私の時計は狂っている / There's something ~ with the engine. そのエンジンはどこか故障がある / Something is ~ *with* him. 彼はどうかしている / What's ~ *with* you?〘口〙どうかしたのか〖用法〗文脈によっては「しっかりしろ」というような励ましや叱責の言葉にもなる) / What's ~ *with* it?〘口〙それのどこが悪い / それでよいではないか; cf. WHY not (…)? 成句 (1)｝. ❺ P (道徳的に)悪くて, 不正で, よくなくて: It's ~ *to* tell lies. うそをつくのはよくないことだ / [+*of*+代 (*to do*) / +*for* +代+*to do*] It was ~ *of* you to do that. = You were ~ *to* do that. そうしたのは君が悪かった / [+*for* +代+*to do*] It was ~ *for* him to desert her. 彼が彼女を見捨てたのは間違いだった.

---

be caúght on the wróng fóot ⇨ catch a person on the wrong FOOT 名 成句.

be in the wróng pláce at the wróng tíme 悪い時に悪い場所にいる, 意図せずにトラブルに巻き込まれる.

gèt (hóld of) the wróng énd of the stíck ⇨ end 名 成句. **gèt on the wróng síde of a person** ⇨ side 名 成句.

gò dówn the wróng wáy〈食物が〉気管に入る.

in the wróng bóx ⇨ box¹ 名 成句. **on the wróng síde of…** ⇨ side 名 成句.

táke…the wróng wáy〈発言などを〉誤解して腹を立てる.

── 副 (比較なし) [通例動詞のあとに用いて] ❶ 悪く, 不正に: right or ~ よかれあしかれ / act ~ 不正を働く. ❷ 誤って, 間違って: answer [guess] ~ 答え[推測]を誤る / I told you ~ the other day. 先日君にうそを言ってしまった / He did it ~. 彼は間違ったやり方をした. ❸ 逆に, あべこべに.

gèt in wróng with a person〘米口〙〈人〉に嫌われる.

gèt…wróng (1)〈…〉を誤解する: Don't *get* me ~. 誤解しないでください. (2)〈…〉を間違って答える.

gó wróng (1) 道を誤る, 違う道を行く; 罪を犯す. (2) 正道を踏みはずす; 身を誤る, 堕落する. (3)〈時計・計算などが〉狂う. (4) 不機嫌になる. (5)〈食物が〉腐る. (6)〈計画などが〉失敗する.

you cán't gò wróng with…だったら間違いない: For a romantic dinner, you can't go ~ *with* that French restaurant. ロマンチックなディナーだったら, あのフランス料理のレストランに行けば間違いない

── 名 (↔ right) ❶ U 悪, 罪; 不正: know right from ~ 善悪をわきまえる; 善を知り, 悪を知る; 処置を誤る. ❷ U.C **不当, 不法**; 不当な行為 [待遇], 虐待 (abuse): suffer ~(*s*) (他から)害[虐待]を受ける, 不法な処置を受ける. ❸ C 非行, 悪事 (misdeed): Two ~*s* don't make a right.《諺》他人が悪い事をしているからといって自分もそうしてよいということにはならない.

be in the wróng 間違っている, 悪い; 不正である (↔ be in the right): I [My guess] *was in the* ~. 私[私の推測]は間違っていた / It's who *was in the* ~; I apologize. 悪かったのは私です, 謝ります.

…can dó nò wróng〈…〉は完璧(ｾﾞｷ)である.

dó a person wróng = **dò wróng to a person** (1) 人に悪い事をする, 人を不当に取り扱う. (2) 人を誤解する, 人の動機(など)を悪くとる: You *do me* ~. 君は私を誤解している. **pút a person in the wróng** 悪いのを〈人〉のせいにする: Your mother is always trying to *put* me *in the* ~. 君のお かあさんはいつもぼくを悪者にしようとしている.

── 動 他 ❶〈人〉を不当に取り扱う, 〈人〉に悪い事をする. ❷〈人〉を誤解する; 〈人〉にぬれぎぬを着せる; 〈人〉を中傷する: You ~ me. 君は私を誤解している.

〖OE=ねじ曲がった; cf. wreath, wrest, wring, wrist〗【類義語】injustice.

wróng·dòer 名 悪事を働く人, 非行者; 犯罪者, 加害者.

wróng·dòing 名 U.C 悪事を働くこと; 悪行, 非行; 罪, 犯罪.

wróng-fòot 動 他〘口〙 ❶ (テニスで)〈相手に〉バランスをくずさせるように打つ. ❷〈人〉に不意打ちを食わせる, あわてさせる.

⁺**wrong·ful** /rɔ́ːŋf(ə)l | rɔ́ŋ-/ 形 不法な, 不当な; (道徳的に)悪い, 邪悪な: a ~ act 不当な行為[悪業] / ~ dismissal 不当解雇. ~·ly /-fəli/ 副 不法に, 不当に《★通例法律に関する状況で用いられる》: ~*ly* accused [convicted] 不当に告発[有罪に]された.

wróng-héaded 形 ❶〈人や の考えが〉間違った; 誤っても改めようとしない; がんこな. ❷〈考え・意見などが〉間違えた: a ~ decision 誤った決定. ~·ly 副 ~·ness 名

wróng·ly 副 [通例過去分詞の前に用いて] 誤って, 間違って: a ~ addressed letter 宛て名違いの手紙 / We were ~ informed. 我々は誤った情報を受けて[知識を持って]いた. ❷ 悪く, 邪悪に; 不法に, 不当に: He was ~ accused. 彼は不法に告発された.

wrong'un /rɔ́:ŋən | rɔ́ŋ-/ 名 《英口》悪党, 卑劣漢. 〘wrong one から〙

≠**wrote** /róʊt/ 動 write の過去形.

wroth /rɔ́:θ | róʊθ/ 形 《古・詩》❶ P 激怒して: wax ~ 激怒する. ❷〈風・海など〉荒れ狂った.〘OE=ねじ曲がった; cf. wrong〙

wrought /rɔ́:t/ 動 work の過去形・過去分詞 (⇒ work 動 語形). ── 形 ❶ 造った; 精製した; 細工した, 手の込んだ: a highly ~ article 精巧な品 / a well-*wrought* urn よくできたつぼ. ❷〈金物など〉打って作った.

⁺**wróught íron** 名 U 錬鉄.

wróught-úp 形 興奮した, 気の立った (《裏切》 P の時には wrought up と書くことが多い; cf. worked up): She was in a highly ~ state. =She was highly *wrought up*. 彼女はひどく興奮していた.

WRT (略) with regard to 《電子メールなどで》.

wrung 動 wring の過去形・過去分詞.

wrúng-óut 形《口》ぐったりした.

wry /ráɪ/ 形 (**wry·er, wri·er; wry·est, wri·est**) Ⓐ ❶ a〈顔・表情など〉(一時的に)しかめた: a ~ look (おどけ気味の)しかめっ面 / a ~ smile (微)苦笑 / make a ~ face [mouth] 顔をしかめる, 渋面を作る (まずさ・失望・嫌悪 《心》 などの表情》. b〈目・鼻・首などゆがんだ, ねじれた, 横に曲がった. ❷〈言葉・ユーモアなど〉ひとひねりした, 皮肉な: ~ wit 皮肉っぽいウィット. ❸ 見当違いの; (意味を)もじった, こじつけの. ❹ 意地の悪い, つむじ曲がりの. **~·ly** 副 **~·ness** 名 〘OE=ねじれた; cf. wrong〙

wrý·bìll 名〔鳥〕ハシマガリチドリ《ニュージーランド産》.

wrý·nèck 名 ❶ Ⓒ〔鳥〕アリスイ《キツツキ科; 威嚇・求愛のときに首をねじるように振る; 欧州・アジア産》. ❷ Ⓤ〘口〙斜頸 (torticollis).

WSW (略) west-southwest. **wt.** (略) weight.

WTO /dʌ́blju:tì:óʊ/ (略) World Trade Organization 世界貿易機関 《GATT を引き継いで 1995 年に発足した国連の関連機関》.

Wu·han /wù:há:n | -hǽn/ 名 武漢(ぶ)《中国湖北省の省都》.

wun·der·kind /vʊ́ndəkɪ̀nt | -də-/ 名 (複 **-kin·der** /-kìndə | -də/, **~s**) 神童.

Wur·lit·zer /wə́:lətsə | wə́:lətsə/ 名〔商標〕ワーリッツァー《米国製の自動ピアノ・電子オルガン・ジュークボックスなど》.

wurst /wə́:st | wʊ́:st/ 名 C U ソーセージ.〘G〙

wu shu /wù:ʃú:/ 名 U 《中国の》武術, 武道.

wuss /wʊ́s/ 名《米俗》弱虫, 泣き虫.

wuz /wəz/ 動《非標準》=was.

WV (略)《米郵》West Virginia. **W.Va.** (略) West Virginia. **WW** World War. **WWF** /dʌ́blju:dʌ́blju:éf/ (略) World Wide Fund for Nature 世界野生生物基金. **WWW** /dʌ́blju:dʌ́blju:dʌ́blju:/ (略)〔電算〕World Wide Web. **WY** (略)《米郵》Wyoming. **Wy.** (略) Wyoming.

Wy·an·dot /wáɪəndɒ̀t | -dɔ̀t/ 名 (複 ~, ~s) ❶ a [the ~] ワイアンドット族《北米先住民 Huron 族の一種族》. b Ⓒ ワイアンドット族の人. ❷ Ⓤ ワイアンドット語.

Wy·an·dotte /wáɪəndɒ̀t | -dɔ̀t/ 名 ❶ ワイアンドット種(の鶏)《米国の中型の卵肉兼用種》. ❷ =Wyandot.

Wy·att /wáɪət/ 名 ワイアット《男性名》.

wých èlm /wítʃ-/ 名〔植〕オウシュウ[セイヨウ]ハルニレ.

wých hàzel 名 ❶ =witch hazel. ❷ =wych elm.

Wyc·liffe /wíklɪf/, **John** 名 ウィクリフ (1320?-84; 英国の宗教改革家; Wyclif ともつづる》.

Wye /wáɪ/ 名 [the ~] ワイ川《ウェールズ中部に発し, ウェールズ東部とイングランド西部を南東に流れる》.

Wy·eth /wáɪəθ/, **Andrew (Newell)** 名 ワイエス (1917- ; 米国の画家).

Wyke·ham·ist /wíkəmɪst/ 形 名《英国の》Winchester College の(在学生[出身者])《英国最古のパブリックスクール》.〘William of Wykeham 創立者〙

wyn, wynn /wín/ 名 =wen².

Wyo. (略) Wyoming.

Wy·o·ming /waɪóʊmɪŋ/ 名 ワイオミング州《米国北西部の州; 州都 Cheyenne /ʃaɪǽn/; 略 Wyo., Wy., 《郵》WY; 俗称 the Equality State》.〘N-Am-Ind = large river bottom〙

Wy·o·ming·ite /waɪóʊmɪŋàɪt/ 名 ワイオミング州の人.

WYSIWYG /wíziwìg/ 形〔電算〕画面表示どおり出力される, ウィジウィグの.〘*w*hat *y*ou *s*ee *i*s *w*hat *y*ou *g*et〙

wy·vern /wáɪvə(:)n | -və(:)n/ 名 飛竜, ワイバン《2 本足で翼をもち, 尾にはとげがある架空の動物; 紋章に用いられる》.〘F<L *vipera* 毒へび; cf. viper〙

X x

x¹, X¹ /éks/ 图 (圈 xs, x's, Xs, X's /-ɪz/) ❶ U,C エックス《英語アルファベットの第 24 字》. ❷ U 《連続したもの の》第 24 番目(のもの). ❸ U 《ローマ数字の》10: XV [xv] =15 / XX [xx]=20 / XL [xl]=40 / XC [xc]=90.

x² /éks/ 图 (圈 x's, Xs /-ɪz/) 《通例 x の字体で》【数】第 1 未知数 (cf. y², z²; a², b², c²).

x³ /éks/ 图 動 (圏 x-ed, x'd, xed /ékst/; x-ing, x'ing /éksɪŋ/) 《米》 ❶ 《…に》X の印をつける: x one's ballot 投票用紙に×印をつける (★ 日本の ○ に当たる). ❷ 《…を》 X の印で消す 〈out〉.

X² /éks/ 图 (圈 X's, Xs /-ɪz/) ❶ X 字形(のもの). ❷ X の記号で: **a** 字を書けない人の署名の代わり: put one's X on ... に《(署名代わりに)×印をつける. **b** 《地図・図表などの》 特定の地点を示す印. **c** 誤りを示す印. **d** 《手紙などの最後に つける》キスの印. ❸ 未知数の人[もの]: Mr. X 某氏 / ⇒ X ray.

X³ /éks/ 图 U 《米俗》エクスタシー (Ecstasy) 《麻薬》.

X (略) Christ; Christian; cross (⇒ cross 图 2 c); 〔記号〕【映】成人映画 (★ 今では《米》では NC-17, 《英》では 18 を用いるのが正式な呼称).

X-Ac·to /ɪgzǽktoʊ, eg-/ 图〔商標〕エグザクト《米国製 のホビー・モデル・薄刃のこなどの工具類》.

Xan·a·du /zǽnəd(j)ùː | -dùː/ 图 夢のように豪華壮麗な ところ, 桃源郷. 《S. T. Coleridge の詩 *Kublai Khan* に描かれた空想の地》

Xan·ax /zǽnæks/ 图〔商標〕ザナックス《精神安定薬 alprazolam 製剤》.

xan·thine /zǽnθiːn/ 图【生化】❶ C キサンチン《血液・尿・肝臓などに含まれる酸化プリン》. ❷ C キサンチン誘導体《カフェイン・テオフィリンなど; 中枢神経興奮・利尿などの作用がある》.

Xan·thip·pe /zæntípi, -θípi/ 图 ❶ クサンティッペ《Socrates の妻; 伝説的に口やかましい女で悪妻の典型とされる》. ❷ C 口やかましい女, がみがみ女, 悪妻.

xan·tho·ma /zænθóʊmə/ 图 (圈 ~s, -ma·ta /-tə/) 【医】黄色腫. **xan·thoma·tous** /zænθάmətəs/ -θɔ́m-/ 形

xan·tho·phyll /zǽnθəfɪl/ 图 U 【化】キサントフィル《生物界に広く存在する黄色または褐色のカロチノイド色素》; 《特に》= lutein.

Xa·vier /zéɪvjə, -viə | zǽviə/, **Saint Francis** 图 ザビエル (1506–52; イエズス会の創設者の一人; 宣教師; インド・日本での布教).

x̃-àxis /éks-/ 图 [the ~] 〔数〕x 軸《横座標軸》.

X̃ chrómosome 图〔生〕X 染色体《性染色体の一種; Y 染色体と組み合わさる; cf. Y chromosome》.

x.d. 〔略〕〔株式〕ex dividend. **Xe** 〔記号〕【化】xenon.

xe·bec /zíːbèk/ 图 ジ(ー)ベック《地中海の 3 本マスト小帆船》.

Xen·i·cal /zénɪk(ə)l/ 图〔商標〕ゼニカル《膵臓の脂肪分解酵素阻害薬; 肥満治療用》.

xen·o- /zénoʊ/ [連結形]「賓客」「外国人」「外来の」 「異種の」の意. 《Gk *xenos* stranger, foreigner》

xèno·biótic 形〔生・医〕生体異物(の).

xen·o·cryst /zénəkrɪst/ 图〔岩石〕外来結晶, ゼノクリスト《外部からマグマに混入した結晶》.

xe·nog·a·my /zənάgəmi | -nɔ́g-/ 图 U 【植】異株[異花]受精, 他家受粉. **xe·nóg·a·mous** /-məs/ 形

xèno·ge·né·ic /zènoʊdʒəníːɪk/ 形【医】異種(発生性)の.

xéno·gràft 图【医】異種移植片 (heterograft).

xéno·lìth 图〔岩石〕捕獲岩. **xèno·lích·ic** 形

xe·non /zíːnɑn, zén- | -nɔn/ 图 U 【化】キセノン《希ガス元素; 記号 Xe》.

Xe·noph·a·nes /zɪnάfənìːz | -nɔ́f-/ 图 クセノパネス 《560?–?478 B.C.; ギリシアの詩人・哲学者; 神は唯一至高で

あると説いた》.

xen·o·phile /zénəfàɪl/ 图 外国(人)好きの人. 《XENO-+-PHILE》

xen·o·phobe /zénəfòʊb/ 图 外国(人)嫌いの人, 他人恐怖症の人.

xen·o·pho·bi·a /zènəfóʊbiə/ 图 U 外国(人)嫌い, 他人恐怖症(症). 《XENO-+-PHOBIA》

xen·o·pho·bic /zènəfóʊbɪk/ 形 外国(人)嫌いの, 外国(人)[他人]恐怖症の.

Xe·no·phon /zénəfən/ 图 クセノポン, クセノフォン 《431?–?352 B.C.; ギリシアの軍人・歴史家; *Anabasis*『アナバシス』》.

xèno·tránsplant 图〔医〕❶ C,U 異種移植. ❷ C 異種移植片[器官]. ─ 動 異種移植する.

xèno·transplantátion 图 U〔医〕異種移植《異種動物間で行なわれる組織[臓器]移植》.

xe·ric /zí(ə)rɪk, zér-/ 形〔生態〕〈土壌などが〉乾燥した; 〈植物などが〉好乾[耐乾]性の, 乾生の.

Xe·ri·scape /zí(ə)rəskèɪp/ 图〔商標〕ゼリスケープ《乾燥地で節水をしながら行なう造園法》.

xé·ri·scàp·ing 图 U 乾景観づくり.

xe·ro- /zí(ə)roʊ/ [連結形]「乾いた」. 《Gk *xēros* 乾いた, 乾燥した》

xe·ro·der·ma /zì(ə)rədə́ːmə | -dɔ́ː-/ 图〔医〕乾皮症.

xe·rog·ra·phy /zɪ(ə)rάgrəfi | -rɔ́g-/ 图 U ゼログラフィー《乾式写真複写印刷の一方式》. **xe·ro·graph·ic** /zì(ə)rəgrǽfɪk/ 形 **-i·cal·ly** /-ɪkəli/ kəli/ 副

xe·roph·i·lous /zɪ(ə)rάfələs | -rɔ́f-/ 形【動・植】好乾[耐乾]性の, 乾生の. **xe·róph·i·ly** /-əli/ 图 U 乾性.

xe·roph·thal·mi·a /zì(ə)rɑfθǽlmiə | -rɔf-/ 图〔医〕 《全身的ビタミン A 欠乏による》眼球乾燥(症). **-thál·mic** /-mɪk/ 形

xe·ro·phyte /zí(ə)rəfàɪt/ 图〔生態〕乾生植物. **xe·ro·phyt·ic** /zì(ə)rəfítɪk-/ 形 乾生的な.

⁺**xe·rox** /zí(ə)rɑks, -roks/ 图 ❶ [X~]〔商標〕ゼロックス《乾式複写法の一種》. ❷ C ゼロックスによる複写[コピー]. ─ 動 《…を》ゼロックスで複写[コピー]する. 《XEROGRAPHY》

Xer·xes I /záːksiːz- | zɔ́ːk-/ 图 クセルクセス 1 世 (519?–465 B.C.) アケメネス朝ペルシアの王 (486–465 B.C.); Darius 1 世の子》.

x́ hèight /éks-/ 图 U 【印】エックスハイト《b や p のように上下 にはみ出さない x, a, r, w などの基本活字の高さ》.

Xho·sa /kóʊsə | kɔ́ː sə/ 图 ❶ C コーサ族の人《南アフリカ共和国南東部に住む》. ❷ U コーサ語《コーサ族の話す Bantu 語》.

xi /zái, sái | sái, ksái/ 图 U,C クシー《ギリシア語アルファベットの第 14 字 Ξ, ξ; 英字の X, x に当たる; ⇒ Greek alphabet 表》.

XI 〔略〕〔株式〕ex interest 利落ち(で[の]).

Xi'an, Xi·an /ʃiːɑ́n | -æn/ 图 西安(シーアン){シーアン}《中国陝西省の省都; 旧称 長安 (Changan)》.

X·ing, x·ing /krɔ́ːsɪŋ | krɔ́s-/ 图 [道路標識に用いて] =crossing.

Xin·jiang Uy·gur /ʃíndʒiɑ́ːŋwíːgʊə | -dʑiɑŋwíː-gʊə/ 图 新疆(シンチャン){シンチャン}ウイグル自治区《中国西部の自治区; 中心都市 Ürümchi》.

-xion /kʃən/ 腰尾 動作・状態を表わす名詞語尾 《圏叉》 主に《英》; 現在では connection, inflection のように -ction が一般のつづり字法に: connexion; inflexion.

xi·phi·ster·num /zìːfɪstə́ːnəm | -stə́ː-/ 图 (圏 **-na** /-nə/) 〔解〕=xiphoid process.

xíph·oid pró·cess /zífɔɪd-/ 图〔解〕《胸部の》剣状突起.

XL 〔略〕extra large 特大(の).

Xmas /krísməs, éksməs/ 名《口》クリスマス (Christmas) (比較 X'mas と書くのは間違い). 《Gk X(ριστος) Christ+(Christ)mass; cf. mass》

XML /éksèmél/ 名《電算》XML 《独自に定義したタグ・書式を利用できる文書記述規約; SGML のサブセット》. 《*Extensible Markup Language*》

XOR /éksɔːr | -sɔː/ 名 排他的論理和 (exclusive or) をつくる演算子 (cf. AND, OR).

X-ràted 形 ❶《映画が》X の表示のある, 成人向きの（★特に強調して XX-rated, XXX-rated とすることもある; cf. movie 解説》: an ~ movie 成人映画. ❷《米》わいせつな, ポルノの: an ~ book エロ本.

***X ray** /éksrèɪ/ 名 ❶ 《通例複数形で》エックス線, レントゲン線. ❷ エックス線[レントゲン]写真: a chest ~ 胸部エックス線写真 / have an ~ taken [x ~ taken] エックス線写真をとる[とってもらう]. ❸ エックス線検査, レントゲン検査.《発見者 W. K. von Röntgen が「正体不明の放射線」という意で命名したもの》

***X-ray** /éksrèɪ/ 形 Ⓐ 《しばしば x-ray》エックス線の, レントゲンの (Roentgen): an ~ diagnosis [photograph] エックス線診断[写真] / ~ therapy エックス線療法 / have an ~ examination エックス線[レントゲン]検査を受ける. ── 動 他 ❶《...の》エックス線写真をとる: ~ the chest 胸部のエックス線写真をとる. ❷《...を》エックス線で調べる[治療する].

X-ray astrònomy 名 Ⓤ X 線天文学.
X-ray crystallògraphy 名 Ⓤ X 線結晶学.
X-ray tùbe 名《理》X 線管.
xs, XS《略》extra small.
XXX《記号》ポルノ《映画・雑誌などの表示》.
xy-lem /záɪləm/ 名 Ⓤ《植》木(質)部.
xy-lene /záɪliːn/ 名 Ⓤ《化》キシレン《溶剤・染料用》.
xy-loph-a-gous /zaɪlɑ́fəgəs | -lɔ́f-/ 形《動》《昆虫などが》木を食う, 食材性の《甲殻類などが》木に穴をあける.
xy-lo-phone /záɪləfòʊn/ 名 木琴, シロホン (cf. marimba).《Gk *xylon* 木+-PHONE》
xý-lo-phòn-ist /-nɪst/ 名 木琴[シロホン]演奏者.
XYZ /ékswàɪzíː/ 間 ファスナー[ジッパー, 社会の窓]が開いているよ.《*examine your zipper*》

Y y

y¹, Y¹ /wáɪ/ 名（覆 ys, y's, Ys, Y's/-z/）❶ Ⓤ.Ⓒ ワイ《英語アルファベットの第 25 字; cf. upsilon》. ❷ Ⓤ《連続したものの》第 25 番目(のもの).

y² /wáɪ/ 名 (覆 y's, ys /-z/)《通例 y の字体で》《数》第 2 未知数 (cf. x², z²; a², b², c²).

Y² /wáɪ/ 名 (覆 Y's, Ys, Y's /-z/) Y 字形(のもの);Y 字形支柱.

Y³ /wáɪ/ 名 [the ~]《米口》=YMCA; YWCA: He is staying at *the* Y. 彼は YMCA に泊まっている.

Y《記号》《化》yttrium.

¥, Y, Y《略》yen (円): ¥100 百円.

y.《略》yard(s); year.

-y¹ /i/ 接尾 ❶《形容詞・名詞につけて》「...の性質, ...の状態」: jealousy, victory. ❷《動詞につけて》「...の行為」: entreaty, delivery.

-y² /i/ 接尾 ❶《名詞につけて親愛を表わす指示辞》: aunty おばちゃん / Johnny ジョン坊. ❷《形容詞につけて名詞を造る》: sweety すてきな人 / fatty でぶちゃん.

-y³ /i/ 接尾 ❶《名詞から形容詞を造る》**a**「...だらけの」「...がいっぱいの」「...から成る」「...の性質をもった」: cloudy, hairy. **b**「...に似た」: milky, greedy. **c**「やや...の」「...に似た」: chilly, wintry. **d**「...に夢中な」: horsey. ❷《色彩を表す形容詞につけて》「がかった」: pinky, yellowy, whity 《比較 いずれも -ish のほうが一般的》. ❸《形容詞からさらに他の同意の形容詞（詩）を造る》: steepy, stilly, vasty.

ya /jə/ 代《口》=you.

***yacht** /jɑ́t | jɔ́t/ 名《ヨット《解説》レース用軽快帆船と《外洋を航行する遊覧用モーター《帆》付き》豪華快走船 (cruiser) とがある; 比較 レース・娯楽用の小型ヨットは dinghy か《米》sailboat,《英》sailing boat のほうが一般的》: sail a ~ ヨットを走らせる / sail on [in] a ~ ヨット旅行をする / by ~ ヨットで《★無冠詞》. ── 動 自 ヨットに乗る, ヨットを走らせる, ヨットで遊航する, ヨットレースをする: go ~*ing* ヨット乗りに行く.《Du=追跡船》

yácht clùb 名 ヨットクラブ.
yácht·ie /-ti/ 名《口》ヨット乗り[所有者], ヨット族.
†yácht·ing /-tɪŋ/ 名 Ⓤ ヨットを走らせること, ヨット遊び(の旅), ヨット操縦(術)[レース].
yácht ràce 名 ヨットレース.
†yáchts·man /jɑ́tsmən/ 名 (覆 **-men** /-mən/) ヨット操縦者[所有者].
yáchts·wòman 名 (覆 **-women**) yachtsman の女性形.
yack /jǽk/ 名 動《口》=yak².
ya(c)k·e·ty-yak /jǽkəti(j)ǽk/ 動《口》=yak².
ya·da ya·da ya·da, yad·da yad·da yad·da /jɑ́dəjɑ̀dəjɑ́də | jǽdəjæ̀dəjǽdə/ 間《米口》なんだかんだ, あぁだこうだ, 云々《実際の長たらしいことばの代用》.

yah¹ /jɑ́ː/ 間《憎しみ・あざけり・焦燥・挑戦などを表わして》やー, やーい.
yah² /jɑ́ː, jéə/ 副《口》=yes.
ya·hoo /jɑːhúː, jeɪ-/ jeɪ- | jɑ̀ː, jɑ̀ː-/ 間 イャッホー, ヒャッホー, ワーイ, やった《興奮・歓喜・高揚の発声》.
Ya·hoo /jɑ́ːhuː, ─ˊ─/ 名 ❶ ヤフー (Swift 作 *Gulliver's Travels*《ガリバー旅行記》の中の人間に似た野獣; Houyhnhnm に仕える》 ❷ [y~] 野獣のような人間.
Ya·hoo! /jɑ́ːhuː, ─ˊ─/ 名《商標》ヤフー!《インターネット検索エンジンの一つ》.
yahr·zeit /jɑ́ːtsaɪt | jɑ́ː-/ 名《しばしば Y~》《ユダヤ教》親[家族]の命日.
Yah·veh /jɑ́ːveɪ/, **Yah·weh** /jɑ́ːweɪ/ 名 ヤハウェ, ヤーウェ (Jehovah)《旧約聖書の神の固有名》.
Yáj·ur-Véda /jɑ́dʒʊə- | -dʒʊə-/ 名 [the ~] ヤジュルベーダ《祭詞を集録した 4 ページの一つ》.
yak¹ /jǽk/ 名 (覆 **~s, ~**) ❶ Ⓒ 動 ヤク, リギュウ《チベット・中央アジア産の野牛; しばしば荷をつけて運ばせる; 肉は食用》. ❷ Ⓤ ヤクの肉.《Tibet》
yak² /jǽk/ 名 動《口》(**yakked; yak·king**)《のべつ幕なしに》むだ話をする, ぺちゃくちゃしゃべる (yack). ── 名 Ⓤ《のべつ幕なしの》むだ話.《擬音語》
Yale /jéɪl/ 名 Ⓒ エール大学《米国 Connecticut 州 New Haven にある名門私立大学; 1701 年創立》.
y'all /jɔ́ːl/ 代《米南部》=you-all.
Ya·lu /jɑ́ːlùː/ 名 [the ~] 鴨緑江《おうりょっこう》, ヤールー川《北朝鮮と中国の国境をなす川》.
yam /jǽm/ 名《植》❶ ヤマノイモ. ❷《米》サツマイモ.《Port‹W-Afr》
yám bèan 名《植》クズイモ(葛芋)《熱帯地方で広く栽培されているマメ科の多年生つる植物; 塊根は食用だが, その他の部分は有毒; 中米原産》.
yam·mer /jǽmə | -mə-/ 名《口》動 ❶ **a** めそめそ[おいお]と泣く. **b** 不平を鳴らす. ❷《...について》ぺちゃくちゃしゃべり立てる 〈*on*〉《*about*》. ── 名 ❶ めそめそ泣き. ❷ おしゃべり.
Ya·mous·sou·kro /jɑ̀ːməsúːkrou/ 名 ヤムスクロ《コートジボワールの首都》.
yang /jɑ́ːŋ, jǽŋ/ 名 Ⓤ《中国哲学の陰陽の》陽 (↔ yin).
Yan·gon /jɑ̀ːŋgoʊn/ | jǽŋgɔn/ 名 ヤンゴン《ミャンマー (Myanmar) の首都; 旧称 Rangoon》.
Yang·tze /jǽntsi/ 名 [the ~] 揚子江, 長江《中国最大の川; 東シナ海に注ぐ》.

†**yank** /jǽŋk/《口》動 他 [副詞(句)を伴って]〈…を〉ぐいと引く[引っぱる]:〜 out a tooth 歯をぐいと抜く / Mother 〜ed the bedclothes off John. 母はジョンの夜具をぐいとはぎはがした / He 〜ed her out of the car. 彼は彼女を車から引きずり降ろした / He 〜ed open the drawers. 彼は引き出しを次々に引っぱってあけた. ── 自 〈…を〉ぐいと引っぱる: 〜 at a rope 綱をぐいと引く. ── 名 ぐいと引くこと.

Yank /jǽŋk/ 名 形《口》=Yankee.

Yan·kee /jǽŋki/ 名《口》ヤンキー: **a**《米》ニューイングランド人. **b**《米南部》北部諸州の人. **c**《米》北軍の兵士《南北戦争当時のニックネーム》. **d**《英》米国人 (Yank)《★ 米国内では一般にアメリカ人の俗称than形》ヤンキーの; ヤンキー式[流]の.《New York のオランダ移民が Connecticut の英国移民をあざけって呼んだあだ名 *Jan Kees* (= John Cheese) から》

Yánkee Dóodle 名 ヤンキーの歌《米国独立戦争中に流行した歌; 米国の準国歌ともいわれる》.

Yán·kee·ism /-kìzm/ 名 ❶ C ヤンキーかたぎ, アメリカ人気質. ❷ C アメリカ語法. ❸ C アメリカの風習.

yan·qui /jáːŋki/ 名《しばしば Y-》《ラテンアメリカでアメリカ人と区別して》米国人, ヤンキー. ── 形 米国(人)の.

yan·tra /jáːntrə/ 名 ヤントラ《瞑想の時に用いる幾何学的図形》.

Yaoun·dé /jaundéi/ 名 ヤウンデ《カメルーンの首都》.

yap /jǽp/ 動 自 (**yapped; yap·ping**) ❶〈犬が…に〉キャンキャン[騒がしく]ほえたてる《*at*》(⇒ **bark**¹): Their dog yapped at me. そこの犬は私に向かってキャンキャンほえた. ❷《口》〈人が〉うるさくしゃべる, がみがみ言う; ぺちゃぺちゃしゃべる《*away, on*》: He yapped (away) on the subject for hours. 彼はその問題について何時間もしゃべりつづけた. ── 名 ❶ (犬のやかましい)ほえ声. ❷ **a**《口》U 《口》(騒々しい)おしゃべり. **b** C 《俗》口. 《擬音語》

ya·pock, ya·pok /jəpák | -pɔ́k/ 名 動 ミズオポッサム《南米産》.

Ya·qui /jáːki/ 名 (働〜s, 〜) ❶ **a** [the 〜(s)] ヤーキ族《メキシコ北西部の種族》. **b** C ヤーキ族の人. ❷ U ヤーキ語.

Yar·bor·ough /jáːbə̀rou | jáːb(ə)rə/ 名《トランプ》(whist, bridge で 9 を超える札のない手, くず手.《C. A. Worsley, 2nd Earl of Yarborough: 起こりうる手として 1000 対 1 で賭けたとされる英国の貴族》

‡**yard**¹ /jáːd | jáːd/ 名 ❶ C **a** (家・建物に隣接した, 通例囲まれた)庭, 囲い地: Can I go (and) play in the 〜? 庭に行って遊んでいいですか / ⇒ schoolyard, churchyard, farmyard. **b**《米》家・家畜などを入れる)囲い. ❷ C [しばしば複合語で]…製造場, 仕事場, (れんが・材木・車などの)置き場: ⇒ brickyard, lumberyard, stockyard. ❸ C《鉄道》駅構内, 操車場. ❹ [the Y-]《英》=Scotland Yard.《OE; 原義は「囲まれた土地」; **garden** と二重語》《類義語》**yard** 通例舗装された囲い地や学校などの中庭;《米》では芝生などを植えた前庭 (front yard) や裏庭 (backyard) もさす. **garden** 花や野菜の植えてある庭.

‡**yard**² /jáːd | jáːd/ 名 ❶《英》ヤード, ヤール《長さの単位: 3 feet, 36 inches, 0.9144 m; 略 yd.》: 5 〜s of cloth 5 ヤードの布地. ❷《海》桁(む), 帆桁: **man the** 〜 各ヤードに礼を行なう. **by the yárd** 長々と. **yard of ále** 1 ヤードの高さの角(ξ)形のビールグラス(にはいる量)《2-3 パイント》.《OE=(はかり)棒》

yard·age¹ /jáːdɪdʒ | jáːd-/ 名 U ❶ (家畜などの)置き場使用(権[料]). ❷ 駅構内使用(権[料]).《YARD¹+-AGE》

yard·age² /jáːdɪdʒ | jáːd-/ 名 U ヤードで測った長さ[量].《YARD²+-AGE》

yárd·àrm 名《海》桁端(ξ).

yárd·bìrd 名《米》❶ **a**《罰として》雑役をさせられる兵隊. **b** (半人前の)新兵 (recruit). ❷ 囚人, 受刑者.

yárd gòods 名 複 ヤード単位で売られる布地.

Yard·ie /jáːdi/ 名《英俗》❶《英口》ヤーディー《西インド諸島, 特にジャマイカの犯罪組織の一員》. ❷《ジャマイカ》ジャマイカ人.

yárd·man /-mən, -mæn/ 名 (複 -**men** /-mən, -mèn/) ❶《米》庭仕事[外仕事]をする雇い人《芝刈り人など》. **a** 材木[建材]店の監督[作業員]. **b**《鉄道》構内作業員.

yárd sàle 名《米》=garage sale.

yárd sìgn 名 ヤードサイン《家の表に人目につくように出しておく看板; 選挙前に支持候補者[政党]を表明したりする》.

†**yárd·stìck** 名 ❶ (木・金属製の)ヤード尺. ❷ (評価・判断・比較などの)基準, 尺度,「ものさし」.

yárd wòrk 名 U 庭仕事.

yare /jéə | jéə/ 形〈船が〉軽快な, 扱いやすい. 〜·**ly** 副

yar·mul·ke, yar·mul·ka /jáːmulkə | jáː-/ 名 ヤムルカ《ユダヤ人の男性が(教会や家庭で)かぶる縁なしの小さな帽子》.《Yid<Pol<L=(僧)のずきん》

yarn /jáːn | jáːn/ 名 ❶ U,C 紡績糸, 織り糸, 編み糸, より糸《比較 縫い糸は thread》: woolen [cotton] 〜 毛[綿]糸. ❷ C《口》(冒険談などのあまりあてにならない)物語, 旅行談; 作り話: spin a 〜 物語[作り話]をする. ── 動 自《口》物語[長話]をする.《OE》

yar·row /jǽrou/ 名 U,C《植》ノコギリソウ《セイヨウノコギリソウなど》; 薬草.

yash·mak /jǽʃmaːk | -mæk/ 名 ヤシュマック《イスラム教徒の婦人が人前でかぶるベール》.《Arab<Turk》

yat·a·ghan /jǽtəgæn, -gən | -gən/ 名《トルコの》ヤタガン剣《つばなしでゆるく S 形にそった長剣》.《Turk》

yat·ter /jǽtə | -tə/ 動 自 名 U《口》つまらないおしゃべりをする(こと), ペチャクチャしゃべる(こと).

yaw /jɔ́ː/ 名 ❶《海》〈船が〉(針路からそれて)偏走する, 左右に船首を振りながら進む. ❷《空》〈航空機・ロケットなどが〉偏(え)揺れする. ── 名 ❶ 偏走; 偏揺れ. ❷ 偏揺れ角(度).《ON *jaga* to hunt》

yawl /jɔ́ːl/ 名 ❶ ヨール《4 本または 6 本オールの小型の船載ボート》. ❷ ヨール型帆船《大前檣(ξ̣̉)と小後檣を有する縦帆を装置した小型帆船》.《G》

†**yawn** /jɔ́ːn/ 動 自 ❶ あくびをする: His stories make me 〜. 彼の話にはあくびが出る. ❷〈ふち・割れ目・湾などが〉大きく開く: A crevasse 〜ed beneath their feet. 彼らの足元には氷河の割れ目が大きく口をあけていた. ── 他 あくびをしながら〈…を〉言う, …とあくびしながら言う: He 〜ed good night. 彼はあくびしながらお休みと言った. ── 名 ❶ あくび, 口を広くあけること: **with a** 〜 あくびをしながら / **give a** 〜 あくびをする / **stifle [bite back] a** 〜 あくびをこらえる[かみ殺す]. ❷ 割れ目, 広くあいた穴[口]. ❸ (通例単数形で)(口) 退屈させる人[もの].《OE》

yáwn·er 名 あくびをする人. ❷ =yawn 3.

yáwn·ing 形 ❶ あくびをして(いる). ❷ 口を大きくあけている: a 〜 cavern ぽっかりと口をあけている洞窟.

yáwn·ing·ly 副 あくびながら, あくびしながら.

yawp /jɔ́ːp/《米》動 自 ❶ 金切り声で言う[叫ぶ]. ❷ ペちゃぺちゃしゃべる. ── 名 ❶ 金切り声.《YELP の変形》

yaws /jɔ́ːz/ 名《医》フランベジア, イチゴ腫《熱帯地方の伝染性皮膚病》.《S-Am-Ind》

ý-àxis /wáɪ-/ 名 [the 〜]《数》y 軸《縦座標軸》.

yay /jéɪ/ 感《口》やった, 万歳.

Yb《記号》《化》ytterbium.

Ý chròmosome 名《生》Y 染色体《性染色体の一種; 雄にある; cf. **X chromosome**》.

y·clept, y·cleped /ɪklépt/ 形《古・戯言》…と呼ばれる, …という名の.

yd.《略》yard(s). **yds.**《略》yards.

ye¹ /(弱形) ji; (強形) jíː/ 代 ❶《古・詩》なんじらは[が]《2人称代名詞 thou¹ の複数形》: **Ye** are the salt of the earth. なんじらは地の塩なり《★ 聖書「マタイ伝」から》. ❷ [呼び掛けに用いて]《詩・戯言》: **Ye** gods! おお神よ!《★ まあ驚いた!, いやとんでもない! などの意味の間投詞》.《OE; 元 **we** が持つ目的格》

ye² /jiː/ 冠《古》=the《用法》擬古体として今日でも商店・旅館などの看板に用いられる; the とも発音される》: **Ye** Olde Curiosity Shoppe 骨董(ξ)品店《看板》.《15 世紀に ʃ (=th) を y と混同したもの》

yea /jéɪ/ 副《古・文》❶ はい, さよう (yes; ↔ nay)《用法 現在では口頭で賛成投票する時だけ用いられる》. ❷ [文頭に用いて] 実に, げに. ❸ [接続詞的に] そういえ, 否それどころか: It is wicked, 〜 devilish. 邪悪どころか極悪だ. ── 名 ❶ U 肯定, 賛成. ❷ C 賛成投票(者)《↔ nay》: 〜s

Yeager

and nays 賛否(の投票).

Yea・ger /jéɪɡə | -ɡə/, **Chuck** [**Charles Elwood**] 图 イェーガー (1923– ; 米国のパイロット; 1947年初めて超音速飛行を行なった).

‡**yeah** /jéə, jæə | jéə, já:/ 剾 (口) =yes. **Oh yéah?** ⇨ oh¹ 感 句.

yean /jí:n/ 働 働 (古) 〈羊・ヤギが〉〈子を〉産む.

‡**year** /jíə | jíəə, já:/ 图 ❶ a 年 (calendar year); 1年(間) (略 y., yr.; cf. day 1 a, month 1). ❷ a bad ~ 凶年, 不作(不景気)な年 / an average ~ 普通の年, 平年 / a leap year, lunar year, solar year / this ~ 今年 / last ~ 去年, 昨年 / the ~ before (that)(その)前年 / next ~ 来年 / the next [the ~ after (that)](その)翌年 / every other [second] ~ 1年おきに / a ~ (from) today きょうから1年後に, 来年のきょう / by the ~ 年ぎめで / in a ~'s time=in a ~ 1年たてば / in the ~ (of) 2003 2003年に (用法) in 2003 でもよいが, in 2003 year はいわない / see the old ~ out ゆく年を送る / It's ~s 10年間 / It's exactly a ~ [a ~ to the day] since my mother died. 母をなくしてからちょうど1年になります. **b** [修飾語を伴って](特定の計算による) 1年, 年度, 学年: the academic [school] ~ 学年 (通例英米では9月-6月, Oxbridge では10月-6月). **c** (天) 年 (地球が太陽のまわりを1回公転するのに要する時期; 約365¼日).

❷ a 图 [数詞の後で] 歳: She's twenty ~s old [~s of age]. 彼女は20歳です (用法 (口) では years old [years of age] を省くのが一般的) / at thirty ~s of age 30歳で (用法 (口) では at thirty と簡単にいうほうが一般的; 変換 at the age of thirty と書き換え可能) / a five-year-old boy=a boy of five (~s) 5歳の少年. **b** [複数形で] 年(に), 年齢; (特に)老年: a woman of your ~s あなたくらいの年配の女性 / old in ~s but young in vigor 年は取っている / He's advanced in ~s. 彼は年を取っている / She looks older [younger] than her ~s. 彼女は年よりふけて[若く]見える.

❸ 图 学年, …期の学級[組]: He's in his freshman ~. 彼は1年生です / We were in the same ~ at college. 我々は大学で同学年でした / What ~ are you in? あなたは何年生ですか.

❹ [複数形で] 非常に長い間, 多年 (ages): ~s ago (今から)何年も前に / ⇨ donkey's years / It's [It has been] ~s since we met last. この前会ってからずいぶんたちましたね, お久しぶりです / I have lived here for ~s. 当地には長年住んでいます.

❺ [複数形で] 時代: one's childhood [college] ~s 子供[大学]時代 / the ~s of Queen Victoria ビクトリア女王の時代 / the depression ~s of the early 1930s 1930年代初期の不況時代 / in (the) ~s to come きたるべき時代に.

áll (the) yéar róund 一年中, 年がら年中.

a yéar and a dáy (法) 一年と一日 (★確実に満1年の意).

from yéar to yéar =YEAR after year 成句.

in [**sìnce**, **from**] **the yéar óne** [**dót**] (英) 大昔に[から].

néver [**nót**] **in a míllion yéars** (口) 絶対に…しない.

of láte [**récent**] **yéars** 近年.

of the yéar (1) 年間最優秀の: the player *of the* ~ 年間最優秀選手. (2) ずば抜けての: That's the joke *of the* ~! そいつは実に傑作なジョークだ; まさか!

pùt yéars on …〈人〉を実際より老けさせる.

tàke yéars óff …〈人〉を実際より若く見させる.

the understátement of the yéar ⇨ understatement 成句.

yéar àfter yéar 年々, 年一年と.

yéar by yéar 年々; 年ごとに.

yèar ín, yèar óut=yèar ín and yèar óut 年々歳々; 絶えまなく, 始終.

yéar of gráce 西暦.

《OE; 原義は「過ぎ去るもの」》 (形) yearly; 関形 annual).

yéar-aróund 形 =year-round.

yéar・bòok 图 ❶ 年鑑, 年報. ❷ (米) (高校・大学の)卒業アルバム.

yéar-énd 图 年末. —— 形 (A) 年末の: a special ~ sale 歳末特別大売り出し.

year・ling /jíəlɪŋ | jíə-, já:-/ 图 ❶ (動物の)満1年子. ❷ (競馬) 明け2歳馬 (生まれた年の翌年の1月から起算して1年未満). —— 形 ❶ 明け2歳の; 1年たつ: a ~ colt 1年満期の. 【YEAR+-LING】

†**yéar・lóng** 形 (A) 1年間続く, 1年を通じた, 一年中の.

†**yéar・ly** 形 (A) (比較なし) 年1回の; 毎年の; 1年続く: a ~ income of $20,000 2万ドルの年収 / a ~ event 年中行事. —— 副 (比較なし) 年に1度; 毎年. (图 year)

yearn /jə́:n | jə́:n/ 働 働 ❶ あこがれる, 慕う: In spring I ~ *for* the country again. 春になるとまたいなかが恋しくなる / He ~ed *after* affection. 彼は切に愛情を求めていた / They ~ed *to* see their motherland again. 彼らはしきりにもう一度母国を見たいと願った. ❷ (…に)慕わしく思う, 懐かしく思う [*to, toward*].

***yearn・ing** /jə́:nɪŋ | jə́:n-/ 图 U.C. あこがれ, 思慕, 熱望 [*for, toward*]; (…したいという)切望, 切なる思い: They felt a ~ *for* the country. 彼らはいなかにあこがれを感じた / 〔+to do〕 our ~ *to* know the truth 我々の真理探求欲. —— 形 あこがれる, 思慕する, 熱望する. ~・**ly** 副.

yéar-on-yéar 形 (A) (米) (数字の比較のときに用いて) 年度ごとの: ~ comparisons 年度ごとの比較.

†**yéar-róund** 形 一年中の[使用できる, 開いている].

†**yéar-to-yéar** 形 =year-on-year.

yea-say・er /jéɪsèɪə | -sèɪə/ 图 ❶ 恐れを知らない楽天家. ❷ へつらう人, おべっかをいう人.

yeast /jí:st/ 图 U. ❶ イースト, 酵母(菌), パン種. ❷ 刺激, 影響[誘発]力. 《OE; 原義は「泡立つもの」》

yéast inféction 图 酵母感染, カンジダ症, (特に)カンジダ属の真菌による膣炎).

yeast・y /jí:sti/ 形 (**yeast・i・er**; **-i・est**) ❶ イーストの (ような), 酵母を含む. ❷ 発泡する, 泡立つ. ❸ 元気いっぱいの, 若々しい. (图 yeast)

Yeats /jéɪts/, **William Butler** 图 イェーツ (1865-1939; アイルランドの詩人・劇作家・批評家》.

yech, yecch /ék, éx/ 間 (米俗) =yuck.

yee-haw /jí:hɔ́: | jí:hɔ́:/ 間 (米) ヤッホー, やったー (歓喜の叫び).

yegg /jég/ 图 (米俗) ❶ 金庫破り. ❷ 流れ者の強盗.

yeh¹ /jéə, jæə/ 剾 (口) =yeah.

yeh² /jéə, jæə/ 代 (口) =you.

*****yell** /jél/ 働 ❶ 叫び声をあげる, 大声で叫ぶ, どなる: ~ *with* laughter 笑いこける / ~ (*out*) *in* fear 怖くて大声をあげる / *Stop* ~*ing*! わめくのはやめなさい / ~ *at* a person 人をどなりつける / She ~ed (*out*) *for* help. 彼女は大声をあげて助けを求めた. ❷ (米・カナダ) [...]にエールを送る[*for*]. —— 働 叫んで[大声で]〈命令などを〉言う: ~ *out* abuse 大声で悪口を言う / ~ a command 大声で命令する / ~ (*out*) abuse *at* [a command *to*] a person 人に向かって大声で悪口を言う[命令する] / "Help!" he ~ed. 「助けてくれ!」と彼は叫んだ. —— 图 ❶ (苦痛・恐怖などの)叫び声, わめき: let out a ~ 叫び声をあげる / a ~ *of* delight [triumph] 歓喜[勝利]の叫び. ❷ (米・カナダ) (大学などで味方の選手応援のための)エール.

*****yel・low** /jélov/ 形 (~・**er**; ~・**est**) ❶ 黄色い, 黄色の: The peak gleamed ~ in the sun. 山頂は陽光を受けてかすかに黄色に光った. ❷ 皮膚の黄色い; 黄色人種の. ❸ (口) 臆病な (cowardly): They were too ~ to fight. 彼らはとても臆病で戦えはしなかった. ❹ (新聞など)扇情的な. ❺ ねたみ深い, ねたみ深い. —— 图 ❶ U.C. 黄色, 黄金(ふう)色. ❷ U.C. 黄色の絵の具[顔料, 塗料, 染料]. ❸ U.C. (卵の)黄身, 卵黄: the ~ of an egg 卵の黄身. ❹ [複数形で] (馬などの)黄疸. —— 働 黄色にする: The curtains have been ~ed by the passage of time. 歳月を経てカーテンは黄ばんでいる. —— 働 黄色になる, 黄ばむ: The leaves of the trees begin to ~ in September. 木の葉は9月に黄ばみだす.

yéllow-báck 图 黄表紙本 (19世紀末に出回った通俗的扇情小説).

yéllow-bèllied 形《口》臆病な, 腰抜けの.
yéllow-bèlly 名《口》臆病者.
yéllow bíle 名《古生理》黄胆汁 (choler).
yéllow bòok 名《通例 Y- B-》黄書《政府の発表する黄色表紙の報告書; cf. white book》.
Yéllow Cáb 名 イエローキャブのタクシー. 《米国最大の同名のタクシー会社; 車体が黄色》
yéllow・càke 名 Ⓤ イエローケーキ《核燃料である金属ウランをつくる原料ウラン鉱の粗精錬産物》.
yéllow cárd 名《サッカー》イエローカード《レフェリーが選手に警告を与える時に示す黄色のカード; cf. red card》.
yéllow dóg 名 ❶ 《米》雑種犬. ❷ 《米口》下等な人間, 臆病者.
yéllow féver 名 Ⓤ 黄熱病.
yéllow-fìn 名《魚》キハダマグロ.
yéllow-hàmmer 名《鳥》キアオジ《ヨーロッパ産の小鳴鳥》.
Yéllowhammer Státe 名 [the ~] イエローハンマー州《Alabama 州の俗称》.
yel・low・ish /jélouɪʃ/ 形 黄色がかった, やや黄色の. 〖YELLOW+-ISH〗
yéllow jàcket 名《米》《昆》スズメバチ《黒い体に黄色の模様がある》.
yéllow jérsey 名《自転車レース》黄色のジャージ《Tour de France など数日間にわたるレースで, 毎日 総合首位選手がレース後に着用し, 最終優勝者に贈られる》.
yéllow jóurnalism 名 Ⓤ《米》扇情的ジャーナリズム.
yéllow-lègs 名《複》《鳥》キアシシギ《北米産; オオキアシシギまたはコキアシシギ》.
yéllow líne 名《英》《駐車規制区域を示す》黄色い線.
yéllow métal 名 Ⓤ 四六黄銅《銅 6, 亜鉛 4 の割合の合金》.
yéllow ócher 名 Ⓤ ❶ 黄土. ❷ イエローオーカー《淡黄褐色》.
Yéllow Pàges 名《商標》[しばしば the y~ p~] 《電話帳の》職業別ページ; 職業別電話帳. 〖ページが黄色であることから〗
yéllow péril 名 [the ~] 《差別語》黄禍《欧米人が抱く黄色人種による圧倒的支配の恐れ》.
Yéllow Ríver 名 [the ~] 黄河《中国北部の大河; 中国語名 Huang Ho》.
Yéllow Séa 名 [the ~] 黄海《中国と朝鮮半島との間の海; 中国語名 Huang Hai》.
Yél・low・stone Nátional Párk /jéloustòun-/ 名 イエローストーン国立公園《米国 Wyoming 州北西部から Idaho, Montana 両州の一部にまたがる; 間欠泉・滝・湖・大渓谷などで有名》.
yéllow stréak 名 [a ~] 臆病《な性質》: He has a ~ in him. 彼には臆病なところがある.
yel・low・y /jéloui/ 形 =yellowish.
yelp /jélp/ 動 ⓘ 《犬がキャンキャンほえ立てる (⇒ bark¹ 比較)》— 名《犬の》キャンキャン声.
yélp・er 名 ❶ キャンキャンほえる犬. ❷ 雌の七面鳥の鳴き声に似た音を出す器具《猟人が使う》.
Yel・tsin /jéltsɪn, -tsɪn/, **Bo・ris** /bɔ́:rɪs | bɔ́r-/ 名 エリツィン《1931- ; ロシアの政治家; 大統領 (1990-99)》.
Ye・men /jémən/ 名 イエメン《アラビア半島南部の共和国; 首都 San'a》.
Ye・me・ni /jémni/ 名 =Yemenite.
Ye・men・ite /jémənàɪt/ 名 イエメン人. — 形 イエメン(人)の.
＊yen¹ /jén/ 名 (複 ~) 円《日本の通貨単位; 記号 ¥, Ｙ》: a strong [weak] ~ 強い[弱い]円, 円高[円安] / the ~ rises [falls] 円が上がる[下がる] / convert (the) ~ to (the) US dollar 円を米ドルに換算する. 〖Jpn〗
yen² /jén/《口》名 [a ~] 熱望, あこがれ (yearning): have a ~ for her 名声に[彼女に]憧れを[切望する] / I had a ~ to see her again. 彼女にもう一度会いたいと願った. — 動 ⓘ (yenned; yen・ning) 《...を》願う, 熱望する, あこがれる 〖Chin=煙; アヘンを渇望することから; 後に yearn と混同された〗
yen・ta, yen・te /jéntə/ 名《米口》おしゃべり女, おせっかい女.

yeo・man /jóumən/ 名 (複 -men /-mən/) ❶ 《英》 a 自作農, 小地主. b 《昔の》自由民, ヨーマン《独立自営農民; gentleman より低い地位の自由所有権者者 (freeholder)》. c 《昔, 王侯・貴族に仕えた高位の》従者. ❷ 《米海軍》事務係下士官. **Yéoman of the Guárd** 《商》**Yeomen of the Guard** 英国衛士《(1485 年 Henry 7 世の制定による英国王の衛士で, 古式の服装をとり, 今も持つ; 儀式の際の国王の衛士係とロンドン塔の衛士係とがある; 俗に beefeater という)》. **yéoman('s) sérvice**《まさかの時の忠勤, 急場の援助, 貴重な助力》[★ Shakespeare「ハムレット」から]: It did me ~'s service. それは私にたいへん役に立った. 〖ME; young man がなまったもの〗
yéo・man・ly 形《古》ヨーマン《にふさわしい》, 勇敢な, 忠実な. — 副 ❶ ヨーマンらしく. ❷ 勇敢に. (名 yeoman)
yeo・man・ry /jóumənri/ 名 Ⓤ ヨーマン ~; 集合的; 単数または複数扱い》《英》ヨーマン[小地主]たち. 〖YEOMAN+-RY〗
Yéoman Úsher 名《英》黒杖官 (Black Rod) 補佐.
yep /jép/ 副《米口》はい (↔ nope) 《発音 yep および nope の /p/ は唇を結んだままで終わり, 破裂させない》. 〖yes の変形〗
yer /jə | jə/ 代《非標準》=your.
-yer /jə | jə/ 接尾 [名詞語尾] 「...する者」《語形 w で終わる名詞の語尾に用いる》: bowyer 弓師 / lawyer 法律家 / sawyer 木挽(ぢ)き.
yer・ba /jéəbə, jə́:- | jéə-, jə́:-/ 名 =maté.
Ye・re・van /jèrəvɑ́:n/ 名 エレバン《アルメニアの首都》.
＊yes /jés/ 副 ❶ a [質問・依頼などに答えて] はい; [否定の質問に答えて] いいえ (↔ no) 《用法 答えの内容が肯定なら Yes, 否定なら No を用いるのを原則とする; 否定の質問の時, Yes, No の訳が日本語では逆になるので注意》: "Were you there?" "Y-." 「君はそこにいたんですか」「はいいました」 / "Isn't it raining?" "Y-, it is." 「雨は降っていませんか」「いいえ, 降っています」 / "Can I smoke here?" "Y-." 「ここでたばこを吸っていいですか」「どうぞ」. b [呼び掛け・出席などに答えて] はい: "Mary!" "Y-, Mother." 「メアリー!」「はい, おかあさん」 / "John." "Y-, ma'am [sir]." 「ジョン」「はい(先生)」.

❷ [相手の言葉に同意を表わして] そうだ, さよう, 然り; なるほどそうだ: "This is an excellent book." "Y- jés, it certainly is." 「これはりっぱな本だ」「まったくそのとおり」 / "This is a good meal." "Y-, but I prefer my wife's cooking." 「これはおいしいごちそうだ」「うん, そうだが, ぼくは女房の料理のほうがいいね」.

❸ [通例疑問形で]《発音 上昇調で発音する》a [呼び掛けに答えて] はい?, なんです?: "John!" "Y-?" 「ジョン!」「なんですか」. b [相手の言葉に疑いを表わして, または相づちとして] まさか?, ほんと?: "I was always good at swimming." "Y-?" 「いつも水泳は得意だったんだ」「そう?(本当かい)」. c [相手の話の先を促して] ははあ, なるほど, それから?: "I have come to the conclusion that...." "Y-?" 「私はこういう結論に到達した(それは...)」「うん, それで?」. d [黙って待っている人に向かって] ご用向きは?: "Y-?" he said, as he saw the stranger waiting to speak to him. 「何かご用ですか?」と彼は見知らぬ人が彼に話しかけようと待っているのを見て言った. e [自分の述べたことを相手に確かめて] ですね, わかります?: "Go along this street for three blocks, then turn left, ~?" 「この通りを 3 ブロック行き, それから左に曲がりなさい, いいですね」.

❹ [~ and または ~ or で強調的に追加の表現を導いて] いや(そのうえ), しかも: "He will insult you, ~, and cheat you as well." 彼は君を侮辱する, いやそれどころか欺きかねないだろう.

yés and nó 《口》[利害半ばする提案などに答えて] さあ[まだ] 何とも言えない, さあどうかな.

— 名 (複 yes・es) ❶ Ⓤ Ⓒ 「はい (yes)」という言葉[返事], 肯定, 承諾 (↔ no): say ~ to going to the party パーティーへ出席と返事する / Answer with a simple 'Y~' or 'No.' はっきりと「イエス」か「ノー」かで答えなさい /

He refused to give either a ~ or a no. 彼はイエス・ノーの返事を拒んだ. ❷ [C] (通例複数形で) 賛成投票(者)(=aye no) 《比較》 この意味では aye のほうが一般的である. 《OE may it be so そうなりますように》《yea yes+sie を動詞の3人称・単数・仮定法・現在形》

ye·shi·va(h) /jəʃíːvə/ 名 (複 ~s /-z/, **ye·shi·vot(h)** /jəʃìːvóut/) タルムード学院, イェシバ: **a** Talmud の高度な研究を行なう正統派ユダヤ教の大学; ラビ養成の神学校. **b** 宗教教育のほかに普通教育もあわせ行なう正統派ユダヤ教の小学校.

yés·màn 名 (複 -men) 《軽蔑》 イエスマン 《何でもはいはいと目上の人の言いなりになる人》.

yés-nó quèstion 名 「イエス」か「ノー」の返事を求める質問, 一般疑問.

yes·sir /jés ∘ | -sə/ =yes sir.

yes·ter- /jéstə | -tə-/ [複合語を造る] 「きのうの, 昨日の」「昨…, 去…」: yestereve 昨晩 / ⇒ yesteryear 《用法》 yesterday 以外は主に 《古・詩》.

‡**yes·ter·day** /jéstədèi, -di | -tə-/ 副 ❶ きのうは, 昨日は: It was rainy ~. きのうは雨だった / Y~ I was busy. きのう私は忙しかった. ❷ つい最近, 昨今, 近ごろ: I was not born ~. 私は生まれた赤ん坊ではないよ《そんなことはよく承知だ; やすやすとだまされるほどぶじゃない》. —— 名 [U] [無冠詞で] きのう, 昨日: (the) day before ~ おととい, 一昨日 (日曜を省くのは主に (米); 副詞的にもいう) / Y~ was Saturday. きのうは土曜日だった / I was very busy until [up to] ~. きのうまではとても忙しかった / I read it in ~'s newspaper. きのうの新聞でそれを読んだ. ❷ 《文》 **a** [U] 昨今, 近ごろ: (a thing) of ~ つい昨今の(事柄) / ~'s news ひと昔前のニュース, 古くなった話題. **b** [C] [通例複数形で] 過去; 過ぎし我々の(過ごした)日々(★ Shakespeare「マクベス」から). —— 形 きのうの, 昨日の: ~ morning [afternoon, evening] 昨朝[昨日の午後, 昨晩] 《用法》 副詞的にもいう; yesterday night より last night のほうが普通. 《OE》

yéster·yèar 名 [U] 《文》 ❶ 去年, 昨年. ❷ 先年, 往年.

‡**yet** /jét/ 副 [比較なし] ❶ [否定文で] まだ(…ない), (今のところでは)まだ(…ない), まだまだ(は...ない): The work is *not* ~ finished. 仕事はまだ終わっていない / I have *never* ~ lied to you. いまだかつてあなたにうそをついたことがない / We have heard *nothing* from him ~. まだ彼からなんの便り[連絡]もない / It will *not* happen just ~. それはまだすぐには起こるまい / *Haven't* you been there ~? まだそこに行ったことがないのですか. ❷ [疑問文で] (今, またはその時)すでに, もう, 今 《用法》 この意味で already を用いると「驚き・不審」の気持ちを表わすので注意; cf. already 2]: Have you finished your breakfast ~? もう朝食はお済みになりましたか / Is it raining ~? 雨がまだ降っていますか 《比較》 Is it *still* raining? まだ雨が降っていますか / I wonder if she has returned ~. 彼女はもう帰ったかしら. ❸ [進行形かそれ自体継続の意味を持つ動詞とともに肯定文で] 今(まだ), 今なお, 依然として; (その当時)まだ 《比較》 この用法では still のほうが一般的だが, yet は感情が入る): She's talking ~. 彼女はまだおしゃべりしている / Much ~ remains to be done. 今なおなすべきことがたくさんある / His hands were ~ red with blood. 彼の手は(その時なお)鮮血に染まっていた. ❹ [最上級に伴って] 今までのところ: the *largest* diamond ~ found これまでに発見された最大のダイヤモンド / It's the *best* ~ found. 今までのところこれ以上のものは見つからない. ❺ **a** まだそのうえに, さらに: ~ another reason さらにもう一つの理由 / ~ one more time do I say: do not go. もう一度繰り返して言うが行ってはいけない. **b** [nor に伴って強調的に] …もまた(...しない), (そればかりではなく)…さえも(...しない): He will not accept their help *nor* ~ mine. 彼は彼らの助力はおろか私の助力すら受け入れないだろう / I have never voted for him, *nor* ~ for his party. 彼に一票を投じたこともないし,

第一彼の党に投票したことさえない. **c** [比較級を強めて] まだ[さらに]いっそう 《比較》 この用法では still のほうが一般的): a ~ *more* difficult task なおいっそう難しい仕事. ❻ (今ではとにかく)やがては, いつかは: You'll regret it ~. 今に後悔するぞ / I'll do it ~! 今にやってみせる! ❼ [and または but に伴って] それにもかかわらず, それなのに, しかもなお (cf. ❶): I offered him still more money, *and* [*but*] ~ he was not satisfied. それ以上の金を出すと言ったが彼は満足しなかった.

anóther and yèt anóther また一つまた一つと(続き).

as (of) yét 《将来はともかく》今[その時]までのところでは, まだ 《比較》 しばしば, 完了形の動詞とともに否定文に用いる): He has *not* come as ~. 彼はまだ来ていない / It has [had] worked well as ~. 《英》今までのところではうまくいっている[その時までうまくいっていた]「これ[それ]から先はどうかわからない[うまくいかなかった]」.

be yét to dó まだ...していない: The worst *was* ~ *to come*. 最悪の事態はまだきていなかった 《最悪の事態が待っていた》.

have yét to dó なお...すべきだ, まだ...していない: He *has* ~ to learn good manners. 彼は(まだ)行儀作法を身につけていない / I *have* ~ to see her. まだ彼女に会っていない.

móre and yèt móre まだまだ, もっともっと.

nòt yét (1) (今までのところでは)まだ(...ない), まだしばらくは…ない (⇒ ❶). (2) [否定文を代表して] まだです: "Have you finished it?" "*Not* ~." 「もう終えましたか」「まだです」 《用法》 Not ~. は正式に書くと No, I haven't finished it ~.).

—— /jet/ 腰 ❶ それにもかかわらず, しかしそれでも, それなのに: a strange ~ true story 不思議だが本当の話 / He tried hard, ~ he could not succeed. 彼は一生懸命にやってみた, しかしそれでもうまくいかなかった. ❷ [although, though と相関的に用いて] それでも: *Although* I have known him only a few years, ~ he's my best friend. 彼を知ってからまだ数年にしかならないけれど, それでも彼は私の最良の友である.

《OE》《類義語》⇒ still[1].

ye·ti /jéti/ 名 (複 ~, ~s) イエティー, 雪男 (Abominable Snowman).

†**yew** /júː/ 名 ❶ [C] 《植》 イチイ (《解説》 しばしば墓地に植える常緑樹;「死」のイメージがある). ❷ [U] イチイ材 (以前は弓用であったが, 今は家具用).

Y-fronts /wáifrʌnts/ 名 [商標] Y フロンツ 《男性用ズボン下; 前面の縫い目が逆 Y 字形》: a pair of ~.

YHA /wáiɛit(ʃ)éi/ (略) Youth Hostels Association ユースホステル協会.

Yid /jíd/ 名 《俗・軽蔑》 ユダヤ人. 《YIDDISH からの逆成》

Yid·dish /jídiʃ/ 名 [U] イディッシュ語 《ドイツ語にスラブ語・ヘブライ語を交え, ヘブライ文字で書く; ロシア・東欧・英国・米国などのユダヤ人が用いる》. —— 形 イディッシュ語の. 《G *jüdisch* Jewish》

Yíd·dish·er 名 ユダヤ人(の), イディッシュを話す(ユダヤ人).

Yíd·dish·ìsm /-ˌfìzm/ 名 ❶ [C] イディッシュ特有の語法 [語句]. ❷ [U] イディッシュ語[文化]擁護運動. **-ist** 名 形

‡**yield** /jíːld/ 動 ❶ **a** 〈作物・製品などを〉産する (produce): trees that ~ fruit 実のなる木 / The land ~s a good harvest. その土地は豊かな収穫をもたらす. **b** 〈利子・収益などを〉もたらす, 生む: These shares ~ a dividend of 10%. これらの株は1割の配当がつきます. **c** 〈結果などを〉引き起こす: Did the negotiations ~ any results? その交渉は何らかの成果を生んだのか. ❷ **a** 〈圧迫または圧力に負けて〉〈陣地などを〉〈敵などに〉明け渡す, 譲渡する: They ~ed (*up*) their fortress *to* the enemy. 彼らはとりでを敵軍に明け渡した. **b** [~ oneself (*up*)] 〔誘惑などに〕身をゆだねる, 負ける: He ~ed himself (*up*) to the temptation. 彼はその誘惑に負けた. **c** 《当然なものとして, また要求されて》〈権利・地位などを〉〔…に〕譲る, 与える: ~ precedence 優先権を譲る / ~ *a* [the] point (in argument) (議論で)論点を譲る / ~ the right of way *to* pedestrians 歩行者に先行権を与える / He unwillingly ~ed his consent *to* their proposal. 彼はしぶしぶ彼らの

提案を承諾した /〔+目+目〕The tree will ~ us a little shelter from the rain. その木は我々に少々雨宿りの場を与えてくれるだろう.

── 自 ❶ a 屈服する, 降参する, 陥落する. b《道理・誘惑などに》屈する, 従う: ~ to reason [threats] 道理[脅し]に屈する / ~ to one's emotions [feelings] いろいろな自分の気持ちに負ける. ❷ (圧力などに)たわむ, へこむ, くずれる: The shelf ~ed under the weight of the books. 棚はその本の重さでたわんだ / The door ~ed to a strong push. ぐいと押すとドアはあいた. ❸《米》《他の自動車などに》道を譲る《to》: Y~.[道路標識に用いて] (交差交通で)先を譲れ, 前方優先道路あり. ❹《文》《…にとって》代わられる《to》.
yield úp〈秘密などを〉明らかにする.

── 名 ❶ 産出, 産出高, (生)産額, 収穫: a good ~ of corn トウモロコシ[《英》小麦]の豊作. ❷ 報酬, 利回り, 歩留まり: the ~(s) on one's shares 株の配当金.
《OE=支払う》【類義語】**yield** 譲歩しても一時的に屈するの意がある. **relinquish** 不本意ながら所有しているものを手放す. **surrender** 完全に屈服して放棄する.

yield·ing 形 ❶ 曲がりやすい, 曲げられる, しなやかな. ❷ 影響[感化]を受けやすい, 言いなりになる, 従順な. **~·ly** 副

yield póint〖力〗(金属などの)降伏点[引張試験での].
yield stréngth〖力〗(金属などの)降伏応力.
yikes /jáɪks/ 間 [驚き・困惑・苦痛などを表わして] ウワッ, キャッ, いけねっ, ややっ.
yin /jín/ 名 U (中国哲学の陰陽の)陰 (↔ yang).《Chin =陰》
ying yang /jíŋjæŋ/ 名《俗》❖ 次の成句に. **háve…úp the ying yang**…をあり余るほど[捨てておけない程]持っている.
yip /jíp/《米口》自 (**yipped; yip·ping**)〈子犬などが〉キャンキャンほえる (yelp). ── 名 キャンキャンほえる声.《擬音語》
yipe /jáɪp/ 間 [恐怖・驚きなどを表わして] ひゃあ!, きゃあ!, うわっ!
yip·pee /jípi | jɪpí/ 間 [喜び・はしゃぎなどを表わして] きゃあ!, わあい!
yip·pie /jípi/ 名 [しばしば Y~] イッピー (hippie より政治色の濃い反体制の若者; 1960 年代末の後半に目立った動きをした).《**Y**outh **I**nternational **P**arty+hip**pie**》
yips /jíps/ 名 複 [the ~] (スポーツ競技者が精神を集中してプレーに入るときの)極度の緊張(による震え).
Yiz·kor /jízkə | -kə/ 名〈也, ~s〉《ユダヤ教》イズコル《死者のための追悼式[祈祷]》.
-yl /ɪl, ɪl/ 結合形【名詞連結形】〖化〗「根」「基」: methyl.
y·lang-y·lang /íːlɑːŋíːlɑːŋ | -læŋíːlæŋ/ 名 ❶〖植〗イランイランノキ (バンレイシ科の常緑高木; マレー諸島・フィリピン諸島原産). ❷ イランイラン香油 (イランイランノキの花から採る精油; 香水の原料).
ylem /áɪlɛm/ 名 U〖理〗アイレム (宇宙創造に関する一理論で, すべての元素のもととなるとされる物質).
YMCA /wáɪɛmsìːéɪ/《略》**Y**oung **M**en's **C**hristian **A**ssociation キリスト教青年会.
-yne /aɪn/【名詞語尾】〖化〗「三重結合を1個もつアセチレン系不飽和炭化水素」.
yo /jóʊ/ 間《米》よー, よう (あいさつ・興奮・注意喚起などの発声).
yob /jɑ́b | jɔ́b/ 名《英俗》ちんぴら, 不良少年.《**boy** の逆綴りから》
yob·bo /jɑ́boʊ | jɔ́b-/ 名 (~s)《英俗》=yob.
yoc·to- /jɑ́ktoʊ | jɔ́k-/【連結形】〖単位〗ヨクト (=10^{-24}; 記号 y).
yo·del /jóʊdl/ 名 ヨーデル (地声と裏声 (falsetto) を急速に交代させながら歌う, スイスやチロル (Tyrol) の山岳地方の歌[呼び声]). ── 動 (**yo·deled,**《英》**-delled; yo·del·ing,**《英》**-del·ling**) 自他〈歌を〉ヨーデルで歌う[叫ぶ]. **yó·del·er,**《英》**yó·del·ler** 名《G; 擬音語》
⁺yo·ga /jóʊɡə/ 名 ❶〖ヒンドゥー教〗瑜伽(ゆが); ヨガの行(ぎょう) (五感の作用を制して精神統一を旨とする瞑想的修行法). ❷ (身心の健康のために行なう)ヨガ.《Hind <Skt=結びつけること, 一体化》

2101　**yore**

yogh /jóʊk, jóʊx | jɔ́ɡ, jóʊɡ/ 名 ヨッホ《中英語の 3 字; 口蓋摩擦音を表わし, 有声音は y, w となり, 無声音は後に gh と書かれ **night** /náɪt/ のように黙字または **tough** /tʌ́f/ の /f/ となった》.
⁺**yo·ghurt, yo·ghourt** /jóʊɡət | jóɡə(ː)t/ 名 =yogurt.
⁺**yo·gurt** /jóʊɡət | jɔ́ɡə(ː)t/ 名 U C ヨーグルト.《Turk》
yo·gi /jóʊɡi/ 名 ヨガ行者.
yó-hèave-hó 間《海》[いかりなどを巻き上げる時の水夫の掛け声として] よいとまけ!, えんやこら!
yo·him·be /joʊhímber, -bi/ 名〖植〗ヨヒンベ(ノキ)《熱帯アフリカ産アカネ科の高木; 樹皮からアルカロイドのヨヒンビン (yohimbine) を採る》.
yo·him·bine /joʊhímbiːn, -bɪn/ 名 U〖化〗ヨヒンビン《毒性アルカロイド; 催淫剤とされたこともある》.
yo-ho /joʊhóʊ/, **yo-ho-ho** /jòʊhoʊhóʊ/ 間 ヨイショ, オーイ! (力を入れるときまたは人の注意をひくときの掛け声).
── 動 ヨイショ[オーイ]という.
yoicks /jɔ́ɪks/ 間 [キツネ狩りで猟犬をけしかける掛け声として] ほい, ほい!
yoke /jóʊk/ 名 ❶ C a (一対の牛などを首の所でつなぐ)くびき: put two oxen to a ~ 2 頭の牛をくびきでつなぐ. b [しばしば単複同形で] (くびきにつながれ牛などの)一対: three ~(s) of oxen 6 頭の牛. c [通例単数形で] (人やものを結びつける)絆(きずな); 夫婦の縁(えん). ❷ C a くびき状のもの. b (手おけなどを肩でかつぐための)天びん棒. ❸ [the ~] (暴君などの)支配, 圧迫, (奴隷などの)束縛(状態), 隷属: come [pass] under **the** ~ 屈服する / groan under **the** ~ **of** slavery 奴隷の苦役に苦しむ / shake [throw] off **the** ~ 束縛を脱する. ❹ C〖服〗ヨーク (シャツ・上着・ブラウスなどの襟肩やスカートの上部に入れる切り替え片).
── 動 他 ❶ a〈牛などに〉くびきをかける: ~ oxen *together* 牛をくびきにかけてつなぐ. b〈牛などを〉つなぐ: ~ oxen *to* a plow 牛を鋤(すき)につなぐ. ❷〈…を〉〈…と〉結合させる, 結合させる: I was ~*d to* a pleasing fellow. おもしろい人と一緒になった / They *were* ~*d in* marriage. 彼らは結婚で結ばれていた.《OE; 結びつけるもの, YOGA と同語源》
yo·kel /jóʊk(ə)l/ 名 いなか者, 田夫, 野人.
⁺**yolk** /jóʊk/ 名 U C (卵の)卵黄, 卵黄 (cf. white 名 ❹): the ~ of an egg 卵の黄身 / You have ~ on your chin. あごのところに黄身がついています.《OE=黄色いもの; ⇒ yellow》
yólk sàc 〖動〗卵黄囊.
yolk·y /jóʊki/ 形 (**yolk·i·er, -i·est**) 卵黄(状, 質)の.《名 yolk》
Yom Kip·pur /jóʊmkípə | jɔ́mkɪpʊə/ 名《ユダヤ教》贖罪(しょくざい)の日, 贖(あがな)いの日《過去 1 年間を反省し, 犯した罪のゆるしを求め, 終日断食して祈る》.《Heb》
yomp /jɑ́mp | jɔ́mp/ 動 自《英口》〈土地・距離などを〉重装備で行軍[トレッキング]する. ── 名 重装備の行軍.
yon /jɑ́n | jɔ́n/《古・方》形 副 =yonder. ── 名 あそこの人[物].
yon·der /jɑ́ndə | jɔ́ndə/《古風・方》副 あそこ[向こう]に: over ~ あの向こうに[の] / Look ~. あそこを見てごらん. ── 形 [通例冠詞を伴わないで] あそこ[向こう]の: ~ hill [house] あそこの丘[家]. ── 名 [the ~] 遠い距離, かなた.
yo·ni /jóʊni/ 名〖ヒンドゥー教〗女陰像 (インドで **Shakti** の表象として崇拝される; cf. **lingam**). **yó·nic** 形
yonks /jɑ́ŋks | jɔ́ŋks/ 名 U《英口》長い間.《DONKEY'S YEARS から》
yoof /júːf/《英戯言》形 A 若者(向け)の. ── 名 U 若者.《YOUTH》
yoo-hoo /júːhùː/ 間 オーイ, ヤッホー!, ちょっとー, ねえ《注意をひくときまたは呼びかけるときの》. ── 動 自 オーイという.
yore /jɔ́ə | jɔ́ː/ 名 U《文》昔, 往時《★現在では次の成句だけに用いる》. **of yóre** 昔の, いにしえの; 今は昔, 往時: in days *of* ~ 昔は.《OE<YEAR》

York /jɔ́ːk | jɔ́ːk/ 图 ❶ ヨーク《イングランド North Yorkshire 州の都市; 大聖堂 York Minster があり, Canterbury に次ぐ archbishop がいる》. ❷ 《また the House of Yórk》ヨーク家《1461–85 年間の英国の王朝; 王は Edward IV, Edward V, Richard III; 白バラ (white rose) をバッジに使用した; cf. the Wars of the Roses (⇨ war 成句)》.

Yórk·ist /-kɪst/ 图《英国のバラ戦争時代の》ヨーク家の人; ヨーク[白バラ]党員《バラ戦争 (the Wars of the Roses) 中, ヨーク家を支持した; cf. Lancastrian 2》. —— 形 ヨーク家の; ヨーク党員の.

York·shire /jɔ́ːkʃə | jɔ́ːkʃə/ 图 ヨークシャー州《イングランド北東部の旧州; 伝統的に East, West および North Riding の 3 行政区に分かれていた》.

Yórkshire fòg 图 [植] シラゲガヤ, ヨークシャーフォッグ《欧州原産の飼料作物》.

Yórkshire·man /-mən/ 图 (圈 -men /-mən/) ヨークシャー(生まれ)の人《★ 女性形 -wòman》.

Yórkshire púdding 图 C|U ヨークシャープディング《小麦粉・卵・牛乳を混ぜローストビーフの焼き汁で焼いたもの; ローストビーフのつけ合わせに食べる》.

Yórkshire térrier 图 ヨークシャーテリア(犬)《小型で被毛の長い愛玩(がん)犬》.

Yo·sém·i·te Nátional Párk /joʊsémət̬i-/ 图 ヨセミテ国立公園《米国 California 州中東部にあり, 渓谷・滝・巨大林で有名》.

yot·ta- /játə | jótə/ [連結形]《単位》ヨタ ($=10^{24}$; 記号 Y).

*__you__ /(弱形) ju, jə; (強形) júː/ 代《睡尾》所有格 **your**, 目的格 **you**, 所有代名詞 **yours**, 複合人称代名詞 **yourself**; 所有格, 所有代名詞, 所有代名詞 yours, 複合人称代名詞 **yourselves**; ye¹ の目的格》❶ **a** [2 人称単数[複数]主格] あなた(たち)は[が], 君(たち)は[が], お前(たち)は[が] / Y~ and I start first. あなたと私が最初に出発だ《★ 通例 you を先にする》/ Y~ are mad. 君(たち)は頭がどうかしている. **b** [2 人称単数[複数]目的格] あなた(たち)を[に], 君(たち)を[に], お前(たち)を[に]《用法》動詞の直接目的語・間接目的語・前置詞の目的語に用いる》: I will take ~ three; the rest of ~ can stay here. 君たち 3 人を連れていく, あとの人たちはここに居てよい. ❷ **a** [命令文に用いて]《置蓋》命令文の文頭に置かれた時は /júː/》: Y~ begin. 君のほうから始めなさい; 君, 始めなさい. **b** [呼び掛けとして注意を促す時または感嘆文で]《用法》間投詞と同じに用いて》: Y~ there, what's your name? おい君, 名前は? / Y~, my daughters. おまえたち, 娘よ / Y~ liar (, ~)! このうそつき! ❸ [総称的に一般の人々をさして] 人は(だれでも)《用法》漠然とした人をさすので, 日本語に訳さないほうがよい場合が多い》: Y~ never can tell.《先の事などだれも予測できないものだ》/ When ~ face the north, the east is to your right. 北に向くと, 東は右側になる. **all of you** 君たち, あなたがた《用法》単数の you と区別する場合に用いる》: Sit down, all of ~. 皆さん, お座りください. **Are you there?** ⇨ there 成句. **between yóu and mé** ⇨ between 成句. **Thére's ... for you!** あれこそ……だ! *There's a rogue for ~!* あいつこそうまい悪党だ!. **Yóu and yòur ...!** ……は君の口癖だね《また始まったか》: *Y~ and your sob stories!* また例のお涙ちょうだいか! **yóu and yóurs** あなたとあなたの家族と親しい友人. **you féllows** [folks, péople, cháps, gúys] 《口》皆さん, 君たち.《OE; 元来は目的格の形で 15 世紀ごろから主格としても用いられ始めた》

you-all /juːɔ́ːl, jɔ́ːl/ 代《米南部》❶ =all of you 成句. ❷ =you《非標準的な用法》.

*__you'd__ /juːd/ you had [would] の短縮形.

yóu-knòw-whát 代 例のあれ《はっきり言えなくても相手にわかるもの》.

yóu-knòw-whó 代 例のあの人《はっきり言えなくても相手にわかる人》.

*__you'll__ /juːl/ you will [shall] の短縮形.

*__young__ /jʌ́ŋ/ 形 (~·er /-ɛr/ jʌ́ŋgə | -gə/; ~·est /jʌ́ŋgɪst/) ❶ 〈人・ものなど(の年)が〉若い, 幼い, 年のいかない (↔ old): a ~

girl 《未婚の》若い女の子 / a ~ child 幼い子供 / a ~ animal 動物の子 / a ~ plant [tree] 若木 / a ~'un 《口》 = ones 子供たち; 動物の子, ひな / a ~ hopeful ⇨ hopeful 图 / Be quiet, ~ man [lady]! [若者に向かって怒って] 君《お嬢さん》, 静かにしなさい / We aren't getting any ~er. 我々はもう若くなれっこないんだ《★「若い時は二度とこないから楽しもう」の意と「もう若くない」の意に用いられる》/ You're only ~ once. 《諺》若い時は 1 度だけ / My grandpa is 85 years ~.《口》おじいちゃんは若々しい 85 歳です 《old の代わりに young を使った言葉のしゃれ》.

❷ **a** [比較級・最上級で用いて] 《年齢の上下関係を示して》年下の (cf. old 3, elder¹ 1): one's ~er brother [sister] 弟[妹] / one's ~est brother [sister] いちばん下の弟[妹] / He's two years ~er than his sister. 彼は姉より 2 つ年下だ. **b** [人名の前に添えて] 《同姓または同姓の人・兄弟・特に父子などの》年下のほうの: ~ Mrs. Brown ブラウンさんの弟《息子》の奥様 / ~ Jones 息子のジョーンズ, 小ジョーンズ. **c** [the Younger; 人名の前または後に添えて] 《同姓または同姓の人・父子・兄弟などの》若い[年下の]ほうの (↔ the Elder): *the Younger* Pitt=Pitt *the Younger* 小ピット《息子のピット》.

❸ 若々しい, 元気な; 青春時代の, 青年の: ~ love [ambition] 青春時代の愛[野心] / a ~ style of dress 若々しいスタイルの服装 / in one's ~er days 若かったころ / He's ~ for his age [~ at heart]. 彼は年の割には[気持ちは]若い / ~ young blood.

❹ **a** 〈国家・会社など〉《歴史の》新しい, 新興の, (まだ)若い: a ~ nation 新興国家. **b** 〈時日・季節・夜〉まだ浅い, 早い: The night is still ~. 夜はまだふけていない, まだ宵(よい)の口だ. **c** 〈ワインなど〉熟成していない. **d** 〈野菜など〉早めに収穫している; 若くて柔らかい: ~ carrots 若いニンジン.

❺ 《中》未熟で, 経験がなくて: ~ *in* one's trade 商売に不慣れな / I was but ~ *at* the work. その仕事ではほんの駆け出しにすぎなかった.

—— 图 [この語の複数形はない] ❶ [the ~; 複数扱い] 若い人たち; 子供たち: books for *the* ~ 青少年向けの本 / *The* ~ today have no manners. 近ごろの若い者は礼儀を知らない. ❷ [複数扱い]《動物・鳥などの》子: In the wild, these animals protect their ~. 野生ではこれらの動物はわが子を守る.

with young 《動物が》子をはらんで.

yóung and óld 若い者も年取った者も; 老若男女.

《OE》图 youth》

Young, **Brig·ham** /brígəm/ 图 ヤング《1801–77; 米国のモルモン教の指導者; Salt Lake City を建設 (1847)》.

Young, **Cy** /sái/ 图 ヤング《1867–1955; 生名 Denton True Young; 米国のプロ野球選手; 歴史に残る大投手》.

Young, **Thomas** 图 ヤング《1773–1829; 英国の物理学者・医師・エジプト学者》.

young·ber·ry /jʌ́ŋbèri | -b(ə)ri/ 图 [植] ヤングベリー《blackberry を改良したつる性低木; その赤味がかった黒い実》.

yóung blóod 图 U ❶ 青春の血潮. ❷ 血気盛りの青年たち: We need ~ in the company. 会社には若手(社員)が必要だ.

young·ish /jʌ́ŋɪʃ/ 形 やや若い.

young·ling /jʌ́ŋlɪŋ/ 图 **a** 若者; 子供. **b** (動物の)子. 若木.《YOUNG + -LING》

yóung offénder 图《英法》未成年犯罪者《14–17 歳の犯罪者》.

Yóung's módulus 图《理》伸び弾性率, 縦弾性係数, ヤング率《物体の長さを変える圧力と, これによる微変化との比》.《Thomas Young》

*__young·ster__ /jʌ́ŋstə | -stə/ 图 若者; 子供; (特に)少年.《YOUNG + -STER》

Yóung Túrk 图 ❶ 青年トルコ党員《19 世紀末–20 世紀初頭のオスマン帝国末期にスルタン Abdülhamid 2 世の専制政治に対する革命運動を率いた一派のメンバー》. ❷ [時に y- T~]《会社・政党内などで》革新を叫ぶ青年, 反党[急進]分子.

‡**your** /(強形) júə, jɔə | jɔ́ː, júə; (弱形) jə | jə/ 代 ❶ [you の所有格] あなた(たち)の, 君(ら)の. ❷ [総称的に一般の人をさして; ⇨ you 3] 人の. ❸ /jə | jə/ 皆がよく [可とする, 君がいわゆる, かの, 例の《用法》通例軽蔑的に]: So this is ～ good works! ではこれがいわゆる善行なんだね! / This is ～ fair play, is it? これがフェアプレーなんだね(あきれたもんだ). ❹ [しばしば Y～; 敬称を伴って you の代用として]: Y～ Majesty 陛下《呼び掛け》.

‡**you're** /(強形) júə, jɔə | jɔ́ː, júə; (弱形) jə | jə/ **you are** の短縮形.

‡**yours** /júəz | jɔ́ːz, júəz/ 代 ❶ [you (単数・複数) に対応する所有代名詞] あなた(たち)のもの (cf. mine¹) 指される内容によって単数にも複数扱いとなる] a Y～ is better than mine. 君のが私のよりもよい / my father and ～ 私の父と君の(おとうさん) / This is ～ if you will accept it. お受けくださるならこれを君に進呈する / My car's red. What color is ～? 私の車は赤です, あなたのは?《★ yours is your car の意》/ What's ～? 《口》(パブやレストランで)あなたは何を飲み[食べ]ますか? b あなたの家族[手紙, 貴殿など]: All good wishes to you and ～. ごきげんよう, 皆さんにもどうぞよろしく / ～ of the 24th 24 日付のお手紙 [Y～ has just reached me. お手紙がつい先日着いた. ❷ [of ～ で] あなたの(の)《用法》your は a, an, this, that, no などと並べて名詞の前に置けないから, ～ of yours として名詞の後に置く]: that book of ～ 君のその本 / a friend of ～ 君の(一)友人. ❸ [手紙の結句 (complimentary close) に用い] 敬具, 敬白, 草々, …より, 忠しこ(など)《用法》添える副詞(など)は親しさの程度などによりいろいろある]: Y～ respectfully《★目上の人へ》/ Y～ faithfully=Faithfully《★会社などあてのまたは面識のない人への形式ばった手紙で》/ Y～ truly《★事務上のまたはちょっとした知り合いへの形式ばった手紙で》/ Y～ very truly《★より形式ばった表現》/ Y～ sincerely=Sincerely ～《★知人・友人への(事務)上交)上の手紙で》/ Y～ ever または Y～《★親友間で》/ Y～ affectionately=Affectionately ～《★親友間で》. (2) **yóurs trúly**《口》敬具 (⇨ 3). (2) 《口》わたし, 自分, ぼく《用法》 3 人称単数扱い.

‡**your·self** /juərsélf, jɔə-, jə- | jɔː-, juə-, jə-/ 代 《用法》 you (単数) の複合人称代名詞 (⇨ oneself)] ❶ [強調に用い] あなた自身: a [you とともに用い同格的に]: You did it ～, right? 君自身でそれをしたのじゃないか. b [and ～ で you の代わりに用い]: Did your father and ～ go there? 君のおとうさんがそこへ行ったのですか. c [as, like, than の後で]: No one knows more about it than ～. それについてあなたより知っている人はいません. d [独立構文の主語関係を特に示すために用い]: Y～ poor, you will understand the situation. 君も貧乏だからその事情はわかるだろう. ❷ /–′–/ [再帰的に用い] あなた自身を[に]: a [再帰動詞の目的語に用い] (⇨ myself 2 a): You've hurt ～, haven't you? けがをしたのでしょう. b [一般動詞の目的語に用い]: Know ～. なんじ自身を知れ. c [前置詞の目的語に用い]《★他に成句を参照》: Please take care of ～. どうぞお体を大切に. ❸ いつものあなた, 正常なあなた《用法》通例 be の補語に用い): You aren't ～ today. 君はきょうはどうかしている / Now you look like ～. それでこそいつもの君らしい / (Just) be ～! 落ち着け, 自然にふるまえ. **Hów's yoursélf?**《口》あなたはいかがですか《用法》 "How are you?" の問いに答えた後で言う表現》. ★ 他の成句は oneself を参照.

‡**your·selves** /juərsélvz, jɔə-, jə- | jɔː-, juə-, jə-/ 代 《用法》 you (複数) の複合人称代名詞; ⇨ oneself] ❶ [強調に用い] あなた方自身: a [you とともに用い同格的に]: You did it ～, didn't you? 君たち自身でそれをしたのじゃないか. b [and ～ で you の代わりに用い]: Did your parents and ～ go there? 君たちの両親と君たち(自身)がそこへ行ったのですか. c [as, like, than の後で you の代わりに用い]: Young people like ～ must work. 君たちのような若い人たちは働かなければ. ❷ /–′–/ [再帰的に用い] あなた方自身を[に]: a [再帰動詞の目的語に用い] (⇨ myself 2 a): Don't hurt ～. けがをしないようにしなさい. b [一般動詞の目的語に用い]: You must

2103 **Yugoslavia**

know ～. 皆さんは自分自身を知らなければならない. c [前置詞の目的語に用い]《★他に oneself 成句を参照》: Please take care of ～. どうぞ皆さんお体を大切に. ❸ いつものあなた方, 正常なあなた方《用法》通例 be の補語に用い): You aren't ～ today. 君たちきょうはどうかしている. ★ 成句は ⇨ oneself.

yous(e) /júːz/ 代 [通例呼び掛け] 《非標準》あんたら (you の複数形).

‡**youth** /júːθ/ 名 (働 ～s /júːðz, júːθs | júːðz/) ❶ Ⓤ 若さ, 元気, 血気: the secret of keeping one's ～ 若さを保つ秘訣(ひけつ) / He has all the appearance of ～. 彼は実に若々しく見える. ❷ Ⓤ a 青年時代, 青春(期), 若いころ: the good friends of my ～ 私の青年時代の親友たち / since my ～ 青年時代から / in ～ 若いころに / in (the days of) one's ～ 青年時代に / in one's hot [raw, vigorous] ～ 血気盛んなころに. b (発生・創設の)初期, 草創期: during the ～ of this country この国が若かったころに / Our business is still in its ～. 我々の事業はまだ草創期にある. ❸ a Ⓒ 若者, 青年《用法》通例男性; しばしば軽蔑的に用いる》: a ～ of twenty 20 歳の青年 / promising ～s 前途有望な青年たち. b [the ～; 集合的; 単数または複数扱い] 青年男女, 若い人たち: the ～ of our country わが国の青年男女.
(働 young)

yóuth cènter 名 ユースセンター (youth club).

yóuth clùb 名 ユースクラブ《若者の余暇活動のための組織[施設]》.

yóuth cùlture 名 Ⓤ 若者文化.

‡**youth·ful** /júːθf(ə)l/ 形 (more ～; most ～) ❶ 〈人が〉若い, ❷ 若々しい; 元気な, はつらつとした. ❸ 若者の[に適した], 青年らしい[特有の]. ～·ly /-fəli/ 副 ～·ness 名

yóuth hòstel 名 ユースホステル《解説》主に徒歩や自転車旅行の青年男女の健全な旅行活動推進用の宿泊施設; 会員は低廉な費用で利用できる; 英国では広く利用されているが, 米国では YMCA や YWCA を利用する人のほうが多い》.

yóuth hòstel(l)er ユースホステルの利用者.

‡**you've** /juːv/ **you have** の短縮形.

yow /jáu/ 間 [突然の痛みなどを表わして] ウワッ, ギャッ, イテッ, アチッ!

yowl /jául/ 動 (動物が)長々と悲痛な声を出す.
— 名 (動物の)もの悲しいほえ声. 《ON gaula ほえる》

†**yo-yo** /jóujou/ 名 (働 ～s) ❶ ヨーヨー. ❷ 《米口》ばか, 愚か者. — 形 上下する; 変動する. — 動 (～ed; ~·ing) ❶ ヨーヨーで遊ぶ. ❷ 上下する; 変動する.

Y·pres /íːpr(ə)/ 名 = Ieper.

yr. (略) year(s); younger; your.

yrs. (略) years; yours.

yt·ter·bi·um /itáːbiəm | itáː-/ 名 Ⓤ 《化》イッテルビウム《希金属元素, 記号 Yb》.

yt·tri·um /ítriəm/ 名 Ⓤ 《化》イットリウム《希金属元素, 記号 Y》.

Y2K /wáitùːkéi/ (略) 《電算》 Year 2000 (⇨ millennium bug).

yu·an /júːən, jɔːn | juáːn/ 名 (働 ～) 元《中国の通貨単位》.

yuca /jákə | júːkə/ 名 =cassava.

Yu·ca·tan, Yu·ca·tán /jùːkətǽn, -táːn/ 名 ユカタン半島《カリブ海とメキシコ湾との境をなす中米の半島》.

yuc·ca /jákə/ 名 《植》イトラン, ユッカ.

yuck /ják/ 間 [嫌悪・拒絶などを表わして] オエッ!, ゲーッ!, ウヘーッ!

yuck·y /jáki/ 形 《口》すごくまずい; 不快で.

Yu·go·slav /júːɡoʊslɑːv, ˌ–́–/ 形 ユーゴスラビア(人)の. — 名 ユーゴスラビア人.

Yu·go·sla·vi·a /jùːɡouslɑ́ːviə/ 名 ユーゴスラビア《ヨーロッパ南部の連邦共和国; 1991-92 年, Slovenia, Croatia, Macedonia, Bosnia and Herzegovina の各共和国が独立を宣言し旧ユーゴスラビア連邦が解体したため, 残る Serbia, Montenegro 両共和国が新たに連邦を結

yuk /jʌk/ 名 =yuck.

yuk² /jʌk/ 動 ⦅米⦆ ★ 次の成句で. **yúk it úp** 人を大笑いさせる. —名 [しばしば複数形で] 笑い, 大笑い, ジョーク.

Yu·kon /júːkɑn | -kɔn/ 名 ❶ ユーコン⦅カナダ北西部の準州; 州都 Whitehorse /(h)wɑ́rthoʊs | wɔ́ːthəʊs/⦆. ❷ [the ~] ユーコン(川)⦅ユーコン準州と米国アラスカ州の間を流れて Bering Sea に注ぐ⦆.

Yúkon Térritory 名 =Yukon 1.

yule /júːl/ 名 [しばしば Y~] Ⓤ ⦅古風⦆ クリスマス(の季節). ⦅OE; キリスト教以前のゲルマン民族の冬至祭のことで, 後にクリスマスを意味するようになった⦆

yúle lòg 名 [しばしば Y~ l~] ❶ クリスマス前夜に炉にたく大きい薪. ❷ まきの形をしたケーキ.

yúle·tìde 名 =yule.

yum /jʌ́m/ 間 =yum-yum.

Yu·ma /júːmə/ 名 ⦅複 ~, ~s⦆ ❶ a [the ~(s)] ユマ族⦅もと Arizona 州およびメキシコや California 州に住み, 今は California, Arizona 両州の指定保留地に住む北米先住民の一部族⦆. b Ⓒ ユマ族の人. ❷ Ⓤ ユマ語.

yum·my /jʌ́mi/ 形 (**yum·mi·er**; **yum·mi·est**) ⦅口⦆ ❶ おいしい, 舌ざわりのよい (delicious). ❷ すばらしい, すてきな. 《↓》

yum-yum /jʌ́mjʌ́m/ 間 ⦅口⦆ うまい!, おいしい!; おいしそう! 《擬音語; 唇を smack する音から》

yup /jʌ́p/ 副 ⦅口⦆ =yes ⦅發音 /p/ の音は唇を結んだままで終わり, 破裂させない⦆.

Yu·pik /júːpɪk/ 名 ⦅複 ~, ~s⦆ ❶ a [the ~(s)] ユピック族⦅Alaska 西岸地域に住むエスキモー⦆. b Ⓒ ユピック族の人. ❷ Ⓤ ユピック語.

⁺yup·pie, yup·py /jʌ́pi/ 名 [しばしば Y~] ⦅口⦆ ヤッピー⦅都市に住み専門職について高収入を得ている若い中流階級の人⦆. ⦅*y*oung *u*rban *p*rofessional+-IE⦆

yúppie·dom /-dəm/ 名 Ⓤ ヤッピー (yuppie) たち; ヤッピーであること.

yúppie flù ヤッピーかぜ⦅chronic fatigue syndrome の俗称⦆.

yup·pi(e)·fy /jʌ́pəfàɪ/ 動 ⦅口⦆ [しばしば受身で] ヤッピー (yuppie) 風向きに, 好みにする, ⦅住環境などを⦆おしゃれで高級っぽくする, ⦅労働党などを⦆ヤッピー化する. **yup·pi·fi·ca·tion** /jʌ̀pəfɪkéɪʃən/ 名

yurt /júət | jə́ːt/ 名 (キルギス人・モンゴル人などの)円形の移動テント, ユルト, (中国語で)パオ (包), (モンゴル語で)ゲル.

YWCA /wáɪdʌ̀blju:sì:éɪ/, **YW** /wáɪdʌ́blju:/ ⦅略⦆ Young Women's Christian Association キリスト教女子青年会.

Z z

z¹, **Z**¹ /zíː | zéd/ 名 ⦅複 zs, z's, Zs, Z's /-z/⦆ ❶ Ⓤ.Ⓒ ズィー, ゼッド⦅英語アルファベットの第 26 字; cf. zeta⦆. ❷ Ⓤ 成したものの第 26 番目(のもの). **from Á to Ź** ❶ a¹, A¹ 成句.

z² /zíː | zéd/ 名 ⦅複 z's, zs /-z/⦆ [通例 z の字体で] ⦅数⦆ 第 3 未知数 (cf. x², y²; a², b², c²).

Z² /zíː | zéd/ 名 ⦅複 Z's, Zs /-z/⦆ Z 字形(のもの).

Z ⦅記号⦆ ⦅化⦆ atomic number. **Z.** ⦅略⦆ zero.

za /zɑː/ 名 ⦅米俗⦆ =pizza.

za·ba·glio·ne /zɑ̀ːbəljóʊni/ 名 Ⓤ ⦅料理⦆ ザバイヨーネ⦅卵黄・砂糖・ワインなどで作るカスタードに似たデザート⦆.

zaf·fer, zaf·fre /zǽfə/ 名 Ⓤ 呉須(ごす)⦅青色顔料⦆.

zaf·tig /zɑ́ːftɪɡ/ 形 ⦅米口⦆ 〈女が〉ふくよかな体をした, 性的魅力のある. ⦅Yid=水分の多い⦆

zag /zǽɡ/ 名 ジグザグコース中の急な曲がり〔方向転換〕. —動 (**zagged**; **zag·ging**) (ジグザグに進む過程で)鋭く曲がる; 急に方向を転じる.

Za·greb /zɑ́ːɡreb/ 名 ザクレブ⦅クロアチアの首都⦆.

Za·ire /zɑːíə | -íəː/ 名 ❶ [the ~] ザイール川⦅Congo 川の別称⦆. ❷ ザイール⦅Congo 民主共和国の旧称⦆.

Zam·be·zi /zæmbíːzi/ 名 [the ~] ザンベジ川⦅アフリカ南東部, ザンビア北部からジンバブウェ北辺を経て Mozambique 海峡へ注ぐ⦆. **~·an** 名

Zam·bi·a /zǽmbiə/ 名 ザンビア⦅アフリカ南部にある英連邦内の共和国; 旧称 Northern Rhodesia; 首都 Lusaka⦆.

Za·men·hof /zɑ́ːmənhɔ̀f | zǽmənhɔ̀f/, **La·za·rus Lud·wig** /lɑ̀ːzɑ́ːrʊs lúːdvɪk/ 名 ザメンホフ⦅1859–1917; ポーランドの眼科医; エスペラント (Esperanto) の創案者⦆.

za·min·dar /zǽməndɑ̀ː/ 名 ⦅インド史⦆ ザミーンダール: **a** ムスリム支配下の貢租徴集役人. **b** 英国政府に地租を納めて土地私有権を確保した大地主.

za·min·dari /zǽməndɑ̀ːri/ 名 ⦅インド史⦆ ザミーンダーリー: **a** zamindar による土地保有・収税制度. **b** zamindar の保有[管轄]する土地.

zan·der /zǽndə | -də/ 名 ⦅複 ~, ~s⦆ ⦅魚⦆ ザンダー⦅欧州産の perch の一種⦆.

za·ny /zéɪni/ 形 (**za·ni·er**; **za·ni·est**) おどけた, ばかげていく (wacky). —名 ❶ ひょうきん者, おどけ者. ❷ ⦅昔の⦆道化師の補助役, 副道化役. ⦅F＜It=道化者⦆

Zan·zi·bar /zǽnzəbɑ̀ː | -bɑ̀ː/ 名 ザンジバル⦅アフリカ東岸沖の島; 1963 年に英国より独立し, 翌 64 年 Tanganyika と統合して Tanzania となった⦆.

⁺zap /zǽp/ 動 ⦅口⦆ (**zapped**; **zap·ping**) 他 ❶ 〈…を〉急にすばやく[動かす]; 急に強く打つ. ❷ 〈…を〉(一気に)やっつける[攻撃する]⦅レーザー光線などで⦆〈…を〉急襲する; 殺す: You have to ~ the invading spaceships to get points. (テレビゲームなどで)得点をあげるには侵略してくる宇宙船をやっつけなければならない. ❸ 〈テレビのコマーシャルなどを〉リモコンでチャンネルを換える. —自 ❶ さっと動く (zip). ❷ リモコンでチャンネルを換える. ❸ 活力, エネルギー. ❹ 攻撃, (急な)打撃. —間 ピュッ!, バン!, パン! ⦅? Z(IP)²+(SL)AP⦆

Za·pa·ta /zəpɑ́ːtə/, **E·mi·lia·no** /ɛ̀ɪmɪljɑ́ːnoʊ/ 名 サパタ⦅1879–1919; メキシコの革命家; 農地改革運動の指導者⦆.

za·pa·te·a·do /zɑ̀ːpəteɪɑ́ːdoʊ | zɑ̀ːpəti-/ 名 ザパテアード⦅つまさき・かかとを踏み鳴らすスペイン舞踊⦆.

zap·per /zǽpə | -pə/ 名 ⦅口⦆ ❶ リモコン. ❷ マイクロ波害虫駆除装置.

zap·py /zǽpi/ 形 (**-pi·er**, **-pi·est**) ⦅口⦆ 元気のいい, 活気にあふれた; 急速に動く. ⦅ZAP+-Y³⦆

za·re·ba, -ri- /zərí:bə/ 名 (東アフリカで村落・キャンプなどを守るためにイバラなどで作る)防御柵⦅で囲まれた場所⦆.

zar·zue·la /zɑːzuéɪlə, -zwíː- | zɑːzwéɾ-/ 名 サルスエラ⦅スペイン風オペラ⦆. ⦅Sp⦆

zax /zǽks/ 名 ⦅建⦆ 石板切り⦅屋根ふきのスレートを切ったり穴をあけたりする道具⦆.

Ź bòson /zíː- | zéd-/ ⦅理⦆ Z ボソン (Z particle).

⁺zeal /zíːl/ 名 Ⓤ 熱心, 熱中; 〈…に対する〉熱意: with (great) ~ (非常に熱心に) / I don't feel much ~ *for* the work. 私はその仕事にあまり熱意を感じていない / They showed untiring ~ *in* the pursuit of truth. 彼らは真理の探求にうむことを知らない熱意を示した. ⦅L＜Gk⦆

Zea·land /zíːlənd/ 名 ジーランド⦅Sjælland の英語名⦆.

zeal·ot /zélət/ 名 熱中者, 熱狂者. ⦅L＜Gk⦆

zeal·ot·ry /zélətri/ 名 Ⓤ 熱狂(的行動).

⁺zeal·ous /zéləs/ 形 (**more ~**; **most ~**) 熱心な, 熱中した, 熱狂的な; 熱望して: a ~ churchgoer 熱心に教会に通う人 / ~ efforts 熱心な努力 / They are ~ *in* the pursuit of truth. 彼らは真理の探求に熱中している / They are ~ *for* freedom. 彼らは自由を切望している / He's ~ *to* please his boss. 彼は努めて上役を喜ばせよう

としている. ~·ly 副 ~·ness 名 〖L; ⇨ zeal, -ous; cf. jealous〗

ze·bec /zíːbèk/ 名 =xebec.

⁺ze·bra /zíːbrə | zéb-, zíːb-/ 名 (複 ~s, ~) 動 シマウマ 《アフリカ産》. 〖It. Port & Sp＜L *equiferus* 野性の馬＜*equus* horse+*ferus* wild〗

zébra cróssing 名 《英》(黒白の斜縞を塗った)横断歩道.

zebra finch 名《鳥》キンカチョウ (オーストラリア産).

ze·bu /zíː(b)(j)uː/ 名 動 コブウシ, ホウギュウ (肩に大こぶのある牛; アジア・東アフリカ産). 〖F＜? Tibet〗

Zeb·u·lun, -lon /zébjuːlən/ 名 ゼブルン (Jacob の第 10 子; イスラエル十二支族の一つの祖; ★聖書「創世記」から〗.

Zech. (略)《聖》Zechariah.

Zech·a·ri·ah /zèkəráiə/ 名《聖》❶ ゼカリヤ (紀元前 6 世紀の Israel の預言者). ❷ ゼカリヤ書 (旧約聖書中の一書; 略 Zech.).

zed /zéd/ 名《英》=zee.

zed·o·ar·y /zédouèri | -douəri/ 名 Ⓤ ゼドアリ根, ガジュツ (姜黄, 莪朮) 《東インド・セイロン産ショウガ科の多年草の乾燥根茎; 健胃剤・香料・染色に用いる》.

zee /zíː/ 名 《米》❶ Z [z]の字. ❷ Z字形(のもの).

Zée·man efféct /zíːmən-/ 名 ゼーマン効果《磁場中の物質のエネルギー準位が分裂する現象; 磁場中の原子・分子の放射・吸収のスペクトル線の分裂としてみられる》. 〖Pieter Zeeman オランダの物理学者〗

ze·in /zíːɪn/ 名 Ⓤ《生化》ゼイン (トウモロコシから採る蛋白質の一つ; 繊維・プラスチック製造用). 〖Zea トウモロコシ属〗

Zeit·geist /tsáɪtɡàist, záɪt-/ 名 〖the ~〗時代精神[思潮]. 〖G＝time spirit ⇨ tide, ghost〗

⁺Zen /zén/ 名 Ⓤ 禅. 〖Jpn〗

ze·na·na /zɪnɑ́ːnə/ 名 (インド・ペルシアの)婦人室.

Zend-Aves·ta /zéndəvéstə/ 名 〖the ~〗ゼンドアヴェスター (Zend と Avesta を合わせた古代ペルシア Zoroaster 教の経典).

Zé·ner càrds /zíːnə- | -nə-/ 名 複 《心》ジーナーカード (ESP 研究用の 25 枚一組のカード). 〖K. E. Zener 米国の心理学者〗

Zéner díode 名 [しばしば z~]《電子工》ツェナーダイオード (降伏電圧の一定性を利用した定電圧ダイオード).

ze·nith /zíːnɪθ | zén-/ 名 ❶ 〖the ~〗天頂 《天底 (nadir) の正反対に位置する点》. ❷ Ⓒ [通例単数形で]《名声・成功・権勢などの》頂点, 絶頂《peak; ↔ nadir》: Her fame was at its ~. 彼女の名声は絶頂にあった / At that time the Holy Roman Empire was at the ~ *of* its power. 当時神聖ローマ帝国は最盛期にあった. 〖F＜Arab＝(頭上の)道＜L *semita* 道〗

ze·nith·al /-θəl/ 形 ❶ 天頂の; 頂点の, 絶頂の. ❷《地図などの》正(正方位図法の[による].

zénithal projéction 名《地図》正(主)距方位図法 (azimuthal equidistant projection).

Ze·no /zíːnou/ 名 ゼノン (335?-?263 B.C.; ギリシアの哲学者, ストア派の祖).

ze·o·lite /zíːəlàɪt/ 名《鉱》沸石. **zè·o·lít·ic** /-lít-/ 形.

Zeph. (略)《聖》Zephaniah.

Zeph·a·ni·ah /zèfənáɪə/ 名《聖》❶ ゼパニア (前 7 世紀のヘブライの預言者). ❷ ゼパニヤ書 (旧約聖書中の一書; 略 Zeph.).

zeph·yr /zéfə | -fə/ 名 ❶ [Z~](擬人化された)西風. ❷ Ⓒ《詩》軟風, 和風, そよ風. 〖L＜Gk＝西風〗

Zeph·y·rus /zéfərəs/ 名《ギリシア神》ゼピュロス (西風の神).

Zep·pe·lin /zépəlɪn/ 名 [時に z~] (昔の)ツェッペリン型飛行船. 〖F. von Zeppelin これを設計したドイツの将軍〗

zep·to- /zéptou/ [連結形]《単位》ゼプト (＝10^{-21}; 記号 z).

Zer·matt /zέːmaːt | zέːmæt/ 名 ツェルマット (スイス南部, Matterhorn 北東山麓の村; 登山基地・スキーリゾート).

***ze·ro** /zíː(ə)rou, zíːr-/ zíːərəu/ 名 (複 ~s, ~es) ❶ Ⓒ (アラビア数字の) 0, ゼロ, 零 (《英》nil, nought). ❷ Ⓤ a (温度計などの)零度, 氷点: ⇨ absolute zero / at 20° below ~ 零下 20 度で. **b** (測定の)ゼロ点[時], 基点, 起点. ❸ Ⓤ **a** (成績・試合などの)零点: I got a ~ in math. 数学で零点をとった / We won the game (with a score of) 5 to ~. 5 対 0 (のスコア)でゲームに勝った. **b** 最低点, 最下位. ❹ Ⓤ 無: The team's spirit sank to ~ after its successive defeats. 連敗してチームの士気はまったく衰えてしまった / His great fortune was reduced to ~. 彼の大財産も無に帰してしまった / She knew ~ about publishing. 彼女の出版に関する知識は皆無だった. ❺ Ⓒ どうでもいい[つまらない]人[物]. ── 形 Ⓐ ❶ 0 の, 零の: a ~ score 得点ゼロ / ~ degrees ゼロ度 (★複数形を用いる) / ~ **gravity** 《理》無重力(状態). ❷ 少しもない, 皆無の: ~ growth (経済・人口などの)ゼロ成長. ── 動 (ze·roed; ze·ro·ing) 他《計器の》目盛りをゼロに合わせる. **zéro in** 《他・自》《小銃を無風無寒の固定台に載せ》(★ しばしば受身). **zéro ín on**… (★ 受身可)(1)《砲などの》照準を〈目標に〉合わせる; …に砲火を集中する. (2) …に注意力を集中する, …に的をしぼる. (3)〈人などが〉…に向かって集まる[迫る]. 〖F＜It＜L＜Arab＝空(㌍)の〗

読み方 (1) 0 の読み方は《米》では zero, o(h) /óʊ/, 《英》では zero, nought, o(h) /óʊ/ or nothing が用いられる.
(2) 電話番号の 0 の読み方は o(h) /óʊ/ が一般的: 291-2107 (two nine one two one o(h) seven), 3300-8385 (double three double o(h) eight three eight five).
(3) 年号の場合: 1903 (nineteen o(h) [naught, ought] three または nineteen three), 1900 (nineteen hundred).
(4) 小数点以下の場合: 3.05 (three point o(h) [zero] five), 0.3% (zero point three percent).
(5) 列車の時間の場合: the 10: 05 train (ten o(h) five train).
(6) 競技の点数の場合は nothing, テニスの場合は love を用いる.

zéro-báse(d) 形〈予算など〉ゼロベースの (各品目の予算などを前年度と関係なくその必要に合わせてゼロから検討する).

zéro cóupon bònd 名《証券》ゼロクーポン債 (利札 (coupon) の付かない債券で額面から大幅割引で発行され満期に全額償還されるもの).

zéro hòur 名 Ⓤ ❶ **a** ゼロ時, 予定行動開始時刻. **b** (ロケットなどの)発射時刻 (cf. countdown). ❷ 決定的瞬間, 危機.

zéro-ráted 形《英》付加価値税を免除された.

zéro-súm 形 ゼロサムの, 零和の《ゲーム理論・政治などで一方の得点が他方にとって同数の失点となり, その和がゼロになる》.

ze·roth /zíː(ə)roʊθ/ 形 零[ゼロ](番目)の, ゼロ次の.

zéro tólerance 名 Ⓤ ゼロ容認 (法律・罰則を厳しく適用して, 小さな違反でも許容しない方針).

zéro-zéro 形《米》《気・空》水平・垂直ともに視程ゼロの: a ~ fog 視程ゼロの霧 / ~ landing 視程ゼロの状態での着陸.

zest /zést/ 名 Ⓤ ❶ [また a ~] 熱意, 強い興味: youthful ~ 若々しい熱情 / (a) ~ *for* pleasure 快楽への強い欲求 / with ~ 熱心に / He studied with a ~ which impressed his teachers. 彼は先生たちを感心させるほどの情熱で勉強した. ❷ [また a ~] 風趣, 妙味, 痛快味: Humor gave [added] (a) ~ to his speech. ユーモアが彼の演説に興を添えた. ❸ (食物・飲み物に入れる)風味を添えるもの 《レモン・オレンジの皮などの一片》. 〖F＝風味用のオレンジの皮〗

zést·er 名 ゼスター (レモン・オレンジなどの皮むき器).

zest·ful /zéstf(ə)l/ 形 ❶ 熱心な; 興味をもった. ❷ 香味[風趣]ある. ~**·ly** 副 / ~**·ness** 名.

ze·ta /zéɪtə, zíː- | zíː-/ 名 ⓊⒸ ゼータ 《ギリシア語アルファベットの第6字 Z, ζ, 英字の Z, z に当たる; ⇨ Greek alphabet 表》.

zet・ta- /zétə/ 〖連結形〗〖単位〗ゼタ (=10²¹; 記号 Z).

zeug・ma /zúːɡmə/ |zjúː-/ 图 U 《修・文法》くびき語法 《一つの形容詞や動詞で二つ(以上)の異種の名詞を無理に修飾または支配させるもの; たとえば kill the passengers and destroy the baggage とすべきところを kill the passengers and the baggage とするなど》. 《L<Gk》

Zeus /zúːs | zjúːs/ 图〖ギ神〗ゼウス (Olympus 山の主神; ローマ神話の Jupiter に当たる). 《Gk; 原義は「輝く者」》

Zhou En-lai /dʒóuenláɪ/ 图 周恩来 (しゅうおんらい)(エンライ) (1898-1976; 中国の政治家・共産党指導者; 首相 (1949-76)).

zi・do・vu・dine /zɪdóuvjudìːn | zaɪdóv-/ 图 U 《薬》ジドブジン (AIDS の治療に用いられる抗ウイルス薬).

zig /zíɡ/ 图 ジグザグコース中の急な曲がり [方向転換]. ━ 動 ⓘ (**zigged; zig・ging**) (ジグザグに進む過程で)鋭く曲がる; 急に方向を転換する.

zig・gu・rat /zíɡuræ̀t/ 图 ジッグラト 《古代バビロニアやアッシリアのピラミッド形の神殿》. 《Akkadian=height, pinnacle》

zig・zag /zíɡzæ̀ɡ/ 图 ❶ ジグザグ形, Z 字形, 稲妻形. ❷ ジグザグ形のもの 《装飾・線・電光・道路など》. ━ 形 A ジグザグの, Z 字形の, 稲妻形の: a ~ line [road] ジグザグの線[道] / a ~ rule 折り尺, 畳み尺. ━ 副 ジグザグ[Z 字形]に: The path climbed [ran] ~ up the slope. 道は坂状にのぼっていた. ━ 動 ⓘ (**zig・zagged; zig・zag・ging**) ⟨人・稲妻などが⟩ジグザグに進む; ⟨道・川などが⟩ジグザグに走る[流れる]: The demonstrators zigzagged down the street. 示威隊はジグザグ行進した. / The path zigzagged up the steep slope. 道は急斜面をジグザグにのぼっていた. 《F<G》

zilch /zíltʃ/ 图 U 《口》ゼロ, 無.

zil・la(h) /zílə/ 图 《インドの》州, 郡.

zil・lion /zíljən |-ljən, -liən/ 图 (® ~s, ~) 《口》何億兆, 無数 《~s of flies 無数のハエ. 《million, billion にならったもの; z は未知の数を表わす》

zil・lion・aire /zìljənéə |-ljənéə, -liə-/ 图 《口》途方もない大金持, 億兆長者.

Zim・ba・bwe /zɪmbáːbwi, -bweɪ/ 图 ジンバブウェ 《アフリカ南東部の内陸国; 首都 Harare》.

Zim・mer /zímə |-mə/ 图 《商標》ジマー 《高齢者・障害者用歩行器; Zimmer frame ともいう》.

*****zinc** /zíŋk/ 图 U 《化》亜鉛 《金属元素; 記号 Zn》: flowers of ~=zinc oxide. 《G=くぎ, 突った先, その結晶の形状から》

zínc blènde 图 U 《鉱》閃亜鉛鉱 (sphalerite).

zínc óintment 图 U 《薬》亜鉛華軟膏 (こう).

zínc óxide 图 U 《化》酸化亜鉛, 亜鉛華.

zínc súlfate 图 U 《化》硫酸亜鉛 《顔料原料・医薬品となる》.

zínc whíte 图 U 亜鉛白, 亜鉛華 《酸化亜鉛で作った白色顔料》.

zine, 'zine /zíːn/ 图 《口》雑誌 (magazine), (特に)愛好者(仲間)の作る同人誌[会報], ミニコミ誌.

zin・fan・del /zínfəndèl/ 图 U ジンファンデル: a California 州産の黒ブドウ. それから造る赤ワイン.

zing /zíŋ/ 《口》图 ❶ C ヒューヒュー[ビュンビュン, ブンブン](という音). ❷ U 元気, 活気, 熱意. ━ 動 ⓘ (スピードを出して)ビュンビュン音を立てる[進む].

zing・er /zíŋə |-ŋə/ 图 《米口》❶ 気のきいた鋭い発言[応答]. ❷ あっと驚かせるもの[人].

zing・y /zíŋi/ 形 《口》❶ 活気あふれる. ❷ 魅力的な, かっこいい. ❸ 刺激味のある, ピリッとする.

zin・ni・a /zíniə/ 图 《植》ジニア, ヒャクニチソウ. 《J. G. Zinn ドイツの植物学者》

Zi・on /záɪən/ 图 ❶ シオン山 《Jerusalem の聖なる丘; David とその子孫が王宮を営み, 神殿を建て, 政治の中心とした》. ❷ ユダヤ民族の故国, イスラエルの地. ❸ エルサレムの住民たち; ユダヤ民族. ❹ U キリスト教会. ❺ U (キ教) 天国. 《L<Gk<Heb》

Zi・on・ìsm /-nìzm/ 图 U シオン主義, シオニズム 《ユダヤ人の国を Palestine に建設しようというユダヤ民族運動》.

⁺**Zí・on・ist** /-nɪst/ 图 シオン主義者, シオニスト. ━ 形 シオン主義の.

⁺**zip**¹ /zíp/ 图 ❶ C ビュッ, ビュー(という音)《飛ぶ弾丸などの音, または布を裂く音》. ❷ U 《口》元気. ━ 動 (**zipped; zip・ping**) ⓘ [副詞(句)を伴って] **a** ⟨車・弾丸などが⟩ビュッと音を立てて進む[動く]: The car zipped along. 車はビュンビュン走った. **b** ⟨人が勢いよく進む[行く]: He zipped out into the garden. 彼は庭へ飛んで行った. ❷ ⟨物事が⟩かすみのように進む, ⟨人が⟩迅速にやる: ~ through one's work 仕事をさっさと片づける. ━ ⓣ 《電算》⟨ファイルを⟩ZIP 形式で圧縮する. 《擬音語》

⁺**zip**² /zíp/ 图 《英》ジッパー, チャック, ファスナー (《米・英》zip fastener, 《米・英》zipper). ━ 動 ⓣ ⟨...を⟩ジッパー[ファスナー]で締める; ⟨人の⟩衣服のファスナーを締める: He zipped up his jacket.=He zipped his jacket up. 彼は上衣のジッパーをしっかり締めた / He zipped his bag open [shut]. 彼はかばんのチャックをあけた[締めた] / Z~ me up, please. (背中の)ファスナーを締めてちょうだい. 〖↑から〗

zip³ /zíp/ 图 《米口》ゼロ, 無得点. ━ 動 ⓣ ⟨相手を⟩無得点に押さえる, 零封する.

ZIP /zíp/ 图 《電算》ZIP 《データ圧縮プログラム PKZIP の扱うファイルフォーマット》.

⁺**Zíp [ZÍP] còde** /zíp-/ 图 U.C 《米》ジップコード, 郵便番号 (《英》postcode). 《解説》郵便配達簡便化のための数字; 州名の後に 5 けたの数字で表わす; 最初の 3 けたは州や都市, 後の 2 けたは郵便区を示す. 《zone improvement plan の頭字語に, **zip**¹ の意をかけたもの》

⁺**zíp fàstener** 图 《英》=zipper.

zíp file 图 [また Z- f-] 《電算》ジップファイル《データを圧縮したファイル; cf. ZIP》.

zíp gùn 图 《米口》手製ピストル《通例 直径.22 の弾丸を使用》.

zíp・less 形 《口》短く情熱的な(情事の), 刹那的な.

Zip・loc /zíplɑk | -lɔk/ 图 《商標》ジップロック《ziplock 方式のポリ袋》.

zíp・lòck 形 ジプロック方式の⟨ポリ袋⟩《口にかみ合わせ式の一種のジッパーがついており, 密閉できる》.

⁺**zip・per** /zípə | -pə/ 图 ジッパー, チャック, ファスナー (zip). ━ 動 ⓣ =zip². 〖ZIP²+-ER¹〗

zip・po /zípou/ 图 《口》=zip³.

zip・py /zípi/ 形 (**zip・pi・er; zip・pi・est**) 《口》❶ 元気のある, きびきびした, 活発な. ❷ 速い. (图 zip¹)

zíp-tóp 形 A ⟨缶など⟩縁の側面についているつまみ[金属の帯を⟩ぐるりとひきはがしてあける, ジップトップ式の (cf. pop-top): a ~ can ジップトップ(式)缶.

zíp-ùp 形 ジッパー[ファスナー]で締める(ことのできる).

zir・con /záːkɑn | záːkɔn/ 图 U 《鉱》ジルコン (⇒ birthstone). 《G<F<It<Arab<Pers=金色のもの》

zir・co・ni・a /zəːkóunɪə | zə-/ 图 U 《化》酸化ジルコニウム.

zir・co・ni・um /zəːkóunɪəm | zə-/ 图 U 《化》ジルコニウム《金属元素; 記号 Zr》.

zit /zít/ 图 《米俗》にきび (pimple).

zith・er /zíθə | -ðə/ 图 ツィター《オーストリアなどで用いられている弦楽器; 約 30-40 本の弦があり, 指とつめで演奏する》. 《G<L<Gk kithara; GUITAR と同語源》

zith・er・ist /-rɪst/ 图 ツィター奏者.

zi・ti /zíːti/ 图 ジーティ《中ぐらいの太さ・長さの中空のパスタ》.

zizz /zíz/ 图 《英口》[a ~] ひと眠り, うたた寝《★ 通例次の句で》: take [have] a ~ ひと眠りする. ━ 動 ⓘ うたた寝する.

zlo・ty /zlɔ́ːti | zlɔ́ti/ 图 (® ~s, ~) ズロティ, ズウォティ《ポーランドの通貨単位》.

Zn 〖記号〗《化》zinc.

⁺**zo・di・ac** /zóudiæ̀k/ 图 [the ~] 《天》黄道帯, 獣帯《黄道を中心にして南北にそれぞれ幅 8 度の想像上の帯; 太陽と月と主な惑星がこの帯内を運行する; 黄道帯には星座が 12 個あるとされている》. ❷ C 《占星》十二宮一覧図《黄道帯に 12 の星座を配した図》.

the signs of the zódiac《天・占星》(黄道)十二宮《春分点を起点として黄道の周囲を十二等分したもの; 次の各宮があ

る; Aries「おひつじ座, 白羊宮」, Taurus「おうし座, 金牛宮」, Gemini「ふたご座, 双子宮」, Cancer「かに座, 巨蟹(きょかい)宮」, Leo「しし座, 獅子(しし)宮」, Virgo「おとめ座, 処女宮」, Libra「てんびん座, 天秤(てんびん)宮」, Scorpio「さそり座, 天蝎(てんかつ)宮」, Sagittarius「いて座, 人馬宮」, Capricorn「やぎ座, 磨羯(まかつ)宮」, Aquarius「みずがめ座, 宝瓶(ほうへい)宮」および Pisces「うお座, 双魚宮」.
《F<L<Gk=小さな動物の輪《*zōion* 動物; cf. zoo-》》

signs of the zodiac

zo·di·a·cal /zoʊdáɪək(ə)l/ 形 《天·占星》黄道帯(内)の; 十二宮の. (名 zodiac)
zodíacal líght 名 ⓤ 《天》黄道光.
zo·e·trope /zóuɪtròup/ 名 回転のぞき絵 (回転仕掛けのおもちゃ; 細いのぞき穴から筒内の画が動いて見える).
zof·tig /zɔ́ːftɪɡ, zɑ́f-/ 形 =zaftig.
Zo·har /zóʊhɑːr/ 名 《ユ》ゾハール (モーセ五書 (Pentateuch) に関する中世の神秘主義的研究書).
Zo·la /zóʊlə/, **É·mile**-(**-É·douard-Charles-An·toine**) /eɪmíːl eɪdwáːr ʃɑːrl -dwáː ʃɑːl- / 名 ゾラ (1840-1902; フランスの自然主義小説家).
zom·bie /zɑ́mbi | zɔ́m-/ 名 (複 ~s) **a** ⓤ ゾンビ《西インド諸島の先住民が信じている死んだ人を生き返らせる超自然的な力》. **b** © ゾンビで生き返らされた(という)死体. **❷** © 無気力な人, のろま.《W-Afr》
zom·bi·fy /zɑ́mbəfàɪ | zɔ́m-/ 動 他 ゾンビ(のよう)にする.
zom·bi·fi·ca·tion /zɑ̀mbəfɪkéɪʃən | zɔ̀m-/ 名
zon·al /zóʊn(ə)l/ 形 **❶** 帯の, 帯状の. **❷ a** 地区[区域]に分けられた, 地区[区域]制の. **b** 地区の, 区域の. **-ly** /-nəli/ 副. (名 zone)
zo·na pel·lu·ci·da /zóʊnəpəlúːsɪdə/ 名 (複 **zo·nae pel·lu·ci·dae** /-niːpəlúːsɪdìː/) 《生》透明帯 (哺乳類の卵にある透明な卵膜).
zo·na·tion /zoʊnéɪʃən/ 名 ⓤ 帯状(斑紋); 帯状配列 [分布, 又は], 成帯構造.
*****zone** /zóʊn/ 名 **❶** (外観・特徴などによって他と区別できる)地帯, 地域, 区域: a safety [danger] ~ 安全[危険]地帯 / a demilitarized ~ 非武装地帯 / a war [combat] ~ 戦闘地域 / an erogenous ~ 性感帯 / a 200-mile exclusive fishery ~ 200海里漁業専管水域. **❷ a** (都市計画による)地区, 区域: a school [business, residence] ~ 文教[商業, 住宅]地区. **b** (道路の)交通規制区域: a no-parking ~ 駐車禁止区域 / a bus loading ~ バス乗降区域. **c** 《交通機関の》同一運賃区間: the 50-cent fare ~ 50セント区間. **d** (小包郵便・電話などの)同一料金区域. **e** 《米》(都市の)郵便番号区. **❸** 《地理》(寒帯・熱帯などの)地球を5地域に区分する)帯(たい): ⇒ Frigid Zone, Temperate Zone, Torrid Zone. **❹** 《生態》(同種類の動植物の生育によって区別される)帯: the Alpine ~ 高山植物帯. **be in the zóne** 《米俗》(スポーツで)調子に乗っている, 絶好調である.
—— 動 他 **❶** (…)を帯状に囲む[巻く]. **❷** 《場所》を区分する;《都市など》を(…地域に)区分する: ~ the world *into* climatic areas 世界を風土の地域に区分する / This area has been ~*d as* residential. この地域は住宅地区とされている / This area has been ~*d for* factories. こ

2107　　zoospore

の地域は工場地区に指定されている.
《F<L<Gk *Zōnē* 帯》(形 zonal)
zoned /zóʊnd/ 形 **❶** [また ~ out で]《米俗》(酒・麻薬に)酔って, (意識が)ぼうっとなって, ふらふらで. **❷** くたくたになって.
zóne defénse 名 《スポ》ゾーンディフェンス (cf. man-to-man defense).
zóne pláte 名 《光》同心円回折板, 輪帯回折板, ゾーンプレート (光線を焦点に集中させる).
zóne refíning 名 ⓤ ゾーン精製法 (材料の精製法; 棒状の金属などの一端から狭い溶融部分を順次移動し, 不純物を他端に集中させるもの). **zóne-refíned** 形
zóne thérapy 名 ⓤ ゾーンセラピー (てのひらや足の裏のそれぞれの部分が体のいろいろな部分と関連しているという考えに基づく代替医療).
zón·ing /zóʊnɪŋ/ 名 ⓤ (都市計画による)地区制 (工場地区・住宅地区などに区画すること).
zonk /zɑ́ŋk | zɔ́ŋk/ 動 [しばしば ~ out で]《俗》**❶** 前後不覚にする, ぼうっとさせる, (酒・麻薬で)酔わせる; 《俗》くたくたに疲れさせる. **❷** バシッと打つ, ガーンとやる, 力で圧倒する.
—— 自 バタンと眠る, 眠りこける; 疲れはてる; 昏倒する, 死ぬ; (酒・麻薬で)前後不覚になる.
zonked 形 《俗》**❶** (麻薬や酒に)酔った. **❷** 疲れ果てた, (疲れて)ぐっすり寝込んだ.
zónked-óut 形 《俗》=zonked.
*****zoo** /zúː/ 名 (複 ~s) **❶** 動物園. **❷** ごったがえし.《*zoological garden*》
zo·o- /zóʊə/, /zóʊoʊ/ 《連結形》「動物(界)」「運動性」.《Gk *zōion* 動物》
zòo·ge·óg·ra·phy 名 ⓤ 《生》動物地理学. **-pher** 名 **-geográphic, -ical** 形 **-ical·ly** 副
zo·oid /zóʊɔɪd/ 名 《生》個虫 (群体を構成する個員); (分裂・増殖によって生ずる)独立個体. **zo·óid·al** 形
zóo·kèep·er 名 動物園の管理者[所有者, 飼育係].
zo·ol·a·try /zoʊɑ́lətri/ 名 -ˈlɒl-/ ⓤ 動物崇拝.
zo·o·log·i·cal /zòʊəlɑ́dʒɪk(ə)l | -lɔ́dʒ-ˈ / 形 動物学(上)の; 動物に関する: a ~ garden= ~ gardens 動物園 (zoo). **-ly** /-kəli/ 副
zo·ól·o·gist /-dʒɪst/ 名 動物学者.
⁺zo·ol·o·gy /zoʊɑ́lədʒi | -ˈlɒl-/ 名 ⓤ 動物学.《Gk *zōion* 動物 (原義は「生きているもの」)+-LOGY》
*****zoom** /zúːm/ 動 自 **❶** [副詞(句)を伴って]ブーンという音を立てて動く, 猛スピードで進む, 大急ぎする: The motorcycle ~*ed past* [*off, away*]. そのオートバイはブーンと音を立てて走り過ぎた[去った] / ~ *through* the gallery かけ足で美術館を見てまわる. **❷** 《飛行機が》急角度で上昇する. **❸** 《物価などが》急騰する (*to*) (soar). **zóom ín** (自+副) 《映・テレビ》《カメラが》(…に)焦点を合わせて(ズームレンズで)画像を徐々に拡大する (*on*). **zóom óut** (自+副) 《映・テレビ》《カメラが》(ズームレンズで)画像を徐々に遠ざけて縮小する. —— 名 **❶** [a ~] ブーンという音. **❷** [a ~]《空》急角度の上昇. **❷** (物価などの)急な上昇, 急騰. **❸** =zoom lens. 《擬音語》
zóom léns 名 《写》ズームレンズ, 可変焦点レンズ (zoom) (焦点距離が自由に変えられて画像を連続的に拡大または縮小させることのできるレンズ).
zòo·mór·phic 形 動物をかたどった(模様をもつ); 《神・霊が》動物の形をとった, 獣形神の.
zòo·mór·phism 名 ⓤ 動物形態観 (神などを動物の形象や属性で表わす); 《芸・装飾》獣形[動物文]使用.
zo·o·no·sis /zoʊənóʊsɪs, -sòn-/ 名 (複 **-no·ses** /-sìːz/) 《医》人獣[人畜]共通伝染病, 人獣伝染病, 動物原性感染症 《動物からヒトに伝染する疾患》. **zo·o·not·ic** /zòʊənɑ́tɪk | -nɔ́t-ˈ/ 形
zo·o·phyte /zóʊəfàɪt/ 名 《動》植虫類 (イソギンチャク・サンゴ・カイメンなど).《Gk *zōion* 動物+*phyton* 植物》
zòo·plánk·ton 名 ⓤ 動物プランクトン (cf. phytoplankton). **-planktónic** 形
zo·o·spore /zóʊəspɔ̀ː | -spɔ̀-/ 名 《植・動》精胞子, 遊走子. **zo·o·spo·ric** /zòʊəspɔ́ːrɪk⁻/ 形

zóot sùit /zúːt-/ 名 《口》ズートスーツ《肩幅の広い長い上着とすそが細くなっただぶだぶのズボンから成る男子服; 1940年代に流行した》.

zo·ril·la /zərílə/, **zor·il** /zɔ́ːrəl | zɔ́ːr-/, **zo·rille** /zərílː/ 名 (複 ~s) 動 ゾリラ《南アフリカ産のイタチの一種; スカンクに似ている》.

Zo·ro·as·ter /zɔ́ːrouæstə | zɔ̀ːrouǽstə/ 名 ゾロアスター《紀元前600年ごろのペルシアの宗教家; ゾロアスター教の祖》.

Zo·ro·as·tri·an /zɔ̀ːrouǽstriən | zɔ̀ːr-́-/ 形 ゾロアスター(教)の. ── 名 ゾロアスター教徒.

Zò·ro·ás·tri·an·ìsm /-nìzm/ 名 U ゾロアスター教, 拝火教.

Zou·ave /zuáːv/ 名 ズワーブ兵《フランス軽歩兵; もとアルジェリア人で編制され, アラビア服を着た》.

zouk /zúːk/ 名 U ズーク《西インド諸島 Guadeloupe 島の民族音楽と西洋音楽の要素をミックスしたポップミュージック; 強烈なビートが特徴》.

Ź pàrticle /zíː- | zéd-/ 名 《理》Z粒子《弱い相互作用を伝える中性粒子》.

Zr《記号》《化》zirconium.

zuc·chet·to /zukétou, tsu- | zuː-/ 名 (複 ~s) 《カト》ズケット《階級によって色の異なる聖職者用の skullcap》.

⁺**zuc·chi·ni** /zuːkíːni, zu-/ 名 (複 ~, ~s) C|U《米》ズッキーニ《《英》courgette》《カボチャの一品種, 小さなキュウリのような形をした未熟果を食用にする》.【It *zucchino* の複数形 small marrow〈*zucca* gourd〉】

Zu·lu /zúːluː/ 名 (複 ~s, ~) ❶ a [the ~(s)] ズールー族《南アフリカの Bantu 族》. b C ズールー族の人. ❷ U ズールー語. ── 形 ズールー人[語]の.

Zu·rich /zú(ə)rɪk/ 名 チューリッヒ《スイス北部にある同国最大の都市》.

zwie·back /zwáɪbæk, swíː-, -bɑːk | zwíː-/ 名 U ツヴィーバック《ラスク(rusk)の一種; しばしば歯が生え始めた乳児に与える》.

Zwing·li /zwíŋ(g)li/, **Ulrich [Huldrych]** 名 ツウィングリ《1484-1531; スイスの宗教改革者》.

zwit·ter·i·on /tsvítərɑ̀ɪən, swít-/ 名 《化》双(極)性[両性]イオン.

zy·de·co /záɪdəkòu/ 名 U [しばしば Z~]《楽》ザイデコ, ザディコ《フランス起源のダンス曲にカリブ音楽やブルースの要素を採り入れ, ギター・洗濯板・アコーディオンを用いて小グループで演奏する南部 Louisiana の大衆音楽》.

zy·go- /záɪgou, zíɡ-/ [連結形]「くびき(のように連結した)」「対(ツイ)」「接合」「頬骨の」.《Gk *zygon* くびき》

zỳgo·dác·tyl /-dǽkt(ə)l/ 形〈鳥が〉対指足の. ── 名 対指足類の鳥《キツツキ・オウムなど》.

zy·go·ma /zaɪɡóumə, zɪ-/ 名 (複 -ma·ta /-tə/, ~s)《解》❶ 頬骨弓(ｷｮｳｺﾂｷｭｳ). ❷ =zygomatic bone. ❸ 頬骨突起.

zy·go·mat·ic /zàɪɡəmǽtɪk, zìɡ-́-/ 形《解》頬骨の.

zygomátic bóne 名《解》頬骨.

zỳgo·mór·phic 形《植・動》左右相称の. **zýgo·mòr·phy** /-mɔ̀əfi | -mɔ̀ː-/ 名 左右相称(配列).

zy·gote /záɪɡout/ 名《生》接合子[体].

zy·go·tene /záɪɡətìːn, zíɡ-/ 名 U 形《生》合糸期(の), 接合(糸)期(の), ザイゴテン期(の)《減数分裂の第一分裂前期において, leptotene 期に続く時期》.

zy·mase /záɪmèɪs/ 名 U《生化》チマーゼ《糖を分解してアルコールと炭酸ガスにする酵素》.

zy·mo- /záɪmou/ [連結形]「酵母」「酵素」「発酵」《★母音の前では zym-》.《Gk *zymē* 酵母》

zy·mo·gen /záɪməʤən/ 名《生化》酵素前駆体, 酵素原, チモーゲン.

zy·mol·o·gy /zaɪmɑ́ləʤi | -mɔ́l-/ 名 U 発酵学.

zy·mot·ic /zaɪmɑ́tɪk | -mɔ́t-/ 形 ❶ 発酵(性)の. ❷ 発酵病の, 伝染病の: ~ disease 発酵病《細菌性疾患の古名》.

zy·mur·gy /záɪməːʤi | -mə-/ 名 U (酒類の)醸造学, 発酵化学.

zzz, z-z-z- /zːː/ 間 グーグー《用法 特に, 漫画でいびきや眠りを表わすのに用いる》.

付 録

APPENDIX

英 国 国 王
(Norman Conquest 以後)

国　　王	生 没 年	在　　位	王　　朝
William I	1027–1087	1066–1087	Normandy
William II	1056?–1100	1087–1100	
Henry I	1068–1135	1100–1135	
Stephen	1097?–1154	1135–1154	
Henry II	1133–1189	1154–1189	Anjou (Plantagenets)
Richard I	1157–1199	1189–1199	
John	1167?–1216	1199–1216	
Henry III	1207–1272	1216–1272	
Edward I	1239–1307	1272–1307	
Edward II	1284–1329	1307–1327	
Edward III	1312–1377	1327–1377	
Richard II	1367–1400	1377–1399	
Henry IV	1367–1413	1399–1413	Lancaster
Henry V	1387–1422	1413–1422	
Henry VI	1421–1471	1422–1461	
		1470–1471	
Edward IV	1422–1483	1461–1470	York
		1471–1483	
Edward V	1470–1483?	1483	
Richard III	1452–1485	1483–1485	
Henry VII	1457–1509	1485–1509	Tudor
Henry VIII	1491–1547	1509–1547	
Edward VI	1537–1553	1547–1553	
Mary I	1516–1558	1553–1558	
Elizabeth I	1533–1603	1558–1603	
James I	1566–1625	1603–1625	Stuart
Charles I	1600–1649	1625–1649	
*			
Charles II	1630–1685	1660–1685	
James II	1633–1701	1685–1688	
William III	1650–1702	1689–1702	
Mary II	1662–1694	1689–1694	
Anne	1665–1714	1702–1714	
George I	1660–1724	1714–1727	Hanover
George II	1683–1760	1727–1760	
George III	1738–1820	1760–1820	
George IV	1762–1830	1820–1830	
William IV	1765–1837	1830–1837	
Victoria	1819–1901	1837–1901	
Edward VII	1841–1910	1901–1910	**
George V	*1865–1936*	1910–1936	Windsor
Edward VIII	1894–1972	1936	
George VI	1895–1952	1936–1952	
Elizabeth II	1926–	1952–	

*1649–1659 Commonwealth and Protectorate　　**Saxe-Coburg-Gotha /sǽkskòubəːggóuθə | -bəːg-/

米国大統領

代	大統領	政党	生没年	任期
1	George Washington	F	(1732– 99)	1789– 97
2	John Adams	F	(1735–1826)	1797–1801
3	Thomas Jefferson	DR	(1743–1826)	1801– 09
4	James Madison	DR	(1751–1836)	1809– 17
5	James Monroe	DR	(1758–1831)	1817– 25
6	John Quincy Adams	DR	(1767–1848)	1825– 29
7	Andrew Jackson	D	(1767–1845)	1829– 37
8	Martin Van Buren	D	(1782–1862)	1837– 41
9	William Henry Harrison	W	(1773–1841)	1841
10	John Tyler	W	(1790–1862)	1841– 45
11	James Knox Polk	D	(1795–1849)	1845– 49
12	Zachary Taylor	W	(1784–1850)	1849– 50
13	Millard Fillmore	W	(1800– 74)	1850– 53
14	Franklin Pierce	D	(1804– 69)	1853– 57
15	James Buchanan	D	(1791–1868)	1857– 61
16	†Abraham Lincoln	R	(1809– 65)	1861– 65
17	Andrew Johnson	D	(1808– 75)	1865– 69
18	Ulysses Simpson Grant	R	(1822– 85)	1869– 77
19	Rutherford Birchard Hayes	R	(1822– 93)	1877– 81
20	†James Abram Garfield	R	(1831– 81)	1881
21	Chester Alan Arthur	R	(1829– 86)	1881– 85
22	Grover Cleveland	D	(1837–1908)	1885– 89
23	Benjamin Harrison	R	(1833–1901)	1889– 93
24	Grover Cleveland	D	(1837–1908)	1893– 97
25	†William McKinley	R	(1843–1901)	1897–1901
26	Theodore Roosevelt	R	(1858–1919)	1901– 09
27	William Howard Taft	R	(1857–1930)	1909– 13
28	Thomas Woodrow Wilson	D	(1856–1924)	1913– 21
29	Warren Gamaliel Harding	R	(1865–1923)	1921– 23
30	Calvin Coolidge	R	(1872–1933)	1923– 29
31	Herbert Clark Hoover	R	(1874–1964)	1929– 33
32	Franklin Delano Roosevelt	D	(1882–1945)	1933– 45
33	Harry S. Truman	D	(1884–1972)	1945– 53
34	Dwight David Eisenhower	R	(1890–1969)	1953– 61
35	†John Fitzgerald Kennedy	D	(1917– 63)	1961– 63
36	Lyndon Baines Johnson	D	(1908– 73)	1963– 69
37	Richard Milhous Nixon	R	(1913– 94)	1969– 74
38	Gerald Rudolph Ford	R	(1913–)	1974– 77
39	James Earl Carter, Jr.	D	(1924–)	1977– 81
40	Ronald Wilson Reagan	R	(1911–)	1981– 89
41	George Herbert Walker Bush	R	(1924–)	1989– 93
42	William Jefferson Clinton	D	(1946–)	1993–2001
43	George Walker Bush	R	(1946–)	2001–

F…Federal Party, DR…Democratic-Republican Party, W…Whigs, R…Republican Party, D…Democratic Party †…暗殺された

インターネット 国・地域コードドメイン

Code	Country/Region
ac	Ascension Island
ad	Andorra
ae	United Arab Emirates
af	Afghanistan
ag	Antigua And Barbuda
ai	Anguilla
al	Albania
am	Armenia
an	Netherlands Antilles
ao	Angola
aq	Antarctica
ar	Argentina
as	American Samoa
at	Austria
au	Australia
aw	Aruba
az	Azerbaijan
ba	Bosnia and Herzegowina
bb	Barbados
bd	Bangladesh
be	Belgium
bf	Burkina Faso
bg	Bulgaria
bh	Bahrain
bi	Burundi
bj	Benin
bm	Bermuda
bn	Brunei
bo	Bolivia
br	Brazil
bs	Bahamas
bt	Bhutan
bv	Bouvet Island
bw	Botswana
by	Belarus
bz	Belize
ca	Canada
cc	Cocos Islands
cd	Congo, Democratic Republic of
cf	Central African Republic
cg	Congo, Republic of
ch	Switzerland
ci	Côte d'Ivoire
ck	Cook Islands
cl	Chile
cm	Cameroon
cn	China
co	Colombia
cr	Costa Rica
cu	Cuba
cv	Cape Verde
cx	Christmas Island
cy	Cyprus
cz	Czech Republic
de	Germany
dj	Djibouti
dk	Denmark
dm	Dominica
do	Dominican Republic
dz	Algeria
ec	Ecuador
ee	Estonia
eg	Egypt
eh	Western Sahara
er	Eritrea
es	Spain
et	Ethiopia
fi	Finland
fj	Fiji
fk	Falkland Islands
fm	Micronesia, Federated States of
fo	Faroe Islands
fr	France
ga	Gabon
gd	Grenada
ge	Georgia
gf	French Guiana
gg	Guernsey
gh	Ghana
gi	Gibraltar
gl	Greenland
gm	Gambia
gn	Guinea
gp	Guadeloupe
gq	Equatorial Guinea
gr	Greece
gs	South Georgia and the South Sandwich Islands
gt	Guatemala
gu	Guam
gw	Guinea-Bissau
gy	Guyana
hk	Hong Kong
hm	Heard and McDonald Islands
hn	Honduras
hr	Croatia (Hrvatska)
ht	Haiti
hu	Hungary
id	Indonesia
ie	Ireland
il	Israel
im	Isle of Man
in	India
io	British Indian Ocean Territory
iq	Iraq
ir	Iran
is	Iceland
it	Italy
je	Jersey
jm	Jamaica
jo	Jordan
jp	Japan
ke	Kenya
kg	Kyrgyzstan
kh	Cambodia
ki	Kiribati
km	Comoros
kn	Saint Kitts and Nevis
kp	Korea, Democratic People's Republic of
kr	Korea, Republic of
kw	Kuwait
ky	Cayman Islands
kz	Kazakhstan
la	Laos
lb	Lebanon
lc	Saint Lucia
li	Liechtenstein
lk	Sri Lanka
lr	Liberia
ls	Lesotho
lt	Lithuania
lu	Luxembourg
lv	Latvia
ly	Libya
ma	Morocco
mc	Monaco
md	Moldova
mg	Madagascar
mh	Marshall Islands
mk	Macedonia
ml	Mali
mm	Myanmar
mn	Mongolia
mo	Macau
mp	Northern Mariana Islands
mq	Martinique
mr	Mauritania
ms	Montserrat
mt	Malta
mu	Mauritius
mv	Maldives
mw	Malawi
mx	Mexico
my	Malaysia
mz	Mozambique
na	Namibia
nc	New Caledonia
ne	Niger
nf	Norfolk Island
ng	Nigeria
ni	Nicaragua
nl	Netherlands
no	Norway
np	Nepal
nr	Nauru
nu	Niue
nz	New Zealand
om	Oman
pa	Panama
pe	Peru
pf	French Polynesia
pg	Papua New Guinea
ph	Philippines
pk	Pakistan
pl	Poland
pm	St. Pierre and Miquelon
pn	Pitcairn
pr	Puerto Rico
ps	Palestine
pt	Portugal
pw	Palau
py	Paraguay
qa	Qatar
re	Reunion
ro	Romania
ru	Russia
rw	Rwanda
sa	Saudi Arabia
sb	Solomon Islands
sc	Seychelles
sd	Sudan
se	Sweden
sg	Singapore
sh	St. Helena
si	Slovenia
sj	Svalbard And Jan Mayen Islands
sk	Slovakia
sl	Sierra Leone
sm	San Marino
sn	Senegal
so	Somalia
sr	Suriname
st	São Tomé and Príncipe
sv	El Salvador
sy	Syria
sz	Swaziland
tc	Turks and Caicos Islands
td	Chad
tf	French Southern Territories
tg	Togo
th	Thailand
tj	Tajikistan
tk	Tokelau
tm	Turkmenistan
tn	Tunisia
to	Tonga
tp	East Timor
tr	Turkey
tt	Trinidad and Tobago
tv	Tuvalu
tw	Taiwan
tz	Tanzania
ua	Ukraine
ug	Uganda
uk	United Kingdom
um	United States Minor Outlying Islands
us	United States
uy	Uruguay
uz	Uzbekistan
va	Vatican City
vc	Saint Vincent and the Grenadines
ve	Venezuela
vg	Virgin Islands (British)
vi	Virgin Islands (USA)
vn	Viet Nam
vu	Vanuatu
wf	Wallis and Futuna Islands
ws	Western Samoa
ye	Yemen
yt	Mayotte
yu	Yugoslavia
za	South Africa
zm	Zambia
zw	Zimbabwe

★ 主要トップレベルドメイン

Code	Description
com	commercial
edu	U.S. educational
gov	U.S. government
int	international organizations
mil	U.S. military
net	network providers
org	organizations (上記以外)

換算表

長さ

	m	cm	in	ft	yd
1 m	1	100	39.3701	3.28084	1.09361
1 cm	0.01	1	0.393701	0.0328084	0.0109361
1 inch (in)	0.0254	2.54	1	0.0833333	0.0277778
1 foot (ft)	0.3048	30.48	12	1	0.3333333
1 yard (yd)	0.9144	91.44	36	3	1

	km	mi	n.mi
1 km	1	0.621371	0.539957
1 mile (mi) (=1760 yd)	1.60934	1	0.868976
1 nautical mile (n.mi)	1.85200	1.15078	1

1 light year $= 9.46070 \times 10^{15}$ meters $= 5.87848 \times 10^{12}$ miles
1 astronomical unit $= 1.495 \times 10^{11}$ meters
1 parsec $= 3.0857 \times 10^{16}$ meters $= 3.2616$ light years

重量

	1 grain	= 64.8 mg
	1 dram	= 1.772 g
16 drams	= 1 ounce	= 28.35 g
16 oz	= 1 pound	= 0.4536 kg
14 pounds	= 1 stone	= 6.35 kg
2 stones	= 1 quarter	= 12.7 kg
4 quarters	= 1 hundredweight	= 50.8 kg
20 cwt	= 1 (long) ton	= 1.016 tonnes
	1 gram	= 15.43 grain
		= 0.035 oz
1000 g	= 1 kilogram	= 2.205 lb
1000 kg	= 1 tonne (metric ton)	= 0.984 (long) ton
1 slug	= 14.5939 kg	= 32.174 lb

衣料品サイズ

《女性用》

服

日本	7	9	11	13	15		
米	8	10	12	14	16	18	20
英	32	34	36	38	40	42	44

靴

日本	22	$22^{1}/_{2}$	23	$23^{1}/_{2}$	24	$24^{1}/_{2}$	25
米	5	$5^{1}/_{2}$	6	$6^{1}/_{2}$	7	$7^{1}/_{2}$	8
英	$3^{1}/_{2}$	4	$4^{1}/_{2}$	5	$5^{1}/_{2}$	6	$6^{1}/_{2}$

靴下・ストッキング

日本	$20^{1}/_{4}$	$21^{1}/_{2}$	$22^{3}/_{4}$	24	$25^{1}/_{4}$	$26^{1}/_{2}$
英・米	8	$8^{1}/_{2}$	9	$9^{1}/_{2}$	10	$10^{1}/_{2}$

《男性用》

ワイシャツ首回り

日本	36	37	38	39	40	41	42	43
英・米	14	$14^{1}/_{2}$	15	$15^{1}/_{2}$	16	$16^{1}/_{2}$	17	$17^{1}/_{2}$

靴

日本	24	$24^{1}/_{2}$	25	$25^{1}/_{2}$	26	$26^{1}/_{2}$	27	$27^{1}/_{2}$
米	$6^{1}/_{2}$	7	$7^{1}/_{2}$	8	$8^{1}/_{2}$	9	$9^{1}/_{2}$	10
英	5	$5^{1}/_{2}$	6	$6^{1}/_{2}$	7	$7^{1}/_{2}$	8	$8^{1}/_{2}$

靴下

日本	23	$24^{1}/_{2}$	$25^{1}/_{2}$	$26^{3}/_{4}$	28	$29^{1}/_{4}$
英・米	8	$9^{1}/_{2}$	10	$10^{1}/_{2}$	11	$11^{1}/_{2}$

* 衣料品サイズは厳密な対応でなく、あくまで目安とお考えください

速度

	m/sec	km/hr	mi/hr	ft/sec
1 m/sec	1	3.6	2.23694	3.28084
1 km/hr	0.277778	1	0.621371	0.911346
1 mi/hr	0.44704	1.609344	1	1.46667
1 ft/sec	0.3048	1.09728	0.681817	1

1 knot = 1 nautical mile per hour = 0.514444 m/sec

面積

1 are	= 100 m^2	119.6 yd^2
1 hectare	= 100 are	2.471 acres
1 km^2	= 100 hectare	0.387 mi^2
1 acre	= 0.4047 hectare	4840 yd^2
1 rood	= 1011.7 m^2	$^{1}/_{4}$ acre
1 mi^2	= 2.59 km^2	640 acres

体積

1 inch^3	= 16.4 cm^3	
1728 in^3	= 1 foot^3	= 0.0283 m^3
27 ft^3	= 1 yard^3	= 0.765 m^3
1 cm^3	= 0.061 in^3	
1 m^3	= 1.308 yd^3	

液量

(米) 1 minim	= 0.059 ml	
60 minims	= 1 fluid dram	= 3.6966 ml
6 fl drams	= 1 fluid ounce	= 0.296 dl
16 fl oz	= 1 pint	= 0.473 l
2 pt	= 1 quart	= 0.946 l
4 qt	= 1 gallon	= 3.785 l
(英) 1 fluid ounce	= 28.4 ml	
5 fl oz	= 1 gill	= 0.142 l
4 gill	= 1 pint	= 0.568 l
2 pt	= 1 quart	= 1.136 l
4 qt	= 1 gallon	= 4.546 l
1 liter	= 1.76 pt	

温度計

$$C = \frac{5}{9}(F-32) \qquad F = \frac{9}{5}C + 32$$

C	F
115	240 — 239
110	230
104 — 105	220 — 221
99 — 100	210 — 212
93 — 95	200 — 203
88 — 90	190 — 194
82 — 85	180 — 185
77 — 80	176
71 — 75	170 — 167
66 — 70	160 — 158
— 65	150 — 149
— 60	140
54 — 55	130 — 131
49 — 50	120 — 122
43 — 45	110 — 113
38 — 40	— 104
— 35	90 — 95
27 — 30	80 — 86
21 — 25	— 77
16 — 20	60 — 59
— 15	50
4 — 10	40 — 41
−1 — 0	30 — 32
−7 — −5	20 — 23
−12 — −10	— 14
— −15	10 — 5
−18 — −20	0
−23 — −25	−10 — −13
— −30	−20 — −22
−34	−30

記　号　表

$+$	plus	&	(ampersand) and
$-$	minus	&c.	et cetera
$\times$	multiplied by, times	#	number
$\div$	divided by	.	period, full stop
$=$	equals	,	comma
$\neq$	does not equal	;	semicolon
$\pm$	plus or minus	:	colon
$<$	is less than	'	apostrophe
$>$	is greater than	-	hyphen
$\frac{1}{2}$	a half, one half	—	dash
		~	swung dash
$\frac{2}{3}$	two thirds	?	question mark
		!	exclamation mark [(米)] point]
$\frac{1}{4}$	a quarter	' '	single quotation marks
		" "	double quotation marks
$7\frac{2}{5}$	seven and two fifths	( )	parentheses
$\frac{215}{329}$	two hundred (and) fifteen over three hundred (and) twenty-nine	[ ]	square brackets
		⟨ ⟩	angle brackets
0.314	zero point three one four	{ }	braces
$\sqrt{9}$	the square root of 9	/	slash, virgule, slant
$\sqrt[3]{9}$	the cube root of 9	…	ellipsis, suspension points
x^2	x squared	*	asterisk, star
x^3	x cubed	†	dagger
x^n	x to the power of n	‡	double dagger
	x to the nth power	§	section mark
$3'$	three feet; three minutes	‖	parallels
$3''$	three inches; three seconds	¶, ℙ	paragraph
$50°\text{C}$	fifty degrees centigrade [Celsius]	☞	index, fist
$90°\text{F}$	ninety degrees Fahrenheit	∴	therefore
10%	ten percent	∵	because
£	pound(s)	´	acute accent
¢	cent(s)	`	grave accent
$, ＄	dollar(s)	^	circumflex
€	euro(s)	¨	diaeresis
¥, ￥, Y	yen	¸	cedilla
@	at	~	tilde
©	copyrighted	¯	macron
®	registered trademark	〃	ditto marks

ロ ー マ 数 字

I	1	X	10	XIX	19	L	50	CCC	300
II	2	XI	11	XX	20	LX	60	CD	400
III	3	XII	12	XXI	21	LXX	70	D	500
IV	4	XIII	13	XXII	22	LXXX	80	DC	600
V	5	XIV	14	XXX	30	XC	90	DCC	700
VI	6	XV	15	XL	40	C	100	DCCC	800
VII	7	XVI	16	XLI	41	CI	101	CM	900
VIII	8	XVII	17	XLVIII	48	CII	102	M	1000
IX	9	XVIII	18	XLIX	49	CC	200	MM	2000

発音記号表

母　音 (vowels)		子　音 (consonants)	
記　号	例	記　号	例
/iː/	**east** /íːst/	/p/	**pen** /pén/
/i/	**happy** /hǽpi/	/b/	**big** /bíg/
	radio /réidiòu/	/t/	**tea** /tíː/
/ɪ/	**ink** /íŋk/	/d/	**day** /déi/
	pocket /pákɪt ǀ pɔ́k-/	★ /t/ /d/ については発音解説 9 の 3., 4. 注意 を参照.	
/e/	**end** /énd/	/k/	**key** /kíː/
/æ/	**hand** /hǽnd/	/g/	**get** /gét/
/æ ǀ ɑː/	**ask** /ǽsk ǀ ɑ́ːsk/	/f/	**face** /féɪs/
/ɑː/	**father** /fɑ́ːðɚ ǀ -ðə/	/v/	**very** /véri/
/ɑ ǀ ɔ/	**top** /tɑ́p ǀ tɔ́p/	/θ/	**three** /θríː/
/ɔː/	**all** /ɔ́ːl/	/ð/	**this** /ðís/
/ɔː ǀ ə/	**cloth** /klɔ́ːθ ǀ klɔ́θ/	/s/	**sun** /sʌ́n/
/uː/	**food** /fúːd/	/z/	**zoo** /zúː/
/u/	**actual** /ǽktʃuəl/	/ʃ/	**ship** /ʃíp/
/ʊ/	**book** /búk/	/ʒ/	**vision** /víʒən/
	educate /édʒukèit/	/h/	**hat** /hǽt/
/ʌ/	**come** /kʌ́m/	/ts/	**cats** /kǽts/
/əː ǀ əː/	**bird** /bə́ːd ǀ bə́ːd/	/dz/	**reads** /ríːdz/
/ə/	**around** /əráund/	/tr/	**tree** /tríː/
	China /tʃáinə/	/dr/	**dry** /drái/
	chorus /kɔ́ːrəs/	/tʃ/	**cheap** /tʃíːp/
	lemon /lémən/	/dʒ/	**joy** /dʒɔ́i/
	element /éləmənt/	/m/	**man** /mǽn/
	animal /ǽnəm(ə)l/	/n/	**night** /náit/
/ɚ ǀ ə/	**teacher** /tíːtʃɚ ǀ -tʃə/	/ŋ/	**sing** /síŋ/
/ei/	**eight** /éit/	/l/	**leaf** /líːf/
/ai/	**ice** /áis/	/r/	**red** /réd/
/ɔi/	**toy** /tɔ́i/	/j/	**yes** /jés/
/au/	**out** /áut/	/w/	**week** /wíːk/
/ou/	**go** /góu/		
/juː/	**cute** /kjúːt/		
/ju/	**manual** /mǽnjuəl/	アクセント記号	
/jʊ/	**popular** /pápjʊlɚ ǀ pɔ́pjulə/	/ˊ/　第一アクセント	
/ɪɚ ǀ ɪə/	**ear** /íɚ ǀ íə/	/ˋ/　第二アクセント	
/eɚ ǀ eə/	**hair** /héɚ ǀ héə/		
/ɑɚ ǀ ɑː/	**arm** /ɑ́ɚm ǀ ɑ́ːm/		**examination** /ɪgzæ̀mənéiʃən/
/ɔɚ ǀ ɔː/	**store** /stɔ́ɚ ǀ stɔ́ː/		
/ʊɚ ǀ ʊə/	**tour** /túɚ ǀ túə/	/ˉ/　アクセント移動 (⇨ 発音解説 13)	
/jʊɚ ǀ jʊə/	**pure** /pjúɚ ǀ pjúə/		
/aiɚ ǀ aiə/	**fire** /fáiɚ ǀ fáiə/		
/auɚ ǀ auə/	**tower** /táuɚ ǀ táuə/		

★ それぞれの発音記号については 2016 ページ以下の解説を参照.

発音解説

1 米国発音 (American pronunciation) と英国発音 (British pronunciation)

　この辞書では代表的な米国の発音と英国の発音とを示してある. 代表的な米国の発音というのは米国本土の, 東部や南部地方を除いた広範囲の中西部地方で話されているアメリカ英語の発音で, しばしば **一般米語** (General American; 略 GA) とよばれてきた. 以下ではこれを 《米》 で表わす. 一方, 代表的な英国の発音というのは, ロンドンを中心としたイングランドの南部地方で教養のある人たちが用いるもので, 以下ではこれを 《英》 で表わす. 実際には 《米》《英》 ともにテレビのアナウンサーが話すことばを標準的とみなせばよい. 米国の発音と英国の発音とが違うときには, この辞書では plant /plént | plá:nt/ (植物) のように間を | で区切って示す.

2 母音と子音, 無声音と有声音

　日本語の「ア・イ・ウ・エ・オ」の音(ぉん)のように, 肺から出る空気が, 舌や歯や唇などに邪魔されないで自由に口から出る音を母音(ぼいん)という. これに対して子音(しいん)というのは, のどから出る息や声が途中でいろいろと邪魔されて, 口か鼻から出る音である.
　発音するとき, 我々が普通に呼吸するときのように声帯が広く開いていて振動しないと, 息(いき)(breath) だけが出る. 息だけを伴って発音される音を **無声音** (voiceless sounds) という. 声帯が互いに引き寄せられていて発音するとき振動すると声 (voice) が出る. 声を伴って発音される音を **有声音** (voiced sounds) という. 有声音 (例えば /z/) を出しながら両手で耳を覆うと振動が伝わるが, 無声音 (例えば /s/) では振動がない. 英語の母音はすべて有声音であるが, 子音には有声音と無声音とがある.

3 母音 (vowel)

　母音の種類には次のようなものがある. /:/ は音(ぉん)を長く伸ばす記号である. **強母音** (strong vowels) とは普通は第一アクセントか第二アクセントを受けて多少とも強く発音される母音で, **弱母音** とは常に弱アクセントを受けて弱く発音される母音である.

強母音
- 短母音　/ɪ/ /e/ /æ/ /ɑ/ /ɔ/ /ʊ/ /ʌ/
- 長母音　/iː/ /ɑː/ /ɔː/ /uː/ /əː/
- 二重母音　/eɪ/ /aɪ/ /ɔɪ/ /aʊ/ /oʊ/ /juː/ /ɪə/ /ɪə/ /eə/ /eə/ /ɑə/ /ɔə/ /ʊə/ /ʊə/
- 三重母音　/juə/ | /juə/ /aɪə/ | /aɪə/ /aʊə/ | /aʊə/

弱母音　/ɪ/ /i/ /ə/ /ə/ /ʊ/ /u/ /juː/ /ju/

4 短母音 (short vowel)

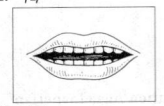

1. /ɪ/

「イ」と「エ」の中間の母音.
sick /sík/ 病気の
big /bíg/ 大きい
cliff /klíf/ がけ
live /lív/ 生きる

2. /e/

日本語の「エ」よりも少し口が開く.
peck /pék/ くちばしでつつく
peg /pég/ 止めくぎ
fetch /fétʃ/ 取ってくる
hedge /hédʒ/ 生け垣

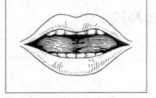

3. /æ/

/e/ よりも少し大きく口を開け, 唇を左右に引き, のどの奥の方を緊張させて「エ」を出すつもりで「ア」と発音する. /æ/ はかなり長めに発音されることがあり, また 《米》 では /eə/ と発音されることがしばしばある.
map /mǽp/ 地図
back /bǽk/ 背
cab /kǽb/ タクシー
bag /bǽg/ 袋

4. /ɑ/ : /ɔ/

《米》 では 5.2 の /ɑː/ よりやや短めの母音 /ɑ/ が, 《英》 ではこれより唇が少し丸まった短めの /ɔ/ が用いられる.
top /táp/ | tóp/ 最上部
hot /hát/ | hót/ 熱い
sob /sáb/ | sɔ́b/ すすり泣く
god /gád/ | gɔ́d/ 神

5. /ʌ/

《米》 では口をあまり開けずにやや奥の方で「ア」と発音する. 《英》 では舌の位置がこれより前寄りで, 日本語の「ア」でよい.
luck /lʌ́k/ 運
dug /dʌ́g/ (dig の過去形および過去分詞)
bus /bʌ́s/ バス
buzz /bʌ́z/ ブンブンいう

6. /ʊ/

日本語の「ウ」よりもわずかに唇を丸めて, 発音する.
put /pʊ́t/ 置く
book /bʊ́k/ 本
hood /hʊ́d/ フード

5 長母音 (long vowel)

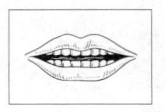

1. /iː/

日本語の「イー」でよい.
seat /síːt/ 腰かけ
read /ríːd/ 読む
leaf /líːf/ 葉
bee /bíː/ ミツバチ

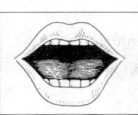

2. /ɑː/

「ア」よりも大きく口を開けて口の奥の方から長めに「アー」と発音する.
calm /kɑ́ːm/ 穏やかな
spa /spɑ́ː/ 鉱泉
father /fɑ́ːðə | -ðə/ 父

3. /æ | ɑː/

《米》 では 4.3 の /æ/ と発音され, 《英》 では上の 2. の /ɑː/ と発音されることを表わす.
ask /ǽsk | ɑ́ːsk/ 尋ねる
bath /bǽθ | bɑ́ːθ/ 入浴
master /mǽstə | mɑ́ːstə/ 主人

4. /ɔː/

《米》 では口がかなり開いて舌も低く, 唇の丸め方も弱い. 《英》 では「オー」でよい.
sauce /sɔ́ːs/ ソース

発音解説

cause /kɔ́:z/ 原因
all /ɔ́:l/ すべての
law /lɔ́:/ 法

5. /ɔ:/ | /ɔ/
《米》では上の 5.4 と同じ長めの /ɔ:/, 《英》では 4.4 と同じ /ɔ/ と発音される.
off /ɔ́:f | ɔ́f/ 離れて
cloth /klɔ́:θ | klɔ́θ/ 布
toss /tɔ́:s | tɔ́s/ 投げ上げる
dog /dɔ́:g | dɔ́g/ 犬
long /lɔ́:ŋ | lɔ́ŋ/ 長い
foreign /fɔ́:rən | fɔ́r-/ 外国の

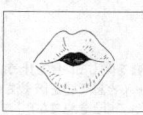

6. /u:/
日本語の「ウー」よりも唇を小さく丸めて前に突き出すようにして発音する.
boot /bú:t/ ブーツ
food /fú:d/ 食物
rule /rú:l/ 規則
blue /blú:/ 青い

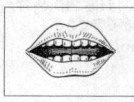

7. /ɚ:/ | /ə:/
《米》の /ɚ:/ は 9.26 の /r/ と舌の形が同じで, 舌の中央をもりあげる (a) 型と舌の先を反り返らせる (b) 型とがあり, (a) 型の方が多いが, 聞いた感じは両者とも同じような音色である. 口をあまり開かずに唇を少し丸めて発音する「アー」と「ウー」の中間のようなあいまいな母音.《英》の /ə:/ は舌の表面は平らで口をあまり開けずに「アー」という.
hurt /hə́:t | hə́:t/ けがをさせる
bird /bə́:d | bə́:d/ 鳥
surf /sə́:f | sə́:f/ 打ち寄せる波
serve /sə́:v | sə́:v/ 仕える
fir /fə́: | fə́:/ モミ

6 二重母音 (diphthong)

二重母音とは 1 音節の中である母音から出発し他の母音に向かって移動する音である. 英語の二重母音は /ju:/ を除いて出発点となる母音が強くはっきりと発音され, 終わりの音は弱くぼかされる.

1. /eɪ/
日本語の「エ」より少し舌を緊張させて「エイ」と発音する.
eight /éɪt/ 8
aid /éɪd/ 助ける
cake /kéɪk/ ケーキ
vague /véɪg/ 漠然とした
play /pléɪ/ 遊ぶ

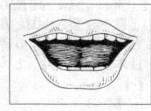

2. /aɪ/
日本語の「アイ」でよい.
ice /áɪs/ 氷
rise /ráɪz/ 昇る
life /láɪf/ 生命
five /fáɪv/ 5
cry /kráɪ/ 叫ぶ

3. /ɔɪ/
少し口を開きめにして「オイ」と発音する.
voice /vɔ́ɪs/ 声
noise /nɔ́ɪz/ 音
toy /tɔ́ɪ/ おもちゃ

4. /aʊ/
日本語の「アウ」でよい.
out /áʊt/ 外に
loud /láʊd/ 高い
house /háʊs/ 家
house /háʊz/ 泊める
cow /káʊ/ 雌牛

5. /oʊ/
《米》では日本語の「オ」より少し口を丸めて「オウ」と発音される.《英》では /ə:/ と同じような母音で始まり /əʊ/ となることが多いが, この辞書では特に《米》と区別しては示さない.
hope /hóʊp/ 望み
robe /róʊb/ ローブ
boat /bóʊt/ ボート
road /róʊd/ 道
go /góʊ/ 行く

6. /ju:/
日本語の「ユー」よりも唇を丸めて発音する. 他の二重母音と違って初めの音より後の音のほうが強い.
cute /kjú:t/ かわいい
cube /kjú:b/ 立方体
huge /hjú:dʒ/ 巨大な
few /fjú:/ ほとんどない
★ /ju:/ の初めの /j/ は子音として扱われるので, その前には不定冠詞は an がつかずに a がつく. また定冠詞 the は /ðə/ と発音されるのが普通.

7. /ɪɚ | ɪə/
4.1 の /ɪ/ の後に軽く《米》では 8.4 の弱母音 /ɚ/, 《英》では /ə/ が続く.
pierce /píɚs | píəs/ 突き通す
beard /bíɚd | bíəd/ あごひげ
deer /díɚ | díə/ シカ

8. /eɚ | eə/
日本語の「エ」より少し大きく口を開いた後に軽く《米》では /ɚ/, 《英》では /ə/ が続く.
scarce /skéɚs | skéəs/ 不足な
bare /béɚ | béə/ 裸の
hair /héɚ | héə/ 毛

9. /ɑɚ | ɑ:/
《米》では 4.4 の /ɑ/ の後に軽く /ɚ/ をつける. 一方《英》では二重母音ではなくて 5.2 の長母音 /ɑ:/ となる.
harp /hɑ́ɚp | hɑ́:p/ ハープ
card /kɑ́ɚd | kɑ́:d/ カード
star /stɑ́ɚ | stɑ́:/ 星

10. /ɔɚ | ɔ:/
《米》では 5.4 をやや短くした /ɔ/ の後に軽く /ɚ/ をつける. 一方《英》では二重母音ではなくて 5.4 と同じ長母音 /ɔ:/ となる.
court /kɔ́ɚt | kɔ́:t/ 中庭
cord /kɔ́ɚd | kɔ́:d/ ひも
four /fɔ́ɚ | fɔ́:/ 4

11. /ʊɚ | ʊə/
4.6 の /ʊ/ の後に軽く《米》では /ɚ/, 《英》では /ə/ が続く.
moor /múɚ | múə/ 荒れ地
tour /túɚ | túə/ 旅行

7 三重母音 (triphthong)

二重母音 /ju:/ の後に《米》では弱い /ɚ/, 《英》では /ə/ がついた /juɚ | juə/ は三重母音として扱われることがある.

1. /juɚ | juə/

cure /kjúɚ | kjúə/ 治す
pure /pjúɚ | pjúə/ 純粋な
また /aɪɚ | aɪə/, /aʊɚ | aʊə/ も三重母音として扱われることがあるが，多くの場合は /aɪ+ə | aɪ+ə/, /aʊ+ə | aʊ+ə/ のように二重母音プラス /ɚ/ または /ə/ として 2 音節に発音されることが多い.

2. /aɪɚ | aɪə/
   fire /fáɪɚ | fáɪə/ 火
   tire /táɪɚ | táɪə/ タイヤ

3. /aʊɚ | aʊə/
   hour /áʊɚ | áʊə/ 時間
   tower /táʊɚ | táʊə/ 塔

参考 この辞書で serious /síə(ə)riəs/ (まじめな), vary /véə(ə)ri/ (変える), assurance /əʃúə(ə)rəns/ (保証), curious /kjúə(ə)riəs/ (好奇心の強い), fiery /fáɪə(ə)ri/ (火の), flowery /fláʊ(ə)ri/ (花の多い) のように /r/ の前で /ɪ(ə)/, /e(ə)/, /ʊ(ə)/, /jʊ(ə)/, /aɪ(ə)/, /aʊ(ə)/ となっているときには《英》では /ə/ が発音されるが，《米》では弱くなるか発音されないことを示す (次の /ɚ/ はごく弱い「ユ」を表わす).

serious /síə(ə)riəs/＝《米》/síəriəs, síriəs/, 《英》/síəriəs/
vary /véə(ə)ri/＝《米》/véəri, véri/, 《英》/véəri/
assurance /əʃúə(ə)rəns/＝《米》/əʃúəˀrəns, əʃúrəns/, 《英》/əʃúərəns/
curious /kjúə(ə)riəs/＝《米》/kjúəriəs, kjúriəs/, 《英》/kjúəriəs/
fiery /fáɪə(ə)ri/＝《米》/fáɪəri, fáɪri/, 《英》/fáɪəri/
flowery /fláʊ(ə)ri/＝《米》/fláʊəri, fláʊri/, 《英》/fláʊəri/

8 弱母音 (weak vowel)

弱母音とは弱アクセントを受け弱く発音される母音のことである. /ɪ/ と /ʊ/ の記号は強母音にも弱母音にも使われるが，/i/, /ə/, /ɚ/, /u/, /jʊ/, /ju/ は常に弱母音を表わす.

1. /ɪ/
   4.1 の /ɪ/ が弱く発音されたもので，つづり字が e, a だといっそう「エ」に近くなる.
   invent /ɪnvént/ 発明する
   pocket /pákɪt | pók-/ ポケット
   village /vílɪdʒ/ 村

2. /i/
   語の最後と母音の前に現われる弱母音で，語末では長めの弱い「イー」，母音の前では短い「イ」でよい.
   city /síti/ 都市, cities /sítiz/
   study /stʌ́di/ 勉強する, studied /stʌ́did/
   radio /réɪdiòʊ/ ラジオ
   period /píə(ə)riəd/ 期間
   historian /hɪstɔ́:riən/ 歴史家

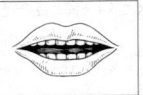

3. /ə/
   口をあまり開けず，常に弱くあいまいに発音する．この母音は音色に多少の変動があって，単語のはじめと終わりで弱い「ア」のように聞こえ，単語の中間では弱い「ウ」か「ア」のように聞こえる．つづり字が i のときにはわずかに /i/ の響きが加わることがある.
   around /əráʊnd/ 周囲に
   China /tʃáɪnə/ 中国
   chorus /kɔ́:rəs/ 合唱
   lemon /lémən/ レモン
   element /éləmənt/ 要素
   animal /ǽnəm(ə)l/ 動物

4. /ɚ/
   5.7 の母音がそれぞれ弱く短めに発音されたもの．《英》では /ɚ/ がないので，上の 3 の /ə/ と同じ音になる.
   teacher /tí:tʃɚ | -tʃə/ 先生
   grammar /grǽmɚ | -mə/ 文法
   forget /fɚgét | fə-/ 忘れる

5. /u/
   4.6 の /ʊ/ が弱く発音されたもので，母音の前と語末では /u/ となる．ともに弱い「ウ」でよい.
   educate /édʒukèɪt/ 教育する
   actual /ǽktʃuəl/ 現実の

6. /ju/
   6.6 の /ju:/ が弱く短く発音されたもので，母音の前では /ju/ となる．ともに弱い「ユ」.
   popular /pápjulɚ | pópjulə/ 人気のある
   manual /mǽnjuəl/ 手の

9 子音 (consonant)

1. /p/ (無声)
2. /b/ (有声)

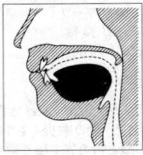

/p/ は唇を閉じて，息を止め，急に「プッ」と息で唇を破裂させて出す音．このとき息でなく「ブッ」と声を出せば /b/ の音になる．つまり /p/ は無声音，/b/ は有声音である．日本語の「パ行」と「バ行」の子音である.
pen /pén/ ペン

cup /kʌ́p/ カップ
happen /hǽp(ə)n/ 起こる
big /bíg/ 大きい
rob /rάb | rɔ́b/ 強奪する
rubber /rʌ́bɚ | -bə/ ゴム

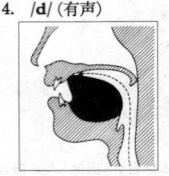

3. /t/ (無声)
4. /d/ (有声)

/t/ は舌の先を，上の歯の内側と歯茎のあたりにつけて息を止め，急に息で「トゥ」と強く破裂するように出す音．このとき「ドゥ」と声を出せば /d/ の音になる．つまり /t/ は無声音，/d/ は有声音である.
tea /tí:/ 茶

meet /mí:t/ 会う
butter /bʌ́tɚ | -tə/ バター
day /déɪ/ 日中
sad /sǽd/ 悲しい
ladder /lǽdɚ | -də/ はしご

注意 city /síti/ (都市), ladder /lǽdɚ/ (はしご) のように /t/, /d/ となっているときには米音では「ラ行」の音のように発音されることを示す．例えば city は「スィリー」, ladder は「ララー」のように聞こえることがある.

5. /k/ (無声)
6. /g/ (有声)

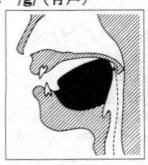

舌の後部を上げ，上あごの奥につけて息を止め，急に舌を離して「クッ」と息を破裂させれば /k/, 「グッ」と声を出せば /g/ の音が出る．日本語の「カ行」と「ガ行」の子音.
key /kí:/ 鍵(鍵)
take /téɪk/ 取る

bacon /béɪkən/ ベーコン
gate /géɪt/ 門
beggar /bégɚ | -gə/ こじき
leg /lég/ 脚(脚)

7. /f/ (無声)
8. /v/ (有声)

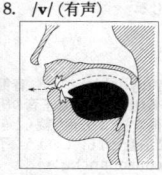

/f/ は下唇の内側を上の歯に当て, そのすき間から強く「フ」と息を出す音. このとき息でなく「ヴ」と声を出せば /v/ の音になる.
face /féɪs/ 顔
leaf /líːf/ 葉
effect /ɪfékt/ 結果
vote /vóʊt/ 投票
curve /kə́ːv | kə́ːv/ 曲線
heavy /hévi/ 重い

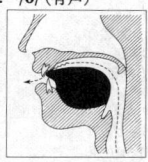

9. /θ/ (無声)
10. /ð/ (有声)

/θ/ は舌の先を上の前歯の裏に軽く当て, そのすき間から「ス」と息を出す音で, このとき「ズ」と声を出せば /ð/ の音になる.
three /θríː/ 3
mouth /máʊθ/ 口
nothing /nʌ́θɪŋ/ 何も…ない
this /ðís/ これ
breathe /bríːð/ 息をする
leather /léðə | -ðə/ 革

11. /s/ (無声)
12. /z/ (有声)

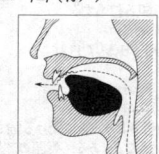

/s/ は舌の先を上の前歯の裏に近づけ, そのすき間から「ス」と息を出すときの音. このとき「ズ」と声を出せば /z/ の音になる.
sun /sʌ́n/ 太陽
base /béɪs/ 基部
zoo /zúː/ 動物園
noise /nɔ́ɪz/ 音
music /mjúːzɪk/ 音楽

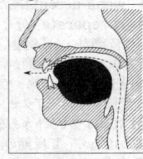

13. /ʃ/ (無声)
14. /ʒ/ (有声)

/ʃ/ は舌の先を歯茎につけないで, 舌と歯茎の間から「シ」と息で動物を追うようなつもりで出す音. このとき「ジ」と声を出せば /ʒ/ の音になる. 本来の英語の単語では /ʒ/ で始まったり終わったりする語はない.
ship /ʃíp/ 船
dish /díʃ/ 大皿
station /stéɪʃən/ 駅
pleasure /pléʒə | -ʒə/ 楽しみ
occasion /əkéɪʒən/ 時

15. /h/ (無声)
のどの奥から出す息の音で, 例えば「ハー」と息を吹きかけて鏡を曇らせるときなどに出る音である. この音は英語では語の終わりにはこない.
hat /hǽt/ 帽子
heat /híːt/ 熱さ
behind /bəháɪnd/ 後ろに

16. /ts/ (無声)
17. /dz/ (有声)

/ts/ は舌先をほぼ /t/ の位置につけ, 「ツ」の音を息で出す音. このとき「ヅ」と声を出せば /dz/ の音となる. 記号は2字だが, 1つの音だと考えてよい. /ts/ も /dz/ も英語では語のはじめにはこない.
cats /kǽts/ 猫
states /stéɪts/ 国
adds /ǽdz/ 加える
reads /ríːdz/ 読む

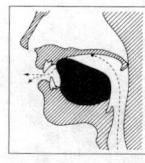

18. /tr/ (無声)
19. /dr/ (有声)

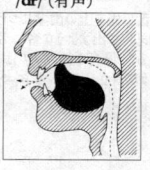

/tr/ は舌を /t/ の位置につけ, 続けて /r/ の音を息で出す音. このとき最初から声を出せば /dr/ の音となる. /t/ と /r/ および /d/ と /r/ とを離さずに1つの音のつもりで出す. /tr/ も /dr/ も語の終わりにはこない.
tree /tríː/ 木
try /tráɪ/ 試みる
patrol /pətróʊl/ 巡察
drink /dríŋk/ 飲む
draw /drɔ́ː/ 引く
address /ədrés/ あて名

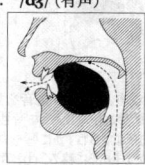

20. /tʃ/ (無声)
21. /dʒ/ (有声)

/tʃ/ は舌が /t/ よりも少し奥の位置で上の歯茎に触れ, 「チ」に近い音を息で出す音. このとき「ヂ」と声を出せば /dʒ/ の音になる. 記号は2字だが, 1つの音だと考えてよい.
cheap /tʃíːp/ 安い
match /mǽtʃ/ マッチ
teacher /tíːtʃə | -tʃə/ 教師
joy /dʒɔ́ɪ/ 喜び
bridge /brídʒ/ 橋
region /ríːdʒən/ 地方

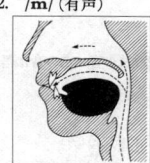

22. /m/

/p/ や /b/ と同様に, 唇を閉じて「ム」という声を鼻から出す音である. なお ⇒ 11 (1).
man /mǽn/ 男
name /néɪm/ 名
summer /sʌ́mə | -mə/ 夏

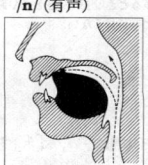

23. /n/ (有声)

/t/ や /d/ と同様に, 舌の先を上の歯茎につけて「ヌ」という声を鼻から出す音. 単語の最後にきたときは「ン」とせずに軽く「ヌ」と言うつもりで発音する. なお ⇒ 11 (2).
night /náɪt/ 夜
run /rʌ́n/ 走る
manner /mǽnə | -nə/ 方法

24. /ŋ/ (有声)

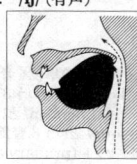

/k/ や /g/ と同様に, 舌の後部を上あごの奥につけて声が口へ出ないようにし, 鼻の方へ声を通して発音する. この音は語のはじめにはこない.
ink /íŋk/ インク
long /lɔ́ːŋ | lɔ́ŋ/ 長い
singer /síŋə | -ŋə/ 歌手

発音解説

finger /fíŋgɚ | -gə/ 指
25. /l/ (有声)

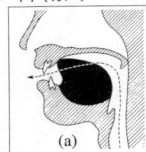

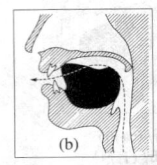

(a) (b)

母音の前の /l/ は (a) のように舌の先を上の歯茎につけて, 舌の両側から「ウ」と「ル」を同時に出すような音. 次の /r/ とはっきり区別する必要がある. 母音の後の /l/ は (b) のような舌の形をとり,「ウ」のような音色となる. なお ⇒ 11 (3).

leaf /líːf/ 葉
color /kʌ́lɚ | -lə/ 色
milk /mílk/ 乳
bell /bél/ 鐘

26. /r/ (有声)

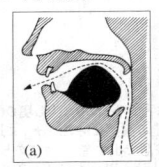

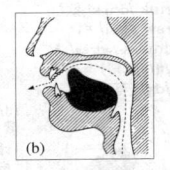

(a) (b)

《米》では (a) 型と (b) 型の 2 種があり, (a) 型の発音をする人のほうが多いが, 聞いた感じには両者とも同じような音色である. (a) 型では舌の中央をもちあげながらわずかに唇を丸めて,「ル」のような声を出してすぐ次の母音に移る. (b) 型では舌の先を反り返るように丸めて, 歯茎の後のほうに近づける.《英》の /r/ は (b) 型に近い. /r/ は語の終わりにはこない.

red /réd/ 赤
rose /róuz/ バラ
marry /mǽri/ 結婚する

27. /j/ (有声)
/i/ の音からすぐに次の母音へ移るときの音. この音は語の終わりにはこない.
yes /jés/ はい
young /jʌ́ŋ/ 若い
beyond /bɪ(j)ɑ́nd | -(j)ɔ́nd/ …の向こうに

28. /w/ (有声)
/u/ の音からすぐに次の母音へ移るときの音. 唇をよく丸める必要がある. この音は語の終わりにはこない.
way /wéi/ 道路
week /wíːk/ 週
work /wə́ːk | wə́ːk/ 仕事
awake /əwéik/ 起こす

29. /x/ (無声)
ドイツ語の ach /áx/ の子音. 日本語の「ハ, ヘ, ホ」を強く発音したときにも聞かれる.
loch /lɑ́x | lɔ́x/《スコ》湖
Bach /báːx/ バッハ

10 音節 (syllable)

前後に多少とも切れ目が感じられる発音上の単位を音節という. 例えば日本語の「からだ」は /ka-ra-da/ という 3 音節の語であり, また英語の lemon (レモン) は /lém-ən/ という 2 音節, envelope (封筒) は /én-və-lòup/ という 3 音節の語である. 英語の音節はすべて第一アクセント (primary ac-cent), 第二アクセント (secondary accent), または弱アクセント (weak accent) のどれかを受ける.

11 音節主音的子音

音節の中心となる音を音節主音 (syllabic) という. 音節の中心となるものは普通は母音であるが, 次のような子音の組み合わせが音節の終わりにくるか, その後にさらに子音が続くとき, /m/, /n/, /l/ は子音であっても音節主音となる. このような子音を音節主音的子音 (syllabic consonant) という.

(1) 音節主音的 /m/
/zm/ prism /prízm/ プリズム
/ðm/ rhythm /ríðm/ リズム
(2) 音節主音的 /n/
/tn/ button /bʌ́tn/ ボタン
/dn/ sudden /sʌ́dn/ 突然の
/sn/ lesson /lésn/ 学課
/zn/ season /síːzn/ 季節
(3) 音節主音的 /l/
/pl/ people /píːpl/ 人々
/bl/ table /téibl/ テーブル
/tl/ bottle /bɑ́tl | bɔ́tl/ 瓶
/dl/ idle /áidl/ 仕事のない
/kl/ circle /sə́ːkl | sə́ː-/ 円
/gl/ eagle /íːgl/ ワシ
/fl/ shuffle /ʃʌ́fl/ 引きずる
/sl/ wrestle /résl/ 組み打ちする
/zl/ drizzle /drízl/ 細雨
/nl/ journal /dʒə́ːnl | dʒə́ː-/ 日誌

12 アクセント (accent)

(1) 単語のなかの各音節が発音されるときに受ける強さの度合いをいう. 強勢 (stress) ということもある. 英語のアクセントには 3 段階があり, 強いほうから第一アクセント (primary accent) または第一強勢 (primary stress), 次に第二アクセント (secondary accent) または第二強勢 (secondary stress), そして弱アクセント (weak accent) または弱強勢 (weak stress) という. 例えば separate (分ける) は /sépərèit/ と発音されるが, 最初の音節がいちばん強く発音され, 最後の音節が次に強く発音され, 中間の音節がいちばん弱く発音される. このような語では最初の音節には第一アクセント (/ ́/ で表わす) があり, 最後の音節には第二アクセント (/ ̀/ で表わす) があり, 中間の音節には弱アクセントがあるという. 弱アクセントには普通は記号をつけない. 1 音節の語, 例えば cat や desk などが単独に発音されたときには /kǽt/ や /désk/ のように常に第一アクセントを受ける.

(2) 単語の場合と同様に, 句の場合にもある語は強く, ある語は弱く発音される. 例えば event の項の成句 at áll evènts (いずれにしても) では all が最も強く, events はそれよりやや弱く, at が最も弱く発音される.

13 アクセントの移動

fifteen や Japanese, sentimental などは単独に発音するときには fiftéen, Jàpanése, sèntiméntal というアクセントであるが, 直後に第一アクセントが続くと fiftèen mén, Jàpanèse bóys, sèntimèntal jóurney のように第一アクセントの前の第二アクセントがある音節から移動することがある. また fúll-grówn (十分に成長した) のように両方に第一アクセントがある語も, 直後に第一アクセントが続くと a fúll-gròwn líon のように後ろの第一アクセントが弱くなることがある. このようなときこの辞書ではそれぞれ /fìfíː-n ̄/, /dʒæ̀əpəníː- ̄/, /sèntəmèntl ̄/ のように / ̄/ を用いて示している.

14 文アクセント (sentence accent)

We asked where they came from. (私たちは彼らがどこから来たのかと尋ねた) という英文を構成する一つ一つの単語は, 単独ではそれぞれ we /wíː/, asked /ǽskt/, where /(h)wéə/, they /ðéɪ/, came /kéɪm/, from /frʌ́m/ と発音される. ところが実際の英語では上の文全体は /wí ǽskt (h)wéə ðeɪ kéɪm frʌ́m/ とは発音されないで, /wi ǽskt (h)wèə ðeɪ kéɪm frʌ̀m/ と発音される. つまり英語では文中の単語はすべて同じ強さのアクセントを受けるのではなくて, ある語は強いアクセント(第一アクセント)を受け, ある語は弱いアクセントを受け, またある語は中間の強さのアクセント(第二アクセント)を受ける. 文中のある語が受けるアクセントを文アクセント (sentence accent) とよぶ. 文アクセントを受ける語は意味のはっきりした重要な語であり, 文アクセントを受けない語は日本語の「てにをは」のように, それ自身の意味があいまいで, 従って文中では比較的重要でない語である. この辞書でsome /s(ə)m/, above /əbʌ̀v/ のようにアクセントなし, または第二アクセントをつけて示されている語は文中でごく弱いかまたはやや弱く発音される語である.

(a) 文アクセントを受ける語	(b) 文アクセントを受けない語
名詞	冠詞
形容詞	人称代名詞
数詞	再帰用法の再帰代名詞
指示代名詞	不定代名詞
疑問代名詞	関係代名詞
強調用法の再帰代名詞	関係副詞
疑問副詞	助動詞
動詞	前置詞
副詞	接続詞
間投詞	

15 強形 (strong form) と弱形 (weak form)

文中では普通は文アクセントを受けないで弱く発音される語, つまり冠詞, 人称代名詞, 不定代名詞, 関係代名詞, 関係副詞, 助動詞, 前置詞, 接続詞などでは, 強く発音された場合と弱く発音された場合とでは母音(および子音)で違うことがある. そのような時, 前者の形を強形 (strong form) とよび, 後者の形を弱形 (weak form) とよぶ. 強形と弱形とはこの辞書では have² /(弱形) həv, (ə)v; (強形) hǽv/ のように示す.

16 イントネーション (intonation)

ことばを話すときの声の高さの変化をイントネーションという. このうち後になるほど音調が低くなってゆく場合を下降調, 反対に高くなる場合を上昇調という. イントネーションは文中のある音節(普通は第一アクセントを受ける音節)で急に上がったり下がったりする. この部分をイントネーションの核 (nucleus) とよび, 以下の例文では太字で示す. 文中では普通この部分が最も強く発音される.

17 下降調 (falling intonation) の用法

下降調は平叙文, 命令文, 感嘆文のほか疑問詞で始まる疑問文にも用いる.

(1) 平叙文: The wéather was fíne.↘ 天気はすばらしかった / There's nóthing to be dóne↘ about it. それについてはどうしようもない.

(2) 命令文: Shút the dóor.↘ ドアを閉めなさい / Fétch me my óvercoat.↘ 私のオーバーを持ってきてくれ.

(3) 感嘆文: Whát a cóld dáy!↘ 何て寒い日なのだろう / Hów fást thát cár rúns!↘ あの車は何て速く走るのだろう.

(4) 疑問詞で始まる疑問文: Whó cáme yésterday?↘ きのうはだれが来たのか / Whát can I dó↘ for you? 何かご用でしょうか.

18 上昇調 (rising intonation) の用法

上昇調は yes か no の答えを求める疑問文に最も普通に用いられる. このほか丁寧な依頼を表わすときや, さらに形は平叙文でも内容は疑問である場合や, 断定的な言い方でなく, 言外の意味を含むいろいろな感情を表わすのに用いられる.

(1) yes か no の答えを求める疑問文: Do you knów Miss Bláck?↗ あなたはブラックさんをご存じですか / Is it ínteresting?↗ おもしろいですか.

(2) 丁寧なまたは柔らかい感じの依頼や勧誘: May I pléase úse your phóne?↗ 電話をお借りできますですか / Wòn't you háve some móre cóffee?↗ コーヒーをもう少々いかがですか / Will you ópen the wíndow?↗ 窓を開けてくれませんか.

(3) 形は平叙文だが内容的には疑問文のとき: You are tíred?↗ 疲れたのですか / Nó one knóws the réason?↗ だれも理由はわからないのですか.

(4) 断定的でなく柔らかな口調の平叙文: This is míne.↗ これは私のですけど / I'd like my cóffee hót.↗ 私はコーヒーは熱いのがいいのですが.

(5) 呼びかけの語で: Are you cóming, Dád?↗ おとうさん, 来るの / Wòn't you hélp, ófficer?↗ お巡りさん, 手を貸してくれませんか.

19 注意すべきイントネーション

(1) 選択疑問文

「A か B か」というような問いの文では次のようなイントネーションとなる.

Wòuld you líke cóffee↗ or téa?↘ コーヒーとお茶とどちらがよいですか.

which で始まる文も同様.

Whích is lárger, the éarth↗ or the móon?↘ 地球と月とどちらが大きいか.

(2) 付加疑問文

例えば, You can drive a car, can't you? の文尾の can't you? は, 意味によって次のように上昇調にも下降調にもなる.

(i) You can dríve a cár,↘ cán't↗ you? あなたは車の運転ができるのですか [質問調].

(ii) You can dríve a cár,↘ cán't↘ you? あなたは車の運転ができますね [当然 "yes" の答えを予期するとき].

(i) の上昇調は疑問文に近いことを示し, (ii) の下降調は確認を表わす.

不規則動詞活用表

次の表において黒三角印(▲)をつけたものは「辞書本文を見よ」の意.

原　　型	過去形	過去分詞	原　　型	過去形	過去分詞
⁺abide	abode, abided	abode, abided	*burst	burst	burst
alight¹	alighted, (時に) alit	alighted, (時に) alit	*bust¹	busted, bust	busted, bust
*arise	arose	arisen	‡buy	bought	bought
*awake	awoke, awaked	awaked, 《まれ》awoke, awoken	‡cast	cast	cast
			‡catch	caught	caught
			chide	chid, (米) chided	chidded, chid, (米) chided
⁺baby-sit	baby-sat	baby-sat	‡choose	chose	chosen
backbite	backbit	backbitten, backbit	cleave¹	clove, cleft, cleaved	cloven, cleft, cleaved
backslide	backslid	backslid, backslidden	cleave²	cleaved, clove	cleaved
‡be (am, is, are)	was; were	been	*cling	clung	clung
			⁺clothe	clothed, (古·文) clad	clothed, (古·文) clad
*bear¹	bore	borne▲, born▲	colorcast	colorcast, colorcasted	colorcast, colorcasted
*beat	beat	beaten, beat▲	‡come	came	come
*become	became	become	*cost	cost, costed▲	cost, costed▲
befall	befell	befallen	countersink	countersank	countersunk
beget	begot, (古) begat	begotten	*creep	crept	crept
‡begin	began	begun	crossbreed	crossbred	crossbred
⁺behold	beheld	beheld	crow²	crowed, crew	crowed
*bend¹	bent	bent	‡cut	cut	cut
bereave▲	bereaved, bereft	bereaved, bereft	‡deal¹	dealt	dealt
beseech	besought, beseeched	besought, beseeched	deep-freeze	dep-freezed, deep-froze	deep-frozen
⁺beset	beset	beset	*dig¹	dug	dug
bespeak	bespoke	bespoken, bespoke	dig²	dug	dug
			*dive	dived, dove▲	dived
bestrew	bestrewed	bestrewn, bestrewed	‡do¹▲ (does)	did	done
bestride	bestrode, bestrid	bestridden	‡draw	drew	drawn
			‡dream▲	dreamed, dreamt	dreamed, dreamt
*bet▲	bet, betted	bet, betted	‡drink	drank	drunk, (古·米口) drank
betake	betook	betaken			
bethink	bethought	bethought	‡drive	drove	driven
*bid▲	bade, bid	bidden, bid	⁺dwell	dwelt, dwelled	dwelt, dwelled
bide	bided, bode	bided	‡eat	ate	eaten
*bind	bound	bound	‡fall	fell	fallen
‡bite▲	bit	bitten, bit	‡feed	fed	fed
*bleed	bled	bled	‡feel	felt	felt
*blend	blended, (詩) blent	blended, (詩) blent	‡fight	fought	fought
			‡find	found	found
*bless	blessed, blest	blessed, blest	*flee	fled	fled
‡blow¹	blew	blown, blowed▲	‡fling	flung	flung
blow³	blew	blown	‡fly¹▲	flew, flied	flown, flied
bottle-feed	bottle-fed	bottle-fed	forbear¹	forbore	forborne
‡break¹	broke	broken	*forbid	forbade, forbad	forbidden, forbid
⁺breast-feed	breast-fed	breast-fed	*forecast	forecast, forecasted	forecast, forecasted
*breed	bred	bred			
‡bring	brought	brought	forego	forewent	foregone
*broadcast	broadcast, 《また米》broadcasted	broadcast, 《また米》broadcasted	foreknow	foreknew	foreknown
			*foresee	foresaw	foreseen
			foreshow	foreshowed	foreshown
browbeat	browbeat	browbeaten	foretell	foretold	foretold
‡build	built	built	‡forget	forgot	forgotten, (米) forgot
‡burn¹▲	burned, burnt	burned, burnt			

不規則動詞活用表

原　型	過去形	過去分詞	原　型	過去形	過去分詞
*forgive	forgave	forgiven	**misbecome**	misbecame	misbecome
forgo	forwent	forgone	**miscast**	miscast	miscast
+forsake	forsook	forsaken	**misdeal**	misdealt	misdealt
forswear	forswore	forsworn	**misdo**	misdid	misdone
*freeze	froze	frozen	**mishit**	mishit	mishit
gainsay	gainsaid	gainsaid	mislay	mislaid	mislaid
geld	gelded, gelt	gelded, gelt	+mislead	misled	misled
‡get	got	got, (米) gotten▲	**misread**	misread	misread
ghostwrite	ghostwrote	ghostwritten	misspell	misspelt, misspelled	misspelt, misspelled
+gild¹	gilded, gilt	gilded, gilt	**misspend**	misspent	misspent
gird¹	girded, girt	girded, girt	‡**mistake**	mistook	mistaken
‡give	gave	given	+**misunderstand**	misunderstood	misunderstood
‡go	went	gone	+**mow**¹	mowed	mowed, mown▲
grave³	graved	graven, graved	*offset	offset	offset
*grind	ground	ground	**outbid**	outbid	outbid, outbidden
*grow	grew	grown	+**outdo**	outdid	outdone
+hamstring	hamstrung	hamstrung	**outfight**	outfought	outfought
‡hang▲	hung, hanged	hung, hanged	+**outgrow**	outgrew	outgrown
‡have¹▲(has)	had	had	+**outlay**	outlaid	outlaid
‡hear	heard	heard	‡**output**	outputted, output	outputted, output
*heave	heaved, (海) hove	heaved, (海) hove	**outride**	outrode	outridden
hew	hewed	hewn, hewed	**outrun**	outran	outrun
‡hide¹	hid	hidden, hid	**outsell**	outsold	outsold
‡hit	hit	hit	**outshine**	outshone	outshone
‡hold¹	held	held	**outspread**	outspread	outspread
‡hurt	hurt	hurt	**outwear**	outwore	outworn
indwell	indwelt	indwelt	**overbear**	overbore	overborne
inlay	inlaid	inlaid	**overbid**	overbid	overbid
+inlet	inlet	inlet	***overcome**	overcame	overcome
*input	inputted, input	inputted, input	**overdo**	overdid	overdone
+inset	inset, insetted	inset, insetted	**overdraw**	overdrew	overdrawn
+interweave	interwove, interweaved	interwoven, interwove, interweaved	**overeat**	overate	overeaten
jigsaw	jigsawed	jigsawn, (米) jigsawed	**overfeed**	overfed	overfed
‡keep	kept	kept	**overfly**	overflew	overflown
+kneel	knelt, kneeled	knelt, kneeled	+**overhang**	overhung	overhung
knit	knitted, knit	knitted, knit	+**overhear**	overheard	overheard
‡know	knew	known	+**overlay**	overlaid	overlaid
+lade	laded	laden, laded	**overleap**	overleaped, overleapt	overleaped, overleapt
+lay¹	laid	laid	overlie	overlay	overlain
‡lead¹	led	led	**overpay**	overpaid	overpaid
*lean¹	leaned, (英) leant	leaned, (英) leant	+**override**	overrode	overridden
‡leap▲	leaped, leapt	leaped, leapt	+**overrun**	overran	overrun
‡learn▲	learned, learnt	learned, learnt	+**oversee**	oversaw	overseen
‡leave¹	left	left	**oversell**	oversold	oversold
‡lend	lent	lent	**overset**	overset	overset
‡let¹	let	let	**overshoot**	overshot	overshot
‡lie¹	lay	lain	**oversleep**	overslept	overslept
‡light¹▲	lighted, lit	lighted, lit	**overspend**	overspent	overspent
light³	lighted, lit	lighted, lit	**overspread**	overspread	overspread
lip-read	lip-read	lip-read	*__overtake__	overtook	overtaken
list⁴▲	listed, list	listed	*__overthrow__	overthrew	overthrown
‡lose	lost	lost	**overwrite**	overwrote	overwritten
‡make	made	made	partake	partook	partaken
‡mean¹	meant	meant	‡**pay**¹	paid	paid
‡meet¹	met	met	**pen**²	penned, pent	penned, pent
*melt	melted	melted, (古) molten▲	**pinch-hit**	pinch-hit	pinch-hit
methinks	methought	—	***plead**	pleaded, (米) pled	pleaded, (米) pled
			prepay	prepaid	prepaid
			preset	preset	preset

原　　型	過　去　形	過去分詞	原　　型	過　去　形	過去分詞
†proofread	proofread	proofread	*slay¹	slew	slain
‡prove	proved	proved, proven	‡sleep	slept	slept
‡put	put	put	*slide	slid	slid
quick-freeze	quick-froze	quick-frozen	*sling¹	slung	slung
*quit	quit, (英) quitted	quit, (英) quitted	slink	slunk	slunk
‡read¹	read	read	†slit	slit	slit
rebind	rebound	rebound	‡smell	smelled, (また英) smelt	smelled, (また英) smelt
rebroadcast	rebroadcast, rebroadcasted	rebroadcast, rebroadcasted	smite	smote	smitten
*rebuild	rebuilt	rebuilt	⁺sow¹	sowed	sown, sowed
recast	recast	recast	‡speak	spoke, (古・詩) spake	spoken
redo	redid	redone	‡speed	sped, speeded	sped, speeded
rehear	reheard	reheard	*spell¹▲	spelt, spelled	spelt, spelled
re-lay	re-laid	re-laid	spellbind	spellbound	spellbound
⁺remake	remade	remade	‡spend	spent	spent
rend	rent	rent	*spill¹	spilled, spilt	spilled, spilt
*repay	repaid	repaid	*spin	spun	spun
reread	reread	reread	*spit¹	spat, spit	spat, spit
⁺rerun	reran	rerun	‡split	split	split
⁺reset	reset	reset	‡spoil	spoiled, spoilt	spoiled, spoilt
⁺retake	retook	retaken	spoon-feed	spoon-fed	spoon-fed
retell	retold	retold	‡spread	spread	spread
⁺rethink	rethought	rethought	‡spring²	sprang, sprung	sprung
rewind	rewound	rewound	‡stand	stood	stood
⁺rewrite	rewrote	rewritten	⁺stave	staved, stove	staved, stove
*rid	rid, ridded	rid, ridded	‡steal	stole	stolen
‡ride	rode	ridden	*stick²	stuck	stuck
‡ring²	rang	rung	*sting	stung	stung
‡rise	rose	risen	⁺stink	stank, stunk	stunk
roughcast	roughcast	roughcast	⁺strew	strewed	strewn, strewed
‡run	ran	run	*stride	strode	stridden
⁺saw²	sawed	(米) sawed, (英) sawn	*strike	struck	struck, (古・文) stricken
‡say	said	said	*string	strung	strung
‡see¹	saw	seen	*strive	strove	striven
‡seek	sought	sought	sublet	sublet	sublet
‡sell	sold	sold	sunburn	sunburnt, (米) sunburned	sunburnt, (米) sunburned
‡send¹	sent	sent	*swear	swore	sworn
‡set	set	set	*sweat	sweat, sweated	sweat, sweated
⁺sew	sewed	sewn, sewed	*sweep	swept	swept
‡shake	shook	shaken	*swell	swelled	swelled, swollen
*shave	shaved	shaved, shaven▲	*swim	swam	swum
⁺shear	sheared	sheared, shorn▲	*swing	swung	swung
*shed²	shed	shed	‡take	took	taken
*shine	shone, shined▲	shone, shined▲	‡teach	taught	taught
*shit	shit, shat, shitted	shit, shat, shitted	‡tear²	tore	torn
‡shoe	shod	shod	telecast	telecast, telecasted	telecast, telecasted
‡shoot¹	shot	shot	‡tell¹	told	told
*show	showed	shown, (米) showed	‡think	thought	thought
*shrink	shrank, (米) shrunk	shrunk, shrunken▲	*thrive	thrived, throve	thrived, thriven
‡shut	shut	shut	‡throw	threw	thrown
sight-read	sight-read	sight-read	*thrust	thrust	thrust
simulcast	simulcast, simulcasted	simulcast, simulcasted	*toss	tossed, (詩) tost	tossed, (詩) tost
‡sing	sang	sung	*tread	trod	trodden, trod
*sink	sank, (米・英まれ) sunk	sunk, sunken▲	typecast	typecast	typecast
‡sit	sat	sat	typewrite	typewrote	typewritten

原　　型	過　去　形	過　去　分　詞	原　　型	過　去　形	過　去　分　詞
unbend	unbent, unbended	unbent, unbended	*upset	upset	upset
unbind	unbound	unbound	upsweep	upswept	upswept
underbid	underbid	underbidden, underbid	*wake¹▲	woke, waked	woken, waked, 《米》woke
⁺undercut	undercut	undercut	waylay	waylaid	waylaid
*undergo	underwent	undergone	‡wear¹	wore	worn
underlay	underlaid	underlaid	wear²	wore	worn
⁺underlie	underlay	underlain	*weave¹	wove, weaved▲	woven, weaved▲
underpay	underpaid	underpaid	*weep	wept	wept
undersell	undersold	undersold	wend	wended, 《古》went	wended, 《古》went
undershoot	undershot	undershot	‡wet	wet, wetted	wet, wetted
‡understand	understood	understood	*undertake	undertook	undertaken
*undertake	undertook	undertaken	‡win	won	won
*underwrite	underwrote	underwritten	‡wind²	wound	wound
⁺undo	undid	undone	wind³	winded, wound	winded, wound
undraw	undrew	undrawn	wiredraw	wiredrew	wiredrawn
ungird	ungirded, ungirt	ungirded, ungirt	wit²▲	wist	wist
unlearn	unlearned, unlearnt	unlearned, unlearnt	*withdraw	withdrew	withdrawn
unmake	unmade	unmade	*withhold	withheld	withheld
unsay	unsaid	unsaid	⁺withstand	withstood	withstood
unstick	unstuck	unstuck	‡work	worked, wrought▲	worked, wrought▲
unstring	unstrung	unstrung	*wrap	wrapped, wrapt	wrapped, wrapt
⁺unwind	unwound	unwound	*wring	wrung	wrung
*uphold	upheld	upheld	‡write	wrote, 《古》writ	written, 《古》writ
uprise	uprose	uprisen			

調査・校正協力
　太田裕子　千葉由美　大野美樹　望月羔子　橋野武司　深瀬 一　山口由香里
　株式会社 ジャレックス

さし絵
　改田昌直　川井輝雄　木村久美子　黒木ひとみ　黒沢充夫　斉藤光一　中嶋英敏
　丸山圓嶠　和田慧子

写真提供
　伊藤 肇

組　版
　小酒井英一郎　橋本一郎　宮原直也　長谷川功子　米川由理　高村健一　及川 宏
　平野佳子　田中絵子

製　作
　比留間 浩　佐々木重紀　鈴木隆志

デザイン・装丁
　清水良洋

辞書編集部
　根本保行　鈴木美和　川田秀樹　菅田晶子　丸山京子　鈴木康之　三谷 裕　星野 龍
　古俣真希　濱倉直子　友清理士

KENKYUSHA'S
NEW COLLEGE
ENGLISH–JAPANESE
DICTIONARY

第 1 版　　　　　1967 年
第 7 版　第 12 刷　2022 年 3 月

新英和中辞典　(革装)

編　者／竹林　滋・東　信行
　　　　諏訪部 仁・市川泰男
発行者／吉田尚志
発行所／株式会社　研究社
　　　　〒102-8152　東京都千代田区富士見 2-11-3
　　　　電話　編集　03(3288)7711
　　　　　　　営業　03(3288)7777
　　　　　　　振替　00150-9-26710
　　　　　　　https://www.kenkyusha.co.jp

組版印刷／研究社印刷株式会社
製　　本／株式会社　ブロケード

ISBN978-4-7674-1068-5　C7582
PRINTED IN JAPAN

THE UNITED KINGDOM OF GREAT BRITAIN AND NORTHERN IRELAND

0 — 200km